THE INTERNATIONAL FILM INDEX 1895-1990

Edited by
Alan Goble

Bowker-Saur
London Melbourne Munich New Jersey

Published by Bowker-Saur
60 Grosvenor Street, London W1X 9DA
Tel: 071-493 5841 Fax: 071-580 4089

Bowker-Saur is part of the Professional Publishing Division of Reed International Books.

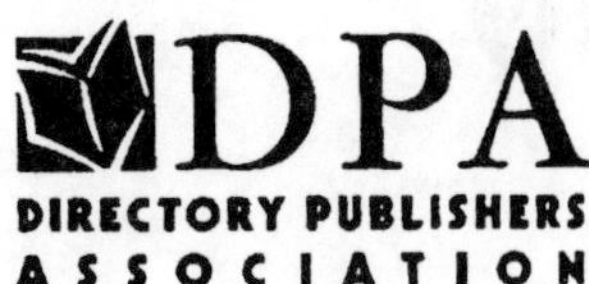

British Library Cataloguing in Publication Data
Goble, Alan
The international film index : titles and directors, 1895-1990
1. Cinema films
I. Title
791.430321

ISBN 0-86291-623-2

Library of Congress Cataloguing in Publication Data
available on request

Cover Design by Robin Caira, Typographics, Whitstable, Kent.
Printed and bound by Antony Rowe Ltd.
Printed on acid free paper.

Contents

VOLUME I

Foreword vii
Preface ix
User's Guide xi

Vorwort xv
Einleitung xvi
Benutzungsanleitung xvii

Avant-propos xx
Préface xxi
Principes d'utilisation xxii

Proemio xxv
Prefazione xxvi
Guida per l'utente xxvii

Film Titles 3

VOLUME II

Directors' Filmography 959

Directors by Country 1621

Directors of Animated Films 1681

Select Bibliography 1685

Directors' Filmography

Directors' Filmography

van der AA KUHLE KAI – DNM
GULDHORNENE • 1914

AAGAARD SIGFRED – DNM
HAVET OG MENNESKENE • 1970
I MORGEN ER DET SLUT • TOMORROW IT'S OVER • 1987

AARON JANE – USA
REMAINS TO BE SEEN • 1983

AARON PAUL – USA
DIFFERENT STORY, A • 1978
FORCE OF ONE, A • 1979
MIRACLE WORKER, THE • 1979 • TVM
THIN ICE • 1981 • TVM
MAID IN AMERICA • 1982 • TVM
DEADLY FORCE • 1983
WHEN SHE SAYS NO • 1984 • TVM
MAXIE • I'LL MEET YOU IN HEAVEN ○ FREE SPIRIT • 1985
IN LOVE AND WAR • LOVE AND WAR • 1987 • TVM
MORGAN STEWART'S COMING HOME • HOMEFRONT • 1987
SAVE THE DOG! • GO FOR BROKE • 1988 • TVM

ABACHIDZE DODO – USS
ABASHIDZE DODO
LEGENDA SURAMSKOI KREPOSTI • LEGEND OF THE FORTRESS OF SURAM ○ LEGEND OF THE SURAM FORTRESS • 1986

ABALOS RUBEN – PHL
ABALOS RUBEN S.
CLANDESTINE • 1967
BRAINWASH • 1968
BROWNOUT • BLACKOUT • 1969

ABALOS RUBEN S. see **ABALOS RUBEN**

ABALOV-ABALYAN E. – USS
NORTHERN RHAPSODY • 1974

ABASHIDZE DODO see **ABACHIDZE DODO**

ABAZA ROUCHDY – EGY
LET ME REVENGE • 1979

ABBAS K.A. see **ABBAS KHWAYA AHMAD**

ABBAS KHWAYA see **ABBAS KHWAYA AHMAD**

ABBAS KHWAYA AHMAD – IND – 1914–
ABBAS K.A. • *ABBAS KHWAYA*
DHARTI KE LAL • CHILDREN OF THE EARTH • 1946
ANHONEE • 1952
MUNNA • LOST CHILD, THE • 1954
PARDESI • KHAZDENI ZA TRI MORYA (USS) ○ JOURNEY BEYOND THREE SEAS ○ TRAVELLER, THE ○ KHOZHDENIYE ZA TRI MORYA • 1957
CHAR DIL CHAR RAHEN • FOUR FACES OF INDIA (UKN) • 1959
SHEHAR AUR SAPNA • CITY AND THE DREAM, THE • 1963
HAMARA GHAR • 1965
CELESTIAL PALACE, THE • 1966
BOMBAI RAAT KI BAHON MEIN • IN THE ARMS OF THE BOMBAY NIGHT • 1967
SAAD HINDUSTANI • 1971
DO BOOND PARI • 1972
NAXALITES, THE • 1981
EK AADMI • ONE MAN • 1987

ABBASOV SHUKHRAT – USS
TASHKYENT GOROD KHLYEBNY • TASHKENT, THE CITY OF BREAD • 1968
BIRUNI • 1974

ABBE DERWIN see **ABRAHAMS DERWIN**

ABBOTT CHARLES – USA
FIGHTING TEXAN, THE • 1937
ADVENTURES OF THE MASKED PHANTOM, THE • 1939

ABBOTT GEORGE – Playwright – USA – 1887–
HALFWAY TO HEAVEN • HERE COMES THE BANDWAGON • 1929
WHY BRING THAT UP? • BACKSTAGE BLUES • 1929
MANSLAUGHTER • 1930
SEA GOD, THE • 1930
CHEAT, THE • 1931
MY SIN • 1931
SECRETS OF A SECRETARY • 1931
STOLEN HEAVEN • 1931
TOO MANY GIRLS • 1940
PAJAMA GAME, THE • WHAT LOLA WANTS • 1957
DAMN YANKEES • WHAT LOLA WANTS (UKN) • 1958

ABBOTT NORMAN – USA
LAST OF THE SECRET AGENTS?, THE • 1966
MONTEREY JAZZ • 1973
GHOST BUSTERS, THE • 1975 • MTV

ABDEL-AZIZ MUHAMMAD – EGY
ABIADH WA AL-ASWAD, AL- • BLANC ET LE NOIR, LE • 1970

ABDEL-KHALIQ ALI – EGY
UGHNIA 'ALA AL-MAMARR • CHANSON SUR LE PASSAGE • 1972

ABDEL-SALEM SHADI see **ABDES-SALAM SHADI**

ABDEL-SAYED DAOUD – EGY
SAALIK, EL • VAGABONDS, THE • 1985

ABDEL WAHAB HAMADA see **WAHAB HAMADA ABDEL**

ABDELWAHAB ALI – TNS
OM ABBES • ABBES' MOTHER • 1969

ABDES-SALAM SHADI – EGY – 1930–
ABDEL-SALEM SHADI • *SALAM ABDEL SHADI*
MUMIA, AL- • NIGHT OF COUNTING THE YEARS, THE ○ MUMIAA, EL ○ MOMIE, LA ○ MUMMIA, LA • 1969
FALLAH AL-FACIH, AL- • PAYSAN ELOQUENT, LE ○ FELLAH AL FASSIEH, AL • 1970
AFAQ • HORIZONS • 1973
JUYUSHI ASH-SHAMS • ARMEES DU SOLEIL, LES • 1975
HISN, AL- • CITADELLE, LA • 1977

ABDRACHITOV VADIM see **ABDRAKHITOV VADIM**

ABDRAKHITOV VADIM – USS – 1945–
ABDRASHITOV VADIM • *ABDRACHITOV VADIM*
SLOVO DLYA ZASHCHITY • SPEECH FOR THE DEFENCE • 1977
POVOROT • TURNING POINT, THE • 1979
FOX HUNTING
OSTANOVILSIA POEZD • TRAIN STOPS HERE, THE • 1983
PARAD PLANYET • PARADE OF THE PLANETS • 1986
PLUMBUM ILI OPASNAYA IGRA • PLUMBUM, OR A DANGEROUS GAME • 1986
SLUGA • SERVANT, THE (UKN) • 1988

ABDRASHITOV VADIM see **ABDRAKHITOV VADIM**

ABE TAKAO – JPN
KIROKUNAKI SEISHUN • YOUTH WITHOUT DOCUMENTS • 1967

ABE YUTAKA – JPN
RIKU NO NINGYO • MERMAID ON LAND, A • 1926
MOERU OZORA • BURNING SKY, THE ○ MOYURU OZORA ○ FLAMING SKY • 1940
NANKAI NO HANATABE • SOUTH SEAS BOUQUET • 1942
ANO HATA O UTE • FIRE THE FLAG! • 1944
AI YO HOSHI TO TOMONI • LOVE, LIVE WITH THE STARS • 1947
AMA NO YUHGAO • EVENING GLORY OF HEAVEN • 1948
TEN NO YUGAO • MOONFLOWER OF HEAVEN • 1948
SASAMEYUKI • MAKIOKA SISTERS, THE • 1950
IMMORTAL JAPAN • 1954
SHUNDEINI • STORY OF A NUN • 1958

ABEL ALAN – USA
IS THERE SEX AFTER DEATH? • 1971

ABEL ALFRED – Actor – GRM – 1880–1937
STREIK DER DIEBE, DER • 1921
NARKOSE • BRIEFE EINER UNBEKANNTEN ○ NARCOSIS • 1929
GLUCKLICHE REISE • 1933
ALLES UM EINE FRAU • KAMERADEN • 1935

ABEL BOB – USA
LET THE GOOD TIMES ROLL • 1973 • DOC

ABEL GUSTAVO – ITL
ARCOBALENO • 1943

ABEL JEANNE – USA
IS THERE SEX AFTER DEATH? • 1971

ABELARDO RICHARD – PHL
TUKO SA MADRE KAKAW • 1958
ZAREX • 1958
MIRANDA, ANG LAGALAG NO SIRENA • MIRANDA, THE WANDERING MERMAID • 1966
MALIKMATA • 1967

ABERG LARS – SWD
REPMANAD • CALL-UP, THE • 1979
SALLSKAPSRESAN • CHARTER TRIP, THE ○ PACKAGE TOUR ○ PACKAGE HOLIDAY, THE • 1980

ABERG LASSE – SWD
SOS -EN SEGERSALLSKAPSRESA • S.O.S. SWEDES AT SEA • 1989

ABESADZE OTAR – USS – 1939–
REED, THE • 1960 • SHT
FROM HOUSE TO HOUSE • 1961 • SHT
SPRING WILL COME SOON, THE • 1962
STAR OF MY TOWN, THE • 1972

ABEY DENNIS – UKN
GOLLOCKS • 1975
NEVER TOO YOUNG TO ROCK • 1975

ABEYSEKARA SHATHI – SLN
WAHAL DUPATHA • SLAVE ISLAND • 1968

ABEYSEKERA TISSA – SLN
KALU DIYA DHARA • FALL OF BLACK WATER • 1974
KARUMAKKARAYO • 1980
MAHAGEDARA • 1982
VIRAGAYA • WAY OF THE LOTUS, THE • 1987

ABIKANLOU PASCAL – BNN
GANVIE, MON VILLAGE • 1966
SOUS LA SIGNE DU VAUDOUN • 1974

ABITIA JESUS B. – MXC
ENMASCARADOS DE MAZATLAN, LOS • 1920
CAPORAL, EL • 1921
CARNAVAL TRAGICO • 1921

ABLES FRED – USA
I WONDER WHY • 1965 • SHT

ABNUDI ATIAT AL- – EGY – 1939–
AL-ABNUDI ATIAT
CHEVAL DE BOUE • 1970 • SHT
TRISTE CHANSON DE TOUA, LA • 1971 • SHT
DEUX FESTIVALS A GRENOBLE • 1974 • SHT
JUMBLE SALE • 1974 • SHT
RETURN A TICKET TO CAIRO • 1975
SANDWICH, LE • 1975

ABOU SEIF SALAH see **ABU SAIF SALAH**

ABOU-SEIF SALAH see **ABU SAIF SALAH**

ABOUELEAKAR MOHAMED see **ABOULOUAKAR MOHAMMED**

ABOULKADIR – SML
TREE OF LIFE • 1986

ABOULKER MARCEL – ALG – 1905–1952
PAUL MARCEL
SURPRISES DE LA RADIO, LES • 1940
AVENTURES DES PIED NICKELES, LES • PIEDS NICKELES, LES • 1947
TRESOR DES PIEDS NICKELES, LE • 1949
DAME DE CHEZ MAXIM'S, LA • 1950
FEMMES SONT DES ANGES, LES • 1952

ABOULOUAKAR MOHAMMED – MRC
ABOUELEAKAR MOHAMED
HADDA • 1985

ABOYANTZ TONY – FRN
GENDARME ET LES GENDARMETTES • 1982

ABRAHAM EDWARD STEWART – UKN
OUR INCREDIBLE WORLD • MYSTERY AND THE PLEASURE, THE • 1966 • DOC

ABRAHAM JOHN – IND
AGRAHARATHIL KAZHUTHAI • DONKEY IN A BRAHMIN VILLAGE • 1977
AMMA ARIYAN • REPORT TO MOTHER • 1986

ABRAHAMS DERWIN – USA
ABBE DERWIN
BORDER VIGILANTES • 1941
SECRETS OF THE WASTE LAND • 1941
CATTLE CALL • 1944
PHANTOM OUTLAWS • 1944
RENEGADE ROUNDUP • 1944
TEXAS RIFLES • 1944
BOTH BARRELS BLAZING • YELLOW STREAK, THE (UKN) • 1945
NORTHWEST TRAIL • 1945
RETURN OF THE DURANGO KID • STOLEN TIME (UKN) • 1945
ROUGH RIDIN' JUSTICE • DECOY (UKN) • 1945
RUSTLERS OF THE BADLANDS • BY WHOSE HAND? (UKN) • 1945
CHICK CARTER, DETECTIVE • 1946 • SRL
DRIFTING ALONG • 1946
FIGHTING FRONTIERSMAN, THE • GOLDEN LADY (UKN) • 1946
FRONTIER GUNLAW • MENACING SHADOWS (UKN) • 1946
HAUNTED MINE, THE • 1946
HOP HARRIGAN • 1946 • SRL
SON OF THE GUARDSMAN • 1946 • SRL
PRAIRIE RAIDERS • FORGER, THE (UKN) • 1947
RIDERS OF THE LONE STAR • 1947
SMOKY RIVER SERENADE • THREAT, THE (UKN) • 1947
SOUTH OF THE CHISHOLM TRAIL • 1947
STRANGER FROM PONCA CITY, THE • 1947
SWING THE WESTERN WAY • SCHEMER, THE (UKN) • 1947

COWBOY CAVALIER • 1948
DOCKS OF NEW ORLEANS • 1948
RANGERS RIDE, THE • 1948
STEAMBOAT RHYTHM • 1948
TEX GRANGER • 1948 • SRL
MISSISSIPPI RHYTHM • 1949
GIRL FROM SAN LORENZO, THE • 1950
WHISTLING HILLS, THE • 1951
GREAT ADVENTURES OF CAPTAIN KIDD, THE • 1953 • SRL

ABRAHAMS EDWARD – UKN
PIT, THE • 1962 • SHT

ABRAHAMS JIM – USA – 1944–
AIRPLANE! • 1980
POLICE SQUAD! • 1982 • TVM
TOP SECRET • 1984
RUTHLESS PEOPLE • 1986
BIG BUSINESS • 1988
WELCOME HOME, ROXY CARMICHAEL • 1990

ABRAHAMSEN CHRISTER – SWD
DROMMEN OM AMERIKA • AMERICAN DREAM, THE • 1976
HJERT OCH TECTOR • HJERT AND TECTOR • 1976

ABRAHAMSEN SVEND – DNM
CHARLIE RIVEL • 1978 • SHT

ABRAMOV A. – USS
BACK HOME • 1960

ABRAMOWICZ MYRIAM – BLG
COMME SI C'ETAIT HIER • AS IF IT WERE YESTERDAY • 1980 • DOC

ABRAMS JERRY – USA
LOTUS WING • 1967 • SHT

ABRAMS LEON – FRN
VOYANTE, LA • CLAIRVOYANT, THE • 1923

ABRAMSON HANS – SWD – 1930–
BRIGGEN TRE LILJOR • BRIG "THREE LILIES", THE • 1961
LYCKODROMMEN • DREAM OF HAPPINESS • 1963
FOR VANSKAPS SKULL • JUST LIKE FRIENDS ○ FOR FRIENDSHIP • 1965
STIMULANTIA • 1965
ORMEN • SERPENT, THE • 1966
BRANT BARN • SINNING URGE, THE (UKN) ○ BURNT CHILD • 1967
ROSEANNA • 1967
TUMULT • RELATIONS (USA) ○ TUMULT –SONJA, AGE 16 ○ SONJA –16 AR • 1969
TINTOMARA • 1970

ABRAMSON IVAN – USA
SHOULD A WOMAN DIVORCE? • 1914
CONCEALED TRUTH, THE • 1915
MOTHER'S CONFESSION, A • 1915
UNWELCOME WIFE, THE • 1915
CITY OF ILLUSION, THE • 1916
FADED FLOWER, THE • 1916
FOOL'S PARADISE, A • 1916
FORBIDDEN FRUIT • 1916
HER HUSBAND'S WIFE • 1916
HER SURRENDER • 1916
IMMORTAL FLAME, THE • 1916
SEX LURE, THE • GIRL WHO DID NOT CARE, THE • 1916
ENLIGHTEN THY DAUGHTER • 1917
ONE LAW FOR BOTH • 1917
ASHES OF LOVE • 1918
MORAL SUICIDE • 1918
SINS OF AMBITION • 1918
WHEN MEN BETRAY • 1918
ECHO OF YOUTH, THE • 1919
SOMEONE MUST PAY • 1919
CHILD FOR SALE, A • 1920
WRONG WOMAN, THE • 1920
BRIDE'S CONFESSION, THE • 1921
FOUNTAIN OF YOUTH • 1921
MOTHER ETERNAL • 1921
WILDNESS OF YOUTH • 1922
I AM THE MAN • 1924
MEDDLING WOMEN • 1924
LYING WIVES • 1925

ABRAMSON RICHARD G. – USA
BANJOMAN • 1975 • DOC

ABRIL ALBERT – SPN
HOME DE NEO, L' • NEON MAN, THE • 1988

ABROMS EDWARD M. – USA
IMPOSTOR, THE • 1975 • TVM

ABSON NICK – UKN
IF IT AIN'T STIFF, IT AIN'T WORTH A ... • 1977 • DOC

ABTER ADOLF – GRM
MISS SARAH SAMPSON • 1919
NACHT UND DER LEICHNAM, DIE • 1920
GOLDENE SKORPION, DER • 1921
ZWEI SCHWARZE LATERNEN • 1921
ELIXIERE DES TEUFELS, DIE • DEVIL'S ELIXIRS • 1922

ABU – UKN
NO ARKS • 1969

ABU-HASSAN HUSSEIN – MLY
SENJA MERAH • 1982

ABU SAIF SALAH – EGY – 1915–
ABOU SEIF SALAH • ABU SIEF SALAH • ABOU–SEIF SALAH
DAIMAN FI KALBI • ALWAYS IN MY HEART ○ DAIMAN EL QALBI • 1947
MUNTAKEM, EL • AVENGER, THE ○ MUNTAQIM, AL– • 1947
MUGHAMMARAT ANTAR WA ALBA • ADVENTURES OF ANTAR AND ALBA, THE • 1948
SHARIAH EL BAHLAWANE • STREET OF THE PUPPET SHOW ○ SHARI' AL–BAHLAWAN • 1949
SAKR, EL • FALCON, THE ○ SAQR, AS– • 1950
HUB BAHDALA, EL • LOVE IS A SCANDAL ○ HUBB BAHDHALA, AL– • 1951
LAKA YOM YA ZALEM • YOUR DAY WILL COME ○ LAK YUM YA D'ALIM • 1951
OSTA HASSEN, EL • FOREMAN HASSAN ○ UST'A H'ASSAN, AL– • 1952
RAYA WA SEKINA • RAYA AND SEKINA • 1953
WAHSH, EL • MONSTER, THE ○ WAH'SH, AL– • 1954
CHABAB EMRAA • WOMAN'S YOUTH, A ○ SHABAB IMRA'A • 1956
FATAWA, EL • FETEWA, EL ○ FUTUWWA, AL– ○ TOUGH, THE • 1956
LA ANAM • NO TOMORROW • 1957
WESSADA EL KHALIA, EL • WISADAT OULKHALIA, EL ○ EMPTY PILLOW, THE ○ WISADA AL–KHALIYA, AL– • 1957
HAZA HOWA EL HOB • HADHA HUWWA AL–HUBB ○ C'EST CA, L'AMOUR! • 1958
MUGAREM FI IJAZA • THIEF ON HOLIDAY ○ MUJRIM FI AJAZA • 1958
TARIK EL MASDUD, EL • BARRED ROAD, THE ○ T'ARIQ AL–MASDUD, AT– • 1958
ANA HURRA • I'M FREE • 1959
BAYN EL SAMAA WA EL ARD • BETWEEN HEAVEN AND EARTH ○ BETWEEN HEAVEN AND HELL ○ BAINA AS–SAMA' WA AL–ARDH • 1959
BINT SABATASHAR • GIRL OF SEVENTEEN, A • 1959
LAWET EL HUB • AGONY OF LOVE ○ LAWAT AL–HUBB • 1959
BANAT WA AC–CAIF, AL– • FILLES ET L'ETE, LES • 1960
BEDAYA WA NEHAYAT • BEGINNING AND THE END, THE ○ BIDAYA WA NIHAYA • 1960
LA TUTFI EL SHEMS • SUN WILL NEVER SET, THE ○ LA TUT'FI' ASH–SHAMS • 1961
RESSALAH MIN EMRAA MAGHOOLA • LETTER FROM AN UNKNOWN WOMAN ○ RISSA MEN IMRAA MAGHOULA ○ RISALA MIN IMRA'A MAJHULA • 1962
LA WAKT LEB HOB • LA WAQTA LI AL–HUBB ○ PAS DE TEMPS POUR L'AMOUR • 1963
CAIRO 30 • AL–QAHIRA THALATHIN ○ CAIRE '30, LE • 1966
ZAWGA AL THANIA, AL • SECOND WIFE, THE ○ ZAWGA EL SANIA, EL ○ ZOGA EL SANIA, EL ○ ZAWJA ATH–THANIYA, AZ– • 1967
QADIA 68 • CASE 68 ○ CADIA, EL ○ QAD'IYYA 68, AL– • 1968
AWDIT EL ROH • RETURN OF THE SPIRIT, THE • 1969
SHAI'UN MINA AL–ADHAB • CERTAINE DOULEUR, UNE • 1969
THALATH NISA' • TROIS FEMMES • 1969
FAJR AL–ISLAM • DAWN OF ISLAM, THE ○ FAJR EL ISLAM • 1970
HAMMAN EL MALATIHI • HAMMAM AL–MALAT'ILI ○ BAINS DE MALATILI, LES • 1973
KADHDHAB, AL– • LIAR, THE • 1975
SANA ULA HOB • FIRST–YEAR LOVE ○ SANA ULA HUBB • 1976
WA SAQAT'AT FI BAHRIN MIN AL–ASAL • DANS UN OCEAN DE MIEL • 1976
SAQQA' MAT, AS– • WATERBEARER IS DEAD, THE ○ SAKKA MAT, EL ○ WATER–CARRIER IS DEAD, THE • 1977
CRIMINAL, THE • 1978
QADISSIA, AL– • KADISSIYA, EL ○ QADISIYYA, AL • 1981
BEDAYA, EL • EMPIRE OF SATAN, THE ○ BEGINNING, THE • 1986

ABU SIEF SALAH see **ABU SAIF SALAH**

ABULADZE TENGHIZ see **ABULADZE TENGIZ**

ABULADZE TENGIZ – USS – 1924–
ABULADZE TENGHIZ
DIMITRY ARAKISHVILI • 1952 • DOC
OUR PALACE • 1953 • DOC
GEORGIAN STATE DANCING COMPANY, THE • 1954 • DOC
LURDZHA MAGDANY • MAGDANA'S DONKEY (USA) ○ LURDJA MAGDANI ○ LURDHA MAGDANI ○ MAGDANAS LURJA • 1956
CHUZHIE DETI • STEPCHILDREN (USA) ○ SOMEONE ELSE'S CHILDREN • 1959
YA BABUSHKA, ILIKO I ILLARION • ME, GRANDMOTHER, ILIKO AND HILLARION ○ ME, BEBIA, ILIKO DA ILARIONI ○ GRANDMOTHER, ILIKO, ILLARION AND ME ○ ILLIKO, ILLARION, GRANDMOTHER AND ME • 1963
MOLBA • PRAYER, THE ○ ENTREATY, THE ○ SUPPLICATION ○ APPEAL, THE • 1969
NECKLACE FOR MY BELOVED, A • 1972
OPEN AIR MUSEUM, AN • 1973 • DOC
DREVO ZHELANYA • WISHING TREE, THE ○ NATVRIS KHE • 1976
POKJANIYEAKA, MONANIEBA • REPENTANCE • 1984

ACASO FELIX – SPN – 1919–
SETENTA VECES SIETE • 1967

ACCATINO GIUSEPPE – ITL
BUFFALO BILL A ROMA • 1953

ACCURSI CLAUDE – FRN – 1920–
CA C'EST DU CINEMA • 1951 • CMP

ACEBAL ALFONSO – SPN
TORMENTA • 1955

ACEVEDO JOSEFINA – VNZ
IN THIS NEW WAY OF LIFE NOTHING IS LIKE THE PAST • 1977 • SHT

ACEVSKI JON – Animator – UKN
F.R.O. 7 • 1989 • ANM

ACHARD MARCEL – Playwright – FRN – 1899–1974
JEAN DE LA LUNE • 1948
VALSE DE PARIS, LA • PARIS WALTZ, THE (USA) • 1949

ACHAZ-DUISBERG CARL LUDWIG – GRM
SPRENGBAGGER 1010 • 1929

ACHNAS NAZ – MLY
ASMARA KIRANA • WHITE BRIDE, THE • 1970
BUNGA MAS • FLOWER OF GOLD • 1972
MASTURA • 1974
RAHSIA HATIKU • MY HEART'S SECRET • 1974
PANGLIMA MAUT • WARRIOR OF DEATH • 1975
LOCENG MAUT • BELLS OF DEATH, THE • 1976

ACHSEL WILLY – GRM
KAISER WILHELMS GLUCK UND ENDE • 1919
FEINDLICHES BLUT • 1920
FLACHSMANN ALS ERZIEHER • 1920
WEIN, WEIB, GESANG • 1924
BEHEXTE NEPTUN, DER • 1925

ACHTERNBUSCH HERBERT – GRM – 1938–
ANDECHSER GEFUHL, DAS • 1974
ATLANTIKSCHWIMMER, DIE • 1975
BIERKAMPF • 1976
SERVUS BAYERN • 1977
JUNGE MONCH, DER • YOUNG MONK, THE • 1978
KOMANTZCHE, DER • 1979
NEGER ERWIN, DER • 1980

ACIMOVIC KARPO – YGS
LITANY OF HAPPY PEOPLE • 1971 • SHT

ACIN JOVAN – YGS
HEY BABU RIBA • 1986
PARATROOPER • 1988

van ACKEREN ROBERT – GRM
HANDVOLL ZARTLICHKEIT, EINE • 1972
LOVE ME GENTLY • 1974
HARLIS • RED HOT IN BED (UKN) • 1975
LETZTE SCHREI, DER • 1975
BELCANTO ODER DARF EINE NUTTE SCHLUCHZEN? • 1977
ANDERE LACHELN, DAS • OTHER SMILE, THE • 1978
FLAMBIERTE FRAU, DIE • WOMAN IN FLAMES, A (USA) • 1983

ACKERMAN ED – Animator – CND
PRIMITI TOO TAA • 1988 • ANS

ACKERMAN JUSTIN – USA
BENEATH THE ANGKA: THE STORY OF THE KHMER ROUGE • 1982 • DOC

ACKLAND RODNEY – Screenwriter – UKN – 1908–
LADY BE KIND • 1941
THURSDAY'S CHILD • 1943
NEW SCHOOL, THE • NEW TEACHER, THE • 1944

ACKROYD DAN – Actor – USA
VALKENVANIA • 1990

ACOMBA DAVID – CND
SLIPSTREAM • VOIX DANS LA NUIT, UNE • 1973
HANK WILLIAMS "THE SHOW HE NEVER GAVE" • 1982
NIGHT LIFE • 1989

ACOSTA WALTER – URG
COPA DE ORO • 1981

ACQUISTO LUIGI – ASL
HUNGRY HEART • 1988

ACRES BIRT – UKN – 1854–1918
CHARGE OF THE UHLANS IN THE TEMPLEHOF FELDT –BERLIN • 1895
DERBY 1895, THE • 1895
HAYCART CROSSES HADLEY GREEN • 1895
OPENING OF THE KIEL CANAL • 1895
OXFORD AND CAMBRIDGE UNIVERSITY BOAT RACE • 1895
TOM MERRY, LIGHTNING CARTOONIST • 1895
ARREST OF A PICKPOCKET, THE • 1896
BOXING KANGAROO, THE • 1896
BOXING MATCH: OR, GLOVE CONTEST • 1896
GOLFING EXTRAORDINARY, FIVE GENTLEMEN • 1896
HENLEY REGATTA • 1896
LAND AT LOW TIDE • 1896
OPENING OF THE CARDIFF EXHIBITION BY H. R.H. THE PRINCE OF WALES • 1896
ROYAL WEDDING, THE • 1896
SURREY GARDEN, A • 1896
PIERROT AND PIERRETTE • 1897
UNFRIENDLY CALL, AN • 1897

ACS MIKLOS – HNG
SON ES GROSZ • NICE AND BIG • 1987
EHES INGOVANY • HUNGRY SWAMP • 1989

ACURSIO OSCAR – PRT
FEIRA POPULAR DE LISBOA • 1944 • SHT

AD–DIN AHMAD DIA see **DIN AHMAD DIA AD–**

ADABAKHIAN ALEXANDER – FRN
MADO POSTE RESTANTE • 1989

ADACHI MASAO – JPN
WAN • RICE BOWL
CONVERSATION BETWEEN A NAIL AND A STOCKING • 1958 • SHT
HININ KAKUMEI • CONTRACEPTIVE REVOLUTION • 1967
SEICHITAI • SEX ZONE • 1968
JOGAKUSEI GERILLA • HIGH SCHOOL GIRL'S REVOLT, THE • 1970
SHASATSU–MA • YOUNG MAN WITH A GUN • 1970

ADACHI SHINSEI – JPN
TOMEI NINGEN ARAWARU • TRANSPARENT MAN, THE • 1949

ADAIR PETER – USA
WORD IS OUT • 1978 • DOC

ADAM ABDUL RAHMAN – MLY
PELUMBA MALAM • 1989

ADAM CAMIL – CND
MANETTE OU LES DIEUX DE CARTON • MANETTE • 1965

ADAM JEAN-FRANCOIS – FRN – 1938–1980
M COMME MATHIEU • 1970
VERTIGE, LE • 1972
JEU DE SOLITAIRE, LE • GAME OF SOLITAIRE, THE • 1975
RETOUR A LA BIEN-AIMEE • 1979

ADAM OTTO – HNG
CSILLAG A MAGLYAN • BRIGHT STAR AT THE STAKE, A • 1979

ADAM RAYMOND – VTN – 1941–
PYGMEES • 1984

ADAMI GIUSEPPE – ITL
CARNEVALE DI VENEZIA, IL • 1940

ADAMS CATLIN – USA
STICKY FINGERS • 1987

ADAMS DOUG – USA
ATTIC, THE • BLACKOUT • 1988

ADAMS NEAL – USA
DEATH TO THE PEE-WEE SQUAD • 1988

ADAMS PHILLIP – ASL
JACK AND JILL: A POSTSCRIPT • 1970

ADAMSON AL – Producer – USA
TWO TICKETS TO TERROR • 1964
PSYCHO A GO-GO! • FIEND WITH THE ELECTRONIC BRAIN, THE ○ ECHO OF TERROR • 1965
HELL'S BLOODY DEVILS • SMASHING THE CRIME SYNDICATE (UKN) ○ OPERATION M ○ FAKERS, THE • 1967
BLOOD OF DRACULA'S CASTLE • DRACULA'S CASTLE • 1969
GUN RIDERS • FIVE BLOODY DAYS TO TOMBSTONE ○ FIVE BLOODY GRAVES ○ LONELY MAN • 1970
HORROR OF THE BLOOD MONSTERS • SPACE MISSION OF THE LOST PLANET ○ VAMPIRE MEN OF THE LOST PLANET ○ HORROR CREATURES OF THE PREHISTORIC PLANET ○ FLESH CREATURES OF THE RED PLANET ○ FLESH CREATURES, THE • 1970
SATAN'S SADISTS • 1970
BRAIN OF BLOOD • CREATURE'S REVENGE, THE ○ BRAIN, THE • 1971
DRACULA VS. FRANKENSTEIN • BLOOD OF FRANKENSTEIN ○ BLOOD SEEKERS, THE ○ REVENGE OF DRACULA • 1971
FEMALE BUNCH, THE • 1971
LAST OF THE COMANCHEROS, THE • 1971
BLOOD OF GHASTLY HORROR • MAN WITH THE SYNTHETIC BRAIN, THE ○ PYSCHO A GO-GO! ○ FIEND WITH THE ATOMIC BRAIN, THE ○ LOVE MANIAC, THE ○ FIEND WITH THE ELECTRONIC BRAIN, THE • 1972
DOOMSDAY VOYAGE • 1972
GIRLS FOR RENT • 1974
NAUGHTY STEWARDESSES, THE • 1974
BLAZING STEWARDESSES • 1975
JESSI'S GIRLS • WANTED WOMEN ○ JESSIE'S GIRLS • 1975
STUD BROWN • DYNAMITE BROTHERS, THE • 1975
BLACK SAMURAI • 1976
CINDERELLA 2000 • 1977
DR. DRACULA • 1977
DEATH DIMENSION • DEAD DIMENSION ○ BLACK ELIMINATOR, THE ○ DEATH DIMENSIONS ○ KILL FACTOR, THE ○ FREEZE BOMB • 1978
NURSE SHERRI • BEYOND THE LIVING ○ HOSPITAL OF TERROR • 1978
SUNSET COVE • 1978
SYNDICATE VICE • GIRLS' HOTEL • 1980
BLACK HEAT • MURDER GANG, THE • 1981
CARNIVAL MAGIC • 1982

ADAMSON VICTOR – USA – 1890–1972
COMPASSION • 1927
DESERT VULTURES • 1930
SAGEBRUSH POLITICS • 1930
SWEEPING AGAINST THE WIND • 1930
FIGHTING ROMANCE • 1931
LIGHTNING BILL • 1931
RAWHIDE ROMANCE • 1931
RIDIN' SPEED • 1931
FIGHTING COWBOY, THE • 1932
RANGE BUSTERS • 1932
ARIZONA TRAIL • 1934
BOSS COWBOY • 1934
CIRCLE CANYON • 1934
LIGHTNING RANGE • 1934
PECOS DANDY, THE • 1934
RANGE RIDERS • 1934
HALFWAY TO HELL • 1936
MORMON CONQUEST • 1938

ADARSH B. K. – IND
SPY IN ROME • 1968

ADATO PERRY MILLER – USA
GEORGIA O'KEEFFE • 1977
CARL SANDBURG -ECHOES AND SILENCES • 1982 • TVM

ADBEL WAHAB FATIN see **WAHAB FATIN ABDEL**

ADCOOK W. – USA
FIGHTING JIM GRANT • 1923

ADDISS JUS – USA
ADDISS JUSTUS
CRY BABY KILLER, THE • 1958

ADDISS JUSTUS see **ADDISS JUS**

ADE GEORGE – Author – USA – 1866–
FABLE OF NAPOLEON AND THE BUMPS, THE • 1914
FABLE OF THE BRASH DRUMMER AND THE NECTARINE, THE • 1914
FABLE OF THE BUSH LEAGUE LOVER WHO FAILED TO QUALIFY, THE • 1914
FABLE OF THE COMING CHAMPION WHO WAS DELAYED, THE • 1914
TWO DINKY LITTLE DRAMAS OF A NON-SERIOUS KIND • 1914

ADELMAN JOSEPH – USA
CONTINENTAL GIRL, A • 1915
WHERE IS MY FATHER? • 1916

ADELSON – USA
LODZ GHETTO • 1988 • DOC

ADHIKARI SACHIN – IND
PATHEY HOLO DEKHA • THEY MET ON THE WAY • 1968

ADIB PREM – IND
RAMVIVAHA • RAM VIVAH • 1949

ADIDGE PIERRE – USA
MAD DOGS AND ENGLISHMEN • JOE COCKER -MAD DOGS AND ENGLISHMEN • 1971
ELVIS ON TOUR • 1972

ADLER BARBARA – DNM
ALLAH VOERD LOVET -DET BLEV EN DRENG • ALLAH BE PRAISED -IT'S A BOY • 1979 • DOC

ADLER JOSEPH – USA
SEX AND THE COLLEGE GIRL • FUN LOVERS, THE • 1964
SCREAM, BABY, SCREAM • 1969
REVENGE IS MY DESTINY • 1973 • TVM
CONVENTION GIRLS • 1978

ADLER LOU – USA
UP IN SMOKE • CHEECH AND CHONG'S UP IN SMOKE • 1978
LADIES AND GENTLEMEN, THE FABULOUS STAINS • 1982

ADLOFF HORST MANFRED – GRM
GOLDENE PILLE, DIE • GOLDEN PILL, THE • 1968

ADLON PERCY – GRM – 1935–
CELESTE • 1981
FUNF LETZTE TAGE • FIVE LAST DAYS • 1983
SCHAUKEL, DIE • SWING, THE • 1983
ZUCKERBABY • SUGARBABY • 1985
BAGDAD CAFE • OUT OF ROSENHEIM • 1988
ROSALIE GOES SHOPPING • 1989

ADLUM ED – USA
INVASION OF THE BLOOD FARMERS • BLOOD FARMERS • 1971

ADOLFI JOHN see **ADOLFI JOHN G.**

ADOLFI JOHN G. – USA – 1888–1933
ADOLFI JOHN
BURDEN, THE • 1914
DIAMOND IN THE ROUGH, A • 1914
HORSE WRANGLER, THE • 1914
KAFFIR'S SKULL, THE • 1914
STOLEN RADIUM, THE • 1914
TURNED BACK • 1914
WHEELS OF DESTINY, THE • 1914
WHO SHOT BUD WALTON? • 1914
BASHFUL GLEN • 1915
CHILD OF GOD, A • 1915
DRIVEN BY FATE • 1915
HEART BEATS • 1915
MAN AND HIS MATE, A • 1915
CAPRICE OF THE MOUNTAINS • 1916
LITTLE MISS HAPPINESS • 1916
MAN INSIDE, THE • 1916
MERELY MARY ANN • 1916
MISCHIEF MAKER, THE • 1916
MODERN THELMA, A • 1916
RAGGED PRINCESS, THE • 1916
SPHINX, THE • 1916
CHILD OF THE WILD, A • 1917
MODERN CINDERELLA, A • 1917
PATSY • 1917
SMALL TOWN GIRL, A • 1917
HEART OF A GIRL • 1918
QUEEN OF THE SEA, A • 1918
WOMAN THE GERMANS SHOT • CAVELL CASE, THE • 1918
WHO'S YOUR BROTHER? • 1919
LITTLE 'FRAID LADY, THE • 1920
WONDER MAN, THE • 1920
DARLING OF THE RICH, THE • 1922
LITTLE RED SCHOOLHOUSE, THE • GREATER LAW, THE (UKN) • 1923
CHALK MARKS • 1924
WHAT SHALL I DO? • 1924
BEFORE MIDNIGHT • 1925
BIG PAL • 1925
PHANTOM EXPRESS, THE • 1925
SCARLET WEST, THE • 1925
CHECKERED FLAG, THE • 1926
HUSBAND HUNTERS • 1927
WHAT HAPPENED TO FATHER • 1927
DEVIL'S SKIPPER, THE • 1928
LITTLE SNOB, THE • 1928
MIDNIGHT TAXI, THE • 1928
PROWLERS OF THE SEA • SEA PROWLERS • 1928
SINNER'S PARADE • 1928
EVIDENCE • 1929
FANCY BAGGAGE • 1929
IN THE HEADLINES • 1929
SHOW OF STARS, THE • 1929
COLLEGE LOVERS • 1930
DUMB-BELLS IN ERMINE • DUMBELLES IN ERMINE • 1930
RECAPTURED LOVE • FAME • 1930
SINNER'S HOLIDAY • WOMEN IN LOVE • 1930
ALEXANDER HAMILTON • 1931
COMPROMISED • WE THREE (UKN) • 1931
MILLIONAIRE, THE • 1931
CENTRAL PARK • 1932
MAN WHO PLAYED GOD, THE • SILENT VOICE, THE (UKN) • 1932
SUCCESSFUL CALAMITY, A • 1932
KING'S VACATION, THE • 1933
VOLTAIRE • 1933
WORKING MAN, THE • ADOPTED FATHER, THE • 1933

ADOLPHSON EDVIN – Actor – SWD – 1893–
SAG DET I TONER • SAY IT WITH MUSIC ○ DREAM WALTZ, THE • 1929
NAR ROSORNA SLA UT • WHEN ROSEBUDS OPEN ○ HALET I MUREN • 1930
BROKIGA BLAD • 1931
MODARNA FRUAR • MODERN WIVES • 1932
VAD VETA VAL MANNEN? • WHAT DO MEN KNOW? • 1933
FLICKORNAS ALFRED • ALFRED LOVED BY THE GIRLS • 1935
MUNKBROGREVEN • COUNT FROM MUNKBRO • 1935
KLART TILL DRABBNING • CLEARED FOR ACTION (USA) ○ CLEAR THE DECKS FOR ACTION • 1937
BEGAR • DESIRE • 1946
INGEN VAG TILLBAKA • NO WAY BACK • 1947

ADOMENAITE NIJELE – USS
COMA • 1989

ADREON FRANKLIN – USA – 1902–
CANADIAN MOUNTIES VS. ATOMIC INVADERS • 1953 • SRL
COMMANDO CODY, SKY MARSHAL OF THE UNIVERSE • 1953 • SRL
MISSILE BASE AT TANIAK • 1953
MAN WITH THE STEEL WHIP • 1954 • SRL
TARGET, SEA OF CHINA • 1954
TRADER TOM OF THE CHINA SEAS • 1954 • SRL
CLAW MONSTERS, THE • 1955
KING OF THE CARNIVAL • 1955 • SRL
NO MAN'S WOMAN • 1955
PANTHER GIRL OF THE CONGO • 1955 • SRL
MAN IS ARMED, THE • 1956
TERROR AT MIDNIGHT • AND SUDDENLY YOU RUN (UKN) • 1956
HELL'S CROSSROADS • 1957
NUN AND THE SERGEANT, THE • 1962
CYBORG 2087 • MAN FROM TOMORROW (UKN) • 1966
DIMENSION 5 • DIMENSION FOUR (UKN) • 1966

ADRIAENSE P. – BLG
HEE • 1969

ADRIANO PINO – ITL
JAZZ IN PIAZZA • 1974

ADRIEN MICHAEL – USA
CHOCOLATE KILLER, THE • LIFE AND TIMES OF THE CHOCOLATE KILLER, THE • 1986

ADRIEN PIERRE – BLG
BREAK, THE • 1966

AECKERLE FRITZ – GRM
HERRLICHE ZEITEN • 50 JAHRE -HEITER BETRACHTET • 1950

AESCHBACHER KURT – SWT
NAGEL, DIE • NAILS • 1971 • ANS

AFANASJEW JERZY – PLN
ICARUS • 1967 • ANS
PROM • FERRY, THE • 1970

AFKHAMI BEHRUZ – IRN
WEDDING, THE • 1990

AFRIC VJEKOSLAV – YGS
SLAVICA • 1947
BARBA ZVANE • 1949

AFSHAR MOUSA – IRN
MARD-E-ROUZ • MAN OF TODAY, THE • 1968

AFZAL KAUKAB – PKS
SAZISH • CONSPIRACY, THE • 1976

AGABARA EDMOND – FRN – 1926–
TRESOR DES HOMMES BLEUS, LE • SECRETO DE LOS HOMBRES AZULES, EL (SPN) ○ SECRET DES HOMMES BLEUS, LE ○ CARAVANE POUR ZAGORA ○ SECRET OF THE BLUE MEN, THE • 1960

AGADATI B.
THIS IS THE LAND • 1936

AGADZHANOVA-SHUTKO NINA – USS
DVA, BOULDEJ, DVA • TWO, BULDI, TWO ○ GREAT BULDIS, THE ○ 2-BOULDY-2 ○ 2-BULDI-2 • 1930

AGAKHANOV KH. – USS
LAST ROAD, THE • 1963

AGAZI PAOLO see **AGAZZI PAOLO**

AGAZZI PAOLO – BLV
AGAZI PAOLO
HILARIO CONDORI • 1980
HILARIO CONDORI: CAMPESINO • 1980
MI SOCIO • 1982
A-BRIENDO BRECHA • 1984
HERMANOS CARTAGENA, LOS • BROTHERS CARTAGENA, THE • 1985

AGCAOILI T. D. – PHL
ULILANG ANGHEL

AGERTY MAX – GRM
IN EINEM KUHLEN GRUNDE • 1921

AGHAMALIYAN ARMAEES – IRN
GOLAGHA • 1968

AGHANIKYAN HEKMAT – IRN
DASHTE SORKH • RED PLAIN • 1968
SARNEVESHT • PREDESTINATION • 1968

AGHION GABRIEL – FRN – 1955–
SCARLATINE, LA • 1983

AGINS JACK – USA
WHOOPING THE BLUES • 1969 • SHT
BERNAL BLUES • 1970

AGLIANI GIORGIO GEO – ITL – 1910–
FRANCO E CICCIO SUPERSTARS • 1974

AGOSTI SILVANO – ITL – 1938–
GIARDINO DELLE DELIZIE, IL • GARDEN OF DELIGHTS, THE • 1968
N.P. IL SEGRETO • N.P. (-THE SECRET) (USA) • 1972

NESSUNO O TUTTI • 1975
MATTI DA SLEGARE • FIT TO BE UNTIED (USA) • 1976
NEL PIU ALTO DEI CIELI • 1976
MACCHINA CINEMA, LA • CINEMA MACHINE, THE (USA) • 1978

AGOSTINI PHILIPPE – Cinematographer – FRN – 1910–
ORDINATIONS • 1954
NAIF AUX QUARANTE ENFANTS, LE • 1958
DIALOGUE DES CARMELITES, LE • CARMELITES, THE (UKN) • 1959
TU ES PIERRE • YOU ARE PETER • 1959 • DOC
DIALOGHI DELLE CARMELITANE, I • 1960
VRAI VISAGE DE THERESE DE LISIEUX, LE • 1961 • SHT
PAIN DU CIEL, LE • 1962 • DCS
RENCONTRES • 1962
SOUPE AUX POULETS, LA • 1963
PETITE FILLE A LA RECHERCHE DU PRINTEMPS, LA • 1971

AGOTAY LOUIS – GRM
FALSCHMUNZER AM WERK • FALL 7 A 9, DER • 1951

AGRADOOT – IND
SANTRALPA • 1949
SAGARIKA • 1950
SREE JAGANNATH • 1950
BABLA • 1951
SAHAJATRI • 1951
ANDI • 1952
KAR PAPAY • 1952
AGNI PARIKSHA • 1954
ANUPAMA • 1955
SABAR OPARAY • 1955
SHILPI • 1957
NAIKA SAMBAD • HEROINE'S STORY • 1967
KOKHONO MEGH • SUDDEN CLOUDS • 1968

AGRAGAMI – IND
NISHITHEY • 1963

AGRAMA FRANK – ITL
AMICO DEL PADRINO, L' • 1974
QUEEN KONG • 1977
DAWN OF THE MUMMY • 1981

AGRANENKO ZAKHAR – USS
BESSMERTNYI GARNIZON • IMMORTAL GARRISON, THE (USA) ◦ BIESSMIERTNYI GARNISON • 1956
LENINGRAD SYMPHONY • 1958

AGRANOVICH L. – USS
ONE OF US • 1970

AGRAZ JOSE LUIS GARCIA see **GARCIA AGRAZ JOSE LUIS**

AGREN GOSTA – SWD
BALLAD • 1968

AGRESTI ALEJANDRO – ARG – 1964–
HOMBRE QUE GANO LA RAZON, EL • 1986
AMOR ES UNA MUJER CORDA, EL • LOVE IS A FAT WOMAN • 1987
BODA SECRETA • SECRET WEDDING • 1988
CITY LIFE • 1989

AGUADO VICTORIO – SWD – 1923–
AMOR EMPIEZA EN SABADO • 1958

AGUERO IGNACIO – CHL
NO OLVIDAR • NO FORGETTING • 1983 • DCS
CIEN NINOS ESPERANDO UN TREN • 100 KIDS WAITING FOR A TRAIN • 1988

d'AGUIAR AYRES – FRN – 1896–
NARCISSE • 1939

AGUILA GUZ – MXC
JUSTICIA DE PANCHO VILLA, LA • 1939

AGUILAR ROLANDO – MXC
AQUILAR ROLANDO
ESOS HOMBRES! • MALDITOS SEAN LOS HOMBRES • 1936
MADRES DEL MUNDO • 1936
NOCHES DE GLORIA • GLORIOUS NIGHTS • 1937
MILLONES DE CHAFLAN LOS • 1938
CANCION DEL MILAGRO, LA • MIRACLE SONG, THE (USA) • 1940
QUIEN TE QUIERE A TI? • 1941
ESPIONAJE EN EL GOLFO • 1942
BALAJU • 1943
CLUB VERDE • 1944
ROSALINDA • 1944
CAMINOS DE SANGRE • 1945
AQUI ESTA JUAN COLORADO • 1946
AVENTURA EN LA NOCHE, UNA • ADVENTURE IN THE NIGHT, AN • 1947
BAJO EL CIELO DE SONORA • 1947
CUARTO MANDAMIENTO, EL • 1948
HIJO DEL BANDIDO, EL • 1948
VENGADOR, EL • 1948
AVENTURAS DE UN NUEVO RICO • 1950
DIABLO A CABALLO, EL • 1954
DIABLO DESAPARECE, EL • 1954
VENGANZA DEL DIABLO, LA • 1954
AY, CHAPARROS, COMO ABUNDAN! • 1955
FURY IN PARADISE • SENOR GRINGO • 1955
CAUDILLO, EL • 1957
DUELO INDIO • 1957
ENTERRADO VIVO • 1957
TIRO DE GRACIA, EL • 1957
MI MUJER NECESITA MARIDO • 1958

AGUIRRE JAVIER – SPN – 1935–
DECLIVE • 1951 • SHT
LECHERO, EL • 1951 • SHT
TIEMPOS DOS • 1960 • SHT
A RAS DEL RIO • 1961 • SHT
ESPACIO DOS • 1961 • SHT
PASAJES TRES • 1961 • SHT
TIEMPO DE PLAYA • 1961 • SHT
TIEMPO ABIERTO • 1962 • SHT
TOROS TRES • 1962 • SHT
PLAYA INSOLITO • 1963 • SHT
TIEMPO DE PASION • 1963 • SHT
ARTESANIA EN EL TIEMPO • 1964 • SHT
CANTO A LA ESPERANZA • 1964 • SHT
ESPANA INSOLITA • 1964
VIZCAYA CUATRO • 1964 • SHT
OFICIOS DE CANDIDO, LOS • 1965
CHICOS CON LAS CHICAS, LOS • BOYS WITH THE GIRLS, THE • 1967
ESCOMBRERAS • 1967 • SHT
ESPACIO DE PLAYA • 1967 • SHT
INDUSTRIA PARA EL CAMPO, UNA • 1967 • SHT
MADRID, LA PUERTA MAS CORDIAL • 1967 • SHT
BLANCO VERTICAL • 1968 • SHT
LOS QUE TOCAN EL PIANO • THOSE WHO PLAY THE PIANO • 1968
SOLTERA Y MADRE EN AL VIDA • 1969
VEZ ANO SER HIPPY NO HACE DANO, UNA • 1969
ASTRONAUTA, EL • 1970
DE PROFESION, SUS LABORES • 1970
PIERNA CRECIENTE, FALDA MENGUANTE • 1970
IMPULSOS OPTICOS EN PROGRESION GEOMETRICA • OPTICAL IMPULSES IN GEOMETRIC PROGRESSION • 1971 • SHT
MULTIPLES, NUMERO INDETERMINADO • MULTIPLES, INDETERMINATE NUMBER • 1971 • SHT
UTS CERO • 1971 • SHT
GRAN AMOR DEL CONDE DRACULA, EL • COUNT DRACULA'S GREAT LOVE ◦ DRACULA'S GREAT LOVE (USA) ◦ CEMETERY GIRLS ◦ DRACULA'S VIRGIN LOVERS ◦ GREAT LOVE OF COUNT DRACULA, THE • 1972
III PLAN DE DESARROLLO ECONOMICO Y SOCIAL • 1972 • SHT
JOROBADO DE LA MORGUE, EL • HUNCHBACK OF THE MORGUE, THE (USA) • 1972
POZO, EL • WELL, THE • 1972
VOLVERE A NACER • 1972
ASESINO ESTA ENTRE LOS TRECE, EL • 1973
MEJOR REGALO, EL • 1973
INSOLITO EMBARAZO DE LOS MARTINEZ, EL • 1975
LIGERAMENTE VIUDAS • 1975
SOLTERO Y PADRE EN LA VIDA • 1975
TAUTOLOGOS PLUS X • 1975 • SHT
VIDA INTIMA DE UN SEDUCTOR CINICO • 1975
ACTO DE POSESION • 1976
ANTI-CINE • 1976
EXOSMOSIS • 1976 • SHT
FLAMENCO • 1976 • SHT
INICIACION EN EL AMOR, LA • 1976
UNDERWELLES • 1976 • SHT
VIBRACIONES OSCILATORIAS • 1976 • SHT
CARNE APALEADA • 1977
ESPOSA DE DIA, AMANTE DE NOCHE • 1977
VIDA PERRA DE JUANITA NARBONI, LA • 1978
VIDA PERRA • DOG'S LIFE, A ◦ PERRA VIDA • 1983

AGUIRRE JOSE ESTRADA see **ESTRADA JOSE**

AGUSTI ANDRES – VNZ
CINE SOMOS NOSOSTROS, EL • WE ARE THE CINEMA • 1979 • DOC

AGUSTSSON AGUST – USA
BUSHIDO • WAY OF THE WARRIOR, THE • 1970 • SHT

AGZAMOV YULDASH – USS
KOLOKOL SAYATA • BELL OF SAYAT • 1967

AH MON LAWRENCE see **LIU GUOCHANG**

AHAND CHETAH – IND
AANDHIYAN • CRUEL WIND • 1952

AHEARN CHARLIE – USA
WILD STYLE • 1982

A'HILLER LEJAREN – USA
HILLER LEJAREN
DEVIL'S ANGEL, THE • 1920

AHLBERG MAC – SWD – 1931–
TORN BERT
JAG –EN KVINNA (I) • JEG –EN KVINDE (DNM) ◦ I –A WOMAN • 1965
JEG –EN MARKI • JAG EN MARKIS –MED UPPDRAG ATT ALSKA (SWD) ◦ I, A NOBLEMAN (USA) ◦ I A MARQUIS ◦ RELUCTANT SADIST, THE • 1967
FANNY HILL • SWEDISH FANNY HILL, THE • 1968
JAG –EN KVINNA (II) • JEG –EN KVINDE II (DNM) ◦ I –A WOMAN (II) ◦ JAG –EN KVINNA II: AKTENSKAPET ◦ I –A WOMAN PART TWO: MARRIAGE • 1968
NANA • TAKE ME, LOVE ME (UKN) ◦ TAG MEJ –ALSKA MEJ • 1970
TRE SLAGS KAERLIGHED • DAUGHTER: I, A WOMAN PART III, THE (USA) ◦ I, A WOMAN –3 ◦ I AM A WOMAN III • 1970
JORDEN RUNT MED FANNY HILL • AROUND THE WORLD WITH FANNY HILL • 1973
FLOSSIE • SWEDISH SEX KITTEN • 1974
JUSTINE + JULIETTE • 1974
BEL AMI • FOR MEN ONLY • 1975
SECOND COMING OF EVA, THE • 1975
SEX IN SWEDEN • MOLLY • 1977

AHLIN PER – SWD
DUNDERKLUMPEN • THUNDERING FATTY • 1975 • ANM
REISEN TIL MELONIA • VOYAGE TO MELONIA ◦ RESAN TILL MELONIA • 1989 • ANM

AHMED BELAL – BNG
NAGARDOLA • SWALLOWS ALWAYS COME BACK ◦ GIANT WHEEL • 1978

AHMED SHRI MUSHIR – IND
TAJ MAHAL • 1959

AHMED W. Z. – IND
SHREE KRISHNA BHAGWAN • LIFE OF SHREE KRISHNA BHAGWAN • 1935
MEERABAI • MIRABAI • 1946

AHREN BJORN – SWD
OLYCKSFAGELN NR.13 • UNLUCKY FELLOW NO.13 • 1942

AHRLE ELOF – SWD – 1900–1965
I GULT OCH BLATT • IN BLUE AND YELLOW • 1942
TRE SKOJIGA SKOJARE • THREE FUNNY RASCALS • 1942
EN FANGE HAR RYMT • 1943
LIVET MASTE LEVAS • LIFE IS THERE TO BE LIVED • 1943
SEXTETTEN KARLSSON • KVARTERETS BUSUNGAR • 1945
STILIGA AUGUSTA • HANDSOME AUGUSTA • 1946
SANGEN OM STOCKHOLM • ALICE BABS I TOPPFORM ◦ SONG ABOUT STOCKHOLM • 1947
LIVET PA FORSBYHOLM • LIFE AT FORSBYHOLM • 1948
LOFFE BLIR POLIS • LOFFE BECOMES A POLICEMAN • 1950
MOTORKAVALJERER • MOTOR CAVALIERS • 1951

AHRNE MARIANE see **AHRNE MARIANNE**

AHRNE MARIANNE – SWD
AHRNE MARIANE
FIVE DAYS IN FALKOPING
PROMENAD I DE GAMLAS LAND
TVA KVINNOR • TWO WOMEN • 1974
LANGT BORTA OCH NARA • NEAR AND FAR AWAY • 1977
FRIHETENS MURAR • ROOTS OF GRIEF ◦ WALLS OF FREEDOM, THE • 1978
PA LIV OCH DOD • MATTER OF LIFE AND DEATH, A • 1986

AI-ARTYAN A. – USS
OKHOTNIK IZ LALVARA • HUNTER FROM LALVAR • 1967

AICHA SADOK BEN see **BEN AICHA SADOK**

AICHHOLZER JOSEF – AUS
WIEN RETOUR • VIENNA IN THE PAST • 1983

AICHINGER HANNS RAIMUND – GRM
SCHICKSALS-DOLCH, DER • 1919

AIMANOV SHAKEN – USS – 1914–1971
AIMONOV SHAKEN
POEMA LYUBVI • POEM OF LOVE • 1954
MY ZDES ZHIVEM • WE LIVE HERE • 1957
NASH MILYI DOKTOR • OUR SPLENDID DAUGHTER • 1958
PEREKRESTOK • CROSSROAD • 1963
KRYLYA PESNI • WINGS OF SONG • 1966
ZEMLYA OTTSOV • LAND OF OUR FATHERS • 1968
ANGEL V TIUBETEIKE • ANGEL IN A SKULLCAP • 1970

AIMONOV SHAKEN see **AIMANOV SHAKEN**

AINSWORTH JOHN – UKN
BAY OF ST. MICHEL, THE • PATTERN FOR PLUNDER (USA) ◦ OPERATION MERMAID • 1963
HELL IS EMPTY • 1967

AINUDA SATORU – JPN
GEKKO KAMEN • MONSTER GORILLA, THE • 1959

AIREY ANTHONY – ASL
HAPPINESS IS A THREE LEGGED DOG • 1967 • SHT

AISHA SADEK BEN see **BEN AICHA SADOK**

AISNER HENRI – FRN – 1911–
MYSTERE DE LA CHAMBRE JAUNE, LE • MYSTERY OF THE YELLOW ROOM, THE • 1948
LIBERTE SURVEILLEE • 1957

AITKEN DOUG – UKN
BIG WHEELS AND SAILOR • 1979

AITKEN TOM – UKN
TROTTER ON THE TROT • 1920

AIVAZYAN AGASI – USS
TROYE IZ NAS • THREE OF US • 1989

AJRAME FAROUGH – IRN
MARDI AZ TEHRAN • MAN FROM TEHRAN, A • 1967
BAZY-E-SHANCE • GAME OF LUCK, THE • 1968

AKAD LUTFI see **AKAT LUTFU**

AKAD LUTFU see **AKAT LUTFU**

AKALAITIS JOANNE – USA
DEAD END KIDS: A STORY OF NUCLEAR POWER • DEAD END KIDS • 1986

AKARAME FAROUGH – IRN
TOUFAN BAR FARASE PETRA • STORM OVER PETRA • 1968

AKARASERANI PISAN – THL
PLENG SUDTAI • 1987
RAK TORAMAN • 1988

AKASA MASAHARU – JPN
FUJI • 1959
DORAN NO BETONAMU • VIETNAM IN TURMOIL (USA) • 1965 • DOC

AKASAKA CHOGI – JPN
AKUMA NO KESHIIN • SUPER GIANT 8 (USA) ◦ DEVIL INCARNATE, THE • 1959
DOKUGA OKOKU • SUPER GIANT 9 (USA) ◦ KINGDOM OF THE POISON MOTH • 1959

AKASAKA KOREYOSHI – JPN
KOTETSU NO KYOJIN –KAISEIJIN NO MAJYO • INVADERS FROM THE PLANETS ○ DEVILS FROM THE PLANETS ○ SUPER GIANT 3 • 1957

AKAT LUTFU – TRK – 1916–
AKAD LUTFI • AKAD LUTFU
DAMGA • 1947
UNUTLAN SIR • 1947
VURUN KAHPEYE • 1948
INGILIZ KEMAL LAWRENS'E KARIS • 1949
KAATIL • 1953
BEYAZ MENDIL • 1955
GORUNMIYEN ADAM ISTANBULDA • INVISIBLE MAN IN ISTANBUL • 1956
AK ALTIN • 1957
HUDUTLARIN KANUNU • LAW OF SMUGGLING, THE • 1966
ANA • MOTHER, THE • 1967
KIZILIRMAK –KARAKOYOUN • RED RIVER –BLACK SHEEP • 1967
KURBANLIK KATIL • SACRIFICED KILLER, THE ○ KILLER, THE • 1967
KADER BOYLE ISTEDI • FATE WILLED IT SO • 1968
VESIKALI YARIM • MY SYNDICATED LOVE ○ MY WOMAN • 1968
GELIN • BRIDE, THE • 1973
GOKCE CICEK • 1973
IRMAK • RIVER, THE • 1973
DUGUN • MARRIAGE, THE • 1974
DIYET • 1975

AKBAR S. A. – IND
PATI PATNI • HUSBAND AND WIFE • 1967

AKBARKHODZHAEV K. – USS
RED SANDS, THE • 1969

AKBASLI VELI – TRK
VAHSI OLUM • SAVAGE DEATH • 1967

AKEHI MASAYUKI – JPN
KING ARTHUR • 1980 • ANM

AKERMAN CHANTAL – BLG – 1950–
SAUTE MA VILLE • 1968 • SHT
ENFANT AIME, L' • 1971
CHAMBRE, LA • 1972
HOTEL MONTEREY • 1972
JOURNAL • 1973
YONKERS, HANGING OUT • 1973
15 AOUT, LE • 1973
JE, TU, IL, ELLE • 1975
VOGUE VERS L'AMERIQUE, IL • 1975
JEANNE DIELMAN, 23, QUAI DU COMMERCE 1080 BRUXELLES • 1976
NEWS FROM HOME • 1977
RENDEZ-VOUS D'ANNA, LES • MEETINGS OF ANNA, THE • 1978
TOUTE UNE NUIT • ALL NIGHT LONG • 1982
ANNEES 80, LES • GOLDEN EIGHTIES • 1983
HOMME A LA VALISE, L' • 1984
PARIS VU PAR.. 20 ANS APRES • SIX IN PARIS • 1984
HISTOIRES D'AMERIQUE • AMERICAN STORIES FOOD FAMILY AND PHILOSOPHY • 1989

AKI KEIZO – JPN
KUZURETA KANNO • BROKEN ECSTASY • 1968

AKIKA ALI – ALG – 1945–
OLIVIER, L' • 1975 • DOC
SO. SO. SONACOTRA CEDERA • 1976 • SHT
TRANSITION, LA • 1976 • SHT
VOYAGE EN CAPITAL • 1977 • DOC
LARMES DE SANG • 1979 • DOC
IRAN, UN PRINTEMPS EN HIVER • 1980 • DOC

AKIKA YOUCEF – ALG
ENFER A DIX ANS, L' • HELL AT THE AGE OF TEN • 1968

AKIN LAMINE – GUN
SERGENT BAKARY WOOLEN • 1966

AKINCI NURI – TRK
KAMALI ZEYBEK • HERO WITH A KNIFE • 1964
KARA SAHIN • 1964
KASIMPASALI • 1965
KASIMPASALI RECEP • 1965
KAMALI ZEYBEGIN INTIKAMI • REVENGE OF KAMALI ZEYBEK, THE • 1967
KAMALI ZEYBEK CAKIRCALIYA KARSI • KAMALI ZEYBEK VS. CAKIRCALI • 1967
KILLING FRANKESTAYNA KARSI • KILLING VS. FRANKENSTEIN • 1967

AKKAD MOUSTAPHA – Producer – SYR
RISALAH, AL– • MOHAMMAD, MESSENGER OF GOD (USA) ○ MESSAGE, THE (UKN) • 1976
LION OF THE DESERT • OMAR MUKHTAR: LION OF THE DESERT • 1979

AKOMFRAH JOHN – UKN
HANDSWORTH SONGS • 1987
TESTAMENT • 1989

AKOPYAN M. – USS
WATERS ARE RISING, THE • 1966

AKSENCHUK I. see **AKSENCHUK IVAN**

AKSENCHUK IVAN – USS
AKSENCHUK I. • AXENCHUK I.
TWO LEGENDS • ANS
MAGIC TWIG, THE • 1955 • ANS
VOLSHEVNOYE ZERKALO • ENCHANTED MIRROR, THE (USA) • 1958

AKSENOV V. – USS
BLUE HARES • 1973

AKSOY ORHAN – TRK
KEDERLI GUNLERIM • MY SORROWFUL DAYS • 1967
SAMANYOLU • MILKY WAY, THE • 1967
YIKILAN YUVA • BROKEN HOME, THE • 1967
KADIN ASLA UNUTMAZ • WOMAN NEVER FORGETS, A • 1968
KEZBAN • 1968
AILE SEREFI • HONOUR OF THE FAMILY • 1977
BARAJ • DAM, THE • 1978
ALTIN SHEER • GOLDEN TOWN, THE • 1979
ISAYAN • REVOLT, THE • 1980

AKSYONOV VITALI – USS
SYEM NOT V TISHINYE • SEVEN NOTES BREAK THE SILENCE ○ SEVEN NOTES IN SILENCE • 1967 • DOC

AKTASHEVA IRINA – USS
MONDAY MORNING • 1965
SUNSTROKE • 1976
AVALANCHE, THE • 1981

AKUTAGAWA – JPN
NYAN–NYAN–MYAN–HOI • FESTIVAL OF NYAN–NYAN–MYAN • 1940

AL-ABNUDI ATIAT see **ABNUDI ATIAT AL-**

AL-BAKRI ZARUL SHAHRIN – MLY
MAT GELAP • ZANY CARTOONIST, THE • 1990

AL-IMAM HASSAN see **AL IMAM HASSAN**

AL IMAM HASSAN
AL-IMAM HASSAN
BAYN AL-QASRAYN • ENTRE LES DEUX PALAIS
DALAL MISRIYA • DALAL L'EGYPTIENNE
QASR ASH-SHAWQ • PALAIS DES PASSIONS, LE
SUKKARIYYA, AS-
ZUQAQ AL-MIDAQQ • PASSAGE DES MIRACLES
MALUN WA NISA' • ARGENT ET LES FEMMES, L' • 1960
BINT MIN EL BANAT • STORY OF A GIRL • 1968
BIL WALIDAIN IHSANAN • MERCY ON YOUR PARENTS • 1976

AL JANABI MOHAMMED YUSEF see **JANABI MOHAMMED YUSEF AL**

AL-KECHINE AHMED – TNS – 1940–
KECHINE AHMED AL-
TAHTA MATAR AL-KHARIF • SOUS LA PLUIE DE L'AUTOMNE • 1970

AL-KTARI NACEUR – TNS – 1943–
KTARI NACEUR AL- • KATARI NASSIR
INONDATIONS • 1969 • MTV
SHOW 5000 • 1969 • SHT
PRENONS LA VILLE • 1973 • SHT
SUFARA', AS- • AMBASSADORS, THE ○ AMBASSADEURS, LES ○ ASSOUFARA • 1975

AL-MALIH NABIL see **MALEH NABIL**

AL MAMUN ABDULLAH see **MAMUN ABDULLAH AL**

AL MOAZIN MARWAN see **MOAZIN MARWAN AL**

AL RAWI ABDEL HADI see **AL-RAWI ABDEL-HADI**

AL-RAWI ABDEL-HADI – IRQ – 1938–
AL RAWI ABDEL HADI • RAWI ABDEL-HADI AL-
DISTRIBUTION DE MACHINES AGRICOLES AUX PAYSANS • 1970 • SHT
CANNE A SUCRE, LA • 1971 • SHT
QABUS, AL- • 1971 • SHT
BISCADERA • 1972 • SHT
QU'AS-TU DONNE A LA PALESTINE? • 1973 • SHT
ALPHABETISATION, L' • 1974 • SHT
AZYA', AL • 1974 • SHT
HUBB FI BAGHDAD • LOVE IN BAGHDAD • 1986

AL-TOHAMI FOAAD see **AL-TOHAMY FOA'AD**

AL-TOHAMY FOA'AD – IRQ
AL-TOHAMI FOAAD • TOHAMY FOA'AD AL-
EXPERIMENT • 1977
IRAQI WORK SONG, AN • 1977

AL YASSERI FEISAL see **AL-YASSIRI FIASAL**

AL-YASSIRI FIASAL – IRQ – 1923–
AL YASSERI FEISAL • YASSIRY FIASAL • YASSIRI FIASAL • YASSIRI FAYCAL AL-
RAJAR, AR- • HOMME, L' • 1968
CHILDREN'S TESTIMONY IN WARTIME • DOC
HUBB WA KARATI • AMOUR ET KARATE • 1973
AWDIT HAMIDU • 1974
RAS, AR- • HEAD, THE ○ TETE, LA • 1976
NAHR, AL • RIVER, THE ○ FLEUVE, LE • 1977
SNIPER, THE • 1980

AL-ZOBIDI KAIS – SYR
AL ZOUBAIDY KAIS • ZOBIDI KAIS AL- • ZOUBAIDY KAIS AL
COLOURS • 1972 • SHT
YAZERLY, AL • 1972

AL ZOUBAIDY KAIS see **AL-ZOBIDI KAIS**

AL-ZUBAYDI QAYS see **ZUBAYDI QAYS AL-**

ALAM SULTAN – IND
HAVAI KHATAULA • 1946

ALAMI M. R. – IRN
LOVE AND DEATH • 1990

el ALAMY YEHYA – EGY
AFRAID OF SOMETHING • 1979

ALAOUIE BORHANE see **ALAWIYA BURHAN**

ALARCON SEBASTIAN – USS
NAT OVER CILI • 1977
SANTA ESPERANZA • SACRED HOPE • 1981
CAIDA DEL CONDOR, LA • FALL OF THE CONDOR, THE • 1982

ALASSANE MOUSTAPHA – NGR – 1942–
ALASSANE MUSTAPHA
AUORE • WEDDING • 1962 • ANS
BAGUE DU ROI KODA, LA • KING KODA'S WEDDING • 1962 • ANS
MORT DE GANDJI, LA • DEATH OF GANDJI • 1965 • ANS
ARACHIDE DE SANCHIRA, L' • 1966
RETOUR D'UN AVENTURIER, LE • RETURN OF THE ADVENTURER, THE ○ RETURN OF AN ADVENTURER • 1966
VOYAGE DE SIM, LA • BON VOYAGE, SIM ○ SIM'S VOYAGE • 1966 • ANS
DEELA • 1970 • DOC
FEMME – VILLA – VOITURE – ARGENT • WOMAN – VILLA – CAR – MONEY ○ F.V.V. A. ○ FVVA • 1972
TOULA • 1973
SAMBA LE GRAND • 1977 • ANS
KANKAMBA • 1980

ALASSANE MUSTAPHA see **ALASSANE MOUSTAPHA**

ALASYA ZEKI – TRK
PETROL KRALLARI • KINGS OF PETROL • 1979

ALATRISTE GUSTAVO – MXC
QRR • QUIEN RESULTA RESPONSABLE ○ WHO IS RESPONSIBLE • 1971
MEXICO, MEXICO, RA, RA, RA • 1974

ALAUDDIN RAJA AHMAD – MLY
HATI BUKAN KRISTAL • EAR IS NOT A CRYSTAL, THE • 1989

ALAUX MYRIAM – UKN
ANIMALS FILM, THE • 1982 • DOC

ALAWIYA BORHAN see **ALAWIYA BURHAN**

ALAWIYA BURHAN – LBN – 1941–
ALAWIYA BORHAN • ALAOUIE BORHANE
FORRIERE • 1971
AFFICHE CONTRE AFFICHE • 1972
KAFR KASSEM • KAFR QASIM • 1974
IL NE SUFFIT PAS QUE DIEU SOIT AVEC LES PAUVRES • 1976
BEIRUT, AL LIQA • BEIRUT, THE ENCOUNTER ○ BEIRUT, THE MEETING • 1983
RISALA MIN ZAMAN AL HARB • WARTIME LETTER • 1984 • DOC

ALAZRAKI BENITO – MXC – 1923–
ARCONTI CARLOS J.
RAICES • ROOTS • 1953
A DONDE VAN NUESTROS HIJOS • 1956
AMANTES, LOS • 1956
LADRONES DE NINOS • 1957
REBELDE SIN CASA • 1957
CAFE COLON • 1958
INFIERNO DE ALMAS • 1958
POKER DE REINAS • 1958
TIJERA DE ORO, LA • 1958
VESTIDO DE NOVIA, EL • 1958
HERMANAS KARAMBAZO, LAS • 1959
LEY DE LAS PISTOLAS, LA • 1959
PELIGROS DE JUVENTUD • 1959
PISTOLAS INVENCIBLES • 1959
TIN TAN Y LAS MODELOS • 1959
TORO NEGRO, EL • 1959
AMOR A BALAZO LIMPIO • 1960
CON QUIEN ANDAN NUESTROS LOCOS • 1960
DE HOMBRE A HOMBRE • 1960
MUNECOS INFERNALES • CURSE OF THE DOLL PEOPLE, THE (USA) • 1960
ESPIRITISMO • SPIRITISM (USA) • 1961
FRANKENSTEIN, EL VAMPIRO Y CIA • FRANKENSTEIN, THE VAMPIRE AND CO. • 1961
PISTOLEROS, LOS • 1961
SANTO CONTRA LOS ZOMBIES • INVASION OF THE ZOMBIES (USA) ○ SANTO AGAINST THE ZOMBIES ○ SANTO VS. THE ZOMBIES • 1961
TIGRE NEGRO, EL • 1961
A RITMO DE TWIST • 1962
TIME AND THE TOUCH, THE • 1962
JOVENES AMANTES, LOS • 1970
BALUN CANAN • 1976
FANTASMA DEL LAGO, EL • 1978

ALBAGNAN C. – ITL
NEL BUIO DEL TERRORE • 1972

ALBANI MARCELLO – ITL
BOCCACCIO • 1940
BAZAR DELLE IDEE, IL • 1941
REDENZIONE • 1942
DIVIETO DI SOSTA • 1943

ALBERANI GHIGO – ITL
TUTTO IN COMUNE • 1974

ALBERINI FILOTEO – ITL
PRESA DI ROMA, LA • 1905

ALBERS RUDY – USA
CYCLE • SHT
SILENT MUSIC • SHT

ALBERT AL see **ALBERTINI BITTO**

ALBERT JUAN see **ALBERTO JUAN**

ALBERT RONNIE – UKN
SWEET BEAT • AMOROUS SEX, THE (USA) • 1959

ALBERT SINTE S. – USA
RIO NUDO • 1969

ALBERTAZZI GIORGIO – ITL – 1925–
JEKYLL • 1969 • MTV
GRADIVA • 1971

ALBERTI E. GIORGI see **DE GIORGI ELSA**

ALBERTINI ADALBERTO see **ALBERTINI BITTO**

ALBERTINI BITTO – ITL – 1924–
ALBERTINI ADALBERTO • ALBERT AL • THOMAS ALBERT • MITCHELL STANLEY • WALKER ALBERT J
GOLDFACE • GOLDFACE IL FANTASTICO SUPERMAN (ITL) ○ GOLDFACE THE FANTASTIC SUPERMAN • 1967
SUPERCOLPO DA SETTE MILIARDI • TEN MILLION DOLLAR GRAB, THE (USA) ○ 1000 CARAT DIAMOND, THE (UKN) • 1967
DREI TOLLE KERLE • TRE SUPERMEN A TOKIO (ITL) ○ THREE CRAZY FELLOWS • 1968
DIAVOLI DELLA GUERRA, I • 1969
CODENAME: RED DEVIL
CHE FANNO I NOSTRI SUPERMEN TRA LE VERGINI DELLA GIUNGLA • LOS TRE SUPERMEN EN LA SELVA (SPN) ○ SUPERMEN ○ THREE SUPERMEN IN THE JUNGLE, THE • 1970
VENDICATORI DELL'AVE MARIA, I • 1970
EMANUELLE GIALLA • YELLOW EMMANUELLE ○ KINGDOM OF EROTICISM, THE • 1971
RITORNO DEL GLADIATORE PIU FORTE DEL MONDO • 1971
UOMO PIU VELENOSO DEL COBRA, L' • 1971
METTI LO DIAVOLO TUO NE LO MIO INFERNO • PUT YOUR DEVIL INTO MY HELL (UKN) • 1972
SANTO PATRONO, IL • 1972
ZAMBO IL DOMINATORE DELLA FORESTA • ZAMBO KING OF THE JUNGLE (USA) • 1972
CONTINUAVANO A METTERE LO DIAVOLO NE LO INFERNO • 1973
CRASH CHE BOTTE! • STRIPPO STRAPPO STROPPIO • 1973
QUATTRO CAPORALI E MEZZO E UN COLONNELLO TUTTO D'UN PEZZO • 1973
EMANUELLE NERA • BLACK EMMANUELLE • 1975
EMANUELLE NERA N.2 • BLACK EMMANUELLE 2 ○ NEW BLACK EMMANUELLE, THE • 1975
MONDO DEI SENSI DI EMY WONG, IL • 1978
SEIMILA CHILOMETRI DI PAURA • 6,000 KM PI PAURA ○ SAFARI RALLY • 1978

ALBERTINI LUCIANO – GRM
SCHLUCT DES TODES, DIE • PAMPASREITER • 1923

ALBERTO JUAN – SPN
ALBERT JUAN • SOLER JUAN ALBERTO • THOMAS VINCENT
JUANILLO, PAPA Y MAMA • 1956
CORSARO NERO, IL • BLACKIE THE PIRATE (USA) ○ BLACK PIRATE, THE • 1971
VENDITORE DI MORTE, IL • PRICE OF DEATH, THE • 1971
VENGEANCE DE DIEU, LA • 1972
PRIMO TANDO A ROMA.. STORIE D'AMORE E D'ALCHIMIA • 1973

ALBES EMIL – GRM
ADAM, WO BIST DU? • 1915
BUSSENDE MAGDALENA, DIE • 1915
O DU MEIN OSTERREICH • 1915
PRALAT VON CADORE, DER • 1915
RACHES DES BLUTES, DIE • 1915
SIEG DES ERFINDERS, DER • 1915
UBERFAHRENE HUT, DER • 1915
WUNDERLAMPE, DIE • 1915
3 GLOCKEN VON SAN MARTINO, DIE • 1915
DORFPRINZESSIN, DIE • 1916
JUNG MUSS MAN SEIN • 1916
NOTTRAUUNG, DIE • 1916
VERFLIXTE LIEBE, DIE • 1916
VERFOLGTE UNSCHULD, EINE • 1916
VOM REGEN IN DIE TRAUFE • 1916
WUNDERKIND, DAS • 1916
ZWEI GLUCKLICHE TAGE • 1916
LICHT IN DER NACHT, DAS • 1918
BADEMAUS, DIE • 1919
KARLCHEN AUF DER BRAUTSCHAU • 1919
TRICK-TRACK • 1921

ALBICOCCO JEAN-GABRIEL – FRN – 1936–
FILLE AUX YEUX D'OR, LA • GIRL WITH THE GOLDEN EYES, THE (USA) • 1961
RAT D'AMERIQUE, LE • SENTIERO DEI DISPERATI, IL (ITL) • 1962
GRAND MEAULNES, LE • WANDERER, THE (USA) • 1967
FAIRE L'AMOUR: DE LA PILULE A L'ORDINATEUR • AMOUR AU FEMININ, L' • 1968
COEUR FOU, LE • 1970
PETIT MATIN, LE • VIRGIN AND THE SOLDIER, THE • 1971

ALBIN HANS – GRM
KARNEVAL IN WEISS • 1952
FRUHLINGSLIED • 1954
AUF WIEDERSEHEN AM BODENSEE • 1956
1A IN OBERBAYERN • 1956
11-A IN BERLIN • 1956
EGON, DER FRAUENHELD • 1957
SCHON IST DIE LIEBE AM KONIGSSEE • 1960
DREI WEISSE BIRKEN • 1961
VERKAUFTE GROSSVATER, DER • 1962
CHEF WUNSCHT KEINE ZEUGEN, DER • NO SURVIVORS, PLEASE (USA) ○ CHIEF WANTS NO SURVIVORS, THE • 1963
LADY, DIE • GAMES OF DESIRE (USA) • 1964
HUGO, DER WEIBERSCHRECK • 1968
PUDELNACKT IN OBERBAYERN • 1968
RADHAPURA -ENDSTATION DER VERDAMMTEN • RADHAPURA -TERMINUS OF THE DAMNED • 1968

ALBRECHT JOSEPH – SAF
MOEDERTJIE • MOCDERTJIE • 1931
BOU VAN 'N NASIE, DIE • THEY BUILT A NATION ○ BUILDING A NATION ○ SALUTE TO PIONEERS • 1939

de ALBUQUERQUE ERNESTO – PRT – 1883–
CULTURA DO CACAU EM S. TOME • 1909 • SHT
AVENTURAS DO QUIM E DO MANECAS • 1915 • SHT
CIDADE DE TOMAR • 1915 • SHT
FESTA DA FLOR • 1915 • SHT
MINAS DE PENACOVA • 1915 • SHT
REVOLUCAO DE LISBOA • 1915 • SHT
VIDA NA PENITENCIARIA DE LISBOA, A • 1915
MANOBRAS DE TANCOS • 1919 • SHT
AVENTURAS DO TENOR ROMAO • 1920
MORGADHINHA DE VALFLOR, A • 1921
REI DA FORCA, O • 1922
SUICIDA DA BOCA DO INFERNO, O • 1923

ALBURY SIMON – UKN
ON THE ROAD SPECIAL: THE 1955 SHOW • 1975 • SHT

ALCALDE JOSE ANDRES – SPN – 1932–
OVNIS Y VIAJES EXTRATERRESTRES • 1977
SEGURA EST EL INFIERNO • HELL FOR SURE • 1986

ALCARAZ JOSE ANTONIO – MXC
PUBERTINAJE • PUBERTINAGE • 1971

ALCAZAR VICTOR – SPN
BARRERA VICTOR • WINNER VIC
TERRORISTA, EL • 1977

ALCOCER SANTOS – SPN – 1907–
MANN EDWARD
NOVIA DE JUAN LUCERO, LA • 1958
PACHIN, ALMIRANTE • 1961
PUENTE DE COPLAS • 1961
ULTIMAS HORAS, LAS • 1965
SOLO UN ATAUD • ORGIES DU DOCTEUR ORLOFF, LES (FRN) ○ ORGIES OF DR. ORLOFF, THE ○ ONLY A COFFIN • 1966
COLECCIONISTA DE CADAVERES, EL • BLIND MAN'S BLUFF (USA) ○ MORTE VIENE DEL BUIO, LA ○ CAULDRON OF BLOOD (UKN) ○ DEATH COMES FROM THE DARK ○ CORPSE COLLECTORS, THE ○ CHILDREN OF BLOOD • 1967

ALCORIZA LUIS – Screenwriter – SPN – 1920–
JOVENES, LOS • YOUTHS, THE • 1960
TLAYUCAN • PEARL OF THE TLAYUCAN, THE (USA) ○ PEARLS OF ST. LUCIA, THE • 1961
TIBURONEROS • SHARK FISHERMEN • 1962
AMOR Y SEXO • SAFO 1963 ○ SAPHO 63 • 1963
GANGSTER, EL • 1964
TARAHUMARA • CADA VEZ MAS LEJOS • 1964
JUEGO PELIGROSO • JOGO PERIGOSO • 1966
CASA DE CRISTAL, LA • 1967
OFICIO MAS ANTIGUO, EL • 1968
PUERTA, LA • DOOR, THE • 1968 • SHT
PARAISO • 1969
ESPERANZA • 1972
FE, ESPERANZA Y CARIDAD • FAITH, HOPE, AND CHARITY • 1972
MECANICA NACIONAL • NATIONAL MECHANICS • 1972
MURO DEL SILENCIO, EL • WALL OF SILENCE, THE • 1972
PRESAGIO • PRESAGE • 1974
FUERZAS VIVAS, LAS • 1975
TAC-WAC • 1981
LO QUE IMPORTA ES VIVIR • IT'S LIVING THAT COUNTS • 1987

ALDA ALAN – Actor – USA – 1936–
FOUR SEASONS, THE • 1981
MASH: GOODBYE, FAREWELL, AMEN • 1983 • TVM
SWEET LIBERTY • 1986
NEW LIFE, A • 1988
BETSY'S WEDDING • 1990

ALDEN-DELOS JEAN – FRN – 1901–
AGONIE DES AIGLES, L' • 1951
SIDI-BEL-ABBES • 1953

ALDER WILLIAM F. – USA
ISLE OF VANISHING MEN, THE • 1924 • DOC

ALDERMAN THOMAS S. – USA
SEVERED ARM, THE • 1974

ALDERSON JOHN – Producer/writer – UKN – 1896–
CABBAGES AND KINGS • 1938
GARDENER'S LOT, A • 1938
IN YOUR GARDEN • 1938
'ISTORY AND 'ORTICULTURE • 1938
NATURE'S NURSERY • 1938
PASTURES NEW • 1938
STONY GROUND • 1938
EL DORADO • 1951

ALDIN SAMIR JAMAL – SWT
FILOU • 1988

ALDINI CARLO – GRM
IM KAMPF MIT DER UNTERWELT • 1931

ALDIS WILL – USA
STEALING HOME • 1988

ALDRICH ADELL – USA
DADDY, I DON'T LIKE IT LIKE THIS • 1978 • TVM

ALDRICH HANK – USA
ROBIN • 1979

ALDRICH ROBERT – USA – 1918–1983
BIG LEAGUER • 1953
APACHE • 1954
VERA CRUZ • 1954
WORLD FOR RANSOM • 1954
BIG KNIFE, THE • 1955
KISS ME DEADLY • 1955
ATTACK! • 1956
AUTUMN LEAVES • 1956
GARMENT JUNGLE, THE • GARMENT CENTER, THE • 1957
ANGRY HILLS, THE • 1959
TEN SECONDS TO HELL • 1959
LAST SUNSET, THE • 1961
SODOM AND GOMORRAH • SODOMA E GOMORRA (ITL) ○ SODOME ET GOMORRHE (FRN) • 1961
WHAT EVER HAPPENED TO BABY JANE? • 1962
FOUR FOR TEXAS • 1963
HUSH.. HUSH, SWEET CHARLOTTE • WHAT EVER HAPPENED TO COUSIN CHARLOTTE • 1964
FLIGHT OF THE PHOENIX • 1965
DIRTY DOZEN, THE • 1967
KILLING OF SISTER GEORGE, THE • 1968
LEGEND OF LYLAH CLARE, THE • 1968
TOO LATE THE HERO • SUICIDE RUN • 1970
GRISSOM GANG, THE • 1971
ULZANA'S RAID • 1972
EMPEROR OF THE NORTH POLE, THE • EMPEROR OF THE NORTH • 1973
LONGEST YARD, THE • MEAN MACHINE, THE (UKN) • 1975
HUSTLE • 1976
CHOIRBOYS, THE • 1977
TWILIGHT'S LAST GLEAMING • NUCLEAR COUNTDOWN ○ VIPER THREE • 1977
FRISCO KID, THE • NO KNIFE • 1979
KID FROM LEFT FIELD, THE • 1979 • TVM
ALL THE MARBLES • CALIFORNIA DOLLS, THE (UKN) • 1981

ALDRIDGE SIDNEY – UKN
ADVENTURES OF WILLIE WOODBINE AND LIGHTNING LARRY -A JOYRIDE TO THE CANNIBAL ISLANDS, THE • 1915

ALEA TOMAS G. see **ALEA TOMAS GUTIERREZ**

ALEA TOMAS GUTIERREZ – CUB – 1928–
ALEA TOMAS G.
CONFUSION CONTIDIANA • 1950 • SHT
MEGANO, EL • 1955
ESTA TIERRA NUESTRA • THIS LAND OF OURS • 1959 • DOC
ASAMBLEA GENERAL • GENERAL ASSEMBLY • 1960 • DOC
HISTORIAS DE LA REVOLUCION • 1960
MUERTE AL INVASOR • DEATH TO THE INVADER • 1961 • DOC
DOCE SILLAS, LOS • TWELVE CHAIRS, THE • 1962
CUMBITE • 1964
MUERTE DE UN BUROCRATA, LA • DEATH OF A BUREAUCRAT (UKN) • 1966
MEMORIAS DEL SUBDESARROLLO • MEMORIES OF UNDERDEVELOPMENT ○ MEMORIAS DEL DESARROLLO • 1968
TIERRA PROMETIDA • PROMISED LAND, THE • 1970
PELEA CUBANA CONTRA LOS DEMONIOS, UNA • CUBAN FIGHT AGAINST THE DEMONS, A ○ CUBAN STRUGGLE AGAINST THE DEMONS, A • 1971
ARTE DEL TOBACO, EL • 1974
ULTIMA CENA, LA • LAST SUPPER, THE • 1977
SOBREVIVIENTES, LOS • SURVIVORS, THE • 1979
LABERINTO • LABYRINTH • 1983
HASTA CIERTO PUNTO • UP TO A POINT • 1984
LETTERS FROM THE PARK • 1988

ALEANDRI MARCO – ITL
RIDE BENE CHI RIDE ULTIMO • 1977
RIDENDO E SCHERZANDO • 1978
TANTO VA LA GATTA AL LARDO.. • 1978

ALECHINSKY PIERRE – FRN
CALLIGRAPHIE JAPONAISE • 1961

ALEIXANDRE MARGARITA – SPN – 1923–
ALEXANDRE MARGARITA
CRISTO • 1953
CIUDAD PERDIDA, LA • 1954
TERRORISTI A MADRID • 1954
GATA, LA • 1955

ALEKAN HENRI – Cinematographer – FRN – 1909–
SARRE, PLEINS FEUX • 1951 • SHT
ENFER DE RODIN, L' • 1959 • SHT

ALEKSIC D. – YGS
NEVINOST BEZ ZASTITE • 1942

ALEMAN CLAUDIA see **ALEMANN CLAUDIA**

ALEMANN CLAUDIA – GRM
ALEMAN CLAUDIA
TU LUC VAN DOAN
ES KOMMT DRAUF AN, SIE ZU VARANDERN • POINT IS TO CHANGE IT, THE (UKN) • 1973 • DOC

von ALEMANN CLAUDIA – GRM
REISE NACH LYON, DIE • 1980

ALEPEE GEORGES – FRN
VITRINE SOUS LA MER • 1960 • SHT

ALESSANDRINI GOFFREDO – EGY – 1904–1978
DIGA DI MAGHMOD, LA • 1929 • DOC
SEGRETARIA PRIVATA, LA • 1931
SECONDA B • 1934
DON BOSCO • 1935
CAVALLERIA • 1936
LIEBE DES MAHARADSCHA, DIE • DONNA TRA DUE MONDI, UNA (ITL) ○ BETWEEN TWO WORLDS (USA) ○ MAHARAJA'S LOVE, THE ○ WEISSE FRAU DES MAHARADSCHA, DIE • 1936
DONNA FRA DUE MONDI, UNA • 1937
LUCIANO SERRA PILOTA • 1938
VEDOVA, LA • 1939
PONTE DI VETRO, IL • 1940
CARAVAGGIO (IL PITTORE MALEDOTTO) • 1941
NOZZE DI SANGUE • 1941
ADDIO, KIRA • 1942
GIARABUB • 1942
NOI VIVI • WE THE LIVING (UKN) • 1942
CHI L'HA VISTO? • 1943
LETTERE AL SOTTOTENENTE • 1943

FURIA • 1946
EBREO ERRANTE, L' • WANDERING JEW, THE • 1947
RAPTURE • 1950
CAMICIE ROSSE • CHEMISES ROUGES, LES (FRN) ○ ANITA GARIBALDI ○ RED SHIRTS • 1952
SANGUE SUL SAGRATO • 1952
AMANTES DEL DESIERTO, LOS • AMANTI DEL DESERTO (SPN) ○ FIGLIA DELLO SCEICCO, LA ○ DESERT WARRIOR • 1958

ALESSANDRINI SERGIO – ITL
SIGNOR MINISTRO LI PRESE TUTTI E SUBITO, IL • 1978

ALESSI OTTAVIO – ITL – 1919–
CHE FINE HA FATTO TOTO BABY? • 1964
TOP SENSATION • SEDUCERS, THE (USA) ○ SENSATION • 1969

ALEVRAS NIKOS – GRC
PEFTOUN I SFAIRES SAN TO HALAZI • BULLETS STRIKE LIKE HAILSTONES • 1977

ALEX KOSTA – UKN
MAN WITH A HAT • 1973

ALEXANDER – UKN
FROM PLAN INTO ACTION • 1951 • SHT

ALEXANDER DONALD – UKN
PEOPLE IN THE PARK • 1936
WEALTH OF A NATION • 1938
MONKEY INTO MAN • 1940
ALL THOSE IN FAVOUR • 1941 • DOC
FIVE AND UNDER • 1941 • DOC
LIFE BEGINS AGAIN • 1943 • DOC

ALEXANDER DORSEY see **ANDERSON DORSEY**

ALEXANDER GEORG – Actor – GRM – 1889–1946
DETEKTIV-DUELL, EIN • 1917
ERBLICH BELASTET • 1917
GEHEIMNIS DER BRIEFMARKE, DAS • 1917
LIEBE, SIE WAR NUR EIN TRAUM, DIE • 1917
RACHEGOTTIN, DIE • 1917
VERHANGNIS DER SCHONEN SUSI, DAS • 1917
LACHENDE SEELE, DIE • 1918
ROSENKRANZ, DER • 1918

ALEXANDER JACK – CND
OPERATION MANHUNT • 1954

ALEXANDER MICHAEL see **ALEXANDER MIKE**

ALEXANDER MIKE – UKN
ALEXANDER MICHAEL
BODYGUARD, THE • SHT
FAMILY, THE • 1969
GARDENER, THE • 1972 • SHT
NEIL GUNN: LIGHT IN THE NORTH • 1973 • DOC
AYRSHIRE LANG SYNE • 1974 • DOC
CAMERA AT SCHOOL, THE • 1974 • DCS
DUNFERMLINE • 1974 • DCS
HOME AND AWAY • 1974
NORMAN MACCAIG • 1975 • DOC
PLAN FOR LIVING, A • 1975 • DOC
LONG SPRINT, THE • 1976 • DOC
NOSEY DOBSON • 1976
BUTTERFLY'S WING, THE • 1978
CASTLE AND CAPITAL • 1978 • DOC
DAFTIE, THE • 1978
DONEGALS, THE • 1978
ADMAN, THE • 1979 • SHT

ALEXANDER PETER – USA
THORN, THE • DIVINE MR. J., THE • 1980

ALEXANDERSSON HAKAN – SWD
KARLSSON • 1989

ALEXANDRAKIS ALEKOS – GRC
SYNIKIA TO ONIRO • QUARTIER LE REVE • 1961

ALEXANDRE ANDRE – FRN
ENFANT DU DANUBE, L' • 1935

ALEXANDRE M. – BLG
'CHAND D'HABITS • 1897
MARCHE AUX POISSONS DE BRUXELLES • 1897

ALEXANDRE MARGARITA see **ALEIXANDRE MARGARITA**

ALEXANDRE ROBERT
CLOISTERED • 1936

ALEXANDRESCO MIREA – FRN – 1920–
ANNEES FOLLES, LES • 1960

ALEXANDRESCU SICA – RMN
BADARINII • BOORS, THE • 1960

ALEXANDROV GRIGORI – USS – 1903–1985
ALEXANDROV GRIGORI V. • MORMONENKO GRIGORI
OKTYABR' • TEN DAYS THAT SHOOK THE WORLD ○ OCTOBER • 1928
STAROIE I NOVOIE • OLD AND NEW (USA) ○ GENERALNAYA LINIYA ○ GENERAL LINE, THE ○ OLD AND THE NEW, THE ○ STAROYE I NOVOYE • 1929
ROMANCE SENTIMENTALE • 1930 • SHT
WOMAN'S CRUSADE • WOMAN'S WEAL, WOMAN'S WOE • 1931
INTERNATIONALE • 1933
VESYOLYE REBYATA • MOSCOW LAUGHS (USA) ○ JOLLY FELLOWS, THE ○ JAZZ COMEDY • 1934
CIRK • CIRCUS • 1936
REPORT OF COMRADE STALIN ON PROPOSED CONSTITUTION OF THE USSR TO THE 8TH EXTRAORDINARY CONGRESS OF.. • 1937
VOLGA, VOLGA • 1938
1 MAJA • MAY 1ST • 1938
SVETYLI PUT • TANYA (USA) ○ BRIGHT PATH ○ LIGHT WAY, THE • 1940
FILM REPORT ON THE WAR NO.4 • 1941
ODNA SEMJA • ONE FAMILY • 1943
KAPISKIE LIUDI • THOSE FROM THE CASPIAN ○ MEN OF THE CASPIAN ○ KASPICHY • 1944
VESNA • SPRING (USA) ○ SPRINGTIME • 1947
VSTRECHA NA ELBE • MEETING ON THE ELBE • 1949
KOMPOZITOR GLINKA • MAN OF MUSIC (USA) ○ GLINKA, MAN OF MUSIC ○ GLINKA • 1952
CHELOVIEKU CHELOVIEK • FROM MAN TO MAN • 1958
RUSSKI SUVENIR • RUSSIAN SOUVENIRS • 1960
LENINE V POLSKE • 1961
PERED OKTYABRE • BEFORE OCTOBER • 1965
LENIN V SHVEITZARII • LENIN IN SWITZERLAND • 1966
STAR AND LYRA • 1973

ALEXANDROV GRIGORI V. see **ALEXANDROV GRIGORI**

ALEXEIEFF ALEXANDRE – Animator – USS – 1901–1982
ALEXEIFF ALEXANDRE
PRELUDE FOR VOICE, PIANO AND ORCHESTRA • ANS
NUIT SUR LA MONTE CHAUVE • NIGHT ON BALD MOUNTAIN, A (USA) ○ NIGHT ON A BARE MOUNTAIN, A • 1934 • ANS
BELLE AU BOIS DORMANT, LA • BEAUTY OF THE SLEEPING FOREST, THE ○ SLEEPING BEAUTY • 1935 • ANS
CREME SIMON, LA • 1936 • SHT
FRANCK AROMA • 1936 • SHT
LIGNER WERKE • 1936
OPTA EMPFANGT • 1936
PARADE DE CHAPEAUX • HAT PARADE • 1936 • SHT
TRONE DE FRANCE, LE • THRONE OF FRANCE, THE • 1936 • SHT
GRANDS FEUX • 1937 • SHT
BALATUM • 1938 • SHT
CIGARETTES BASTOS, LES • 1938 • SHT
CIGARETTES DAVRO, LES • 1938 • SHT
EAU D'EVIAN • 1938 • SHT
FONDERIES MARTIN, LES • 1938 • SHT
HUILOR • 1938 • SHT
ORANGES DE JAFFA, LES • 1938
VETEMENTS SIGRAND, LES • 1938 • SHT
CENPA • 1939 • SHT
GAINES ROUSSEL, LES • 1939 • SHT
GAZ, LE • 1939 • SHT
GULF STREAM • 1939 • SHT
EN PASSANT • IN PASSING • 1943
FUMEES • 1951 • SHT
MASQUES • 1953 • ANS
ESSO • 1954 • SHT
NOCTURNE • 1954 • ANS
PURE BEAUTE • 1954 • SHT
RIMES • 1954 • SHT
BUISSON ARDENT, LE • 1955 • SHT
SEVE DE LA TERRE • SAP OF THE EARTH • 1955 • ANS
BAIN D'X • BENDIX • 1956 • SHT
QUATRE TEMPS • 1956 • SHT
ANONYME • 1957 • SHT
CENT POUR CENT • 1957
COCINOR • 1957 • SHT
CONSTANCE • 1957 • SHT
AUTOMATION • 1958
OSRAM • 1958 • SHS
DAUPHINE JAVA, LA • 1960 • SHT
DIVERTISSEMENT • 1960 • SHT
A PROPOS DE JIVAGO • 1962 • SHT
PROCES (PROLOGUE), LE • 1962
NEZ, LE • SCREEN OF PINS ○ NOSE, THE • 1963 • ANS
EAU, L' • 1966
PICTURES AT AN EXHIBITION • TABLEAUX D'UNE EXPOSITION • 1972 • ANS
TROIS THEMES • THREE THEMES • 1980

ALEXEIFF ALEXANDRE see **ALEXEIEFF ALEXANDRE**

ALEXEYEV SERGEI – USS
CONSCIENCE • 1966

ALFARO ITALO – ITL
CANTERBURY PROIBITO • 1972
GUARDAMI NUDA • 1972
ULTIMO DECAMERONE, L' • DECAMERON N.3 LE PIU BELLE DONNE DEL BOCCACCIO ○ DECAMERON'S JOLLY KITTENS(UKN) ○ DECAMERON N.3 • 1972
SENTIVANO UNO STRANO, ECCITANTE, PERICOLOSO PUZZO DI DOLLARI • 1973

ALFE THURE – SWD – 1894–1962
BRODERNA OSTERMANS HUSKORS • VIRAGO OF THE OSTERMAN BROTHERS • 1932
SKEPP KOMMER LASTAT, ETT • 1932

ALFONSO RAUL – SPN – 1912–
HEROES DEL 95 • 1946
HOY NO PASAMOS LISTA • 1950
CRUZADO DE ORIENTE, EL • 1951
DANZA DEL CORAZON, LA • 1951
REINA MORA, LA • 1954
PIEDRAS VIVAS • 1956

ALFREDSON HANS – SWD
LADAN • BOX, THE • 1968
AGGET AR LOST! EN HARDKOKT SAGA • EGG! EGG? A HARDBOILED STORY • 1975
PICASSOS AVENTYR • ADVENTURES OF PICASSO, THE • 1978
ENFALDIGE MORDAREN, DEN • SIMPLE-MINDED MURDERER, THE • 1982
P & B • 1983
FALSE AS WATER • 1985
JIM OCH PIRATERNA BLOM • JIM AND THE PIRATES • 1987
VARGENS TID • TIME OF THE WOLVES ○ TIME OF THE WOLF • 1988

ALGAR JAMES – Producer – USA – 1912–
FANTASIA • 1940 • ANM
SEAL ISLAND • 1948 • DOC
ICHABOD AND MR. TOAD • ADVENTURES OF ICHABOD AND MR. TOAD, THE • 1949 • ANM
MADCAP ADVENTURES OF MR. TOAD, THE • 1949 • ANM
WIND IN THE WILLOWS • 1949 • ANM
BEAVER VALLEY • 1950 • DOC
NATURE'S HALF ACRE • 1952 • DOC
OLYMPIC ELK • 1952 • DOC
ALASKAN ESKIMO • 1953 • DOC
BEAR COUNTRY • 1953 • DOC
LIVING DESERT, THE • 1953 • DOC
PROWLERS OF THE EVERGLADES • 1954 • DOC
VANISHING PRAIRIE, THE • 1954 • DOC
AFRICAN LION, THE • 1955 • DOC
SECRETS OF LIFE • 1957 • DOC
WHITE WILDERNESS • 1957 • DOC
GRAND CANYON • GRAND CANYON SUITE • 1958 • DOC
JUNGLE CAT • 1960 • DOC
LEGEND OF LOBO, THE • 1962
BEST OF WALT DISNEY'S TRUE-LIFE ADVENTURES • 1975 • CMP

ALGIER SIDNEY – USA
WILD HORSE • SILVER DEVIL (UKN) • 1930

ALI MUZAFFAR – IND
GAMAN • GOING • 1977
UMRAO JAAN • 1979
ZOONI • 1989

ALI SHAIKH NEAMAT – BNG
ALI SHEIKH NIYAMOT
SURJO DIGHAL BARI • 1979
DAHAN • 1985

ALI SHEIKH NIYAMOT see **ALI SHAIKH NEAMAT**

ALIANAK HRANT – CND – 1950–
SACRIFICE, THE • 1978
MICHAEL AND KITTY • 1985 • MTV

ALIBERT PIERRE – Animator – FRN – 1926–
GENESE, LA • 1973 • ANM

ALIPRANDI MARCELLO – ITL – 1938–
RAGAZZA DI LATTA, LA • GIRL IN TIN, THE ○ TIN GIRL, THE • 1970
CORRUZIONE AL PALAZZO DI GIUSTIZIA • CORRUPTION IN THE HALLS OF JUSTICE • 1975
SUSSURRO NEL BUIO, UN • 1976
SENZA BUCCIA • SKIN DEEP ○ WITHOUT THE PEEL • 1979
MORTE IN VATICANO • DEATH IN THE VATICAN ○ VATICAN CONSPIRACY, THE • 1982

ALIX STEVE – USA
CHANNEL ONE • 1988

ALK HOWARD – USA
EAT THE DOCUMENT • 1972
JANIS • 1974 • DOC

ALKAMA MOHAMMED – ALG – 1948–
QUITTER THIONVILLE • 1977 • DOC

ALKHAS MARDOUK – IRN
EESTGAH-E-TRAIN • RAILWAY STATION • 1967
ALOUNAK • HUT • 1968

ALKOULI POPI – GRC
WOMEN TODAY • 1978 • DOC

ALLAHYARI HOUCHANG – AUS
PASOLINI INSZENIERT SEINEN TOD • PASOLINI DIRECTS HIS DEATH • 1985
BORDERLINE -SCHULDIG? • BORDERLINE -GUILTY • 1987
FLEISCHWOLF • MEAT-GRINDER • 1990

ALLAIN YVES – FRN
FANTASIE AU VIEUX-COLOMBIER • 1953 • SHT

ALLAN ELKAN – Writer/producer – UKN
LOVE IN OUR TIME • 1968 • DOC

ALLAN WILLIAM LOUIS – USA
ALL TOGETHER NOW • 1970

ALLAND WILLIAM – Actor/producer – USA – 1916–
LOOK IN ANY WINDOW • 1961

ALLEGRET MARC – SWT – 1900–1973
VOYAGE AU CONGO • 1927 • DOC
PAPOUL • 1929 • SHT
AMOURS DE MINUIT, LES • 1930
BLANC ET LE NOIR, LE • 1930
J'AI QUELQUE CHOSE A NOUS DIRE • 1930 • SHT
MEILLEURE BOBONNE, LA • 1930
AMANTS DE MINUIT, LES • 1931
ATTAQUE NOCTURNE • 1931
MAM'ZELLE NITOUCHE • 1931
PETITE CHOCOLATIERE, LA • 1931
FANNY • 1932
HOTEL DU LIBRE ECHANGE, L' • 1934
LAC AUX DAMES • 1934
SANS FAMILLE • 1934
ZOUZOU • 1934
BEAUX JOURS, LES • 1935
AMANTS TERRIBLES, LES • 1936
AVENTURE A PARIS • 1936
SOUS LES YEUX D'OCCIDENT • RASUMOFF ○ RASUMOV • 1936
ANDERE WELT • 1937
DAME DE MALACCA, LA • 1937
GRIBOUILLE • HEART OF PARIS (USA) ○ TREIZIEME JURE, LE • 1937
ORAGE • VENIN, LE • 1937
ENTREE DES ARTISTES • CURTAIN RISES, THE (USA) • 1938
JEUNE FILLE DE FRANCE • GIRLS OF FRANCE, THE • 1938 • DCS
CORSAIRE, LE • 1939
PARADE EN SEPT NUITS • 1940
ARLESIENNE, L' • 1941
BELLE AVENTURE, LA • TWILIGHT (USA) • 1942
FELICIE NANTEUIL • PLUS GRAND AMOUR, LE ○ HISTOIRE COMIQUE • 1942
PETITES DU QUAI AUX FLEURS, LES • 1943

LUNEGARDE • 1944
PETRUS • 1946
BLANCHE FURY • 1948
FANNY • 1948
NAKED HEART, THE • MARIA CHAPDELAINE • 1950
AVEC ANDRE GIDE • ANDRE GIDE • 1951
BLACKMAILED • 1951
DEMOISELLE ET SON REVENANT, LA • 1951
OCCULTISME ET LA MAGIE, L' • 1952
JEAN COTON • FILM DE JEAN, LE • 1953 • SHT
JULIETTA • 1953
AMANT DE CHATTERLEY, L' • LADY CHATTERLEY'S LOVER • 1955
AMANTE DI PARIDE, L' • FACE THAT LAUNCHED A THOUSAND SHIPS, THE (UKN) ○ LOVES OF THREE QUEENS (USA) ○ HELEN OF TROY ○ ETERNA FEMMINA ○ FEMMINA • 1955
FUTURES VEDETTES • SCHOOL FOR LOVE (USA) ○ SWEET SIXTEEN (UKN) ○ JOY OF LIVING • 1955
CAVALIERI DELL'ILLUSIONE, I • 1956
EN EFFEUILLANT LA MARGUERITE • PLEASE MR. BALZAC (USA) ○ MAM'SELLE STRIPTEASE • 1956
AMOUR EST UN JEU, L' • MA FEMME, MA GOSSE ET MOI • 1957
DROLE DE DIMANCHE, UN • SUNDAY ENCOUNTER (USA) • 1958
SOIS BELLE ET TAIS-TOI • BE BEAUTIFUL AND SHUT UP (USA) ○ BLONDE FOR DANGER (UKN) • 1958
AFFREUX, LES • 1959
DEMONS DE MINUIT, LES • DEMONS AT MIDNIGHT • 1961
PARISIENNES, LES • PARAGINE, LE (ITL) ○ OF BEDS AND BROADS ○ TALES OF PARIS • 1962
ABOMINABLE HOMME DES DOUANES, L' • 1963
EXPO 1900 • 1966 • SHT
LUMIERE • 1966 • SHT
DEBUT DE SIECLE • 1968
GRANDE-BRETAGNE ET LES ETATS-UNITS DE 1896-1900 • 1968 • SHT
JEUNESSE DE FRANCE • 1968 • SHT
BAL DU COMTE D'ORGEL, LE • 1969
EUROPE CONTINENTALE AVANT 1900 • 1969 • SHT
EUROPE MERIDIONALE AU TEMPS DES ROI • 1969 • SHT

ALLEGRET YVES – FRN – 1907-1987
CHAMPLAIN YVES • CHAMPLAIN Y.
PRIX ET PROFITS • 1932 • SHT
TENERIFFE • 1932
GAGNANT, LE • 1935 • SHT
VOUS N'AVEZ RIEN A DECLARER? • 1936
JEUNE FILLE DE FRANCE • GIRLS OF FRANCE, THE • 1938 • DCS
EMIGRANTE, L' • 1939
JEUNES TIMIDES • DEUX TIMIDES, LES • 1941
TOBIE EST UN ANGE • 1941
BOITE AUX REVES, LA • CE QUE FEMME VEUT ○ BOX OF DREAMS • 1943
DEMONS DE L'AUBE, LES • AMES QUI VIVENT • 1945
DEDEE D'ANVERS • DEDEE (USA) ○ WOMAN OF ANTWERP • 1947
SI JOLIE PETITE PLAGE, UNE • RIPTIDE (USA) ○ SUCH A PRETTY LITTLE BEACH • 1948
MANEGES • WANTON, THE (UKN) ○ CHEAT, THE (USA) ○ RIDING FOR A FALL • 1949
MIRACLES N'ONT LIEU QU'UNE FOIS, LES • MIRACOLI NON SI RIPETONI, I (ITL) • 1950
SEPT PECHES CAPITAUX, LES • SETTE PECCATI CAPITALI, I (ITL) • SEVEN CAPITAL SINS, THE ○ SETTE PECCATI CAPITALI, I ○ SEVEN DEADLY SINS, THE ○ SEVEN DEADLY SINS ○ SEVEN CAPITAL SINS • 1951
JEUNE FOLLE, LA • DESPERATE DECISION (USA) ○ REVENGE AT DAYBREAK • 1952
NEZ-DE-CUIR • NEZ DE CUIR, GENTILHOMME D'AMOUR ○ NASO DI CUOIO (ITL) ○ GENTILUOMO D'AMORE ○ NEZ DE CUIR • 1952
ORGUEILLEUX, LES • PROUD AND THE BEAUTIFUL, THE (USA) ○ ORGULLOSOS, LOS (MXC) ○ PROUD ONES, THE • 1953
MAM'ZELLE NITOUCHE • SANTARELLINA (ITL) ○ OH NO, MAM'ZELLE • 1954
OASE • OASIS • 1955
MEILLEURE PART, LA • ANNI CHE NON RITORNANO, GLI (ITL) • 1956
MEFIEZ-VOUS, FILLETTES • YOUNG GIRLS BEWARE (USA) • 1957
FILLE DE HAMBOURG, LA • PORT OF DESIRE (USA) ○ GIRL FROM HAMBURG, THE • 1958
QUAND LA FEMME S'EN MELE • WHEN A WOMAN MEDDLES (USA) • 1958
AMBITIEUSE, L' • CLIMBERS, THE (USA) • 1959
CHIEN DE PIQUE, LE • 1961
TERREUR SUR LA SAVANE • KONGA YO • 1962
GERMINAL • FURIA DEGLI UOMINI, LA (ITL) • 1963
JOHNNY BANCO • JONNY BANCO -GELIEBTER TAUGENICHTS (FRG) • 1967
INVASION, L' • INVASIONE, L' (ITL) • 1970
ORZOWEI • 1975
MORDS PAS -ON T'AIME • FETE DES PERES, LA • 1976

ALLEMEHZADEH REZA – NTH
GUESTS OF HOTEL ASTORIA, THE • 1989

ALLEN A K see **GREEK JANET**

ALLEN BOB see **ALLEN ROBERT**

ALLEN CHARLES W. – USA
DIANA • 1916 • SHT

ALLEN COREY – Actor – USA – 1934-
PETITE MORTE, LA • 1960
PINOCCHIO • EROTIC ADVENTURES OF PINOCCHIO • 1971
SEE THE MAN RUN • 1971 • TVM
CRY RAPE • 1972 • TVM
THUNDER AND LIGHTNING • 1977
YESTERDAY'S CHILD • 1977 • TVM
AVALANCHE • 1978
CHANCE TO LIVE, A • 1978 • TVM
MAN IN THE SANTA CLAUS SUIT, THE • 1979 • TVM
STONE • 1979 • TVM
RETURN OF FRANK CANNON, THE • 1980 • TVM
BEVERLY HILLS COWGIRL BLUES • BEVERLY HILLS CONNECTION • 1985 • TVM
BRASS • 1985 • TVM
CODE NAME: FOXFIRE • CODENAME FOXFIRE -SLAY IT AGAIN SAM ○ CODENAME: FIREFOX • 1985 • TVM
I-MAN • 1986 • TVM
DESTINATION AMERICA • 1987 • TVM
LAST FLING, THE • 1987 • TVM
STAR TREK: THE NEXT GENERATION • 1987 • TVM
ANN JILLIAN STORY, THE • 1988 • TVM
J.J. STARBUCK • 1988 • TVM
SUPERCARRIER 3: THE LAST BATTLE • 1988 • TVM

ALLEN DAVID – Animator – USA
SELFISH GIANT, THE • 1969 • ANM

ALLEN DAVID* – USA
DUNGEONMASTER, THE • DIGITAL KNIGHTS ○ RAGEWAR • 1985
PRIMEVALS • 1989

ALLEN ETHAN
SAFE AT HOME • 1941

ALLEN FRED – USA – 1894-1956
FREIGHTERS OF DESTINY • 1931
BEYOND THE ROCKIES • SUNRISE TRAIL • 1932
GHOST VALLEY • 1932
PARTNERS • 1932
RIDE HIM, COWBOY • HAWK, THE (UKN) • 1932
SADDLE BUSTER, THE • 1932
MYSTERIOUS RIDER, THE • FIGHTING PHANTOM • 1933

ALLEN FREDERICK J. – UKN
HIS UNKNOWN RIVAL • 1915

ALLEN IRVING – Producer – PLN – 1905-
AVALANCHE • 1946
HIGH CONQUEST • 1946
STRANGE VOYAGE • 1946
CLIMBING THE MATTERHORN • 1947
16 FATHOMS DEEP • 1948
SLAUGHTER TRAIL • 1951

ALLEN IRWIN – Writer/producer – USA – 1916-
ANIMAL WORLD, THE • 1956
STORY OF MANKIND, THE • 1957
LOST WORLD, THE • ORIGIN OF MAN, THE • 1960
VOYAGE TO THE BOTTOM OF THE SEA • 1961
FIVE WEEKS IN A BALLOON • 1962
CITY BENEATH THE SEA • ONE HOUR TO DOOMSDAY (UKN) • 1970 • TVM
TOWERING INFERNO, THE • 1974
SWARM, THE • 1978
BEYOND THE POSEIDON ADVENTURE • 1979

ALLEN JAMES – UKN
FOUNDED ON SCIENCE • 1966 • SHT

ALLEN JOHANNES – GRM
UNG LEG • YOUNG HAVE NO TIME, THE • 1956
NATLOGI BETALT • BED WITHOUT BREAKFAST • 1957

ALLEN LEWIS – Actor – UKN – 1905-
OUR HEARTS WERE YOUNG AND GAY • 1944
UNINVITED, THE • 1944
THOSE ENDEARING YOUNG CHARMS • 1945
UNSEEN, THE • HER HEART IN HER THROAT • 1945
PERFECT MARRIAGE, THE • 1946
DESERT FURY • 1947
IMPERFECT LADY, THE • MRS. LORING'S SECRET (UKN) • 1947
SEALED VERDICT • 1948
SO EVIL MY LOVE • 1948
CHICAGO DEADLINE • 1949
APPOINTMENT WITH DANGER • 1951
AT SWORD'S POINT • SONS OF THE MUSKETEERS (UKN) • 1951
VALENTINO • 1951
SUDDENLY • 1954
BULLET FOR JOEY, A • 1955
CAVALCADE • 1955 • MTV
CHRISTOPHER BEAN • 1955 • MTV
ILLEGAL • 1955
MAN ON THE LEDGE • 1955 • MTV
GUN IN HIS HAND • 1956 • MTV
ANOTHER TIME, ANOTHER PLACE • 1958
WHIRLPOOL • 1959
DECISION AT MIDNIGHT • 1963

ALLEN LLOYD – USA
OVER 18, ..AND READY! • 1969

ALLEN ROBERT – Animator – USA
ALLEN BOB
BURIED TREASURE • 1938 • ANS
CAPTAIN'S PUP • 1938 • ANS
CLEANING HOUSE • 1938 • ANS
LITTLE CAESARIO • 1941 • ANS
CHIPS OFF THE OLD BLOCK • 1942 • ANS

ALLEN RUSSELL – USA
ROBES OF SIN • ROARING FORTIES, THE • 1924
VALLEY OF HATE, THE • 1924

ALLEN TOM C. – Producer – UKN – 1944-
DREAM MATES • 1983 • DOC
MAKING IT • 1984 • MTV

ALLEN WILLIAM – USA
WAR IS HELL • 1968

ALLEN WOODY – Actor/writer – USA – 1935-
WHAT'S UP, TIGER LILY? • 1966
TAKE THE MONEY AND RUN • 1969
BANANAS • 1971
EVERYTHING YOU ALWAYS WANTED TO KNOW ABOUT SEX (BUT WERE AFRAID TO ASK) • 1972
SLEEPER • 1973
LOVE AND DEATH • 1975
ANNIE HALL • 1977
INTERIORS • 1978
MANHATTAN • 1979
STARDUST MEMORIES • 1980
MIDSUMMER NIGHT'S SEX COMEDY, A • 1982
BROADWAY DANNY ROSE • 1983
ZELIG • 1983
PURPLE ROSE OF CAIRO, THE • 1984
HANNAH AND HER SISTERS • 1985
RADIO DAYS • 1987
SEPTEMBER • 1988
ANOTHER WOMAN • 1989
BROTHERS • 1989
NEW YORK STORIES • 1989
ALICE • 1990
CRIMES AND MISDEMEANOURS • 1990

ALLENSWORTH CARL – USA
PILGRIMAGE FOR PEACE: POPE PAUL VI VISITS AMERICA • 1966 • DOC

ALLIATA FRANCESCO – FRN
VILLAGE MAGIQUE, LE • VACANZE D'AMORE (ITL) ○ MAGIC VILLAGE, THE • 1955

ALLIO RENE – FRN – 1924-
AMES MORTES, LES • 1960 • ANM
MEULE, LA • HAYSTACK, THE • 1962
VIEILLE DAME INDIGNE, LA • SHAMELESS OLD LADY, THE (USA) • 1964
UNE ET L'AUTRE, L' • OTHER ONE, THE • 1967
PIERRE ET PAUL • 1968
NOCE CHEZ LES PETITS BOURGEOIS, LA • 1970
CAMISARDS, LES • 1971
RUDE JOURNEE POUR LA REINE • ROUGH DAY FOR THE QUEEN • 1973
MOI, PIERRE RIVIERE, AYANT EGORGE MA MERE, MA SOEUR ET MA FRERE • MOI, PIERRE RIVIERE ○ I, PIERRE RIVIERE • 1977
RETOUR A MARSEILLE • RENDEZVOUS A MARSEILLE • 1979
HEURE EXQUISE, L' • 1980
MATELOT 512, LE • 1984
TRANSIT • 1990

ALLMENDINGER KNUTE – USA
HOUSE OF THE DEAD • 1980

ALLOTTA ALBERT – USA
PEACEMEAL • 1967 • SHT

ALLOUACHE MERZAK – ALG – 1944-
ALWASH MERZAK
NOUS ET LA REVOLUTION AGRAIRE • 1972 • DCS
TIPASA L'ANCIENNE • 1975
OMAR KATLATO • OMAR KILLED BY HIS MANHOOD ○ OMAR GATLATO • 1977
AMOUR A PARIS, UN • ROMANCE IN PARIS, A • 1987

ALMASI TAMAS – HNG – 1948-
BALLAGAS • GRADUATION • 1981

ALMEDROS GREGORIO – SPN
LUNA EN LA SERRANIA • 1965
MEJOR TESORO, EL • 1966

de ALMEIDA ANTONIO VITORINO – PRT
CULPA, A • GUILT, THE • 1981

de ALMEIDA MANUEL FARIA – PRT – 1934-
CAMINHOS PARA A ANGUSTIA • STREETS OF EARLY SORROW • 1963 • SHT
VIVIANA • 1963 • SHT
CATEMBE • 1965
FACA SEGUNDO A ARTE • 1965 • SHT
MOCAMBIQUE 65 • 1965 • SHT
CAMOES • 1966 • SHT
EMBALAGEM DO VIDRO, A • 1966 • SHT
PARA UM ALBUM DE LISBOA • 1966 • SHT
V CENTENARIO DE GIL VICENTE • 1966 • SHT
PORTUGAL DESCONHECIDO • 1968 • SHT
OVO E A GALINHA, O • 1969 • SHT
FEIRA, A • 1970 • SHT
PETROLEO, O • 1970 • SHT
TRIUNFO DA TECNICA • 1970 • SHT
ABRANTES, A ARTE E A VIDA • 1971 • SHT
VIADUTO DE ALCANTARA • 1971 • SHT
VIDA E OBRA DE FERREIRA DE CASTRO • 1971 • SHT
AFRIQUE SAFARI • 1972 • SHT
ALGARVE, O • 1972 • SHT
II RALLY INTERNACIONAL BNU • 1972 • SHT
SAFARI FOTOGRAFICO, UM • 1972 • SHT
24 IMAGENS POR MINUTO • 1976 • SHT

d'ALMEIDA NEVILLE – BRZ
PIRANHAS DO ASFALTO • 1970
LADY ON THE BUS • 1978
RIO BABILONIA • RIO BABYLON • 1982
MATOU A FAMILIA E FOI AO CINEMA • HE KILLED HIS FAMILY AND WENT TO THE MOVIES • 1989

ALMEIDA SEBASTIAN – SPN – 1915-
CANTO PARATI • 1958
EMIGRANTE, EL • 1959
SECRETO DE LAS ESMERALDAS, EL • 1965
VACIO EN EL ALMA • 1968

ALMENDROS NESTOR – Cinematographer – SPN – 1930-
CONFUSION CONTIDIANA • 1950 • SHT
ESCUELA RURAL • 1960 • DCS
GENTE EN LA PLAYA • 1961 • DCS
MAUVAISE CONDUITE • IMPROPER CONDUCT (USA) • 1984

ALMEREYDA MICHAEL – USA
TWISTER • 1990

ALMIRANTE MARIO – ITL
STATUA DI CARNE, LA • 1921
BELLEZZA DEL MONDO, LA • 1926
CARNEVALE DI VENEZIA, IL • CARNIVAL OF VENICE • 1927
COMPAGNIA DEI MATTI, LA • COMPAGNIE DES FOUS, LA • 1928
NAPOLI CHE CANTA • WHEN NAPLES SINGS • 1930
STELLA DEL CINEMA, LA • 1931
FANNY • 1933

ALMODOVAR PEDRO – SPN – 1949–
DOS PUTAS, O HISTORIA DE AMOR QUE TERMINA EN BODA • TWO WHORES: OR A LOVE STORY WHICH ENDS IN MARRIAGE • 1974
SEXO VA, SEXO VIENE • SEX COMES AND GOES • 1977
FOLLE.. FOLLE.. FOLLEME TIM • FUCK, FUCK, FUCK ME TIM • 1978
SALOME • 1978
PEPI, LUCI, BOM Y ORAS CHICAS DEL MONTON • PEPI, LUCI, BOM AND OTHER GIRLS ○ PEPI, LUCI AND A WHOLE LOT OF OTHER GIRLS • 1980
LABERINTO DE PASIONES • LABYRINTH OF PASSIONS • 1982
ENTRE TINIEBLAS • IN THE DARK ○ DARK HABITS • 1983
QUE HE HECHO YO MERECER ESTO? • WHAT HAVE I DONE TO DESERVE THIS? • 1984
MATADOR • BULLFIGHTER • 1985
LEY DEL DESEO, LA • LAW OF DESIRE, THE • 1986
MUJERES AL BORDE DE UN ATAQUE DE NERVIOS • WOMEN ON THE VERGE OF A NERVOUS BREAKDOWN (UKN) • 1988
ATAME • TIE ME UP, TIE ME DOWN • 1989

ALMODOVAR RAMON – PRC
TUFINO • 1986 • DCS

ALMOND PAUL – CND – 1931–
BACKFIRE! • 1962
HORROR OF DARKNESS • 1965 • MTV
ISABEL • 1968
ACT OF THE HEART • ACTE DE COEUR • 1970
JOURNEY • DETOUR • 1972
EVERY PERSON IS GUILTY • 1979 • MTV
FINAL ASSIGNMENT • 1980
UPS & DOWNS • 1984
CAPTIVE HEARTS • FATE OF THE HUNTER • 1987

ALMQVIST STIG – SWD
GAMLA STAN • SYMPHONY OF THE STREETS ○ OLD CITY, THE • 1931

ALOISI GABRIEL – FRN
OR BLEU, L'

ALONI R. H. – HKG
CHAMPION OF BOXERS, THE • 1975

ALONSO-PESQUERA JOSE – SPN
CUARENTA SIGLOS OS CONTEMPLAN • 1967
ESFINGE SUMERGIDA, LA • 1968

ALONZO JOHN A. – Dir. photo – USA – 1934–
FM • CITIZEN'S BAND • 1978
CHAMPIONS: A LOVE STORY • 1979 • TVM
PORTRAIT OF A STRIPPER • 1979 • TVM
BELLE STARR • 1980 • TVM
BLINDED BY THE LIGHT • 1980 • TVM

ALOV ALEXANDER – USS – 1923–1983
TREVOZHNAYA MOLODOST • TURBULENT YOUTH ○ RESTLESS YOUTH • 1955
PAVEL KORCHAGIN • 1957
VETER • WIND, THE • 1959
MIR VKHODYASHCHEMU • PEACE TO HIM WHO ENTERS (USA) ○ PEACE TO THE NEWCOMER ○ PEACE TO HIM • 1961
MONETA • COIN, THE • 1963 • MTV
SKVENEI ANEKDOT • UGLY STORY, AN ○ BAD JOKE • 1965
BEG • FLIGHT, THE • 1971
LEGYENDA O TILYE ULENSHPIGELYE • LEGEND OF THYL UYLENSPIEGEL, THE ○ LEGEND OF TILL EULENSPIEGEL, THE • 1975
TEHERAN '43 • NID D'ESPIONS, LE ○ ELIMINATOR, THE • 1979
BEREG • BANK, THE • 1983

ALPASLAN MUMTAZ – TRK
KULHANBEYLER KRALI • KING OF BULLIES, THE • 1967
ALTIN MEZAR • GOLDEN GRAVE, THE • 1968

ALPERT HARRY – USA
WE SEE THEM THROUGH • 1948

ALSEMGEEST PETER – NTH
ROTTERDAM METROPOLIS • 1966

ALSEN OLA – GRM
TREIBENDE KRAFFT!, DIE • 1921

ALSINA JULIO R. – URG – 1883–1944
REVISTA DEL CENTENARIO, LA • 1910

ALSTON EMMET see **ALSTON EMMETT**

ALSTON EMMETT – USA
ALSTON EMMET
NEW YEAR'S EVIL • 1980
NINE DEATHS OF THE NINJA • DEADLY WARRIORS ○ 9 DEATHS OF THE NINJA • 1985
TIGER SHARK • 1987
DEMONWARP • 1988

ALTBERG MARCOS – BRZ
PROVA DE FOGO • 1980
AVENTURAS DE UM PARAIBA • ADVENTURES OF A PARAIBA • 1982
FONTE DA SAUDADE, A • DEEP ILLUSION • 1986

von ALTEN JURGEN – GRM
STARKER ALS PARAGRAPHEN • 1936
BIBERPELZ, DER • BEAVER COAT, THE • 1937
HEIMWEH • HOMESICKNESS • 1937
SUSANNE IM BADE • SUSANNA IN THE BATH (USA) • 1937
TOGGER • 1937
IN GEHEIMER MISSION • 1938
GEWEHR UBER, DAS • 1939
PARKSTRASSE 13 • VERHOR UM MITTERNACHT • 1939
ROMAN EINES ARZTES • 1939
ANGELIKA • 1940
LUSTIGEN VAGABUNDEN, DIE • 1940
ROTE MUHLE • 1940
AM ABEND AUF DER HEIDE • 1941
SECH TAGE HEIMATURLAUB • 1941
SONNTAGSKINDER • 1941
FAHRT INS ABENTEUER • 1943
STERNE LUGEN NICHT, DIE • 1950
HERZEN IM STURM • 1951
HERRIN VOM SOLDERHOF, DIE • 1955

ALTER NAFTALI – ISR
HALFON HILL DOESN'T ANSWER • 1977
IRITH IRITH • 1985
MRS. VERSUS MISTRESS • 1986

ALTI GIULIO – USA
WATCH THE BIRDIE • 1965

ALTMAN HERBERT S. – USA
DIRTYMOUTH • STORY OF LENNIE BRUCE –DIRTYMOUTH ○ TOUGH GIG, A • 1970

ALTMAN ROBERT – USA – 1925–
BUILDERS, THE • 1954
DELINQUENTS, THE • 1955
JAMES DEAN STORY, THE • 1957 • DOC
NIGHTMARE IN CHICAGO • 1964 • TVM
PARTY, THE • 1964 • SHT
KATHERINE REED STORY, THE • 1965 • SHT
POT AU FEU • 1965 • SHT
COUNTDOWN • MOONSHOT • 1968
THAT COLD DAY IN THE PARK • 1969
BREWSTER MCCLOUD • 1970
MASH • 1970
MCCABE AND MRS. MILLER • PRESBYTERIAN CHURCH WAGER, THE • 1971
IMAGES • 1972
LONG GOODBYE, THE • 1973
THIEVES LIKE US • 1973
CALIFORNIA SPLIT • 1974
NASHVILLE • 1975
BUFFALO BILL AND THE INDIANS OR SITTING BULL'S HISTORY LESSON • BUFFALO BILL • 1976
3 WOMEN • 1977
WEDDING, A • 1978
H.E.A.L.T.H. • HEALTH • 1979
PERFECT COUPLE, A • 1979
QUINTET • 1979
POPEYE • 1980
COME BACK TO THE FIVE AND DIME, JIMMY DEAN, JIMMY DEAN • 1982
DIVINERS, THE • 1983
STREAMERS • 1983
SECRET HONOR • 1984
UGLY, MONSTROUS, MIND-ROASTING SUMMER OF O.C. AND STIGGS • O.C. AND STIGGS • 1985
FOOL FOR LOVE • 1986
ARIA • 1987
BEYOND THERAPY • 1987
CAINE MUTINY COURT MARTIAL, THE • 1987 • TVM
ROOM, THE • 1987
DUMB WAITER, THE • 1989
VINCENT AND THEO • 1990

ALTMANN KARIN – ASL
SURVIVAL KIT • 1977
RAOUL WALLENBERG: BETWEEN THE LINES • 1985 • DOC

ALTON ROBERT – Choreographer – USA – 1897–1957
MERTON OF THE MOVIES • 1947
PAGAN LOVE SONG • 1950

ALTONEN VEIKKO – FNL
TILINTEKO • FINAL ARRANGEMENT, THE • 1987

ALTORJAG GABOR – GRM
TSCHERWONEZ • 1983
CITY LIFE • 1989

de ALVA ALFONSO – MXC
NARCO, EL • PUSHER, THE • 1985

ALVAREZ ALEJO – CHL
TIERRA QUEMADA • BURNT LAND • 1968

ALVAREZ CARLOS – CLM
ASALTO • 1969
FEBRERO 28 DE 1970 • COLOMBIA '70 • 1970 • SHT
QUE ES LA DEMOCRACIA? • WHAT IS DEMOCRACY? (UKN) • 1971
HIJOS DEL SUBDESARROLLO, LOS • CHILDREN OF UNDERDEVELOPMENT • 1975

de ALVAREZ JULIA – CLM
DIA YO PREGUNTE.., UN • ONE DAY I ASKED.. • 1970

ALVAREZ SANTIAGO – CUB – 1919–
ESCAMBRAY • 1961 • DOC
MUERTE AL INVASOR • DEATH TO THE INVADER • 1961 • DOC
CRISIS EN EL CARIBE • 1962 • DOC
CUMPLIMOS • WE ACCOMPLISHED • 1962 • DOC
FORJADORES DE LA PAZ • FORGERS OF PEACE • 1962 • DOC
BARBARO DEL RITMO, EL • RHYTHM BARBARIAN, THE • 1963 • DOC
CICLON • CYCLONE ○ HURRICANE • 1963 • DOC
VIA LIBRE A LA ZAFRA DEL '64 • GREEN LIGHT FOR THE 1964 SUGAR CROP • 1964 • DOC
CUBA DOS DE ENERO • CUBA, JANUARY 2 • 1965 • DOC
ESCALADA DEL CHANTAJE, LA • 1965 • DOC
NOW • 1965 • DOC
PEDALES SOBRE CUBA • PEDALS OVER CUBA • 1965 • DOC
SEGUNDA DECLARACION DE LA HABANA • 1965 • DOC
SOLIDARIDAD CUBA Y VIETNAM • SOLIDARITY CUBA AND VIETNAM • 1965 • DOC
ABRIL DE GIRON • 1966 • DOC
ANO SIETE • 1966 • DOC
CERRO PELADO • 1966 • DOC
GOLPEANDO EN LA SELVA • 1967 • DOC
GUERRA OLVIDADA, LA • LAOS, THE FORGOTTEN WAR ○ FORGOTTEN WAR, THE • 1967 • DOC
HANOI, MARTES TRECE • HANOI, TUESDAY 13TH (UKN) • 1967 • DOC
HASTA LA VICTORIA SIEMPRE • TILL VICTORY ALWAYS ○ ALWAYS UNTIL VICTORY • 1967 • DOC
AMMARRANDO EL CORDON • TYING UP THE CORD • 1968 • DOC
L.B.J. • 1968 • DOC
DESPEGUE A LAS 18.00 • START AT THE 18. 00 • 1969 • DOC
79 PRIMAVERAS • 79 SPRINGTIMES FO HO CHI MINH • 1969 • DOC
DESAFIO, EL • 1970
ONCE POR CERO • 1970 • DOC
PIEDRA SOBRE PIEDRA • 1970 • DOC
SUENO DEL PONGO, EL • 1970 • DOC
YANAPANACUNA • 1970 • DOC
COMO, PORQUE Y PARA QUE SE ASESINA A UN GENERAL? • HOW, WHY AND FOR WHAT IS A GENERAL ASSASSINATED • 1971
ESTAMPIDA, LA • 1971 • DOC
PAJARO DEL FARO, EL • 1971 • DOC
QUEMANDO TRADICIONES • 1971 • DOC
BORN OF THE AMERICAS • 1972
DE AMERICA SOY HIJO.. Y A ELLA ME DEBO • I AM A SON OF AMERICA.. AND I'M INDEBTED TO IT • 1972 • DOC
TIGRE SALTO Y MATO.. PERO MORIRA.. MORIRA • TIGER LEAPS AND KILLS, BUT IT WILL DIE, IT WILL DIE, THE • 1973 • DOC
Y EL CIELO FUE TOMADO POR ASALTO • 1973 • DOC
CUATRO PUENTES, LOS • 1974 • DOC
RESCATE • 1974 • DOC
60 MINUTOS CON EL PRIMER MUNDIAL DE BOXEO AMATEUR • 1974 • DOC
ABRIL DE VIETNAM EN EL ANO DEL GATO • 1975 • DOC
REALIZADOR • 1975 • DOC
DRAGONES DE HA-LONG, LOS • 1976 • DOC
LUANDA YA NO ES DE SAN BABLO • 1976 • DOC
MAPUTO: MERIDIANO NOVO • 1976 • DOC
MORIR POR LA PATRIA ES VIVIR • 1976 • DOC
SOL NO SE PUEDE TAPAR CON UN DEDO, EL • 1976 • DOC
TIEMPO ES EL VIENTO, EL • 1976 • DOC
MA HERMANO FIDEL • 1977 • DOC
OCTUBRE DE TODOS, EL • 1977 • DOC
ENTRE KAMPUCHEA Y VIETNAM • 1978 • DOC
SOBRE EL PROBLEMA FRONTERIZO • 1978 • DOC
CUMBRE QUE NOS UNE, LA • 1979 • DOC
DESAFIO, EL • 1979 • DOC
GRAN SALTO AL VACIO, EL • 1979 • DOC
TENGO FE EN TI • 1979 • DOC
ABRIL DEL CARIBE • APRIL FROM CARIBE • 1982
ANATOMIA DE UN CARNAVAL • ANATOMY OF A CARNIVAL • 1982
REFUGIADOS DE LA CUEVA DEL MUERTE, LOS • REFUGEE FROM DEAD CAVE • 1983

ALVENTOSA RICARDO – ARG
HERENCIA, LA • INHERITANCE, THE (USA) • 1964
COMO SEDUCIR A UNA MUJER • HOW TO SEDUCE A WOMAN • 1967

ALVES da SILVA JORGE see **da SILVA JORGE ALVES**

ALVES JOE – USA – 1938–
JAWS 3-D • 1983
ADVENTURE 1 • 1990

ALVES JOSE BRAS – PRT – 1912–
VIOLINO DO JOAO, O • 1944

ALVEY GLENN H. JR. – UKN
HELP! • 1954 • SHT
DOOR IN THE WALL, THE • 1956

ALVIANI MASSIMO – ITL
VACANZE A VILLA EGEA • 1954

ALW GABRIEL – SWD – 1889–1946
KARLEKSLIVETS OFFER • 1944

ALWASH MERZAK see **ALLOUACHE MERZAK**

ALYANAK ARSAVIR – TRK
CILDIRTAN DUDAKLAR • MADDENING LIPS • 1967

AMADIO SILVIO – ITL – 1926–
LUPI NELL'ABISSO • WOLVES OF THE DEEP (USA) • 1959
TU CHE NE DICI? • 1960
TESEO CONTRO IL MINOTAURO • WARLORD OF CRETE, THE (UKN) ○ MINOTAUR, THE (USA) ○ MINOTAUR –THE WILD BEAST OF CRETE, THE ○ WILD BEAST OF CRETE, THE ○ THESEUS AGAINST THE MINOTAUR • 1961
AMMUTINAMENTO, L' • REVOLTEES DE L'ALBATROS, LES (FRN) ○ WHITE SLAVE SHIP (USA) ○ WILD CARGO • 1962
SETTE FOLGORI DI ASSUR, LE • WAR GODS OF BABYLON (USA) ○ 7TH THUNDERBOLT (UKN) ○ SEVENTH THUNDERBOLT, THE • 1962
ASSASSINIO MADE IN ITALY • SEGRETO DEL VESTITO ROSSO, IL ○ ASSASSINATION IN ROME ○ SECRETO DE BILL NORTH, EL • 1963
DESIDERI D'ESTATE • 1964
OLTRAGGIO AL PUDORE • ALL THE OTHER GIRLS DO (USA) ○ CHEATING ITALIAN STYLE ○ TUTTE LE AUTRE REGAZZE LO FANNO • 1965
PER MILLE DOLLARI AL GIORNI • POR MIL DOLARES AL DIA (SPN) ○ RENEGADE GUNFIGHTER (USA) ○ FOR A THOUSAND DOLLARS A DAY • 1966
ISOLA DELLE SVEDESI, L' • TWISTED GIRLS (UKN) • 1969
DISPERATAMENTE L'ESTATE SCORSA • 1970
ALLA RICERCA DEL PIACERE • HOT BED OF SEX (UKN) • 1972
MASUCCIO SALERNITANO • 1972
REPLICA DI UN DELITTO • VIOLENCE (USA) ○ REPLICA OF A CRIME ○ AMUCK • 1972
SI SALVO SOLO L'ARETINO PIETRO CON UNA MANO AVANTI E L'ALTRA DIETRO • ARETINO'S STORIES OF THE THREE LUSTFUL DAUGHTERS (UKN) • 1972
SORRISO DELLA IENA, IL • 1972
LI CHIAMAVANO I TRE MOSCHETTIERI, INVECE ERANO QUATTRO • 1973
CATENE • 1974

MINORENNE, LA • 1974
PECCATI DI GIOVENTU • 1975
QUELLA ETA MALIZIOSA • 1975
MEDICO.. LA STUDENTESSA, IL • 1976
MEDIUM, IL • 1979

AMADON ALPHA – FRN

IMPREVU, L' • 1965 • SHT

AMADORI LUIS see **AMADORI LUIS CESAR**

AMADORI LUIS C. see **AMADORI LUIS CESAR**

AMADORI LUIS CESAR – ITL – 1902–1977

AMADORI LUIS C. • AMADORI LUIS

PUERTO NUEVO • 1936
POBRE PEREZ, EL • POOR PEREZ • 1937
CAMINITO DE GLORIA • 1939
CANALLITA Y LA DAMA, EL • NEWSIE AND THE LADY, THE (USA) • 1939
MADRESELVA • HONEYSUCKLE (USA) • 1939
PALABRA DE HONOR • 1939
HARAGAN DE LA FAMILIA, EL • 1940
HAY QUE EDUCAR AL NINO • 1940
MAESTRO LEUITA, EL • 1940
CANCION DE LOS BARRIOS, LA • 1941
NAPOLEON • 1941
ORQUESTA DE SENORITAS • 1941
SONAR NO CUESTA NADA • 1941
BAJO UN ANGEL DEL CIELO • ANGEL DOWN FROM HEAVEN, AN • 1942
CLARO DE LUNA • 1942
FANTASMAS EN BUENOS AIRES • GHOSTS IN BUENOS AIRES • 1942
MENTIROSA, LA • 1942
PROFESOR CERO, EL • 1942
TERCER BESO, EL • 1942
CARMEN • 1943
LUISITO • MUJER CON PANTALONES, UNA • 1943
PIEL DE ZAPA, LA • 1943
SON CARTAS DE AMOR • 1943
APASIONADAMENTE • 1944
MADRE SELVA • 1944
DOS ANGELES Y UN PECADOR • 1945
MADAME SANS-GENE • EN LA CORTE DE NAPOLEON • 1945
SANTA CANDIDA • 1945
MOSQUITA MUERTA • 1946
ALBENIZ • SPANISH SERENADE • 1947
DIAS SE LO PAGUE • 1947
MUJER SIN CABEZA, UNA • 1948
ALMAFUERTE • 1949
DON JUAN TENORIO • 1949
JUAN GLOBO • 1949
NOCHE EN LA TABARIN, UNA • 1949
MARIA MONTECRISTO • 1950
NACHA REGULES • 1950
PECADO • COSAS DE MUJER • 1950
ME CASE CON UNA ESTRELLA • 1951
TORMENTA DE ODIOS • 1951
LA DE LOS OJOS COLOR DEL TIEMPO • PASOS PELIGROSOS • 1952
PARADISO RABADO • 1952
PASION DESNUDA, LA • 1952
CAIDOS EN EL INFIERNO • FALLEN IN HELL, THE • 1954
GRITO SAGRADO, EL • 1954
SIETE GRITOS EN EL MAR • 1954
AMOR NUNCA MUERE, EL • 1955
AMOR PROHIBIDO • 1955
BARRO HUMANO, EL • HUMAN CLAY, THE • 1955
BELLA FIORAIA, LA • 1958
MUCHACHITA DE VALLADOLID, UNA • 1958
DONDE VAS, ALFONSO XII • 1959
GRAN SENORA, UNA • 1959
TRONO PARA CRISTY • THRON FUR CHRISTINE, EINE • 1959
VIOLETERA, LA • VIOLET SELLER, THE • 1959
MI ULTIMO TANGO • 1960
ALERTA EN EL CIELO • 1961
PECADO DE AMOR • 1961
CASTA SUSANA, LA • 1962
COMO DOS GOTAS DE AGUA • 1963
ACOMPANAME • 1964
MAS BONITA QUE NINGUNA • 1964
SENOR DE LA SALLE, EL • 1964
AMOR EN EL AIRE • LOVE IN THE AIR • 1967
BUENOS DIAS CONDESITA • GOOD MORNING, LITTLE COUNTESS • 1967
NOVIO PARA DOS HERMANAS, UN • BRIDEGROOM FOR TWO SISTERS, A • 1967
CRISTINA GUZMAN • 1968

AMADORO UGO – ITL

PIUME AL VENTO • 1951

AMALRIK see **AMALRIK LEONID**

AMALRIK L. see **AMALRIK LEONID**

AMALRIK LEONID – USS

AMALRIK L. • AMALRIK

BLACK AND WHITE • 1932 • ANM
TWO STORIES • 1962 • ANS
GRANDMOTHER'S GOAT • 1963 • ANS
THUMBELINA • 1964 • ANM
HIPPOPOTAMUS WHO WAS AFRAID OF VACCINATION, THE • 1967

AMANTE JAMES see **BAND CHARLES**

AMAR DENIS – FRN – 1946–

BENTLEY CHRISTOPHER • RUMAR CRAIG T.

ASPHALTE • 1980
ADDITION, L' • CAGED HEART, THE ◦ PATSY, THE • 1984
MARINE ISSUE • INSTANT JUSTICE • 1986
HIVER 54, L'ABBE PIERRE • 1989

AMAR MAURICE – USA

ONE MAN SHOW • CMP

AMAR ZORAN – YGS

VIKEND U TOPOLI • WEEKEND IN TOPOLA • 1981
PIKNIK U TOPOLI • PICNIC AMONG THE POPLARS • 1982

AMARAL FERNANDO – BRZ

PENULTIMA DONZELA, A • 1970

AMARAL MILTON – BRZ

CORINTIANO, O • CORINTHIAN, THE • 1967

AMARAL SUZA see **AMARAL SUZANA**

AMARAL SUZANA – BRZ

AMARAL SUZA

HORA DA ESTRELA, A • HOUR OF THE STAR, THE • 1986

AMARNATH K. – IND

ALIF LAILA • 1953

AMASHUKELI VASILY – USS

AMUSHUKELI VASSILI

AKAKY TSERETELI'S JOURNEY ALONG THE RACHA AND LECHKHUMA • TRAVELS OF AKAKI TSERETELI IN RACHA AND LECHKHUMI • 1912 • DOC

AMAT JORGE – FRN – 1949–

MORT DE L'UTOPIE, LA • 1974
CLIN D'OEIL • 1983

AMATA GAETANO – ITL – 1912–

PAURA D'AMARE • BARBARA E BARBERINA • 1942
MARITO POVERO, IL • 1947
DUELLO NELL'OMBRA • 1949
FIGLIA DEL FORZATO, LA • MORTE CIVILE, LA • 1955

AMATEAU ROD – USA – 1923–

AMATEAU RODNEY

BUSHWHACKERS, THE • REBEL, THE (UKN) • 1951
MONSOON • 1953
PUSSYCAT, PUSSYCAT, I LOVE YOU • 1970
STATUE, THE • 1970
WHERE DOES IT HURT? • 1972
DRIVE-IN • 1976
HITLER'S SON • 1978
SENIORS • 1978
UNCOMMON VALOR • 1982 • TVM
HIGH SCHOOL, U.S.A. • 1983 • TVM
LOVELINES • 1984
GARBAGE PAIL KIDS MOVIE, THE • 1987

AMATEAU RODNEY see **AMATEAU ROD**

AMATO ADRIENNE – CND

FORGOTTEN MOTHER • 1990 • DCS

AMATO GIUSEPPE – Producer – ITL – 1899–1964

AMOR MIO NON MUORE.., L' • 1938
NON MI SPOSO PIU • VIEL LARM UM NIXI (FRG) ◦ NIXI • 1942
MALIA • 1946
VENDETTA NEL SOLE • 1949
YVONNE LA NUIT • 1949
LADRO IN PARADISO, UN • 1952
DONNE PROIBITE • ANGELS OF DARKNESS (USA) ◦ FORBIDDEN WOMEN • 1953
ULTIMI CINQUE MINUTI, GLI • CINQ DERNIERES MINUTES, LES (FRN) ◦ IT HAPPENS IN ROMA (USA) • 1955
MORTE DI UN BANDITO • 1961

AMATO RENATA – ITL

UOMO DA NULLA, UN • 1977

AMATYAKUL KRIANGKRAI – THL

KHO CHUE SUTHEE SAM SEE CHAT • 1990

AMBARD PATRICE – FRN

SUIVEZ CETTE AVION • 1990

von AMBESSER AXEL – Actor – GRM – 1910–

GLUCK MUSS MAN HABEN • DREI VON DENEN MAN SPRICHT • 1953
UND DER HIMMEL LACHT DAZU • BRUDER MARTIN • 1954
IHR ERSTES RENDEZVOUS • 1955
FREUNDIN MEINES MANNES, DIE • 1957
PAUKER, DER • CRAMMER, THE • 1958
BEZAUBERNDE ARABELLA • 1959
FRAU IM BESTEN MANNESALTER • 1959
SCHONE LUGNERIN, DIE • 1959
BRAVE SOLDAT SCHWEJK, DER • GOOD SOLDIER SCHWEIK, THE (USA) • 1960
GAUNER UND DER LIEBE GOTT, DER • 1960
HUBSCHER ALS DIE ANDERE, EINE • 1961
ER KANN'S NICHT LASSEN • 1962
KOHLHIESELS TOCHTER • KOHLHIESEL'S DAUGHTERS • 1962
FRUHSTUCK IM DOPPELBETT • BREAKFAST IN BED (USA) • 1963
DAS HAB' ICH VON PAPA GELERNT • 1964
HEIRATE MICH, CHERI • 1964
FROMME HELENE, DIE • 1965
LIEBESKARUSSELL, DAS • WHO WANTS TO SLEEP • 1965

AMBROS OTTO – AUS

WIENER SCHNITZEL • VIENNA SCHNITZEL • 1967

AMBROSE ANNA – UKN

PHOELIX • 1979

AMBROSIO A. see **AMBROSIO ARTURO**

AMBROSIO ARTURO – Producer – ITL – 1869–1960

AMBROSIO A.

CINDERELLA • 1913
CENERE • 1916
THEODORA • 1921

AMELIO GIANNI – ITL – 1945–

FINE DEL GIOCO, LA • 1971 • MTV
CITTA DEL SOLE, LA • CITY OF SUN, THE • 1973
BERTOLUCCI SECONDO IL CINEMA • 1976 • MTV
MORTE AL LAVORO, LA • 1978
PICCOLO ARCHIMEDE, IL • 1979
COLPIRE AL CUORE • STRIKE AT THE HEART ◦ BLOW TO THE HEART • 1983
RAGAZZI DI VIA PANISPERNA, I • BOYS OF VIA PANISPERNA, THE • 1988
PORTE APERTE • OPEN DOORS • 1990

AMENDOLA MARIO – ITL – 1910–

JACOBS IRVING

PEGGIORI ANNI DELLA NOSTRA VITA, I • 1950
TALLONE D'ACHILLE, IL • 1952
FINALMENTE LIBERO! • 1953
BERTOLDO, BERTOLDINO E CACASENNO • 1954
CAMPANA DI SAN GUSTO, LA • 1954
DRITTI, I • 1957
DRITTE, LE • 1958
PREPOTENI, I • 1958
A QUALCUNO PIACE CALVO • 1959
AMORE NASCE A ROMA, L' • 1959
SIMPATICO MASCALZONE • 1959
BANDA DEL BUCO, LA • 1960
CARAVAN PETROL • 1960
TERRORE DELL'OKLAHOMA, IL • 1960
CACCIATORI DI DOTE • 1961
TOTO DI NOTTE N.1 • 1962
LADRO DI DAMASCO, IL • SWORD OF DAMASCUS (USA) • 1963
TOTO SEXY • 1963
VINO, WHISKY E ACQUA SALATA • 1963
SOLDATI E CAPORALI • 1965
VIAGGIO DI NOZZE ALL'ITALIANA • HONEYMOON, ITALIAN STYLE (UKN) • 1965
ADDIO MAMMA • 1967
CUORE MATTO.. MATTO DA LEGARE • MAD, MAD HEART.. • 1967
SIETE ESPIAS EN LA TRAMPA • TRAPPOLA PER 7 SPIE (ITL) ◦ SEVEN SPIES IN THE TRAP • 1967
...DAI NEMICI MI GUARDO IO! • ...I PROTECT MYSELF AGAINST MY ENEMIES! • 1968
VUOLE LUI.. LO VUOLE LEI, LA • 1968
FRANCO, CICCIO E IL PIRATA BARBANERA • 1969
PENSIERO D'AMORE • 1969
TERRIBILE ISPETTORE, IL • 1969
AMORE FORMULA 2 • 1970
LACRIME D'AMORE • 1970
LADY BARBARA • 1970
STORIA DI FIFA E DI COLTELLO • 1972
STORIA DE FRATELLI E DE CORTELLI • 1973
PASQUALINO CAMMARATA.. CAPITANO DI FREGATA • 1974
GIUSTIZIERE DI MEZZOGIORNO, IL • 1975
DUE SUL PIANEROTTOLO • 1976

AMENDOLA TONI – ITL

AMENDOLA TONY • HEPBURN TONY

DONNE CI TENGONO ASSAI, LE • 1959
AMBIZIOSE, LE • 1961
PISTOLA CHIAMATA JENNY, UNA • 1977

AMENDOLA TONY see **AMENDOLA TONI**

AMENDOLLA LUIS – MXC

PADRE MERCADER • MERCHANT FATHER (USA) • 1939

AMENTA PINO – ASL

SWORD OF HONOUR • 1986 • MTV
BOULEVARD OF BROKEN DREAMS • 1988
WHAT THE MOON SAW • 1988

AMERASINGHE ROLAND – SNL

SUDU SUDA • SWEETHEART • 1968

AMERO JOHN – USA

DIARY OF A SWINGER • 1967
EVERYTHING FOR EVERYBODY • 1969
BACCHANALE • 1970
CORPORATE QUEEN, THE • 1970
BLONDE AMBITION • CAN I COME AGAIN? ◦ CAN I COME TOO? • 1980
R.S.V.P. • 1984

AMERO LEM – USA

DIARY OF A SWINGER • 1967
BACCHANALE • 1970
CORPORATE QUEEN, THE • 1970
BLONDE AMBITION • CAN I COME AGAIN? ◦ CAN I COME TOO? • 1980
R.S.V.P. • 1984

AMES GERALD – UKN – 1881–1933

ONCE ABOARD THE LUGGER • 1920
MR. JUSTICE RAFFLES • 1921

AMICO GIANNI – ITL

APPUNTI PER UN FILM SULJAZZ • NOTES FOR A FILM ON JAZZ • 1965
NOI INSISTIAMO • WE INSIST • 1965 • SHT
TROPICI • TROPICS • 1969
INCHIESTA, L' • INQUIRY, THE • 1971 • MTV
CENTRAL PARK • 1972
RITORNO • RETURN • 1973
AFFINITA ELETTIVE, LE • 1979

AMIEL JON – UKN

QUEEN OF HEARTS • 1989
AUNT JULIA AND THE SCRIPTWRITER • 1990

AMIGO REY – PHL

HANGGANAN NG MATATAPANG • END OF THE BRAVE • 1967

AMIGUETS JEAN-FRANCOIS – SWT

MERIDIENNE, LA • 1988

AMIN-E-AMINI – IRN

ALI BABA VA CHEHEL DOZD-E-BAGHDAD • ALI BABA AND THE FORTY THIEVES OF BAGHDAD • 1967
GOZASHT-E-BOZORG • GREAT REMISSION, THE • 1967
BAHRAM SHIRDEL • BRAVE BAHRAM • 1968
CHAHAR DARVISH • FOUR HUMBLE MEN • 1968
RICARDO • 1968

AMIN M. – MLY

MAT RAJA KAPOR
HATI BATU • CRUEL HEART • 1971
JAHANAM • DAMNATION! • 1971
SATU TITEK DIGARISON • 1971
PENYAMUN SI BONGKOK • HUNCHBACK ROBBER, THE • 1972
HAPUSLAH AIRMATAMU • WIPE AWAY YOUR TEARS ◦ TEARS AND SORROW • 1975
PENDEKAR • WARRIOR, THE • 1976

AMIN RUHUL – BNG

GUNGCAIL • SEAGULL • 1978
KIND OF ENGLISH, A • 1987

AMINI STEPHEN – CND – 1950–

AVON INC. • 1986 • DOC

AMIR GIDEON – USA

P.O.W. THE ESCAPE • BEHIND ENEMY LINES • 1986

AMIR YUSAINI – MLY
KEMANA HATI KAN KU BAWA • LOST HEART • 1979

AMIRADZIBI HELENA – PLN
OBLATYWACZE • TEST PILOTS • 1960 • DOC
PRZEDSWIATECZNY WIECZOR • CHRISTMAS EVE ○ EVE OF A HOLIDAY • 1966
KTO WIERZY W BOCIANY • WHO BELIEVES IN THE STORK • 1971
FORTUNA • 1973 • MTV

AMIRALAI OMAR – SYR – 1944–
AMIRALAY UMAR
NUHAWWALU SUDD AL-FURAT • ESSAI SUR UN BARRAGE DANS LA VALLEE DE L'EUPHRATE • 1970 • SHT
HAYAT AL-YAWMIYYA FI QARIA SURIYYA, AL- • VIE QUOTIDIENNE DANS UN VILLAGE SYRIEN, LA ○ EVERYDAY LIFE IN A SYRIAN VILLAGE ○ HAYATT AL YAWMIYAH FI GARIAH SURIYAH, AL • 1974
DAJAJ, AD- • HENS, THE ○ DAJAL, AL • 1976 • DOC

AMIRALAY UMAR see **AMIRALAI OMAR**

AMITAY JONATHAN – CND
NUKIE'S LULLABY • 1987 • ANS
OH DAD! • 1987 • ANS

AMMANN GERHARD – GRM
SEITENSTRASSE DER PROSTITUTION • BY-WAY OF PROSTITUTION • 1967

AMMANN PETER – SWT
BRACCIA SI, UOMINI NO • 1971
TRAIN ROUGE, LE • RED TRAIN, THE (USA) • 1973 • DOC
AFFAIRE SUISSE, L' • 1978

AMMAR ABDUL LATIF BEN see **BEN AMMAR ABDUL LATIF**

AMMIRATA SERGIO – ITL
SESSO IN TESTA • SEX IN THE HEAD ○ SEX ON THE BRAIN • 1974

AMMUNDSEN KJELD – DNM
SKAEVE DAGE I THY • 1970

del AMO ALVARO – SPN
DOS • TWO • 1980

del AMO ANTONIO – SPN – 1911–
JACKSON RICHARD
CUATRO MUJERES • 1947
HUESPED DE LA TINIEBLAS, EL • 1948
ALAS DE JUVENTUD • 1949
NOVENTA MINUTOS • 1949
ALMA CERCADA, EL • 1950
CERCO DEL DIABLO, EL • 1950
HISTORIA EN DOS ALDEAS • 1950
DIA TRAS DIA • 1951
PESCADOR DE COPLAS, EL • 1953
SIERRA MALDITA • 1954
SOL SALE TODOS LOS DIAS, EL • 1955
PEQUENO RUISENOR, EL • 1956
RETORNO A LA VERDAD • 1956
SAETA DEL RUISENOR • FLAMENCO • 1957
RUISENOR DE LAS CUMBRES, EL • 1958
AVENTURAS DE JOSELITO Y PULGARCITO • AVENTURAS DE JOSELITO EN AMERICA ○ ADVENTURES OF LITTLE JOE AND TOM THUMB • 1959
ESCUCHA MI CANCION • 1959
NADA MENOS QUE UN ARCANGEL • NOTHING LESS THAN AN ARCHANGEL • 1959
PEQUENO CORONEL, EL • 1959
DOS GOLFILLOS, LOS • 1960
MELOCOTON EN ALMIBAR • 1960
BELLO RECUERDO • 1962
CHICO O CHICA? • 1962
GEMELAS, LAS • 1963
SECRETO DE TOMY, EL • 1963
TRES GORRIONES Y PICO • 1964
A-001 OPERAZIONE GIAMAICA • OUR MAN IN JAMAICA ○ SCHARFE SCHUSSE AUF JAMAICA ○ ACTION IN JAMAICA ○ 001 OPERACION CARIBE • 1965
CERCO DE FORAJIDOS • 1965
SOLO CONTRO TUTTI • HIJO DE JESSE JAMES, EL (SPN) • 1965
PERRO EN ORBITA • DOG IN ORBIT, A • 1966
TENGO QUE ABANDONARTE • 1969
IO MONACA, PER TRE CAROGNE E SETTE PECCATRICI • 1972
BIG BUSTOUT, THE • 1973
MADRES SOLTERAS • 1974
QUE PASA CONTIGO, TIO? • 1977

AMON HANSJORG – GRM
UNRUHIGE TOCHTER • RESTLESS DAUGHTERS • 1967

AMOR JOHN see **HUSTAIX LUCIEN**

AMOROSO ROBERTO – ITL – 1911–
GOOD TONY
DUE SOLDI DI FELICITA • 1955
KID IL MONELLO DEL WEST • 1973

AMOURDEDIEU PIERRE see **PIERRE-LOUIS**

AMRAM ROBERT – UKN
MINI-AFFAIR, THE • 1968
PACIFIC CHALLENGE • 1975 • DOC
LATE GREAT PLANET EARTH, THE • 1978 • DOC

AMURRI FRANCO – ITL
DA GRANDE • WHEN I GROW UP • 1988
FLASHBACK • 1989

AMUSHUKELI VASSILI see **AMASHUKELI VASILY**

AMY GEORGE – Editor – USA – 1903–
AMY GEORGE J
SHE HAD TO SAY YES • 1933
KID NIGHTINGALE • 1939
RIDE, COWBOY, RIDE • 1939 • SHT
ROYAL RODEO • 1939 • SHT
GAMBLING ON THE HIGH SEAS • 1940
GRANNY GET YOUR GUN • 1940

AMY GEORGE J see **AMY GEORGE**

AMYES JULIAN – UKN – 1917–
HILL IN KOREA, A • HELL IN KOREA (USA) • 1956
MIRACLE IN SOHO • 1957
JANE EYRE • 1983 • MTV

AN-NAHHASS HASHIM see **NAHHASS HASHIM AN-**

ANAGOSTI DHIMITER – ALB
KOMISARI I DRITES • COMMISSAR OF LIGHT, THE • 1966
DUEL I HESHTUR • SILENT DUEL • 1967

ANAND – IND
NEECHA NAGAR • 1945

ANAND CHETAN – IND
AAKHRI KHAT • LAST LETTER, THE • 1967

ANAND DEV – IND
DES PARDES • HOME AND ABROAD • 1978

ANAND GUL – IND
JWALA • 1987

ANAND SHASHI – IND
MAN VERSUS MAN • 1983 • DCS

ANAND VIJAY – IND
JEWEL THIEF • 1967
KAHIN AURCHAL • ELSEWHERE • 1968

ANANIADIS IORDANIS – GRC
ADAM • 1987 • SHT

ANCELOVICI GASTON
PASO, EL • PASSAGE, THE
PUNOS FRENTE AL CANON • FISTS BEFORE THE CANNON • DOC

de ANCHIETA JOSE – BRZ
. . . • RETICENCIAS ○ BREAKS • 1972
PARADA 88 -O LIMITE DE ALERTA • STOP 88 -THE WARNING LIMIT • 1980

ANCILLOTTO ALBERTO – ITL
INCANTO DELLA FORESTA, L' • SONG OF THE FOREST (UKN) • 1957 • DOC

ANCZYKOWSKI PAUL – GRM
APOKAL • 1971

de ANDA RAUL – MXC
TIERRA DEL MARIACHI, LA • COUNTRY OF THE MARIACHI (USA) • 1938
A LO MACHO • IN ROUGH STYLE (USA) • 1939
CON LOS DORADOS DE VILLA • 1939
CHARRO NEGRO, EL • 1940
RANCHO ALEGRE • 1940
DEL RANCHO A LA CAPITAL • 1941
VENGANZA DEL CHARRO NEGRO, LA • 1941
VUELTA DEL CHARRO NEGRO, LA • 1941
AMANECER RANCHERO • 1942
TOROS, AMOR Y GLORIA • 1943
GUADALAJARA PUES • 1945
REINA DEL TROPICO, LA • 1945
CRISTEROS, LOS • 1946
YO MATE A ROSITA ALVIREZ • 1946
ULTIMO CHINALO, EL • 1947
COMISARIO EN TURNO • 1948
TRE HOMBRES MALOS • 1948
ANGELES DEL ARRABAL • 1949
CHARRO NEGRO EN EL NORTE, EL • 1949
DOS GALLOS DE PELEA • 1949
FE EN DOS, LA • 1949
MUJER DECENTE, UNA • 1950
CUATRO NOCHES CONTIGO • 1951
SIGUEME CORAZON • 1951
CON EL DIABLO EN EL CUERPO • IMP IN THE BODY, THE • 1954
GAVIOTA, LA • 1954
BATACLAN MEXICANO • 1955
ENEMIGOS • VALIENTES DE JALISCO, LOS • 1955
SIETE LEGUAS, EL • 1955
MANZANAS DE DOROTEA, LAS • 1956
MASCARA DE CARNE, LA • 1956
ESTAMPIDA • 1958
WILD STAMPEDE • 1962
POZO, EL • 1964
SI QUIERO • 1965

de ANDA RAUL JR. – MXC
FUERA DE LA REY • 1965
HOMBRES DE ROCA • 1965
LEYENDA DEL BANDIDO, LA • 1965
TIERRA DE VIOLENCIA • 1965

de ANDA RODOLFO – MXC
CUCHILLO • 1977

ANDAM F. D. – GRM
AUFRUHR IM DAMENSTIFT • 1941

ANDELFINGER FRITZ – GRM
ZWOLF HERZEN FUR CHARLY • 1949

ANDERBERG TORGNY – SWD – 1919–
ANACONDA • 1954
GLADE SKOMAKAREN, DEN • MERRY SHOEMAKER, THE • 1955
LILLE FRIDOLF OCH JAG • LITTLE FRIDOLF AND I • 1956
FRIDOLF STICKER OPP! • FRIDOLF IS REBELLIOUS • 1958
VILDARNA VID DODENS FLOD • JANGADA -EN BRASILIANSK RAPSODI • 1958
FLY MEJ EN GREVE • HAND ME A COUNT • 1959
FRIDOLFS FARLIGA ALDER • FRIDOLF'S DANGEROUS AGE • 1959
GODA VANNER OCH TROGNA GRANNAR • GOOD FRIENDS AND FAITHFUL NEIGHBOURS • 1960
PARLEMOR • MOTHER OF PEARL • 1961
SALLSKAPSLEK • PARLOUR GAMES ○ GAME OF TRUTH • 1963
TOFFLAN -EN LYCKLIG KOMEDI • SLIPPER -A HAPPY COMEDY, THE ○ SLIPPER ○ COWARD • 1967
KOMEDI I HAGERSKOG • COMEDY AT HAGERSKOG ○ ODD LOVERS • 1968
VILLERVALLE I SODERHAVET • VILLERVALLE IN THE SOUTH SEAS • 1968
RANNSTENSUNGAR • 1974
DJUNGELAVENTYRET CAMPA, CAMPA • JUNGLE ADVENTURE CAMPA, CAMPA • 1976

ANDERMANN ANDREA – ITL
SEVERAL AFRICAS • 1975 • MTV

ANDERS CHRISTIAN – GRM
BLUT DES BOSEN, DIE • ROOTS OF EVIL • 1979
TODESGOTTIN DES LIEBESCAMPS, DIE • LOVE CAMP • 1981

ANDERS GUNTHER – Dir. photo – GRM – 1909–
ALPENKONIG UND DER MENSCHENFEIND, DER • 1965

ANDERS JAN – USA
SUPERSENSUAL • SUPER SENSUALISTS ○ SUPER SENSES ○ SUPERSENS • 1967
KEPT • 1968
SAPPHO '68 • 1968
THREES, MENAGE A TROIS • 1968
UNUSUAL REQUESTS • 1968

ANDERSEN BJARNE – NRW
SMUGLERE I SMOKING • SMUGGLERS IN DINNER-JACKET • 1956

ANDERSEN F. W. – GRM
SUNDE DER LISSY KRAFFT, DIE • 1930

ANDERSEN KNUT – NRW – 1931–
ANDERSSEN KNUT
HURRA FOR ANDERSENS • 1966
SUS OG DUS PA BY'N • RIOT AND REVEL ON ORDER • 1968
BALLADEN OM OLE HOYLAND • BALLAD OF OLE HOYLAND, THE • 1970
BRENT JORD • SCORCHED EARTH • 1971
MARIKENS BRYLLUP • MARIKEN'S WEDDING DAY • 1972
DEN SOMMEREN JEG FYLTE 15 • I WAS FIFTEEN • 1974
OLSENBANDENS SISTE BEDRIFTER • 1974
UNDER EN STEINHIMMEL • BENEATH A STONY SKY ○ OCTOBER '44 ○ UNDER A SKY OF STONE • 1974
INSEKTSOMMER • 1976
SOMEREN JEG FYLTE FEMTEN, DEN • SUMMER I BECAME 15, THE • 1976
KARJOLSTEINEN • TURN OF THE ROAD, THE • 1978
KAMERATER • FRIENDS ○ FOR TORS SKYLD • 1982
DRAGENS FANGE • CAPTURE OF THE DRAGON, THE • 1984

ANDERSEN PREBEN NYGAARD – DNM
VEJEN TIL BYEN • 1978

ANDERSEN THOM – USA
EADWEARD MUYBRIDGE -ZOOPRAXOGRAPHER • 1975

ANDERSEN VALDEMAR – GRM
WEISSE GEISHA, DIE • 1926

ANDERSEN W. see **ANDERSEN WIES**

ANDERSEN WIES – BLG
ANDERSEN W.
ONSCHERP • 1971
JONNY & JESSY • 1973

ANDERSEN YVONNE – USA
SPAGHETTI TROUBLE • ANS
AMAZING COLOSSAL MAN, THE • 1965 • ANS

ANDERSON ALAN – Sound tech – ASL – -1981
PICTURES THAT MOVED: AUSTRALIAN CINEMA 1896-1920, THE • 1969 • DOC

ANDERSON AMELIA – USA
SCOTT JOPLIN, KING OF RAGTIME COMPOSERS • 1977 • DCS

ANDERSON ANDY – USA
DOLLARS AND SENSE • TWINS, THE • 1916 • SHT
INTERFACE • 1984
POSITIVE I.D. • 1987

ANDERSON BRONCHO BILLY see **ANDERSON G. M.**

ANDERSON CLYDE – USA
MONSTER DOG • 1986

ANDERSON DORSEY – USA
ALEXANDER DORSEY
LIFE AND DEATH OF A SPHERE • 1948 • SHT
DIME STORE • 1949 • SHT

ANDERSON G. M. – USA – 1882–1971
ANDERSON GILBERT M. • ANDERSON BRONCHO BILLY
AWFUL SKATE, AN • 1907
BANDIT KING, THE • 1907
BANDIT MAKES GOOD, THE • 1907
WESTERN JUSTICE • 1907
BASEBALL FAN, THE • 1908
HEART OF A COWBOY, THE • 1909
MEXICAN'S GRATITUDE, A • 1909
TAKE ME OUT TO THE BALL GAME • 1910
ALKALI IKE PLAYS THE DEVIL • 1912
ALKALI IKE STUNG • 1912
ALKALI IKE'S BOARDING HOUSE • 1912
ALKALI IKE'S MOTORCYCLE • 1912
ALKALI IKE'S PANTS • 1912
BRONCHO BILLY FOR SHERIFF • 1912
BRONCHO BILLY'S LOVE AFFAIR • 1912
BRONCHO BILLY'S NARROW ESCAPE • 1912
INDIAN SUNBEAM, AN • 1912
LOAFER'S MOTHER, THE • 1912
LOVE ON TOUGH LUCK RANCH • 1912
RANCHMAN'S TRUST, THE • 1912
TOMBOY OF BAR Z, THE • 1912
ALKALI IKE'S AUTO • 1913

ALKALI IKE'S HOMECOMING • 1913
ALKALI IKE'S MISFORTUNES • 1913
BRONCHO BILLY AND THE SHERIFF'S KID • 1913
BRONCHO BILLY'S CAPTURE • 1913
BRONCHO BILLY'S OATH • 1913
MAKING OF BRONCHO BILLY, THE • 1913
BRONCHO BILLY, A FRIEND IN NEED • 1914
BRONCHO BILLY AND THE ESCAPED BANDIT • 1914
BRONCHO BILLY AND THE RED MAN • BRONCHO BILLY AND THE REDSKIN • 1914
BRONCHO BILLY BUTTS IN • 1914
BRONCHO BILLY'S INDIAN ROMANCE • 1914
SNAKEVILLE'S PEACEMAKER • 1914
HIS REGENERATION • 1915
TOO MUCH TURKEY • 1915
VERA THE MEDIUM • 1916
HUMANITY • 1917
ASHES • 1922

ANDERSON GERRY – Producer – UKN – 1929–
CROSSROADS TO CRIME • 1960
DESTINATION MOONBASE ALPHA • 1975 • MTV
INVASION UFO • U.F.O. –INVASION U.F.O. • 1980

ANDERSON GILBERT M. see **ANDERSON G. M.**

ANDERSON IGO M. – GRM
ALTE RECHT, DAS • 1934

ANDERSON J. – UKN
W.S.P. • 1974 • SHT

ANDERSON J. L. see **ANDERSON JOSEPH. L.**

ANDERSON JAMES M. – UKN
ECHO OF APPLAUSE • 1946
THOSE WERE THE DAYS • 1946
RETURN FARE TO LAUGHTER • 1950
MADE FOR LAUGHS • 1952
ALL IN GOOD FUN • 1956
CRAZY DAYS • 1962

ANDERSON JOHN – CND
POWER HEADS • 1981

ANDERSON JOHN MURRAY – USA – 1886–
KING OF JAZZ, THE • 1930

ANDERSON JOSEPH. L. – USA
ANDERSON J. L.
MISS JESSICA IS PREGNANT • SPRING NIGHT, SUMMER NIGHT ○ JESSICA • 1970
AMERICA FIRST • 1972

ANDERSON JULIET – USA
EDUCATING NINA • 1984

ANDERSON KARL – USA
SLIPPERY WHEN WET • 1976

ANDERSON KEVIN – Dir. photo – ASL – 1950–
KING OF THE TWO DAY WONDER • 1979

ANDERSON LAURIE – USA
HOME OF THE BRAVE • 1986

ANDERSON LEONARD – USA
RHYTHM IN A RIFF • 1945
JIVIN' IN BE BOP • 1947

ANDERSON LINDSAY – UKN– 1923–
MEET THE PIONEERS • 1948 • DCS
IDLERS THAT WORK • IDLERS AT WORK • 1949 • DCS
THREE INSTALLATIONS • 1951 • SHT
TRUNK CONVEYOR • 1952 • SHT
WAKEFIELD EXPRESS • 1952 • SHT
O DREAMLAND • 1953 • SHT
THURSDAY'S CHILDREN • 1953 • SHT
CHILDREN UPSTAIRS, THE • 1955 • DCS
ENERGY FIRST • 1955 • DCS
FOOT AND MOUTH • 1955 • DCS
GREEN AND PLEASANT LAND • 1955 • DCS
HENRY • 1955 • DCS
HUNDRED THOUSAND CHILDREN, A • 1955 • DCS
20 POUNDS A TON • £20 A TON • 1955 • DCS
EVERY DAY EXCEPT CHRISTMAS • 1957
THIS SPORTING LIFE • 1963
RAZ, DWA, TRZY • SINGING LESSON, THE (UKN) • 1967
WHITE BUS, THE • 1967
IF.. • CRUSADERS • 1968
O LUCKY MAN! • 1973
IN CELEBRATION • 1974 • MTV
OLD CROWD, THE • 1979 • MTV
RED, WHITE AND ZERO • 1979
BRITANNIA HOSPITAL • 1982
WHALES OF AUGUST, THE • 1987
GLORY! GLORY! • 1989 • TVM

ANDERSON MARION CLAYTON – USA
CROWNING EXPERIENCE, THE • 1960

ANDERSON MARTIN – USA
HEART OF DIXIE • 1988

ANDERSON MAX – UKN – 1914–1959
HARVEST SHALL COME, THE • 1941 • DOC
EVERY FIVE MINUTES • 1950 • SHT
FOUR MEN IN PRISON • 1950 • DOC
AT WHOSE DOOR? • 1952 • SHT
POWER SIGNAL LINEMAN • 1953 • SHT
TREASURE AT THE MILL • 1957

ANDERSON MICHAEL – UKN – 1920–
PRIVATE ANGELO • 1949
WATERFRONT • WATERFRONT WOMEN (USA) • 1950
HELL IS SOLD OUT • 1951
NIGHT WAS OUR FRIEND • 1951
DIAL 17 • 1952 • SHT
HOUSE OF THE ARROW, THE • 1953
WILL ANY GENTLEMAN? • 1953
DAM BUSTERS, THE • 1955
AROUND THE WORLD IN 80 DAYS • 1956
1984 • 1956
YANGTSE INCIDENT • BATTLE HELL (USA) ○ ESCAPE OF THE AMETHYST • 1957
CHASE A CROOKED SHADOW • 1958
SHAKE HANDS WITH THE DEVIL • 1959
WRECK OF THE MARY DEARE, THE • 1959
ALL THE FINE YOUNG CANNIBALS • 1960
NAKED EDGE, THE • 1961
FLIGHT FROM ASHIYA • ASHIYA KARA NO HIKO (JPN) • 1964
WILD AND WONDERFUL • MONSIEUR COGNAC • 1964
OPERATION CROSSBOW • OPERAZIONE CROSSBOW (ITL) ○ CODE NAME: OPERATION CROSSBOW ○ GREAT SPY MISSION, THE • 1965
QUILLER MEMORANDUM, THE • 1966
SHOES OF THE FISHERMAN, THE • 1968
JAIL, THE • 1972 • DOC
POPE JOAN • DEVIL'S IMPOSTER, THE • 1972
CONDUCT UNBECOMING • 1975
DOC SAVAGE, THE MAN OF BRONZE • 1975
LOGAN'S RUN • 1976
ORCA • ORCA, THE KILLER WHALE ○ ORCA, KILLER WHALE • 1977
DOMINIQUE • DOMINIQUE IS DEAD (USA) • 1978
MARTIAN CHRONICLES, THE • 1979 • TVM
BELLS • MURDER BY PHONE ○ CALLING, THE • 1981
MAFIA KINGPIN • 1983
SECOND TIME LUCKY • 1984
SEPARATE VACATIONS • 1986
SWORD OF GIDEON, THE • ELEVENTH COMMANDMENT, THE ○ MUNCHEN STRIKE • 1986
GOLDSMITH'S SHOP, THE • 1988
MILLENIUM • 1989

ANDERSON MONIKA – Animator – GRM
EVERYBODY HELPS TEDDY • ANM
STORY ABOUT SANTA CLAUS, A • ANM

ANDERSON PHILIP – USA
SELF-DEFENSE • 1942
BADMINTON • 1945 • SHT
HOLLYWOOD SCOUT • 1945 • SHT
GETTIN' GLAMOUR • 1946 • SHT

ANDERSON RICHARD – USA
ROD FLASH CONQUERS INFINITY • 1973 • SHT

ANDERSON ROBERT – USA – c1912–
WILD HORSES • 1945 • DOC
FEELING OF REJECTION, THE • BANNIS IMAGINAIRES, LES • 1947 • DCS
MENTAL MECHANISMS • 1947–49 • DSS
DRUG ADDICT • 1948 • DCS
FEELING OF HOSTILITY, THE • HOSTILITE • 1948 • DCS
OVER-DEPENDANCY • DEPENDANCE • 1949 • DCS
BREAKDOWN • 1951 • DOC
MENTAL SYMPTOMS • 1951 • DSS
TRADE FAIR • 1952 • DOC
COUNTRY MAGISTRATE • 1953 • DOC
MISSION SHIP • 1953 • DOC
ALMOST A GHOST TOWN • 1957 • DOC
FACES OF DEPRESSION, THE • 1959 • DOC
DISORDERED MIND, THE • 1960 • SER
MAN'S ADAPTABILITY TO COLD • 1960 • DOC
TROUBLED CHILDREN • 1964 • DSS
MRS. REYNOLDS NEEDS A NURSE • 1965 • DOC
THIRD EYE, THE • 1966 • DOC
LEARNING • 1969 • DSS
ANOTHER MAGIC BULLET • 1972 • DOC

ANDERSON ROBERT J. – USA
CINDY AND DONNA • 1970

ANDERSON ROBERT* – USA
MY LADY'S ANCLE • 1920 • SHT

ANDERSON ROBERT** – USA
YOUNG GRADUATES, THE • 1971
HOAX • 1972
SWISS BANK ACCOUNT • 1975

ANDERSON ROBYN – ASL
FIRST CONTACT • DOC
JOE LEAHY'S NEIGHBOURS • 1988 • DOC

ANDERSON ROY see **ANDERSSON ROY**

ANDERSON VET – USA
POLICE DOG • 1915 • ASS

ANDERSSEN KNUT see **ANDERSEN KNUT**

ANDERSSON FREDRIK – SWD – 1891–
FLOTTANS LILLA FASTMO • MARIANNE –FLOTTANS LILLA FASTMO • 1930
KARLEK OCH ALLSANG • 1944

ANDERSSON KARL – USA
TOUCH OF GENIE, A • 1976

ANDERSSON KJELLE-AKE – SWD
FRIENDS • 1988

ANDERSSON MARIT – SWD
MOD ATT LEVA • COURAGE TO LIVE • 1982

ANDERSSON ROY – SWD
ANDERSON ROY
KARLEKSHISTORIA, EN • SWEDISH LOVE STORY, A • 1969
GILIAP • 1975

ANDEYENKO Y. – USS
BITVA ZA NASHA SOVIETSKAYA UKRAINU • BATTLE FOR OUR SOVIET UKRAINE, THE ○ UKRAINE IN FLAMES ○ FIGHT FOR OUR SOVIET UKRAINE, THE ○ BYTVA ZA NASHU RADYANSKU UKRAYINU • 1943

ANDJAPARIDZE MARIJA – USS
ANTJAPARIDZE MARY • ANDZHAPARIDZE M.
KHMUROE UTRO • GLOOMY MORNING, A ○ BLEAK MORNING ○ GREY DAWN • 1959
ANIUTA • 1960
EN ROUTE • 1961

ANDLIBI JAMSHID – IRN
BLOOD CRYSTAL, THE • 1990

ANDOLINO EMILE – USA
RUMPELSTILTSKIN • 1982 • TVM

ANDONOV IVAN – Actor – BUL – 1934–
DIFFICULTY • ANS
PTITSI • 1966 • ANS
ESPERANZA • 1967 • ANS
ZATRUDNENIE • EMBARRASSMENT • 1967
TROUDNA LYUBOV • DIFFICULT LOVE, A ○ HARD LOVE, A • 1974
SEVENTH LOVE, THE • 1975
FAIRY DANCE, THE • 1976
ROOF, THE • 1978
CHERRY ORCHARD • 1979
DREAMERS
WHITE MAGIC • 1981
YESTERDAY • 1986
ADIOS, RIO • 1988

ANDONOV METODI – BUL
BYALATA STAYA • WHITE ROOM, THE • 1968
THERE IS NOTHING FINER THAT BAD WEATHER • 1971
GREAT BOREDOM, THE • 1972
KOZUU POS • GOAT HORN, THE (USA) ○ KOZIAJT ROG ○ KOZIAT ROG • 1972

ANDRA FERN – Actress – USA – 1893–1974
MOTTE FLOG ZUM LICHT, EINE • 1915
ERNST IST DAS LEBEN.. • 1916
WENN MENSCHEN REIF ZUR LIEBE WERDEN • 1916
SEELE SAITEN SCHWINGEN NICHT, DER • 1917

de ANDRADE JOAO BATISTA – BRZ
BATISTA de ANDRADE JOAO
DORAMUNDO • 1979
HOMEM QUE VIROU SUCO, O • MAN WHO TURNED UP JUICE, THE • 1981
PROXIMA VITIMA, A • NEXT VICTIM, THE • 1984
CEU ABERTO • OPEN SKIES • 1986 • DOC
PAIS DOS TENENTES, O • LIEUTENANT'S COUNTRY • 1988

de ANDRADE JOAQUIM PEDRO – BRZ – 1932–1988
MACUNAIMA • 1970
INCONFIDENTES, OS • CONGIURA, LA ○ CONSPIRATORS, THE • 1972
GUERRA CONJUGAL • MATRIMONIAL WARFARE • 1974
CONTOS EROTICOS • EROTIC STORIES • 1980
HOMEM DO PAU BRASIL, O • MAN OF THE BRAZILIAN LOG, THE ○ MAN OF THE BRAZIL-TREE, THE • 1981

ANDRAS FERENC – HNG
VERI AZ ORDOG A FELESEGET • IT'S RAIN AND SHINE TOGETHER ○ RAIN AND SHINE • 1978
DOGKESELYU • VULTURE, THE • 1983 • ANM
MAGY GENERACIO, A • GREAT GENERATION, THE • 1985
VADON • WILDERNESS, THE ○ IN THE WILD • 1988

ANDRE RAOUL – MRC – 1916–
VILLAGE DE LA COLERE, LE • 1946
FIACRE 13 • 1947
ASSASSIN EST A L'ECOUTE, L' • 1948
FILLE A CROQUER, UNE • PETIT CHAPERON ROUGE, LE • 1950
NUIT A MEGEVE, UNE • 1953
CLANDESTINES, LES • VICE DOLLS (USA) • 1954
MARCHANDES D'ILLUSIONS • NIGHTS OF SHAME (USA) ○ VENDORS OF DREAMS ○ WOMEN WITHOUT HOPE • 1954
PEPEES FONT LA LOI, LES • 1954
CHERCHEZ LA FEMME! • 1955
FILLE EPATANTE, UNE • 1955
INDISCRETES, LES • 1955
PEPEES AU SERVICE SECRET, LES • 1955
HOMME ET L'ENFANT, L' • CREATURE DEL MALE (ITL) ○ MAN AND CHILD • 1956
CLARA ET LES MECHANTS • BOURREAUX D'ENFANTS • 1957
POLKA DES MENOTTES, LES • 1957
SECRET PROFESSIONNEL • 1958
PLANQUE, LA • WALLS OF FEAR (USA) ○ HIDEOUT, THE ○ BURIED ALIVE • 1961
FEMMES D'ABORD, LES • LADIES FIRST (USA) • 1962
DES FRISSONS PARTOUT • 1963
CES DAMES S'EN MELENT • JEFF GORDON SPACCA TUTTO (ITL) • 1964
MISSION SPECIALE A CARACAS • SPECIAL MISSION TO CARACAS • 1965
GRAND BIDULE, LE • GREAT GIMMICK, THE • 1967
CES MESSIEURS DE LA FAMILLE • 1968
BOURGEOIS GENTIL MEC, LE • 1969
CES MESSIEURS DE LA GACHETTE • 1969
DERNIERE BOURREE A PARIS, LA • 1973
Y'A UN OS DANS LA MOULINETTE • 1974

ANDREACCHIO MARIO – ASL
SHE WAS FAIR GAME • FAIR GAME • 1985
DREAMING, THE • 1988

ANDREANI HENRI – FRN – 1872–1936
FAUST • 1910
MESSALINE • 1910
MOISE SAUVE DES EAUX • 1910
CAIN ET ABEL • CAIN AND ABEL • 1911
DEVOIR ET L'HONNEUR, LE • 1911
SACRIFICE D'ABRAHAM, LE • 1911
SIEGE DE CALAIS, LE • SIEGE OF CALAIS, THE • 1911
ABSALON • 1912
FILS DE CHARLES QUINT, LE • 1912
MARTYRE DE SAINT ETIENNE, LE • 1912
TOURNOI DE L'ECHARPE D'OR, LE • 1912
ESTHER • 1913
FILLE DE JEPHTE, LA • 1913
FRERES ENNEMIS, LES • 1913
MORT DE SAUL, LA • 1913
REBECCA • 1913

REINE DE SABA, LA • 1913
ENFANTS D'EDOUARD, LES • 1914
OCEAN, L' • 1916
HOMME QUI ASSASSINA, L' • 1917
MIMI-TROTTIN • 1921
ZISKA LA DANSEUSE ESPIONNE • 1922
AUTRE AILE, L' • 1924
NAPOLEON • NAPOLEON VU PAR ABEL GANCE • 1926
FLAMENCA LA GITANE • 1928
PENTE, LA • 1928

ANDREANI M. – FRN

FAUST • 1909

ANDREASSI RAFFAELE – ITL – 1924–

FACCIA DA MASCALZONE • 1955
SIMONE MARTINI • 1957 • SHT
NOSTRA PELLE, LA • 1962
AMORE POVERO, L' • 1963
PIACERI PROIBITI, I • 1963 • DOC
FLASHBACK • 1968

ANDREE ULF – SWD

NIKLAS OCH FIGUREN • NIKLAS AND HIS PAL • 1972
SNACKA GAR JU.. • TALK'S CHEAP • 1982

ANDREEI YANNICK see **ANDREI YANNICK**

ANDREES ANGELICA – GRM

JACKI • 1977

ANDREI MARCELLO – ITL

ANDREW MARK

ARCIPELAGO DI FUOCO • 1957 • DOC
SMANIA ADDOSSO, LA • EYE OF THE NEEDLE, THE (USA) • 1963
FIOCCO NERO PER DEBORAH, UN • BLACK RIBBON FOR DEBORAH, A ○ DEBORAH (USA) ○ TORMENT • 1974
IMMENSO E ROSSO • 1975
VERGINITA • 1975
SCANDOLO IN FAMIGLIA • SCANDAL IN THE FAMILY • 1976
TEMPO DEGLI ASSASSINI, IL • SEASON FOR ASSASSINS • 1976
MACHO, EL • EL MACHO • 1977

ANDREI YANNICK – FRN – 1927–

ANDREEI YANNICK

SAMEDI SOIR • NIGHT OUT • 1960
AU-DELA DE LA PEUR • BEYOND FEAR (USA) • 1974

ANDREIEVSKY ALEKSANDER see **ANDRIEVSKI ALEXANDER**

ANDREIKOV TODOR – BUL

NEDELNITE MATCHOVE • SUNDAY MATCHES ○ SUNDAY GAMES • 1975

ANDREJEW PIOTR – PLN – 1947–

ROZMOWA • CONVERSATION, THE ○ TALK, THE • 1974
KRADZIEZ • 1976
KLINCZ • CLINCH • 1980

ANDREOU ERRICOS see **ANDREOU ERRIKOS**

ANDREOU ERRIKOS – GRC

ANDREOU ERRICOS

SISTERS, THE • MAKE ME A WOMAN • 1965
EKINOS KI EKINI • HE AND SHE • 1967
DOSTE TA HERIA • HOLD HANDS • 1970
PAPAFLESSAS • 1970

ANDREW MARK see **ANDREI MARCELLO**

ANDREWS BENJAMIN – FRN

FORBIDDEN, THE • 1966

ANDREWS CHARLES – USA

PIRATES OF THE SKY • 1927

ANDREWS DAVID – Animator – CND

TROUBLE WITH JOE • 1988 • ANS

ANDREWS DEL – USA – c1903–

HOTTENTOT, THE • 1922
GALLOPING FISH • 1924
JUDGMENT OF THE STORM • 1924
NO MAN'S LAW • 1925
RIDIN' STREAK, THE • 1925
RIDIN' THE WIND • 1925
THAT DEVIL QUEMADO • 1925
WILD BULL'S LAIR, THE • 1925
COLLEGIATE • 1926
IS THAT NICE? • 1926
MAN RUSTLIN' • 1926
TIMID TERROR, THE • 1926
YELLOW BACK, THE • 1926
AIN'T LOVE FUNNY • 1927
HERO ON HORSEBACK, A • 1927
GUMPS, THE • 1928
RAWHIDE KID, THE • 1928
WILD WEST SHOW, THE • HEY RUBE! • 1928

ANDREWS ERIC – ITL

LESBO • 1969

ANDREWS GEORGE – GRC

HERO BUNKER • 1971

ANDREWS MARTIN see **REGNOLI PIERO**

ANDREWS ROBERT see **ZANCHIN NINO**

ANDREYEV PYOTR – NTH

SHADOW MAN • 1988

ANDRIAN J. JACQUES see **ANDRIEN JEAN-JACQUES**

ANDRIEN JEAN-JACQUES – BLG

ANDRIAN J. JACQUES

ROUGE, LE ROUGE ET LE ROUGE, LE • RED, THE RED AND THE RED, THE
MENSONGE, LE • FILS D'AMR EST MORT, LE ○ SON OF AMR IS DEAD!, THE • 1974
GRAND PAYSAGE D'ALEXIS DROEVEN, LE • ENDLESS LAND OF ALEXIS DROEVEN, THE • 1981
AUSTRALIA • 1989

ANDRIEU MICHEL – FRN – 1940–

BASTIEN, BASTIENNE • 1979
VOYAGE, LE • 1984

ANDRIEUX MARC – FRN

OEUF A LA COQUE, L' • BOILED EGG (USA) ○ ROOSTER'S EGG, THE • 1963 • ANS

ANDRIEUX ROGER – FRN – 1940–

MISTER BROWN • 1972
AMOUR EN HERBE, L' • 1977
PETITE SIRENE, LA • 1980

ANDRIEVSKI ALEXANDER – USS

ANDREIEVSKY ALEKSANDER • ANDRYEVSKY ALEXANDER

GIBEL SENSATY • LOSS OF FEELING ○ LOSS OF SENSATION • 1935
ROBINSON CRUSOE • 1946

ANDRIKANIS YEVGENI – USS

EXECUTED AT DAWN • 1964

ANDRITSOS KOSTAS – GRC

ANDRES DHEN LIYIZOUN POTE, I • STRONG MEN, THE ○ MEN NEVER BEND • 1968
PIO KALOS O MATHITIS, O • BEST PUPIL, THE • 1968
SATRAPIS, O • DESPOT, THE • 1968
YIA MIA TRIPIA DRAHMI • FOR ONE MOTH-EATEN DRACHMA ○ MONEY FOR JAM • 1968
BLOODY VIRGIN • 1976

ANDRONIKASHVILI O. – USS

JUBILEE • 1965 • ANS

ANDRUS MALON – USA

ACE OF CACTUS RANGE • 1924

ANDRYEVSKY ALEXANDER see **ANDRIEVSKI ALEXANDER**

ANDZHAPARIDZE M. see **ANDJAPARIDZE MARIJA**

ANGEL JACK see **MATALON EDDY**

ANGEL MIKEL – USA

LOVE BUTCHER, THE • 1983

ANGELES BERT – USA

COUNT BARBER • 1913
CUTEY TRIES REPORTING • 1913
HE ANSWERED THE AD • 1913
HE FELL IN LOVE WITH HIS MOTHER-IN-LAW • 1913
HOODOO UMBRELLA, THE • 1913
KEEPING HUSBANDS HOME • 1913
LADY AND HER MAID, THE • 1913
MIDGET'S REVENGE • 1913
OMENS AND ORACLES • 1913
PLAYING WITH FIRE • 1913
ROUGHING THE CUB • 1913
SLEUTHING • 1913
THAT SUIT AT TEN • 1913
TWO SOULS WITH BUT A SINGLE THOUGHT, OR, A MAID AND THREE MEN • TWO HEARTS THAT BEAT AS ONE • 1913
AND PERCY GOT MARRIED • 1915
PERCY MADE GOOD • 1915
HAND OF FATE, THE • 1920 • SHT

ANGELI ALFREDO – ITL

NOTTE PAZZA DEL CONIGLIACCIO, LA • BAD RABBIT'S MAD NIGHT, THE ○ CONIGLIACCIO, LA ○ STRANGE NIGHT, THE ○ NAUGHTY RABBIT, THE • 1967
LANGUIDI BACI.. PERFIDE CAREZZE • 1977

ANGELI GAY see **ANGHELI GAY**

ANGELI IVAN – ITL – 1940–

DON MILANI • 1976
RE DEL FIUME, IL • 1978 • MTV

ANGELICO IRENE LILIENHEIM – CND

DARK LULLABIES • 1986 • DOC

ANGELIDI ANTOINETTE – GRC

ANGELIDI ANTONETTA

VARIATIONS ON THE SAME THEME • IDEES FIXES (FRN) ○ DIES IRAE • 1978
TOPOS • BODY'S LITTLE THEATRE, THE • 1985

ANGELIDI ANTONETTA see **ANGELIDI ANTOINETTE**

ANGELL ROBERT – UKN

VINTAGE '28 • 1953

ANGELLA – ITL

MAX BECKMANN • 1961 • SHT

ANGELO EDMUND – USA

BREAKDOWN • 1952

ANGELO MARC – FRN – 1951–

TIR A VUE • 1984

ANGELOPOULOS PANOS – GRC

MADE IN GREECE • 1988

ANGELOPOULOS THEO – GRC – 1935–

ANGELOPOULOS THEODOROS • ANGHELOPOULOS THODOROS

EKPOMBI, I • BROADCAST ○ EMISSION, L' • 1968
ANAPARASTASIS • RECONSTRUCTION ○ RECONSTITUTION • 1970
IMERES TOU '36 • DAYS OF '36 (USA) ○ MERES TOU 1936 ○ JOURS DE 36 • 1972
THIASOS, O • TRAVELLING PLAYERS, THE ○ TROUPE, THE ○ THASSIOS, O ○ VOYAGE DES COMEDIENS, LE • 1974
KINIGI, I • HUNTERS, THE ○ KYNIGHI, I ○ HUNTSMEN, THE • 1976
MEGALEXANDROS, O • ALEXANDER THE GREAT • 1980
TAXIDI STA KYTHERA • JOURNEY TO CYTHERA ○ VOYAGE TO CYTHERA • 1984
MELISSOKOMOS, O • APICULTEUR, L' (FRN) ○ BEEKEEPER, THE • 1986
TOPIO STIN OMIHLI • LANDSCAPE IN THE MIST • 1988

ANGELOPOULOS THEODOROS see **ANGELOPOULOS THEO**

ANGELOVSKI KOLE – YGS

OTAC • FATHER, THE ○ TATKO • 1973
UKLETI SMO, IRINA • WE ARE BEWITCHED, IRINA • 1974

ANGELUCCI GIANFRANCO – ITL

HONEY • 1981

ANGELUCCI UMBERTO – ITL

MUSICA PER ANIMALI • MUSIC FOR OLD ANIMALS • 1990

ANGER KENNETH – USA – 1930–

WHO'S BEEN ROCKING MY DREAMBOAT? • 1941 • SHT
TINSEL TREE • 1941-42 • SHT
PRISONER OF MARS • 1942 • SHT
NEST, THE • 1943
DRAMATIC DEMISE • DRASTIC DEMISE • 1945 • SHT
ESCAPE EPISODE • 1946 • SHT
ESCAPE EPISODE (SOUND VERS.) • 1946
FIREWORKS • 1947 • SHT
PUCE WOMEN • 1948
LOVE THAT WHIRLS, THE • 1949
PUCE MOMENT • 1949 • SHT
EAUX D'ARTIFICE • 1953 • SHT
JEUNE HOMME ET LA MORT, LE • 1953
INAUGURATION OF THE PLEASURE DOME • LORD SHIVA'S DREAM • 1954
THELEMA ABBEY • 1955 • SHT
HISTOIRE D'O • STORY OF O, THE • 1959-61
ANGER AQUARIAN ARCANUM • 1965 • SHT
KUSTOM KAR KOMMANDOS • 1965 • SHT
SCORPIO RISING • 1966
PSYCHEDELIRIUM • 1969
ZAP • INVOCATION OF MY DEMON BROTHER (UKN) • 1969
LUCIFER RISING, CHAPTER ONE • 1971
LUNE DES LAPINS, LA • RABBITS MOON • 1971
LUCIFER RISING (2ND VERSION) • 1980

ANGHELI GAY – GRC

ANGELI GAY

MONASTIRAKI • 1978 • DOC
THESSALONIKI 6.5 ON THE RICHTER SCALE • 1979 • SHT

ANGHELOPOULOS THODOROS see **ANGELOPOULOS THEO**

ANGIOLILLO RENATO – ITL

SEMPRE PIU DIFFICILE • 1943

ANGIVSTEV – USS

LITTLE SCREW, THE • 1927 • ANS

ANGLADA EUGENI – SPN

RAGE, LA • RABIA, LA • 1978

ANGOLA CARLOS – VNZ

IMAGEN DE VENEZUELA • IMAGES OF VENEZUELA • 1968

ANGSTROM ANDERS – SWD

KVINNAN SOM FORSVANN • WOMAN WHO DISAPPEARED, THE • 1949

ANGUS ROBERT – USA

CANDIDATE, THE • PARTY GIRLS FOR THE CANDIDATE • 1964
BLOOD SONG • 1982

ANKER – DNM

NATLOGI BETALT • BED WITHOUT BREAKFAST • 1957
PIGEN I SOGELYSET • GIRL IN THE SEARCHLIGHT • 1959
GUDRUN • SUDDENLY, A WOMAN! (USA) • 1963

ANKERSMIT H. J. – NTH

JARDIN DU LUXEMBOURG • 1929

ANKRI SERGE – ISR

ADAMA HAMA • BURNING LAND • 1984

d'ANNA CLAUDE – TNS – 1945–

MORT TROUBLE, LA • DEATH TROUBLES • 1968
PENTE DOUCE, LA • 1974
TROMPE L'OEIL • 1974
ORDRE ET LA SECURITE DU MONDE, L' • 1979
CERCLE DES PASSIONS, LE • 1983
PARTENAIRES • 1984
SALOME • 1986
MACBETH • 1987

ANNAKIN KEN – UKN – 1914–

COOKS • 1942 • DCS
LONDON -1942 • 1942 • DCS
RIDE WITH UNCLE JOE, A • 1943 • DCS
BLACK DIAMONDS • 1944 • DCS
COMBINED CADETS • 1944 • DCS
NEW CROP, THE • 1944 • DCS
FARM IN THE FENS, A • FENLANDS • 1945 • DCS
MAKE FRUITFUL THE LAND • 1945 • DOC
PACIFIC THRUST • 1945 • DCS
THREE CADETS • 1945 • DCS
ENGLISH CRIMINAL JUSTICE • 1946 • DCS
IT BEGAN ON THE CLYDE • 1946 • DCS
WE OF THE WEST RIDING • WEST RIDING, THE • 1946 • DOC
HOLIDAY CAMP • 1947
TURN IT OUT • 1947 • DCS
BROKEN JOURNEY • RESCUE • 1948
HERE COME THE HUGGETTS • WEDDING BELLS • 1948
MIRANDA • 1948
QUARTET • SOMERSET MAUGHAM'S QUARTET • 1948
HUGGETTS ABROAD, THE • 1949

LANDFALL • 1949
VOTE FOR HUGGETT • 1949
DOUBLE CONFESSION • ALL ON A SUMMER'S DAY • 1950
TRIO • 1950
HOTEL SAHARA • 1951
PLANTER'S WIFE, THE • OUTPOST IN MALAYA (USA) • 1952
STORY OF ROBIN HOOD, THE • STORY OF ROBIN HOOD AND HIS MERRY MEN, THE (UKN) ○ ROBIN HOOD AND HIS MERRY MEN • 1952
SWORD AND THE ROSE, THE • WHEN KNIGHTHOOD WAS IN FLOWER • 1953
SEEKERS, THE • LAND OF FURY (USA) • 1954
YOU KNOW WHAT SAILORS ARE • 1954
VALUE FOR MONEY • 1955
LOSER TAKES ALL • 1956
THREE MEN IN A BOAT • 1956
ACROSS THE BRIDGE • ACROSS THE FORBIDDEN BRIDGE TO MEXICO • 1957
NOR THE MOON BY NIGHT • ELEPHANT GUN (USA) • 1958
THIRD MAN ON THE MOUNTAIN • BANNER IN THE SKY • 1959
HELLIONS, THE • 1961
SWISS FAMILY ROBINSON • 1961
VERY IMPORTANT PERSON • COMING OUT PARTY, A (USA) • 1961
CROOKS ANONYMOUS • 1962
FAST LADY, THE • 1962
LONGEST DAY, THE • 1962
INFORMERS, THE • UNDERWORLD INFORMERS (USA) ○ SNOUT, THE • 1963
BATTLE OF THE BULGE • 1965
THOSE MAGNIFICENT MEN IN THEIR FLYING MACHINES: OR HOW I FLEW FROM LONDON TO PARIS IN 25 HOURS AND.. • 1965
BIGGEST BUNDLE OF THEM ALL, THE • 1967
LONG DUEL, THE • 1967
MONTE CARLO OR BUST! • THOSE DARING YOUNG MEN IN THEIR JAUNTY JALOPIES (USA) ○ MONTE CARLO RALLY ○ QUEI TEMERARI SULLE LORO PAZZE, SCATENATE, SCALCINATE CARRIOLE (ITL) • 1969
CALL OF THE WILD • RICHIAMO DELLA FORESTA, IL (ITL) ○ RUF DER WILDNIS (FRG) • 1972
PAPER TIGER • 1975
FIFTH MUSKETEER, THE • 1977
MURDER AT THE MARDI GRAS • 1978 • TVM
PIRATE, THE • HAROLD ROBBIN'S THE PIRATE • 1978 • TVM
INSTITUTE FOR REVENGE • 1979 • TVM
CHEAPER TO KEEP HER • 1980
PIRATE MOVIE, THE • 1982
NEW ADVENTURES OF PIPPI LONGSTOCKING, THE • 1988

ANNAUD JEAN-JACQUES – FRN – 1943–
NOIRS ET BLANCS EN COULEURS • BLACK AND WHITE IN COLOR (USA) ○ VICTOIRE EN CHANTANT, LA ○ BLACK VICTORY • 1976
COUP DE TETE • HOTHEAD • 1978
QUEST FOR FIRE • GUERRE DU FEU, LA (FRN) • 1981
NAME OF THE ROSE, THE • 1986
BEAR, THE • 1989

ANNENSKY I. see **ANNENSKY ISIDER**

ANNENSKY ISIDER
ANNENSKY I.
ELUSIVE JAN, THE • 1942
MARRIAGE • 1945
ANNA CROSS, THE • 1954
EKATERINA VORONINA • YEKATERINA VORONINA • 1957
SAILOR FROM THE COMET • 1958

ANNETT PAUL – UKN – 1937–
BEAST MUST DIE, THE • 1974
SECOND STAR TO THE RIGHT • NEVER NEVER LAND • 1980

ANNRAGHAIN CIARAN – UKN
DOLMETSCH STORY, THE • 1971

ANNUZIO GABRIEL D. – ITL
QUO VADIS? • 1923

ANOUILH JEAN – Playwright – FRN – 1910–
VOYAGEUR SANS BAGAGES, LE • 1943
DEUX SOUS DE VIOLETTES • 1951

ANSAH – GHN
HERITAGE.. AFRICA • 1988

ANSARA MARTHA – Dir. photo – ASL – 1942–
GURIGANYA • 1972 • DOC
FILM FOR DISCUSSION • 1973 • DOC
DON'T BE TOO POLITE • 1975 • DOC
SECRET STORM • 1977 • DOC
CHANGING THE NEEDLE • 1982 • DOC
PURSUIT OF HAPPINESS, THE • 1988

ANSARI N. A. – IND
MANGU • 1955
BLACK CAT • 1959
ZINDAGI AUR MAUT • 1965
WAHAN KE LOG • PEOPLE OF THAT LAND, THE • 1967

ANSCOMBE RONNIE – UKN
ADMA –FOR SHORT • 1958

ANSFELDER – GRM
KARL VALENTINS HOCHZEIT • 1912

ANSOLDI GIORGIO – ITL
IDILLIO A BUDAPEST • DUCA E FORSE UNA DUCHESSA, UN • 1941
CAPITANO NERO, IL • 1951
MUTA DI PORTICI, LA • 1954

ANSORGE ERNEST – Animator – SWT
FANTASMATIC • 1968 • ANS
CORBEAUX, LES • CROWS, THE • ANS
TEMPUS • ANS
ALUNISSONS • 1971 • ANS

ANSORGE GISELLE – Animator – SWT
FANTASMATIC • 1968 • ANS
CORBEAUX, LES • CROWS, THE • ANS
TEMPUS • ANS
ALUNISSONS • 1971 • ANS

ANSPAUGH DAVID – USA
MIAMI VICE: GOLDEN TRIANGLE • 1985 • TVM
DEADLY CARE • 1987 • TVM
HOOSIERS • BEST SHOT (UKN) • 1987
FRESH HORSES • 1988

ANSTEY EDGAR – UKN – 1907–1987
RADIO IN BATTLE • DOC
ESKIMO VILLAGE • 1933 • DOC
UNCHARTED WATERS • 1933 • DOC
B.B.C. –DROITWICH • 1934 • DCS
GRANTON TRAWLER • 1934 • DOC
HOUSING PROBLEMS • 1935 • DOC
HOW GAS IS MADE • 1935 • DOC
ENOUGH TO EAT? • 1936
MARCH OF TIME, THE • 1936 • DOC
DAY IN A FACTORY, A • 1940 • DOC
FRUIT SPRAYING • 1942 • DOC
NATIONAL FIRE MOBILIZING PROCEDURE • 1942 • DOC
GRASSY SHIRES, THE • 1944 • DOC
WILD WINGS • 1966 • DOC

v. ANTALFFY ALEXANDER see **von ANTALFFY ALEXANDER**

von ANTALFFY ALEXANDER – GRM
v. ANTALFFY ALEXANDER
LULU • 1917
RATSEL VON BANGALOR, DAS • 1917
GOLDENE BUCH, DAS • 1919
KAUFT MARIETT–AKTIEN • 1922
TAIFUNHEXE, DIE • 1923

ANTAMORO GIULIO – ITL
CHRISTUS • 1916
FRATE FRANCESCO • FRIAR FRANCESCO • 1926
ANTONIO DI PADOVA • 1931
PASSION OF ST. FRANCIS, THE • 1932
ANGELO BIANCO, L' • 1943

ANTCZAK JERZY – Actor – PLN – 1929–
LABEDZI SPIEW • SWAN SONG • 1962 • SHT
SPOZNIENI PRZECHODNIE • PASSENGERS WHO ARE LATE ○ THOSE WHO ARE LATE • 1962
STARY PROFESOR • 1962
WYSTRZAL • PISTOL SHOT, THE ○ SHOT, THE • 1965
MISTAZ • MASTER, THE • 1966
HRABINA COSEL • COUNTESS COSEL (UKN) • 1968
NOCE I DNIE • NIGHT AND DAY ○ BOGUMIE I BARBARA ○ NIGHTS AND DAYS ○ WIATR W OCZY • 1974

ANTEL FANNY see **ANTEL FRANZ**

ANTEL FRANZ – GRM – 1913–
ANTEL FANNY • LEGRAND FRANCOIS
SINGENDE HAUS, DAS • 1948
KLEINER SCHWINDEL AM WOLFGANGSEE • 1949
AUF DER ALM DA GIBT'S KA SUND • 1950
ALTE SUNDER, DER • 1951
EVA ERBT DAS PARADIES • 1951
HALLO, DIENSTMANN! • 1952
MANN IN DER WANNE, DER • 1952
HEUTE NACHT PASSIERT'S • 1953
KAISERWALZER • 1953
TOLLES FRUCHTCHEN, EIN • 1953
KAISERMANOVER • 1954
ROSEN AUS DEM SUDEN • 1954
SUSSETEN FRUCHTE, DIE • 1954
VERLIEBTE LEUTE • 1954
EHESANATORIUM • 1955
HEIMATLAND • 1955
KONGRESS TANZT, DER • 1955
SPIONAGE • 1955
KAISERBALL • 1956
LUMPAZIVAGABUNDUS • 1956
ROTER MOHN • 1956
SYMPHONIE IN GOLD • 1956
GLUCK LIEGT AUF DER STRASSE, DAS • 1957
HEIMWEH.. DORT WO DIE BLUMEN BLUH'N • 1957
SCHATZ VOM TOPLITZSEE, DER • SCHUSSE IM MORGENGRAUEN • 1959
GLOCKEN LAUTEN UBERALL • GLOCKE RUFT, DIE • 1960
IM SCHWARZEN ROSSL • 1961
UND DU, MEIN SCHATZ, BLEIBT HIER • 1961
OHNE KRIMI GEHT DIE MINI NIE INS BETT • 1962
...UND EWIG KNALLEN DIE RAUBER • 1962
IM SINGENDEN ROSSL AM KONIGSEE • 1963
BANDIT AND THE PRINCESS, THE • 1964
FRUHSTUCK MIT DEM TOD • 1964
GANZE WELT IST HIMMELBLAU, DIE • ROTE LIPPEN SOLL MAN KUSSEN • 1964
GROSSE KUR, DIE • 1964
RUF DER WALDER • 1965
00 SEX AM WOLFGANGSEE • 1966
GROSSE GLUCK, DAS • LUCKY STRIKE, THE • 1967
SUSANNE –DIE WIRTIN VON DER LAHN • SUSANNA.. ED I SUOI DOLCI VIZI ALLA CORTE DEL RE (ITL) ○ WIRTIN VON DER LAHN, DIE ○ SWEET SINS OF SEXY SUSAN, THE (UKN) ○ SUSANNE –THE HOSTESS OF THE LAHN ○ ITL ○ DOLCI VIZI DELLA CASTA SUSANNA, I • 1967
FRAU WIRTIN HAT AUCH EINE NICHTE • HOUSE OF PLEASURE (UKN) • 1968
FRAU WIRTIN HAT AUCH EINEN GRAFEN • HOSTESS ALSO HAS A COUNT, THE ○ SEXY SUSAN SINS AGAIN • 1968
MIEUX VAUT FAIRE L'AMOUR • 1968
OTTO IST AUF FRAUEN SCHARF • OTTO IS KEEN ON WOMEN • 1968
TURM DER VERBOTENEN LIEBE, DER • TOWER OF SCREAMING VIRGINS (USA) ○ DOLCEZZE DEL PECCATO, LE (ITL) ○ TOWER OF FORBIDDEN LOVE, THE ○ TOWER OF SIN ○ SWEETNESS OF SIN, THE ○ SHE LOST HER YOU KNOW WHAT ○ ITL ○ TOUR DE NESLE, LA • 1968
AUBERGE DES PLAISIRS, L' • 1969
LIEBE DURCH DIE HINTERTUR • WILD, WILLING AND SEXY (UKN) • 1969
OUI A L'AMOUR, NON A LA GUERRE • 1969
TOUR DE NESLE, LA • 1969
TRIONFO DELLA CASTA SUSANNA, IL • 1969
WARUM HAB ICH BLOSS 2 X JA GESAGT • CONFESSIONS OF A BIGAMIST ○ PROFESSIONE BIGAMO • 1969
FRAU WIRTIN TREIBT ES JETZT NOCH TOLLER • 1971
PIACEVOLI NOTTI DI JUSTINE, LE • 1971
AUSSER RAND UND BAND AM WOLFGANGSEE • CUTTING LOOSE AT THE WOLFGANGSEE • 1972
FRAU WIRTIN BLAST AUCH GERN TROMPETE • SEXY SUSAN KNOWS HOW • 1972
LIEBESTOLLEN APOTHEKER TOCHTER, DIE • 1972
LUSTIGEN VIER VON DER TANKSTELLE, DIE • MERRY QUARTET FROM THE PETROL STATION, THE • 1972
MEIN VATER, DER AFFE UND ICH • 1972
SIE NANNTEN IHN KRAMBAMBULI • THEY CALLED HIM KRAMBAMBULI • 1972
FRAU WIRTINS TOLLE TOCHTERLEIN • FRAU WIRTIN'S DAREDEVIL DAUGHTERS • 1973
LEVA LO DIAVOLO TUO DAL CONVENTO • 1973
WANDERN IST HERRN MULLERS LUST • HIKING IS HERR MULLER'S HOBBY • 1973
WENN MADCHEN ZUM MANOVER BLASEN • WHEN GIRLS TRUMPET FOR MANOEUVRES • 1974
KNICKERS AHOY • 1975
PRIMA TI SUONO POI TI SPARO • 1975
AB MORGEN SIND WIR REICH UND EHRLICH • AS OF TOMORROW WE'LL BE RICH AND HONEST ○ RICH AND RESPECTABLE (USA) • 1977
CASANOVA E COMPAGNI • RISE AND RISE OF CASANOVA, THE (UKN) ○ 13 FEMMES POUR CASANOVA (FRN) ○ SOME LIKE IT COOL (USA) ○ CASANOVA & CO. • 1978
LOVE–HOTEL IN TIROL • 1978
FAC EN DELIRE, LA • 1980
BOCKERER, DER • OBSTINATE MAN, THE • 1981
JOHANN STRAUSS –DER KONIG OHNE KRONE • JOHANN STRAUSS –THE KING WITHOUT A CROWN • 1987

ANTEO VICTOR – MXC
EL ES DIOS • 1965

ANTHONI RUDOLF – SWD
CARL XII: S KURIR • COURIER OF CHARLES XII • 1924

ANTHONY JOSEPH – Screenwriter – USA – 1912–
RAINMAKER, THE • 1956
MATCHMAKER, THE • 1958
CAREER • 1960
ALL IN A NIGHT'S WORK • 1961
CITTA PRIGIONERA, LA • CONQUERED CITY (USA) ○ CAPTIVE CITY • 1962
TOMORROW • 1972

ANTIC JOVAN – YGS
SEX, MAO, LSD.. OR SO IS LIFE • 1971 • SHT

ANTIC MIROSLAV – YGS
SPOMENEK • 1968
SVETI PESAK • SACRED SAND, THE • 1968
DORUCAK SA DAVOLOM • BREAKFAST WITH THE DEVIL • 1972

ANTIN MANUEL – ARG – 1926–
CARTAS A MAMA • 1961
CIFRA IMPAR, LA • ODD NUMBER, THE • 1961
VENERABLES TODOS, LOS • 1962
CIRCE • 1963
INTIMIDAD DE LOS PARQUES, LA • INTIMACY OF PARKS, THE • 1964
PSIQUE Y SEXO • 1965
CASTIGO AL TRAIDOR • 1966
DON SEGUNDO SOMBRA • 1969
ROSAS • 1972
ALLA LEJOS Y HACE TIEMPO • FAR AWAY AND LONG AGO • 1978
INVITACION, LA • INVITATION, THE • 1982

ANTJAPARIDZE MARY see **ANDJAPARIDZE MARIJA**

ANTOINE ANDRE – Actor – FRN – 1858–1943
COUPABLE, LE • 1917
FRERES CORSES, LES • CORSICAN BROTHERS, THE (USA) • 1917
ISRAEL • 1918
TRAVAILLEURS DE LA MER, LES • 1918
MADEMOISELLE DE LA SEIGLIERE • 1920
HIRONDELLE ET LA MESANGE, L' • 1921
TERRE, LA • 1921
ALOUETTE ET LA MESANGE, L' • 1922
ARLESIENNE, L' • 1922
CHEZ LES MANGEURS D'HOMMES • LAND OF THE CANNIBALS, THE • 1928

ANTOINE ANDRE-PAUL – FRN – 1892–
FOLLE AVENTURE, LA • 1930
MON COEUR INCOGNITO • 1930

ANTOINE JEAN – Animator – BLG
CHAMBRE, LA • ROOM, THE • 1966 • ANS
VERONIQUE • SRL
PETZI • 1968 • ANM
GRAPHIC SOUND • SHT

ANTOINE RAYMOND – BLG
JACQUES FEYDER ET SON CHEF D'OEUVRE • 1974 • DOC

ANTON AMERIGO see **BOCCIA TANIO**

ANTON CHARLES see **ANTON KARL**

ANTON EDOARDO – ITL – 1910–
ANTON EDUARDO
GLASS MOUNTAIN, THE • MONTAGNA DI CRISTALLO, LA (ITL) • 1949
LUPO DELLA FRONTIERA, IL • 1952
MAN FROM CAIRO, THE • DRAMMA NELLA KASBAH (ITL) ○ CRIME SQUAD (UKN) ○ AVVENTURA AD ALGERI • 1953

ANGELA • 1954
STAR OF INDIA • STELLA DELL'INDIA, LA (ITL) • 1954
RIDERE, RIDERE, RIDERE • 1955
SI LE ROI SAVAIT CA • AL SERVIZIO DELL'IMPERATORE (ITL) • 1956
FOLLIE D'ESTATE • 1966

ANTON EDUARDO see **ANTON EDOARDO**

ANTON KAREL see **ANTON KARL**

ANTON KARL – CZC – 1898–1979
ANTON KAREL • ANTON CHARLES
CIKANI • GIPSIES, THE ○ GYPSY • 1921
UNOS BANKERE FUXE • ABDUCTION OF BANKER FUXE, THE ○ KIDNAPPING OF BANKER FUX, THE • 1923
DO PANSKEHO STAVU • BECOMING MIDDLE-CLASS ○ TO THE LORD'S ESTATE • 1925
OTEC KONDELIK A ZENICH VEJVARA • FATHER KONDELIK AND BRIDEGROOM VEJVARA ○ KONDELIK -FATHER, VEJVARA -BRIDEGROOM • 1926
POHADKA MAJE • MAY STORY, THE ○ FABLE OF MAY ○ ROMANCE ○ MAYTIME TALE, A • 1926
DIECI ANNI DELLA CECCOSLOVACCHIA, I • 1929
TONISCHA • 1929
AFERA PLUKOVNIKA REDLA • SCANDAL OF COLONEL REDL, THE • 1930
MADEL VON DER REEPERBAHN, EIN • MENSCHEN IM STURM • 1930
TONKA SIBENICE • TONKA, TART OF THE GALLOWS MOB ○ TONKA OF THE GALLOWS • 1930
CORDON-BLEU • 1931
FALL DES GENERALSTABS-OBERST REDL, DER • 1931
NACKTE WAHRHEIT, DIE • 1931
CHASSEUR DE CHEZ MAXIM'S, LE • 1932
CRIEZ-LE SUR LES TOITS • SHOUT IT FROM THE HOUSE TOPS (USA) • 1932
MAQUILLAGE • JE T'ATTENDRAI • 1932
MONSIEUR ALBERT • 1932
PETITE FEMME DANS LE TRAIN, UNE • 1932
RIEN QUE DES MENSONGES • TROIS POINTS C'EST TOUT ○ FRANCS-MACONS ○ CERCLE VICIEUX, LE • 1932
SIMONE EST COMME CA • 1932
FIL A LA PATTE, UN • 1933
JSEM DEVCE S CERTEM V TELE • I AM A GIRL WITH THE DEVIL IN MY BODY • 1933
MATRICULE 33 • 1933
SOIR DE REVEILLON, UN • 1933
SURPRISES DU SLEEPING, LES • COUCHETTE NO.3 • 1933
CINQUIEME EMPREINTE, LA • LILAS BLANC • 1934
ARENES JOYEUSES • 1935
MARTHA • DERNIERES ROSES, LES • 1935
MARTHA • LETZTE ROSE • 1935
MONSIEUR SANS-GENE • SATYRE, LE • 1935
WEISSE SKLAVEN • PANZERKREUZER SEWASTOPOL • 1936
MIT VERSIEGELTER ORDER • UNDER SEALED ORDERS (USA) • 1938
WIR TANZEN UM DIE WELT • 1939
STERN VON RIO • 1940
IMMER NUR DU • 1941
GROSSE NUMMER, DIE • 1942
SACHE MIT STYX, DIE • WER DIE HEIMAT LIEBT • 1942
HOCHSTAPLERIN, DIE • 1943
KOLLEGE KOMMT GLEICH • 1943
WIRTIN ZUM WEISSEN ROSS'L, DIE • 1943
GROSSE PREIS, DER • 1944
GROSSE FALL, DER • IHR GROSSER FALL • 1945
PETER VOSS, DER MILLIONENDIEB • 1945
RUF AN DAS GEWISSEN • RUF DES GEWISSENS • 1945
VERLOBTE LEUTE • DEMENTI, DAS • 1945
WEIBERTAUSCH, DER • 1952
ROSE VON STAMBUL, DIE • 1953
VETTER AUS DINGSDA, DER • 1953
VON DER LIEBE REDEN WIR SPATER • 1953
CLIVIA • 1954
BONJOUR KATHRIN • 1955
CHRISTEL VON DER POST, DIE • 1956
KUHNE SCHWIMMER, DER • 1957
VIKTOR UND VIKTORIA • 1957
RACHER, DIE • AVENGER, THE (USA) • 1960

ANTONACCI GREG – USA
SPLASH, TOO • 1988 • TVM

ANTONAKOS NIKOS – GRC
MORE TO THE RIGHT THAN THE LEFT • FURTHER RIGHT THAN THE RIGHT • 1989

ANTONELLI JOHN – USA
KEROUAC • 1985 • DOC

ANTONELLI LAMBERTO – ITL
VIETNAM, GUERRA E PACE • VIETNAM, WAR AND PEACE • 1968 • DOC
MONDO SI SPOGLIA E SI TRAVESTE, IL • 1970

ANTONELLI MASSIMO – ITL
TEMA DI MARCO, IL • FRAMMENTI D'AMORE ○ MARCO'S THEME ○ MARCO'S THESIS • 1972

ANTONERO LUIS F. – USA
EAGLE DEXTER
I FEEL IT RISING • 1976
BLONDE VELVET • 1978

ANTONESCU VICTOR – FRN
LIEVRE ER LES GRENOUILLES, LA • HARES AND THE FROGS, THE (USA) • 1969 • ANS

ANTONIJEVIC PREDRAG – YGS
BALKAN EKSPRES II • BALKAN EXPRESS II • 1989

ANTONINI ALFREDO – ITL
*BAND ALBERT**
HERCULES AND THE PRINCESS OF TROY • 1964
MASSACRO AL GRANDE CANYON • MASSACRE AT THE GRAND CANYON • 1964
UOMINI DAL PASSO PESANTE • TRAMPLERS, THE (USA) • 1966

ANTONIO LAURO – PRT – 1942–
GRANDE, GRANDE ERA A CIDADE • 1971
MANHA SUBMERSA • MORNING UNDERSEA • 1980

ANTONIO LOU – Actor – USA – 1934–
BANACEK: TO STEAL A KING • 1972 • TVM
MCCLOUD: GIVE MY REGRETS TO BROADWAY • 1972 • TVM
SOMEONE I TOUCHED • 1975 • TVM
LANIGAN'S RABBI • FRIDAY THE RABBI SLEPT LATE • 1976 • TVM
GIRL IN THE EMPTY GRAVE, THE • 1977 • TVM
SOMETHING FOR JOEY • QUESTION OF LIFE, A • 1977 • TVM
CRITICAL LIST, THE • 1978 • TVM
GYPSY WARRIORS, THE • 1978 • TVM
REAL AMERICAN HERO, A • 1978 • TVM
BOSTON AND KILBRIDE: THE CHINESE TYPEWRITER • CHINESE TYPEWRITER, THE • 1979 • TVM
BREAKING UP IS HARD TO DO • 1979 • TVM
SILENT VICTORY: THE KITTY O'NEIL STORY • 1979 • TVM
STAR MAKER, THE • 1981 • TVM
WE'RE FIGHTING BACK • 1981 • TVM
SOMETHING SO RIGHT • 1982 • TVM
BETWEEN FRIENDS • 1983 • TVM
GOOD SPORT, A • 1984 • TVM
NOBODY MAKES ME CRY • 1984
REARVIEW MIRROR • 1984 • TVM
THREESOME • 1984 • TVM
THIRTEEN AT DINNER • AGATHA CHRISTIE'S THIRTEEN AT DINNER • 1985 • TVM
ONE TERRIFIC GUY • 1986 • TVM
MAYFLOWER MADAM • 1987 • TVM
PALS • 1987 • TVM
PASSPORT TO TERROR • 1989

ANTONIONI MICHELANGELO – ITL – 1912–
GENTE DEL PO • 1947 • DCS
N.U. • NETTEZZA URBANA • 1948 • DCS
OLTRE L'OBLIO • 1948 • DCS
ROMA – MONTEVIDEO • 1948 • DCS
AMOROSA MENZOGNA, L' • 1949 • DOC
BOMARZO • ROMARZO • 1949 • DCS
RAGAZZE IN BIANCO • 1949 • DCS
SUPERSTIZIONE • NON CI CREDO! • 1949 • DCS
CRONACA DI UN AMORE • STORY OF A LOVE AFFAIR (USA) ○ CHRONICLE OF A LOVE • 1950
FUNIVIA DEL FALORIA, LA • 1950 • DCS
SETTE CANNE, UN VESTITO • SETTE CANNE E UN VESTITO • 1950 • DCS
UOMINI IN PIU • 1950 • DCS
VILLA DEI MOSTRI, LA • 1950 • DCS
VINTI, I • VANQUISHED, THE (USA) ○ NOSTRI FIGLI, I ○ THESE OUR CHILDREN • 1952
SIGNORA SENZA CAMELIE, LA • LADY WITHOUT CAMELIAS, THE (UKN) ○ CAMILLE WITHOUT CAMELIAS (USA) ○ WOMAN WITHOUT CAMELIAS, THE • 1953
AMICHE, LE • GIRL FRIENDS, THE (USA) • 1955
GRIDO, IL • OUTCRY, THE (USA) ○ CRY, THE (UKN) • 1957
TEMPESTA, LA • TEMPETE, LA (FRN) ○ TEMPEST, THE (UKN) • 1958
NEL SEGNO DI ROMA • SOUS LA SIGNE DE ROME (FRN) ○ SIGN OF THE GLADIATOR (USA) ○ REGINA DEL DESERTO, LA • 1959
AVVENTURA, L' • ADVENTURE, THE • 1960
NOTTE, LA • NUIT, LA (FRN) ○ NIGHT, THE • 1961
ECLISSE, L' • ECLIPSE, THE (UKN) • 1962
AMORE IN 4 DIMENSIONI • AMOUR EN 4 DIMENSIONS, L' (FRN) ○ LOVE IN 4 DIMENSIONS (USA) ○ LOVE IN THE CITY • 1963
DESERTO ROSSO, IL • DESERT ROUGE, LE (FRN) ○ RED DESERT, THE (USA) • 1964
TRE VOLTI, I • 1965
BLOW-UP • 1967
ZABRISKIE POINT • 1969
CHUNG-KUO • CHINA ○ CINA, LA • 1972 • DOC
PROFESSIONE: REPORTER • PASSENGER, THE (USA) ○ FATAL EXIT • 1975
MISTERO DI OBERWALD, IL • OBERWALD MYSTERY, THE • 1979 • MTV
SUFFER OR DIE • 1979
IDENTIFICAZIONE DI UNA DONNA • IDENTIFICATION OF A WOMAN • 1982
ROMA • 1990 • SHT

ANTONISZ JULIAN – PLN
JAK DZIALA JAMNICZEK • HOW THE DACHSHUND OPERATES • 1971

ANTONISZCZAK RYSZARD – PLN
ZEGNAJ PARO • GOODBYE STEAM • 1973

ANTONOPOULOS G. see **ANTONOPOULOS GIORGOS**

ANTONOPOULOS GIORGOS – GRC
ANTONOPOULOS G.
METANASTES, I • IMMIGRANTS, THE • 1976
EVOIA-MANTOUDI 76 • 1977 • DOC

ANTONOV L. – USS
SECRETS OF THE WISE FISHERMAN • 1958

ANTONOVSKY B. – Animator – USS
CRUSADE • 1929 • ANM
DOBRY VOJAK SVEIK • GOOD SOLDIER SCHWEIK, THE (USA) • 1929 • ANM
LOOK AT THE ROOT • 1929 • ANM
THEY AND WE • 1929 • ANM

ANTONY MICHEL – FRN
BELLES SALOPES
CLITO DE CINQ A SEPT
DE LA CROUPE AUX LEVRES
DEVINE QUI VIENT PINER CE SOIR?
ELLE AIME CA AUSSI PAR DERRIERE
PAMELA, D'UN COTE COMME DE L'AUTRE
PRENDS-MOI, COMME UNE CHIENNE
SODOMISEES, LES
UN DANS L'AUTRE, ON TIENT LE BON BOUT, L'
PRENDS-MOI JE SUIS ENCORE VIERGE • 1980
SOUVENIRS D'UNE BOUCHE GOURMANDE • 1980

ANTOSIK WIESLAW – Animator – PLN
TANGLE, THE • 1967 • ANM

ANTSI-POLOVSKI
IF WAR COMES TOMORROW • 1938

von ANUTROFF ILJA – GRM
BETTKARRIERE • 1971
SINFUL BED, THE • 1974

ANVAR MANOUTCHEHR – IRN
SHAHRE GHESSEH • CITY OF TALES • 1973

ANWAR KABIR – BNG
SUPROVAT • GOOD MORNING • 1977
TOLPAR • BREAKTHROUGH, THE ○ RUMPUS • 1978

ANZILOTTI COSMO – Animator – USA
WEATHER MAGIC • 1965 • ANS
BIG BAD BOBCAT • 1968 • ANS
SURPRISIN' EXERCISIN' • 1968 • ANS

ANZOLA ALFREDO see **ANZOLA ALFREDO J.**

ANZOLA ALFREDO J. – VNZ
ANZOLA ALFREDO
BEISBOL, EL • BASEBALL • 1977 • DOC
FIEBRE • FEVER • 1977
SE SOLICITA MUCHACHA DE BUENA PRESENCIA Y JOVEN CON MOTO PROPIO • GOOD-LOOKING GIRL AND YOUNG MAN WITH OWN MOTORCYCLE NEEDED • 1977
MANUEL • 1979
SE SOLICITA MUCHACHA DE BUENA PRESENCIA Y MOTORIZADO CON MOTO PROPIA • TO HIRE: GOOD LOOKING GIRL AND MESSENGER WITH BIKE OF HIS OWN
ANITA CAMACHO • 1987

AOSHIMA YUKIO – JPN
BELL, THE • 1967

AOYAGI NOBUO – JPN
KOHARU KYOGEN • KOHARU'S PERFORMANCE • 1942
HAKSUKOI SANNIN MUSUKO • THREE BRIDGES FOR THREE SONS • 1955
HITORI NERU YO NO KONATSU • TEARS OF THE GEISHA KONATSU • 1955
DAIGAKU NO SAMURAI-TACHI • SCHOOLDAYS • 1957
DAIGAKU NO NIJU-HACHININ SHU • COLLEGE RUGGERS • 1959

APFEL OSCAR – Actor – USA – 1880–1938
APFEL OSCAR C.
AIDA • 1911
BLACK ARROW, THE • 1911
BOSS OF LUMBER CAMP NO.4, THE • 1912
CORSICAN BROTHERS, THE • 1912
FIRES OF CONSCIENCE, THE • 1912
HAZEL KIRKE • 1912
MARTIN CHUZZLEWIT • 1912
PASSER-BY, THE • 1912
ROMANCE OF THE ICE FIELDS, A • 1912
WINNER AND THE SPOILS, THE • 1912
ASHES • 1913
BAWLEROUT, THE • 1913
BELLS, THE • 1913
DUTY AND THE MAN • 1913
FIGHT FOR RIGHT, THE • 1913
FOR LOVE OF COLUMBINE • 1913
GLOW WORM, THE • 1913
HALF A CHANCE • 1913
HELD FOR RANSOM • 1913
HER ROSARY • 1913
HIGHER JUSTICE, THE • 1913
JUDGE'S VINDICATION, THE • 1913
LURE OF THE CITY, THE • 1913
MAN FROM OUTSIDE, THE • 1913
MASTER CRACKSMAN, THE • 1913
OPEN ROAD, THE • 1913
STRIKE LEADER, THE • 1913
SUCCESS • 1913
TANGLED WEB, THE • 1913
BREWSTER'S MILLIONS • 1914
CALL OF THE NORTH, THE • 1914
CIRCUS MAN, THE • 1914
GHOST BREAKER, THE • 1914
LAST VOLUNTEER, THE • 1914
LOST PARADISE, THE • 1914
MAKING OF BOBBY BURNIT, THE • 1914
MAN FROM HOME, THE • 1914
MAN ON THE BOX, THE • 1914
MASTER MIND, THE • 1914
READY MONEY • 1914
ROSE OF THE RANCHO • 1914
SQUAW MAN, THE • WHITE MAN, THE (UKN) • 1914
AFTER FIVE • 1915
BROKEN LAW, THE • 1915
CAMEO KIRBY • 1915
KILMENY • 1915
LITTLE GYPSY, THE • 1915
PEER GYNT • 1915
SNOBS • 1915
SOLDIER'S OATH, A • 1915
BATTLE OF HEARTS • 1916
END OF THE TRAIL, THE • 1916
FIGHTING BLOOD • 1916
FIRES OF CONSCIENCE • 1916
MAN FROM BITTER ROOTS, THE • 1916
MAN OF SORROW, A • HOODMAN BLIND • 1916
HIDDEN CHILDEN, THE • 1917
MAN'S MAN, A • 1917
PRICE OF HER SOUL, THE • 1917
GROUCH, THE • 1918
INTERLOPER, THE • HER GREAT MOMENT • 1918
MERELY PLAYERS • 1918
TINSEL • 1918
TO HIM THAT HATH • 1918
TURN OF A CARD, THE • TURN OF THE CARD, THE • 1918
AMATEUR WIDOW, AN • 1919
AUCTION OF SOULS • RAVISHED ARMENIA • 1919
BRINGING UP BETTY • 1919
CROOK OF DREAMS • 1919

LITTLE INTRUDER, THE • 1919
MANDARIN'S GOLD • 1919
ME AND CAPTAIN KIDD • 1919
OAKDALE AFFAIR, THE • 1919
PHIL-FOR-SHORT • 1919
ROUGHNECK, THE • 1919
STEEL KING, THE • 1919
BLAZED TRAIL • 1921
TEN NIGHTS IN A BAR ROOM • 1921
LION'S MOUSE, THE • 1922
MAN WHO PAID, THE • 1922
WOLF'S FANGS, THE • 1922
BULLDOG DRUMMOND • 1923
IN SEARCH OF A THRILL • 1923
MAN'S MAN, A • 1923
SOCIAL CODE, THE • TO WHOM IT MAY CONCERN • 1923
HEART BANDIT, THE • 1924
TRAIL OF THE LAW • 1924
BORROWED FINERY • 1925
SPORTING CHANCE, THE • 1925
THOROUGHBRED, THE • 1925
CALL OF THE KLONDIKE, THE • 1926
LAST ALARM, THE • 1926
MIDNIGHT LIMITED • 1926
PERILS OF THE COAST GUARD • 1926
RACE WILD • 1926
SOMEBODY'S MOTHER • 1926
CHEATERS • 1927
CODE OF THE COW COUNTRY • 1927
WHEN SECONDS COUNT • 1927

APFEL OSCAR C. see **APFEL OSCAR**

APON ANNETTE – NTH
GOLVEN • WAVES, THE • 1982
GIOVANNI • 1983
KROKODILLEN IN AMSTERDAM • CROCODILES IN AMSTERDAM • 1990

APOSTOLOF STEPHEN C. see **STEPHEN A. C.**

APPA M. – IND
PELLI ROJU • WEDDING DAY, THE • 1968

APPEDERIS FRANCK see **APPREDERIS FRANCK**

APPLEBEE ROBERT – CND
DIME'S WORTH, A • 1969 • SHT

APPLEGATE ROY – USA
ALL FOR A GIRL • 1915

APPREDERIS FRANCK – FRN – 1940–
APPEDERIS FRANCK
DECHIRURE, LA
COEUR A L'ENVERS, LE • 1980

APRA ADRIANO – ITL
OLIMPIA AGLI AMICI • 1972 • MTV

APTE B. see **APTE BABURAO**

APTE BABURAO – IND
APTE B.
DEV BALA • GOD BALA • 1938
SANT NAMDEO • 1938

APTED MICHAEL – UKN – 1941–
TRIPLE ECHO, THE • SOLDIERS IN SKIRTS (USA) • 1972
STARDUST • 1974
TRICK OR TREAT • 1976
SQUEEZE, THE • 1977
AGATHA • 1979
COAL MINER'S DAUGHTER, THE • NASHVILLE LADY • 1979
STRONGER THAN THE SUN • 1980
CONTINENTAL DIVIDE • 1981
P'TANG YANG KIPPERBANG • KIPPERBANG • 1982 • TVM
GORKY PARK • 1983
FIRSTBORN • MOVING IN • 1984
BRING ON THE NIGHT • 1985 • DOC
28 UP • 1985 • DOC
POOR GIRL, A GHOST STORY • 1986 • MTV
CRITICAL CONDITION • 1987
GORILLAS IN THE MIST • 1988
CLASS ACTION • 1990

APTEKMAN ALEXANDRE – EGY
SERR EL DOKTOR IBRAHIM • SECRET OF DR. IBRAHIM, THE • 1936

APTEKMAN ELIE – EGY
AYD EL SAOUDA, EL • BLACK HAND, THE • 1937

AQUILAR ROLANDO see **AGUILAR ROLANDO**

AQUIN HUBERT – CND – 1929–1977
SPORT ET LES HOMMES, LE • 1961 • DOC
A SAINT-HENRI LE CINQ SEPTEMBRE • SEPTEMBER FIVE AT SAINT-HENRI • 1962

ARA SHAMIM – PKS
LADY COMMANDO • 1989

ARAFA SAAD – EGY – 1923–
LIQA' FI AL-GHURUB • RENDEZ-VOUS AU CRESPUSCULE • 1959
MA A ADH-DHIKRAYAT • SOUVENIRS D'AMOUR • 1960
DUNIA AL-BANAT • UNIVERS DES FILLES, L' • 1962
H'UBBUN LA ANSAHU • INOUBLIABLE AMOUR • 1963
ITARAF, AL- • CONFESSION, LA • 1964
AGUAZET SEIF • SUMMER HOLIDAYS ○ AJAZAT SAIF • 1967
LAILATUN WAHIDA • RIEN QU'UNE NUIT • 1968
BAITAUN MIN RIMAL • MAISON DE SABLE, UNE • 1972
GHURUBA' • ETRANGERS • 1973
RIH'LAT AL-UMR • VOYAGE D'UNE VIE, LE • 1974

ARAFA SHERIF – EGY
DWARFS ARE COMING, THE • 1987
SAMAA HOUSS! • SILENCE! • 1989

ARAGON MANUEL GUTIERREZ see **GUTIERREZ ARAGON MANUEL**

ARAI KICHITARO – JPN
EN-RAI • DISTANT THUNDER • 1982

ARAI RYOHEI – JPN
ROUGOKU NO HANAYOME • PRISON BRIDE • 1939
FUUN SYOGIDANI • 1940
SHINREI JAKOUNEKO • 1940
MAMPOU HATTENSHI: UMI NO GOZUKU • POWERFUL SEA CLAN ○ UMI NO GOZUKU ○ DEVELOPMENT HISTORY OF THE SOUTHERN SEA: TRIBES OF THE OCEAN • 1942
KAIBYO ARIMA GOTEN • GHOST-CAT OF ARIMA PALACE • 1953
KAIDAN SAGA YASHIKI • GHOST OF SAGA MANSION • 1953
SHIBIJIN YASHIKI • DEATH PEOPLE'S MANSION • 1954
TENKA O NERU BISHONEN • HANDSOME BOY TRYING TO RULE THE WORLD • 1955

ARAIZA RAUL – MXC
EN LA TRAMPA • IN THE TRAP • 1978
LAGUNILLA, MI BARRIO • LAGUNILLA, MY NEIGHBOUR • 1980

ARAKAWA – USA
WHY NOT – A SERENADE OF ESCHATOLOGICAL ECOLOGY • WHY NOT • 1971
FOR EXAMPLE • 1972

ARAKON A.
CONQUEST OF CONSTANTINOPLE • 1954

ARAMINAS A. see **ARAMINAS ALGIRDAS**

ARAMINAS ALGIRDAS – Cameraman – USS – 1937–
ARAMINAS A.
NOCHI BYEZ NOCHLYEGA • NIGHTS WITHOUT SHELTER ○ NIGHTS WITHOUT LODGING, THE • 1967
NAYDI MENYA • FIND ME • 1968
WHEN I WAS YOUNG • 1969

ARANDA VICENTE – SPN – 1926–
ARANDA VINCENT
BRILLANTE PORVENIR • BRILLIANT FUTURE • 1964
FATA MORGANA • LEFT-HANDED FATE (USA) • 1966
CRUELES, LAS • CADAVER EXQUISITO, EL ○ EXQUISITE CADAVER ○ CRUEL WOMEN, THE • 1969
NOVIA ENSANGRENTADA, LA • BLOOD-SPATTERED BRIDE, THE (USA) ○ BLOODY FIANCEE ○ BLOODY BRIDE, THE ○ 'TIL DEATH DO US PART ○ TILL DEATH DO US PART ○ BLOOD SPLATTERED BRIDE, THE • 1972
CLARA ES EL PRECIO • PRICE IS CLARA, THE ○ CLARA IS THE PRICE • 1974
CAMBIO DE SEXO • I WANT TO BE A WOMAN (UKN) ○ CHANGE OF SEX ○ SEX CHANGE ○ FORBIDDEN LOVE • 1977
MUCHACHA DE LAS BRAGAS DE ORO, LA • GIRL IN THE GOLDEN KNICKERS, THE ○ GIRL IN THE GOLDEN PANTIES, THE • 1979
ASESINATO EN EL COMITE CENTRAL • MURDER IN THE CENTRAL COMMITTEE • 1982
FANNY PELOPAJA • A COUP DE CROSSE (FRN) ○ FANNY STRAWHAIR ○ STRAWHAIRED FANNY • 1984
TIEMPO DE SILENCIO • TIME OF SILENCE • 1986
LUTE, EL • LUTE CAMINA O REVIENTE, EL ○ RUN FOR YOUR LIFE • 1987
MANANA SERE LIBRE • TOMORROW I'LL BE FREE ○ LUTE II, EL • 1988
NO LES DIGAS QUE CAI • DON'T TELL THEM I FELL • 1988
SI TE DICEN QUE CAI • IF THEY TELL YOU I FELL • 1989

ARANDA VINCENT see **ARANDA VICENTE**

ARANGO RAMIRO – SPN
ORIENTE-OCCIDENTE, DONDE ESTAN LOS LOCOS? • 1968
QUIEN ES LA BESTIA? • 1968

ARANI A. M. – IND
ALAM ARA • 1931

ARANOVICH S. – USS
BROKEN HORSESHOE, THE • 1973
DIMITRI SHOSTAKOVICH: VIOLA SONATA • DOC

ARANOVITCH SEMYON – USS
TORPEDO-PLANES
LICHNOYE DELO ANNY AKHMATOVOY • STORY OF ANN AKHMATOVA, THE • 1989

ARATOW PAUL – USA
DR. DRACULA • 1977

ARAU ALFONSO – MXC
AGUILA DESCLAZA, EL • BAREFOOT EAGLE, THE
CALTZONZIN INSPECTOR • CALTZONZIN THE INSPECTOR ○ CALZONZIN INSPECTOR ○ INSPECTOR, EL • 1972
CARIBE, ESTRELLA Y AGUILA • CARIBBEAN, STAR AND EAGLE, THE • 1975 • DOC
PROMISED DREAM, THE • 1978
MOJADO POWER • WETBACK POWER • 1981

ARAUJO ASTOLFO – BRZ
FORA DAS GRADES • 1972

de ARAUJO BENEDITO ASTOLFO – BRZ
ARMAS, AS • GUNS, THE • 1968

ARAVINDAN see **ARAVINDAN G.**

ARAVINDAN G. – IND
ARAVINDAN
KANCHANA SITA • GOLDEN SITA • 1977
KUMMATY • BOGEY MAN, THE • 1978
THAMPU • CIRCUS TENT, THE • 1978
ESTHAPPAN • 1979
POKKUVAVIL • TWILIGHT • 1981
CHIDAMBARAN • 1985
SEER WHO WALKS ALONE, THE • 1985 • DOC
ORIDATH • ONCE SOMEWHERE • 1986
MARATTOM • MASQUERADE (UKN) • 1989

ARBORE RENZO – ITL
PAP'OCCHIO, IL • POP JESUS SUPERSTAR ○ IN THE POPE'S EYE • 1980
LIETO FINE • HAPPY END • 1983

ARBUCKLE FATTY see **ARBUCKLE ROSCOE**

ARBUCKLE ROSCOE – Actor – USA – 1887–1933
ARBUCKLE FATTY • GOODRICH WILLIAM
ALARM, THE • 1914
BRAND NEW HERO, A • 1914
FATTY AGAIN • 1914
FATTY AND THE HEIRESS • 1914
FATTY'S DEBUT • 1914
FATTY'S FINISH • 1914
FATTY'S GIFT • 1914
FATTY'S JONAH DAY • 1914
FATTY'S MAGIC PANTS • 1914
FATTY'S WINE PARTY • 1914
INCOMPETENT HERO, AN • 1914
LEADING LIZZIE ASTRAY • 1914
LOVERS' POST OFFICE • 1914
SHOTGUNS THAT KICK • 1914
SKY PIRATE, THE • 1914
THOSE COUNTRY KIDS • 1914
THOSE HAPPY DAYS • 1914
ZIP THE DODGER • 1914
FATTY AND MABEL VIEWING THE WORLD'S FAIR AT SAN FRANCISCO • 1915
FATTY AND MINNIE HE-HAW • 1915
FATTY AND THE BROADWAY STARS • 1915
FATTY'S FAITHFUL FIDO • 1915
FATTY'S NEW ROLE • 1915
FICKLE FATTY'S FALL • 1915
FIDO'S TIN TYPE TANGLE • FATTY'S TIN TYPE TANGLE • 1915
FOILED BY FIDO • FATTY'S PLUCKY PUP • 1915
MABEL'S WILFUL WAY • 1915
MISS FATTY'S SEASIDE LOVERS • 1915
THAT LITTLE BAND OF GOLD • 1915
VILLAGE SCANDAL, A • 1915
WHEN LOVE TOOK WINGS • 1915
BRIGHT LIGHTS, THE • LURE OF BROADWAY, THE • 1916 • SHT
CREAM PUFF ROMANCE, A • RECKLESS ROMEO, A ○ HIS ALIBI • 1916 • SHT
FATTY AND MABEL ADRIFT • 1916 • SHT
HE DID AND HE DIDN'T • LOVE AND LOBSTERS • 1916 • SHT
HIS WIFE'S MISTAKE • WRONG MR. STOUT, THE • 1916 • SHT
MOONSHINERS, THE • 1916 • SHT
OTHER MAN, THE • 1916 • SHT
WAITERS' BALL, THE • 1916
BUTCHER BOY, THE • 1917 • SHT
COUNTRY HERO, A • 1917 • SHT
FATTY AT CONEY ISLAND • CONEY ISLAND • 1917 • SHT
HIS WEDDING NIGHT • 1917 • SHT
OH, DOCTOR! • 1917 • SHT
ROUGH HOUSE, THE • 1917 • SHT
BELL BOY, THE • 1918 • SHT
COOK, THE • 1918 • SHT
GOOD NIGHT NURSE • 1918 • SHT
MOONSHINE • 1918 • SHT
OUT WEST • 1918 • SHT
OUTWEST • SHERIFF, THE • 1918
SHERIFF, THE • 1918 • SHT
BACK STAGE • 1919 • SHT
CAMPING OUT • 1919 • SHT
DESERT HERO • 1919 • SHT
HAYSEED, THE • 1919
LOVE • 1919 • SHT
GARAGE, THE • 1920 • SHT
FIGHTING DUDE, THE • 1925
MOVIES, THE • 1925
TOURIST, THE • 1925
CLEANING UP • 1926
FOOL'S LUCK • 1926
HIS PRIVATE LIFE • 1926
MY STARS • 1926
RED MILL, THE • 1926
SPECIAL DELIVERY • 1927
UP A TREE • 1930
WON BY A NECK • 1930
BACK PAGE, THE • 1931
BEACH PAJAMAS • 1931
EX-PLUMBER • 1931
HONEYMOON TRIO • 1931
LURE OF HOLLYWOOD, THE • 1931
MARRIAGE ROWS • 1931
SMART WORK • 1931
TAMALE VENDOR, THE • 1931
UP POPS THE DUKE • 1931
ANYBODY'S GOAT • 1932
BRIDGE WIVES • 1932
GIGOLETTES • 1932
HOLLYWOOD LUCK • 1932
IT'S A CINCH • 1932
KEEP LAUGHING • 1932
MOONLIGHT AND CACTUS • 1932
MOTHER'S HOLIDAY • 1932
NIAGARA FALLS • 1932

ARCADY – Dir. photo – BUL – 1912–
EMILE ZOLA • SHT
GOYA • SHT
JULES VERNE • SHT
VIE DE JESUS, LA • SHT
LEONARD DE VINCI • 1952 • SHT
IMAGES PREHISTORIQUES • 1955 • SHT
PRELUDE POUR VOIX, ORCHESTRE ET CAMERA • 1960 • SHT
ONDOMANE, L' • TELEVISION MANIAC, THE • 1961 • SHT
AUTOMANES, LES • 1965 • SHT

ARCADY ALEXANDRE – ALG – 1947–
COUP DE SIROCCO, LE • 1978
GRAND PARSON, LE • 1981
GRAND CARNAVAL, LE • 1983
HOLD-UP • QUICK CHANGE • 1986
UNION SACREE • 1989

ARCAND DENYS – CND – 1941–
SEUL OU AVEC D'AUTRES • 1962
CHAMPLAIN • 1963 • SHT
MONTREALISTES, LES • 1964 • SHT

ROUTE DE L'OUEST, LA • 1964 • DCS
MONTREAL UN JOUR D'ETE • 1965 • DCS
VOLLEY-BALL • 1966 • DOC
PARCS ATLANTIQUES • 1967 • DCS
ON EST AU COTON • 1970 • DOC
MAUDITE GALETTE, LA • 1972
QUEBEC: DUPLESSIS ET APRES.. • QUEBEC: DUPLESSIS AND AFTER.. • 1972 • DOC
REJEANNE PADOVANI • 1973
GINA • 1974
LUTTE DES TRAVAILLEURS D'HOPITAUX, LA • 1976 • DOC
CONFORT ET L'INDIFFERENCE, LE • 1981
TYCOON • EMPIRE, INC. • 1982 • MTV
CRIME D'OVIDE PLOUFFE, LE • CRIME OF OVIDE PLOUFFE, THE ○ MURDER IN THE FAMILY • 1984 • MTV
DECLIN DE L'EMPIRE AMERICAIN, LE • DECLINE OF THE AMERICAN EMPIRE, THE • 1986
JESUS DE MONTREAL • 1988

ARCE A. – VNZ

MANZANITA • LITTLE APPLE, THE • 1979 • ANS

ARCH ALBERT H. – UKN

PICCADILLY NIGHTS • 1930

ARCHAINBAUD GEORGE – FRN – 1890–1959

AS MAN MADE HER • HER HIGHER DESTINY • 1917
AWAKENING, THE • 1917
BRAND OF SATAN, THE • 1917
IRON RING, THE • 1917
MAID OF BELGIUM, THE • 1917
YANKEE PLUCK • 1917
CROSS BEARERS, THE • CROSS-BEARER, THE • 1918
DIAMONDS AND PEARLS • HOUR GLASS, THE • 1918
DIVINE SACRIFICE, THE • 1918
TRAP, THE • 1918
DAMSEL IN DISTRESS, A • 1919
LOVE CHEAT, THE • 1919
IN WALKED MARY • 1920
MAROONED HEARTS • 1920
PLEASURE SEEKERS • 1920
SHADOW OF ROSALIE BYRNES, THE • 1920
WHAT WOMEN WANT • 1920
WONDERFUL CHANCE, THE • 1920
CLAY DOLLARS • OUTWITTED • 1921
GIRL FROM NOWHERE, THE • 1921
HANDCUFFS OR KISSES • 1921
MAN OF STONE, A • 1921
MIRACLE OF MANHATTAN, THE • 1921
EVIDENCE • 1922
ONE WEEK OF LOVE • 1922
POWER OF A LIE, THE • 1922
UNDER OATH • 1922
COMMON LAW, THE • 1923
CORDELIA THE MAGNIFICENT • 1923
MIDNIGHT GUEST, THE • ONE DARK NIGHT ○ FLESH • 1923
CHRISTINE OF THE HUNGRY HEART • 1924
FOR SALE • 1924
MIRAGE, THE • 1924
PLUNDERER, THE • 1924
SHADOW OF THE EAST, THE • SHADOW OF THE DESERT • 1924
SINGLE WIVES • 1924
STORM DAUGHTER, THE • STORM'S DAUGHTER, THE • 1924
ENTICEMENT • 1925
NECESSARY EVIL, THE • 1925
SCARLET SAINT, THE • 1925
WHAT FOOLS MEN • JOSEPH GREER AND HIS DAUGHTER • 1925
MEN OF STEEL • 1926
PUPPETS • 1926
SILENT LOVER, THE • MEN OF THE DAWN • 1926
EASY PICKINGS • 1927
NIGHT LIFE • 1927
BACHELOR'S PARADISE • 1928
GEORGE WASHINGTON COHEN • 1928
GRAIN OF DUST, THE • 1928
LADIES OF THE NIGHT CLUB • 1928
MAN IN HOBBLES, THE • 1928
TRAGEDY OF YOUTH, THE • 1928
WOMAN AGAINST THE WORLD, A • 1928
BROADWAY HOOFER, THE • DANCING FEET (UKN) • 1929
BROADWAY SCANDALS • 1929
COLLEGE COQUETTE, THE • 1929
TWO MEN AND A MAID • 1929
VOICE WITHIN, THE • 1929
ALIAS FRENCH GERTIE • LOVE FINDS A WAY (UKN) • 1930
FRAMED • 1930
SHOOTING STRAIGHT • DEAD GAME • 1930
SILVER HORDE, THE • 1930
LADY REFUSES, THE • 1931
THREE WHO LOVED • HELGA • 1931
LOST SQUADRON, THE • 1932
MEN OF CHANCE • 1932
PENGUIN POOL MURDER, THE • PENGUIN POOL MYSTERY, THE (UKN) • 1932
STATE'S ATTORNEY • CARDIGAN'S LAST CASE (UKN) • 1932
THIRTEEN WOMEN • 1932
AFTER TONIGHT • SEALED LIPS (UKN) • 1933
BIG BRAIN, THE • ENEMIES OF SOCIETY (UKN) • 1933
KEEP 'EM ROLLING • RODNEY • 1934
MURDER ON THE BLACKBOARD • 1934
MY MARRIAGE • BUCCANEER • 1935
THUNDER IN THE NIGHT • 1935
RETURN OF SOPHIE LANG, THE • 1936
BLONDE TROUBLE • 1937
CLARENCE • 1937
HIDEAWAY GIRL • 1937
HOTEL HAYWIRE • 1937
THRILL OF A LIFETIME • 1937
BOY TROUBLE • PARENTS ON PROBATION • 1938
CAMPUS CONFESSIONS • FAST PLAY (UKN) • 1938
HER JUNGLE LOVE • 1938
THANKS FOR THE MEMORY • 1938
NIGHT WORK • 1939
SOME LIKE IT HOT • RHYTHM ROMANCE • 1939
COMIN' ROUND THE MOUNTAIN • 1940
OPENED BY MISTAKE • 1940
UNTAMED • 1940
FLYING WITH MUSIC • 1942
FALSE COLORS • 1943
HOPPY SERVES A WRIT • 1943
KANSAN, THE • WAGON WHEELS (UKN) • 1943
WOMAN OF THE TOWN, THE • 1943
ALASKA • 1944
BIG BONANZA, THE • 1944
MYSTERY MAN • 1944
TEXAS MASQUERADE • 1944
GIRLS OF THE BIG HOUSE • 1945
DEVIL'S PLAYGROUND, THE • 1946
DANGEROUS VENTURE • 1947
FOOL'S GOLD • 1947
HOPPY'S HOLIDAY • 1947
KING OF THE WILD HORSES • 1947
MARAUDERS, THE • 1947
MILLERSON CASE, THE • CRIME DOCTOR'S VACATION, THE • 1947
UNEXPECTED GUEST • 1947
BORROWED TROUBLE • 1948
DEAD DON'T DREAM, THE • 1948
FALSE PARADISE • 1948
SILENT CONFLICT • 1948
SINISTER JOURNEY • 1948
STRANGE GAMBLE • 1948
BORDER TREASURE • 1950
HUNT THE MAN DOWN • SEVEN WITNESSES • 1950
APACHE COUNTRY • 1952
BARBED WIRE • FALSE NEWS (UKN) • 1952
BLUE CANADIAN ROCKIES • 1952
NIGHT STAGE TO GALVESTON • 1952
OLD WEST, THE • 1952
WAGON TEAM • 1952
GOLDTOWN GHOST RAIDERS • 1953
LAST OF THE PONY RIDERS • 1953
ON TOP OF OLD SMOKY • 1953
PACK TRAIN • 1953
SAGINAW TRAIL, THE • 1953
WINNING OF THE WEST, THE • 1953

ARCHER TED see **ROSSATI NELLO**

ARCHIBALD JAMES – UKN

ENIGMA VARIATIONS, THE • 1970

ARCHIBUGI FRANCESCA – ITL

MIGNON E PARTITA • MIGNON HAS LEFT • 1988

ARCONTI CARLOS J. see **ALAZRAKI BENITO**

de los ARCOS LUIS – SPN – 1932–

OPERACION DALILA • OPERATION DELILAH • 1967

ARDASH – IND

TEERTH YATRA • HOLY PILGRIMAGE • 1958

ARDAVIN CESAR – SPN – 1923–

LLAMADA DE AFRICA, LA • 1951
CON LOS HOMBRES AZULES • 1953 • SHT
CRIMEN IMPOSIBLE • 1953
PUERTA ABIERTA, LA • 1956
ULTIMA NOTTE D'AMORE, L' • 1957
...Y ELIGIO EL INFIERNO • 1958
LAZARILLO DE TORMES, EL • LAZARILLO (USA) • 1959
FESTIVAL • 1960
CERCA DE LAS ESTRELLAS • 1961
SCHWARZE ROSE, ROSEMARIE • 1962
FRONTERA DE DIOS, LA • 1963
CARTAS A UN PEREGRINO • 1964 • SHT
DON QUIJOTE AYER Y HOY • 1964 • SHT
VIAJE FANTASTICO EN GLOBO • 1964 • SHT
SAN PABLO EN EL ARTE • 1966 • SHT
SAULO DE TARSO • 1966 • SHT
TOUR D'ESPAGNE • 1966 • SHT
FANTASMAS DEL TALLER, LOS • PHANTOMS OF THE WORKSHOP, THE • 1967 • SHT
CELESTINA, LA • WANTON OF SPAIN -LA CELESTINA, THE ○ WANTON OF SPAIN, THE (UKN) • 1968
PORCELANAS HOY • 1968 • SHT
VIAJE POR ARANJUEZ • 1969 • SHT
YANTARES DE ESPANA • 1969 • SHT
HEMBRA • 1970
MEMORIAS DE UN PAJARO • 1971 • SHT
POR CAMINOS DE CASTILLA • 1971 • SHT
TURISMO DE DON PIO, EL • 1971 • SHT
NO MATARAS • 1974
TIERRAS DE VINO • 1974 • SHT
PASAPORTE PARA LA PAZ • 1975 • SHT
PISA Y CRIANZA • 1975 • SHT
RECETARIO • 1975 • SHT
ULTIMAS POSTALES DE STEPHEN, LAS • 1975 • SHT
DONA PERFECTA • 1977

ARDAVIN EUSEBIO F. – SPN – 1898–1965

FERNANDEZ ARDAVIN EUSEBIO

BEJARANA, LA • 1925
RELOJ DEL ANTICUARIO, EL • DEL RASTRO A LA CASTELLANA • 1925
BANDIDO DE LA SIERRA, EL • 1926
ROSA DE MADRID • 1927
BIEN PAGADA, LA • 1934
AGUA EN EL SUELO, EL • 1935
CLAVELES, LOS • 1935
VIDAS ROTAS • 1935
REINA MORA, LA • 1936
EN BUSCA DE UNA CANCION • 1937
DON FLORIPONDIO • 1939
MARQUESONA, LA • 1939
FLORISTA DE LA REINA, LA • 1940
TIERRA Y CIELO • 1941
UNOS PASAS DE MUJER • 1941
RUEDA DE LA VIDA, LA • 1942
ABANDERADO, EL • 1943
FORJA DE ALMAS • 1943
DONCEL DE LA REINA, EL • 1944
DAMA DEL ARMINO, LA • 1947
NEUTRALIDAD • 1949
VERTIGO • 1950
BELLA DE CADIZ, LA • BELLE DE CADIX, LA (FRN) • 1953
REINA MORA, LA • 1954
VOLVER A VIVIR • COMPADECE AL DELINCUENTE • 1956
LLEGARON DOS HOMBRES • 1958

ARDEN JANE – UKN

OTHER SIDE OF THE UNDERNEATH, THE • OTHER SIDE OF UNDERNEATH, THE (USA) • 1972
ANTICLOCK • 1980

ARDOLINO EMILE – USA

HE MAKES ME FEEL LIKE DANCIN' • 1983 • DOC
DIRTY DANCING • 1987
CHANCES ARE • LIFE AFTER LIFE • 1988
THREE MEN AND A LITTLE LADY • 1990

ARDOUIN JACQUES – FRN – 1937–

EN CAS DE GUERRE MONDIALE, JE FILE A L'ETRANGER.. • 1982

ARE VASCO – ITL

K.E.B. • 1973

AREFIN KAZAL – BNG

SURUJ MIA • MR. SURUJ • 1985

AREHN MATS – SWD

MARIA • 1975
UPPDRAGET • ASSIGNMENT, THE • 1977
KARLEKS SOMMAR, EN • SUMMER'S LOVE, A • 1979
MANNEN SOM BLEV MILJONAR • TO BE A MILLIONAIRE • 1980
KALABALIKEN I BENDER • 1983
ASSIGNMENT, THE • 1986
OM KARLEK • FILM ABOUT LOVE, A ○ ON LOVE • 1987
ISTANBUL • 1989

ARENA MAURIZIO – ITL – 1933–

DI LORENZO MAURIZIO

PRINCIPE FUSTO, IL • 1960
ALTRI, GLI ALTRI E... NOI, GLI • 1966

ARENAS ROBERTO TRIANA – CLM

MADRE TIERRA • 1976 • DOC

ARENS AGNA – NTH

IT'LL PASS • 1982 • SHT

ARETCHE LEOBARDO LOPEZ – MXC

GRITO, EL • SHOUT, THE • 1968

AREVALO CARLOS – SPN – 1906–

YA VIENE EL CORTEJO • 1939 • SHT
NO FUMADORES • 1940 • SHT
VIEJOS PALACIOS • 1940 • SHT
HARKA • 1941
ROJO Y NEGRO • 1942
SIEMPRE MUJERES • 1942
ARRIBADA FORZOSA • 1943
SU ULTIMA NOCHE • 1944
HOSPITAL GENERAL • 1956
AMERICANO EN TOLEDO, UN • 1957
MERAVIGLIOSA • DOS RIVALES, LOS (SPN) • 1958
MISION EN MARRUECOS • 1959

AREVALO EDUARDO – VNZ

CARACAS • 1972 • DOC

ARGALL RAY – ASL

RETURN HOME • 1989

ARGEMI JOSE MARIA – SPN – 1920–

CRISTINA • 1959
GAUDI • 1960

ARGENTO DARIO – ITL – 1943–

PROBABILITA ZERO • PROBABILITY ZERO • 1969
UCCELLO DALLE PIUME DE CRISTALLO, L' • GEHEIMNIS DER SCHWARZEN HANDSCHUHE, DAS (FRG) ○ GALLERY MURDERS, THE (UKN) ○ BIRD WITH THE CRYSTAL PLUMAGE, THE (USA) ○ PHANTOM OF TERROR ○ BIRD WITH THE GLASS FEATHERS, THE • 1970
GATTO A NOVE CODE, IL • CAT O' NINE TAILS, THE (UKN) ○ NEUNSCHWANZIGE KATZE, DIE • 1971
QUATTRO MOSCHE DE VELLUTO GRIGIO • FOUR FLIES ON GREY VELVET (UKN) • 1971
CINQUE GIORNATE, LE • 1973
PROFONDO ROSSO • DEEP RED (USA) ○ DRIPPING DEEP RED ○ HATCHET MURDERS, THE ○ DEEP RED: HATCHET MURDERS • 1975
SUSPIRIA • 1977
INFERNO • INFERNO '80 • 1979
TENEBRAE • UNSANE (USA) ○ SOTTO GLI OCCHI DELL'ASSASSINO ○ DARKNESS • 1982
CREEPERS • PHENOMENA • 1985
OPERA • 1988
DUE OCCHI DIABOLICI • TWO EVIL EYES • 1990

ARGUELLO IVAN – NCR

MUJERES DE LA FRONTERA • 1988

ARGUS ROBERT – YGS

SMEDE OKO SLO OKO • BROWN EYE EVIL EYE • 1967

ARGYLE JOHN see **ARGYLE JOHN F.**

ARGYLE JOHN F. – Producer – UKN – 1911–

ARGYLE JOHN

THAT'S HIS WEAKNESS • 1930
LAST TIDE, THE • 1931
PARADISE ALLEY • 1931
FINAL RECKONING, THE • 1932
SMILIN' ALONG • 1932
SEND FOR PAUL TEMPLE • 1946
HILLS OF DONEGAL, THE • 1947

ARHANIC MARIJAN – YGS

POSLIJEPODNE JEDNOG FAZANA • AFTERNOON OF A PHEASANT • 1973
LETACI VELIKOG NEBA • FLYERS IN THE GREAT SKY ○ FLYERS OF THE OPEN SKY, THE • 1978

ARIAS BERNARDO – PRU

INQUISIDOR, EL • INQUISITOR, THE • 1974

ARIBURNU – TRK

TUTUN ZAMANI • 1959
PRANGASIZ MAHKUMLAR • 1964

ARIFFIN KAMARUL – MLY

JASMIN • 1988
JASMIN II • 1988
YASSIN • 1989

ARIKAN KAYAHAN – TRK

KARTAL EFE • MASTER EAGLE • 1967
TURIST ZEHRA • ZEHRA THE TOURIST • 1967
ISLAMIYETIN KAHRAMAN KIZI • HEROIC DAUGHTER OF ISLAM, THE • 1968
KANAYAN YARA • BLEEDING WOUND, THE • 1968

ARIKAWA SADAMASA – TWN
PHOENIX, THE • WAR OF THE WIZARDS • 1978

ARIKAWA YUGO – JPN
ANJU TO ZUSHIO-MARU • LITTLEST WARRIOR, THE (USA) ○ ORPHAN BROTHER, THE • 1961 • ANM

ARING WILHELM – SWD – 1909–
ADOLF I TOPPFORM • 1952

ARINO LUIS – SPN
REGRESO DE COMETA, EL • RETURN OF THE COMET, THE • 1988

ARIOLI DON – Animator – USA – 1937–
TAX IS NOT A FOUR-LETTER WORD • 1969 • SHT
WHERE THERE'S SMOKE • 1970
IN A NUTSHELL • 1971 • SHT
SPECIALISTS, THE • 1971 • ANS
TILT • 1972 • ANS
MAN THE POLLUTER • 1973 • ANS
KILOS ARE COMING, THE • 1974 • ANS
YOU'RE UNDER ARREST • 1979 • ANS
BAXTER EARNS HIS WINGS • 1982 • ANS
GREAT ENERGY WASTE, THE • 1983 • ANS

ARION GEORGE see **ARION GIORGOS**

ARION GIORGOS – GRC
ARION GEORGE
S' EHO PANDA STI KARDIA MOU • I HAVE YOU ALWAYS IN MY HEART • 1967
ONIRO APATILO • DREAMS THAT NEVER CAME TRUE ○ FALSE DREAM • 1968

ARIPOV MARAT – USS
NISSO • 1967

ARISTARAIN ADOLFO – ARG – 1943–
PARTE DEL LEON, LA • LION'S SHARE, THE • 1978
DISCOTECA DEL AMOR, LA • LOVE DISCO • 1980
PLAYA DEL AMOR, LA • LOVE BEACH • 1980
TIEMPO DE REVANCHA • TIME FOR REVENGE • 1981
ULTIMOS DIAS DE LA VICTIMA • LAST DAYS OF THE THE VICTIM • 1982
STRANGER, THE • 1987

ARISTOPOULOS KONSTANTINOS – GRC – c1940–
DRAGONS • 1971 • SHT
TOPOS KRANIOU • CRANIUM LANDSCAPE ○ PLACE OF A SKULL, A ○ SITE OF A SKULL • 1972
IPNOS KE THANATOS • SLEEP AND DEATH • 1975

ARISTORENAS JUN – MLY
MALAYSIA 5 • 1974

ARIVE JEAN-CHRISTOPHE – GRM
ENGEL DER SUNDE • 1968

ARIYARATNA SUNIL – SLN
MUHUDULIHINI • 1983

ARIZA FRANCISCO – SPN – 1923–
ESPIANDO • 1966
PARANOICO, IL • 1975

ARJOMAND HOMAYOUN – IRN
AMOU SABZI FOROUSH • AMOU, THE GREENGROCER • 1967

ARKATOV ALEXANDER – USS
GORE SARRI • SORROWS OF SARAH • 1913
OTVECELI NA DAVNO CHRISANTEMY V SADO • IT'S LONG SINCE THE CHRYSANTHEMUMS BLOOMED IN THE GARDENS • 1916
SIGNAL • 1918

ARKIN ALAN – Actor – USA – 1934–
PEOPLE SOUP • 1969 • SHT
LITTLE MURDERS • 1971
PLAYER PIANO
FIRE SALE • 1977

ARKLESS ROBERT – USA
TAMING, THE • 1968
MAN WHO WOULD NOT DIE, THE • 1975

ARKUSH ALAN see **ARKUSH ALLAN**

ARKUSH ALLAN – USA – 1948–
ARKUSH ALAN • ARKUSH ALLEN
HOLLYWOOD BOULEVARD • 1976
DEATHSPORT • 1978
ROCK 'N' ROLL HIGH SCHOOL • 1979
HEART BEEPS • HEARTBEEPS • 1981
GET CRAZY • 1983
CADDYSHACK II • 1988

ARKUSH ALLEN see **ARKUSH ALLAN**

ARLEDGE SARAH – USA
INTROSPECTION • 1947 • SHT

ARLIN GEORG – SWD – 1916–
BLA HIMMEL • BLUE SKY • 1955

ARLINGTON PAUL – USA
BOGUS EARL, THE • 1915

ARLISS LESLIE – UKN – 1901–
FARMER'S WIFE, THE • 1941
NIGHT HAS EYES, THE • TERROR HOUSE (USA) • 1942
MAN IN GREY, THE • 1943
LOVE STORY • LADY SURRENDERS, A (USA) • 1944
WICKED LADY, THE • 1945
MAN ABOUT THE HOUSE, A • 1947
IDOL OF PARIS • 1948
SAINTS AND SINNERS • 1949
WOMAN'S ANGLE, THE • 1952
THOUGHT TO KILL • 1953
MISS TULIP STAYS THE NIGHT • 1955
SEE HOW THEY RUN • 1955
DANGER LIST • 1957
DEARTH OF A SALESMAN • 1957
INSOMNIA IS GOOD FOR YOU • 1957
MAN WITH A DOG • 1958

de ARMA JESUS – CUB
COWBOY, THE • ANS
SHARK AND THE SARDINES, THE • ANS

ARMAND P. – USS
BEYOND THE SWAN-LIKE CLOUDS • 1956

ARMAND PIERRE – FRN – 1930–
A REBROUSSE-POIL • 1959
PARIS-CHAMPAGNE • 1962
MORDUS DE PARIS, LES • 1964

ARMATAGE KAY – CND – 1943–
JILL JOHNSON • 1977
GERTRUDE AND ALICE IN PASSING • 1978
BED AND SOFA • 1979
SPEAK BODY • 1979
STRIPTEASE • 1980
STORYTELLING • 1983
ARTISTS ON FIRE • 1988 • DOC

ARMENDARIZ MONTXO – SPN
27 HORAS • 27 HOURS • 1985
TASIO • 1989

ARMFIELD NEIL – ASL
TWELFTH NIGHT • 1986

de ARMINAN JAIME – SPN – 1927–
CAROLA DE DIA, CAROLA DE NOCHE • 1969
LOLA DICEN QUE NO VIVE SOLA, LA • 1969
MI QUERIDA SENORITA • MY DEAREST SENORITA • 1971
CINCO LOBITAS • FIVE LITTLE WOLVES • 1972
CASTO VARON SPANOL, UN • 1973
AMOR DEL CAPITAN BRANDO, EL • GREAT LOVE OF CAPTAIN BRANDO, THE ○ GRAN AMOR DE CAPITAN BRANDO,EL • 1974
JO, PAPA • BLOODY HELL, DAD! ○ IJO, PAPA! • 1975
NUNCA ES TARDE • URSULA • 1977
AL SERVICIO DE LA MUJER ESPANOLA • AT THE SERVICE OF THE SPANISH LADY • 1978
NIDO, EL • NEST, THE • 1980
EN SEPTIEMBRE • IN SEPTEMBER • 1981
HORA BRUJA, LA • WITCHING HOUR, THE • 1985

ARMITAGE GEORGE – USA
PRIVATE DUTY NURSES • 1971
HIT MAN • STREET WARRIOR • 1972
VIGILANTE FORCE • 1976
HOT ROD • REBEL OF THE ROAD • 1979 • TVM
MIAMI BLUES • 1989

ARMITAGE PHILIP – UKN
ASPHALTIC BITUMEN • 1950
PROUD SHIPS • 1954

ARMSTRONG CHARLES – UKN
SPORTING MICE, THE • 1909
VOTES FOR WOMEN -A CARICATURE • 1909
CLOWN AND HIS DONKEY, THE • 1910
TA-TA! COME AGAIN • 1911
ISN'T IT WONDERFUL! • 1914
ARMSTRONG'S TRICK WAR INCIDENTS • 1915

ARMSTRONG DALE see **ARMSTRONG R. DALE**

ARMSTRONG GILLIAN – ASL – 1950–
STORYTIME • 1968 • SHT
FOUR WALLS • 1969 • SHT
OLD MAN AND DOG • 1969 • SHT
ROOF NEEDS MOWING, THE • 1970 • SHT
GRETEL • 1973 • SHT
SATDEE NIGHT • 1973 • SHT
100 A DAY • 1974 • SHT
SINGER AND THE DANCER, THE • 1977
TIME AND A PLACE, A • 1977 • DOC
BUSY KIND OF BLOKE, A • 1978 • DOC
SMOKES AND LOLLIES • 1978 • DCS
MY BRILLIANT CAREER • 1979
TOUCH WOOD • 1980 • DOC
STARSTRUCK • 1982
14'S GOOD, 18'S BETTER • 1982 • SHT
BOP GIRL • 1983 • SHT
MRS. SOFFEL • 1984
HIGH TIDE • 1987
BINGO, BRIDESMAIDS AND BRACES • 1988 • DOC

ARMSTRONG JOHN – UKN
SONG OF THE CLOUDS • 1957
COUPE DES ALPES: THE STORY OF THE 1958 ALPINE RALLY • 1958 • DOC
O FOR OXYGEN • 1961
BUT THE PEOPLE ARE BEAUTIFUL • 1972

ARMSTRONG MARY – Producer – CND – 1953–
AISLIN • 1976 • MTV
NATIVE DOCUMENT • 1978 • DOC
OUR HOUSE • 1978 • MTV
COULD YOU SAVE A LIFE • 1980 • MTV
EVERYONE'S BUSINESS • 1982 • MTV
MUSIC THERAPY • 1983 • DOC
NON-TRADITIONAL • 1983 • DOC
PATIENTS' RIGHTS • 1983 • DOC
WELCOME TO PUBLIC SERVICE • 1985 • DOC

ARMSTRONG MICHAEL – Actor/ writer – UKN – 1944–
IMAGE, THE • 1968 • SHT
BRENN, HEXE, BRENN • BURN, WITCH, BURN (UKN) ○ MARK OF THE DEVIL (USA) ○ HEXEN BIS AUFS BLUT GEQUALT ○ MARK OF THE WITCH ○ SATAN ○ AUSTRIA 1700 • 1969
HAUNTED HOUSE OF HORROR, THE • HORROR HOUSE (USA) ○ DARK, THE • 1969

ARMSTRONG R. DALE – USA
ARMSTRONG DALE
CRUCIFIX OF DESTINY, THE • 1920
FALSE WOMEN • 1921

ARMSTRONG SAMUEL – Animator – USA
FANTASIA • 1940 • ANM

ARMSTRONG WILLIAM – USA
TROUBLE BUBBLES • 1920 • SHT

ARNAUD – FRN
CLAIRE DE LUNE ESPAGNOL • MOON-STRUCK MATADOR, THE ○ MAN IN THE MOON, THE • 1909 • ANS

ARNAUD DOMINIQUE – FRN
MOEMOEA • 1980

ARNAUD ETIENNE – USA
ROBIN HOOD • 1912

ARNAUD M.
HIGH COST OF LIVING, THE • 1912

ARNAUD MICHELE – FRN – 1919–
VIRAGE A 80 • 1974 • DOC

ARNAUDY – FRN – 1881–
ARNAUDY ANTOINE
DIRECT AU COEUR • 1932

ARNAUDY ANTOINE see **ARNAUDY**

ARNER GWEN – USA
MY CHAMPION • RUN, MIKI, RUN • 1981
MOTHER'S DAY ON WALTON MOUNTAIN • 1982 • TVM

ARNFRED MORTEN – DNM
BROTHEL, THE • 1971
MASKE KU'VI • LET'S DO IT • 1976
MIG OG CHARLY • ME AND CHARLEY • 1978
JOHNNY LARSEN • 1979
DER ER ET YNDIGT LAND • WHAT A CHARMING COUNTRY • 1982
ER ET YNDIGT LAND, DER • LAND OF PLENTY • 1983
HJEMLIG HUGGE • DOMESTIC COSINESS • 1983 • SHT
HIMMEL OG HELVEDE • HEAVEN AND HELL • 1988

ARNHEIM VALY – GRM
AUS TAUSEND METER HOHE • 1918
IM 100-KILOMETER-TEMPO • 1918
PROZESS WORTH • 1918
STURMSCHWALBE • 1918
KAMPF IN DEN LUTEN, DER • 1919
MASKE 74 • 1919
MIT 300 PS VOLLGAS • 1919
TODESFAHRT, DIE • 1919
DETEKTIVDUELL, DAS • HARRY HILL CONTRA SHERLOCK HOLMES • 1920
GEHEIMBUND DER FALKEN • 1920
HOLLENMASCHINE, DIE • 1920
SCHMUGGLER VON SAN DIEGO, DIE • 1920
UNBEWOHNTE HAUS, DAS • 1920
BLITZZENTRALE, DIE • HOCHSPANNUNG 100. 000 VOLT! • 1921
HOCHBAHNKATASTROPHE, DIE • 1921
TODESFLIEGER, DER • 1921
HOLLENREITER, DER • 1922
HARRY HILL IM BANNE DER TODESSTRAHLEN • 1925
HARRY HILL AUF WELLE 1000 • 1926
PIRATEN DER OSTSEEBADER, DIE • 1926
DU SOLLST DER KAISER MEINER SEELE SEIN • 1928
MADCHEN, HUTET EUCH! • 1928

ARNO – Actor – GRM – 1895–1975
ARNO SIG
RASPUTIN • 1917
KLEPTOMANIN, DIE • 1918

ARNO SIG see **ARNO**

ARNOLD JACK – USA – 1916–
WITH THESE HANDS • 1950 • DOC
CHALLENGE, THE • 1951 • DOC
WORLD AFFAIRS ARE YOUR AFFAIRS • 1951 • DOC
GIRLS IN THE NIGHT • LIFE AFTER DARK (UKN) • 1953
GLASS WEB, THE • 1953
IT CAME FROM OUTER SPACE • 1953
CREATURE FROM THE BLACK LAGOON, THE • 1954
MAN FROM BITTER RIDGE, THE • 1955
REVENGE OF THE CREATURE • 1955
TARANTULA • 1955
THIS ISLAND EARTH • WAR OF THE PLANETS • 1955
MAN IN THE SHADOW • PAY THE DEVIL (UKN) • 1956
OUTSIDE THE LAW • 1956
RED SUNDOWN • 1956
INCREDIBLE SHRINKING MAN, THE • 1957
TATTERED DRESS, THE • 1957
HIGH SCHOOL CONFIDENTIAL • YOUNG HELLIONS ○ YOUNG KILLERS • 1958
LADY TAKES A FLYER, THE • GAME CALLED LOVE, A • 1958
MONSTER ON THE CAMPUS • MONSTER IN THE NIGHT • 1958
SPACE CHILDREN, THE • 1958
MOUSE THAT ROARED, THE • DAY NEW YORK WAS INVADED, THE • 1959
NO NAME ON THE BULLET • 1959
BACHELOR IN PARADISE • 1961
GLOBAL AFFAIR, A • 1963
LIVELY SET, THE • 1964
PILL CAPER, THE • 1967 • TVM
POWER PILL, THE • 1968 • MTV
HELLO DOWN THERE • SUB-A-DUB-DUB • 1969
BLACK EYE • 1974
GAMES GIRLS PLAY • BUNNY CAPER, THE (USA) ○ SEX PLAY • 1974
BOSS NIGGER • BLACK BOUNTY KILLER (UKN) ○ BOSS • 1975
SWISS CONSPIRACY, THE • PER SALDO MORD • 1975
SEX AND THE MARRIED WOMAN • 1977 • TVM
MARILYN: THE UNTOLD STORY • MARILYN • 1980 • TVM
WHEN THE SNOW BLED • 1981

ARNOLD JEFFREY – CND – 1949–
COASTAL SEA HOMES • 1984 • DOC
NIGHTGAMES • 1986 • MTV

ARNOLD JOHN – Producer – UKN – 1921–
PASSING STRANGER, THE • 1954

ARNOLD NEWT – USA
ARNOLD NEWTON
HANDS OF A STRANGER • ANSWER, THE • 1962
BLOOD THIRST • HORROR FROM BEYOND, THE • 1965
BLOODSPORT • 1987

ARNOLD NEWTON see **ARNOLD NEWT**

ARNOLD STEVE see **ARNOLD STEVEN**

ARNOLD STEVEN – USA
ARNOLD STEVE
MESSAGES, MESSAGES
LIBERATION OF THE MANNIQUE MECHANIQUE, THE • 1967 • SHT
ELEMENTS, THE • 1968 • SHT
LUMINOUS PROCURESS • 1971
HUGE

ARNOUX SERGE – FRN
QUATRE D'ENTRE ELLES • FOUR OF THEM ○ VIER FRAU ○ FOUR WOMEN • 1968

ARNSHTAM LEV see **ARNSTAM LEO**

ARNSTAM LEO – USS – 1905–1979
ARNSHTAM LEV
ANKARA –SERDCHE TURKIYE • ANKARA –HEART OF TURKEY • 1934 • DOC
SOVIETS GREET NEW TURKEY, THE • 1934 • CMP
PODRUGI • THREE WOMEN (USA) ○ SONG OF POTEMKIN, THE ○ GIRL FRIENDS, THE ○ FRIENDS • 1936
ZOYA • 1944
GLINKA • GREAT GLINKA, THE (USA) • 1946
ROMEO I DZULETTA • BALLET OF ROMEO AND JULIET, THE ○ ROMEO AND JULIET • 1955
UROK ISTORIJI • LESSON IN HISTORY, A ○ IN THE FACE OF THE WORLD ○ UROKAT NA ISTORIATA • 1957
PYAT DNEI –PYAT NOCHEI • FUNF TAGE –FUNF NACHTE (GDR) ○ FIVE DAYS –FIVE NIGHTS • 1961
SOFYA PEROVSKAYA • SOPHIA PEROVSKAYA ○ SOFIA PEROVSKAYA • 1968

ARNZ – GRM
CHINESISCHE NACHTIGALL, DIE • CHINESE NIGHTINGALE, THE • 1964

AROCHA LUIS ERNESTO – CLM
OPERA DEL MONDONGO, LA • 1976 • DOC

ARON E. – USS
PESNI ABAYA • ABA IBRAHIM KOUMANBAEF ○ SONG OF ABAYA • 1945

ARONOV GRIGORI – USS
SEDMOY SPUTNIK • SEVENTH FELLOW–TRAVELLER, THE • 1968
ZELENIE TSEPOCHKI • GREEN CHAINS • 1970

ARONSON JERRY – USA
DIVIDED TRAIL, THE • 1980 • DOC

ARORA P. N. – IND
SINBAD, ALI BABA AND ALLADIN • 1963

ARORA PRAKASH – IND
BOOT POLISH • 1c • 1954

AROZAMENA EDOUARDO – MXC
SONADORA, LA • DREAMER, THE • 1917

ARPE JOHANNES – GRM
FREMDE, DER • 1961

ARRABAL FERNANDO – SPN – 1932–
VIVA LA MUERTE • HURRAH FOR DEATH • 1970
J'IRAI COMME UN CHEVAL FOU • I WILL GO LIKE A WILD HORSE • 1973
ARBRE DE GUERNICA, L' • GUERNICA • 1975
EMPEROR OF PERU, THE • ODYSSEY OF THE PACIFIC • 1981
CIMETIERE DE VOITURES, LE • 1982
EMPEREUR DU PEROU, L' • 1982

ARRAIZA RAUL – MXC
CASCABEL • 1976

ARREDONDO CARLOS MARTINEZ – MXC
AMOR QUE HUYE, EL • 1917

ARRIETA ADOLFO – SPN – 1942–
JOUET CRIMINEL, LE • 1969
CHATEAU DE POINTILLY, LE • 1971
INTRIGUES DE SYLVIA COUSKI, LES • 1973
TAM–TAM • 1975
FLAMMES • 1978

ARRIETA NELSON – VNZ
IMAGEN DE VENEZUELA • IMAGES OF VENEZUELA • 1968

ARRIGHI CHRISTIAN–PAUL – FRN – 1938–
COQUELUCHE, LA • 1968

ARROY – FRN
S.O.S. FOCH • 1931 • SHT

ARROYD FELIX MIGUEL – USA
VISIONS • 1978

ARSENAULT RAY – USA
CHILDREN CARE, THE • 1986 • MTV
CLASSIC EGG, THE • 1986 • DOC
WHERE'S WHOOSIT'S • 1986 • MTV

ARSENOV PAVEL – USS – 1940–
SUNFLOWER, THE • 1963 • SHT
LELKA • 1967 • SHT
PROBUZHDYENIYE • AWAKENING, THE • 1968
SPASITYE UTOPAYUSHCHEVO • SAVE THE DROWNING MAN ○ HELP, HE'S DROWNING ○ RESCUE A DROWNING MAN • 1968
DEER KING, THE • KING–DEER • 1970
SMYATENIYE CHUVSTV • TUMULT • 1978
SLYUBIMYMI NE RASSTAVAITES • DON'T LEAVE YOUR LOVED ONES • 1980

ARTALE LORENZO – ITL
QUEI POCHI GIORNI D'ESTATE • 1966
EDIPEON • 1970
VIVI RAGAZZA VIVI • 1971
PUGNI DI ROCCO, I • 1972

ARTAUD E. – USA
DANCER AND THE KING, THE • 1914

ARTERO ANTONIO – SPN
HERRADURA, LA • 1957 • SHT
LUNES • 1960 • SHT
FORZADA • 1964 • SHT
MANZANEDA • 1964 • SHT
TESORO DEL CAPITAN TORNADO, EL • 1967
DEL TRES AL ONCE • 1968 • SHT
MONEGROS • 1969 • SHT
BLANCO SOBRE BLANCO • 1974 • SHT
OLAVIDE • 1974 • SHT
SOBRE LA MISERIA DE LA PEDAGOGIA BAJO CUALQUIERA DE SUS DISFRACES • 1974 • SHT
YO CREO QUE.. • 1974

ARTHUR DANIEL V. – USA
GREAT DIAMOND ROBBERY, THE • 1914

ARTHUR GEORGE K. – UKN
ROUNDED CORNERS • 1922

ARTHUR GEORGE M. – USA
CROOKS CAN'T WIN • 1928

ARTHUR HARTNEY – Actor – ASL – 1917–
RED SKY AT MORNING • 1944

ARTHUR KAREN – USA – 1941–
LEGACY • 1975
MAFU CAGE, THE • MY SISTER, MY LOVE (USA) ○ DEVIATION ○ CAGE, THE • 1978
CHARLESTON • 1979 • TVM
VICTIMS FOR VICTIMS: THE THERESA SALDANA STORY • VICTIMS FOR VICTIMS • 1984 • TVM
BUNNY'S TALE, A • 1985 • TVM
RAPE OF RICHARD BECK, THE • 1985 • TVM
CRACKED UP • 1987 • TVM
LADY BEWARE • 1987
EVIL IN CLEAR RIVER • 1988 • TVM
BRIDGE TO SILENCE • 1989

ARTHUR NOEL – UKN
MOVING MILLIONS • 1948
CO–OPERATIVE RESEARCH IN INDUSTRY • 1949 • DOC

ARTHUYS BERTRAND – FRN
TOM ET LOLA • 1990

ARTHUYS PHILIPPE – FRN – 1928–
CAGE DE VERRE, LA • GLASS CAGE, THE (UKN) • 1964
DES CHRISTS PAR MILLIERS • 1969
DIEU A CHOISI PARIS • 1969 • CMP
RACINES DU CRI, LES • 1969

ARTIGOT RAUL – SPN – 1936–
MONTE DE LAS BRUJAS, EL • WITCHES' MOUNTAIN • 1970
CABO DE VARA • 1977

ARUN – IND
BUTHISALIGAL • CLEVER ONES • 1968

ARUNARAJE – IND
RIHAEE • 1988

ARURDOSS – IND
PENN ENDRAAL PENN • GIRL IS A GIRL, A • 1967

ARVANTIS DIMITRIS – GRC
GUILTY OR NOT GUILTY • 1989 • MTV

ARVAT CATERINA – UKN
PRETTY THINGS, THE • 1966
OUR TIME NO.1 • 1967 • DCS

ARVAY RICHARD – GRM
IHRE LETZTE DUMMHEIT • 1924

ARVEDSON RAGNAR – SWD – 1895–
KANSKE EN GENTLEMAN • GENTLEMAN MAYBE, A • 1935
A VI GIFTA? • NASTAN GIFTA ○ ARE WE MARRIED? • 1936
SPOKET PA BRAGEHUS • GHOST OF BRAGEHUS • 1936
STACKARS MILJONARER • POOR MILLIONAIRES • 1936
LYCKLIGA VESTKOPING • HAPPY VESTKOPING • 1937
SJOMAN GAR I LAND, EN • SAILOR GOES ASHORE, A • 1937
KUSTENS GLADA KAVALJERER • COAST'S HAPPY CAVALIERS, THE (USA) ○ MERRY BOYS OF THE COAST ARTILLERY • 1938
HERR HUSASSISTENEN • MR. HOUSEKEEPER • 1939
SPOKE TILL SALU • GHOST FOR SALE • 1939
GENTLEMAN ATT HYRA • GENTLEMAN FOR HIRE • 1940
SOM EN TJUV OM NATTEN • LIKE A THIEF IN THE NIGHT • 1940
SA TUKTAS EN AKTA MAN • TO CHASTISE A HUSBAND • 1941
UNG DAM MED TUR • 1941
SJOMAN I FRACK, EN • SAILOR IN A DRESS–COAT • 1942
HERRE MED PORTFOLJ • GENTLEMAN WITH A BRIEF–CASE • 1943
I DAG GIFTER SIG MIN MAN • MY HUSBAND IS GETTING MARRIED TODAY • 1943
SUPE FOR TVA • SUPPER FOR TWO • 1947
JUNGFRU PA JUNGFRUSUND • MAID FROM JUNGFRUSUND, THE • 1949

ARVELE RITVA – FNL
GOLDEN CALF, THE • 1961

ARVEYRES MODESTE see **BERTHOMIEU ANDRE**

ARVONIO JOHN – USA
ABSTRACT IN CONCRETE

ARZNER DOROTHY – USA – 1900–1979
FASHIONS FOR WOMEN • 1927
GET YOUR MAN • 1927
TEN MODERN COMMANDMENTS • 1927
MANHATTAN COCKTAIL • 1928
CHARMING SINNERS • CONSTANT WIFE, THE (UKN) • 1929
LAST OF MRS. CHEYNEY, THE • 1929
WILD PARTY, THE • 1929
ANYBODY'S WOMAN • 1930
BEHIND THE MAKE–UP • 1930
PARAMOUNT ON PARADE • 1930
SARAH AND SON • 1930
HONOR AMONG LOVERS • SEX IN BUSINESS • 1931
WORKING GIRLS • 1931
MERRILY WE GO TO HELL • MERRILY WE GO TO .... (UKN) • 1932
CHRISTOPHER STRONG • GREAT DESIRE, THE • 1933
NANA • LADY OF THE BOULEVARDS (UKN) • 1934
CRAIG'S WIFE • 1936
BRIDE WORE RED, THE • 1937
DANCE, GIRL, DANCE • HAVE IT YOUR OWN WAY • 1940
FIRST COMES COURAGE • ATTACK BY NIGHT • 1943

ARZUAGA see **ARZUAGA JOSE MARIA**

ARZUAGA JOSE M. see **ARZUAGA JOSE MARIA**

ARZUAGA JOSE MARIA – CLM
ARZUAGA JOSE M. • ARZUAGA
ROOTS OF STONE
CRUCE, EL • CROSSING, THE
PASADO EL MERIDIANO • PASSING THE MERIDIAN
RHAPSODY IN BOGOTA • 1974 • SHT

AS–SIDDIQ KHALID see **SIDDIK KHALID**

ASAGAROFF see **ASAGAROFF GEORG**

ASAGAROFF GEORG – GRM
ASAGAROFF • AZAGAROV G.
GREKH • SIN • 1916
IHR FEHLTRITT • 1923
LIEBET DAS LEBEN • 1924
JUGENDRAUSCH • EVA AND THE GRASSHOPPER (USA) ○ GRASSHOPPER AND THE ANT, THE ○ NEMESIS • 1927
MILAK, DER GRONLANDJAGER • 1927
FLUCHT AUS DER HOLLE • ESCAPED FROM HELL (USA) ○ HOLLE VON CAYENNE, DIE • 1928
SIEBZEHNJAHRIGEN, DIE • 1928
DONKOSAKENLIED, DAS • 1929
REVOLTE IM ERZIEHUNGDHAUS • REVOLT IN THE REFORMATORY • 1929
SCHACHMATT • 1931
TOLLE BOMBERG, DER • 1932

ASAI SHIMPEI – JPN
KIDNAP BLUES • 1983

ASAMA YOSHITAKA – JPN
ORETACHI NON KOKYOGAKU • OUR OWN ORCHESTRA • 1978
OMOEBA TOKUE KITAMONDA • SO FAR FROM HOME • 1981
ORE TO AITSU NO MONOGATARI • STORY OF ME AND HIM, A • 1982
NIJUSHI NO HITOMI • 24 EYES • 1988

ASANO MASAO – JPN
MACHI NI IZUMI GA ATTA • WHERE LOVE SPRINGS • 1968

ASANO TATSUO – JPN
NIPPONTO MONOGATARI • ART OF SWORDSMITH, THE • 1957

ASANOVA D. see **ASANOVA DINARA**

ASANOVA DINARA – USS
ASANOVA D.
NE BOLIT GOLOVA A DIATLA • WOODPECKER NEVER HAS A HEADACHE, THE ○ WOODPECKER HAS NO HEADACHE • 1975
KLYUCH BYEZ PRAVA PEREDACHI • PRIVATE KEY • 1977
MY DEAR, BELOVED, ONLY ONE
PATSANI • KIDS • 1983

ASAO MASAYUKI – JPN
TORITATE NO KAGAYAKI • BRILLIANT COLLECTOR, A • 1982

ASCHNER ANTONIS – AUS
OPERATION HYDRA • 1980

ASCOT JOMI GARCIA see **GARCIA ASCOT JOSE MIGUEL**

ASCOTT ANTHONY see **CARNIMEO GIULIANO**

ASGARI–NASAB MANOOCHEHR – IRN
ASGARINASSAB MANOOCHEHR
BEYOND THE MIST • 1985
HEY, JOE • 1989

ASGARINASSAB MANOOCHEHR see **ASGARI–NASAB MANOOCHEHR**

ASH DAN see **GENTILI GIORGIO**

ASHBURNE DEREK – USA
POLITICIANS, THE • NAKED ARE THE CHEATERS (UKN) • 1970

ASHBY HAL – USA – 1933–1988
LANDLORD, THE • 1970
HAROLD AND MAUDE • 1971
LAST DETAIL, THE • 1973
SHAMPOO • 1975
BOUND FOR GLORY • 1976
COMING HOME • 1978
BEING THERE • 1979
HAMSTER OF HAPPINESS, THE • SECOND-HAND HEARTS • 1979
LOOKIN' TO GET OUT • 1980
TIME IS ON OUR SIDE • 1982 • DOC
LET'S SPEND THE NIGHT TOGETHER • 1983 • DOC
SLUGGER'S WIFE, THE • 1985
8 MILLION WAYS TO DIE • 1986

ASHBY TIM – USA
BIONIC NINJA • 1986

ASHCROFT RONNIE – USA
ASTOUNDING SHE-MONSTER, THE • MYSTERIOUS INVADER (UKN) • 1958
MR. PEEK-A-BOO'S PLAYMATES • MAD ESCAPADE OF A PLAYBOY, A ○ NAKED LIKE WOW! ○ LIKE WOW! ○ WOW! • 1962

ASHE RICHARD – USA
TRACK OF THE MOON BEAST • 1976

ASHE ROBERT (SIR) see **ASHE ROBERT**

ASHE ROBERT – UKN
ASHE ROBERT (SIR)
BATTLE OF GLENCOE, THE • 1899
BOMBARDMENT OF MAFEKING, THE • 1899
BRITISH CAPTURING A MAXIM GUN • 1899
NURSES ATTENDING THE WOUNDED • NURSES ON THE BATTLEFIELD • 1899
SHOOTING A BOER SPY • 1899
SURPRISING A PICKET • ATTACK ON A PIQUET • 1899
VICTORY, THE • 1899
WRECKING AN ARMOURED TRAIN • 1899

ASHER BILLY – UKN
WHERE AMBITION LEADS • 1919

ASHER ROBERT – UKN – 1915–
FOLLOW A STAR • 1959
BULLDOG BREED, THE • 1960
MAKE MINE MINK • 1960
ON THE BEAT • 1962
SHE'LL HAVE TO GO • MAID FOR MURDER (USA) • 1962
STITCH IN TIME, A • 1963
EARLY BIRD, THE • 1965
INTELLIGENCE MEN, THE • SPYLARKS (USA) • 1965
PRESS FOR TIME • 1966

ASHER WILLIAM – USA – 1919–
LEATHER GLOVES • LOSER TAKE ALL (UKN) • 1948
SHADOW ON THE WINDOW • 1957
27TH DAY, THE • 1957
BEACH PARTY • 1963
MUSCLE BEACH PARTY • 1964
BEACH BLANKET BINGO • 1965
BIKINI BEACH • 1965
HOW TO STUFF A WILD BIKINI • HOW TO FILL A WILD BIKINI • 1965
FIREBALL 500 • 1966
JOHNNY COOL • 1968
US AGAINST THE WORLD • 1975 • TVM
NIGHT WARNING • BUTCHER, BAKER, NIGHTMARE MAKER ○ NIGHTMARE MAKER • 1982
I DREAM OF JEANNIE: 15 YEARS LATER • 1985 • TVM
MOVERS AND SHAKERS • 1985

ASHLEY ARTHUR – USA
GUARDIAN, THE • 1917
MARRIAGE MARKET, THE • 1917
RASPUTIN, THE BLACK MONK • RASPUTIN, THE MAD MONK • 1917
SHALL WE FORGIVE HER? • 1917
BEAUTIFUL MRS. REYNOLDS, THE • 1918
BROKEN TIES • ALIBI, THE • 1918
MRS. REYNOLDS • 1918
OH MARY BE CAREFUL • 1921

ASHLEY CHARLES see **ASHLEY CHARLES E.**

ASHLEY CHARLES E. – USA
ASHLEY CHARLES
MISS FRECKLES • 1915
DANGER LINE, THE • 1916 • SHT
EGG, THE • 1916 • SHT
FACE IN THE MIRROR, THE • 1916 • SHT
GREATER OBLIGATION, THE • 1916 • SHT
LITTLE BROWN MOLE, THE • 1916 • SHT
NOT IN THE NEWS • 1916 • SHT
OLD-FASHIONED GIRL, AN • 1916 • SHT
TRAITOR TO ART, A • 1916 • SHT

ASHLEY HELMUT – Dir. photo – GRM – 1919–
SCHWARZE SCHAF, DAS • 1960
MORDERSPIEL • MURDER PARTY (USA) • 1961
RATSEL DER ROTEN ORCHIDEE, DAS • PUZZLE OF THE RED ORCHID, THE (USA) ○ SECRET OF THE RED ORCHID, THE • 1961
WEISSE FRACHT FUR HONGKONG • DA 077 CRIMINALI A HONG KONG (ITL) ○ OPERATION HONG KONG (USA) ○ MYSTERE DE LA JONQUE ROUGE, LE (FRN) ○ SECRET AGENT 077 ○ WHITE CARGO FOR HONG KONG ○ WHITE CARGO • 1964
RECHNUNG -EISKALT SERVIERT, DIE • 1966
NO TIME TO DIE • HIJACKED TO HELL • 1985

ASHLEY RAY – USA
LITTLE FUGITIVE • 1953

ASHTON DUDLEY SHAW – UKN – 1909–
FIGURES IN A LANDSCAPE • 1954
GEORGE BERNARD SHAW • 1957 • SHT
COVENTRY CATHEDRAL • 1958 • DOC
PIERO DELLA FRANCESCA -THE NATIVITY • 1966 • DOC
MIND OF NICOLAS POUSSIN -THE SEVEN SACRAMENTS, THE • POUSSIN -THE SEVEN SACRAMENTS • 1968 • DOC
REMBRANDT, THE THREE CROSSES • 1968 • DOC
ART OF CLAUDE LORRAIN, THE • 1970
MANTEGNA • 1971 • DOC
TRIUMPH OF CAESAR, THE • 1971 • DOC
GENUINE ENGLAND • 1976 • DOC
SAM SMITH GENUINE ENGLAND • SAM SMITH • 1976 • DOC

ASHWELL DAVID – USA
YOU RUINED MY LIFE • 1987 • TVM

ASHWOOD TERRY – Producer – UKN
ELIZABETH IS QUEEN • 1953

ASHWORTH PIERS – USA
NATIONAL LAMPOON'S FAMILY DIES • 1990

ASIMAKOPOULOS KOSTAS – GRC
PSOMI YIA ENA DHRAPETI • BREAD FOR A FUGITIVE • 1967
BROSTA STIN AGHONI (MIA SFERA YIA MENA) • IN FRONT OF THE GALLOWS • 1968
IKOGENIA HORAFA • FAMILY PORTRAIT, A ○ HORAFA FAMILY, THE • 1968

ASKARI HASSAN – PKS
MAFROOR • 1988

ASKEROV RAMIZ – USS
ZHIZN KHOROSHAYA SHTUKA, BRAT! • LIFE'S A FINE THING, BROTHER! • 1967

ASKEY DAVID – UKN
TAKE ME HIGH • HOT PROPERTY • 1973

ASKLUND ERIK – SWD
GAMLA STAN • SYMPHONY OF THE STREETS ○ OLD CITY, THE • 1931

ASKOLDOV ALEXANDER – USS
COMMISSAR • 1967

ASLAN MEHMET – TRK
AKBULUT MALKOCOGLU VE KARAOGLAN A KARSI • AKBULUT VS. MALKOCOGLU AND KARAOGLAN • 1967
ASLAN YUREKLI RESAT • LION-HEARTED RESAT • 1967
ERKEK ADAM SOZUNDE DURUR • MAN'S WORD, A • 1967
GUL AGACI • ROSE TREE, THE • 1967
SOFOR PARCASI • THAT NO-GOOD CABMAN • 1967
YARALI KUS • WOUNDED BIRD, THE • 1967
AGORA MEYHANESI • AGORA TAVERN, THE • 1968
BOZKIRLAR SAHINI TARGAN • TARGAN, THE FALCON OF THE STEPPES • 1968
GELINCIK TARLASI • POPPY FIELD, THE • 1968
GULTEKIN • 1968
HAKANLARIN SAVASI • BATTLE OF THE CHIEFS, THE • 1968
KARA PENCE • DARK CLAW • 1968
MAFIA OLUM SACIYOR • MAFIA SPREADS DEATH • 1968
MARMARA HASAN • 1968
NURI BEY MAFIAYA KARSI • NURI BEY VS. THE MAFIA • 1968
BIN DEFA OLURUM • 1969
CIFTE TABANCALI KABADAYI • 1969
GUNEY OLUM SACIYOR • 1969
IMZAM KANLA YAZILIR • I SIGN IN BLOOD • 1970

ASLAN MUZAFFER – TRK
AYRILSAK DA BERABERIZ • TOGETHER EVEN IF APART • 1967
ARTIK SEVMIYECEGIM • I'LL NEVER LOVE AGAIN • 1968
KAHVECI GUZELI • BEAUTIFUL COFFEE-SELLER, THE • 1968

ASLANI MOHAMMAD REZA – IRN
SHATRANJE BAAD • CHESS OF WIND, THE • 1975

ASLANIAN SAMSON – USA
TORMENT • 1986

ASMOUS B. – USS
LIVING FOREST, THE • 1958

ASPHAUG MARTIN – NRW
HANDFULL TID, EN • FISTFUL OF TIME, A ○ HANDFUL OF TIME, A • 1988
SVAMPE • 1990

ASPI – IND
NAV JAWAN • 1937
PUJARI • 1947
BADAL • CLOUDS • 1967

ASQUITH ANTHONY – UKN – 1902–1968
PRISCILLAS FAHRT INS GLUCK • 1928
SHOOTING STARS • 1928
UNDERGROUND • 1928
COTTAGE ON DARTMOOR, A • ESCAPED FROM DARTMOOR (USA) ○ FANGAN 53 • 1929
RUNAWAY PRINCESS, THE • PRINCESS PRISCILLA'S FORTNIGHT • 1929
TELL ENGLAND • BATTLE OF GALLIPOLI (USA) • 1931
DANCE PRETTY LADY • CARNIVAL • 1932
LEISE FLEHEN MEINE LIEDER • SCHUBERTS UNVOLLENDETE SYMPHONIE ○ UNFINISHED SYMPHONY (USA) ○ LOVER DIVINE (USA) • 1933
LUCKY NUMBER, THE • FIVE AND SIX • 1933
PERSIL WAY, THE • 1934
BROWN ON RESOLUTION • BORN FOR GLORY (USA) ○ FOREVER ENGLAND • 1935
MOSCOW NIGHTS • I STAND CONDEMNED (USA) ○ NATACHA • 1935
PYGMALION • 1938
FRENCH WITHOUT TEARS • 1939
GUIDE DOGS FOR THE BLIND • 1939 • SHT
CHANNEL INCIDENT • 1940
COTTAGE TO LET • BOMBSIGHT STOLEN (USA) • 1941
FREEDOM RADIO • VOICE IN THE NIGHT, THE (USA) • 1941
QUIET WEDDING • 1941
RUSH HOUR • 1941
UNCENSORED • WE SHALL RISE AGAIN • 1942
DEMI-PARADISE, THE • ADVENTURE FOR TWO (USA) • 1943
WE DIVE AT DAWN • 1943
WELCOME TO BRITAIN • 1943 • DOC
FANNY BY GASLIGHT • MAN OF EVIL (USA) • 1944
TWO FATHERS, THE • 1944
WAY TO THE STARS, THE • JOHNNY IN THE CLOUDS (USA) ○ RENDEZVOUS • 1945
WHILE THE SUN SHINES • 1947
WINSLOW BOY, THE • 1948
WOMAN IN QUESTION, THE • FIVE ANGLES ON MURDER (USA) • 1950
BROWNING VERSION, THE • 1951
IMPORTANCE OF BEING EARNEST, THE • 1952
FINAL TEST, THE • 1953
NET, THE • PROJECT M 7 (USA) • 1953
CARRINGTON V.C. • COURT MARTIAL (USA) • 1954
YOUNG LOVERS, THE • CHANCE MEETING (USA) • 1954
ON SUCH A NIGHT • 1956
ORDERS TO KILL • 1958
DOCTOR'S DILEMMA, THE • 1959
LIBEL • 1959
MILLIONAIRESS, THE • 1960
ZERO • 1960
TVA LEVANDE OCH EN DOD • TWO LIVING, ONE DEAD (UKN) ○ TWO LIVING AND ONE DEAD • 1961
GUNS OF DARKNESS • 1962
EVENING WITH THE ROYAL BALLET, AN • 1963
VIPS, THE • INTERNATIONAL HOTEL (USA) ○ V.I.P.'S, THE • 1963
YELLOW ROLLS-ROYCE, THE • 1964

ASSAF ROGER – LBN
MAARAKE • 1985

ASSAYAS OLIVIER – FRN – 1955–
DESORDRE • 1987
ENFANT DE L'HIVER, L' • 1988

ASSELIN HENRY
OPPRESSED, THE • 1929

ASSELIN PAUL – USA
ZERTIGO DIAMOND CAPER, THE • 1980

ASSMANN ARNO – GRM
IMMER WILL ICH DIR GEHOREN • 1960

ASSONITIS OVIDIO see **HELLMAN OLIVER**

ASSONITIS SONIA see **HELLMAN OLIVER**

ASTIN JOHN – Actor – USA – 1930–
OPERATION PETTICOAT • LIFE IN THE PINK ○ PETTICOAT AFFAIR • 1977 • TVM
ROSETTI AND RYAN: MEN WHO LOVE WOMEN • 1977 • TVM

ASTLEY NEVILLE – Animator – UKN
LIVING IN A MOBILE HOME • 1987 • ANM

ASTRUC ALEXANDRE – FRN – 1923–
CHUTE DE LA MAISON USHER, LA
ALLER ET RETOUR • ALLER-RETOUR • 1948 • SHT
CRIMES DE L'AMOUR, LES • MINA DE VANGHEL • 1951
RIDEAU CRAMOISI, LE • CRIMSON CURTAIN, THE • 1952
MAUVAISES RECONTRES, LES • 1955
VIE, UNE • END OF DESIRE (USA) ○ VITA, UNA ○ ONE LIFE • 1958
PROIE POUR L'OMBRE, LA • SHADOWS OF ADULTERY (USA) • 1960
EDUCATION SENTIMENTALE, L' • LESSONS IN LOVE (UKN) • 1961
PUITS ET LE PENDULE, LE • PIT AND THE PENDULUM, THE (USA) • 1963
EVARISTE GALOIS • 1964
LONGUE MARCHE, LA • LONG MARCH, THE • 1966
FLAMMES SUR L'ADRIATIQUE • PLAMEN NAD JADRANOM (YGS) • 1968
SARTRE PAR LUI-MEME • 1976 • DOC

AT-TILMISSANI ABDEL-QADIR see **TILMISSANI ABDEL-QADIR AT-**

ATADENIZ ORHAN – TRK
TARZAN ISTANBULDA • TARZAN IN ISTANBUL • 1952

ATADENIZ YILMAZ – TRK
DAGLARIN OGLU • 1965
KAHREDEN KURSUN • 1965
KAN GOVDEYI GOTURDU • 1965
ASLANLARIN DONUSU • RETURN OF THE HEROES • 1966
CIRKIN KIRAL • 1966
KOVBOY ALI • 1966
SILAHLARIN KANUNU • 1966
YEDI DAGIN ASLANI • MOUNTAIN KING, THE ○ SEVEN WILD LIONS • 1966
CANILER KRALI KILLING • KILLING, KING OF CRIMINALS • 1967
CIRKIN KRAL AFETMEZ • UGLY KING DOES NOT FORGIVE, THE ○ CIRKIN KIRAL AFFETMEZ • 1967
KILLING ISTANBULDA • KILLING IN ISTANBUL • 1967
UCAN ADAM KILLINGE KARSI • FLYING-MAN VS. KILLING • 1967
YUZBASI KEMAL • CAPTAIN KEMAL • 1967
ACI INTIKAM • BITTER REVENGE • 1968
CASUS KIRAN • SPY BREAKER, THE • 1968
KAFKAS KARTALI • EAGLE OF CAUCASUS, THE • 1968
MASKELI BESLER • FIVE MASKED MEN • 1968
MASKELI BESLERIN DONUSU • RETURN OF THE FIVE MASKED MEN, THE • 1968

OLUMSUZ ADAMLAR • IMMORTAL MAN, THE • 1968
KAN SU GIBI AKACAK • 1969

ATAKAIWANWATI PANTHEP – THL
ADVENTURES OF THE KID AMBASSADOR • 1979

ATAKHANOV MERED – USS
DOROGA GORYASHCHEVO FURGONA • ROAD OF THE BURNING VAN • 1967

ATAKISHIYEV ALISETTAR – USS
SLYEDSTVIYE PRODOLZHAYETSYA • INVESTIGATION CONTINUES, THE • 1967

ATAMANOV A. L. – USS
DOG AND CAT • 1938 • ANS
MAGIC CARPET, THE • 1948 • ANS
CRIMSON FLOWER, THE • 1953 • ANM
DOG AND CAT II • 1955 • ANS

ATAMANOV L. see **ATAMANOV LEV**

ATAMANOV LEV – Animator – USS – 1905–
ATAMANOV L.
ADVENTURE IN ODESSA • 1954
ZOLOTAIA ANTILOPA • GOLDEN ANTELOPE, THE • 1954
SNEZHNAYA KOROLEVA • SNOW QUEEN, THE • 1957 • ANM
SHEPHERDESS AND THE CHIMNEY SWEEP, THE • ANM
BENCH, THE • 1967 • ANM
KEY, THE • 1968 • ANM
BALERINA NA KORABLE • BALLERINA ON A SHIP • 1969 • ANS

ATASHEVA PERA
CZECHOSLOVAKIA • 1946

ATASOY IRFAN – TRK
YEDI BELALILAR • SEVEN NO-GOODS, THE • 1970

ATHAVALE SHANTARAM – IND
SHEVGYACHYA SHENGA • 1955

ATHENS J. D. – USA
PIRANHA WOMEN • CANNIBAL WOMEN IN THE AVOCADO JUNGLE OF DEATH • 1988

ATIA KAMAL – EGY
ATTIA KAMAL
TARIK AL SHAITAN • WAY OF THE DEVIL, THE • 1962
KANDIL OM HASHEM • LAMP OF HASHEM, THE • 1968

ATIENZA JUAN G. – SPN – 1930–
GARCIA ATIENZA JUAN
DINAMITEROS, LOS • 1962
HISTORIA Y LA VIDA EXTRATERRESTRE, LA • 1975
AGUJERO EN EL TIEMPO, UN • 1976

ATKINS THOMAS – USA
MUTINY AHEAD • 1934
HI, GAUCHO! • 1935
SILVER STREAK, THE • 1935

ATKINSON JIM – USA
CAN YOU KEEP IT UP FOR A WEEK? • 1974

ATMA K. P. – IND
RAJA AUR RUNK • PRINCE AND THE PAUPER, THE • 1968

ATORTHY P. – IND
DHANWAN • 1937

ATTANASI ANTONIO – ITL
PICCHIATELLI, I • THEY'RE CRAZY • 1958 • ANM
PULCINELLA CETRULA D'ACERRA • 1961

ATTENBERGER TONI – GRM
ATTENBERGER TONY
JOHANNISNACHT • 1918
BRIGANTIN VON COSTILIZA, DIE • 1920
DURCH ALLE HOLLEN • 1920
FRAU AUF DER SCHILDKROTE, DIE • 1920
MANN AN DER KETTE, DER • 1920
SCHMIEDE DES GRAUENS, DIE • 1920
DR. STEFFANS SELTSAMSTER FALL • 1921
GEHEIMNIS DER BETTLER, DAS • 1921
ROTE SCHATTEN, DER • 1921

ATTENBERGER TONY see **ATTENBERGER TONI**

ATTENBOROUGH RICHARD – Actor – UKN – 1923–
OH! WHAT A LOVELY WAR • 1969
YOUNG WINSTON • 1972
BRIDGE TOO FAR, A • 1977
MAGIC • 1978
GANDHI • 1982
CHORUS LINE, A • 1985
CRY FREEDOM • ASKING FOR TROUBLE • 1987

ATTIA KAMAL see **ATIA KAMAL**

ATTIAS DANIEL – USA
SILVER BULLET • STEPHEN KING'S SILVER BULLET • 1985

AU TONY see **OU DINGPING**

AU YANG CHUN – HKG
PRODIGAL BOXER • 1980

AUBERT JEAN-PAUL – FRN
ERIN EREINTEE • 1970 • SHT

AUBIER PASCAL – FRN – 1943–
DORMEUR, LE • SHT
MORT DU RAT, LA • SHT
VALPARAISO.. VALPARAISO! • 1971
SOLDAT ET LES TROIS SOEURS, LE • 1973 • SHT
CHANT DU DEPART, LE • 1975
MIRAGES • 1975

AUBIN PATRICK see **ROY JEAN-CLAUDE**

AUBLANC JEAN-JACQUES – FRN – 1950–
MATIN ROUGE, UN • 1982
MAITRES DU SOLEIL, LES • 1983

AUBREE PATRICK – FRN
CERTAINS L'APPELLENT FRANCOIS... • DOC

AUBREY JIMMY – USA
MESSENGER, THE • 1921

AUBRY FRANCOIS – Animator – CND
NOCTURNES • 1988 • ANS

AUCION GUILLAUME MARTIN – USA
OH! CALCUTTA! • 1972

AUDIARD MICHEL – FRN – 1920–1985
MARCHE, LA • 1951
FAUT PAS PRENDRE LES ENFANTS DU BON DIEU POUR DES CANARDS SAUVAGES • OPERATION LEONTINE (USA) ○ LEONTINE (UKN) • 1968
ELLE BOIT PAS, ELLE FUME PAS, ELLE DRAGUE PAS, MAIS.. ELLE CAUSE! • 1969
VEUVE EN OR, UNE • VEDOVA TUTTA D'ORO, UNA (ITL) • 1969
CRI DU CORMORAN LE SOIR AU-DESSUS DES JONGES, LE • PAUME, LE • 1970
DRAPEAU NOIR FLOTTE SUR LA MARMITE, LE • 1971
ELLE CAUSE PLUS.. ELLE FLINGUE • ROSAMUNDA NON PARLA.. SPARA (ITL) • 1972
VIVE LA FRANCE! • 1973 • DOC
BONS BAISERS A LUNDI • 1974
COMMENT REUSSIR DANS LA VIE QUAND ON EST CON ET PLEURNICHARD • COMMENT REUSSIR QUAND ON EST CON ET PLEURNICHARD • 1974

AUDLEY MICHAEL – USA
ALL-STAR BOND RALLY • 1945
ACCUSED • MARK OF THE HAWK (USA) • 1957

AUDRY JACQUELINE – FRN – 1908–1977
CHEVAUX DE VERCORS, LES • HORSES OF THE VERCORS, THE • 1943
MALHEURS DE SOPHIE, LES • 1945
GIGI • 1948
SOMBRE DIMANCHE • CHANSON QUI TUE, LA ○ GLOOMY SUNDAY • 1948
MINNE L'INGENUE LIBERTINE • MINNE (USA) ○ INGENUE LIBERTINE, L' • 1950
OLIVIA • PIT OF LONELINESS (USA) ○ STRANGE CONDUCT • 1950
CARAQUE BLONDE, LA • 1952
HUIS-CLOS • VICIOUS CIRCLE ○ NO EXIT • 1954
GARCONNE, LA • BACHELOR GIRL • 1956
MITSOU • MITSOU OU COMMENT L'ESPRIT VIENT AUX FILLES • 1956
C'EST LA FAUTE D'ADAM • IT'S ALL ADAM'S FAULT ○ IT'S ADAM'S FAULT • 1957
ECOLE DES COCOTTES, L' • SCHOOL FOR STRUMPETS • 1957
SECRET DU CHEVALIER D'EON, LE • STORIE D'AMORE PROIBITE (ITL) ○ CAVALIERE E LA CZARINA, IL ○ SECRET OF THE CHEVALIER D'EON, THE • 1960
CADAVRES EN VACANCES • CORPSES ON HOLIDAY • 1961
PETITS MATINS, LES • EARLY MORNINGS ○ GIRL ON THE ROAD • 1961
FRUITS AMERS • FRUTTI AMARI (ITL) ○ BITTER FRUIT ○ SOLEDAD • 1967
LIS DE MER, LE • SEA LILY, THE • 1970

AUDSLEY MICK – UKN
LOL COXHILL • 1973 • DCS

AUDY MICHEL – CND – 1947–
GELURE, LA • 1967
MAREE, LA • 1967
A FORCE D'HOMME • 1969 • DOC
JEAN-FRANCOIS XAVIER DE.. • 1970
PECHE TRES DOUCE • 1971 • DCS
CORPS ET AMES • 1972
TOCCATE ET FUGUE • 1973 • SHT
BECANCOUR, QUEBEC • 1974 • DCS
MAISON QUI EMPECHE DE VOIR LA VILLE, LA • 1974

AUER GABRIEL – HNG – 1936–
VACANCES ROYALES • 1980
YEUX DES OISEAUX, LES • EYES OF BIRDS, THE • 1982

AUER JOHN H. – HNG – 1906–1975
VIDA POR OTRA, UNA • 1932
SU ULTIMA CANCION • 1933
PERVERT, THE • 1934
REST IN PEACE • 1934
CRIME OF DR. CRESPI, THE • PREMATURE BURIAL, THE • 1935
FRANKIE AND JOHNNIE • 1935
CIRCUS GIRL • 1937
MAN BETRAYED, A • CITADEL OF CRIME (UKN) ○ WHEEL OF FORTUNE • 1937
RHYTHM IN THE CLOUDS • 1937
DESPERATE ADVENTURE, A • IT HAPPENED IN PARIS (UKN) • 1938
I STAND ACCUSED • 1938
INVISIBLE ENEMY • 1938
ORPHANS OF THE STREET • 1938
OUTSIDE OF PARADISE • 1938
CALLING ALL MARINES • 1939
FORGED PASSPORT • 1939
S.O.S. TIDAL WAVE • TIDAL WAVE (UKN) • 1939
SMUGGLED CARGO • 1939
HIT PARADE OF 1941, THE • 1940
THOU SHALT NOT KILL • 1940
WOMEN IN WAR • 1940
DEVIL PAYS OFF • 1941
JOHNNY DOUGHBOY • 1942
MOONLIGHT MASQUERADE • 1942
PARDON MY STRIPES • 1942
GANGWAY FOR TOMORROW • 1943
TAHITI HONEY • 1943
MUSIC IN MANHATTAN • 1944
SEVEN DAYS ASHORE • 1944
PAN-AMERICANA • 1945
BEAT THE BAND • 1947
FLAME, THE • 1947
ANGEL ON THE AMAZON • DRUMS ALONG THE AMAZON (UKN) • 1948
I, JANE DOE • DIARY OF A BRIDE (UKN) • 1948
AVENGERS, THE • 1950
HIT PARADE OF 1951 • SONG PARADE • 1950
CITY THAT NEVER SLEEPS, THE • 1953
THUNDERBIRDS • 1953
HELL'S HALF ACRE • 1954
ETERNAL SEA, THE • 1955
JOHNNY TROUBLE • 1957

AUGUST BILLE – DNM – 1948–
HONNING MANE • HONEYMOON ○ IN MY LIFE • 1978
ZAPPA • 1983
TWIST AND SHOUT • 1984
WORLD OF BUSTER, THE • BUSTER'S WORLD • 1984 • MTV
PELLE EROBREREN • PELLE THE CONQUEROR (USA) • 1987
GOOD INTENTION, THE • 1990

AUGUST EDWIN – USA – 1883–1965
SEA URCHIN, THE • 1913
STOLEN IDENTITY, A • 1913
THROUGH BARRIERS OF FIRE • 1913
TRAP, THE • 1913
PITFALLS • 1914
TRUST BEGETS TRUST • 1914
TWO-GUN MAN, THE • 1914
WITHERED HANDS • 1914
BONDWOMEN • 1915
EVIDENCE • 1915
LAW OF NATURE, THE • 1916 • SHT
PERILS OF DIVORCE • 1916
SOCIAL HIGHWAYMAN, THE • 1916
SUMMER GIRL, THE • 1916
YELLOW PASSPORT, THE • 1916
BADGE OF SHAME, THE • 1917
POISON PEN, THE • 1919

AUGUST HARRY – USA
SHOOT-OUT AT BEAVER FALLS • SHOWDOWN AT BEAVER FALLS • 1970

AUGUSTIN JACQUES – CND
DEUX POUCES EN HAUT DE LA CARTE • 1976 • DOC

AUGUSTUS BOB – USA
COUNTRY COMFORT • 1981
EROTIC RADIO WSEX • EROTIC RADIO WSSX • 1984

AUNG MYINT – BRM
A YAY TAW BON

AURE SIMON – GBN
OU VAS-TU KOUMBA • 1971

AURED CARLOS – SPN – 1937–
AURED CHARLES
ESPANTO SURGE DE LA TUMBA, EL • HORROR RISES FROM THE TOMB (USA) • 1972
FRIOS SENDEROS DEL CRIMEN, LOS • 1972
OJOS AZULES DE LA MUNECA ROTA, LOS • BLUE EYES OF THE BROKEN DOLL, THE ○ HOUSE OF PSYCHOTIC WOMEN, THE ○ HOUSE OF DOOM • 1973
RETORNO DE WALPURGIS, EL • BLACK HARVEST OF COUNTESS DRACULA, THE ○ CURSE OF THE DEVIL ○ RETURN OF WALPURGIS, THE • 1973
VENGANZA DE LA MOMIA, LA • MUMMY'S REVENGE, THE ○ VENGEANCE OF THE MUMMY • 1973
NOCHE DE LA FURIA, LA • 1974
SUSANA QUIERE PERDER ESO • 1977

AURED CHARLES see **AURED CARLOS**

AUREL J. see **AUREL JEAN**

AUREL JEAN – RMN – 1925–
AUREL J.
JOAN MIRO • 1948 • SHT
AFFAIRE MANET, L' • 1950 • SHT
VOYAGES EXTRAORDINAIRES DE JULES VERNE • EXTRAORDINARY VOYAGES OF JULES VERNE, THE • 1952 • ANS
BRIDE SUR LE COU, LA • A BRIGLIA SCIOLTA (ITL) ○ PLEASE, NOT NOW! (USA) • 1961
AMOUR A VINGT ANS, L' • HATACHI NO KOI (JPN) ○ AMORE A VENT'ANNI ○ LOVE AT TWENTY (USA) ○ MILOSC DWUDZIESTOLATKOW ○ LIEBE MIT ZWANZIG (FRG) • 1962
14-18 • OVER THERE 1914-1918 (USA) • 1962
BATAILLE DE FRANCE, LA • 1964 • DOC
DE L'AMOUR • CALDA PELLE, LA (ITL) ○ ALL ABOUT LOVING (UKN) ○ CONCERNING LOVE • 1964
LAMIEL • 1967
MANON 70 • HEMMUNGSLOSE MANON (FRG) • 1968
FEMMES, LES • WOMEN • 1969
ETES-VOUS FIANCEE A UN MARIN GREC OU A UN PILOTE DE LIGNE? • 1970
COMME UN POT DE FRAISES • 1974
STALINE • 1984

AURELIO GALINDO MARCO – MXC
GALINDO MARCO AURELIO
HOMBRE DE LA MASCARA DE HIERRO, EL • 1943
BODAS DE FUEGO • 1949

AURENCHE JEAN – FRN – 1904–
PHILIPPE SOUPAULT • DOC
BRACOS DE SOLOGNE • 1933 • SHT
PIRATES DU RHONE • 1933 • SHT

AURIVE JEAN CHARLES see **RIEGER AUGUST**

AUROCHA LUIS ERNESTO
SAMSON AND DELILAH • SHT

AURTHUR ROBERT ALAN – Writer – USA – 1922–1978
LOST MAN, THE • HOW MANY ROADS • 1969

AUSINO CARLO – ITL
IMPROVVISAMENTE UN GIORNO • 1974
CITTA DELL'ULTIMA PAURA, LA • 1975
TORINO VIOLENTA • 1977
BRIVIDO DI PIACERE, UN • 1978

AUSLENDER LELAND – USA
BIRTH OF APHRODITE, THE • 1971 • SHT

AUSTER SAM – USA
SCREEN TEST • 1986

AUSTIN ALBERT – USA
BUNGALOW TROUBLES • 1920 • SHT
ON A SUMMER'S DAY • 1920 • SHT
MY BOY • 1921
TROUBLE • 1922
PRINCE OF A KING, A • 1923
KEEP SMILING • 1925

AUSTIN CHRIS – SAF
AWAKE FROM MOURNING • 1981 • DOC

AUSTIN HAROLD – USA
PEARLS AND DEVIL-FISH • 1931
PISCATORIAL PLEASURES • 1931

AUSTIN-HUNT PETER – UKN
DARK MOVES • 1974 • SHT

AUSTIN MICHAEL – UKN
KILLING DAD • 1989

AUSTIN PHIL – USA
EAT OR BE EATEN • 1986

AUSTIN RAY – Writer/producer – UKN – 1932–
IT'S THE ONLY WAY TO GO • 1969 • SHT
SANDAL, THE • 1969
PERFUMED GARDEN, THE • 1970
VIRGIN WITCH • LESBIAN TWINS • 1970
FUN AND GAMES • 1971
HOUSE OF THE LIVING DEAD, THE • DOCTOR MANIAC ○ SKADUWEES OOR BRUGPLASS • 1973
JOURNEY THROUGH THE BLACK SUN • SPACE 1999: JOURNEY THROUGH THE BLACK SUN • 1975 • MTV
MAGNUM • 1982 • TVM
RETURN OF THE MAN FROM U.N.C.L.E. • RETURN OF THE MAN FROM U.N.C.L.E. (THE FIFTEEN YEARS LATER AFFAIR) • 1982 • TVM
TALES OF THE GOLD MONKEY • 1982 • TVM
ZANY ADVENTURES OF ROBIN HOOD, THE • 1984 • TVM
RETURN OF THE SIX-MILLION-DOLLAR MAN AND THE BIONIC WOMAN, THE • 1987 • TVM

AUTANT-LARA CLAUDE – FRN – 1903–
FAIT DIVERS • 1923 • SHT
CONSTRUIRE EN FEU • HOW TO START A FIRE • 1926
VITTEL • 1926 • DOC
BUSTER SE MARIE • 1931
FILS DU RAJAH, LE • 1931
PENTE, LA • 1931 • SHT
PUR SANG • 1931 • SHT
ATHLETE INCOMPLET, L' • ATHLETE MAIGRE LUI, L' ○ OLYMPIC 13 GAGNANT ○ LOVE IS A RACKET • 1932
CLIENT SERIEUX, UN • 1932
GENDARME EST SAN PITIE, LE • 1932
PLOMBIER AMOREUX, LE • 1932
CIBOULETTE • VALSE MIRACULEUSE, LA • 1933
INVITE MONSIEUR A DINER • 1933
MONSIEUR LE DUC • 1933
PEUR DES COUPS, LA • 1933
MY PARTNER MR. DAVIS • MYSTERIOUS MR. DAVIS, THE • 1936
AFFAIRE DU COURRIER DE LYON, L' • COURIER OF LYON, THE (USA) ○ AFFAIRE LESURQUES, L' ○ COURRIER DE LYON, LE • 1937
RUISSEAU, LE • 1938
FRIC-FRAC • 1939
MARIAGE DE CHIFFON, LE • 1941
LETTRES D'AMOUR • 1942
DOUCE • LOVE STORY • 1943
DIABLE AU CORPS, LE • DEVIL IN THE FLESH • 1946
SYLVIE ET LE FANTOME • SYLVIE AND THE PHANTOM (USA) ○ SYLVIA AND THE GHOST (UKN) • 1946
OCCUPE-TOI D'AMELIE • OCCUPATI D'AMELIA (ITL) ○ KEEP AN EYE ON AMELIA (UKN) ○ OH AMELIA (USA) ○ LOOK AFTER AMELIA • 1949
AUBERGE ROUGE, L' • RED INN, THE • 1950
SEPT PECHES CAPITAUX, LES • SETTE PECCATI CAPITALI, I (ITL) ○ SEVEN CAPITAL SINS, THE ○ SETTE PECCATI CAPITALI, I ○ SEVEN DEADLY SINS, THE ○ SEVEN DEADLY SINS ○ SEVEN CAPITAL SINS • 1951
BLE EN HERBE, LE • GAME OF LOVE, THE (USA) ○ RIPENING SEED, THE • 1953
BON DIEU SANS CONFESSION, LE • 1953
ROUGE ET LE NOIR, LE • UOMO E IL DIAVOLO, L' (ITL) ○ ROUGE ET NOIR (USA) ○ SCARLET AND BLACK • 1954
MARGUERITE DE LA NUIT • MARGHERITA DELLA NOTTE (ITL) ○ MARGUERITE OF THE NIGHT • 1955
TRAVERSEE DE PARIS, LA • PIG ACROSS PARIS (UKN) ○ FOUR BAGS FULL (USA) • 1956
EN CAS DE MALHEUR • RAGAZZA DEL PECCATO, LA (ITL) ○ LOVE IS MY PROFESSION (USA) • 1958
JOUEUR, LE • GAMBLER, THE • 1958
JUMENT VERTE, LA • GIUMENTA VERDE, LA (ITL) ○ GREEN MARE'S NEST, THE (UKN) ○ GREEN MARE, THE (USA) ○ BEDROOM VENDETTA • 1959
REGATES DE SAN FRANCISCO, LES • 1959
BOIS DES AMANTS, LE • BETWEEN LOVE AND DESIRE (UKN) ○ BETWEEN LOVE AND DUTY • 1960
COMTE DE MONTE-CRISTO, LE • STORY OF THE COUNT OF MONTE CRISTO, THE (USA) ○ CONTE DI MONTECRISTO, IL (ITL) ○ STORY OF MONTE CRISTO, THE ○ COUNT OF MONTE CRISTO, THE • 1961
TU NE TUERAS POINT • NON UCCIDERE (ITL) ○ THOU SHALT NOT KILL ○ NE UBIJ • 1961
VIVE HENRI IV, VIVE L'AMOUR • 1961
MEURTRIER, LE • OMICIDA, L' (ITL) ○ MORDER, DER (FRG) ○ ENOUGH ROPE (USA) ○ MURDERER, THE • 1962
MAGOT DE JOSEFA, LE • PILA DELLA PEPPA, LA (ITL) • 1963
JOURNAL D'UNE FEMME EN BLANC, LE • WOMAN IN WHITE, A (USA) • 1964
UMORISMO NERO • MUERTE VIAJA DEMASIADO, LA (SPN) ○ HUMORISMO NEGRO ○ BLACK HUMOR ○ HUMOUR NOIR ○ DEATH TRAVELS TOO MUCH • 1965
NOUVEAU JOURNAL D'UNE FEMME EN BLANC, LE • FEMME EN BLANC SE REVOLTE, UNE • 1966
PLUS VIEUX METIER DU MONDE, LE • AMORE ATTRAVERSO I SECOLO, L' (ITL) ○ AMOUR A TRAVERS LES AGES, L' ○ ALTESTE GEWERBE DER WELT, DAS ○ LOVE THROUGH THE CENTURIES ○ OLDEST PROFESSION IN THE WORLD, THE ○ OLDEST PROFESSION, THE (USA) • 1967
FRANCISCAIN DE BOURGES, LE • 1968
PATATES, LES • 1969
ROUGE ET LE BLANC, LE • 1971
LUCIEN LEUWEN • 1973 • MTV
GLORIA • 1977

AUTISSIER ANNE-MARIE – FRN – 1950–
VOYAGE EN CAPITAL • 1977 • DOC
LARMES DE SANG • 1979 • DOC

AUZ VICTOR – SPN – 1935–
CODO CON CODO • HAND IN HAND • 1967

AUZINS IGOR – ASL
BIG BACKYARD, THE • 1976 • SHT
STOPOVER • 1976 • MTV
ALL AT SEA • 1977 • MTV
HIGH ROLLING • HIGH ROLLING IN A HOT CORVETTE • 1977
UPSTREAM DOWNSTREAM • 1977 • SHT
NIGHT NURSE • 1978 • MTV
IT'S MY LIFE TO LIVE • 1980 • MTV
WATER UNDER THE BRIDGE • 1980
WE OF THE NEVER NEVER • 1982
GOLD AND THE GLORY, THE • COOLANGATTA GOLD, THE • 1989

AVAKIAN ARAM – USA – 1926–
LAD: A DOG • 1962
END OF THE ROAD • 1970
COPS AND ROBBERS • 1973
11 HARROWHOUSE • ANYTHING FOR LOVE • 1974

AVALLONE MARCELLO – ITL
ALTRA FACCIA DEL PECCATO, L' • QUEER.. THE EROTIC, THE (UKN) • 1969
GIOCO PER EVELINE, UN • 1971
CUGINE MIE • 1978
SPETTRI • SPECTERS (USA) ○ SPECTRES • 1987

AVALON PHILLIP – Actor/producer – ASL – 1945–
SPYDA MAN • 1976 • SHT
HIGH RIDE • 1982 • DOC

AVANESSIAN ARBI – IRN
TCHESHMEH • SPRING, THE • 1972

AVATI PUPI – ITL – 1938–
BALSAMUS L'UOMO DI SANTANA • BLOOD RELATIONS (USA) • 1970
THOMAS E.. GLI INDEMONATI • THOMAS AND.. THE BEWITCHED • 1970
MAZURKA DEL BARONE, DELLA SANTA E DEL FICO FIORONE • 1975
BORDELLA • 1976
CASA DALLE FINESTRE CHE RIDONO, LA • 1976
TUTTI DEFUNTI.. TRANNE I MORTI • 1977
JAZZ BAND • 1978
CINEMA • 1979 • MTV
STRELLE NEL FOSSO, LE • 1979
AIUTAMI A SOGNARE • HELP ME DREAM (USA) • 1980
DANCING PARADISE • 1982
ZEDER • ZEDER: VOICES FROM DARKNESS ○ REVENGE OF THE DEAD • 1983
GITA SCOLASTICA, UNA • SCHOOL OUTING, A • 1984
LEDA, GIUSEPPE E AMEDEO • 1984
FESTA DI LAUREA • GRADUATION PARTY • 1985
REGALO DI NATALE • CHRISTMAS PRESENT • 1987
SPOSI • MARRIAGES • 1988
STORIA DI RAGAZZI E DI RAGAZZE • STORY OF BOYS AND GIRLS (UKN) • 1989

AVDELIODIS DIMOS – GRC
DENDRO POU PLIGONAME, TO • TREE WE DAMAGED, THE • 1987

AVEDIS HIKMET see **AVEDIS HOWARD**

AVEDIS HOWARD – USA
AVEDIS HIKMET
IMPULSION 7 • 1971
STEPMOTHER, THE • 1972
TEACHER, THE • SEDUCTRESS, THE • 1974
DR. MINX • 1975
SPECIALIST, THE • 1975
SCORCHY • 1976
TEXAS DETOUR • 1978
FIFTH FLOOR, THE • 1980
SEPARATE WAYS • VALENTINE • 1981
THEY'RE PLAYING WITH FIRE • PLAYING WITH FIRE • 1983
MORTUARY • EMBALMED • 1984
KIDNAPPED • 1987

AVELLANA LAMBERTO V. – PHL
BADJAO • 1957
CRY FREEDOM • 1959
DESTINATION VIETNAM • 1968
KUMANDER DIMAS • COMMANDER DIMAS • 1968

AVELLANEDA MARIA HERMINIA – ARG
JUGUEMOS EN EL MUNDO • LET'S PLAY IN THE WORLD • 1972

AVERBACH ILYA – USS
AVERBAKH ILYA • AVERBAKH I.
STEPIEN RISKA • DEGREE OF RISK ○ RISK, THE ○ STEPEN RISKA • 1969
DRAMA IZ STARINNOI ZHIZNI • DRAMA OF FORMER TIMES, A ○ DRAMA FROM OLDEN TIMES • 1971
MONOLOG • MONOLOGUE • 1972
CIUJYE PISMA • STRANGE LETTERS ○ OTHER PEOPLE'S LETTERS • 1976
ZAYAVLYENIYE O LYUBVI • DECLARATION OF LOVE • 1979

AVERBACH M. see **AVERBACH MIKHAIL**

AVERBACH MIKHAIL – USS
AVERBACH M.
V BOLSHOI GORODE • IN THE BIG CITY • 1927
TSENA CHELOVEKA • PRICE OF MAN, THE ○ VALUE OF MAN ○ MAN'S VALUE ○ LESSON, THE • 1928

AVERBACK HY – USA – 1925–
CHAMBER OF HORRORS • 1966
I LOVE YOU, ALICE B. TOKLAS! • 1968
WHERE WERE YOU WHEN THE LIGHTS WENT OUT? • 1968
GREAT BANK ROBBERY, THE • 1969
SUPPOSE THEY GAVE A WAR AND NOBODY CAME? • WAR GAMES ○ OLD SOLDIERS NEVER • 1970
RICHIE BROCKELMAN: MISSING 24 HOURS • 1976 • TVM
ADVENTURES OF FREDDIE • MAGNIFICENT MAGICAL MAGNET OF SANTA MESA • 1977
LOVE BOAT II • 1977 • TVM
GUIDE FOR THE MARRIED WOMAN, A • 1978 • TVM
NEW MAVERICK, THE • 1978 • TVM
NIGHT RIDER, THE • 1979 • TVM
GIRL, THE GOLD WATCH & DYNAMITE, THE • 1981 • TVM
SHE'S IN THE ARMY NOW • 1981 • TVM
WHERE THE BOYS ARE '84 • 1984
LAST PRECINCT, THE • 1986 • TVM

AVERBAKH I. see **AVERBACH ILYA**

AVERBAKH ILYA see **AVERBACH ILYA**

AVERTY JEAN-CHRISTOPHE – FRN – 1928–
VASARELY
SURMALE, LE • 1979 • TVM

AVERY CHARLES – USA – 1873–
ACROSS THE ALLEY • 1913
BILLY DODGES BILL • 1913
WILLIE MINDS THE DOG • 1913
ACROSS THE HALL • 1914
GREAT TOE MYSTERY, THE • 1914
HER LAST CHANCE • 1914
HIS SECOND CHILDHOOD • 1914
HOGAN'S ANNUAL SPREE • 1914
LOVE AND SALT WATER • 1914
ROW BOAT ROMANCE • 1914
BEAUTY BUNGLERS, THE • 1915
GUSSLE TIED TO TROUBLE • 1915
GUSSLE'S BACKWARD WAY • 1915
GUSSLE'S WAYWARD PATH • 1915
HOGAN OUT WEST • 1915
HOGAN, THE PORTER • 1915
HOGAN'S ARISTOCRATIC DREAM • 1915
HOGAN'S MUSSY JOB • 1915
HOGAN'S ROMANCE UPSET • 1915
HOGAN'S WILD OATS • 1915
LOVER'S LOST CONTROL, A • 1915
MERELY A MARRIED MAN • 1915
RUM AND WALL PAPER • 1915
SUBMARINE PILOT, A • SUBMARINE PIRATE, A • 1915
THEIR SOCIAL SPLASH • 1915
HIS LAST SCENT • 1916
HIS LYING HEART • 1916 • SHT
MODERN ENOCH EDEN, A • 1916 • SHT
HERO'S FALL, A • 1917
INTERRUPTED HONEYMOON, AN • 1917
GOOD ELK, A • 1918
HER BOHEMIAN PARTY • 1918
KAISER WAS THERE, A • 1918 • SHT

AVERY DWAYNE – USA
WEEKEND LOVER • WEEKEND LOVERS • 1969
HOT, FAST AND LOOSE • BOOBY TRAP • 1973

AVERY FRED see **AVERY TEX**

AVERY TEX – Animator – USA – 1907–1980
AVERY FRED
ELMER THE GREAT DANE • 1935 • ANS
BLOW-OUT, THE • 1936 • ANS
DON'T LOOK NOW • 1936 • ANS
GOLDDIGGERS OF '49 • 1936 • ANS
I LOVE TO SINGA • 1936 • ANS
I'D LOVE TO TAKE ORDERS FROM YOU • 1936 • ANS
MILK AND MONEY • 1936 • ANS
PAGE MISS GLORY • 1936 • ANS
PLANE DIPPY • 1936 • ANS
PORKY THE RAINMAKER • 1936 • ANS
VILLAGE SMITHY, THE • 1936 • ANS
AIN'T WE GOT FUN • 1937 • ANS
EGGHEAD RIDES AGAIN • 1937 • ANS
I ONLY HAVE EYES FOR YOU • 1937 • ANS
I WANNA BE A SAILOR • 1937 • ANS
LITTLE RED WALKING HOOD • 1937 • ANS
PICADOR PORKY • 1937 • ANS
PORKY THE WRESTLER • 1937 • ANS
PORKY'S DUCK HUNT • 1937 • ANS
PORKY'S GARDEN • 1937 • ANS
SUNBONNET BLUE, A • 1937 • ANS
UNCLE TOM'S BUNGALOW • 1937 • ANS
CINDERELLA MEETS FELLA • 1938 • ANS
DAFFY DUCK AND EGGHEAD • 1938 • ANS
DAFFY DUCK IN HOLLYWOOD • 1938 • ANS
FEUD THERE WAS, A • 1938 • ANS
ISLE OF PINGO PONGO, THE • 1938 • ANS
JOHNNY SMITH AND POKER HUNTAS • 1938 • ANS
MICE WILL PLAY • 1938 • ANS
PENGUIN PARADE • 1938 • ANS
SNEEZING WEASEL • 1938 • ANS
BELIEVE IT OR ELSE • 1939 • ANS
DANGEROUS DAN MCFOO • 1939 • ANS
DAY AT THE ZOO, A • 1939 • ANS

DETOURING AMERICA • 1939 • ANS
FRESH FISH • 1939 • ANS
HAMATEUR NIGHT • 1939 • ANS
LAND OF THE MIDNIGHT FUN • 1939 • ANS
SCREWBALL FOOTBALL • 1939 • ANS
THUGS WITH DIRTY MUGS • 1939 • ANS
BEAR'S TALE, THE • 1940 • ANS
CEILING HERO • 1940 • ANS
CIRCUS TODAY • 1940 • ANS
CROSS COUNTRY DETOURS • 1940 • ANS
EARLY WORM GETS THE BIRD, THE • 1940 • ANS
GANDER AT MOTHER GOOSE, A • 1940 • ANS
HOLIDAY HIGHLIGHTS • 1940 • ANS
OF FOX AND HOUNDS • 1940 • ANS
WACKY WILDLIFE • 1940 • ANS
WILD HARE, A • 1940 • ANS
ALL THIS AND RABBIT STEW • 1941 • ANS
AVIATION VACATION • 1941 • ANS
BUG PARADE, THE • 1941 • ANS
CAGEY CANARY, THE • 1941 • ANS
CRACKPOT QUAIL, THE • 1941 • ANS
HAUNTED MOUSE, THE • 1941 • ANS
HECKLING HARE, THE • 1941 • ANS
HOLLYWOOD STEPS OUT • 1941 • ANS
PORKY'S PREVIEW • 1941 • ANS
TORTOISE BEATS HARE • 1941 • ANS
ALOHA HOOEY • 1942 • ANS
BLITZ WOLF, THE • 1942 • ANS
CRAZY CRUISE • 1942 • ANS
EARLY BIRD DOOD IT, THE • 1942 • ANS
DUMB HOUNDED • 1943 • ANS
ONE HAM'S FAMILY • 1943 • ANS
RED HOT RIDING HOOD • 1943 • ANS
WHAT'S BUZZIN' BUZZARD • 1943 • ANS
WHO KILLED WHO? • 1943 • ANS
BATTY BASEBALL • 1944 • ANS
BIG HEEL WATHA • 1944 • ANS
HAPPY-GO-NUTTY • 1944 • ANS
SCREWBALL SQUIRREL • 1944 • ANS
SCREWY SQUIRREL • 1944-45 • ASS
JERKY TURKEY • 1945 • ANS
SCREWY TRUANT • 1945 • ANS
SHOOTING OF DAN MCGOO • 1945 • ANS
SWING SHIFT CINDERELLA • 1945 • ANS
WILD AND WOLFY • 1945 • ANS
HENPECKED HOBOES • 1946 • ANS
HICK CHICK, THE • 1946 • ANS
LONESOME LENNY • 1946 • ANS
NORTHWEST HOUNDED POLICE • 1946 • ANS
HOUND HUNTERS • 1947 • ANS
KING-SIZE CANARY • 1947 • ANS
RED HOT RANGERS • 1947 • ANS
SLAP HAPPY LION • 1947 • ANS
UNCLE TOM'S CABANA • 1947 • ANS
CAT THAT HATED PEOPLE, THE • 1948 • ANS
HALF-PINT PIGMY • GEORGE AND JUNIOR • 1948 • ANS
LITTLE TINKER • 1948 • ANS
LUCKY DUCKY • 1948 • ANS
WHAT PRICE FLEADOM • 1948 • ANS
BAD LUCK BLACKIE • 1949 • ANS
COUNTERFEIT CAT • 1949 • ANS
DOGGONE TIRED • 1949 • ANS
HOUSE OF TOMORROW, THE • 1949 • ANS
LITTLE RURAL RIDING HOOD • 1949 • ANS
OUT-FOXED • 1949 • ANS
SENOR DROOPY • 1949 • ANS
WAGS TO RICHES • 1949 • ANS
CHUMP CHAMP, THE • 1950 • ANS
CUCKOO CLOCK, THE • 1950 • ANS
GARDEN GOPHER • 1950 • ANS
PEACHY COBBLER, THE • 1950 • ANS
VENTRILOQUIST CAT • 1950 • ANS
CAR OF TOMORROW • 1951 • ANS
COCKADOODLE DOG • 1951 • ANS
DAREDEVIL DROOPY • 1951 • ANS
DROOPY'S DOUBLE TROUBLE • 1951 • ANS
DROOPY'S GOOD DEED • 1951 • ANS
SYMPHONY IN SLANG • 1951 • ANS
MAGICAL MAESTRO • 1952 • ANS
ONE CAB'S FAMILY • 1952 • ANS
ROCK-A-BYE BEAR • 1952 • ANS
LITTLE JOHNNY JET • 1953 • ANS
T.V. OF TOMORROW • 1953 • ANS
THREE LITTLE PUPS • 1953 • ANS
BILLY BOY • 1954 • ANS
DIXIELAND DROOPY • 1954 • ANS
DRAG-ALONG DROOPY • 1954 • ANS
FARM OF TOMORROW • 1954 • ANS
FLEA CIRCUS, THE • 1954 • ANS
HOMESTEADER DROOPY • 1954 • ANS
I'M COLD • SOME LIKE IT HOT ○ CHILLY WILLY • 1954 • ANS
CELLBOUND • 1955 • ANS
CRAZY MIXED-UP PUP • 1955 • ANS
DEPUTY DROOPY • 1955 • ANS
FIELD AND SCREAM • 1955 • ANS
FIRST BAD MAN, THE • 1955 • ANS
LEGEND OF ROCKABYE POINT, THE • ROCKABYE LEGEND • 1955 • ANS
SH-H-H-H-H • 1955 • ANS
MILLIONAIRE DROOPY • 1956 • ANS
CAT'S MEOW • 1957 • ANS
POLAR PESTS • 1958 • ANS

AVIDAN DAVID – ISR

SPLITTTTTTT • SHT

AVILA – USA

KRIK? KRAK! TALES OF A NIGHTMARE • 1988

AVILDSEN JOHN see **AVILDSEN JOHN G.**

AVILDSEN JOHN G. – USA – 1936–

AVILDSEN JOHN

SMILES • 1964 • SHT
LIGHT, SOUND, DIFFUSE • 1967 • SHT
O.K. BILL • OKAY BILL • 1968
SWEET DREAMS • 1969
TURN ON TO LOVE • 1969
GUESS WHAT WE LEARNED IN SCHOOL TODAY? • I AIN'T NO BUFFALO ○ GUESS WHAT!?! • 1970
JOE • GAP, THE • 1970
CRY UNCLE • SUPER DICK (UKN) ○ AMERICAN ODDBALLS • 1971
STOOLIE, THE • ROGER THE STOOLIE • 1972
SAVE THE TIGER • 1973
FOREPLAY • PRESIDENT'S WOMEN, THE • 1975
W.W. AND THE DIXIE DANCEKINGS • 1975
ROCKY • 1976
SLOW DANCING IN THE BIG CITY • 1978
FORMULA, THE • 1980
NEIGHBORS • 1981
NIGHT IN HEAVEN, A • HEAVEN • 1983
KARATE KID, THE • 1984
KARATE KID II, THE • 1986
HAPPY NEW YEAR • 1987
FOR KEEPS • MAYBE BABY • 1988
GUARDIAN ANGELS • 1988
LEAN ON ME • 1988
KARATE KID III, THE • 1989
ROCKY V: THE FINAL BELL • 1990

AVILDSEN TOM – USA

THINGS ARE TOUGH ALL OVER • CHEECH AND CHONG: THINGS ARE TOUGH ALL OVER • 1982

AVNET JON – USA

BETWEEN TWO WOMEN • 1986 • TVM

AVRAMEAS NIKOS – GRC

AVRAMEUS NIKOS

OUDIS ANAMARTITOS • NONE WITHOUT SIN ○ SINNERS • 1967
PIREAS ORA 7.30 • PIRAEUS 7.30 A.M. • 1967
LAURA • 1968
MINE KONTA MOU, AGAPIMENE • WE MUST NOT PART, MY DARLING ○ STAY NEAR ME DARLING • 1968
THIRORINA, I • DOOR-WOMAN, THE • 1968

AVRAMEUS NIKOS see **AVRAMEAS NIKOS**

AVRECH ROBERT J. – USA

BLOOD BRIDE • 1980

AVRIL PHILIPPE – FRN – 1954–

ESTRABURGO DE CHILE • 1980 • DOC

AW TIDIANE – SNL

SERIGNE HASSANE • 1972
BRACELET DE BRONZE, LE • 1974
CERTIFICAT, LE • 1979

AWAD ADEL – EGY

BELOW ZERO • 1989
SCORPION, THE • 1989

AWAD ROBERT – CND

TRUCK • 1975
AFFAIRE BRONSWIK, L' • 1978 • SHT

AWF SAMIR – EGY – 1942–

QAHIR 1830, AL- • CAIRE 1830, LE • 1969 • SHT
PHILAE • 1970 • SHT
MUSAFIRUN'ILA AL-JANUB, MUSAFIRUN' ILA ASH-SHAMAL • VOYAGEUR VERS LE NORD, VOYAGEUR VERS LE SUD • 1972 • SHT

AXEL GABRIEL – DNM – 1918–

ALTID BALLADE • 1955
KVINDE ER OVERFLODIG, EN • 1956
GULD OG GRLONNE SKOVE • GOLDEN MOUNTAINS • 1957
GIRLS ARE WILLING, THE • 1959
HELLE FOR HELENE • 1959
TOSSEDE PARADIS, DET • CRAZY PARADISE • 1962
RODA KAPPAN, DEN • RODE KAPPE, DEN (DNM) ○ HAGBARD AND SIGNE (USA) ○ RED MANTLE, THE ○ RAUTHA SKIKKJAN • 1967
KAERE LEGETOJ, DET • DANISH BLUE (UKN) ○ POPULAR TOY, THE • 1968
AMOUR • 1970
MED KAERLIG HILSEN • LOVE ME DARLING (UKN) ○ WITH LOVE AND KISSES • 1971
AUTONUMMER -SEX AUF RADERN, DIE • 1972
FAMILIEN GYLDENKAL • 1975
FAMILIEN GYLDENKAL SPRAENGER BANKEN • 1976
ALT PA ET BRAEDT • 1977
BABETTES GAESTEBUD • BABETTE'S FEAST (UKN) • 1987
CHRISTIAN • 1989
MARTIN • 1989

AXELMAN TORBJORN – SWD – 1932–

OJ OJ OJ.. • ELLER SANGEN OM DEN ELDRODA HUMMERN ○ OH DEAR, OH DEAR, OH DEAR ○ OJOJOJ, ELLER SANGEN OM DEN ELDRODA HUMMERN ○ POP ○ WELL.. WELL.. ○ SONG OF THE RED LOBSTER, THE • 1966
HET SNO • HOT SNOW • 1968
LEJONSOMMAR • SUMMER OF THE LION ○ VIBRATION • 1968
KAMELEONTERNA • CHAMELEONS, THE • 1970
SMOKE • 1971
MA VART HUS FORSKONASFRAN TIGRAR • HOUSE SAFE FOR TIGERS, A • 1973
SOMMARENS TROMPET • SUMMER TRUMPET, A • 1975
FLYGNIVA 450 • FLIGHT LEVEL 450 • 1980

AXELROD GEORGE – Screenwriter – USA – 1922–

LORD LOVE A DUCK • 1966
SECRET LIFE OF AN AMERICAN WIFE, THE • 1968

AXELROD NATHAN – ISR

YERAHMIEL THE SHLEMIEL • 1926
ODED HANODED • 1933
ME'AL HEKHORAVOT • 1936

AXENCHUK I. see **AKSENCHUK IVAN**

AYALA FERNANDO – ARG – 1920–

de AYALA FERNANDO

TRANSANDINO DEL NORTE, EL • 1948 • DOC
VUELO 300 • 1953 • DOC
AYER FUE PRIMAVERA • 1954
TALLOS AMARGOS, LOS • 1957
VIUDA DIFICIL, UNA • 1957
JEFE, EL • CHIEF, THE ○ BOSS, THE • 1958
CANDIDATO, EL • 1959
SABADO A LA NOCHE CINE • 1960
NOCHE EN EL ESPEJO, LA • NIGHT IN THE MIRROR, THE • 1962
PAULA CAUTIVA • 1963
PRIMERO YO • 1963
CON GUSTO A RABIA • 1964
INDUSTRIA DEL MATRIMONIO, LA • 1964
CUANDO LOS HOMBRES HABLAN DE MUJERES • WHEN MEN DISCUSS WOMEN • 1967
ARGENTINA HASTA LA MUERTE • 1968
EN MI CASA MANDO YO • IN MY HOUSE I'M BOSS • 1968
FIACA, LA • 1969
ARGENTINISIMA • 1972
ARGENTINO HASTA LA MUERTE • ARGENTINIAN TILL I DIE • 1972
GRAN RUTA, LA • GREAT HIGHWAY, THE • 1972
TRIANGULO DE CUATRO • FOUR-SIDED TRIANGLE • 1975
MEDICOS, LOS • DOCTORS, THE • 1978
DESDE EL ABISMO • FROM THE DEPTHS • 1980
MAMA DE NIEBLA • MOTHER MIST • 1980
ARREGLO, EL • ARRANGEMENT, THE • 1982
PLATA DULCE • EASY MONEY ○ SWEET CASH • 1982
PASAJEROS DE UNA PESADILLA • NIGHTMARE PASSENGERS • 1984
SOBREDOSIS • OVERDOSE • 1986

de AYALA FERNANDO see **AYALA FERNANDO**

AYARI KEYANOOSH see **AYYARI KIANOUSH**

AYCA ENGIN – TRK

BEZ BEBEK • RAG DOLL • 1987

AYKANAT ORHAN – TRK

HAYAT ACILARI • PAINS OF LIFE • 1967
KORKUNC MUCADELE • FRIGHTENING CONFLICT, THE • 1967

AYLOTT D. see **AYLOTT DAVE**

AYLOTT DAVE – UKN – 1885–

AYLOTT D.

MAD DOG, THE • 1906
PIRATES OF REGENTS CANAL, THE • 1906
GIDDY GOATS, THE • 1907
SUNDAY'S DINNER • 1907
UNDER THE MISTLETOE • 1907
BILLY'S BUGLE • 1908
DASH FOR LIBERTY, A • 1908
DICK THE KISSER • 1908
DOG'S DEVOTION, THE • 1908
FOR HIS CHILD'S SAKE • 1908
INVISIBLE BOY, THE • 1908
JESSICA'S FIRST PRAYER • 1908
MY SON THE CURATE • 1908
OFFICE BOY'S DREAM, THE • 1908
ONLY A DART • 1908
PADDY'S WAY OF DOING IT • 1908
PIRATE SHIP, THE • 1908
PUT ME AMONG THE GIRLS • 1908
SKIRL OF THE PIBROCH, THE • 1908
TRICKY CONVICT: OR, THE MAGIC CAP • 1908
WANTED, A NICE YOUNG MAN • 1908
AND THEN HE WOKE UP • 1909
BOY AND THE CONVICT, THE • 1909
COPPING THE COPPERS • 1909
DIVER-SIONS • DIVER'S DIVERSIONS • 1909
FOR HER SAKE • 1909
GINGERBREAD • 1909
HYPNOTIC SUGGESTION • 1909
MUGGINS V.C. • 1909
SCOUTS TO THE RESCUE • 1909
SCRATCH AS SCRATCH CAN • 1909
SORRY, CAN'T STOP • 1909
SQUARING THE ACCOUNT • 1909
TWO NAUGHTY BOYS • 1909
UNWELCOME CHAPERONE, THE • 1909
WANDERER'S RETURN: OR, MANY YEARS AFTER, THE • 1909
WAS IT A SERPENT'S BITE? • 1909
WHAT THE ANGLER CAUGHT • 1909
YOUNG REDSKINS, THE • 1909
AS PRESCRIBED BY THE DOCTOR • 1910
AT THE MERCY OF THE TIDE • 1910
BOLT FROM THE BLUE, A • 1910
BUNKER'S PATENT BELLOWS • 1910
COMRADES: OR, TWO LADS AND A LASS • 1910
DEVOTED APE, THE • 1910
ERRATIC POWER • 1910
FROM GIPSY HANDS • 1910
GAMEKEEPER'S DAUGHTER, THE • 1910
HINDOO'S TREACHERY, THE • 1910
HOW SCROGGINS FOUND THE COMET • 1910
LAST OF THE DANDY, THE • 1910
MARRIAGE OF MUGGINS V.C. AND A FURTHER EXPLOIT, THE • 1910
MISTAKEN IDENTITY • 1910
MODERN GEORGE WASHINGTON, A • 1910
MR. TUBBY'S TRIUMPH • 1910
PRISON REFORM • 1910
RACE FOR A BRIDE, A • 1910
RARE SPECIMEN, A • 1910
THRILLING STORY, A • 1910
'TWIXT RED MAN AND WHITE • 1910
VICE VERSA • 1910
WHAT HAPPENED TO BROWN • 1910
ADVENTURES OF LIEUTENANT DARING RN -IN A SOUTH AMERICAN PORT, THE • 1911
AUNTIE'S PARROT • 1911
BERTIE'S BID FOR BLISS • 1911
BILLY'S BIBLE • 1911
CHARLEY SMILER COMPETES IN A CYCLE RACE • 1911
CHARLEY SMILER IS ROBBED • CHARLEY SMILER LOSES HIS WATCH (USA) • 1911
CHARLEY SMILER JOINS THE BOY SCOUTS • 1911
CHARLEY SMILER TAKES UP JU-JITSU • 1911
CHARLIE SMILER TAKES BRAIN FOOD • 1911
GOOD NEWS FOR JONES • 1911
KING'S PARDON, THE • 1911
LIEUTENANT DARING R.N. AND THE SECRET SERVICE AGENTS • LIEUT. DARING R.N. SAVES H.M.S. MEDINA • 1911
LIMIT FIRE BRIGADE, THE • 1911
MEN WERE DECEIVERS EVER • 1911
PIRATES OF 1920, THE • PIRATES OF 19.., THE • 1911
POISON LABEL, THE • 1911
RUN TO EARTH BY BOY SCOUTS • 1911
SCROGGINS AND THE FLY PEST • 1911
SCROGGINS AND THE WALTZ DREAM • 1911
SCROGGINS GETS THE SOCIALIST CRAZE • 1911
SCROGGINS TAKES THE CENSUS • 1911
SHE WOULD TALK • 1911
SOLDIER'S SWEETHEART, A • 1911
SPRING CLEANING IN THE HOUSE OF SCROGGINS • 1911
SPY FEVER • 1911
THAT TERRIBLE PEST • 1911
TYPIST'S REVENGE, THE • 1911
WELL DONE, SCOUTS! • 1911
ADHESION • 1912
BAGGED • 1912
BILLY BUNGLER THE SILENT BURGLAR • 1912
BROKEN FAITH • 1912
CAPTAIN CUFF'S NEIGHBOURS • 1912
CAPTAIN DANDY, BUSHRANGER • 1912

CAUGHT • 1912
CHARLIE SMILER ASKS PAPA • 1912
CHARLIE SMILER AT THE PICNIC • 1912
CHARLIE SMILER CATCHES A TARTAR • 1912
CHARLIE SMILER'S LOVE AFFAIR • 1912
HENPECK'S DOUBLE • 1912
HONOUR AMONG THIEVES • 1912
HOW SMILER RAISED THE WIND • 1912
LIEUTENANT DARING AND THE SHIP'S MASCOT • 1912
LIEUTENANT DARING AVENGES THE INSULT TO THE UNION JACK • 1912
MINER'S MASCOT, THE • 1912
MUCH ADO ABOUT -!! • 1912
MUGGINS V.C. –THE DEFENCE OF KHUMA HOSPITAL, INDIA • 1912
MYSTIC RING, THE • 1912
PAUL SLEUTH –THE MYSTERY OF THE ASTORIAN CROWN PRINCE • 1912
PAUL SLEUTH CRIME INVESTIGATOR: THE BURGLARY SYNDICATE • 1912
PRIVATE HECTOR, GENTLEMAN • 1912
RAJAH'S REVENGE, THE • 1912
SANDY'S NEW KILT • 1912
SHOCK–ING COMPLAINT, A • 1912
SOLD, A "BEAR" FACT • 1912
SON OF MARS, A • 1912
SPY MANIA, THE • 1912
TOOTLES BUYS A GUN • 1912
UNCLE'S PRESENT • 1912
WHAT'S THE JOKE? • 1912
WHEN FATHER FETCHED THE DOCTOR • 1912
WHEN IT COMES OFF • 1912
WOMAN'S PRIVILEGE IN LEAP YEAR • 1912
WOOING OF WIDOW WILKINS, THE • 1912
BELINDA'S ELOPEMENT • 1913
BILLIKEN REVOLTS • 1913
BILLY'S BOXING GLOVES • 1913
FAIRY BOTTLE, THE • 1913
FOR EAST IS EAST • IN THE PYTHON'S DEN • 1913
FURNISHING EXTRAORDINARY • 1913
GENTLEMAN RANKER, THE • NOT GUILTY (USA) ○ RAISED FROM THE RANKS • 1913
LANDLADIES BEWARE • 1913
MISADVENTURES OF MIKE MURPHY, THE • MURPHY AND THE MAGIC CAP • 1913
MURDER OF SQUIRE JEFFREY, THE • 1913
MYSTIC MAT, THE • 1913
MYSTIC MOONSTONE, THE • MYSTIC MOONSHINE, THE • 1913
P.C. PLATT'S PROMOTION • 1913
POOR PA PAYS • 1913
PROFESSOR HOSKIN'S PATENT HUSTLER • 1913
SHOCKING JOB, A • SHOCKS AND SHORTS • 1913
TWO BROWN BAGS • 1913
UNCLE'S PRESENT • PRESENT FROM UNCLE, A • 1913
WARTYWOOING, THE • 1913
WILLIE'S DREAM OF MICK SQUINTER • 1913
WILY WILLIAM'S WASHING • 1913
BIFF! BANG!! WALLOP!!! • 1914
BOX OF REAL TURKISH, A • 1914
DAUGHTER OF GARCIA, BRIGAND, THE • 1914
DREAMY JIMMY DREAMS AGAIN • 1914
EGGS–TRAORDINARY COMPLAINT, AN • 1914
ENGLAND'S CALL • 1914
FATHER'S FIGHTING FEVER • 1914
FIGHTING STRAIN OF OLD ENGLAND, THE • 1914
GLOVES OF PTAMES, THE • 1914
HELD BY A CHILD • 1914
I SHOULD SAY SO! • 1914
JOKE IN JERKS, A • 1914
JOLLYBOY'S DREAM • 1914
LIEUTENANT GERANIUM AND THE STEALED ORDERS • 1914
LOVE, POETRY AND PAINT • LOVE AND BULLETS • 1914
MAT THAT MATTERED, THE • 1914
MERRY NIGHT, A • SOME EVENING • 1914
MIKE JOINS THE FORCE • 1914
MIKE MURPHY AS A PICTURE ACTOR • 1914
MIKE MURPHY, BROKER'S MAN • 1914
MIKE MURPHY, MOUNTAINEER • 1914
MIKE MURPHY V.C. • 1914
MIKE MURPHY'S DREAM OF LOVE AND RICHES • MURPHY'S MILLIONS • 1914
MIKE MURPHY'S DREAM OF THE WILD WEST • 1914
MIKE WINS THE CHAMPIONSHIP • 1914
NEW BOY, THE • 1914
NOT LIKELY! • 1914
PANIC! • 1914
RING THAT WASN'T, THE • 1914
SCOUT'S MOTTO, THE • 1914
SHA(W)LY NOT? • 1914
SHOCKING BAD FORM • 1914
SOME FISH! • 1914
SORROWS OF SELINA, THE • 1914
STRENGTH THAT FAILED, THE • 1914
TELLING THE TALE • 1914
THROUGH THE AGES • 1914
THUMBS UP! • 1914
TO SAVE THE KING • ENEMY WITHIN, THE • 1914
TRICKY STICK, THE • 1914
VENGEANCE OF THE AIR, THE • 1914
WAR'S GRIM REALITY • 1914
AWKWARD ANARCHISTS • 1915
CAKES OF KHANDIPORE, THE • 1915
CHARM THAT CHARMED, THE • 1915
CHIP OFF THE OLD BLOCK, A • 1915
CLUB OF PHAROS, THE • 1915
CONSCRIPTION • 1915
COPPERS AND CUTUPS • 1915
CRIMSON TRIANGLE, THE • 1915
DIAMOND CUT DIAMOND • 1915
FIGHTING SELINA • 1915
HER FATAL HAND • 1915
HIS PHANTOM BURGLAR • 1915
JADE HEART, THE • 1915
JEWELS AND JIMJAMS • DEFECTIVE DETECTIVE, THE • 1915
KAISER'S PRESENT, THE • 1915
KWEER KUSS, A • 1915
MALOOLA FROM PALOONA • 1915
MIKE ALONE IN THE JUNGLE • 1915
MIKE AND THE ZEPPELIN RAID • 1915
MIKE MURPHY'S MARATHON • 1915
MIKE'S GOLD MINE • 1915
PODGY PORKINS' PLOT • 1915
SECOND LIEUTENANT, THE • 1915
SELINA OF THE WEEKLIES • 1915
SELINA–ELLA • 1915
SLIPS AND SLOPS • 1915
SURELY YOU'LL INSURE • 1915
WHEN CLUBS WERE CLUBS • 1915
YVONNE • 1915
BOB DOWNE'S SCHOOLDAYS • 1916
BOBBIKINS AND THE BATHING BELLES • 1916
GAY DECEIVERS, THE • 1916
HITCHY–COO • 1916
MIKE AND THE MISER • 1916
MIKE BACKS THE WINNER • 1916
OH AUNTIE! • 1916
PRICE HE PAID, THE • 1916
SHATTERED IDYLL, A • 1916
SOLDIER AND A MAN, A • 1916
TWO LANCASHIRE LASSIES IN LONDON • 1916
IT'S NEVER TOO LATE TO MEND • 1917
MAN WHO MADE GOOD, THE • 1917
WALRUS GANG, THE • 1917
WHEN THE HEART IS YOUNG • 1917
GAMBLERS ALL • 1919
PARKSTONE COMEDIES • 1921 • SER
RIVER OF LIGHT, THE • 1921
ADMIRAL'S YARN, THE • 1929 • SHT
ALL BY YOURSELF IN THE MOONLIGHT • 1929 • SHT
AT SANTA BARBARA • 1929 • SHT
BANANAS ARE COMING BACK AGAIN • 1929 • SHT
BECAUSE • 1929 • SHT
BELOVED • 1929 • SHT
CAN'T HELP LOVING DAT MAN • 1929 • SHT
CARMENA • 1929 • SHT
CHLOE • 1929 • SHT
COHEN FORMS A NEW COMPANY • 1929 • SHT
COHEN ON THE TELEPHONE • 1929 • SHT
CURTAIN LECTURE, A • 1929 • SHT
DADA DADA • 1929 • SHT
DANCING LESSON, THE • 1929 • SHT
DOES SHE DO–DO–DO • 1929 • SHT
DON'T HAVE ANY MORE, MRS. MOORE • 1929 • SHT
EE BY GUM • 1929 • SHT
EGG SONG, THE • 1929 • SHT
ELECTROCORD FILMS • 1929 • SHS
EVER BRAVEST HEART • 1929 • SHT
GAY CABALLERO, THE • 1929 • SHT
GERANIUM • 1929 • SHT
GET OUT AND GET UNDER THE MOON • 1929 • SHT
GETTING A MOTOR • 1929 • SHT
GOOD LITTLE BOY AND THE BAD LITTLE BOY, THE • 1929 • SHT
GREEN TIE ON THE LITTLE YELLOW DOG, THE • 1929 • SHT
HAPPY DAYS AND LONELY NIGHTS • 1929 • SHT
HE LOVES AND SHE LOVES • 1929 • SHT
HINTON, DINTON AND MERE • 1929 • SHT
HOTPOT • 1929 • SHT
HUMORESQUE • 1929 • SHT
I CAN'T GIVE YOU ANYTHING BUT LOVE • 1929 • SHT
I LIFT UP MY FINGER AND SAY TWEET TWEET • 1929 • SHT
IF I DIDN'T MISS YOU • 1929 • SHT
I'LL TAKE YOU HOME AGAIN, KATHLEEN • 1929 • SHT
I'M EIGHTY IN THE MORNING • 1929 • SHT
IN CELLAR COOL • 1929 • SHT
IN THAT VILLAGE DOWN THAT VALLEY UP THE HILL • 1929 • SHT
IN THE WOOD SHED SHE SAID SHE WOULD • 1929 • SHT
IS THERE ANYTHING WRONG IN THAT? • 1929 • SHT
IT ALL DEPENDS ON YOU • 1929 • SHT
IT TAKES A GOOD MAN TO DO THAT • 1929 • SHT
I'VE ALWAYS WANTED TO CALL YOU MY SWEETHEART • 1929 • SHT
JOE MURGATROYD SAYS • 1929 • SHT
KATE IN THE CALL BOX • 1929 • SHT
LIKE THE BIG POTS DO • 1929 • SHT
LITTLE WHITE HOUSE, THE • 1929 • SHT
MAISIE LOU • 1929 • SHT
MARY'S MAMMY • 1929 • SHT
ME AND THE MAN IN THE MOON • 1929 • SHT
MIGHTY LAK' A ROSE • 1929 • SHT
MINE ALL MINE • 1929 • SHT
MISERY FARM • 1929 • SHT
MORE, PLEASE • 1929
MY AUSTIN SEVEN • 1929 • SHT
MY BLUE HEAVEN • 1929 • SHT
MY BONNIE HIELAND MAGGIE • 1929 • SHT
MY OHIO HOME • 1929 • SHT
MY ONE AND ONLY • 1929 • SHT
NELL • 1929 • SHT
NIRVANA • 1929 • SHT
O SOLE MIO • 1929 • SHT
OFF TO PHILADELPHIA • 1929 • SHT
OH WHAT A HAPPY LAND • 1929 • SHT
OH YOU HAVE NO IDEA • 1929 • SHT
OLD TIME MUSIC HALL, AN • 1929
OLE MAN RIVER • 1929 • SHT
ONE ALONE • 1929 • SHT
ONE FINE DAY • 1929 • SHT
ONE HUNDRED YEARS FROM NOW • 1929 • SHT
ONE KISS • 1929 • SHT
PAGLIACCI • 1929 • SHT
POPULAR JOCULAR DR. BROWN • 1929 • SHT
POPULAR PIECES • 1929
RAINBOW ROUND MY SHOULDER • 1929 • SHT
ROLLING ALONG HAVING MY UPS AND DOWNS • 1929 • SHT
SCENTED SOAP • 1929 • SHT
SHE'S A GREAT GREAT GIRL • 1929 • SHT
SO THIS IS SPRING • 1929 • SHT
SO TIRED • 1929 • SHT
SOMEWHERE A VOICE IS CALLING • 1929 • SHT
SONNY BOY • 1929 • SHT
STAY OUT OF THE SOUTH • 1929 • SHT
SWEETHEARTS ON PARADE • 1929 • SHT
TAKE A LOOK AT ME • 1929 • SHT
TAMIAMI TRAIL • 1929 • SHT
THAT'S MY WEAKNESS NOW • 1929 • SHT
THAT'S WHAT PUT THE SWEET IN HOME SWEET HOME • 1929 • SHT
TOREADOR • 1929 • SHT
TOSTI'S GOODBYE • 1929 • SHT
TOY TOWN ARTILLERY • 1929 • SHT
TWO BLACK CROWS • 1929 • SHT
UNDER THE BAZUMKA TREE • 1929 • SHT
WAS IT A DREAM? • 1929 • SHT
WE'RE LIVING AT THE CLOISTERS • 1929 • SHT
WHEN THE LIGHT SHINES BRIGHTLY IN THE LIGHTHOUSE • 1929 • SHT
WHY DOES THE HYENA LAUGH? • 1929 • SHT
WOULD A MANX CAT WAG ITS TAIL IF IT HAD ONE? • 1929 • SHT
YOU ALONG O' ME • 1929 • SHT
YOU WENT AWAY TOO FAR • 1929 • SHT
YULE • 1929
SAFE, THE • 1930

AYRANU LINO – FRN

COCHONNES, LES
P COMMME PENETRATION • 1976
COUPLES EN CHALEUR • 1977
EXHIBITIONS DANOISES • 1977
SOUMISSIONS PERVERSES • 1977
FEMMES ENTRE HOMMES • 1981

AYRES LEMUEL – USA

ZIEGFELD FOLLIES • 1945

AYRES LEW – Actor – USA – 1908–

HEARTS IN BONDAGE • 1936
ALTARS OF THE EAST • 1955
ALTARS OF THE WORLD • 1976 • DOC

AYRES SIDNEY see **AYRES SYDNEY**

AYRES SYDNEY – USA

AYRES SIDNEY

AFTERMATH, THE • 1914
BUSINESS VS. LOVE • 1914
CAMEO OF YELLOWSTONE • 1914
DOES IT END RIGHT? • 1914
FEAST AND FAMINE • 1914
NATURE'S TOUCH • 1914
OATH OF PIERRE, THE • 1914
PAINTED LADY'S CHILD, THE • 1914
TAMING OF SUNNYBROOK NELL, THE • 1914
THEIR WORDLY GOODS • 1914
TRAP, THE • 1914
UNMASKING, THE • 1914
ACE OF CLUBS, THE • 1915
AMBER VASE, THE • 1915
DIAMONDS OF FATE • 1915
FIFTY YEARS BEHIND • 1915
FRAMED • 1915
HER BARGAIN • 1915
HONOR OF KENNETH MCGRATH, THE • 1915
IN THE HILLS BEYOND • 1915
LOVE AND HANDCUFFS • 1915
LOVE O' THE PARENT • 1915
LOVE THAT LASTS, THE • 1915
MAN FROM ARGENTINE, THE • 1915
MARTYR OF THE PRESENT, A • 1915
PROFIT AND LOSS • 1915
SHE LOVED THEM BOTH • 1915
STRANGER, THE • 1915
TINY HANDS • 1915
STOLEN MELODY, THE • 1916 • SHT

AYRTON MICHAEL – UKN

GREEK SCULPTURE • 1959 • DOC

AYRTON RANDLE – UKN

SANDS OF TIME, THE • 1919
TOWER OF STRENGTH • GATES OF DUTY • 1919
HIS HOUSE IN ORDER • 1928

AYYARI KIANOUSH – IRN

AYARI KEYANOOSH

MONSTER, THE • 1985
BEYOND THE FIRE • 1988
GRAND DAY • 1989

AZAGAROV G. see **ASAGAROFF GEORG**

AZARIAN KRIKOR – BLV

EVERYBODY AND NOBODY • 1978

AZAROV V. see **AZAROV VILEN**

AZAROV VILEN – USS

AZAROV V. • *AZAROV VILLEN*

VSE NACHINAETSYA S DOROGI • EVERYTHING BEGINS WITH A JOURNEY ○ EVERYTHING STARTS ON THE ROAD • 1959
VZROSLYI DETI • GROWN–UP CHILDREN (USA) ○ INFANTILE ADULTS ○ VZHROSLIE DETI • 1961
IT HAPPENED AT THE MILITIA STATION • 1963
GREEN LIGHT • 1965
KONYETS "SATURNA" • END OF "SATURN", THE • 1968
PUT V SATURN • SATURN IS HARDLY VISIBLE ○ ROAD TO SATURN, THE • 1968

AZAROV VILLEN see **AZAROV VILEN**

AZDERBALL ROBERT – GRM

FRAU SUCHT LIEBE, EINE • WOMAN NEEDS LOVING, A (UKN) • 1968

AZEEZ – IND

AVAL • SHE • 1967

AZEVEDO DIONISIO – BRZ

ANJO ASSASSINO, O • MURDERING ANGEL, THE • 1967

de AZEVEDO DIONIZIO – BRZ

CHAO BRUTO • 1959

AZIA ALI – MLY

ANAK SULUNG • 1982

AZIM S. – IND

C.I.D. AGENT 302 • 1968

AZIMI IRADJ – IRN – 1942–

JOURS GRIS, LES • 1974
UTOPIA • 1979
ILES, LES • 1982

AZIZ MAHMUD ABDEL – EGY

ALAM EYAL, EYAL • WORLD OF CHILDREN, CHILDREN, A • 1976

AZIZ MOHAMED ABDEL – EGY

DAKKET QALB • HEARTBEAT • 1976
DELICATE SEX, THE • 1977
HELLO CAPTAIN • 1978
PURSE IS WITH ME, THE • 1978
SOME GO TO THE MAAZOUN TWICE • 1978

AZIZ S. A. – PKS

DR. SHAITAN • DR. SATAN • 1959

AZIZI M. – ALG

POUR QUE VIVE L'ALGERIE! • 1972

AZMAN TONY – MLY

BONEKA PERMATA • DIAMOND DOLL, THE • 1974

AZNAR TOMAS – SPN – 1936–

SEPULCRALES, LAS • 1970 • SHT
CONCIERTO EN LLAMAS • 1971 • SHT
ESTORETA VELLETA, UNA • 1971 • SHT

LIBRO DE BUEN AMOR I, EL • BOOK OF GOOD LOVE, THE • 1974
MUERA-VIVA DON JUAN! • 1976
ADAGIO PARA UNA ESTRELLA • 1978
BEYOND TERROR • 1980

AZPURUA CARLOS – VNZ
YO HABLO A CARACAS • I'M SPEAKING TO CARACAS • 1978
AMAZONAS, EL NEGOCIO DE ESTE MUNDO • AMAZON, THIS WORLD'S BUSINESS • 1986 • DOC

AZZOPARDI ANTHONY – CND – 1950–
TORONTO -THE PEOPLE CITY • 1979 • DOC
STRONGER, THE • 1982 • MTV
WORLD OF AHMED FEZ BENZINE, THE • 1982 • MTV
JOHN KIM BELL • 1984 • MTV
MAKING OPERA • 1988 • DOC

AZZOPARDI MARIO – MLT – 1950–
ANATOMY OF A HORROR • DEADLINE • 1980 • TVM
STATE OF SURVIVAL • 1986
NOWHERE TO HIDE • 1987

B. BETH – USA
VORTEX • 1983
SALVATION! • SALVATION! HAVE YOU SAID YOUR PRAYERS TODAY • 1987

B. RAHMAN – MLY
GELOMBANG • 1980

B. SCOTT – USA
VORTEX • 1983

BA N'GAIDO – SNL
ARRET-CAR • 1974 • SHT
BROSSE, LA • 1974 • SHT

BAAF MOHSEN MAKHMAL – IRN
BOYCOTT • 1985

BABA YASUO – JPN
WATASHI WO SKI NI TSURETETTE • TAKE ME SKIING • 1988

BABAC MARKO – YGS
KAPI, VODE, RATNICI • RAINDROPS, WATERS, WARRIORS • 1962

BABAI BRAHIM see **BABAY IBRAHIM**

BABAJA ANTE – YGS – 1927–
DAY IN RIJEKA, A • 1955
DAY ON THE RIVER, A • 1955 • SHT
MIRROR, THE • 1957 • SHT
MISUNDERSTANDING • 1958 • SHT
CAREVO NOVO RUHO • EMPEROR'S NEW CLOTHES, THE • 1961
ELBOW AS SUCH, AN • ELBOW • 1961 • SHT
PRAVDA • JUSTICE • 1962 • ANS
CAN YOU HEAR ME? • 1966 • SHT
TIJELO • BODY, THE • 1966 • SHT
BREZA • BIRCH TREE, THE • 1967
MIRIS, TAMJAN I ZLATO • MYRRH, GOLD AND FRANKENCENSE ◦ MIRIS ZLATO I TAMJAN ◦ ODEUR, GOLD AND INCENSE • 1971
IZGUBLJENI ZAVICAJ • LOST HOMELAND, THE • 1981

BABAK M. – USS
MORE LIGHT! • DOC

BABAY BRAHIM see **BABAY IBRAHIM**

BABAY IBRAHIM – TNS – 1936–
BABAI BRAHIM • BABAY BRAHIM
WA GHADAN.. • ET DEMAIN.. ◦ AND TOMORROW? • 1972

BABAYEV ARIF – USS
CHELOVYEK BROSAYET YAKOR • MAN CASTS ANCHOR, A • 1968

BABB JIM – USA
STORY OF F, THE • 1970 • DOC

BABBITT ART – Animator – USA
POPCORN STORY, THE • 1950 • ANS
FAMILY CIRCUS, THE • 1951 • ANS
GIDDYAP • 1959 • ANS

BABENCO HECTOR – BRZ
KING OF THE NIGHT • 1975
LUCIO FLAVIO, O PASSAGEIRO DA AGONIA • LUCIO FLAVIO (UKN) • 1978
PIXOTE, A LEI DO MAIS FRACO • PIXOTE: LA LEY DEL MAS DEBIL (UKN) ◦ PIXOTE, THE LAW OF THE WEAKER ◦ PIXOTE • 1981
KISS OF THE SPIDER WOMAN • 1984
IRONWEED • 1987
SECOND KILLING OF THE DOG, THE • 1988

BABIC JOZE – YGS
TRI CETRTINE SONCA • SUNSHINE FOR SOME • 1959
VESELICA • PARTY, THE • 1960
PO ISTI POTI SE NE VRACAJ • DO NOT COME BACK ALONG THE SAME ROAD ◦ DO NOT COME ALONG THE SAME ROAD • 1966
POSLEDNJA POSTAJA • LAST STOP, THE • 1972

BABIC NIKOLA – YGS
MURBUR • 1969
SIJE • 1971 • SHT
LUDI DANI • CRAZY DAYS • 1978
MEDENI MJESEC • HONEYMOON • 1984

BABIC VUK – YGS
BEFORE THE WAR • 1966
BURDEN • 1973
DR. • DOCTOR • 1990

BABICH I. – USS
FIRST RENDEZVOUS • 1960

BABICHENKO B. – USS
LITTLE SHEGO • ANS

BABILLE E. J. – USA
NO CONTROL • 1927

BABLOUANI TEIMOURAZ – USS
SPARROWS' MIGRATION, THE

BABOCHKIN B. see **BABOCHKIN BORIS**

BABOCHKIN BORIS – Actor – USS – 1904–
BABOUCHKIN BORIS • BABOCHKIN B.
NATIVE FIELDS • 1943
STORY OF THE FURIOUS, THE • 1947
DACHNIKI • SUMMER RESIDENTS IN THE COUNTRYSIDE ◦ SUMMER RESIDENTS • 1967

BABOUCHKIN BORIS see **BABOCHKIN BORIS**

BABU – IND
BANGARU PICHIKA • GOLDEN SPARROW, THE • 1968

BABURAO PAINTER see **PAINTER BABURAO**

BACH RUDI – GRM
WENN DIE ROTE HEIDE BLUHT • 1918
HERRIN IHRER TAT • 1919
ZWISCHEN LIPP' UND KELCHESRAND • 1919
ERBSCHAFT DER INGE STANHOPE, DER • 1920
GASTMAHL DES SATANS, DAS • 1920
GEHEIMNIS VON SCHLOSS TOTENSTEIN, DAS • 1920
ARME, KLEINE EVA 2 • 1921
HELD DES TAGES, DER • 1921
SOHNE DER HOLLE • 1921

BACHMANN GIDEON – USA
CIAO, FEDERICO! • 1970 • DOC

BACHRACH DORA – USA
VICTORS, THE

BACHTADZE VAHTANG see **BAKHTADZE VAKTANG**

BACHVAROVA RADKA see **BUCHVAROVA RADKA**

BACK FREDERIC – Animator – CND
TOUT RIEN • ANM
MAN WHO PLANTED TREES, THE • CRAC • 1987 • ANM

BACK SILVIO – BRZ
LANCE MAIOR • BIGGER PLAY • 1968
BRASIL NA SEGUNDA GUERRA • BRAZIL IN THE SECOND WORLD WAR • 1989 • DOC

BACKHAUS HELMUTH M. – GRM
UND DER AMAZONAS SCHWEIGT • RIVER OF EVIL (USA) ◦ BLOOD RIVER • 1963
BANDITEN VOM RIO GRANDE, DIE • 1965

BACKNER ARTHUR – UKN
BLUFF • 1915
TAMING OF THE SHREW, THE • 1915
MEMORIES • 1925

BACON GERALD F. – USA
SILENT WITNESS • 1917

BACON LLOYD – Actor – USA – 1889–1955
HOST, THE • 1923 • SHT
DON'T FAIL • 1924 • SHT
WILD GOOSE CHASER, THE • 1924 • SHT
BREAKING THE ICE • 1925 • SHT
GOOD MORNING MADAM • 1925 • SHT
HE WHO GETS SMACKED • 1925 • SHT
MERRYMAKERS • 1925 • SHT
RASPBERRY ROMANCE, THE • 1925 • SHT
TAKE YOUR TIME • 1925 • SHT
WINDOW DUMMY, THE • 1925 • SHT
BROKEN HEARTS OF HOLLYWOOD • 1926
CIRCUS TODAY • 1926 • SHT
KITTY FROM KILLARNEY • 1926 • SHT
MEET MY GIRL • 1926 • SHT
PRIVATE IZZY MURPHY • 1926
PRODIGAL BRIDEGROOM, THE • 1926 • SHT
TWO LIPS IN HOLLAND • 1926 • SHT
WIDE OPEN FACES • 1926 • SHT
BRASS KNUCKLES • 1927
FINGER PRINTS • 1927
HEART OF MARYLAND, THE • 1927
SAILOR'S SWEETHEART, A • 1927
SMITH'S CUSTOMER • 1927 • SHT
SMITH'S NEW HOME • 1927 • SHT
SMITH'S SURPRISE • 1927 • SHT
WHITE FLANNELS • 1927
LION AND THE MOUSE, THE • 1928
PAY AS YOU ENTER • 1928
QUESTION OF TODAY, THE • 1928 • SHT
SINGING FOOL, THE • 1928
WOMEN THEY TALK ABOUT • 1928
HONKY TONK • 1929
NO DEFENSE • 1929
SAY IT WITH SONGS • LITTLE PAL • 1929
SO LONG LETTY • 1929
STARK MAD • 1929
MOBY DICK • 1930
NOTORIOUS AFFAIR, A • FAITHFUL • 1930
OFFICE WIFE, THE • 1930
OTHER TOMORROW, THE • 1930
SHE COULDN'T SAY NO • 1930
DAMON DES MEERES • MOBY DICK • 1931
FIFTY MILLION FRENCHMEN • 1931
GOLD DUST GERTIE • WHY CHANGE YOUR HUSBAND? (UKN) • 1931
HONOR OF THE FAMILY • 1931
KEPT HUSBANDS • 1931
MANHATTAN PARADE • 1931
SIT TIGHT • 1931
ALIAS THE DOCTOR • 1932
CROONER • 1932
FAMOUS FERGUSON CASE, THE • 1932
FIREMAN, SAVE MY CHILD • 1932
MISS PINKERTON • 1932
YOU SAID A MOUTHFUL • 1932
FOOTLIGHT PARADE • 1933
MARY STEVENS, M.D. • 1933
PICTURE SNATCHER • 1933
SON OF A SAILOR • SON OF THE GOBS • 1933
42ND STREET • FORTY-SECOND STREET • 1933
HE WAS HER MAN • 1934
HERE COMES THE NAVY • HEY SAILOR • 1934
SIX-DAY BIKE RIDER • 1934
VERY HONORABLE GUY, A • VERY HONOURABLE MAN, A (UKN) • 1934
WONDER BAR • 1934
BROADWAY GONDOLIER • 1935
DEVIL DOGS OF THE AIR • 1935
FRISCO KID • 1935
IN CALIENTE • 1935
IRISH IN US, THE • 1935
REVOLT, THE • 1935
CAIN AND MABEL • 1936
GOLDDIGGERS OF 1937 • 1936
SONS O' GUNS • 1936
EVER SINCE EVE • 1937
MARKED WOMAN • 1937
SAN QUENTIN • 1937
SUBMARINE D-1 • 1937
BOY MEETS GIRL • 1938
COWBOY FROM BROOKLYN, THE • ROMANCE AND RHYTHM (UKN) • 1938
RACKET BUSTERS • 1938
SLIGHT CASE OF MURDER, A • 1938
ESPIONAGE AGENT • 1939
INDIANAPOLIS SPEEDWAY • DEVIL ON WHEELS (UKN) ◦ ROARING CROWD, THE • 1939
OKLAHOMA KID, THE • 1939
WINGS OF THE NAVY • 1939
BROTHER ORCHID • 1940
CHILD IS BORN, A • GIVE ME A CHILD • 1940
INVISIBLE STRIPES • 1940
KNUTE ROCKNE -ALL AMERICAN • MODERN HERO, A (UKN) • 1940
THREE CHEERS FOR THE IRISH • 1940
AFFECTIONATELY YOURS • 1941
FOOTSTEPS IN THE DARK • 1941
HONEYMOON FOR THREE • 1941
NAVY BLUES • 1941
LARCENY INC. • 1942
SILVER QUEEN • 1942
WINGS FOR THE EAGLE • SHADOW OF THEIR WINGS • 1942
ACTION IN THE NORTH ATLANTIC • 1943
CAPTAIN EDDIE • FIRST, LAST AND ALWAYS • 1944
SULLIVANS, THE • FIGHTING SULLIVANS, THE • 1944
SUNDAY DINNER FOR A SOLDIER • 1944
HOME, SWEET HOMICIDE • 1946
WAKE UP AND DREAM • ENCHANTED VOYAGE • 1946
I WONDER WHO'S KISSING HER NOW • 1947
GIVE MY REGARDS TO BROADWAY • OFF TO BUFFALO • 1948
INNOCENT AFFAIR, AN • DON'T TRUST YOUR HUSBAND • 1948
YOU WERE MEANT FOR ME • 1948
IT HAPPENS EVERY SPRING • 1949
MISS GRANT TAKES RICHMOND • INNOCENCE IS BLISS (UKN) • 1949
MOTHER IS A FRESHMAN • MOTHER KNOWS BEST (UKN) • 1949
FULLER BRUSH GIRL, THE • AFFAIRS OF SALLY, THE • 1950
GOOD HUMOR MAN, THE • 1950
KILL THE UMPIRE • 1950
CALL ME MISTER • 1951
FROGMEN, THE • 1951
GOLDEN GIRL • 1951
I DON'T CARE GIRL, THE • 1952
FRENCH LINE, THE • 1953
GREAT SIOUX UPRISING, THE • 1953
WALKING MY BABY BACK HOME • 1953
SHE COULDN'T SAY NO • BEAUTIFUL BUT DANGEROUS (UKN) ◦ SHE HAD TO SAY YES • 1954

BACQUE JEAN – FRN – 1924–
RIEN NE VA PLUS • 1963

BACSKAI-LAURO ISTVAN – HNG
LAURO ISTVAN BACSKAI
HAMIS IZABELLA, A • FAKE ISABELLA, THE • 1968
GYULA VITEZ TELEN NYARON • KNIGHT OF THE TV SCREEN • 1971
NYULAK A RUHATARBAN • RABBITS IN THE CLOAKROOM • 1972
KEMENYKALAP ES KRUMPLIORR • TOP HAT AND SPUDS NOSE • 1978

BACSO PETER – HNG – 1928–
NYARON EGYSZERU • NO PROBLEMS IN SUMMER • 1963
SZERELMES BICIK LISTAK • CYCLISTS IN LOVE • 1965
NYAR A HEGYEN • SUMMER ON THE HILL • 1967
FEJLOVES • HEAD WOUND, THE ◦ SHOT IN THE HEAD ◦ FATAL SHOT, THE • 1968
TANU, A • WITNESS, THE • 1968
BALD HEAD FOR BALD HEAD
KITORES • OUTBREAK • 1971
VALAMI SZEP • SOMETHING BEAUTIFUL • 1971
BOROKA UR SZORONGASAI • MR. BOROKA'S ANGUISH • 1972
JELENIDO • PRESENT INDICATIVE • 1972
TWO SKITTLE HEADS, THE • 1972
HARMADIK NEKIFUTAS • LAST CHANCE, THE ◦ THIRD BEGINNING, THE • 1973
SZIKRAZO LANYOK • DASHING GIRLS • 1973
ERESZD EL A SZAKALLAMAT! • DON'T PULL MY BEARD! ◦ LET GO OF MY BEARD • 1975
ZONGORA A LEVEGOBEN • PIANO IN MID-AIR, A • 1976
RIASZTOLOVES • ALARM SHOT • 1977
ARAMUTES • ELECTRIC SHOCK • 1978
KI BESZEL ITT SZERELEMROL?! • LET'S TALK ABOUT LOVE • 1980
SVED AKINEK NYOMA VESZETT, A • MANNEN SOM GICK UPP I ROK (SWD) ◦ MAN WHO WENT UP IN SMOKE, THE • 1980
TEGNAPELOTT • DAY BEFORE YESTERDAY, THE • 1981
TE RONGYOS ELET..! • OH, BLOODY LIFE! • 1984
BANANHEJKERINGO • BANANA SKIN WALTZ, THE • 1986
TITANIA, TITANIA AVAGY A DUBLOROK EJSZAKAJA • TITANIA, TITANIA OR, THE NIGHT OF THE DOUBLES ◦ TITANIA, TITANIA OR NIGHT OF THE REPLICANTS • 1988

BADAT RANDALL – USA
SURF II • NERDS STRIKE BACK, THE • 1984

BADEL PIERRE - FRN - 1928-
POUCE • 1971

BADGER C. G. see **BADGER CLARENCE**

BADGER CLARENCE - USA - 1880-1964
BADGER CLARENCE G. • BADGER C. G.
TENDER-HEARTED SHERIFF, THE • 1914
DANGER GIRL, THE • LOVE ON SKATES (UKN) • 1916 • SHT
FAMILY AFFAIR, A • 1916 • SHT
GYPSY JOE • 1916 • SHT
HAYSTACKS AND STEEPLES • 1916 • SHT
HIS WILD OATS • 1916 • SHT
MODERN ENOCH EDEN, A • 1916 • SHT
SOCIAL CLUB, A • SOCIAL CLUB, A • 1916
NICK OF TIME BABY, THE • NICK-OF-TIME BABY, THE • 1917
PULLMAN BRIDE, THE • 1917
SULTAN'S WIFE, THE • 1917 • SHT
TEDDY AT THE THROTTLE • 1917 • SHT
WHOSE BABY • 1917 • SHT
FLOOR BELOW, THE • 1918
FRIEND HUSBAND • 1918
KINGDOM OF YOUTH, THE • 1918
PERFECT LADY, A • 1918
VENUS MODEL, THE • 1918
ALMOST A HUSBAND • 1919
DAUGHTER OF MINE • 1919
DAY DREAMS • 1919
JUBILO • 1919
LEAVE IT TO SUSAN • 1919
SIS HOPKINS • 1919
STRICTLY CONFIDENTIAL • 1919
THROUGH THE WRONG DOOR • WRONG DOOR, THE • 1919
CUPID THE COWPUNCHER • 1920
HONEST HUTCH • 1920
JES' CALL ME JIM • 1920
STRANGE BOARDER, THE • 1920
WATER, WATER, EVERYWHERE • 1920
BOYS WILL BE BOYS • 1921
GUILE OF WOMEN • 1921
POOR RELATION, A • 1921
UNWILLING HERO, AN • WHISTLING DICK • 1921
DANGEROUS LITTLE DEMON, THE • 1922
DON'T GET PERSONAL • 1922
DOUBLING FOR ROMEO • BASHFUL ROMEO, THE • 1922
FRUITS OF THE FAITH • FRUITS OF FAITH • 1922 • SHT
QUINCY ADAMS SAWYER • 1922
ROPIN' FOOL, THE • 1922 • SHT
POTASH AND PERLMUTTER • DR. SUNSHINE (UKN) • 1923
RED LIGHTS • 1923
YOUR FRIEND AND MINE • 1923
ONE NIGHT IN ROME • 1924
PAINTED PEOPLE • 1924
SHOOTING OF DAN MCGREW, THE • 1924
EVE'S SECRET • 1925
GOLDEN PRINCESS, THE • 1925
NEW LIVES FOR OLD • 1925
PATHS TO PARADISE • 1925
CAMPUS FLIRT, THE • COLLEGE FLIRT, THE (UKN) • 1926
HANDS UP! • 1926
MISS BREWSTER'S MILLIONS • 1926
RAINMAKER, THE • 1926
IT • 1927
KISS IN A TAXI, A • 1927
MANPOWER • MAN POWER ○ DYNAMITE • 1927
SENORITA • 1927
SHE'S A SHEIK • 1927
SWIM, GIRL, SWIM • 1927
FIFTY-FIFTY GIRL, THE • 1928
HOT NEWS • 1928
RED HAIR • 1928
THREE WEEK-ENDS • 1928
PARIS • 1929
BAD MAN, THE • 1930
MURDER WILL OUT • 1930
NO, NO, NANETTE • 1930
SWEETHEARTS AND WIVES • 1930
HOT HEIRESS, THE • 1931
MASQUE D'HOLLYWOOD, LE • 1931
PARTY HUSBAND • 1931
WOMAN HUNGRY • CHALLENGE, THE (UKN) ○ UNDER WESTERN SKIES • 1931
WHEN STRANGERS MARRY • 1933
RANGLE RIVER • MEN WITH WHIPS • 1937
THAT CERTAIN SOMETHING • 1941

BADGER CLARENCE G. see **BADGER CLARENCE**

BADGLEY FRANK C. - CND - 1895-1955
LEST WE FORGET • 1935 • CMP

BADHAM JOHN - UKN - 1939-
IMPATIENT HEART, THE • 1971 • TVM
COOL MILLION: ASSAULT ON GRAVALONI • 1972 • TVM
ISN'T IT SHOCKING? • 1973 • TVM
GODCHILD, THE • 1974 • TVM
GUN, THE • 1974 • TVM
LAW, THE • 1974 • TVM
REFLECTIONS OF MURDER • 1974 • TVM
MY SWEET LADY • 1975
BINGO LONG TRAVELING ALL-STARS AND MOTOR KINGS, THE • 1976
KEEGANS, THE • 1976 • TVM
SATURDAY NIGHT FEVER • 1977
DRACULA • 1979
WHOSE LIFE IS IT ANYWAY? • 1981
BLUE THUNDER • 1982
WARGAMES • WAR GAMES • 1983
AMERICAN FLYERS • 1985
SHORT CIRCUIT • 1986
STAKEOUT • 1987
BIRD ON A WIRE • 1989

BADIE MUSTAFA see **BADIE MUSTAPHA**

BADIE MUSTAPHA - ALG - 1928-
BADIE MUSTAFA
LAILU YAKHAF ASH-SHAMS, AL- • NIGHT FEARS SUN ○ NUIT A PEUR DU SOLEIL, LA • 1966
SAHHAR, AS- • ENNEMI PUBLIC, L' ○ CHARLATAN, LE • 1969
MORT DE HASSAN TERO, LA • 1974
HASSAN TERRE S'EVADE • 1975

BADIEK MICHELE - ITL
PIOGGIA D'ESTATE • 1937

BADIYI REZA - IRN - 1936-
BADIYI REZA S.
EYES OF CHARLES SAND, THE • 1972 • TVM
TOD EINES FREMDEN, DER • DEATH OF A STRANGER (USA) ○ EXECUTION, THE (UKN) ○ ASSASSINATION, THE ○ DEATH MERCHANTS, THE • 1972
TRADER HORN • 1973
MAN FROM ATLANTIS: THE KILLER SPORES, THE • KILLER SPORES • 1977 • TVM
BIG BLACK PILL, THE • JOE DANCER ○ JOE DANCER VOL.1 • 1981 • TVM
OF MICE AND MEN • 1981 • TVM
POLICE SQUAD! • 1982 • TVM
WHITE WATER REBELS • 1982 • TVM
MURDER ONE DANCER 0 • 1983 • TVM
POLICEWOMAN CENTERFOLD • 1983 • TVM
BLADE IN HONG KONG • 1985 • TVM
CAGNEY & LACEY: A FAIR SHAKE • 1988 • TVM

BADIYI REZA S. see **BADIYI REZA**

BADJURA METOD - YGS
NASI LIPICANCI • OUR WHITE HORSES FROM LIPICANCI • 1951

BADJURA MILKA - YGS
NASI LIPICANCI • OUR WHITE HORSES FROM LIPICANCI • 1951

BADRAKAHAN SALAH AD-DIN see **BADRAKAN SALAHEDDINE**

BADRAKAN SALAHEDDINE - EGY
BADRAKAHAN SALAH AD-DIN
HILM LAYLA • DREAM OF A NIGHT ○ HULMU LAILATUN ○ REVE D'UNE NUIT, LA • 1949

BADRAKHAN AHMED - EGY - 1909-1969
LEILAT GHARAM • 1951
MUSTAFA KAMEL • 1953
ALLAH MANA • GOD IS ON OUR SIDE • 1954
NESSEF EL AKHAR, AL • SECOND HALF, THE • 1967
AFRAH • WEDDING, THE • 1968

BADRAKHAN ALI - EGY - 1946-
HUBB AL-LADHI KAN, AL- • AMOUR QUI FUT, L' • 1971
KARNAK, AL • 1976
CHAFIKA AND MEATBALLS • 1978

BADRI AYOUB - SYR
MOUTAHAM AL BARI, AL • 1928

BADUL A. R. - PKS
HANTU SIANG
GURU BADUL • 1988
KEMBER SIAM • 1988
OH! FATIMAH • 1989

BADZIAN TERESA - Animator - GRM
NEW HOUSE, THE • 1955 • ANM
STRANGE VOYAGE, THE • 1955 • ANM
WESOLE MIASTECZKO • MERRY TOWN, THE ○ LUNA-PARK • 1958
KROLEWNA I OSIOLEK • PRINCESS AND THE LITTLE DONKEY, THE • 1959
LITTLE GIRAFFE, THE • 1960 • ANM
PAN SLON • MR. ELEPHANT • 1960 • ANM
UNINVITED GUEST, THE • 1960 • ANM
LITTLE MUSIC • 1962 • ANM
ALARM • 1965 • ANM
GUZIK • BUTTON, THE • 1965 • ANM
SURPRISE, THE • 1966 • ANM
GAME, A • 1967 • ANM
LITTLE KANGAROO, THE • 1967 • ANM

BAE CHANG-HO - SKR
BYUN CHANG-HO • BYUN JANG-HO
WARM IT WAS THAT WINTER
NIGHT OF FEMALE SHAMAN • 1983
TROPICAL FLOWER, A • 1983
WHALE HUNTER, THE • WHALE-HUNT, THE • 1983
GIPGO PULD BAM • DEEP BLUE NIGHT • 1985
GIBBUNURI • SWEET DAYS OF YOUTH • 1986
SON OF GOD • 1986
GAMJA • POTATOES • 1988
HELLO GOD! • 1988

BAE YONG-KYUN - SKR
WHY DID BODHY-DHARMA GO EAST? • WHY DID BODHI-DHARMA LEAVE FOR THE ORIENT? • 1988

BAER MAX - USA - 1937-
BAER MAX JR.
MCCULLOCHS, THE • WILD MCCULLOCHS, THE • 1975
ODE TO BILLY JOE • 1976
HOMETOWN U.S.A. • 1979

BAER MAX JR. see **BAER MAX**

BAERLIN ANTHONY - UKN
LOCAL TRAIN MYSTERY, THE • 1937

BAERT GERMAIN - BLG
DIEPTE • PROFONDEURS DE LA MER, LES ○ DEPTHS OF THE SEA • 1932

BAERWITZ JERRY A. - USA
WILD HARVEST • 1961

BAERWITZ SAM - USA
CALLING ALL KIDS • 1943 • SHT

BAETZ LORENZ see **BATZ LORENZ**

BAFALOUKOS TED see **BAFALOUKOS THEODOROS**

BAFALOUKOS THEODOROS - GRC - 1946-
BAFALOUKOS TED
ROCKERS • 1978

BAFFICO MARIO - ITL - 1907-
DANZA DELLE LANCETTE, LA • 1936
TERRA DI NESSUNO • NOBODY'S LAND (USA) • 1939
INCANTO DI MEZZANOTTE • LADRO DI STELLE • 1940
MARE • 1940
TRECENTO DELLA SETTIMA, I • 1943
TRENT'ANNI DI SERVIZIO • 1945
AMANTI SENZA PECCATO • SPOSA NON VESTITA DI BIANCO, LA • 1957

BAGBY MILTON JR. - USA
REBEL LOVE • 1984

BAGGOT KING - Actor - USA - 1874-1948
KING THE DETECTIVE IN THE JARVIS CASE • 1913
BLOOD TEST, THE • 1914
HUMAN HEARTS • 1914
KING THE DETECTIVE IN THE MARINE MYSTERY • 1914
SILENT VALLEY, THE • 1914
CRIME'S TRIANGLE • 1915
CHANCE MARKET, THE • 1916 • SHT
SILENT MAN, THE • SILENT STRANGER, THE • 1916 • SHT
SO THIS IS PARIS • 1916 • SHT
BOONTON AFFAIR, THE • 1917 • SHT
CHEATED LOVE • 1921
LURING LIPS • 1921
MOONLIGHT FOLLIES • BUTTERFLY, THE • 1921
NOBODY'S FOOL • 1921
DANGEROUS GAME, A • 1922
HUMAN HEARTS • 1922
KENTUCKY DERBY, THE • SUBURBAN HANDICAP, THE ○ THEY'RE OFF • 1922
KISSED • 1922
LAVENDER BATH LADY, THE • 1922
CROSSED WIRES • 1923
DARLING OF NEW YORK, THE • WANTED, A HOME • 1923
GOSSIP • 1923
LOVE LETTER, THE • 1923
TOWN SCANDAL, THE • CHICKEN THAT CAME HOME TO ROOST, THE ○ CHICKEN, THE • 1923
GAIETY GIRL, THE • INHERITORS, THE • 1924
TORNADO, THE • 1924
WHISPERED NAME, THE • BLACKMAIL ○ CO-RESPONDENT, THE • 1924
HOME MAKER, THE • 1925
RAFFLES, THE AMATEUR CRACKSMAN • 1925
TUMBLEWEEDS • 1925
LOVEY MARY • 1926
DOWN THE STRETCH • 1927
NOTORIOUS LADY, THE • 1927
PERCH OF THE DEVIL • 1927
HOUSE OF SCANDAL, THE • 1928
ROMANCE OF A ROGUE • 1928
TUMBLEWEEDS • 1939

von BAGH PETER - FNL - 1943-
POCKPICKET • 1968 • SHT
JOULUKUU • DECEMBER • 1969 • SHT
KREIVI • COUNT, THE • 1970
LIIKEMIEHEN MUOTOKUVA • PORTRAIT OF A BUSINESSMAN • 1970 • SHT

BAGHDADI MARUN - LBN
HURUB SAGHIRA • LITTLE WARS ○ SMALL WARS • 1983
VEILED MAN, THE • HOMME VOILE, L' (FRN) • 1987

BAGHERI EBRAHIM - IRN
KOUHZAD • 1967
MAMOUR-E-0008 • OFFICIAL 0008 • 1967
ESHGHE GHAROON • LOVE OF GHAROON, THE • 1968

BAGIER GUIDO - GRM
MADCHEN MIT DEN SCHWEFELHOLZERN, DAS • 1925

BAGLEY ANTHONY - UKN - 1948-
BAGLEY TONY
ENEMY • 1974

BAGLEY TONY see **BAGLEY ANTHONY**

BAGNALL FRANK - ASL
CHILDREN'S THEATRE • 1961

BAGRAM AL see **BALCAZAR ALFONSO**

BAGRAN AL see **BALCAZAR ALFONSO**

BAH CHEIKH NGAIDO - SNL - 1949-
XEW XEW • 1983

BAHADORI AZIZOLAH - IRN
AVAREHAYE TEHRAN • BEGGARS OF TEHRAN, THE • 1968
MARD-E-BESETARE • MAN WITHOUT A STAR • 1968

BAHATORIS COSTAS - GRC
GOLFO • 1912

BAHI RIDHA see **BEHI RIDHA**

BAHLOUL ABDELKRIM see **BAHLOUL BAHLOUL**

BAHLOUL BAHLOUL - FRN - 1950-
BAHLOUL ABDELKRIM
THE A LA MENTHE, LE • 1984

BAHNA VLADIMIR - CZC - 1914-
BAHNA VLADO
UNTILLED FIELDS • 1953
WOMAN ON THE HILL, THE • 1955
LAST WITCH, THE • 1957
HOUSE AT THE CROSSROADS, THE • 1959
EARLY SPRING • 1962
ST. ELIZABETH'S SQUARE • 1965
STOPY NA SITNE • TRACES ON THE MOUNTAIN SITNO ○ TRACES ON THE SITNO • 1968

BAHNA VLADO see **BAHNA VLADIMIR**

BAHRANI SHAHRIAR - IRN
LET'S NOT MUDDLE THE WATER • DO NOT MUDDY THE WATER • 1989

BAIL CHUCK – USA
BLACK SAMSON • 1974
CLEOPATRA JONES AND THE CASINO OF GOLD • CASINO OF GOLD • 1975
GUMBALL RALLY, THE • 1976
CHOKE CANYON • ON DANGEROUS GROUNDS • 1986

BAIL RENE – CND – 1931–
DEFAITE DU GENERAL PRINGLE, LA • 1952
TAN-TAN-DES BOIS • 1952
IMAGES (JEUX) • 1953
CHANTIER • 1954
VILLE-MARIE, 7HRS. A.M. • 1954
IMAGES • 1955
ECURIE, L' • 1956
MECANIQUE • 1956
PRINTEMPS • 1957 • DCS
CHANTIER • 1957–67
DESOEUVRES, LES • 1959

BAILAC GENEVIEVE – FRN – 1922–
FAMILLE HERNANDEZ, LA • 1964

BAILEY A. – UKN
FOOD FOR FAMINE • 1962

BAILEY BERT – Actor – NZL – 1872–1953
SQUATTER'S DAUGHTER, THE • LAND OF THE WATTLE • 1910

BAILEY DAVID – UKN
G.G. PASSION • 1966 • SHT

BAILEY HARRY – Animator – USA
CLOSE CALL • 1929 • ANS
CIRCUS CAPERS • 1930 • ANS
FOOLISH FOLLIES • 1930 • ANS
FROZEN FROLICS • 1930 • ANS
JUNGLE JAZZ • 1930 • ANS
KING OF THE BUGS • 1930 • ANS
OFFICE BOY, THE • 1930 • ANS
OOM PAH PAH • 1930 • ANS
SKY SKIPPERS • 1930 • ANS
WESTERN WHOOPEE • 1930 • ANS
CINDERELLA BLUES • 1931 • ANS
COLLEGE CAPERS • 1931 • ANS
COWBOY BLUES • 1931 • ANS
FAIRYLAND FOLLIES • 1931 • ANS
FISHERMAN'S LUCK • 1931 • ANS
FLY GUY, THE • 1931 • ANS
FLY HI • 1931 • ANS
IN DUTCH • 1931 • ANS
MAKING 'EM MOVE • IN A CARTOON STUDIO • 1931 • ANS
RED RIDING HOOD • 1931 • ANS
TOY TIME • 1931 • ANS
CIRCUS ROMANCE • 1932 • ANS
DOWN IN DIXIE • 1932 • ANS
FLY FROLIC • 1932 • ANS
HOKUM HOTEL • 1932 • ANS
MAGIC ART • 1932 • ANS
NURSERY SCANDAL • 1932 • ANS
YARN OF WOOL, A • 1932 • ANS
BULLY'S END, THE • 1933 • ANS
DIZZY DAY, A • 1933 • ANS
PANICKY PUP • 1933 • ANS
ROUGH ON RATS • 1933 • ANS
RUNAWAY BLACKIE • 1933 • ANS
TUMBLEDOWN TOWN • 1933 • ANS

BAILEY NORMA – CND
MARTHA, RUTH AND EDIE • 1988

BAILEY OLIVER see **BAILEY OLIVER D.**

BAILEY OLIVER D. – USA
BAILEY OLIVER
WHIRL OF LIFE, THE • 1915
SUN-UP • 1919
BLIND LOVE, THE • 1920

BAILEY PATRICK – USA – 1947–
DOOR TO DOOR • 1984

BAILEY REX – USA
FANGS OF THE ARCTIC • 1953
MEXICAN MANHUNT • 1953
NORTHERN PATROL • 1953

BAILEY RICHARD – USA
WIN, PLACE OR STEAL • 1975

BAILEY WILLIAM – USA
LUCILLE, THE WAITRESS • 1916 • SHT
SIGNS OF TROUBLE • 1917 • SHT
POUND FOOLISH • 1926

BAILLARGEON PAUL – CND
BAILLARGEON PAULE
CUISINE ROUGE, LA • 1980

BAILLARGEON PAULE see **BAILLARGEON PAUL**

BAILLIE BRUCE – USA – 1931–
FRIEND FLEEING • 1961 • SHT
GYMNASTS, THE • 1961 • SHT
MR. HAYASHI • 1961 • SHT
ON SUNDAYS • 1961 • SHT
SCULPTURE OF DAVID LYNN, THE • DAVID LYNN'S SCULPTURE • 1961 • SHT
EVERYMAN • 1962 • SHT
HAVE YOU THOUGHT OF TALKING TO THE DIRECTOR? • 1962 • SHT
HERE I AM • 1962
NEWS #3 • 1962 • SHT
HURRAH FOR SOLDIERS, A • 1962–63 • SHT
TO PARSIFAL • 1963 • SHT
BROOKFIELD RECREATION CENTER, THE • 1964
MASS • MASS (FOR THE DAKOTA SIOUX) • 1964 • SHT
QUIXOTE • 1965
YELLOW HORSE • 1965–66 • SHT
ALL MY LIFE • 1966 • SHT
CASTRO STREET • 1966 • SHT
NEWSREEL (PORT CHICAGO) • PORT CHICAGO • 1966
SHOW LEADER • 1966
STILL LIFE • 1966 • SHT
TERMINATION • 1966 • SHT
TUNG • 1966 • SHT
VALENTIN DE LAS SIERRAS • 1967
QUICK BILLIE • QUICK BILLY • 1970
ROSLYN ROMANCE • 1971
CARDINAL'S VISIT, THE • 1981

BAILLY JEAN-PIERRE – FRN
A QUELLE HEURE TU TE LEVES DEMAIN? • 1980

BAILLY RAYMOND – FRN – 1914–
ETRANGE MONSIEUR STEVE, L' • MR. STEVE (USA) ○ PLUS MORT QUE VIF • 1957
MA FEMME EST UNE PANTHERE • MY WIFE IS A PANTHER (USA) • 1961

BAILY LESLIE – UKN
SCRAPBOOK FOR 1922 • 1947

BAIM HAROLD – Producer – UKN – 1914–
PLAYTIME FOR WORKERS • 1943
SAY ABRACADABRA • 1952
VARIETY HALF HOUR • 1954 • SHT
INVITATION TO MAGIC • 1956
DELTA 8-3 • 1960
VICTIMS OF TERROR • 1967 • DCS
TIME OUT FOR SARDINIA • 1970 • DCS

BAIN BILL – ASL
WHAT BECAME OF JACK AND JILL? • ROMEO AND JULIET -1971 • 1971

BAIN FRED – USA
THUNDERING THROUGH • MODERN KNIGHT, A (UKN) • 1925
RAMBLIN' GALOOT, THE • 1926

BAINBRIDGE JONATHAN – USA
ANGELMAN • SHT

BAIRD E. see **BAIRD EDWARD**

BAIRD EDWARD – UKN
BAIRD E.
SCHOOL FOR DANGER • NOW IT CAN BE TOLD • 1947

BAIRNSFATHER BRUCE – CND
CARRY ON SERGEANT • 1927

BAIRSTOW DAVID – CND – 1921–
SAFE CLOTHING • HABITS SANS DANGER • 1949 • DOC
ROYAL JOURNEY • VOYAGE ROYAL • 1951 • DOC
DUES AND THE UNION • 1953 • DOC
INQUIRING MIND, THE • 1960 • DOC
MEN AGAINST THE ICE • 1960 • DOC
ARCTIC CIRCLE • 1961 • SER
MORNING ON THE LIEVRE • 1961 • DOC
MUSIC FROM MONTREAL • 1962 • DOC
FIRST MILE UP, THE • 1963 • DOC
INSTANT FRENCH • 1965 • DOC
MAX IN THE MORNING • 1965 • DOC
TWENTY-FOUR HOURS IN CZECHOSLOVAKIA • 1968 • DOC

BAISSAT BERNARD – FRN – 1943–
ECOUTEZ BIZEAU • 1981 • DOC
ECOUTEZ MAY PICQUERAY • 1984 • DOC

BAITAN NATUCH – TRK
LIONMAN • 1980

BAITROV RAVIL – USS
ZESTOKE GODINE • FORCEFUL YEARS, THE ○ BITTER YEARS, THE • 1980

BAJIC DARKO – YGS
DIREKTAN PRENOS • LIVE BROADCAST • 1983
ZABORAVLJENI II • FORGOTTEN II, THE • 1989
POCETNI UDARAC • INITIAL KICK • 1990

BAJON FILIP – PLN – 1947–
ARIA DLA ATLETY • ARIA FOR AN ATHLETE • 1978
WIZJA LOKALNA: 1901 • 1980
LIMOUSINE • 1981
MAGNATE • 1988

BAK CHEOL-SU – SKR
PARK CHEOL-SU
EOMI • MOTHER, THE • 1985
OH! MY DARLING • 1988

BAKABA SIJIRI – IVC
GUERISSEURS, LES • ADUEFUE, THE LORDS OF THE STREET (UKN) • 1988

BAKALOV SLAV – BUL
WEDDING • 1986 • ANS

BAKER ANTHONY – GRM
AMOROUS ADVENTURES OF A YOUNG POSTMAN, THE
LOVE, VAMPIRE STYLE • 1973

BAKER BALDWIN JR. – USA
SUBSTANCE OF JAZZ, THE • 1968 • SHT
BOUND TO BE HEARD • CRUSADE FOR JAZZ • 1972 • DOC

BAKER DAVID – ASL – 1925–
JAPAN: THE THIRD SUPERSTATE • 1967 • DOC
DRIVING TO A SYSTEM • 1968 • DOC
LIBIDO • 1973
SQUEAKER'S MATE • 1973 • SHT
GREAT MACARTHY, THE • 1975
AIRHAWK • 1981 • MTV

BAKER DE VERE – USA
LEHI • VOYAGE OF THE LEHI IV • 1963

BAKER DIANE – Actress – USA – 1938–
ASHYANA • 1971 • DOC

BAKER DOUGLAS – UKN
CRUEL SUMMER OF PARACELSUS • 1985

BAKER EDDIE – USA – 1897–
GOOFY GAB
WHY WORRY
FRENCH PASTRY • 1925
ALL AT SEA • 1929
OH YEAH! • 1930

BAKER FRED – USA
ON THE SOUND • 1963 • SHT
ACTION • 1969
EVENTS • 1970
LENNY BRUCE WITHOUT TEARS • 1972
MURDER SHE SINGS • 1986

BAKER GEORGE D. – USA – –1949
JUST PLAIN FOLKS • 1908
LOVER'S STRATAGEMS, A • 1908
MUMMER'S DAUGHTER, THE • 1908
COHEN AT CONEY ISLAND • 1909
GEORGIA WEDDING, A • 1909
HIS FIRST GIRL • 1909
PLAIN MAME OR ALL THAT GLITTERS IS NOT GOLD • 1909
TROUBLES OF AN AMATEUR DETECTIVE, THE • 1909
DAVY JONES AND CAPTAIN BRAGG • 1910
CAPTAIN BARNACLE'S COURTSHIP • 1911
MY OLD DUTCH • 1911
NEW STENOGRAPHER, THE • 1911
SOLDIERS THREE • 1911
STRATEGY OF ANNE, THE • 1911
SUBDUING OF MRS. NAG, THE • 1911
AUNTY'S ROMANCE • 1912
BACHELOR BUTTONS • 1912
BUNNY ALL AT SEA • 1912
BUNNY AND THE DOGS • 1912
CHUMPS • 1912
LEAP-YEAR PROPOSAL • 1912
LOVE SICK MAIDENS OF CUDDLETOWN • LOVESICK MAIDENS OF CUDDLETOWN • 1912
MR. BOLTER'S INFATUATION • 1912
PANDORA'S BOX • 1912
TROUBLESOME STEP-DAUGHTERS, THE • 1912
AUTOCRAT OF FLAPJACK JUNCTION, THE • 1913
FLAMING HEARTS • 1913
GENTLEMAN OF FASHION, A • 1913
GIRL AT THE LUNCH COUNTER, THE • 1913
GOLF GAME AND THE BONNET, THE • 1913
JOHN TOBIN'S SWEETHEART • 1913
MISADVENTURES OF A MIGHTY MONARCH, THE • 1913
PICKPOCKET, THE • 1913
PIRATES, THE • 1913
REGIMENT OF TWO, A • 1913
SCHEMERS, THE • 1913
THOSE TROUBLESOME TRESSES • 1913
WHEN THE PRESS SPEAKS • 1913
WHICH WAY DID HE GO? • 1913
AUNTIE'S PORTRAIT • 1914
BUNCO BILL'S VISIT • 1914
BUNNY BACKSLIDES • 1914
BUNNY BUYS A HAREM • 1914
BUNNY IN DISGUISE • 1914
BUNNY'S BIRTHDAY • 1914
BUNNY'S LITTLE BROTHER • 1914
BUNNY'S MISTAKE • 1914
BUNNY'S SCHEME • 1914
CHANGE IN BAGGAGE CHECKS, A • 1914
FATHER'S FLIRTATION • 1914
FIXING THEIR DADS • 1914
HEARTS AND DIAMONDS • 1914
HONEYMOONERS, THE • 1914
JOHANNA, THE BARBARIAN • 1914
LOCKED HOUSE, THE • 1914
LOVE'S OLD DREAM • 1914
MARY JANE ENTERTAINS • 1914
MR. BINGLES' MELODRAMA • 1914
MR. BUNNYHUG BUYS A HAT FOR HIS BRIDE • 1914
OLD FIRE HORSE AND THE NEW FIRE CHIEF, THE • 1914
OLD MAID'S BABY, THE • 1914
PIGS IS PIGS • 1914
POLISHING UP • 1914
PRIVATE BUNNY • 1914
ROCKY ROAD OF LOVE, THE • 1914
SETTING THE STYLE • 1914
STRAND OF BLONDE HAIR, A • 1914
SUCH A HUNTER • 1914
SWEENEY'S CHRISTMAS BIRD • 1914
TANGLED TANGOISTS • 1914
TRAIN OF INCIDENTS, A • 1914
VASES OF HYMEN, THE • 1914
BUNNY IN BUNNYLAND • 1915
DUST OF EGYPT, THE • 1915
HEAVY VILLAINS • 1915
HOW CISSY MADE GOOD • 1915
JANE WAS WORTH IT • 1915
MAN'S SACRIFICE, A • 1915
PAIR OF QUEENS, A • 1915
PAT HOGAN, DECEASED • 1915
PRICE FOR FOLLY, THE • 1915
QUEEN FOR AN HOUR, A • 1915
SMOKING OUT OF BELLA BUTTS, THE • 1915
SOME DUEL • 1915
WAR • 1915
JANE'S BASHFUL HERO • 1916 • SHT
JANE'S HUSBAND • 1916 • SHT
NIGHT OUT, A • 1916
PRETENDERS, THE • 1916
SHE WON A PRIZE • 1916 • SHT
SUSIE THE SLEUTH • 1916 • SHT
TARANTULA, THE • 1916
TWO-EDGED SWORD, THE • 1916
WAGER, THE • 1916
WHEEL OF THE LAW, THE • WHEEL OF JUSTICE, THE • 1916
WINIFRED THE SHOP GIRL • SHOP GIRL, THE • 1916
DUCHESS OF DOUBT, THE • 1917
END OF THE TOUR, THE • 1917
HALL ROOM GIRLS, THE • 1917 • SHT
HIS FATHER'S SON • 1917
LIFTED VEIL, THE • 1917
LONG LIVE THE QUEEN • 1917
OUTWITTED • 1917
SLEEPING MEMORY, A • 1917
SOWERS AND REAPERS • 1917
WHAT SHALL IT PROFIT • 1917
WHITE RAVEN, THE • 1917
DEMON, THE • 1918
REVELATION • 1918
SHELL GAME, THE • 1918
TOYS OF FATE • 1918
CASTLES IN THE AIR • 1919
LION'S DEN, THE • 1919
PEGGY DOES HER DARNDEST • 1919
CINEMA MURDER, THE • 1920
HELIOTROPE • 1920
MAN WHO LOST HIMSELF, THE • 1920
BURIED TREASURE • 1921
GARMENTS OF TRUTH • 1921
HUNCH, THE • TEMPTING LUCK • 1921
PROXIES • 1921
WITHOUT LIMIT • TEMPLE OF DUSK, THE • 1921
DON'T WRITE LETTERS • 1922
I CAN EXPLAIN • STAY HOME • 1922
LITTLE EVA ASCENDS • ON TOUR • 1922
SLAVE OF DESIRE • MAGIC SKIN, THE • 1923
REVELATION • IN A MONASTERY GARDEN • 1924

BAKER GRAHAM – USA
FAMILY FLIVVER, A • 1917 • SHT
GRIT AND GRATITUDE • 1917 • SHT
HIS WIFE GOT ALL THE CREDIT • 1917 • SHT
HIS WIFE'S HERO • 1917 • SHT
HUGS AND HUBBUB • 1917 • SHT
PAGING PAGE TWO • 1917 • SHT
RIFFRAFF AND RIVALRY • 1917 • SHT
COALS FOR THE FIRE • 1918 • SHT
FOUR CORNERED TRIANGLE, A • 1918 • SHT
LITTLE OUIJA WORK, A • 1918 • SHT
SEEKING AN OVERSOUL • 1918 • SHT
SURPRISING HUSBAND • 1918 • SHT
SWEETS OF THE SOUR • 1918 • SHT
THEIR ANNIVERSARY FEAST • 1918 • SHT
THEIR GODSON • 1918 • SHT

BAKER GRAHAM* – USA
FINAL CONFLICT, THE • OMEN 3: THE FINAL CONFLICT ○ FINAL CONFLICT: OMEN 3, THE • 1981
IMPULSE • 1984
ALIEN NATION • OUTER HEAT • 1988

BAKER IAN – Dir. photo – ASL
CLEVER DICK • 1968 • SHT

BAKER JEANNIE – Animator – ASL
WHERE THE FOREST MEETS THE SEA • 1987 • ANS

BAKER MARK – Animator – UKN
HILL FARM, THE • 1988 • ANM

BAKER NANCY – USA
DREAMLAND • 1983

BAKER R. C. – USA
WHEN DESTINY WILLS • 1921

BAKER R. E. – USA
BURGLARIZED BURGLAR, THE • 1911
FATE'S FUNNY FROLIC • 1911
GOD'S INN BY THE SEA • 1911
GORDIAN KNOT, THE • 1911
HER DAD, THE CONSTABLE • 1911
HIS FRIEND'S WIFE • 1911
NEW MANAGER, THE • 1911
ROSARY, THE • 1911

BAKER RICHARD – UKN
INDIAN SPIRIT GUIDE, THE • 1969 • MTV
JOURNEY INTO MIDNIGHT • 1969 • ANT

BAKER RICHARD FOSTER – USA
FOSTER RICHARD F. • FOSTER R. F.
FABLE OF THE HONEYMOON THAT TRIED TO COME BACK, THE • 1914
FABLE OF THE REGULAR BEANERY AND THE PEACHY NEWCOMER, THE • 1914
BUNCH OF KEYS, A • 1915
FABLE OF ELVIRA AND FARINA AND THE MEAL TICKET, THE • 1915
FABLE OF HANDSOME JETHRO, WHO WAS SIMPLY CUT OUT TO BE A MERCHANT, THE • 1915
FABLE OF HAZEL'S TWO HUSBANDS AND WHAT BECAME OF THEM, THE • 1915
FABLE OF THE ESCAPE OF ARTHUR AND THE SALVATION OF HERBERT, THE • 1915
FABLE OF THE ROISTERING BLADES, THE • 1915
FABLE OF THE SORROWS OF THE UNEMPLOYED AND THE DANGER OF CHANGING FROM BILL TO HAROLD, THE • 1915
FABLE OF THE STATESMAN WHO DIDN'T MAKE GOOD, THE • 1915
FABLE OF THE THROUGH TRAIN, THE • 1915
FABLE OF THE TIP AND THE TREASURE, THE • 1915
RULE SIXTYTHREE • 1915
SWEEDIE GOES TO COLLEGE • 1915
FABLE OF BOOKS MADE TO BALANCE, THE • 1916 • SHT
FABLE OF HOW WISENSTEIN DID NOT LOSE OUT TO BUTTINSKY, THE • 1916 • SHT
FABLE OF THE FEARSOME FEUD BETWEEN THE FIRST FAMILIES, THE • 1916 • SHT
FABLE OF THE KID WHO SHIFTED HIS IDEALS TO GOLF AND FINALLY BECAME A BASEBALL FAN AND TOOK....., THE • 1916 • SHT
FABLE OF THE KITTENISH SUPER-ANNS AND THE WORLD-WEARY SNIPES, THE • 1916 • SHT
FABLE OF THE SLIM GIRL WHO TRIED TO KEEP A DATE THAT WAS NEVER MADE, THE • 1916 • SHT
FABLE OF THE THROBBING GENIUS OF A TANK TOWN WHO WAS ENCOURAGED BY HER FOLKS WHO WERE PROMINENT, THE • 1916 • SHT
FAILURE AT FIFTY, A • 1916 • SHT
HEART OF VIRGINIA KEEP, THE • 1916 • SHT
TIN SOLDIER, A • 1916 • SHT
UNTO THE LEAST OF THESE • 1916 • SHT
FABLE OF ALL THAT TRIANGLE STUFF AS SIZED UP BY THE MEAL TICKET, THE • 1917 • SHT
FABLE OF THE FILM FED FAMILY, THE • 1917 • SHT
FABLE OF THE GIRL WHO TOOK NOTES AND GOT WISE AND THEN FELL DOWN, THE • 1917 • SHT
FABLE OF THE SPEEDY SPRITE, THE • 1917 • SHT
FABLE OF THE TWELVE-CYLINDER SPEED OF THE LEISURE CLASS, THE • 1917 • SHT
FABLE OF THE UPLIFTER AND HIS DANDY LITTLE OPUS, THE • 1917 • SHT
FABLE OF THE WANDERING BOY AND THE WAYWARD PARENTS, THE • 1917 • SHT
FABLE OF WHAT THE BEST PEOPLE ARE NOT DOING, THE • 1917 • SHT
FABLE OF WHAT TRANSPIRES AFTER THE WIND-UP, THE • 1917 • SHT
GIRL GOD MADE FOR JONES, THE • 1917 • SHT
HAM WHAT WAS, THE • 1917 • SHT
INVISIBLE WEB, THE • 1917 • SHT
LITTLE MISSIONARY, THE • 1917 • SHT
LITTLE WHITE GIRL, THE • 1917 • SHT
THREE WAYS OUT • 1917 • SHT

BAKER ROBERT see **BAKER ROBERT S.**

BAKER ROBERT S. – Producer – UKN – 1916–
BAKER ROBERT
BLACKOUT • 1950
13 EAST STREET • 1952
STEEL KEY, THE • 1953
PASSPORT TO TREASON • 1956
JACK THE RIPPER • 1959
SIEGE OF SIDNEY STREET, THE • SIEGE OF HELL STREET, THE • 1960
HELLFIRE CLUB, THE • 1961
TREASURE OF MONTE CRISTO, THE • SECRET OF MONTE CRISTO, THE (USA) • 1961

BAKER ROY see **BAKER ROY WARD**

BAKER ROY W. see **BAKER ROY WARD**

BAKER ROY WARD – Producer – UKN – 1916–
BAKER ROY W. • BAKER ROY
OCTOBER MAN, THE • HANGMAN'S NOOSE • 1947
WEAKER SEX, THE • NO MEDALS FOR MARTHA • 1948
MORNING DEPARTURE • OPERATION DISASTER (USA) • 1949
PAPER ORCHID • 1949
HIGHLY DANGEROUS • 1950
HOUSE IN THE SQUARE, THE • I'LL NEVER FORGET YOU (USA) ○ MAN OF TWO WORLDS ○ JOURNEY TO THE PAST • 1951
DON'T BOTHER TO KNOCK • 1952
NIGHT WITHOUT SLEEP • 1952
INFERNO • 1953
PASSAGE HOME • 1955
JACQUELINE • 1956
TIGER IN THE SMOKE • 1956
ONE THAT GOT AWAY, THE • 1957
NIGHT TO REMEMBER, A • 1958
FLAME IN THE STREETS • 1961
SINGER NOT THE SONG, THE • 1961
VALIANT, THE • AFFONDAMENTO DELLA VALIANT, L' (ITL) • 1962
TWO LEFT FEET • 1963
ANNIVERSARY, THE • 1967
FICTION-MAKERS, THE • 1967
QUATERMASS AND THE PIT • FIVE MILLION YEARS TO EARTH (USA) • 1967
FOREIGN EXCHANGE • 1969 • TVM
MOON ZERO TWO • 1969
SPY KILLER, THE • 1969 • TVM
SCARS OF DRACULA, THE • 1970
VAMPIRE LOVERS, THE • 1970
ASYLUM • HOUSE OF CRAZIES (USA) • 1972
DR. JEKYLL AND SISTER HYDE • 1972
PERSUADERS: THE SWITCH, THE • SWITCH, THE • 1972 • MTV
AND NOW THE SCREAMING STARTS! • I HAVE NO MOUTH BUT I MUST SCREAM ○ FENGRIFFEN • 1973
VAULT OF HORROR • FURTHER TALES FROM THE CRYPT ○ TALES FROM THE CRYPT PART II • 1973
LEGEND OF 7 GOLDEN VAMPIRES, THE • LEGEND OF THE SEVEN GOLDEN VAMPIRES, THE ○ 7 BROTHERS MEET DRACULA, THE ○ DRACULA AND THE SEVEN GOLDEN VAMPIRES • 1974
PERSUADERS: MISSION MONTE CARLO, THE • MISSION MONTE CARLO • 1975 • MTV
MONSTER CLUB, THE • 1980
FLAME TREES OF THIKA, THE • 1981 • MTV
MASKS OF DEATH • 1984
MINDER: AN OFFICER AND A CAR SALESMAN • 1988 • TVM

BAKER TOM – USA
BONGO WOLF'S REVENGE • 1970 • DOC

BAKES GEORGE – USA
MESSED UP MOVIE MAKERS • 1966 • ANS

BAKHTADZE V. see **BAKHTADZE VAKTANG**

BAKHTADZE VAKTANG – Animator – USS
BACHTADZE VAHTANG • BAKHTADZE V.
SPORTSMAN, THE • 1963 • ANS
NARCISSUS • 1966 • ANS
O MODA, MODA • OH FASHION, FASHION • 1969 • ANS

BAKIR ZOHEIR – EGY
GHARAMIATE MAGNOUN • ADVENTURES OF A FOOL • 1967

BAKKER E. G. see **RAPI R.**

BAKO KLAUS – GRM
TORTURE IM ZEICHEN DES FRIEDENS • 1974

BAKSHI RALPH – Animator – PLS – 1938–
DON'T SPILL THE BEANS • 1965 • ANS
DRESS REVERSAL • 1965 • ANS
GADMOUSE THE APPRENTICE GOOD FAIRY • 1965 • ANS
THIRD MUSKETEER, THE • 1965 • ANS
DR. HA HA HA • 1966 • ANS
DREAM-NAPPING • 1966 • ANS
MONSTER MAKER, THE • 1966 • ANS
PHANTOM SKYSCRAPER, THE • 1966 • ANS
RAIN DRAIN • 1966 • ANS
SCUBA DUBA DO • 1966 • ANS
BARON VON GO-GO • 1967 • ANS
BUGGED BY A BUG • 1967 • ANS
DR. RHINESTONE'S THEORY • 1967 • ANS
FANCY PLANTS • 1967 • ANS
FROZEN SPARKLERS • 1967 • ANS
FUZ, THE • 1967 • ANS
GIVE ME LIBERTY • 1967 • ANS
HEAT'S OFF, THE • 1967 • ANS
IT'S FOR THE BIRDS • 1967 • ANS
MARVIN DIGS • 1967 • ANS
MINI-SQUIRTS, THE • 1967 • ANS
MOUSE TREK • 1967 • ANS
MR. WIN LUCKY • 1967 • ANS
OPERA CAPER, THE • 1967 • ANS
TRAFFIC TROUBLE • 1967 • ANS
VOODOO SPELL, A • 1967 • ANS
WHICH IS WITCH • 1967 • ANS
FRITZ THE CAT • 1972 • ANM
HEAVY TRAFFIC • 1973 • ANM
COONSKIN • BUSTIN' OUT ○ STREET FIGHT • 1975 • ANM
WIZARDS • 1977 • ANM
LORD OF THE RINGS • 1978 • ANM
AMERICAN POP • 1981 • ANM
FIRE AND ICE • 1982 • ANM
HEY GOOD LOOKIN' • 1983 • ANM

von BAKY JOSEF – GRM – 1902–1966
INTERMEZZO • 1936
FRAU AM SCHEIDEWEGE, DIE • SCHICKSAL EINER ARZTIN, DAS • 1938
KLEINE UND DIE GROSSE LIEBE, DIE • MINOR LOVE AND THE REAL THING, THE • 1938
IHR ERSTES ERLEBNIS • HER FIRST EXPERIENCE (USA) • 1939
MENSCHEN VOM VARIETE • 1939
KLEINSTADTPOET, DER • 1940
ANNELIE • GESCHICHTE EINES LEBENS, DIE • 1941
MUNCHHAUSEN • ADVENTURES OF BARON MUNCHAUSEN, THE (USA) • 1943
VIA MALA • STRASSE DES BOSEN, DIE • 1944
...UND UBER UNS DER HIMMEL • CITY OF TORMENT (USA) ○ ...AND THE SKY ABOVE US • 1947
RUF, DER • LAST ILLUSION, THE ○ CALL, THE • 1949
SELTSAME GESCHICHTE DES BRANDNER KASPER, DIE • STRANGE STORY OF BRANDNER KASPER, THE ○ TOR ZUM PARADIES, DAS • 1949
DOPPELTE LOTTCHEN, DAS • LISA AND LOTTIE • 1950
TAGEBUCH EINER VERLIEBTEN • DIARY OF A MARRIED WOMAN • 1953
TRAUMENDE MUND, DER • DREAMING LIPS (USA) ○ DREAMING MOUTH • 1953
DUNJA • 1955
HOTEL ADION • 1955
POSTMEISTER, DER • 1955
FUHRMANN HENSCHEL • 1956
FRUHREIFEN, DIE • 1957
ROBINSON SOLL NICHT STERBEN • GIRL AND THE LEGEND, THE (USA) • 1957
GESTEHEN SIE DR. CORDA! • CONFESS DR. CORDA (USA) • 1958
STEFANIE • 1958
IDEALE FRAU, DIE • 1959
MANN DER SICH VERKAUFT, DER • 1959
MARILI • 1959
STURM IM WASSERGLAS • 1960
SELTSAME GRAFIN, DIE • STRANGE COUNTESS, THE (USA) • 1961

BAL WALTER – BLG – 1939–
ANNEE DE JACCO, L' • 1979
BOBO, JACCO • 1979

BALABAN BOB – USA
PARENTS • 1989

BALABAN BURT – USA – 1922–1965
STRANGER FROM VENUS, A • IMMEDIATE DISASTER (USA) ○ VISITOR FROM VENUS, A ○ VENUSIAN, THE • 1954
LADY OF VENGEANCE • 1957
HIGH HELL • 1958
MURDER, INC. • 1960
MAD DOG COLL • 1961
GENTLE RAIN, THE • 1966

BALACHANDAR K. – IND
ANUBAVI RAJA ANUBAVI • EXPERIENCE, MY BOY! • 1967
BHALE KODALU • DAUGHTER-IN-LAW • 1968
EDHIR NEECHAL • AGAINST ALL OBSTACLES • 1968
THAMARAI NENJAM • LOTUS HEART • 1968

BALACHINE GEORGE – USA
MIDSUMMER NIGHT'S DREAM, A • 1966

BALACKI ASEN – CND
PEOPLE OF THE SEAL • 1971

BALADA IVAN – CZC
PAVILON C.6 • PAVILION NO.6 ○ ARK OF FOOLS • 1969

BALAGUE CARLOS – SPN
AMOR ES ESTRANY, EL • LOVE IS STRANGE • 1988

BALAIAN ROMAN see **BALAYAN ROMAN**

BALAKOFF PIERRE – USA
RING OF DESIRE • 1981

BALAN S. S. – IND
AURAT • WOMAN • 1967

BALANA PEDRO – SPN – 1933–
CASCO BLANCO, EL • 1959
ULTIMO SABADO, EL • LAST SATURDAY, THE • 1968

BALASA SABIN – RMN
WAVE, THE • ANS
FASCINATIE • FASCINATION • 1969 • ANS

BALASSA ARTURO – ARG
PAIS CERRADO, TEATRO ABIERTO • CLOSED COUNTRY, OPEN THEATRE • 1990

BALAYAN ROMAN – USS
BALAIAN ROMAN
BIRYUK • BIRJUK ○ LONE WOLF, THE • 1979
POLIOTY VO SNE I NAIAVOU • FLIGHTS BETWEEN DREAM AND REALITY ○ DREAM FLIGHTS ○ DREAM FLIGHT • 1983

BALAZS BELA – Writer – HNG – 1884–1949
AGYU ES HARANG • 1915
MAKI ALLAST VALLAL • 1916
OBISTOS • 1917
SPHINX • 1918
MEGFAGYOTTGYERMEK, A • 1921
BLAUE LICHT, DAS • BLUE LIGHT, THE • 1932
EDES MOSTOHA • 1935
AZUREXPRESS • 1938
OPIUMKERINGO • 1943

BALAZS MARIA – HNG
POKHALO • 1938

BALBONI SILVANO – USA
FAR CRY, THE • 1926
MASKED WOMAN, THE • 1927

BALBUENA SILVIO F. – SPN – 1930–
SIEMPRE EN MI RECUERDO • 1962
JUEGOS PELIGROSOS • 1964
SONRIA POR FAVOR • 1964
PROHIBIDO SONAR • 1965
CELOS Y EL DUENDE, LOS • 1966
S.O.S. INVASION • 1968
MUJER Y UN COBARDE, UNA • 1975
FANGO • 1976

BALCAZAR ALFONSO – SPN – 1925–
BAGRAN AL • BAGRAM AL
ENCRUCIJADA, LA • 1959
CASTIGADORES, LOS • 1960
DONDE VAS, TRISTE DE TI? • 1960
AL OTRO LADO DE LA CIUDAD • 1961
SOLTEROS DE VERANO • 1961
SUENOS DE MUJER • 1961
BELLA LOLA, LA • 1962
CENA DE MATRIMONIOS • 1962
PISO DE SOLTERO • 1963
PISTOLEROS DE ARIZONA • 1964
RANCHO DE LOS IMPLACABLES, EL • 1964
CLINT EL SOLITARIO • CLINT IL SOLITARIO (ITL) ○ LONELY CLINT • 1965
CUATRO DOLARES DE VENGANZA • QUATTRO DOLLARI DI VENDETTA (ITL) • 1965
5000 DOLLARI SULL'ASSO • 1965
DINAMITA JIM • DINAMITE JIM (ITL) • 1966
DOC, MANOS DE PLATA • 1966
CON LA MUERTE EN LA ESPALDA • CON LA MORTE ALLE SPALLE (ITL) ○ WITH DEATH ON YOUR BACK • 1967
QUE VIVA CARRANCHO! • MAN FROM CANYON CITY, THE ○ LONG LIVE CARRANCHO! • 1967
SARTANA NO PERDONE • SARTANA NON PERDONA (ITL) ○ SARTANA NEVER FORGIVES ○ SONORA • 1968
SONORA • 1968
TYPHON SUR HAMBOURG • 1968
CASA DE LAS MUERTAS VIVIENTES, LA • NOCHE DE UNA MUERTO QUE VIVIO, LA ○ NIGHT OF A DEAD WOMAN WHO LIVED, THE • 1972
JUERGAS DEL SENORITO, LAS • 1972
LLAMABAN CALAMIDAD, LES • 1972
RETORNO DE CLINT EL SOLITARIO, EL • 1972
TI ATTENDE UNA CORDA.. RINGO • 1972
CINCO MIL DOLARES AL SOL • 1973
DERECHO A LA VIDA, EL • 1973
LEY DEL KARATE EN EL OESTE, LA • 1973
EROTICON • 1974
INMORALES, LOS • 1974
NOCHES DEL ESCORPION • 1974
DESEO • 1975
PRIMERAS EXPERIENCAS, LAS • 1976
COLEGIALAS LESBIANAS Y EL PLACER DE PERVERTIR • SEXUAL DESIRES • 1982
MARQUES, LA MENOR Y EL TRAVESTI, EL • INSATIABLE ALICIA AND THE MARQUIS • 1982

BALCAZAR JAIME JESUS – SPN – 1934–
BALCAZAR JESUS JAIME
RANCH DEGLI SPIETATI, IL • MAN FROM OKLAHOMA, THE (USA) ○ OKLAHOMA JOHN • 1965
TIERRA DE FUEGO • VERGELTUNG IN CATANO (FRG) ○ SUNSCORCHED (USA) ○ LAND OF FIRE • 1965
HOMBRE DEL PUNO DE ORO, EL • UOMO DAL PUGNO D'ORO, L' (ITL) ○ MAN WITH THE GOLDEN FIST, THE • 1966
LADRONA PARA UN ESPIA • 1966
FILO DEL MIEDO, EL • CUTTING EDGE OF FEAR, THE • 1967
CRONICA DE UN ATRACO • DIARY OF A HOLD-UP • 1968
LUNGA NOTTE DI TOMBSTONE, LA • 1968
ESPANOLEAR • 1969
MISTERIO DE LA VIDA, EL • MYSTERY OF LIFE, THE • 1971

BALCAZAR JESUS JAIME see **BALCAZAR JAIME JESUS**

BALCH ANTHONY – Producer – UKN – 1937–
TOWERS OPEN FIRE • 1963
CUT-UPS, THE • 1967
SECRETS OF SEX • BIZARRE (USA) • 1969
HORROR HOSPITAL • COMPUTER KILLERS (USA) • 1973

BALCO VLADO – CZC
UHOL POHLADU • POINT OF VIEW • 1985

BALDACCINI GIORGIO – ITL
VIVA IL CINEMA! • 1954

BALDANELLO GIANFRANCO – ITL
CARROL FRANK G. • CARROLL FRANK G. • ELLIOTTS PAUL
TRENTA WINCHESTER PER EL DIABLO • 1966
UCCIDETE JOHNNY RINGO • 1966
NON MI DIRE MAI GOOD-BYE • 1967
RAGGIO INFERNALE, IL • NIDO DE ESPIAS (SPN) ○ NEST OF SPIES ○ INFERNAL RAY, THE • 1967
BLACK JACK • 1968
LUNGHI GIORNI DELL'ODIO, I • THIS MAN CAN'T DIE (USA) ○ LUSTY BRAWLERS • 1968
YELLOW -LE CUGINE • 1969
BLOOD RIVER • 1971
COLT IN MANO AL DIAVOLO, UNA • 1972
DA SCARAMOUCHE OR SE VUOI L'ASSOLUZIONE BACIAR DEVI'STO.. CORDONE! • 1973
FIGLIO DI ZORRO, IL • 1973
INGENUA, L' • 1975
QUELLA PROVINCIA MALIZIOSA • 1975
RICHIAMO DEL LUPO, IL • GREAT ADVENTURE, THE (USA) ○ CALL OF THE WOLF • 1975
DIECI BIANCHI UCCISI DA UN PICCOLO INDIANO • 1976
CHE DOTTORESSA RAGAZZI! • 1977
DEATH RAY • 1977
A CHI TOCCA...TOCCA! • AGENTEN KENNEN KEINE TRANEN ○ URANIUM-VERSCHWORUNG, DIE ○ KESHER HAURANIUM ○ YELLOWCAKE OPERAZIONE URANO ○ URANIUM CONSPIRACY, THE • 1978

BALDI FERDINANDO – ITL – 1927–
BALDWIN FERDY • BALDWIN FREE • LIVINGSTONE SAM • KAPLAN TED
PREZZO DELL'ONORE, IL • 1953
RICORDAMI • 1956
AMARTI E IL MIO DESTINO • 1957
ASSI ALLA RIBALTA • 1959
DUE SELVAGGI A CORTE • 1959
DAVID E GOLIA • DAVID AND GOLIATH (USA) • 1960
ORAZI E CURIAZI • DUEL OF CHAMPIONS (USA) ○ DUEL OF THE CHAMPIONS ○ HORATIO • 1961
TARTARI, I • TARTARS, THE (USA) • 1961
SPADA DEL CID, LA • HIJAS DEL CID, LA ○ SWORD OF EL CID, THE (USA) ○ ESPADA DEL CID, LA • 1962
TARAS BULBAIL COSACCO • 1963
FOLLIE D'EUROPA • 1964 • DOC
SFIDA AL RE DI CASTIGLIA • TYRANT OF CASTILE, THE (USA) • 1964
FIGLIO DI CLEOPATRA, IL • 1965
ALL'OMBRA DELLE AQUILE • 1966
GOLDSNAKE ANONIMA KILLERS • SUICIDE MISSION TO SINGAPORE (USA) ○ SINGAPUR, HORA CERO (SPN) ○ SINGAPORE, ZERO HOUR • 1966
MASSACRO DELLA FORESTA NERA, IL • ARMINIUS THE TERRIBLE ○ HERMANN DER CHERUSKER: DIE SCHACHT IM TEUTOBURGER WALD • 1966
TEXAS ADDIO • AVENGER, THE (UKN) ○ TEXAS ADIOS ○ ADIOS, TEXAS • 1966
IO NON PROTESTO, IO AMO • I DON'T PROTEST, I LOVE • 1967
RITA NEL WEST • RITA IN THE WEST • 1967
ODIA IL PROSSIMO TUO • HATE YOUR NEIGHBOUR • 1968
PREPARATI LA BARA • PREPARE THE COFFIN • 1968
PISTOLERO DELL'AVE MARIA, IL • 1969
PIRATI DELL'ISOLA VERDE, I • 1970
AFYON-OPPIO • SICILIAN CONNECTION, THE ○ AFYON-OPIUM • 1972
BLINDMAN • CIECO, IL • 1972
VITA LUNGA UN GIORNO, UNA • 1973
CARAMBOLA • 1974
CARAMBOLA, FILOTTO, TUTTI IN BUCA • 1975
GEOMETRA PRINETTI SELVAGGIAMENTE OSVALDO • 1976
GET MEAN • VENGEANCE OF THE BARBARIANS • 1976
MY NAME IS GUILTY • 1976
HAI IL BONGIORNO DI TRINITA • 1977
INQUILINA DEL PIANO DI SOPRA, L' • 1977
NOVE OSPITI PER UN DELITTO • 1977
COMIN' AT YA! • 1981
TESORO DE LAS CUATRO CORONAS, EL • TREASURE OF THE FOUR CROWNS • 1983
WARBUS • WARBUS: RAW COURAGE • 1985

BALDI GIAN V. see **BALDI GIAN VITTORIO**

BALDI GIAN VITTORIO – ITL – 1930–
BALDI GIAN V. • BALDIN GIAN
PIANTO DELLE ZITELLE, IL • 1959
VIA DEI CESSATI SPIRITI • 1959
VIGILIA DI MEZZA ESTATE • 1959
CASA DELLE VEDOVE, LA • WIDOW'S HOME, THE • 1960
LUCIANO (VIA DEI CAPELLARI) • LUCIANO, UNA VITA BRUCIATA ○ VIA DEI CAPELLARI • 1960
BAR DI GIGI, IL • 1961
ITALIANE E L'AMORE, LE • LATIN LOVERS (USA) ○ ITALIAN WOMEN AND LOVE • 1961
RITRATTO DI PINA • 1961
CORRIDA DI SPOSA, IL • 1962
LUCIANO • VITA BRUCIATA, UNA ○ MADRE IGNOTA • 1962
ADOLESCENTI, LE • FLEUR DE L'AGE, OU LES ADOLESCENTES, LA ○ THAT TENDER AGE ○ VEUVES DE QUINZE ANS, LES ○ SHISHUNKI ○ ADOLESCENTS, THE • 1964
RILTRATTO DI PINA • 1966
FUOCO! • FIRE! • 1968
NOTTE DEI FIORI, LA • NIGHT OF THE FLOWERS (USA) • 1972
ULTIMO GIORNO DI SCUOLA PRIMA DELLE VACANZE DI NATALE, L' • 1975
ANNI DURI • MEMORIA E GLI ANNI, LA • 1979 • MTV

BALDI MARCELLO – ITL – 1923–
MARSHALL BILLY
ITALIA K2 • 1955 • DOC
MORTE HA VIAGGIATO CON ME, LA • 1957
RACCOMANDATO DI FERRO, IL • 1959
MARTE, DIO DELLA GUERRA • VENUS AGAINST THE SON OF HERCULES (USA) ○ MARS, GOD OF WAR • 1962
CRIMINALE, IL • NIGHT TRAIN TO MILAN ○ TRAIN TO MILAN • 1963
PATRIARCHI, I • PATRIARCHI DELLA BIBBIA, I ○ PATRIARCHS OF THE BIBLE, THE • 1963
GIACOBBE, L'UOMO CHE LOTTO CON DIO • 1965
SAUL E DAVID • SAUL Y DAVID ○ SAUL AND DAVID (USA) • 1965
FUNF VOR ZWOLF IN CARACAS • INFERNO A CARACAS (ITL) • 1966
GRANDI CONDOTTIERI, I • 1966
STUNTMAN • CASCADEUR, LE (FRN) • 1968
INCENSURATO PROVATA DISONESTA CARRIERA ASSICURATA CERCASI • 1972
SON OF HERCULES VS. VENUS • 1980

BALDIN GIAN see **BALDI GIAN VITTORIO**

BALDUCCI ARMENIA – ITL
AMO NON AMO • TOGETHER (USA) ○ I LOVE YOU, I LOVE YOU NOT • 1979

BALDUCCI RICHARD – FRN – 1929–
BALDWIN BRUNO
AMOUR, L' • 1968
HONTE DE LA FAMILLE, LA • 1969
DEMOISELLES A PEAGE
DANS LA POUSSIERE DU SOLEIL • LUST IN THE SUN (UKN) • 1971
ODEUR DES FAUVES, L' • 1971
TROP JOLIES POUR ETRE HONNETES • 1972
PAR ICI LA MONNAIE • 1973
PERCHE MAMMA TI MANDA SOLA? • 1973
TILT! • 1973
DEMERDARDS, LES • 1974
FACE CACHEE D'HITLER, LA • 1976
PRENDS TA ROLLS.. ET VA POINTER! • 1981
N'OUBLIE PAS TON PERE AU VESTIAIRE • 1982
SALUT LA PUCE • 1982
ON L'APPELLE CATASTROPHE • 1983

BALDWIN BRUNO see **BALDUCCI RICHARD**

BALDWIN FERDY see **BALDI FERDINANDO**

BALDWIN FREE see **BALDI FERDINANDO**

BALDWIN GERARD H. – USA
CATERPILLAR AND THE WILD ANIMALS, THE • 1969 • ANS

BALDWIN PETER – USA
BRADY GIRLS GET MARRIED, THE • 1981 • TVM
HARLEM GLOBETROTTERS ON GILLIGAN'S ISLAND, THE • 1981 • TVM
LOTS OF LUCK • 1985 • TVM
VERY BRADY CHRISTMAS, A • 1988 • TVM

BALDWIN RUTH ANN – USA
BLACK PAGE, THE • 1915
BLACK MANTILLA, THE • 1917 • SHT
BUTTERFLY, THE • 1917
IS MONEY ALL? • 1917 • SHT
IT MAKES A DIFFERENCE • 1917 • SHT
RENTED MAN, THE • 1917 • SHT
SOLDIER OF THE LEGION, A • 1917 • SHT
STORM WOMAN, THE • 1917 • SHT
THREE WOMEN OF FRANCE • 1917 • SHT
'TWIXT LOVE AND DESIRE • 1917 • SHT
WHEN LIZ LET LOOSE • 1917 • SHT
WIFE ON TRIAL, A • 1917
WOMAN WHO WOULD NOT PAY, THE • 1917 • SHT
'49 – '17 • 1917

BALDWIN TOM – USA
ORDER OF THE EAGLE • 1988
INVASION FORCE • 1989

BALEDON RAFAEL – MXC
AMOR DE LOCURA • 1952
GITANA TENIAS QUE SER • 1953
MI ADORADA CLEMENTINA • MY ADORED CLEMENTINE • 1953
CORONELAS, LAS • 1954
SECRETO DE PANCHO VILLA, EL • SECRET OF PANCHO VILLA, THE • 1954
SOMBRA VENGADORA, LA • 1954
SOMBRA VENGADORA VS. LA MANO NEGRA, LA • 1954
TESORO DE PANCHO VILLA, EL • 1954
CAMINO DE GUANAJUATO • 1955
MORIR DE PIE • 1955
PIEDRA EN EL ZAPATO, UNA • 1955
REY DE MEXICO, EL • 1955
BESOS PROHIBIDOS • 1956
FLECHA ENVENENADA, LA • 1956
NUNCA ME HAGAN ESO • 1956
PANTANO DE LAS ANIMAS, EL • 1956
POTRO SALVAJE, EL • 1956
BAJO EL CIELO DE MEXICO • 1957
GUITARRAS DE MEDIANOCHE • 1957
SALVAJES, LOS • SAVAGES, THE • 1957
TRES VIVALES, LOS • 1957
CARINOSO, EL • 1958
CIGUENA DIJO SI, LA • 1958
HOMBRE Y EL MONSTRUO, EL • MAN AND THE MONSTER, THE (USA) • 1958
JINETE SOLITARIO, EL • 1958
JINETE SOLITARIO EN EL VALLE DE LOS BUITRES, EL • 1958
JINETE SOLITARIO EN EL VALLE DE LOS DESAPARECIDOS, EL • 1958
SANTOS REYES, LOS • 1958
VIVIR DEL CUENTO • 1958
ZORRO ESCARLATA, EL • 1958
ZORRO ESCARLATA EN LA VENGANZA DEL AHORCADO, EL • 1958
CUANDO REGRESE MAMA • 1959
DOS GALLOS EN PALENQUE • 1959
PANDILLERO, EL • 1959
PUNOS DE ROCA • 1959
INOCENTES, LOS • 1960
MALVADO CARABEL, EL • 1960
ORLAK, EL INFIERNO DE FRANKENSTEIN • ORLAK, THE HELL OF FRANKENSTEIN • 1960
QUE ME MATEN EN TUS BRAZOS • 1960
TIRANDO A MATAR • 1960
CABALLO BLANCO, EL • WHITE HORSE, THE • 1961
MALDICION DE LA LLORONA, LA • CURSE OF THE CRYING WOMAN, THE (USA) ○ CASA EMBRUJADA, LA ○ WITCH HOUSE, THE • 1961
RULETERO A TODA MARCHA • 1962
BRACERO DE ANO, EL • 1963
BULLET FOR BILLY THE KID • 1963
HOMBRE EN LA TRAMPA, UN • 1963
MI ALMA POR UN AMOR • 1963
MILAGROS DE SAN MARTIN DE PORRES • 1963
MUSEO DEL HORROR, EL • MUSEUM OF HORROR, THE • 1963
SOMBRA DE LOS HIJOS, LA • 1963
SONRISA DE LOS POBRES, LA • 1963
VIVIR DE SUENOS • 1963
AMOR NO ES PECADO, EL • CIELO ES DE LOS PORRES, EL • 1964
CALLEJON SIN SALIDA, UN • 1964
CAMPEON DEL BARRIO • 1964
DIABLOS EN EL CIELO • 1964
FANTASMAS BURLONES, LOS • GHOST JESTERS, THE • 1964
HERMANOS MUERTE, LOS • 1964
LOBA, LA • HORRORES DEL BOSQUE NEGRO, LOS ○ HORRORS OF THE BLACK FOREST ○ SHE-WOLF, THE • 1964
PECADOR, EL • 1964
SWAMP OF THE LOST MONSTER, THE • SWAMP OF THE LOST SOULS • 1964
TIGRE DE GUANAJUATO, EL • 1964
TRAGABALAS, EL • 1964
ESTA NOCHE NO • 1965
INDOMABLE, EL • 1965
QUE HAREMOS CON PAPA? • 1965
REPORTERO, EL • 1966
RENUNCIA POR MOTIVOS DE SALUD • 1975
CHICOASEN • 1978

BALETIC BRANKO – YGS
SOK OD SLJIVA • PLUM JUICE • 1981
BALKAN EKSPRES • BALKAN EXPRESS • 1983
UVEK SPREMNE ZENE • EVER-READY WOMEN • 1987

BALFE MAUREEN – CND
WORLD IN A MARSH • LIVELY POND, THE ○ ETANG, L' • 1955 • DCS

BALHAUS CARL – GRM
DAMALS IN PARIS • 1956
TEUFELSKREIS, DER • 1956
MADCHEN VON 16½, EIN • 1958
NUR EINE FRAU • 1958
S A S 181 ANTWORTET NICHT • 1959
MORD OHNE SUHNE • 1962

BALIK JAROSLAV – CZC – 1924–
BOMB, THE • 1957
REPORT • NOTES FROM THE GALLOWS • 1961
TARZANOVA SMRT • DEATH OF TARZAN, THE (USA) ◦ DEATH OF THE APE MAN ◦ TARZAN'S DEATH • 1963
FIVE SINNERS • 1964
IDIOT OF XEENEMUNDE, THE • 1964
JAK SE KRADE MILION • HOW TO STEAL A MILLION ◦ HOW I STOLE A MILLION • 1967
TA TRETI • THIRD ONE, THE • 1968
ROMEO AND JULIET AT THE END OF NOVEMBER • 1971 • MTV
MILENCI V ROCE JEDNA • LOVERS FROM THE FIRST YEAR ◦ LOVERS OF THE YEAR ONE • 1973
SLECNA GOLEM • MISS GOLEM • 1973
JEDEN STRIBRNY • ONE SILVER PIECE • 1977
RYTMUS 1934 • RHYTHM 1934 • 1980
PIRATI • 1982
SILENY KANKAN • CRAZY CAN-CAN, THE • 1982
SCHIEBER, DIE • PROFITEERS, THE • 1983
ATOMOVA KATEDRALA • ATOMIC CATHEDRAL, AN • 1985
EXPERIMENT "EVA" • "EVA" EXPERIMENT, THE • 1985
ODA NA RADOST • ODE TO HAPPINESS • 1985
NAROZENINY REZISERA Z.K. • DIRECTOR Z. K.'S BIRTHDAY • 1987

BALILLA BERT – PHL
LADY UNTOUCHABLE • 1968

BALK MAURICE E. – UKN
CHEATED VENGEANCE • 1918

BALL ALAN – Animator – UKN
EVER-CHANGING MOTOR CAR, THE • 1962 • ANS
SENSE OF RESPONSIBILITY, A • 1971 • ANS

BALL CHRISTOPHER – CND
AFTER THE ARGUMENT • 1986 • SHT

BALL EUSTACE HALE – USA
AMERICAN QUEEN, AN • 1913
CITY FELLOW, THE • 1913

BALL GORDON – USA
FARM DIARY • 1970 • DOC

BALL IAN – CND
NO ACT OF GOD • 1977 • ANM

BALL MURRAY – Animator – NZL
FOOTROT FLATS • 1986 • ANS

BALLA NICHOLAS – CND
BACK TO JOBS • 1945 • DCS

BALLANTYNE TANYA – CND – 1944–
MACKAY TANYA • TREE TANYA
MERRY-GO-ROUND, THE • 1966 • SHT
THINGS I CANNOT CHANGE, THE • 1966 • DOC
BLUE AND ORANGE • 1977
RUE JEANNE MANCE • 1978
PEACE AND FREEDOM • 1980
WOMEN OF TWO WORLDS • 1980

BALLARD CARROLL – USA – 1937–
BLACK STALLION, THE • 1979
NEVER CRY WOLF • 1983
NUTCRACKER, THE • NUTCRACKER, THE MOTION PICTURE • 1986

BALLARD JOHN – USA
FRIDAY THE THIRTEENTH.. THE ORPHAN • ORPHAN, THE • 1979
ORPHAN, THE • 1979

BALLAY HUBERT – FRN
WATTOO WATTOO • 1980 • ANS

BALLBUSCH PETER – USA
NOSTRADAMUS SAYS NO • 1952
BODY IS A SHELL, THE • 1956

BALLERINI PIERO – ITL – 1901–1955
FRECCIA D'ORO • 1935
PICCOLO HOTEL • 1939
ULTIMA CARTA, L' • 1939
E SBARCATO UN MARINAIO • 1940
FUGGITIVA, LA • 1941
ULTIMO COMBATTIMENTO, L' • 1941
FANCIULLA DELL'ALTRA RIVA, LA • 1942
SONNAMBULA, LA • 1942
SEMPRE PIU DIFFICILE • 1943
ANGELO DEL MIRACOLO, L' • 1945
LUCIA DI LAMMERMOOR • 1948
PEPPINO E LA NOBILE DAMA • VECCHIA SIGNORA, LA • 1959

BALLESTEROS PIO – SPN – 1919–
CONSULTARE A MR. BROWN • 1946
FACULTAD DE LETRAS • 1950
ALMA DE LA COPLA • 1964
VENGANZA DEL LLANERO, LA • 1967

BALLETTI ELIO – ITL
CAROSELLO DI NOTTE • SEX SERVICE (UKN) ◦ SEXY SHOW (USA) • 1964 • DOC

BALLIN HUGO – USA – 1880–1956
BABY MINE • 1917
HELP YOURSELF • TRIMMED WITH RED • 1920
PAGAN LOVE • 1920
EAST LYNNE • 1921
JANE EYRE • 1921
JOURNEY'S END, THE • 1921
MARRIED PEOPLE • 1922
OTHER WOMEN'S CLOTHES • 1922
VANITY FAIR • 1923
PRAIRIE WIFE, THE • 1925
SHINING ADVENTURE, THE • 1925

BALLING ERIK – DNM – 1924–
KISPUS • 1956
QIVITOQ • 1956
TRICKS • 1956
POETEN OG LILLEMOR • 1959
TRO, HAB OG TROLDDOM • FAITH, HOPE AND WITCHCRAFT • 1960
CIRKUS BUSTER • 1961
KARA FAMILJEN, DEN • KAERE FAMILIE, DEN ◦ DEAR FAMILY • 1962
HVIS LILLE PIGE ER DU? • WHOSE LITTLE GIRL ARE YOU? • 1963
2 MAL 2 IM HIMMELBETT • 1964
HALLOJ I HIMMELSENGEN • 1965
SLA FORST, FREDE! • OPERATION LOVEBIRDS (USA) • 1965
ANNIE CAT • 1967
JEG ER SGU' MIN EGEN • I DO WHAT I WILL • 1967
MARTHA • 1967
RELAX FREDDY • 1967
DET VAR EN LORDAG AFTEN • ONCE UPON A SATURDAY NIGHT ◦ ONE SATURDAY EVENING.. • 1968
OLSEN BANDEN • OLSEN GANG, THE • 1968
OLSEN-BANDEN PA SPANDEN • 1969
REND MIG I REVOLUTIONEN • 1970
BALLADE PA CHRISTIANSHAVN • OUR HOME IS OUR CASTLE • 1971
HAENDELIGT UHELD • ONE OF THOSE THINGS • 1971
OLSEN-BANDEN I JYLLAND • 1971
OLSEN-BANDENS STORE KUP • 1972
OLSEN-BANDEN GAR AMOK • OLSEN GANG RUNS AMOK, THE • 1973
OLSEN BANDENS SIDSTE BEDRIFTER • OLSEN GANG'S LAST ESCAPADE, THE • 1974
OLSEN-BANDEN PA SPORET • 1975
OLSEN-BANDEN SER RODT • OLSEN GANG SEES RED, THE • 1976
OLSEN-BANDEN DERUDA' • 1977
OLSEN-BANDEN OVERGIVER SIG ALDRIG • 1979
MIDT OM NATTEN • IN THE MIDDLE OF THE NIGHT • 1984

BALLMAN HERBERT see **BALLMANN HERBERT**

BALLMANN HERBERT – GRM
BALLMAN HERBERT
GEHEIMNISVOLLE WRACK, DAS • MYSTERIOUS WRECK, THE • 1954
TEUFEL VOM MUHLENBERG, DER • 1955
TRAUMSCHIFF, DAS • 1956
TINKO • 1957
EVA • EVA -THE WAY TO LOVE • 1968
HELGALEIN • 1969
EINMAL KU' DAMM UND ZURUCK • GIRL IN A BOOT • 1983

BALOGH BELA – HNG
von BALOGH BELA
JAHRMARKT DES LEBENS • 1927
SALARY, 200 A MONTH • 1937
TOMMY • 1937
SUTYI, A SZERENCSEQYEREK • SUTYI, THE LUCKY CHILD (USA) • 1938
URILANY SZOBAT KERES • LADY SEEKS ROOM (USA) • 1938
KESERU MEZESHETEK • BITTER HONEYMOON (USA) • 1939
VADROZA • WILD ROSE (USA) • 1940

von BALOGH BELA see **BALOGH BELA**

BALOGH CATHERINE see **GAINVILLE RENE**

BALOGUN OLA – BRZ
IJA OMINIRA • FIGHT FOR FREEDOM • 1979
DEUSA NEGRA, A • BLACK GODDESS • 1980

BALQUE ERICA – GRM
ZU JUNG FUR DIE LIEBE • TOO YOUNG FOR LOVE • 1961

BALSAWAR SHUBBA – IND
CHIMUKALA PAHUNA • 1967

BALSER ROBERT – SPN
SOMBRERO, EL • HAT, THE (USA) • 1964 • ANS

BALSHOFER FRED see **BALSHOFER FRED J.**

BALSHOFER FRED J. – USA
BALSHOFER FRED
DAVY CROCKETT -IN HEARTS UNITED • 1909
DISINHERITED SON'S LOYALTY • 1909
TRUE INDIAN'S HEART, A • 1909
CIVILIAN, THE • 1912
DOCTOR'S DOUBLE, THE • 1912
HIS BETTER SELF • 1912
MARY OF THE MINES • 1912
RESTORATION, THE • 1912
HER LEGACY • 1913
LITTLE TURNCOAT, THE • 1913
REVELATION, THE • 1913
ROSEMARY • 1915
SILENT VOICE, THE • 1915
COME-BACK, THE • 1916
CORNER IN COTTON, A • 1916
MASKED RIDER, THE • 1916
PIDGIN ISLAND • 1916
HAUNTED PAJAMAS, THE • 1917
PARADISE GARDEN • 1917
SQUARE DECEIVER, THE • LOVE ME FOR MYSELF ALONE • 1917
UNDER HANDICAP • 1917
BROADWAY BILL • 1918
LEND ME YOUR NAME • 1918
MAN OF HONOR, A • 1919
ADVENTURESS, THE • 1920
ISLE OF LOVE, THE • 1922
THREE BUCKAROOS, THE • 1922

BALTIERI C. A. – ITL
MASCOTTE DEI DIAVOLI BLU, LA • 1948

BALTRUSHAITIS A. – USS
INNOCENT GAMES • 1970

BALU M. G. – IND
NER VAZHI • STRAIGHT PATH • 1968

BALU T. N. – IND
UYIR MEL AASAI • WILL TO LIVE • 1967

BAMBERGER J. J. see **BAMBERGER JOSEPH J.**

BAMBERGER JOE see **BAMBERGER JOSEPH J.**

BAMBERGER JOSEPH J. – UKN
BAMBERGER JOE • BAMBERGER J. J.
APACHE DANCE, THE • 1913
SHEFFIELD BLADE, A • 1918
WALTER FINDS A FATHER • 1921 • SHT

BAMBERGER PETER – GRM
FLYING CARPET, THE

BAMPOE-ADDO – T&T
CROSSING OVER • 1989

BAN FRIGYES – Actor – HNG
ALTER EGO • 1941
MEZEI PROFETA • PROPHET OF THE FIELD, THE • 1947
TALPALTNYI FOLD • SOIL UNDER YOUR FEET, THE ◦ TREASURED EARTH • 1948
URI MURI • GENTRY SKYLARKING • 1949
FELSZABADULT FOLD • LIBERATED LAND • 1950
TUZKERESZTSEG • BAPTISM BY FIRE • 1951
SEMMELWEISS • 1952
RAKOCZI HADNAGYA • RAKOCZI'S LIEUTENANT • 1953
CSASZAR PARANCSARA, A • EXTINGUISHED FLAMES • 1956
CSENDES OTTHON • QUIET HOME, A • 1957
SZENT PETER ESERNYOJE • 1958
SZEGENY GAZDAGOK • FATIA NEGRA • 1959
RANGON ALUL • HUSBAND FOR SUSY, A • 1960
PENZCSINALO • MONEY-MAKER, THE • 1963
KAR A KENZINERT • CAR CRAZY • 1964
BUDOSVIZ • HEALING WATER, THE • 1966

BAN ROBERT – HNG
MI LESZ VELED ESZTERKE? • WHAT WILL BECOME OF YOU, ESTHER? ◦ ESTHER AND THE MEN ◦ ESZTERKE • 1968
GYILKOS A HAZBAN VAN, A • MURDERER IS IN THE HOUSE, THE • 1971
LANYARCOK TUKORBEN • PARALLEL FACES • 1973
KISERTET LUBLON • PHANTOM ON HORSEBACK, THE ◦ HAUNTED CITY, THE • 1977
DORA JELENTI • CODE NAME: DORA • 1978
FOGADO AZ OROK VILAGOSSAGHOZ • 1981
JAVOR, A • JAVOR, THE • 1987

BANACH – PLN
MATROSOWCY • 1951 • SHT

BANANY HAMEED see **BENANI HAMID**

BANARJI ASHIM – IND
LOST LOVE

BANAS JOHN – USA
EMMA, QUEEN OF THE SOUTH SEAS • 1988 • TVM

BANCROFT ANNE – Actress – USA – 1931–
FATSO • 1980

BANCROFT SHELLEY – UKN
THREE MEN • 1980

BAND ALBERT – Producer – FRN – 1924–
YOUNG GUNS, THE • 1956
I BURY THE LIVING • 1958
MANNEN UTAN ANSIKTE • FACE OF FIRE (USA) • 1959
DRACULA'S DOG • ZOLTAN.. HOUND OF DRACULA ◦ ZOLTAN, HOUND OF HELL ◦ ZOLTAN • 1978
SHE CAME TO THE VALLEY • 1979
GHOULIES II • 1987

*BAND ALBERT** see **ANTONINI ALFREDO**

BAND CHARLES – USA – 1952–
AMANTE JAMES
CRASH! • DEATH RIDE • 1977
PARASITE • 1982
ALCHEMIST, THE • 1983
METALSTORM: THE DESTRUCTION OF JARED-SYN • METALSTORM • 1983
DUNGEONMASTER, THE • DIGITAL KNIGHTS ◦ RAGEWAR • 1985
TRANCERS • FUTURE COP • 1985
PRIMEVALS • 1989
CRASH AND BURN • 1990

BANDARANAYAKE DHARMASIRI – SLN
HANSA VILAK • 1980
SUDDILAGE KATHAWA • 1983

de la BANDERA MANUEL – MXC
LUZ, LA • LIGHT, THE • 1917
OBSESION • 1917
TRISTE CREPUSCULO • 1917
CUAUHTEMOC • 1918

BANDINI BACCIO – Producer – ITL – 1913–
AMO UN ASSASSINO • 1952
SAVAGE INNOCENTS, THE • DENTS DU DIABLE, LES (FRN) ◦ OMBRE BIANCHE (ITL) • 1959
CONGIURA DEI DIECI, LA • 1962
MERCENAIRE, LE • SPADACCINO DI SIENA, LO (ITL) ◦ SWORDSMAN OF SIENA (USA) ◦ MERCENARIO, IL • 1962

BANDY MIKLOS – GRM
HANDE • HANDS (USA) ◦ BALLET OF HANDS • 1928 • SHT

BANERJEE GUNAMOY – IND
PEA BROTHERS • 1934 • ANS

BANERJEE JYOTISH – IND
DAKSHA YAGNA • SOUTHERN WAR FESTIVAL ○ SATI • 1934
AHALYA • 1936
EKLABYA • 1938
NARA NARAYAN • 1939
RUKMINI • 1939

BANERJEE SUNIL – IND
ANTONY PHIRINGI • ANTONY THE ANGLO-INDIAN • 1967

BANERJI JITEN – IND
MANGAYARAKARASI • 1949

BANFIELD G. J. see **BANFIELD GEORGE J.**

BANFIELD GEORGE J. – UKN
BANFIELD G. J.
BURGOMASTER OF STILEMONDE, THE • 1928
DANCE OF DEATH, THE • 1928 • SHT
DAVID GARRICK • 1928 • SHT
GHOSTS OF YESTERDAY • 1928 • SHS
LADY GODIVA • 1928
MAN IN THE IRON MASK, THE • 1928
PRINCES IN THE TOWER, THE • 1928
SEXTON BLAKE, GAMBLER • BLAKE -THE GAMBLER • 1928
SPANGLES • 1928
VANISHED HAND, THE • 1928
POWER OVER MEN • 1929

BANG-HANSEN PAL – NRW
DOUGLAS • 1970
NORSKE BYGGEKLOSSER • NORWEGIAN BUILDING BLOCKS • 1972
BORTREIST PA UBESTEMT TID • DEPARTED FOR EVER • 1973
KANARIFUGLEN • CANARY BIRD, THE • 1973
KRONPRINSEN • CROWN PRINCE, THE • 1979

BANG PAUL – DNM
REPTILICUS • 1961

BANGE GEORGE – ITL
ALTRIMENTI VI AMMUCCHIAMO • 1974

BANI-ETEMAD RAKHSHAN – IRN
OFF LIMITS • 1988
CANARY YELLOW • 1989
FOREIGN CURRENCY • 1989

BANJO YOSHIAKI see **BANSHO YOSHIAKI**

BANK MIRRA – USA
ENORMOUS CHANGES AT THE LAST MINUTE • 1983

BANKS MONTY – Actor – ITL – 1897–1950
COCKTAILS • 1928
ALMOST A HONEYMOON • 1930
AMATEUR NIGHT IN LONDON • 1930
BLACK HAND GANG, THE • 1930
COMPULSORY HUSBAND, THE • 1930
EVE'S FALL • 1930
HIS FIRST CAR • GEORGE CLARK IN HIS FIRST CAR • 1930
JERRY BUILDERS, THE • 1930
KISS ME SERGEANT • 1930
MUSICAL BEAUTY SHOP, THE • 1930
NEW WAITER, THE • 1930
NOT SO QUIET ON THE WESTERN FRONT • 1930
WHY SAILORS LEAVE HOME • BARNACLE BILL • 1930
MY WIFE'S FAMILY • 1931
OLD SOLDIERS NEVER DIE • SHOW A LEG • 1931
POOR OLD BILL • 1931
WHAT A NIGHT! • WANTED? • 1931
AMOUR ET LA VEINE, L' • 1932
FOR THE LOVE OF MIKE • 1932
MONEY FOR NOTHING • 1932
TONIGHT'S THE NIGHT • BILL TAKES A HOLIDAY • 1932
HEADS WE GO • CHARMING DECEIVER, THE (USA) • 1933
LEAVE IT TO ME • HELP • 1933
YOU MADE ME LOVE YOU • 1933
CHURCH MOUSE, THE • 1934
FALLING IN LOVE • TROUBLE AHEAD • 1934
FATHER AND SON • 1934
GIRL IN POSSESSION, THE • 1934
VOTRE SOURIRE • 1934
EIGHTEEN MINUTES • 1935
HELLO SWEETHEART • 1935
MAN OF THE MOMENT • WATER NYMPH • 1935
NO LIMIT • 1935
SO YOU WON'T TALK! • 1935
KEEP YOUR SEATS PLEASE • 1936
QUEEN OF HEARTS • 1936
KEEP SMILING • SMILING ALONG (USA) • 1938
WE'RE GOING TO BE RICH • 1938
SHIPYARD SALLY • 1939
GREAT GUNS • 1941

BANNERT WALTER – AUS
WAS KOSTET DER SIEG? • WHAT PRICE VICTORY? • 1981
ERBEN, DIE • INHERITORS, THE (USA) ○ HEIRS, THE • 1982
GUMMI BARCHEN KUSST MAN NICHT • REAL MEN DON'T EAT GUMMY BEARS • 1989

BANNO YOSHIMITSU – JPN
GOJIRA TAI HEDORA • GODZILLA VS. THE SMOG MONSTER (USA) ○ GODZILLA VERSUS HEDORA • 1971

de BANOS RICARDO – Cameraman – SPN – 1882–1939
MOCHUELO, EL • 1905
SECRETS OF THE CONFESSION • 1906
DON JUAN TENORIO • 1910
FUERZA DEL DESTINO, LA • 1910
LOCURA DE AMOR • 1911
LOVERS OF TERUEL, THE • 1912
MAGDA • 1912
DON JUAN DE SERRALLONGA • 1913
JUAN JOSE • 1917
WHITE GYPSY, THE • 1919
DON BOSCO TENORIO • 1921
RELICARIO, EL • RELIQUARY, THE (USA) • 1933

BANOVICH TAMAS – HNG
ELETBE TANCOLTATOTT LANY • GIRL DANCED INTO LIFE, THE ○ ETERNAL DANCE • 1964
ESEK A FIATALOK • OH, THESE POOR PEOPLE ○ THESE YOUNGSTERS • 1967
SZEP MAGYAR KOMEDIA • LOVELY HUNGARIAN COMEDY • 1970

BANSBACH RICHARD – USA
CLAWS • DEVIL BEAR • 1977

BANSHO YOSHIAKI – JPN
BANJO YOSHIAKI
SANBA GARASU SANDAIKAI • TOKYO OMNIBUS • 1959
SORA KAKERU HANAYOME • HIGH-FLYING BRIDE • 1959
ABAREMBO SAMBAGARASU • WILD TRIO • 1960
ONNA NO URAMADO • LESSON FOR WIDOWS • 1960
GINREI NO ONJA • STORM ON THE SILVERY PEAKS • 1961
DAKARETE HANAYOME • 1962

BANTOCK LEEDHAM – UKN
ALWAYS TELL YOUR WIFE • 1913
DAVID GARRICK • 1913
IVANHOE • REBECCA THE JEWESS (USA) • 1913
SCROOGE • 1913
SEYMOUR HICKS AND ELLALINE TERRISS • 1913
KISMET • 1914
MOTORCYCLE ELOPEMENT, A • 1914
PATRIOTIC ENGLISH GIRL, A • 1914
BEGGAR GIRL'S WEDDING, THE • 1915
DAUGHTER OF ENGLAND, A • 1915
FROM FLOWER GIRL TO RED CROSS NURSE • 1915
GIRL OF MY HEART, THE • 1915
GIRL WHO TOOK THE WRONG TURNING, THE • 1915
PREHISTORIC LOVE STORY, A • 1915
SHOPSOILED GIRL, THE • 1915
VEILED WOMAN, THE • 1917

BAPU – IND
SEETHA KALYANAM • SITA'S WEDDING ○ SITA KALYANAM ○ SITA SWAYAMVAR • 1977

BAQUERIZA GUILLERMO – MXC
DESHEREDADOS, LOS • 1935

BAR RAINER – GRM
KAULE • 1967

BARABANOVA M. – USS
ALL FOR YOU • 1965

BARABAS STANISLAV – CZC – 1924–
PIESEN O SIVOM HOLUBOVI • SONG OF THE GREY DOVE • 1961
TRIO ANGELOS • 1963
ZVONY PRE BOSYCH • KNELL FOR THE BAREFOOTED • 1965
TANGO PRE MEDVEDA • TANGO FOR A BEAR • 1966
NEZNA • GENTLE ONE, THE • 1968

BARACCO ADRIANO – ITL – 1907–1966
BENITO MUSSOLINI: ANATOMIA DI UN DITTATORE • 1961 • DOC

BARAKA SOHAIL BEN see **BEN BARAKA SOHAIL**

BARAKAT – EGY
HOUR STRIKES TEN, THE • 1974
QUESTION IN LOVE, A • 1975
TUNE IN MY LIFE, A • 1975
MOUTHS AND RABBITS • 1977
WITH LOVE AND REGARDS • 1977
NIGHTS OF YASSMIN, THE • 1978

BARAKAT HENRY – EGY – 1914–
SHARID, ASH- • DELINQUANT, LE • 1941
LAW KUNTU GHANI • SI J'ETAIS RICHE • 1942
MUTTAHIMA, AL- • ACCUSEE, L' • 1942
QUELLE FOLIE! • 1943
QALB LAHU WAH'ID, AL- • COEUR A SES RAISONS, LE • 1944
H'AD'A MA GANARU ABY • FAUTE PATERNELLE, LA • 1945
HABIB AL-UMR • AMOUR DE MA VIE, L' • 1946
IQAB, AL- • PUNITION, LA • 1947
SAJA' AL-LAYL • NUITS SEREINES • 1947
WAGIB, AL- • DEVOIR, LE • 1947
IFRITA HANIM • DIABLESSE, LA • 1948
MA LIHHYA ZAHR • C'EST BIEN MA VEINE • 1948
SHAT'I' AL-GHARAM • RIVAGE DE L'AMOUR • 1948
AMIR AL-INTIQAM • COMTE DE MONTE-CHRISTO, LE • 1950
MA TAQULSHI-LI AH'AD • NE LE DIS A PERSONNE • 1951
MINA AL-QALB LI AL-QALB • DE COEUR DE COEUR • 1951
WARDI AL-GHARAM • FLEURS D'AMOUR • 1951
ANA WAHDI • JE SUIS SEULE • 1952
GHALT'AT ABB • ERREUR D'UN PERE, L' • 1952
HUKM AZ-ZAMAN • EXIGENCE DES TEMPS, L' • 1952
LAH NAL-KHULUD • CHANT IMMORTEL • 1952
QALBY ALA WALADI • J'AI PEUR POUR MON ENFANT • 1952
ANA AL-HUBB • JE SUIS L'AMOUR • 1953
DA'IMAN MA'AK • AVEC TOI POUR TOUJOURS • 1953
RISALAT GAHRAM • MESSAGE D'AMOUR • 1953
HADAT'HA D'ATA LAYLA • C'EST ARRIVE UNE CERTAIN NUIT • 1954
IRHAM DUMU'I • PITIE POUR MES LARMES • 1954
AYYAMUN WA LAYALI • JOURS ET NUITS • 1955
HAWID GHARAM • RENDEZ-VOUS D'AMOUR • 1955
QISSAT HUBBI • HISTOIRE DE MON AMOUR • 1955
BINT AL-YUM • JEUNES FILLES MODERNES • 1956
JE TE VERRAI • 1957
HASSAN WA NAIMA • HASSAN ET NAIMA ○ HASSAN AND NAYIMA • 1958
IRHAM H'UBB • PITIE POUR MON AMOUR • 1958
MALISH GHIRAK • JE N'AI QUE TOI • 1958
DU'A'AL-KARAWAN • APPEL DU COURLIS, L' • 1959
FI BAYTINA RAJUL • IL Y A UN HOMME CHEZ NOUS ○ FI BAYTINA RAGOL ○ YOU HAVE A MAN IN THE HOUSE • 1960
SHAT'I' AL-HUBB • RIVAGE DE L'AMOUR • 1960
YAWMUN BILA GHAD • JOUR SANS LENDEMAIN • 1961
SALASIL MIN HARIR • CHAINES DE SOIE • 1962
AMIR AD-DAHA • PRINCE DEMONIQUE • 1963
BABU AL-MAFTUH, AL- • PORTE OUVERTE, LA • 1963
HARAM, AL- • PECHE, LE • 1964
LAILAT ZAFAF • NUIT DE NOCES • 1966
SHAI'UN FI HAYATI • QUELQUE CHOSE EST ARRIVE DANS MA VIE • 1966
SAFARBALEK • 1967
BINT AL-H'ARIS • FILLE DU GARDIEN, LA • 1968
HUBBU AL-KABIR, AL- • GRAND AMOUR, LE • 1968
THALATH NISA' • TROIS FEMMES • 1969
HUBB AD'-D'A'I • AMOUR PERDU • 1970
UKHTI • MA SOEUR • 1970
KHAIT' AR-RAFI, AL- • FIL FIN, LE • 1971
HIKAYATU BINT ISMAHA MARMAR • HISTOIRE D'UNE FILLE NOMMEE MARMAR • 1972
IMRA'ATUN SAIYI'ATA AS-SUMA • FEMME DE MAUVAISE REPUTATION, UNE • 1972
ZA'IRA, AZ- • VISITEUSE, LA • 1972
AGMAL IYUM HAYATI • PLUS BEAUX JOURS DE MA VIE, LES • 1973
HABIBATI • MA CHERIE • 1973

BARAKAT KAMAL – EGY
ARWA HAIMA • WANDERING SOULS • 1949

BARAN JACK – USA
MARCH OF THE SPRING HARE • ROOMMATES • 1969

BARANSKI ANDRZEJ – PLN – 1941–
TABU • 1988
KRAMARZ • PEDDLER • 1990

BARAT FRANCOIS – FRN – 1943–
GUERRES CIVILES EN FRANCE • 1976

BARATIER JACQUES – FRN – 1918–
DESORDRE • DISORDER • 1949
FILLES DU SOLEIL, LES • 1949
CITE DU MIDI • FLYING TRAPEZE, THE • 1952 • SHT
VIE DU VIDE, LA • 1952
METIER DE DANSEUR • 1953
CHEVALIER DE MENILMONTANT • 1954
HISTOIRE DU PALAIS IDEAL • 1954
PABLO CASALS • 1955
PARIS LA NUIT • 1956
GOHA • 1958
POUPEE, LA • HE, SHE OR IT? (UKN) ○ DOLL, THE • 1958
DRAGEES AU POIVRE • CONFETTI AL PEPE (ITL) ○ SWEET AND SOUR (USA) • 1963
EVES FUTURES • 1964 • SHT
OR DU DUC, L' • 1965
DESORDRE A VINGT ANS, LE • DISORDER IS TWENTY YEARS OLD ○ EDEN MISERIA • 1967 • DOC
REPORTAGE SUR LES INDIENS D'AMAZONE • 1967 • SHT
PIEGES • PIEGE, LE ○ TRAP • 1969
DECHARGE, LA • 1970
VOUS INTERESSEZ-VOUS A LA CHOSE? • 1973
VILLE-BIDON, LA • VILLE BIDON, LA • 1975

BARATTI BRUNO – ITL
DONNA AD UNA DIMENSIONE • MARCUSIANA, LA • 1969

BARBACHANO PONCE MIGUEL – MXC
PONCE MIGUEL BARBACHANO
AMOR, AMOR, AMOR • 1965

BARBANO ADRIANO – ITL
TRAMONTANA, IL • 1966

BARBARO UMBERTO – ITL – 1902–1959
CANTIERI DELL'ADRIATICO, I • SHIPYARD AT THE ADRIATIC SEA • 1933 • SHT
ULTIMA NEMICA, L' • LAST ENEMY, THE (USA) • 1938

BARBASH URI – ISR
SENTENCED FOR LIFE • 1979 • MTV
GABY BEN YAKAR • MTV
STIGMA • 1983
ME'ACHOREI HA'SORAGIM • BEYOND THE WALLS ○ BEYOND THESE WALLS • 1984
DREAMERS, THE • ONCE WE WERE DREAMERS ○ UNSETTLED LAND • 1988
ONE OF US • 1989

BARBER-FLEMING PETER – UKN
BLOOD HUNT • 1985 • TVM
COMING THROUGH • 1985

BARBER GEORGE – USA
RIGHT OF MIGHT, THE • 1917 • SHT

BARBER LA VERNE – USA
BILLIONAIRE LORD, THE • 1915

BARBER LESLIE – UKN
LAKELAND STORY • 1950

BARBERA JOSEPH – Animator – USA – 1911–

GALLOPIN' GALS • 1940 • ANS
PUSS GETS THE BOOTS • 1940 • ANS
SWING SOCIAL • 1940 • ANS
GOOSE GOES SOUTH, THE • 1941 • ANS
MIDNIGHT SNACK, THE • 1941 • ANS
NIGHT BEFORE CHRISTMAS, THE • 1941 • ANS
OFFICER POOCH • 1941 • ANS
BOWLING ALLEY CAT, THE • 1942 • ANS
DOG TROUBLES • 1942 • ANS
FINE FEATHERED FRIEND • 1942 • ANS
FRAIDY CAT • 1942 • ANS
PUSS 'N' TOOTS • 1942 • ANS
BABY PUSS • 1943 • ANS
LONESOME MOUSE, THE • 1943 • ANS
SUFFERIN'S CATS • 1943 • ANS
WAR DOGS • 1943 • ANS
YANKEE DOODLE MOUSE, THE • 1943 • ANS
BODYGUARD, THE • 1944 • ANS
MILLION DOLLAR CAT • 1944 • ANS
MOUSE TROUBLE • 1944 • ANS
PUTTIN' ON THE DOG • 1944 • ANS
ZOOT CAT, THE • 1944 • ANS
FLIRTY BIRDY • 1945 • ANS
MOUSE COMES TO DINNER, THE • 1945 • ANS
MOUSE IN MANHATTAN • 1945 • ANS
QUIET PLEASE! • 1945 • ANS
TEE FOR TWO • 1945 • ANS
MILKY WAIF, THE • 1946 • ANS
SOLID SERENADE • 1946 • ANS
SPRINGTIME FOR THOMAS • 1946 • ANS
TRAP HAPPY • 1946 • ANS
CAT CONCERTO, THE • 1947 • ANS
CAT FISHIN' • 1947 • ANS
DR. JEKYLL AND MR. MOUSE • 1947 • ANS
INVISIBLE MOUSE, THE • 1947 • ANS
MOUSE IN THE HOUSE, A • 1947 • ANS
PART TIME PAL • 1947 • ANS
SALT WATER TABBY • 1947 • ANS
KITTY FOILED • 1948 • ANS
LITTLE ORPHAN, THE • 1948 • ANS
MOUSE CLEANING • 1948 • ANS
OLD ROCKIN' CHAIR TOM • 1948 • ANS
PROFESSOR TOM • 1948 • ANS
TRUCE HURTS, THE • 1948 • ANS
CAT AND MERMOUSE • CAT AND THE MERMOUSE, THE • 1949 • ANS
HATCH UP YOUR TROUBLES • 1949 • ANS
HEAVENLY PUSS • 1949 • ANS
JERRY'S DIARY • 1949 • ANS
LOVE THAT PUP • 1949 • ANS
POLKA DOT PUSS • 1949 • ANS
TENNIS CHUMPS • 1949 • ANS
CUEBALL CAT • 1950 • ANS
FRAMED CAT, THE • 1950 • ANS
JERRY AND THE LION • 1950 • ANS
LITTLE QUACKER • 1950 • ANS
SAFETY SECOND • 1950 • ANS
SATURDAY EVENING PUSS • 1950 • ANS
TEXAS TOM • 1950 • ANS
TOM AND JERRY IN THE HOLLYWOOD BOWL • 1950 • ANS
CAP NAPPING • 1951 • ANS
CASANOVA CAT • 1951 • ANS
HIS MOUSE FRIDAY • 1951 • ANS
JERRY AND THE GOLDFISH • 1951 • ANS
JERRY'S COUSIN • 1951 • ANS
NIT WITTY KITTY • 1951 • ANS
SLEEPY TIME TOM • 1951 • ANS
SLICKED-UP PUP • 1951 • ANS
TWO MOUSEKETEERS • 1951 • ANS
CRUISE CAT • 1952 • ANS
DOG HOUSE, THE • 1952 • ANS
DUCK DOCTOR • 1952 • ANS
FIT TO BE TIED • 1952 • ANS
FLYING CAT • 1952 • ANS
LITTLE RUNAWAY • 1952 • ANS
PUSH-BUTTON KITTY • 1952 • ANS
SMITTEN KITTEN • 1952 • ANS
TRIPLET TROUBLE • 1952 • ANS
JERRY AND JUMBO • 1953 • ANS
JOHANN MOUSE • 1953 • ANS
JUST DUCKY • 1953 • ANS
LIFE WITH TOM • 1953 • ANS
MISSING MOUSE, THE • 1953 • ANS
THAT'S MY PUP • 1953 • ANS
TWO LITTLE INDIANS • 1953 • ANS
BABY BUTCH • 1954 • ANS
DOWNHEARTED DUCKLING • 1954 • ANS
HIC-CUP PUP • 1954 • ANS
LITTLE SCHOOL MOUSE • 1954 • ANS
MICE FOLLIES • 1954 • ANS
NEOPOLITAN MOUSE • 1954 • ANS
PET PEEVE • 1954 • ANS
POSSE CAT • 1954 • ANS
PUPPY TALE • 1954 • ANS
TOUCHE, PUSSY CAT • 1954 • ANS
DESIGNS ON JERRY • 1955 • ANS
GOOD WILL TO MEN • 1955 • ANS
MOUSE FOR SALE • 1955 • ANS
PECOS PETE • 1955 • ANS
PUP ON A PICNIC • 1955 • ANS
SMARTY CAT • 1955 • ANS
SOUTHBOUND DUCKLING • 1955 • ANS
THAT'S MY MOMMY • 1955 • ANS
TOM AND CHERIE • 1955 • ANS
BARBECUE BRAWL • 1956 • ANS
BLUE CAT BLUES • 1956 • ANS
BUSY BUDDIES • 1956 • ANS
DOWNBEAT BEAR • 1956 • ANS
EGG AND JERRY, THE • 1956 • DCS
FLYING SORCERESS, THE • 1956 • ANS
MUSCLE BEACH TOM • 1956 • ANS
FEEDIN' THE KIDDIE • 1957 • ANS
GIVE AND TYKE • 1957 • ANS
MUCHO MOUSE • 1957 • ANS
SCAT CATS • 1957 • ANS
TIMID TABBY • 1957 • ANS
TOM'S PHOTO FINISH • 1957 • ANS
TOPS WITH POPS • 1957 • ANS
HAPPY GO DUCKY • 1958 • ANS
LITTLE BO BOPPED • 1958 • ANS
ROBIN HOODWINKED • 1958 • ANS
ROYAL CAT NAP • 1958 • ANS
TALE OF A WOLF • 1958 • ANS
TOT WATCHERS • 1958 • ANS
VANISHING DUCK • 1958 • ANS
WOLF HOUNDED • 1958 • ANS
LOOPY DE LOOP • 1959 • ASS
COUNT DOWN CLOWN • 1960 • ANS
CREEPY TIME PAL • 1960 • ANS
DO-GOOD WOLF, THE • 1960 • ANS
HAPPY GO LOOPY • 1960 • ANS
HERE KIDDIE KIDDIE • 1960 • ANS
LIFE WITH LOOPY • 1960 • ANS
NO BIZ LIKE SHOE BIZ • 1960 • ANS
SNOOPY LOOPY • 1960 • ANS
TWO-FACED WOLF • 1960 • ANS
BUNGLE UNCLE • 1961 • ANS
CATCH MEOW • 1961 • ANS
CHILD SOCK-OLOGY • 1961 • ANS
FEE FIE FOES • 1961 • ANS
KOOKY LOOPY • 1961 • ANS
LOOPY'S HARE-DO • 1961 • ANS
THIS IS MY DUCKY DAY • 1961 • ANS
TROUBLE BRUIN • 1961 • ANS
ZOO IS COMPANY • 1961 • ANS
BEARLY ABLE • 1962 • ANS
BEEF-FOR AND AFTER • 1962 • ANS
BUNNIES ABUNDANT • 1962 • ANS
CHICKEN FRACAS-SEE • 1962 • ANS
CHICKEN-HEARTED WOLF • 1962 • ANS
COMMON SCENTS • 1962 • ANS
DRUM-STICKED • 1962 • ANS
FALLIBLE FABLE, A • 1962 • ANS
JUST A WOLF AT HEART • 1962 • ANS
RANCID RANSOM • 1962 • ANS
SLIPPERY SLIPPERS • 1962 • ANS
SWASH BUCKLED • 1962 • ANS
WATCHA WATCHIN' • 1962 • ANS
BEAR HUG • 1963 • ANS
BEAR KNUCKLES • 1963 • ANS
BEAR UP • 1963 • ANS
BIG MOUSE-TAKE • 1963 • ANS
CROOK THAT CRIED WOLF, THE • 1963 • ANS
CROW'S FETE • 1963 • ANS
HABIT RABBIT • 1963 • ANS
NOT IN NOTTINGHAM • 1963 • ANS
PORK CHOP PHOOEY • 1963 • ANS
RAGGEDY RUG • 1963 • ANS
SHEEP STEALERS ANONYMOUS • 1963 • ANS
WOLF IN SHEEPDOG'S CLOTHING • 1963 • ANS
ELEPHANTASTIC • 1964 • ANS
HEY THERE, IT'S YOGI BEAR • 1964 • ANM
HORSE SHOO • 1964 • ANS
MAN CALLED FLINTSTONE, A • 1966 • ANM
TWENTY THOUSAND LEAGUES UNDER THE SEA • 20,000 LEAGUES UNDER THE SEA • 1973 • ANM
LUCKY LUKE, LES DALTONS EN CAVALE • DALTONS EN CAVALE, LES • 1983 • ANM
CHALLENGE OF THE GOBOTS: INVASION FROM THE 21ST LEVEL • 1985 • ANM
CHALLENGE OF THE GOBOTS: THE GOBOTRON SAGA • 1985 • ANM

BARBERENA EDUARDO – VNZ

MOLOCH • 1978 • SHT

BARBERI FRANCO – ITL

TURKYE: STORIA DI UNA POPOLO OPPRESSO • 1978

BARBERIS RENE – FRN – 1886–1959

LARMES DE COLETTE, LES • 1926
VEINE, LA • 1927
MERVEILLEUSE JOURNEE, LA • 1928
ROMANCE A L'INCONNUE • 1930
TROU DANS LE MUR, UN • 1931
CASANOVA • AMOURS DE CASANOVA, LES • 1933
RAMUNTCHO • 1937
COUPS DE FEU • DUELS • 1939
CHEVRE D'OR, LA • 1942

BARBERO GUY – FRN – 1952–

FRANCE, MERE-PATRIE • 1976 • DOC

BARBIER – FRN

MEMORIAL DE SAINT-HELENE, LE • 1911

BARBIER ERIC – FRN

BRASIER, LE • 1989

BARBILLON JEANNE – FRN

AVATAR BOTANIQUE DE MLLE FLORA, L' • 1965 • SHT

BARBONI ENZO see **CLUCHER E. B.**

BARBOSA HAROLDO MARTINHO – BRZ

BAIXO GAVEA • GAVEA GIRLS • 1986

BARBROOK LESLIE – UKN

SHQYPNIA -LAND OF THE MOUNTAIN EAGLE • 1935

BARCELLONI – ITL

DESIDERIA, LA VITA INTERIORE • DESIRE, THE INTERIOR LIFE • 1980

BARCKHAUSEN CHRISTIANE – GRM

RESIDENCIA EN LA TIERRA • RESIDENCE ON EARTH • 1979 • DCS

BARCKLIND CARL – Actor – SWD – 1873–1945

HEMSOBORNA • PEOPLE OF HEMSO • 1919
ANDERSON, PETTERSSON OCH LUNDSTROM • 1923

BARCLAY BARRY – NZL – 1944–

TOWN THAT LOST A MIRACLE, THE • 1972 • MTV
TANGATA WHENUA • 1974 • SER
ASHES • 1975 • DOC
AUTUMN FIRES • 1977 • DOC
NEGLECTED MIRACLE, THE • 1984 • DOC
NGATI • 1986
TE RUA • PIT, THE • 1990

BARCLAY DAVID – USA

I LOVE MY HUSBAND, BUT! • 1946 • SHT
PLAYING BY EAR • 1946 • SHT
SURE CURES • 1946 • SHT
TREASURES FROM TRASH • 1946 • SHT
ATHLETIQUIZ • 1947 • SHT
DIAMOND DEMON • 1947 • SHT
EARLY SPORTS QUIZ • 1947 • SHT
HAVE YOU EVER WONDERED • 1947 • SHT
I LOVE MY WIFE, BUT! • 1947 • SHT
NEIGHBOR PESTS • 1947 • SHT
PET PEEVES • 1947 • SHT
SURFBOARD RHYTHM • 1947 • SHT
WHAT D'YA KNOW • 1947 • SHT
BOWLING TRICKS • 1948 • SHT
I LOVE MY MOTHER-IN-LAW, BUT! • 1948 • SHT
ICE ACES • 1948 • SHT
JUST SUPPOSE • 1948 • SHT
LET'S COGITATE • 1948 • SHT
WHY IS IT? • 1948 • SHT
YOU CAN'T WIN • 1948 • SHT
HOW COME? • 1949 • SHT
SUPER CUE MEN • 1949 • SHT
THOSE GOOD OLD DAYS • 1949 • SHT
WE CAN DREAM, CAN'T WE? • 1949 • SHT
WHAT I WANT NEXT • 1949 • SHT
DID 'JA KNOW • 1950 • SHT
PEST CONTROL • 1950 • SHT
TABLE TOPPERS • 1950 • SHT
THAT'S HIS STORY • 1950 • SHT
WANTED: ONE EGG • 1950 • SHT
WIFE'S LIFE, A • 1950 • SHT
WRONG WAY BUTCH • 1950 • SHT
BANDAGE BAIT • 1951 • SHT
CAMERA SLEUTH • 1951 • SHT
FIXIN' FOOL • 1951 • SHT
IN CASE YOU'RE CURIOUS • 1951 • SHT
THAT'S WHAT YOU THINK • 1951 • SHT
I LOVE CHILDREN, BUT! • 1952 • SHT
IT COULD HAPPEN TO YOU • 1952 • SHT
KEEP IT CLEAN • 1952 • SHT
MUSIQUIZ • 1952 • SHT
PEDESTRIAN SAFETY • 1952 • SHT
REDUCING • 1952 • SHT
SWEET MEMORIES • 1952 • SHT
CASH STASHERS • 1953 • SHT
IT WOULD SERVE 'EM RIGHT • 1953 • SHT
LANDLORDING IT • 1953 • SHT
MOSCONI STORY, THE • 1953 • SHT
THINGS WE CAN DO WITHOUT • 1953 • SHT
AIN'T IT AGGRAVATIN' • 1954 • SHT
DO SOMEONE A FAVOR • 1954 • SHT
FILM ANTICS • 1954 • SHT
OUT FOR FUN • 1954 • SHT
SAFE AT HOME • 1954 • SHT
JUST WHAT I NEEDED • 1955 • SHT
MAN AROUND THE HOUSE, THE • 1955 • SHT

BARCLAY ROBERT – CND – 1930–

BROKEN DOLL • 1959 • SHT
MAN OF KINTAIL • 1959 • MTV
LIGHT FOR THE MIND • 1960 • SHT
CHOICE, THE • 1961 • SHT
CHILDREN OF PEACE • 1962 • MTV
RIDEAU HALL • 1962 • MTV
CHUCKWAGON • 1964 • SHT
CANADA '67 • 1965 • SHT
DUMBELLS, THE • 1965 • MTV
CENTURY OF CANADIAN MEDICINE, A • 1966 • DOC
ONE CANADA/TWO NATIONS • 1968 • MTV
VIRGINQUEST • 1969 • MTV
HELICOPTER HOLYLAND • 1970 • MTV
MANITOBA -FESTIVAL COUNTRY • 1970 • SHT
WALT DISNEY'S MAGIC CARPET TOUR AROUND THE WORLD • 1971 • SHT
JEAN BELIVEAU • 1972 • MTV
IAN AND SYLVIA ON THE TRAIL OF "98" • 1973 • MTV
STAMPEDE IN SCARLETT • 1973 • SHT
GOLDEN GAMES, THE • 1975 • MTV
STAMPEDE POT POURRI • 1977 • MTV
STAMPEDE • 1978 • MTV
K.D. LANG'S ODYSSEY IN JAPAN • 1985 • MTV

BARCO RAMON – CUB – 1948–

MECANISMO INTERIOR • INTERIOR MECHANISM • 1971
AVISPERO, EL • 1973
TODOS LOS GRITOS DEL SILENCIO • 1974

BARD JOHN see **COLETTI DUILIO**

BARD SERGE – FRN

DETRUISEZ-VOUS • 1968

BARDEM JUAN see **BARDEM JUAN ANTONIO**

BARDEM JUAN A. see **BARDEM JUAN ANTONIO**

BARDEM JUAN ANTONIO – SPN – 1922–

BARDEM JUAN A. • BARDEM JUAN

PASEO SOBRE UNA GUERRA ANTIGUA • 1948
BARAJAS, AEROPUERTO INTERNACIONAL • AEROPUERTO • 1950 • SHT
ESA PAREJA FELIZ • THAT HAPPY PAIR (USA) ○ THAT HAPPY COUPLE • 1951
BIENVENIDO, MR. MARSHALL • WELCOME, MR. MARSHALL • 1952
COMICOS • COMEDIANS • 1953
NOVIO A LA VISTA • FIANCE IN SIGHT • 1953
FELICES PASCUAS • 1954
CALLE MAYOR • GRAND-RUE (FRN) ○ LOVEMAKER, THE (USA) ○ MAIN STREET • 1955
MUERTE DE UN CICLISTA • AGE OF INFIDELITY (USA) ○ EGOISTI, GLI (ITL) ○ DEATH OF A CYCLIST • 1955
MUERTE DE PIO BAROJA, LA • 1957
VENGANZA, LA • VENDETTA, LA (ITL) ○ HO GIURATO DI UCCIDERTI ○ VENGEANCE • 1957
SONATAS • AVENTURAS DEL MARQUES DE BRADOMIN • 1959
A LAS CINCO DE LA TARDE • AT FIVE O'CLOCK IN THE AFTERNOON • 1960
INOCENTES, LOS • 1962
NUNCA PASA NADA • NOTHING EVER HAPPENS (USA) • 1963
PIANOS MECANICOS, LOS • AMORI DI UNA CALDA ESTATE (ITL) ○ PIANOS MECANIQUES, LES (FRN) ○ UNINHIBITED, THE (USA) ○ ORGANILLOS, LOS ○ PLAYER PIANOS, THE • 1965
ULTIMO DIA DE LA GUERRA, EL • ULTIMO GIORNO DELLA GUERRA, L' (ITL) ○ LAST DAY OF THE WAR, THE (USA) ○ DEATH ZONE • 1969
VARIETES • 1971
CORRUPCION DE CHRIS MILLER, LA • CORRUPTION OF CHRIS MILLER, THE (USA) ○ SISTERS OF CORRUPTION ○ BEHIND THE SHUTTERS • 1972
ORDINE DELLE 55: ELIMINATE BORMAN! • 1972
ILE MYSTERIEUSE, L' • ISOLA MISTERIOSA E IL CAPITANO NEMO, L' (ITL) ○ MYSTERIOUS ISLAND, THE (USA) ○ MYSTERIOUS ISLAND OF CAPTAIN NEMO, THE ○ ISLA MISTERIOSA, LA • 1973
FOUL PLAY • 1976
PODER DEL DESEO, EL • POWER OF DESIRE, THE • 1976
DOG, THE • 1977
PUENTE, EL • BRIDGE, THE ○ LONG WEEKEND, THE • 1977
SIETE DIAS DE ENERO • SEVEN DAYS IN JANUARY • 1978
WARNING, THE • 1982

BARDEN E. – UKN

SIX CANDLES • 1960

BARDEN MICHAEL – UKN

FORMULA 1, 1956: AN IMPRESSION OF SEVEN INTERNATIONAL GRANDS PRIX • 1956 • DOC

BARDONNET RAYMOND – FRN – 1907–
CA C'EST DU CINEMA • 1951 • CMP

BARE RICHARD see **BARE RICHARD L.**

BARE RICHARD L. – USA – 1909–
BARE RICHARD
SO YOU THINK YOU NEED GLASSES • 1942 • SHT
SO YOU WANT TO GIVE UP SMOKING • 1942 • SHT
SO YOU THINK YOU'RE ALLERGIC • 1945 • SHT
SO YOU THINK YOU'RE A NERVOUS WRECK • 1946 • SHT
SO YOU WANT TO KEEP YOUR HAIR • 1946 • SHT
SO YOU WANT TO THE PLAY HORSES • 1946 • SHT
SO YOU WANT TO BE A SALESMAN • 1947 • SHT
SO YOU WANT TO BE IN PICTURES • 1947 • SHT
SO YOU WANT TO HOLD YOUR WIFE • 1947 • SHT
SO YOU'RE GOING ON A VACATION • 1947 • SHT
SO YOU'RE GOING TO BE A FATHER • 1947 • SHT
SMART GIRLS DON'T TALK • 1948
SO YOU WANT AN APARTMENT • 1948 • SHT
SO YOU WANT TO BE A DETECTIVE • 1948 • SHT
SO YOU WANT TO BE A GAMBLER • 1948 • SHT
SO YOU WANT TO BE IN POLITICS • 1948 • SHT
SO YOU WANT TO BE ON THE RADIO • 1948 • SHT
SO YOU WANT TO BUILD A HOUSE • 1948 • SHT
FLAXY MARTIN • 1949
HOUSE ACROSS THE STREET, THE • 1949
SO YOU WANT TO BE A BABY-SITTER • 1949 • SHT
SO YOU WANT TO BE A MUSCLEMAN • 1949 • SHT
SO YOU WANT TO BE AN ACTOR • 1949 • SHT
SO YOU WANT TO BE POPULAR • 1949 • SHT
SO YOU WANT TO GET RICH QUICK • 1949 • SHT
SO YOU'RE HAVING IN-LAW TROUBLE • 1949 • SHT
RETURN OF THE FRONTIERSMAN • 1950
SO YOU THINK YOU'RE NOT GUILTY • 1950 • SHT
SO YOU WANT A RAISE • 1950 • SHT
SO YOU WANT TO HOLD YOUR HUSBAND • 1950 • SHT
SO YOU WANT TO MOVE • 1950 • SHT
SO YOU WANT TO THROW A PARTY • 1950 • SHT
SO YOU'RE GOING TO HAVE AN OPERATION • 1950 • SHT
THIS SIDE OF THE LAW • 1950
SO YOU WANT TO BE A BACHELOR • 1951 • SHT
SO YOU WANT TO BE A COWBOY • 1951 • SHT
SO YOU WANT TO BE A HANDYMAN • 1951 • SHT
SO YOU WANT TO BE A PAPERHANGER • 1951 • SHT
SO YOU WANT TO BE A PLUMBER • 1951 • SHT
SO YOU WANT TO BUY A USED CAR • 1951 • SHT
SO YOU NEVER TELL A LIE • 1952 • SHT
SO YOU WANT TO ENJOY LIFE • 1952 • SHT
SO YOU WANT TO GET IT WHOLESALE • 1952 • SHT
SO YOU WANT TO WEAR THE PANTS • 1952 • SHT
SO YOU'RE GOING TO A CONVENTION • 1952 • SHT
SO YOU'RE GOING TO THE DENTIST • 1952 • SHT
HURRICANE AT PILGRIM HALL • 1953
PRISONERS OF THE CASBAH • 1953
SO YOU LOVE YOUR DOG • 1953 • SHT
SO YOU THINK YOU CAN'T SLEEP • 1953 • SHT
SO YOU WANT A TELEVISION SET • 1953 • SHT
SO YOU WANT TO BE A MUSICIAN • 1953 • SHT
SO YOU WANT TO BE AN HEIR • 1953 • SHT
SO YOU WANT TO LEARN TO DANCE • 1953 • SHT
SO YOU WANT TO BE A BANKER • 1954 • SHT
SO YOU WANT TO BE YOUR OWN BOSS • 1954 • SHT
SO YOU WANT TO GO TO A NIGHT CLUB • 1954 • SHT
SO YOU'RE HAVING NEIGHBOR TROUBLE • 1954 • SHT
SO YOU'RE TAKING IN A ROOMER • 1954 • SHT
SO YOU DON'T TRUST YOUR WIFE • 1955 • SHT
SO YOU WANT TO BE A GLADIATOR • 1955 • SHT
SO YOU WANT TO BE A POLICEMAN • 1955 • SHT
SO YOU WANT TO BE A V.P. • 1955 • SHT
SO YOU WANT TO BE ON A JURY • 1955 • SHT
SO YOU WANT TO BUILD A MODEL RAILROAD • 1955 • SHT
SO YOU WANT TO KNOW YOUR RELATIVES • 1955 • SHT
ARGONAUTS, THE • 1956 • MTV
BORDER SHOWDOWN • 1956 • MTV
MOUNTAIN FORTRESS • 1956 • MTV
OUTLANDER, THE • 1956 • MTV
SO YOU THINK THE GRASS IS GREENER • 1956 • SHT
SO YOU WANT TO BE PRETTY • 1956 • SHT
SO YOU WANT TO PLAY THE PIANO • 1956 • SHT
SO YOUR WIFE WANTS TO WORK • 1956 • SHT
STORM RIDERS, THE • 1956 • MTV
SHOOT OUT AT MEDICINE BEND • 1957
TRAVELLERS, THE • 1957
THIS REBEL BREED • THREE SHADES OF LOVE ○ LOLA'S MISTAKE • 1960
I SAILED TO TAHITI WITH AN ALL GIRL CREW • 1969
WICKED, WICKED • 1973
SUDDEN TARGET • 1986
TOOLBOX MURDERS II, THE • 1987

BAREJA S. see **BAREJA STANISLAW**

BAREJA STANISLAW – PLN
BAREJA S.
DOTKNIECIE NOCY • TOUCH OF THE NIGHT, THE • 1960
MAZ SWOJEJ ZONY • HIS WIFE'S HUSBAND • 1961
WIFE FOR AN AUSTRALIAN, A • 1963
MALZENSTWO Z ROZSADKU • MARRIAGE OF CONVENIENCE • 1967
BRUNET WIECZOROWA PORA • 1976

BARFOD BENT – DNM
SOMEWHERE UP NORTH • 1953 • ANS
BOOGIE WOOGIE • 1958 • ANS
DRUMS • 1958 • ANS
APPLE OF DISCORD • 1959 • ANS
DON'T TOUCH MY HALO • 1960 • ANS
HJAELP OS • 1961
ATOMERNAS VINTERGATA • 1962 • ANS
VIKING • 1962 • ANS
A.B.C. STAVELEG I AFRIKA • AFRICAN ALPHABET (USA) • 1963 • SHT
BALLET-BALLADE • 1963 • SHT
KONTI-SKAN • 1965 • ANS
SAINTS, THE • ANS
ORFEUS & JULIE • 1969 • SHT
VANDRABEN • DROP OF WATER, A (USA) • 1969 • ANS
MIXED DOUBLE • 1970
THORS HAMMER • THOR'S HAMMER • 1983 • ANS

BARGE PAUL – TNS – 1941–
PARADIS DES RICHES, LE • 1978

BARGE ROY – USA
DELINEATION • 1970 • SHT

BARGIR RAJA – IND
DEVA TUZI SONYACHI JEJURI • 1967

BARILLE ALBERT – FRN
IL ETAIT UNE FOIS.. L'ESPACE(1-12) • 1981 • ANM
REVANCHE DES HUMANOIDES, LA • 1982 • ANM

BARILLI FRANCESCO – ITL – 1943–
PROFUMO DELLA SIGNORA IN NERA, IL • 1974
PENSIONE PAURA • 1978

BARJATIYAS – IND
I FELL IN LOVE • 1989

BARJOL JEAN-MICHEL – FRN – 1938–
COCHON, LE • 1971 • DOC
WHAT A FLASH • OH WHAT A FLASH! ○ WATAFLASH • 1971
PETIT JOSEPH • 1982

BARKAN YEHUDA – ISR
SHOE COMPOT • 1985

BARKAS GEOFFREY – Producer – UKN – 1896–
LUMBERJACK, THE • 1925
MANITOU TRAIL, THE • 1925
PROSPECTIN' AROUND • 1925
RANDOM FLAKES • 1925
TALL TIMBER TALES • 1925
WHITE WATER MEN • 1925
PALAVER • 1926
INFAMOUS LADY, THE • 1928
Q-SHIPS • BLOCKADE • 1928
THIRD GUN, THE • 1929
TELL ENGLAND • BATTLE OF GALLIPOLI (USA) • 1931
WINGS OVER EVEREST • WINGS OVER THE EVEREST • 1933

BARKE LOTHAR – GRM
I AM SOMEBODY • ANS

BARKER BRADLEY – USA
END OF THE WORLD, THE • 1929 • SHT
MOTHER'S BOY • 1929

BARKER CLIVE – Writer – UKN
HELLRAISER • 1987
NIGHTBREED • NIGHT BREED • 1989

BARKER CORDELL – Animator – CND
CAT CAME BACK, THE • 1987 • ANS

BARKER REGINALD – UKN – 1886–1937
UNDER WESTERN SKIES • 1910
BRONCHO BILLY'S ADVENTURE • 1911
INDIAN MAIDEN'S LESSON, THE • 1911
BRONCHO BILLY'S BIBLE • 1912
FOR THE HONOR OF THE 7TH • 1912
HIS SENSE OF DUTY • 1912
MAN THEY SCORNED, THE • 1912
ON THE WAR PATH • 1912
SERGEANT'S BOY, THE • 1912
SMUGGLER'S DAUGHTER, THE • 1912
BARRIER, THE • 1913
BROKEN CHAINS • 1913
FROM THE SHADOWS • 1913
HERITAGE OF EVE, THE • 1913
IMPOSTOR, THE • 1913
IRONMASTER, THE • 1913
JO HIBBARD'S CLAIM • 1913
MISER, THE • 1913
RUNAWAYS, THE • 1913
SEA DOG, THE • 1913
WHITE DOMINO, THE • 1913
BARGAIN, THE • 1914
CITY OF DARKNESS, THE • 1914
DESERT THIEVES • 1914
FUGITIVE, THE • 1914
GEISHA, THE • 1914
HIS HOUR OF MANHOOD • 1914
INFORMER, THE • 1914
JIM CAMERON'S WIFE • 1914
LYING JIM • 1914
O MIMI SAN • COURTSHIP OF O SAN, THE • 1914
RAIDERS, THE • 1914
RELIC OF OLD JAPAN, A • 1914
TRAGEDY OF THE ORIENT, A • CURSE OF CASTE, THE • 1914
TYPHOON, THE • 1914
WRATH OF THE GODS, OR THE DESTRUCTION OF SAKURA JIMA, THE • 1914
BETWEEN MEN • 1915
CHINATOWN MYSTERY, THE • 1915
CONVERT, THE • 1915
COWARD, THE • 1915
DISCIPLE, THE • 1915
FAMINE • 1915
GOLDEN CLAW, THE • 1915
ITALIAN, THE • 1915
ON THE NIGHT STAGE • BANDIT AND THE PREACHER, THE • 1915
REWARD, THE • 1915
WINNING BACK • 1915
ARYAN, THE • 1916
BUGLE CALL, THE • 1916
CIVILIZATION • 1916
CONQUEROR, THE • 1916
CRIMINAL, THE • 1916
IRON STRAIN, THE • 1916
JIM GRIMSBY'S BOY • 1916
MARKET OF VAIN DESIRE, THE • 1916
SHELL FORTY-THREE • 1916
STEPPING STONE, THE • 1916
THOROUGHBRED, THE • 1916
BACK OF THE MAN • 1917
GOLDEN RULE KATE • 1917
HAPPINESS • 1917
ICED BULLET, THE • 1917
MADAM WHO? • 1917
PAWS OF THE BEAR • 1917
STRANGE TRANSGRESSOR, A • 1917
SWEETHEART OF THE DOOMED • 1917
THREE OF MANY • 1917
CARMEN OF THE KLONDIKE • 1918
HELL CAT, THE • 1918
MADAME WHO? • 1918
ONE WOMAN, THE • 1918
SHACKLED • 1918
TURN OF THE WHEEL, THE • 1918
BONDS OF LOVE • 1919
BRAND, THE • 1919
CRIMSON GARDENIA, THE • 1919
FLAME OF THE DESERT • 1919
GIRL FROM THE OUTSIDE, THE • 1919
RUSTLERS, THE • 1919 • SHT
SHADOWS • 1919
STRONGER VOW, THE • 1919
BRANDING IRON, THE • 1920
DANGEROUS DAYS • 1920
WOMAN AND THE PUPPET, THE • 1920
BUNTY PULLS THE STRINGS • 1921
GODLESS MEN • BLACK PAWL • 1921
OLD NEST, THE • 1921
POVERTY OF RICHES, THE • 1921
SNOWBLIND • SNOW BLINDNESS • 1921
STORM, THE • 1922
ETERNAL STRUGGLE, THE • MAN THOU GAVEST ME, THE ○ MASTER OF WOMAN, THE • 1923
HEARTS AFLAME • 1923
PLEASURE MAD • 1923
BROKEN BARRIERS • 1924
DIXIE HANDICAP, THE • 1924
GREAT DIVIDE, THE • 1924
WOMEN WHO GIVE • WOMEN WHO WAIT • 1924
WHEN THE DOOR OPENED • 1925
WHITE DESERT, THE • 1925
FLAMING FOREST, THE • 1926
BODY AND SOUL • BRANDING IRON, THE • 1927
FRONTIERSMAN, THE • 1927
TOILERS, THE • 1928
MISSISSIPPI GAMBLER, THE • 1929
NEW ORLEANS • 1929
RAINBOW, THE • 1929
SEVEN KEYS TO BALDPATE • 1929
GREAT DIVIDE, THE • 1930
HIDE-OUT • 1930
MOONSTONE, THE • 1934
HEALER, THE • 1935
WOMEN MUST DRESS • 1935
FORBIDDEN HEAVEN • 1936

BARKER WILL – UKN – 1867–1951
BARKER WILLIAM GEORGE
KIDNAPPED CHILD, THE • 1904
SMUGGLERS, THE • 1904
VENGEANCE IS MINE • 1904
JUVENILE BARBERS, THE • 1906
HAMLET • 1910
PRINCESS CLEMENTINA • 1911
SHE • 1916

BARKER WILLIAM GEORGE see **BARKER WILL**

BARKETT STEVE – USA
AFTERMATH • ZOMBIE AFTERMATH • 1979

BARKHOUDIAN P. – USS
POWER OF EVIL • 1929

BARLACCHI CESARE – ITL
OMBRA DELLA VALLE • 1946
SONNAMBULA, LA • 1952
FAVORITA, LA • 1953
TORMENTO D'ANIME • 1956
CORTINA DI CRISTALLO • TI AMERO SEMPRE • 1958

BARLATIER – FRN
TARTARIN SUR LES ALPES • 1921

BARLOG BOLESLAV – GRM
KLEINE MADCHEN-GROSSE SORGEN • 1941
UNSER KLEINE JUNGE • 1941
WENN DIE SONNE WIEDER SCHEINT • FLACHSACKER, DER • 1943
GRUNE SALON, DER • 1944
JUNGE HERZEN • 1944
SEINERZEIT ZU MEINER ZEIT • 1944
TIERARZT DR. VLIMMEN • 1944
WOHIN DIE ZUGE FAHREN • 1948

BARLOW REGINALD – USA
TOY-MAKER OF LEYDEN, THE • 1915

BARLOW ROGER – USA
EVEN AS YOU AND I • 1937 • SHT
FARMER -FEAST OR FAMINE, THE • 1965 • DOC

BARMA CLAUDE – FRN – 1918–
ROIS MAUDITS, LES • MTV
DINDON, LE • 1951
CROQUEMITOUFLE • 1958
GRANDE BRETECHE, LA • 1961
PARISIENNES, LES • PARAGINE, LE (ITL) ○ OF BEDS AND BROADS ○ TALES OF PARIS • 1962
CHEVALIER DE MAISON-ROUGE, LE • 1963

BARMA PHANI – IND
KRISHNA SUDAMA • 1936

BARNARD CHRISTOPHER – USA
CONSPIRACY • 1989

BARNARD MICHAEL – USA
SHOPPING MALL • 1985
NIGHTS IN WHITE SATIN • 1987

BARNES A. W. see **BARNES ARTHUR W.**

BARNES ARTHUR see **BARNES ARTHUR W.**

BARNES ARTHUR W. – UKN
BARNES ARTHUR • BARNES A. W.
WHITE CARGO • 1929 • SND
WHITE CARGO • 1929 • SIL
CHINESE BUNGALOW, THE • 1930
BAILEY BRIDGE • 1945

BARNES G. H. – ASL
LIFE OF ADAM LINDSAY GORDON, THE • LIFE'S ROMANCE OF ADAM LINDSAY GORDON • 1916

BARNES PAUL – UKN
BLACK FIVE • 1968

BARNES PETER – UKN
LEONARDO'S LAST SUPPER • 1976

BARNET BORIS – USS – 1902–1965
MISS MEND • 1926
DEVUSHKA S KOROBKOI • GIRL WITH THE HAT BOX, THE ○ WHEN MOSCOW LAUGHS • 1927
DOM NA TRUBNOI • HOUSE ON TRUBNAYA SQUARE, THE ○ DOMA NA TRUBNOI ○ HOUSE ON CHIMNEY SQUARE • 1928
MOSKVA V OKTYABRE • MOSCOW THAT WEEPS AND LAUGHS (UKN) ○ MOSCOW IN OCTOBER • 1929
LEDOLOM • THAW (UKN) ○ LYODOLOM • 1931
OKRAINA • OUTSIDE THE CITY ○ PATRIOTS (USA) ○ OUTSKIRTS ○ BORDERLINE • 1933
U SAMOVA SINEVO MORYA • BY THE BLUEST OF SEAS ○ RIGHT BY THE BLUE SEA • 1936
NOCH V SENTYABRE • NIGHT IN SEPTEMBER, A ○ ONE SEPTEMBER NIGHT • 1939
STARYI NAYEZHDNIK • OLD JOCKEY, THE (UKN) • 1940
MANHOOD • 1941
PRICELESS HEAD, A • 1942
ODNAZHDI NOCH • ONE NIGHT • 1945
PODVIG RAZVEDCHIKA • EXPLOITS OF AN INTELLIGENCE AGENT ○ SCOUT'S EXPLOIT, THE • 1947
STRANITSY ZHIZN • PAGES OF LIFE • 1948
SCHEDROYE LETO • BOUNTIFUL SUMMER (USA) ○ PLENTIFUL SUMMER, THE • 1951
KONTSERT MASTEROV UKRAINSKOVO ISKUSSTVA • CONCERT OF THE MASTERS OF UKRAINIAN ART • 1952
LYANA • LIANA • 1955
BORETS I KLOUN • WRESTLER AND THE CLOWN, THE (USA) • 1957
POET, THE • 1957
ANNUSHKA • ANNOUCHKA • 1959
ALENKA • ALYONKA • 1961
POLUSTANOK • WHISTLE STOP • 1963
CONSPIRACY OF THE AMBASSADORS • 1964

BARNET ENRIQUE PINEDA – CUB
DAVID • 1967
BELLA DEL ALHAMBRA, LA • BELLE OF THE ALHAMBRA, THE • 1989

BARNETT CHARLES – UKN
BETRAYED • 1926
DEAD HEAT • 1926
GENTLEMAN BURGLAR, THE • 1926
GREATEST OF THESE, THE • 1926
LAST SHOT, THE • 1926
OFF THE SCENT • 1926
OIL ON TROUBLED WATERS • 1926
ONLY WAY OUT, THE • 1926
PATERNAL INSTINCT • 1926
PROCTOR INTERVENES, THE • 1926
TWISTED TALES • 1926 • SHS
WITHOUT THE OPTION • 1926
BOOK OF PSALMS, THE • 1927 • SER
DAUGHTER OF THE NIGHT –PSALM 69, A • 1927
MEMORIES –PSALM 46 • 1927
PARTING OF THE WAYS –PSALM 57, THE • 1927
SHEPHERD –PSALM 23, THE • 1927
STRANGER –PSALM 19, THE • 1927
TRAITOR –PSALM 25, THE • 1927
FLAMES OF FEAR • 1930
PAINTED PICTURES • 1930
GAME OF CHANCE, A • 1932
WEDDING EVE • 1935

BARNETT DAVID – UKN
FAUST • 1910
TROVATORE, IL • 1910

BARNETT GEORGE IVAN see **BARNETT IVAN**

BARNETT IVAN – Cinematographer – UKN – 1925–
BARNETT GEORGE IVAN
FALL OF THE HOUSE OF USHER, THE • 1950
STORMSWEPT • 1954
ROBBERY WITH VIOLENCE • 1959
MEET MISTER BEAT • 1961

BARNETT KEN see **FRANCIS FREDDIE**

BARNETT WILLIAM H. – USA
NOTHING BY CHANCE • 1975 • DOC

BARNEY J.-P. see **BARNEY JACQUES-PAUL**

BARNEY JACQUES-PAUL – FRN
BARNEY J.-P.
C'EST PLUS FACILE DE GARDER LA BOUCHE OUVERTE • 1973

BARNIER LUC – FRN – 1954–
OISEAUX DE NUIT, LES • 1977 • DOC

BARNOWSKY VICTOR – GRM
PEER GYNT 1 • PEER GYNTS JUGEND • 1918
PEER GYNT 2 • PEER GYNTS WANDERJAHRE UND TOD • 1918

BARNWELL JOHN – USA
HUK! • 1956
SURRENDER –HELL! • 1959

BARNY MICHEL – FRN
HOTEL BON PLAISIR
STEPHANIE RECTO-VERSO • 1978

BARON ALLEN – USA – 1935–
BLAST OF SCIENCE • 1961
TERROR IN THE CITY • PIE IN THE SKY • 1966
RED, WHITE AND BLUE • 1970
OUTSIDE IN • 1972

BARON CARLOS BARRIOS – ARG
ENTRE DOS ROSAS • BETWEEN TWO ROSES • 1953 • SHT

BARON ERWIN – AUS
GELIEBTE TOTE, DIE • 1919
OHNE ZEUGEN • 1919
BRANDMAL DER VERGANGENHEIT, DAS • 1921

BARON ZELDA see **BARRON ZELDA**

de BARONCELLI JACQUES – FRN – 1881–1951
MAISON DE L'ESPOIR, LA • 1915
FAUTE DE PIERRE DAISY, LA • 1916
HALLALI, L' • 1916
JUGEMENT DE SALOMON • 1916
NOUVELLE ANTIGONE, LA • 1916
ROSE, LA • 1916
SCANDAL, LE • 1916
SUICIDE DE SIR TESTON, LE • 1916
TROIS FILLES EN PORTEFEUILLE • 1916
DRAME DU CHATEAU DE SAINT-PRIVAT, LE • 1917
INCONNUE, L' • 1917
MASCOTTE, UNE • 1917
ROI DE LA MER, LE • 1917
CAS DU PROCUREUR LESMIN, LE • 1918
CHAMPI-TORTU • 1918
FILS NATUREL • 1918
PILE OU FACE • 1918
RAMUNTCHO • 1918
RETOUR AUX CHAMPS, LE • 1918
REVENANTE, LA • GHOST, THE • 1918
TROIS K • 1918
VENGEANCE, UN • 1918
RAFALE, LA • 1919
SECRET DU LONE STAR, LE • 1919
FLIPOTTE • 1920
HERITAGE ,L' • 1920
PERE GORIOT, LE • 1921
CARILLON DE MINUIT, LE • 1922
REVE, LE • 1922
ROGER-LA-HONTE • 1922
FEMME INCONNUE, LA • 1923
FLAMBEE DES REVES, LA • 1923
LEGENDE DE SOEUR BEATRIX, LA • 1923
NENE • 1923
GITANES • 1924
PECHEUR D'ISLANDE • 1924
REVEIL, LE • 1925
VEILLE D'ARMES • IN THE NIGHT WATCH • 1925
NITCHEVO • 1926
PASSAGER, LE • 1926
DUEL • 1927
FEU! • 1927
FEMME DU VOISIN, LA • 1929
FEMME ET LE PANTIN, LA • 1929
TENTATION, LA • 1929
ARLESIENNE, L' • 1930
REVE, LE • 1930
JE SERAI SEULE APRES MINUIT • 1931
OCEAN, L' • 1931
DERNIER CHOC, LE • BRUMES • 1932
GITANES • 1932
AMI FRITZ, L' • 1933
CRAINQUEBILLE • 1933
AUX PORTES DE PARIS • AUX PORTES DE LA VILLE • 1934
CALVAIRE DE CIMIEZ, LE • 1934
CESSEZ LE FEU • CEASE FIRING (USA) ○ AMIS COMME AUTREFOIS • 1934
CHANSONS DE PARIS • 1934
ROI DE CAMARGUE • 1934
MICHEL STROGOFF • 1935
NITCHEVO • 1936
FEU! • FEU! MARINE D'ABORD! • 1937
BELLE ETOILE • 1938
S.O.S. SAHARA • 1938
HOMME DU NIGER, L' • FORBIDDEN LOVE (USA) • 1939
FAUSSE ALERTE • FRENCH WAY, THE (USA) ○ SOIR D'ALERTE, UN ○ A PARIS UN SOIR ○ ABRI 39 • 1940
SOYEZ LES BIENVENUS • NOUVEAUX PAUVRES, LES • 1940
CE N'EST PAS MOI • 1941
PAVILLON BRULE, LE • 1941
DUCHESSE DE LANGEAIS, LA • WICKED DUCHESS, THE (USA) • 1942
HAUT LE VENT • AIR NATAL • 1942
MYSTERES DE PARIS, LES • MYSTERIES OF PARIS, THE • 1943
MARIE LA MISERE • 1945
TANT QUE JE VIVRAI • 1945
ROSE DE LA MER, LA • 1946
ROCAMBOLE • 1947

BARONI JEANNE – FRN
AMOUR PAS COMME LES AUTRES, L'

BARONNET JEAN – FRN – 1929–
SKINOUSSA, PAYSAGE AVEC LA CHUTE D'ICARE • 1979 • DOC
HISTOIRE DU CAPORAL • 1983

BAROUH PIERRE – FRN – 1934–
CA VA, CA VIENT • 1970
ALBUM DE FAMILLE, L' • 1976
LABYRINTHE, LE • 1977
DIVORCEMENT, LE • 1979

BARR DENIS – USA
BAIT • 1986

BARR-SMITH A. – ASL – 1905–
HANGMAN WAITS, THE • 1947
DEATH IN THE HAND • 1948

de la BARRA LEONARDO – BLG
ERASMOS UNA VEZ • ONCE WE WERE • 1979 • DCS
EXILIO • EXILE • 1979 • DCS
NOSOTROS AGUERA • WE OUTSIDE • 1979 • DCS

de la BARRA PABLO – VNZ
QUERIDOS COMPANEROS.. • DEAR COMRADES.. • 1979
AVENTURERA • ADVENTUROUS WOMAN • 1989

BARRACLOUGH JENNY – UKN – 1937–
SOMEONE FOR THE WELFARE • 1973

BARRAGAN SALVADOR TOSCANO – MXC – 1872–1947
TOSCANO SALVADOR • BARRAGAN SALVADOR TOXANO
DON JUAN TENORIO • 1898
GUANAJUATO DESTRUIDO • GUANAJUATO DESTROYED • 1902
AUTOMOBILE RACES • 1905
BULLFIGHT BY FUENTES • 1905
HORSE RACES • 1905
JOTA DANCED BY THE BEAUTIFUL ROMERO • 1905
VILLA OF GUADALUPE, THE • 1905

BARRAGAN SALVADOR TOXANO see **BARRAGAN SALVADOR TOSCANO**

BARRAL JEAN – FRN
TANT QU'IL Y AURA DES CAPRICORNES • 1961 • SHT

BARRALET PAUL – Producer – UKN
PINNACLE OF FAME • 1943
BAD COMPANY • 1945
TELL-TALE TAPS, THE • 1945
FOR OLD TIME'S SAKE • 1948
GIRL FROM SCOTLAND YARD, THE • END OF ADVENTURE • 1948
IRISH MELODY • 1950

BARRE RAOUL – Animator – CND – 1874–1932
BLACK'S MYSTERIOUS BOX • 1915
CARTOONS IN THE COUNTRY • 1915
CARTOONS IN THE HOTEL • 1915 • ANS
CARTOONS IN THE PARLOR • 1915
CARTOONS ON TOUR • 1915
HICKS IN NIGHTMARELAND • 1915 • ANS
ANIMATED GROUCH CHASERS • 1915–16 • ANS
CARTOONS IN THE KITCHEN • 1916 • SHT
PHABLE OF A BUSTED ROMANCE, THE • 1916 • ANS

BARREIRO RAMON – SPN
SOBRINO DE DON BUFFALO BILL, EL • DON BUFFALO BILL • 1944
OTRO FU MANCHU, EL • OTHER FU MANCHU, THE • 1945

BARRENSTEIN FRANZ – GRM
SOMMERLIEBE • 1955

BARRERA OLEGARIO – VNZ
PEQUENA REVANCHA • SMALL REVENGE • 1986
DOMINGO FELIZ, UN • HAPPY SUNDAY, A • 1988

BARRERA VICTOR see **ALCAZAR VICTOR**

BARRERE – FRN
ROUGE EST MIS, LE • 1952 • SHT

BARRERO JOSE ANTONIO – SPN – 1949–
INSTANTES DISPERSOS • 1972 • SHT
TEOREMA DEL SATIRICON, EL • 1973 • SHT
PASAJEROS, LOS • 1975

BARRETO BRUNO – BRZ
BARRETTO BRUNO
ESTRELA SOBE, A • 1974
DONA FLOR E SEUS DOIS MARIDOS • DONA FLOR AND HER TWO HUSBANDS (USA) • 1978
AMOR BANDIDO • OUTLAW LOVE • 1980
FELIZES PARA SEMPRE • HAPPILY EVER AFTER • 1984
GABRIELA • 1984
ROMANCE DA EMPREGADA • STORY OF FAUSTA, THE • 1988
SHOW OF FORCE • 1989

BARRETO FABIO – BRZ
INDIA, A FILHA DO SOL • INDIA, DAUGHTER OF THE SUN • 1982
LUZIA HOMEM • LUZIA • 1988

BARRETO LIMA see **BARRETO VICTOR**

BARRETO LUIS CARLOS – BRZ
CANTO LIVRE, O • FREE SONG, THE • 1968

BARRETO ROMAN VINOLY – ARG
BESTIA DEBE MORIR, LA • BEAST MUST DIE, THE • 1952
NINA DEL GATO, LA • 1953
VAMPIRO NEGRO, EL • BLACK VAMPIRE, THE • 1953

BARRETO VICTOR see **BARRETO VICTOR**

BARRETO VICTOR
BARRETO VICTOR
PAINEL • PANEL • 1950
SANTUARIO • SANCTUARY • 1951
CANGACEIRO, O • CANGACEIRO –THE STORY OF AN OUTLAW BANDIT ○ BANDIT, THE • 1953
ARTE COBODA • 1954
LIVRO, O • 1954
SAO PAULO EN FESTA • 1954
SERTANEJO, O • 1954

PRIMEIRA MISSA, A • FIRST MASS, THE • 1961

BARRETT FRANKLYN – UKN – 1874–1961
ALLY SLOPER • 1900 • SER
BOXING FILM • 1900 • DOC
MESSAGE FROM MARS, A • 1903
1904 MELBOURNE CUP • 1904 • DOC
SEA COASTS OF NEW ZEALAND, THE • 1908 • DOC
SOUTH SEA ISLAND FILMS • 1908–10 • SER
CHRISTIAN, THE • 1911
GLORIOUS SYDNEY OF TODAY • 1911 • DOC
LIFE UNDER THE SOUTHERN CROSS • JUMPING THE CLAIM ○ ALL FOR GOLD • 1911
SYDNEY'S SIRENS OF THE SURF • 1911 • DOC
SILENT WITNESS, A • 1912
BLUE GUM ROMANCE, A • 1913
LIFE OF A JACKEROO, THE • 1913
PIONEERS, THE • 1916
AUSTRALIA'S PERIL • 1917
MONK AND THE WOMAN, THE • 1917
STRUCK OIL • 1919
BREAKING OF THE DROUGHT, THE • 1920
GIRL OF THE BUSH, A • 1921
KNOW THY CHILD • 1921
ROUGH PASSAGE, A • 1922

BARRETT LEZLI-AN – UKN
BUSINESS AS USUAL • 1987

BARRETT-PAGE SALLY – USA
AIN'T NOBODY'S BUSINESS • 1977

BARRETT RICHARD see **D'ETTORE PIAZZOLI ROBERTO**

BARRETT SHIRLEY – ASL
CHERITH • 1987

BARRETTO BRUNO see **BARRETO BRUNO**

BARRETTO VIC – SAF
KNOCKOUT • 1970

BARRI MARIO – PHL
ANAK NG KIDLAT • DAUGHTER OF LIGHTNING • 1959

BARRIE SCOTT – CND – 1951–
GRACIE • 1978 • MTV
FOOTSTEPS • 1979 • SHT
K.C.I. BEYOND THE THREE R'S • 1982
I THINK OF YOU OFTEN • 1983 • SHT
NEWFOUNDLAND SKETCHBOOK • 1983 • MTV

BARRINGER A. B. – USA
VENGEANCE OF THE DEEP • 1923
RIDING TO FAME • 1927
ROARING FIRES • 1927

BARRINGER MICHAEL – UKN
INFAMOUS LADY, THE • 1928
Q-SHIPS • BLOCKADE • 1928
DOWN CHANNEL • 1929
MURDER AT CONVENT GARDEN • 1932

BARRINGTON A. F. C. – UKN
LANGFORD REED'S LIMERICKS • 1935

BARRIOS JAIME – USA
DISCOVERY OF AMERICA, THE • 1969
MANOS A LA OBRA • HANDS TO WORK • DOC

BARRIS CHUCK – USA
GONG SHOW MOVIE, THE • 1980

BARROIS CHARLES – FRN
AUX PORTES DE PARIS • AUX PORTES DE LA VILLE • 1934
ON DEMANDE UNE BRUTE • 1934 • SHT
TROIS DE LA MARINE • 1934

BARROIS CLAUDE – FRN – 1941–
ALORS, HEUREUX? • 1979
BAR DU TELEPHONE, LE • 1980

BARROIS GEORGES – FRN – 1894–1971
FRANCE EST UN EMPIRE, LA • 1939 • DOC

BARRON ARTHUR – USA
JEREMY • 1973
BROTHERS • 1977

BARRON J. O. – UKN
HOW TO GROW BETTER BANANAS • 1976 • SHT
HOW TO MARKET BETTER BANANAS • 1976 • SHT

BARRON ROBERT – Animator – USA
CAPTAIN FUTURE: SPECIAL AGENTS AND ALIEN CUT-THROATS • 1985 • ANM
CODENAME: ROBOTECH • 1985 • ANM

BARRON STEVE – IRL – 1956–
BARRON STEVEN
KIDS ARE UNITED, THE • 1980 • DOC
ELECTRIC DREAMS: THE MOVIE • ELECTRIC DREAMS • 1984
TEENAGE MUTANT NINJA TURTLES • 1989

BARRON STEVEN see **BARRON STEVE**

BARRON ZELDA – UKN
BARON ZELDA
SECRET PLACES • 1985
BULLDANCE • FORBIDDEN SUN • 1989
SHAG • 1989

BARROS CARLOS ALBERTO DE SOUZA – BRZ
EM BUSCA DO TESOURO • IN SEARCH OF TREASURE • 1967
JERRY –A GRANDE PARADA • JERRY –THE BIG BOASTER • 1967
MUNDO ALEGRE DE HELO, O • HAPPY WORLD OF HELO, THE • 1967
DEVASSOS, OS • 1972

de BARROS FERNANDO – BRZ
MORAL EM CONCORDATA • 1959

de BARROS JOSE see **de BARROS JOSE LEITAO**

de BARROS JOSE LEITAO – PRT – 1896–1967
de BARROS JOSE
MAL DE ESPANA • 1918
MALMEQUER • 1918
FESTAS DA CURIA • 1926 • SHT
NAZARE, PRAIA DE PESCADORES • NAZARE • 1928 • DOC
LISBOA, CRONICA ANEDOTICA • CRONICA ANEDOTICA • 1930
MARIA DO MAR • 1930
PRAIA DE PESCADORES • 1930
SEVERA, A • 1931
AS PUPILAS DO SENHOR REITOR • 1935
BOCAGE • 1936
MARIA PAPOILA • 1937
PESCA DO ATUM • 1939 • SHT
VARANDA DOS ROUXINOIS, A • 1939
ALA-ARRIBA • ALLA ARIBA • 1942
INES DE CASTRO • DEAD QUEEN, THE • 1944
LISBOA E O PROBLEMA DOS SEUS ACESSOS • 1945 • SHT
CAMOES • CAMOENS • 1946
CASTRO ALVES • 1948
TEMPETE MERVEILLEUSE, LA • 1949
VENDEVAL MARAVILHOSO • TEMPETE MERVEILLEUSE, LA • 1949
ULTIMA RAINHA DE PORTUGAL, A • 1951 • SHT
RELIQUIAS PORTUGUESAS DO BRASIL • 1959 • SHT
COMEMORACOES HENRIQUINAS • 1961 • SHT
ESCOLAS PRIMARIAS • 1962

de BARROS LUIS – BRZ
CURSED JEWEL, THE • 1920
ACABARAM-SE OS OTARIOS • 1930

de BARROS REYNALDO PAES – BRZ
FERIAS NO SUL • HOLIDAYS IN THE SOUTH • 1967
AGNALDO, PERIGO A VISTA • AGNALDO AND THE DANGER • 1969
PANTANAL DE SANGUE • 1972

BARROS WILSON – BRZ
ANJOS DA NOITE • NIGHT ANGELS • 1988

BARROWS NICHOLAS – USA
DANGEROUS HOLIDAY • 1937

BARRY CHRISTOPHER – UKN
DR. WHO: THE BRAIN OF MORBIUS • 1976 • MTV
TRIPODS • 1984 • MTV

BARRY DON see **BARRY DONALD**

BARRY DONALD – Actor – USA – 1912–1980
BARRY DON
JESSE JAMES' WOMEN • 1954

BARRY GERALD – UKN
LAST WALTZ, THE • 1936

BARRY IAN – Editor – ASL
WAITING FOR LUCAS • 1973 • SHT
CHAIN REACTION • 1979
NO ROOM AT RAFFLES • 1981 • SHT
OUTBACK • 1988

BARRY J. A. – USA
BARRY JOHN A.
FEAR WOMAN, THE • 1919
PASSION'S PLAYGROUND • 1920
TURNING POINT, THE • 1920
STRANGER THAN FICTION • 1921
TRUST YOUR WIFE • 1921
WOMAN'S SIDE, THE • 1922

BARRY JOHN A. see **BARRY J. A.**

BARRY JULES – YGS
KARAGEORGE • 1910

BARRY MARTIN – Animator – CND
JUKE BAR • 1990 • ANS

BARRY MAURICE – FRN – 1910–1984
CRIMES DE L'AMOUR, LES • MINA DE VANGHEL • 1951

BARRY MICHAEL – UKN – 1910–
STOP PRESS GIRL • 1949
SECOND COMING OF SUZANNE, THE • SUZANNE • 1974

BARRY MORRIS – UKN
MURDER: UNTIMATE GROUNDS FOR DIVORCE • 1984

BARRY TRISH – IRL
VICTIMS OF VIOLENCE • 1981

BARRY WESLEY see **BARRY WESLEY E.**

BARRY WESLEY E. – USA
BARRY WESLEY
STEEL FIST, THE • 1952
OUTLAW'S DAUGHTER, THE • 1954
RACING BLOOD • 1954
CREATION OF THE HUMANOIDS, THE • 1962
JOLLY GENIE, THE • 1962

BARRYMORE DICK – USA
LAST OF THE SKI BUMS, THE • 1969
WHITE SEARCH, THE • 1971 • DOC

BARRYMORE LIONEL – Actor – USA – 1878–1954
LIFE'S WHIRLPOOL • 1917
CONFESSION • 1929
HIS GLORIOUS NIGHT • BREATH OF SCANDAL • 1929
MADAME X • ABSINTHE • 1929
ROGUE SONG, THE • 1929
UNHOLY NIGHT, THE • 1929
OLYMPIA • 1930
SPECTRE VERT, LE • GREEN GHOST, THE • 1930
TEN CENTS A DANCE • 1931

BARSACQ ANDRE – Art director – USS – 1909–
RIDEAU ROUGE, LE • CE SOIR ON JOUE MACBETH • 1952

BARSHA LEON – USA
ONE MAN JUSTICE • 1937
TRAPPED • 1937
TWO GUN LAW • 1937
TWO-FISTED SHERIFF • SHOOTING SHOWDOWN • 1937
CONVICTED • FACE WORK • 1938
WHO KILLED GAIL PRESTON? • MURDER IN SPRING TIME • 1938
MANHATTAN SHAKEDOWN • 1939
SPECIAL INSPECTOR • ACROSS THE BORDER • 1939
PACE THAT THRILLS, THE • CRACK DOWN • 1952

BARSKAYA MARGARITA – USS
BROKEN SHOES • TORN SHOES • 1934

BARSKY – USS
DEAD BODY WITH THE SEVERED HEAD, THE • 1919
DON'T SLEEP • 1919 • SHT
TELL ME WHY • 1919 • SHT
SHEPHERD, THE • 1922

BARSKY BUD – USA
COAST PATROL, THE • 1925

BARTA JIRI – CZC
POSLEDNI LUP • LAST BOOTY, THE • ANM
ZANIKLY SVET RUKAVIC • LOST WORLD OF GLOVES, THE • 1982 • ANM
PIED PIPER, THE • PIED PIPER OF HAMELIN, THE • 1985 • ANM

BARTEL PAUL – USA – 1938–
SECRET CINEMA, THE • 1968
PRIVATE PARTS • 1972
DEATH RACE 2000 • 1975
CANNONBALL • CARQUAKE (UKN) • 1976
EATING RAOUL • 1982
NOT FOR PUBLICATION • 1984
LUST IN THE DUST • 1985
LONGSHOT, THE • 1986
FRANKENCAR • 1988
SCENES FROM THE CLASS STRUGGLE IN BEVERLY HILLS • 1989

BARTELMESS-WELLER USCH – GRM
BARTHELMESS-WELLER USCH
KINDER AUS NR.67 ODER HEIL HITLER, ICH HATT GERN 'N PAAR PFERDEAPPEL.. • CHILDREN FROM NUMBER 67, THE ○ KINDER AUS NR.67, DIE • 1980

BARTENEV D. – USS
DVADZATDVA NESHCHASTIA • TWENTY-TWO MISHAPS ○ 22 MISFORTUNES • 1930

BARTH MOGLIA see **BARTH-MOGLIA LUIS**

BARTH-MOGLIA LUIS – ARG – 1903–
BARTH MOGLIA
CHARLESTON Y BESOS • 1922
SOL, EL • 1922
SUENOS • 1922
DANCING, EL • 1933
TANGO • 1933
ALMA DEL BANDOLEON, EL • 1934
RIACHUELO • 1934
NOCHES DE BUENOS AIRES • 1935
PICAFLOR • 1935
AMALIA • 1936
GOAL • 1936
CASA DE QUIROS, LA • 1937
MELGAREJO • 1937
MELODIAS PORTENAS • 1937
CAMINITO DE GLORIA • 1939
DOCE MUJERES • TWELVE WOMEN (USA) • 1939
MUJER DE LA CALLE, UNA • 1939
SENDEROS DE FE • 1939
ULTIMO ENCUENTRO, EL • LAST MEETING, THE (USA) • 1939
CON EL DEDO EN EL GATILLO • 1940
CONFESION • 1940
HUELLA • TRIAL (USA) • 1940
BOINA BLANCA • 1941
FORTIN ALTO • 1941
HOGAR, DULCE HOGAR • 1941
CRUZA • 1942
PONCHOS AZULES • 1942
VICTORIA DE LA V., LA • 1945
MARIA ROSA • 1946
SENDA OSCURA, LA • 1947
JUAN MOREIRA • 1948
EDICION EXTRA • 1949
CAMPANA NUEVA, LA • 1950
DOCTORA CASTANUELAS, LA • 1950
FUERZA CIEGA, LA • 1950
NO ME DIGAS ADIOS • 1950
INTERMEZZO CRIMINAL • 1953
CASTRITO Y LA LAMPARA DE ALADINO • 1954
DRINGUE • 1954
DRINGUE, CASTRITO Y LA LAMPARA DE ALADINO • 1954

BARTH OTTO WILHELM – GRM
BLUT DER SCHWESTER, DAS • 1922

BARTHEL KURT – GRM
NACHT IM GRENZWALD, DIE • NIGHT IN GRENZWALD, THE • 1968

BARTHELMESS-WELLER USCH see **BARTELMESS-WELLER USCH**

BARTIER PIERRE – BLG
VIE QUI ME PLAIT, LA • 1973

BARTLETT CHARLES – USA
BARTLETT CHARLES EARL • BARTLETT CHARLES E.
ALICE OF HUDSON BAY • 1915
CLEAN-UP, THE • 1915
DRIFTING • 1915
JUST AS IT HAPPENED • 1915
KEY TO THE PAST, THE • 1915
ON SECRET SERVICE • 1915
OUT OF THE ASHES • 1915
SPIDER BARLOW CUTS IN • 1915
SPIDER BARLOW'S SOFT SPOT • 1915
STING OF IT, THE • 1915
VISITORS AND VISITEES • 1915
ANCIENT BLOOD, THE • 1916 • SHT
BRUISER, THE • 1916
CRAVING, THE • 1916
DESPERATE REMEDY, A • 1916 • SHT
GOLD BAND, THE • 1916 • SHT
MODERN SPHINX, A • 1916 • SHT
SILENT TRAIL, THE • 1916 • SHT
SMALL MAGNETIC HAND, THE • 1916 • SHT
SPIDER BARLOW MEETS COMPETITION • 1916 • SHT
THOROUGHBRED, THE • 1916
GIRL WHO DOESN'T KNOW, THE • 1917
HELL HATH NO FURY • 1917
JERRY AND THE VAMPIRE • 1917
JERRY TAKES GAS • 1917 • SHT
JERRY'S BEST FRIEND • 1917 • SHT
JERRY'S VICTORY • 1917 • SHT
JERY'S DOUBLE CROSS • 1917 • SHT
CORINNE COMES HOME • CORINNE, COME HERE! • 1919 • SHT
HEADIN' NORTH • 1921
TANGLED TRAILS • 1921

BARTLETT CHARLES E. see **BARTLETT CHARLES**

BARTLETT CHARLES EARL see **BARTLETT CHARLES**

BARTLETT DICK see **BARTLETT RICHARD**

BARTLETT HALL – Producer/writer – USA – 1922–
UNCHAINED • 1955
DRANGO • 1957
ZERO HOUR! • 1957
ALL THE YOUNG MEN • 1960
CARETAKERS, THE • BORDERLINES (UKN) • 1963
CHANGES • 1969
WILD PACK, THE • SANDPIT GENERALS, THE • 1971
JONATHAN LIVINGSTONE SEAGULL • 1973
CHILDREN OF SANCHEZ, THE • 1978
COMEBACK • 1982
LOVE IS FOREVER • COMEBACK, THE • 1982 • TVM
LEAVING HOME • 1986

BARTLETT LANIER – USA
FLAMING FORGE, THE • 1913

BARTLETT RICHARD – USA
BARTLETT DICK
SILENT RAIDERS • 1954
LONESOME TRAIL, THE • 1955
SILVER STAR, THE • 1955
I'VE LIVED BEFORE • 1956
ROCK PRETTY BABY • 1956
TWO-GUN LADY • 1956
JOE DAKOTA • 1957
SLIM CARTER • 1957
MONEY, WOMEN AND GUNS • 1958
RUBY • 1970

BARTLETT SCOTT – USA
METANOMEN • 1966 • SHT
OFFON • OFF ON • 1968 • SHT
MOON 69 • 1969 • SHT
TRIP TO THE MOON, A • TRIP TO MOON, A • 1969

BARTMAN WILLIAM S. – USA
O'HARA'S WIFE • 1982

BARTOLINI ELIO – ITL – 1922–
ALTRO DIO, L' • 1975

BARTOLOME CECILIA – SPN – 1943–
NOCHE DEL DR. VALDES, LA • 1964 • SHT
CARMEN DE CARABANCHEL • 1965 • SHT
BRUJITA, LA • 1966 • SHT
PLAN JAC CERO TRES • 1968 • SHT
MARGARITA Y LA LOBO • 1970 • SHT
VAMONOS, BARBARA • LET'S GO, BARBARA • 1977
DESPUES DE.. • AFTER • 1981 • DOC

BARTOLOME JOSE JUAN – SPN
DESPUES DE.. • AFTER • 1981 • DOC

BARTON CHARLES see **BARTON CHARLES T.**

BARTON CHARLES T. – USA – 1902–1981
BARTON CHARLES
WAGON WHEELS • CARAVANS WEST • 1934
CAR NO.99 • 1935
LAST OUTPOST, THE • 1935
ROCKY MOUNTAIN MYSTERY • FIGHTING WESTERNER • 1935
AND SUDDEN DEATH • 1936
MURDER WITH PICTURES • 1936
NEVADA • 1936
ROSE BOWL • O'RILEY'S LUCK (UKN) • 1936
TIMOTHY'S QUEST • 1936
CRIME NOBODY SAW, THE • 1937
FORLORN RIVER • 1937
THUNDER TRAIL • ARIZONA AMES • 1937
BORN TO THE WEST • HERITAGE OF THE PLAINS ○ HELL TOWN • 1938
TITANS OF THE DEEP • 1938
BEHIND PRISON GATES • 1939
FIVE LITTLE PEPPERS AND HOW THEY GREW • FIVE LITTLE PEPPERS • 1939
BABIES FOR SALE • 1940
FIVE LITTLE PEPPERS AT HOME • 1940
FIVE LITTLE PEPPERS IN TROUBLE • 1940
ISLAND OF DOOMED MEN • DEAD MAN'S ISLE • 1940
MY SON IS GUILTY • CRIME'S END (UKN) ○ COP FROM HELL'S KITCHEN • 1940
NOBODY'S CHILDREN • 1940
OUT WEST WITH THE PEPPERS • 1940
BIG BOSS, THE • CHAIN GANG • 1941
HARMON OF MICHIGAN • 1941
HONOLULU LU • 1941
PHANTOM SUBMARINE, THE • 1941
RICHEST MAN IN TOWN, THE • 1941
SING FOR YOUR SUPPER • 1941
TWO LATINS FROM MANHATTAN • 1941
HELLO, ANNAPOLIS • PERSONAL HONOUR (UKN) • 1942
LUCKY LEGS • 1942
MAN'S WORLD, A • 1942
PARACHUTE NURSE • 1942
SHUT MY BIG MOUTH • 1942
SPIRIT OF STANFORD, THE • FIGHTING SPIRIT (UKN) • 1942
SWEETHEART OF THE FLEET • 1942
TRAMP, TRAMP, TRAMP • CAMP NUTS • 1942
IS EVERYBODY HAPPY? • 1943
LAUGH YOUR BLUES AWAY • HOW DO YOU DO • 1943
LET'S HAVE FUN • 1943
REVEILLE WITH BEVERLY • 1943
SHE HAS WHAT IT TAKES • BROADWAY DADDIES • 1943
WHAT'S BUZZIN', COUSIN • 1943
BEAUTIFUL BUT BROKE • 1944
HEY, ROOKIE • 1944
JAM SESSION • 1944
LOUISIANA HAYRIDE • 1944
BEAUTIFUL CHEAT, THE • WHAT A WOMAN! (UKN) • 1945
MEN IN HER DIARY • 1945
SMOOTH AS SILK • NOTORIOUS GENTLEMAN • 1946
TIME OF THEIR LIVES, THE • GHOST STEPS OUT, THE • 1946
WHITE TIE AND TAILS • 1946
BUCK PRIVATES COME HOME • ROOKIES COME HOME (UKN) • 1947
WISTFUL WIDOW OF WAGON GAP, THE • WISTFUL WIDOW, THE (UKN) • 1947
ABBOTT AND COSTELLO MEET FRANKENSTEIN • ABBOTT AND COSTELLO MEET THE GHOSTS ○ BRAIN OF FRANKENSTEIN, THE ○ MEET THE GHOSTS • 1948
MEXICAN HAYRIDE • 1948
NOOSE HANGS HIGH, THE • 1948
ABBOTT AND COSTELLO MEET THE KILLER BORIS KARLOFF • 1949
AFRICA SCREAMS • 1949
FREE FOR ALL • 1949
DOUBLE CROSSBONES • 1950
MILKMAN, THE • 1950
MA AND PA KETTLE AT THE FAIR • 1952
DANCE WITH ME, HENRY • 1956
SHAGGY DOG, THE • 1959
TOBY TYLER • TOBY TYLER, OR TEN WEEKS WITH A CIRCUS • 1960
ZORRO THE AVENGER • 1960 • MTV
SWINGIN' ALONG • DOUBLE TROUBLE ○ SCHNOOK, THE • 1962

BARTON DAN – USA
ZAAT • BLOOD WATERS OF DR. Z, THE • 1972

BARTON J. – Animator – UKN
GO EAST, YOUNG WOMAN • ANM
ALSORT BALLET • 1956 • ANM

BARTON KENNETH J. – USA
DEVIL'S GIFT, THE • 1984

BARTON PETER – USA
KILL CASTRO • 1978

BARTON SEAN – SAF
PANGA • 1989

BARTOSCH BERTHOLD – Animator – CZC – 1893–1968
IDEE, L' • IDEA, THE • 1934 • ANS
SAINT-FRANCOIS • 1939 • ANM

BARTSCH ART – Animator – USA
SICK, SICK SIDNEY • 1958 • ANS
SIDNEY'S FAMILY TREE • 1958 • ANS
HIDE AND GO SIDNEY • 1960 • ANS
CROSSING THE DELAWARE • 1961 • ANS
SO SORRY, PUSSYCAT • 1961 • ANS
HE-MAN SEAMAN • 1962 • ANS
SEND YOUR ELEPHANT TO CAMP • 1962 • ANS
DRIVEN TO EXTRACTION • 1963 • ANS
SIDNEY'S WHITE ELEPHANT • 1963 • ANS
ADVENTURE BY THE SEA • 1964 • ANS
GOLD DUST BANDIT, THE • 1964 • ANS
GET THAT GUITAR • 1965 • ANS
TWINKLE, TWINKLE LITTLE TELSTAR • 1965 • ANS
ABOMINABLE MOUNTAINEERS, THE • 1968 • ANS
ALL TEED OFF • 1968 • ANS
BIG GAME FISHING • 1968 • ANS
COMMANDER GREAT GUY • 1968 • ANS
DRIBBLE DRABBLE • 1968 • ANS
GRAND PRIX WINNER • 1968 • ANS
JUDO KUDOS • 1968 • ANS
LOOPS AND SWOOPS • 1968 • ANS
MOUNT PINEY • 1968 • ANS

BARUA JAHNU – IND
APARUPA • 1982
HALODHIA CHORAYA BAODHAN KHAI • CATASTROPHE, THE • 1988
PHIRINGOTI • SPARKS, THE • 1990

BARUA PRAMATHESH see **BARUA PRAMATHESH CHANDRA**

BARUA PRAMATHESH CHANDRA – IND – 1903–1951
BARUA PRAMATHESH
DEVDAS • DEBDAS • 1935
MAYA • ILLUSION • 1936
MUKTI • LIBERATION • 1937
ADHIKAR • AUTHORITY • 1938
ZINDIGI • 1939
PRIJA BANHABI • 1940

BARWOOD HAL – Animator – USA
CHILD'S INTRODUCTION TO THE COSMOS, A • 1964 • ANS
GREAT WALLED CITY OF XAN, THE • ANS
WARNING SIGN • BIOHAZARD • 1985

BARWOOD NICK – USA
AVENGER, THE • 1987

BARY LEON – Actor – FRN – 1880–1954
LADY OF LYONS, THE • 1913
IN THE GRIP OF THE SULTAN • 1915
MARRIED FOR MONEY • 1915
IN THE HANDS OF THE SPOILERS • 1916

BARZINI ANDREA – ITL
DESIDERANDO GIULIA • DESIRING GIULIA • 1987

BARZYK FRED – USA
LATHE OF HEAVEN, THE • 1980 • TVM
COUNTDOWN TO LOOKING GLASS • 1984 • TVM

BASAGLIA MARIA – ITL – 1912–
SUA ALTEZZA HA DETTO: NO! • 1954
SANGUE DI ZINGARA • 1956

BASARAN TUNC – TRK
BASERAN TUNC
10 KORKUSUZ ADAM • 1964
KONYAKCI • DRUNKARD, THE • 1965
BUYUK KIN • BIG HATE, THE • 1967
ELVEDA • FAREWELL • 1967
KARA DAVUT • BLACK DAVUT • 1967
GONULLU KAHRAMANLAR • VOLUNTEER HEROES • 1968
UCURTRAYI VURMASINLAR • DON'T LET THEM SHOOT THE KITE • 1988

BASCH FELIX – AUS – –1944
"HERR BARON", DER • 1915
STEIN UNTER STEINEN • 1916
BORSE UND ADEL • 1917
GROSSEN MANNES LIEBE, EINES • 1920
MASCOTTE • 1920
MENSCHEN VON HEUTE • 1920
FLUCH DES SCHWEIGENS, DER • 1921
FRAULEIN JULIE • LADY JULIA • 1921
GELIEBTE ROSWOLSKYS, DIE • 1921
HANNERL UND IHRE LIEBHABER • 1921
SODOMS ENDE • 1922
STROM, DER • 1922
SCHICKSAL • 1924
FINALE DER LIEBE • 1925
MANN SEINER FRAU, DER • HER HUSBAND'S WIFE • 1925
MADEL AUF DER SCHAUKEL, DAS • 1926
SCHATZ, MACH' KASSE • 1926
SOHN DES HANNIBAL, DER • 1926
DA HALT DIE WELT DEN ATEM AN • 1927
DOLLARPRINZESSIN UND IHRE SECHS FREIER, DIE • 1927
EINS PLUS EINS GLEICH DREI • 1927
SCHWERER FALL, EIN • 1927
MASCOTTCHEN • 1929
SEINE FREUNDIN ANNETTE • 1930
ZWEI KRAWATTEN • TWO NECKTIES (USA) • 1930

BASER TECFIK – GRM
BASER TEVFIK
40 QUADRATMETER DEUTSCHLAND • 1987
FAREWELL TO FALSE PARADISE • 1989

BASER TEVFIK see **BASER TECFIK**

BASERAN TUNC see **BASARAN TUNC**

BASHAME E. R. – UKN
SALVAGE • 1919

BASIL JOSEPH – USA
MEDDLERS AND MOONSHINERS • 1918 • SHT

BASKE FRANZ – GRM
SCHLACT UM BERLIN • BATTLE OF BERLIN, THE (USA) • 1973 • DOC

BASKIN RICHARD – USA
SING • 1988

BASNIER ALAIN – FRN – 1949–
CHARLOTS EN DELIRE, LES • 1979

BASOV K. – USS
TISHINA • SILENCE • 1964

BASOV V. see **BASOV VLADIMIR**

BASOV VLADIMIR – USS
BASOV V.
SKOLA MUZESTVA • SCHOOL OF COURAGE • 1957
SLUCHAI NA SHAKHTE 8 • CASE OF PIT NO.8, THE • 1957
NO ORDINARY SUMMER • 1958
BITVA V PUTI • BATTLE ON THE ROAD • 1961
BLIZZARD, THE • 1964
SILENCE • 1964
SHCHIT I MYECH. I: BYEZ PRAVA BYT SOBOY • SHIELD AND THE SWORD. PART ONE: NO RIGHT TO BE ONE'S SELF, THE • 1968
SHCHIT I MYECH. II: PRIKAZANO VYZHIT • SHIELD AND THE SWORD. PART TWO: THE ORDER -STAY ALIVE, THE • 1968
SHCHIT I MYECH. III: OBZHALOVANIYU NYE PODLEZHIT • SHIELD AND THE SWORD. PART THREE: NOT SUBJECT TO APPEAL, THE • 1968
SHCHIT I MYECH. IV: POSLYEDNI RUBYEZH • SHIELD AND THE SWORD. PART FOUR: THE LAST FRONTIER, THE • 1968
100% NYLON • 1974

BASS HOWARD – USA
GIANT'S TATTOO PARLOR, THE

BASS JULES – USA
RETURN OF THE KING.. A STORY OF THE HOBBITS, THE • 18980 • ANM
DAYDREAMER, THE • 1966 • ANM
MAD MONSTER PARTY • 1967 • ANM
WACKY WORLD OF MOTHER GOOSE, THE • 1967 • ANM
FLIGHT OF THE DRAGON, THE • 1982 • ANM
LAST UNICORN, THE • 1982 • ANM
WIND IN THE WILLOWS, THE • 1983 • ANM

BASS SAUL – Title designer – USA – 1920–
APPLES AND ORANGES • 1962 • SHT
FROM HERE TO THERE • 1964 • SHT
HISTORY OF ADVENTURE • 1964 • SHT
PACKAGING STORY • 1964 • SHT
SEARCHING EYE, THE • 1964 • SHT
WHY MAN CREATES • 1968 • SHT
PHASE IV • 1973

ONE HUNDRED YEARS OF THE TELEPHONE • 1977 • SHT
NOTES ON THE POPULAR ARTS • 1978 • SHT
SOLAR FILM, THE • 1979 • SHT
LIFE AND ADVENTURES OF SANTA CLAUS • 1986 • ANM

BASSER ANN – USA
WAITING FOR.. • 1970

BASSI PARSIFAL – ITL
CARDINALE LAMBERTINI, IL • 1934
GIOCO D'AZZARDO • QUEL CARO DEMETRIO • 1943

BASSI REYNALD see **BASSI RINALDO**

BASSI RINALDO – FRN – 1940–
BASSI REYNALD
MERVEILLEUX PARFUM D'OSEILLE, UN • 1969
POURVU QU'ON AIT L'IVRESSE • 1974

BASSIYOUNI MOHAMED – EGY
ONE SMILE IS SUFFICIENT • 1978

BASSOFF LAWRENCE – USA
WEEKEND PASS • 1984
HUNK • 1987

BASSOLI CARLO J. – ITL
AVVENTURA DI GIACOMO CASANOVA • 1938

BASSORI TIMITE – IVC
SUR LE DUNE DE LA SOLITUDE • ON THE BANK OF SOLITUDE • 1964
FEMME AU COUTEAU, LA • WOMAN WITH THE KNIFE, THE • 1968

BASTAC BRANISLAV – YGS
BASTAC BRANISLAV-BANE
SHAMEFUL SUMMER • 1969
DJECAK JE ISAO ZA SUNCEM • BOY WHO FOLLOWED THE SUN, THE • 1983

BASTAC BRANISLAV-BANE see **BASTAC BRANISLAV**

BASTELLI CESARE – ITL
DOMENICA SI', UNA • YES SUNDAY, A • 1987

BASTERRETXEA NESTOR – SPN – 1924–
OPERACION H • 1963 • SHT
PELOTARI • 1964 • SHT
ALQUEZAR • 1966 • SHT
AMA LUR • TIERRA MADRE • 1966

BASTIA JEAN – FRN – 1925–
NOUS AUTRES A CHAMPIGNOL • 1956
AVENTURIERS DU MEKONG, LES • 1957
CERTAINS L'AIMENT FROIDE! • 1959
GENDARME DE CHAMPIGNOL, LE • 1959
TORTILLARDS, LES • 1960
DYNAMITE JACK • 1961
CAID DE CHAMPIGNOL, LE • 1965
RESEAU SECRET • SECRET CONNECTION • 1967
ET MOURIR DE DESIR • 1973
HEURES BRULANTES DE PLAISIR, LES • 1974

BASTID JEAN-LOUP – FRN
SALUT LES COPINES • PUSSYCATS, THE • 1966

BASTIDE J.-P. – FRN
HALLUCINATIONS SADIQUES

BASTIEN DIDIER – BLG
TONNERRE DE BREST, SILENCE! • 1984

BAT-ADAM MICHAL – FRN
MOMENTS DE LA VIE D'UNE FEMME • EACH OTHER ○ MOMENTS • 1979
AL KHEVEL DAK • THIN LINE, A • 1981
BOY TAKES GIRL • 1983
HAME'AHEV • LOVER, THE • 1985
THOUSAND WIVES, A • 1988

BATAILLE-HENRI JACQUES – FRN
GRANDE MARE, LA • 1930

BATALOV ALEXEI – Actor – USS – 1928–
BATALOV ALEXEY
SHINEL • OVERCOAT, THE (USA) ○ CLOAK, THE • 1960
LIGHT OF DISTANT STARS, THE • 1965
DOLL OF THE HEIR TUTTI, THE • 1966
TRI TOLSTYAKA • THREE FAT MEN, THE • 1967
IGROK • GAMBLER, THE • 1972

BATALOV ALEXEY see **BATALOV ALEXEI**

BATAPOULOS TAKIS – GRC
YOUTH OF ATHENS • 1949

BATCHELOR JOY – Animator – UKN – 1914–
CARNIVAL IN THE CLOTHES CUPBOARD • 1940 • ANS
TRAIN TROUBLE • 1940 • ANS
FILLING THE GAP • 1941 • ANS
DIGGING FOR VICTORY • 1942 • ANS
DUSTBIN PARADE • 1942 • ANS
ABU'S POISONED WELL • 1943 • ANS
JUNGLE WARFARE • 1943 • ANS
HANDLING SHIPS • 1946 • ANM
MODERN GUIDE TO HEALTH • 1946 • ANS
OLD WIVES' TALE • 1946 • ANM
CHARLEY • 1946–47 • ASS
CHARLEY IN THE NEW MINES • 1946–47 • ANS
CHARLEY IN THE NEW SCHOOLS • 1946–47 • ANS
CHARLEY IN THE NEW TOWNS • NEW TOWN • 1946–47 • ANS
CHARLEY IN "YOUR VERY GOOD HEALTH" • YOUR VERY GOOD HEALTH • 1946–47 • ANS
CHARLEY JUNIOR'S SCHOOLDAYS • 1946–47 • ANS
CHARLEY'S MARCH OF TIME • 1946–47 • ANS
DOLLY PUT THE KETTLE ON • 1947 • ANS
FIRST LINE OF DEFENCE • 1947 • ANS
SO THIS IS THE AIRFORCE • 1947 • ANS
WHAT'S COOKING? • 1947 • ANS
HEAVE AWAY MY JOHNNY • 1948 • ANS
OXO PARADE • 1948 • ANS
ROBINSON CHARLEY • 1948 • ANS
WATER FOR FIRE FIGHTING • 1948 • ANS
FARMER CHARLEY • 1949 • ANS
FLY ABOUT THE HOUSE • 1949 • ANS
SHOEMAKER AND THE HATTER, THE • 1949 • ANS
FIGUREHEAD • 1953 • ANS
ANIMAL FARM • 1955 • ANM
CANDLEMAKER, THE • 1956 • ANS
QUEEN OF HEARTS • 1957 • ANM
FIRST NINETY-NINE, THE • 1958 • ANS
ALL LIT UP • 1959 • ANS
FOR BETTER FOR WORSE • 1959 • ANS
PIPING HOT • 1959 • ANS
CULTURED APE, THE • 1960 • ANS
HAIRY HERCULES • 1960 • ANS
NEDERLAND -DELTALAND • DAM THE DELTA • 1961 • ANS
MIDSUMMER MADNESS • 1964 • ANS
CLASSIC FAIRY TALES • 1966 • ASS
DYING FOR A SMOKE • 1966 • ANS
COLOMBO PLAN • 1967 • ANS
COMMONWEALTH, THE • 1967 • ANS
RUDDIGORE • 1967 • ANM
BOLLY • 1968 • ANS
FIVE, THE • 1969 • ANS
WOT DOT • 1969 • ANS
CONTACT • 1973 • ANS
ASS AND THE STICK, THE • 1974 • ANS
CARRY ON MILKMAIDS • 1974 • ANS

BATEMAN KENT – USA
HEADLESS EYES • 1971
LAND OF NO RETURN, THE • CHALLENGE TO SURVIVE ○ SURVIVAL ELEMENT ○ SNOWMAN • 1975

BATEY PETER – ASL
BETTY BLOKK-BUSTER FOLLIES • 1976

BATHILY MOUSSA – SNL – 1946–
TIYABU BIRU • CIRCUMCISION • 1978
CERTIFICAT D'INDIGENCE, LE • 1981 • SHT
PETITS BLANCS AU MANIOC ET A LA SOUCE GOMBOS • 1987

BATIBEKI ATIF YILMAZ see **YILMAZ ATIF**

BATISSON RENE – VTN
VIE DU DETHAM • 1910

BATISTA BUTCH – PHL
BAUTISTA BUTCH
WILD, WILD WONG • 1967
BLACKHAWK COMMANDOS • 1968

BATISTA de ANDRADE JOAO see **de ANDRADE JOAO BATISTA**

BATISTA DJALMA LIMONGI – BRZ
ASA BRANCA -UM SONHO BRASILEIRO • WHITE WING -A BRAZILIAN DREAM • 1982
BRASA ADORMECIDA • SMOULDERING EMBERS • 1988

BATLEY ERNEST see **BATLEY ERNEST G.**

BATLEY ERNEST G. – UKN
BATLEY ERNEST
DRAWN BLIND, THE • 1910
THREE INVENTIONS, THE • 1910
TRAIL, THE • 1910
CHILD'S STRATEGY, A • 1912
HEAVENLY TWINS, THE • 1912
KLEPTOMANIA TABLETS • 1912
GUY FAWKES AND THE GUNPOWDER PLOT • 1913
CHARLES PEACE, KING OF CRIMINALS • 1914
CHRISTMAS WITHOUT DADDY • 1914
ENGLISHMAN'S HOME, AN • 1914
KING'S ROMANCE, THE • REVOLUTIONIST, THE (USA) ○ REVOLUTION • 1914
LIEUTENANT DARING, AERIAL SCOUT • 1914
LIEUTENANT DARING AND THE STOLEN INVENTION • 1914
MADE IN GERMANY • 1914
MASTER CROOK OUTWITTED BY A CHILD, THE • 1914
MASTER CROOK TURNS DETECTIVE, THE • 1914
MIDNIGHT WEDDING, THE • 1914
MONEY WORKS WONDERS • 1914
PRICE OF HER SILENCE, THE • 1914
SPECIAL CONSTABLE, THE • 1914
TATTOOED WILL, THE • 1914
WHEN LONDON SLEEPS • 1914
ACROSS THE WIRES • 1915
AFFAIR AT NO. 26, THE • 1915
AMUSING THE KIDS • 1915
BELINDA MAKES A BLOOMER • 1915
CHILD OF THE STREETS, A • 1915
CRY IN THE NIGHT, A • 1915
DEWDROP BRAVES THE FLOODS OF MAIDENHEAD • 1915
DUMB MAN'S EVIDENCE, THE • 1915
HAIR-RAISING EPISODE, A • 1915
HONOUR AMONG THIEVES • 1915
LOSER WINS, THE • 1915
MAX HAS A BIRTHDAY • 1915
RESPIRATORS • 1915
SON OF THE SEA, A • 1915
TICHTOWN TUMBLERS, THE • 1915
BLACK CIRCLE GANG, THE • 1916
BOYS OF THE OLD BRIGADE, THE • 1916
ELEVENTH HOUR, THE • 1916
ENEMY AMONGST US, THE • 1916
JUDGEMENT • 1916
MAN IN HIS PLACE, THE • 1916
MAN WHO FORGOT, THE • 1916
RETRIBUTION • 1916
TRAGEDY AT HOLLY COTTAGE • 1916
WHEN THE GERMANS ENTERED LOOS • 1916
SINS OF YOUTH, THE • 1919

BATLEY ETHYLE – UKN
PEGGY BECOMES A BOY SCOUT • 1912
PEGGY GETS RID OF THE BABY • 1912
THROUGH THE FLAMES • 1912
ARTIST AND HIS MODEL, THE • 1913
DECEIVING UNCLE • 1913
LITTLE MOTHER, THE • CHILD MOTHER, THE • 1913
PEGGY AS PEACEMAKER • 1913
THERE'S GOOD IN THE WORST OF US • 1913
TWO FATHER CHRISTMASSES, THE • 1913
ANSWERING THE CALL • 1914
DRAWN BLIND, THE • 1914
FULFILMENT OF THE LAW, THE • 1914
GIRL BOY SCOUT, THE • 1914
HAIRPIN TRAIL, THE • 1914
LITTLE CHILD SHALL LEAD THEM, A • 1914
LOVE AT THE CIRCUS • 1914
MARY'S NEW BLOUSE • 1914
OLD, OLD STORY, THE • 1914
ONE SHALL BE TAKEN • 1914
OUT OF EVIL COMETH GOOD • 1914
PEGGY'S NEW PAPA • 1914
PLACE IN THE SUN, A • 1914
RED CROSS PLUCK • 1914
RETRIBUTION • 1914
S.O.S. • 1914
SAVED BY A DREAM • 1914
THREE LITTLE ORPHANS • 1914
UNCLE MAXIM'S WILL • 1914
BARGEE'S DAUGHTER, THE • 1915
BELINDA AND THE EGGS • 1915
BROTHERS, THE • 1915
BULLDOG GRIT • 1915
DELIVER THE GOODS • 1915
EAR-RING, THE • 1915
FALSELY ACCUSED • 1915
HATTON GARDEN ROBBERY, THE • 1915
HIS BITTER LESSON • 1915
HIS MOTHER'S SACRIFICE • 1915
INSTRUMENTS OF FATE • 1915
JUSTIFIABLE DECEPTION, A • 1915
LIE THAT BECAME THE TRUTH, THE • 1915
MAN WHO WENT, THE • 1915
NOBODY'S CHILD • 1915
NURSERY RHYMES • 1915
ONE HONEST MAN • 1915
PRESSURE OF THE POSTER, THE • 1915
REMEMBER BELGIUM • 1915
THOSE CHILDREN! • 1915
TO SAVE HER LIFE • 1915
TRAGIC MISTAKE, A • 1915
WAR IS HELL • 1915
WOMAN PAYS, THE • 1915
DAYLIGHT SAVING BILL, THE • 1916
ENGLAND'S FUTURE SAFEGUARD • 1916
FINGER OF SUSPICION, THE • 1916
FOLKS OF THE FAIR • 1916
FORGERY OF THE £1 NOTES, THE • 1916
GREAT RED WAR, THE • 1916
HIGHER POWER, A • 1916
INITIAL BROOCH, THE • 1916
INTO THE LIGHT • 1916
KEEP THE HOME FIRES BURNING • KEEP OUR LADS HOME GOING • 1916
LITTLE BOOTBLACK, A • 1916
PERKIN'S PHEASANTS • 1916
RIVAL CAPTAINS, THE • 1916

BATORY JAN – PLN – 1921–
PODHALE W OGNIU • PODHALE ON FIRE • 1956
ODWIEDZINY PREZYDENTA • VISIT FROM THE PRESIDENT ○ PRESIDENT'S VISIT, THE • 1961
O DWOCH TAKICH CO UKRADLI KSIEZYC • ABOUT TWO MEN WHO STOLE THE MOON ○ PLUNDERERS OF THE MOON, THE ○ MOON-ROBBERS, THE ○ MOON THIEVES • 1962
OSTATNI KURS • DEATH OF A TAXI-DRIVER • 1963
SPOTKANIE ZE SZPIEGEM • FAREWELL TO A SPY • 1964
LEKARSTWO NA MILOSC • CURE OF LOVE, A • 1965
DANCING IN HITLER'S HEADQUARTERS • 1968
JEZIORO OSOBLIWOSCI • CURIO LAKE • 1973
KARINO • 1975

BATTAGLIA ENZO – ITL – 1935–
ARCANGELI, GLI • ARCHANGELS, THE (USA) • 1963
IDOLI CONTROLUCE • 1966
NON TI SCORDAR DI ME • 1967
PLAY BOY • 1967
ADDIO ALEXANDRA! • LOVE ME, LOVE MY WIFE (UKN) • 1969
HAPPYEND NERO • 1974
FERMI TUTTI: E UNA RAPINA • 1976

BATTERSBY ROY – UKN
BODY, THE • 1970 • DOC
PALESTINIAN, THE • 1977
BIG SURPRISE, THE • 1984
WINTER FLIGHT • 1984
MR. LOVE • MISTER LOVE • 1985 • TVM

BATTIATO GIACOMO – ITL – 1943–
GIORNO DEI CRISTALLI, IL • 1978
ARMI E GLI AMORI, LE • PALADINI, STORIA D'ARMI E D'AMORI, I ○ HEARTS AND ARMOUR (USA) ○ PALADINI, I ○ PEERS, THE ○ ARMS AND LOVES ○ PALADINS, A STORY OF LOVE AND WAR, THE ○ HEARTS IN ARMOUR • 1983
CUGINO AMERICANO, IL • BLOOD TIES ○ AMERICAN COUSIN, THE • 1986

BATTISTONI AURELIO – ITL
LIFE AND MIRACLES OF BLESSED MOTHER CABRINI, THE • 1946

de BATTLE CARLOS – SPN
HOMBRE QUE ASESINO, EL • 1931

BATTLE MURRAY – CND – 1951–
CAVE AND BASIN • 1985 • SHT
SHUTTLE COMMAND • 1985 • SHT
BARTLETTS, THE • 1986

BATYROV RAVIL – USS
APPLES HARVESTED IN 1941, THE
V 26-VO NYE STRELYAT • DON'T SHOOT NO. 26 • 1967
ZHDYOM TEBYA, PAREN! • WE'LL BE WAITING FOR YOU, BOY! ○ WE ARE WAITING FOR YOU, LAD! • 1973
MOY DOBRY CHELOVYEK • MY GOOD MAN • 1974

BATZ LORENZ – GRM
BAETZ LORENZ
BERGSUNDEN • 1919
KAMPF UNTER DEM MEERESSPIEGEL, DER • 1919
RACHERIN, DIE • 1919
TOCHTER DER BERGE, DIE • 1919

ANDERE WELT, DIE • 1920
DES LEBENS UND DER LEIBE WELLEN • 1921
HARRY HILL, DER HERR DER WELT • 1923
HARRY HILLS JAGD AUF DEN TOD 1 • 1924
HARRY HILLS JAGD AUF DEN TOD 2 • 1924

BATZELLA LUIGI – ITL
HAMUS PAULL
TRE FRANCHI DI PIETA • 1966
AGGUATO SUL BOSFORO • 1969
NUDA PER SATANA • 1976

BAUDRICOURT MICHEL – FRN
ANTHOLOGIE LESBOS
AUBERGINE EST BIEN FARCIE, L'
BLANCHE FESSE ET LES SEPT NAINS
CHLOE, L'OBSEDEE SEXUELLE
CLAUDE ET HUMIDE NATACHA
CONFIDENCES D'UNE PETITE VICIEUSE
COUPE-TOI LES ONGLES, PASSE-MOI LE BUERRE
ENTRE AUSSI PAR DERRIERE
JAMES BANDE 00 SEXE
JE SUIS VICIEUSE MAIS JE ME SOIGNE
JEUX DE LANGUE PARTICULIERS
JOISSANCES
JOUISSANCES PROFONDES
MASSEUSES DE HONG KONG, LES
NUITS D'ORGIE
PERVERSIONS TRES COCHONNES
PETITES ALLUMEUSES, LES
SEX SAUVAGE
SUCEUSES INFERNALES
TREMBLEMENTS DE CHAIR
SOUPIRS PROFONDS • 1975
DOUBLE PENETRATION • 1976
FAITES-MOI JOUIR • 1977
J'AI TRES ENVIE • 1977
PENETRATIONS HUMIDES • 1977
JOUISSANCES TRES SPECIALES • 1978
PENETRATIONS SPECIALES • 1978
PERVERSIONS TRES INTIMES • 1978
PETITES VICIEUSES, LES • 1978
QUEUE DE BETON • 1978
GRANDE DEBAUCHE, LA
GRANDE JOUISSANCE, LA
A PRENDRE OU A LECHER • 1980
CA GLISSE PAR LES DEUX TROUS • 1980
DANS LA BOUCHE DE SOPHIE • 1980
INFIRMIERES TRES COMPLAISANTES • 1980
JEUX PARTICULIERS • 1980
OUVREUSE N'A PAS DE CULOTTE, L' • 1980
PETITES CHATTES SANS CULOTTES • 1980
DECHARGE VICTORIEUSE, LA • 1981
UNS DANS LES AUTRES, LES • 1981

BAUER-ADAMARA – GRM
GRUNE HOLLE, DIE • GREEN HELL, THE • 1931

BAUER BRANKO – YGS – 1921–
SINJI GALEB • BLUE SEAGULL, THE • 1953
MILIONI NA OTAKU • MILLIONS ON AN ISLAND • 1954
NE OKRECI SE, SINE • DON'T LOOK BACK, SON • 1956
SAMO LJUDI • TRACES ○ JUST PEOPLE • 1957
TRI ANE • THREE ANNES, THE • 1959
MARTIN U OBLACIMA • MARTIN IN THE CLOUDS • 1960
PREKOBROJNA • SUPERNUMERARY GIRL, THE • 1962
LICEM U LICE • FACE TO FACE • 1963
DOCI I OSTATI • TO COME AND STAY • 1965
CETVRTI SUPUTNIK • FOURTH TRAVELLING COMPANION, THE ○ FOURTH PARTY, THE • 1967
ZIMOVANJE U JAKOBSFELDU • WINTERING IN JAKOBSFIELD • 1976
BOSKO BUHA • 1979

BAUER BYRON – USA
INCIDENT IN A GLASS BLOWERS SHOP • SHT

BAUER EVGUENY see **BAUER YEVGENI**

BAUER JAMES – GRM
ICH – BIN – DU.. • 1920
MASKE DES TODES, DIE • 1920
SCHLUMMERNDE VULKAN, DER • 1921
HULUNKENGEIGER, DER • 1922
SCHWARZE STERN, DER • 1922
MITTERNACHTSZUG, DER • 1923
FAHRT INS VERDERBEN, DIE • HOFFNUNG AUF SEGEN • 1924
ANNE-LIESE VON DESSAU, DIE • 1925
HAST DU GELIEBT AM SCHONEN RHEIN • 1927
MEIN HEIDELBERG, ICH KANN DICH NICHT VERGESSEN • 1927
WALPURGISNACHT • 1927
WENN DIE SCHWALBEN HEIMWARTS ZIEHN • FREMDENLEGIONAR, DER • 1927
GESTANDNIS DER DREI, DAS • 1928
MADEL AUS DER PROVINZ, DAS • 1929
FLUCHT NACH NIZZA • GANZ VERFLIXTER KERL • 1932
CANTANDO LLEGO EL AMOR • 1938
MISTERIO DE LA DAMA DE GRIS, EL • 1939
EXPLOSIVO 008 • 1940

BAUER JOCHEN – GRM
OLYMPIA –OLYMPIA • 1972

BAUER LEOPOLD – GRM
LENBENDIGE TOTE, DER • 1918
CHARLY BILL • 1919
GEHEIMNISVOLLE FREMDE, DER • 1919
SONNE BRINGT ES AN DEN TAG, DIE • 1919
DORFHEXE, DIE • 1920
FRANK NORTON • 1920

BAUER PETER P. – GRM
ES BEGANN UM MITTERNACHT • 1951

BAUER TRISTAN – ARG
DESPUES DE LA TORMENTA • AFTER THE STORM • 1988

BAUER YEUGENI see **BAUER YEVGENI**

BAUER YEVGENI – USS – 1865–1917
BAUER EVGUENY • BAUER YEUGENI
SECRET OF PROFESSOR INSAROV'S PORTRAIT, THE • 1913
VOLNAYA PTITSA • FREED BIRD • 1913
DITYA BOLSHOVA GORODA • CHILD OF THE BIG CITY • 1914
SLEZI • TEARS • 1914
ZHIZN V SMERTI • LIFE IN DEATH • 1914
IRINA KIRSANOVA • 1915
OBOZHZHENNIUE KRYLYA • SINGED WINGS • 1915
PESN TORZHESTVUYUSHCHEI LIUBVI • SONG OF TRIUMPHANT LOVE • 1915
GRIF STAROVO BORTZA • GRIFFON OF AN OLD WARRIOR • 1916
KORLEVA EKRANA • QUEEN OF THE SCREEN • 1916
ZHIZN ZA ZHIZN • LIFE FOR A LIFE, A • 1916
KOROL PARIZHA • KING OF PARIS, THE • 1917
NABAT • ALARM, THE • 1917
REVOLUTSIONER • REVOLUTIONIST • 1917

BAULEZ MICHEL – FRN – 1948–
CINEMATOGRAPHE, LE • 1969
AUTRE MONDE, UN • 1971

BAUM RALPH – GRM – 1908–
NUITS DE PARIS • PARIS NIGHTS (USA) • 1951
PLAISIRS DE PARIS • 1952
BONSOIR PARIS, BONJOUR L'AMOUR • 1956

BAUMAN PETER – USA
DARBOS ON PARADE • 1978 • TVM

BAUMAN SCHAMYL – Writer – SWD – 1893–1966
KARLEK OCH LANDSTORM • LOVE AND VETERAN RESERVES • 1931
HEMLIGA SVENSSON • SECRET AGENT SVENSSON • 1933
LORDAGSKVALLAR • SATURDAY EVENINGS • 1933
FLICKORNA FRAN GAMLA STA'N • GIRLS FROM THE OLD TOWN, THE • 1934
KVINNORNA KRING LARSSON • WOMEN AROUND LARSSON, THE • 1934
LARSSON I ANDRA GIFTET • LARSSON IN HIS SECOND MARRIAGE • 1935
FAMILJEN SOM VAR EN KARUSELL • FAMILY THAT WAS A MERRY-GO-ROUND, THE • 1936
RAGGEN –DET AR JAG DET • RAGGEN –THAT'S ME • 1936
AN LEVA DE GAMLA GUDAR • OLD GODS STILL LIVE, THE (USA) ○ OLD GODS ARE STILL ALIVE • 1937
HAXNATTEN • WITCHES' NIGHT • 1937
SKICKA HEM NR.7 • SEND HOME NO.7 (USA) ○ SEND NO.7 HOME • 1937
KAMRATER I VAPENROCKEN • COMRADES IN UNIFORM • 1938
KARRIAR • CAREER • 1938
EFTERLYST • WANTED • 1939
HENNES LILLA MAJESTAT • HER LITTLE MAJESTY • 1939
I DAG BORJAR LIVET • LIFE BEGINS TODAY • 1939
VI TVA • WE TWO (USA) ○ TWO OF US, THE • 1939
AN EN GANG GOSTA EKMAN • ONCE MORE WITH GOSTA EKMAN ○ FAR OCH SON • 1940
HJALTAR I GULT OCH BLATT • HEROES IN YELLOW AND BLUE • 1940
KARL FOR SIN HATT • TVA HJARTAN OCH EN KOJA ○ ABLE MAN, AN • 1940
SWING IT, MAGISTERN • SWING IT SIR! • 1940
VI TRE • THREE OF US, THE • 1940
FROKEN KYRKRATTA • MISS CHURCH MOUSE • 1941
MAGISTRARNA PA SOMMARLOV • TEACHERS ON A SUMMER HOLIDAY • 1941
SPOKREPORTERN • GHOST REPORTER, THE • 1941
ROSPIGGAR • PEOPLE OF ROSLAGEN • 1942
VI HEMSLAVINNOR • HEMSLAVINNOR ○ WE HOUSEMAIDS • 1942
I MORKASTE SMALAND • IN THE DARKEST CORNER OF SMALAND • 1943
PRINS GUSTAF • PA SANGENS VINGAR ○ PRINCE GUSTAF ○ UNGA HJARTAN • 1944
FLICKORNA I SMALAND • GIRLS OF SMALAND • 1945
I ROSLAGENS FAMN • IN THE BEAUTIFUL PROVINCE OF ROSLAGEN • 1945
HOTELL KAKBRINKEN • 1946
SALTSTANK OCH KRUTGUBBAR • SALT WATER SPRAY AND TOUGH OLD BOYS ○ AUGUST KARLSSONS ATERKOMST • 1946
MAJ PA MALO • MAJ FROM MALO • 1947
ROBINSON I ROSLAGEN • ROBINSON OF ROSLAGEN • 1948
SKOLKA SKOLAN • PLAYING TRUANT • 1949
FROKENS FORSTA BARN • TEACHER'S FIRST CHILD, THE • 1950
MIN SYSTER OCH JAG • MY SISTER AND I • 1950
PUCK HETEA JAG • MY NAME IS PUCK • 1951
EN FASTMAN I TAGET • ONE FIANCE AT A TIME ○ EN DALIG FLICKA • 1952
KLASSKAMRATER • CLASS MATES • 1952
DANS PA ROSOR • DANCING ON ROSES • 1954
ALSKLING PA VAGEN • DARLING AT SEA • 1955
MAMMA TAR SEMESTER • MOTHER TAKES A HOLIDAY • 1957

BAUMAN W. J. see **BOWMAN WILLIAM J.**

BAUMAN WILLIAM J. see **BOWMAN WILLIAM J.**

BAUMANN RENE – SWT
UNTERWEGS • ON THE WAY • 1988

BAUMEISTER ALBERT – GRM
SO WAR DER DEUTSCHE LANDSER • 1955

BAUMGARTNER PETER – GRM
SEX UND NOCH NICHT SECHZEHN • SEX AND NOT YET SIXTEEN ○ ...UND NOCH NICHT 16 ○ ...AND NOT YET 16 • 1968

BAUMHOLZ LONNY – Animator – CND
SLOW DANCE WORLD • 1987 • ANS

BAUSCH ANDY – LXM
GWYNCILLA, LEGEND OF THE DARK AGES • 1986
TROUBLEMAKER • 1988
A WOPBOPALOOBOP AT LOPBAMBOOM • 1989

BAUTISTA BUTCH see **BATISTA BUTCH**

BAUX JEAN-PIERRE – FRN
SOLEIL DE PIERRE • 1967 • SHT

BAVA LAMBERTO – ITL – 1944–
OLD JOHN JR.
MACABRO • FROZEN TERROR ○ MACABRE • 1980
CASA CON LA SCALA NEL BUIO, LA • HOUSE WITH THE DARK STAIRCASE, THE ○ BLADE IN THE DARK, A (USA) ○ HOUSE OF THE DARK STAIRWAY ○ QUELLA CASA CON LA AL BUIO • 1983
BLASTFIGHTER • 1984
MONSTER SHARK • DEVOURING WAVES ○ DEVIL FISH • 1984
DEMONI • DEMONS ○ DEMONS 1 • 1985
DEMONI 2 • DEMONS 2 –THE NIGHTMARE IS BACK (USA) ○ DEMONS 2: THE NIGHTMARE BEGINS ○ DEMONS 2: THE NIGHTMARE CONTINUES ○ DEMONS 2 • 1987
FOTO DI GIOIA, LE • GIOIA'S PHOTOS • 1987
GRAVEYARD DISTURBANCE • 1987
UNTIL DEATH • 1987 • TVM
CHANGELING 2: THE REVENGE • 1988
DELIRIUM • 1988
DEMONI 3 • DEMONS 3: THE OGRE ○ OGRE, THE • 1988

BAVA MARIO – SPN – 1914–1980
FOAM JOHN • FOAM MARIE • OLD JOHN M. • HOLD JOHN
ORRECHIO, L' • 1946
ANFITEATRO FLAVIO • 1947 • SHT
LEGENDA SINFONICA • 1947
SANTA NOTTE • 1947
VARIAZONI SINFONICHE • 1949
AMORE NELL'ARTE, L' • 1950
MASCHERA DEL DEMONIO, LA • STUNDE WENN DRAKULA KOMMT, DIE (FRG) ○ REVENGE OF THE VAMPIRE (UKN) ○ BLACK SUNDAY (USA) ○ MASK OF THE DEMON ○ HOUSE OF FRIGHT ○ DEMON'S MASK, THE • 1960
ERCOLE AL CENTRO DELLA TERRA • HERCULES AT THE CENTRE OF THE EARTH (UKN) ○ HERCULES AND THE HAUNTED WORLD ○ HERCULES IN THE HAUNTED WORLD (USA) ○ HERCULES IN THE CENTRE OF THE EARTH • 1961
ESTHER E IL RE • ESTHER AND THE KING (USA) • 1961
INVASORI, GLI • RUEE DES VIKINGS, LA (FRN) ○ ERIK THE CONQUEROR (USA) ○ FURY OF THE VIKINGS ○ INVADERS, THE • 1961
MERAVIGLIE DI ALADINO, LE • WONDERS OF ALADDIN, THE (USA) ○ MILLE ET UNE NUITS, LES (FRN) • 1962
RAGAZZA CHE SAPEVA TROPPO, LA • EVIL EYE, THE (USA) ○ GIRL WHO KNEW TOO MUCH, THE ○ INCUBUS • 1962
FRUSTA E IL CORPO, LA • NIGHT IS THE PHANTOM (UKN) ○ CORPS ET LE FOUET, LE (FRN) ○ WHAT! (USA) ○ WHIP AND THE BODY, THE ○ BODY AND THE WHIP, THE • 1963
TRE VOLTI DELLA PAURA, I • TROIS VISAGES DE LA PEUR, LES (FRN) ○ BLACK SABBATH (USA) ○ THREE FACES OF FEAR, THE ○ THREE FACES OF TERROR, THE ○ BLACK CHRISTMAS • 1963
SEI DONNE PER L'ASSASSINO • SIX FEMMES POUR L'ASSASSIN (FRN) ○ BLOOD AND BLACK LACE (USA) ○ BLUTIGE SEIDE (FRG) ○ FASHION HOUSE OF DEATH ○ SIX WOMEN FOR THE MURDERER • 1964
STRADA PER FORT ALAMO, LA • ROAD TO FORT ALAMO, THE (USA) ○ ARIZONA BILL • 1965
TERRORE NELLO SPAZIO • TERROR EN EL ESPACIO (SPN) ○ PLANET OF THE VAMPIRES (USA) ○ PLANET OF TERROR ○ DEMON PLANET, THE ○ OUTLAW PLANET ○ HAUNTED PLANET ○ PLANET OF BLOOD ○ TERROR FROM SPACE • 1965
OPERAZIONE PAURA • CURSE OF THE DEAD (UKN) ○ KILL BABY KILL (USA) ○ CURSE OF THE LIVING DEAD ○ OPERATION FEAR • 1966
SPIE VENGONO DAL SEMIFREDDO, LE • DR. GOLDFOOT AND THE GIRL BOMBS (USA) ○ DUE MAFIOSI DELL'F.B.I., I ○ DR. G. AND THE LOVE BOMBS ○ TWO MAFIOSI FROM THE F.B.I., THE ○ SPY CAME FROM THE SEMI-COLD, THE • 1966
COLTELLI DEL VENDICATORE, I • KNIVES OF THE AVENGERS (USA) ○ RAFFICA DI COLTELLI ○ SHOWER OF KNIVES • 1967
DIABOLIK • DANGER: DIABOLIK • 1967
ROSSO SEGNO DELLA FOLLIA, IL • HACHA PARA LA LUNA DE MIEL, UNA (SPN) ○ HATCHET FOR A HONEYMOON (USA) ○ BLOOD BRIDES (UKN) ○ ACCETTA PER LA LUNA DI MIELE, UN' ○ RED MARK OF MADNESS, THE ○ SPN ○ AXE FOR THE HONEYMOON, AN • 1969
CINQUE BAMBOLE PER LA LUNA DI AGOSTO • FIVE DOLLS FOR AN AUGUST MOON • 1970
ROY COLT & WINCHESTER JACK • 1970
REAZIONE A CATENA • TWITCH OF THE DEATH NERVE ○ BLOODBATH BAY OF DEATH ○ CARNAGE (USA) ○ ANTEFATTO, L' ○ ECOLOGIA DEL DELITTO ○ ECOLOGY OF A CRIME ○ BAY OF BLOOD ○ BLOOD BATH • 1971
ORRORI DEL CASTELLO DI NORIMBERGA, GLI • TORTURE CHAMBER OF BARON BLOOD, THE ○ BARON BLOOD (USA) ○ BLOOD BARON, THE ○ CHAMBER OF TORTURES, THE ○ THIRST OF BARON BLOOD, THE • 1972
QUANTE VOLTE.. QUELLA NOTTE • FOUR TIMES THAT NIGHT (USA) • 1972
CASA DELL'EXORCISMO, LA • HOUSE OF EXORCISM, THE ○ LISA E IL DIAVOLO ○ LISA AND THE DEVIL ○ DEVIL IN THE HOUSE OF EXORCISM, THE ○ DIABOLO SE LLEVA A LOS MUERTOS • 1975
BABY KONG • 1977
SHOCK TRANSFERT SUSPENCE HYPNOS • ALL 33 DI VIA OROLOGIO FA SEMPRE FREDDO ○ TRANSFERT SUSPENCE HYPNOS ○ BEYOND THE DOOR 2 ○ SUSPENSE ○ SHOCK • 1977
VENERE DELL'ILLE, LA • 1979

BAVIERA JOSE – MXC
CARIBENA • 1952
CUANDO VUELVAS A MI • 1953
CINCO VIDAS Y UN DESTINO • 1956

BAWANANDAN T. – SLN
MANAMALAYO • PLAYBOYS • 1967

BAXLEY CRAIG R. – USA
ACTION JACKSON • 1988
MAN TO MAN • 1988
DARK ANGEL • 1989

BAXTER ARNOLD – DNM
OVERKLASSENS HEMMELIGE SEXGLAEDER • SEXY SISTERS • 1974

BAXTER JOHN – Producer – UKN – 1896–1975
DOSS HOUSE • 1933
SONG OF THE PLOUGH • COUNTY FAIR • 1933
TAKING WAYS • 1933
FLOOD TIDE • 1934
KENTUCKY MINSTRELS • 1934
LEST WE FORGET • 1934
MUSIC HALL • 1934
SAY IT WITH FLOWERS • 1934
BIRDS OF A FEATHER • 1935
JIMMY BOY • 1935
REAL BLOKE, A • NAVVY, THE • 1935
SMALL MAN, THE • 1935
HEARTS OF HUMANITY • CRYPT, THE • 1936
HERE AND THERE • 1936
MEN OF YESTERDAY • 1936
ACADEMY DECIDES, THE • 1937
SONG OF THE ROAD • 1937
TALKING FEET • 1937
STEPPING TOES • 1938
SECRET JOURNEY, THE • AMONG HUMAN WOLVES • 1939
WHAT WOULD YOU DO, CHUMS? • 1939
CROOK'S TOUR • 1940
LAUGH IT OFF • 1940
OLD MOTHER RILEY IN BUSINESS • 1940
OLD MOTHER RILEY IN SOCIETY • 1940
COMMON TOUCH, THE • 1941
LOVE ON THE DOLE • 1941
OLD MOTHER RILEY'S GHOSTS • 1941
LET THE PEOPLE SING • 1942
WE'LL SMILE AGAIN • 1942
SHIPBUILDERS, THE • 1943
THEATRE ROYAL • 1943
DREAMING • 1944
HERE COMES THE SUN • 1945
GRAND ESCAPE, THE • 1946
FORTUNE LANE • 1947
WHEN YOU COME HOME • 1947
LAST LOAD, THE • 1948
NOTHING VENTURE • 1948
THREE BAGS FULL • 1949 • SRL
DRAGON OF PENDRAGON CASTLE, THE • 1950
SECOND MATE, THE • 1951
JUDGMENT DEFERRED • 1952
RAMSBOTTOM RIDES AGAIN • 1956

BAXTER R. K. NEILSON – UKN
NEW ACRES • 1941
UNDER THE RIVER • 1959

BAXTER RICK – USA
ALI THE MAN -ALI THE FIGHTER • 1975 • DOC

BAXTER RONNIE – Producer – UKN – 1931–
FOR THE LOVE OF ADA • 1972
NEVER MIND THE QUALITY FEEL THE WIDTH • 1972

BAY HENRY see **BOMBA ENRICO**

BAY HOWARD – Animator – USA
PETE ROLEUM AND HIS COUSINS • 1939 • ANS

BAY I.-R. see **ROSENKRANZ IGNACY**

BAYARRI JAIME – SPN
LIBRO DE BUEN AMOR II, EL • 1976

BAYER ROLF – PHL
PACIFIC INFERNO • DO THEY EVER CRY IN AMERICA? • 1978

BAYERSDORFER ALAN – USA
LIGHT FANTASTIC, THE • WATTS UP DOC? • 1972

BAYLEY FRANK G. – UKN
LIFEGUARDSMAN, THE • 1916
ONE SUMMER'S DAY • 1917

BAYLEY STEPHEN – UKN
COMING UP ROSES • 1987
JUST ASK FOR DIAMOND • FALCON'S MALTESER, THE • 1988

BAYLIS PETER – Producer – UKN – 1916–
DISTILLATION • 1940
TURN OF THE FURROW • 1944 • DOC
SCRAPBOOK FOR 1922 • 1947
PEACEFUL YEARS, THE • 1948
CITY OF LONDON, THE • 1951 • DOC
FINEST HOURS, THE • 1964 • DOC
NAVY IS A SHIP, THE • 1970 • DOC

BAYNES JEFF
SON OF STIFF TOUR MOVIE • 1981 • DOC

BAYTAN NATUK – TRK
FANTOMA ISTANBULDA BULUSALIM • FANTOMA -APPOINTMENT IN ISTANBUL • 1967
HACI MURAD • 1967
SASKIN HAFIYE KILLINGE KARSI • STUNNED DETECTIVE VS. KILLING • 1967
SEYN SAMIL • SHEIK SHAMIL • 1967
HACI MURAT GELIYOR • HADJI MURAT IS COMING • 1968
KIRMIZI FENER SOKAGI • RED LIGHT STREET • 1968
TOPRAGIN TERI • SWEATING SOIL, THE • 1982

BAZAROV GENNADI – USS
MATERINSKOYE POLYE • MOTHER'S FIELD, THE • 1968

BAZELYAN L. – USS
ROADS AND LIVES • 1956

BAZELYAN YA see **BAZELYAN YAKOV**

BAZELYAN YAKOV – USS
BAZELYAN YA
DOM S MEZONINOM • HOUSE WITH AN ATTIC (USA) • 1961
ONE-STREET TOWN, A • 1964

BAZOBERRY JOSE LUIS – BLV
GUERRA DEL CHACO, LA • WAR OF CHACO • 1936 • DOC

BAZZINI SERGIO – ITL
DONNA E BELLO • 1964

BAZZONI CAMILLO – ITL – 1934–
BURKS ALEX • MEYER MARC
INVASIONE, L' • INVASION, THE • 1964 • SHT
UNO, L' • ONE, THE • 1965
URLO, L' • SCREAM, THE (USA) • 1965 • SHT
COMMANDO SUICIDA • SUICIDE COMMANDOS (USA) ○ COMANDO SUICIDA (SPN) ○ SUICIDE COMMANDO • 1968
VIVO PER LA TUA MORTE • LONG RIDE FROM HELL, A (USA) ○ I LIVE FOR YOUR DEATH • 1968
E VENNE IL GIORNO DEI LIMONI NERI • 1970
ABUSO DI POTERE • 1972
BLU GANG • 1973

BAZZONI LUIGI – ITL – 1929–
AFFISSIONI • POSTERS • 1950
DONNA DEL LAGO, LA • POSSESSED, THE (UKN) ○ LADY OF THE LAKE, THE • 1965
UOMO, L'ORGOGLIO, LA VENDETTA, L' • MAN, PRIDE AND VENGEANCE ○ MIT DJANGO KAM DER TOD (FRG) ○ MAN, PRIDE, REVENGE • 1967
GIORNATA NERA PER L'ARIETE • EVIL FINGERS (UKN) • 1971
ORME, LE • 1975

BEADLE ERNEST – USA
IN THE SEA • 1948
MYSELF WENT YOUNG • 1948

BEAIRD DAVID – USA
OCTAVIA • 1984
PARTY ANIMAL, THE • 1984
MY CHAUFFEUR • 1985
IT TAKES TWO • MY NEW CAR • 1988
PASS THE AMMO • 1988

BEAIRSTO RIC – CND – 1953–
CLOSE TO HOME • 1985

BEAL FRANK – USA
BRIDGE OF TIME, THE • 1915
COQUETTE'S AWAKENING • 1915
I'M GLAD MY BOY GREW TO BE A SOLDIER • 1915
MAN AND THE LAW • 1915
MELODY OF DOOM, THE • 1915
MUTINY IN THE JUNGLE • 1915
SMOULDERING, THE • 1915
WAY OF A WOMAN'S HEART, THE • 1915
BURIED TREASURE OF COBRE, THE • 1916 • SHT
DEVIL, THE SERVANT AND THE MAN, THE • 1916
DRAGNET, THE • 1916 • SHT
FAR COUNTRY, THE • 1916 • SHT
GOLD SHIP, THE • 1916 • SHT
HER DREAM OF LIFE • 1916 • SHT
NUMBER 13, WESTBOUND • 1916 • SHT
SACRIFICE, THE • 1916
WOMAN WHO DID NOT CARE, THE • 1916 • SHT
CUPID'S TOUCHDOWN • 1917 • SHT
CURSE OF EVE, THE • 1917
DANGER ZONE, THE • 1918
HER MOMENT • WHY BLAME ME? • 1918
MOTHER, I NEED YOU • CURSE OF EVE, THE • 1918
BROKEN COMMANDMENTS • 1919
CHASING RAINBOWS • 1919
DIVORCE TRAP, THE • 1919
THIEVES • 1919
DEVIL'S RIDDLE, THE • 1920
TIN PAN ALLEY • 1920
WORLD OF FOLLY, A • 1920
SOUL AND BODY • 1921

BEAL SCOTT R. – USA
JUST LIKE A WOMAN • 1923
STRAIGHT FROM THE HEART • 1935
CONVICTS AT LARGE • 1938

BEALE LEE see **CHASE BRANDON**

BEALES MARY – UKN
CODE NAME: WESTWARD HO! • 1949

BEAMS MARY – USA
TUB FILM • 1972

BEAN ROBERT B. – USA
MADE FOR EACH OTHER • 1972

BEAP JACK – USA
I WANT MORE • SOCK IT TO ME WITH FLESH • 1970

BEAR LOONEY – USA
KING, THE • 1968

BEARDE CHRIS – USA
HYSTERICAL • 1982

BEARDSLEY NICHOLAS – USA
SAVAGE ISLAND • ESCAPE FROM HELL • 1985

BEATT CYNTHIA – GRM
BESCHREIBUNG EINER INSEL • STUDY OF AN ISLAND ○ DESCRIPTION OF AN ISLAND • 1979

BEATTIE ALAN – USA
DELUSION • HOUSE WHERE DEATH LIVES, THE ○ HOUSE WHERE DEATH LIVED, THE • 1981
STAND ALONE • 1985

BEATTIE PAUL – USA
FINGER – WATER – LIGHT • F – W – L • SHT
O • SHT
T CROSS, THE • SHT
8TH HOUSE, THE • SHT

BEATTY EDGAR – USA
HIPPIE REVOLT, THE • SOMETHING'S HAPPENING • 1967

BEATTY ROGER – USA
EUNICE • 1984 • TVM

BEATTY WARREN – Actor – USA – 1937–
HEAVEN CAN WAIT • 1978
REDS • JOHN READ AND LOUISE BRYANT STORY, THE • 1981
DICK TRACY • 1990

BEAUCHAMP CLEM – USA
PERFECT DAY, A • 1927
WESTWARD HO-HUM • 1941 • SHT
INTERIOR DECORATOR • 1942 • SHT

BEAUDET JOSEE – CND
FILM D'ARIANE OU PETITE HISTOIRE DE FEMMES 1925–80, LE • 1986 • DOC

BEAUDET MARC – CND
AFRIQUE LIBRE • 1967 • DOC
A CRIS PERDUS • 1972 • DOC

BEAUDIN JEAN – CND – 1939–
GEOMETRIE • 1966 • SER
MATHEMATIQUES • 1967 • SER
VERTIGINE • VERTIGE • 1968
ET POURQUOI PAS? • 1969 • DCS
STOP • 1971
DIABLE EST PARMI NOUS, LE • SENSUAL SORCERESS • 1972
INDROGABLES, LES • 1972 • SHT
SENSUOUS SORCERESS • 1973
TROIS FOIS PASSERA • 1973 • SHT
PAR UNE BELLE NUIT D'HIVER • 1974 • SHT
CHER THEO • 1975
J.A. MARTIN PHOTOGRAPHE • J.A. MARTIN PHOTOGRAPHER • 1976
JOURNEE DANS LES PARCS NATIONAUX, UNE • 1979
CORDELIA • 1980
MARIO • 1984
MATOU, LE • ALLEY CAT, THE • 1985
HOMME A LA TRAINE, L' • 1986

BEAUDINE HAROLD – USA
AIR TIGHT • 1925 • SHT
BE CAREFUL • 1925 • SHT
FRENCH PASTRY • 1925
SLIPPERY FEET • 1925
DANCING DADDY • 1926
DODGING TROUBLE • 1926 • SHT
FOR SADIE'S SAKE • 1926
HOLD STILL • 1926
NO SPARKING • 1927
QUEER DUCKS • 1927
HIS BACHELOR DADDIES • 1930 • SHT
COLLEGE RACKET, A • 1931

BEAUDINE W. W. see **BEAUDINE WILLIAM**

BEAUDINE WILLIAM – USA – 1892–1970
BEAUDINE WILLIAM W. • BEAUDINE W. W.
ALMOST A KING • 1915
MINNIE THE TIGER • 1915
ARTFUL ARTISTS • 1916
AT BACHELOR'S ROOST • 1916 • SHT
BEANS AND BULLETS • 1916 • SHT
COUNTING OUT THE COUNT • 1916
CROOKED MIX-UP, A • 1916 • SHT
EVELESS EDEN CLUB, THE • EVELESS EDEN, THE • 1916 • SHT
FASHION AND FURY • 1916
GUARDIAN ANGELS • 1916
HAM TAKES A CHANCE • 1916 • SHT
HAM THE DIVER • 1916 • SHT
IN LOVE WITH A FIREMAN • 1916
INSPECTOR'S DOUBLE, THE • 1916 • SHT
JAGS AND JEALOUSY • 1916 • SHT
JANITOR'S VENDETTA, A • 1916 • SHT
MAYBE MOONSHINE • 1916 • SHT
MINES AND MATRIMONY • 1916 • SHT
MOLAR MIX-UP, A • 1916 • SHT
MUSICAL MADNESS • 1916 • SHT
RIDDLE IN RASCALS, A • 1916 • SHT
SCRAPPILY MARRIED • 1916 • SHT
SHADOWED SHADOW, A • 1916 • SHT
SNOOP HOUNDS • 1916
TALE OF A COAT, THE • 1916
TALE OF A TURK, THE • 1916 • SHT
THEIR DARK SECRET • 1916 • SHT
THEIR FIRST ARREST • 1916 • SHT
THEIR TAKING WAYS • 1916 • SHT
TRAILING TAILOR, THE • 1916 • SHT
TRAMP CHEF, THE • 1916 • SHT
TRAPPING THE BACHELOR • 1916 • SHT
WHEN HUBBY FORGOT • 1916 • SHT
WINNING THE WIDOW • 1916 • SHT
WURRA-WURRA • 1916 • SHT
ART ACHES • 1917 • SHT
BAD LITTLE GOOD MAN, A • 1917 • SHT
BARRED FROM THE BAR • 1917 • SHT
BATTLING BELLBOY, THE • 1917 • SHT
BEHIND THE MAP • 1917 • SHT
BOOB FOR LUCK, A • 1917 • SHT
BOSS OF THE FAMILY, THE • 1917 • SHT
CANNING THE CANNIBAL KING • 1917 • SHT
CARELESS COP, THE • 1917 • SHT
CROSS-EYED SUBMARINE, THE • 1917 • SHT
FOUNTAIN OF TROUBLE, THE • 1917 • SHT
HAWAIIAN NUTS • 1917
HE HAD 'EM BUFFALOED • 1917 • SHT
HIS COMING-OUT PARTY • 1917 • SHT
HIS FATAL BEAUTY • 1917 • SHT
LAST SCENT, THE • 1917 • SHT
LEAK, THE • 1917 • SHT
LEFT IN THE SOUP • 1917 • SHT
LOVE IN SUSPENSE • 1917 • SHT
LOVE ME, LOVE MY BISCUITS • 1917 • SHT
MAN WITH A PACKAGE, THE • 1917
MAN WITH THE PACKAGE, THE • 1917 • SHT
MULE MATES • 1917 • SHT
O-MY THE TENT MOVER • 1917 • SHT
OFFICER, CALL A COP! • 1917 • SHT
ONE DAMP DAY • 1917 • SHT
ONION HERO, THE • 1917 • SHT

OUT AGAIN, IN AGAIN • 1917 • SHT
OUT FOR THE DOUGH • 1917 • SHT
PASSING THE GRIP • 1917 • SHT
SANITARIUM SCANDAL, A • 1917 • SHT
SECRET SERVANTS • 1917 • SHT
TAKE BACK YOUR WIFE • 1917 • SHT
UNEASY MONEY • 1917 • SHT
WANTA MAKE A DOLLAR • 1917 • SHT
WHAT THE..? • 1917 • SHT
WHAT'LL WE DO WITH UNCLE? • 1917 • SHT
WHEN DAMON FELL FOR PYTHIAS • WHEN DAMON FELL TO PYTHIAS • 1917 • SHT
WHO DONE IT? • 1917 • SHT
WHOSE BABY? • 1917 • SHT
WHY THEY LEFT HOME • 1917 • SHT
WON BY A FOWL • 1917 • SHT
20,000 LEGS UNDER THE SEA • 1917
EDDIE, GET THE MOP • 1918
FLAPJACKS • 1918 • SHT
MR. BRIGGS CLOSES THE HOUSE • 1918 • SHT
MR. MILLER'S ECONOMIES • 1918 • SHT
POOR FISH, THE • 1918 • SHT
BRIDES FOR TWO • 1919 • SHT
HE WHO HESITATES • 1919
MIXED WIVES • 1919 • SHT
HEARTS AND DIAMONDS • 1920
HOMESPUN HERO, A • 1920 • SHT
PETTICOATS AND PANTS • 1920 • SHT
SAVE ME, SADIE • 1920 • SHT
SEASIDE SIREN, A • 1920 • SHT
SEVEN BALD PATES • 1920 • SHT
SHUFFLE THE QUEENS • 1920 • SHT
CATCH MY SMOKE • 1922
HEROES OF THE STREET • 1922
PUNCH THE CLOCK • 1922
STRICTLY MODERN • 1922
WATCH YOUR STEP • CITY FELLER, THE • 1922
BOY OF MINE • 1923
COUNTRY KID, THE • 1923
HER FATAL MILLIONS • 1923
PENROD AND SAM • 1923
PRINTER'S DEVIL, THE • 1923
CORNERED • 1924
DARING YOUTH • 1924
DAUGHTERS OF PLEASURE • 1924
LOVERS' LANE • 1924
NARROW STREET, THE • 1924
SELF-MADE FAILURE, A • 1924
WANDERING HUSBANDS • 1924
BROADWAY BUTTERFLY, A • 1925
HOW BAXTER BUTTED IN • 1925
LITTLE ANNIE ROONEY • 1925
CANADIAN, THE • 1926
HOLD THAT LION • HUNTING TROUBLE ○ LADIES FIRST • 1926
SOCIAL HIGHWAYMAN, THE • LEAVE IT TO ME • 1926
SPARROWS • HUMAN SPARROWS (UKN) ○ SCRAPS • 1926
THAT'S MY BABY • 1926
FRISCO SALLY LEVY • 1927
IRRESISTIBLE LOVER, THE • 1927
LIFE OF RILEY, THE • RED HOT RILEY (UKN) • 1927
COHENS AND KELLYS IN PARIS, THE • 1928
DO YOUR DUTY • 1928
GIVE AND TAKE • 1928
GOOFY GHOSTS • 1928 • SHT
HEART TO HEART • 1928
HOME JAMES • 1928
FUGITIVES • WISE BABY • 1929
GIRL FROM WOOLWORTHS, THE • 1929
HARD TO GET • 1929
TWO WEEKS OFF • 1929
WEDDING RINGS • DARK SWAN, THE • 1929
GRAND JUNCTION HOTEL, THE • SHT
BROTHER FOR SALE • 1930 • SHT
HOLLYWOOD THEME SONG, A • 1930 • SHT
THOSE WHO DANCE • HIS WOMAN • 1930
COLLEGE VAMP, THE • 1931 • SHT
FATHER'S SON • 1931
GREAT JUNCTION HOTEL, THE • 1931 • SHT
LADY WHO DARED, THE • DEVIL'S PLAYGROUND • 1931
MAD PARADE, THE • FORGOTTEN WOMEN (UKN) • 1931
MEN IN HER LIFE • 1931
MISBEHAVING LADIES • ONCE THERE WAS A PRINCESS (UKN) ○ QUEEN OF MAIN STREET • 1931
PENROD AND SAM • 1931
ROAD TO PARADISE, THE • AT BAY • 1931
HOMBRE EN MI VIDA • 1932
MAKE ME A STAR! • GATES OF HOLLYWOOD • 1932
THREE WISE GIRLS • 1932
CRIME OF THE CENTURY, THE • 1933
HER BODYGUARD • 1933
DREAM STUFF • 1934 • SHT
OLD-FASHIONED WAY, THE • 1934
SEE YOU TONIGHT • 1934 • SHT
TRICK GOLF • 1934 • SHT
BOYS WILL BE BOYS • NARKOVER • 1935
DANDY DICK • 1935
GET OFF MY FOOT • 1935
MR. COHEN TAKES A WALK • 1935
SO YOU WON'T TALK • 1935
TWO HEARTS IN HARMONY • 1935
EDUCATED EVANS • 1936
IT'S IN THE BAG • 1936
WHERE THERE'S A WILL • 1936
WINDBAG THE SAILOR • 1936
FEATHER YOUR NEST • 1937
SAID O'REILLY TO MCNAB • SEZ O'REILLY TO MCNAB (USA) • 1937
TRANSATLANTIC TROUBLE • TAKE IT FROM ME • 1937
TORCHY GETS HER MAN • 1938
TORCHY BLANE IN CHINATOWN • 1939
CONDEMNED MEN • 1940
LADY LUCK • 1940
MISBEHAVING HUSBANDS • 1940
MISTER WASHINGTON GOES TO TOWN • 1940
SHE DONE HIM RIGHT • 1940
UP JUMPED THE DEVIL • 1940
BLONDE COMET, THE • 1941
DESPERATE CARGO • 1941
EMERGENCY LANDING • 1941
FEDERAL FUGITIVES • 1941
MR. CELEBRITY • 1941
WARDEN'S DAUGHTER, THE • 1941
BROADWAY BIG SHOT, THE • 1942
DUKE OF THE NAVY • 1942
FOREIGN AGENT • 1942
GALLANT LADY • 1942
LIVING GHOST, THE • LEND ME YOUR EAR (UKN) • 1942
MEN OF SAN QUENTIN • 1942
MIRACLE KID, THE • 1942
ONE THRILLING NIGHT • 1942
PANTHER'S CLAW, THE • 1942
PHANTOM KILLER, THE • MAN AND THE DEVIL • 1942
PROFESSOR CREEPS, THE • 1942
APE MAN, THE • LOCK YOUR DOORS (UKN) ○ LOCK UP YOUR DAUGHTERS • 1943
CLANCY STREET BOYS • 1943
GHOSTS ON THE LOOSE • GHOSTS IN THE NIGHT (UKN) ○ EAST SIDE KIDS MEET BELA LUGOSI, THE • 1943
HERE COMES KELLY • 1943
MR. MUGGS STEPS OUT • 1943
MYSTERY OF THE 13TH GUEST, THE • 1943
SPOTLIGHT SCANDALS • 1943
ARIZONA STORY • 1944
BOWERY CHAMPS • 1944
CRAZY KNIGHTS • MURDER IN THE FAMILY ○ GHOST CRAZY • 1944
DETECTIVE KITTY O'DAY • 1944
FOLLOW THE LEADER • 1944
HOT RHYTHM • 1944
LEAVE IT TO THE IRISH • 1944
MOM AND DAD • FAMILY STORY, A (UKN) • 1944
OH, WHAT A NIGHT • 1944
SHADOW OF SUSPICION • 1944
VOODOO MAN • 1944
WHAT A MAN! • 1944
ADVENTURES OF KITTY O'DAY, THE • 1945
BLACK MARKET BABIES • 1945
BLONDE RANSOM • 1945
COME OUT FIGHTING • 1945
FASHION MODEL • 1945
SWINGIN' ON A RAINBOW • 1945
BELOW THE DEADLINE • 1946
DON'T GAMBLE WITH STRANGERS • 1946
FACE OF MARBLE • 1946
GIRL ON THE SPOT • SERENADE FOR MURDER • 1946
MR. HEX • PRIDE OF THE BOWERY, THE (UKN) • 1946
ONE EXCITING WEEK • 1946
SPOOK BUSTERS • GHOST BUSTERS • 1946
ANGELS' ALLEY • 1947
BOWERY BUCKAROOS • 1947
CHINESE RING, THE • RED HORNET, THE • 1947
GAS HOUSE KIDS GO WEST • 1947
HARD BOILED MAHONEY • 1947
KILLER AT LARGE • 1947
NEWS HOUNDS • 1947
PHILO VANCE RETURNS • 1947
TOO MANY WINNERS • 1947
FEATHERED SERPENT, THE • 1948
INCIDENT • 1948
JIGGS AND MAGGIE IN COURT • 1948
JINX MONEY • 1948
KIDNAPPED • 1948
MYSTERY OF THE GOLDEN EYE, THE • GOLDEN EYE, THE (UKN) • 1948
SHANGHAI CHEST, THE • 1948
SMUGGLERS COVE • 1948
FORGOTTEN WOMEN • 1949
JACKPOT JITTERS • JIGGS AND MAGGIE IN JACKPOT JITTERS (UKN) • 1949
PRINCE OF PEACE, THE • 1949
TOUGH ASSIGNMENT • 1949
TRAIL OF THE YUKON • 1949
TUNA CLIPPER • 1949
AGAIN -PIONEERS! • 1950
BLONDE DYNAMITE • 1950
BLUE GRASS OF KENTUCKY • 1950
BLUES BUSTERS • 1950
COUNTY FAIR • 1950
JIGGS AND MAGGIE OUT WEST • 1950
LUCKY LOSERS • 1950
SECOND CHANCE • 1950
BOWERY BATTALION • 1951
CONGREGATION, THE • 1951
CRAZY OVER HORSES • 1951
CUBAN FIREBALL • 1951
GHOST CHASERS • 1951
HAVANA ROSE • 1951
LET'S GO NAVY • 1951
WONDERFUL LIFE, A • 1951
BELA LUGOSI MEETS A BROOKLYN GORILLA • MONSTER MEETS THE GORILLA, THE (UKN) ○ BOYS FROM BROOKLYN, THE • 1952
FEUDIN' FOOLS • 1952
FIGHT THE GHOST • 1952
HERE COME THE MARINES • 1952
HOLD THAT LINE • 1952
JET JOB • 1952
NO HOLDS BARRED • 1952
ROCKY JONES, SPACE RANGER • 1952 • SER
RODEO • 1952
ROSE BOWL STORY, THE • 1952
BORN TO THE SADDLE • 1953
FOR EVERY CHILD • 1953
HIDDEN HEART, THE • 1953
JALOPY • 1953
MURDER WITHOUT TEARS • 1953
ROAR OF THE CROWD • 1953
CITY STORY • 1954
MORE FOR PEACE • 1954
PARIS PLAYBOYS • 1954
PRIDE OF THE BLUE GRASS • PRINCE OF THE BLUE GRASS (UKN) • 1954
YUKON VENGEANCE • 1954
EACH ACCORDING TO HIS FAITH • 1955
HIGH SOCIETY • BOWERY BOYS • 1955
JAIL BUSTERS • 1955
WESTWARD HO THE WAGONS! • 1957
IN THE MONEY • 1958
UP IN SMOKE • 1958
MOOCHIE OF THE LITTLE LEAGUE • 1959 • MTV
TEN WHO DARED • 1960
DISNEYLAND AFTER DARK • 1962
LASSIE'S GREAT ADVENTURE • LASSIE'S GREATEST ADVENTURE (UKN) ○ JOURNEY, THE • 1963 • MTV
BILLY THE KID VS. DRACULA • 1966
FURY OF THE DRAGON • GREEN HORNET, THE • 1966 • MTV
JESSE JAMES MEETS FRANKENSTEIN'S DAUGHTER • JESSE JAMES VS. FRANKENSTEIN'S DAUGHTER • 1966

BEAUDINE WILLIAM W. see **BEAUDINE WILLIAM**

BEAUDOIN ROBERT – FRN

TRAGEDIE DE LA MINE, LA • 1931
ROI BIS, LE • 1932
PROFESSEUR CUPIDON • PROF' INGENU, LE • 1933

BEAUDRY DIANE – CND – 1946–

MAUD LEWIS, A WORLD WITHOUT SHADOWS • 1975
UNREMARKABLE BIRTH, AN • 1977–79
UNBROKEN LINE, THE • NOBLE LIGNEE, LA • 1978 • DOC
ARMES A FEU AU CANADA, 400 ANS D'HISTOIRE, LES • 1981 • DOC
ORDINATEUR ET TETE • HEAD START, MEETING THE COMPUTER CHALLENGE • 1984
HISTOIRE A SUIVRE.. • 1986 • MTV

BEAUDRY JEAN – CND – 1947–

J'SORS AVEC LUI PIS JE L'AIME • 1977
CLASSE SANS ECOLE, UNE • 1980
JACQUES ET NOVEMBRE • 1985
MATINS INFIDELES, LES • 1988
8H A.M. • 1988
PAS DE REIT POUR MELANIE • CASE OF THE WITCH WHO WASN'T, THE • 1990

BEAUDRY MICHEL – CND – 1945–

PIERRE LAPORTE • 1970
QUEBEC, LA BELLE PROVINCE • 1972
C'EST QUOI UN METIER • 1973
PROCES SOMMAIRE • 1973
TRUDE SEKELY • 1975
MESDAMES ET MONSIEURS, LA FETE! • 1976 • DOC
BESOINS FONDAMENTAUX AUX DE L'HOMME • 1977 • SHS
SI REGNE EN METRE • 1977
CODE, UNE NORME • 1978 • SHS
SYSTEME METRIQUE, C'EST PAS SORCIER, LE • 1980
PARC INDUSTRIEL, BECANCOUR, LE • 1982 • MTV
ASSURANCE-VIE DESJARDINS, L' • 1983 • MTV
ENTRE L'ARBRE ET L'ENCORCE • 1983 • MTV
SYSTEME G, LE • 1983 • MTV
MAISON DE LA CULTURE, LA • 1984 • MTV
ALFRED LALIBERTE • 1985 • MTV
NUTRITION AND GROWTH • 1985 • MTV
POURQUOI? • 1985 • MTV
DOUANCE, LA • 1986 • MTV
MANIPULE ET LES JEUX VIDEO • 1986 • MTV

BEAUMAN NICHOLAS – Editor – ASL – 1940–

IT'S ONLY A QUESTION OF TIME • 1975 • SHT

BEAUMONT GABRIELLE – UKN

GODSEND, THE • 1979
DEATH OF A CENTERFOLD: THE DOROTHY STRATTON STORY • DEATH OF A CENTERFOLD ○ DOROTHY STRATTEN STORY, THE ○ DOROTHY STRATTEN: UNTOLD STORY • 1981 • TVM
SECRETS OF A MOTHER AND DAUGHTER • 1983 • TVM
CORVINI INHERITANCE, THE • 1984
GONE ARE THE DAYES • 1984 • TVM
HE'S MY GIRL • PULLING IT OFF • 1987

BEAUMONT HARRY – USA – 1888–1966

MY FRIEND FROM INDIA • 1914
BEDOUIN'S SACRIFICE, THE • 1915
CALL OF THE CITY, THE • 1915
FOR HIS MOTHER • 1915
HER HAPPINESS • 1915
LAND OF ADVENTURE, THE • 1915
ON THE WRONG TRACK • 1915
SPRIG OF SHAMROCK, A • 1915
DESTINY • 1916
GROUCH, THE • 1916 • SHT
HIS LITTLE WIFE • 1916 • SHT
LITTLE SAMARITAN, THE • 1916 • SHT
MILLION FOR A BABY, A • 1916 • SHT
PACIFIST, THE • 1916 • SHT
ROSE OF ITALY, A • 1916 • SHT
TWIN FATES • 1916 • SHT
BURNING THE CANDLE • 1917
CORNER IN SMITHS, A • 1917 • SHT
FILLING HIS OWN SHOES • 1917
LOCAL COLOR • 1917 • SHT
LONG-GREEN TRAIL, THE • 1917 • SHT
MR. PRINGLE AND SUCCESS • 1917 • SHT
RAINBOW BOX, THE • 1917 • SHT
SKINNER'S BABY • 1917
SKINNER'S BUBBLE • 1917
SKINNER'S DRESS SUIT • 1917
TRUANT SOUL, THE • 1917
BROWN OF HARVARD • 1918 • SHT
THIRTY A WEEK • 1918
CITY OF COMRADES, THE • 1919
GO WEST, YOUNG MAN • 1919
HEARTEASE • 1919
HEARTSEASE • 1919
LITTLE ROWDY, THE • 1919
LORD AND LADY ALGY • 1919
MAN AND HIS MONEY, A • 1919
ONE OF THE FINEST • 1919
TOBY'S BOW • 1919
WILD GEESE CHASE • 1919
DOLLARS AND SENSE • TWO CENTS WORTH OF HUMAN KINDNESS • 1920
GAY LORD QUEX, THE • 1920
GOING SOME • 1920
GREAT ACCIDENT, THE • 1920
OFFICER 666 • 1920
STOP THIEF • 1920
FIVE DOLLAR BABY, THE • 1922
FOURTEENTH LOVER, THE • 1922
GLASS HOUSES • 1922
JUNE MADNESS • 1922
LIGHTS OF THE DESERT • 1922
LOVE IN THE DARK • PAGE TIM O'BRIEN • 1922
RAGGED HEIRESS, THE • 1922
SEEING'S BELIEVING • 1922
THEY LIKE 'EM ROUGH • 1922
VERY TRULY YOURS • 1922
CRINOLINE AND ROMANCE • 1923
GOLD DIGGERS, THE • 1923
MAIN STREET • 1923
NOISE IN NEWBORO, A • 1923
BABBITT • 1924
BEAU BRUMMELL • BEAU BRUMMEL • 1924
DON'T DOUBT YOUR HUSBAND • 1924
LOST LADY, A • 1924
LOVER OF CAMILLE, THE • 1924
HIS MAJESTY, BUNKER BEAN • 1925
RECOMPENSE • 1925
ROSE OF THE WORLD • 1925
SANDY • 1926
WOMANPOWER • 1926
ONE INCREASING PURPOSE • 1927
FORBIDDEN HOURS • 1928
OUR DANCING DAUGHTERS • DANCING DAUGHTERS ○ DANCING GIRL, THE • 1928
SINGLE MAN, A • 1928
BROADWAY MELODY, THE • 1929
SPEEDWAY • 1929
CHILDREN OF PLEASURE • SONG WRITER, THE • 1930
DANCE, FOOLS, DANCE • 1930
FLORADORA GIRL, THE • GAY NINETIES, THE (UKN) • 1930
LORD BYRON OF BROADWAY • WHAT PRICE MELODY? (UKN) • 1930
OUR BLUSHING BRIDES • 1930
THOSE THREE FRENCH GIRLS • 1930
GREAT LOVER, THE • 1931

LAUGHING SINNERS • TORCH SONG, THE • 1931
WEST OF BROADWAY • 1931
ARE YOU LISTENING? • 1932
FAITHLESS • TINFOIL • 1932
UNASHAMED • WITHOUT SHAME • 1932
MADE ON BROADWAY • GIRL I MADE, THE (UKN) • 1933
SHOULD LADIES BEHAVE? • VINEGAR TREE, THE • 1933
WHEN LADIES MEET • 1933
ENCHANTED APRIL • 1934
MURDER IN THE PRIVATE CAR • MURDER ON THE RUNAWAY TRAIN (UKN) ○ MURDER ON THE RUNAWAY CAR ○ REAR CAR, THE • 1934
GIRL ON THE FRONT PAGE, THE • 1936
WHEN'S YOUR BIRTHDAY? • 1937
MAISIE GOES TO RIO • YOU CAN'T DO THAT TO ME (UKN) • 1944
TWICE BLESSED • 1945
UP GOES MAISIE • UP SHE GOES (UKN) • 1945
SHOW-OFF, THE • 1946
UNDERCOVER MAISIE • UNDERCOVER GIRL (UKN) • 1946
ALIAS A GENTLEMAN • 1947

BEAUMONT L. C. – UKN
BEAUTY DOCTOR, THE • 1936
COCKTAIL • 1936

BEAUMONT ROGER – FRN
TROIS FILLES VERS LE SOLEIL • EROTIC URGE (UKN) • 1967

BEAUVAIS PETER – GRM
IST MAMA NICHT FABELHAFT? • 1958
LIEBE, LUFT UND LAUTER LUGEN • LOVE, AIR AND A LOT OF LIES • 1959
WEITE LAND, DAS • 1970

BEAVER LEE W. see **LIZZANI CARLO**

BEAVER PATRICK – UKN
MAN IN THE CLOUDS • 1967

BEAVERS ROBERT – USA
SPIRACLE • 1967 • SHT
WINGED DIALOG • 1967 • SHT
ON THE EVERYDAY USE OF THE EYES OF DEATH • 1968 • SHT
PLAN OF BRUSSELS • 1968
COUNT OF DAYS, THE • 1969

BEBAN GEORGE – USA
HEARTS OF MEN • 1919
ONE MAN IN A MILLION • 1921
GREATEST LOVE OF ALL, THE • 1925
LOVES OF RICARDO, THE • 1926
LOVES OF RICARDO, THE • 1928

BEBDERSKAYA N. – USS
WOLF AND THE CRANE, THE

BECHARD GORMAN – USA
DISCONNECTED • 1984
AND THEN? • 1985
PSYCHOS IN LOVE • 1987
ASSAULT OF THE KILLER BIMBOS • SCUMBUSTERS ○ HACK 'EM HIGH • 1988
GALACTIC GIGOLO • CLUB EARTH • 1988
PAND EVIL • 1988

BECHE ROBERT – USA
FIGHTING DEVIL DOGS • 1938 • SRL

BECHER RICARDO – ARG
TIRO DE GRACIA • 1969

BECHRENDTZ NILS ERIK – SWD
BESOEKET • VISIT • 1966 • SHT

BECK-GADEN HANNS – GRM
BECK-GADEN HANS
ALPENGLUHEN • 1927
WO DIE ALPENROSEN BLUHN • 1928
GRENZJAGER, DER • 1929
WILDSCHUTZ JENNERWEIN • 1929
HEILIGE SCHWEIGEN, DAS • 1930
MONCH VON ST. BARTHOLOMA, DER • GEHEIMNIS VOM KONIGSSEE, DAS • 1930
WENN DIE ABENDGLOCKEN LAUTEN • 1930
SCHUSS AM NEBELHORN, DER • GEWISSEN DES SEBASTIAN GEYER, DAS • 1933
GRENZFEUER • 1934

BECK-GADEN HANS see **BECK-GADEN HANNS**

BECK GEORGE – USA
BEHAVE YOURSELF! • 1951

BECK HANNS – GRM
BLUTIGE SPUREN • 1921

BECK LUDWIG – GRM
ENTSCHLEIERTE MAJA, DIE • 1917
FRIEDL VOM HOCHLAND, DER • 1918
IM HERZEN LIEBE TRAGEN, DIE • 1918
JAGER VON FALL, DER • 1918
WIR GINGEN EINEN SCHWEREN PFAD • 1918
GEWITTER IM MAI • 1919
NUR EINE ZIRKUSREITERIN ODER DIE GALAVORSTELLUNG DES ZIRKUS CASARE MARSELLI • 1919
SCHATTENSPIELER, DER • 1919

BECK MARTIN – USA
ANY NIGHT • 1922

BECK MARTIN* – USA
CHALLENGE • 1974
BRASS RING, THE • 1975
LAST GAME, THE • 1980

BECK REGINALD – Editor – UKN – 1902–
LONG DARK HALL, THE • 1951

BECK SHERMAN – USA
VIETNAM! VIETNAM! • 1971

BECK WALTER – GRM
BIBERSPUR • BEAVER'S TRACE
NEUE FIMMEL, DER • FOOTBALL CRAZY (UKN) • 1960
DREI KAPITEL GLUCK • THREE CHAPTERS OF LUCK • 1961
KING THRUSHBEARD • 1967
TURLIS ABENTEUER • PINOCCHIO (USA) • 1967
DORNROSCHEN • SLEEPING BEAUTY

BECKENDORFF LEIF – DNM
REMISELEGEPLADSEN • DEPOT PLAYGROUND, THE • 1972

BECKER BART – USA
HOOTIE'S BLUES • 1978 • DCS

BECKER BRUNO J. – USA
WILD WOMAN, THE • 1919 • SHT

BECKER CARL – GRM
HEIDEROSLEIN • 1926

BECKER ERNST – GRM
LUX, DER SPURHUND VON STRATFORD • 1916

BECKER FRED G. – USA
ADVENTURES OF PRINCE COURAGEOUS, THE • 1921
GIRL FROM ROCKY POINT, THE • 1922

BECKER GERMAN – CHL
AYUDEME UD, COMPADRE! • HELP ME, COMRADE! • 1968

BECKER HAROLD – USA
BLIND GARY DAVIS • 1964 • DCS
BIRDS • 1965 • SHT
SIGHET, SIGHET • 1967 • SHT
RAGMAN'S DAUGHTER, THE • TEA-LEAF, THE • 1972
ONION FIELD, THE • 1979
BLACK MARBLE, THE • 1980
TAPS • T.A.P.S. • 1981
VISION QUEST • CRAZY FOR YOU • 1985
BOOST • 1988
SEA OF LOVE • 1989

BECKER ISRAEL – ISR
SHNEI KUNI LEMEL • FLYING MATCHMAKER, THE (USA) • 1965

BECKER JACQUES – FRN – 1906–1960
COMMISSAIRE EST BON ENFANT, LE • 1934
TETE DE TURC • TETE QUI RAPPORTE, UN ○ BOURREAU, LE • 1935
VIE EST A NOUS, LA • PEOPLE OF FRANCE (USA) • 1936
COMMUNIST PARTY CONGRESS A ARLES • 1938 • DCS
OR DU CRISTOBAL, L' • 1939
DERNIER ATOUT • 1942
GOUPI MAINS-ROUGES • IT HAPPENED AT THE INN (USA) • 1942
FALBALAS • PARIS FRILLS (USA) • 1945
ANTOINE ET ANTOINETTE • ANTOINE AND ANTOINETTE (USA) • 1946
RENDEZ-VOUS DE JUILLET • 1949
EDOUARD ET CAROLINE • EDWARD AND CAROLINE • 1950
CASQUE D'OR • GOLDEN HELMET (USA) ○ GIRL WITH GOLDEN HAIR, THE ○ GOLDEN MARIE (UKN) ○ MARIE • 1952
RUE DE L'ESTRAPADE • FRANCOISE STEPS OUT (UKN) • 1953
TOUCHEZ PAS AU GRISBI • HONOUR AMONG THIEVES (UKN) ○ GRISBI (USA) ○ DON'T TOUCH THE LOOT ○ PARIS UNDERGROUND ○ HANDS OFF THE LOOT • 1953
ALI BABA ET LES 40 VOLEURS • ALI BABA (USA) ○ ALI BABA AND THE FORTY THIEVES • 1954
AVENTURES D'ARSENE LUPIN, LES • AVVENTURE DI ARSENIO LUPIN, LE (ITL) ○ ADVENTURES OF ARSENE LUPIN • 1956
MONTPARNASSE 19 • MODIGLIANI OF MONTPARNASSE (USA) ○ MONTPARNASSE (ITL) ○ LOVERS OF MONTPARNASSE, THE (UKN) • 1958
TROU, LE • BUCO, IL (ITL) ○ NIGHT WATCH, THE (USA) ○ HOLE, THE (UKN) • 1960

BECKER JEAN – FRN – 1933–
NOMME LA ROCCA, UN • MAN NAMED ROCCA, A (USA) • 1962
ECHAPPEMENT LIBRE • SCAPPAMENTO APERTO (ITL) ○ ESCAPE LIBRE (SPN) ○ BACKFIRE (USA) • 1964
PAS DE CAVIAR POUR TANTE OLGA • 1965
TENDRE VOYOU • AVVENTURIERO A TAHITI, UN (ITL) ○ TENDER SCOUNDREL (USA) • 1966
ETE MEURTRIER, UN • ONE DEADLY SUMMER (USA) • 1983

BECKER JUREK – GRM
MEINE STUNDE NULL • MY ZERO HOUR • 1969

BECKER LUTZ – UKN
ART IN REVOLUTION • 1972 • DOC
DOUBLE-HEADED EAGLE, THE • 1972 • DOC
DOUBLE HEADED EAGLE • 1973 • DOC

BECKER TERRY – USA
THIRSTY DEAD, THE • 1975

BECKER VERNON P. – USA
FUNNIEST MAN IN THE WORLD, THE • 1968 • DOC
CHAMPAGNEGALOPPEN • 1974
GROOVE ROOM • WHAT THE SWEDISH BUTLER SAW • 1974

BECKER W. see **BECKER WOLFGANG**

BECKER WOLFGANG – GRM
BECKER W.
PAROLE HEIMAT • 1955
LIEBE -WIE DIE FRAU SIE WUNSCHT • 1957
ICH WAR IHM HORIG • 1958
ITALIENRIESE -LIEBE INBEGRIFFEN • 1958
PETER VOSS, DER MILLIONENDIEB • 1958
ALLE LIEBEN PETER • 1959
LUSTIGE KRIEG DES HAUPTMANN PEDRO, DER • 1959
KEIN ENGEL IST SO REIN • 1960
FERIENBETT MIT 100PS, EIN • 1965
LETZTEN DREI DER ALBATROS, DIE • MORTE VIENE DA MANILA, LA (ITL) ○ MUTINY IN THE SOUTH SEAS • 1965
ELLENBOGENSPIELE • ELBOW PLAY (UKN) • 1969
ICH SCHLAFE MIT MEINEM MORDER • DEAD SEXY • 1971

BECKERMAN RUTH see **BECKERMANN RUTH**

BECKERMANN RUTH – AUS
BECKERMAN RUTH
WIEN RETOUR • VIENNA IN THE PAST • 1983
PAPIERNE BRUCKE, DIE • PAPER BRIDGE, THE • 1987

BECKET JAMES – USA
QUE HAZER • 1972

BECKHARD ARTHUR J. – USA
GIRL ON THE RUN • 1961

BEDARD JEAN-THOMAS – CND – 1947–
VILLE, LA • BIG CITY • 1970
CECI EST UN MESSAGE ENREGISTRE • THIS IS A RECORDED MESSAGE • 1973
AGE DE CHAISE, L' • CHAIRMEN • 1979
COMBAT D'ONESIME TREMBLAY, LE • 1985 • MTV

BEDEIR EL SAYED – EGY
HOB WA KHYANA • LOVE AND TREASON • 1968

BEDEKAR VISHRAM – IND
LAKHARANI • 1935
BHOLA SHANKAR • BHASMASUR MOHINI ○ SIMPLE SHANKAR • 1951

BEDEL JEAN-PIERRE – FRN – 1944–
DR. PIEN • 1968
EAU, L' • 1968
LAO • 1968
VOTE 68 • 1968
CHAMP, THE • 1974 • MTV
JOUR DU SEIGNEUR, LE • 1980 • MTV
SALON DU LIVRE, LE • 1981 • MTV
PISSENLIT PAR LA RACINE, LE • 1982 • MTV
SOMETHING ABOUT PEACE • TOUT CA POUR LA PAIX • 1984 • MTV

BEDFORD TERRY – UKN
SLAYGROUND • 1983

BEDI RAJENDRA SINGH – IND
BEDI RANJENDER SINGH
DASTAK • 1971
ANKHIN DEKHI • 1976

BEDI RANJENDER SINGH see **BEDI RAJENDRA SINGH**

BEDJAOUI AHMED – ALG – 1943–
ACCIDENTS, LES • 1967 • DCS
PROTECTION CIVILE • 1967 • DCS
GRAND DETOUR, LE • 1968
FIDAYINES, LES • 1969
HISTOIRES DE LA REVOLUTION • 1970

BEDNAI NANDOR – HNG
NYITOTT ABLAK • OPEN WINDOW • 1988

BEDNARCZYK ANTONI – PLN
DZIEJE GRZECHU • 1911

BEDNARCZYK JERZY – PLN
NIE POZYLEM DLUGO • I DID NOT LIVE LONG • 1967 • DOC

BEDOUIN JEAN-LOUIS – FRN
INVENTION DU MONDE, L' • 1952

BEDRICH VACLAV – Animator – CZC
HOMO HOMINI • SHT
HRNECKU VAR! • WONDER POT, THE • 1953
CHERT A KACHA • DEVIL AND KACHA, THE • 1955 • ANS
CTYRICET DEDECKU • FORTY GRANDFATHERS • 1962 • ANS
AZ JA BUDU VELKY • WHEN I GROW UP • 1963 • ANS
GLASS TALE, THE • 1967 • ANS
SMRTICI VUNE • DEADLY ODOUR, THE ○ DEADLY PERFUME • 1970
NEDOKONCENY WEEKEND • UNFINISHED WEEKEND • 1971 • ANS
AUTOMATION • 1973
STASTNOU CESTU • HAVE A GOOD TRIP • 1974
DEKUJEME, PANOVE • THANK YOU, SIRS • 1976

BEEBE FORD – USA – 1888–
HONOR OF THE RANGE, THE • 1920 • SRL
BORDER LAW • 1922
COME AND GET ME! • 1922
DRIFTER, THE • 1922
HERE'S YOUR MEN • 1922
HIS ENEMY'S FRIEND • 1922
DOUBLE CINCHED • 1923
SMOKED OUT • 1923
LAST OF THE MOHICANS • 1932 • SRL
PRIDE OF THE LEGION, THE • BIG PAY-OFF, THE • 1932
SHADOW OF THE EAGLE, THE • 1932 • SRL
LAUGHING AT LIFE • 1933
ADVENTURES OF REX AND RINTY, THE • 1935 • SRL
LAW BEYOND THE RANGE • 1935
MAN FROM GUNTOWN, THE • 1935
ACE DRUMMOND • 1936 • SRL
STAMPEDE • 1936
JUNGLE JIM • 1937 • SRL
RADIO PATROL • 1937 • SRL
SECRET AGENT X-9 • 1937 • SRL
TIM TYLER'S LUCK • 1937 • SRL
WESTBOUND LIMITED • 1937
WILD WEST DAYS • 1937 • SRL
DEADLY RAY FROM MARS • 1938
FLASH GORDON'S TRIP TO MARS • 1938 • SRL
MARS ATTACKS THE WORLD • ROCKET SHIP (UKN) ○ DEADLY RAY FROM MARS, THE • 1938
RED BARRY • 1938 • SRL

TROUBLE AT MIDNIGHT • 1938
BUCK ROGERS • BUCK ROGERS CONQUERS THE UNIVERSE • 1939 • SRL
BUCK ROGERS: PLANET OUTLAWS • 1939
DESTINATION SATURN • 1939
OKLAHOMA FRONTIER • 1939
OREGON TRAIL, THE • 1939 • SRL
PHANTOM CREEPS, THE • 1939 • SRL
PLANET OF OUTLAWS • 1939
FANTASIA • 1940 • ANM
FLASH GORDON CONQUERS THE UNIVERSE • SPACE SOLDIERS CONQUER THE UNIVERSE • 1940 • SRL
GREEN HORNET STRIKES AGAIN, THE • 1940 • SRL
GREEN HORNET, THE • 1940 • SRL
JUNIOR G-MEN • 1940 • SRL
PURPLE DEATH FROM OUTER SPACE • 1940
SON OF ROARING DAN • 1940
WINNERS OF THE WEST • 1940 • SRL
MASKED RIDER, THE • 1941
RELUCTANT DRAGON, THE • 1941
RIDERS OF DEATH VALLEY • 1941 • SRL
SEA RAIDERS • 1941 • SRL
SKY RAIDERS • 1941 • SRL
7 WISE DWARFS • 1941
DON WINSLOW OF THE NAVY • 1942 • SRL
OVERLAND MAIL • 1942 • SRL
DON WINSLOW OF THE COAST GUARD • 1943 • SRL
FRONTIER BADMAN • FRONTIER BADMEN • 1943
NIGHT MONSTER, THE • HOUSE OF MYSTERY (UKN) • 1943
ENTER ARSENE LUPIN • 1944
INVISIBLE MAN'S REVENGE, THE • 1944
ROCKETSHIP • 1944
EASY TO LOOK AT • 1945
MY DOG SHEP • 1946
SIX GUN SERENADE • 1947
COURTIN' TROUBLE • 1948
RETURN OF THE MOHICANS • 1948
SHEP COMES HOME • 1948
BOMBA ON PANTHER ISLAND • 1949
BOMBA THE JUNGLE BOY • 1949
DALTON GANG, THE • OUTLAW GANG, THE • 1949
SATAN'S CRADLE • 1949
BOMBA AND THE HIDDEN CITY • 1950
LOST VOLCANO, THE • 1950
RED DESERT • 1950
ELEPHANT STAMPEDE • BOMBA AND THE ELEPHANT STAMPEDE (UKN) • 1951
LION HUNTERS, THE • BOMBA AND THE LION HUNTERS (UKN) • 1951
AFRICAN TREASURE • BOMBA AND THE AFRICAN TREASURE (UKN) • 1952
BOMBA AND THE JUNGLE GIRL • JUNGLE GIRL • 1952
WAGONS WEST • 1952
SAFARI DRUMS • BOMBA AND THE SAFARI DRUMS (UKN) • 1953
GOLDEN IDOL, THE • 1954
KILLER LEOPARD • 1954
LORD OF THE JUNGLE • 1955
JONIKO AND THE KUSH TA KA • JONIKO: ALASKA BOY ○ FRONTIER ALASKA • 1969
CHALLENGE TO BE FREE • MAD TRAPPER OF THE YUKON ○ MAD TRAPPER, THE • 1972

BEECH J. – UKN

MUMMY, MUMMY • SHT

BEECH JOHN – UKN

POSTAL DELIVERY • 1971

BEECROFT STUART – CND – 1942–

UP AND RUNNING • 1984 • MTV
RIBBON OF STEEL • 1985 • MTV

van BEEK HANS – NTH

DONNA DONNA!! • 1987

van BEEK LUC – NTH

DONNA DONNA!! • 1987

BEEMAN GREG – USA

LITTLE SPIES • 1986 • TVM
RICHEST CAT IN THE WORLD, THE • 1986 • TVM
LICENSE TO DRIVE • 1988

BEER JACQUES – FRN

TOUR DE FRANCE 1949, LE • 1949 • DOC
TOUR DE FRANCE 1950, LE • 1950 • DOC

BEER RONALD – NTH

MY BLUE HEAVEN • 1990

BEERY WALLACE – Actor – USA – 1889–1949

RIVALRY AND WAR • 1914
BORROWED PLUMES • 1916 • SHT
BREAKING INTO SOCIETY • 1916 • SHT
CAPABLE LADY COOK, A • 1916 • SHT
FAME AT LAST • 1916 • SHT
FROM THE ROGUES GALLERY • 1916 • SHT
HE ALMOST LANDS AN ANGEL • 1916 • SHT
HE BECOMES A COP • 1916 • SHT
HERO BY PROXY, A • 1916 • SHT
HIRED AND FIRED • 1916 • SHT
JANITOR, THE • 1916 • SHT
JUST A FEW THINGS • 1916 • SHT
SODY CLERK, THE • 1916 • SHT
SWEEDY THE JANITOR • 1916
THOUSAND A WEEK, A • 1916
BOMBS AND BANKNOTES • 1917 • SHT
BATH HOUSE SCANDAL, THE • 1918 • SHT
PERILS OF THE PARLOR • 1918 • SHT
BEACH NUT, A • 1919 • SHT
ONLY A JANITOR • 1919 • SHT
SHE WASN'T HUNGRY, BUT.. • 1919 • SHT

BEGALIN M. see **BEGALIN MAZHIT**

BEGALIN MAZHIT – USS – 1922–

BEGALIN MAZIHT • BEGALIN M.

HIS TIME WILL COME • 1956
ZA NAMI MOSKVA • MOSCOW IS BEHIND US • 1968
PESNYA MANSHUK • SONG OF MANSHUK ○ PYESN O MANSHUK • 1971

BEGALIN MAZIHT see **BEGALIN MAZHIT**

BEGAZO LUIS CARLOS – BRZ

MANOUCHE • 1989

BEGGS LEE – USA

TEN NIGHTS IN A BARROOM • 1913
ADVENTURE OF THE RIVAL UNDERTAKERS, THE • 1914
ARRIVAL OF JOSE, THE • 1914
BUNNY'S SWELL AFFAIR • 1914
CONEY ISLAND NIGHTMARE, A • JOSIE'S CONEY ISLAND NIGHTMARE • 1914
CONVICT, COSTUMES AND CONFUSION • 1914
EATS • 1914
EGYPTIAN MUMMY, THE • 1914
EVOLUTION OF PERCIVAL, THE • 1914
FATHER'S TIMEPIECE • 1914
FORCING DAD'S CONSENT • 1914
IN BRIDAL ATTIRE • 1914
JOSIE'S DECLARATION OF INDEPENDENCE • 1914
JOSIE'S LEGACY • 1914
MAID FROM SWEDEN, THE • 1914
OUR FAIRY PLAY • 1914
ROMANTIC JOSIE • 1914
WANTED, A HOUSE • 1914
BERTIE'S STRATAGEM • 1915
BILLY, THE BEAR TAMER • 1915
BILLY'S WAGER • 1915
BOARDING HOUSE FEUD, THE • 1915
BUGLARIOUS BILLY • 1915
CUPID'S COLUMN • 1915
DISCIPLE OF PLATO, A • 1915
GREEN CAT, THE • 1915
MASTER OF HIS HOUSE, THE • 1915
MISSING CLUE, THE • 1915
MISTAKE IN TYPESETTING, A • 1915
MIX-UP IN DRESS SUIT CASES, A • 1915
SPADES ARE TRUMPS • 1915
STARRING OF FLORA FINCHURCH, THE • 1915
STUDY IN TRAMPS, A • 1915
VANISHING VAULT, THE • 1915
YOUNG MAN WHO FIGGERED, THE • 1915

BEGGS W. G. – USA

FISTFUL OF RAWHIDE • 1970

BEHAT GILLES – FRN – 1949–

HARO • 1977
PUTAIN D'HISTOIRE D'AMOUR • 1980
RUE BARBARE • STREET OF THE DAMNED ○ STREET OF THE LOST • 1983
DANCING MACHINE • 1990

BEHI RIDHA – TNS – 1947–

BAHI RIDHA

FEMME-STATUE, LA • 1969 • SHT
SEUILS INTERDITS • FORBIDDEN STEPS • 1972 • SHT
SHAMS WA ADH-DHIBA, ASH- • HYENA'S SUN ○ SOLEIL DES HYENES • 1976
PAYS AUX CRANES RASES, LE • 1977

BEHN-GRUND FRIEDL – Dir. photo – GRM – 1906–

SAJENKO, THE SOVIET • 1929

BEHR CARL – GRM

JAGER AUS KURPFALZ, DER • 1933

BEHRENDT HANS – GRM

ALT-HEIDELBERG • STUDENT PRINCE • 1923
NEULAND • GLUCKHAFT SCHIFF, DAS • 1924
HOSE, DIE • ROYAL SCANDAL ○ TROUSERS, THE • 1927
POTSDAM, DAS SCHICKSAL EINER RESIDENZ • 1927
PRINZ LOUIS FERDINAND • 1927
DYCKERPOTTS ERBEN • 1928
RAUBERBANDE, DIE • ROBBER BAND, THE • 1928
REGIMENTSTOCHTER, DIE • 1928
SECHS MADCHEN SUCHEN NACHT QUARTIER • 1928
BUND DER DREI, DER • 1929
FLUCHT VOR DER LIEBE, DIE • 1929
MON BEGUIN • MISS LOHENGRIN • 1929
SCHMUGGLERBRAUT VON MALORCA, DIE • MADCHEN VON VALENCIA, DAS ○ GIRL OF VALENCIA • 1929
DANTON • 1930
KOHLHIESELS TOCHTER • KOHLHIESEL'S DAUGHTERS • 1930
GLORIA • 1931
GLORIA • 1931
HERR BUROVORSTEHER, DER • 1931
ICH GEH' AUS UND DU BLEIBST DA • 1931
INCONSTANT, L' • JE SORS ET TU RESTES LA ○ AMOUR DISPOSE, L' • 1931
MEIN FREUND, DER MILLIONAR • 1931
GRUN IST DIE HEIDE • 1932
MUSS MAN SICH GLEICH SCHEIDEN LASSEN? • 1932
KEINEN TAG OHNE DICH • WOVON SOLL DER SCHORNSTEIN RAUCHEN • 1933
TANKMADEL, DAS • 1933
HOCHZEIT AM WOLFGANGSEE • 1934
DONA FRANCISQUITA • 1935

BEHRENS GLORIA – GRM

ROSI UND DIE GROSSE STADT • ROSI AND THE BIG CITY • 1980

BEHZAD FERIAL – IRN

KAKOLI • CRESTED BIRD, THE • 1989

BEINEIX JEAN-JACQUES – FRN – 1946–

BENEIX JEAN-JACQUES

DIVA • 1981
LUNE DANS LE CANIVEAU, LA • MOON IN THE GUTTER (UKN) • 1983
372 LE MATIN • BETTY BLUE (UKN) ○ 37.2 DEGREES IN THE MORNING • 1985
ROSELYNE ET LES LIONS • ROSALYNNE AND THE LIONS (UKN) • 1989

BEISEMBAYEV SHARIP – USS

ZVUCHI TAM-TAM! • TAM-TAM, RING OUT! • 1968

BEIZA'I BAHRAM see **BEYZAI BAHRAM**

BEJART MAURICE – BLG

BHAKTI • 1970

BEJO MIGUEL – ARG

ESPEREN LA LLEGADA DE HALLEWYN • WAIT FOR THE ARRIVAL OF HALLEWYN • 1972
NERVIO, SUPER-SUPER Y WAGNER CONTRA LA NOCHE NEGRA DEL MUNDO • NERVIO, SUPER-SUPER & WAGNER AGAINST THE POWER OF WORLD DARKNESS • 1980

BEK-NAZAROV AMO – USS – 1892–1965

U POZERNOVO STOLBA • AT THE POST OF SHAME ○ IN THE PILLORY ○ PATRICIDE • 1924
NAMUS • HONOUR • 1926
NATELLA • 1926
ZARE • 1927
HAZ-PUSH • KHAZ-PUSH • 1928 • DOC
HOUSE ON A VOLCANO, THE • 1928
IGDENBU • 1930
PEPO • 1935
ZANGUEZOUR • 1938
DAVID-BEK • 1944
ANAIT • 1948
NEW RESIDENCE, THE • 1955

BEL FRANCOIS – FRN – 1931–

TERRITOIRE DES AUTRES, LE • 1971 • DOC
GRIFFE ET LA DENT, LA • 1973 • DOC

BELAN BRANKO – YGS

KONCERT • 1954

BELANEY ARCHIE see **GREY OWL**

BELANGER FERNAND – CND – 1943–

INITIATION • 1967
MANIC 5 • 1967 • MTV
VIA BORDUAS • 1968
TI COEUR • 1969
TY-PEUPE • TI PEUPE • 1971
POIS FOU, LE • 1972 • MTV
CONTEBLEU • 1976
DE LA TOURBE ET DU RESTANT • 1979
APRES COURS, L' • 1984 • MTV
EMOTION DISSONANTE, L' • 1984
PASSIFLORA • 1986 • DOC

BELANGER RAY – CND – 1950–

THROUGH THE EYES OF OTHERS • 1985 • DOC

BELAYEV VASILI see **BELEYEV VASSILI**

BELCHER ZACH – USA

DOC HOOKER'S BUNCH • 1978

BELEC MARILYN A. – CND – 1935–

TAKING CHANCES • 1979
MENOPAUSE STORY, THE • 1982
HERE TODAY.. WHERE TOMORROW? • 1985

BELEYEV VASSILI – USS

BELAYEV VASILI • BELYAEV V. • BELYAYEV VASILI

BLACK SEA FIGHTERS • 1943
NARODNIYE MSTITELI • PARTISANS, THE ○ PEOPLE'S AVENGERS, THE • 1943
RUSSIA ON PARADE • 1946
RUMANIA • 1947
LENIN • 1950
NOVE CESKOSLOVENSKO • NEW CZECHOSLOVAKIA • 1950

BELGARD ARNOLD – ITL

GRANDE CACCIA, LA • EAST OF KILIMANJARO (USA) ○ BIG SEARCH, THE ○ TERRORE AL KILIMANGIARO • 1957
MIGHTY JUNGLE, THE • 1964

BELHUMEUR ALAIN – CND

COMPLAINTE DU BELUGA, LA • 1990 • DOC

BELIKOV MIKHAIL – USS

KAK MOLODY MY BYLI • WE WERE SO YOUNG.. ○ WHEN WE WERE YOUNG • 1985

BELISLE BENJAMIN – CND

SACRIFIEE, LA • 1955
AMOUR DU COUPLE, L' • 1973 • DOC

BELL ALAN J. W. – UKN

LAST OF THE SUMMER WINE: GETTING SAM HOME • GETTING SAM HOME • 1983 • TVM
LAST OF THE SUMMER WINE: UNCLE OF THE BRIDE • UNCLE OF THE BRIDE • 1985 • TVM

BELL CARL – USA

GOON SONG, THE • 1966 • ANS

BELL COLIN – UKN

FOR YOUR ENTERTAINMENT NOS.1-4 • 1952 • SER
RESCUE SQUAD, THE • 1963

BELL GEOFFREY – Producer – UKN – 1915–

FIREGUARD • 1937-45 • DOC
PERSONNEL SELECTION -RECRUITS • 1937-45 • DOC
TRANSFER OF SKILL • 1937-45 • DOC
TRANSFER OF POWER, THE HISTORY OF THE TOOTHED WHEEL • 1939 • DOC
CONTROL ROOM • 1942 • DOC
PERSONNEL SELECTION IN THE ARMY, 1944 -OFFICERS • 1946 • DOC

BELL JOHN – Actor – ASL – 1940–

YOU'RE THE ONE • 1979 • SHT

BELL JOHN* – CND – 1949–

OUT OF OUR MINDS • 1984 • MTV

BELL JORGE – MXC

PULPO HUMANO, EL • HUMAN OCTOPUS, THE • 1933

BELL MARTIN – USA

STREETWISE • 1984

BELL MONTA – USA – 1891–1958

BROADWAY AFTER DARK • 1924
HOW TO EDUCATE A WIFE • 1924
LADY OF THE NIGHT • 1924
SNOB, THE • 1924
TORRENT, THE • IBANEZ' TORRENT • 1924

KING ON MAIN STREET, THE • 1925
LIGHTS OF OLD BROADWAY • LITTLE OLD NEW YORK (UKN) ○ MERRY WIVES OF GOTHAM • 1925
PRETTY LADIES • 1925
BOY FRIEND, THE • 1926
UPSTAGE • MASK OF COMEDY, THE • 1926
AFTER MIDNIGHT • 1927
MAN, WOMAN AND SIN • FIRES OF YOUTH • 1927
BELLAMY TRIAL, THE • 1928
LETTER, THE • 1929
EAST IS WEST • 1930
YOUNG MAN OF MANHATTAN • 1930
FIRES OF YOUTH • 1931
PERSONAL MAID • 1931
UP FOR MURDER • 1931
DOWNSTAIRS • 1932
WORST WOMAN IN PARIS?, THE • 1933
CHINA'S LITTLE DEVILS • 1945

BELLAMY EARL – USA – 1917–

SEMINOLE UPRISING • 1955
BLACKJACK KETCHUM, DESPERADO • 1956
TOUGHEST GUN IN TOMBSTONE • 1958
STAGECOACH TO DANCERS' ROCK • 1962
FLUFFY • 1965
GUNPOINT • 1966
INCIDENT AT PHANTOM HILL • FACELESS MEN, THE • 1966
MUNSTER, GO HOME! • 1966
THREE GUNS FOR TEXAS • 1968 • MTV
BACKTRACK • 1969 • MTV
PIGEON, THE • 1969 • TVM
JOAQUIN MURIETA • 1970 • TVM
DESPERATE MISSION • MURIETTA • 1971 • TVM
TRACKERS, THE • NO TRUMPETS, NO DRUMS • 1971 • TVM
SIDECAR BOYS • SIDECAR RACERS (UKN) ○ TEAM, THE • 1974
AGAINST A CROOKED SKY • 1975
PART 2 WALKING TALL • LEGEND OF THE LAWMAN (UKN) ○ WALKING TALL: PART 2 ○ WALKING TALL PART 2: VENGEANCE TRAIL • 1975
SEVEN ALONE • 1975
FLOOD! • 1976 • TVM
FIRE! • IRWIN ALLEN'S PRODUCTION OF FIRE! • 1977 • TVM
SIDEWINDER ONE • 1977
SPEEDTRAP • 1978
CASTAWAYS ON GILLIGAN'S ISLAND, THE • 1979 • TVM
VALENTINE MAGIC ON LOVE ISLAND • MAGIC ON LOVE ISLAND • 1980 • TVM
MAGNUM THRUST • 1981

BELLAMY GEORGE – UKN

BROKEN BARRIER • QUICKSANDS • 1917

BELLANGER GERARD – FRN – 1942–

PROFESSION: REALISATEUR, AGE: DIX ANS • 1977 • DOC

BELLER ARVID – USA

EXPECTATIONS

BELLI PINO – ITL

SEGRETO DELLA SIERRA DORADO, IL • 1957 • DOC

BELLINI GIACOMO P. – ITL

PESCATORI • 1942

BELLISARIO DONALD see **BELLISARIO DONALD P.**

BELLISARIO DONALD P. – USA

BELLISARIO DONALD

AIRWOLF • 1984 • TVM
THREE ON A MATCH • 1987 • TVM
LAST RITES • SANCTUARY • 1988

BELLMUNT FRANCESC see **BELLMUNT FRANCISCO**

BELLMUNT FRANCISCO – SPN

BELLMUNT FRANCESC

BESTIAS, LAS • 1970 • SHT
SEMEJANTE A PEDRO • 1970 • SHT
PASTEL DE SANGRE • BLOOD PUDDING ○ BLOOD PIE • 1971
ROBIN HOOD NUNCA MUERE • 1974
NOVA CANCO: CANET ROCK, LA • NOVA CANCO, LA • 1975
TENIS TAULA 77 • 1975 • SHT
ORGIA, LA • ORGY, THE • 1978
SALUT I FORCA AL CANUT • HEALTHY LUST AND FUN • 1979
QUINTA DEL PORRO, LA • POT GENERATION, THE • 1980
PA D'ANGEL • WAFER • 1984
RADIO FOLLA, LA • CRAZY RADIO • 1985
COMPLOT DELS ANELLS, EL • CONSPIRACY OF THE RINGS • 1987
NEGRE AMB UN SAXO, UN • BLACK MAN WITH A SAX • 1988

BELLOCCHIO MARCO – ITL – 1939–

BELLOCHIO MARCO

COLPA ET LA PENA, LA • 1961 • SHT
ABBASSO IL ZIO • 1962 • DCS
GINEPRO FATTO UOMO • 1964 • SHT
PUGNI IN TASCA, I • FIST IN HIS POCKET (USA) ○ FISTS IN THE POCKET • 1965
CINA E VICINA, LA • CHINA IS NEAR • 1967
AMORE E RABBIA • CONTESTATION, LA (FRN) ○ VANGELO '70 ○ LOVE AND ANGER • 1969
PAOLA • 1969
VIVA IL PRIMO MAGGIO ROSSO • 1969
NEL NOME DEL PADRE • IN THE NAME OF THE FATHER ○ IN NOME DEL PADRE • 1971
SBATTI IL MOSTRO IN PRIMA PAGINA • STICK THE MONSTER ON THE FIRST PAGE ○ MONSTER ON PAGE ONE, THE ○ STRIKE THE MONSTER ON PAGE ONE • 1972
NESSUNO O TUTTI • 1975
MARCIA TRIONFALE • VICTORY MARCH (USA) ○ TRIUMPHAL MARCH • 1976
MATTI DA SLEGARE • FIT TO BE UNTIED (USA) • 1976
GABBIANO, IL • SEA GULL, THE (USA) • 1977
YEUX FERTILES, LES • 1977
MACCHINA CINEMA, LA • CINEMA MACHINE, THE (USA) • 1978
SALTO NEL VUOTO • LEAP IN THE DARK, A (USA) ○ LEAP INTO THE VOID (UKN) ○ SAUT DANS LE VIDE, LE • 1979
OCCHI, LA BOCCA, GLI • EYES, THE MOUTH, THE (USA) ○ YEUX, LA BOUCHE, LES • 1983
ENRICO IV • HENRY IV • 1984
DIAVOLO IN CORPO, IL • DIABLE AU CORPS, LE (FRN) ○ DEVIL IN THE FLESH, THE • 1985
VISIONE DEL SABBA, LA • VISION OF SABBA, THE ○ VISIONS OF SABBAH, THE • 1987

BELLOCHIO MARCO see **BELLOCCHIO MARCO**

BELLON YANNICK – FRN – 1924–

GOEMONS • 1947
COLETTE • 1950
TOURISME • 1951
VARSOVIE QUAND MEME • 1953
MATIN COMME LES AUTRES, UN • 1954
WINDROSE, DIE • WIND ROSE, THE ○ LEBEN DER FRAUEN, DAS • 1956
HOMMES OUBLIES, LES • 1957
SECOND SOUFFLE, LE • 1959
ZAA LE PETIT CHAMEAU BLANC • 1960
FEMME DE JEAN, LA • 1961
BUREAU DES MARIAGES, LE • 1962 • SHT
QUELQUE PART QUELQU'UN • SOMEONE, SOMEWHERE (USA) • 1972
FEMME DE JEAN, LA • JOHN'S WIFE (USA) • 1974
JAMAIS PLUS TOUJOURS • 1975
AMOUR VIOLE, L' • RAPE OF LOVE (USA) ○ VIOLATED LOVE • 1977
AMOUR NU, L' • 1980
TRICHE, LA • 1984
ENFANTS DU DESORDRE, LES • CHILDREN OF CHAOS (UKN) • 1989

BELLOWS WALTER CLARK – USA

EGYPTIAN PRINCESS, AN • 1914
LITTLE MISS BOUNTIFUL • 1914
PAGE FROM YESTERDAY, A • 1914
PAIR OF STOCKINGS, A • 1914

BELLSOLELL JEAN-PAUL – FRN – 1919–

ILS ONT TUE JAURES • 1962 • DOC

BELMAR HENRY – USA

LIFE'S SHOP WINDOW • 1914

BELMONT CHARLES – Actor – FRN – 1936–

ECUME DES JOURS, L' • FROTH OF TIME, THE • 1967
FATRICIDE, LE • 1967 • SHT
RAK • 1971
HISTOIRES D'A • 1973 • DOC
POUR CLEMENCE • FOR CLEMENCE • 1977

BELMONT JOSEPH – USA

BALANCE, THE • 1915
BLACK SHEEP, THE • 1915
PREJUDICE • RITUAL MURDER, THE ○ PROSCRIBED, THE • 1924

BELMONT VERA – FRN – 1931–

PRISONNIERS DE MAO • PRISONERS OF MAO • 1977
ROUGE BAISER • RED KISS (USA) • 1986
AMANTE, L' • BELOVED, THE • 1989
GELIEBTE MILENA • BELOVED MILENA • 1990

BELMORE CHARLES – USA

VIRGINIA ROMANCE, A • 1916 • SHT

BELMORE LIONEL – Actor – USA – 1867–1953

HOPE FOSTER'S MOTHER • 1914
IN THE LATIN QUARTER • 1914
OLD FLUTE PLAYER, THE • 1914
OUT OF THE PAST • 1914
FROM THE DREGS • 1915
GIRL WHO MIGHT HAVE BEEN, THE • 1915
HIS BUNKIE • 1915
QUALITY OF MERCY, THE • 1915
RULING POWER, THE • 1915
SILENT PLEA, THE • 1915
BILLIE'S MOTHER • 1916 • SHT
BRITTON OF THE SEVENTH • 1916
SUPREME SACRIFICE, THE • 1916
WASP, THE • 1918

BELOGORSKI NYUMA – BUL

POZHARAT • FIRE, THE • 1968

BELOUFA FAROUK see **BELOUFA FAROUQ**

BELOUFA FAROUQ – ALG – 1947–

BELOUFA FAROUK

FPA • 1966 • DOC
SITUATION DE TRANSITION • 1966
TRAVESTI ET CASSURES, NOIR SUR BLANC • 1967
GROUPE EN EMBUSCADE, LE • 1971 • DOC
LIBERATION • 1975

BELOUSOV OLEG – Animator – USS

SONG ABOUT AN AUROCH, A • ANM

BELOV VYACHESLAV – Animator – USS

FAIRY TALE OF PATTERNS, A • ANM

BELSON JANE see **CONGER JANE BELSON**

BELSON JERRY – USA

JEKYLL AND HYDE.. TOGETHER AGAIN • 1982
SURRENDER • 1987

BELSON JORDAN – Animator – USA – 1926–

TRANSMUTATION • 1947 • ANS
IMPROVISATIONS NO.1 • 1948 • SHT
CARAVAN • 1952 • ANS
MAMBO • 1952 • ANS
BOP SCOTCH • 1953 • ANS
MANDALA • 1953 • ANS
FLIGHT • 1958 • ANS
RAGA • 1959 • ANS
SEANCE • 1959 • ANS
ALLURES • 1961 • SHT
ILLUSIONS • 1962 • SHT
RE-ENTRY • 1964 • ANS
PHENOMENA • 1965 • SHT
SAMADHI • 1967 • SHT
MOMENTUM • 1969 • SHT
COSMOS • 1970 • SHT
WORLD • 1970 • SHT

BELVISION – BLG

AFFAIRE TOURNESOL, L' • ANM

BELYAEV V. see **BELEYEV VASSILI**

BELYAYEV VASILI see **BELEYEV VASSILI**

BEMBERG MARIA LUISA – ARG

MOMENTOS • MOMENTS • 1981
SENORA DE NADIE • NOBODY'S WIFE • 1982
CAMILA • CAMILLE • 1984
MISS MARY • 1986
YO, LA PEOR DE TODAS • I, THE WORST OF ALL • 1990

BEN AICHA SADOK – TNS – 1936–

AISHA SADEK BEN • BEN AICHA SADOQ • AICHA SADOK BEN

RISALA • LETTRE, UNE • 1966 • SHT
COMBAT DE CHAMEAUX • 1967 • SHT
MOKHTAR • 1968
MANNEQUIN, LE • 1977

BEN AICHA SADOQ see **BEN AICHA SADOK**

BEN-AMI JACOB – USA

GREENE FELDE • GREEN FIELDS • 1937

BEN AMMAR ABDEL-LATIF see **BEN AMMAR ABDUL LATIF**

BEN AMMAR ABDUL LATIF – TNS – 1943–

AMMAR ABDUL LATIF BEN • BEN AMMAR ABDEL-LATIF

ESPERANCE • 1969 • SHT
SI SIMPLE HISTOIRE, UNE • SIMPLE STORY LIKE THIS, A • 1970
BAAL BABYLONE • 1971 • SHT
KAIROUAN • 1973 • SHT
SEJNANE • 1974
LETTERS FROM TWO PRISONS • 1975
AZIZA • 1980

BEN ART – USA

FINAL TEST
GOOD GIRL, BAD GIRL • 1984

BEN-ARTZI GAD – ISR

HEAVENLY GIFT • 1972

BEN BARAKA SOHAIL – MRC – 1942–

BEN BARKA SOUHAYL • BARAKA SOHAIL BEN

ALF YAD WA YAD • THOUSAND AND ONE HANDS, A ○ MILLE ET UNE MAINS, LES • 1972
HARB AL BATROL LAN TAKA'A • PETROLEUM WAR WILL NOT TAKE PLACE, THE • 1974
MASIRAH AL-QHADRAA, AL- • 1975 • SHT
ORS AL-DAM • BLOOD WEDDING ○ URS AD-DAM ○ BLOOD HONEYMOON • 1977
AMOK • 1982

BEN BARKA SOUHAYL see **BEN BARAKA SOHAIL**

BEN HALIMA HAMOUDA – TNS – 1935–

DE LA TERRE ET DES HOMMES • 1962 • SHT
FOLKLORE A MONASTIR • 1963 • SHT
KHLIFA AL-AGRAA • KHLIFA LA TEIGNE • 1968
AU PAYS DE TARARANI • 1971

BEN-MEIR – USA

IN THE WEE WEE HOURS.. • 1987 • SHT

BEN MILAD H. – TNS

AU PAYS DE TARARANI • 1971

BEN RAHI MOHAMED

RAHAI MOHAMED BEN

MELUKA, DIE ROSE VON MARAKESCH • 1930

BEN SALAH MED see **BEN SALAH MOHAMED**

BEN SALAH MOHAMED – ALG – 1945–

BEN SALAH MED

ACCIDENT • 1970 • SHT
LAZAM LAZAM • IL FAUT, IL FAUT • 1971 • SHT
UNS, LES AUTRES, LES • 1972

BENACERRAF MARGOT – VNZ – 1926–

REVERON • 1951 • SHT
ARAYA • 1958 • DOC
ERENDIRA • 1971

BENAMOU ROGER – ALG – 1927–

OTELLO • 1974

BENANI HAMID – MRC – 1940–

BENNANI HAMID • BANANY HAMEED

COEUR A COEUR • 1967 • SHT
WECHMA • TRACES ○ WASHMA • 1970

BENARDOS PETER – ASL – 1928–

ACID TEST, THE • 1970 • DOC
NUMBER 96 • 1974
AUSTRALIA'S WONDROUS WATERWAYS • 1983 • DOC

BENAVENTE DAVID – CHL

WILLY Y LA MYRIAM, EL • WILLY AND MYRIAM • 1983 • DCS

BENAVIDES JOSE see **BENAVIDES JOSE JR.**

BENAVIDES JOSE JR. – MXC
JUNIOR JOSE BENAVIDES • BENAVIDES JOSE
EN UN BURRO TRES BATURROS • 1939
POBRE DIABLO • 1940
ZORRO DE JALISCO, EL • 1940
ALEJANDRA • 1941
LO QUE EL VIENTO TRAJO • 1941
FERIA DE LAS FLORES, LA • 1942
TIERRA DE PASIONES • 1942
TRES HERMANOS • THREE BROTHERS • 1943
CORAZON BURLADO, UN • 1944
DIARIO DE UNA MUJER • 1944
DOS HUERFANAS, LAS • 1944
ROSA DEL CARIBE • 1944
REINA DE LA OPERETA, LA • 1945

BENAYAT MOHAMMED – FRN – 1944–
NOUVEAUX ROMANTIQUES, LES • 1978

BENAYOUN ROBERT – MRC – 1926–
PARIS N'EXISTE PAS • PARIS DOES NOT EXIST • 1969
SERIEUX, COMME LE PLAISIR • JE SERAI SERIEUX COMME LE PLAISIR ○ SERIOUS AS PLEASURE • 1975

BENAZERAF JOSE – MRC – 1922–
CRI DE LA CHAIR, LE • SIN ON THE BEACH (USA) ○ ETERNITE POUR NOUS, L' ○ ETERNITY FOR US ○ ROMANCE ON THE BEACH • 1963
DROGUE DU VICE, LA • NIGHT OF LUST (USA) ○ CONCERTO DE LA PEUR, LA ○ NOTTE EROTIQUE ○ NIGHT OF LOVE • 1963
24 HEURES D'UN AMERICAIN A PARIS • PARIS OOH-LA-LA! (USA) ○ PARIS EROTIKA • 1964
COVER GIRLS, RAGAZZE DI TUTTI • COVER GIRLS (USA) • 1965
ENFER DANS LA PEAU, L' • SEXUS (USA) ○ NUIT LA PLUS LONGUE, LA • 1965
ENFER SUR LA PLAGE, L' • 1966
JOE CALIGULA • 1966
FLESH AND FANTASY • 1967
ST. PAULI ZWISCHEN NACHT UND MORGEN • ST. PAULI BETWEEN NIGHT AND MORNING • 1967
EPAIS MANTEAU DE SANG, UN • SUBJECT IS SEX, THE (UKN) • 1968
PLAISIRS PERVERS • 1968
BACCHANALES 69 • 1969 • CMP
ANATOMIE D'UN MEURTRE
BAISE-MOI PARTOUT
PARTOUSE INFERNALE, LA
VIE DE COURTISANE
DESIRABLE ET LE SUBLIME, LE • 1970
FRUSTRATION • FRUSTRATED WOMEN (UKN) ○ FRUSTRATION OU LES DEREGLEMENTS D'UNE JEUNE PROVINCIALE • 1971
FRENCH LOVE, THE • 1972
RACISM • 1972
BACCHANALES 73 • 1973 • CMP
BLACK LOVE • HOMME QUI VOULAIT VIOLER LE MONDE ENTIER, L' • 1974
BORDEL, LE • 1974
SEXE NU, LE • NAKED SEX (UKN) • 1974
ADOLESCENCE PERVERTIE • ADOLESCENZA PERVERSA (ITL) ○ ADOLESCENCE PERVERSE • 1975
DEUX GOUINES, LES • 1975
SEQUENCES INTERDITES • 1975
SOUBRETTE PERVERSE, LA • 1975
VEUVE LUBRIQUE, LA • 1975
INCESTUEUSES, LES • 1976
PLANQUE, LA • 1976
BONNE ALBERGE, LA • 1977
DINER TRES SPECIAL, UN • 1977
GARCE EN CHALEUR, UNE • 1977
BORDEL SS • 1978
MISS AUBEPINE • 1978
NICOLE PAS DESSUS PAR DESSOUS • 1978
OUVRE-TOI • 1978
ANNA CUISSES ENTROUVERTES • ANNA LES CUISSES ENTROVERTES • 1979
BAISSEZ-MOI PARTOUT • 1979
GRIMPE-MOI DESSUS ET FAIS-MOI MAL • 1979
CONTES DE LA FONTAINE, LES • CONTES GALANTS DE JEAN DE LA FONTAINE, LES • 1980
JE TU SUCE, TU ME SUCES, IL ME SUCE • 1980
BRANTOME 81, VIE DE DAMES GALANTES • 1982

BENCHEV DETELIN – BUL
FATHER • 1987
VOICE ON THE AIR, A • 1987 • DOC

BENCIVENGA – ITL
PROCESSO CLEMENCEAU, IL • AFFAIRE CLEMENCEAU, L' • 1918

BENDAZZI G. – ITL
PREGHIERA DELLA NOTTE • PRAYER IN THE NIGHT ○ NIGHT PRAYER • SHT

BENDEDDOUCHE GHAOUTI – ALG – 1936–
COLEURS D'ALGERIE • 1965 • DCS
ALGER • 1967 • DCS
MILITANT DES AURES, LE • 1967 • DCS
TERRE DE COURAGE • 1967 • DCS
ENFER A DIX ANS, L' • HELL AT THE AGE OF TEN • 1968
MER, LA • 1968 • SHT
ARCHIE SHEPP CHEZ LES TAUREGS • 1970 • DCS
RAYHA WINE • PECHEURS, LES ○ ECHEBKA • 1976

BENDEDDOUCHE JAMAL – ALG – 1942–
OISEAU BLANC, L' • 1970
A PRENDRE OU A LAISSER • 1971
BUREAUCRATIE, LE • 1972

BENDELL DON – USA
INSTRUCTOR, THE • 1983

BENDER ERICH F. – GRM
HELGA • VOM WERDEN DES MENSCHLICHEN LEBENS • 1967
HELGA UND MICHAEL • MICHAEL AND HELGA (USA) ○ HELGA AND MICHAEL • 1968

BENDER JACK – USA
IN LOVE WITH AN OLDER WOMAN • 1982 • TVM
TWO KINDS OF LOVE • 1983 • TVM
SHATTERED VOWS • 1984 • TVM
DEADLY MESSAGES • 1985 • TVM
LETTING GO • 1985 • TVM
MIDNIGHT HOUR, THE • IN THE MIDNIGHT HOUR • 1985 • TVM
JACK AND MIKE • 1986 • TVM
SIDE BY SIDE • 1988 • TVM
TRICKS OF THE TRADE • 1989

BENDER JOEL – USA
GAS PUMP GIRLS • 1979
RETURNING, THE • 1983
SPIRIT, THE • 1986
IMMORTALIZER, THE • 1989

BENDER LUDWIG – GRM
HOTEL ALLOTRIA • SAISON IN OBERBAYERN • 1956
ZWEI BAYERN IM URWALD • 1957

de BENDERN CAROLINE – FRN
A L'INTENTION DE MADEMOISELLE ISSOUFOU A BILMA • 1979

BENDICK ROBERT – Producer – USA – 1917–
CINERAMA HOLIDAY • 1955

BENDTSEN HENNING – DNM
LEGATO • 1950 • ANS

BENE CARMELO – ITL – 1935–
NOSTRA SIGNORA DEI TURCHI • OUR LADY OF THE TURKS • 1968
CAPRICCI • 1969
DON GIOVANNI • DON JUAN • 1970
VENTRILOQUO, IL • 1971
SALOME • 1972
AMLETO DI MENO, UN • ONE HAMLET LESS • 1973

BENEDEK LASLO – HNG – 1907–
BENEDEK LASZLO
KISSING BANDIT, THE • 1948
PORT OF NEW YORK • 1949
DEATH OF A SALESMAN • 1951
STORM OVER TIBET • MASK OF THE HIMALAYAS • 1952
WILD ONE, THE • HOT BLOOD • 1953
BENGAL BRIGADE • BENGAL RIFLES (UKN) • 1954
KINDER, MUTTER UND EIN GENERAL • CHILDREN, MOTHERS AND A GENERAL • 1955
AFFAIR IN HAVANA • 1957
MOMENT OF DANGER • MALAGA (USA) ○ TAKERS, THE • 1960
RECOURS EN GRACE • TRA DUE DONNE (ITL) • 1960
NAMU THE KILLER WHALE • 1966
DARING GAME • 1968
NIGHT VISITOR, THE • SALEM COMES TO SUPPER ○ LUNATIC ○ SALEM CAME TO SUPPER • 1970
ASSAULT ON AGATHON • 1975

BENEDEK LASZLO see **BENEDEK LASLO**

BENEDETTI A.
ZIO D'AMERICA, LO • UNCLE FROM AMERICA, THE (USA) • 1939

BENEDICT KINGSLEY – USA
MASTER SPY, THE • 1917 • SHT

BENEDICT RICHARD – Actor – USA – 1923–
WINTER A GO-GO • 1965
IMPASSE • 1969

BENEDICT TONY – USA
SANTA AND THE THREE BEARS • 1970 • ANM

BENEGAL SHYAM – IND
CHILD OF THE STREETS, A • 1967 • DCS
CLOSE TO NATURE • 1968 • DCS
INDIAN YOUTH -AN EXPLORATION • 1968 • DCS
POOVANAM • FLOWER PATH, THE • 1968 • DCS
SINHASTA OR THE PATH OF IMMORTALITY • 1968 • DCS
HOROSCOPE FOR A CHILD • 1970 • DCS
PULSATING GIANT • 1971 • DCS
RAGA AND THE EMOTIONS • 1971 • DCS
WHOLE NEW WAY OF LIFE, A • 1971 • DCS
FOUNDATIONS OF PROGRESS • 1972 • DCS
NOTES ON A GREEN REVOLUTION • 1972 • DCS
POWER TO THE PEOPLE • 1972 • DCS
RAAG YAMAN KALYAN, THE • 1972 • DCS
SHRUTI AND THE GRACES IN INDIAN MUSIC, THE • 1972 • DCS
TALA AND RHYTHM • 1972 • DCS
ANKUR • SEEDLING, THE (UKN) • 1974
CHARANDAS CHOR • CHARANDAS THE THIEF • 1975
LEARNING MODULES FOR RURAL CHILDREN • 1975 • DCS
NISHANT • NIGHT'S END ○ NIGHT • 1975
QUIET REVOLUTION, A • 1975 • DOC
BHUMIKA • ROLE, THE • 1976
EPILEPSY • 1976 • DCS
MANTHAN • CHURNING, THE • 1976
TOMORROW BEGINS TODAY: INDUSTRIAL RESEARCH • 1976 • DCS
KONDURA • SAGE FROM THE SEA, THE ○ ANUGHARAM ○ BOON, THE • 1977
NEW HORIZONS IN STEEL • 1977 • DOC
JUNOON • POSSESSED ○ OBSESSION • 1978
KALYUG • MACHINE AGE, THE • 1980
AROHAN • ASCENT, THE ○ ASCENDING SCALE • 1981
HARI HONDAL BARGADAR • SHARE CROPPER • 1981
JAWAHARLAL NEHRU • 1982 • DOC
SATYAJIT RAY -FILM MAKER • 1982 • DOC
MANDI • MARKETPLACE • 1983
SUSMAN • ESSENCE, THE • 1985
TRIKAL • 1985

BENEIX JEAN-JACQUES see **BEINEIX JEAN-JACQUES**

BENELLI GIOIA – ITL
FORTEZZE VUOTE • 1975

BENES LUBOMIR – CZC
RACTE PROMINOUT • PLEASE EXCUSE ME • 1975

BENGELL NORMA – BRZ
ETERNAMENTE PAGU • ETERNALLY PAGU • 1988

BENGOA MANUEL – SPN
GITANA E EL REY, LA • 1945
SANTO CONTRA LOS ASESINOS DE LA MAFIA • SANTO VS. THE MAFIA MURDERERS • 1969

BENHAMOU GERARD-MYRIAM –, FRN – 1947–
ADOM OU LE SANG D'ABEL • 1976

BENI ALPHONSE – FRN – 1946–
TRINGLEUSES, LES • MECS.., LES FLICS.., ET LES PUTAINS, LES • 1974
SOIXANTE-NEUF POSITIONS, LES • 1975
DANSE MON AMOUR • DANCE MY LOVE • 1978
ANNA MAKOSSA • 1979
SAINT VOYOU, PRIEZ POUR NOUS • 1979

BENIGNI ROBERTO – ITL – 1952–
TU MI TURBI • YOU WORRY ME • 1982
NON CI RESTA CHE PIANGERE • 1984
PICCOLO DIAVOLO, IL • LITTLE DEVIL, THE • 1988

BENITO CARLOS – SPN – 1948–
SOPLO DE ESPLENDOR • 1973
JOVENCITO DRACULA, EL • 1975
PROCEDIMIENTO, EL • 1977

BENITZ ALBERT – Dir. photo – GRM – 1904–
FRAULEIN UND DER VAGABUND, DAS • 1949

BENJAMIN MARY – USA
EIGHT MINUTES TO MIDNIGHT: A PORTRAIT OF DR. HELEN CALDICOTT • 1981 • DOC

BENJAMIN R. G. – USA
HOT CHANNELS • 1973

BENJAMIN RICHARD – Actor – USA – 1938–
MY FAVORITE YEAR • 1983
CITY HEAT • 1984
RACING WITH THE MOON • 1984
MONEY PIT, THE • 1986
LITTLE NIKITA • 1988
MY STEPMOTHER WAS AN ALIEN • 1988
DOWNTOWN • 1989
MERMAIDS • 1990

BENKTSSON BENKT-AKE – SWD – 1907–1957
SKANINGAR • 1944

BENMUSSA SIMONE – FRN
NATHALIE SARRAUTE • 1978

BENNANI HAMID see **BENANI HAMID**

BENNANI LARBI – MRC
QUAND MURISSENT LES DATTES? • WHEN DO THE DATES RIPEN? • 1968

BENNATI GIUSEPPE – ITL – 1921–
MICROFONO E VOSTRO, IL • 1952
MUSODURO • 1954
OPERAZIONE NOTTE • 1955
NON SCHERZARE CON LE DONNE • GALLI DEL MARE, I • 1957
MINA, LA • 1958
AMICO DEL GIAGUARO, L' • 1959
LABBRA ROSSE • FAUSSES INGENUES (FRN) ○ RED LIPS (USA) ○ YOUNG LIPS • 1960
CONGO VIVO • 1962
ASSASSINO HA RISERVATO 9 POLTRONE, L' • 1974

BENNER DICK see **BENNER RICHARD**

BENNER RICHARD – USA – 1946–
BENNER DICK
LONDON DRAG • 1970
OUTRAGEOUS! • 1977
HAPPY BIRTHDAY, GEMINI • 1980
PAYMENT OVERDUE • 1986 • MTV
SWAP, THE • 1986 • MTV
TOO OUTRAGEOUS! • 1988

BENNERT WALTER – ISR
YOUNG LOVE: LEMON POPSICLE 7 • 1987

BENNET SPENCER see **BENNET SPENCER GORDON**

BENNET SPENCER G. see **BENNET SPENCER GORDON**

BENNET SPENCER GORDON – USA – 1893–1987
BENNETT SPENCER GORDON • BENNET SPENCER • BENNET SPENCER G.
PHANTOM FOE • 1920 • SRL
BEHOLD THE MAN • 1921
PLUNDER • 1923 • SRL
GALLOPING HOOFS • 1924 • SRL
PLAY BALL • PLAYING THE GAME • 1925 • SRL
SUNKEN SILVER • 1925 • SRL
FIGHTING MARINE, THE • 1926
GREEN ARCHER, THE • 1926 • SRL
HOUSE WITHOUT A KEY • 1926 • SRL
SNOWED IN • 1926 • SRL
MELTING MILLIONS • 1927 • SRL
MAN WITHOUT A FACE, THE • 1928 • SRL
MARKED MONEY • 1928 • SRL
TERRIBLE PEOPLE, THE • 1928 • SRL
TIGER'S SHADOW, THE • 1928 • SRL
YELLOW CAMEO, THE • 1928 • SRL
BLACK BOOK, THE • 1929 • SRL
FIRE DETECTIVE, THE • 1929 • SRL
HAWK OF THE HILLS • 1929
QUEEN OF THE NORTHWOODS • 1929 • SRL
ROGUE OF THE RIO GRANDE • 1930
LAST FRONTIER, THE • BLACK GHOST • 1932 • SRL

JAWS OF JUSTICE • 1933
JUSTICE TAKES A HOLIDAY • 1933
MIDNIGHT WARNING, THE • 1933
BADGE OF HONOR • 1934
FEROCIOUS PAL, THE • HIS FEROCIOUS PAL (UKN) • 1934
FIGHTING ROOKIE, THE • DANGEROUS ENEMY (UKN) • 1934
NIGHT ALARM • 1934
OIL RAIDER, THE • 1934
YOUNG EAGLES • 1934 • SRL
CALLING ALL CARS • 1935
GET THAT MAN • 1935
HEIR TO TROUBLE • 1935
LAWLESS RIDERS • 1935
RESCUE SQUAD • 1935
WESTERN COURAGE • 1935
AVENGING WATERS • 1936
CATTLE THIEF, THE • 1936
FUGITIVE SHERIFF, THE • LAW AND ORDER (UKN) • 1936
HEROES OF THE RANGE • 1936
UNKNOWN RANGER, THE • 1936
LAW OF THE RANGER, THE • 1937
MYSTERIOUS PILOT, THE • 1937 • SRL
RANGER COURAGE • 1937
RANGERS STEP IN, THE • 1937
RECKLESS RANGER • 1937
RIO GRANDE RANGER • 1938
ACROSS THE PLAINS • 1939
OKALHOMA TERROR • 1939
RIDERS OF THE FRONTIER • 1939
COWBOY FROM SUNDOWN • 1940
WESTBOUND STAGE • 1940
ARIZONA BOUND • 1941
GUNMAN FROM BRODIE, THE • 1941
RIDIN' THE CHEROKEE TRAIL • 1941
SECRET CODE, THE • 1942 • SRL
THEY RAID BY NIGHT • 1942
VALLEY OF VANISHING MEN, THE • 1942 • SRL
BARON'S AFRICAN WAR, THE • 1943
CALLING WILD BILL ELLIOTT • 1943
CANYON CITY • 1943
MASKED MARVEL, THE • 1943 • SRL
SAKIMA AND THE MASKED MARVEL • 1943
SECRET SERVICE IN DARKEST AFRICA • MANHUNT IN THE AFRICAN JUNGLE • 1943 • SRL
BENEATH WESTERN SKIES • 1944
CALIFORNIA JOE • 1944
CODE OF THE PRAIRIE • 1944
HAUNTED HARBOR • 1944 • SRL
JUNGLE GOLD • PERILS OF THE DARKEST JUNGLE • 1944
MOJAVE FIREBRAND • 1944
TIGER WOMAN, THE • 1944 • SRL
TUCSON RAIDERS • 1944
ZORRO'S BLACK WHIP • 1944 • SRL
CAPTAIN MEPHISTO AND THE TRANSFORMATION MACHINE • 1945
D-DAY ON MARS • 1945
FBI 99 • 1945
FEDERAL OPERATOR 99 • 1945 • SRL
LONE TEXAS RANGER • 1945
MANHUNT OF MYSTERY ISLAND • 1945 • SRL
PURPLE MONSTER STRIKES, THE • PURPLE SHADOW STRIKES, THE • 1945 • SRL
DAUGHTER OF DON Q • 1946 • SRL
KING OF THE FOREST RANGERS • 1946 • SRL
PHANTOM RIDER, THE • 1946 • SRL
BLACK WIDOW, THE • 1947 • SRL
BRICK BRADFORD • 1947 • SRL
SOMBRA, THE SPIDER WOMAN • 1947
SON OF ZORRO • 1947 • SRL
CONGO BILL • 1948 • SRL
SUPERMAN • 1948 • SRL
ADVENTURES OF SIR GALAHAD • 1949 • SRL
BATMAN AND ROBIN • NEW ADVENTURES OF BATMAN AND ROBIN, THE ○ RETURN OF BATMAN, THE • 1949 • SRL
BRUCE GENTRY -DAREDEVIL OF THE SKIES • 1949 • SRL
ATOM MAN VS. SUPERMAN • 1950 • SRL
CODY OF THE PONY EXPRESS • 1950 • SRL
PIRATES OF THE HIGH SEAS • 1950
CAPTAIN VIDEO • 1951 • SRL
MYSTERIOUS ISLAND • 1951 • SRL
ROAR OF THE IRON HORSE • 1951 • SRL
BLACKHAWK • 1952 • SRL
BRAVE WARRIOR • 1952
KING OF THE KONGO • MIGHTY THUNDA, THE ○ KING OF THE CONGO • 1952 • SRL
SON OF GERONIMO • 1952 • SRL
VOODOO TIGER • 1952
KILLER APE • 1953
LOST PLANET, THE • PLANET MEN • 1953 • SRL
SAVAGE MUTINY • 1953
GUNFIGHTERS OF THE NORTHWEST • 1954 • SRL
RIDING WITH BUFFALO BILL • 1954 • SRL
ADVENTURES OF CAPTAIN AFRICA, THE • 1955 • SRL
DEVIL GODDESS • 1955
BLAZING THE OVERLAND TRAIL • 1956 • SRL
PERILS OF THE WILDERNESS • 1956 • SRL
ATOMIC SUBMARINE, THE • 1959
SUBMARINE SEAHAWK • 1959
BOUNTY KILLER, THE • BOUNTY KILLERS • 1965
REQUIEM FOR A GUNFIGHTER • 1965

BENNETT BILL – ASL
SHIPWRECKED • 1984 • DCS
STREET TO DIE, A • 1985
BACKLASH • 1986
DEAR CARDHOLDER • 1987
JILTED • 1987
COAST TO COAST • 1988
MALPRACTICE • 1988
SEBASTIAN AND THE SPARROW • 1988

BENNETT C. D. – USA
CONFLICTING CONSCIENCE, A • 1916 • SHT

BENNETT CATHY – CND
HOUSEWIFE, THE • MENAGERE, LA • 1974

BENNETT CHARLES – Screenwriter – UKN – 1899–
MADNESS OF THE HEART • 1949
CARDENAL, EL • PRINCIPE DE LA IGLESIA, UN • 1951
CITY ON A HUNT • NO ESCAPE • 1953

BENNETT CHESTER – USA
MASTER STROKE, A • 1920
PURPLE CIPHER, THE • 1920
ROMANCE PROMOTORS, THE • 1920
WHEN A MAN LOVES • HIS LADY (UKN) • 1920
DIAMONDS ADRIFT • 1921
SECRET OF THE HILLS, THE • 1921
THREE SEVENS • 1921
BELLE OF ALASKA • 1922
COLLEEN OF THE PINES • 1922
SNOWSHOE TRAIL, THE • 1922
THELMA • 1922
DIVORCE • 1923
LULLABY, THE • 1924
PAINTED LADY, THE • 1924
ANCIENT MARINER, THE • 1925
CHAMPION OF LOST CAUSES • 1925
HONESTY -THE BEST POLICY • 1926

BENNETT COMPTON – UKN – 1900–1974
FREEDOM MUST HAVE WINGS • 1941 • DCS
FIND, FIX AND STRIKE • 1942 • DOC
MEN OF ROCHDALE • 1944 • DOC
JULIUS CAESAR • 1945 • SHT
SEVENTH VEIL, THE • 1945
DAYBREAK • 1946
YEARS BETWEEN, THE • 1946
MY OWN TRUE LOVE • 1948
THAT FORTSYTE WOMAN • FORTSYTE SAGA, THE (UKN) • 1949
KING SOLOMON'S MINES • 1950
IT STARTED IN PARADISE • FANFARE FOR FIGLEAVES • 1952
SO LITTLE TIME • 1952
DESPERATE MOMENT • 1953
AFTER THE BALL • 1957
FLYING SCOT, THE • MAIL BAG ROBBERY (USA) • 1957
THAT WOMAN OPPOSITE • CITY AFTER MIDNIGHT (USA) ○ WOMAN OPPOSITE • 1957
BEYOND THE CURTAIN • 1960
FIRST LEFT PAST ADEN • 1961 • SHT
HOW TO UNDRESS IN PUBLIC WITHOUT UNDUE EMBARRASSMENT • 1965

BENNETT DAVID – USA
PEANUT FUNERAL • SHT

BENNETT EDWARD – UKN
HOGARTH • 1976
LIFE STORY OF BAAL ,THE • 1978
ASCENDANCY • 1983

BENNETT GEOFFREY – ASL
BOYS IN THE ISLAND • 1988

BENNETT HUGH – USA
HENRY ALDRICH FOR PRESIDENT • 1941
HENRY ALDRICH, EDITOR • 1942
HENRY AND DIZZY • MR. ALDRICH'S BOY • 1942
HENRY ALDRICH GETS GLAMOR • HENRY GETS GLAMOUR (UKN) • 1943
HENRY ALDRICH HAUNTS A HOUSE • HENRY HAUNTS A HOUSE (UKN) • 1943
HENRY ALDRICH SWINGS IT • HENRY SWINGS IT (UKN) • 1943
HENRY ALDRICH, BOY SCOUT • HENRY -BOY SCOUT (UKN) • 1944
HENRY ALDRICH PLAYS CUPID • HENRY PLAYS CUPID (UKN) • 1944
HENRY ALDRICH'S LITTLE SECRET • HENRY'S LITTLE SECRET (UKN) • 1944
NATIONAL BARN DANCE, THE • 1944

BENNETT JOHN – UKN
PAPERCITY • 1969

BENNETT LAURIE – UKN
PORN-BROKERS, THE • 1973

BENNETT MERILEE – ASL
SONG OF AIR, A • 1988

BENNETT MIKE – USA
SIX WOMEN • 1974

BENNETT RICHARD – USA
HARPER VALLEY P.T.A. • 1978
STATE OF EMERGENCY, A • CHAIN REACTION • 1986

BENNETT RODNEY – UKN
SENSE AND SENSIBILITY • 1980 • MTV
LEGEND OF KING ARTHUR, THE • 1985 • MTV

BENNETT SPENCER GORDON see **BENNET SPENCER GORDON**

BENNETT WALLACE C. – USA
GEORGE! • 1970

BENNETT WHITMAN – USA – –1968
WIFE AGAINST WIFE • 1921
LOVE OF WOMEN, THE • 1924
TWO SHALL BE BORN • 1924
VIRTUOUS LIARS • 1924
BACK TO LIFE • 1925
CHILDREN OF THE WHIRLWIND • 1925
IRON MAN, THE • 1925
LENA RIVERS • 1925
MAN OF IRON, A • 1925
SCANDAL STREET • 1925
SHARE AND SHARE ALIKE • 1925

BENNI STEFANO – ITL
MUSICA PER ANIMALI • MUSIC FOR OLD ANIMALS • 1990

BENNING JAMES – USA
11 X 14 • 1977

BENNISON ANDREW W. – USA
THIS SPORTING AGE • 1932

BENNO ALEX – NTH
ORANJE HEIN • ORANGE HEIN • 1925
BLEEKE BET • PALE BETTY • 1934
AMSTERDAM BIJ NACHT • AMSTERDAM BY NIGHT • 1937

BENNY TROY see **TOBALINA CARLOS**

BENOIT BEN – USA
IS YOUR TRIP REALLY NECESSARY? • IS THIS TRIP REALLY NECESSARY? ○ BLOOD OF THE IRON MAIDEN ○ TRIP TO TERROR • 1969

BENOIT DENYSE – CND – 1949–
COUP D'OEIL BLANC • 1973
INSTANT PRES D'ELLE, UN • 1974
CRUE, LA • 1976
BELLE APPARENCE, LA • 1979
DERNIER HAVRE, LE • 1987

BENOIT GEORGES – FRN – 1885–1975
FUMEES • 1930

BENOIT JACQUES W. – CND
AURORE BOREALE, UNE • 1981
COMMENT FAIRE L'AMOUR AVEC UN NEGRE SANS SE FATIGUER • HOW TO MAKE LOVE TO A NEGRO WITHOUT GETTING TIRED • 1988

BENOIT JEAN-LOUIS – FRN – 1947–
DEDE • 1990

BENOIT-LEVY JEAN – FRN – 1888–1959
PASTEUR • 1922
NID, LE • NEST, THE • 1926
PEAU DE PECHE • PEAU-DE-PECHE • 1926
AMES D'ENFANTS • SOULS OF CHILDREN, THE • 1928
MATERNITE • MATERNITY • 1929
PETIT JIMMY, LE • JIMMY BRUITEUR ○ JIMMY • 1930
CHANT DE LA MINE ET DU FEU, LE • 1931
COEUR DE PARIS • 1931
MATERNELLE, LA • NURSERY SCHOOL • 1933
ITTO • 1934
FLEURS DE VIGNE • 1935
HELENE • 1936
MORT DU CYNGE, LA • BALLERINA (USA) ○ DEATH OF A SWAN, THE • 1937
ALTITUDE 3200 • YOUTH IN REVOLT (USA) ○ GRAND REVE, LE ○ NOUS LES JEUNES • 1938
FEU DE PAILLE, LE • FIRE IN THE STRAW (USA) ○ ENFANT PRODIGE, L' • 1939

BENOIT REAL – Producer – CND – 1916–1972
ARTISTES PRIMITIFS D'HAITI • 1949 • DOC
MARIUS BARBEAU ET L'ART TOTEMIQUE • 1959 • DOC
MARIUS BARBEAU ET LE FOLKLORE CANADIEN-FRANCAIS • 1959 • DOC
CYRIAS OUELLET • 1960 • DOC
LOUIS CYR, HOMME FORT CANADIEN • 1960 • DOC
VOL A VOILE • 1960 • DOC

BENSIMON JACQUES – CND
ROCK-A-BYE • 1974 • DOC

BENSON ALAN – UKN
STAN KENTON AND HIS ORCHESTRA • 1976

BENSON F. R. – UKN
RICHARD III • 1911

BENSON LEON – Producer – USA
UNDERSEA ADVENTURE • 1958
FLIPPER'S NEW ADVENTURE • FLIPPER AND THE PIRATES • 1964
MY SWEET LADY • 1975

BENSON RICHARD see **HEUSCH PAOLO**

BENSON ROBBY – Actor – USA – 1957–
CRACK IN THE MIRROR • WHITE HOT ○ DO IT UP • 1988
MODERN MAN • 1990

BENSON ROY – UKN
JOEY AND SAM • 1965

BENSON SHAN – ASL
FARMING FOR THE FUTURE • LOOK TO THE LAND • 1949 • DOC

BENSON STEVEN – USA
ENDGAME • ENDGAMES • 1985

BENSOUSSAN PHILIPPE – FRN
BLUFF • MEME LES MOULES ONT DU VAGUE A L'AME • 1982 • SHT

BENSTEAD GEOFFREY – UKN
HINTS ON HORSEMANSHIP • 1924 • SER
NAUGHTY HUSBANDS • 1930
STEPPING STONES • 1931
TELEVISION FOLLIES, THE • 1933
CAVALCADE OF THE STARS • 1938
IT HAPPENED IN LEICESTER SQUARE • 1949

BENTLEY CHRISTOPHER see **AMAR DENIS**

BENTLEY ROBERT – UKN
HAVING A LOVELY TIME • 1970

BENTLEY THOMAS – UKN – 1880–1953
LEAVES FROM THE BOOKS OF CHARLES DICKENS • 1912
OLIVER TWIST • 1912
DAVID COPPERFIELD • 1913
MIRACLE, THE • 1913
OLD CURIOSITY SHOP, THE • 1913
CHIMES, THE • 1914
BARNABY RUDGE • 1915
HARD TIMES • 1915
WOMAN WHO DARED, THE • SOUL FOR SALE, A (USA) • 1915
BEAU BROCADE • 1916
MILESTONES • 1916
CLOCHES DE CORNEVILLE, LES • 1917
DADDY • 1917
LABOUR LEADER, THE • 1917
DIVINE GIFT, THE • 1918
ONCE UPON A TIME • 1918
LACKEY AND THE LADY, THE • 1919
BEYOND THE DREAMS OF AVARICE • 1920
GENERAL POST • 1920
ADVENTURES OF MR. PICKWICK, THE • 1921
OLD CURIOSITY SHOP, THE • 1921
MASTER OF CRAFT, A • 1922
BATTLE OF LOVE, THE • 1923
COURAGE OF DESPAIR, THE • 1923
JOSE COLLINS DRAMAS, THE • 1923 • SER

LAST STAKE, THE • 1923
SECRET MISSION • 1923
SHADOW OF DEATH • 1923
THROUGH FIRE AND WATER • 1923
VELVET WOMAN, THE • 1923
AFTER DARK • 1924
CAVERN SPIDER, THE • 1924
CHAPPY -THAT'S ALL • 1924
LOVE AND HATE • 1924
OLD BILL THROUGH THE AGES • OLD BILL • 1924
WANTED, A BOY • 1924
MONEY ISN'T EVERYTHING • 1925
ROMANCE OF MAYFAIR, A • 1925
MAN IN THE STREET, THE • MAN OF MYSTERY • 1926
WHITE HEAT • 1926
ANTIDOTE, THE • 1927
SILVER LINING, THE • 1927
NOT QUITE A LADY • 1928
ACCI-DENTAL TREATMENT • 1929
AMERICAN PRISONER, THE • 1929
HARMONY HEAVEN • 1929
YOUNG WOODLEY • 1929 • SIL
COMPROMISING DAPHNE • COMPROMISED! (USA) • 1930
YOUNG WOODLEY • 1930 • SND
HOBSON'S CHOICE • 1931
KEEPERS OF YOUTH • 1931
AFTER OFFICE HOURS • 1932
LAST COUPON, THE • 1932
SLEEPLESS NIGHTS • GOOD NIGHT, DARLING • 1932
HAWLEYS OF HIGH STREET • 1933
LOVE NEST, THE • 1933
GREAT DEFENDER, THE • 1934
OLD CURIOSITY SHOP, THE • 1934
SCOTLAND YARD MYSTERY, THE • LIVING DEAD, THE (USA) • 1934
THOSE WERE THE DAYS • MAGISTRATE, THE • 1934
MUSIC HATH CHARMS • 1935
ROYAL CAVALCADE • REGAL CAVALCADE (USA) • 1935
SHE KNEW WHAT SHE WANTED • 1936
ANGELUS, THE • WHO KILLED FEN MARKHAM? • 1937
LAST CHANCE, THE • 1937
SILVER BLAZE • MURDER AT THE BASKERVILLES (USA) • 1937
MARIGOLD • 1938
NIGHT ALONE • 1938
DEAD MAN'S SHOES • 1939
LUCKY TO ME • 1939
ME AND MY PAL • 1939
MIDDLE WATCH, THE • 1939
CAVALCADE OF VARIETY • 1940
THREE SILENT MEN • 1940
OLD MOTHER RILEY'S CIRCUS • 1941

BENTON CURTIS - USA
SHOULD WE EAT PIE? • 1915

BENTON DOUGLAS - USA
HEC RAMSEY: THE MYSTERY OF THE YELLOW ROSE • 1973 • TVM

BENTON ROBERT - Screenwriter - USA - 1932-
TEXAS ROMANCE -1909, A • 1964 • SHT
BAD COMPANY • 1972
LATE SHOW, THE • 1977
KRAMER VS. KRAMER • 1979
STAB • STILL OF THE NIGHT (UKN) • 1981
PLACES IN THE HEART • TEXAS PROJECT, THE ○ WAITING FOR MORNING • 1984
NADINE • 1987

BENTZON NIELS VIGGO - DNM
CORNY • 1967

BENVENISTE MICHAEL - USA
FLESH GORDON • 1974

BENVENUTI LAMBERTO - ITL
SPIA CHE VIENE DAL MARE, LA • SPY WHO CAME FROM THE SEA, THE • 1966
TEMPTATION • 1968
DAMNATION • 1970

BENVENUTI LEO - ITL - 1923-
CALYPSO • CALYPSOS • 1959 • DOC

BER RYSZARD - PLN
GDZIE JEST TRZECI KROL? • WHERE IS THE THIRD KING? • 1967
KASZEBE • 1970

BERANGER - FRN
SON ET LUMIERE • 1961 • SHT

BERANGER ANDRE see **BERANGER GEORGE A.**

BERANGER GEORGE see **BERANGER GEORGE A.**

BERANGER GEORGE A. - Actor - ASL - 1895-1973
BERANGER GEORGE ANDRE • BERANGER ANDRE • BERANGER GEORGE
BABY'S RIDE, THE • 1915
BRANCH NUMBER 37 • 1915
DOUBLE CROSSING OF SLIM, THE • 1915
FIND THE WOMAN • 1918
MANHATTAN KNIGHT, A • 1920
NUMBER 17 • 1920
UNCLE SAM OF THE FREEDOM RIDGE • UNCLE SAM OF FREEDOM RIDGE • 1920 • SHT
BURN 'EM UP BARNES • 1921
SINISTER STREET • 1922
WAS SHE GUILTY? • 1922
WESTERN LUCK • 1924

BERANGER GEORGE ANDRE see **BERANGER GEORGE A.**

BERARD HERVE - FRN - 1958-
TRES INSUFFISANT • 1979
FAIT DIVERS D'UNE ADOLESCENTE • 1980

BERAUD LUC - FRN - 1945-
CE QUE SAVAIT MORGAN • 1974
TORTUE SUR LE DOS, LA • LIKE A TURTLE ON ITS BACK ○ TURTLE ON ITS BACK • 1977
PLEIN SUD • HEAT OF DESIRE (USA) • 1981

BERBER YVONNE - FRN
VICTOR HUGO • PERE HUGO, LE • 1951 • DCS

BERCIC VOJDRAG - YGS
PRVI SPLITSKI ODRED • FIRST SPLIT DETACHMENT, THE • 1973

BERCKMANS J. P. see **BERCKMANS JEAN-PIERRE**

BERCKMANS JEAN-PIERRE - BLG
BERCKMANS J. P.
CHAMBRE ROUGE, LA • 1973
INTRUS, L' • 1973
ISABELLE DEVANT LE DESIR • ISABELLE AND LUST • 1974

BERCOVICI LEONARDO - ITL
TORMENTO D'AMORE • 1957
NASILJE NA TRGU • SQUARE OF VIOLENCE (USA) • 1961
STORY OF A WOMAN • STORIA DI UNA DONNA (ITL) • 1970

BERCOVICI LUCA - USA
GHOULIES • 1985
ROCKULA • 1989

BERCOVICI LUDOVICO - ITL
CARTA A SARA • 1956

BERDICEVSKI M. see **BERDICEVSKI MIKHAIL**

BERDICEVSKI MIKHAIL - USS
BERDICEVSKI M.
GIPERBOLOID INGENERA GARINA • HYPERBOLOID OF ENGINEER GARIN, THE ○ ENGINEER GARIN'S DEATH RAY • 1965

BERDYCH VACLAV - CZC
BYLO TO V MAJI • MAY EVENTS • 1951

BEREMENYI GEZA - Screenwriter - HNG - 1946-
TANITVANYOK, A • DISCIPLES, THE • 1985
ELDORADO • MIDAS TOUCH, THE • 1988

BERENDT J. E. - GRM
NOON IN TUNISIA • 1970 • DOC

BERENSHTEIN V. - USS
BELIEVE IN ME, PEOPLE • 1965
NEUTRAL WATERS • 1969

BERESFORD AL - UKN
SCREAMTIME • SCREAM TIME • 1983

BERESFORD BRUCE - ASL - 1940-
REBESDORF B. D.
REVENGE OF THE EARWIG • 1958
HUNTER, THE • 1959 • SHT
DEVIL TO PAY, THE • 1962 • SHT
CLEMENT MEADMORE • 1963 • DCS
IT DROPPETH AS THE GENTLE RAIN • 1963 • SHT
EASTERN NIGERIAN NEWSREEL NO.30 • 1965 • SHT
FILM FOR GUITAR • 1965 • SHT
TRADITIONAL DANCE • 1965 • SHT
KING SIZE WOMAN • 1966 • DCS
PICASSO'S SCULPTURE • 1967 • DCS
BARBARA HEPWORTH AT THE TATE • 1968 • DCS
END, THE • 1968 • SHT
EXTRAVAGANZA • 1968 • SHT
LICHTENSTEIN IN LONDON • 1968 • DCS
RENE MAGRITTE • 1968 • SHT
MARTIN AGRIPPA • 1969 • DCS
ARTS OF VILLAGE INDIA • 1970 • DCS
CINEMA OF RAYMOND FARK, THE • 1970 • SHT
VIEW FROM THE SATELLITE • 1971 • DCS
ADVENTURES OF BARRY MCKENZIE, THE • 1972
POOR FELLA ME • 1973 • MTV
BARRY MCKENZIE HOLDS HIS OWN • 1974
BARRY MCKENZIE HOLDS HIS OWN PROMOTIONAL FILM • 1974 • SHT
MILLION DOLLAR BABY • 1974 • MTV
WRECK OF THE BATAVIA, THE • 1974 • TVM
BARRY HUMPHRIES STAGE SHOW FILM • 1975 • DOC
SIDE BY SIDE • 1975
DON'S PARTY • 1976
GETTING OF WISDOM, THE • 1977
BREAKER MORANT • BREAKER, THE • 1979
MONEY MOVERS, THE • 1979
CLUB, THE • PLAYERS • 1980
PUBERTY BLUES • 1982
TENDER MERCIES • 1982
KING DAVID • STORY OF DAVID, THE • 1985
CRIMES OF THE HEART • 1986
FRINGE DWELLERS, THE • 1986
ARIA • 1987
DRIVING MISS DAISY • 1989
HER ALIBI • 1989
MISTER JOHNSON • 1990

BERESFORD FRANK S. - USA
SNOW GIRL, THE • 1915

BERESNYEF NIKOLAI
ENEMIES OF PROGRESS • 1934

BERESTOWSKI - PLN
SECRET OF THE OLD PIT, THE • 1956

BEREZANTSEVA T. see **BEREZANTSEVA TATYANA**

BEREZANTSEVA TATYANA - USS
BEREZANTSEVA T.
HOW HE LIED TO HER HUSBAND • 1957
LEILI I MEDJNUN • 1959
DUEL • 1961

BEREZKO G.
IF WAR COMES TOMORROW • 1938

BERG - GRM
SCHWARZE MORITZ, DER • 1916

BERG ARNLJOT - NRW
HENNES MERGET KONGELIGE HOYHET • HENNES MYCKET KUNGLIGA HOGHET ○ HER VERY ROYAL HIGHNESS • 1968
DODEN IGATERNE • DEATH IN THE STREETS • 1970
LUKKET AVDELING • CLOSED WARD • 1972
BOBBYS KRIG • BOBBY'S WAR • 1973

van den BERG RUDOLF - NTH
ALIEN, THE • 1980
SAL SANTEN, REBEL • 1982 • DOC
BASTILLE • 1984
ZOEKEN NAAR EILEEN • SEARCHING FOR EILEEN • 1987
AVONDEN, DE • EVENINGS • 1989

BERGALA ALAIN - FRN - 1943-
FAUX-FUYANTS • FAUX FUYANTS • 1982

BERGEN ARTHUR - GRM
ASSMANNS, DIE • 1925
DIE VOM ANDEREN UFER • 1926
ICH HAB MEIN HERZ IN HEIDELBERG VERLOREN • 1926
LEBENSLIED, DAS • 1926
WISKOTTENS, DIE • 1926
ARME KLEINE SIF • SIF, DAS WEIB, DAS DEN MORD BEGING • 1927
AUSGESTOSSENEN, DIE • 1927
ERINNERUNGEN EINER NONNE • 1927
FRUHERE VERHALTNISSE • 1927
SO KUSST NUR EINE WIENERIN • 1927
ANASTASIA, DIE FALSCHE ZARENTOCHTER • 1928

BERGENSTRAHLE JOHAN - SWD
MADE IN SWEDEN • 1969
BALTUTLAMNINGEN • BALTIC TRAGEDY, A • 1970
KOCKSGATAN 48 • FOREIGNERS ○ JAG HETER STELIOS • 1972
HELLO BABY! • HALLO BABY • 1975
SLUMRANDE TONER • FOR YOUR PLEASURE • 1978

BERGENSTRAHLE MARIE-LOUISE DE GEER - SWD
BARNFORBJUDET • ELEPHANT WALK ○ FOR ADULTS ONLY • 1979
STOCKHOLM AT NIGHT • 1989

BERGER - SPN
FLICKERING LIGHT, THE • 1916 • SHT
MAMA • 1988 • SHT

BERGER A. - GRM
ARME EVA • FRAUMONT JNR., REISLER SEN. ○ FRAU EVA ○ DEAR EVA • 1914

BERGER CHRISTIAN - AUS
HANNA MONSTER, LIEBLING • HANNA MONSTER, DARLING • 1988

BERGER FRIEDRICH - GRM
ABGRUNDE DER LIEBE • 1922
ROTE MARIANNE, DIE • 1922
LEBENSSTURME • 1923

BERGER HELMUT - Actor - AUS - 1944-
DU MICH AUCH • 1986
WIENER BLUT • VIENNESE BLOOD • 1990

BERGER JACOB - SWT
ANGES, LES • ANGELS • 1989

BERGER JEROME DIAMANT see **DIAMANT-BERGER JEROME**

BERGER JOSEF - GRM
BAGNOSTRAFLING, DER • 1921
RATTENMUHLE, DIE • 1921
DES NACHSTEN WEIB • 1922
GOTZENDAMMERUNG • 1922
IM RAUSCHE DER MILLIARDEN • 1922
LIEBE DER ASRA, DIE • 1922
RACHE DES MARQUIS DOKAMA, DIE • 1922
STRICK DES HENKERS, DER • 1923
TOCHTER DES MARQUIS VON CHESTER, DIE • 1923
UM RECHT UND LIEBE • 1923
"1812" (GRAFIN VANDIERES) • 1923
DIETER, DER MENSCH UNTER STEINEN • WEIB IN NOT • 1924
GALGENBRAUT, DIE • AUS DEUTSCHLANDS SCHWEREN TAGEN • 1924
SCHULD, DIE • 1924
TRAGODIE DER ENTEHRTEN, DIE • FRAUEN DER NACHT • 1924
TRAGODIE EINES STAATSANWALTES, DIE • 1924
VERTAGTE HOCHZEITSNACHT, DIE • 1924
SINTFLUT • 1927
MUHLE IM SCHWARZWALD, DIE • IN EINEM KUHLEN GRUNDE • 1934

BERGER KARIN - AUS
KUCHENGESPRACHE MIT REBELLINEN • KITCHEN DISCOURSES WITH REBEL WOMEN • 1985

BERGER LUDWIG - GRM - 1892-1969
RICHTER VON ZALAMEA, DER • 1920
ROMAN DER CHRISTINE VON HERRE, DER • 1921
GLAS WASSER, EIN • SPIEL DER KONIGIN, DAS • 1923
VERLORENE SCHUH, DER • CINDERELLA (USA) ○ LOST SHOE, THE • 1923
WALZERTRAUM, EIN • WALTZ DREAM • 1925
MEISTER VON NURNBERG, DER • MASTER OF NUREMBURG, THE • 1926
LIEBE, LIEBE • 1928
SINS OF THE FATHERS • SINS OF THE FATHER • 1928
STREET OF SIN, THE • KING OF SOHO • 1928
WOMAN FROM MOSCOW, THE • 1928
BRENNENDE HERZ, DAS • BURNING HEART, THE (USA) • 1929
MEISTERSINGER, DER • 1929
PETIT CAFE, LE • 1930
PLAYBOY OF PARIS • 1930
VAGABOND KING, THE • 1930
A MOI LE JOUR, A TOI LA NUIT • LIT DE MME LEDOUX, LE • 1932
EARLY TO BED • 1932
ICH BEI TAG UND DU BEI NACHT • 1932

GUERRE DES VALSES, LA • 1933
WALTZ TIME IN VIENNA • 1933
WALZERKRIEG • WAR OF THE WALTZES ○ COURT WALTZES.., THE • 1933
PYGMALION • 1937
TROIS VALSES • THREE WALTZES • 1938
ERGENS IN NEDERLAND • SOMEWHERE IN HOLLAND • 1940
THIEF OF BAGDAD, THE • 1940
BALLERINA • DREAM BALLERINA (USA) • 1949

BERGER MARK – USA

CURSE OF FRED ASTAIRE, THE • 1982

BERGER MARTIN – GRM

KISMET • 1916
MAZEPPA • 1919
MENSCHEN • 1919
NACKTEN, DIE • 1919
TODESURTEIL • 1919
DIEB UND WEIB • 1920
MYSTERIUM • 1921
TON SORT • 1921
FREIES VOLK • 1925
KREUZZUG DES WEIBES • UNWELCOME CHILDREN • 1926
AUSGESTOSSENEN, DIE • 1927
HOCHSTAPLERIN, DIE • 1927
RASPUTINS LIEBESABENTEUER • RASPUTIN: THE HOLY DEVIL (USA) ○ RASPUTIN'S LOVE ADVENTURE • 1928
HEILIGE ODER DIRNE • NEBENBUHLERIN • 1929
STURMFLUT DER LIEBE • 1929
VERKLUNGENE TRAUME • CIULEANDRA (RMN) • 1930

BERGER PAMELA – USA

IMPORTED BRIDEGROOM, THE • 1989

BERGER REA – USA

MILLION FOR MARY, A • 1916
OVERCOAT, THE • 1916
PURITY • 1916
THREE PALS • 1916
VALLEY OF DECISION, THE • 1916
VOICE OF LOVE, THE • 1916
DANGER WITHIN • 1918
MAGIC EYE, THE • 1918

BERGERAT THEO – FRN – 1879–1934

HUIT MILLIONS DE DOT • 1918
JUGE, LE • 1919
REMPART DU BRABANT • 1919
DEUX BAISERS, LES • 1920
TERRE COMMANDE, LA • 1920
FLEUR DES INDES, LA • 1921
DOULOUREUSE COMEDIE, LA • 1922
DANS LES TENEBRES • 1923
MIMI PINSON • 1923

BERGERET JOHN – BLG

F

BERGERON PHILIP – Animator – CND

VOL DE REVE • 1983 • ANS

BERGGREEN OLE – DNM

OP MED HUMORET • UP WITH HUMOUR • 1943

BERGHOLM EIJA-ELINA – FNL – 1943–

MARJA PIENI! • MAARETA MARUNA ○ POOR MARIA ○ POOR MARJA! ○ LITTLE MARJA! • 1972
KAIPAUS • LONGING • 1974
MEDUSAN PAA • HEAD OF MEDUSA, THE • 1974
ANGELAN SOTA • ANGELA'S WAR • 1983

BERGHOLM TIMO see **BERGLUND TIMO**

BERGLUND ERIK – SWD – 1887–1963

JAG GIFTA MIG –ALDRIG • 1932

BERGLUND PELLE – SWD

CODENAME: COQ ROUGE • 1989

BERGLUND PER – SWD

DOKTOR MURKES SAMLADE TYSTNAD • 1968
MAGISKA CIRKELN, DEN • BEYOND THE LINE OF DUTY • 1971
T. SVENTON, PRAKTISERANDE PRIVATDETEKTIV • TURE SVENTON, PRIVATE DETECTIVE ○ TURE SVENTON –PRIVATDETEKTIV • 1972
TURE SVENTON –PRIVATDETEKTIV • TURE SVENTON –PRIVATE DETECTIVE • 1973

BERGLUND TIMO – FNL

BERGHOLM TIMO

PUNAHILKKA • LITTLE RED RIDING HOOD • 1968

BERGMAN ANDREW – USA – 1945–

SO FINE • 1981
FRESHMAN, THE • 1990

BERGMAN BARBL – GRM

ACHATMURMEL, DIE • 1960

BERGMAN DANIEL – SWD

EGG, THE • 1989 • SHT

BERGMAN DAVID – ISR

81ST BLOW, THE • 1975 • DOC

BERGMAN EDWARD – USA

CONFESSOR • 1973

BERGMAN GUSTAF – SWD – 1880–1952

FARLIGA LEKEN, DEN • DANGEROUS GAME • 1930
GENERALEN • GENERAL • 1930
KARLEK MASTE VI HA • WE MUST HAVE LOVE • 1930
KVINNAS MORGONDAG, EN • TOMORROW FOR A WOMAN • 1930
LIKA INFOR LAGEN • 1930

BERGMAN H. W. – USA

FUGITIVE'S LIFE, THE • 1919 • SHT

BERGMAN INGMAR – SWD – 1918–

DET REGNAR PA VAR KARLEK • MAN WITH AN UMBRELLA (UKN) ○ IT RAINS ON OUR LOVE (USA) • 1946
KRIS • CRISIS • 1946
MUSIK I MORKER • NIGHT IS MY FUTURE ○ MUSIC IN DARKNESS ○ MUSIC IN THE DARK • 1947
SKEPP TILL INDIALAND • SHIP TO INDIA, A (UKN) ○ SHIP BOUND FOR INDIA, A ○ FRUSTRATION (USA) ○ LAND OF DESIRE, THE • 1947
HAMNSTAD • PORT OF CALL • 1948
FANGELSE • DEVIL'S WANTON, THE ○ PRISON • 1949
TORST • THREE STRANGE LOVES (USA) ○ THIRST (UKN) • 1949
SANT HANDER INTE HAR • THIS CAN'T HAPPEN HERE (UKN) ○ HIGH TENSION (USA) ○ THIS DOESN'T HAPPEN HERE • 1950
TILL GLADJE • TO JOY • 1950
SOMMARLEK • ILLICIT INTERLUDE (USA) ○ SUMMER INTERLUDE (UKN) • 1951
KVINNORS VANTAN • SECRETS OF WOMEN (USA) ○ WAITING WOMEN (UKN) • 1952
GYCKLARNAS AFTON • SAWDUST AND TINSEL (UKN) ○ NAKED NIGHT, THE (USA) • 1953
SOMMAREN MED MONIKA • SUMMER WITH MONIKA (UKN) ○ MONIKA (USA) • 1953
LEKTION I KARLEK, EN • LESSON IN LOVE, A • 1954
KVINNODROM • JOURNEY INTO AUTUMN (UKN) ○ DREAMS (USA) ○ WOMEN'S DREAMS • 1955
SOMMARNATTENS LEENDE • SMILES OF A SUMMER'S NIGHT (UKN) • 1955
SJUNDE INSEGLET, DET • SEVENTH SEAL, THE (UKN) • 1957
SMULTRONSTALLET • WILD STRAWBERRIES (UKN) • 1957
ANSIKTET • MAGICIAN, THE (USA) ○ FACE, THE (UKN) • 1958
NARA LIVET • SO CLOSE TO LIFE ○ BRINK OF LIFE (USA) • 1958
DJAVULENS OGA • DEVIL'S EYE, THE • 1960
JUNGFRUKALLAN • VIRGIN SPRING, THE (UKN) • 1960
SASOM I EN SPEGEL • THROUGH A GLASS DARKLY (UKN) • 1961
NATTVARDSGASTERNA • CUMMUNICANTS, THE (USA) ○ WINTER LIGHT (UKN) • 1963
TYSTNADEN • SILENCE, THE (UKN) • 1963
FOR ATT INTE TALA OM ALLA DESSA KVINNOR • NOW ABOUT THESE WOMEN (UKN) ○ ALL THESE WOMEN (USA) ○ AS FOR ALL THESE WOMEN • 1964
STIMULANTIA • 1965
PERSONA • MASKS • 1966
SKAMMEN • SHAME, THE • 1968
VARGTIMMEN • HOUR OF THE WOLF (UKN) • 1968
FARO-DOKUMENT • FARO DOCUMENT, THE • 1969 • MTV
PASSION, EN • PASSION OF ANNA, THE (USA) ○ PASSION, A • 1969
RITEN • RITE, THE (UKN) ○ RITUAL, THE • 1969
BERORINGEN • TOUCH, THE (USA) • 1970
VISKINGAR OCH ROP • CRIES AND WHISPERS (UKN) ○ WHISPERS AND CRIES (USA) • 1972
SCENER UR ETT AKTENSKAP • SCENES FROM A MARRIAGE (USA) • 1973 • MTV
TROLLFLOJTEN • MAGIC FLUTE, THE (USA) • 1975 • MTV
ANSIKTE MOT ANSIKTE • FACE TO FACE (USA) • 1976 • MTV
SCHLANGENEI, DAS • SERPENT'S EGG, THE (USA) ○ ORMENS AGG • 1977
HERBSTSONATE • HOSTSONATEN (SWD) ○ AUTUMN SONATA (USA) • 1978
FARO-DOKUMENT 1979 • FARO 1979 • 1979
AUS DEM LEBEN DER MARIONETTEN • FROM THE LIFE OF THE MARIONETTES (USA) ○ LIVES OF THE PUPPETS, THE • 1980
FANNY OCH ALEXANDER • FANNY AND ALEXANDER • 1983
AFTER THE REHEARSAL • 1984 • MTV

BERGMAN ROBERT – USA

NIGHT OF RETRIBUTION • SKULL: A NIGHT OF TERROR • 1987
SCREAM TO A WHISPER, A • 1988
LOVE YOU TO DEATH • 1989
WHISPER TO A SCREAM • 1990

BERGMANN WERNER – Dir. photo – GRM – 1921–

AUS UNSEREN TAGEN • 1950
DEFA 70 • 1967

BERGON SERGE see **BERGONZELLI SERGIO**

BERGON SERGE – FRN – 1945–

JOY • 1983

BERGONZELLI SERGIO – ITL – 1924–

BERGON SERGE

AVVENTURIERI DEI TROPICI, GLI • SEVEN IN THE SUN (USA) • 1960
JIM IL PRIMO • KILLER'S CANYON (UKN) ○ LAST GUN, THE • 1964
STRANIERO A SACRAMENTO, UNO • STRANGER IN SACRAMENTO, A • 1965
EL CISCO • 1966
M.M.M.83 –MISSIONE MORTALE MOLO 83 • OBJECTIF HAMBOURG MISSION 083 (FRN) ○ M.M.M.83 (USA) ○ M.M.M.83 –OPERATION, DEATH ON WHARF 83 • 1966
SURCOUF, L'EROE DEI SETTE MARI • SURCOUF, LE TIGRE DES SEPT MERS (FRN) ○ SEA PIRATE, THE (USA) ○ TIGRE DE LOS SIETE MARES, EL (SPN) ○ TORMENTA SOBRE EL PACIFICO ○ FIGHTING CORSAIR, THE • 1966
COLT IN PUGNA AL DIAVOLO, UNA • COLT IN A DEVIL'S FIST, A ○ DEVIL WAS AN ANGEL, THE • 1967
GRANDE COLPO DI SURCOUF, IL • TONNERRE SUR L'OCEAN INDIEN (FRN) ○ VENGEANCE DU SURCOUF, LA • 1967
SILVIA E L'AMORE • SILVIA AND LOVE • 1968
DIECI MERAVIGLIE DELL'AMORE, LE • 1969
NELLE PIEGHE DELLA CARNE • 1970
IO CRISTINA STUDENTESSA DEGLI SCANDALI • 1971
LIBIDO • 1971
CRISTIANA MOACA INDEMONIATA • VOCAZIONE, LA • 1972
COGNATINA, LA • 1975
SPOSINA, LA • YOUNG BRIDE, THE ○ UP AND COMING ○ BRIDE, THE • 1976
COMPROMESSO EROTICO, IL • MENAGE A QUATTRO • 1977
TAXI LOVE SERVIZIO PER SIGNORA • 1977
PORCO MONDO • 1978
INTRIGO A DELFI • 1979

BERGSON A. – GRM

GEHEIMNIS DES RENNGRAFEN, DAS • 1923

BERGSTRAND ERIK – SWD – 1906–

PETTERSSON & BENDELS NYA AFFARER • NEW AFFAIRS OF PETTERSSON AND BENDELS • 1945

BERGSTROM HAKAN – SWD – 1923–

FARLIGT LOFTE • DANGEROUS PROMISE • 1955
KULLA-GULLA • 1956
SJU VACKRA FLICKOR • SEVEN BEAUTIFUL GIRLS • 1956
SOMMARFLICKAN • SCHWEDENMADEL (FRG) ○ GIRL FOR THE SUMMER • 1956
TAPPRE SOLDATEN JONSSON, DEN • 1956

BERGSTROM KARE – NRW

KRVAVI PUT • BLOODY ROAD, THE ○ BLODVEIEN • 1955

BERGSTROM OLOF – SWD – 1919–

UNDER SODRA KORSET • UNDER THE SOUTHERN CROSS • 1952

BERGSTROM TORSTEN – SWD – 1896–1948

LANGA VAGEN, DEN • LONG ROAD • 1947

BERGUE JACQUES – USA

HARD MAN'S GOOD TO FIND, A • GOOD MAN'S HARD TO FIND, A ○ NIGHT SHIFT • 1969

BERGUNKER A. see **BERGUNKEV ADOLF**

BERGUNKER ADOLF see **BERGUNKEV ADOLF**

BERGUNKEV ADOLF – USS

BERGUNKEV ADOLPH • BERGUNKER ADOLF • BERGUNKER A.

PYADOM S NAMI • NEAR TO US • 1957
SIDE-BY-SIDE • 1958
FATHERS AND SONS • 1960
DJURA • 1964
MYATYEZHNAYA ZASTAVA • FACTORY WORKERS IN REVOLT ○ MUTINY ON THE FOREPOST ○ REBELLIOUS BARRIER • 1967

BERGUNKEV ADOLPH see **BERGUNKEV ADOLF**

BERKANI DERI – FRN

ETOILE AUX DENTS, L' • POULOU LE MAGNIFIQUE • 1971

BERKE WILLIAM – USA – 1903–1958

WILLIAMS LESTER

PECOS KID, THE • 1935
TOLL OF THE DESERT • 1935
DESERT JUSTICE • CRIME'S HIGHWAY (UKN) • 1936
GUN GRIT • PROTECTION RACKET (UKN) • 1936
BAD MEN OF THE HILLS • WRONGLY ACCUSED (UKN) • 1942
DOWN RIO GRANDE WAY • DOUBLE PUNCH, THE (UKN) • 1942
LAWLESS PLAINSMEN • ROLL ON (UKN) • 1942
OVERLAND TO DEADWOOD • FALLING STONES (UKN) • 1942
RIDERS OF THE NORTHLAND • NEXT IN LINE (UKN) • 1942
TORNADO IN THE SADDLE, A • AMBUSHED (UKN) • 1942
FIGHTING BUCKAROO, THE • 1943
FRONTIER FURY • 1943
HAIL TO THE RANGERS • ILLEGAL RIGHTS (UKN) • 1943
LAW OF THE NORTHWEST • 1943
LONE PRAIRIE, THE • INSIDE INFORMATION (UKN) • 1943
MINESWEEPER • 1943
PARDON MY GUN • 1943
RIDERS OF THE NORTHWEST MOUNTED • 1943
RIDING THROUGH NEVADA • 1943
ROBIN HOOD OF THE RANGE • 1943
SADDLES AND SAGEBRUSH • PAY OFF, THE (UKN) • 1943
SILVER CITY RAIDERS • LEGAL LARCENY (UKN) • 1943
TORNADO • 1943
VIGILANTES RIDE, THE • HUNTED (UKN) • 1943
DANGEROUS PASSAGE • 1944
DARK MOUNTAIN • 1944
DOUBLE EXPOSURE • 1944
FALCON IN MEXICO, THE • 1944
GIRL IN THE CASE • SILVER KEY, THE (UKN) • 1944
LAST HORSEMAN, THE • 1944
NAVY WAY, THE • 1944
RIDING WEST • FUGITIVE FROM TIME (UKN) • 1944
SAILOR'S HOLIDAY • 1944
THAT'S MY BABY • 1944
WYOMING HURRICANE • PROVED GUILTY (UKN) • 1944
BETRAYAL FROM THE EAST • 1945
DICK TRACY, DETECTIVE • SPLITFACE (UKN) ○ DICK TRACY • 1945
DING DONG WILLIAMS • MELODY MAKER (UKN) • 1945
HIGH-POWERED • 1945
WHY GIRLS LEAVE HOME • 1945
FALCON'S ADVENTURE, THE • 1946
SUNSET PASS • 1946
CODE OF THE WEST • 1947
RENEGADE GIRL • 1947
ROLLING HOME • 1947
SHOOT TO KILL • 1947
CAGED FURY • 1948
JUNGLE JIM • 1948
RACING LUCK • 1948
SPEED TO SPARE • 1948
WATERFRONT AT MIDNIGHT • 1948
ARSON INC. • 1949

DEPUTY MARSHAL • 1949
HIGHWAY 13 • 1949
LOST TRIBE, THE • 1949
SKYLINER • 1949
TREASURE OF MONTE CRISTO, THE • 1949
ZAMBA • ZAMBA THE GORILLA (UKN) ○ GIRL AND THE GORILLA, THE • 1949
BANDIT QUEEN, THE • 1950
BORDER RANGERS • 1950
CAPTIVE GIRL • 1950
GUNFIRE • FRANK JAMES RIDES AGAIN (UKN) • 1950
I SHOT BILLY THE KID • 1950
MARK OF THE GORILLA • 1950
ON THE ISLE OF SAMOA • 1950
OPERATION HAYLIFT • 1950
PYGMY ISLAND • 1950
TRAIN TO TOMBSTONE • 1950
DANGER ZONE • 1951
F.B.I. GIRL • 1951
FURY OF THE CONGO • 1951
PIER 23 • 1951
ROARING CITY • 1951
SAVAGE DRUMS • 1951
SMUGGLER'S GOLD • 1951
JUNGLE, THE • 1952
MARSHALL'S DAUGHTER, THE • MARSHAL'S DAUGHTER, THE • 1953
VALLEY OF THE HEADHUNTERS • 1953
FOUR BOYS AND A GUN • 1955
STREET OF SINNERS • 1957
COP HATER • 1958
ISLAND WOMAN • 1958
LOST MISSILE, THE • 1958
MUGGER, THE • 1958

BERKELEY BUSBY – USA – 1895–1976

SHE HAD TO SAY YES • 1933
BRIGHT LIGHTS • FUNNY FACE (UKN) • 1935
GOLDDIGGERS OF 1935 • 1935
I LIVE FOR LOVE • I LIVE FOR YOU (UKN) ○ ROMANCE IN A GLASS HOUSE • 1935
STAGE STRUCK • 1936
GO GETTER, THE • 1937
VARSITY SHOW • 1937
COMET OVER BROADWAY • 1938
GARDEN OF THE MOON • 1938
HOLLYWOOD HOTEL • 1938
MEN ARE SUCH FOOLS • 1938
BABES IN ARMS • 1939
FAST AND FURIOUS • 1939
THEY MADE ME A CRIMINAL • 1939
BLONDE INSPIRATION • FOOLS RUSH IN ○ FOUR CENTS A WORD • 1940
FORTY LITTLE MOTHERS • 1940
STRIKE UP THE BAND • 1940
BABES ON BROADWAY • 1941
FOR ME AND MY GAL • FOR ME AND MY GIRL (UKN) • 1942
GANG'S ALL HERE, THE • GIRLS HE LEFT BEHIND, THE (UKN) ○ BANANA SPLIT • 1943
ALL-STAR MUSICAL REVUE • 1945 • SHT
CINDERELLA JONES • 1946
TAKE ME OUT TO THE BALL GAME • EVERYBODY'S CHEERING (UKN) • 1948

BERKELEY LEO – ASL

HOLIDAYS ON THE RIVER YARRA • 1990

BERKOVIC ZVONIMIR – YGS – 1928–

FLAT, THE • MY FLAT • 1963 • DOC
BALLAD OF A ROOSTER • 1965
RONDO • 1966
CHERCHEZ LA FEMME • 1968
PUTOVANJE NA MJESTO NESRECE • TRAVEL TO THE SITE OF THE ACCIDENT ○ JOURNEY TO THE PLACE OF ACCIDENT • 1972
LJUBAVNA PISMA S PREDUMISLJAJEM • LOVE LETTERS WITH INTENT • 1985
KONTESA DORA • COUNTESS DORA • 1990

BERKOWITCH MICHEL – FRN

CHRISTA, FOLLE DE SON SEXE • 1979

BERLAND NICHOLAS – USA

SENSUOUS FLYGIRLS, THE • 1976

BERLANGA LUIS see **BERLANGA LUIS GARCIA**

BERLANGA LUIS G. see **BERLANGA LUIS GARCIA**

BERLANGA LUIS GARCIA – SPN – 1921–

BERLANGA LUIS G. • BERLANGA LUIS • GARCIA BERLANGA LUIS

PASEO SOBRE UNA GUERRA ANTIGUA • 1948
CIRCO, EL • 1949
TRES CANTOS • 1949
ESA PAREJA FELIZ • THAT HAPPY PAIR (USA) ○ THAT HAPPY COUPLE • 1951
BIENVENIDO, MR. MARSHALL • WELCOME, MR. MARSHALL • 1952
NOVIO A LA VISTA • FIANCE IN SIGHT • 1953
CALABUIG • ROCKET FROM CALABUCH (USA) ○ CALABUCH (SPN) • 1956
ARRIVERDERCI DIMAS • 1957
GANCHEROS, LOS • 1957
JUEVES MILAGRO, LOS • ON THURSDAYS A MIRACLE ○ THURSDAYS, MIRACLE • 1957
PLACIDO • 1961
QUATRE VERITES • QUATTRO VERITA, LE (ITL) ○ THREE FABLES OF LOVE (USA) ○ CUATRO VERDADES, LAS • 1962
VERDUGO, EL • BALLATA DEL BOIA, LA (ITL) ○ NOT ON YOUR LIFE (USA) ○ HANGMAN, THE ○ EXECUTIONER, THE • 1964
PIRANAS, LAS • PIRANHAS, THE (USA) ○ VICTIMA, LA ○ BOUTIQUE, LA • 1967
VIVAN LOS NOVIOS! • LONG LIVE THE BRIDE AND GROOM (USA) • 1970
LIFE SIZE • GRANDEUR NATURE (FRN) ○ TAMANO NATURAL ○ LOVE DOLL • 1973
ESCOPETA NACIONAL, LA • NATIONAL SHOTGUN, THE ○ NATIONAL RIFLE, THE ○ SPANISH SHOTGUN, THE • 1978
PATRIMONIO NACIONAL • NATIONAL HERITAGE • 1980
NACIONAL III • NATIONAL III • 1983
VAQUILLA, LA • HEIFER, THE ○ LITTLE BULL, THE • 1985
MOROS Y CRISTIANOS • MOORS AND CHRISTIANS • 1988

BERLATSKY DAVID – USA

FARMER, THE • 1977

BERLIN ABBY – USA – –1965

LEAVE IT TO BLONDIE • 1945
LIFE WITH BLONDIE • 1945
BLONDIE KNOWS BEST • 1946
BLONDIE'S LUCKY DAY • 1946
BLONDIE IN THE DOUGH • 1947
BLONDIE'S ANNIVERSARY • 1947
BLONDIE'S BIG MOMENT • 1947
BLONDIE'S HOLIDAY • 1947
BLONDIE'S REWARD • 1948
MARY RYAN, DETECTIVE • 1949
DOUBLE DEAL • 1950
FATHER IS A BACHELOR • MOTHER FOR MAY, A • 1950

BERLINGUER GIULIANA – ITL

ESERCITO DI SCIPIONE, L' • 1978

BERMAN BRIGITTE – GRM

BIX: "AIN'T NONE OF THEM PLAY LIKE HIM YET" • 1981 • DOC
ARTIE SHAW: TIME IS ALL YOU'VE GOT • 1986 • DOC
MAKING OF CASTAWAY, THE • 1986 • DOC

BERMAN HARVEY – USA

WILD RIDE • 1960

BERMAN MONTY – Producer – UKN – 1913–

MELODY CLUB • 1949

BERMAN SHELLEY – USA – 1926–

KEEP OFF! KEEP OFF! • 1975

BERMAN TED – USA

FOX AND THE HOUND, THE • 1981 • ANM
BLACK CAULDRON, THE • 1985 • ANM

BERMEJO ALBERTO – SPN

VECINOS • NEIGHBOURS • 1981

BERN PAUL – USA – 1889–1932

NORTH WIND'S MALICE, THE • 1920
HEAD OVER HEELS • 1922
MAN WITH TWO MOTHERS, THE • 1922
OPEN ALL NIGHT • ONE PARISIAN KNIGHT (UKN) • 1924
WORLDLY GOODS • 1924
DRESSMAKER FROM PARIS, THE • 1925
FLOWER OF NIGHT • 1925
GROUNDS FOR DIVORCE • 1925
TOMORROW'S LOVE • 1925

BERNABEI CLAUDIO – ITL

CAPITALI DI NOTTE N.2 • 1978

BERNAL ISHMAEL – PHL

NUNAL SA TUBIG • SPECK IN THE WATER
DALAWANG PUGAD, DALAWANG IBON • TWO NESTS, TWO BIRDS • 1977
IKAW AY AKIN • YOU ARE MINE • 1978
ALIW • 1979
CITY AFTER DARK • MANILA BY NIGHT • 1981
BROKEN MARRIAGE • 1983
HIMALA • 1983
NAGBABAGANG LUHA • FIERY TEARS • 1988
PINULOT KA LANG SA LUPA • I PICKED YOU FROM THE GUTTER • 1988
LEND ME A MORNING • 1989

BERNARD ANOUK – FRN – 1928–

POURQUOI • 1976

BERNARD-AUBERT CLAUDE – FRN – 1930–

TRANBAREE BURD

PATROUILLE DE CHOC • SHOCK PATROL (USA) ○ PATROUILLE SANS ESPOIR ○ DEATH PATROL • 1956
MATCH CONTRE LA MORT • MATCH CONTRO LA MORTE (ITL) • 1959
TRIPES AU SOLEIL, LES • QUESTIONE DI PELLE (ITL) ○ CHECKERBOARD • 1959
LACHES VIVENT D'ESPOIR, LES • MY BABY IS BLACK! (USA) ○ COLOURS OF LOVE, THE • 1961
A FLEUR DE PEAU • 1962
A L'AUBE DU TROISIEME JOUR • POLLIORKA ○ MOUTONS DE PRAXOS, LES ○ POLYORCHIA • 1962
FACTEUR S'EN VA-T-EN GUERRE, LE • POSTMAN GOES TO WAR, THE (USA) • 1966
ARDOISE, L' • 1969
FESSEE, LA
HOMME ETALON, L'
SOIREES D'UNE EPOUSE PERVERTIE, LES
AFFAIRE DOMINICI, L' • 1972
PORTES DE FEU, LES • 1974
BAS DE SOIE NOIRE, LE • 1976
INFIRMIERES TRES SPECIALES • 1976
AIGLE ET LA COLOMBE, L' • 1977
RABATTEUSE, LA • 1977
CARESSES INAVOUABLES • 1978
CHATTES EN CHALEUR • 1978
EXCES PORNOGRAPHIQUES • 1978
FILLES DU REGIMENT, LES • 1978
GRANDE LECHE, LA • 1978
GRANDE LEVRETTE, LA • 1978
GRANDES JOUISSEUSES, LES • FRENCH EROTIC FANTASIES • 1978
JE CRIEI JE JOUIS! • 1978
RETOUR DES VEUVES, LE • 1978
SALOPES ET VICIEUSES • 1978
VEUVES EN CHALEUR, LES • 1978
AUTO-STOPPEUSES EN CHALEUR • 1979
BETE SEXUELLE, LA • 1979
DROIT DE CUISSAGE • 1979
GRANDE MOUILLE, LA • 1979
JOUISSANCES ASIATIQUES • 1979
MAITRESSES TRES PARTICULIERES • 1979
NYMPHOMANES, LES • 1979
PARTIES CARREES CAMPAGNARDES • 1979
PARTIES CHAUDES • 1979
PENETRATIONS LUBRIQUES • 1979
SUCEUSES, LES • 1979
CHARLIE BRAVO • 1980
CROISIERE POUR COUPLES EN CHALEUR • 1980
PETITE ETRANGERE, LA • 1980
PORNOGRAPHIE INAVOUABLE • 1980

BERNARD CHRIS – UKN

LETTER TO BREZHNEV • 1985
SOUTHIE • 1987

BERNARD-DEROSNE JEAN – FRN – –1962

SON ALTESSE IMPERIALE • TZAREWITCH, LE • 1933
DERNIERE HEURE • 1934
FILLE DE MADAME ANGOT, LA • 1935

BERNARD-DESCHAMPS – FRN – 1892–1966

FRONTIERES DU COEUR, LES • 1914
LYNX, THE • 1914
SERVICE SECRET • 1914
AMOUR SACRE • 1915
BEAUTE QUI MUERT, LA • 1915
BELLE AU BOIS DORMANT, LA • SLEEPING BEAUTY • 1915
DES CANONS, DES MUNITIONS • 1916
48 AVENUE DE L'OPERA • 1916
AGONIE DES AIGLES, L' • 1921
NUIT DU 11 SEPTEMBRE, LA • 1923
ROSIER DE MADAME HUSSON, LE • VIRTUOUS ISADORE, THE • 1931
MARMAILLE, LA • 1935
MONSIEUR COCCINELLE • COCCINELLE ALFRED • 1938
TEMPETE • TEMPETE SUR PARIS • 1939

BERNARD J. C. – FRN

MAIN STREET OF PARIS • 1939 • DCS
MONTMARTRE • 1950 • DCS
MONTMARTRE NOCTURNE • 1951 • DCS
PARIS • 1951 • DCS

BERNARD JEAN LAURENT – FRN

MADAME ROSE
FEMME D'AFFAIRES TRES SPECIALE, UNE

BERNARD LAURENS – SAF

RUN TO FREEDOM • 1989

BERNARD PAUL – UKN

DR. WHO: THE DAY OF THE DALEKS • 1972 • MTV

BERNARD RAYMOND – FRN – 1891–1977

JEANNE DORE • 1917
RAVIN SANS FOND, LE • 1917
GENTILHOMME COMMERCANT, LE • 1918
TRAITEMENT DU HOQUET, LE • 1918
PETIT CAFE, LE • 1919
SECRET DE ROSETTE LAMBERT, LE • 1920
MAISON VIDE, LA • 1921
COSTAUD DES EPINETTES, LE • 1922
TRIPLEPATTE • 1922
DECADENCE ET GRANDEUR • GRANDEUR ET DECADENCE • 1923
HOMME INUSABLE, L' • 1923
MIRACLE DES LOUPS, LE • MIRACLE OF THE WOLVES, THE (USA) • 1924
JOUEUR D'ECHECS, LE • CHESS PLAYER, THE (USA) • 1926
MIRACLE DES LOUPS, LE • MIRACLE OF THE WOLVES, THE • 1930
TARAKANOVA • 1930
CROIX DE BOIS, LES • WOODEN CROSSES (USA) • 1931
FAUBOURG-MONTMARTRE • 1931
LIBERTE, LIBERTE CHERIE • 1933
MISERABLES, LES • 1933
TEMPETE SOUS UN CRANE, UNE • 1933
THENARDIER, LES • 1933
TARTARIN DE TARASCON • 1934
AMANTS ET VOLEURS • 1935
ANNE-MARIE • 1936
COUPABLE, LE • 1936
MARTHE RICHARD AU SERVICE DE LA FRANCE • MARTHE RICHARD ESPIONNE AU SERVICE DE LA FRANCE • 1937
J'ETAIS UNE AVENTURIERE • GRAND MOYENS, LES • 1938
CAVALCADE D'AMOUR • 1939
OTAGES, LES • MAYOR'S DILEMMA, THE (USA) ○ HOSTAGES, THE • 1939
ADIEU CHERIE • 1945
AMI VIENDRA CE SOIR, UN • FRIEND WILL COME TONIGHT, A (USA) • 1945
JUGEMENT DE DIEU, LE • JUDGMENT OF GOD, THE • 1949
MAYA • 1949
CAP DE L'ESPERANCE, LE • NOSTRA PELLE, LA (ITL) • 1951
BELLA DE CADIZ, LA • BELLE DE CADIX, LA (FRN) • 1953
DAME AUX CAMELIAS, LA • SIGNORA DALLE CAMELIE, LA (ITL) • 1953
FRUITS DE L'ETE, LES • FRUITS OF SUMMER • 1954
SEPTIEME CIEL, LE • VEDOVA ELETTRICA, LA (ITL) • 1957
SEPTIEME COMMANDEMENT, LE • 1957

BERNARD ROLAND see **BERNARD-ROLAND**

BERNARD-ROLAND – FRN – 1910–

BERNARD ROLAND

FEMMES • 1936
VIE DES ARTISTES, LA • 1938
GRAND COMBAT, LE • 1942
COLLECTION MENARD, LA • 1943
SOLEIL DE MINUIT, LE • 1943
COUPLE IDEAL, LE • VOYAGE AU PAYS DES LOUFOQUES ○ DIAVOLO CONTRE JUSTEX • 1945
NOUS NE SOMMES PAS MARIES • 1945
PORTRAIT D'UN ASSASSIN • 1949
NUIT DES TRAQUES, LA • 1959
ACCROCHE-TOI, Y A DU VENT • SEGUGIO, IL (ITL) • 1961

BERNARDI MARCELLO – ITL

MISSIONE SPAZIO TEMPO ZERO • 1969

BERNARDI ROMANO – ITL

COMPAGNO DI VIAGGIO • 1976

BERNARDIN ALAIN – FRN – 1916–

CRAZY HORSE DE PARIS • 1975

BERNAT MIRO – CZC

MOTYLI TADY NEZIJI • BUTTERFLIES DO NOT LIVE HERE • 1958
SKLO, SKLO, SKLO • GLASS, GLASS, GLASS • 1961

BERNAUER RUDOLF – AUS

HIRSEKORN GREIFT EIN • 1931
GOLDBLONDES MADCHEN, ICH SCHENK' DIR MEIN HERZ -ICH BIN JA SO VERLIEBT.. • GLUCKSZYLINDER, DER • 1932

BERNAZA L. F. see **BERNAZA LUIS FELIPE**

BERNAZA LUIS FELIPE – CUB
BERNAZA L. F.
REPORTAJE SOBRE EL TABACO, UN • 1971 • DOC
PIROPO, EL • FLIRT, THE • 1979
DE TAL PEDRO TAL ASTILLA • LIKE FATHER LIKE DAUGHTER • 1985

BERNDS EDWARD – USA – 1905–
HONEYMOON BLUES • SHT
MICRO-PHONIES • 1945 • SHT
ANDY PLAYS HOOKY • 1946 • SHT
BIRD IN THE HEAD, A • 1946 • SHT
GET ALONG, LITTLE ZOMBIE • 1946 • SHT
MONKEY BUSINESSMEN • 1946 • SHT
THREE LITTLE PIRATES • 1946 • SHT
THREE TROUBLEDOERS • 1946 • SHT
BRIDELESS GROOM • 1947 • SHT
FRIGHT NIGHT • 1947 • SHT
OUT WEST • 1947 • SHT
WIFE TO SPARE • 1947 • SHT
BLONDIE'S SECRET • 1948
CRIME ON THEIR HANDS • 1948
EIGHT BALL ANDY • 1948 • SHT
HOT SCOTS • 1948 • SHT
MUMMY'S DUMMIES • 1948 • SHT
PARDON MY CLUTCH • 1948 • SHT
SQUAREHEADS OF THE ROUND TABLE • 1948 • SHT
BLONDIE HITS THE JACKPOT • HITTING THE JACKPOT (UKN) • 1949
BLONDIE'S BIG DEAL • BIG DEAL, THE (UKN) • 1949
FEUDIN' RHYTHM • ACE LUCKY (UKN) • 1949
FUELIN' AROUND • 1949 • SHT
MICROSPOOK • 1949 • SHT
VAGABOND LOAFERS • 1949 • SHT
WHO DONE IT? • 1949 • SHT
BEWARE OF BLONDIE • 1950
BLONDIE'S HERO • 1950
DOPEY DICKS • 1950 • SHT
PUNCHY COWPUNCHERS • 1950 • SHT
SNITCH IN TIME, A • 1950 • SHT
STUDIO STOOPS • 1950 • SHT
CORKY OF GASOLINE ALLEY • CORKY (UKN) • 1951
GASOLINE ALLEY • 1951
GOLD RAIDERS • THREE STOOGES GO WEST, THE (UKN) • 1951
MERRY MAVERICKS • 1951 • SHT
THREE ARABIAN NUTS • 1951 • SHT
TOOTH WILL OUT, THE • YANK AT THE DENTIST, A • 1951 • SHT
GENTS IN A JAM • 1952 • SHT
HAREM GIRL • 1952
LISTEN, JUDGE • 1952 • SHT
CLIPPED WINGS • 1953
HOT NEWS • 1953
LOOSE IN LONDON • BOWERY KNIGHTS • 1953
PRIVATE EYES • BOWERY BLOODHOUNDS • 1953
WHITE LIGHTNING • 1953
BOWERY BOYS MEET THE MONSTERS • 1954
JUNGLE GENTS • 1954
BOWERY TO BAGDAD • 1955
SPY CHASERS • 1955
CALLING HOMICIDE • 1956
DIG THAT URANIUM • 1956
NAVY WIFE • MOTHER, SIR! (UKN) • 1956
WORLD WITHOUT END • 1956
REFORM SCHOOL GIRL • 1957
STORM RIDER, THE • 1957
ESCAPE FROM RED ROCK • 1958
JOY RIDE • 1958
QUANTRILL'S RAIDERS • 1958
QUEEN OF OUTER SPACE • QUEEN OF THE UNIVERSE • 1958
SPACE MASTER X-7 • MUTINY IN OUTER SPACE ○ SPACEMASTER X-7 • 1958
ALASKA PASSAGE • 1959
HIGH SCHOOL HELLCATS • SCHOOL FOR VIOLENCE (UKN) • 1959
RETURN OF THE FLY, THE • 1959
VALLEY OF THE DRAGONS • PREHISTORIC VALLEY (UKN) • 1961
THREE STOOGES IN ORBIT, THE • THREE STOOGES MEET THE MARTIANS, THE • 1962
THREE STOOGES MEET HERCULES, THE • 1962
ALARM ON 83RD STREET • 1965

BERNDT WOLFGANG – GRM
OB'S STURMT ODER SCHNEIT • RAIN OR SHINE • 1977

BERNE EDOUARD – FRN
SONT MORTS LES BATISSEURS • 1958

BERNE JOSEF – USA
DAWN TO DAWN • 1933
GYPSY NIGHT • OLD MILL STREAM, THE • 1935
MIRELE EFROS • 1939
HOT CHOCOLATE • COTTONTAIL • 1941 • SHT
FLAMINGO • 1942 • SHT
JAM SESSION • 1942 • SHT
SHINE • 1942 • SHT
CHOO CHOO SWING • BAND PARADE • 1943
HEAVENLY MUSIC • 1943 • SHT
NEW ORLEANS BLUES • 1943 • SHT
SWEET SING • 1944 • SHT
THEY LIVE IN FEAR • AMERICA'S CHILDREN • 1944
DOWN MISSOURI WAY • 1969

BERNEIS PETER – GRM
RHAPSODIE • 1954
CHEF WUNSCHT KEINE ZEUGEN, DER • NO SURVIVORS, PLEASE (USA) ○ CHIEF WANTS NO SURVIVORS, THE • 1963
LADY, DIE • GAMES OF DESIRE (USA) • 1964

BERNER DIETER – AUS
RICHTIGE MANN, DER • ACCURATE MAN, THE • 1982
VERLOCKUNG, DIE • SEDUCTION, THE • 1988

BERNHARD FRITZ see **BERNHARDT FRITZ**

BERNHARD GOSTA – SWD – 1910–
LOFFE SOM MILJONAR • 1948
91:AN KARLSSONS PERMIS • 1948
LATTJO MED BOCCACCIO • LATTJO MED SVEND ASMUSSEN ○ FUN WITH BOCCACCIO • 1949
STJARNSMALL I FRUKOSTKLUBBEN • KNOCKOUT AT THE "BREAKFAST CLUB" ○ GALOPPERANDE OSTEN, DEN • 1950
POKER • 1951
SPOKE PA SEMESTER • GHOST ON HOLIDAY, A • 1951
91:AN KARLSSONS BRAVADER • EXPLOITS OF PRIVATE 91 KARLSSON • 1951
DROMSEMESTER • DREAM HOLIDAY • 1952
ALLA TIDERS 91:AN LARLSSON • 1953
KUNGEN AV DALARNA • KING OF DALARNA • 1953
ALDRIG MED MIN KOFOT • NEVER WITH MY JEMMY • 1954
SJU SVARTA BE-HA • SEVEN BLACK BRASSIERES • 1954
FAR OCH FLYG • BEAT IT • 1955
SYNDARE I FILMPARADISET • SINNERS IN THE CINEMA PARADISE • 1956
ENSLINGEN JOHANNES • HERMIT JOHANNES • 1957
ENSLINGEN I BLASVADER • HERMIT IN STORMY WEATHER • 1959

BERNHARD JACK – Producer – USA – 1913–
DECOY • 1946
SWEETHEART OF SIGMA CHI • 1946
IN SELF DEFENSE • 1947
VIOLENCE • 1947
APPOINTMENT WITH MURDER • 1948
BLOND ICE • 1948
HUNTED, THE • 1948
PERILOUS WATERS • 1948
UNKNOWN ISLAND • 1948
ALASKA PATROL • 1949
SEARCH FOR DANGER • 1949
SECOND FACE, THE • 1950

BERNHARDT CURTIS – GRM – 1899–1981
BERNHARDT KURT
QUALEN DER NACHT • 1926
WAISE VON LOWOOD, DIE • 1926
KINDERSEELEN KLAGEN EUCH AN • 1927
MADCHEN MIT DEN FUNF NULLEN, DAS • GROSSE LOS, DAS • 1927
LETZTE FORT, DAS • 1928
SCHINDERHANNES • PRINCE OF ROGUES, THE (USA) • 1928
FRAU, NACH DER MAN SICH SEHNT, DIE • ENIGMA ○ THREE LOVES • 1929
HOMME QUI ASSASSINA, L' • 1930
LETZTE KOMPANIE, DIE • THIRTEEN MEN AND A GIRL ○ LAST COMPANY, THE • 1930
MANN, DER DEN MORD BEGING, DER • NACHTE AM BOSPORUS ○ MAN WHO MURDERED, THE • 1930
GROSSE RAUSCH, DER • 1932
REBELL, DER • REBEL, THE • 1932
TUNNEL, DER • TUNNEL, THE • 1933
TUNNEL, LE • 1933
OR DANS LA RUE, L' • 1934
BELOVED VAGABOND, THE • 1936
VAGABOND BIEN-AIME, LE • VAGABOND PAR AMOUR • 1936
CARREFOUR • CROSSROADS (USA) ○ HOMME DE LA NUIT, L' • 1938
GIRL IN THE TAXI, THE • 1938
NUIT DE DECEMBRE • HEURE EXQUISE • 1939
LADY WITH RED HAIR • 1940
MY LOVE CAME BACK • MY LOVE COMES BACK ○ EPISODE • 1940
MILLION DOLLAR BABY • MISS WHEELWRIGHT DISCOVERS AMERICA • 1941
JUKE GIRL • 1942
HAPPY GO LUCKY • 1943
CONFLICT • 1945
DEVOTION • 1946
MY REPUTATION • 1946
STOLEN LIFE, A • 1946
HIGH WALL • 1947
POSSESSED • 1947
DOCTOR AND THE GIRL, THE • 1949
BLUE VEIL, THE • 1951
PAYMENT ON DEMAND • STORY OF A DIVORCE, THE • 1951
SIROCCO • 1951
MERRY WIDOW, THE • 1952
MISS SADIE THOMPSON • 1953
BEAU BRUMMELL • 1954
INTERRUPTED MELODY • 1955
GABY • 1956
STEFANIE IN RIO • STEPHANIE IN RIO (USA) • 1960
TIRANNO DI SIRACUSA, IL • DAMON AND PYTHIAS (USA) ○ TYRANT OF SYRACUSE, THE ○ DAMONE E PITIAS • 1962
KISSES FOR MY PRESIDENT • KISSES FOR THE PRESIDENT • 1964

BERNHARDT FRITZ – GRM
BERNHARD FRITZ
DREI TAGE MITTELARREST • 1915
DARWIN • MENSCH ODER AFFE ○ WELTRATSEL MENSCH, DAS • 1919
KAMPFENDE GEWALTEN ODER WELT OHNE KRIEG • WELT OHNE KRIEG (AUS DEN GEHEIMDOKUMENTEN DES PROF. DR. BARNEY) • 1920
NIRVANA • 1920

BERNHARDT KURT see **BERNHARDT CURTIS**

BERNHEIM MICHEL – FRN – 1908–1985
PANURGE • 1932
MARIE DES ANGOISSES • 1935
ROMAN D'UN SPAHI, LE • 1936
POLICE MONDAINE • CEUX DE LA MONDAINE • 1937
ANGE QUE J'AI VENDU, L' • 1938

BERNIER GEORGE
MIRACLE OF SAINT THERESE • 1959

BERNIER JEAN-PAUL – CND
TERRE A BOIRE, LA • 1964

BERNIER PIERRE – CND
LA OU AILLEURS • 1969 • SHT
ON EST AU COTON • 1970 • DOC

BERNS SEYMOUR – USA – 1914–1982
NICK AND NORA • 1975 • TVM

BERNSTEIN ARMYAN – USA
WINDY CITY • ALL THE SAD YOUNG MEN • 1984
AMERICAN DATE • CROSS MY HEART • 1987

BERNSTEIN ISADORE – Writer – USA – 1877–
LIFE'S CRUCIBLE • 1915

BERNSTEIN WALTER – Screenwriter – USA – 1929–
LITTLE MISS MARKER • 1980

BERNY MICHEL – FRN – 1945–
GRANDS SENTIMENTS FONT LES BONS GUEULETONS, LES • 1973
POURQUOI PAS NOUS • 1981

BERR – FRN
COURSES D'OBSTACLES • 1957 • SHT
OCIL 1958 • 1958 • SHT
ZINC LAMINE ET ARCHITECTURE • 1958 • SHT
AGE DES ARTERES • 1959 • SHT
ARCHITECTURE ET CHAUFFAGE D'AUJOURD'HUI • 1960 • SHT

BERR JACQUES – FRN
GAI DIMANCHE • 1935 • SHT

BERRA FERNANDO OROZCO – MXC
BLOCKHOUSE DE ALTA LUZ, EL • 1919
HONOR MILITAR • MILITARY HONOR • 1919
PRECIO DE LA GLORIA, EL • PRICE OF GLORY, THE • 1919

BERRI CLAUDE – FRN – 1934–
POULET, LE • CHICKEN, THE (USA) • 1963 • SHT
BAISERS, LES • VOGLIA MATTA DI DONNA (ITL) • 1964
CHANCE ET L'AMOUR, LA • 1964
VIEIL HOMME ET L'ENFANT, LE • TWO OF US, THE (USA) ○ CLAUDE • 1967
MAZEL TOV OU LE MARIAGE • MARRY ME! MARRY ME! (USA) • 1968
CINEMA DE PAPA, LE • PAPA'S CINEMA • 1970
PISTONNE, LE • MAN WITH CONNECTIONS, THE (USA) • 1970
SEX SHOP • 1972
MALE DU SIECLE, LE • MALE OF THE CENTURY (USA) • 1975
PREMIERE FOIS, LA • FIRST TIME, THE (USA) • 1976
MOMENT D'EGAREMENT, UN • IN A WILD MOMENT (USA) ○ ONE WILD MOMENT ○ SUMMER AFFAIR, A • 1978
JE VOUS AIME • 1980
MAITRE D'ECOLE, LE • 1981
TCHAO PANTIN • 1983
JEAN DE FLORETTE • 1985
MANON DES SOURCES • JEAN DE FLORETTE 2e PARTIE ○ MANON OF THE SPRING • 1985

BERRIATUA LUCIANO – SPN – 1949–
OJO DE LA NOCHE, EL
ALQUIMISTA, EL • 1968 • SHT
DUMA EL SILENCIO • 1968 • SHT
BUSCON, EL • 1974

BERRUTI GIULIO – ITL
NOI SIAM COME LE LUCCIOLE • 1976
SUOR OMICIDI • KILLER NUN (UKN) • 1979

BERRY BILL – USA
BROTHERHOOD OF DEATH • 1976
CRAZY LEGS • OF THE MARK • 1987

BERRY DALE – USA
PASSION IN THE SUN • PASSION OF THE SUN • 1964
HOT BLOODED WOMAN • 1965
HIP, HOT AND 21 • HIP, HEP AND 21 • 1967
HOT THRILLS AND WARM CHILLS • HOT THRILLS • 1967

BERRY DENNIS – FRN – 1944–
LAST SONG
GRAND DELIRE, LE • PIERRE ET MARIE S'EN VONT ENSEMBLE • 1975

BERRY JOHN – USA – 1917–
MISS SUSIE SLAGLE'S • 1945
TUESDAY IN NOVEMBER • 1945
CROSS MY HEART • 1946
FROM THIS DAY FORWARD • 1946
CASBAH • 1948
TENSION • 1949
DIX DE HOLLYWOOD • 1951 • DOC
HE RAN ALL THE WAY • 1951
C'EST ARRIVE A PARIS • IT HAPPENED IN PARIS (USA) • 1952
CA VA BARDER • SILENZIO.. SI SPARA (ITL) ○ THERE GOES BARDER (USA) ○ GIVE 'EM HELL • 1954
JE SUIS UN SENTIMENTAL • IO SONO UN SENTIMENTALE (ITL) ○ HEADLINES OF DESTRUCTION (USA) • 1955
DON JUAN • GRAND SEDUTTORE, IL (ITL) ○ AMOR DE DON JUAN, EL (SPN) ○ PANTALOONS (USA) ○ GREAT LOVER, THE • 1956
TAMANGO • 1958
OH! QUE MAMBO • GIOVANE LEONE, IL (ITL) • 1959
MAYA • 1966
A TOUT CASSER • GREAT CHASE, THE (UKN) ○ BREAKING IT UP • 1968
CLAUDINE • 1974
THIEVES • 1977
BAD NEWS BEARS GO TO JAPAN, THE • 1978
ANGEL ON MY SHOULDER • 1980 • TVM
HONEYBOY • HONEY BOY • 1982 • TVM
SISTER, SISTER • 1982 • TVM
VOYAGE A PAIMPOL, LE • 1986
BAD DEAL • 1987

BERRY JULIAN see **GASTALDI ERNESTO**

BERRY ROBERT – USA
HOUSE OF DREAMS • 1963

BERRY THOMAS – CND
BERRY TOM
DOWN HOME • 1987
SOMETHING ABOUT LOVE • 1988
BLIND FEAR • LONG DARK NIGHT, A • 1989
AMITYVILLE CURSE, THE • 1990

BERRY TOM see **BERRY THOMAS**

BERRYSTEIN DALE – USA
MONDO SEXO • 1967

BERTAULT PAUL – FRN – 1938–
ETRE LIBRE • ETRE LIBRE -AVIGNON 68 • 1968

BERTELSSON THRAINN – ICL – 1944–
JON ODDUR AND JON BJARNI • 1982
SNORRI STURLUSON • 1982
NYETT LIF • NEW LIFE • 1983
PASTORAL LIFE • 1984
POLICEMAN'S LOT, A • 1985
TWILIGHT • 1985
MAGNUS • 1989

BERTHELET A. see **BERTHELET ARTHUR**

BERTHELET ARTHUR – USA
BERTHELET A.
TWICE INTO THE LIGHT • 1915
CHAPERON, THE • 1916
HAVOC, THE • 1916
MISLEADING LADY, THE • 1916
RETURN OF EVE, THE • 1916
SHERLOCK HOLMES • 1916
ALADDIN UP-TO-DATE • 1917 • SHT
GOLDEN IDIOT, THE • 1917
LIGHTED LAMP, THE • 1917 • SHT
LITTLE SHOES, THE • 1917
OUR BOYS • 1917 • SHT
PANTS • 1917
PASS THE HASH, ANN • 1917 • SHT
QUARANTINED BRIDEGROOM, THE • 1917 • SHT
SAINT'S ADVENTURE, THE • 1917
WHERE IS MY MOTHER? • 1917 • SHT
YOUNG MOTHER HUBBARD • 1917
LIE THAT FAILED, THE • 1918 • SHT
MEN WHO HAVE MADE LOVE TO ME • 1918
YOUNG AMERICA • 1918
PENNY OF TOP HILL TRAIL • 1921
YOUNG AMERICA • 1922
ENEMIES OF YOUTH • 1925

BERTHELS THEODOR – SWD – 1892–1951
FLICKAN FRAN PARADISET • GIRL FROM PARADISE • 1924
FOLKET I SIMLANGSDALEN • PEOPLE OF SIMLANGEN VALLEY • 1924
MIN FRU HAR EN FASTMAN • 1926
ADALENS POESI • POETRY OF ADALEN • 1928
NORRLANNINGAR • PEOPLE OF NORRLAND • 1930
HANS MAJESTAT FAR VANTA • 1931
MUNTRA MUSIKANTER • GAY MUSICIANS • 1932
SVENSSON ORDNAD ALLT • 1938

BERTHIAUME MARC ANDRE – CND
FORCIER: "EN ATTENDANT.." • 1990 • DOC

BERTHIER JACQUES – FRN – 1916–
QUAI NOTRE-DAME • 1960

BERTHOMIEU ANDRE – FRN – 1903–1960
ARVEYRES MODESTE
BROADCASTING • 1929
CES DAMES AUX CHAPEAUX VERTS • 1929
CRIME DE SYLVESTRE BONNARD, LE • 1929
PAS SI BETE • 1929
RAPACITE • 1929
MON AMI VICTOR! • 1930
COQUECIGROLE • 1931
GAGNE TA VIE • 1931
MON COEUR ET SES MILLIONS • JEUX DE L'HUMOUR ET DU HASARD, LES ○ FRIPOUILLES ET CIE • 1931
BARRANCO, LTD. • 1932
CRIME DU BOUIF, LE • 1932
MADEMOISELLE JOSETTE, MA FEMME • 1932
AILES BRISEES, LES • 1933
FEMME IDEALE, LA • IDEAL WOMAN, THE (USA) • 1933
ARISTO, L' • 1934
N'AIMER QUI TOI • 1934
JIM LA HOULETTE • JIM LA HOULETTE, ROI DES VOLEURS • 1935
AMANT DE MADAME VIDAL, L' • 1936
FLAMME, LA • 1936
MORT EN FUITE, LE • 1936
SECRET DE POLICHINELLE, LE • 1936
CHASTE SUZANNE, LA • 1937
GIRL IN THE TAXI, THE • 1937
PORTE-VEINE, LE • 1937
EUSEBE, DEPUTE • MON DEPUTE • 1938
INCONNUE DE MONTE CARLO, L' • DAME DE MONTE CARLO, LA • 1938
NOUVEAUX RICHES, LES • 1938
SIGNORA DI MONTECARLO, LA • 1938
TRAIN POUR VENISE, LE • 1938
DEDE LA MUSIQUE • DEDE DE MONTMARTRE • 1939
NEIGE SUR LES PAS, LA • 1941
ANGE DE LA NUIT, L' • 1942
CROISEE DES CHEMINS, LA • 1942
PROMESSE A L'INCONNUE • 1942
SECRET DE MADAME CLAPAIN, LE • ETRANGE MADAME CLAPAIN, L' • 1943
J'AI 17 ANS • MY FIRST LOVE (USA) • 1945
PELOTON D'EXECUTION • RESISTANCE (USA) • 1945
AMOURS, DELICES ET ORGUES • COLLEGE SWING • 1946
GRINGALET • 1946
PAS SI BETE • 1946
BLANC COMME NEIGE • 1947
CARRE DE VALETS • 1947
BAL DES POMPIERS, LE • 1948
COEUR SUR LA MAIN, LE • 1948
OMBRE, L' • 1948
FEMME NUE, LA • NAKED WOMAN, THE (USA) • 1949
PETITE CHOCOLATIERE, LA • 1949
ROI PANDORE, LE • 1949
MADEMOISELLE JOSETTE, MA FEMME • 1950
PIGALLE-SAINT-GERMAINE-DES-PRES • 1950
ROI DES CAMELOTS, LE • 1950
CHACUN SON TOUR • 1951
JAMAIS DEUX SANS TROIS • 1951
ALLO, JE T'AIME • 1952
BELLE MENTALITE • 1952
DERNIER DES ROBIN DES BOIS, LE • 1952
OEIL EN COULISSES, L' • 1953
PORTRAIT DE SON PERE, LE • 1953
DEUX FONT LA PAIRE, LES • MORT EN FUITE, LE • 1954
QUATRE JOURS A PARIS • FOUR DAYS IN PARIS (USA) • 1954
SCENES DE MENAGE • 1954
DURATON, LES • 1955
A LA JAMAIQUE • LOVE IN JAMAICA (USA) • 1956
CINQ MILLIONS COMPTANT • 1956
JOYEUSE PRISON, LA • 1956
EN LEGITIME DEFENSE • 1958
SACREE JEUNESSE • 1958
PREMEDITATION • PREMEDITATED (USA) • 1959

BERTIN JEAN – FRN
COSTAUD DES P.T.T., LE • ROI DES FACTEURS, LE ○ P.T.T. • 1931
FEMME DE MES REVES, LA • 1931

BERTINI VICTOR – USA
GATHERING OF EVIL • 1969
SHE'S DOING IT AGAIN • 1969

BERTO JULIET – FRN – 1947–
NEIGE • 1981
CAP CANAILLE • 1982
HAVRE • 1986

BERTOLINI OTTORINO F. see **BERTOLINI OTTORINO FRANCO**

BERTOLINI OTTORINO FRANCO – ITL
BERTOLINI OTTORINO F.
CANZONE PIU BELLA, LA • 1957
SURSIS POUR UN VIVANT • MYSTERE DE LA PENSION EDELWEISS, LE ○ PENSIONE EDELWEISS (ITL) • 1958

BERTOLINO DANIEL – FRN – 1942–
OCTOBRE EN AFGHANISTAN • 1966 • DCS
100 MILLIONS DE JEUNES • 1967 • DSS
ENFANTS DU SOLEIL, LES • 1968 • DCS
NOSOTROS CUBANOS • 1968 • DOC
PLEIN FEU.. L'AVENTURE • 1969–70 • DCS
NAHANNI NO.3 • 1971 • DCS
ENFANTS DANS LA FORET, LES • 1971–74 • DOC
KASHKAI: DERNIERS NOMADES D'IRAN, LES • 1971–74 • DOC
KULASHS, PEUPLE INFIDELE, LES • 1971–74 • DOC
ME NO SAVEY • 1971–74 • DOC
GRAINE D'OR • 1973 • DCS
MADININA • 1973 • DCS
POESIE, LA • 1973 • DCS
SCULPTURE!, LA • 1973 • DCS
POSTE FRONTIERE • 1973–75 • DSS
AHO.. AU COEUR DU MONDE PRIMITIF • 1975 • DOC
DEFI • 1975–77 • DSS
CHILI: VOLVEREMOS • 1976 • DOC
LAISSEZ-PASSER • 1976–77 • DSS
BRESIL: ETAT DE FORCE • 1977 • DOC
HAITI: J'ACCUSE • 1977 • DOC
NOUVEAU VIETNAM, LE • 1977 • DOC
RIVER OF LIFE • 1977 • DCS

BERTOLINO JEAN – FRN
ALBANIE, LE CAS DE L'EUROPE • 1977 • DOC
CHRONIQUE ALBANAISE, UNE • 1977

BERTOLUCCI BERNARDO – ITL – 1940–
COMMARE SECCA, LA • GRIM REAPER, THE (USA) ○ THIN GOSSIP, THE • 1962
PRIMA DELLA RIVOLUZIONE • BEFORE THE REVOLUTION (USA) • 1964
VIA DEL PETROLIO, LA • 1965 • MTV
CANALE, IL • 1967
PARTNER • 1968
AMORE E RABBIA • CONTESTATION, LA (FRN) ○ VANGELO '70 ○ LOVE AND ANGER • 1969
STRATEGIA DEL RAGNO, LA • SPIDER'S STRATEGY, THE ○ SPIDER'S STRATAGEM, THE • 1969
CONFORMISTA, IL • CONFORMIST, THE (UKN) • 1970
SALUTE E MALATA O I POVERI MUIOIONO PRIMA, LA • 1971 • SHT
ULTIMO TANGO A PARIGI, L' • DERNIER TANGO A PARIS, LE (FRN) ○ LAST TANGO IN PARIS (UKN) • 1972
NOVECENTO • 1900 ○ NINETEEN HUNDRED • 1976
LUNA, LA • 1979
TRAGEDIA DI UN UOMO RIDICOLO • TRAGEDY OF A RIDICULOUS MAN • 1981
LAST EMPEROR, THE • 1987
SHELTERING SKY, THE • 1989

BERTOLUCCI GIUSEPPE – ITL
TO GO AND COME • 1972 • MTV
A.B.C.INEMA • ABICINEMA • 1975
BERLINGUER TI VOGLIO BENE • 1977
OGGETTI SMARRITI • ITALIAN WOMAN, AN • 1979
TUTTOBENIGNI • 1985
CAMMELLI, I • CAMELS, THE • 1988
STRANA LA VITA • LIFE IS STRANGE • 1988

BERTONI FRANCIS A. – GRM
SCHLUCT DES TODES, DIE • PAMPASREITER • 1923

BERTONI ROMULO – CRC
RETORNO, EL • 1926

BERTRAM HANS – GRM
KAMPFGESCHWADER LUTZOW • 1941
SYMPHONIE EINES LEBENS • SYMPHONY OF A LIFE • 1942
GROSSE LIEBE, EINE • 1949
TURME DES SCHWEIGENS • 1952

BERTRAM WILLIAM – USA
AUTHOR! AUTHOR! • 1915
BUCK'S LADY FRIEND • 1915
FILM TEMPO • 1915
HIGH COST OF FLIRTING • 1915
HIS OBLIGATION • 1915
IDOL, THE • 1915
LET THERE BE LIGHT • 1915
MAN AFRAID OF HIS WARDROBE • 1915
MENDER, THE • 1915
MIGHTY HOLD, THE • 1915
NEAL OF THE NAVY • 1915 • SRL
TERROR OF TWIN MOUNTAINS, THE • 1915
THIS IS THE LIFE • 1915
WAIT AND SEE • 1915
CURLEW CORLISS • 1916 • SHT
DOUBLE CROSSED • 1916 • SHT
DYSPEPTIC, THE • 1916 • SHT
EXTRA MAN AND THE MILK-FED LION, THE • 1916 • SHT
GULF BETWEEN, THE • 1916 • SHT
HILLS OF GLORY, THE • 1916 • SHT
MADONNA OF THE NIGHT, THE • 1916 • SHT
MAN'S FRIEND, A • 1916 • SHT
MARGY OF THE FOOTHILLS • 1916 • SHT
MODERN KNIGHT, A • 1916 • SHT
RETURN, THE • 1916 • SHT
SNOW STUFF • 1916
TAMING OF WILD BILL, THE • 1916 • SHT
THUNDERBOLT, THE • 1916
UNDER AZURE SKIES • 1916 • SHT
WATER STUFF • 1916 • SHT
WITH A LIFE AT STAKE • 1916 • SHT
NEGLECTED WIFE, THE • 1917 • SRL
TEARS AND SMILES • 1917
UNDERSTUDY, THE • 1917
CUPID BY PROXY • 1918
DADDY'S GIRL • 1918
DAUGHTER OF THE WEST, A • 1918
DOLLY DOES HER BIT • 1918
DOLLY'S VACATION • 1918
LITTLE PATRIOT, A • 1918
MILADY O' THE BEAN STALK • 1918
VOICE OF DESTINY, THE • 1918
WHO IS NUMBER ONE? • 1918 • SRL
WINNING GRANDMA • 1918
ARIZONA CATCLAW • 1919
BABY MARIE'S ROUND-UP • 1919 • SHT
OLD MAID'S BABY, THE • 1919
OWL WITCH, THE • 1919
SAWDUST DOLL, THE • 1919
VACATION • 1919
HIDDEN DANGERS • VANISHING MASK, THE ○ MOODS OF EVIL ○ BLACK CIRCLE, THE • 1920 • SRL
MISS GINGERSNAP • 1920
GHOST CITY • 1921
PURPLE RIDERS, THE • 1921 • SRL
WOLVERINE, THE • 1921
ALIAS PHIL KENNEDY • 1922
TEXAS • 1922
WESTERN MUSKETEER, THE • 1922
SMOKING TRAIL, THE • 1924
ACE OF ACTION • 1926
HOODOO RANCH • GENTLEMEN OF THE WEST (UKN) • 1926
TANGLED HERDS • TANGLED ROMANCE, A (UKN) • 1926
GOLD FROM WEEPAH • 1927
PHANTOM BUSTER, THE • 1927

BERTRAND JACQUES-PAUL – FRN – 1930–
SERVANTE, LA • 1969

BERTRAND JEAN-CLAUDE – FRN
POUR QUELQUE CHOSE DE PLUS • 1976 • DOC

BERTRAND RENE – Animator – FRN
BARBE BLEUE • BLUEBEARD (USA) • 1936 • ANS

BERTSCH MARGUERITE – USA
DEVIL'S PRIZE, THE • 1916
CAPTAIN JINKS AND HIMSELF • 1917 • SHT
GLORY OF YOLANDA, THE • 1917
SOUL MASTER, THE • 1917

BERTSCHI ERNST – SWT
MOHAMED ALI • BADDEST DADDY IN THE WHOLE WORLD, THE • 1971

BERTUCELLI JEAN-LOUIS – FRN – 1942–
REMPARTS D'ARGILE • RAMPARTS OF CLAY (USA) • 1970
PAULINA 1880 • 1972
DESERT DES TARTARES, LE • 1973
ON S'EST TROMPE D'HISTOIRE D'AMOUR • 1974
DOCTEUR FRANCOISE GAILLAND • NO TIME FOR BREAKFAST (USA) ○ DR. FRANCOISE ○ CRI, UN ○ JUST A WOMAN • 1975
IMPRECATEUR, L' • ACCUSER, THE • 1976
INTERDIT AUX MOINS DE 13 ANS • 1982
STRESS • 1984

BERUBE CLAUDE – CND
PAS DE JEU SANS SOLEIL • 1972

BERVI J. – ITL
QUELLA COROGNA DI FRANK MITRAGLIA • 1968

BERWICK IRV see **BERWICK IRVIN**

BERWICK IRVIN – USA
BERWICK IRV
MONSTER OF PIEDRAS BLANCAS, THE • 1958
7TH COMMANDMENT, THE • 1961
STRANGE COMPULSION • 1964
STREET IS MY BEAT, THE • 1966
HITCH-HIKE TO HELL • KIDNAPPED CO-ED • 1978
MALIBU HIGH • 1979

BERWICK RAY – SAF
AMERICAN CONNECTION, THE • 1984

BERWICK STREET COLLECTIVE – UKN
IRELAND: BEHIND THE WIRE • 1974
NIGHTCLEANERS PART 1 • 1975

BERWICK WAYNE – USA
MICROWAVE MASSACRE • 1979

BERZ MICHAEL – USA
SNOW WHITE • SNOW WHITE AND THE SEVEN DWARFS ○ CANNON MOVIE TALES: SNOW WHITE • 1987

BERZOSA JOSE-MARIA – FRN – 1928–
JOSEPH ET MARIE • MOTS ET LES GESTES, LES • 1979 • DOC

BESEN ELLEN – Animator – CND
SLOW DANCE WORLD • 1987 • ANS

BESHARA KHAIRY – EGY
FETTERS • COLLAR AND THE BRACELET, THE • 1987
YOM MUR, YON HELW • BITTER DAYS, SWEET DAYS • 1987

BESHEARS JAMES – USA
HOMEWORK • GROWING PAINS • 1982

BESNARD JACQUES – FRN – 1929–
FURIA A BAHIA POUR OSS 117 • OSS 117 –MISSION FOR A KILLER (USA) ○ OSS 117 FURIA A BAHIA (ITL) ○ MISSION FOR A KILLER ○ TROUBLE IN BAHIA FOR OSS 117 • 1965
ESTOUFFADE A LA CARAIBE • PAGATI PER MORIRE (ITL) ○ LOOTERS, THE (UKN) ○ GOLD ROBBERS • 1966
FOU DU LABO 4, LE • MADMAN OF LAB 4, THE • 1967
GRAND RESTAURANT, LE • 1967
BELLE AFFAIRE, LA • 1972
C'EST PAS PARCE QU'ON N'A RIEN A DIRE QU'IL FAUT FERMER SA GUEULE • 1974
JOUR DE GLOIRE, LE • 1976
SITUATION EST GRAVE.. MAIS PAS DESESPEREE • 1976
GENERAL NOUS VOILA! • 1978
TE MARRE PAS, C'EST POUR RIRE! • 1981

BESOZZI ANGELO – ITL
COME LE FOGLIE • LIKE THE LEAVES (USA) • 1938

BESSADA MILAD – CND
QUIET DAY IN BELFAST, A • 1974

BESSIE DAN – USA
HARD TRAVELING • 1986

BESSON LUC – FRN – 1959–
DERNIER COMBAT, LE • LAST COMBAT, THE (UKN) ○ LAST BATTLE, THE • 1982
SUBWAY • 1984
GRAND BLEU, LE • BIG BLUE, THE (UKN) • 1988
NIKITA • 1989

BETANCOR ANTONIO see **BETANCOR ANTONIO JOSE**

BETANCOR ANTONIO JOSE – SPN – 1944–
BETANCOR ANTONIO
SENTADOS AL BORDE DE LA MANANA CON LOS PIES COLGADOS • 1978
VALENTINA • 1983
1919 • 1983

BETHUNE LOBERT – USA
NOW CINEMA! • 1968 • ANT

BETREMIEUX BERTRAND – FRN
DEFENSE D'EN PARLER • DOC

BETRIU FRANCESC see **BETRIU FRANCISCO**

BETRIU FRANCISCO – SPN – 1940–
BETRIU FRANCESC
CORAZON SOLITARIO • LONELY HEART • 1972
FURIA ESPANOLA • SPANISH FURY • 1974
VIUDA ANALUZA, LA • 1976
FIELES SIRVIENTES, LOS • FAITHFUL SERVANTS, THE • 1980
PLACA DEL DIAMANT, LA • DIAMOND SQUARE • 1982
REQUIEM POR UN CAMPESINO ESPANOL • REQUIEM FOR A SPANISH PEASANT • 1985
SINATRA • 1988

BETTENDORF ANDRE – BLG
FORGES • 1956 • DOC
PLANETE FAUVE, LA • 1959

BETTETINI GIANFRANCO – ITL
STREGONI DI CITTA • 1973

BETTIOL see **BETTIOL BRUNO**

BETTIOL see **BETTIOL GUIDO**

BETTIOL BRUNO – FRN
BETTIOL
BERTHE AUX GRANDS PIEDS • BIG FOOTED BERTHA (USA) • ANS
ACTE SANS PAROLES • ACT WITHOUT WORDS (USA) • 1964 • SHT

BETTIOL GUIDO – FRN
BETTIOL
BERTHE AUX GRANDS PIEDS • BIG FOOTED BERTHA (USA) • ANS
ACTE SANS PAROLES • ACT WITHOUT WORDS (USA) • 1964 • SHT

BETTMAN GIL – USA
NEVER TOO YOUNG TO DIE • 1986
CRYSTAL HEART • 1987

BETTS LARRY – USA
METEMPSYCHOSIS II • SHT

BETUEL JONATHAN R. – USA
MY SCIENCE PROJECT • 1985

BEUCLER ANDRE – FRN
ADIEU LES BEAUX JOURS • BEAUX JOURS D'ARANJUEZ, LES • 1933
TAMBOUR BATTANT • GRAND AMOUR DE JEUNE DESSAUER, LE ○ AMOURS DE JEUNE DESSAUER, LES ○ MONSIEUR LE MARQUIS • 1933
PRINCESSE CZARDAS • SERENADE • 1934
SECRET DES WORONZEFF, LE • 1934

BEUTE CHRIS – USA
HEADLEYS AT HOME, THE • AMONG THOSE PRESENT (UKN) • 1938

BEVAN BILLY – Actor – USA – 1887–1957
BEVAN WILLIAM
QUACK DOCTOR, THE • 1920 • SHT

BEVAN WILLIAM see **BEVAN BILLY**

BEVC JOZE – YGS – 1925–
CITIZEN URBAN • DOC
LAST PEDESTRIAN, THE • DOC
TIME • 1973 • SHT
LEPO JE ZIVETI NA DEZELI • BEAUTY OF COUNTRY LIFE, THE • 1974 • SHT
TO SO GADI • TO SU FAKINI ○ REAL PESTS! ○ PESTS, THE • 1979

de BEVERE MAURICE see **MORRIS**

BEVERIDGE JAMES – CND – 1917–
BREAKTHROUGH • 1944 • DCS
LOOK TO THE NORTH • 1944 • SHT

BEVERIDGE JANE MARSH – CND – 1915–
MARSH JANE
INSIDE FIGHTING CANADA • 1942 • DOC
WOMEN ARE WARRIORS • FEMMES DANS LA MELEE, LES • 1942 • DOC
ALEXIS TREMBLAY, HABITANT –THE STORY OF A FARMER IN QUEBEC • TERRE DE NOS AIEUX • 1943 • DOC
PROUDLY SHE MARCHES • 1943 • DCS
AIR CADETS • 1944 • DOC

BEVILACQUA ALBERTO – ITL – 1934–
CALIFFA, LA • 1970
QUESTA SPECIE D'AMORE • 1972
ATTENTI AL BUFFONE • 1975
ROSE DI DANZICA, LE • ROSES OF DANZICA, THE • 1979
BASCO D'AMORE • 1981
DONNA DELLE MERAVIGLIE, LA • WOMAN OF WONDERS • 1985

BEVILLE RICHARD – UKN
RADIO PARADE • HELLO RADIO • 1933

BEVIS DONALD L. – USA
DANSE MACABRE • SHT

BEX LUDO – BLG
PRINTEMPS, LE • 1967 • SHT
ETE, L' • 1968 • SHT
ZON, DE • 1970

BEY MOUHSSINN – GRM
SAMSON, SEIN EIGENER MORDER • 1919

BEYE DIOGAYE – SNL – 1947–
PRINCES NOIRS DE SAINT-GERMAIN-DES-PRES, LES • SHT
SEY SEYETI • MAN, SOME WOMEN, A • 1980

BEYER FRANK – GRM – 1932–
BOCKSHORN • TAKEN FOR A RIDE
ZWEI MUTTER • TWO MOTHERS • 1957
ALTE LIEBE, EINE • 1959
EINE ALTE LIEBE • OLD LOVE • 1959
FUNF PATRONENHULSEN • FIVE CARTRIDGES ○ FIVE BULLETS • 1960
KONIGSKINDER • INVINCIBLE LOVE ○ ROYAL CHILDREN • 1962
NACKT UNTER WOLFEN • NAKED AMONG THE WOLVES (USA) ○ NAKED AMONG WOLVES • 1962
KARBID UND SAUERAMPFER • CARBIDE AND SORREL • 1963
JAKOB DER LUGNER • JACOB THE LIAR (USA) • 1975
STAY, THE • 1982
AUFENTHALT, DIE • TURNING POINT • 1983
BRUCH, DER • BREAK, THE • 1988

BEYER FRIEDEMANN – GRM
NACH WIEN • 1983

BEYFUSS ALEX see **BEYFUSS ALEX E.**

BEYFUSS ALEX E. – USA
BEYFUSS ALEX
SALOMY JANE • 1914
MIGNON • 1915
SALVATION NELL • 1915

BEYMER RICHARD – Actor – USA – 1939–
INNERVIEW, THE • 1973

BEYZAI BAHRAM – IRN – 1938–
BEIZA'I BAHRAM
AMOU SIBILOU • 1970
RAGBAR • DOWNPOUR ○ RAINSTORM • 1972
SAFAR • 1972 • SHT
GHARIBEH VA MEH • STRANGER AND THE FOG, THE ○ GARIBEH VA MEH • 1974
KALAAGH • CROW, THE ○ KALAGH • 1977
TARA, DOKHTARE NASHENASS • TARA, THE UNKNOWN GIRL • 1978
TCHERIKE-YE TARA • BALLAD OF TARA, THE • 1979
MAYBE SOME OTHER TIME • 1988
BASHU, THE LITTLE STRANGER • 1989

BEZENCENET PETER – UKN
BOMB IN THE HIGH STREET, A • 1961
BAND OF THIEVES • 1962
24 HOURS TO KILL • 1965
CITY OF FEAR • 1966

BHAMBRI JAGDEV – IND
GHAR KA CHIRAG • LAMP THAT LIGHTS THE HOME, THE • 1967

BHANJA HARI – IND
BAMAN AVATAR • 1939

BHASKARAN P. – IND
NEELAKKUYIL • 1954
ANVESHICHU KANDETHIYILLA • SEARCHED IN VAIN • 1967
PAREEKSHA • TEST • 1967

BHATT BALWANT – IND
PARSHURAM • 1935

BHATT MAHESH – IND
KABZAA
ARTH • MEANING, THE • 1983
SARANSH • GIST • 1984
DADDY • 1989
SWAYAM • 1989

BHATT NANABHAI – IND
BHATT NANABHOY
VEERGHATOTGACH • SUREKHA HARAN(?) • 1949
JANMASHTAMI • BIRTH OF ASHTANNI • 1950
VATSALA KALYANAM • COTTON CHICKEN ○ COTTON CHICKEN • 1950
VEER BABRUVAHAN • 1950
LAV KUSH • 1951
LAXMI NARAYAN • LAXMI THE GUARD • 1951
RAM JANMA • 1951
NAAG RANI • COBRA GIRL (USA) • 1962

BHATT NANABHOY see **BHATT NANABHAI**

BHATT PRAVIN – IND
BHAVANA • IDEAL • 1984

BHATT VIJAY – IND
BHATT VIJAYA
DREAMLAND • 1937
NARSI BHAGAT • 1940
CHAITANYA MAHAPRABHU • 1953
RAM RAJYA • KINGDOM OF RAM, THE • 1967

BHATT VIJAYA see **BHATT VIJAY**

BHATTACHARJEE MONI – IND
BHATTACHARYA MONI
JAAL • COUNTERFEIT • 1967
BAAZI • BET • 1968

BHATTACHARYA BASU – IND
ANUBHAV • FEELING • 1972
AVISHKAR • 1974
GRIHAPRAVESH • HOUSEWARMING, THE ○ HOUSE WARMING, THE • 1978

BHATTACHARYA MONI see **BHATTACHARJEE MONI**

BHATTACHARYA SHANKAR – IND
ASWAMEDHER GHORA • SACRIFICIAL HORSE • 1981

BHATVADEKAR HARISHCHANDRA S. – IND
WRESTLERS, THE • 1899

BHAVE K. P. – IND
BHAKT PRAHLAD • DEVOTEE PRAHLAD • 1934
DHRUVA KUMAR • 1938

BHAVNANI M. see **BHAVNANI MOHAN DAYARAM**

BHAVNANI MOHAN DAYARAM – IND
BHAVNANI M.
BRIDEGROOMS WANTED • 1935
ZAMBO • SHER-E-JUNGLE • 1937
DOUBLE CROSS • 1938
SON OF ZAMBO • 1938
YANGRILLA • TIBBET-KA JADU • 1938

BHIMSAIN – IND
GHARAONDA • NEST, THE • 1977

BHIMSINGH A. – IND
AADMI • MAN • 1968
GOURI • 1968
SADHU AUR SHAITAAN • SAINT AND THE DEVIL, THE • 1968

BHOITE MADHAV – IND
CHHAND PRITICHA • 1968

BHOWNAGARY J. S. – IND
RADHA AND KRISHNA • 1956 • SHT

BHUIYAN JAHANARA – BNG
SINDUR DIONA MUSAY • 1985

BIAFORA RUBEM – BRZ
RAVINA • 1959
QUARTO, O • BEDROOM, THE • 1969

BIAGETTI GIOVANNI – ITL
RIVALITA • MEDICO CONDOTTO • 1953

BIAGETTI GIULIANO – ITL
APPUNTAMENTO, L' • 1956
RAGAZZE AL MARE • IN VACANZA AL MARE • 1956
ETA DEL MALESSERE, L' • LOVE PROBLEMS (USA) ○ AGE OF UNEASINESS, THE • 1968
INTERRARANG • 1969
ANCORA UNA VOLTA PRIMA DI LASCIARCI • 1973
SVERGOGNATA, LA • 1974
DONNA.. COSA SI FA PER TE • 1976

BIAGI ENZO – ITL – 1920–
ITALIA PROIBITA • 1963 • DOC

BIANCHI ADELCHI – ITL
BELLEZZE A CAPRI • 1952
AMANTI DEL PASSATO • 1955
VITE PERDUTE • LOST SOULS (USA) ○ LEGGE DEL MITRA, LA ○ LOST LIVES • 1958
BUCKAROO • WINCHESTER CHE NON PERDONA, IL • 1967

BIANCHI ANDREA – ITL
WHITE ANDREW
TUA PRESENZA NUDA, LA • 1972
ISOLA DEL TESORO, L' • 1973
BASTA CON LA GUERRA, FACCIAMO L'AMORE • 1974
QUELLI CHE CONTANO • 1974
NUDE PER L'ASSASSINO • 1975
MOGLIE DI MIO PADRE, LA • CONFESSIONS OF A FRUSTRATED HOUSEWIFE (UKN) ○ MY FATHER'S WIFE ○ CONFESSIONS OF A FRUSTRATED WIFE • 1976
CARA DOLCE NIPOTE • 1977
MOGLIE NUDA E SICILIANA • 1978
NOTTI DEL TERRORE, LE • NIGHTS OF TERROR, THE ○ ZOMBIE HORROR ○ ZOMBIE 3 • 1980
BURIAL GROUND • 1985

BIANCHI BRUNO - USA
HEATHCLIFF -THE MOVIE • HEATHCLIFF MOVIE: HEATHCLIFF AND ME, THE • 1986 • ANM

BIANCHI EDWARD - USA - 1942-
FAN, THE • 1981
MOON OVER MIAMI • 1990

BIANCHI GIORGIO - ITL - 1894-1967
MAESTRINA, LA • 1942
PICCOLA MOGLIE, UNA • 1944
MONDO VUOLE COSI, IL • 1946
RESA DI TITI, LA • 1946
CRONACA NERA • 1947
FATALITA • 1947
CHE TEMPI! • 1948
MERRY CHASE, THE • 1948
LETTERA ALL'ALBA • 1949
VENT'ANNI • 1949
CAIMANO DEL PIAVE, IL • 1950
CUORI SUL MARE • 1950
AMOR NON HO.. PERO, PERO • 1951
PORCA MISERIA • 1951
NEMICA, LA • 1952
SCAMPOLO '53 • FEMMES MENENT LE JEU, LES (FRN) • 1954
VIA PADOVA 46 • SCOCCIATORE, LO • 1954
ACCADDE AL PENITENZIARIO • 1955
BUONANOTTE AVVOCATO! • 1955
GRAZIELLA • 1955
IO PIACCIO • VIA DEL SUCCESSO CON LE DONNE, LA • 1955
NO C'E AMORE PIU GRANDE • 1955
OMBRA, L' • 1955
CONTE MAX, IL • 1957
ZITELLONI, GLI • 1958
BREVI AMORE A PALMA DI MAJORCA • ISLAND AFFAIR • 1959
MORALISTA, IL • MORALIST, THE • 1959
NIPOTE SABELLA, LA • 1959
UOMINI E NOBILUOMINI • 1959
CHIAMATE 22-22 TENENTE SHERIDAN • 1960
FEMMINE DI LUSSO • LOVE, THE ITALIAN WAY (USA) ◦ LOVE ITALIAN STYLE • 1960
OLIMPIADI DEI MARITI, LE • 1960
ATTENDENTI, GLI • 1961
MANI IN ALTO • EN PLEINE BAGARRE (FRN) ◦ DESTINATION FURY (USA) ◦ INTERPOL STRIPTEASE • 1961
CAMBIO DELLA GUARDIA, IL • 1962
MIO AMICO BENITO, IL • 1962
PECCATI D'ESTATE • 1962
TOTO E PEPPINO DIVISI A BERLINO • 1962
QUATTRO TASSISTI, I • 1964
SEDOTTI E BIDONATI • 1964
ASSICURASI VERGINE • GUARANTEED VIRGIN • 1967
QUANDO DICO CHE TI AMO • WHEN I SAY I LOVE YOU • 1967

BIANCHI MARIO - ITL
*MOORE ROBERT**
HAI SBAGLIATO.. DOVEVI UCCIDERMI SUBITO! • 1973
PER UN BREVIARIO DI DOLLARI • 1974
INFERMIERA DI MIO PADRE, L' • 1975
CAMERIERA NERA, LA • 1976
BANDA VALLANZASCA, LA • 1977
NAPOLI.. I CINQUE DELLA SQUADRA SPECIALE • 1978
PROVINCIA VIOLENTA • 1978
GUAPPI NON SI TOCCANO • 1979

BIANCHI NERINO FLORIO - ITL
OMBRE SU TRIESTE • 1952

BIANCHI P. - Animator - FRN
ALL QUIET IN THE EAST • 1934 • ANM

BIANCHI ROBERTO see **MONTERO ROBERTO BIANCHI**

BIANCHI SERGIO - BRZ
MATO ELES? • DO I KILL THEM? • 1982 • DOC
ROMANCE • 1988

BIANCHINI PAOLO - ITL
BLANC PAUL • MAXWELL PAUL
GIOCO DELLE SPIE, IL • OUR MEN IN BAGDAD (USA) ◦ SCUFFLE IN BAGDAD FOR X-27 ◦ OUR MAN IN BAGDAD • 1966
DEVILMAN STORY • DEVIL'S MAN, THE (UKN) • 1967
HIPNOS FOLLIA DI UN MASSACRO • MASSACRE MANIA (USA) ◦ HYPNOS (SPN) • 1967
SUPERARGO EL GIGANTE • SUPERARGO AND THE FACELESS GIANTS (USA) ◦ RE DEI CRIMINALI, IL ◦ SUPERDRAGO E I GIGANTI SENZA VOLTO ◦ SUPERARGO THE GIANT ◦ CRIMINAL KING, THE ◦ KING OF CRIMINALS, THE • 1967
DIO LI CREA, IO LI AMMAZZO • GOD CREATED THEM, I KILL THEM • 1968
INVINCIBILE SUPERMAN, L' • 1968
LO VOGLIO MORTO • I WANT HIM DEAD • 1968
QUEL CALDO MALEDETTO GIORNO DI FUOCO • THAT DAMNED HOT DAY OF FIRE ◦ AMETRALLADORA, LA ◦ GATLING GUN • 1968
EHI, AMICO, SEI MORTO • 1970
DECAMERON N.4 • PIU BELLE NOVELLE DEL BOCCACCIO, LE • 1972
TI DARO UN POSTO ALL'INFERNO • 1974
SUPERANDY IL FRATELLO BRUTO DI SUPERMAN • 1979

BIANCINI FERRUCCIO - ITL
NOTTE CON TE, UNA • 1932
PROVINCIALINA, LA • 1934

BIANCOLI ORESTE - ITL - 1897-
STASERA ALLE UNDICI • STANOTTE ALLE 11 • 1937
AMICIZIA • FRIENDSHIP (USA) • 1938
MAZURKA DI PAPA, LA • DAME E I CAVALIERI, LE ◦ TEMPI FELICI ◦ DURA MINGA • 1938
EREDITA IN CORSA, L' • 1939
PICCOLO ALPINO • 1940
CHIROMANTE, IL • 1941
SOGNO DI TUTTI, IL • 1941
VAGABONDO, IL • 1942
CARICA DEGLI EROI, LA • 1943
PENNE NERE • 1953

BIBAL ROBERT - FRN - 1900-1973
AMOUR.. AMOUR.. • POUR LES BEAUX YEUX • 1932
CHOUCHOU POIDS PLUME • 1932
FOLLE NUIT, LA • DERIVATIF, LE • 1932
GRANDS, LES • 1936
REMONTONS LES CHAMPS-ELYSEES • 1938
REVOLTE, LE • 1938
BOIS SACRE, LE • 1939
DEUXIEME BUREAU CONTRE KOMMANDANTUR • TERRE D'ANGOISSE • 1939
FUGITIF, LE • CAMP DES HOMMES PERDUS, LE • 1946
HOMME TRAQUE, L' • 1946
DEUX "MONSIEUR" DE MADAME, LES • 1951
PETIT JACQUES, LE • 1953
TOURNANT DANGEREUX, LE • CAFFE DEL PORTO, IL (ITL) • 1955
GOSSE SENSASS', UNE • 1956
CHAQUE MINUTE COMPTE • 1959
ALIBI POUR UN MEURTRE • 1961

BIBELAS NASOS - GRC
ATHINA, KLOPI TIS ODHOU STADHIOU • ATHENS, THE STADIOU STREET ROBBERY • 1968

BIBERMAN ABNER - Actor - USA - 1909-1977
JUDGE JOEL
GOLDEN MISTRESS, THE • 1954
LOOTERS, THE • 1955
RUNNING WILD • 1955
BEHIND THE HIGH WALL • 1956
PRICE OF FEAR, THE • 1956
GUN FOR A COWARD • 1957
NIGHT RUNNER • 1957
FLOOD TIDE • ABOVE ALL THINGS (UKN) ◦ DARK SHORE, THE • 1958
TOO MANY THIEVES • 1968 • TVM

BIBERMAN HERBERT see **BIBERMAN HERBERT J.**

BIBERMAN HERBERT J. - USA - 1900-1971
BIBERMAN HERBERT
ONE WAY TICKET • 1935
MEET NERO WOLFE • 1936
MASTER RACE, THE • 1944
SALT OF THE EARTH • 1954
SLAVES • 1969

BICAT TONY - UKN - 1945-
SKINFLICKER • SKIN FLICKER • 1972
DINOSAUR • 1975
CHRISTMAS PRESENT • 1985 • TVM

BICHIER JEAN-JACQUES - VNZ
IMAGEN DE VENEZUELA • IMAGES OF VENEZUELA • 1968

BIDEAU ANTONIN - FRN
HOMME HEUREUX, UN • 1932

BIDGOOD JIM - USA
PINK NARCISSUS • 1971

BIDO ANTHONY see **BIDO ANTONIO**

BIDO ANTONIO - ITL
BIDO ANTHONY
BLOODSTAINED SHADOW
GATTO DAGLI OCCHI DI GIADA, IL • 1977
SOLAMENTE NERO • 1978
WATCH ME WHEN I KILL

BIEBRACH RUDOLF - GRM
ANDREAS HOFER • 1909
LIEBESGLUCK EINER BLINDEN, DAS • 1909
PFARRERS TOCHTERLEIN • 1912
GRAFIN KUCHENFEE • 1913
GROSSE SUNDERIN, DIE • 1913
HEROISMUS EINER FRANZOSIN • 1913
UM HAARSBREITE • 1913
UNGARISCHE RHAPSODIE • HUNGARIAN RHAPSODY • 1913
ABSEITS VOM GLUCK • 1914
ADOPTIVKIND, DAS • 1914
ALEXANDRA • 1914
HANS, HEIN UND HENNY • 1914
NORLANDROSE • 1914
TAL DES LEBENS, DAS • 1914
AUF DER ALM, DA GIBT'S KA SUND' • 1915
ENDE VOM LIEDE, DAS • 1915
GROSSE SCHWEIGEN, DAS • 1915
MARTYRERIN DER LIEBE • 1915
NUR NICHT HEIRATEN • 1915
SIEG DES HERZENS, DER • 1915
TIROL IN WAFFEN • 1915
UBERFALL IN FEINDESLAND, EIN • 1915
ABSEITS VOM GLUCK • 1916
EHE DER LUISE ROHRBACH • 1916
FEENHANDE • 1916
GELOSTE KETTEN • 1916
IHR BESTER SCHUSS • 1916
LEID DER LIEBE, DAS • 1916
RUF DER LIEBE, DER • 1916
AUF PROBE GESTELLT • 1917
BUMMELSTUNDENTEN • 1917
CHRISTA HARTUNGEN • 1917
CLAUDI VOM GEISERHOF, DIE • 1917
EDELSTEINE • 1917
FAUST DES RIESEN, DIE • 1917
GEFANGENE SEELE • 1917
GOLDENE KALB, DAS • 1917
GRAFIN KUCHENFEE • 1917
HOHENLUFT • 1917
PRINZESSIN VON NEUTRALIEN, DIE • 1917
AGNES ARNAU UND IHRE DREI FREIER • 1918
BLAUE LATERNE, DIE • 1918
DAME, DER TEUFEL UND DIE PROBIERMAMSELL, DIE • LADY, THE DEVIL AND THE FASHION MODEL, THE • 1918
GESCHLECHT DERER VON RINGWALL, DAS • 1918
HEIMKEHR DES ODYSSEUS, DIE • 1918
MASKENFEST DES LEBENS, DAS • 1918
ODYSSEUS' HEIMKEHR • 1918
RUBIN-SALAMANDER, DER • 1918
SIEGER, DIE • VICTOR, THE • 1918
BEIDEN GATTEN DER FRAU RUTH, DIE • 1919
FAHRT INS BLAUE, DIE • 1919
HUNDEMAMACHEN • 1919
IHR SPORT • 1919
IRRUNGEN • 1919
LEBENDE TOTE, DIE • 1919
MONICA VOGELSANG • 1919
ROLLENDE KUGEL, DIE • 1919
ROTE HENKER, DER • 1919
SCHULD, DIE • 1919
WEG DER GRETE LESSEN, DER • 1919
MOJ • 1920
TARANTEL, DIE • 1920
ABENTEUER DES DR. KIRCHEISEN, DAS • 1921
FREI TANTEN, DIE • 1921
GELUBDE, DAS • 1921
KEAN • 1921
SCHULD DES GRAFEN WERONSKI, DIE • 1921
SEEFAHRT IST NOT! • 1921
VERBOTENE FRUCHT, DIE • 1921
WAHN DES PHILIPP MORRIS, DER • 1921
FELICITAS GROLANDIN • 1922
SCHATTEN DER VERGANGENHEIT • 1922
SCHULD UND SUHNE • 1922
SUCHENDE SEELE, DIE • 1923
UM EINES WEIBES EHRE • 1923
FALSCHE SCHAM • 1926
FRAU IM SCHRANK, DIE • 1927
ADAM UND EVA • 1928
AM RANDE DER SAHARA • 1930

BIEGANSKI VICTOR - PLN - 1892-
MESSIRE TWARDOWSKI • 1920
JALOUSIE • 1922
ABIME DE PENITENCE, L' • 1924
IDOLE, L' • 1924
VAMPIRES DE VARSOVIE, LES • 1925
AIGLON, L' • 1926
FIEVRE DU ZLOTY, LA • 1926
MARATHON POLONAIS • 1927

BIELEK PALO see **BIELIK PALO**

BIELIK PALO - CZC - 1910-1983
BIELEK PALO
FAR FREEDOM • 1945
VARUJ! • REITERATE THE WARNING! ◦ WARNING • 1947
VLCIE DIERY • FOXHOLES • 1948
PRIEHRADA • DAM, THE • 1950
LAZY SA POHLI • MOUNTAINS ARE STIRRING, THE • 1952
V PIATOK TRINASTEHO • FRIDAY THE THIRTEENTH • 1953
STYRIDSATSTYRI • FORTY-FOUR • 1957
KAPITAN DABAC • CAPTAIN DABAC • 1959
JANOSIK I • 1962
JANOSIK II • 1963
MAJSTER KAT • EXECUTIONER, THE ◦ HANGMAN, THE • 1965
BLACK DOLPHIN CAMP • 1966
TRAJA • TRAJA SVEDKOVIA ◦ THREE WITNESSES ◦ THREE, THE ◦ TRIO • 1969

BIELINSKA HALINA - PLN
RASCAL SNAIL, THE • 1951 • ANM
LAWRENCE'S ORCHARD • ORCHARD OF PERE LAURENT, THE • 1952 • ANM
JANOSIK • 1953
NIEZWYKLA PODROZ • WHAT THE MOON SAW ◦ MOON'S TALE, A ◦ MOON'S STORY, THE • 1955 • ANM
KATARYNKA • 1956
WLODZIMIERZ HAUPE • 1958
ZMIANA WARTY • CHANGING OF THE GUARD • 1958 • ANS
BUT • 1959
CIRCUS UNDER THE STARS, THE • 1960
SZCZESCIARZ ANTONI • LUCKY TONY • 1961
TEA-POT, THE • 1962 • ANM
GODZINA PASOWEJ ROZY • GODZINA PASOMES ROZY ◦ HOUR OF THE ROSE, THE • 1963
BARREL-ORGAN, THE • 1965 • ANM
SAM POSROD MIASTA • ALONE IN THE TOWN ◦ ALONE IN A CITY • 1965
DZIADEK DO ORZECHOW • NUTCRACKER, THE • 1967

BIENEK HORST - GRM
EZRA POUND, 80 • 1966
ZELLE, DIE • CELL, THE • 1971

BIENZ EDUARD - SWT
BERGFUHRER, DER • 1917

BIERMAN ROBERT - USA
APOLOGY • APOLOGY: FOR MURDER • 1986 • TVM
VAMPIRE'S KISS • 1988
FRANKENSTEIN'S BABY • 1990 • TVM

BIERY EDWARD A. - USA
HOW TO SUCCEED WITH GIRLS • HARVEY'S GIRL • 1964

BIETTE JEAN-CLAUDE - FRN - 1942-
THEATRE DES MATIERES, LE • 1977
LOIN DE MANHATTAN • 1981

BIGAS LUNA see **LUNA BIGAS**

BIGELOW KATHRYN - USA
LOVELESS, THE • BREAKDOWN • 1983
NEAR DARK • 1987
BLUE STEEL • 1990

BIGGAR HELEN - Animator - UKN
HELL UNLIMITED • 1936 • ANS

BIGGS JULIAN - Producer - CND - 1920-1972
23 SKIDOO • SHT
OYSTER MAN, THE • 1950
SON, THE • 1951
HERRING HUNT • 1953
ON THE SPOT • 1954 • SER
CARNIVAL • 1955
RAW MATERIAL • 1955
SHEPHERD, THE • 1955
ARE PEOPLE SHEEP? • 1956
DESERTER, THE • 1956
MONKEY ON THE BACK • 1956
WOMAN ALONE • 1956
AYE, FOLLOW YOUR OWN • 1957
JOURNEY FROM ETSA • 1957
FIRE IN TOWN • 1958
PEOPLE OF THE PEACE • 1958
LORD ELGIN: VOICE OF THE PEOPLE • 1959
JOSEPH HOWE: THE TRIBUNE OF NOVA SCOTIA • 1961
WILLIAM LYON MACKENZIE: A FRIEND TO HIS COUNTRY • 1961
ALEXANDER GALT: THE STUBBORN IDEALIST • 1962
HEAD MEN, THE • 1963
PORTRAIT OF THE ARTIST • 1963

THREE APPRENTICES • 1963
THREE GRANDMOTHERS • 1963
WEDDING DAY • 1963
SKIDOO • 1964
STAGE TO THREE, THE • 1964
THREE COUNTRY BOYS • 1964
LITTLE FELLOW FROM GAMBO, THE • 1970

BIGHAM RICHARD – UKN
THREAT IN THE WATER, THE • 1968
CAST US NOT OUT • 1969

BIGHOUSE TONY see **GRANDI GASTONE**

BIGIAOUI JEAN – FRN – 1946–
Y A TELLEMENT DE PAYS POUR ALLER • 1978

BIGRAS JEAN-YVES – CND – 1919–1966
GROS BILL, LE • 1949
LUMIERES DE MA VILLE, LES • 1950
PETITE AURORE L'ENFANT MARTYRE, LA • LITTLE AURORE'S TRAGEDY • 1951
ESPRIT DU MAL, L' • 1953
MODERN PROSPECTOR, THE • 1958 • DCS
MEDECIN VETERINAIRE, LE • 1962 • DCS

BIGWOOD JOSEPH – USA
BLOODRAGE • 1979

BIJL JACOB – NTH
ZWARTZIEK • JEALOUSY • 1974 • MTV
SCRIM • 1976 • MTV
TIRO • 1978

BIJLSMA RONALD – NTH
DUEL, THE • ANS
IN THE VOID • 1969 • ANS
BRAINWASH • 1972 • SHT

BIJOU LEON – UKN
WIND ON THE HEATH, THE • 1963

BILAL ENKI – FRN
BUNKER PALACE HOTEL • 1989

BILCOCK DAVID see **BILCOCK DAVID JR.**

BILCOCK DAVID JR. – ASL – 1937–
BILCOCK DAVID
ALVIN RIDES AGAIN • FOREPLAY: THE PREQUEL • 1974
BARMAH BOY • 1974 • SHT
MEMO MELBOURNE • 1979 • DOC
DEATH RAILWAY • 1980 • DOC

BILCOCK DAVID SR. – Producer – ASL – 1909–
JAMBOREE • 1949 • DOC
MADDINGLEY • 1954 • DOC
RED CROSS PANORAMA • 1957 • DOC
BABY AND THE BOTTLE • 1958 • DOC

BILL TONY – Actor/producer – USA – 1940–
MY BODYGUARD • 1979
SIX WEEKS • 1982
PRINCESS AND THE PEA, THE • 1983 • MTV
LOVE THY NEIGHBOR • 1984 • TVM
TWO AND A HALF DADS • 2½ DADS • 1986
FIVE CORNERS • 1988
CRAZY PEOPLE • 1989

BILLETDOUX RAPHAELE – FRN – 1951–
FEMME ENFANT, LA • 1980

BILLIAN H. see **BILLIAN HANS**

BILLIAN HANS – GRM
BILLIAN H.
LUSTIGEN WEIBER VON TIROL, DIE • 1964
ICH KAUF MIR LIEBER EINEN TIROLERHUT • 1965
SPUKSCHLOSS IM SALZKAMMERGUT • HAUNTING CASTLE IN SALZKAMMERGUT, THE ○ SPOOK-CASTLE IN SALZKAMMERGUT • 1965
JUNGFRAUEN VON BUMSHAUSEN, DIE • RUN, VIRGIN, RUN (UKN) • 1969
FLEISSIGEN BIENEN VOM FROHLICHEN BOCK, DIE • SEX IS NOT FOR VIRGINS (UKN) • 1970
MADCHEN MIT DER HEISSEN MASCHE, DAS • LOVES OF A FRENCH PUSSYCAT, THE (UKN) • 1971
I LIKE GIRLS WHO DO • 1974

BILLING KJELL – NRW
ERFARINGER • 1976 • SHT
OLE ANDERS, MARIKEN OG ESPEN • 1978 • SHT

BILLINGTON KEVIN – UKN – 1933–
INTERLUDE • WHEN TOMORROW COMES • 1967
RISE AND RISE OF MICHAEL RIMMER, THE • 1970
LIGHT AT THE EDGE OF THE WORLD, THE • 1971
...AND NO ONE COULD SAVE HER • ALIVE ALIVE O • 1972 • MTV
VOICES • 1973
ONCE UPON A TIME.. IS NOW • 1977 • MTV
HENRY VIII • 1978 • MTV
GOOD SOLDIER, THE • 1981 • TVM
REFLECTIONS • 1984

BILLON – FRN
PRENEZ DES GANTS • 1960 • SHT

BILLON PIERRE – FRN – 1906–1981
CHAUVE-SOURIS, LA • 1931
NUIT AU PARADIS, UNE • 1931
NUITS DE VENISE • HUIT JOURS DE BONHEUR • 1931
BABY • 1932
FAUT-ILS LES MARIER? • 1932
KIKI • 1932
FAKIR DU GRAND HOTEL, LE • 1933
FEMME AU VOLANT, UNE • 1933
FILLE DU REGIMENT, LA • 1933
MAISON DANS LA DUNE, LA • HOUSE ON THE DUNE, THE (USA) • 1934
BOURRASQUE • MOGHREB • 1935
DEUXIEME BUREAU • 1935
ARGENT, L' • 1936
AU SERVICE DU TSAR • 1936
COURRIER-SUD • 1936
BATAILLE SILENCIEUSE, LA • POISSON CHINOIS, LE • 1937
PISTE DU SUD, LA • 1938
SOLEIL A TOUJOURS RAISON, LE • 1941
INEVITABLE MONSIEUR DUBOIS, L' • 1943
VAUTRIN • VAUTRIN THE THIEF ○ THIS MAN -VAUTRIN • 1943
MADEMOISELLE X • 1944
HOMME AU CHAPEAU ROND, L' • ETERNAL HUSBAND, THE (USA) • 1946
RUY BLAS • 1947
AGNES DE RIEN • 1949
AU REVOIR, MONSIEUR GROCK • MERCI MONSIEUR GROCK • 1949
CHERI • 1950
MON PHOQUE ET ELLES • MIN VAN OSCAR (SWD) ○ AKES LILLA FELSTEG • 1951
MARCHAND DE VENISE, LE • MERCANTE DI VENEZIA, IL (ITL) • 1952
ORAGE • DELIRIO (ITL) • 1952
AUBERGE FLEURIE, L' • AUBERGE EN FOLIE, L' • 1956
JUSQU'AU DERNIER • 1956
SOUPCONS • 1956

BILLON YVES – FRN – 1946–
DE SOL A SOL • 1975 • DOC
GUERRE DE PACIFICATION EN AMAZONIE, LA • 1976 • DOC
CHRONIQUE DU TEMPS SEC • 1977 • DOC

BILSON BRUCE – USA – 1928–
GIRL WHO CAME GIFT WRAPPED, THE • 1974 • TVM
DEAD MAN ON THE RUN • 1975 • TVM
NEW DAUGHTERS OF JOSHUA MCCABE, THE • 1976 • TVM
PLEASURE COVE • 1978 • TVM
DALLAS COWBOYS CHEERLEADERS, THE • 1979 • TVM
NORTH AVENUE IRREGULARS, THE • HILL'S ANGELS (UKN) • 1979
GHOSTS OF BUXLEY HALL, THE • 1980
CHATTANOOGA CHOO CHOO • 1984
GIDGET'S SUMMER REUNION • 1985 • TVM

BILSON DANNY – USA
ZONE TROOPERS • 1986
WRONG GUYS, THE • 1988
JOURNEY THROUGH THE DARK ZONE • 1989

BINDER JOHN – USA
UFORIA • 1980

BINDER STEVE – USA
BARNEY KESSEL TRIO • 1962 • SHT
BEN POLLACK AND HIS PICK-A-RIB BOYS • 1962 • SHT
BIG MILLER • 1962 • SHT
CAL TJADER QUINTET • 1962 • SHT
CANNONBALL ADDERLEY SEXTET • 1962 • SHT
CURTIS AMY – PAUL BRYANT QUINTET • 1962 • SHT
FIREHOUSE FIVE PLUS TWO • 1962 • SHT
FRANK ROSOLINO QUARTET • 1962 • SHT
HAROLD LAND – RED MITCHELL QUINTET • 1962 • SHT
JAZZ CRUSADERS • 1962 • SHT
JAZZ IS A CHILD • 1962 • SHT
JIMMY SMITH TRIO • 1962 • SHT
LES MCCANN LTD. • 1962 • SHT
LOU RAWLS • 1962 • SHT
MARK MURPHY • 1962 • SHT
NANCY WILSON • 1962 • SHT
OSCAR BROWN, JNR. • 1962 • SHT
PAUL HORN QUINTET • 1962 • SHT
PETE FOUNTAIN SEXTET • 1962 • SHT
PHINEAS NEWBORN JNR. TRIO • 1962 • SHT
SHELLY MANNE AND HIS MEN • 1962 • SHT
SHORTY ROGERS AND HIS GIANTS • 1962 • SHT
SOUNDS OF SYNANON • 1962 • SHT
STAN KENTON AND HIS ORCHESTRA • 1962 • SHT
TEDDY BUCKNER AND HIS DIXIELAND ALL STARS • 1962 • SHT
TEDDY EDWARDS SEXTET • 1962 • SHT
VI REDD SEPTET • 1962 • SHT
T.A.M.I. SHOW, THE • TEENAGE AWARDS INTERNATIONAL ○ TEENAGE COMMAND PERFORMANCE ○ TEENAGE MUSIC INTERNATIONAL ○ TAMI SHOW, THE ○ T. A.M.I. ○ GATHER NO MOSS • 1964
GIVE 'EM HELL, HARRY! • 1975
THAT WAS ROCK • 1984 • ANT

BINDLEY VICTOR – Producer – ASL – 1887–1963
SAFETY FIRST • 1938 • DOC

BINET CATHERINE – FRN – 1944–
JEUX DE LA COMTESSE DOLINGEN DE GRATZ, LES • 1981

BINETZKI MENAHEM – ISR
SYKARIKIN, THE • 1970

BING MACK – USA
ALL THE LOVING COUPLES • ALL THE LOVING NEIGHBORS • 1969
CLASS OF '74 • GIRLS MOST LIKELY TO, THE (UKN) • 1972
GABRIELLA • 1974

BINGER MAURITS H. – NTH
LEVENDE LADDER, DE • 1913
TOFFE JONGENS ONDER DE MOBILISATIE • FINE FELLOWS DURING THE MOBILISATION • 1914
OORLOG EN VREDE -1914-1916-1918 • WAR AND PEACE -1914-1916-1918 • 1918
OP HOOP VAN ZEGEN • 1918
BLACK TULIP, THE • 1920
CARMEN OF THE NORTH • 1920
JOHN HERIOT'S WIFE • 1920
VERBORGEN LEVEN, HET • HIDDEN LIFE, THE • 1920
ZONNETJE • SUNNY ○ JOY • 1920
ZOOALS IK BEN • AS GOD MADE HER • 1920
ZUSTER BROWN • NURSE BROWN • 1921

BINGHAM E. DOUGLAS – USA
MASTER MYSTERY, THE • HOUDINI • 1919 • SRL

BINI CARLOS – BRZ
GERACAO BENDITA • 1972

BINNEY JOSH – USA
FABULOUS FORTUNE FUMBLERS • 1918 • SHT
FRED'S FICTITIOUS FOUNDLING • 1918 • SHT
ACROSS THE RIO GRANDE • 1933
MY GYPSY SWEETHEART • 1933
RANGERS AT WAR • 1933
WHERE CATTLE IS KING • 1933
GOOD SHEPHERD, THE • 1947
HI DI HO • 1947
PRODUCER'S DILEMMA, THE • 1947
THIS JOINT IS JUMPIN' • 1947
BOARDING HOUSE BLUES • 1948
KILLER DILLER • 1948
MERRY-GO-ROUND • 1948

BINOVEC VACLAV – CZC
A VASEN VITEZI • PASSION WINS • 1918
BLACK HUNTER, THE • 1919
EVIN HRICH • EVA'S SIN • 1919
KRASAVICE KATA • KATIA THE BEAUTY • 1919
SIVOOKY DEMON • GREY EYED DEMON • 1919
PLAMENY ZIVOTA • FLAMES OF LIFE, THE • 1920
ZA SVOBODU NARODA • FOR THE FREEDOM OF THE NATION • 1920
POSLEDNI RADOST • LAST JOY, THE • 1921
ROMAN BOXERA • CASHEL BYRON'S PROFESSION • 1921
DEVCE Z PODSKALI • GIRL FROM PODSKALI, THE • 1922
ULICKA HRICHU A LASKY • STREET OF SIN AND LOVE, THE • 1923
PEPINA REJHOLCOVA • 1932
ZENA, KTERA VI CO CHCE • WOMAN WHO KNOWS WHAT SHE WANTS, A • 1934
JIZDNI HLIDKA • MOUNTED PATROL, THE • 1936
MESTECKO NA DLANI • VILLAGE IN YOUR PALM, THE ○ OUR LITTLE TOWN • 1942

BINYON CLAUDE – Writer – USA – 1905–1978
FAMILY HONEYMOON • 1948
SAXON CHARM, THE • CHARMING MATT SAXON, THE • 1948
MOTHER DIDN'T TELL ME • 1950
STELLA • 1950
AARON SLICK FROM PUNKIN CRICK • MARSHMALLOW MOON (UKN) • 1951
DREAMBOAT • 1952
HERE COME THE GIRLS • 1953

BINZER ROLLIN – USA
LADIES AND GENTLEMEN, THE ROLLING STONES • 1974 • DOC

BIRAUD MAURICE – FRN
POURQUOI PAS NOUS • 1981

BIRCH CECIL – UKN
ALGY GOES IN FOR PHYSICAL CULTURE • 1914
BIRDS OF A FEATHER PLOT TOGETHER • 1914
GAME OF BLUFF, A • 1914
HOW WINKY FOUGHT FOR A BRIDE • 1914
HOW WINKY WHACKED THE GERMANS • 1914
KILL THAT FLY • 1914
LOVE AND THE BOXING GLOVES • 1914
MUDDLETON FIRE BRIGADE, THE • 1914
PAPA'S LITTLE WEAKNESS • 1914
PEPPERING HIS OWN PORRIDGE • 1914
WANDERER RETURNS, THE • 1914
WHO'S WHICH? • 1914
WINKY ACCUSED OF AN 'ORRIBLE CRIME • 1914
WINKY AND THE ANTS • 1914
WINKY AND THE CANNIBAL CHIEF • 1914
WINKY AND THE GORGONZOLA CHEESE • 1914
WINKY AND THE LEOPARD • 1914
WINKY AS A SUFFRAGETTE • 1914
WINKY AT THE FRONT • 1914
WINKY BECOMES A FAMILY MAN • 1914
WINKY, BIGAMIST • 1914
WINKY CAUSES A SMALLPOX PANIC • 1914
WINKY DIDDLES THE HAWKER • 1914
WINKY DONS THE PETTICOATS • 1914
WINKY GETS PUFFED UP • 1914
WINKY GETS SPOTTED • 1914
WINKY GOES CAMPING • 1914
WINKY GOES SPY CATCHING • 1914
WINKY LEARNS A LESSON IN HONESTY • 1914
WINKY, PARK POLICEMAN • 1914
WINKY TAKES TO FARMING • 1914
WINKY THE TALLYMAN • 1914
WINKY TRIES CHICKEN RAISING • 1914
WINKY WAGGLES THE WICKED WIDOW • 1914
WINKY WINS • 1914
WINKY'S CARVING KNIFE • 1914
WINKY'S CAT • 1914
WINKY'S FIREWORKS • 1914
WINKY'S GUILTY CONSCIENCE • 1914
WINKY'S INSURANCE POLICY • 1914
WINKY'S INVISIBLE INK • 1914
WINKY'S JEALOUSY • 1914
WINKY'S LIFEBOAT • 1914
WINKY'S MOTHER-IN-LAW • 1914
WINKY'S NEXT-DOOR NEIGHBOUR • 1914
WINKY'S RUSE • 1914
WINKY'S STRATAGEM • 1914
WINKY'S WEEKEND • 1914
ALWAYS LOVE YOUR NEIGHBOURS • 1915
ALWAYS TELL YOUR HUSBAND • 1915
AND THAT'S HOW THE ROW BEGAN • 1915
ARTFUL, NOT 'ALF • 1915
BACHELOR'S BABIES, A • 1915
BID FOR BOUNTY, A • 1915
BUMBLE'S BLUNDER • 1915
CHIP OFF THE OLD BLOCK, A • 1915
CODFISH AND ALOES • 1915
COMEDY OF ERRORS, A • 1915
COUNTERFEIT COWBOY, THE • 1915
DR. VIOLET DARING • 1915
DON'T JUMP TO CONCLUSIONS • 1915
EVER BEEN HAD? • 1915
FOUL PLAY • 1915
GETTING ON HIS NERVES • 1915
GOOD LITTLE PAL, A • 1915
GREEN-EYED MONSTER, THE • 1915
HAVE SOME MORE MEAT • 1915
HILDA ROUTS THE ENEMY • 1915
HILDA'S BUSY DAY • 1915
'IGH ART • 1915
LILY, TOMBOY • 1915

LILY'S BIRTHDAY • 1915
LOVE AND A LEGACY • 1915
LOVE AND CAMERAS • 1915
MAMA'S D-E-A-R • 1915
MAN IN POSSESSION, THE • 1915
MISS MADCAP MAY • 1915
MONTY'S MONOCLE • 1915
MOONSTRUCK • 1915
MUSHROOM STEW • 1915
NEVER AGAIN • 1915
NEVER DESPAIR • 1915
NO FOOL LIKE AN OLD FOOL • 1915
OH MY! • 1915
ONCE UPON A TIME • 1915
ONE ON IKEY • 1915
PAIR OF DUMMIES, A • 1915
PAIR OF STARS, A • 1915
PAPA SCORES • 1915
PAULA • 1915
PEACE AT ANY PRICE • 1915
PIN PRICKS • 1915
PUTTING ON THE 'FLUENCE • 1915
SCOTTIE AND THE FROGS • 1915
SCOTTIE LOVES ICE CREAM • 1915
SCOTTIE TURNS THE HANDLE • 1915
SCOTTIE'S DAY OUT • 1915
SHARPS AND FLATS • 1915
TELL-TALE GLOBE, THE • 1915
THAT'S DONE IT • 1915
THERE'S HAIR • 1915
TOMMY'S FREEZING SPRAY • 1915
TROUBLES OF A HYPOCHONDRIAC, THE • 1915
VENUS AND THE KNUTS • 1915
WHAT A FIND • 1915
WHAT A PICNIC • 1915
WHAT SCOTTIE HEARD • 1915
WHAT THE ? • 1915
WHAT'S IN A NAME? • 1915
WHITE HAND, THE • 1915
WHO WERE YOU WITH LAST NIGHT? • 1915
WIFE ON LOAN, A • 1915
WINKY IS THE LONG AND SHORT OF IT • 1915
WINKY, PHOTOGRAPHER • 1915
WINKY'S BLUE DIAMOND • 1915
WON BY A FLUKE • 1915
BETTER BET, THE • 1916
LOVE AND 'FLUENCE • 1916
MY WIFE'S HUSBAND • 1916
SCARECROW, THE • 1916
STARVE A FEVER • 1916
STORMY IS MISUNDERSTOOD • 1916
TELLING THE TALE • 1916
ZEPPELINS OF LONDON • 1916

BIRCH DUDLEY – UKN
FLIGHT FROM SINGAPORE • 1962
CHIMNEY SWEEPS, THE • 1963

BIRCH FRANK – Actor – UKN – 1889–
ASHES • 1930

BIRCH PATRICIA – USA
GREASE 2 • 1982

BIRD DICK see **BIRD RICHARD**

BIRD LANCE – USA
WORLD OF TOMORROW, THE • 1983 • DOC

BIRD RICHARD – Actor – UKN – 1894–
BIRD DICK
THIS GENERATION: A PRAIRIE ROMANCE • 1934
TERROR, THE • 1938
WEST OF KERRY • MEN OF IRELAND (USA) ○ ISLAND MEN • 1938
HORSE SENSE • 1944

BIRD STEWART – USA
WOBBLIES, THE • 1981 • DOC
HOME FREE ALL • 1983

BIRD WILLIAM see **DEL FANTE MARIO**

BIRDWELL RUSSELL see **BIRDWELL RUSSELL J.**

BIRDWELL RUSSELL J. – USA
BIRDWELL RUSSELL
MASQUERADE • 1929
STREET CORNERS • 1929
FLYING DEVILS • FLYING CIRCUS, THE (UKN) • 1933
COME-ON, THE • 1956
GIRL IN THE KREMLIN, THE • 1957

BIRGEL WILLY – Actor – GRM – 1891–
ROSENMONTAG • ROSE MONDAY • 1955

BIRKETT MICHAEL – Producer – UKN – 1929–
LAUNCHING, THE • 1963
SOLDIER'S TALE, A • 1964

BIRKIN ANDREW – UKN
SREDNI VASHTAR • 1981 • SHT
BURNING SECRET • 1989

BIRKINSHAW ALAN – UKN
CONFESSIONS OF A SEX MANIAC • MAN WHO COULDN'T GET ENOUGH, THE ○ DESIGN FOR LOVE ○ DESIGN FOR LUST • 1975
KILLER'S MOON • 1978
SAFARI SENZA RITORNO • INVADERS OF THE LOST GOLD • 1981
DEATH ON SAFARI • 1989

BIRMAN N. see **BIRMAN NAUM**

BIRMAN NAUM – USS
BIRMAN N.
KHRONIKA PIKIRUYUSHCHEVO BOMBARDIROVSHCHIKA • STORY OF A DIVE BOMBER, THE • 1968
UCHITEL PENIYA • SINGING TEACHER, THE • 1972
ONE STEP FORWARD • 1975

BIRMELIN BRUCE – USA
TUNA FISH KISS • 1968 • SHT

BIRRI FERNANDO – ARG – 1925–
SELINUNTE • 1951 • SHT
IMMAGINI POPOLARI SICILIANE PROFANE • 1952 • DOC
IMMAGINI POPOLARI SICILIANE SACRE • 1952 • DOC
ALFABETO NOTTURNO • 1953 • SHT
SELINUNTE, I TEMPI CORICATI • 1955
PRIMERA FUNDACION DE BUENOS AIRES • 1958 • ANM
BUENOS DIAS, BUENOS AIRES • 1960 • SHT
TIRE DIE • TOSS ME A DIME • 1960 • DOC
CHE, BUENOS AIRES • 1962 • DOC
INUNDADOS, LOS • FLOODED OUT • 1962
PAMPA GRINGA, LA • 1963 • DOC
CASTAGNINO, DIARIO ROMANO • 1966 • SHT
ORG • 1979

BIRT DAN see **BIRT DANIEL**

BIRT DANIEL – UKN – 1907–1955
BIRT DAN
SILT • 1931 • DCS
DAI JONES • 1941 • DOC
BUTTERFLY BOMB • 1943 • DOC
NO ROOM AT THE INN • 1948
THREE WEIRD SISTERS, THE • 1948
INTERRUPTED JOURNEY, THE • CORD, THE • 1949
SHE SHALL HAVE MURDER • 1950
CIRCUMSTANTIAL EVIDENCE • 1952
NIGHT WON'T TALK, THE • 1952
BACKGROUND • EDGE OF DIVORCE (USA) • 1953
THREE STEPS IN THE DARK • 1953
BURNT EVIDENCE • 1954
MEET MR. MALCOLM • 1954
THIRD PARTY RISK • DEADLY GAME, THE • 1955
KUNGLIGT AVENTYR, ETT • LAUGHING IN THE SUNSHINE • 1956

BISCHOF MARC – SWT
UNTERWEGS • ON THE WAY • 1988

BISCHOF URSULA – SWT
LIEBESERKLARUNG • EXPLANATION OF LOVE, AN • 1988 • CMP

BISCHOFF SAM – Producer – USA – 1890–1975
BISHOFF SAM
LAST MILE, THE • 1932

BISHOFF SAM see **BISCHOFF SAM**

BISHOP CURTIS – USA
COW COUNTRY • 1953

BISHOP TERRY – UKN – 1917–1981
KILL THAT RAT • 1941 • DOC
DOWN OUR STREET • 1942 • DOC
MORE EGGS FROM YOUR HENS • 1942 • DOC
WESTERN ISLES • 1942 • DCS
OUT OF THE BOX • 1944 • DCS
FIVE TOWNS • 1947 • DOC
THEE AND ME • 1948 • DOC
DAYBREAK IN UDI • 1949 • DOC
YOU'RE ONLY YOUNG TWICE! • 1952
TIM DRISCOLL'S DONKEY • 1955
LIGHT FINGERS • 1957
LIFE IN DANGER • 1959
MODEL FOR MURDER • 1959
COVER GIRL KILLER • 1960
DANGER TOMORROW • 1960
UNSTOPPABLE MAN, THE • 1960
BOMB IN THE HIGH STREET, A • 1961
HAIR OF THE DOG • 1962
HAMLIE • HAMLET (USA) • 1965

BISIACH GIANNI – ITL
MISTERI DI ROMA, I • MYSTERIES OF ROME, THE ○ WONDERS OF ROME, THE • 1963 • DOC
DUE KENNEDY, I • TWO KENNEDYS.. A VIEW FROM EUROPE, THE ○ TWO KENNEDYS, THE (USA) • 1969

BISNEY AL – USA
LEO, KING OF THE JUNGLE • ANM

BISPO LOUIS see **NEYMAN MICHAEL**

BISSET GEORGE – SWD
ASSIGNMENT, THE • 1977

BISSONNETTE JEAN – CND – 1934–
TIENS-TOI BIEN APRES LES OREILLES A PAPA • WHAT THE HELL ARE THEY COMPLAINING ABOUT • 1971

BISSONNETTE SOPHIE – CND – 1956–
WIVES' TALE, A • HISTOIRE DE FEMMES, UNE • 1980 • DOC

BITOMSKY HARTMUT – GRM
SACHE, DIE SICH VERSTEHT, EINE • 1971

BITSCH CHARLES see **BITSCH CHARLES L.**

BITSCH CHARLES L. – FRN – 1931–
BITSCH CHARLES
BAISERS, LES • VOGLIA MATTA DI DONNA (ITL) • 1964
CHANCE ET L'AMOUR, LA • 1964
DERNIER HOMME, LE • LAST MAN, THE • 1969
MARTEAU-PIQUEUR, LE • 1981

BITTINS ALFRED – GRM
ACHT MADELS IM BOOT • EIGHT GIRLS IN A BOAT • 1959

BITTMAN ROMAN – CND – 1941–
NATURE OF THINGS, THE • 1969–73 • SER
JOY OF EFFORT, THE • 1973 • DOC
RITES AND RITUALS OF NEW GUINEA • 1974 • DOC
CAUGHT BETWEEN, THE ENGLISH IN QUEBEC • 1978 • DOC
ECONOMICS OF SEPARATION, THE • 1978 • DOC
INVESTMENT PICTURE, THE • 1980 • DOC
CASTLES IN THE AIR • 1981 • MTV
SAFE PASSAGE • 1985
SEA IS AT OUR GATES, THE • 1985 • MTV
SMOKE RINGS • 1986 • MTV

BITTON ODE – FRN – 1941–
COUP DE SINGE, LE • 1978

BIVENS LOREN – USA
TRESPASSES • TRESPASS • 1986

BIXBY BILL – Actor – USA – 1934–
BARBARY COAST, THE • 1974 • TVM
THREE ON A DATE • 1978 • TVM
TRIAL OF THE INCREDIBLE HULK, THE • 1989 • TVM

BIZOT JEAN-FRANCOIS – FRN – 1944–
ROUTE, LA • 1972

BIZZARRI ALVARO – SWT
SAISONARBEITER, DER • 1972
ROVESCIO DELLA MEDAGLIA, IL • OTHER SIDE OF THE MEDAL, THE • 1974

BIZZARRI LIBERO – ITL
MISTERI DI ROMA, I • MYSTERIES OF ROME, THE ○ WONDERS OF ROME, THE • 1963 • DOC

BJENJAS VOJISLAV VANJA – YGS
RAFAL U NEBO • SHOTS IN THE SKY • 1958

BJERRE JENS – DNM
BLANDT MENNESKEAEDERE PA NY GUINEA • LAST CANNIBALS, THE • 1954
CHINA • 1970 • DOC
AWAKENING GIANT -CHINA, THE • 1973 • DOC

BJORCK LARS – SWD
LABAN PETTERQVIST TRAVAR FOR OLYMPISKA SPELEN • LABAN PETTERQVIST TRAINING FOR THE OLYMPIC GAMES • 1912

BJORKMAN STIG – SWD – 1938–
LETIZIA • 1964
JAG ALSKAR, DU ALSKAR • I LOVE, YOU LOVE • 1968
OOMPH! • 1969
GEORGIA, GEORGIA • 1972
INGMAR BERGMAN • 1972 • DOC
TVA KVINNOR • TWO WOMEN • 1974
VITA VAGGEN, DEN • DVA KVINNOR: DEN VITA VAGGEN ○ WHITE WALL, THE • 1975
GA PA VATTNET, OM DU KAN • WALK ON WATER, IF YOU CAN • 1979
KVINDESAND • THROUGH THE MIRROR • 1979
BAKOM JALOUSIN • BEHIND THE SHUTTERS • 1983

BJORNEFELDT PETER B. – SWD
MED FARA FOR LIVET • MAN IN THE MIDDLE (UKN) ○ 48 HOURS TO LIVE (USA) • 1959

BLACETTI GIULIANO
THIS, THAT AND THE OTHER • 1971

BLACHE ALICE – FRN – 1873–1968
GUY-BLACHE ALICE • GUY ALICE • BLACHE ALICE GUY
FEE AUX CHOUX, LA • CABBAGE FAIRY, THE • 1896
AVEUGLE, L' • 1897
BAIGNADE DANS LA TORRENT • 1897
BALLET LIBELLA • 1897
COUCHER D'YVETTE • 1897
DANSE FLEUR DE LOTUS • 1897
IDYLLE • 1897
LECON DE DANSE • 1897
NUIT AGITEE, UNE • 1897
PECHEUR DANS LE TORRENT, LE • 1897
PLANTON DU COLONEL, LE • 1897
ARROSEUR ARROSE, L' • 1897–98
AU REFECTOIRE • 1897–98
CAMBRIOLEURS, LES • 1897–98
CHEZ LE MAGNETISEUR • 1897–98
COCHER DE FIACRE ENDORMI, LE • 1897–98
DEMENAGEMENT A LA CLOCHE DE BOIS • 1897–98
EN CLASSE • 1897–98
FARCES DE JOCKO, LES • 1897–98
IDYLLE INTERROMPUE • 1897–98
JE VOUS Y PRRRRENDS! • 1897–98
LECONS DE BOXE • 1897–98
SCENE D'ESCAMOTAGE • 1897–98
VIE DU CHRIST, LA • 1897–98
DANGERS DE L'ALCOOLISME, LES • DANGERS OF ALCOHOLISM, THE • 1899
MESAVENTURES D'UNE TETE DE VEAU, LES • 1899
MONNAIE DE LAPIN, LA • RABBIT'S MONEY, THE • 1899
ANGELUS, L' • 1899–00
AU CABARET • 1899–00
AVEUGLE, L' • 1899–00
BATAILLE DE BOULES DE NEIGE • 1899–00
BATAILLE D'OREILLERS • 1899–00
BONNE ABSINTHE, LA • 1899–00
CHEZ LE MARECHAL-FERRANT • 1899–00
CHIFFONIER, LE • 1899–00
COURTE ECHELLE • 1899–00
DANSE SERPENTINE PAR MME BOB WALTER • 1899–00
DEJEUNER DES ENFANTS, LES • 1899–00
ERREUR JUDICIAIRE • 1899–00
LUNCH, UN • 1899–00
MARCHAND DE COCO, LE • 1899–00
MARCHE A LA VOLAILLE • 1899–00
MAUVAISE SOUPE, LA • 1899–00
MESAVENTURES D'UN CHARBONNIER • 1899–00
RETOUR DES CHAMPS • 1899–00
TONDEUR DE CHIENS, LE • 1899–00
TRANSFORMATIONS • 1899–00
AU BAL DE FLORE • AT THE PLANT'S BALL • 1900
AVENUE DE L'OPERA • 1900
BALLET JAPONAIS • 1900 • SER
CHEZ LE PHOTOGRAPHE • 1900
CHIRURGIE FIN DE SIECLE • 1900
CONCIERGE, LA • 1900
COUCHER D'UNE PARISIENNE • 1900
DANS LES COULISSES • 1900
DANSE DE L'IVRESSE • 1900
DANSE DES SAISONS, LA • 1900 • SER
DANSE DU PAPILLON • 1900
DANSE DU PAS DES FOULARDS PAR DES ALMEES • 1900

DANSE SERPENTINE • 1900
DANSES • 1900 • SER
FREDAINES DE PIERRETTE, LES • 1900 • SER
LECON DE DANSE • 1900
PETITE MAGICIENNE, LA • 1900
PIERROT'S CHRISTMAS • 1900 • SHT
RAGE DE DENTS, UNE • 1900
SAUT HUMIDIFIE DE M. PICK • 1900
SOURCE, LA • 1900
SYDNEY'S JOUJOUX • 1900 • SER
TARANTELLE, LA • 1900
VENUS ET ADONIS • 1900 • SER
DANSE DU VENTRE, LA • 1900–01
LAVATORY MODERNE • 1900–01
LECTURE QUOTIDIENNE • 1900–01
CARMEN • 1900–07
DRANEM • 1900–07 • SER
MAYOL • 1900–07 • SER
MIGNON • 1900–07
POLIN • 1900–07 • SER
PRIERE, LA • 1900–07
MUMMY, THE
CHARMANT FROU-FROU • 1901
DANSE BASQUE • 1901
FOLIES MASQUEES • 1901 • SER
FRIVOLITE • 1901
HOUSE DEMOLISHED AND REBUILT, A • 1901
HUSSARDS AND GRISETTES • 1901
TEL EST PRIS QUI CROYAIT PRENDRE • 1901
VAGUES, LES • 1901
VENDETTA • 1901
APACHES PAS VEINARDS, LES • 1902
AVENTURES D'UN VOYAGEUR TROP PRESSE, LES • 1902
CABINET PARTICULIER, UN • PECULIAR CABINET, A ○ SCENE EN CABINET PARTICULIER VUE A TRAVERS LE TROU DE LA SERRURE, UNE • 1902
CHIENS SAVANTS, LES • 1902
CLOWNS, LES • 1902
COMMENT MONSIEUR PREND SON BAIN • 1902
COUR DES MIRACLES, LA • 1902
DANSE MAURESQUE • 1902
DENT RECALCITRANTE, LA • 1902
EN FACTION • 1902
EQUILIBRISTE, L' • 1902
FARCES DE CUISINIERE • 1902
FAUST ET MEPHISTO • FAUST AND MEPHISTOPHELES • 1902
FIOLE ENCHANTEE, LA • 1902
FRUITS DE SAISON • 1902
GAVOTTE, LA • 1902
LION SAVANT, LE • 1902
MARCHAND DE BALLONS, LE • 1902
MISS LINA ESBRARD DANSEUSE COSMOPOLITAN ET SERPENTINE • 1902 • SER
NE BOUGEONS PLUS • 1902
POMMIER, LE • 1902
POUR SECOURER LA SALADE • 1902
PREMIERE GAMELLE, LA • 1902
QUADRILLE REALISTE • 1902
SAGE-FEMME DE PREMIERE CLASSE • 1902
TROMPE MAIS CONTENT • 1902
BRACONNIERS, LES • 1903
COMPAGNONS DE VOYAGE EMCOMBRANTS • 1903
ENLEVEMENT EN AUTOMOBILE ET MARIAGE PRECIPITE • 1903
FIANCEE ENSORCELEE, LA • BEWITCHED FIANCEE, THE • 1903
ILLUSIONNISTE RENVERSANT • 1903
JOCKO MUSICIEN • 1903
LIQUEUR DU COUVERT, LA • 1903
LUTTEURS AMERICAINS • 1903
MAIN DU PROFESSEUR HAMILTON, LA • ROI DES DOLLARS, LE • 1903
MODELAGE EXPRESS • 1903
POTAGE INDIGESTE • 1903
POULE FANTAISISTE, LA • 1903
REPETITION DANS UN CIRQUE • 1903
SERVICE PRECIPITE • 1903
VALISE ENCHANTEE, LA • 1903
VOLEUR SACRILEGE, LE • 1903
CHASSE AU CAMBRIOLEUR, LA • 1903–04
COMME ON FAIT SON LIT ON SE COUCHE • 1903–04
COMMENT ON DISPERSE LES FOULES • 1903–04
DEUX RIVAUX, LES • 1903–04
ENFANTS DU MIRACLE, LES • 1903–04
MOUCHE, LA • 1903–04
NOS BONS ETUDIANTS • 1903–04
PIERROT ASSASSIN • 1903–04
POMPON MALENCONTREUX, LE • 1903–04
SECOURS AUX NAUFRAGES • 1903–04
SURPRISES DE L'AFFICHAGE, LES • 1903–04
ASSASSINAT DU COURRIER DU LYON, L' • 1904
ATTAQUE D'UN DILIGENCE, L' • 1904
BIENFAITS DU CINEMATOGRAPHE, LES • 1904
CAKE-WALK DE LA PENDULE, LE • 1904
CAMBRIOLEUR ET AGENT • 1904
CAMBRIOLEURS DE PARIS, LES • 1904
CIBLE HUMAINE • 1904
CLOWN EN SAC • 1904
CONCOURS DE BEBES • 1904
COURRIER DE LYON, LE • 1904
CRIME DE LA RUE DU TEMPLE, LE • ASSASSINAT DE LA RUE DU TEMPLE, L' • 1904
CULTURE INTENSIVE • VIEUX MARI, LE • 1904
DEPART POUR LES VACANCES • 1904
DUEL TRAGIQUE • 1904
ELECTROCUTEE • 1904
ERREUR DE POIVROT • 1904
FAIM.. L'OCCASION.. L'HERBE TENDRE, LA • 1904
GAGE D'AMOUR • 1904
JOUR DU TERME, LE • 1904
LEGENDE DE SAINT-NICOLAS, LA • LEGEND OF ST. NICHOLAS, THE • 1904
LUI • 1904
MAGIE NOIRE • 1904
MAUVAIS COEUR PUNI • 1904
MILITAIRE ET NOURRICE • 1904
MONOLUTTEUR, LE • 1904
PARIS LA NUIT • EXPLOITS D'APACHES A MONTMARTRE • 1904
PATISSIEUR ET RAMONEUR • 1904
PETITS COUPEURS DE BOIS VERT, LES • 1904
PREMIERE CIGARETTE, LA • 1904
RAFLE DE CHIENS • 1904
RAPT D'ENFANT PAR LES ROMANICHELS • VOLEE PAR LES BOHEMIENS • 1904
REVE DU CHASSEUR, LA • 1904
REVEIL DU JARDINIER, LE • 1904
SCENES DIRECTOIRE • 1904 • SER
SECRETS DE LA PRESTIDIGITATION DEVOILES, LES • 1904
TENTATIVE D'ASSASSINAT EN CHEMIN DE FER • 1904
TESTAMENT DE PIERROT, LE • 1904
TRANSFORMATIONS • 1904
TRISTE FIN D'UN VIEUX SAVANT • 1904
VIEILLES ESTAMPES • 1904 • SER
FEVE ENCHANTEE, LA • ENCHANTED BEAN, THE
AU POULAILLER! • 1905
BEBE EMBARRASSANT, LE • 1905
CHARITE DU PRESTIDIGITEUR, LA • 1905
CHIEN JOUANT A LA BALLE • 1905
COMMENT ON DORT A PARIS! • 1905
DOUANIERS ET CONTREBANDIERS • GUERITE, LA • 1905
ESMERALDA, LA • 1905
FANTASSIN GUIGNARD, LA • 1905
KEPI, LE • 1905
LORGNON ACCUSATEUR, LE • 1905
MACONS, LES • 1905
NOCE AU LAC SAINT-FARGEAU, UNE • 1905
ON EST POIVROT, MAIS ON A DU COEUR • 1905
PANTALON COUPE, LE • 1905
PAVE, LE • 1905
PEINTRE ET IVROGNE • 1905
PLATEAU, LE • 1905
REHABILITATION • 1905
ROBERT MACAIRE ET BERTRAND • MORT DE ROBERT MACAIRE ET BERTRAND • 1905
ROMEO PRIS AU PIEGE • 1905
STATUE, LA • 1905
VILLA DEVALISEE • 1905
A LA RECHERCHE D'UN APPARTEMENT • 1906
CHAUSSETTE, LA • 1906
CONSCIENCE DE PRETRE • 1906
COURSE DE TAUREAUX A NIMES • 1906
CRINOLINE, LA • 1906
DRAGONS DE VILLARS, LES • 1906
DRUIDES, LES • 1906
FAUST • 1906
FEE PRINTEMPS, LA • SPRING FAIRY, THE (USA) • 1906
FILS DU GARDE-CHASSE, LE • 1906
HONNEUR DU CORSE, L' • 1906
J'AI UN HANNETON DANS MON PANTALON • 1906
LEVRES CLOSES • SEALED LIPS • 1906
MARATRE, LA • 1906
MATELAS ALCOOLIQUE, LE • 1906
MESSE DE MINUIT, LA • 1906
MIREILLE • 1906
PAUVRE POMPIER • 1906
PEGRE DE PARIS, LA • 1906
REGIMENT MODERNE, LA • 1906
VIE DU CHRIST, LA • PASSION (USA) ○ LIFE OF CHRIST, THE • 1906
VIE DU MARIN, LA • 1906
VOITURE CELLULAIRE, LA • 1906
VOYAGE EN ESPAGNE • 1906 • SER
DEMENAGEMENT A LA CLOCHE DE BOIS • 1907
FAN-FAN LA TULIPE • 1907
GENDARMES, LES • 1907
SUR LA BARRICADE • ENFANT DE LA BARRICADE, L' • 1907
VERITE SUR L'HOMME-SINGE, LA • BALLET DE SINGE • 1907
ACROSS THE MEXICAN LINE • 1911
ALTERED MESSAGE, THE • 1911
DAUGHTER OF THE NAVAJOS, A • 1911
DOLL, THE • CHILD'S SACRIFICE, A • 1911
ECLIPSE • 1911
ENLISTED MAN'S HONOR, AN • 1911
GIRL AND THE BRONCO BUSTER, THE • 1911
GREATER LOVE HATH NO MAN • 1911
HIS BETTER SELF • 1911
HIS SISTER'S SWEETHEART • 1911
HOLD-UP, THE • 1911
MASCOT OF TROOP C, THE • 1911
REVOLUTIONARY ROMANCE, A • 1911
ROSE OF THE CIRCUS • 1911
SILENT SIGNAL, THE • 1911
STAMPEDE, THE • 1911
VIOLIN MAKER OF NUREMBERG, THE • 1911
AT THE PHONE • 1912
BLOOD STAIN, THE • BLOODSTAIN, THE • 1912
FACE AT THE WINDOW, THE • 1912
FALLING LEAVES • 1912
FLESH AND BLOOD • 1912
FRA DIAVOLO • 1912
HIS LORDSHIP'S WHITE FEATHER • 1912
HOTEL HONEYMOON • 1912
IN THE YEAR 2000 • 1912
MICKY'S PAL • 1912
MIGNON • CHILD OF FATE, THE • 1912
PARALYTIC, THE • 1912
PHANTOM PARADISE • 1912
PLAYING TRUMPS • 1912
TERRIBLE LESSON, A • 1912
TWO LITTLE RANGERS • 1912
BEN BOLT • 1913
BLOOD AND WATER • 1913
DICK WHITTINGTON AND HIS CAT • 1913
EYES THAT COULD NOT CLOSE, THE • 1913
LITTLE HUNCHBACK, THE • 1913
PIT AND THE PENDULUM, THE • 1913
ROGUES OF PARIS • 1913
STAR OF INDIA, THE • 1913
TERRIBLE NIGHT, A • 1913
WESTERN LOVE • 1913
BENEATH THE CZAR • 1914
CRICKET ON THE HEARTH, THE • 1914
DREAM WOMAN, THE • 1914
FORTUNE HUNTERS, THE • 1914
HOOK AND HAND • 1914
LURE, THE • 1914
MICHAEL STROGOFF • COURIER TO THE CZAR, THE • 1914
MILLION DOLLAR ROBBERY, THE • 1914
MONSTER AND THE GIRL, THE • 1914
SHADOWS OF THE MOULIN ROUGE, THE • 1914
TIGRESS, THE • 1914
WOMAN OF MYSTERY, THE • 1914
YELLOW TRAFFIC, THE • 1914
BARBARA FRIETCHIE • 1915
HEART OF A PAINTED WOMAN, THE • 1915
MY MADONNA • 1915
VAMPIRE, THE • 1915
WHAT WILL PEOPLE SAY • 1915
GIRL WITH THE GREEN EYES, THE • GIRL WITH GREEN EYES, THE • 1916
OCEAN WAIF, THE • 1916
ADVENTURER, THE • 1917
BEHIND THE MASK • 1917
EMPRESS, THE • 1917
HOUSE OF CARDS • 1917
MAN AND THE WOMAN, A • MAN AND A WOMAN, A • 1917
GREAT ADVENTURE, THE • 1918
SOUL ADRIFT, A • 1918
WHEN YOU AND I WERE YOUNG • 1918
TARNISHED REPUTATION • SOUL ADRIFT, A ○ TARNISHED REPUTATIONS • 1920
VAMPIRE • 1920

BLACHE ALICE GUY see **BLACHE ALICE**

BLACHE HERBERT – BLG

BLANCHE HERBERT

ROBIN HOOD • 1912
FIGHT FOR MILLIONS, THE • 1913
STAR OF INDIA, THE • 1913
TEMPTATIONS OF SATAN, THE • 1913
FIGHT FOR FREEDOM, OR EXILED TO SIBERIA, A • 1914
FIGHTING DEATH • 1914
HER OWN WAY • 1915
LADY AND THE BURGLAR, THE • BURGLAR AND THE LADY, THE • 1915
SHOOTING OF DAN MCGREW, THE • 1915
SONG OF THE WAGE SLAVE, THE • 1915
WOMAN'S FIGHT, A • 1916
AUCTION OF VIRTUE, THE • 1917
PEDDLER, THE • 1917
THINK IT OVER • 1917
LOADED DICE • 1918
MAN'S WORLD, A • 1918
SILENT WOMAN, THE • 1918
BRAT, THE • 1919
DIVORCEE, THE • LADY FREDERICK • 1919
FOOLS AND THEIR MONEY • FAMILY TREE, THE • 1919
MAN WHO STAYED AT HOME, THE • 1919
PARISIAN TIGRESS, THE • 1919
SATAN JUNIOR • DIANA ARDWAY • 1919
UPLIFTERS, THE • 1919
HOPE, THE • 1920
NEW YORK IDEA, THE • 1920
SAPHEAD, THE • 1920
STRONGER THAN DEATH • HERMIT DOCTOR OF GAYA, THE • 1920
WALK-OFFS, THE • 1920
BASHFUL SUITOR, A • 1921 • SHT
BEGGAR MAID, THE • 1921 • SHT
OUT OF THE CHORUS • 1921
YOUNG PAINTER, THE • 1922 • SHT
FOOLS AND RICHES • TWENTY DOLLARS • 1923
NEAR LADY, THE • 1923
NOBODY'S BRIDE • 1923
UNTAMEABLE, THE • WHITE CAT, THE ○ TWO SOULED WOMAN, THE • 1923
WILD PARTY, THE • NOTORIETY • 1923
HIGH SPEED • 1924
CALGARY STAMPEDE, THE • 1925
HEAD WINDS • OVERBOARD • 1925
SECRETS OF THE NIGHT • NIGHT CAP, THE • 1925
MYSTERY CLUB, THE • 1926
BURNING THE WIND • 1929

BLACHNITZKI CURT see **BLACHNITZKY CURT**

BLACHNITZKY CURT – GRM

BLACHNITZKI CURT

DEUTSCHE HELDEN IN SCHWERER ZEIT • 1924
BISMARCK 1862–1898 • 1926
NIXCHEN • 1926
GARDE-DIVA, DIE • 1929
ROSEN BLUH'N AUF DEM HEIDEGRAB • 1929
TODESFAHRT IM WELTREKORD, DIE • 1929
WAS EINE FRAU IM FRUHLING TRAUMT • 1929
STURMISCH NIE NACHT • 1930
BLAUE DIAMANT, DER • 1935

BLACK CATHAL – IRL

PIGS • 1984

BLACK DONALD – CND

COWBOY • 1986 • DCS

BLACK DONALD TAYLOR – IRL

TAYLOR-BLACK DONALD

AT THE CINEMA PALACE • 1984 • DOC
SAM THOMPSON • 1986
OLIVER ST.JOHN GOGARTY –SILENCE WOULD NEVER DO • 1988

BLACK GEORGE – Producer – UKN – 1911–

PENNY POOL, THE • 1937
CALLING ALL CROOKS • 1938

BLACK JOHN – Producer – UKN

JON SCHUELER: PORTRAIT OF AN ARTIST • 1972 • DCS
ZOO ROBBERY, THE • 1973
ROBIN HOOD JUNIOR • 1975

BLACK MICHAEL – NZL

PICTURES • 1980

BLACK NOEL – USA – 1937–

SKATERDATER • 1966
RIVER BOY • 1967 • SHT
PRETTY POISON • SHE LET HIM CONTINUE • 1968
COVER ME BABE • RUN SHADOW RUN • 1970
JENNIFER ON MY MIND • 1971
MULLIGAN'S STEW • 1977 • TVM
MARIANNE • MIRRORS • 1978
VERY BIG WITHDRAWAL, A • MAN, A WOMAN AND A BANK, A • 1979
CHANGE OF SEASONS, A • 1980
OTHER VICTIM, THE • 1981 • TVM
RAY BRADBURY'S THE ELECTRIC GRANDMOTHER • 1981 • TVM
HAPPY ENDINGS • 1982 • TVM
PRIME SUSPECT • CRY OF INNOCENCE • 1982 • TVM
PRIVATE SCHOOL • PRIVATE SCHOOL FOR GIRLS • 1983
QUARTERBACK PRINCESS • 1983 • TVM
DEADLY INTENTIONS • 1985 • TVM
PROMISES TO KEEP • 1985 • TVM
MY TWO LOVES • 1986 • TVM
TIME OF TRIUMPH, A • 1986 • TVM
CONSPIRACY OF LOVE • 1987 • TVM
TOWN BULLY, THE • INTIMIDATOR, THE • 1988 • TVM

BLACK PRESTON – HNG – 1899–

*WHITE JACK***

HIS MARRIAGE MIXUP • 1935 • SHT
HOT PAPRIKA • 1935 • SHT
I DON'T REMEMBER • 1935 • SHT
AM I HAVING FUN • 1936 • SHT
ANTS IN THE PANTRY • 1936 • SHT
DISORDER IN THE COURT • 1936 • SHT
HALF-SHOT SHOOTERS • 1936 • SHT
LOVE COMES TO MOONEYVILLE • 1936 • SHT
MISTER SMARTY • 1936 • SHT
PAIN IN THE PULLMAN, A • 1936 • SHT
SLIPPERY SILKS • 1936 • SHT
BACK TO THE WOODS • 1937 • SHT
GRIPS, GRUNTS AND GROANS • 1937 • SHT

LODGE NIGHT • 1937 • SHT
STUCK IN THE STICKS • 1937 • SHT

BLACK TREVOR – USA

GOLDY: THE LAST OF THE GOLDEN BEARS • 1984

BLACKBURN MARTHE – CND

A QUI APPARTIENT CE GAGE? • 1973

BLACKBURN MAURICE – Composer – CND – 1914–

CINE-CRIME • 1968 • SHT

BLACKBURN RICHARD – USA

LEGENDARY CURSE OF LEMORA, THE • LEMORA, THE LADY DRACULA ○ LADY DRACULA ○ LADY VAMPIRE ○ LEMORA • 1974

BLACKBURN WILLIAM D. – ASL

CODY • 1977

BLACKTON J. STUART – UKN – 1875–1941

BLACKTON JOHN STUART

BURGLAR ON THE ROOF, THE • 1898
TEARING DOWN THE SPANISH FLAG • 1898
SPOT FILMING OF WINDSOR HOTEL FIRE IN NEW YORK • 1899
VISIT TO THE SPIRITUALIST, A • 1899
YOGI, THE • 1899
ENCHANTED DRAWING, THE • 1900
GENTLEMAN OF FRANCE, A • 1903
AUTOMOBILE THIEVES, THE • 1905
MONSIEUR BEAUCAIRE • 1905
RAFFLES THE AMATEUR CRACKSMAN • 1905
HAUNTED HOTEL, THE • 1906
HUMOROUS PHASES OF A FUNNY FACE • HUMOROUS PHASES OF FUNNY FACES • 1906
MIDWINTER NIGHT'S DREAM OR LITTLE JOE'S LUCK, A • 1906
MODERN OLIVER TWIST, A • 1906
SAN FRANCISCO EARTHQUAKE, THE • 1906
100 TO 1 SHOT • 1906
CURIOUS DREAM, A • 1907
FOUNTAIN OF YOUTH • 1907
GHOST STORY, THE • 1907
KITCHEN MAID'S DREAM, THE • 1907
LAUGHING GAS • 1907 • SHT
LIGHTNING SKETCHES • 1907
LIQUID ELECTRICITY • INVENTOR'S GALVANIC FLUID, THE ○ LIQUID ELECTRICITY OR THE INVENTOR'S GALVANIC FLUID • 1907
MAGIC FOUNTAIN PEN, THE • BIRTH AND ADVENTURES OF A FOUNTAIN PEN • 1907
MECHANICAL STATUE AND THE INGENIOUS SERVANT, THE • 1907
NIGHT IN DREAMLAND, A • 1907
PIKER'S DREAM OR A RACE TRACK FANTASY, THE • 1907
SOLDIER'S DREAM, THE • 1907
STRENUOUS DREAM, A • 1907 • SHT
WORK MADE EASY • 1907
AIRSHIP, THE • 100 YEARS HENCE • 1908
BARBARA FRIETCHIE • 1908
CUPID'S REALM • GAME OF HEARTS, A • 1908
DANCER AND THE KING, THE • 1908
DEVIL AND THE GAMBLER, THE • 1908
DISCOVERERS, THE • 1908
DREAMS OF A POLICEMAN • 1908
ELECTRIC HOTEL, THE • 1908
ELF KING, THE • 1908
GALVANIC FLUID • MORE FUN WITH LIQUID ELECTRICITY • 1908
HAMLET • 1908
LADY JANE'S FLIGHT • 1908
MACBETH • 1908
MERCHANT OF VENICE, THE • 1908
PRESS GANG, THE • 1908
RICHARD III • 1908
ROMEO AND JULIET • ROMEO AND JULIETTE • 1908
SALOME • 1908
TELEPATHIC WARNING, A • 1908 • SHT
VIKING'S DAUGHTER, THE • 1908
WATER SPRITE, THE • 1908
WESTERN COURTSHIP • 1908
WORKINGMAN'S DREAM, A • 1908
ADVENTURES OF A DRUMMER BOY • 1909
BENEDICT ARNOLD • 1909
BRAVE IRISH LASS, THE • 1909
BRIDE OF LAMMERMOOR, THE • 1909
CASTAWAYS, THE • 1909
COBBLER AND THE CALIPH, THE • 1909
DIAMOND MAKER, THE • FORTUNE AND MISFORTUNE ○ MAKER OF DIAMONDS, THE ○ FORTUNE OR MISFORTUNE • 1909
DUKE'S JESTER, OR A FOOL'S REVENGE, THE • 1909
FOR HER COUNTRY'S SAKE • 1909
FRIEND IN THE ENEMY'S CAMP, A • 1909
GALLEY SLAVE, THE • 1909
GIFT OF YOUTH, THE • 1909
JEPHTAH'S DAUGHTER • 1909
JUDGEMENT OF SOLOMON, THE • 1909
KENILWORTH • 1909
LES MISERABLES • 1909
LITTLE NEMO • 1909 • SHT
LOVE OF THE PASHA'S SON, THE • 1909
MIDSUMMER NIGHT'S DREAM, A • 1909
MOGG MEGONE • 1909
NAPOLEON –THE MAN OF DESTINY • 1909
OLIVER TWIST • 1909
ONAWANDA • 1909
ORIENTAL MYSTIC, THE • 1909
PRINCESS NICOTINE OR THE SMOKE FAIRY • 1909
RICHELIEU OR THE CONSPIRACY • 1909
RUY BLAS • 1909
SAUL AND DAVID • 1909
TEDDY IN JUNGLELAND • 1909 • SHT
VIRGINIUS • 1909
WASHINGTON UNDER THE AMERICAN FLAG • LIFE OF WASHINGTON, THE • 1909
WASHINGTON UNDER THE BRITISH FLAG • 1909
WAY OF THE CROSS, THE • 1909
ELEKTRA • 1910
LAST OF THE SAXONS, THE • 1910
LIFE OF MOSES, THE • 1910
MODERN CINDERELLA, A • 1910
UNCLE TOM'S CABIN • 1910
DEATH OF KING EDWARD III, THE • 1911
LADY GODIVA • 1911
SOCIETY AND THE MAN • 1911
SPIRIT OF THE LIGHT, THE • 1911
AS YOU LIKE IT • 1912
CARDINAL WOLSEY • 1912
LADY OF THE LAKE, THE • 1912
LINCOLN'S GETTYSBURG ADDRESS • 1912
RIP VAN WINKLE • 1912
VENGEANCE OF DURAND, OR THE TWO PORTRAITS, THE • TWO PORTRAITS, THE • 1913
BATTLE CRY OF PEACE, THE • CALL TO ARMS AGAINST WAR, A • 1915
ENEMY OF THE KING, AN • 1916
WHOM THE GODS DESTROY • 1916
COLLIE MARKET, THE • 1917 • SHT
DIARY OF A PUPPY, THE • 1917 • SHT
FAIRY GODFATHER, THE • 1917 • SHT
JUDGMENT HOUSE, THE • 1917
LITTLE STRATEGIST, THE • 1917 • SHT
MESSAGE OF THE MOUSE, THE • 1917
SATIN AND CALICO • 1917 • SHT
SPRING IDYLL, A • 1917 • SHT
WOMANHOOD • 1917
COMMON CAUSE, THE • 1918
MISSING • 1918
WILD YOUTH • 1918
WORLD FOR SALE, THE • 1918
DAWN • 1919
HOUSE DIVIDED, A • 1919
LIFE'S GREATEST PROBLEM • SAFE FOR DEMOCRACY • 1919
LITTLEST SCOUT • 1919
MOONSHINE TRAIL, THE • 1919
MY BOY • 1919
MY HUSBAND'S OTHER WIFE • 1919
BLOOD BARRIER, THE • 1920
FORBIDDEN VALLEY • 1920
HOUSE OF THE TOLLING BELLS, THE • 1920
MAN AND HIS WOMAN • 1920
PASSERS-BY • 1920
RESPECTABLE BY PROXY • RESPECT BY PROXY • 1920
GIPSY CAVALIER, A • 1922
GLORIOUS ADVENTURE, THE • 1922
ON THE BANKS OF THE WABASH • BANKS OF THE WABASH • 1923
VIRGIN QUEEN, THE • 1923
BEHOLD THIS WOMAN • 1924
BELOVED BRUTE, THE • 1924
BETWEEN FRIENDS • 1924
CLEAN HEART, THE • 1924
LET NO MAN PUT ASUNDER • 1924
HAPPY WARRIOR, THE • 1925
REDEEMING SIN, THE • 1925
TIDES OF PASSION • 1925
BRIDE OF THE STORM • 1926
GILDED HIGHWAY, THE • 1926
HELL-BENT FOR HEAVEN • HYPOCRITE, THE • 1926
PASSIONATE QUEST, THE • 1926
FILM PARADE, THE • CAVALCADE OF THE MOVIES ○ MARCH OF THE MOVIES • 1933

BLACKTON JOHN STUART see **BLACKTON J. STUART**

BLACKTON PAULA – USA

LITTLEST SCOUT • 1919

BLACKWELL CARLYLE – Actor – USA – 1888–1955

BELL OF PENANCE, THE • 1912
CHASING THE SMUGGLERS • 1914
MAN WHO COULD NOT LOSE • 1914
GOOD-FOR-NOTHING, THE • GOOD FOR NOTHING, THE • 1917
HIS ROYAL HIGHNESS • 1918
LEAP TO FAME • 1918
BEDROCK • 1930
BEYOND THE CITIES • 1930

BLACKWOOD CHRISTIAN – USA

ROGER CORMAN: HOLLYWOOD'S WILD ANGEL • 1978 • DOC
TAPDANCIN' • 1979 • DOC
PRIVATE CONVERSATIONS: ON THE SET OF DEATH OF A SALESMAN • 1986

BLACKWOOD MAUREEN – UKN

PASSION OF REMEMBRANCE, THE • 1987

BLACKWOOD MICHAEL – GRM

HUTET EURE TOCHTER • GELBE WAGEN, DER ○ ZEHNTAUSEND • 1962
RETRACING STEPS • 1988

BLAGG LINDA – ASL

EMPTY SADDLES • 1973 • SHT
DADDYTHINGS • 1974 • SHT
BIRTHPLACE • 1975 • SHT
JUST ME AND MY LITTLE GIRLIE • 1976 • SHT
ETHNIC BROADCASTING • 1978 • DOC
FLO AND MARIANNA –A MATTER OF LANGUAGE • 1978 • DOC
SHOP STEWARD, A • 1978 • DOC
JUST OUT OF REACH • 1979 • DOC
KAMAHL • 1979 • DOC

BLAHA ZBYNEK – Animator – CZC

O MILIONARI, KTERY UKRADL SLUNCE • MILLIONAIRE WHO STOLE THE SUN, THE • 1948 • ANS

BLAHOVI RICHARD – Animator – CZC

O MILIONARI, KTERY UKRADL SLUNCE • MILLIONAIRE WHO STOLE THE SUN, THE • 1948 • ANS

BLAIER ANDREI – RMN – 1933–

A FOST PRIETENUL MEU • HE WAS MY FRIEND • 1961
CASA NETERMINATA • UNFINISHED HOUSE, THE • 1964
DIMINETILE UNUI BAIAT CUMINTE • MORNINGS OF A SENSIBLE YOUTH, THE • 1966
LEGENDA • THEN CAME THE LEGEND ○ LEGEND • 1968
ILUSTRATE CU FLORI DE CIMP • POSTCARDS WITH FLOWERS • 1974
BATALIA DIN UMBRA • BATTLE IN THE SHADOWS • 1988
VACANTA CEA MARE • BIG HOLIDAY, THE • 1988

BLAIN GERARD – Actor – FRN – 1930–

AMIS, LES • 1969
PELICAN, LE • 1973
ENFANT DANS LA FOULE, UN • 1976
SECOND SOUFFLE, UN • SECOND WIND • 1978
REBELLE, LE • 1981
PIERRE ET DJEMILA • 1986

BLAINE CULLEN – USA

R.O.T.O.R • 1988

BLAIR GEORGE – USA – 1906–1970

END OF THE ROAD • 1944
SECRETS OF SCOTLAND YARD • 1944
SILENT PARTNER • 1944
GANGS OF THE WATERFRONT • 1945
SCOTLAND YARD INVESTIGATOR • 1945
SPORTING CHANCE, A • 1945
THOROUGHBREDS • 1945
AFFAIRS OF GERALDINE, THE • 1946
G.I. WAR BRIDES • 1946
GAY BLADES • TOURNAMENT TEMPO • 1946
EXPOSED • 1947
GHOST GOES WILD, THE • 1947
THAT'S MY GAL • 1947
TRESPASSER, THE • 1947
DAREDEVILS OF THE CLOUDS • 1948
HOMICIDE FOR THREE • INTERRUPTED HONEYMOON, AN (UKN) • 1948
KING OF THE GAMBLERS • 1948
LIGHTNIN' IN THE FOREST • 1948
MADONNA OF THE DESERT • 1948
SHOW TIME • 1948
ALIAS THE CHAMP • 1949
DAUGHTER OF THE JUNGLE • 1949
DUKE OF CHICAGO • 1949
FLAMING FURY • 1949
POST OFFICE INVESTIGATOR • 1949
ROSE OF THE YUKON • 1949
STREETS OF SAN FRANCISCO • 1949
DESTINATION BIG HOUSE • 1950
FEDERAL AGENT AT LARGE • 1950
LONELY HEARTS BANDITS • 1950
MISSOURIANS, THE • 1950
UNDER MEXICALI STARS • 1950
UNMASKED • 1950
WOMAN FROM HEADQUARTERS • 1950
INSURANCE INVESTIGATOR • 1951
SECRETS OF MONTE CARLO • 1951
SILVER CITY BONANZA • 1951
THUNDER IN GOD'S COUNTRY • 1951
DESERT PURSUIT • 1952
WOMAN IN THE DARK • 1952
SUPERMAN FLIES AGAIN • SUPERMAN'S PERIL • 1954 • MTV
TWINKLE IN GOD'S EYE, THE • 1955
FIGHTING TROUBLE • 1956
JAGUAR • 1956
SABU AND THE MAGIC RING • 1957
SPOOK CHASERS • 1957
HYPNOTIC EYE, THE • 1960

BLAIR LES – UKN – 1941–

NUMBER ONE • 1984
HONEST, DECENT AND TRUE • 1985 • TVM
LEAVE TO REMAIN • 1989
NEWS HOUNDS • NEWSHOUNDS • 1990 • TVM

BLAIR LESLIE – UKN

PUDDING AND PIE • 1968

BLAIR LORNE – INN

LEMPAD OF BALI • 1980 • DOC

BLAIR MILTON – USA

SURFARI • BLUE SURFARI • 1967 • DOC

BLAIR PRESTON – USA

BEAR AND THE BEAN, THE • 1948 • ANS
BEAR AND THE HARE, THE • 1948 • ANS
GOGGLE FISHING BEAR • 1949 • ANS

BLAIS GILLES – CND

ESQUIMAUX • 1972

BLAIS ROGER – CND – 1917–

FRIDOLINONS • 1945 • DCS
INITIATION A L'ART • 1945 • DCS
MANNE BLEUE, LA • 1945 • DCS
SKI SKILL • DESCENTES ET VIRAGES • 1946 • DCS
VIVE LE SKI • 1946 • DCS
VERS L'AVENIR • 1947 • DCS
VIENT DE PARAITRE • 1947 • DCS
CHANTE JEUNESSE • 1948 • DCS
SAGUENAY • 1948 • DCS
BALLET FESTIVAL • FESTIVAL DE BALLET • 1949 • DCS
PASSPORT TO CANADA • PASSEPORT POUR LE CANADA • 1949 • DCS
STAND BY TO JUMP • 1949 • DCS
WINTER CARNIVAL • CARNAVAL D'HIVER • 1949 • DCS
HANDS IN HARMONY • NEIL CHOTEM AU CLAVIER • 1950 • DCS
HUNTING THE RARE SNOW GOOSE • 1950 • DCS
MEET GISELE • 1950 • DCS
MUSIC MASTER • 1950 • DCS
SING WITH THE COMMODORES #1, 2, 3 • 1950 • SHT
SNOW FIESTA • FETE DES NEIGES • 1950 • DCS
SONGS BY GISELE • 1950 • DCS
TROPICAL LAMENT • CHANSONS CREOLES • 1950 • DCS
CARIBOU HUNTERS • CHASSEURS DE CARIBOUS • 1951 • DCS
DE PERE EN FILS • 1951 • DCS
FLYING SKIS • DU COTE DE SAINTE-ADELE • 1951 • DCS
MAN IN THE PEACE TOWER, THE • HOMME DANS LA TOUR, L' • 1951 • DCS
MOINES DE SAINT-BENOIT, LES • 1951 • DCS
SCREAMING JETS • AVIONS A REACTIONS • 1951 • DCS
TALENT SHOWCASE • 1951 • DCS
CANADA'S ATOM GOES TO WORK • ATOME AU SERVICE DE L'HOMME, L' • 1952 • DCS
LAVAL KEEPS UP WITH THE TIMES • 1952 • DCS
POINT PELEE, NATURE SANCTUARY • 1952 • DCS
SINGING CHAMPIONS • VOIX D'ACADIE • 1952 • DCS
VOICES FROM ARCADIA • 1952 • DCS
YOHO: WONDER VALLEY • YOHO, VALLEE DES MERVEILLES • 1952 • DCS
AU-DELA DU VISAGE • AVOCAT DE LA DEFENSE L' • 1953 • DCS
COTE COEUR, COTE JARDIN • 1953 • DCS
EACH MAN'S SON • MAINS BRISEES, LES • 1953 • DCS
IN SEARCH OF HOME • FAMILLE DE CHOIX, UNE • 1953 • DCS
REHEARSAL • REPETITION • 1953 • DCS
SHADOW ON THE PRAIRIES • OMBRE SUR LA PRAIRIE • 1953 • DCS
VOLEUR DE REVES, LE • 1953 • DCS
PARENTS A L'ECOLE • 1954 • DCS
A LA QUEUE LEU LEU • 1955 • SHT
ABOITEAUX,LES • 1955 • SHT
MIDINETTE • 1955 • DCS

CARNIVAL IN QUEBEC • CARNAVAL DE QUEBEC • 1956 • DCS
DENEIGEMENT • 1956 • DCS
HOW DO YOU DRIVE? • 1958 • DCS
RESCUE • 1958 • DCS
RESCUE CO-ORDINATOR CENTER, THE • 1958 • DCS
SEARCH AREAS • 1958 • DCS
SEARCH OPERATION • 1958 • DCS
SEARCHMASTER, THE • 1958 • DCS
TREASURE OF THE FOREST • FORET EST UN TRESOR, LA • 1958 • DCS
WORLD ON SHOW, THE • MONDE A L'ETALAGE, LE • 1958 • DCS
MAGIC MINERAL • FIBRES DE PIERRE • 1959 • DCS
MAN OF MUSIC • 1959 • DCS
WHEAT COUNTRY • AU PAYS DU BLE • 1959 • DOC
THOUSAND ISLANDS SUMMER • QUAND VIENT L'ETE • 1960 • SHT
ANGKOR, THE LOST CITY • ANGKOR, PAROLE D'UN EMPIRE QUI FUT • 1961 • DCS
JOURNEY FROM ZERO • LONGUE RANDONEE, LA • 1961 • DCS
MY ISLAND HOME • ESCALE DE VERDURE • 1961 • DCS
SEA SPRITES • SIRENES MODERNES • 1961 • DCS
STONE AGE TO ATOM AGE • DE L'AGE DE PIERRE A L'AGE ATOMIQUE • 1961 • DOC
TERRA NOVA • 1963 • DCS
THEY CALLED IT FIREPROOF • ON LE PENSAIT A L'EPREUVE DU FEU • 1963 • DCS
BONSOIR MONSIEUR CHAMPAGNE • 1964 • DCS
CIGARETTE: PARLONS-EN?, LA • 1965 • DCS
CHANGES, LET'S TALK ABOUT THEM • CHANGEMENTS? PARLONS-EN • 1971 • DOC
TOTAL APPROACH • APPROCHE GLOBALE • 1971 • DCS
GRIERSON • MONSIEUR GRIERSON • 1973 • DOC

BLAKE ALAN – UKN
VICTIMS • 1979

BLAKE ALFONSO CORONA – MXC
CAMINO DE LA VIDA, EL • 1955
FELICIDAD • 1956
CABARET TRAGICO • 1957
TORRE DE MARFIL, LA • 1957
LAGRIMAS DE AMOR • 1958
MUJER Y LA BESTIA, LA • WOMAN AND THE BEAST, THE • 1958
SED DE AMOR • THIRST FOR LOVE • 1958
ESPOSA O AMANTE • 1959
YO PECADOR • 1959
MUNDO DE LOS VAMPIROS, EL • WORLD OF THE VAMPIRES, THE (USA) • 1960
PECADO DE UNA MADRE, EL • 1960
PECADO • 1961
SANTO CONTRA LAS MUJERES VAMPIROS • SAMSON VS. THE VAMPIRE WOMEN (USA) ○ SAMSON AND THE VAMPIRE WOMAN ○ SANTO VS. THE VAMPIRE WOMEN • 1961
CIELO Y LA TIERRA, EL • 1962
SANTO EN EL MUSEO DE CERA • SAMSON IN THE WAX MUSEUM (USA) ○ SANTO IN THE WAX MUSEUM • 1963
AUDAZ Y BRAVERO • 1964
YO, EL VALIENTE • 1964
FIEBRE DE JUVENTUD • 1965
MALVADOS, LOS • 1965
ARRULLO DE DIOS • 1966
VERANO VIOLENTA • 1966
PECADORAS, LAS • SINNING WOMEN • 1968

BLAKE B. K. see **BLAKE BEN K.**

BLAKE BEN see **BLAKE BEN K.**

BLAKE BEN K. – USA
BLAKE B. K. • BLAKE BEN
PORCELAIN LAMP, THE • 1921
DELIVERANCE • 1928
TWO SISTERS • 1938
WORLD OF 1960 • 1939 • SHT

BLAKE EDMUND – UKN
FLOTSAM • 1921

BLAKE GERALD – UKN
DANCE OF DEATH, THE • VENGEANCE OF KALI, THE • 1938

BLAKE T. C. see **COLLECTOR ROBERT**

BLAKELEY JAMES – USA
WONDERFUL STORY OF SANTA CLAUS • 1948 • SHT

BLAKELEY JOHN E. – UKN – 1889–1958
DODGING THE DOLE • 1936
SOMEWHERE IN ENGLAND • 1940
SOMEWHERE IN CAMP • 1942
SOMEWHERE ON LEAVE • 1942
DEMOBBED • 1944
HOME SWEET HOME • 1945
UNDER NEW MANAGEMENT • HONEYMOON HOTEL • 1946
CUP-TIE HONEYMOON • 1948
HOLIDAYS WITH PAY • 1948
SCHOOL FOR RANDLE • 1949
SOMEWHERE IN POLITICS • 1949
WHAT A CARRY ON! • 1949
LET'S HAVE A MURDER • 1950
OVER THE GARDEN WALL • 1950
IT'S A GRAND LIFE • 1953

BLAKEMORE MICHAEL – ASL – 1928–
PRIVATES ON PARADE • 1983

BLAKESTON OSWELL – UKN
LIGHT RHYTHMS • 1930 • SHT

BLANC – FRN
DONNE-MOI LA MAIN • 1958 • SHT

BLANC GUY – FRN – 1930–
MOIS LE PLUS BEAU, LE • 1968

BLANC JACK – FRN
QUEBECOISES EN FOLIE, LES

BLANC JEAN-JACQUES JELOT see **JELOT-BLANC JEAN-JACQUES**

BLANC JEAN-PIERRE – FRN – 1942–
VIEILLE FILLE, LA • TARDONA, LA (ITL) ○ OLD MAID, THE • 1971
ANGE AU PARADIS, UN • 1973
D'AMOUR ET D'EAU FRAICHE • 1975
ESPRIT DE FAMILLE, L' • 1978

BLANC MICHEL – FRN – 1952–
CUISSARDES
CUISSES ENTR'OUVERTES
LANGUES PROFONDES
VIENS JE SUIS CHAUDE
MARCHE A L'OMBRE • 1984

BLANC PAUL see **BIANCHINI PAOLO**

BLANC ROGER – FRN – 1919–1958
SCANDALE AUX CHAMPS-ELYSEES • 1948
SANS TAMBOUR, NI TROMPETTE • 1949
MYSTERE A SHANGAI • NUIT DU TREIZE, LA • 1950
MINUIT CHAMPS-ELYSEES • 1953
AVENTURIERE DES CHAMPS-ELYSEES, L' • ADVENTURESS OF THE CHAMPS-ELYSEES, THE • 1956

BLANCARTE OSCAR – MXC
JINETE DE LA DIVINA PROVIDENCIA, EL • HORSEMAN OF DIVINE PROVIDENCE, THE • 1989

BLANCATO KEN – USA
STEWARDESS SCHOOL • 1986

BLANCHAR PIERRE – Actor – FRN – 1896–1963
SECRETS • FOL ETE, LE • 1942
SEUL AMOUR, UN • 1943

BLANCHARD ANDRE – CND – 1951–
BEAT • 1975
HIVER BLEU, L' • BLUE WINTER • 1980

BLANCHARD GUY – UKN
ARCTIC LABORATORY • 1952 • DOC

BLANCHARD JOHN – USA
ROSE REUBEN
LAST POLKA, THE • 1984
SCREWBALL ACADEMY • LOOSE ENDS • 1987

BLANCHE FRANCIS – Actor – FRN – 1921–1974
TARTARIN DE TARASCON • 1962

BLANCHE HERBERT see **BLACHE HERBERT**

BLANCHET VINCENT – FRN – 1945–
HISTOIRE DE WAHARI • 1971 • DOC
GEEL • 1978 • DOC

BLANCKE COR – BLG
ROBERT EN BERTRAND • 1983

BLANCO GABRIEL – SPN
EDAD DE LA PIEDRA, LA • STONE AGE, THE • 1965 • ANS

BLANCO JAVIER – VNZ – 1944–
BUSQUEDA, LA • SEARCH, THE • 1972 • SHT
ELECTRICIDAD DE CARACAS • ELECTRICITY OF CARACAS • 1972 • DOC
FUNDACOMUN, UN CAMINO • ROAD OF PROGRESS • 1972 • DOC
RECLUTA -FUERZAS ARMADAS • ARMED FORCES • 1972 • DOC
VENEZUELA A SU ALTURA • VENEZUELA AT ITS HEIGHT • 1972 • DOC
CANAIMA • 1973 • DOC
ROSTRO HUMANO DE CARACAS, EL • HUMAN FACE OF CARACAS, THE • 1973 • DOC
5 DESPORPISTAS VENEZOLANOS • 5 VENEZUELAN SPORTSMEN • 1973 • DOC
ANSI-PHIA • 1974 • DOC
MARIA VICTORIA CARRASCO • 1974 • DOC
NUEVO MODO DE VIVIR, UN • NEW WAY OF LIVING, A • 1974 • DOC
SAN AGUSTIN • 1974 • DOC
CRIMEN PERFECTO • PERFECT CRIME • 1977
ENVASES VENEZOLANOS • 1978 • DCS
HISTORIA DE UN BANCO DE VENEZUELA, LA • HISTORY OF A BANK IN VENEZUELA, THE • 1978 • DCS
SIEMBRA DEL FUTURO • SEEDING THE FUTURE • 1978 • SHT
SISTEMA TUNEL • TUNNEL SYSTEM • 1978 • DCS

BLANCO JOSE MARIA – SPN
OSCAR, KINA Y EL LASER • 1978

BLANCO M. – VNZ
HABITANTES DE LA PRIMAVERA, LOS • INHABITANTS OF SPRING, THE • 1971

BLANCOCELLO ENRICO – USA
STRANGE FETISHES, THE • STRANGE FETISHES OF THE GO-GO GIRLS, THE • 1967

BLAND EDWARD – USA
CRY OF JAZZ • 1959

BLANDFORD MARK – CND
CHASING RAINBOWS • 1988

BLANDFORD RAWDON – NZL
TEST, THE • 1916

BLANGSTED FOLMAR – USA – 1904–1982
OLD WYOMING TRAIL, THE • 1937
WESTBOUND MAIL • 1937

BLANK ALEKSANDR – USS
TSEMYENT • CEMENT • 1975

BLANK LES – USA
DIZZY GILLESPIE • 1965 • SHT
SUN'S GONNA SHINE, THE • 1967 • SHT
BLUES ACCORDIN' TO LIGHTNIN' HOPKINS • 1968 • DOC
SPEND IT ALL • 1970 • DOC
WELL SPENT LIFE, A • 1971 • DOC
DRY WOOD AND HOT PEPPER • 1973 • DOC
CHULAS FRONTERAS • BEAUTIFUL BORDERS • 1976
ALWAYS FOR PLEASURE • 1978
DEL MERO CORAZON • STRAIGHT FROM THE HEART -LOVE SONGS OF THE SOUTH WEST • 1979
GARLIC IS AS GOOD AS TEN MOTHERS • 1979 • DOC
WERNER HERZOG EATS HIS SHOE • 1980 • DOC
BURDEN OF DREAMS, THE • 1983 • DOC

BLANK ROSEMARIE – NTH
TERRA IN DUE, LA • 1985 • DOC

BLANKE HENRY – Producer – FRN – 1901–
BLUFFEUR, LE • 1932

BLANSJAAR JOH – NTH
SNOEIEN VAN LOOFHOUT, HET • 1966 • SHT

BLAREAU RICHARD – FRN
BALLET DE FRANCE • 1955

BLASCO RICARDO – SPN – 1921–
NUITS ANDALOUSES • NOCHES ANDALUZAS (SPN) • 1953
AMOR BAJO CERO • 1960
ARMAS CONTRA LA LEY • ARMI CONTRO LA LEGGE (ITL) • 1961
AUTOPSIA DE UN CRIMINAL • AUTOPSY OF A CRIMINAL (USA) • 1962
DESTINO: BARAJAS • 1963
TRES ESPADAS DEL ZORRO, LAS • THREE SWORDS OF ZORRO, THE (USA) • 1963
GRINGO • DUELLO NEL TEXAS ○ GUNFIGHT AT RED SANDS • 1964

BLASETTI ALESSANDRO – ITL – 1900–1987
SOLE • 1929
NERONE • NERO • 1930
RESURRECTIO • RESURRECTION • 1931
TERRA MADRE • PASSA LA MORTE • 1931
ASSISI • 1932 • DOC
PALIO • 1932
TAVOLA DEI POVERI, LA • 1932
CASO HALLER, IL • CASO DEL GIUDICE HALLER, IL ○ GIUDICE HALLER, IL • 1933
IMPIEGATA DI PAPA, L' • PAPA, VOGLIO IMPIEGARMI! ○ GENTE PER BENE • 1933
MILLE DI GARIBALDI, I • GESUZZA, LA SPOSA GARIBALDINA ○ 1860 • 1933
VECCHIA GUARDIA • OLD GUARD, THE • 1933
ALDEBARAN • 1935
CONTESSA DI PARMA, LA • COUNTESS OF PARMA, THE • 1937
PATRIA, AMORE E DOVERE • 1937
PICCOLO EROE • 1937
CACCIA ALLA VOLPE • 1938 • DOC
ETTORE FIERAMOSCA • 1938
ABUNA MESSIAS • 1939 • DOC
RETROSCENA • 1939
AVVENTURA DI SALVATOR ROSA, UN • ADVENTURE OF SALVATOR ROSA, AN (USA) ○ SALVATOR ROSA • 1940
NAPOLI E LE TERRE D'OLTREMARE • 1940 • DOC
CENA DELLE BEFFE, LA • 1941
CORONA DI FERRO, LA • IRON CROWN, THE • 1941
QUATTRO PASSI FRA LE NUVOLE • FOUR STEPS IN THE CLOUDS • 1942
NESSUNO TORNO INDIETRO • ISTITUTO GRIMALDI • 1943
CASTEL SANT'ANGELO • 1946 • DOC
DUOMO DI MILANO, IL • 1946 • DOC
GEMMA ORIENTALE DI PAPA, LA • 1946 • DOC
GIORNO NELLA VITA, UN • DAY OF LIFE, A • 1946
FABIOLA • 1948
IPPODROMI ALL'ALBA • 1950 • DOC
PRIMA COMMUNIONE • FATHER'S DILEMMA (USA) ○ HIS MAJESTY MR. JONES ○ FIRST COMMUNION • 1950
ALTRI TEMPI • IN OLDEN DAYS (USA) ○ INFIDELITY (UKN) ○ TIMES GONE BY ○ ZIBALDONE N.1 • 1952
FIAMMATA, LA • PRIDE, LOVE AND SUSPICION • 1952
TEMPI NOSTRI • QUELQUES PAS DANS LA VIE (FRN) ○ ANATOMY OF LOVE, THE (USA) ○ SLICE OF LIFE, A (UKN) ○ OUR TIMES ○ ZIBALDONE N.2 • 1954
PECCATO CHE SIA UNA CANAGLIA • TOO BAD SHE'S BAD (UKN) • 1955
FORTUNA DI ESSERE DONNA, LA • CHANCE D'ETRE FEMME, LA (FRN) ○ LUCKY TO BE A WOMAN (USA) ○ MATING MODERN STYLE ○ WHAT A WOMAN! • 1956
AMORE E CHIACCHIERE • SALVIAMO IL PANORAMA • 1957
EUROPA DI NOTTE • EUROPEAN NIGHTS (USA) • 1959 • DOC
IO AMO, TU AMI • J'AIME, TU AIMES (FRN) ○ I LOVE, YOU LOVE (USA) ○ ANTOLOGIA UNIVERSALE DELL'AMORE • 1960
QUATRE VERITES • QUATTRO VERITA, LE (ITL) ○ THREE FABLES OF LOVE (USA) ○ CUATRO VERDADES, LAS • 1962
LIOLA • VERY HANDY MAN, A (USA) • 1964
IO, IO, IO.. E GLI ALTRI • CONFERENZA CON PROIEZIONI ○ ME, ME, ME.. AND NO OTHERS • 1966
RAGAZZA DEL BERSAGLIERE, LA • BERSAGLIERE'S GIRL, THE • 1967
SIMON BOLIVAR • EPOPEYA DE SIMON BOLIVAR, LA • 1968
VENEZIA, UNA MOSTRA PER IL CINEMA • 1982 • DOC

BLASS YAGO – ARG
GRAN CAMARADA, EL • 1939
MUERTO ES UN VIVO, EL • 1953
MUJER DIFERENTE, UNA • 1956

BLATT EDWARD A. – Stage director – USA – 1905–
BETWEEN TWO WORLDS • OUTWARD BOUND • 1944
ESCAPE IN THE DESERT • STRANGERS IN OUR MIDST • 1945
SMART WOMAN • 1948

BLATTNER LOUIS – UKN
MY LUCKY STAR • 1933

BLATTY WILLIAM PETER – Screenwriter – USA – 1928–
NINTH CONFIGURATION, THE • TWINKLE, TWINKLE, KILLER KANE • 1980
EXORCIST III: THE LEGION • 1990

BLAY JOSE MARIA – SPN
GARBANCITO DE LA MANCHA • LITTLE KNIGHT, THE ○ LITTLE BEAN OF LA MANCHA • 1946 • ANM
ALEGRES VACACIONES • 1948
SUENOS DE TAY-PY • 1951

BLAZEKOVIC MILAN – Animator – YGS
NO.412–676 • 1969 • ANM
COVJEK KOJI JE MORAO PJEVATI • MAN WHO HAD TO SING, THE (USA) • 1970 • ANS
END, THE • 1970 • ANM
LARGO • 1970 • ANS
KOLEKCIONAR • COLLECTOR • 1971 • ANM
OUVERTURE 2012 • 1976 • ANM
ELM–CHANTED FOREST, THE • 1986 • ANM

BLAZEVSKI VLADIMIR – YGS
HI–FI • 1987

BLECHMAN COREY – USA
THREE WISHES OF BILLY GRIER, THE • 1984 • TVM

BLECHMAN R. O. – USA
EMPEROR'S NEW ARMOR, THE • 1970 • ANS

BLECKNER JEFF – USA
RYAN'S FOUR • 1982 • TVM
WHEN YOUR LOVER LEAVES • 1983 • TVM
BROTHERLY LOVE • 1985 • TVM
DO YOU REMEMBER LOVE? • 1985 • TVM
FRESNO • 1986 • MTV
WHITE WATER SUMMER • RITES OF SUMMER • 1987
MY FATHER, MY SON • 1988 • TVM
TERRORIST ON TRIAL: THE UNITED STATES VS. SALIM AJAMI • HOSTILE WITNESS • 1988 • TVM

BLEIWEISS CELINO – GRM
AUS DEM LEBEN EINES TAUGENICHTS • 1973

BLEST DAVID – UKN
VALUE FOR MONEY • 1971

BLETCHER BILLY see **BLETCHER WILLIAM**

BLETCHER WILLIAM – Actor – USA – 1894–
BLETCHER BILLY
WILD GIRL, THE • 1925
SILENT GUARDIAN, THE • 1926

BLIER BERTRAND – FRN – 1939–
HITLER, CONNAIS PAS • 1962
GRIMACE, LA • 1966 • SHT
SI J'ETAIS UN ESPION • BREAKDOWN (USA) ○ IF I WERE A SPY • 1966
VALSEUSES, LES • MAKING IT (UKN) ○ GOING PLACES (USA) • 1974
CALMOS • FEMMES FATALES • 1976
PREPAREZ VOS MOUCHOIRS • GET OUT YOUR HANDKERCHIEFS (USA) ○ GET YOUR HANDKERCHIEFS READY • 1978
BUFFET FROID • COLD CUTS (USA) • 1979
BEAU–PERE • STEPFATHER • 1981
FEMME DE MON POTE, LA • MY BEST FRIEND'S GIRL (USA) • 1983
NOTRE HISTOIRE • SEPARATE ROOMS ○ OUR STORY • 1984
MENAGE • 1986
TENUE DE SOIREE • EVENING DRESS • 1986
TROP BELLE POUR TOI! • TOO BEAUTIFUL FOR YOU (UKN) • 1989

BLIOKH YAKOV see **BLYOKH YAKOV**

BLISS BARRY – UKN
FORDS ON WATER • 1983

BLISTENE MARCEL – FRN – 1911–
ETOILE SANS LUMIERE • STAR WITHOUT LIGHT (USA) • 1945
MACADAM • BACK STREETS OF PARIS (USA) • 1946
RAPIDE DE NUIT • 1948
SORCIER DU CIEL, LE • HEAVEN AND EARTH • 1948
BIBI FRICOTIN • 1950
CET AGE EST SANS PITIE • 1950
FEU DANS LA PEAU, LE • FIRE UNDER HER SKIN (USA) ○ FIRE IN THE SKIN • 1953
GUEULE D'ANGE • PLEASURES AND VICES (USA) • 1955
SYLVIANE DE MES NUITS • 1956
AMANTS DE DEMAIN, LES • 1958

BLOCH DOMINIQUE – FRN – 1946–
LARZAC • GARDAREM LOU LARZAC • 1973 • DOC

BLOCK BRUCE – USA
PRINCESS ACADEMY, THE • 1987

BLOEM MARION – NTH
LAND VAN MIJN OUDERS, HET • 1983 • DOC

BLOEM REIN – NTH
KOCKIJN, EEN KERMISKRONIEK • 1966

BLOETTLER UGO – FRN
SEPT PECHES CAPITAUX, LES • SETTE PECCATI CAPITALI, I (ITL) ○ SEVEN CAPITAL SINS, THE ○ SETTE PECCATI CAPITALI, I ○ SEVEN DEADLY SINS, THE ○ SEVEN DEADLY SINS ○ SEVEN CAPITAL SINS • 1951

BLOM AUGUST – DNM – 1869–1947
DODDET HALSBAND, DEN • NECKLACE OF THE DEAD, THE • 1910
HAMLET • 1910
HVIDE SLAVEHANDEL I, DEN • WHITE SLAVE, THE • 1910
JAGTEN PAA GENTLEMANROVEREN • 1910
LIVETS STORME • STORMS OF LIFE • 1910
ROBINSON CRUSOE • 1910
SINGAREE • 1910
SKAEBNESVANGRE OPFINDELSE, DEN • DR. JEKYLL AND MR. HYDE ○ JEKYLL AND HYDE • 1910
SPIONEN FRA TOKIO • RED LIGHT, THE • 1910
SPOGELSET I GRAVKAELDEREN • GHOST OF THE VARIETY, THE • 1910
VED FAENGLETS PORT • TEMPTATIONS OF A GREAT CITY • 1910
BALLETDANSERINDEN • BALLET DANCER, THE • 1911
BLAA NATVIOL, DEN • DAUGHTER OF THE FORTUNE TELLER, THE • 1911
DAMERNES BLAD • LADIES' JOURNAL, THE • 1911
DESDEMONA • 1911
DODENS BRUD • BRIDE OF DEATH, A • 1911
DODSDROMMEN • DREAM OF DEATH, A • 1911
EKSPEDITRICEN • IN THE PRIME OF LIFE ○ UNGDOM OG LETSIND • 1911
EVENTYR PAA FODREJSEN • UDBRUDTE SLAVE, DEN ○ 2 CONVICTS, THE • 1911
FADER OG SON • ONKEL OG NEVO ○ POISONOUS LOVE, A • 1911
FARLIGE ALDER, DEN • PRICE OF BEAUTY, THE • 1911
FLYVEREN OG JOURNALISTE ENS HUSTRU • AVIATIKEREN OG JOURNALISTENS HUSTRU ○ LEKTION, EN ○ AVIATOR AND THE JOURNALIST'S WIFE, THE • 1911
FRU POTIFAR • SKAEBNESVANGRE LOGN, DEN ○ MADAME PUTIPHAR ○ FATAL LIE, A • 1911
GAMLE KOBMANDSHUS, DET • MIDSUMMER–TIME ○ MIDSOMMER • 1911
HAEVNET • BODES DER FOR, DET ○ VENGEANCE • 1911
HVIDE SLAVEHANDEL II, DEN • IN THE HANDS OF IMPOSTORS • 1911
JERNBANENS DATTER • DAUGHTER OF THE RAILWAY, THE • 1911
KAERLIGHEDENS STYRKE • POWER OF LOVE, THE • 1911
MIN FORSTE MONOCLE • HERR STORMS FORSTE MONOCLE ○ HIS FIRST MONOCLE • 1911
MORKE PUNKT, DET • MAMIE ROSE ○ ANNIE BELL • 1911
MORMONENS OFFER • VICTIMS OF THE MORMONS, THE • 1911
NAADIGE FROKEN, DEN • LADY MARY'S LOVE • 1911
OPFINDERS SKAEBNE, EN • AEROPLANE INVENTOR, THE • 1911
POLITIMESTEREN • CONVICTS NO.1O AND NO.13 • 1911
POTIFARS HUSTRU • VICTIM OF A CHARACTER, THE • 1911
TROPISK KAERLIGHED • LOVE IN THE TROPICS • 1911
UNGDOMMENS RET • RIGHT OF YOUTH, THE • 1911
VAMPYRDANSERINDEN • VAMPIRE DANCER, THE • 1911
VILDLEDT ELSKOV • BANK BOOK, THE • 1911
ALT PAA ET KORT • GOLD FROM THE GUTTER ○ GULDMONTEN • 1912
BRILLANTSTJERNEN • FOR HER SISTER'S SAKE • 1912
DIREKTORENS DATTER • CAUGHT IN HIS OWN TRAP • 1912
DYREKOBT VENSKAB • DEARLY PURCHASED FRIENDSHIP • 1912
ELSKOVS MAGT • MAN'S GREAT ADVERSARY ○ GOGLEREN • 1912
FODSELSDAGSGAVEN • BIRTHDAY GIFT, THE ○ GAVEN • 1912
FORSTE HONORAR, DET • HANS FORSTE HONORAR ○ HIS FIRST PATIENT • 1912
FORSTE KAERLIGHED, DEN • HER FIRST LOVE AFFAIR • 1912
GUVERNORENS DATTER • GOVERNOR'S DAUGHTER, THE • 1912
HANS VANSKELIGSTE ROLLE • HIS MOST DIFFICULT PART • 1912
HISTORIEN OM EN MODER • MODERS KAERLIGHED, EN ○ LIFE OF A MOTHER, THE • 1912
HJERTERNES KAMP • HIGH STAKE, A • 1912
HJERTETS GULD • HJERTE AF GULD, ET ○ FAITHFUL UNTO DEATH • 1912
HOFINTRIGE, EN • COURT INTRIGUE, A • 1912
HVEM VAR FORBRYDEREN? • SAMVITTIGHEDSNAG ○ AT THE 11TH HOUR • 1912
KAERLIGHED GOR BLIND • LOVE IS BLIND • 1912
OPERABRANDEN • SONG WHICH GRANDMOTHER SANG, THE ○ BEDSTEMODERS VUGGEVISE • 1912
SANDE KAERLIGHED, DEN • FLUGTEN GENNEM SKYERNE ○ FUGITIVES, THE • 1912
SORTE KANSLER, DEN • BLACK CHANCELLOR, THE • 1912
TRE KAMMERATER, DE • 3 COMRADES, THE • 1912
TREDIE MAGT, DEN • SECRET TREATY, THE • 1912
AF ELSKOVS NAADE • ACQUITTED • 1913
ATLANTIS • 1913
BRISTET LYKKE • PARADISE LOST, A • 1913
ELSKOVSLEG • LIEBELEI ○ LOVE'S DEVOTEE • 1913
FARLIG FORBRYDER, EN • MODERN JACK THE RIPPER, A ○ KNIVSTIKKEREN • 1913
FEM KOPIER • 5 COPIES • 1913
HOJT SPIL • FORFEJLET SPRING, ET ○ DASH FOR LIBERTY, A • 1913
NAAR FRUEN GAAR PAA EVENTYR • POMPADOURTASKEN ○ LOST BAG, THE • 1913
PRESSENS MAGT • BANKRUN, ET ○ HARVEST OF TEARS, A • 1913
TROLOS • GOGLERBLOD ○ ARTISTS • 1913
VASENS HEMMELIGHED • KINESISKE VASE, DEN ○ CHINESE VASE, THE • 1913
AEGTESKAB OG PIGESJOV • MR. KING PAA EVENTYR ○ SURPRISE PACKET, A • 1914
AEVENTYRERSKEN • EXILED • 1914
ARBEJDET ADLER • 1914
ENSOM KVINDE, EN • HVEM ER HAN? ○ DOCTOR'S LEGACY, THE • 1914
FAEDRENES SYND • NEMESIS • 1914
KAERLIGHEDS VAEDDEMAALET • WAGER, THE • 1914
LAEREAAR, ET • REFORMATION, THE • 1914
LILLE CHAUFFOR, DEN • LITTLE CHAUFFEUR, THE • 1914
PRO PATRIA • 1914
REVOLUTIONSBRYLLUP • REVOLUTION MARRIAGE, A • 1914
SONNEN • HER SON • 1914
STORE MIDDAG, DEN • GUESTLESS DINNER PARTY, THE • 1914
STORSTE KAERLIGHED, DEN • MODERS KAERLIGHED, EN ○ ESCAPED THE LAW, BUT.. • 1914
TUGTHUSFANGE NO.97 • GAEST FRA EN ANDEN VERDEN, EN ○ OUTCAST'S RETURN, THE • 1914
DU SKAL ELSKE DIN NAESTE • SAMARITAN, THE ○ FOR DE ANDRE • 1915
FOR SIT LANDS AERE • HENDES AERE ○ FOR HIS COUNTRY'S HONOUR • 1915
GIFTPILEN • POISONOUS ARROW, THE • 1915
HJERTESTORME • 1915
KAERLIGHEDSLAENGEL • PUKKELRYGGEDE, DEN ○ CRIPPLE GIRL, THE • 1915
LOTTERISEDDEL NO.22152 • BLINDE SKAEBNE, DEN ○ BLIND FATE • 1915
ROVEDDERKOPPEN • RODE ENKE, DEN ○ ROBBER SPIDER, THE ○ WHITE WIDOW, THE • 1915
SYNDENS DATTER • DEN, DER SEJRER ○ NOBODY'S DAUGHTER • 1915
SYNDIG KAERLIGHED • EREMITTEN ○ HERMIT, THE • 1915
TRUET LYKKE • SKUD I MORKET, ET ○ EVIL GENIUS, THE • 1915
GILLEKOP • 1916
MYSTISKE SELSKABSDAME • MYSTERIOUS COMPANION, THE ○ LEGATIONENS GIDSEL ○ MYSTERIOUS LADY'S COMPANION, THE ○ HOSTAGE OF THE EMBASSY, THE • 1916
VERDENS UNDERGANG • END OF THE WORLD, THE (USA) ○ FLAMMESVAERDET ○ FLAMING SWORD, THE • 1916
DENTELLES • 1918
GREVINDENS AERE • KNIPLINGER ○ LACE ○ COUNTESS'S HONOR, THE • 1918
MAHARAJAENS YNDLINGSHUSTRU II • FAVOURITE WIFE OF THE MAHARAJA II, THE ○ DAUGHTER OF BRAHMA, A • 1918
VIA CRUCIS • GET THEE BEHIND ME • 1918
PROMETHEUS • BONDS OF HATE • 1919
HANS GODE GENIUS • MOD STJERNERNE ○ HIS GUARDIAN ANGEL • 1920
PRAESTEN I VEJLBY • VICAR OF VEJLBY, THE ○ LAND OF FATE, THE • 1920
STORE HJERTE, DET • SIDE LIGHTS OF THE SAWDUST RING ○ LIGHTS FROM CIRCUS LIFE • 1924
STORE MAGT, DEN • 1924
DRAGONEN • 1925
HENDES NAADE • 1925

BLOM PER – NRW
ANTON • 1973
SIN MORS HUS • HIS MOTHER'S HOUSE ○ MORS HUS ○ MOTHER'S HOUSE • 1973
GREAT EXPECTATIONS • 1974 • SHT
KVINNENE • WOMEN, THE • 1979
SOLVMUNN • SILVER MOUTH • 1982
IS–SLOTTET • ICE PALACE, THE • 1986

BLOMBERG ERIK – FNL – 1913–
MIEHEN TIE • WAY OF A MAN, THE ○ ONE MAN'S FATE • 1940
VALKOINEN PEURA • WHITE REINDEER, THE • 1952
KUN ON TUNTEET • WHEN THERE ARE FEELINGS • 1953
KIHLAUS • BETROTHAL, THE • 1955
BROLLOPSNATT, EN • NOC POSLUBNA (PLN) ○ HAAYO (FNL) ○ WEDDING NIGHT • 1959

BLOMDAHL KARL-BIRGIR – SWD
ALTISONIANS • 1967

BLOMGREN BENGT – SWD – 1923–
I ROK OCH DANS • IN SMOKE AND DANCING • 1954
PA HEDER OCH SKOJ • HONESTLY AND CHEATINGLY • 1956
KRUT OCH KARLEK • GUNPOWDER AND LOVE • 1957
LINJE SEX • KARLEKSBARN ○ LINE SEX • 1958
HALLEBACKS GARD • HALLEBACK MANOR • 1961

BLOMKVIST HEIDI – Animator – CND
LUCRETIA • 1987 • ANS

BLONDEAU ALPHONSE-LUCIEN – FRN – 1884–
PARIS, MES AMOURS • 1935

BLONDY PIERRE – FRN – 1910–1970
FILS DE FRANCE • COMBATS D'ALSACE • 1945
CHAMPIONS JUNIORS • 1950 • SHT

BLOOM GEORGE JAY III – USA
BROTHERS IN ARMS • 1988

BLOOM JEFFREY – CND
DOGPOUND SHUFFLE • SPOT • 1975
STICK UP, THE • MUD • 1978
BLOOD BEACH • 1980
JEALOUSY • 1984 • TVM
STARCROSSED • 1985 • TVM
RIGHT OF THE PEOPLE, THE • 1986 • TVM
FLOWERS IN THE ATTIC • 1987

BLOOME A. J.
DREAM OF MY PEOPLE, THE • 1934

BLOOMFIELD GEORGE – CND – 1930–
JENNY • AND JENNY MAKES THREE • 1970
TO KILL A CLOWN • 1972
CHILD UNDER A LEAF • LOVE CHILD (UKN) ○ CHILD OF LOVE ○ ADULTERESS, THE • 1974
LOVE ON THE NOSE • 1978 • MTV
RIEL • 1979 • TVM
DOUBLE NEGATIVE • 1980
NOTHING PERSONAL • 1980

BLOROVICH ELIE – FRN – 1938–
BRIGADE CRIMINELLE • INTERNATIONAL PROSTITUTION • 1980

BLOT PHILIPPE
SYLVIA KRISTEL'S DESIRES • ARROGANT, THE • 1987
HOT BLOOD • 1989

BLOTNICK ELIHU – USA
WEBFOOTED FRIENDS • 1976

von BLUCHER HUBERT – GRM
GANGSTERJAGD IN LEDERHOSEN • 1959

BLUE JAMES – USA – 1930–1980
AVARE, L' • 1960
OLIVIERS DE LA JUSTICE, LES • OLIVE TREES OF JUSTICE, THE (USA) • 1962
MARCH, THE • MARCH TO WASHINGTON, THE • 1963

BLUEMKE RALPH C. – USA
ROBBY • 1968

BLUEN GEORG – GRM
AUF DES LEBENS RAUFER BAHN • 1918
FRUHLINGSSTURME IM HERBSTE DES LEBENS • 1918
SAFERNDRI, DIE TANZERIN VON DSCHIAPUR • TANZERIN VON DSCHIAPUR, DIE • 1918
UM KRONE UND PEITSCHE • TODESSPRUNG, DER • 1918
GEBANNT UND ERLOST • 1919
RACHE DES TITANEN, DIE • 1919
LIEBE IST DER FRAUEN MACHT, DIE • KABALE UND LIEBE IM ZIRKUS • 1924

BLUM ERIC – USA
FANTASTIC PLASTIC MACHINE, THE • 1969 • DOC

BLUM LOWELL – USA
FANTASTIC PLASTIC MACHINE, THE • 1969 • DOC

BLUM MICHAEL – USA
RICHARD PRYOR -LIVE AND SMOKIN' • 1985

BLUM VICTOR – GRM
HUNDERTTAUSENDE UNTER ROTEN FAHNEN • HUNDREDS OF THOUSANDS UNDER RED FLAGS • 1929 • DOC
ROTSPORT MARSCHIERT • RED SPORT ON THE MARCH • 1930 • DOC
SPRINGT DIE KETTEN • BREAK THE CHAINS • 1930 • DOC

BLUME A. J. – USA
GREATER SINNER, THE • 1919

BLUME FREDERICO – PRU
NEGOCIA AL AGUA • 1913

BLUMENFELD PAVEL – CZC
KASARI • SAFE-BREAKERS • 1958
LIDE JAKO TY • MEN OF KLADNO, THE ○ PEOPLE LIKE YOU • 1960
TAM ZA LESEM • BEYOND THE FOREST ○ BEYOND THE WOOD • 1962

BLUMENSTOCK MORT – USA
MORALS FOR WOMEN • FAREWELL PARTY (UKN) • 1931

BLUMENTHAL – FRN
CLIENTE SEDUCTOR, EL • 1932

BLUMENTHAL JERRY – USA
CHICAGO MATERNITY CENTER STORY, THE • 1977

BLUTH DON – USA
SMALL ONE, THE • 1978 • ANS
SECRET OF NIMH, THE • 1982 • ANM
AMERICAN TAIL, AN • 1986 • ANM
ALL DOGS GO TO HEAVEN • 1989 • ANM
LAND BEFORE TIME, THE • 1989 • ANM
ROCK-A-DOODLE • 1990 • ANM

BLUWAL MARCEL – FRN – 1925–
MONTE-CHARGE, LE • MORTE SALE IN ASCENSORE, LA (ITL) ○ PARIS PICK-UP (USA) • 1962
CARAMBOLAGES • 1963

BLYOKH YAKOV – USS – 1895–1957
BLIOKH YAKOV
SHANGHAISKY DOKUMENT • SHANGHAI DOCUMENT, THE ○ CHINESE DOCUMENT, A • 1928

BLYSTONE J. G. see **BLYSTONE JOHN G.**

BLYSTONE JACK see **BLYSTONE JOHN G.**

BLYSTONE JASPER – Animator – USA
RELUCTANT DRAGON, THE • 1941

BLYSTONE JOHN see **BLYSTONE JOHN G.**

BLYSTONE JOHN G. – USA – 1892–1938
BLYSTONE JOHN • BLYSTONE JACK • BLYSTONE J. G.
CHANGE IN LOVERS, A • 1915
ROUGH BUT ROMANTIC • 1915
SHAVED IN MEXICO • 1915
SOME NIGHTMARE • 1915 • SHT
STOOL PIGEON'S REVENGE, A • 1915
THEIR LAST HAUL • 1915
UNDER THE TABLE • 1915
TILLIE'S TERRIBLE TUMBLES • 1916 • SHT
ALICE OF THE SAWDUST • 1917 • SHT
AUTOMANIACS • 1917 • SHT
BALLOONATICS • 1917 • SHT
DIPPY DAN'S DOINGS • 1917 • SHT
HER BAREBACK CAREER • 1917 • SHT
LOVE ON CRUTCHES • 1917 • SHT
NEPTUNE'S NAUGHTY DAUGHTER • 1917 • SHT
SUMMER BOARDERS • 1917 • SHT
CHOO CHOO LOVE • 1918 • SHT
HER UNMARRIED LIFE • 1918 • SHT
HEY DOCTOR • 1918 • SHT
IN DUTCH • 1918 • SHT
OH! BABY! • 1918 • SHT
SHE DID HER BIT • 1918 • SHT
WHAT'S THE MATTER WITH FATHER? • 1918 • SHT
BACK TO NATURE GIRLS • 1919 • SHT
FOOTLIGHT MAIDS • 1919 • SHT
VIRTUOUS HUSBANDS • 1919 • SHT
YELLOW DOG CATCHER, THE • 1919 • SHT
DANGEROUS EYES • 1920 • SHT
DON'T TICKLE • 1920 • SHT
GREAT NICKEL ROBBERY, THE • 1920 • SHT
HER NAUGHTY WINK • 1920 • SHT
HIS WIFE'S CALLER • 1920 • SHT
HUNTSMAN, THE • 1920 • SHT
KISS ME QUICK! • 1920 • SHT
PRETTY LADY • 1920 • SHT
SLIPPING FEET • 1920 • SHT
FRIENDLY HUSBAND, A • 1923
OUR HOSPITALITY • 1923
SOFT BOILED • TEMPERED STEEL ○ YES WE HAVE NO TEMPER • 1923
LADIES TO BOARD • 1924
LAST MAN ON EARTH, THE • 1924
OH, YOU TONY! • 1924
TEETH • 1924
BEST BAD MAN, THE • 1925
DICK TURPIN • 1925
EVERLASTING WHISPER, THE • 1925
LUCKY HORSESHOE, THE • 1925
FAMILY UPSTAIRS, THE • 1926
HARD BOILED • 1926
MY OWN PAL • 1926
WINGS OF THE STORM • 1926
ANKLES PREFERRED • 1927
PAJAMAS • PYJAMAS • 1927
SLAVES OF BEAUTY • 1927
MOTHER KNOWS BEST • DOES MOTHER KNOW BEST • 1928
SHARP SHOOTERS • THREE NAVAL RASCALS (UKN) • 1928
CAPTAIN LASH • 1929
SKY HAWK, THE • 1929
THRU DIFFERENT EYES • PUBLIC OPINION ○ GUILTY • 1929
BIG PARTY, THE • 1930
SO THIS IS LONDON • 1930
TOL'ABLE DAVID • 1930
MEN ON CALL • 1931
MR. LEMON OF ORANGE • 1931
YOUNG SINNERS • 1931
AMATEUR DADDY • 1932
CHARLIE CHAN'S CHANCE • 1932
PAINTED WOMAN, THE • 1932
SHE WANTED A MILLIONAIRE • 1932
TOO BUSY TO WORK • 1932
HOT PEPPER • 1933
MY LIPS BETRAY • 1933
SHANGHAI MADNESS • 1933
CHANGE OF HEART • 1934
COMING-OUT PARTY • 1934
HELL IN THE HEAVENS • 1934
BAD BOY • 1935
COUNTY CHAIRMAN, THE • 1935
GENTLE JULIA • 1936
GREAT GUY • PLUCK OF THE IRISH (UKN) • 1936
LITTLE MISS NOBODY • MATRON'S REPORT, THE • 1936
MAGNIFICENT BRUTE, THE • FOOL FOR BLONDES, A • 1936
MUSIC FOR MADAME • 1937
WOMAN CHASES MAN • 1937
23½ HOURS LEAVE • 1937
BLOCKHEADS • 1938
SWISS MISS • 1938

BLYTH DAVID – NZL
ANGEL MINE • 1979
WOMAN OF GOOD CHARACTER, A • 1982
DEATH WARMED UP • BRAIN DAMAGE ○ DOCTOR DEATH • 1984
AVENGER, THE • NASTY HABITS • 1987
EXURBIA • 1988
RED BLOODED AMERICAN GIRL • 1990

BNISSO GEORGE – USA
WITCHCRAFT • 1965 • SHT

BO ARMANDO – ARG
SABALEROS • PUT UP OR SHUT UP (USA) ○ PUT OUT OR SHUT UP ○ POSITIONS ○ POSITIONS OF LOVE • 1959
...Y EL DEMONIO CREO A LOS HOMBRES • HEAT (USA) • 1960
DIOSA IMPURA, LA • 1963
TENTACION DESNUDA, LA • WOMAN AND TEMPTATION (USA) ○ NAKED TEMPTATION • 1966
MUJER DE MI PADRE, LA • MUHAIR (USA) ○ MY FATHER'S WIFE • 1967
SENORA DE INTENDENTE, LA • DIRECTOR'S WIFE, THE • 1967
CARNE • FLESH • 1968
FUEGO • PASSIONATE DESIRES • 1969
TROPICAL ECSTASY • 1970
FIEBRE • EROTIC WOMAN, THE • 1972
INTIMIDADES DE UNA PROSTITUTA • SEX IS THE NAME OF THE GAME (UKN) • 1972
FURY FEMINA • 1973
MARIPOSA EN LA NOCHE, UNE • BUTTERFLY IN THE NIGHT, A • 1976
INSACIABLE • INSATIABLE • 1978
ULTIMO AMOR EN TIERRA A DEL FUEGO, EL • LAST LOVE IN TIERRA DEL FUEGO • 1979
VIUDA DESCOCADA • SHAMELESS WIDOW, A • 1980

BO REIMER – USA
SEX CLINIC GIRLS • 1976

BO SONIKO – FRN
FLEUR DE FOUGERE • FLOWER OF THE FERN (USA) • 1949 • SHT
ZINZABELLE A PARIS • 1949 • ANM

BOAMMERY AHMAD – ALG
COAL MAN, THE • 1977

BOASBERG AL – USA – 1892–
MYRT AND MARGE • LAUGHTER IN THE AIR (UKN) • 1933
AUTOBUYOGRAPHY • 1934 • SHT
FIXING A STEW • 1934 • SHT
COUNSELITIS • 1935 • SHT
SALESMANSHIP AHOY • 1935 • SHT
DOWN THE RIBBER • 1936 • SHT
WHOLESAILING ALONG • 1936 • SHT

BOBET JACQUES – Producer – FRN – 1919–
FEMMES PARMI NOUS, LES • 1961
JEUX DU QUEBEC 1967 • 1967
9 MINUTES • 1967 • DCS
ETUDE EN 21 POINTS • 1968
OUSQUE TU VAS DE MEME? • 1973

BOBROV G. – USS
U S S R TODAY • 1953

BOBROVSKI ANATOLI see **BOBROVSKY ANATOLI**

BOBROVSKIY ANATOLIY see **BOBROVSKY ANATOLI**

BOBROVSKY A. see **BOBROVSKY ANATOLI**

BOBROVSKY ANATOLI – USS
BOBROVSKI ANATOLI • BOBROVSKY A. • BOBROVSKIY ANATOLIY
MUMU • 1959
CHELOVEK BEZ PASPORTA • MAN WITHOUT A PASSPORT • 1966
ISKHOD • OUTCOME, THE • 1968
VOZVRASHCHENIE "SVYATOVO LUKI" • RETURN OF "ST. LUCAS", THE ○ RETURN OF ST. LUKE, THE • 1971
NYURKA'S LIFE • NIURKA'S LIFE • 1972
BLACK PRINCE, THE • 1973
ZHIZN I SMYERT FERDINANDA LYUSA • LIFE AND DEATH OF FERDINAND LYUS, THE • 1977
FELIKS DZIERZYNSKI • 1978
VAM CHTO, NASHA VLAST NE NRAVISTYA? • YOU DON'T LIKE THE SYSTEM? • 1989

BOBROWSKI EDOUARD – PLN – 1928–
SUPER J.J. • 1970 • DOC
AUX URNES, CITOYENS.. • 1971 • DOC

BOCAN HYNEK – CZC – 1935–
DECOY
NIKDO SE NEBUDE SMAT • NOBODY SHALL BE LAUGHING ○ NO LAUGHING MATTER ○ NOBODY GETS THE LAST LAUGH • 1965
SOUKROMA VICHRICE • PRIVATE WINDSTORM ○ PRIVATE HURRICANE ○ PERSONAL TEMPEST, A ○ PRIVATE GALE • 1967
CEST A SLAVA • HONOUR AND GLORY • 1968
VINO BRANI • WINE HARVEST • 1982
S CERTY NEJSOU ZERTY • DEVILS ARE NOT TO BE TRIFLED WITH • 1985

BOCCACCI ANTONIO – ITL
KRISTYE ANTHONY
METEMPSYCO • TOMB OF TORTURE (USA) ○ METEMPSYCOSE • 1963

BOCCHI ARRIGO – UKN
FRIENDS V. FOES • 1914
SOME LITTLE THINGS OUR TOMMIES LEAVE BEHIND THEM • 1914
MAN AND THE MOMENT, THE • 1918
PEACE, PERFECT PEACE • 1918
SLAVE, THE • 1918
TOP DOG, THE • 1918
WAGES OF SIN, THE • 1918
DAMAGES FOR BREACH • 1919
FETTERED • 1919
NOT GUILTY • 1919
POLAR STAR, THE • 1919
SPLENDID FOLLY • 1919
WHEN IT WAS DARK • 1919
WHOSOEVER SHALL OFFEND • 1919

BOCCIA TANIO – ITL
ANTON AMERIGO
DRAMMA SUL TEVERE • 1952
ANNA, PERDONAMI! • 1953
TRAGUARDI DI GLORIA • 1957 • DOC
ARRIVA LA BANDA • 1959
CONQUISTATORE D'ORIENTE, IL • CONQUEROR OF THE ORIENT (USA) • 1961
TRIONFO DI MACISTE, IL • TRIUMPH OF THE SON OF HERCULES (USA) ○ TRIOMPHE DE MACISTE, LE (FRN) ○ TRIUMPH OF MACISTE, THE • 1961
GIULIO CESARE IL CONQUISTATORE DELLE GALLIE • JULIUS CAESAR, CONQUEROR OF GAUL ○ CAESAR THE CONQUEROR • 1963
SANSONE CONTRO I PIRATI • SAMSON AND THE SEA BEASTS (USA) ○ SAMSON VS. THE PIRATES • 1963
DOMINATORE DEL DESERTO, IL • DESERT RAIDERS (USA) • 1964
MACISTE ALLA CORTE DELLO ZAR • SAMSON VS. THE GIANT KING (USA) ○ GIANT OF THE LOST TOMB (UKN) ○ ATLAS AGAINST THE CZAR ○ MACISTE AT THE COURT OF THE CZAR • 1964
PREDONI DELLA STEPPA, I • TERROR OF THE STEPPE (USA) ○ MIGHTY KHAN, THE • 1964
VALLE DELL'ECO TONANTE, LA • HERCULES IN THE DESERT (USA) ○ HERCULES OF THE DESERT ○ VALLEY OF THE THUNDERING ECHO, THE • 1964
RIVINCITA DI IVANHOE, LA • REVENGE OF IVANHOE, THE (USA) • 1965
X-17 TOP SECRET • AGENTE X-17 OPERAZIONE OCEANO (ITL) ○ XL-7 TOP SECRET • 1965
DIO NON PAGA IL SABATO • 1967
UCCIDI O MUORI • KILL OR BE KILLED (USA) • 1967
SAPEVANO SOLO UCCIDERE • SAGUARO • 1968
CREPUSCOLO DI FUOCO • 1970
LUNGA CAVALCATA DELLA VENDETTA, LA • 1972
STUDIO LEGALE PER UNA RAPINA • 1973

BOCEK JAROSLAV – CZC
WIDOW FROM EFFES, THE • ANS
SCULPTRESS OF POLICKA, THE • 1970 • ANM
HEREC KTEREHO NENI VIDET • INVISIBLE ACTOR, THE • 1971

BOCHAROV E. see **BOCHAROV EDVARD**

BOCHAROV EDUARD see **BOCHAROV EDVARD**

BOCHAROV EDVARD – USS
BOCHAROV EDUARD • BOCHAROV E.
VANKA • 1960
REAL SEA, THE • 1965
MALENKI BEGLYETS • CHISAI TOBASHA (JPN) ○ LITTLE RUNAWAY, THE • 1967
SEVENTH HEAVEN • 1972

BOCHENEK ZBIGNIEW – PLN
SWIATYNIA MARIACKA • NOTRE DAME OF CRACOW • 1961

BOCK LARRY – USA
MAELSTROM • 1972 • SHT

BOCK-STIEBER GERNOT – GRM
SPUK DES LEBENS, DER • 1920
STRAHLEN DES TODES, DIE • 1920
UNSICHTBARE DIEB, DER • 1920
MANN IM SCHRANK, DER • 1921
DREI VON DER STRASSE, DIE • 1922
FLUCHT AUS DEM LEBEN, DIE • 1923
FURST DER LANDSTRSSE, DER • 1923
PADDY, DER FINDLING ODER DER KAMPF DER VIER • 1923
HAUS IM DUNKELN, DAS • 1924
HOHENFIEBER • 1924
MENSCHEN IM NEBEL • 1924
NARR UND DIE ANDEREN, DER • NEUE GENERATION, DIE • 1924
HANDSCHIFT DES INKA, DIE • 1925
UNBEKANNTE GEGNER, DER • 1925
FASSADENGESPENST • 1927
WELT OHNE WAFFEN, DIE • ABRUSTUNG • 1927

BOCKING ROBERT – Sound editor – CND – 1936–
FARMING • 1985 • DOC

BOCKMAYER WALTER – GRM
JANE BLEIBT JANE • JANE FOREVER • 1977

BODANSKY JORGE – BRZ
IRACEMA • 1976
MUCKER, OS • MUCKER, THE • 1980

BODE BORIS – USA
DREAMS OF G

BODEGAS ROBERTO – SPN – 1933–
ESPANOLAS EN PARIS • SPANISH GIRLS IN PARIS • 1970
VIDA CONYUGAL SANA • 1973
NUEVOS ESPANOLES, LOS • NEW SPANIARDS, THE • 1974
ADULTERA, LA • 1975
LIBERTAD PROVISIONAL • PROVISIONAL FREEDOM • 1976
CORAZON DE PAPEL • PAPER HEART • 1982
MATAR AL NANI • TO KILL "EL NANI" • 1988

BODJAKOV DOCHO – BUL
THOU, WHICH ART IN HEAVEN • 1988

BODO EUGENE
KROLOWA PRZEDMIESCIA • QUEEN OF THE MARKET PLACE (USA) • 1937
ZA WINY NIEPOPELNIONE • FOR CRIMES NOT THEIRS (USA) • 1939

BODROGI GYULE – HNG
NYITOTT ABLAK • OPEN WINDOW • 1988

BODROV SERGEI – USS
FREEDOM IS PARADISE
NON-PROFESSIONALS, THE • 1986
KATALA • GAMBLER, THE • 1989

BODSON MENN – LXM
DE BRECKER • TRAITOR, THE • 1988
FALSCHEN HOND, DE • TRAITOR, THE • 1990

BODY GABOR – HNG – –1985
EGY BAGATELL • ONE BAGATELLE • 1975 • SHT
AMERIKAI ANZIKSZ • AMERICAN TORSO ○ AMERIKAI ANZIX ○ VIEW OF AMERICA, A • 1976
PSYCHE ES NARCISZ • NARCISSUS AND PSYCHE • 1981
KUTYA EJI DALA • DOG'S NIGHT SONG, THE • 1983

de BOE GERARD – BLG
NOS MARINS A ANVERS • 1952
HOMMES FIERS • 1953
PROCESSION DE HAKENDOVER, LA • 1953
BRUGES • 1954

BOELEN FRANS – NTH
SONNY ROLLINS LIVE AT LAREN • 1973

de BOER LEO – NTH
WEG NAAR BRESSON, DE • WAY TO BRESSON, THE • 1983

de BOER LODEWIJK – NTH
FAMILY, THE • 1974

BOERO HUGO – BLV
LAGO SAGRADO, EL • 1982

BOESE CARL – GRM – 1887–1958
BOESE CARL HEINZ
FARMER BORCHARDT • 1918
FLIEGENTUTEN –OTHELLO • 1918
FLUCH DES NURI, DER • 1918
GESTOHLENE SEELE, DIE • 1918
LIEBE UND LEBEN 3 • ZWEI WELTEN • 1918
NOCTURNO DER LIEBE • 1918
VERRATER, DER • 1918
WETTE UM EINE SEELE, DIE • 1918
CHOPIN • 1919
FRAUEN UND DIAMANTEN • 1919
GEISHA UND DER SAMURAI, DIE • 1919
GEPEITSCHT • 1919
SEELENVERKAUFER • 1919
SUMPFHANNE, DIE • 1919
TEUFEL UND DIE MADONNA, DER • DEVIL AND THE MADONNA, THE • 1919
TINTENFISCHKLUB, DER • 1919
UM DIAMANTEN UND FRAUEN • 1919
VERSCHLEPPT • 1919
DREI NACHTE • 1920
FATA MORGANA • 1920
FLOSS DER TOTEN, DAS • 1920
GAUNER DER GESELLSCHAFT • 1920
GOLEM, WIE ER IN DIE WELT KAM, DER • GOLEM: HOW HE CAME INTO THE WORLD, THE ○ GOLEM, THE (USA) • 1920
HERREN VOM MAXIM, DIE • 1920
IM LETZTEN AUGENBLICK • 1920
LIED DER PUSZTA, DAS • 1920
PRARIEDIVA, DIE • 1920
SCHIFFE UND MENSCHEN • 1920
TANZ IN DEN ABGRUND, DER • 1920
TANZERIN BARBERINA, DIE • 1920
ZEICHEN DES MALAYEN, DAS • 1920
GANG DURCH DIE HOLLE, DER • 1921
ROTE MUHLE, DIE • 1921
SCHATTEN DER GABY LEED, DER • 1921
SCHWARZE SCHMACH, DIE • 1921
UNGESCHRIEBENE GESETZ, DAS • 1921
AUGE DES TOTEN, DAS • 1922
GESPENSTER • KONNEN TOTE LEBEN – – ? • 1922
GROSSE LUGE, DIE • 1922
GRAF COHN • 1923
KIND –EIN HUND, EIN • SPIEL VON KLEINEN SEELEN, EIN • 1923
MACISTE UND DIE CHINESISCHE TRUHE • 1923
FRAU IM FEUER, DIE • 1924
SKLAVEN DER LIEBE • HOCHZEIT VON VALENI, DIE • 1924
DREI PORTIERMADEL, DIE • 1925
EISERNE BRAUT, DIE • 1925
GRUSS MIR DAS BLOND KIND AM RHEIN • 1925
HEIRATSSCHWINDLER • 1925
KRIEG IM FRIEDEN • 1925
SCHRECKEN DER WESTKUSTE, DER • 1925
"...UND ES LOCKT EIN RUF AUS SUNDIGER WELT" • "...UND ES LOCKT DER RUF AUS SUNDIGER WELT" ○ VERLOREN UND GEWONNEN • 1925
WENN DU EINE TANTE HAST • 1925
ES BLASEN DIE TROMPETEN • 1926
HUSARENLIEBE • 1926
KUBINKE, DER BARBIER, UND DIE DREI DIENSTMADCHEN • 1926
LEDIGE TOCHTER • 1926
LETZTE DROSCHKE VON BERLIN, DIE • 1926
MANN OHNE SCHLAF, DER • 1926
NANETTE MACHT ALLES • NANETTE • 1926
SEEKADETT, DER • 1926
EDLE BLUT, DAS • 1927
INDISKRETE FRAU, DIE • 1927
SCHWERE JUNGENS –LEICHTE MADCHEN • 1927
WEISSE SPINNE, DIE • 1927
EVA IN SEIDE • 1928
KINDER DER STRASSE • RAZZIA • 1928
LEMKES SEL. WITWE • 1928
OSSI HAT DIE HOSEN AN • 1928
PICCOLO VOM GOLDENEN LOWEN, DER • 1928
SIR OR MADAM • 1928
WENN DIE MUTTER UND DIE TOCHTER.. • 1928
ALIMENTE • 1929
BOBBY, DER BENZINJUNGE • 1929
GESCHMINKTE JUGEND • 1929
BOCKBIERFEST • WER NIEMALS EINEN RAUSCH GEHABT.. • 1930
DETEKTIV DES KAISERS, DER • 1930
DREI TAGE MITTELARREST • THREE DAYS IN THE GUARDHOUSE • 1930
EHESTREIK • 1930
KASERNENZAUBER • 1930
KOMM' ZU MIR ZUM RENDEZVOUS • 1930
O MADCHEN, MEIN MADCHEN, WIE LIEB' ICH DICH! • 1930
DIENST IST DIENST • 1931
GROCK • 1931
GROCK • 1931
MAN BRAUCHT KEIN GELD • 1931
MEINE COUSINE AUS WARSCHAU • 1931
SCHONSTE MANN IM STAATE, DER • 1931
SCHRECKEN DER GARNISON, DER • 1931
SCHWEBENDE JUNGFRAU, DIE • 1931
UNGETREUE ECKEHART, DER • 1931
VATER GEHT AUF REISEN • 1931
ANNEMARIE, DIE BRAUT DER KOMPAGNIE • 1932
DREIN VON DER KAVALLARIE • 1932
FRECHDACHS, DER • 1932
HERREN VOM MAXIM • 1932
KEINE FEIER OHNE MEYER • 1932
LUMPENKAVALIERE • WIENER LUMPENKAVALIERE • 1932
PAPRIKA • 1932
RENDEZ-VOUS • 1932
THEODOR KORNER • 1932
DREI BLAUE JUNGS –EIN BLONDES MADEL • 1933
FRAU WIE DU, EINE • 1933
GRETEL ZIEHT DAS GROSSE LOS • 1933
GRUSS UND KUSS VERONIKA • 1933
HEIMKEHR INS GLUCK • 1933
KALTE MAMSELL, DIE • 1933
LIED VOM GLUCK, DAS • SONG OF HAPPINESS, THE (USA) ○ ES GIBT NUR EINE MELODIE • 1933
ROMAN EINER NACHT • 1933
UNSCHULD VOM LANDE, DIE • 1933
BLUMENMADCHEN VOM GRAND-HOTEL, DAS • LISETTA (ITL) • 1934
FRAULEIN FRAU • 1934
HERZ IST TRUMP • 1934
...HEUTE ABEND BEI MIR • 1934
IM HEIDEKRUG • 1934
LIEBE DUMME MAMA • 1934
MEINE FRAU, DIE SCHUTZENKONIGIN • 1934
PROVINCIALINA, LA • 1934
SCHRECKEN VOM HEIDEKRUG, DER • 1934
SCHUTZENKONIG WIRD DER FELIX • 1934
WENN EIN MADEL HOCHZEIT MACHT • 1934
WIE MAN MANNER FESSELT • 1934
FAHRT IN DIE JUGEND, DIE • 1935
FALSCHER FUFFZIGER, EIN • 1935
GANZER KERL, EIN • KARL RAUMT AUF • 1935
GEFANGENE DES KONIGS, DER • 1935
NACHT AN DER DONAU, EINE • NIGHT ON THE DANUBE, A • 1935
SCHUCHTERNE FELIX, DER • 1935
DAHINTEN IN DER HEIDE • BACK IN THE COUNTRY (USA) • 1936
ENGEL MIT KLEINEN FEHLERN • 1936
MANNER VOR DER EHE • 1936
VERKANNTE LEBEMANN, DER • UNRECOGNIZED MAN OF THE WORLD, THE (USA) ○ LEBEMANN • 1936
ABENTEUER IN WARSCHAU • 1937
MADCHEN FUR ALLES • 1937
NACHT MIT HINDERNISSEN, EINE • KLAPPERSTORCHVERBAND, DER ○ STORK SOCIETY, THE (USA) • 1937
WIE DER HASE LAUFT • 1937
DYPLOMATYCZNA ZONA • 1938
FUNF MILLIONEN SUCHEN EINEN ERBEN • FIVE MILLIONS SEEK AN HEIR (USA) • 1938
HEIRATEN –ABER WEN? • FALSCHE KATZE, DIE • 1938
HERZENSCHLIEB • HEART THIEF (USA) • 1938
SCHUSSE IN KABINE 7 • 1938
SCHWARZFAHRT INS GLUCK • LITTLE SINNER, THE (USA) ○ KLEINE SUNDERIN, DIE • 1938
STEPUTAT & CO • 1938
WAR ES DER IM 3 STOCK? • 1938
DREI VATER UM ANNA • THREE FATHERS FOR ANNA (USA) • 1939
HALLO JANINE • 1939
MEINE TANTE –DEINE TANTE • 1939
O SCHWARZWALD, O HEIMAT • OH, BLACK FOREST, OH HOME (USA) • 1939
VERLIEBTE HERZEN • HEARTS IN LOVE (USA) • 1939
GLUCK AUF DEN LANDE • RURAL HAPPINESS (USA) • 1940
POLTERABEND • 1940
ALLES FUR GLORIA • 1941
FAMILIENANSCHLUSS • 1941
HOCHZEITSNACHT • 1941
FAMIGLIA BRAMILLA IN VACANZA, LA • 1942
LEICHTES BLUT • 1943
UM 9 KOMMT HARALD • 1943
...UND DIE MUSIK SPIELT DAZU • SAISON IN SALZBURG • 1943
HOCHZEITSHOTEL, DAS • 1944
POSAUNIST, DER • 1945
BEATE • 1948
WENN MANNER SCHWINDELN • TAXI-GATTIN • 1950
MADCHEN AUS DER KONFEKTION, DAS • UNSCHULD IN NOTEN • 1951
KEUSCHE LEBEMANN, DER • 1952
KEUSCHE JOSEF, DER • 1953
NACHTGESPENST, DAS • 1953
ONKEL AUS AMERIKA, DER • 1953
SPANISCHE FLIEGE, DIE • 1955
MEINE TANTE, DEINE TANTE • 1956
VATER MACHT KARRIERE • 1957

BOESE CARL HEINZ see **BOESE CARL**

BOETTICHER BUDD – USA – 1916–
BOETTICHER OSCAR JR.
ONE MYSTERIOUS NIGHT • BEHIND CLOSED DOORS (UKN) • 1944
ESCAPE IN THE FOG • 1945
GUY, A GAL AND A PAL, A • 1945
MISSING JUROR, THE • 1945
YOUTH ON TRIAL • WANDERING DAUGHTERS • 1945
FLEET THAT CAME TO STAY, THE • 1946
ASSIGNED TO DANGER • 1948
BEHIND LOCKED DOORS • 1948
BLACK MIDNIGHT • 1949
KILLER SHARK • 1950
WOLF HUNTERS, THE • 1950
BULLFIGHTER AND THE LADY, THE • TORERO • 1951
CIMARRON KID, THE • 1951
SWORD OF D'ARTAGNAN • 1951
BRONCO BUSTER • 1952
HORIZONS WEST • TEXAS MAN, THE • 1952
RED BALL EXPRESS • 1952
CITY BENEATH THE SEA • 1953
EAST OF SUMATRA • 1953
MAN FROM THE ALAMO, THE • 1953
SEMINOLE • 1953
WINGS OF THE HAWK • 1953
MAGNIFICENT MATADOR, THE • BRAVE AND THE BEAUTIFUL, THE (UKN) • 1955
KILLER IS LOOSE, THE • 1956
SEVEN MEN FROM NOW • 1956
DECISION AT SUNDOWN • 1957
TALL 'T', THE • 1957
BUCHANAN RIDES ALONE • 1958
RIDE LONESOME • 1959
WESTBOUND • 1959
COMANCHE STATION • 1960
RISE AND FALL OF LEGS DIAMOND, THE • 1960
ARRUZA • 1968 • DOC
TIME FOR DYING, A • 1969

BOETTICHER OSCAR JR. see **BOETTICHER BUDD**

BOGART PAUL – USA – 1919–
MARLOWE • LITTLE SISTER, THE • 1969
HALLS OF ANGER • 1970
IN SEARCH OF AMERICA • 1970 • TVM
SKIN GAME • 1971
CANCEL MY RESERVATION • 1972
HOUSE WITHOUT A CHRISTMAS TREE, THE • 1972 • TVM
CLASS OF '44 • 1973
MR. RICCO • 1974
WINNER TAKE ALL • 1975 • TVM
THREE SISTERS, THE • 1977
OH GOD, YOU DEVIL! • 1984
CANTERVILLE GHOST, THE • 1986 • TVM
TORCH SONG TRILOGY • 1988

BOGAYEVICZ YUREK – USA
ANNA • 1987

BOGDANOV PENCHO – Animator – BUL
ANIMATO • 1988 • ANM

BOGDANOVICH JOSEF – USA
BOX OFFICE • 1981

BOGDANOVICH PETER – USA – 1939–
GILL WOMEN OF VENUS • VOYAGE TO THE PLANET OF PREHISTORIC WOMEN ○ GILL WOMEN, THE ○ GILL WOMAN • 1967
TARGETS • BEFORE I DIE • 1968
DIRECTED BY JOHN FORD • 1971 • DOC
LAST PICTURE SHOW, THE • 1971
WHAT'S UP, DOC? • 1972
PAPER MOON • 1973
DAISY MILLER • 1974
AT LONG LAST LOVE • 1975
NICKELODEON • 1976
SAINT JACK • 1979
THEY ALL LAUGHED • 1981
MASK • 1984
ILLEGALLY YOURS • 1988
TEXASVILLE • 1990

BOGER CHRIS – NRW – c1944–
SOMMERFUGLER • SUMMER OF SILENCE ○ BUTTERFLY AUTUMN • 1972
CRUEL PASSION • MARQUIS DE SADE'S JUSTINE ○ JUSTINE • 1977

BOGGS FRANCIS see **BOGGS FRANK**

BOGGS FRANK – USA
BOGGS FRANCIS
COUNT OF MONTE CRISTO, THE • 1908
ON THANKSGIVING DAY • 1908
SPIRIT OF '76, THE • 1908
BOOTS AND SADDLES • 1909
HEART OF A RACE TOUT • 1909
HUNTING BIG GAME IN AFRICA • 1909
IN THE BAD LANDS • 1909
IN THE SULTAN'S POWER • 1909
LEOPARD QUEEN, THE • 1909
ON THE BORDER • 1909
ON THE LITTLE BIG HORN OR CUSTER'S LAST STAND • 1909
PINE RIDGE FEUD • 1909
STAMPEDE, THE • 1909
TENDERFOOT, THE • 1909
UP SAN JUAN HILL • 1909
ACROSS THE PLAINS • 1910
DAVY CROCKETT • 1910
FIRE CHIEF'S DAUGHTER, THE • 1910
LONG TRAIL, THE • 1910
MAZEPPA • 1910
MERRY WIVES OF WINDSOR, THE • 1910
TRIMMING OF PARADISE GULCH, THE • 1910
ARTIST'S SONS, THE • 1911
CAPTAIN KATE • 1911
CURSE OF THE RED MAN, THE • 1911
IN OLD CALIFORNIA, WHEN THE GRINGOES CAME • 1911
KIT CARSON'S WOOING • 1911
LITTLE WIDOW, THE • 1911
PROFLIGATE, THE • 1911
TEN NIGHTS IN A BAR ROOM • 1911
DANITES, THE • 1912

BOGIN MIKHAIL – USS – 1936–
TEN SECONDS AN HOUR • SHT
DVOYE • BALLAD OF LOVE, A (USA) ○ TWO IN LOVE ○ TWO, THE ○ DVOE • 1965
ZOSYA • ZOZYA • 1967
O LIUBVI • ABOUT LOVE • 1971

BOGLE ANDREW – USA
DARK WATER • 1980
HAUNTERS OF THE DEEP • 1985

BOGLE JAMES – USA
STONES OF DEATH • KADAICHA: THE DEATH STONE ○ KADAICHA • 1988

BOGNER WILLY – GRM
SKI-FASZINATION • 1965 • DOC
FIRE AND ICE • SKI DANCE • 1987
FEUER, EIS UND DYNAMIT • FIRE, ICE AND DYNAMITE • 1990

BOGOLEPOV see **BOGOLEPOV DIMITRIY**

BOGOLEPOV DIMITRIY – USS
BOGOLEPOV
ATOMS FOR PEACE • 1956
ZVYOZDNYYE BRATYA • RENDEZVOUS IN SPACE • 1962

BOGRIS DEMETRE
PROSFYGOPOULA • GIRL REFUGEE, THE (USA) • 1938

BOHDZIEWICZ ANTONI – PLN – 1906–1970
CISEAU ET LE PINCEAU, LE • 1932 • SHT
A 45 KILOMETRES DE PARIS • 1934 • SHT
MONDES EN BOITES, LES • 1934 • SHT
POLOWANIE W BIALOWIEZY • HUNTING IN THE BIALOWIEZA FOREST • 1935 • SHT
SZCZESCIE ANTKA • ANTEK'S LUCK • 1937 • SHT
ZENSKIE OBOZY LETNIE • WOMEN'S SUMMER CAMPS • 1938 • SHT
ZAZDROSC I MEDYCYNA • JEALOUSY AND MEDICINE • 1939
HALLO, TU POLSKIE RADIO LODZ • THIS IS POLISH RADIO LODZ SPEAKING • 1945 • DOC
2 X 2 + 4 • 1945
OSTATNI PARTEITAG W NORYMBERDZE • LAST PARTEITAG IN NUREMBERG, THE • 1946
ZA WAMI POJDA INNI • OTHERS WILL FOLLOW • 1949
SZKICE WEGLEM • CHARCOAL SKETCHES • 1957
ZEMSTA • REVENGE • 1957
KALOSZE SZCZESCIA • LUCKY GALOSHES • 1958
RZECZYWISTOSC • REALITY, THE • 1961
DZIEWCZYNA Z DOBREGO DOMU • GIRL FROM A GOOD FAMILY • 1962
WILCZY BILET • BAD REFERENCE • 1964

BOHM CLAUS – DNM
TOTEM • 1986 • SHT

BOHM HANK see **BOHM HARK**

BOHM HARK – GRM
BOHM HANK
TSCHETAN, DER INDIANERJUNGE • TSCHETAN, THE RED INDIAN BOY ○ CHETAN, INDIAN BOY • 1972
NORDSEE IST MORDSEE • NORTH SEA IS DEAD SEA • 1975
MORITZ, LIEBER MORITZ • MORITZ, DEAR MORITZ ○ MORITZ • 1978
KLEINE STAATSANWALT, DER
IM HERZEN DER HURRICAN • HEART OF THE HURRICANE, THE • 1980
KEINE ZEIT FUR TRANEN • NO TIME FOR TEARS • 1984
YASEMIN • 1988
HERZLICH WILLKOMMEN • CROSSING BORDERS • 1990

BOHR JOSE – MXC
SANGRE MANDA, LA • 1933
QUIEN MATO A EVA? • 1934
TU HIJO • AMOR DE MADRE • 1934
LUPONINI DE CHICAGO • 1935
SUENOS DE AMOR • 1935
ASI ES LA MUJER • 1936
MARIGUANA • MONSTRUO VERDE, EL • 1936
CANTO A MI TIERRA • MEXICO CANTA • 1938
LUZ EN MI CAMINO, UNA • 1938
ROSARIO DE AMOZOC, EL • 1938
TRAIDOR, EL • 1938
BORRASCA HUMANA • 1939
LATIGO, EL • WHIP, THE (USA) • 1939
POR MIS PISTOLAS • BY MY PISTOLS (USA) • 1939
HERENCIA MACABRA • MACABRE LEGACY, A (USA) • 1940

BOHWIM KNUT – NRW
STORSTE SPILLET, DET • BIGGEST GAME, THE • 1967
SUS OG DUS PA BY'N • RIOT AND REVEL ON ORDER • 1968
KJAERE LILLE NORGE • LULLABY OF NORWAY • 1973
OLSENBANDEN TAR GULL • OLSEN GANG STRIKES GOLD, THE • 1973
OLSENBANDEN MOTER KONGE OG KNEKT • OLSEN GANG MEETS KING AND KNIGHT, THE • 1974
OLSENBANDEN OG DYNAMITT-HARRY GAR AMOKKKKKK • OLSEN GANG AND DYNAMITE HARRY GO WILD, THE • 1974
GLADE VRINSK • 1975
HURRA-TA-TA • 1975
TUT OG KJOR • 1976
OLSENBANDEN FOR FULL MUSIKK • 1977
OLSENBANDEN OG DATAHARRY • 1978
OLSENBANDEN NR.10 • OLSEN GANG NO.10, THE • 1979
VI SPILLOPPER • FLEA IN THE EAR • 1979
OLSENBANDEN OG DYNAMITT-HARRY MOT NYE HOYDER • OLSEN GANG ARE SOARING HIGH, THE • 1980
OLSENBANDEN GIR SEG ALDRI • OLSEN-GANG NEVER SURRENDERS, THE ○ OLSEN GANG NEVER GIVES IN, THE • 1981
OLSENBANDENS ALLER SISTE KUPP • OLSEN GANG -THEIR FINAL COUP, THE • 1983

BOIANGIU ALEXANDRU – RMN
MAIORUL SI MOARTEA • MAJOR AND DEATH, THE • 1967

BOIGELOT JACQUES – BLG
FRANCOISE ET LE VILLE • 1955
WELLINGTON • 1957
SUR CES CHEMINS • 1961
EN CE TEMPS-LA • 1962
PAIX SUR LES CHAMPS • 1970

BOIS CURT – Actor – GRM – 1900–
POLTERABEND, EIN • 1955

du BOIS PIERRE – FRN
JOY OF FOOLING AROUND, THE • 1979

BOISEAU ARNOLD – FRN
AVENIR DE JEREMY, L'

BOISROBERT GILLES – FRN
KAMI-SHIBAI • 1956

BOISROND MICHEL – FRN – 1921–
ANNEES 60: CHERCHEZ L'IDOLE, LES
CETTE SACREE GAMINE • THAT NAUGHTY GIRL (USA) ○ MAM'ZELLE PIGALLE ○ MADEMOISELLE PIGALLE ○ NAUGHTY GIRL • 1955
C'EST ARRIVE A ADEN • IT HAPPENED IN ADEN • 1956
LORSQUE L'ENFANT PARAIT • BLESSED EVENTS • 1956
PARISIENNE, UNE • PARIGINA, UNA (ITL) ○ PARISIENNE, LA (USA) • 1957
CHEMIN DES ECOLIERS, LE • FURORE DI VIVERE (ITL) ○ WAY OF YOUTH, THE (USA) • 1959
FAIBLES FEMMES • DONNE SONO DEBOLI, LE (ITL) ○ THREE MURDERESSES (USA) ○ WOMEN ARE WEAK (UKN) • 1959
FRANCAISE ET L'AMOUR, LA • LOVE AND THE FRENCHWOMAN (USA) • 1960
VOULEZ-VOUS DANSER AVEC MOI • SEXY GIRL (ITL) ○ COME DANCE WITH ME (USA) • 1960
AMOURS CELEBRES • 1961
SOIR DE LA PLAGE, UN • QUELLA SERA SULLA SPIAGGIA (ITL) ○ VIOLENT SUMMER (USA) • 1961
COMMENT REUSSIR EN AMOUR • 1962
PARISIENNES, LES • PARAGINE, LE (ITL) ○ OF BEDS AND BROADS ○ TALES OF PARIS • 1962
COMMENT TROUVEZ-VOUS MA SOEUR? • 1963
CHERCHEZ L'IDOLE • CHASE, THE • 1964
COMMENT EPOUSER UN PREMIER MINISTRE • 1964
ATOUT COEUR A TOKYO POUR OSS 117 • OSS 177 A TOKIO SI MUORE (ITL) ○ MISSION TO TOKYO (UKN) ○ TERROR IN TOKYO ○ HEART TRUMP IN TOKYO FOR OSS 117 • 1966
HOMME QUI VALAIT DES MILLIARDS, L' • UOMO CHE VALEVA MILIARDI, L' (ITL) ○ MILLION DOLLAR MAN (UKN) • 1967
AUX PURS TOUT EST PUR • 1968
LECON PARTICULIERE, LA • TENDER MOMENT, THE (USA) ○ PRIVATE LESSON, THE • 1968
DU SOLEIL PLEIN LES YEUX • 1969
C'ETAIT HIER L'ETE • 1970
ON EST TOUJOURS TROP BON AVEC LES FEMMES • 1970
PETIT POUCET, LE • TOM THUMB (USA) • 1972
DIS-MOI QUE TU M'AIMES • 1974
CATHERINE ET CIE • CATHERINE & CO. • 1975

BOISSERIE NICOLE – FRN
POLICE DES MOEURS: LES FILLES DE SAINT TROPEZ • SAINT TROPEZ VICE • 1986

BOISSET YVES – FRN – 1939–
COPLAN SAUVE SA PEAU • HORROR: L'ASSASSINO HA LE ORE CONTATE (ITL) ○ COPLAN SAVES HIS SKIN (USA) ○ DEVIL'S GARDEN ○ JARDINS DU DIABLE, LES • 1967
CONDE, UN • UOMO VENUTO DA CHICAGO, L' (ITL) ○ BLOOD ON MY HANDS (UKN) ○ CONFESSIONS OF A BLOOD COP ○ COP, THE ○ COP, A ○ MURDER GO ROUND ○ PRISON, THE • 1970
CRAN D'ARRET • CASO VENERE PRIVATA, IL (ITL) • 1970
SAUT DE L'ANGE, LE • DA PARTE DEGLI AMICI FIRMATO MAFIA (ITL) ○ COBRA (UKN) ○ ANGEL'S LEAP ○ CODE NAME: COBRA • 1971
ATTENTAT, L' • FRENCH CONSPIRACY, THE (USA) ○ ATTENTATO, L' (ITL) ○ PLOT (UKN) • 1972
R.A.S. • R.A.S. NULLA DA SEGNALARE (ITL) ○ R.A.S. RIEN A SIGNALER • 1973
DUPONT LA JOIE • RAPE OF INNOCENCE (USA) • 1975
FOLLE A TUER • 1975
JUGE FAYARD DIT "LE SHERIF", LE • SHERIFF, LE • 1977
TAXI MAUVE, UN • PURPLE TAXI (USA) • 1977
CLE SUR LA PORTE, LA • 1978
FEMME FLIC, LA • FEMME-FLIC, LA • 1979
ALLONS Z'ENFANTS • 1980
ESPION LEVE-TOI • 1981
CANICULE • DOG DAY (USA) ○ DOGSDAY • 1983
PRIX DU DANGER, LE • PRIZE OF PERIL, THE • 1983

BOISSOL CLAUDE – FRN – 1920–
TOUTE LA VILLE ACCUSE • MILLES ET UN MILLIONS, LES • 1955
PEAU DE L'OURS, LA • 1957
CHAQUE JOUR A SON SECRET • 1958
JULIE LA ROUSSE • JULIE THE REDHEAD (USA) • 1959
TROIS ETC. DU COLONEL, LES • TRE ECCETERA DEL COLONELLO, LE (ITL) ○ THREE ETC'S AND THE COLONEL (USA) • 1960
NAPOLEON II L'AIGLON • AIGLON, L' • 1961
CONTRECHANT • 1963 • SHT
FILS DE LA LIBERTE, LES • 1981

BOISVERT NICOLE MATHIEU – CND
CATHY'S CURSE • CAUCHEMARS • 1976

BOIVIN JEROME – FRN
BAXTER • 1989

BOJORQUEZ ALBERTO – MXC
MESES Y LOS DIAS, LOS • MONTHS AND DAYS • 1971
FE, ESPERANZA Y CARIDAD • FAITH, HOPE, AND CHARITY • 1972
LUCHA CON LA PANTERA, LA • FIGHT WITH THE PANTHER, THE • 1974
HERMANOS DEL VIENTO, LOS • 1975

BOKANOWSKI PATRICK – FRN – 1943–
ANGE, L' • 1982

BOKOR PETER see **BOKOR PIERRE**

BOKOR PIERRE – RMN – 1940–
BOKOR PETER
DON QUIXOTE • 1971 • MTV
PITICUL DIN GRADINA DE VARA • 1971 • MTV
PROFESSEUR ET L'ELEVE, LE • 1972 • MTV
SEULE NUIT DANS LE STUDIO, UNE • 1973 • MTV
2 PE CAL, 1 PE MAGAR • 1973 • MTV
DES HISTOIRES DE NOTRE CARTIER • 1974 • MTV
LOUIS XIX • 1974 • MTV
MOMENT 403, LE • 1974 • MTV
D'AUTRES HISTOIRES • 1975 • MTV
POINT D'INTERROGATION • 1975 • MTV
ARTISTE, L' • 1976 • MTV
HILARIUS • 1976 • MTV
ART DE LA CONVERSATION, L' • 1977
TUFA DE VENETIA • RIEN DE RIEN • 1977
KIRALYGILKOSSAG -EGY MERENYLET ANATOMIAJA • REGICIDE -ANATOMY OF AN ASSASSINATION • 1984
KICSODA ON? • 1985 • MTV

BOKOVA JANA – CZC – 1946–
HOTEL DU PARADIS • 1987

BOLAND JOHN J. – USA
TE QUIERO CON LOCURA • I'M CRAZY ABOUT YOU • 1935

BOLANDER HUGO – SWD – 1890–
SEXLINGAR • SEXTUPLETS • 1942
TRE GLADA TOKAR • THREE GAY FOOLS • 1942
PRASTEN SOM SLOG KNOCKOUT • KNOCKOUT CLERGYMAN, THE • 1943
SPOKAR, DET SPOKAR, DET • GHOSTS! GHOSTS! • 1943
JOLANTA -DEN GACKANDE SUGGAN • JOLANTA -THE ELUSIVE SOW • 1945
91:AN KARLSSON • 1946
KRONBLOM • 1947
STACKARS LILLA SVEN • POOR LITTLE SVEN • 1947
91:AN KARLSSONS PERMIS • 1948
KRONBLOM KOMMER TILL STAN • 1949
PAHITTIGA JOHANSSON • INGENIOUS JOHANSSON • 1951

BOLANOS JOSE – MXC
SOLDADERO, LA • 1966
COMALA • 1976

BOLES EDWARD – USA
SWEET GEORGIA • 1972

BOLESLAVSKY RICHARD see **BOLESLAWSKI RICHARD**

BOLESLAWSKI RICHARD – PLN – 1889–1937
BOLESLAVSKY RICHARD
TI YESHYE NYE UMEYESH LYUBIT • 1915
TRI VSTRECHI • THREE MEETINGS • 1915
NYE RAZUM, A STRASTI PRAVYAT MIROM • 1916
SEMYA POLENOVIKH • 1916
KHLEB • BREAD • 1918
BOHATERSTWO POLSKIEGO SKAVTO • 1919
CUD NAD WISLA • MIRACLE OF THE VISTULA, THE • 1920
LAST OF THE LONE WOLF, THE • 1930
TREASURE GIRL • 1930 • SHT
GAY DIPLOMAT • KISSES BY COMMAND • 1931
WOMAN PURSUED • 1931
RASPUTIN AND THE EMPRESS • RASPUTIN -THE MAD MONK • 1932
STORM AT DAYBREAK • STRANGE RHAPSODY • 1932
BEAUTY FOR SALE • BEAUTY! (UKN) • 1933
FUGITIVE LOVERS • TRANSCONTINENTAL BUS • 1933
HOLLYWOOD PARTY • 1934
MEN IN WHITE • 1934
OPERATOR 13 • SPY 13 (UKN) • 1934
PAINTED VEIL, THE • 1934
CLIVE OF INDIA • 1935
LES MISERABLES • MISERABLES, LES • 1935

METROPOLITAN • 1935
O'SHAUGHNESSY'S BOY • 1935
GARDEN OF ALLAH, THE • 1936
THEODORA GOES WILD • 1936
THREE GODFATHERS • MIRACLE IN THE SAND • 1936
LAST OF MRS. CHEYNEY, THE • 1937

BOLEY RAYMOND – USA

PEACE FOR A GUNFIGHTER • 1967

BOLGARIN N. – USS

SOUTH CROSS ABOVE US, THE • 1965

BOLIVAR CESAR – VNZ

JUANTOPOCHO • 1977
REBANO DE LOS ANGELES, EL • FLOCK OF ANGELS, THE • 1979
HOMICIDIO CULPOSO • GUILTY HOMICIDE
MAS ALLA DEL SILENCIO • BEYOND SILENCE
COLT COMMANDO • 1987

BOLL CHRISTOPHER – GRM

ZEIT DER SCHERZE IST VORBEI ODER DER SPRINTER, DIE • 1983

BOLLA ACHILLE – ITL

GRANDE BARRIERA, LA • 1956 • DOC

BOLLA DOMINIC – USA

ANGEL ABOVE, DEVIL BELOW

BOLLIGER WILFRIED – SWT

RIEDLAND • 1976 • MTV
LANDVOGT VON GREIFENSEE, DER • 1979

BOLLINI FLAMINIO – BRZ

NA SENDA DO CRIME • ROAD TO CRIME • 1954

BOLLO JOAQUIN – SPN – 1932–

GITANA • 1965
DE BARRO Y ORO • 1966
HUIDA HACIA LA MUERTE • 1967

BOLOGNA UGO – ITL

FOR ONE SILVER DOLLAR • 1980

BOLOGNINI MAURO – ITL – 1923–

CI TROVIAMO IN GALLERIA • 1953
CAVALIERI DELLA REGINA, I • 1955
INNAMORATI, GLI • WILD LOVE (USA) ○ YOUTH IN LOVE • 1955
VENO D'ORO, LA • 1955
GUARDIA, GUARDIA SCELTA, BRIGADIERE E MARESCIALLO • 1956
MARISA LA CIVETTA • 1957
GIOVANI MARITI • YOUNG HUSBANDS (USA) ○ NEWLYWEDS • 1958
ARRANGIATEVI! • 1959
NOTTE BRAVA, LA • GARCONS, LES (FRN) ○ BAD GIRLS DON'T CRY ○ NIGHT HEAT ○ NIGHT OUT, THE ○ ON ANY STREET • 1959
BELL'ANTONIO, IL • BEL ANTONIO ○ HANDSOME ANTONIO • 1960
GIORNATA BALORDA, LA • CA S'EST PASSE A ROME (FRN) ○ FROM A ROMAN BALCONY (USA) ○ LOVE IS A DAY'S WORK ○ PICKUP IN ROME ○ DAY OF SIN, A ○ CRAZY DAY, A • 1960
VIACCIA, LA • LOVE MAKERS, THE ○ BAD ROAD, THE • 1961
AGOSTINO • 1962
SENILITA • WHEN A MAN GROWS OLD • 1962
COURRUZIONE, LA • CORRUPTION • 1963
BAMBOLE, LE • POUPEES, LES (FRN) ○ BAMBOLE! ○ DOLLS, THE ○ FOUR KINDS OF LOVE • 1964
DONNA E UNA COSA MERAVIGLIOSA, LA • 1964
MIA SIGNORA, LA • 1964
TRE VOLTI, I • 1965
FATE, LE • OGRESSES, LES (FRN) ○ FAIRIES, THE ○ QUEENS, THE ○ SEX QUARTET • 1966
MADAMIGELLA DI MAUPIN • CHEVALIER DE MAUPIN, LE (FRN) • 1966
ARABELLA • 1967
PLUS VIEUX METIER DU MONDE, LE • AMORE ATTRAVERSO I SECOLO, L' (ITL) ○ AMOUR A TRAVERS LES AGES, L' ○ ALTESTE GEWERBE DER WELT, DAS ○ LOVE THROUGH THE CENTURIES ○ OLDEST PROFESSION IN THE WORLD, THE ○ OLDEST PROFESSION, THE (USA) • 1967
STREGHE, LE • SORCIERES, LES (FRN) ○ WITCHES, THE • 1967
BELLISSIMO NOVEMBRE, UN • THAT SPLENDID NOVEMBER (USA) ○ WONDERFUL NOVEMBER, A ○ MERVEILLEUX AUTOMNE, UN • 1968
CAPRICCIO ALL'ITALIANA • CAPRICE ITALIAN STYLE • 1968
ASSOLUTO NATURALE, L' • SHE AND HE (UKN) ○ HE AND SHE • 1969
METELLO • 1970
BUBU • 1971
IMPUTAZIONE DI OMICIDIO PER UNO STUDENTE • 1972
FATTI DI GENTE PER BENE • GRANDE BOURGEOISE, LA (FRN) ○ MURRI AFFAIR, THE (USA) ○ DRAMA OF THE RICH • 1974
EREDITA FERRAMONTI, L' • INHERITANCE, THE (USA) ○ INHERITORS, THE • 1975
LIBERA AMORE MIO • 1975
PER LE ANTICHE SCALE • DOWN THE ANCIENT STAIRS (USA) ○ DOWN THE ANCIENT STAIRCASE • 1975
GRAN BOLITTO • 1977
SIGNORA DEGLI ORRORI, LA • BLACK JOURNAL (USA) • 1977
DOVE VAI IN VACANZA? • 1978
DAME AUX CAMELIAS, LA • VERA STORIA DELLA SIGNORE DALLE CAMELIE, LA (ITL) ○ LADY OF THE CAMELIAS, THE ○ TRUE STORY OF CAMILLE, THE ○ SIGNORA DALLE CAMILIE, LA ○ KAMELIEN DAME, DIE • 1981
VENEXIANA, LA • VENETIAN WOMAN, THE (USA) ○ VENETIAN LADY, THE • 1985
MOSCA ADDIO • MOSCOW, FAREWELL • 1987

BOLOTOWSKY ILYA – USA

METANOIA • SHT

BOLSHINTSOV M. – USS

LAW OF THE SIBERIAN TAIGA • 1930

BOLT BEN – UKN – 1952–

BLACK ISLAND • 1979
BIG TOWN, THE • ARM, THE • 1987
NEVER COME BACK • 1990 • TVM

BOLT ROBERT – Playwright – UKN – 1924–

LADY CAROLINE LAMB • PECCATO D'AMORE (ITL) • 1972

BOLTE – USA

POWER FOR DEFENSE • 1942 • SHT

BOLTEN-BAECKERS see **BOLTEN-BAECKERS HEINRICH**

BOLTEN-BAECKERS HEINRICH – GRM

BOLTEN-BAECKERS

KLEBOLIN KLEBT ALLES • 1909
GUTE FEE, DIE • 1915
KAPELLMEISTERS PFLEGEKIND • 1915
KULISSEN-ZAUBER • 1915
MAX UND SEINE ZWEI FRAUEN • 1915
MODERNE PARIS ODER DER HERR APOTHEKER HEIRATET, DER • 1915
NOCTURNO • 1915
RASENDE ROLAND, DER • 1915
SEIFENBLASEN • 1915
VERFLIXTEN JUNGGESELLEN, DIE • 1915
14 GAST, DER • 1915
AUS DEM BUCHE DES LEBENS • 1916
GRILLE, DIE • 1917
VOGEL IM KAFIG, DER • 1917
BLONDEN MADELS VOM LINDENHOF, DIE • 1918
PAPAS JUNGE • 1918
WER NIEMALS EINEN RAUSCH GEHABT • 1918
BIS FRUH UM FUNFE • 1919
IM BAHNWARTERHAUSL • 1919
KILLEMANN HAT'N KLAPS • 1919
KONIG KRAUSE • 1919
LIEBE DER MARION BACH, DIE • 1919
MANN OHNE GENACHTNIS, DER • 1919
MEIN LEOPOLD • 1919
RAUB DER SABINERINNEN, DER • 1919
ARMER KLEINER PIERROT • 1920
DOKTOR KLAUS • 1920
HASEMANNS TOCHTER • 1920
LOTTCHENS HEIRAT • 1920
LUSTIGE WITWER, DER • 1920
FREIE BAHN DEM TUCHTIGEN • 1921
KOMMT VON DER LIEBE, DAS • 1921
ES BLEIBT IN DER FAMILIE • 1922
HERR LANDRAT, DER • 1922
HERR PAPA, DER • 1922
HOTEL ZUM GOLDENEN ENGEL • 1922
KNOPPCHEN UND SEINE SCHWIEGERMUTTER • 1922
KOMMT VON SEKT, DAS • 1922
FAHRT INS GLUCK, DIE • BOB UND MARY • 1923
MEIN LEOPOLD • 1924
HERR OHNE WOHNUNG, DER • 1925
ZWEITE MUTTER, DIE • 1925

BOLTIN LEE – USA

JAIL KEYS MADE HERE • 1970 • SHT

BOLTON ALBERT C. – UKN

POACHER, THE • 1929

BOLTON LAURA – CND

PEOPLE OF THE SEAL • 1971

BOLTON PETER – UKN – 1914–

FRIENDSHIP HOUSE • 1944 • DOC

von BOLVARY GEZA – HNG – 1897–1961

BOLVARY-ZAHN GEZA

KETAREV ASSZONY • 1920
LENGYELVER • 1920
TAVASZI SZERELEM • 1921
FIUNAK A FELE, EGY • 1922
MATER DOLOROSA • 1922
MUTTERHERZ • 1923
WEG ZUM LICHT, DER • 1923
WUSTENRAUSCH • 1923
HOCHSTAPLER WIDER WILLEN • DOPPELGANGER DES HERRN SCHNEPFE, DER • 1924
MADCHEN, DIE MAN NICHT HEIRATET • 1924
FRAUEN, DIE NICHT LIEBEN DURFEN • FRAUEN, DIE VOM WEG ABIRREN • 1925
GOTTER, MENSCHEN UND TIERE • LIEBE DER BAJADERE, DIE • 1925
KONIGSGRENADIERE, DIE • 1925
DEUTSCHE MUTTERHERZ, DAS • 1926
FRAULEIN MAMA • 1926
FURSTIN DER RIVIERA, DIE • 1926
GEFANGENE VON SHANGHAI, DIE • 1927
GEISTERZUG, DIE • 1927
GHOST TRAIN, THE • 1927
ARTISTEN • 1928
FESCHE HUSAR, DER • 1928
HAUS NUMMER 17 • 1928
NUMBER SEVENTEEN • 1928
WRECKER, THE • 1928
CHAMPAGNER • BRIGHT EYES • 1929
ERZIEHER MEINER TOCHTER, DER • 1929
VAGABOND QUEEN, THE • 1929
VATER UND SOHN • 1929
DELIKATESSEN • 1930
HERR AUF BESTELLUNG, DER • 1930
LIED IST AUS, DAS • 1930
TANGO FUR DICH, EIN • 1930
ZWEI HERZEN IM 3/4-TAKT • TWO HEARTS IN WALTZ TIME • 1930
LIEBESKOMMANDO • LOVE'S COMMAND • 1931
LUSTIGEN WEIBER VON WIEN, DIE • 1931
RAUB DER MONA LISA, DER • THEFT OF THE MONA LISA, THE (USA) • 1931
SEIN LIEBESLIED • 1931
ICH WILL NICHT WISSEN, WER DU BIST • 1932
LIED, EIN KUSS, EIN MADEL, EIN • 1932
MANN MIT HERZ, EIN • 1932
CHATEAU DE REVE • CHATEAU DANS LE MIDI, UN • 1933
ICH KENN' DICH NICHT UND LIEBE DICH • I DON'T KNOW YOU, BUT I LOVE YOU (USA) • 1933
NACHT DER GROSSEN LIEBE, DIE • 1933
SCHLOSS IM SUDEN, DAS • 1933
SKANDAL IN BUDAPEST • PARDON TEVEDTEM (HNG) ○ ROMANCE IN BUDAPEST ○ PESTI SZERELEM ○ SCANDAL IN BUDAPEST • 1933
TOI QUE J'ADORE • 1933
WAS FRAUEN TRAUMEN • WHAT WOMEN DREAM (USA) • 1933
ABSCHIEDSWALZER • 1934
CHANSON DE L'ADIEU, LA • AMOUR DE FREDERIC CHOPIN, UN ○ VALSE DE L'ADIEU, LA • 1934
ES FLUSTERT DIE LIEBE • 1935
FRUHJAHRSPARADE • 1935
STRADIVARI • 1935
STRADIVARIUS • 1935
WINTERNACHTSTRAUM • 1935
ENTFUHRUNG, DIE • 1936
JULIKA, DIE • ERNTE ○ HARVEST • 1936
MADCHENPENSIONAT • PRINZESSIN DAGMAR • 1936
SCHLOSS IN FLANDERN, DAS • CASTLE IN FLANDERS, A • 1936
LUMPAZIVAGABUNDUS • LUMPACI VAGABUNDUS ○ LUMPACI THE VAGABOND • 1937
PREMIERE • 1937
UNWIDERSTEHLICHE, DER • IRRESISTIBLE MAN, THE (USA) • 1937
ZAUBER DER BOHEME • CHARM OF LA BOHEME, THE (USA) • 1937
SPIEGEL DES LEBENS • LIFE'S MIRROR (USA) ○ MIRROR, THE • 1938
TISZAVIRAG • FLOWER OF THE TISZA (USA) • 1938
UNRUHIGEN MADCHEN, DIE • FINALE • 1938
ZWISCHEN STROM UND STEPPE • PUSZTALIEBE • 1938
MARIA ILONA • 1939
OPERNBALL • OPERA BALL (USA) • 1939
RITORNO • MELODIE DI SOGNO • 1940
ROSEN IN TIROL • 1940
TRAUMMUSIK • 1940
WIENER G'SCHICHTEN • VIENNA TALES (USA) • 1940
ZIGEUNERWEISEN • GYPSY WAYS (USA) • 1940
DREIMAL HOCHZEIT • 1941
HEIMLICHE GRAFIN, DIE • 1942
SCHICKSAL • 1942
DUNKLE TAG, DER • 1943
MANN MIT GRUNDSATZEN, EIN • 1943
SCHRAMMELN • 1944
FLEDERMAUS, DIE • BAT, THE (USA) • 1945
TOLLE SUSANNE, DIE • 1945
WER BIST DU DEN ICH LIEBE? • 1949
HOCHZEITSNACHT IM PARADIES • 1950
SCHWARZE AUGEN • 1951
TOCHTER DER KOMPANIE, DIE • FIGLIA DEL REGGIMENTO, LA (ITL) • 1951
FRITZ UND FRIEDERIKE • 1952
DALMATINISCHE HOCHZEIT • EINMAL KEHR' ICH WIEDER • 1953
HERZ BLEIBT ALLEIN, EIN • MEIN LEOPOLD • 1955
JA, JA, DIE LIEBE IN TIROL • 1955
DONKOSAKENLIED, DAS • 1956
SCHWARZWALDMELODIE • 1956
WAS DIE SCHWALBE SANG • 1956
ES WIRD ALLES WIEDER GUT • 1957
HOCH DROBEN AUF DEM BERG • 1957
SCHON IST DIE WELT • 1957
DAS GAB'S NUR EINMAL • 1958
HOCH KLINGT DER RADETZKYMARSCH • 1958
LEID GEHT UM DIE WELT, EIN • 1958
SCHWARZWALZER KIRSCH • 1958
ZWEI HERZEN IM MAI • 1958

BOLVARY-ZAHN GEZA see **von BOLVARY GEZA**

BOLZONI ADRIANO – ITL

McCAHON WILLIAM

ULTIMO SOLE, L' • 1964 • DOC
NUDO, CRUDO E.. • 1965 • DOC
QUARTA PARETE • 1969
APPUNTAMENTO COL DISONORE • 1970

BOMAN BARBRO – SWD

DET AR ALDRIG FOR SENT • IT'S NEVER TOO LATE • 1956
SVENSKA FLICKOR I PARIS • FLAMBOYANT SEX, THE (USA) ○ PARIS PLAYGIRLS ○ FEMMES FLAMBOYANTES, LES ○ FLAMBOYANTS, THE • 1960

BOMANN TERJE – NRW

MOTIG MAUR, EIN • COURAGEOUS ANT, THE • 1979 • SHT

BOMBA ENRICO – ITL

BAY HENRY

PRIGIONIERI DELLA TENEBRE • 1953
SPADA DELL'ISLAM, LA • 1960
RATTO DELLE SABINE, IL • ENLEVEMENT DES SABINES, L' (FRN) ○ ROMULUS AND THE SABINES (USA) ○ RAPE OF THE SABINES • 1962
AGENTE SEGRETO 777 OPERAZIONE MISTERO • SECRET AGENT 777 OPERATION MYSTERY • 1965
AGENTE SEGRETO 777 INVITO AD UCCIDERE • 1966
ARETINO NEI SUOI RAGIONAMENTI.. SULLE CORTIGIANE, LE MARITATE E I CORNUTI CONTENTI, L' • 1972
MILLE E UNA NOTTE.. E UN'ALTRA ANCORA • 1972
ARENTINO'S BLUE STORIES • 1973

BOMBERG BETZY – USA

BODY POLITIC • 1989

BOMONT RICHARD W. – USA

WIFE SWAPPERS • 1965

BONACQUISTI GIACINTO – ITL

ALBERO DELLA MALDICENZA, L' • 1979

BONAFIELD JAY – USA – 1910–

DUKE ELLINGTON AND HIS ORCHESTRA • 1943 • SHT
RAY MCKINLEY AND HIS ORCHESTRA • 1948 • SHT

BONALDI ALDO – ITL

CAROSELLO DI VARIETA • 1955

BONANOVA FORTUNIO – Actor/ singer – SPN – 1893–1969

DON JUAN • 1924

BONARDI LUIGI see **MALERBA LUIGI**

BONAVITA JACK – USA

RAJAH'S SACRIFICE, THE • 1915

BONC-TOMASEVSKY M. – USS
POTOMOK DJAVOLA • DEVIL'S STAIRCASE, THE • 1917

BOND JACK – Actor/producer – UKN – 1937–
BOND JACK CAMERON
SEPARATION • 1968
ANTICLOCK • 1980
IT COULDN'T HAPPEN HERE • 1988
OCEAN POINT • 1989

BOND JACK CAMERON see **BOND JACK**

BOND JAMES III – USA
DEF BY TEMPTATION • 1990

BOND PHILIP – UKN
YEAR OF THE CORTINA, THE • CORTINA CONQUEST • 1964 • DCS

BOND RALPH – UKN
GLIMPSES OF MODERN RUSSIA • 1930
TODAY WE LIVE • 1937 • DOC
NEIGHBOURS UNDER FIRE • 1940
POST 23 • 1941

BOND TIM see **BOND TIMOTHY**

BOND TIMOTHY – CND – 1942–
BOND TIM
DEADLY HARVEST • 1978
TILL DEATH DO US PART • 1982
ONE NIGHT ONLY • 1983
OAKMOUNT HIGH • 1985 • TVM
GOOD TIMES AT THE RAINBOW BAR AND GRILL • 1986 • TVM
FRIDAY'S CURSE 4: QUILT OF HATHOR/ THE AWAKENING • QUILT OF HATHOR • 1987 • MTV

BOND TREVOR – Animator – USA
LITTLE MISS TROUBLE AND FRIENDS • 1983 • ANM

BONDARCHUK SERGEI – Actor – USS – 1920–
SUDBA CHELOVEKA • FATE OF A MAN (USA) ○ DESTINY OF A MAN • 1959
VOINA I MIR • WAR AND PEACE (USA) • 1967
WATERLOO • LAST HUNDRED DAYS OF NAPOLEON, THE • 1970
ONI SRAJALIS ZA RODINOU • THEY FOUGHT FOR THE MOTHERLAND (USA) ○ THEY FOUGHT FOR THEIR COUNTRY ○ ONI SRAZHALIS ZA RODINU ○ THEY FOUGHT FOR THEIR MOTHERLAND • 1974
VRHOVI ZELENGORE • PEAKS OF ZELENGORE, THE (USA) ○ URHOVI ZELENGORE • 1976
STEP • STEPPES, THE ○ STYEP ○ STEPPE, THE • 1978
KRASNYE KOLOKOLA • TEN DAYS THAT SHOOK THE WORLD ○ RED BELLS: MEXICO IN FLAMES ○ MEXICO IN FLAMES ○ LIFE OF JOHN REED, THE ○ RED BELLS ○ INSURGENT MEXICO ○ CAMPANAS ROJAS • 1981
RED BELLS: I'VE SEEN THE BIRTH OF THE NEW WORLD • 1983
BORIS GODOUNOV • 1986

BONDAREV OLEG – USS
V LASUREVOI STEPI • SKY-BLUE STEPPE, THE • 1971
MACHEKHA • 1973

BONDAREV YURI – USS
CHOICE, THE

BONDE JES – DNM
VEJEN TIL BYEN • 1978

BONDY LUC – GRM
ORTLIEBSCHEN FRAUEN, DIE • ORTLIEB WOMEN, THE • 1980
WEITE LAND, DAS • DISTANT LAND, THE • 1987

BONERZ PETER – USA – 1938–
WHEN THINGS WERE ROTTEN • 1975 • MTV
NOBODY'S PERFEKT • 1981
SHARING RICHARD • 1988 • TVM
POLICE ACADEMY 6: CITY UNDER SIEGE • 1989

BONFANTI GIOVANNI – ITL
DODICI DICEMBRE • 1972

BONFIL GUILLERMO – MXC
EL ES DIOS • 1965

BONFILS DOLA – DNM
FREMTID SOGES • FUTURE WANTED • 1983
POLITIET I VIRKELIGHEDEN • POLICE IN REALITY, THE • 1987 • DOC
DYING, A PART OF LIVING • 1989 • DOC

BONGERS BOB – NTH
ZIPSTONES • 1975 • ANS

BONGIOVANNI GIANNI – ITL
TRE PER UNA RAPINA • 1964

BONIN LAURIER – CND – 1951–
CUEILLETTE DU TABAC, LA • 1977 • MTV
AU BOUT DU DOUTE • 1978 • MTV
IL FAUT CHERCHER POUR APPRENDRE • 1981 • MTV
RIDDLE OF THE OLD OWL, THE • 1981 • MTV

BONIN LOU – FRN
ALICE AU PAYS DES MERVEILLES • 1948

BONMARIAGE MANU – BLG
DU BUERRE DANS LES TARTINES • 1981
J'OSE • 1984

BONN EMMANUEL – FRN – 1956–
JAM DOWN • 1980 • DOC

BONN M. I. see **BONN MIGUEL IGLESIAS**

BONN MIGUEL IGLESIAS – SPN
BONN M. I.
BARCELONA CONNECTION • 1988

BONNARD MARIO – ITL – 1889–1965
ALTRO IO, L' • 1917
PASSA LA RUINA • 1919
PROMESSI SPOSI, I • 1919
PUPILLA NELL'OMBRA • 1919
MORTE PIAGNE, LA • 1920
TACCHINO, IL • 1923
ALTRO IO • 1924
TEODORO E SOCIO • 1924
FLUCHT IN DEN ZIRKUS, DIE • CIRCUS OF LIFE, THE • 1926
GOLDENE ABGRUND, DER • WELT UND HALBWELT • 1927
SUNDERIN, DIE • 1927
KAMPF UMS MATTERHORN, DER • STRUGGLE FOR THE MATTERHORN • 1928
LETZTE SOUPER, DAS • 1928
ANSCHLUSS UM MITTERNACHT • 1929
CHEVALIERS DE LA MONTAGNE, LES • 1930
FRA DIAVOLO • 1930
FRA DIAVOLO • 1930
HEILIGEN DREI BRUNNEN, DIE • SYMPHONIE DER BERGE • 1930
SOHN DER WEISSEN BERG, DER • GEHEIMNIS VON ZERMATT, DAS ○ SONG OF THE ALPS • 1930
CINQUE A ZERO • 1932
PAS DE FEMMES • 1932
EVE CHERCHE UN PERE • 1933
MASQUE QUI TOMBE, LE • 1933
TRATTATO SCOMPARSO, IL • 1933
TRE UOMINI IN FRAK • VOCE DEL PADRONE, LA • 1933
TROIS HOMMES EN HABIT • 1933
KAMPF UMS MATTERHORN, DER • STRUGGLE FOR THE MATTERHORN • 1934
MARCHE NUPTIALE, LA • 1934
MARCIA NUZIALE • 1934
MILIZIA TERRITORIALE • 1935
ALBERO DI ADAMO, L' • ADAM'S TREE (USA) • 1936
TRENTA SECONDI D'AMORE • 1936
FEROCE SALADINO, IL • 1937
CONTE DI BRECHARD, IL • COUNT OF BRECHARD, THE (USA) • 1938
JEANNE DORE • 1938
FRENESIA • FRENZY • 1939
IO, SUO PADRE • 1939
PAPA PER UNA NOTTE • 1939
FANCIULLA DI PORTICI, LA • 1940
GERLA DI PAPA MARTIN, LA • 1940
PONTE DEI SOSPIRI, IL • 1940
MARCO VISCONTI • 1941
RE SI DIVERTE, IL • KING'S JESTER, THE (USA) • 1941
UOMO DEL ROMANZO, L' • 1941
AVANTI C'E POSTO.. • 1942
CAMPO DE' FIORI • PEDDLER AND THE LADY, THE (USA) ○ C'E PRIMA LA SIGNORA • 1943
CHE DISTINTA FAMIGLIA! • 1943
ROSSINI • 1943
RATTO DELLE SABINE, IL • PROFESSOR TROMBONE • 1945
ADDIO, MIA BELLA NAPOLI! • 1946
CITTA DOLENTE • 1949
MARGHERITA DA CORTONA • MIRACLES OF ST. MARGARET (USA) ○ MARGARET OF CORTONA • 1950
STASERA SCIOPERO • STRIKING TONIGHT • 1951
VOTO, IL • 1951
FIGLI NON SI VENDONO, I • 1952
ULTIMA SENTENZA, L' • 1952
FRINE CORTAGIANA D'ORIENTE • 1953
TORMENTO DEL PASSATO • 1954
TRADITA • CONCERT OF INTRIGUE (USA) ○ TRADITA LA NOTTE DELLE NOZZE ○ NIGHT OF LOVE • 1954
HANNO RUBATO UN TRAM • 1955
LADRA, LA • ANGES AUX MAINS NOIRES, LES (FRN) • 1955
MI PERMETTE, BABBO! • 1956
AFRODITE, DEA DELL'AMORE • APHRODITE, GODDESS OF LOVE (USA) • 1958
LETZTEN TAGE VON POMPEI, DIE • ULTIMI GIORNI DI POMPEII, GLI (ITL) ○ LAST DAYS OF POMPEII, THE(UKN) • 1959
GASTONE • 1960
MASNADIERI, I • ROME 1585 (USA) • 1962

BONNARDOT JEAN-CLAUDE – FRN – 1923–1981
BRAS DE LA SEINE, LES • 1955 • SHT
IMPASSE • 1956
PARIS-FERIE • 1957
MORAMBONG • 1958
BALLADE POUR UN VOYOU • 1962

BONNER LEE – USA
ADVENTURE OF THE ACTION HUNTERS, THE • ADVENTURES OF THE ACTION HUNTERS, THE ○ TWO FOR THE MONEY ○ ADVENTURE HUNTERS, THE • 1986

BONNET HORST – GRM
ORPHEUS IN DER UNTERWELT • 1973

BONNICKSEN TED – Animator – USA
FAST BUCK DUCK • 1963 • ANS

BONNIERE RENE – FRN – 1928–
ENFANTS DORMENT LA NUIT, LES • 1948 • SHT
ECLAIREURS SKIEURS, LES • 1950 • DCS
FINLANDE • 1951 • SHT
NORVEGE • 1951 • SHT
SARRE, PLEINS FEUX • 1951 • SHT
JOUEURS D'ONDES, LES • 1952 • DCS
RENCONTRES SUR LE RHIN • 1953 • SHT
ROUTES DE FRANCE, LES • 1954 • DCS
CRAFTSMEN OF CANADA • MAITRES ARTISANS DU CANADA • 1957 • DCS
ANSE TABATIERE, L' • 1958-60 • DCS
ANSE-AUX-BASQUES • 1958-60 • DCS
ATTIUK • 1958-60 • DCS
AU PAYS DE NEUVE FRANCE • 1958-60 • DSS
DIAMANTS DU CANADA • 1958-60 • DCS
EN REVENANT DE SAINT-HILARION • 1958-60 • DCS
GOELETTES, LES • 1958-60 • DCS
JEAN RICHARD, LE • 1958-60 • DCS
KA-KE-KI-KU • 1958-60 • DCS
PITOUNE, LA • 1958-60 • DCS
RIVIERE DU GOUFFRE • 1958-60 • DCS
TETE-A-LA-BALEINE • 1958-60 • DCS
TOUTES ISLES • 1958-60 • DCS
TRAVERSES D'HIVER A L'ILE AUX COULDRES, LES • 1958-60 • DCS
ABITIBI • 1961 • DCS
ANNANACKS, THE • ANNANACKS, LES • 1962 • DCS
FAUX VISAGES, LES • FALSE FACES • 1962 • DOC
AMANITA PESTILENS • 1963
CLAUDE ST. DENIS • 1966 • DCS
GRATIEN GELINAS • 1966 • DCS
GUERRE LONTAINE, LA • 1966 • DOC
LISA FERENS • 1966 • DCS
MOLECULES • IMPERIAL OIL • 1966 • DCS
ROY TASH • 1966 • DCS
ABOUT TIME • 1967 • DCS
ALEX COLVILLE • 1967 • DCS
CONAN DOYLE • 1967 • DCS
GUITAR MAKING • 1967 • DCS
PIERRE BERTON • 1967 • DCS
SIMENON • 1967 • DCS
TABATIERE LABRADOR, LA • 1967 • DCS
YOU HAVE BEEN VERY KIND • 1967 • DOC
FIVE YEARS IN THE LIFE OF THE LEVESQUE FAMILY • 1968 • DCS
GUINNESS BOOK OF RECORDS • 1968 • DCS
JEAN DRAPEAU • 1968 • DCS
LAWRENCE DURRELL • 1968 • DCS
NEW-FIE • 1968 • DCS
PEIT HEIN • 1968 • DCS
SHEILA SCOTT • 1968 • DCS
CORWIN • 1969 • SER
DEBAIN FAMILY • 1969 • DCS
FRINGE BENEFIT • 1969 • DOC
MCQUEEN • 1969 • SHS
TOCQUEVILLE'S AMERICA • 1969 • DOC
TWELVE AND A HALF CENTS • 1969
CHARLEBOIS • 1970 • DCS
FARLEY MOWAT • 1970 • DCS
FIRE BRAND, THE • 1970
FIVE YEARS IN THE LIFE OF THE WHYLLIE FAMILY • 1970 • DCS
GOLD IS WHERE YOU FIND IT • 1970
IN THE PROMISED LAND • 1970 • SHT
OLIVIA SCRAPBOOK • 1970 • SHT
POSTCARD • 1970 • SHT
RED SHOES, THE • 1970 • SHT
SOME ARE SO LUCKY • 1970 • SHT
VERONICA TENNANT • 1970 • DCS
WHERE IS THE PLUNGER? • 1970 • SHT
WHERE THE BOUGH BREAKS • 1970
CHIP OFF THE OLD BLOCK • 1971 • SHT
DISPOSABLE MAN, THE • 1971
FOUR DAY'S WONDER • 1971
HAMLET • 1971
JEAN GASCON • 1971 • DCS
KALINSKY JUSTICE • 1971
WEDDING GIFT, THE • 1971 • SHT
CHILI CON CARDIN • 1972 • DCS
JEAN-JACQUES SERVAN-SCHREIBER • 1972 • DCS
MCIVOR • 1972 • SHT
PARIS • 1972 • DCS
PEACE OF UTRECH • 1972 • DCS
ROYAL ONTARIO MUSEUM • 1972 • DCS
TENDER BRANCH, THE • 1972 • SHT
LIMESTONED • 1973 • DCS
LITHOGRAPHS • 1973 • DCS
SOLAR AND TIDAL POWER • 1973 • DCS
TRANSISTORS ISAAC ASIMOV • 1973 • DCS
TRIP TO THE COAST • 1973 • SHT
VICKY • 1973
ALL THE KING'S MEN • 1974
TOUCH OF MADNESS, A • 1974
MAY AND FRANK • 1975
SENSE OF PLACE, A • 1975 • DOC
DAY MY GRANDFATHER DIED, THE • 1976
ENERGY • 1976 • DOC
HERE TO STAY • 1976
ISLAND LURE, THE • 1976 • SHT
MAGICIAN, THE • 1976 • SHT
STEALHEAD • 1976 • SHT
FERTILITY RITES FOR THE 21ST CENTURY • 1977 • DOC
VIKING • 1977 • SHT
VOICE OF THE FUGITIVES • 1977 • SHT
WAR IS OVER, MAJOR, THE • 1977 • SHT
EDISON TWINS, THE • 1983 • SER
HIDE AND SEEK • 1984 • MTV
PERFECT TIMING • SWEETHEARTS ○ SOFT FOCUS ○ SOHO BLUES • 1984

BONNOT ALAIN – FRN – 1944–
SALE AFFAIRE, UNE • 1980
LISTE NOIRE • 1984

BONNOT PAUL – FRN
LEVRES GLOUTONNES

BONNS M. I. see **IGLESIAS MIGUEL**

BONOMI LEONARDO see **BONOMI NARDO**

BONOMI NARDO – ITL
BONOMI LEONARDO
DREAM OF HELL
SORTILEGIO • 1970
MANO LUNGA DEL PADRINO, LA • LONG ARM OF THE GODFATHER, THE • 1972

BONSELS WALDEMAR – GRM
BIENE MAYA, DIE • ADVENTURES OF MAYA (USA) • 1929

BONSIGNORI UMBERTO – ITL
MAEVA • MAEVA, PORTRAIT OF A TAHITIAN GIRL ○ TRUE DIARY OF A WAHINE ○ PAGAN HELLCAT ○ WAHINE ○ TRUE STORY OF A WAHINE ○ CONFESSIONS OF A WAHINE ○ TRUE DIARY OF A VAHINE • 1961
SEXY A TAHITI • 1961

BONTEMPI GIORGIO – ITL – 1926–
SUMMIT • 1968
CORPS, UNE NUIT, UNE • 1969
CONTRATTO CARNALE • CONTACT • 1973

BONTROSS THOMAS – USA
HIDEOUS SUN DEMON, THE • BLOOD ON HIS LIPS (UKN) ○ TERROR FROM THE SUN ○ SUN DEMON, THE • 1959

BONUCCI ALBERTO – ITL – 1918–1969
AMORE DIFFICILE, L' • OF WAYWARD LOVE (USA) ○ SEX CAN BE DIFFICULT ○ EROTICA • 1962

BONZI LEONARDO – ITL
LETTERA DALL'AFRICA, UNA • 1951 • DOC
CONTINENTE PERDUTO • LOST CONTINENT, THE (USA) • 1955 • DOC

BOON JAAK - BLG
NA DE LIEFDE • APRES L'AMOUR • 1983

BOONAG ROME - THL
GOLDEN TRIANGLE, THE • 1977

BOORMAN JOHN - UKN - 1933-
CATCH US IF YOU CAN • HAVING A WILD WEEKEND (USA) ○ DAVE CLARK FIVE RUNS WILD, THE • 1965
POINT BLANK • 1967
HELL IN THE PACIFIC • TAIHEIYO NO JIGOKU (JPN) ○ TWO SOLDIERS EAST AND WEST ○ ENEMY, THE • 1968
LEO THE LAST • 1970
DELIVERANCE • 1972
ZARDOZ • 1974
EXORCIST II: THE HERETIC • HERETIC, THE • 1977
EXCALIBUR • MERLIN AND THE KNIGHTS OF KING ARTHUR ○ KNIGHTS • 1981
EMERALD FOREST, THE • 1985
HOPE AND GLORY • 1987
WHERE THE HEART IS • 1989

BOOS WALTER - GRM
JUNGEN AUSREISSERINNEN, DIE • RUNAWAY GIRLS ○ INNOCENTS ABROAD • 1971
KRANKENSCHWESTERN-REPORT, DER • 1973
NURSES ON THE JOB • 1973
SEX AT THE OLYMPICS • 1973
CHARLEYS NICHTEN • CONFESSIONS OF A WINDOW CLEANER • 1974
URLAUBSGRUSSE AUS DEM UNTERHOSCHEN • 1974
SCHULMADCHEN-REPORT 9 • 1975
SCHULMADCHEN-REPORT 12 • BLUE FANTASIES ○ SCHOOLGIRL REPORT NO. 1 • 1978
DREI SCHWEDINNEN AUF DER REEPERBAHN • THREE SWEDISH GIRLS ON THE REEPERBAHN ○ THREE SWEDISH GIRLS IN HAMBURG ○ NYMPHO GIRLS • 1980

BOOTH HARRY - UKN
BLITZ ON BRITAIN • 1960 • DOC
KING'S STORY, A • 1967 • DOC
RIVER RIVALS • 1967 • SRL
MAGNIFICENT SIX AND ½, THE • 1968 • SRL
BACHELOR OF ARTS • 1969
ON THE BUSES • 1971
GO FOR A TAKE • 1972
MUTINY ON THE BUSES • 1972
FLYING SORCERER, THE • 1974

BOOTH TIM - Animator - IRL
PRISONER, THE • 1984 • ANS

BOOTH W. R. - UKN
BOOTH WALTER R. • BOOTH WALTER
MISER'S DOOM, THE • 1899
UPSIDE DOWN: OR, THE HUMAN FLIES • 1899
BRITAIN'S WELCOME TO HER SONS • 1900
CHINESE MAGIC • YELLOW PERIL • 1900
DIVING FOR TREASURE • 1900
HAIRBREADTH ESCAPE OF JACK SHEPPARD, THE • 1900
HINDOO JUGGLERS • 1900
KRUGER'S DREAM OF EMPIRE • 1900
LAST DAYS OF POMPEII, THE • 1900
PLUCKED FROM THE BURNING • 1900
RAILWAY COLLISION, A • 1900
'ARRY ON THE STEAMBOAT • 1901
ARTISTIC CREATION • 1901
BRITAIN'S TRIBUTE TO HER SONS • 1901
CAPTAIN'S BIRTHDAY, HE • 1901
CHEESE MITES: OR, LILLIPUTIANS IN A LONDON RESTAURANT, THE • 1901
DEVIL IN THE STUDIO, THE • 1901
DRUNKARD'S CONVERSION, THE • HORRORS OF DRINK, THE • 1901
FAMOUS ILLUSION OF DE KOLTA, THE • 1901
HAUNTED CURIOSITY SHOP, THE • 1901
MAGIC SWORD: OR, A MEDIAEVAL MYSTERY, THE • 1901
MR. PICKWICK'S CHRISTMAS AT WARDLE'S • 1901
ORA PRO NOBIS: OR, THE POOR ORPHAN'S LAST PRAYER • PRO NOBIS ○ FOR US • 1901
OVER-INCUBATED BABY, AN • 1901
SCROOGE: OR, MARLEY'S GHOST • 1901
UNDRESSING EXTRAORDINARY: OR, THE TROUBLES OF A TIRED TRAVELLER • 1901
WAIF AND THE WIZARD: OR, THE HOME MADE HAPPY, THE • 1901
ENCHANTED CUP, THE • 1902
EXTRAORDINARY WAITER, THE • MYSTERIOUS HEADS, THE • 1902
FATHER THAMES' TEMPERANCE CURE • 1902
SOAP VERSUS BLACKING • 1902
ADVENTUROUS VOYAGE OF "THE ARCTIC", THE • TRIP OF THE "ARCTIC", THE ○ VOYAGE OF THE "ARCTIC"; OR, HOW CAPTAIN KETTLE DISCOVERED THE NORTH POLE (USA) • 1903
DICE PLAYER'S LAST THROW, THE • 1903
EXTRAORDINARY CAB ACCIDENT, AN • 1903
POCKET BOXERS • 1903
HAUNTED SCENE PAINTER, THE • 1904
MUSIC HALL MANAGER'S DILEMMA, THE • 1904
TOPICAL TRICKS • 1904
CONJURER'S PUPIL, THE • 1906
FOLLOWING IN FATHER'S FOOTSTEPS • 1906
HAND OF THE ARTIST, THE • 1906
MAGIC BOTTLE, THE • 1906
"?" MOTORIST, THE • QUESTIONMARK MOTORIST • 1906
PUCK'S PRANKS ON A SUBURBANITE • 1906
VACUUM CLEANER NIGHTMARE, THE • 1906
ACCIDENTS WILL HAPPEN • 1907
APPLE OF DISCORD, THE • 1907
BAFFLED BURGLAR, THE • 1907
CATCH YOUR OWN FISH • 1907
COMEDY CARTOONS • 1907
CURATE'S DOUBLE, THE • 1907
DIABOLO NIGHTMARE • 1907
DREAMLAND ADVENTURES • 1907
HANKY PANKY CARDS • 1907
HAUNTED BEDROOM, THE • 1907
HIS DAUGHTER'S VOICE • 1907
JUVENILE SCIENTIST, A • 1907
MAGICAL PRESS, THE • 1907
MODERN GALATEA, A • 1907
SAMMY'S SUCKER • 1907
SORCEROR'S SCISSORS, THE • 1907
WAIF AND THE STATUE, THE • 1907
WHEN THE DEVIL DRIVES • 1907
WILLIE GOODCHILD VISITS HIS AUNTIE • 1907
WILLIE'S MAGIC WAND • 1907
£1000 SPOOK, THE • THOUSAND POUND SPOOK, THE • 1907
ADVENTURES OF A WATCH, THE • 1908
CHAUFFEUR'S DREAM, THE • 1908
FOLLOWING IN MOTHER'S FOOTSTEPS • 1908
GUARD'S ALARUM, THE • 1908
HANDS OF A WIZARD, THE • 1908
LIGHTNING POSTCARD ARTIST, THE • 1908
PAPER TEARING • 1908
POLKA ON THE BRAIN • 1908
PREHISTORIC MAN, THE • 1908
QUICK CHANGE MESMERIST, A • 1908
STAR GLOBE-TROTTER, THE • 1908
TRAMP'S CYCLING MANIA, THE • 1908
TWO LITTLE MOTORISTS • 1908
WATERPROOF WILLIE • 1908
YOUR DOG ATE MY LUNCH MUM! • 1908
ABSORBING TALE,AN • 1909
AIRSHIP DESTROYER, THE • BATTLE IN THE CLOUDS, THE (USA) ○ AERIAL TORPEDO, THE • 1909
ANIMATED COTTON • 1909
BOBBY WIDEAWAKE • 1909
BOGUS MOTOR ELOPEMENT, THE • 1909
ELECTRIC SERVANT, THE • 1909
FROM WORKING HOUSE TO MANSION • 1909
HOW I COOK-ED PEARY'S RECORD • UP THE POLE • 1909
INVISIBLE DOG, THE • 1909
MAGIC CARPET, THE • 1909
MARIE LLOYD'S LITTLE JOKE • 1909
MONTY LEARNS TO SWIM • 1909
PROF. PUDDENHEAD'S PATENTS -THE AEROCAB AND VACUUM PROVIDER • 1909
PROFESSOR PUDDENHEAD'S PATENTS -THE ELECTRIC ENLARGER • 1909
PROFESSOR'S DREAM, THE • 1909
SAVED BY A BURGLAR • 1909
SOOTY SKETCHES • 1909
THAT AWFUL PIPE • 1909
UNCONTROLLABLE MOTORCYCLE, THE • 1909
WHY FATHER GREW A BEARD • 1909
WHY TOMMY WAS LATE FOR SCHOOL • 1909
WIZARD'S WALKING STICK, THE • 1909
AERIAL SUBMARINE • 1910
ELECTRIC VITALISER, THE • 1910
FREEZING MIXTURE • POTTED PLAYS NO.3 • 1910
HUNT FOR A COLLAR, THE • 1910
AERIAL ANARCHISTS, THE • 1911
AERIAL DEVELOPMENT, AN • 1911
ANIMATED PUTTY • 1911
AUTOMATIC MOTORIST, THE • AUTOMOBILE MOTORIST, THE • 1911
CAP OF INVISIBILITY, THE • 1911
FAKIR'S FAN, THE • MAGIC FAN, THE • 1911
GILES HAS HIS FORTUNE TOLD • 1911
HYPNOTIST AND THE CONVICT, THE • 1911
JUVENILE HYPNOTIST, A • JUVENILE PRANKS • 1911
KITTY IN DREAMLAND • 1911
LITTLE LADY LAFAYETTE • 1911
MISCHIEVOUS PUCK • 1911
MODERN PYGMALION AND GALATEA, A • 1911
MYSTIC MANIPULATIONS • 1911
SIMPKINS' DREAM OF A HOLIDAY • 1911
UNCLE'S PICNIC • 1911
WIZARD AND THE BRIGANDS, THE • 1911
ANIMATED TOYS • 1912
BEWILDERING TRANSFORMATIONS • 1912
CARD MANIPULATIONS • 1912
CLEVER EGG CONJURING • 1912
ECCENTRIC SPORTSMAN, THE • 1912
FROM BEHIND THE FLAG • 1912
IN FAIRYLAND • 1912
IN GOLLYWOG LAND • GOLLYWOG'S MOTOR ACCIDENT (USA) • 1912
JESTER'S JOKE, THE • MERRY JESTER, THE • 1912
JOKER'S MISTAKE, THE • GETTING HIS OWN BACK • 1912
MODELLING EXTRAORDINARY • 1912
MODERN MYSTERY, A • 1912
PAPER CUTTING • 1912
SANTA CLAUS • 1912
AND VERY NICE TOO • 1913
ARTFUL ATHLETICS • 1913
FANTASIE: DRESDEN CHINA • 1913
GOOD QUEEN BESS • 1913
HIS FATHER'S VOICE: MRS. KELLY • 1913
LITTLE MICKEY THE MESMERIST • 1913
PERSIAN DANCE: EIGHTPENCE A MILE • 1913
RECITATION BY JAMES WELCH • 1913
SAILOR'S SONG • 1913
SISTER TO ASSIST 'ER, A • 1913
TRIO: EVERYBODY'S DOING IT • 1913
LOVE AND MAGIC • 1914
MAGICAL MYSTERIES • 1914
SHIRKER'S NIGHTMARE, THE • 1914
TANGRAM, THE • 1914
CAN YOU DO THIS? • 1915
DEVIL OF A HONEYMOON, A • 1915
KINETO'S SIDESPLITTERS NO.1 • 1915
WORLD'S WORST WIZARD, THE • 1915
PORTRAIT OF DOLLY GREY, THE • 1916
TOO MUCH SAUSAGE • 1916
TOMMY'S INITIATION • 1918

BOOTH WALTER see **BOOTH W. R.**

BOOTH WALTER R. see **BOOTH W. R.**

BORAU JOSE LUIS - SPN - 1929-
EN EL RIO • IN THE RIVER • 1961
BRANDY, EL SHERIFF DE LOSATUMBA • BRANDY, THE SHERIFF OF LOSATUMBA ○ BRANDY • 1963
CAVALCA E UCCIDI • RIDE AND KILL (UKN) • 1963
CRIMEN DE DOBLE FILO • DOUBLE-EDGED CRIME ○ DOUBLE-EDGED MURDER • 1964
HAY QUE MATAR A B • "B" MUST BE KILLED ○ B MUST DIE • 1974
FURTIVOS • FURTIVES ○ POACHERS • 1975
SABINA, LA • 1979
ULTIMOS ROMANTICOS, LOS • LAST ROMANTICS, THE • 1979
RIO ABAJO • ON THE LINE • 1982
TATA MIA • MY NANNY ○ NANNY DEAR • 1986

BORCH CARL - DNM
CAPTIVES, THE • 1970

BORCOSQUE CARLO see **BORCOSQUE CARLOS**

BORCOSQUE CARLOS - CHL - 1894-
BORCOSQUE CARLO
OLIMPIA • SI EL EMPERADOR LA SUPIERA • 1930
DOS NOCHES • 1933
ALAS DE MI PATRIA • MY COUNTRY'S WINGS (USA) • 1940
CASA DE LOS CUERVOS, LA • HOUSE OF THE RAVENS, THE • 1941
CALAVERA, LA • SKULL, THE • 1954

BORCOSQUE CARLOS JR. - ARG
SOLTERO, EL • BACHELOR, THE • 1977
Y MANANA SERAN HOMBRES • AND TOMORROW THEY'LL BE ADULTS • 1979

BORDEN LIZZIE - USA
BORN IN FLAMES • 1983
WORKING GIRLS • 1986

BORDEN MICHAEL - USA
NO WAY BACK • 1988

BORDERIE B. see **BORDERIE BERNARD**

BORDERIE BERNARD - FRN - 1924-1978
BORDERIE B.
LOUPS CHASSENT LA NUIT, LES • RAGAZZA DI TRIESTE, LA (ITL) • 1951
MOME VERT-DE-GRIS, LA • POISON IVY (USA) ○ GUN MOLL • 1952
FEMMES S'EN BALANCENT, LES • 1953
FORTUNE CARREE • SHAITAN, IL DIAVOLO DEL DESERTO (ITL) ○ CONQUEROR OF THE DESERT (USA) • 1954
TAHITI OU LA JOIE DE VIVRE • 1956
CES DAMES PREFERENT LE MAMBO • SIGNORE PREFERISCONO IL MAMBO, LE (ITL) ○ DISHONORABLE DISCHARGE (USA) • 1957
GORILLE VOUS SALUE BIEN, LE • GORILLA SALUTES YOU, THE • 1957
DELIT DE FUITE • 1958
SERGENT X • SERGEANT X OF THE FOREIGN LEGION (USA) • 1959
VALSE DU GORILLE, LA • WALTZ OF THE GORILLA, THE • 1959
CAID, LE • 1960
COMMENT QU'ELLE EST? • WOMEN ARE LIKE THAT (USA) • 1960
LEMMY POUR LES DAMES • LEMMY FOR THE WOMEN (USA) ○ LADIES' MAN • 1961
TROIS MOUSQUETAIRES, LES • VENGEANCE OF THE THREE MUSKETEERS ○ THREE MUSKETEERS, THE (USA) • 1961
CHEVALIER DE PARDAILLAN, LE • CLASH OF STEEL (USA) • 1962
A TOI DE FAIRE, MIGNONNE • YOUR TURN, DARLING (USA) • 1963
HARDI! PARDAILLAN • ARMI DELLA VENDETTA, LE (ITL) • 1963
ROCAMBOLE • 1963
ANGELIQUE, MARQUISE DES ANGES • ANGELIQUE (UKN) • 1964
MERVEILLEUSE ANGELIQUE • ANGELIQUE -THE ROAD TO VERSAILLES (UKN) • 1964
ANGELIQUE ET LE ROI • ANGELIQUE UND DER KONIG (FRG) • 1965
BRIGADE ANTI-GANGS • PATTUGLIA ANTI-GANG (ITL) • 1966
SEPT GARS ET UNE GARCE • SEPT HOMMES ET UNE GARCE ○ SEVEN GUYS AND A GAL • 1966
INDOMPTABLE ANGELIQUE • INDOMABILE ANGELICA, L' (ITL) ○ UNBEZAHMBARE ANGELIQUE (FRG) • 1967
ANGELIQUE ET LE SULTAN • ANGELICA E IL GRAN SULTANO (ITL) ○ ANGELIQUE UND DER SULTAN (FRG) • 1968
CATHERINE, IL SUFFIT D'UN AMOUR • CATHERINE, UN SOLO IMPOSSIBILE AMORE (ITL) ○ CATHERINE ○ CATHERINE -EIN LEBEN FUR DIE LIEBE (FRG) • 1968
A LA GUERRE COMME A LA GUERRE • ECCITANTI GUERRE DI ADELEINE, LE (ITL) • 1971

BORDON MARSHALL M. - PHL
ENFORCER FROM DEATH ROW • 1978

BORDRY PAUL - FRN - 1928-
JOUR COMME LES AUTRES, UN • 1958

BOREK JAROMIR - CZC
MUZ PRES PALUBU • MAN OVERBOARD • 1981
VYJIMECNA SITUACE • EXCEPTIONAL SITUATION, AN • 1985

BOREL VICTOR - GRM
SCHATZKAMMER DER RESIDENZ • 1959

BORELLA PAOLO - ITL
GIOCO DELLA VITA, IL • 1970

BORENSTEIN JOYCE - CND - 1950-
OPUS 1 • 1972 • SHT
UNEXPECTED ANSWER: HOMAGE TO RENE MAGRITTE, THE • 1973
REVISITED • 1974
TRAVELLER'S PALM • 1976
ONIONS AND GARLIC • 1977
FIVE-MINUTE FIVE-BILLION-YEAR MOVIE, THE • 1980
PLANTE, LA • 1983

BORETSKY YU - USS
WATERFALL, THE • 1974

BORG PETER - USA
SCORCHED HEAT • 1988

BORGES JACOBO - VNZ
IMAGEN DE CARACAS • IMAGES OF CARACAS • 1968

BORGES MIGUEL - BRZ
PERPETUO CONTRA O ESQUADRAO DA MORTE • PERPETUO AGAINST THE SQUADRON OF DEATH • 1967
MARIA BONITA, RAINHA DO CANGACO • MARIA BONITA, QUEEN OF CANGACO • 1968
BARAO OTELO NO BARATO DOS BILHOES • 1972

BORGHESI ANTON GIULIO - ITL
VALENTINO • 1958

BORGHESIO CARLO – ITL – 1905–
DUE MILIONI PER UN SORRISO • 1939
PECCATO DI ROGELIA SANCHEZ, IL • SANTA ROGELIA (SPN) ○ DONNE DI SPAGNA • 1939
VAGABONDO, IL • 1942
CAMPIONE, IL • 1943
DUE CUORI • CASA SUL FIUME, LA • 1943
COME PERSI LA GUERRA • HOW I LOST THE WAR • 1947
EROE DELLA STRADA, L' • 1948
COME SCOPERSI L'AMERICA • 1949
CAPITAN DEMONIO • 1951
MONELLO DELLA STRADA, IL • STREET ARAB • 1951
NAPOLEONE • 1951
ANGELI DEL QUARTIERE, GLI • 1952
CORDA D'ACCIAIO, LA • 1954
DUE COMPARI, I • 1955

BORGNOTTO ROMANO see **BORGNOTTO ROMANO LUIGI**

BORGNOTTO ROMANO LUIGI – GRM
BORGNOTTO ROMANO • *ROMANO LUIGI*
MACISTE UND DIE TOCHTER DES SILBERKONIGS • 1922
NARRISCHE WETTE DES LORD ALDINI, DIE • 1923

BORIES CLAUDINE – FRN – 1942–
JULIETTE DU COTE DES HOMMES • 1981 • DOC

BORIS ROBERT – USA
OXFORD BLUES • 1984
STEELE JUSTICE • 1987
BUY AND CELL • 1988

BORISOV A. – USS
HUMBLE ONE, THE • 1960

BORISOV O. – USS
PATHS AND TRACKS • 1964

BORJE STEFANIA – SWD
INVASIONEN • 1969 • SHT

BORLAZA EMMANUEL – PHL
BORLAZA EMMANUEL H.
VALENTINE WEDDING • 1967
ARTISTA ANG AKING ASAWA • MY WIFE IS AN ACTRESS • 1968
LIKU-LIKONG LANDAS • CROOKED ROAD • 1968
MINDANAO • 1968
PSYCHO MANIAC • 1968

BORLAZA EMMANUEL H. see **BORLAZA EMMANUEL**

BORN ADOLF – CZC
PIRATI • PIRATES • 1980

BORN MAURICE – FRN
POUR MEMOIRE • 1978 • DOC

BORNEBUSCH A. see **BORNEBUSCH ARNE**

BORNEBUSCH ARNE – SWD – 1906–
BORNEBUSCH A.
SKARGARDSFLIRT • FLIRTATION IN THE ARCHIPELAGO • 1935
KVARTETTEN SOM SPRANGDES • 1936
VARAN POKJE • OUR BOY • 1936
ELI SJURSDOTTER • SISTE KAROLEN, DEN • 1938
SOL OVER SVERIGE • SUN OVER SWEDEN • 1938
FRESTELSE • 1940
MANNEN SOM ALL VILLE MORDA • MAN EVERYBODY WANTS TO MURDER, THE • 1940
DET VAR EN GANG.. • ONCE UPON A TIME • 1945

BORNEMAN ERNEST – CND
BETTY SLOW DRAG • 1953

BOROOMAND M. – IRN
CITY OF MICE, THE • 1985 • ANM

BOROS HARALAMBIE – RMN
AFACEREA PROTAR • PROTAR AFFAIR • 1956

BOROSAK RUDOLF – YGS
QUO VADIS? • 1974
SKRBNIK • GUARDIAN, THE • 1974

BOROWCZYK WALERIAN – Animator – PLN – 1923–
HYPER AUTO EROTIC ART HAYASHI
GLOWA • HEAD, THE • 1953 • SHT
ATELIER DE FERNAND LEGER • 1954 • SHT
PHOTOGRAPHIES VIVANTES • 1954 • SHT
JESIEN • 1956 • SHT
BYL SOBIE RAZ • ONCE UPON A TIME (UKN) ○ ONCE THERE WAS (USA) • 1957 • ANS
STRIPTEASE • 1957 • ANS
SZTANDAR MLODYCH • BANNER OF YOUTH • 1957 • SHT
DNI OSWIATY • EDUCATION DAYS • 1958 • ANS
DOM • HOUSE ○ HOME • 1958 • ANS
NAGRODZONE UCZUCIA • REQUITED FEELINGS (UKN) ○ REWARDED FEELINGS ○ NAGRODZONE UCZVTE ○ LOVE REWARDED ○ LOVE REQUITED • 1958 • ANS
SZKOLA • SCHOOL ○ ECOLE, L' • 1958 • ANS
ASTRONAUTES, LES • ASTRONAUTS, THE • 1959 • ANS
MAGICIEN, LE • 1959 • SHT
TERRA INCOGNITA • 1959 • ANS
BOITE A MUSIQUE • 1961 • SHT
DERNIER VOYAGE DE GULLIVER, LE • 1961
SOLITUDE • 1961
BIBLIOTHEQUES, LES • 1963 • ANS
ECOLES, LES • 1963 • ANS
ECRITURE, L' • 1963 • ANS
ENCYCLOPEDIE DE GRAND'MAMAN EN 13 VOLUMES, L' • GRANDMOTHER'S ENCYCLOPAEDIA • 1963 • ANM
FUMEE • 1963 • ANM
HOLY SMOKE • 1963 • ANS
RENAISSANCE • 1963 • ANS
STROBOSCOPES, LES • MAGASINS DU XIXe SIECLE • 1963 • SHT
FILLE SAGE, LA • 1964 • ANS
GANCIA • 1964 • ANS
JEUX DES ANGES, LES • GAMES OF THE ANGELS, THE (USA) • 1964 • ANS
MUSEE, LE • 1964 • ANS
DICTIONNAIRE DE JOACHIM, LE • JOACHIM'S DICTIONARY (UKN) • 1965 • ANS
ETE TORRIDE, UN • 1965 • ANS
PETIT POUCET, LE • TOM THUMB • 1965 • ANS
THEATRE DE M. ET MME. KABAL, LE • CONCERT OF MONSIEUR AND MADAME KABAL, THE ○ CONCERT OF MR. AND MRS. KABAL • 1965 • ANM
ROSALIE • 1966 • ANS
DIPTYQUE • DIPTYCH • 1967 • SHT
GAVOTTE • 1967 • SHT
GOTO, L'ILE D'AMOUR • GOTO, ISLAND OF LOVE • 1968
MAZEPA • 1968
PHONOGRAPHE, LE • 1969 • ANS
BLANCHE • 1971
COLLECTION PARTICULIERE, UNE • 1973 • DCS
CONTES IMMOREAUX • IMMORAL TALES • 1974
BETE, LA • BEAST, THE (UKN) ○ BEAST IN HEAT, THE ○ DEATH'S ECSTACY • 1975
COLLECTIONS PRIVEES • PRIVATE COLLECTIONS (USA) • 1975
DZIEJE GRZECHU • STORY OF A SIN, THE (USA) ○ STORY OF SIN, THE • 1975
MARGE, LA • STREETWALKER, THE (UKN) • 1976
INTERNO DI UN CONVENTO • SEX LIFE IN A CONVENT (USA) ○ BEHIND CONVENT WALLS (UKN) ○ WITHIN THE CLOISTER ○ BEHIND THE CONVENT WALLS ○ INTERIOR OF A CONVENT • 1977
HEROINES DU MAL, LES • THREE IMMORAL WOMEN (UKN) ○ HEROINES OF EVIL (USA) • 1978
LULU • 1980
DOCTEUR JEKYLL ET LES FEMMES • STRANGE CASE OF DR. JEKYLL AND MISS OSBOURNE, THE ○ DR. JEKYLL AND THE WOMEN ○ BLOODBATH OF DR. JEKYLL ○ BLOOD OF DR. JEKYLL, THE ○ DOCTOR JEKYLL AND MISS OSBOURNE • 1981
ART D'AIMER, L' • ARS AMANDI (ITL) ○ ART OF LOVE • 1983
EMMANUELLE 5 • 1986
CEREMONIE D'AMOUR • 1988

BOROZANOV BORIS – BUL
KALIN ORELAT • KALIN THE EAGLE • 1950

BORR REN see **BORRACCETTI RENATO**

BORRACCETTI RENATO – ITL
BORR REN • *RENBOR*
FEMMINA SENZA CUORE • 1953
CUORE DI SPIA • 1954
NOTTE DELL'ADDIO, LA • 1966
DUE OCCHI PER UCCIDERE • 1968

BORREMANS GUY – BLG – 1934–
FEMME IMAGE, LA • 1960 • SHT
FEMME, L'OISELEUR ET LA MAISON, LA • 1960
HOMME ET SON BOSS, UN • 1970
KOUCHIBOUGUAC • 1978

von BORRESHOLM BORIS – GRM
ADAM II • 1966

BORRIS CLAY – CND – 1950–
PARLIAMENT STREET • 1968
PAPER BOY • 1971
FUN AT THE EX • 1973
ONE HAND CLAPPING • 1974
MISTAWASSIS • LITTLE BIG CHILD • 1977
ROSE'S HOUSE • 1977
SHEILA'S CHRISTMAS • 1977
ALLIGATOR SHOES • SOULIERS EN CROCO, LES • 1981
QUIET COOL • 1986

BORSKY VLADIMIR – Actor – CZC – 1904–1962
VOJNARKA • 1936
CEKANKY • WAITING GIRLS, THE • 1940
PALICOVA DCERA • ARSONIST'S DAUGHTER, THE • 1941
JAN ROHAC Z DUBE • WARRIORS OF FAITH ○ JAN ROHAC OF DUBA • 1947
KUDY KAM • WHENCE AND WHERE TO • 1956

von BORSODY EDUARD – AUS – 1898–
BRILLANTEN • 1937
KAUTSCHUK • 1938
KONGO-EXPRESS • 1939
SENSATIONSPROZESS CASSILLA • 1939
WUNSCHKONZERT • 1940
JUGENDLIEBE • 1944
KREUZELSCHREIBER, DER • 1945
ARLBERG-EXPRESS • 1948
FRAU AM WEG, DIE • 1948
ANGELA • BERGWASSER ○ WEISSES GOLD • 1949
HOCHZEIT MIT ERIKA • 1949
SENSATION IM SAVOY • 1950
VIERTE GEBOT, DAS • 1950
RAUSCH EINER NACHT • 1951
ICH HAB MICH SO AN DICH GEWOHNT • GESCHIEDENES FRAULEIN • 1952
VERLORENE MELODIE • 1952
WIRTIN VOM WORTHERSEE, DIE • WIRTIN VON MARIA WORTH, DIE • 1952
HAB' ICH NUR DEINE LIEBE • 1953
ICH UND MEIN FRAU • 1953
MAXIE • 1954
MAJOR UND DIE STIERE, DER • 1955
DANY, BITTE SCHREIBEN SIE! • 1956
GELIEBTE CORINNA • 1956
LIANE, DAS MADCHEN AUS DEM URWALD • LIANE, JUNGLE GODDESS (USA) ○ LIANE -WHITE SLAVE • 1956
SCHAFER VOM TRUTZBERG, DER • 1959
SKANDAL UM DODO • 1959
TRAUMREVUE • 1959
WENN DIE GLOCKEN HELL ERKLINGEN • 1959
ROMANZE IN VENEDIG • 1962

BORSOS PHILIP – ASL – 1953–
BARKING DOG • 1973 • SHT
CADILLAC • 1974 • SHT
COOPERAGE • 1976 • SHT
SPARTREE • 1977 • SHT
NAILS • 1979 • SHT
GREY FOX, THE • 1981
MEAN SEASON, THE • 1985
ONE MAGIC CHRISTMAS • 1986
BETHUNE: THE MAKING OF A HERO • BETHUNE • 1989

BORSOUTZKY MYRIAM see **MYRIAM**

BORTFELDT HANS R. – GRM
FRUHLINGSMELODIE • 1945

BORTHWICK BRIAN – Animator – UKN
OWL AND THE PUSSYCAT, THE • 1953 • ANS

BORTKO V. – USS
HAVING LIED ONLY ONCE

BORUP C. – UKN
GLUE-MY AFFAIR, A • 1913

BORZAGE FRANK – USA – 1893–1962
HIS MOTHER'S PORTRAIT • 1915
PITCH O'CHANCE, THE • 1915
CODE OF HONOR, THE • 1916 • SHT
COURTIN' OF CALLIOPE CLEW, THE • 1916 • SHT
DEMON OF FEAR, THE • 1916 • SHT
DOLLARS OF DROSS • 1916
FLICKERING LIGHT, THE • 1916 • SHT
FORGOTTEN PRAYER, THE • 1916 • SHT
IMMEDIATE LEE • HAIR TRIGGER CASSIDY ○ HAIR TRIGGER CASEY • 1916
JACK • 1916 • SHT
LAND O' LIZARDS • 1916
LIFE'S HARMONY • 1916 • SHT
MATCHIN' JIM • 1916 • SHT
NELL DALE'S MEN FOLKS • 1916 • SHT
NUGGET JIM'S PARDNER • 1916 • SHT
PILGRIM, THE • 1916 • SHT
QUICKSANDS OF DECEIT • 1916 • SHT
SILKEN SPIDER, THE • 1916 • SHT
THAT GAL OF BURKE'S • THAT GIRL OF BURKE'S • 1916 • SHT
UNLUCKY LUKE • 1916 • SHT
FLYING COLORS • 1917
CURSE OF IKU, THE • 1918
GHOST FLOWER, THE • 1918
GUN WOMAN, THE • 1918
HONEST MAN, AN • 1918
INNOCENT'S PROGRESS • 1918
SHOES THAT DANCED, THE • 1918
SOCIETY FOR SALE • 1918
UNTIL THEY GET ME • 1918
WHO IS TO BLAME? • 1918
ASHES OF DESIRE • 1919
PRUDENCE ON BROADWAY • PRUDENCE OF BROADWAY • 1919
TOTON • 1919
WHOM THE GODS WOULD DESTROY • WHOM THE GODS DESTROY • 1919
HUMORESQUE • 1920
DUKE OF CHIMNEY BUTTE, THE • 1921
GET-RICH-QUICK WALLINGFORD • 1921
BACK PAY • 1922
BILLY JIM • 1922
GOOD PROVIDER, THE • 1922
PRIDE OF PALOMAR, THE • 1922
VALLEY OF SILENT MEN, THE • 1922
AGE OF DESIRE, THE • 1923
CHILDREN OF DUST • 1923
Nth COMMANDMENT, THE • HIGHER LAW, THE (UKN) • 1923
SECRETS • 1924
CIRCLE, THE • 1925
DADDY'S GONE A'HUNTING • MAN'S WORLD, A • 1925
LADY, THE • LADY • 1925
LAZYBONES • 1925
WAGES FOR WIVES • 1925
DIXIE MERCHANT, THE • 1926
EARLY TO WED • 1926
FIRST YEAR, THE • 1926
"MARRIAGE LICENSE?" • PELICAN, THE • 1926
7TH HEAVEN • 1927
RIVER, THE • FEMME AU CORBEAU, LA • 1928
STREET ANGEL • 1928
LUCKY STAR • 1929
THEY HAD TO SEE PARIS • 1929
LILIOM • 1930
SONG O' MY HEART • 1930
BAD GIRL • 1931
DOCTORS' WIVES • 1931
YOUNG AS YOU FEEL • 1931
AFTER TOMORROW • 1932
FAREWELL TO ARMS, A • 1932
YOUNG AMERICA • WE HUMANS (UKN) • 1932
MAN'S CASTLE, A • 1933
SECRETS • 1933
FLIRTATION WALK • 1934
LITTLE MAN, WHAT NOW? • 1934
NO GREATER GLORY • 1934
LIVING ON VELVET • 1935
SHIPMATES FOREVER • 1935
STRANDED • 1935
DESIRE • 1936
HEARTS DIVIDED • 1936
BIG CITY, THE • SKYSCRAPER WILDERNESS • 1937
GREEN LIGHT • 1937
HISTORY IS MADE AT NIGHT • 1937
MANNEQUIN • 1937
SHINING HOUR, THE • 1938
THREE COMRADES • 1938
DISPUTED PASSAGE • 1939
FLIGHT COMMAND • 1940
MORTAL STORM, THE • 1940
STRANGE CARGO • NOT TOO NARROW, NOT TOO DEEP • 1940
SMILIN' THROUGH • 1941
VANISHING VIRGINIAN, THE • 1941
SEVEN SWEETHEARTS • SEVEN GIRLS • 1942
HIS BUTLER'S SISTER • 1943
STAGE DOOR CANTEEN • 1943
TILL WE MEET AGAIN • 1944
SPANISH MAIN, THE • 1945
I'VE ALWAYS LOVED YOU • CONCERTO (UKN) • 1946
MAGNIFICENT DOLL, THE • 1946
THAT'S MY MAN • WILL TOMORROW EVER COME? (UKN) ○ GALLANT MAN • 1947
MOONRISE • 1948
CHINA DOLL • 1958
BIG FISHERMAN, THE • 1959
ATLANTIS, THE LOST CONTINENT • 1961

BOSCH J. see **BOSCH JUAN**

BOSCH JUAN – SPN – 1926–
BOSCH J.
HUELLAS DEL DESTINO • 1957
A SANGRE FRIA • 1959
REGRESA UN DESCONOCIDO • 1961
SENDAS MARCADAS • 1961
ULTIMO VERRANO, EL • 1961
BAHIA DE PALMA • 1962
SOL DE VERANO • 1963
CASTIGADOR, EL • 1965
CHICO-CHICA-BOOM • 1968
TERRIBLE DE CHICAGO, EL • HORROR OF CHICAGO, THE • 1968
VIUDITA YE-YE, LA • 1968
ABRE TU FOSA, AMIGO, LLEGA SABATA • 1970
DILIGENCIA DE LOS CONDENADOS, LA • 1970
INVESTIGACION CRIMINAL • 1970
BALA MARCADA, UNA • 1971
BUITRES CAVARAN TU FOSA, LOS • 1971
DALIAS • 1972
LO CREDEVANO UNO STINCO DI SANTO • 1972
MIL OJOS DEL ASESINO, LOS • 1972
TU FOSA SERA LA EXACTA.., AMIGO • 1972
CAZA DEL ORO, LA • 1973
JUAN A LAS OCHO, PABLO A LAS DIEZ • 1973
MUERTE LLAMA A LAS DIEZ, LA • 1973
CUARENTA ANOS SIN SEXO • FORTY YEARS WITHOUT SEX • 1974 • DOC
EXORCISMO • EXORCISM • 1974
QUEL FICCANASO DELL'ISPETTORE LAWRENCE • 1974
DUDOSA VIRILIDAD DE CRISTOBAL, LA • 1975
MAURICIO, MON AMOUR • 1976
ES PECADO.. PERO ME GUSTA • 1977
PLOMO Y SANGRE • 1977

BOSCHET MICHEL – Animator – FRN – 1927–
DEMAIN PARIS • 1957 • ANM
PATAMORPHOSE • 1961 • ANM
MAIS OU SONT LES NEGRES D'ANTAN? • 1962 • ANM
PAYS BEAU, LE • 1972 • ANM

BOSE AMAL – IND
SHADA KALO • DR. JEKYLL AND MR. HYDE (USA) • 1953

BOSE AMIT – IND
ABHILASHA • WISH • 1968

BOSE BIJOY – IND
BAGHINI • TIGRESS • 1968

BOSE CHANDRA SEKHAR – IND
DEVDASI • 1947
DHRUBA • 1953

BOSE DE VAKI see **BOSE DEBAKI**

BOSE DEBAKI – IND – 1898–1971
BOSE DEBAKI KUMAR • BOSE DEVAKI • BOSE DE VAKI
SANSAR
PANSAHAR • 1929
APARADHI • CULPRIT, THE • 1931
CHANDIDAS • 1932
PURAN BHAGAT • DEVOTEE, THE • 1933
SEETA • 1933
MEERABAI • 1935–47
SAGAR SANGAME • 1935–47
SONERA • 1935–47
INQULBAD • 1937
VIDYAPATHI • 1937
SAPERA • SNAKE CHARMER (USA) • 1939
KUSHA LAILA • 1940
APNAGAR • 1941
KRISHNA LEELA • DRAMA OF KRISHNA • 1945
NARTAKI • 1945
CHANDRA KESHAR • 1947
RATNA DEEP • 1947
KEWI • POET, THE • 1949

BOSE DEBAKI KUMAR see **BOSE DEBAKI**

BOSE DEVAKI see **BOSE DEBAKI**

BOSE DILIP – IND
BOUDI • ELDER BROTHER'S WIFE • 1968

BOSE HIREN – IND
ETERNAL MUSIC • 1937

BOSE MODHU – IND
ALI BABA • 1937
RAJ NARTIKI • COURT DANCER, THE • 1940

BOSE NITIN – IND – 1901–
MOTHER EARTH
ENEMY, THE • 1930–40
MARRIAGE • 1930–40
BHAGYA CHAKRA • WHEEL OF FATE, THE • 1935
PRESIDENT, THE • 1937
DHARATI-MATA • MOTHERLAND, THE • 1938
CHAR DOST • FOUR FRIENDS • 1956
DEEDAR • 1958

BOSE SATYEN – IND
AASRA • HOPE • 1967
RAAT AUR DIN • DAY AND NIGHT • 1968

BOSE TAPAN K. – IND
INDIAN STORY, AN • 1982 • DOC
BEYOND GENOCIDE • 1987 • DOC

BOSETTI ROMEO – FRN
AGENT A LE BRAS LONG, L' • AGENT WITH LONG ARMS, THE ○ INFLUENTIAL AGENT, THE • 1908
VOISINE DU MELOMANE, LA • 1908
ROSALIE FAIT DU SPIRITISME • ROSALIE AND SPIRITUALISM • 1911 • SHT
GAVROCHE ET LES ESPRITS • GAVROCHE AND THE GHOSTS • 1912

BOSKOVIC ALEXANDER – YGS
POSLEDNJI KRUG U MONCI • LAST CIRCLE IN MONZA • 1990

BOSKOVIC BOSKO – YGS
KAMENOM ZAROBLJENI • 1959
NEBESKI ODRED • SKY BATTALION, THE • 1961
MORDER AUF URLAUB • 1965

BOSKOVICH JOHN – USA
WITHOUT YOU I'M NOTHING • 1990

BOSNICK NED – USA
IMAGO • HOW NOW, SWEET EROS? ○ TO BE FREE • 1970

BOSSAK JERZY – PLN – 1912–1989
BITWA O KOLOBRZEG • BATTLE OF KOLOBRZEG, THE ○ BATTLE OF KOLBERG, THE • 1945
KRAJOWA RADA NARODOWA 1943 • HOME NATIONAL COUNCIL 1943 • 1945 • DOC
MAJDANEK -1944 • MAJDANEK IN 1944 ○ MAJDANEK -CMENTARZYSKO EUROPY ○ MAIDANEK • 1945 • DOC
POLACY DO BRONI! • POLES, TO ARMS! • 1945
PRZYJAZD RZADU JEDNOSCI NARODOWEJ DO WARSZAWY • ARRIVAL OF THE GOVERNMENT OF NATIONAL UNITY IN WARSAW, THE • 1945 • DOC
ZAGLADA BERLIN • ANNIHILATION OF BERLIN, THE ○ FALL OF BERLIN, THE • 1945 • DOC
1ST TRADE UNION CONGRESS • 1945 • DOC
22 LIPCA -SWIETO ODRODZENIA POLSKI • 22ND JULY -THE NATIONAL DAY OF THE REBIRTH OF POLAND • 1945 • DOC
FABRYKA ZAROWEK • ELECTRIC BULB FACTORY • 1946 • DOC
IX SESJA KRN • 9TH SESSION OF THE HOME NATIONAL COUNCIL • 1946 • DOC
MARSZALEK TITO W POLSCE • MARSHAL TITO IN POLAND • 1946 • DOC
MOST • BRIDGE, THE • 1946 • DOC
NA STRAZY TRWALEGO POKOJU • GUARDING PERMANENT PEACE • 1946 • DOC
ROK 1946 • YEAR 1946, THE • 1946 • DOC
STRAZ NAD BALTYKIEM • GUARD ON THE BALTIC • 1946 • DOC
W BRATNIEJ JUGOSLAWII • IN BROTHERLY YUGOSLAVIA • 1946 • DOC
XVII BOKSERSKIE MISTRZOSTWA POLSKI W LODZI • 17TH POLISH BOXING CHAMPIONSHIPS IN LODZ • 1946
600-LECIE BYDGOSZCZY • 600TH ANNIVERSARY OF BYDGOSZCZ, THE ○ SIX HUNDRED YEARS OF BYDGOSZCZ • 1946 • DOC
HISTORYCZNE DNI • HISTORICAL DAYS • 1947 • DOC
NASZ MARSZALEK • OUR MARSHAL • 1947 • DOC
POWODZ • STORM OVER POLAND ○ FLOOD, THE • 1947 • DOC
TARGI GDANSKIE • GDANSK TRADE FAIR, THE • 1947 • DOC
DROGA DO JEDNOSCI • ROAD TO UNITY, THE • 1948 • DOC
RAZEM • TOGETHER • 1948 • DOC
O.N.Z. W AKCJI • U.N. IN ACTION, THE • 1949 • DOC
ROK 1949 • YEAR 1949, THE • 1949 • DOC
SWIETO ODRODZENIA: TRASA W-Z OTWARTA! • NATIONAL REBIRTH DAY: THE OPENING OF THE W-Z ROUTE • 1949 • DOC
22 LIPCA • JULY 22ND • 1949 • DOC
NAPRZOD DO WALKI O POKOJ I SOCJALIZM • FORWARD TO THE STRUGGLE FOR FREEDOM AND SOCIALISM • 1950 • DOC
1 POLSKI KONGRES POKOJU • FIRST POLISH PEACE CONGRESS • 1950 • DOC
POKOJ ZDOBEDZIE SWIAT • PEACE WILL CONQUER THE WORLD ○ POKOJ ZWYCIEZY SWIAT ○ PEACE CONQUERS THE WORLD ○ PEACE WILL WIN • 1951 • DOC
TAK GOSPODARZA SPOLDZIELCY • HOW COOPERATIVES WORK • 1951 • DOC
SLUBUJEMY! • WE SWEAR! ○ OUR OATH • 1952 • DOC
POWROT NA STARE MIASTO • RETURN TO THE OLD TOWN ○ RETURN TO THE OLD CITY • 1954 • DOC
W POGONI ZA ZOLTA KOSZULKA • IN PURSUIT OF THE YELLOW SHIRT ○ BICYCLE RACE • 1954 • DOC
SPOTKANIE W WARSZAWIE • MEETING IN WARSAW, A • 1955 • DOC
PIESNI NAD WISLA • SONGS OF THE VISTULA • 1956 • DOC
WARSZAWA 56 • WARSAW • 1956 • DOC
WRZESIEN -TAK BYLO • SEPTEMBER -HOW IT WAS ○ WRZESIEN 1939 ○ SEPTEMBER 1939 • 1961 • DOC
REQUIEM DLA 500,000 • REQUIEM FOR 500, 000 • 1963 • DOC
CHWILA WSPOMNIEN: ROK 1945/46 • MOMENT OF REMINISCENCE: THE YEAR 1945/46 • 1964 • DOC
CHWILA WSPOMNIEN: ROK 1947 • MOMENT OF REMINISCENCE 1947, A • 1964 • DOC
DOKUMENTY WALKI • DOCUMENTS OF FIGHT • 1967
WIOSKA W TAJDZE • VILLAGE IN THE TAIGA, A • 1968 • DOC
273 DNI PONIZEJ ZERA • 273 DAYS BELOW ZERO • 1968 • DOC
CRACOVIA • 1969 • DOC
PAN DODEK • MISTER DODEK • 1969
W JAKUCJI • IN YAKUTIA • 1969 • DOC

BOSSILKOV NIKOLAI – BUL
FORGET IF YOU CAN • 1987

BOSSIS ROBERT – FRN – 1893–1967
HOMME EN HABIT, UN • 1931

BOSTAN ELISABETA – RMN – 1931–
BROOD HEN AND HER GOLDEN CHICKS, THE • SHT
HORA-DANCE, THE • SHT
NAICA AND THE LITTLE FISH • SHT
NAICA AND THE SQUIRRELS • SHT
NAICA AND THE STORK • SHT
NAICA LEAVES FOR BUCHAREST • SHT
THREE ROMANIAN DANCES • SHT
PUSTIUL • KID, THE • 1962
AMINTIRI DIN COPILARIE • RECOLLECTIONS FROM CHILDHOOD • 1964
TINERETE FARA BATRINETE • KINGDOM IN THE CLOUDS (USA) ○ YOUTH WITHOUT OLD AGE ○ YOUTH WITHOUT AGE • 1968
VERONICA • 1972
VERONICA SE INTOARCE • VERONICA COMES BACK • 1973
MA-MA • 1976
ROCK 'N' ROLL WOLF • 1978
SALTIMBANCHI • CLOWNS, THE • 1981
DESENE PE ASFALT • DRAWINGS ON ASPHALT • 1989
CHAMPION, THE • 1990

BOSTAN ION – RMN – 1914–
HORA-DANCE, THE • SHT
CITY OF HISTROS, THE • 1956 • DOC
MURDER OF THE INNOCENTS, THE • 1957 • DOC
UNDER THE WING OF THE EAGLE • 1963 • DOC
HERON -A REPTILE BIRD?, THE • 1968 • DOC
HISTRIA, HERACLEA AND SWANS • 1968 • DOC
ON THE TRACES OF A LOST FILM • 1968 • DOC
WINTER GUESTS • 1968 • DOC

BOSTWICK ELWOOD – USA
FACTORY MAGDALEN, A • 1914

BOSUSTOW STEPHEN see **BOSUSTOW STEVE**

BOSUSTOW STEVE – Animator – CND – 1911–1981
BOSUSTOW STEPHEN
FIFTY FIRST DRAGON, THE • 1953 • ANS

BOSWORTH HOBART – Actor – USA – 1867–1943
IN THE DAYS OF GOLD • 1911
GETTING ATMOSPHERE • 1912
PIRATE'S DAUGHTER, THE • 1912
SUBSTITUTE MODEL, THE • 1912
WHEN EDITH PLAYED JUDGE AND JURY • 1912
SEA-WOLF, THE • 1913
BURNING DAYLIGHT • 1914
JOHN BARLEYCORN • 1914
MARTIN EDEN • 1914
ODYSSEY OF THE NORTH, AN • 1914
PURSUIT OF THE PHANTOM, THE • 1914
VALLEY OF THE MOON, THE • 1914
BUCKSHOT JOHN • 1915
CAPTAIN COURTESY • 1915
FATHERHOOD • 1915
LITTLE BROTHER OF THE RICH, A • 1915
PRETTY MRS. SMITH • 1915
RUGMAKER'S DAUGHTER • 1915
SCARLET SIN, THE • 1915
WHITE SCAR, THE • 1915

BOSZORMENYI GEZA – HNG
MADARKAK • BIRDIES ○ LITTLE BIRDIE • 1971
AUTO • CAR, THE • 1974
SZIVZUR • HEART TREMORS • 1982
EGYUTTELES • COEXISTENCE • 1983
LAURA • 1986
FALUDY GYORGY KOLTO • POET GYORGY FALUDY, THE • 1988 • DOC
RECSK 1950-1953 THE HUNGARIAN GULAG • RECSK 1950-53: THE STORY OF A SECRET FORCED LABOUR CAMP • 1988 • DOC

BOTELHO CHICO – BRZ
CIDADE OCULTA • HIDDEN CITY • 1986

BOTELHO JOAO – PRT – 1949–
ALEXANDRE E ROSA • 1978 • SHT
ULTIMO SOLDADO, O • LAST SOLDIER, THE • 1980
CONVERSA ACABADA • OTHER ONE, THE • 1982
ADEUS PORTUGUES, UM • PORTUGUESE GOODBYE, A • 1985

BOTHA KAPPIE – SAF
BENNIE-BOET • 1967
TWEE BROEDERS RY SAAM • TWO BROTHERS TRAVEL TOGETHER • 1968

BOTTARI FRANCO – ITL
GUERNICA • 1972
VENTIQUATTRO ORE.. NON UN MINUTO DI PIU • 1975
VEDOVA DEL TRULLO, LA • 1979

BOTTCHER JURGEN – GRM – 1931–
THREE OF MANY • 1961 • DOC
IN THE PERGAMON MUSEUM • 1962 • DOC
NEW YEAR'S EVE • 1963 • DOC
STARS • 1963 • DOC
BAREFOOT AND HATLESS • 1964 • DOC
CHARLIE AND CO. • 1964 • DOC
CHILDREN'S THEATRE • 1965 • DOC
KARL MARX STREET • 1965 • DOC
FEAST OF FRIENDSHIP • 1967 • DOC
SECRETARY, THE • 1967 • DOC
RELIABLE MAN, THE • 1968 • DOC

BOTTER HARRY – USA
NO.28, DIPLOMAT • 1914

BOTTGE BRUNO J. – Animator – GRM
BREMER STADTMUSIKANTEN, DIE • BREMEN TOWN MUSICIANS, THE (USA) • 1954 • ANS
HEN AND THE CHANGELINGS, THE
GEGNER NACH MASS • RIVAL MADE TO MEASURE • 1963 • ANS
HALTET BEIDES GUT ZUSAMMEN • HOLD ON TO BOTH THINGS • 1969 • ANS

BOTTGER FRITZ – GRM
NOLAN JAMIE
AUF DER GRUNEN WIESE • 1953
JUNGGESELLENFALLE • 1953
TOTER HING IM NETZ, EIN • IT'S HOT IN PARADISE (USA) ○ HORRORS OF SPIDER ISLAND ○ HOT IN PARADISE ○ SPIDER'S WEB, THE ○ GIRLS OF SPIDER ISLAND ○ BODY IN THE WEB • 1960

BOTTIA LUIS FERNANDO – CLM
BODA DEL ACORDEONISTA, LA • 1985

BOTVID ROLF – SWD – 1915–
RATTENS MUSKETORER • 1945

BOUAMARI MOHAMED – ALG – 1941–
CONFLIT • 1963 • SHT
OBSTACLE, L' • 1966
CELLULE, LA • 1967 • SHT
CIEL ET SES AFFAIRES, LE • HEAVEN AND ITS AFFAIRS • 1967
FAHHAM, AL- • CHARBONNIER, LE • 1972
HERITAGE, L' • 1975

BOUASSIDA ABDEL HAFIDH – TNS
PRELUDY POUSTE • MIRAGES • 1982

BOUCHARD GUY – CND
CARNAVAL EN CHUTE LIBRE • 1965

BOUCHARD JUSTINE – CND
VALLEE-JARDIN, LA • 1974 • SHT

BOUCHARD MICHEL – CND – 1949–
NOEL ET JULIETTE • 1973
LOI DE LA VILLE, LA • 1979 • MTV
BIEN-AIMEE, LA • BELOVED, THE • 1980
TOASTEUR, LE • TOASTER, THE • 1982 • MTV
PETITES CRUAUTES, LES • CRIES OF LOVE, THE • 1984 • MTV
TERRAPENE, LA • TERRAPIN, THE • 1984 • MTV

BOUCHARD THOMAS – USA
UNDERGROUND PRINTER • 1934

BOUCHEMAA R. – ALG
POUR QUE VIVE L'ALGERIE! • 1972

BOUCHET ANGELIQUE – USA
ANGELIQUE IN BLACK LEATHER • ANGELIQUE • 1968

BOUCHET FRANCIS – FRN
TEMPS D'UNE NUIT, LE • 1963 • SHT

BOUCHOUCHI MOURAD – ALG
LIBERATION • 1975

BOUCHOUCHI YOUSSEF – ALG – 1951–
HAUTS-LIEUX DE LA REVOLUTION, LES • 1963 • SHT
SALIM ET SALIMA • 1963 • SHT
HEGIRE, L' • 1969
PAS DE BLANC A LA UNE • 1971
RETROUVAILLES, LES • 1971
QUI EST COUPABLE? • 1972

BOUCQUEY OMER – FRN – 1921–
CHOUPINET AUX ENFERS • 1945
CHOUPINET • 1946 • ANS
TROUBADOUR DE LA JOIE, LE • 1949
DESSINS S'ANIMENT • 1952

BOUDOU – MXC
AZTECAS, LOS • 1976 • MTV

BOUDOURIS VASSILIS – GRC
RED ANTS • 1988

BOUDRIOZ ROBERT – FRN – 1887–1949
APRE LUTTE, L' • 1917
DISTANCE, LA • 1918
SOIR, UN • 1919
ZON • 1920
ATRE, L' • 1922
TEMPETES • 1922
EPERVIER, L' • 1924
IN THE SPIDER'S WEB • 1924
LOUVES, LES • 1926
SCHOPFER, DER • ZWISCHEN LIEBE UN PFLICHT • 1928
TROIS JEUNES FILLES NUES • 1928
VIVRE • 1928
ANGLAIS TEL QU'ON LE PARLE, L' • 1930
RECORD DU MONDE • 1930
VACANCES • 1931
GRILLON DU FOYER • 1933
HOMME A L'OREILLE CASSEE, L' • 1934

BOUGHEDIR FARID see **BOUGHEDIR FERID**

BOUGHEDIR FERID – TNS – 1944–
BOUGHEDIR FARID
PARIS-TUNIS • 1963
RICHE POUR UN JOUR • 1965 • SHT
MORT TROUBLE, LA • DEATH TROUBLES • 1968
ROUMI, LE • 1969
AU PAYS DE TARARANI • 1971
PIQUE-NIQUE • 1973 • SHT
AFRICAN IMAGE • 1975 • DOC
LIBERER LE CINEMA AFRICAIN • 1975

BOUGUERMOUH ABDERRAHMANE – ALG – 1936–
COMME UNE AME • 1965 • SHT
ENFER A DIX ANS, L' • HELL AT THE AGE OF TEN • 1968
GRIVE, LA • 1968
JEUX UNIVERSITAIRES • 1969
REGARD DE LA MAIN • 1972

BOUJENAH PAUL – TNS – 1958–
FAIS GAFFE A LA GAFFE! • 1981
FAUCON, LE • 1983

BOULAS DANIEL – GRC
NOAH, THE • 1974

BOULTENHOUSE CHARLES – USA
HANDWRITTEN • 1959 • SHT
DIONYSUS • 1963 • SHT

BOULTING JOHN – Producer – UKN – 1913–1985
JOURNEY TOGETHER • 1945
BRIGHTON ROCK • YOUNG SCARFACE (UKN) • 1947
SEVEN DAYS TO NOON • 1950
MAGIC BOX, THE • 1951
SEAGULLS OVER SORRENTO • CREST OF THE WAVE (USA) • 1954
PRIVATE'S PROGRESS • 1956
LUCKY JIM • 1957
I'M ALL RIGHT, JACK • 1959
SUSPECT • RISK, THE (USA) • 1960
HEAVENS ABOVE! • 1963
ROTTEN TO THE CORE • 1965
BREAD AND CHEESES, AND KISSES • 1969

BOULTING LAURENCE – UKN
DAWNBREAKERS • 1975

BOULTING ROY – Producer – UKN – 1913–
CONSIDER YOUR VERDICT • 1938
LANDLADY, THE • 1938
RIPE EARTH • 1938 • DCS
SEEING STARS • 1938 • DCS
INQUEST • 1939
TRUNK CRIME • DESIGN FOR MURDER (USA) • 1939
PASTOR HALL • 1940
DAWN GUARD • 1941
THEY SERVE ABROAD • 1942 • DCS
THUNDER ROCK • 1942
DESERT VICTORY • 1943 • DOC
MINEFIELD! • 1944 • DCS
TUNISIAN VICTORY • 1944 • DOC
BURMA VICTORY • 1945 • DOC
FAME IS THE SPUR • 1947
GUINEA PIG, THE • OUTSIDER, THE (USA) • 1948
HIGH TREASON • 1951
SINGLE-HANDED • SAILOR OF THE KING (USA) ○ BROWN ON RESOLUTION ○ ABLE SEAMAN BROWN ○ SAILOR OF THE SEA • 1953
SEAGULLS OVER SORRENTO • CREST OF THE WAVE (USA) • 1954
JOSEPHINE AND MEN • 1955
RUN FOR THE SUN • 1956
BROTHERS IN LAW • 1957
CARLTON-BROWNE OF THE F.O. • MAN IN A COCKED HAT (USA) • 1958
HAPPY IS THE BRIDE • 1958
FRENCH MISTRESS, A • 1960
SUSPECT • RISK, THE (USA) • 1960
FAMILY WAY, THE • ALL IN GOOD TIME • 1966
TWISTED NERVE • 1968
THERE'S A GIRL IN MY SOUP • 1970
SOFT BEDS, HARD BATTLES • UNDERCOVER HERO • 1973
LAST WORD, THE • 1979
NUMBER, THE • 1979
DANNY TRAVIS • 1981

BOUMANS RALF – BLG
IN ALLE STILTE • IN ALL INTIMACY • 1978

BOUQUET JEAN-LOUIS – FRN – 1898–1978
LOUPIOTE, LA • 1936
POCHARDE, LA • 1936

BOUR ARMAND – FRN
BAISER DE JUDAS, LE • 1909

BOURDELON – FRN
DRAGON DE KOMODO, LE • 1958 • SHT

BOURDON JACQUES – FRN – 1925–
LIONCEAUX, LES • PLAYFUL KIND, THE • 1959
SOLEIL DANS L'OEIL, LE • 1961

BOUREAU MARC – FRN – 1927–
HAPPENING • 1967

BOUREK ZLATKO – Animator – YGS
CIRCUS REX
KOVACEV SEGRT • BLACKSMITH'S APPRENTICE, THE • 1961 • ANS
I VIDEL SEM DALJINE MEGLENE I KALNE • FAR AWAY I SAW MIST AND MUD ○ FOG AND MUD • 1964 • ANS
BECARAC • DANCING SONGS • 1966 • ANS
KAPETAN ARBANAS MARKO • CAPTAIN ARBANAS MARKO • 1968 • ANS
SKOLOVANJE • SCHOOLING • 1970 • ANS
MACKA • CAT, THE • 1971
VENUS AND THE CAT • 1971 • ANS

BOURGEOIS GERARD – FRN – 1874–1944
CONSCRIT DE 1809, LE • 1908
DRAME SOUS RICHELIEU, UN • 1908
ENFANTS D'EDOUARD, LES • 1909
LIFE IN THE NEXT CENTURY • 1909
MOMIE DU ROI, LA • MUMMY OF THE KING RAMESES, THE (USA) • 1909
DANS LA TOURMENTE • 1910
RIVAL DE SATAN • RIVAL OF SATAN • 1910
AVENTURE DE VAN DYCK, UNE • 1911
CADOUDAL • 1911
COEUR DE BOHEMIENNE • 1911
JACQUERIE, LA • 1911
LATUDE • 1911
NICK WINTER CONTRE NICK WINTER • 1911
ROMAN D'UNE PAUVRE FILLE, LE • 1911
VICTIMES DE L'ALCOOL, LES • 1911
CONQUETE DU BONHEUR, LA • 1912
APACHES, LES • 1913
AVENTURIER, L' • 1913
JUSTICIERE, LA • 1913
SERMENT DE DOLORES, LE • 1914
PROTEA • 1915
CAPITAINE NOIR, LE • 1916
CHRISTOPHE COLOMB • 1917
FILS DE LA NUIT, LE • 1919
MYSTERES DU CIEL, LES • 1920
FAUST • 1922
DETTE DU SANG, LA • 1923
TERREUR • PERILS OF PARIS, THE (USA) ○ TERROR • 1924
PLUS RAPIDE QUE LA MORT • 1925

BOURGEOIS MARC – FRN – 1950–
POINT DOULOUREUX, LE • 1978

BOURGEOIS PAUL – USA
JOE MARTIN TURNS THEM LOOSE • 1915
NADINE OF NOWHERE • 1916 • SHT
ON THE TRAIL OF THE TIGRESS • 1916 • SHT
WHOLE JUNGLE WAS AFTER HIM, THE • 1916 • SHT

BOURGET – FRN
TETE, LA • 1973

BOURGUIGNON SERGE – FRN – 1928–
RHIN, FLEUVE INTERNATIONAL, LE • 1952
MEDECIN DES SOLS • 1953
BORNEO • 1954
DEMONS ET MERVEILLES DE BALI • 1954
JEUNE PATRIARCHE • 1957
SIKKIM, TERRE SECRETE • 1957 • DOC
MARIE LUMIERE • 1958
QUATRE SOURIRES, LES • SOURIRE, LE ○ LANGAGE DU SOURIRE, LE ○ SMILE, THE • 1958
ESCALE • 1959
ETOILE DE MER, L' • 1959
MONTREUR D'OMBRES, LE • 1959
RANCON, LE • 1961
DIMANCHES DE VILLE D'AVRAY, LES • SUNDAYS AND CYBELE (USA) ○ CYBELE • 1962
CHEVAUCHEE, LA • 1964
REWARD, THE • RECOMPENSE, LA (FRN) • 1965
A COEUR JOIE • TWO WEEKS IN SEPTEMBER (UKN) • 1967
PICASSO SUMMER, THE • 1969
MON ROYAUME POUR EN CHEVAL • 1978 • DOC
FASCINATION, THE • 1987

BOURKE TERRY – ASL – 1940–
SAMPAN • 1968
ASIAN CATHAY PACIFIC BOWLS CHAMPIONSHIP • 1969 • DOC
NOON SUNDAY • 1970
NIGHT OF FEAR • 1972
INN OF THE DAMNED • 1975
MURCHESON CREEK • 1975 • MTV
PLUGG • 1975
LITTLE BOY LOST • 1978
HERITAGE • 1979 • MTV
SECRET VALLEY • 1980 • MTV
LADY STAY DEAD • 1982
BROTHERS • HOUNDS OF WAR • 1983

BOURLAT JEAN-CLAUDE – FRN
ETRE LIBRE • ETRE LIBRE -AVIGNON 68 • 1968

BOURLON HUBERT – FRN
MOUNE ET SON NOTAIRE • 1932
BARBIER DE SEVILLE, LE • 1933
CENT MILLE FRANCS POUR UN BAISER • POURQUOI PAS? • 1933
MISS HELYETT • 1933

BOURSEILLER ANTOINE – FRN – 1930–
JEAN GENET • DOC
MARIE SOLEIL • 1964

BOUSSINOT ROGER – TNS – 1921–
13e CAPRICE, LE • 1967

BOUTANG PIERRE-ANDRE – FRN
DE GAULLE LE VERBE ET L'IMAGE • DOC

BOUTEILLER PIERRE – FRN
CHARLES TRENET • DOC

BOUTEL MAURICE – ALG – 1923–
TEBOUL MAURICE
CAS DU DOCTEUR GALLOY, LE • MAL DES SIECLES, LE • 1949
BRIGADE DES MOEURS • 1958
BUSINESS • BIZENESS • 1959
INTERPOL CONTRE X • 1960
PREMIERE BRIGADE CRIMINELLE • 1961
PROSTITUTION, LA • 1962
HOMME DE L'INTERPOL, L' • 1965
TO BE A WOMAN • 1968

BOUTET RICHARD – CND
TURLUTE DES ANNEES DURES, LA • 1984 • DOC
GUERRE OUBLIEE, LA • FORGOTTEN WAR, THE ○ MEMORY FRAGMENTS • 1988 • DOC

BOUTHIER BERNARD – FRN – 1944–
TOUCHE PAS A MON COPAIN • 1976

BOUTONNAT LAURENT – FRN – 1924–
BALLADE DE LA FECONDUCTRICE • 1978

BOUTRON PIERRE – FRN – 1947–
PORTRAIT DE DORIAN GRAY, LE • 1977
ANNEES SANDWICHES, LES • 1988

BOUVIER FRANCOIS – CND
JACQUES ET NOVEMBRE • 1985
MATINS INFIDELES, LES • 1988
8H A.M. • 1988

BOUWMEESTER THEO – UKN
BOUWMEESTER THEO F.
ANARCHIST'S SWEETHEART, THE • 1908
POVERTY AND COMPASSION • 1908
TO THE CUSTODY OF THE FATHER • 1908
ATTEMPT TO SMASH A BANK, AN • 1909
BAILIFF AND THE DRESSMAKERS, THE • 1909
BLIND MAN, THE • 1909
BURGLAR AND THE CHILD, THE • 1909
COWARD'S COURAGE, A • 1909
CURSE OF MONEY, THE • 1909
FARMER GILES IN LONDON • 1909
FATHER'S MISTAKE • 1909
FELLOW CLERKS • 1909
IDIOT OF THE MOUNTAINS, THE • 1909
LUCK OF THE CARDS, THE • 1909
MISTAKEN IDENTITY • 1909
NARROW ESCAPE FROM LYNCHING, A • 1909
NEW SERVANT, THE • 1909
ONE GOOD TURN DESERVES ANOTHER • 1909
ONLY A TRAMP • 1909
ROBBING THE WIDOWED AND FATHERLESS • 1909
SALOME MAD • 1909
SINNER'S REPENTANCE, A • 1909
SLEEPWALKER, THE • 1909
SPECIAL LICENSE, THE • 1909
TEACHING A HUSBAND A LESSON • 1909
TREACHEROUS POLICEMAN, THE • 1909
WHEN THIEVES FALL OUT • 1909
WITHIN AN ACE • 1909
WOMAN'S VANITY, A • 1909
WRONG COAT, THE • 1909
ALMOST • 1910

BEWITCHED BOXING GLOVES, THE • 1910
BROTHERS, THE • 1910
BULLY, THE • 1910
CHECKMATED • 1910
CHILD AND THE FIDDLER, THE • 1910
COSTER'S WEDDING, THE • 1910
ELECTRICAL VITALIZER, THE • 1910
FREEZING MIXTURE • POTTED PLAYS NO.3 • 1910
FROM FACTORY GIRL TO PRIMA DONNA • 1910
FROM STORM TO SUNSHINE • 1910
GREAT FIGHT AT ALL-SERENO, THE • 1910
HIS MOTHER'S NECKLACE • 1910
HIS ONLY DAUGHTER • 1910
HIS WIFE'S BROTHER • 1910
IMPERSONATING THE POLICEMAN LODGER • 1910
IN THE HANDS OF THE ENEMY • 1910
JAILBIRD IN BORROWED FEATHERS • 1910
JAKE'S DAUGHTER • 1910
JUGGLING ON THE BRAIN • 1910
LITTLE ORPHAN, THE • 1910
LORD BLEND'S LOVE STORY • 1910
MAD INFATUATION, A • 1910
MOVING PICTURE REHEARSAL, THE • 1910
OLD SOLDIER, THE • 1910
PICTURE THIEVES, THE • 1910
PLANS OF THE FORTRESS, THE • 1910
SAILOR'S SACRIFICE, A • 1910
SEEING LONDON IN ONE DAY • 1910
STRICKEN HOME, THE • 1910
SUFFRAGETTES AND THE HOBBLE SKIRT, THE • 1910
TRUE TO HIS DUTY • 1910
TWO FATHERS, THE • 1910
WEDDING THAT DIDN'T COME OFF, THE • 1910
WOMAN'S FOLLY, A • 1910
WOMAN'S TREACHERY, A • 1910
WORKER'S WIFE, A • 1910
ADOPTED CHILD, THE • 1911
AMOROUS DOCTOR, THE • 1911
BOYS WILL BE BOYS • 1911
BUFFALO BILL ON THE BRAIN • 1911
BURGLAR AS FATHER CHRISTMAS, THE • 1911
CAP OF INVISIBILITY, THE • 1911
DANDY DICK OF BISHOPSGATE • 1911
ELIZABETHAN ROMANCE, AN • 1911
FATE • 1911
FISHERMAN'S DAUGHTER, THE • 1911
FOLLOWING MOTHER'S FOOTSTEPS • IN MOTHER'S FOOTSTEPS • 1911
GAMBLER'S VILLAINY, A • 1911
GENERAL'S ONLY SON, THE • 1911
GERALD'S BUTTERFLY • 1911
HIGHLANDER, THE • 1911
HIS CONSCIENCE • 1911
HIS LAST BURGLARY • 1911
HYPNOTIST AND THE CONVICT, THE • 1911
INVENTOR'S SON, THE • 1911
JOHNSON AT THE WEDDING • 1911
KINEMACOLOR SONGS • 1911
KING OF INDIGO, THE • 1911
KITTY THE DRESSMAKER • 1911
LADY BEAULAY'S NECKLACE • 1911
LAST FAREWELL, THE • 1911
LITTLE DAUGHTER'S LETTER, THE • 1911
LITTLE LADY LAFAYETTE • 1911
LITTLE WOODEN SOLDIER, THE • 1911
LOST RING: OR, JOHNSON'S HONEYMOON, THE • 1911
LOVE CONQUERS • 1911
LOVE OR RICHES • 1911
LOVE STORY OF CHARLES II, THE • 1911
LOVE'S STRATEGY • 1911
MAGIC RING, THE • 1911
MAJOR THE RED CROSS DOG • 1911
MILLIONAIRE'S NEPHEW, THE • 1911
MISCHIEVOUS PUCK • 1911
MODERN HERO, A • 1911
MODERN PYGMALION AND GALATEA, A • 1911
MUSIC HATH CHARMS • 1911
MYSTIC MANIPULATIONS • 1911
NELL GWYNN THE ORANGE GIRL • 1911
NOBLE HEART, A • 1911
OLD HAT, THE • 1911
OLIVER CROMWELL • 1911
SEASIDE COMEDY, A • 1911
SIMPKINS' DREAM OF A HOLIDAY • 1911
THROUGH FIRE TO FORTUNE • 1911
TIDE OF FORTUNE, THE • 1911
TRAGEDY OF THE OLDEN TIMES, A • 1911
TRUE BRITAIN, A • 1911
TWO CHORUS GIRLS, THE • 1911
TWO CHRISTMAS HAMPERS • 1911
UNCLE'S PICNIC • 1911
VICISSITUDES OF A TOP HAT, THE • 1911
WIZARD AND THE BRIGANDS, THE • 1911
WOODCUTTER'S ROMANCE, THE • 1911

BOUWMEESTER THEO F. see **BOUWMEESTER THEO**

BOUZID NOURI – TNS – 1945–

RIH AL SADD • MAN OF ASHES ◦ RIH ESSED • 1986

BOVE HANS DIETER – GRM

IMMER WENN ES NACHT WIRD • LOVE FEAST, THE (USA) ◦ ALWAYS WHEN NIGHT FALLS • 1961
PARTYPHOTOGRAPH, DER • PARTY PHOTOGRAPHER, THE • 1968

BOVIN METTE – DNM

ALLAH VOERD LOVET –DET BLEV EN DRENG • ALLAH BE PRAISED –IT'S A BOY • 1979 • DOC
DANSEN I SANDET • DANCES IN THE SAND • 1984 • DOC

BOWDEN – UKN

DEVIL TO PAY, THE • 1912

BOWDEN FRANK – UKN

THIS OXFORD • 1931

BOWDEN W. – SAF

BLUE LAGOON, THE • 1923

BOWEN JENNY – USA

STREET MUSIC • 1981
ANIMAL BEHAVIOR • 1985
WIZARD OF LONELINESS, THE • 1988

BOWEN JOHN – USA

NUDITY REQUIRED • 1989

BOWER DALLAS – Producer – UKN – 1907–

PATH OF GLORY, THE • 1934
ALICE IN WONDERLAND • 1948
SECOND MRS. TANQUERAY, THE • 1952
BRIGHTON STORY, THE • 1956 • SHT
DOORWAY TO SUSPICION • 1957

BOWERS CHARLES see **BOWERS CHARLEY**

BOWERS CHARLEY – FRN

BOWERS CHARLES

NON, TU EXAGERES • NO, YOU EXAGGERATE • SHT
ORIGINAL LOCATAIRE, UN • INVENTEUR ACHARNE, UN ◦ ECCENTRIC LODGER, AN ◦ ENTHUSIASTIC INVENTOR, AN
POUR EPATER LES POULES • HOW TO FATTEN CHICKENS • SHT

BOWERS GEOFFREY G. – USA

DANGER ZONE 2: REAPER'S REVENGE • 1988

BOWERS GEORGE – USA

HEARSE, THE • 1980
BODY AND SOUL • 1981
MY TUTOR • 1983
PRIVATE RESORT • 1985

BOWIE RONALD – NZL

SKY HIGH IN NEW ZEALAND • 1961
TILT TO THE SUN • 1967 • DCS

BOWLEY WALTER – USA

SAUCY AUSSIE, THE • OBSCENE COUCH, THE ◦ OBLONG COUCH, THE • 1963

BOWMAN ANTHONY – ASL

RELATIVES • 1985
CAPPUCINO • 1988

BOWMAN WILLIAM see **BOWMAN WILLIAM J.**

BOWMAN WILLIAM J. – USA

BAUMAN WILLIAM J. • BOWMAN WILLIAM • BAUMAN W. J.

STARBUCKS, THE • 1912
ANN OF THE TRAILS • 1913
ANY PORT IN A STORM • 1913
DECEPTION • 1913
DOLL FOR THE BABY, A • 1913
FACE OF FEAR, THE • 1913
GHOSTS • WHO'S AFRAID? • 1913
KING'S MAN, THE • 1913
OLD MODDINGTON'S DAUGHTERS • 1913
SECRET OF THE BULB, THE • 1913
SIXTH COMMANDMENT, THE • 1913
SLIM DRISCOLL, SAMARITAN • 1913
THIEVES • 1913
WHEN THE WEST WAS YOUNG • 1913
WHITE FEATHER, THE • 1913
MASTER OF THE MINE • 1914
WINNER WINS, THE • 1914
PENNINGTON'S CHOICE • 1915
ROSEMARY • 1915
SECOND IN COMMAND, THE • 1915
SILENT VOICE, THE • 1915
TERROR OF THE FOLD, THE • 1915
BAIT, THE • 1916
FROM BROADWAY TO A THRONE • 1916
GOLDEN BOOT, THE • 1916 • SHT
HEART OF TARA, THE • 1916
PERILS OF THUNDER MOUNTAIN, THE • 1919 • SRL
INVISIBLE HAND, THE • 1920 • SRL
VEILED MYSTERY, THE • 1920 • SRL
AVENGING ARROW, THE • 1921 • SRL
WALTER'S WINNING WAYS • 1921 • SHT

BOWN JOHN – UKN

MONIQUE • 1970

BOWSER KENNETH – USA

IN A SHALLOW GRAVE • 1988

BOX MURIEL – UKN – 1905–

LOST PEOPLE, THE • 1949
HAPPY FAMILY, THE • MR. LORD SAYS NO (USA) ◦ LIVE AND LET LIVE • 1952
PRINCE FOR CYNTHIA, A • 1953
STREET CORNER • BOTH SIDES OF THE LAW (USA) ◦ GENTLE ARM, THE • 1953
BEACHCOMBER, THE • 1954
TO DOROTHY, A SON • CASH ON DELIVERY (USA) ◦ THAT'S MY BABY! • 1954
SIMON AND LAURA • 1955
EYEWITNESS • 1956
PASSIONATE STRANGER, THE • NOVEL AFFAIR, A (USA) • 1957
TRUTH ABOUT WOMEN, THE • 1958
SUBWAY IN THE SKY • 1959
THIS OTHER EDEN • 1959
TOO YOUNG TO LOVE • 1960
PIPER'S TUNE, THE • 1962
RATTLE OF A SIMPLE MAN • 1964

BOYADGIEVA LADA – BUL – 1927–

BOYADZHIEVA LADA • BOYADJIEVA LADA

HOW TALES COME TO LIFE • 1956 • DOC
SONGS AND DANCES BY THE RIVER MESTA • 1958 • DOC
PALMIRA • 1963 • DOC
STORY BOOKS • 1963 • DOC
RETURN OF THE IKONS • 1965 • DOC
ZAVRACHTANE • RETURN • 1967
I DISSENT • 1969
DIGNITY • 1971
TAIL-WIND, THE • 1972
VISA FOR THE OCEAN • 1975

BOYADJIEVA LADA see **BOYADGIEVA LADA**

BOYADZHIEVA LADA see **BOYADGIEVA LADA**

BOYD-ANDERSON BARBARA – ASL

STILL POINT, THE • 1986

BOYD DON – UKN – 1948–

INTIMATE REFLECTIONS • 1975
EAST OF ELEPHANT ROCK • 1976
GOSSIP • 1983

BOYD JAMIE – CND

FALASHA: EXILE OF THE BLACK JEWS • 1983 • DOC

BOYD JOE – USA

JIMI HENDRIX • 1973 • DOC

BOYD RUTHERFORD – USA

PARABOLA • 1938 • SHT

BOYD WHIT – USA

SPIKED HEELS AND BLACK NYLONS • BLACK NYLONS • 1967

BOYDEN BARBARA – CND – 1944–

VIEW FROM VINEGAR HILL, THE • 1980
THOSE ROOS BOYS AND FRIENDS • 1988 • DOC

BOYER HENRI – FRN

GUERRE DES ESPIONS, LA
TENDRE PAPA

BOYER JEAN – FRN – 1901–1965

CALAIS - DOUVRES • 1931
CONGRES S'AMUSE, LE • CONGRES QUI DANSE, LE • 1931
MONSIEUR, MADAME ET BIBI • 1932
POUPONNIERE, LA • 1932
AMOUR GUIDE, L' • 1933
ANTONIA, ROMANCE HONGROISE • 1934
EPOUX CELEBATAIRES, LES • VEUVE CELIBATAIRE, LA • 1935
ROSES NOIRES • 1935
MAUVAIS GARCON, UN • MON PRISONNIER • 1936
PRENDS LA ROUTE • 1936
CHALEUR DU SEIN, LA • 1938
MA SOEUR DE LAIT • 1938
MON CURE CHEZ LES RICHES • 1938
NOIX DE COCO • 1938
CIRCONSTANCES ATTENUANTES • 1939
SERENADE • SCHUBERT'S SERENADE (USA) ◦ SERENADE ETERNELLE • 1939
ACROBATE, L' • 1940
MIQUETTE • DEMOISELLE DU TABAC, LA ◦ MIQUETTE ET SA MERE • 1940
BOLERO • 1941
CHEQUE AU PORTEUR • 1941
PRINCE CHARMANT, LE • 1941
ROMANCE DE PARIS • 1941
A VOTRE ORDRES, MADAME • 1942
BONNE ETOILE, LA • 1942
FREDERICA • 1942
DIAVOLO VA IN COLLEGIO, IL • SANTARELLINA • 1944
FEMME FATALE, LA • 1945
AVENTURES DE CASANOVA, LES • LOVES OF CASANOVA (USA) • 1946
CIRCONSTANCES ATTENUANTES • EXTENUATING CIRCUMSTANCES (USA) • 1946
ON NE MEURT PAS COMME CA • 1946
MADEMOISELLE S'AMUSE • 1947
FEMME PAR JOUR, UNE • 1948
TOUS LES CHEMINS MENENT A ROME • ALL ROADS LEAD TO ROME • 1948
NOUS IRONS A PARIS • LET'S GO TO PARIS • 1949
VALSE BRILLANTE, LA • 1949
GAROU-GAROU LE PASSE-MURAILLE • MR. PEEK-A-BOO (USA) ◦ PASSE-MURAILLE, LE • 1950
ROSIER DE MADAME HUSSON, LE • PRIZE, THE (USA) • 1950
CENT FRANCS PAR SECONDE • 1951
COIFFEUR POUR DAMES • FRENCH TOUCH, THE (USA) • 1951
FEMMES DE PARIS • WOMEN OF PARIS • 1951
NOUS IRONS A MONTE CARLO • MONTE CARLO BABY (USA) • 1951
TROU NORMAND, LE • CRAZY FOR LOVE (USA) ◦ TI TA TO • 1952
VIE DE GARCON, UNE • 1953
CES VOYOUS D'HOMMES • 1954
J'AVAIS SEPT FILLES • SETTE PECCATI DI PAPA, I (ITL) ◦ MY SEVEN LITTLE SINS (USA) ◦ I HAD SEVEN DAUGHTERS (UKN) • 1954
PAESE DEI CAMPANELLI, IL • 1954
MADELON, LE • 1955
COUTURIER DE CES DAMES, LE • FERNANDEL, THE DRESSMAKER (USA) • 1956
MADEMOISELLE ET SON GANG • 1956
TERREUR DE DAMES, LA • CE COCHON DE MORIN • 1956
CHOMEUR DE CLOCHEMERLE, LE • EASIEST PROFESSION, THE (USA) • 1957
SENECHAL LE MAGNIFIQUE • CAPITANO DELLA LEGIONE, IL (ITL) ◦ SENECHAL THE MAGNIFICENT (USA) ◦ HIS GREATEST ROLE • 1957
NINA • 1958
VIGNES DU SEIGNEUR, LES • 1958
CONFIDENT DE CES DAMES, LE • PSICANALISTA PER SIGNORA (ITL) • 1959
INCREVABLE, L' • 1959
BOUCHE COUSUE • 1960
EASY TO LOVE • 1960
CROULANTS SE PORTENT BIEN, LES • 1961
C'EST PAS MOI, C'EST L'AUTRE • 1962
COUP DE BAMBOU • 1962
VIRGINIE • 1962
RELAXE-TOI, CHERIE • HO UNA MOGLIE PAZZA, PAZZA, PAZZA (ITL) • 1964

BOYETTE PAT – USA

WEIRD ONES, THE • WEIRD ONE, THE • 1962
DUNGEONS OF HORROR • DUNGEONS OF HARROW ◦ DUNGEON OF HORROR • 1964

BOYKO EUGENE – CND

TAKE IT FROM THE TOP • 1966
HELICOPTER CANADA • 1967 • DOC
JUGGERNAUT • 1969 • SHT

BOYKOV V. – USS

ZVENI, NASHA YUNOST! • CONCERT OF YOUTH • 1959
DAY WITH THE RUSSIANS, A • ONE DAY WITH THE RUSSIANS • 1961 • ANT

BOYLE CHARLES P. – USA

FUN AND FANCY FREE • 1947

BOYLE E. G. – USA

FIGHTING FAILURE, THE • 1926

BOYLE JOSEPH see **BOYLE JOSEPH C.**

BOYLE JOSEPH C. – USA – 1890–
BOYLE JOSEPH
AIR HOPPERS • SHT
BROADWAY NIGHTS • 1927
CONVOY • 1927
HEAD OF THE FAMILY, THE • 1928
MAD HOUR • 1928
THROUGH THE BREAKERS • 1928
WHIP WOMAN, THE • 1928
TIMES SQUARE • STREET OF JAZZ, THE (UKN) • 1929

BOYTLER ARCADY – USS – 1895–1965
MANO A MANO • MANO IN MANO ○ HAND TO HAND • 1932
MUJER DEL PUERTO, LA • HARBOUR WOMAN ○ WOMAN OF THE PORT, THE • 1933
CELOS • 1935
TESORO DE PANCHO VILLA, EL • 1935
AGUILA A SOL • 1937
ASI ES MI TIERRA • SUCH IS MY COUNTRY (USA) • 1937
CAPITAN AVENTURERO, EL • ADVENTUROUS CAPTAIN, THE (USA) ○ DON GIL DE ALCALA • 1938
AMOR PROHIBIDO • 1944

BOZORGNIA MOHAMMAD-REZA – IRN
SHIP OF ANJELICA, THE • SHIP ANGELICA, THE • 1988

BOZZACCHI GIANNI – USA
I LOVE N.Y. • 1987

BOZZETTO BRUNO – Animator – ITL
TAPUM, LA STORIA DELLE ARMI • TAPUM, THE HISTORY OF WEAPONS ○ HISTORY OF ARMS • 1958 • ANS
STORIE DELLE INVENZIONI, LA • HISTORY OF INVENTIONS, THE ○ STORY OF INVENTIONS, THE • 1959
SIGNOR ROSSI • MR. ROSSI • ASS
OSCAR PER IL SIGNOR ROSSI, UN • 1960 • ANS
ALPHA OMEGA • ALPHA-OMEGA • 1961 • ANS
DUE CASTELLI, I • TWO CASTLES, THE • 1963 • ANS
SIGNOR ROSSI VA A SCIARE, IL • 1963 • ANS
SIGNOR ROSSI AL MARE, IL • 1964 • ANS
WEST AND SODA • 1965 • ANM
SIGNOR ROSSI COMPERA L'AUTOMOBILA, IL • MR. ROSSI BUYS A CAR (USA) • 1966 • ANS
UOMO E IL SUO MONDO, L' • 1967 • ANM
VITA IN SCATOLA, UNA • LIFE IN A TIN ○ VITA, LA • 1967 • ANS
VIP, MI FRATELLO SUPERUOMO • VIP, MY SUPERMAN BROTHER • 1968 • ANM
EGO • 1969 • ANS
SIGNOR ROSSI AL CAMPING, IL • 1970 • ANM
OPPIO PER OPPIO • 1972 • ANM
SIGNOR ROSSI AL SAFARI FOTOGRAFICO, IL • 1972 • ANM
SOTTACETTI • PICKLES • 1972 • ANS
CABINA, LA • 1973 • ANM
OPERA • 1973 • ANS
SELF SERVICE • 1974 • ANS
SIGNOR ROSSI A VENEZIA, IL • 1974 • ANM
ALLEGRO NON TROPPO • 1976
PISCINA, LA • 1976 • ANM
SIGNOR ROSSI CERCA LA FELICITA, IL • MISTER ROSSI LOOKS FOR HAPPINESS • 1976 • ANM
VACANZE DEL SIGNOR ROSSI, LE • 1977 • ANM
BABY STORY • 1978 • ANM
SOGNI DEL SIGNOR ROSSI, IL • 1978
HAPPY BIRTHDAY • 1979 • ANM
GIALLO AUTOMATICO • 1980 • ANM
LILLIPUT-PUT • 1980 • ASS
MA COME FANNO A FARLI COSI BELLI? • 1980 • ASS
SANDWICH • 1980 • ANM
QUARK • 1981–83 • ASS
PILLOLA, LA • 1982 • ANM
SPORTING • 1982 • ANM
TENNIS CLUB • 1982 • ANM
SOTTO IL RISTORANTE CINESE • 1987

BOZZUFFI MARCEL – Actor – FRN – 1929–1988
AMERICAIN, L' • AMERICAN, THE (USA) • 1969

BRAAD-THOMSEN CHRISTIAN see **THOMSEN CHRISTIAN BRAAD**

BRABANT CHARLES – FRN – 1920–
P.. RESPECTUEUSE, LA • RESPECTABLE PROSTITUTE, THE (USA) ○ RESPECTFUL PROSTITUTE, THE ○ PUTAIN RESPECTUEUSE, LA • 1952
ZOE • 1953
POSSEDEES, LES • ISOLA DELLE DONNE SOLE, L' (ITL) ○ PASSIONATE SUMMER (USA) ○ POSSESSED, THE • 1955
NAUFRAGEURS, LES • 1958
PIEGE, LE • TRAPPOLA SI CHIUDE, LA (ITL) ○ NO ESCAPE (USA) ○ ANY MAN'S WOMAN • 1958
CARILLONS SANS JOIE • 1962

BRABEC JOSEF – Cameraman – CZC – 1890–
LOVE AND WOODEN SHOES • 1914

BRABIN CHARLES see **BRABIN CHARLES J.**

BRABIN CHARLES J. – UKN – 1883–1957
BRABIN CHARLES
AWAKENING OF JOHN BOND, THE • 1911
SOLDIER'S DUTY, A • 1912
ANTIQUE BROOCH, THE • 1913
COAST GUARD'S SISTER, THE • COASTGUARD'S SISTER, THE • 1913
CONCERTO FOR THE VIOLIN, A • 1913
DAUGHTER OF ROMANY, A • 1913
DOLLY VARDEN • 1913
FLOOD TIDE • FLOODTIDE, THE (UKN) • 1913
FOREMAN'S TREACHERY, THE • 1913
HIS ENEMY • 1913
KATHLEEN MAVOURNEEN • 1913
KEEPERS OF THE FLOCK • 1913
MAID OF HONOR, THE • 1913
MINISTER'S TEMPTATION, THE • 1913
PRINCESS AND THE MAN, THE • 1913
RISEN SOUL OF JIM GRANT, THE • 1913
SILAS MARNER • 1913
SPLENDID SCAPEGRACE, A • 1913
STOLEN PLANS, THE • 1913
STROKE OF THE PHOEBUS EIGHT, THE • 1913
UNSULLIED SHIELD, AN • 1913
BEST MAN, THE • 1914
BIRTH OF OUR SAVIOUR, THE • 1914
KING'S MOVE IN THE CITY, THE • 1914
LETTER THAT NEVER CAME OUT, THE • 1914
LONG WAY, THE • 1914
MAN IN THE STREET, THE • 1914
MAN WHO DISAPPEARED, THE • 1914 • SRL
MIDNIGHT RIDE OF PAUL REVERE, THE • 1914
NECKLACE OF RAMESES, THE • NECKLET OF RAMESES, THE • 1914
PREMATURE COMPROMISE, THE • 1914
PRESIDENT'S SPECIAL, THE • 1914
PRICE OF THE NECKLACE, THE • 1914
QUESTION OF IDENTITY, A • 1914
HER HUSBAND'S SON • 1915
HOUSE OF THE LOST COURT, THE • 1915
INVITATION AND AN ATTACK, AN • 1915
MAGNATE OF PARADISE, THE • 1915
RAVEN, THE • 1915
STONING, THE • 1915
THEFT IN THE DARK, A • 1915
VANITY FAIR • 1915
WOMAN HATER, THE • 1915
BRIDESMAID'S SECRET, THE • 1916 • SHT
HIGHER DESTINY, THE • 1916 • SHT
HOUSE OF REVELATION, THE • 1916 • SHT
PRICE OF FAME, THE • 1916
REGENERATION OF MARGARET, THE • 1916 • SHT
THAT SORT • THAT SORT OF GIRL (UKN) • 1916
ADOPTED SON, THE • 1917
BABETTE • 1917
PERSUASIVE PEGGY • 1917
SECRET KINGDOM, THE • 1917 • SRL
SIXTEENTH WIFE, THE • 1917
BREAKERS AHEAD • 1918
BUCHANAN'S WIFE • 1918
HIS BONDED WIFE • 1918
PAIR OF CUPIDS, A • 1918
POOR RICH MAN, THE • 1918
RED, WHITE AND BLUE BLOOD • 1918
SOCIAL QUICKSANDS • 1918
BELLE RUSSE, LA • 1919
KATHLEEN MAVOURNEEN • 1919
THOU SHALT NOT • 1919
BLIND WIVES • MY LADY'S DRESS • 1920
WHILE NEW YORK SLEEPS • 1920
FOOTFALLS • 1921
BROADWAY PEACOCK, THE • 1922
LIGHTS OF NEW YORK, THE • 1922
DRIVEN • 1923
SIX DAYS • 1923
SO BIG • 1924
STELLA MARIS • 1925
MISMATES • 1926
TWINKLETOES • 1926
FRAMED • DIAMONDS IN THE ROUGH • 1927
HARD-BOILED HAGGERTY • 1927
VALLEY OF THE GIANTS • 1927
BURNING DAYLIGHT • 1928
WHIP, THE • 1928
BRIDGE OF SAN LUIS REY, THE • 1929
SHIP FROM SHANGHAI, THE • 1929
CALL OF THE FLESH • SINGER OF SEVILLE, THE • 1930
GREAT MEADOW, THE • 1931
SPORTING BLOOD • HORSEFLESH • 1931
BEAST OF THE CITY, THE • CITY SENTINEL, THE • 1932
MASK OF FU MANCHU, THE • 1932
NEW MORALS FOR OLD • AFTER ALL • 1932
WASHINGTON MASQUERADE • MAD MASQUERADE (UKN) • 1932
DAY OF RECKONING • FOREVER FAITHFUL • 1933
SECRET OF MADAME BLANCHE, THE • LADY, THE • 1933
STAGE MOTHER • 1933
WICKED WOMAN, A • 1934

BRABO – FRN
HAIM SOUTINE • 1959 • SHT

BRACH GERARD – FRN – 1927–
MAISON, LA • 1969
BATEAU SUR L'HERBE, LE • 1970

BRACHO JULIO – MXC – 1909–1978
AY, QUE TIEMPOS, SENOR DON SIMON! • OH, WHAT TIMES, MR. DON SIMON • 1941
HISTORIA DE UN GRAN AMOR • 1942
VIRGEN QUE FORJO UNA PATRIA, LA • VIRGIN OF GUADALUPE, THE (USA) ○ REINA DE REINAS • 1942
CORTE DE FARAON, LA • 1943
DISTINTO AMANACER • DIFFERENT SUNRISE, A • 1943
CREPUSCULO • 1944
CANTACLARO • 1945
MONJE BLANCO, EL • 1945
DON SIMON DE LIRA • 1946
MUJER DE TODOS, LA • 1946
LADRON, EL • 1947
ROSENDA • 1948
SAN FELIPE DE JESUS • 1949
HISTORIA DE UN CORAZON • 1950
INMACULADA • 1950
AUSIENTE, LA • 1951
COBARDE, LA • 1952
MUJERES QUE TRABAJAN • 1952
ROSTROS OLVIDADOS • 1952
LLEVAME EN TUS BRAZOS • 1953
RETO A LA VIDA • 1953
MARIA LA VOZ • 1954
SENORA AMA • 1954
CANASTA DE CUENTOS MEXICANOS • 1955
MAFIA DEL CRIMEN, LA • 1957
CANCION PARA RECORDAR, UNA • 1958
MEXICO LINDO Y QUERIDO • 1958
CADA QUIEN SU VIDA • 1959
YO SABIA DEMASIADO! • 1959
PARAISO ROBADO • 1960
SOMBRA DEL CAUDILLO, LA • 1960
CORAZON DE NINO • 1962
AMOR DE ADOLESCENTE • DESNUDOS ARTISTICOS • 1963
HE MATADO A UN HOMBRE • 1963
HISTORIA DE UN CANALLA • 1963
CADA VOZ LLEVA SU ANGUSTIA • 1964
GUADALAJARA EN VERANO • 1964
CUERNAVACA EN PRIMAVERA • TRES COMEDIAS DE AMOR • 1965
MORELOS SIERVO DE LA NACION • 1965
PROCESO DE CRISTO, EL • 1965
DAMIANA Y LOS HOMBRES • 1966

BRACHVOGEL HEINZ UDO – GRM
HOCHLAND • 1920

BRACKEN BERT see **BRACKEN BERTRAM**

BRACKEN BERTRAM – USA
BRACKEN BERT
LOCKED ROOM, THE • 1913
TO LOVE AND CHERISH • 1913
WHEN HE SEES • 1913
ETERNAL DUEL, THE • 1914
SQUARE TRIANGLE, THE • 1914
VOW, THE • 1914
WINNER, THE • 1914
BRIDGE OF SIGHS, THE • 1915
BETTER INSTINCT, THE • 1916 • SHT
EAST LYNNE • 1916
ETERNAL SAPHO, THE • ETERNAL SAPPHO, THE ○ BOHEMIA • 1916
HOME BREAKERS, THE • 1916 • SHT
MISMATES • 1916 • SHT
SHRINE OF HAPPINESS, THE • 1916
SPORTING BLOOD • 1916
BEST MAN, THE • 1917
BRANDED SOUL, A • 1917
CONSCIENCE • 1917
INSPIRATIONS OF HARRY LARRABEE, THE • 1917
MARTINACHE MARRIAGE, THE • 1917
PRIMITIVE CALL, THE • 1917
AND A STILL, SMALL VOICE • 1918
FOR LIBERTY • 1918
MORAL LAW, THE • 1918
BOOMERANG, THE • 1919
CODE OF THE YUKON • 1919
IN SEARCH OF ARCADY • 1919
LONG ARM OF MANNISTER, THE • 1919
CONFESSION, THE • 1920
HARRIET AND THE PIPER • 1920
KAZAN • 1921
MASK, THE • 1921
PARTED CURTAINS • 1921
DEFYING THE LAW • 1924
LAST MAN, THE • 1924
PASSION'S PATHWAY • 1924
HEARTLESS HUSBANDS • 1925
DAME CHANCE • 1926
SPEEDING THROUGH • 1926
DUTY'S REWARD • 1927
FIRE AND STEEL • 1927
ROSE OF THE BOWERY • 1927
FACE ON THE BARROOM FLOOR, THE • 1932

BRACKNELL DAVID – UKN
CUP FEVER • 1965
CHIFFY KIDS, THE • 1976 • SRL
CHIFFY KIDS (2ND SERIES), THE • 1978

BRADBURY BASIL – USA
TASTE OF HELL, A • 1973

BRADBURY DAVID – ASL – 1951–
FRONT LINE, THE • 1981 • DOC
PUBLIC ENEMY NUMBER ONE • 1981 • DOC
CHILE: HASTA CUANDO? • 1986 • DOC

BRADBURY R. N. see **BRADBURY ROBERT NORTH**

BRADBURY ROBERT N. see **BRADBURY ROBERT NORTH**

BRADBURY ROBERT NORTH – USA – 1895–
BRADBURY ROBERT N. • *BRADBURY R. N.*
CANYON HOLD-UP, THE • 1918
HEIR OF THE BROKEN O, THE • 1918 • SHT
ROSE OF WOLFVILLE, THE • 1918 • SHT
WOOING OF RILEY, THE • 1918 • SHT
FAITH OF THE STRONG, THE • 1919
INTO THE LIGHT • 1919
IRON TEST, THE • HEARTS AND THE CIRCUS • 1919 • SRL
LAST OF HIS PEOPLE, THE • 1919
PERILS OF THUNDER MOUNTAIN, THE • 1919 • SRL
DEATH TRAP, THE • 1920
THINGS MEN DO • 1921
RIDERS OF THE LAW • 1922
DESERT RIDER • 1923
FORBIDDEN TRAIL, THE • 1923
GALLOPING THRU • GALLOPIN' THROUGH • 1923
RED WARNING, THE • 1923
WHAT LOVE WILL DO • 1923
BEHIND TWO GUNS • 1924
GALLOPING ACE, THE • CREED THAT WEAKENS, THE ○ DRIFTER, THE ○ HARD ROCK • 1924
IN HIGH GEAR • 1924
MAN FROM WYOMING, THE • 1924
PHANTOM HORSEMAN, THE • PHANTOM RIDER, THE • 1924
WANTED BY THE LAW • 1924
YANKEE SPEED • 1924
BATTLER, THE • 1925
DANGER ZONE • 1925
HIDDEN LOOT • 1925
JUST PLAIN FOLKS • 1925
MOCCASINS • 1925
RIDERS OF MYSTERY • 1925
SPEED DEMON • 1925
BORDER SHERIFF, THE • 1926
DANIEL BOONE THRU THE WILDERNESS • 1926
DAVY CROCKETT AT THE FALL OF THE ALAMO • WITH DAVY CROCKETT AT THE FALL OF THE ALAMO • 1926
FIGHTING DOCTOR, THE • 1926
LOOKING FOR TROUBLE • 1926
MOJAVE KID, THE • 1927
SITTING BULL AT THE "SPIRIT LAKE MASSACRE" • WITH SITTING BULL AT THE "SPIRIT LAKE MASSACRE" • 1927
HEADIN' FOR DANGER • ASKING FOR TROUBLE (UKN) • 1928
LIGHTNING SPEED • 1928
DUGAN OF THE BADLANDS • 1931
SON OF THE PLAINS • VULTURES OF THE LAW (UKN) • 1931
HIDDEN VALLEY • 1932
LAW OF THE WEST • 1932
MAN FROM HELL'S EDGES • 1932
RIDERS OF THE DESERT • 1932
SON OF OKLAHOMA • 1932
TEXAS BUDDIES • 1932
BREED OF THE BORDER • SPEED BRENT WINS (UKN) • 1933
GALLANT FOOL • 1933
GALLOPING ROMEO • 1933

RANGER'S CODE • 1933
RIDERS OF DESTINY • 1933
BLUE STEEL • 1934
LUCKY TEXAN, THE • 1934
MAN FROM UTAH, THE • 1934
STAR PACKER, THE • 1934
TRAIL BEYOND, THE • 1934
WEST OF THE DIVIDE • 1934
ALIAS JOHN LAW • 1935
BETWEEN MEN • 1935
BIG CALIBRE • 1935
COURAGEOUS AVENGER, THE • 1935
DAWN RIDER, THE • 1935
KID COURAGEOUS • 1935
LAWLESS FRONTIER, THE • 1935
NO MAN'S RANGE • 1935
RAINBOW VALLEY • 1935
RIDER OF THE LAW, THE • 1935
SMOKEY SMITH • 1935
TEXAS TERROR • 1935
TOMBSTONE TERROR • 1935
TRAIL OF TERROR • GANGSTER'S ENEMY NO.1 (UKN) • 1935
WESTERN JUSTICE • 1935
WESTWARD HO • 1935
BRAND OF THE OUTLAWS • 1936
CAVALRY • 1936
HEADIN' FOR THE RIO GRANDE • 1936
KID RANGER, THE • 1936
LAST OF THE WARRENS • 1936
LAW RIDES, THE • 1936
LAWLESS RANGE, THE • 1936
SUNDOWN SAUNDERS • 1936
VALLEY OF THE LAWLESS • 1936
DANGER VALLEY • 1937
GOD'S COUNTRY AND THE MAN • AVENGING STRANGER, THE (UKN) • 1937
GUN RANGER, THE • 1937
HITTIN' THE TRAIL • 1937
RIDERS OF THE DAWN • 1937
RIDERS OF THE ROCKIES • 1937
ROMANCE OF THE ROCKIES • 1937
SING, COWBOY, SING • 1937
STARS OVER ARIZONA • 1937
TROUBLE IN TEXAS • 1937
TRUSTED OUTLAW, THE • 1937
WHERE TRAILS DIVIDE • 1937
FORBIDDEN TRAILS • 1942

BRADFORD PETER – Producer – UKN – 1919–

STORY OF PRINTING, THE • 1948
CITY OF LONDON, THE • 1951 • DOC
OIL FOR THE 20TH CENTURY • 1951
SOLID EXPLANATION, A • 1951
HEIGHTS OF DANGER • 1953

BRADLEY AL see **BRESCIA ALFONSO**

BRADLEY DAVID – USA – 1919–

OLIVER TWIST • 1940
PEER GYNT • 1941
TREASURE ISLAND • 1941
MACBETH • 1946
JULIUS CAESAR • 1950
TALK ABOUT A STRANGER • ENEMY, THE ○ NEXT DOOR NEIGHBOR, THE • 1952
DRAGSTRIP RIOT • RECKLESS AGE, THE (UKN) • 1958
TWELVE TO THE MOON • 12 TO THE MOON • 1960
MADMEN OF MANDORAS, THE • THEY SAVED HITLER'S BRAIN ○ RETURN OF MR. H., THE • 1964
PEER GYNT • 1965

BRADLEY SAMUEL see **BRADLEY SAMUEL R.**

BRADLEY SAMUEL R. – USA

BRADLEY SAMUEL

DANGEROUS TOYS • DON'T LEAVE YOUR HUSBAND • 1921
SUPREME PASSION, THE • 1921
WOMEN MEN LOVE • 1921
FALSE FRONTS • 1922

BRADLEY WILL see **BRADLEY WILLIAM**

BRADLEY WILLIAM – USA

BRADLEY WILL

BITTER FRUIT • 1920
MOONGLOW • 1920
TAME CAT, THE • 1921

BRADSHAW JOHN R. – CND – 1952–

NOT ANOTHER LOVE STORY • 1978
THAT'S MY BABY! • 1985

BRADSHAW RANDY – CND

BLADES OF STEEL • BLADES OF COURAGE ○ SKATE • 1987

BRADY AL see **BRESCIA ALFONSO**

BRADY DAVID – USA

CHANNEL ONE • 1988

BRADY HAL see **MIRAGLIA EMILIO PAOLO**

BRAGADZE PETER – ITL

VITTORIO DE SICA, IL REGISTA, L'ATTORE, L'UOMO • 1974 • DOC

BRAGAGLIA ANTON G. see **BRAGAGLIA ANTON-GIULIO**

BRAGAGLIA ANTON-GIULIO – ITL – 1889–

BRAGAGLIA ANTON G.

PERFIDO INCANTO • 1916
THAIS • 1916
VELE AMMAINATE • 1931

BRAGAGLIA CARLO see **BRAGAGLIA CARLO LUDOVICO**

BRAGAGLIA CARLO L. see **BRAGAGLIA CARLO LUDOVICO**

BRAGAGLIA CARLO LUDOVICO – ITL – 1894–

BRAGAGLIA CARLO L. • *BRAGAGLIA CARLO*

CATTIVO SOGGETTO, UN • TRAGEDIA DELLA CERNIERA, LA ○ VENERE BRUNA ○ PAPA PAGA • 1933
NON SON GELOSA • NON ESSER GELOSA • 1933
O LA BORSA O LA VITA • DINAMO DELL'EROISMO, LA • 1933
FRUTTO ACERBO • 1934
QUELLA VECCHIA CANAGLIA • 1934
AMORE • 1935
FOSSA DEGLI ANGELI, LA • ANGEL'S PIT, THE • 1937
AMORE SI FA COSI, L' • 1939
ANIMALI PAZZI • BELLA FACCIA IL CUOR L'ALLACCIA ○ VICINO A TE COL CUORE ○ IO MUOIO DISPERATA ○ FIORI D'ARANCIO • 1939
BELLE O BRUTTE SI SPOSAN TUTTE.. • SE SEI BRUTTA NON TI SPOSA • 1939
FAMIGLIA IMPOSSIBILE, UNA • 1940
MARE DI GUAI, UN • 1940
PAZZA DI GIOIA • VIAGGIO VERSO IL SOLE • 1940
ALESSANDRO, SEI GRANDE! • ISOLA DELL'INCANTO, L' • 1941
BARBABLU • 1941
DUE CUORI SOTTO SEQUESTRO • 1941
FORZA BRUTA, LA • SERATA DI GALA • 1941
PRIGIONIERO DI SANTA CRUZ, IL • GIUSTIZIA • 1941
CASANOVA FAREBBE COSI! • 1942
GUARDIA DEL CORPO, LA • 1942
NON TI PAGO! • 1942
SCUOLA DEI TIMIDI, LA • 1942
SE IO FOSSI ONESTO • 1942
VIOLETTE NEI CAPELLI • 1942
FIDANZATO DI MIA MOGLIE, IL • 1943
FUGA A DUE VOCI • 1943
VITA E BELLA, LA • 1943
NON SONO SUPERSTIZIOSO.. MA! • 1944
TUTTA LA VITA IN VENTIQUATTR'ORE • 1944
PRONTO, CHI PARLA? • VOICE OF LOVE, THE (USA) • 1945
SBAGLIO DI ESSERE VIVO, LO • MY WIDOW AND I (USA) • 1945
TORNA A SORRENTO • 1946
ALBERGO LUNA, CAMERA 34 • 1947
ALTRA, L' • 1947
PRIMULA BIANCA, LA • 1947
TOTO LE MOKO • 1949
FALCO ROSSO, IL • 1950
FIGARO QUA, FIGARO LA • 1950
SEI MOGLI DI BARBABLU, LE • SIX WIVES OF BLUEBEARD, THE • 1950
TOTO CERCA MOGLIE • 1950
47 MORTO CHE PARLA • 1950
EROE SONO IO, L' • I'M THE HERO • 1951
BRUNA INDIAVOLATA, UNA • 1952
DON LORENZO • 1952
A FIL DI SPADA • AT SWORD'S POINT (USA) ○ DON RUY • 1953
SEGRETO DELLE TRE PUNTE, IL • SECRET OF THE THREE SWORD POINTS, THE • 1953
ORIENTE EXPRESS • ORIENT-EXPRESS • 1954
CORTIGIANA DI BABILONIA, LA • QUEEN OF BABYLON, THE ○ SLAVE WOMAN, THE • 1955
FALCO D'ORO, IL • 1956
GERUSALEMME LIBERATA • MIGHTY CRUSADERS, THE (UKN) ○ MIGHTY INVADERS, THE (USA) ○ JERUSALEM SET FREE • 1957
LAZZARELLA • 1957
CAMERIERE, LE • 1958
CAPORALE DI GIORNATA • SOLDIER ON DUTY • 1958
E PERMESSO MARESCIALLO? • TUPPE, TUPPE, MARESCIA • 1958
IO, MAMMETA E TU • ME, MOTHER AND YOU • 1958
ANNIBALE • HANNIBAL • 1959
SPADA E LA CROCE, LA • SWORD AND THE CROSS, THE (USA) ○ MARIA MADDELENA ○ MARY MAGDALENE • 1959
AMORI DI ERCOLE, GLI • AMOURS D'HERCULE, LES (FRN) ○ LOVES OF HERCULES, THE ○ HERCULES AND THE HYDRA • 1960
VERGINI DI ROMA, LE • VIERGES DE ROME, LES (FRN) ○ AMAZONS OF ROME (USA) ○ VIRGINS OF ROME, THE ○ WARRIOR WOMEN • 1960
PASTASCIUTTA DEL DESERTO • SPAGHETTI IN THE DESERT • 1961
URSUS NELLA VALLE DEI LEONI • URSUS IN THE VALLEY OF THE LIONS ○ VALLEY OF THE LIONS (USA) ○ SON OF ATLAS IN THE VALLEY OF LIONS • 1961
QUATTRO MONACI, I • FOUR MONKS, THE • 1962
QUATTRO MOSCHETTIERI, I • QUATRIEME MOUSQUETAIRE, LE (FRN) ○ FOUR MUSKETEERS, THE • 1963

BRAGAN A. – ITL

ATTENTO GRINGO.. E TORNATO SABATA • 1972
BANDOLEROS DELLA DODICESIMA ORA, I • 1972
TOMBA APERTA.. UNA BARA VUOTA, UNA • 1972

BRAGUET JIMY – FRN

PROFESSEUR D'AMOUR, LE

BRAHM HANS see **BRAHM JOHN**

BRAHM JOHN – GRM – 1893–1982

BRAHM HANS

BROKEN BLOSSOMS • 1936
LAST JOURNEY, THE • 1936
COUNSEL FOR CRIME • 1937
GIRLS' SCHOOL • 1938
PENITENTIARY • 1938
LET US LIVE • 1939
RIO • 1939
ESCAPE TO GLORY • SUBMARINE ZONE ○ PASSAGE WEST • 1940
WILD GEESE CALLING • 1941
UNDYING MONSTER, THE • HAMMOND MYSTERY, THE (UKN) • 1942
TONIGHT WE RAID CALAIS • SECRET MISSION • 1943
WINTER TIME • 1943
GUEST IN THE HOUSE, A • 1944
LODGER, THE • 1944
HANGOVER SQUARE • 1945
LOCKET, THE • 1946
BRASHER DOUBLOON, THE • HIGH WINDOW, THE (UKN) • 1947
SINGAPORE • 1947
LADRO DI VENEZIA, IL • THIEF OF VENICE, THE (USA) • 1950
FACE TO FACE • 1952
MIRACLE OF OUR LADY OF FATIMA, THE • MIRACLE OF FATIMA (UKN) • 1952
STAR SHALL RISE, A • 1952
DIAMOND QUEEN, THE • 1953
SECRET SHARER, THE • 1953
GOLDENE PEST, DIE • GOLDEN PLAGUE, THE (USA) • 1954
MAD MAGICIAN, THE • 1954
BENGAZI • 1955
LAURA • 1955 • MTV
VOM HIMMEL GEFALLEN • SPECIAL DELIVERY (USA) • 1955
SO SOON TO DIE • 1957 • MTV
DEATH OF PRINCES, A • 1958 • MTV
HERO, THE • 1960 • MTV
HOT RODS TO HELL • 52 MILES TO MIDNIGHT ○ 52 MILES TO TERROR • 1967

BRAININ GREGOIRE – FRN

SI TOUS LES AMOUREUX DU MONDE.. • 1964

BRAJSBLAT CARLOS – BRZ

EGUNGUN • 1982

van BRAKEL NOUCHKA – NTH – 1940–

SABOTAGE • 1967 • SHT
BABY IN DE BOOM, DE • BABY IN THE TREE, THE • 1970 • SHT
BLIJFT ZOEKEN, HET • 1972 • DCS
OUDER WORDEN • AGEING ○ GROWING OLD • 1975 • DOC
ZWAAR MOEDIGE VERHALEN VOOR BIJ DE CENTRALE VERWARMING • MELANCHOLY FIRESIDE TALES ○ MELANCHOLY TALES • 1975
DEBUUT, HET • DEBUT, THE • 1976
VROUW ALS EVA, EEN • WOMAN LIKE EVE, A • 1978
HEDWIG, THE COOL LAKES OF DEATH • 1982
DEEP OF DELIVERANCE, THE • 1983
EEN MAAND LATER • ONE MONTH LATER • 1987

BRAKHAGE STAN – USA – 1933–

JUNE • TOWERHOUSE • SHT
INTERIM • 1951 • SHT
UNGLASSED WINDOWS CAST A TERRIBLE REFLECTION • 1953
DESISTFILM • 1954 • SHT
EXTRAORDINARY CHILD, THE • 1954 • SHT
TOWER HOUSE • 1954
IN BETWEEN • 1955 • SHT
REFLECTIONS ON BLACK • 1955 • SHT
UNTITLED FILM OF GEOFFERY HOLDER'S WEDDING • 1955
WAY TO SHADOW GARDEN, THE • WAY TO THE SHADOW GARDEN, THE • 1955 • SHT
WONDER RING, THE • 1955 • SHT
FLESH OF MORNING • 1956 • SHT
NIGHTCATS • 1956 • SHT
ZONE MOVEMENT • 1956 • SHT
ANTICIPATION OF THE NIGHT • 1957
DAYBREAK • 1957
DAYBREAK AND WHITEYE • 1957 • SHT
LOVING • 1958 • SHT
CAT'S CRADLE • 1959 • SHT
SIRIUS REMEMBERED • 1959 • SHT
WEDLOCK HOUSE: AN INTERCOURSE • 1959 • SHT
WINDOW WATER BABY MOVING • 1959 • SHT
DEAD, THE • 1960 • SHT
FILMS BY STAN BRAKHAGE: AN AVANT-GARDE HOME MOVIE • 1961 • SHT
THIGH LINE LYRE TRIANGULAR • 1961 • SHT
BLUE MOSES • 1962 • SHT
SILENT SOUND SENSE STARS SUBOTNICK & SENDER • 1962 • SHT
MOTHLIGHT • 1963 • SHT
OH LIFE, WOE STORY, THE A-TEST NEWS! • 1963 • SHT
SONG 1 • 1964 • SHT
SONG 4 • 1964 • SHT
SONG 5 • 1964 • SHT
SONG 8 • 1964 • SHT
SONGS 2 AND 3 • 1964 • SHT
SONGS 6 AND 7 • 1964 • SHT
ART OF VISION, THE • 1965
BLACK VISION • 1965 • SHT
DOG STAR MAN • 1965
FIRE OF WATERS • 1965 • SHT
PASHT • 1965
SONG 11 • 1965 • SHT
SONG 12 • 1965 • SHT
SONG 13 • 1965 • SHT
SONG 14 • 1965 • SHT
SONG 16 • 1965 • SHT
SONGS 17 AND 18 • 1965 • SHT
SONGS 19 AND 20 • 1965 • SHT
SONGS 21 AND 22 • 1965 • SHT
SONGS 9 AND 10 • 1965 • SHT
THREE FILMS (BLUE WHITE, BLOOD'S TONE, VEIN) • 1965 • SHT
TWO: CREELY/MCCLURE • 1965 • SHT
XV SONG TRAITS • SONG XV ○ FIFTEEN SONG TRAITS • 1965
SCENES FROM UNDER CHILDHOOD: SECTION NO.1 • 1967
SONGS 24 AND 25 • 1967 • SHT
23RD PSALM BRANCH • SONG XXIII ○ SONG 23 • 1967
HORSEMAN, THE WOMAN AND THE MOTH, THE • 1968 • SHT
LOVEMAKING • 1968
SONG 26 • 1968 • SHT
AMERICAN 30'S SONG • 1969 • SHT
MY MOUNTAIN, SONG 27 • 1969
SCENES FROM UNDER CHILDHOOD: SECTION NO.2 • 1969
SCENES FROM UNDER CHILDHOOD: SECTION NO.3 • 1969
SONG 27 (PART II) RIVERS • 1969 • SHT
SONG 28 • 1969 • SHT
SONG 29 • 1969 • SHT
WINDOW SUITE OF CHILDREN'S SONGS • 1969
ANIMALS OF EDEN AND AFTER, THE • 1970
DEUS EX • 1970
EYES • 1970
MACHINE OF EDEN, THE • 1970
SCENES FROM UNDER CHILDHOOD: SECTION NO.4 • 1970
SEXUAL MEDITATION NO.1: MOTEL • 1970
WEIR-FALCON SAGA, THE • 1970
ACT OF SEEING WITH ONE'S OWN EYES, THE • 1971
ANGELS' DOOR • 1971
FOX FIRE CHILD WATCH • 1971
PEACEABLE KINGDOM, THE • 1971
PITTSBURGH DOCUMENTS, THE • 1971
SEXUAL MEDITATION: ROOM WITH VIEW • 1971
TRIP TO THE DOOR, A • 1971
WESTERN HISTORY • 1971
EYE MYTH • 1972
PRESENCE, THE • 1972
PROCESS, THE • 1972
RIDDLE OF LUMEN, THE • 1972
SEXUAL MEDITATION: FAUN'S ROOM YALE • 1972
SEXUAL MEDITATION: HOTEL • 1972
SEXUAL MEDITATION: OFFICE SUITE • 1972
SEXUAL MEDITATION: OPEN FIELD • 1972

SHORES OF PHOS: A FABLE, THE • 1972
WOLD SHADOW, THE • 1972
GIFT • 1973
SINCERITY • 1973
WOMEN, THE • 1973
AQUARIEN • 1974
CLANCY • 1974
DOMINION • 1974
FLIGHT • 1974
HE WAS BORN, HE SUFFERED, HE DIED • 1974
HYMN TO HER • 1974
SKEIN • 1974
SOL • 1974
STAR GARDEN • 1974
STARS ARE BEAUTIFUL, THE • 1974
TEXT OF LIGHT • 1974
SHORT FILMS 75 • 1975
SINCERITY II • 1975
ABSENCE • 1976 • SHT
AIRS • 1976 • SHT
DESERT • 1976 • SHT
DREAM, NYC, THE RETURN, THE FLOWER, THE • 1976 • SHT
GADFLIES • 1976 • SHT
HIGHS • 1976 • SHT
REMBRANDT, ETC. AND JANE • 1976 • SHT
SHORT FILMS 76 • 1976
SKETCHES • 1976 • SHT
TRAGOEDIA • 1976 • SHT
TRIO • 1976 • SHT
WINDOW • 1976 • SHT
DOMAIN OF THE MOMENT, THE • 1977 • SHT
GOVERNOR, THE • 1977 • SHT
SOLDIERS AND OTHER COSMIC OBJECTS • 1977 • SHT
BIRD • 1978 • SHT
BURIAL PATH • 1978 • SHT
CENTRE • 1978 • SHT
DUPLICITY • 1978 • SHT
DUPLICITY II • 1978 • SHT
NIGHTMARE SERIES • 1978 • SHT
PURITY AND AFTER • 1978 • SHT
SINCERITY III • 1978 • SHT
SLUICE • 1978 • SHT
THOT FAL'N • 1978 • SHT
• 1979 • SHT
CREATION • 1979 • SHT
ROMAN NUMERAL SERIES I–IX • 1979–81 • SER
AFTERMATH • 1980 • SHT
DUPLICITY III • 1980 • SHT
MADE MANIFEST • 1980 • SHT
MURDER PSALM • 1980 • SHT
OTHER • 1980 • SHT
SALOME • 1980 • SHT
SINCERITY IV • 1980 • SHT
SINCERITY V • 1980 • SHT
ARABICS 1,2,3,4,5,6,7,8,9,0,10,11,12,13,14,15,16,17,18,19 • 1980–81 • SER
EYE MYTH • 1981
GARDEN OF EARTHLY DELIGHTS, THE • 1981
NODES • 1981
RR • 1981

el BRAKRY ASMA – EGY
BEGGARS AND HUMILIATED • 1989

BRAL JACQUES – IRN – 1948–
M–88 • 1970
BALEINE QUI AVAIT MAL AUX DENTS • 1973
FRISOU • 1973
EXTERIEUR NUIT • 1979
POLAR • 1984

BRAMALL RICHARD – USA
DANCING YEARS, THE • 1979

BRAMBLE A. V. – Actor – UKN – 1880–1963
BOY AND THE CHEESE, THE • 1914
HEARTS THAT ARE HUMAN • 1915
BLIND MAN OF VERDUN, THE • 1916
FATAL FINGERS • 1916
JIMMY • 1916
LAUGHING CAVALIER, THE • 1917
PROFIT AND THE LOSS • 1917
WHEN PARIS SLEEPS • 1917
BONNIE MARY • 1918
HER CROSS • 1919
NON–CONFORMIST PARSON, A • HEART AND SOUL • 1919
SINGLE MAN, THE • 1919
SMART SET, A • 1919
HER BENNY • 1920
MR. GILFIL'S LOVE STORY • LOVE STORY OF MR. GILFIL • 1920
TORN SAILS • 1920
WUTHERING HEIGHTS • 1920
BACHELORS' CLUB, THE • 1921
OLD COUNTRY, THE • 1921
PRINCE AND THE BEGGAR MAID, THE • 1921
ROTTERS, THE • 1921
WILL, THE • 1921
CARD, THE • 1922
LITTLE MOTHER, THE • 1922
SHIRLEY • 1922
ZEEBRUGGE • 1924
BODIAM CASTLE AND ERIC THE SLENDER • 1926
CHICK • 1928
MAN WHO CHANGED HIS NAME, THE • 1928
SHOOTING STARS • 1928
LUCKY SWEEP, A • 1932
MRS. DANE'S DEFENCE • 1933
VETERAN OF WATERLOO, THE • 1933

BRAME BILL – USA – 1928–
CYCLE SAVAGES, THE • 1969
FREE GRASS • SCREAM FREE • 1969
JIVE TURKEY • 1976

BRAMIERI GINO – ITL – 1928–
ITALIA E DI MODA, L' • 1963
RIDE BENE CHI RIDE ULTIMO • 1977

BRAMPTON KENNETH – Actor – ASL
ROBBERY UNDER ARMS • 1920
DINGO, THE • 1923

BRANAGH KENNETH – Actor – UKN
HENRY V • 1989

BRANALD RICHARD F. – CZC
ALOIS VYHRAL NA LOS • ALOIS WON THE SWEEPSTAKES • 1918
CESKOSLOVENSKY JEZISEK • SMALL CZECHOSLOVAK ICON • 1918
UTRPENIM KE SLAVE • LONG ROAD TO GLORY, THE • 1919

BRANAMAN BOB – USA – 1933–
FILMS BY BOB BRANAMAN • SHT
WITCHITA FILM • 1960
FILMORE BUS, THE • 1961
GORDA ADORG • 1964–65
NIGHT LIGHTS AND DAY HI'S • 1964–65
GOLDMOUTH • 1965
GINSBERG • 1966

BRANCA ANTONELLO – ITL – 1940–
AFFERRA IL TEMPO • SEIZE THE TIME • 1973

BRAND LARRY – USA
DRIFTER, THE • 1988
MASQUE OF THE RED DEATH, THE • 1989

BRAND REX – USA
MONICA'S THING • 1969
SWINGIN' SWAPPERS • SWINGING SWAPPERS • 1969

BRANDAU WALTER – LXM
FILLES DE NEIGE, LES • SNOW GIRLS

BRANDAUER KARIN – AUS
EINSTWEILEN WIRD ES MITTAG • IN THE MEANTIME IT'S MIDDAY • 1988

BRANDAUER KLAUS MARIA – Actor – GRM
ARTISAN, THE • 1989
GEORG ELSER –EINER AUS DEUTSCHLAND • 1989

BRANDER RICHARD – USA
SIZZLE BEACH USA • MALIBU HOT SUMMER ○ SIZZLE BEACH • 1986

BRANDHILD ARNE – SWD
GIRLOGRAPHY • 1968

BRANDIS BARBARA – VNZ
CURARE • 1972 • DOC

BRANDLER ALFREDO – VNZ
SOTO • 1972 • SHT
REPORTAJE SOBRE GUAYANA • REPORT ABOUT GUYANA • 1973 • DOC
UNOS MUERTOS SIN IMPORTANCIA • SOME UNIMPORTANT DEAD PEOPLE • 1977

BRANDLER LOTHAR – GRM
DA LACHT TIROL • TIROL LAUGHS AT THAT, THE • 1967

BRANDNER UWE – GRM
ZWEIKAMPF • 1966
ICH LIEBE DICH, ICH TOTE DICH • I LOVE YOU, I KILL YOU • 1970
HALBE–HALBE • FIFTY–FIFTY • 1978

BRANDO MARLON – Actor – USA – 1924–
ONE–EYED JACKS • 1961

BRANDON DON – USA
MONSTERS CRASH THE PAJAMA PARTY • 1965

BRANDON PHIL – UKN
MISSING MILLION, THE • 1942
WE'LL MEET AGAIN • 1942
HAPPIDROME • 1943
UP WITH THE LARK • 1943

BRANDSTRUP LUDVIG – DNM
KOBENHAVN, KALUNDBORG OG–? • 1934

BRANDT – GRM
HUT ES BRIGADIERS, DER • HAT OF THE WORK BRIGADE LEADER, THE

BRANDT CARSTEN – DNM – c1946–
92 MINUTER AF I GAAR • 92 MINUTES OF YESTERDAY • 1977
DEMONER • DEMONS • 1986

BRANDT EDWARD – UKN
HARMONY HEAVEN • 1929

BRANDT HEINRICH – GRM
SCHWARZE ROSE VON CRUSKA, DIE • 1920
KAMPF UMS ICH, DER • 1922
GEISTERSEHER, DER • 1923
IN TREUE STARK • 1926
KAMPF DER GESCHLECHTER • 1926

BRANDT HENRY – BLG
BORORO • 1954
SEIGNEURS DE LA FORET, LES • LORDS OF THE FOREST • 1959 • DOC
FORET SECRETE D'AFRIQUE • SECRET AFRICAN FOREST • 1968 • DOC
VOYAGE CHEZ LES VIVANTS • 1970 • DOC
DERNIER PRINTEMPS, LE • 1977 • DOC

BRANDT HORST E. – GRM
BROT UND ROSEN • BREAD AND ROSES • 1967
HEROIN • 1968

BRANDT JOHANNES – GRM
JAGD NACH DEM TODE 2, DIE • VERBOTENE STTADT, DIE • 1920
MARIONETTEN DES TEUFELS 1 • 1920
MARIONETTEN DES TEUFELS 2 • SUCHENDE SEELE, EINE • 1920
FAHNENTRAGER VON SEDAN, DER • 1927
GUTEN TAG, SCHWIEGERMAMA • 1928
JUX WILL ER SICH MACHEN, EINEN • 1928

BRANDT MICHAEL – UKN
MISSING NOTE, THE • 1961

BRANDT ROBERT – SWD – 1925–
BLONDIN I FARA • NOTHIN' BUT BLONDES ○ BLONDE IN BONDAGE • 1958
CALLE P • 1965

BRANEV VESSELIN – BUL
CENTRAL HOTEL, THE • 1983

BRANKO BELAN – YGS
POD SUMNJOM • SUSPECTED ONE, THE • 1956

BRANNER PER–AXEL – SWD – 1899–
UNDER RODA FANOR • 1931
HANS LIVS MATCH • HIS GREATEST MATCH • 1932
FARMORS REVOLUTION • GRANDMOTHER'S REVOLUTION • 1933
PETTERSSON & BENDEL • 1933
SANGEN OM DEN ELDRODA BLOMMAN • SONG OF THE SCARLET FLOWER • 1934
UNGA HJARTAN • YOUNG HEARTS • 1934
UNGDOM AV I DAG • YOUTH OF TODAY • 1935
AVENTYRET • ADVENTURE • 1936
KONFLIKT • CONFLICT • 1937
PA KRYSS MED ALBERTINA • ON THE CRUISE WITH THE ALBERTINA • 1938
ADOLF I ELD OCH LAGOR • ADOLF AS A FIREMAN • 1939
KRYSS MED ALBERTINA, PAA • CRUISE IN THE ALBERTINA, A (USA) • 1940
HON TRODDE DET VAR HAN • SHE THOUGHT IT WAS HIM ○ TJUVARNAS KONUNG • 1943
PA FARLIGA VAGAR • ON DANGEROUS ROADS • 1945

BRANNON FRED see **BRANNON FRED C.**

BRANNON FRED C. – USA – 1901–
BRANNON FRED
D–DAY ON MARS • 1945
PURPLE MONSTER STRIKES, THE • PURPLE SHADOW STRIKES, THE • 1945 • SRL
CRIMSON GHOST, THE • 1946 • SRL
CYCLOTRODE "X" • 1946
DAUGHTER OF DON Q • 1946 • SRL
KING OF THE FOREST RANGERS • 1946 • SRL
PHANTOM RIDER, THE • 1946 • SRL
BLACK WIDOW, THE • 1947 • SRL
JESSE JAMES RIDES AGAIN • 1947 • SRL
SOMBRA, THE SPIDER WOMAN • 1947
SON OF ZORRO • 1947 • SRL
ADVENTURES OF FRANK AND JESSE JAMES • 1948
CODE 645 • 1948
DANGERS OF THE CANADIAN MOUNTED • 1948 • SRL
G–MEN NEVER FORGET • 1948 • SRL
R.C.M.P. AND THE TREASURE OF GENGHIS KHAN • 1948
BANDIT KING OF TEXAS • 1949
FEDERAL AGENTS VS. UNDERWORLD, INC. • 1949 • SRL
FRONTIER MARSHAL • 1949
GHOST OF ZORRO • 1949
GHOST OF ZORRO • 1949 • SRL
GOLDEN HANDS OF KURIGAL • 1949
KING OF THE ROCKET MEN • 1949 • SRL
LOST PLANET AIRMEN • 1949
CODE OF THE SILVER SAGE • 1950
DESPERADOES OF THE WEST • 1950 • SRL
GUNMEN OF ABILENE • 1950
INVISIBLE MONSTER, THE • PHANTOM RULER • 1950 • SRL
JAMES BROTHERS OF MISSOURI, THE • 1950
RADAR PATROL VS. SPY KING • 1950 • SRL
RUSTLERS ON HORSEBACK • 1950
SALT LAKE RAIDERS • 1950
SLAVES OF THE INVISIBLE MONSTER • 1950
VIGILANTE HIDEOUT • 1950
ARIZONA MANHUNT • 1951
DON DAREDEVIL RIDES AGAIN • 1951 • SRL
FLYING DISC MAN FROM MARS • 1951 • SRL
GOVERNMENT AGENTS VS. PHANTOM LEGION • 1951 • SRL
NIGHT RIDERS OF MONTANA • 1951
ROUGH RIDERS OF DURANGO • 1951
CAPTIVE OF BILLY THE KID • 1952
RADAR MEN FROM THE MOON • 1952 • SRL
WILD HORSE AMBUSH • 1952
ZOMBIES OF THE STRATOSPHERE • 1952 • SRL
COMMANDO CODY, SKY MARSHAL OF THE UNIVERSE • 1953 • SRL
JUNGLE DRUMS OF AFRICA • 1953 • SRL
U–238 AND THE WITCH DOCTOR • 1953
MISSILE MONSTERS • 1958
SATAN'S SATELLITES • 1958
RETIK THE MOON MENACE • 1966

BRANSCOMBE ARTHUR – UKN
FOUNDATIONS OF FREEDOM, THE • 1918

BRANSS TRUCK – AUS
COPPELIA • 1967
SCHWANENSEE • SWAN LAKE (UKN) • 1967

BRASCH THOMAS – GRM
ENGEL AUS EISEN • IRON ANGEL • 1981
DOMINO • 1988
PASSAGIER, DER • WELCOME TO GERMANY • 1988

BRASCIA DOMINIC – USA
EVIL LAUGH • 1988

BRASIL GIBA ASSIS – BRZ
VERDES ANOS • GREEN YEARS • 1984

BRASLOFF STANLEY H. – USA
TWO GIRLS FOR A MADMAN • 1968
TOYS ARE NOT FOR CHILDREN • VIRGIN DOLLS • 1972

BRASO ENRIQUE see **BRASSO ENRIQUE**

BRASON JOHN – UKN
WALK A CROOKED PATH • 1970

BRASS TINTO – ITL – 1933–
CHI LAVORI E PERDUTO • IN CAPO AL MONDO ○ WHO WORKS IS LOST • 1963
DISCO VOLANTE, IL • FLYING SAUCER, THE (USA) ○ MARTIANS, THE ○ FLYING DISC, THE • 1964
MIA SIGNORA, LA • 1964
CA IRA, IL FIUME DELLA RIVOLTA • TELL IT LIKE IT IS • 1965 • DOC
YANKEE • AMERICANO, L' • 1966
COL CUORE IN GOLA • DEADLY SWEET (USA) ○ WITH HEART IN MOUTH ○ WITH BATED BREATH ○ HEART BEAT • 1967
URLO, L' • HOWL, THE (USA) • 1968
NERO SU BIANCO • BLACK ON WHITE (USA) ○ ARTFUL PENETRATION, THE ○ SHAMEFUL ○ ATTRACTION (UKN) ○ ARTFUL PENETRATION OF BARBARA, THE ○ NEROSUBIANCO • 1969
DROPOUT • 1971
VACANZA, LA • VACATION • 1972

SALON KITTY • MADAM KITTY (USA) • 1976
CALIGOLA • CALIGULA (USA) • 1977
ACTION • 1979
CHIAVE, LA • KEY, THE • 1984
MIRANDA • 1985
CAPRICCIO • LETTER FROM CAPRI ○ CAPRICE • 1987
SNACK BAR BUDAPEST • 1988

BRASSAI JULES – FRN

TANT QU'IL Y AURA DES BETES • LOVERS AND CROWNS • 1956

BRASSARD ANDRE – CND – 1946–

FRANCOISE DUROCHER, WAITRESS • 1972 • SHT
IL ETAIT UNE FOIS DANS L'EST • ONCE UPON A TIME IN THE EAST • 1973
SOLEIL SE LEVE EN RETARD, LE • 1976

BRASSELLE KEEFE – Actor – USA – 1923–

IF YOU DON'T STOP IT YOU'LL GO BLIND • YOU MUST BE JOKING • 1975

BRASSO ENRIQUE – SPN – 1948–

BRASO ENRIQUE

IN MEMORIAM • 1977

BRATANOV IVAN – BUL – 1920–1968

NESPOKOEN PAT • TROUBLED ROAD • 1955

BRATESCU GETA – RMN

ALTA SCHUFITA ROSIE • ANOTHER LITTLE RED RIDING HOOD • 1969 • ANS

BRATKAUSKAS BALIS – USS

ZHIVYE GEROI • LIVING HEROES • 1959

BRATU LUCIAN – RMN – 1924–

SECRETUL CIFRULUI • SECRET CODE, THE • 1959
SARUTUL • KISS, THE • 1965
MIREASA DIN TREN • BRIDE FROM THE TRAIN, THE • 1980

BRAUER JURGEN – GRM

GRITTA VOM RATTENSCHLOSS • GRITTA OF THE CASTLE OF RATS
PUGOWITZA • 1980
PIRATE'S HEART, THE • 1987

BRAUER PETER P. – GRM

BRAUER PETER PAUL

ERLKONIG, DER • 1931
JUGEND VON HEUTE • YOUTH OF TODAY (USA) • 1938
MADCHEN VON GESTERN NACHT, DAS • GIRL OF LAST NIGHT, THE (USA) • 1938
VERLEGENHEITSKIND, DAS • 1938
WAS TUN, SYBILLE? • 1938
ICH BIN GLEICH WIEDER DA • 1939
KELLNERIN ANNA, DIE • 1940
SCHWEDISCHE NACHTIGALL, DIE • 1941
SEIN SOHN • 1941
SENIORCHEF, DER • 1942
HIMMEL, WIR ERBEN EIN SCHLOSS • 1943
JUNGFERN VOM BISCHOFSBERG • 1943
GLUCK BEI DEN FRAUEN • 1944

BRAUER PETER PAUL see **BRAUER PETER P.**

BRAULT FRANCOIS – CND – 1941–

C'EST L'AVIRON QUI NOUS MENE • 1959 • DCS
COTE NORD A L'AUTRE BOUT DU MONDE, LA • 1968 • DCS
MARK OF A CHAMPION, THE • 1968 • DCS
VISAGES DE CLEMENCE, LES • 1968 • DCS
A SOIR ON FAIT PEUR AU MONDE • 1969 • DOC
5,4,3,2,1. • 1969 • DCS
EVADES DE LA TERRE, LES • 1970 • DCS
AUDE NERON VIOLINCELLISTE • 1972–73 • DCS
FRANCINE DUGAL FLUTISTE • 1972–73 • DCS
LUC ET DENISE FRADETTE CLARINETTISTE ET PIANISTE • 1972–73 • DCS
MADELEINE MERCIER VIOLINISTE • 1972–73 • DCS
MANON LECOMTE HARPISTE • 1972–73 • DCS
MARC DURAND PIANISTE • 1972–73 • DCS
MARIE–JOSE BEDARD ORGANISTE • 1972–73 • DCS
PIERRE BLACKBURN TROMPETTISTE • 1972–73 • DCS
PIERRE IMBAULT COR FRANCAIS • 1972–73 • DCS
AGENCE BEAUSOLEIL • 1974 • SHT
ATTENTION ATTENTION • 1974 • SHT
POURRIEZ–VOUS M'EXPLIQUER? • 1974 • SHT
QUELLE NOUVELLE! • 1974 • SHT
QUI CA? • 1974 • SHT
AU CEGEP • 1975 • DCS
CENTRE EPIC, LE • 1975 • DCS
COEUR, LE • 1975 • DCS
ENFANTS, LES • 1975 • DCS
FEMME, LA • 1975 • DCS
FUTURE MERE, LA • 1975 • DCS
M. HERMAN SMITH–JOHANNSEN DIT JACK RABBIT • 1975 • DCS
M'EN REVENANT PAR LES EPINETTES • 1975
POMPIERS D'OUTREMONT, LES • 1975 • DCS
TRICOFIL C'EST LA CLEF • 1976 • DOC

BRAULT MICHEL – Cameraman – CND – 1928–

MOVEMENT PERPETUEL • 1949
MATIN • 1950 • SHT
CHEVRES • 1954 • SHT
MATTAWIN, RIVIERE SAUVAGE, LA • 1958 • SHT
RAQUETTEURS, LES • SNOWSHOERS, THE • 1958 • DCS
LUTTE, LA • WRESTLING • 1961 • DCS
QUEBEC USA • VISIT TO A FOREIGN COUNTRY ○ INVASION PACIFIQUE, L' • 1962 • DCS
POUR LA SUITE DU MONDE • MOONTRAP, THE (USA) • 1963
ADOLESCENTI, LE • FLEUR DE L'AGE, OU LES ADOLESCENTES, LA ○ THAT TENDER AGE ○ VEUVES DE QUINZE ANS, LES ○ SHISHUNKI ○ ADOLESCENTS, THE • 1964
ENFANTS DU SILENCE, LES • 1964 • DCS
TEMPS PERDU, LE • END OF SUMMER, THE • 1964 • SHT
QUEBEC? • 1966 • DCS
CONFLICTS • CONFLITS • 1967 • DCS
ENTRE LA MER ET L'EAU DOUCE • DRIFTING UPSTREAM ○ GENEVIEVE • 1967
SETTLEMENT AND CONFLICT • 1967 • SHT
BEAU PLAISIR, LE • 1968 • DCS
ELOGE DU CHIAC • 1968 • DCS
ENFANTS DU NEANT, LES • 1968 • DOC
RENE LEVESQUE VOUS PARLEZ: LES 6 MILLIARDS • 1969 • SHT
ACADIE L'ACADIE?!?, L' • ACADIA ACADIA?!? • 1971
BRAS DE LEVIER ET LA RIVIERE, LE • 1973 • DCS
RENE LEVESQUE POUR LE VRAI • 1973 • SHT
ORDRES, LES • ORDERS • 1974
RENE LEVESQUE: LE VRAI CHEF • 1976 • SHT
C'EST PU COMME CA ANYMORE • 1976–77 • DCS
CREOLES, LES • 1976–77 • DCS
EN PREMIER, L' • 1976–77 • DCS
ENVOYEZ DE L'AVANT NOS GENS • 1976–77 • DCS
FAUT PAS L'DIRE • 1976–77 • DCS
FRED'S LOUNGE • 1976–77 • DCS
IL'ALLONT–Y DISPARAITRE? • 1976–77 • DCS
JOHNNY A DENNIS A ALFRED • 1976–77 • DCS
MA CHERE TERRE • 1976–77 • DCS
MONSIEUR GUILLAUME TREMBLAY • 1976–77 • DCS
PITOU BOUDREAULT, VIOLONEUX • 1976–77 • DCS
REEL DES OUVRIERS • 1976–77 • DCS
REVEILLE! • 1976–77 • DCS
REVOLUTION DU DANSAGE, LA • 1976–77 • DCS
RUINE–BABINES, LES • 1976–77 • DCS
FREEDOM TO MOVE, A • 1985
NOCES DE PAPIER, LES • PAPER WEDDING, A • 1990

BRAUN ALFRED – GRM

ZWISCHEN NACHT UND MORGEN • AUGEN DER LIEBE • 1944
MADCHEN HINTER GITTERN • GIRLS BEHIND BARS • 1949
VERFUHRTE JUGEND • SUNDIGE HAUS, DAS ○ TREPPE, DIE • 1950
PIKANTERIE • 1951
WENN DIE ABENDGLOCKEN LAUTEN • 1951
TAUSEND ROTE ROSEN BLUHN • 1952
AVE MARIA • 1953
KOMM ZURUCK • 1953
STRESEMANN • 1957
MORGEN WIRST DU MICH WEINEN • 1959

BRAUN HARALD – GRM – 1901–1960

HAB' MICH LIEB • 1942
ZWISCHEN HIMMEL UND ERDE • 1942
NORA • DOLL'S HOUSE, A • 1944
TRAUMEREI • DREAMING • 1944
STUMME GAST, DER • 1945
ZWISCHEN GESTERN UND MORGEN • 1947
NACHTWACHE • KEEPERS OF THE NIGHT (USA) • 1949
FALLENDE STERN, DER • FALLING STAR, THE (USA) • 1950
VATER BRAUCHT EINE FRAU • 1952
KONIGLICHE HOHEIT • 1953
SOLANGE DU DA BIST • AS LONG AS YOU'RE NEAR ME (USA) • 1953
LETZTE SOMMER, DER • 1954
LETZTE MANN, DER • 1955
REGINE • 1956
GLASERNE TURM, DER • GLASS TOWER, THE (USA) • 1957
HERRSCHER OHNE KRONE • KING IN SHADOW • 1957
BOTSCHAFTERIN, DIE • 1960

BRAUN LASSE see **FERRO ALBERTO**

BRAUN LUSSE see **HUNDERTE ALBERTO**

BRAUN MICHAEL – GRM

PLANET AUSSER KURS • PLANET OFF COURSE

BRAUN V. see **BRAUN VLADIMIR**

BRAUN VLADIMIR – USS – 1909–1957

BRAUN V.

HEROES OF THE SEA • 1941
WAR NEWSREEL NO.8 • 1941
BOEVOI KINOSBORNIK 9 • FIGHTING FILM ALBUM NO.9 • 1942
BLUE CLIFF, THE • 1943
PEACE TIME • 1951
MAXIMKA • 1953
CAPTAIN, THE • 1954
MALVA • 1957

BRAUNBERGER GISELE – FRN

DIRECTION D'ACTEUR PAR JEAN RENOIR, LA • 1968 • DCS

BRAUNBERGER PIERRE – Producer – FRN – 1905–

COURSE DE TAUREAUX, LA • BULLFIGHT • 1951 • CMP

BRAUNSTEIN JOSEPH – USA

EDGE OF THE AXE • 1987
REST IN PIECES • 1987

BRAVERMAN CHARLES – USA – 1944–

HIT AND RUN • REVENGE SQUAD ○ TAXI • 1982
BROTHERHOOD OF JUSTICE, THE • 1986 • TVM
PRINCE OF BEL–AIR • 1986 • TVM

BRAVERMAN CHUCK – USA

SPACE PLACE • 1969

BRAVMAN JACK – USA

JANIE • 1970
ZOMBIE NIGHTMARE • 1987

BRAVO SERGIO – CHL

AMERINDIA • 1958
NO ERAN NADIE • THEY WERE NOBODY • 1982

de BRAVURA – FRN

TRAVESTIS DU DIABLE, LES • 1963 • SHT

BRAY JOHN see **BRAY JOHN R.**

BRAY JOHN R. – Animator – USA – 1879–1978

BRAY JOHN RANDOLPH • BRAY JOHN

ARTIST'S DREAM, THE • DACHSHUND, THE • 1910
DACHSHUND AND THE SAUSAGE, THE • 1910 • ANS
GERTIE THE DINOSAUR • ANM
ARTIST'S DREAM, THE • 1913
HOT DOG CARTOONS • 1925 • ANM
BRIDE OF THE COLORADO • 1927
MAGIC GAME, THE • 1927 • ANS
DINKEY DOODLE • 1929
FATHER NILE • 1931

BRAY JOHN RANDOLPH see **BRAY JOHN R.**

BRAY OSWALD see **BRAZZI FABRIZIO**

BRAYNE BILL – CND

I WAS BORN GREEK • 1968

BRAZYBULSKI N.

SPELNIONE MARZENIA • FULFILLED DREAMS (USA) • 1939

BRAZZI FABRIZIO – ITL

BRAY OSWALD

GIRO GIROTONDO.. CON IL SESSO E BELLO IL MONDO • 1976
ATTI IMPURI ALL'ITALIANO • 1977

BRAZZI OSCAR – ITL

DIARIO SEGRETO DI UNA MINORENNE, IL • SECRET DIARY OF A MINOR, THE ○ E NATA UNA DONNA • 1968
VITA SEGRETA DI UNA DICIOTTENNE • 1969
INTIMITA PROIBITA DI UNA GIOVANE SPOSA • 1970
SESSO DEL DIAVOLO, IL • TRITTICO • 1971
GATTO DI BROOKLYN ASPIRANTE DETECTIVE, IL • 1973
ANGELI DALLE MANI BENDATE, GLI • 1975
VANGELO SECONDO SAN FREDIANO, IL • STORIA DI PRETE, LADRI E PECCATRICI • 1978

BRAZZI ROSSANO – Actor – ITL – 1916–

ROSS EDWARD

NATALE CHE QUASI NON FU, IL • CHRISTMAS THAT ALMOST WASN'T, THE (USA) • 1965
SETTE UOMINI E UN CERVELLO • SEVEN MEN AND A BRAIN ○ CRIMINAL SYMPHONY • 1968
SALVARE LA FACCIA • DADDY SAID THE WORLD WAS LOVELY ○ PSYCHOUT FOR MURDER (USA) ○ SAVE YOUR FACE • 1969

BRDECKA JIRI – Animator – CZC – 1917–1982

LEMONADE JOE • 1940 • ANS
VZDUCHOLOD A LASKA • ZEPPELIN AND LOVE, THE ○ LOVE AND THE ZEPPELIN • 1947 • ANS
STARE POVESTI CESKE • OLD LEGENDS OF CZECHOSLOVAKIA ○ OLD CZECH LEGENDS • 1952 • ANM
JAK SE CLOVEK NAUCIL LETAT • COMIC HISTORY OF AVIATION, A ○ HOW MAN LEARNED TO FLY • 1958 • ANS
DRAHOUSEK KLEMENTYNA • MY DARLING CLEMENTINE • 1959 • ANM
POZOR! • LOOK OUT! ○ ATTENTION! • 1959 • ANS
NASE KARKULKA • OUR LITTLE RED RIDING HOOD ○ OUR RED RIDING HOOD • 1960 • ANS
ZAVADA NENI NA VASEMM PRIJIMACI • TELEVISION FAN, THE • 1960 • ANS
CLOVEK POD VODOU • MAN UNDER THE SEA ○ MAN UNDER WATER • 1961 • ANS
ROZUM A CIT • SENTIMENT AND REASON ○ REASON AND EMOTION • 1962 • ANS
ZMRZLY DREVAR • FROZEN LOGGER, THE • 1962 • ANM
GALLINA VOGELBIRDAE • SPATNE NAMALOVANA SLEPICE ○ GROTESQUE CHICKEN, THE ○ VOGEL'S SPECIES ○ BADLY–DRAWN HEN • 1963 • ANS
JAK NA TO • HOW TO KEEP SLIM • 1963 • ANM
SLOWCE M • LETTER M ○ MINSTREL'S SONG • 1964 • ANS
BLAHO LASKY • BLISS OF LOVE, THE ○ JOY OF LOVE, THE ○ SHE AND HE • 1966 • ANM
DEZERTER • DESERTER, THE (UKN) • 1966 • ANS
DO LESICKA NA CEKANOU • IN THE FOREST, IN THE SITES ○ LET'S GO HUNTING IN THE WOODS ○ FORESTER'S SONG ○ ON THE WATCH IN THE FOREST • 1966
PROC SE USMIVAS, MONO LISO? • WHY DO YOU SMILE, MONA LISA? ○ WHY IS MONA LISA SMILING? ○ MONO LISO? • 1966 • ANS
ENCHANTED HAND, THE • BEWITCHED HAND, THE • 1967 • ANS
POMSTA • REVENGE ○ VENGEANCE • 1968
PRAZSKE NOCI • NIGHTS OF PRAGUE ○ PRAGUE NIGHTS ○ NIGHTS IN PRAGUE ○ PRAGUE NIGHTS • 1968
METAMORFEUS • METAMORPHOSIS • 1969 • ANS
MOC OSUDU • POWER OF DESTINY ○ FORCE OF DESTINY, THE • 1969 • ANS
JAK SE MOUDRY ARISTOTELES STAL JESTE MOUDREJSIM • WISE ARISTOTLE GETS STILL WISER ○ ARISTOTLE • 1970 • ANM
JSOUC NA RECE MLYNAR JEDEN • THERE WAS A MILLER ON THE RIVER • 1971 • ANM
ROMAN O RUZI • STORY OF A ROSE • 1972 • SHT
TVAR • FACE, THE • 1973 • ANM
HORNIKOVA RUZE • 1974 • ANM
PISEN O HARMONICE • ACCORDEON SONG • 1974
CO SJEM PRINCI NEREKLA • WHAT I DIDN'T SAY TO THE PRINCE • 1975 • ANM
LAAASKA • AAAMOUR • 1978 • ANM

BREAKSTON GEORGE – Actor/producer – FRN – 1920–1973
BREAKSTON GEORGE P.
URUBU • URUBU THE JUNGLE WARRIOR • 1948 • DOC
JUNGLE STAMPEDE • 1950
INVISIBLE MR. UNMEI, THE • 1951
GOLDEN IVORY • WHITE HUNTRESS (USA) • 1954
SCARLET SPEAR, THE • 1954
ESCAPE IN THE SUN • 1956
WOMAN AND THE HUNTER, THE • TRIANGLE ON SAFARI • 1957
MANSTER, THE • MANSTER –HALF MAN HALF MONSTER, THE ○ SPLIT, THE (UKN) • 1962
SHADOW OF TREASON • 1963
BOY CRIED MURDER, THE • DECAK JE VIKAO UBISTVO (YGS) ○ JUNGE SCHRIE MORD, EIN (FRG) • 1966
SOLDIER, THE • VOJNIK • 1966
BLOOD RIVER • 1968

BREAKSTON GEORGE P. see **BREAKSTON GEORGE**

BREALEY GIL – Producer/writer – ASL – 1932–
BALLADE • 1952 • SHT
WHEEL, THE • 1953 • SHT
ROYAL RAG • 1954 • DOC
GREATEST GAME ON EARTH • 1955 • DOC
LATE WINTER AND EARLY SPRING • 1957 • SHT
QUEEN WHO RETURNED, A • 1958 • DOC
SHOWTIME • 1959 • DOC
SUNDAY IN MELBOURNE • 1959
ACTION STATIONS • 1962 • DOC
LEGEND OF DAMIEN PARER, THE • 1963 • DOC
PIPES OF PARA, THE • 1964 • DOC
SAY BOW WOW • 1964 • SHT
TWO TRUMPETS FOR ST. ANDREW • 1968 • DOC
ANNIE'S COMING OUT • TEST OF LOVE, A (USA) • 1984

BREAUD – FRN
BURDEN, THE • 1988 • SHT

BREBAN NICOLAE – RMN
SICK ANIMALS • 1970

BREBERA VLADIMIR – GRM
OHNE PASS IN FREMDEN BETTEN • 1965

BRECCIA PAOLO – ITL
IMMORTALITA, CAMILLO TORRES, UN PRETE GUERRIGLIERO • IMMORTALITA ○ IMMORTALITY • 1970
TERMINAL • 1975

BRECHER IRVING S. – Screenwriter – USA – 1914–
LIFE OF RILEY, THE • 1949
SOMEBODY LOVES ME • 1952
SAIL A CROOKED SHIP • 1961

BRECKEN JULES – USA
ANSWER MAN • 1946 • SHT

BREEMER TOM – USA
LEGEND OF BLACK THUNDER MOUNTAIN, THE • 1979

BREEN JOSEPH – USA
MISTERIOS DEL ROSARIO, LOS • REDEEMER, THE (USA) • 1959

BREEN RICHARD L. – Screenwriter – USA – 1919–1967
STOPOVER TOKYO • 1957

BREER ROBERT – USA – 1926–
FORM PHASES I–IV • 1953–54 • SHS
MIRACLE, A • MIRACLE, UN • 1954 • SHT
IMAGE BY IMAGES I–IV • 1954–56 • SHS
CATS • 1956 • SHT
MOTION PICTURES • MOTION PICTURE #1 • 1956 • SHT
JAMESTOWN BALOOS • 1957 • SHT
MAN AND HIS DOG OUT FOR AIR, A • 1957 • ANS
PAR AVION • 1957 • SHT
RECREATION I • 1957 • SHT
RECREATION II • 1957 • SHT
CASSIS COLANK • 1958–59
CHUTES DE PIERRES • 1958–59
DANGER DU MORT • 1958–59
EYEWASH • 1959 • SHT
TRAILER • 1959
HOMAGE TO JEAN TINGUELY'S HOMAGE TO NEW YORK • 1960 • SHT
INNER AND OUTER SPACE • 1960 • ANS
BLAZES • 1961 • SHT
KINETIC ART SHOW –STOCKHOLM • 1961
HORSE OVER TEA KETTLE • 1962 • ANS
PAT'S BIRTHDAY • 1962 • SHT
BREATHING • 1963 • ANS
FIST FIGHT • 1964 • SHT
66 • 1966 • SHT
ONE MAN SHOW • 1967
PBL 2 AND PBL 3 • 1968
69 • 1968 • SHT
70 • 1970
ELEVATOR • 1971
WHAT? • 1971
GULLS AND BUOYS • 1972
FUJI • 1974
ETC. • 1975
RUBBER CEMENT • 1975
77 • 1977
LMNO • 1978
TZ • 1979
SWISS ARMY KNIFE WITH RATS AND PIGEONS • 1981
TRIAL BALLOONS • 1982

BREGA ANDREA – FRN
COLONEL EN FOLIE, LE

BREGMAN BUDDY – USA
NEWPORT JAZZ FESTIVAL 1962 • 1962 • DOC

BREGSTEIN PHILO – NTH
COMPROMIS, HET • COMPROMISE, THE ○ WITHIN BOUNDS • 1968
PAST THAT LIVES, THE • 1972 • DOC
IN SEARCH OF JEWISH AMSTERDAM • 1976

BREIDAHL AXEL – SWD
FODELSEDAGSPRESENTEN • BIRTHDAY PRESENT • 1914
SALOMOS DOM • KING SOLOMON'S JUDGMENT • 1914
VAGEN TILL MANNENS HJARTA • WAY TO THE MAN'S HEART, THE • 1914

BREIEN ANJA – NRW – 1940–
VISAGE • SHT
17TH MAY, A FILM ABOUT RITUALS • MAY 17 • SHT
ANDERS • 1969
DAGER FRA 1000 AR • DAYS FROM 1000 YEARS • 1969
VOLDTEKT –TILFELLET ANDERS • RAPE ○ VOLDTEKT • 1971
HUSTRUER • WIVES • 1975
ALLVARSAMMA LEKEN, DEN • GAMES OF LOVE AND LONELINESS ○ LOVE AND LONELINESS • 1977
ARVEN • NEXT OF KIN ○ HERITAGE • 1979
FORFOLGELSEN • WITCH HUNT, THE • 1981
PAPIRFUGLEN • PAPER FLOWER, THE ○ PAPER BIRD, THE • 1984
HUSTRUER TI AR ETTER • WIVES, TEN YEARS AFTER • 1985
ROYKSOPP • PUFF BALL • 1986
SMYKKETYVEN • TWICE UPON A TIME • 1989

BREIGUTU BJORN – NRW
DANGEROUS WHITENESS • 1974 • SHT

BREILLAT CATHERINE – FRN – 1947–
VRAIE JEUNE FILLE, UNE • 1975
TAPAGE NOCTURNE • 1979
36 FILLETTE • VIRGIN • 1987

BREITKREUTZ BIG OTTO – USA
VENGEANCE OF THE WILDS • 1915

BREJDYGANT STANISLAW – PLN
ZAKRET • TURNING • 1977

BREL JACQUES – Actor/singer – BLG – 1929–1978
FRANZ • 1971
FAR–WEST, LE • FAR WEST, LE • 1973

BRELL ALFRED S. – SPN – 1937–
ULTIMA JUGADA, LA • 1974
RECIEN LLEGADO ESCRIBIO SU EPITAFIO • 1977

BREN MILTON – Producer – USA
THREE FOR BEDROOM C • 1952

BRENCH ALOIS – USS
BRENCS ALOIZS • BRENCH ALOIZ
KOGDA DOZHD I VYETER STUCHAT V OKNO • WHEN WIND AND RAIN BEATS ON THE WINDOW • 1968
TROINAYA PROVERKA • TRIPLE CHECK • 1970
BYT LISHNIM • TO BE SUPERFLUOUS • 1977

BRENCH ALOIZ see **BRENCH ALOIS**

BRENCS ALOIZS see **BRENCH ALOIS**

BRENKEN ARTHUR – GRM
DREI VAN HELLS, DIE • 1918
AUGEN • IM BANNE DER HYPNOSE • 1919
KLABAUTERMANN, DER • 1919
FRAU IM DOKTORHUT, DIE • 1920

BRENKEN KURT – GRM
DES TEUFELS PUPPE • 1919
MARIE D'AMOUR UND IHRE LIEBHABER • 1924

BRENNAN RICHARD – Producer – ASL – 1943–
LEND ME YOUR STABLE • 1962
UPTURNED FACE, THE • 1962 • SHT

BRENON HERBERT – IRL – 1880–1958
ALL FOR HER • 1912
CAMILLE • 1912
CLOWN'S TRIUMPH, THE • 1912
DIVIDING LINE, THE • 1912
FUGITIVES, THE • 1912
LASS O' THE LIGHT • 1912
LEAH THE FORSAKEN • 1912
LONG STRIKE, THE • 1912
NEW MAGDALEN, THE • 1912
NURSE, THE • 1912
VENGEANCE • 1912
ANARCHIST, THE • 1913
ANGEL OF DEATH, THE • 1913
BISHOP'S CANDLESTICKS, THE • 1913
CHILD STEALERS OF PARIS, THE • 1913
DR. JEKYLL AND MR. HYDE • 1913
IN A WOMAN'S POWER • 1913
IVANHOE • 1913
KATHLEEN MAVOURNEEN • 1913
LAST OF THE MADISONS, THE • 1913
RAGS AND RICHES • 1913
SHE NEVER KNEW • 1913
TIME IS MONEY • 1913
ABSINTHE • 1914
LIFE'S SHOP WINDOW • 1914
LOVE AND A LOTTERY TICKET • 1914
NEPTUNE'S DAUGHTER • 1914
OLD RAG DOLL, AN • 1914
PRICE OF SACRILEGE, THE • 1914
REDEMPTION • 1914
SECRET OF THE AIR, THE • ACROSS THE ATLANTIC (USA) • 1914
TENTH COMMANDMENT, THE • 1914
WATCH DOG IN THE DEEP, THE • 1914
WHEN THE WORLD WAS SILENT • 1914
CLEMENCEAU CASE, THE • INFIDELITY (UKN) • 1915
HEART OF MARYLAND, THE • 1915
KREUTZER SONATA 1 • 1915
SHE WAS HIS MOTHER • 1915
SIN • 1915
SOUL OF BROADWAY, THE • 1915
TWO ORPHANS, THE • 1915
BIGAMIST, THE • 1916
BUBBLES • 1916 • SHT
DAUGHTER OF THE GODS, A • 1916
GOVERNOR'S DECISION, THE • 1916 • SHT
LOVE OR AN EMPIRE • 1916 • SHT
MARBLE HEART, THE • 1916
MISSING WITNESS, THE • 1916 • SHT
RULING PASSION, THE • 1916
VOICE UPSTAIRS, THE • 1916 • SHT
WAR BRIDES • JOAN OF FLANDERS • 1916
WHOM THE GODS DESTROY • WHOM THE GODS WOULD DESTROY • 1916
ETERNAL SIN, THE • LUCRETIA BORGIA • 1917
FALL OF THE ROMANOFFS, THE • 1917
LONE WOLF, THE • 1917
EMPTY POCKETS • 1918
PASSING OF THE THIRD FLOOR BACK, THE • 1918
VICTORY AND PEACE • INVASION OF BRITAIN, THE (USA) • 1918
JEANNE OF THE GUTTER • JEAN OF THE GUTTER • 1919
PRINCIPESSA MISTERIOSA • 1919
SINLESS SINNER, A • 1919
12–10 • TWELVE: TEN • 1919
BEATRICE • 1920
CHAINS OF EVIDENCE • 1920
SORELLA CONTRO SORELLA • SISTER AGAINST SISTER (USA) • 1920
PASSION FLOWER, THE • 1921
SIGN ON THE DOOR, THE • 1921
WONDERFUL THING, THE • 1921
ANY WIFE • 1922
MOONSHINE VALLEY • MIRACLE CHILD (HE GIVETH AND TAKETH), THE • 1922
SHACKLES OF GOLD • 1922
STAGE ROMANCE, A • 1922
CUSTARD CUP, THE • 1923
RUSTLE OF SILK, THE • 1923
SPANISH DANCER, THE • 1923
WOMAN WITH FOUR FACES, THE • 1923
ALASKAN, THE • 1924
BREAKING POINT, THE • 1924
PETER PAN • 1924
SHADOWS OF PARIS • 1924
SIDE SHOW OF LIFE, THE • SIDESHOW OF LIFE, THE • 1924
LITTLE FRENCH GIRL, THE • 1925
STREET OF FORGOTTEN MEN, THE • 1925
BEAU GESTE • 1926
DANCING MOTHERS • 1926
GOD GAVE ME TWENTY CENTS • FATE GAVE ME TWENTY CENTS • 1926
GREAT GATSBY, THE • 1926
KISS FOR CINDERELLA, A • 1926
SONG AND DANCE MAN, THE • 1926
SORRELL AND SON • 1927
TELEPHONE GIRL, THE • 1927
LAUGH, CLOWN, LAUGH • 1928
RESCUE, THE • 1929
CASE OF SERGEANT GRISCHA, THE • 1930
LUMMOX • 1930
BEAU IDEAL • 1931
TRANSGRESSION • NEXT CORNER, THE • 1931
GIRL OF THE RIO, THE • DOVE, THE (UKN) • 1932
WINE, WOMEN AND SONG • 1934
HONOURS EASY • 1935
ROYAL CAVALCADE • REGAL CAVALCADE (USA) • 1935
LIVING DANGEROUSLY • 1936
SOMEONE AT THE DOOR • 1936
DOMINANT SEX, THE • 1937
LIVE WIRE, THE • 1937
SPRING HANDICAP, THE • 1937
HOUSEMASTER • 1938
YELLOW SANDS • 1938
BLACK EYES • 1939
FLYING SQUAD, THE • FLYING SQUADRON, THE • 1940

BRENTA MARIO – ITL – 1942–
VERMISAT • 1975
MAICOL • 1990

BRENTON GUY – UKN
THURSDAY'S CHILDREN • 1953 • SHT
PEOPLE APART • 1957
FOUR PEOPLE • 1962

BRESCIA ALFONSO – ITL – 1930–
BRADLEY AL • BRADY AL
MAGNIFICO GLADIATORE, IL • 1964
CONQUISTATORE DELL'ATLANTIDA, IL • CONQUEROR OF ATLANTIS (USA) ○ KINGDOM OF THE SAND (UKN) • 1965
RIVOLTA DEI PRETORIANI, LA • REVOLT OF THE PRAETORIANS (USA) • 1965
MISSIONE SABBIE ROVENTI • 1966
COLT E LA MIA LEGGE, LA • 1967
GIORNI DELLA VIOLENZA, I • DAYS OF VIOLENCE • 1967
KILLER CALIBRO 32 • KILLER CALIBRE 32 • 1967
VOLTATI.. TI UCCIDO • 1967
CAROGNE SI NASCE • ONE IS BORN A SWINE • 1968
TESTA DI SBARCO PER OTTO IMPLACABILI • TETE DE PONT POUR HUIT IMPLACABLES (FRN) ○ HELL IN NORMANDY (UKN) ○ BRIDGEHEAD FOR EIGHT RUTHLESS MEN • 1968
NEL LABIRINTO DEL SESSO • LABYRINTH OF SEX, THE (UKN) ○ SEXUAL INADEQUACIES ○ SESSO (USA) • 1969
UCCIDETE ROMMEL • 1969
BARBARIAN REVENGE
TUO DOLCE CORPO DA UCCIDERE, IL • 1970
CALDE NOTTI DI DON GIOVANNI, LE • NIGHTS AND LOVES OF DON JUAN, THE • 1971
POPPEA, PROSTITUTA AL SERVIZIO DELL'IMPERO • 1972
RAGAZZA TUTTA NUDA ASSASSINATA NEL PARCO, UNA • 1972
AMAZZONI DONNE D'AMORE E DI GUERRA • BEAUTY OF THE BARBARIANS • 1973
ELENA SI, MA.. DI TROIA • 1973
SUPERUOMINI, SUPERDONNE, SUPERBOTTE • 1974
EREDITA DELLO ZIO BUONANIMA, L' • 1975
ADOLESCENTE, L' • 1976
FRITTATA ALL'ITALIANA • 1976
ZANNA BIANCA E IL CACCIATORE SOLITARIO • 1976
AMORI, LETTI E TRADIMENTI • 1977
ANNO ZERO GUERRA NELLO SPAZIO • 1977
COSMOS: WAR OF THE PLANETS • COSMO 2000: PLANET WITHOUT A NAME ○ WAR OF THE PLANETS • 1977
LULU LA SPOSA EROTICA • LOLA '77 • 1977
SANGUE DI SBIRRO • 1977
BATTAGLIE NEGLI SPAZI STELLARI • BATTLE OF THE STARS • 1978
GUERRA DEI ROBOT, LA • WAR OF THE ROBOTS (USA) • 1978
NAPOLI SERENATA CALIBRO NOVE • 1978
NEW GODFATHERS, THE • 1978
STAR ODYSSEY • 1978
ULTIMO GUAPPO, L' • 1978
CONTRABBANDIERI DI SANTA LUCIA, I • 1979
MAMMASANTISSIMA, IL • 1979
SCUGNIZZO, LO • 1979
REACTOR • 1985

CAPTIVE PLANET • 1986
IRON WARRIOR • 1986

BRESCIANI ANDREA – Animator – USA
THROUGH THE LOOKING GLASS • 1987 • ANM

BRESLAUER H. K. – AUS
OH, DU LIEBER AUGUSTIN • 1922
STADT OHNE JUDEN, DIE • 1924
STRANDGUT • 1924

BRESLOW LOU – Screenwriter – USA – 1900–
DOCTOR'S ORDERS • 1932 • SHT
FANCY CURVES • 1932 • SHT
OFFICER, SAVE MY CHILD • 1932 • SHT
OVER THE FENCE • 1932 • SHT
RUNNING WITH CHARLES PADDOCK • 1932 • SHT
PUNCH DRUNKS • 1934 • SHT
YOU NEVER CAN TELL • YOU NEVER KNOW (UKN) ○ YOU CAN NEVER TELL ○ ONE NEVER KNOWS • 1951

BRESSANE JULIO – BRZ
CARA A CARA • FACE TO FACE • 1968
ANJO NASCEU, UM • 1970
BARAO OLAVO, O TERRIVEL • BARAO OLAVO • 1970
MATOU A FAMILIA E FOI AO CINEMA • 1970
AGONIA, A • AGONY, THE • 1980
TABU • TABOO • 1982
BRAS CUBAS • 1986
SERMOES • SERMONS • 1989

BRESSON ARTHUR JR. – USA
ABUSE • 1983
BUDDIES • 1985

BRESSON ROBERT – FRN – 1907–
AFFAIRES PUBLIQUES, LES • 1934
ANGES DU PECHES, LES • ANGELS OF THE STREETS (USA) ○ GRANDE CLARTE, LA ○ FILLES DE L'EXIL • 1943
DAMES DU BOIS DE BOULOGNE, LES • LADIES OF THE BOIS DE BOULOGNE, THE ○ LADIES OF THE PARK (USA) • 1945
JOURNAL D'UN CURE DE CAMPAGNE, LE • DIARY OF A COUNTRY PRIEST (USA) • 1950
CONDAMNE A MORT S'EST ECHAPPE, UN • MAN ESCAPED, A (USA) ○ VENT SOUFFLE OU IL VEUT, LE ○ MAN ESCAPED, OR THE WIND BLOWETH WHERE IT LISTETH, A • 1956
PICKPOCKET • 1959
PROCES DE JEANNE D'ARC, LE • TRIAL OF JOAN OF ARC, THE (USA) • 1961
AU HASARD BALTHAZAR • MIN VAN BALTHAZAR (SWD) ○ BALTHAZAR • 1966
MOUCHETTE • 1966
FEMME DOUCE, UNE • GENTLE CREATURE, A (UKN) • 1969
QUATRE NUITS D'UN REVEUR • FOUR NIGHTS OF A DREAMER (USA) • 1971
LANCELOT DU LAC • LANCELOT OF THE LAKE (USA) ○ GRAAL, LE ○ GRAIL, THE • 1974
DIABLE, PROBABLEMENT, LE • DEVIL, PROBABLY, THE (USA) • 1977
ARGENT, L' • MONEY • 1983

BREST MARTIN – USA – 1951–
HOT TOMORROWS • 1977
GOING IN STYLE • 1979
BEVERLY HILLS COP • 1984
MIDNIGHT RUN • 1988
DEATH TAKES A HOLIDAY • 1990

BRETEUIL – FRN
CHANTS RETROUVES, LES • 1948 • SHT

BRETHERTON H. P. see **BRETHERTON HOWARD**

BRETHERTON HOWARD – USA – 1896–1969
BRETHERTON H. P.
BLACK DIAMOND EXPRESS, THE • 1917
WHILE LONDON SLEEPS • 1926
BUSH LEAGUER, THE • 1927
HILLS OF KENTUCKY • 1927
ONE-ROUND HOGAN • 1927
SILVER SLAVE, THE • 1927
ACROSS THE ATLANTIC • 1928
CAUGHT IN THE FOG • 1928
CHORUS KID, THE • HER GREAT AMBITION (UKN) • 1928
CHORUS MAID • 1928
TURN BACK THE HOURS • BADGE OF COURAGE, THE • 1928
ARGYLE CASE, THE • 1929
FROM HEADQUARTERS • 1929
GREYHOUND LIMITED, THE • 1929
REDEEMING SIN, THE • 1929
TIME, THE PLACE AND THE GIRL, THE • 1929
ISLE OF ESCAPE • 1930
PULLING A BONE • 1930
SECOND CHOICE • 1930
MATCH KING, THE • 1932
LADIES THEY TALK ABOUT • 1933
RETURN OF THE TERROR • 1934
BAR 20 RIDES AGAIN • 1935
CANTANTE DE NAPOLES, EL • SINGER OF NAPLES, THE (USA) • 1935
DINKY • 1935
EAGLE'S BROOD, THE • 1935
HOPALONG CASSIDY • HOPALONG CASSIDY ENTERS • 1935
CALL OF THE PRAIRIE • 1936
GIRL FROM MANDALAY, THE • 1936
HEART OF THE WEST • 1936
KING OF THE ROYAL MOUNTED • 1936
LEATHERNECKS HAVE LANDED, THE • MARINES HAVE LANDED, THE (UKN) • 1936
THREE ON THE TRAIL • 1936
WILD BRIAN KENT • 1936
COUNTY FAIR • 1937
IT HAPPENED OUT WEST • MAN FROM THE BIG CITY, THE (UKN) • 1937
SECRET VALLEY • GANGSTER'S BRIDE, THE (UKN) • 1937
WESTERN GOLD • MYSTERIOUS STRANGER, THE (UKN) • 1937
WANTED BY THE POLICE • 1938
BOY'S REFORMATORY • 1939
DANGER FLIGHT • SCOUTS OF THE AIR • 1939
IRISH LUCK • AMATEUR DETECTIVE (UKN) • 1939
NAVY SECRETS • 1939
SKY PATROL • 1939
TOUGH KID • FIFTH ROUND, THE (UKN) • 1939
UNDERCOVER AGENT • SWEEPSTAKE RACKETEERS (UKN) • 1939
CHASING TROUBLE • 1940
HIDDEN ENEMY • 1940
LAUGHING AT DANGER • 1940
MIDNIGHT LIMITED, THE • 1940
ON THE SPOT • 1940
SHOWDOWN, THE • 1940
UP IN THE AIR • 1940
IN OLD COLORADO • 1941
OUTLAWS OF THE DESERT • ARABIAN DESERT OUTLAWS • 1941
SIGN OF THE WOLF • 1941
TWILIGHT ON THE TRAIL • 1941
YOU'RE OUT OF LUCK • 1941
BELOW THE BORDER • 1942
DOWN TEXAS WAY • 1942
GHOST TOWN LAW • 1942
PIRATES OF THE PRAIRIE • 1942
RHYTHM PARADE • 1942
RIDERS OF THE BADLANDS • 1942
RIDERS OF THE WEST • 1942
WEST OF THE LAW • 1942
WEST OF TOMBSTONE • 1942
BEYOND THE LAST FRONTIER • 1943
BORDERTOWN GUNFIGHTERS • 1943
CARSON CITY CYCLONE • 1943
DAWN ON THE GREAT DIVIDE • 1943
FUGITIVE FROM SONORA • 1943
MAN FROM THE RIO GRANDE, THE • 1943
RIDERS OF THE RIO GRANDE • 1943
SANTA FE SCOUTS • 1943
WAGON TRACKS WEST • 1943
WHISPERING FOOTSTEPS • 1943
GIRL WHO DARED, THE • 1944
HIDDEN VALLEY OUTLAWS • 1944
LAW OF THE VALLEY • 1944
OUTLAWS OF SANTA FE • 1944
SAN ANTONE KID, THE • 1944
BIG SHOW-OFF, THE • 1945
GUN SMOKE • 1945
IDENTITY UNKNOWN • 1945
MONSTER AND THE APE, THE • 1945 • SRL
NAVAJO TRAIL, THE • 1945
RENEGADES OF THE RIO GRANDE • BANK ROBBERY (UKN) • 1945
TOPEKA TERROR, THE • 1945
WHO'S GUILTY? • 1945 • SRL
RIDIN' DOWN THE TRAIL • 1947
TRAIL OF THE MOUNTIES • 1947
TRAP, THE • MURDER AT MALIBU BEACH (UKN) • 1947
WHERE THE NORTH BEGINS • 1947
PRINCE OF THIEVES, THE • 1948
STORY OF LIFE, THE • 1948
TRIGGERMAN • 1948
WHIP LAW • 1950
NIGHT RAIDERS • 1952

BRETT B. HAROLD – UKN
BRETT HAROLD
FACTORY GIRL'S HONOUR, A • 1912
WAGER, THE • 1913
CHASE OF DEATH, THE • 1914
HER HOUR OF RETRIBUTION • 1914
HOUSEBOAT MYSTERY, THE • 1914
THELMA: OR, SAVED FROM THE SEA • 1914
THROUGH STORMY SEAS • 1914

BRETT HAROLD see **BRETT B. HAROLD**

BRETZINGER JURGEN – GRM
TAMGAK • 1989

BREUER SIEGFRIED – AUS
SCHUSS DURCHS FENSTER • 1950
SEITENSPRUNGE IM SCHNEE • 1950
IN MUNCHEN STEHT EIN HOFBRAUHAUS • 1952

BREVENT BERNARD – FRN
OEUF A LA COQUE, L' • BOILED EGG (USA) ○ ROOSTER'S EGG, THE • 1963 • ANS

BREWER JERRY – USA
BATS IN THE BELFRY • 1942 • ANS
FIRST SWALLOW, THE • 1942 • ANS

BREWSTER EUGENE V. – USA
LOVE'S REDEMPTION • 1921

BREYER CHARLES – NTH
ZOUT VOOR DE WIELEN • 1966
1953 FLOOD DISASTER, THE • 1977 • SHT

BREZEANU GRIGORE – RMN
AMOR FATAL • 1911
RAZBOIUL INDEPENDENTEI • 1912

BRIALY JEAN-CLAUDE – ALG – 1933–
EGLANTINE • 1971
VOLETS CLOS, LES • CLOSED SHUTTERS (USA) ○ SHUTTERED WINDOWS • 1972
OISEAU RARE, L' • 1973
MALE D'AMORE • AMOUR DE PLUIE, UN (FRN) ○ LOVING IN THE RAIN (USA) • 1974
MALHEURS DE SOPHIE, LES • 1979
BON PETIT DIABLE, UN • 1983

BRIAN DAVID – USA
VICIOUS CYCLES • 1969 • SHT

BRIAN J. – USA
FLASH BACKS

BRIANT MICHAEL E. – UKN
DR. WHO: DEATH TO THE DALEKS • 1974 • MTV
DR. WHO AND THE REVENGE FO THE CYBERMEN • DR. WHO: REVENGE OF THE CYBERMEN • 1975 • MTV
DR. WHO: THE ROBOTS OF DEATH • 1977 • MTV
BLAKE'S SEVEN: ORAC • 1978 • MTV
BLAKE'S SEVEN: THE DUEL • 1978 • MTV

BRICE MONTE – Screenwriter – USA – 1895–
CASEY AT THE BAT • 1927
GOLF SPECIALIST, THE • 1930 • SHT
ART JARRETT • 1932 • SHT
DOWN MEMORY LANE • 1932 • SHT
MORTON DOWNEY IN AMERICA'S GREATEST COMPOSERS • 1932
STREET SINGER • 1932 • SHT
BEAUTY ON BROADWAY • 1933 • SHT
BOSWELL SISTERS • 1933 • SHT
HOLD UP, THE • 1933 • SHT
I KNOW EVERYBODY AND EVERYBODY'S RACKET • 1933 • SHT
MARRIED OR SINGLE • 1933 • SHT
MY PAL THE PRINCE • 1933 • SHT
OLD TIMERS, THE • 1933 • SHT
RADIO MURDER MYSTERY, THE • 1933 • SHT
TAKE A CHANCE • 1933
SWEET SURRENDER • 1935

BRICKEN JULES – USA
DRANGO • 1957
EXPLOSION • 1970
DANNY JONES • FIRES OF YOUTH • 1972

BRICKER CLARENCE – USA
ROBIN HOOD, JR. • 1923
HELD FOR RANSOM • 1938

BRICKMAN MARSHALL – USA
SIMON • 1980
LOVESICK • 1983
DEADLY GAME • MANHATTAN PROJECT: THE DEADLY GAME, THE ○ MANHATTAN PROJECT, THE • 1986

BRICKMAN PAUL – USA
RISKY BUSINESS • 1983
MEN DON'T LEAVE • 1989

BRICOUT CHRISTIAN – FRN – 1952–
PARADISO • 1977

BRIDGES ALAN – UKN – 1928–
ACT OF MURDER • 1964
INVASION • 1965
LIE, THE • 1970 • TVM
HIRELING, THE • 1973
BRIEF ENCOUNTER • 1975 • TVM
OUT OF SEASON • WINTER RATES • 1975 • TVM
AGE OF INNOCENCE • RAGTIME SUMMER ○ SUMMER RAIN • 1977
PETITE FILLE EN VELOURS BLEU, LA • LITTLE GIRL IN BLUE VELVET, THE • 1978
VERY LIKE A WHALE • 1980 • TVM
RETURN OF THE SOLDIER • 1982
PUDD'NHEAD WILSON • 1984 • TVM
SHOOTING PARTY, THE • 1984
APT PUPIL • 1988

BRIDGES BEAU – Actor – USA – 1941–
KID FROM NOWHERE, THE • 1982 • TVM
THANKSGIVING PROMISE, THE • PROMISE MADE, A • 1986 • TVM
DEVIL'S ODDS • 1987
WILD PAIR, THE • 1987
SEVEN HOURS TO JUDGMENT • 1988

BRIDGES JAMES – USA – 1936–
BABY MAKER, THE • 1970
PAPER CHASE, THE • 1973
SEPTEMBER 30, 1955 • 24 HOURS OF THE REBEL ○ 9/30/55 ○ NINE THIRTY FIFTY-FIVE • 1977
CHINA SYNDROME, THE • 1979
URBAN COWBOY • 1979
MIKE'S MURDER • 1982
PERFECT • 1985
BRIGHT LIGHTS, BIG CITY • 1988

BRIGHOUSE TONY – ITL
24 ORE DI TERRORE • 1964

BRIGHT MAURICE see **LUCIDI MAURIZIO**

BRIGNONE GUIDO – ITL – 1886–1959
ODETTE • 1915
MACISTE ALL'INFERNO • MACISTE IN HELL (USA) • 1926
MARYS GROSSES GEHEIMNIS • MRS. BROWN FROM CHICAGO • 1928
ERLEBNIS EINER NACHT, DAS • 1929
MANN, DER NICHT LIEBT, DER • 1929
WEIB AM KREUZE, DAS • VERGIB UNS UNSERE SCHULD • 1929
CORTE D'ASSISE • 1930
RUBACUORI • 1931
AMOURS DE PERGOLESE, LES • 1932
PERGOLESI • 1932
WALLY • 1932
MAESTRINA, LA • LITTLE SCHOOL MISTRESS, THE • 1933
PARADISO • 1933
VOCE LONTANA, LA • 1933
OGGI SPOSI • VIAGGIO DI NOZZE ALL'80% • 1934
TENEBRE • CATENA, LA ○ CATENE ○ TENAGLIE • 1934
TERESA CONFALONIERI • 1934
DOPO UNA NOTTE D'AMORE • AFTER A NIGHT OF LOVE (USA) • 1935
GINEVRA DEGLI ALMIERI • 1935
LORENZINO DE' MEDICI • 1935
PASSAPORTO ROSSO • 1935
ANTENATO, L' • ANCESTOR, THE • 1936
DENARA E D'AMORE • MONEY AND LOVE • 1936
NOZZE VAGABONDE • 1936
AMORE E DENARO • 1937
AMORE E DOLORE • 1937
DESTINO DI DONNA • 1937
MARCELLA • 1937
TRE ANNI SENZA DONNE • THREE YEARS WITHOUT WOMEN • 1937
UOMINI NON SONO INGRATI, GLI • 1937
VIVERE! • TO LIVE (USA) ○ CANTO D'ADDIO • 1937
LOYALTY OF LOVE
CHI E PIU FELICE DI ME? • WHO IS HAPPIER THAN I? (USA) • 1938
SOTTO LA CROCE DEL SUD • 1938
MIA CANZONE AL VENTO, LA • 1939
PER UOMINI SOLI • FOR MEN ONLY (USA) • 1939
SORPRESE DEL DIVORZIO, LE • 1939
TORNA, CARO IDEAL! • 1939
CANTANTE CON ME! • 1940
CANTATE CON ME! • LASCIATEMI CANTARE! • 1940
KEAN • 1940
BEATRICE CENCI • 1941
MAMMA • MUTTER (FRG) • 1941
MUTTER • 1941
GORGONA, LA • 1942
MILIARDI, CHE FOLLIA! • 1942
TURBAMENTO • 1942
VERTIGINE • TRAGODIE EINER LIEBE (FRG) • 1942

MARIA MALIBRAN • 1943
ROMANZO DI UN GIOVANE POVERO, IL • 1943
FIORE SOTTO GLI OCCHI, IL • 1944
LACRIME DE SANGUE • TEARS OF BLOOD (USA) ○ VIE DEL PECCATO, LE ○ NOTTURNO ○ DONNA SOLA, UNA • 1944
CANTO, MA SOTTOVOCE • 1946
BARONE CARLO MAZZA, IL • 1948
MONACA SANTA • 1948
BACIO DI UNA MORTA, IL • DEAD WOMAN'S KISS, A (USA) • 1949
SANTO DISONORE • 1949
SEPOLTA VIVA, LA • BURIED ALIVE • 1949
NIDO DI FALASCO, IL • 1950
CONTE DI SANT'ELMO, IL • COUNT OF ST. ELMO, THE (USA) • 1951
CORE 'NGRATO • 1952
PROCESSO CONTRO IGNOTI • GENOESE DRAGNET • 1952
BUFERE • DANGEROUS WOMAN ○ FILLE DANGEREUSE • 1953
INGANNO • 1953
NOI PECCATORI • 1953
IVAN, IL FIGLIO DEL DIAVOLO BIANCO • IVAN, SON OF THE WHITE DEVIL ○ IVAN (USA) • 1954
PAPA PACIFICO • 1956
QUANDO TRAMONTA IL SOLE • SUNSET IN NAPLES • 1956
SCHIAVE DI CARTAGINE, LE • SWORD AND THE CROSS, THE • 1956
VETTURALE DEL MONCENISIO, IL • 1956
NEL SEGNO DI ROMA • SOUS LA SIGNE DE ROME (FRN) ○ SIGN OF THE GLADIATOR (USA) ○ REGINA DEL DESERTO, LA • 1959

BRIJ – IND
YEH RAAT PHIR NA AAYEGI • 1966
NIGHT IN LONDON • 1968

BRILL RICHARD – USA
THAT TENNESSEE BEAT • 1966

BRIMS IAN – UKN
VANISHING BUSKER, THE • 1966 • DCS
ALBERT CARTER Q.O.S.O. • 1967
GREEN SHOES, THE • 1968

BRINCKERHOFF BURT – USA – 1936–
DOGS • SLAUGHTER • 1977
ACAPULCO GOLD • 1978
CAN YOU HEAR THE LAUGHTER? –THE STORY OF FREDDIE PRINZE • 1979 • TVM
CRACKER FACTORY, THE • 1979 • TVM
BRAVE NEW WORLD • 1980 • TVM
DAY THE WOMEN GOT EVEN, THE • 1980 • TVM
MOTHER AND DAUGHTER –THE LOVING WAR • 1980 • TVM
BORN TO BE SOLD • 1981 • TVM
MONKEY MISSION, THE • 1981 • TVM

BRINGMANN PETER F. – GRM
THEO GEGEN DEN REST DER WELT • THEO AGAINST THE REST OF THE WORLD • 1980
HEARTBREAKER, DIE • HEARTBREAKERS, THE • 1983
AFRICAN TIMBER • 1989

van den BRINK JAN – NTH
HOLY FAMILY, THE • 1972 • DOC

BRINSON PETER – UKN
ANNA PAVLOVA • 1954

BRISMEE JEAN – BLG
FORGES • 1956 • DOC
PLANETE FAUVE, LA • 1959
PLUS LONGUE NUIT DU DIABLE, LA • NOTTE PIU LONGA DEL DIAVOLO, LA (ITL) ○ DEVIL'S NIGHTMARE (UKN) ○ SERVICE DU DIABLE ○ AU SERVICE DU DIABLE ○ VAMPIRE PLAYGIRLS ○ DEVIL'S LONGEST NIGHT, THE • 1971
NUIT DES PETRIFIES, LA • 1977

BRISSEAU JEAN-CLAUDE – FRN – 1944–
CROISEE DES CHEMINS, LA • 1975
JEU BRUTAL, UN • 1982
DE BRUIT ET DE FUREUR • OF SOUND AND FURY • 1988
MARIAGE BLANC • 1989
NOCE BLANCHE • NOCES BLANCHES • 1990

BRISSON JEAN-CLAUDE – FRN
BLUES, BLANC, ROUGE • 1976 • DOC

BRISTOL CHRISTOPHER – USA
PERSUASIVE PUSH, THE • 1961 • SHT

BRITTAIN DON – CND – 1928–
BRITTAIN DONALD
SETTING FIRES FOR SCIENCE • 1958 • DOC
WINTER CONSTRUCTION: IT CAN BE DONE • 1958 • DOC
DAY IN THE LIFE OF JONATHON MOLE, A • 1959
EVERYBODY'S PREJUDICED • 1961
CANADA AT WAR • 1962 • SER
FIELDS OF SACRIFICE • CHAMPS D'HONNEUR • 1963
CAMPAIGNERS, THE • 1964
BETHUNE • BETHUNE –HEROS DE NOTRE TEMPS • 1965 • DOC
LADIES AND GENTLEMEN: MR. LEONARD COHEN • 1965
MEMORANDUM • POUR MEMOIRE • 1967 • DOC
NEVER A BACKWARD STEP • PRESSE ET SON EMPIRE, LA • 1967
SAUL ALINSKY WENT TO WAR • 1968
MESSAGE TO THE TWENTY-FIRST CENTURY, A • 1970
TIGER CHILD • 1970
NOBLEST OF CALLINGS, THE VILEST OF TRADES, THE • 1971
PEOPLE'S RAILWAY, THE • 1972
STARBLANKET • 1973
VAN'S CAMP • 1973
CATSKINNER COUNTRY • 1974 • DOC
CAVENDISH COUNTRY • 1974 • DOC
DREAMLAND: A HISTORY OF EARLY CANADIAN MOVIES 1895–1939 • DREAMLAND • 1974 • DOC
KING OF THE HILL • 1974
PLAYERS, THE • 1974
SUMMER BEFORE, THE • 1975
HIS WORSHIP MR. MONTREAL: THE LIFE AND TIMES OF CAMILLIEN HOUDE • 1976
VOLCANO: AN INQUIRY INTO THE LIFE AND DEATH OF MALCOLM LOWRY • VOLCAN, LE • 1976 • DOC
HENRY FORD'S AMERICA • 1977 • DOC
SECRETS OF THE BERMUDA TRIANGLE • 1977
CHAMPIONS, THE • 1978
DIONNE QUINTUPLETS, THE • 1978 • DOC
SMALL IS BEAUTIFUL –IMPRESSIONS OF FRITZ SCHUMACHER • 1978 • DOC
PAPERLAND: THE BUREAUCRAT OBSERVED • 1979 • DOC
MOST DANGEROUS SPY, THE • 1981 • MTV
ON GUARD FOR THEE • 1981
RUNNING MAN • 1981 • MTV
HONOURABLE MEMBER, AN • 1982 • MTV
ACCIDENT, THE • ACCIDENT AT MEMORIAL STATION • 1983
SOMETHING TO CELEBRATE • 1983
CHILDREN'S CRUSADE, THE • 1984
CANADA'S SWEETHEART: THE SAGA OF HAL C. BANKS • 1986
KING CHRONICLE, THE • 1988

BRITTAIN DONALD see **BRITTAIN DON**

BRITTAIN FRANK – ASL
SET, THE • 1970

BRITTEN LAURENCE – UKN
FEELINGS • 1976

BRITTIN CHARLES – USA
INSTANT FILM #2 • SHT

BRIUCHUGIN E. see **BRYUNCHUGIN YEVGENIY**

BRIZ JOSE – SPN – 1938–
MENDEZ JOSE BRIZ • KAY GILBERT LEE
MELISMAS • 1963 • SHT
SINFONIA DE OTONO • 1964 • SHT
MONDENO • 1965 • SHT
CARTAS DESDE CULLERA • 1966 • SHT
COMANCHE BLANCO • WHITE COMANCHE (USA) • 1967
TIEMPOS ESPANOLES • 1967 • SHT
CRONICAS LEVANTINAS • 1968 • SHT
LLANTO POR HAMBRE, UN • 1968
LANZAS COLORADAS, LAS • COLOURED LANCES, THE • 1972

BRIZZI GAETAN – Animator – FRN – 1951–
CHRONIQUE 1909 • 1983 • ANS
ASTERIX ET LA SURPRISE DE CESAR • 1985 • ANM

BRIZZI PAUL – Animator – FRN – 1951–
CHRONIQUE 1909 • 1983 • ANS
ASTERIX ET LA SURPRISE DE CESAR • 1985 • ANM

BRO ARNE – DNM
MOTIVATION • 1984 • DOC
TAVSE PIGER, DE • SILENT GIRLS, THE • 1986 • DOC

BRO CHRISTOPHER – DNM
FARLIG SOMMER • DANGEROUS SUMMER • 1969

BROADBENT CHRIS – ITL
VITA PROVVISORIA, LA • 1962

BROADWELL R. B. see **BROADWELL ROBERT B.**

BROADWELL ROBERT see **BROADWELL ROBERT B.**

BROADWELL ROBERT B. – USA
BROADWELL ROBERT • BROADWELL R. B.
COULD A MAN DO MORE? • 1915
MYSTERY OF CARTER BREENE, THE • 1915
FOOL'S GAME, THE • 1916 • SHT
FOR HER GOOD NAME • 1916 • SHT
HALTED SYMPHONY, THE • 1916 • SHT
KING O' MAKE-BELIEVE, THE • 1916 • SHT
SPITE HUSBAND, THE • 1916 • SHT
VENGEANCE IS MINE! • 1916
GREAT RADIUM MYSTERY, THE • RADIUM MYSTERY, THE • 1919 • SRL

BROBERG ROBBAN – SWD
LANGTA EFTER KARLEK • LONGING FOR LOVE • 1968

BROBY FINN – DNM
SKAEVE DAGE I THY • 1970

de BROCA PHILIPPE – FRN – 1933–
SEPT PECHES CAPITAUX, LES • SETTE PECCATI CAPITALI, I (ITL) ○ SEVEN CAPITAL SINS, THE ○ SETTE PECCATI CAPITALI, I ○ SEVEN DEADLY SINS, THE ○ SEVEN DEADLY SINS ○ SEVEN CAPITAL SINS • 1951
SALON NAUTIQUE • 1954 • SHT
OPERATION GAS-OIL • 1955 • SHT
SOUS UN AUTRE SOLEIL • 1955 • SHT
AMANT DE CINQ JOURS, L' • AMANTE DI CINQUE GIORNI, L' (ITL) ○ FIVE DAY LOVER, THE (USA) ○ INFIDELITY (UKN) • 1960
FARCEUR, LE • JOKER, THE (USA) • 1960
JEUX DE L'AMOUR, LES • LOVE GAME, THE (USA) ○ PLAYING AT LOVE • 1960
CARTOUCHE • SWORDS OF BLOOD (UKN) • 1962
VEINARDS, LES • PEOPLE IN LUCK • 1962
HOMME DE RIO, L' • UOMO DI RIO, L' (ITL) ○ THAT MAN FROM RIO (USA) ○ MAN FROM RIO, THE • 1963
MONSIEUR DE COMPAGNIE, UN • POI TI SPOSERO (ITL) ○ MALE COMPANION (USA) ○ I WAS A MALE SEX BOMB • 1964
TRIBULATIONS D'UN CHINOIS EN CHINE, LES • UOMO DI HONG KONG, L' (ITL) ○ UP TO HIS EARS (USA) ○ THAT MAN FROM HONG KONG ○ CHINESE ADVENTURES IN CHINA • 1965
ROI DE COEUR, LE • TUTTI PAZZI MENO IO (ITL) ○ KING OF HEARTS (USA) • 1966
PLUS VIEUX METIER DU MONDE, LE • AMORE ATTRAVERSO I SECOLO, L' (ITL) ○ AMOUR A TRAVERS LES AGES, L' ○ ALTESTE GEWERBE DER WELT, DAS ○ LOVE THROUGH THE CENTURIES ○ OLDEST PROFESSION IN THE WORLD, THE ○ OLDEST PROFESSION, THE (USA) • 1967
CAPRICES DE MARIE, LES • PORTAMI QUELLO CHE HAI E PRENDITI QUELLO CHE VUOI (ITL) ○ GIVE HER THE MOON (USA) ○ FIGURANTS DU NOUVEAU MONDE, LES • 1969
DIABLE PAR LA QUEUE, LE • NON TIRATE IL DIAVOLO PER LA CODA (ITL) ○ DEVIL BY THE TAIL, THE (USA) • 1969
CHERE LOUISE • LUNGA NOTTE DI LOUISE, LA (ITL) ○ LOUISE (UKN) • 1971
POUDRE D'ESCAMPETTE, LA • DARSELA A GAMBE (ITL) ○ TOUCH AND GO (USA) ○ ROUTE AU SOLEIL, LA ○ FRENCH LEAVE • 1971
COMMENT DETRUIRE LA REPUTATION DU PLUS CELEBRE AGENT SECRET DU MONDE • MAGNIFIQUE, LE ○ COME SI DISTRUGGE LA REPUTAZIONE DEL PIU GRANDE AGENTE SEGRETO DEL MONDO (ITL) ○ ITL • 1973
INCORRIGIBLE, L' • 1975
JULIE POT-DE-COLLE • JULIE POT DE COLLE • 1977
TENDRE POULET • DEAR DETECTIVE (USA) ○ DEAR INSPECTOR • 1978
CAVALEUR, LE • PRACTICE MAKES PERFECT (USA) • 1979
ON A VOLE LA CUISSE DE JUPITER • SOMEBODY'S STOLEN THE THIGH OF JUPITER ○ JUPITER'S THIGH • 1979
PSY • 1980
AFRICAIN, L' • AFRICAN, THE • 1982
LOUISIANE • LOUISIANA • 1984
SHEHEREZADE • 1989

BROCANI FRANCO – ITL
NECROPOLIS • 1970
IMPOSSIBILE, L' • 1981

BROCHERO EDUARDO M. see **MANZANOS EDUARDO**

BROCHU PIERRE – CND
SOLITUDES • 1973

BROCK DEBORAH – USA
DON'T LET GO • 1987
SLUMBER PARTY MASSACRE II • 1987
ANDY COLBY'S INCREDIBLE ADVENTURE • 1988

BROCK LOU – Producer – USA – 1892–
BROCK LOUIS
MAJOR DIFFICULTIES • 1938 • SHT
BANDITS AND BALLADS • 1939
CUPID RIDES THE RANCH • 1939 • SHT
MOVING VANITIES • 1939 • SHT
RANCH HOUSE ROMEO • 1939 • SHT
WRONG ROOM • 1939 • SHT

BROCK LOUIS see **BROCK LOU**

BROCKA LINO – PHL – 1939–
SANTIAGO • 1970
WANTED: PERFECT MOTHER • 1970
CADENA DE AMOR • 1971
NOW • 1971
RUBOG SA GUNTO • 1971
STARDOOM • 1971
CHERRY BLOSSOMS • 1972
LUMUHA PATI MGA ANGEL • 1972
TUBOG SA GINTO • 1972
VILLA MIRANDA • 1972
TATLO, DALAWA, ISA • TALTO, DALAWA, ISA • 1974
TINIMBANG KA NGUNI'T KULANG • YOU ARE WEIGHED IN THE BALANCE BUT FOUND WANTING ○ HUMAN IMPERFECTIONS ○ YE HAVE BEEN WEIGHED IN THE BALANCE AND FOUND WANTING • 1974
MAYNILA, SA MGA KUKO NG LIWANAG • NAIL OF BRIGHTNESS, THE (USA) ○ MANILA (UKN) ○ MANILA IN THE CLAWS OF LIGHT ○ MANILA: IN THE CLAWS OF NEON ○ MANILA: IN THE CLAWS OF DARKNESS • 1975
LUNES, MARTE, MYERKOLES.. • 1976
INAY • 1977
INSIANG • 1977
TAHAN NO EMPOY, TAHAN • STOP CRYING EMPOY, STOP CRYING ○ TAHAN NA EMPY, TAHAN • 1977
MANANAYAN • 1978
INA KA NG ANAK MO • 1979
JAGUAR • 1980
BONA • 1981
BURGIS • 1981
CAUGHT IN THE ACT • 1981
DUNG-AW • LAMENTATIONS • 1981
HELLO, YOUNG LOVERS • 1981
KONTROVERSIAL • CONTROVERSY! • 1981
PALIPAT-LIPAT • 1981
PX • 1981
CAIN AT ABEL • 1982
IN THIS CORNER • 1982
MOTHER DEAR • 1982
EXPERIENCE • 1983
HOT PROPERTY • 1983
STRANGERS IN PARADISE • 1983
BAYAN KO –KAPIT SA PATALIM • BAYAN KO: MY OWN COUNTRY • 1984
KAPIT SA PATALIM • HANGING ON A KNIFE • 1984
MAGING AKIN KA LAMANG • BE MINE ALONE • 1988
PASAN KO ANG DAIGDIG • I CARRY THE WORLD • 1988
FIGHT FOR US • INSOUMIS, LES • 1989

BROCKMAN SUSAN – USA
WIZARD OF WAUKESHA, THE • 1981 • DOC

BROCKWELL ROBERT – USA
LAW UNTO HIMSELF, A • 1916

BRODERICK JOHN – USA
BAD GEORGIA ROAD • 1976
KAIN DEL PLANETA OSCURO • KAIN OF THE DARK PLANET ○ WARRIOR AND THE SORCERESS, THE • 1982

BRODEUR RENE – CND
GOBITAL • 1975

BRODIE BILL – CND – 1931–
TERRY WHITMORE, FOR EXAMPLE • 1969 • DOC

BRODIE KEVIN – USA
MUGSY'S GIRLS • DELTA PI • 1985

BRODO E.
CLOS PUSTYNI • 1933

BRODSKY SAMUEL – USA
HOUSE WITHOUT CHILDREN, THE • 1919

BRODY HUGH – UKN
1919 • NINETEEN NINETEEN • 1984

BRODYANSKY BORIS – USS
KRASNAYA DEREVNYA • 1935

BROIDO RUBEN – MXC
VALS SIN FIN, EL • 1971

BROM LADISLAV – CZC
KLAPZUBOVA JEDENACTKA • KLABZUBA'S ELEVEN • 1938
TULAK MACOUN • MACOUN THE TRAMP • 1939

BROMBERGER H. see **BROMBERGER HERVE**

BROMBERGER HERVE – FRN – 1918–
BROMBERGER H.
INCONNU D'UN SOIR, L' • 1948
IDENTITE JUDICAIRE • MONSIEUR MURDERER • 1950
SEUL DANS PARIS • 1951
FRUITS SAUVAGES, LES • WILD FRUIT (USA) • 1953
NAGANA • 1955
BONNE TISANE, LA • KILL OR CURE • 1957
ASPHALTE • 1958
LOUPS DANS LA BERGERIE, LES • 1959
MORT, OU EST TA VICTOIRE? • 1962
QUATRE VERITES • QUATTRO VERITA, LE (ITL) ○ THREE FABLES OF LOVE (USA) ○ CUATRO VERDADES, LAS • 1962
SOIR A TIBERIADE, UN • 1965

BROMET FRANS – NTH
NOORD 20–29, DE • 1972 • SHT

BROMFIELD REX – CND
LOVE AT FIRST SIGHT • 1976
MELANIE • 1981
HOME IS WHERE THE HEART IS • 1987

BROMLY ALAN – UKN
ANGEL WHO PAWNED HER HARP, THE • 1954
FOLLOW THAT HORSE! • 1960

BROMSKI JACEK see **BROMSKI YACEK**

BROMSKI YACEK – PLN
BROMSKI JACEK
ALICE • 1980
ZABIJ MNIE, GLINO • KILL ME, PIG ○ KILL ME, COP • 1988
SZTUKA KOCHANIA • ART OF LOVE, THE • 1989
KUCHNIA POLSKA • POLISH CUISINE • 1990

BRONISLAU SERGE – USA
SHAMELESS DESIRE • SHAMELESS DESIRES • 1967

BRONKEN PER – NRW
ALBERTINE • 1986

BRONSTEIN Y. – USS
SANDCASTLE • 1967 • SHT

BROODBENT WALLY – USA
LITTLE MATCH GIRL, THE • 1983

BROOK CLIVE – Actor – UKN – 1887–1974
RETURN OF SHERLOCK HOLMES, THE • 1929
ON APPROVAL • 1944

BROOK PETER – UKN – 1925–
SENTIMENTAL JOURNEY • 1943
BEGGAR'S OPERA, THE • 1953
MODERATO CANTABILE • SEVEN DAYS.. SEVEN NIGHTS (UKN) • 1960
LORD OF THE FLIES • 1963
PERSECUTION AND ASSASSINATION OF JEAN-PAUL MARAT AS PERFORMED BY THE INMATES OF THE ASYLUM.. • MARAT/DE SADE • 1966
TELL ME LIES • 1968
KING LEAR • 1970
MEETINGS WITH REMARKABLE MEN • 1979
RED, WHITE AND ZERO • 1979
TRAGEDIE DE CARMEN, LA • 1983
MAHABHARATA • 1989

BROOKE HUGH – UKN
SILENCE • 1926

BROOKE RALPH – USA
BLOODLUST • 1961

BROOKE VAN DYKE – Actor – USA
BURIED ALIVE • 1908
DUMB WITNESS, THE • 1908
DUTY VERSUS REVENGE • 1908
FLOWER GIRL OF PARIS, THE • 1908
GUILTY CONSCIENCE, THE • 1908
GYPSY'S REVENGE, THE • 1908
INN OF DEATH, THE • 1908
JEALOUS OLD MAID • 1908
LEAH THE FORSAKEN • 1908
REPRIEVE, THE • 1908
SLIPPERY JIM'S REPENTANCE • 1908
SLUMBERLAND • 1908
STAGE-STRUCK DAUGHTER, THE • 1908
STOLEN PLANS OR THE BOY DETECTIVE • 1908
WITCH, THE • 1908
ARTIST'S REVENGE, THE • 1909
BETTY'S CHOICE • 1909
BORROWED CLOTHES • 1909
CAUGHT AT LAST • 1909
COLONIAL ROMANCE, A • 1909
DEACON'S LOVE LETTER, THE • 1909
EMPTY SLEEVE, OR MEMORIES OF BYGONE DAYS, THE • 1909
EVIL THAT MEN DO, THE • 1909
FALSE ACCUSATION, A • 1909
FANTINE • 1909
FISHERMAN, THE • 1909
FOR HER SWEETHEART'S SAKE • 1909
FOUNDLING, THE • 1909
HONOR OF THE SLUMS, THE • 1909
HUNCHBACK, THE • 1909
JESSIE, THE STOLEN CHILD • 1909
JUDGE NOT THAT YE BE NOT JUDGED • 1909
LED ASTRAY • 1909
LITTLE FATHER, THE • 1909
LOST SHEEP, THE • 1909
MINE AT LAST • 1909
PLOT THAT FAILED, THE • 1909
POOR MUSICIAN, THE • 1909
POWER OF THE PRESS, THE • 1909
SCALES OF JUSTICE, THE • 1909
SCULPTOR'S LOVE, THE • 1909
SIREN'S NECKLACE, THE • 1909
SISTER'S LOVE, A • 1909
CAPITAL VS. LABOR • 1910
CONSCIENCE OR THE BAKER BOY • 1910
CONVICT NO.796 • 1910
DIXIE MOTHER, A • 1910
LOVE OF CHRYSANTHEMUM • 1910
CHILD CRUSOES, THE • 1911
FORGOTTEN • 1911
GERANIUM, A • 1911
HER HERO • 1911
SACRIFICE, THE • 1911
THUMB PRINT, THE • 1911
ADVENTURE OF THE ITALIAN MODEL, THE • 1912
ADVENTURE OF THE RETIRED ARMY COLONEL, THE • 1912
BILLY'S BURGLAR • 1912
CAPTAIN BARNACLE, REFORMER • 1912
CAPTAIN BARNACLE'S WAIF • 1912
CAPTAIN JENKS' DIPLOMACY • 1912
COUNSEL FOR THE DEFENCE • 1912
FIRST VIOLIN, THE • 1912
FLIRT OR HEROINE • 1912
IDA'S CHRISTMAS • 1912
LORD BROWNING AND CINDERELLA • 1912
MONEY KINGS, THE • 1912
MRS. CARTER'S NECKLACE • 1912
MRS. LIRRIPER'S LODGERS • 1912
NIGHT BEFORE CHRISTMAS, THE • 1912
O'HARA SQUATTER AND PHILOSOPHER • 1912
REINCARNATION OF KARMA, THE • 1912
SAVING AN AUDIENCE • 1912
TWO BATTLES, THE • 1912
TWO WOMEN AND TWO MEN • 1912
ARTIST'S GREAT MADONNA, THE • 1913
BACHELOR'S BABY OR HOW IT ALL HAPPENED, THE • 1913
BETTER DAYS • 1913
BLUE ROSE, THE • 1913
CUPID THROUGH THE KEYHOLE • 1913
DR. CRATHERN'S EXPERIMENT • 1913
DOCTOR'S SECRET, THE • 1913
ELOPEMENT AT HOME, AN • 1913
FANNY'S CONSPIRACY • 1913
FATHER'S HATBAND • 1913
HEART OF MRS. ROBINS, THE • 1913
HIS SILVER BACHELORHOOD • 1913
HONORABLE ALGERNON, THE • 1913
HORATIO SPARKINS • 1913
JUST SHOW PEOPLE • 1913
KISS OF RETRIBUTION, THE • 1913
MODERN PSYCHE, A • 1913
MOUSE AND THE LION, THE • 1913
NO SWEETS • 1913
O'HARA AND THE YOUTHFUL PRODIGAL • 1913
O'HARA AS A GUARDIAN ANGEL • 1913
O'HARA HELPS CUPID • 1913
O'HARA'S GODCHILD • 1913
OLD MAN'S LOVE STORY, AN • 1913
OTHER WOMAN, THE • 1913
RED AND WHITE ROSES • 1913
SILVER CIGARETTE CASE, THE • 1913
SOUL IN BONDAGE, A • 1913
TIGER LILY, THE • 1913
TIM GROGAN'S FOUNDLING • 1913
UNDER THE DAISIES • 1913
WANTED, A STRONG HAND • 1913
WHEN GLASSES ARE NOT GLASSES • 1913
CUPID VERSUS MONEY • 1914
CURING OF MYRA MAY, THE • 1914
FOGG'S MILLIONS • 1914
GOODBYE, SUMMER • 1914
HELPFUL SISTERHOOD, A • 1914
HIDDEN LETTERS, THE • 1914
HIS LITTLE PAGE • 1914
JOHN RANCE, GENTLEMAN • 1914
LOAN SHARK KING, THE • 1914
MEMORIES IN MEN'S SOULS • 1914
MISER MURRAY'S WEDDING PRESENT • 1914
OFFICER JOHN DONOVAN • 1914
OLD RELIABLE • 1914
PEACEMAKER, THE • 1914
POLITICS AND THE PRESS • 1914
QUESTION OF CLOTHES, A • 1914
RIGHT OF WAY, THE • 1914
SACRIFICE OF KATHLEEN, THE • 1914
SAWDUST AND SALOME • 1914
SUNSHINE AND SHADOWS • 1914
UNDER FALSE COLORS • 1914
VAVASOUR BALL, THE • 1914
WAYWARD DAUGHTER, A • 1914
BARRIER OF FAITH, THE • 1915
CRIMINAL, THE • 1915
DAUGHTER OF ISRAEL, A • 1915
DAUGHTER'S STRANGE INHERITANCE, A • 1915
DAWN OF UNDERSTANDING, THE • 1915
DOROTHY • 1915
ELSA'S BROTHER • 1915
GODS REDEEM, THE • 1915
JANET OF THE CHORUS • 1915
PILLAR OF FLAME, A • 1915
QUESTION OF RIGHT AND WRONG, A • 1915
RAGS AND THE GIRL • 1915
ROMANCE OF A HANDKERCHIEF, THE • 1915
SAINTS AND SINNERS • 1915
TRIED FOR HIS OWN MURDER • 1915
BOND OF BLOOD, THE • 1916 • SHT
CALIPH OF THE NEW BAGDAD, A • 1916 • SHT
CAPTAIN JINKS' GETAWAY • 1916 • SHT
CAPTAIN JINKS, THE COBBLER • 1916 • SHT
CROWN PRINCE'S DOUBLE, THE • 1916
HARBOR OF HAPPINESS, THE • 1916 • SHT
LIGHTS OF NEW YORK, THE • 1916
PRIMAL INSTINCT, THE • 1916 • SHT
ROAD OF MANY TURNINGS, THE • 1916
WOULD YOU FORGIVE HER? • 1916 • SHT
AMATEUR ORPHAN, THE • 1917
CAPTAIN JINKS' ALIBI • 1917 • SHT
CAPTAIN JINKS' CURE • 1917 • SHT
CAPTAIN JINKS' EXPLOSIVE TEMPER • 1917 • SHT
CAPTAIN JINKS' GREAT EXPECTATIONS • 1917 • SHT
CAPTAIN JINKS' KIDS • 1917 • SHT
CAPTAIN JINKS' LOVE INSURANCE • 1917 • SHT
CAPTAIN JINKS' LOVE LETTERS • 1917 • SHT
CAPTAIN JINKS, THE PLUMBER • 1917 • SHT
CAPTAIN JINKS' WIFE'S HUSBAND • 1917 • SHT
IT HAPPENED TO ADELE • 1917

BROOKING DOROTHEA – UKN
SECRET GARDEN, THE • 1975 • MTV
MOON STALLION, THE • 1978

BROOKNER HOWARD – USA
BLOODHOUNDS OF BROADWAY • 1989

BROOKS ADAM – CND – 1956–
ALMOST YOU • 1985
LITTLE RED RIDING HOOD • CANNON MOVIE TALES: RED RIDING HOOD ○ RED RIDING HOOD • 1987

BROOKS ALBERT – USA – 1947–
REAL LIFE • 1979
MODERN ROMANCE • 1981
LOST IN AMERICA • 1985
DEFENDING YOUR LIFE • 1990

BROOKS BOB – USA – 1927–
KNOWLEDGE, THE • 1979 • MTV
TATTOO • 1981

BROOKS DWIGHT – USA
POCO • POCO -LITTLE DOG LOST • 1978

BROOKS HILDY – USA
TRIAL BY TERROR • 1983

BROOKS JAMES L. – Writer/producer – USA – 1940–
TERMS OF ENDEARMENT • 1983
BROADCAST NEWS • 1987

BROOKS JOE see **BROOKS JOSEPH**

BROOKS JOSEPH – USA
BROOKS JOE
YOU LIGHT UP MY LIFE • 1977
IF EVER I SEE YOU AGAIN • 1978
HEADIN' FOR BROADWAY • 1980
INVITATION TO THE WEDDING • 1983

BROOKS LANCER – USA
SONS OF SATAN • 1973

BROOKS MARTY – USA
CLOCK SHOP, THE • 1930
FLOWER GARDEN • 1930
PIRATES • PIRATE REVUE • 1930
NIPUPS • 1934 • SHT

BROOKS MEL – Actor/writer – USA – 1926–
CRITIC, THE • 1963 • ANS
PRODUCERS, THE • 1968
TWELVE CHAIRS, THE • 1970
BLAZING SADDLES • 1974
YOUNG FRANKENSTEIN • 1974
SILENT MOVIE • 1976
HIGH ANXIETY • 1977
HISTORY OF THE WORLD PART 1 • 1980
SPACEBALLS • 1988

BROOKS RAND – USA
BEARHEART OF THE GREAT NORTHWEST • LEGEND OF THE NORTHWEST ○ BEARTOOTH • 1964

BROOKS RICHARD – Screenwriter – USA – 1912–
CRISIS • 1950
LIGHT TOUCH, THE • 1951
BATTLE CIRCUS • 1952
DEADLINE, U.S.A. • DEADLINE (UKN) • 1952
TAKE THE HIGH GROUND • 1953
FLAME AND THE FLESH, THE • 1954
LAST TIME I SAW PARIS, THE • 1954
BLACKBOARD JUNGLE, THE • 1955
LAST HUNT, THE • 1955
CATERED AFFAIR, THE • WEDDING BREAKFAST (UKN) • 1956
BROTHERS KARAMAZOV, THE • 1957
SOMETHING OF VALUE • AFRICA ABLAZE • 1957
CAT ON A HOT TIN ROOF • 1958
ELMER GANTRY • 1960
SWEET BIRD OF YOUTH • 1962
LORD JIM • 1965
PROFESSIONALS, THE • 1966
IN COLD BLOOD • 1967
HAPPY ENDING, THE • 1969
$ DOLLARS • HEIST, THE (UKN) • 1971
BITE THE BULLET • 1975
LOOKING FOR MR. GOODBAR • 1977
WRONG IS RIGHT • MAN WITH THE DEADLY LENS, THE (UKN) • 1982
FEVER PITCH • FEVER, THE • 1985

BROOKS THOR see **BROOKS THOR L.**

BROOKS THOR L. – SWD – 1907–
BROOKS THOR
MIN SVARMOR DANSOSEN • MY MOTHER-IN-LAW THE DANCER • 1936
FLICKA KOMMER TILL STAN, EN • GIRL COMES TO TOWN, A • 1937
MIDNATTSSOLENS SON • 1939
HENNES MELODI • HER MELODY • 1940
HANS CHRISTIAN ANDERSEN FAIRY TALES • 1952 • SHS
LEGION OF THE DOOMED • 1958
ARSON FOR HIRE • 1959

BROOMFIELD NICHOLAS – UKN – 1948–
BROOMFIELD NICK
WHO CARES • 1969 • DOC
PROUD TO BE BRITISH • 1972 • DOC
BEHIND THE RENT STRIKE • 1973 • DOC
JUVENILE LIAISON • 1975
TATTOOED TEARS • 1978
SOLDIER GIRLS • 1981 • DOC
CHICKEN RANCH • 1983 • DOC
LILY TOMLIN • 1986 • DOC
DIAMOND SKULLS • 1989

BROOMFIELD NICK see **BROOMFIELD NICHOLAS**

BROPHY EDWARD – Actor – USA – 1895–1960
CASANOVA WIDER WILLEN • 1931

BROPHY PHILIP – ASL
SALT, SALIVA, SPERM AND SWEAT • 1987 • SHT

BROSENS ALBERT – NTH
KARPER, DE • 1966

BROTHY WILLIAM – FRN
BUSTER SE MARIE • 1931

BROTTET PHILIPPE – FRN
OISEAU DE SANG, L' • BIRD OF BLOOD, THE

BROUETT ALBERT – UKN
WHO IS THE BOSS? • 1921
ROGUE IN LOVE, A • 1922
EARLY BIRDS • 1923
JAIL BIRDS • 1923
MUMMING BIRDS • 1923

BROUGHTON JAMES – USA – 1912–
POTTED PSALM, THE • 1946 • SHT
MOTHER'S DAY • 1948 • SHT
ADVENTURES OF JIMMY, THE • 1950 • SHT
FOUR IN THE AFTERNOON • 1951 • SHT
LOONY TOM, THE HAPPY LOVER • LOONY TOM • 1954 • SHT
PLEASURE GARDEN, THE • 1954
BED, THE • 1968
NUPITAE • 1969 • SHT
GOLDEN POSITIONS, THE • 1970
THIS IS IT • 1971
DREAMWOOD • 1972
HIGH KUKUS • 1973
TESTAMENT • 1974
WATER CIRCLE, THE • 1975
EROGENY • 1976
TOGETHER • 1976
SONG OF THE GOODBODY • 1977
WINDOWMOBILE • 1977
HERMES BIRD • 1979
GARDENER OF EDEN, THE • 1981
SHAMAN PSALM • 1981

BROUMBERG L. see **BRUMBERG L.**

BROUMBERG V. see **BRUMBERG VALENTINA**

BROUMBERG Z. see **BRUMBERG ZINAIDA**

BROUN M. L. – UKN
INTERNATIONAL WOOLMARK, THE • 1965 • DCS

BROWER OTTO – USA – –1946
AVALANCHE • 1928
STAIRS OF SAND • 1929
SUNSET PASS • 1929
BORDER LEGION, THE • 1930
FIGHTING CARAVANS • BLAZING ARROWS • 1930
LIGHT OF WESTERN STARS, THE • WINNING THE WEST • 1930
PARAMOUNT ON PARADE • 1930
SANTA FE TRAIL, THE • LAW RIDES WEST, THE (UKN) ○ SPANISH ACRES • 1930
CLEARING THE RANGE • 1931
HARD HOMBRE, THE • 1931
DEVIL HORSE, THE • 1932 • SRL
FIGHTING FOR JUSTICE • 1932
GOLD • VALLEY OF GOLD, THE (UKN) • 1932
LAW OF THE SEA • LURE OF THE SEA • 1932
LOCAL BAD MAN, THE • 1932
PLEASURE • 1932
SPIRIT OF THE WEST • 1932
CROSSFIRE • 1933
HEADLINE SHOOTERS • EVIDENCE IN CAMERA (UKN) ○ HEADLINE SHOOTER • 1933
LOST IN LIMEHOUSE: OR, LADY ESMERELDA'S PREDICAMENT • 1933 • SHT
SCARLET RIVER • 1933
MYSTERY MOUNTAIN • 1934 • SRL
SPEED WINGS • 1934
STRAIGHTAWAY • 1934
OUTLAW DEPUTY, THE • 1935
PHANTOM EMPIRE • 1935 • SRL
RADIO RANCH • 1935
POSTAL INSPECTOR • 1936
SINS OF MAN • 1936
ROAD DEMON • 1938
SPEED TO BURN • RACING BLOOD • 1938
STOP, LOOK AND LOVE • 1939
TOO BUSY TO WORK • 1939
WINNER TAKE ALL • 1939
GAY CABALLERO, THE • GHOST OF THE CISCO KID • 1940
GIRL FROM AVENUE A • 1940
MEN WITH STEEL FACES • COULDN'T POSSIBLY HAPPEN (UKN) • 1940
ON THEIR OWN • 1940
YOUTH WILL BE SERVED • 1940
LITTLE TOKYO, U.S.A. • 1942
DIXIE DUGAN • 1943
BEHIND GREEN LIGHTS • 1946

BROWN ALAN – UKN – 1951–
BROWN ALE WITH GERTIE • 1975
SKOOLPLAY • 1977
SMITH • 1977 • MTV
SUPERMARKET LOVE STORY • 1977

BROWN ALASTAIR – UKN – 1944–
PRICE OF VENGEANCE, THE • 1985 • MTV
LAST CHANCE • 1986

BROWN ALEX – UKN
OPENING NIGHT • 1935

BROWN ARVIN – USA
DIARY OF THE DEAD • 1976

BROWN BARRY – USA
WAY WE LIVE NOW, THE • 1970
WAR AT HOME, THE • 1979 • DOC
CLOUD DANCER • 1980

BROWN BERNARD – USA
PETTIN' IN THE DARK • 1934 • ANS
THOSE WERE WONDERFUL DAYS • 1934 • ANS

BROWN BOBBY K. – UKN
MORNING FOR JIMMY, A • 1961 • SHT

BROWN BRUCE – USA
SLIPPERY WHEN WET • 1959
BAREFOOT ADVENTURE • 1961
ENDLESS SUMMER, THE • 1966 • DOC
ON ANY SUNDAY • 1971 • DOC

BROWN CLARENCE – USA – 1890–1987
BROWN CLARENCE L.
GREAT REDEEMER, THE • 1920
LAST OF THE MOHICANS, THE • 1920
FOOLISH MATRONS, THE • IS MARRIAGE A FAILURE? (UKN) • 1921
LIGHT IN THE DARK, THE • 1922
ACQUITTAL, THE • 1923
DON'T MARRY FOR MONEY • 1923
BUTTERFLY • 1924
SIGNAL TOWER, THE • 1924
EAGLE, THE • LONE EAGLE, THE • 1925
GOOSE WOMAN, THE • 1925
SMOULDERING FIRES • 1925
FLESH AND THE DEVIL • 1926
KIKI • 1926
COSSACKS, THE • 1928
TRAIL OF '98, THE • 1928
WOMAN OF AFFAIRS, A • 1928
ANNA CHRISTIE • 1929
NAVY BLUES • 1929
WONDER OF WOMEN • 1929
INSPIRATION • 1930
ROMANCE • 1930
EMMA • 1931
FREE SOUL, A • 1931
POSSESSED • 1931
THIS MODERN AGE • 1931
LETTY LYNTON • 1932
SON–DAUGHTER, THE • 1932
LOOKING FORWARD • SERVICE (UKN) • 1933
NIGHT FLIGHT • 1933
CHAINED • SACRED AND PROFANE LOVE • 1934
SADIE MCKEE • 1934
AH, WILDERNESS! • 1935
ANNA KARENINA • 1935
GORGEOUS HUSSY, THE • 1936
WIFE VERSUS SECRETARY • 1936
CONQUEST • MARIE WALEWSKA (UKN) • 1937
IDIOT'S DELIGHT • 1938
OF HUMAN HEARTS • BENEFITS FORGOT • 1938
RAINS CAME, THE • 1939
COME LIVE WITH ME • 1940
EDISON THE MAN • 1940
THEY MET IN BOMBAY • UNIFORM, THE • 1941
HUMAN COMEDY, THE • 1943
NATIONAL VELVET • 1944
WHITE CLIFFS OF DOVER, THE • 1944
YEARLING, THE • 1946
SONG OF LOVE • 1947
INTRUDER IN THE DUST • 1949
TO PLEASE A LADY • INDIANAPOLIS • 1950
ANGELS IN THE OUTFIELD • ANGELS AND PIRATES (USA) ○ ANGELS AND THE PIRATES • 1951
IT'S A BIG COUNTRY • 1951
PLYMOUTH ADVENTURE • 1952
WHEN IN ROME • 1952

BROWN CLARENCE L. see **BROWN CLARENCE**

BROWN CLIFFORD see **FRANCO JESUS**

BROWN CLIFFORD see **de NESLE ROBERT**

BROWN COLIN – CND
WHITE LAKE • 1990 • DOC

BROWN CURTIS – USA
GAME, THE • 1990

BROWN DON – USA
SATIN MUSHROOM, THE • SOFT WARM EXPERIENCE, A • 1969
MIDNIGHT GRADUATE, THE • 1970

BROWN EDWIN S. see **BROWN EDWIN SCOTT**

BROWN EDWIN SCOTT – USA
BROWN EDWIN S.
FOR THE LOVE OF PLEASURE • 1980
PREY, THE • 1980
IRRESISTIBLE • 1982

BROWN EWING MILES – USA
WHALE OF A TALE, A • 1975

BROWN FRED J. – USA
VIGNETTE • 1962

BROWN GEORGE H. see **WERTMULLER LINA**

BROWN GEORGE STANFORD – Actor – CUB – 1943–
ROOTS: THE NEXT GENERATIONS • 1978 • TVM
GRAMBLING'S WHITE TIGER • GRUMBLING WHITE TIGER, THE • 1981 • TVM
MIAMI VICE: GOLDEN TRIANGLE • 1985 • TVM
MIRACLE OF THE HEART: A BOYS TOWN STORY • 1986 • TVM
KIDS LIKE THESE • 1987 • TVM
ALONE IN THE NEON JUNGLE • COMMAND IN HELL • 1988 • TVM

BROWN GREGORY – USA
DEAD MAN WALKING • 1987

BROWN HARRY J. – Producer – USA – 1892–1972
BROWN HARRY JOE
BASHFUL BUCCANEER • 1925
BROADWAY BILLY • 1926
DANGER QUEST • 1926
DANGEROUS DUDE, THE • 1926
FIGHTING THOROBREDS • 1926
HIGH FLYER, THE • 1926
KENTUCKY HANDICAP • 1926
MORAN OF THE MOUNTED • 1926
NIGHT OWL, THE • 1926
ONE PUNCH O'DAY • DRILLS AND THRILLS • 1926
RACING ROMANCE • KENTUCKY LUCK • 1926
RAPID FIRE ROMANCE • 1926
SELF STARTER, THE • 1926
STICK TO YOUR STORY • 1926
WINDJAMMER, THE • 1926
WINNER, THE • 1926
GUN GOSPEL • 1927
LAND BEYOND THE LAW, THE • 1927
RACING FOOL, THE • 1927
ROMANTIC ROGUE • 1927
ROYAL AMERICAN, THE • 1927
SCORCHER, THE • 1927
CODE OF THE SCARLET, THE • 1928
WAGON SHOW, THE • 1928
LAWLESS LEGION, THE • 1929
ROYAL RIDER, THE • 1929
SENOR AMERICANO • 1929
WAGON MASTER, THE • 1929
FIGHTING LEGION, THE • 1930
LUCKY LARKIN • 1930
MOUNTAIN JUSTICE • KETTLE CREEK • 1930
PARADE OF THE WEST • MEDICINE SHOW, THE • 1930
SONG OF THE CABALLERO • 1930
SONS OF THE SADDLE • 1930
SQUEALER, THE • 1930
WOMAN OF EXPERIENCE, A • REGISTERED WOMAN • 1931
MADISON SQUARE GARDEN • 1932
BILLION DOLLAR SCANDAL, THE • 1933
I LOVE THAT MAN • 1933
SITTING PRETTY • 1933
KNICKERBOCKER HOLIDAY • 1944

BROWN HARRY JOE see **BROWN HARRY J.**

BROWN JACK W. – USA
SHADOW, THE • 1921

BROWN JENNY – UKN
RUGGED ISLAND, THE • 1934

BROWN JIM – USA – 1935–
WASN'T THAT A TIME! • WEAVERS: WASN'T THAT A TIME!, THE • 1981 • DOC
SLAM–DUNK • 1986

BROWN KARL – Cinematographer – USA – 1897–
HIS DOG • 1927
STARK LOVE • 1927
PRINCE OF DIAMONDS • 1930
FLAMES • FIRE ALARM • 1932
IN HIS STEPS • SINS OF THE CHILDREN • 1936
WHITE LEGION, THE • 1936
FEDERAL BULLETS • 1937
MICHAEL O'HALLORAN • ANY MAN'S WIFE • 1937
BAREFOOT BOY • 1938
NUMBERED WOMAN • PRIVATE NURSE (UKN) • 1938
PORT OF MISSING GIRLS, THE • 1938
UNDER THE BIG TOP • CIRCUS COMES TO TOWN, THE (UKN) • 1938

BROWN LARRY – USA
PSYCHOPATH, THE • 1973
FINAL CUT • 1987

BROWN LOU – Actor/cameraman – ASL – 1952–
ALBRECHT FOR YOU • 1978 • SHT
MY NAME'S MICK • 1978 • SHT

BROWN MANDY see **BROWN MENDE**

BROWN MELVILLE – USA – –1938
BROWN MELVILLE W.
LOAFERS AND LOVERS • 1920
PALS AND PETTICOATS • 1920 • SHT
RENT DODGERS, THE • 1920 • SHT
SAUCE AND SENORITAS • 1920 • SHT
HER BIG NIGHT • BIG NIGHT, THE • 1926
FAST AND FURIOUS • 1927
TAXI! TAXI! • 1927
BUCK PRIVATES • 1928
RED LIPS • CREAM OF THE EARTH (UKN) ○ PLASTIC AGE, THE • 1928
13 WASHINGTON SQUARE • 1928
DANCE HALL • 1929
GERALDINE • 1929
JAZZ HEAVEN • 1929
LOVE DOCTOR, THE • 1929
CHECK AND DOUBLE CHECK • 1930
LOVIN' THE LADIES • ROUGHNECK LOVER • 1930
SHE'S MY WEAKNESS • 1930
BEHIND OFFICE DOORS • PRIVATE SECRETARY • 1931
FANNY FOLEY HERSELF • TOP OF THE BILL (UKN) • 1931
WHITE SHOULDERS • 1931
LOST IN THE STRATOSPHERE • MURDER IN THE STRATOSPHERE • 1934
REDHEAD • 1934
CHAMPAGNE FOR BREAKFAST • 1935
FORCED LANDING • 1935
NUT FARM, THE • 1935
HEAD OFICE • 1936
STARDUST • MAD ABOUT MONEY (USA) ○ HE LOVED AN ACTRESS • 1937

BROWN MELVILLE W. see **BROWN MELVILLE**

BROWN MENDE – USA
BROWN MANDY
OLYMPIAD '64 • 1964
CLOWN AND THE KIDS, THE • SVIRACHUT (BUL) ○ PIED PIPER, THE • 1968
LITTLE JUNGLE BOY • 1970
STRANGE HOLIDAY • 1970
ON THE RUN • 1982

BROWN PHIL – USA
HARLEM GLOBETROTTERS, THE • 1951

BROWN QUENTIN – CND
PEOPLE OF THE SEAL • 1971

BROWN RALPH see **POLSELLI RENATO**

BROWN REG – USA
SON OF THE RENEGADE • 1953

BROWN RIGG see **BROWNRIGG S. F.**

BROWN ROBERT – USA
TWO WRONGS MAKE A RIGHT • 1988

BROWN ROWLAND – USA – 1901–1963
BROWN ROWLAND V
QUICK MILLIONS • 1931
HELL'S HIGHWAY • LIBERTY ROAD • 1932
BLOOD MONEY • 1933

BROWN ROWLAND V see **BROWN ROWLAND**

BROWN WES – USA
BROWNE WES
SEDUCTION OF LYNN CARTER, THE • 1974
AUNT PEG • 1980
AUNT PEG'S FULFILLMENT • 1982

BROWN WILLIAM O. – USA
ONE WAY WAHINE • 1965
WITCHMAKER, THE • 1969

BROWNE BERNARD – UKN
WHARVES & STRAYS • 1935

BROWNE K. R. – UKN
SKILLS UNLIMITED • 1964

BROWNE PETER FRANCIS – UKN
GERALD MANLEY HOPKINS • 1973 • SHT

BROWNE TOM – UKN
WEARY WILLIE IN SEARCH OF HIDDEN TREASURE • 1904

BROWNE WES see **BROWN WES**

BROWNING IRVING – USA
CITY OF CONTRASTS • 1972

BROWNING RICOU – USA – 1930–
ISLAND OF THE LOST • DANGEROUS ISLAND ○ LOST ISLAND • 1967
SALTY • 1974
AMAZING MISTER NO LEGS, THE • MISTER NO LEGS • 1981

BROWNING TOD – USA – 1882–1962
BURNED HAND, THE • 1915
ELECTRIC ALARM, THE • 1915
HIGHBINDERS, THE • 1915
IMAGE OF THE PAST, AN • 1915
LITTLE MARIE • 1915
LIVING DEATH, THE • 1915
LUCKY TRANSFER, THE • 1915
SLAVE GIRL, THE • 1915
SPELL OF THE POPPY, THE • 1915
STORY OF A STORY, THE • 1915
WOMAN FROM WARRENS, THE • 1915
EVERYBODY'S DOING IT • 1916
FATAL GLASS OF BEER, THE • 1916
PUPPETS • 1916
HANDS UP • 1917
JIM BLUDSO • 1917
JURY OF FATE, THE • 1917
LOVE SUBLIME, A • 1917
PEGGY, WILL O' THE WISP • PEGGY, THE WILL O' THE WISP • 1917
BRAZEN BEAUTY • 1918
DECIDING KISS, THE • 1918
EYES OF MYSTERY, THE • 1918
LEGION OF DEATH, THE • 1918
REVENGE • 1918
SET FREE • 1918
WHICH WOMAN? • 1918
BONNIE, BONNIE LASSIE • 1919
EXQUISITE THIEF, THE • 1919
PETAL ON THE CURRENT, THE • PETAL IN THE CURRENT, THE • 1919
UNPAINTED WOMAN, THE • 1919
WICKED DARLING, THE • ROSE OF THE NIGHT, THE • 1919
VIRGIN OF STAMBOUL, THE • 1920
NO WOMAN KNOWS • 1921
OUTSIDE THE LAW • 1921
MAN UNDER COVER, THE • 1922
UNDER TWO FLAGS • 1922
WISE KID, THE • KIND DEEDS • 1922
DAY OF FAITH, THE • 1923
DRIFTING • 1923
WHITE TIGER • 1923
DANGEROUS FLIRT, THE • DANGEROUS FLIRTATION, A (UKN) ○ PRUDE, THE • 1924
SILK STOCKING SAL • 1924
BLACK BIRD, THE • MOCKING BIRD, THE • 1925
DOLLAR DOWN • 1925
MYSTIC, THE • 1925
UNHOLY THREE, THE • 1925
ROAD TO MANDALAY, THE • 1926
SHOW, THE • 1926
LONDON AFTER MIDNIGHT • HYPNOTIST, THE (UKN) • 1927
UNKNOWN, THE • 1927
BIG CITY, THE • 1928
WEST OF ZANZIBAR • SOUTH OF THE EQUATOR • 1928
THIRTEENTH CHAIR, THE • 1929
WHERE EAST IS EAST • 1929
OUTSIDE THE LAW • 1930
DRACULA • 1931
IRON MAN • 1931
FREAKS • FORBIDDEN LOVE ○ NATURE'S MISTAKES ○ BARNUM ○ MONSTER SHOW, THE • 1932
FAST WORKERS • 1933
MARK OF THE VAMPIRE • 1935
DEVIL DOLL, THE • WITCH OF TIMBUKTU • 1936
MIRACLES FOR SALE • 1939

BROWNLOW KEVIN – UKN – 1938–
CAPTURE, THE • PRISONNIERS, LES • 1955
NINE, DALMUIR WEST • 1962 • DOC
IT HAPPENED HERE • 1964
ABEL GANCE –THE CHARM OF DYNAMITE • CHARM OF DYNAMITE, THE • 1968 • DOC
WINSTANLEY • 1975
UNKNOWN CHAPLIN • 1983 • DOC

BROWNRIGG ROSANNE – UKN
BUILT FOR THE JOB • 1949

BROWNRIGG S. F. – USA
BROWN RIGG
DON'T LOOK IN THE BASEMENT • 1973
KEEP MY GRAVE OPEN • HOUSE WHERE HELL FROZE OVER, THE • 1975
POOR WHITE TRASH: PART II • SCUM OF THE EARTH ○ POOR WHITE TRASH • 1976
DON'T OPEN THE DOOR • 1979
THINKING BIG • THINKIN' BIG • 1987

BROYDE RUTH – ISR
ISRAELI BOY • DOC

BRUCE GEORGE – Screenwriter – USA – 1898–
FURY IN PARADISE • SENOR GRINGO • 1955

BRUCE JAMES – USA
STILL LIFE • 1987
SUICIDE CLUB, THE • 1988

BRUCE JOHN – UKN
MISS MORRISON'S GHOSTS • 1981 • TVM

BRUCE NEVILLE – UKN
FILM PIE • 1920 • SER
FILM STAR'S PERFECT DAY, THE • 1921
FISHERMAN'S PERFECT DAY, THE • 1921

BRUCE NICHOLA – UKN
BOOLEAN PROCEDURE • 1979

BRUCE RICHARD see **FRANKLIN RICHARD**

BRUCE ROBERT C. – USA
WANDERER AND THE WHOZITT, THE • 1918
RESTLESS THREE, THE • 1919
RIVER GRAY AND THE RIVER GREEN, THE • 1919
AND WOMEN MUST WEEP • 1922

BRUCK JERRY JR. – USA
I.F. STONE'S WEEKLY • 1973 • DOC

BRUCK REINHARD (DR) see **BRUCK REINHARD**

BRUCK REINHARD – GRM
BRUCK REINHARD (DR)
EID DES STEPHAN HULLER 1, DER • 1919
PUPPEN DES TODES • 1919
BOCCACCIOS LIEBESABENTEUER • 1920
BRIGANTENRACHE • 1920
PLANETSSCHIEBER • 1920
VERSCHLEIERTE, DIE • 1920
EID DES STEPHAN HULLER 2, DER • 1921
HASCHISCH, DAS PARADIES DER HOLLE • 1921

vom BRUCK ROSWITHA – GRM
ICH, DAS ABENTEUER HEUTE EINE FRAU ZU SEIN • CLIMAX (UKN) • 1973

BRUCKBERGER PIERRE see **BRUCKBERGER RAYMOND–LEOPOLD**

BRUCKBERGER R. L. see **BRUCKBERGER RAYMOND–LEOPOLD**

BRUCKBERGER RAYMOND–LEOPOLD
BRUCKBERGER R. L.
DIALOGUE DES CARMELITES, LE • CARMELITES, THE (UKN) • 1959
DIALOGHI DELLE CARMELITANE, I • 1960
TU MOISSONNERAS LA TEMPETE • 1968 • DOC

BRUCKMAN CLYDE – Screenwriter – USA – 1894–1955
SHOULD TALL MEN MARRY? • 1926 • SHT
BATTLE OF THE CENTURY, THE • 1927 • SHT
CALL OF THE CUCKOO, THE • 1927 • SHT
GENERAL, THE • 1927
HORSE SHOES • 1927
LOVE 'EM AND FEED 'EM • 1927 • SHT
PUTTING PANTS ON PHILIP • 1927 • SHT
FINISHING TOUCH, THE • 1928 • SHT
LEAVE 'EM LAUGHING • 1928
PERFECT GENTLEMAN, A • 1928
WELCOME DANGER • 1929
FEET FIRST • 1930
EVERYTHING'S ROSIE • 1931
MOVIE CRAZY • 1932
FATAL GLASS OF BEER, THE • 1933 • SHT
HUMAN FISH, THE • 1933 • SHT
TOO MANY HIGHBALLS • 1933 • SHT
HORSES' COLLARS • HORSE COLLARS • 1935 • SHT
MAN ON THE FLYING TRAPEZE, THE • MEMORY EXPERT, THE (UKN) • 1935
SPRING TONIC • MAN EATING TIGER • 1935

BRUCKNER AUGUST – GRM
SAMBA • 1928

BRUCKNER JUTTA – GRM
TUE RECHT UND SCHEUE NIEMAND • 1975
GANZ UND GAR VERWAHRLOSTES MADCHEN, EIN • GONE TO SEED • 1977
HUNGERJAHRE • YEARS OF HUNGER • 1980
LAUFEN LERNEN • 1980
BLICK UND DIE LIEBE BRICHT AUS, EIN • 1987

BRUEGHEL CONRAD see **BRUSADORI GIOVANNI**

BRUGIERE FRANCIS – BLG
LIGHT RHYTHMS • 1930 • SHT

BRUHWILER PAUL – SWT
PARTY, THE • 1974

BRUISSE YTZEN – NTH
RYTHME DE ROTTERDAM • 1952 • DOC

BRUMBERG L. – USS
BROUMBERG L.
PUSS IN BOOTS • 1938 • ANS
NIGHT BEFORE CHRISTMAS, THE • 1951 • ANS
FLIGHT TO THE MOON • 1953 • ANS

BRUMBERG V. see **BRUMBERG VALENTINA**

BRUMBERG VALENTINA – Animator – USS – 1899–1983
BRUMBERG V. • BROUMBERG V.
YOUNG SAMOYED, THE • 1929 • ANS
PUSS IN BOOTS • 1938 • ANS
TALE ABOUT A SOLDIER • 1948 • ANS
NIGHT BEFORE CHRISTMAS, THE • 1951 • ANS
FLIGHT TO THE MOON • 1953 • ANS
GREAT TROUBLES • 1961 • ANS
THREE FAT MEN • 1963 • ANM
BRAVE LITTLE TAILOR, THE • 1964 • ANS
HOUR BEFORE THE RENDEZVOUS, THE • HOUR UNTIL THE MEETING, AN • 1965 • ANS
GOLDEN STEPMOTHER, THE • 1966 • ANS
LITTLE TIME MACHINE, THE • 1967 • ANS

BRUMBERG Z. see **BRUMBERG ZINAIDA**

BRUMBERG ZENAJEDA see **BRUMBERG ZINAIDA**

BRUMBERG ZINAIDA – Animator – USS – 1900–
BRUMBERG ZENAJEDA • BRUMBERG Z. • BROUMBERG Z.
YOUNG SAMOYED, THE • 1929 • ANS
TALE ABOUT A SOLDIER • 1948 • ANS
GREAT TROUBLES • 1961 • ANS
THREE FAT MEN • 1963 • ANM
BRAVE LITTLE TAILOR, THE • 1964 • ANS
HOUR BEFORE THE RENDEZVOUS, THE • HOUR UNTIL THE MEETING, AN • 1965 • ANS
GOLDEN STEPMOTHER, THE • 1966 • ANS
LITTLE TIME MACHINE, THE • 1967 • ANS

BRUMMER ALOIS – GRM
GEFAHRLICHER SEX FRUHREIFER MADCHEN • FINISHING SCHOOL • 1971
BEIM JODELN JUCKT DIE LEDERHOSEN • 1974
HOW SWEET IS HER VALLEY • 1974
OBSZONI TATEN • CONFESSIONS OF A MALE ESCORT • 1974
FINISHING SCHOOL • 1975
INS BLAUWEISSE HIMMELBEIT • 1976

BRUMMER RICHARD S. – USA
DRUM, THE • 1952 • SHT
FIRST FEAR • 1952 • SHT

BRUN ARNO–CHARLES – FRN – 1898–
LEOPOLD LE BIEN–AIME • 1933

BRUNEAU JEAN–PIERRE – FRN
DEDANS LE SUD DE LA LOUISIANE • 1974 • DOC

BRUNEL ADRIAN – UKN – 1892–1958
COST OF A KISS, THE • 1917
BOOKWORMS • 1920
BUMP, THE • 1920
FIVE POUNDS REWARD • 1920 • SHT
TWICE TWO • 1920
TEMPORARY LADY, THE • 1921
TOO MANY COOKS • 1921
FOLLOW THE LADY • 1923
MAN WITHOUT DESIRE, THE • 1923
MOORS AND MINARETS • 1923 • SHT
SHIMMY SHEIK, THE • 1923 • SHT
TWO–CHINNED CHOW • 1923
YES, WE HAVE NO —! • 1923 • SHT
BOY GOES TO BISKRA, THE • 1924 • SHT
CROSSING THE GREAT SAGRADA • 1924
LOVERS IN ARABY • BROKEN SAND • 1924
PATHETIC GAZETTE, THE • 1924
SHEER TRICKERY • 1924
BATTLING BRUISERS • 1925
BLUNDERLAND OF BIG GAME, THE • 1925
CUT IT OUT • 1925
GAINSBOROUGH BURLESQUES • 1925 • SER
SO THIS IS JOLLYGOOD • 1925
TYPICAL BUDGET, A • 1925
LOVE LIFE AND LAUGHTER AT SWAYTHLING COURT • 1926
MONEY FOR NOTHING • 1926 • SHT
BLIGHTY • 1927
VORTEX, THE • 1927
CONSTANT NYMPH, THE • 1928
LIGHT WOMAN, A • DOLORES • 1928
CROOKED BILLET, THE • 1929
IN A MONASTERY GARDEN • 1929 • SHT
ELSTREE CALLING • 1930
I'M AN EXPLOSIVE • 1933
LAUGHTER OF FOOLS, THE • 1933
LITTLE NAPOLEON • 1933
TAXI TO PARADISE • 1933
TWO WIVES FOR HENRY • 1933
BADGER'S GREEN • 1934
IMPORTANT PEOPLE • 1934
MENACE • WHEN LONDON SLEEPS (USA) ○ SABOTAGE • 1934
CITY OF BEAUTIFUL NONSENSE, THE • 1935
CROSS CURRENTS • 1935
VANITY • 1935
VARIETY • 1935
WHILE PARENTS SLEEP • 1935
INVADER, THE • OLD SPANISH CUSTOM, AN (USA) ○ INTRUDER, THE • 1936
LOVE AT SEA • 1936
PRISON BREAKER • 1936
REBEL SON, THE • TARAS BULBA • 1938
GIRL WHO FORGOT, THE • YOUNG PERSON IN PINK, THE • 1939
LION HAS WINGS, THE • 1939
FOOD FOR THOUGHT • 1940
SALVAGE WITH A SMILE • 1940 • DOC

BRUNER JAMES – USA
HOT SUMMER GAME, A • IT'S ALL IN THE GAME • 1965

BRUNET ALAIN – FRN – 1939–
DU BLE EN LIASSES • 1969
SOLITAIRE, LE • LONER, THE • 1972

BRUNET PHILIPPE – FRN
DU TAM–TAM AU JAZZ • 1969

de BRUNHOFF LAURENT – FRN
AVENTURES DE BABAR, LES • ANM

BRUNIE PATRICK – FRN – 1947–
VILLE A PRENDRE, LA • 1978
XUEV • 1982

BRUNIUS J. B. see **BRUNIUS JACQUES-BERNARD**

BRUNIUS JACQUES see **BRUNIUS JACQUES-BERNARD**

BRUNIUS JACQUES-BERNARD – Actor – FRN – 1906–1967
BRUNIUS JACQUES • BRUNIUS J. B.
VIE EST A NOUS, LA • PEOPLE OF FRANCE (USA) • 1936
VIOLONS D'INGRES • 1937 • SHT
TO THE RESCUE • 1952
BLAKES SLEPT HERE, THE • FAMILY ALBUM • 1954

BRUNIUS JOHN W. – SWD – 1884–1937
MASTERKATTEN I STOVLAR • PUSS IN BOOTS • 1918
AH, I MORRON KVALL • OH TOMORROW NIGHT • 1919
SYNNOVE SOLBAKKEN • FAIRY OF SOLBAKKEN (USA) • 1919
GYURKOVICSARNA • GYURKOVICS, THE • 1920
THORA VAN DEKEN • MOTHER'S FIGHT, A • 1920
KVARNEN • MILL, THE • 1921
LYCKORIDDARE, EN • FORTUNE HUNTER, A • 1921
VILDFAGEL, EN • WILD BIRD, A • 1921
HARDA VILJOR • IRON WILLS (USA) ○ HARD WILLS • 1922
KARLEKENS OGON • EYES OF LOVE, THE • 1922
JOHAN ULFSTJERNA • HUMAN DESTINIES • 1923
PIGA BLAND PIGOR, EN • MAID AMONG MAIDS • 1924
KARL XII • CHARLES XII • 1925
FANRIK STALS SAGNER • TALES OF ENSIGN STEEL, THE • 1926
ELLE EST BICIMIDINE • SHE IS BICIMIDINE • 1927 • SHT
GUSTAF WASA PARTS I & II • 1928
DOKTORNS HEMLIGHET • 1930
VI TVA • 1930
LANGTAN TILL HAVET • LONGING FOR THE SEA • 1931
GLAD GUTT, EN • 1933
FALSKA GRETA • FALSE GRETA • 1934
HAVETS MELODI • MELODY OF THE SEA ○ FRAN YTTERSTA SKAREN ○ FROM THE UTTERMOST ISLANDS • 1934

BRUNIUS PAULINE – SWD
STENALDERMANNEN • 1919 • SHT
LACKRA SKALDJUREN, DE • 1920 • SHT
TROLLSLANDAN • 1920 • SHT
OMBYTTA ROLLER • 1921 • SHT
RYGGSKOTT • 1921
LEV LIVET LEENDE • 1936

BRUNNER PATRICK – UKN
O'BRIEN PATRICK
WE'VE GOT TO HAVE LOVE • 1935
HAPPY EVENT • 1939

BRUNNER ROLF – GRM
IM BANNE DES ANDERN • 1920
MEISTERSCHUSS, DER • 1920
SEIN LETZTER TRICK • 1920
WOLFIN, DIE • 1920
GEHEIMNIS DER SECHS SPIELKARTEN 4, DAS • PIQUE SIEBEN • 1921

BRUNO EDOARDO – ITL – 1928–
SUA GIORNATA DI GLORIA, LA • HIS DAY OF GLORY • 1968

BRUNO-RUBY JANE – FRN
CABANE D'AMOUR, LA • CABIN OF LOVE • 1927

BRUSADORI GIOVANNI – ITL
BRUEGHEL CONRAD
EVASE, LE • 1978
SEXUAL FREEDOM • 1984

BRUSATI FRANCO – ITL – 1922–
PADRONE SONO ME, IL • 1956
DISORDINE, IL • DESORDRE, LE (FRN) ○ DISORDER • 1962
TENDERLY • GIRL WHO COULDN'T SAY NO, THE (USA) ○ SUO MUODO DI FARE, IL • 1968
TULIPANI DI HAARLEM, I • LOVE DOES STRANGE THINGS TO PEOPLE ○ TULIPS OF HAARLEM • 1970
PANE E CIOCCOLATA • BREAD AND CHOCOLATE (USA) • 1974
DIMENTICARE VENEZIA • TO FORGET VENICE ○ FORGET VENICE • 1979
BUON SOLDATO, IL • GOOD SOLDIER, THE • 1982
ZIO INDEGNO, LO • DISREPUTABLE UNCLE, THE • 1990

BRUSCHINI VITO – ITL
ZANNA BIANCA E IL GRANDE KID • 1978

BRUSSE KEES – NTH
BOER PIETERSEN SCHIET IN DE ROOS • BULL'S EYE FOR FARMER PIETERSEN • 1949
GERUCHT, HET • RUMOUR, THE • 1960
MENSEN VAN MORGEN • PEOPLE OF TOMORROW • 1965

BRUSSEAU BILL see **BRUSSEAU WILLIAM E.**

BRUSSEAU WILLIAM E. – Producer – USA – 1926–
BRUSSEAU BILL
SKID ROW STOPGAP • 1954
THREE WEEKS OF LOVE • 1965

BRUSTELLIN ALF – GRM
GOLDENE DING, DAS • GOLDEN THING, THE • 1971
BERLINGER • OUTSIDER, THE • 1976
DEUTSCHLAND IM HERBST • GERMANY IN AUTUMN • 1978
STURZ, DER • FALL, THE • 1979

BRUUN EINAR see **BRUUN EINAR J.**

BRUUN EINAR J. – SWD
BRUUN EINAR
SURROGATET (I CIGARRBO'N) • SUBSTITUTE • 1919
ENCHANTMENT • 1920
JUDGE NOT • 1920
CORNER MAN, THE • 1921
HER PENALTY • 1921
IN FULL CRY • 1921
PENNILESS MILLIONAIRE, THE • 1921
VERBOGENE GLUTEN • 1925

BRUUS MORTEN – DNM
MASKE KU'VI • LET'S DO IT • 1976

BRUYERE CHRISTIAN – FRN – 1944–
RAPE: FACE TO FACE • 1983
DADS AND KIDS • 1987 • DCS
SHELLEY • 1987

BRUYNOGHE YANNICK – BLG
WILLIAM "BIG BILL" BROONZY • 1958 • SHT
MEMPHIS SLIM • 1960 • DOC
BUCK CLAYTON AND HIS ALL STARS • 1961
ROOSEVELT SYKES: THE HONEYDRIPPER • 1961 • SHT
COLEMAN HAWKINS QUARTET • 1962

BRYAN FRANK – USA
STRANGER ON MY BED • 1968

BRYAN JAMES – USA
BRYAN JIM
DON'T GO IN THE WOODS.. ALONE • DON'T GO INTO THE WOODS ○ DON'T GO IN THE WOODS • 1980
EXECUTIONER, PART II, THE • EXECUTIONER 2 ○ EXECUTIONER, THE • 1984
HELL RIDERS • 1985

BRYAN JAMES A. – USA
GIVE 'EM WHAT THEY WANT • 1971

BRYAN JIM see **BRYAN JAMES**

BRYAN JULIAN – USA
PICTURE IN THE MIND • 1949 • ANS

BRYAN NIGEL – UKN
PRECISELY YOURS • 1947

BRYAN VINCENT – USA
RAG, A BONE AND A HANK OF HAIR, A • 1917 • SHT

BRYANT BAIRD – USA
CELEBRATION AT BIG SUR • CELEBRATION • 1971 • DOC

BRYANT BILL – USA
SPORTSMAN'S WORLD • 1969 • DOC

BRYANT CHARLES – Actor – USA – 1879–1948
STRONGER THAN DEATH • HERMIT DOCTOR OF GAYA, THE • 1920
DOLL'S HOUSE, A • 1922
SALOME • 1922

BRYANT GERARD – UKN
BRYANT GERRY
CHILDREN'S CHARTER • 1945
TONIGHT IN BRITAIN • 1954
ALL SQUARE AFT • 1957
TOMMY STEELE STORY, THE • ROCK AROUND THE WORLD (USA) • 1957
STARS OF A SUMMER NIGHT • 1959
DOVER ROAD MYSTERY, THE • 1960
ARTHUR CLEARS THE AIR • 1961
DAWN OF AN INDUSTRY • 1966 • DOC
OUCH! • 1967
BUILD-UP, THE • 1970

BRYANT GERRY see **BRYANT GERARD**

BRYANT PETER – CND
ANDY • 1970 • SHT
SUPREME KID, THE • 1976

BRYCE ALEX – UKN
SEXTON BLAKE AND THE MADEMOISELLE • 1935
BIG NOISE, THE • MODERN MADNESS • 1936
END OF THE ROAD, THE • SONG OF THE ROAD (USA) • 1936
SERVANTS ALL • 1936
WEDDING GROUP • WRATH OF JEALOUSY (USA) • 1936
AGAINST THE TIDE • 1937
BLACK TULIP, THE • 1937
MACUSHLA • UNAUTHORISED ROAD • 1937
LAST BARRICADE, THE • 1938
LONDONDERRY AIR, THE • 1938
MY IRISH MOLLY • LITTLE MISS MOLLY (USA) • 1938
OWNER COMES ABOARD, THE • 1940

BRYDE VILHELM – SWD
PERFEKT GENTLEMAN, EN • PERFECT GENTLEMAN • 1927

BRYDEN BILL – UKN
ARIA • 1987

BRYDESEN LARS – DNM
KONGENS ENGHAVE • KING'S MEADOW GARDENS • 1967 • SHT
DESERTOREN • DESERTER, THE • 1971
HJERTER ER TRUMF • HEARTS ARE TRUMPS • 1975
MULDFLUGTEN • SOIL DRIFT • 1979 • DOC

BRYNYCH ZBYNEK – CZC – 1927–
ZIZKOVSKA ROMANCE • LOCAL ROMANCE, A • 1958
PET Z MILIONU • FIVE OUT OF A MILLION • 1959
SMYK • SKID • 1960
KAZDA KORUNA DOBRA • EVERY PENNY COUNTS • 1961
NESCHOVAVAJTE SE KDYZ PRSI • DON'T TAKE SHELTER WHEN IT RAINS ○ DON'T TAKE SHELTER FROM THE RAIN • 1962
TRANSPORT Z RAJE • TRANSPORT FROM PARADISE • 1962
...A PATY JEZDEC JE STRACH • FIFTH RIDER IS FEAR, THE (UKN) ○ ...AND THE FIFTH RIDER IS FEAR ○ FIFTH HORSEMAN IS FEAR, THE (USA) • 1964
MISTO V HOUFU • PLACE IN THE CROWD, A • 1964
SOUHVEZDI PANNY • SIGN OF THE VIRGIN (USA) ○ CONSTELLATION OF THE VIRGO ○ CONSTELLATION: VIRGO • 1966
TRANSIT CARLSBAD • 1966
JA SPRAVEDLNOST • I THE JUSTICE ○ I, JUSTICE • 1967
DIALOG 20–40–60 • DIALOGUE 20–40–60 • 1968
ENGEL, DIE IHRE FLUGEL VERBRENNEN • 1970
SEVENTEEN AND ANXIOUS • O HAPPY DAY • 1970
WEIBCHEN, DIE • FEMALES, THE • 1970
OAZA • OASIS, THE • 1972
WHAT COLOUR HAS LOVE • 1974
MRAVENCI NESOU SMRT • ANTS BRING DEATH • 1985

BRYUNCHUGIN EUGENY see **BRYUNCHUGIN YEVGENIY**

BRYUNCHUGIN YEVGENIY – USS
BRYUNCHUGIN EUGENY • BRIUCHUGIN E.
BOGATYR BOUND FOR MARTEAU, THE • 1954
SREDI DOBRYKH LYUDEY • MOTHER AND DAUGHTER (USA) • 1962
UKRAINIAN FESTIVAL • 1965

BRZEZINSKI ANTHONY see **BRZEZINSKI TONY**

BRZEZINSKI TONY – USA
BRZEZINSKI ANTHONY
AFTER THE BOMB
BLACK INFERNO • SHT
WHO GOES THERE? • SHT
CAPTAIN ATOM • SHT
CURSE OF DRACULA • SHT
HORRORS OF FRANKENSTEIN • SHT
UNREAL, THE • SHT
DR. SEXUAL AND MR. HYDE • 1971

BRZOZOWSKA NATALIA – HNG
MUSIC • 1949

BRZOZOWSKI ANDRZEJ – PLN
PRZY TORZE KOLEJOWYM • BESIDE THE RAILWAY LINE
JA MAM JAJKO • I HAVE AN EGG • 1966
TO JEST JAJKO • THIS IS AN EGG • 1966 • DOC
ARCHEOLOGIA • ARCHAEOLOGY • 1968 • DOC
OGIEN • FIRE • 1971
SALOME • 1972 • MTV
DZIESIEC DNI PIERWSZYCH • FIRST TEN DAYS, THE • 1973
OBSZAR ZAMKNIETY • CLOSED AREA, THE • 1973

BRZOZOWSKI JAROSLAW – PLN
WIELICZKA • 1946 • DOC
WARSZAWA W OBRASACH CANALETTA • CANALETTO, PAINTER OF WARSAW • 1955
TADEUSZ KULISIEWICZ • 1958 • DOC
INTERPRETACJE • INTERPRETATIONS • 1965 • DOC
HELIOPLASTYKA • HELIOPLASTICS • 1966 • DOC

BUBA P. – USA
ROOSEVELT SYKES • 1972 • SHT

BUCCHI VALENTINO – ITL
RICHIAMO DEL SANGUE • 1947

BUCH FRITZ P. see **BUCH FRITZ PETER**

BUCH FRITZ PETER – GRM
BUCH FRITZ P.
LIEBESLIED • 1935
ANNEMARIE • GESCHICHTE EINER JUNGEN LIEBE, DIE • 1936
KONIGIN DER LIEBE • 1936
WALDWINTER • 1936
KATZENSTEG, DER • CAT'S PATH, THE • 1937
UM FREIHEIT UND LIEBE • 1937
FALL DERUGA, DER • 1938
SPASSVOGEL • 1938
WARSCHAUER ZITADELLE, DIE • 1938
GANZER KERL, EIN • 1939
UMWEGE ZUM GLUCK • 1939
LEICHTE MADCHEN, DAS • 1940
JAKKO • 1941
MENSCHEN IM STURM • 1941
GEFAHRTIN MEINES SOMMERS • 1943
ALTE LIED, DAS • 1945
CUBA CABANA • 1952

BUCHAN JOHN – UKN
ENGLAND AWAKE • 1932

BUCHANAN ANDREW – Producer – UKN – 1898–
ALL LIVING THINGS • 1939
BACKYARD FRONT, THE • 1940
FINE FEATHERS • 1941
SURPRISE BROADCAST • 1941

BUCHANAN BEAU – USA
HIGH PRIESTESS OF SEXUAL WITCHCRAFT • 1973
CAPTAIN LUST • CAPTAIN LUST AND THE PIRATE WOMEN • 1977

BUCHANAN JACK – Actor – UKN – 1891–1957
YES, MR. BROWN • 1932
THAT'S A GOOD GIRL • 1933
SKY'S THE LIMIT, THE • 1937

BUCHANAN LARRY – USA
FREE, WHITE AND 21 • 1963
NAUGHTY DALLAS • NAUGHTY CUTIES ○ MONDO EXOTICA • 1964
TRIAL OF LEE HARVEY OSWALD, THE • 1964
UNDER AGE • 1964
EYE CREATURES, THE • 1965
HELL RAIDERS • 1965 • MTV

HIGH YELLOW • 1965
CURSE OF THE SWAMP CREATURE • 1966
IN THE YEAR 2889 • YEAR 2889 ◦ 2889 • 1966
ZONTAR: THE THING FROM VENUS • 1966
CREATURE OF DESTRUCTION • 1967
"IT'S ALIVE" • 1968
MARS NEEDS WOMEN • 1968
OTHER SIDE OF BONNIE AND CLYDE, THE • 1968
BULLET FOR PRETTY BOY, A • 1970
STRAWBERRIES NEED RAIN • 1970
REBEL JESUS • 1972
GOODBYE, NORMA JEAN • 1976
HUGHES AND HARLOW: ANGELS IN HELL • ANGELS IN HELL • 1978
MISTRESS OF THE APES • 1979
LOCH NESS HORROR, THE • 1982
DOWN ON US • 1984
GOODNIGHT, SWEET MARILYN • 1988

BUCHET JEAN-MARIE – BLG

HOMMAGE A DON HELDER CAMARA • 1971
FUGUE DE SUZANNE, LA • 1974
MIREILLE DANS LA VIE DES AUTRES • 1979

BUCHHOLZ GERHARD T. – GRM

AMICO • 1949
POSTLAGERND TURTELTAUBE • 1952

BUCHMA A.

LAND, THE • 1955

BUCHMANN JURGEN – GRM

GESTANDNIS EINES MADCHENS, DAS • GIRL'S CONFESSION, A • 1967

BUCHOVETZKY DIMITRI see **BUCHOWETZKI DIMITRI**

BUCHOWETZKI DIMITRI – USS – 1895–1932

BUCHOVETZKY DIMITRI

ANITA JO • 1919
BRUDER KARAMASOFF, DIE • BROTHERS KARAMAZOV, THE • 1920
DANTON • ALL FOR A WOMAN (USA) ◦ LOVES OF THE MIGHTY • 1920
EXPERIMENT DES PROF. MITHRANY, DAS • 1920
LETZTE STUNDE, DIE • 1920
GALILAER, DER • 1921
SAPPHO • SAPPHO OR DIE GESCHLOSSENE KETTE ◦ MAD LOVE • 1921
STIER VON OLIVIERA, DER • 1921
GRAFIN VON PARIS, DIE • 1922
OTHELLO • 1922
PETER DER GROSSE • PETER THE GREAT • 1922
KARUSELLEN • MERRY-GO-ROUND ◦ LIVING TARGET, THE • 1923
KARUSSEL DES LEBENS, DAS • 1923
LILY OF THE DUST • COMPROMISED • 1924
MEN • 1924
PASSION PLAY, THE • 1924
GRAUSTARK • 1925
SWAN, THE • 1925
CROWN OF LIES, THE • 1926
MIDNIGHT SUN, THE • 1926
VALENCIA • LOVE SONG, THE • 1926
ANNA KARENINA • 1927
REQUISITOIRE, LE • HOMICIDE • 1930
WEIB IM DSCHUNGEL • 1930
HOMBRE QUE ASESINO, EL • 1931
MAGIE MODERNE • TELEVISION • 1931
NACHT DER ENTSCHEIDUNG, DIE • 1931
TELEVISIE • SANSATIE DER TOEKOMST, DE • 1931
STAMBOUL • 1932

BUCHS J. see **BUCHS JULIO**

BUCHS JOSE – SPN – 1893–1973

FANTASMA DEL CASTILLO, EL • 1919
MESONERA DEL TORMES, LA • 1919
REGALO DE REYES, EL • 1919
CUIDADO CON LOS LADRONES! • 1920
EXPIACION • 1920
INACCESIBLE, LA • 1920
VENGANZA DEL MARINO, LA • 1920
SENORITA INUTIL, LA • 1921
VERBENA DE LA PALOMA, LA • 1921
VICTIMA DEL ODIO • 1921
ALMA RIFENA • 1922
CARCELERAS • 1922
REINA MORA, LA • 1922
CURRO VARGAS • 1923
DOLORETES • 1923
POBRE VALBUENA, EL • 1923
ROSARIO, LA CORTIJERA • 1923
A FUERZA DE ARRASTRARSE • 1924
DIEGO CORRIENTES • 1924
MANCHA QUE LIMPIA • 1924
MEDALLA DEL TORERO, LA • 1924
ABUELA, EL • 1925
HIJA DEL CORREGIDOR, LA • 1925
VIRGEN DE CRISTAL, LA • 1925
EXTRANA AVENTURA DE LUIS CANDELAS • 1926
PILAR GUERRA • 1926
CONDE DE MARAVILLAS, EL • 1927
DOS DE MAYO, EL • 1927
MISTERIOS DE LA IMPERIAL TOLEDO, LOS • 1928
PEPE-HILLO • 1928
APARECIDOS, LOS • 1929
REY QUE RABIO, EL • 1929
GUERRILLERO, EL • 1930
PRIM • 1930
ISABEL DE SOLIS REINA DE GRANADA • 1931
CARCELERAS • 1932
DOS MUJERES Y UN DON JUAN • 1933
MORENA Y UNA RUBIA, UNA • 1933
DIEZ DIAS MILLONARIA • 1934
MADRE ALEGRIA • 1935
NINO DE LAS MONJAS, EL • 1935
RAYO, EL • 1936
REY QUE RABIO, EL • 1939
EN PODER DE BARBA AZUL • 1940
FLORA Y MARIANA • 1941
PARA TI ES EL MUNDO • 1941
CABALLERO FAMOSO, UN • 1942
ILUSTRE PEREA, EL • 1943
AVENTURAS DE DON JUAN DE MAIRENA • 1947
SOL E TOUROS • 1949
BRINDIS AL CIELO • 1953
CARA DE GOMA • 1957

BUCHS JULIO – SPN – 1926–1973

BUCHS J.

PIEDRA DE TOQUE • 1963
PECADOR Y LA BRUJA, EL • SINNER AND THE WITCH, THE • 1964
SALARIO DEL CRIMEN, EL • 1964
ANGEL CERCADA, EL • 1965
MESTIZO • 1965
...E DIVENNE IL PIU SPIETATO BANDITO DEL SUD • HOMBRE QUE MATO A BILLY EL NINO, EL (SPN) ◦ FEW BULLETS MORE, A (USA) ◦ MAN WHO KILLED BILLY THE KID, THE • 1967
ENCRUCIJADA PARA UNA MONJA • VIOLENZA PER UN MONACA (ITL) ◦ NUN AT THE CROSSROADS, A (USA) ◦ CROSSROADS FOR A NUN ◦ AMBUSH FOR A NUN • 1967
CUIDADO CON LAS SENORAS • BE CAREFUL WITH THE LADIES • 1968
CALDI AMORE DI UNA MINORENNE, I • AGAIN (UKN) ◦ PERVERSION STORY • 1969
TROMPETAS DEL APOCOLIPSIS, LAS • 1969
QUEI DISPERATI CHE PUZZANO DI SUDORE E DI MORTE • DESESPERADOS, LOS (SPN) ◦ BULLET FOR SANDOVAL, A (USA) ◦ VENGEANCE IS MINE (UKN) • 1970
SENORA LLAMADA ANDRES, UNA • LADY CALLED ANDREW, A • 1970
AGAIN • 1971
APARTAMENTO DE LA TENTACION, EL • 1971
ALTA TENSION • 1972
DOPPIA COPPIA CON REGINA • 1974

BUCHVAROVA RADKA – Animator – BUL – 1918–

BACHVAROVA RADKA

MOUSE AND THE PENCIL, THE • MOUSE AND THE CRAYON, THE • 1958
SNOWMAN, THE • 1960 • ANS
LONG EARS • 1961 • ANS
LONG-EARS • 1961
BOUQUET OF STARS, A • ANS
DECEITFUL GOSHO • 1963 • ANS
TRIP, A • 1963 • DOC
FABLE • 1964 • ANS
PROUD BULB, THE • 1964
LITTLE STAR, THE • STARLET, THE ◦ STAR, THE • 1965 • ANS
HOUSE ON WHEELS, A • 1966
WHAT SHALL I BE? • WHAT SHALL I DO? • 1966
BALLOONS, THE • 1967
REVOLVER, THE • 1969 • ANS

BUCK FRANK – Explorer – USA – 1888–1950

WILD CARGO • 1934
FANG AND CLAW • 1935 • DOC
JACARE, KILLER OF THE AMAZON • 1942

BUCKALEW see **BUCKALEW BETHEL**

BUCKALEW BETHEL – USA

BUCKALEW

TOBACCO ROODY • 1970
MY BOYS ARE GOOD BOYS • 1978

BUCKHANTZ ALLAN A. – USA

WILLY • 1963 • MTV
PORTRAIT OF A HIT MAN • JIM BUCK • 1978

BUCKINGHAM THOMAS – USA – -1939

BUCKINGHAM TOM

LAUGHING GAS • 1920 • SHT
ONE-CYLINDER LOVE RIOT, THE • 1920 • SHT
SHOULD TAILORS TRIFLE? • 1920 • SHT
SHOULD WAITERS MARRY? • 1920 • SHT
TALE OF A DOG, THE • 1920 • SHT
TWIN CROOKS • 1920 • SHT
ARIZONA EXPRESS, THE • 1924
CYCLONE RIDER, THE • 1924
TROUBLES OF A BRIDE • 1924
FORBIDDEN CARGO • DANGEROUS CARGO (UKN) • 1925
HIS OWN LAWYER • 1925
LADIES OF LEISURE • 1926
TONY RUNS WILD • 1926
LAND OF THE LAWLESS • 1927
LURE OF THE NIGHT CLUB, THE • 1927
CRASHING THROUGH • 1928
WHAT PRICE BEAUTY • 1928
COCK OF THE AIR • 1932

BUCKINGHAM TOM see **BUCKINGHAM THOMAS**

BUCKLAND WARWICK – UKN

AT THE ELEVENTH HOUR • 1912
AVARICIOUS MONK, THE • 1912
BACHELOR'S WARD, THE • 1912
BOLD ADVENTURE, A • 1912
CHURCH AND STAGE • 1912
CODICIL, THE • 1912
COMING-BACK OF KIT DENVER, THE • 1912
CONVICT'S DAUGHTER, THE • 1912
DEAR LITTLE TEACHER, THE • 1912
DOUBLE LIFE, A • 1912
GENEROSITY OF MR. SMITH, THE • 1912
HEART OF A WOMAN, THE • 1912
JASMINE • 1912
JIM ALL-ALONE • 1912
JIMMY LESTER, CONVICT AND GENTLEMAN • 1912
JO, THE WANDERER'S BOY • 1912
LADY ANGELA AND THE BOY • 1912
LOVE WINS IN THE END • 1912
LURE OF THE FOOTLIGHTS • 1912
MISER AND THE MAID, THE • 1912
OUT OF EVIL COMETH GOOD • 1912
PASSING OF THE OLD FOUR-WHEELER, THE • 1912
PEASANT GIRL'S REVENGE, A • 1912
ROSE O' THE RIVER • 1912
WOMAN'S WIT, A • 1912
ADRIFT ON LIFE'S TIDE • 1913
AT THE FOOT OF THE SCAFFOLD • 1913
BOOK, THE • 1913
BROKEN OATH, THE • 1913
CAT AND THE CHESTNUTS, THE • 1913
FOR LOVE OF HIM • 1913
FOR MARION'S SAKE • 1913
FOR SUCH IS THE KINGDOM OF HEAVEN • CHRISTMAS STRIKE, THE • 1913
FOR THE HONOUR OF THE HOUSE • 1913
FORSAKEN, THE • 1913
GIRL AT LANCING MILL, THE • 1913
HELPING HAND, A • 1913
HER CROWNING GLORY • 1913
IN THE HOUR OF HIS NEED • 1913
LESSON, THE • 1913
LITTLE KNOWLEDGE, A • 1913
MAN OR HIS MONEY, THE • 1913
MILL GIRL, THE • 1913
MIST OF ERRORS, A • 1913
MOTHERHOOD OR POLITICS • CASE FOR SOLOMON, A • 1913
MYSTERIOUS PHILANTHROPIST, THE • 1913
ON THE BRINK OF THE PRECIPICE • 1913
ONE FAIR DAUGHTER • 1913
OVER THE FERRY • 1913
PARTNERS IN CRIME • 1913
PAYING THE PENALTY • 1913
PROMISE, THE • 1913
QUESTION OF IDENTITY, A • 1913
RED LIGHT, THE • 1913
SILENCE OF RICHARD WILTON, THE • 1913
STORM IN A TEACUP, A • 1913
TOUCH OF A BABE, THE • 1913
TRIED IN THE FIRE • 1913
TWO LITTLE PALS • 1913
WE ARE BUT LITTLE CHILDREN WEAK • 1913
ANGEL OF DELIVERANCE, THE • 1914
BRIEF AUTHORITY • 1914
CORPORAL'S KIDDIES, THE • 1914
CURTAIN, THE • 1914
DIAMOND CUT DIAMOND • 1914
DOUBLE EVENT, THE • 1914
GIRL WHO LIVED IN STRAIGHT STREET, THE • 1914
GIRL WHO PLAYED THE GAME, THE • 1914
HER SUITOR'S SUIT • 1914
HIS GREAT OPPORTUNITY • 1914
KLEPTOMANIAC, THE • 1914
KNIGHT OF THE ROAD, A • 1914
LITTLE BOY BOUNTIFUL • 1914
MAN BEHIND THE MASK, THE • 1914
MEMORY • 1914
MYSTERY OF MR. MARKS, THE • BY WHOSE HAND? • 1914
NOBLE DECEPTION, A • 1914
ONLY A FLOWER GIRL • 1914
PRICE OF A GIFT, THE • 1914
PRICE OF FAME, THE • 1914
PRICE ON HIS HEAD, A • 1914
QUALITY OF MERCY, THE • 1914
STRESS OF CIRCUMSTANCE, THE • 1914
THEY SAY -LET THEM SAY • 1914
THOU SHALT NOT STEAL • 1914
WILDFLOWER • 1914
AFTER DARK • 1915
HER ONE REDEEMING FEATURE • 1915
HIS BROTHER'S WIFE • 1915
LITTLE MOTHER, THE • 1915
MIDNIGHT MAIL, THE • 1915
ON THE BRINK • 1915
PARK LANE SCANDAL, A • 1915
STORY OF A PUNCH AND JUDY SHOW, THE • 1915
TIME AND THE HOUR • 1915

BUCKLAND WILFRED – USA

MAN ON THE BOX, THE • 1914

BUCKLEY ANTHONY – Editor – ASL – 1937–

HERE REMAINS A MEMORY • 1965 • DOC
WHEN THE RIVER WAS THE ONLY ROAD • 1965 • DOC
THEY SHOT THROUGH LIKE A BONDI • 1966 • DOC
FORGOTTEN CINEMA • 1967 • DOC
SNOW, SAND AND SAVAGES • 1973 • DOC

BUCKLEY DAVID – USA

SATURDAY NIGHT AT THE BATHS • 1976

BUCKNELL ROBERT – UKN

MORE DEADLY THAN THE MALE • 1959

BUCKNER NOEL – USA

GOOD FIGHT, THE • 1983 • DOC

BUCKSEY COLIN – UKN

WOLCOTT • 1981 • TVM
BLUE MONEY • 1984 • TVM
MCGUFFIN, THE • 1985
DEALERS • 1989

BUCQUET HAROLD see **BUCQUET HAROLD S.**

BUCQUET HAROLD S. – UKN – 1891–1946

BUCQUET HAROLD

LITTLE PEOPLE • 1935 • SHT
WINDY • 1935 • SHT
BEHIND THE CRIMINAL • 1937 • SHT
IT MAY HAPPEN TO YOU • 1937 • SHT
SOAK THE POOR • 1937 • SHT
TORTURE MONEY • 1937 • SHT
COME ACROSS • 1938 • SHT
THEY'RE ALWAYS CAUGHT • 1938 • SHT
WHAT PRICE SAFETY • 1938 • SHT
YOUNG DR. KILDARE • 1938
CALLING DR. KILDARE • 1939
ON BORROWED TIME • 1939
SECRET OF DR. KILDARE, THE • 1939
DR. KILDARE GOES HOME • 1940
DR. KILDARE'S CRISIS • SHOULD DR. KILDARE TELL? • 1940
DR. KILDARE'S STRANGE CASE • 1940
WE WHO ARE YOUNG • I DO • 1940
DR. KILDARE'S WEDDING DAY • MARY NAMES THE DAY (UKN) • 1941
KATHLEEN • GIRL ON THE HILL, THE • 1941
PENALTY, THE • ROOSTY • 1941
PEOPLE VS. DR. KILDARE, THE • MY LIFE IS YOURS (UKN) • 1941
CALLING DR. GILLESPIE • 1942
WAR AGAINST MRS. HADLEY, THE • 1942
ADVENTURES OF TARTU • TARTU (USA) • 1943
DRAGON SEED • 1944
WITHOUT LOVE • 1945

BUCZKOWSKI LEONARD – PLN – 1900–1967

SZALENCY • DEMENTED, THE ◦ DAREDEVILS, THE • 1928
GWIAZDZISTA ESKADRA • STAR SQUADRON, THE • 1930
SZYB L 23 • PIT L 23 • 1932
RAPSODIA BALTYKU • BALTIC RHAPSODY • 1935
STRASZNY DWOR • HAUNTED MIRROR, THE • 1936
WIERNA RZEKA • FAITHFUL RIVER • 1936
FLORIAN • 1938
BIALY MURZYN • WHITE NEGRO, THE • 1939
TESTAMENT PROFESORA WILCZURA • TESTAMENT OF PROFESSOR WILCZUR, THE ◦ PROFESSOR WILCZUR'S WILL • 1939
LODZ 1933-1945 • 1945 • DOC

W CHLOPSKIE RECE • INTO THE HANDS OF PEASANTS • 1946 • DOC
WIECZOR WIGILIJNY • CHRISTMAS EVE • 1946 • DOC
ZAKAZANE PIOSENKI • FORBIDDEN SONGS (USA) • 1947
SKARB • TREASURE, THE • 1949
PIERWSZY START • FIRST START, THE • 1951
PRZYGODA NA MARIENSZTACIE • ADVENTURE IN WARSAW (USA) ○ ADVENTURE AT MARIENSZTAT ○ MARIENSTADT ADVENTURE, THE • 1954
SPRAWA PILOTA MARESZA • CASE OF PILOT MARESZ, THE (USA) • 1956
DESZCZOWY LUPIEC • RAINY JULY, A (USA) • 1958
SUBMARINE ORZEL • 1959
CZAS PRZESZLY • TIME PAST (USA) ○ PAST, THE • 1961
SMARKULA • TEENAGER • 1963
PRZERWANY LOT • INTERRUPTED FLIGHT • 1964
MARYSIA I NAPOLEON • MARIA AND NAPOLEON ○ MARY AND NAPOLEON • 1966

BUDD LEIGHTON – Animator – USA
LUNYLAND PICTURES • 1914 • ASS

BUDSAN RONALD R. – USA
EVERY SPARROW MUST FALL • 1964

BUECHLER JOHN – USA
BUECHLER JOHN CARL
DUNGEONMASTER, THE • DIGITAL KNIGHTS ○ RAGEWAR • 1985
TROLL • 1986
CELLAR DWELLER • 1987
FRIDAY THE 13TH PART VII –THE NEW BLOOD • 1988

BUECHLER JOHN CARL see **BUECHLER JOHN**

BUEHLMAN FRANK J. – USA
TERROR • 1930

BUEL KENEAN – USA
AS YOU LIKE IT • 1908
KENTUCKY GIRL • 1912
UNDER A FLAG OF TRUCE • 1912
EXPOSURE OF THE LAND SWINDLERS • 1913
OCTOROON, THE • 1913
SHENANDOAH • 1913
BEAST, THE • 1914
BRAND, THE • 1914
FATE'S MIDNIGHT HOUR • 1914
GIRL AND THE STOWAWAY, THE • 1914
GREEN ROSE, THE • 1914
HOME RUN BAKER'S DOUBLE • 1914
KIT, THE ARKANSAW TRAVELER • 1914
LYNBROOK TRAGEDY, THE • 1914
MAYOR'S SECRETARY, THE • 1914
MYSTERY OF THE SLEEPING DEATH, THE • 1914
PRICE OF SILENCE, THE • 1914
RIDDLE OF THE GREEN UMBRELLA, THE • 1914
SCHOOL FOR SCANDAL, THE • 1914
THEFT OF THE CROWN JEWELS, THE • 1914
VIPER, THE • 1914
WEAKLING, THE • 1914
BONDWOMAN, THE • 1915
CAST UP BY THE SEA • 1915
FACE OF THE MADONNA, THE • 1915
GIRL OF THE MUSIC HALL, THE • 1915
HER SUPREME SACRIFICE • 1915
INNOCENT SINNER, AN • 1915
LEECH, THE • 1915
SECOND COMMANDMENT, THE • 1915
SWINDLER, THE • 1915
UNFAITHFUL TO HIS TRUST • 1915
WHITE GODDESS, THE • 1915
WIFE FOR WIFE • 1915
BLAZING LOVE • 1916
DAREDEVIL KATE • 1916
HYPOCRISY • 1916
MARBLE HEART, THE • 1916
WAR BRIDE'S SECRET, THE • 1916
BITTER TRUTH • 1917
NEW YORK PEACOCK, THE • 1917
SHE • 1917
TROUBLEMAKERS • TROUBLE MAKERS • 1917
TWO LITTLE IMPS • 1917
AMERICAN BUDS • 1918
DOING THEIR BIT • DOING OUR BIT • 1918
WE SHOULD WORRY • 1918
WOMAN WHO GAVE, THE • 1918
FALLEN IDOL, THE • 1919
MY LITTLE SISTER • 1919
WOMAN! WOMAN! • 1919
PLACE OF HONEYMOONS, THE • 1920
VEILED MARRIAGE, THE • 1920

BUELL JED – USA
HARLEM ON THE PRAIRIE • 1939
MISTER WASHINGTON GOES TO TOWN • 1940
LUCKY GHOST • 1941

BUENAVENTURA AUGUSTO – PHL
ALEX BIG SHOT • 1967
SOLIMAN BROTHERS • 1967
VALIENTE BROTHERS • 1967
BROTHERS FOR HIRE • 1968
CADRO DE JACK • 1968
DIEGONG DAGA • DIEGO, THE RAT • 1968
GALO GIMBAL • 1968
KID BROTHER • 1968
KILLER PATROL • 1968
SUNTOK O KARATE • PUNCH OR KARATE, A • 1968

BUENO JOSE LUIS – MXC
CUANDO ESCUCHES ESTE VALS • 1944

BUESST NIGEL – ASL – 1938–
DAYDREAMS • 1965 • SHT
RISE AND FALL OF SQUIZZY TAYLOR, THE • 1969 • DOC
DEAD EASY • 1970
BONJOUR BALWYN • 1971
DESTRUCTION OF ST. PATRICK'S COLLEGE 1971 • 1971 • DOC
COME OUT FIGHTING • 1973
JACKA V.C. • 1978 • DOC
JAZZ SCRAPBOOK • 1982 • DOC
COMPO • 1988

BUFFA PETER – USA
GHOST DANCE • 1982

BUFFARDI GIANNI – ITL
NUMBER ONE • 1973

BUGAJSKI RYSZARD – PLN
MARATHON • 1973 • MTV
PAUL • 1975 • MTV
WINCENTY PSTROWSKI STORY • 1975 • MTV
BARRIER, THE • 1976 • MTV
OTHER SIDE OF THE FLAME, THE • 1976 • MTV
TASTE OF MUSIC • 1976 • MTV
DON CARLOS • 1977 • MTV
WHEN WILL YOU GIVE ME MY SHARE? • 1977 • MTV
SPANISH BLOOD • 1978 • MTV
TRISMUS • 1978 • MTV
CLASSES • 1979 • MTV
WOMAN AND A WOMAN, A • 1980
PRZESLUCHANIE • INTERROGATION, THE • 1981

BUGLER BROR – SWD – 1908–
LIVET PA LANDET • LIFE IN THE COUNTRY • 1943
VART HJARTA HAR SIN SAGA • EACH HEART HAS ITS STORY • 1948
FLICKA FRAN BACKAFALL • GIRL FROM BACKAFALL • 1953

BUGNATELLI SALVATORE – ITL
DIABOLICAMENTE.. LETIZIA • 1975
SCUSI EMINENZA.. POSSO SPOSARMI? • PAPESATAN • 1976

BUHR ARTURO GARCIA – ARG
MI MUJER, LA SUECA Y YO • MY WIFE, THE SWEDE AND I • 1967

BUHRE WERNER – GRM
TIERGARTEN SUDAMERIKA • 1940

BUHRMANN ROLF – GRM
JANE BLEIBT JANE • JANE FOREVER • 1977

BUIL JOSE – MXC
LEYENDA DEL ANGEEL ENMASCARADO, LA • 1990

BUIS PIET – NTH
BEATRIX DE BRUID • 1966

BUJOLD FRANCOISE – CND
MONDE VA NOUS PRENDRE POUR DE SAUVAGES, LE • PEOPLE MIGHT LAUGH AT US • 1964 • DCS

BUKAEE RAFI – ISR
AVANTI POPOLO • 1987

BUKOVESKI ANATOLI – USS
BURYAN • WILD GRASS ○ WEEDS • 1967

BUKOVSKIY ANATOLIY – USS
SREDI DOBRYKH LYUDEY • MOTHER AND DAUGHTER (USA) • 1962
UKRAINIAN FESTIVAL • 1965

BUKOVSKY E. – USS
HERE'S THE PLACE FOR US • 1973

BUKUMIROVIC MILOS – YGS
ONI PREZIRU STRAH • THEY DESPISE FEAR • 1951

BULAJIC VELJKO see **BULAJIC VELKO**

BULAJIC VELKO – YGS – 1928–
BULAJIC VELJKO
VLAK BEZ VOZNOG REDA • TRAIN WITHOUT A TIMETABLE ○ UNSCHEDULED TRAIN, THE • 1958
VLAZ BEZ JIZDNIHO RADU • 1959
RAT • ATOMIC WAR BRIDE (USA) ○ WAR • 1960
VALKA • 1960
UZAVRELI GRAD • BOOM TOWN (USA) ○ THEN THE FIRES STARTED ○ WHEN THE FIRES STARTED • 1961
KOZARA • HILL OF DEATH • 1962
SKOPJE 1963 • 1964
POGLED U ZJENICU SUNCA • GLANCE AT THE PUPIL OF THE SUN, A ○ GLANCE TO THE PUPIL OF THE SUN • 1966
BITKA NA NERETVI • BATTAGLIA DELLA NERETVA, LA (ITL) ○ BATTLE OF NERETVA, THE (USA) ○ BATTLE ON THE RIVER NERETVA ○ SCHLACHT AN DEN NERETVA, DIE • 1969
SARAJEVSKI ATENTAT • ATENTAT U SARAJEVU ○ SARAJEVO ASSASSINATION, THE ○ DAY THAT SHOOK THE WORLD, THE ○ ASSASSINATION IN SARAJEVO ○ ASSASSINATION AT SARAJEVO ○ ASSASSINATION • 1975
COVJEK KOGA TREBA UBITI • MAN TO DESTROY, THE ○ CLOVEK, KI GA JE TREBA UBITI ○ MAN TO KILL, THE • 1979
VISOKI NAPON • HIGH VOLTAGE • 1981
DONATOR • DONATOR, THE • 1989

BULBULIAN MAURICE – CND – 1938–
PETIT BOURGOGNE, LA • 1968 • DOC
LENDEMAIN COMME HIER, UN • 1970 • DOC
REGION 80 • 1970 • DOC
DANS NOS FORETS • 1971 • DOC
EN CE JOUR MEMORABLE • 1971 • DCS
RICHESSE DES AUTRES, LA • 1973 • DOC
REVANCHE, LA • 1974 • DCS
SALVADOR ALLENDE GOSSENS: UN TEMOIGNAGE • 1974 • DCS
LUTTE DES TRAVAILLEURS D'HOPITAUX, LA • 1976 • DOC
Y'A RIEN LA • 1976 • DOC
GARS DU TABAC, LES • 1977 • DCS
AMESHKUATAN –LES SORTIES DU CASTOR • 1978 • DOC
TIERRA Y LIBERTAD • 1978 • DOC
ADOLESCENCIA MARGINAL • DELAISSES, LES • 1979 • DOC
CISSIN.. 5 ANS PLUS TARD • 1982 • DOC
DEBOUT SUR LEUR TERRE • 1982 • DOC
ART DE TOURNER EN ROND, L' • ART OF GOING AROUND IN CIRCLES, THE • 1988 • DOC
DANCING AROUND THE TABLE • 1988 • DOC

BULD WOLFGANG – GRM
PUNK IN LONDON • 1978 • DOC

BULGAKOV LEO – Actor – USA
AFTER THE DANCE • 1935
I'LL LOVE YOU ALWAYS • 1935
WHITE LIES • 1935
MARUSIA • 1938

BULL DONALD – UKN
MAN WOUNDED • 1943

BULL LUCIEN – FRN
ETUDES DE RHYTHME RAPIDE • 1924

BULL PETER L. – USA
NEW MUSIC: BOBBY BRADFORD AND JOHN CARTER, THE • 1980 • SHT

BULL STEIN ROGER – NRW
BOR BORSON II • 1976

BULLEID H. A. V. – UKN
NEMESIS • 1949

von BULOW VICCO see **LORIOT**

BULPIN T. V. – SAF
FLAME OF AFRICA • 1954

BUNCE ALAN – Animator – CND
BABAR THE MOVIE • 1990 • ANM

BUNEEV B. see **BUNEYEV BORIS**

BUNEYEV A. – USS
MYSTERIOUS FIND, A • 1954

BUNEYEV B. see **BUNEYEV BORIS**

BUNEYEV BORIS – USS
BUNEYEV B. • BUNEEV B.
IN THE STEPPE • 1951
FOR SOVIET POWER • 1956
CHELOVEK S PLANETA ZEMLYA • MAN FROM PLANET EARTH • 1959
PROSTO DYEVOCHKA • JUST A LITTLE GIRL • 1967

BUNIN LOUIS – Animator – USA
ZIEGFELD FOLLIES PROLOGUE, THE • 1948 • ANM
ALICE IN WONDERLAND • 1951 • ANM
COURTING SONGS • 1955 • ANM
OLD BANGUM • 1955 • ANM
HOMER, THE HORSE WHO COULDN'T TALK • 1958 • ANM
UTICA CLUB BEER COMMERCIALS • 1960 • ANM
CAT AND THE SPHINX, THE • 1969 • ANM

BUNNI AMIN AL– – SYR
AL QUENETRA, MY LOVE • 1974 • DOC

BUNTAR ZHAMIAN GHIIN – USS
ISKHOD • OUTCOME, THE • 1968

BUNTZMAN MARK – USA
EXTERMINATOR 2, THE • 1984

BUNUEL J. – MXC
JUGADOR DE AJEDREZ, EL • 1980

BUNUEL JOYCE – USA – 1942–
JUMENT VAPEUR, LA • DIRTY DISHES (USA) • 1978

BUNUEL JUAN – FRN – 1934–
BUNUEL JUAN-LUIS
JOUEUR D'ECHECS, LE • MTV
CALANDA • 1966 • DOC
AU RENDEZ-VOUS DE LA MORT JOYEUSE • AT THE MEETING WITH JOYOUS DEATH • 1972
FEMME AUX BOTTES ROUGES, LA • RAGAZZA CON GLI STIVALI ROSSI, LA (ITL) ○ WOMAN WITH RED BOOTS, THE (USA) • 1974
LEONOR • 1975

BUNUEL JUAN-LUIS see **BUNUEL JUAN**

BUNUEL LUIS – SPN – 1900–1983
AGE D'OR, L' • GOLDEN AGE, THE (USA) ○ AGE OF GOLD, THE • 1930
CHIEN ANDALOU, UN • ANDALUSIAN DOG, AN • 1930
HURDES, LAS • TIERRA SANS PAIN ○ LAND WITHOUT BREAD ○ UNPROMISED LAND ○ TERRE SANS PAIN • 1932
CENTINELLA ALERTA! • 1935
DON QUINTIN EL AMARGAO • 1935
HIJA DE JUAN SIMON, LA • 1935
QUIEN ME QUIERE A MI? • 1936
ESPANA LEAL EN ARMAS • MADRID 36 • 1937
VATICANO DE PIO XII, EL • HISTORY OF THE VATICAN, THE • 1941 • DCS
GRAN CASINO • EN EL VIEJO TAMPICO ○ IN OLD TAMPICO ○ TAMPICO • 1946
GRAN CALAVERA, EL • GREAT MADCAP, THE (USA) ○ HAPPY SCOUNDREL, THE • 1949
OLVIDADOS, LOS • YOUNG AND THE DAMNED, THE (USA) ○ FORGOTTEN ONES, THE ○ LOST ONES, THE • 1950
SUSANA • DEVIL AND THE FLESH, THE (USA) ○ CARNE Y DEMONIO ○ DEMONIO Y CARNE ○ DEVIL AND FLESH • 1950
HIJA DEL ENGANO, LA • DAUGHTER OF DECEIT (USA) ○ DON QUINTIN, EL AMARGAO • 1951
MUJER SIN AMOR, UNA • 1951
SUBIDA AL CIELO • MEXICAN BUS RIDE (USA) ○ ASCENT TO HEAVEN • 1951
AVENTURAS DE ROBINSON CRUSOE, LAS • ADVENTURES OF ROBINSON CRUSOE, THE ○ ROBINSON CRUSOE • 1952
BRUTO, EL • BRUTE, THE • 1952
EL • THIS STRANGE PASSION ○ HE • 1952
CUMBRES BORRASCOSAS • WUTHERING HEIGHTS (USA) ○ ABISMO DE PASION ○ ABYSS OF PASSION • 1953

ILUSION VIAJA EN TRANVIA, LA • ILLUSION TRAVELS BY STREETCAR, THE ○ RUNAWAY STREETCAR, THE ○ STREETCAR, THE • 1953
RIO Y LA MUERTE, EL • RIVER AND DEATH, THE (USA) ○ DEATH AND THE RIVER • 1954
CELA S'APPELLE L'AURORE • AMANTI DI DOMANI, GLI (ITL) ○ THAT IS CALLED DAWN • 1955
ENSAYO DE UN CRIMEN • CRIMINAL LIFE OF ARCHIBALDO DE LA CRUZ, THE (USA) ○ REHEARSAL FOR A CRIME ○ ARCHIBALDO ○ VIDA CRIMINAL DE ARCHIBALDO DE LA CRUZ, LA ○ PRACTICE OF A CRIME • 1955
MORT EN CE JARDIN, LA • MUERTE EN ESTE JARDIN, LA (MXC) ○ DEATH IN THE GARDEN ○ GINA (USA) ○ EVIL EDEN ○ EVIL OF EDEN • 1956
NAZARIN • 1958
FIEVRE MONTE A EL PAO, LA • AMBICIOSOS, LOS (MXC) ○ REPUBLIC OF SIN ○ FEVER MOUNTS AT EL PAO, THE • 1959
YOUNG ONE, THE • ISLAND OF SHAME (UKN) ○ JOVEN, LA ○ JEUNE FILLE, LA • 1960
VIRIDIANA • 1961
ANGEL EXTERMINADOR, EL • EXTERMINATING ANGEL, THE (USA) • 1962
JOURNAL D'UNE FEMME DE CHAMBRE, LE • DIARIO DI UNA CAMERIERA, IL (ITL) ○ DAIRY OF A CHAMBERMAID (USA) • 1963
SIMON DEL DESIERTO • SIMON OF THE DESERT (USA) ○ SAN SIMEON DEL DESIERTO ○ SAINT SIMEON OF THE DESERT • 1965
BELLE DE JOUR • BELLA DI GIORNO (ITL) • 1967
VOIE LACTEE, LA • VIA LATTEA, LA (ITL) ○ MILKY WAY, THE • 1968
TRISTANA • 1970
CHARME DISCRET DE LA BOURGEOISIE, LE • FASCINO DISCRETO DELLA BORGHESIA, IL (ITL) ○ DISCREET CHARM OF THE BOURGEOISIE, THE (UKN) • 1972
FANTOME DE LA LIBERTE, LE • FANTASMA DELLA LIBERTA, IL (ITL) ○ PHANTOM OF LIBERTY, THE (UKN) • 1974
CET OBSCUR OBJET DU DESIR • THAT OBSCURE OBJECT OF DESIRE (USA) • 1977

BURAVSKI ALEXANDER – USS
KATALA • GAMBLER, THE • 1989

BURBRIDGE DEREK – UKN
URGH! A MUSIC WAR • 1982 • DOC

BURCH JOHN – USA
GUN LAW • SWIFT LOVER, A (UKN) • 1929

BURCH NOEL – USA
CORRECTION PLEASE –OR HOW WE GOT INTO PICTURES • 1980

BURCKHARDT RUDY – SWT – 1914–
MOUNTING TENSION • 1950 • SHT
AUTOMOTIVE STORY, THE • 1953 • SHT
WHAT MOZART SAW ON MULBERRY STREET • 1954 • SHT
UNDER THE BROOKLYN BRIDGE • 1955 • SHT
EASTSIDE SUMMER • 1957 • SHT
MILLIONS IN BUSINESS AS USUAL • 1959 • SHT
GOOD MORNING, HYACINTH AND JUNCTION • SHT
HOW WIDE IS SIXTH AVENUE • 1962 • SHT
SHOOT THE MOON • 1962 • SHT
MIRACLE ON THE BMT • 1963 • SHT
LURK • 1965
MONEY • 1968
TARZAM • 1969

BURCKIN SELAHATTIN – TRK
SEVDA • LOVE • 1967

BURCKSEN J. – NTH
STOET VAN REUZEN, EEN • 1966 • SHT

BUREL LEONCE-HENRY – Dir. photo – FRN – 1892–1977
FLORAISON, LA • 1913 • SHT
INDUSTRIE DU VERRE, L' • 1913 • SHT
POUSSE DES PLANTES, LA • 1913 • SHT
RAPACES DIURNES ET NOCTURNES, LES • 1913 • SHT
CONQUETE DES GAULES, LA • 1922
EVADEE, L' • 1922
FADA, LA • 1923

BURFORD – UKN
TRYST, THE • 1929 • SHT

BURG EUGEN – GRM
GRAFIN LUKANI • 1916
ERBE VON SKIALDINGSHOLM, DER • 1919
HEXENLIED, DAS • WITCH'S SONG, THE • 1919
MUTTER ERDE • 1919
NINON DE LENCLOS • 1920
SCHMUGGLERIN, DIE • 1920

BURGE ROBERT – USA
VASECTOMY: A DELICATE MATTER • VASECTOMY: A DELICATE OPERATION • 1986
KEATON'S COP • 1989

BURGE STUART – UKN – 1918–
THERE WAS A CROOKED MAN • 1960
UNCLE VANYA • 1963
OTHELLO • 1965
MIKADO, THE • 1967
JULIUS CAESAR • 1970

BURGER GERMAIN – Producer – UKN – 1900–
DEVIL'S ROCK • 1938
SHEEPDOG OF THE HILLS • 1941
ROSE OF TRALEE • 1942
MY AIN FOLK • 1944

BURGER HANS – USA
BOOGIE WOOGIE DREAM • 1941 • SHT
SEEDS OF FREEDOM • 1943

BURGER HANUS – GRM
NICHTS ALS SUNDE • 1965

BURGESS BRIAN – Animator – UKN
THUNDERBIRDS IN OUTER SPACE • 1966 • ANM
REVENGE OF THE MYSTERONS FROM MARS • 1981 • ANM

BURGHARDT GEORG – GRM
SONNWENDFEUER
BAUERNEHRE • 1918
FLUCH DER VERGANGENHEIT • 1919
LOUISE DE LAVALLIERE • AM LIEBESHOF DES SONNENKONIGS • 1920

BURGHARDT THEODOR – GRM
VERGELTUNG, DIE • 1923

BURGUET CHARLES – FRN – 1872–1957
SALTARELLA, LA • 1912
BEAU POMPIER • 1914
BOUBOUF • 1914
DETTE, LA • 1914
DRAME DE L'HONNEUR, UN • 1914
EPREUVE TRAGIQUE, L' • 1914
FIANCEE DE L'AVIATEUR, LA • 1914
FILS DE L'INNOCENT, LE • 1914
GILLS • 1914
HAINE DU SORCIER, LA • HATE OF THE SORCERER, THE • 1914
MONTAGNE D'OR, LA • 1914
SACRILEGE • 1914
SECRETS D'ETAT • 1914
UTILE DEVOUEMENT, L' • 1914
AUTRE VISAGE, L' • 1916
DOUBLE JEU, LE • 1916
EMERAUDE, L' • 1916
FILLES D'EVE • 1916
GOLD, DESILVER ET CIE • 1916
NUIT TRAGIQUE, UNE • 1916
OR DE L'AVARE, L' • 1916
PAR JALOUSIE • 1916
PEPITE D'OR, LA • 1916
POUR SERVIR • 1916
PRES D'UN BERCEAU • 1916
QUAND MINUIT SONNERA • 1916
REMEMBER • 1916
RUSE DU GRAND-PERE • 1916
TERRIBLE NUIT, UNE • 1916
TROISIEME LARRON, LE • 1916
VERS LE TRAVAIL • 1916
AME DE PIERRE, L' • 1918
AU PARADIS DES ENFANTS • 1918
DEUX AMOURS, LES • 1918
DEUX SERMENTS, LES • 1918
PETIT COIN BIEN A MOI, UN • 1918
SON HEROS • 1918
SULTANA DE L'AMOUR, LA • 1918
YEUX QUI ACCUSENT, LES • 1918
LEGENDE DU BON CHEVALIER, LA • 1919
OURS, UN • 1919
POUR EPOUSER GABY • 1919
ESSOR, L' • 1920
GOSSE DE RICHE • 1920
SUSANNE ET LES BRIGANDS • 1920
BAILLONNEE, LA • 1921
CHEVALIER DE GABY, LE • 1921
MYSTERES DE PARIS, LES • MYSTERIES OF PARIS, THE • 1922
FAUBOURG–MONTMARTRE • 1923
MENDIANTE DE SAINT-SUPLICE, LA • 1923
JOUEUSE D'ORGUE, LA • 1924
BAROCCO • 1926
MARTYRE • 1926
MENEUR DE JOIES, LE • 1929

BURGUET M. C. – GRM
SCHLEIERTANZERIN, DIE • 1929

BURIAN E. F. – CZC
VERA LUKASOVA • 1939

BURIN DES ROZIERS HUGUES – FRN – 1943–
BLUE JEANS • DU BUERRE AUX ALLEMANDS • 1977

BURK MICHAEL – GRM
SOOO NICHT, MEINE HERREN • 1960
WOCHENTAGS IMMER • 1963

BURKE EDWIN – Screenwriter – USA – 1899–
NOW I'LL TELL • WHEN NEW YORK SLEEPS (UKN) • 1934

BURKE GREGORY – USA
PUSHER, THE • 1965

BURKE LOUIS – SAF
RUNAWAY MELODY • FOLLOW THAT RAINBOW • 1979

BURKE MARTYN – CND
ONE REVOLUTION AROUND THE SUN • 1969 • DOC
HOLLYWOOD TEN, THE • 1970 • DOC
CALIFORNIA MOVIE • 1971
CARNIVALS • 1972
SLEEPY GRASS • 1972
CLOWN MURDERS, THE • 1975
IDI AMIN –MY PEOPLE LOVE ME • 1975 • DOC
CONNECTIONS • 1977 • DOC
POWER PLAY • STATE OF SHOCK ○ COUP D'ETAT • 1978
CONNECTIONS II • 1979 • DOC
LAST CHASE, THE • 1980
K.G.B. CONNECTION, THE • 1981 • DOC
WITNESSES • 1988 • DOC

BURKHARDT GEORG – GRM
RICHARD HUTTER

BURKS ALEX see **BAZZONI CAMILLO**

BURLE JOSE CARLOS – BRZ
CHAMAS NO CAFEZAL • FLAMES OVER THE CAFEZAL • 1954

BURMA PHANI – IND
JANAK NANDINI • BIRTH OF NANDINI • 1938
DEVJANI • 1939
PRAHLAD • 1951

BURMAN TOM – USA
LIFE ON THE EDGE • 1989

BURN OSCAR – UKN
CASTLE SINISTER • 1948
FUN ON THE FARM • 1952
GREAT DAY, THE • 1952
POTTER OF THE YARD • 1952
MR. BEAMISH GOES SOUTH • 1953
TOO MANY DETECTIVES • 1953

BURNAMA JOPI
INTRUDER, THE • 1987

BURNESS PETE – Animator – USA – 1910–
BUNGLED BUNGALOW • 1950 • ANS
TROUBLE INDEMNITY • 1950 • ANS
BARE FACED FLATFOOT • BAREFACED FLATFOOT • 1951 • ANS
GRIZZLY GOLFER • 1951 • ANS
CAPTAINS OUTRAGEOUS • 1952 • ANS
DOG SNATCHER, THE • 1952 • ANS
PINK AND BLUE BLUES • PINK BLUE PLUMS • 1952 • ANS
SLOPPY JALOPY • 1952 • ANS
MAGOO GOES WEST • 1953 • ANS
MAGOO SLEPT HERE • 1953 • ANS
MAGOO'S MASTERPIECE • 1953 • ANS
SAFETY SPIN • 1953 • ANS
DESTINATION MAGOO • 1954 • ANS
KANGAROO COURTING • 1954 • ANS
MAGOO GOES SKIING • 1954 • ANS
WHEN MAGOO FLEW • 1954 • ANS
MADCAP MAGOO • 1955 • ANS
MAGOO MAKES NEWS • 1955 • ANS
MAGOO'S CHECK-UP • 1955 • ANS
MAGOO'S EXPRESS • 1955 • ANS
STAGEDOOR MAGOO • STAGE DOOR MAGOO • 1955 • ANS
CALLING DR. MAGOO • 1956 • ANS
MAGOO BEATS THE HEAT • 1956 • ANS
MAGOO'S CANINE MUTINY • MAGOO'S CANINE CAPER • 1956 • ANS
MAGOO'S PROBLEM CHILD • 1956 • ANS
MAGOO'S PUDDLE JUMPER • 1956 • ANS
MEET MOTHER MAGOO • 1956 • ANS
TRAILBLAZER MAGOO • 1956 • ANS
MAGOO BREAKS PAR • 1957 • ANS
MAGOO GOES OVERBOARD • 1957 • ANS
MAGOO SAVES THE BANK • 1957 • ANS
MAGOO'S GLORIOUS FOURTH • 1957 • ANS
MATADOR MAGOO • 1957 • ANS
ROCK HOUND MAGOO • 1957 • ANS
EXPLOSIVE MR. MAGOO, THE • 1958 • ANS
MAGOO'S THREE-POINT LANDING • 1958 • ANS
MAGOO'S YOUNG MANHOOD • YOUNG MANHOOD OF MR. MAGOO, THE • 1958 • ANS

BURNETT CHARLES – USA
KILLER OF SHEEP • 1978
MY BROTHER'S WEDDING • 1983
TO SLEEP WITH ANGER • 1990

BURNFORD PAUL – UKN
PEOPLE IN THE PARK • 1936
ROOFTOPS OF LONDON • 1936
STATUE PARADE • 1937
STORM • 1943
DARK SHADOWS • 1944
PATROLLING THE ETHER • 1944
RETURN FROM NOWHERE • 1944
ADVENTURES OF RUSTY, THE • 1945
FALL GUY • 1945 • SHT
IT LOOKS LIKE RAIN • IT ALWAYS STOPS RAINING • 1945 • SHT
STORM WARNING • 1947

BURNLEY FRED – UKN – 1933–1973
NEITHER THE SEA NOR THE SAND • 1972

BURNS ALLAN – USA
JUST BETWEEN FRIENDS • 1986

BURNS ARCHIBALDO – MXC
REVENTON, EL • 1975
OFICIO DE TINIEBLAS • 1978

BURNS BOBBY – USA
*BURNS ROBERT**
THIS WAY OUT • 1915
UPS AND DOWNS • 1915
BUNGLES' ELOPEMENT • 1916
BUNGLES ENFORCES THE LAW • 1916
BUNGLES LANDS A JOB • 1916
BUNGLES' RAINY DAY • 1916
BUSTED HEARTS • 1916 • SHT
CHICKENS • 1916
FRENZIED FINANCE • 1916
STICKY AFFAIR, A • 1916 • SHT
TRYOUT, THE • 1916

BURNS KEITH – USA
ERNIE KOVACS: TELEVISION'S ORIGINAL GENIUS • 1982 • TVM

BURNS KEN – USA
BROOKLYN BRIDGE • 1981
HUEY LONG • 1985 • DOC

BURNS NEAL – USA
DIVORCE MADE EASY • 1929 • SIL
LADIES CHOICE • 1929
RECKLESS ROSIE • RITZY ROSIE • 1929
FOWL AFFAIR, A • 1931 • SHT

BURNS PAUL – USA
WHAT THREE MEN WANTED • 1924

BURNS ROBERT – USA
MONGREL • 1983

*BURNS ROBERT** see **BURNS BOBBY**

BURNS TIM – ASL
CARNAGE • 1977
ANOTHER RAZOR TURN • 1978 • SHT
LET'S JUST GO TO THE MOVIES • 1978 • DOC
AGAINST THE GRAIN • 1980

BURNS WALTER – USA
BARBARA • 1970

BURNSIDE R. H. – USA
MANHATTAN • 1924

de BURON NICOLE – FRN – 1929–
VAS-Y, MAMAN! • 1978

BURR C. C. – USA
LUCK • 1923
TORCHY ROLLS HIS OWN • 1932

BURR JEFF – USA
FROM A WHISPER TO A SCREAM • OFFSPRING, THE • 1987
STEPFATHER II • 1989

BURRI EMIL – GRM
GELIEBTE WELT • 1942

BURRI RENE – SWT
BRACCIA SI, UOMINI NO • 1971

BURRILL CHRISTINE – USA
VIETNAM JOURNEY • VIETNAM JOURNEY: INTRODUCTION TO THE ENEMY ○ INTRODUCTION TO THE ENEMY • 1974

BURRILL ROBERT L. – USA
MILPITAS MONSTER, THE • 1975

BURRON PAUL – FRN
PRAVDA • 1970

BURROUGHS JACKIE – Actress – CND
WINTER TAN, A • 1988

BURROUGHS JIM – USA
AGAINST WIND AND TIDE: A CUBAN ODYSSEY • 1981 • DOC

BURROWES GEOFF – ASL
MAN FROM SNOWY RIVER II, THE • RETURN TO SNOWY RIVER PART II (USA) ○ UNTAMED, THE • 1987
RUN • 1990

BURROWES MICHAEL see **HARTFORD-DAVIS ROBERT**

BURROWS JAMES – USA – 1940–
BURROWS JIM
MORE THAN FRIENDS • 1978 • TVM
PARTNERS • 1982

BURROWS JIM see **BURROWS JAMES**

BURROWS JOHN – UKN
A.. IS FOR APPLE • 1963 • SHT

BURRUD BILL – USA
CURSE OF THE MAYAN TEMPLE • 1977

BURSTALL DAN – ASL
BEYOND MY REACH • 1990

BURSTALL TIM – UKN – 1929–
GOLD DIGGER'S BALLAD, THE • 1959 • SHT
PRIZE, THE • 1959 • SHT
BLACK MAN AND HIS BRIDE, THE • 1960 • SHT
NED KELLY • 1960 • DCS
DANCE OF THE ANGELS • 1962 • SHT
AUSTRALIA FELIX • 1963 • SHT
BIRD AND ANIMAL • 1963 • SHT
CRUCIFIXION, THE • 1963 • SHT
EXPLORER, THE • 1963 • SHT
LEGEND OF BYAMEE, THE • 1963 • SHT
MELBOURNE TIMETABLE • 1963 • SHT
ON THREE MOON CREEK • 1963 • SHT
PIONEERS, THE • 1963 • SHT
NULLARBOR HIDEOUT • 1964 • SHT
MAKING OF A GALLERY, THE • 1965 • DOC
PAINTING PEOPLE • 1965 • DOC
BLUES FROM THE JUNGLE • 1966 • DOC
SCULPTURE AUSTRALIA '69 • 1969 • DOC
2000 WEEKS • 1969
GETTING BACK TO NOTHING • 1970 • DOC
HOT CENTRE OF THE WORLD, THE • 1970 • SHT
STORK • 1971
ALVIN PURPLE • 1973
LIBIDO • 1973
MOUSE • 1973 • SHT
PETERSEN • JOCK PETERSEN (USA) • 1974
THREE OLD FRIENDS • 1974 • SHT
END PLAY • 1975
ROLLICKING ADVENTURES OF ELIZA FRASER, THE • ELIZA FRASER ○ FAITHFUL NARRATIVE OF THE CAPTURE, SUFFERINGS AND MIRACULOUS ESCAPE OF ELIZA FRASER, A • 1976
LAST OF THE KNUCKLEMEN, THE • 1979
ATTACK FORCE Z • Z-TZU T'E KUNG TUI (TWN) ○ Z MEN • 1981
DUET FOR FOUR • 1982
PARTNERS • 1982
NAKED COUNTRY, THE • 1984
GREAT EXPECTATIONS – THE AUSTRALIAN STORY • GREAT EXPECTATIONS – THE UNTOLD STORY • 1986
KANGAROO • 1986
NIGHTMARE AT BITTER CREEK • 1988 • TVM

BURSTEIN LOUIS – USA
MASHERS AND SPLASHERS • 1915
STRANDED • 1916

BURT KEITH ERIK see **LARSEN KEITH**

BURT WILLIAM P. – USA
WOMAN IN CHAINS, THE • WOMEN IN CHAINS, THE • 1923

BURTON DAVID – USS – 1890–
BISHOP MURDER CASE, THE • 1929
FIGHTING CARAVANS • BLAZING ARROWS • 1930
STRICTLY UNCONVENTIONAL • CIRCLE, THE • 1930
CONFESSIONS OF A CO-ED • HER DILEMMA (UKN) • 1931
DANCERS IN THE DARK • 1932
BRIEF MOMENT • 1933
LADY BY CHOICE • 1934
LET'S FALL IN LOVE • 1934
SISTERS UNDER THE SKIN • ROMANTIC AGE, THE (UKN) • 1934
MELODY LINGERS ON, THE • 1935
PRINCESS O'HARA • 1935
MAKE WAY FOR A LADY • 1936
MAN WHO WOULDN'T TALK, THE • 1940
MANHATTAN HEARTBEAT • 1940
PRIVATE NURSE • 1941

BURTON GEOFF – Dir. photo – ASL – 1946–
DANCERS WERE ONLY ALLOWED TO DANCE • 1980 • DOC
FISHERMEN OF DUWA • 1980 • DOC
ISLAND OF DREAMS • 1982
SECRET DISCOVERY OF AUSTRALIA, THE • 1983 • DOC
MASTER ILLUSIONIST, THE • LAWRENCE OF ARABIA –THE MASTER ILLUSIONIST • 1984 • DOC

BURTON HARDI – USA
RINDERCELLA • RINDERCELLA AND HER FELLA ○ CINDERELLER AND HER FELLER • 1970

BURTON JOHN N. – UKN
NEVER MENTION MURDER • 1964

BURTON NICK – UKN
BURTON NICOLAS
AT THE FOUNTAINHEAD • 1980

BURTON NICOLAS see **BURTON NICK**

BURTON RICHARD – Actor – UKN – 1925–1984
DOCTOR FAUSTUS • 1967

BURTON ROBERT H. – USA – 1946–
CANADA'S NUCLEAR EDGE • 1983
COSMIC FIRE • 1984 • MTV
THEY WENT TO FIGHT FOR FREEDOM • 1984 • MTV

BURTON TIM – USA
VINCENT • 1983 • ANS
ALADDIN AND HIS WONDERFUL LAMP • 1985 • MTV
PEE-WEE'S BIG ADVENTURE • 1985
BEETLEJUICE • 1988
BATMAN • 1989
EDWARD SCISSORHANDS • 1990

BURTON VICTOR – USA
PLAY PEN GIRLS, THE • 1967
SHE'S DOING IT AGAIN • 1969

BURTT BENJAMIN – USA
ROD FLASH CONQUERS INFINITY • 1973 • SHT

BURWASH GORDON – CND
PORTRAIT OF THE ARTIST • 1963
THREE APPRENTICES • 1963
THREE COUNTRY BOYS • 1964

BURWASH PATRICIA see **WATSON PATRICIA**

BUSBY GEOFF – UKN
FIRE BELOW! • 1962

BUSCH EDDY – GRM
LEICHTE ISABELL, DIE • 1927

BUSCHMANN CHRISTEL – GRM
COMEBACK • 1980
FELIX • 1988

BUSH H. W. – UKN
SOME ACTIVITIES OF THE BERMONDSEY BOROUGH COUNCIL • 1931

BUSH MAX II – USA
POTPOURRI • 1969

BUSHBY TOM – UKN
GRAND MAGIC CIRCUS, THE • ONCE UPON A TIME • 1973

BUSHELL ANTHONY – UKN – 1904–
ENGEL MIT DER POSAUNE, DER • ANGEL WITH THE TRUMPET, THE (UKN) • 1948
ANGEL WITH THE TRUMPET, THE • ANGEL WITH A TRUMPET • 1950
LONG DARK HALL, THE • 1951
RICHARD III • 1955
PRINCE AND THE SHOWGIRL, THE • 1957
TERROR OF THE TONGS, THE • TERROR OF THE HATCHET MEN • 1961
WOMAN'S PRIVILEGE, A • 1962

BUSHELMAN JOHN – USA
SILENT CALL, THE • 1961
SNIPER'S RIDGE • 1961
BROKEN LAND, THE • VANISHING FRONTIER • 1962
DAY OF THE NIGHTMARE • DON'T SCREAM, DORIS MAYS • 1965
CRUISIN' HIGH • 1975
HIGH SEAS HIJACK • 1976

BUSHKIN A. – USS
SOVIET TOYS • 1923 • ANS

BUSHMAN FRANCIS X. – Actor – USA – 1883–1966
IN THE DIPLOMATIC SERVICE • 1916
ROMEO AND JULIET • 1916

BUSHNELL WILLIAM H. JR. – USA
PRISONERS • PHYSICAL ASSAULT • 1973
FOUR DEUCES, THE • 1975

BUSQUETS MANUEL – CLM
TODOS SOMOS RESPONSABLES • 1976 • DOC

BUSS HARRY – UKN
CINDERELLA • 1913
SISTER SUSIE'S SEWING SHIRTS FOR SOLDIERS • 1915
A.W.S. • 1916
BORED • 1916 • SHT
MODEL, THE • 1916
RESCUING AN HEIRESS • 1916
SOME FISH! • 1916

BUSSI SOLANGE – FRN – 1907–
TERAC SOLANGE
MON AMANT L'ASSASSIN • MY LOVER, THE MURDERER ○ EXCENTRIQUE, L' • 1931
VAGABONDE, LA • 1931
KOENIGSMARK • 1953

BUSSMAN TOM – UKN
WHOOPS APOCALYPSE! • 1987

BUSSY RENE – FRN
FILLE DU BOUIF, LA • 1931

BUSTAMENTE ADOLFO F. see **FERNANDEZ BUSTAMENTE ADOLFO**

BUSTAMENTE ALFONSO RIVAS – MXC
RANCHO GRANDE • 1938

BUSTAMENTE JUAN CARLOS – CHL
DOMINGO DE GLORIA • GLORIOUS SUNDAY • 1981
MAULE, EL • 1983 • DOC
HISTORIA DE LAGARTOS • LIZARD STORIES • 1989

BUSTAMENTE PATRICIO – CHL
DOMINGO DE GLORIA • GLORIOUS SUNDAY • 1981
MAULE, EL • 1983 • DOC

BUSTEROS RAUL – MXC
TRES HISTORIAS DE AMOR • THREE LOVE STORIES • 1978
REDONDO • ROUND • 1985

BUSTILLO ORO JUAN – MXC
ORO JUAN BUSTILLO
YO SOY TU PADRE • 1927
DOS MONJES • TWO MONKS • 1934
MISTERIO DEL ROSTRO PALIDO, EL • MYSTERY OF THE GHASTLY FACE, THE ○ MYSTERY OF THE PALLID FACE,THE • 1935
MONJA, CASADA, VIRGEN Y MARTIR • NUN, MARRIED WOMAN, VIRGIN AND MARTYR • 1935
MALDITAS SEAN LAS MUJERES • 1936
NOSTRADAMUS • 1936
ROSAL BENDITO, EL • 1936
AMAPOLA DEL CAMINO • 1937
HONRADEZ ES UN ESTORBO, LA • 1937
HUAPANGO • 1937
CADA LOCO CON SU TEMA • 1938
TIA DE LAS MUCHACHAS, LA • 1938
CABALLO A CABALLO • 1939
EN TIEMPOS DE DON PORFIRIO • MELODIAS DE ANTANO ○ IN THE TIMES OF DON PORFIRIO • 1939
AHI ESTA EL DETALLE • THERE IS THE DETAIL • 1940
AL SON DE LA MARIMBA • 1940
CUANDO LOS HIJOS SE VAN • WHEN THE CHILDREN LEAVE • 1941
MIL ESTUDIANTES Y UNA MUCHACHA • 1941
ANGEL NEGRO, EL • 1942
MEXICO DE MIS RECUERDOS • MEXICO OF MY MEMORIES • 1943
SOMBRERO DE TRES PICOS, EL • 1943
CUANDO QUIERE UN MEXICANO • 1944
CANAIMA • 1945
LO QUE VA DE AYER A HOY • 1945
NO BASTA SER CHARRO • 1945
EN TIEMPOS DE LA INQUISICION • 1946
MADEROS DE SAN JUAN, LOS • 1946
DOS DE LA VIDA AIRADA • 1947
FIJATE QUE SUAVE • 1947
CUANDO LOS PADRES SE QUEDAN SOLOS • 1948
MANANITAS, LAS • 1948
SOLO VERACRUZ ES BELLO • 1948
COLMILLO DE BUDA, EL • 1949
TANDAS DEL PRINCIPAL, LAS • 1949
VINO EL REMOLINO Y NOS ALEVANTO • 1949
CASA DE VECINDAD • 1950
HOMBRE SIN ROSTRO, EL • MAN WITHOUT A FACE, THE • 1950
LOCA DE LA CASA, LA • 1950
ACA LAS TORTAS • HIJOS DE LOS RICOS, LOS • 1951
HUELLA DE UNOS LABIOS, LA • 1951
ESOS DE PENJAMO • 1952
POR ELLAS AUNQUE MAL PAGUEN • 1952
RETORNO A LA JUVENTAD • RETURN TO YOUTH • 1953
SIETE MUJERES • 1953
ASESINO X, EL • 1954
ENGANADAS, LAS • 1954
MUJER AJENA, LA • 1954
PADRE CONTRO HIJO • 1954
SOBRINA DEL SENOR CURA, LA • 1954
AVENTURAS DE PITO PEREZ, LAS • 1955
DEL BRAZO Y POR LA CALLE • 1955
MEDALLON DEL CRIMEN, EL • 1955
HIJOS DE RANCHO GRANDE, LOS • 1956
CADA HIJO UNA CRUZ • 1957
DONDE LAS DAN LAS TOMAN • 1957
ULTIMO MEXICANO, EL • 1959
MEXICO DE MIS RECUERDOS • 1963
ASI AMARON NUESTROS PADRES • 1964
VALSE VENIAN DE VIENA Y LOS NINOS DE PARIS, LOS • 1965

BUT FU – HKG
PAGODA

BUTCHER FRANK E. – UKN
WORK OF THE FIRST AID NURSING YEOMANRY CORPS, THE • 1909

BUTE MARY E. see **BUTE MARY ELLEN**

BUTE MARY ELLEN – USA
BUTE MARY E.
RHYTHM IN LIGHT • 1936 • SHT
SYNCHROMY NO.2 • 1936 • ANS
ANITRA'S DANCE • 1938 • SHT
PARABOLA • 1938 • SHT
ESCAPE • 1940 • ANS
TOCCATA AND FUGUE • 1940 • SHT
SPOOK SPORT • 1941 • ANS
TARANTELLA • 1941 • ANS
POLKA-GRAPH • 1953 • ANS
COLOR RHAPSODY • 1954 • ANS
MOOD CONTRAST • 1954 • ANS
BOY WHO SAW THROUGH, THE • 1958 • SHT
PASSAGES FROM "FINNEGAN'S WAKE" • PASSAGES FROM JAMES JOYCE'S "FINNEGAN'S WAKE" ○ FINNEGAN'S WAKE • 1967

BUTLER ALEX
FROM ISTANBUL –ORDERS TO KILL • 1965

BUTLER ALEXANDER – USA
FOR £50,000 • 1913
GREAT BULLION ROBBERY, THE • 1913
GREATER LOVE HATH NO MAN • 1913
IN LONDON'S TOILS • 1913
IN THE HANDS OF THE LONDON CROOKS • 1913
IN THE TOILS OF THE BLACKMAILER • 1913
LITTLE GIRL SHALL LEAD THEM, A • 1913
LONDON BY NIGHT • 1913
O.H.M.S. • 1913
PASSIONS OF MEN, THE • 1913
TUBE OF DEATH, THE • ANARCHIST'S DOOM, THE • 1913
SHEPHERD OF THE SOUTHERN CROSS • 1914
FAIR IMPOSTER, A • 1916
GIRL WHO LOVES A SOLDIER, THE • 1916
JUST A GIRL • 1916
NURSIE! NURSIE! • 1916
PAIR OF SPECTACLES, A • 1916
VALLEY OF FEAR, THE • 1916
IN ANOTHER GIRL'S SHOES • 1917
LITTLE WOMEN • 1917
MY LADY'S DRESS • 1917
SORROWS OF SATAN, THE • 1917
JO THE CROSSING SWEEPER • 1918
ON LEAVE • 1918
BEETLE, THE • 1919
DAMAGED GOODS • 1919
DISAPPEARANCE OF THE JUDGE, THE • 1919
LAMP OF DESTINY, THE • 1919
LIFE OF A LONDON ACTRESS, THE • 1919
ODDS AGAINST HER, THE • 1919
THUNDERCLOUD, THE • 1919
DAVID AND JONATHAN • 1920
HER STORY • 1920
LOVE IN THE WILDERNESS • 1920
NIGHT RIDERS, THE • 1920
UGLY DUCKLING, THE • 1920
FOR HER FATHER'S SAKE • 1921
KNOCKOUT, THE • 1923
MARRIED LOVE • MAISIE'S MARRIAGE • 1923
ROYAL DIVORCE, A • 1923
SHOULD A DOCTOR TELL? • 1923
ABSENCE MAKES THE HEART GROW FONDER • 1925
ALL THAT GLISTENS IS NOT GOLD • 1925
AT THE MERCY OF HIS WIFE • 1925
AULD LANG SYNE • 1925
CHOICE, THE • 1925
DEATH OF AGNES, THE • 1925
DO UNTO OTHERS • 1925
DRIVEN FROM HOME • 1925
ETERNAL TRIANGLE, THE • 1925
HER GOLDEN HAIR WAS HANGING DOWN HER BACK • 1925
HER GREAT MISTAKE • 1925
HOW IT HAPPENED • 1925
HUNG WITHOUT EVIDENCE • 1925
I DO LIKE TO BE BESIDE THE SEASIDE • 1925
IT IS NEVER TOO LATE TO MEND • 1925
LAUGH AND THE WORLD LAUGHS WITH YOU • 1925
LITTLE DOLLY DAYDREAM • 1925
MAN PROPOSES GOD DISPOSES • 1925
MILESTONE MELODIES • 1925 • SER
NEVER PUT OFF TILL TOMORROW • 1925
OCTOBER 4TH • 1925
OUT OF SIGHT OUT OF MIND • 1925
PARTED • 1925
PROVERBS • 1925 • SER
SHOULD A MOTHER TELL • 1925
SKELETON KEYS • 1925
STITCH IN TIME, A • 1925
THERE'S MANY A SLIP • 1925 • SHT
THEY WOULDN'T BELIEVE ME • 1925
THOSE WHO LIVE IN GLASSHOUSES • 1925
'TIS A LONG LANE THAT HAS NO TURNING • 1925
TWISTED TALES • 1925 • SHS

BUTLER DAVID – USA – 1894–1979
HIGH SCHOOL HERO • JUST LADS (UKN) • 1927
NEWS PARADE, THE • 1928
PREP AND PEP • TIGER'S SON • 1928
WIN THAT GIRL • 1928
CHASING THROUGH EUROPE • 1929
FOX MOVIETONE FOLLIES OF 1929 • MOVIETONE FOLLIES OF 1929, THE (UKN) ○ FOX FOLLIES OF 1929 ○ WILLIAM FOX MOVIETONE FOLLIES OF 1929 • 1929
MASKED EMOTIONS • 1929
SUNNY SIDE UP • 1929
HIGH SOCIETY BLUES • 1930
JUST IMAGINE • 1930
BUSINESS AND PLEASURE • PLUTOCRAT • 1931
CONNECTICUT YANKEE, A • YANKEE AT KING ARTHUR'S COURT, THE (UKN) • 1931
DELICIOUS • 1931
DOWN TO EARTH • 1932
HANDLE WITH CARE • 1932
HOLD ME TIGHT • 1933
MY WEAKNESS • 1933
BOTTOMS UP • 1934
BRIGHT EYES • 1934
HANDY ANDY • MERRY ANDREW • 1934
HAVE A HEART • 1934
DOUBTING THOMAS • 1935
LITTLE COLONEL, THE • 1935
LITTLEST REBEL, THE • 1935
CAPTAIN JANUARY • 1936
PIGSKIN PARADE • HARMONY PARADE (UKN) • 1936
WHITE FANG • 1936
ALI BABA GOES TO TOWN • 1937
YOU'RE A SWEETHEART • BROADWAY JAMBOREE ○ YOUNG MAN'S FANCY • 1937
KENTUCKY • 1938
KENTUCKY MOONSHINE • THREE MEN AND A GIRL (UKN) • 1938
STRAIGHT, PLACE AND SHOW • THEY'RE OFF (UKN) • 1938
EAST SIDE OF HEAVEN • 1939
THAT'S RIGHT –YOU'RE WRONG • 1939
IF I HAD MY WAY • 1940
YOU'LL FIND OUT • HERE COME THE BOOGIE MEN • 1940
CAUGHT IN THE DRAFT • 1941
PLAYMATES • 1941
ROAD TO MOROCCO • 1942
THANK YOUR LUCKY STARS • 1943
THEY GOT ME COVERED • 1943
PRINCESS AND THE PIRATE, THE • 1944
SHINE ON, HARVEST MOON • 1944
SAN ANTONIO • 1945
TIME, THE PLACE AND THE GIRL, THE • 1946
TWO GUYS FROM MILWAUKEE • ROYAL FLUSH (UKN) • 1946
MY WILD IRISH ROSE • 1947
TWO GUYS FROM TEXAS • TWO TEXAS KNIGHTS (UKN) • 1948
IT'S A GREAT FEELING • 1949
JOHN LOVES MARY • 1949
LOOK FOR THE SILVER LINING • SILVER LINING • 1949
STORY OF SEABISCUIT, THE • PRIDE OF KENTUCKY (UKN) • 1949
DAUGHTER OF ROSIE O'GRADY, THE • 1950
TEA FOR TWO • 1950
LULLABY OF BROADWAY, THE • 1951
PAINTING THE CLOUDS WITH SUNSHINE • GOLD DIGGERS IN LAS VEGAS • 1951
APRIL IN PARIS • 1952
WHERE'S CHARLEY? • 1952
BY THE LIGHT OF THE SILVERY MOON • 1953
CALAMITY JANE • 1953
COMMAND, THE • REAR GUARD • 1954
KING RICHARD AND THE CRUSADERS • 1954
JUMP INTO HELL • 1955
GIRL HE LEFT BEHIND, THE • 1956
GLORY • 1956
RIGHT APPROACH, THE • 1961
C'MON LET'S LIVE A LITTLE • 1967

BUTLER DAVID* – UKN – 1927–
WORLD IN 1981, THE • 1950

BUTLER FRED see **BUTLER FRED J.**

BUTLER FRED J. – USA
BUTLER FRED
FEUD, THE • 1915
STAB, THE • 1915
FICKLE WOMAN • 1920
GIRLS DON'T GAMBLE • 1920
SMILING ALL THE WAY • 1920
MAKING THE GRADE • SOPHIE SEMENOFF • 1921
BING BANG BOOM • 1922
FLYING ELEPHANTS • 1927 • SHT

BUTLER GEORGE – USA
PUMPING IRON • 1977 • DOC
PUMPING IRON II: THE WOMEN • 1985 • DOC

BUTLER HANK E. – USA
WORLD STRUGGLE FOR OIL, THE • 1924

BUTLER HEINZ – SWT
ZUR BESSERUNG DER PERSON • FOR THE IMPROVEMENT OF THE INDIVIDUAL • 1982
MELZER • 1983
VATERFLUCHT • 1984
CHARTRES • 1989

BUTLER HUGO – MXC
MOZO HUGO
PEQUENOS GIGANTES, LOS • 1958

BUTLER LYNTON – NZL
ONE OF THOSE BLIGHTERS • 1983
PALLET ON THE FLOOR • 1984

BUTLER ROBERT – USA – 1927–
STAR TREK –THE CAGE • CAGE, THE • 1964 • MTV
GUNS IN THE HEATHER • SPY BUSTERS • 1969
COMPUTER WORE TENNIS SHOES, THE • 1970
DEATH TAKES A HOLIDAY • 1971 • TVM
SCANDALOUS JOHN • 1971
NOW YOU SEE HIM, NOW YOU DON'T • 1972
BLUE KNIGHT, THE • 1973 • TVM
COLUMBO: DOUBLE SHOCK • 1973 • TVM
ULTIMATE THRILL, THE • ULTIMATE CHASE, THE • 1974
STRANGE NEW WORLD • 1975 • TVM
DARK VICTORY • 1976 • TVM
JAMES DEAN: PORTRAIT OF A FRIEND • 1976 • TVM
MAYDAY AT 40,000 FEET • 1976 • TVM
BAREFOOT EXECUTIVE, THE • 1977
IN THE GLITTER PALACE • 1977 • TVM
HOT LEAD AND COLD FEET • 1978
LACY AND THE MISSISSIPPI QUEEN • 1978 • TVM
QUESTION OF GUILT, A • 1978 • TVM
NIGHT OF THE JUGGLER • 1980
UNDERGROUND ACES • 1981
NEW YORK CONNECTION • 1983
CONCRETE BEAT • 1984 • TVM
UP THE CREEK • 1984
MOONLIGHTING • MOONLIGHTING: THE ORIGINAL TV MOVIE • 1985 • TVM
LONG TIME GONE • 1986 • TVM
OUT ON A LIMB • 1987 • TVM
OUT OF TIME • 1988 • TVM

BUTLER YVAN – SWT
FILLE AU VIOLONCELLE, LA • 1973
RANCON, LE • 1984
MUR DE BERLIN, LE • BERLIN WALL, THE • 1988

BUTOY HENDEL – Animator – USA
RESCUERS DOWN UNDER, THE • 1990 • ANM

BUTT DAWOOD – PKS
TOHFA • 1988

BUTT MAHMOOD – PKS
BUTT MASOOD
HASEENA 420 • 1988
NAGIN JOGI • COBRA • 1989
SULTANA • 1989

BUTT MASOOD see **BUTT MAHMOOD**

BUTTERFIELD ALLYN – USA
WORLD'S GREATEST THRILLS, THE • 1933 • SHT

BUTTIGNOL RUDY – CND
NEON, AN ELECRIC MEMOIR • 1986 • DCS
SPACE PIONEERS, A CANADIAN STORY • 1988 • DOC

BUTTS W. LAWSON – UKN
AFTERWARDS • 1928

BUTURLIN VICTOR – USS
BRAKING IN THE SKY • 1989

BUXTON DUDLEY – Animator – UKN
EVER BEEN HAD? • 1917 • ANM
MIFFY • 1921 • ASS

BUYENS FRANS – BLG – 1924–
COMBATTRE POUR NOS DROITS • 1961
ALLEMAGNE, TERMINUS EST • 1964
TOP–HIT–GIRL • 1969
CHACUN DE NOUS • 1971
LEDER VAN ONS • 1971
LODEWIJK DE RAET • 1971
DWAALLICHT, HET • 1973
OPEN DIALOOG • DIALOGUE OUVERT • 1973
OU TOUSSENT LES PETIT OISEAUX? • 1974
ZIGZAG • 1974
WONDERSHOP • 1975
JOUR LES TEMOINS DISPARAITRONT • 1980 • DOC
TIJD OM GELUKKIG TE ZIJN • TIME FOR BEING HAPPY • 1981
SARAH DIT, LEILA DIT • 1983

BUYS BERNARD – SAF
SAVAGE ENCOUNTER • 1980

BUYSSE CYRIEL – BLG
DIEPTE • PROFONDEURS DE LA MER, LES ○ DEPTHS OF THE SEA • 1932

BUZAGLO HAIM – ISR
BOGUS MARRIAGE • 1988

BUZBY ZANE – USA
LAST RESORT, THE • CLUB SANDWICH • 1985

BUZZANI SERGIO – ITL
ONE WOMAN'S LOVER

BUZZELL EDWARD – USA – 1897–1985
CRYSTAL GAZER, THE • 1930 • SHT
HARD BOILED YEGGS • 1930 • SHT
HELLO THAR • 1930 • SHT
HOT AND BOTHERED • 1930 • SHT
KEEPING COMPANY • 1930 • SHT
PRODIGAL DAUGHTER, THE • 1930 • SHT
ROYAL FOUR FLUSHER, THE • 1930 • SHT
THEN CAME THE PAWN • 1930 • SHT
BLONDE PRESSURE • 1931 • SHT
CHECK AND RUBBER CHECK • 1931 • SHT
CHRISS–CROSSED • 1931 • SHT
KINGS OR BETTER • 1931 • SHT
LAST OF THE MOE HIGGINS, THE • 1931 • SHT
LONE STAR STRANGER, THE • 1931 • SHT
RED MEN TELL NO TALES • 1931 • SHT
SHE SERVED HIM RIGHT • 1931 • SHT
SOLDIER OF MISFORTUNE • 1931 • SHT
WINE, WOMEN BUT NO SONG • 1931 • SHT
BIG TIMER, THE • 1932
GALL OF THE NORTH, THE • 1932 • SHT
HOLLYWOOD SPEAKS • 1932
LOVE, HONOR AND HE PAYS • 1932 • SHT
VIRTUE • 1932
WOLF IN CHEAP CLOTHING, THE • 1932 • SHT
ANN CARVER'S PROFESSION • 1933
CHILD OF MANHATTAN • 1933
LOVE, HONOR AND OH, BABY! • 1933 • SHT
CROSS COUNTRY CRUISE • 1934
HUMAN SIDE, THE • 1934
GIRL FRIEND, THE • 1935
LUCKIEST GIRL IN THE WORLD, THE • 1936
THREE MARRIED MEN • 1936
TRANSIENT LADY • FALSE WITNESS (UKN) • 1936
AS GOOD AS MARRIED • 1937
BACHELOR APARTMENT • 1937
FAST COMPANY • RARE BOOK MURDER, THE • 1938
PARADISE FOR THREE • ROMANCE FOR THREE (UKN) ○ THREE MEN IN THE SNOW • 1938
AT THE CIRCUS • MARX BROTHERS AT THE CIRCUS • 1939
HONOLULU • 1939
GO WEST • MARX BROTHERS GO WEST, THE (UKN) • 1940
GET–AWAY, THE • 1941
MARRIED BACHELOR • 1941
OMAHA TRAIL, THE • 1942
SHIP AHOY • 1942
BEST FOOT FORWARD • 1943
YOUNGEST PROFESSION, THE • 1943
KEEP YOUR POWDER DRY • THERE WERE THREE OF US • 1944
EASY TO WED • 1946
THREE WISE FOOLS • 1946
SONG OF THE THIN MAN • 1947
NEPTUNE'S DAUGHTER • 1949
EMERGENCY WEDDING • JEALOUSY (UKN) ○ THAT BEDSIDE MANNER • 1950
WOMAN OF DISTINCTION, A • 1950
CONFIDENTIALLY CONNIE • 1952
AIN'T MISBEHAVIN' • 1955
MARY HAD A LITTLE.. • 1961

BUZZI ALDO – ITL
AMERICA PAGANA • 1955 • DOC

BYASS NIGEL – UKN – 1908–
FOOLS STEP IN • 1938
BLACKOUT TIME • 1939
TRAMP IN KILLARNEY, A • 1939
GRASS DRYING • 1949

BYC–IMANVERDI RESA – IRN
MARDE DO CHEHRE • MAN WITH TWO FACES, A • 1968

BYCHKOV VLADIMIR – USS
RUSALOCHKA • MALKATA ROUSSALKA ○ LITTLE MERMAID, THE • 1976

BYERS MARK – USA
MOST DANGEROUS WOMAN ALIVE, THE • 1988
TUNNELS • CRIMINAL ACT • 1988

BYKOV LEONID – USS
V BOJ IDUT ODNI 'STARIKI' • 1973

BYKOV R. see **BYKOV ROLAN**

BYKOV ROLAN – USS – 1929–
BYKOV R.
SEM NYANEK • SEVEN NURSEMAIDS • 1962
PROPALO LETO • LOST SUMMER, THE • 1963
AIBOLIT–66 • 1967
VNIMANIE CHEREPAKHA • ATTENTION TORTOISE! • 1969
TIKI–TIKI • 1971
TELEGRAMMA • TELEGRAM, THE • 1972
LENA • 1984
SCARECROW, THE • 1986

BYRD ADMIRAL – USA
DISCOVERY • 1949

BYRD CARUTH C. – USA
HOLLYWOOD HIGH PART II • 1981

BYRD JOHN see **MOFFA PAOLO**

BYRD JOZEF – PLN
OLIMPIADA W MEKSYKU • OLYMPIC GAMES IN MEXICO, THE • 1969 • ANM

BYRNE DAVID – USA
TRUE STORIES • 1986

BYRNE JACK – USA
DANGEROUS EXPERIMENT, A • 1913
RETURN OF JOHN BOSTON, THE • 1916 • SHT
SCAPEGRACE, THE • 1916 • SHT
STOLEN MASTER, THE • 1916 • SHT

BYRNE JOHN F. – USA
EIGHT BELLS • 1916

BYRON PHILIPPE – FRN
PLAISIRS DE L'INFIDELE, LES
PLAISIRS DU TROTTOIR, LES
POUR X RAISONS

BYRUM JOHN – USA – 1947–
INSERTS • 1975
HEART BEAT • HEARTBEAT • 1979
RAZOR'S EDGE, THE • 1984
WHOOPEE BOYS, THE • 1986
EDIE • GIRL OF THE YEAR, THE ○ WAR AT HOME, THE • 1989

BYUN CHANG-HO see **BAE CHANG-HO**

BYUN JANG-HO see **BAE CHANG-HO**

CAAN JAMES – Actor – USA – 1939–
HIDE IN PLAIN SIGHT • 1979

CAAN RICHARD – TWN
PHOENIX, THE • WAR OF THE WIZARDS • 1978

CABAL RICARDO – CLM
INCREDIBLE AND SAD TALE OF LATIN AMERICA AND THE HEARTLESS CONQUISTADORS, THE • 1989 • SHT

CABANNE CHRISTY see **CABANNE W. CHRISTY**

CABANNE W. CHRISTY – USA – 1888–1950
CABANNE WILLIAM CHRISTY • CABANNE CHRISTY
DAYLIGHT BURGLAR, THE • 1912
DILEMMA, THE • 1912
DRINK'S LURE, THE • 1912
FOR THE CAUSE • 1912
GENTLEMAN OR THIEF? • 1912
GIPSY TALISMAN, THE • 1912
HIS MOTHER'S SON • 1912
NEPTUNE'S DAUGHTER • 1912
WOMAN IN BLACK, THE • 1912
ADOPTED BROTHER, THE • 1913
BLACK AND WHITE • 1913
BLUE OR THE GRAY, THE • 1913
BY MAN'S LAW • 1913
CHANCE DECEPTION, A • 1913
CHIEFTAIN'S SONS, THE • 1913
CONSCIENCE OF HASSAN BEY, THE • 1913
DETECTIVE'S STRATAGEM, THE • 1913
DURING THE ROUND-UP • 1913
FATAL WEDDING, THE • 1913
GIRL ACROSS THE WAY, THE • 1913
HIS INSPIRATION • 1913
INFLUENCE OF THE UNKNOWN, THE • 1913
IRON MASTER, THE • 1913
MOTHS • 1913
RANCHERO'S REVENGE, THE • 1913
SAPHO • SAPPHO • 1913
UNJUST SUSPICION, AN • 1913
WIFE, THE • 1913
ARMS AND THE GRINGO • 1914
BETTER WAY, THE • 1914
CARMEN • 1914
CITY BEAUTIFUL, A • 1914
DISHONORED MEDAL, A • 1914
DOWN BY THE SOUNDING SEA • 1914
ENVIRONMENT • 1914
FOR HIS MASTER • 1914
FOR THOSE UNBORN • 1914
GANGSTERS OF NEW YORK, THE • 1914
GRANNY • 1914
GREAT LEAP, THE • 1914
GUNMAN, THE • 1914
HER AWAKENING • 1914
HUNCHBACK, THE • 1914
INTRUDER, THE • 1914
LESSON IN MECHANICS, A • 1914
LIFE OF GENERAL VILLA, THE • OUTLAW'S REVENGE, THE ○ LIFE OF VILLA, THE • 1914
MOONSHINE MOLLY • 1914
ODALISQUE, THE • 1914
QUESTION OF COURAGE, A • 1914
QUICKSANDS, THE • 1914
REBELLION OF KITTY BELLE, THE • 1914
SAVING GRACE, THE • 1914
SECOND MRS. ROEBUCK, THE • 1914
SISTERS, THE • 1914
SMUGGLERS OF SLIGO, THE • 1914
SUFFRAGETTE BATTLE OF NUTTYVILLE, THE • 1914
ABSENTEE, THE • 1915
CRAVEN, THE • 1915
DOUBLE TROUBLE • 1915
ENOCH ARDEN • AS FATE ORDAINED (UKN) ○ FATAL MARRIAGE, THE • 1915
FAILURE, THE • 1915
LAMB, THE • 1915
LOST HOUSE, THE • 1915
MARTYRS OF THE ALAMO, THE • 1915
TANGLED PATHS • 1915
THREE BROTHERS • 1915
DAPHNE AND THE PIRATE • 1916
DIANA OF THE FOLLIES • DIANE OF THE FOLLIES • 1916
FLIRTING WITH FATE • 1916
FLYING TORPEDO, THE • 1916
REGGIE MIXES IN • MYSTERIES OF NEW YORK (UKN) • 1916
SOLD FOR MARRIAGE • 1916
DRAFT 258 • 1917
GREAT SECRET, THE • 1917 • SRL
MISS ROBINSON CRUSOE • 1917
ONE OF MANY • 1917
SLACKER, THE • 1917
SOUL TRIUMPHANT • 1917
THAT'S ALL AMERICAN • 1917
CYCLONE HIGGINS D.D. • CYCLONE OF HIGGINS D.D. • 1918
FIGHTING THROUGH • AMERICAN SPIRIT, THE • 1919
GOD'S OUTLAW • 1919
MAYOR OF FILBERT, THE • 1919
PEST, THE • 1919
REGULAR FELLOW, A • 1919
BELOVED CHEATER, THE • 1920
BURNT WINGS • PRIMROSE PATH, THE • 1920
LIFE'S TWIST • 1920
NOTORIOUS MRS. SANDS, THE • 1920
STEALERS, THE • 1920
TRIFLERS, THE • 1920
AT THE STAGE DOOR • 1921
BARRICADE, THE • 1921
LIVE AND LET LIVE • 1921
WHAT'S A WIFE WORTH? • 1921
BEYOND THE RAINBOW • 1922
TILL WE MEET AGAIN • 1922
AVERAGE WOMAN, THE • 1924
IS LOVE EVERYTHING? • 1924
LEND ME YOUR HUSBAND • 1924
SIXTH COMMANDMENT, THE • 1924
SPITFIRE, THE • 1924
YOUTH FOR SALE • YOUTH TO SELL • 1924
MASKED BRIDE, THE • 1925
MIDSHIPMAN, THE • 1925
ALTARS OF DESIRE • 1926
MONTE CARLO • DREAMS OF MONTE CARLO • 1926
ANNAPOLIS • BRANDED A COWARD (UKN) • 1928
DRIFTWOOD • 1928
NAMELESS MEN • 1928
RESTLESS YOUTH • WAYWARD YOUTH (UKN) • 1928
CONSPIRACY • 1930
DAWN TRAIL, THE • 1930
CARNE DE CABARET • 1931
CONVICTED • 1931
GRAFT • DEAD LINE, THE • 1931
SKY RAIDERS, THE • 1931
HEARTS OF HUMANITY • 1932
HOTEL CONTINENTAL • 1932
MIDNIGHT PATROL • 1932
RED-HAIRED ALIBI • 1932
UNWRITTEN LAW, THE • 1932
WESTERN LIMITED, THE • NIGHT EXPRESS, THE (UKN) • 1932
DARING DAUGHTERS • BEHIND THE COUNTER (UKN) • 1933
ELEVENTH COMMANDMENT, THE • 1933
MIDSHIPMAN JACK • GLORY COMMAND • 1933
WORLD GONE MAD, THE • PUBLIC BE HANGED, THE (UKN) • 1933
GIRL OF THE LIMBERLOST, A • 1934
JANE EYRE • 1934
MONEY MEANS NOTHING • 1934
WHEN STRANGERS MEET • 1934
ANOTHER FACE • IT HAPPENED IN HOLLYWOOD (UKN) ○ TWO FACES • 1935
BEHIND THE GREEN LIGHTS • 1935
KEEPER OF THE BEES, THE • 1935
ONE FRIGHTENED NIGHT • 1935
RENDEZVOUS AT MIDNIGHT • 1935
STORM OVER THE ANDES • 1935
LAST OUTLAW, THE • 1936
WE WHO ARE ABOUT TO DIE • 1936
ANNAPOLIS SALUTE • SALUTE TO ROMANCE (UKN) • 1937
CRIMINAL LAWYER • 1937
DON'T TELL THE WIFE • ONCE OVER LIGHTLY • 1937
OUTCASTS OF POKER FLAT, THE • 1937
WESTLAND CASE, THE • 1937
YOU CAN'T BEAT LOVE • 1937
EVERYBODY'S DOING IT • EASY MILLIONS • 1938
NIGHT SPOT • 1938
THIS MARRIAGE BUSINESS • 1938
ALAS SOBRE EL CHACO • WINGS OVER THE CHACO (USA) • 1939
LEGION OF LOST FLYERS • 1939
MAN FROM MONTREAL, THE • 1939
MUTINY ON THE BLACKHAWK • 1939
SMASHING THE SPY RING • INTERNATIONAL SPY • 1939
TROPIC FURY • 1939
ALIAS THE DEACON • 1940
BLACK DIAMONDS • 1940
DANGER ON WHEELS • 1940
DEVIL'S PIPELINE, THE • 1940
HOT STEEL • 1940
MUMMY'S HAND, THE • 1940
SCATTERGOOD BAINES • 1941
SCATTERGOOD MEETS BROADWAY • 1941
SCATTERGOOD PULLS THE STRINGS • 1941
DRUMS OF THE CONGO • 1942
SCATTERGOOD RIDES HIGH • 1942
SCATTERGOOD SURVIVES A MURDER • 1942
TIMBER • 1942
TOP SERGEANT • 1942
CINDERELLA SWINGS IT • SCATTERGOOD SWINGS IT • 1943
KEEP 'EM SLUGGING • 1943
DIXIE JAMBOREE • 1945
MAN WHO WALKED ALONE, THE • 1945
SENSATION HUNTERS • 1946
KING OF THE BANDITS • 1947
ROBIN HOOD OF MONTEREY • 1947
SCARED TO DEATH • 1947
BACK TRAIL • 1948
SILVER TRAILS • 1948

CABANNE WILLIAM CHRISTY see **CABANNE W. CHRISTY**

CABELLO NOSSER R. – MXC
EPOPEYAS DE LA REVOLUCION • 1963 • DOC

CABOT ELLEN – USA
DEADLY EMBRACE • 1988

CABOUAT PATRICK – FRN – 1950–
BEN
LOULOUS, LES • FURIE • 1976

CABRERA SERGIO – CLM
TECNICAS DE DUELO • MATTER OF HONOUR, A (UKN) ○ DETAILS OF A DUEL • 1988
ESTRATEGIA DEL CARACOL • SNAIL'S STRATEGY • 1989

CACADOR ROSALVO – BRZ
MACABRO DR. SCIVANO, O • MACABRE DR. SCIVANO, THE • 1971

CACAS NICK C. – PHL
CHECK POINT • 1967
FORGOTTEN WARRIOR, THE • 1986

CACHOUX GEORGES – FRN – 1942–
FEMMES VICIEUSES • MA FEMME VOUS PLAIT, J'ADORE LA VOTRE • 1974
COMMENT SE FAIRE VIRER DE L'HOSTO • CHOUCHOU DE L'ASILE, LE ○ ADOLPHO , FILS DU FUHRER • 1977
JOURNAL D'UNE MAISON DE CORRECTION, LE • 1980

CACOYANNIS MICHAEL – CYP – 1922–
KYRIAKATIKO XYPNIMA • WINDFALL IN ATHENS (USA) ○ REVEIL DU DIMANCHE • 1953
STELLA • 1955
KORITSI META MAVRA, TO • GIRL IN BLACK, THE (USA) ○ FILLE EN NOIR, LA • 1956
TELEFTEO PSEMMA, TO • MATTER OF DIGNITY, A ○ FINAL LIE, THE • 1957
EROICA • OUR LAST SPRING • 1960
RELITTO, IL • WASTREL, THE (USA) • 1961
ELEKTRA • ELECTRA • 1962
ZORBA THE GREEK • ZORMBA (GRC) • 1964
DAY THE FISH CAME OUT, THE • 1967
TROJAN WOMEN, THE • 1971
STORY OF JACOB AND JOSEPH, THE • 1973 • TVM
ATTILA 74 • ATTILA 74: THE RAPE OF CYPRUS • 1975 • DOC
IFIGENIA • IPHIGENIA • 1977
SWEET COUNTRY • 1986

CADEAC PAUL – FRN – 1918–
QUAI DES BLONDES • 1953

CADENA JORDI – SPN
OSCURA HISTORIA DE LA PRIMA MONTSE, LA • 1977
BARCELONA SUR • BARCELONA SOUTH • 1981
SENYORA, LA • LADY, THE • 1987

CADINOT JEAN DANIEL see **CADINOT JEAN-DANIEL**

CADINOT JEAN-DANIEL – FRN
CADINOT JEAN DANIEL
SCOUTS
STOP
GARCONS DE PLAGE • SHT
GARCONS DE REVE • SHT
TENDRES ADOLESCENTS

CADLE C. ERNEST – USA
BUSHMAN, THE • 1927 • DOC
WILD MEN OF KALAHARI • 1930 • DOC

CADMAN FRANK – UKN – 1898–
BAILIFFS, THE • 1932
DREAMERS, THE • 1933
POST HASTE • 1933 • DOC
TOOTH WILL OUT • 1933
MYSTERY OF THE SNAKESKIN BELT, THE • 1950

CADRIN-ROSSIGNOL IOLANDE – CND
RENCONTRE AVEC UNE FEMME REMARQUABLE LAURE GAUDREAULT • 1984

CADUERI RENATO – ITL
CLINICA DELL'AMORE, LA • 1977

CAESAR DAVID – ASL
SHOPPINGTOWN • 1987
BODY WORK • 1988 • DOC

CAETANO JOSE DE SA – PRT – 1933–
CAETANO SA
AS RUINAS NO INTERIOR • 1976
CORPUS CELESTES • CELESTIAL BODIES • 1976
AZUL, AZUL • 1983
UM S MARGINAL • ONE MARGINAL S • 1983

CAETANO SA see **CAETANO JOSE DE SA**

CAFFEY MICHAEL – USA
BOY WHO STOLE AN ELEPHANT, THE
SEVEN IN DARKNESS • 1969 • TVM
SILENT GUN, THE • 1969 • TVM
DEVIL AND MISS SARAH, THE • 1971 • TVM
HANGED MAN, THE • 1974 • TVM

CAGIC MIHAILO – YGS
ONI PREZIRU STRAH • THEY DESPISE FEAR • 1951

CAGNEY JAMES – USA – 1899–1986
SHORT CUT TO HELL • 1957

CAGUIN MIKE – PHL
NOT FOR HIRE • 1967

CAHAN GEORGE M. – Producer – USA – 1919–
CARNIVAL OF CRIME • 1961

CAHEN ENRIQUE – ARG – 1911–
SALABERRY ENRIQUE CAHEN
SU HERMANA MENOR • 1943
SU ESPOSA DIURNA • 1944
CAPITAN PEREZ • 1946
ANGEL SIN PANTALONES UN • 1947
RECUERDOS DE UN ANGEL • 1948
RODRIGUEZ, SUPERNUMERARIO • 1948
REY DE LOS VIVOS, EL • AVIVATO • 1949
DON FULGENCIO • 1950
LADRON CANTA BOLEROS, EL • 1950
CONCIERTO DE BASTON • 1951
ESPECIALISTA EN SENORAS • 1951
HEROICO BONIFACIO, EL • 1951
CUIDADO CON LAS MUJERES • 1952
INFORTUNADO FORTUNATO, EL • 1952
MI MUJER ESTA LOCA • 1952

FIN DE MES • 1953
MI VIUDA Y YO • 1954
SUCEDIO EN BUENOS AIRES • 1954
EN CARNE VIVA • 1955
DAMA DEL MILLON, LA • 1956
ENIGMA DE MUJER • 1956
SUSANA Y YO • 1957
JUEGO DE NINOS • 1958
PARQUE DE MADRID • 1958
CARLOTA • 1959
VENTA DE VARGAS • 1959
MENTIROSA • 1961
MILLONARIO POR UN DIA • 1963
PSIQUE Y SEXO • 1965
GALLEGUITO DE LA CARA SUCIA, EL • 1966
MUCHACHADA DE A BORDO, LA • PRANKS ON BOARD • 1967
NOVELA DE UN JOVEN POBRE, LA • STORY OF A POOR YOUNG MAN, THE • 1968
PILDORAS, LAS • 1974
HOMBRES PIENSAN SOLO EN ESO, LOS • MEN THINK ONLY ABOUT THAT • 1977

CAHERO JULIO – MXC

MIS MANOS • 1965

CAHILL DAVID – Producer/actor – ASL – 1921–

YOU CAN'T SEE 'ROUND CORNERS • 1969

CAHN EDWARD see **CAHN EDWARD L.**

CAHN EDWARD L. – USA – 1899–1963

CAHN EDWARD

HOMICIDE SQUAD, THE • LOST MEN (UKN) • 1931
AFRAID TO TALK • 1932
LAW AND ORDER • GUNS A'BLAZING ○ SAINT JOHNSON • 1932
RADIO PATROL • 1932
EMERGENCY CALL • 1933
LAUGHTER IN HELL • 1933
CONFIDENTIAL • 1935
DEATH DRIVES THROUGH • 1935
HIT-AND-RUN DRIVER • 1935 • SHT
THRILL FOR THELMA, A • 1935 • SHT
BEHIND THE HEADLINES • 1936 • SHT
FOOLPROOF • 1936 • SHT
PERFECT SET-UP • 1936 • SHT
BAD GUY • 1937
GRID RULES • 1938 • SHT
ANGEL OF MERCY • 1939 • SHT
AUTO ANTICS • 1939 • SHT
CAPTAIN SPANKY'S SHOW BOAT • 1939 • SHT
DAD FOR A DAY • 1939 • SHT
GIANT OF NORWAY, THE • MAN WHO COULDN'T SAY NO, THE • 1939
JOY SCOUTS • 1939 • SHT
TIME OUT FOR LESSONS • 1939 • SHT
ALFALFA'S DOUBLE • 1940 • SHT
ALL ABOUT HASH • 1940 • SHT
BIG PREMIERE, THE • 1940 • SHT
BUBBLING TROUBLE • 1940 • SHT
GOIN' FISHIN' • 1940 • SHT
GOOD BAD GUYS • 1940 • SHT
KIDDIE CURE • 1940 • SHT
NEW PUPIL, THE • 1940 • SHT
WALDO'S LAST STAND • 1940 • SHT
BABY BLUES • 1941
COME BACK, MISS PIPPS • 1941 • SHT
FIGHTIN' FOOLS • 1941
HELPING HANDS • 1941 • SHT
REDHEAD • 1941
ROBOT WRECKS • 1941 • SHT
WEDDING WORRIES • 1941 • SHT
YE OLDE MINSTRELS • 1941 • SHT
1-2-3 GO! • 1941 • SHT
DON'T LIE • 1942 • SHT
FLAG OF MERCY • 1942 • SHT
GOING TO PRESS • 1942 • SHT
MELODIES OLD AND NEW • 1942 • SHT
SURPRISED PARTIES • 1942 • SHT
DON'T YOU BELIEVE IT • 1943 • SHT
NURSERY RHYME MYSTERIES • 1943
PLAN FOR DESTRUCTION • 1943
THAT'S WHY I LEFT YOU • 1943 • SHT
THREE SMART GUYS • 1943 • SHT
MAIN STREET AFTER DARK • PADDY ROLLERS • 1944
DANGEROUS PARTNERS • 1945
BORN TO SPEED • 1947
GAS HOUSE KIDS IN HOLLYWOOD • 1947
BUNGALOW 13 • 1948
CHECKERED COAT, THE • CHEQUERED COAT, THE • 1948
FABULOUS FRAUD, THE • 1948 • SHT
GOODBYE, MISS TURLOCK • 1948 • SHT
SOUVENIRS OF DEATH • 1948 • SHT
ANNIE WAS A WONDER • 1949 • SHT
I CHEATED THE LAW • 1949
PREJUDICE • 1949
DESTINATION MURDER • 1950
EXPERIMENT ALCATRAZ • 1950
GREAT PLANE ROBBERY, THE • 1950
TWO DOLLAR BETTOR • BEGINNER'S LUCK (UKN) • 1951
BETRAYED WOMEN • 1955
CREATURE WITH THE ATOM BRAIN • CREATURE WITH THE ATOMIC BRAIN • 1955
GIRLS IN PRISON • 1956
RUNAWAY DAUGHTERS • 1956
SHAKE, RATTLE AND ROCK! • 1956
SHE-CREATURE, THE • 1956
DRAGSTRIP GIRL • 1957
FLESH AND THE SPUR • 1957
INVASION OF THE SAUCER-MEN • INVASION OF THE HELL CREATURES (UKN) ○ SPACEMEN SATURDAY NIGHT ○ HELL CREATURES, THE • 1957
MOTORCYCLE GANG • 1957
VOODOO WOMAN • 1957
ZOMBIES OF MORA-TAU • DEAD THAT WALK, THE (UKN) • 1957
CURSE OF THE FACELESS MAN • 1958
GUNS, GIRLS AND GANGSTERS • 1958
HONG KONG CONFIDENTIAL • 1958
IT! THE TERROR FROM BEYOND SPACE • IT, THE VAMPIRE FROM BEYOND SPACE ○ IT ○ IT, THE VAMPIRE FROM OUTER SPACE • 1958
JET ATTACK • THROUGH HELL TO GLORY (UKN) • 1958
SUICIDE BATTALION • 1958
DOG'S BEST FRIEND, A • 1959
FOUR SKULLS OF JONATHAN DRAKE, THE • 1959
INSIDE THE MAFIA • 1959
INVISIBLE INVADERS • 1959
PIER 5, HAVANA • 1959
RIOT IN JUVENILE PRISON • 1959
VICE RAID • 1959
CAGE OF EVIL • 1960
GUNFIGHTERS OF ABILENE • 1960
MUSIC BOX KID, THE • 1960
NOOSE FOR A GUNMAN • 1960
OKLAHOMA TERRITORY • 1960
THREE CAME TO KILL • 1960
TWELVE HOURS TO KILL • 1960
WALKING TARGET, THE • 1960
BOY WHO CAUGHT A CROOK, THE • 1961
FIVE GUNS TO TOMBSTONE • 1961
FRONTIER UPRISING • 1961
GAMBLER WORE A GUN, THE • 1961
GUN FIGHT • 1961
GUN STREET • 1961
OPERATION BOTTLENECK • 1961
POLICE DOG STORY, THE • 1961
SECRET OF DEEP HARBOR • 1961
WHEN THE CLOCK STRIKES • CLOCK STRIKES THREE, THE • 1961
YOU HAVE TO RUN FAST • MAN MISSING • 1961
BEAUTY AND THE BEAST • 1962
CLOWN AND THE KID, THE • 1962
INCIDENT IN AN ALLEY • 1962

CAHN PHILIP – USA

I'VE BEEN AROUND • 1935

CAI CHUSHENG – CHN – 1906–1968

YIJIANG CHUNSHUI XIANG DONG LIU • RIVER FLOWS TOWARDS THE EAST, THE ○ SPRING RIVER FLOWS EAST ○ YIJANG CHUNSHUI DONG LIU • 1947

CAI JIGUANG see **TS'AI CHI-KUANG**

CAIANO CARLO – ITL

FIGLIO MIO, SONO INNOCENTE! • 1977

CAIANO MARIO – ITL

HAWKINS WILLIAM • GRUNEWALD ALLAN • PERKINS MIKE

WEAPONS OF DEATH
ULISSE CONTRO ERCOLE • ULYSSES AGAINST THE SON OF HERCULES (USA) ○ ULYSSES AGAINST HERCULES (UKN) ○ HERCULES VS. ULYSSES ○ ULYSSES VS. HERCULES • 1961
GOLIATH E LA SCHIAVA RIBELLE • GOLIATH AND THE REBEL SLAVE (USA) ○ ARROW OF THE AVENGER (UKN) • 1963
SEGNO DEL COYOTE, IL • 1963
SEGNO DI ZORRO, IL • DUEL AT THE RIO GRANDE (USA) ○ SIGNE DE ZORRO, LE • 1963
DUE GLADIATORI, I • TWO GLADIATORS (USA) • 1964
MACISTE IL GLADIATORE DI SPARTA • TERROR OF ROME AGAINST THE SON OF HERCULES (USA) ○ MACISTE, SPARTAN GLADIATOR ○ MACISTE, GLADIATEUR DE SPARTE (FRN) ○ MACISTE, GLADIATOR OF SPARTA • 1964
PISTOLE NON DISCUTONO, LE • PISTOLAS NO DISCUTEN, LAS • 1964
AMANTI D'OLTRETOMBA • NIGHTMARE CASTLE (USA) ○ FACELESS MONSTER, THE (UKN) ○ NIGHT OF THE DOOMED ○ LOVERS BEYOND THE TOMB • 1965
ERIK, IL VICHINGO • VENGEANCE OF THE VIKINGS (UKN) ○ ERIK EL VIKINGO (SPN) • 1965
ESPIAS MANTAN EL SILENCIO, LOS • SPIE UCCIDONO IN SILENZIO, LE (ITL) ○ SPY STRIKES SILENTLY, THE ○ SPIES KILL SILENTLY • 1966
RINGO IL VOLTO DELLA VENDETTA • 1966
ASSALTO AL CENTRO NUCLEARE • PER PIACERE, NON SPARATE COL CANNONE (SPN) ○ PLEASE, DON'T FIRE THE CANNON ○ PER FAVORE NON SPARATE COL CANNONE • 1967
SETTE PISTOLE PER UN MASSACRO • 1967
TRENO PER DURANGO, UN • TRAIN FOR DURANGO, A • 1967
TUMBA PARA EL SHERIFF, UNA • BARA PER LO SCERIFFO, UNA (ITL) ○ TOMB FOR THE SHERIFF, A • 1967
SUO NOME GRIDAVA VENDETTA, IL • 1968
LOVE BIRDS • STRANA VOGLIA D'AMARE, UNA ○ LIEBESVOGEL (FRG) • 1969
OCCHIO NEL LABIRINTO, L' • EYE OF THE LABYRINTH, THE • 1972
OMBRE ROVENTI • 1972
MIO NOME E SHANGHAI JOE, IL • MEZZOGIORNO DE FUCCO PER AN HAO ○ MIO NOME E SHANGAY JOE, IL ○ FIGHTING FISTS OF SHANGHAI JOE, THE ○ TO KILL OR TO DIE ○ SHANGHAI JOE • 1973
RACCONTI DI VITERBURY, I • 1973
...A TUTTE LE AUTO DELLA POLIZIA • 1975
MILANO VIOLENTA • 1976
MALAVITA ATTACCA.. LA POLIZIA RISPONDE, LA • 1977
NAPOLI SPARA! • 1977
SVASTICA NEL VENTRE, LA • 1977

CAIN CHRISTOPHER – USA – 1943–

BROTHER, MY SONG • 1976
BUZZARD, THE • 1976
ELMER • 1976
GRAND JURY • 1977
SIXTH AND MAIN • 1977
STONE BOY, THE • 1984
THAT WAS THEN.. THIS IS NOW • 1985
WHERE THE RIVER RUNS BLACK • LAZARO • 1986
PRINCIPAL, THE • 1987
YOUNG GUNS, THE • 1988

CAIN SUGAR – USA

RAMA • SHT

CAIOZZI SILVIO – CHL

A LA SOMBRE DEL SOL • IN THE SHADOW OF THE SUN • 1978
JULIO COMIENZA EN JULIO • JULIO BEGINS IN JULY • 1978
HISTORIA DE UN ROBLE SOLO • STORY OF A SOLITARY ROBLES • 1982

CAIRE REDA – FRN

ENFANT DE MINUIT, L' • MIDNIGHT CHILD, THE • 1930

CAIRNS DALLAS – UKN

SILVER BRIDGE, THE • 1920
UNREST • 1920

CAIRO HUMBERTO – ARG

NOBLEZA GAUCHA • GAUCHO NOBILITY • 1915

CALABEK JAN – CZC

SAMOVOLNE POHYBY ROSTLIN • SPONTANEOUS MOVEMENT OF PLANTS • 1959

CALAMARA ALDO – ITL

MISTERI DEL MATO GRASSO, I • 1953 • DOC

CALANDRI MAX – ITL

LOHENGRIN • 1947
SANGUE A CA' FOSCARI • 1948
FABBRO DEL CONVENTO, IL • RIVOLTA DEI COSACCHI, LA • 1949
PASSIONE • 1953
MOSCHETTIERE FANTASMA, IL • 1954
TRIESTE, CANTICO D'AMORE • 1954
RETAGGIO DI SANGUE • 1956

CALARCO RENO D. – USA

ROAD REBELS • 1963

CALATRAVA HERMANOS – SPN

MAKARRAS CONEXION • 1977

CALCAGNO EDUARDO – ARG

ENEMIGOS, LOS • ENEMIES, THE • 1982
TE AMO • I LOVE YOU • 1986

CALDANA ALBERTO – ITL – 1927–

CENERI DELLA MEMORIA, LE • 1961
RAGAZZI CHE SI AMANO, I • 1963

CALDEIRA OSWALDA – BRZ

AJURICABA • 1977
GRANDE MENTECAPTO, O • GREAT MADMAN, THE • 1988

CALDERA DHARMASIRI – SLN

RANA GIRAW • FLIGHT OF PARROTS • 1967

CALDERON GERALD – FRN – 1926–

ROLF LIEBERMANN • DOC
GRAND SECRET, LE • 1959 • DOC
BESTIAIRE D'AMOUR, LE • 1965 • DOC
WEEK-END TOTAL • ANS
GRANDE PAULETTE, LA • 1971
RISQUE DE VIVRE, LE • 1977 • DOC

CALDERON PHILIPPE – FRN

CONNAISSANCE DU DESSIN • DCS
TECHNIQUES DU DESSIN • DCS

CALDERONI GIAN LUIGI – ITL

APPASSIONATA • 1974
PRIMA VOLTA SULL'ERBA, LA • DANZA D'AMORE SOTTO GLI OLMI • 1975

CALDURA FEDERICO – Animator – ITL

AVVENTURE DI TOPO GIGIO, LE • MAGIC WORLD OF TOPO GIGIO (THE ITALIAN MOUSE), THE • 1961 • ANM
TRIP TO THE MOON, A • 1963

CALDWELL FRED – USA

LONE RIDER, THE • 1922
NIGHT LIFE IN HOLLYWOOD • 1922
LONE HORSEMAN, THE • 1923
WESTERN JUSTICE • 1923
NIGHT WATCH, THE • 1926

CALDWELL HENRY – UKN

GISELLE • 1952

CALEF HENRI – BUL – 1910–

EXTRAVAGANTE MISSION, L' • MILLIARDAIRE! • 1945
JERICHO • BEHIND THESE WALLS ○ DERRIERE CES MURS • 1945
CHOUANS, LES • COURRIER DU ROI, LE • 1946
MAISON SOUS LA MER, LA • 1946
CARREFOUR DES PASSIONS • 1947
BAGARRES • WENCH, THE (USA) • 1948
EAUX TROUBLES, LES • 1948
SOURICIERE, LA • 1949
OMBRE ET LUMIERE • 1950
PASSANTE, LA • 1950
AMOURS FINISSENT A L'AUBE, LES • 1952
SECRET D'HELENE MARIMON, LE • TRADIMENTO DI ELENA MARIMON, IL (ITL) • 1953
VIOLENTS, LES • VIOLENT ONES (USA) ○ COFFIN CAME BY POST, THE • 1957
HEURE DE LA VERITE, L' • HOUR OF TRUTH (USA) • 1964
ARMES DE LA COLERE, LES • 1969
FEMININ-FEMININ • 1973

CALENDA ANTONIO – ITL

GIORNO DEL FURORE, IL • FURY (UKN) ○ ONE RUSSIAN SUMMER (USA) ○ UOMO, UN • 1973

CALHADO R. – BRZ

MACABRO DR. SCIVANO, O • MACABRE DR. SCIVANO, THE • 1971

CALIC ZORAN – YGS

PRVA LJABAV • FIRST LOVE • 1971
MAGNIFICO CEFFO DA GALERA, UN • 1973
LUDE GODINE • CRAZY YEARS • 1979
DOSLO DOBA DA SE LJUBAV PROBA • TIME FOR LOVE • 1981
LJUBI, LJUBI, AL'GLAVU • LOVE, LOVE, BUT DON'T LOSE YOUR HEAD • 1982
KAKAV DEDA TAKAV UNUK • LIKE GRANDFATHER, LIKE GRANDSON • 1984
SULUDE GODINE • NUTSY YEARS • 1989
VAMPIRI SU MEDU NAMA • VAMPIRES AMONG US • 1990

CALIGARI CLAUDIO – ITL

AMORE TOSSICO • TOXIC LOVE • 1984

CALINESCU BOB – Animator – RMN – 1926–

AXE IN THE FOREST, THE • ANM
BALLAD OF THE MAESTROS, THE • ANM
CHIT IN DANGER • ANM
MASTER GOE • ANM
METAMORPHOSIS • ANM
NAIL, THE • ANM
RHYTHM • ANM
ROMEO AND JULIET • ANM

SORCERER'S APPRENTICE, THE • ANM
DECEIVED FOX, THE • 1952 • ANM
RHAPSODY IN WOOD • 1960 • ANM
ANTAGONISM • ANM
GLUMA NOVA CU FIER VECHI • NEW JOKE WITH SCRAP IRON, A ○ OLD IRON, NEW HUMOUR ○ NEW JOKE WITH OLD IRON, A • 1965 • ANS
FANTASIES • 1967 • ANS
MICHAELA'S MORNING • MIHAELA'S MORNING • 1967 • ANS
CALOMNIA COLOMNIEI • CALUMNY OF CALUMNY, THE • 1969 • ANS

CALINESCU PAUL – RMN – 1902–
RASUNA VALEA • VALLEY RESOUNDS, THE • 1949
DE SFASURAREA • IN A VILLAGE • 1954
PE RASPUNDEREA MEA • ON MY RESPONSIBILITY • 1956
TITANIC VALS • TITANIC WALTZ • 1964

CALLAGHAN MARY – ASL
GREETINGS FROM WOLLOGONG • 1982 • SHT
TENDERHOOKS • 1988

CALLAGHER CHARLES E. – USA
ESCAPE FROM LIMBO • 1953

CALLAHAN JERRY – USA
GUNNERS AND GUNS • GUNS AND GUNNERS (UKN) • 1935

CALLARDO CESAR CHAT – PHL
BRASONG BAKAL • IRON ARM • 1968

CALLAS JOHN – USA
LONE WOLF • 1987

CALLEGARI GIAN PAOLO – ITL – 1912–
ERAN TRECENTO • SPIGOLATRICE DI SAPRI, LA • 1952
PIOMBI DI VENEZIA, I • 1953
MISTERI DELLA GIUNGLA NERA, I • MYSTERY OF THE BLACK JUNGLE (USA) ○ BLACK DEVILS OF KALI, THE • 1954
VENDETTA DEI TUGHS, LA • KILLERS OF THE EAST (USA) • 1955
ACCADDE DI NOTTE • 1961
PONZIO PILATO • PONTIUS PILATE • 1962
AGENTE SIGMA 3 MISSIONE GOLDWATHER • AGENT SIGMA 3 –MISSION GOLDWATHER • 1967
CALDE NOTTE DEL DECAMERON, LE • 1972

CALLES GUILLERMO – MXC
CALLES GUILLERMO "INDIO"
SOL DE GLORIA • 1920
DE RAZA AZTECA • OF AZTEC RACE • 1922
HEROE DE NACOZARI, EL • 1933
VUELO DE LA MUERTE, EL • 1933
PESCADORES DE PERLAS • SOL DE GLORIA • 1938
VIRGEN DE LA SIERRA, LA • 1938
JUSTICIA DE PANCHO VILLA, LA • 1939

CALLES GUILLERMO "INDIO" see **CALLES GUILLERMO**

CALLIER BARRY – USA
DAREDREAMER • 1990

CALLOWAY R. – ITL
VENDETTA PER VENDETTA • 1968

CALLUM R. H. – UKN
SANTA CLAUS • 1912
FISH AND THE RING, THE • 1913
TEMPTER, THE • 1913

CALMAN MEL – UKN
ARROW, THE • 1969

CALMETTES ANDRE – Actor – FRN – 1861–1942
ASSASSINAT DU DUC DE GUISE, L' • ASSASSINATION OF THE DUKE DE GUISE • 1908
RETOUR D'ULYSSE, LE • RETURN OF ULYSSES, THE • 1908
TOSCA, LA • 1908
ARLESIENNE, L' • 1909
MACBETH • 1909
RESURRECTION • 1909
TOUR DE NESLE, LA • 1909
AVARE, L' • 1910
CARMEN • 1910
DAME AUX CAMELIAS, LA • CAMILLE • 1910
DON CARLOS • 1910
HELIOGABALE • 1910
WERTHER • 1910
CAMILLE DESMOULINS • 1911
COLONEL CHABERT, LE • 1911
MADAME SANS-GENE • 1911
TROIS MOUSQUETAIRES, LES • 1912
GRANDE BRETECHE, LA • 1943

CALMON ANTONIO – BRZ
EU MATEI LUCIO FLAVIO • I KILLED LUCIO FLAVIO • 1980
REVOLVER DE BRINQUEDO • TOY GUN • 1980

CALNEK ROY – USA
HEARTS OF THE WOODS • 1921
ABIE'S IMPORTED BRIDE • 1925
PRINCE OF HIS RACE, A • 1926

CALOGERO FRANCESCO – ITL
GENTILEZZA DEL TOCCO, LA • GENTLE TOUCH, THE • 1988

CALOTESCU VIRGIL – RMN – 1928–
GIFTS SNATCHED FROM NATURE • 1952 • DOC
NOTES FROM PORTUL ROSU • 1957 • DOC
TRACING BACK 1907 • 1957 • DOC
SHELLS HAVE NEVER SPOKEN, THE • 1962 • DOC
OCHII DRASULUI MEU • EYES OF MY CITY, THE • 1963
TESTIMONY OF A TABLE IN A RESTAURANT, THE • 1963 • DOC
CAMERA ALBA • WHITE ROOM, THE • 1964
VARIOUS IMAGES • 1964 • DOC
RHYTHMS AND IMAGES • 1966 • DOC
SUBTERANUL • UNDERNEATH THE SURFACE ○ SUBTERRANEAN, THE • 1967
SIMBATA MORTILOR • ALL SOULS DAY • 1968
BLACK SATURDAY • 1969
LOVE BEGINS ON FRIDAY • 1972
ONE HUNDRED BULLETS • 1972
ACTIUNEA AUTOBUZUL • BUS ACTION, THE • 1978
BUCHAREST IDENTITY CARD • 1983

CALTABIANO ALFIO – ITL
BALLATA PER UN PISTOLERO • BALLAD FOR A GUNFIGHTER ○ BALLAD FOR A CRACK-SHOT • 1967
CINQUE FIGLI DI CANE • FIVE SONS-OF-BITCHES • 1968
COMANDAMENTI PER UN GANGSTER • COMMANDMENTS FOR A GANGSTER • 1968
SPADA PER BRANDO, UNA • 1970
COSI SIA • THEY CALLED HIM AMEN ○ THEY CALL HIM AMEN • 1972
OREMUS ALLELUJA E COSI SIA • 1972
MAMMA MIA E ARRIVATO COSI SIA • 1973
TUTTI FIGLI DI MAMMA SANTISSIMA • 1973

CALTHROP JOHN – UKN
GENTLEMEN GO BY, THE • 1948

CALVERT C. C. see **CALVERT CHARLES**

CALVERT CHARLES – UKN
CALVERT C. C.
DETECTIVE SHARP AND THE STOLEN MINIATURES • 1912
DIDDLED! • 1912
GRANDAD'S EXILE • 1912
GREAT TIGER RUBY, THE • 1912
MISSING TIARA, THE • 1912
SMOKY STORY, A • 1912
TRIALS OF A MERRY WIDOW, THE • 1912
WILLIAM DRAKE, THIEF • 1912
WORKMAN'S HONOUR, A • 1912
CAUGHT NAPPING • 1913
CRACKSMAN'S DAUGHTER, THE • 1913
DAYLIGHT ROBBERY • 1913
ELECTRIC SNUFF, THE • 1913
FOREIGN SPY, THE • 1913
GETTING HIS OWN BACK • 1913
GOOD FOR EVIL • 1913
GOT 'EM AGAIN • 1913
HAVE YOU A MATCH? • 1913
HIS YOUNGER BROTHER • 1913
IN THE DEAD MAN'S ROOM • 1913
ISAACS AS A BROKER'S MAN • 1913
LARRY'S REVENGE • 1913
LIFE FOR A LIFE, A • 1913
MILL ON THE HEATH, THE • 1913
MISS AUSTEN'S ADVENTURE • 1913
MOTHER GETS THE WRONG TONIC • 1913
OLD FLYNN'S FIDDLE • 1913
ONE OF THE NUTS • 1913
PERSEVERING PETER • 1913
PISTOLS FOR TWO • 1913
PROVING HIS WORTH • 1913
SECRET SERVICE • 1913
SMUDGE THE GREAT DETECTIVE • 1913
SNATCHED FROM DEATH • 1913
SPUD MURPHY'S REDEMPTION • 1913
STOP THIEF! • 1913
SURPRISE PACKET, THE • 1913
THROUGH THE KEYHOLE • 1913
TRUE SCOUT, A • 1913
VILLAIN STILL PURSUED HER, THE • 1913
WHAT A HOLIDAY! • 1913
WHERE THERE'S A SWILL THERE'S A SPRAY • 1913
WILLY WOULD A-WOOING GO • 1913
COWARD, THE • 1914
FITZNOODLE'S HUNT FOR WEALTH • 1914
GUARDING BRITAIN'S SECRETS • FIENDS OF HELL, THE • 1914
HAVE A CIGAR • 1914
HIS COUNTRY'S HONOUR • AVIATOR SPY, THE (USA) • 1914
HIS SECOND CHILDHOOD • 1914
LONDON MYSTERY, A • 1914
PAUL SLEUTH AND THE MYSTIC SEVEN • SECRET SEVEN, THE (USA) • 1914
SAVED BY THE SUN • 1914
SOLDIER'S HONOUR, A • BROTHER OFFICERS • 1914
TEMPTATION • 1914
UNLUCKY THIRTEEN • 1914
WRECKER OF LIVES, THE • 1914
LURE OF THE WORLD, THE • 1915
WINNER, THE • 1915
WRAITH OF THE TOMB, THE • AVENGING HAND, THE • 1915
ACE OF HEARTS, THE • 1916
CELLAR OF DEATH, THE • 1916
DISRAELI • 1916
HOW LOVE CAME • 1916
TEST, THE • 1916
BRANDED • 1920
EDGE OF YOUTH, THE • 1920
WALLS OF PREJUDICE • 1920
IN HIS GRIP • 1921
ROSES IN THE DUST • 1921
WAY OF A MAN, THE • 1921
PRINCE OF LOVERS, A • 1922
SILENT EVIDENCE • 1922
BONNIE PRINCE CHARLIE • 1923
LIGHTS OF LONDON • 1923
CHILDREN OF THE NIGHT NO.1 • 1925
CHILDREN OF THE NIGHT NO.2 • 1925
ASHRIDGE CASTLE –THE MONMOUTH REBELLION • MONMOUTH REBELLION • 1926
MISTLETOE BOUGH, THE • 1926
CITY OF YOUTH, THE • 1928

CALVERT E. H. – Actor – USA – 1873–1941
CALVERT ELISHA H.
GRIP OF CIRCUMSTANCE, THE • 1914
ONE WONDERFUL NIGHT • 1914
UNDER ROYAL PATRONAGE • 1914
UNPLANNED ELOPEMENT, AN • 1914
AFFINITIES • 1915
CIRCULAR PATH, THE • 1915
CLUTCH OF CIRCUMSTANCE, THE • 1915
CRIMSON WING, THE • 1915
DAUGHTER OF THE CITY, A • 1915
HOME COMING • 1915
LESSON IN ROMANCE, A • 1915
MAN IN MOTLEY • 1915
MAN TRAIL, THE • 1915
MEANS AND MORALS • 1915
MIND OVER MOTOR • 1915
OUTER EDGE, THE • 1915
REAPING, THE • 1915
SLIM PRINCESS, THE • 1915
SNOW-BURNER, THE • 1915
TISH'S SPY • 1915
WOOD NYMPH, THE • 1915
ACCORDING TO THE CODE • 1916
BURNING BAND, THE • 1916 • SHT
DANCING WITH FOLLY • 1916 • SHT
HIS MORAL CODE • 1916 • SHT
LAST ADVENTURE, THE • 1916 • SHT
MAROONED • 1916 • SHT
MONEY TO BURN • 1916 • SHT
MY COUNTRY, 'TIS OF THEE • 1916 • SHT
REPENTANCE • 1916 • SHT
SECRET OF THE NIGHT, THE • 1916 • SHT
VULTURES OF SOCIETY • 1916
WHEN JUSTICE WON • 1916 • SHT
WIFE IN SUNSHINE • 1916 • SHT
WOMAN ALWAYS PAYS, THE • 1916 • SHT
ASHES ON THE HEARTHSTONE • 1917
DESERTION AND NON-SUPPORT • 1917 • SHT
EXTRAVAGANT BRIDE, THE • 1917 • SHT
MAGIC MIRROR, THE • 1917 • SHT
MEDDLING WITH MARRIAGE • 1917 • SHT
PALLID DAWN, THE • 1917 • SHT
PULSE OF MADNESS, THE • 1917 • SHT
SHIFTING SHADOWS • 1917 • SHT
SINFUL MARRIAGE, THE • 1917 • SHT
VANISHING WOMAN, THE • 1917 • SHT
WHEN THE MAN SPEAKS • 1917 • SHT
WIDE, WRONG WAY, THE • 1917 • SHT
WIFELESS HUSBAND, THE • 1917 • SHT

CALVERT ELISHA H. see **CALVERT E. H.**

CALVERT JOHN – Actor/producer – USA – 1915–
PORT OF ESCAPE • 1961

CALVO MAXIMO – CLM
FLOWERS OF THE VALLEY • 1939

CALZAVARA FLAVIO – ITL – 1900–
PICCOLI NAUFRAGHI • 1939
LADRO SONO IO! • 1940
PICCOLI AVVENTURIERI • LITTLE ADVENTURES (USA) • 1940
DON BUONAPARTE • 1941
SIGNORE A DOPPIO PETTO, IL • 1941
CARMELA • 1942
CONFESSIONE • 1942
CONTESSA CASTIGLIONE, LA • 1942
CALAFURIA • 1943
DAGLI APPENNINI ALLE ANDE • 1943
RESURREZIONE • 1944
CONTRO LA LEGGE • 1951
SIGILLO ROSSO • 1951
DUE DERELITTI, I • 1952
DIECI CANZONI D'AMORE DA SALVARE • 1953
NAPOLI PIANGE E RIDE • 1954
PATTUGLIA DELL'AMBA ALAGI, LA • 1954
CANZONE PROIBITA • 1956
OCCHI SENZA LUCE, GLI • 1956
RIGOLETTO E LA SUA TRAGEDIA • 1956

CAM MAURICE – FRN – 1901–
METROPOLITAN • 1938
ILE D'AMOUR, L' • 1943
BIFUR 3 • 1944
AU PAYS DES CIGALES • 1945
ON DEMANDE UN MENAGE • 1945
DRAME AU VEL' D'HIV, UN • 1949
TETE BLONDE • 1949
BOUQUET DE JOIE • 1951
TAVERNA DELLA LIBERTA, LA • 1951
FILLE DANS LE SOLEIL, LA • 1952
AMOUR DESCEND DU CIEL, L' • 1956
BONJOUR JEUNESSE • 1956
MISS PIGALLE • 1957
RACINES DU MAL, LES • 1967

CAMACHO – BLV
HACIA LA GLORIA • TOWARDS GLORY • 1931

CAMACHO CARLOS see **CAMACHO CARLOS ANTONIO**

CAMACHO CARLOS ANTONIO – VNZ – 1932–
CAMACHO CARLOS
GURI, FUTURE –PRESENT
TO CROSS THE ORINOCO
IMAGEN DE VENEZUELA • IMAGES OF VENEZUELA • 1968
EXPLORACION • EXPLORATION • 1972 • DCS
FAJA PETROLIFERA DE ORINOCO • 1974 • DOC
GASDUCTO CENTRAL DEL LAGO • 1974 • DOC
REFINERIA NACIONAL DE MORON • 1974 • DOC

CAMBRIA FRANK – USA
LEAVE IT TO LESTER • HONEYMOON HARMONY (UKN) • 1930

CAMERINI AUGUSTO – ITL
CENTO DI QUESTI GIORNI • GIOCATTOLO DEE'AMORE, IL • 1933

CAMERINI MARIO – ITL – 1895–1981
JOLLY, CLOWN DA CIRCO • 1923
CASA DEI PULCINI, LA • 1924
MACISTE CONTRO LO SCEICCO • 1925
SAETTA, PRINCIPE PER UN GIORNO • 1925
VOGLIO TRADIRE MIO MARITO • 1925
KIFF TEBBI • 1927
ROTAIE • 1929
RIVA DEI BRUTI, LA • 1930
FIGARO E LA SUO GRAN GIORNATA • 1931
JE VOUS AIMERAI TOUJOURS • 1932
ULTIMA AVVENTURA, L' • BUON RAGAZZO, UN • 1932
UOMINI, CHE MASCALZONI.., GLI • MEN ARE SUCH RASCALS ○ TAXI • 1932
CENTO DI QUESTI GIORNI • GIOCATTOLO DEE'AMORE, IL • 1933
GIALLO • 1933
T'AMERO SEMPRE • IO T'AMERO SEMPRE • 1933
COME LE FOGLIE • 1934
CAPPELLO A TRE PUNTE, IL • 1935
DARO UN MILIONE • I'LL GIVE A MILLION • 1935
GRANDE APPELLO, IL • LAST ROLL-CALL, THE (USA) ○ RINNEGATO ○ ITALIA! ○ AFFRICA • 1936
MA NON E UNA COSA SERIA • MANN DER NICHT NEIN SAGEN KANN, DER (FRG) ○ BUT IT'S NOTHING SERIOUS (USA) • 1936
SIGNOR MAX, IL • MR. MAX (USA) • 1937
BATTICUORE • 1939
DOCUMENTO, IL • 1939
GRANDI MAGAZZINI • 1939

CENTOMILA DOLLARI • 1940
ROMANTICA AVVENTURA, UNA • 1940
PROMESSI SPOSI, I • SPIRIT AND THE FLESH, THE (USA) • 1941
STORIA D'AMORE, UNA • 1942
T'AMERO SEMPRE • 1943
DUE LETTERE ANONIME • TWO ANONYMOUS LETTERS • 1945
ANGELO E IL DIAVOLO • 1947
FIGLIA DEL CAPITANO, LA • CAPTAIN'S DAUGHTER, THE (USA) ○ DOUBLE CROSS • 1947
MOLTI SOGNI PER LE STRADE • STREET HAS MANY DREAMS, THE (UKN) ○ WOMAN TROUBLE (USA) • 1948
BRIGANTE MUSOLINO, IL • FUGITIVE • 1950
MOGLIE PER UNA NOTTE • WIFE FOR A NIGHT (USA) • 1950
DUE MOGLI SONO TROPPE • 1951
HONEYMOON DEFERRED • 1951
EROI DELLA DOMENICA, GLI • 1952
ULISSE • ULYSSES (USA) • 1954
BELLA MUGNAIA, LA • MILLER'S BEAUTIFUL WIFE, THE (USA) ○ MILLER'S WIFE, THE • 1955
SUOR LETIZIA • AWAKENING, THE ○ LAST TEMPTATION ○ PIU GRANDE AMORE, IL • 1956
VACANZE A ISCHIA • VACANCES A ISCHIA (FRN) ○ HOLIDAY ISLAND (USA) • 1957
PRIMO AMORE • FIRST LOVE (USA) • 1959
CRIMEN • ...AND SUDDENLY IT'S MURDER (USA) ○ CHACUN SON ALIBI (FRN) ○ KILLING AT MONTE CARLO (UKN) ○ KILLING IN MONTE CARLO • 1960
VIA MARGUTTA • RUE DES AMOURS FACILES, LA (FRN) ○ RUN WITH THE DEVIL (USA) • 1960
BRIGANTI ITALIANI, I • SEDUCTION OF THE SOUTH (USA) ○ GUERILLEROS, LES (FRN) • 1961
KALI YUG, LA DEA DELLA VENDETTA • KALI YUG, DEESE DE LA VENGEANCE (FRN) ○ KALI YUG (FRG) ○ KALI-YUG, THE GODDESS OF REVENGE ○ GODDESS OF VENGEANCE • 1963
MISTERO DEL TIEMPO INDIANO, IL • MYSTERE DU TEMPLE HINDOU, LE (FRN) ○ MYSTERY OF THE INDIAN TEMPLE • 1964
DELITTO QUASI PERFETTO • IMPERFECT MURDER (UKN) • 1966
IO NON VEDO, TU NON PARLI, LUI NON SENTE • 1971
DON CAMILLO E I GIOVANI D'OGGI • 1972

CAMERON GRAHAM – CND

STYLE IS THE MAN HIMSELF, THE • 1970

CAMERON JAMES – CND – 1954–

PIRANHA II: FLYING KILLERS • PIRANHA PART TWO: THE SPAWNING (USA) • 1981
TERMINATOR, THE • 1984
ALIENS • 1986
ABYSS, THE • 1989

CAMERON KEN – ASL – 1946–

SAILING TO BROOKLYN • 1974 • SHT
OUT OF IT • 1977
TEMPERAMENT UNSUITED • 1978 • SHT
FERNANDO ARMENDARIZ • 1979 • DOC
CHASE THAT DREAM • 1980 • SHT
MONKEY GRIP • 1982
FAST TALKING • 1983
UMBRELLA WOMAN, THE • GOOD WIFE, THE (UKN) • 1986

CAMERON RAY – USA

BLOOD BATH AT THE HOUSE OF DEATH • 1983

CAMFIELD DOUGLAS – UKN

DR. WHO: TERROR OF THE ZIGONS • 1975 • MTV
SHOESTRING • 1980 • MTV
IVANHOE • 1982 • TVM

CAMIE JOHN – USA

JAZOO • 1968 • SHT

CAMILLER EDGAR J. – UKN

DEFINITE OBJECT, THE • 1920

CAMINITO AUGUSTO – ITL

MASCHI E FEMMINE • 1972
NOSFERATU A VENEZIA • NOSFERATU IN VENICE ○ VAMPIRE IN VENICE • 1988

CAMINO JAIME – SPN – 1936–

CONTRASTES • 1961 • SHT
CENTAUROS • 1962 • SHT
TORO, EL • BULL, THE • 1962
TORO, VIDA Y MUERTE, EL • 1962 • SHT
FELICES SESENTA, LOS • 1963
COPA DAVIS • 1965
MANANA SERS OTRO DIA • TOMORROW WILL BE ANOTHER DAY ○ TOMORROW IS ANOTHER DAY • 1967
ESPANA OTRA VEZ • SPAIN AGAIN (USA) • 1968
JURTZENKA • INVIERNO EN MALLORCA, UN ○ WINTER IN MALLORCA • 1969
MI PROFESORA PARTICULAR • MY PRIVATE TEACHER • 1973
LARGAS VACACIONES DEL 36, LAS • LONG HOLIDAYS OF 36, THE • 1975
VIEJA MEMORIA, LA • OLD MEMORY, THE ○ OLD MEMORIES • 1977
CAMPANADA, LA • BELL TOLLS, THE ○ TEARING AWAY ○ BLOW OUT, THE • 1979
DRAGON RAPIDE • 1985
LLUMS I OMBRES • LIGHTS AND SHADOWS ○ LUCES Y SOMBRAS • 1988

CAMMAGE MAURICE – FRN – 1882–1946

VIVE LA CLASSE! • 1932
COQ DU REGIMENT, LE • 1933
TERREUR DE LA PAMPA, LA • 1933
BLEUS DE LA MARINE, LES • 1934
CASERNE EN FOLIE, LA • 1934
NUIT DE FOLIES, UNE • 1934
MARIEE DU REGIMENT, LA • 1935
SOIR DE BOMBE, UN • 1935
FEMME QUI SE PARTAGE, UNE • 1936
MARIS DE MA FEMME, LES • 1936
PETITE DAME DU WAGON-LIT, LA • PETITE FEMME DU WAGON-LIT, LA • 1936
PRETE-MOI TA FEMME • 1936
BELL DE MONTPARNASSE, LA • 1937
INNOCENT, L' • BOUQUETS FROM NICHOLAS (USA) • 1937
MON DEPUTE ET SA FEMME • 1937
UNE DE LA CAVALERIE • 1938
VACANCES PAYEES • 1938
CHASSEUR DE CHEZ MAXIM'S, LE • 1939
CINQ SOUS DE LAVAREDE, LES • 1939
CHAPEAU DE PAILLE D'ITALIE, UN • 1940
MONSIEUR HECTOR • NEGRE DU NEGRESCO, LE • 1940
VIE DE CHIEN, UNE • 1941
ENNEMI SANS VISAGE, L' • 1946

CAMMELL DONALD – UKN

PERFORMANCE • PERFORMERS, THE • 1970
DEMON SEED • 1977
WHITE OF THE EYE • 1987
JERICHO • 1989

CAMMERMANS PAUL – NTH

SPUIT ELF • 1965
VAN PAEMEL FAMILY, THE • 1987

CAMOLETTI MARC – FRN

DUOS SUR CANAPE • 1980

CAMONTE TONY – PHL

NO READ, NO WRITE • 1967
POBRES PARK • POOR PARK • 1967

CAMP JACK – USA

CHEECHAKO TALE OF ALASKA • 1954

CAMP JOE – Producer/writer – USA – 1939–

BENJI • 1974
HAWMPS! • 1976
FOR LOVE OF BENJI • FOR THE LOVE OF BENJI • 1977
DOUBLE MCGUFFIN, THE • 1979
OH HEAVENLY DOG • 1980
BENJI THE HUNTED • 1987

CAMPA LOU – USA

MINI-SKIRT LOVE • 1967
SOCK IT TO ME BABY • HOT BLOODED GALS • 1968
BABY, LIGHT MY FIRE • COME ON BABY, LIGHT MY FIRE ○ C'MON BABY, LIGHT MY FIRE • 1970

CAMPANELLA ROY II – USA

QUIET VICTORY • QUIET VICTORY: THE CHARLIE WEDEMEYER STORY • 1987
BODY OF EVIDENCE • 1988 • TVM

CAMPANELLI THEO – ITL

PECCATO SENZA MALIZIA • 1975

CAMPANI PAUL – Animator – ITL

QUESTO IL PUNTO • ANS
BOOMERANG • 1968 • ANS
MARRIAGE, THE • 1968 • ANS

CAMPANILE P. FESTA see **FESTA CAMPANILE PASQUALE**

CAMPAUX FRANCOIS – FRN – 1906–

RONDE DE NUIT • 1949
BEL AMOUR • 1950
GRAND GALA • 1952

CAMPBELL COLIN – UKN – 1893–1966

BROWN OF HARVARD • 1911
CINDERELLA • 1911
ROMANCE OF THE RIO GRANDE, A • 1911
FISHERBOY'S FAITH, THE • 1912
GOD OF GOLD, THE • 1912
GREAT DRAUGHT, THE • 1912
GREATER WEALTH • 1912
KINGS OF THE FOREST • 1912
LITTLE ORGAN PLAYER OF SAN JUAN, THE • 1912
ME AND BILL • 1912
MONTE CRISTO • COUNT OF MONTE CRISTO, THE • 1912
OLD SONGS AND MEMORIES • 1912
PITY OF IT, THE • 1912
PROSECUTING ATTORNEY, THE • 1912
RECONSTRUCTED REBEL, A • 1912
SAMMY ORPHEUS OR THE PIED PIPER OF ANIMALDOM • SAMMY ORPHEUS OR THE PIED PIPER OF THE JUNGLE • 1912
SERGEANT BYRNE OF THE N.W.M.P. • 1912
SHANGHAIED • 1912
ALAS! POOR YORICK! • 1913
ALONE IN THE JUNGLE • 1913
BUDD DOBLE COMES BACK • 1913
DANCER'S REDEMPTION, THE • 1913
DOLLAR DOWN, DOLLAR A WEEK • 1913
HIRAM BUYS AN AUTO • 1913
HOPELESS DAWN, THE • 1913
IN THE LONG AGO • 1913
LITTLE HERO, A • 1913
NOISY SIX, THE • 1913
OLD ACTOR, AN • 1913
PHANTOMS • 1913
PRISONER OF CABANAS, A • 1913
SALLY IN OUR ALLEY • 1913
SONG OF TRUCE • 1913
STORY OF LAVINIA, THE • 1913
THOR, LORD OF THE JUNGLES • 1913
THREE WISE MEN • 1913
UNTIL THE SEA • 1913
VENGEANCE IS MINE • 1913
WAMBA, A CHILD OF THE JUNGLE • 1913
WHEN LILLIAN WAS LITTLE RED RIDING HOOD • 1913
WHEN MEN FORGET • 1913
WHEN THE CIRCUS CAME TO TOWN • 1913
WILD RIDE, A • 1913
WISE OLD ELEPHANT, A • 1913
WORDLESS MESSAGE, THE • 1913
CHIP OF THE FLYING "U" • 1914
ETIENNE OF THE GLAD HEART • 1914
GOING OF THE WHITE SWAN, THE • 1914
HEARTS AND MASKS • 1914
HER SACRIFICE • 1914
HIS FIGHT • 1914
IN DEFIANCE OF THE LAW • 1914
IN THE DAYS OF THE THUNDERING HERD • 1914
LILY OF THE VALLEY, THE • 1914
LONESOME TRAIL • 1914
LOSING FIGHT, THE • 1914
ME AN' BILL • 1914
MOTHER HEART, THE • 1914
REVELER, THE • 1914
SALVATION OF NANCE O'SHAUGNESSY, THE • 1914
SHOTGUN JONES • 1914
SMUGGLER'S SISTER, THE • 1914
SPECK ON THE WALL, THE • 1914
SPOILERS, THE • 1914
STORY OF THE BLOOD-RED ROSE, THE • 1914
TILL DEATH US DO PART • 1914
TRAGEDY OF AMBITION, THE • 1914
TRAGEDY THAT LIVED, THE • 1914
UPHILL CLIMB, THE • 1914
WHEN THE COOK FELL ILL • 1914
WHEN THE WEST WAS YOUNG • 1914
WHITE MOUSE, THE • 1914
WILDERNESS MAIL, THE • 1914
WILLIE • 1914
WOMAN OF IT, THE • 1914
AUNT, THE • 1915
CARPET FROM BAGDAD, THE • 1915
CRISIS, THE • 1915
EBB TIDE • 1915
JUST AS I AM • 1915
MAN'S LAW • 1915
ROSARY, THE • 1915
RUNT, THE • 1915
SANDS OF TIME • 1915
SWEET ALYSSUM • 1915
VISION OF THE SHEPHERD, THE • 1915
WILLIE GOES TO SEA • 1915
BRAND OF CAIN, THE • 1916 • SHT
DEVIL-IN-CHIEF, THE • 1916 • SHT
DREAM OF EUGENE ARAM, THE • 1916 • SHT
GARDEN OF ALLAH, THE • 1916
NE'ER-DO-WELL, THE • 1916
REGENERATION OF JIM HALSEY, THE • 1916 • SHT
SMOULDERING FLAME, THE • 1916
THOU SHALT NOT COVET • 1916
THREE WISE MEN, THE • 1916 • SHT
UNTO THOSE WHO SIN • 1916
ANGEL OF POVERTY ROAD, THE • 1917 • SHT
BETWEEN MAN AND BEAST • 1917 • SHT
HER HEART'S DESIRE • 1917 • SHT
HER PERILOUS RIDE • 1917 • SHT
LAW NORTH OF 65, THE • 1917 • SHT
LOVE OF MADGE O'HARA, THE • 1917 • SHT
SMOULDERING SPARK, THE • 1917 • SHT
VICTOR OF THE PLOT, THE • 1917 • SHT
WITNESS FOR THE STATE, THE • 1917 • SHT
BEWARE OF STRANGERS • 1918
CITY OF PURPLE DREAMS, THE • 1918
HOOSIER ROMANCE, A • 1918
SEA FLOWER, THE • 1918
STILL ALARM, THE • 1918
WHO SHALL TAKE MY LIFE? • 1918
YELLOW DOG, THE • 1918
LITTLE ORPHAN ANNIE • 1919
RAILROADER, THE • RAILROADERS, THE • 1919
THUNDERBOLT, THE • 1919
TONGUES OF FLAME • 1919
BEAUTY MARKET, THE • 1920
BIG HAPPINESS • 1920
CORSICAN BROTHERS, THE • 1920
MOON MADNESS • 1920
WHEN DAWN CAME • 1920
BLACK ROSES • 1921
FIRST BORN, THE • 1921
LURE OF JADE, THE • 1921
SWAMP, THE • 1921
WHERE LIGHTS ARE LOW • WHEN LIGHTS ARE LOW • 1921
TWO KINDS OF WOMEN • 1922
WORLD'S STAGE, THE • 1922
BUCKING THE BARRIER • 1923
BUSTER, THE • 1923
GRAIL, THE • 1923
THREE WHO PAID • 1923
BOWERY BISHOP, THE • 1924
PAGAN PASSIONS • 1924

CAMPBELL DIRK – UKN

COUNTRY DIARY OF AN EDWARDIAN LADY, THE • 1988

CAMPBELL DOUG see **CAMPBELL DOUGLAS**

CAMPBELL DOUGLAS – USA

CAMPBELL DOUG

AMERICAN MURDER, AN • 1988

CAMPBELL GRAEME – CND

BLOOD RELATIONS • 1988
LEGEND OF WOLF LODGE, THE • INTO THE FIRE • 1988

CAMPBELL IVAR – UKN

REUNION • 1932
EYES OF FATE • 1933
GOLDEN CAGE, THE • 1933
SIDE STREETS • 1933
DESIGNING WOMEN • HOUSE OF CARDS • 1934
EXPERT'S OPINION • 1935
MAD HATTERS, THE • 1935
BELLES OF ST. CLEMENTS, THE • 1936
GRAND FINALE • 1936
TALKING HANDS • HANDS IN HARMONY • 1936
CAPTAIN'S ORDERS • 1937
TOO MANY HUSBANDS • 1938

CAMPBELL MARTIN – UKN

SEX THIEF, THE • 1973
ESKIMO NELL • 1974
THREE FOR ALL • 1975
EDGE OF DARKNESS • 1985 • MTV
FRANKIE AND JOHNNIE • 1985 • TVM
TRAVELLING MEN • 1987
CRIMINAL LAW • 1988
DEFENSELESS • 1989

CAMPBELL MAURICE – USA

AMATEUR DEVIL, AN • 1920
BURGLAR-PROOF • 1920
OH, LADY! LADY! • 1920
DUCKS AND DRAKES • 1921
FIRST LOVE • HEART OF YOUTH, THE ○ HER FIRST LOVE • 1921
MARCH HARE, THE • 1921
ONE WILD WEEK • 1921
SHE COULDN'T HELP IT • IN THE BISHOP'S CARRIAGE • 1921
SPEED GIRL, THE • 1921
TWO WEEKS WITH PAY • 1921
MIDNIGHT • 1922
THROUGH A GLASS WINDOW • 1922
EXCITERS, THE • 1923
GIRLS MEN FORGET • 1924
WANDERING FIRES • SHOULD A WOMAN TELL? (UKN) • 1925
BURNT FINGERS • 1927

CAMPBELL NORMAN – USA – 1924–
BALLERINA • 1965
ONCE UPON A BROTHERS GRIMM • 1977
MAGIC SHOW, THE • 1981 • DOC

CAMPBELL PEG – CND
IT'S A PARTY • 1987 • SHT
IN SEARCH OF THE LAST GOOD MAN • 1990 • SHT

CAMPBELL RUSSELL – NZL
GRASP OF WIND, A • 1982

CAMPBELL STERLING – USA
BUSH PILOT • 1947

CAMPBELL WEBSTER – Actor – USA – 1893–1972
MORAL FIBRE • 1921
SINGLE TRACK, THE • 1921
WHAT'S YOUR REPUTATION WORTH? • 1921
DIVORCE COUPONS • 1922
ISLAND WIVES • 1922
VIRGIN'S SACRIFICE, A • WOMAN'S SACRIFICE, A • 1922
BRIGHT LIGHTS OF BROADWAY • 1923
PACE THAT THRILLS, THE • 1925

CAMPBELL WILLIAM – USA
CAMPBELL WILLIAM S.
BUCKING SOCIETY • 1916 • SHT
GYPSY JOE • 1916 • SHT
HIS FIRST FALSE STEP • 1916 • SHT
TUGBOAT ROMEO, A • 1916 • SHT
DODGING HIS DOOM • 1917 • SHT
HER NATURE DANCE • 1917 • SHT
ROARING LIONS AND WEDDING BELLS • 1917 • SHT
FATAL MARRIAGE, THE • 1918 • SHT
SHERIFF NELL'S TUSSLE • 1918 • SHT
TAMING TARGET CENTER • 1918 • SHT
WILD WOMEN AND TAME LIONS • 1918 • SHT
JAZZ MONKEY, THE • 1919 • SHT
MONKEY STUFF • 1919 • SHT
PROHIBITION MONKEY, A • 1920 • SHT
TRAY FULL OF TROUBLE, A • 1920 • SHT

CAMPBELL WILLIAM S. see **CAMPBELL WILLIAM**

CAMPION JANE – NZL – 1955–
PEEL • 1983 • SHT
GIRL'S OWN STORY, A • 1984 • SHT
TWO FRIENDS • 1986 • TVM
SWEETIE • 1989
ANGEL AT MY TABLE, AN • 1990

CAMPIOTTI GIACOMO – ITL
CORSA DI PRIMAVERA • SPRINGTIME RACE • 1990

CAMPOGALLIANI CARLO – Actor – ITL – 1885–1974
QUANDO SI AMA • 1915
TRENO REALE • 1915
AMAZZONE MACABRA, L' • 1916
ISOLA TENEBROSA, L' • 1916
RIVALE DI PAPA, IL • 1916
SERATA D'HONORE DI BUFFALO, LA • 1916
AERONAVE IN FIAMME, L' • 1918
MARCHI ROSSO, IL • 1918
OMBRA CHE PARLA, L' • 1918
CASA DELLA PAURA, LA • 1919
MACISTE CONTRO LA MORTE • 1919
MACISTE I • 1919
SCACCO MATTO • 1919
SIMPATICO MASCALZONE, UN • 1919
TRILOGIA DI MACISTE, LA • 1919
TESCHIO D'ORO, IL • 1921
ANTENATO, L' • 1922
BRESAGLIO UMANO • 1922
VUELTA DEL TORO, LA • 1924
ICH HAB MEIN HERZ IM AUTOBUS VERLOREN • 1929
CORTILE • 1931
LANTERNA DEL DIAVOLO, LA • 1931
MEDICO PER FORZA, IL • 1931
STADIO • 1934
QUATTRO MOSCHETTIERI, I • 1936
GRANDE LUCE, LA • GREAT LIGHT, THE (USA) • MONTEVERGINE • 1939
CAVALIERE DI KRUJA, IL • ALBANIA • 1940
NOTTE DELLE BEFFE, LA • 1940
BRAVO DI VENEZIA, IL • 1941
CUORI NELLA TORMENTA • 1941
PERDIZIONE • VIE DELL'AMORE, LE • 1942
MUSICA PROIBITA • 1943
TRENO CROCIATO, IL • TRENO CROCIATO C.R.15 • 1943
SILENZIO: SI GIRA! • MUSICA PER TUTTI • 1944
INNOCENTE CASIMIRO, L' • 1945
GONDOLA DEL DIAVOLO, LA • 1946
MANO DELLA MORTA, LA • 1949
FIGLIA DEL MENDICANTE, LA • 1950
BELLEZZE IN BICICLETTA • 1951
BELLEZZE IN MOTOSCOOTER • 1953
SE VINCESSI CENTO MILIONI! • 1954
CANZONE DEL CUORE, LA • 1955
FOGLIO DI VIA • 1955
ORFANA DEL GHETTO, L' • 1955
TORNA PICCINA MIA! • 1955
ANGELO DELLE ALPI, L' • 1957
ASCOLTAMI • LIED VON NEAPEL, DAS (FRG) • 1957
MAMMA SCONOSCIUTA • 1957
SERENATELLA SCIUE SCIUE • 1958
CAPITAN FUOCO • CAPITAINE FUOCO (FRN) ◦ CAPTAIN FALCON –ADVENTURER • 1959
TERRORE DEI BARBARI, IL • GOLIATH AND THE BARBARIANS (USA) ◦ TERROR OF THE BARBARIANS, THE • 1959
FONTANA DI TREVI • 1960
MACISTE NELLA VALLE DEI RE • GEANT DE LA VALLEE DES ROIS, LE (FRN) ◦ MACISTE THE MIGHTY (UKN) ◦ SON OF SAMSON (USA) ◦ GIANT OF THE VALLEY OF KINGS ◦ MACISTE IN THE VALLEY OF KINGS • 1960
ROSMUNDA E ALBOINO • SWORD OF THE CONQUEROR (USA) • 1961
URSUS • MIGHTY URSUS (USA) • 1961

CAMPOS ANTONIO – PRT – 1922–
TESOURO, O • 1958 • SHT
SENHOR, O • 1959 • SHT
ALMADRABA ATUNEIRA, A • 1961 • SHT
LEIRIA 61 • 1961 • SHT
CHAGALL • 1966 • SHT
COLAGEM • 1967 • SHT
VILARINHO DAS FURNAS • 1970
FALAMOS DE RIO DE ONOR • 1974
FESTA, A • 1975
GENTE DA PRAIA DE VIEIRA • 1976
HISTORIAS SELVAGEMS • 1977

CAMPOS FERNANDO see **CAMPOS FERNANDO CONY**

CAMPOS FERNANDO CONY – BRZ
CAMPOS FERNANDO
VIAGEM AO FIM DO MUNDO • VOYAGE TO THE END OF THE WORLD • 1968
HOMEM E SUA JAULA, UM • MAN AND HIS PRISON, A • 1969
TODO Y NADIE • ALL AND NOBODY • 1977 • DOC

CAMPOS HENRIQUE – Actor – PRT – 1909–
HOMEM DO RIBATEJO, UM • 1946
CANTIGA DA RUA • 1949
RIBATEJO • 1949
CAMPEOES DO MUNDO • 1950 • SHT
DUAS CAUSAS • 1952
AGUEDA, A LINDA • 1953 • SHT
ROSA DE ALFAMA • 1953
ILHA VERDE, A • 1954 • SHT
QUANDO O MAR GALGOU A TERRA • 1954
PERDEU-SE UM MARIDO • 1956
LUZ VEM DO ALTO, A • 1959
PAO, AMOR E TOTOBOLA • 1963
CANCAO DA SAUDADE, A • 1964
ESTRADA DA VIDA • A ESTRADA DA VIDA ◦ ROAD OF LIFE • 1968
LADRAO DE QUEM SE FALA, O • 1969
DESTINO MARCA A HORA, O • 1970
MALUQUINHA DE ARROIOS, A • 1970
TOIROS DE MARY FOSTER, OS • 1972

CAMPOS JACY – BRZ
REI DA PILANTRAGEM, O • KING OF TROUBLE, THE • 1969

CAMPOS JOSE A. – SPN – 1936–
VIVIR A MIL • 1977

CAMPULKOVA NINA – CZC
AUCASSIN A NICOLETTA • AUCASSIN AND NICOLETTE • 1980

CAMPUS MICHAEL – UKN
ZERO POPULATION GROWTH • Z.P.G. (USA) ◦ FIRST OF JANUARY, THE ◦ EDICT • 1972
MACK, THE • MACK AND HIS PACK, THE • 1973
EDUCATION OF SONNY CARSON, THE • 1974
SURVIVAL • 1976
PASSOVER PLOT, THE • 1977

CAMUS MARCEL – FRN – 1912–1982
RENAISSANCE DU HAVRE • 1948 • SHT
MORT EN FRAUDE • FUGITIVE IN SAIGON (USA) • 1956
ORFEU NEGRO • ORFEO NEGRO (ITL) ◦ BLACK ORPHEUS (USA) • 1958
BANDEIRANTES, OS • 1959
OISEAU DE PARADIS, L' • DRAGON SKY (USA) ◦ BIRD OF PARADISE, THE • 1962
CHANT DU MONDE, LE • 1965
HOMME DE NEW YORK, L' • 1967
VIVRE LA NUIT • RAGAZZA DELLA NOTTE, LA (ITL) • 1968
ETE SAUVAGE, UN • 1970
MUR DE L'ATLANTIQUE, LE • ELMETTO PIENO DI.. FIFA (ITL) • 1970
DERNIER REFUGE • 1971
PASTORES DA NOITE, OS • OTALIA DE BAHIA • 1977
BAHIA • 1978

CAMUS MARIO – SPN – 1935–
FARSANTES, LOS • 1963
YOUNG SANCHEZ • 1963
MUERE UNA MUJER • 1964
VISITA QUE NO TOCO EL TIMBRE, LA • 1964
CUANDO TU NO ESTAS • 1966
AL PONERSE EL SOL • SUNSET • 1967
CON EL VIENTO SOLANO • WITH THE WIND IN HOT SUNLIGHT • 1968
DIGAN LO QUE DIGAN • SAY WHAT THEY MAY • 1968
ESA MUJER • 1968
VOLVER A VIVIR • TO LIVE AGAIN • 1968
COLERA DEL VIENTO, LA • COLLERA DEL VENTO, LA (ITL) • 1969
LEYENDA DEL ALCALDE DE ZALAMEA, LA • 1972
PAJAROS DE BADEN-BADEN, LOS • BIRDS OF BADEN-BADEN, THE • 1974
BESO ANTES DE ESCONDERME, UN • 1975
JOVEN CASADA, LA • 1975
DIAS DEL PASADA, LOS • DAYS OF THE PAST • 1977
COLMENA, LA • BEE-HIVE, THE • 1983
SANTOS INOCENTES, LOS • HOLY INNOCENTS, THE • 1984
VIEJA MEMORIA, LA • OLD MEMORY, THE • 1985
VIEJA MUSICA, LA • OLD MUSIC, THE • 1985
CASA DE BERNARDA ALBA, LA • HOUSE OF BERNARDA ALBA, THE • 1987
RUSA, LA • RUSSIAN SPY, THE • 1988

CANADA ROY – USA
SON OF THE RENEGADE • 1953

CANAILLE CARO – FRN
SI LE ROI SAVAIT CA • AL SERVIZIO DELL'IMPERATORE (ITL) • 1956

CANALEJAS JOSE A. – SPN
ULTIMO PROCESO EN PARIS, EL • 1974
IN.. MORAL, EL • 1976

CANALS DE HOME JUAN – MXC
CUANDO LA PATRIA LO MANDE • 1920

CANAVERO ALFIERI – ITL
GIORNI DI FURORE • 1964 • DOC

CANAVERO GIOVANNI – ITL
GIORNI DI FURORE • 1964 • DOC

CANDE ADOLPHE – FRN – 1858–
CRESUS • 1917
MORT INVISIBLE, LE • 1917

CANDEIAS OZVALDO see **CANDEIAS OZVALDO R.**

CANDEIAS OZVALDO R. – BRZ
CANDEIAS OZVALDO
TRILBY • THREE TALES OF TERROR ◦ TRILOGY OF TERROR • 1912
MARGEM, A • MARGIN, THE (USA) ◦ BORDER, THE ◦ BANK, THE • 1967
MEU NOM E.. TONHO • 1970

CANDEMIR ATILLA – TRK
KIRPLANGIC FIRTINASI • SWALLOW STORM, THE • 1985

CANDILIS TAKIS P. – FRN – 1954–
TRANSIT • 1982

CANEL FAUSTO – CUB
HEMINGWAY
POWER GAME • SEVENTY-TWO HOURS TO DIE ◦ SEVENTY-TWO HOURS OR DIE ◦ AMENAZA, LA ◦ 72 HOURS OR DIE ◦ THREAT, THE • 1982

CANELL MARRIN – CND – 1943–
KING OF THE HILL • 1974
HIS WORSHIP MR. MONTREAL: THE LIFE AND TIMES OF CAMILLIEN HOUDE • 1976

CANEMAKER JOHN – USA
CONFESSIONS OF A STARDREAMER • 1978

CANES GEORGE – SAF
PRESSURE BURST! • 1971

CANEVARI CESARE – ITL
JENA IN CASSAFORTE, UNA • HYENA IN THE STRONG-BOX, A ◦ HYBRID • 1967
IO, EMMANUELLE • MAN FOR EMMANUELLE, A (UKN) • 1969
MATALO • 1970
ROMANZO DI UN GIOVANE POVERO, IL • 1974
PRINCIPESSA NUDA, LA • 1976
ULTIMA ORGIA DEL TERZO REICH, L' • GESTAPO'S LAST ORGY • 1977

CANGINI GABRIELLA – ITL
VIETNAM VERITA • 1970
RITI SEGRETI • 1974

CANN BERT – UKN
HAMPTON COURT PALACE • 1926

CANNING BILL see **CANNING WILLIAM**

CANNING WILLIAM – CND – 1933–
CANNING BILL
GET WET • A L'EAU • 1966
BLADES AND BRASS • LAMES ET CUIVRES • 1967
TALE OF MAIL, A • AU PIED DE LA LETTRE • 1967
FLIGHT IN WHITE • ENTRE CIEL ET NIEGE • 1969
FOR YOU MR. BELL • HOMAGE A M. BELL • 1972
TEMPLES OF TIME • TEMPLES DU TEMPS • 1972
CHRIST IS RISEN • 1976
DIEF • 1981

CANNISTRARO RICHARD – USA
VIOLATED • 1984

CANNON RAYMOND – USA
RED WINE • LET'S MAKE WHOOPEE • 1928
JOY STREET • 1929
LIFE'S LIKE THAT • 1929
WHY LEAVE HOME? • 1929
LADIES MUST PLAY • 1930
NIGHT LIFE IN RENO • 1931
SWANEE RIVER • 1931
HOTEL VARIETY • PASSING SHOW, THE (UKN) • 1932
TREASURE OF WONG LOW, THE • 1934
TWO BROTHERS • 1934
OUTER GATE, THE • BEHIND PRISON BARS • 1937
SWING IT SAILOR • 1938

CANNON ROBERT – Animator – USA – 1901–1964
FEAR • 1945 • ANS
BROTHERHOOD OF MAN, THE • 1946 • ANS
MINER'S DAUGHTER, THE • 1950 • ANS
GEORGIE AND THE DRAGON • 1951 • ANS
GERALD MCBOING BOING • 1951 • ANS
WONDER GLOVES • 1951 • ANS
MADELINE • 1952 • ANS
OOMPAHS, THE • 1952 • ANS
WILLIE THE KID • 1952 • ANS
CHRISTOPHER CRUMPET • 1953 • ANS
GERALD MCBOING BOING'S SYMPHONY • 1953 • ANS
LITTLE BOY WITH A BIG HORN • 1953 • ANS
BALLET-OOPS • 1954 • ANS
FUDGET'S BUDGET • 1954 • ANS
HOW NOW BOING BOING • 1954 • ANS
IT'S TIME FOR EVERYBODY • 1954 • ANS
CHRISTOPHER CRUMPET'S PLAYMATE • 1955 • ANS
GERALD MCBOING BOING ON PLANET MOO • 1956 • ANS
JAYWALKER, THE • 1956 • ANS
MAGOO'S MOOSE HUNT • 1957 • ANS
DEPARTMENT OF THE NAVY • 1958 • ANS
SCOUTMASTER MAGOO • 1958 • ANS
MOONBIRD • 1960 • ANS

CANNON ROY – UKN
MAN ON A STAIRCASE • 1970 • SHT

CANNON WILLIAM – USA
SQUARE ROOT OF ZERO, THE • THIS IMMORAL AGE (UKN) • 1964

CANO M. see **CANO MANUEL**

CANO MANUEL – SPN – 1931–
CANO M.
SIEMPRE EN MI RECUERDO • 1962
CARTA A NADIE • 1964
SONRIA POR FAVOR • 1964
TARZAN EN LA GRUTA DEL ORO • TARZAN IN THE GROTTO OF GOLD ◦ TARZAN IN THE GOLDEN CAVE • 1969
ZAN RE DELLA GIUNGLA • 1969
TARZAN Y EL ARCO IRIS • TARZAN AND THE RAINBOW • 1972

VUDU SANGRIENTO • 1972
PANTANO DE LOS CUERVOS • 1973
TARZAN E LA PANTERA NERA • 1973
A MI QUE ME IMPORTA QUE EXPLOTE MIAMI • 1975
PERRO DE ALAMBRE • WIRE DOG • 1979

CANO MATEO – SPN – 1913–
AQUELLOS TIEMPOS DEL CUPLE • 1959
VAGABUNDO Y LA ESTRELLA, EL • 1960
PLAZA DEL ORIENTE • 1962
UNCAS, EL FIN DE UNA RAZA • 1964
SECUESTRO A LA ESPANOLA • 1972

CANOLLE JEAN – FRN – 1919–
CHARIOT DE THESPIS, LE • 1941 • SHT
ANE DE JACQUEMENT, L' • 1947–49 • SHT
PETIT GOSSE • 1947–49 • SHT
ROSSIGNOL EST MORT, LE • 1947–49 • SHT
DROLE DE BOURRIQUE, UNE • 1969

de CANONGE MAURICE – FRN – 1894–1978
OLIVE PASSAGER CLANDESTIN • 1931
OLIVE SE MARIE • 1931
TE VE OLIVE • 1931
A MINUIT, LE 7 • 1936
EMPREINTE ROUGE, L' • 1936
INSPECTEUR GREY • 1936
SECRET DR L'EMERALDE, LE • ENIGMATIQUE GENTLEMAN, L' • 1936
BOULOT AVIATEUR • FRIPONS, VOLEURS ET CIE • 1937
SOIR A MARSEILLE, UN • 1937
CAPITAINE BENOIT, LE • 1938
GOSSE DE RICHE • 1938
GRISOU • HOMMES SANS SOLEIL, LES • 1938
THERESE MARTIN • 1938
TROIS TAMBOURS, LES • VIVE LA NATION • 1939
SOLDATS SANS UNIFORMES • 1940
DERNIER METRO • 1945
MISSION SPECIALE • 1945
ERREUR JUDICIAIRE • 1947
FLIC, UN • 1947
BATAILLE DU FEU, LA • JOYEUX CONSCRIT, LES • 1948
DERNIERE HEURE, EDITION SPECIALE • 1949
DEUX GAMINES, LES • 1950
HOMME DE LA JAMAIQUE, L' • 1950
AY PAYS DU SOLEIL • 1951
AMOUR, TOUJOURS L'AMOUR, L' • 1952
BOUM SUR PARIS! • 1953
INTERDIT DE SEJOUR • PRICE OF LOVE, THE • 1954
TROIS DE LA CANEBIERE • 1955
ARENES JOYEUSES • 1957
TROIS DE LA MARINE • 1957
POLICE JUDICIAIRE • 1958

CANTAGREL MARC – FRN – 1879–1960
BIERE, LA • DOC
FAMILLES DE DROITES ET DE PARABOLES • DOC
FORCE CENTRIFUGE, LA • DOC
GYROSCOPE, LE • DOC
LIEUX GEOMETRIQUES • DOC
ORGANISATION SCIENTIFIQUE DU TRAVAIL, L' • DOC
TRAINS SANS FUMEE • 1951 • SHT

CANTI R. G. – UKN
CULTIVATION OF LIVING TISSUE, THE • 1933 • DOC

CANTILLON B. – ITL
CLAN DEL QUARTIERE LATINO, IL • 1974

do CANTO JORGE BRUM – PRT – 1910–
DANCA DOS PAROXISMOS, A • 1929
PAISAGEM • 1930
OBRA DA JUNTA AUTONOMA DAS ESTRADAS, A • 1932 • SHT
NADA DE NOVO EM OBIDOS • 1933 • SHT
SINTRA, CENARIO DE FILME ROMANTICO • 1933 • SHT
TARDE EM ALCACER, UMA • 1933 • SHT
BICHO DA SEDA, O • 1934 • SHT
CANCAO DA TERRA, A • 1938
HORA H, A • 1938 • SHT
JOAO PATAO • 1940
LOBOS DA SERRA • 1942
FATIMA, TERRA DE FE • 1943
HOMEM AS DIREITAS, UM • 1944
LADRAO, PRECISA–SE • 1946
CHAIMITE • 1953
RETALHOS DA VIDA DE UM MEDICO • 1962
FADO CORRIDO • 1964
CRUZ DE FERRO, A • IRON CROSS, THE • 1967
CRIME DE SIMAO BOLANDAS, O • SIMAO BOLANDA'S CRIME ○ RAIZES OCULTAS ○ OCCULT ROOTS • 1980

CANTON ROBERT – USA
ORGY GIRL '69 • "O" GIRLS 1969 ○ ORGY GIRLS • 1968
GOOD, THE BAD AND THE BEAUTIFUL, THE • CANDIDATE, THE • 1970

CANTRELL RAY – USA
WARRIOR, THE • 1987

CANTRILL ARTHUR – ASL – 1938–
KIP AND DAVID • 1963
MUD • 1963 • DOC
ODYSSEY, THE • 1963 • ANM
GALAXY • 1964 • SHT
KINEGRAFFITI • 1964 • SHT
NEBULAE • 1964 • DOC
ZOO • 1965
DREAM • 1966 • SHT
HENRI GAUDIER–BRZESKA • 1968 • DOC
STONE DANCER • 1968 • DOC
EIKON • 1969
HOME MOVIE • 1969
MOVING STATICS • 1969 • DOC
WHITE – ORANGE – GREEN • 1969
BOUDDI • 1970
EARTH MESSAGE • 1970
HARRY HOOTON • 1970
4,000 FRAMES • 1970
ISLAND FUSE • 1971 • DOC
AT ELTHAM • 1973
SKIN OF YOUR EYE • 1973
AT ULURU • 1977
OCEAN AT POINT LOOKOUT • 1977
GRAIN OF THE VOICE • 1980 • DOC
SECOND JOURNEY, THE • 1981 • DOC
WARRAH • 1982 • DOC
CORPOREAL • 1983 • DOC
PASSAGE • 1983 • DOC

CANTRILL CORINNE – ASL – 1928–
KIP AND DAVID • 1963
MUD • 1963 • DOC
ODYSSEY, THE • 1963 • ANM
GALAXY • 1964 • SHT
KINEGRAFFITI • 1964 • SHT
NEBULAE • 1964 • DOC
ZOO • 1965
HENRI GAUDIER–BRZESKA • 1968 • DOC
STONE DANCER • 1968 • DOC
EIKON • 1969
HOME MOVIE • 1969
MOVING STATICS • 1969 • DOC
WHITE – ORANGE – GREEN • 1969
BOUDDI • 1970
EARTH MESSAGE • 1970
HARRY HOOTON • 1970
4,000 FRAMES • 1970
ISLAND FUSE • 1971 • DOC
AT ELTHAM • 1973
SKIN OF YOUR EYE • 1973
AT ULURU • 1977
OCEAN AT POINT LOOKOUT • 1977
GRAIN OF THE VOICE • 1980 • DOC
SECOND JOURNEY, THE • 1981 • DOC
WARRAH • 1982 • DOC
CORPOREAL • 1983 • DOC
PASSAGE • 1983 • DOC

CANTURK HUSNU – TRK
ANADOLU KIZI • GIRL FROM ANATOLIA, THE • 1967
AYRILIK OLMASAYDI • IF THERE WAS NOT A PARTING • 1967
COL KARTALI SEYH AHMET • SHEIK AHMET, EAGLE OF THE DESERT • 1968

CANTWELL COLIN – USA
VOYAGE TO THE OUTER PLANETS • 1973 • SHT

CANUDAS JORGE – VNZ
BESTIA, LA • BEAST, THE • 1978

CANUTT YAKIMA – Stuntman – USA – 1895–1986
CAPTAIN MEPHISTO AND THE TRANSFORMATION MACHINE • 1945
FBI 99 • 1945
MANHUNT OF MYSTERY ISLAND • 1945 • SRL
SHERIFF OF CIMARRON • 1945
ADVENTURES OF FRANK AND JESSE JAMES • 1948
CARSON CITY RAIDERS • 1948
CODE 645 • 1948
DANGERS OF THE CANADIAN MOUNTED • 1948 • SRL
G–MEN NEVER FORGET • 1948 • SRL
OKLAHOMA BADLANDS • 1948
R.C.M.P. AND THE TREASURE OF GENGHIS KHAN • 1948
SONS OF ADVENTURE • 1948
LAWLESS RIDER, THE • 1954
ZARAK • 1957
WHERE EAGLES DARE • 1968

CANZIANI HECTOR – ARG
IDOLO DEL TANGO, EL • 1949
AL COMPAS DE TU MENTIRA • 1950

CANZIO STEFANO – ITL – 1915–
CAMPIONATA MONDIALE DI CALCIO • 1950
FIORENZO, IL TERZO UOMO • 1951 • DOC
MOTIVO IN MASCHERA • 1956
CANZONI A TEMPO DI TWIST • 1962

CAP FRANTISEK – CZC – 1913–
CAP FRANZ
OHNIVE LETO • FIERY SUMMER • 1939
BABICKA • GRANNY, THE ○ GRANDMOTHER • 1940
JAN CIMBURA • 1941
NOCNI MOTYL • NIGHT MOTH, THE • 1941
PRELUDIUM • 1941
DEVCICA Z BEZKYD • MAIDEN OF BEZKYDY, THE • 1944
MUZI BEZ KRIDEL • MEN WITHOUT WINGS • 1946
MUZIKANT • MUSICIAN • 1947
BILA TMA • WHITE DARKNESS • 1948
KRONJUWELEN • 1950
EWIGE SPIEL, DAS • 1951
SPUR FAHRT NACH BERLIN, DIE • ADVENTURE IN BERLIN • 1952
AM ANFANG WAR ES SUNDE • BEGINNING WAS SIN, THE (USA) ○ V ZACETKU JE BIL GREH ○ GREH • 1954
TRENUTKI ODLOCITVE • MOMENT OF DECISION • 1955
GEIERWALLY, DIE • 1956
HARTE MANNER –HEISSE LIEBE • RAGAZZA DELLA SALINA, LA (ITL) ○ SAND, LOVE AND SALT (USA) ○ SALZ UND BROT ○ MADCHEN UND MANNER • 1956
HILFE, SIE LIEBT MICH • 1956
VRATA OSTAJU OTVORENA • DOOR STAYS OPEN, THE ○ DOOR IS LEFT OPEN, THE • 1959
X 25 JAVLJA • X–25 REPORTS • 1960

CAP FRANZ see **CAP FRANTISEK**

CAPEK LADISLAV – CZC
ROBBER RUMCAJZ • ASS

CAPELL BILL – USA
VRITTA • SHT

CAPELLANI ALBERT – FRN – 1870–1931
ALADDIN • 1906
PEINE DU TALION, LA • 1906
APPRENTISSAGES DE BOIREAU, LES • 1907
CENDRILLON • CINDERELLA (USA) • 1907
DON JUAN • 1907
CHAT BOTTE, LE • PUSS 'N BOOTS (USA) • 1908
HOMME AU GANTS BLANCS, L' • MAN WITH THE WHITE GLOVES, THE • 1908
JEANNE D'ARC • JOAN OF ARC (USA) • 1908
ARLESIENNE, L' • 1909
ASSOMMOIR, L' • 1909
PEAU DE CHAGRIN, LA • WILD ASS'S SKIN, THE (USA) • 1909
ATHALIE • 1910
DEUX ORPHELINES, LES • TWO ORPHANS, THE • 1910
EVADE DE TUILERIES, L' • 1910
TRAGIQUE AMOUR DE MONA LISA, LE • 1910
VOILE DU BONHEUR, LE • 1910
CLAIR DE LUNE SOUS RICHELIEU, UN • 1911
COURRIER DE LYON, LE • 1911
CYRANO ET D'ASSOUCY • 1911
MISERABLES, LES • 1911
MYSTERES DE PARIS, LES • MYSTERIES OF PARIS, THE • 1911
NOTRE DAME DE PARIS • HUNCHBACK OF NOTRE DAME, THE (USA) • 1911
ROMAN D'UN JEUNE HOMME PAUVRE, LE • 1911
ARLESIENNE, L' • 1912
MORT DU DUC D'ENGHIEN, LA • 1912
VENGEANCE D'EDGAR POE, UNE • 1912
GERMINAL • 1913
GLU, LA • 1913
PEAU DE CHAGRIN • 1913
PATRIE • 1914
QUATREVINGT–TREIZE • 1914
EPAVES DE L'AMOUR, LES • 1915
FACE IN THE MOONLIGHT, THE • 1915
FLASH OF AN EMERALD, THE • 1915
IMPOSTOR, THE • 1915
REVE INTERDIT, LE • 1915
CAMILLE • 1916
COMMON LAW, THE • 1916
DARK SILENCE, THE • 1916
FEAST OF LIFE, THE • 1916
VIE DE BOHEME, LA • BOHEME, LA • 1916
AMERICAN MAID • 1917
EASIEST WAY, THE • 1917
FOOLISH VIRGIN, THE • 1917
DAYBREAK • 1918
EYE FOR EYE • 1918
HOUSE OF MIRTH, THE • 1918
OEIL POUR OEIL • EYE FOR AN EYE • 1918
RICHEST GIRL, THE • 1918
SOCIAL HYPOCRITES • 1918
OH, BOY! • 1919
OUT OF THE FOG • 1919
RED LANTERN, THE • 1919
VIRTUOUS MODEL, THE • 1919
FORTUNE TELLER, THE • 1920
INSIDE OF THE CUP, THE • 1921
WILD GOOSE, THE • 1921
SISTERS • 1922
YOUNG DIANA, THE • 1922
COTE D'AZUR • 1931

CAPELLANI ROGER – FRN
DELPHINE • 1931
QUAND TE TUES–TU? • 1931
AVEC L'ASSURANCE • 1932
FEU TOUPINEL • 1933
VOILA MONTMARTRE • 1934
MARI REVE, LE • VIE DE CHIEN, UNE ○ ACHILLE • 1936

CAPELLO CARLO – GRM
FRAUENLIEBE • 1920
ROTE KATZE DIE • 1921

CAPES RENAULT – UKN
ARTFUL DODGERS • 1949

CAPETANIS LEON – GRM
CAPETANOS LEON
ERIKA • 1970
SERVICER, THE • 1974
SUMMER RUN • 1974

CAPETANOS LEON see **CAPETANIS LEON**

CAPISTRANO JOHNNY F. – PHL
CHAKU–JUDO AIKIDO • 1968

CAPITANI GEORGES see **CAPITANI GIORGIO**

CAPITANI GIORGIO – ITL
CAPITANI GEORGES • HOLLOWAY GEORGE • ROWE TOM
ORAGE • DELIRIO (ITL) • 1952
PESCATORE 'E PUSILLECO • PESCATORE DI POSILLIPO, IL • 1955
PICCOLO VETRAIO, IL • 1955
TROVATELLA DI MILANO, LA • 1956
AXEL MUNTHE, DER ARZT VON SAN MICHELE • DONNE SENZA PARADISO (ITL) ○ STORIA DI SAN MICHELE, LA • 1962
VALIANT, THE • AFFONDAMENTO DELLA VALIANT, L' (ITL) • 1962
ERCOLE, SANSONE, MACISTE E URSUS: GLI INVINCIBILE • SAMSON AND THE MIGHTY CHALLENGE (USA) ○ SAMSON AND THE SEVEN CHALLENGES ○ HERCULES, MACISTE, SAMSON AND URSUS VS. THE UNIVERSE • 1965
CHE NOTTE RAGAZZI! • 1966
COMBATE DE GIGANTES • WAR OF THE GIANTS • 1966
NOTTE E FATTA PER.. RUBARE, LA • NIGHT IS MADE FOR.. STEALING, THE • 1967
GOLD VON SAM COOPER, DAS • OGNUNO PER SE (ITL) ○ RUTHLESS FOUR, THE (USA) ○ EACH MAN FOR HIMSELF ○ EVERYONE FOR HIMSELF ○ SAM COOPER'S GOLD ○ EACH ONE FOR HIMSELF • 1968
ARCANGELO, L' • 1969
SCHIAVA IO CE L'HO E TU NO, LA • MY DARLING SLAVE • 1973
PUPA DEL GANGSTER, LA • PEPEE DU GANGSTER, LA ○ GANGSTER'S DOLL, THE ○ GET RITA ○ GUN MOLL ○ LADY OF THE EVENING ○ POOPSIE AND COMPANY • 1975
BRUCIATI DA COCENTE PASSIONE • 1976
PANE, BURRO E MARMELLATA • 1977
IO TIGRO, TU TIGRI, EGLI TIGRA • 1978
ARAGOSTE A COLAZIONE • LANGOUSTE AU PETIT DEJEUNER, UNE (FRN) • 1979
ODIO LE BIONDE • JE HAIS LES BLONDES (FRN) ○ I HATE BLONDES ○ ICH HASSE BLONDINEN • 1980
MISSIONE EROICA –I POMPIERI 2 • HEROIC MISSION –THE FIREMEN 2 • 1987

CAPOGNA SERGIO – ITL – 1927–
EROE DEL NOSTRO TEMPO, UN • CAMICIA NERA • 1960
CONSEGUENZE, LE • 1964
PLAGIO • PLAGIARISM • 1968
DIARIO DI UN ITALIANO • 1973

CAPOLINO EDOARDO – ITL
GRANDE CACCIA, LA • EAST OF KILIMANJARO (USA) ○ BIG SEARCH, THE ○ TERRORE AL KILIMANGIARO • 1957

CAPON PAUL – UKN
RADIO LOVER • 1936

CAPOVILLA MAURICE – BRZ
BEBEL, GAROTA • BEBEL, PROPAGANDA GIRL • 1968
BRASIL VERDADE • TRUE BRAZIL • 1968
PROFETA DA FOME, O • HUNGER PROPHET, THE • 1970

CAPOZZI ALBERTO – Actor – ITL – 1886–1945
FIACRE N.13 • 1916

CAPPADONNA ROMOLO – ITL
QUANDO I PICCIOTTI SGARRANO • 1978

CAPPELARI – GRM
AMOR AMERICA • 1989

CAPPELLI GIANCARLO – ITL
PIRUETAS JUVENILES • ROMANZO A PASSO DI DANZA (ITL) • 1943

CAPPELLINI ENRICO – ITL
VIA DEL SUD, LA • 1953

CAPRA FRANK – ITL – 1897–1991
CAPRA FRANK R.
FULTAH FISHER'S BOARDING HOUSE • 1922 • SHT
STRONG MAN, THE • 1926
TRAMP, TRAMP, TRAMP • 1926
FOR THE LOVE OF MIKE • 1927
LONG PANTS • 1927
BURGLAR, THE • SMITH'S BURGLAR • 1928 • SHT
MATINEE IDOL, THE • 1928
POWER OF THE PRESS, THE • 1928
SAY IT WITH SABLES • RECKONING, THE (UKN) • 1928
SO THIS IS LOVE • 1928
SUBMARINE • 1928
SWIM PRINCESS, THE • 1928
THAT CERTAIN THING • 1928
WAY OF THE STRONG, THE • 1928
DONOVAN AFFAIR, THE • 1929
FLIGHT • 1929
YOUNGER GENERATION, THE • 1929
LADIES OF LEISURE • 1930
RAIN OR SHINE • 1930
DIRIGIBLE • 1931
MIRACLE WOMAN • 1931
PLATINUM BLONDE • 1931
AMERICAN MADNESS • 1932
FORBIDDEN • 1932
BITTER TEA OF GENERAL YEN • 1933
LADY FOR A DAY • 1933
BROADWAY BILL • STRICTLY CONFIDENTIAL (UKN) • 1934
IT HAPPENED ONE NIGHT • 1934
MR. DEEDS GOES TO TOWN • 1936
LOST HORIZON • LOST HORIZON OF SHANGRI-LA • 1937
YOU CAN'T TAKE IT WITH YOU • 1938
MR. SMITH GOES TO WASHINGTON • 1939
MEET JOHN DOE • JOHN DOE, DYNAMITE (UKN) • 1941
PRELUDE TO WAR • WHY WE FIGHT (PART 1): PRELUDE TO WAR • 1942 • DOC
BATTLE OF BRITAIN, THE • WHY WE FIGHT (PART 4): THE BATTLE OF BRITAIN • 1943 • DOC
DIVIDE AND CONQUER • WHY WE FIGHT (PART 3): DIVIDE AND CONQUER • 1943 • DOC
NAZIS STRIKE, THE • WHY WE FIGHT (PART 2): NAZIS STRIKE, THE • 1943 • DOC
ARSENIC AND OLD LACE • 1944
BATTLE OF CHINA, THE • WHY WE FIGHT (PART 6): THE BATTLE OF CHINA • 1944 • DOC
NEGRO SOLDIER, THE • 1944 • DOC
TUNISIAN VICTORY • 1944 • DOC
KNOW YOUR ENEMY: JAPAN • 1945 • DOC
TWO DOWN, ONE TO GO • 1945 • DOC
IT'S A WONDERFUL LIFE • GREATEST GIFT, THE • 1946
STATE OF THE UNION • WORLD AND HIS WIFE, THE (UKN) • 1948
RIDING HIGH • 1950
HERE COMES THE GROOM • 1951
HOLE IN THE HEAD, A • 1959
POCKETFUL OF MIRACLES, A • 1961
RENDEZVOUS IN SPACE • 1964 • SHT

CAPRA FRANK R. see **CAPRA FRANK**

CAPRIATA CARLO – ITL
ANGELO PER RIBOT, UN • 1963

CAPRILE ANNE – FRN
JEU DU RENARD, LE • 1990

CAPRINO IVO – DNM
ASKELADD • ANM
LITTLE FRIKK • ANM
KARIUS OG BAKTUS • 1955
STEADFAST TIN SOLDIER, THE • 1955 • ANS
FLAKLYPA GRAND PRIX • 1972–75

CAPRIOLI VITTORIO – ITL – 1921–
LEONI AL SOLE • 1961
PARIGI O CARA • DEAR PARIS ○ BELOVED PARIS • 1962
CUORI INFRANTI, I • 1963
SCUSI, FACCIAMO L'AMORE? • ET SI ON FAISANT L'AMOUR (FRN) ○ LISTEN, LET'S MAKE LOVE (USA) ○ EXCUSE ME, SHALL WE MAKE LOVE? • 1968
SPLENDORI E MISERIE DI MADAME ROYALE • 1970
VIENI, VIENI AMORE MIO • 1975

CAPUANO LUIGI – ITL – 1904–
KING LEWIS
LEGGE DI SANGUE • 1948
RONDINI IN VOLO • 1950
STRADA FINISCE SUL FIUME, LA • GORGHI NEL FIUME • 1950
VERTIGINE D'AMORE • 1951
CONDANNETELO! • 1953
ERGASTOLO • 1953
INNOCENTI PAGANO, GLI • 1953
BALLATA TRAGICA • 1955
CUORE DI MAMMA • 1955
LUNA NUOVA • 1955
SUOR MARIA • 1955
MARUZZELLA • 1956
ROSSA, LA • 1956
SCAPRICCIATIELLO • 1956
SERENATA A MARIA • 1957
CAROSELLO DI CANZONI • 1958
SORRISI E CANZONI • 1958
AMARAMENTE • 1959
CONTE DI MATERA, IL • 1959
MONDO DEI MIRACOLI, IL • WORLD OF MIRACLES, THE • 1959
ONORE E SANGUE • 1959
TERRORE DELLA MASCHERA ROSSA, IL • TERROR OF THE RED MASK (USA) • 1960
SPADA NELL'OMBRA, UNA • 1961
VENDETTA DI URSUS, LA • REVENGE OF URSUS (USA) ○ VENGEANCE OF URSUS ○ MIGHTY WARRIOR, THE • 1961
DRAKUT IL VENDICATORE • REVENGE OF THE CONQUERED (USA) • 1962
SANSONE CONTRO IL CORSARO NERO • HERCULES AND THE BLACK PIRATES (USA) ○ SAMSON VS. THE BLACK PIRATE • 1962
ZORRO ALLA CORTE DI SPAGNA • MASKED CONQUEROR, THE (USA) ○ ZORRO AT THE SPANISH COURT • 1962
TIGRE DEI SETTE MARI, LA • TIGER OF THE SEVEN SEAS (USA) ○ TIGRE DES MERS, LE (FRN) • 1963
ZORRO E I TRE MOSCHETTIERI • ZORRO AND THE THREE MUSKETEERS • 1963
BOIA DI VENEZIA, IL • EXECUTIONER OF VENICE, THE ○ EXECUTIONER, THE ○ HANGMAN OF VENICE, THE • 1964
LEONE DI SAN MARCO, IL • LION OF ST. MARK, THE (USA) • 1964
MISTERI DELLA GIUNGLA NERA, I • GEHEIMNIS DER LEDERSCHLINGE, DAS (FRG) ○ MYSTERY OF THUG ISLAND, THE (USA) • 1964
SANDOKAN, ALLA RISCOSSA • SANDOKAN FIGHTS BACK (USA) ○ SANDOKAN STRIKES BACK • 1964
AVVENTURIERO DELLA TORTUGA, L' • ADVENTURER OF TORTUGA • 1965
SANDOKAN CONTRO IL LEOPARDO DI SARAWAK • SANDOKAN AGAINST THE LEOPARD OF SARAWAK (USA) ○ RETURN OF SANDOKAN • 1965
VENDETTA DEI GLADIATORI, LA • REVENGE OF THE GLADIATORS • 1965
PERRY GRANT AGENTE DI FERRO • PERRY GRANT, AGENT OF IRON • 1966
MAGNIFICO TEXANO, IL • MAGNIFICENT TEXAN, THE ○ COLT CONTRO TUTTI, UNA • 1967
SANGUE CHIAMA SANGUE • BLOOD CALLS BLOOD • 1968

CAPUTO MICHEL – FRN – 1947–
QU'IL EST JOLI GARCON L'ASSASSIN DE PAPA • ARRETE DE RAMER, T'ATTAQUES LA FALAISE • 1978
SI MA GUEULE VOUS PLAIT • 1981
PLANQUES DU REGIMENT, LES • 1983

CARACCIOLO EMANUELE – ITL
TROPPO TARDI T'HO CONOSCIUTA • 1940

CARAFOLI MARIO – ITL
FRONTIERE • 1934

CARAMBA LUIGI – ITL
BORGIA • 1920
DANTE • 1921

CARAS CHRIS – USA
TAKE TIME TO SMELL THE FLOWERS • COME WITH ME MY LOVE • 1977

CARAX LEOS – FRN – 1960–
BOY MEETS GIRL • 1983
MAUVAIS SANG • NIGHT IS YOUNG, THE • 1986
AMANTS DU PONT-NEUF, LES • 1989

CARAYAN DACOSTA see **CARAYANNIS COSTA**

CARAYANNIS COSTA – GRC
CARAYAN DACOSTA
GENNEI TOU VORRA, I • BRAVE BUNCH, THE • 1969
AGONISTES • FIGHTERS • 1970
MADO MAVROGENOUS • 1970
KATANALOTIKI KINONIA • CONSUMER SOCIETY • 1971
GREEK CONNECTION, THE • 1974
TANGO OF PERVERSION • TANGO 2001 • 1974
LAND OF THE MINOTAUR • DEVIL'S MEN, THE ○ MINOTAUR ○ DEVIL'S PEOPLE, THE • 1976

CARBASSE LOUISE – Actress – ASL – 1896–1980
LOVELY LOUISE
JEWELLED NIGHTS • 1925

CARBONARI DAVID – ITL
BELLA, NON PIANGERE! • 1955

CARBONE MARIO – ITL
MISTERI DI ROMA, I • MYSTERIES OF ROME, THE ○ WONDERS OF ROME, THE • 1963 • DOC

CARBONELL MARIA see **CARBONELL MARIA L.**

CARBONELL MARIA L. – VNZ – 1927–
CARBONELL MARIA
ANASTENARIA, LA • DCS
SALT • DCS
IMAGEN, LA • IMAGE, THE • 1974
PUNTO DEBIL • WEAK POINT • 1974
300,000 HEROES • 1977

de CARBONNAT LOUIS – FRN
AMOUR AVEUGLE • 1920
AU SEUIL DU CRIME • 1920
FILLEULE D'AMERIQUE, UNE • 1920
FILS DU VENT, LE • 1920
PETITE-SOEUR • 1920
SI TITI ETAIT LE PATRON • 1920
COLLIER TRICOLORE, LE • 1921
TOUR DE FRANCE DE DEUX ENFANTS, LE • 1924
MURAILLES DU SILENCE, LES • 1925

CARBONNAUX NORBERT – FRN – 1918–
CORSAIRES DU BOIS DE BOULOGNE, LES • 1953
COURTE TETE • PHOTO FINISH (USA) ○ COURTE-TETE ○ SHORT HEAD • 1956
TEMPS DES OEUFS DUR, LE • 1957
CANDIDE, OU L'OPTIMISME AU XXEME SIECLE • CANDIDE • 1960
GAMBERGE, LA • 1961
TOUTES FOLLES DE LUI • 1967
INGENU, L' • 1971

CARD LAMAR – USA – 1942–
CLONES, THE • 1973
SUPER VAN • SUPERVAN • 1977
DISCO FEVER • 1978

CARDENAS HERNAN – USA
ISLAND CLAWS • NIGHT OF THE CLAW • 1980

CARDIFF ALBERT see **CARDONE ALBERTO**

CARDIFF JACK – Cinematographer – UKN – 1914–
INTENT TO KILL • 1958
BEYOND THIS PLACE • WEB OF EVIDENCE (USA) • 1959
SCENT OF MYSTERY • HOLIDAY IN SPAIN (UKN) • 1960
SONS AND LOVERS • 1960
LION, THE • 1962
MY GEISHA • 1962
LONG SHIPS, THE • DUGI BRODOVI (YGS) • 1964
YOUNG CASSIDY • 1965
LIQUIDATOR, THE • 1966
MERCENARIES, THE • DARK OF THE SUN (USA) • 1967
GIRL ON A MOTORCYCLE • MOTOCYCLETTE, LA (FRN) ○ NAKED UNDER LEATHER • 1968
MUTATIONS, THE • MUTATION, THE ○ FREAKMAKER, THE • 1973
PENNY GOLD • 1973

CARDINAL PIERRE – ALG – 1924–
AU COEUR DE LA CASBAH • 1951
FANTAISIE D'UN JOUR • 1954
SIMPLE QUESTION D'ETIQUETTE, UNE • 1973 • DCS

CARDINAL ROGER – CND – 1939–
COLLEGE MILITAIRE, LE • 1969 • DCS
JEUNES KIDNAPPES, LES • 1969 • DCS
SAFARI CANADIEN: DU COTE DU YUKON • 1969 • DOC
POURQUOI PAS.. • 1970 • DCS
STORM, THE • AL ASSIFA • 1970 • DOC
APRES-SKI • SEX IN THE SNOW (UKN) • 1971
MISTASSINI • 1971 • DCS
APPARITION, L' • 1972
FRANCAIS, LANGUE DE TRAVAIL • 1972 • DCS
BARRIERES ARCHITECTURALES • 1973 • DCS
MONTREAL-MODE • 1973 • DCS
FRANCAIS, SORRY I DON'T • 1974 • DCS
GAME IS THE GAME, THE • PLUS CA CHANGE, PLUS C'EST PAREIL • 1974 • DCS
QUEBEC C'EST BON • 1974 • DCS
AN JEUX, L' • 1975 • DCS
DESTINATION HOSPITALITE • 1975 • DCS
GREATEST SNOW ON EARTH, THE • PLUS GRANDES NEIGES DU MONDE, LES • 1975 • DCS
BIENVENUE A MONTREAL • 1976 • DCS
JEUX DU QUEBEC: CINQ ANS APRES • 1976 • DCS
QUEBEC CONGRES • 1976 • DCS
SMMIS • 1976 • DCS
MALAREK: A STREET KID WHO MADE IT • 1988

CARDINI EUGENIO – ARG – 1880–1962
ESCENAS CALLEJERAS • 1902

CARDONA MARIO – CRC
JUAN NEGRO • 1978 • DOC

CARDONA RENE – MXC
CARDONA RENE SR.
ALARMA • 1937
ALLA EN EL RANCHO CHICO • 1937
DON JUAN TENORIO • 1937
COBARDE, EL • 1938
DOS CADETES • 1938
ESTRELLITA • 1938
REINA DEL RIO, LA • 1938
TIERRA BRAVA • 1938
ADIOS MI CHAPARRITA • 1939
AMOR DE MIS AMORES • 1940
UNIDOS POR EL EJE • 1941
JESUSITA EN CHIHUAHUA • 1942
AS NEGRO, EL • BLACK ACE, THE • 1943
ESPECTRO DE LA NOVIA, EL • 1943
HOTEL DE VERANO • 1943
MUJER SIN CABEZA, LA • WOMAN WITHOUT A HEAD, THE • 1943
MIS HIJOS • 1944
MUSEO DEL CRIMEN, EL • MUSEUM OF CRIME, THE • 1944
PRECIO DE UNA VIDA, EL • 1944
AY, QUE RECHULO ES PUEBLA! • 1945
CANCION EN LA NOCHE, UNA • 1945
TIGRE DE JALISCO, EL • 1946
CARTAS MARCADAS • 1947
FELIPE FUE DESGRACIADO • 1947
AHI VIENE VIDAL TENORIO • 1948
LAZOS DE FUEGO • 1948
MADRE ADORADA • 1948
ULTIMA NOCHE, LA • 1948
CANCION A LA VIRGEN, UNA • 1949
CHARRO DEL CRISTO, EL • 1949
LLUVIA ROJA • 1949
YO QUIERO SER HOMBRE • 1949
YO QUIERO SER MALA • 1949
PUERTO DE TENTACION • 1950
TAMBIEN DE DOLOR SE CANTA • 1950
VIUDA SIN SOSTEN, UNA • 1950
VIVE COMO SEA • 1950
CANASTA URUGUAYA • 1951
MUJERES DE TEATRO • 1951
POMPEYO EL CONQUISTADOR • 1951
POR QUE PECA LA MUJER • 1951
VUELVA EL SABADO • 1951

ENMASCARADOS DE PLATA, EL • 1952
POKER DE ASES • 1952
DE RANCHERO A EMPRESARIO • 1953
SINDICATO DE TELEMIRONES • 1953
AMOR DE LEJOS • 1954
CAIN Y ABEL • 1954
MARGARITOS, LOS • 1954
PUEBLO SIN DIOS, EL • 1954
FARAONA, LA • 1955
GALLEGA EN LA HABANA, UNA • 1955
TRES AMORES DE LOLA, LOS • 1955
ZAPATILLAS VERDES, LAS • 1955
MUNDO NUEVO, UN • NEW WORLD, A • 1956
PANCHO LOPEZ • 1956
TU Y LA MENTIRA • 1956
CAMA DE PIEDRA, LA • 1957
LIVING IDOL, THE • 1957
MARATON DE BAILE • 1957
MARCA DEL CUERVO, LA • 1957
TRES PELONAS, LAS • 1957
A TIRO LIMPIO • 1958
ANGEL DEL INFIERNO • HEREDE EL INFIERNO • 1958
JOVEN DEL CARRITO, EL • 1958
LEY DEL MAS RAPIDO, LA • 1958
PULGARCITO • TOM THUMB (USA) • 1958
PUMA, EL • 1958
SENORA MOVIDA, UNA • 1958
SORDO, EL • 1958
AVENTURAS DE JOSELITO Y PULGARCITO • AVENTURAS DE JOSELITO EN AMERICA ◦ ADVENTURES OF LITTLE JOE AND TOM THUMB • 1959
LLORONA, LA • 1959
SANTA CLAUS • 1959
CARNAVAL EN MI BARRIO • 1960
GLOBERO, EL • 1960
JUAN POLAINAS • 1960
CORRIDO DE MARIA PISTOLAS, EL • 1962
EDAD DE PIEDRA, LA • 1962
EN PELIGRO DE MUERTE! • 1962
FUERTE, AUDAZ Y VALIENTE • 1962
LUCHADORAS CONTRA EL MEDICO ASESINO, LAS • WRESTLING WOMEN VS. THE MURDERING DOCTOR, THE ◦ DOCTOR OF DOOM (USA) • 1962
MARIA PISTOLAS • 1962
ESPECTRO DEL ESTRANGULADOR, EL • SANTO CONTRA EL ESPECTRO ◦ GHOST OF THE STRANGLER, THE • 1963
ALAZAN Y EL ROSILLO, EL • 1964
ASESINO INVISIBLE, EL • ENMASCARADO DE ORO CONTRA EL ASESINO INVISIBLE, EL ◦ INVISIBLE ASSASSIN, THE ◦ MAN IN THE GOLDEN MASK VS. THE INVISIBLE ASSASSIN • 1964
GABINO BARRERA • CAPORAL, EL • 1964
HIJO DE GABINO BARRERA, EL • 1964
LOBAS DEL RING, LAS • 1964
LUCHADORAS CONTRA LA MOMIA, LAS • WRESTLING WOMEN VS. THE AZTEC MUMMY, THE (USA) • 1964
PISTOLEROS DEL OESTE • 1964
SHERIFFS DE LA FRONTERA, LOS • 1964
AQUELLA ROSITA ALVIREZ • 1965
CABALLO PRIETO AZABACHE • TUMBA DE VILLA, LA • 1965
JINETE JUSTICIERO EN RETANDO A LA MUERTE, EL • 1965
MEXICANO, EL • 1965
SANTO CONTRA EL ESTRANGULADOR • SANTO VS. THE STRANGLER • 1965
VUELTA DEL MEXICO, LA • 1965
CABALLO BAYO, EL • 1966
LAURO PUNALES • 1966
LUCIO VAQUEZ • 1966
MUJERES PANTERAS, LAS • PANTHER WOMEN, THE • 1966
OPERACION 67 • 1966
TESORO DE MOCTEZUMA, EL • 1966
MUJER MURCIELAGO, LA • BATWOMAN (USA) ◦ BAT WOMAN, THE • 1968
VALENTIN DE LA SIERRA • 1968
VAMPIRO Y EL SEXO, EL • SANTO EN EL TESORO DE DRACULA ◦ SANTO AND DRACULA'S TREASURE ◦ VAMPIRE AND SEX, THE • 1968
LUCHADORAS CONTRA EL ROBOT ASESINO, LAS • WRESTLING WOMEN VS. THE MURDERING ROBOT, THE ◦ ASESINO LOCO Y EL SEXO, EL ◦ SEX MONSTER ◦ MAD MURDERER AND SEX, THE • 1969
SANTO CONTRA LOS JINETES DEL TERROR • SANTO VS. THE RIDERS OF TERROR • 1969
HORRIPLANTE BESTIA HUMANA, LA • NIGHT OF THE BLOODY APES ◦ GOMAR, THE HUMAN GORILLA • 1970
HORROR Y SEXO • HORROR AND SEX • 1970
SANTO EN LA VENGANZA DE LA MOMIA • SANTO IN THE MUMMY'S REVENGE • 1971
INVASION DE LOS MUERTOS, LA • INVASION OF THE DEAD, THE • 1972
NOCHE DE LOS MIL GATOS, LA • NIGHT OF A THOUSAND CATS, THE (USA) • 1972
NOCHE EMBARAZOSA, UNA • ONCE A NIGHT • 1976
CARLOS EL TERRORISTA • 1977
GUERA DE LOS PASTELES, LA • 1978
HOSTAGES, THE • 1979
TESORO ESCONDIDO, EL • 1979
ROCK 'N ROLL WRESTLING WOMEN VS. THE AZTEC MUMMY • 1986

CARDONA RENE JR. – MXC

ADORADA ENEMIGA • 1963
HIJAS DE ELENA, LAS • 1963
ANGEL DE MAL GENIO, UN • 1964
COMPLICE, LA • 1964
FUEGO EN LA SANGRE • 1964
RASPADO, EL • 1964
YO, EL GOBERNADOR • 1965
DOS PINTORES PINTOESCOS • 1966
JUAN PISTOLAS • 1966
OPERACION 67 • 1966
PAR DE ROBA CHICOS, UN • 1966
S.O.S. CONSPIRACION BIKINI • 1966
TESORO DE MOCTEZUMA, EL • 1966
DIA DE LA BODA, EL • WEDDING DAY, THE • 1968
ROBINSON CRUSOE AND THE TIGER • ROBINSON CRUSOE • 1969
O.K. CLEOPATRA • 1971
NOCHE EMBARAZOSA, UNA • ONCE A NIGHT • 1976
PRISION DE MUJERES • 1976
SUPERVIVIENTES DE LOS ANDES • SURVIVE! (USA) ◦ SURVIVAL • 1976
CICLON • CYCLONE • 1977
DIABOLICO TRIANGULO DE LA BERMUDAS, EL • TRIANGLE (THE BERMUDA MYSTERY) ◦ BERMUDA TRIANGLE, THE • 1977
TINTORERA • TINTORERA, KILLER SHARK ◦ TINTORERA.. BLOODY WATERS ◦ TINTORERA: TIGER SHARK • 1977
GUYANA EL CRIMEN DEL SIGLO • GUYANA –CULT OF THE DAMNED ◦ GUYANA –CRIME OF THE CENTURY • 1979
UNDER SIEGE
TESORO DEL AMAZONES, EL • TREASURE OF THE AMAZON, THE ◦ TREASURE OF DOOM • 1983

CARDONA RENE SR. see **CARDONA RENE**

CARDONE ALBERTO – ITL – 1920–

CARDIFF ALBERT

TIRANNO DI SIRACUSA, IL • DAMON AND PYTHIAS (USA) ◦ TYRANT OF SYRACUSE, THE ◦ DAMONE E PITIAS • 1962
GOLDSUCHER VON ARKANSAS, DIE • ALLA CONQUISTA DELL'ARKANSAS (ITL) ◦ MASSACRE AT MARBLE CITY (UKN) ◦ CHERCHEURS D'OR DE L'ARKANSAS, LES (FRN) • 1964
GRINGOS NON PERDONANO, I • 1965
SERENADE FUR ZWEI SPIONE • SINFONIA PER DUE SPIE (ITL) ◦ SERENADE FOR TWO SPIES (USA) • 1965
AGENT S3S OPERAZIONE URANIO • 1966
GERN HAB' ICH DIE FRAUEN GEKILLT • CARNAVAL DES BARBOUZES, LE (FRN) ◦ KILLER'S CARNIVAL (USA) ◦ SPIE CONTRO IL MONDE • 1966
MILLE DOLLARI SUL NERO • 1966
SARTANA • 1967
20,000 DOLLARI SUL 7 • 20,000 DOLLARS ON 7 • 1967
IRA DI DIO, L' • WRATH OF GOD, THE • 1968
LUNGO GIORNO DEL MASSACRO, IL • LONG DAY OF THE MASSACRE, THE • 1968
SIETE DOLARES AL ROJO • SETTE DOLLARI SUL ROSSO ◦ SEVEN DOLLARS ON RED ◦ SEVEN DOLLARS TO KILL • 1968
DJANGO –DIE GEIER STEHEN SCHLANGE • 1969
20,000 DOLLARI SPORCHI DI SANGUE • KIDNAPPING (PAGA O UCCIDIAMO TUO FIGLIO) • 1969
IO DONNA • 1971
BLOOD AT SUNDOWN • 1972
BRUNA FORMOSA CERCA SUPERDOTATO • 1974

CARDONE J. S. – USA

SLAYER, THE • 1982
THUNDER ALLEY • 1985

CARDOS JOHN see **CARDOS JOHN BUD**

CARDOS JOHN BUD – USA

CARDOS JOHN

SOUL SOLDIERS • RED, WHITE AND BLACK, THE • 1970
KINGDOM OF THE SPIDERS • 1977
DAY TIME ENDED, THE • TIME WARP ◦ VORTEX • 1978
DARK, THE • 1979
MUTANT • NIGHT SHADOWS • 1983
OTHER REALMS • 1983
OUTLAW • OUTLAW OF GOR • 1987
SKELETON COAST • 1987
ACT OF PIRACY • 1989

CARDOSO IVAN – BRZ

ESCORPIAO ESCARLATE, O • SCARLET SCORPION, THE • 1989

von CARDOWA LAUDA – GRM

MIRAKEL DER LIEBE • 1926

CARDOZA ANTHONY – USA

SMOKEY AND THE HOTWIRE GANG • 1979

CARDUCCI ANNETTE – GRM – 1942–

HOMME A MA TAILLE, UN • 1983

CARDYNIN P. – USS

SKAZKA O SPJASCEJ CAREVNE I SEMI BOGATYRIACH • SLEEPING BEAUTY (USA) • 1914

CAREW TOPPER – USA – 1943–

BREAKIN' AND ENTERIN' • 1985

CAREWE EDWIN – USA – 1883–1940

ACROSS THE PACIFIC • 1914
CORA • 1915
DESTINY • SOUL OF A WOMAN, THE • 1915
FINAL JUDGEMENT, THE • 1915
HOUSE OF TEARS, THE • 1915
MARSE COVINGTON • 1915
SOUL OF A WOMAN, THE • 1915
DAWN OF LOVE, THE • LIGHT OF LOVE, THE • 1916
GOD'S HALF ACRE • 1916
HER GREAT PRICE • 1916
SNOWBIRD, THE • 1916
SUNBEAM, THE • 1916
UPSTART, THE • 1916
BARRICADE, THE • 1917
GREATEST POWER, THE • 1917
HER FIGHTING CHANCE • 1917
THEIR COMPACT • 1917
TRAIL OF THE SHADOW • 1917
VOICE OF CONSCIENCE, THE • 1917
HOUSE OF GOLD, THE • 1918
LIBERTY BOND JIMMY • 1918 • SHT
PALS FIRST • 1918
SPLENDID SINNER, THE • 1918
TRAIL TO YESTERDAY, THE • 1918
EASY TO MAKE MONEY • 1919
FALSE EVIDENCE • MADELON OF THE REDWOODS • 1919
IT'S EASY TO MAKE MONEY • 1919
RIGHT TO LIE, THE • 1919
SHADOWS OF SUSPICION • 1919
WAY OF THE STRONG, THE • 1919
ISOBEL • ISOBEL OR THE TRAIL'S END ◦ TRAIL'S END, THE • 1920
RIO GRANDE • 1920
WEB OF DECEIT, THE • 1920
HABIT • 1921
HER MAD BARGAIN • 1921
INVISIBLE FEAR, THE • 1921
MY LADY'S LATCH KEY • 1921
PLAYTHINGS OF DESTINY • 1921
I AM THE LAW • 1922
QUESTION OF HONOR, A • 1922
SILVER WINGS • 1922
BAD MAN, THE • 1923
GIRL OF THE GOLDEN WEST, THE • 1923
MIGHTY LAK' A ROSE • 1923
MADONNA OF THE STREETS • 1924
SON OF THE SAHARA, A • SULTAN'S SLAVE, THE • 1924
JOANNA • 1925
LADY WHO LIED, THE • 1925
MY SON • 1925
WHY WOMEN LOVE • SEA WOMAN, THE ◦ BARRIERS AFLAME ◦ DANGEROUS CURRENTS • 1925
HIGH STEPPERS • 1926
PALS FIRST • 1926
RESURRECTION • PRINCE DIMITRI • 1927
RAMONA • 1928
REVENGE • 1928
EVANGELINE • 1929
SPOILERS, THE • 1930
RESURRECTION • 1931
ARE WE CIVILIZED? • 1934

CAREY CHRIS – ASL

ESSAY ON PORNOGRAPHY, AN • 1973

CAREY HARRY – Actor – USA – 1878–1947

COMMITTEE ON CREDENTIALS, THE • 1916 • SHT
FOR THE LOVE OF A GIRL • 1916 • SHT
LOVE'S LARIAT • 1916
WOMAN'S EYES, A • 1916 • SHT

CAREY PATRICK – Cameraman – IRL – 1916–

SKY • 1962 • DOC
YEATS COUNTRY • 1965 • DOC
WILD WINGS • 1967 • DOC
ERRIGAL • 1969 • DOC
MISTS OF TIME • 1969 • DOC
OISIN • 1969 • DOC

CAREY TIMOTHY – USA

WORLD'S GREATEST SINNER, THE • 1962

CAREY TOBE J. – USA

TRUE LIGHT BEAVER FILM: AFTER THE REVOLUTION, THE • SHT

CARGIULO MIKE – USA

GARGIULO MIKE

IT'S YOUR THING • 1970 • DOC

CARIN VLADIMIR – YGS

NO CORPSES ALLOWED • 1966

CARINGI RUDOLPH – USA

WARM IN THE BUD • 1969

CARIPIDIS GIORGOS – GRC

EPIKINDIN PECHNIDIA • DANGEROUS GAMES • 1981

CARIVEN CLAUDE – FRN – 1917–

AMOUR N'EST PAS UN PECHE, L' • 1952

CARL RENEE – Actress – FRN

CRI DANS L'ABIME, UN • SHOUT FROM THE ABYSS, A • 1922

CARL RUDOLF – Actor – AUS – 1899–

DORT IN DER WACHAU • 1957

CARLE GILLES – CND – 1929–

DIMANCHE D'AMERIQUE • 1961 • DCS
MANGER • 1961 • DCS
PATINOIRE • 1962 • DCS
AIR DE FAMILLE, UN • 1963 • DCS
NATATION • 1963 • DCS
PATTE MOUILLE • 1963 • DCS
PERCE ON THE ROCKS • 1964 • DCS
SOLANGE DANS NOS CAMPAGNES • 1964 • SHT
VIE HEUREUSE DE LEOPOLD Z., LA • MERRY WORLD OF LEOPOLD Z., THE • 1965
PLACE A OLIVIER GUIMOND • 1966 • DOC
JEUX DE JEROLAS • 1967 • DOC
QUEBEC A L'HEURE DE L'EXPO • 1968 • DCS
VIOL D'UNE JEUNE FILL DOUCE, LE • RAPE OF A SWEET YOUNG GIRL, THE • 1968
RED • 1969
MALES, LES • 1970
STEREO • 1970 • DCS
VRAI BEAU MARIAGE, UN • 1970
HIVER BRULANT, UN • 1971
VRAIE NATURE DE BERNADETTE, LA • TRUE NATURE OF BERNADETTE, THE • 1972
CORPS CELESTES, LES • 1973
MORT D'UN BUCHERON, LA • DEATH OF A LUMBERJACK • 1973
CHEVAUX ONT–ILS DES AILES?, LES • 1975 • DCS
TETE DE NORMANDE ST–ONGE, LA • NORMANDE • 1975
THOUSAND MOONS, A • 1976 • MTV
ANGE ET LA FEMME, L' • ANGEL AND THE WOMAN, THE • 1977
AGE DE LA MACHINE, L' • 1978 • DOC
HOMECOMING • 1979 • MTV
FANTASTICA • 1980
PLOUFFE, LES • IL ETAIT UNE FOIS DES GENS HEUREUX: LES PLOUFFE ◦ PLOUFFE FAMILY, THE • 1981
JOUER SA VIE • GREAT CHESS MOVIE, THE • 1982 • DOC
MARIA CHAPDELAINE • 1983
CRIME D'OVIDE PLOUFFE, LE • CRIME OF OVIDE PLOUFFE, THE ◦ MURDER IN THE FAMILY • 1984 • MTV
O PICASSO • 1985 • DOC
SCALP • 1985
GUEPE, LA • 1987
VIVE QUEBEC! • 1988 • DOC

CARLE PHILIP – USA

IN A MOMENT OF TEMPTATION • 1927

CARLETON BEN – UKN

MARIONETTES • 1939–48

CARLETON–HUNT – USA

ACADEMY AWARDS FILM, THE • 1951

CARLETON L. B. see **CARLETON LLOYD B.**

CARLETON LLOYD see **CARLETON LLOYD B.**

CARLETON LLOYD B. – USA

CARLETON L. B. • CARLTON L. B. • CARLETON LLOYD • CARLTON L.

ACTOR'S CHILDREN, THE • 1910
GOOD FOR NOTHING, THE • 1912
ANGEL OF THE SLUMS, THE • 1913
DIAMOND CUT DIAMOND • 1913
FIANCEE AND THE FAIRY, THE • 1913

GOVERNOR, THE • 1913
LITERATURE AND LOVE • 1913
LOOKING FOR A MOTHER • 1913
LOST NOTE, THE • 1913
MARGARET'S PAINTING • 1913
SHADOWS • 1913
SPECIAL OFFICER, THE • 1913
TWO COWARDS, THE • 1913
VEIL OF SLEEP, THE • 1913
WILES OF CUPID, THE • 1913
CODES OF HONOR • 1914
HIS BROTHER'S BLOOD • 1914
IMPOSTOR, THE • 1914
INVESTMENT, THE • 1914
LEAF FROM THE PAST, A • 1914
MICHAEL STROGOFF • 1914
RAGGED EARL, THE • 1914
STRENGTH OF FAMILY TIES, THE • 1914
THROUGH FIRE TO FORTUNE OR THE SUNKEN VILLAGE • 1914
FLASHLIGHT, THE • 1915
GIRL I LEFT BEHIND ME, THE • 1915
GIRL WITH THE RED FEATHER, THE • 1915
GOLDEN SPURS, THE • 1915
GRAIN OF DUST, A • 1915
IDLER, THE • 1915
IN THE MIDST OF AFRICAN WILDS • 1915
JUNGLE LOVERS, THE • 1915
LOVE OF LOTI SAN, THE • 1915
MOTHERHOOD • 1915
SACRED TIGER OF AGRA, THE • 1915
STUDIO ESCAPADE, A • 1915
THEIR SINFUL INFLUENCE • 1915
WHITE LIGHT OF PUBLICITY, THE • 1915
BARRIERS OF SOCIETY • 1916
BLACK FRIDAY • 1916
DEVIL'S BOND WOMAN, THE • 1916
DR. NEIGHBOR • 1916
HEARTACHES • 1916 • SHT
HER HUSBAND'S FAITH • 1916 • SHT
HER SOUL'S SONG • 1916 • SHT
HUMAN GAMBLE, THE • 1916 • SHT
MIRACLE OF LOVE, A • 1916
MORALS OF HILDA, THE • 1916
NO. 16 MARTIN PLACE • 1916 • SHT
TWO MEN OF SANDY BAR • 1916
TWO MOTHERS • 1916 • SHT
UNATTAINABLE, THE • 1916
WAY OF THE WORLD, THE • 1916
YAQUI, THE • 1916
YOKE OF GOLD, A • 1916
AMAZING WOMAN, THE • 1920
MOUNTAIN MADNESS • 1920
BEYOND THE CROSS ROADS • BEYOND THE CROSSROADS • 1922
FLYING DUTCHMAN, THE • 1923
NINE AND THREE FIFTY SECONDS • 1925

CARLIEZ CLAUDE – FRN – 1925–
PARIA, LE • DIAMOND RUSH (UKN) • 1968

CARLILE C. DOUGLAS – UKN
SEXTON BLAKE • 1909

CARLINO LEWIS JOHN – USA – 1912–
SAILOR WHO FELL FROM GRACE WITH THE SEA, THE • 1976
GREAT SANTINI, THE • ACE, THE ○ GIFT OF FURY • 1979
CLASS • 1983

CARLISLE ROBERT – USA
SOFI • 1967

CARLO-RIM – FRN – 1905–1989
RICHARD JEAN-MARIUS • RIM CARLO
HERCULE • INCORRUPTIBLE, L' • 1937
SIMPLET • 1942
ARMOIRE VOLANTE, L' • CUPBOARD WAS BARE, THE (USA) ○ MONSIEUR PUC AUX ENFERS • 1948
MAISON BONNADIEU, LA • 1951
SEPT PECHES CAPITAUX, LES • SETTE PECCATI CAPITALI, I (ITL) ○ SEVEN CAPITAL SINS, THE ○ SETTE PECCATI CAPITALI, I ○ SEVEN DEADLY SINS, THE ○ SEVEN DEADLY SINS ○ SEVEN CAPITAL SINS • 1951
VIRGILE • 1953
ESCALIER DE SERVICE • 1955
TRUANDS, LES • LOCK UP YOUR SPOONS (UKN) ○ LOCK UP THE SPOONS • 1956
CE JOLI MONDE • 1957
PETIT PROF', LE • 1958
CONTES • 1963 • MTV

CARLOS LUCIANO B. – PHL
BUHAY ARTISTA • LIFE OF AN ARTIST • 1967
COVER GIRLS • 1967
LAS VEGAS A-GO-GO • 1967
MORE I SEE YOU, THE • 1967
NAGAAPOY NA DAMBANA • FLAMING ALTAR • 1967
SO HAPPY TOGETHER • 1967
DAKILANG TANGA • GREAT FOOL, THE • 1968
KAMING TAGA BUNDOK • WE, THE MOUNTAIN PEOPLE • 1968
KAMING TAGA ILOG • WE, THE RIVER PEOPLE • 1968
TIRIRIT NG MAYA, TIRIRIT NG IBON • CHIRRUPPING OF A BIRD, THE • 1968
TO SUSAN WITH LOVE • 1968

CARLS L. – BLG
MORT DU SPHINX, LA • SPHINX, THE • 1937

CARLSEN ESBEN HOILUND – DNM – c1941–
19 RODE ROSER • 19 RED ROSES ○ NITTEN RODE ROSER • 1973
GANGSTERENS LAERLING • GANGSTER'S APPRENTICE, THE • 1975
SLINGREVALSEN • STEPPING OUT • 1981
RAINFOX • 1984

CARLSEN HENNING – DNM – 1927–
FORMERLAERE, I • 1949 • SHT
CIVILFORSVARET • 1950 • SHT
DUKKESTUEN • 1950 • SHT
KONG HAAKON V • 1951
POST MORTEM TECHNIQUE • 1951 • SHT
HAAKON VII • 1952 • SHT
DANISH MOTORBOAT STORY • 1953 • SHT
EL-GJORT ER VELGJORT • 1953 • SHT
PA VEJ MOD ET JOB • 1953 • SHT
HAVETS HUSMAEND • 1954 • SHT
KNIVE • 1954 • SHT
KOLESKABE • 1954 • SHT
MAELKEHYGEIJNE • 1954 • SHT
PENGE OG OKONOMI • 1954 • SHT
VELKOMMEN TIL VENDSYSSEL • 1954 • SHT
GULVBEHANDLING • 1955 • SHT
JEG ET HUS MIG BYGGE VIL • 1955 • SHT
CIRCUS-FARM • 1956 • SHT
COPENHAGEN • 1956 • SHT
KINGDOM OF ISLANDS, A • 1956 • SHT
LIFEGUARDS • 1956 • SHT
TIVOLI • 1956 • SHT
CYKLISTEN • 1957 • SHT
LIGEUD AD LUFTVEJEN • 1958 • SHT
DANFOSS-JORDEN RUNDT DOGNET RUNDT • 1959 • SHT
KNUDEPROBLEM, ET • 1959 • SHT
GAMLE, DE • OLD PEOPLE • 1961 • SHT
LIMFJORDEN • 1961 • SHT
SOUVENIRS FROM SWEDEN • 1961 • DCS
DILEMMA • WORLD OF STRANGERS, A • 1962
REN BESKED OM SNAVS • 1962 • SHT
HVAD MED OS? • EPILOGUE (USA) ○ HOW ABOUT US? • 1963
FAMILIEBILLEDER • FAMILY PORTRAITS • 1964
KATTORNA • CATS, THE • 1965
SVALT • SULT (DNM) ○ HUNGER (USA) • 1966
HVOR ER MAGTEN BLEVET AR? • 1968
MENNESKER MODES OG SOD MUSIK OPSTAR I HJERTET • MANNISKOR MOTS OCH LJUV MUSIC UPPSTAR I HJARTET (SWD) ○ PEOPLE MEET (UKN) ○ PEOPLE MEET AND SWEET MUSIC FILLS THE HEART (USA) • 1968
KLABAUTERMANDEN • WE ARE ALL DEAD DEMONS ○ KLABAUTERMANDEN ○ WE ARE ALL DEMONS • 1969
MAN SKU VAERE NOGET VED MUSIKKEN • OH, TO BE ON THE BANDWAGON • 1969
ER I BANGE? • ARE YOU AFRAID? ○ HVAD ER I BANGE FOR? • 1971
LYKKELIG SKILSMISSE, EN • DIVORCE HEUREUX, UN (FRN) ○ HAPPY DIVORCE, A • 1974
DA SVANTE FORSVANDT • WHEN SVANTE DISAPPEARED • 1975
HOR, VAR DER IKKE EN, SOM LO? • DID SOMEBODY LAUGH? • 1978
STREET UNDER THE SNOW, A • 1978
PENGENE ELLER LIVET • YOUR MONEY OR YOUR LIFE • 1982
GAUGUIN, LE LOUP DANS LE SOLEIL • 1985
OVIRI • WOLF AT THE DOOR, THE • 1987

CARLSEN JON BANG – DNM – 1950–
PHOENIX BIRD • SHT
FISKER I HANSTHOLM, EN • FISHERMAN FROM HANSTHOLM, A • 1977
JENNY • 1977 • DCS
RIG MAND, EN • RICH MAN, A • 1979 • DOC
HOTEL OF THE STARS • 1981
NAESTE STOP, PARADIS • NEST STOP, PARADISE • 1981
FUGL FONIX • PHOENIX BIRD • 1984
OFELIA KOMMER TIL BYEN • OPHELIA COMES TO TOWN • 1986
FOR GOESTERNE KOMMER • BEFORE THE GUESTS ARRIVE • 1987 • SHT
JEG VILLE FORST FINDE SANDHEDEN • I FIRST WANTED TO FIND THE TRUTH • 1987
JOURNEY TO AMERICA, THE • 1987
TIME OUT • 1987
BABY DOLL • 1988

CARLSON BOB – USA
CRAZY WITH THE HEAT • 1947 • ANS

CARLSON RICHARD – Actor – USA – 1912–1977
FOUR GUNS TO THE BORDER • 1954
RIDERS TO THE STARS • 1954
APPOINTMENT WITH A SHADOW • BIG STORY, THE (UKN) • 1958
SAGA OF HEMP BROWN, THE • 1958
KID RODELO • 1966

CARLSON RUSS – USA
MORE THAN SISTER • 1979

CARLSON WALLACE A. – USA
GOODRICH DIRT • 1915 • SHS
CANIMATED NOOZ PICTORIAL • 1915–17 • ASS

CARLSTEN RUNE – SWD – 1893–
BOMBEN • BOMB • 1920
FAMILJENS TRADITIONER • FAMILY TRADITIONS • 1920
ROBINSON I SKARGARDEN • MODERN ROBINSON, A (USA) ○ ROBINSON IN THE ARCHIPELAGO • 1920
HOGRE ANDAMAL • FOR HIGH ENDS • 1921
UNGA GREVEN TAR FLICKAN OCH PRISET • YOUNG COUNT TAKE THE GIRL AND THE PRIZE ○ YOUNG NOBLEMAN, THE (USA) • 1924
FARORNAS PARADIS • 1930
HJARTATS ROST • VOICE OF THE HEART • 1930
HALVVAGS TILL HIMLEN • 1932
TYSTNADENS HUS • HOUSE OF SILENCE (USA) • 1933
DOKTOR GLAS • 1942
ANNA LANS • 1943
RAKNA DE LYCKLIGA STUNDERNA BLOTT • COUNT THE HAPPY MOMENTS ONLY • 1944
ALLVARSAMMA LEKEN, DEN • SERIOUS GAME • 1945
SVARTA ROSOR • BLACK ROSES • 1945
EVIGA LANKAR • ETERNAL BONDS (USA) ○ ETERNAL LINKS ○ DE GLADA AREN • 1947

CARLSTROEM BJORN – USA
WARDOG • 1986

CARLTON FRANK – UKN
ADVENTURES OF DORCAS DENE, DETECTIVE, THE • 1919 • SER
BLACKMAILER, THE • 1919
INSURANCE FRAUD, AN • 1919
MURDER IN LIMEHOUSE, A • 1919
WELL PLANNED WEST END JEWEL ROBBERY, A • 1919

CARLTON L. see **CARLETON LLOYD B.**

CARLTON L. B. see **CARLETON LLOYD B.**

CARLTON WILFRED – UKN
CASE OF A DOPED ACTRESS, THE • 1919

CARLUCCI LEOPOLDO – ITL
TEODORA • THEODORA • 1919

CARMAZAN IOAN – RMN
SANIA ALBASTRA • BLUE SLEIGH, THE • 1987

CARMBECK GORAN – SWD
1939 • 1989

CARMELLO CHARLES – USA
MASTER BEATER, THE • DIRTY HAWK, THE ○ HOT SEX TRAMP • 1969

CARMENO ALEX – ITL
EA-BANI • 1979

CARMODY DON – CND
SURROGATE, THE • BLIND RAGE • 1985

CARMODY PETER – ASL – 1938–
NOTHING LIKE EXPERIENCE • 1970

CARMONA JEAN-CLAUDE – TNS – 1948–
JOHN MOVIE • LEGENDE D'UN SIECLE, LA • 1983

CARNE MARCEL – FRN – 1909–
NOGENT, ELDORADO DU DIMANCHE • 1929
JENNY • 1936
DROLE DE DRAME • BIZARRE BIZARRE (USA) ○ AFFAIRE MOLYNEUX, L' • 1937
HOTEL DU NORD • 1938
QUAI DES BRUMES • PORT OF SHADOWS (USA) • 1938
JOUR SE LEVE, LE • DAYBREAK (USA) • 1939
VISITEURS DU SOIR, LES • DEVIL'S ENVOYS, THE (USA) ○ DEVIL'S OWN ENVOY, THE • 1942
ENFANTS DU PARADIS, LES • CHILDREN IN PARADISE (USA) • 1944
PORTES DE LA NUIT, LES • GATES OF THE NIGHT (USA) ○ GATES OF NIGHT • 1946
FLEUR DE L'AGE, LA • 1947
MARIE DU PORT, LA • 1949
JULIETTE OU LA CLE DES SONGES • JULIET OR THE KEY OF DREAMS • 1951
THERESE RAQUIN • TERESA RAQUIN (ITL) ○ ADULTERESS, THE (USA) • 1953
AIR DE PARIS, L' • ARIA DI PARIGI (ITL) • 1954
PAYS D'OU JE VIENS, LE • 1956
TRICHEURS, LES • PECCATORI IN BLUE-JEANS (ITL) ○ CHEATERS, THE (USA) ○ YOUTHFUL SINNERS ○ NOT FOR REAL • 1958
TERRAIN VAGUE • 1960
DU MOURON POUR LES PETITS OISEAUX • DIETRO LA FACCIATA (ITL) • 1962
TROIS CHAMBRES A MANHATTAN • 1965
JEUNES LOUPS, LES • YOUNG WOLVES, THE ○ YOUNG BREED • 1968
ASSASSINS DE L'ORDRE, LES • INCHIESTA SU UN DELITTO DELLA POLIZIA (ITL) • 1970
FORCE ET LE DROIT, LA • 1970
MERVEILLEUSE VISITE, LA • 1973
BIBLE, LA • 1976 • DOC
IMMORTAL HERITAGE, THE • 1980

CARNEIRO MARIO – BRZ
GORDOS E MAGROS • FATS AND THINS • 1980

CARNEY GEORGE – Actor – UKN – 1887–1947
SOME WAITER! • 1916

CARNIMEO GIULIANO – ITL
ASCOTT ANTHONY
PANIC BUTTON.. OPERAZIONE FISCO • PANIC BUTTON (USA) ○ LET'S GO BUST • 1962
DJANGO -EIN SARG VOLL BLUT • 1968
JOE, CERCATI UN POSTO PER MORIRE • JOE.. FIND A PLACE TO DIE (UKN) ○ FIND A PLACE TO DIE ○ JOE.. LOOK FOR A PLACE TO DIE ○ CERCATI UN POSTO PER MORIRE • 1968
MOMENTO DI UCCIDERE, IL • MOMENT OF KILLING, THE ○ MOMENT TO KILL, THE • 1968
SONO SARTANA IL VOSTRO BECCHINO • I AM SARTANA: YOUR ANGEL OF DEATH ○ SARTANA, ANGEL OF DEATH • 1969
BUON FUNERALE AMIGOS.. PARA SARTANA • 1970
C'E SARTANA.. VENDI LA PISTOLA E COMPRATI LA BARA • 1970
NUVOLA DI POLVERE.. UN GRIDO DI MORTE.. ARRIVA SARTANA, UNA • 1970
FUMAVANO LE COLT.. LO CHIAMAVANO CAMPOSANTO • 1971
TESTA T'AMMAZZO, CROCE SEI MORTO, MI CHIAMANO ALLELUJA • THEY CALL ME HALLELUJAH • 1971
HEADS I KILL YOU, TAILS YOU'RE DEAD • 1972
PERCHE QUELLE STRANE GOCCE DI SANGUE SUL CORPO DI JENNIFER? • EROTIC BLUE (UKN) ○ WHY THOSE STRANGE DROPS OF BLOOD ON THE BODY OF JENNIFER? • 1972
UOMO AVVISATO MEZZO AMMAZZATO.. PAROLA DI SPIRITO SANTO • Y LE LLAMABAN HALCON (SPN) ○ CHIAMAVANO SPIRITO SANTO, LO ○ THEY BELIEVED HE WAS A SAINT • 1972
WEST TI VA STRETTO, AMICO.. E ARRIVATO ALLELUJA • 1972
ANNA QUEL PARTICOLARE PIACERE • ANNA: THE PLEASURE, THE TORMENT (USA) ○ SECRETS OF A CALL GIRL (UKN) • 1973
FUORI UNO SOTTO UN ALTRO, ARRIVA IL PASSATORE! • 1973
LO CHIAMAVANO TRESETTE.. GIOCAVA SEMPRE COL MORTO • 1973
DI TRESSETTE CE N'E UNO, TUTTI GLI ALTRI SON NESSUNO • 1974
SIGNORA GIOCA BENE A SCOPA?, LA • 1974
SIMONE E MATTEO UN GIOCO DA RAGAZZI • 1975
KID STUFF • 1976
VANGELO SECONDO SIMONE E MATTEO • 1976
CARIOCA TIGRE • 1977
INSEGNANTE BALLA.. CON TUTTA LA CLASSE, L' • 1979

CAROLINA ANA see **SOARES ANA CAROLINA TEXEIRA**

CARON GLENN GORDON – USA
CLEAN AND SOBER • 1988

CARON PIERRE – FRN – 1899–1971
HOMME QUI VENDIT SON AME AU DIABLE, L' • MAN WHO SOLD HIS SOUL TO THE DEVIL, THE • 1920
MARE AU DIABLE, LA • 1923
GRAINS DE BEAUTE • 1931
VOTRE SOURIRE • 1934
JUANITA • 1935
BLANCHETTE • 1936
DEMI-VIERGES, LES • 1936
MARINELLA • 1936
NOTRE-DAME D'AMOUR • 1936
TENTATION, LA • 1936
CINDERELLA • SEDUCTION • 1937
FESSEE, LA • 1937
ACCROCHE-COEUR, L' • RIVIERA EXPRESS • 1938
FEMMES COLLANTES, LES • 1938
MON ONCLE ET MON CURE • 1938
MONSIEUR DE 5 HEURES, LE • 1938
ROUTE ENCHANTEE, LA • 1938
BECASSINE • 1939
CHANTONS QUAND MEME • 1939
ILS ETAIENT 5 PERMISSIONNAIRES • 1940
NE BOUGEZ PAS • 1941
PENSION JONAS • 1941

CAROW H. see **CAROW HEINER**

CAROW HEINER – GRM – 1929–
CAROW H.
BIS DAS DER TOD EUCH SCHEIDET • UNTIL DEATH DO YOU PART
SHERIFF TEDDY • 1957
SIE NANNTEN IHN AMIGO • THEY CALLED HIM AMIGO • 1958
LEBEN BEGINNT, DAS • LIFE BEGINS • 1959
HOCHZEIT VON LANNECKEN, DIE • LANNEKEN WEDDING, THE • 1964
RIE REISE NACH SUNDEVIT • JOURNEY TO SUNDEVIT • 1966
LEGENDE VON PAUL UND PAULA, DIE • LEGEND OF PAUL AND PAULA, THE • 1973
RUSSIANS ARE COMING, THE • 1987
SO MANY DREAMS • 1987

CARPENTER H. B. see **CARPENTER HORACE B.**

CARPENTER HORACE see **CARPENTER HORACE B.**

CARPENTER HORACE B. – USA
CARPENTER HORACE • CARPENTER H. B.
MILE A MINUTE • 1924
RIDING FOOL • 1924
DESPERATE ODDS • 1925
FANGS OF FATE • 1925
FLASHING STEEDS • 1925
SAGEBRUSH LADY, THE • 1925
LAST CHANCE, THE • 1926
LOVIN' FOOL, THE • LOVING FOOL, THE • 1926
LUCKY SPURS • 1926
WESTERN TRAILS • 1926
JUST TRAVELIN' • 1927
ARIZONA KID, THE • 1929
FALSE FATHERS • 1929
WEST OF THE ROCKIES • 1929
PECOS DANDY, THE • 1934

CARPENTER JOHN – USA – 1948–
SORCERER FROM OUTER SPACE • 1962–29 • SHT
GORGO VERSUS GODZILLA • 1962–69 • SHT
GORGON, THE SPACE MONSTER • 1962–69 • SHT
REVENGE OF THE COLOSSAL BEASTS • 1962–69 • SHT
TERROR FROM SPACE • 1962–69 • SHT
WARRIOR AND THE DEMON • 1962–69 • SHT
FIRELIGHT • 1966 • SHT
RESURRECTION OF BRONCHO BILLY, THE • 1970 • SHT
DARK STAR • 1972
ASSAULT ON PRECINCT 13 • 1976
HALLOWEEN • 1978
SOMEONE IS WATCHING ME! • 1978 • TVM
ELVIS! • 1979 • TVM
FOG, THE • 1979
ESCAPE FROM NEW YORK • 1981
THING, THE • 1982
CHRISTINE • 1983
EL DIABLO • 1984
STARMAN • 1984
BIG TROUBLE IN LITTLE CHINA • 1986
PRINCE OF DARKNESS • 1987
THEY LIVE • 1988

CARPENTER STEPHEN – USA
POWER, THE • 1980
PRANKS • DORM THAT DRIPPED BLOOD, THE ○ DEATH DORM • 1981
KINDRED, THE • 1986

CARPENTIER EDUARDO – CND
SEVEN SURPRISES • 1963 • ANT

CARPENTIER KARL HEINZ – GRM
GESCHICHTEN JENER NACHT • STORIES OF THAT NIGHT ○ TALES OF THAT NIGHT • 1967

CARPENTIERI LUIGI – ITL – 1920–
MADONNINA D'ORO, LA • 1950

CARPI CIONI – Animator – CND
CHRONOGRAMS • 1961 • ANS
CAT HERE AND THERE, THE • 1962 • ANS
BIRD IS GOOD, THE • 1963 • ANS

CARPI FABIO – ITL – 1925–
CORPO D'AMORE • 1973
ETA DELLA PACE, L' • AGE OF PEACE, THE • 1974
BASILEUS QUARTET • QUATUOR BASILEUS • 1982
AMBIZIONI SBAGLIATE • WRONG AMBITIONS • 1984
BARBABLU, BARBABLU • BLUE BEARD, BLUE BEARD • 1989

CARPI PIER – ITL
POVERO CRISTO • 1976
OMBRA NELL'OMBRA, UN' • 1979

CARPIGNANO VITTORIO – ITL – 1918–
INQUIETUDINE • 1946
ARTIGIANI DI SICILIA • 1951
GIARDINO DELLE ESPERIDI, IL • 1951
QUANDO LE PLEIADI TRAMONTANO • 1951
SEGNALE VIENE DAL CIELO, IL • 1951
SICILIA BAROCCA • 1951

CARR ADRIAN – ASL – 1952–
NOW AND FOREVER • 1982

CARR BERNARD – USA
CURLEY • ADVENTURES OF CURLEY AND HIS GANG, THE ○ CURLY • 1947
FABULOUS JOE, THE • 1947
HAL ROACH COMEDY CARNIVAL • 1947
WHO KILLED DOC ROBBIN? • SINISTER HOUSE (UKN) ○ CURLEY AND HIS GANG ○ CURLEY AND HIS GANG IN THE HAUNTED MANSION • 1948

CARR J. F. – UKN
CURLY'S HOLIDAY • 1917

CARR JAMES – UKN
WATERWAYS OF ENGLAND • 1934 • DOC
WE'VE GOT TO GET RID OF THE RATS • 1940

CARR JOHN – USA
TALISMAN, THE • SAVAGE AMERICAN, THE • 1966
NIGHT TRAIN TO TERROR • 1985 • ANT

CARR TERRY – USA
WELCOME TO 18 • 1987

CARR THOMAS – USA – 1907–
CARR THOMAS H.
CHEROKEE FLASH, THE • 1944
BANDITS OF THE BADLANDS • 1945
OREGON TRAIL, THE • 1945
ROUGH RIDERS OF CHEYENNE • 1945
SANTA FE SADDLEMATES • SANTE FE SADDLEMATES • 1945
ALIAS BILLY THE KID • 1946
DAYS OF BUFFALO BILL • 1946
EL PASO KID, THE • 1946
RED RIVER RENEGADES • 1946
RIO GRANDE RAIDERS • 1946
UNDERCOVER WOMAN, THE • 1946
BRICK BRADFORD • 1947 • SRL
CODE OF THE SADDLE • 1947
JESSE JAMES RIDES AGAIN • 1947 • SRL
SONG OF THE WASTELAND • 1947
CONGO BILL • 1948 • SRL
SUPERMAN • 1948 • SRL
BRUCE GENTRY -DAREDEVIL OF THE SKIES • 1949 • SRL
COLORADO RANGER • GUNS OF JUSTICE • 1950
FAST ON THE DRAW • SUDDEN DEATH • 1950
HOSTILE COUNTRY • OUTLAW FURY • 1950
MARSHAL OF HELDORADO • BLAZING GUNS • 1950
OUTLAWS OF TEXAS • 1950
PIRATES OF THE HIGH SEAS • 1950
WEST OF THE BRAZOS • RANGELAND EMPIRE • 1950
CROOKED RIVER • LAST BULLET, THE • 1951
DALTONS' WOMEN, THE • 1951
ROAR OF THE IRON HORSE • 1951 • SRL
WANTED: DEAD OR ALIVE • 1951
BEHIND SOUTHERN LINES • 1952 • MTV
MAN FROM THE BLACK HILLS • 1952
MAVERICK, THE • 1952
WYOMING ROUNDUP • 1952
CAPTAIN SCARLET • 1953
FIGHTING LAWMAN, THE • 1953
REBEL CITY • 1953
STAR OF TEXAS • 1953
TOPEKA • 1953
TRAIL OF THE ARROW • ARROW IN THE DUST (UKN) • 1953
BITTER CREEK • 1954
DESPERADO, THE • 1954
FORTY-NINERS, THE • 1954
SUPERMAN FLIES AGAIN • SUPERMAN'S PERIL • 1954 • MTV
BOBBY WARE IS MISSING • 1955
THREE FOR JAMIE DAWN • 1956
DINO • KILLER DINO (UKN) • 1957
TALL STRANGER, THE • 1957
GUNSMOKE IN TUCSON • 1958
CAST A LONG SHADOW • 1959
SULLIVAN'S EMPIRE • 1967

CARR THOMAS H. see **CARR THOMAS**

CARRADINE DAVID – Actor – USA – 1936–
YOU AND ME • 1975
AMERICANA • 1981

CARRAS ANTHONY – USA
OPERATION BIKINI • SEAFIGHTERS, THE ○ BIKINI BEACH ○ BIKINI • 1963
VIOLENT RAGE

CARRE BARTLETT – USA
GUNSMOKE ON THE GUADALOPE • GUN SMOKE OVER THE GUADALOPE ○ GUN SMOKE (UKN) • 1935

CARRE CESAR – FRN
CHEMINS DE SAINT-PAUL DE VENCE, LES
FONDATION MAEGHT, LA

CARRE JEAN-MICHEL – FRN – 1948–
GHETTO EXPERIMENTAL, LE • 1975 • DOC
ALERTEZ LES BEBES • 1978
VOTRE ENFANT M'INTERESSE • 1981

CARRE LOUIS – CND
CA PEUT PAS ETRE L'HIVER, ON N'A MEME PAS EU ETE • 1980
QUI A TIRE SUR NOS HISTOIRES D'AMOUR? • QUESTION OF LOVING, A • 1986

CARRE MICHEL – FRN – 1865–1945
ENFANT PRODIGUE, L' • 1907
BAL NOIR, LE • 1909
DORMEUSE, LA • 1909
FLEUR DE PAVE • 1909
LAIDE, LA • 1909
MINIATURE, LA • 1909
ORDRE DU ROI • 1909
PEUR, LA • 1909
SOEUR ANGELIQUE • 1909
AMOUR ET LE TEMPS, L' • 1910
ATHALIE • 1910
EPOUVANTE, L' • 1910
FOUR A CHAUX, LE • 1910
INVENTEUR, L' • 1910
DEUX VIEUX GARCONS • 1911
HOMME DE PEINE, L' • 1911
JEAN LE MANCHOT • 1911
LOUVE, LA • 1911
MA FILLE • 1911
MEMORIAL DE SAINT-HELENE, LE • 1911
MENSONGE, LE • 1911
RIVAL DUPE, LE • 1911
VIOLON DE GRAND-PERE, LE • 1911
FEMME METAMORPHOSEE EN CHATTE, LA • 1912
MIRACLE, LE • 1912
OEUVRE DE JACQUES SERVAL, L' • 1913
SOLITAIRE, LE • 1913

CARREN H. – ITL
GIRO DEL MONDO IN 90 MINUTI, IL • 1967

CARRER GIANCARLO – VNZ
CANCION MANSA PARA UN PUEBLO BRAVO • TAME SONG FOR A BRAVE PEOPLE, A • 1977
TRES MAS DOS • THREE AND TWO MORE • 1979

CARRERA GUILLERMO – VNZ
DIARIO DE UN FISCAL DE TRANSITO • DIARY OF A TRAFFIC COP • 1972 • SHT

CARRERA GUSTAVO L. – VNZ
AZUL • BLUE • 1972

CARRERAS ENRIQUE – ARG
FANTASMA DE LA OPERETA, EL • PHANTOM OF THE OPERETTA, THE • 1955
FERIA DE SEVILLA • 1960
OBRAS MAESTRAS DEL TERROR • MASTER OF HORROR (USA) ○ MASTERWORKS OF TERROR • 1960
EVADIDOS, LOS • 1964
ANDADOR, EL • WALK, THE • 1967
ESTO ES ALEGRIA! • THIS IS FUN! • 1967
QUIERE CASARSE CONMIGO? • WOULD YOU LIKE TO MARRY ME? • 1967
YA TIENE COMISARIO EL PUEBLO • COMMISSIONER MANAGES THE TOWN HALL, THE • 1967
MATRIMONIO A LA ARGENTINA • MARRIAGE ARGENTINIAN STYLE • 1968
MUCHACHO COMO YO, UN • BOY LIKE ME, A • 1968
OPERACION SAN ANTONIO • OPERATION SAN ANTONIO • 1968
ASI ES LA VIDA • SUCH IS LIFE • 1977
LOCAS, LAS • MAD WOMEN, THE • 1977
MAMA DE LA NOVA, LA • MOTHER OF THE BRIDE • 1978
FRUTILLA • STRAWBERRY • 1980
SUCEDIO EN EL FANTASTICO CIRCO TIHANY • IT HAPPENED AT THE FANTASTIC TIHANY CIRCUS • 1981

CARRERAS MICHAEL – UKN – 1927–
CYRIL STAPLETON AND THE SHOW BAND • 1955 • SHT
ERIC WINSTONE BAND SHOW, THE • 1955 • SHT
JUST FOR YOU • 1955
ERIC WINSTONE'S STAGECOACH • 1956 • SHT
PARADE OF THE BANDS • 1956
EDMUNDO ROS HALF HOUR • 1957 • SHT
STEEL BAYONET, THE • 1957
VISA TO CANTON • PASSPORT TO CHINA (USA) • 1960
MANIAC • 1962
SAVAGE GUNS, THE • TIERRA BRUTAL (SPN) • 1962
WHAT A CRAZY WORLD • 1963
CURSE OF THE MUMMY'S TOMB, THE • 1964
SLAVE GIRLS • PREHISTORIC WOMEN (USA) • 1966
LOST CONTINENT, THE • PEOPLE OF ABRIMES, THE • 1968
BLOOD FROM THE MUMMY'S TOMB • CURSE OF THE MUMMY • 1972
CALL HIM MR. SHATTER • MISTER SHATTER ○ SHATTER • 1975

CARRERAS MIGUEL – SPN
CANCION DE ARRABAL

CARRETERO AMARO – Animator – SPN
FOX AND THE HARE, THE • 1969 • ASS
FANTASMITAS CON QUESO • GHOSTS WITH CHEESE • 1970 • ANS
HOMBRE Y EL FUEGO, EL • MAN AND FIRE • 1970 • ANS
LUMINIS-2 • 1970 • ANS
SUBES O BAJAS? • ARE YOU GOING UP OR DOWN? • 1970 • ANS
ALBERT AND JUNO • 1971 • ANS
GUEPARDO, EL • CHEETAH, THE • 1971 • ANS
HIPOPOTAMO, EL • HIPPOTAMUS, THE • 1971 • ANS
JERBO, EL • JERBOA, THE • 1971 • ANS
LEON, EL • LION, THE • 1971 • ANS
LOBO, EL • WOLF, THE • 1971 • ANS
MONSTRUO, EL • MONSTER, THE • 1971 • ANS
NUTRIA, LA • OTTER, THE • 1971 • ANS
PAJARO INDICADOR, EL • RATEL, THE • 1971 • ANS
PAPION, EL • 1971 • ANS
PELICANO, EL • PELICAN, THE • 1971 • ANS
RAPTO EN LAS ESTRELLAS • KIDNAPPING IN THE STARS • 1971 • ANS
SERPENTARIO, EL • 1971 • ANS

CARRETERO GIL – SPN – 1946–
ABORTAR EN LONDRES • 1977
ALEGRES PLACERES DEL SEXO, LOS • 1978

CARRICK ALLYN B. – USA
EVOLUTION • 1932

CARRICK WILLIAM – CND
WORLD IN A MARSH • LIVELY POND, THE ○ ETANG, L' • 1955 • DCS

CARRIER LOUIS-GEORGES – USA – 1929–
AU BOUT DE MA RUE • STREET TO THE WORLD • 1958 • DCS
NOMADES • 1959 • SHT
LOUIS-JOSEPH PAPINEAU, LE DEMI-DIEU • 1961 • SHT
MISANTHROPE, LE • 1964
P'TIT VIENT VITE, LE • 1972

CARRIER RICK – USA
STRANGERS IN THE CITY • 1962

CARRIERE BRUNO – CND – 1953–
LUCIEN BROUILLARD • 1982

CARRIERE JEAN-CLAUDE – Screenwriter – FRN – 1931–
RUPTURE • BREAK, THE • 1961 • SHT
HEUREUX ANNIVERSAIRE • ANNIVERSARY, THE (UKN) ○ HAPPY ANNIVERSARY • 1962 • SHT
PINCE A ONGLES, LA • NAIL CLIPPERS, THE (UKN) ○ NAILCUTTER, THE • 1968 • SHT

CARRIERE MARCEL – CND – 1935–
LUTTE, LA • WRESTLING • 1961 • DCS
RENCONTRES A MITZIC • 1963 • DCS
VILLENEUVE PEINTRE-BARBIER • 1964 • DCS
BOIS-FRANCS • 1966 • DCS
AVEC TAMBOURS ET TROMPETTES • 1967 • DCS
COLOMBIE-BRITANNIQUE ET L'HABITATION, LA • BETTER HOUSING IN B.C. • 1967 • DCS
INDIEN PARLE, L' • 1967 • DOC
EPISODE • 1968 • DOC
SAINT-DENIS DANS LE TEMPS • 1969
HOTEL-CHATEAU • 1970 • DOC
10 MILLES / HEURE • 1970 • DCS
CHEZ NOUS, C'EST CHEZ NOUS • 1973 • DOC
IMAGES DE CHINE • 1973 • DOC
O.K.. LALIBERTE • 1973
GRAND VOYAGE, LE • 1974
PING-PONG • 1974 • DCS
TI-MINE, BERNIE PIS LA GANG • 1976
BATAILLE DE LA CHATEAUGUAY, LA • 1978
DE GRACE ET D'EMBARRAS • 1979

CARRIERE MATHIEU – FRN
FOOL'S MATE • 1989

del CARRIL HUGO – Actor/producer – ARG – 1912–
HISTORIA DEL 1900 • 1949
SURCOS DE SANGRE • 1950
AGUAS BAJAN TURBIAS, LAS • DARK RIVER (USA) ○ MUDDY WATERS RUN DOWN ○ RIVER OF BLOOD, THE • 1951
QUINTRALA, LA • 1955
MAS ALLA DEL OLVIDO • 1956
CITA CON LA VIDA, UNA • 1957
TIERRAS BLANCAS, LAS • 1959
CULPABLE • 1960
ESTA TIERRA ES MIA • 1960
AMORINA • 1961
YO MATE A FACUNDO • I KILLED FACUNDO • 1975

CARROL FRANK G. see **BALDANELLO GIANFRANCO**

CARROLL F. J. – USA
FOR THE FREEDOM OF THE WORLD • 1917

CARROLL FRANK G. see **BALDANELLO GIANFRANCO**

CARROLL GENE – USA
ADVENTUROUS SOUL, THE • ADVENTUROUS SOULS (UKN) • 1927
AIR MAIL PILOT, THE • 1928

CARROLL LARRY – USA
GHOST WARRIOR • SWORDKILL • 1985

CARROLL ROBERT M. – USA
CARROLL ROBERT MARTIN
SONNY BOY • 1988

CARROLL ROBERT MARTIN see **CARROLL ROBERT M.**

CARROLL ZELMA – USA
LASH OF THE PENITENTES, THE • 1936

CARRUANA JORGE – CUB
DREAMING IN THE PARK • 1965 • ANS

CARRUBBA FRANCO – ITL
SENZA TITOLO • 1978

CARRUTH CLYDE – USA
INBAD THE SAILOR • 1924 • SHT
COWBOY KID, THE • 1928

CARRUTH MILTON – USA
LOVE LETTERS OF A STAR • CASE OF THE CONSTANT GOD • 1936
BREEZING HOME • I HATE HORSES • 1937
MAN IN BLUE, THE • 1937
REPORTED MISSING • 1937
SHE'S DANGEROUS • 1937
SOME BLONDES ARE DANGEROUS • BLONDE DYNAMITE • 1937
LADY FIGHTS BACK, THE • 1939

CARRUTHERS ROBIN – UKN
TODAY AND TOMORROW: A STORY OF THE MIDDLE EAST • 1945
PALESTINE • THIS MODERN AGE NO.6 • 1947

CARSE DUNCAN – UKN
GATEWAY TO THE ANTARCTIC • 1955

CARSE SHANNON – USA
FOUR KINDS OF LOVE • 1968
SUBURBAN PAGANS • 1968

CARSON L. M. KIT – USA
AMERICAN DREAMER • 1971

CARSTAIRS JOHN P. see **CARSTAIRS JOHN PADDY**

CARSTAIRS JOHN PADDY – UKN – 1910–1970
CARSTAIRS JOHN P.
PARIS PLANE • 1933
DOUBLE EXPOSURES • ALIBI BREAKER • 1937
HOLIDAY'S END • 1937
MISSING, BELIEVED MARRIED • 1937
NIGHT RIDE • 1937
INCIDENT IN SHANGHAI • 1938
LASSIE FROM LANCASHIRE • 1938
MEET MAXWELL ARCHER • MAXWELL ARCHER, DETECTIVE (USA) • 1939
SAINT IN LONDON, THE • 1939
ALL HANDS • 1940
DANGEROUS COMMENT • 1940
NOW YOU'RE TALKING • 1940
SECOND MR. BUSH, THE • 1940
SPARE A COPPER • 1940
HE FOUND A STAR • 1941
TELEFOOTLERS • 1941
DANCING WITH CRIME • 1947
SLEEPING CAR TO TRIESTE • 1948
CHILTERN HUNDREDS, THE • AMAZING MR. BEECHAM, THE (USA) • 1949
FOOLS RUSH IN • 1949
TONY DRAWS A HORSE • 1950
TALK OF A MILLION • YOU CAN'T BEAT THE IRISH (USA) • 1951
MADE IN HEAVEN • 1952
TREASURE HUNT • 1952
TOP OF THE FORM • 1953
TROUBLE IN STORE • 1953
ONE GOOD TURN • 1954
UP TO HIS NECK • 1954
MAN OF THE MOMENT • 1955
BIG MONEY, THE • 1956
JUMPING FOR JOY • 1956
UP IN THE WORLD • 1956
JUST MY LUCK • 1957
SQUARE PEG, THE • 1958
TOMMY THE TOREADOR • 1959
SANDS OF THE DESERT • 1960
WEEKEND WITH LULU, A • 1961
IM NAMEN DES TEUFELS • DEVIL'S AGENT, THE (UKN) • 1962

CARSTENNSEN CARLO – GRM
TODSPIELER, DER • 1919
11:35 AB HAMBURG • 1919
FREMDE MIT DER TEUFELSFRATZE, DER • 1920

CARTER DANNY – UKN
SAFARI TO SUCCESS • 1960

CARTER DONALD – UKN – 1900–
PRINCE OF PEACE • 1930
HOW TALKIES TALK • 1934
GAP, THE • 1937

CARTER DONALD* – CND
AGRICULTURAL AND INDUSTRIAL GROWTH • 1967 • DCS

CARTER JOHN N. – USA
ZOMBIE ISLAND MASSACRE • 1984

CARTER LINCOLN J. – USA
FLAMING ARROW, THE • 1913

CARTER MONTE – USA
TWO FRESH EGGS • 1930

CARTER PETER – UKN – 1933–1982
DOES ANYBODY HERE KNOW DENNY? • 1969
DAY THEY KILLED THE SNOWMAN, THE • 1970
GOD'S SPARROWS • 1970
IN EXILE • 1970
MERCENARIES, THE • 1970
SALIENT, THE • 1970
STRIKE • 1970
TOKEN GESTURE, A • 1970
ROWDYMAN, THE • 1972
SAM ADAMS • 1974
NEST OF SHADOWS • 1976 • MTV
RITUALS • CREEPER, THE • 1976
HIGH-BALLIN' • HIGH BALLIN' • 1978
MAN CALLED INTREPID, A • 1979 • TVM
COURAGE OF KAVIK, THE WOLF DOG, THE • KAVIK, THE WOLF DOG • 1980 • TVM
HIGHPOINT • 1980
JACK LONDON'S KLONDIKE FEVER • KLONDIKE FEVER • 1980
INTRUDER WITHIN, THE • 1981 • TVM

CARTER ROBERT – UKN
VIEW FROM A PARKED CAR • 1970

CARTER THOMAS – USA
CALL TO GLORY • 1984 • TVM
MIAMI VICE • 1984 • TVM
UNDER THE INFLUENCE • 1986 • TVM

CARTIER-BRESSON see **CARTIER-BRESSON HENRI**

CARTIER-BRESSON HENRI – FRN – 1908–
CARTIER-BRESSON
VIE EST A NOUS, LA • PEOPLE OF FRANCE (USA) • 1936
RETURN TO LIFE • 1938
RETOUR, LE • 1946

CARTIER RUDOLPH – Producer/writer – AUS – 1908–
PASSIONATE SUMMER • STORM IN JAMAICA • 1956
QUATERMASS AND THE PIT • 1957 • MTV
MIDSUMMER NIGHT'S DREAM, A • 1958 • MTV

CARTWRIGHT EARL – USA
WILD, WILD GIRL • WILD GIRL • 1965

CARTWRIGHT J. A. D. – Cameraman – CND – 1907–
CORNISH GIANT • DOC
VIKING LONGSHIP • DOC
WALL OF DEATH, THE • DOC
TOUCHDOWN TO TAKE-OFF • 1953

CARTWRIGHT JUSTIN – UKN
ROSIE DIXON: NIGHT NURSE • 1977

CARUNCHIO CARLO – ITL
D'AMORE SI MUORE • 1972

CARUSO PINO – ITL – 1934–
RIDE BENE CHI RIDE ULTIMO • 1977

de CARVALHO J. P. – BRZ
BONITINHA, MAS ORDINARIA • PRETTY BUT WICKED (USA) • 1963

de CARVALHO NELSON MARCELLINO – BRZ
MEN OF BRAZIL • 1960

CARVANA HUGO – BRZ
VAI TRABALHAR VAGABUNDO! • GO TO WORK, VAGABOND! • 1973
SE SEGURA, MALANDRO! • HOLD ON, SWINDLE! • 1979
BAR ESPERANCA -O ULTIMO QUE FECHA • HOPE BAR -THE LAST TO CLOSE • 1982
AMOR VAGABUNDO • VAGABOND LOVE • 1989

CARVER H. P. – USA
SILENT ENEMY, THE • 1930

CARVER STEVE – USA – 1945–
CARVER STEVEN
SYNDROME • 1968
TELL-TALE HEART, THE • SHT
ARENA, THE • 1974
BIG BAD MAMA • 1974
CAPONE • 1975
DRUM • 1976
FAST CHARLIE.. THE MOONBEAM RIDER • FAST CHARLIE AND THE MOONBEAM • 1979
ANGEL CITY • 1980 • TVM
STEEL • LOOK DOWN AND DIE ○ MEN OF STEEL • 1980
EYE FOR AN EYE, AN • 1981
LONE WOLF MCQUADE • 1982
OCEANS OF FIRE • 1986 • TVM
JOCKS • ROAD TRIP • 1987
BULLETPROOF • 1988
RIVER OF DEATH • RIVER FOR DEATH • 1988
SPLIT LIGHTNING • 1989

CARVER STEVEN see **CARVER STEVE**

CASADIO AGLAUCO – ITL – 1920–
ETTARO DI CIELO, UN • 1959
CINQUE LEONI UN SOLDO • 1961

CASALE NINO – GRM
TAGEBUCH EINER FRUHREIFEN • LOVEPLAY (UKN) • 1972

CASALS MELCHOR – CUB
SULKARY • 1974
PANORAMA • 1975

CASANOVA LUIS MOLINA – PRC
ALLA VIENE EL TEMPORAL • HERE COMES THE HURRICANE • 1988
CUEVAS, CAVERNAS Y UN PARQUE • CAVES, CAVERNS AND A PARK • 1988 • DOC

CASAPINTA FERRUCCIO – ITL
BAMBOLA DI SATANA, LA • 1969

CASARA SEVERINO – ITL
RICHIAMO DELL'ALPE SPLENDENTE, IL • 1947
CAVALIERI DELLA MONTAGNA • 1951
EUROPA DALL'ALTO • MERAVIGLIA DELLE ALPI, LA • 1960 • DOC
GIOVENTU SUL BRENTA • 1961

CASARETTI FRANCESCO – ITL
EAT IT • 1968

CASARIL GUY – FRN – 1933–
ASTRAGALE, L' • 1968
NOVICES, LES • NOVIZIE, LE (ITL) • 1970
PETROLEUSES, LES • LEGEND OF FRENCHIE KING, THE (UKN) ○ PISTOLERE, LE (ITL) ○ PETROLEUM GIRLS • 1971
REMPART DES BEGUINES, LE • AMORI IMPOSSIBILI, GLI (ITL) ○ BEGUINES, THE (UKN) • 1972
PIAF • PIAF -THE EARLY YEARS (USA) ○ SPARROW OF PIGALLE, THE • 1973
EMILIENNE • 1975

CASASUS JOSE E. – CUB
BRUJO DESAPARECIENDO, EL • 1898

CASAUS VICTOR – CUB
PABLO • 1979
COMO LA VIDA MISMA • LIKE LIFE ITSELF • 1985
BAJO PRESION • UNDER PRESSURE • 1989

CASCINO VINCENZO – ITL
CASHINO VINCENT
SETTE DONNE D'ORO CONTRO 2-07 • 1966
SETTE CINESI D'ORO, LE • SEVEN GOLDEN CHINESE, THE • 1967

CASDEN RON – USA
CAMPUS MAN • 1987

CASE DALE – USA
FURTHER ADVENTURES OF UNCLE SAM, THE • 1970 • ANS

de CASEMBROOT JACQUES – BLG – 1903–
LAURETTE OU LE CACHET ROUGE • 1931
DERNIERE NUIT, LA • 1933
ANGE GARDIEN, L' • 1942
TIERCE A COEUR • 1947
COMBOURG, VISAGE DE PIERRE • 1948
LANTERNE DES MORTS, LA • 1949
JOCELYN • 1951

CASERINI MARIO – ITL – 1874–1920
VIAGGIO AL CENTRO DELLA LUNA • VOYAGE TO THE CENTER OF THE MOON • 1905 • SHT
GARIBALDI • 1907
OTELLO • OTHELLO • 1907

AMLETO • HAMLET (USA) • 1908
GIOVANNA D'ARCO • JOAN OF ARC • 1908
MARCO VISCONTI • 1908
ROMEO E GIULIETTA • ROMEO AND JULIET (USA) • 1908
BEATRICE CENCI • 1909
GERLA DI PAPA MARTIN, LA • 1909
INNOMINATO, L' • 1909
TRE MOSCHETTIERI, I • THREE MUSKETEERS, THE (UKN) • 1909
AMLETO • HAMLET • 1910
ANNA GARIBALDI • 1910
CATILINA • 1910
CID, IL • 1910
FEDERICO BARBAROSSA • 1910
GIOVANNI DELLE BANDE NERE • 1910
LUCREZIA BORGIA • 1910
MACBETH • 1910
MESSALINA • 1910
ADULTERA, L' • 1911
ANTIGONE • 1911
JANE GRAY • 1911
MALA PIANTA, LA • 1911
SANTARELLINA • 1911
ULTIMO DEI FRONTIGNAC, L' • 1911
CAVALIERI DI RODI, I • 1912
DANTE E BEATRICE • 1912
INFAMIA ARABA • 1912
MATER DOLOROSA • 1912
MILLE, I • 1912
PARSIFAL • 1912
PILGRIM, THE • 1912
RIBALTA, LA • 1912
SIGFRIDO • SIEGFRIED (USA) • 1912
FLORETTE E PATAPON • 1913
MA L'AMOR • 1913
MIO NON MUORE • 1913
NERONE E AGRIPPINA • 1913
ROMANTICISMO • 1913
SOMNAMBULISMO • 1913
TRENO DEGLI SPETTRI, IL • TRAIN OF THE SPECTERS, THE • 1913
ULTIMI GIORNI DI POMPEI, GLI • LAST DAYS OF POMPEII, THE (USA) ○ PRIEST OF ISIS, THE • 1913
GORGONA, LA • 1914
PANTOMIMA DELLA MORTE, LA • 1915
DIVETTA DEL REGIMENTO, LA • 1916
MASCHERA DI MISTERO • MASK OF MYSTERY • 1916
VITA E MORTE • 1916
VITTIMA DELL'AMORE, LA • 1916
AMOR CHE UCCIDE • 1917
CAPITAN FRACASSA • 1917
DRAMMA DI UNA NOTTE, IL • 1917
RESURREZIONE • RESURRECTION • 1917
VIA PIU LUNGA, LA • 1917
FILO DELLA VITA, IL • 1918
NOTTE A CALCUTTA, UNA • 1918
PRIMEROSE • 1918
SIGNORA ARLECCHINO, LA • MADAMA ARLECCHINO • 1918
ANIMA TORMENTATA • 1919
IMPREVISTO, L' • 1919
MIRACOLO, IL • 1919
MUSICA PROFANA • 1919
ROMANZO DI UNA VESPA • 1919
TRAGEDIA SENZA LACRIME • 1919
FIOR D'AMORE • 1920
MODELLA, LA • 1920
SORELLA • 1920
VOCE DEL CUORE, LA • 1920

CASEY THOMAS – USA

AUNT MARTHA
SOMETIMES AUNT MARTHA DOES DREADFUL THINGS • SOMETIMES AUNT MARTHA DOES TERRIBLE THINGS • 1971

CASHINO VINCENT see **CASCINO VINCENZO**

CASILLAS JAIME – MXC

CHICANO • 1975
MONJE, EL • 1984

CASINI STAFANIA – ITL

LONTANO DA DOVE • 1984

CASLOR BRAD – CND

GET A JOB • 1987 • ANS

CASORATI GEORGE S. – ITL

SUNSHINE ON THE SKIN • SUMMER AFFAIR • 1979

CASPARIUS HANS G. – UKN

RETURN FROM THE SUN • 1956 • SHT
SIMPSON AND GODLEE STORY, THE • 1956 • SHT
RIVER SPEAKS, A • 1957 • SHT
DRUMS • 1961
SOMETHING TO THINK ABOUT • 1962

CASS DAVID – USA

ENTER THE DEVIL • DISCIPLES OF DEATH • 1975

CASS HENRY – UKN – 1902–

LANCASHIRE LUCK • 1937
H.M.S. MINELAYER • 1941 • DOC
ASK THE C.A.B. • 1942 • DCS
FREE HOUSE • 1942 • DCS
COMMON CAUSE • 1943 • DCS
DANGER AREA • 1943 • DCS
CATHOLICS IN BRITAIN • 1944 • DCS
JIGSAW • 1944 • DCS
GREAT GAME, THE • 1945 • DCS
MACBETH • 1945
29 ACACIA AVENUE • FACTS OF LOVE, THE (USA) ○ FACTS OF LIFE, THE • 1945
GLASS MOUNTAIN, THE • MONTAGNA DI CRISTALLO, LA (ITL) • 1949
LAST HOLIDAY • 1950
NO PLACE FOR JENNIFER • 1950
YOUNG WIVES' TALES • 1951
CASTLE IN THE AIR • 1952
FATHER'S DOING FINE • 1952
NO SMOKING • 1955
RELUCTANT BRIDE, THE • TWO GROOMS FOR A BRIDE (USA) • 1955
WINDFALL • 1955
BOND OF FEAR • 1956
BREAKAWAY • 1956
HIGH TERRACE, THE • 1956
BOOBY TRACK • 1957
CROOKED SKY, THE • 1957
PROFESSOR JIM • 1957
BLOOD OF THE VAMPIRE • 1958
BOYD'S SHOP • 1960
HAND, THE • 1960
MAN WHO COULDN'T WALK, THE • 1960
MR. BROWN COMES DOWN THE HILL • 1966
GIVE A DOG A BONE • 1967
HAPPY DEATHDAY • 1969

CASSADO ALFREDO – SPN

CASSATAS ALFRED

GUERRA SUCIA • DIRTY WAR • 1984

CASSAGNE JEAN – FRN

DERNIERE BERCEUSE, LA • CHANSON DE L'AMOUR, LA ○ SILENCE • 1930

CASSANO RICCARDO – ITL

QUANDO ERAVAMO MUTI • 1933

CASSARINO THOMAS – USA

HIDEOUS SUN DEMON, THE • BLOOD ON HIS LIPS (UKN) ○ TERROR FROM THE SUN ○ SUN DEMON, THE • 1959

CASSATAS ALFRED see **CASSADO ALFREDO**

CASSAVETES JOHN – Actor/writer – USA – 1929–1989

SHADOWS • 1959
TOO LATE BLUES • 1962
CHILD IS WAITING, A • 1963
FACES • 1968
HUSBANDS • 1970
MINNIE AND MOSKOWITZ • 1971
WOMAN UNDER THE INFLUENCE, A • 1974
KILLING OF A CHINESE BOOKIE, THE • 1976
OPENING NIGHT • 1978
GLORIA • 1980
LOVE STREAMS • 1983
BIG TROUBLE • 1985

CASSELL RICHARD L. – USA

NOW YOU SEE IT • 1948 • SHT

CASSENDO FRANK – FRN

HISTOIRE DU FUTUR ANTERIEUR • STORY OF PREVIOUS FUTURE • 1969 • SHT

CASSENTI FRANCK see **CASSENTI FRANK**

CASSENTI FRANK – MRC – 1945–

CASSENTI FRANCK

SALUT, VOLEURS! • 1973
AFFICHE ROUGE, L' • RED POSTER, THE • 1977
CHANSON DE ROLAND, LA • 1979
AINAMA • CINEMA-SALSA POUR GOLDMAN ○ SALSA POUR GOLDMAN • 1980
ARCHIE SHEPP: JE SUIS JAZZ.. C'EST MA VIE • 1984
LETTRES A MICHEL PETRUCCIANI • 1984
MYSTERY, MISTER RA • 1984

CASSERINI PIERO – ITL

REDENZIONE • 1952

CASSIDY RICHARD – USA

CRAZED • 1982

CASSON BARRY – UKN – 1942–

AMBULANCE • 1975 • DOC
FLAGPOLE • 1977 • DOC
CRYSTAL GARDEN • 1980 • DOC
LOST IN THE WOODS • 1982 • DOC
MAKING IT HAPPEN • 1985 • DOC

CASSON PHILIP – UKN – 1928–

BLUES AND GOSPEL TRAIN • 1964
ELLA • 1964

CASSTNER GUY – GRM

BADEMEISTER REPORT • HOT AND SEXY (UKN) • 1974

CASSUTO DOMINIQUE – VNZ

TIZNAO • 1982

CASTAGNOLI JOE – USA

BACHELOR TOM PEEPING • BACHELOR TOM AND HIS BIKINI PLAYMATES ○ BIKINI PLAYMATES • 1962

CASTANEDO R. – MXC

ESTUDIOS PARA UN RETRATO • 1978 • SHT

CASTANET ALAIN – FRN – 1944–

CONCERTO L. • 1967

CASTANIER JEAN – FRN – 1917–

HOMME QUI REVIENT DE LOIN, L' • MAN WHO RETURNED FROM AFAR, THE • 1949

CASTANO PATRICIA – CLM

LEY DEL MONTE, LA • LAW OF THE JUNGLE • 1989 • DOC

CASTELLACCI MARIO – ITL

REMO E ROMOLO (STORIA DI DUE FIGLI DI UNA LUPA) • 1976
NERONE • 1977

CASTELLANI LEANDRO – ITL

DON BOSCO • 1988

CASTELLANI MASSIMO – ITL

DOLCE FEBBRE AZZURRA, LA • 1970
SORRISO DEL RAGNO, IL • 1971

CASTELLANI RENATO – ITL – 1913–1985

COLPO DI PISTOLA, UN • 1942
ZAZA • 1942
DONNA DELLA MONTAGNA, LA • WOMAN FROM THE MOUNTAIN, THE ○ OMBRA DELLA MONTAGNA, L' • 1943
MIO FIGLIO PROFESSORE • MY SON, THE PROFESSOR ○ PROFESSOR, MY SON (USA) • 1946
SOTTO IL SOLE DI ROMA • UNDER THE SUN OF ROME (USA) • 1948
E PRIMAVERA • IT'S FOREVER SPRINGTIME (USA) ○ SPRINGTIME IN ITALY ○ SPRINGTIME • 1949
DUE SOLDI DI SPERANZA • TWO CENTS WORTH OF HOPE (USA) ○ TWO PENNYWORTH OF HOPE ○ TWO PENNIES OF HOPE • 1951
GIULIETTA E ROMEO • ROMEO AND JULIET (UKN) • 1954
SOGNI NEL CASSETTO, I • DREAMS IN THE DRAWER • 1957
NELLA CITTA L'INFERNO • AND THE WILD, WILD WOMEN (USA) ○ ENFER DANS LA VILLE, L' (FRN) ○ HELL IN TOWN ○ CAGED • 1958
BRIGANTE, IL • BRIGAND, THE • 1961
MARE MATTO • MER A BOIRE, LA (FRN) ○ MAD SEA • 1963
CONTROSESSO • 1964
TRE NOTTI D'AMORE • THREE NIGHTS OF LOVE (USA) • 1964
SOTTO IL CIELO STELLATO • 1966
QUESTI FANTASMI • GHOSTS -ITALIAN STYLE ○ THREE GHOSTS ○ THESE GHOSTS • 1967
BREVE STAGIONE, UNA • BRIEF SEASON, A • 1969
LEONARDO DA VINCI • 1972 • MTV

de CASTELLANNE HENRI – FRN

MINOUCHE, FILLETTE INSATIABLE • 1980

CASTELLANO – ITL

CASTELLANO FRANCO

MARZIANI HANNO DODICI MANI, I • LLEGARON LOS MARCIANOS (SPN) ○ SIAMO QUATTRO MARZIANI ○ TWELVE HANDED MEN OF MARS, THE ○ MARTIANS ARRIVED, THE ○ MARTIANS HAVE TWELVE HANDS • 1964
ZIO ADOLFO IN ARTE FUHRER • 1978
MANO DI VELLUTO • VELVET HANDS • 1979
SABATO, DOMENICA E VENERDI • 1979
ASSO • 1981
BISBETICO DOMATO, IL • 1981
INNAMORATO PAZZO • 1982
ATTILA FLAGELLO DI DIO • ATTILA THE SCOURGE OF GOD • 1983
GRAND HOTEL EXCELSIOR • 1983
SEGNI PARTICOLARI: BELLISSIMO • IDENTIFYING FEATURES: VERY HANDSOME • 1984
E' ARRIVATO MIO FRATELLO • MY BROTHER HAS COME • 1985
BURBERO, IL • GRUMP, THE • 1987
GRANDI MAGAZZINI • BIG STORE • 1987
SCUOLA DI LADRI • SCHOOL FOR THIEVES • 1987

CASTELLANO FRANCO see **CASTELLANO**

CASTELLARI E. G. see **CASTELLARI ENZO G.**

CASTELLARI ENZO see **CASTELLARI ENZO G.**

CASTELLARI ENZO G. – ITL

CASTELLARI ENZO GIROLAMI • CASTELLARI ENZO • CASTELLARI E. G. • ROWLAND E. G.

SETTE WINCHESTER PER UN MASSACRO • SEVEN WINCHESTERS FOR A MASSACRE ○ PAYMENT IN BLOOD (USA) ○ FINAL DEFEAT, THE • 1967
VADO.. L'AMMAZZO E TORNO • FOR A FEW BULLETS MORE (USA) ○ ANY GUN CAN PLAY (USA) ○ I'LL GO.. I'LL KILL HIM AND COME BACK • 1967
DJANGO -DIE TOTENGRABER WARTEN SCHON • 1968
QUELLA SPORCA STORIA DEL WEST • THAT DIRTY STORY OF THE WEST ○ JOHNNY HAMLET • 1968
VADO, VEDO E SPARA • TRE CHE SCONVOLSERO IL WEST ○ THREE WHO UPSET THE WEST ○ I GO, I SEE AND SHOOT • 1968
AMMAZZALI TUTTI E TORNA SOLO • KILL THEM ALL AND COME BACK ALONE (USA) ○ MATALOS Y VUELVE (SPN) • 1969
BATTAGLIA D'INGHILTERRA, LA • BATTAGLIA SOBRE BRITANA, LA (USA) ○ LARGO DIA DEL AGUILA, EL (SPN) ○ BATTLE SQUADRON (UKN) ○ BATTLE COMMAND ○ BATTLE OF THE EAGLES ○ EAGLES OVER LONDON ○ EAGLES OVER BRITAIN • 1969
OCCHI FREDDI DELLA PAURA, GLI • FRIOS OJOS DEL MIEDO, LOS (SPN) ○ COLD EYES OF FEAR, THE • 1971
ETTORE LO FUSTO • RAPTO DE ELENA, LA DELENTE ITALIANA, EL ○ HECTOR LE FORTICHE ○ HECTOR THE MIGHTY ○ PROXENETES, LES • 1972
TEDEUM • CON MEN, THE (UKN) ○ STING OF THE WEST, THE • 1972
POLIZIA INCRIMINA, LA LEGGE ASSOLVE, LA • HIGH CRIME (USA) • 1973
CITTADINO SI RIBELLA, IL • CITIZEN REBELS, THE (USA) ○ ANONYMOUS AVENGER • 1974
CIPOLLA COLT • CRY ONION (UKN) • 1975
AVVENTURE E GLI AMORI DI SCARAMOUCHE, LE • LOVES AND TIMES OF SCARAMOUCHE, THE (USA) ○ SCARAMOUCHE • 1976
GRANDE RACKET, IL • 1976
KEOMA • VIOLENT BREED, THE (UKN) • 1976
VIA DELLA DROGA, LA • 1977
QUEL MALEDETTO TRENO BLINDATO • INGLORIOUS BASTARDS, THE ○ COUNTERFEIT COMMANDOS • 1978
CACCIATORE DE SQUALI, IL • SHARK HUNTER, THE • 1979
COBRA • DAY OF THE COBRA • 1980
MANAOS • 1980
GREAT WHITE • 1982
1990: I GUERRIERI DEL BRONX • 1990: THE BRONX WARRIORS (USA) ○ BRONX WARRIORS • 1982
NUOVI BARBARI, I • WARRIORS OF THE WASTELAND (USA) ○ NEW BARBARIANS, THE • 1983
FUGA DAL BRONX • BRONX WARRIORS 2: THE BATTLE OF MANHATTAN ○ ESCAPE FROM THE BRONX (USA) • 1984
MARSEILLES CONNECTION, THE • 1984
SHARK HUNTER, THE • 1984
TUAREG IL GUERRIERO DEL DESERTO • TAUREG THE DESERT WARRIOR ○ DESERT WARRIOR • 1984
COLPI DI LUCE • LIGHT BLAST ○ RAY OF LIGHT • 1985
SINBAD OF THE SEVEN SEAS • 1987
STRIKER • 1988

CASTELLARI ENZO GIROLAMI see **CASTELLARI ENZO G.**

CASTELLET ANTONIO – VNZ
BESTIA, LA • BEAST, THE • 1978

CASTELLO AMARO – SPN
RINOCERONTE, EL • RHINOCEROS, THE • 1971 • ANS

CASTELLON ALFREDO – SPN – 1930–
NACE UN SALTA DE AGUA • 1954 • SHT
BAILES DE GALICIA • 1960 • SHT
SONATA GALLEGO • 1960 • SHT
VELAZQUEZ Y SU EPOCA • 1962 • SHT
INUTILES, LOS • 1963 • SHT
PALETA DE VELAZQUEZ, LA • 1963 • SHT
PLATERO Y YO • SILVERSMITH AND I, THE • 1968

CASTELLVI JOSE MARIA – SPN
CUARENTA Y OCHO HORAS • FORTY-EIGHT HOURS • 1942

CASTIGLIONI ALFREDO – ITL
AFRICA SEGRETA • SECRET AFRICA • 1969 • DOC
AFRICA AMA • 1971 • DOC
MAGIA NUDA • 1975
ADDIO ULTIMO UOMO • 1979

CASTIGLIONI ANGELO – ITL
AFRICA SEGRETA • SECRET AFRICA • 1969 • DOC
AFRICA AMA • 1971 • DOC
MAGIA NUDA • 1975
ADDIO ULTIMO UOMO • 1979

CASTILLA ENRIQUE – MXC
JUAN SOLDADO • 1919
DON JUAN MANUEL • 1920
SENOR ALCALDE, EL • 1922

CASTILLA SERGIO – CUB
PRESOS DESAPARECIDOS • DISAPPEARED PRISONERS ○ DISAPPEARED, THE • 1979

CASTILLO A. RUIZ see **RUIZ-CASTILLO ARTURO**

CASTILLO CELSO AD. – PHL
BARAKO • HE-MAN • 1967
KAPWA WALANG PANGINOON • BOTH WITH NO MASTERS • 1968
BURLESK QUEEN • BURLESQUE QUEEN • 1977
PAGPUTI NG UWAK, PAGATIM NG TAGAK • WHEN THE CROW TURNS WHITE AND THE HERON TURNS BLACK • 1978
PARADISE INN • 1985

CASTILLO FELIPE CASTILLO see **GREGORIO CASTILLO FELIPE**

CASTILLO LUIS – BLV
GLORIA DE LA RAZA, LA • GLORY OF THE RACE, THE • 1925

CASTILLO NARDO – CND
GUNRUNNER, THE • 1984
ST. LOUIS SQUARE • 1984
CLAIRE.. CETTE NUIT ET DEMAIN • 1986

CASTILLO RUIZ – SPN
CERCO DEL DIABLO, EL • 1950

CASTILLO SCOTT JR. – USA
SATAN'S BLADE • 1984

CASTILLO TONY AD. JR. – PHL
DIRTY-FACE MAX • 1968

CASTLE J. W. see **CASTLE JAMES W.**

CASTLE JAMES W. – USA
CASTLE J. W.
CHRISTMAS STORY, A • 1913
CURE, THE • 1913
HOMESPUN TRAGEDY, A • 1913
MRS. UPTON'S DEVICE • 1913
TWO ARISTOCRATIC PENITENTS • 1913
CHIP OFF THE OLD BLOCK, A • 1915
HER VOCATION • 1915
HIS PEASANT PRINCESS • 1915
JOEY AND HIS TROMBONE • 1915
PEST OF THE NEIGHBORHOOD, THE • 1915
PIPE DREAM, A • 1915
SECRET OF THE CELLAR, THE • 1915
STRUGGLE UPWARD, THE • 1915
TERRIBLE TRUNK, THE • 1915
TEST, THE • 1915
WAS IT HER DUTY? • 1915

CASTLE NICK – USA
CASTLE NICK JR.
T.A.G., THE ASSASSINATION GAME • TAG ○ KISS ME, KILL ME • 1982
LAST STARFIGHTER, THE • 1984
BOY WHO COULD FLY, THE • 1986
TAP • 1989

CASTLE NICK JR. see **CASTLE NICK**

CASTLE WILLIAM – Producer – USA – 1914–1977
CHANCE OF A LIFETIME, THE • 1943
KLONDIKE KATE • 1943
MR. SMUG • 1943 • SHT
MARK OF THE WHISTLER • MARKED MAN, THE (UKN) • 1944
SHE'S A SOLDIER TOO • 1944
WHEN STRANGERS MARRY • BETRAYED • 1944
WHISTLER, THE • 1944
CRIME DOCTOR'S WARNING • DOCTOR'S WARNING, THE (UKN) • 1945
CRIME DOCTOR'S MAN HUNT • 1946
JUST BEFORE DAWN • EXPOSED BY THE CRIME DOCTOR • 1946
MYSTERIOUS INTRUDER, THE • MURDER IS UNPREDICTABLE • 1946
RETURN OF RUSTY, THE • 1946
VOICE OF THE WHISTLER • 1946
CRIME DOCTOR'S GAMBLE • DOCTOR'S GAMBLE, THE (UKN) • 1947
GENTLEMAN FROM NOWHERE, THE • 1948
TEXAS, BROOKLYN AND HEAVEN • GIRL FROM TEXAS, THE (UKN) • 1948
JOHNNY STOOL PIGEON • 1949
UNDERTOW • BIG FRAME, THE • 1949
IT'S A SMALL WORLD • 1950
CAVE OF OUTLAWS • CAVE, THE • 1951
FAT MAN, THE • 1951
HOLLYWOOD STORY • 1951
CHARGE OF THE LANCERS • 1953
CONQUEST OF COCHISE • 1953
FORT TI • 1953
SERPENT OF THE NILE • 1953
SLAVES OF BABYLON • 1953
BATTLE OF ROGUE RIVER • 1954
DRUMS OF TAHITI • 1954
IRON GLOVE, THE • KISS AND THE SWORD, THE • 1954
JESSE JAMES VS. THE DALTONS • 1954
LAW VS. BILLY THE KID, THE • 1954
MASTERSON OF KANSAS • 1954
SARACEN BLADE, THE • 1954
AMERICANO, THE • 1955
DUEL ON THE MISSISSIPPI • 1955
GUN THAT WON THE WEST, THE • 1955
NEW ORLEANS UNCENSORED • RIOT ON PIER SIX (UKN) • 1955
HOUSTON STORY, THE • 1956
URANIUM BOOM • 1956
HOUSE ON HAUNTED HILL • 1958
MACABRE • 1958
TINGLER, THE • 1959
THIRTEEN GHOSTS • 13 GHOSTS • 1960
HOMICIDAL • 1961
MR. SARDONICUS • SARDONICUS • 1961
ZOTZ! • 1962
OLD DARK HOUSE, THE • 1963
THIRTEEN FRIGHTENED GIRLS • CANDY WEB, THE ○ 13 FRIGHTENED GIRLS • 1963
NIGHT WALKER, THE • 1964
STRAIT-JACKET • 1964
I SAW WHAT YOU DID • 1965
LET'S KILL UNCLE • 1966
BUSY BODY, THE • 1967
SPIRIT IS WILLING, THE • 1967
PROJECT X • 1968
SHANKS • SHOCK • 1974

CASTLEMAN WILLIAM ALLEN – USA
BUMMER • SADIST, THE • 1973
JOHNNY FIRECLOUD • 1975

CASTON HOITE C. – USA
DIRT BIKE KID, THE • 1986

CASTRAVELLI CLAUDE – CND
UP URANUS! • 1971
ANOMIE • 1973
ANTOINE ET SES ANGES • 1981
DEAD RINGER • 1982

CASTRO ALBERTO GIRALDO – CLM
TARDE.. UN LUNES, UNA • ON A MONDAY AFTERNOON • 1973
DALE DURO CAYETANO • 1976 • DOC
YO PEDALEO, TU PEDALEAS • 1976 • DOC

de CASTRO EDUARDO – PHL
PAGODA

CASTRO EMMANUELLE – FRN
PEUPLE ET SES FUSILS, LE • PEOPLE AND THEIR GUNS, THE (USA) • 1970 • DOC

CASTRO JUAN CARLOS RODRIGUEZ – URG
VENANCIO FLOREZ • 1982

de CASTRO PEDRO JORGE – BRZ
TIGIPIO • 1986

de CASTRO PIO – PHL
SOLTERO • 1985

CATAH SAM S. – USA
I WANT YOU! • 1969
GIGI GOES TO POT • GIGI GOES TO BAT • 1970

CATALAN FELICIANO – SPN – 1905–
SALOME • 1940
INTRIGA EN EL ESCENARIO • 1953
EN LA FRONTERA DE LA MUERTE • 1954
TRES HOMBRES VAN A MORIR • 1954
PRECIO DE LA SANGRE, EL • 1959
CUATRO BODAS Y PICO • 1962

CATALANOTTO JOE see **CATALANOTTO JOSEPH**

CATALANOTTO JOSEPH – USA
CATALANOTTO JOE
FRENCH QUARTER UNDERCOVER • 1985
TERROR IN THE SWAMP • NUTRIA MAN • 1985

CATELAIN JACQUES – FRN – 1897–1965
CATELAIN JAQUE
MARCHAND DE PLAISIR, LE • 1923
GALERIE DES MONSTRES, LA • GALLERY OF MONSTERS, THE • 1924

CATELAIN JAQUE see **CATELAIN JACQUES**

CATENYS – FRN
DES HOMMES.. UNE DOCTRINE • 1960 • SHT

CATES GILBERT – USA – 1934–
RINGS AROUND THE WORLD • 1966 • DOC
I NEVER SANG FOR MY FATHER • STRANGERS • 1970
TO ALL MY FRIENDS ON SHORE • 1971 • TVM
AFFAIR, THE • 1972 • TVM
SUMMER WISHES, WINTER DREAMS • CARNIVAL ○ DEATH OF A SNOWQUEEN ○ SOUVENIR • 1973
DRAGONFLY • ONE SUMMER LOVE • 1976
JOHNNY, WE HARDLY KNEW YE • 1977 • TVM
PROMISE, THE • FACE OF A STRANGER • 1979
LAST MARRIED COUPLE IN AMERICA, THE • 1980
OH GOD! BOOK II • 1980
COUNTRY GOLD • 1982 • TVM
GOLDILOCKS AND THE THREE BEARS • GOLDILOCKS • 1982 • MTV
RAPUNZEL • 1982 • MTV
HOBSON'S CHOICE • 1983 • TVM
BURNING RAGE • 1984 • TVM
CONSENTING ADULTS • 1985 • TVM
CHILD'S CRY • 1986 • TVM
BACKFIRE • 1987

CATES JOSEPH – USA – 1924–
GIRL OF THE NIGHT • 1960
WHO KILLED TEDDY BEAR? • 1965
FAT SPY, THE • 1966

CATHLES RALPH – UKN
CROSSROAD DRILL • 1947

CATLING DARRELL – UKN – 1909–
ENERGY • DCS
ENGLISH VILLAGE • DCS
INTO THE BLUE • DCS
LOWLAND VILLAGE • DCS
MAGIC TOUCH, THE • DCS
MAKING OF WEDGWOOD, THE • DCS
MODERN STEELCRAFT • DCS
MORNING PAPER • DCS
PEEP IN THE DARK, A • DCS
COLOUR IN CLAY • 1942 • DCS
BITS OF OUR AIRCRAFT ARE MISSING • 1943
TOM'S RIDE • 1944
TROUBLE AT TOWNSEND • 1946
DUSTY BATES • 1947 • SRL
UNDER THE FROZEN FALLS • 1948
MAGIC MARBLE, THE • 1951 • SHT
MARBLE RETURNS, THE • 1951
CASE OF THE OLD ROPE MAN, THE • 1952
CAT GANG, THE • 1959

CATO DON – USA
DIXIE LANES • INDIAN SUMMER ○ RELATIVE SECRETS • 1988

CATON-JONES MICHAEL – UKN
MEMPHIS BELLE • 1989
SCANDAL • 1989

CATRANI CATRANO – ITL – 1910–
CATAMARCA LA TIERRA DE LA VIRGEN DEL VALLE • 1941 • DOC
EN EL ULTIMO PISO • 1942
LLEGO LA NINA RAMONA • 1945
HIJOS DEL OTRO, LOS • 1947
SECRETOS DEL BUZON, LOS • 1948
LEJOS DEL CIELO • 1950
COMEDIA IMMORTAL, LA • 1951
MUJERES EN SOMBRAS • 1951
CODICIA • 1955
ALTO PARANO • 1958
FUSILACION • EXECUTION, THE • 1962
TACUARA Y CHAMORRO, PICHONES DE HOMBRES • TACUARA AND CHAMORRO D. • 1967

CATTANEO TONY – UKN
FAIRY STORY • 1968

CATTANO PETER – UKN
DEAR ROSIE • 1990

CATTARINICH MIMMO – ITL
PICCOLE LABBRA • 1979

CAULFIELD MICHAEL – Actor/ composer – ASL – 1949–
FIGHTING BACK • 1982
DANGER MEN • 1983 • DOC
SECRET DISCOVERY OF AUSTRALIA, THE • 1983 • DOC
MASTER ILLUSIONIST, THE • LAWRENCE OF ARABIA -THE MASTER ILLUSIONIST • 1984 • DOC
GALLAGHER'S TRAVELS • 1986

CAULFIELD PAUL – CND – 1950–
PATH OF HIS OWN, A • 1979 • MTV
MARGARET LAURENCE • 1985 • DOC
ORDINARY BATH, THE • 1985 • DOC

CAUNTER JULIAN – UKN
COME SATURDAY • 1949

CAUVIN ANDRE – BLG – 1907–
HANS MEMLING • 1938
VAN EYCK • 1938
CONGO, TERRE D'EAUX VIVES • 1939
NOS SOLDATS D'AFRIQUE • 1939
CONGO • 1944
EQUATEUR AUX CENT VISAGES, L' • BLACK SHADOWS • 1948
BONGOLO • 1952
BWANA KIKOTO • 1955
MONGANGA • 1957
CHANSON DU VOYAGEUR, LA • 1958
AGADIR, MINUIT MOINS LE QUART • 1959
ILE DE PAIX, L' • 1969
JOURNEE A L'UNIVERSITE DE PAIX, UNE • 1969

CAVADINI ALESSANDRO – Animator – ITL – 1943–
GREATEST ADVERTISING CAMPAIGN THIS COUNTRY HAS EVER KNOWN • 1976 • DOC

CAVADINI FABIO – ITL – 1946–
PIPI STORM • 1973 • DOC
GREATEST ADVERTISING CAMPAIGN THIS COUNTRY HAS EVER KNOWN • 1976 • DOC
OTHER SIDE OF THE COIN, THE • 1978 • DOC

CAVAGNAC GUY – FRN – 1934–
SOLDAT LAFORET, LE • 1970

CAVALCANTI see **CAVALCANTI ALBERTO**

CAVALCANTI ALBERTO – BRZ – 1897–1982
CAVALCANTI
TRAIN SANS YEUX, LE • 1925
RIEN QUE DES HEURES • 1926
EN RADE • SEA FEVER (USA) • 1927
JALOUSIE DU BARBOUILLE, LA • JEALOUSY OF THE SCRIBBLER, THE • 1927
P'TITE LILIE, LA • PETITE LILIE, LA • 1927
YVETTE • 1927
PETIT CHAPERON ROUGE, LE • LITTLE RED RIDING HOOD (USA) • 1928

CAPITAINE FRACASSE, LE • 1929
VOUS VERREZ LA SEMAINE PROCHRAINE • 1929
A MI-CHEMIN DU CIEL • 1930
CANCAO DO BERCO, A • 1930
DANS UNE ILE PERDUE • 1930
TOUTE SA VIE • APPEL DU COEUR, L' • 1930
VACANCES DU DIABLE, LES • 1930
EN LISANT LE JOURNAL • 1932
JOUR DU FROTTEUR, LE • 1932
NOUS NE FERONS JAMAIS LE CINEMA • 1932 • DOC
REVUE MONTMARTROISE • 1932
TOUR DE CHANT • 1932
TRUC DU BRESILIEN, LE • 1932
CORALIE ET CIE • 1933
MARI GARCON, LE • GARCON DIVORCE, LE • 1933
PLAISIRS DEFENDUS • 1933
GLORIOUS SIXTH OF JUNE • 1934
NEW RATES • 1934
PETT AND POTT • 1934 • DCS
S.O.S. RADIO SERVICE • 1934 • DOC
COALFACE • COAL FACE • 1935 • DOC
MESSAGE FROM GENEVA • 1936 • DOC
FOUR BARRIERS • 1937 • DCS
LINE TO TCHERVA HUT, THE • LINE TO THE TSCHIERVA-HUT, THE ○ LINE TO TSCHIERA, THE • 1937 • DOC
WE LIVE IN TWO WORLDS • 1937 • DOC
WHO WRITES TO SWITZERLAND • 1937 • DOC
CHILTERN COUNTRY, THE • 1938 • DCS
ALICE IN SWITZERLAND • 1939 • SHT
MEN OF THE ALPS • 1939 • DOC
MIDSUMMER DAY'S WORK • 1939 • DOC
WARNING, THE • 1939 • DOC
CAUSE COMMUNE, LA • FACTORY FRONT • 1940 • DOC
MASTERY OF THE SEA • 1941 • DCS
YELLOW CAESAR, THE • HEEL OF ITALY, THE • 1941 • DOC
YOUNG VETERAN • 1941 • DCS
FILM AND REALITY • 1942 • CMP
WENT THE DAY WELL • 48 HOURS (USA) • 1942
WATERTIGHT • SHIP SAFETY • 1943
CHAMPAGNE CHARLIE • 1944
TROIS CHANSONS DE LA RESISTANCE • TROIS CHANTS POUR LA FRANCE • 1944 • SHT
DEAD OF NIGHT • 1945
THEY MADE ME A FUGITIVE • I BECAME A CRIMINAL (USA) ○ THEY MADE ME A CRIMINAL • 1947
FIRST GENTLEMAN, THE • AFFAIRS OF A ROGUE (USA) • 1948
NICHOLAS NICKLEBY • LIFE AND ADVENTURES OF NICHOLAS NICKLEBY, THE • 1948
FOR THEM THAT TRESPASS • 1949
CAICARA • LOAFER • 1950
SIMAO O CAOLHO • SIMON THE ONE-EYED (USA) • 1952
CANTO DO MAR, O • SONG OF THE SEA • 1954
MULHER DE VERDADE • REAL WOMAN, A (USA) • 1954
HERR PUNTILA UND SEIN KNECHT MATTI • MR. PUNTILA AND HIS VALET MATTI ○ PUNTILA ○ HERR PUNTILA AND HIS SERVANT MATTI • 1955
WINDROSE, DIE • WIND ROSE, THE ○ LEBEN DER FRAUEN, DAS • 1956
CARPATHIAN CASTLE, THE • CASTLE IN THE CARPATHIANS (USA) • 1957
PRIMA NOTTE, LA • NOCES VENITIENNES, LES (FRN) • 1959
MONSTER OF HIGHGATE PONDS, THE • 1961
YERMA • 1962
THUS SPAKE THEODOR HERZL • STORY OF ISRAEL, THE ○ HERZL • 1967 • DOC

CAVALCANTI IBERE – BRZ

VIRGEM PROMETIDA, A • VIRGIN FIANCEE, THE • 1968
SONHO DE VAMPIROS, UM • VAMPIRE'S DREAM, A • 1970
FORCA DE XANGO, A • FORCE OF XANGO, THE • 1980

CAVALCANTI LINA see **CHEVALIER PIERRE**

CAVALIER ALAIN – FRN – 1931–

COMBAT DANS L'ILE, LE • FIRE AND ICE (USA) • 1962
INSOUMIS, L' • 1964
MISE A SAC • NOTTE PER 5 RAPINE, UNA (ITL) ○ TORN TO BITS • 1967
CHAMADE, LA • HEARTBEAT • 1968
PLEIN DE SUPER, LE • 1976
MARTIN ET LEA • 1978
CE REPONDEUR NE PREND PAS DE MESSAGES • 1979
ETRANGE VOYAGE, UN • 1981
THERESE • 1986

CAVALIER JEAN-LOUIS – FRN

BLUES, BLANC, ROUGE • 1976 • DOC

CAVALLEIRO ELISEO VISCONTI – BRZ

PARATI • 1968

CAVALLINA PAOLO – ITL

GERMANIA, SETTE DONNE A TESTA • 1970

CAVALLONE ALBERTO – ITL

SALAMANDRE, LE • 1969
DAL NOSTRO INVIATO A COPENHAGEN • 1970
AFRIKA • 1974
QUICKLY • SPARI E BACI A COLAZIONE • 1974
ZELDA • 1974
SCAVA IN FONDO ALL'AMORE • 1976
SPELL • DOLCE MATTATOIO • 1977
UOMO, LA DONNA E LA BESTIA, L' • 1977
BLUE MOVIE • 1978

CAVANAUGH JOHN – USA

DRAGON'S CLAW, THE • SHT

CAVANAUGH WILLIAM H. – CND

EVANGELINE • 1913

CAVANDOLI OSVALDO – ITL

LINEA, LA • LINE, THE • 1971 • SHT

CAVANI LILIANA – ITL – 1936–

FRANCESCO D'ASSISI • FRANCESCO DI ASSISI ○ FRANCIS OF ASSISI • 1966 • MTV
GALILEO • 1968
CANNIBALI, I • YEAR OF THE CANNIBALS, THE (USA) ○ CANNIBALS AMONG US, THE ○ CANNIBALS, THE • 1970
OSPITE, L' • AUCUNE INTIMITE LICITE.. ○ GUEST, THE • 1971
MILAREPA • 1974
PORTIERE DI NOTTE, IL • NIGHT PORTER, THE (UKN) • 1974
OLTRE IL BENE E IL MALE • BEYOND GOOD AND EVIL (UKN) ○ AU-DELA DU BIEN ET DU MAL ○ AL DI LA DEL BENE E DEL MALE ○ SEEDS OF EVIL ○ BEYOND EVIL ○ JENSEITS VON GUT UND BOSE • 1977
PELLE, LA • PEAU, LA (FRN) ○ SKIN, THE • 1981
OLTRE LA PORTA • BEYOND THE DOOR (USA) ○ SECRET BEYOND THE DOOR, THE ○ BEHIND THE DOOR ○ JAIL BIRD ○ BEYOND OBSESSION • 1983
INTERNO BERLINESE • BERLIN AFFAIR ○ AFFAIRE BERLINESE ○ BERLIN INTERIOR ○ LEIDENSCHAFTEN • 1985
FRANCESCO • SAN FRANCESCO • 1988

CAVARA PAOLO – ITL – 1926–

DONNA NEL MONDO, LA • WOMEN OF THE WORLD (USA) ○ EVA SCONOSCIUTA • 1963 • DOC
MALAMONDO, I • 1964 • DOC
OCCHIO SELVAGGIO, L' • WILD EYE, THE (USA) ○ SAVAGE EYE, THE • 1967
CATTURA, LA • RAVINE, THE (USA) • 1969
TARANTOLA DAL VENTRE NERO, LA • BLACK BELLY OF THE TARANTULA, THE (UKN) • 1971
AMIGOS, LOS • DEAF SMITH AND JOHNNY EARS (UKN) • 1973
LUMACONE, IL • 1974
VIRILITA • 1974
...E TANTA PAURA • 1977
ATSALUT PADER • 1979
LOCANDIERA, LA • MISTRESS OF THE INN • 1981

CAVEDON GIORGIO – ITL

SOLDI, I • 1965
AUTORITRATTO • 1979

CAVENDER GLEN – USA

LION AND THE GIRL, THE • 1916 • SHT
SCOUNDREL'S TOLL, A • 1916 • SHT
SHERIFF, THE • 1918 • SHT

CAVENS ANDRE – BLG

IL Y AUN TRAIN TOUTES LES HEURES • 1961
MICHAELLA • 1968

CAVILL JOY – Producer – ASL – 1923–

DAWN FRASER STORY • 1964 • DOC

CAVRELL LOUIS – USA

BILL EVANS, JAZZ PIANIST -ON THE CREATIVE PROCESS AND SELF-TEACHING • 1966

CAWLEY BOB – USA

TAYOPA TREASURE HUNT • RAIDERS OF THE TREASURE OF TAYOPA ○ TREASURE OF TAYOPA • 1974

CAWOOD BROMLEY – SAF

WOLHAARSTORIES • 1983
TAWWE TANNIES • TOUGH ANTS • 1984

CAWSTON RICHARD – UKN

ROYAL FAMILY • 1969

CAYADO TONY – PHL

KALABOG EN BOSYO • 1959
HIRAM NA KAMAY • CLUTCHING HAND, THE
BABAING KIDLAT • LIGHTNING WOMAN • 1964
KWATANG • 1967
SHAKE-A-BOOM • 1967
SKULL COMMANDOS • 1967
TRIPLE • 1967
YES, I DO • 1967
DONATA • 1968
ELIZABETH • 1968
KAMATAYAN KO, ANG IBIGIN KA • IT'S DEATH FOR ME TO LOVE YOU • 1968
SIMARRON BROTHERS • 1968

CAYARD BRUCE – Animator – USA

MYRNA'S • 1971 • ANS
SEVEN MONSTERS • 1971 • ANS

CAYATTE ANDRE – FRN – 1909–1989

FAUSSE MAITRESSE, LA • 1942
AU BONHEUR DES DAMES • SHOP-GIRLS OF PARIS (USA) • 1943
DERNIER SOU, LE • 1943
PIERRE ET JEAN • 1943
ROGER-LA-HONTE • 1945
SERENADE AUX NUAGES • 1945
CHANTEUR INCONNU, LE • 1946
REVANCHE DE ROGER-LA-HONTE, LA • 1946
DESSOUS DES CARTES, LE • ASSASSIN, L' • 1947
AMANTS DE VERONE, LES • LOVERS OF VERONA, THE (USA) • 1948
RETOUR A LA VIE • RETURN TO LIFE • 1948
JUSTICE EST FAITE • LET JUSTICE BE DONE (UKN) ○ JUSTICE IS DONE (USA) • 1951
NOUS SOMMES TOUS DES ASSASSINS • SIAMO TUTTI ASSASSINI (ITL) ○ ARE WE ALL MURDERERS? (UKN) ○ WE ARE ALL MURDERERS (USA) ○ MURDERERS • 1952
AVANT LE DELUGE • PRIMO DEL DILUVIO (ITL) • 1954
DOSSIER NOIR, LE • FASCICOLO NERO (ITL) • 1955
OEIL POUR OEIL • OCCHIO PER OCCHIO (ITL) ○ EYE FOR AN EYE, AN (USA) ○ EYES OF THE SAHARA • 1957
MIROIR A DEUX FACES, LE • MIRROR HAS TWO FACES, THE (USA) • 1958
PASSAGE DU RHIN, LE • PASSAGGIO DEL RENO, IL (ITL) ○ JENSEITS DES RHEINS (FRG) ○ TOMORROW IS MY TURN (USA) ○ CROSSING OF THE RHINE, THE • 1960
GLAIVE ET LA BALANCE, LE • UNO DEI TRE (ITL) ○ TWO ARE GUILTY (USA) • 1962
VIE CONJUGALE: FRANCOISE, LA • ANATOMY OF A MARRIAGE: MY DAYS WITH FRANCOISE (USA) ○ PER IL BENE E PER IL MALE(ITL) • 1964
VIE CONJUGALE: JEAN-MARC, LA • ANATOMY OF A MARRIAGE: MY DAYS WITH JEAN-MARC (USA) ○ VITA CONJUGALE, LA (ITL) • 1964
VIE CONJUGALE, LA • NEL BENE E NEL MALE (ITL) ○ ANATOMY OF A MARRIAGE • 1964
PIEGE POUR CENDRILLON • NON SONO UN'ASSASSINO (ITL) ○ TRAP FOR CINDERELLA, A (USA) • 1965
RISQUES DU METIER, LES • 1967
CHEMINS DE KATMANDOU, LES • ROAD TO KATMANDU, THE (UKN) ○ KATMANDU (ITL) • 1969
MOURIR D'AIMER • MOURIRE D'AMORE (ITL) ○ TO DIE OF LOVE (USA) • 1970
IL N'Y A PAS DE FUMEE SANS FEU • NON C'E FUMO SENZA FUOCO (ITL) ○ WHERE THERE'S SMOKE (USA) • 1972
VERDICT, LE • ACCUSA E: VIOLENZA CARNALE E OMICIDO, L' ○ TESTAMENT, LE ○ JURY OF ONE ○ VERDICT • 1974
A CHACUN SON ENFER • AUTOPSIE D'UN MONSTRE • 1977
AMOUR EN QUESTION, L' • 1978
JUSTICES • 1978
RAISON D'ETAT, LA • STATE REASONS • 1978

CAYEUX JEAN-PAUL – FRN – 1947–

ETANG, L' • 1978
SUITE ANGLAISE, LA • 1981

CAYROL JEAN – Screenwriter – FRN – 1911–

ON VOUS PARLE • 1960
FRONTIERE, LA • 1961
MADAME SE MUERT • 1961
DE TOUT POUR FAIRE UN MONDE • 1962
COUP DE GRACE, LE • 1964
DEESSE, LA • 1966

CAYTON WILLIAM – USA

KNOCKOUT • 1965 • CMP
KNOCKOUT #2 • 1966 • CMP
JACK JOHNSON • 1971 • DOC

CAZA CHRISTIAN – FRN – 1920–1979

GRANDE NOUBA, LA • 1973
BIDASSES EN VADROUILLE, LES • 1978

CAZACU LUMINITA – RMN

BUNA DIMINEATA POVESTE • GOOD MORNING TALES • 1969 • ANS

CAZALS FELIPE – MXC – 1937–

QUE SE CALLEN • QUIET PLEASE • 1966 • SHT
MANZANA DE LA DISCORDIA, LA • BONE OF CONTENTION, THE • 1968
FAMILIARIDADES • FAMILIARITIES • 1969
EMILIANO ZAPATA • 1970
JARDIN DE TIA ISABEL, EL • AUNT ELIZABETH'S GARDEN ○ GARDEN OF AUNT ELIZABETH, THE • 1971
AQUELLOS ANOS • THOSE YEARS • 1972
SERIS, LOS • 1972 • DOC
LOS QUE VIVEN DONDE SOPLA EL VIENTO SUAVE • THOSE WHO LIVE WHERE THE SOFT WIND BLOWS • 1973
APANDO, EL • APANDO (ISOLATION CELL), THE • 1975
CANOA • 1975
GUERA RODRIGUEZ, LA • FAIR RODRIGUEZ, THE • 1976
POQUIANCHIS, LAS • MISERERE • 1976
ANO DE LA PESTE, EL • YEAR OF THE PLAGUE, THE • 1978
BAJO LA METRALLA • AT GUNPOINT • 1982
MOTIVOS DE LUZ, LOS • LUZ'S REASONS • 1985
TRES DE COPAS, EL • THREE OF HEARTS • 1986
LO DEL CESAR • THAT WHICH IS CAESAR'S • 1987

CAZASSUS BERNARD – FRN

M. ERICH ZANN • MONSIEUR ERICH ZANN • 1975

CAZENEUVE MAURICE – FRN – 1923–

CETTE NUIT-LA • NIGHT HEAT (UKN) • 1958
NANA • 1980 • MTV

CAZENEUVE PAUL – USA

HER HONOR THE MAYOR • 1920
IRON HEART, THE • 1920
SPIRIT OF GOOD, THE • SPIRIT OF GOD, THE • 1920
SQUARE SHOOTER, THE • 1920
SUNSET SPRAGUE • 1920

CEBALLOS LARRY – USA

RUMBA LAND • 1939
SNOW FOLLIES • 1939 • SHT
BEAT ME DADDY, EIGHT TO THE BAR • 1940 • SHT
BULLETS AND BALLADS • 1940 • SHT
CLASS IN SWING • 1940 • SHT
CONGAMANIA • 1940 • SHT
FOLIES PARISIENNE • 1940 • SHT
HAWAIIAN RHYTHM • 1940 • SHT
I DREAM OF JEANNIE WITH THE LIGHT BROWN HAIR • 1940 • SHT
INTERNATIONAL REVELS • 1940 • SHT
NAUGHTY NINETIES, THE • 1940
RHYTHM JAMBOREE • 1940 • SHT
SWINGIN' IN THE BARN • 1940 • SHT
TICKLED PINK • 1940 • SHT
TORRID TEMPOS • 1940 • SHT
VARSITY VANITIES • 1940 • SHT
BAGDAD DADDY • 1941 • SHT
DOIN' THE TOWN • 1941 • SHT
IN THE GROOVE • 1941 • SHT
IS EVERYBODY HAPPY? • 1941 • SHT
JUMPIN' JIVE • 1941 • SHT
MUSIC IN THE MORGAN MANNER • 1941 • SHT
RHYTHM REVEL • 1941 • SHT
GAY NINETIES • 1942 • SHT
SWING FROLIC • 1942 • SHT
SWINGTIME HOLIDAY • 1944 • SHT

CECCALDI DANIEL – FRN – 1927–

MONSIEUR BADIN • 1977 • MTV
VOL D'ICARE, LE • 1980 • MTV
JAMAIS AVANT LE MARIAGE • 1982

CECCON HIDALGO – ITL

MISTERI DEL MATO GRASSO, I • 1953 • DOC

CECH VLADIMIR – CZC – 1914–

WILD BARBARA • 1949
BLACK BATTALION • 1958
105% ALIBI • 1959
POCHODNE • TORCHES • 1960
KOHOUT PLASI SMRT • COCK OF THE DAWN ○ COCK THAT SCARES DEATH • 1961
NAMI Z LODEJI • PASTURES NEW ○ FALLING AMONG THIEVES • 1964
SEDM HAVRANU • SEVEN RAVENS • 1967
BYLO CTVRT A BUDE PUL • IT WAS A QUARTER AND WILL SOON BE HALF PAST ○ BETWEEN HALF PAST AND QUARTER TO • 1968
SVATA HRISNICE • HOLY SINNER, THE • 1970
KLIC • KEY, THE • 1971
SVATBA BEZ PRSTYNKU • WEDDING WITHOUT A RING • 1972

CECIL-WRIGHT ROBIN – UKN

WITH LOVE IN MIND • 1970

CEDAR RALPH see **CEDER RALPH**

CEDER RALPH – USA

CEDAR RALPH

BROTHERS UNDER THE CHIN • 1924 • SHT
HONEYMOON HARDSHIPS • 1924 • SHT
NEAR DUBLIN • 1924 • SHT
ZEB VS. PAPRIKA • 1924 • SHT
ADVENTURES OF MAZIE, THE • 1926 • SHT
GALLOPING GHOSTS • 1926 • SHT
WIFE SAVERS • 1928
FROZEN FACE • 1931
GUESTS WANTED • 1931 • SHT
IT HAPPENED IN HOLLYWOOD • 1931 • SHT
PROMOTER, THE • 1931 • SHT
FOOL'S ADVICE, A • 1932
SHE HAD TO CHOOSE • 1934
CAPTAIN BILL • 1935
STRICTLY ILLEGAL • HERE COMES A POLICEMAN • 1935
MEET THE MAJOR • 1938
WEST OF ABILENE • SHOWDOWN, THE (UKN) • 1940

CEDERLUND GOSTA – SWD – 1888–

FRANSSON DEN FORSKRACKLIGE • FRANSSON THE TERRIBLE • 1941
UPPAT IGEN • UP AGAIN • 1941
BRODERNAS KVINNA • BROTHER'S WOMAN, THE • 1943
KUNGSGATAN • KING'S STREET • 1943
SOM DU VILL HA MEJ • AS YOU LIKE ME • 1943
DOTTER FODD, EN • BORN: A DAUGHTER • 1944
LIDELSE • PASSION • 1945

CEDERSTRAND SOLVE – SWD – 1900–1954

KARLEKSNATT VID ORESUND, EN • NIGHTS OF LOVE ON ORESUND • 1931
KUNGLIGA JOHANSSON • 83:AN I LUMPEN ○ ROYAL JOHANSSON • 1934
FLICKOR PA FABRIK • GIRLS IN A FACTORY • 1935
TJOCKA SLAKTEN • NEAR RELATIONS • 1935
BOHUS BATALJON • BOHUS BATTALION • 1949
FOLKET I FALT • PEOPLE ON MANOEUVRES • 1953

CEDRON JORGE – ARG

HABILITADO, EL • PROFIT-SHARER, THE • 1972
OPERACION MASACRE • 1972

CEITIL ROGERIO – PRT – 1938–

GRANDE, GRANDE ERA A CIDADE • 1971
CARTAS NA MESA • CARDS ON THE TABLE • 1975
CANTIGAMENTE • 1976
ANTES DO ADEUS • 1977
TRUNFO E COPAS, O • TRUMP CARD IS HEARTS, THE • 1977

CEKALSKI EUGENIUSZ – PLN

BUDUJEMY • WE ARE BUILDING ○ WE BUILD • 1934 • DCS

CELANO GUIDO – ITL – 1910–

FIRST WILLIAM

UCCIDEVA A FREDDO • 1967
PILUK IL TIMIDO • GIURO.. E IL UCCISE AD UNO AD UNO ○ SWEAR TO KILL THEM ONE BY ONE ○ PILUK THE TIMID • 1968

CELENTANO ADRIANO – ITL – 1938–

SUPER-RAPINA A MILANO • ROBBERY ROMAN STYLE (USA) • 1965
YUPPIDU • 1975
GEPPO IL FOLLE • 1978
JOAN LUI: MA UN GIORNO NEL PAESE ARRIVO IO DI LUNEDI' • JOAN LUI: BUT ONE DAY I AM COMING THERE BY MONDAY • 1985

CELENTINO LUCIANO – ITL – 1940–

BANDITO • 1976

CELI ADOLFO – Actor – ITL – 1922–

CAICARA • LOAFER • 1950
TICO-TICO NO FUBA • 1952
ALIBI, L' • ALIBI, THE • 1968

CELIS LOUIS – BLG

19 DECEMBER • 1966
APRES LA PHASE FINALE • 1968
TRIO • 1970

CELLAN-JONES JAMES see **JONES JAMES CELLAN**

CELOVIC BRANA – YGS

BOKSERI IDU U RAJ • FIGHTERS GO TO PARADISE ○ BOXERS GO TO PARADISE • 1967

CEMANO EDUARDO – USA

SWEET LOVE • 1972
MADAME ZENOBIA • ZENOBIA • 1973

CEN FAN see **CHEN FAN**

CENCI GIULIANO – ITL – 1931–

AVVENTURE DI PINOCCHIO, LE • ADVENTURES OF PINOCCHIO, THE ○ PINOCCHIO • 1968 • ANM
BURATTINO DI NOME PINOCCHIO, UN • 1972

CENEVSKI KIRIL – YGS

CRNO SEME • BLACK SEED, THE ○ UPHO SEME • 1972
ANATHEMA • 1974
JAD • MISERY • 1976
OLOVNA BRIGADA • BRIGADE OF LEAD, THE • 1981
JAZOL • KNOT, THE ○ CVOR • 1985

CENGIC BATO – YGS

MALI VOJNICI • PLAYING AT SOLDIERS ○ LITTLE SOLDIERS • 1968
ULOGA MOJE PORODICE U SVETSKOJ REVOLUCIJI • ROLE OF MY FAMILY IN WORLD REVOLUTION, THE • 1971
SLIKE IZ ZIVOTA UDARNIKA • SCENES FROM THE LIFE OF SHOCK-WORKERS • 1973
PISMO-GLAVA • HEADS OR TAILS • 1984
GLUVI BARUT • WET POWDER • 1989

CENNI RENATO – ITL

PONTE DELL'UNIVERSO, IL • CANALE DI PANAMA, IL • 1958 • DOC

CERCHIO FERNANDO – ITL

CAMACCHIO • 1942 • SHT
BUONA FORTUNA, LA • 1944
CENERENTOLA • CINDERELLA (USA) • 1949
GENTE COSI • MISTRESS OF THE MOUNTAINS (USA) • 1950
BANDOLERO STANCO, IL • 1952
BIVIO, IL • 1952
FIGLIO DI LAGARDERE, IL • 1952
LULU • 1953
ADDIO MIA BELLA SIGNORA! • 1954
PO DI STORIA DEL CAFFE, UN • 1954 • SHT
VICOMTE DE BRAGELONNE, LE • VISCONTE DI BRAGELONNE, IL (ITL) ○ LAST MUSKETEER, THE (USA) ○ VISCOUNT OF BRAGELONNE, THE ○ COUNT OF BRAGELONNE, THE • 1954
QUATTRO DEL GETTO TONANTE, I • 1955
VENERE DI CHERONEA, LA • APHRODITE DEESSE DE L'AMOUR (FRN) ○ GODDESS OF LOVE, THE • 1957
AMANTES DEL DESIERTO, LOS • AMANTI DEL DESERTO (SPN) ○ FIGLIA DELLO SCEICCO, LA ○ DESERT WARRIOR • 1958
MISTERI DI PARIGI, I • MYSTERES DE PARIS, LES (FRN) • 1958
GIUDITTA E OLOFERNE • HEAD OF A TYRANT (USA) ○ JUDITH AND HOLOPHERNES • 1959
SEPOLCRO DEI RE, IL • VALLEE DES PHARAONS, LA (FRN) ○ CLEOPATRA'S DAUGHTER (USA) ○ DAUGHTER OF CLEOPATRA ○ TOMB OF THE KING, THE • 1961
COL FERRO E COL FUOCO • PAR LE FER ET PAR LE FEU (FRN) ○ INVASION 1700 (USA) ○ WITH FIRE AND SWORD ○ FIRE AND SWORD ○ DAGGERS OF BLOOD • 1962
NEFERTITE REGINA DEL NILO • QUEEN OF THE NILE (USA) • 1962
SCEICCO ROSSO, LO • RED SHEIK, THE (USA) ○ CHEIK ROUGE, LE (FRN) • 1962
TOTO CONTRO MACISTE • TOTO VS. MACISTE • 1962
TOTO E CLEOPATRA • 1963
TOTO CONTRO IL PIRATA NERO • 1964
PER UN DOLLARO DI GLORIA • ESCADRON DE LA MUERTE, EL (SPN) ○ MUTINY AT FORT SHARP • 1966
MARCHIO DI KRIMINAL, IL • MARK OF KRIMINAL, THE • 1967
SEGRETISSIMO • SHARK WEARS PERFUME, THE ○ SEGRETAGENTISSIMO • 1967

de la CERDA CLEMENTE – VNZ – 1935–

ISLA DE SAL • ISLAND OF SALT • 1964
ROSTRO OCULTO, EL • HIDDEN FACE, THE • 1964
HOMBRE • MAN • 1970
SIN FIN • WITHOUT END • 1970
IMAGINACION AL PODER, LA • IMAGINATION IN POWER • 1971
CARGA, LA • CARGO, THE • 1972
GENTE, LA • FOLKS • 1973 • DOC
SOY UN DELINCUENTE • I AM A CRIMINAL • 1976
COMPANERO DE VIAJE • TRAVELLING COMPANION • 1977
REINCIDENTE, EL • SOY UN DELINCUENTE II ○ RELAPSE, THE • 1978

CERF ANDRE – FRN – 1904–

SOIREE DE GALA • 1935
SI JEUNESSE SAVAIT.. • IF YOUTH ONLY KNEW.. • 1947
VEUVE ET L'INNOCENT, LA • 1948
MARIAGE DE MADEMOISELLE BEULEMANS, LE • 1950
CRIME DU BOUIF, LE • 1951

CERF NORMAN A. – USA

JUNGLE BOY • 1955
JUNGLE HELL • 1956

CERIO FERRUCCIO – ITL – 1904–

CAVALIERE SENZA NOME, IL • 1941
PRIGIONE, LA • SERENATA D'AMORE • 1942
ULTIMO ADDIO, L' • ANIME ERRANTI ○ DIAGNOSI • 1942
VILLA DA VENDERE • 1942
POSTO DI BLOCCO • 1945
URLO, L' • 1947
DONNA CHE INVENTO L'AMORE, LA • 1952
GIOVENTU ALLA SBARRA • 1954
SACCO DI ROMA, IL • PAGANS, THE (USA) ○ BARBARIANS, THE • 1954
TRIPOLI BEL SUOL D'AMORE • QUATTRO BERSAGLIERI, I • 1954

CERLESI ENNIO – ITL – 1901–1951

UNO TRA LA FOLLA • 1946

CERRATO RENZO – ITL

NIENTE ROSE PER OSS 117 • OSS 117 MURDER FOR SALE (UKN) ○ OSS 117 -DOUBLE AGENT (USA) ○ NO ROSES FOR OSS 117 ○ PAS DE ROSES POUR OSS117 • 1968
VIOLENTATA SULLA SABBIA • 1971

CERVANTES RAMON – MXC

HISTORIAS DE CIUDAD: ALGUIEN SE ACERCA • CITY STORIES: SOMEONE'S COMING • 1990

CERVENKOVA THEA – CZC

BABICKA • GRANDMOTHER • 1920
BLUDICKA • THIEF, THE • 1921
IT WAS THE FIRST OF MAY • 1922
WILL-O'-THE-WISP • 1922
INCENDIARY'S DAUGHTER, THE • 1923

CERVERA PASCUAL – SPN – 1931–

RAYO DESINTEGRADOR O AVENTURAS DE QUIQUE Y ARTURO EL ROBOT, EL • DISINTEGRATING RAY OR THE ADVENTURES OF QUIQUE AND ARTHUR THE ROBOT, THE • 1965
CABALLEROS DE LA ANTORCHA, LOS • 1966
DOS ALAS • TWO WINGS • 1967
HOMBRE EN LA TRAMPA • 1968
CUATRO DESERTORES • 1969
VERTIGO DEL CRIMEN, EL • 1970
RIGHT OF ASYLUM • 1978 • MTV

CERVI TONINO – ITL

OGGI A ME, DOMANI A TE • MY TURN TODAY, YOURS TOMORROW ○ TODAY ITS ME -TOMORROW YOU • 1968
DELITTO DEL DIAVOLO, IL • SORCIERES DU BORD DU LAC, LES (FRN) ○ QUEENS OF EVIL ○ REGINE, LE ○ SORCIERES, LES ○ WITCHES, THE • 1970
NOTTATA, LA • 1974
CHI DICE DONNA DICE DONNA • 1976
RITRATTO DI BORGHESIA IN NERO • NEST OF VIPERS • 1978
MALATO IMMAGINARIO, IL • 1979
AVARO, L' • MISER, THE • 1990

CESPEDES LEONARDO – SWD

SILVIO • 1981 • DOC

de CESSE RAYMOND – FRN

COUTURIER DE MON COEUR • C'T'AMOUR DE COUTURIER ○ ROI DE LA COUTURE, LE • 1935

CETIN SINAN – TRK

BIR GUNUN HIKAYYESI • STORY OF A DAY, THE • 1982
CICEK ABBAS • ABBAS THE FLOWER • 1982
CIRKINLER DE SEVER • UGLIES CAN LOVE TOO • 1982
ONDORT NUMARA • NO.14 • 1985
PRENSES • PRINCESS • 1985

CETINKAYA YAVUZER – TRK

DENIZ KIZI • MERMAID • 1987

CEULEMANS J. – BLG

AFZWAAIEN • 1966

CEYLAN FERIT – TRK

HERGUN OLMEKTENSE • 1964
KANLI BUGDAY • 1965
KACAK • FUGITIVE, THE • 1968
KARANLIK YOLLAR • DARK STREETS • 1968

CEZAR AMARO – BRZ

MATADOR, O • KILLER, THE • 1968

CHABOT JEAN – CND – 1945–

CHAPEAU, LE • 1965 • SHT
DORMEZ-VOUS • 1965 • SHT
PORTE SILENCE • 1966 • SHT
DES PAS DANS L'UNIVERS • 1967 • SHT
BICYCLE POUR PIT, UN • 1968 • SHT
MON ENFANCE A MONTREAL • 1970
CINEMA EN QUESTION -TRAVELLING BLUES, LE • 1972 • DCS
DES IMAGES QUI TRAVAILLENT I & II • 1972 • DCS
CHANTS CORPORELS • 1973 • DCS
DEVELOPPEMENT PSYCHOMOTEUR • 1973 • DOC
NUIT EN AMERIQUE, UNE • 1974
HISTOIRE DE PECHE • 1975 • DOC
FICTION NUCLEAIRE, LA • 1978
FUTUR INTERIEUR, LE • 1983
NUIT AVEC HORTENSE, LA • 1988
VOYAGE EN AMERIQUE AVEC UN CHEVAL EMPRUNTE • 1988 • DOC

CHABROL CLAUDE – FRN – 1930–

SYSTEME DU DOCTEUR GOUDRON ET DU PROFESSEUR PLUME
SEPT PECHES CAPITAUX, LES • SETTE PECCATI CAPITALI, I (ITL) ○ SEVEN CAPITAL SINS, THE ○ SETTE PECCATI CAPITALI, I ○ SEVEN DEADLY SINS, THE ○ SEVEN DEADLY SINS ○ SEVEN CAPITAL SINS • 1951
BEAU SERGE, LE • BITTER REUNION (USA) ○ HANSOME SERGE • 1958
COUSINS, LES • COUSINS, THE (USA) • 1958
A DOUBLE TOUR • WEB OF PASSION (UKN) ○ A DOPPIA MANDATA (ITL) ○ LEDA (USA) • 1959
BONNES FEMMES, LES • DONNE FACILI, LE (ITL) ○ GIRLS, THE ○ GIRLS.. GIRLS!! • 1960
GODELUREAUX, LES • 1960
OEIL DU MALIN, L' • THIRD LOVER, THE (USA) • 1961
LANDRU • BLUEBEARD • 1962
OPHELIA • 1962
PLUS BELLES ESCROQUERIES DU MONDE, LES • TRUFFE PIU BELLE DEL MONDO, LE (ITL) ○ WORLD'S GREATEST SWINDLES ○ BEAUTIFUL SWINDLERS, THE ○ SEKAI SAGI MONOGATARI ○ PIU BELLE TRUFFE DEL MONDO, LE • 1963
CHANCE ET L'AMOUR, LA • 1964
TIGRE AIME LA CHAIR FRAICHE, LE • TIGRE AMA LA CARNE FRESCA, LA (ITL) ○ TIGER LIKES FRESH BLOOD (UKN) ○ CODE NAME: TIGER (USA) ○ TIGER LIKES FRESH MEAT • 1964

MARIE-CHANTAL CONTRE LE DOCTEUR KHA • MARIE CHANTAL CONTRO DR. KHA (ITL) • 1965
TIGRE SE PARFUME A LA DYNAMITE, LE • TIGRE PROFUMATA ALLA DINAMITE, LA (ITL) ○ ORCHID FOR THE TIGER, AN (UKN) • 1965
LIGNE DE DEMARCATION, LA • CRIMINAL STORY (ITL) ○ LINE OF DEMARCATION • 1966
SCANDALE, LE • CHAMPAGNE MURDERS, THE (USA) • 1966
ROUTE DE CORINTHE, LA • WHO'S GOT THE BLACK BOX? (USA) ○ ROAD TO CORINTH, THE • 1967
BICHES, LES • GIRLFRIENDS, THE ○ HETEROSEXUAL, THE ○ DOES, THE • 1968
FEMME INFIDELE, LA • STEPHANE, UNA MOGLIE INFEDELE (ITL) ○ UNFAITHFUL WIFE ○ UNFAITHFUL WIVES • 1968
BOUCHER, LE • TAGLIAGOLE, IL (ITL) ○ BUTCHER, THE (USA) • 1969
QUE LA BETE MEURE • UCCIDERO UN UOMO (ITL) ○ THIS MAN MUST DIE (USA) ○ KILLER! (UKN) • 1969
RUPTURE, LA • ALL'OMBRA DEL DELITTO (ITL) ○ BREAKUP, THE (USA) ○ JOUR DES PARQUES, LE ○ HALLUCINATION • 1970
DECADE PRODIGIEUSE, LA • DIECI INCREDIBILI GIORNI (ITL) ○ TEN DAY'S WONDER (UKN) • 1971
JUSTE AVANT LA NUIT • JUST BEFORE NIGHTFALL (UKN) • 1971
DOCTEUR POPAUL • TRAPPOLA PER UN LUPO (ITL) ○ SCOUNDREL IN WHITE (UKN) ○ HIGH HEELS (USA) ○ PIEGE A LOUP, LE ○ TRAPPOLI PER LUPI • 1972
NOCES ROUGES, LES • AMICO DI FAMIGLIA, L' (ITL) ○ WEDDING IN BLOOD (USA) ○ BLOOD WEDDING (USA) ○ RED WEDDING • 1972
DE GRAY -LE BANC DE DESOLATION • BANC DE LA DESOLATION, LE ○ BENCH OF DESOLATION, THE • 1973 • MTV
NADA! • NADA GANG, THE (USA) • 1973
HISTOIRES INSOLITES • 1974 • MTV
INVITATION A LA CHASSE • 1974 • MTV
PARTIE DE PLAISIR, UNE • PIECE OF PLEASURE, A (USA) ○ PLEASURE PARTY ○ LOVE MATCH ○ WAY TO PLEASURE, THE • 1974
DEUX ET DEUX FONT QUATRE • 1975 • MTV
INNOCENTS AUX MAINS SALES, LES • DIRTY HANDS (USA) ○ INNOCENTS WITH DIRTY HANDS • 1975
MAGICIENS, LES • PROFEZIA DI UN DELITTO (ITL) ○ INITIATION A LA MORT • 1975
FOLIES BOURGEOISES • TWIST, THE • 1976
ALICE OU LA DERNIERE FUGUE • ALICE OR THE LAST ESCAPADE (USA) • 1977
LIENS DE SANG, LES • BLOOD RELATIVES (USA) • 1978
VIOLETTE NOZIERE • VIOLETTE (USA) • 1978
MENTEURS, LES • 1979
CHEVAL D'ORGEUIL, LE • PROUD ONES, THE (UKN) • 1980
FANTOMES DU CHAPELIER, LES • HATTER'S GHOSTS, THE ○ HATMAKER, THE • 1981
SANG DES AUTRES, LE • BLOOD OF OTHERS, THE • 1983
PARIS VU PAR.. 20 ANS APRES • SIX IN PARIS • 1984
POULET AU VINAIGRE • COP AU VIN • 1984
INSPECTEUR LAVARDIN • 1986
MASQUES • 1987
AFFAIRE DE FEMMES, UNE • STORY OF WOMEN, A • 1988
CRI DU HIBOU, LE • 1988
DR. M. • 1989
QUIET DAYS IN CLICHY • 1989

CHABUKIANI VAKHTANG – USS
VENETSIANSKIY MAVR • BALLET OF OTHELLO ○ OTHELLO • 1961

CHACE HAILE – USA
V.D. • DAMAGED GOODS • 1961

CHADLER ADOLPHO see **CHADLER C. ADOLPHO**

CHADLER C. ADOLPHO – BRZ
da COSTA CICERO ADOLPHO • CHADLER ADOLPHO
GRANDE ASSALTO, O • BIG ATTACK, THE • 1967
CARRASCOS ESTAO ENTRE NOS • KILLERS ARE AMONG US, THE • 1968
IMPOSSIVEL ACONTECE, O • IMPOSSIBLE HAPPENS, THE • 1969
INCRIVEL, FANTASTICO, EXTRAORDINARIO • INCREDIBLE, FANTASTIC, EXTRAORDINARY • 1969

CHAFFEY DON – UKN – 1917–
CATHEDRAL CITY • 1949 • DOC
MYSTERIOUS POACHER, THE • 1950
CASE OF THE MISSING SCENE, THE • 1951
BOUNCER BREAKS UP • 1953
GOOD PULL-UP, A • 1953
MASK, THE • 1953
SKID KIDS • 1953
STRANGE STORIES • 1953
WATCH OUT! • 1953
TIME IS MY ENEMY • 1954
DEAD ON TIME • 1955
SECRET TENT, THE • 1956
FLESH IS WEAK, THE • 1957
GIRL IN THE PICTURE, THE • 1957
MAN UPSTAIRS, THE • 1958
QUESTION OF ADULTERY, A • CASE OF MRS. LORING, THE (USA) • 1958
DANGER WITHIN • BREAKOUT (USA) • 1959
DENTIST IN THE CHAIR • 1960
LIES MY FATHER TOLD ME • 1960
GREYFRIARS BOBBY • 1961
MATTER OF WHO, A • 1961
NEARLY A NASTY ACCIDENT • 1961
PRINCE AND THE PAUPER, THE • 1962
WEBSTER BOY, THE • MIDDLE OF NOWHERE • 1962
HORSE WITHOUT A HEAD, THE • 1963
JASON AND THE ARGONAUTS • JASON AND THE GOLDEN FLEECE • 1963
JOLLY BAD FELLOW, A • THEY ALL DIED LAUGHING (USA) • 1963
THREE LIVES OF THOMASINA, THE • 1963
CROOKED ROAD, THE • KRIVI PUT (YGS) • 1965
ONE MILLION YEARS B.C. • 1966
TWIST OF SAND, A • GHOST OF WOLFPACK, THE • 1967
VIKING QUEEN, THE • 1967
CLINIC XCLUSIVE • SEX CLINIC ○ WITH THESE HANDS • 1971
CREATURES THE WORLD FORGOT • 1971
CHARLEY ONE-EYE • 1973
PERSECUTION • TERROR OF SHEBA, THE (USA) ○ GRAVEYARD, THE • 1973
RIDE A WILD PONY • 1975
FOURTH WISH, THE • 1976
HARNESS FEVER • BORN TO RUN (USA) • 1976
PETE'S DRAGON • 1977
GIFT OF LOVE, THE • 1978 • TVM
MAGIC OF LASSIE, THE • 1978
SHIMMERING LIGHT • SURF • 1978 • TVM
BEGGARMAN, THIEF • 1979 • TVM
C.H.O.M.P.S. • 1979
LASSIE: THE NEW BEGINNING • 1979 • TVM
CASINO • 1980 • TVM
INTERNATIONAL AIRPORT • 1985 • TVM

CHAGOLL LYDIA – BLG
AU NOM DU FUHRER • IN THE NAME OF THE FUHRER • 1978

CHAHINE GABRIEL – FRN – 1931–
POUR UNE POIGNEE DE CACAHUETES • RETOUR DE SCRATCH DANS LE + + –, LE • 1977

CHAHINE YOUSSEF see **SHAHIN YOUSSEF**

CHAI YANG MIN – HKG
PRODIGAL BOXER, THE • 1973

CHAITIN NORMAN C. – USA
SMALL HOURS, THE • FLAMING DESIRE • 1962

CHAKHNAZAROV KAREN – USS
WINTER'S NIGHT IN GAGRA, A • 1986

CHAKRABARTI TINKARI – IND
DEVI FULLARA • 1938

CHAKRABARTY AMIYA – IND
BADSHAH DAMPATI • HUNCHBACK OF NOTRE DAME, THE • 1953

CHAKRABORTY PRAFULLA – IND
LAST THREE DAYS

CHAKRABORTY UTPALENDU – IND
MAINA TADANTA • POST MORTEM • 1981
MUSIC OF SATYAJIT RAY, THE • 1984 • DOC
RANG • COLOUR • 1986

CHAKRAPANI M. G. – IND
ARASA KATTALAI • KING'S ORDERS • 1967

CHAKRAVARTY MANGAL – IND
TEEN ADHAYA • THREE CHAPTERS • 1968

CHAKRAVARTY SHYAM – IND
DUSHTU PARJAPATI • MISCHEVIOUS BUTTERFLY • 1967
KE TUMI? • WHERE ARE YOU? • 1967

CHALAIS FRANCOIS – FRN
REGARDE SUR LE MONDE, UN • DOC

CHALBAUD ROMAN – VNZ – 1931–
CAIN ADOLESCENTE • ADOLESCENT CAIN • 1959
CUENTOS PARA MAYORES • STORIES FOR ADULTS • 1963
CZEVERE • 1971 • SHT
CZEVERE AND THE VICTORY OF WELLINGTON • 1971 • SHT
PLEASE DON'T TOUCH THE FLESH FOR HYGIENIC REASONS • 1971
QUEMA DE JUDAS, LA • BURNING OF JUDAS, THE ○ GOLPE DE GARCIA ○ FINISHING STROKE • 1974
SAGRADO Y OBSCENO • SACRED AND OBSCENE • 1976
PEX QUE FUMA, EL • FISH THAT SMOKES, THE ○ SMOKING FISH, THE • 1977
ANGELES TERRIBLES, LOS • 1978
CARMEN LA QUE CONTABA 16 ANOS • CARMEN WHEN SHE WAS ONLY 16 YEARS OLD • 1978
BODAS DE PAPEL • 1979
MANON • 1986
OVEJA NEGRA, LA • BLACK SHEEP, THE • 1987
CUCHILLOS DE FUEGO • FLAMING KNIVES • 1990

CHALERM PRINCE CHATRI – THL
THONGPOON KOKPO • 1978

CHALMERS THOMAS – USA
SEX LIFE OF THE POLYP, THE • 1928 • SHT
SPELLBINDER, THE • 1928
TREASURER'S REPORT, THE • 1928 • SHT

CHALONG D. P. – THL
GOLD RAIDERS • 1982

CHALONG P. see **PAKDIVIJIT CHALONG**

de CHALONGE CHRISTIAN – FRN – 1937–
SALTO, O • VOYAGE OF SILENCE (USA) ○ SAUT, LE • 1967
ALLIANCE, L' • WEDDING RING, THE • 1970
ARGENT DES AUTRES, L' • OTHER PEOPLE'S MONEY • 1979
MALEVIL • 1981
QUARANTIEMES RUGISSANTS, LES • 1982
DOCTEUR PETIOT • 1990

CHAMBERLAIN JOHN – USA
SECRET LIFE OF HERNANDO CORTEZ, THE • 1969
WIDE POINT • 1969

CHAMBERLAIN WIN – USA
BRAND X • 1970

CHAMBERS EVERETT – Producer – USA – 1926–
RUN ACROSS THE RIVER • 1961
LOLLIPOP COVER, THE • 1965

CHAMBERS JACK – UKN – 1913–
JET PROPULSION • DOC
SARDINIAN PROJECT, THE • DOC
SOVIET VILLAGE • DOC
BATTLE OF THE BOOKS, THE • 1941 • DOC
NIGHT SHIFT • 1942 • DOC
GREAT HARVEST, THE • 1943 • DOC
POWER FOR THE HIGHLANDS • 1943 • DOC
BRIDGE, THE • 1946
CHASING THE BLUES • 1947 • SHT
CONTROLLED HEAT • 1955

CHAMBERS JACK* – Painter – CND – 1931–1978
MOSAIC • 1966 • DOC
HYBRID • 1967 • DOC
LITTLE RED RIDING HOOD • 1967
R34 • 1967 • DOC
CIRCLE • 1969
HART OF LONDON, THE • 1970 • DOC
C.C.C.I. • 1971 • DOC

CHAMBON JEAN-CLAUDE – FRN – 1932–
SEMAINE EN FRANCE, UNE • 1963 • SHT
PIED NICKELES, LES • 1964

CHAMBORANT CHRISTIAN – FRN – -1948
POLICE MONDAINE • CEUX DE LA MONDAINE • 1937
QUARTIER LATIN • 1939
PATROUILLE BLANCHE • 1941
SIGNE ILLISIBLE • 1942
ROULETABILLE 1 • ROULETABILLE JOUR ET GAGNE • 1946
ROULETABILLE 2 • ROULETABILLE CONTRE LA DAME DE PIQUE ○ ROULETTE TABLE VS. THE QUEEN OF SPADES • 1946

CHAMCHOUM GEORGE – LBN
LEBANON WHY • 1976 • DOC

CHAMMAH RONALD – FRN
MILAN NOIR • 1989

CHAMMINGS PATRICK – FRN
SOLITAIRE • 1973 • SHT

CHAMOUN JEAN – LBN
TAHT AL INQAD • UNDER THE DEBRIS • 1983
ZAHRAT AL QANDUL • ASPALATHUS FLOWER • 1985

CHAMPEAUX ALBERT – FRN
VILLA MON REVE • DREAM HOME • 1961

CHAMPETIER HENRI – FRN
AU RYTHME DU SIECLE • 1953 • SHT
BERRE, CITE DU PETROLE • 1953 • SHT
BOLIDES AU MANS • WEEKEND AT LE MANS • 1957
PONT DE TANCARVILLE, LE • 1959 • SHT

CHAMPION – FRN
ROSE ET LE SEL, LA • 1964 • SHT

CHAMPION CLAUDE – SWT
QUATRE D'ENTRE ELLES • FOUR OF THEM ○ VIER FRAU ○ FOUR WOMEN • 1968
MOULIN DEVELEY SIS A LA QUIELLE, LE • 1971

CHAMPION GOWER – Choreographer – USA – 1919–1981
MY SIX LOVES • 1963
BANK SHOT, THE • 1974

CHAMPION JOHN – Producer/writer – USA – 1923–
MUSTANG COUNTRY • 1976

CHAMPLAIN Y. see **ALLEGRET YVES**

CHAMPLAIN YVES see **ALLEGRET YVES**

CHAMPREUX JACQUES – FRN – 1930–
BAKO, L'AUTRE RIVE • 1978

CHAMPREUX MAURICE – FRN – 1893–1976
APRES L'AMOUR • 1924
BIBI LA PUREE • 1925
ROI DE LA PEDALE, LE • 1925
STIGMATE, LE • 1925 • SRL
CINQ SOUS DE LAVAREDE, LES • 1928
AU PAYS DES BASQUES • PAYS DES BASQUES, LES • 1930 • DOC
MONDE EST A NOUS, LE • 1930
HARDI LES GARS! • FACTEUR DU TOUR DE FRANCE, LE • 1931
ALLO, MADEMOISELLE! • 1932
GRAND BLUFF, LE • 1933
JUDEX 34 • 1933
TOUCHONS DU BOIS • SOYONS SERIEUX • 1933
DEUX GAMINES, LES • 1936

CHAMS HASSIB – LBN
JABABIRA, AL • COLOSSI, THE • 1965

CHAN ANGIE see **CHEN ANQI**

CHAN ANTHONY see **CHEN YOU**

CHAN FRANKIE – HKG
LUNGHING FUDAI TSUKTSAP • ARMOUR OF GOD 2: OPERATION EAGLE, THE • 1990

CHAN GORDON – HKG
SIU NAMYAN CHOWGEI • YUPPIE FANTASIA, THE • 1988

CHAN-HO – HKG
AVENGER, THE • 1973

CHAN HONG MAN – HKG
CHENG HUNG MAN
ASSASSIN, THE
FISTS OF VENGEANCE • TWO FIST VERSUS SEVEN SAMURAI ○ FIST OF VENGEANCE • 1974

CHAN HSIN-YI see **CHANG HSIN-YI**

CHAN JACKIE – HKG – 1954–
CHEN YUAN-LONG • CH'ENG LUNG • CHEN LONG • CHAN JACKY
HSIAO CH'UAN YI CHAO • FEARLESS HYENA, THE • 1979
SHIH-TI CH'U-MA • YOUNG MASTER, THE • 1980
LUNG SHAO-YEH • DRAGON'S LORD, THE ○ DRAGON LORD • 1981
PROJECT A • 1983
FEARLESS HYENA 2 • 1985
POLICE STORY • JACKIE CHAN'S POLICE STORY ○ JINGCHA GUSHI ○ POLICE FORCE • 1986
LONGXIONG HUDI • ARMOUR OF GOD • 1987
PROJECT A: PART II • 1987
GINGTSAT GUSI TSUKTSAP • POLICE STORY PART II • 1988
KEITSIK • MR. CANTON AND LADY ROSE ○ MIRACLE • 1989

CHAN JACKY see **CHAN JACKIE**

CHAN KWOK-SAN – HKG
TSUIGAI NAMPANGYAU • PERFECT MATCH • 1989

CHAN NORMAN – HKG
DANSAN GWAITSUK • NOBLES, THE • 1989

CHAN PAULINE – ASL
HANG UP! • 1989 • SHT
SPACE BETWEEN THE DOOR AND THE FLOOR, THE • 1989 • SHT

CHAN PHILIP see **CHEN XINJIAN**

CHANAKYA – IND
RAM AUR SHYAM • RAM AND SHYAM • 1967
PUTHIYA BHOOMI • NEW EARTH, THE • 1968

CHANAN MICHAEL – UKN
EL SALVADOR: POTRAIT OF A LIBERATED ZONE • 1982 • DOC

CHANAS RENE – FRN – 1914–
JUGEMENT DERNIER, LE • 1945
TAVERNE DU POISSON COURONNE, LA • AU POISSON COURONNE • 1946
CARCASSE ET LE TORD-COU, LA • 1947
COLONEL DURAND, LE • 1948
ESCADRON BLANC, L' • 1948
SOURIRE DANS LA TEMPETE, UN • 1950
SEULS AU MONDE • 1951
JE SUIS UN MOUCHARD • 1952
PATROUILLE DES SABLES, LA • DESERT FIGHTERS (USA) • 1954
TRES HOMBRES VAN A MORIR • 1954

CHAND DAWOOD – PKS
TERY YAAD • 1948

CHANDAVARKAR BHASKAR – IND
ATYACHAR • ATROCITIES • 1983

CHANDERLI JAMAL – ALG
YASMINA • 1961
BANADIQ AL-HURIA • FUSILS DE LA LIBERTE, LES ○ FUSILS POUR LA LIBERTE, LES ○ GUNS FOR LIBERTY • 1962

CHANDLER EDWARD – USA
FEATHERED NEST, THE • 1916 • SHT

CHANDRAGUPTA BANSI – IND – 1924–
GLIMPSES OF WEST BENGAL • 1978 • DOC
GANGA SAGAR • 1979 • DOC
HAPPENING IN CALCUTTA • 1980 • DOC

CHANDRAKANT – IND
JAGGA DAKU • BANDIT, THE • 1960
BALRAM, SRIKRISHNA • 1968

CHANDRAN T. V. – IND
ALICENTE ANWESHANAM • IN SEARCH OF ALICE • 1989

CHANDRASEKHAR RAJA – IND
CHITRANGADAH • 1939

CHANDRAVADAN – IND
SWAPNA TENCH LOCHNI • 1967

CHANEY LON – Actor – USA – 1883–1930
CHIMNEY'S SECRET, THE • 1915
FOR CASH • 1915
OYSTER DREDGER, THE • 1915
STOOL PIGEON, THE • 1915
TRUST, THE • 1915
VIOLIN MAKER, THE • 1915

CHANEY WARREN – USA
LAMP, THE • 1987

CHANG CHEE – HKG
HE'S A LEGEND, HE'S A HERO • STORY OF THE DRAGON, THE • 1977

CHANG CHEH see **CHANG CH'EH**

CHANG CH'EH – HKG
CHANG CHEH
WATER MARGIN
ONE ARMED SWORDSMAN, THE • 1968
RETURN OF THE ONE ARMED SWORDSMAN • 1968
LUNG HU TOU • CHINESE BOXER, THE • 1969
SEVEN BLOWS OF THE DRAGON
SHAOLIN TEMPLE
DUEL OF THE IRON FIST • 1971
ANGRY GUEST, THE • 1972
BOXER FROM SHANTUNG, THE • 1972
HELL FIGHTERS OF THE EAST • HELLFIGHTERS OF THE EAST ○ FOUR RIDERS • 1972
NEW ONE-ARMED SWORDSMAN, THE • TRIPLE IRONS • 1972
108 HEROES FROM LIANG SHAN, THE
CHINESE VENGEANCE • BLOOD BROTHERS, THE • 1973
DELINQUENT, THE • 1973
DUEL OF FISTS, THE • 1973
MAN OF IRON • 1973
NA CHA THE GREAT • NA CHA • 1974
SHAOLIN MARTIAL ARTS • 1974
TEMPLE OF THE DRAGON • HEROES TWO • 1974
HUNG CHU'A HSIAO TZU • DISCIPLES OF SHAOLIN • 1975
HUNG HAI-ARH • FANTASTIC MAGIC BABY, THE • 1975
MA-K'O P'O-LO • MARCO POLO • 1975
PA KUO LIEN-CHUN • BOXER REBELLION • 1975
SHAOLIN TZU-TI • MEN FROM THE MONASTERY ○ DRAGON'S TEETH, THE • 1975
SHAOLIN WU TSU • FIVE SHAOLIN MASTERS • 1975
TI-YU • HELL • 1975
CHIANG-HU HAN-TZU • HEROIC EVENTS, THE • 1976
FANG SHIH-YU HU HU-CH'IEN • SHAOLIN AVENGERS • 1976
SHA HSIAO-TZU • MAD BOY, THE • 1976
TS'AI-LI-FO HSAIO-TZU • NEW SHAOLIN BOXERS, THE • 1976
SHE TIAO YING-HSIUNG CH'UAN • BRAVE ARCHERS, THE • 1977
T'ANG-JEN-CHIEH HSAIO-TZU • CHINATOWN KID • 1977
TSA-CHI WANG-MING TUI • DAREDEVILS, THE • 1979
FEI-HU-WAI CHUAN • LEGEND OF THE FOX • 1981
MORTAL COMBAT • 1981
SHEN-TIAO • BRAVE ARCHER AND HIS MATE • 1981
T'IEH-CH'I MEN • FLAG OF IRON, THE • 1981

CHANG CHEN – HKG
7 MAN ARMY • 1977

CHANG CHENG HO see **CHENG CHANG HO**

CHANG CHIEN-T'ING – HKG
CHEUNG ALFRED
CH'ENG-SHIH-CHIH KUANG • FAMILY LIGHT AFFAIR • 1984
PIAO-TS'O CH'I-JIH CH'ING • LET'S MAKE LAUGH • 1984
BIUTSE, NEI HOU YE! • 1990

CHANG ERIC see **CHANG YI-CH'EN**

CHANG GIL-SU see **JANG GIL-SU**

CHANG HSIN YEN see **CHANG HSING-YEN**

CHANG HSIN-YI – HKG
CHAN HSIN-YI
CHALLENGE OF THE MASTERS • 1981
INCREDIBLE KUNG FU MISSION, THE • 1982

CHANG HSING-YEN – HKG
CHANG HSIN YEN
HUNG YING TAO • RED TASSELLED SWORD, THE • 1976
TA-FENG LANG • STORMY SEA, THE • 1976
PA-SHIH CH'I-YU CHIEH LIANG-YUAN • ROMANCE ON THE BUS • 1978
SHAO-LIN SZU • SHAOLIN TEMPLE, THE • 1981

CHANG HYONG-IL – SKR
BOY OF THE MUDDY SHORE • 1982 • MTV

CHANG I – HKG
CHINESE DRAGON

CHANG IL-HO – SKR
ADMIRAL YI AND HIS TURTLEBOAT ARMADA • 1976
LIFE AFTER DEATH • 1983

CHANG JEN CHIEH – HKG
IRON NECK LI • IRON NECK

CHANG JEN-TSEI – HKG
DRUNKEN SWORDSMAN, THE

CHANG KIL-SU – SKR
AMERICA AMERICA • 1988

CHANG KUO-MING – HKG
TIEN CHIH PING-PING • COPS AND ROBBERS • 1980
PIEN-YUAN JEN • MAN ON THE BRINK • 1981

CHANG MEI CHUN see **CHANG MEI-CHUN**

CHANG MEI-CHUN – HKG
CHANG MEI CHUN
DYNASTY • 1976
SHIH-SAN NU NI • 13 GOLDEN NUNS • 1977
3-D DYNASTY • 1977
CHIA-CHUANG YI-NIU-CH'E • OXCART DIARY, AN • 1983

CHANG P'EI-CHENG – TWN – 1941–
TA-HU YING-LIEH • MAN OF IMMORTALITY, A • 1982
HSIAO T'AO-FAN • LITTLE PRISONER, THE • 1983
YI-YUAN P'IAO-HSIANG • PLACE OF REST • 1983

CHANG PING-HAN – HKG
MATCHLESS CONQUEROR, THE • 1972
GHOST'S SWORD, THE

CHANG SEN – HKG
CHANG SHEN
DEVIL IN HER, THE • 1974
T'OU-T'AI JEN • REINCARNATION, THE • 1976
HOU HSING K'OU SHOU • SNAKE IN THE MONKEY'S SHADOW • 1979

CHANG SHEN see **CHANG SEN**

CHANG SHIH-CHUAN – CHN
SINGSONG GIRL RED PEONY • 1930

CHANG SUN-WOO – SKR
AGE OF SUCCESS • 1988

CHANG SYLVIA see **ZHANG AIJIA**

CHANG TSENG CHAI – HKG
CASINO, THE • 1973

CHANG TSENG-TSE – HKG
FROM THE HIGHWAY • 1971

CHANG WAH – USA
DINOSAURS.. THE TERRIBLE LIZARDS • 1970 • ANS

CHANG YI – TWN
BANDITS FROM SHANTUNG • 1971
CHU-CHIEN SHAO-NIEN • KENDO KIDS • 1983
KUANG-YIN-TE KUSHIH • IN OUR TIME • 1983
JADE LOVE • 1984
WO CHE-YANG KUO-LE YI-SHENG • KUEI-MEI, A WOMAN • 1985
WO ERH HAN-SHENG • HANG-SHENG, MY SON • 1985
WO-TE AI • THIS LOVE OF MINE • 1986

CHANG YI-CH'EN – TWN
CHANG ERIC
LIEN-K'AO TA-MENG • 1988

CHANNELL DAVID – UKN
UP, DOWN AND BACK • 1966
AGED FEET IN A CARPET HALL • 1970
LEAVING • 1970

CHANOWSKI – Animator – FRN
PETIT ECHO DE LA FORET, LE • ANM

CHANOWSKI THIJS – NTH
SITUATIONS
CAMPING • 1978

CHAOUAT BERNARD – FRN
VAMPIRISME • 1967 • SHT

CHAPAROS ANN – CND
EARTH IS MAN'S HOME • 1967 • SHT

CHAPAROS NICK – CND
EARTH IS MAN'S HOME • 1967 • SHT

CHAPEROT GEORGES – FRN – 1902–
RENAISSANCE DU RAIL, LA • 1949 • DOC

CHAPIER HENRI – Film critic – FRN – 1931–
CHAPIER HENRY
SIERRA FALCON • 1967 • DCS
ETE AMERICAIN, UN • 1969 • DOC
SEX POWER • 1970
SALUT JERUSALEM • COLLINES DE SION, LES • 1972 • DOC
AMORE • AMOUR • 1973
PROMOTEUR, LE • 1973

CHAPIER HENRY see **CHAPIER HENRI**

CHAPIN BENJAMIN – USA
AT THE SLAVE AUCTION • 1917 • SHT
CALL TO ARMS • 1917 • SHT
MY FATHER • 1917 • SHT
MY MOTHER • 1917 • SHT
MYSELF • 1917 • SHT
OLD ABE • 1917 • SHT
PRESIDENT'S ANSWER, THE • 1917 • SHT
DOWN THE RIVER • 1918 • SHT
MY MOTHER • 1918 • SHT
UNDER THE STARS • 1918 • SHT

CHAPIN HARRY – USA
LEGENDARY CHAMPIONS • 1968 • DOC

CHAPIN JAMES – USA
AFTER DARK • 1924
HUTCH OF THE U.S.A. • HUTCH -U.S.A. • 1924
POISON • 1924
SURGING SEAS • 1924
TURNED UP • 1924
VIRTUE'S REVOLT • 1924

CHAPLIN CHARLES – Actor/ producer – USA – 1889–1977
BUSY DAY, A • MILITANT SUFFRAGETTE ○ LADY CHARLIE • 1914
CAUGHT IN A CABARET • JAZZING WITH SOCIETY ○ JAZZ WAITER ○ WAITER, THE ○ FAKING WITH SOCIETY • 1914
CAUGHT IN THE RAIN • AT IT AGAIN ○ WHO GOT STUNG? • 1914
CHARLIE CHAPLIN'S BURLESQUE ON CARMEN • CARMEN • 1914
DOUGH AND DYNAMITE • DOUGHNUT DESIGNER, THE ○ COOK, THE • 1914
FACE ON THE BARROOM FLOOR, THE • HAM ARTIST, THE • 1914
FATAL MALLET, THE • PILE DRIVER, THE ○ RIVAL SUITORS ○ HIT HIM AGAIN • 1914
GENTLEMEN OF NERVE • SOME NERVE ○ CHARLIE AT THE RACES • 1914
GETTING ACQUAINTED • FAIR EXCHANGE, A ○ HULLO EVERYBODY • 1914
HER FRIEND THE BANDIT • MABEL'S FLIRTATION ○ THIEF CATCHER, A • 1914
HIS MUSICAL CAREER • MUSICAL TRAMPS ○ PIANO MOVERS, THE • 1914
HIS NEW PROFESSION • GOOD FOR NOTHING, THE ○ HELPING HIMSELF • 1914
HIS PREHISTORIC PAST • DREAM, A ○ KING CHARLIE ○ CAVEMAN, THE • 1914
HIS TRYSTING PLACE • FAMILY HOUSE, THE ○ FAMILY HOME • 1914
LAUGHING GAS • TUNING HIS IVORIES ○ DENTIST, THE ○ DOWN AND OUT • 1914
MABEL'S BUSY DAY • CHARLIE AND THE SAUSAGES ○ LOVE AND LUNCH ○ HOT DOGS • 1914
MABEL'S MARRIED LIFE • WHEN YOU'RE MARRIED ○ SQUAREHEAD, THE • 1914

MASQUERADER, THE • FEMALE IMPERSONATOR, THE ○ PUTTING ONE OVER • 1914
NEW JANITOR, THE • BLUNDERING BOOB, THE ○ PORTER, THE • 1914
PROPERTY MAN, THE • GETTING HIS GOAT ○ ROUSTABOUT, THE ○ VAMPING VENUS • 1914
RECREATION • SPRING FEVER • 1914
ROUNDERS, THE • OH, WHAT A NIGHT ○ TWO OF A KIND ○ REVELRY ○ LOVE THIEF, THE • 1914
THOSE LOVE PANGS • RIVAL MASHERS, THE ○ BUSTED HEARTS ○ BUSTED RIVALS • 1914
BANK, THE • 1915
BY THE SEA • CHARLIE'S DAY OUT • 1915
CHAMPION, THE • CHAMPION CHARLIE ○ BATTLING CHARLIE • 1915
HIS NEW JOB • 1915
HIS REGENERATION • 1915
IN THE PARK • CHARLIE ON THE SPREE • 1915
JITNEY ELOPEMENT, A • MARRIED IN HASTE • 1915
NIGHT IN THE SHOW, A • CHARLIE AT THE SHOW • 1915
NIGHT OUT, A • CHAMPAGNE CHARLIE • 1915
SHANGHAIED • CHARLIE ON THE OCEAN ○ CHARLIE THE SAILOR • 1915
TRAMP, THE • CHARLIE THE HOBO • 1915
WOMAN, A • CHARLIE AND THE PERFECT LADY ○ PERFECT LADY, A • 1915
WORK • PAPERHANGER, THE ○ PLUMBER, THE • 1915
BEHIND THE SCREEN • 1916 • SHT
COUNT, THE • 1916 • SHT
FIREMAN, THE • 1916
FLOORWALKER, THE • STORE, THE • 1916 • SHT
ONE A.M. • 1916 • SHT
PAWNSHOP, THE • 1916 • SHT
POLICE! • CHARLIE THE BURGLAR • 1916 • SHT
RINK, THE • 1916 • SHT
VAGABOND, THE • 1916 • SHT
ADVENTURER, THE • 1917
CURE, THE • 1917 • SHT
EASY STREET • 1917 • SHT
IMMIGRANT, THE • 1917 • SHT
BOND, THE • CHARLES CHAPLIN IN A LIBERTY BOND APPEAL • 1918 • SHT
DOG'S LIFE, A • 1918 • SHT
SHOULDER ARMS • 1918 • SHT
TRIPLE TROUBLE • 1918 • SHT
DAY'S PLEASURE, A • 1919 • SHT
SUNNYSIDE • 1919 • SHT
IDLE CLASS, THE • 1921
KID, THE • 1921
NICE AND FRIENDLY • 1922 • SHT
PAY DAY • 1922 • SHT
PILGRIM, THE • 1923
WOMAN OF PARIS, A • PUBLIC OPINION ○ DESTINY • 1923
GOLD RUSH, THE • 1925
WOMAN OF THE SEA, A • SEA GULL, THE • 1926
CIRCUS, THE • 1928
CITY LIGHTS • 1931
CHASE ME CHARLIE • 1932 • CMP
MODERN TIMES • 1936
CHARLIE CHAPLIN CARNIVAL • 1938 • CMP
CHARLIE CHAPLIN CAVALCADE • 1938 • CMP
CHARLIE CHAPLIN FESTIVAL • 1938 • CMP
GREAT DICTATOR, THE • 1940
MONSIEUR VERDOUX • 1947
LIMELIGHT • 1952
KING IN NEW YORK, A • 1957
CHAPLIN REVUE, THE • 1960 • CMP
COUNTESS FROM HONGKONG, THE • 1966

CHAPLIN STANISLAV – USS

GROZA NAD BYELOY • THUNDERSTORM OVER THE BELAYA ○ STORM OVER THE BELAYA RIVER • 1968

CHAPLIN SYD see **CHAPLIN SYDNEY**

CHAPLIN SYDNEY – Actor – USA – 1885–1965

CHAPLIN SYD

SUBMARINE PILOT, A • SUBMARINE PIRATE, A • 1915
KING, QUEEN, JOKER • JOKER, THE • 1921

CHAPMAN CHRISTOPHER – CND – 1927–

SEASONS, THE • SAISONS, LES • 1953 • DCS
QUETICO • 1958 • DOC
ESSAY IN FILM • 1960 • DOC
VILLAGE IN THE DUST • 1961 • DOC
SAGUENAY • 1962 • DOC
MAGIC MOLECULE, THE • 1964 • DOC
PERSISTENT SEED, THE • 1964 • DOC
PLACE TO STAND, A • 1967 • DOC
FESTIVAL • 1970 • DOC
IMPRESSIONS 1670–1970 • 1970 • DOC
ONTARIO • 1970 • DOC
CANADA • 1973 • DOC
TORONTO THE GOOD • 1973 • DOC
VOLCANO • 1973 • DOC
SENSE OF HUMUS, A • 1976 • DOC
ANTHONY BURGESS' ROME • 1978 • DOC
PYRAMID OF ROSES • 1980 • DOC
SASKATCHEWAN -LAND ALIVE • 1980 • DOC
KELLY • 1981
WILDERNESS • 1984
CHICAGO MUSEUM OF SCIENCE AND INDUSTRY • 1986 • DOC
U.S. PAVILION FILM (EXPO 86) • 1986

CHAPMAN MATTHEW – UKN – 1950–

HUSSY • 1980
STRANGERS KISS • 1982
SLOW BURN • 1986
HEART OF MIDNIGHT • 1988

CHAPMAN MICHAEL – USA – 1935–

ALL THE RIGHT MOVES • 1983
CLAN OF THE CAVE BEAR, THE • 1985
ANNIHILATOR • 1986 • TVM
JURYMAN, THE • 1987

CHAPOT – FRN

HOMMES DU PETROLE, LES • 1961 • SHT

CHAPOT JEAN – FRN – 1930–

VOLEUSE, LA • SCHORNSTEIN NR.4 (FRG) • 1966
ANNEES LUMIERE, LES • 1972
GRANGES BRULEES, LES • MIA LEGGE, LA (ITL) ○ SUSPICION OF MURDER • 1973
DOCTEUR TEYRAN • 1980 • MTV

CHAPOUILLIE GUY – FRN – 1942–

OLIVIER, L' • 1975 • DOC

CHAPPDELAINE SOIZIC – FRN – 1951–

QUAND LES FEMMES ONT PRIS LA COLERE • 1977

CHAPPELL PETER – UKN

EL SALVADOR: POTRAIT OF A LIBERATED ZONE • 1982 • DOC

CHAPUT PATRICK – FRN – 1951–

BETE NOIRE, LA • 1983

CHARDEAUX FRANCOIS – FRN – 1939–

INDE AU FEMININ, L' • 1972 • DOC

CHARDON CYRIL – FRN

CHATTE SUR UN DOIGT BRULANT, LA • 1974

CHARDON RICHARD – ITL

COLT, CINQUE DOLLARI, UNA CAROGNA, UNA • COLT, FIVE DOLLARS AND CARRION, A • 1967
SETTE COLT PER SETTE CAROGNE • 1968

CHARDYNIN PYOTR – USS – 1878–1934

PIKOVAYA DAMA • QUEEN OF SPADES (USA) • 1910
KREUTZER SONATA, THE • 1911
CHRYSANTHEMUMS • 1914
WOMAN OF TOMORROW • 1914
FLOOD • 1915
NATASHA ROSTOVA • 1915

CHAREF MEHDI – ALG – 1951–

THE AU HAREM D'ARCHIMEDE, LE • TEA IN THE HAREM (USA) • 1984
MISS MONA • 1986
CAMOMILLE • 1988

CHARELL ERICH see **CHARELL ERIK**

CHARELL ERIK – Stage director – GRM – 1895–1974

CHARELL ERICH • CHARREL ERIK

CONGRES S'AMUSE, LE • CONGRES QUI DANSE, LE • 1931
CONGRESS DANCES • 1931
KONGRESS TANZT, DER • 1931
CARAVAN • 1934
CARAVANE • 1934

CHARGONIN A. see **CHARGONIN ALEXANDER**

CHARGONIN ALEXANDER – USS

CHARGONIN A.

SONKA ZOLOTAYA RUCHKA • SONKA, THE GOLDEN HAND • 1916 • SRL
LYUDI GREKHA I KROVI • PEOPLE OF SIN AND BLOOD • 1917

CHARI S. K. A. see **CHARY S. K. A.**

CHARLES FREDDY – BLG

HOMME BRUN, L' • 1980
ESPACE D'UN CRI, L' • 1984
SAN FRANCISCO • 1984

CHARLOT ANDRE – FRN

ELSTREE CALLING • 1930
JUGEMENT DE MINUIT, LE • MYSTERE DE LA DAME BLONDE, LE ○ VENGEUR, LE • 1932

CHARLOT MARTIN – USA

MEMENTO MEI • 1963
APOCALYPSE 3:16 • 1964
KALAPANA, 1964 • 1965 • DOC

CHARLTON ROBERT – USA

NO BIG DEAL • 1983

CHARLTON WILLIAM S. – UKN

LOVE'S INFLUENCE • 1922

CHARON JACQUES – Actor – FRN – 1920–1978

FLEA IN HER EAR, A • PUCE A L'OREILLE, LA (FRN) • 1968

CHARPAK ANDRE – FRN – 1930–

VIE NORMAL, LA • 1966
CRIME DE DAVID LEVINSTEIN, LE • 1968
PROVOCATION, LA • 1969

CHARREL ERIK see **CHARELL ERIK**

CHARRINGTON ARTHUR – UKN

EAST LYNNE • 1913
FLYING FROM JUSTICE • 1913
GRIP OF IRON, THE • 1913
MERCIA THE FLOWER GIRL • 1913
TRACKING THE BABY • 1913
WANTED A HUSBAND • 1913

CHART JACK – UKN

BULLY AND THE RECRUIT, THE • 1908
RAISED FROM THE RANKS • 1908
STILL WORTHY OF THE NAME • 1908
HOW THEY MADE A MAN OF BILLY BROWN • 1909

CHARTERS SAMUEL – USA

BLUES, THE • 1962 • SHT

CHARTIER – FRN

PREMIER PAS, LE • 1950 • SHT
VILLAGE DU MILIEU DES BRUMES, LE • 1961 • SHT

CHARTRAND ALAIN – CND – 1946–

ATABOY • 1967 • SHT
ISIS AU 8 • 1972
PIASTRE, LA • 1975

CHARY S. K. A. – IND

CHARI S. K. A.

MAADI VEETU MAAPILLAI • SON-IN-LAW WHO STAYS ON THE TOP FLOOR, THE • 1967
MANASAKHI • 1968

CHARYEV MEJEK – USS

BUBBLE, THE • 1976 • ANM

CHASE BRANDON – Producer – USA

BEALE LEE

GIRL IN TROUBLE • 1963
THREESOME • URSULA • 1969

CHASE CHARLEY see **PARROTT CHARLES**

CHASE RICHARD – USA

NO GO! • 1973
HELL'S ANGELS FOREVER • 1982

CHASE RONALD – USA

LULU • 1977

CHASKEL PEDRO – CUB

OJOS COME PAPA, LOS • EYES LIKE DADDY • 1979 • DOC
CONSTRUCTOR CADA DIA, COMPANERO • BUILDING EACH DAY, COMPANERO • 1982

CHATAWAY RICHARD – Animator – ASL

WALTZING MATILDA • 1985 • ANM

CHATELAIN HELENE – FRN

PRISONS AUSSI, LES • 1971 • DOC

CHATILIEZ ETIENNE – FRN

VIE EST UN LONG FLEUVE TRANQUILLE, LA • 1988
TATIE DANIELLE • 1990

CHATTERJEE ASHOKE – IND

LAB KUSH • 1967

CHATTERJEE BASU – IND

CHATTERJI BASU

SARA AKASH • WHOLE SKY, THE • 1970
RAJANIGANDHA • 1974
SWAMI • 1976
MAN PASAND • 1979

CHATTERJEE JAGANNATH – IND

CHHOTTO JIJNASA • TINY QUESTION, A • 1968

CHATTERJEE NABYENDU – IND

ADWITIYA • IMCOMPARABLE • 1968
MULLYAYAN • 1989

CHATTERJEE SANJIB – IND

TILOTTAMA • 1949

CHATTERJI BASU see **CHATTERJEE BASU**

CHATTERTON BOB – USA

HOBO AND THE CIRCUS, THE • SHT
PASSION IN A SEASIDE SLUM

CHATTERTON THOMAS – USA

CHATTERTON TOM

CACTUS BLOSSOM, THE • 1915
TRICKED • 1915
WELLS OF PARADISE, THE • 1915
ACCORDING TO ST. JOHN • 1916 • SHT
MARGY OF THE FOOTHILLS • 1916 • SHT
QUAGMIRE, THE • 1916 • SHT
RANGER OF LONESOME GULCH, THE • 1916 • SHT
SILENT SELBY • 1916 • SHT
TWO BITS • 1916 • SHT
WHEN THE LIGHT CAME • 1916 • SHT

CHATTERTON TOM see **CHATTERTON THOMAS**

CHAUDET L. W. see **CHAUDET LOUIS W.**

CHAUDET LOUIS see **CHAUDET LOUIS W.**

CHAUDET LOUIS W. – USA – 1884–

CHAUDET LOUIS WILLIAM • CHAUDET LOUIS • CHAUDET L. W.

MERRY ANDREWS
BEACHED AND BLEACHED • 1915
BLACK LEOPARD, THE • 1915
BOUND BY THE LEOPARD'S LOVE • 1915
IN THE AMAZON JUNGLE • 1915
JOURNEY'S END, THE • 1915
LIVES OF THE JUNGLE • 1915
MASTER OF THE BENGALS, THE • 1915
ORANG-OUTANG, THE • 1915
QUEST, THE • 1915
TIGER BAIT • 1915
TIGER CUB, THE • 1915
TRAILED TO THE PUMA'S LAIR • 1915
ALMOST GUILTY • 1916 • SHT
BARFLY, THE • 1916 • SHT
BATTLE OF CHILE CON CARNE, THE • 1916 • SHT
BOY FROM THE GILDED EAST, THE • 1916
BROKE, BUT AMBITIOUS • 1916 • SHT
HIS OWN NEMESIS • 1916 • SHT
HOW DO YOU FEEL? • 1916 • SHT
IN JUNGLE WILDS • 1916 • SHT
IT SOUNDED LIKE A KISS • 1916 • SHT
KNIGHTS OF THE BATHTUB • 1916 • SHT
MODEL 46 • 1916 • SHT
NOBODY GUILTY • 1916 • SHT
PASS THE PRUNES • 1916 • SHT
POLITICAL TRAMP, A • 1916 • SHT
PRETTY BABY • 1916 • SHT
SILLY SULTAN, A • 1916 • SHT
TERRIBLE TURK, THE • 1916 • SHT
TWO SMALL TOWN ROMEOS • 1916 • SHT
WHITE TURKEY, THE • 1916 • SHT
WITH THE SPIRITS HELP • 1916 • SHT
BUNDLE OF TROUBLE, A • 1917 • SHT
BURGLAR BY REQUEST • 1917 • SHT
DARK DEED, A • 1917 • SHT
DOWN WENT THE KEY • 1917 • SHT
EDGE OF THE LAW, THE • 1917
FOLLOW THE GIRL • 1917
FOLLOW THE TRACKS • 1917 • SHT
HASTY HAZING, A • 1917 • SHT
HIS WIFE'S RELATIVES • 1917 • SHT

HOME WRECKERS, THE • 1917 • SHT
LOST APPETITE, THE • 1917 • SHT
MACARONI SLEUTH, A • 1917 • SHT
MILLION IN SIGHT, A • 1917 • SHT
MIXED MATRIMONY • 1917 • SHT
MOVING DAY • 1917 • SHT
ONE THOUSAND MILES AN HOUR • 1917 • SHT
PETE THE PROWLER • 1917 • SHT
POOR PETER PIOUS • 1917 • SHT
PRACTICE WHAT YOU PREACH • 1917 • SHT
RUSHIN' DANCERS, THE • 1917 • SHT
SHOT IN THE WEST • 1917 • SHT
SOCIETY'S DRIFTWOOD • 1917
SOME SPECIMENS • 1917 • SHT
TELL MORGAN'S GIRL • 1917 • SHT
TO BE OR NOT TO BE MARRIED • 1917 • SHT
TO OBLIGE A VAMPIRE • 1917 • SHT
TREAT 'EM ROUGH • 1917 • SHT
UNDER THE BED • 1917 • SHT
WHAT A CLUE WILL DO • 1917 • SHT
WHEN THE CAT'S AWAY • 1917 • SHT
WHY, UNCLE! • 1917 • SHT
WINNING PAIR, THE • 1917 • SHT
YOUNG PATRIOT, THE • 1917 • SHT
GIRL OF MY DREAMS, THE • 1918
HOOP-LA • 1919
LONG LANE'S TURNING, THE • 1919
LOVE CALL, THE • 1919
BLUE BONNET, THE • 1920
COMMON SENSE • 1920
KINGFISHER'S ROOST, THE • 1922
DEFYING DESTINY • 1923
MAN OF NERVE, A • 1925
CAPTAIN'S COURAGE, A • 1926
EYES RIGHT! • 1926
FIGHTING JACK • 1926
LIGHTNING BILL • 1926
TENTACLES OF THE NORTH • 1926
SPEEDING HOOFS • 1927
OUTCAST SOULS • 1928
DEVIL BEAR, THE • 1929

CHAUDET LOUIS WILLIAM see **CHAUDET LOUIS W.**

CHAUDET S. – USA
LOVE AND A LIAR • 1916 • SHT

CHAUDET WILLIAM – USA
FINGER OF JUSTICE, THE • 1918

CHAUDHRI AMIN – IND – 1938–
CHAUDHRI AMIN Q. • CHAUDHURI AMIN
AT HOME WITH JAZZ
HAPPY ANNIVERSARY
KHAJURAHO ETERNAL
LAND OF BUDDHA, THE
VICE GIRLS, LTD. • 1964
SWEET VENGEANCE • 1970
ONCE AGAIN • 1986
TIGER WARSAW • 1987

CHAUDHRI AMIN Q. see **CHAUDHRI AMIN**

CHAUDHRY HAIDER – PKS – –1990
BARDASHT • 1988
HAKUMAT • 1988
SMART • 1990

CHAUDHURI AMIN see **CHAUDHRI AMIN**

CHAUDHURI BIPLAB RAY – IND
SHODH • SEARCH, THE • 1979

CHAUDHURY see **CHAUDHURY AHINDRA**

CHAUDHURY AHINDRA – IND
CHAUDHURY
SULOCHANA • TEMPLE BELLS • 1934
DRAUPADI • 1939

CHAUSSOIS DOMINIQUE – FRN
MOUSTACHU, LE • 1986

CHAUTARD EMILE – Actor – FRN – 1881–1934
GAMIN DE PARIS, LE • 1910
MEDECIN MALGRE LUI, LE • 1910
CESAR BIROTTEAU • 1911
LEGENDE D'AIGLE, LA • 1911
MATER DOLOROSA • 1911
DAME DE CHEZ MAXIM'S, LA • 1912
DAME DE MONTSOREAU, LA • 1912
GAIETES DE L'ESCADRON, LES • 1912
OCCUPE-TOI D'AMELIE • 1912
POISON DE L'HUMANITE, LE • 1912
SAPHO • 1912
MYSTERE DE LA CHAMBRE JAUNE, LE • MYSTERY OF THE YELLOW ROOM, THE • 1913
SCULPTEUR AVEUGLE, LE • 1913
VEUVE JOYEUSE, LA • 1913
AIGLON, L' • 1914
APPRENTIE, L' • 1914
BAGNES D'ENFANTS • 1914
FAISEUR DE FOUS, LE • 1914
PARFUM DE LA DAME EN NOIR, LE • 1914
PARURE, LA • 1914
ARRIVAL OF PERPETUA, THE • 1915
BOSS, THE • 1915
LITTLE DUTCH GIRL, THE • 1915
RACK, THE • 1915
ALL MAN • 1916
FRIDAY THE 13TH • 1916
HEART OF A HERO, THE • NATHAN HALE • 1916
HUMAN DRIFTWOOD • 1916
LOVE'S CRUCIBLE • 1916
SUDDEN RICHES • 1916
DOUBLE CROSSED • 1917
ETERNAL TEMPTRESS, THE • 1917
FAMILY HONOR, THE • 1917
FIRES OF YOUTH • 1917
FORGET-ME-NOTS • FORGET-ME-NOT • 1917
HEART OF EZRA GREER, THE • 1917
HUNGRY HEART, A • 1917
MAGDA • 1917
MAN WHO FORGOT, THE • 1917
SAPPHO • 1917
UNDER FALSE COLORS • 1917
WEB OF DESIRE, THE • 1917
DAUGHTER OF THE OLD SOUTH, A • 1918
FEDORA • 1918
HER FINAL RECKONING • 1918
HOUSE OF GLASS, THE • 1918
MARIONETTES, THE • 1918
ORDEAL OF ROSETTA, THE • 1918
UNDER THE GREENWOOD TREE • 1918
EYES OF THE SOUL • 1919
HIS PARISIAN WIFE • 1919
MARRIAGE PRICE, THE • 1919
MYSTERY OF THE YELLOW ROOM, THE • 1919
OUT OF THE SHADOW • 1919
PAID IN FULL • 1919
BLACK PANTHER'S CUB, THE • 1921
FORSAKING ALL OTHERS • 1922
GLORY OF CLEMENTINA, THE • 1922
LIVING LIES • 1922
WHISPERING SHADOWS • 1922
YOUTH TO YOUTH • 1922
DAYTIME WIVES • 1923
UNTAMED YOUTH • BEWARE THE WOMAN ○ BORN OF THE CYCLONE • 1924

CHAUVAUD FRANCIS – FRN – 1948–1978
FRAIRIE, LA • 1975

CHAUVEL CHARLES – ASL – 1897–1959
GREENHIDE • 1926
MOTH OF MOONBI • 1926
IN THE WAKE OF THE BOUNTY • 1933
HERITAGE • 1935
UNCIVILISED • 1936
FORTY THOUSAND HORSEMEN • 1940
POWER TO WIN, THE • 1942 • DOC
SOLDIERS WITHOUT UNIFORMS • 1942 • DOC
MOUNTAIN GOES TO SEA, A • 1943 • DOC
RUSSIA AFLAME • 1943 • DOC
WHILE THERE IS STILL TIME • 1943 • DOC
RATS OF TOBRUK, THE • FIGHTING RATS OF TOBRUK (USA) • 1944
SONS OF MATTHEW • RUGGED O'RIORDANS, THE • 1949
JEDDA • JEDDA THE UNCIVILIZED (USA) • 1955

CHAVANCE LOUIS – Screenwriter – FRN – 1907–
PRENDS LA ROUTE • 1936

de CHAVANNES FRANCOIS – FRN – 1940–
COMEDIE DU TRAIN DES PIGNES, LA • 1977

CHAVARRI JAIME – SPN – 1943–
ESTADO DE SITIO • 1971 • SHT
PASTEL DE SANGRE • BLOOD PUDDING ○ BLOOD PIE • 1971
PERMANENCIA DEL ARABESCO • 1971 • SHT
SENALES EN LA VENTANA • 1974 • SHT
VIAJES ESCOLARES, LOS • 1974
DESENCANTO, EL • DISENCHANTMENT, THE • 1976
A UN DIOS DESCONOCIDO • TO AN UNKNOWN GOD • 1977
DEDICATORIA • DEDICATION • 1980
BEARN • 1983
BICICLETAS SON PARA EL VERANO, LAS • BICYCLES ARE FOR THE SUMMER • 1983
COSAS DEL QUERER, LAS • FOND THINGS • 1989

CHAVDAROV GEORGI – BUL
ZAIKO-BAIKO • 1970 • ANS
IDOLAT • IDOL • 1972

CHAVIRA J. ALFONSO – MXC
HOMBRE PROPONE.., EL • 1964

CHBIB BACHAR – SYR – 1959–
BETSY • 1983
OR 'D' UR • 1983
AMOUR IMPOSSIBLE • 1984
MARIA CARMEN'S SPAIN • 1985
MEMOIRS • 1985
EVICTION • 1986
CLAIR OBSCUR • 1988
SEDUCTIO • 1988

CHE TEN-TAI – HKG
TRUE GAME OF DEATH, THE • 1979

CHEBOTARYOV V. see **CHEBOTARYOV VLADIMIR**

CHEBOTARYOV VLADIMIR – USS
CHEBOTARYOV V.
CHELOVEK AMPHIBIA • AMPHIBIAN MAN, THE (USA) ○ HUMAN AMPHIBIAN, THE ○ CELOVEK ANFIBJAN ○ AMPHIBIOUS MAN, THE • 1962
PARTY SECRETARY, THE • 1964
WHAT DO WE CALL YOU NOW? • 1965
DIKI MYOD • WILD HONEY • 1967
DOWNFALL, THE • FALL-DOWN, THE • 1969

CHECHIK JEREMIAH – USA
NATIONAL LAMPOON'S CHRISTMAS VACATION • 1989

CHECINSKI STANISLAW – PLN
NIE MA MOCNYCH • NO ONE IS STRONG • 1975

CHECINSKI SYLWESTER – PLN
HISTORIA ZOLTEJ CIZEMKI • STORY OF THE YELLOW BOOTEE, THE ○ YELLOW SLIPPERS, THE (USA) • 1962
AGNIESZKA 46 • 1964
SAMI SWOI • WE ARE ALL FRIENDS ○ ALL FRIENDS HERE • 1967
KOCHAJ ALBO RZUC • BIG DEAL • 1977
WIELKI SZU • BIG SHAR • 1982

CHEDIAK BRAZ – BRZ
VICIADOS, OS • HOOKED, THE • 1968
CONFISSOES DE FREI ABOBORA, AS • 1970
PERDOA-ME POR ME TRAIRES • FORGIVE ME FOR YOUR PORTRAYAL • 1986

CHEEK DOUGLAS – USA
C.H.U.D. • 1984

CHEKANOVSKY – USS
GOPAK • 1931 • SHT

CHEKHOVA OLGA – USS
POLICHE • 1928
VICTORIOUS, THE • 1928

CHELINTSEV B. M. – USS
TAINSTVENNI OSTROV • MYSTERIOUS ISLAND • 1941

CHELLE GASTON – FRN
FRANCE EST UN EMPIRE, LA • 1939 • DOC

CHEMEL ANDRE – FRN
PROFESSEUR CUPIDON • PROF' INGENU, LE • 1933

CHEMINAL DOMINIQUE – FRN – 1940–
PIERRE • 1972
FEMME IVOIRE, LA • 1984

CHEN ANQI – HKG
CHAN ANGIE
HUAJIE SHIDAI • MY NAME AIN'T SUZIE • 1985
LIAN'AI MIYU • CHAOS BY DESIGN • 1987

CHEN BETTY YAO-JUNG – USA
MARGUERITE • 1971 • ANS

CHEN CHI HUA – HKG
CHEN CHI HWA • CH'EN CHIH-HUA • CHEN CHI WAH
YUAN WANG A! TA JEN! • INJUSTICE! MY LORD! ○ KUAN-JEN! WO YAO.. ○ I WANT MORE ○ CONFESSIONS OF A CONCUBINE ○ STORY OF SUSAN • 1976
SHAOLIN CHAMBER OF DEATH • SHAOLIN WOODEN MEN • 1984
SNAKE AND CRANE: ARTS OF SHAOLIN • 1984
HALF A LOAF OF KUNG FU • 1985

CHEN CHI HWA see **CHEN CHI HUA**

CHEN CHI WAH see **CHEN CHI HUA**

CH'EN CHIH-HUA see **CHEN CHI HUA**

CH'EN CHU-CHAO – HKG
MENG • I DO! • 1984

CHEN FAN – CHN
CEN FAN
LIN ZEXU • OPIUM WAR, THE ○ LIN TSE-HSU • 1959

CHEN FANGQIAN – CHN
HONGHU CHIWEIDUI • RED GUARDS OF LAKE HONG • 1961

CH'EN FENG – HKG
CHIH AI-CH'IN P'ENG • BEST FRIENDS, THE • 1977 • DOC

CHEN HAO – HKG
CONFESSIONS OF A PRIVATE SECRETARY

CH'EN HSIN-CHIEN – HKG
CH'IANG-NEI CH'IANG-WAI • SERVANTS, THE • 1980

CHEN HUAI-AI – CHN
SONG OF YOUTH
DAHE BENLIU • GREAT RIVER FLOWS ON, THE • 1978

CHEN HUNG-MING – HKG
EIGHT IMMORTALS • 1971
FLYING DRAGON MOUNTAIN • 1971

CHEN KAIGE – CHN – 1956–
DA YUEBING • BIG PARADE, THE ○ TROOP REVIEW • 1985
HUANG TUDI • YELLOW EARTH • 1985
HAI ZI WANG • KING OF THE CHILDREN ○ HAIZI WANG • 1987

CH'EN K'UN-HOU – TWN
MATRIMONY, THE
KUEI-HUA HSIANG • OSMANTHUS ALLEY • 1987
CH'UN-CH'IU CH'A-SHIH • MY MOTHER'S TEAHOUSE • 1988

CH'EN KUO-FU – TWN
KUO-CHUNG NU-SHENG • HIGHSCHOOL GIRLS • 1989

CH'EN LE-YI – HKG
SHIH SAN SHOU • THREE POEMS • 1977

CHEN LIZHOU – CHN
ROAD, THE • 1983

CHEN LO – HKG
SHE WANG-TZU • SNAKE PRINCE • 1976

CHEN LONG see **CHAN JACKIE**

CH'EN MING-HUA – HKG
PAO-PIAO • CHINA ARMED ESCORT • 1977

CHEN RICHARD see **CH'EN YAO-CH'I**

CHEN SHAO PENG – HKG
MAGNIFICENT, THE • 1981

CHEN WAH – HKG
HE'S A LEGEND, HE'S A HERO • STORY OF THE DRAGON, THE • 1977

CHEN XIHE – CHN
JIA • FAMILY • 1957

CHEN XINJIAN – HKG
CHAN PHILIP
TONGS: A NEW YORK CHINATOWN STORY • TONGS: A CHINATOWN STORY ○ TONGS • 1986
SHENTAN ZHUGULI • INSPECTOR CHOCOLATE • 1987

CH'EN YAO-CH'I – HKG
YAO-CH'I RICHARD CH'EN • CHEN RICHARD
AI-CH'ING CH'ANG P'AO • RUN LOVER RUN • 1976
CHUI CH'IU CHUI CH'IU • CHASING GAME, THE • 1976
HSIANG-HSIA PIYEH-SHENG • GRADUATE FROM THE COUNTRYSIDE • 1976
WU CHIA CHIH PAO • PRICELESS TREASURE • 1976
SHAO NU SHIH CHIEH • YOUNG GIRL'S TEN RULES, A • 1977
TI-TI JIH-CHI • MISS TATTY'S DIARY • 1977
YUAN • PIONEERS, THE • 1980
WAN-CH'UN CH'ING-SHIH • SPRING SWALLOW (UKN) • 1989
MING-YUEH CHI-SHIH YUAN • 1990

CHEN YOU – HKG
CHAN ANTHONY
YIWA LIANGQI • HAPPY BIGAMIST • 1987
YIQI LIANGFU • ONE HUSBAND TOO MANY • 1988
BATTUTMATDIK YAN • FISHY STORY, A • 1989

CHEN YUAN-LONG see **CHAN JACKIE**

CHENAL PIERRE – FRN – 1903–
YOUNG DAVE
PARIS CINEMA • 1929 • SHT
MARTYRE DE L'OBESE, LE • 1932
POUR UN PIANO • 1934
RUE SANS NOM, LA • 1934
CRIME ET CHATIMENT • CRIME AND PUNISHMENT (USA) • 1935
HOMME DE NULLE PART, L' • LATE MATHIAS PASCAL, THE (USA) ○ MAN FROM NOWHERE, THE • 1936
MUTINES DE L'ELSENEUR, LES • 1936
AFFAIRE LAFARGE, L' • 1937
ALIBI • 1938
MAISON DU MALTAIS, LA • SIROCCO (USA) • 1938
DERNIER TOURNANT, LE • POSTMAN ALWAYS RINGS TWICE, THE ○ LAST BEND, THE • 1939
TODO UN HOMBRE • 1943
MUEROTO FALTA A LA CITA, EL • 1944
SE ABRE EL ABISMO • 1945
FOIRE AUX CHIMERES, LA • DEVIL AND THE ANGEL, THE (USA) ○ FAIR ANGEL, THE ○ ILLUSIONS • 1946
VIAJE SIN REGRESO, EL • 1946
CLOCHEMERLE • SCANDALS OF CLOCHEMERLE, THE (USA) • 1947
SANGRE NEGRA • NATIVE SON (USA) • 1948
IDOLO, EL • 1949
CONFESIONAL AMANECER • 1951
FLEUVE D'ARGENT, LE • 1956
SECTION DES DISPARUS • 1956
RAFLES SUR LA VILLE • SINNERS OF PARIS (USA) ○ TRAP FOR A KILLER • 1957
JEUX DANGEREUX • DANGEROUS GAMES (USA) • 1958
BETE A L'AFFUT, LA • 1959
NUITS DE RASPOUTINE, LES • NIGHT THEY KILLED RASPUTIN, THE (USA) ○ NIGHTS OF RASPUTIN (UKN) ○ ULTIMO ZAR, L' (ITL) ○ GIANT MONSTER ○ LAST CZAR, THE • 1960
ASSASSIN CONNAIT LA MUSIQUE, L' • 1963
LIBERTINES, LES • 1970
VERSATILE LOVERS • 1975

CHENAULT ROBERT – USA
DECEPTIONS • 1985 • TVM

CHENG BU-KAO – CHN
WILD TORRENT • 1933

CHENG CHANG HO – HKG
CHANG CHENG HO
KING BOXER • FIVE FINGERS OF DEATH ○ INVINCIBLE BOXER • 1971
VALLEY OF THE FANGS • 1971
SKYHAWK • 1974

CHENG CHANG-WA – HKG
DOUBLECROSSERS, THE • 1975

CHENG CHUN-LI see **ZHENG JUNLI**

CHENG HUNG MAN see **CHAN HONG MAN**

CHENG KANG – HKG
TWELVE GOLD MEDALLIONS, THE • 1970
14 AMAZONS, THE • 1972

CHENG KAY YING – HKG
BIG BOSS 2 • BRUCE AGAINST THE ODDS
EAGLE FIST, THE

CH'ENG LUNG see **CHAN JACKIE**

CHENG TOMMY – HKG
NINJA AMERICAN WARRIOR

CHENG XIAODONG see **CHING SIU-TONG**

CHENG YU-WEN – HKG
CH'I-SOU SHIN ERH TAO • DYNAMITE TRIO • 1982

CHENGUELAIA GEORGUI see **SHENGELAYA GEORGI**

CHENGUELAIA NIKOLAI see **SHENGELAYA NIKOLAI**

CHENIS PATTI-LEE – USA
YOGURT CULTURE • ANS

CHENTRENS FEDERICO – ITL
OWENS RICHARD
KILLER PER SUA MAESTA, UN • TUEUR AIME LES BONBONS, LE (FRN) ○ ZUCKER FUR DEN MORDER (FRG) ○ KILLER LIKES CANDY, THE (USA) ○ KILLER OF HIS MAJESTY, A • 1968
PLAYGIRL 70 • 1969
ALL'OVEST DI SACRAMENTO • 1971

CHEPITKO LARISSA see **SHEPITKO LARISSA**

CHERASCO J. – ITL
BANDITO SI.. MA D'ONORE • 1968

CHERASSE JEAN see **CHERASSE JEAN-A.**

CHERASSE JEAN A. see **CHERASSE JEAN-A.**

CHERASSE JEAN-A. – FRN – 1933–
CHERASSE JEAN A. • CHERASSE JEAN
VENDETTA, LA • 1961
CLAIR DE LUNE A MAUBEUGE, UN • 1962
DREYFUS, L'INTOLERABLE VERITE • 1973 • DOC
PRISE DE POUVOIR PAR PHILIPPE PETAIN, LA • 1979 • DOC

CHEREAU PATRICE – FRN – 1944–
CHAIR DE L'ORCHIDEE, LA • ORCHIDEA ROSSO SANGUE, UN' (ITL) • 1974
JUDITH TERPEAUVE • JUDITH THERPAUVE ○ FEMME DANGEREUSE, UNE • 1979
HOMME BLESSE, L' • 1983
HOTEL DE FRANCE • 1986

CHERENTSOV L. – USS
TIME OF HOPE, THE • DOC

CHERIF HACHEMI – ALG – 1939–
EMIR ABDEL-KADER • 1966 • SHT
POUSSIERES DE JUILLET • 1967 • SHT
HISTOIRE D'UN GRAND PEUPLE • 1968
PEINTURE ALGERIENNE, LA • 1969 • SHT
CENTENAIRE DE V.I. LENINE • 1970 • SHT
HISTOIRE DE NOTRE TERRE • 1970 • SHT
CHIENS, LES • 1971
CORDE, LA • 1972

CHERKELOV IVAN – BUL
FRAGMENTED LOVE • 1988

CHERKES D. see **CHERKEZ D.**

CHERKEZ D. – USS
CHERKES D.
SKATING RINK • 1927 • ANS
ADVENTURES OF BARON MUNCHAUSEN, THE • 1929 • ANM

CHERQUES SANIN – BRZ
ESPIA QUE ENTROU EM FRIA, A • FEMALE SPY WHO WENT INTO THE COLD, THE • 1967

CHERRY EVELYN SPICE – CND – c1900–
SPICE EVELYN
WINTER ON THE FARM • 1933
SPRING ON THE FARM • 1934 • DOC
WEATHER FORECAST • 1934 • DOC
PRAIRIE WINTER • 1935 • DOC
AROUND THE VILLAGE GREEN • VILLAGE HARVEST • 1937
CALENDAR OF THE YEAR • 1937 • DOC
JOB IN A MILLION • 1937 • DOC
BIRTH OF THE YEAR • 1938
FINGERS AND THUMBS • 1938
BY THEIR OWN STRENGTH • 1940
MONKEY INTO MAN • 1940
NEW HORIZONS • 1940 • DOC
THAT THEY MAY LIVE • 1942 • DOC
WINDBREAKS FOR THE PRAIRIES • 1942 • DOC
LAND FOR MEN • 1945 • DOC
SOIL FOR TOMORROW • 1945 • DOC
WATER FOR THE PRAIRIES • 1950 • DOC

CHERRY JOHN – USA
CHERRY JOHN R. III
KNOWHUTIMEAN? • 1983
DR. OTTO AND THE RIDDLE OF THE GLOOM BEAM • 1986
ERNEST GOES TO CAMP • 1987
ERNEST SAVES CHRISTMAS • 1988
ERNEST MEETS THE VOODOO QUEEN • 1989

CHERRY JOHN R. III see **CHERRY JOHN**

CHERRY LAWRENCE W. – CND – cl900–66
PRAIRIE WINTER • 1935 • DOC
NEW HORIZONS • 1940 • DOC
THAT THEY MAY LIVE • 1942 • DOC
WINDBREAKS FOR THE PRAIRIES • 1942 • DOC
LAND FOR MEN • 1945 • DOC
SOIL FOR TOMORROW • 1945 • DOC
WATER FOR THE PRAIRIES • 1950 • DOC

CHERRY STANLEY Z. – USA
BRING ME THE HEAD OF DOBIE GILLIS • 1988 • TVM

CHERVYAKOV E. see **CHERVYAKOV YEVGENI**

CHERVYAKOV YEVGENI – USS
CHERVYAKOV E.
DEVUSHKA S DALEKOI REKI • GIRL FROM THE DISTANT RIVER, THE • 1928
MOI SIN • MY SON • 1928
STANITSA OF DALNAYA, THE • 1940

CHESEBRO GEORGE – Actor – USA – 1888–1959
WOLF BLOOD • 1925

CHESSELET – SAF
SEGOPOTSO • 1989

de CHESSIN – FRN
MOLIERE • 1955 • SHT

CHESTER GEORGE RANDOLPH – USA
WRECK, THE • 1917
SINS OF THE MOTHER, THE • 1918
VENGEANCE ON DEMAND • 1919
SON OF WALLINGFORD, THE • 1921

CHESTER GEORGE RANDOLPH MRS. – USA
WRECK, THE • 1917
SINS OF THE MOTHER, THE • 1918
VENGEANCE ON DEMAND • 1919
SON OF WALLINGFORD, THE • 1921

CHETVERIKOV VITALI – USS
SASHA -SASHENKA • SASHA -LITTLE SASHA ○ ACTING ACTRESS • 1967
FLAMES • 1975
CHYORNAYA BERYOZA • BLACK BIRCH, THE • 1977

CHETWYND LIONEL – Screenwriter – UKN – 1940–
DEUX SOLITUDES • TWO SOLITUDES • 1978
HANOI HOTEL, THE • HANOI HILTON • 1987

CHEUIAROON PERMPHOL see **CHEYAROON PERMPOL**

CHEUNG ALFRED see **CHANG CHIEN-T'ING**

CHEUNG CHI-KUE – HKG
ZHANG ZHIJUE
SANDUI YINGYANG YIZHANG CHUANG • COUPLES, COUPLES, COUPLES • 1988

CHEUNG CHI-LEUNG – HKG
CHEUNG JACOB
FEIYIT WONGFAN • BEYOND THE SUNSET • 1988

CHEUNG JACOB see **CHEUNG CHI-LEUNG**

CHEUNG MABEL see **ZHANG WANTING**

CHEUNG SAM see **CHEUNG SUM**

CHEUNG SUM – HKG
CHEUNG SAM
DAGGERS
TWO WONDROUS TIGERS • 1986

CHEUNG TUNG-TSOU – HKG
FOMOU FUNGWAN • BET ON FIRE • 1988

CHEVALIER PIERRE – FRN – 1915–
*CAVALCANTI LINA • KNIGHT PETER**
CONVOI DE FEMMES • CONVOY OF WOMEN
MAISON TELLIER, LA
IMPURES, LES • 1954
VOUS PIGEZ? • MAGGIORATO FISICO, IL (ITL) ○ DIAMOND MACHINE, THE (USA) ○ YOU DIG? ○ YOU GET IT? • 1955
AUBERGE FLEURIE, L' • AUBERGE EN FOLIE, L' • 1956
EN BORDEE • 1957
FERNAND CLOCHARD • 1957
SICILIEN, LE • 1958
MARRAINE DE CHARLEY, LA • 1959
SOUPE AU LAIT • 1959
MOUTON, LE • 1960
AUGUSTE • 1961
REGLEMENTS DE COMPTES • 1962
BON ROI DAGOBERT, LE • GOOD KING DAGOBERT, THE • 1963
CLEMENTINE CHERIE • 1963
NATHALIE, L'AMOUR S'EVEILLE • 1968
PARIS INCONNU • 1969
VIE AMOUREUSE DE L'HOMME INVISIBLE, LA • 1969
ORLOFF ET L'HOMME INVISIBLE • ORLOFF Y EL HOMBRE INVISIBLE (SPN) ○ ORLOFF AND THE INVISIBLE MAN ○ ORLOFF AGAINST THE INVISIBLE MAN (USA) • 1970
AVORTEMENT CLANDESTIN • 1972
PIGALLE, CARREFOUR DES ILLUSIONS • 1972
HOMMES DE JOIE POUR FEMMES VICIEUSES • 1974
MAISON DES FILLES PERDUES, LA • CASA DELLE BAMBOLE CRUDELI, LA (ITL) • 1974

CHEVERTON ROY P. – USA
LOVE IS A CAROUSEL • 1970

CHEVREUILLE PIERRE – BLG
SYRINX • 1963

CHEVREUSE CHRISTIAN – FRN – 1937–
PETITS DESSOUS DES GRANDS ENSEMBLES, LES • 1975

CHEVRY BERNARD – FRN
YEHUDI MENUHIN -CHEMIN DE LUMIERE • YEHUDI MENUHIN -WAY OF LIGHT (UKN) ○ WAY OF LIGHT ○ YEHUDI MENUHIN STORY ○ YEHUDI MENUHIN -ROAD OF LIGHT • 1971 • DOC

CHEYAROON PERMPOL – THL – 1944–
CHEUIAROON PERMPHOL • CHUAROON PERMPOL
PHAI DAENG
DOG'S LIFE, A • 1977
VILLAGE IN THE FOG • 1977
BEGGAR'S TOWN • 1978
HUMAN INSTINCT • 1979
PAI DAENG • RED BAMBOO • 1979
LUANG TA • TEMPLE BELLS • 1980
RAYA • 1981

CHI JAMES LU – HKG
GIRL'S DIARY, THE
ORIENTAL PLAYGIRLS

CHI KUAN-CHUN – HKG
BIG RASCAL, THE • 1980

CHI YIU CHEUNG – HKG
BLOODY HEROES, THE • 1977

CHIANG CHIH–MING – HKG
YUEH–CHAN CHIN TS'UN CHE • WITHOUT A PROMISED LAND • 1981

CHIANG DAVID see **JIANG DAWEI**

CHIANG HUNG – HKG
KUNG FU –THE HEADCRUSHER • 1973
ANGRY DRAGON, THE • 1976
CLONES OF BRUCE LEE, THE • 1979
DRAGON ON FIRE

CHIANG I HSING – HKG
CHIANG YEE ZIONG
KING OF KUNG FU • HE WALKS LIKE A TIGER • 1973

CHIANG JOHN see **JIANG DAWEI**

CHIANG LANG – TWN
K'UNG–PU–TE CH'ING–JEN • THIRD FACE, THE • 1982

CHIANG YEE ZIONG see **CHIANG I HSING**

CHIAPPINI LUIGI V. B. – UKN
PHOENIX AND THE TURTLE, THE • 1972

CHIARELI M. see **CHIAURELI MIKHAIL**

CHIARELI MIKHAIL see **CHIAURELI MIKHAIL**

CHIARI MARIO – Art director – ITL – 1909–
AMORI DI MEZZO SECOLO • 1954
PRETE, FAI UN MIRACOLO • 1975

CHIARI WALTER – Actor – ITL – 1924–
RIDE BENE CHI RIDE ULTIMO • 1977

CHIARINI LUIGI – ITL – 1900–1975
BELLA ADORMENTATA, LA • SLEEPING BEAUTY (USA) • 1942
VIA DELLE CINQUE LUNE • 1942
LOCANDIERA, LA • 1944
ULTIMO AMORE • 1947
PATTO COL DIAVOLO • PACT WITH THE DEVIL • 1948

CHIARISSI VINCENZO – ITL
REDENZIONE, LA • 1958 • DOC

CHIARITO AL – USA
MESSED UP MOVIE MAKERS • 1966 • ANS

CHIAURELI MIKHAIL – USS – 1894–1974
TCHIAOURELLI MICHAEL • CHIARELI M. • CHIARELI MIKHAIL
LAST HOUR, THE • 1921
PERVYI KORNET STRECHNEV • FIRST CORNET STRESHNEV • 1928
LAST HOUR, THE • 1929
SABA • 1929
KHABARDA! • OUT OF THE WAY! • 1931
POSLEDNI MASKARAD • LAST MASQUERADE, THE ○ UKANASKNELI MASKARADI • 1934
ARSEN OF MARABDA • ARSEN • 1937
GREAT DAWN, THE • THEY WANTED PEACE • 1938
VELEKOIE ZAREVO • 1938
GEORGI SAAKADZE PART I • 1942
GEORGI SAAKADZE PART II • 1943
KLYATVA • VOW, THE (USA) • 1946
PADENIYE BERLINA • FALL OF BERLIN, THE (USA) • 1949
NEZABYVAYEMI 1919–1 GOD • UNFORGETTABLE YEAR OF 1919, THE (USA) • 1951
OTAROVA VDOVA • OTAR'S WIDOW ○ OTARAANT KVIRIVI ○ WIDOW OF OTAR • 1958
STORY OF A GIRL, THE • 1960
GENERAL AND DAISIES, THE • 1964
INYYE NYNCHYE VREMENA • TIMES ARE DIFFERENT NOW ○ OTHER TIMES • 1968

CHIBA – JPN
MIREN • REGRETS • 1963

CHIBA SHIGEKI – JPN
MOTHER TERESA AND HER WORLD • 1979 • DOC

CHIBA TAKASHI – JPN
SHOYA GA NIKUI • SPITEFUL BRIDAL NIGHT, A • 1968

CHIBA Y. see **CHIBA YASUKI**

CHIBA YASUKE see **CHIBA YASUKI**

CHIBA YASUKI – JPN
CHIBA YASUKE • CHIBA Y.
ARU YO NO SEPPUN • CERTAIN NIGHT'S KISS, A • 1946
IKITEIRU GAZO • LIVING PORTRAIT • 1948
NIIZUMA KAIGI • NEW WIVES' CONFERENCE • 1949
SHINSAI KAIGI • DIVINE COUNCIL • 1949
TSUMA TO ONNA KISHA • WIFE AND WOMAN JOURNALIST • 1950
AKU NO TANOSHISA • TEMPTATION OF PLEASURE • 1954
HESOKURI SHACHO • PRESIDENT'S BOSS, THE • 1955
SHITAMACHI • DOWNTOWN • 1957
YAJIKITA DOCHUKI • HAPPY PILGRIMAGE • 1958
WAKAI KOIBITOTACHI • YOUNG LOVERS • 1959
GAMETSUI YATSU • THIS GREEDY OLD SKIN (USA) • 1961
HONKON NO YORU • NIGHT IN HONG KONG, A • 1961
FUTARI NO MUSUKO • DIFFERENT SONS • 1962
HONKON NO HOSHI • STAR OF HONG KONG (USA) • 1962
HONOLULU – TOKYO – HONG KONG • 1963
BANGKOK NO YORU • NIGHT IN BANGKOK ○ BANKOKKU NO YORU • 1965
JINCHOGE • DAPHNE • 1966
HARURANMAN • DEVILS–IN–LAW • 1968
KAWACHI FUTEN ZOKU • HIPPIES OF KAWACHI • 1968
WAKAMONO YO CHOSEN SEYO • YOUNG CHALLENGERS • 1968

CHICHKOVA VERA – CZC
VERA KIROVA

CHICKERLING LISA – USA
BRAVO PORTUGAL • 1970 • DOC

CHIEN CHIA CHUN – Animator – CHN
WHERE'S MUMMY? • ANS

CHIEN LAI YEN – HKG
EIGHTEEN BRONZE GIRLS OF SHAOLIN, THE • 18 BRONZE GIRLS OF SHAOLIN, THE ○ BRONZE GIRLS OF SHAOLIN • 1983

CHIEN LUNG – HKG
CHAMPION • 1972
QUEEN OF FIST • 1974

CHIEN YUN–TA – CHN
RED ARMY'S BRIDGE, THE • 1964 • ANS

CHIESA – ARG
DESEMBARCOS • WHEN MEMORY SPEAKS (UKN) • 1989

CHIESA AURELIO – ITL
BIM BUM BAM • 1979

CHIESA CARLO ALBERTO – ITL
DUE SERGENTI, I • 1952

CHIFFRE YVAN – FRN – 1936–
BON BAISERS DE HONG–KONG • 1975
FOU DU ROI, LE • 1984

CHIGINSKY A. – USS
IMMORTALITY • 1958
ROAD TO IMMORTALITY, THE • 1958

CHIGORT LIVIU – RMN
PARALLELS • ANS

CHIKLY SCEMANA – TNS – 1872–1950
SAMAMA–CHIKLY HAYDEE
AIN EL GHEZAL • GIRL FROM CARTHAGE, THE • 1924

CHILDS CLINTON – USA
BLONDE CAPTIVE, THE • BLOND CAPTIVE, THE • 1932 • DOC

CHILI GIORGIO V. see **CHILI GIORGIO W.**

CHILI GIORGIO W. – ITL – 1918–
CHILI GIORGIO V.
LEGGENDA DELLA PRIMAVERA, LA • 1941
DIECI COMANDAMENTI, I • 1945
C'ERA UNA VOLTA ANGELO MUSCO • 1953
PRIGIONIERA DELLA TORRE DI FUOCO, LA • 1953
DISONORATA SENZA COLPA • 1954
RIPUDIATA • 1955
GIGLIO INFRANTO, IL • 1956
CATERINA SFORZA, LEONESSA DI ROMAGNA • 1959

CHILVERS COLIN – USA
MOONWALKER • 1988

CHIMIRRI SANTE – ITL
LACRIME DI SPOSA • 1955

CH'IN CHIEN – HKG
CH'IU • AUTUMN • 1954

CHIN HAN – HKG
SHIH–TZU–LU K'OU • CROSSROAD • 1977

CHIN HSIN – HKG
SNAKE FIST FIGHTER • 1981

CHIN KUO–CHAO – TWN
HUANG–SE KU–SHIH • GAME THEY CALL SEX, THE • 1988

CHIN RAYMOND – HKG
CLOSE KUNG FU ENCOUNTER, THE

CHIN SHEN EN see **CHIN SHENG–EN**

CHIN SHENG–EN – HKG
CHIN SHEN EN
MARVELLOUS KUNG FU • MARVELLOUS STUNTS OF KUNG FU
FAIRY FOX AND GHOST, THE

CHIN WAH – HKG
BRUCE LEE'S DEADLY KUNG FU • 1981

CHIN WELLSON – HKG
INSPECTOR WEARS SKIRTS II, THE • 1989

CHING HAI–LIN – HKG
CHIA TSAI HSIANG–KANG • HOME AT HONG KONG • 1984

CHING SIU–TONG – HKG
CHENG XIAODONG • CHING SIU–TUNG
QIANNU YOUHAN • CHINESE GHOST STORY, A ○ SINNUI YAUWAN • 1988
RENJIAN DAO • CHINESE GHOST STORY II, A ○ SINNUI YAUWAN II ○ QIANNU YOUHUN II • 1988
QIN YONG • ENTOMBED WARRIORS, THE ○ TERRA–COTTA WARRIOR, A • 1989
YANGAN DOU • 1990

CHING SIU–TUNG see **CHING SIU–TONG**

CHINH KIEU – VTN
PURPLE DAWN, THE

CHINIQUY GERRY – Animator – USA
DUMB PATROL • 1964 • ANS
HAWAIIAN AYE AYE • 1964 • ANS
JET PINK • 1967 • ANS
NEVER BUG AND ANT • 1969 • ANS
TIJUANA TOADS • ASS

CHINN ROBERT C. – USA
PANAMA RED • 1976
CHINA CAT, THE • 1977
HARD SOAP, HARD SOAP • 1977
SILKEN PUSSYCAT, THE • JADE PUSSYCAT, THE • 1977
CANDY STRIPPERS • 1978
LIPPS AND MCCAINE • SEXY ADVENTURES OF LIPPS AND MCCAINE, THE ○ HOT COWGIRLS • 1978
BLONDE FIRE • 1979
FANTASY WORLD • 1979
HOT LEGS • 1980
SADIE • 1980
BABY CAKES • 1982

CHINO KOJI – JPN
BONTA NO KEKKON YA • WEDDING SALESMAN, THE • 1968

CHIODO STEPHEN – USA
KILLER KLOWNS FROM OUTER SPACE • 1988

CHIONGLO MEL – PHL
PLAYGIRL • 1981
PAANO KUNG WALA KA NA? • WHAT IF YOU GO? • 1988

CHIOSSO RENZO – ITL
CONQUISTATORI D'ANIME • 1936

CHIQUITO – PHL
SAMUEL BILIBID • 1967
PRETTYBOY PLAYBOY • 1968

CHISIUM CLIFTON KO – CHN
HAPPY GHOST II • 1985

CHISNELL FRANK – UKN
JIM THE PENMAN • 1947
IT HAPPENED IN SOHO • 1948
ROVER AND ME • 1949
SLICK TARTAN • 1949

CHITRASATHI – IND
SHECH THEKE SHURU • STARTING FROM THE END • 1968

CHITRUK FIODOR see **HITRUCK FEDOR**

CH'IU KANG–CHIEN – HKG
HUNG LOU MENGHSING • DREAM OF THE RED CHAMBER '77 • 1977

CHKHEIDZE REVAZ – USS – 1926–
DIMITRY ARAKISHVILI • 1952 • DOC
OUR PALACE • 1953 • DOC
GEORGIAN STATE DANCING COMPANY, THE • 1954 • DOC
LURDZHA MAGDANY • MAGDANA'S DONKEY (USA) ○ LURDJA MAGDANI ○ LURDHA MAGDANI ○ MAGDANAS LURJA • 1956
NASH DVOR • OUR COURTYARD ○ CHVENI EZO • 1956
TREASURE, THE • 1961
MAIA IZ TSKHNETI • MAYA FROM TSKHNETI • 1962
SEA ROUTE, A • 1963
OTETS SOLDATA • FATHER OF A DEAD SOLDIER (USA) ○ SOLDIER'S FATHER, A ○ JARISKATSIS • 1965
SAZHENTSY • SAPLINGS, THE • 1973

CHKHEIDZE REZO – USS
NY I MOLODEZH! • OUR YOUTH! • 1970

CHMIELEWSKI TADEUSZ – PLN – 1927–
EWA CHCE SPAC • EVE WANTS TO SLEEP • 1958
WALET PIKOWY • JACK OF SPADES ○ KNAVE OF SPADES • 1960
DWAJ PANOWIE N. • TWO MYSTERIOUS MEN • 1962
GDZIE JEST GENERAL? • WHERE IS THE GENERAL? • 1964
PIECZONE GOLABKI • BOILED BIRDS ○ ROAST PIGEONS ○ BROILED SQUABS • 1966
JAK ROZPETALEM DRUGA WOJNE SWIATOWA • HOW I STARTED THE SECOND WORLD WAR ○ HOW I UNLEASHED THE SECOND... ○ JAK ROZPETALEM IL WOJNE SWIATOWA, JAK ZAKONCZYLEM IL WOJNE SWIATOWA • 1969
NIE LUBIE PONIEDZIALKU • I DON'T LIKE MONDAYS • 1971
CICHA NOC • SILENT NIGHT • 1978
WIERNA RZEKA • FAITHFUL RIVER • 1988

CHMIELEWSKI W. V. – GRM
PROFESSOR DIDLITTLE AND THE SECRET FORMULA • 1972

CHMIELEWSKI ZBIGNIEW – PLN
TABLICZKA MARZENIA • TWO TIMES A DREAM ○ TABLE OF DREAMS • 1968
TWARZ ANIOLA • ANGEL'S FACE, THE • 1970

CHOBOCKY BARBARA – ASL
WITCH HUNT • 1987 • DOC

CHODAKOWSKI ANDRZEJ – PLN
ROBOTNICY '80 • WORKERS '80 • 1980

CHODATAIEV NICOLAS see **KHODATEYEV NIKOLAI**

CHODOSH REUBEN – USA
BANJO MAN • 1978

CHOE JOEMYONG – SKR
GOE TAM • 1968

CHOI CLIFFORD see **TS'AI CHI–KUANG**

CHOI IN–HYON – KOR
JIPNYUM • CONCENTRATION • 1977

CHOLAKIAN VARTKES – CND
RAPPELLE-TOI • 1975

CHOMETTE HENRI – FRN – 1896–1941
JEUX DES REFLETS DE LA VITESSE • 1923
A QUOI REVENT LES JEUNES FILMS • 1925
REFLETS DE LUMIERE ET DE VITESSE • REFLECTIONS ON LIGHT AND SPEED • 1925 • SHT
CINQ MINUTES DE CINEMA PUR • FIVE MINUTES OF PURE CINEMA • 1926 • SHT
AU PAYS DU ROI LEPREUX • 1927 • SHT
CHAUFFEUR DE MADEMOISELLE, LE • 1927
REQUIN, LE • 1929
AUTOUR D'UNE ENQUETE • 1931
PETIT ECART, LE • 1931
PRENEZ GARDE A LA PEINTURE • 1932
AU BOUT DU MONDE • FUGITIFS, LES • 1933
NUIT DE MAI • 1934
REVE ETERNEL • ROI DU MONT BLANC, LE • 1934
BARON TZIGANE, LE • 1935
DONOGOO • 1936
ETES-VOUS JALOUSE? • 1937

de CHOMON SEGUNDO – Animator – FRN – 1871–1929
GULLIVER IN THE LAND OF THE GIANTS
REY DE LA CABEZA ELASTICA, EL • KING WITH THE ELASTIC HEAD, THE
VIAJE A LA LUNA • TRIP TO THE MOON, A (USA) • 1903
GUAPOS DEL PARQUE, LOS • 1905
HOTEL ELECTRICO, EL • ELECTRIC HOTEL, THE (USA) • 1906
CHEVALIER MYSTERE, LE • KNIGHT MYSTERY, THE • 1907
LEGENDE DU FANTOME, LA • LEGEND OF A GHOST (USA) • 1907
MAISON EN HANTEE, LA • HAUNTED HOUSE, THE • 1907
OMBRES CHINOISES, LES • CHINESE SHADOWS, THE • 1907
PASSION DE JESUS, LA • 1907
VOYAGE A LA PLANETE JUPITER • TRIP TO JUPITER, A (USA) • 1907
CAUCHEMAR ET DOUX REVE • NIGHTMARE AND SWEET DREAM • 1908
CUISINE MAGNETIQUE • COCINA MAGNETICA, LA (SPN) ○ MAGNETIC KITCHEN (USA) ○ ELECTRIC KITCHEN • 1908
FABRIQUE D'ARGENT • 1908
JOUETS VIVANTS, LES • LIVING TOYS, THE • 1908
MARS • 1908
ROI DES AULNES, LE • KING OF THE ALDERS, THE • 1908
TABLE MAGIQUE, LA • MAGIC TABLE, THE • 1908 • SHT
TRANSFORMATIONS ELASTIQUE • 1908
LIQUEFACTION DES CORPS DURS • LIQUEFACTION OF SOLID BODIES • 1909
SCULPTEUR MODERNE • 1909
VOYAGE AU CENTRE DE LA TERRE • JOURNEY TO THE CENTRE OF THE EARTH (USA) ○ JOURNEY TO THE MIDDLE OF THE EARTH, A • 1909
VOYAGE DANS LA LUNE • NEW TRIP TO THE MOON (USA) ○ NUEVO A LA LUNA • 1909
ADIOS SE UN ARTISTA • 1910
AMOR GITANA • 1910
BIOMBO DE CAGLIOSTRO, EL • CAGLIOSTRO'S FOLDING SCREEN • 1910 • SHT
EXPIACION, LA • 1910
FATALIDAD, LA • 1910
FLORES Y PERLAS • 1910
PUENTE DE LA MUERTE, EL • 1910
PULGARCITO • TOM THUMB • 1910

CHOMONT TOM S. – USA
NIGHT BLOSSOMS • 1966 • ANS
MORPHEUS IN HELL • 1967 • SHT
PHASES OF THE MOON • 1968 • SHT

CHOMSKY MARVIN – USA – 1929–
CHOMSKY MARVIN J.
ASSAULT ON THE WAYNE • 1970 • TVM
MONGO'S BACK IN TOWN • STEEL WREATH • 1971 • TVM
EVEL KNIEVEL • 1972
FAMILY FLIGHT • 1972 • TVM
FIREBALL FORWARD • DIVISION HEADQUARTERS • 1972 • TVM
SLAYRIDE • 1972
FEMALE ARTILLERY • 1973 • TVM
F.B.I. STORY –THE F.B.I. VERSUS ALVIN KARPIS PUBLIC ENEMY NUMBER ONE, THE • 1974 • TVM
MRS. SUNDANCE • 1974 • TVM
ATTACK ON TERROR • ATTACK ON TERROR: THE F.B.I. VS. THE KU KLUX KLAN • 1975 • TVM
KATE MCSHANE • 1975 • TVM
MATTER OF WIFE.. AND DEATH, A • 1975 • TVM
MURPH THE SURF • LIVE A LITTLE, STEAL A LOT ○ YOU CAN'T STEAL LOVE • 1975
BRINK'S: THE GREAT ROBBERY • 1976 • TVM
LAW AND ORDER • 1976 • TVM
MACKINTOSH AND T.J. • 1976
VICTORY AT ENTEBBE • 1976 • TVM
LITTLE LADIES OF THE NIGHT • 1977 • TVM
ROOTS • 1977 • TVM
HOLOCAUST • 1978 • MTV
GOOD LUCK, MISS WYCKOFF • SIN, THE ○ SHAMING, THE • 1979
HOLLOW IMAGE • 1979 • TVM
ATTICA • 1980 • TVM
DOCTOR FRANKEN • 1980 • TVM
KING CRAB • 1980 • TVM
EVITA PERON • EVITA, THE FIRST LADY • 1981 • TVM
I WAS A MAIL ORDER BRIDE • 1982 • TVM
INSIDE THE THIRD REICH • 1982 • TVM
MY BODY, MY CHILD • 1982 • TVM
NAIROBI AFFAIR • NAIROBI • 1984 • TVM
TANK • 1984
DELIBERATE STRANGER, THE • 1985 • TVM
PETER THE GREAT • 1985 • MTV
ANASTASIA • ANASTASIA: THE MYSTERY OF ANNA • 1986 • TVM
ANGEL IN GREEN • 1987 • TVM
BILLIONAIRE BOY'S CLUB • BILLION DOLLAR BOY'S CLUB • 1987 • TVM

CHOMSKY MARVIN J. see **CHOMSKY MARVIN**

CHON SANGIN – NKR
PEOPLE'S TEACHER
RED FLOWER

CHONG IN-YAP – SKR
MADAME AE MA • 1983

CHONG THOMAS – Actor – USA
CHONG TOMMY
CHEECH & CHONG'S NEXT MOVIE • 1980
CHEECH & CHONG'S NICE DREAMS • NICE DREAMS • 1981
CHEECH & CHONG'S STILL SMOKIN' • STILL SMOKIN' • 1983
CHEECH & CHONG'S THE CORSICAN BROTHERS • CORSICAN BROTHERS, THE • 1984
FAR OUT MAN • 1989

CHONG TOMMY see **CHONG THOMAS**

CHOOLUCK LEON – Producer – USA – 1920–
THREE BLONDES IN HIS LIFE • 1960

CHOPRA B. R. – IND
CHANDNI CHOWK • 1955
HAMRAAZ • MY SECRET • 1967
BURNING TRAIN, THE • 1978

CHOPRA JOYCE – CND
JOYCE AT 34 • 1972 • SHT
SMOOTH TALK • 1985
LEMON SISTERS, THE • 1989

CHOPRA YASH – IND
KALA PATHAR • 1978
I'LL DIE FOR MAMA • 1979
CHANDNI • 1989

CHORLTON MICHAEL – UKN – 1913–
LATE AT NIGHT • 1946

CHOTIN ANDRE – FRN – 1898–1954
TROIS ARTILLEURS A L'OPERA • 1938
CLANDESTINS, LES • DANGER DE MORT • 1945
FAUSSE IDENTITE • 1946

CHOU SEE-LOKE – HKG
FEMALE PRINCE, THE • 1966

CHOUB ESTHER see **SHUB ESTHER**

CHOUDHURY NIRMAL – IND
CHARAN KAVI MUKUNDADAS • POET MUKUNDADAS, THE • 1968

CHOUDHURY PURNENDU ROY – IND
ADYASAKTI MAHAMAYA • DURGA AS THE GODDESS OF DESTRUCTION • 1968

CHOUIKH – ALG
KALAA, EL • CITADEL, THE (UKN) • 1988

CHOUIKH MOHAMED – Actor – ALG – 1943–
EMBOUCHURE, L' • 1972
PAUMES, LES • 1974

CHOUINARD IVAN – CND
A L'AUTOMNE DE LA VIE • 1988

CHOUKCHINE VASSILI see **SHUKSHIN VASSILI**

CHOURAQUI ELIE – FRN – 1950–
MON PREMIER AMOUR • 1978
QU'EST-CE QUI FAIT COURIR DAVID? • 1982
PAROLES ET MUSIQUE • LOVE SONGS (USA) • 1985
MAN ON FIRE • 1987
MISS MISSOURI • 1990

CHOUX JEAN – SWT – 1887–1946
VOCATION D'ANDRE CAREL, LA • 1925
TERRE QUI MEURT, LA • 1926
BAISER QUI TUE, LE • 1927
ESPIONNAGE OU LA GUERRE SANS ARMES • 1928
CHACUN PORTE SA CROIX • 1929
AMOURS VIENNOISES • 1930
SERVANTE, LA • 1930
BLANC COMME NEIGE • SOURIS BLONDE, LA • 1931
CHIEN QUI RAPPORTE, UN • 1931
JEAN DE LA LUNE • 1931
MARIAGE DE MLLE BEULEMANS, LE • 1932
ANGE GARDIEN, L' • MARIN CHANTANT, LE • 1933
GRELUCHON DELICAT, LE • VALET DE COEUR, LE • 1934
MATERNITE • TOUT POUR TOI, MON ENFANT ○ POUR TOI, MON ENFANT • 1934
PARIS • 1936
FEMME SANS IMPORTANCE, UNE • SECRET D'UNE VIE, LE • 1937
MIARKA, LA FILLE A L'OURSE • 1937
GLU, LA • 1938
PAIX SUR LE RHIN • 1938
ANGELICA • ROSA DI SANGUE (ITL) ○ ROSE DE SANG, LA • 1939
CAFE DU PORT, LE • 1939
NASCITA DI SALOME • NACIMIENTO DE SALOME, EL (SPN) ○ NAISSANCE DE SALOME, LA (FRN) • 1940
FEMME PERDUE, LA • 1942
PORT D'ATTACHE • 1942
BOITE AUX REVES, LA • CE QUE FEMME VEUT ○ BOX OF DREAMS • 1943
ANGE QU'ON M'A DONNE, L' • 1945

CHOWDBURY RAFIQUL BARI – BNG
PENSION • 1984

CHOWDHURY PARTHA PRATIM – IND
HANGSA – MITHUN • DUCK AND SWAN • 1968

CHOWDHURY SALIL – IND
PINJRE KE PANCHHI • BIRD IN A CAGE • 1968

CHOWDHURY SHANTI P. – IND
CITY IN HISTORY, A • 1967 • DOC

CHOY TAK – HKG
CHINESE HERCULES • FROM CHINA WITH DEATH • 1973

CHRISANDER NILS – GRM
CHRISANDER NILS OLAF
OLAF BERNADOTTE • 1918
ALRAUNE UND DER GOLEM • ALRAUNE AND THE GOLEM • 1919
CAGLIOSTROS TOTENHAND • CAGLIOSTRO'S DEAD HAND • 1919
GELUBDE DER KEUSCHHEIT, DAS • VOW OF CHASTITY • 1919
WEISSEN ROSEN VON RAVENSBERG, DIE • 1919
WELT IN FLAMMEN 1, DIE • HASS UND LIEBE • 1923
WELT IN FLAMMEN 2, DIE • 1923
FIGHTING LOVE • IF THE GODS LAUGH • 1927
HEART THIEF, THE • 1927

CHRISANDER NILS OLAF see **CHRISANDER NILS**

CHRISFIELD W. A. – USA
OVER-EXPOSED • 1969

CHRISPIJN LOUIS H. – NTH
TWEE ZEEUWSCHE MEISJES IN ZANDVOORT • TWO GIRLS FROM ZEELAND • 1914
WEERGEVONDEN • FOUND AGAIN • 1914

CHRISTA EVA – GRM
HEINRICH HEINES ERSTE LIEBE • 1922

CHRISTENBERRY CHRIS – USA
LITTLE CIGARS • 1973

CHRISTENSEN BENJAMIN – DNM – 1879–1959
HEMMELIGHEDSFULDE X, DET • MYSTERIOUS X, THE • 1913
HAEVNENS NAT • NIGHT OF VENGEANCE (USA) ○ NIGHT OF REVENGE, THE ○ BLIND JUSTICE • 1915
HAXAN • WITCHCRAFT THROUGH THE AGES (UKN) ○ HEKSEN • 1921
SEINE FRAU, DIE UNBEKANNTE • WILBUR CRAWFORDS WUNDERSAMES ABENTEUER ○ HIS MYSTERIOUS ADVENTURE (USA) • 1923
UNTER JUDEN • AMONG JEWS • 1923
DEVIL'S CIRCUS, THE • LIGHT ETERNAL, THE • 1925
FRAU MIT DEM SCHLECHTEN RUF, DIE • WOMAN WHO DID, THE • 1925
MOCKERY • TERROR • 1927
HAUNTED HOUSE, THE • 1928
HAWK'S NEST, THE • 1928
SORCERY • 1928
HOUSE OF HORROR, THE • 1929
MYSTERIOUS ISLAND, THE • 1929
SEVEN FOOTPRINTS TO SATAN • 1929
SKILSMISSENS BORN • CHILDREN OF DIVORCE, THE • 1939
BARNET • CHILD, THE • 1940
GAA MED MIG HJEM • RETURN WITH ME ○ COME HOME WITH ME • 1941
DAMEN MED DE LYSER HANDSKER • LADY WITH THE LIGHT GLOVES, THE (USA) ○ LADY WITH THE COLOURED GLOVES, THE • 1942

CHRISTENSEN BENT – DNM
KAERLIGHEDENS MELODI • GIRL, A GUITAR AND A TRUMPET, A ○ FORMULA FOR LOVE • 1959
PIGEN I SOGELYSET • GIRL IN THE SEARCHLIGHT • 1959
HARRY OG KAMMERTJENEREN • HARRY AND THE BUTLER • 1961
SOUTH OF TANA RIVER • 1964
MORDSKAB • BUSYBODY • 1969
OKTOBER-DAGE • ONLY WAY, THE ○ KOBENHAVN 43 • 1970
HOVEDJAEGERNE • 1971
SPOGELSESTOGET • 1976
FAMILIEN GYLDENKAL VINDER VALGET • 1977
ATTENTAT • 1981

CHRISTENSEN CARLOS HUGO – BRZ – 1924–
SEIS SUEGRAS DE BARBA AZUL, LAS • SIX MOTHER-IN-LAWS OF BLUEBEARD, THE • 1945
ADAN Y LA SERPIENTE • 1946
DAMA DE LA MUERTE, LA • LADY AND DEATH, THE • 1946
BALANDRA ISABEL LLEGO ESTA TARDE • 1949
DEMONIO ES UN ANGEL, EL • 1949
MARIPOSAS NEGRAS • BLACK BUTTERFLIES ○ DARK BUTTERFLIES • 1953
MAOS SANGRENTAS • VIOLENT AND THE DAMNED, THE (USA) ○ ASSASSINS IN THE SUN ○ ASSASSINOS • 1954
LEONORA DOS SETE MARES • 1955
MATEMATICA ZERO AMOR DEZ • 1958
REI PELE, O • 1962
BOSSA NOVA • 1964
CRONICA DA CIDADE AMADA • 1965
MENINO E O VENTO, O • BOY AND THE WIND, THE • 1967
COMO MATAR UM PLAY-BOY • HOW TO MURDER A PLAYBOY ○ HOW TO KILL A PLAYBOY • 1968
ANJOS E DEMONIOS • ANGELS AND DEMONS • 1970
PANTERA EM MINHA CAMA, UMA • 1972
CAINGANGUE • 1973
ENIGMA PARA DEMONIOS • 1974
MORTE TRANSPARENTE, A • TRANSPARENT DEATH • 1980
MULHER DO DESEJO, A • WOMAN OF DESIRE • 1980
INTRUSA, A • INTRUDER, THE • 1981
SOMOS? • ARE WE? • 1982

CHRISTENSEN MADS EGMONT – DNM
TOMAS –ET BARN DU IKKE KAN NA • TOMAS –A CHILD OUT OF REACH • 1981

CHRISTENSEN NILS REINHARDT – NRW
LINE • PASSIONATE DEMONS, THE (USA) • 1961
HIMMEL OG HAV! –STOMPA TIL SJOS • HEAVEN AND OCEAN! –STOMPA AT SEA • 1967

CHRISTENSEN THEODOR – DNM

HER ER BANERNE • 1948
ENDEN PA LEGEN • END OF THE GAME, THE • 1960

CHRISTIAN – DNM

JUVELERERNES SKROEK • LAST ADVENTURE OF THE SKELETON'S HAND, THE ◦ SKELETHAANDENS SIDSTE BEDRIFT ◦ SKELETHAANDEN ◦ JEWELLER'S TERROR, THE ◦ SKELETON'S HAND, THE • 1915
FORBRYDERS LIV OG LEVNED, EN • LIFE AND TIMES OF A CRIMINAL, THE ◦ FORBRYDERS MEMOIRER, EN ◦ MEMOIRS OF A CRIMINAL, THE • 1916
GLAEDENS DAG • DAY OF JOY ◦ MISKENDT ◦ NEGLECTED • 1918

CHRISTIAN DAMON – USA

MAGNIFICENT MS • 1979
TITILLATION • 1982

CHRISTIAN-JAQUE – FRN – 1904–

S.A.R.L.
ADHEMAR LAMPIOT • 1932
BIDON D'OR, LE • 1932
BOEUF SUR LA LANGUE, LA • 1933
CA COLLE • 1933
MONTRE, LA • 1933
TENDRON D'ACHILLE, LE • ACHILLES' HEEL • 1933
ATROCE MENACE • 1934
COMPARTIMENT DE DAMES SEULES • LADIES ONLY • 1934
PERE LAMPION, LE • 1934
VILAINE HISTOIRE • 1934
FAMILLE PONT-BIQUET, LA • 1935
SACRE LEONCE • 1935
SONNETTE D'ALARME, LA • 1935
SOUS LA GRIFFE • 1935
VOYAGE D'AGREMENT • 1935
ECOLE DES JOURNALISTES, L' • 1936
JOSETTE • 1936
MAISON D'EN FACE, LA • HOUSE ACROSS THE STREET, THE (USA) • 1936
MONSIEUR PERSONNE • MR. NOBODY • 1936
ON NE ROULE PAS ANTOINETTE • 1936
RIGOLBOCHE • 1936
UN DE LA LEGION • 1936
A VENISE, UNE NUIT • 1937
DEGOURDIS DE LA 11e, LES • 1937
FRANCOIS 1er • AMOURS DE LA BELLE FERRONIERE, LES ◦ FRANCIS THE FIRST (USA) • 1937
PERLES DE LA COURONNE, LES • PEARLS OF THE CROWN, THE (USA) ◦ COLLIER DE PERLES, LE ◦ SEPT PERLES DE LA COURONNE, LES • 1937
PIRATES DU RAIL, LES • 1937
DISPARUS DE SAINT-AGIL, LES • BOYS' SCHOOL (USA) • 1938
ERNEST LE REBELLE • 1938
RAPHAEL LE TATOUE • C'ETAIT MOI • 1938
ENFER DES ANGES, L' • PLUS GRAND CRIME, LE ◦ A L'OMBRE DES HOMMES • 1939
GRAND ELAN, LE • 1939
ASSASSINAT DU PERE NOEL, L' • KILLING OF SANTA CLAUS, THE (UKN) ◦ WHO KILLED SANTA CLAUS? (USA) ◦ MURDER OF FATHER CHRISTMAS, THE • 1941
PREMIER BAL • 1941
SYMPHONIE FANTASTIQUE, LA • 1941
CARMEN • 1943
VOYAGE SANS ESPOIR • 1943
SORTILEGES • BELLMAN, THE (USA) ◦ CAVALIER DE RIOUCLARE, LE ◦ SORCERER, THE ◦ WITCHCRAFT • 1944
BOULE-DE-SUIF • ANGEL AND SINNER (USA) • 1945
REVENANT, UN • LOVER'S RETURN, A (USA) ◦ GHOST, A • 1946
CERTOSA DI PARMA, LA • CHARTREUSE DE PARME, LA (FRN) • 1947
D'HOMME A HOMMES • MAN TO MEN (USA) ◦ MAN IN WHITE, THE • 1948
BARRIERES • 1949 • SHT
SINGOALLA • GYPSY FURY (USA) ◦ WIND IS MY LOVER, THE ◦ MASK AND THE SWORD, THE • 1949
SOUVENIRS PERDUS • LOST PROPERTY • 1950
BARBE BLEUE • BLAUBART (FRG) ◦ BLUEBEARD (USA) • 1951
ADORABLES CREATURES • QUANDO LE DONNE AMANO (ITL) ◦ ADORABLE CREATURES (USA) • 1952
FANFAN LA TULIPE • FANFAN THE TULIP (USA) ◦ SOLDIER OF LOVE • 1952
DESTINEES • DESTINI DI DONNE (ITL) ◦ DAUGHTERS OF DESTINY (USA) ◦ LOVE, SOLDIERS AND WOMEN • 1953
LUCRECE BORGIA • LUCREZIA BORGIA (ITL) ◦ SINS OF THE BORGIAS (USA) • 1953
MADAME DU BARRY • DU BARRY, LA ◦ MISTRESS DU BARRY • 1954
NANA • 1955
SI TOUS LES GARS DU MONDE • IF ALL THE GUYS IN THE WORLD (USA) ◦ RACE FOR LIFE (UKN) ◦ IF EVERY GUY IN THE WORLD • 1955
NATHALIE • FOXIEST GIRL IN PARIS, THE (USA) • 1957
LOI C'EST LA LOI, LA • LEGGE E LA LEGGE, LA (ITL) ◦ LAW IS THE LAW, THE (USA) • 1958
BABETTE S'EN VA-T-EN GUERRE • BABETTE GOES TO WAR (USA) • 1959
FRANCAISE ET L'AMOUR, LA • LOVE AND THE FRENCHWOMAN (USA) • 1960
MADAME SANS-GENE • MADAME (UKN) • 1961
BONNES CAUSES, LES • DELITTO DU PRE, IL (ITL) ◦ DON'T TEMPT THE DEVIL (USA) • 1963
TULIPE NOIRE, LA • TULIPANO NERO, IL (ITL) ◦ BLACK TULIP, THE • 1963
REPAS DES FAUVES, LE • PASTO DELLE BELVE, IL (ITL) • 1964
FABULEUSE AVENTURE DE MARCO POLO, LA • MERAVIGLIOSE AVVENTURE DI MARCO POLO, LE (ITL) ◦ MARKO POLO (YGS) ◦ ECHIQUER DE DIEU, L' ◦ FABULOUS ADVENTURES OF MARCO POLO, THE ◦ MARCO THE MAGNIFICENT (USA) • 1965
GENTLEMAN DE COCODY, LE • DONNE, MITRA E DIAMANTI (ITL) ◦ IVORY COAST ADVENTURE (UKN) ◦ MAN FROM COCODY (USA) • 1965
GUERRE SECRETE • SPIONE UNTER SICH (FRG) ◦ DIRTY GAME, THE (UKN) ◦ GUERRA SEGRETA, LA • 1965
SECONDE VERITE, LA • AMANTE INFEDELE (ITL) • 1965
GEHEIMNISSE IN GOLDENEN NYLONS • DEUX BILLETS POUR MEXICO (FRN) ◦ QUI VEUT TUER CARLOS? ◦ DEAD RUN (USA) ◦ CHAUD LES SECRETS ◦ SEGRETI CHE SCOTTANO (ITL) ◦ WHO WANTS TO SHOOT CARLOS? • 1966
SAINT PREND L'AFFUT, LE • SANTO PRENDE LA MIRA, IL (ITL) ◦ SAINT VERSUS.., THE (USA) • 1966
LADY HAMILTON ZWISCHEN SCHMACH UND LIEBE • CALDE NOTTI DI LADY HAMILTON, LE (ITL) ◦ EMMA HAMILTON ◦ AMOURS DE LADY HAMILTON, LES (FRN) ◦ LADY HAMILTON ◦ MAKING OF A LADY, THE • 1968
DON CAMILLO ET LES CONTESTAIRES • 1970
PETROLEUSES, LES • LEGEND OF FRENCHIE KING, THE (UKN) ◦ PISTOLERE, LE (ITL) ◦ PETROLEUM GIRLS • 1971
DR. JUSTICE • 1975
VIE PARISIENNE, LA • 1977

CHRISTIAN JOHN – USA

GUERRILLA GIRL • DAWN COMES LATE ◦ GUERILLA GIRL • 1953

CHRISTIAN ROGER – UKN – 1944–

CHRISTIAN ROGERT
DOLLAR BOTTOM, THE • 1981
SENDER, THE • 1983
LORCA AND THE OUTLAWS • STARSHIP REDWING ◦ 2084 ◦ STARSHIP • 1985

CHRISTIAN ROGERT see **CHRISTIAN ROGER**

CHRISTIAN SVEN – USA

SINTHIA, THE DEVIL'S DOLL • DEVIL'S DOLL, THE • 1970

CHRISTIANI JEAN-NOEL – FRN

NORMANDS, BARBARES ET BATISSEURS • 1980 • SHT

CHRISTIANSEN HENNING – DNM

NADVEREN • 1970

CHRISTIE AL – Producer – USA – 1886–1951

CHRISTIE ALFRED E. • *CHRISTIE AL E.*
FLOWER OF THE FOREST, THE • 1912
GIRL AND THE SHERIFF, THE • 1912
INBAD THE COUNT • 1912
LOST ADDRESS, THE • 1912
MATINEE MIX-UP, A • 1912
WHEN HEARTS ARE TRUMPS • 1912
ELEPHANT ON HIS HANDS, AN • 1913
LOCKED OUT AT TWELVE • 1913
UNDER WESTERN SKIES • 1913
WHEN FATHER WAS KIDNAPPED • 1913
BABY DID IT, A • 1914
COULD YOU BLAME HER • 1914
LUCKY DECEPTION, A • 1914
ON RUGGED SHORES • 1914
SHE WAS ONLY A WORKING GIRL • 1914
SOPHIE OF THE FILMS • 1914 • SRL
SUCH A VILLAIN • 1914
THOSE COLLEGE DAYS • 1914
THOSE PERSISTENT OLD MAIDS • 1914
TROUBLESOME WINK, A • 1914
WHEN EDDIE WENT TO THE FRONT • 1914
WHEN THE GIRLS JOINED THE FORCE • 1914
ALL ABOARD • 1915
ALL IN THE SAME BOAT • 1915
ALMOST A KING • 1915
ALMOST A KNOCKOUT • 1915
BABY'S FAULT, THE • 1915
BEHIND THE SCREEN • 1915
CAUGHT BY A THREAD • 1915
DOWN ON THE FARM • 1915
DOWNFALL OF POTTS, THE • 1915
EDDIE'S LITTLE LOVE AFFAIR • 1915
FOLLOWING FATHER'S FOOTSTEPS • 1915
HEIRESS FOR TWO, AN • 1915
HER RUSTIC HERO • 1915
HIS EGYPTIAN AFFINITY • 1915
HOW DOCTOR CUPID WON OUT • 1915
IT HAPPENED ON FRIDAY • 1915
LITTLE EGYPT MALONE • 1915
LIZZIE AND THE BEAUTY CONTEST • 1915
LIZZIE BREAKS INTO THE HAREM • 1915
LOST -THREE TEETH • 1915
LOVE AND A SAVAGE • 1915
MAID BY PROXY, A • 1915
MIXED UP ELOPEMENT, A • 1915
MRS. PLUM'S PUDDING • 1915
PEACH AND A PAIR, A • 1915
SNATCHED FROM THE ALTAR • 1915
SOME CHAPERONE • 1915
SOME FIXER • 1915
THEIR FRIEND, THE BURGLAR • 1915
THEIR HAPPY HONEYMOON • 1915
THEIR QUIET HONEYMOON • 1915
THEY WERE HEROES • 1915
TONY, THE WOP • 1915
TOO MANY CROOKS • 1915
TOO MANY SMITHS • 1915
TWO HEARTS AND A SHIP • 1915
WHEN CUPID CROSSED THE BAY • 1915
WHEN EDDIE TOOK A BATH • 1915
WHEN HER IDOL FELL • 1915
WHEN HIS LORDSHIP PROPOSED • 1915
WHEN THE DEACON SWORE • 1915
WHEN THE MUMMY CRIED FOR HELP • 1915
WHEN THE SPIRIT MOVED • 1915
WHEN THEY WERE CO-EDS • 1915
WHERE THE HEATHER BLOOMS • 1915
WITH FATHER'S HELP • 1915
ALL OVER A STOCKING • 1916 • SHT
BY THE SAD SEA WAVES • 1916 • SHT
CUPID TRIMS HIS LORDSHIP • 1916 • SHT
DEACON'S WATERLOO, THE • 1916 • SHT
DOUBLE-CROSSING THE DEAN • 1916 • SHT
EDDIE'S NIGHT OUT • 1916 • SHT
HE ALMOST ELOPED • 1916 • SHT
HENRY'S LITTLE KID • 1916 • SHT
HER CELLULOID HERO • 1916 • SHT
HER FRIEND, THE DOCTOR • 1916 • SHT
HER HUSBAND'S WIFE • 1916
HE'S A DEVIL • 1916 • SHT
HIS FRIEND, THE ELEPHANT • 1916
HIS WEDDING NIGHT • 1916 • SHT
HIST! AT SIX O'CLOCK • 1916 • SHT
HOW TIMES DO CHANGE • 1916 • SHT
JANITOR'S BUSY DAY, THE • 1916 • SHT
JED'S TRIP TO THE FAIR • 1916 • SHT
LEAP YEAR TANGLE, A • 1916 • SHT
LEM'S COLLEGE CAREER • 1916 • SHT
LOVE AND VACCINATION • 1916 • SHT
MINGLING SPIRITS • 1916 • SHT
MISS BILLIE BUTTONS • 1916
NEVER AGAIN, EDDIE • 1916 • SHT
POTTS BUNGLES AGAIN • 1916 • SHT
QUIET SUPPER FOR FOUR, A • 1916 • SHT
SEMINARY SCANDAL • 1916
SOME HONEYMOON • 1916 • SHT
TRAMP, TRAMP, TRAMP • 1916
WHEN AUNT MATILDA FELL • 1916 • SHT
WHEN LIZZIE DISAPPEARED • 1916 • SHT
WHEN THE LOSERS WON • 1916 • SHT
ALMOST A BIGAMIST • 1917 • SHT
ALMOST A SCANDAL • 1917 • SHT
AS LUCK WOULD HAVE IT • 1917 • SHT
BLACK HANDS AND SOAPSUDS • 1917 • SHT
BOLD, BAD KNIGHT, A • 1917 • SHT
CRAZY BY PROXY • 1917 • SHT
DOWN BY THE SEA • 1917 • SHT
FATHER'S BRIGHT IDEA • 1917
FIVE LITTLE WIDOWS • 1917 • SHT
HE FELL ON THE BEACH • 1917
HER CROOKED CAREER • 1917 • SHT
HER FRIEND THE CHAUFFEUR • 1917 • SHT
HIS FLIRTING WAYS • 1917 • SHT
IN AGAIN, OUT AGAIN • 1917 • SHT
LOVE AND LOCKSMITHS • 1917 • SHT
LOVE AND THE ICEMAN • 1917
ONE GOOD TURN • 1917 • SHT
SAUCE FOR THE GOOSE • 1917
THEIR SEASIDE TANGLE • 1917 • SHT
THIRTY DAYS • 1917 • SHT
THOSE WEDDING BELLS • 1917 • SHT
WHO'S LOONEY NOW? • 1917 • SHT
BUSTED HEARTS AND BUTTERMILK • 1918 • SHT
CIRCUMSTANTIAL EVIDENCE • 1918
FIVE TO FIVE • 1918
MANY A SLIP • 1918 • SHT
NEVER SURPRISE YOUR WIFE • 1918 • SHT
CAN WIVES BE TRUSTED? • 1919
MARY MOVES IN • 1919 • SHT
OH, WHAT A NIGHT • 1919 • SHT
ROWDY ANN • 1919 • SHT
SALLY'S BLIGHTED CAREER • 1919 • SHT
SHADES OF SHAKESPEARE • 1919 • SHT
TELL YOUR WIFE EVERYTHING • 1919
GO WEST, YOUNG WOMAN • 1920 • SHT
HER BRIDAL NIGHTMARE • 1920 • SHT
KISS ME, CAROLINE • KISS ME, KAROLINE • 1920 • SHT
OUT FOR THE NIGHT • 1920 • SHT
RECKLESS SEX, THE • 1920
ROMAN SCANDAL, A • 1920 • SHT
SO LONG LETTY • 1920
WEDDING BLUES • 1920
EXIT QUIETLY • 1921
KISS AND MAKE UP • 1921
NO PARKING • 1921
SAVING SISTIE SUSIE • 1921
SEE MY LAWYER • 1921
BARNYARD CAVALIER, A • 1922
BUCKING BROADWAY • 1922
ONE STORMY NIGHT • 1922
PARDON MY GLOVE • 1922
THAT SON OF SHEIK • 1922
CHASED BRIDE, THE • 1923
BRIGHT LIGHTS • 1924
HOLD YOUR BREATH • 1924 • SHT
SAVAGE LOVE • 1924
WHY HURRY • 1924
OFF HIS BEAT • 1925
FAIR BUT FOOLISH • 1926
DEAD EASY • 1927
MEET THE FOLKS • 1927
OCEAN BLUES • 1927
CHARLEY'S AUNT • 1930
EXPENSIVE KISSES • 1930
FRESHMAN'S GOAT, THE • 1930
FRESHMAN'S FINISH, THE • 1931
GIRL RUSH, THE • 1931
THAT RASCAL • 1932
MR. ADAM • 1933
HIS LUCKY DAY • 1934
HOTEL ANCHOVY • 1934
INVENTORS, THE • 1934
BIRTH OF A BABY • 1938
HALF A SINNER • EVERYTHING HAPPENS TO ANNE • 1940

CHRISTIE AL E. see **CHRISTIE AL**

CHRISTIE ALFRED E. see **CHRISTIE AL**

CHRISTOFIS CHRISTOFOROS see **CHRISTOPHIS CHRISTOPHOROS**

CHRISTOPHE JEAN – USA

ONE-EYED SOLDIERS • 1967

CHRISTOPHER JOHN – USA

CANDI GIRL • JET SEX • 1977
BABE • 1981

CHRISTOPHIS CHRISTOPHOROS – GRC

CHRISTOFIS CHRISTOFOROS
ROZA • ROZA -THE NATURE OF THE UNIVERSE ◦ ROSA • 1981

CHRISTOPOULOS TAKIS – GRC

FONIAS, O • MURDERER, THE • 1984

CHRISTOV CHRISTO see **HRISTOV HRISTO**

CHRISTY HOWARD – USA

SING SINNER SING • 1933

CHRISTY WILLIAM – UKN

HOSPITAL HOSPITALITY • 1939

CHU CH'IEN-WAN see **LIU CHIA-LIANG**

CHU HUAN JAN – HKG

FIST TO FIST • 1972

CHU MU – HKG

WU-TI T'IEH SHA CHANG • INVINCIBLE IRON PALM, THE • 1973

CHU SHIH-LING – HKG

SECRET HISTORY OF THE CHING COURT, THE • 1950
DIVIDING WALL, THE • 1951
HOUSE WARMING • 1954

CHU YEN PING – HKG

FANTASY MISSION FORCE • 1984
SHA LUNG CH'UN-HAI • DUMB DRAGONS GO TO SEA • 1989

CHU YONG-SOP – KOR

RYOOK NAM-MAI • BROTHERS AND SISTERS ◦ MOTHER'S CARESS • 1960

CHU YUAN see **CH'U YUAN**

CH'U YUAN – HKG – c1937–
CHU YUAN • CHU YUEN
BASTARD, THE
COLD BLADE, THE • 1971
INTIMATE CONFESSIONS OF A CHINESE COURTESAN • 1973
SACRED WIVES OF VENGEANCE, THE • KILLER, THE (UKN) • 1973
HONGKONG 73 • 1974
HOUSE OF 72 TENANTS • 1974
CH'U LIU-HSIANG • CLANS OF INTRIGUE • 1977
LIU-HSING, HU-TIEH, CHIEN • KILLER CLANS • 1977
PAI-YU LAO-HU • JADE TIGER • 1977
T'IEN-YA, MING YUEH, TAO • MAGIC BLADE, THE • 1977
WU TU T'IEN LO • WEB OF DEATH, THE • 1977
HSIAO SHIH-YI LANG • SWORDSMAN AND ENCHANTRESS • 1978
HSIU-HUA TA TAO • CLAN OF AMAZONS • 1978
MING-YUEH TAO HSUEH-YEH CHIEN-CHOU • PURSUIT OF VENGEANCE • 1978
PIEN-FU CH'UAN-CHI • LEGENDS OF THE BAT • 1978
SAN SHAO-YEH-TE CHIEN • DEATH DUEL • 1978
TO-CH'ING CHIEN-K'O WU-CH'ING CHIEN • SENTIMENTAL SWORDSMAN, THE ◦ LOVER SWORDSMAN, THE • 1978
WU-LIN WAI SHIH • FOREST OF KNIGHTS • 1978
YUAN-YUEH WAN-TAO • FULL MOON SCIMITAR • 1978
CHUEH-TAI SHUANG CHIAO • 1979
TO-CH'ING CHIEN-K'O TUAN-CH'ING TAO • SENTIMENTAL SWORDSMAN AND THE RUTHLESS BLADE, THE • 1979
HEI HSI-YI • BLACK LIZARD • 1981
YING LO HIS-YANG P'ING • 1981

CHU YUEN see **CH'U YUAN**

CHUAROON PERMPOL see **CHEYAROON PERMPOL**

CHUBBOCK LYNDON – USA
FRIDAY'S CURSE: DOCTOR JACK/ SHADOW BOXER • 1987 • MTV
FRIDAY'S CURSE: TALES OF THE UNDEAD/ SCARECROW • 1987 • MTV

CHUDNOW BYRON – USA
DOBERMAN GANG, THE • 1972
DARING DOBERMANS, THE • 1973
AMAZING DOBERMANS, THE • 1976

CHUDNOW DAVID – USA
AMAZING DOBERMANS, THE • 1976

CHUEN LIK – HKG
SHINOBI NINJA • 1984

CHUKHRAI GRIGORI – USS – 1921–
TCHOUKRAI GREGORI • CHUKRAI GRIGORI
NAZAR STODOLYA • NAZAR SRODOLIA • 1954
SOROK PERVYI • FORTY-FIRST, THE • 1956
BALLADA O SOLDATE • BALLAD OF A SOLDIER (USA) • 1959
CHISTOIE NEBO • CLEAR SKIES ◦ CLEAR SKY, A • 1961
ZHILI-BILI STARIK SO STARUKHOI • THERE LIVED AN OLD MAN AND AN OLD WOMAN ◦ THERE WAS AN OLD COUPLE (USA) ◦ COUPLE, THE • 1965
LYUDI • PEOPLE • 1966
STALINGRADSKAYA BITVA • BATTLE OF STALINGRAD, THE ◦ STALINGRAD • 1970
PAMYAT • REMEMBRANCE ◦ MEMORY • 1972
NETEPICHNAYA ISTORIA • UNTYPICAL STORY, AN ◦ MIRE, THE • 1978
VITA E BELLA, LA • ZHIZN PREKRASNA (USS) ◦ LIFE IS WONDERFUL ◦ BETRAYED ◦ FREEDOM TO LOVE ◦ THEY MADE HIM A CRIMINAL • 1980

CHUKHRAY PAVEL – USS
TY INOGDA VSPOMINAY • SOMETIMES YOU REMEMBER • 1977

CHUKRAI GRIGORI see **CHUKHRAI GRIGORI**

CHUKRI JAMIL M. see **JAMIL MOHAMMED SHOUKRY**

CHULUKIN YURI see **CHULYUKIN YURI**

CHULYUKIN YURI – USS
CHULUKIN YURI
DEVTCHATA • GIRLS, THE • 1962
KOLOLYEVSKAYA REGATA • ROYAL REGATTA • 1967
KOROL MANEZHA • KING OF THE RING • 1970
KOROL' ARENY • 1973
MOTHERLAND'S SOLDIER • 1975
VESENNYAYA OLYMPIADA ILI NACHALNIK KHORA • SPRING OLYMPICS, OR THE CHOIR CHIEF, THE • 1980

CHUMEZ CHUMY – SPN – 1927–
ANDALUCIA LA BAJA • SHT
CASTILLOS DE CASTILLA, LOS • SHT
COSTA DEL SOL, LA • SHT
DIOS BENDIGA CADA RINCON DE ESTA CASA • 1977
MARGARITA, PERO ES QUE NO VAS A CAMBIAR? • 1978

CHUN TOMMY LOO see **LU CHUN**

CHUNG CHI-MAN DAVI – HKG
CHUNG ZHIWEN • CHUNG DAVID
POLICE ASSASSINS • 1986
IN THE LINE OF DUTY • 1987
MAGNIFICENT WARRIORS • 1987
GINGWAN GEI • 1988
TIEJIA WUDI MALIYA • I LOVE MARIA • 1988

CHUNG DAVID see **CHUNG CHI-MAN DAVI**

CHUNG JIN-WOO – SKR – 1938–
BRAVO
ISLAND FROG
LAST KING, THE
PARROT SANG WITH HER OWN BODY, THE
SEARCH FOR WILD GINSENG
SHALL CUCKOO SING AT NIGHT?
WHEN THE LITTLE DREAM COMES TRUE
LOVERS IN THE RAIN • 1977
SEAGULL, THE • 1983

CHUNG TOMMY see **LU CHUN**

CHUNG TOMMY LOO see **LU CHUN**

CHUNG ZHIWEN see **CHUNG CHI-MAN DAVI**

CHURCHILL JOAN – UKN
JUVENILE LIAISON • 1975
TATTOOED TEARS • 1978
SOLDIER GIRLS • 1981 • DOC
LILY TOMLIN • 1986 • DOC

CHYAU JUANG – HKG
THIRTY-SIX KILLERS

CHYTILOVA VERA – CZC – 1929–
VILLA IN THE SUBURBS • 1959 • SHT
MR. K. -GREEN STREET • 1960 • SHT
ACADEMY NEWSREEL • 1961 • SHT
PYTEL BLECH • BAG OF FLEAS, A (UKN) • 1962 • SHT
STROP • CEILING • 1962 • SHT
O NECEM JINEM • ABOUT SOMETHING ELSE ◦ ANOTHER WAY OF LIFE ◦ SOMETHING DIFFERENT ◦ SOMETHING ELSE • 1963
PERLICKY NA DNE • PEARLS OF THE DEEP (UKN) • 1965
SEDMIKRASKY • DAISIES • 1966
OVOCE STROMU RAJSKYCH JIME • WE EAT THE FRUIT OF THE TREES OF PARADISE ◦ FRUIT DE PARADIS, LE (BLG) ◦ FRUIT OF PARADISE, THE ◦ WE'LL EAT THE FRUIT OF PARADISE ◦ FRUIT OF THE TREES OF PARADISE, THE • 1969
HRA O JABLKO • APPLE GAME, THE • 1976
CAS JE NEUPROSNY • TIME IS MERCILESS • 1978
KALAMITA • CALAMITY • 1978
PANELSTORY • STORY FROM A HOUSING ESTATE ◦ PREFAB STORY ◦ PANEL STORY, THE • 1978
FAUNOVO VELMI POZDNI ODPOLEDNE • LATE AFTERNOON OF A FAUN, THE • 1984
SASEK A KRALOVNA • JESTER AND THE QUEEN, THE • 1987
VICI BOUDA • WOLF'S HOLE • 1987
KOPYTEM SEM, KOPYTEM TAM • TAINTED HORSEPLAY • 1988

CIAMPI YVES – FRN – 1921–1982
NERFS A VIF, LES
EVOCATION • 1938
CANCER, LE • 1940
MORT INTERDITE • 1941
COMPAGNONS DE LA GLOIRE, LES • 1945
CADETS DU CONSERVATOIRE, LES • 1946
SUZANNE ET SES BRIGANDS • JOUR ET LA NUIT, LE • 1948
BUFFALO-BILL ET LA BERGERE • 1949
CERTAIN MONSIEUR, UN • 1949
PILOTE DE GUERRE.. PILOTE DE LIGNE • 1949
GRAND PATRON, UN • PERFECTIONIST, THE (USA) • 1951
PLUS HEUREUX DES HOMMES, LE • 1952
ESCLAVE, L' • SCHIAVITU (ITL) ◦ SLAVE, THE (USA) • 1953
GUERISSEUR, LE • 1953
HEROS SONT FATIGUES, LES • HELDEN SIND MUDE, DIE (FRG) ◦ HEROES AND SINNERS (USA) ◦ HEROES ARE TIRED, THE • 1955
TYPHON SUR NAGASAKI • WASURENU BOJO (JPN) ◦ TYPHOON OVER NAGASAKI ◦ PRINTEMPS A NAGASAKI • 1957
VENT SE LEVE, LE • VENTO SI ALZA, IL (ITL) ◦ OPERATION TIME BOMB (UKN) ◦ TIME BOMB (USA) • 1959
QUI ETES-VOUS, M. SORGE? • WHO ARE YOU MR. SORGE? (USA) ◦ WHO ARE YOU? • 1960
LIBERTE 1 • LIBERTE • 1962
CIEL SUR LA TETE, LE • ALLARME DAL CIELO (ITL) ◦ SKY ABOVE HEAVEN (USA) ◦ STADE ZERO ◦ SKY BEYOND HEAVEN ◦ CIELO SULLA TESTA, IL ◦ SKIES ABOVE ◦ ITL ◦ HEAVEN ON ONE'S HEAD • 1964
A QUELQUES JOURS PRES • O PAR DNU (CZC) ◦ MATTER OF DAYS, A (USA) ◦ TECH NEKOLIK DNU.. ◦ TOO LATE BY A FEW DAYS.. ◦ FEW MORE DAYS, A • 1968
GRAND FOSSE, LE • 1980

CICCARESE LUIS – ITL
BRIDGE TO HELL • 1986

CICCORITTI GERARD – CND
PSYCHO GIRLS • 1984
GRAVEYARD SHIFT • 1986
GRAVEYARD SHIFT II: THE UNDERSTUDY • UNDERSTUDY, THE ◦ GRAVEYARD SHIFT 2 • 1989

CICERO FERNANDO see **CICERO NANDO**

CICERO NANDO – ITL – 1931–
CICERO FERNANDO
SCIPPO, LO • 1966
TEMPO DEGLI AVVOLTI, IL • TIME OF THE VULTURES, THE ◦ LAST OF THE BADMEN • 1967
DUE VOLTE GUIDA • TWO TIMES GUIDE • 1968
PROFESSIONISTI PER UN MASSACRO • PROFESSIONALS FOR A MASSACRE • 1968
MA CHI TI HA DATO LA PATENTE? • 1970
ARMIAMOCI E PARTITE • 1971
BELLA RICCA LIEVE DIFETTO FISICO CERCA ANIMA GEMELLA • 1973
KU-FU? DALLA SICILIA CON FURORE • 1973
ULTIMO TANGO A ZAGAROL • LAST ITALIAN TANGO, THE (UKN) • 1973
GATTO MAMMONE, IL • 1975
INSEGNANTE, L' • 1975
DOTTORESSA DEL DISTRETTO MILITARE, LA • 1976
SOLDATESSA ALLA VISITA MILITAIRE, LA • 1976
SOLDATESSA ALLE GRANDI MANOVRE, IL • TOUBIB AUX GRANDES MANOEUVRES, LA (FRN) • 1978

CIEPKA EMMANUEL – FRN – 1950–
EVA, SUR PAYSAGE ORDINAIRE • 1984

CIGARINI FRANCO
TEN DAYS WITH THE GUERRILLAS OF FREE MOZAMBIQUE • DOC

CIGLIC MARJAN – YGS
RAZSELJENA OSEBA • DISPLACED PERSON, A ◦ RASELJENA OSOBA • 1982

CIKAN MIROSLAV – CZC – 1896–1962
DUM NA PREDMESTI • HOUSE IN THE SUBURBS, A ◦ SUBURBAN HOUSE, THE • 1933
ZAHADA MODREHO POKOJE • MYSTERY OF THE BLUE ROOM, THE • 1933
HRDINNY KAPITAN KORKORAN • HERO-CAPTAIN KORKORAN • 1934
PAN NA ROZTRHANI • VERY BUSY GENTLEMEN • 1934
U NAS V KOCOURKOVE • WE AT KRAHWINKEL • 1934
KRAL ULICE • KING OF THE STREET, THE • 1935
BATALION • 1937
SVET, KDE SE ZEBRA • WORLD WHERE ONE GOES BEGGING, THE ◦ BEGGAR LIFE, THE ◦ WORLD OF BEGGARS, THE • 1938
KDYBYCH BYL TATOU • IF I WAS A DADDY • 1939
OSMNACTILETA • EIGHTEEN-YEAR OLD GIRL • 1939
STUDUJEME ZA SKOLOU • WE PLAY TRUANT • 1939
PRO KAMARADA • FOR MY FELLOW • 1941
PAKLIC • SKELETON KEY, THE • 1944
HRDINOVE MLCI • HEROES ARE SILENT, THE • 1946
LAVINA • 1946
ALENA • 1947
O SEVCI MATOUSOVI • MATTHEW THE SHOEMAKER ◦ MATOUS THE SHOEMAKER • 1948

CIKES STJEPAN – YGS
FLAMMES SUR L'ADRIATIQUE • PLAMEN NAD JADRANOM (YGS) • 1968
DALEKO NEBO • DISTANT SKY, THE • 1983

CIMAROSA TANO – ITL
VIZIO HA LE CALZE NERE, IL • 1975
NO ALLA VIOLENZA • 1978

CIMBER MATT
OTTAVIANO MATTEO
SINGLE ROOM FURNISHED • 1968
HE AND SHE • MAN AND WIFE • 1970
CALLIOPE • 1971
BLACK SIX, THE • 1974
CANDY TANGERINE MAN, THE • TANGERINE MAN, THE • 1975
GEMINI AFFAIR • 1975
LADY COCOA • 1975
WITCH, THE • WITCH WHO CAME FROM THE SEA, THE • 1976
BUTTERFLY • 1981
SEVEN GRAVES FOR ROGAN • MARIO PUZO'S SEVEN GRAVES FOR ROGAN ◦ TIME TO DIE, A • 1981
FAKE OUT • 1983
HUNDRA • 1983
YELLOW HAIR AND THE FORTRESS OF GOLD • YELLOWHAIR AND THE PELOS KID • 1984

CIMENT MICHEL – FRN
ELIA KAZAN, OUTSIDER • 1982 • DOC

CIMINO MICHAEL – USA – 1940–
THUNDERBOLT AND LIGHTFOOT • 1974
DEER HUNTER, THE • 1978
HEAVEN'S GATE • JOHNSON COUNTY WAR • 1980
YEAR OF THE DRAGON • 1985
SICILIAN, THE • 1987
SANTA ANNA WINDS • 1988
DESPERATE HOURS, THE • 1990

CINADER R. A. – USA
GREATEST RESCUES OF EMERGENCY • 1978

CINCERA RADUZ – CZC
KINOATOMAT • 1967

CINEMA ACTION – UKN
PEOPLE OF IRELAND • 1973
MINERS' FILM, THE • 1975
FILM FROM THE CLYDE • CLASS STRUGGLE: FILM FROM THE CLYDE • 1977
HISTORY OF A STRUGGLE • 1977

CINIERI FRANCESCO – ITL
CRONACHE DEL '22 • 1962

CIORCIOLINI MARCELLO – ITL
COLLI MARCELLO • HARRIS JAMES • REED FRANK
CON RISPETTO PARLANDO • 1965
BLACK BOX AFFAIR IL MONDO TREMA • 1966
BARBIERI DI SICILIA, I • BARBERS OF SICILY, THE • 1967
TOM DOLLAR • 1967
CICCIO PERDONA.. IO NO! • CICCIO FORGIVES.. NOT I! • 1968
NIPOTI DI ZORRO, I • 1968
FRANCO E CICCIO.. LADRO E GUARDIA • 1969
INDOVINA CHI VIENE A MERENDA • 1969
MEO PATACCA • 1972

CIOTTI SANDRO – ITL
PROFETA DEL GOL (JOHAN CRUYFF STORY), IL • 1976

CIRIC RASTO – Animator – YGS
TOWER OF BABEL, THE • 1987 • ANM

CIRINO FRANCO – ITL

CALUNNIATORI, I • 1956
LUPI ATTACCANO IN BRANCO, I • 1970

CISNEROS ICARO – MXC

DIA COMENZO AYER, EL • OPUS 65 • 1965
TIRANDO A GOL • 1965
SOLO PARA TI • 1966

CISSE SOULEYMANE – MLI – 1940–

CINQ JOURS D'UNE VIE • FIVE DAYS OF A LIFE • 1971 • SHT
DEN MUSSO • FILLE, LA ◦ GIRL, THE • 1975
BAARA • TRAVAIL, LE ◦ WORK ◦ JOB, A ◦ PORTER, THE • 1979
FINYE • VENT, LE ◦ WIND, THE • 1982
YEELEN • BRIGHTNESS ◦ LIGHT, THE • 1987

CITTI SERGIO – ITL – 1933–

OSTIA • 1970
STORIE SCELLERATE • BAWDY TALES (USA) • 1973
CASOTTO, IL • BEACH HUT, THE (USA) • 1977
DUE PEZZI DI PANE • 1979
MINESTRONE, IL • HUNGER • 1980
MORTACCI • DEAD ONES • 1988

CIUFFINI SABATINO – ITL

ORO PER I CESARI • OR POUR LES CESARS (FRN) ◦ OR DES CESARS, L' ◦ GOLD FOR THE CESARS • 1963

CIULEI LIVIU – Actor – RMN – 1923–

ERUPTIA • ERUPTION • 1959
VALURILE DUNARII • DANUBE WAVES, THE • 1963
PADUREA SPINZURATILOR • FOREST OF THE HANGED, THE ◦ FOREST OF HANGED MEN ◦ LOST FOREST, THE • 1965

CIUPKA RICHARD – BLG – 1950–

STRYKER JONATHAN

CURTAINS • 1983

CIURANA FRANCISCO G. – SPN

NUEVA CRIATURA, UNA • NEW CREATURE, A • 1971

CIVIRANI OSVALDO – ITL – 1917–

KEAN RICHARD

LE MANS
SEXY PROIBITO • 1963 • DOC
ERCOLE CONTRO I FIGLI DEL SOLE • HERCULES AGAINST THE SONS OF THE SUN (USA) ◦ HERCULES CONTRA LOS HIJOS DEL SOL (SPN) • 1964
TENTAZIONI PROIBITE • 1964 • DOC
KINDAR L'INVULNERABILE • KINDAR THE INVULNERABLE (USA) • 1965
OPERAZIONE POKER • OPERACION POKER (SPN) ◦ OPERATION POKER • 1965
AFFARE BECKET, L' • BECKET AFFAIR, THE (USA) • 1966
SCERIFFO TUTTO D'ORO, UNO • 1966
FIGLIO DI DJANGO, IL • SON OF DJANGO • 1967
RIC E GIAN ALLA CONQUISTA DEL WEST • RIC AND GIAN IN THE CONQUEST OF THE WEST • 1967
FIDARSI E BENE, SPARARE E MEGLIO • TRUSTING IS GOOD, SHOOTING IS BETTER • 1968
LUCREZIA BORGIA, L'AMANTE DEL DIAVOLO • LUCREZIA BORGIA, THE DEVIL'S LOVER ◦ LUCREZIA • 1968
T'AMMAZZO, RACCOMANDATI A DIO • 1968
FORMULA 1 –NELL'INFERNO DEL GRAND PRIX • 1970
LE MANS SCORCIATOIA PER L'INFERNO • 1970
QUEL GIORNO DIO NON C'ERA • CASO DEFREGGER, IL ◦ DIO NON C'ERA • 1970
DIAVOLO A SETTE FACCE, IL • DEVIL WITH SEVEN FACES, THE ◦ DEVIL HAS SEVEN FACES, THE • 1971
DUE DELLA FORMULA 1 ALLA CORSA PIU PAZZA, PAZZA DEL MONDO • 1971
DUE PEZZI DA GO • 1971
DUE FIGLI DI TRINITA, I • 1972
DUE GATTONI A NOVE CODE.. E MEZZA AD AMSTERDAM • 1972
PAVONE NERO, IL • 1975
RAGAZZA DALLA PELLE DI CORALLO, LA • 1976

CLAES J. – BLG

MARNIX GIJSEN ACHTERNA • LOOKING AT MARNIX GIJSEN • 1975

CLAIR GEORGES – FRN – 1929–

CLODO ET LES VICIEUSES • 1970

CLAIR P. see **CLAIR PHILIPPE**

CLAIR PHILIPPE – MRC – 1930–

CLAIR P.

DECLIC ET DES CLAQUES • DES CLICS ET DES CLACS ◦ ESBROUFFE, L' • 1964
GRANDE JAVA, LA • 1970
GRANDE MAFFIA, LA • GRANDE MAFIA, LA • 1971
BRIGADE EN FOLIE, LA • 1972
FUHRER EN FOLIE, LE • 1973
TRE RAMAZZE IN FUORI GIUOCO • 1974
BIDASSES EN CAVALE, LES • 1976
GRAND FANFARON, LE • 1976
COMMENT SE FAIRE REFORMER • 1977
CES FLICS ETRANGES VENUS D'AILLEURS • 1979
REFORMES DE PORTENT BIEN, LES • 1979
RODRIGUEZ AU PAYS DES MERGUEZ • PARODIE DU CID, LA • 1980
TAIS–TOI QUAND TU PARLES • 1981
PLUS BEAU QUE MOI, TU MEURS • 1982
PAR OU T'ES RENTRE.. ON T'A PAS VU SORTIE • 1984
SI T'AS BESOIN DE RIEN.. FAIS–MOI SIGNE • 1986

CLAIR RENE – FRN – 1898–1981

ENTR'ACTE • CINEMA ◦ INTERVAL BETWEEN ACTS • 1924 • SHT
PARIS QUI DORT • CRAZY RAY, THE (USA) ◦ RAYON INVISIBLE, LE ◦ AT 3.25 ◦ INVISIBLE RAY, THE ◦ PARIS ASLEEP • 1924
FANTOME DU MOULIN ROUGE, LE • PHANTOM OF THE MOULIN ROUGE, THE ◦ PHANTOM OF MOULIN ROUGE, THE • 1925
VOYAGE IMMAGINAIRE, LE • IMAGINARY VOYAGE, THE • 1925
PROIE DU VENT, LA • PREY OF THE WIND, THE • 1926
CHAPEAU DE PAILLE D'ITALIE, UN • ITALIAN STRAW HAT, THE ◦ HORSE ATE THE HAT, THE • 1927
DEUX TIMIDES, LES • TWO TIMID ONES, THE • 1928
TOUR, LA • 1928
SOUS LES TOITS DE PARIS • UNDER THE ROOFS OF PARIS (USA) • 1930
A NOUS LA LIBERTE • LIBERTY FOR US (USA) ◦ LIBERTE CHERIE ◦ FREEDOM FOR US • 1931
MILLION, LE • 1931
QUATORZE JUILLET • JULY 14TH (USA) ◦ FOURTEENTH OF JULY, THE • 1932
DERNIER MILLIARDAIRE, LE • LAST MILLIONAIRE, THE • 1934
GHOST GOES WEST, THE • FANTOME A VENDRE, LE (FRN) • 1935
BREAK THE NEWS • FAUSSES NOUVELLES • 1938
AIR PUR • 1939
FLAME OF NEW ORLEANS, THE • DUCHESSE OF NEW ORLEANS, THE ◦ BELLE ENSORCELEUSE ◦ COUNTESS OF NEW ORLEANS, THE • 1941
I MARRIED A WITCH • MA FEMME EST UNE SORCIERE (FRN) • 1942
FOREVER AND A DAY • 1943
IT HAPPENED TOMORROW • C'EST ARRIVE DEMAIN • 1943
AND THEN THERE WERE NONE • TEN LITTLE NIGGERS (UKN) ◦ DIX PETITS INDIENS, LES • 1945
SILENCE EST D'OR, LE • MAN ABOUT TOWN (USA) ◦ SILENCE IS GOLDEN • 1946
BEAUTE DU DIABLE, LA • BELLEZZA DEL DIAVOLO, LA (ITL) ◦ BEAUTY AND THE DEVIL (USA) ◦ BEAUTY AND THE BEAST (UKN) • 1950
BELLES DE NUITS, LES • BELLE DELLA NOTTE, LE (ITL) ◦ BEAUTIES OF THE NIGHT (USA) ◦ NIGHT BEAUTIES (UKN) • 1952
GRANDES MANOEUVRES, LES • GRANDI MANOVRE (ITL) ◦ SUMMER MANOEUVRES (UKN) ◦ GRAND MANEUVER, THE (USA) • 1955
PORTE DE LILAS • QUARTIERE DEI LILLA (ITL) ◦ GATES OF PARIS (USA) ◦ GATE OF LILACS • 1957
FRANCAISE ET L'AMOUR, LA • LOVE AND THE FRENCHWOMAN (USA) • 1960
TOUT L'OR DU MONDE • ALL THE GOLD IN THE WORLD • 1961
QUATRE VERITES • QUATTRO VERITA, LE (ITL) ◦ THREE FABLES OF LOVE (USA) ◦ CUATRO VERDADES, LAS • 1962
FETES GALANTES, LES • SERBARILOR GALANTE (RMN) • 1965

CLAMPETT BOB see **CLAMPETT ROBERT**

CLAMPETT ROBERT – Animator – USA – 1915–

CLAMPETT BOB

GET RICH QUICK PORKY • 1937 • ANS
PORKY'S BADTIME STORY • 1937 • ANS
PORKY'S HERO AGENCY • 1937 • ANS
ROVER'S RIVAL • 1937 • ANS
DAFFY DOC, THE • 1938 • ANS
INJUN TROUBLE • 1938 • ANS
PORKY AND DAFFY • 1938 • ANS
PORKY IN EGYPT • 1938 • ANS
PORKY IN WACKYLAND • 1938 • ANS
PORKY'S FIVE AND TEN • 1938 • ANS
PORKY'S NAUGHTY NEPHEW • 1938 • ANS
PORKY'S PARTY • 1938 • ANS
PORKY'S POPPA • 1938 • ANS
WHAT PRICE PORKY • 1938 • ANS
CHICKEN JITTERS • 1939 • ANS
FILM FAN, THE • 1939 • ANS
JEEPERS CREEPERS • 1939 • ANS
KRISTOPHER KOLUMBUS, JR. • 1939 • ANS
LONE STRANGER AND PORKY, THE • 1939 • ANS
NAUGHTY NEIGHBORS • 1939 • ANS
PIED PIPER PORKY • 1939 • ANS
POLAR PALS • 1939 • ANS
PORKY'S HOTEL • 1939 • ANS
PORKY'S MOVIE MYSTERY • 1939 • ANS
PORKY'S PICNIC • 1939 • ANS
PORKY'S TIRE TROUBLE • 1939 • ANS
SCALP TROUBLE • 1939 • ANS
WISE QUACKS • 1939 • ANS
AFRICA SQUEAKS • 1940 • ANS
ALI BABA BOUND • 1940 • ANS
CHEWIN' BRUIN, THE • 1940 • ANS
PATIENT PORKY • 1940 • ANS
PILGRIM PORKY • 1940 • ANS
PORKY'S LAST STAND • 1940 • ANS
PORKY'S POOR FISH • 1940 • ANS
PREHISTORIC PORKY • 1940 • ANS
SLAP HAPPY PAPPY • 1940 • ANS
SOUR PUSS • 1940 • ANS
TIMID TOREADOR • 1940 • ANS
COY DECOY, A • 1941 • ANS
FARM FROLICS • 1941 • ANS
GOOFY GROCERIES • 1941 • ANS
HENPECKED DUCK • 1941 • ANS
MEET JOHN DOUGHBOY • 1941 • ANS
PORKY'S POOCH • 1941 • ANS
PORKY'S SNOOZE REEL • 1941 • ANS
WABBIT TWOUBLE • 1941 • ANS
WE, THE ANIMALS, SQUEAK • 1941 • ANS
BUGS BUNNY GETS THE BOID • 1942 • ANS
COAL BLACK AND DE SEBBEN DWARFS • 1942 • ANS
EATIN' ON THE CUFF • 1942 • ANS
HEP CAT, THE • 1942 • ANS
HORTON HATCHES THE EGG • 1942 • ANS
NUTTY NEWS • 1942 • ANS
WACKY BLACKOUTS • 1942 • ANS
WACKY WABBIT, THE • 1942 • ANS
CORNY CONCERTO, A • 1943 • ANS
FALLING HARE • 1943 • ANS
ITCH IN TIME, AN • 1943 • ANS
PUSS 'N BOOTY • 1943 • ANS
TIN PAN ALLEY CATS • 1943 • ANS
TORTOISE WINS BY A HARE • 1943 • ANS
WISE QUACKING DUCK, THE • 1943 • ANS
BIRDIE AND THE BEAST • 1944 • ANS
BUCKAROO BUGS • 1944 • ANS
HARE RIBBIN • 1944 • ANS
OLD GREY HARE, THE • 1944 • ANS
RUSSIAN RHAPSODY • 1944 • ANS
TALE OF TWO KITTIES, A • 1944 • ANS
TICK TOCK TUCKERED • 1944 • ANS
WHAT'S COOKIN', DOC? • 1944 • ANS
BASHFUL BUZZARD, THE • 1945 • ANS
BOOK REVUE • 1945 • ANS
DRAFTEE DAFFY • 1945 • ANS
GRUESOME TWOSOME, A • 1945 • ANS
WAGON HEELS • 1945 • ANS
BABY BOTTLENECK • 1946 • ANS
BACALL TO ARMS • 1946 • ANS
BIG SNOOZE, THE • 1946 • ANS
GREAT PIGGY BANK ROBBERY, THE • 1946 • ANS
KITTY KORNERED • 1946 • ANS
GOOFY GOPHERS • 1947 • ANS
IT'S A GRAND OLD NAG • 1947 • ANS

CLANCY CARL C. – USA

MAESTRO OF THE COMICS • 1945 • SHT

CLANTE CARSTEN – DNM

HARDE SANDHED, DEN • HARD TRUTH, THE • 1980

CLARE JACK – USA

BLIND BOY, THE • 1917

CLARENCE MICHEL – FRN

CHANSON DE ROLAND, LA • 1959

CLARENDON HAL – USA

ONE DAY • 1916
ALMA, WHERE DO YOU LIVE? • 1917

CLARENS BERNARD – FRN

DECAMERON '69 • 1969

CLARFIELD STUART – CND

WELCOME TO THE PARADE • 1987

CLARK ALFRED – USA

EXECUTION OF MARY, QUEEN OF SCOTS, THE • 1895

CLARK B. D. see **CLARK BRUCE**

CLARK BARRY – CND – 1937–

A LA MOD • 1968
ELEANOR ROOSEVELT: AN UNCOMMON WOMAN • 1980 • MTV
BIMINI CODE • 1984
SLENDER TRAP, THE • 1986

CLARK BEN see **CLARK BENJAMIN**

CLARK BENJAMIN – USA

CLARK BEN

CHILDREN SHOULDN'T PLAY WITH DEAD THINGS! • 1972

CLARK BOB – USA – 1939–

EMPEROR'S NEW CLOTHES, THE • 1965
SHE MAN, THE • FIXATION • 1967
DEATHDREAM • DEAD OF NIGHT ◦ DEAD NIGHT ◦ KILL ◦ NIGHT ANDY CAME HOME, THE ◦ NIGHT WALK ◦ VETERAN, THE • 1972
BLACK CHRISTMAS • SILENT NIGHT, EVIL NIGHT ◦ STRANGER IN THE HOUSE • 1975
BREAKING POINT • 1976
MURDER BY DECREE • SHERLOCK HOLMES: MURDER BY DECREE (USA) • 1979
TRIBUTE • FILS POUR L'ETE, UN • 1981
PORKY'S • CHEZ PORKY • 1982
PORKY'S II, THE NEXT DAY • CHEZ PORKY II, LE LENDEMAIN • 1983
CHRISTMAS STORY, A • 1984
RHINESTONE • 1984
TURK 182! • 1985
FROM THE HIP • 1987
VON METZ INCIDENT, THE • FACE OFF • 1988
LOOSE CANNONS • 1989

CLARK BRUCE – USA

CLARK B. D.

NAKED ANGELS • 1969
SKI BUM, THE • 1971
HAMMER • 1972
GAMES AFFAIR, THE • 1974 • SRL
GALAXY OF TERROR • MINDWARP: AN INFINITY OF TERROR ◦ PLANET OF HORRORS ◦ FORBIDDEN WORLD • 1981

CLARK COLBERT – Producer – USA – 1898–

FIGHTING WITH KIT CARSON • 1933 • SRL
MYSTERY SQUADRON • 1933 • SRL
RETURN OF KIT CARSON, THE • 1933
THREE MUSKETEERS, THE • 1933 • SRL
WHISPERING SHADOW, THE • WHISPERING SHADOWS • 1933 • SRL
WOLF DOG, THE • 1933 • SRL
BURN 'EM UP BARNES • 1934 • SRL
BURN 'EM UP BARNES • DEVIL ON WHEELS (UKN) • 1934

CLARK CURTIS – UKN

CRUISIN' • 1977
BLUE SUEDE SHOES • 1980 • DOC

CLARK DAN – USA

REBIRTH • 1963 • SHT

CLARK DAVID RAYNER – UKN

FILM • 1979

CLARK DON – USA

FIGHTING GUIDE, THE • 1922

CLARK FRANK – USA

JOY RIDERS, THE • 1917 • SHT

CLARK FRANK C. – USA

BEYOND THE REEF • SHARK BOY OF BORA BORA ◦ SEA KILLER • 1981

CLARK FRANK HOWARD – USA

TEXAS TORNADO, THE • 1928
WIZARD OF THE SADDLE • 1928

CLARK GREYDON – USA – 1943–

TOM • 1973
BAD BUNCH, THE • 1976
BLACK SHAMPOO • 1976
SATAN'S CHEERLEADERS • 1976
HIGH RIDERS • HI–RIDERS, THE • 1977
ANGELS BRIGADE • 1979
RETURN, THE • ALIEN'S RETURN, THE ◦ EARTHRIGHT • 1980
WITHOUT WARNING • IT CAME WITHOUT WARNING ◦ WARNING, THE • 1980
WACKO • 1981
VIDEO MADNESS • JOYSTICKS ◦ JOY STICKS • 1983

FINAL JUSTICE • MALTESE CONNECTION, THE ○ MALTESE PROJECT, THE • 1984
UNINVITED, THE • 1987
SKINHEADS • 1989

CLARK-HALL STEPHEN – UKN
TALKING ABOUT KIRKALDY.. • 1975 • DOC

CLARK JACK see **CLARK JACK J.**

CLARK JACK J. – USA
CLARK JACK
HIS BROTHER'S WIFE • 1914
GENE OF THE NORTHLAND • 1915
MAD MAID OF THE FOREST, THE • 1915
SMUGGLER'S LASS, THE • 1915

CLARK JAMES see **CLARK JIM**

CLARK JAMES B. – USA – 1908–
UNDER FIRE • 1957
SIERRA BARON • 1958
VILLA! • 1958
DOG OF FLANDERS, A • 1959
SAD HORSE, THE • 1959
ONE FOOT IN HELL • 1960
BIG SHOW, THE • 1961
MISTY • 1961
DRUMS OF AFRICA • 1963
FLIPPER • 1963
ISLAND OF THE BLUE DOLPHINS • 1964
...AND NOW MIGUEL • 1966
MY SIDE OF THE MOUNTAIN • 1969
LITTLE ARK, THE • 1972

CLARK JESSE – USA
HELL'S PLAYGROUND • RIOT AT LAUDERDALE • 1967

CLARK JIM – UKN – 1931–
CLARK JAMES
CHRISTMAS TREE, THE • 1966
DAY OF REST • 1970 • SHT
EVERY HOME SHOULD HAVE ONE • THINK DIRTY (USA) • 1970
RENTADICK • 1972
MADHOUSE • REVENGE OF DR. DEATH, THE • 1974

CLARK JIM* – USA
DEBBIE GOES DALLAS • 1978
GIRLS OF GODIVA HIGH, THE • GOOD GIRLS OF GODIVA HIGH, THE ○ GODIVA GIRLS • 1981
LITTLE DARLINGS • 1981

CLARK JOHN – ASL
RUNNIN' ON EMPTY • FAST LANE FEVER (USA) ○ WILD WHEELS • 1982

CLARK JOHN* – USA
APRES LE SILENCE • 1970 • ANS

CLARK LARRY – USA
PASSING THROUGH • 1977

CLARK LAWRENCE GORDON – UKN
BELFAST ASSASSIN • HARRY'S GAME: THE MOVIE ○ HARRY'S GAME • 1982 • MTV
PATTERN OF ROSES, A • 1983
JAMAICA INN • 1985 • TVM
ROMANCE ON THE ORIENT EXPRESS • 1985 • TVM
ACT OF BETRAYAL • 1988 • TVM

CLARK LES – Animator – USA
PAUL BUNYAN • 1958 • ANS
FREEWAYPHOBIA NO.1 • 1965 • ANS
GOOFY'S FREEWAY TROUBLE • FREEWAYPHOBIA NO.2 • 1965 • ANS

CLARK LOUISE – Producer – CND – 1954–
WINTER TAN, A • 1988

CLARK MATT – USA
DA • 1988
ROOTS IN A PARCHED GROUND • 1989

CLARK MICHAEL – UKN
LINK-SPAN • 1956

CLARK RICHARD – USA
DR. HACKENSTEIN • 1989

CLARK ROBIN – USA
TURN ON, TUNE IN, DROP OUT • 1967 • DOC

CLARK RON – CND
FUNNY FARM, THE • 1982

CLARK STEVEN – USA
WHACKEY WORLD OF NUMBERS, THE • 1970 • ANS

CLARKE ALAN – UKN – 1935–
SCUM • 1978
BILLY THE KID AND THE GREEN BAIZE VAMPIRE • 1986
RITA, SUE AND BOB TOO • 1987

CLARKE CHARLES G. – Cinematographer – USA – 1899–1983
PIGSKIN CHAMPIONS • 1937 • SHT
MILESTONES OF THE MOVIES • 1966

CLARKE DOUGLAS – UKN
STANLOW STORY • 1952
CONTROLLED HEAT • 1955

CLARKE JAMES KENELM – UKN – 1941–
CLARKE JAMES KENELME
GOT IT MADE • COLORADO STONE ○ SWEET VIRGIN • 1973
EXPOSE • HOUSE ON STRAW HILL, THE ○ TRAUMA • 1975
HARDCORE • 1977
LET'S GET LAID • FIONA • 1977
LOVE TRAP • 1978
MUSIC MACHINE, THE • 1978
FUNNY MONEY • 1983
GOING UNDERCOVER • YELLOW PAGES • 1988

CLARKE JAMES KENELME see **CLARKE JAMES KENELM**

CLARKE LES – USA
MAN, MONSTERS AND MYSTERIES • 1975 • SHT

CLARKE MALCOLM – USA
AMERICAN JOURNEY • 1982 • TVM
NOBODY'S CHILDREN • 1990

CLARKE MICHAEL – UKN
UNSEEN ENEMIES • 1959

CLARKE ROBERT – USA
HIDEOUS SUN DEMON, THE • BLOOD ON HIS LIPS (UKN) ○ TERROR FROM THE SUN ○ SUN DEMON, THE • 1959

CLARKE SHIRLEY – USA – 1925–
DANCE IN THE SUN • 1953 • SHT
IN PARIS PARKS • 1954
BULLFIGHT • 1955 • SHT
MOMENT IN LOVE, A • 1956 • SHT
BRIDGES-GO-ROUND • 1958 • SHT
LOOPS • BRUSSELS LOOPS • 1958
SKYSCRAPER, THE • 1958
SCARY TIME, A • 1960
CONNECTION, THE • 1962
COOL WORLD, THE • ECHOES OF THE JUNGLE ○ HARLEM STORY • 1964
ROBERT FROST.. A LOVE LETTER TO THE WORLD • ROBERT FROST: A LOVER'S QUARREL WITH THE WORLD • 1964 • DOC
MAN IN POLAR REGIONS • 1967
PORTRAIT OF JASON • 1967 • DOC
SAVAGE/LOVE • 1981

CLARKSON STEPHEN – Screenwriter – UKN – 1912–
DEATH GOES TO SCHOOL • 1953

CLASKY RON – USA
I'VE GOT THIS PROBLEM • 1966

CLAUDIUS ERICH – GRM
LIEB HEIMATLAND • 1926

CLAUS HUGO – NTH
VIJANDEN, DE • ENEMIES, THE • 1968
VRIJDAG • FRIDAY • 1981
LEEUW VAN VLAANDEREN, DE • LION OF FLANDERS, THE • 1984
SACRAMENT, THE • 1989

CLAUSEN ERIK – DNM – 1942–
CIRKUS CASABLANCA • CASABLANCA CIRCUS, THE • 1981
FELIX • 1983
ROCKING SILVER • 1984
MANDEN I MANEN • MAN IN THE MOON, THE ○ DARK SIDE OF THE MOON, THE • 1986
RAMI OG JULIE • RAMI AND JULIET • 1987
TARZAN MAMA-MIA • 1989

CLAVEL MAURICE – FRN – 1920–1979
CRIMES DE L'AMOUR, LES • MINA DE VANGHEL • 1951

CLAVELL JAMES – Producer – ASL – 1924–
FIVE GATES TO HELL • 1959
WALK LIKE A DRAGON • 1960
SWEET AND THE BITTER, THE • 1962
TO SIR, WITH LOVE • 1966
WHERE'S JACK? • 1969
LAST VALLEY, THE • 1970

CLAVER BOB – USA
JAWS OF SATAN • KING COBRA • 1981

CLAXTON WILLIAM see **CLAXTON WILLIAM F.**

CLAXTON WILLIAM F. – USA – 1914–
CLAXTON WILLIAM
HALF PAST MIDNIGHT • 1948
TUCSON • 1949
ALL THAT I HAVE • 1951
FANGS OF THE WILD • 1954
STAGECOACH TO FURY • 1956
GOD IS MY PARTNER • 1957
QUIET GUN, THE • 1957
ROCKABILLY BABY • 1957
YOUNG AND DANGEROUS • 1957
DESIRE IN THE DUST • 1960
YOUNG JESSE JAMES • 1960
LAW OF THE LAWLESS • 1964
STAGE TO THUNDER ROCK • STAGECOACH TO HELL • 1964
NIGHT OF THE LEPUS • RABBITS • 1972
BONANZA: THE NEXT GENERATION • 1988 • TVM

CLAY ADAM – USA
MARKED FOR LOVE • MARKED X FOR LOVE • 1967
BLACKMAILED WIVES • 1968
KEY CLUB WIVES • WIVES, THE • 1968
MAKE OUT • 1968
MOTEL WIVES • MOTEL LIVES • 1968

CLAYTON JACK – Producer – UKN – 1921–
NAPLES IS A BATTLEFIELD • 1944 • SHT
BESPOKE OVERCOAT, THE • 1955
ROOM AT THE TOP • 1959
INNOCENTS, THE • 1961
PUMPKIN EATER, THE • 1964
OUR MOTHER'S HOUSE • 1967
GREAT GATSBY, THE • 1974
SOMETHING WICKED THIS WAY COMES • 1983
LONELY PASSION OF JUDITH HEARNE, THE • 1987

CLAYTON JOHN – USA
SUMMER DOG • 1977

CLAYTON SUSAN – UKN
SONG OF THE SHIRT • 1980

CLEGG TOM – UKN
LOVE IS A SPLENDID ILLUSION • SWEDISH DREAM • 1970
SWEENEY: JACKPOT • 1975 • MTV
SWEENEY 2 • 1978
DESTINATION MOONBASE ALPHA • SPACE 1999: DESTINATION MOONBASE ALPHA • 1979 • MTV
MCVICAR • 1980
CHILDREN OF THE FULL MOON • 1982 • TVM
SLAGSKAMPEN • INSIDE MAN, THE • 1984
HOUSE THAT BLED TO DEATH, THE • 1985 • TVM
MOUNTBATTEN: THE LAST VICEROY • 1985 • MTV
ANY MAN'S DEATH • 1988

CLEGG V. V. – USA
LUCKY SPURS • 1926

CLEMENS BRIAN – Producer/writer – UKN – 1931–
CAPTAIN KRONOS -VAMPIRE HUNTER • KRONOS (USA) • 1972

CLEMENS JAMES – USA
LADIES MUST DANCE • 1920
RUINED BY LOVE • 1920

CLEMENS ROLF – NRW – 1937–
FYRA GANGER FYRA • 4 X 4 ○ NORDISK KVADRILLE ○ UPPEHALLE I MYRLANDET ○ PIKE MED HVIT BALL • 1965
SMUGLERE • SMUGGLERS, THE • 1968
OPERASJON V FOR VANNVIDD • OPERATION M FOR MADNESS • 1970
CRASH • 1974

CLEMENS WILLIAM – USA – 1905–
CLEMENS WILLIAM B.
CASE OF THE VELVET CLAWS, THE • 1936
DOWN THE STRETCH • 1936
HERE COMES CARTER • VOICE OF SCANDAL, THE (UKN) • 1936
LAW IN HER HANDS, THE • 1936
MAN HUNT • 1936
CASE OF THE STUTTERING BISHOP, THE • 1937
FOOTLOOSE HEIRESS • 1937
MISSING WITNESS • MISSING WITNESSES • 1937
ONCE A DOCTOR • 1937
TALENT SCOUT • STUDIO ROMANCE (UKN) • 1937
ACCIDENTS WILL HAPPEN • 1938
MR. CHUMP • 1938
NANCY DREW -DETECTIVE • 1938
TORCHY BLANE IN PANAMA • TROUBLE IN PANAMA (UKN) • 1938
DRESS PARADE • DEAD END KIDS ON DRESS PARADE, THE ○ ON DRESS PARADE • 1939
NANCY DREW -TROUBLE SHOOTER • 1939
NANCY DREW AND THE HIDDEN STAIRCASE • 1939
NANCY DREW, REPORTER • 1939
CALLING PHILO VANCE • 1940
DEVIL'S ISLAND • 1940
KING OF THE LUMBERJACKS • 1940
KNOCKOUT • 1941
NIGHT OF JANUARY 16TH, THE • 1941
SHE COULDN'T SAY NO • 1941
NIGHT IN NEW ORLEANS, A • MORNING AFTER, THE • 1942
SWEATER GIRL • 1942
FALCON AND THE CO-EDS, THE • 1943
FALCON IN DANGER, THE • 1943
LADY BODYGUARD • 1943
CRIME BY NIGHT • 1944
FALCON OUT WEST, THE • 1944
13TH HOUR, THE • 1947

CLEMENS WILLIAM B. see **CLEMENS WILLIAM**

CLEMENT DICK – UKN – 1937–
CLEMENT RICHARD
OTLEY • 1968
SEVERED HEAD, A • 1970
CATCH ME A SPY • DOIGTS CROISES, LES (FRN) ○ TO CATCH A SPY (USA) ○ KEEP YOUR FINGERS CROSSED • 1971
PORRIDGE • DOING TIME (USA) • 1979
TO RUSSIA.. WITH ELTON • 1979 • DOC
ANYONE FOR DENIS? • 1982 • MTV
BULLSHOT! • BULLSHOT CRUMMOND (USA) • 1983
WATER • 1986

CLEMENT MAGALI – FRN
MAISON DE JEANNE, LA • 1988

CLEMENT MICHEL – FRN – 1924–
BAL DES ESPIONS, LE • DANGER IN THE MIDDLE EAST (USA) • 1960
SCHIAVE BIANCHE • 1962

CLEMENT RENE – FRN – 1913–
CESAR CHEZ LES GAULOIS • 1931 • ANS
SOIGNE TON GAUCHE • 1936 • SHT
ARABIE INTERDITE • ARABIE INCONNUE • 1937 • DOC
GRANDE CHARTREUSE, LA • 1937 • SHT
PARIS LA NUIT • 1937 • DCS
FLECHE D'ARGENT • 1938 • DCS
BIEVRE, LA • BIEVRE, FILLE PERDUE, LA • 1939 • DCS
ENERGIE ELECTRIQUE • 1939 • SHT
HISTOIRE DU COSTUME • 1939 • SHT
TIRAGE, LE • TRIAGE, LE • 1940 • DCS
CEUX DU RAIL • 1942 • DCS
GRANDE PASTORALE, LA • 1943 • DCS
TOULOUSE • 1943 • DCS
CHEFS DE DEMAIN • 1944 • DCS
MOUNTAIN • 1944 • DCS
BATAILLE DU RAIL, LA • BATTLE OF THE RAILS (USA) • 1945
BELLE ET LA BETE, LA • BEAUTY AND THE BEAST (USA) • 1945
MAUDITS, LES • SOUS-MARIN BLESSE, LE ○ DAMNED, THE (USA) • 1946

AU-DELA DES GRILLES • MURA DI MALAPAGA, LA (ITL) ○ WALLS OF MALAPAGA, THE (USA) ○ MURS DE MALAPAGA, LES ○ TROIS JOURS D'AMOUR • 1948
JEUX INTERDITS • FORBIDDEN GAMES (USA) ○ SECRET GAME, THE (UKN) ○ SECRET GAMES • 1948
PERE TRANQUILLE, LE • MR. ORCHID (USA) • 1948
CHATEAU DE VERRE, LE • AMANTE DI UNA NOTTE, L' (ITL) • 1950
KNAVE OF HEARTS • LOVERS, HAPPY LOVERS (USA) ○ MONSIEUR RIPOIS ○ LOVER BOY • 1954
GERVAISE • 1956
BARRAGE CONTRE LE PACIFIQUE • DIGA SUL PACIFICO, LA (ITL) ○ THIS ANGRY AGE (USA) ○ SEA WALL, THE • 1958
PLEIN SOLEIL • IN PIENO SOLE (ITL) ○ PURPLE NOON (USA) ○ BLAZING SUN (UKN) ○ LUST FOR EVIL • 1960
QUELLE JOIE DE VIVRE • CHE GIOIA VIVERE (ITL) • 1961
JOUR ET L'HEURE, LE • DAY AND THE HOUR, THE (USA) ○ GIORNO E L'ORA, IL ○ VIVIAMO OGGI ○ TODAY WE LIVE • 1963
FELINS, LES • LOVE CAGE, THE (UKN) ○ JOY HOUSE, THE (USA) • 1964
ECRIT SUR LE SABLE • 1966
PARIS BRULE-T-IL? • IS PARIS BURNING? (UKN) • 1966
PASSAGER DE LA PLUIE, LE • UOMO VENUTO DALLA PIOGGIA, L' (ITL) ○ RIDER ON THE RAIN (USA) ○ RIDER IN THE RAIN • 1969
MAISON SOUS LES ARBRES, LA • UNICO INDIZIO UNA SCIARPA GIALLA (ITL) ○ DEADLY TRAP, THE (UKN) ○ DEATH SCREAM • 1971
COURSE DU LIEVRE A TRAVERS LES CHAMPS, LA • CORSA DELLE LEPRE ATTRAVERSO I CAMPI, LA (ITL) ○ AND HOPE TO DIE (UKN) • 1972
BABYSITTER, LA • JEUNE FILLE LIBRE LE SOIR ○ WANTED: BABY-SITTER ○ BABY SITTER: UN MALEDETTO PASTICCIO ○ GANZ GROSSE DING, DAS ○ BABYSITTER, THE • 1975

CLEMENT RICHARD see **CLEMENT DICK**

CLEMENTI PIERRE – FRN – 1942–

VISA DE CENSURE • 1967
NEW OLD • 1979

CLEMENTS JOHN – Actor – UKN – 1910–

CALL OF THE BLOOD • 1948

CLEMENTS R. S. see **CLEMENTS ROY**

CLEMENTS RON – Animator – USA

GREAT MOUSE DETECTIVE, THE • 1986 • ANM
LITTLE MERMAID, THE • 1989 • ANM

CLEMENTS ROY – USA

CLEMENTS ROY S. • CLEMENTS R. S.

SNAKEVILLE'S MOST POPULAR LADY • 1914
BY RETURN MALE • 1915
HOW SLIPPERY SAM SAW THE SHOW • 1915
IT HAPPENED IN SNAKEVILLE • 1915
SAFETY FIRST AND LAST • 1915
SLIM, FAT OR MEDIUM • 1915
SNAKEVILLE'S CHAMPION • 1915
SNAKEVILLE'S HEN MEDIC • 1915
SNAKEVILLE'S TWINS • 1915
WHEN BEAUTY BUTTS IN • 1915
WHEN WILLIE WENT WILD • 1915
AIN'T HE GRAND? • 1916 • SHT
BELLE AND THE BELLHOP, THE • 1916 • SHT
FASCINATING MODEL, THE • 1916 • SHT
GASOLINE HABIT, THE • 1916 • SHT
HE BECAME A REGULAR • 1916 • SHT
HIS GOLDEN HOME • 1916 • SHT
I'LL GET HER FIRST • 1916 • SHT
IT'S ALL WRONG • 1916 • SHT
LOVE LAUGHS AT DYSPEPSIA • 1916 • SHT
LUCKY LEAP, A • 1916 • SHT
PERFECT MATCH, A • 1916 • SHT
ROOM RENT AND ROMANCE • 1916 • SHT
SOME HEROES • 1916 • SHT
SOME MEDICINE MAN • 1916 • SHT
TOWN THAT TRIED TO COME BACK, THE • 1916 • SHT
WHEN SLIM PICKED A PEACH • 1916 • SHT
WHEN SLIM WAS HOME CURED • 1916 • SHT
FAT AND FOOLISH • 1917 • SHT
HOT APPLICATIONS • 1917 • SHT
JILTED IN JAIL • 1917 • SHT
LOOKING 'EM OVER • 1917 • SHT
LOVE SLACKER, THE • 1917 • SHT
MARRIED BY ACCIDENT • 1917 • SHT
MINDING THE BABY • 1917 • SHT
MOVE OVER • 1917 • SHT
NIGHTCAP, THE • SECRETS OF THE NIGHT ○ NIGHT CAP, THE • 1917 • SHT
OTHER STOCKING, THE • 1917 • SHT
SEEING THINGS • 1917 • SHT
TAKING THEIR MEDICIN • 1917 • SHT
WAR BRIDEGROOM, THE • 1917 • SHT
WELCOME HOME • 1917 • SHT
WILD AND WOOLLY WOMEN • 1917 • SHT
YOUR BOY AND MINE • 1917 • SHT
CROWN JEWELS • 1918
SLOW EXPRESS, THE • 1918 • SHT
THERE GOES THE BRIDE • 1918 • SHT
BILL'S ANNIVERSARY • 1919 • SHT
BILL'S FINISH • 1919 • SHT
BILLY'S HAT • 1919 • SHT
MIXED NUTS • 1919 • SHT
STATE ROOM SECRETS • 1919 • SHT
WHEN A WOMAN STRIKES • 1919
KING SPRUCE • 1920
TIGER'S COAT, THE • 1920
DOUBLE O, THE • 1921
MOTION TO ADJOURN, A • 1921
DESERT BRIDEGROOM, THE • 1922
DESERT'S CRUCIBLE, THE • 1922
MARSHAL OF MONEYMINT, THE • 1922
TWO-FISTED JEFFERSON • SPARKS OF FLINT ○ FLINTS OF STEEL ○ UNDER ORDERS • 1922
HER DANGEROUS PATH • 1923 • SER
UNCENSORED MOVIES • 1923 • SHT
TONGUE OF SCANDAL • 1927
WANTED A COWARD • 1927

CLEMENTS ROY S. see **CLEMENTS ROY**

CLERGUE LUCIEN – FRN

DANS ARLES OU SONT LES ALYSCAMPS • 1966

CLEVE BASTIAN – GRM

ALICE DOWN WONDERLAND • 1973

CLIFF LADDIE – UKN

CO-OPTIMISTS, THE • 1929

CLIFFORD BILL – USA

BIRTHRIGHT • 1952

CLIFFORD GRAEME – USA

FRANCES • 1982
LITTLE RED RIDING HOOD • 1983 • MTV
BOY WHO LEFT HOME TO FIND OUT ABOUT THE SHIVERS, THE • 1985
BURKE AND WILLS • 1986
GLEAMING THE CUBE • 1988

CLIFFORD W. H. see **CLIFFORD WILLIAM H.**

CLIFFORD WILLIAM see **CLIFFORD WILLIAM H.**

CLIFFORD WILLIAM H. – USA

CLIFFORD WILLIAM • CLIFFORD W. H.

GHOST, THE • 1913
GOLDEN GOOSE, THE • 1914
LOVE'S SACRIFICE • 1914
POWER OF THE ANGELUS, THE • 1915
DENNY FROM IRELAND • 1918
MAN ALONE, THE • 1923
SOULS IN BONDAGE • SOUL HARVEST, THE • 1923
MISSING DAUGHTERS • 1924

CLIFFORD WILLIAM T. – USA

FARMING TO STAY • 1947
TWELVE MONTHS GREEN • 1948
PINE -THE NEW CASH CROP • 1949

CLIFT DENISON – USA – 1892–1961

CLIFT DENNISON

IRON HEART, THE • 1920
LAST STRAW, THE • 1920
WHAT WOULD YOU DO? • 1920
DEMOS • WHY MEN FORGET (USA) • 1921
DIAMOND NECKLACE, THE • 1921
OLD WIVES' TALE, THE • 1921
SONIA • 1921
WOMAN OF NO IMPORTANCE, A • 1921
BENTLEY'S CONSCIENCE • 1922
BILL FOR DIVORCEMENT, A • 1922
DIANA OF THE CROSSWAYS • 1922
LOVES OF MARY, QUEEN OF SCOTS, THE • 1923
OUT TO WIN • 1923
THIS FREEDOM • 1923
FLAMES OF DESIRE • 1924
GREAT DIAMOND MYSTERY, THE • 1924
HONOR AMONG MEN • 1924
THERE'S MILLIONS IN IT • 1924
PORTS OF CALL • 1925
PARADISE • 1928
SILVER ROSARY, THE • 1928
CITY OF PLAY • 1929
HIGH SEAS • 1929
TAXI FOR TWO • 1929
MYSTERY OF THE MARIE CELESTE, THE • PHANTOM SHIP, THE (USA) • 1935

CLIFT DENNISON see **CLIFT DENISON**

CLIFTON ELMER – USA – 1890–1949

FLAME OF YOUTH, THE • 1917
FLIRTING WITH DEATH • 1917
HER OFFICIAL FATHERS • 1917
HIGH SIGN, THE • 1917
HIGH SPEED • 1917
LOVE CLAIM, THE • 1917
MAN TRAP, THE • 1917
MIDNIGHT MAN, THE • 1917
STORMY KNIGHT, A • 1917
BATTLING JANE • 1918
BRACE UP • 1918
EAGLE, THE • 1918
FLASH OF FATE, THE • 1918
GUILT OF SILENCE, THE • 1918
HOPE CHEST, THE • 1918
KISS OR KILL • 1918
SMASHING THROUGH • 1918
TWO-SOULED WOMAN, THE • 1918
WINNER TAKE ALL • 1918
BOOTS • 1919
I'LL GET HIM YET • 1919
LIFE'S GREATEST PROBLEM • SAFE FOR DEMOCRACY • 1919
NUGGET NELL • 1919
OUT OF LUCK • NOBODY HOME • 1919
PEPPY POLLY • 1919
TURNING THE TABLES • WHO'S WHICH • 1919
MARY ELLEN COMES TO TOWN • 1920
DOWN TO THE SEA IN SHIPS • 1922
SIX CYLINDER LOVE • 1923
DAUGHTERS OF THE NIGHT • CROSSED WIRES • 1924
WARRENS OF VIRGINIA, THE • 1924
TRUTH ABOUT MEN • 1926
WIVES AT AUCTION • 1926
WRECK OF THE HESPERUS, THE • 1927
BEAUTIFUL BUT DUMB • 1928
LET 'ER GO GALLEGHER • GALLEGHER (UKN) • 1928
TROPICAL NIGHTS • 1928
VIRGIN LIPS • 1928
DEVIL'S APPLE TREE, THE • 1929
MAID TO ORDER • 1930
BORDER PATROL • 1935
CAPTURED IN CHINATOWN • 1935
CYCLONE OF THE SADDLE • 1935
FIGHTING CABALLERO • 1935
PALS OF THE RANGE • 1935
RIP ROARING RILEY • MYSTERY OF DIAMOND ISLAND, THE (UKN) • 1935
ROUGH RIDING RANGER • SECRET STRANGER, THE (UKN) • 1935
SADDLE COURAGE • 1935
SKULL AND CROWN • 1935
ASSASSIN OF YOUTH • MARIJUANA • 1936
CUSTER'S LAST STAND • 1936 • SRL
DEATH IN THE AIR • MURDER IN THE AIR (UKN) • 1936
GAMBLING WITH SOULS • 1936
WILDCAT TROOPER • WILD CAT (UKN) • 1936
CRUSADE AGAINST RACKETS • 1937
MILE A MINUTE LOVE • 1937
WOLVES OF THE SEA • JUNGLE ISLAND (UKN) • 1937
CRIME AFLOAT • 1938
LAW OF THE TEXAN • 1938
PAROLED FROM THE BIG HOUSE • MAIN STREET GIRL (UKN) • 1938
SECRET OF TREASURE ISLAND, THE • 1938 • SRL
STRANGER FROM ARIZONA, THE • 1938
CALIFORNIA FRONTIER • 1939
CRASHIN' THRU • RENFREW OF THE ROYAL MOUNTED IN CRASHIN' THRU • 1939
ISLE OF DESTINY • 1940
CITY OF MISSING GIRLS, THE • 1941
HARD GUY • PROFESSIONAL BRIDE (UKN) • 1941
I'LL SET MY LIFE • I'LL SELL MY LIFE • 1941
SWAMP WOMAN • 1941
DEEP IN THE HEART OF TEXAS • 1942
OLD CHISHOLM TRAIL, THE • 1942
SUNDOWN KID • 1942
BLOCKED TRAIL, THE • 1943
BOSS OF RAWHIDE • 1943
DAYS OF OLD CHEYENNE • 1943
FRONTIER LAW • GUNFIGHTER • 1943
RETURN OF THE RANGERS, THE • 1943
CAPTAIN AMERICA • RETURN OF CAPTAIN AMERICA, THE • 1944 • SRL
DEAD OR ALIVE • 1944
GANGSTERS OF THE FRONTIER • 1944
GUNS OF THE LAW • 1944
PINTO BANDIT, THE • 1944
SEVEN DOORS TO DEATH • 1944
SPOOK TOWN • 1944
SWING, COWBOY, SWING • BAD MAN FROM BIG BEND • 1944
WHISPERING SKULL, THE • 1944
MARKED FOR MURDER • 1945
YOUTH AFLAME • 1945
JUDGE, THE • GAMBLERS, THE (UKN) • 1949
NOT WANTED • STREETS OF SIN • 1949
SILVER BANDIT, THE • 1950

CLIFTON PETER – ASL – 1943–

POPCORN • POPCORN: AN AUDIO/VISUAL ROCK THING • 1970 • DOC
SUPERSTARS IN FILM CONCERT • 1971 • DOC
LONDON ROCK 'N' ROLL SHOW • 1973 • DOC
SOUND OF THE CITY • ROCK CITY • 1973
SONG REMAINS THE SAME, THE • 1976 • DOC
ROCK CITY • 1981 • DOC
SOUND OF THE CITY: LONDON 1964–73 • 1981 • DOC

CLIMATI ANTONIO – ITL

ULTIME GRIDA DALLA SAVANA • GRANDE CACCIA, LA ○ SAVAGE MAN, SAVAGE BEAST ○ ZUMBALAH • 1975
SAVANA VIOLENTA • 1976

CLIMENT ANTONIO – SPN

FELURE, THE • 1973

CLINE EDDIE – USA – 1892–1961

CLINE EDWARD F. • CLINE EDWARD

BUBBLES OF TROUBLE • 1916 • SHT
HER FIRST BEAU • 1916 • SHT
HIS BREAD AND BUTTER • 1916 • SHT
HIS BUSTED TRUST • 1916 • SHT
SUNSHINE • 1916 • SHT
WINNING PUNCH, THE • 1916 • SHT
BEDROOM BLUNDER, A • ROOM 23 • 1917 • SHT
DOG CATCHER, THE • DOG CATCHER'S LOVE, THE • 1917 • SHT
INTERNATIONAL SNEAK, AN • 1917 • SHT
PAWNBROKER'S HEART, A • 1917 • SHT
THAT NIGHT • 1917 • SHT
VILLA OF THE MOVIES • 1917 • SHT
HIDE AND SEEK, DETECTIVES • 1918 • SHT
HIS SMOTHERED LOVE • 1918 • SHT
KITCHEN LADY, THE • 1918 • SHT
SUMMER GIRLS, THE • 1918 • SHT
THOSE ATHLETIC GIRLS • 1918 • SHT
WHOSE LITTLE WIFE ARE YOU? • 1918 • SHT
CUPID'S DAY OFF • 1919 • SHT
EAST LYNNE WITH VARIATIONS • 1919 • SHT
HEARTS AND FLOWERS • 1919 • SHT
SCHOOLHOUSE SCANDAL, A • SCHOOL HOUSE SCANDAL, A • 1919 • SHT
WHEN LOVE IS BLIND • 1919 • SHT
CONVICT 13 • 1920 • SHT
MARY'S LITTLE LOBSTER • 1920 • SHT
MONKEY BUSINESS • 1920 • SHT
NEIGHBORS • 1920 • SHT
ONE WEEK • 1920 • SHT
SCARECROW • 1920 • SHT
SHERIFF NELL'S COMEBACK • 1920 • SHT
TEN NIGHTS WITHOUT A BARROOM • 1920 • SHT
TRAINING FOR HUSBANDS • 1920 • SHT
BOAT, THE • 1921 • SHT
GOLFER, THE • 1921 • SHT
HARD LUCK • 1921 • SHT
HAUNTED HOUSE, THE • 1921 • SHT
HIGH SIGN, THE • 1921 • SHT
HIS MEAL TICKET • 1921 • SHT
PALEFACE, THE • 1921 • SHT
PLAYHOUSE, THE • 1921 • SHT
SINGER MIDGET'S SCANDAL • 1921 • SHT
SINGER MIDGET'S SIDE SHOW • 1921 • SHT
WHO'S WHO? • 1921 • SHT
COPS • 1922 • SHT
DAY DREAMS • 1922 • SHT
ELECTRIC HOUSE, THE • 1922 • SHT
FROZEN NORTH, THE • 1922 • SHT
MY WIFE'S RELATION • 1922 • SHT
BALLOONATIC, THE • BALLOONATICS • 1923 • SHT
CIRCUS DAYS • 1923
LOVE NEST, THE • 1923 • SHT
MEANEST MAN IN THE WORLD, THE • 1923
ROOM 23 • 1923 • SHT
THREE AGES • 1923
ALONG CAME RUTH • 1924
CAPTAIN JANUARY • 1924
GALLOPING BUNGALOWS • 1924 • SHT
GOOD BAD BOY • 1924 • SHT
LITTLE ROBINSON CRUSOE • 1924
OFF HIS TROLLEY • 1924 • SHT
PLUMBER, THE • 1924 • SHT
WHEN A MAN'S A MAN • 1924 • SHT
BASHFUL JIM • 1925 • SHT
BELOVED BOZO, THE • 1925 • SHT
COLD TURKEY • 1925 • SHT
DANGEROUS CURVES BEHIND • 1925 • SHT
HOTSY-TOTSY • 1925 • SHT
LOVE AND KISSES • 1925 • SHT
OLD CLOTHES • RAG MAN, THE • 1925
RAG MAN, THE • 1925
SOAPSUDS LADY, THE • 1925 • SHT
SWEET PICKLE, A • 1925 • SHT
TEE FOR TWO • 1925 • SHT
ALICE BE GOOD • 1926 • SHT
BLONDE'S REVENGE, A • 1926 • SHT
FLIRTY FOUR FLUSHERS • 1926 • SHT
GHOST OF FOLLY, THE • 1926 • SHT
GOOSELAND • 1926 • SHT
HAREM KNIGHT, A • 1926 • SHT

LOVE SUNDAE, A • 1926 • SHT
PUPPY LOVETIME • 1926 • SHT
SMITH'S BABY • 1926 • SHT
SMITH'S VACATION • 1926 • SHT
SPANKING BREEZES • 1926 • SHT
THAT GOSH-DARN MORTGAGE • GOSH-DARN MORTGAGE, THE • 1926 • SHT
WHEN A MAN'S A PRINCE • 1926 • SHT
BULL FIGHTER, THE • BULLFIGHTERS, THE • 1927 • SHT
GIRL FROM EVERYWHERE, THE • 1927 • SHT
HOLD THAT POSE • 1927 • SHT
JOLLY JILTER, THE • 1927 • SHT
LET IT RAIN • 1927
SOFT CUSHIONS • 1927
CRASH, THE • WRECKING BOSS, THE • 1928
HEAD MAN, THE • BOSS OF LITTLE ARCADY, THE • 1928
LADIES' NIGHT IN A TURKISH BATH • LADIES' NIGHT (UKN) • 1928
LOVE AT FIRST FLIGHT • 1928 • SHT
VAMPING VENUS • IT'S ALL GREEK TO ME • 1928
BROADWAY FEVER • 1929
FORWARD PASS, THE • 1929
HIS LUCKY DAY • 1929
DON'T BITE YOUR DENTIST • 1930 • SHT
HOOK, LINE AND SINKER • 1930
IN THE NEXT ROOM • 1930
LEATHERNECKING • PRESENT ARMS (UKN) • 1930
SWEET MAMA • CONFLICT (UKN) • 1930
TAKE YOUR MEDICINE • 1930 • SHT
WIDOW FROM CHICAGO, THE • 1930
CRACKED NUTS • 1931
GIRL HABIT, THE • 1931
IN CONFERENCE • 1931 • SHT
MLLE IRENE THE GREAT • 1931 • SHT
NAUGHTY FLIRT, THE • MAN CRAZY • 1931
NO, NO, LADY • 1931 • SHT
SHOVE OFF • 1931 • SHT
DOOR KNOCKER, THE • 1932 • SHT
HIS WEEKEND • 1932 • SHT
MILLION DOLLAR LEGS • 1932
MYSTERIOUS MYSTERY, THE • 1932 • SHT
ROOKIE, THE • 1932 • SHT
DETECTIVE TOM HOWARD OF THE SUICIDE SQUAD • 1933 • SHT
PAROLE GIRL • 1933
SO THIS IS AFRICA • 1933 • SHT
UNCLE JAKE • 1933 • SHT
DUDE RANCH, THE • 1934
DUDE RANGER, THE • 1934
FIGHTING TO LIVE • 1934
GIRL TROUBLE • 1934 • SHT
MOROCCO NIGHTS • 1934 • SHT
NOT TONIGHT JOSEPHINE • 1934 • SHT
PECK'S BAD BOY • 1934
COWBOY MILLIONAIRE, THE • 1935
WHEN A MAN'S A MAN • SAGA OF THE WEST • 1935
F-MAN • 1936
IT'S A GREAT LIFE • FROM LITTLE ACORNS • 1936
LOVE IN SEPTEMBER • 1936 • SHT
FORTY NAUGHTY GIRLS • 1937
HIGH FLYERS • 1937
ON AGAIN, OFF AGAIN • EASY GOING • 1937
BREAKING THE ICE • 1938
GO CHASE YOURSELF • 1938
HAWAII CALLS • 1938
PECK'S BAD BOY WITH THE CIRCUS • 1938
BANK DICK, THE • BANK DETECTIVE, THE (UKN) • 1940
MY LITTLE CHICKADEE • 1940
VILLAIN STILL PURSUED HER, THE • 1940
CRACKED NUTS • 1941
HELLO SUCKER • 1941
MEET THE CHUMP • 1941
NEVER GIVE A SUCKER AN EVEN BREAK • WHAT A MAN! (UKN) • 1941
BEHIND THE EIGHT BALL • OFF THE BEATEN TRACK (UKN) • 1942
GIVE OUT, SISTERS • 1942
PRIVATE BUCKAROO • 1942
SNUFFY SMITH, THE YARD BIRD • SNUFFY SMITH (UKN) ◦ SNUFFY SMITH, YARD BIRD ◦ PRIVATE SNUFFY SMITH • 1942
WHAT'S COOKIN' • WAKE UP AND DREAM (UKN) • 1942
CRAZY HOUSE • 1943
HE'S MY GUY • 1943
SWINGTIME JOHNNY • 1943
GHOST CATCHERS • 1944
HAT CHECK HONEY • 1944
MOONLIGHT AND CACTUS • 1944
NIGHT CLUB GIRL • NIGHT CLUB ◦ NIGHT LIFE • 1944
SLIGHTLY TERRIFIC • 1944
PENTHOUSE RHYTHM • 1945
SEE MY LAWYER • 1945
BRINGING UP FATHER • 1946
JIGGS AND MAGGIE IN COURT • 1948
JIGGS AND MAGGIE IN SOCIETY • 1948

CLINE EDWARD see **CLINE EDDIE**

CLINE EDWARD F. see **CLINE EDDIE**

CLISBY TED – UKN

DESIGNED TO COVER • 1971 • SHT

CLIVER AL see **CONTI PIER LUIGI**

CLOCHE MAURICE – FRN – 1907–

DUEL A LA DYNAMITE
MONT SAINT-MICHEL, MERVEILLE DE L'OCCIDENT, LE • 1934
TERRE D'AMOUR • 1935 • SHT
CES DAMES AUX CHAPEAUX VERTS • LADIES IN THE GREEN HATS, THE (USA) • 1937
PETIT CHOSE, LE • 1938
VIE EST MAGNIFIQUE, LA • 1938
NORD ATLANTIQUE • 1939
SIXIEME ETAGE • 1939
VINGT-QUATRE HEURES DE PERM' • MARIAGE PAR PROCURATION • 1940
DEPART A ZERO • 1941
FEU SACRE • 1941
BEL OUVRAGE • 1943 • SHT
INVITE DE LA ONZIEME HEURE, L' • INVITE DE LA DERNIERE HEURE, L' ◦ ZOO • 1945
JEUX DE FEMMES • FIANCEES EN LOCATION • 1945
COEUR DE COQ • AFFAIRES DE COEUR • 1946
PAS UN MOT A LA REINE-MERE • 1946
MONSIEUR VINCENT • 1947
DOCTEUR LAENNEC • 1948
CAGE AUX FILLES, LA • CAGE OF GIRLS • 1949
PORTEUSE DE PAIN, LA • PORTATRICE DI PANE, LA (ITL) • 1949
NE DE PERE INCONNU • BASTARDI, I (ITL) • 1950
DOMENICA • 1951
PEPPINO E VIOLETTA • NEVER TAKE NO FOR AN ANSWER (UKN) • 1951
MOINEAUX DE PARIS • 1952
RAYES DES VIVANTS • 1952
NUITS ANDALOUSES • NOCHES ANDALUZAS (SPN) • 1953
MISSIONAIRE, UN • MISSIONAIRE, LE • 1955
QUAND VIENT L'AMOUR • KO PRIDE LJUBEZEN • 1955
ADORABLES DEMONS • 1956
MARCHANDS DE FILLES • SELLERS OF GIRLS (USA) ◦ GIRL SELLERS, THE ◦ GIRL MERCHANTS ◦ MARKET IN WOMEN, THE • 1957
FILLES DE NUIT • LEGGE DEL VIZIO, LA (ITL) ◦ GIRLS OF THE NIGHT (USA) • 1958
PRISONS DE FEMMES • 1958
BAL DE NUIT • 1959
FRIC, LE • GRANA, LA (ITL) • 1959
COCAGNE • 1960
TOUCHEZ PAS AUX BLONDES! • 1960
PORTEUSE DE PAIN, LA • PORTATRICE DI PANE, LA (ITL) ◦ BREAD PEDDLER, THE (USA) • 1963
COPLAN, AGENT SECRET FX18 • UCCIDETE AGENTE SEGRETO 777-STOP (ITL) • 1964
DE JOUR ET DE NUIT • 1964
REQUIEM POUR UN CAID • 1964
BARAKA SUR X 13 • 1965
ORDEN: FX 18 DEBE MORIR • FX-18 SECRET AGENT ◦ ORDER: FX 18 MUST DIE ◦ AGENTE X-77 ORDINE DI UCCIDERE • 1965
VICOMTE REGLE SES COMPTES, LE • THE VISCOUNT, FURTO ALLA BANCA MONDIALE (ITL) ◦ ATRACO AL HAMPA (SPN) ◦ AVENTURAS DEL VIZCONDE, LAS ◦ VISCOUNT, THE (USA) ◦ AVENTURES DU VICOMTE, LES • 1967
KILLER PER SUA MAESTA, UN • TUEUR AIME LES BONBONS, LE (FRN) ◦ ZUCKER FUR DEN MORDER (FRG) ◦ KILLER LIKES CANDY, THE (USA) ◦ KILLER OF HIS MAJESTY, A • 1968
MAIS TOI TU ES PIERRE • 1971

CLOKEY ART – USA

SEA HORSE, THE • SHT
GUMBASIA • 1955 • ANS

CLONEBAUGH G. BUTLER – USA

SECRET GARDEN, THE • 1919

CLOOS HANS PETER – GRM

DEUTSCHLAND IM HERBST • GERMANY IN AUTUMN • 1978

CLOTWORTHY HAL – USA

WHEN A WIFE WORRIES • 1916 • SHT

CLOUE ERIC

CAROLYN CARLSON • DOC
OSCAR NIEMEYER • DOC

CLOUSE ROBERT – USA

LEGEND OF JIMMY BLUE EYES, THE • 1964 • SHT
DARKER THAN AMBER • 1970
DREAMS OF GLASS • 1970
LUNG-CHENG-HU TOU • ENTER THE DRAGON (USA) • 1973
BLACK BELT JONES • 1974
GOLDEN NEEDLES • CHASE FOR THE GOLDEN NEEDLES, THE • 1974
ULTIMATE WARRIOR, THE • 1975
AMSTERDAM KILL, THE • 1977
PACK, THE • LONG HARD NIGHT, THE (UKN) ◦ KILLERS WHO WORE COLLARS ◦ LONG DARK NIGHT, THE ◦ WE'VE GOT A BONE TO PICK WITH YOU • 1977
SZU-WAN YU-HSI • BRUCE LEE'S GAME OF DEATH (UKN) ◦ GAME OF DEATH • 1978
LONDON CONNECTION, THE • OMEGA CONNECTION, THE (USA) • 1979
BATTLE CREEK BRAWL • SHA-SHOU HAO (HKG) ◦ BIG BRAWL, THE (UKN) • 1980
KIDS WHO KNEW TOO MUCH, THE • 1980
FORCE: FIVE • 1981
DEADLY EYES • RATS, THE ◦ NIGHT EYES • 1982
DARK WARRIOR • 1984
GYMKATA • 1985
CHINA O'BRIEN • 1989

CLOUTIER JON CRAIG – USA

COASTER • 1981 • DOC

CLOUZOT CLAIRE – FRN – 1933–

HOMME FRAGILE, L' • 1980

CLOUZOT HENRI-GEORGES – FRN – 1907–1977

TERREUR DES BATIGNOLLES, LA • 1931 • SHT
CAPRICE DE PRINCESSE • 1933
CHATEAU DE REVE • CHATEAU DANS LE MIDI, UN • 1933
TOUT POUR L'AMOUR • CHANSON POUR TOI, UNE • 1933
ASSASSIN HABITE AU 21, L' • MURDERER LIVES AT NUMBER 21, THE (USA) • 1942
CORBEAU, LE • RAVEN, THE (USA) ◦ MALADIE CONTAGIEUSE ◦ LAURA ◦ CROW, THE • 1943
QUAI DES ORFEVRES • JENNY LAMOUR (USA) ◦ JOYEUX NOEL • 1947
MANON • 1948
RETOUR A LA VIE • RETURN TO LIFE • 1948
MIQUETTE ET SA MERE • MIQUETTE (USA) • 1949
SALAIRE DE LA PEUR, LE • VITE VENDUTE (ITL) ◦ WAGES OF FEAR, THE (USA) ◦ SALARIO DELLA PAURA, IL • 1953
DIABOLIQUES, LES • FIENDS, THE (UKN) ◦ DIABOLIQUE (USA) • 1954
MYSTERE PICASSO, LE • MYSTERY OF PICASSO, THE (USA) ◦ PICASSO MYSTERY, THE • 1956 • DOC
ESPIONS, LES • 1957
VERITE, LA • VERITA, LA (ITL) ◦ TRUTH, THE (USA) • 1960
ENFER, L' • 1964
PRISONNIERE, LA • PRIGIONIERA, LA (ITL) ◦ WOMAN IN CHAINS (USA) ◦ FEMALE PRISONER, THE • 1968
MESSA DE REQUIEM • 1969

CLOWES ST. JOHN L. – UKN

FROZEN FATE • 1929
DORA • 1933
GRAND PRIX • 1934
NO ORCHIDS FOR MISS BLANDISH • 1948

CLUCHER E. B. – ITL – 1922–

BARBONI ENZO

CIAK MULL -L'UOMO DELLA VENDETTA • UNHOLY FOUR, THE (UKN) ◦ CHUCK MOOL • 1970
LO CHIAMAVANO TRINITA • THEY CALL ME TRINITY (UKN) ◦ TRINITY IS MY NAME • 1970
CONTINUAVANO A CHIAMARLO, TRINITA • TRINITY IS STILL MY NAME (USA) ◦ THEY STILL CALL ME TRINITY • 1971
...E POI LO CHIAMARONO IL MAGNIFICO • MAN OF THE EAST (UKN) ◦ MAN FROM THE EAST, A • 1972
ANCHE GLI ANGELI MANGIANO FAGIOLI • EVEN ANGELS EAT BEANS • 1973
ANCHE GLI ANGELI TIRANO DI DESTRO • 1974
DUE SUPERPIEDI QUASI PIATTI, I • CRIME BUSTERS (USA) ◦ TWO SUPERCOPS • 1977
GO FOR IT • 1983
IO, TU, LORO E GLI ALTRI • DOUBLE TROUBLE • 1984
ODD SQUAD, THE • 1985
RENEGADE • 1987

CLURMAN HAROLD – USA – 1901–1980

DEADLINE AT DAWN • 1946

COATES FRANKLIN B. – USA

JESSE JAMES AS THE OUTLAW • 1921
JESSE JAMES UNDER THE BLACK FLAG • 1921

COATES GEORGE – ASL

IF THE HUNS CAME TO MELBOURNE • 1916

COATES LEWIS see **COZZI LUIGI**

COATS JOHN – USA

FOES • FOE • 1977

COBAR NELL – RMN

EGO • ANS

COBBETT WILLIAM – BRZ

PAIXAO DE CRISTO • 1970
TARDE OUTRA TARDE, UMA • AMOR AOS 40, O • 1975
MONSTRO DE SANTA TEREZA, O • MONSTER OF SANTA TEREZA, THE • 1980
TRAPALHADAS DE DOM QUIXOTE & SANCHO PANCA, AS • MISADVENTURES OF DON QUIXOTE AND SANCHO PANZA, THE • 1980
GRANDE PALHACO, O • GREAT CLOWN, THE • 1982

COBELLI GIANCARLO – ITL – 1933–

FERMATE IL MONDO, VOGLIO SCENDERE • 1970
WOYZECK • 1972 • MTV
UOMO DIFFICILE, L' • 1978 • MTV

COBHAM DAVID – UKN

RIGHT LINE, THE • 1961
MULOORINA • 1964
FARMERS THREE • 1969
TO BUILD A FIRE • 1970
TARKA THE OTTER • 1978
WOOF! • 1989

COBHAM SHIRLEY – UKN

CASTLE AND COUNTRY -A VIEW OF SCOTLAND • 1964 • DOC

COCEA DINU – RMN – 1929–

COCEA DINU CONSTANTIN • COCEA DINU C.

HAIDUCII • OUTLAWS, THE • 1965
RAPIREA FECIOARELOR • RAPE OF THE MAIDENS, THE • 1968
RAZBUNAREA HAIDUCILOR • REVENGE OF THE OUTLAWS, THE • 1968
DOWRY OF LADY RALU, THE • 1969
WEEK OF THE MADMEN, THE • 1969
OUTLAWS OF CAPTAIN ANGHEL SEVENHORSES, THE • 1970
OAK TREE, TOP EMERGENCY • 1973

COCEA DINU C. see **COCEA DINU**

COCEA DINU CONSTANTIN see **COCEA DINU**

COCHRAN STEVE – Actor – USA – 1917–1965

TELL ME IN THE SUNLIGHT • 1967

COCHRANE FIONA – ASL

I'M THANKFUL FOR WHAT I'VE GOT • 1987 • SHT

COCHRANE GEORGE – USA

ATTIC PRINCESS, THE • 1916 • SHT
BELOVED LIAR, THE • 1916
BY CONSCIENCE'S EYE • 1916 • SHT
CIRCUMSTANTIAL GUILT • 1916 • SHT
CORPORAL BILLY'S COMEBACK • 1916 • SHT
FINISHING TOUCH, THE • 1916 • SHT
GOD AND THE BABY • 1916 • SHT
GRIP OF CRIME, THE • 1916 • SHT
LAWYER'S SECRET, THE • 1916 • SHT
LONESOME HOUSE • 1916 • SHT
MASK OF FORTUNE, THE • 1916 • SHT
MOUNTAIN BLOOD • 1916 • SHT
MOUNTAIN NYMPH, A • 1916
MOUNTAIN TRAGEDY, A • 1916 • SHT
SEA LILY, THE • 1916 • SHT
SHACKLES • 1916 • SHT
STING OF CONSCIENCE, THE • 1916 • SHT
THROUGH BABY'S VOICE • 1916 • SHT
TIMBER WOLF, THE • 1916 • SHT
DOOMED • 1917 • SHT
GETAWAY, THE • 1917 • SHT
GIRL IN THE GARRET, THE • 1917 • SHT
GIRL IN THE LIMOUSINE, THE • 1917 • SHT
GIRL WHO LOST, THE • 1917 • SHT
LIKE BABES IN THE WOODS • 1917 • SHT
NEVER TOO OLD TO WOO • 1917 • SHT
RED STAIN, THE • 1917 • SHT
SPINDLE OF LIFE, THE • 1917
TELLTALE CLUE, THE • 1917 • SHT
THIEF MAKER, THE • 1917 • SHT

UNCLE JOHN'S MONEY • 1917 • SHT
WEB, THE • 1917 • SHT
BURGLAR TO THE RESCUE, A • 1931 • SHT
MYSTERY OF LIFE • 1931

COCHRANE R. H. – USA

BETTY'S HOBO • 1916 • SHT

COCTEAU JEAN – FRN – 1889–1963

JEAN COCTEAU FAIT DU CINEMA • 1925 • SHT
SANG D'UN POETE, LE • BLOOD OF A POET, THE (USA) ○ VIE D'UN POETE, LA ○ POET'S BLOOD • 1930
BELLE ET LA BETE, LA • BEAUTY AND THE BEAST (USA) • 1945
AIGLE A DEUX TETES, L' • EAGLE WITH TWO HEADS, THE (USA) ○ EAGLE HAS TWO HEADS, THE (UKN) • 1948
PARENTS TERRIBLES, LES • STORM WITHIN, THE (USA) • 1948
CORIOLAN • 1950
ORPHEE • ORPHEUS (USA) • 1950
VILLA SANTO-SOSPIR, LA • 1952
ACHT MAL ACHT • 8 X 8 • 1957
TESTAMENT D'ORPHEE, LE • TESTAMENT OF ORPHEUS OR DON'T ASK ME WHY, THE ○ TESTAMENT OF ORPHEUS (USA) ○ TESTAMENT D'ORPHEE OU NE ME DEMANDEZ PAR POURQUOI, LE • 1960

CODERRE LAURENT – Animator – CND – 1931–

METAMORPHOSES • 1968 • ANS
FLEURS DE MACADAM, LES • MACADAM FLOWERS, THE (USA) ○ ASPHALT FLOWERS, THE • 1969 • ANS
RECHERCHE VISUELLE POUR ACCOMPAGNER UNE TRAME MUSICALE • 1969 • ANM
ZIKKARON • 1971 • ANS
RENCONTRE • 1978 • ANM
DECLIN • RUSTING WORLD • 1980 • ANM

CODMAN JOHN – UKN

MR. HUGHES AND HIS CHRISTMAS TURKEY • 1904
PROFESSOR RICHARD CODMAN'S PUNCH AND JUDY SHOW • 1904
MINER'S DAUGHTER, THE • 1905
LUCK OF A DIVER • 1908
MR. TROUBLESOME • 1909

COE FRED – USA – 1914–1979

THOUSAND CLOWNS, A • 1965
ME, NATALIE • 1969

COE GEORGE – USA

DOVE, THE • 1968 • SHT

COE PETER – UKN – 1929–1987

LOCK UP YOUR DAUGHTERS! • 1969

COELHO JOSE ADOLFO – PRT – 1899–1953

CAMPANHA DO TRIGO, A • 1929 • SHT
CULTURA DO MILHO EM PORTUGAL, A • 1929 • SHT
MARINHAS • 1929 • SHT
OLIVEIRA, SUA CULTURA E EXTRACCAO DO AZEITE, A • 1929 • SHT
CEIFA, A • 1931 • SHT
CULTURA DA LARANJA NA REGIAO DE VALENCIA, A • 1931 • SHT
CULTURA DE BANANAS NA MADEIRA, A • 1931 • SHT
EXPORTACAO DE CEREJAS • 1931 • SHT
EXPORTACAO DE UVAS • 1931 • SHT
MEL, UM ALIMENTO NATURAL, O • 1931 • SHT
OLIVEIRA, SUA CULTURA E EXTRACCAO DO AZEITE 2, A • 1931 • SHT
UVAS DE PORTUGAL -VINDIMAS • 1931 • SHT
COMO SE COMBATEM AS PRAGAS DOS LARANJAIS • 1936 • SHT
APICULTURA: A TECNICA DO APIARIO • 1937 • SHT
EXPORTACAO DE MELOES • 1938 • SHT
FESTA VINDIMARIA • 1938 • SHT
V CONGRESSO INTERNACIONAL DA VINHA E DO VINHO, O • 1938 • SHT
CANHAMO, SUA CULTURA E APLICACOES INDUSTRIAIS, O • 1939 • SHT
COLHEITA DA AZEITONA, A • 1939 • SHT
CULTURA DO MELAO NO RIBATEJO, A • 1939 • SHT
EXPOSICAO PECUARIA DA GOLEGA, A • 1939 • SHT
INUNDACOES NO VALE DO TEJO • 1939 • SHT
SOUTOS E CASTANHAS • 1939 • SHT
TOIROS NA FAINA AGRICOLA RIBATEJANA, OS • 1939 • SHT
MOSQUITO, INIMIGO DO HOMEM, O • 1940 • SHT
PARADA PECUARIA DE BRAGA • 1940 • SHT
FEIRAS E MERCADOS • 1941 • SHT
JARDINS DE LISBOA • 1941 • SHT
PORTO DE ABRIGO • 1941
SEGUNDO EXPOSICAO NACIONAL DE FLORICULTURA • 1941 • SHT
DESPENSA VIVA, UMA • 1942 • SHT
TERRA PORTUGUESA PODE PRODUZIR MAIS, A • 1942
CARVAO VEGETAL • 1943 • SHT
ESCARAVELHO DA BATATEIRA, O • 1943 • SHT
VIDA DO LINHO • 1943 • SHT
AGUAS CRIADORAS • 1944 • SHT
COMBATE A PRAGA DOS GAFANHOTOS, O • 1944 • SHT
APRENDA A COMER • 1945 • SHT
COISA SEM IMPORTANCIA, UMA • 1946 • SHT
NASCEU UM MENINO • 1946 • SHT
ALDEIA DOS RAPAZES DA RUA, A • 1947 • SHT
ARBORIZACAO DAS SERRAS, A • 1947 • SHT
BRUCELOSE, A • 1947 • SHT
COLONIZACAO INTERNA • 1947 • SHT
COMO OBTER BATATA-SEMENTE • 1947 • SHT
DECOBERTA DE NOVAS TERRAS DE CULTURA, A • 1947 • SHT
DEFENDAMOS O PAO NOSSO • 1947 • SHT
LAGARTA DO SOBREIRO, A • 1947 • SHT
NUN'ALVARES, HEROI E SANTO • 1947 • SHT
VINHO DO PORTO • 1947 • SHT
VALORIZACAO DE TERRA • 1949 • SHT
E TUDO A AGUA LEVOU • 1952 • SHT
SEMENTE SELECCIONADA DE TRIGO E ARROZ • 1953 • SHT

COELHO RENE – NTH

FRANS ZWARTJES -FILM-MAKER • 1972 • DOC

COEN JOEL – USA

BLOOD SIMPLE • 1985
RAISING ARIZONA • 1987
MILLER'S CROSSING • 1989

COENEN JOSEF – GRM

BLONDE LOO, DIE • 1919
EHE DER FRAU MARY, DIE • 1919
EWIGE RATSEL, DAS • 1919
INSEL DER GLUCKLICHEN, DIE • 1919
PHANTOME DES LEBENS • 1919
EINAUGIGE, DER • 1920

COFFEY ESSIE – ASL

MY SURVIVAL AS AN ABORIGINAL • 1979

COFFEY FRANK – Editor – ASL

HERITAGE REGAINED • 1949 • DOC
BEHIND THE AIRLINE • 1950 • DOC
LAND OF TOMORROW • 1950 • DOC
WORLD CHAMPION • 1953 • DOC
WINGS TO SOUTH AFRICA • 1954 • DOC

COGGIO ROGER – Actor – FRN – 1934–

JOURNAL D'UN FOU • 1963
CRONACA EROTICA DI UNA COPPIA • 1973
NOCES DE PORCELAINE, LES • 1975
SILENCE.. ON TOURNE • 1976
ON PEUT LE DIRE SANS SE FACHER! • ONE CAN SAY IT WITHOUT GETTING ANGRY ○ BELLE EMMERDEUSE, LA • 1978
C'EST ENCORE LOIN D'AMERIQUE • 1979
FOURBERIES DE SCAPIN, LES • 1980
BOURGEOIS GENTILHOMME, LE • 1982
MARIAGE DE FIGARO • 1989

COGHILL NEVILL – UKN

DOCTOR FAUSTUS • 1967

COGLEY NICK – Actor – USA – 1869–

COLORED VILLAINY • 1915
DARK LOVER'S PLAY, A • 1915
GIDDY, GAY AND TICKLISH • 1915
HASH HOUSE MASHERS • 1915
LOVE IN ARMOR • 1915
LOVE, LOOT AND CRASH • 1915
PEANUTS AND BULLETS • 1915
RENT JUMPERS, THE • 1915

COGNITO EN – USA

ALL THE SENATOR'S GIRLS • 1977

COH ZVANK – Animator – YGS

KISS ME SOFT RUBBER • 1984 • ANM

COHEN ANNETTE – Producer – CND – 1935–

LOVE • 1981

COHEN ARTHUR – USA

SNOW CAPERS • 1948 • DCS
CHEATING IN GAMBLING • 1949 • DCS

COHEN AVI – ISR

REAL GAME, THE • 1980

COHEN BENNETT see **COHN BENNETT**

COHEN CHAIM – BUL

COHEN HAIM

PROTECT THE SMALL ANIMALS • 1988
SHORTAGE • 1990

COHEN DAN – ISR

CAMP 708 • MADMAN • 1977

COHEN DAVID – USA

HOLLYWOOD ZAP • 1986

COHEN EINAN – NTH

BIRTH OF A MOUNTAIN, THE • 1973 • ANS

COHEN ELI – ISR

SHTEI ETZBAOTH ME'TZIDON • RICOCHETS • 1985
AVIA'S SUMMER • 1988

COHEN HAIM see **COHEN CHAIM**

COHEN HERMAN – THL

CROCODILE • 1981

COHEN HOWARD R. – USA

SATURDAY THE 14TH • 1981
SPACE RAIDERS • STAR CHILD • 1983
SATURDAY THE 14TH STRIKES BACK • 1988
TIME TRACKERS • 1989

COHEN IRA – USA

INVASION OF THE THUNDERBOLT PAGODA, THE • SHT

COHEN LARRY – USA – 1938–

DIAL RAT FOR TERROR • BEVERLY HILLS NIGHTMARE ○ FUNNY BONE ○ BONE ○ DIAL RAT ○ MAN WHO CAME TO KILL A RAT, THE • 1972
BLACK CAESAR • GODFATHER OF HARLEM (UKN) • 1973
HELL UP IN HARLEM • 1973
IT'S ALIVE • 1973
DEMON • GOD TOLD ME TO • 1976
IT LIVES AGAIN • IT'S ALIVE 2 • 1978
PRIVATE FILES OF J. EDGAR HOOVER, THE • J. EDGAR HOOVER • 1978
FULL MOON HIGH • 1981
Q -THE WINGED SERPENT • Q • 1982
SEE CHINA AND DIE • MOMMA THE DETECTIVE ○ HEARSAY • 1982 • TVM
PERFECT STRANGERS • BLIND ALLEY • 1984
SPECIAL EFFECTS • 1984
STUFF, THE • 1985
ISLAND OF THE ALIVE • IT'S ALIVE III: ISLAND OF THE ALIVE • 1986
DEADLY ILLUSION • LOVE YOU TO DEATH • 1987
RETURN TO SALEM'S LOT, A • 1987
APPARATUS • 1989
WICKED STEPMOTHER • 1989
AMBULANCE • 1990

COHEN LAWRENCE – UKN

IT IS FOR ENGLAND • HIDDEN HAND, THE • 1916

COHEN MARCEL see **CRAVENNE MARCEL**

COHEN MARTIN B. – USA

REBEL ROUSERS • 1970

COHEN MAXI – USA

JOE AND MAXI • 1977

COHEN NATHAN – USA

SONG AND THE SILENCE, THE • 1969

COHEN NORMAN – IRL – 1936–1983

DOWN BOY! • 1964
BRENDAN BEHAN'S DUBLIN • 1966 • DOC
LONDON NOBODY KNOWS, THE • 1968 • DOC
TILL DEATH US DO PART • ALF 'N' FAMILY (USA) • 1968
DAD'S ARMY • 1971
ADOLF HITLER -MY PART IN HIS DOWNFALL • 1972
CONFESSIONS OF A POP PERFORMER • 1975
CONFESSIONS OF A DRIVING INSTRUCTOR • 1976
CONFESSIONS FROM A HOLIDAY CAMP • 1977
STAND UP VIRGIN SOLDIERS • 1977

COHEN RAFAEL – ARG

SIEMPRE TRIUNFA EL AMOR • LOVE ALWAYS WINS • 1974
ACABEMOS DE UNA VEZ • AT LONG LAST COME • 1975
PROFESOR EROTICO, EL • EROTIC PROFESSOR, THE • 1976

COHEN RICHARD – USA

HURRY TOMORROW • 1976 • DOC

COHEN ROB – USA – 1949–

COHEN ROBERT

SMALL CIRCLE OF FRIENDS, A • 1980
SCANDALOUS • 1983
BLUE HOTEL • PRIVATE EYE: BLUE HOTEL ○ BLUE HOTEL: PRIVATE EYE • 1987

COHEN ROBERT see **COHEN ROB**

COHEN ROBERT CARL – USA

JENNIE, WIFE/CHILD • TENDER GRASS • 1965
MONDO HOLLYWOOD • HIPPIE HOLLYWOOD: THE ACID-BLASTING FREAKS ○ IMAGE • 1967

COHEN ROBERT* – SWT

DDANACH • AFTERMATH • 1970

COHEN THOMAS A. – USA

HUNGRY I REUNION • 1981
MASSIVE RETALIATION • 1984

COHL EMIL see **COHL EMILE**

COHL EMILE – Animator – FRN – 1857–1938

COHL EMIL

FETARD, LE • REVELLER, THE • ANS
COURSE AUX POTIRONS, LA • COURSE DES POTIRONS, LA ○ PUMPKIN RACE, THE • 1907 • ANS
VIE A REBOURS, LA • 1907 • ANS
AGENTS MAGNETIQUES, LES • 1908 • ANS
ALLUMETTES ANIMEES, LES • ANIMATED MATCHES, THE • 1908 • ANS
AUTOMATE, L' • 1908 • ANS
BLANCHE COMME NEIGE • 1908 • ANS
CAUCHEMAR DU FANTOCHE, LE • FANTOCHE'S NIGHTMARE ○ PUPPET'S NIGHTMARE, THE ○ LIVING BLACKBOARD • 1908 • ANS
CERCEAU MAGIQUE, LA • MAGIC HOOP, THE • 1908 • ANS
CHATEAU DE CARTES, LE • 1908 • ANS
COFFRE-FORT, LE • 1908 • ANS
DRAME CHEZ LES FANTOCHES, UNE • DRAMA AMONG THE PUPPETS (USA) ○ LOVE AFFAIR IN TOYLAND, A ○ MYSTICAL LOVE-MAKING • 1908 • ANS
FANTASMAGORIE • FANTASY, A ○ METAMORPHOSIS ○ BLACK AND WHITE • 1908 • ANS
FORCE DE L'ENFANT, LA • 1908 • ANS
FRERES BOUTDEBOIS, LES • ACROBATIC TOYS ○ BROTHERS WOOD • 1908 • ANS
HOTEL DU SILENCE, L' • 1908 • ANS
JOURNAL ANIME, LE • ANIMATED JOURNAL, THE ○ MON JOURNAL • 1908 • ANS
MIRACLE DES ROSES, LE • MIRACLE OF THE ROSES, THE • 1908 • ANS
MONNAIE DE 1.000F, LA • 1908 • ANS
MOUTON ENRAGE, LE • 1908 • ANS
N.I.N.I. C'EST FINI • 1908 • ANS
PETIT SOLDAT QUI DEVIENT DIEU, LE • 1908 • ANS
PRINCE AZUR, LE • 1908 • ANS
SEQUESTREE, LA • 1908 • ANS
SKI, LE • 1908 • ANS
VEAU, LE • 1908 • ANS
VENGEANCE DE RIRI, LA • 1908 • ANS
VIOLINISTE, LE • AGENT ET LE VIOLINISTE, L' ○ VIOLON ET AGENT • 1908 • ANS
AFFAIRES DE COEUR • AFFAIRS OF HEART • 1909 • ANS
AGENT DE POCHE, L' • POCKET POLICEMAN • 1909 • ANS
ANCETRE, L' • ANCESTOR, THE • 1909 • ANS
AVENTURES EXTRAORDINAIRES D'UN BOUT DE PAPIER • AVENTURES D'UN BOUT DE PAPIER, LES • 1909 • ANS
BATAILLE D'AUSTERLITZ, LA • BATTLE OF AUSTERLITZ, THE • 1909 • ANS
BEAUX-ARTS DE JOCKO, LES • FINE ARTS OF JOCKO, THE ○ AUTOMATIC MONKEY, THE ○ JACKO THE ARTIST • 1909 • ANS
CHAPEAUX DES BELLES DAMES, LES • 1909 • ANS
CHATEAUX DE LA LOIRE, LES • 1909 • ANS
CHAUSSURES MATRIMONIALES • 1909 • ANS
CHIRURGIEN DISTRAIT, LE • ABSENT-MINDED SURGEON, THE • 1909 • ANS

CLAIRE DE LUNE ESPAGNOL • MOON-STRUCK MATADOR, THE ○ MAN IN THE MOON, THE • 1909 • ANS
COUP DE JARNAC, UN • JARNAC'S TREACHEROUS BLOW • 1909 • ANS
COURONNES • LAURELS • 1909 • ANS
DOCTEUR CARNAVAL • 1909 • ANS
DON QUICHOTTE • DON QUIXOTE (USA) • 1909 • ANS
ECOLE DU SOLDAT, L' • ARMEE D'AGENOR, L' • 1909 • ANS
EVENTAIL ANIME, L' • ANIMATED FAN, THE ○ HISTORICAL FAN ○ MAGIC FAN • 1909 • ANS
GENERATION SPONTANEE • SPONTANEOUS GENERATION ○ GENERATIONS COMIQUES, LES • 1909 • ANS
GRICHEUX, LES • 1909 • ANS
JAPON DE FANTAISIE • JAPAN OF FANTASY ○ JAPANESE MAGIC ○ JAPANESE FANTASY, A • 1909 • ANS
JOYEUX MICROBES, LES • JOYOUS MICROBES, THE ○ MAGIC CARTOONS ○ MERRY MICROBES, THE • 1909 • ANS
LAMPE QUI FILE, LA • LAMP THAT SMOKES, THE ○ SMOKING LAMP, THE • 1909 • ANS
LINGE TURBULENT, LE • TURBULENT LINEN, THE • 1909 • ANS
LOCATAIRES D'A COTE, LES • TENANTS NEXT DOOR, THE ○ NEXT DOOR NEIGHBORS • 1909 • ANS
LUNE DANS SON TABLIER, LA • MOON IN HIS APRON, THE ○ MOON FOR YOUR LOVE • 1909 • ANS
LUNETTES FEERIQUES, LES • FAIRY SPECTACLES, THE ○ X-RAY GLASSES, THE • 1909 • ANS
MODERNE ECOLE • MODERN SCHOOL • 1909 • ANS
MONSIEUR CLOWN CHEZ LES LILLIPUTIENS • MISTER CLOWN AMONG THE LILLIPUTIANS • 1909 • ANS
OMELETTE FANTASTIQUE, L' • MAGIC EGGS • 1909 • ANS
PORCELAINES TENDRES • SEVRES PORCELAIN • 1909 • ANS
SI NOUS BUVIONS UN COUP • ET SI NOUS BUVIONS UN COUP • 1909 • ANS
SOYONS DONC SPORTIFS • SPORTIVE POET, A • 1909 • ANS
TRANSFIGURATIONS, LES • 1909 • ANS
VALISE DIPLOMATIQUE, LA • AMBASSADOR'S DESPATCH, THE ○ BOURSE, LA • 1909 • ANS
BARON DE CRAC, LE • ADVENTURES OF BARON CRAC • 1910
BEAUX-ARTS MYSTERIEUX, LES • MYSTERIOUS FINE ARTS, THE • 1910 • ANS
BINETTOSCOPE, LE • COMEDY-GRAPH, THE • 1910 • ANS
BONSOIRS • 1910 • ANS
BONSOIRS RUSSES • 1910 • ANS
CADRES FLEURIS • FLORAL STUDIES • 1910 • ANS
CHAINES, LES • 1910 • ANS
CHAMPION DU JEU A LA MODE, LE • SOLVING THE PUZZLE • 1910 • ANS
CHEFS D'OEUVRES DE BEBE, LES • 1910 • ANS
DIX SIECLES D'ELEGANCE • 1910 • ANS
DOUZE TRAVAUX D'HERCULE, LES • DOZEN LABORS OF HERCULES, THE ○ HERCULES AND THE BIG STICK • 1910 • ANS
EN ROUTE • 1910 • ANS
ENFANCE DE L'ART, L' • 1910 • ANS
GRAND MACHIN ET LE PETIT CHOSE, LE • 1910 • ANS
HISTOIRE D'UN CHAPEAU • HEADDRESSES OF DIFFERENT PERIODS ○ HISTOIRE DE CHAPEAUX • 1910 • ANS
JOURNAL FOLICHON, LE • 1910 • ANS
LEGUMES VIVANTS, LES • LIVING VEGETABLES, THE • 1910 • ANS
MOBILIER FIDELE, LE • AUTOMATIC MOVING COMPANY, THE • 1910 • ANS
MONSIEUR STOP • MR. STOP • 1910 • ANS
MUSICOMANIE, LA • 1910 • ANS
PEINTRE NEO-IMPRESSIONISTE, LE • NEO-IMPRESSIONIST PAINTER, THE (USA) • 1910 • ANS
PETIT CHANTECLER, LE • 1910 • ANS
PLACIERE TENACE, LA • PLACIER EST TENACE, LE • 1910 • ANS
QUATRE PETITS TAILLEURS, LES • FOUR LITTLE TAILORS, THE • 1910 • ANS
REVE D'ENFANT • CHILD'S DREAM, THE • 1910 • ANS
REVE ENFANTIN • REVES INFANTINS • 1910 • ANS
RIEN N'EST IMPOSSIBLE A L'HOMME • NOTHING IS IMPOSSIBLE TO THE MAN • 1910 • ANS
SINGERIES HUMAINES • JOLLY WHIRL, THE • 1910 • ANS
SONGE D'UN GARCON DE CAFE, LE • REVE DU GARCON DE CAFE, LE ○ HASHER'S DELIRIUM, THE ○ CAFE WAITER'S DREAM • 1910 • ANS
TELECOUTURE SANS FIL, LA • 1910 • ANS
TIMES ARE OUT OF JOINT, THE • 1910 • ANS
TOTO DEVIENT ANARCHISTE • 1910 • ANS
TOUT PETIT FAUST, LE • PETIT FAUST, LE ○ VERY SMALL FAUST, THE ○ BEAUTIFUL MARGARET, THE • 1910 • ANS
AUTOMATE ACROBATIQUE, L' • 1911 • ANS
BESTIOLES ARTISTES, LES • 1911 • ANS
BOITE DIABOLIQUE, LA • 1911 • ANS
C'EST ROULANT • 1911 • ANS
CHAMBRE ENSORCELEE, LA • AUTOMATIC MOVING CO., THE • 1911 • ANS
FANTAISIES D'AGENOR MALTRACE, LES • 1911 • ANS
JOBARD A TUE SA BELLE-MERE • 1911 • ANS
JOBARD AMOUREUX TIMIDE • 1911 • ANS
JOBARD CHANGE DE BONNE • 1911 • ANS
JOBARD EST DEMANDE EN MARIAGE • 1911 • ANS
JOBARD FIANCE PAR INTERIM • JOBARD CHAUFFEUR • 1911 • ANS
JOBARD GARCON DE RECETTES • 1911 • ANS
JOBARD NE PEUT PAS RIRE • 1911 • ANS
JOBARD NE PEUT PAS VOIS LES FEMMES TRAVAILLER • 1911 • ANS
JOBARD PORTEFAIX PAR AMOUR • 1911 • ANS
MELONS BALADEURS, LES • 1911 • ANS
MESAVENTURES DE JOBARD, LES • 1911 • ANS
MUSEE DES GROTESQUES, LE • 1911 • ANS
POUDRE DE VITESSE • 1911 • ANS
RETAPEUR DE CERVELLE, LE • BRAIN INSPECTOR, THE ○ BRAINS REPAIRED • 1911 • ANS
VENGEANCE DES ESPRITS, LA • VENGEANCE OF THE SPIRITS • 1911 • ANS
ALLUMETTES FANTASTIQUES • ALLUMETTES FANTAISIES, LES ○ ALLUMETTES MAGIQUES, LES • 1912 • ANS
CAMPBELLS SOUPS • 1912 • ANS
CUISINE EXPRESS • 1912 • ANS
DANS LA VALLEE D'OSSAU • 1912 • ANS
EXPLOITS DE FEU-FOLLET, LES • 1912 • ANS
EXTRAORDINAIRES EXERCICES DE LA FAMILLE COEUR-DE-BUIS, LES • AVENTURES DE LA FAMILLE COEUR DE BOIS, LES • 1912 • ANS
FRUITS ET LEGUMES VIVANTS • 1912 • ANS
HOMME SANS TETE, L' • 1912 • ANS
JEUNES GENS A MARIER • 1912 • ANS
JONGLEUR EMERITE, UN • 1912 • ANS
JOUETS ANIMES, LES • JOUJOUX SAVANTS, LES • 1912 • ANS
MARIE A MAL AUX DENTS, LE • 1912 • ANS
MARSEILLAISE, LA • 1912 • ANS
METAMORPHOSES COMIQUES, LES • 1912 • ANS
MOULAI HAFID ET ALPHONSE XIII • 1912 • ANS
PELE-MELE CINEMATOGRAPHIQUE • 1912 • ANS
POISSON DISPUTE, UN • 1912 • ANS
POULE MOUILLEE QUI SE SECHE, UNE • 1912 • ANS
POULOT N'EST PAS SAGE • 1912 • ANS
PREMIER JOUR DE VACANCES DE POULOT, LE • 1912 • ANS
PRINCE DE GALLES ET FALLIERES, LE • 1912 • ANS
QUELLE DROLE DE BLANCHISSERIE • 1912 • ANS
RAMONEUR MALGRE LUI • 1912 • ANS
ANIMATED WEEKLY • 1912-14 • ASS
BAIGNOIRE, LA • 1912-14 • ANS
BEWITCHED MATCHES • 1912-14 • ANS
CARTE AMERICAINE • 1912-14 • ANS
CLARA AND HER MYSTERIOUS TOYS • 1912-14 • ANS
HE DOESN'T CARE TO BE PHOTOGRAPHED • 1912-14 • ANS
HE LIKES THINGS UPSIDE DOWN • 1912-14 • ANS
HE LOVES TO BE AMUSED • 1912-14 • ANS
HE POSES FOR HIS PORTRAIT • 1912-14 • ANS
HE WAS NOT ILL, ONLY UNHAPPY • 1912-14 • ANS
IL AIME LE BRUIT • 1912-14 • ANS
IT IS HARD TO PLEASE HIM, BUT IT IS WORTH IT • 1912-14 • ANS
JOUE AVEC DODO, IL • 1912-14 • ANS
PICK-ME-UP ET UN SPORTSMAN • 1912-14 • ANS
POOR LITTLE CHAP HE WAS ONLY DREAMING • 1912-14 • ANS
SNOOKUMS • NEWLYWED SERIES • 1912-14 • ASS
UNFORSEEN METAMORPHOSIS • EXPOSITION DE CARICATURES • 1912-14 • ANS
AVENTURES DE BARON DE CRAC, LES • BARON MUNCHAUSEN (USA) ○ BARON DE CRAC, LE ○ WONDERFUL ADVENTURES OF HERR MUNCHHAUSEN, THE ○ MONSIEUR DE CRAC • 1913 • ANS
AVENTURES DE MALTRACE • 1913 • ANS
BUSINESS MUST NOT INTERFERE • 1913 • ANS
HE LOVES TO WATCH THE FLIGHT OF TIME • 1913 • ANS
HE RUINS HIS FAMILY REPUTATION • 1913 • ANS
HE SLEPT WELL • 1913 • ANS
HE WANTS WHAT HE WANTS WHEN HE WANTS IT • 1913 • ANS
REVE D'UN GARCON DE CAFE • WAITER'S DREAM, THE • 1913 • ANS
VEGETARIAN'S DREAM, A • 1913 • ANS
WHEN HE WANTS A DOG, HE WANTS A DOG • 1913 • ANS
OUISTITI DE TOTO, L' • 1914 • ANS
BLANCHISSERIE AMERICAINE, LA • 1915 • ANS
BRAVES PETITS SOLDATS DE PLOMB, LES • 1915 • ANS
DRAME SUR LA PLANCHE A CHAUSSURES, UN • 1915 • ANS
ECLAIR JOURNAL SERIES • 1915 • ASS
FANTAISIES TRUQUEES • 1915 • ANS
FRUITS ET LEGUMES ANIMES • 1915 • ANS
SES ANCETRES • 1915 • ANS
TERRIBLE BOUT DE PAPIER, LE • 1915 • ANS
TROMPETTE ANTI-NEURASTENIQUE, LA • 1915 • ANS
VOISIN TROP GOURMAND, LE • 1915 • ANS
AVENTURES DE CLEMENTINE, LES • 1916 • ANS
BONNE ANNEE • 1916 • ANS
CAMPAGNE DE FRANCE 1814 • 1916 • ANS
CROQUEMITAINE ET ROSALIE • 1916 • ANS
ECLAIR JOURNAL SERIES • 1916 • ASS
EVASIONS DE BOB WALTER, LES • 1916 • ANS
EXPLOITS DE FARFADET, LES • 1916 • ANS
FIANCAILLES DE FLAMBEAU, LES • 1916 • ANS
FIGURES DE CIRE ET TETES DE BOIS • 1916 • ANS
FLAMBEAU AU PAYS DES SURPRISES • FLAMBEAU AUX LIGNES • 1916 • ANS
FLAMBEAU CHIEN PERDU • FLAMBEAU THE LOST DOG (USA) ○ JOURNEE DE FLAMBEAU, LA • 1916 • ANS
JEUX DE CARTES • 1916 • ANS
MAIN MYSTERIEUSE, LA • 1916 • ANS
MAISON DU FANTOCHE, LA • FANTOCHE CHERCHE UN LOGEMENT • 1916 • ANS
MARIAGE PAR SUGGESTION • 1916 • ANS
PAGES D'HISTOIRE • 1916 • ANS
PULCHERIE ET SES MEUBLES • 1916 • ANS
TABLEAUX FUTURISTES ET INCOHERENTS, LES • 1916 • ANS
VICTUAILLES DE GRETCHEN SE REVOLTENT, LES • 1916 • ANS
AVENIR DEVOILE PAR LES LIGNES DES PIEDS, L' • 1917 • ANS
AVENTURES DES PIED NICKELES, LES • ADVENTURES OF THE NICKEL-PLATED FEET, THE • 1917 • ASS
ENLEVEMENT DE DEJANIRE GOLDEBOIS, L' • 1917 • ANS
TOUR DU MONDE EN 80 MINUTES • AROUND THE WORLD IN 80 MINUTES • ANM
OREILLE, L' • 1923 • ANS
CONQUETE D'ANGLETERRE, LA • 1935 • ANM

COHN BENNETT – USA – 1894–
COHEN BENNETT
FIGHTIN' ODDS • 1925
DANGEROUS TRAFFIC • 1926
GREY DEVIL, THE • 1926
HI-JACKING RUSTLERS • FLAMING WEST, THE (USA) • 1926
MIDNIGHT FACES • MIDNIGHT FIRES • 1926
RIDIN' GENT, A • 1926
ROARING BILL ATWOOD • 1926
WEST OF THE RAINBOW'S END • 1926
CODE OF THE RANGE • 1927
LAFFIN' FOOL, THE • 1927
THUNDERBOLT'S TRACKS • 1927
WHERE THE NORTH HOLDS SWAY • 1927
LADDIE BE GOOD • 1928
LAW OF THE RIO GRANDE • WANTED MEN (UKN) • 1931
RAINBOW RIDERS • 1934 • SHT
RIDIN' GENTS • 1934 • SHT

COHN BERNARD – FRN
NATALIE • 1988

COHN FREDERICK – USA
SUNSEED • 1973 • DOC

COHN-VOSSEN RICHARD – GRM
PAUL DESSAU • 1967 • DOC
ERZAHLUNGEN AUS DER NEUEN WELT • TALES FROM THE NEW WORLD • 1968

COIFFART RENE – FRN
FUMEE NOIRE • 1920

COIGNE FRANK B. – USA
BATTLE OF BALLOTS, THE • 1915
MODEL FRAME-UP, A • 1915

COIGNON JEAN – Animator – BLG – 1927–
POIRIER DE MISERE, LE • PEAR-TREE OF MISERY, THE • 1957 • ANS
NAISSANCE DU CINEMA, LA • BIRTH OF CINEMA, THE • 1960 • SHT
CADEAU D'OSCAR, LE • GIFT OF OSCAR, THE ○ OSCAR'S GIFT • 1965 • ANS
PLUIE ET LE BEAU TEMPS, LA • RAIN AND GOOD WEATHER • ANS
RAIN, THE • 1968 • ANS

COIMBRA CARLOS – BRZ
CANGACEIROS DE LAMPIAO • BANDITS OF LAMPIAO • 1967
MADONA DE CEDRO, A • CEDAR MADONNA, THE ○ VIRGIN OF CEDAR, THE • 1968
CORISCO O DIABO LOURO • 1970
INDEPENDENCIA OU MORTE • INDEPENDENCE OR DEATH • 1972

COKE CYRIL – UKN
PRIDE AND PREJUDICE • 1980

COKE JACK – USA
VALLEY OF THE COMIC FLOWER, THE • SHT

COKLISS HARLEY – USA – 1945–
CHICAGO BLUES • 1970
BATTLE OF BILLY'S POND, THE • 1976
GLITTERBALL, THE • 1976
THAT SUMMER! • TORQUAY SUMMER • 1980
BATTLETRUCK • WARLORDS OF THE 21ST CENTURY • 1983
BLACK MOON RISING • 1986
MALONE • 1987
DREAM DEMON, THE • 1988

COLACINO ANTONIO – ASL
SHADES OF PUFFING BILLY • 1967

COLACURCI ANTONIO – ITL
HAREM SONO DESERTI, GLI • TURCHIA • 1956 • DOC

COLANI LUDWIG – GRM
BRANDUNG • 1915

COLANTUONI ANTONIO – ITL
DOVE NON E PECCATO • 1970

COLAS DANIEL – FRN – 1947–
RAS LE COEUR • 1979

COLASANTI SERGIO – ITL
CANNONI TUONANO ANCORA, I • 1975

COLASANTO NICHOLAS – USA
COLUMBO: SWAN SONG • 1974 • TVM

COLBERG ALAN – USA
NAKED AFTERNOON, THE • 1976
TAPESTRY OF PASSION • 1976
ONE WAY AT A TIME • 1979

COLBERT ANDRE see **ERCOLI LUCIANO**

COLBY RICK – USA
KOLBE WINRICH
VOYAGER FROM THE UNKNOWN • 1983

COLCHART THOMAS – USA
NEBO ZOVYOT • BATTLE BEYOND THE SUN ○ HEAVENS CALL, THE ○ NIEBO ZOWIET ○ SKY CALLS, THE ○ NEBO ZOWET • 1959
BATTLE BEYOND THE SUN • 1963

COLDEFY JEAN-MARIE – FRN – 1922–
QUI J'OSE AIMER

COLDEWAY ANTHONY W. – USA
HER GREAT DILEMMA • 1917 • SHT

COLDSTREAM WILLIAM – UKN
ROADWAYS • 1937 • DOC

COLE ADAM – UKN
ELECTRIC BLUE -THE MOVIE • 1982

COLE FRANK – CND
LIFE, A • 1988 • DOC

COLE JANIS – CND – 1954–
MINIMUM CHARGE NO COVER • 1976 • DOC
THIN LINE • 1977 • DOC
P4W PRISON FOR WOMEN • PRISON FOR WOMEN • 1981 • DOC

HOOKERS ON DAVIE • 1984 • DOC
MAKING OF AGNES OF GOD, THE • QUIET ON THE SET FILMING AGNES OF GOD • 1985 • DOC
CALLING THE SHOTS • 1988

COLE LIONEL – UKN – 1921–
HARVEST FOR TOMORROW • 1950
VENEZUELA LOOKS AHEAD • 1950
DIESEL STORY, THE • 1951 • DOC
MACHINING OF METALS, THE • 1952 • DOC

COLE MARCUS – ASL
GREAT BOOKIE ROBBERY, THE • 1985 • MTV

COLE SIDNEY – UKN – 1908–
BEHIND THE SPANISH LINES • 1938 • DCS
SPANISH ABC • 1938 • DOC
ROADS ACROSS BRITAIN • 1939 • DOC
TRAIN OF EVENTS • 1949

COLE TRISTAN DE VERE – NRW
DYKKET • DIVE, THE • 1989

COLEBY A. E. – UKN
DAY DUTY • 1907
DON'T GO TO THE LAW • 1907
DRINK CURE, A • 1907
EVEN AS A WORM WILL TURN • 1907
FUN IN THE STUDIO • 1907
HIS ONLY PAIR OF TROUSERS • 1907
MAY AND DECEMBER • 1907
ONLY A LIMERICK • 1907
SAVED FROM THE BURNING WRECK • 1907
SERVING A SUMMONS • 1907
BILLY BORNTIRED • 1908
BRAVE CHILDREN: OR, THE LITTLE THIEF CATCHERS, THE • 1908
DEVIL'S BARGAIN, THE • 1908
DIABOLO MAD • 1908
FATHER BUYS A PICTURE • 1908
FIGHT FOR HONOUR, A • 1908
FREDDY'S LITTLE LOVE AFFAIR • 1908
FREEBOOTERS, THE • 1908
GRANDFATHER'S BIRTHDAY: OR, THE LAST ROLL CALL • 1908
GUARDIAN OF THE BANK, THE • 1908
HIGH GAME • 1908
HIS WEDDING MORN • 1908
HOW JONES GOT A NEW SUIT • 1908
HOW THE ARFUL DODGER SECURED A MEAL • 1908
INGENIOUS REVENGE, AN • 1908
INTERRUPTED BATH, AN • 1908
LORD ALGY'S BEAUTY SHOW • 1908
LOVE'S STRATEGY • 1908
MARCH WINDS • 1908
MISSION OF A FLOWER, THE • 1908
MUTINY IN THE KITCHEN • 1908
PHANTOM SHIP, THE • 1908
POLLY'S EXCURSION • 1908
PROFESSOR BOUNDER'S PILLS • 1908
SHE WOULD BE WED: OR, LEAP YEAR PROPOSAL • 1908
SONAMBULIST'S CRIME, THE • 1908
THOSE FLIES • FLIES, THE • 1908
TOMMY AND THE STICKTITE • 1908
TRAITOR TO HIS KING, A • 1908
TWIXT LOVE AND DUTY: OR, A WOMAN'S HEROISM • 1908
VILLAGE BLACKSMITH, THE • 1908
ADOPTING A BABY • 1909
BERTIE BUYS A BULLDOG • 1909
BITER BIT, THE • 1909
BOXING FEVER • 1909
BUTCHER'S BOY AND THE PENNY DREADFUL, THE • 1909
COLD AND ITS CONSEQUENCES, A • 1909
CONVICT'S DREAM, THE • 1909
DANCING TABLOIDS • 1909
FATHER, HOLD MY WOOL • 1909
GETTING FATHER'S CONSENT • 1909
HOW POTTS BACKED THE WINNER • 1909
LITTLE JIM • 1909
MAN HOUSEMAID, THE • 1909
MOTHERLESS WAIF, A • 1909
MY WORD, IF I CATCH YOU SMOKING! • 1909
NAT'S CONVERSION • 1909
RECEIVER'S DOOM, THE • 1909
ROBBER'S RUSE: OR, FOILED BY FIDO, THE • 1909
SALOME MAD • 1909
SAVED BY CARLO • 1909
SEASIDE EPISODE, A • 1909
SECRETARY'S CRIME, THE • 1909
UNFORTUNATE CANVASSER, THE • 1909
WHEN JACK COMES HOME • 1909
WHEN JACK GOT HIS PAY • 1909
YOUTHFUL HERO, A • 1909
ACCOMPANIED ON THE TOM-TOM • 1910
AIRTIGHT SAFE, THE • 1910
BILLY'S BULLDOG • 1910
BUMPKIN'S PATENT SPYOPTICON • 1910
CLOWN'S CRIME, A • 1910
COMPROMISED BY A KEY • 1910
COSTLY GIFT, A • 1910
MARRIED FOR LOVE • 1910
MODERN PAUL PRY, A • 1910
NOBLE OUTCAST, A • 1910
PRISON REFORM • 1910
PROFESSOR PIECAN'S DISCOVERY • 1910
RAKE'S ROMANCE, A • 1910
SCROGGINS PUTS UP FOR BLANKSHIRE • 1910
SCULPTOR'S DREAM, THE • 1910
SLEEPY SAM'S AWAKENING • 1910
SQUIRE'S ROMANCE, THE • 1910
STOLEN HEIR, THE • 1910
TEMPTATION AND FORGIVENESS • 1910
TERROR AND THE TERRIER, THE • 1910
TOO MANY ADMIRERS • 1910
WANTED, A MUMMY • 1910
£5 NOTE, THE • 1910
ADVANTAGES OF HYPNOTISM, THE • 1911
ADVENTURES OF P.C. SHARPE –THE STOLEN CHILD • 1911
ADVENTURES OF P.C. SHARPE, THE • 1911
AUNT TABITHA'S VISIT • 1911
BAG OF MONKEY NUTS, A • MAD MONKEY, THE (USA) • 1911
BRIGAND'S REVENGE, THE • 1911
BROWN BEWITCHED • 1911
CASE FOR SHERLOCK HOLMES, A • 1911
CHARLEY SMILER IS STAGE STRUCK • SMILER HAS STAGE FEVER (USA) • 1911
CONSTABLE SMITH'S DREAM OF PROMOTION • 1911
COURTSHIP OF MISS TWIGGLES, THE • 1911
DUSTY DICK'S AWAKENING • DUSTY GETS A SHOCK (USA) • 1911
FATE AND THE WOMAN • 1911
FATHER'S SATURDAY AFTERNOON • 1911
HAVE IT OUT, MY BOY, HAVE IT OUT! • 1911
HOW MARY DECIDED • RESULT OF A PICNIC, THE (USA) • 1911
HOW PUNY POTTER BECAME STRONG • 1911
HUNCHBACK, THE • 1911
LEFT IN TRUST • SAVED BY A CHILD (USA) • 1911
LITTLE RED RIDING HOOD • 1911
LOVE AND WAR • 1911
MEPHISTO'S PLIGHT • DIPPY'S PLIGHT (USA) • 1911
MIGHTY ATOM, THE • 1911
OUR VILLAGE HEROES • 1911
PAIR OF ANTIQUE VASES, A • 1911
PIRATES OF 1920, THE • PIRATES OF 19.., THE • 1911
POLLY THE GIRL SCOUT • 1911
PORTRAIT, THE • ZILLAH, A GYPSY ROMANCE • 1911
ROYAL ENGLAND, A STORY OF AN EMPIRE'S THRONE • 1911
RUINED LIFE, A • 1911
SCOUT'S STRATEGY, A • RESOURCEFUL SCOUT, THE (USA) • 1911
SCROGGINS GOES IN FOR CHEMISTRY AND DISCOVERS A MARVELLOUS POWDER • 1911
SCROGGINS HAS HIS FORTUNE TOLD • SCROGGINS VISITS A PALMIST (USA) • 1911
SCROGGINS PLAYS GOLF • 1911
SCROGGINS WINS THE FIDDLE-FADDLE PRIZE • FOOL'S FANCY (USA) • 1911
SHE DREAMT OF ONIONS • 1911
SIGNOR POTTI'S LOVE AFFAIR • 1911
TATTERS, A TALE OF THE SLUMS • 1911
TOPSY'S DREAM OF TOYLAND • 1911
WOMAN IN THE CASE, A • 1911
BATTLING KELLY • 1912
BIG BEN'S DREAM OF GREATNESS • 1912
BLOOMSBURY BURGLARS, THE • 1912
BOB THE COSTER'S PONY • 1912
BOBBY'S LETTER • 1912
BRUTE'S REVENGE, A • 1912
COMPULSORY INSURANCE • 1912
CONSTABLE SMITH IN TROUBLE AGAIN • 1912
COSTER BILL • 1912
DR. RUSSELL'S LIE • 1912
FROM COUNTRY TO TOWN • 1912
HER SISTER'S SILENCE • 1912
HIS BURGLAR BROTHER • 1912
HIS SECRET SIN • 1912
HIS WIFE'S BROTHER • 1912
LIGHT AFTER DARKNESS • 1912
LITTLE MOTHER, THE • 1912
LONELY INN, THE • 1912
MUMMY, THE • 1912
OLD COLONEL'S GRATITUDE, THE • 1912
OUT OF HIS ELEMENT • 1912
PAIR OF TROUSERS, A • 1912
PEG WOFFINGTON • 1912
PEGGIE AND THE ROUNDHEADS • 1912
SOPPY GREEN LOSES A LEGACY • 1912
TELEPHONE TANGLE, A • 1912
TO THEIR MUTUAL BENEFIT • 1912
VAPOUR BATH, A • 1912
WHAT HAPPENED TO MARY • 1912
WHILE THE COOK SLEPT • 1912
WIDOW'S LEGACY, THE • 1912
BOATSWAIN'S DAUGHTER, THE • 1913
CASE OF ARSON, A • 1913
DREAM OF GLORY, A • 1913
FALSE CLUE, THE • 1913
FATE OF A KING, THE • 1913
GRIP, THE • 1913
MARY THE FLOWER GIRL • 1913
MASTER OF MEN, A • 1913
OPAL STEALERS, THE • 1913
WHIFF OF ONIONS, A • 1913
GURKA'S REVENGE, THE • 1914
AND THEN HE WOKE UP • 1915
BLACKMAILERS, THE • 1915
COBBLER, THE • FIGHTING COBBLER, THE • 1915
LURE OF DRINK, THE • 1915
MYSTERIES OF LONDON, THE • 1915
SATAN'S AMAZON • 1915
UNDER-SECRETARY'S HONOUR, THE • 1915
CHAINS OF BONDAGE • 1916
KENT THE FIGHTING MAN • 1916
TREASURE OF HEAVEN, THE • 1916
WHEEL OF DEATH, THE • 1916
WILL OF THE PEOPLE, THE • STRONG MAN'S WEAKNESS, A • 1916
FOR ALL ETERNITY • 1917
HOLY ORDERS • 1917
JUST DECEPTION, A • 1917
PIT-BOY'S ROMANCE, A • 1917
THIRD WITNESS, THE • 1917
VILLAGE BLACKSMITH, THE • 1917
GREAT GAME, THE • 1918
MATT • 1918
SECRET WOMAN, THE • 1918
THELMA • 1918
I HEAR YOU CALLING ME • 1919
SILVER LINING, THE • 1919
CALL OF THE ROAD, THE • 1920
HOUR OF TRIAL, THE • 1920
PRIDE OF THE NORTH, THE • 1920
WAY OF THE WORLD, THE • 1920
FIFTH FORM AT ST. DOMINIC'S, THE • 1921
FROGGY'S LITTLE BROTHER • CHILDREN OF COURAGE • 1921
RIGHT TO LIVE, THE • 1921
LONG ODDS • 1922
PEACEMAKER, THE • 1922
AARON'S ROD • 1923
CALL OF SIVA, THE • 1923
CLUE OF THE PIGTAIL, THE • 1923
CRY OF THE NIGHTHAWK, THE • 1923
FIERY HAND, THE • 1923
FUNGI CELLARS, THE • 1923
KNOCKING ON THE DOOR, THE • 1923 • SHT
MAN WITH THE LIMP, THE • 1923
MIRACLE, THE • 1923
MYSTERY OF DR. FU MANCHU, THE • 1923 • SER
PRODIGAL SON, THE • 1923
QUEEN OF HEARTS, THE • 1923
REST CURE, THE • 1923
RETURN OF THE PRODIGAL, THE • 1923
SACRED ORDER, THE • 1923
SCENTED ENVELOPES, THE • 1923
SHRINE OF THE SEVEN LAMPS, THE • 1923
SILVER BUDDHA, THE • 1923
WEST CASE, THE • 1923
FLYING FIFTY-FIVE, THE • 1924
GREAT PRINCE SHAN, THE • 1924
PREHISTORIC MAN, THE • 1924
SEN YAN'S DEVOTION • 1924
CLUE OF THE OAK LEAF, THE • 1926
COPPER CYLINDER, THE • 1926
CURSE OF RAVENSCROFT, THE • 1926
INSCRUTABLE DREW, INVESTIGATOR • 1926 • SER
LOCKED DOOR, THE • 1926
MOON DIAMOND, THE • 1926
RIVER HOUSE MYSTERY, THE • 1926
SPIRITUALISM EXPOSED • FAKE SPIRITUALISM EXPOSED • 1926
TROVATORE, IL • 1927
OVER THE STICKS • 1929
UNTO EACH OTHER • 1929

COLECTIVO CINE-OJO – CHL
CHILE, NO INVOCO TU NOMBRE EN VANO • CHILE, I DON'T EVOKE YOUR NAME IN VAIN • DOC

COLELLI RALPH – USA
SECOND DEGREE, THE • 1981

COLEMAN BASIL – UKN
AS YOU LIKE IT • 1978 • MTV

COLEMAN C. C. see **COLEMAN C. C. JR.**

COLEMAN C. C. JR. – USA
COLEMAN CHARLES C. • COLEMAN C. C.
VOICE IN THE NIGHT • 1934
CODE OF THE RANGE • 1936
DODGE CITY TRAIL • 1936
CRIMINALS OF THE AIR • 1937
FIGHT TO THE FINISH, A • 1937
LEGION OF TERROR • 1937
PAID TO DANCE • 1937
PAROLE RACKET • FREEDOM FOR SALE • 1937
SHADOW, THE • CIRCUS SHADOW, THE (UKN) ◦ CARNIVAL LADY • 1937
FLIGHT TO FAME • WINGS OF DOOM • 1938
HIGHWAY PATROL • 1938
SQUADRON OF HONOR • 1938
WHEN G-MEN STEP IN • YOU CAN'T WIN • 1938
HOMICIDE BUREAU • 1939
MISSING DAUGHTERS • 1939
MY SON IS A CRIMINAL • 1939
OUTPOST OF THE MOUNTIES • ON GUARD (UKN) • 1939
SPOILERS OF THE RANGE • 1939

COLEMAN CHARLES C. see **COLEMAN C. C. JR.**

COLEMAN CLIFFORD – USA
ICE RUNNER, THE • 1989

COLEMAN GRAHAM
TIBET: A BUDDHIST TRILOGY • 1981

COLEMAN HERBERT – Producer – USA
BATTLE AT BLOODY BEACH • BATTLE ON THE BEACH (UKN) ◦ BATTLE OF BLOODY BEACH, THE • 1961
POSSE FROM HELL • 1961

COLEMAN LEO see **SAVONA LEOPOLDO**

COLES JOHN DAVID – USA
SIGNS OF LIFE • 1989

COLETTI DUILIO – ITL – 1908–
BARD JOHN
PIERPIN • 1936
DUE BARBIERI, I • 1937
FORNARETTO DI VENEZIA, IL • 1939
SPOSA DEI RE, LA • 1939
CAPITAN FRACASSA • 1940
MASCHERA DI CESARE BORGIA, LA • AI TEMPI DI CESARE BORGIA • 1941
MERCANTE DI SCHIAVE, IL • MERCHANT OF SLAVES (USA) • 1942
TRE RAGAZZE CERCANO MARITO • CERCASI MARITO • 1944
ADULTERA, L' • 1946
PASSATORE, IL • BULLET FOR STEFANO, A (USA) • 1947
CUORE • HEART AND SOUL (USA) • 1948
GRIDO DELLA TERRA, IL • EARTH CRIES OUT, THE (USA) • 1948
LUPO DELLA SILA, IL • WOLF OF THE SILA, THE (UKN) ◦ LURE OF THE SILA (USA) ◦ WOLF OF SILA, THE • 1949
ROMANZO D'AMORE • ALL FOR LOVE • 1950
LIBERA USCITA • 1951
MISS ITALIA • MISS ITALY (USA) • 1951
E ARRIVATO L'ACCORDATORE • ZERO IN AMORE • 1952
WANDA LA PECCATRICE • 1952
SETTE DELL'ORSA MAGGIORE, I • HELL RAIDERS OF THE DEEP (USA) ◦ HUMAN TORPEDOES • 1953
GRANDE SPERANZA, LA • TORPEDO ZONE • 1954
DIVISIONE FOLGORE • 1955
LONDRA CHIAMA POLO NORD • HOUSE OF INTRIGUE, THE (USA) • 1957
ITALIANI SONO MATTI, GLI • 1958
SOTTO DIECI BANDIERE • UNDER TEN FLAGS (UKN) • 1960
RE DI POGGIOREALE, IL • 1961
VALDEZ IL MEZZOSANGUE • VALDEZ THE HALFBREED (UKN) ◦ CHINO (USA) ◦ VALDEZ HORSES, THE ◦ WILD HORSES, THE • 1974
UOMO DI CORLEONE, L' • 1977

COLETTI MELCHIADE – ITL
SFIDA SUL FONDO • 1976

COLFACH ELSA – SWD – 1929–
SUZANNE • SUSANNE • 1960

COLGECEN NESLI – TRK
KARDESIM BENIM • MY BROTHER • 1983
ZUGURT AGA • AGHA • 1985
SELAMSIZ BANDOSU • TOWN BAND, THE • 1987

COLIZZI GIUSEPPE – ITL – 1925–1978
DIO PERDONA.. IO NO! • GOD FORGIVES –I DON'T (USA) ◦ TU PERDONAS.. YO NO (SPN) ◦ MAY GOD FORGIVE YOU.. I CAN'T ◦ BLOOD RIVER • 1967
QUATTRO DELL'AVE MARIA, I • REVENGE IN EL PASO (UKN) ◦ FOUR OF THE AVE MARIA, THE ◦ ACE HIGH ◦ ASSO PIGLIA TUTTO ◦ HAVE GUN, WILL TRAVEL ◦ REVENGE AT EL PASO • 1968
COLLINA DEGLI STIVALI, LA • BOOT HILL (USA) • 1969
MAINTENANT ON L'APPELLE PLATA • 1972
PIU FORTE.. RAGAZZI! • ALL THE WAY BOYS • 1972
ARRIVANO JOE E MARGHERITO • JOE E MARGHERITO • 1974
RUN, RUN, JOE • 1974
SWITCH • 1979

COLL JOAQUIN – SPN
ESPONA JOAQUIN COLL
CORRERIAS DEL VIZCONDE ARNAU, LAS • 1973
CASADOS Y LA MENOR • 1975

CON LAS MANOS EN LA MASA • 1975
CAMARERAS, LAS • 1976
LOCURAS DE JANE, LAS • 1977
VIRGINIDAD PERDIDA • LOST VIRGINITY • 1978

COLL JULES see **COLL JULIO**

COLL JULIO – SPN – 1919–
COLL JULES
CARCEL DE CRISTAL, LA • 1956
NUNCA ES DEMASIADO TARDE • 1956
DISTRITO QUINTO • 1957
VASO DE WHISKY, UN • 1958
TRAJE DE ORO, EL • 1959
CUARTA VENTANA, LA • 1961
CUERVOS, LOS • 1961
ENSAYO GENERAL PARA LA MUERTE • 1962
MUERTOS NO PERDONAN, LOS • DEAD DON'T FORGIVE, THE • 1963
FUEGO • PYRO –THE THING WITHOUT A FACE ○ PHANTOM OF THE FERRIS WHEEL ○ WHEEL OF FIRE (UKN) ○ PYRO (USA) ○ PYRO –MAN WITHOUT A FACE ○ COLD WIND FROM HELL, A • 1964
JANDRO • 1964
VIUDAS, LAS • 1966
FIM DE SEMANA COM A MORTE • WEEK–END WITH DEATH • 1967
SECHS PISTOLEN JAGEN PROFESSOR Z • SIX GUNS ARE CHASING PROFESSOR Z • 1967
COMANDO DE ASESINOS • COMMAND OF MURDERERS ○ MURDERER'S COMMAND • 1968
MEJOR DEL MUNDO, EL • 1968
SAPORE DELLE VENDETTA, IL • PERSECUCION HASTA VALENCIA (SPN) ○ NARCO MEN, THE (USA) ○ TASTE OF REVENGE, THE • 1968
ARAUCANA, LA • ARAUCANA MASSACRO DEGLI DEI, L' (ITL) • 1970

COLLA RICHARD see **COLLA RICHARD A.**

COLLA RICHARD A. – USA – 1918–
COLLA RICHARD
MCCLOUD: WHO KILLED MISS U.S.A.? • PORTRAIT OF A DEAD GIRL • 1969
WHOLE WORLD IS WATCHING, THE • 1969 • TVM
OTHER MAN, THE • 1970 • TVM
SARGE • SARGE: THE BADGE OR THE CROSS ○ BADGE OR THE CROSS, THE • 1970
ZIGZAG • FALSE WITNESS (UKN) • 1970
PRIEST KILLER • 1971 • TVM
FUZZ • 1972
TENAFLY • 1972 • TVM
LIVE AGAIN, DIE AGAIN • 1974 • TVM
QUESTOR TAPES, THE • 1974 • TVM
TRIBE, THE • 1974 • TVM
UFO INCIDENT, THE • 1975 • TVM
BATTLESTAR GALACTICA • STAR WORLDS • 1978
OLLY OLLY OXEN FREE • GREAT BALLOON ADVENTURE, THE • 1978
DON'T LOOK BACK: THE STORY OF LEROY "SATCHEL" PAGE • DON'T LOOK BACK • 1981 • TVM
STINGRAY • 1985 • TVM
THAT SECRET SUNDAY • 1986 • TVM
SOMETHING IS OUT THERE • 1988 • TVM
NAKED LIE • 1989

COLLACHIA JEANNE – USA
ODD BIRDS • 1985

COLLANDE VOLKER see **von COLLANDE VOLKER**

von COLLANDE VOLKER – GRM
COLLANDE VOLKER
ZWEI IN EINER GROSSEN STADT • TWO IN A GREAT CITY • 1942
BAD AUF DER TENNE, DAS • 1943
FRITZE BOLLMANN WOLLTE ANGELN • WER ZULETZT LACHT • 1943
KLEINE SOMMERMELODIE, EINE • 1944
INSEL OHNE MORAL • 1950
ICH WARTE AUF DICH • 1952
MANN VERGISST DIE LIEBE, EIN • 1955
HOCHZEIT AUF IMMENHOF • 1956
AFRIKA TANZT • AFRICA DANCES • 1967

COLLARD ROBERT see **LORTAC**

COLLATOS DIMITRI see **KOLLATOS DIMITRIS**

COLLECTIVE – UKN
FLY A FLAG FOR POPLAR • 1975

COLLECTOR ROBERT – USA
BLAKE T. C.
RED HEAT • 1984
NIGHTFLYERS • 1987

COLLERAN – SWD
PORTS OF SCANDANAVIA: SWEDEN'S EAST COAST • 1949 • SHT

COLLERAN BILL – Producer – USA
WINDJAMMER • 1958 • DOC
HAMLET • 1964

COLLET – FRN
ROUTES BARREES • 1956 • SHT

COLLET PAUL – BLG
CASH? CASH! • 1968
ETREINTE, L' • GISELE (UKN) • 1969
ETUDE VOOR LOUIZA SEULE • 1969
MOT D'AMOUR, UN • 1971
DOOD VAN EEN NON, DE • DEATH OF A NUN • 1972
BEEST, HET • BETE, LA • 1981

COLLI MARCELLO see **CIORCIOLINI MARCELLO**

COLLIER JAMES F. – USA
FOR PETE'S SAKE! • 1966
TWO A PENNY • 1967
CATCH A PEBBLE • 1970
WHISPER MY NAME • 1970
TIME TO RUN • 1973
HIDING PLACE, THE • 1975
JONI • 1980
PRODIGAL, THE • 1984
CRY FROM THE MOUNTAIN • 1985
CAUGHT • 1987
HIS LAND • 1987

COLLIN FABIEN – FRN – 1917–
CHIEN DANS UN JEU DE QUILLES, UN • 1962
ET LA FEMME CREA L'AMOUR • 1964
COMMISSAIRE MENE L'ENQUETE, LE • 1965

COLLIN FREDERIQUE – CND
CUISINE ROUGE, LA • 1980

COLLIN PHILIPPE – FRN – 1931–
CINE FOLLIES • 1976
FILS PUNI, LE • 1978

COLLINE PAUL – Actor – FRN – 1895–
FANTOM'S HOTEL • PHANTOM'S HOTEL, THE • 1932
ADEMAI AU POTEAU–FRONTIERE • 1949

COLLINGS ESME – UKN
BROKEN MELODY, THE • 1896
VICTORIAN LADY IN HER BOUDOIR • 1896

COLLINGS GEOFFREY – ASL
HOLD THE LAND • 1949
PATTERN OF LIFE • 1964

COLLINS ALF – UKN – 1866–
COLLINS ALFRED
AMERICAN KNOCKABOUTS • 1902
BAKER AND BOY • 1902
BOUDOIR SECRETS • 1902
CLOWN, PANTALOON AND BOBBY • 1902
DEAD CAT, THE • 1902
POLICEMAN'S DREAM, A • 1902
PROFESSOR AND THE BUTTERFLY, THE • 1902
RESOURCEFUL DENTIST, A • 1902
SERPENTINE DANCER • 1902
TRAINED DOGS • 1902
TRAMP'S SURPRISE, THE • 1902
CHRISTMAS WAITS: OR, HIGH LIFE BELOW STAIRS • 1903
DOTHEBOYS HALL: OR, NICHOLAS NICKLEBY • 1903
DOUBLE–BEDDED ROOM, THE • 1903
EFFECTS OF TOO MUCH SCOTCH, THE • 1903
INSPECTOR'S BIRTHDAY, THE • 1903
KING OF COINS • 1903
LITTLE NELL AND BURGLAR BILL • 1903
LOVER'S TROUBLES, A • 1903
MARVELLOUS SYRINGE, THE • 1903
MIND THE WET PAINT • 1903
MURPHY'S WAKE • 1903
MYSTERIOUS MECHANICAL TOY, THE • PHROSO THE MYSTERIOUS MECHANICAL DOLL • 1903
NOTICE TO QUIT • 1903
OUR NEW COOK • 1903
PAPA'S BATH • 1903
PHOTOGRAPHIC EPISODE, A • 1903
PICKPOCKET –A CHASE THROUGH LONDON, THE • 1903
PLEASANT BREAKFAST, A • 1903
POLITICAL DISCUSSION, A • 1903
RIP VAN WINKLE • 1903
RIVALS, THE • 1903
ROW IN A LAUNDRY, A • 1903
RUNAWAY MATCH, THE • MARRIAGE BY MOTOR • 1903
SOMNABULIST, THE • SLEEPWALKER, THE • 1903
SPORTIVE NAVVIES, THE • 1903
SUBSTANTIAL GHOST, A • 1903
SUCH IS LIFE: OR, MIND YOUR OWN BUSINESS • 1903
THAT NAUGHTY GIRL • 1903
TOMMY ATKINS' DREAM • 1903
TWO LITTLE VAGABONDS: OR, THE PUGILISTIC PARSON • 1903
WELSHED –A DERBY DAY INCIDENT • 1903
AFFAIR OF HONOUR, AN • 1904
ALL THROUGH THE PAGE BOY • 1904
AMOROUS MILITIAMAN, THE • 1904
APPLE WOMAN, THE • 1904
ARTIST AND MUSICIAN • 1904
BED AND BREAKFAST TWO SHILLINGS • 1904
BEHIND THE SCENES: OR, ALGY'S MISHAP • 1904
BILL BAILEY'S RETURN • 1904
BROWN'S PUDDING • WHEN FATHER MAKES A PUDDING • 1904
CHASED BY DOGS • 1904
COOK'S LOVERS • 1904
COSTER'S WEDDING, THE • 1904
DAY AT BRIGHTON, A • 1904
DR. CUT'EMUP • 1904
ELECTRIC SHOCK, THE • 1904
EVICTION, THE • 1904
FATAL WIG, THE • 1904
FATHER'S BIRTHDAY PARTY • 1904
FIXING THE SWING • 1904
FRUITS OF MATRIMONY, THE • 1904
FUTURE HACKENSCHMIDTS • 1904
HANDS UP!: OR, CAPTURED BY HIGHWAYMEN • 1904
HAUNTED HOUSEBOAT, THE • 1904
JACK'S RIVAL • 1904
JEALOUS WIFE, THE • 1904
LOST SHUTTLECOCK, THE • 1904
LOVERS ON THE SANDS • STROLL ON THE SANDS, A • 1904
MASHER'S DILEMMA, THE • 1904
MILITARY TACTICS • 1904
MIXED BATHING • 1904
MR. MOSENSTEIN • 1904
MY MOTHER–IN–LAW • 1904
NIGHT DUTY • 1904
NO ROOM FOR FATHER • 1904
OFFICE BOY'S REVENGE, THE • 1904
ON BRIGHTON PIER • 1904
REJECTED BY PA • 1904
REVENGE! • 1904
SILVER TENOR: OR, THE SONG THAT FAILED, THE • 1904
SMART CAPTURE, A • 1904
STEWED MISSIONARY • 1904
SWEEP, THE • 1904
THAT BUSY BEE • 1904
TRAMP'S TOILET, THE • 1904
TWO DECEIVED OLD MAIDS • 1904
ALIEN QUESTION, THE • 1905
ARTFUL DODGE, AN • 1905
AS SPARROWS SEE US • 1905
AUNTIE'S CYCLING LESSON • 1905
AWKWARD HORSEMAN, THE • 1905
BIRTHDAY UMBRELLA, A • UNLUCKY UMBRELLA, THE • 1905
BLIND MAN'S CHILD, THE • 1905
BOBBY'S NIGHTMARE, THE • 1905
BURGLAR LOVER, THE • 1905
BURGLAR: OR, THE HUE AND CRY, THE • 1905
COSTER'S CHRISTENING, THE • 1905
DARLING PUGGY • 1905
DAY WITH THE FRESH AIR FIEND, A • 1905
ELECTRIC GOOSE, THE • 1905
EYES RIGHT • 1905
FALSE ALARM; OR, THE MASHER'S DUCKING, A • 1905
FATHER IN THE KITCHEN • 1905
FATHER MAKES LOVE TO THE PUMP • 1905
GARDENER'S NAP, THE • 1905
GENTLEMAN BEGGAR, THE • 1905
GIPSY FORTUNE TELLER, THE • 1905
GRANDPA AND THE BUTTERFLY • 1905
GREEDY BILLY • 1905
HENPECKED HINDOO, THE • 1905
HOW BROWN BROUGHT HOME THE GOOSE • 1905
HOW THE POOR HELP THE POOR • 1905
JACK'S RETURN • 1905
KEIRO'S CAT • PUSSY'S BREAKFAST • 1905
MACARONI FEAST, A • 1905
MARRIED BLISS • 1905
MILK MAID, THE • 1905
MIXED BATHING AT HOME • 1905
MOTOR BIKE ADVENTURE, A • 1905
MOTOR COMPETITION, THE • 1905
MOTOR MASQUERADE, A • 1905
MUTINY ON A RUSSIAN BATTLESHIP • 1905
NEW WOMAN, THE • 1905
NOBBLER'S CARD PARTY • 1905
PEASHOOTER: OR, A NEW WEAPON FOR THE ARMY, THE • 1905
RAID ON A CANTEEN, A • 1905
RECORD SNEEZE, THE • 1905
ROBBERY WITH VIOLENCE • 1905
SANTA CLAUS' MISTAKE • 1905
SCENT SPRAY, THE • 1905
STUMP SPEECH • 1905
TALE OF A COAT, THE • 1905
TERROR OF THE HOUSE, THE • 1905
THAT AWFUL BABY • 1905
THREE TRAMPS, THE • 1905
TOMMY'S EXPERIMENTS IN PHOTOGRAPHY • 1905
UPS AND DOWNS OF MURPHY, THE • 1905
W. WEARY AND T. TIRED • 1905
WHEN EXTREMES MEET • 1905
WHO'S THAT A–CALLING? • 1905
WHY THE LODGER LEFT • 1905
WIG AND BUTTONS • 1905
YOUNG LADIES' DORMITORY, THE • 1905
ALL'S WELL THAT ENDS WELL • 1906
CATCH OF THE SEASON, THE • 1906
CONVICT'S DAUGHTER, THE • 1906
CURFEW SHALL NOT RING TONIGHT • 1906
DINNER HOUR • 1906
DOLLY VARDEN • 1906
FLYPAPER • 1906
FOUR HOOLIGANS, THE • 1906
HENPECKED HUSBAND, THE • 1906
HER MORNING DIP • 1906
HOT PIE • 1906
IN OUR ALLEY • 1906
IT'S A HAVE • 1906
JAM NOW IN SEASON • 1906
JANE ON THE WARPATH • 1906
LODGING HOUSE COMEDY, A • 1906
LOST! A LEG OF MUTTON • LOST LEG OF MUTTON, THE (USA) • 1906
MISSING LEGACY: OR, THE STORY OF A BROWN HAT, THE • 1906
MY WIFE'S A TEETOTALER • 1906
NOSEY PARKER • 1906
NOT DETAINED AT THE OFFICE • 1906
POSTMAN'S CHRISTMAS BOX, THE • 1906
PUZZLE MANIAC, THE • 1906
RESCUED BY LIFEBOAT • 1906
SAILOR'S COURTSHIP, A • 1906
SAVED BY A PILLAR BOX • 1906
THIS SIDE UP • 1906
TWO ORPHANS, THE • 1906
TWO TOMBOYS, THE • 1906
UNCLE GEORGE'S TRIP TO LONDON • 1906
UNDERGRADUATES, THE • 1906
WANTED –A HUSBAND • 1906
WHEN CRIPPLES MEET • 1906
WILLIE AND TIM GET A SURPRISE • 1906
ADVENTURES OF A ROLL OF LINO, THE • FATHER BUYS SOME LINOLEUM • 1907
ALL FOR NOTHING • 1907
BACHELOR'S PIECE OF WEDDING CAKE, THE • 1907
CATCH THE KID • 1907
CHEAP BEER • 1907
DRUNKEN MOTORCYCLIST, THE • 1907
FATHER BUYS A LAWN ROLLER • 1907
ICE CREAM JACK, THE • 1907
JU–JITSU • 1907
OH THAT CAT! • 1907
REMEMBER REMEMBER THE FIFTH OF NOVEMBER • 1907
SHILLING SHORT OF HIS WAGES, A • 1907
SHORT–SIGHTED JANE • 1907
TOMMY THE TINPOT HERO • 1907
BURGLAR'S JOKE WITH THE AUTOMATIC DOLL, THE • 1908
CHRISTMAS RAFFLE, A • FATHER WINS A TURKEY • 1908
CONVICT AND THE DOVE, THE • 1908
DANCING GIRL, THE • 1908
DRUNKARD'S DREAM, THE • 1908
HARRY LAUDER IN A HURRY • 1908
HONOURS EVEN • 1908
MECHANICAL LEGS, THE • 1908
MOVING IN • 1908
NAPOLEON AND THE ENGLISH SAILOR • 1908
ONLY A PENNY A BOX • 1908
PUT PAPA AMONGST THE GIRLS • 1908
RACE FOR A ROSE, A • 1908
SLOSHTON QUARTETTE, THE • 1908
STITCH IN TIME, A • 1908
SWEET LIBERTY • 1908
TOMMY AND THE POLICEMAN'S WHISTLE • 1908
WASHING DAY • 1908
WOMAN WHO WASN'T, THE • 1908
BOXING WAITER, THE • 1909
FOUR TOMBOYS, THE • 1909
FROM SERVANT GIRL TO DUCHESS • 1909
QUICKSILVER PUDDING • 1909
ALGY GOES ON THE STAGE • 1910
ALGY TRIES FOR PHYSICAL CULTURE • 1910
COSTER'S PHANTOM FORTUNE, THE • 1910
FATHER MINDS THE BABY • 1910
SLEEPBREAKERS, THE • 1910
TRAVELLING STILTWALKERS, THE • 1910
WAIT AND SEE • 1910
WINNING A WIDOW • 1910
ALGIE'S EXPENSIVE STICK • 1912
MAID OF THE ALPS, A • 1912

COLLINS ALFRED see **COLLINS ALF**

COLLINS ARTHUR see **COLLINS ARTHUR G.**

COLLINS ARTHUR G. – USA – 1897–1980

COLLINS ARTHUR GREVILLE • COLLINS ARTHUR

PERSONAL MAID'S SECRET • 1935
NOBODY'S FOOL • 1936
THANK YOU, JEEVES • THANK YOU, MR. JEEVES • 1936
WIDOW FROM MONTE CARLO, THE • 1936
PARADISE ISLE • 1937
SALESLADY • 1938
SEVEN LITTLE AUSTRALIANS • 1939
STRONG IS THE SEED • 1949

COLLINS ARTHUR GREVILLE see **COLLINS ARTHUR G.**

COLLINS BOON – CND

ABDUCTED • 1987

COLLINS EDWARD – USA

EVIL TOWN • 1977

COLLINS EDWIN J. – UKN

AGAINST THE TIDE • 1912
BANDIT'S DAUGHTER, THE • 1912
BLACKMAIL • 1912
BROWN'S DAY OFF • 1912
CAUGHT IN HIS OWN NET • 1912
COLD STEEL • 1912
CONSTABLE SMITH AND THE MAGIC BATON • 1912
CONSTABLE SMITH IN COMMAND • 1912
CONSTABLE SMITH ON THE WARPATH • 1912
COUNTRY LASS, A • 1912
DANCING GIRL, THE • 1912
ECONOMICAL PETER • 1912
FARMER'S DAUGHTER, THE • 1912
HARVEST OF SIN, THE • 1912
HEARTS OF MEN, THE • 1912
HER BROTHER'S TUTOR • 1912
JONES' MISTAKE • 1912
MAN'S SHADOW, A • 1912
MASKED SMUGGLER, THE • 1912
NAN IN FAIRYLAND • 1912
NOT SUCH A FOOL • 1912
OH WHAT A PEACH! • 1912
OUT OF THE PAST • 1912
PATCHED COAT, THE • 1912
PETER'S RIVAL • 1912
PURSUED BY PRISCILLA • 1912
SIXTH COMMANDMENT, THE • 1912
STOLEN VIOLIN, THE • 1912
THIEF, THE • 1912
TURNING THE TABLES • 1912
VENGEANCE OF DANIEL WHIDDEN, THE • 1912
WHAT MATTER THE PRICE • 1912
ADVENTURES OF A BAD SHILLING, THE • 1913
ALGY AND THE PIERRETTE • 1913
ALL'S WELL THAT ENDS WELL • 1913
BRIGAND'S WOOING, A • 1913
BROKEN LIFE, A • 1913
DAYDREAMS • 1913
DIAMOND STAR, THE • 1913
EXPRESS DELIVERY • 1913
FISHERGIRL'S LOVE, A • 1913
FISHY STORY, A • 1913
FOR HER MOTHER'S SAKE • TYPIST'S LOVE AFFAIR, A • 1913
FROM THE DEPTHS • 1913
GOOD FOR THE GOUT • 1913
HE ATTENDED THE MEETING • 1913
HEADMAN'S REVENGE, THE • 1913
HEART OF A GYPSY MAID, THE • 1913
HERE WE ARE AGAIN • HARLEQUINADE, THE • 1913
HIS WONDERFUL LAMP • 1913
HITCHY-KOO • 1913
HOW CECIL PLAYED THE GAME • 1913
IN THE SMUGGLER'S GRIP • 1913
ISLAND ROMANCE, AN • 1913
JAILBIRD, THE • 1913
LAND AND SEA • 1913
MONEY FOR NOTHING • 1913
NABBEM JOINS THE FORCE • 1913
NEWSBOY'S CHRISTMAS DREAM, A • 1913
OH! MY AUNT • 1913
P.C. NABBEM AND THE ANARCHISTS • 1913
P.C. NABBEM'S SMART CAPTURE • 1913
POSTMAN, THE • 1913
REVENGE IS SWEET • 1913
SCAPEGRACE, THE • 1913
SMUGGLER'S DAUGHTER, THE • 1913
SOCIAL ASPIRATIONS • 1913
SPORT OF FATE, THE • 1913
SPORTING CHANCE, A • 1913
TALE OF TWO TABLES, A • 1913
TIME FLIES • 1913
WHEN FATHER LEARNT TO BIKE • 1913
WHIRLIGIG OF TIME, THE • 1913
WILL HE DO IT? • 1913
WON BY A CHILD • 1913
WOOING AUNTIE • 1913
AH! AHH! TISHOO!!! • SOME SNUFF • 1914
ASKING FOR TROUBLE • 1914
AUBREY'S BIRTHDAY • 1914
AUNTIE'S DILEMMA • 1914
BERTIE BUYS A CARETAKER • 1914
CONSTABLE COPPEM AND THE SPY PERIL • 1914
DAUGHTER OF SATAN, A • 1914
DOUBLE EXPOSURE, A • 1914
ELECTRIC DOLL, THE • 1914
EUGENE ARAM • 1914
FOR THE HONOUR OF BELGIUM • 1914
GRIP OF THE PAST, THE • 1914
HAIR-RAISING EPISODE IN ONE SPLASH • 1914
KISS, NEARLY, A • 1914
MEDDLESOME MIKE • 1914
NEW DENTIST, THE • 1914
NO CURE LIKE FATHER'S • 1914
NON-SUITED • 1914
NOVEL WOOING, A • 1914
ONE WINTER'S NIGHT • ONE CHRISTMAS EVE • 1914
P.C. NABBEM AND THE COINERS • 1914
PERCY ATTENDS A MASQUERADE • 1914
PURSUIT OF VENUS, THE • 1914
SELINA'S FLIGHT FOR FREEDOM • 1914
SNIFFKINS DETECTIVE AND THE MISSING CIGARETTE CARDS • 1914
SNUFFY STUFF, SNUFF • 1914
SWANKER AND THE WITCH'S CURSE • 1914
SWANKER MEETS HIS GIRL • 1914
THEY ALL WANT A GIRL • 1914
WHEN THE INK RAN OUT • 1914
WHOSE BABY? • 1914
BOOTS? NOT 'ARF! • 1915
BOSH! • 1915
DEVIL TO PAY, THE • 1915
DISCORD IN THREE FLATS • 1915
DOWELL'S DUELS • 1915
DREAM BAD, LUCK DITTO • 1915
FICKLE FLO'S FLIRTATION • 1915
FLUKE IN THE 'FLUENCE, A • 1915
GOING! GOING!! GONE!!! • 1915
JOHN PAWKSON'S BRUTALITY • 1915
LEFT IN THE LURCH • 1915
LOVE AND SPANISH ONIONS • 1915
MAD MOKES AND MOTORS • 1915
NABBED! • 1915
NOBBLING THE BRIDGE • 1915
ODD MAN OUT • 1915
P'RAPS, P'RAPS NOT • 1915
PUSS AND BOOTS • 1915
SILENCE OF JASPER HOLT, THE • 1915
SPOOF FOR OOF • 1915
TOUGH NUTS AND ROUGHS • 1915
TWO OF A SUIT • 1915
WATCH YOUR WATCH • 1915
WELL I'M – • 1915
WHICH IS WITCH? • 1915
YOUNG NICK AT THE PICNIC • 1915
ALL STARS • 1916
BLOOD TELLS: OR, THE ANTI-FRIVOLITY LEAGUE • 1916
BOOTS FROM BOOTLE • 1916
DEUCE OF A GIRL, A • 1916
MANY HAPPY RETURNS • 1916
ON THE CARPET • 1916
RAYS THAT ERASE • 1916
£66.13.9 3/4 FOR EVERY MAN, WOMAN AND CHILD • 1916
BLIND BOY, THE • 1917
DOING HIS BIT • 1917
TOM JONES • 1917
GOD AND THE MAN • 1918
RATIONS • 1918
IN THE GLOAMING • 1919
STARTING POINT, THE • 1919
CALVARY • 1920
CHANNINGS, THE • 1920
GOD IN THE GARDEN, THE • 1921
HARD CASH • 1921
MISS CHARITY • 1921
SINGLE LIFE • 1921
STELLA • 1921
DON JUAN • 1922
ESMERALDA • 1922
GREEN CARAVAN, THE • 1922
JANE SHORE • 1922
LADY OF THE CAMELIAS, THE • 1922
LIGHTS O' LONDON, THE • 1922
PARSON'S FIGHT, THE • 1922
PLUCK V PLOT • 1922
QUITTER GRANT • 1922
SAL GROGAN'S FACE • 1922
SAMSON AND DELILAH • 1922
TICKET OF LEAVE • 1922
TROVATORE, IL • 1922
WON BY WARR • 1922
CURFEW MUST NOT RING TONIGHT • 1923
GAMBLE WITH HEARTS, A • 1923
MISTLETOE BOUGH, THE • 1923
TAMING OF THE SHREW, THE • 1923

COLLINS FRANK – Animator – USA

MOONLIGHT SERENADE • ANS

COLLINS HANCOCK – USA

WHILE JOHN BOLT SLEPT • 1913

COLLINS JESS – USA

HEAVY WATER • 1960 • SHT
FORTY AND ONE NIGHTS, THE • JESS'S DIDACTIC NICKELODEON • 1963

COLLINS JOHN see **COLLINS JOHN H.**

COLLINS JOHN H. – USA – 1892–1918

COLLINS JOHN

CHRISTMAS CAROL, A • 1911
EVERLASTING TRIANGLE, THE • 1914
JIM'S VINDICATION • 1914
LAST OF THE HARGROVES, THE • 1914
MAKING A CONVERT • 1914
MAN IN THE DARK, THE • 1914
ON CHRISTMAS EVE • 1914
SOUTHERNERS, THE • 1914
WHAT COULD SHE DO? • 1914
CHILDREN OF EVE, THE • 1915
COHEN'S LUCK • 1915
GLADIOLA • 1915
GREATER THAN ART • 1915
MAN WHO COULD NOT SLEEP, THE • 1915
MISSION OF MR. FOO, THE • 1915
ON DANGEROUS PATHS • 1915
ON THE STROKE OF TWELVE • 1915
PHANTOM THIEF, THE • 1915
PLOUGHSHARE, THE • 1915
PORTRAIT IN THE ATTIC, THE • 1915
SLAVEY STUDENT, THE • 1915
STONE HEART, THE • 1915
TRAGEDY OF THE RAILS, A • 1915
COSSACK WHIP, THE • 1916
FLOWER OF NO MAN'S LAND • 1916
GATES OF EDEN, THE • 1916
HIS SISTER'S CHAMPION • 1916
INNOCENCE OF RUTH, THE • 1916
LIGHT OF HAPPINESS, THE • 1916
ALADDIN'S OTHER LAMP • 1917
BLUE JEANS • 1917
GIRL WITHOUT A SOUL, THE • 1917
GOD'S LAW AND MAN'S • WIFE BY PURCHASE, A • 1917
LADY BARNACLE • 1917
MORTAL SIN, THE • 1917
ROSIE O'GRADY • 1917
WIFE BY PROXY, A • 1917
FLOWER OF THE DUSK • 1918
OPPORTUNITY • 1918
RIDERS OF THE NIGHT • 1918
WEAVER OF DREAMS • 1918
WINDING TRAIL, THE • 1918
GOLD CURE, THE • OH ANNICE • 1919

COLLINS JUDY – USA

ANTONIA: A PORTRAIT OF A WOMAN • 1974 • DOC

COLLINS KATHLEEN – USA

LOSING GROUND • 1982

COLLINS LEW see **COLLINS LEWIS D.**

COLLINS LEWIS see **COLLINS LEWIS D.**

COLLINS LEWIS D. – USA – 1889–1954

COLLINS LEWIS • COLLINS LEW • LEWIS CULLEN

DEVIL'S PIT, THE • UNDER THE SOUTHERN CROSS (UKN) • 1930 • DOC
YOUNG DESIRE • CARNIVAL GIRL • 1930
LAW OF THE TONG • 1931
GUNS FOR HIRE • 1932
GUN LAW • 1933
PUBLIC STENOGRAPHER • PRIVATE AFFAIRS (UKN) • 1933
SHIP OF WANTED MEN • 1933
SKYWAY • 1933
TROUBLE BUSTERS • 1933
VIA PONY EXPRESS • 1933
MAN FROM HELL, THE • 1934
SING SING NIGHTS • REPRIEVED (UKN) • 1934
TICKET TO A CRIME • 1934
ALONG CAME A WOMAN • 1935
BRAND OF HATE • 1935
DESERT TRAIL, THE • 1935
HOOSIER SCHOOLMASTER, THE • SCHOOLMASTER, THE (UKN) • 1935
MAKE A MILLION • 1935
MANHATTAN BUTTERFLY • MIDNIGHT BUTTERFLY (UKN) • 1935
SPANISH CAPE MYSTERY, THE • 1935
DOUGHNUTS AND SOCIETY • STEPPING INTO SOCIETY (UKN) ∘ STEPPING IN SOCIETY • 1936
DOWN UNDER THE SEA • 1936
LEAVENWORTH CASE, THE • 1936
RETURN OF JIMMY VALENTINE, THE • 1936
TIMBER WOLVES • 1936
FURY AND THE WOMAN • 1937
MIGHTY TREVE, THE • TREVE • 1937
RIVER OF MISSING MEN • 1937
TRAPPED BY G-MEN • 1937
UNDER SUSPICION • 1937
WILDCATTER, THE • 1937
CRIME TAKES A HOLIDAY • 1938
FLIGHT INTO NOWHERE • 1938
HOUSE OF MYSTERY, THE • 1938
MAKING THE HEADLINES • 1938
OUTSIDE THE LAW • 1938
REFORMATORY • ORPHANS OF THE LAW • 1938
FUGITIVE AT LARGE • CRIMINAL AT LARGE • 1939
HIDDEN POWER • POWER TO KILL, THE • 1939
STRANGE CASE OF DR. MEADE • NOT FOR GLORY • 1939
TRAPPED IN THE SKY • SABOTAGE • 1939
WHISPERING ENEMIES • WRECKAGE • 1939
FUGITIVE FROM A PRISON CAMP • PRISON CAMP • 1940
GREAT PLANE ROBBERY, THE • 1940
OUTSIDE THE THREE MILE LIMIT • MUTINY ON THE SEAS (UKN) ∘ CRIMINAL CARGO ∘ ILLICIT CARGO • 1940
PASSPORT TO ALCATRAZ • ALIEN SABOTAGE (UKN) ∘ PASSPORT TO HELL • 1940
BORROWED HERO • 1941
GREAT SWINDLE, THE • MISSING EVIDENCE • 1941
DANGER IN THE PACIFIC • 1942
JUNIOR G-MEN OF THE AIR • 1942 • SRL
LITTLE JOE, THE WRANGLER • 1942
ADVENTURES OF SMILIN' JACK • 1943 • SRL
ADVENTURES OF THE FLYING CADETS • 1943 • SRL
OKLAHOMA RAIDERS • MIDNIGHT RAIDERS (UKN) • 1943
RAIDERS OF SAN JOAQUIN • 1943
TENTING TONIGHT ON THE OLD CAMP GROUND • 1943
ARTISTRY IN RHYTHM • 1944 • SHT
EMILE COLEMAN AND HIS ORCHESTRA IN ON THE MELLOW SIDE • 1944 • SHT
GREAT ALASKAN MYSTERY, THE • GREAT NORTHERN MYSTERY, THE (UKN) • 1944 • SRL
JIVE BUSTERS • 1944 • SHT
MELODY PARADE • 1944 • SHT
MIDNIGHT MELODIES • 1944 • SHT
MYSTERY OF THE RIVER BOAT • 1944 • SRL
OLD TEXAS TRAIL, THE • STAGE COACH LINE (UKN) • 1944
ON THE MELLOW SIDE • 1944 • SHT
PAGLIACCI SWINGS IT • 1944 • SHT
RAIDERS OF GHOST CITY • 1944 • SRL
SONNY DUNHAM AND HIS ORCHESTRA IN JIVE BUSTERS • 1944 • SHT
SWEETHEARTS OF THE U.S.A. • SWEETHEARTS ON PARADE (UKN) • 1944
TRIGGER TRAIL • 1944
CUBAN MADNESS • 1945 • SHT
JUNGLE QUEEN • 1945 • SRL
MASTER KEY, THE • 1945 • SRL
ROCKABYE RHYTHM • 1945 • SHT
ROYAL MOUNTED RIDES AGAIN, THE • 1945 • SRL
SECRET AGENT X-9 • 1945 • SRL
SWING HIGH, SWING SWEET • 1945 • SHT
BREAKIN' IT DOWN • 1946
DANGER WOMAN • CLAUDE'S WIFE • 1946
FRONTIER FROLIC • 1946 • SHT
LOST CITY OF THE JUNGLE • 1946 • SRL
MYSTERIOUS MR. M., THE • 1946 • SRL
SCARLET HORSEMAN, THE • 1946 • SRL
HEADING FOR HEAVEN • 1947
KILLER DILL • 1947
COWBOY AND THE PRIZEFIGHTER • 1949
FIGHTING REDHEAD, THE • 1949
JUNGLE GODDESS • 1949
RIDE, RYDER, RIDE • 1949
ROLL, THUNDER, ROLL • 1949
CHEROKEE UPRISING • 1950
HOT ROD • 1950
LAW OF THE PANHANDLE • 1950
ABILENE TRAIL • 1951
CANYON RAIDERS • 1951
COLORADO AMBUSH • 1951
LAWLESS COWBOYS • 1951
LONGHORN, THE • 1951
MAN FROM SONORA • 1951
NEVADA BADMEN • 1951
OKLAHOMA JUSTICE • OKLAHOMA OUTLAWS • 1951
STAGE TO BLUE RIVER • 1951
STAGECOACH DRIVER • 1951
TEXAS LAWMEN • LONE STAR LAWMAN • 1951
WACO • OUTLAW AND THE LADY, THE (UKN) • 1951
DEAD MAN'S TRAIL • 1952
FARGO • 1952
GUNMAN, THE • 1952
KANSAS TERRITORY • 1952
MONTANA INCIDENT • 1952
TEXAS CITY • 1952
WILD STALLION • 1952
CANYON AMBUSH • 1953
HOMESTEADERS, THE • 1953
MARKSMAN, THE • 1953
TEXAS BADMAN • 1953
VIGILANTE TERROR • 1953
TWO GUNS AND A BADGE • 1954

COLLINS PRESTON – USA

MUSIC CITY, U.S.A. • 1966

COLLINS ROBERT – USA
SERPICO: THE DEADLY GAME • DEADLY GAME, THE • 1976 • TVM
LIFE AND ASSASSINATION OF THE KINGFISH, THE • 1977 • TVM
WALK PROUD • GANG • 1979
GIDEON'S TRUMPET • 1980 • TVM
OUR FAMILY BUSINESS • UNDERBOSS, THE • 1981 • TVM
SAVAGE HARVEST • 1981
MONEY ON THE SIDE • 1982 • TVM
DARK HORSE • 1984 • MTV
MAFIA PRINCESS • 1986 • TVM
J. EDGAR HOOVER • 1987
HIJACKING OF THE ACHILLE LAURO, THE • TERROR SQUAD • 1988 • TVM

COLLINS SEWELL – UKN
MESSAGE, THE • 1930
NIGHT PORTER, THE • 1930
BRACELETS • 1931

COLLINS TOM – USA
BROMLEY CASE, THE • 1920
CIRCUMSTANTIAL EVIDENCE • 1920
SCRAP OF PAPER, THE • 1920
TRAIL OF THE CIGARETTE, THE • 1920
TRIPLE CLUE, THE • 1920
WALL STREET MYSTERY, THE • 1920

COLLINS VINCENT – USA
GILGAMESH • ANS

COLLINS WARREN – USA
MUSICAL CHAIRS, THE • 1969 • SHT

COLLINS WILLIAM – USA
NO TEARS FOR THE DAMNED • 1968

COLLINSON PETER – UKN – 1938–1980
PENTHOUSE, THE • 1967
UP THE JUNCTION • 1967
LONG DAY'S DYING, THE • 1968
ITALIAN JOB, THE • 1969
YOU CAN'T WIN 'EM ALL • DUBIOUS PATRIOTS, THE • 1970
FRIGHT • GIRL IN THE DARK • 1971
INNOCENT BYSTANDERS • 1972
STRAIGHT ON TILL MORNING • 1972
MAN CALLED NOON, THE • CHIAMAVANO MEZZOGIORNO, LO (ITL) • 1973
AND THEN THERE WERE NONE • TEN LITTLE INDIANS ∘ DEATH IN PERSEPOLIS ∘ DIEZ NEGRITOS ∘ TEN LITTLE NIGGERS • 1974
OPEN SEASON • CAZADORES, LOS (SPN) ∘ RECON GAME ∘ RECON HUNT ∘ SHOOT • 1974
SELLOUT, THE • ...E POI NON RIMASE NESSUNO (ITL) ∘ MELIMOT BEYERUSHALAIM ∘ SPIA SENZA DOMANI, LA • 1975
SPIRAL STAIRCASE, THE • 1975
TIGERS DON'T CRY • TARGET FOR AN ASSASSIN (USA) ∘ TARGET OF AN ASSASSIN ∘ LONG SHOT, THE ∘ AFRICAN RAGE ∘ TIGER DOESN'T CRY, THE • 1976
TOMORROW NEVER COMES • 1977
HOUSE ON GARIBALDI STREET, THE • EICHMANN • 1979 • TVM
EARTHLING, THE • 1981

COLLOMB JEAN – FRN
DES SONT SUR LE TAPIS, LES • DIE IS CAST, THE • 1960

COLMANT JEAN-LOUIS – BLG
COUP DE BOL, LE • 1983
CE QUI RESTE DE CE QU'ON NOUS A DONNE • 1984

COLMES WALTER – USA
IDENTITY UNKNOWN • 1945
WOMAN WHO CAME BACK, THE • 1945
FRENCH KEY, THE • 1946
BURNING CROSS, THE • 1947
ROAD TO THE BIG HOUSE • 1947

COLOMB DE DAUNANT DENYS – FRN – 1922–
GLAMADOR • 1957
BETE DU VACCARES, LA • 1963

COLOMBANI GASTON – FRN
ETERNAL AMOUR, L' • 1921

COLOMBAT JACQUES – Animator – FRN – 1940–
MARCEL, TA MERE T'APPELLE • 1962 • ANM
TARTELETTE, LA • 1967 • ANM
CALAVERAS • 1969 • ANM
MONTAGNE QUI ACCOUCHE, LA • 1973 • ANM

COLOMBIER PIERE – FRN – 1896–1958
COLOMBIER PIERRE
PENDENTIF, LE • 1921
M. LEBIDOIS PROPRIETAIRE • 1922
TAXI 313X7, LE • 1923
PETIT HOTEL A LOUER • 1924
SOIREE MONDAINE • 1924
ETRENNES A TRAVERS LES AGES, LES • 1925
PAR-DESSUS LE MUR • 1925
AMOUR ET CARBURATEUR • 1926
PARIS EN CINQ JOURS • 1926
TRANSATLANTIQUES, LES • 1927
DOLLY • 1928
IL NE FAUT PAS JOUER AVEC LE FEU • 1929
CHIQUE • 1930
ROI DES RESQUILLEURS, LE • 1930
JE T'ADORE, MAIS POURQUOI? • RADIEUX-CONCERT • 1931
ROI DU CIRAGE, LE • 1931
MARIAGE DE ROSINE, LE • 1932
PARIS EN CINQUE HEURES • 1932
SA MEILLEURE CLIENTE • 1932
CES MESSIEURS DE LA SANTE • 1933
CHARLEMAGNE • 1933
THEODORE ET CIE • 1933
FEMME CHIPEE, UNE • FEMME RAVIE, UNE • 1934
ECOLE DES COCOTTES, L' • 1935
MARRAINE DE CHARLEY, LA • 1935
GUEULE EN OR, UNE • 1936
ROI, LE • ROI S'AMUSE, LE • 1936
BALTHAZAR • 1937
CLUB DES ARISTOCRATES, LE • 1937
IGNACE • 1937
ROIS DU SPORT, LES • 1937
DOMPTEUR, LE • 1938
TRICOCHE ET CACOLET • 1938
QUARTIER LATIN • 1939

COLOMBIER PIERRE see **COLOMBIER PIERE**

COLOMBO ALDO – ITL
VOCE CHE UCCIDE, LA • 1957

COLOMBO HELIA – ITL
POLICIA BRANCOLA NEL BUIO, LA • 1974

COLOMO FERNANDO – SPN
MANANA LLEGA EL PRESIDENTE • 1972
QUE HACE UNA CHICA COMO TU EN UN SITIO COMO ESTE? • WHAT'S A GIRL LIKE YOU DOING IN A PLACE LIKE THIS? • 1978
TIGRES DE PAPEL • PAPER TIGERS • 1978
MANO NEGRA, LA • BLACK HAND, THE • 1980
ESTOY EN CRISIS • I HAVE A CRISIS • 1983
LINEA DEL CIELO, LA • SKYLINE • 1984
KNIGHT OF THE DRAGON, THE • STAR KNIGHT ∘ KNIGHTS OF THE DRAGON, THE • 1986
VIDA ALEGRE, LA • MERRY LIFE, THE ∘ LIFE OF PLEASURE, A • 1987
MISS CARIBE • MISS CARIBBEAN • 1988

COLONNA GOLFIERO – ITL
CALYPSO • CALYPSOS • 1959 • DOC

COLOSIMO ROSA
LAY OFF • 1988

COLPAERT CARL – USA
IN THE AFTERMATH: ANGELS NEVER SLEEP • ANGELS NEVER SLEEP • 1987

COLPI HENRI – Editor – SWT – 1921–
DES RAILS SOUS LES PALMIERS • RAILS BENEATH THE PALM TREES • 1951 • DOC
ARCHITECTURE ET LUMIERE • 1953 • SHT
MATERIAUX NOUVEAU, DEMEURES NOUVELLES • 1956 • SHT
AUSSI LONGUE ABSENCE, UNE • INVERNO TI FARA TORNARE, L' (ITL) ∘ LONG ABSENCE, THE (USA) • 1961
CODINE • 1962
MONA, L'ETOILE SANS NOM • POUR UNE ETOILE SANS NOM ∘ FOR A NAMELESS STAR • 1966
SYMPHONIE NR.7 VON LUDWIG VON BEETHOVEN • 1966 • SHT
SYMPHONIE NR.9 VON FRANZ SCHUBERT • 1966 • SHT
SYMPHONIE NR.3 IN ES-DUR, OPUS 55 "EROICA" VON LUDWIG VON BEETHOVEN • BEETHOVEN 3RD SYMPHONY -EROICA (UKN) • 1967 • SHT
HEUREUX QUI COMME ULYSSE • 1970
ILE MYSTERIEUSE, L' • ISOLA MISTERIOSA E IL CAPITANO NEMO, L' (ITL) ∘ MYSTERIOUS ISLAND, THE (USA) ∘ MYSTERIOUS ISLAND OF CAPTAIN NEMO, THE ∘ ISLA MISTERIOSA, LA • 1973

COLSON–MALLEVILLE MARIE – FRN
CROYANCES • BELIEFS • DOC
DELACROIX, PEINTRE D EL'ISLAM • DELACROIX, PAINTER OF ISLAM • DOC
DU MANUAL AU ROBOT • FROM MANUAL LABOR TO THE MACHINE
PIERRE DE LUNE • MOONSTONE • DOC
ROUTE ETERNELLE, LA • ETERNAL ROAD, THE • DOC
SIMPLE HISTOIRE D'AMOUR • SIMPLE LOVE STORY, A • DOC
SOLIDARITE • DOC
TAPISSERIES DE L'APOCALYPSE, LES • TAPESTRIES OF THE APOCALYPSE • DOC
BABA ALI • DOC
ESCALE A ORAN • PORT-OF-CALL AT ORAN • DOC
CARAVAN DE LA LUMIERE, LA • 1947 • SHT
DOIGTS DE LUMIERE, LES • FINGERS OF LIGHT • 1947 • DOC
EL OUED ,LA VILLE AUX MILLE COUPOLES • EL OUED, CITY OF A THOUSAND DOMES • 1947 • DOC
DES RAILS SOUS LES PALMIERS • RAILS BENEATH THE PALM TREES • 1951 • DOC
BABA-ALI • 1952 • SHT
PETIT MONDE DES ETANGS, LE • 1952 • SHT
BARRAGE DU CHALELOT • 1953 • SHT
DU POINT DE VUE D'ANTON • 1954 • SHT

COLSTRUP FLEMMING – DNM
CHRISTIANIA • 1975

COLT ZEBEDY – USA
AFFAIRS OF JANICE • 1976

COLTELLACCI ORESTE – ITL
CASSIODORO IL PIU DORO DEL PRETORIO • 1978

COLUCCI MARIO – ITL
QUALCOSA STRISCIA NEL BUIO • SOMETHING IS CRAWLING IN THE DARK (USA) ∘ SOMETHING CREEPING IN THE DARK • 1971
ALTRO PIATTO DELLA BILANCIA, L' • 1973

COLUCHE MICHEL – FRN – 1944–1986
VOUS N'AUREZ PAS L'ALSACE ET LA LORRAINE • 1977

COLUMBUS CHRIS – USA
ADVENTURES IN BABYSITTING • NIGHT ON THE TOWN, A • 1987
HEARTBREAK HOTEL • 1988
HOME ALONE • 1990

COLVIG PINTO – USA
MICKEY'S AMATEURS • 1937 • ANS

COLWELL JAMES – USA
GREAT ALONE, THE • 1922

COMANDON JEAN – FRN
RAYONS INVISIBLES DE ROENTGEN, LES • 1912

COMAS RAMON – SPN – 1930–
HISTORIAS DE MADRID • 1956
NUEVAS AMISTADES • 1964
SARG BLEIBT HEUTE ZU, DER • COFFIN STAYS SHUT TODAY, THE • 1967
CHINOS Y MINIFALDAS • CHINESE AND MINI-SKIRTS • 1968
PADRE COPLILLAS, EL • 1968
RACHE DES DR. KUNG, DIE • VENGEANCE OF DR. KUNG, THE • 1968

COMBE GEORGES – FRN – 1945–
ARAN • 1973 • DOC

COMBRET GEORGES – Producer – FRN – 1906–
MUSIQUE EN TETE • 1951
DUEL A DAKAR • 1952
POCHARDE, LA • 1952
TAMBOUR BATTANT • 1952
CASTIGLIONE, LA • CONTESSA DI CASTIGLIONE, LA (ITL) ∘ MISSION SECRETE: LA CASTIGLIONE • 1953
RASPOUTINE • RASPUTIN (ITL) • 1953
MARIE DES ISLES • FLIBUSTIERI DELLA MARTINICA, I (ITL) ∘ MARIE OF THE ISLES (USA) ∘ WILD AND THE WANTON, THE • 1959
FORTICHES, LES • 1960
SPIE UCCIDONO A BEIRUT, LE • ESPIONS MEURENT A BEYROUTH, LES (FRN) ∘ SECRET AGENT FIREBALL (USA) ∘ SPY KILLERS, THE (UKN) ∘ FIREBALL ∘ KILLERS ARE CHALLENGED ∘ SPY KILLED AT BEIRUT, THE • 1965
TRAITE DES BLANCHES, LA • I AM A FUGITIVE FROM A WHITE SLAVE GANG (UKN) ∘ TRATTA DELLE BIANCHE, LA (ITL) ∘ FRUSTRATIONS (USA) ∘ HOT FRUSTRATIONS ∘ GIRLS MARKED DANGER • 1965
TRE CENTURIONI, I • 1965
FEU DE DIEU, LE • FIRE OF LOVE (UKN) ∘ EVADE DE L'ENFER, L' • 1966
MALEDICTION DE BELPHEGOR, LA • S2S BASE MORTE CHIAMA SUNIPER (ITL) ∘ CURSE OF BELPHEGOR, THE • 1967
DECHAINES, LES • 1972

COMBRET MAURICE – FRN
DUEL DANS LE MONDE • 1967

COMENCINI CRISTINA – ITL
ZOO • 1988

COMENCINI FRANCESCA – ITL
PIANOFORTE • 1984

COMENCINI LUIGI – ITL – 1916–
NOVELLETTA, LA • 1937 • SHT
BAMBINI IN CITTA • CHILDREN IN CITIES • 1946
PROIBITO RUBARE • GUAGLIO ∘ NO STEALING • 1948
IMPERATORE DI CAPRI, L' • 1949
MUSEO DEI SOGNI, IL • 1949
OSPEDALE DEL DELITTO, L' • 1950
PERSIANE CHIUSE • BEHIND CLOSED SHUTTERS (USA) • 1952
TRATTA DELLE BIANCHE, LA • GIRLS MARKED DANGER ∘ WHITE SLAVE TRADE ∘ SCHIAVE BIANCHE, LA • 1952
PANE, AMORE E FANTASIA • BREAD, LOVE AND DREAMS (USA) • 1953
SON TORNATA PER TE • HEIDI • 1953
PANE AMORE E GELOSIA • BREAD, LOVE AND JEALOUSY ∘ FRISKY (USA) • 1954
VALIGIA DEI SOGNI, LA • 1954
BELLA DI ROMA, LA • ROMAN SIGNORINA • 1955
FINESTRA SUL LUNA PARK, LA • 1957
MARITI IN CITTA • HUSBANDS IN TOWN • 1957
MOGLI PERICOLOSE • 1958
SORPRESE DELL'AMORE, LE • 1959
...UND DAS AM MONTAGMORGEN • 1959
TUTTI A CASA • GRANDE PAGAILLE, LA (FRN) ∘ EVERYBODY GO HOME! (USA) ∘ BACK HOME • 1960
A CAVALLO DELLA TIGRE • JAIL BREAK (UKN) ∘ ON THE TIGER'S BACK ∘ ASTRIDE THE TIGRESS • 1961
COMMISSARIO, IL • 1962
RAGAZZA DI BUBE, LA • RAGAZZA, LA (FRN) ∘ BEBO'S GIRL (USA) • 1963
BAMBOLE, LE • POUPEES, LES (FRN) ∘ BAMBOLE! ∘ DOLLS, THE ∘ FOUR KINDS OF LOVE • 1964
MIA SIGNORA, LA • 1964
TRE NOTTI D'AMORE • THREE NIGHTS OF LOVE (USA) • 1964
BUGIARDA, LA • MENTIROSA, LA (SPN) ∘ SIX DAYS A WEEK (USA) ∘ PARTAGE DE CATHERINE, LE (FRN) • 1965
COMPAGNO DON CAMILLO, IL • DON CAMILLO EN RUSSIE (FRN) • 1965
INCOMPRESO • VITA COL FIGLIO ∘ MISUNDERSTOOD • 1966
ITALIAN SECRET SERVICE • 1968
CAPODANNO 2000 • NEW YEAR'S DAY 2000
INFANZIA, VOCAZIONE E PRIMA ESPERIENZE DI GIACOMO CASANOVA, VENEZIANO • CASANOVA • 1969
SENZA SAPERE NIENTE DI LEI • 1969
BAMBINI E NOI, I • 1970 • MTV
AVVENTURE DI PINOCCHIO, LE • AVENTURES DE PINOCCHIO, LES (FRN) • 1972
SCOPONE SCIENTIFICO, LO • SCIENTIFIC CARDPLAYER, THE • 1972
DELITTO D'AMORE • SOMEWHERE BEYOND LOVE • 1974
EDUCAZZIONE CIVICA • 1974 • SHT
MIO DIO, COME SONO CADUTA IN BASSO! • TILL MARRIAGE DO US PART (USA) • 1974
BASTA CHE NON SI SAPPIA IN GIRO • 1976
DONNA DELLA DOMENICA, LA • SUNDAY WOMAN, THE (USA) • 1976
SIGNORE E SIGNORI BUONANOTTE • 1976
TRA MOGLIE E MARITO • 1977
AMORE IN ITALIA, L' • 1978 • MTV
GATTO, IL • CAT, THE (USA) • 1978
BOTTLENECK • GRAND EMBOUTEILLAGE, LE (FRN) ∘ TRAFFIC JAM ∘ INGORGO, UNA STORIA IMPOSSIBILE, L' ∘ INGORGO, L' ∘ STAU • 1979
VOLTATI ANDREA • 1979
VOLTATI EUGENIO • TURN AROUND EUGENE • 1980

CERCASI GESU • JESUS WANTED • 1982
MATRIMONIO DI CATERINA, IL • HUSBAND FOR CATERINA, A • 1982 • MTV
CUORE • 1984
STORIA, LA • HISTORY • 1986
BOHEME, LA • 1987
RAGAZZO DI CALABRIA, UN • BOY FROM CALABRIA, A • 1988
BUON NATALE, BUON ANNO • MERRY CHRISTMAS, HAPPY NEW YEAR • 1989

COMERFORD JOE – IRL
DOWN THE CORNER • 1978
TRAVELLERS • 1979 • SHT
REEFER AND THE MODEL • 1988

COMERIO LUCA – ITL
EXCELSIOR • 1914

COMERON LUIS JOSE – SPN – 1926–
ESCUADRILLA DE VUELO • 1962
GAS NUNCA SE ACABA, EL • 1966 • SHT
BREVE VISION DE TOKYO • 1967 • SHT
PASEO POR LA VIEJA CONSTANTINOPLA • 1967 • SHT
RECUERDO DE BANGKOK • 1967 • SHT
PUERTO DE BARCELONA, EL • 1968 • SHT
NUESTRO PASO POR HONG-KONG • 1969 • SHT
LARGA NOCHE DE JULIO, LA • 1974
FAMILIA DECENTE, UNA • 1977

COMFORT LANCE – UKN – 1908–1967
SANDY STEPS OUT • 1938 • SHT
JUDY BUYS A HORSE • 1939
HATTER'S CASTLE • 1941
PENN OF PENNSYLVANIA • COURAGEOUS MR. PENN, THE (USA) • 1941
SQUADRON LEADER X • 1942
THOSE KIDS FROM TOWN • 1942
ESCAPE TO DANGER • MURDER IN A CONVOY • 1943
OLD MOTHER RILEY DETECTIVE • 1943
WHEN WE ARE MARRIED • 1943
HOTEL RESERVE • 1944
GREAT DAY • 1945
BEDELIA • 1946
TEMPTATION HARBOUR • 1947
DAUGHTER OF DARKNESS • 1948
SILENT DUST • 1949
PORTRAIT OF CLARE • 1950
GENIE, THE • 1953
GIRL ON THE PIER, THE • 1953
BANG YOU'RE DEAD • GAME OF DANGER • 1954
EIGHT O'CLOCK WALK • 1954
FACCIA DA MASCALZONE • 1955
MAN IN THE ROAD, THE • 1956
AT THE STROKE OF NINE • 1957
FACE IN THE NIGHT • MENACE IN THE NIGHT (USA) • 1957
MAN FROM TANGIER • THUNDER OVER TANGIER • 1957
MAKE MINE A MILLION • LOOK BEFORE YOU LAUGH • 1959
UGLY DUCKLING, THE • 1959
BREAKING POINT, THE • GREAT ARMORED CAR SWINDLE, THE (USA) • 1961
PIT OF DARKNESS • 1961
RAG DOLL • YOUNG, WILLING AND EAGER (USA) • 1961
BREAK, THE • 1962
PAINTED SMILE, THE • MURDER CAN BE DEADLY (USA) • 1962
TOMORROW AT TEN • 1962
TOUCH OF DEATH • 1962
BLIND CORNER • MAN IN THE DARK (USA) • 1963
LIVE IT UP • SING AND SWING (USA) • 1963
DEVILS OF DARKNESS • 1964
BE MY GUEST • 1965

COMIN JACOPO – ITL – 1901–
FABBRICA DELL'IMPREVISTO, LA • QUELLO CHE NON T'ASPETTI • 1943
DUE SORELLE AMANO • 1951
RIVALE DELL'IMPERATRICE, LA • 1951

COMINETTI GIAN M. – ITL
MADRID DE MIS SUENOS • BUONGIORNO, MADRID! (ITL) • 1942
DOVE ANDIAMO, SIGNORA? • 1943

COMINOS N. H. – USA
WORLD OF MOSAIC, THE • 1957
GREAT EXPLORATIONS WITH JOHN GLENN -AFRICA • 1969 • DOC
DANIEL JAZZ, THE • 1971 • SHT

COMMONS DAVID – USA
ANGRY BREED, THE • 1969

COMO DON – USA
ALIENS FROM SPACESHIP EARTH • ALIENS FROM SPACESHIP EARTH WANTED • 1977
UNKNOWN POWERS • 1979

COMOLLI JEAN-LOUIS – ALG – 1941–
DEUX MARSEILLAISES, LES • 1968 • DOC
CECELIA, LA • 1975
TOTO, UN ANTHOLOGIE • 1978 • CMP
ON NE VA PAS SE QUITTER COMME CA • 1980
OMBRE ROUGE, L' • 1981
BALLES PERDUES • 1982

COMPAIN FREDERIC – FRN
EDEN PALACE

COMPANEEZ NINA – Screenwriter – FRN – 1937–
FAUSTINE ET LE BEL ETE • FAUSTINE AND THE BEAUTIFUL SUMMER ○ FAUSTINE (UKN) • 1971
COLINOT TROUSSE CHEMISE • COLINOT, L'ALZASOTTANE (ITL) ○ HISTOIRE TRES BONNE ET TRES JOYEUSE DE COLINOT TROUSSE-CHEMISE, L' • 1973
COMME SUR DES ROULETTES • 1977
MUSE ET LA MADONE, LA • 1978

COMPO – USA
MARK OF THE GUN • 1969

COMPTON J. C. – USA
BUCKEYE AND BLUE • 1988

COMPTON JULEEN – USA
PLASTIC DOME OF NORMA JEAN, THE • 1970

COMPTON RICHARD – USA
GUN RUNNER • GUNRUNNERS, THE • 1969
ANGELS DIE HARD • ROUGH BOYS • 1970
WELCOME HOME, SOLDIER BOYS • FIVE DAYS HOME • 1972
MACON COUNTY LINE • KILLING TIME • 1974
HIGHWAY GIRL • RETURN TO MACON COUNTY ○ RETURN TO MACON COUNTY LINE • 1975
MANIAC • TOWN THAT CRIED TERROR, THE ○ ASSAULT ON PARADISE ○ RANSOM • 1977
DEADMAN'S CURVE • 1978 • TVM
RAVAGERS, THE • 1979
WILD TIMES • 1980 • TVM
MIAMI VICE: DOWN FOR THE COUNT • 1987 • TVM

CONCINI FRANCO – ITL
ACCADDE DI NOTTE • 1961

CONCIO LUPITA – PHL
MINSA'Y ISANG GAMU-GAMO • ONCE A MOTH • 1977

CONDAL ELIAS – ITL
BOLIVIA '70 • 1973
VIVA EL PERU • 1974

CONDE A. NIEVES see **NIEVES CONDE JOSE ANTONIO**

CONDE C. see **CONDE CONRADO**

CONDE CONRADE see **CONDE CONRADO**

CONDE CONRADO – PHL
CONDE CONRADE • CONDE C.
DIYOSA • 1957
ALL OVER THE WORLD • 1967
BIKINI BEACH PARTY • 1967
CINDERELLA A-GO-G0 • 1967
OH! WHAT A KISS • 1967
SANDWICH SHINDIG • 1968
BROWNOUT • BLACKOUT • 1969

CONDE J. NIEVES see **NIEVES CONDE JOSE ANTONIO**

CONDE JOSE NIEVES see **NIEVES CONDE JOSE ANTONIO**

CONDE MANUEL see **CONDE MANUEL S.**

CONDE MANUEL S. – USA
CONDE MANUEL
LULLABY OF BARELAND • 1964
CASE OF THE STRIPPING WIVES, THE • CASE OF THE EXCITING WIVES, THE ○ STRIPPING WIVES ○ EXCITING WIVES • 1966
NYMPHS ANONYMOUS • NYMPHS • 1968

CONDIE RICHARD – Animator – CND – 1942–
JOHN LAW AND THE MISSISSIPPI BUBBLE • 1978 • ANS
GETTING STARTED • 1979 • ANS
PIGBIRD • 1981 • ANS
BIG SNIT, THE • 1986 • ANS

CONDON BILL – USA
CONDON WILLIAM
SISTER, SISTER • 1987

CONDON WILLIAM see **CONDON BILL**

CONDROYER PHILIPPE – FRN – 1927–
TINTIN ET LES ORANGES BLEUES • MISTERIO DE LA NARANJAS AZULES, EL (SPN) ○ TINTIN AND THE BLUE ORANGES ○ MYSTERY OF THE BLUE ORANGES, THE • 1965
HOMME A ABATTRE, UN • MAN TO KILL, A • 1967
COUPE A DIX FRANCS, LA • 1975

CONES JAMES – Animator – USA
FARM SCENES • 1934 • ANM
GOLDILOCKS AND THE BEARS • 1934 • ANM
HANSEL AND GRETEL • 1934 • ANM

CONES NANCY FORD – Animator – USA
FARM SCENES • 1934 • ANM
GOLDILOCKS AND THE BEARS • 1934 • ANM
HANSEL AND GRETEL • 1934 • ANM

CONFORTES CLAUDE – FRN – 1928–
ROI DES CONS, LE • 1981
VIVE LES FEMMES! • 1983

CONGER JANE BELSON – USA
BELSON JANE
LOGOS • 1957 • SHT
ODDS AND ENDS • 1959 • SHT

CONINX STIJN – BLG
KOKO FLANEL • 1989

CONKLIN GARY – USA
PAUL BOWLES IN MOROCCO • 1970 • DOC

CONLEY LIGE – USA
LOVE'S LANGUID LURE • 1927 • SHT

CONNARD LEO – GRM
WUNDERSAM IST DAS MARCHEN DER LIEBE • 1918

CONNELL BARBARA – USA
TIME FOR BURNING, A • 1966 • DOC

CONNELL JAMES – USA
RETREADS • 1989

CONNELL THELMA – UKN
TALE OF THREE WOMEN, A • 1954

CONNELL W. M. see **CONNELL W. MERLE**

CONNELL W. MERLE – USA
CONNELL W. M.
TROUBLE AT MELODY MESA • 1949
UNTAMED WOMEN • 1952
FLESH MERCHANTS, THE • 1956
PILL, THE • 1967

CONNELLY MARC – Stage director – USA – 1890–
GREEN PASTURES, THE • 1936

CONNER BRUCE – USA – 1933–
VIPERS, THE • SHT
MOVIE, A • 1958 • SHT
COSMIC RAY #1 • 1961 • SHT
COSMIC RAY #2 • 1961 • SHT
COSMIC RAY #3 • 1961 • SHT
REPORT • 1963-67 • SHT
LEADER • 1964 • SHT
VIVIAN • 1964 • SHT
10 SECOND FILM • 1965 • SHT
LOOKING FOR MUSHROOMS • 1966 • SHT
BREAKAWAY • 1967 • SHT
WHITE ROSE, THE • 1967 • SHT
PERMIAN STRATA • 1969 • SHT
MARILYN TIMES FIVE • 1969-73 • SHT
LIBERTY CROWN • 1970
CROSSROADS • 1976
TAKE THE 5:10 TO DREAMLAND • 1976 • SHT
VALSE TRISTE • 1977 • SHT
MONGOLOID • 1978 • SHT
AMERICA IS WAITING • 1981 • SHT

CONNER CHARLES M. – Producer/ writer – USA – 1929–
FULFILLMENT, SOMETHING WORTH REMEMBERING • SOMETHING WORTH REMEMBERING • 1969

CONNER IAN – USA
SIGN OFF • 1971 • SHT

CONNOLLY BOB – ASL
FIRST CONTACT • DOC
JOE LEAHY'S NEIGHBOURS • 1988 • DOC

CONNOLLY BOBBY – USA
CONNOLLY ROBERT
DEVIL'S SADDLE LEGION, THE • 1937
EXPENSIVE HUSBANDS • 1938
PATIENT IN ROOM 18, THE • 1938
WEST OF THE ROCKIES • 1941 • SHT

CONNOLLY RAY – UKN
JAMES DEAN, THE FIRST AMERICAN TEENAGER • FIRST AMERICAN TEENAGER, THE • 1975

CONNOLLY ROBERT see **CONNOLLY BOBBY**

CONNOR EDWARD – USA
ANNE OF LITTLE SMOKY • 1921

CONNOR KEVIN – UKN – 1937–
FROM BEYOND THE GRAVE • TALES FROM BEYOND THE GRAVE ○ TALES FROM THE BEYOND ○ UNDEAD, THE ○ CREATURES FROM BEYOND THE GRAVE • 1973
LAND THAT TIME FORGOT, THE • 1974
AT THE EARTH'S CORE • 1976
TRIAL BY COMBAT • DIRTY KNIGHT'S WORK (USA) ○ CHOICE OF WEAPONS, A • 1976
PEOPLE THAT TIME FORGOT, THE • 1977
WARLORDS OF ATLANTIS • SEVEN CITIES TO ATLANTIS • 1978
ARABIAN ADVENTURE, AN • 1979
MOTEL HELL • 1980
GOLIATH AWAITS • 1981 • TVM
HOUSE WHERE EVIL DWELLS, THE • 1982
MASTER OF THE GAME • 1984 • MTV
RETURN OF SHERLOCK HOLMES, THE • 1986
LION OF AFRICA, THE • 1987 • TVM
WHAT PRICE VICTORY • 1988 • TVM

CONRAD BEVERLY GRANT – USA
COMING ATTRACTIONS • 1971

CONRAD CHARLES – BLG
KRYSTYNA ET SA NUIT • CHRISTINE ET SA NUIT • 1977

CONRAD DEREK – UKN
FALLING ANGELS • 1975

CONRAD JACK – USA
COUNTRY BLUE • 1980

CONRAD JAMES – USA
POLLUTION • ANS

CONRAD MIKEL – USA
FLYING SAUCER, THE • 1950

CONRAD PATRICK – BLG
SLIJK • 1971
SLACHTVEE • CARNE, LA • 1980
MASCARA • 1987

CONRAD RANDALL – USA
DOZENS, THE • 1981

CONRAD ROBERT – Actor – USA – 1935–
BANDITS, THE • BANDIDOS, LOS (MXC) • 1966
CROSSFIRE • 1986
HIGH MOUNTAIN RANGERS • 1987 • TVM

CONRAD STEVE – USA
PINK CHAMPAGNE • 1980

CONRAD SVEN – USA
FRAT HOUSE • 1979
BODY MAGIC • 1982

CONRAD TONY – USA
EYE OF COUNT FLICKENSTEIN, THE • 1966 • SHT
FLICKER, THE • 1966

CONRAD WILLIAM – Actor – USA – 1920–
MAN FROM GALVESTON, THE • 1964
BRAINSTORM • 1965
MY BLOOD RUNS COLD • 1965
TWO ON A GUILLOTINE • 1965
COUNTDOWN • MOONSHOT • 1968
SIDE SHOW • 1981 • TVM

CONRADIE FRANZ – SAF
JAKKALS VAN TULA METSI, DIE • JACKAL OF TULA METSI, THE • 1967

CONS DAVID – UKN
DISTILLATION OF OIL • 1954 • DOC
CATALYTIC REFORMING PART I: THE REFORMING ACTION • 1958 • DOC
CATALYTIC REFORMING PART II: THE REFORMING UNIT • 1958 • DOC

CONSIDINE JOHN W. JR. – Producer – USA – 1898–
DISORDERLY CONDUCT • 1932

CONSTANCE MICHAEL – UKN
LITTLE MATCH GIRL, THE

CONSTANT JACQUES – FRN – 1907–
CAMPEMENT 13 • 1939

CONSTANTINESCU MIHAI – RMN
CERTAIN KIND OF HAPPINESS, A • 1973
TATA DE DUMINICA • SUNDAY FATHER • 1974
UN OASPETE LA CINA • GUEST AT DINNER, A • 1987

CONSTANTINESCU TITEL – RMN
BALLAD FOR MARIUCA, A • 1969

CONSTANTINO F. H. – PHL
GOIN' TO A GO-GO • 1967
TOGETHER AGAIN • 1967

CONSTANTINOU PANAYOTIS – GRC
OTAN I YINEKES AGAPOUN • WOMEN IN LOVE • 1967
POULIMENOS, O • FOR SALE • 1967

CONTAT MICHEL – FRN
SARTRE PAR LUI-MEME • 1976 • DOC

CONTE LOU – USA
CURIOUS TEENAGER • 1972

CONTE RICHARD – Actor – USA – 1914–1975
OPERATION CROSS EAGLES • UNAKRSNA VATRA (YGS) • 1969

CONTES JOHN G. – GRC
CHERIA, TA • HANDS, THE • 1962

CONTI PIER LUIGI – ITL
CLIVER AL
DEVIL HUNTER • TREASURE OF THE WHITE GODDESS

CONTREIRAS ANIBAL – PRT – 1896–
PAO E AGUA • 1929 • SHT
PONTO E VIRGULA • 1929 • SHT
VIDA DE UM SOLDADO, A • 1930
IMAGENS DE PORTUGAL • 1933 • SHT
EXPOSICAO COLONIAL NO PORTO • 1934 • SHT
DANCAS POPULARES • 1935 • SHT
VIAGENS PRESIDENCIAIS • 1935 • SHT
CAMINHO DE MADRID, A • 1936 • SHT

CONTRERAS FERNANDO – CLM
HIJOS DE FRANCISCO EL HOMBRE • 1976 • DOC

CONTRERAS JAIME L. – MXC
SANGRE EN LAS MONTANAS • 1938

CONTRERAS TORRES MIGUEL – MXC
TORRES MIGUEL CONTRERAS
AMNESIA • 1921
DE RAZA AZTECA • OF AZTEC RACE • 1922
FULGURACION DE LA RAZA • RESPLENDENCE OF THE RACE • 1922
HOMBRE SIN PATRIA, EL • MAN WITHOUT A COUNTRY, THE • 1922
SUENO DEL CAPORAL, EL • CORPORAL'S DREAM, THE • 1922
ALMAS TROPICALES • TROPICAL SOULS • 1923
ATAVISMO • ATAVISM • 1923
ORO, SANGRE Y SOL • GOLD, BLOOD, AND SUN • 1925
RELICARIO, EL • 1926
JUAREZ Y MAXIMILIANO • 1933
NOCHE DEL PECADO, LA • 1933
TRIBU • 1934
NO TE ENGANES CORAZON • DON'T DECEIVE YOURSELF, MY HEART ○ DON'T FOOL THYSELF -HEART • 1936
PALOMA, LA • 1937
GOLONDRINA, LA • SWALLOW, THE (USA) • 1938
MAD EMPRESS, THE • CARLOTTA, THE MAD EMPRESS (UKN) ○ HOMBRE O DEMONIO (MXC) • 1939
HASTA QUE LLOVIO EN SAYULA • 1940
SIMON BOLIVAR • LIFE OF SIMON BOLIVAR, THE (USA) • 1941
CABALLERIA DEL IMPERIO • 1942
PADRE MORELOS, EL • 1942
RAYO DEL SUR, EL • 1943
VIDA INUTIL DE PITO PEREZ, LA • USELESS LIFE OF PITO PEREZ, THE • 1943
BARTOLO TOCA LA FLAUTA • 1944
RANCHO DE MIS RECUERDOS • 1944
HIJO DE NADIE, EL • 1945
MARIA MAGDALENA • 1945
REINA DE REINAS • QUEEN OF QUEENS • 1945
BAMBA • 1948
PANCHO VILLA VUELVE • PANCHO VILLA RETURNS (USA) • 1949
AMOR A LA VIDA, EL • EXTRANA AVENTURA DE UN HOMBRE, LA • 1950
SINNER OF MAGDALA, THE • 1950
SOY MEXICANO DE ACA DE ESTE LADO • 1951
SANGRE EN EL RUEDO • 1952
TEHUANTEPEC • 1953
ULTIMO REBELDE, EL • LAST REBEL, THE (USA) • 1956
PUEBLO EN ARMAS • 1958
VIVA LA SOLDADERA! • 1958
HERMANO PEDRO, EL • 1964

CONTURK REMZI – TRK
JONTURK REMZI
ZIMBA GIBI DELIKANLI • 1964
BEYAZ ATLI ADAM • 1965
...VEDA SILAHLARA VEDA.. • 1966
AT HIRSIZI BANU • BANU, THE HORSE THIEF • 1967
BIR SOFORUN GIZLI DEFTERI • CABMAN'S SECRET DIARY, A • 1967
CANGO OLUM SUVARISI • DJANGO, RIDER OF DEATH • 1967
ESKIYA CELLADI • OUTLAW'S HANGMAN • 1967
MALKOCOGLU KRALLARA KARSI • MALKOCOGLU VS. THE KINGS • 1967
SEVGILI MUHAFIZIN • MY DEAR BODYGUARD • 1970

CONVY BERT – Actor – USA – 1933–
WEEKEND WARRIORS • HOLLYWOOD AIRFORCE BASE ○ HOLLYWOOD AIR FORCE • 1986

CONWAY GARY – ASL
SARA DANE • 1982 • MTV

CONWAY HUGH RYAN see **CONWAY JACK**

CONWAY JACK – USA – 1887–1952
CONWAY HUGH RYAN
HIS ONLY SON • 1912
CHILD OF WAR, A • 1913
INDIAN'S HONOR, AN • 1913
LONG PORTAGE, THE • 1913
MADCAP, THE • 1913
OLD ARMCHAIR, THE • 1913
STRUGGLE, THE • 1913
CAPTAIN MACKLIN • 1915
MYSTIC JEWEL, THE • 1915
OLD HIGH CHAIR, THE • 1915 • SHT
PENITENTES, THE • 1915
PRICE OF POWER, THE • 1915
WAY OF A MOTHER, THE • 1915
BECKONING TRAIL, THE • 1916
BITTER SWEET • 1916
JUDGEMENT OF THE GUILTY • 1916
MAINSPRING, THE • 1916
MARY, KEEP YOUR FEET STILL • 1916
MEASURE OF A MAN, THE • 1916
SILENT BATTLE, THE • 1916
SOCIAL BUCCANEER, THE • SOCIAL BUCCANEERS • 1916
BECAUSE OF THE WOMAN • BECAUSE OF A WOMAN • 1917
BOND OF FEAR, THE • 1917
CHARMER, THE • 1917
COME THROUGH • 1917
HER SOUL'S INSPIRATION • 1917
JEWEL IN PAWN, A • 1917
LITTLE MARY-FIX-IT • 1917
LITTLE ORPHAN, THE • 1917
POLLY REDHEAD • 1917
SMASHING STROKE, THE • 1917 • SHT
DIPLOMATIC MISSION, A • 1918
HER DECISION • 1918
LITTLE RED DECIDES • 1918
YOU CAN'T BELIEVE EVERYTHING • 1918
LOMBARDI, LTD. • 1919
ROYAL DEMOCRAT, A • NOBLE WANDERER, THE • 1919
DWELLING PLACE OF LIGHT, THE • 1920
LURE OF THE ORIENT • 1920
MONEY CHANGERS, THE • WHAT SHALL IT PROFIT A MAN • 1920
RIDERS OF THE DAWN • DESERT OF WHEAT, THE • 1920
SERVANT IN THE HOUSE, A • 1920
U.P. TRAIL, THE • 1920
DAUGHTER OF THE LAW, A • 1921
KISS, THE • 1921
MILLIONAIRE, THE • 1921
RAGE OF PARIS, THE • 1921
SPENDERS, THE • RESPONDENT, THE • 1921
ACROSS THE DEADLINE • 1922
ANOTHER MAN'S SHOES • 1922
DON'T SHOOT • 1922
LONG CHANCE, THE • 1922
STEP ON IT! • 1922
LUCRETIA LOMBARD • FLAMING PASSION • 1923
PRISONER, THE • 1923
QUICKSANDS • 1923
SAWDUST • 1923
TRIMMED IN SCARLET • 1923
WHAT WIVES WANT • 1923
HEART BUSTER, THE • 1924
ROUGHNECK, THE • THORNS OF PASSION (UKN) • 1924
TROUBLE SHOOTER, THE • 1924
HUNTED WOMAN, THE • 1925
ONLY THING, THE • 1925
SOUL MATES • 1925
BROWN OF HARVARD • 1926
TWELVE MILES OUT • 1927
UNDERSTANDING HEART, THE • 1927
BRINGING UP FATHER • 1928
SMART SET, THE • 1928
WHILE THE CITY SLEEPS • 1928
ALIAS JIMMY VALENTINE • 1929
OUR MODERN MAIDENS • 1929
THEY LEARNED ABOUT WOMEN • TAKE IT BIG • 1929
UNTAMED • JUNGLE • 1929
NEW MOON • PARISIAN BELLE • 1930
UNHOLY THREE, THE • 1930
EASIEST WAY, THE • 1931
FIVE AND TEN • DAUGHTER OF LUXURY (UKN) • 1931
JUST A GIGOLO • DANCING PARTNER, THE (UKN) • 1931
ARSENE LUPIN • 1932
BUT THE FLESH IS WEAK • TRUTH GAME, THE • 1932
HELL BELOW • PIGBOATS • 1932
NUISANCE, THE • ACCIDENTS WANTED (UKN) • 1932
RED-HEADED WOMAN • 1932
SOLITAIRE MAN, THE • 1933
GAY BRIDE, THE • REPEAL • 1934
GIRL FROM MISSOURI, THE • ONE HUNDRED PERCENT PURE (UKN) • 1934
TARZAN AND HIS MATE • 1934
VIVA VILLA! • 1934
ONE NEW YORK NIGHT • TRUNK MYSTERY, THE (UKN) ○ ORDER PLEASE • 1935
TALE OF TWO CITIES, A • 1935
LIBELED LADY • 1936
SARATOGA • 1937
YANK AT OXFORD, A • 1937
TOO HOT TO HANDLE • 1938
LADY OF THE TROPICS • 1939
LET FREEDOM RING • SONG OF THE WEST • 1939
BOOM TOWN • 1940
HONKY TONK • 1941
LOVE CRAZY • 1941
CROSSROADS • 1942
ASSIGNMENT IN BRITTANY • 1943
DRAGON SEED • 1944
DESIRE ME • WOMAN OF MY OWN, A • 1947
HIGH BARBAREE • 1947
HUCKSTERS, THE • 1947
JULIA MISBEHAVES • 1948
DESERT LAW • 1953

CONWAY JAMES – USA
MIRACLES OF THE JUNGLE • 1921 • SRL
JUNGLE GODDESS • 1922 • SRL

CONWAY JAMES L. – USA – 1950–
CONWAY JIM
IN SEARCH OF NOAH'S ARK • 1976 • DOC
LAST OF THE MOHICANS, THE • 1977 • TVM
LINCOLN CONSPIRACY, THE • 1977
BEYOND AND BACK • 1978 • DOC
DONNER PASS: THE ROAD TO SURVIVAL • 1978 • TVM
INCREDIBLE ROCKY MOUNTAIN RACE, THE • 1978 • TVM
DELUGE, THE • NOAH • 1979 • MTV
FALL OF THE HOUSE OF USHER, THE • 1979
BOOGENS, THE • 1980
HANGAR 18 • INVASION FORCE • 1980
EARTHBOUND • 1981
NASHVILLE GRAB • 1981 • TVM
PRESIDENT MUST DIE, THE • 1981

CONWAY JIM see **CONWAY JAMES L.**

CONWAY KEVIN – USA – 1942–
VIOLINS CAME WITH THE AMERICANS, THE • SUN AND THE MOON, THE • 1986

CONYERS DARCY – UKN – 1919–1973
SECRET OF THE FOREST, THE • 1956
DEVIL'S PASS, THE • 1957
SOAPBOX DERBY • 1958
NIGHT WE DROPPED A CLANGER, THE • MAKE MINE A DOUBLE (USA) • 1959
NIGHT WE GOT THE BIRD, THE • 1960
IN THE DOGHOUSE • VET IN THE DOGHOUSE • 1961
NOTHING BARRED • 1961

COOGAN GEORGE – USA
ESCAPE FROM TERROR • 1960

COOGAN JACKIE – Actor – USA – 1914–1984
ESCAPE FROM TERROR • 1960

COOK AD. – USA
WESTERN GRIT • 1924

COOK BRUCE – USA
CENSUS TAKER • 1984
LINE OF FIRE • 1988

COOK CLYDE – Actor – ASL – 1891–
STRICTLY IN CONFIDENCE • CONFIDENTIAL LADIES • 1933
TROUBLE IN STORE • 1934

COOK FIELDER – USA – 1923–
COOK J. FIELDER
PATTERNS • PATTERNS OF POWER (UKN) • 1956
HOME IS THE HERO • SINS OF THE FATHER • 1959
BIG HAND FOR THE LITTLE LADY, A • BIG DEAL AT DODGE CITY (UKN) • 1966
HOW TO SAVE A MARRIAGE (AND RUIN YOUR LIFE) • 1968
PRUDENCE AND THE PILL • 1968
TEACHER, TEACHER • 1969 • TVM
EAGLE IN A CAGE • 1971
GOODBYE, RAGGEDY ANN • 1971 • TVM
HOMECOMING: A CHRISTMAS STORY, THE • HOMECOMING, THE • 1971 • TVM
PRICE, THE • 1971 • TVM
SAM HILL: WHO KILLED THE MYSTERIOUS MR. FOSTER • WHO KILLED THE MYSTERIOUS MR. FOSTER • 1971 • TVM
HANDS OF CORMAC JOYCE • 1972 • TVM
FROM THE MIXED-UP FILES OF MRS. BASIL E. FRANKWEILER • HIDEAWAYS, THE • 1973
MILES TO GO BEFORE I SLEEP • 1973 • TVM
MIRACLE ON 34TH STREET • 1973 • TVM
BEAUTY AND THE BEAST • 1974 • TVM
THIS IS THE WEST THAT WAS • WEST WAS NEVER LIKE THIS, THE • 1974 • TVM
JUDGE HORTON AND THE SCOTTSBORO BOYS • 1976 • TVM
LOVE AFFAIR: THE ELEANOR & LOU GEHRIG STORY, A • 1977 • TVM
I KNOW WHY THE CAGED BIRD SINGS • 1979
TOO FAR TO GO • 1979 • TVM
GAUGUIN THE SAVAGE • 1980 • TVM
FAMILY REUNION • 1981 • TVM
WILL THERE REALLY BE A MORNING? • 1982 • TVM
EVERGREEN • 1984 • MTV
WHY ME? • 1984 • TVM
SEIZE THE DAY • 1986
SPECIAL FRIENDSHIP, A • 1987 • TVM

COOK J. C. – USA
FORBIDDEN ADVENTURE • INYAH, THE JUNGLE GODDESS • 1934

COOK J. FIELDER see **COOK FIELDER**

COOK JOHN – AUS
LANGSAMER SOMMER • SLOW SUMMER • 1976
SCHWITZKASTEN • SWEAT BOX • 1978
ARTISCHOCKE • 1982

COOK PHILIP – USA
BEYOND THE RISING MOON • 1988

COOKE ALAN – Producer/writer – UKN – 1935–
BLACK LEGEND • 1948
STARFISH, THE • WITCH OF PENGELLY, THE • 1952 • DCS
FLAT TWO • 1962
MIND OF MR. SOAMES, THE • 1969
HUNCHBACK OF NOTRE DAME, THE • 1977 • MTV
NADIA • 1984 • TVM
PAINT ME A MURDER • 1984

COOLEY FRANK – USA
AS A MAN THINKETH • 1914
HER YOUNGER SISTER • 1914
BROADCLOTH AND BUCKSKIN • 1915
DEAL IN DIAMONDS, A • 1915
DOCTOR'S STRATEGY, THE • 1915
DREAMS REALIZED • 1915
FIRST STONE, THE • 1915
IN THE MANSION OF LONELINESS • 1915
IN THE SUNSET COUNTRY • 1915
LIFE'S STAIRCASE • 1915
MADONNA, THE • 1915
MOLLYCODDLE, THE • 1915
NAUGHTY HENRIETTA • 1915
NO QUARTER • 1915
OH, DADDY! • 1915
ONCE OVER, THE • 1915
PERSISTENCE WINS • 1915
REDEMPTION OF THE JASON, THE • 1915
SHERIFF OF WILLOW CREEK, THE • 1915
STAY-AT-HOMES, THE • 1915
TRAIL OF THE SERPENT, THE • 1915
VALLEY FEUD, THE • 1915
WARNING, THE • 1915
WHEN THE FIRE BELL RANG • 1915
WILD JIM, REFORMER • 1916 • SHT

COOLEY VERDINAL – USA
EVAN'S LUCKY DAY • 1915

COOLIDGE MARTHA – USA – 1946–
NOT A PRETTY PICTURE • 1976
DAVID: OFF AND ON • DOC
VALLEY GIRL • 1983
CITY GIRL • 1984
JOY OF SEX, THE • 1984
REAL GENIUS • 1985
PLAIN CLOTHES • GLORY DAYS • 1988

COOLS ALAN W. – ITL
CORNETTI A COLAZIONE • EMMANUELLE IN THE COUNTRY ○ COUNTRY NURSE • 1978

COONEY RAY – Playwright – UKN
NOT NOW, DARLING • 1972

COOPER A. MELBOURNE see **COOPER ARTHUR**

COOPER ARTHUR – UKN
COOPER ARTHUR MELBOURNE • COOPER A. MELBOURNE
VILLAGE BLACKSMITH, THE • 1898
FIGHT BETWEEN A MILLER AND A SWEEP • 1899
FIREMAN'S SNAPSHOT, THE • 1899
SOLDIER, POLICEMAN AND COOK • AMOROUS COOK, THE • 1899
WHEN WOMEN RULED THE WORLD
MOTOR PIRATE, THE
NIGHT OF HORROR, A
FARMER GILES AND HIS PORTRAIT • 1900
IT'S NO USE CRYING OVER SPILT MILK • 1900
DOLLY'S TOYS • 1901
BILL SYKES UP TO DATE • 1903
BLIND MAN'S BLUFF • 1903
CAR RIDE • 1903
DUCKS ON SALE OR RETURN • 1904
ENCHANTED TOYMAKER, THE • OLD TOYMAKER'S DREAM, THE • 1904
DEATH OF THE IRON HORSE, THE • 1905
DUCKING STOOL, THE • 1905
GRANDFATHER'S TORMENTORS • 1905
HIS WASHING DAY • 1905
IN THE GOOD OLD TIMES • POOR OLD MR. AND MRS. BROWN IN THE STOCKS • 1905
MCNAB'S VISIT TO LONDON • 1905
MOTOR HIGHWAYMAN, THE • 1905
WHAT IS IT MASTER LIKES SO MUCH? • 1905
WHO'S TO BLAME? • WHY THE TYPIST GOT THE SACK • 1905
CATCHING STORY, A • 1906
FAIRY GODMOTHER, THE • 1906
GUINEA ENTERTAINER, THE • 1906
HAPPY MAN, THE • 1906
HELD TO RANSOM • 1906
JONES' PATENT MOTOR • 1906
MODERN PIRATES, THE • RAID OF THE ARMOURED MOTOR, THE • 1906
MOTOR VALET, THE • NEW MOTO VALET, THE • 1906
POLICEMAN'S LOVE AFFAIR, THE • 1906
ROBBING H.M. MAILS • 1906
SLIPPERY VISITOR, A • 1906
TARGET PRACTICE • 1906
VISIT TO A SPIRITUALIST, A • 1906
WHEN THE CAT'S AWAY • 1906
YOUTH REGAINED • 1906
ADVENTURES OF A PERFORMING FLEA, THE • 1907
BAD SIXPENCE, THE • 1907
BETWEEN ONE AND TWO A.M. • 1907
BOY'S HALF HOLIDAY, THE • 1907
HIS SWEETHEART WHEN A BOY • 1907
IN QUEST OF HEALTH • 1907
LODGER HAD THE HADDOCK, THE • 1907
LOTTIE'S PANCAKES • HER FIRST ATTEMPT ○ HER FIRST PANCAKE • 1907
LOVERS' CHARM, THE • 1907
LUCK OF LIFE, THE • 1907
OH THAT MOLAR! • 1907
OUR NEW PILLAR BOX • ANIMATED PILLAR BOX, THE • 1907
POET'S BID FOR FAME, THE • 1907
SACRIFICE FOR WORK, A • 1907
SEEN AT THE CHIROPODIST'S • 1907
SHOWMAN'S TREASURE, THE • 1907
SMOKER'S JOKE, THE • 1907
SOAPY SOUP • 1907
TRICKY TWINS, THE • 1907
WHEN THE MISTRESS TOOK HER HOLIDAY • 1907
WILY FIDDLER, THE • 1907
WOES OF A MARRIED MAN, THE • 1907
5:30 COLLECTION, THE • 1907
ANIMATED MATCHES • 1908
CURATE'S HONEYMOON, THE • 1908
DREAMS OF TOYLAND • 1908 • ANM
GRANDPA'S PENSION DAY • 1908
GREEN'S GOOSE • 1908
HARLEQUINADE • 1908
HYPNOTIST'S JOKE, THE • 1908
IN THE LAND OF NOD • GRANDPA'S FORTY WINKS • 1908 • SHT
IT'S JUST MY LUCK • 1908
LITTLE STRANGER, A • 1908
OH THOSE BOYS! • 1908
TOMMY ON A VISIT TO HIS AUNT • 1908
WHAT FARMER JONES SAW AT THE PICTURE SHOW • 1908
DASH FOR HELP, A • 1909
TALE OF THE ARK, THE • NOAH'S ARK • 1909 • ANS
TOYMAKER'S DREAM, THE • 1910
ROAD HOGS IN TOYLAND • 1911 • SHT
CATS' CUP FINAL, THE • 1912
CINDERELLA • 1912
OLD MOTHER HUBBARD • 1912
TEN LITTLE NIGGER BOYS • 1912
LARKS IN TOYLAND • 1913
OLD TOYMAKER'S DREAM, AN • 1913

COOPER ARTHUR MELBOURNE see **COOPER ARTHUR**

COOPER BOB – USA
I WAS A TEENAGE ALIEN • 1980

COOPER BUDDY – USA
MUTILATOR, THE • 1983

COOPER BUDGE – UKN – 1913–
BIRTHDAY • 1942 • DOC
C OF C • 1942 • DOC
CHINA • 1942 • DOC
RAT DESTRUCTION • 1942 • DOC
CHILDREN OF THE CITY • 1944 • DOC

COOPER DON – USA
ANIMALS OF THE ORCHESTRA, THE • 1971 • ANS

COOPER G. – USA
SHORTY'S LONG SUIT • 1920 • SHT

COOPER GEORGE A. – UKN
BIG STRONG MAN, THE • 1922
CUNNINGHAMES ECONOMISE, THE • 1922
FALLEN LEAVES • 1922
GERALDINE'S FIRST YEAR • 1922
HER DANCING PARTNER • 1922
HIS WIFE'S HUSBAND • 1922
KEEPING MAN INTERESTED • 1922
LETTERS, THE • 1922
PEARL FOR PEARL • 1922
POETIC LICENSE • 1922
QUESTION OF PRINCIPLE, A • 1922
THIEF, THE • 1922
WHITE RAT, THE • 1922
CONSTANT HOT WATER • 1923
DARKNESS • 1923
FINISHED • 1923
MAN WHO LIKED LEMONS, THE • 1923
REVERSE OF THE MEDAL, THE • 1923
THREE TO ONE AGAINST • 1923
CLAUDE DUVAL • 1924
ELEVENTH COMMANDMENT, THE • 1924
HAPPY ENDING, THE • 1924
SETTLED OUT OF COURT • 1925
SOMEBODY'S DARLING • 1925
IF YOUTH BUT KNEW • 1926
JULIUS CAESAR • 1926
SANTA CLAUS • 1926
ARTHUR ROBERTS SKETCH • 1927
HIS REST DAY • 1927
NAN WILD • 1927
OLLY OAKLEY • MUSICAL MEDLEY NO.5 • 1927
BLAKE THE LAWBREAKER • 1928
CLUE OF THE SECOND GOBLET, THE • 1928
MASTER AND MAN • 1929
WORLD, THE FLESH AND THE DEVIL, THE • 1932
HIS GRACE GIVES NOTICE • 1933
HOME SWEET HOME • 1933
MAN OUTSIDE, THE • 1933
MANNEQUIN • 1933
PUPPETS OF FATE • WOLVES OF THE UNDERWORLD (USA) • 1933
ROOF, THE • 1933
SHADOW, THE • 1933
ANYTHING MIGHT HAPPEN • 1934
BLACK ABBOT, THE • 1934
CASE FOR THE CROWN, THE • 1934
TANGLED EVIDENCE • 1934
SEXTON BLAKE AND THE BEARDED DOCTOR • 1935
ROYAL EAGLE • 1936

COOPER HAL – USA – 1923–
MILLION DOLLAR INFIELD • 1982 • TVM

COOPER HENRY – UKN
VISITATION, THE • 1947
TAY ROAD BRIDGE, THE • 1956

COOPER J. GORDON – USA
EVIL EYE, THE • 1920 • SRL
OUTLAWS OF THE DEEP • 1920
SILKLESS BANK NOTE, THE • 1920 • SHT
BROADWAY GOLD • VIRTUOUS FOOL, A • 1923
SIN TOWN • 1929

COOPER JACKIE – Actor – USA – 1921–
STAND UP AND BE COUNTED • 1972
HAVING BABIES III • 1978 • TVM
PERFECT GENTLEMEN • 1978 • TVM
RAINBOW • 1978 • TVM
SEX AND THE SINGLE PARENT • 1979 • TVM
MARATHON • 1980
RODEO GIRL • 1980 • TVM
WHITE MAMA • 1980 • TVM
LEAVE 'EM LAUGHING • 1981 • TVM
MOONLIGHT • MOONLIGHT: MURDER TO GO • 1982 • TVM
ROSIE: THE ROSEMARY CLOONEY STORY • 1982 • TVM
GO FOR THE GOLD • 1984
NIGHT THEY SAVED CHRISTMAS, THE • 1984 • TVM
IZZY AND MOE • IZZY AND MOE, THE BOOTLEG BUSTERS • 1985 • TVM

COOPER JOHN – UKN
POSSESSION • 1973 • TVM

COOPER JULIAN – UKN
TESTING OILS FOR TWO-STROKE ENGINES • 1963 • DCS

COOPER MARCUS – UKN
PLANNED ELECTRIFICATION • 1940 • DOC

COOPER MERIAN see **COOPER MERIAN C.**

COOPER MERIAN C. – Producer – USA – 1893–1973
COOPER MERIAN
GRASS: A NATION'S BATTLE FOR LIFE • GRASS: THE EPIC OF A LOST TRIBE • 1925
CHANG • 1927
FOUR FEATHERS, THE • 1929
KING KONG • EIGHTH WONDER OF THE WORLD, THE ○ KING APE ○ KONG • 1933

COOPER PETER H. – USA
ORDINARY HEROES • ORDINARY GUY, AN • 1985

COOPER STUART – USA – 1942–
KELLY COUNTRY • 1972 • DOC
LITTLE MALCOLM AND HIS STRUGGLE AGAINST THE EUNUCHS • LITTLE MALCOLM (USA) • 1974
OVERLORD • 1975
DISAPPEARANCE, THE • 1977
LONG HOT SUMMER, THE • 1985 • TVM
MARIO PUZO'S "THE FORTUNATE PILGRIM" • FORTUNATE PILGRIM, THE • 1988 • TVM

COOPER THOMAS G. – UKN
COOPER TOM
DAWN, THE • DAWN OVER IRELAND • 1936
UNCLE NICK • 1938

COOPER TOBY – UKN
BEAUTIFUL GARDEN OF ROSES, A • 1914
BEER AND PYJAMAS • 1914
BRINGING IT HOME TO HIM • 1914
CO'D IN HIS HEAD, A • 1914
DIVERGENT VIEWS: NOS. 41 AND 42 JOHN STREET • 1914
FOLLOWING THE TRAIL • 1914
HUSBAND'S LOVE, A • 1914
JACK SPRATT AS A BLACKLEG WAITER • 1914
JACK SPRATT AS A BRICKLAYER • 1914
JACK SPRATT AS A BUS CONDUCTOR • 1914
JACK SPRATT AS A DUDE • 1914
JACK SPRATT AS A GARDENER • 1914
JACK SPRATT AS A POLICEMAN • 1914
JACK SPRATT AS A SPECIAL CONSTABLE • 1914
JACK SPRATT AS A WAR LORD • 1914
JACK SPRATT AS A WOUNDED PRUSSIAN • 1914
KANGO FIRE BRIGADE, THE • 1914
KNIGHT IN ARMOUR, A • 1914
LITTLE DARLINGS, THE • 1914
LOVE THY NEIGHBOUR • 1914
MID-NIGHTLY WEDDING, THE • 1914
OPEN DOOR, THE • 1914
PROOF OF THE PUDDING, THE • 1914
TWENTY YEARS AFTER • 1914
WARM RECEPTION, A • 1914
DAY OF REST, A • 1915
DOUBLE AND QUITS • 1915
JACK SPRATT'S PARROT • 1915
KEEP IT DARK • 1915
SENTIMENTAL TOMMY • 1915
SH! NOT A WORD • 1915
SHE DIDN'T WANT TO DO IT • 1915
TIFF AND WHAT BECAME OF IT, THE • 1915
UNMENTIONABLES, THE • 1915
WILD NIGHT, A • 1915
JACK SPRATT'S PARROT AS THE ARTFUL DODGER • 1916
JACK SPRATT'S PARROT GETTING HIS OWN BACK • 1916
JACK SPRATT'S PARROT PUTTING THE LID ON IT • 1916
ONLY A ROOMER • 1916
WAND-ERFUL WILL • 1916

COOPER TOM see **COOPER THOMAS G.**

COOPERSTEIN – USA
PRIVATE DEBTS • 1988 • SHT

COOTE GILLY – ASL
BINNING STREET • 1984 • DOC

COPELAN JODY – USA
AMBUSH AT CIMARRON PASS • 1958

COPELAND JACK L. – Producer – USA – 1927–
HELL'S FIVE HOURS • 1958

COPIN CLAUDE – FRN
ASSA 1 • 1967

COPLEN YORKE – USA
URUBU • URUBU THE JUNGLE WARRIOR • 1948 • DOC

COPPENS FREDDY – BLG
DILEMMA • 1989

COPPING DAVID – Art director – ASL – 1936–
OUTBREAK OF HOSTILITIES • 1981

COPPING ROBIN – Dir. photo – ASL – 1934–
ALVIN RIDES AGAIN • FOREPLAY: THE PREQUEL • 1974
LUCK OF THE DRAW, THE • 1980

COPPOLA CHRISTOPHER – USA
DRACULA'S WIDOW • 1987

COPPOLA FRANCIS see **COPPOLA FRANCIS FORD**

COPPOLA FRANCIS FORD – USA – 1939–
COPPOLA FRANCIS
MIT EVA FING DIE SUNDE AN • PLAYGIRLS AND THE BELLBOY, THE ○ BELLBOY AND THE PLAYGIRLS, THE • 1958
AYAMONN THE TERRIBLE • 1960 • SHT
BELT GIRLS AND THE PLAYBOY, THE • 1960
PEEPER, THE • 1961 • SHT
COME ON OUT • 1962
TONIGHT FOR SURE! • WIDE OPEN SPACES, THE ○ TONITE FOR SURE • 1962
DEMENTIA 13 • HAUNTED AND THE HUNTED, THE (UKN) • 1963
YOU'RE A BIG BOY NOW • 1966
FINIAN'S RAINBOW • 1968
RAIN PEOPLE, THE • 1969
GODFATHER, THE • 1972
CONVERSATION, THE • 1974
GODFATHER, PART II, THE • 1974
APOCALYPSE NOW • 1979
ONE FROM THE HEART • 1982
OUTSIDERS, THE • 1983
RUMBLE FISH • 1983
COTTON CLUB, THE • 1984
RIP VAN WINKLE • 1985 • MTV
PEGGY SUE GOT MARRIED • 1986
GARDENS OF STONE • 1987
TUCKER • TUCKER: THE MAN AND HIS DREAM • 1988
NEW YORK STORIES • 1989
GODFATHER PART III, THE • 1990

CORAJOUD MARIE-JO – FRN
PREMIER COMBAT, LE • 1973 • SHT

CORARITO GREG – USA
FABULOUS BASTARD FROM CHICAGO, THE • FABULOUS KID FROM CHICAGO, THE ○ CHICAGO KID, THE ○ BASTARD WENCH FROM CHICAGO, THE • 1969
HARD TRAIL • HARD ON THE TRAIL • 1969
WANDA (THE SATANIC HYPNOTIST) • 1969
DIAMOND STUD • 1970
DELINQUENTS • 1984

CORBETT JAMES – Producer – UKN
TIGER HUNTING IN NORTH INDIA • 1930
MEET THE DUKE • 1949

CORBETT STANLEY see **CORBUCCI SERGIO**

CORBIAU GERARD – BLG
MAITRE DE MUSIQUE, LE • MUSIC TEACHER, THE (UKN) • 1988

CORBUCCI BRUNO – ITL – 1931–
CORLISH FRANK B.
QUESTO PAZZO, PAZZO MONDO DELLA CANZONE • 1964
JAMES TONT, OPERAZIONE U.N.O. • 1965
JAMES TONT OPERAZIONE D.U.E. • 1966
RINGO E GRINGO CONTRO TUTTI • REBELS ON THE LOOSE (USA) • 1966
SPIA SPIONE • 1966
MARINAI IN COPERTA • SAILORS ON DECK • 1967
PEGGIO PER ME.. MEGLIO PER TE • WORSE FOR ME.. BETTER FOR YOU • 1967
RIDERA • CUORE MATTO ○ YOU'LL LAUGH ○ MAD HEART • 1967
SPARA, GRINGO, SPARA • SHOOT, GRINGO, SHOOT ○ LONGEST HUNT, THE ○ RAINBOW ○ GRINGO • 1968
ZUM ZUM ZUM -LA CANZONA CHE MI PASSA PER LA TESTA • ZUM, ZUM, ZUM -THE SONG THAT GOES THROUGH MY HEART • 1968
ISABELLA DUCHESSA DEI DIAVOLI • 1969
LISA DAGLI OCCHI BLU • 1969
ZUM ZUM ZUM N.2 • ZUM ZUM ZUM N.2 (SARA CAPITATO ANCHE A VOI) • 1969
BOLIDI SULL'ASFALTO A TUTTA BIRRA • A TUTTA BIRRA • 1970
DUE BIANCHI NELL'AFRICA NERA • 1970
NEL GIORNO DEL SIGNORE • 1970
FURTO E L'ANIMA DEL COMMERCIO, IL • IO NON GRATTO.. RUBO! • 1971
IO NON SPEZZO.. ROMPO! • 1971
QUANDO GLI UOMINI ARMARONO LA CLAVA.. E CON LE DONNE FECERO DIN DON • WHEN MEN CARRIED CLUBS, WOMEN PLAYED DING DONG! ○ WHEN WOMEN PLAYED DING-DONG • 1971
BOCCACCIO • 1972
PRODE ANSELMO E IL SUO SCUDIERO, IL • 1972
TUTTI PER UNO BOTTE PER TUTTI • 1973
A FORZA DI SBERLE • 1974
TRAFFICONE, IL • 1974
SQUADRA ANTIFURTO • 1976
SQUADRA ANTISCIPPO • COP IN BLUE JEANS, THE (USA) • 1976
MESSALINA, MESSALINA • 1977
SQUADRA ANTIRUFFA • 1977
SQUADRA ANTIMAFIA • 1978
AGENZIA RICCARDO FINZI.. PRATICAMENTE DETECTIVE • FINZI DETECTIVE AGENCY, THE • 1979
ASSASSINIO SUL TEVERE • MURDER ON THE TIBER • 1979
SQUADRA ANTIGANGSTERS • 1979
DELITTO A PORTA ROMANA • CRIME AT PORTA ROMANA • 1980
CANE E GATTO • DOG AND CAT • 1983
THIEVES AND ROBBERS • 1983
DELITTO IN FORMULA UNO • FORMULA ONE MURDER • 1984
MIAMI SUPER COPS • MIAMI SUPERCOPS • 1985
ALADDIN • 1987

CORBUCCI SERGIO – ITL – 1927–
CORBETT STANLEY
SALVATE MIA FIGLIA • 1951
PECCATRICE DELL'ISOLA, LA • ISLAND SINNER, THE (USA) • 1953
TERRA STRANIERA • 1953
BARACCA E BURATTINI • 1954
ACQUE AMARE • 1955
CAROVANA DI CANZONI • 1955
SUONNO D'AMMORE • SOGNO D'AMORE • 1955
A VENT'ANNI E SEMPRE FESTA • 1957
RAGAZZO DAL CUORE DI FANGO • GIOVENTU DISPERATA • 1957
SUPREMA CONFESSIONE • GROSSE SUNDE, DIE (FRG) • 1958
RAGAZZI DEI PARIOLI, I • 1959
CHI SI FERMA E PERDUTO • 1961
DUE MARESCIALLI, I • 1961
MACISTE CONTRO IL VAMPIRO • GOLIATH AND THE VAMPIRES (USA) ○ VAMPIRES, THE ○ MACISTE VS. THE VAMPIRE • 1961
ROMOLO E REMO • DUEL OF THE TITANS (USA) ○ ROMULUS AND REMUS • 1961
TOTO, PEPPINO E.. LA DOLCE VITA • 1961
FIGLIO DI SPARTACUS, IL • SLAVE, THE (USA) ○ SON OF SPARTACUS, THE • 1962
SMEMORATO DI COLLEGNO LO • 1962
GIORNO PIU CORTO, IL • SHORTEST DAY, THE (USA) • 1963
MONACO DI MONZA, IL • MONK OF MONZA, THE • 1963
ONOREVOLI, GLI • 1963
DANZA MACABRA • EDGAR ALLAN POE'S CASTLE OF BLOOD ○ LUNGA NOTTE DEL TERRORE, LA ○ COFFIN OF TERROR ○ DANSE MACABRE, LA (FRN) ○ TOMBS OF TERROR ○ CASTLE OF BLOOD (USA) ○ TERRORE • 1964
MASSACRO AL GRANDE CANYON • MASSACRE AT THE GRAND CANYON • 1964
FIGLI DEL LEOPARDO, I • 1965
MINNESOTA CLAY • HOMME DU MINNESOTA, L' (FRN) • 1965
CRUDELI, I • DESPIADADOS, LOS (SPN) ○ HELLBENDERS, THE (USA) • 1966
DJANGO • MERCENARIO, IL (SPN) ○ PROFESSIONAL GUN, A ○ MERCENARY, THE • 1966
JOHNNY ORO • RINGO AND HIS GOLDEN PISTOL • 1966
NAVAJO JOE • JOE, EL IMPLACABLE (SPN) ○ DOLLAR A TESTA, UN • 1966
UOMO CHE RIDE, L' • MAN WHO LAUGHS, THE (USA) ○ MAN WITH THE GOLDEN MASK, THE • 1966
BERSAGLIO MOBILE • MOVING TARGET ○ DEATH ON THE RUN • 1967
DUE POMPIERI, I • TWO FIREMEN, THE • 1968
GRANDE SILENZIO, IL • GRAND SILENCE, LE (FRN) ○ GREAT SILENCE, THE • 1968
MERCENARIO, IL • SALARIO PARA MATAR (SPN) ○ PROFESSION GUN, A (UKN) ○ MERCENARY, THE (USA) • 1968
SPECIALISTI, GLI • SPECIALISTE, LE (FRN) ○ DROP THEM OR I'LL SHOOT (UKN) • 1969
VAMOS A MATAR COMPANEROS! • COMPANEROS! (USA) ○ COMPANEROS ○ LASST UNS TOTEN, COMPANEROS • 1970
ER PIU -STORIA D'AMORE E DI COLTELLO • 1971
BANDA J.S. CRONACA CRIMINALE DEL FAR WEST, LA • J. AND S. -HISTORIA CRIMINAL DEL FAR WEST (SPN) ○ SONNY AND JED (USA) ○ J. AND S. – STORIA CRIMINALE DEL FAR WEST ○ HIJOS DEL DIA Y DE LA NOCHE, LOS ○ BANDA, LA • 1972
CHE C'ENTRIAMO NOI CON LA RIVOLUZIONE? • WHAT ARE WE DOING IN THE MIDDLE OF THE REVOLUTION? • 1972
BESTIONE, IL • DEUX GRANDES GUEULES (FRN) ○ 8-WHEEL BEAST, THE • 1974
BIANCO, IL GIALLO, IL NERO, IL • BLANC, LE JAUNE ET LE NOIR, LE (FRN) • 1975
DI CHE SEGNO SEI? • 1975
BLUFF STORIA DI TRUFFE E DI IMBROGLIONI • CON ARTISTS, THE (USA) ○ CON MEN, THE ○ BLUFF • 1976
SIGNOR ROBINSON MOSTRUOSA STORIA D'AMORE E D'AVVENTURE • 1976
ECCO NOI PER ESEMPIO • 1977
TRE TIGRI CONTRO TRE TIGRI • 1977
FIGLIO DELLO SCEICCO, IL • 1978
MAZZETTA, LA • PAYOFF, THE • 1978
PARI E DISPARI • ODDS AND EVENS • 1978
ATTI ATROCISSIMA DE AMORE E DI VENDETTA • 1979
CHI TROVA UN AMICO TROVA UN TESORO • WHO FINDS A FRIEND FINDS A TREASURE • 1979
GIALLO MAPOLETANO • 1979
SAMURAI • 1979
I DON'T UNDERSTAND YOU ANYMORE • 1980
I'M GETTING MYSELF A YACHT • 1981
SUPER FUZZ • SUPERSNOOPER ○ POLIZIOTTO SUPERPIU ○ DANNY THE SUPER SNOOPER • 1981
BELLO MIO BELLEZZA MIA • MY HANDSOME MY BEAUTIFUL ○ MY DARLING, MY DEAREST • 1982
THREE WISE KINGS • 1982
CONTE TACCHIA, IL • COUNT TACCHIA • 1983
QUESTO E QUELLO • THIS AND THAT • 1984
SING SING • 1984
SONO UN FENOMENO PARANORMALE • I AM AN E.S.P. • 1985
RIMINI RIMINI • 1987
GIORNI DEL COMMISSARIO AMBROSIO, I • DAYS OF INSPECTOR AMBROSIO, THE • 1988
NIGHT CLUB • 1988

CORBY FRANCIS – USA
GUMPS, THE • 1928
THAT'S THAT • 1928 • SHT
AERONAUTICS • 1941 • SHT

CORBY TRAVERS – USA
HERE HE COMES • 1926

CORCORAN VINCENT – IRL
PLACES FOR PEOPLE • 1977 • SHT

CORDEIRO MARGARIDA MARTINS – PRT – 1939–
TRAS-OS-MONTES • 1976
ANA • 1983

CORDERO EMILIO – ITL – 1917–
INQUIETUDINE • 1946
PICCOLO RIBELLE • 1948
MATER DEI • 1951

CORDIDO ENVER – VNZ
COMPANERO AUGUSTO • COMRADE AUGUSTO • 1976
CASA DE MUJERES • HOUSE FOR WOMEN, A • 1977
DIAS DE CENIZA • TODOS LOS DIAS SON SABADOS ○ EVERY DAY IS SATURDAY ○ DAYS OF ASHES • 1978
MUJER VENEZOLANA DE 30 ANOS, UNA • 1979

CORDIDO IVORK – VNZ – 1942–
COMO SUCEDIO • HOW IT HAPPENED • 1974 • DOC
MICROSCOPIA ELECTRONICA • 1974 • DOC
MISERIA • MISERY • 1974 • DOC
TIEMPOS DE CASTRO Y GOMEZ APROXIMACION AL GENERAL GABALDON • GENERAL GABALDON IN THE TIME OF DICTATORS CASTRO AND GOMEZ • 1974 • DOC
SERPIENTE EN LA NIEBLA, LA • SERPENT IN THE FOG, THE • 1978
RELATOS DE TIERRA SECA • STORIES FROM TIERRA SECA ○ TALES OF DROUGHTY SOIL • 1979
SCUAIPA • 1979

CORDIER STANY – FRN – 1913–
MAIGRET DIRIGE L'ENQUETE • 1955
PARIS MUSIC-HALL • 1957

COREA NICHOLAS see **COREA NICK**

COREA NICK – USA
COREA NICHOLAS
ARCHER AND THE SORCERESS, THE • ARCHER: FUGITIVE FROM THE EMPIRE ○ FUGITIVE OF THE EMPIRE • 1980 • MTV
AIRWOLF 2 • AIRWOLF 2: THE SEARCH ○ AIRWOLF 2: DEADLY MISSION • 1984 • MTV
INCREDIBLE HULK RETURNS, THE • RETURN OF THE INCREDIBLE HULK • 1988 • TVM

CORELL CHARLES – USA
FORTUNE DANE • 1986

CORES CARLOS – ARG
ASALTO A LA CIUDAD • ASSAULT ON THE CITY • 1968

COREY SAM – FRN
BELLES SOEURS, LES • 1977

CORFIXEN LIZZIE – DNM
BEFORE WE WAKE UP
BARLUDER • BAR GIRLS • 1983 • DOC

CORGNATI MAURIZIO – ITL
OPINIONE PUBBLICA • 1954

CORJOS NICOLAE – RMN
CONFESSIONS OF LOVE • 1985
LICEENII • GRADUATES, THE • 1987

CORKIDI RAFAEL – MXC
ANGELES Y QUERUBINES • ANGELS AND CHERUBIM • 1971
AUANDAR ANAPU • 1974
PAFNUCIO SANTO • ST. PAFNUCIO • 1976
DESEOS • 1977

CORLISH FRANK B. see **CORBUCCI BRUNO**

CORMACK ROBERT – Animator – USA
MAKE MINE MUSIC • SWING STREET • 1945 • ANM

CORMAN ROGER – USA – 1926–
NEILL HENRY
APACHE WOMAN • 1954
FIVE GUNS WEST • 1955
SWAMP WOMEN • SWAMP DIAMONDS ○ CRUEL SWAMP • 1955
DAY THE WORLD ENDED, THE • 1956
GUNSLINGER, THE • 1956
IT CONQUERED THE WORLD • IT CONQUERED THE EARTH • 1956
NAKED PARADISE • THUNDER OVER HAWAII • 1956
OKLAHOMA WOMAN, THE • 1956
SHE-GODS OF SHARK REEF • SHARK REEF (UKN) • 1956
UNDEAD, THE • 1956
ATTACK OF THE CRAB MONSTERS • 1957
LITTLE GUY, THE • 1957
NOT OF THIS EARTH • 1957
RECEPTION • 1957
SORORITY GIRL • BAD ONE, THE (UKN) • 1957
TEENAGE DOLL • YOUNG REBELS, THE • 1957
VIKING WOMEN AND THE SEA SERPENT, THE • VIKING WOMEN VS. THE SEA SERPENT, THE ○ VIKING WOMEN (UKN) ○ SAGA OF THE VIKING WOMEN AND THEIR VOYAGE TO THE WATERS OF THE GREAT SEA SERPENT, THE • 1957
CARNIVAL ROCK • 1958
I, MOBSTER • MOBSTER, THE (UKN) • 1958
MACHINE GUN KELLY • 1958
ROCK ALL NIGHT • 1958
TEENAGE CAVEMAN • OUT OF THE DARKNESS (UKN) ○ I WAS A TEENAGE CAVEMAN ○ PREHISTORIC WORLD • 1958
WAR OF THE SATELLITES • 1958
WASP WOMAN • 1959
ATLAS • 1960
BUCKET OF BLOOD, A • 1960
FALL OF THE HOUSE OF USHER, THE • HOUSE OF USHER, THE • 1960
SKI TROOP ATTACK • 1960
CREATURE FROM THE HAUNTED SEA • 1961
INTRUDER, THE • STRANGER, THE (UKN) ○ I HATE YOUR GUTS ○ SHAME • 1961
LAST WOMAN ON EARTH, THE • WORLD WITHOUT WOMEN • 1961
LITTLE SHOP OF HORRORS, THE • PASSIONATE PEOPLE EATER, THE • 1961
PIT AND THE PENDULUM, THE • 1961
PREMATURE BURIAL, THE • 1962
TALES OF TERROR • POE'S TALES OF TERROR • 1962
TOWER OF LONDON • 1962
HAUNTED PALACE, THE • 1963
RAVEN, THE • 1963
TERROR, THE • LADY IN THE SHADOWS ○ NIGHT OF THE TERROR • 1963
X -THE MAN WITH THE X-RAY EYES • MAN WITH THE X-RAY EYES, THE (UKN) ○ X • 1963
YOUNG RACERS, THE • 1963
MASQUE OF THE RED DEATH, THE • 1964
SECRET INVASION, THE • DUBIOUS PATRIOTS • 1964
TOMB OF LIGEIA, THE • LAST TOMB OF LIGEIA ○ TOMB OF THE CAT ○ LIGEIA • 1964
WILD ANGELS, THE • 1966
ST. VALENTINE'S DAY MASSACRE, THE • 1967
TIME FOR KILLING, A • LONG RIDE HOME, THE (UKN) ○ SOUTHERN BLADE • 1967
TRIP, THE • 1967

HOW TO MAKE IT • WHAT'S IN IT FOR HARRY? ○ TARGET: HARRY • 1968
DE SADE • AUSSCHWEIFENDE LEBEN DES MARQUIS DE SADE, DAS ○ MARQUIS DE SADE, DER (FRG) • 1969
BLOODY MAMA • 1970
GAS-S-S-S! • ARROWFEATHER ○ GAS, OR HOW IT BECAME NECESSARY TO DESTROY THE WORLD IN ORDER TO SAVE IT • 1970
VON RICHTOFEN AND BROWN • RED BARON, THE (UKN) ○ BATTLE OF THE ACES • 1971
FRANKENSTEIN UNBOUND • 1990

CORMIER GERALD – USA
TERROR CIRCUS • BARN OF THE NAKED DEAD • 1973

CORNEAU ALAIN – FRN – 1943–
FRANCE, SOCIETE ANONYME • 1974
POLICE PYTHON 357 • CASE AGAINST FERRO, THE (USA) • 1976
FLASHBACK • 1977
MENACE, LA • 1977
SERIE NOIRE • 1979
CHOIX DES ARMES, LE • CHOICE OF ARMS, THE (USA) • 1981
FORT SAGANNE • 1984
MOME, LE • 1986
NOCTURNE INDIEN • 1988

CORNEJO LUIS – CHL
FIN DEL JUEGO, EL • END OF THE GAME, THE

CORNELIUS HENRY – SAF – 1913–1958
NORTHWARDS • 1940 • SHT
LIBYA • 1942 • SHT
WHO ME? • 1942 • SHT
PASSPORT TO PIMLICO • 1949
GALLOPING MAJOR, THE • 1951
GENEVIEVE • 1953
I AM A CAMERA • 1955
LAW AND DISORDER • 1958
NEXT TO NO TIME • 1958

CORNELL JOHN – USA
CROCODILE DUNDEE II • 1988
ALMOST AN ANGEL • 1990

CORNELL JONAS – SWD
PUSS & KRAM • HUGS AND KISSES ○ PUSS OCH KRAM • 1967
SOM NATT OCH DAG • LIKE NIGHT AND DAY • 1969
GRISJAKTEN • PIG HUNT, THE • 1970
BLUFF STOP! • 1977

CORNELL JOSEPH – USA – 1938–
JUNE • TOWERHOUSE • SHT
TOWER HOUSE • 1954
WHAT MOZART SAW ON MULBERRY STREET • 1954 • SHT
WONDER RING, THE • 1955 • SHT

CORNELLIER ROBERT – CND – 1955–
AUTRE HISTOIRE DES PAYS D'EN HAUT, UNE • 1977 • SHT
CABALE, LA • 1980 • SHT
UNIVERSITE INACHEVEE, UNE • 1982 • MTV
CIBO CIRE, UN • 1983 • MTV
A PROPOS DE LA SUITE.. • 1984 • MTV
FUITE, LA • 1985 • SHT

CORNFIELD HUBERT – TRK – 1929–
SUDDEN DANGER • 1955
LURE OF THE SWAMP, THE • 1957
PLUNDER ROAD • 1957
THIRD VOICE, THE • 1960
ANGEL BABY • 1961
PRESSURE POINT • POINT BLANK • 1962
NIGHT OF THE FOLLOWING DAY, THE • 1969
GRANDS MOYENS, LES • MENTEUSES, LES • 1976

CORNSWEET HAROLD – USA
RETURN TO CAMPUS • 1975

CORNU – UKN
BILOCATION • WITHIN HAIL • 1973 • SHT

CORNU JACQUES-GERARD – FRN – 1925–
HOMME A FEMMES, L' • 1960

CORNWALLIS DONALD – UKN
CONVICT'S DREAM, THE • 1914
KINEMAPOEMS • 1914 • SER
NEWSBOY'S DEBT, THE • 1914
PAPA'S LETTER • 1914

CORONA ALFONSO – USA
DEATHSTALKER III • DEATHSTALKER III: THE WARRIORS FROM HELL • 1988

CORONA FRANCO – ITL
GIORNI DELLA CHIMERA, I • 1975

CORONA JUAN – VNZ
ZAGALATONES • AGGRESSIVE TEENAGERS, THE • 1971

CORONADO CELESTINO – UKN
HAMLET
LINDSAY KEMP CIRCUS, THE • 1973 • DOC
MIDSUMMER NIGHT'S DREAM, A • 1984
SMOKING MIRROR • 1989

CORONADO J. MANUEL – SPN
ANIMACION EN LA SALA DE ESPERA • 1981

CORONEL SIDNEY A. – UKN
THIS IS THE LIFE • 1950

CORR EUGENE – USA
OVER-UNDER, SIDEWAYS-DOWN • 1977
DESERT BLOOM • 1986

CORREA C. A. P. see **CORREA CARLOS ALBERTO PRATES**

CORREA CAMILO – CLM
LOVELY COLOMBIA

CORREA CARLOS ALBERTO PRATES – BRZ
CORREA C. A. P.
MARGINAIS, OS • DELINQUENTS, THE ○ MARGIN, THE • 1968
PERDIDA • LOST ONE, THE • 1980
NOITES DO SERTAO • NIGHTS OF THE HINTERLAND • 1984

CORREA JOAO
CORREA JOAO MANSO
FEMININ-FEMININ • 1973
PREMIER ETE, LE • SON PREMIER ETE ○ LOVE CRAZY WOMEN • 1975
ENFANTS DE L'OUBLI, LES • 1979
NUIT OCCIDENTALE, LA • 1981

CORREA JOAO MANSO see **CORREA JOAO**

CORREA JOSE CELSO see **CORREA JOSE CELSO MARTINEZ**

CORREA JOSE CELSO MARTINEZ – BRZ
CORREA JOSE CELSO
25 • 1976
REI DA VELA, O • KING OF THE CANDLE • 1984

CORREA LUIS see **CORREA LUIS DE MIRANDA**

CORREA LUIS DE MIRANDA – VNZ
CORREA LUIS
SANTA BARBARA • 1978
SE LLAMABA S.N. • IT WAS CALLED S.N. ○ NAME WAS S.N., THE • 1978
COMO MATAR UMA SOGRA • HOW TO KILL A MOTHER-IN-LAW • 1980

CORREIA ARTUR – PRT
MELHOR DA RUA • 1966 • ANS

CORRIGAN LLOYD – Actor – USA – 1900–1969
ALONG CAME YOUTH • 1930
FOLLOW THRU • 1930
BELOVED BACHELOR, THE • 1931
DAUGHTER OF THE DRAGON • 1931
BROKEN WING, THE • 1932
NO ONE MAN • 1932
HE LEARNED ABOUT WOMEN • 1933
CUCARACHA, LA • 1934 • SHT
BY YOUR LEAVE • 1935
MURDER ON A HONEYMOON • PUZZLE OF THE PEPPER TREE, THE • 1935
DANCING PIRATE • 1936
NIGHT KEY • 1937
LADY BEHAVE! • LADY MISBEHAVES, THE • 1938

CORSAN WELL – USA
JAZZ FESTIVAL • 1949-56 • CMP

CORSI GIANFRANCO see **ZEFFIRELLI FRANCO**

CORT HARVEY – USA
VIXENS, THE • FRIENDS AND LOVERS ○ WOMEN, THE • 1969

CORT MICHAEL – UKN
ZETA ONE • 1969
PLOD • 1972 • SHT

CORTAZAR ERNESTO – MXC
NOCHE DE RONDA • 1942
JUAN CHARRASQUEADO • 1947
EN CADA PUERTO UN AMOR • 1948
EN LA HACIENDA DE LA FLOR • 1948
MANCORNADORA, LA • 1948
AMOR CON AMOR SE PAGA • 1949
AMOR DE LA CALLE • 1949
CALLEJERA • 1949
MILAGRO DE AMOR, UN • 1949
SI YO FUERA UNA CUALQUIERA • 1949
CORAZON DE FIERA • 1950
CRISTO DE MI CABECERA, EL • 1950
CUANDO TU ME QUIERAS • 1950
MUERTE ENAMORADA, LA • DEATH IN LOVE • 1950
SENOR GOBERNADOR, EL • 1950
TRAICIONERA • 1950
POR QUERER A UNA MUJER • 1951
RADIO PATRULLA • 1951
AMBICIOSA • 1952
ESTRELLA SIN LUZ • 1952

CORTAZAR OCTAVIO – CUB – 1935–
POR PRIMERA VEZ • FOR THE FIRST TIME • 1967 • DOC
AL SUR DE MANIADERO • SOUTH OF MANIADERO • 1970 • DOC
EN UN FIN DE CURSO • 1970 • DOC
SOBRE UN PRIMER COMBATE • CONCERNING A FIRST COMBAT • 1971 • DOC
CON LAS MUJERES CUBANAS • WITH THE CUBAN WOMEN • 1974
BRIGADISTA, EL • TEACHER, THE • 1978

CORTE FREDERIC see **CORTES FERNANDO**

CORTES ALBERTO – MXC
SERVICIO, EL • SERVICE, THE • 1978
AMOR A LA VUELTA DE LA ESQUINA • LOVE AROUND THE CORNER • 1985

CORTES BUSI – MXC
HOTEL VILLA GOERNE • 1981
SECRETO DE ROMELIO, EL • ROMELIO'S SECRET • 1989

CORTES FERNANDO – MXC
CORTE FREDERIC
PICAR SUSANA, LA • 1944
AMOR LAS VUELVE LOCAS, EL • 1945
CASADAS ENGANAN DE 4 A 6, LAS • 1945
VIUDA CELOSA, LA • 1945
MARIDOS ENGANAN DE 7 A 9, LOS • 1946
NO TE CASES CON MI MUJER • 1946
CHARRO Y LA DAMA, EL • 1949
LIGA DE LAS MUCHACHAS, LA • 1949
PECADO DE QUERERTE, EL • 1949
TE BESARE EN LA BOCA • 1949
RECIEN CASADOS.. NO MOLESTAR • 1950
SI ME VIERA DON PORFIRIO • 1950
HAY UN NINO EN SU FUTURO • 1951
TERCIO DE QUITES • 1951
LUCHADOR FENOMENA, EL • PHENOMENAL WRESTLER, THE • 1952
NI POBRES NI RICOS • 1952
CARINOSAS, LAS • 1953
MIRADAD QUE MATAN • 1953
MIS TRES VIUDAS ALEGRES • 1953
VIVA LA JUVENTUD • 1955
CAMPEON CICLISTA, EL • 1956
COMICOS DE LA LEGUA • 1956
GATO SIN BOTAS, EL • CAT WITHOUT BOOTS, THE • 1956
REFIFI ENTRE LAS MUJERES • 1956
TEATRO DEL CRIMEN, EL • 1956
LOCOS PELIGROSOS • 1957
MIL Y UNA NOCHES, LAS • 1957
ODALISCA NUMERO 13, LA • 1957
POBRES MILLONARIOS • 1957
VIAJE A LA LUNA • 1957
A SABLAZO LIMPIO • 1958
ECHAME A MI LA CULPA! • 1958
TRES ANGELITOS NEGROS • 1958
TRES LECCIONES DE AMOR • 1958
DORMITORIO PARA SENORITAS • 1959
FANTASMA DE LA OPERETA, EL • PHANTOM OF THE OPERETTA, THE • 1959
VARIEDADES DE MEDIANOCHE • ESPECTRO DE TELEVICENTRO, EL • 1959
VIVA LA PARRANDA • 1959
AVIADOR FENOMENO, EL • 1960
COMICOS Y CANCIONES • 1960
DIOS SABRA JUZGARNOS • 1960
MARCA DEL MUERTO, LA • MARK OF DEATH, THE • 1960
VACACIONES EN ACAPULCO • 1960
DIA DE DICIEMBRE, UN • 1961
JOVENES Y BELLAS • 1961
MUCHACHAS QUE TRABAJAN • CUATRO CURVAS PELIGROSAS • 1961
QUIERO MORIR EN CARNAVAL • QUERO MORRER NO CARNAVAL ○ A RITMO DE BOSSA NOVA • 1961
FORAJIDOS, LOS • 1962
TIPO A TODO DAR, UN • 1962
EXPATRIADOS, LOS • EXPATRIATES, THE • 1963
RATEROS ULTIMO MODELO • 1964
TRES CALAVERAS, LOS • 1964
CREATURE OF THE WALKING DEAD • 1965
MILLARIO A GO GO • 1965
TRES PECADOS, LOS • 1965
LUNA DE MIEL EN CONDOMINIO • 1966
MACHUCHAL AGENTE "O" EN NEW YORK • 1966
ROSA, LA TEQUILERA • 1966
AGENTE 00 SEXY • AGENT 00 SEXY • 1968
LATIN LOVER EN ACAPULCO, UN • LATIN LOVER IN ACAPULCO, A • 1968
ME CASE CON UN CURA • I MARRIED A PRIEST • 1968
REDEZCUBRIMIENTO DE MEXICO, EL • 1977
FUTBOLISTA FENOMENA, EL • 1978

CORTES JOAQUIN – VNZ
GRAN CIUDAD, UNA • BIG CITY, A • 1973
DOMADOR, THE • HORSEBREAKER, THE • 1978
CABALLA SALVAJE • 1982

CORTES LADISLAO – MXC
DON JUAN MANUEL • 1920

CORTES LUIS – SPN – 1951–
CLOWN
TAL LUIS COSTA, UN
MARIAN • 1977

CORTES OCTAVIO – NTH
NICARAGUA, SEPTEMBER 1978 • 1979 • DOC

CORTESE LEONARDO – ITL – 1916–
RUSSIA ON PARADE • 1946
ART. 519 CODICE PENALE • 1952
VIOLENZA SUL LAGO • 1954

CORTEZ ABELARDO – PHL
EXPERTS, THE • 1967

CORTEZ CESAR – VNZ
GRUPO • GROUP, THE • 1970
AQUI NO HA PASADO NADA • NOTHING HAS HAPPENED HERE • 1974
PUROS HOMBRES • PURE MEN • 1977

CORTEZ RICARDO – Actor – AUS – 1899–1977
INSIDE STORY • 1938
CHASING DANGER • 1939
ESCAPE, THE • 1939
HEAVEN WITH A BARBED WIRE FENCE • 1939
CITY OF CHANCE • 1940
FREE, BLONDE AND TWENTYONE • 1940
GIRL IN 313 • 1940

CORTEZ STANLEY – Dir. photo – USA – 1908–
SCHERZO • 1932 • SHT

CORTI ALEX see **CORTI AXEL**

CORTI AXEL – AUS
CORTI ALEX
FALL JAGERSTATTER, DER • JAGERSTATTER CASE, THE ○ VERWEIGERUNG, DIE ○ REFUSAL, THE • 1972
TOTSTELLEN • 1975
WELCOME IN VIENNA • 1986
KING'S WHORE, THE • 1990

CORTINI BRUNO – ITL
SAPORE DI MARE 2 UN ANNO DOPO • TASTE OF SEA 2, ONE YEAR LATER, A • 1984
ESTATE STA FINENDO, L' • SUMMER IS NEARLY OVER • 1987

COS JOACHIM see **COSS JOAQUIN**

COSBY BILL – Actor/comedian – CND – 1937–
BILL COSBY HIMSELF • 1983

COSBY CAMILLE – USA
BILL COSBY: 49 • 1987

COSCARELLI DON – USA – 1954–
KENNY & CO. • 1976
STORY OF A TEENAGER • JIM THE WORLD'S GREATEST • 1976

PHANTASM • 1979
BEASTMASTER, THE • 1980
SURVIVAL QUEST • SURVIVAL GAME, THE • 1987
PHANTASM 2 • 1988

COSCIA JORGE – ARG

SENTIMIENTOS –MIRTA DE LINIERS A ESTAMBUL • FEELINGS –MIRTA FROM LINIERS TO ISTANBUL • 1987

COSENTINO NICK – USA

COME PLAY WITH ME • 1968

COSGRAVE BRIAN see **COSGROVE BRIAN**

COSGROVE BRIAN – Animator – UKN

COSGRAVE BRIAN

TALKING PARCEL, THE • 1978 • ANM
WIND IN THE WILLOWS, THE • 1983 • ANM

COSGROVE JOHN – Actor – ASL – 1867–1925

GUYRA GHOST MYSTERY, THE • 1921

COSIMA RENEE – FRN

SUR LA ROUTE DE KEY WEST • DOC

COSMATOS GEORGE PAN – GRC – 1941–

BELOVED, THE • RESTLESS ○ SIN • 1971
RAPPRESAGLIA • MASSACRE IN ROME (UKN) ○ DEATH IN ROME • 1973
CASSANDRA CROSSING, THE • 1977
ESCAPE TO ATHENA • GOLDEN RAIDERS • 1979
OF UNKNOWN ORIGIN • 1983
RAMBO, FIRST BLOOD, PART II • 1985
COBRA • 1986
LEVIATHAN • 1989

COSMI CARLO – ITL – 1929–

COSMI CARLOS

REGALO DE NAVIDAD • CHRISTMAS PRESENT • 1967
BARABAS • LIFE OF A MINER, THE • 1971
PIANISTA VENEZOLANA • VENEZUELAN PIANIST • 1972 • DOC
PLANETA ACERO • STEEL PLANET • 1972 • DOC
INTEGRAL VIBRANTE DE ALEJANDRO OTERO • ARTIST ALEXANDER OTERO, THE • 1973 • SHT
CASA MUERTE • DEAD HOUSE • 1974
MARITZA CAPRILES • 1974
MINA DE ORO • GOLDMINE • 1974 • DOC
ROSA • 1974
EXPEDIENTE LEONARDO • LEONARDO PROCEEDINGS, THE • 1977
CONDOR DE LA LIBERTAD • CONDOR OF LIBERTY • 1978 • DOC
GARRA NEGRA DE HIERRO, LA • BLACK CLAW OF IRON, THE • 1978 • DOC

COSMI CARLOS see **COSMI CARLO**

COSPER WILBERT LEROY – USA

KINGDOM OF HUMAN HEARTS, THE • 1921

COSS JOAQUIN – MXC

COS JOACHIM

ALMA DE SACRIFICIO • 1917
EN DEFENSA PROPIA • IN SELF DEFENSE • 1917
EN LA SOMBRA • 1917
TIGRESA, LA • 1917
BANDA DEL AUTOMOVIL GRIS, LA • AUTOMOVIL GRIS, LA ○ GREY MOTOR CAR, THE ○ GREY CAR GANG, THE • 1919

da COSTA CICERO ADOLPHO see **CHADLER C. ADOLPHO**

da COSTA FLAVIO MOREIRA – BRZ

AMERICA DO SEXO • 1970

COSTA FONSECA E. see **COSTA JOSE FONSECA**

COSTA-GAVRAS – GRC – 1933–

COSTA-GAVRAS CONSTANTINE • GAVRAS COSTA • COSTA-GAVRAS COSTI

COMPARTIMENTS TUEURS • SLEEPING CAR MURDERS, THE • 1965
HOMME DE TROP, UN • 13' UOMO, IL (ITL) ○ ONE MAN TOO MANY ○ SHOCK TROOPS • 1967
Z • 1968
AVEU, L' • CONFESSIONE, LA (ITL) ○ CONFESSION, THE • 1970
ETAT DE SIEGE • STATE OF SIEGE (UKN) ○ AMERIKANO, L' (ITL) • 1972
SECTION SPECIALE • SPECIAL SECTION (USA) • 1975
CLAIR DE FEMME • 1979
MISSING • 1982
HANNA K • HANNA • 1983
FAMILY BUSINESS • 1986
BETRAYED • 1988
SUMMER LIGHTNING • SUNDOWN • 1988
MUSIC BOX, THE • 1989

COSTA-GAVRAS CONSTANTINE see **COSTA-GAVRAS**

COSTA-GAVRAS COSTI see **COSTA-GAVRAS**

COSTA HENRIQUE – PRT – –1945

PORTUGUESA DE NAPOLES, A • 1931

COSTA JOSE FONSECA – ANG – 1933–

FONSECA E COSTA JOSE • COSTA FONSECA E.

ERA O VENTO E ERA O MAR • 1966 • SHT
METAFISICA DO CHOCOLATE, A • 1966 • SHT
REGRESSO A TERRA DO SOL • 1966 • SHT
CIDADE, A • 1968 • SHT
PEROLA DO ATLANTICO, A • 1968 • SHT
ROTA DE COLOMBO, A • 1969 • SHT
RECARDO • ERRAND
GOLFE NO ALGARVE • 1972 • SHT
RECADO, O • 1972
DEMONIOS DE ALCACER-QUIBIR, OS • DEMONS OF ALCACER-QUIBIR, THE • 1976
CORACAO PARTIDO
QUILAS, O MAU DA FITA • QUILAS, THE BAD OF THE PICTURE ○ KILAS, O MAU DA FITA • 1980
SEM SOBRA DE PECADO • 1983
BALADA DA PRAIA DOS CAES • 1986

COSTA MARIO – ITL – 1908–

FORDSON JOHN W.

FONTANE DI ROMA • FOUNTAINS OF ROME, THE • 1938 • DCS
PINES OF ROME, THE • 1941 • DOC
SUA STRADA, LA • 1943
BARBIERE DI SIVIGLIA, IL • BARBER OF SEVILLE, THE (USA) • 1946
ELISIR D'AMORE • THIS WINE OF LOVE (USA) • 1947
SEGRETO DI DON GIOVANNI, IL • 1947
FOLLIE PER L'OPERA • MAD ABOUT OPERA (USA) • 1948
PAGLIACCI • LOVE OF A CLOWN (PAGLIACCI) (USA) ○ AMORE TRAGICO • 1949
CANZONE DI PRIMAVERA • 1950
CAVALCATA D'EROI • 1951
TRIESTE MIA • 1951
CITTA CANORA, LA • SINGING CITY • 1952
PERDONAMI • 1953
PER SALVARTI HO PECCATO • 1954
PIETA PER CHI CADE • 1954
TI HO SEMPRE AMATO • 1954
AMORI DI MANON LESCAUT, GLI • AMOURS DE MANON LESCAUT, LES (FRN) • 1955
PRIGIONIERI DEL MALE • 1956
ARRIVANI I DOLLARI • 1957
ADDIO PER SEMPRE • 1958
AEROGUAPAS, LAS • 1958
BELLE DELL'ARIA, LE • 1958
RAGAZZA DI PIAZZA S. PIETRO, LA • 1958
VIA COL PARA.. VENTO • 1958
CAVALIERE DEL CASTELLO MALEDETTO, IL • CAVALIER IN DEVIL'S CASTLE (USA) ○ KNIGHT OF THE CURSED CASTLE • 1959
LUCE SUL MONTE • 1959 • DOC
REALI DI FRANCIA, I • ATTACK OF THE MOORS (USA) • 1960
VENERE DEI PIRATI, LA • VENUS DER PIRATEN (FRG) ○ QUEEN OF THE PIRATES (USA) • 1960
GORDON, IL PIRATO NERO • RAGE OF THE BUCCANEERS ○ GORDON THE BLACK PIRATE ○ BLACK PIRATE, THE ○ BLACK BUCCANEER, THE • 1961
CONQUISTATORE DI CORINTO, IL • BATAILLE DE CORINTHE, LA (FRN) ○ CENTURION, THE (USA) • 1962
FIGLIO DELLO SCEICCO, IL • FILS DU CHEIKH, LE (FRN) • 1962
GLADIATORE DI ROMA, IL • GLADIATOR OF ROME (USA) ○ BATTLES OF THE GLADIATORS • 1962
TERRORE DEI MANTELLI ROSSI, IL • CAVALIERS DE LA TERREUR, LES (FRN) ○ JINETES DEL TERROR, LOS (SPN) ○ KNIGHTS OF TERROR (USA) • 1963
AMANTI LATINI, GLI • LATIN LOVERS (USA) • 1965
BUFFALO BILL, L'EROE DEL FAR WEST • DAS WAR BUFFALO BILL (FRG) ○ BUFFALO BILL ○ BUFFALO BILL, HERO OF THE FAR WEST • 1965
BELVA, LA • 1970

COSTA PEDRO – PRT

SANGUE, O

COSTA PIERO – ITL

BARRIERA DELLE LEGGE, LA • BARRIER OF THE LAW • 1953
ULTIMA GARA, L' • 1954
CATENA DELL'ODIO, LA • 1955
STORIA DI UNA MINORENNE • 1956
RIVOLTA DEI MERCENARI, LA • REVOLT OF THE MERCENARIES (USA) ○ MERCENARIOS, LOS (SPN) • 1962

COSTA RICARDO – PRT

VERDE POR FORA, VERMELHO POR DENTRO • GREEN EXTERIOR AND RED INTERIOR • 1980

COSTANZO MAURIZIO – ITL

MELODRAMMORE • 1978

COSTARD HELLMUTH – GRM

KLAMMER AUF, KLAMMER ZU • QUOTE, UNQUOTE • 1966
ECHTZEIT • REAL TIME • 1983

COSTATINI DANIELE – ITL

SETTIMANA COME UN'ALTRA, UNA • 1979

COSTELLO MAURICE – Actor – USA – 1877–1950

ALTAR OF LOVE, THE • 1910
IT ALL CAME OUT IN THE WASH • 1912
AMBASSADOR'S DISAPPEARANCE, THE • 1913
CAUGHT COURTING • 1913
CLOWN AND THE PRIMA DONNA, THE • 1913
CUPID VERSUS WOMEN'S RIGHTS • 1913
EDUCATION OF AUNT GEORGIANNA, THE • 1913
EXTREMITIES • 1913
FAITHFUL SERVANT, A • 1913
FELLOW VOYAGERS • 1913
GETTING UP A PRACTISE • 1913
GOLDEN PATHWAY, THE • 1913
HINDOO CHARM, THE • 1913
INTRUDER, THE • 1913
JOYS OF A JEALOUS WIFE, THE • 1913
LONELY PRINCESS, THE • 1913
MAID OF MANDALAY, A • 1913
MATRIMONIAL MANOEUVRES • 1913
MYSTERY OF THE SILVER SKULL, THE • 1913
MYSTERY OF THE STOLEN CHILD • 1913
ON THEIR WEDDING EVE • 1913
SALE OF A HEART, THE • 1913
TAMING OF BETTY, THE • 1913
TWO SETS OF FURS • TWO PURSES, THE • 1913
WARMAKERS, THE • 1913
WEAPON, THE • 1913
WHAT A CHANGE OF CLOTHES DID • 1913
BELLA'S ELOPEMENT • 1914
BLOOD RUBY, THE • 1914
BY THE GOVERNOR'S ORDER • 1914
DOCTOR SMITH'S BABY • 1914
ETTA OF THE FOOTLIGHTS • 1914
GIRL IN THE CASE • 1914
HER GREAT SCOOP • 1914
IRON AND STEEL • 1914
LOLA THE RAT • 1914
LOVE, THE CLAIRVOYANT • 1914
MOONSTONE OF FEZ, THE • 1914
MR. BARNES OF NEW YORK • 1914
MYSTERIOUS LODGER, THE • 1914
MYSTERY OF BRAYTON COURT, THE • 1914
PERPLEXED BRIDEGROOM, THE • 1914
PLOT, THE • 1914
PRODUCT, THE • 1914
SENTIMENTAL BURGLAR, A • 1914
SOME STEAMER SCOOPING • 1914
TOO MUCH BURGLAR • 1914
WOES OF A WAITRESS, THE • 1914
WOMAN IN BLACK, THE • 1914
EVIL MEN DO, THE • 1915
HEART OF JIM BRICE, THE • 1915
MAN WHO COULDN'T BEAT GOD, THE • 1915
UNDERSTUDY, OR BEHIND THE SCENES, THE • 1915

COSTI GEORGE – LBN

IN THE RUINS OF BA'ALBAK • 1936

COSTNER KEVIN – Actor – USA

DANCES WITH WOLVES • 1990

COTE GUY L. see **COTE GUY-L.**

COTE GUY-L. – CND – 1925–

COTE GUY L.

SESTRIERES • 1949 • DCS
BETWEEN TWO WORLDS • 1952 • DCS
WINTER IN CANADA • HIVER AU CANADA, L' • 1953 • DCS
GRAIN HANDLING IN CANADA • 1954 • DCS
INDUSTRIAL CANADA • CANADA INDUSTRIEL, LE • 1957 • DCS
RAILROADERS, THE • CHEMINOTS, LES • 1958 • DCS
FISHERMEN • PECHEURS, LES • 1959 • DCS
ROUGHNECKS • MAITRES-SONDEURS, LES • 1960 • DCS
CATTLE RANCH • TETES BLANCHES • 1961 • DCS
ESSAY ON SCIENCE, AN • CITE SAVANTE • 1962 • DCS
KINDERGARTEN • 1962 • DCS
REGARDS SUR L'OCCULTISME • 1965 • DOC
TRANQUILLEMENT PAS VITE: 1re PARTIE QUE S'EST-IL DONC PASSE? • 1972
TRANQUILLEMENT PAS VITE: 2e PARTIE COMMUNAUTE DE BASE • 1972
DEUX COTES DE LA MEDAILLE 1er PARTIE: RACE DE BRONZE • 1973 • DOC
DEUX COTES DE LA MEDAILLE 2e PARTIE: RISQUER SA PEAU • 1973 • DOC
BLANCHE ET CLAIRE • 1976 • DCS
MONSIEUR JOURNAULT • 1976 • DOC
ROSE ET MONSIEUR CHARBONNEAU • 1976 • DOC
VIEUX AMIS, LES • 1976 • DOC
AZZEL • 1979
DOMINGA • 1979
MARASTOON • 1979

COTES PETER – Actor – UKN

RIGHT PERSON, THE • 1955
YOUNG AND THE GUILTY, THE • 1958

COTLOW LEWIS – USA

ZANZABUKU • 1956 • DOC
PRIMITIVE PARADISE • 1961 • DOC

COTTAFAVI VITTORIO – ITL – 1914–

NOSTRI SOGNI, I • 1943
SCONOSCIUTO DI SAN MARINO, LO • STRANGER FROM SAN MARINO, THE • 1947
GRANDE STRADA, LA • ODISSEA DI MONTECASSINO, L' • 1948
FIAMMA CHE NON SI SPEGNE, LA • 1949
DONNA HA UCCISO, UNA • 1952
BOIA DI LILLA, IL • MILADY AND THE MUSKETEERS (USA) ○ VITA AVVENTUROSA DI MILADY, LA • 1953
CAVALIERE DI MAISON ROUGE, IL • 1953
TRAVIATA '53 • LOST ONE, THE • 1953
AVANZI DI GALERA • 1954
IN AMORE SI PECCA IN DUE • 1954
NEL GORGO DEL PECCATO • 1955
DONNA LIBERA, UNA • FEMMES LIBRES (FRN) • 1956
TORO BRAVO • FIESTA BRAVA (ITL) • 1956
RIVOLTA DEI GLADIATORI, LA • WARRIOR AND THE SLAVE, THE (USA) ○ SPARTAN GLADIATORS ○ WARRIOR AND THE SLAVE GIRL, THE • 1958
LEGIONI DI CLEOPATRA, LE • LEGIONS DE CLEOPATRE, LES (FRN) ○ LEGIONS OF THE NILE (UKN) • 1960
MESSALINA VENERE IMPERATRICE • MESSALINA • 1960
VENDETTA DI ERCOLE, LA • VENGEANCE D'HERCULE, LA (FRN) ○ GOLIATH AND THE DRAGON (USA) ○ VENGEANCE OF HERCULES, THE ○ REVENGE OF HERCULES, THE • 1960
VERGINI DI ROMA, LE • VIERGES DE ROME, LES (FRN) ○ AMAZONS OF ROME (USA) ○ VIRGINS OF ROME, THE ○ WARRIOR WOMEN • 1960
ERCOLE ALLA CONQUISTA DI ATLANTIDE • HERCULES AND THE CONQUEST OF ATLANTIS ○ HERCULES CONQUERS ATLANTIS ○ HERCULE A LA CONQUETE DE L'ATLANTIDE ○ HERCULES AND THE HAUNTED WOMEN ○ HERCULES AND THE CAPTIVE WOMEN • 1961
CENTO CAVALIERI, I • CIEN CABALLEROS, LOS (SPN) ○ HUNDRED HORSEMEN, THE • 1965
UOMINI E BELVE • 1976
MARIA ZEF • 1981

COTTER JOHN – USA

MOUNTAIN FAMILY ROBINSON • 1979

COTTI CARLO – ITL

SPOSERO' SIMON LE BON • I'LL MARRY SIMON LE BON • 1985

van COTTOM JOE – Journalist – BLG – 1898–

VOULEZ-VOUS DEVENIR VEDETTE? • 1953

COTTON – FRN

SIX PETITES BOUGIES • 1962 • SHT

COUDARI CAMILLE – CND

JOUER SA VIE • GREAT CHESS MOVIE, THE • 1982 • DOC

COUDERC PIERRE – FRN
PISTE DES GEANTS, LA • 1931

COUEDIC DIDIER – FRN – 1956–
POUR UNE POIGNEE DE CACAHUETES • RETOUR DE SCRATCH DANS LE + + –, LE • 1977

COUFFER JACK – USA – 1922–
NIKKI, WILD DOG OF THE NORTH • 1961
LEGEND OF THE BOY AND THE EAGLE, THE • 1967 • TVM
RING OF BRIGHT WATER • 1969
DARWIN ADVENTURE, THE • 1972
LIVING FREE • 1972
LAST GIRAFFE, THE • 1979 • TVM

COUGHLAN IAN – ASL – 1946–
SPIRAL BUREAU, THE • 1976 • MTV
ALISON'S BIRTHDAY • 1979
PEOPLE LIKE US • 1980 • MTV

COULIBALY SEGA – MLI
MOGHO DAKAN • DESTIN • 1976
KASSO DEN • PRISONNIER, LE ○ PRISONER, THE • 1978
GESTE DE SEGOU, LA • 1989 • ANS

COULSON MICHAEL – UKN
BOOLEAN PROCEDURE • 1979

COURANT GERARD – FRN – 1951–
CINEMATON • 1978
COEUR BLEU • 1980

COURNOT MICHEL – FRN – 1922–
GAULOISES BLEUES, LES • 1968

COURRIERE YVES – FRN – 1935–
GUERRE D'ALGERIE, LA • 1970 • DOC

COURT TREATT C. – UKN
STAMPEDE • 1929

COURT TREATT STELLA – UKN
STAMPEDE • 1929

COURTENAY SYD – UKN
DARBY AND JOAN • 1937

COURTICE MICHAEL see **CURTIZ MICHAEL**

COURTLAND JEROME – Actor – USA – 1926–
DIAMONDS ON WHEELS • 1972
RUN, COUGAR, RUN • 1972
SKY TRAP, THE • 1979 • TVM

COUSINEAU JACQUES – CND
ILE JAUNE, L' • 1974

COUSTEAU JACQUES – FRN – 1910–
COUSTEAU JACQUES-YVES
PAR DIX-HUIT METRES DE FOND • 1943
EPAVES • 1945
PAYSAGES DU SILENCE • PAYSAGES SOUS-MARINS • 1947
AU LARGE DES COTES TUNISIENNES • 1949
AUTOUR D'UN RECIF • 1949 • SHT
DAUPHINS ET CETACES • 1949
PHOQUES DU ROI D'ORO, LES • PHOQUES DU SAHARA, LES • 1949
CARNET DE PLONGEE • 1950
SORTIE DU "RUBIS", UNE • PLONGE DU "RUBIS", UNE • 1950
MER ROUGE, LA • 1952
MUSEE DANS LA MER, UN • 1953
MONDE DU SILENCE, LE • SILENT WORLD, THE • 1956
MONDE SANS SOLEIL, LE • MONDO SENZA SOLEIL,IL (ITL) ○ JACQUES-YVES COUSTEAU'S WORLD WITHOUT SUN ○ WORLD WITHOUT SUN (USA) • 1964 • DOC
VOYAGE AU BOUT DU MONDE • VOYAGE TO THE EDGE OF THE WORLD (USA) ○ VOYAGE TO THE END OF THE WORLD • 1976

COUSTEAU JACQUES-YVES see **COUSTEAU JACQUES**

COUSTEAU PHILIPPE – FRN – 1940–1979
VOYAGE AU BOUT DU MONDE • VOYAGE TO THE EDGE OF THE WORLD (USA) ○ VOYAGE TO THE END OF THE WORLD • 1976

COUSTEAU SIMONE – FRN – 1919–
MONDE SANS SOLEIL, LE • MONDO SENZA SOLEIL,IL (ITL) ○ JACQUES-YVES COUSTEAU'S WORLD WITHOUT SUN ○ WORLD WITHOUT SUN (USA) • 1964 • DOC

COUTARD RAOUL – FRN – 1924–
SINGAL L'ANTILOPE SACREE • 1967 • SHT
TU ES DANSE ET VERTIGE • 1967 • SHT
COLONNE DE CENDRES, LA • 1969
HOA-BINH • PEACE • 1970
JOLLY GREEN • 1970 • SHT
BONNY ET LAFONT • 1972
LEGION SAUTE SUR KOLWEZI, LA • 1979
S.A.S. A SAN SALVADOR • TERMINATE WITH EXTREME PREJUDICE ○ SAS A SAN SALVADOR • 1982

COUTIN CARLOS EUGENIO – BRZ
MARE ALTA • HIGH TIDE • 1968

COUTINHO EDUARDO – BRZ
ABC DEL AMOR, EL • ABC DO AMOR, EL (BRZ) ○ ABC OF LOVE, THE • 1967
HONEM QUE COMPROU O MUNDO, O • MAN WHO BUYS THE WORLD, THE • 1968
FAUSTAU • 1971
CEM ANOS DE ABOLICAO • EMANCIPATION CENTENNIAL, THE • 1989 • DOC

COUTO LUIS – PRT
LERPAR • 1977
MEU AMOR • MY LOVE • 1980

COUTSOMITIS COSTAS – GRC
NOOSE, THE • 1988

COUTURIE BILL – USA
DEAR AMERICA • 1987 • TVM

COUTURIER JEAN – FRN – 1933–
TOUT LE MONDE PEUT SE TROMPER • 1982
CHARLOTS CONNECTION • 1983

COUZINET EMILE – FRN – 1891–1964
CLUB DES FADAS, LE • 1939
INTRIGANTE, L' • BELLE BORDELAISE, LA • 1939
ANDORRA OU LES HOMMES D'AIRAIN • 1941
BRIGAND GENTILHOMME, LE • 1942
HYMENEE • 1946
COLOMBA • 1947
BOUT DE LA ROUTE, LE • 1948
TROIS MARINS DANS UN COUVENT • 1949
TROU DANS LE MUR, UN • 1949
DON D'ADELE, LE • 1950
BURIDAN, HEROS DE LA TOUR DE NESLE • 1951
CE COQUIN D'ANATOLE • 1951
TROIS VIEILLES FILLES EN FOLIE • 1951
CURE DE SAINT-AMOUR, LE • 1952
QUAND TE TUES-TU? • 1952
FAMILLE CUCUROUX, LA • 1953
TROIS JOURS DE BRINGUE A PARIS • 1953
CONGRES DES BELLES-MERES, LE • 1954
MON CURE, CHAMPION DU REGIMENT • MON CURE CHEZ LES PARACHUTISTS • 1955
QUAI DES ILLUSIONS • 1956
TROIS MARINS EN BORDEE • 1957
CESARIN JOUE LES ETROITS MOUSQUETAIRES • 1962

COVACEVICH ALVARO – CHL
MORIR UN POCO • TO DIE A LITTLE • 1967 • DOC
REVOLUCION DE LAS FLORES, LA • REVOLUTION OF THE FLOWERS, THE ○ NEW LOVE • 1968

COVAZ TULLIO – ITL – 1904–
TOCHTER DER KOMPANIE, DIE • FIGLIA DEL REGGIMENTO, LA (ITL) • 1951
CROCE SENZA NOME, UNA • 1952

COWAN BOB – USA
SOLO • 1965 • SHT

COWAN PAUL – CND – 1947–
GOING THE DISTANCE • 1979 • DOC
COMING BACK ALIVE • 1980
KID WHO COULDN'T MISS, THE • 1983 • DOC
SEE NO EVIL • 1988 • DOC
JUSTICE DENIED • 1990

COWAN TOM – Dir. photo – ASL – 1942–
GREAT TARWIN BANK ROBBERY, THE • 1959 • SHT
NO ENTRY • 1959 • SHT
NIMMO STREET • 1962 • SHT
DANCING CLASS • 1964 • DOC
HELENA IN SYDNEY • 1967 • SHT
OFFICE PICNIC, THE • 1972
ABORIGINAL FAMILY EDUCATION • 1973 • DOC
PROMISED WOMAN • 1975
CHANDAMARUTHA • WILD WIND • 1976
JOURNEY AMONG WOMEN • 1977
SWEET DREAMS • 1982
TIME OF THEIR LIVES, THE • 1983 • DOC

COWAN WILL – USA
HARRY JAMES AND THE MUSIC MAKERS • 1943 • SHT
HOT AND HECTIC • 1945 • SHT
MELODY STAMPEDE • 1945 • SHT
SOLID SENDERS • 1945 • SHT
SYNCO-SMOOTH SWING • 1945 • SHT
TIN PAN ALLEY TEMPOS • 1945 • SHT
WAIKIKI MELODY • 1945 • SHT
BANQUET OF MELODY • 1946 • SHT
CHAMPAGNE MUSIC • 1946 • SHT
MELODY MAESTRO • 1946 • SHT
MOONLIGHT MELODIES • 1946 • SHT
SWINGIN' DOWN THE SCALE • 1946 • SHT
TAKIN' THE BREAKS • 1946 • SHT
TEX BENEKE AND THE GLENN MILLER ORCHESTRA • 1946 • SHT
TUMBLEWEED TEMPOS • 1946 • SHT
CHARLIE BARNET AND HIS ORCHASTRA • 1947 • SHT
CHARLIE SPIVAK AND HIS ORCHESTRA • 1947 • SHT
DRUMMER MAN • 1947 • SHT
JITTERUMBA • 1947 • SHT
RECORD PARTY • 1947 • SHT
TEX WILLIAMS AND HIS WESTERN CARAVAN • 1947 • SHT
TOMMY TUCKER AND HIS ORCHESTRA • 1947 • SHT
ALVINO REY AND HIS ORCHESTRA • 1948 • SHT
BUDDY RICH AND HIS ORCHESTRA • 1948 • SHT
CARLOS MOLINA AND HIS ORCHESTRA • 1948 • SHT
CHARLIE BARNET AND HIS ORCHESTRA IN REDSKIN RHUMBA • 1948 • SHT
CHOO CHOO SWING • 1948 • SHT
JIMMY DORSEY AND HIS ORCHESTRA • 1948 • SHT
RED INGLE AND HIS NATURAL SEVEN • 1948 • SHT
REDSKIN RHUMBA • 1948 • SHT
TEX BENEKE AND HIS ORCHESTRA • 1948 • SHT
TONY PASTOR AND HIS ORCHESTRA • 1948 • SHT
WESTERN WHOOPEE • 1948 • SHT
WOODY HERMAN AND HIS ORCHESTRA • 1948 • SHT
CHAMPAGNE MUSIC OF LAWRENCE WELK AND HIS ORCHESTRA • 1949 • SHT
CLAP YOUR HANDS • 1949 • SHT
COYOTE CANYON • 1949 • SHT
DEEP PURPLE • GENE KRUPA AND HIS ORCHESTRA • 1949 • SHT
DEL COURTNEY AND HIS ORCHESTRA • 1949 • SHT
FARGO PHANTOM, THE • 1949 • SHT
GIRL FROM GUNSIGHT, THE • 1949 • SHT
HERMAN'S HERD • 1949 • SHT
LES BROWN AND HIS BAND OF RENOWN • LES BROWN AND THE BAND OF RENOWN • 1949 • SHT
LIONEL HAMPTON AND HIS ORCHESTRA • 1949 • SHT
MINSTREL MANIA • 1949 • SHT
PECOS PISTOL, THE • 1949 • SHT
PRAIRIE PIRATES • 1949 • SHT
RHYTHM MASTERS • 1949 • SHT
RHYTHM OF THE MAMBO • 1949 • SHT
SAILING WITH A SONG • 1949 • SHT
SILVER BUTTE • 1949 • SHT
SKINNAY ENNIS AND HIS ORCHESTRA • 1949 • SHT
SONGS OF ROMANCE • 1949 • SHT
SOUTH OF SANTA FE • 1949 • SHT
SPADE COOLEY AND HIS ORCHESTRA • 1949 • SHT
SYMPHONY IN SWING • 1949 • SHT
TED FIO RITO AND HIS ORCHESTRA • 1949 • SHT
TED WEEMS AND HIS ORCHESTRA • 1949 • SHT
WEST OF LARAMIE • 1949 • SHT
YEAR AROUND, THE • 1949 • SHT
BROTHER JOHN • 1950 • ANS
CACTUS CARAVAN • 1950
CLAUDE THORNHILL AND HIS ORCHESTRA • 1950 • SHT
CONNEE BOSWELL AND LES BROWN'S ORCHESTRA • 1950 • SHT
GOLD STRIKE • 1950 • SHT
KING COLE AND HIS TRIO • 1950 • SHT
LOWER THE BOOM • 1950 • ANS
PEGGY, PEG AND POLLY • 1950 • ANS
READY TO RIDE • 1950 • SHT
RED NICHOLS AND HIS FIVE PENNIES • 1950 • SHT
SALUTE TO DUKE ELLINGTON • 1950 • SHT
SARAH VAUGHN AND HERB JEFFRIES • KID ORY AND HIS CREOLE JAZZ BAND ○ MAHOGANY MUSIC • 1950 • SHT
SUGAR CHILE ROBINSON, BILLIE HOLLIDAY, COUNT BASIE AND HIS SEXTET • 1950 • SHT
SWEET SERENADE • 1950 • SHT
TALES OF THE WEST #1 • 1950 • ANT
TALES OF THE WEST #2 • 1950 • ANT
TALES OF THE WEST #3 • 1950 • ANT
BUBBLES OF SONG • 1951 • SHT
DOWN THE RIVER • 1951 • SHT
EDDIE PEABODY AND SONNY BURKE'S ORCHESTRA • 1951 • SHT
HILLY BILLY • 1951 • SHT
MACDONALD'S FARM • 1951 • SHT
MEMORY SONG BOOK • 1951 • SHT
NAT "KING" COLE AND JOE ADAMS'S ORCHESTRA • 1951 • SHT
READIN' 'RITIN' AND 'RITHMETIC • 1951 • SHT
REUBEN, REUBEN • 1951 • SHT
SONGS THAT LIVE • 1951 • SHT
SPORTSMEN AND ZIGGY ELMAN'S ORCHESTRA • 1951 • SHT
TALES OF THE WEST #4 • 1951 • ANT
TERESA BREWER AND THE FIREHOUSE FIVE PLUS TWO • FIREHOUSE FIVE PLUS TWO, THE • 1951 • SHT
TOAST OF SONG • 1951 • SHT
TOMMY DORSEY AND HIS ORCHESTRA • 1951 • SHT
UNCLE SAM'S SONGS • 1951 • SHT
WOODY HERMAN'S VARIETIES • 1951 • SHT
BILLY MAY AND HIS ORCHESTRA • 1952 • SHT
CONNEE BOSWELL AND ADA LEONARD • 1952 • SHT
JIMMY DORSEY'S VARIETIES • 1952 • SHT
CRAZY FROLIC • 1953 • SHT
DORSEY BROTHERS ENCORE, THE • 1953 • SHT
NAT "KING" COLE AND RUSS MORGAN'S ORCHESTRA • 1953 • SHT
CORRAL CUTIES • 1954 • SHT
KEEP IT COOL • 1954 • SHT
BIRTH OF A BAND • 1955 • SHT
INK SPOTS, THE • 1955 • SHT
LIONEL HAMPTON AND HERB JEFFRIES • 1955 • SHT
NAT "KING" COLE MUSICAL STORY, THE • 1955 • SHT
WEBB PIERCE AND HIS WANDERIN' BOYS • 1955 • SHT
WORLD OF BEAUTY, A • 1955 • SHT
BRIGHT AND BREEZY • 1956 • SHT
COOL AND GROOVY • 1956 • SHT
DANCE DEMONS • 1957 • SHT
RIOT IN RHYTHM • 1957 • SHT
SWINGIN' AND SINGIN' • 1957 • SHT
BIG BEAT, THE • 1958
THING THAT COULDN'T DIE, THE • 1958

COWARD NOEL – Playwright – UKN – 1899–1973
IN WHICH WE SERVE • 1942

COWARD ROGER – UKN
TED • 1967
COMMUNITY BUILDER • 1968
PEOPLE PEOPLE, THE • 1970

COWELL ADRIAN – UKN – 1934–
TRIBE THAT HIDES FROM MAN, THE • 1970 • DOC

COWEN LAWRENCE – UKN
WAKE UP! OR, A DREAM OF TOMORROW • DREAM OF TOMORROW, A ○ WAKE UP! • 1914

COWEN WILLIAM J. – USA – 1883–1964
HALF MARRIAGE • 1929
NED MCCOBB'S DAUGHTER • 1929
KONGO • 1932
OLIVER TWIST • 1933
WOMAN UNAFRAID • 1934

COWIE VICTOR – CND
AND NO BIRDS SING • 1969

COWL DARRY – FRN – 1925–
JALOUX COMME UN TIGRE • 1964

COWL GEORGE – USA
BELOVED ADVENTURESS, THE • 1917
BETSY ROSS • 1917
CORNER GROCER, THE • 1917
HER HOUR • 1917
TIDES OF FATE • 1917

COX ALEX – UKN – 1954–
REPO MAN • 1984
SID AND NANCY • 1986
STRAIGHT TO HELL • 1987
WALKER • 1988

COX ANTHONY – UKN
YOKO ONO FILM NO.4 • BOTTOMS ○ NO.4 • 1967

COX GEORGE L. – USA
INTERNATIONAL ROMANCE, AN • 1912
LAW OF THE NORTH, THE • 1912
OTHER WOMAN, THE • 1912
HELLION, THE • 1919
TIGER LILY, THE • 1919
BLUE MOON, THE • 1920
DANGEROUS TALENT, THE • 1920
GAMESTERS, THE • 1920
HOUSE OF TOYS, THE • 1920
LIGHT WOMAN, A • 1920
THEIR MUTUAL CHILD • 1920
THIRTIETH PIECE OF SILVER, THE • 1920
WEEK-END, THE • 1920
PARISIAN SCANDAL, A • 1921
PAYMENT GUARANTEED • 1921
SUNSET JONES • 1921

COX NELL – USA
ROOMMATE, THE • 1984 • TVM

COX PAUL – NTH – 1940–
MATUTA • 1965 • SHT
TIME PAST • 1966 • SHT
SKIN DEEP • 1968 • SHT
MARCEL • 1969 • SHT
SYMPHONY • 1969 • SHT
CALCUTTA • 1970 • SHT
MIRKA • 1970 • SHT
PHYLLIS • 1971 • SHT
JOURNEY, THE • 1972 • SHT
ALL SET BACKSTAGE • 1975 • SHT
ISLAND • 1975 • SHT
ILLUMINATIONS • 1976
INSIDE LOOKING OUT • 1977
RITUAL • 1977 • SHT
WAYS OF SEEING • 1977 • SHT
WE'RE ALL ALONE, MY DEAR • WE ARE ALL ALONE MY DEAR • 1977 • SHT
FOR A CHILD CALLED MICHAEL • 1979 • DOC
KOSTAS • 1979
KINGDOM OF NEK CHAND, THE • 1981 • DOC
LONELY HEARTS • 1982
UNDERDOG • 1982 • DOC
MAN OF FLOWERS • 1983
MY FIRST WIFE • 1985
CACTUS • 1986
HANDLE WITH CARE • 1986 • DOC
ISLAND • 1988
VINCENT • 1988
GOLDEN BRAID • 1989

COX PETER – ASL – 1946–
AYERS ROCK ROCK • 1970 • SHT
ESCA-LATORS • 1971 • SHT
GRETA GARBAGE • 1972 • SHT
SURRENDER IN PARADISE • 1976
SEA FLIGHT • 1982 • DOC
FOREIGN AFFAIRS: 25 YEARS OF AUSTRALIAN MUSIC • 1984 • MTV

COX VINCENT – SAF
VOICE IN THE DARK • 1989

COYLE JOHN T. – USA
CALL OF THE YUKON • 1938
I BEHELD HIS GLORY • 1952
DAY OF TRIUMPH • GREAT BETRAYAL, THE • 1954

COYLE WALTER – USA
COYLE WALTER V.
BAD MONEY • 1915
BOB'S LOVE AFFAIR • 1915
CUPID ENTANGLED • 1915
FREDERICK HOLMES' WARD • 1915
GIRL WHO DIDN'T FORGET, THE • 1915
HEART TROUBLE • 1915
HIS SINGULAR LESSON • 1915
INEVITABLE, THE • 1915
LASTING LESSON, A • 1915
LOVE'S ENDURING FLAME • 1915
MRS. RANDOLPH'S NEW SECRETARY • 1915
PASSING STORM, THE • 1915
STRANGER IN THE VALLEY, THE • 1915
WINNING THE WIDOW • 1915
CELESTE • 1916 • SHT
CHAIN OF EVIDENCE, THE • 1916 • SHT
GRIP OF GOLD, THE • 1916 • SHT
HIS WHITE LIE • 1916 • SHT
MAN WHO CALLED AFTER DARK, THE • 1916 • SHT
WHAT HAPPENED TO PEGGY • 1916 • SHT

COYLE WALTER V. see **COYLE WALTER**

COYNE JAMES – USA
CARRY IT ON • JOAN (UKN) • 1970

COZARINSKY EDGARDO – ARG – 1939–
. . . • DOT DOT DOT ○ ELLIPSIS ○ . . . (DOT DOT DOT) • 1971
APPRENTIS SORCIERS, LES • 1977
GUERRE D'UN SEUL HOMME, LA • ONE MAN'S WAR • 1981
GUERREROS Y CAUTIVAS • GUERRIERS ET CAPTIVES (FRN) ○ WARRIORS AND CAPTIVES • 1988

COZINE RAY – USA
FIT TO BE TIED • 1930
LEAVE IT TO LESTER • HONEYMOON HARMONY (UKN) • 1930
HAPPINESS REMEDY, THE • 1931 • SHT
ONE HUNDRED PERCENT SERVICE • 1931
OH MY OPERATION • 1932

COZZI LUIGI – ITL
COATES LEWIS
ISABELL, A DREAM • 1958
TUNNEL SOTTO IL MONDO, IL • TUNNEL UNDER THE WORLD, THE • 1968
RAGNO, IL • 1970
VICINI DI CASA, IL • 1973 • MTV
MORTE E COME UN RAGNO, LA • 1974
ASSASSINO E COSTRETTO AD UCCIDERE ANCORA, L' • 1975
PORTIERA NUDA, LA • 1975
DEDICATO A UNA STELLA • 1977
SCONTRI STELLARI OLTRE LA TERZA DIMENSIONE • STARCRASH (USA) • 1979
ALIEN CONTAMINATION • CONTAMINATION • 1981
HERCULES • 1983
ADVENTURES OF HERCULES, THE • HERCULES II • 1984

CRABB LAWRENCE – UKN
EXPERIMENT IN TEACHING • 1968

CRABTREE ARTHUR – Cameraman – UKN – 1900–1975
MADONNA OF THE SEVEN MOONS • 1944
THEY WERE SISTERS • 1945
CARAVAN • 1946
DEAR MURDERER • 1947
CALENDAR, THE • 1948
QUARTET • SOMERSET MAUGHAM'S QUARTET • 1948
DON'T EVER LEAVE ME • 1949
LILLI MARLENE • 1950
HINDLE WAKES • HOLIDAY WEEK (USA) • 1952
CASE OF SOHO RED, THE • 1953
WEDDING OF LILI MARLENE, THE • 1953
MORNING CALL • STRANGE CASE OF DR. MANNING, THE (USA) • 1957
WEST OF SUEZ • FIGHTING WILDCATS (USA) • 1957
DEATH OVER MY SHOULDER • 1958
FIEND WITHOUT A FACE • 1958
HORRORS OF THE BLACK MUSEUM • CRIME IN THE MUSEUM OF HORRORS (USA) • 1959

CRABTREE GARY L. – USA
GETTIN' BACK • 1974 • DOC

CRABTREE GRANT – CND
PAINTERS OF QUEBEC • SEPT PEINTRES DU QUEBEC • 1944 • DCS
KLEE WYCK: THE STORY OF EMILY CARR • KLEE WYCK • 1946 • DCS
EXPLORATION • 1967 • SHT

CRADDOCK MALCOLM – UKN
MISTER LEWIS • 1965

CRAFT BILL see **CRAFT WILLIAM JAMES**

CRAFT E. B. – Animator – USA
AUDION, THE • 1922 • ANM

CRAFT WILLIAM J. see **CRAFT WILLIAM JAMES**

CRAFT WILLIAM JAMES – USA – 1880–1931
CRAFT WILLIAM J. • *CRAFT BILL*
GREAT RADIAL MYSTERY, THE • 1914
CANADA'S WORK FOR WOUNDED SOLDIERS • 1918 • DOC
FREIGHT 249 • 1918 • DOC
LOVE'S BATTLE • 1920
SERGEANT HAMMON OF THE R.C.M.P. • 1920
SIDEWALKS OF NEW YORK • 1920
WAY OF THE LAW • 1920
WHITE RIDER, THE • WHITE RIDERS • 1920
ANOTHER MAN'S BOOTS • 1922
FALSE BRANDS • 1922
HEADIN' WEST • 1922
SAVED BY RADIO • SAVED BY WIRELESS • 1922
WITH STANLEY IN AFRICA • 1922 • SRL
WOLF PACK • 1922
BEASTS OF PARADISE • 1923 • SRL
FLASH, THE • 1923
IN THE DAYS OF DANIEL BOONE • DANIEL BOONE • 1923 • SRL
POWER DIVINE, THE • 1923
SMILIN' ON • 1923
WAY OF THE TRANSGRESSOR, THE • 1923
BATTLING MASON • 1924
BIG TIMBER • 1924
PRIDE OF SUNSHINE ALLEY • 1924
RECKLESS SPEED • 1924
RIDDLE RIDER, THE • 1924 • SRL
SOUTH OF THE EQUATOR • 1924
BLOODHOUND, THE • 1925
GALLOPING VENGEANCE • 1925
RANGE TERROR, THE • 1925
THAT MAN JACK • 1925
GALLOPING COWBOY, THE • 1926
KING OF THE SADDLE • 1926
POWER OF THE WEAK, THE • 1926
RADIO DETECTIVE, THE • 1926 • SRL
SILENT FLYER, THE • 1926 • SRL
ARIZONA WHIRLWIND, THE • 1927
BIRDS OF PREY • 1927
CLOWN, THE • 1927
HERO FOR A NIGHT, A • FLYING NUT, THE • 1927
POOR GIRLS • 1927
WRECK, THE • 1927
GATE CRASHER, THE • 1928
HOT HEELS • PAINTING THE TOWN ○ PATENTS PENDING • 1928
HOW TO HANDLE WOMEN • PRINCE OF K'NUTS, THE (UKN) ○ FRESH EVERY HOUR ○ THREE DAYS ○ PRINCE OF PEANUTS, THE ○ MEET THE PRINCE • 1928
COHENS AND KELLYS IN ATLANTIC CITY, THE • 1929
KID'S CLEVER, THE • 1929
ONE HYSTERICAL NIGHT • 1929
SKINNER STEPS OUT • 1929
COHENS AND KELLYS IN SCOTLAND, THE • 1930
CZAR OF BROADWAY, THE • 1930
DAMES AHOY! • PARADISE AHOY • 1930
EMBARRASSING MOMENTS • 1930
LITTLE ACCIDENT, THE • UNEXPECTED FATHER • 1930
SEE AMERICA THIRST • 1930
HONEYMOON LANE • 1931
RUNAROUND, THE • WAITING FOR THE BRIDE (UKN) ○ WAITING AT THE CHURCH • 1931

CRAIG FRED – USA
PRINCIPLES OF FLYING, THE • 1973

CRAIG GORDON – UKN
FLIGHT OF THE WHITE HERON, THE • 1954

CRAIG RAY – USA
ON THE BEACH • SHT
SIGNS OF THE TIMES • 1961 • SHT
LAST NEWSREEL: 1999, THE • 1972

CRAIGIE JILL – Screenwriter – UKN – 1914–
OUT OF CHAOS • 1944 • DOC
WAY WE LIVE, THE • 1947 • DOC
BLUE SCAR • 1949
TO BE A WOMAN • 1951 • DOC

CRAIN WILLIAM – USA – 1943–
DIRECTOR, THE • 1970
BLACULA • 1972
DR. BLACK, MR. HYDE • DR. BLACK AND MR. HYDE ○ WATTS MONSTER, THE • 1976
KID FROM NOT-SO-BIG, THE • 1978 • TVM
STANDING IN THE SHADOWS OF LOVE • 1984

CRAMA NICO – NTH – 1936–
IMAGES FANTASTIQUES • SHT
NEKSUKE • 1961 • SHT
MOOISTE TIJD.., DE • HAPPIEST TIME, THE • 1963 • SHT
HOGE VELUWE, DE • 1968 • SHT
NACIONALE PARK, HET • NATIONAL PARK, THE • 1968 • SHT
OPONTHOUD, HET • 1969 • SHT
PHOTO PORTRAIT • 1970 • DOC
DAUMIER -REPORTER OF HIS TIME • DAUMIER, EYE WITNESS OF AN EPOCH • 1972 • SHT
DOUWE VAN DEN BERG, ONGEWENST • DOUWE VAN DEN BERG, UNDESIRABLE • 1972 • SHT
MONDRIAAN • 1972
PIET MONDRIAAN • 1973 • DOC
IT WASN'T EASY.. • 1978 • DOC
VERTICAL ACCENT, A • 1979 • SHT
CO HOEDEMAN, ANIMATOR • 1980 • DOC
CINEMA D'ANIMATION AUX PAY-BAS, LE • ANIMATION IN THE NETHERLANDS • 1987 • DCS

CRAMER MASSEY – USA
LEGEND OF BLOOD MOUNTAIN, THE • 1965

CRAMER ROSS – UKN
RIDING HIGH • HEAVY METAL (USA) ○ VERY HEAVY METAL • 1980

CRAMMER JIM – USA
QUENETRA, THE CITY OF DEATH • 1975

CRAMPTON HOWARD – USA
IN ALL THINGS MODERATION • 1914

CRANDALL EDDIE – USA
FROM NASHVILLE WITH MUSIC • 1969

CRANE BARRY – USA
HOUND OF THE BASKERVILLES, THE • SHERLOCK HOLMES: HOUND OF THE BASKERVILLES • 1972 • TVM
CONQUEST OF THE EARTH • GALACTICA 3: CONQUEST OF THE EARTH • 1980 • MTV
CHARLOTTE FORTEN'S MISSION: EXPERIMENT IN FREEDOM • 1985 • TVM

CRANE FRANK see **CRANE FRANK H.**

CRANE FRANK H. – UKN
CRANE FRANK HALL • *CRANE FRANK*
LATE MRS. EARLY, THE • 1911
BATTLE OF THE LONG SAULT, THE • DOLLARD DES ORMEAUX • 1913
AS YE SOW • 1914
HIS LAST CHANCE • 1914
JANE EYRE • 1914
LADY OF THE ISLAND, THE • 1914
LOVE'S VICTORY • 1914
OPAL RING, THE • 1914
OUT OF THE FAR EAST • 1914
SILVER LOVING CUP, THE • 1914
SKULL, THE • 1914
TEMPEST AND SUNSHINE • 1914
THREE MEN WHO KNEW • 1914
THROUGH THE EYES OF THE BLIND • 1914
FAMILY CUPBOARD, THE • 1915
GRAY MASK, THE • 1915
INDIAN DIAMOND, AN • 1915
MAN WHO FOUND HIMSELF, THE • 1915
MOONSTONE, THE • 1915
OLD DUTCH • 1915
AS IN A LOOKING GLASS • 1916
FATE'S BOOMERANG • 1916
MAN WHO STOOD STILL, THE • 1916
PAYING THE PRICE • REPARATION • 1916
WHOSO TAKETH A WIFE • WHOSO FINDETH A WIFE • 1916
WORLD AGAINST HIM, THE • 1916
EYES IN THE DARK, THE • 1917 • SHT
STOLEN VOICE, THE • 1917 • SHT
STRANDED IN ARCADY • 1917
THAIS • 1917
LIFE MASK, THE • 1918
NEIGHBORS • 1918
VENGEANCE IS MINE • 1918
HER GAME • 1919
HIS FATHER'S WIFE • 1919
MISS CRUSOE • 1919
PRAISE AGENT, THE • 1919
SCAR, THE • 1919
UNVEILING HAND, THE • 1919
WANTED FOR MURDER • 1919
DOOR THAT HAS NO KEY, THE • 1921
PUPPET MAN, THE • PUPPETS OF FATE • 1921
GRASS ORPHAN, THE • 1922
PAUPER MILLIONAIRE, THE • 1922
HUTCH STIRS 'EM UP • 1923
TONS OF MONEY • 1924
FAIR PLAY • DANGER ZONE, THE (UKN) • 1925
JADE CUP, THE • 1926
TRUNK MYSTERY, THE • 1927

CRANE FRANK HALL see **CRANE FRANK H.**

CRANE KENNETH see **CRANE KENNETH L.**

CRANE KENNETH L. – USA
CRANE KENNETH
JUJIN YUKI-OTOKO • HALF HUMAN (USA) ○ MONSTER SNOWMAN ○ SNOWMAN ○ ABOMINABLE SNOWMAN, THE • 1955
MONSTER FROM THE GREEN HELL, THE • MONSTER FROM GREEN HELL • 1958
WHEN HELL BROKE LOOSE • 1958
MANSTER, THE • MANSTER -HALF MAN HALF MONSTER, THE ○ SPLIT, THE (UKN) • 1962

CRANE LARRY - USA
JULIE IS NO ANGEL! • JULIE'S NO ANGEL • 1967
BEWARE THE BLACK WIDOW • 1968
DEVIL IN VELVET • 1968
PRIVATE RELATIONS • 1968
SUGAR DADDY • GAMES AND VARIATIONS • 1968
ALL WOMEN ARE BAD • WOMEN ARE BAD • 1969

CRANE PETER - Producer - UKN - 1948-
HUNTED • 1971
ASSASSIN • ASSASSINATION • 1973
MOMENTS • 1974
COVER UP • 1984

CRAVEN FRANK - Actor - USA - 1875-1945
THAT'S GRATITUDE • 1934

CRAVEN THOMAS - UKN
CRAVEN TOM
DAVID LEAN: A SELF PORTRAIT
MANN WITH A FLUTE • 1960 • SHT
TEMPS DU GHETTO, LE • WITNESSES, THE (USA) • 1961

CRAVEN TOM see **CRAVEN THOMAS**

CRAVEN WES - USA - 1949-
LAST HOUSE ON THE LEFT, THE • 1972
HILLS HAVE EYES, THE • 1977
STRANGER IN OUR HOUSE • SUMMER OF FEAR (UKN) • 1978 • TVM
DEADLY BLESSING • 1981
MARIMBA • 1981
SWAMP THING • 1982
INVITATION TO HELL • 1984 • TVM
NIGHTMARE ON ELM STREET, A • 1984
CHILLER • 1985 • TVM
HILLS HAVE EYES II, THE • 1985
DEADLY FRIEND • 1987
SERPENT AND THE RAINBOW, THE • 1988
NO MORE, MR. NICE GUY • 1989
SHOCKER • 1989

CRAVENNE MARCEL - TNS - 1908-
COHEN MARCEL
SOUS LA TERREUR • 1935
DEJEUNER DE SOLEIL, UN • 1937
DANSE DE MORT, LA • DANCE OF DEATH, THE • 1946
DANS LA VIE TOUT S'ARRANE • IDYLLE AU CHATEAU • 1949
DESERT OUTPOST • 1954

CRAVERI MARIO - Dir. photo - ITL - 1902-
CONTINENTE PERDUTO • LOST CONTINENT, THE (USA) • 1955 • DOC
IMPERO DEL SOLE, L' • EMPIRE IN THE SUN (USA) • 1956 • DOC
SOLEDAD • 1959 • DOC
SOGNI MUOIONO ALL'ALBA, I • 1961

CRAWFORD HAROLD see **KRVAVAC HAJRUDIN**

CRAWFORD HAROLD A. - UKN
CONTROLLERS, THE • 1920

CRAWFORD HEROLD - USA
SAVAGE BRIDGE • 1976

CRAWFORD RICHARD - USA
CAPTAIN MILKSHAKE • 1970

CRAWFORD WAYNE - USA
EVIL BELOW, THE • 1989

CRAWLEY BUDGE - CND - 1911-
CRAWLEY F. R.
ILE DE ORLEANS • 1938 • DOC
OTTAWA ON THE RIVER • 1939 • DOC
CANADIAN POWER • 1940 • DOC
CANADIAN LANDSCAPE • 1941 • DOC
LOON'S NECKLACE, THE • COLLIER MAGIQUE, LE • 1948 • SHT
NEWFOUNDLAND SCENE • 1950 • DOC
BEAVER DAM • 1956 • DOC
SASKATCHEWAN JUBILEE • 1965 • DOC

CRAWLEY CONSTANCE - USA
THAIS • 1914

CRAWLEY F. R. see **CRAWLEY BUDGE**

CRAWLEY JUDITH - CND - 1914-
ILE DE ORLEANS • 1938 • DOC
OTTAWA ON THE RIVER • 1939 • DOC
CANADIAN POWER • 1940 • DOC
FOUR NEW APPLE DISHES • 1940 • DOC
CANADIAN LANDSCAPE • 1941 • DOC
WHO SHEDS HIS BLOOD? • 1941 • DOC
KNOW YOUR BABY • 1947 • DOC
CREATIVE HANDS • 1948 • SER
WHY WON'T TOMMY EAT? • 1948 • DOC
AGES AND STAGES • 1949-57 • SER
CHILD DEVELOPMENT • 1950 • SER
FOOD FOR FREDDY • 1953 • DOC
TOP OF A CONTINENT • 1961 • DOC

CRAWLEY PAT - CND
ACCIDENT • 1973 • DOC

CREA GIANNI - ITL
LEGGE DELLA VIOLENZA, LA • TUTTI O NESSUNO • 1969
SE TI INCONTRO TI AMMAZZO • 1971
MAGNIFICO WEST, IL • 1972
SETTE DEL GRUPPO, I • 1974
NON SPARATE SUI BAMBINI • 1978

CREANGA SERBAN - RMN
WARMTH • 1969
EXPECTATION, THE • 1970
PROPRIETARII • OWNERS, THE • 1973
SPARE MOMENT, A • 1985

CREELMAN JAMES ASHMORE - USA
HIGH HAT • BEHIND THE SCENES • 1927

CREIGHTON WALTER - UKN
ONE FAMILY • 1930
SHAMING OF THE TRUE, THE • 1930

von CREMER HEINZ - SWT
VASE, LA • 1971

CRENNA RICHARD - Actor - USA - 1926-
BETTER LATE THAN NEVER • 1979 • TVM

CREUTZBERG PETER - NTH
WIJ, SURINAMERS • WE PEOPLE OF SURINAM • 1961

CREUZI J. A. - TNS
MAJNUNAL KAIROUAN • 1937

CREVENNA ALFREDO see **CREVENNA ALFREDO B.**

CREVENNA ALFREDO B. - MXC
CREVENNA ALFREDO
ADAN, EVA Y EL DIABLO • 1944
ALGO FLOTA SOBRE EL AGUA • 1947
DAMA DEL VELO, LA • 1948
JOYAS DEL PECADO, LAS • 1949
OTRA PRIMAVERA • 1949
RENCOR DE LA TIERRA, EL • PRUEBA DE DIOS ○ TORBELLINO • 1949
HUELLAS DEL PASADO • 1950
MUCHACHAS DE UNIFORME • 1950
ANGELICA • DIA DE LLUVIA, UN • 1951
MI ESPOSA Y LA OTRA • 1951
MUJER SIN LAGRIMAS, LA • 1951
APASIONADA • 1952
FRUTO PROHIBIDO • 1952
CASA DE MUNECAS • 1953
GRAN AUTOR, EL • 1953
ORQUIDEAS PARA MI ESPOSA • 1953
REBELION DE LOS COLGADOS, LA • REVOLT OF THE HANGED ○ REBELLION OF THE HANGED, THE • 1953
SI VOLVIERAS A MI • 1953
DOS MUNDOS Y UN AMOR • 1954
MUJER EN LA CALLE, UNA • 1954
PUEBLO, CANTO Y ESPERANZA • 1954
AMOR Y PECADO • 1955
CIRCLE OF DEATH • 1955
DONDE EL CIRCULO TERMINA • 1955
TALPA • MANDA, LA • 1955
YAMBAO • YOUNG AND EVIL (USA) ○ CRY OF THE BEWITCHED • 1956
HOMBRE QUE LOGRO SER INVISIBLE, EL • INVISIBLE MAN IN MEXICO (UKN) ○ NEW INVISIBLE MAN, THE (USA) ○ H.G. WELLS' NEW INVISIBLE MAN ○ MAN WHO BENEFITS BY BEING INVISIBLE, THE • 1957
QUINCEANERA • 1958
CHICAS CASADERAS • 1959
GUTIERRITOS • 1959
SENDA PROHIBIDA • 1959
AZAHARES ROJOS • 1960
TERESA • 1960
CASA DE LOS ESPANTOS, LA • HOUSE OF THE FRIGHTS ○ SPOOK HOUSE • 1961
ECHENME AL VAMPIRO • BRING ME THE VAMPIRE (USA) ○ THROW ME TO THE VAMPIRE • 1961
ROSTRO INFERNAL • INCREDIBLE FACE OF DR. B., THE (USA) ○ HELL FACE • 1961
SOL EN LLAMAS • 1961
FIERECILLA DEL PUERTO, LA • 1962
HUELLA MACABRA, LA • MACABRE MARK, THE • 1962
PARRANDEROS, LOS • 1962
QUE BONITO ES QUERER • 1962
DOS ALEGRES GAVILANES • 1963
DOS INOCENTES MUJERIEGOS • 1963
HERMANOS BARRIGAN, LOS • 1963
PUEBLO FANTASMA, EL • GHOST TOWN, THE • 1963
SOMBRA DEL MANO NEGRA, LA • 1963
TEXANO, EL • 1963
AVENTURA AL CENTRO DE LA TIERRA • ADVENTURE AT THE CENTRE OF THE EARTH • 1964
CADA OVEJA CON SU PAREJA • 1964
ENDEMONIADOS DEL RING, LOS • 1964
MANO QUE APRIETA, LA • 1964
NEUTRON CONTRA EL CRIMINAL SADICO • 1964
NEUTRON CONTRA LOS ASESINOS DEL KARATE • NEUTRON BATTLES THE KARATE ASSASSINS (USA) • 1964
NOVIOS DE MIS HIJAS, LOS • 1964
PARA TODAS HAY • 1964
GIGANTES PLANETARIOS • GIGANTES INTERPLANETARIOS ○ PLANETARY GIANTS • 1965
MUJER SIN PRECIO • 1965
PLANETA DE LAS MUJERES INVASORAS, EL • PLANET OF THE WOMEN INVADERS, THE • 1965
SECRETO DEL TEXANO, EL • 1965
VUELVE EL TEXANO • 1965
COMO PESCAR MARIDO • 1966
PASION OCULTA • 1966
SANTO CONTRA LA INVASION DE LOS MARCIANOS • SANTO VERSUS THE MARTIAN INVASION ○ SANTO EL ENMASCARADO DE PLATA VS. LA INVASION DE LOS MARCIANOS • 1966
SANTO EL ENMASCARADO DE PLATA VS. LOS VILLANOS DEL RING • 1966
VENUS MALDITA, LA • 1966
BLUE DEMON EN PASAPORTE A LA MUERTE • BLUE DEMON IN PASSPORT TO DEATH ○ BLUE DEMON PASSPORT TO DEATH • 1968
SEGUIRE TUS PASOS • I'LL FOLLOW IN YOUR STEPS • 1968
SANTO Y EL AGUILA REAL • 1971
SANTO CONTRA LA MAGIA NEGRA • SANTO AGAINST THE BLACK MAGIC • 1972
PODER NEGRO • BLACK POWER • 1974
HORA DEL JAGUAR, LA • 1977
DINASTIA DE DRACULA, LA • 1978
MEXICANO FEO, EL • UGLY AMERICAN, THE • 1983

CRICHTON CHARLES - UKN - 1910-
FOR THOSE IN PERIL • 1944
DEAD OF NIGHT • 1945
PAINTED BOATS • GIRL ON THE CANAL, THE (USA) • 1945
HUE AND CRY • 1947
AGAINST THE WIND • 1948
ANOTHER SHORE • 1948
TRAIN OF EVENTS • 1949
DANCE HALL • 1950
LAVENDER HILL MOB, THE • 1951
HUNTED • STRANGER IN BETWEEN, THE (USA) • 1952
TITFIELD THUNDERBOLT, THE • 1953
DIVIDED HEART, THE • 1954
LOVE LOTTERY, THE • 1954
MAN IN THE SKY • DECISION AGAINST TIME (USA) • 1957
FLOODS OF FEAR • 1958
LAW AND DISORDER • 1958
BATTLE OF THE SEXES, THE • 1959
BOY WHO STOLE A MILLION, THE • 1961
THIRD SECRET, THE • 1964
HE WHO RIDES A TIGER • 1965
TOMORROW'S ISLAND • 1968 • SHT
LONDON -THROUGH MY EYES • 1970 • DCS
COSMIC PRINCESS • SPACE 1999: COSMIC PRINCESS • 1976 • MTV
ALIEN ATTACK • SPACE 1999: ALIEN ATTACK • 1977 • MTV
PERISHING SOLICITORS • 1983 • SHT
FISH CALLED WANDA, A • 1988

CRICHTON MICHAEL - Novelist - USA - 1942-
PURSUIT • BINARY ○ EXPLOSION • 1972 • TVM
WESTWORLD • 1973
COMA • 1978
GREAT TRAIN ROBBERY, THE • FIRST GREAT TRAIN ROBBERY, THE (UKN) • 1979
LOOKER • 1981
RUNAWAY • 1984
PHYSICAL EVIDENCE • SMOKE • 1989

CRICHTON ROBIN - UKN
TIME FOR THE HARVEST • 1963
CUMBERNAULD -TOWN FOR TOMORROW • 1970 • DOC
GREAT MILL RACE, THE • 1975

CRICK ALAN - Animator - UKN
SUBMARINE CONTROL • 1949 • ANS
AS OLD AS THE HILLS • 1950 • ANS

CRILLY SPENCE - USA
TROPIC OF SCORPIO • 1968
SISTERS IN LEATHER • SISTERS IN LEATHERETTE • 1969
DANISH & BLUE • 1970

CRINLEY WILLIAM A. - USA
RADIO DETECTIVE, THE • 1926 • SRL

CRIPPEN FRED - USA
PERFORMING PAINTER • 1956 • ANS

CRIPPS ERIK - UKN
CALLING ALL DRIVERS • DOC
PICTURE PAPER • DOC

CRISANTI GABRIELE - ITL
VIVA D'ARTAGNAN • 1977

CRISCI GIOVANNI - ITL
PRIMA E DOPO L'AMORE.. UN GRIDO D'ALLARME • BEFORE AND AFTER SEX • 1972

CRISOSTOMO FELY - PHL
AT SA NGALAN NG PAG-IBIG • AND IN THE NAME OF LOVE • 1967
KAPG PUSO'Y SINUGATAN • WHEN THE HEART IS WOUNDED • 1967
O! PAGSINTANG LABIS • OH! SUPREME LOVE • 1967
SHADOW, THE • 1967
GAANO KITA KAMAHAL • HOW MUCH I LOVE YOU • 1968
KAILANMA'Y DI KA MAG-IISA • NEVER WILL YOU BE ALONE • 1968
OH! MY PAPA • 1968
ESCARLATA • 1969
PRINCE CHARMING NI LOLA CINDERELLA, MGA • 1969

CRISP DONALD - Actor - UKN - 1880-1974
ANOTHER CHANCE • 1914
AT DAWN • 1914
AVAILING PRAYER, THE • 1914
DOWN THE HILL TO CREDITVILLE • 1914
HER BIRTHDAY PRESENT • 1914
HER FATHER'S SILENT PARTNER • 1914
HER MOTHER'S NECKLACE • 1914
HIS MOTHER'S TRUST • 1914
IDIOT, THE • 1914
LITTLE COUNTRY MOUSE, THE • 1914
MYSTERIOUS SHOT, THE • 1914
NEWER WOMAN, THE • 1914
NIGGARD, THE • 1914
PAID WITH INTEREST • 1914
SANDS OF FATE • 1914
TAVERN OF TRAGEDY, THE • 1914
THEIR FIRST ACQUAINTANCE • 1914
WARNING, THE • 1914
HOW HELEN GOT EVEN • 1915
OLD FASHIONED GIRL, AN • 1915
RAMONA • 1916
BOND BETWEEN, THE • 1917
CLEVER MRS. CARFAX, THE • MRS. CARFAX THE CLEVER • 1917
COOK OF CANYON CAMP, THE • 1917
COUNTESS CHARMING, THE • 1917
EYES OF THE WORLD, THE • 1917
HIS SWEETHEART • 1917
LOST IN TRANSIT • 1917
MARCELLINI MILLIONS, THE • 1917
ROADSIDE IMPRESARIO, A • 1917
BELIEVE ME, XANTIPPE • 1918
FIREFLY OF FRANCE, THE • 1918
GOAT, THE • 1918
HOUSE OF SILENCE, THE • 1918
JULES OF THE STRONG HEART • 1918
LESS THAN KIN • 1918
PURSUIT, THE • 1918
RIMROCK JONES • 1918
SOURCE, THE • 1918
WAY OF A MAN WITH A MAID, THE • 1918
IT PAYS TO ADVERTISE • 1919
JOHNNY GET YOUR GUN • 1919
POOR BOOB • 1919
PUTTING IT OVER • VILLAGE CUT-UP, THE • 1919
SOMETHING TO DO • 1919
UNDER THE TOP • 1919
VENUS IN THE EAST • 1919
VERY GOOD YOUNG MAN, A • 1919
WHY SMITH LEFT HOME • 1919
HELD BY THE ENEMY • 1920
LOVE INSURANCE • 1920

MISS HOBBS • 1920
SIX BEST CELLARS, THE • 1920
TOO MUCH JOHNSON • 1920
APPEARANCES • 1921
BARBARIAN, THE • 1921
BESIDE THE BONNIE BRIER BUSH • BONNIE BRIAR BUSH, THE ○ BONNIE BRIER BUSH, THE • 1921
PRINCESS OF NEW YORK, THE • 1921
TELL YOUR CHILDREN • 1922
PONJOLA • 1923
NAVIGATOR, THE • 1924
DON Q, SON OF ZORRO • 1925
MAN BAIT • 1926
SUNNY SIDE UP • FOOTLIGHTS • 1926
YOUNG APRIL • 1926
DRESS PARADE • 1927
FIGHTING EAGLE, THE • BRIGADIER GERARD • 1927
NOBODY'S WIDOW • 1927
VANITY • 1927
COP, THE • 1928
STAND AND DELIVER • 1928
RUNAWAY BRIDE, THE • COOKING HER GOOSE • 1930

CRISPINO ARMANDO – ITL – 1925–

PIACEVOLI NOTTI, LE • 1966
JOHNNY IL BASTARDO • JOHN THE BASTARD ○ JOHN IL BASTARDO • 1967
COMMANDOS • HIMMELFAHRTSKOMMANDO EL ALAMEIN (FRG) • 1968
FACCIA DA SCHIAFFI • 1969
ETRUSCO UCCIDE ANCORA, L' • DEAD ARE ALIVE, THE (USA) ○ ETRUSCANS KILL AGAIN, THE • 1972
BADESSA DI CASTRO, LA • 1974
FRANKENSTEIN ALL'ITALIANA • FRANKENSTEIN ITALIAN STYLE • 1975
MACCHIE SOLARI • 1975
PRENDIMI STRAZIAMI CHE BRUCIO DI PASSIONE • 1976

CRISTALLINI GIORGIO – ITL – 1921–
WARNER GEORGE

GIUDICATEMI • DRAMMA AL LUNA PARK • 1948
PRIGIONIERA DI AMALFI, LA • 1953
ACCADDE TRA LE SBARRE • 1955
OPERAZIONE MITRA • INCUBO E FINITO, L' • 1955
ERCOLE ALLA CONQUISTA DI ATLANTIDE • HERCULES AND THE CONQUEST OF ATLANTIS ○ HERCULES CONQUERS ATLANTIS ○ HERCULE A LA CONQUETE DE L'ATLANTIDE ○ HERCULES AND THE HAUNTED WOMEN ○ HERCULES AND THE CAPTIVE WOMEN • 1961
QUATTRO PISTOLERI DI SANTA TRINITA, I • 1971
SEI JELLATO AMICO.. HAI INCONTRATO SACRAMENTO • 1972
GABBIANI VOLANO BASSO, I • 1978

CRISTIANI JEAN-NOEL – FRN – 1947–

SILENCE DES ORGANES, LE • 1975 • DOC

CRISTIANI QUIRINO – ARG

PELUDOPOLIS • 1931 • ANM

CRITCHLOW KEITH F. – USA

CALIFORNIA REICH, THE • 1976 • DOC

CRNOBRNJA STANKO – YGS

HAJDE DA SE VOLIMO JOS JEDAMPUT • LET'S MAKE LOVE ONCE AGAIN • 1989

CROBU G. G. – ITL

GRANDE IDEA, LA • 1959

CROCCOLO CARLO – ITL
MOORE LUCKY

BLACK KILLER • 1971
PISTOLA PER CENTO CROCI, UNA • 1971

CROCKWELL DOUGLAS – USA

FANTASMAGORIA • 1946 • SHT
GLEN FALLS SEQUENCE • GLENN FALLS SEQUENCE • 1946 • SHT
LONG BODIES, THE • 1947 • ANS

CROFT DAVID – UKN

NOT NOW, DARLING • 1972

CROISE HUGH – UKN

FROM HEN TO HOSPITAL • 1916
JUDGED BY APPEARANCES • 1916
FOUR MEN IN A VAN • 1921
COWGIRL QUEEN, THE • 1922
ALWAYS TELL YOUR WIFE • 1923
AFFAIR AT THE NOVELTY THEATRE, THE • 1924
BRIGHTON MYSTERY, THE • 1924
HAPPY PRISONER, THE • 1924
HOCUSSING OF CIGARETTE, THE • 1924
KENSINGTON MYSTERY, THE • AFFAIR OF DARTMOOR TERRACE, THE • 1924
MYSTERY OF BRUDENELL COURT, THE • 1924
MYSTERY OF DOGSTOOTH CLIFF, THE • 1924
MYSTERY OF THE KHAKI TUNIC, THE • 1924
NORTHERN MYSTERY, THE • 1924
OLD MAN IN THE CORNER, THE • 1924 • SER
REGENT'S PARK MYSTERY, THE • 1924
TRAGEDY OF BARNSDALE MANOR, THE • 1924
TREMARNE CASE, THE • 1924
YORK MYSTERY, THE • 1924
BALL OF FORTUNE, THE • 1926
DREAM FACES • 1926
FAMOUS SONG SCENAS • 1926 • SER
IRISH IMMIGRANT, THE • 1926
LEGEND OF TICHBORNE DOLE, THE • 1926
SHIPMATES • 1926
SONGS MY MOTHER SANG • 1926
SONGS OF THE WEST COUNTREE • 1926
VETERAN, THE • 1926
BARRISTER, THE • 1928
BURGLAR AND THE GIRL, THE • 1928
GRANDFATHER SMALLWEED • 1928
JOINING UP • 1928
NAP • 1928
ORDERLY ROOM, THE • 1928
RAW RECRUIT, THE • 1928
SAFETY FIRST • 1928
SCROOGE • 1928
THAT BRUTE SIMMONS • CAMERA COCKTALES • 1928
VICTORIA GIRLS SKIPPING • MUSICAL MEDLEY NO.6 • 1928
VICTORIA GIRLS, THE • MUSICAL MEDLEY NO.1 • 1928
BRIDE, THE • 1929
DOING HIS DUTY • 1929
JOSSER, K.C. • 1929
MRS. MEPHISTOPHELES • 1929
SPIRITS • 1929

CROISSANT CLAUS – GRM

JAZZ EXPATRIATES • 1980 • DOC

CROITORU ALECU – RMN

AGES OF MAN, THE • 1969

CROMBIE DON see **CROMBIE DONALD**

CROMBIE DONALD – ASL – 1942–
CROMBIE DON

AIRCRAFT AT WORK • 1966 • DOC
IT'S SO EASY • 1966 • DOC
IS ANYBODY DOING ANYTHING ABOUT IT? • 1967 • SHT
CANBERRA • 1968 • DOC
SAILOR • 1968 • DOC
PERSONNEL OR PEOPLE • 1969 • SHT
PLANE MATES • 1969 • SHT
TOP END • 1970 • SHT
TURNOVER • 1970 • SHT
CHOICE, THE • 1971 • SHT
EXPLOSIVES -THE TWO METRE LIFELINE • 1972 • DOC
OUR LAND AUSTRALIA • 1972 • DOC
FIFTH FACADE, THE • 1973 • SHT
I NEED MORE STAFF • 1973 • SHT
KILKENNY PRIMARY SCHOOL • 1973 • DOC
ONE GOOD REASON • 1973 • SHT
STRADBROKE INFANTS SCHOOL SOUTH AUSTRALIA • 1973 • DOC
WHO KILLED JENNY LANGBY? • 1974 • DOC
THREE WORKSHOP FILMS • 1975
CADDIE • 1976
DO I HAVE TO KILL MY CHILD? • 1976 • MTV
IRISHMAN, THE • 1978
CATHY'S CHILD • CATHIE'S CHILD • 1979
JIM • 1980 • DOC
KILLING OF ANGEL STREET, THE • 1981
KITTY AND THE BAGMAN • 1982
ROBBERY UNDER ARMS • 1985
PLAYING BEATIE BOW • TIME GAMES • 1986

CROME JOHN – UKN

SUPERSHOW • 1970
NAKED CELL, THE • 1987

CROMMIE DAVE – USA

NUTCRACKER, THE

CROMPTON REGINALD – UKN

NIPPER AND THE CURATE • CURATE, THE • 1916

CROMWELL JOHN – USA – 1887–1979

CLOSE HARMONY • 1929
DANCE OF LIFE, THE • BURLESQUE • 1929
MIGHTY, THE • 1929
FOR THE DEFENSE • 1930
SEVEN DAYS LEAVE • MEDALS (UKN) • 1930
STREET OF CHANCE • 1930
TEXAN, THE • BIG RACE, THE (UKN) • 1930
TOM SAWYER • 1930
RICH MAN'S FOLLY • 1931
SCANDAL STREET • UNFIT TO PRINT • 1931
UNFAITHFUL • 1931
VICE SQUAD • 1931
WORLD AND THE FLESH • 1932
ANN VICKERS • 1933
DOUBLE HARNESS • 1933
SILVER CORD, THE • 1933
SWEEPINGS • 1933
FOUNTAIN, THE • BREAKING THE NEWS • 1934
OF HUMAN BONDAGE • 1934
SPITFIRE • TRIGGER • 1934
THIS MAN IS MINE • TRANSIENT LOVE • 1934
I DREAM TOO MUCH • 1935
JALNA • 1935
VILLAGE TALE • 1935
BANJO ON MY KNEE • 1936
LITTLE LORD FAUNTLEROY • 1936
TO MARY -WITH LOVE • 1936
PRISONER OF ZENDA, THE • 1937
ALGIERS • 1938
ABE LINCOLN IN ILLINOIS • SPIRIT OF THE PEOPLE (UKN) ○ SO GREAT A MAN • 1939
IN NAME ONLY • KIND MEN MARRY, THE ○ MEMORY OF LOVE • 1939
MADE FOR EACH OTHER • 1939
VICTORY • 1940
SO ENDS OUR NIGHT • FLOTSAM • 1941
SON OF FURY • SON OF FURY -THE STORY OF BENJAMIN BLAKE • 1942
SINCE YOU WENT AWAY • 1944
ENCHANTED COTTAGE, THE • 1945
ANNA AND THE KING OF SIAM • 1946
DEAD RECKONING • 1947
NIGHT SONG • 1947
ADVENTURE IN BALTIMORE • BACHELOR BAIT (UKN) ○ BALTIMORE ESCAPADE • 1949
CAGED • LOCKED IN • 1950
COMPANY SHE KEEPS, THE • WALL OUTSIDE, THE • 1951
RACKET, THE • 1951
GODDESS, THE • 1958
SCAVENGERS, THE • CITY OF SIN • 1959
MATTER OF MORALS, A • SISTA STEGEN, DE (SWD) • 1960

CRONE GEORGE J. – USA – 1894–

NEVER SAY DIE • 1924
INTRODUCE ME • 1925
FLOATING COLLEGE, THE • 1928
BLAZE O' GLORY • 1929
ASI ES LA VIDA • 1930
RENO • 1930
WHAT A MAN! • GENTLEMAN CHAUFFEUR, THE (UKN) ○ HIS DARK CHAPTER ○ THEY ALL WANT SOMETHING • 1930
GET THAT GIRL • 1931
SPEED MADNESS • 1931

CRONENBERG DAVID – CND – 1943–

TRANSFER • 1966
FROM THE DRAIN • 1967 • SHT
STEREO • 1969
CRIMES OF THE FUTURE • 1970
LIE CHAIR, THE • 1975
PARASITE MURDERS, THE • SHIVERS (UKN) ○ THEY CAME FROM WITHIN ○ FRISSONS • 1975
VICTIM, THE • 1975
ITALIAN MACHINE, THE • 1976
RABID • 1976
FAST COMPANY • 1978
BROOD, THE • CLINIQUE DE LA TERREUR, LA ○ CHROMOSOME 3 • 1979
SCANNERS • 1980
VIDEODROME • 1982
DEAD ZONE, THE • 1983
FLY, THE • 1986
FRIDAY'S CURSE 5: THE EXECUTIONER/ FAITH HEALER • 1988 • MTV
TWINS • DEAD RINGERS • 1988

CROSBY WILLIAM G. – USA

ENCHANTED ISLAND, THE • 1927

CROSFIELD MICHAEL – UKN

CHEMISTRY OF OIL • 1954 • DOC
MODERN OIL REFINERY, A • 1954 • DOC

CROSFIELD PAUL H. – UKN

MANOLIS • 1962

CROSLAND ALAN – USA – 1894–1936

APPLE-TREE GIRL, THE • 1917
CHRIS AND THE WONDERFUL LAMP • 1917
FRIENDS, ROMANS AND LEO • 1917 • SHT
KIDNAPPED • 1917
KNIGHTS OF THE SQUARE TABLE • 1917
LIGHT IN DARKNESS • 1917
LITTLE CHEVALIER, THE • 1917
STORY THAT THE KEG TOLD ME, THE • 1917 • SHT
UNBELIEVER, THE • 1918
WHIRLPOOL, THE • 1918
COUNTRY COUSIN, THE • 1919
BROADWAY AND HOME • 1920
FLAPPER, THE • 1920
GREATER THAN FAME • 1920
POINT OF VIEW, THE • 1920
YOUTHFUL FOLLY • SOCIETY PEOPLE • 1920
IS LIFE WORTH LIVING? • 1921
ROOM AND BOARD • 1921
WORLDS APART • 1921
FACE IN THE FOG, THE • 1922
PROPHET'S PARADISE, THE • 1922
SHADOWS OF THE SEA • 1922
SLIM SHOULDERS • 1922
SNITCHING HOUR, THE • 1922
WHY ANNOUNCE YOUR MARRIAGE? • DECEIVERS, THE • 1922
ENEMIES OF WOMEN, THE • 1923
UNDER THE RED ROBE • 1923
MIAMI • 1924
SINNERS IN HEAVEN • 1924
THREE WEEKS • ROMANCE OF A QUEEN, THE (UKN) • 1924
UNGUARDED WOMEN • 1924
BOBBED HAIR • 1925
COMPROMISE • 1925
CONTRABAND • 1925
DON JUAN • 1926
BELOVED ROGUE, THE • RAGGED LOVER, THE • 1927
JAZZ SINGER, THE • 1927
OLD SAN FRANCISCO • 1927
WHEN A MAN LOVES • HIS LADY • 1927
GLORIOUS BETTY • 1928
SCARLET LADY, THE • SCARLET WOMAN, THE (UKN) • 1928
GENERAL CRACK • 1929
ON WITH THE SHOW • 1929
BIG BOY • 1930
CAPTAIN THUNDER • GAY CABALLERO, THE • 1930
FURIES, THE • 1930
SONG OF THE FLAME • 1930
VIENNESE NIGHTS • 1930
CHILDREN OF DREAMS • 1931
SILVER LINING, THE • THIRTY DAYS • 1932
WEEK ENDS ONLY • 1932
HELLO SISTER • CLIPPED WINGS (UKN) • 1933
CASE OF THE HOWLING DOG, THE • 1934
MASSACRE • 1934
MIDNIGHT ALIBI • OLD DOLL'S HOUSE • 1934
PERSONALITY KID, THE • 1934
GREAT IMPERSONATION, THE • 1935
IT HAPPENED IN NEW YORK • 1935
KING SOLOMON OF BROADWAY • 1935
LADY TUBBS • GAY LADY, THE (UKN) • 1935
MR. DYNAMITE • 1935
WHITE COCKATOO, THE • 1935

CROSLAND ALAN JR. – USA

FURY RIVER • 1959 • MTV
NEW ADVENTURES OF WONDER WOMAN, THE • 1977 • TVM

CROSS J. H. MARTIN – UKN

LONE SCOUT, THE • 1929
WHEN SCOUTING WON • 1930

CROSS STEPHEN – UKN

SECRET WORLD OF ODILON REDON, THE • 1973

CROUCH WILLIAM FOREST – Producer – USA – 1904–

SOUTHERN COMFORT • 1940 • SHT
CALDONIA • 1945 • SHT
EAGER BEAVER • 1945 • SHT
FRIM FRAM SAUCE • 1945 • SHT
I'M HOMESICK, THAT'S ALL • 1945 • SHT
OLD GREY MARE • 1945 • SHT
ROMANCE WITHOUT FINANCE • 1945 • SHT
SOUTHERN SCANDAL • 1945 • SHT
T.G. BOOGIE WOOGIE • 1945 • SHT
BOY AND THE GIRL FROM NORTH AND SOUTH CAROLINA, THE • 1946 • SHT
COME TO BABY DO • 1946 • SHT
COUNT ME OUT • 1946 • SHT
CRAWL, RED, CRAWL • 1946 • SHT
DON'T BE A BABY, BABY • 1946 • SHT
DRINK HEARTY • 1946 • SHT
ERRAND BOY FOR RHYTHM • 1946 • SHT
GOT A PENNY BENNY • 1946 • SHT
JUVENILE JURY • 1946 • SHT
MILLENIUM JUMP • 1946 • SHT
MOP • 1946 • SHT
MY BOTTLE IS DRY • 1946 • SHT
SIZZLE WITH SISSIE • 1946 • SHT
THEY RAIDED THE JOINT • 1946 • SHT
TIME TAKES CARE OF EVERYTHING • 1946 • SHT
WHO DUNIT TO WHO? • 1946 • SHT
REET, PETITE AND GONE • 1947 • SHT
ECHO RANCH • 1948 • SHT
HIDDEN VALLEY DAYS • 1948 • SHT

CROUSE AVERY – USA

EYES OF FIRE • CRYING BLUE SKY • 1985
INVISIBLE KID, THE • 1988

CROW DEAN – USA
GEEK • BACKWOODS • 1987
TWICE UNDER • 1988

CROWE CAMERON – USA
SAY ANYTHING • 1989

CROWE CHRISTOPHER – USA
STREETS OF JUSTICE • 1985 • TVM
OFF LIMITS • SAIGON (UKN) • 1988

CROWLEY LAWRENCE – USA
BIG FOOT -MAN OR BEAST • 1975
IN SEARCH OF BIG FOOT • 1976 • DOC

CROWLEY WILLIAM X. – USA
TRAIL OF THE YUKON • 1949

CRUCHTEN PAUL – LXM
SOMEWHERE IN EUROPE • 1988 • SHT

CRUDO ALDO – ITL
VECCHIO CINEMA.. CHE PASSIONE! • 1957

CRUICKSHANKS DICK – SAF
BLUE LAGOON, THE • 1923

CRUMP OWEN – Screenwriter – USA
CEASE FIRE • 1953
RIVER CHANGES, THE • 1956
COUCH, THE • 1962

CRUZ ABRAHAM – PHL
BISIG NG LIPUNAN • ARM OF SOCIETY • 1967
KARATE KID • 1967
USIGIN ANG MAITIM NA BUDHI • PROSECUTE THE BLACKHEARTED • 1967
VAGABOND • 1967
ARMALITE COMMANDOS • 1968
RATON ARIEL • 1968

CRUZ JAVIER – MXC
MIL CAMINOS TIENE LA MUERTE • THOUSAND ROADS -THOUSAND DEATHS • 1976

CRUZ JOSE MIRANDA – PHL
EAGLE COMMANDOS • 1968
RED BERET (HIGHWAY PATROL) • 1968
WALANG HARI SA BATAS • 1968
PUSSY CAT • 1969
PUSSY CAT STRIKES AGAIN • 1969
HIWA NG LAGIM • HIWAGA NG LAGIM? ○ MYSTERY AND TERROR • 1970
WILD WILD PUSSYCAT • 1970

CRUZE JAMES – Actor – USA – 1884–1942
JAZZ
TOO MANY MILLIONS • 1918
ALIAS MIKE MORAN • 1919
DUB, THE • 1919
HAWTHORNE OF THE U.S.A. • HAWTHORNE THE ADVENTURER • 1919
LOTTERY MAN, THE • 1919
LOVE BURGLAR, THE • 1919
ROARING ROAD, THE • 1919
VALLEY OF THE GIANTS • 1919
YOU'RE FIRED • 1919
ADVENTURE IN HEARTS, AN • CAPTAIN DIEPPE (UKN) • 1920
ALWAYS AUDACIOUS • 1920
FOOD FOR SCANDAL • 1920
FULL HOUSE, A • 1920
MRS. TEMPLE'S TELEGRAM • 1920
SINS OF ST. ANTHONY, THE • SIN OF ST. ANTHONY, THE • 1920
TERROR ISLAND • SALVAGE • 1920
WHAT HAPPENED TO JONES • 1920
CHARM SCHOOL, THE • 1921
CRAZY TO MARRY • 1921
DOLLAR-A-YEAR MAN, THE • 1921
FAST FREIGHT, THE • VIA FAST FREIGHT ○ FREIGHT PREPAID • 1921
GASOLINE GUS • 1921
LEAP YEAR • SKIRT SHY • 1921
DICTATOR, THE • 1922
IS MATRIMONY A FAILURE? • 1922
OLD HOMESTEAD, THE • 1922
ONE GLORIOUS DAY • EK • 1922
THIRTY DAYS • 1922
COVERED WAGON, THE • 1923
HOLLYWOOD • 1923
RUGGLES OF RED GAP • 1923
TO THE LADIES • 1923
CITY THAT NEVER SLEEPS, THE • 1924
ENEMY SEX, THE • 1924
FIGHTING COWARD, THE • 1924
GARDEN OF WEEDS, THE • 1924
MERTON OF THE MOVIES • 1924
BEGGAR ON HORSEBACK • 1925
GOOSE HANGS HIGH, THE • 1925
MARRY ME • 1925
PONY EXPRESS • 1925
WAKING UP THE TOWN • END OF THE WORLD, THE (?) • 1925
WELCOME HOME • 1925
MANNEQUIN • 1926
OLD IRONSIDES • SONS OF THE SEA (UKN) • 1926
WAITER FROM THE RITZ, THE • 1926
CITY GONE WILD, THE • 1927
WE'RE ALL GAMBLERS • 1927
EXCESS BAGGAGE • 1928
MATING CALL, THE • 1928
ON TO RENO • 1928
RED MARK, THE • 1928
DUKE STEPS OUT, THE • 1929
GREAT GABBO, THE • 1929
MAN'S MAN, A • 1929
ONCE A GENTLEMAN • 1930
SHE GOT WHAT SHE WANTED • DISCONTENT • 1930
SALVATION NELL • MEN WOMEN LOVE (UKN) • 1931
IF I HAD A MILLION • 1932
WASHINGTON MERRY-GO-ROUND • INVISIBLE POWER (UKN) • 1932
I COVER THE WATERFRONT • FRISCO WATERFRONT • 1933
MR. SKITCH • 1933
RACETRACK • 1933
SAILOR BE GOOD • TARS AND FEATHERS • 1933
DAVID HARUM • 1934
THEIR BIG MOMENT • AFTERWARDS (UKN) • 1934
HELLDORADO • 1935
TWO-FISTED • TWO FISTED ○ GETTING SMART • 1935
SUTTER'S GOLD • 1936
WRONG ROAD, THE • TREASURE HUNT • 1937
COME ON LEATHERNECKS • 1938
GANGS OF NEW YORK • 1938
PRISON NURSE • 1938

CRVENKOVSKI STEVA – YGS
JUZNA PATEKA • SOUTHERN TRAIL, THE ○ SOUTHERN COURSE, THE ○ JUZNA STAZA • 1983

CSAKY MICK – UKN
PLAYING THE ENVIRONMENT GAME • 1973 • SHT
HOW DOES IT FEEL • 1976

CSEPCSANYI BELA – NRW
MAKARONI BLUES • MACARONI BLUES • 1985

von CSEREPY ARZEN – GRM
von CZEREPY ARZEN • von WIEDER KONRAD
COLOMBA • 1918
MADAME D'ORA • 1918
BALLSKANDAL • 1919
SCHRECKENSNACHT IM IRRENHAUSE IVOY, DIE • 1919
FRIDERICUS REX (EIN KONIGSSCHICKSAL) 1 • STURM UND DRANG • 1922
FRIDERICUS REX (EIN KONIGSSCHICKSAL) 2 • VATER UND SOHN • 1922
FRIDERICUS REX (EIN KONIGSSCHICKSAL) 3 • SANSSOUCI • 1923
FRIDERICUS REX (EIN KONIGSSCHICKSAL) 4 • SCHICKSALSWENDE • 1923
CHORAL VON LEUTHEN, DER • ANTHEM OF LEUTHEN, THE • 1933
MADCHEN MIT POKURA, EIN • 1934
NUR NICHT WEICH WERDEN, SUSANNE! • 1934

CSOKE JOZSEF – HNG
HUNGARY TODAY • 1965 • DOC
MARGARET • 1965 • DOC
TEN GOLDEN MEDALS • 1965 • DOC
VISIT IN HUNGARY, A • 1965 • DOC
EUROPEAN CHAMPIONS • 1966 • DOC
IN THE TRACES OF THE BALL • 1966 • DOC
BUDAPEST -CITY OF SPORTS • 1967 • DOC
HALLO, HERE'S MEXICO • 1967 • DOC
MASTER OF GYMNASTICS • 1967 • DOC
PADDLING IN A KAYAK • 1967 • DOC
SIQUEIROS • 1968 • DOC

CUCHI VICTOR – VNZ
ENTERRADOR DE CUENTOS, EL • GRAVEDIGGER OF STORIES, THE • 1978

CUELLAR ALFREDO B. – MXC
ESCANDALO, EL • 1920

CUELLAR URIZAR – BLV
CHASKANAWI, LA • 1976

CUERDA JOSE LUIS – SPN
PARES Y NONES • ODDS AND EVENS • 1983
BOSQUE ANIMADO, EL • ANIMATED FOREST, THE • 1988

CUERI CHARLES – USA
HUMMINGBIRD • SHAFFER JAMES P. • 1968 • SHT

CUI WEI – CHN
HONG YU • CRIMSON RAIN • 1975

CUKIER JACKIE – FRN
CHAMBRE A PART • 1989

CUKOR GEORGE – USA – 1899–1983
GRUMPY • 1930
ROYAL FAMILY OF BROADWAY, THE • THEATRE ROYAL • 1930
VIRTUOUS SIN, THE • CAST IRON (UKN) ○ GENERAL, THE • 1930
GIRLS ABOUT TOWN • 1931
TARNISHED LADY • NEW YORK LADY • 1931
ANIMAL KINGDOM, THE • WOMAN IN HIS HOUSE, THE (UKN) • 1932
BILL OF DIVORCEMENT, A • 1932
ONE HOUR WITH YOU • 1932
ROCKABYE • 1932
WHAT PRICE HOLLYWOOD? • TRUTH ABOUT HOLLYWOOD, THE • 1932
DINNER AT EIGHT • 1933
LITTLE WOMEN • 1933
OUR BETTERS • 1933
NO MORE LADIES • 1935
PERSONAL HISTORY, ADVENTURES, EXPERIENCE AND OBSERVATION OF DAVID COPPERFIELD THE YOUNGER, THE • DAVID COPPERFIELD • 1935
CAMILLE • 1936
ROMEO AND JULIET • 1936
SYLVIA SCARLETT • 1936
HOLIDAY • FREE TO LIVE (UKN) ○ UNCONVENTIONAL LINDA • 1938
ZAZA • 1938
GONE WITH THE WIND • 1939
WOMEN, THE • 1939
PHILADELPHIA STORY, THE • 1940
SUSAN AND GOD • GAY MRS. TREXEL, THE (UKN) • 1940
TWO-FACED WOMAN • 1941
WOMAN'S FACE, A • 1941
HER CARDBOARD LOVER • 1942
KEEPER OF THE FLAME • 1942
GASLIGHT • MURDER IN THORTON SQUARE, THE (UKN) • 1944
I'LL BE SEEING YOU • DOUBLE FURLOUGH • 1944
RESISTANCE AND OHM'S LAW • 1944 • DOC
WINGED VICTORY • 1944
DESIRE ME • WOMAN OF MY OWN, A • 1947
DOUBLE LIFE, A • DOUBLE TROUBLE ○ IMAGINATION • 1948
EDWARD MY SON • 1948
ADAM'S RIB • 1949
BORN YESTERDAY • 1950
LIFE OF HER OWN, A • 1950
MODEL AND THE MARRIAGE BROKER, THE • KITTY AND THE MARRIAGE BROKER • 1951
MARRYING KIND, THE • 1952
PAT AND MIKE • 1952
ACTRESS, THE • 1953
IT SHOULD HAPPEN TO YOU • NAME FOR HERSELF, A • 1954
STAR IS BORN, A • 1954
BHOWANI JUNCTION • 1956
LES GIRLS • 1957
WILD IS THE WIND • 1957
HOT SPELL • 1958
HELLER IN PINK TIGHTS • HELLER WITH A GUN • 1960
LET'S MAKE LOVE • 1960
SONG WITHOUT END • 1960
CHAPMAN REPORT, THE • 1962
SOMETHING'S GOTTA GIVE • 1962
MY FAIR LADY • 1964
JUSTINE • 1969
TRAVELS WITH MY AUNT • 1972
LOVE AMONG THE RUINS • 1975 • TVM
SINYAYA PTITSA • BLUE BIRD, THE (USA) • 1975
CORN IS GREEN, THE • 1978 • TVM
RICH AND FAMOUS • 1981
SECRET AFFAIRS • 1982

CUKULIC ZIVAN – YGS
MALI COVEK • LITTLE MAN • 1957

CULHANE JAMES – Animator – USA
MERRY KITTENS, THE • 1935 • ANS
BOOGIE WOOGIE MAN • 1943 • ANS
MEATLESS TUESDAY • 1943 • ANS
PASS THE BISCUITS MIRANDY • 1943 • ANS
ABOU BEN BOOGIE • 1944 • ANS
BARBER OF SEVILLE, THE • 1944 • ANS
BEACH NUT, THE • 1944 • ANS
FISH FRY • 1944 • ANS
GREATEST MAN IN SIAM, THE • 1944 • ANS
JUNGLE JIVE • 1944 • ANS
PAINTER AND THE POINTER, THE • 1944 • ANS
PIED PIPER OF BASIN STREET, THE • 1944 • ANS
SKI FOR TWO • WOODY PLAYS SANTA • 1944 • ANS
CHEW-CHEW BABY • 1945 • ANS
DIPPY DIPLOMAT, THE • 1945 • ANS
LOOSE NUT, THE • 1945 • ANS
WOODY WOODPECKER IN WOODY DINES OUT • 1945 • ANS
FAIR WEATHER FRIENDS • FAIR WEATHER FIENDS • 1946 • ANS
MOUSIE COME HOME • 1946 • ANS
RECKLESS DRIVER, THE • 1946 • ANS
WHO'S COOKIN' WHO? • 1946 • ANS

CULHANE SHAMUS – Animator – USA
BALMY KNIGHT, A • 1966 • ANS
POTIONS AND NOTIONS • 1966 • ANS
ALTER EGOIST • 1967 • ANS
BROTHER BAT • 1967 • ANS
FORGET-ME-NUTS • 1967 • ANS
FROM ORBIT TO ORBIT • 1967 • ANS
HALT, WHO GOES THERE? • 1967 • ANS
HIGH BUT NOT DRY • 1967 • ANS
MY DADDY THE ASTRONAUT • 1967 • ANS
OPERA CAPER, THE • 1967 • ANS
PLUMBER, THE • 1967 • ANS
ROBIN HOODWINKED • 1967 • ANS
SPACE SQUID, THE • 1967 • ANS
SQUAW PATH, THE • 1967 • ANS
STUBBORN COWBOY, THE • 1967 • ANS
STUCK-UP WOLF, THE • 1967 • ANS
THINK OR SINK • 1967 • ANS
TRIP, THE • 1967 • ANS

CULLEN ROBERT see **CULLEN ROBERT J.**

CULLEN ROBERT J. – UKN
CULLEN ROBERT
EVERY MOTHER'S SON • 1926
YIDDISHER BAND, THE • 1926
KING'S CUP, THE • 1933

CULLIMORE ALAN see **CULLIMORE ALAN J.**

CULLIMORE ALAN J. – Producer – UKN – 1922–
CULLIMORE ALAN
CLOUDED CRYSTAL, THE • 1948
VENGEANCE IS MINE • 1949
LET'S GO CRAZY • 1951

CULLINGHAM MARK – USA
PRINCESS WHO HAD NEVER LAUGHED, THE • 1984 • MTV
CINDERELLA • 1985 • MTV
SUNDAY DRIVE • 1986 • TVM

CULLISON WEBSTER – USA
GIRL STAGE DRIVER, THE • 1914
SHADOWS OF THE HARBOR • 1915
IDOLS • 1916
IN FOR THIRTY DAYS • 1919
VEILED MYSTERY, THE • 1920 • SRL
FIGHTING STRANGER, THE • 1921
GOD'S CHILD • 1921
LAST CHANCE, THE • 1921
BATTLING BATES • 1923
KING OF THE JUNGLE • 1927 • SRL

CULP ROBERT – Actor – USA – 1930–
OPERATION BREADBASKET • 1969
HICKEY AND BOGGS • 1972

CUMMINGS EUGENE – USA
CRIME PATROL, THE • 1936

CUMMINGS IRVING – Actor – USA – 1888–1959
BROAD DAYLIGHT • IN BROAD DAYLIGHT (UKN) • 1922
ENVIRONMENT • CHICAGO SAL • 1922
FLESH AND BLOOD • 1922
JILT, THE • EXILED • 1922
MAN FROM HELL'S RIVER, THE • HELL'S RIVER • 1922
PAID BACK • 1922
BROKEN HEARTS OF BROADWAY • 1923
DRUG TRAFFIC • 1923
EAST SIDE -WEST SIDE • 1923
DANCING CHEAT, THE • 1924
FOOLS' HIGHWAY • 1924
IN EVERY WOMAN'S LIFE • 1924
RIDERS UP • WHEN JOHNNY COMES MARCHING HOME • 1924
ROSE OF PARIS, THE • 1924
STOLEN SECRETS • 1924
AS A MAN DESIRES • 1925
DESERT FLOWER, THE • 1925
INFATUATION • 1925
JUST A WOMAN • 1925
ONE YEAR TO LIVE • 1925
BERTHA THE SEWING MACHINE GIRL • 1926

COUNTRY BEYOND, THE • 1926
JOHNSTOWN FLOOD, THE • FLOOD, THE (UKN) • 1926
MIDNIGHT KISS, THE • PIGS • 1926
RUSTLING FOR CUPID • 1926
BRUTE, THE • 1927
DRESSED TO KILL • 1928
PORT OF MISSING GIRLS, THE • 1928
ROMANCE OF THE UNDERWORLD • ROMANCE AND BRIGHT LIGHTS • 1928
BEHIND THAT CURTAIN • 1929
IN OLD ARIZONA • 1929
NOT QUITE DECENT • 1929
CAMEO KIRBY • 1930
DEVIL WITH WOMEN, A • ON THE MAKE • 1930
ON THE LEVEL • 1930
CISCO KID, THE • 1931
HOLY TERROR, A • 1931
ATTORNEY FOR THE DEFENSE • 1932
MAN AGAINST WOMAN • 1932
NIGHT CLUB LADY, THE • 1932
MAD GAME, THE • 1933
MAN HUNT • DIAMOND CUT DIAMOND • 1933
WOMAN I STOLE, THE • 1933
GRAND CANARY • 1934
I BELIEVED IN YOU • DISILLUSION • 1934
WHITE PARADE, THE • 1934
CURLY TOP • 1935
IT'S A SMALL WORLD • 1935
GIRLS' DORMITORY • 1936
NOBODY'S FOOL • 1936
POOR LITTLE RICH GIRL, THE • 1936
WHITE HUNTER • 1936
MERRY-GO-ROUND OF 1938 • 1937
VOGUES • WALTER WANGER'S VOGUES OF 1938 ○ VOGUES OF 1938 ○ ALL THIS AND GLAMOUR TOO • 1937
JUST AROUND THE CORNER • 1938
LITTLE MISS BROADWAY • 1938
EVERYTHING HAPPENS AT NIGHT • 1939
HOLLYWOOD CAVALCADE • FALLING STARS • 1939
STORY OF ALEXANDER GRAHAM BELL, THE • MODERN MIRACLE, THE (UKN) ○ ALEXANDER GRAHAM BELL • 1939
DOWN ARGENTINE WAY • 1940
LILLIAN RUSSELL • 1940
BELLE STARR • 1941
LOUISIANA PURCHASE • 1941
THAT NIGHT IN RIO • ROAD TO RIO • 1941
MY GAL SAL • 1942
SPRINGTIME IN THE ROCKIES • 1942
SWEET ROSIE O'GRADY • 1943
WHAT A WOMAN! • BEAUTIFUL CHEAT, THE (UKN) ○ TEN PERCENT WOMAN • 1943
IMPATIENT YEARS, THE • 1944
DOLLY SISTERS, THE • 1945

CUMMINGS IRVING JR. – USA
DOUBLE DYNAMITE • IT'S ONLY MONEY • 1951

CUMMINGS JACK – Producer – USA – 1900–
SWING HIGH • 1932 • SHT
ALLEZ OOP • 1933
MOTORCYCLE MANIA • 1933 • SHT
ATTENTION SUCKERS • 1934 • SHT
TAKING CARE OF BABY • 1934

CUMMINGS R. E. – USA
TRICKSTERS, THE • 1916

CUMMINGS ROBERT – USA
JIM SLOCUM NO.46393 • 1916 • SHT

CUMMINS BRIAN – UKN
TWENTY-NINE • 1969 • SHT
UNDERTAKERS, THE • 1969 • SHT

CUMMINS G. THOMAS – UKN
RING OF STEEL • 1940

CUNARD GRACE – Actress – USA – 1894–1967
TWIN'S DOUBLE, THE • 1914
WASHINGTON AT VALLEY FORGE • 1914
BROKEN COIN, THE • 1915 • SRL
CAMPBELLS ARE COMING, THE • 1915
HER BETTER SELF • 1916 • SHT
LADY RAFFLES RETURNS • MASTER CROOKS, THE • 1916 • SHT
UNEXPECTED, THE • 1916 • SHT
PURPLE MASK, THE • 1917 • SRL
UNMASKED • 1917 • SHT

CUNEO ANNE – SWT
SIGNES DE TERRE, SIGNES DE CHAIR • 1984

CUNHA RICHARD see **CUNHA RICHARD E.**

CUNHA RICHARD E. – USA
CUNHA RICHARD
GIANT FROM THE UNKNOWN • 1958
SHE DEMONS • 1958
FRANKENSTEIN'S DAUGHTER • SHE MONSTER OF THE NIGHT • 1959
MISSILE TO THE MOON • 1959
GIRL IN ROOM 13 • 1961

CUNHA TELES see **TELES ANTONIO DA CUNHA**

CUNIOT ALAIN – FRN – 1929–
NATURALISEE, LA • 1962 • SHT
OR ET LE PLUMB, L' • GOLD AND LEAD • 1966
DESIRADE, LA • 1968

CUNLIFF DON – USA
SCAR HANAN • 1925

CUNLIFFE DAVID – UKN
SECRET LIVES OF THE BRITISH PRIME MINISTERS: ASQUITH, THE • ASQUITH: THE TAX SCANDAL ○ SIR HENRY ASQUITH ○ ASQUITHS, THE • 1983 • MTV

CUNNINGHAM JULIE – ASL
DOUBLE X • 1986 • SHT

CUNNINGHAM SEAN see **CUNNINGHAM SEAN S.**

CUNNINGHAM SEAN S. – USA – 1941–
CUNNINGHAM SEAN
CASE OF THE FULL MOON MURDERS • SEX ON THE GROOVE TUBE • 1971
TOGETHER • SENSUAL PARADISE (UKN) • 1972 • DOC
CASE OF THE SMILING STIFF, THE • 1974
HERE COME THE TIGERS • MANNY'S ORPHANS • 1978
FRIDAY THE 13TH • 1980
STRANGER IS WATCHING, A • 1982
SPRING BREAK • 1983
NEW KIDS, THE • STRIKING BACK • 1985
DATING DELILAH • 1987
DEEP STAR SIX • DEEPSTAR SIX • 1988

CUNY LOUIS – FRN – 1907–1962
VOIE TRIOMPHALE, LA • 1936
MERMOZ • 1942
HOMMAGE A GEORGES BIZET • 1943
ETRANGE DESTIN • 1945
BEAU VOYAGE, LE • 1946
FEMME EN ROUGE, LA • 1946
TOUS LES DEUX • 1948
IL AUT QU'UNE PORTE SOIT OUVERTE OU FERME • 1949
DEMAIN, NOUS DIVORCONS • 1950
PLUME AU VENT • PLUMA AL VIENTO (SPN) • 1952
BONJOUR TOUBIB • 1956
SYMPHONIE POUR UN HOMME SEUL • SYMPHONY FOR A LONELY MAN • 1956
CINE BALLETS DE PARIS • 1959
MAGIC COIFFEUR • 1961 • SHT

CURI GIANDOMENICO – ITL
LAMBADA • 1990

CURIEL FEDERICO – MXC
CON LA MISMA MONEDA • 1959
LATIGO NEGRO CONTRA LOS FARSANTES, EL • 1959
MALDICION DE NOSTRADAMUS, LA • CURSE OF NOSTRADAMUS, THE (USA) • 1959
MARCA DEL GAVILAN, LA • 1959
MUERTE PASA LISTA, LA • 1959
CAZADORES DE CABEZAS • HEAD HUNTERS • 1960
DINAMITA KID • 1960
NEUTRON CONTRA EL DOCTOR CARONTE • NEUTRON VS. THE AMAZING DR. CARONTE (USA) • 1960
NEUTRON, EL ENMASCARADO NEGRO • NEUTRON AND THE BLACK MASK (USA) ○ BLACK-MASKED NEUTRON • 1960
NOSTRADAMUS, EL GENIO DE LAS TINIEBLAS • NOSTRADAMUS, GENIUS FROM THE DARK ○ GENII OF DARKNESS (USA) • 1960
NOSTRADAMUS Y EL DESTRUCTOR DE MONSTRUOS • NOSTRADAMUS AND THE DESTROYER OF MONSTERS ○ MONSTER DEMOLISHER (USA) • 1960
SANGRE DE NOSTRADAMUS, LA • BLOOD OF NOSTRADAMUS, THE (USA) • 1960
SANGRE EN EL RING • 1960
SECUESTRO EN ACAPULCO • 1960
AUTOMATAS DE LA MUERTE, LOS • NEUTRON AGAINST THE DEATH ROBOTS (USA) ○ ROBOTS OF DEATH, THE • 1961
BARRANCA SANGRIENTA, LA • 1961
ENCAPUCHADOS DEL INFIERNO, LOS • 1961
SANTO CONTRA EL CEREBRO DIABOLICO • SANTO VS. THE DIABOLICAL BRAIN • 1961
SANTO CONTRA EL REY DEL CRIMEN • SANTO VS. THE KING OF CRIME • 1961
SANTO EN EL HOTEL DE LA MUERTE • HOTEL DE LA MUERTE ○ SANTO IN THE HOTEL OF THE DEAD • 1961
VENGANZA DEL RESUCITADO, LA • VENGEANCE OF THE REVIVED CORPSE, THE • 1961
HERMANAS X, LAS • 1962
TESORO DEL REY SALOMON, EL • 1962
VENGADORAS ENMASCARADAS, LAS • 1962
DESHEREDADOS, LOS • 1963
DOS GALLERAS, LAS • 1963
HIJAS DEL ZORRO, LAS • 1963
INVENCIBLES, LAS • 1963
ARANAS INFERNALES • CEREBROS DIABOLICOS ○ HELLISH SPIDERS • 1966
DEMONIOS SOBRE RUEDAS • 1966
IMPERIO DE DRACULA, EL • MUJERES DE DRACULA, LAS ○ EMPIRE OF DRACULA (USA) ○ WOMEN OF DRACULA, THE • 1966
SOMBRA DEL MURCIELAGO, LA • SHADOW OF THE BAT, THE • 1966
CANALLAS, LOS • DESPICABLE ONES, THE ○ SCOUNDRELS, THE ○ INFERNAL ANGELS • 1968
MARIA ISABEL • 1968
SANTO EN LA VENGANZA DE LAS MUJERES VAMPIRO • VENGANZA DE LAS MUJERES VAMPIRO, LA ○ VENGEANCE OF THE VAMPIRE WOMEN, THE ○ SANTO IN THE REVENGE OF THE VAMPIRE WOMEN • 1968
VAMPIRAS, LAS • VAMPIRE GIRLS, THE ○ VAMPIRES, THE • 1968
MISION SUICIDA • SUICIDE MISSION (USA) • 1971
VUELVEN LOS CAMPEONES JUSTICIEROS • CHAMPIONS OF JUSTICE RETURN, THE • 1972

CURIEL HERBERT – NTH
CURIEL HERBERT H. A.
CANCER RISING • 1975
JAAR VAN DE KREEFT, HET • YEAR OF THE CANCER • 1975
CHA CHA • 1980
RITUELEN • RITUALS • 1988

CURIEL HERBERT H. A. see **CURIEL HERBERT**

CURIEL MIGUEL – VNZ
NOCHE ORIENTAL, LA • ORIENTAL NIGHT, THE • 1986

CURIK JAN – Cameraman – CZC – 1924–
BLOUDENI • WANDERING • 1965

CURLING JONATHAN – UKN
SONG OF THE SHIRT • 1980

CURLIS HANS – GRM
DONAU -VOM SCHWARZWALD BIS ZUM SCHWARZEN MEER, DIE • DANUBE, THE • 1929

CURNOE GREG – Painter – CND – 1936–
SOUWESTO • 1947–69
CONNEXIONS • 1970

CURRAN PETER – UKN
CHERRY PICKER, THE • 1973
PENELOPE PULLS IT OFF • SEXY PENELOPE • 1975
TOUCH OF THE SUN • 1980

CURRAN W. HUGHES see **CURRAN WILLIAM HUGHES**

CURRAN WILLIAM see **CURRAN WILLIAM HUGHES**

CURRAN WILLIAM HUGHES – USA
CURRAN W. HUGHES • CURRAN WILLIAM
BLAZE AWAY • 1922
FRESHIE, THE • 1922
TRAIL OF HATE • 1922
KNOCK ON THE DOOR, THE • 1923
PREPARED TO DIE • 1923
SCARLET YOUTH • 1928
TRIAL MARRIAGE • ABOUT TRIAL MARRIAGE • 1928
UNGUARDED GIRLS • 1929

CURREY JACK – USA
RUN THE WILD RIVER • 1971 • DOC

CURRIE ANTHONY – USA
PINK CHAQUITAS, THE • 1986

CURRIER FRANK – USA – 1857–1928
BILLY'S MELODRAMA • 1916 • SHT
DID HE OR DID HE NOT? • 1916 • SHT
DOUBLE DOUBLE CROSS, THE • 1916
FREDDY AIDS MATRIMONY • 1916 • SHT
FREDDY FOILS THE FLOATERS • 1916 • SHT
FREDDY THE FIXER • 1916 • SHT
FREDDY VERSUS HAMLET • 1916 • SHT
FREDDY'S LAST BEAN • 1916 • SHT
FREDDY'S NARROW ESCAPE • 1916 • SHT
FUR COAT, THE • 1916 • SHT
HARD JOB, A • 1916 • SHT
HAROLD THE NURSE GIRL • 1916 • SHT
HIS HARD JOB • 1916 • SHT
HIS LUCKY DAY • 1916 • SHT
LUCKY TUMBLE, A • 1916 • SHT
MAKING AN IMPRESSION • 1916 • SHT
PA'S OVERALLS • 1916 • SHT
PERFECT DAY, A • 1916 • SHT
WEARY WILLIE'S BIRTHDAY • 1916 • SHT
WRONG BEDS • 1916 • SHT

CURTEIS IAN – UKN – 1935–
PROJECTED MAN, THE • 1966

CURTHOYS – UKN
BORDER WEAVE • 1942 • DCS

CURTI ALFREDO – ITL
MISTERI DEL MATO GRASSO, I • 1953 • DOC

CURTIN LAWRENCE – USA
ONE MINUTE TO MIDNIGHT • 1988

CURTIS ALLEN – USA
ALMOST AN ACTRESS • 1913
CHEESE SPECIAL, THE • 1913
HIS PRICELESS TREASURE • 1913
POOR JAKE'S DEMISE • 1913
THROWING THE BULL • 1913
AT THE BEACH INCOGNITO • 1915
AT THE BINGVILLE BARBECUE • 1915
BRAVEST OF THE BRAVE • 1915
CHILLS AND CHICKENS • 1915
DAD'S AWFUL CRIME • DAD'S AWFUL DEED • 1915
DAY AT THE SAN DIEGO FAIR, A • 1915
DIP IN THE WATER, A • 1915
DUEL AT DAWN, A • 1915
DUKE FOR A DAY • 1915
FATAL KISS, THE • 1915
FREAKS • 1915
HE COULDN'T FOOL HIS MOTHER-IN-LAW • 1915
HE COULDN'T SUPPORT HIS WIFE • 1915
HIRAM'S INHERITANCE • 1915
HOW BILLY GOT HIS RAISE • 1915
LADY BAFFLES AND DETECTIVE DUCK IN KIDNAPPING THE KING'S KIDS • 1915
LADY BAFFLES AND DETECTIVE DUCK IN SAVED BY A SCENT • 1915
LADY BAFFLES AND DETECTIVE DUCK IN THE DREAD SOCIETY OF SACRED SAUSAGES • 1915
LADY BAFFLES AND DETECTIVE DUCK IN " THE GREAT EGG ROBBERY" • 1915
LADY BAFFLES AND DETECTIVE DUCK IN THE LOST ROLL • 1915
LADY BAFFLES AND DETECTIVE DUCK IN THE ORE MYSTERY • 1915
LADY BAFFLES AND DETECTIVE DUCK IN THE 18-CARROT MYSTERY • 1915
LADY BAFFLES AND DETECTIVE DUCK IN WHEN THE WETS WENT DRY • 1915
LADY DOCTOR OF GRIZZLY GULCH, THE • 1915
LEMONADE AIDS CUPID • 1915
LOVER'S LUCKY PREDICAMENT, THE • 1915
MECHANICAL MAN, THE • 1915 • SHT
MILLIONAIRE FOR A MINUTE, A • 1915
MRS. PRUNE'S BOARDING HOUSE • 1915
MYSTERIOUS LADY BAFFLES AND DETECTIVE DUCK IN BAFFLES AIDS CUPID, THE • 1915
MYSTERIOUS LADY BAFFLES AND DETECTIVE DUCK IN THE SIGNAL OF THE THREE SOCKS, THE • 1915
MYSTERIOUS LADY BAFFLES AND DETECTIVE DUCK IN THE SIGN OF THE SACRED SAFETY PIN, THE • 1915
NO BABIES ALLOWED • 1915
OPERA SINGER'S ROMANCE, THE • 1915
PETE'S AWFUL CRIME • 1915
REJUVENATION OF LIZA JANE, THE • 1915
RIGHT OFF THE REEL • 1915
SAVED BY A SCENT • 1915
SLIGHTLY MISTAKEN • 1915
THEIR BEWITCHED ELOPEMENT • 1915
VILLAGE SMITHY, THE • 1915
WAY HE WON THE WIDOW, THE • 1915
WEDDING BELLS SHALL RING • 1915
WHEN SCHULTZ LED THE ORCHESTRA • 1915
ALL AROUND CURE, AN • 1916 • SHT

BASHFUL CHARLEY'S PROPOSAL • 1916 • SHT
DARK SUSPICION, A • 1916 • SHT
DEACON STOPS THE SHOW, THE • 1916 • SHT
ELIXIR OF LIFE, THE • 1916 • SHT
FALL OF DEACON STILLWATERS, THE • 1916
FATHER GETS IT WRONG • 1916 • SHT
HAREM SCAREM DEACON, THE • 1916 • SHT
HERITAGE OF VALOR • 1916 • SHT
HIS HIGHNESS THE JANITOR • 1916 • SHT
HUBBY PUTS ONE OVER • 1916 • SHT
IN ONION THERE IS STRENGTH • 1916 • SHT
IT NEARLY HAPPENED • FIFTY-FIFTY • 1916 • SHT
I'VE GOT YER NUMBER • 1916 • SHT
JITNEY DRIVER'S ROMANCE, THE • 1916 • SHT
KATE'S AFFINITIES • KATE'S LOVER'S KNOT • 1916 • SHT
LEAP AND LOOK THEREAFTER • 1916 • SHT
LOVE LAUGHS AT THE LAW • 1916 • SHT
LOVE QUARANTINED • 1916 • SHT
MARRIAGE FOR REVENGE, A • 1916 • SHT
MRS. GREEN'S MISTAKE • 1916 • SHT
MUCHLY MARRIED • 1916 • SHT
RAFFLE FOR A HUSBAND, A • 1916 • SHT
SHE WAS SOME VAMPIRE • 1916 • SHT
SHE WROTE A PLAY AND PLAYED IT • 1916 • SHT
SOUP AND NUTS • 1916 • SHT
STAGE VILLAIN, A • 1916 • SHT
THOSE FEMALE HATERS • 1916 • SHT
WIFE FOR A RANSOM, A • 1916 • SHT
YOU WANT SOMETHING • 1916 • SHT
BACK TO THE KITCHEN • 1917 • SHT
BARE LIVING, A • 1917 • SHT
BURGLAR'S BRIDE, A • 1917 • SHT
BUSTING INTO SOCIETY • 1917 • SHT
CIRCUS SARAH • 1917 • SHT
FLAT HARMONY • 1917 • SHT
GALE OF VERSE, A • 1917 • SHT
GOOD MORNING NURSE • 1917 • SHT
HER NAUGHTY CHOICE • 1917 • SHT
HIS FAMILY TREE • 1917 • SHT
I QUIT • 1917 • SHT
IT'S CHEAPER TO BE MARRIED • 1917 • SHT
KITCHENELLA • 1917 • SHT
MAKING MONKEY BUSINESS • 1917 • SHT
MARBLE HEADS • 1917 • SHT
MASKED MARVELS, THE • 1917 • SHT
MRS. MADAM MANAGER • 1917 • SHT
NEARLY A QUEEN • 1917 • SHT
NOT TOO THIN TO FIGHT • 1917 • SHT
PAPERHANGER'S REVENGE, THE • 1917 • SHT
SHAME OF THE BULLCON, THE • 1917 • SHT
SHORT SKIRTS AND DEEP WATER • 1917 • SHT
SIMPLE SAPHO • 1917 • SHT
SOME NURSE • 1917 • SHT
SOME NURSE • 1917 • SHT
SOUBRETTE, THE • 1917 • SHT
STINGER STUNG, THE • 1917 • SHT
SWEARING OFF • 1917 • SHT
THOUSAND DOLLAR DROP, THE • 1917 • SHT
TIGHTWAD, THE • 1917 • SHT
TWITCHING HOUR, THE • 1917 • SHT
VAMP OF THE CAMP, THE • 1917 • SHT
WART ON THE WIRE, THE • 1917 • SHT
WATER ON THE BRAIN • 1917 • SHT
WOMAN IN THE CASE, A • 1917 • SHT
BORROWED BABY, THE • 1918 • SHT
BUTLER'S BLUNDER, THE • 1918 • SHT
BUTTER AGAIN • 1918 • SHT
BY HECK, I'LL SAVE HER • 1918 • SHT
CAVE MAN STUFF • 1918 • SHT
FROM CATERPILLAR TO BUTTERFLY • 1918 • SHT
HE COULDN'T FOOL HIS WIFE • 1918 • SHT
IT'S A CRUEL WORLD • 1918 • SHT
KITCHEN HERO, A • 1918 • SHT
LOVE'S LUCKY DAY • 1918 • SHT
NOTHING BUT NERVE • 1918 • SHT
OH, MAN! • 1918 • SHT
PAPER HANGER'S REVENGE, THE • 1918 • SHT
PASSING THE BOMB • 1918 • SHT
RIP-ROARING RIVALS • 1918 • SHT
SHIFTY SHOPLIFTER, THE • 1918 • SHT
SHIP, OY, OY! • 1918 • SHT
WHO'S TO BLAME? • 1918 • SHT
WHO'S YOUR WIFE? • 1918 • SHT
WIDOW'S CAMOUFLAGE, A • 1918 • SHT
WOOING OF COFFEE-CAKE KATE, THE • 1918 • SHT
HERO 'N EVERYTHING, A • 1920 • SHT
THREE PAIRS OF STOCKINGS • 1920 • SHT

CURTIS DAN - USA - 1928-

DARK SHADOWS • HOUSE OF DARK SHADOWS • 1970
NIGHT OF DARK SHADOWS • CURSE OF DARK SHADOWS • 1971
NIGHT STRANGLER, THE • TIME KILLER, THE • 1972 • TVM
DRACULA • 1973
NORLISS TAPES, THE • 1973 • TVM
GREAT ICE RIP-OFF, THE • 1974 • TVM
INVASION OF CAROLS ENDERS, THE • 1974 • TVM
MELVIN PURVIS, G-MAN • LEGEND OF MACHINE GUN KELLY, THE (UKN) ○ MELVIN PURVIS ○ G-MAN • 1974 • TVM
SCREAM OF THE WOLF • 1974 • TVM
TURN OF THE SCREW • 1974 • TVM
KANSAS CITY MASSACRE, THE • 1975 • TVM
TRILOGY OF TERROR • 1975 • TVM
BURNT OFFERINGS • 1976
CURSE OF THE BLACK WIDOW • LOVE TRAP • 1977 • TVM
DEAD OF NIGHT • 1977 • TVM
WHEN EVERY DAY WAS THE FOURTH OF JULY • 1978 • TVM
LAST RIDE OF THE DALTON GANG, THE • 1979 • TVM
MRS. R'S DAUGHTER • 1979
SUPERTRAIN • EXPRESS TO HORROR • 1979 • TVM
LONG DAYS OF SUMMER, THE • 1980 • TVM

CURTIS DOUGLAS - USA

HAZING, THE • CURIOUS CASE OF THE CAMPUS CORPSE, THE ○ CAMPUS CORPSE, THE • 1978

CURTIS EDWARD SHERIFF - USA

IN THE LAND OF THE HEAD HUNTERS • 1914

CURTIS GLEN - USA

TALE OF A TELEGRAM, THE • 1916 • SHT

CURTIS JACK - Producer - USA - 1926-

FLESH EATERS, THE • 1964

CURTIS MARTIN - UKN

SHIP COMES TO ANTWERP, A • 1953

CURTIS TERRY - USA

MORT DE BELLE, LA • PASSION OF SLOW FIRE, THE (USA) ○ END OF BELLE, THE • 1961

CURTIZ MICHAEL - HNG - 1888-1962

KERTESZ MICHAEL • KERTESZ MIHALY • COURTICE MICHAEL

MA ES HOLNAP • TODAY AND TOMORROW • 1912
UTOLSO BOHEM, AZ • LAST BOHEMIAN, THE • 1912
HAZASOKIK AZ URAM • MY HUSBAND LIES • 1913
MARTA • 1913
RABLELEK • CAPTIVE SOUL • 1913
ARANYASO • GOLDEN SHOVEL, THE • 1914
BANK BAN • 1914
EJSZAKA RABJA, AZ • SLAVES OF THE NIGHT • 1914
HERCEGNO PONGYOLABAN, A • PRINCESS PONGYOLA • 1914
KOLCSONKERT CSECSEMOK, A • BORROWED BABIES • 1914
TOLONC, A • VAGRANT, THE • 1914
AKIT KETTEN SZERETNEK • LOVED BY TWO • 1915
TANITONO, A • 1915
DOKTOR UR • DOCTOR, THE • 1916
EZUST KECSKE, AZ • SILVER GOAT, THE • 1916
FARKAS, A • WOLF, THE • 1916
FEKETE SZIVARVANY, A • BLACK RAINBOW, THE • 1916
KARTHAUZI, A • CARTHUSIAN, THE • 1916
MAKKHETES • SEVEN OF CLUBS • 1916
MEDIKUS, A • APOTHECARY, THE • 1916
ARENDAS ZSIDO, AZ • JOHN, THE TENANT • 1917
BEKE UTJA, A • ROAD TO PEACE, THE • 1917
EZREDES, AZ • COLONEL, THE • 1917
FOLD EMBRE, A • MAN OF THE SOIL, THE • 1917
HALALSENGO, A • DEATH BELL, THE • 1917
HUSZAR A TELBEN • 1917
KRAJCAR TORTENETE, EGY • STORY OF A PENNY, THE • 1917
KURUZSLO, A • CHARLATAN, THE • 1917
MAGYAR FOLD EREJE, A • STRENGTH OF THE HUNGARIAN SOIL, THE • 1917
SENK FILIA, A • SENKI FIA, A ○ NOBODY'S SON • 1917
SZENTJOBI ERDO TITKA, A • SECRET OF ST. JOB FOREST, THE • 1917
TATARJARAS • INVASION • 1917
TAVASZ A TELBEN • SPRING IN WINTERTIME • 1917
UTOLSO HAJNAL, AZ • LAST DAWN, THE • 1917
VOROS SAMSON, A • RED SAMSON, THE • 1917
ZOARD MESTER • MASTER ZOARD • 1917
ALRAUNE • MANDRAKE • 1918
CSUNYA FIJU, A • UGLY BOY, THE • 1918
JUDAS • DUDAS • 1918
KILENCVENKILENC • NINETY NINE ○ KILENCVEN KILENC • 1918
LILIOM • 1918
LU, A KOKOTT • LU, THE COQUETTE ○ LU, THE COCOTTE • 1918
LULU • 1918
NAPRAFORGOS HOLGY, A • LADY WITH SUNFLOWERS, THE • 1918
ORDOG, AZ • DEVIL, THE • 1918
SKORPIO, A • SCORPION, THE • 1918
SZAMARBOR • DONKEY SKIN, THE • 1918
VARAZSKERINGO • MAGIC WALTZ • 1918
VIG OZVEGY, A • MERRY WIDOW, THE • 1918
DAME MIT DEM SCHWARZEN HANDSCHUH, DIE • LADY WITH THE BLACK GLOVE, THE • 1919
GOTTESGEISSEL, DIE • 1919
HERZOGIN SATANELLA • SATAN'S MEMOIRS (USA) • 1919
JON AZ OCSEM • JOHN THE YOUNGER BROTHER • 1919
ODETTE ET L'HISTOIRE DES FEMMES ILLUSTRES • 1919
WELLINGTONI REJTELY • WELLINGTON MYSTERY, THE • 1919
BOCCACCIO • 1920
DAME MIT DEN SONNENBLUMEN, DIE • 1920
MISS TUTTI FRUTTI • 1920
STERN VON DAMASKUS, DER • 1920
CHERCHEZ LA FEMME • 1921
FRAU DOROTHY'S BEKENNTNIS • DOROTHYS BEKENNTNIS • 1921
LABYRINTH DES GRAUENS • WEGE DES SCHRECKENS • 1921
SODOM UND GOMORRA • LEGENDE VON SUNDE UND STRAFE, DIE ○ QUEEN OF SIN AND THE SPECTACLE OF SODOM AND GOMORRAH, THE • 1922
JUNGE MEDARDUS, DER • 1923
LAWINE, DIE • AVALANCHE • 1923
NAMENLOS • SCHARLATAN, DER ○ FALSCHE ARZT, DER • 1923
EIN SPIEL UMS LEBEN • 1924
GENERAL BABKA • 1924
HARUN AL RASCHID • 1924
SKLAVENKONIGIN, DIE • MOON OVER ISRAEL ○ MOON OF ISRAEL • 1924
UNCLE VON SUMATRA, DER • UNCLE FROM SUMATRA, THE • 1924
SPIELZEUG VON PARIS, DAS • CELIMENE -LA POUPEE DE MONTMARTRE (FRN) ○ RED HEELS (USA) • 1925
FIAKER NR.13 • EINSPANNER NO.13 • 1926
GOLDENE SCHMETTERLING, DER • ROAD TO HAPPINESS, THE ○ GOLDEN BUTTERFLY, THE • 1926
THIRD DEGREE, THE • 1926
DESIRED WOMAN, THE • OUTPOST, THE • 1927
GOOD TIME CHARLEY • 1927
MILLION BID, A • 1927
NOAH'S ARK • 1928
TENDERLOIN • 1928
GAMBLERS, THE • 1929
GLAD RAG DOLL, THE • 1929
HEARTS IN EXILE • 1929
MADONNA OF AVENUE A, THE • 1929
BRIGHT LIGHTS • 1930
MAMMY • 1930
MATRIMONIAL BED, THE • MATRIMONIAL PROBLEM, A (UKN) • 1930
RIVER'S END, THE • 1930
SOLDIER'S PLAYTHING, A • SOLDIER'S PAY, A (UKN) • 1930
UNDER A TEXAS MOON • 1930
DAMON DES MEERES • MOBY DICK • 1931
GOD'S GIFT TO WOMEN • TOO MANY WOMEN (UKN) • 1931
MAD GENIUS, THE • 1931
ALIAS THE DOCTOR • 1932
CABIN IN THE COTTON • 1932
DOCTOR X • 1932
STRANGE LOVE OF MOLLY LOUVAIN, THE • TINSEL GIRL • 1932
WOMAN FROM MONTE CARLO, THE • 1932
FEMALE • 1933
GOODBYE AGAIN • 1933
KENNEL MURDER CASE, THE • 1933
KEYHOLE, THE • 1933
MYSTERY OF THE WAX MUSEUM, THE • WAX MUSEUM • 1933
PRIVATE DETECTIVE 62 • MAN KILLER • 1933
20,000 YEARS IN SING SING • 1933
BRITISH AGENT • 1934
JIMMY THE GENT • 1934
KEY, THE • HIGH PERIL • 1934
MANDALAY • 1934
BLACK FURY • 1935
CAPTAIN BLOOD • 1935
CASE OF THE CURIOUS BRIDE, THE • 1935
FRONT PAGE WOMAN • 1935
LITTLE BIG SHOT • 1935
CHARGE OF THE LIGHT BRIGADE, THE • 1936
WALKING DEAD, THE • 1936
KID GALAHAD • BATTLING BELLHOP • 1937
MOUNTAIN JUSTICE • 1937
PERFECT SPECIMEN, THE • 1937
STOLEN HOLIDAY • 1937
ADVENTURES OF ROBIN HOOD, THE • 1938
ANGELS WITH DIRTY FACES • 1938
FOUR DAUGHTERS • SISTER ACT • 1938
FOUR'S A CROWD • 1938
GOLD IS WHERE YOU FIND IT • 1938
DAUGHTERS COURAGEOUS • AMERICAN FAMILY ○ FAMILY REUNION • 1939
DODGE CITY • 1939
FOUR WIVES • 1939
PRIVATE LIVES OF ELIZABETH AND ESSEX, THE • ELIZABETH THE QUEEN ○ ELIZABETH AND ESSEX • 1939
SONS OF LIBERTY • 1939 • SHT
SANTA FE TRAIL • 1940
SEA HAWK, THE • 1940
VIRGINIA CITY • 1940
DIVE BOMBER • 1941
SEA WOLF, THE • 1941
CAPTAINS OF THE CLOUDS • 1942
CASABLANCA • 1942
YANKEE DOODLE DANDY • 1942
MISSION TO MOSCOW • 1943
THIS IS THE ARMY • 1943
JANIE • 1944
PASSAGE TO MARSEILLE • PASSAGE TO MARSEILLES • 1944
MILDRED PIERCE • 1945
ROUGHLY SPEAKING • 1945
NIGHT AND DAY • 1946
LIFE WITH FATHER • 1947
UNSUSPECTED, THE • 1947
ROMANCE ON THE HIGH SEAS • IT'S MAGIC (UKN) • 1948
FLAMINGO ROAD • 1949
LADY TAKES A SAILOR, THE • 1949
MY DREAM IS YOURS • 1949
BREAKING POINT, THE • 1950
BRIGHT LEAF • 1950
YOUNG MAN WITH A HORN • YOUNG MAN OF MUSIC (UKN) • 1950
FORCE OF ARMS • 1951
I'LL SEE YOU IN MY DREAMS • 1951
JIM THORPE -ALL AMERICAN • MAN OF BRONZE (UKN) • 1951
STORY OF WILL ROGERS, THE • 1952
JAZZ SINGER, THE • 1953
TROUBLE ALONG THE WAY • 1953
BOY FROM OKLAHOMA, THE • 1954
EGYPTIAN, THE • 1954
WHITE CHRISTMAS • 1954
WE'RE NO ANGELS • 1955
BEST THINGS IN LIFE ARE FREE, THE • 1956
SCARLET HOUR, THE • 1956
VAGABOND KING, THE • 1956
HELEN MORGAN STORY, THE • BOTH ENDS OF THE CANDLE (UKN) • 1957
KING CREOLE • 1958
PROUD REBEL, THE • 1958
HANGMAN, THE • 1959
MAN IN THE NET, THE • 1959
ADVENTURES OF HUCKLEBERRY FINN, THE • HUCKLEBERRY FINN • 1960
BREATH OF SCANDAL, A • OLYMPIA (ITL) • 1960
COMANCHEROS, THE • 1961
FRANCIS OF ASSISI • 1961

CURWOOD ROBERT - MXC

JUAN PISTOLAS • 1935
CHINA HILARIA, LA • 1938
AGUILA ROJA • 1941

CURY MARCO ANTONIO - BRZ

BARRELA • 1989

CUSACK MICHAEL - Animator - ASL

WALTZING MATILDA • 1985 • ANM

CUSHING BARTLEY - USA

FALL OF A NATION, THE • 1916

CUSHMAN RALPH - USA

SECRET FILE: HOLLYWOOD • SECRET FILES OF HOLLYWOOD • 1962

CUSUMANO RUDOLPH - USA

WILD ONES ON WHEELS • DRIVERS TO HELL • 1967

CUTAIA JON - USA

JUDGEMENT DAY • 1978

CUTTING JACK - USA

FARMYARD SYMPHONY • 1938 • ANS
UGLY DUCKLING, THE • 1939 • ANS

CUTTS GRAHAM - UKN - 1885-1958

COCAINE • WHILE LONDON SLEEPS • 1922
FLAMES OF PASSION • TIDES OF PASSION (USA) ○ WOMAN'S SECRET, A ○ CAUGHT IN THE MESH • 1922
WONDERFUL STORY, THE • 1922
PADDY THE NEXT BEST THING • 1923
WOMAN TO WOMAN • 1923
PASSIONATE ADVENTURE, THE • 1924
PRUDE'S FALL, THE • 1924
WHITE SHADOW, THE • WHITE SHADOWS (USA) • 1924
BLACKGUARD, THE • 1925

PRINZESSIN UND DER GEIGER, DIE • 1925
RAT, THE • 1925
SEA URCHIN, THE • 1926
TRIUMPH OF THE RAT, THE • 1926
CONFETTI • 1927
LETZTE NACHT, DIE • 1927
QUEEN WAS IN THE PARLOUR, THE • FORBIDDEN LOVE ○ FORBIDDEN CARGO • 1927
ROLLING ROAD, THE • 1927
SPIELERIN, DIE • CHANCE THE IDOL • 1927
EILEEN OF THE TREES • GLORIOUS YOUTH • 1928
GOD'S CLAY • 1928
RETURN OF THE RAT, THE • 1929
TEMPERANCE FETE, THE • 1931
LOOKING ON THE BRIGHT SIDE • 1932
LOVE ON THE SPOT • 1932
SIGN OF FOUR, THE • 1932
AS GOOD AS NEW • 1933
THREE MEN IN A BOAT • 1933
CAR OF DREAMS • 1935
OH DADDY! • 1935
AREN'T MEN BEASTS? • 1937
LET'S MAKE A NIGHT OF IT • RADIO REVUE OF 1937 • 1937
OVER SHE GOES • 1937
JUST WILLIAM • 1939
SHE COULDN'T SAY NO • 1939
MISS KNOWALL • SCAREMONGERS, THE • 1940
AIR TRANSPORT SUPPORT • 1945 • DCS
COMBINED OPERATIONS • 1945 • DCS
OUR DAILY BREAD • 1946 • DCS
9.2 INCH GUN, THE • 1947 • DCS

CVRCEK RADIM – CZC

TANA A DVA PISTOLNICI • TANA AND THE TWO SHARPSHOOTERS ○ BRNO TRAIL, THE • 1967
ZIRAFA V OKNE • GIRAFFE IN THE WINDOW, A • 1968
HODINA MODRYCH SLONU • HOUR OF THE BLUE ELEPHANTS, THE
MALY VELKY HOKEJISTA • LITTLE BIG HOCKEY PLAYER • 1982
ZA HUMNY JE DRAK • THERE'S A DRAGON A STONE'S THROW AWAY ○ DRAGON DOWN THE LANE • 1982
STRASIDLA Z VIKYRE • GHOSTS FROM THE ATTIC • 1987

CYRAN A. – UKN

LOVE WAGER, THE • 1933

CZECH J. – AUS

LUGNER UND DIE NONNE, DER • LIAR AND THE NUN, THE • 1967

CZEKALA RISARD see **CZEKALA RYSZARD**

CZEKALA RYSZARD – Animator – PLN – 1939–

CZEKALA RISARD

PTAK • BIRD, THE • 1968 • ANM
SYN • SON, THE • 1970 • ANM
APEL • ROLL-CALL ○ ROLL CALL • 1971 • ANS
WYPADEK • ACCIDENT, THE • 1971
SEKCJA ZWLOK • AUTOPSY • 1973 • ANM
WODA • 1975 • ANM
ZOFIA • SOPHIA • 1977
PRZEKLETA ZIEMIA • DAMNED SOIL • 1983

CZEKALSKI ANDRZEJ – PLN

OSTROZNIE YETI • BEWARE OF THE YETI • 1958

von CZEREPY ARZEN see **von CSEREPY ARZEN**

CZERNY LUDWIG – GRM

GOLDENE BRUCKE, DIE • 1917
ALFREDS TECHTELMECHTEL • 1919
GLUCKSSCHMIED, DER • 1919
MENUETT, DAS • 1919
KUSSVERBOT, DAS • 1920
MISS VENUS • 1921
JENSEITS DES STROMES • BEYOND THE RIVER • 1922
BLONDE GEISHA, DIE • 1923
MADEL VON PONTECUCULI, DAS • 1924

von CZIFFRA GEZA – GRM

WEISSE TRAUM, DER • 1943
HUNDSTAGE • 1944
LEUCHTENDE SCHATTEN • 1945
LIEBE NACH NOTEN • 1945
GLAUBE AN MICH • 1947
UNSTERBLICHE ANTLITZ, DAS • 1947
HIMMLISCHE WALZER, DER • 1948
KONIGIN DER LANDSTRASSE • 1948
GEFAHRLICHE GASTE • 1949
LAMBERT FUHLT SICH BEDROHT • 1949
DRITTE VON RECHTS, DER • 1950
GABRIELA • 1950
MANN, DER SICH SELBER SUCHT, DER • 1950
TALE OF FIVE CITIES, A • STORIA DI CINQUE CITTA (ITL) ○ TALE OF FIVE WOMEN, A • 1951
VERSCHLEIERTE MAJA, DIE • 1951
BUNTE TRAUM, DER • 1952
TANZENDE STERNE • 1952
SINGENDE HOTEL, DAS • 1953
GELD AUS DER LUFT • 1954
TANZ IN DER SONNE • 1954
BANDITEN DER AUTOBAHN • 1955
FALSCHE ADAM, DER • 1955
GESTOHLENE HOSE, DIE • 1956
MADCHEN MIT SCHWACHEM GEDACHTNIS • 1956
MUSIKPARADE • 1956
BEINE VON DOLORES, DIE • 1957
MUDE THEODOR, DER • 1957
SCHRAGE OTTO, DER • 1957
TANTE WANDA AUS UGANDA • 1957
NACHTSCHWESTER INGEBORG • 1958
WEHE, WENN SIE LOSGELASSEN • 1958
BOBBY DODD GREIFT, EIN • 1959
PETER SCHIESST DEN VOGEL AB • 1959
SALEM ALEIKUM • 1959
SCHLAG AUF SCHLAG • 1959
ALS GEHEILT ENTLASSEN • 1960
GAUNER IN UNIFORM • 1960
KRIMINALTANGO • 1960
JUNGE LEUTE BRAUCHEN LIEBE • 1961
KAUF DIR EINEN BUNTEN LUFT BALLON • 1961
ON THIN ICE • BIG FREEZE, THE • 1961
STERN FIEL VOM HIMMEL, EIN • 1961
FLEDERMAUS, DIE • 1962
NACHTS GING DAS TELEPHON • PHONE RINGS EVERY NIGHT, THE (USA) • 1962
SUSSE LEBEN DES GRAFEN BOBBY, DAS • 1962
VOGELHANDLER, DER • 1962
CHARLEY'S TANTE • 1963
AN DER DONAU, WENN DER WEIN BLUHT • 1965
PARADIES DER FLOTTEN SUNDER, DAS • PARADISE OF SMART SINNERS • 1968
JOSEFINE: DAS LIEBESTOLLE KATZCHEN • SCHOOL FOR VIRGINS (UKN) • 1972
SCHOOL FOR VIRGINS • 1975

CZINNER PAUL – HNG – 1890–1972

HOMO IMMANIS • UNMENSCH, DER • 1919
INFERNO • SPIEL MIT DEM TEUFER, DAS • 1920
NJU • UNVERSTANDENE FRAU, EINE ○ HUSBANDS OR LOVERS? • 1924
GEIGER VON FLORENZ, DER • IMPETUOUS YOUTH (UKN) ○ VIOLINIST OF FLORENCE, THE • 1926
LIEBE • HERZOGIN VON LANGEAIS, DIE ○ HISTOIRE DES TREIZE • 1927
DONA JUANA • 1928
FRAULEIN ELSE • 1929
WOMAN HE SCORNED, THE • WAY OF LOST SOULS, THE • 1929
ARIANE • 1931
ARIANE, JEUNE FILLE RUSSE • 1931
LOVES OF ARIANE, THE • ARIANE (USA) • 1931
MELO • 1932
TRAUMENDE MUND, DER • DREAMING MOUTH • 1932
CATHERINE THE GREAT • RISE OF CATHERINE THE GREAT, THE • 1934
DREAMING LIPS • 1935
ESCAPE ME NEVER • 1935
AS YOU LIKE IT • 1936
STOLEN LIFE • 1939
DON GIOVANNI • DON JUAN • 1955
KINGS AND QUEENS • 1956 • SHT
SALZBURG PILGRIMAGE • 1956 • SHT
BOLSHOI BALLET, THE • 1957
ROYAL BALLET, THE • 1960
ROSENKAVALIER, DER • 1962
ROMEO AND JULIET • 1966

CZURKO EDWARD – PLN – 1955–

HIGHWAY NUMBER 15 • 1965 • SHT
OLD TOWER, THE • 1967 • SHT
SCULPTURE OF RENAISSANCE • 1967 • DCS
JOZEF KOSTRZEVSKI • 1969 • SHT
LEON KRUCZKOVSKI • 1970 • SHT
AND THERE ARE 365 DAYS • 1971 • SHT
KORAL • 1974 • SHT
LET'S TALK ABOUT COMPUTERS • 1975 • SHT
FLYING TOY • 1978 • MTV
OPTIMIST • 1978 • MTV
SUMMER JOY • 1978 • MTV
YOUTH WITH A VIOLIN, THE • 1982 • SHT

DA CAMPO GIANNI – ITL

PAGINE CHIUSE • 1968
RAGAZZA DI PASSAGGIO, LA • 1971

DA COSTA MORTON – Stage director – USA – 1914–

AUNTIE MAME • 1958
MUSIC MAN, THE • 1962
ISLAND OF LOVE • NOT ON YOUR LIFE • 1963

DAALDER RENEE – NTH – 1944–

WAT EEN APPROACH • 1964 • SHT
1, 2, 3 RHAPSODIE • 1964 • SHT
BODY AND SOUL (PARTS I & II) • 1966
LICHAAM EN ZIEL • 1968 • SHT
BLANKE SLAVIN, DE • WHITE SLAVE, THE • 1969
MASSACRE AT CENTRAL HIGH • BLACKBOARD MASSACRE (UKN) • 1976
POPULATION: ONE • 1986

DABAT GRISHA see **DABAT GRISHA M.**

DABAT GRISHA M. – FRN

DABAT GRISHA

ET SATAN CONDUIT LE BAL • SATAN LEADS THE DANCE • 1962

DABORN JOHN – UKN

HISTORY OF WALTON, THE • 1953
BATTLE OF WANGAPORE, THE • 1955 • ANS
BRIDE AND GROOM • 1956 • SHT

DAD SEYFOLLAH – IRN

IN THE RAIN • 1985

DADA JORGE M. – MXC

TRAS LA REJA • 1936

DADAMIRASI – IND

RAJA VEETU PILLAI • SON OF A KING • 1967

DADIRAS DIMI see **DADIRAS DIMIS**

DADIRAS DIMIS – TRK – 1925–

DADIRAS DIMI

DHEKATOS TRITOS, O • THIRTEENTH MAN, THE • 1967
MIAS PENTARAS NIATA • PENNILESS YOUTH • 1967
PARTHENOS, O • VIRGIN, THE • 1967
AHORTAGOS, O • INSATIABLE, THE • 1968
STA SINORA TIS PRODOSIAS • OUT OF THE BORDERS OF TREASON • 1968
OHI • NO! • 1969
WILD PUSSYCAT, THE • 1969
MEGALI APOFASI • BIG DECISION • 1977

DADIRAS DINOS – GRC

TZAK O KAVALLARIS • JACK THE RIDER • 1979
VALITSA TOU PAPA, I • PRIEST'S SUITCASE, THE • 1979

DADMUN LEON E. – USA

LURE OF LOVE, THE • 1924
PEARL OF LOVE, THE • 1925

DADSON PHILIP – NZL

HUIA • TEST PICTURES • 1975

DAERT DANIEL – FRN – 1941–

DUMODA JACQUES

CAIN DE NULLE PART • VOYAGE POUR L'ENFER DES PASSIONS • 1969
DEBUTANT, LE • 1969
CHALEURS • S FOR SEX (UKN) ○ FEMME CREA L'AMANT, LA ○ CHALEUR ○ VOYAGEUR, LE ○ HOT AND ADOLESCENTS • 1970
DINGUE, LE • 1972
FELINES, LES • CATS, THE (UKN) • 1973
FILLES DE MALEMORT, LES • CARNAVAL DE MALEMORT, LE • 1973
PLEIN LES POCHES POUR PAS UN ROND • 1978

DAGAN ROBERT-PAUL – FRN – 1904–

DESARROI • ODETTE • 1946
ENNEMI SANS VISAGE, L' • 1946
PERE DE MADEMOISELLE, LE • FATHER OF THE GIRL, THE • 1953

DAGAY ATILJA – FRN

GRENOUILLES QUI DEMANDENT UN ROI, LES • FROGS WHO WANTED A KING, THE (USA) • 1969 • ANS

D'AGOSTINO ANTONIO – ITL

CERIMONIA DEI SENSI, LA • 1979

DAGRON ALFONSO GUMUCIO – BLV

SENORES GENERALES, SENORES CORONELES
DOMITILA DE CHUNGARA: THE WOMAN AND THE ORGANIZATION • 1980
EJERCITO EN VILLA ANTA, EL • ARMY IN VILLA ANTA, THE • 1980
LUIS ESPINAL EN EL PUEBLO • 1980

DAGUE JEAN-CLAUDE – FRN – 1938–

BAL DES VOYOUS, LE • KARIN UN CORPO CHE BRUCIA (ITL) ○ PLAYMATES (USA) ○ FEMMES, LES ○ SIN, SUN AND SEX • 1968
POUSSEZ-PAS GRAND-PERE DANS LE CACTUS • 1969
DESIRELLA • SEXTROVERT, THE (UKN) • 1970
HOMME QUI VIENT DE LA NUIT, L' • 1970

DAHALAN JUNAIDI – MLY

DHALAN JUNAIDI

TAKTIK • 1989
MAIN-MAIN HANTU • GHOST STORY • 1990

DAHL CHRISTER – SWD

LOSER SIG, DET • IT'LL WORK OUT • 1977 • MTV
LYFTET • SCORE, THE • 1977
SISTA BUDET • DON'T GET CAUGHT • 1980
ANTLIGEN! • AT LAST • 1983

DAHL GUSTAVO – BRZ

BRAVO GUERREIRO, O • BRAVE WARRIOR, THE • 1968
ALLA RICERCA DI MAYRA • SEARCHING FOR MAYRA • 1972
UIRA, UM INDIO EM BUSCA DE DEUS • 1973
TENSAO NO RIO • TENSION IN RIO • 1982

DAHLBERG HANNES see **DAHLBERG HANS**

DAHLBERG HANS – SWD

DAHLBERG HANNES

EROTIK AUF DER SCHULBANK • EROTICISM ON THE SCHOOL BENCH • 1968
OM SJU FLICKOR • SEVEN GIRLS • 1974
VANDRING I SOLEN, EN • STROLL IN THE SUN, A ○ WALKING IN THE SUN.. • 1978

DAHLEN ARMIN – Actor – AUS – 1919–

BEACH SABRAS • 1971

DAHLGREN STEN – SWD

DAHLGRENS STEN

GAZELL CLUB • 1950 • SHT
ARNE DOMNERUS SPILLER • 1951 • SHT

DAHLGRENS STEN see **DAHLGREN STEN**

DAHLIN BOB – USA

MONSTER IN THE CLOSET • INCREDIBLE CLOSET MONSTER, THE • 1986

DAHLIN HANS – SWD – 1922–

OGIFT FADER SOKES • UNMARRIED MOTHERS • 1953
VAGEN GENOM SKA • DERAS OGON SER OSS ○ WAY VIA SKA • 1957

DAHLMANN GERD – GRM

SIEBEN UND ZWANZIG MINUTEN, FUNF UND VIERZIG SEKONDEN • 1960

DAHLQUIST VALDEMAR – SWD – 1888–1937

BROKIGA BLAD • 1931

DAHR EVA – NRW

BRENNENDE BLOMSTER • BURNING FLOWERS • 1985

DAI SHIFU – HKG

GOOSE BOXER, THE

DAI YONA – ISR

ADAM

DAIGLE MARC – CND

C'EST BEN BEAU L'AMOUR • 1971 • DOC

DAIKEN LESLIE – UKN

ONE POTATO, TWO POTATO • 1957

DAIKUBARA AKIRA – JPN
SHONEN SARUTOBI SASUKE • MAGIC BOY (USA) ○ ADVENTURES OF A LITTLE SAMURAI • 1960 • ANM

DAISIES ANTHONY see **MARGHERITI ANTONIO**

D'AIX ALAIN – CND – 1938–
ANYANYA • 1971 • DOC
TAMS TAMS ET BALAFONS • 1972 • DOC
YVONGELISATION • 1973 • DOC
CONTRE CENSURE • 1976 • DOC
DANSE AVEC L'AVEUGLE, LA • 1978 • DOC
RASANBLEMAN • 1979 • DOC
COMME UN BATEAU DANS LE CIEL • 1981 • DOC
DUR DESIR DE DIRE, LE • 1981 • DOC
VIVRE EN CREOLE • 1982 • DOC
MERCENAIRES EN QUETE D'AUTEURS • 1983 • MTV
ZONE DE TURBULENCE • 1984 • MTV
NOUS PRES, NOUS LOIN • 1986 • MTV

DAIX ANDRE – Animator – FRN
FLUTE ET TROTTE • ANM
PROFESSEUR NIMBU, LE • ANM
TOM, LE CHIEN DE L'EXPOSITION COLONIALE • ANM
ZUT L'HIPPOPATAME • 1929 • ASS

DAKOVSKI DAKO – BUL – 1919–1962
POD IGOTO • UNDER THE YOKE • 1952
NESPOKOEN PAT • TROUBLED ROAD • 1955
TAINATA VECHERIA NA SEDMATSITE • SECRET SUPPER OF THE SEDMATSI, THE • 1957
STUBLENSKITE LIPI • STOUBLEN LINDENS, THE • 1960

DAL FABBRO RINALDO – ITL
FABBRO RINALDO DAL
LUCE SUL MONTE • 1959 • DOC
CRISTO IN INDIA • 1965

D'ALCALA MARIO – SWT
DRACULAS LUSTERNE VAMPIRE • DRACULA'S VAMPIRE LUST • 1970

DALE ALLAN – USA
REDHEADS PREFERRED • 1926
PRINCESS FROM HOBOKEN, THE • 1927
TIRED BUSINESS MAN, THE • 1927

DALE HOLLY – CND – 1953–
CREAM SODA • 1975 • DOC
MINIMUM CHARGE NO COVER • 1976 • DOC
NOWHERE TO RUN • 1977 • DOC
THIN LINE • 1977 • DOC
P4W PRISON FOR WOMEN • PRISON FOR WOMEN • 1981 • DOC
HOOKERS ON DAVIE • 1984 • DOC
MAKING OF AGNES OF GOD, THE • QUIET ON THE SET FILMING AGNES OF GOD • 1985 • DOC
CALLING THE SHOTS • 1988

DALEN ZALE see **DALEN ZALE R.**

DALEN ZALE R. – PHL
DALEN ZALE
BORN MAKER TO THE WORLD • 1969
SHORT TRAIN, THE • 1970
FALL FARE • 1973
GANDYDANCE • 1973
GRANNY'S QUILTS • 1974
TEAM APPROACH, THE • 1975
SKIP TRACER • 1977
TREES ARE BROWN, THE • 1977
HOUNDS OF NOTRE DAME, THE • 1980
DECISION • 1981
DR. MARION HILLIARD • 1981
GRAND PRAIRIE, A WAY OF LIFE • 1981
PLANTING • 1981
WOULDN'T IT BE NICE • 1981
EDISON TWINS, THE • 1983 • SER
OUT OF SIGHT, OUT OF MIND • 1983 • TVM
I'D RATHER WALK • 1984 • MTV
MEMORIES • 1986

D'ALESSANDRO ANGELO – ITL – 1926–
PORTA DEI SOGNI, LA • 1955
MISTERI DI ROMA, I • MYSTERIES OF ROME, THE ○ WONDERS OF ROME, THE • 1963 • DOC
JACK LONDON LA MIA GRANDE AVVENTURA • AVVENTURA DEL GRANDE NORD, L' • 1973
ROBERTO ROSSELLINI, UN RICORDO • 1978 • MTV
TURI E I PALADINI • 1979

DALEY OSCAR – USA
PASSION STREET, U.S.A. • PASSION STREET ○ BOURBON STREET ○ PASSION STREETS • 1964

DALEY SANDY – USA
PATTI AND VALLI • 1973 • DCS
ROBERT HAVING HIS NIPPLE PIERCED • 1973 • DOC

DALEY TOM – USA
*DALY TOM**
OUTING, THE • LAMP, THE • 1987

DALGLEISH IAN
CAVERN DEEP

D'ALGY ANTONIO – GRM
ZIGEUNERLIEBCHEN • 1928

DALI SALVADOR – Artist/writer – SPN – 1904–
CHIEN ANDALOU, UN • ANDALUSIAN DOG, AN • 1930

DALIANIDIS IOANNIS – GRC
DALIANIDIS YANNIS • DALIANIDIS JOHN
GAMBROS APO TO LONDHINO, O • BRIDEGROOM FROM LONDON, THE • 1967
NIHTA GAMOU • WEDDING NIGHT • 1967
STEPHANIA • STEFANIA (USA) • 1967
THALASSEIES I HANDRES, I • GLASS BEADS FROM THE SEA ○ BLUE BEADS FROM GREECE • 1967
ENAS IPPOTIS YIA TI VASOULA • KNIGHT AND THE GIRL, THE ○ KNIGHT FOR VASOULA, A • 1968
GORGONES KE MANGES • MERMAIDS AND WITCHES ○ MERMAIDS FOR LOVE • 1968
MIA KIRIA STA BOUZOUKIA • LADY IN A SYRTAKI DANCE, A • 1968
MIKES PANTREVETE, O • MIKE'S MARRIAGE • 1968
OLGA AGAPI MOU • OLGA, MY LOVE • 1968
PARELTHON MIAS YINEKAS, TO • WOMAN'S PAST, A • 1968
PSEFTIS, O • LIAR, THE • 1968
SPOILED ROTTEN • PRIZED AS A MATE! • 1968
EPANASTATIS POPOLAROS • REVOLUTIONARY, THE • 1971
EHTHROS TOU LAOU, O • ENEMY OF THE PEOPLE, THE • 1972

DALIANIDIS JOHN see **DALIANIDIS IOANNIS**

DALIANIDIS YANNIS see **DALIANIDIS IOANNIS**

DALIE DAVE – USA
MIGHTY JUNGLE, THE • 1964

DALL CHRISTINE – USA
DOZENS, THE • 1981

DALLAMANO MASSIMO – ITL – 1917–1976
DILLMAN MAX
BANDIDOS • CREPA TU.. CHE VIVO IO ○ YOU DIE.. BUT I LIVE • 1967
MORTE NON HA SESSO, LA • GEHEIMNIS DER JUNGEN WITWE, DAS (FRG) ○ BLACK VEIL FOR LISA, A (USA) ○ DEATH HAS NO SEX ○ VICOLO CIECO • 1968
MALIZIE DI VENERE, LE • VENERE NUDA • 1969
VENUS IM PELZ • VENUS IN FURS • 1969
DIO CHIAMATO DORIAN, IL • BILDNIS DES DORIAN GRAY, DAS (FRG) ○ SECRET OF DORIAN GRAY, THE ○ DORIAN GRAY (USA) ○ GOD CALLS DORIAN ○ EVILS OF DORIAN GRAY, THE • 1970
COSA AVETE FATTO A SOLANGE? • GEHEIMNIS DER GRUEN STECKNADELN, DAS (FRG) ○ SECRET OF THE GREEN PINS, THE ○ WHAT HAVE YOU DONE TO SOLANGE? (USA) • 1972
SI PUO ESSERE PIU BASTARDI DELL'ISPETTORE CLIFF? • BLUE MOVIE BLACKMAIL (UKN) ○ SERVIZIO DI SCORTA ○ SUPERBITCH • 1973
INNOCENZA E TURBAMENTO • 1974
POLIZIA CHIEDE AIUTO, LA • 1974
PERCHE? • MEDAGLIONE INSANGUINATO, IL ○ NIGHT CHILD (USA) • 1975
FINE DELL'INNOCENZA, LA • BLUE BELLE (UKN) ○ END OF INNOCENCE, THE • 1976
QUELLI DELLA CALIBRO 38 • 1976
EMILIA LA DONNA DELLE TENEBRE • 1977

DALL'ARA RENATO – ITL
MOBBY JACKSON • 1961
SCANO BOA • 1961
QUANDO LA PELLE BRUCIA • 1968
MERCANTI DI VERGINI • 1969
ORA DELLA CRISALIDE, L' • 1973

DALLIER ROGER – FRN – 1919–
MADEMOISELLE DE LA FERTE • 1949

DALLIERE RENE – FRN
CALVAIRE DE CIMIEZ, LE • 1934

DALLY PATRICE – FRN – 1920–
GRAND BLUFF, LE • 1957
INCOGNITO • 1958
TOUT POUR LE TOUT, LE • 1960

DALMAS LOUIS – FRN
TU ENFANTERAS SANS DOULEUR • 1956 • SHT

DALRYMPLE IAN – Producer/writer – SAF – 1903–
STORM IN A TEACUP • 1937
OLD BILL AND SON • 1940
SEA FORT • 1940 • DOC
ESTHER WATERS • SIN OF ESTHER WATERS, THE • 1948

DALRYMPLE J. BLAKE – UKN
SAILING 1000 MILES UP THE RIVER AMAZON • 1936 • DOC
CAPTIVE RIVER, THE • 1960

DALSHEIM DR. see **DALSHEIM FRIEDRICH**

DALSHEIM FRIEDRICH – GRM
DALSHEIM DR.
MENSCHEN IM BUSCH • 1930
INSEL DER DAMONEN, DIE • BLACK MAGIC • 1933

DALTON CAL – Animator – USA
COUNT ME OUT • 1938 • ANS
KATNIP COLLEGE • 1938 • ANS
LAD IN BAGDAD, A • 1938 • ANS
LOVE AND CURSES • 1938 • ANS
PORKY THE GOB • 1938 • ANS
PORKY'S HARE HUNT • 1938 • ANS
PORKY'S PHONEY EXPRESS • 1938 • ANS
BARS AND STRIPES FOREVER • 1939 • ANS
FAGIN'S FRESHMEN • 1939 • ANS
GOLD RUSH DAZE • 1939 • ANS
HARE-UM SCARE-UM • 1939 • ANS
HOBO GADGET BAND • 1939 • ANS
IT'S AN ILL WIND • 1939 • ANS
PORKY AND TEABISCUIT • 1939 • ANS
SIOUX ME • 1939 • ANS
BUSY BAKERS • 1940 • ANS

DALVA ROBERT – USA – 1942–
BABY BLUE • 1969
BLACK STALLION RETURNS, THE • 1983

DALY ARNOLD – Actor – USA – 1875–1927
AFFAIR OF THREE NATIONS, AN • 1915
HOUSE OF FEAR, THE • 1915

DALY ROBERT see **DALY WILLIAM ROBERT**

DALY TOM – Producer – CND – 1918–
OUR NORTHERN NEIGHBOUR • RUSSIA'S FOREIGN POLICY • 1942 • DCS
INSIDE FRANCE • 1944 • DOC
ATLANTIC CROSSROADS • 1945 • DOC
GATEWAY TO ASIA • 1945 • DOC
GUILTY MEN • 1945 • DOC
ORDEAL BY ICE • 1945 • DOC
ROAD TO THE REICH • 1945 • DOC
HUNGRY MINDS • 1948 • DOC
CANADIANS, THE • 1959 • DOC

DALY TOM see **DALEY TOM**

DALY WILLIAM R. see **DALY WILLIAM ROBERT**

DALY WILLIAM ROBERT – USA
DALY WILLIAM R. • DALY ROBERT
CO-ED PROFESSOR, THE • 1911
BRIDAL ROOM, THE • 1912
END OF THE ROAD, THE • 1913
FOR THE SINS OF ANOTHER • 1913
MIRACLE MARY • 1913
OLD PARLOR, THE • 1913
FORGIVEN OR THE JACK O'DIAMONDS • 1914
MILITANT, THE • 1914
UNCLE TOM'S CABIN • 1914
BACK OF THE SHADOWS • 1915
BROKEN GLASS, THE • 1915
CASE OF BEANS, A • 1915
GOADED BY JEALOUSY • 1915
HER WEDDING NIGHT • 1915
JUNGLE JUSTICE • 1915
MYSTIC BALL, THE • 1915
'NEATH CALVARY'S SHADOW • 1915
SAND RAT, THE • 1915
SKIN GAME, A • 1915
STRANGE CASE OF TALMAS LIND, THE • 1915
TAINTED • 1915
TIGER SLAYER, THE • 1915
WHEN CALIFORNIA WAS WILD • 1915
AT PINEY RIDGE • 1916
BEAUTY HUNTERS, THE • 1916 • SHT
CONFLICT, THE • 1916
DIAMONDS ARE TRUMPS • 1916 • SHT
GERM OF MYSTERY, THE • 1916 • SHT
HARE AND THE TORTOISE, THE • 1916 • SHT
HIS BROTHER'S KEEPER • 1916 • SHT
INTO THE NORTHLAND • 1916 • SHT
MAKING OF CROOKS, THE • 1916 • SHT
OUT OF THE MIST • 1916 • SHT
PAIR OF SHADOWS • 1916 • SHT
REPRISAL, THE • 1916 • SHT
SERPENT IN THE HOUSE, A • 1916 • SHT
TEST OF CHIVALRY, THE • 1916 • SHT
UNCUT DIAMONDS, THE • 1916 • SHT
VIRTUE TRIUMPHANT • 1916 • SHT

DAMAK MOHAMMED – TNS
KA'S, AL • CUP, THE • 1986

DAMARDJI JAFFAR – ALG – 1933–
DJAMARDJI DJAFFAR
BONNES FAMILLES, LES • 1973

D'AMATO JOE – ITL
MASSACCESI ARISTIDE • HILLS DAVID
CALIGULA: THE UNTOLD STORY • EMPEROR CALIGULA: THE UNTOLD STORY
DIRTY LOVE
MORTE SORRIDE ALL'ASSASSINO, LA • DEATH SMILES ON A MURDERER (USA) • 1973
SETTE STRANI CADAVERI • 1973
GIUBBE ROSSE • 1975
EMANUELLE E FRANCOISE LE SORELLINE • EMANUELLE E FRANCOISE ○ EMANUELLE AND FRANCOISE • 1976
EMANUELLE NERA ORIENT REPORTAGE • BLACK EMMANUELLE IN BANGKOK ○ BLACK EMMANUELLE GOES EAST • 1976
EVA NERA • BLACK COBRA ○ EROTIC EVA • 1976
VOTO DI CASTITA • 1976
EMANUELLE E GLI ULTIMI CANNIBALI • EMANUELLE AND THE LAST CANNIBALS • 1977
EMANUELLE IN AMERICA • 1977
EMANUELLE PERCHE VIOLENZA ALLA DONNE? • CONFESSIONS OF EMMANUELLE ○ SHE'S SEVENTEEN AND ANXIOUS • 1977
GINECOLOGO DELLA MUTUA, IL • LADIES' DOCTOR • 1977
NOTTI PORNO NEL MONDO N.2, LE • 1978
PAPAYA DEI CARAIBI • 1978
(PORNO)FOLLIE DI NOTTE • 1978
VIA DELLA PROSTITUZIONE, LA • EMMANUELLE AND THE WHITE SLAVE TRADE ○ EMMANUELLE AND THE WHITE SLAVE TRADERS • 1978
BUIO OMEGA • BLUE HOLOCAUST ○ BEYOND THE DARKNESS • 1979
DURI A MORIRE • 1979
IMMAGINI DI UN CONVENTO • 1979
PORNO LIBIDINI DI JUSTINE, LE • 1979
PORNOSHOP DELLA SETTIMA STRADA, IL • 1979
VOODOO BABY • 1979
ANTHROPOPHAGOUS • ANTHROPOPHAGOUS THE BEAST ○ ANTHROPOPHAGOUS BEAST, THE ○ GRIM REAPER, THE ○ MAN EATER • 1980
BURIED ALIVE • 1980
ANTHROPOPHAGOUS 2 • ABSURD • 1981
2020 TEXAS GLADIATORS • 2020 TEXAS FREEDOM FIGHTERS ○ TEXAS GLADIATORS 2020 ○ SUDDEN DEATH • 1982
ATOR L'INVINCIBILE • BLADE MASTER, THE (USA) ○ ATOR THE INVINCIBLE • 1983
ATOR: THE FIGHTING EAGLE • 1983
LUSSURIA • LUST • 1985
PIACERE, IL • PLEASURE, THE • 1985
VOGLIA DI GUARDERE • 1985
UNDICI GIORNI, UNDICI NOTTI • ELEVEN DAYS ELEVEN NIGHTS • 1987
BLUE ANGEL, THE • 1988
ELEVEN DAYS, ELEVEN NIGHTS: PART 2 • TOP MODEL • 1988
ELEVEN DAYS ELEVEN NIGHTS: PART 3 • 11 DAYS 11 NIGHTS: PART 3 –THE FINAL CHAPTER • 1988

DAMBERGER FRANCIS – CND
ON THE EDGE • 1987 • SHT

D'AMBRA LUCIO – ITL – 1880–1939
PROMESSI SPOSI, I • 1916
SIGNORINA CICLONE, LA • 1916
BOHEME, LA • 1917
MOGLIE E LE ARANCE, LA • 1917
STORIA DEI TREDICI, LA • 1917
ARCOLAIO DI BARBERINA, L' • 1918
BALLERINE • 1918
COMMEDIA DAL MIO PALKO, LA • 1918
EMIR • 1918
GIROTONDO DEGLI UNDICI LANCIERI • 1918
PASSA IL DRAMMA A LILLIPUT • 1918
VALSE BLEUE, LA • 1918
CINQUE CAINI, I • 1919
CONTE CENTANNI E IL VISCONTE GIOVENTU, IL • 1919
MIMI FIORE DI PORTO • 1919
MOGLIE CHE SI GETTO DALLA FINESTA, LA • 1919
STORIA DELLA DAMA DAL VENTAGLIO BIANCO, LA • 1919
ACQUA, ACQUA, FUOCO, FUOCO • 1920
ANGELI CUSTODI, GLI • 1920
DUE SOGNI A OCCHI APERTI, I • 1920
FALSA AMANTE, LA • 1920
GRANATIERE DI POMERANIA, LA • 1920
ILLUSTRE ATTRICE CICALA FORMICA, L' • 1920
MIRAGGIO, IL • 1920
PRINCIPESSA BEBE, LA • 1920
SUA ECCELLENZA L'AMBASCIATRICE • 1920
AMANTI, SENZA SOLE • 1922
FIGURANTE, LA • 1922
TRAGEDIA SU TRE CARTE • 1922
OCCUPATI D'AMELIA! • 1924

D'AMBROSIO ENZO – ITL
PLAYA LLAMADO DESEO, UNA • SPIAGGIA DEL DESIDERIO, LA (ITL) ○ BEACH CALLED DESIRE, A ○ TABOO ISLAND • 1977

DAMEN ERMIE – NTH
REMBRANDT VOGELVRIJ • 1970
ZWAAR MOEDIGE VERHALEN VOOR BIJ DE CENTRALE VERWARMING • MELANCHOLY FIRESIDE TALES ○ MELANCHOLY TALES • 1975
SACRIFICE AREA • 1981 • DOC

DAMIANI AMASI – ITL
VAN DYKE A.
BRIVIDO SULLA PELLE, UN • SHIVER ON THE SKIN, A • 1966
TARA POKI • 1971
BLOOD STORY • 1972
QUANDO I CALIFFI AVEVANO LE CORNA • 1973
TEODORA SANTORO • 1975
CONTRONATURA • 1977
ANNO DEI GATTI, I • RAGAZZI DELLA DISCOTECA, I • 1979
CICCIOLINA AMORE MIO • 1979

DAMIANI DAMIANO – ITL – 1922–
ROSSETTO, IL • JUEX PRECOCES (FRN) ○ LIPSTICK (USA) ○ RED LIPS ○ COLONNA INFAME, LA • 1960
SICARIO, IL • 1961
ISOLA DI ARTURO, L' • ARTURO'S ISLAND • 1962
RIMPATRIATA, LA • RAPATRIEE, LA (FRN) ○ REUNION, THE (USA) ○ GET-TOGETHER, THE • 1963
NOIA, LA • ENNUI ET SA DIVERSION, L'EROTISME, L' (FRN) ○ EMPTY CANVAS, THE (USA) • 1964
40 AMATE TUTTE, LE • 1965
QUIEN SABE? • BULLET FOR THE GENERAL, A (USA) ○ VIVA BANDITO • 1966
STREGA IN AMORE, LA • WITCH IN LOVE, THE (UKN) ○ WITCH, THE (USA) ○ STRANGE OBSESSION, THE ○ AURA • 1966
GIORNO DELLA CIVETTA, IL • MAFFIA FAIT LA LOI, LA (FRN) ○ DAY OF THE OWL, THE ○ MAFIA (USA) ○ MAFIA FAIT LA LOI, LA • 1967
RAGAZZA PIUTTOSTA COMPLICATA, UNA • COMPLICATED GIRL, A (UKN) ○ QUITE A COMPLICATED GIRL • 1968
MOGLIE PIU BELLA, LA • 1970
CONFESSIONE DI UN COMMISSARIO DI POLIZIA AL PROCURATORE DELLA REPUBBLICA • CONFESSIONS OF A POLICE CAPTAIN (USA) ○ CONFESSIONS OF A POLICE COMMISSIONER TO THE DISTRICT ATTORNEY (UKN) • 1971
ISTRUTTORIA E CHIUSA, DIMENTICHI, L' • TANTE SBARRE • 1971
GIROLIMONI -IL MOSTRO DI ROMA • ASSASSINS OF ROME (USA) • 1972
SORRISO DEL GRANDE TENTATORE, IL • TEMPTER, THE (UKN) ○ DEVIL IS A WOMAN, THE (USA) • 1974
MORE SEX PLEASE • 1975
PERCHE SI UCCIDE UN MAGISTRATO • 1975
GENIO, DUE COMPARI, UN POLLO, UN • GENIE, DEUX ASSOCIES, UNE CLOCHE, UN (FRN) ○ NOBODY'S THE GREATEST • 1976
IO HO PAURA • I AM AFRAID (USA) ○ I'M AFRAID • 1977
GOODBYE & AMEN • UOMO DELLA C.I.A., THE ○ GOODBYE AND AMEN • 1978
ULTIMO NOME, L' • 1979
UOMO IN GINOCCHIO, UN • 1979
TIME OF THE JACKALS • 1980
AMITYVILLE II: THE POSSESSION • 1982
ATTACO ALLA PIOURA • SICILIAN CONNECTION, THE ○ AMORE A PALERMO ○ PIZZA CONNECTION • 1985
WARNING, THE • 1985
INCHIESTA, L' • INQUIRY, THE (USA) ○ ENQUIRY, THE • 1987
GIOCO AL MASSACRO • MASSACRE PLAY • 1990

DAMIANO GERARD – USA
GERARD JERRY
COMPETITION
WATERPOWER
WE ALL GO DOWN • WE ALL GO • 1969
CHANGES • 1970
TEENIE TULIP • DR. LOVE • 1970
DEEP THROAT • 1972
DEVIL IN MISS JONES, THE • 1973
LEGACY OF SATAN • 1973
MEATBALL • 1974
MEMORIES WITHIN MISS AGGIE • 1974
PORTRAIT • 1974
STORY OF JOANNA, THE • 1975
FASCINATION • THAT PRICKLY FEELING ○ FANTASY • 1978
JOINT VENTURE • 1978
PEOPLE • 1978
ALPHA BLUE • SATISFIERS OF ALPHA BLUE • 1981

DAMIANOS ALEXIS – GRC – 1921–
MEHRI TO PLIO • TO THE SHIP ○ JUSQU'AU BATEAU • 1968
KORITSI TOU STRATIOTI, TO • I SEE A SOLDIER • 1970
EVDOKIA • 1971

DAMIC CHARLES see **DAMJANOVIC CASLAV**

D'AMICO FILIPPO see **D'AMICO LUIGI FILIPPO**

D'AMICO LUIGI FILIPPO – ITL – 1924–
D'AMICO FILIPPO
BRAVISSIMO! • 1955
NOI SIAMO LE COLONNE • 1956
AKIKO • 1961
MARITI A CONGRESO • 1961
QUATTRO NOTTI CON ALBA • DESERT WAR (USA) • 1962
COMPLESSI, I • COMPLEXES, LES (FRN) ○ COMPLEXES • 1965
NOSTRI MARITI, I • OUR HUSBANDS • 1966
PRESIDENTE DEL BORGOROSSO FOOTBALL CLUB, IL • 1970
AMORE E GINNASTICA • 1973
ARBITRO, L' • FOOTBALL CRAZY • 1974
DOMESTICO, IL • 1974
SAN PASQUALE BAYLONNE, PROTETTORE DELLE DONNE • SEX FOR SALE (UKN) • 1976
VESTIRE GLI IGNUDI • 1979

DAMJANOVIC CASLAV – YGS
DAMIC CHARLES • DIAMOND CASEY
BOMBA U 10,10 • BOMB AT 10.10, THE • 1967
REKVIJEM • REQUIEM ○ LAST TRAIN TO BERLIN ○ LAST RAMPAGE, THE • 1971

DAMLE V. – IND
SANT TURKARAM • TUKARAM • 1936
GOPAL KRISHNA • 1938
SANT DNYANESHWAR • 1940
SANT SAKHU • 1941

DAMMANN GERHARD – GRM
NAMHAD G.
KAVIARMAUSCHEN, DAS • 1919
GEFAHRLICHE FREUNDSCHAFT • 1924
FRAULEIN VOM SPITTELMARKT, DAS • 1925
PRINZ POSTILLION • 1925
KRACH IM FORSTHAUS • 1943

DAMONT JACQUES – FRN
J'ARROSE MES GALONS • 1936

DAMSKI MEL – USA – 1946–
LONG JOURNEY BACK • 1978 • TVM
CHILD STEALER, THE • 1979 • TVM
PERFECT MATCH, A • 1980 • TVM
AMERICAN DREAM, THE • 1981 • TVM
FOR LADIES ONLY • 1981 • TVM
WORD OF HONOR • 1981 • TVM
INVASION OF PRIVACY, THE • 1982 • TVM
LEGEND OF WALKS FAR WOMAN, THE • 1982 • TVM
YELLOWBEARD • 1983
ATTACK ON FEAR • 1984 • TVM
BADGE OF THE ASSASSIN • 1985 • TVM
MISCHIEF • HEART AND SOUL • 1985
HERO IN THE FAMILY • 1986 • TVM
WINNER NEVER QUITS, A • 1986 • TVM
MURDER BY THE BOOK • ALTER EGO • 1987 • TVM
THREE KINGS, THE • 1987 • TVM
HAPPY TOGETHER • 1988

DAMUDE BRIAN – CND
SUDDEN FURY • 1975

DAN TRAN THE – VTN
MOUNTAIN OF DAE SAC

DAN TWEEDE see **PEREZ MARCEL**

DANA JONATHAN – USA
SANDSTONE • 1977 • DOC

DANAN JOSEPH – FRN – 1951–
SOUVENIRS DES ANNEES TRAGIQUES • 1976
MANEGES DE L'IMAGINAIRE, LES • 1981

DANBLON PAUL – BLG
CE BON MONSIEUR NICOT • 1976

DANDOLO LUCIO – ITL
RACCONTI DI CANTERBURY N.2., I • LUSTY WIVES OF CANTERBURY, THE (UKN) • 1974
QUANT'E BELLA LA BERNARDA TUTTA NERA TUTTA CALDA • 1975

D'ANDREA ANTHONY – CND – 1955–
THRILLKILL • 1984

DANE LAWRENCE – CND – 1937–
HEAVENLY BODIES • 1985

DANEEL RICHARD – SAF
OUPA FOR SALE • GRANDFATHER FOR SALE • 1968

DANEK OLDRICH – CZC – 1927–
THREE TONS OF DUST • 1960
SEARCHING LOOK, A • 1961
SPANILA JIZDA • GLORIOUS CAMPAIGN, THE ○ NURNBERG CAMPAIGN, THE • 1963
LOV NA MAMUTA • MAMMOTH HUNT, THE
KRALOVSKY OMYL • ROYAL MISTAKE, THE ○ KING'S BLUNDER, THE • 1968

DANELIA GEORGE see **DANELIYA GEORGI**

DANELIA GEORGI see **DANELIYA GEORGI**

DANELIUC MIRCEA – RMN – 1943–
DUS-INTORS • ALLER-RETOUR • SHT
CURSA • LONG DRIVE ○ RACE, THE • 1975
EDITIE SPECIALA • SPECIAL ISSUE • 1978
PROBA DE MICROFON • MICROPHONE TESTING ○ MICROPHONE TEST • 1980
CROAZIERA • CRUISE, THE • 1981
FOX HUNTING • 1982
GLISSANDO • 1985
IACOB • 1988

DANELIYA GEORGI – USS – 1930–
DANELIYA GEORGIY • DANELIA GEORGE • DANELIA GEORGI
SEREZHA • SUMMER TO REMEMBER, A (USA) ○ SPLENDID DAYS, THE ○ SERYOZHA (THE SPLENDID DAYS) ○ SERYOZHA • 1960
TOZHE LYUDI • THEY ARE ALSO PEOPLE ○ THERE ARE ALSO PEOPLE • 1960
PUT K PRICHALU • WAY TO THE HARBOUR, THE ○ WAY TO THE WHARF, THE • 1962
YA SHAGAYU PO MOSKVE • MEET ME IN MOSCOW (USA) ○ WALKING THE STREETS OF MOSCOW ○ I WALK AROUND MOSCOW ○ I WALK ABOUT MOSCOW • 1964
TRIDSAT TRI • THIRTY THREE ○ THIRTY-THREE, THE • 1965
NE GORIUY! • DON'T GRIEVE! ○ CHEER UP! • 1970
HOPELESSLY LOST • 1972
SOVSEM PROPASHTSHIY • 1974
AFONYA • 1975
MIMINO • 1977
OSENNY MARAFON • AUTUMN MARATHON ○ SAD LIFE OF A ROGUE, THE • 1979
SLIOZY KAPALI • TEARS ARE FLOWING, THE • 1982
PASSPORT • 1990

DANELIYA GEORGIY see **DANELIYA GEORGI**

DANENOV ZHAKEN – Animator – USS
ALPAMYS-BATYR • ANM

DANFORD JOE – USA
WEEKEND OF FEAR • 1966

D'ANGELO ALDO – ITL
OLTRE LE STELLE • 1979

DANI DANILO see **FIDANI DEMOFILO**

DANIEL JEAN-LOUIS – FRN – 1954–
BOURGEOISE ET LE LOUBARD, LA • TROTTOIR DES ALLONGES, LE • 1977
MEME LES MOMES ONT DU VAGUE A L'AME • 1979
FAUVES, LES • 1984

DANIEL JEAN-PIERRE – FRN – 1939–
MOINDRE GESTE, LE • 1970

DANIEL LEON – BUL
SQUARED ACCOUNTS • 1974

DANIEL-NORMAN JACQUES – FRN – 1901–1978
SI TU REVIENS • 1937
PRINCE DE MON COEUR • 1938
MARSEILLE MES AMOURS • 1939
BRISEUR DE CHAINES, LE • MAMOURET • 1941
LOI DU PRINTEMPS, LA • 1942
NE LE CRIEZ PAS SUR LES TOITS • 1942
AVENTURE EST AU COIN DE LA RUE, L' • 1943
MONSIEUR GREGOIRE S'EVADE • 1945
120, RUE DE LA GARE • 1945
TROIS COUSINES, LES • 1946
DIAMANT DE CENT SOUS, LE • 1947
ANGE ROUGE, L' • RED ANGEL, THE • 1948
FEMME QUE J'AI ASSASSINE, LA • 1948
SIN CA PEUT VOUS FAIRE PLAISIR • 1948
COEUR-SUR-MER • 1950
DAKOTA 308 • 1950
SON DERNIER NOEL • 1952
TOURMENTS • 1953

DANIEL P. – FRN
SAL-A-MALLE-EK • 1965 • SHT

DANIEL ROD – USA
TEEN WOLF • 1985
STRANDED • 1986 • TVM
LIKE FATHER, LIKE SON • 1987
K-9 • 1989

DANIELEWSKI TAD – USA
BIG WAVE, THE • 1962
NO EXIT • SINNERS GO TO HELL ○ STATELESS ○ HUIS CLOS • 1962
GUIDE, THE • SURVIVAL • 1965

DANIELS GODFREY – USA
INSATIABLE • 1980
UP 'N' COMING • 1982
INSATIABLE 2 • 1984

DANIELS HAROLD – Producer – USA
TRIFLES THAT WIN WARS • 1943 • SHT
WOMAN FROM TANGIER, THE • 1948
DAUGHTER OF THE WEST • 1949
PRINCE OF PEACE, THE • 1949
ROADBLOCK • 1951
SWORD OF VENUS • ISLAND OF MONTE CRISTO (UKN) • 1952
PORT SINISTER • BEAST OF PARADISE ISLE • 1953
BAYOU • POOR WHITE TRASH • 1957
TERROR IN THE HAUNTED HOUSE • MY WORLD DIES SCREAMING • 1958
DATE WITH DEATH, A • 1959
TEN GIRLS AGO • 1962
HOUSE OF THE BLACK DEATH • WIDDERBURN HORROR, THE ○ NIGHT OF THE BEAST ○ BLOOD OF THE MAN-DEVIL ○ BLOOD OF THE MAN BEAST • 1965
ANNABELLE LEE • 1972

DANIELS MARC – USA
BIG FUN CARNIVAL, THE • 1957
STAR TREK: THE MENAGERIE • MENAGERIE, THE • 1967 • MTV
SQUEEZE A FLOWER • 1970
PLANET EARTH • 1974 • TVM
FATHER KNOWS BEST REUNION • 1977 • TVM
MAN FROM ATLANTIS: THE DEATH SCOUTS, THE • DEATH SCOUTS • 1977 • TVM
GIFT OF THE MAGI • 1978 • TVM
HE'S FIRED, SHE'S HIRED • 1984 • TVM
SPECIAL PEOPLE • SPECIAL PEOPLE: BASED ON A TRUE STORY • 1984 • TVM
VENGEANCE: THE STORY OF TONY CIMO • 1986 • TVM

DANIELS STAN – USA
SKETCH LIFE • 1988

DANIELSSON TAGE – SWD – 1928–
SVENSKA BILDER • SWEDISH PORTRAITS • 1964
ATT ANGORA EN BRYGGA • TO GO ASHORE • 1965
STIMULANTIA • 1965
I HUVET PA EN GAMMAL GUBBE • OUT OF AN OLD MAN'S HEAD ○ IN AN OLD MAN'S HEAD • 1968
LADAN • BOX, THE • 1968
MANNEN SOM SLUTADE ROKA • MAN WHO GAVE UP SMOKING, THE • 1972
APPELKRIGET • APPLE WAR, THE (USA) • 1973
SLAPP FANGARNE LOSS –DET AR VAR! • LET THE PRISONERS GO –FOR IT'S SPRING • 1976
PICASSOS AVENTYR • ADVENTURES OF PICASSO, THE • 1978
REFUSE • 1981
RONJA ROVERDATTER • RONJA ROVERDATTER (SWD) ○ RONJA, THE ROBBER'S DAUGHTER • 1984

DANILEVICH V. – USS
HOW ONE PEASANT SUPPORTED TWO GENERALS • HOW ONE PEASANT KEPT TWO GENERALS • 1966 • ANS

DANINOS JEAN-DANIEL – FRN – 1919–
MARTIEN A PARIS, UN • MARTIAN IN PARIS, A • 1960

DANIS AIME – CND – 1929–
DANIS AIMEE
CENT MILLIONS DE JEUNE • 1968 • DSS
ERE D'ACIER, UNE • 1968 • DCS
QUEBEC AN 2000 • 1968 • DCS
KW+ • 1970 • DCS
ADIEU AU LYS, L' • 1971
CROIX SUR LA COLLINE, LA • CROIX DU MONT-ROYAL, LA • 1971
EVADE, L' • 1971
GASPESIE OUI, J'ECOUTE • 1972 • DCS
BIG RED RIDING HOODS, THE • 1973 • DCS
MORE THAN A RED COAT • 1973 • DCS
SOURIS, TU M'INQUIETES • 1973
BATAILLE DE QUEBEC, LA • 1974 • DOC
JOIE DE VIVRE AU QUEBEC • 1974 • DCS
PATRICK, JULIE, FELIX ET TOUS LES AUTRES.. • 1974 • DCS
PETIT PORT BIEN TRANQUILLE, UN • 1975
REGLE DE QUATRE, LA • 1975 • DCS
BATAILLE DE YORKTOWN, LA • 1976 • DOC
MESDAMES ET MONSIEURS, LA FETE! • 1976 • DOC

DANIS AIMEE see **DANIS AIME**

D'ANNIBALE ALDO – ITL
MORTE SCORRE SUL FIUME, LA • 1961

DANNIEL DANNIEL – NTH
EI • EGG • 1987

D'ANNUZIO GABRIELLINO – ITL
NAVE, LA • 1919

DANOT SERGE – FRN – 1931–
AVENTURES EXTRAORDINAIRES DE JULES VERNE • EXTRAORDINARY ADVENTURES OF JULES VERNE, THE • 1952
POUCETOFS, LES
POLLUX ET LE CHAT BLEU • DOUGAL AND THE BLUE CAT (UKN) ○ POLLUX AND THE BLUE CAT • 1970 • ANM

DANOVSKI BOIAN – BUL
TOTCHKA PARVA • FIRST POINT OF THE ORDER, THE • 1956

DANSEREAU FERNAND – CND – 1928–
COMMUNAUTE JUIVE DE MONTREAL, LA • 1957 • DCS
MAITRE DU PEROU, LE • 1958
PAYS NEUF • 1958
CANNE A PECHE, LA • 1959 • SHT
JOHN LYMAN, PEINTRE • 1959 • DCS
PIERRE BEAULIEU, AGRICULTEUR 1 & 2 • 1959 • DCS
ADMINISTRATEURS, LES • 1960 • DOC
CONGRES • 1960 • DOC
ESCALE DES OIES SAUVAGES • 1964 • DCS
FESTIN DES MORTS, LE • 1964
CA N'EST PAS LE TEMPS DES ROMANS • THIS IS NOT THE TIME FOR ROMANCE • 1967 • SHT
A PROPOS D'UN COLLOQUE • 1968 • DCS
CLASSE DES FINISSANTES, LA • 1968 • DCS
COMITE DES CHOMEURS, LE • 1968 • DCS
CONFERENCE DE M. JEAN MARCHAND • 1968 • DCS
CONFRONTATION • 1968 • DOC
DANS UNE NOUVELLE USINE • 1968 • DCS
EDOUARD SARRAZIN • 1968 • DCS
ENTERVUE AVEC MONIQUE LEONARD, UNE • 1968 • DCS
ENTREVUE AVEC GUY MONETTE, UNE • 1968 • DCS
ENTREVUE AVEC M. EDWIN-B. MARTIN, UNE • 1968 • DCS
ENTREVUE AVEC M. FERNAND COUPAL, UNE • 1968 • DCS
ENTREVUE AVEC M. GUY BROSSARD, UNE • 1968 • DCS
ENTREVUE AVEC M. HUBERT MURRAY, UNE • 1968 • DCS
ENTREVUE AVEC M. JEAN-PAUL CORBEIL, UNE • 1968 • DCS
ENTREVUE AVEC M. LUCIEN ROLLAND, UNE • 1968 • DCS
ENTREVUE AVEC MME. F. ROLLAND BEAUDRY, UNE • 1968 • DCS
ENTREVUE AVEC MME. LOUISE BOUVRETTE, UNE • 1968 • DCS
FERNAND JOLICOEUR • 1968 • DCS
JACQUES GRAND'MAISON • 1968 • DCS
JEAN-PIERRE POITEVIN • 1968 • DCS
JEAN-ROBERT OUELLETTE • 1968 • DCS
LIONEL FORGET • 1968 • DCS
PLACE DES OUVRIERS DANS L'USINE • 1968 • DCS
PORTRAIT D'UN SYNDICALISTE ET DE SA FAMILLE: EDOUARD, CARMEN ET LUCE GAGNON • 1968 • DCS
PROMOTION INDUSTRIELLE ET DEUX DE SES ARTISANS, LA • 1968 • DCS
ROLE DES FEMMES DANS LE MONDE DU TRAVAIL, LE • 1968 • DCS
ST-JEROME • 1968 • DOC
ZONE DESIGNEE, LE ROLE DES GOUVERNEMENTS • 1968 • DCS
JONQUIERE • 1969 • DCS
OPERATION POURQUOI • 1969
TOUT L'TEMPS, TOUT L'TEMPS, TOUT L'TEMPS • 1969
QUEBEC SKI • 1970 • DOC
COMITE D'EXPRESSION POPULAIRE • 1971 • DOC
FAUT ALLER PARMI L'MONDE POUR LE SAVOIR • 1971 • DOC
VIE REVEE, LA • DREAM LIFE • 1972
VIVRE ENTRE LES MOTS • 1972 • DOC
CONTRAT D'AMOUR • 1973 • SHT
AMOUR QUOTIDIEN, L' • 1974 • SHS
ARGENT, L' • 1974 • SHT
BEAU SAVOIR, LE • 1974 • SHT
DECHIRURE, LA • 1974 • SHT
DISTANCE, LA • 1974 • SHT
ET PUIS APRES • 1974 • SHT
EXIGENCE, L' • 1974 • SHT
FAIRE LA COUR • 1974 • SHT
GOUT DE LA PAIX, LE • 1974 • SHT
METTRE AU MONDE • 1974 • SHT
ORDRE DES CHOSES, L' • 1974 • SHT
RENCONTRE, LA • 1974 • SHT
TEMPS DE FAIRE, LE • 1974 • SHT
VIVRE AVEC TOI • 1974 • SHT
ART POPULAIRE, L' • 1976 • DCS
AUTARCIE, L' • 1976 • DCS
CIVILISATION DU BOIS, LA • 1976 • DCS
DEFI, LE • 1976 • DCS
EGLISE TRADITIONNELLE, L' • 1976 • DCS
JOUETS ANCIENS, LES • 1976 • DCS
LECON DU PASSE, LA • 1976 • DCS
LEGS AMERINDIEN, LE • 1976 • DCS
MAISON REINVENTEE: LE MODELE QUEBECOIS, LA • 1976 • DCS
MAISON REINVENTEE: L'ESPACE INTERIEUR, LA • 1976 • DCS
MOBILIER, LE • 1976 • DCS
OUTIL, L' • 1976 • DCS
PAYS, UN GOUT, UNE MANIERE, UN • 1976 • SHS
URBANISME DE LA CONSTRUCTION EN DUR, L' • 1976 • DCS
FAMILLE ET VARIATIONS • 1977 • DOC
THETFORD AU MILIEU DE NOTRE VIE • 1978
DOUX AVEUX, LES • SWEET LIES AND TENDER OATHS • 1982

DANSEREAU JEAN – CND – 1930–
CONGRES • 1960 • DOC
ETUDIANT, L' • 1960 • SHT
SAINT-DENIS GARNEAU • 1960 • DCS
JEU DE L'HIVER, LE • 1962 • DCS
GYMNASTIQUE • 1964 • DOC
PARALLELES ET GRAND SOLEIL • 1964 • DOC
BOURSE ET LA VIE, LA • 1965 • DOC
GUERRE DES PIANOS, LA • 1965 • DCS
CULTURE VIVANTE DU CINEMA • 1967 • DOC
EST-CE QU'ON A LE DROIT DE FAIRE UN SOLEIL? • 1968 • SHT
SYLVIE LA PETITE INDIENNE • 1968 • DCS
A SOIR ON FAIT PEUR AU MONDE • 1969 • DOC
COMMENT VIT LE QUEBECOIS? • 1969 • DCS

DANSEREAU MIREILLE – CND – 1943–
MOI, UN JOUR.. • 1967 • SHT
COMPROMISE • 1968 • SHT
FORUM • 1969 • DOC
J'ME MARIE, J'ME MARIE PAS • 1973 • DOC
PERE IDEAL, LE • 1973 • SHT
RAPPELLE-TOI • 1975
ARRACHE-COEUR, L' • HEARTBREAK • 1980
BALTES A LA RECHERCHE D'UN PAYS, LES • 1980
NORDIQUES OU UN PEUPLE SANS ARTIFICE, LES • 1980
PAYS A COMPRENDRE, UN • 1981
FRERE ANDRE, LE • 1982
SOURD DANS LA VILLE, LE • DEAF TO THE CITY • 1986

DANSKA HERBERT – USA
GIFT, THE • 1962
SWEET LOVE, BITTER • IT WON'T RUB OFF, BABY! ○ BLACK LOVE –WHITE LOVE ○ NIGHT SONG • 1967
RIGHT ON! • 1971

DANTE DOMINIQUE – FRN
LORETTE ET LES AUTRES • 1972

DANTE JOE – USA – 1948–
HOLLYWOOD BOULEVARD • 1976
PIRANHA • 1978
HOWLING, THE • 1981
POLICE SQUAD! • 1982 • TVM
TWILIGHT ZONE –THE MOVIE • TWILIGHT ZONE MOVIE, THE • 1983
GREMLINS • 1984
EXPLORERS • 1985
AMAZON WOMEN ON THE MOON • 1987
INNERSPACE • 1987
'BURBS, THE • BURBS, THE • 1989
GREMLINS 2: THE NEW BATCH • 1990

DANTE MARIA – ITL
CODENAME: VENGEANCE • 1987

DANTES TONY – PHL
SERGEANT 45 • 1967

DANTINE HELMUT – Actor – AUS – 1918–1982
THUNDERING JETS • 1958

DANTON RAY – Actor – USA – 1931–
DEATHMASTER, THE • KHORDA • 1972
CRYPT OF THE LIVING DEAD • TUMBA DE LA ISLA MALDITA, LA (SPN) ○ HANNAH, QUEEN OF THE VAMPIRES ○ VAMPIRE WOMAN (UKN) ○ CRYPT OF THE DEAD ○ YOUNG HANNAH, QUEEN OF THE VAMPIRES • 1973
PSYCHIC KILLER • DEATH DEALER, THE • 1975
RETURN OF MICKEY SPILLANE'S MIKE HAMMER, THE • 1986 • TVM

D'ANTONI PHILIP – Producer – USA – 1929–
SEVEN-UPS, THE • 1973

D'ANTONI RICHARD – USA
CAMPUS GIRLS • 1973
TEENAGE CHEERLEADER • 1974

DANUKY NUNEK – GRM
KLABRIASPARTIE, DIE • 1915
MASUREN, DIE • 1915
WIE WERDE ICH AMANDA LOS? • 1915

DANY KOUYATE – BRK
BILAKORO • 1988 • SHT

DANZA DANIELE – ITL
GIOVE IN DOPPIOPETTO • 1955
PIACERI DEL SABATO NOTTE, I • ARABELLA 252104 • 1960
PUGNI, PUPE E MARINAI • 1961

DAO MOUSTAPHA – BRK
A NOUS LA RUE • STREET IS OURS, THE • 1986 • SHT
NEVEU DU PEINTRE, LA • PAINTER'S NEPHEW, THE • 1988 • SHT

DAQUIN LOUIS – FRN – 1908–1980
JOUEUR, LE • 1938
NOUS LES GOSSES • PORTRAIT OF INNOCENCE (USA) ○ US KIDS • 1941
MADAME ET LE MORT • 1942
VIAGGIATORE DI OGNISSANTI, IL • VOYAGEUR DE LA TOUSSAINT, LE (FRN) • 1942
PREMIER DE CORDEE • 1943
PATRIE • 1945
NOUS CONTINUONS LA FRANCE • 1946
FRERES BOUQUINQUANT, LES • 1947
GRANDE LUTTE DES MINEURS, LA • 1948 • SHT
PARFUM DE LA DAME EN NOIR, LE • 1949
POINT DE JOUR, LE • 1949
BATAILLE DE LA VIE, LA • 1950
MAITRE APRES DIEU • SKIPPER NEXT TO GOD • 1950
BEL AMI • 1955
CIULINII BARAGANULUI • CHARDONS DU BARAGAN, LES (FRN) ○ THISTLES OF BARAGAN, THE ○ THISTLES OF THE BARAGAN, THE • 1957
ARRIVISTES, LES • RABOUILLEUSE, LA • 1960
MACHINE MON AMIE • 1960 • SHT
TRUBE WASSER • ARRIVISTES, LES (FRN) ○ RABOUILLEUSE, LA ○ MUDDY WATER ○ KREBSFISCHERIN, DIE • 1960
PARALLELES • 1962 • SHT
FOIRE AUX CANCRES, LA • 1963
NAISSANCE D'UNE CITE • 1964 • SHT

DAR WAHEED – PKS
LOHA • STEEL • 1990

DARABONT FRANK – USA
DURABONT FRANK
STEPHEN KING'S NIGHT SHIFT COLLECTION • NIGHTSHIFT • 1986

DARAKHSHANDEH POORAN see **DERAKHSHANDEH POORAN**

DARBAY ATTILA – HNG
VUK • 1982

DARC MIREILLE – Actress – FRN – 1938–
BARBARE, LA • 1989

DARCIA – USA
READY FOR ANYTHING! • 1968

DARCUS JACK – CND – 1941–
GREAT COUPS OF HISTORY • 1970
PROXY HAWKS • 1972
WOLFPEN PRINCIPLE • LIBRE COMME DES LOUPS EN CAGE • 1974
DESERTERS • 1983
OVERNIGHT • 1986
KINGSGATE • 1990

D'ARCY HARRY – USA
HOME BONER • 1939 • SHT
RING MADNESS • 1939 • SHT
GOODNESS! A GHOST • 1940 • SHT
HE ASKED FOR IT • 1940 • SHT
MUTINY IN THE COUNTY • 1940 • SHT
SLIGHTLY AT SEA • 1940 • SHT
SUNK BY THE CENSUS • 1940 • SHT
'TAINT LEGAL • 1940 • SHT
TATTLE TELEVISION • 1940 • SHT
TRAILER TRAGEDY • 1940 • SHT
APPLE IN HIS EYE, AN • 1941 • SHT
MAD ABOUT MOONSHINE • 1941 • SHT
MAN I CURED • 1941 • SHT
POLO PHONY, A • 1941 • SHT
PRAIRIE SPOONERS • 1941 • SHT
QUIET FOURTH, A • 1941 • SHT
REDSKINS AND REDHEADS • 1941 • SHT
WHEN WIFIE'S AWAY • 1941 • SHT
WHO'S A DUMMY? • 1941 • SHT
HEART BURN • 1942 • SHT
HOME WORK • 1942 • SHT
KEEP SHOOTING • 1942 • SHT
RADIO MELODIES • 1943 • SHT
GIRLS, GIRLS, GIRLS • 1944 • SHT
TRIPLE TROUBLE • 1944 • SHT

DARD FREDERIC – FRN – 1921–
GUEULE COMME LA MIENNE, UNE • 1959

DARD PIERRE – FRN
IMPASSE • 1945

DARDAY ISTVAN – HNG – 1940–
MIHEZTARTAS VEGETT • FOR YOUR EDIFICATION • 1971 • SHT
JUTALOMUTAZAS • HOLIDAY IN BRITAIN ○ PRIZE TRIP, THE • 1975
FILMREGENY –HAROM NOVER • FILM NOVEL –THREE SISTERS ○ FILM REGENY ○ SISTERS • 1978
HARCMODOR • STRATAGEM • 1980
ATVALTOZAS • POINT OF DEPARTURE • 1984
DOKUMENTATOR, A • DOCUMENTATOR, THE • 1988

DARDENNE JEAN–PIERRE – BLG
FALSH • 1987

DARDENNE LUC – BLG
FALSH • 1987

DARE DANNY – USA
MAIN EVENT, THE • 1938

DARENE ROBERT – FRN – 1914–
DE L'AUTRE COTE DE L'EAU • 1951 • SHT
CHEVALIER DE LA NUIT, LE • KNIGHT OF THE NIGHT, THE • 1954
CHIFFONIERS D'EMMAUS, LES • 1955
GOUBBIAH MON AMOUR • FUGA NEL SOLE (ITL) ○ GOUBBIAH ○ MON AMOUR ○ KISS OF FIRE • 1956
BIGORNE, CAPORAL DE FRANCE, LA • 1957
MIMI PINSON • 1958
HOULA–HOULA • 1959
IL SUFFIT D'AIMER • BERNADETTE OF LOURDES (USA) ○ BERNADETTE DE LOURDES ○ IT IS ENOUGH TO LOVE • 1960
MAMY WATTA • CAGE, LA ○ CAGE, THE • 1962

DARGAY ATTILA – Animator – HNG
GUSZTAV–SOROZAJ • GUSTAVUS (UKN) • 1960 • ASS
VARIATIONS ON THE THEME OF A DRAGON • 1967 • ANS
HAJRA MOZDONY! • 1972
HAROM NYUL, A • THREE HARES • 1972
LUDAS MATYI • MATTIE THE GOOSEBOY ○ MATTIG THE GOOSEBOY ○ MATT THE GOOSEBOY • 1977 • ANM

DARING JACK see **MORAN PERCY**

DARINO EDUARDO – URG
HOMOMANIA
PROCESO
FRASCONI • 1976
STRANGERS, THE • 1976
HORNERO, EL ZORRO Y LA LUNA LLENA, EL • BIRD, THE FOX AND THE FULL MOON, THE • 1977 • ANM
LEYENDA DEL AMAZONAS, LA • LEGEND OF THE AMAZON RIVER, THE • 1977 • ANM
CAROUSEL • 1978 • ANM
MAN THE MAKER • 1978 • ANM
YOUTH FOCUS ON THEIR CITY • 1978
GURI • 1979
PASAPORTE • PASSPORT • 1980
CAMPION DE CAMPIONES • 1981 • DCS
LAPIZ MAGICO, EL • 1981

DARK TONY – USA
RECTO–VERSO

DARKANY MOSTAFA – MRC
NOTABLE EVENTS
ASHES OF ZWEBA, THE • 1977

DARLEY DIK – USA
SPACE PATROL I • 1955 • MTV
SPACE PATROL II • 1955 • MTV

DARLING JOAN – Actress – USA – 1935–
FIRST LOVE • 1977
WILLA • 1979 • TVM
CHECK IS IN THE MAIL, THE • CHEQUE IS IN THE POST, THE (UKN) • 1986

DARLING JOHN – INN
LEMPAD OF BALI • 1980 • DOC

DARLING ROY – Actor – UKN – 1884–1956
BEASTS IN THE JUNGLE • 1920 • DOC
LUST FOR GOLD • 1922
BOY OF THE DARDANELLES • 1923
DAUGHTER OF THE EAST • 1924
INTIMATE STRANGER • 1947

DARLOW MICHAEL – UKN
ALL THESE PEOPLE • 1960
FINALE • 1962
ALDERMASTON POTTERY • 1965 • DOC
ACCOUNTS • 1983 • TVM

DARMONT JACQUES – FRN
MARGOTON DU BATAILLON, LA • MADELON DU BATAILLON, LA • 1933
ONCLE DE PEKIN, L' • 1934

DARNBOROUGH ANTHONY – Producer – UKN – 1913–
ASTONISHED HEART, THE • 1950
SO LONG AT THE FAIR • 1950

DARNELL JORGE – ARG
GENTE CONMIGO • NATION WITH ME, A • 1967
TIEMPOS DUROS PARA DRACULA • HARD TIMES FOR DRACULA • 1976

DARNLEY–SMITH JAN – UKN – 1932–
GO KART GO! • 1964
RUNAWAY RAILWAY • 1965
GHOST OF A CHANCE, A • 1968
UP IN THE AIR • 1969
WAITERS, THE • 1969
HOVERBUG • 1970
FERN, THE RED DEER • 1976
HITCH IN TIME, A • 1978

DAROY JACQUES – FRN – 1896–1963
RIRI ET NONO • 1929–33 • SHT
CARTOUCHE • 1934
VOGUE MON COEUR • 1935
GUERRE DES GOSSES, LA • GENERALS WITHOUT BUTTONS (USA) ○ GUERRE DES BOUTONS, LA ○ NOUS, LES GOSSES • 1936
MARIAGE DE VERENA, LE • BATARDE, LA • 1938
VIDOCQ • 1938
RABOLIOT • 1945
DAME DE HAUT–LE–BOIS, LA • 1946
INSPECTEUR SERGIL • 1946
RUMEURS • RUMORS (USA) • 1946
BELLE GARCE, UNE • 1947
DROIT DE L'ENFANT, LE • 1948
PASSAGERE, LA • 1948
SERGYL ET LE DICTATEUR • 1948
MAISON DU PRINTEMPS, LA • 1949
PORTE D'ORIENT • 1950
COUP DE FOUDRE • 1951 • SHT
SERGYL CHEZ LES FILLES • 1951
CLUB DES 400 COUPS, LE • 1952
MONSIEUR SCRUPULE, GANGSTER • 1953

DARRAS JEAN–PIERRE – FRN – 1927–
BRACONNIER DE DIEU, LE • 1982

D'ARRAST HARRY D'ABBADIE – ARG – 1893–1968
GENTLEMAN OF PARIS, A • 1927
SERENADE • 1927
SERVICE FOR LADIES • HEAD WAITER, THE • 1927
DRY MARTINI • 1928
MAGNIFICENT FLIRT, THE • 1928
LAUGHTER • 1930
RAFFLES • 1930
TOPAZE • 1933
IT HAPPENED IN SPAIN • THREE–CORNERED HAT, THE • 1935
MEUNIERE DEBAUCHEE, LA • TRICORNE, LE • 1935
TRAVIESA MOLIERNA, LA • SOMBRERO DE TRES PICOS, EL • 1935

DARRIBEHAUDE – FRN
COURS D'UNE VIE, LE • 1966 • SHT
LOUIS LECOIN • 1966 • SHT
COMMUNE, LA • 1967 • SHT

DARROY JEAN – FRN
NEGATIFS • 1932

DARSHAN – IND
KAHIN DIN KAHIN RAAT • SOMEWHERE DAY, SOMEWHERE NIGHT • 1968

DARYANI RAM – IND
SHRAVAN KUMAR • 1948

DARYOUSH HAGIR – IRN
BITA • 1973
DAR EMTEDADE SHAB • NIGHT NEVER ENDS, THE • 1975

DAS D. M. – SLN
AMATHAKA VUNADA? • HAVE YOU FORGOTTEN? • 1967

DAS GUPTA BULA see **GUPTA BULA DAS**

DASGUPTA BUDDHADEB – IND
GUPTA BUDDHADEB DAS
NEEM ANAPURNA • BITTER MORSEL • 1979
GRIHAYADHYA • CROSSROAD, THE • 1982
SHEET GRISHMAR SMRITI • SEASON'S MEMOIRS ○ SHEESH GREESHMAM CHITRA • 1983
ANDHI GALLI • BLIND ALLEY • 1984
PHERA • RETURN, THE • 1987
BAGH BAHADUR • TIGER MAN • 1989

DASHUK VIKTOR – USS
VITEBSKOYE DELO • VITEBSK CASE PART ONE: THE CRIME • 1989

DASKALIDES JEAN – BLG
6, RUE DU CALVAIRE • 1973

DASQUE JEAN – FRN – 1919–
BALLON VOLE • BALL IN FLIGHT • 1960 • SHT
AME QUI VIVE • 1961

DASSIN JULES – USA – 1911–
NAZI AGENT • 1941
TELL–TALE HEART, THE • 1941 • SHT
AFFAIRS OF MARTHA, THE • ONCE UPON A THURSDAY (UKN) • 1942
REUNION IN FRANCE • MADEMOISELLE FRANCE (UKN) ○ REUNION • 1942
YOUNG IDEAS • 1943
CANTERVILLE GHOST, THE • 1944
LETTER FOR EVIE, A • ALL THE THINGS YOU ARE • 1945
TWO SMART PEOPLE • TIME FOR TWO • 1946
BRUTE FORCE • 1947
NAKED CITY, THE • 1948
THIEVES' HIGHWAY • COLLISION ○ HARD BARGAIN ○ THIEVES' MARKET • 1949
NIGHT AND THE CITY • 1950
MILLION DOLLAR TRIO • 1952 • SHT
DU RIFIFI CHEZ LES HOMMES • RIFIFI (USA) • 1955
CELUI QUI DOIT MOURIR • COLUI CHE DEVE MORIRE (ITL) ○ HE WHO MUST DIE (USA) • 1956
LOI, LA • WHERE THE HOT WIND BLOWS (USA) ○ LEGGE, LA (ITL) ○ LAW, THE • 1958
POTE TIN KYRIAKI • NEVER ON SUNDAY (USA) ○ JAMAIS LE DIMANCHE • 1959
PHAEDRA • 1962
TOPKAPI • LIGHT OF DAY, THE • 1964
10.30 P.M. SUMMER • 1966
HAMILCHAMA AL HASHALOM • SURVIVAL 67 ○ SURVIVAL • 1967 • DOC
COMME UN ECLAIR • ISRAEL, AN 5727 ○ GUERRE AMERE, LA • 1968 • DOC
UPTIGHT • BETRAYAL • 1968
PROMESSE DE L'AUBE, LA • PROMISE AT DAWN (USA) • 1970
REHEARSAL, THE • 1974
MEDEA • MAYA AND BREUDA • 1976
DREAM OF PASSION, A • 1978
CIRCLE OF TWO • 1980

DATTA RAJ – IND
MADHUCHANDRA • 1967

DAUBER PHILIP – USA
SPACEBORNE • 1978 • SHT

DAUGHERTY HERSCHEL – USA – 1909–
LIGHT IN THE FOREST, THE • 1958
RAIDERS, THE • PLAINSMAN, THE • 1963
WINCHESTER '73 • 1967 • TVM
HEC RAMSEY: THE MYSTERY OF THE GREEN FEATHER • 1972 • TVM
VICTIM, THE • OUT OF CONTENTION • 1972 • TVM
SHE CRIED MURDER! • 1973 • TVM
BANACEK: HORSE OF A SLIGHTLY DIFFERENT COLOR • 1974 • TVM
TWICE IN A LIFETIME • 1974 • TVM

DAUMERY JEAN see **DAUMERY JOHN**

DAUMERY JOHN – BLG – 1898–
DAUMERY JEAN
CONTRE–ENQUETE • 1930
LOPEZ, LE BANDIT • 1930
ROUGH WATERS • 1930
MASQUE D'HOLLYWOOD, LE • 1931
BLIND SPOT • 1932
CAS DU DOCTEUR BRENNER, LE • 1932
FOULE HURLE, LA • 1932
HELP YOURSELF • 1932
LETTER OF WARNING, A • UNDISCLOSED • 1932
POSTAL ORDERS • 1932
SOIR DES ROIS, LE • SOYEZ LES BIENVENUS • 1932
CALL ME MAME • 1933
HEAD OF THE FAMILY • 1933
LITTLE MISS NOBODY • 1933
MEET MY SISTER • 1933
MR. QUINCEY OF MONTE CARLO • 1933
NAUGHTY CINDERELLA • 1933
THIRTEENTH CANDLE, THE • 1933
THIS ACTING BUSINESS • 1933
OVER THE GARDEN WALL • 1934
WITHOUT YOU • 1934

de DAUNANT DENYS COLOMB – FRN
CORRIDA INTERDITE, LA • 1959

DAUTEUIL FRANCOIS – CND
PLUIE D'ETE • SUMMER RAIN • 1986 • SHT

DAUX ROBERT DIEZ – CND
MONDO STRIP • 1980

DAVAN LUCA see **FORGES DAVANZATI MARIA**

DAVAUD MICHEL – FRN – 1938–
NOUS PARLONS, VOUS ECOUTEZ • 1975 • DOC

DAVE BALWANT – IND
GOGOLA

DAVE RAVINDRA – IND
RAAZ • SECRET ○ MYSTERY • 1967

DAVENPORT CHARLES see **DAVENPORT CHARLES E.**

DAVENPORT CHARLES E. – USA
DAVENPORT CHARLES
VIRGIN OF THE FIRE, THE • 1912
SHE WOLF, THE • 1913
STRENGTH OF THE WEAK, THE • 1913
GOVERNOR'S BOSS, THE • 1915
HOUSE THAT JACK BUILT, THE • 1916 • SHT
RULE OF REASON, THE • 1917 • SHT
BROKEN BARRIERS • 1919
KHAVAH • 1919

DAVENPORT DOROTHY REID see **REID DOROTHY**

DAVENPORT HARRY – Actor – USA – 1866–1949
CLOSING OF THE CIRCUIT, THE • 1915
ENEMIES, THE • 1915
ISLAND OF REGENERATION, THE • 1915
JARR FAMILY DISCOVERS HARLEM, THE • 1915
JARRS VISIT ARCADIA, THE • 1915
MAKING OVER OF GEOFFREY MANNING, THE • 1915
MR. JARR AND CIRCUMSTANTIAL EVIDENCE • 1915
MR. JARR AND GERTRUDE'S BEAUX • 1915
MR. JARR AND LOVE'S YOUNG DREAM • 1915
MR. JARR AND THE CAPTIVE MAIDEN • 1915
MR. JARR AND THE DACHSHUND • 1915
MR. JARR AND THE LADIES' CUP • 1915
MR. JARR AND THE LADY REFORMER • 1915
MR. JARR AND THE VISITING FIREMAN • 1915
MR. JARR BRINGS HOME A TURKEY • 1915
MR. JARR TAKES A NIGHT OFF • 1915
MR. JARR VISITS HIS HOME TOWN • 1915
MR. JARR'S BIG VACATION • 1915
MR. JARR'S MAGNETIC FRIEND • 1915
MRS. JARR AND THE BEAUTY TREATMENT • 1915
MRS. JARR AND THE SOCIETY CIRCUS • 1915
MRS. JARR'S AUCTION BRIDGE • 1915
PHILANTHROPIC TOMMY • 1915
WOMAN IN THE BOX, THE • 1915
ACCUSING VOICE, THE • 1916 • SHT
CAREW AND SON • 1916 • SHT
FOR A WOMAN'S FAIR NAME • 1916
HEART OF A FOOL, THE • 1916 • SHT
INNER GLOW, THE • 1916 • SHT
LETITIA • 1916 • SHT
MYRTLE THE MANICURIST • 1916
RESURRECTION OF HOLLIS, THE • 1916 • SHT
ROOKIE, THE • 1916 • SHT
SUPREME TEMPTATION, THE • 1916
FALSE FRIEND, THE • 1917
MAN'S LAW, A • 1917
MILLIONAIRE'S DOUBLE, THE • 1917
SON OF THE HILLS, A • 1917
TILLIE WAKES UP • 1917
WOMAN ALONE, A • 1917

DAVENPORT HARRY BROMLEY – UKN – 1950–
WHISPERS OF FEAR • 1974
XTRO • JUDAS GOAT • 1982

DAVENPORT SUZANNE – USA
CHICAGO MATERNITY CENTER STORY, THE • 1977

DAVENPORT TOM – USA
IT AIN'T CITY MUSIC • 1973

D'AVERSA ALBERTO – ITL
VOCÈ NEL TUO CUORE, UNA • 1950
SEARA VERMELHA • VIOLENT LAND, THE • 1963

DAVES DELMER – Producer/writer – USA – 1904–1977
DESTINATION TOKYO • 1943
HOLLYWOOD CANTEEN • 1944
VERY THOUGHT OF YOU, THE • 1944
PRIDE OF THE MARINES • FOREVER IN LOVE (UKN) ○ BODY AND SOUL • 1945
DARK PASSAGE • 1947
RED HOUSE, THE • NO TRESPASSING • 1947
TO THE VICTOR • 1948
KISS IN THE DARK, A • 1949
TASK FORCE • 1949
BROKEN ARROW • 1950
BIRD OF PARADISE • 1951
RETURN OF THE TEXAN • 1952
NEVER LET ME GO • 1953
TREASURE OF THE GOLDEN CONDOR • CONDOR'S NEST • 1953
DEMETRIUS AND THE GLADIATORS • GLADIATORS, THE • 1954
DRUM BEAT • 1954
JUBAL • 1956
LAST WAGON, THE • 1956
3.10 TO YUMA • 1957
BADLANDERS, THE • 1958
COWBOY • 1958
KINGS GO FORTH • 1958
HANGING TREE, THE • 1959
SUMMER PLACE, A • 1959
PARRISH • 1961
SUSAN SLADE • 1961
ROME ADVENTURE • LOVERS MUST LEARN • 1962
SPENCER'S MOUNTAIN • 1963
YOUNGBLOOD HAWKE • 1964
BATTLE OF THE VILLA FIORITA, THE • AFFAIR AT THE VILLA FIORITA, THE • 1965

DAVEY FORREST – USA
OH, FOR A WIFE! • 1917

DAVEY HORACE – USA
DAVEY HORACE B.
FATHER'S HELPING HAND • 1908
AND THE BEST MAN WON • 1915
CIRCUMSTANTIAL SCANDAL, A • 1915
DAN CUPID, FIXER • 1915
FATHER'S LUCKY ESCAPE • 1915
FRAME-UP ON DAD, THE • 1915
HER SPEEDY AFFAIR • 1915
HIS LUCKY VACATION • 1915
IT ALMOST HAPPENED • 1915
IT HAPPENED WHILE HE FISHED • 1915
KEEPING IT DARK • 1915
KIDS AND CORSETS • 1915
LOONEY LOVE AFFAIR, A • 1915
MAID AND A MAN, A • 1915
MOLLY'S MALADY • 1915
ON HIS WEDDING DAY • 1915
ONE CYLINDER COURTSHIP, A • 1915
OPERATING ON CUPID • 1915
RISE AND FALL OF OFFICER 13, THE • 1915
SAVED BY A SKIRT • 1915
TALE OF HIS PANTS, THE • 1915
THERE'S MANY A SLIP • 1915
WHEN A MAN'S FICKLE • 1915
WHEN FATHER HAD THE GOUT • 1915
WHEN FATHER WAS THE GOAT • 1915
WHEN HUBBY GREW JEALOUS • 1915
WHEN THEIR DADS FELL OUT • 1915
WHEN THREE WAS A CROWD • 1915
ACROSS THE HALL • 1916 • SHT
ALMOST A WIDOW • 1916 • SHT
BOY, THE GIRL AND THE AUTO, THE • 1916 • SHT
BROWNS SEE THE FAIR, THE • 1916 • SHT
CUPID'S UPPERCUT • 1916 • SHT
DISAPPEARING GROOM, THE • 1916 • SHT
GOODNIGHT, NURSE • 1916 • SHT
HE LOVED THE LADIES • 1916
HER HERO MAID • 1916 • SHT
HER STEADY CARFARE • 1916 • SHT
HIS BABY • 1916 • SHT
HIS NEIGHBOR'S WIFE • 1916 • SHT
HIS WOODEN LEG • 1916 • SHT
LION'S BREATH, THE • 1916 • SHT
LOVE AND BRASS BUTTONS • 1916 • SHT
MAKING OVER OF MOTHER, THE • 1916 • SHT
MIXED KIDS • 1916 • SHT
NEVER LIE TO YOUR WIFE • 1916 • SHT
PUTTING HER FOOT IN IT • 1916 • SHT
SEA NYMPHS • 1916
TWIXT LOVE AND THE ICEMAN • 1916 • SHT
WANTED -A HUSBAND • 1916 • SHT
WOOING OF AUNT JEMIMA, THE • 1916 • SHT
WRONG BIRD, THE • 1916 • SHT
KIDDING SISTER • 1917
TWICE IN THE SAME PLACE • 1917
BELLE AND THE BILL, THE • 1920 • SHT
CARDS AND CUPID • 1920 • SHT
CUTTING OUT HIS VACATION • 1920 • SHT
HER NIGHT OUT • 1920 • SHT
HIS MIS-STEP • 1920 • SHT
KID-ING THE LANDLORD • 1920 • SHT
NUISANCE, THE • 1920 • SHT
RINGING HIS BELLE • 1920 • SHT
THRU THE KEYHOLE • 1920 • SHT
WHO'S CRAZY NOW • 1920 • SHT
SAGEBRUSH LADY, THE • 1925

DAVEY HORACE B. see **DAVEY HORACE**

DAVIAN JOE – USA
APPOINTMENT WITH AGONY
BLOW SOME MY WAY
FETISHES OF MONIQUE
PITFALLS OF BUNNY, THE
PREY OF CALL GIRL

DAVIAULT L. – CND
EVADES DE LA TERRE, LES • 1970 • DCS

DAVID ALLAN – USA
MAGIC FOUNTAIN, THE • 1961

DAVID CHARLES – USA
LADY ON A TRAIN • 1945
RIVER GANG • FAIRY TALE MURDER (UKN) • 1945

DAVID CONSTANTIN J. – GRM
SUNDENBABEL • 1925
UNBERUHRTE FRAU, DIE • 1925
GRAFIN PLATTMAMSELL • 1926
MADCHEN OHNE HEIMAT, DAS • VOM FREUDENHAUS IN DIE EHE • 1926
UNSER TAGLICH BROT • 1926
BRENNENDE SCHIFF, DAS • 1927
MANNER VOR DER EHE • 1927
REPUBLIK DER BACKFISCHE, DIE • 1928
VOM TATER FEHLT JEDE SPUR • UNDER SUSPICION • 1928
TAGEBUCH EINER KOKOTTE • 1929
KENNST DU DAS LAND • SALTARELLO • 1931
LIEBESLIED • 1931

DAVID HAROLD – USA
CAREER GIRL • 1959

DAVID HUGH – UKN
CLIFTON HOUSE MYSTERY, THE • 1978 • MTV

DAVID MARIO – ARG
PANO VERDE • BILLIARD TABLE • 1972
PIEL DEL AMOR, LA • SKIN OF LOVE, THE • 1973
AMOR INFIEL, EL • UNFAITHFUL LOVE • 1974
GRITO DE CELINA, EL • CELINA'S CRY • 1975
RABONA, LA • PLAYING HOOKEY • 1978
BROMISTA, EL • JOKER, THE • 1980

DAVID RAUL T. – PHL
AGENTS WEN MANONG • AGENTS YES SIR • 1968

DAVID VINCENT – SLN
AKKA NAGO • SISTERS • 1968

DAVIDSEN HJALMAR – DNM – 1879–
AFGRUNDEN • 1911
CHATOLLETS HEMMELIGHED • SECRET OF THE OLD WRITING DESK, THE ○ GAMLE CHATOL, DET ○ OLD WRITING DESK, THE • 1913
EXPRESSENS MYSTERIUM • 1913
FANGENS SON • 1913
GENNEM MORKE TIL LYS • 1913
GIFTSLANGEN ELLER PJERROTS SIDSTE OPTRAEDEN • 1913
RETTE, DEN • 1913
SFINXEN • 1913
DETEKTIVENS BARNEPIGE • 1914
DRANKERSKEN • 1914
EN STAERKERE MAGT • 1914
GODSFORVALTEREN • 1914
GULDKALVEN • 1914
I STJERNERNE STAAR DET SKREVET • 1914
KAMPEN OM BARNET • 1914
KVINDEN HAN MODTE • 1914
MANEGENS BORN • 1914
NATTENS GAADE • IN THE MIST OR THE LOST BRIDE • 1914
PRINSESSENS HJERTE • 1914
SPEJLETS SPAADOM • 1914
VANAEREDE, DEN • 1914
EN SONS KAERLIGHED • 1915
EVIGE HAD, DET • 1915
FILMENS DATTER • 1915
GREVINDE CLARA • 1915
HANDELEN MED MENNESKELIV • 1915
HANS STORE CHANCE • 1915
LYKKEDROMME • 1915
NAAR KJERTENE KALDER • 1915
PENGENES MAGT • 1915
VAADESKUDDET • 1915
VILJELOS KAERLIGHED • 1915
AMORS HJAELPETROPPER • 1916
HANS KAERESTE • 1916
KRIMINALGAADEN I KINGOSGADE • 1916
LILLE DANSERINDE, DEN • 1916
PJERROT • 1916
STAKKELS KARIN • 1916
STUDENTERKAMMERATERNE • 1916
TROPERNES DATTER • 1916
VARNEHJERTE, EN • 1916
ANSIGTET I FLODEN • 1917
SOLEN DER DRAEBTE • 1917
SKOMAGERPRINSEN • 1921

DAVIDSEN JOHN – DNM
NADVEREN • 1970

DAVIDSON ALEXANDR – USS
TAM GDYE DLINNAYA ZIMA • THERE, WHERE THE WINTER IS LONG ○ WHERE THE NIGHTS ARE LONG • 1968

DAVIDSON BOAZ – ISR – 1943–
AZIT THE PARATROOPER DOG • 1972
CHARLIE AND A HALF • 1973
LUPO GOES TO NEW YORK • 1977
ESKIMO LIMON • LEMON POPSICLE (USA) • 1978
TZANANI FAMILY • 1978
YOTZ'IM KAVUA • GOING STEADY: LEMON POPSICLE II (USA) ○ GOING STEADY • 1979
SEED OF INNOCENCE • TEN MOTHERS • 1980
SHIFSHUF NAIM • HOT BUBBLEGUM: LEMON POPSICLE III ○ HOT BUBBLEGUM • 1981
X-RAY • HOSPITAL MASSACRE ○ MASSACRE HOSPITAL ○ BE MY VALENTINE, OR ELSE.. • 1981
LAST AMERICAN VIRGIN, THE • 1982
PRIVATE POPSICLE: LEMON POPSICLE IV • LEMON POPSICLE 4: SAPICHES ○ PRIVATE POPSICLE ○ SAPICHES • 1982
ALEX FALLS IN LOVE • 1986
DUTCH TREAT • 1987
GOING BANANAS • MY AFRICAN ADVENTURE • 1987
ARMY BRATS • 1988
SALSA: THE MOTION PICTURE • SALSA • 1988
WHAT DO WOMEN WANT? • 1988

DAVIDSON CARSON – USA
HELP! MY SNOWMAN'S BURNING DOWN • 1964 • SHT
POPPYCOCK! • 1966 • SHT
WRONG DAMN FILM, THE • 1975

DAVIDSON GORDON – USA – 1933–
TRIAL OF THE CATONSVILLE NINE, THE • 1972

DAVIDSON IAN – Photographer – ASL
LAST COASTLINE, THE • 1974 • DOC

DAVIDSON J. N. G. – UKN
DANCERS OF ARAN • 1934

DAVIDSON JOHN – SPN
HANGING WOMAN, THE • 1971

DAVIDSON MARTIN – USA – 1939–
DAVIDSON MARTY
LORDS OF FLATBUSH, THE • 1974
ALMOST SUMMER • DIRTY LOOKS • 1977
HERO AT LARGE • 1980
EDDIE AND THE CRUISERS • 1984
LONG GONE • 1987 • TVM
STOGIES • 1987

DAVIDSON MARTY see **DAVIDSON MARTIN**

DAVIDSON ROBERT W. – USA
TOKLAT • 1971

DAVIDSON WILLIAM – Producer – CND – 1928–
APRIL IS HERE
NOW THAT APRIL'S HERE • 1958
IVY LEAGUE KILLERS • FAST ONES, THE • 1962
LIONS FOR BREAKFAST • 1974

DAVIES BERNARD – UKN
TASTE OF WINE, A • 1963 • DCS

DAVIES BILL – USA
INDIA TRIP, THE • 1972
LEGEND OF HORROR • 1972

DAVIES BRIAN – Producer/writer – ASL – 1938–
UNA FILM DI • 1964 • DCS
PUDDING THIEVES, THE • 1967
BRAKE FLUID • 1970 • SHT

DAVIES HAL – USA
DAVIS HAL
TWO MEN WHO WAITED • 1914
VERDICT, THE • 1914

DAVIES JIM – UKN
COME SATURDAY • 1949

DAVIES JOHN – UKN
WHY DIDN'T THEY ASK EVANS? • 1979 • TVM
CITY FARM • 1980
MAEVE • 1982
ACCEPTABLE LEVELS • 1984
KIM • 1984 • TVM
URSULA AND GLENYS • 1987
DEVICES AND DESIRES • 1990

DAVIES JOHN HOWARD – UKN – 1939–
GOOD LIFE, THE • 1975 • MTV
FALL AND RISE OF REGINALD PERRIN, THE • 1980 • MTV

DAVIES JOHN MICHAEL – UKN – 1934–
KATHERINE • 1974

DAVIES RAY – UKN
RETURN TO WATERLOO • RAY DAVIES' RETURN TO WATERLOO • 1985

DAVIES ROBERT KINGSTON – UKN
EAST AFRICAN COLLEGE • 1950 • DOC

DAVIES TERENCE – UKN
CHILDREN • 1976
DISTANT VOICES, STILL LIVES • 1987

DAVIES VALENTINE – Screenwriter – USA – 1905–
BENNY GOODMAN STORY, THE • 1955
GODDESS, THE • 1956

DAVILA JACQUES – ALG – 1941–
CERTAINES NOUVELLES • 1979
QUI TROP EMBRASSE • 1986
CAMPAGNE DE CICERON, LA • 1989

D'AVINO CARMEN – USA – 1918–
VERNISSAGE • 1950
FINLAND • 1951
PATTERNS FOR A SUNDAY AFTERNOON • 1954 • ANS
MOTIF • 1956 • SHT
BIG O, THE • 1958 • SHT
WEAVERS, THE • 1958 • SHT
ROOM, THE • 1959 • SHT
TRIP, A • 1960 • SHT
STONE SONATA • 1962 • ANS
PIANISSIMO • 1963 • ANS
FINNISH FABLE, A • 1965 • SHT
TARANTELLA • 1966 • SHT
THEME AND TRANSITION • 1966 • SHT

DAVIS ALLAN – UKN – 1913–
ROGUE'S MARCH • 1952
CLUE OF THE TWISTED CANDLE • 1960
CLUE OF THE NEW PIN, THE • 1961
FOURTH SQUARE, THE • 1961
SQUARE MILE MURDER, THE • 1961
WINGS OF DEATH • 1961

DAVIS ANDREW – USA
DAVIS ANDY
MY MAIN MAN FROM STONY ISLAND • STONY ISLAND • 1980
FINAL TERROR, THE • CAMPSITE MASSACRE • 1981

CODE OF SILENCE • 1985
ABOVE THE LAW • NICO: ABOVE THE LAW ○ NICO • 1988
PACKAGE, THE • 1989

DAVIS ANDY see **DAVIS ANDREW**

DAVIS ART see **DAVIS ARTHUR**

DAVIS ARTHUR – Animator – USA
DAVIS ART
FOOLISH BUNNY, THE • 1938 • ANS
HOLLYWOOD GRADUATION • 1938 • ANS
MR. ELEPHANT GOES TO TOWN • 1940 • ANS
GREAT CHEEZE MYSTERY, THE • 1941 • ANS
WAY OF ALL PESTS • 1941 • ANS
WHO'S ZOO IN HOLLYWOOD • 1941 • ANS
MOUSE MENACE • 1946 • ANS
DOGGONE CATS • 1947 • ANS
FOXY DUCKLING, THE • 1947 • ANS
GOOFY GOPHERS • 1947 • ANS
MEXICAN JOYRIDE • 1947 • ANS
BONE, SWEET BONE • 1948 • ANS
DOUGH RAY ME-OW • 1948 • ANS
HICK, A SLICK AND A CHICK, A • 1948 • ANS
NOTHING BUT THE TOOTH • 1948 • ANS
ODOR OF THE DAY • 1948 • ANS
PEST THAT CAME TO DINNER, THE • 1948 • ANS
RATTLED ROOSTER, THE • 1948 • ANS
RIFF RAFFY DAFFY • 1948 • ANS
STUPOR SALESMAN • 1948 • ANS
TWO GOPHERS FROM TEXAS • 1948 • ANS
WHAT MADE DAFFY DUCK • 1948 • ANS
BOWERY BUGS • 1949 • ANS
BYE, BYE BLUEBEARD • 1949 • ANS
HOLIDAY FOR DRUMSTICKS • 1949 • ANS
PORKY CHOPS • 1949 • ANS

DAVIS B. J. – USA
FAIR TRADE • FLIGHT TO HELL • 1988
WHITE GHOST • 1988
STREETS OF HOLLYWOOD, THE • 1989

DAVIS BOBBY – USA
COUNTRY GIRL • 1968
MY SISTER'S BUSINESS • 1970
TRUCKER'S GIRL • 1970
MOB WAR • 1978

DAVIS CHARLES – USA
GET OUTTA TOWN • GANGSTER'S REVENGE ○ GET OUT OF TOWN • 1959
HAPPY AS THE GRASS WAS GREEN • HAZEL'S PEOPLE • 1973
DANIEL AND NEBUCHADNEZZAR • 1979 • MTV
MOSES • 1980 • MTV

DAVIS DALE – USA
GOLDEN BREED, THE • 1968 • DOC

DAVIS DESMOND – UKN – 1927–
GIRL WITH GREEN EYES • GIRL WITH THE GREEN EYES, THE • 1964
UNCLE, THE • 1964
I WAS HAPPY HERE • TIME LOST AND TIME REMEMBERED (USA) ○ PASSAGE OF LOVE • 1965
SMASHING TIME • 1967
NICE GIRL LIKE ME, A • 1969
NEW AVENGERS: THE EAGLE'S NEST, THE • 1976 • TVM
MEASURE FOR MEASURE • 1978 • TVM
NIGHT FLIGHT • 1979 • SHT
CLASH OF THE TITANS • 1981
SHERLOCK HOLMES' THE SIGN OF FOUR • SIGN OF FOUR, THE (USA) • 1983
CAMILLE • 1984 • TVM
COUNTRY GIRLS, THE • 1984
ORDEAL BY INNOCENCE • AGATHA CHRISTIE'S ORDEAL BY INNOCENCE • 1984
LOVE WITH A PERFECT STRANGER • 1986 • TVM
FREEDOM FIGHTER • 1988 • TVM

DAVIS DON – USA
FOR LOVE & MONEY • FOR LOVE OF MONEY • 1967
FOR SINGLE SWINGERS ONLY • SINGLE SWINGERS ONLY • 1968
ODD TASTES • TASTERS, THE ○ GREAT TASTE • 1968
DAISY CHAIN, THE • CHAIN, THE • 1969
CAGED DESIRES • 1970
GOLDEN BOX, THE • 1970
MARSHA, THE EROTIC HOUSEWIFE • MARSHA • 1970

DAVIS EDDIE – USA – 1907–
PANIC IN THE CITY • 1968
IT TAKES ALL KINDS • IT TAKES ALL KINDS, TO CATCH A THIEF • 1969
COLOR ME DEAD • 1970
THAT LADY FROM PEKING • 1970

DAVIS GEORGE – USA
POUND FOOLISH • 1926

DAVIS GLENN VINCENT see **MUSOLINO VINCENZO**

DAVIS HAL see **DAVIES HAL**

DAVIS HASSOLDT
SORCERER'S VILLAGE, THE • VOODOO VILLAGE • 1958 • DOC

DAVIS HERBERT see **DAVIS REDD**

DAVIS HERBERT "RED" see **DAVIS REDD**

DAVIS J. see **DAVIS JAMES**

DAVIS J. CHARLES – USA
SHADOW, THE • 1921

DAVIS JAMES – USA
DAVIS JAMES D. • DAVIS JIM • DAVIS J.
HAZARDS OF HELEN, THE • 1914-17 • SRL
HAUNTED STATION, THE • 1915
DESERTED ENGINE, THE • 1917
DETECTIVE'S DANGER • 1917
DYNAMITE SPECIAL, THE • 1917 • SHT
END OF THE RUN, THE • 1917 • SHT
FREED BY FIDO • 1917 • SHT
HULA HULA HUGHIE • 1917 • SHT
LURED AND CURED • 1917 • SHT
MATRIMONIAL SHOCK, A • 1917 • SHT
MUNITIONS PLOT, THE • 1917
PERILOUS LEAP, THE • 1917 • SHT
RACE TO THE DRAWBRIDGE, A • 1917 • SHT
RUMMY ROMANCE, A • 1917 • SHT
SAVING THE FAST MAIL • 1917 • SHT
STICKY FINGERS • 1917 • SHT
BARBAROUS PLOTS • 1918 • SHT
BAWLED OUT • 1918 • SHT
BELLES OF LIBERTY, THE • 1918 • SHT
BLIND PIG, A • 1918 • SHT
COOKS AND CROOKS • 1918 • SHT
FATHERS, SONS AND CHORUS GIRLS • 1918 • SHT
HOOT TOOT • 1918 • SHT
MERRY MERMAIDS • 1918 • SHT
NUTS AND NOODLES • 1918 • SHT
PEARLS AND GIRLS • 1918 • SHT
PRETTY BABIES • 1918 • SHT
ROMANCE AND DYNAMITE • 1918 • SHT
RURAL RIOT, A • 1918 • SHT
UNDER FALSE PRETENSES • 1918 • SHT
BROWN EYES AND BANK NOTES • 1919 • SHT
GOOD NIGHT, TURK! • 1919 • SHT
LION SPECIAL, A • 1919 • SHT
PUPPY LOVE PANIC, A • 1919 • SHT
ROOF GARDEN ROUGH HOUSE, A • 1919 • SHT
SPOTTED NAG, THE • 1919 • SHT
BIRTHDAY TANGLE, A • 1920 • SHT
GINGHAM GIRL, THE • 1920 • SHT
HEARTS AND CLUBS • 1920 • SHT
LET 'ER GO • 1920 • SHT
STAR BOARDER, THE • 1920 • SHT
UNCLE TOM'S CABOOSE • 1920 • SHT
UNHAPPY FINISH, AN • 1920 • SHT
TROUBLE BREWING • 1924

DAVIS JAMES D. see **DAVIS JAMES**

DAVIS JAMES* – USA
DAVIS JIM
PROCESSES • ANS
LIGHT REFLECTIONS • 1948
PAINTING AND PLASTICS • 1948 • SHT
PLASTIC MOBILES • 1948
COLOR AND LIGHT • 1950 • SHT
REFLECTIONS NO.11 • 1951 • SHT
REFRACTIONS NO.1 • 1951 • SHT
COLOR DANCES NO.1 • 1952 • SHT
THRU THE LOOKING GLASS • THROUGH THE LOOKING GLASS • 1954 • SHT
ANALOGIES • 1955 • SHT
BECOMING • 1955 • SHT
EVOLUTIONS • 1955 • SHT
WRIT ON WATER • 1955 • SHT
ENERGIES • 1957 • SHT
DEATH AND TRANSFIGURATIONS • 1965 • SHT
IMPULSES • 1965 • SHT

DAVIS JIM see **DAVIS JAMES**

DAVIS JIM see **DAVIS JAMES***

DAVIS JOAN – ITL
COME AND LAY DOWN

DAVIS JOE – USA
TARTS, THE • 1965
CONFESSIONS OF A WILD PAIR • CONFESSIONS OF A DIRTY PAIR • 1967
ODDO • 1967

DAVIS JOHN – Producer – UKN – 1934–
CRY WOLF • 1968
SHELL SHOCK ROCK • 1979 • DOC

DAVIS KATE – USA
GIRLTALK • 1988

DAVIS MANNIE – Animator – USA
WHERE AM I? • 1925 • ANS
JUNGLE FOOL • 1929 • ANS
NIGHT CLUB • 1929 • ANS
DIXIE DAYS • 1930 • ANS
GOOD OLD SCHOOLDAYS • 1930 • ANS
GYPPED IN EGYPT • 1930 • ANS
HAUNTED SHIP, THE • 1930 • ANS
LAUNDRY BLUES • 1930 • ANS
MIDNIGHT • 1930 • ANS
NOAH KNEW HIS ARK • 1930 • ANS
ROMEO ROBIN, A • 1930 • ANS
SINGING SAPS • 1930 • ANS
SNOW TIME • 1930 • ANS
ANIMAL FAIR, THE • 1931 • ANS
COWBOY CABARET • 1931 • ANS
FAMILY SHOE, THE • 1931 • ANS
FUN ON THE ICE • 1931 • ANS
LOVE IN A POND • 1931 • ANS
MAD MELODY • 1931 • ANS
PALE FACE PUP • 1931 • ANS
PLAY BALL • 1931 • ANS
TOY TOWN TALES • TOYLAND ADVENTURE • 1931 • ANS
BRING 'EM BACK HALF-SHOT • 1932 • ANS
BUGS AND BOOKS • 1932 • ANS
CATFISH ROMANCE • 1932 • ANS
CAT'S CANARY, THE • 1932 • ANS
CHINESE JUNKS • 1932 • ANS
PICKANINNY BLUES • 1932 • ANS
ROMEO MONK, A • 1932 • ANS
SPRING ANTICS • 1932 • ANS
STONE AGE ERROR • 1932 • ANS
VENICE VAMP • 1932 • ANS
WILD GOOSE CHASE • 1932 • ANS
BARKING DOGS • 1933 • ANS
BUBBLES AND TROUBLES • 1933 • ANS
INDIAN WHOOPEE • 1933 • ANS
LAST MAIL, THE • 1933 • ANS
LOVE'S LABOR WON • 1933 • ANS
NUT FACTORY, THE • 1933 • ANS
SILVERY MOON • 1933 • ANS
BATTLE ROYAL, A • 1936 • ANS
BULLY FROG, A • 1936 • ANS
CATS IN THE BAG • 1936 • ANS
FARMER ALFALFA'S TWENTIETH ANNIVERSARY • 1936 • ANS
HEALTH FARM, THE • 1936 • ANS
HOT SPELL, THE • 1936 • ANS
KIKO AND THE HONEY BEARS • 1936 • ANS
KIKO FOILS A FOX • 1936 • ANS
ROBIN HOOD IN AN ARROW ESCAPE • 1936 • ANS
SKUNKED AGAIN • 1936 • ANS
SUNKEN TREASURE • 1936 • ANS
BIG GAME HUNT, THE • 1937 • ANS
BOOK SHOP, THE • 1937 • ANS
BUG CARNIVAL • 1937 • ANS
CLOSE SHAVE, A • 1937 • ANS
FLYING SOUTH • 1937 • ANS
HAY RIDE, THE • 1937 • ANS
OZZIE OSTRICH COMES TO TOWN • 1937 • ANS
PAPER HANGERS, THE • 1937 • ANS
PLAY BALL • 1937 • ANS
PUDDY'S CORONATION • 1937 • ANS
RED HOT MUSIC • 1937 • ANS
SALTY MCGUIRE • 1937 • ANS
SCHOOL BIRDS • 1937 • ANS
THIRD RABBIT, THE • 1937 • ANS
TIN CAN TOURIST, THE • 1937 • ANS
BIG TOP, THE • 1938 • ANS
GLASS SLIPPER, THE • 1938 • ANS
JUST ASK JUPITER • 1938 • ANS
LION HUNT, THE • 1938 • ANS
MILK FOR BABY • 1938 • ANS
MOUNTAIN ROMANCE, A • 1938 • ANS
NEWCOMER, THE • 1938 • ANS
STRANGER RIDES AGAIN, THE • 1938 • ANS
VILLAGE BLACKSMITH, THE • 1938 • ANS
BARNYARD BASEBALL • 1939 • ANS
CUCKOO BIRD, THE • 1939 • ANS
GOLDEN WEST, THE • 1939 • ANS
ICE POND • 1939 • ANS
NUTTY NETWORK, THE • 1939 • ANS
PRIZE GUEST, THE • 1939 • ANS
SHEEP IN THE MEADOW • 1939 • ANS
THREE BEARS, THE • 1939 • ANS
WICKY-WACKY ROMANCE, A • 1939 • ANS
ALL'S WELL THAT ENDS WELL • 1940 • ANS
CATNIP CAPERS • 1940 • ANS
CLUB LIFE IN STONE AGE • 1940 • ANS
EDGAR RUNS IN • 1940 • ANS
RUPERT THE RUNT • 1940 • ANS
SNOWMAN • 1940 • ANS
BIRD TOWER, THE • 1941 • ANS
BRINGING HOME THE BACON • 1941 • ANS
FLYING FEVER • 1941 • ANS
HOME GUARD, THE • 1941 • ANS
MAGIC SHELL, THE • 1941 • ANS
ONE MAN NAVY, THE • 1941 • ANS
UNCLE JOEY • 1941 • ANS
UNCLE JOEY COMES TO TOWN • 1941 • ANS
AESOP'S FABLES • 1941-45 • ASS
ALL OUT FOR V • 1942 • ANS
BIG BUILD-UP, THE • 1942 • ANS
CAT MEETS MOUSE • 1942 • ANS
EAT ME KITTY, EIGHT TO THE BAR • 1942 • ANS
FRANKENSTEIN'S CAT • 1942 • ANS
NECK AND NECK • 1942 • ANS
NIGHT LIFE IN THE ARMY • 1942 • ANS
OUTPOST, THE • 1942 • ANS
SOMEWHERE IN THE PACIFIC • 1942 • ANS
BARNYARD BLACKOUT • 1943 • ANS
HOPEFUL DONKEY, THE • 1943 • ANS
KEEP 'EM GROWING • 1943 • ANS
LAST ROUND-UP, THE • 1943 • ANS
LION AND THE MOUSE • 1943 • ANS
SOMEWHERE IN EGYPT • 1943 • ANS
SUPER MOUSE RIDES AGAIN • MIGHTY MOUSE RIDES AGAIN • 1943 • ANS
CARMEN'S VERANDA • 1944 • ANS
CHAMPION OF JUSTICE, THE • 1944 • ANS
GANDY GOOSE IN THE GHOST TOWN • GHOST TOWN, THE • 1944 • ANS
GANDY'S DREAM GIRL • 1944 • ANS
MIGHTY MOUSE MEETS JEKYLL AND HYDE CAT • 1944 • ANS
WOLF! WOLF! • 1944 • ANS
WRECK OF THE HESPERUS • 1944 • ANS
AESOP'S FABLES: THE MOSQUITO • 1945 • ANS
ANTS IN YOUR PANTRY • 1945 • ANS
FOX AND THE DUCK, THE • 1945 • ANS
MIGHTY MOUSE AND THE KILKENNY CATS • 1945 • ANS
MIGHTY MOUSE MEETS BAD BILL BUNION • 1945 • ANS
ELECTRONIC MOUSE TRAP, THE • 1946 • ANS
GOLDEN HEN, THE • 1946 • ANS
HEPCAT, THE • 1946 • ANS
HOUSING PROBLEM, THE • 1946 • ANS
PEACE-TIME FOOTBALL • 1946 • ANS
TALKING MAGPIES, THE • 1946 • ANS
TROJAN HORSE, THE • 1946 • ANS
WICKED WOLF, THE • 1946 • ANS
CATCH AS CATS CAN • 1947 • ANS
FIRST SNOW, THE • 1947 • ANS
FLYING SOUTH • 1947 • ANS
MCDOUGAL'S REST FARM • 1947 • ANS
MEXICAN BASEBALL • 1947 • ANS
SKY IS FALLING, THE • 1947 • ANS
SWISS CHEEZE FAMILY ROBINSON • 1947 • ANS
FELIX THE FOX • 1948 • ANS
FREE ENTERPRISE • RUNNING FROM THE GUNS (USA) • 1948 • ANS
GANDY GOOSE AND THE CHIPPER CHIPMUNK • 1948 • ANS
GOONEY GOLFERS • 1948 • ANS
LOVE'S LABOR WON • 1948 • ANS
MAGIC SLIPPER • 1948 • ANS
MIGHTY MOUSE IN THE WITCH'S CAT • WITCH'S CAT, THE • 1948 • ANS
SEEING GHOSTS • 1948 • ANS
COLD ROMANCE • 1949 • ANS
COVERED PUSHCART, THE • 1949 • ANS
DANCING SHOES • 1949 • ANS
HULA HULA LAND • 1949 • ANS
RACKET BUSTER • 1949 • ANS
ANTI-CATS • 1950 • ANS
COMIC BOOK LAND • 1950 • ANS
KING TUT'S TOMB • 1950 • ANS
MERRY CHASE • 1950 • ANS
MOUSE AND GARDEN • 1950 • ANS
RED HEADED MONKEY, THE • 1950 • ANS
SOUR GRAPES • 1950 • ANS
CAT'S TALE, A • 1951 • ANS
ELEPHANT MOUSE, THE • 1951 • ANS
PASTRY PANIC • 1951 • ANS
SEASICK SAILORS • 1951 • ANS
SPRING FEVER • 1951 • ANS
SQUIRREL CRAZY • 1951 • ANS
STAGE STRUCK • 1951 • ANS
SWISS MISS, A • 1951 • ANS
CITY SLICKER • 1952 • ANS
FLAT FOOT FLEDGLING • 1952 • ANS
FOOLISH DUCKLING • 1952 • ANS
GOOD MOUSE KEEPING • 1952 • ANS
HAPPY COBBLERS, THE • 1952 • ANS
HYPNOTIZED • 1952 • ANS
MOOSE ON THE LOOSE • 1952 • ANS
MYSTERIOUS COWBOY • 1952 • ANS
PAPA'S DAY OF REST • 1952 • ANS
PAPA'S LITTLE HELPERS • 1952 • ANS
PICNIC WITH PAPA • 1952 • ANS
SEASIDE ADVENTURE • 1952 • ANS
TIME GALLOPS ON • 1952 • ANS
BARGAIN DAZE • 1953 • ANS
FRIDAY THE 13TH • 1953 • ANS
HERO FOR A DAY • 1953 • ANS
LOG ROLLERS • 1953 • ANS
PLAYFUL PUSS • 1953 • ANS
RELUCTANT PUP, THE • 1953 • ANS
THRIFTY CUBS • 1953 • ANS
WISE QUACKS • 1953 • ANS
ARCTIC RIVALS • 1954 • ANS

CAT'S REVENGE • 1954 • ANS
NONSENSE NEWSREEL • 1954 • ANS
PRESCRIPTION FOR PERCY • 1954 • ANS
RUNAWAY MOUSE • 1954 • ANS
BRAVE LITTLE BRAVE, THE • 1956 • ANS
BUM STEER, A • 1957 • ANS
LOVE IS BLIND • 1957 • ANS
MYSTERIOUS PACKAGE, THE • 1961 • ANS
NIGHT LIFE IN TOKYO • 1961 • ANS
STRANGE COMPANION • 1961 • ANS

DAVIS MARTHA – CND
READING BETWEEN THE LINES • 1990 • DOC

DAVIS OSSIE – Actor – USA – 1917–
COTTON COMES TO HARLEM • 1970
KONGI'S HARVEST • 1971
BLACK GIRL • 1972
GORDON'S WAR • 1973
COUNTDOWN AT KUSINI • 1976

DAVIS PETER – USA
STRIP • 1966
HEARTS AND MINDS • 1974 • DOC
WHITE LAAGER, THE • 1978 • DOC
GENERATIONS OF RESISTANCE • 1980

DAVIS REDD – UKN
DAVIS HERBERT "RED" • DAVIS HERBERT
BELLS OF ST. MARY'S, THE • 1928
BUNKERED • 1929
HERE'S GEORGE • 1932
SPARE ROOM, THE • 1932
EXCESS BAGGAGE • 1933
MEDICINE MAN, THE • 1933
SEND 'EM BACK HALF DEAD • 1933
UMBRELLA, THE • 1933
EASY MONEY • 1934
GIRL IN THE FLAT, THE • 1934
SEEING IS BELIEVING • 1934
HANDLE WITH CARE • LOOK OUT MR. HAGGIS • 1935
SAY IT WITH DIAMONDS • 1935
EXCUSE MY GLOVE • 1936
KING OF THE CASTLE • 1936
ON TOP OF THE WORLD • EVERYTHING OKAY • 1936
CALLING ALL MA'S • BITER BIT, THE • 1937
SING AS YOU SWING • LET THE PEOPLE LAUGH ○ SWING TEASE ○ MUSIC BOX, THE • 1937
UNDERNEATH THE ARCHES • 1937
VARIETY HOUR • 1937
ANYTHING TO DECLARE? • 1938
SPECIAL EDITION • 1938
DISCOVERIES • 1939
THAT'S THE TICKET • 1940
BALLOON GOES UP, THE • 1942
TOP SECRET • 1950
ASK BECCLES • 1973

DAVIS REX – UKN
MOTHERLAND • 1927

DAVIS RICHARD – UKN
VIOLA • 1967 • SHT

DAVIS ROBERT H. see **HARTFORD-DAVIS ROBERT**

DAVIS ROBERT P. – USA – 1929–
COME THURSDAY • 1964

DAVIS ROBIN – FRN – 1943–
CE CHER VICTOR • 1975
GUERRE DES POLICES, LA • 1979
CHOC, LE • 1982
J'AI ESPOUSE UNE OMBRE • I MARRIED A SHADOW (USA) • 1983
FILLE DES COLLINES, LA • 1990

DAVIS ROY – USA
SURABAYA CONSPIRACY, THE • 1975

DAVIS ULYSSES – USA
BLOOD OF THE POOR, THE • 1911
COPPERHEAD, THE • 1911
COWARD'S FLUTE, THE • 1911
FIGHTING REV. CALDWELL, THE • 1911
MOLLY PITCHER • 1911
OLD MAN AND JIM, THE • 1911
OUT OF THE DARK • 1911
SAVING OF DAN, THE • 1911
WHEN THE LAW CAME • 1911
BRUTE, THE • 1912
DIVIDED FAMILY, A • 1912
FOR HER FATHER'S SAKE • 1912
KID CANFIELD: THE REFORMED GAMBLER • 1912
LOVE THAT NEVER FAILS, THE • 1912
MERCHANT MAYOR OF INDIANAPOLIS, THE • 1912
WRONGLY ACCUSED • 1912
ANN THE BLACKSMITH • 1914
ANNE OF THE GOLDEN HEART • 1914
ANNE OF THE MINES • 1914
BRANDON'S LAST RIDE • 1914
CHOICE, THE • 1914
DETECTIVE AND MATCHMAKER • 1914
EVERYTHING AGAINST HIM • 1914
FRANCINE • 1914
HIS KID SISTER • 1914
HIS WIFE AND HIS WORK • 1914
HORSE THIEF, THE • 1914
INNOCENT DELILAH, AN • 1914
KIDDING THE BOSS • 1914
KISS, THE • 1914
LAST WILL, THE • 1914
LEGEND OF THE LONE TREE, THE • 1914
LEVEL, THE • 1914
LITTLE MADONNA, A • 1914
LOST IN MID-OCEAN • 1914
LOVE OF TOKIWA, THE • 1914
LOVE WILL OUT • 1914
MAREEA, THE FOSTER MOTHER • 1914
MAREEA, THE HALF-BREED • 1914
MILLIONS FOR DEFENCE • 1914
MYSTERY OF THE HIDDEN HOUSE, THE • 1914
NIGHT RIDERS OF PETERSHAM, THE • 1914
ONLY A SISTER • 1914
POOR FOLKS' BOY, THE • 1914
PROSECUTION • 1914
PURE GOLD • 1914
SISTERS • 1914
WARD'S CLAIM, THE • 1914
WAY TO HEAVEN, THE • 1914
WHEN THE GODS FORGIVE • 1914
ALL ON ACCOUNT OF TOWSER • 1915
ALMOST A HERO • 1915
ARAB'S VENGEANCE, THE • 1915
BARRIERS OF PREJUDICE • 1915
BLACK WALLET, THE • 1915
CAL MARVIN'S WIFE • 1915
CINDERELLA OF CRIPPLE CREEK • 1915 • SHT
CITY RUBE, A • 1915
EBONY CASKET, THE • 1915
GAME OF LIFE, THE • 1915
GHOSTS AND FLYPAPERS • 1915
GIRL AT NOLAN'S, THE • 1915
HER LAST FLIRTATION • 1915
HILDA OF THE SLUMS • 1915
HIS GOLDEN GRAIN • 1915
HUNTING A HUSBAND • 1915
INTERCEPTED VENGEANCE, AN • 1915
MAN FROM THE DESERT, THE • 1915
NATURAL MAN, A • 1915
NAVAJO RING, THE • 1915
OFFENDING KISS, THE • 1915
OTHER MAN'S WIFE, THE • 1915
QUEST OF THE WIDOW, THE • 1915
RED STEPHANO, THE • 1915
SCANDAL IN HICKVILLE, A • 1915
SIREN, THE • 1915
STRENGTH • 1915
TAINTED MONEY • 1915
TAMING OF RITA, THE • 1915
THROUGH TROUBLED WATERS • 1915
TO THE DEATH • 1915
VALLEY OF HUMILIATION, THE • 1915
WHAT DID HE WHISPER? • 1915
WHITE SCAR, THE • 1915
WILLIE STAYED SINGLE • 1915
WORTHIER MAN, THE • 1915
CRIPPLE CREEK CINDERELLA, A • 1916 • SHT
IRON HAND, THE • 1916
MARTA OF THE JUNGLE • 1916 • SHT
SOUL'S CYCLES, THE • 1916

DAVIS WALT – USA
SUBSTITUTION • 1970

DAVIS WILL see **DAVIS WILL S.**

DAVIS WILL S. – USA
DAVIS WILLIAM S. • DAVIS WILL
CARDS • 1913
I'M NO COUNTERFEITER • 1913
MAN AND WOMAN • 1913
WORKER, THE • 1913
CRIMINAL PATH, THE • 1914
GOVERNOR'S GHOST, THE • 1914
THOU SHALT NOT • 1914
AVALANCHE, THE • 1915
CURIOUS CONDUCT OF JUDGE LEGARDE, THE • 1915
DESTRUCTION • 1915
DR. RAMEAU • INFIDELITY • 1915
FAMILY STAIN, THE • 1915
MODERN MAGDALEN, A • 1915
FOOL'S REVENGE, THE • 1916
JEALOUSY • 1916
SCANDAL • 1916
SLANDER • 1916
STRAIGHT WAY, THE • 1916
TORTURED HEART, A • 1916
VICTIM, THE • 1916
ALIAS MRS. JESSOP • 1917
CLOUD, THE • 1917
MOTHER'S IDEAL, A • 1917
BRASS CHECK, THE • 1918
IN JUDGEMENT OF.. • 1918
MOTHERS OF LIBERTY • 1918
NO MAN'S LAND • 1918
UNDER SUSPICION • 1918
WITH NEATNESS AND DISPATCH • 1918
MYSTERY MIND, THE • 1920 • SRL
ETERNAL MOTHER, THE • 1921
INDISCRETION • 1921

DAVIS WILLIAM S. see **DAVIS WILL S.**

DAVISON BILL – UKN
IN GOD'S NAME • 1974

DAVISON D. E. – USA
MOONSHINER'S WOMAN • 1968

DAVISON DONN – USA
ASYLUM OF THE INSANE • 1971
DEMENTED DEATH FARM MASSACRE • 1988

DAVISON ROBERT W. – USA
CRY TO THE WIND • 1979

DAVISON TITO – MXC – –1985
QUE DIOS ME PERDONE • 1947
SIN VENTURA, LA • 1947
DUENA Y SENORA • 1948
MEDIANOCHE • 1948
BANO DE AFRODITA, EL • 1949
CUERPO DE MUJER, UN • 1949
DONA DIABLA • DEVIL IS A WOMAN, THE (UKN) • 1949
EMBAJADOR, EL • 1949
CURVAS PELIGROSAS • 1950
MUJER QUE YO AME, LA • 1950
ENSENAME A BESAR • 1951
MUJERES SIN MANANA • 1951
TE SIGO ESPERANDO • 1951
NUNCA ES TARDE PARA AMAR • 1952
SOR ALEGRIA • 1952
TRES ALEGRES COMADRES, LAS • 1952
CUANDO ME VAYA • 1953
VALOR DE VIVIR, EL • 1953
CASO DE LA MUJER ASESINADITA, EL • 1954
PARA SIEMPRE AMOR MIO • 1954
PRISIONERA DEL PASADA • 1954
BODAS DE ORO • 1955
CABO DE HORNOS • 1955
MUSICA EN LA NOCHE • 1955
DIANA CAZADORA, LA • CALL ME BAD (USA) ○ BAD DIANE ○ DIANA • 1956
DULCE ENEMIGA, LA • 1956
MUSICA DE SIEMPRE • 1956
MUJER QUE NO TUVO INFANCIA, LA • 1957
QUIERO SER ARTISTA • 1957
IMPACIENCIA DEL CORAZON • 1958
ISLA PARA DOS • 1958
MUJERES DE FUEGO • 1958
SABRAS QUE TE QUIERO • 1958
TRAFICS A RIO • 1958
AMOR EN LA SOMBRA • 1959
CANCIONES UNIDAS, LAS • 1959
HERMANA BLANCA, LA • 1960
FURIA DEL RING, LA • LUCHA LIBRE • 1961
EDAD DE LA INOCENCIA, LA • 1962
CANCION DEL ALMA • 1963
CRI-CRI, EL GRILLITO CANTOR • CRI-CRI, THE SINGING CRICKET ○ CRI CRI, EL GRILLITO CANTOR • 1963
DERECHO DE NACER, EL • 1966
CORAZON SALVAJE • SAVAGE HEART • 1968
BIG CUBE, THE • 1969
TE QUIERO • 1978

DAVLOPOULOS TAKIS – GRC
COINCIDENCES ON A TROLLEY • 1975 • SHT

DAVUTOGLU ZAFER – TRK
AKSAMCI • DRUNKARD, THE • 1967
ORTASARK YANIYOR • MIDDLE EAST IS BURNING, THE • 1967
RINGO KIT • RINGO KID • 1967
SEFILLER • MISERABLE ONES, THE • 1967
ALTIN AVCILARI • GOLD HUNTERS, THE • 1968
SON KIZGIN ADAM • 1970

DAVY J.-F. see **DAVY JEAN-FRANCOIS**

DAVY JEAN-FRANCOIS – FRN – 1945–
DAVY J.-F.
VERNAY ET L'AFFAIRE VANDERGHEN • 1960
ATTENTAT, L' • 1966
TRAQUENARDS • EROTIQUE (USA) ○ TRAQUENARDS EROTIQUES • 1969
ENFER DE LA PROSTITION, L'
DEBAUCHEE, LA • WIFE SWAPPING -FRENCH STYLE (UKN) • 1970
SEUIL DU VIDE, LE • ON THE EDGE OF THE VOID ○ THRESHOLD OF THE VOID, THE • 1971
PRENEZ LA QUEUE COMME TOUT LE MONDE • LINE UP AND LAY DOWN • 1972
BANANES MECANIQUES • MECHANICAL BANANAS (UKN) ○ CLOCKWORK BANANA • 1973
HISTOIRES DE Q • PRICKLY PROBLEMS ○ FRENCH TICKLER ○ STORY OF Q, THE ○ Q • 1974
JOUISSANCES • 1974
EXHIBITION • 1975
PORNOCRATES, LES • 1976
PROSTITUTION • 1976
CHAUSETTE-SURPRISE • 1978
EXHIBITION II • 1978
EXHIBITION 79 • 1979
CA VA FAIRE MAL! • 1982

DAVY JEAN-SEBASTIEN – FRN
FESSES EN FEU • 1978

DAVY VINCENT – CND
TRESOR DE NOUVELLE FRANCE, LE • 1980

DAVYDOV R. – USS
GUNAN-BATOR • ANS

DAWI ENRIQUE – ARG
CASAMIENTO DE LAUCHA, EL • LAUCHA'S WEDDING • 1977
CON MI MUJER NO PUEDO • WITH MY WIFE I CAN'T • 1978
DE CARA AL CIELO • FACING THE SKY • 1979

DAWIDOWICZ ENRIQUE – ARG
CACHIVACHE • 1958
TORRES AGUERO • 1958

DAWLEY HERBERT M. – USA
GHOST OF SLUMBER MOUNTAIN, THE • 1919

DAWLEY J. SEARLE – USA – –1950
RESCUED FROM AN EAGLE'S NEST • 1907
BLUEBEARD • 1909
EGYPTIAN MYSTERY, THE • 1909
FAUST • 1909
HANSEL AND GRETEL • 1909
KEEPER OF THE LIGHT, THE • 1909
LEGEND OF STIRLING KEEP, THE • 1909
LOCHINVAR • 1909
LUNATICS IN POWER • 1909
PRINCE AND THE PAUPER, THE • 1909
ROSE OF THE TENDERLOIN, A • 1909
FRANKENSTEIN • 1910
FROM TYRANNY TO LIBERTY • 1910
HOUSE OF THE SEVEN GABLES, THE • 1910
MICHAEL STROGOFF • 1910
PRINCESS AND THE PEASANT, THE • 1910
SONG THAT REACHED HIS HEART, THE • 1910
UNSELFISH LOVE, AN • 1910
AIDA • 1911
BATTLE OF BUNKER HILL, THE • 1911
BATTLE OF TRAFALGAR, THE • 1911
BETWEEN TWO FIRES • 1911
CAPTURE OF FORT TICONDEROGA, THE • 1911
CHRISTMAS CAROL, A • 1911
CONSPIRACY AGAINST THE KING, A • 1911
DECLARATION OF INDEPENDENCE, THE • 1911
DOCTOR, THE • 1911
HOW MRS. MURRAY SAVED THE AMERICAN ARMY • 1911
IN THE DAYS OF CHIVALRY • 1911
MODERN CINDERELLA, A • 1911
PERILOUS RIDE, A • 1911
RAJAH, THE • 1911
RANSOM OF RED CHIEF, THE • 1911
RISE AND FALL OF WEARY WILLY, THE • 1911
ROBERT EMMET • 1911
STAR SPANGLED BANNER, THE • 1911
STUFF THAT DREAMS ARE MADE OF, THE • 1911
THOROUGHBRED, A • 1911
THREE MUSKETEERS (PARTS I & II), THE • 1911
UNDER THE TROPICAL SUN • 1911
VAN BIBBER'S EXPERIMENT • 1911
WHO GETS THE ORDER? • 1911
ALADDIN UP-TO-DATE • 1912
CHARGE OF THE LIGHT BRIGADE, THE • 1912
CORSICAN BROTHERS, THE • 1912
CYNTHIA'S SECRET • 1912
FOR VALOUR • 1912
HEARTS AND DIAMONDS • 1912
HOW WASHINGTON CROSSED THE DELAWARE • 1912
JACK AND THE BEANSTALK • JACK, THE GIANT KILLER • 1912
LAND BEYOND THE SUNSET, THE • 1912
LIGHTHOUSE KEEPER'S DAUGHTER, THE • 1912
LITTLE GIRL NEXT DOOR, THE • 1912
LORD AND THE PEASANT, THE • 1912
MAN WHO MADE GOOD, THE • 1912
MARTIN CHUZZLEWIT • 1912
MASTER AND PUPIL • 1912
MORE PRECIOUS THAN GOLD • 1912
MR. PICKWICK'S PREDICAMENT • 1912
'OSTLER JOE • 1912
PARTNERS FOR LIFE • 1912

PRISONER OF WAR, THE • 1912
RELIEF OF LUCKNOW, THE • 1912
THIRD THANKSGIVING, THE • 1912
TREASURE ISLAND • 1912
NAPOLEON AT SAINT HELENA
CAPRICE • 1913
DANCES OF THE AGES • 1913
DAUGHTER OF THE HILLS, A • 1913
GAUNTLETS OF WASHINGTON, THE • 1913
GHOST OF GRANLEIGH, THE • GHOST OF CRANLEIGH, THE • 1913
HOUR BEFORE DAWN, AN • 1913 • SHT
HULDA OF HOLLAND • 1913
IN A JAPANESE TEA GARDEN • 1913
IN THE BISHOP'S CARRIAGE • 1913
LADY OF QUALITY, A • 1913
LEAH KLESCHNA • 1913
LORELEI, THE • 1913
MARY STUART • 1913
MASTER AND MAN • 1913
OLD MONK'S TALE, THE • 1913
PORT OF DOOM, THE • 1913
PRIEST AND THE MAN, THE • 1913
RIGHTFUL HEIR, THE • 1913
ROBBERS, THE • 1913
TESS OF THE D'URBERVILLES • 1913
TUDOR PRINCESS, A • 1913
WELL SICK MAN, THE • 1913
WHAT HAPPENED TO MARY? • 1913 • SRL
AMERICAN CITIZEN, AN • 1914
GOOD LITTLE DEVIL, A • 1914
IN BERMUDA • 1914
IN THE NAME OF THE PRINCE OF PEACE • 1914
LOST PARADISE, THE • 1914
MARTA OF THE LOWLANDS • 1914
MRS. BLACK IS BACK • 1914
OATH OF A VIKING, THE • 1914
ONE OF MILLIONS • 1914
PRIDE OF JENNICO, THE • 1914
SALOMY JANE • 1914
WOMAN'S TRIUMPH, A • 1914
ALWAYS IN THE WAY • 1915
BLACKBIRDS • 1915
DAUGHTER OF THE PEOPLE, A • 1915
FOUR FEATHERS • 1915
HELENE OF THE NORTH • 1915
STILL WATERS • 1915
LITTLE LADY EILEEN • 1916
MICE AND MEN • 1916
MISS GEORGE WASHINGTON • 1916
MOLLY MAKE-BELIEVE • 1916
OUT OF THE DRIFTS • 1916
RAINBOW PRINCESS, THE • 1916
SILKS AND SATINS • 1916
BAB'S BURGLAR • 1917
BAB'S DIARY • 1917
BAB'S MATINEE IDOL • 1917
MYSTERIOUS MISS TERRY, THE • 1917
SNOW WHITE • 1917
VALENTINE GIRL, THE • 1917
DEATH DANCE, THE • 1918
LIE, THE • 1918
RICH MAN, POOR MAN • 1918
SEVEN SWANS, THE • 1918
UNCLE TOM'S CABIN • 1918
EVERYBODY'S BUSINESS • 1919
PHANTOM HONEYMOON, THE • 1919
TWILIGHT • 1919
HARVEST MOON, THE • 1920
BEYOND PRICE • 1921
VIRGIN PARADISE, A • 1921
WHO ARE MY PARENTS? • LITTLE CHILD SHALL LEAD THEM, A • 1922
AS A MAN LIVES • HEARTS AND FACES • 1923
BROADWAY BROKE • 1923
HAS THE WORLD GONE MAD! • 1923

DAWN JACK – USA
DESPERATE MOMENT, A • 1926

DAWN NORMAN – USA – 1887–1975
ETERNAL TRIANGLE, THE • 1919 • SHT
LASCA • 1919
SINBAD THE SAILOR • 1919 • SHT
TWO MEN OF TINTED BUTTE • 1919 • SHT
ADORABLE SAVAGE, THE • 1920
LINE RUNNERS, THE • 1920 • SHT
TOKIO SIREN, A • 1920
WHITE YOUTH • 1920
FIRE CAT, THE • 1921
THUNDER ISLAND • 1921
WOLVES OF THE NORTH • EVIL HALF, THE • 1921
FIVE DAYS TO LIVE • STREET OF THE FLYING DRAGON, THE • 1922
SON OF THE WOLF, THE • 1922
VERMILION PENCIL, THE • 1922
LURE OF THE YUKON • 1924
AFTER MARRIAGE • 1925
JUSTICE OF THE FAR NORTH • ESKIMO, THE • 1925
TYPHOON LOVE • 1926
FOR THE TERM OF HIS NATURAL LIFE • 1927
ADORABLE OUTCAST, THE • 1928
GUMPS, THE • 1928
SHOWGIRL'S LUCK • 1931
TUNDRA • MIGHTY TUNDRA, THE (UKN) • 1936
TAKU • 1939
ARCTIC FURY • 1949
TWO LOST WORLDS • 1951

DAWN VINCENT see **MATTEI BRUNO**

DAWSON ANTHONY see **MARGHERITI ANTONIO**

DAWSON ANTHONY M. see **MARGHERITI ANTONIO**

DAWSON JOHN R. – USA
APOCALYPSE MERCENARIES

DAWSON JONATHAN – ASL
AUSTRALIAN MYTHOLOGIES • 1981 • DOC
GINGER MEGGS • 1982

DAWSON RALPH – USA – 1897–
GIRL IN THE GLASS CAGE, THE • 1929
BERMONDSEY KID, THE • 1933
LIFE OF THE PARTY, THE • 1934

DAY ERNEST – UKN
GREEN ICE • 1980
WALTZ ACROSS TEXAS • 1982

DAY JOHN – NZL
RETURNING, THE • 1990

DAY ROBERT – Cameraman – UKN – 1922–
GREEN MAN, THE • 1956
STRANGERS' MEETING • 1957
CORRIDORS OF BLOOD • DOCTOR FROM SEVEN DIALS, THE • 1958
GRIP OF THE STRANGLER, THE • HAUNTED STRANGLER, THE (USA) ○ STRANGLEHOLD • 1958
BOBBIKINS • 1959
FIRST MAN INTO SPACE • SATELLITE OF BLOOD • 1959
LIFE IN EMERGENCY WARD 10 • EMERGENCY WARD 10 • 1959
REBEL, THE • CALL ME GENIUS (USA) • 1960
TARZAN THE MAGNIFICENT • 1960
TWO WAY STRETCH • NOTHING BARRED • 1960
OPERATION SNATCH • 1962
TARZAN'S THREE CHALLENGES • 1963
SHE • 1965
TARZAN AND THE VALLEY OF GOLD • TARZAN '65 ○ TARZAN '66 • 1966
I THINK WE'RE BEING FOLLOWED • 1967
TARZAN AND THE GREAT RIVER • TARZAN AND THE BIG RIVER ○ TARZAN IN BRAZIL • 1967
RITUAL OF EVIL • 1969 • TVM
CONTROL FACTOR
HOUSE ON GREENAPPLE ROAD, THE • 1970 • TVM
BANYON • WALK UP AND DIE • 1971 • TVM
IN BROAD DAYLIGHT • 1971 • TVM
MR. AND MRS. BO JO JONES • 1971 • TVM
RELUCTANT HEROES, THE • RELUCTANT HEROES OF HILL 656, THE (UKN) ○ EGGHEAD ON HILL 656, THE • 1971 • TVM
BIG GAME, THE • 1972
GREAT AMERICAN BEAUTY CONTEST, THE • 1973 • TVM
DEATH STALK • 1975 • TVM
HOME OF OUR OWN, A • 1975
MY SWEET LADY • 1975
SUNSHINE PART II • MY SWEET LADY (UKN) • 1975 • TVM
SWITCH • 1975 • TVM
TRIAL OF CHAPLAIN JENSEN, THE • 1975 • TVM
HAVING BABIES • 1976 • TVM
KINGSTON: THE POWER PLAY • NEWSPAPER GAME, THE ○ KINGSTON • 1976 • TVM
TWIN DETECTIVES • 1976 • TVM
BLACK MARKET BABY • DON'T STEAL MY BABY ○ DANGEROUS LOVE, A • 1977 • TVM
LOGAN'S RUN • 1977 • TVM
GRASS IS ALWAYS GREENER OVER THE SEPTIC TANK, THE • 1978 • TVM
INITIATION OF SARAH, THE • 1978 • TVM
MURDER BY NATURAL CAUSES • 1979 • TVM
WALKING THROUGH THE FIRE • 1979 • TVM
MAN WITH BOGART'S FACE, THE • SAM MARLOWE, PRIVATE EYE • 1980
PETER AND PAUL • 1981 • TVM
SCRUPLES • 1981 • TVM
MARIAN ROSE WHITE • 1982 • TVM
RUNNING OUT • 1982 • TVM
YOUR PLACE OR MINE • 1982 • TVM
CHINA ROSE • 1983 • TVM
COOK & PEARY: THE RACE TO THE POLE • RACE TO THE POLE, THE ○ ONLY ONE WINNER • 1983 • TVM
HOLLYWOOD WIVES • 1985 • MTV
LADY FROM YESTERDAY, THE • 1985 • TVM
LOVE, MARY • 1985 • TVM
DIARY OF A PERFECT MURDER • 1986 • TVM
QUICK AND THE DEAD, THE • 1987 • TVM

DAY SUBHASH – IND
BEYOND THESE WORDS • 1983 • DOC

DAY WILL – UKN – 1878–
WHITEWASHING THE CEILING • 1914

DAYAL RAM – IND
SHRIMANJI • SIGNOR, THE • 1968

DAYAN ASSAF – ISR
DAYAN ASSI

SAINT COHEN • 1973
BEAUTIFUL TROUBLES • 1976
HALFON HILL DOESN'T ANSWER • 1977
IMPOTENT, THE • 1980

DAYAN ASSI see **DAYAN ASSAF**

DAYAN DAVID – FRN
ENFANTS DU SOLEIL, LES • 1961

DAYAN JOSEE – FRN
CAMUS • DOC
SIMONE DE BEAUVOIR • 1978 • DOC
PLEIN FER • 1990

DAYAN MICHAEL SHAH – UKN
CHANGING SKYLINE, THE • 1964 • SHT

DAYAN NISSIM – ISR – 1946–
MAN ON EDGE • 1971 • SHT
LIGHT FROM DARKNESS • LIGHT OUT OF NOWHERE • 1973
END OF MILTON LEVY, THE • 1979

DAYLANI H. R. – IND
DOOSRA BADSHAH URF CHOUTHA SULEMAN • 1988

DAYRON NORMAN – USA
AND THIS IS FREE • 1963

DAYTON HELENA SMITH – USA
ROMEO AND JULIET • 1917 • ANS

DAYTON LYMAN see **DAYTON LYMAN D.**

DAYTON LYMAN D. – USA
DAYTON LYMAN

BAKER'S HAWK • 1976
AVENGING, THE • 1981
STRANGER AT JEFFERSON HIGH, THE • RIVALS • 1981 • TVM
SOLO • 1984
RED FURY, THE • 1985

D'BOMBA GEORGE see **D'BOMBA JORG**

D'BOMBA JORG – GRM
D'BOMBA GEORGE

OPERATION PROXIMA CENTAURI • ANM
ROBBER BARON IN THE COUNTRY • ANM
TRUE BARBER, THE • ANM
WE BUILD A SCHOOL • 1961 • ANM
DEVIL'S DIRTY WORK, THE • 1962 • ANS

DE AGOSTINI FABIO – ITL – 1926–
LAUTA MANCIA • 1956
BELLE D'AMORE • 1971
LUNGHE NOTTI DELLA GESTAPO, LE • RED NIGHTS OF THE GESTAPO, THE • 1977

DE ANGELIS FABRIZIO – ITL
LUDMAN LARRY

DEADLY IMPACT • 1983
THUNDER WARRIOR • THUNDER • 1983
OPERATION 'NAM • RAINBOW PROFESSIONALS ○ COBRA MISSION • 1985
THUNDER WARRIOR II • THUNDER 2 • 1985
MANHUNT, THE • 1986
KARATE WARRIOR • FIST OF POWER • 1988
THUNDER WARRIOR III • THUNDER 3 • 1988

DE ANGELIS VERTUNIO – ITL
VERT DEAN

RIBELLE DI CASTELMONTE, IL • 1965
UOMO MASCHERATO CONTRO I PIRATA, L' • 1965
CORSARO NERO NELL'ISOLA DEGLI SQUALI, IL • 1966

DE ANTONIO EMILE – USA – 1920–
POINT OF ORDER! • 1964 • DOC
THAT'S WHERE THE ACTION IS • 1965 • MTV
RUSH TO JUDGMENT • 1967
AMERICA IS HARD TO SEE • 1969 • DOC
IN THE YEAR OF THE PIG • 1969 • DOC
MILLHOUSE –A WHITE COMEDY • 1971
PAINTERS PAINTING • 1972
UNDERGROUND • 1976 • DOC
IN THE KING OF PRUSSIA • 1983
MR. HOOVER AND I • 1990 • DOC

DE BARGE C. R. – USA
CHEERFUL LIARS • 1918 • SHT
CHINESE MUSKETEER, THE • 1918 • SHT
FATE AND FORTUNE • 1918 • SHT
FEET AND DEFEAT • 1918 • SHT
PARSON PEPP • 1918 • SHT
RING AND THE RINGER, THE • 1918 • SHT

DE BASSAN ALDO – ITL
SELVAGGIA • 1959

DE BEAR ARCHIE – Stage producer – UKN – 1889–
RADIO PARADE • HELLO RADIO • 1933

DE BELLO JOHN – USA
ATTACK OF THE KILLER TOMATOES! • 1978
RETURN OF THE KILLER TOMATOES • 1987
SOUR GRAPES • HAPPY HOUR • 1987

DE BERNARDI F. M. – ITL
BALOCCHI E PROFUMI • 1953

DE BOSIO GIAN FRANCO see **DE BOSIO GIANFRANCO**

DE BOSIO GIANFRANCO – ITL – 1924–
DE BOSIO GIAN FRANCO

TERRORISTA, IL • TERRORISTE, LE (FRN) ○ TERRORIST, THE • 1963
BETIA, OVVERO NELL'AMORE PER OGNI GAUDENZIA CI VUOLE SOFFERENZA • 1971
MOSES • MOSE (ITL) ○ MOSES, THE LAWGIVER • 1975 • TVM

DE BRAHIMA TRAORE ISSA – BRK
BILAKORO • 1988 • SHT

DE BRUYN DIRK – ASL
RUNNING • 1976

DE BURTON THOMAS
PRISON GIRLS • 1973

DE CARLI BRUNO see **DECARLI BRUNO**

DE CARO LUCIO – ITL
VENTESIMO DUCA, IL • 1943
MANU, IL CONTRABBANDIERE • 1948
GRIDO DELLA CITTA, IL • 1951
PROCESSO PER DIRETTISSIMA • 1974
PIANGE.. IL TELEFONO • 1975
CINQUE FURBASTRI E UN FURBACCHIONE • COME TI RAPISCO IL PUPO • 1977

DE CHIARA GHIGO – ITL
CHE NOTTE QUELLA NOTTE! • 1977

DE COLA FRANK – USA
CRADLE IS ROCKING, THE • 1968 • SHT

DE CONCINI ENNIO – ITL – 1923–
UNDICI MOSCHETTIERI, GLI • 1952
DANIELE E MARIA • 1973
ULTIMI DIECI GIORNI DI HITLER, GLI • HITLER: THE LAST TEN DAYS (UKN) • 1973

DE CORDOVA FREDERICK – USA – 1910–
TOO YOUNG TO KNOW • 1945
HER KIND OF MAN • 1946
ALWAYS TOGETHER • 1947
LOVE AND LEARN • WOULD YOU BELIEVE ME • 1947
THAT WAY WITH WOMEN • VERY RICH MAN, A • 1947
COUNTESS OF MONTE CRISTO, THE • 1948
FOR THE LOVE OF MARY • MISS NUMBER PLEASE ○ WASHINGTON GIRL • 1948
WALLFLOWER • 1948
GAL WHO TOOK THE WEST, THE • WESTERN STORY, THE • 1949
ILLEGAL ENTRY • 1949
BUCCANEER'S GIRL • 1950
DESERT HAWK, THE • 1950
PEGGY • 1950
BEDTIME FOR BONZO • 1951
FINDERS KEEPERS • 1951
KATIE DID IT • 1951
LITTLE EGYPT • CHICAGO MASQUERADE (UKN) • 1951

BONZO GOES TO COLLEGE • 1952
HERE COME THE NELSONS • MEET THE NELSONS • 1952
YANKEE BUCCANEER • 1952
COLUMN SOUTH • 1953
I'LL TAKE SWEDEN • 1965
FRANKIE AND JOHNNY • 1966

DE CORDOVA LEANDER – USA
SCREAM IN THE NIGHT, A • 1919
LOVE, HONOR AND OBEY • 1920
POLLY WITH A PAST • 1920
SHE • 1925
AFTER THE FOG • 1929
BORROWED WIVES • 1930
TRAILS OF THE GOLDEN WEST • 1931

DE COURCY WALTER – USA
FIGHTING FOR JUSTICE • 1924

DE COURVILLE ALBERT – UKN – 1887–1960
WOLVES • WANTED MEN • 1930
NIGHT SHADOWS • 1931
SEVENTY-SEVEN, PARK LANE • 1931
SOIXANTE-DIX-SEPT RUE CHALGRIN • DU CREPUSCULE A L'AUBE • 1931
SOUS LE CASQUE DE CUIR • 1931
MIDSHIPMAID, THE • MIDSHIPMAID GOB (USA) • 1932
THERE GOES THE BRIDE • 1932
THIS IS THE LIFE • SINGING KETTLE, THE • 1933
WILD BOY • 1934
CASE OF GABRIEL PERRY, THE • 1935
CHARING CROSS ROAD • 1935
THINGS ARE LOOKING UP • PLEASE TEACHER ○ SCHOOL DAYS • 1935
SEVEN SINNERS • DOOMED CARGO (USA) ○ WRECKER, THE • 1936
STRANGERS ON A HONEYMOON • NORTHING TRAMP, THE • 1936
CLOTHES AND THE WOMAN • 1937
CRACKERJACK • MAN WITH A HUNDRED FACES, THE (USA) ○ MAN WITH 100 FACES • 1938
OH BOY! • 1938
REBEL SON, THE • TARAS BULBA • 1938
STAR OF THE CIRCUS • HIDDEN MENACE (USA) • 1938
ENGLISHMAN'S HOME, AN • MADMEN OF EUROPE (USA) ○ MAD MEN OF EUROPE • 1939
LAMBETH WALK, THE • 1939

DE CRESCENZO LUCIANO – ITL
MISTERO DI BELLAVISTA, IL • MYSTERY OF BELLAVISTA, THE • 1985
32 DICEMBRE • DECEMBER 32ND • 1988

DE DOMINICIS GENNARO – ITL
AVVENTURE DI ROBI E BUCK, LE • 1958

DE FELICE DOMENICO – ITL
LAMA NEL CORPO, LA • NUITS DE L'EPOUVANTE, LES (FRN) ○ MURDER CLINIC, THE (USA) ○ MURDER SOCIETY, THE ○ REVENGE OF THE LIVING DEAD ○ NIGHT OF TERRORS, THE ○ BLADE IN THE BODY, THE • 1966

DE FELICE LIONELLO – ITL – 1916–
SENZA BANDIERA • 1951
ETA DELL'AMORE, L' • TOO YOUNG FOR LOVE (USA) ○ AGE DE L'AMOUR, L' (FRN) ○ AGE OF INDISCRETION, THE • 1953
ROMANZO DELLA MIA VITA, IL • LUCIANO TAJOLI • 1953
CENTO ANNI D'AMORE • 1954
TRE LADRI, I • 1954
DISPERATO ADDIO • 1956
ACCUSA DEL PASSATO, L' • 1957
COSTANTINO IL GRANDE -IN HOC SIGNO VINCES • CONSTANTINE AND THE CROSS (USA) ○ CONSTANTINO IL GRANDE ○ CONSTANTINE THE GREAT • 1960

DE FELITTA FRANK – USA – 1921–
DOBERMAN PATROL • TRAPPED • 1973 • TVM
TWO WORLDS OF JENNIE LOGAN, THE • 1979 • TVM
DARK NIGHT OF THE SCARECROW • NIGHT OF THE SCARECROW • 1981 • TVM
KILLER IN THE MIRROR • 1986 • TVM

DE FEO FRANCESCO – ITL
VENGEANCE DU MASQUE DE FER • VENDETTA DELLA MASCHERA DI FERRO (ITL) ○ PRISONER OF THE IRON MASK • 1962
MONDO NUDO • NAKED WORLD (USA) • 1963 • DOC
NUDO, CRUDO E.. • 1965 • DOC

DE FILIPPO EDUARDO – Actor/ writer – ITL – 1900–
IN CAMPAGNA E CADUTA UNA STELLA • 1940
TI CONOSCO, MASCHERINA! • 1944
NAPOLI, MILIONARIA • SIDE STREET STORY (USA) • 1950
FILUMENA MARTURANO • 1951
SEPT PECHES CAPITAUX, LES • SETTE PECCATI CAPITALI, I (ITL) ○ SEVEN CAPITAL SINS, THE ○ SETTE PECCATI CAPITALI, I ○ SEVEN DEADLY SINS, THE ○ SEVEN DEADLY SINS ○ SEVEN CAPITAL SINS • 1951
MARITO E MOGLIE • HUSBAND AND WIFE • 1952
RAGAZZE DA MARITO • 1952
NAPOLETANI A MILANO • 1953
QUESTI FANTASMI • THESE GHOSTS • 1954
FORTUNELLA • 1958
SOGNO DI UNA NOTTE DI MEZZA SBORNIA • 1959
OGGI DOMANI DOPODOMANI • PARANOIA (USA) ○ OGGI DOMANI E DOPODOMANI ○ TODAY, TOMORROW AND THE DAY AFTER ○ KISS THE OTHER SHEIK ○ BLOND WIFE, THE • 1965
SPARA FORTE, PIU FORTE.. NON CAPISCO • SHOOT LOUD, LOUDER.. I DON'T UNDERSTAND • 1966

DE FINA DON – UKN
STRIP • 1966

DE FINA P. V. OSCAR – ITL
WHISKY A MEZZOGIORNO • 1962
SEXY AD ALTA TENSIONE • 1963 • DOC
IMMENSITA, L' • RAGAZZA DEL PAIP'S, LA ○ IMMENSITY, THE ○ PAIP'S GIRL • 1967

DE GAETANO MICHAEL A. – USA
DRIBBLE
UFO TARGET EARTH • 1974
HAUNTED • 1976

DE GEER-BERGENSTRAHLE MARIE-LOUISE – SWD
MAMA.. PAPA.. • 1982 • SHT

DE GIORGI ELSA – ITL – 1915–
ALBERTI E. GIORGI
SANGUE PIU FANGO UGUALE LOGOS PASSIONE • 1974

DE GOMAR JULIO F. – ITL
SEGRETO INVIOLABILE, IL • 1939

DE GRASSE HERBERT JEAN – USA
KILLMAN • SHT
FIRELADY • SHT
VENUS • 1968

DE GRASSE JOSEPH – Actor – CND – 1873–1940
HER BOUNTY • 1914
HER ESCAPE • 1914
HER LIFE'S STORY • 1914
HER WAYWARD SON • 1914
LIGHTS AND SHADOWS • 1914
LION, THE LAMB, THE MAN, THE • 1914
NIGHT OF THRILLS, A • 1914
PIPES OF PAN, THE • 1914
SIN OF OLGA BRANDT, THE • 1914
VIRTUE ITS OWN REWARD • 1914
ALAS AND ALACK • 1915
ALL FOR PEGGY • 1915
BETTY'S BONDAGE • 1915
BOUND ON THE WHEEL • 1915
DESERT BREED, THE • 1915
FASCINATION OF THE FLEUR DE LIS, THE • 1915
FATHER AND THE BOYS • 1915
GIRL OF THE NIGHT, THE • 1915
GIRL WHO COULDN'T GO WRONG, THE • WHEN A GOD PLAYED THE BADGER GAME • 1915
GRIND, THE • 1915
HEART OF CERISE, THE • 1915
IDYL OF THE HILLS, AN • 1915
LON OF LONE MOUNTAIN • 1915
MAID OF THE MIST, THE • 1915
MAN AND HIS MONEY, A • 1915
MEASURE OF A MAN, THE • 1915
MILLIONAIRE PAUPERS, THE • 1915
MOTHER'S ATONEMENT, A • 1915
MOUNTAIN JUSTICE • 1915
MOUNTAIN MELODY, A • 1915
ONE MAN'S EVIL • 1915
OUTSIDE THE GATES • 1915
PINE'S REVENGE, THE • 1915
QUITS • 1915
SIMPLE POLLY • 1915
STAR OF THE SEA, THE • 1915
STEADY COMPANY • 1915
STRONGER MIND, THE • 1915
STRONGER THAN DEATH • 1915
STRUGGLE, THE • 1915
SUCH IS LIFE • 1915
THREADS OF FATE • 1915
UNDER A SHADOW • 1915
UNLIKE OTHER GIRLS • 1915
VANITY • SINNER MUST PAY, THE • 1915
WHEN THE GODS PLAYED A BADGER GAME • 1915
WHERE THE FOREST ENDS • 1915
BOBBIE OF THE BALLET • 1916
DOLLY'S SCOOP • 1916 • SHT
FELIX ON THE JOB • 1916 • SHT
GILDED SPIDER, THE • 1916
GRASP OF GREED, THE • MR. MEESON'S WILL (UKN) • 1916
GRIP OF JEALOUSY, THE • 1916
IF MY COUNTRY SHOULD CALL • 1916
MARK OF CAIN, THE • 1916
PLACE BEYOND THE WINDS, THE • 1916
PRICE OF SILENCE, THE • 1916
TANGLED HEARTS • 1916
UNDERTOW • 1916
ANYTHING ONCE • 1917
DOLL'S HOUSE, A • 1917
EMPTY GUN, THE • 1917 • SHT
GIRL IN THE CHECKERED COAT, THE • 1917
HELL MORGAN'S GIRL • 1917
MASK OF LOVE, THE • 1917 • SHT
PAY ME • VENGEANCE OF THE WEST • 1917
PIPER'S PRICE, THE • 1917
TRIUMPH • 1917
WINGED MYSTERY, THE • 1917
AFTER THE WAR • 1918
BROADWAY SCANDAL • 1918
FIGHTING GRIN, THE • CATAMOUNT, THE • 1918
ROUGH LOVER, THE • 1918
SCARLET CAR, THE • 1918
WILDCAT OF PARIS • 1918
APACHE, L' • 1919
HEART OF THE HILLS • 1919
MARKET OF SOULS, THE • 1919
WILD CAT OF PARIS, THE • 1919
BONNIE MAY • 1920
BRAND OF LOPEZ, THE • 1920
GOLDEN HOPE, THE • 1920
HIS WIFE'S FRIEND • WHITE ROCK, THE • 1920
MIDLANDERS, THE • 1920
NINETEEN AND PHYLLIS • 1920
45 MINUTES FROM BROADWAY • 1920
FLOWING GOLD • 1921
OLD SWIMMIN' HOLE, THE • 1921
TAILOR MADE MAN, A • 1922
GIRL I LOVED, THE • 1923
THUNDERGATE • 1923
HIDDEN WAY, THE • 1926

DE GRAY SIDNEY – USA
BEATING FATHER TO IT • 1915
IRRESPONSIBLE SYD • 1915

DE GREGORIO TONI – ITL – 1931–
E COMINCIO IL VIAGGIO DELLA VERTIGINE • 1974

DE HAVEN CARTER – Actor – USA
BETWEEN MIDNIGHT • 1916 • SHT
WRONG DOOR, THE • 1916
FIVE-FOOT RULER, A • 1917 • SHT
GENTLEMAN OF NERVE, A • 1917 • SHT
HIS LITTLE ROOM-MATE • 1917 • SHT
KICKED OUT • 1917 • SHT
LOSING WINNER, THE • 1917 • SHT
WHERE ARE MY TROUSERS? • 1917 • SHT
MODEL HUSBAND, A • 1920 • SHT
WHAT COULD BE SWEETER! • 1920
PANIC'S ON, THE • 1922
SAY IT WITH DIAMONDS • 1923

DE HEER ROLF – ASL
INCIDENT AT RAVEN'S GATE • 1988
DINGO • 1990

DE HIRSCH STORM – USA
DIVINATIONS • 1965 • SHT
GOODBYE IN THE MIRROR • 1965
PEYOTE QUEEN • 1965 • SHT
COLOR OF RITUAL THE COLOR OF THOUGHT, THE • SHT
TATTOOED MAN, THE

DE JARNATT STEVE – USA
TARZANA • 1979
ALFRED HITCHCOCK PRESENTS • 1985 • TVM
CHERRY 2000 • 1987
MIRACLE MILE • 1989

DE KOENIGSBERG PAULA – USA
RATE IT "X" • 1986 • DOC

DE KUHARSKI JEAN – UKN
EMERALD OF THE EAST • HERZ DES MAHARADSCHA, DAS • 1928

DE LA MOTHE LEON – USA
HELL'S FURY GORDON • 1920
VANISHING TRAILS • 1920 • SRL
VENGEANCE AND THE GIRL • 1920
DESERT HAWK, THE • 1924
NORTHERN CODE • 1925
RIDIN' WILD • 1925

DE LA PARELLE M. – USA
CHUBBY INHERITS A HAREM • 1917 • SHT
DISCORDS IN A FLAT • 1917 • SHT
FLIGHT THAT FAILED, THE • 1917 • SHT
MATCH IN QUARANTINE, A • 1917
PRODIGAL UNCLE, THE • 1917 • SHT
STRIPPED FOR A MILLION • 1919

DE LA TOUR CHARLES – UKN
LIMPING MAN, THE • 1953
IMPULSE • 1955
CHILD IN THE HOUSE • 1956

DE LA VARRE ANDRE – Producer – USA – 1904–
DE LAVARRE ANDRE
GRANDAD OF RACES • 1950 • SHT
TIME STOOD STILL • 1956 • SHT

DE LA VARRE ANDRE JR. – Producer – AUS – 1934–
ITALIAN HOLIDAY • 1961 • DOC
FABULOUS SPAIN • 1963 • DOC
GRAND TOUR OF LONDON AND PARIS (BY DAY AND BY NIGHT) • 1965 • DOC
SWITZERLAND AND THE ALPS • 1967 • DOC
GRAND TOUR OF EASTERN EUROPE: BEHIND THE IRON CURTAIN • 1968 • DOC
GRAND TOUR '70: DESTINATION HOLY LAND • 1969 • DOC

DE LACEY PHILIPPE – USA
CINERAMA HOLIDAY • 1955

DE LACEY ROBERT see **DE LACY ROBERT**

DE LACY ROBERT – USA
DE LACEY ROBERT
COWBOY MUSKETEER, THE • MYSTERY BRACELET, THE • 1925
LET'S GO GALLAGHER • 1925
WYOMING WILDCAT, THE • 1925
ARIZONA STREAK, THE • 1926
BORN TO BATTLE • 1926
COWBOY COP, THE • 1926
MASQUERADE BANDIT, THE • TABLES TURNED, THE • 1926
OUT OF THE WEST • 1926
RED HOT HOOFS • 1926
TOM AND HIS PALS • 1926
WILD TO GO • 1926
CHEROKEE KID, THE • STRANGER, THE (UKN) • 1927
CYCLONE OF THE RANGE • 1927
FLYING U RANCH, THE • 1927
LIGHTNING LARIATS • THRONE FOR A SADDLE, A • 1927
SONORA KID, THE • 1927
SPLITTING THE BREEZE • 1927
TOM'S GANG • 1927
KING COWBOY • COWBOY KING (UKN) • 1928
RED RIDERS OF CANADA • 1928
TYRANT OF RED GULCH, THE • SORCERER, THE (UKN) • 1928
WHEN THE LAW RIDES • 1928
DRIFTER, THE • TWO BIG VAGABONDS (UKN) • 1929
GUN LAW • SWIFT LOVER, A (UKN) • 1929
IDAHO RED • 1929
PRIDE OF PAWNEE, THE • 1929
TRAIL OF THE HORSE THIEVES, THE • DOUBLE LIVES (UKN) • 1929
PARDON MY GUN • 1930

DE LANE LEA JACQUES – UKN
LEA JACQUES DE LANE
NO LOVE FOR JUDY • 1955

DE LANE LEA WILLIAM – UKN
LEA WILLIAM DE LANE
MODEL GIRL • 1954

DE LAURENT EDOUARD – USA
de LAURENT EDOUARD
SUNDAY JUNCTION • 1962

DE LAVARRE ANDRE see **DE LA VARRE ANDRE**

DE LAY MELVILLE – USA
LAW OF THE SADDLE • 1943

DE LEON GERARDO – USA – 1913–1981
DE LEON GERRY
SANDA WONG • 1951
SISA • 1951
TERROR IS A MAN • CREATURE FROM BLOOD ISLAND ○ BLOOD CREATURE ○ GORY CREATURES, THE • 1959
MOISES PADILLA STORY • 1961
FILIBUSTERISMO, EL • 1962
WALLS OF HELL, THE • INTRAMUROS (PHL) • 1964
BLOOD DRINKERS, THE • VAMPIRE PEOPLE • 1966
GOLD BIKINI • 1967
BRIDES OF BLOOD • TERROR ON BLOOD ISLAND ○ ISLAND OF LIVING HORROR ○ BLOOD BRIDES ○ BRIDES OF DEATH ○ GRAVE DESIRES • 1968
BROWNOUT • BLACKOUT • 1969
MAD DOCTOR OF BLOOD ISLAND • TOMB OF THE LIVING DEAD ○ BLOOD DOCTOR • 1969
CURSE OF THE VAMPIRES • CREATURES OF EVIL (UKN) • 1970
WOMEN IN CAGES • BAMBOO DOLLS HOUSE • 1971

DE LEON GERRY see **DE LEON GERARDO**

DE LEON LEON – USA
DEVIL INSIDE HER, THE • 1978

DE LEON MIKE – PHL
ITIM • BLACK • 1977
KUNG MANGARAP KA'T MAGISING • IF YOU DREAM AND WAKE UP • 1977
BATCH '81 • 1981
KAKABAKABA KA BA? • WILL YOUR HEART BEAT FASTER? • 1981
KISAPMATA • IN THE WINKING OF AN EYE • 1981
SISTER STELLA L. • 1984

DE LEONARDIS ROBERT – USA
VIOLATED PARADISE • DIVING GIRLS' ISLAND, THE ○ DIVING GIRLS OF JAPAN ○ SCINTILLATING SIN ○ SEA NYMPHS • 1963

DE LIGUORO EUGENIO – ITL
ARIA DI PAESE • IN CAMPAGNA, CHE PASSIONE! • 1933
PICCOLA MIA • 1933

DE LIGUORO GIUSEPPE – ITL – 1869–1944
DOGE DI VENEZIA • 1909
INFERNO, L' • DANTE'S INFERNO (USA) ○ HELL • 1909
MARIN FALIERO • 1909
CENA DEI BORGIA, LA • 1910
MURAT • 1910
OEDIPE • 1910
RE LEAR • 1910
SARDANAPALO • 1910
BRUTO II • 1911
BRIVIDO FATALE • 1912
BURLA, LA • 1912
RACCONTO DEL NONNO, IL • 1912
VERDI • 1913
DAME AUX CAMELIAS, LA • 1915
FEDORA • 1916
ODETTE • 1916
LORENZACCIO • 1917
TOSCA • 1917
CANTO DI CIRCE, IL • 1920

DE LIGUORO WLADIMIRO – ITL
SOLITARIO DELLA MONTAGNA, IL • 1931

DE LORME L. E. – USA
SHARKS IS SHARKS • 1917 • ANS

DE LUCA RUDY – USA
TRANSYLVANIA 6–5000 • 1985

DE LUISE DOM see **DELUISE DOM**

DE MANBY ALFRED – UKN
MEPHISTO • 1912

DE MARCHI LUIGI – ITL
DEMAR LUIGI
CONDANNATA SENZA COLPA • MARIA ZEF • 1954
SERENATA AL VENTO • 1956
HO AMATA UNA DIVA • 1957
SPADA DELLA VENDETTA, LA • 1961
NOTTE DELL'INNOMINATO, LA • 1963
INDIOS A NORD–OVEST • 1964
ITALIA NI NOTTE N.1 • ITALIAN SEXY SHOW • 1964 • DOC
MARIE MADELEINE • 1965
AMOROSE NOTTI DI ALI BABA, LE • 1973

DE MARIA LUIGI – ITL
STUART JAMES K.
PROFESSOR MATUSA E I SUOI HIPPIES, IL • 1968

DE MARTINO ALBERTO – ITL – 1929–
HERBERT MARTIN
PERSEO L'INVINCIBILE • VALLE DE LOS HOMBRES DE PIEDRA, EL (SPN) ○ PERSEE L'INVINCIBLE ○ PERSEUS AGAINST THE MONSTERS (UKN) ○ MEDUSA AGAINST THE SON OF HERCULES (USA) ○ VALLEY OF THE STONE MEN ○ SPN ○ MEDUSA VS. THE SON OF HERCULES • 1962
HORROR • BLANCHEVILLE MONSTER, THE (USA) • 1963
EROI DI FORT WORTH, GLI • 1964
INVINCIBILI SETTE, GLI • INVENCIBLES, LOS (SPN) ○ SECRET SEVEN, THE (USA) ○ INVINCIBLE SEVEN, THE • 1964
TRIONFO DI ERCOLE, IL • HERCULES VS. THE GIANT WARRIORS (USA) ○ TRIUMPH OF HERCULES, THE (UKN) ○ HERCULES AND THE TEN AVENGERS • 1964
RIVOLTA DEI SETTE, LA • SPARTAN GLADIATORS, THE • 1965
100,000 DOLLARI PER RINGO • 1965
DJANGO SPARA PER PRIMO • HE WHO SHOOTS FIRST (UKN) ○ DJANGO SHOOTS FIRST • 1966
MISSIONE SPECIALE LADY CHAPLIN • OPERACION LADY CHAPLIN (SPN) ○ OPERATION LADY CHAPLIN ○ 077: SPECIAL MISSION LADY CHAPLIN ○ LADY CHAPLIN STORY, THE ○ OPERAZIONE LADY CHAPLIN • 1966
UPPERSEVEN L'UOMO DA UCCIDERE • MANN MIT DEN 1000 MASKEN, DER • 1966
DALLE ARDENNE ALL'INFERNO • ...UND MORGEN FAHRT IHR ZUR HOLLE (FRG) ○ GLOIRE DES CANAILLES, LA (FRN) ○ DIRTY HEROES (USA) ○ FROM THE ARDENNES TO HELL • 1968
O.K. CONNERY • OPERATION KID BROTHER (USA) • 1968
ROMA COME CHICAGO • ROME LIKE CHICAGO (USA) ○ BANDITI A ROMA ○ BANDITS IN ROME • 1968
INSAZIABILI, GLI • INSATIABLES, THE (UKN) ○ FEMMINE INSAZIABILI • 1969
UOMO DAGLI OCCHI DI GHIACCIO, L' • 1971
ASSASSINO E AL TELEFONO, L' • KILLERS ON THE PHONE, THE (UKN) ○ SCENES FROM A MURDER (USA) • 1972
FAMILIARI DELLE VITTIME NON SARANNO AVVERTITI, I • CRIME BOSS (USA) ○ NEW MAFIA BOSS, THE • 1972
CI RISIAMO VERA PROVVIDENZA? • 1973
CONSIGLIORI, IL • 1973
ANTICRISTO, L' • ANTICHRIST, THE ○ TEMPTER, THE ○ ANTICHRISTO • 1974
BLAZING MAGNUM • MAGNUM SPECIAL PER TONY SAITTA, UNA (ITL) ○ SPECIAL MAGNUM ○ STRANGE SHADOWS IN AN EMPTY ROOM (USA) ○ SHADOWS IN A ROOM ○ BLAZING MAGNUMS • 1977
HOLOCAUST 2000 • CHOSEN, THE • 1978
REVENGE • VIGILANTE 2 ○ STREET LAW • 1979
UOMO PUMA, L' • PUMAMAN, THE ○ PUMA MAN, THE • 1980
BLOOD LINK • LINK, THE • 1983
MIAMI HORROR • 1985

DE MARTINO PINO – ITL
ISOLE DELL'AMORE, LE • 1970

DE MAS P. L. – ITL
ZAGOR E L'ERBA MUSICALE • 1974

DE MENIL FRANCOIS – USA
CRUSH PROOF • 1971

DE MICHELI I. – ITL
TEQUILA • 1973

DE MILLE CECIL B. – USA – 1881–1959
BREWSTER'S MILLIONS • 1914
CALL OF THE NORTH, THE • 1914
GHOST BREAKER, THE • 1914
GIRL OF THE GOLDEN WEST, THE • 1914
MAN FROM HOME, THE • 1914
MAN ON THE BOX, THE • 1914
MASTER MIND, THE • 1914
ONLY SON, THE • 1914
ROSE OF THE RANCHO • 1914
SQUAW MAN, THE • WHITE MAN, THE (UKN) • 1914
VIRGINIAN, THE • 1914
WHAT'S HIS NAME • 1914
ARAB, THE • 1915
CAPTIVE, THE • 1915
CARMEN • 1915
CHEAT, THE • 1915
CHIMMIE FADDEN • 1915
CHIMMIE FADDEN OUT WEST • 1915
GOOSE GIRL, THE • 1915
KINDLING • 1915
UNAFRAID, THE • 1915
WARRENS OF VIRGINIA, THE • 1915
WILD GOOSE CHASE, A • 1915
DREAM GIRL, THE • 1916
GOLDEN CHANCE, THE • 1916
HEART OF NORA FLYNN, THE • 1916
JOAN THE WOMAN • 1916
MARIA ROSA • 1916
TEMPTATION • 1916
TRAIL OF THE LONESOME PINE, THE • 1916
DEVIL STONE, THE • DEVIL–STONE, THE • 1917
LITTLE AMERICAN, THE • 1917
NAN OF MUSIC MOUNTAIN • 1917
ROMANCE OF THE REDWOODS, A • 1917
WHISPERING CHORUS, THE • 1917
WOMAN GOD FORGOT, THE • 1917
OLD WIVES FOR NEW • 1918
SQUAW MAN, THE • WHITE MAN, THE • 1918
'TILL I COME BACK TO YOU • 1918
WE CAN'T HAVE EVERYTHING • 1918
DON'T CHANGE YOUR HUSBAND • 1919
FOR BETTER, FOR WORSE • 1919
MALE AND FEMALE • ADMIRABLE CRICHTON, THE (UKN) • 1919
SOMETHING TO THINK ABOUT • 1920
WHY CHANGE YOUR WIFE? • 1920
AFFAIRS OF ANATOL, THE • PRODIGAL KNIGHT, A (UKN) ○ FIVE KISSES ○ ANATOL • 1921
FOOL'S PARADISE • 1921
FORBIDDEN FRUIT • 1921
MANSLAUGHTER • 1922
SATURDAY NIGHT • 1922
ADAM'S RIB • 1923
TEN COMMANDMENTS, THE • 1923
FEET OF CLAY • 1924
TRIUMPH • 1924
GOLDEN BED, THE • 1925
ROAD TO YESTERDAY, THE • 1925
VOLGA BOATMAN, THE • 1926
KING OF KINGS, THE • 1927
DYNAMITE • 1929
GODLESS GIRL, THE • 1929
MADAM SATAN • 1930
SQUAW MAN, THE • WHITE MAN, THE (UKN) • 1931
SIGN OF THE CROSS, THE • 1932
THIS DAY AND AGE • 1933
CLEOPATRA • 1934
FOUR FRIGHTENED PEOPLE • 1934
CRUSADES, THE • 1935
PLAINSMAN, THE • 1936
BUCCANEER, THE • 1938
UNION PACIFIC • 1939
NORTHWEST MOUNTED POLICE • 1940
REAP THE WILD WIND • 1942
STORY OF DR. WASSELL, THE • 1944
UNCONQUERED • 1947
SAMSON AND DELILAH • 1949
GREATEST SHOW ON EARTH, THE • 1952
TEN COMMANDMENTS, THE • 1956

DE MILLE WILLIAM see **DE MILLE WILLIAM C.**

DE MILLE WILLIAM C. – Playwright – USA – 1878–1955
DE MILLE WILLIAM
ANTON THE TERRIBLE • 1916
BLACKLIST • BLACK LIST, THE • 1916
CLOWN, THE • 1916
COMMON GROUND, THE • 1916
HEIR TO THE HOORAH, THE • HEIR TO THE HURRAH, THE • 1916
RAGAMUFFIN, THE • 1916
SOWERS, THE • 1916
GHOST HOUSE, THE • 1917
HASHIMURA TOGO • 1917
SECRET GAME, THE • 1917
HONOR OF HIS HOUSE, THE • HONOR OF THE HOUSE • 1918
MIRANDY SMILES • 1918
MYSTERY GIRL, THE • 1918
ONE MORE AMERICAN • LAND OF THE FREE, THE • 1918
WIDOW'S MIGHT, THE • 1918
CITY OF SILENT MEN • 1919
PEG O' MY HEART • 1919
CONRAD IN QUEST OF HIS YOUTH • 1920
JACK STRAW • 1920
MIDSUMMER MADNESS • 1920
PRINCE CHAP, THE • 1920
TREE OF KNOWLEDGE, THE • 1920
AFTER THE SHOW • 1921
LOST ROMANCE, THE • 1921
MISS LULU BETT • 1921
WHAT EVERY WOMAN KNOWS • 1921
BOUGHT AND PAID FOR • 1922
CLARENCE • 1922
NICE PEOPLE • 1922
GRUMPY • 1923
MARRIAGE MAKER, THE • FAUN, THE ○ SPRING MAGIC • 1923
ONLY 38 • 1923
WORLD'S APPLAUSE, THE • 1923
BEDROOM WINDOW, THE • 1924
DON'T CALL IT LOVE • 1924
FAST SET, THE • 1924
ICEBOUND • 1924
LOCKED DOORS • 1925
LOST –A WIFE • 1925
MEN AND WOMEN • 1925
NEW BROOMS • 1925
FOR ALIMONY ONLY • 1926
RUNAWAY, THE • 1926
SPLENDID CRIME, THE • 1926
LITTLE ADVENTURESS, THE • DOVER ROAD, THE • 1927
CRAIG'S WIFE • 1928
TENTH AVENUE • HELL'S KITCHEN (UKN) • 1928
IDLE RICH, THE • 1929
DOCTOR'S SECRET, THE • HALF AN HOUR • 1930
PASSION FLOWER • 1930
THIS MAD WORLD • 1930
TWO KINDS OF WOMEN • 1932
HIS DOUBLE LIFE • 1933

DE MITRI LEONARDO – ITL – 1914–1956
ANGELO TRA LA FOLLA • 1950
ANGELO DEL PECCATO, L' • 1952
CANI E GATTI • 1952
VERGINITA • 1952
PIOVUTA DAL CIELO • 1953
MARTIN TOCCAFERRO • 1954
ALTAIR • 1956
MOGLIE E BUOI.. • BRIDE FOR FRANK, A (USA) • 1956

DE MOLINIS CLAUDIO – ITL
CANDIDO EROTICA • COPENHAGEN NIGHTS ○ CANDIDO EROTICO • 1978
AMERICAN FEVER • 1979

DE MOND ALBERT – USA
AROUND THE EQUATOR ON ROLLER SKATES • 1932 • SHT
AROUND THE WORLD IN 18 MINUTES • 1932 • SHT
BOO • 1932 • SHT
DR. JEKYLL'S HIDE • 1932 • SHT
GOOD OLD DAYS, THE • 1932 • SHT
GREEKS HAD NO WORD FOR THEM ,THE • 1932 • SHT
UNSHOD MAIDEN, THE • 1932 • SHT
LIZZIE STRATA • 1933 • SHT

DE MONTEPIN S. – ITL
PORTATRICE DI PANE, LA • 1911

DE MORO PIERRE – USA
SAVANNAH SMILES • 1983
HELLHOLE • HELL HOLE • 1985

DE NORMANVILLE PETER – UKN
FELL LOCOMOTIVE, THE • 1952
HIGHLIGHTS OF FARNBOROUGH 1952 • 1952 • DOC
PROJECT 074 • 1953
GAS TURBINE, THE • 1954
FORMING OF METALS, THE • 1957
HIGH SPEED FLIGHT: PART 1: APPROACHING THE SPEED OF SOUND • 1957 • DOC
SCHLIEREN • 1959
CARBON • 1968
ANATOMY OF A MOTOR OIL • 1970 • DCS

DE PALMA BRIAN – USA – 1940–
ICARUS • 1960
660124, THE STORY OF AN IBM CARD • 1961 • SHT
WOTAN'S WAKE • 1962 • SHT
JENNIFER • 1964 • SHT
MOD • 1964 • SHT
BRIDGE THAT GAP • 1965 • SHT
RESPONSIVE EYE, THE • 1965 • DCS
SHOW ME A STRONG TOWN AND I'LL SHOW YOU A STRONG BANK • 1965 • SHT
GREETINGS • 1968
MURDER A LA MOD • 1968
WEDDING PARTY, THE • 1969
DIONYSUS IN '69 • 1970
HI, MOM! • 1970
GET TO KNOW YOUR RABBIT • 1972
SISTERS • BLOOD SISTERS • 1973
PHANTOM OF THE PARADISE • PHANTOM OF FILMORE, THE • 1974
CARRIE • 1976
OBSESSION • DOUBLE RANSOM • 1976
FURY, THE • 1978
DRESSED TO KILL • 1980
HOME MOVIES • 1980
BLOW OUT • 1981
SCARFACE • 1983
BODY DOUBLE • 1984
WISE GUYS • 1986
UNTOUCHABLES, THE • 1987
CASUALTIES OF WAR • 1989
BONFIRE OF THE VANITIES • 1990

DE PALMA FRANK – USA
OPERATION: PARATROOPER • 1989
PRIVATE WAR • 1989

DE PAOLA ALESSIO – USA
CHASTITY • 1969

DE PRIEST ED – USA
HEDONISTIC PLEASURES • 1969
ONE MILLION AC/DC • 1969
SKINTIGHT • 1981

DE RENZY ALEX – USA
HISTORY OF THE BLUE MOVIE, A • 1970
PORNOGRAPHY IN DENMARK: A NEW APPROACH • CENSORSHIP IN DENMARK: A NEW APPROACH • 1970 • DOC
SEXUAL ENCOUNTER GROUP • 1970 • DOC
WEED • 1972 • DOC
SWEET AGONY • 1973
FANTASY GIRLS • FANTASY GIRL • 1976
BABY FACE • 1977
PRETTY PEACHES • 1978
COVER GIRL • CHERYL HANSON: COVER GIRL • 1981
GIRLFRIENDS • 1983

DE ROBERTIS FRANCESCO – ITL – 1902–1959
MINE IN VISTA • 1940
UOMINI SUL FONDO • S.O.S. SUBMARINE • 1941
ALFA TAU! • 1942
MARINAI SENZA STELLE • MARINARETTI • 1943
UOMINI E CIELI • UOMINI DEI CIELI ○ UOMINI NEI CIELI • 1943
FIGLI DELLA LAGUNA, I • 1945
VITA SEMPLICE, LA • 1945
ROTTA SUD • 1947
FANTASMI DEL MARE • 1948
MULATTO, IL • 1950
AMANTI DI RAVELLO, GLI • FENESTA CA LUCIVE • 1951
CARICA EROICA • 1952
MIZAR • FROGMAN SPY (UKN) ○ SABOTAGGIO IN MARE • 1953
UOMINI OMBRA • 1954
DONNE CHE VENNE DAL MARE, LA • 1957
RAGAZZI DELLA MARINA • 1958 • DOC
YALIS, LA VERGINE DEL RONCADOR • VERGINE DEL RONCADOR, LA • 1961

DE ROSA ERNESTO – ITL
VOTO DI MARINAIO • 1953

DE ROSA MARIO – ITL
FRATELLO CRUDELE • 1978

DE ROSIS FRANCO – ITL
MAGNACCIO, IL • PIMP, THE • 1968

DE ROSSELLI REX – USA
JOE MARTIN TURNS THEM LOOSE • 1915

DE RUE EUGENE – USA
THIS WAY OUT • 1923
THRILL HUNTER, THE • 1926

DE RUFFO D. – ITL
DIVINO MISTERO, IL • EUCARESTIA • 1950

DE SANO MARCEL – USA
BEAUTIFULLY TRIMMED • 1920
DANGEROUS MOMENT, THE • DANGEROUS MOMENTS • 1921
GIRL WHO WOULDN'T WORK, THE • 1925
BLARNEY • IN PRAISE OF JAMES CARABINE • 1926
PEACOCK ALLEY • 1930
PROCES DE MARY DUGAN, LE • 1931
PROCESO DE MARY DUGAN, EL • 1931

DE SANTE CHARLES – USA
EXTREME CLOSE-UP • 1981

DE SANTIS GIUSEPPE – ITL – 1917–
CACCIA TRAGICA • TRAGIC PURSUIT, THE ○ TRAGIC HUNT (USA) ○ PURSUIT • 1947
RISO AMARO • BITTER RICE (UKN) • 1949
NON C'E PACE TRA GLI ULIVI • NO PEACE AMONG THE OLIVES ○ BLOOD ON EASTER SUNDAY ○ UNDER THE OLIVE TREE • 1950
ROMA, ORE 11 • ROME ELEVEN O'CLOCK • 1952
MARITO PER ANNA ZACCHEO, UN • HUSBAND FOR ANNA, A • 1953
GIORNI D'AMORE • DAYS OF LOVE • 1955
UOMINI E LUPI • HOMMES ET LOUPS (FRN) ○ MEN AND WOLVES (USA) • 1956
STRADA LUNGA UN ANNO, LA • CESTA DUGA GODINU DANA (YGS) ○ ROAD A YEAR LONG, THE (USA) ○ YEAR-LONG ROAD • 1958
GARCONNIERE, LA • 1960
GIORNI DI FURORE • 1964 • DOC
ITALIANO, BRAVA GENTE • ONI SHLI NA VOSTOK (USS) ○ ATTACK AND RETREAT (USA) ○ ITALIANS, GOOD PEOPLE ○ THEY WENT TO VOSTOK ○ THEY HEADED FOR THE EAST • 1964
APPREZZATO PROFESSIONISTA DI SICURO AVVENIRE, UN • 1972

DE SERGE CARLTON – USA
ROYAL FLESH • UNDERCOVER SCANDALS OF HENRY VIII, THE ○ HENRY VIII • 1968

DE SETA VITTORIO – ITL – 1923–
ISOLE DE FUOCO • 1954
LU TEMPU DI LI PISCI SPATA • 1954
CONTADINI DEL MARE • BLUEFIN FURY • 1955
PASQUA IN SICILIA • EASTER IN SICILY • 1955
SULFATARA • 1955
PARABOLO D'ORO • 1956
PESCHERECCI • FISHERMEN • 1957
GIORNO IN BARBAGIA, UN • 1958
PASTORI DI ORGOSOLO • 1958
DIMENTICATI • 1959
BANDITI A ORGOSOLO • BANDITS OF ORGOSOLO (USA) ○ BANDITS AT ORGOSOLO • 1961
UOMO A META, UN • ALMOST A MAN • 1966
INVITATA, L' • INVITEE, L' (FRN) ○ UNINVITED, THE (USA) • 1969
DIARIO DI UN MAESTRO • DIARY OF A SCHOOLTEACHER ○ DIARY OF A TEACHER • 1973 • MTV

DE SICA VITTORIO – Actor – ITL – 1902–1974
MADDALENA ZERO IN CONDOTTA • 1940
ROSE SCARLATTE • DUE DOZZINE DI ROSE SCARLATTE • 1940
TERESA VENERDI • DOCTOR BEWARE (USA) • 1941
GARIBALDINO AL CONVENTO, UN • 1942
BAMBINI CI GUARDANO, I • CHILDREN ARE WATCHING US, THE • 1944
PORTA DEL CIELO, LA • 1946
SCIUSCIA • SHOE SHINE (USA) ○ SHOESHINE • 1946
LADRI DI BICICLETTE • BICYCLE THIEVES (UKN) ○ BICYCLE THIEF, THE • 1948
AMBIENTE E PERSONAGGI • 1951 • DOC
MIRACOLO A MILANO • MIRACLE IN MILAN • 1951
UMBERTO D • 1952
STAZIONE TERMINI • INDISCRETIONS OF AN AMERICAN WIFE (USA) ○ INDISCRETION (UKN) • 1953
ORO DI NAPOLI, L' • GOLD OF NAPLES ○ EVERY DAY'S A HOLIDAY • 1954
TETTO, IL • ROOF, THE • 1956
CIOCIARA, LA • TWO WOMEN (USA) • 1961
GIUDIZIO UNIVERSALE, IL • JUGEMENT DERNIER, LE (FRN) ○ LAST JUDGMENT, THE (USA) • 1961
BOCCACCIO '70 • BOCCACE 70 • 1962
SEQUESTRATI DI ALTONA, I • SEQUESTRES D'ALTONA, LES (FRN) ○ CONDEMNED OF ALTONA, THE (USA) ○ PRISONERS OF ALTONA, THE • 1962
BOOM, IL • BOOM • 1963
IERI, OGGI, DOMANI • YESTERDAY, TODAY AND TOMORROW (USA) ○ IERI, OGGI E DOMANI ○ HIER, AUJOURD'HUI ET DEMAIN (FRN) • 1963
MATRIMONIO ALL'ITALIANA • MARIAGE A L'ITALIENNE (FRN) ○ MARRRIAGE ITALIAN STYLE (USA) • 1964
CACCIA ALLA VOLPE • AFTER THE FOX (UKN) • 1965
MONDO NUOVO, UN • MONDO NOUVEAU, UN (FRN) ○ YOUNG WORLD, A (USA) ○ NEW WORLD, A • 1965
STREGHE, LE • SORCIERES, LES (FRN) ○ WITCHES, THE • 1967
WOMAN TIMES SEVEN • SETTE VOLTE DONNA (ITL) ○ SEPT FOIS FEMME (FRN) ○ WOMAN X 7 • 1967
AMANTI • TEMPS DES AMANTS, LE (FRN) ○ PLACE FOR LOVERS, A (USA) ○ LOVERS • 1968
GIRASOLI, I • FLEURS DU SOLEIL, LES (FRN) ○ SUNFLOWER (USA) ○ SUNFLOWERS, THE • 1969
COPPIE, LE • COUPLES, THE • 1970
GIARDINO DEI FINZI-CONTINI, IL • GARDEN OF THE FINZI-CONTINIS, THE (UKN) • 1970
CAVALIERI DI MALTA, I • 1971
DAL REFERENDUM ALLA COSTITUZIONE • DUE GIUGNO, IL • 1971 • MTV
LO CHIAMEREMO ANDREA • WE'LL CALL HIM ANDREA • 1972
BREVE VACANZA, UNA • BRIEF VACATION, A (USA) • 1973
VIAGGIO, IL • JOURNEY, THE (UKN) ○ VOYAGE, THE (USA) ○ TRIP, THE • 1974

DE SIMONE FRANCO – CND
YOU'RE NOT ALONE • 1986 • DOC

DE SIMONE TOM see **DESIMONE TOM**

DE SISTI VITTORIO – ITL
SCUSI, LEI CONOSCE IL SESSO? • EXCUSE ME, DO YOU LIKE SEX? (UKN) ○ EXCUSE ME, ARE YOU FAMILIAR WITH SEX? • 1968
INGHILTERRA NUDA • NAKED ENGLAND (UKN) • 1969
INTERROGATORIO, L' • 1970
FIORINA LA VACCA • 1972
QUANDO L'AMORE E SENSUALITA • WHEN LOVE IS LUST • 1973
SPOGLIATI, PROTESTA, UCCIDI! • QUANDO LA PREDA E L'UOMO • 1973
SESSO IN CONFESSIONALE • 1974
LEZIONI PRIVATE • PRIVATE LESSON, THE • 1975
ROCK 'N' ROLL • 1978
DANCE MUSIC • 1984

DE STEFANO LORENZO – USA
TALMAGE FARLOW • 1981 • DOC

DE TOTH ANDRE – HNG – 1910–
BALALAIKA • 1939
HAT HET BOLDOGSAG • SIX WEEKS OF HAPPINESS • 1939
KET LANY AZ UTCAN • TWO GIRLS OF THE STREET • 1939
OT ORA 40 • AT 5:40 • 1939
SEMMELWEISS • 1939
TOPRINI NASZ • WEDDING IN JAPAN (USA) ○ WEDDING IN TOPRIN • 1939
PASSPORT TO SUEZ • CLOCK STRUCK TWELVE, THE • 1943
DARK WATERS • 1944
GUEST IN THE HOUSE, A • 1944
NONE SHALL ESCAPE • 1944
SINCE YOU WENT AWAY • 1944
OTHER LOVE, THE • 1947
RAMROD • 1947
PITFALL, THE • 1948
SLATTERY'S HURRICANE • 1949
MAN IN THE SADDLE • OUTCAST, THE (UKN) • 1951
CARSON CITY • 1952
LAST OF THE COMANCHES • SABRE AND THE ARROW, THE (UKN) • 1952
SPRINGFIELD RIFLE • 1952
HOUSE OF WAX • 1953
STRANGER WORE A GUN, THE • 1953
THUNDER OVER THE PLAINS • 1953
BOUNTY HUNTER, THE • 1954
CRIME WAVE • CITY IS DARK, THE (UKN) • 1954
RIDING SHOTGUN • 1954
TANGANYIKA • 1954
INDIAN FIGHTER, THE • 1955
HIDDEN FEAR • 1957
MONKEY ON MY BACK • BARNEY ROSS STORY, THE • 1957
TWO-HEADED SPY, THE • 1958
DAY OF THE OUTLAW • 1959
MAN ON A STRING • CONFESSIONS OF A COUNTERSPY (UKN) • 1960
MORGAN IL PIRATA • CAPITAINE MORGAN (FRN) ○ MORGAN THE PIRATE (USA) • 1960
MONGOLI, I • MONGOLS, LES (FRN) ○ MONGOLS, THE • 1961
ORO PER I CESARI • OR POUR LES CESARS (FRN) ○ OR DES CESARS, L' ○ GOLD FOR THE CESARS • 1963
PLAY DIRTY • WRITTEN ON THE SAND • 1968

DE VERE ALISON – UKN
CAFE BAR • 1975

DE VIGNE JACQUES – ASL
YOU CAN'T SEE 'ROUND CORNERS • 1969

DE VILLIERS – USA
WHEN THE CALL CAME • 1915

DE VILLIERS DIRK – SAF
JY IS MY LEIFLING • YOU ARE MY DARLING • 1968
WIT SLUIER, DIE • WHITE VEIL, THE • 1973
DIAMOND HUNTERS, THE • 1975
KINGFISHER CAPER, THE • 1975
DINGERTJIE EN IDI • LITTLE THING AND IDI, THE • 1978
SPAANSE VLIEG, DIE • SPANISH FLY, THE • 1978
THAT ENGLISHMAN • 1989

DE VITO DANNY see **DeVITO DANNY**

DE VITO RALPH – USA
DEATH COLLECTOR • FAMILY ENFORCER ○ ENFORCER 2 • 1977

DE VONDE CHARLES M. see **DE VONDE CHESTER M.**

DE VONDE CHESTER M. – USA
DE VONDE CHARLES M.
CAMPING • 1917
CINDERELLA HUSBAND • 1917 • SHT
COW JUMPED OVER THE MOON, THE • 1917 • SHT
FAINT HEART AND FAIR LADY • 1917
HOME DEFENCE • 1917 • SHT
IN BED -IN BAD • 1917 • SHT
INSTALLMENT PLAN, THE • 1917 • SHT
MOTORBOATING • 1917 • SHT
NUTTY KNITTERS • 1917 • SHT
OH! U BOAT • 1917 • SHT
SUMMER BOARDING • 1917 • SHT
TOOTHACHES AND HEARTACHES • 1917 • SHT
ADAM AND SOME EVES • 1918 • SHT
MEATLESS DAYS AND SLEEPLESS NIGHTS • 1918 • SHT
EVEN AS EVE • 1920
VOICES • 1920

DE WITT ELMO – SAF
HEAR MY SONG • HOOR MY LIED • 1967
LOKVAL IN VENESIE • 1972
LAST LION, THE • 1973
MORE, MORE • 1973
MOOIMEISIESFONTEIN • FOUNTAIN OF PRETTY GIRLS • 1978
SOMEONE LIKE YOU • IEMAND SOOS JY • 1978

DEAK KRISZTINA – HNG – 1953–
ESZTERKONYV • BOOK OF ESTHER, THE • 1989

DEAN A. L. – UKN
HALF DAY EXCURSION, THE • 1935

DEAN ARTHUR – USA
FRUSTRATED CHERIE • 1969

DEAN BASIL – Producer/writer – UKN – 1888–1978
CONSTANT NYMPH, THE • 1928
RETURN OF SHERLOCK HOLMES, THE • 1929
BIRDS OF PREY • PERFECT ALIBI, THE (USA) • 1930
ESCAPE • 1930
IMPASSIVE FOOTMAN, THE • WOMAN IN CHAINS (USA) ○ WOMAN IN BONDAGE • 1932
LOOKING ON THE BRIGHT SIDE • 1932
NINE TILL SIX • 1932
CONSTANT NYMPH, THE • 1933
LOYALTIES • 1933
AUTUMN CROCUS • 1934
SING AS WE GO • 1934
LOOK UP AND LAUGH • 1935
LORNA DOONE • 1935
WHOM THE GODS LOVE • MOZART (USA) • 1936
FIRST AND THE LAST, THE • 21 DAYS TOGETHER (USA) ○ 21 DAYS • 1937
SHOW GOES ON, THE • 1937
TWENTY ONE DAYS • TWENTY ONE DAYS TOGETHER (USA) • 1939

DEAN GEORGE – ASL
IT'S A LONG WAY TO TIPPERARY • 1914

DEAN RALPH – USA
ACCOMPLICE, THE • 1917
MADAME SHERRY • 1917
RAINBOW, THE • 1917
SONG OF SIXPENCE, A • 1917

DEANE CHARLES – UKN
JULIUS CAESAR • 1953
MACBETH • 1953
MIDSUMMER NIGHT'S DREAM, A • 1953
OTHELLO • 1953
TWELFTH NIGHT • 1953
WINTER'S TALE, A • 1953
WORLD'S A STAGE, THE • 1953 • SER
STOLEN TIME • BLONDE BLACKMAILER (USA) • 1955

DEANS MARJORIE – Screenwriter – UKN
GIRL IS MINE, THE • 1950

DEAR FRANK see **DEAR FRANK L.**

DEAR FRANK L. – USA
DEAR FRANK
AT THE OLD CROSSED ROADS • 1914
TRAIL OF THE LONESOME PINE, THE • 1914

DEAR WILLIAM – USA
NORTHVILLE CEMETERY MASSACRE, THE • 1976
ELEPHANT PARTS • 1981
NICK DANGER IN THE CASE OF THE MISSING YOLK • 1983
TIMERIDER: THE ADVENTURE OF LYLE SWANN • TIMERIDER ○ TIME RIDER • 1983
GARRY SHANDLING: ALONE IN VEGAS • 1984
TELEVISION PARTS HOME COMPANION • 1984
HARRY AND THE HENDERSONS • BIGFOOT AND THE HENDERSONS (UKN) • 1987
IF LOOKS COULD KILL • 1990

DEARDEN BASIL – UKN – 1911–1971
BLACK SHEEP OF WHITEHALL • 1941
GOOSE STEPS OUT, THE • 1942
BELLS GO DOWN, THE • 1943
MY LEARNED FRIEND • 1943
HALFWAY HOUSE, THE • GHOSTLY INN, THE • 1944
THEY CAME TO A CITY • 1944
DEAD OF NIGHT • 1945
CAPTIVE HEART, THE • LOVERS' MEETING • 1946
FRIEDA • 1947
SARABAND FOR DEAD LOVERS • SARABAND (USA) • 1948
TRAIN OF EVENTS • 1949
BLUE LAMP, THE • 1950
CAGE OF GOLD • 1950
POOL OF LONDON • 1951
GENTLE GUNMAN, THE • 1952
I BELIEVE IN YOU • 1952
SQUARE RING, THE • 1953
RAINBOW JACKET, THE • 1954
OUT OF THE CLOUDS • 1955
SHIP THAT DIED OF SHAME, THE • PT RAIDERS (USA) • 1955
SMALLEST SHOW ON EARTH, THE • BIG TIME OPERATORS (USA) • 1956
WHO DONE IT? • 1956
VIOLENT PLAYGROUND • 1958
SAPPHIRE • 1959
LEAGUE OF GENTLEMEN, THE • 1960
MAN IN THE MOON • 1960
SECRET PARTNER, THE • SLEEPING PARTNER, THE • 1961
VICTIM • 1961
ALL NIGHT LONG • 1962
LIFE FOR RUTH • WALK IN THE SHADOW (USA) ○ CONDEMNED TO LIFE • 1962
MIND BENDERS, THE • PIT, THE • 1962
PLACE TO GO, A • 1963
MASQUERADE • OPERATION MASQUERADE ○ SHABBY TIGER, THE • 1964
WOMAN OF STRAW • 1964
KHARTOUM • 1966
ONLY WHEN I LARF • 1968
ASSASSINATION BUREAU, THE • 1969
MAN WHO HAUNTED HIMSELF, THE • 1970
PERSUADERS: MISSION MONTE CARLO, THE • MISSION MONTE CARLO • 1975 • MTV

DEARDEN JAMES – UKN – 1949–
COLD ROOM, THE • 1983 • TVM
PASCALI'S ISLAND • 1989
KISS BEFORE DYING, A • 1990

DEARHOLT ASHTON – USA
AT DEVIL'S GORGE • 1923

DEASY FRANK – IRL
COURIER, THE • 1988

DEBAIN HENRI – Actor – FRN – 1886–1883
MEPHISTO • 1930

DEBECQUE SERGE – FRN
COINCIDENCES • 1946

DEBEST MAXIME – FRN
SECOND VOYAGE DE NOCES
SEX A TRAVERS LE MONDE, LE
COUPLES PERVERS

DEBOE GERARD – BLG
N'GIRI • 1946
PIERRE ROMAIN-DES FOSSES • 1954

DEBORD GUY – FRN – 1931–
SOCIETE DU SPECTACLE, LA • 1973
IN GIRUM IMUS NOCTE ET CONSUMIMUR IGNI • 1978

DEBOUT JEAN-JACQUES – FRN
SOULIER QUI VOLE, LE • 1980

DEBOWSKI KRZYSZTOF – PLN
WYCIECZKA W KOSMOS • PAMIETNIK GWIEZDNE ○ TRIP THROUGH THE COSMOS, A ○ EXCURSION INTO THE COSMOS ○ MEMORIES OF THE STARS • 1961
BEZLUDNA PLANETA • UNINHABITED PLANET • 1962 • ANS

DECAE HENRI – Cinematographer – FRN – 1915–1987
EAU VIVE • 1941 • SHT
GLACIERS • 1942 • SHT
AU-DELA DU VISIBLE • 1943 • SHT
A TOUS LES VENTS • 1945 • SHT
APPRENEZ A SOULEVER UNE CHARGE • 1949 • SHT
EVITEZ LE DESORDRE • 1949 • SHT
FAITES SOIGNER VOS EGRATIGNURES • 1949 • SHT
NE COMPROMETTEZ PAS VOS LOISIRS • 1949 • SHT
PENSEZ A CEUX QUI SONT EN-DESSOUS! • 1949 • SHT
SURVEILLEZ VOTRE TENUE • 1949 • SHT
A CHEVAL • 1950 • SHT
TROIS HOMMES EN CORSE • 1950 • SHT
FAITS D'HIVER • 1951 • SHT
GARDE-CHASSE, LE • 1951 • SHT
VISITE AU HARAS • 1951 • SHT

DECARLI BRUNO – GRM
DE CARLI BRUNO
GIFT IM WEIBE, DAS • 1919

DECELLES PIERRE – Animator – USA
POUND PUPPIES AND THE LEGEND OF BIG PAW • POUND PUPPIES: THE LEGEND OF BIG PAW • 1988 • ANM

de DECKER JEAN-PIERRE – BLG
SPRINGEN • LEAPING • 1986

DECOIN HENRI – FRN – 1896–1969
BLEUS DU CIEL, LES • OISEAU BLANC, L' ○ AVION BLANC, L' • 1933
REQUINS DU PETROLE, LES • 1933
TOBOGGAN • 1934
DOMINO VERT, LE • 1935
ABUS DE CONFIANCE • ABUSED CONFIDENCE (USA) ○ ABUSE OF CONFIDENCE • 1937
MADEMOISELLE MA MERE • 1937
RETOUR A L'AUBE • SHE RETURNED AT DAWN (USA) • 1938
BATTEMENT DE COEUR • 1939
INCONNUS DANS LA MAISON, LES • STRANGERS IN THE HOUSE • 1941
PREMIER RENDEZ-VOUS • HER FIRST AFFAIR (USA) • 1941
BIENFAITEUR, LE • 1942
MARIAGE D'AMOUR • 1942
HOMME DE LONDRES, L' • 1943
JE SUIS AVEC TOI • 1943
FILLE DU DIABLE • DEVIL'S DAUGHTER (USA) ○ VIE D'UN AUTRE, LA • 1945
CAFE DE CADRAN, LE • CADRAN, LE • 1946
AMANTS DU PONT SAINT-JEAN, LES • 1947
AMOUREUX SONT SEULS AU MONDE, LES • MONELLE (USA) ○ NOIR SUR BLANC • 1947
NON COUPABLE • NOT GUILTY (USA) • 1947
ENTRE ONZE HEURES ET MINUIT • BETWEEN ELEVEN AND MIDNIGHT (USA) ○ ODEON 36.72 • 1948
AU GRAND BALCON • 1949
CLARA DE MONTARGIS • 1950
TROIS TELEGRAMMES • PARIS INCIDENT (USA) ○ THREE TELEGRAMS • 1950
DESIR ET L'AMOUR, LE • 1951
VERITE SUR LE BEBE DONGE, LA • TRUTH ABOUT OUR MARRIAGE, THE • 1951
AMANTS DE TOLEDE, LES • TIRANO DE TOLEDO, EL (SPN) ○ AMANTI DI TOLEDO, GLI (ITL) ○ LOVERS OF TOLEDO, THE (USA) • 1953
DORTOIR DES GRANDES • INSIDE A GIRLS' DORMITORY (USA) ○ GIRLS' DORMITORY • 1953
BONNES A TUER • QUATTRO DONNE NELLA NOTTE (ITL) ○ ONE STEP TO ETERNITY (USA) • 1954
INTRIGANTES, LES • 1954
RAZZIA SUR LA CHNOUF • RAZZIA (USA) ○ CHNOUF -TO TAKE IT IS DEADLY • 1954
SECRETS D'ALCOVE • LETTO, IL (ITL) ○ BED, THE (USA) • 1954
AFFAIRE DES POISONS, L' • PROCESSO DEI VELENI, IL (ITL) ○ CASE OF POISONS, THE (USA) ○ POISON AFFAIR, THE • 1955
FEU AUX POUDRES, LE • X 3 OPERAZIONE DINAMITE (ITL) • 1956
FOLIES BERGERE • 1956
CHARMANTS GARCONS • TOO MANY LOVERS (USA) • 1957
TOUS PEUVENT ME TUER • TUTTI POSSONO UCCIDERMI (ITL) ○ ANYONE CAN KILL ME (UKN) • 1957
CHATTE, LA • CAT, THE (USA) ○ FACE OF THE CAT, THE • 1958
NATHALIE AGENT SECRET • ATOMIC AGENT (USA) • 1959
POURQUOI VIENS-TU SI TARD? • TOO LATE TO LOVE (USA) • 1959
CHATTE SORT SES GRIFFES, LA • CAT SHOWS HER CLAWS, THE (UKN) • 1960
FRANCAISE ET L'AMOUR, LA • LOVE AND THE FRENCHWOMAN (USA) • 1960
TENDRE ET VIOLENTE ELISABETH • PASSIONATE AFFAIR • 1960
PAVE DE PARIS, LE • PAVEMENTS OF PARIS, THE • 1961
MALEFICES • WHERE THE TRUTH LIES (USA) ○ EVIL SPELL ○ SORCERY ○ EVIL SPIRITS • 1962
MASQUE DE FER, LE • UOMO DALLA MASCHERA DI FERRO, L' (ITL) • 1962
CASABLANCA, NID D'ESPIONS • SPIONAGGIO A CASABLANCA (ITL) • 1963
PARIAS DE LA GLOIRE • DISPERATI DELLA GLORIA, I (ITL) ○ PARIAS DE LA GLORIA (SPN) ○ PARIAHS OF GLORY (USA) • 1963
NICK CARTER VA TOUT CASSER • LICENSE TO KILL (USA) • 1964

DECONINCK JEAN-MARIE – BLG
CE BON MONSIEUR NICOT • 1976

DECORTE JAN – BLG
PIERRE • 1976
HEDDA GABBLER • 1979

DECOTEAU DAVID – USA
DREAMANIAC • 1986
BITCHIN' SORORITY BABES • 1987
CREEPOZOIDS • 1987
LADY AVENGER • 1987
AMERICAN RAMPAGE • 1988
DEADLY EMBRACE • 1988
DIRTY FILTHY SLIME, THE • 1988
DR. ALIEN • 1988
I WAS A TEENAGE SEX MUTANT • 1988
NIGHTMARE SISTERS • 1988
SORORITY BABIES IN THE SLIMEBALL BOWL-O-RAMA • IMP, THE • 1988
SPACE SLUTS IN THE SLAMMER • 1988

DECOURT JEAN-PIERRE – FRN – 1927–
BOSSU, LE
CIEL EST PAR DESSUS LE TOIT, LE • 1956 • SHT
LAGARDERE • AVENTURES DE LAGARDERE, LES • 1968

DECROIX CHARLES – GRM
STERN, DER

DECROIX HENRY – GRM
ERPRESSER • 1929

DEDONCLOIT – TNS
SECRET OF FATOUMA, THE • 1928

DEE T. A. – USA
LOVE CULT, THE • 1966

DEED ANDRE – Actor – FRN – 1884–1938
CRETINETTI E LE DONNE • 1907
DOCUMENTO UMANO, IL • 1919

el DEEK BASHIR – EGY
DELUGE, THE • 1985
ROUTE OF DEPARTURE • 1987

DEEM MILES see **FIDANI DEMOFILO**

DEER JAMES YOUNG see **YOUNGDEER JAMES**

DEERSON JACQUES – USA
DARK SIDE OF TOMORROW, THE • 1970
SEXUAL DESIRE • 1975

DEEST ALFRED see **DESY ALFRED**

DEFALCO MARTIN – CND – 1933–
BIRD OF PASSAGE • 1960 • DOC
NORTHERN FISHERMAN • 1963 • MTV
CHARLIE'S DAY • 1965 • DOC
WHAT IN THE WORLD IS WATER • 1968 • DOC
TRAWLER FISHERMAN • 1970 • MTV
DON MESSER: HIS LAND AND HIS MUSIC • 1971 • DOC
COLD JOURNEY • 1972
OTHER SIDE OF THE LEDGES • 1973 • MTV
GREAT LITTLE ARTIST, A • 1978 • MTV
GARBAGE MOVIE, THE • 1981 • DOC
POLITICS OF PERSUASION, THE • 1983 • MTV

DEFFARGE CLAUDE – FRN – 1927–1984
SOUS LE VOILE, LA LIBERTE? • 1980 • DOC
PLANETE DES FEMMES, LA • 1984 • DOC

DEFILIPPI RICARDO – ARG
HORMIGA NEGRA • 1977

DEFLANDRE BERNARD – FRN – 1930–
FILLES DE LA ROCHELLE, LES • 1961

DEFORGES REGINE – FRN – 1935–
CONTES PERVERS • TALES OF EROTIC FANTASY ○ PERVERSE TALES ○ EROTIC TALES • 1980

DEFRANCE PHILIPPE – FRN – 1946–
FOU DE MAI, LE • 1979

DEGELIN EMILE – BLG – 1926–
NOS MARINS A ANVERS • 1952
HOMMES FIERS • 1953
PROCESSION DE HAKENDOVER, LA • 1953
BRUGES • 1954
DOCK • 1955
FAIT DIVERS • 1956
SI LE VENT TE FAIT PEUR • IF THE WIND FRIGHTENS YOU • 1959
NAISSANCE DU CINEMA, LA • BIRTH OF CINEMA, THE • 1960 • SHT
SIRENES • 1961
VIE ET MORT EN FLANDRE • 1962
BEATRIX • 1963
PALAVER • 1968
Y MANANA? • AND TOMORROW? • 1968
PALABRE • 1970
NEDERLANDS IN DE WERELD, HET • 1971
VERSPREIDING VAN DE VLAAMSE KUNST OVER DE WERELD • 1971
EXIT 7 • 1980

DEGESVES JEAN-MARIE – BLG
DU BOUT DES LEVRES • AT THE TIP OF THE TONGUE ○ TIP OF THE TONGUE • 1976

DEGL KAREL – Cameraman – CZC – 1896–1951
O DEVCICU • FOR THE GIRL ○ LITTLE GIRL, THE • 1918
STAVITEL CHRAMU • BUILDER OF THE CATHEDRAL, THE ○ CATHEDRAL BUILDER, THE • 1919

DEGLI ESPINOSA FRANCESCO – ITL
MATASSI VINCENZO
SETTE CROCI A SAN RAMON • 1972
GIOCHI EROTICI DI UNA FAMIGLIA PERBENE • 1976

DEGTYAREV V. see **DEGTYAROV VLADIMIR**

DEGTYAROV V. see **DEGTYAROV VLADIMIR**

DEGTYAROV VLADIMIR – USS
DEGTYAREV V. • DEGTYAROV V.
WHO SAID "MIAO"? • 1962 • ANS
STORY OF THE OLD CEDAR TREE, THE • 1963 • ANS
WHO IS GOING TO THE EXHIBITION? • 1964 • ANS
SNOW-MAIDEN, THE • 1969 • ANM

DEGUERE PHILIP – USA
DR. STRANGE • 1978 • TVM

DEHAYES-BEE JOHN – FRN
CINEMA PAS MORT, MISTER GODARD • 1978

DEHLAVI JAMIL – PKS
TOWER OF SILENCE • TOWERS OF SILENCE • 1975
BLOOD OF HUSSAIN, THE • 1980
MASTER MUSICIAN, THE • 1986
BORN OF FIRE • 1987

DEHNI SALAH – SYR – 1925–
DEHNY SALAH • DOHNEY SALAH • DUHNI SALAH
FLEUR DU GOLAN, LA • ROSE OF THE GOLAN, THE • 1974 • DOC
HEROES ARE BORN TWICE • 1978

DEHNY SALAH see **DEHNI SALAH**

DEIMEL MARK – USA
PERFECT MATCH, THE • 1987

DEIN EDWARD – USA
MANCHAS DE SANGRE EN LA LUNA • 1951
CORAZON Y LA ESPADA, EL • SWORD OF GRANADA, THE (USA) • 1953
SHACK OUT ON 101 • 1955
CALYPSO JOE • 1957
SEVEN GUNS TO MESA • 1958
CURSE OF THE UNDEAD • AFFAIRS OF A VAMPIRE ○ MARK OF THE WEST • 1959
LEECH WOMAN, THE • 1960
VERGINE PER UN BASTARDO • BETT EINER JUNGFRAU, DAS (ITL) ○ SWEET SMELL OF LOVE (USA) • 1966
PSYCHIC LOVER, THE • 1969

DEITCH DONNA – USA – 1945–
SHE WAS A VISITOR • SHT
DESERT HEARTS • 1986

DEITCH GENE – Animator – USA
PUMP TROUBLE • 1953 • SHT
MUNRO • 1960 • ANS
DOWN AND OUTING • 1961 • ANS
IT'S GREEK TO ME-OW • 1961 • ANS
SWITCHIN' KITTEN • 1961 • ANS
ANATOLE • 1962 • ANS
BUDDIES THICKER THAN WATER • 1962 • ANS
CALYPSO CAT • 1962 • ANS
CARMEN GET IT • 1962 • ANS
DIKIE MOE • 1962 • ANS
HIGH STEAKS • 1962 • ANS
KEEPING UP WITH KRAZY • 1962 • ANS
LANDING STRIPLING • 1962 • ANS
MOUSE BLANCHE • 1962 • ANS
MOUSE INTO SPACE • 1962 • ANS
SAMSON SCRAP • 1962 • ANS
SORRY SAFARI • 1962 • ANS
TALL IN THE TRAP • 1962 • ANS
TOM AND JERRY CARTOON KIT, THE • TOM-AND-JERRY CARTOON KIT, THE • 1962 • ANS
DRIVE ON NUDNIK • 1965 • ANS
HERE'S NUDNIK • 1965 • ANS
HOME SWEET NUDNIK • 1965 • ANS
ALICE OF WONDERLAND IN PARIS • ALICE OF WONDERLAND IN NEW ADVENTURES • 1966 • ANM
FROM NUDNIK WITH LOVE • 1966 • ANS
GOOD NEIGHBOR NUDNIK • 1966 • ANS
NUDNIK ON THE BEACH • 1966 • ANS
NUDNIK ON THE ROOF • 1966 • ANS
WELCOME NUDNIK • 1966 • ANS
WHO NEEDS NUDNIK? • 1966 • ANS
GOODNIGHT SWEET NUDNIK • 1967 • ANS
I REMEMBER NUDNIK • 1967 • ANS
NOWHERE WITH NUDNIK • 1967 • ANS
NUDNIK ON A SHOESTRING • 1967 • ANS
NUDNIK ON A SHOWCASE • 1967 • ANS
NUDNIK'S NUDNICKEL • 1967 • ANS
MR. KOUMAL CARRIES THE TORCH • 1968 • ANS
THREE ROBBERS, THE • ANS
CHANGES, CHANGES • 1974
SMILE FOR AUNTIE • 1980

DEJAKOVIC MLADEN – YGS
BILA JEDNOM JEDNA TOCKA • ONCE UPON A TIME THERE WAS A FULL STOP ○ ONCE UPON A TIME THERE WAS A DOT • 1964 • ANS

DEJCZER MACIEJ – PLN
300 MIL TIL HIMLEN • 300 MILES TO HEAVEN • 1989

DEKEUKELEIRE CHARLES – BLG – 1905–1971
COMBAT DE BOXE • 1927
FLAMME BLANCHE • 1928
IMPATIENCE • 1928
HISTOIRE DE LOURDES • 1932
TERRES BRULEES • 1934
MAUVAIS OEIL, LE • 1938
THEMES D'INSPIRATION • 1938
AU SERVICE DES PRISONNIERS • 1942
FONDATEUR, LE • 1947
MAISONS • 1948
ESPACE D'UN VIE, L' • 1949

DEKKER ELWOOD – USA
LIGHT MODULATOR • 1948

DEKKER FRED – USA – 1959–
NIGHT OF THE CREEPS • HOMECOMING NIGHT • 1986
MONSTER SQUAD, THE • 1987

DEKNIGHT JIMMY – USA
SULTAN, THE • 1970

DEKOBRA MAURICE – FRN – 1885–1973
RAFLE EST POUR CE SOIR, LA • 1953

DEL BALZO RAIMONDO – ITL
ULTIMA NEVE DI PRIMAVERA • LAST SNOWS OF SPRING, THE (UKN) • 1973
BIANCHI CAVALLI D'AGOSTO • WHITE HORSES OF SUMMER, THE ○ WHITE HORSES IN AUGUST • 1975
MIDNIGHT BLUE • MEZZANOTTE TRISTE • 1979

DEL COLLE UBALDO see **DEL COLLE UBALDO MARIA**

DEL COLLE UBALDO MARIA – ITL
DEL COLLE UBALDO
MECANICIEN, LE • 1910
PORTA APERTA, LA • 1912
SPETTRO DEL SOTTERRANEO, LO • SPECTER OF THE VAULT, THE • 1915
MENZOGNA • 1952

DEL FANTE MARIO – ITL
BIRD WILLIAM
ATLETA DI CRISTALLO, L' • 1947

DEL FRA LINO – ITL
ALL'ARMI SIAM FASCISTI • 1962 • DOC
STATUA DI STALIN, LA • 1962
MISTERI DI ROMA, I • MYSTERIES OF ROME, THE ○ WONDERS OF ROME, THE • 1963 • DOC
TORTA IN CIELO, UNA • CAKE IN THE SKY (USA) • 1970
ANTONIO GRAMSCI I GIORNI DEL CARCERE • 1977

DEL GROSSO REMIGIO – ITL – 1917–
URSUS E LA RAGAZZA TARTARA • TARTAR INVASION (USA) ○ TARTAR GIRL, THE ○ URSUS AND THE TARTAR GIRL • 1962

DEL MONTE PETER – USA – 1943–
FUORI CAMPO • 1969
PAROLE A VENIRE, LE • 1970 • MTV
IRENE, IRENE • 1975
RICHIAMO, IL • 1979
ALTRA DONNA, L' • 1980
PISO PISELLO • 1981
INVITATION AU VOYAGE • 1982
PICCOLI FUOCHI • SMALL FIRES • 1985
ETOILE • 1988
GIULIA E GIULIA • JULIA AND JULIA • 1988

DEL PRETE DEBORAH – USA
SIMPLE JUSTICE • 1988

DEL RUTH HAMPTON – Writer – USA – 1888–
ROPING HER ROMEO • 1917 • SHT
THAT NIGHT • 1917 • SHT
LOVE LOOPS THE LOOP • 1918 • SHT
SKIRTS • 1921
MARRIAGE CHANCE, THE • 1922
NAUGHTY • BAD LITTLE SOW GIRL • 1927

DEL RUTH ROY – USA – 1895–1961
LOVE AND POLITICS • 1914
CHASE ME • 1920 • SHT
FARM YARD FOLLIES • FARMYARD FOLLIES • 1920 • SHT
HEART SNATCHER, THE • 1920 • SHT
HIS NOISY STILL • 1920 • SHT
HUNGRY LIONS AND TENDER HEARTS • 1920 • SHT
JAZZ BANDITS, THE • 1920 • SHT
LIGHTWEIGHT LOVER, A • 1920 • SHT
SHOULD DUMMIES WED? • 1920 • SHT
THROUGH THE KEYHOLE • 1920 • SHT
BE REASONABLE • 1921 • SHT
HARD KNOCKS AND LOVE TAPS • 1921 • SHT
LOVE AND DOUGHNUTS • BLOCK HEAD, THE • 1921 • SHT
BY HECK! • 1922 • SHT
DUCK HUNTER, THE • 1922 • SHT
GYMNASIUM JIM • 1922 • SHT
MA AND PA • 1922 • SHT
OH DADDY! • 1922 • SHT
ON PATROL • 1922 • SHT
WHEN SUMMER COMES • 1922 • SHT
ASLEEP AT THE SWITCH • 1923 • SHT
FLIP FLOPS • 1923 • SHT
NIP AND TUCK • 1923 • SHT
CAT'S MEOW, THE • 1924 • SHT
DEEP SEA PANIC, A • 1924 • SHT
HIS NEW MAMMA • 1924 • SHT
HOLLYWOOD KID, THE • 1924
MASKED MARVEL, THE • 1924 • SHT
NIP OF SCOTCH, A • 1924 • SHT
SHANGHAIED LOVERS • 1924 • SHT
TRUTHFUL LIAR, THE • 1924 • SHT
EVE'S LOVER • 1925
HEAD OVER HEELS • 1925 • SHT
HOGAN'S ALLEY • 1925
HOUSE OF FLICKERS • 1925 • SHT
MYSTERIOUS STRANGER, THE • 1925 • SHT
THREE WEEKS IN PARIS • 1925
ACROSS THE PACIFIC • 1926
FOOTLOOSE WIDOWS • FINE FEATHERS (UKN) • 1926
LITTLE IRISH GIRL, THE • 1926
MAN UPSTAIRS, THE • 1926
FIRST AUTO, THE • 1927
HAM AND EGGS AT THE FRONT • HAM AND EGGS (UKN) • 1927
IF I WERE SINGLE • 1927
WOLF'S CLOTHING • 1927
BEWARE OF BACHELORS • NO QUESTIONS ASKED • 1928
CONQUEST • 1928
FIVE AND TEN CENT ANNIE • AMBITIOUS ANNIE (UKN) • 1928
POWDER MY BACK • 1928
TERROR, THE • 1928
AVIATOR, THE • 1929
DESERT SONG, THE • 1929
GOLD DIGGERS OF BROADWAY • 1929
HOTTENTOT, THE • 1929
HOLD EVERYTHING • 1930
LIFE OF THE PARTY, THE • 1930
SECOND FLOOR MYSTERY, THE • SECOND STORY MYSTERY, THE ○ SECOND STORY MURDER, THE • 1930
THREE FACES EAST • 1930
BLONDE CRAZY • LARCENY LANE (UKN) • 1931
DIVORCE AMONG FRIENDS • 1931
MALTESE FALCON, THE • DANGEROUS FEMALE • 1931
MY PAST • EX-MISTRESS • 1931
SIDE SHOW • 1931
TAXI! • BLIND SPOT, THE ○ TAXI, PLEASE • 1931
BEAUTY AND THE BOSS • CHURCH MOUSE • 1932
BLESSED EVENT • 1932
WINNER TAKE ALL • 1932
BUREAU OF MISSING PERSONS • 1933
CAPTURED • 1933
EMPLOYEES' ENTRANCE, THE • 1933
LADY KILLER • FINGERMAN • 1933
LITTLE GIANT, THE • 1933
MIND READER, THE • 1933
BULLDOG DRUMMOND STRIKES BACK • 1934
KID MILLIONS • 1934
UPPER WORLD • 1934
BROADWAY MELODY OF 1936 • 1935
FOLIES-BERGERE • MAN FROM THE FOLIES BERGERE, THE (UKN) ○ FOLIES BERGERE • 1935
THANKS A MILLION • 1935
BORN TO DANCE • 1936
IT HAD TO HAPPEN • 1936
PRIVATE NUMBER • SECRET INTERLUDE (UKN) • 1936
BROADWAY MELODY OF 1938 • 1937
ON THE AVENUE • 1937
HAPPY LANDING • HAPPY ENDING • 1938
MY LUCKY STAR • 1938
HERE I AM A STRANGER • 1939
STAR MAKER, THE • 1939
TAIL SPIN • 1939
HE MARRIED HIS WIFE • 1940
CHOCOLATE SOLDIER, THE • 1941
TOPPER RETURNS • 1941
MAISIE GETS HER MAN • SHE GOT HER MAN (UKN) • 1942
BROADWAY RHYTHM • 1943
DU BARRY WAS A LADY • 1943
BARBARY COAST GENT • 1944
ZIEGFELD FOLLIES • 1945
IT HAPPENED ON FIFTH AVENUE • 1947
BABE RUTH STORY, THE • 1948
ALWAYS LEAVE THEM LAUGHING • 1949
RED LIGHT • 1949
WEST POINT STORY, THE • FINE AND DANDY (UKN) • 1950
ON MOONLIGHT BAY • 1951
STARLIFT • 1951
ABOUT FACE • 1952
STOP, YOU'RE KILLING ME • 1952
THREE SAILORS AND A GIRL • 1953
PHANTOM OF THE RUE MORGUE • 1954
ALLIGATOR PEOPLE, THE • 1959
WHY MUST I DIE? • 13 STEPS TO DEATH (UKN) • 1960

DEL TORRE GIULIO – ITL
DISPARU DE L'ASCENSEUR, LE • 1931
ANIME IN TUMULTO • 1942
VENTO DI PRIMAVERA • 1959

DEL ZOPP RUDOLF – GRM
ABENTEUER DES VAN DOLA, DAS • 1915
ALTE SCHERE, DIE • 1915
AMANDA, DAS KLUGE HIRTENMADCHEN • 1915
AUF UMWEGEN ZUM GLUCK • 1915
AUSTERNPERLE, DIE • 1915
BEICHTE EINER VERURTEILTEN, DIE • 1915
BROT! • 1915
DES GUTEN ZUVIEL • 1915
DURCH DICK UND DUNN • 1915
EINSAME FRAU, DIE • 1915
ER SOLL DEIN HERR SEIN ODER IN DER EIGENEN SCHLINGE GEFANGEN • 1915
ES HAT NICHT SOLLEN SEIN • 1915
EVAS SEELENGROSSE • 1915
FANG DER DETEKTIVIN, DER • 1915
FREUNDINNEN • 1915
GOLDENES GESCHAFT, EIN • 1915
HERBERTS SUNDE • 1915
HIMBEERSPIESE, DIE • 1915
HOCHSTE WURF, DER • 1915
HUT NO. E.W. 2106 V • 1915
IN SCHWEBENDER PEIN • 1915
IN TEUFELSKRALLEN • 1915
LEDIGE FRAU, DIE • 1915
LIEBE UND LIST • 1915
LIEBESGABE, EINE • 1915
MEYER UND MEIER ODR DIE KUNSTSTOPFERIN • 1915
RATSEL VON SENSENHEIM, DAS • 1915
RENATES LIEBESGESCHICHTE • 1915
SCHEIDUNGSGRUND, EIN • 1915
SCHLOSS UND HUTTE • 1915
SEIN ERSTES KIND • 1915
SOHNE DES GRAFEN STEINFELS, DIE • 1915
SPATE RACHE • 1915
TESTAMENTSKLAUSEL, DIE • 1915
UM EIN TOPFCHEN KAVIAR • 1915
UND SIE FANDEN SICH WIEDER • 1915
VERHANGNISVOLLES SPRICHWORT, EIN • 1915
VON SIEBEN DIE HASSLICHSTE • 1915
WANDERNDE GLUCK, DAS • 1915
WOTANS TOCHTER • 1915
ZERSTREUTE DICHTER, DER • 1915
ZWEI KUNSTLER • 1915
VERSIEGELTE LIPPEN • 1917
UNTER FALSCHER MASKE • 1918
DAMON DER WELT 1 • SCHICKSAL DES EDGAR MORTON • 1919
DAMON DER WELT 3 • GOLDENE GIFT, DAS • 1919
SCHONE GEHEIMNIS, DAS • 1919
WANDERNDE AUGE, DAS • 1919
EHRENREICHS, DIE • 1920
IM SCHULDBUCH DES HASSES • 1920
DAMONISCHE TREUE • 1921
TERPSICHORE • 1921
DAMONISCHE TREUE • 1925

DELACROIX RENE – FRN – 1900–
RELEVE, LA • 1934
PROMESSES • 1935
NUIT SILENCIEUSE • 1936
NOTRE-DAME DE LA MOUISE • 1941
ART DU LUTHIER, L' • 1942 • DCS
TELEVISION • 1942 • DCS
ASSASSIN N'EST PAS COUPABLE, L' • 1945
GONZAGUE • 1946 • SHT
GROS BILL, LE • 1949
ON NE TRICHE PAS AVEC LA VIE • DOCTEUR LOUISE • 1949
ILS ONT VINGT ANS • 1950
QUATRE HEURES DU MATIN • 1951 • SHT
ROSSIGNOL ET LES CLOCHES, LE • 1951
TIT-COQ • 1952
COEUR DE MAMAN • 1953
BATAILLE DU CLOCHER, LA • 1955
TOMBEUR, LE • 1957

DELAMAR MICKEY – UKN
CONFIDENCE TRICKSTERS • 1938
CRIMINALS ALWAYS BLUNDER • 1938
KITE MOB, THE • 1938
MURDERED CONSTABLE, THE • 1938
ON TOP OF THE UNDERWORLD • 1938 • SER
RECEIVERS • 1938
SINK OR SWIM • 1938 • SHT

DELAMARE JEAN NOEL see **DELAMARRE JEAN-NOEL**

DELAMARRE JEAN-NOEL – FRN – 1942–
DELAMARE JEAN NOEL
DON CHERRY • 1973 • DCS
SALOPERIE DE ROCK AND ROLL • 1979

DELANCE GEORGES – FRN
CENT MILLE FRANCS POUR UN BAISER • POURQUOI PAS? • 1933

DELANJEAC PIERRE – FRN – 1944–
POUR DES FUSILS PERDUS • 1967

DELANNOY GILLES – FRN – 1953–
FRANCE INTERDITE, LA • 1983

DELANNOY JEAN – FRN – 1908–
HERITAGE DE VIOLENCE, L'
FRANCHES LIPPEES • 1933 • SHT
PARIS-DEAUVILLE • 1933
ECOLE DES DETECTIVES, L' • 1934 • SHT
VOCATION IRRESISTIBLE, UNE • 1934 • SHT
MOULE, LA • 1936
NE TIREZ PAS DOLLY! • 1937
TAMARA LA COMPLAISANTE • 1937

PARADIS DE SATAN, LE • 1938
VENUS DE L'OR, LA • 1938
MACAO, L'ENFER DU JEU • MASK OF KOREA (USA) ○ GAMBLING HELL (UKN) ○ ENFER DU JEU, L' • 1939
DIAMANT NOIR • 1940
FIEVRES • 1941
ASSASSIN A PEUR LA NUIT, L' • 1942
PONTCARRAL, COLONEL D'EMPIRE • 1942
ETERNEL RETOUR, L' • ETERNAL RETURN, THE (USA) ○ LOVE ETERNAL (UKN) • 1943
BOSSU, LE • 1944
PART DE L'OMBRAGE, LA • BLIND DESIRE (USA) ○ TROIS AMOURS • 1945
SYMPHONIE PASTORALE, LA • PASTORAL SYMPHONY • 1946
JEUX SONT FAIT, LES • CHIPS ARE DOWN, THE (USA) ○ DIE IS CAST, THE (UKN) ○ JIG IS UP, THE • 1947
AUX YEUX DU SOUVENIRS • SOUVENIR (USA) • 1948
SECRET DE MAYERLING, LE • SECRET OF MAYERLING, THE (USA) • 1948
DIEU A BESOIN DES HOMMES • ISLE OF SINNERS (UKN) ○ GOD NEEDS MAN (USA) • 1950
GARCON SAUVAGE, LE • SAVAGE TRIANGLE (USA) ○ WILD BOY • 1951
MINUTE DE VERITE, LA • ORA DELLA VERITA, L' (ITL) ○ MOMENT OF TRUTH, THE • 1952
DESTINEES • DESTINI DI DONNE (ITL) ○ DAUGHTERS OF DESTINY (USA) ○ LOVE, SOLDIERS AND WOMEN • 1953
ROUTE NAPOLEON, LA • 1953
OBSESSION • DOMANDA DI GRAZIA (ITL) • 1954
SECRETS D'ALCOVE • LETTO, IL (ITL) ○ BED, THE (USA) • 1954
CHIENS PERDUS SANS COLLIER • CANI PERDUTI SENZA COLLARE (ITL) ○ LITTLE REBELS, THE (USA) • 1955
MARIE-ANTOINETTE • MARIA ANTONIETTA, REGINA DI FRANCIA (ITL) ○ SHADOW OF THE GUILLOTINE (USA) ○ MARIE ANTOINETTE • 1955
MAIGRET TEND UN PIEGE • MAIGRET SETS A TRAP (UKN) ○ INSPECTOR MAIGRET (USA) ○ WOMAN BAIT • 1957
NOTRE DAME DE PARIS • HUNCHBACK OF NOTRE DAME ○ NOTRE-DAME DE PARIS • 1957
GUINGUETTE • 1958
BARON DE L'ECLUSE, LE • 1959
MAIGRET ER L'AFFAIRE SAINT-FIACRE • 1959
FRANCAISE ET L'AMOUR, LA • LOVE AND THE FRENCHWOMAN (USA) • 1960
PRINCESSE DE CLEVES, LA • PRINCIPESSA DI CLEVES, LA (ITL) • 1960
RENDEZ-VOUS, LE • 1961
VENUS IMPERIALE • VENERE IMPERIALE (ITL) ○ IMPERIAL VENUS (USA) • 1962
AMITIES PARTICULIERES, LES • THIS SPECIAL FRIENDSHIP (USA) • 1964
LIT A DEUX PLACES, LE • RACCONTE A DUE PIAZZE (ITL) ○ DOUBLE BED, THE • 1965
MAJORDOME, LE • 1965
SULTANS, LES • AMANTE ITALIANA, L' (ITL) • 1966
SOLEIL DES VOYOUS, LE • PIU GRANDE COLPO DEL SECOLO, IL (ITL) ○ ACTION MAN (USA) ○ LEATHER AND NYLON • 1967
PEAU DE TORPEDO, LA • DOSSIER 212 -DESTINAZIONE MORTE (ITL) ○ PILL OF DEATH (UKN) ○ ONLY THE COOL (USA) ○ BLACK TORPEDOES ○ CHILDREN OF MATA HARI • 1970
PAS FOLLE LA GUEPE • 1972
JEUNE HOMME ET LE LION, LE • YOUNG MAN AND THE LION, THE • 1976 • MTV
ETE INDIEN, L' • 1977 • MTV
BERNADETTE • 1988

DELANO JACK - Animator - PRC
SABIOS ARBOLES, MAGIOCS ARBOLES • WISE TREES, MAGICAL TREES • 1988 • ANS

DELANO JORGE - CHL
NORTE Y SUR • 1934
HOLLYWOOD ES ASI • 1944

DELARIVE AGNES - FRN
FEU SUR LE CANDIDAT • 1990

D'ELBA H. see **D'ELBA HENRI**

D'ELBA HENRI - USA
D'ELBA H.
HER PRIMITIVE MAN • 1917 • SHT
TOWNSEND DIVORCE CASE, THE • 1917 • SHT
ALIAS MARY BROWN • 1918
MARKED CARDS • 1918

DELBEZ MAURICE - FRN - 1922-
GARDE CHAMPETRE, LE
ENQUETE ABOUTIT, L' • 1954 • SHT
A PIED, A CHEVAL ET EN VOITURE • ON FOOT, ON HORSE, AND ON WHEELS (USA) • 1957
ET TA SOEUR • 1958
DANS L'EAU QUI FAIT DES BULLES • 1961
ANNEE DU BAC, L' • 1963
GOSSE DE LA BUTTE, UN • 1964
JALOUX COMME UN TIGRE • 1964
RUE DES CASCADES • 1964

DELGADO - CUB
SUPERMAN • 1962 • SHT

DELGADO AGUSTIN P. - MXC
MEXICANO, EL • 1944
ANOS HAN PASADA, LOS • 1945
HIJOS DE LA MALA VIDA • 1946
ESPUELAS DE ORO • 1947
MALAGUENA, LA • 1947
BANDIDA, LA • 1948
CARTA BRAVA • 1948
LADRONZUELA • 1949
CIUDAD PERDIDA, LA • 1950
PAPELERITO, EL • 1950
DOS CARAS TIENE EL DESTINO • 1951
GENIAL DETECTIVE PETER PEREZ, EL • PETER PEREZ DE PERALVILLO • 1952
ANGELES DE LA CALLE • 1953
QUE NO DEBEN NACER, LOS • 1953
MUJER O FIERA? • WOMAN OR BEAST? • 1954
MUJER QUE SE VENDIO, LA • 1954
LEGIONARIOS, LOS • 1957
ANGELITOS DEL TRAPECIO • 1958
TIGRES DEL DESIERTO, LOS • 1958
DESENFRENADOS, LOS • 1959
DOLOR DE PAGAR LA RENTA, EL • 1959
DOS CRIADOS MALCRIADOS • 1959
DOS LOCOS EN ESCENA • 1959
BUENOS DIAS ACAPULCO • 1962
LUNA DE MIEL PARA NUEVE • 1963
TRES MIL KILOMETROS DE AMOR • 1965
BATALLA DE LOS PASTELES, LA • 1966

DELGADO CRUZ - SPN - 1929-
GATO CON BOTAS, EL • 1964 • SHT
MOLECULA • 1965 • SHT
ANDANZAS DEL CANGURO BOXY • 1966 • SHT
BOXY • 1967 • ASS
BOXY CAMPEON DEL TORTAZO • 1967 • SHT
MAGICA AVENTURA • MAGIC ADVENTURE • 1968
BUQUE FANTASMA, EL • 1969 • ANS
BOXY, REY DEL K.O. • 1970 • ANS
COMO NACE UNA FAMILIA? • 1970 • SHT
CONOCES LAS SENALES? • 1970 • SHT
MOLECULA EN ORBITA • MOLECULE IN ORBIT • 1970 • ANM
ENSENANZA DE LA LECTURA Y LA ESCRITURA • 1971 • SHS
PLANETA DEL TERROR, EL • 1972 • SHT
MICROCOSMOS • 1976 • SHT
VIAJES DE GULLIVER, LOS • 1976 • ANM
GULLIVER'S TRAVELS: PART 2 • LAND OF THE GIANTS: GULLIVER'S TRAVELS PART 2 • 1983 • ANM
CUATRO MUSICOS DE BREMEN, LAS • BREMER MUSICIANS, THE • 1988 • ANM

DELGADO FERNANDO - SPN - 1891-1950
LAS DE MENDEZ • 1927
VIVA MADRID QUE ES MI PUEBLO • 1928
GORDO DE NAVIDAD, EL • 1929
DOCE HOMBRES Y UNA MUJER • 1934
OCTAVO MANDAMIENTO, EL • 1935
CURRITO DE LA CRUZ • 1936
GENIO ALEGRE, EL • 1937
GITANELLA, LA • 1940
FORTUNATO • 1942
PATRIA CHICA, LA • 1943
MAJA DEL CAPOTE, LA • 1944
LLUVIA DE HIJOS • 1948
CALUMNIADA, LA • 1949

DELGADO LUIS see **DELGADO LUIS MARIA**

DELGADO LUIS MARIA - SPN - 1926-
DELGADO LUIS
MANICOMIO • 1952
ITALIANI SONO MATTI, GLI • 1958
DIFERENTE • 1961
SECUESTRO EN LA CIUDAD • 1964
DAMA DE BEIRUT, LA • 1965
AVENTURA EN LAS ISLAS CIES • 1966
HAMELIN • 1967
MONICA STOP • 1967
DELE COLOR AL DIFUNTO • 1969
MI MARIDO Y SUS COMPLEJOS • 1969
GARBANZA NEGRA QUE EN PAZ DESCANSE • 1971
GUAPO HEREDERO BUSCA ESPOSA • 1972
CUANDO EL CUERNO SUENA • 1974
CURITA CANON, UN • 1974
OBSESIONES DE ARMANDO, LAS • 1974
ONOFRE • 1974
DESPEDIDA DE CASADOS • 1975
CUANDO CONCHITA SE ESCAPA HAY TOCATA • 1976
PEPITO PISCINA • 1976
SENORITAS DE UNIFORME • 1976
HIJOS DE ...., LOS • 1977
HIERBA SALVAJE • 1978

DELGADO MIGUEL M. - MXC - 1905-
GENDARME DESCONOCIDO, EL • UNKNOWN POLICEMAN, THE • 1941
MI VIUDA ALEGRE • 1941
CIRCO, EL • 1942
TRES MOSQUETEROS, LOS • 1942
MIGUEL STROGOFF • CORREO DEL ZAR, EL ○ MICHAEL STROGOFF • 1943
ROMEO Y JULIETA • 1943
GRAN HOTEL • 1944
MUJER QUE NO MIENTE, UNA • 1944
SECRETO DE LA SOLTERONA, EL • 1944
COLEGIALAS, LAS • 1945
DIA CON EL DIABLO, UN • DAY WITH THE DEVIL, A • 1945
PUENTE DEL CASTIGO, EL • 1945
EXTRANO MUJER, UNA • 1946
SOY UN PROFUGO • I'M A FUGITIVE • 1946
TODO UN CABALLERO • 1946
A VOLAR JOVEN • 1947
MAGO, EL • 1948
SUPERSABIO, EL • SUPER SCIENTIST, THE ○ GENIUS, THE • 1948
PUERTA.. JOVEN • 1949
TU, SOLO TU • 1949
BOMBERO ATOMICA, EL • 1950
MALA HEMBRA • 1950
MENORES DE EDAD • 1950
SIETE MACHOS, EL • 1950
CARCEL DE MUJERES • 1951
CARDENAL, EL • PRINCIPE DE LA IGLESIA, UN • 1951
ELLA Y YO • 1951
SI YO FUERA DIPUTADO • 1951
FRONTERIZO, EL • 1952
SENOR FOTOGRAFO, EL • 1952
SOLTERONES, LOS • 1952
CABALLERO A LA MEDIDA • 1953
CANTANDO NACE EL AMOR • 1953
SEXTA CARRERA, LA • 1953
TU RECUERDO Y YO • 1953
ABAJO EL TELON • 1954
AL DIABLO CON LAS MUJERES • 1954
CHUCHO EL ROTO • 1954
ESTAFA DE AMOR • 1954
FANTASMA DE LA CASA ROJA, EL • PHANTOM OF THE RED HOUSE, THE (USA) • 1954
GITANA BLANCA, LA • 1954
PECADO MORTAL • 1954
ASESINOS EN LA NOCHE • 1955
CAMINO DEL MAL • 1955
DONCELLA DE PIEDRA, LA • 1955
FUERZA DEL DESEO, LA • 1955
MUJER DE DOS CARAS, LA • 1955
ORGULLO DE MUJER • 1955
TELEVISIONUDOS, LOS • 1955
VIUDAS DE CHA CHA CHA, LAS • 1955
BOLERO DE RAQUEL, EL • 1956
CIELITO LINDO • 1956
GRITENME PIEDRAS AL CAMPO • 1956
HORAS DE AGONIA • 1956
NO ME PLATIQUE MAS • 1956
MISTERIOS DE LA MAGIA NEGRA • RETURN FROM THE BEYOND (USA) ○ MYSTERIES OF BLACK MAGIC ○ MAGIA NEGRA • 1957
PISTOLAS DE ORO • 1957
SUPERFLACO, EL • CHIQITO PERO PICOSO ○ SUPER-SISSY, THE • 1957
ZARCO, EL • 1957
BENDIO ENTRE LAS MUJERES • 1958
CARABINA 30-30 • 1958
DICEN QUE SOY HOMBRE MALO • 1958
MI NINO, MI CABALLO Y YO • 1958
PISTOLOCOS, LOS • 1958
SABADO NEGRO • 1958
SUBE Y BAJA • 1958
BALA DE PLATA • 1959
BALA DE PLATA EN EL PUEBLO MALDITO • 1959
DE TAL PALO TAL ASTILLA • 1959
GATO, EL • 1959
RESBALOSOS, LOS • 1959
YO NO ME CASO COMPADRE • 1959
ANALFABETO, EL • 1960
BRONCO REYNOSA, EL • 1960
CINCO HALCONES, LOS • 1960
PEPE • 1960
CASI CASADOS • 1961
ESTOY CASADO JA..! JA..! • 1961
SE ALQUILA MARIDO • 1961
VUELVEN LOS CINCO HALCONES • 1961
DUELO DE VALIENTES • CAZADORES DE ASESINOS • 1962
EXTRA, EL • 1962
MI VIDA ES UNA CANCION • 1962
REY DEL TOMATE, EL • 1962
TWIST LOCURA DE LA JUVENTUD • 1962
ENTREGA IMMEDIATA • 1963
HEROE A LA FUERZA • PARPADO CAIDO, EL • 1963
MEXICO DE MI CORAZON • DOS MEXICANAS EN MEXICO • 1963
REVOLVER SANGRIENTO, EL • 1963
CUCURRUCUCU PALOMA • 1964
GUITARRAS LLOREN GUITARRAS • 1964
PADRECITO, EL • 1964
PERDONAME MI VIDA • 1964
RIFLE IMPLACABLE, EL • 1964
CARGAMENTO PROHIBIDO • 1965
DUELO DE PISTOLEROS • 1965
SANCHEZ DEBEN MORIR, LOS • 1965
SENOR DOCTOR, EL • 1965
VIVA BENITO CANALES! • 1965
AMOR A RITMO DE GO GO • 1966
ASESINO SE EMBARCA • 1966
NOVIAS IMPACIENTES • 1966
PISTOLERO DESCONOCIDO, EL • COMANDANTE TIERINA, EL • 1966
SU EXCELENCIA • 1966
AMORES DE JUAN CHARRASQUEADO, LOS • LOVES OF JUAN CHARRASQUEADO, THE • 1968
BAJO EL IMPERIO DEL HAMPA • UNDER GANGSTER RULE • 1968
POR MIS PISTOLAS • WITH MY GUNS • 1968
PROFE, EL • 1970
SANTO CONTRA LA HIJA DE FRANKENSTEIN • SANTO VS. FRANKENSTEIN'S DAUGHTER ○ HIJA DE FRANKENSTEIN, LA ○ DAUGHTER OF FRANKENSTEIN, THE ○ SANTO VS. THE DAUGHTER OF FRANKENSTEIN • 1971
SANTO Y BLUE DEMON CONTRA DRACULA Y EL HOMBRE LOBO • SANTO AND BLUE DEMON VS. DRACULA AND THE WOLF MAN (USA) • 1972
NO TIENE LA CULPA EL INDIO • 1977

DELGRAS GONZALO - SPN - 1897-
TONTA DEL BOTE, LA • 1939
DONCELLA DE LA DUQUESA, LA • 1941
MILLONES DE POLICHINELA, LOS • 1941
CONDESA MARIA, LA • 1942
CRISTINA GUZMAN • 1942
MARIDO A PRECIO FIJO, UN • 1942
ALTAR MAYOR • 1943
BODA DE QUINITA FLORES • 1943
MISTERIOSO VIAJERO DEL CLIPPER, EL • 1944
NI TU NI YO • 1944
HABITANTES DE LA CASA DESHABITADA, LOS • INHABITANTS OF THE UNINHABITED HOUSE, THE • 1946
ORO Y MARFIL • 1947
TRECE ONZAS DE ORO • 1947
VIAJE DE NOVIOS, UN • 1947
MUHER DE NADIE, LA • 1948
BAJO EN CIELO DE ASTURIAS • 1950
HIJA DE JUAN SIMON, LA • 1955
CAFE DE CHINITAS • 1960

D'ELIA BILL - USA
FEUD, THE • 1990

DELIA FRANCIS - USA
FREEWAY • 1988

DELIC STIPE - YGS
SUTJESKA • FIFTH OFFENSIVE, THE ○ SUTIEJKA • 1974

DELIGNY FERDINAND - FRN
MOINDRE GESTE, LE • 1970

DELILE JACQUES - FRN
COMMISSAIRE MENE L'ENQUETE, LE • 1965

DELIMAL HENRI-PAUL - FRN
EUSEBE ET MELANIE • 1975

DELING BERT - ASL
DALMAS • 1973
PURE S.. • 1975
DEAD EASY • 1982

DELIR HOSSEIN - IRN
SHADOW OF DREAM • 1990

DELIRE JEAN - BLG
"BIG" BILL BLUES • 1956 • SHT
CROCODILE MAJUSCULE, LE • 1964 • ANS
TROIS ESTRANGES HISTOIRES • THREE STRANGE STORIES • 1968
PLUS JAMAIS SEULS • 1970

DELL BUD see **DELL BUDD**

DELL BUDD - USA
DELL BUD
AGONY ON THE FACE OF A CAROUSEL HORSE, THE
CAIN'S WAY • BLOOD SEEKERS, THE ○ CAIN'S CUTTHROATS • 1970

DELL JEFF – USA
REQUIEM • 1970 • SHT

DELL JEFFREY – Screenwriter – UKN – 1904–
FLEMISH FARM, THE • 1943
DON'T TAKE IT TO HEART • 1944
IT'S HARD TO BE GOOD • 1948
DARK MAN, THE • MAN DETAINED • 1951
CARLTON–BROWNE OF THE F.O. • MAN IN A COCKED HAT (USA) • 1958

DELL PERRY – USA
DEEP JAWS • 1975

DELLA SANTA ENZO – ITL
SANTA ENZO DALLA
BAMBINI CI AMANO, I • 1954
CIELO PIANGE, IL • 1962

DELL'ACQUILA ENZO – ITL
EAGLE VINCENT
EROI DI IERI, OGGI, DOMANI, GLI • 1965
RAGAZZO CHE SAPEVA AMARE, IL • 1967
...E VENNE IL TEMPO DI UCCIDERE • 1968

DELLI AZZERI LUCA – ITL
VERGINE IN FAMIGLIA, UNA • 1975

DELLUC LOUIS – FRN – 1890–1924
AMERICAIN OU LE CHEMIN D'ERNOA, L' • CHEMIN D'ERNOA, L' • 1920
FUMEE NOIRE • 1920
SILENCE, LE • 1920
FIEVRE • 1921
TONNERRE, LE • EVANGELINE ET LE TONNERRE • 1921
FEMME DE NULLE PART, LA • WOMAN FROM NOWHERE, THE • 1922
INONDATION, L' • 1924

DELMAINE BARRY – UKN – 1909–
HERE WE COME GATHERING • 1945

DELMAN JEFFREY – USA
DEADTIME STORIES • 1986

DELMONT JOSEPH – GRM
EINOD SPFARRE, DIE • 1915
ERBE WIRD GESUCHT, EIN • 1915
SILBERTUNNEL, DER • 1915
UNBESCHRIEBENES BLATT, EIN • 1915
THEOPHRASTUS PARACELSUS • EWIGE LEBEN, DAS • 1916
TITANENKAMPF • 1916
TOCHTER DES EICHMEISTERS, DIE • 1916
BASTARD, DER • 1919
GEACHTETEN, DIE • RITUALMORD, DER • 1919
KAMPF DER GESCHLECHTER, DER • 1919
MARGOT DE PLAISANCE • 1919
RACHE DES BASTARDS, DIE • 1919
ENTFESSELTE MENSCHHEIT, DIE • 1920
INSEL DER GEZEICHNETEN, DIE • 1920
LEBENDE FACKEL, DIE • 1920
MADAME RECAMIER • 1920
EISERNE FAUST, DIE • 1921
JULOT, DER APACHE • 1921
KONIG DER MANEGE, DER • 1921
TODESLEITER, DIE • 1921
MANN AUS STAHL, DER • 1922
MARCCO UNTER GAUKLERN UND BESTIEN 1 • 1923
MARCCO UNTER GAUKLERN UND BESTIEN 2 • 1923
SIEG DES MAHARADSCHA, DER • 1923
MATER DOLOROSA • 1924
UM EINE MILLION • PARIS–LONDON–BERLIN • 1924
MILLIONENRAUB IM RIVIERAEXPRESS • 1927

DELMORE RALPH – USA
CYNIC, THE • 1914

DELON ALAIN – Actor – FRN – 1935–
PEAU D'UN FLIC, LA • 1981
POUR LA PEAU D'UN FLIC • 1981
BATTANT, LE • 1982

DELON NATHALIE – MRC – 1941–
ILS APPELLENT CA UN ACCIDENT • THEY CALL THAT AN ACCIDENT • 1981
SWEET LIES • 1987

DELOUCHE DOMINIQUE – FRN – 1931–
MONET • SHT
BEATRICE • 1959 • SHT
SPECTRE DE LA DANSE, LE • 1960 • ANT
METAMORPHOSE DU VIOLINCELLE, LA • 1961 • SHT
EDITH STEIN • 1962 • SHT
MESSE SUR LE MONDE DE TEILHARD DE CHARDIN, LA • 1963 • SHT
ADAGE, L' • 1964 • SHT
AQUARELLE • 1965 • SHT
AVEC CLAUDE MONET • 1965 • SHT
MIME MARCEAU, LE • 1965 • SHT
BUT • 1966 • SHT
DINA CHEZ LES ROIS • 1966 • SHT
24 HEURES DE LA VIE D'UNE FEMME • 24 STUNDEN IM LEBEN EINER FRAU (FRG) ○ 24 HOURS IN A WOMAN'S LIFE ○ TWENTY–FOUR HOURS OF A WOMAN'S LIFE • 1968
HOMME DE DESIR, L' • MAN OF DESIRE, THE • 1970
VOIX HUMAINE, LA • 1970
MORT DU JEUNE POETE, LA • 1973 • SHT
DIVINE • 1975

DELPARD RAPHAEL – FRN – 1942–
AMOURS DIFFICILES, LES • 1975
CA VA PAS LA TETE!!? • 1977
NUIT DE LA MORT, LA • 1980
BIDASSES AUX GRANDES MANOEUVRES, LES • 1981
CLASH • 1983

DELPEUT PETER – NTH
EMMA ZUNZ • SHT
STRAVERS • 1987

DELPIRE ROBERT – FRN
LARMES DE CROCODILE, LES • 1965 • SHT

DELRIEUX DAVID – FRN – 1949–
OISEAU DE MADAME BLOMER, L' • 1978

DELSOL PAULA – VTN – 1923–
DELSOL PAULE
FILLE A LA DERIVE, UNE • DERIVE, LA • 1962
BEN ET BENEDICT • 1977

DELSOL PAULE see **DELSOL PAULA**

DELUBAC YVES–ANDRE – FRN – 1947–
ADDIO ANNA • 1974

DELUISE DOM – Actor – USA – 1933–
DE LUISE DOM
HOT STUFF • 1979

DELVAUX ANDRE – BLG – 1926–
FORGES • 1956 • DOC
PLANETE FAUVE, LA • 1959
TEMPS DES ECOLIERS, LE • 1962
MAN DIE ZIJN HAAR KORT LIET KNIPPEN • MAN WHO HAD HIS HAIR CUT SHORT, THE (UKN) ○ MAN WITH A SHAVEN HEAD, THE ○ HOMME AU CRANE RASE, L' • 1966
SOIR, UN TRAIN, UN • ONE NIGHT.. A TRAIN ○ NIGHT.. A TRAIN, A ○ ONE EVENING ON A TRAIN • 1968
RENDEZ–VOUS A BRAY • RENDEZVOUS AT BRAY (UKN) • 1971
BELLE • 1973
DIRK BOUTS • AVEC DIRK BOUTS • 1976
VROUW TUSSEN HOND EN WOLF, EEN • FEMME ENTRE CHIEN ET LOUP, UNE (FRN) ○ WOMAN IN A TWILIGHT GARDEN (UKN) • 1979
TO WOODY ALLEN, FROM EUROPE WITH LOVE • 1981
BENVENUTA • 1983
BABEL OPERA, OU LA REPETITION DE DON JUAN • 1985
OEUVRE AU NOIR, L' • ABYSS, THE • 1988

DELVOS JAMIE – USA
EVIL PLEASURE, THE • PORNOGRAFI –THE EVIL PLEASURE ○ PORNOGRAFI • 1966

DEMAR LUIGI see **DE MARCHI LUIGI**

DEMARE LUCAS – ARG – 1910–1981
GUERRA DES GAUCHOS, LA • GAUCHO WAR • 1942
PAMPA BARBARA • SAVAGE PAMPAS • 1943
COMO TU LO SONASTE • 1946
CALLE GRITA, LA • 1947
CULPA LA TUVO EL OTRO • 1950
ISLEROS, LOS • 1952
MERCADO DE ABASTO • 1954
ULTIMO PERRO, EL • 1955
DESPUES DEL SILENCIO • 1956
SANGRE Y ACERO • 1956
DETRAS DE UN LARGO MURO • 1957
ZAFRA • 1959
CIGARRA ESTA QUE ARDE, LA • CIGARRA IS ON FIRE, THE • 1967
HUMO DE MARIHUANA • MARIHUANA SMOKE • 1968
MADRE MARIA, LA • MOTHER MARY • 1974
HOMBRES DEL MAR • SEAMEN • 1977
MOISE • 1978

DEMARNE PIERRE – FRN
JOUR EN SUEDE, UN • 1952 • SHT
ROUTE DE SUEDE, LA • 1952 • SHT

DEMBINSKI LUCJAN – Animator – PLN
CACTUS • 1960 • ANM
ESCAPE • 1965 • ANM
COCK, THE • 1966 • ANM
TINY TOT, THE • 1966 • ANM
BLUE DUCKLING, THE • 1967 • ANM
DEMON, THE • 1967 • ANM

DEMBO RICHARD – FRN – 1948–
DIAGONALE DU FOU, LA • DANGEROUS MOVES (USA) • 1984

DEMCHUK BOB – USA
WHATEVER IT TAKES • 1986

DEME MASANOBU – JPN
TOSHIGORO • GREEN YEARS, THE ○ PRIME OF LIFE, THE • 1968
DARE NO TAME NI AISURUKA • FOR WHOM DO WE LOVE? • 1971
SHINOBU ITO • 1972
TENGOKU NO EKI • STATION IN HEAVEN, A • 1984
GENKAI TSUREZURE BUSHI • BALLAD OF GENKAI–SEA • 1985

DEMENY JOHN – CND
BETHUNE • BETHUNE –HEROS DE NOTRE TEMPS • 1965 • DOC

DEMEO PAUL – USA
WRONG GUYS, THE • 1988

el DEMERDASH NOUR – EGY
DAKHIL, EL • INTRUDER, THE • 1967

DEMETRAKIS JOHANNA – USA
CELEBRATION AT BIG SUR • CELEBRATION • 1971 • DOC
RIGHT OUT OF HISTORY: THE MAKING OF JUDY CHICAGO'S DINNER PARTY • MAKING OF JUDY CHICAGO'S DINNER PARTY, THE • 1980

DEMETRIOS DEMETRI – CND
MOTHER'S MEAT & FREUD'S FLESH • 1984

DEMETRIOU ALINDA – GRC
COAL–MINERS, THE • 1978 • DOC

DEMIAN IOSIF – RMN
LACRIMA DE FATA, O • GIRL'S TEARS, A • 1980
LOVIND O PASARE DE PRADA • TO KILL A BIRD OF PREY • 1984

DEMICHELI TULIO – ITL – 1918–
ARRABALERA • 1950
COMEDIA IMMORTAL, LA • 1950
VIVIR UN INSTANTE • 1951
MELODIA PERDIDA, LA • 1952
SALA DE GUARDIA • EMERGENCY WARD • 1952
DOCK SUD • 1953
MAS FUERTE QUE EL AMOR • 1953
VOZ DE MI CIUDAD, LA • 1953
EXTRANO EN LA ESCALERA, UN • 1954
ADULTERA, LA • 1955
FELIZ ANO, AMOR MIO • 1955
LOCURA PASIONAL • 1955
SUBLIME MELODIA • 1955
BAMBALINAS • 1956
DIOS NO LO QUIERA • 1956
HERIDA LUMINOSA, LA • 1956
CUATRO COPAS • 1957
DESNUDATE LUCRECIA • 1957
GOLFA, UNA • 1957
PRESTAME TU CUERPO • 1957
AMA A TU PROJIMO • 1958
HOMBRE QUE ME GUSTA, EL • 1958
LOCURAS DE BARBARA, LAS • 1958
AMOR QUE YO TE DI, EL • 1959
CARMEN, LA DE RONDA • DEVIL MADE A WOMAN, THE (USA) ○ GIRL AGAINST NAPOLEON, A • 1959
CHARLESTON • 1959
CIELO DENTRO DE CASA, EL • 1960
HAY ALGUIEN DETRAS DE LA PUERTA • 1960
NAVIDADES EN JUNIO • 1960
MI NOCHE DE BODAS • GALLO GIRO EN ESPANA, EL • 1961
BANDA DE LOS OCHO, LA • 1962
HIJO DEL CAPITAN BLOOD, EL • FIGLIO DEL CAPITANO BLOOD, IL (ITL) ○ SON OF CAPTAIN BLOOD, THE(USA) ○ 1962
ELEGIDOS, LOS • ELECTED, THE • 1963
NINO Y EL LADRON, EL • PRIMERA AVENTURA, LA • 1964
MISION LISBOA • 077, INTRIGO A LISBONA (ITL) ○ DA 077: INTRIGO A LISBONA ○ ESPIONAGE IN LISBON • 1965
SFIDA A RIO BRAVO • JENNIE LEES HA UNA NUOVA PISTOLA (SPN) ○ DUEL A RIO BRAVO (FRN) ○ GUNMEN OF THE RIO GRANDE (USA) ○ DESAFIO EN RIO BRAVO ○ DUEL AT RIO BRAVO ○ SHERIFF DEL O.K. CORRAL, EL • 1965
MUJER PERDIDA, LA • 1966
NUESTRO AGENTE EN CASABLANCA • NOSTRO AGENTE A CASABLANCA, IL (ITL) ○ KILLER LACKS A NAME, THE (USA) • 1966
QUEL NOSTRO GRANDE AMORE • 1966
HOMBRE Y UN COLT, UN • UOMO E UNA COLT, UN (ITL) • 1967
ARRIVA SABATA • 1970
HOMBRE QUE VINO DEL UMMO, EL • DRACULA JAGD FRANKENSTEIN (FRG) ○ MONSTRUOS DEL TERROR, LOS ○ OPERACION TERROR ○ ASSIGNMENT TERROR ○ DRACULA VS. FRANKENSTEIN (UKN) ○ MAN WHO CAME FROM UMMO, THE ○ FRG ○ DRACULA HUNTS FRANKENSTEIN • 1970
REZA POR TU ALMA Y MUERE • 1970
COARTADA EN DISCO ROJO • 1972
DUE VOLTI DELLA PAURA, I • TWO FACES OF FEAR, THE (UKN) • 1972
ELLA • 1972
SHOSENA • 1972
AJUSTE DE CUENTAS • DIRTY MOB, THE (UKN) ○ RICCO ○ TIPO CON UNA FACCIA STRANA TI CERCA PER UCCIDERTI, UN (ITL) ○ RICO • 1973
BIENVENIDO, MR. KRIF • 1974
JUEGO SUCIO EN PANAMA • 1974
UN, DOS, TRES.., DISPARA OTRA VEZ • 1974
EVA, QUE HACE ESE HOMBRE EN TU CAMA? • 1975
DULCEMENTE MORIRAS POR AMOR • 1976
LLAMADA DEL SEXO, LA • 1976
ANGEL NEGRO • 1977
PRESTAMELA ESTA NOCHE • 1977
CAULDRON OF DEATH, THE • 1979

DEMING NORMAN – USA
MANDRAKE THE MAGICIAN • 1939 • SRL
OVERLAND WITH KIT CARSON • 1939 • SRL
RIDERS OF BLACK RIVER • 1939
TAMING OF THE WEST • 1939

DEMIRAG TURGUT – TRK
BIR DAG MASALI • STORY OF A MOUNTAIN, THE ○ TALE OF A MOUNTAIN • 1967
ABBASE SULTAN • ABBASE THE SULTANA ○ SULTANA ABBASE, THE • 1968
PARMAKSIZ SALIH • SALIH WITH NO FINGER • 1968
AYNI YOLUN YOLCUSU • GOING THE SAME WAY • 1973

DEMIREL – TRK
KOCAOGLAN • 1964

DEMME JONATHAN – USA – 1944–
GIDGETTE GOES TO HELL • 1972
CAGED HEAT • RENEGADE GIRLS • 1974
CRAZY MAMA • 1975
FIGHTING MAD • 1976
CITIZEN'S BAND • HANDLE WITH CARE • 1977
MURDER IN ASPIC • 1978 • TVM
LAST EMBRACE • 1979
MELVIN AND HOWARD • 1980
WHO AM I THIS TIME? • 1981 • TVM
LOVE HURTS • 1982
SWING SHIFT • SWINGSHIFT • 1983
STOP MAKING SENSE • 1984
SOMETHING WILD • 1986
SWIMMING TO CAMBODIA • 1987
FAMOUS ALL OVER TOWN • 1988
MARRIED TO THE MOB • 1988
SILENCE OF THE LAMBS, THE • 1990

DEMONTAUT PHILIPPE – FRN
ANNETTE MESSAGER, REINE DE LA NUIT • 1986
RETOUR DE JEAN–MAURICE, LE • 1987

DEMOS ALEX see **FIDANI DEMOFILO**

DEMOTT JOEL – USA
DEMON LOVER DIARY • 1980

DEMPSEY AL – USA
SYLVIA'S GIRLS • 1965

DEMY JACQUES – FRN – 1931–
SEPT PECHES CAPITAUX, LES • SETTE PECCATI CAPITALI, I (ITL) ○ SEVEN CAPITAL SINS, THE ○ SETTE PECCATI CAPITALI, I ○ SEVEN DEADLY SINS, THE ○ SEVEN DEADLY SINS ○ SEVEN CAPITAL SINS • 1951
SABOTIER DU VAL-DE-LOIRE, LE • 1955 • SHT
BEL INDIFFERENT, LE • 1957 • SHT
MUSEE GREVIN • 1958 • DCS
ARS • 1959 • SHT
MERE ET L'ENFANT, LA • 1959 • SHT
LOLA • DONNA DI VITA • 1961
BAIE DES ANGES, LA • BAY OF THE ANGELS (USA) ○ BAY OF ANGELS • 1963
PARAPLUIES DE CHERBOURG, LES • REGENSCHIRME VON CHERBOURG, DIE (FRG) ○ UMBRELLAS OF CHERBOURG, THE (USA) • 1964
DEMOISELLES DE ROCHEFORT, LES • YOUNG GIRLS OF ROCHEFORT, THE • 1966
MODEL SHOP • 1969
PEAU D'ANE • MAGIC DONKEY, THE (UKN) ○ DONKEY SKIN (USA) • 1970
PIED PIPER, THE • PIED PIPER OF HAMELIN, THE • 1972
EVENEMENT LE PLUS IMPORTANT DEPUIS QUE L'HOMME A MARCHE SUR LA LUNE, L' • NIENTE DI GRAVE, SUO MARITO E INCINTO (ITL) ○ SLIGHTLY PREGNANT MAN, THE ○ MOST IMPORTANT EVENT SINCE MAN EVER SET FOOT ON THE MOON, THE • 1973
BERUSAIYU NO BARA • ROSE OF VERSAILLES, THE ○ LADY OSCAR ○ LADY'O ○ VERSAILLES NO BARA • 1978
NAISSANCE DU JOUR, LA • 1980
CHAMBRE EN VILLE, UNE • ROOM IN TOWN, A • 1982
PARKING • 1985
TROIS PLACES POUR LE 26 • 1988

DENBAUM DREW – USA
NICKEL MOUNTAIN • 1984

DENBY JERRY – USA
HONEY • HONEY HEAT • 1966
PIECE OF HER ACTION, A • PIECE OF THE ACTION, A • 1968
WHIP'S WOMEN • 1968
ERIKA/ONE • 1969
PLEASURE PLANTATION • 1970
WHAT HAPPENED TO MISS SEPTEMBER • 1974

DENGEL EDY – GRM
SCHLOSS DES SCHRECKENS, DAS • 1919
MANN MIT DER TODESMASKE, DER • 1920

DENHAM REGINALD – UKN
STAMBOUL • 1932
CALLED BACK • 1933
JEWEL, THE • 1933
BORROW A MILLION • 1934
BRIDES TO BE • 1934
DEATH AT BROADCASTING HOUSE • 1934
LUCKY LOSER • 1934
PRIMROSE PATH, THE • 1934
LIEUTENANT DARING R.N. • 1935
LUCKY DAYS • 1935
PRICE OF WISDOM, THE • 1935
SILENT PASSENGER, THE • 1935
VILLAGE SQUIRE, THE • 1935
CALLING THE TUNE • 1936
CRIMSON CIRCLE, THE • 1936
DREAMS COME TRUE • 1936
HOUSE OF THE SPANIARD, THE • 1936
KATE PLUS TEN • QUEEN OF CRIME (USA) • 1938
BLIND FOLLY • 1939
FLYING FIFTY-FIVE • 1939
ANNA DI BROOKLYN • FAST AND SEXY (USA) ○ ANNA OF BROOKLYN • 1958

DENIS ARMAND – Producer – BLG – 1897–1971
WILD CARGO • 1934 • DOC
DARK RAPTURE • 1938 • DOC
DANGEROUS JOURNEY, THE • 1944 • DOC
SAVAGE SPLENDOR • 1949 • DOC
BELOW THE SAHARA • 1953 • DOC
ARMAND AND MICHAELA DENIS UNDER THE SOUTHERN CROSS • UNDER THE SOUTHERN CROSS • 1954 • DOC
AMONG THE HEADHUNTERS • ARMAND AND MICHAELA DENIS AMONG THE HEADHUNTERS • 1955 • DOC
ARMAND AND MICHAELA DENIS ON THE BARRIER REEF • 1955 • DOC

DENIS CLAIRE – FRN
CHOCOLAT • 1988
S'EN FOUT LA MORT • 1990

DENIS JEAN-PIERRE – FRN – 1946–
HISTOIRE D'ADRIEN • 1980
PALOMBIERE, LA • 1983
CHAMP D'HONNEUR • 1987

DENIS MICHAELA – BLG
AMONG THE HEADHUNTERS • ARMAND AND MICHAELA DENIS AMONG THE HEADHUNTERS • 1955 • DOC

DENISENKO VLADIMIR – USS
NA KIYEVSKOM NAPRAVYENII • IN THE KIEV ZONE ○ KIEV DIRECTION, THE • 1968

DENISON JAMES – UKN
ALL CLEAR: NO NEED TO TAKE COVER • 1917

DENNIS CHARLES – CND – 1946–
RENO AND THE DOC • 1984

DENNIS JOHN – CLM
CASA DE BOLIVAR, LA • BOLIVAR'S HOUSE • 1975 • SHT

DENNY CRAIG – USA
ASTROLOGER, THE • 1975

DENNY REGINALD – Actor – UKN – 1891–1967
BIG BLUFF, THE • WORTHY DECEIVER (UKN) • 1933

DENOLA GEORGES – FRN
PEAU DE CHAGRIN, LA • 1911
ROMAN D'UN JEUNE HOMME PAUVRE, LE • 1911
MYSTERES DE PARIS, LES • MYSTERIES OF PARIS, THE • 1912
PORTEUSE DE PAIN, LA • 1912
VENUS D'ARLES, LA • 1912
JOSEPHINE VENDUE PAR SES SOEURS • 1913
NOUVEAU ROCAMBOLE, LE • NEW ROCAMBOLE, THE • 1913
ROCAMBOLE • 1914
GRANDS, LES • 1916
ARGENT QUI TUE, L' • 1919
MADEMOISELLE DE LA SEIGLIERE • 1920

DENSHAM PEN – USA
ZOO GANG, THE • WINNERS TAKE ALL • 1985
HOST, THE • 1988
KISS, THE • 1988

DENTINO JOHN – USA
JUG OF BREAD, A LOAF OF WINE, AND LEWIS CARROLL IN A BARREL, A • 1968 • SHT

DENTON JACK – UKN
YULE LOG, THE • 1914
AIRMAN'S CHILDREN, THE • 1915
BARNABY • 1919
HEART OF A ROSE, THE • 1919
LASS O' THE LOOMS, A • 1919
ERNEST MALTRAVERS • 1920
LADY AUDLEY'S SECRET • 1920
TWELVE POUND LOOK, THE • 1920
OUR AGGIE • 1921
SYBIL • 1921
DODDINGTON DIAMONDS, THE • 1922

DENTON KIT – Writer – UKN – 1928–
RACE OF HORSES, A • 1974 • SHT

DENTON LAWRENCE – USA
PURGATORY • 1988

DENUCCI TOM – USA
TEENAGE CRUISERS • 1979

DENURE STEVEN – CND
RANCH: THE ALAN WOOD RANCH PROJECT • 1987 • DCS

D'ENZA AURO see **ZANE ANGIO**

DEODATO RUGGERO – ITL
FRANKLYN ROGER D. • ROCKFELLER ROGER • FRANKLIN ROGER
DONNE.. BOTTE E BERSAGLIERI • UOMO PIANGE SOLO PER AMORE, UN ○ MAN ONLY CRIES FOR LOVE ○ WOMEN.. BOTTLES AND SHARPSHOOTERS • 1968
FENOMENAL E IL TESORO DI TUTANKAMEN • FENOMENAL AND THE TREASURE OF TUT-ANKH-AMEN ○ PHENOMENAL AND THE TREASURE OF TUTANKAMEN • 1968
GUNGALA, LA PANTERA NUDA • GUNGALA, THE NAKED PANTHER • 1968
VACANZE SULLA COSTA SMERALDA • HOLIDAYS ON THE COSTA SMERALDA • 1968
QUATTRO DEL PATER NOSTER, I • 1969
ZENABEL • 1969
ONDATA DI PIACERE, UNA • WAVES OF LUST • 1975
UOMINI SI NASCE POLIZIOTTI SI MUORE • LIVE LIKE A COP, DIE LIKE A MAN • 1976
ULTIMO MONDO CANNIBALE • CANNIBAL ○ LAST SURVIVOR, THE • 1977
ULTIMO SAPORE DELL'ARIA, L' • LAST FEELINGS (UKN) • 1978
CONCORDE AFFAIRE '79 • SOS CONCORDE ○ CONCORDE AFFAIR • 1979
CANNIBAL HOLOCAUST • JUNGLE HOLOCAUST • 1980
CASA AI CONFINI DEL PARCO, LA • HOUSE ON THE EDGE OF THE PARK, THE ○ CASA SPERDUTA DEL PARCO, LA ○ CASA NEL PARCO, LA ○ HOUSE AT THE EDGE OF THE PARK, THE • 1980
ATLANTIS INTERCEPTORS • RAIDERS OF ATLANTIS • 1984
INFERNO IN DIRETTA • CUT AND RUN ○ HELL, LIVE • 1985
BODY COUNT • 1986
LONE RUNNER • 1986
BARBARIANS & CO, THE • BARBARIANS, THE • 1987
PHANTOM OF DEATH • OFF BALANCE • 1987
DIAL HELP • 1988

DEPARDIEU GERARD – Actor – FRN – 1948–
TARTUFFE DE MOLIERE, LE • 1984

DEPARDON RAYMOND – FRN – 1942–
VOYAGE AU BOUT DE LA FOLIE • DOC
50,81% • 1974 • DOC
NUMEROS ZERO • 1981 • DOC
REPORTERS • 1981 • DOC
SAN CLEMENTE • 1981
ANNEES DECLIC, LES • 1983
FAITS DIVERS • 1983 • DOC
URGENCES • 1987 • DOC
CAPTIVE DU DESERT, LA • 1989

DEPIERRE CHARLES – FRN
BOUCHE A BOUCHE

DEPPE HANS – GRM – 1897–
FERIEN VOM ICH • 1934
HERR KOBIN GEHT AUF ABENTEUER • 1934
SCHIMMELREITER, DER • RIDER OF THE WHITE HORSE, THE (USA) ○ RIDER ON THE WHITE HORSE, THE • 1934
SCHLOSS HUBERTUS • 1934
AUSSENSEITER, DER • 1935
MUTIGE SEEFAHRER, THE • 1935
NACHT DER VERWANDLUNG • DEMASKIERUNG • 1935
DREI TOLLE TAGE • 1936
DREI UM CHRISTINE, DIE • 1936
JAGER VON FALL, DER • 1936
STRASSENMUSIK • 1936
MEIDEKEN • GELEGENHEIT MACHT DIEBE • 1937
SCHONE FRAULEIN SCHRAGG, DAS • 1937
SCHWEIGEN IM WALDE, DAS • 1937
ZWEIMAL ZWEI IM HIMMELBETT • 1937
NARREN IM SCHNEE • 1938
SCHEIDUNGSREISE • 1938
EKEL, DAS • 1939
KLUGE SCHWIEGERMUTTER, DIE • 1939
VERWANDTE SIND AUCH MENSCHEN • 1939
SUNDENBOCK, DER • 1940
HEIMATERDE • 1941
LAUFENDE BERG, DER • 1941
OCHSENKRIEG, DER • 1942
GEFAHRLICHER FRUHLING • 1943
KLEINE GRENZVERKEHR • 1943
MAJORATSHERR, DER • 1944
MANN WIE MAXIMILIAN, EIN • 1944
WIE SAGEN WIR ES UNSERN KINDERN • 1945
KEIN PLATZ FUR LIEBE • NO PLACE FOR LOVE • 1947
FREUNDE MEINER FRAU, DIE • 1949
KUCKUCKS, DIE • 1949
MAN SPIELT NICHT MIR DER LIEBE • 1949
NACHT IM SEPARE, EINE • 1950
SCHWARZWALDMADEL • 1950
ES GEHT NICHT OHNE GISELA • 1951
GRUN IST DIE HEIDE • 1951
FERIEN VOM ICH • 1952
FURST VON PAPPENHEIM, DER • 1952
LAND DES LACHELNS, DAS • LAND OF SMILES (USA) • 1952
HEIMLICH, STILL UND LEISE • 1953
TOLLE LOLA, DIE • 1953
WENN DER WEISSE FLIEDER WIEDER BLUHT • 1953
HEIDESCHULMEISTER UWE KARSTEN • 1954
7 KLEIDER DER KATHRIN, DIE • 1954
FRAU DES BOTSCHAFTERS, DIE • 1955
IHR LEIBREGIMENT • 1955
PFARRER VON KIRCHFELD, DER • 1955
SOHN OHNE HEIMAT • 1955
BAUER VON BRUCKNERHOF, DER • MEIN BRUDER JOSUA • 1956
FREMDENFUHRER VON LISSABON, DER • 1956
SOLANGE NOCH DIE ROSEN BLUH'N • 1956
TAUSEND MELODIEN • 1956
ALLE WEGE FUHREN HEIM • 1957
UNTER PALMEN AM BLAUEN MEER • VACANZE A PORTOFINO (ITL) • 1957
13 KLEINE ESEL UND DER SONNENHOF • 1958
HAUSTYRANN, DER • 1959
SO ANGELT MAN KEINEN MANN • 1959
WENN DIE HEIDE BLUHT • 1960
ROBERT UND BERTRAM • ROBERT AND BERTRAM • 1961
MUSS I DEN ZUM STADTELE HINAUS • 1962

DER ANDRAS – HNG
SZEPLEANYOK • PRETTY GIRLS • 1987 • DOC

DER ESWAY ALEXANDER see **ESWAY ALEXANDER**

DERAIN LUCY – FRN
DESORDRE • 1927 • SHT
HARMONIES DE PARIS • 1927

DERAKHSHANDEH POORAN – IRN
DARAKHSHANDEH POORAN • DERAKHSHANDEH PURAN
MUTE CONNECTION • 1987
RELATIONSHIP, THE • 1988
LITTLE BIRD OF HAPPINESS, THE • 1989
LOST TIME • 1989
PASSAGE THROUGH MIST • PASSING THROUGH MIST • 1989

DERAKHSHANDEH PURAN see **DERAKHSHANDEH POORAN**

DERAMBAKHS KIOOMARS – IRN
BOOFE-KOUR • BLIND OWL, THE • 1975

D'ERAMO GIOVANNI – ITL
MORTE E NE TUOI OCCHI, LA • 1974
MOGLIE GIOVANE, LA • 1975

D'ERASMO GIANNI – ITL
O.K. JOHN! • 1947

DERAY JACQUES – FRN – 1929–
GIGOLO, LE • 1960
DU RIFIFI A TOKYO • RIFIFI IN TOKYO (USA) • 1963
SYMPHONIE POUR UN MASSACRE • SYMPHONY FOR A MASSACRE (USA) ○ SINFONIA PER UN MASSACRO (ITL) ○ CORRUPT, THE (UKN) ○ MYSTIFIERS, THE ○ MYSTIFIES, LES • 1963
PAR UN BEAU MATIN D'ETE • RAPINA AL SOLE (ITL) • 1964
PILLARDS, LES • ROUTE AUX DIAMANTS, LA • 1965
AVEC LA PEAU DES AUTRES • SCIARADA PER QUATTRO SPIE (ITL) ○ TO SKIN A SPY (UKN) • 1966
HOMME DE MARRAKECH, L' • SAQUEADORES DEL DOMINGO, LOS (SPN) ○ UOMO DI CASABLANCA, L' (ITL) ○ HOMBRE DE MARRAKECH, EL ○ THAT MAN GEORGE (USA) ○ OUR MAN IN MARRAKESH • 1966
PISCINE, LA • PISCINA, LA (ITL) ○ SWIMMING POOL, THE (USA) ○ SINNERS, THE (UKN) • 1969
BORSALINO • 1970
DOUCEMENT LES BASSES! • UOMO DI SAINT-MICHEL, L' (ITL) ○ EASY DOWN THERE! (USA) • 1971
PEU DE SOLEIL DANS L'EAU FROIDE, UN • PO' DI SOLE NELL'AQUA GELIDA, UN (ITL) ○ SUNLIGHT ON COLD WATER (UKN) • 1971
HOMME EST MORT, UN • FUNERALE A LOS ANGELES (ITL) ○ OUTSIDE MAN, THE (USA) • 1972
BORSALINO E CIE • BLOOD ON THE STREETS (UKN) ○ BORSALINO AND CO. • 1974
FLIC STORY • 1975
GANG, LE • 1977
PAPILLON SUR L'EPAULE, UN • BUTTERFLY ON THE SHOULDER • 1978
PRINTEMPS EN HIVER, UN • 1979
TROIS HOMMES A ABATTRE • 1980
MARGINAL, LE • 1983
ON NE MEURT QUE DEUX FOIS • HE DIED WITH HIS EYES OPEN • 1986
BOIS NOIRS, LES • DARK WOODS (UKN) • 1989

DERBENEV VADIM – Cameraman – USS – 1934–
DERBENYOV VADIM
PUTESHESTVIE APRELY • JOURNEY INTO APRIL ○ APRIL JOURNEY • 1963
RYTSAR MECHTY • DREAM KNIGHT, THE ○ KNIGHT OF THE DREAM, THE • 1964
POSLEDNII MESYATS OSENI • LAST MONTH OF AUTUMN, THE • 1965
BALLERINA, THE • 1970
SPARTAK • SPARTACUS • 1976
IVAN GROZNI KINO–BALET • IVAN THE TERRIBLE ○ GROZNY VEK • 1977

DERBENYOV VADIM see **DERBENEV VADIM**

DEREK JOHN – Actor – USA – 1926–
ONCE BEFORE I DIE • NO TOYS FOR CHRISTMAS • 1965
TALE OF THE COCK • CHILDISH THINGS ○ CONFESSIONS OF TOM HARRIS • 1966
BOY.. A GIRL, A • SUN IS UP, THE • 1969
AND ONCE UPON A TIME • ONCE UPON A TIME • 1975
LOVE YOU • 1980
FANTASIES • AND ONCE UPON A LOVE • 1981
TARZAN THE APEMAN • 1981
BOLERO • 1984
KNIGHT OF LOVE, A • 1987
GHOSTS DON'T DO IT • 1989

DEREN MAYA – USA – 1917–1961
MESHES OF THE AFTERNOON • 1943 • SHT
AT LAND • 1944 • SHT
PRIVATE LIFE OF A CAT, THE • 1945
STUDY IN CHOREOGRAPHY FOR CAMERA, A • CHOREOGRAPHY FOR CAMERA • 1945 • SHT
RITUAL IN TRANSFIGURED TIME • 1946 • SHT
MEDITATION ON VIOLENCE • 1948 • SHT
VERY EYE OF NIGHT, THE • 1956 • SHT

DERKAOUI – MRC
JOUR DU FORAIN, LE • DAY OF THE HAWKER • 1987

DERKAOUI MUSTAFA – MRC – 1941–
QUATRE MURS, LES • 1963 • SHT
AMGHAR • 1966 • SHT
ADOPTION • 1967 • SHT
GENS DE LA CAVE, LES • 1968 • SHT
ETATS GENERAUX DU CINEMA, LES • 1969 • DCS
JOUR QUELQUE PART, UN • 1971 • SHT
DE QUELQUES EVENEMENTS SANS SIGNIFICATION • 1975

DERKERT – SWD
BATAVERNAS TROHETSED • BATAVIAN'S OATH OF FIDELITY, THE • 1957 • SHT

DEROISY LUCIEN – BLG – 1912–1972
COMBAT AVEC L'OMBRE • 1949
ANDRE–MODESTE GRETRY • 1955
MAGIE BLANCHE • 1958
AUTOUR DE RENE MAGRITTE • 1969
FRANZ HELLENS • 1969
GOMMES, LES • 1969

DEROUILLAT ROGER – FRN – 1936–
VOYANTS, LES • 1972 • DOC
COMMENT PASSER SON PERMIS DE CONDUIRE • 1979

D'ERRICO CORRADO – ITL
FRECCIA D'ORO • 1935
FRATELLI CASTIGLIONI, I • 1937
FU MATTIA PASCAL, IL • 1937
ARGINE, L' • 1938
DIAMANTI • 1939
STELLA DEL MARE • VELE DIPINTE • 1939
TUTTA LA VITA IN UNA NOTTE • 1939
PROCESSO E MORTE DI SOCRATE • DIALOGHI DI PLATONE, I • 1940
COMPAGNIA DELLA TEPPA, LA • 1941
MISERIA E NOBILITA • 1941
CAPITAN TEMPESTA • 1942
LEONE DI DAMASCO, IL • 1942

DERRIEN DENIS – FRN
EDITH PIAF • DOC

DERSAUX SIEGFRIED see **DESSAUER SIEGFRIED**

DERTANO ROBERT C. – USA
JOURNEY TO FREEDOM • 1957

DERUDDERE DOMINIQUE – BLG – 1957–
KILLING JOKE • 1980 • SHT
CRAZY LOVE • LOVE IS A DOG FROM HELL (USA) • 1987
BANDINI • WAIT UNTIL SPRING, BANDINI (USA) • 1988

DERZHAVIN – USS
SAMII YUNII PIONER • VERY YOUNG PIONEER, A • 1925

DES VALLIERES JEAN – FRN – 1895–1970
CITE FANTOME, LA • SHT
MIRACLE DE L'EAU • SHT
RHAPSODIE ARLESIENNE • SHT
TOROS DE COMBAT • SHT

DESAGNAT J. P. see **DESAGNAT JEAN–PIERRE**

DESAGNAT JEAN–PIERRE – FRN – 1934–
DESAGNAT J. P.
ETRANGERS, LES • QUELLI CHE SANNO UCCIDERE (ITL) ○ GEIER KONNEN WARTEN (FRG) • 1968
NIENTE ROSE PER OSS 117 • OSS 117 MURDER FOR SALE (UKN) ○ OSS 117 –DOUBLE AGENT (USA) ○ NO ROSES FOR OSS 117 ○ PAS DE ROSES POUR OSS117 • 1968
SOUS LE SIGNE DE MONTE–CRISTO • MONTECRISTO '70 (ITL) • 1968
VERTIGE POUR UN TUEUR • VERTIGINE PER UN ASSASSINO (ITL) • 1970
CHARLOTS CONTRE DRACULA, LES • 1980
FLICS DE CHOC • 1983

DESAI D. see **DESAI DHIRUBHAI**

DESAI DHIRUBHAI – IND
DESAI D.
HOOR–E–SAMANDER • 1936
VANRAJ–KESARI • 1937
SHRI KRISHNA RUKMINI • 1949
JAI MAHAKALI • GREAT KALI'S VICTORY • 1951
SHIV KANYA • 1953
SHUK RAMBA • 1953
GULBAKAVALI • 1955
HARISCHANDRA • 1959
MATA MAHAKALI • GODDESS KALI • 1968

DESAI HARIBHAI – IND
STAR OF ASIA • 1937

DESAI JAYANT – IND
BHUTIO MAHAL • HAUNTED HOUSE • 1932
VEER BABRUVAHAN • 1934
PRITVI PUTRA • 1938
SANT TULSIDAS • 1939
BHAKTARAJ • 1944
HAR HAR MAHADEV • 1950
VEER BHIMSEN • 1950
DASH AVTAR • TENTH INCARNATION • 1951
SHREE GANESH JANMA • 1951
LAXMI POOJA • 1957

DESAI KIKUBHAI – IND
FAIRY OF SINHALDWIP • 1937

DESAI MANMOHAN – IND
AMAR, AKBAR, ANTHONY • 1977

DESAI MANOO – IND
DESAI MANU
JANAM JANMAKE PHERE • 1957
PATI PARMESHWAR • 1958

DESAI MANU see **DESAI MANOO**

DESAI NANUBHAI – IND
TILISMI TALWAR • SHAIF–E–SULEMANI • 1934

DESAI RAMAN B. – IND
NARAD MUNI • 1949
HARI DARSHUAN • AUDIENCE WITH GOD • 1953
GRIHA LAKSHMI • GODDESS OF THE HOME • 1959

DESAILLERS JEAN – FRN
DECAMERON '69 • 1969

DESANZO JUAN CARLOS – ARG
DESQUITE, EL • RETALIATION, THE • 1982
EN RETIRADA • IN RETREAT • 1984

DESBIENS FRANCINE – Animator – CND – 1938–
CORBEAU ET LE RENARD, LE • 1969 • ANS
BIBITTES DE CHROMAGNON, LES • 1971 • ANS
DU COQ A L'ANE • 1973 • ANS
DERNIER ENVOL • 1977 • ANS
ART DU CINEMA D'ANIMATION, L' • 1982 • ANS
AH! VOUS DIRAIS–JE, MAMAN • 1985 • ANS

DESBORDES OLIVIER – FRN – 1950–
REQUIEM A L'AUBE • 1976

DESCHANEL CALEB – USA – 1944–
ESCAPE ARTIST, THE • 1982
CRUSOE • 1989

DESCLOZEAUX LEON – FRN – 1951–
MORA • 1982

D'ESCO PHIL – RMN
TELEVIZIUNE • 1931

DESES GRETA – BLG
ABSTRACTE KUNST IN VLAANDEREN, DE DADA
VAN ENSOR TOT PERMEKE • 1971

DESFONTAINES HENRI – FRN
MAIN VERTE, LA • 1910
SHYLOCK • 1910
HAMLET
FALSTAFF • 1911
FEMME COCHERE, LA • 1911
GENDRE INGENIEUX, L • 1911
HOMME NU, L' • 1911
MARI GENANT, UN • 1911
MEGERE APPRIVOISEE, LA • 1911
SCARABEE D'OR, LE • GOLDEN BEETLE, THE (USA) • 1911
AMOURS DE LA REINE ELISABETH, LES • QUEEN BESS –HER LOVE STORY ○ REINE ELISABETH, LA ○ ELISABETH REINE D'ANGLETERRE ○ QUEEN ELISABETH • 1912
ASSASSINAT D'HENRI III • 1912
CROMWELL • 1912
HOP–FROG • 1912 • SHT
MILTON • 1912
NAPOLEON ET LA SENTINELLE • 1912
PAGE, LE • 1912
PUITS ET LE PENDULE, LE • PIT AND THE PENDULUM, THE • 1912
ADRIENNE LECOUVREUR • 1913
FORET QUI ECOUTE, LA • 1913
MEDECIN DES PAUVRES, LE • 1914
MONSIEUR VAUTOUR • 1914
PUISSANCE MILITAIRE DE LA FRANCE, LA • 1914
REINE MARGOT, LA • 1914
CHATEAUX DE LA LOIRE, LES • 1916
ENFANTS DE FRANCE ET LA GUERRE, LES • 1916
POUR L'ALSACE • 1917
SUPREME EPOPEE, LA • 1918
BLEUS DE L'AMOUR, LES • 1919
VOL ETRANGE, UN • 1919
AUTOUR DU MYSTERE • 1920
NAISSANCE DE LA MARSEILLAISE, LA • 1920
SA GOSSE • 1920
CHICHICHETTE ET CIE • 1921
TROIS LYS, LES • 1921
FILLE DE CHIFFONNIERS, LA • 1922
SON ALTESSE • 1922
CHATEAU HISTORIQUE • 1923
ESPIONNE, L' • 1923
INSIGNE MYSTERIEUX, L' • 1923
ESPIONNE AUX YEUX NOIRS, L' • 1925
BELPHEGOR • 1926
CAPITAINE RASCASSE, LE • 1927
FILM DU POILU, LE • 1928
POKER D'AS • 1928

DESHON LACAYO – NCR
CENTER FIELDER, EL • 1986
ESPECTRO DE LA GUERRA • 1988

DE'SIMONE TOM see **DESIMONE TOM**

DESIMONE TOM – USA
DE SIMONE TOM • DE'SIMONE TOM
FLESH AND FANTASY
WET SHORTS
TERROR IN THE JUNGLE • 1968
UPSTAIRS ROOM, THE • BEVERLY HILLS CALL BOYS, THE ○ BOYS FROM BEVERLY HILLS, THE • 1970
CHATTERBOX • 1977
HELL NIGHT • 1981
NO PHYSICAL CONTACT • 1982
CONCRETE JUNGLE, THE • 1983
REFORM SCHOOL GIRLS • 1986
ANGEL III: THE FINAL CHAPTER • ANGEL 3: THE FINAL CHAPTER • 1988

DESJARDINS ARNAUD – FRN
MESSAGE, THE • 1966 • DOC
ZEN, LE • 1971 • DOC

DESLAW EUGENE – USS
MARCHE DES MACHINES, LA • MARCH OF THE MACHINES, THE (USA) • 1928 • SHT
MONTPARNASSE • 1929
NUIT ELECTRIQUE, LA • NUITS ELECTRIQUES, LES • 1930
MONDE EN PARADE, LA • 1931
NEGATIFS • 1932
ROBOTS • 1932
CITE UNIVERSITAIRE DE PARIS, LA • 1933
GUERRE DES GOSSES, LA • GENERALS WITHOUT BUTTONS (USA) ○ GUERRE DES BOUTONS, LA ○ NOUS, LES GOSSES • 1936
FLUTE ENCHANTEES, LA • 1943
IMAGES EN NEGATIF • 1956 • SHT

DESLOGE BILL – USA
GOLD • 1972

DESMARTEAU CHARLES – CND
IMAGES DE NOEL EN PAYS DU QUEBEC • 1954 • DCS

DESMOND JAMES – USA
MONTEREY POP • 1969

DESPINS JOSEPH – UKN
DUFFER • 1971
MOON OVER THE ALLEY • 1975
DISAPPEARANCE OF HARRY, THE • 1982

DESREUMAUX ANDRE – FRN – 1924–
MORT N'EST PAS A VENDRE, LA • 1960

DESSAILLY JEAN – Actor – FRN – 1920–
ON NE BADINE PAS AVEC L'AMOUR • 1961

DESSAUER SIEGFRIED – GRM
DERSAUX SIEGFRIED
IM BANNE FREMDEN WILLENS • 1915
SATAN OPIUM • 1915
SUSSE NELLY, DIE • 1915
UM 500,000 MARK • 1915
AUS DEM LEBEN GESTRICHEN • 1916
GEHEIMNIS DER DIAMANDFELDER, DAS • 1916
STOLZ WEHT DIE FLAGGE SCHWARZ–WEISS–ROT • 1916
FLAMMENDE KREIS, DER • 1917
GESTANDNIS DER OLGA ORGINSKA, DAS • 1917
KONIG DER NACHT, DER • 1917
TRESORFACH NR.21 • 1917
ZWISCHEN HALFTE 11 UND 11 • 1917
BEN KABARA, DER JAPANISCHE MESSERWERFER • 1918
EISERNE KAFIG, DER • 1918
FAKIR, DER • 1918
FALSCHES GELD • 1918
SPUR IM SCHNEE, DIE • 1918
VERRUCKTE HOTELZIMMER, DAS • 1918
DAMON DER WELT 2 • WIRBEL DES VERDERBENS • 1919
KINDER DER LIEBE • 1919
DREI DOLCHE IM STEIN • 1920
EIDECHSE, DIE • 1920
KRIMINALPOLIZEI, ABTEILUNG "MORD" • 1920
FRAU MIT DEN ZEHN MASKEN 1, DIE • BEGEBENHEIT: DAS GRAB OHNE TOTEN • 1921
FRAU MIT DEN ZEHN MASKEN 2, DIE • BEGEBENHEIT: DAS SCHATTEN DES GEHENKTEN • 1921
PROFESSOR BERTONS ERFINDUNG • 1921
FRAU MIT DEN ZEHN MASKEN 3, DIE • BEGEBENHEIT: TOTE, DIE LEBEN • 1922
HAUS DER VERRUFENEN, DAS • FRAU MIT DEN ZEHN MASKEN 4, DIE • 1922
LEBENSROULETTE, DAS • 1922
ROMAN EINER HALBWELTDAME, DER • 1922
SCHANDE • 1922
SCHREI AUS DER TIEFE, DER • 1922
HAUPTMANN VON KOPENICK, DER • CAPTAIN OF KOPENICK, THE • 1926
MAN SCHENKT SICH ROSEN, WENN MAN VERLIEBT IST • 1929
VERLIEBTE BLASEKOPP, DER • 1932

DESTEIN JOSEPH – USA
METHOD, THE • 1987

DESVILLES – FRN
DOROTHEA TANNING, OU LE REGARD EBLOUI • 1960 • SHT
PICASSO, ROMANCERO DU PICADOR • 1960 • SHT
BALAYEUR, LA • 1961 • SHT

SEMAINE DE BONTE, OU LES SEPT ELEMENTS CAPITAUX, UNE • 1961 • SHT
CHATEAUX STOP.. SUR LA LOIRE • 1962 • SHT
IMPASSE D'UN MATIN, L' • 1964 • SHT
COURS D'UNE VIE, LE • 1966 • SHT
LOUIS LECOIN • 1966 • SHT
COMMUNE, LA • 1967 • SHT
JEU DE LA PUCE, LE • 1970 • SHT

DESVILLES JEAN – FRN – 1931–
FLEURY GEORGES
OU SONT PASSEES LES JEUNES FILLES EN FLEUR?
ANGES, LES • 1972
JEUX POUR COUPLES INFIDELES • HOT AND BLUE (UKN) ○ EXECUTIVE HOUSEWIVES ○ HOT BLUE • 1972
ERECTIONS • 1975
INTRODUCTIONS • 1975
LOUVES BRULANTES • 1975
EVERYTHING GOES • 1976
PARTIES RAIDES • 1976
PORNOGRAPHIE SUEDOISE • 1976
COUPLES COMPLICES • 1977
FEU AU SEXE, LE • 1977
GRANDE SAUTERIE, LA • 1977
LANGUES CHAUDES • 1977
SEX A LA BOUCHE, LE • 1977
LIMEUSE, LES • 1978
PLAISIRS FOUS, LES • 1978

DESWARTE BENIE – FRN
KASHIMA PARADISE • 1973 • DOC

DESY ALFRED – HNG
DEEST ALFRED
TRYTON, A • TRITON, THE • 1917
ELET KIRALYA: DORIAN GRAY, AZ • PICTURE OF DORIAN GRAY, THE (USA)
LELEKLATO SUGAR • MIND-DETECTING RAY, THE • 1918

DETIEGE DAVID – Animator – USA
MAN FROM BUTTON WILLOW, THE • 1965 • ANM
SHINBONE ALLEY • ARCHY AND MEHITABEL • 1971 • ANM

D'ETTORE PIAZZOLI ROBERTO – ITL
PIAZZOLI R. D'ETTORE • BARRETT RICHARD
CHI SEI? • DEVIL WITHIN HER, THE (UKN) ○ BEYOND THE DOOR (USA) ○ BEHIND THE DOOR • 1974

DETWILER JOHN – CND
CIVIL SERVANT, THE • 1990 • SHT

DEUBEL ROBERT – USA
GIRLS' NITE OUT • GIRLS' NIGHT OUT ○ SCAREMAKER, THE • 1983

DEUBER WALTER – SWT
D'KLASSEZAMMEKUNFT • KLASSEZAMMEKUNFT • 1988

DEUTCH HOWARD – USA
PRETTY IN PINK • 1986
SOME KIND OF WONDERFUL • 1987
GREAT OUTDOORS, THE • BIG COUNTRY • 1988

DEUTSCH ERNEST see **POTTIER RICHARD**

DEUTSCH-GERMAN ALFRED – AUS
TAT DES ANDREAS HARMER, DIE • DREI MINUTEN VOR ZEHN • 1930

DEVAIVRE JEAN – FRN – 1912–
ROI DES RESQUILLEURS, LE • 1945
DAME D'ONZE HEURES, LA • 1947
FERME DES SEPT PECHES, LA • 1948
VENDETTA EN CAMARGUE • MISS COW-BOY • 1949
INCONNUE DE MONTREAL, L' • SON COPAIN • 1950
MA FEMME, MA VACHE ET MOI • 1951
CAPRICE DE CAROLINE CHERIE, UN • CAPRICE OF "DEAR CAROLINE" (USA) ○ CAPRICE OF CAROLINE • 1952
ALERTE AU SUD • ALLARME A SUD (ITL) ○ ALERT IN THE SOUTH • 1953
FILS DE CAROLINE CHERIE, LE • SON OF DEAR CAROLINE, THE (USA) • 1954
INSPECTEUR AIME LA BAGARRE, L' • 1956

DEVAL JACQUES – FRN – 1890–
TOVARITCH • 1935
CLUB DE FEMMES • 1936
INVITE DU MARDI, L' • DU THE POUR MONSIEUR JOSE • 1949

DEVAL PATRICK – FRN
ACEPHALE • 1968

DEVAN – IND
PONNANA VAZHVU • NEW LEASE OF LIFE • 1967
NAIMRNDHU NIL • STAND STRAIGHT • 1968

DEVARE NARAYAN – IND
SANT JANABAI • 1938

DEVENISH ROSS – SAF – 1939–
GOAL! WORLD CUP 1966 • GOAL! • 1966
BOESMAN AND LENA • 1973
GUEST, THE • GUEST AT STEENKAMPSKRAAL, THE ○ BESOEKER, DIE • 1976
MARIGOLDS IN AUGUST • 1980
BLEAK HOUSE • 1985 • MTV

DEVENSKY DAVID – USA
PROOF • SHT
1900 • SHT

DEVERICH NAT see **DEVERICH NAT C.**

DEVERICH NAT C. – USA
DEVERICH NAT
INVISIBLE DIVORCE, THE • 1920
POWER OF LOVE, THE • 1922
FORBIDDEN LOVER • 1923

DEVERS CLAIRE – FRN – 1955–
NOIR ET BLANC • 1987
CHIMERE • 1989

DEVI ARUNDHUTI – IND
CHHUTI • HOLIDAY ○ VACATION • 1967
MEGH O ROUDRA • 1969

DEVILLE MICHEL – FRN – 1931–
BALLE DANS LE CANON, UNE • SLUG IN THE HEATER, A • 1958
CE SOIR OU JAMAIS • TONIGHT OR NEVER • 1960
ADORABLE MENTEUSE • MENTEUSE, LA ○ ADORABLE LIAR • 1961
A CAUSE, A CAUSE D'UNE FEMME • 1962
APPARTEMENT DES FILLES, L' • APPARTEMENTO DELLE RAGAZZE, L' (ITL) • 1963
LUCKY JO • 1964
ON A VOLE LA JOCONDE • LADRO DELLA GIOCONDA, IL (ITL) ○ VOLEUR DE LA JOCONDE, LE ○ AVVENTURE DI GOLDEN BOY, LE • 1965
MARTIN SOLDAT • KISS ME GENERAL (UKN) • 1966
TENDRES REQUINS • ZARTLICHE HAIE (FRG) ○ AFFECTIONATE SHARKS • 1967
BENJAMIN OU LES MEMOIRES D'UN PUCEAU • BENJAMIN: THE DIARY OF AN INNOCENT BOY ○ BENJAMIN ○ BENJAMIN, OR THE DIARY OF AN INNOCENT YOUNG MAN • 1968
BYE BYE BARBARA • 1968
OURS ET LA POUPEE, L' • BEAR AND THE DOLL, THE • 1970
RAPHAEL OU LE DEBAUCHE • 1970
FEMME EN BLEU, LA • 1973
MOUTON ENRAGE, LE • MONTONE INFURIATO, IL (ITL) ○ LOVE AT THE TOP (USA) ○ ENRAGED SHEEP, THE ○ FRENCH WAY, THE ○ SEDUCER, THE • 1974
APPRENTI SALAUD, L' • 1977
DOSSIER 51, LE • 1978
VOYAGE EN DOUCE, LE • SENTIMENTAL JOURNEY (USA) ○ FRENCH LEAVE • 1980
EAUX PROFONDES • 1981
PETITE BANDE, LA • LITTLE BUNCH, THE (USA) • 1983
PERIL EN LA DEMEURE • DEATH IN A FRENCH GARDEN (UKN) ○ PERIL (USA) • 1984
PALTOQUET, LE • 1986
LECTRICE, LA • 1988
NUITS D'ETE EN VILLE • 1990

DeVITO DANNY – Actor – USA – 1944–
DE VITO DANNY
RATINGS GAME, THE • 1984 • TVM
THROW MOMMA OFF THE TRAIN • 1987
WAR OF THE ROSES • 1989

DEVLIN BERNARD – CND – 1923–
HORIZONS DE QUEBEC • 1948 • DCS
ANCIENS CANADIENS, LES • 1950 • DCS
CONTRAT DE TRAVAIL • 1950 • DCS
ABATIS, L' • SETTLER, THE • 1952 • SHT
HOMME AUX OISEAUX, L' • BIRD FANCIER, THE • 1952 • SHT
WINTER WEEKEND • MESURE POUR RIEN, UNE • 1952 • DCS
GARDE-MOTEUR, LE • 1953 • DCS
NOTAIRE, LE • 1953 • DCS
PROFESSEUR DE MUSIQUE, LE • 1953 • DCS
ARTISTS IN MONTREAL • 1953-54 • DCS
BUREAU OF MISSING PERSONS • 1953-54 • DCS
CRANBERRY RANCH • 1953-54 • DCS
CURTAIN TIME IN OTTAWA • 1953-54 • DCS
FARM MUSEUM • 1953-54 • DCS
FRENCH CUISINE • 1953-54 • DCS
IT'S RAINING SOLDIERS • 1953-54 • DCS
JAVANESE DANCING • 1953-54 • DCS
JUDO-JINKS • 1953-54 • DCS
KOREA AFTER THE WAR • 1953-54 • DCS
MICRO MOVIES • 1953-54 • DCS
MOUNTIES' CRIME LAB, THE • 1953-54 • DCS
NIGHT CHILDREN • 1953-54 • DCS
ON LEAVE IN TOKYO • 1953-54 • DCS
SCHOOL FOR CHARM • 1953-54 • DCS
STRONG MAN, THE • 1953-54 • DCS
SURVIVAL IN THE BUSH • 1953-54 • DCS
VANCOUVER'S CHINATOWN • 1953-54 • DCS
WINTER COMES TO KOREA • 1953-54 • DCS
ZOO IN STANLEY PARK, THE • 1953-54 • DCS
CHOSEN CHILDREN • 1954 • DCS
AVEC LE 22e EN ALLAMAGNE • 1954-55 • DCS
BETTER BUSINESS BUREAU • 1954-55 • DCS
CRECHE D'YOUVILLE, LA • 1954-55 • DCS
MONTREAL HISTORIQUE • 1954-55 • DCS
NOS AVIATEURS OUTRE-MER • 1954-55 • DCS
PARIS-BOITE • 1954-55 • DCS
POLONAIS DU CANADA, LES • 1954-55 • DCS
RETOUR A DIEPPE • 1954-55 • DCS
ABBE PIERRE, L' • 1955 • DCS
VISIT, THE • 1956 • SHT
ALCOOLISME, L' • 1956-57 • SHT
ALPINISME, L' • 1956-57 • DCS
CEOUR NEUF POUR UN VIEUX, UN • 1956-57 • DCS
D'HOMME A HOMME • 1956-57 • SHT
IL S'ENFLA SI BIEN • 1956-57 • SHT
NOUVEAUX VENUS, LES • 1956-57 • SHT
QUARTIER CHINOIS • 1956-57 • SHT
QUE DIEU VOUS SOIT EN AIDE #1 • 1956-57 • SHT
QUE DIEU VOUS SOIT EN AIDE #2 • 1956-57 • SHT
RETOUR, LE • 1956-57 • SHT
SUSPECTS, LES • 1956-57 • SHT
TU ENFANTERAS DANS LA JOIE • 1956-57 • SHT
VIE EST COURTE, LA • 1956-57 • SHT
VIEUX BIEN, LE • 1956-57 • SHT
ALFRED J #1 • 1957 • SHT
ALFRED J #2 • 1957 • SHT
CAS DE CONSCIENCE • 1957 • SHT
CAS LEBRECQUE, LE • 1957 • SHT
BRULES, LES • PROMISED LAND, THE • 1958
IMMIGRE, L' • 1959 • SHT
HERITAGE, L' • 1960
MISERE DES AUTRES, LA • 1960
DUBOIS ET FILS • 1961
CORRECTIONAL PROCESS, THE • PROGRAMME DE FORMATION • 1964 • DOC
DAVID THOMPSON, THE GREAT MAP-MAKER • DAVID THOMPSON, CARTOGRAPHE • 1964 • SHT
VOYAGEUR, LE • VOYAGEURS, LES • 1964 • SHT
OCTOPUS HUNT, THE • CHASSE A LA PIEVRE • 1965 • DCS
ONCE UPON A PRIME TIME • 1966 • SHT
QUESTION OF IDENTITY: WAR OF 1812, A • GUERRE DE 1812, LA • 1966 • SHT
SENIORITY VERSUS ABILITY • ANCIENNETE ET COMPETENCE • 1968 • DCS
MATTER OF SURVIVAL, A • DECISION CAPITALE, UNE • 1969 • SHT
END OF NANCY J., THE • NANCY J. NE PECHERA PAS, LE • 1970 • SHT
CASE OF EGGS, A • 1974

DEVLIN BONNI – CND
CANNERIES, THE • 1988 • DOC

DEVOYOD SUZANNE – FRN
AMI FRITZ, L' • 1919

DEW EDWARD – USA
NAKED GUN, THE • 1956
WINGS OF CHANCE • 1959
STUMP RUN • 1960

DEWALD JULIUS – GRM
FRAU HEMPELS TOCHTER • 1919

DEWAN MEERA – IND
GIFT OF LOVE • 1983 • DCS

DEWAR WILLIAM – USA
BACHELOR TOM PEEPING • BACHELOR TOM AND HIS BIKINI PLAYMATES ○ BIKINI PLAYMATES • 1962

DEWDNEY ALEXANDER see **DEWDNEY ALEXANDER KEEWATIN**

DEWDNEY ALEXANDER KEEWATIN – CND – 1941–
DEWDNEY ALEXANDER
FOUR GIRLS • 1967
MALANGA • 1967
SCISSORS • 1967 • ANS
MALTESE CROSS MOVEMENT, THE • 1968
WILDWOOD FLOWER • 1970
LUNDUN • 1971
PATRICIA • 1972

DEWEVER JEAN – FRN – 1927–
OPERATION LA FONTAINE • 1954
AGRICULTURE, L' • 1955
CRISE DU LOGEMENT, LA • 1955
AU BOIS PIGET • 1956
TANTE ESTHER • 1956
DES LOGIS ET DES HOMMES • 1958
VIE DES AUTRES, LA • 1958
CONTRASTES • 1959
HONNEURS DE LA GUERRE, LES • 1961
CESAR GRANDBLAISE • WEEK END PROIBITO DI UNA FAMIGLIA QUASI PER BENE (ITL) ○ JAMBES EN L'AIR, LES ○ CESAR GRANDBLAISE OU LES JAMBES EN L'AIR • 1970

DEWHURST GEORGE – UKN
GREAT COUP, A • 1919
HOMEMAKER, THE • 1919
DEAD CERTAINTY, A • 1920
SHADOW BETWEEN, THE • 1920
DOLLARS IN SURREY • 1921
DOUBLES, THE • 1922
LONESOME FARM • 1922
SISTER TO ASSIST 'ER, A • 1922
LITTLE DOOR INTO THE WORLD, THE • EVIL THAT MEN DO, THE • 1923
UNINVITED GUEST, THE • 1923
WHAT THE BUTLER SAW • 1924
SWEENEY TODD • 1926
BRIGHT YOUNG THINGS • 1927
MOTORING • 1927
SISTER TO ASSIST 'ER, A • 1927
RISING GENERATION, THE • 1928
SISTER TO ASSIST 'ER, A • 1930
SISTER TO ASSIST 'ER, A • 1938
SISTER TO ASSIST 'ER, A • 1948

DEWIER TOM – USA
DEATH BY DIALOGUE • 1988

DEWITT TOM – USA
FALL • SHT

DEWSBURY RALPH – UKN
KITCHEN COUNTESS, THE • 1914
LUNCHEON FOR THREE • 1914
KING'S OUTCAST, THE • HIS VINDICATION (USA) • 1915
LION'S CUBS, THE • 1915
MAN IN THE ATTIC, THE • 1915
WHOSO DIGGETH A PIT • 1915
GREATER NEED, THE • 1916
HIS DAUGHTER'S DILEMMA • 1916
MAN IN MOTLEY, THE • 1916
PARTNERS AT LAST • 1916
PASTE • 1916
EVERYBODY'S BUSINESS • 1917
GOLDEN DAWN, THE • 1921

DEXTER JOHN – UKN – 1935–
VIRGIN SOLDIERS, THE • 1969
SIDELONG GLANCES OF A PIGEON FANCIER • PIGEONS • 1971
I WANT WHAT I WANT • 1972

DEXTER MAURY – Producer – USA – 1927–
HIGH-POWERED RIFLE, THE • 1960
PURPLE HILLS, THE • 1961
WALK TALL • 1961
WOMAN HUNT • 1961
AIR PATROL • 1962
DAY MARS INVADED EARTH, THE • SPACERAID '63 • 1962
FIREBRAND, THE • 1962
YOUNG GUNS OF TEXAS • 1962
HARBOR LIGHTS • 1963
HOUSE OF THE DAMNED • 1963
POLICE NURSE • 1963
SURF PARTY • 1964
YOUNG SWINGERS, THE • 1964
NAKED BRIGADE, THE • HE GYMNE TAXIARCHIA (GRC) • 1965
PROSCRITO DEL RIO COLORADO, EL • OUTLAW OF RED RIVER (USA) ○ DJANGO, KILLER PER ONORE (ITL) • 1965
RAIDERS FROM BENEATH THE SEA • 1965
WILD ON THE BEACH • 1965
MARYJANE • 1968
MINISKIRT MOB, THE • 1968
YOUNG ANIMALS, THE • BORN WILD • 1968
HELL'S BELLES • BOSTON WARRIORS • 1970

DEXTER STEVE – USA
FANTASY IN COLOR AND SOUND • 1968 • SHT

DEY MANJU – IND
ABHISHAPTA CHAMBAL • CURSED VALLEY OF CHAMBAL ○ ACCURSED CHAMBAL VALLEY • 1967

DEYRIES BERNARD – FRN
HERE COME THE LITTLES • 1985 • ANM
RAINBOW BRITE AND THE STAR STEALER • 1985 • ANM

DEZAKI OSAMU – JPN
REMI • 1979 • ANM

DEZARD DANIELE – FRN – 1943–
SEXOLOGOS • LIBERTE, EGALITE, SEXUALITE • 1969 • DOC

DEZHKIN B. – USS
NEOVY KNOVENNYI MACH • UNUSUAL MATCH, AN • 1955 • ANS

DEZKHIN V. – USS
LEV I ZAYATS • LION AND THE HARE, THE • 1949

DHAIBER KESHAVRAO – IND
NAND KUMAR • 1937

DHALAN JUNAIDI see **DAHALAN JUNAIDI**

DHAMO KRISTAQ – ALB
DETYRE E POSACINE • SPECIAL DUTY
VITET E PARA • FIRST YEARS, THE TANA • 1958
FORTUNA • STORM • 1959

DHARAMADHIKARI DATTA – IND
DHARAMADHIKARI DHATTA
MAYA BAZAR • FANTASY BAZAAR • 1949
THAMB LAXMI KUNKU LAVTE • 1967

DHARAMADHIKARI DHATTA see **DHARAMADHIKARI DATTA**

DHARMARAJ RABINDRA – IND
CHAKRA • WHEEL • 1979

DHARWADKAR S. S. – IND
SHRI GANESH • 1962

DHERY ROBERT – Actor/writer – FRN – 1921–
BRANQUIGNOL • 1949
PATRONNE, LA • 1949
BERTRAND, COEUR DE LION • 1950
BELLE AMERICAINE, LA • 1961
ALLEZ FRANCE! • COUNTERFEIT CONSTABLE, THE (USA) • 1964
PETIT BAIGNEUR, LE • SI SALVI CHI PUO (ITL) ○ BOUNCING BEAUTY • 1967
VOS GUEULES LES MOUETTES • 1974

DHIR S. N. – IND
PRATISHODH • RETALIATION • 1983

DHOMME SYLVAIN – FRN – 1918–
SEPT PECHES CAPITAUX, LES • SETTE PECCATI CAPITALI, I (ITL) ○ SEVEN CAPITAL SINS, THE ○ SETTE PECCATI CAPITALI, I ○ SEVEN DEADLY SINS, THE ○ SEVEN DEADLY SINS ○ SEVEN CAPITAL SINS • 1951
VISAGE DES P.T.T. • 1964 • DCS

DHONDT A. M. – BLG
WEDIJVER, DE • 1966

DHUIT – FRN
GUEPES, LES • 1961 • SHT
MONDE DES MARAIS, LE • 1963 • SHT
MONTAGNE VIVANTE, LA • 1964 • SHT

DI CARLO CARLO – ITL – 1938–
PER QUESTA NOTTE • 1977
UOMO SOTTO L'OMBRELLONE, L' • 1981

DI COLA EMANUELE – ITL
SOGNI PROIBITI DI DON GALEAZZO CURATO DI CAMPAGNA • 1973

DI DOMENICO VICENTE – CLM
LIFE OF GENERAL RAFAEL URIBEM, THE • 1914
AURA • VIOLETS, THE • 1923
LIKE DEAD PEOPLE • 1924

DI GIAMMATTEO FERNALDO – ITL
LUNGA MARCIA PER PECHINO • LUNGA STRADA PER PECHINO, LA • 1962 • DOC
GOTT MIT UNS • DIO E CON NOI • 1964

DI GIANNI E. see **DI GIANNI ENZO**

DI GIANNI ENZO – ITL – 1908–
DI GIANNI E.
DUE MADONNE, LE • 1950
DESTINO • 1951
MADONNA DELLE ROSE • 1954
MILANESI A NAPOLI • 1954
PENTIMENTO • 1954
INCATENATA DAL DESTINO • 1956
DIVORZIO ALLA SICILIANA • 1963
SCANDALE.. NUDI • 1964
GUERRA DEI TOPLESS, LA • DONNE E DIAVOLI • 1965
GIORNO CALDO AL PARADISO SHOW • 1966
AMERICAN SECRET SERVICE (CRONACHE DE IERI E DI OGGI PRESENTATE DA DESY LUMINI) • 1968

DI GIANNI LUIGI – ITL – 1926–
MISTERI DI ROMA, I • MYSTERIES OF ROME, THE ○ WONDERS OF ROME, THE • 1963 • DOC
TEMPO DELL'INIZIO, IL • 1975

DI LEO FERNANDO – ITL – 1932–
EROI DI IERI, OGGI, DOMANI, GLI • 1965
ROSE ROSSE PER IL FUHRER • CODE NAME RED ROSES (USA) ○ RED ROSES FOR THE FUHRER • 1968
BRUCIA, AMORE, BRUCIA • AMARSI MALE • 1969
BRUCIA, RAGAZZO, BRUCIA • WOMAN ON FIRE, A (USA) ○ BURN, BOY, BURN (UKN) • 1969
RAGAZZI DEL MASSACRO, I • 1969
BESTIA UCCIDE A SANGUE FREDDO, LA • SLAUGHTER HOTEL (USA) ○ COLD BLOODED BEAST (UKN) ○ ASYLUM EROTICA ○ BEAST KILLS IN COLD BLOOD, THE • 1971
SEX IN THE CLASSROOM • 1971
MALA ORDINA, LA • MAFIA BOSS: SIE TOTEN WIE SCHAKALE, DER (FRG) ○ MANHUNT IN MILAN (UKN) ○ ITALIAN CONNECTION, THE (USA) ○ MAN ON THE RUN ○ MANHUNT • 1972
MILANO CALIBRO 9 • CONTRACT, THE (UKN) ○ CALIBRE 9 • 1972
BOSS, IL • MURDER INFERNO (UKN) ○ NEW MAFIA, THE (USA) ○ WIPEOUT! ○ BOSS • 1973
SEDUZIONE, LA • SEDUCTION • 1973
POLIZIOTTO E MARCIO, LA • SHOOT FIRST, DIE LATER (USA) • 1974
CITTA SCONVOLTA: CACCIA SPIETATA AI RAPITORI, LA • 1975
COLPO IN CANNA • STICK 'EM UP DARLINGS (UKN) ○ LOADED GUNS (USA) • 1975
KIDNAP SYNDICATE • 1975
AMICI DI NICK HEZARD, GLI • NICK THE STING • 1976
PADRONI DELLA CITTA, I • ZWEI SUPERTYPEN RAUME AUF ○ MISTER SCARFACE ○ BLOOD AND BULLETS • 1977
SALUT LES POURRIS • 1977
AVERRE VENT'ANNI • TO BE TWENTY • 1978
DIAMANTI SPORCHI DI SANGUE • 1978
RAZZA VIOLENTA • VIOLENT BREED, THE • 1984

DI LORENZO MAURIZIO see **ARENA MAURIZIO**

DI MELLO VICTOR – BRZ
ASCENSAO E QUEDA DE UM PAQUERA • 1970
ASSIM NEM A CAMA AGUENTA • 1970
QUANDO AS MULHERES PAQUERAM • 1972
GISELLE • HER SUMMER VACATION • 1981

DI NARDO MARIO – ITL
NON STA BENE RUBARE IL TESORO • 1967
RAGAZZA SPALANCATA, LA • 1975

DI PALMA CARLO – Dir. photo – ITL – 1925–
TERESA LA LADRA • TERESA THE THIEF (UKN) • 1973
QUI COMINCIA L'AVVENTURA • LUCKY GIRLS (USA) ○ MIDNIGHT PLEASURES (UKN) • 1975
MIMI BLUETTE FIORE DEL MIO GIARDINO • 1976

DI PAOLO MARIO – ITL
VENTO VENTO PORTALI VIA CON TE • 1975

DI SILVESTRO RINO – ITL
DIARIO SEGRETO DI UN CARCERE FEMMINILE • SECRET DIARY FROM A WOMEN'S PRISON (UKN) ○ LOVE IN A WOMEN'S PRISON ○ HELL PRISON ○ WOMEN IN CELL BLOCK 7 • 1973
PROSTITUZIONE • 1974
DEPORTATE DELLA SEZIONE SPECIALE SS, LE • 1976
LUPA MANNARA, LA • LEGEND OF THE WOLF WOMAN (USA) ○ DAUGHTER OF A WEREWOLF ○ WOLFWOMAN ○ WEREWOLF WOMAN • 1976
BABY LOVE • 1977

DIA CLAIRE – USA
HEALTH SPA, THE • 1978

DIACONU CORNEL – RMN
ESCAPADE, THE • 1983
TEMA 13: BATRINETEA • OLD AGE • 1984 • SHT

DIADDINE AHMAD see **DIAEDDIN AHMED**

DIAEDDIN AHMED – EGY
DIADDINE AHMAD
ZOUL WIJHAIN • MAN WITH TWO FACES, THE • 1949
LAYALY EL TAWILA, EL • LONG NIGHTS, THE • 1967

DIAGNE COSTA – GUN
HIER, AUJOURD'HUI ET DEMAIN • YESTERDAY, TODAY AND TOMORROW • 1970

DIAKITE MOUSSA – GUN
FUNERAILLES DE N'KRUMAH • 1971 • SHT

DIAL B. H. – USA
CANDY BABY • DREAMY LOVE BED ○ CANDY • 1969
FLY NOW, PAY LATER • 1969

DIAMAND FRANK – NTH
DIAMOND FRANK
NICARAGUA, SEPTEMBER 1978 • 1979 • DOC
EL SAVADOR, REVOLUTION OR DEATH • 1980

DIAMANDOPOULOS JIANNIS – GRC
LET THEM BE MARRIED • 1981

DIAMANT-BERGER HENRI – FRN – 1895–1972
GANTS BLANCS DE SAINT-CYR, LES • 1915
LORD OUVRIER, LE • 1915
POUR UN BOUFFEE DE TABAC • 1915
PARIS PENDANT LA GUERRE • 1916
PETITS POULBOTS, LES • 1916
ARENES SANGLANTES • 1917
ILS Y VIENNENT TOUS, AU CINEMA • 1917
QUATRE CAVALIERS DE L'APOCALYSE, LES • 1917
MAUVAIS GARCON, LE • 1921
TROIS MOUSQUETAIRES, LES • THREE MUSKETEERS, THE • 1921
BOUBOUROCHE • 1922
GONZAGUE • 1922
MILADY • 1922
VINGT ANS APRES • 1922
AFFAIRE DE LA RUE DE LOURCINE, L' • 1923
EMPRISE, L' • 1923
JIM BOUGNE BOXEUR • 1923
PAR HABITUDE • 1923
ROI DE LA VITESSE, LE • 1924
FIFTY-FIFTY • 1925
LOVER'S ISLAND • 1925
SIXTH DEGREE, THE • 1925
EDUCATION DE PRINCE • 1926
RUE DE LA PAIX • SINS OF FASHION • 1926
UNFAIR SEX, THE • 1926
DRAME DANS LA TEMPETE, UN • 1929
MONSIEUR GAZON • 1929
IMITATEUR, L' • 1930
PARIS LA NUIT • 1930
TANTE AURELIE • 1930
GENERAL A VOS ORDRES • 1931
SOLA • SOLA, TU NE SAIS PAS AIMER • 1931
TOUT S'ARRANGE • 1931
TU M'OUBLIERAS • 1931
BONNE AVENTURE, LA • 1932
CHASSE-CROISE • 1932
CLAIR DE LUNE • 1932
FERRETS DE LA REINE, LES • 1932
MILADY • 1932
TROIS MOUSQUETAIRES, LES • 1932
MIQUETTE ET SA MERE • 1933
GRANDE VIE, LA • 1934
ARSENE LUPIN, DETECTIVE • 1937
VIERGE FOLLE, LA • 1938
TOURBILLON DE PARIS • 1939
ISLAND OF FORGOTTEN SINS, THE • 1941
FAMILY AFFAIR, A • 1942
MURDER IN PRIVATE • 1942
MATERNELLE, LA • 1948
MONSIEUR FABRE • AMAZING MONSIEUR FABRE, THE • 1951
MON CURE CHEZ LES RICHES • 1952
CHASSEUR DE CHEZ MAXIM'S, LE • 1953
MADONE DES SLEEPINGS, LA • 1955
MONE CURE CHEZ LES PAUVRES • 1956
C'EST ARRIVE A 36 CHANDELLES • 1957
MESSIEURS LES RONDS-DE-CUIR • 1959
SONG OF THE BALALAIKA • 1971

DIAMANT-BERGER JEROME – FRN – 1950–
BERGER JEROME DIAMANT
VOIR NAITRE • DCS

DIAMANT-BERGER MAURICE see **MAURICE D. B.**

DIAMANTE JULIO – SPN – 1930–
DIAMANTI GIULIO
QUE NO FUIMOS A LA GUERRA, LOS • CUANDO ESTALLO LA PAZ • 1961
TIEMPO DE AMOR • 1964
ARTE DE VIVIR, EL • ART OF LIVING, THE • 1968
TIEMPOS DE CHICAGO • TEMPO DI CHARLESTON CHICAGO 1972 (ITL) ○ THEY PAID WITH BULLETS (USA) • 1968
HELENA Y FERNANDA • NEUROSIS ○ HELEN AND FERNANDA • 1970
SEX O NO SEX • 1974
CARMEN, LA • 1975

DIAMANTI GIULIO see **DIAMANTE JULIO**

DIAMANTIS ROGER – FRN – 1934–
SI JE TE CHERCHE, JE ME TROUVE • 1974

DIAMOND CASEY see **DAMJANOVIC CASLAV**

DIAMOND FRANK see **DIAMAND FRANK**

DIANOUX ROBERT – FRN – 1941–
MANQUE, LE • 1941 • DOC
ETRE LIBRE • ETRE LIBRE -AVIGNON 68 • 1968

DIANVILLE MAX – FRN – 1890–1954
CURE SENTIMENTALE, LA • 1932

DIAS PEREIRA – BRZ
PARA, PEDRO! • 1970

DIAZ-ABAYA MARILOU – PHL
BRUTAL • 1981
KARNAL • 1983

DIAZ JESUS – CUB
CINCUENTICINCO HERMANOS • FIFTY-FIVE BROTHERS • 1979
POLVO ROJO • RED DUST • 1982
LEJANIA • PARTING OF THE WAYS • 1985

DIAZ LEODY M. – PHL
BATMAN FIGHTS DRACULA • 1967
DEADLY SEVEN • 1967
DURANGO • 1967
FRAME UP • 1967
ITO ANG KARATE • THIS IS KARATE • 1967
MAGNIFICENT BANDIT • 1967
TARGET: THE A-GO-GO GENERATION • 1967
DEADLY JACKS • 1968
JUNIOR CURSILLO • 1968
MAGNUM BARRACUDA • 1968
QUINTO DE ALAS • 1968
RANCHO DIABLO • DEVIL RANCH • 1968
MAGIC SAMURAI, THE • 1969
BIONIC BOY • 1977

DIAZ MORALES JOSE – SPN – 1908–
MORALES JOSE DIAZ
CHARROS YUYUYUY • 1938 • SHT
JESUS DE NAZARETH • 1942
ADULTERIO, EL • 1943
CRISTOBAL COLON • GRANDEZA DE AMERICA, LA • 1943
GITANA EN MEXICO, UNA • 1943
CULPABLE, LA • 1944
POR UN AMOR • 1944
LUNA ENAMORADA, LA • AMORES DE UN TORERO, LOS • 1945
PALABRAS DE MUJER • 1945
PERVERTIDA • 1945
CARITA DE CIELO • 1946
EXTRANA OBSESION • 1946
GITANA EN JALISCO, UNA • 1946
PECADORA • 1947
SENORA TENTACION • 1947
CAPITAN DE LOYOLA, EL • LOYOLA, THE SOLDIER SAINT • 1948
PAZ • 1949

CABELLERA BLANCA • 1950
EDAD PELIGROSA, LA • 1950
MALCASADA, LA • 1950
POBRE CORAZON • 1950
REVOLTOSA, LA • 1950
TACOS JOVEN • PODER DE LOS HIJOS, EL • 1950
TIENDA DE LA ESQUINA, LA • 1950
DINERO NO ES LA VIDA, EL • 1951
NOCHE DE PERDICION • 1951
RETORNO A QUINTO PATIO • 1951
SALON DE BELLEZA • 1951
AMOR QUE MALO ERES! • 1952
CARTAS A UFEMIA • 1952
MARTES 13 • 1952
MI PAPA TUVO LA CULPA • 1952
SECRETARIA PARTICULAR • 1952
SEGUNDA MUJER, LA • 1952
MI NOCHE DE BODAS • 1953
YO SOY MUY MACHO • 1953
NECESITA UN MARIDO • ME LO DIJO ADELA • 1954
ESPOSAS INFIELES • 1955
TINIEBLAS • 1955
VIRTUD DESNUDA, LA • 1955
AL COMPAS DL ROCK'N ROLL • 1956
CHIFLADOS DEL ROCK'N ROLL, LOS • 1956
JUVENTUD DESENFRENADA • 1956
CONCURSA DE BELLEZA • 1957
MANICOMIO • 1957
POR TI APRENDI A QUERER • 1957
REBELION DE LOS ADOLESCENTES, LA • 1957
SIETE PECADOS • 1957
CONFIDENCIAS MATRIMONIALES • 1958
COSA PROHIBIDAS, LAS • 1958
MATRIMONIOS JUVENILES • 1958
MUNDO, DEMONIO Y CARNE • WORLD, THE DEVIL AND THE FLESH, THE • 1958
ESTOS ANOS VIOLENTOS • 1959
SOBRE EL MUERTO LAS CORONAS • 1959
BESITO A PAPA • 1960
CARA PARCHADA, EL • 1960
RECIEN CASADAS, LAS • 1960
SECRETOS DEL SEXO DEBIL, LOS • 1960
BARBAROS DEL NORTE, LOS • 1961
YO, EL MUJERIEGO • 1962
REVOLTOSA, LA • 1963
HACHA DIABOLICA, EL • DIABOLICAL HATCHET, THE ◦ DIABOLICAL AXE, THE • 1964
SANTO ATACA LAS BRUJAS • ATACAN LAS BRUJAS ◦ SANTO ATTACKS THE WITCHES ◦ WITCHES ATTACK, THE • 1964
QUE NUNCA AMARON, LOS • 1965
SANTO CONTRA EL BARON BRAKOLA • BARON BRAKOLA, EL ◦ SANTO VS. BARON BRAKOLA • 1965
NOCHES PROHIBIDAS • 1966
PROFANADORES DE TUMBAS • TRAFICANTES DE LA MUERTE, LOS ◦ PROFANERS OF TOMBS ◦ DEALERS IN DEATH, THE • 1966
SATANICO, EL • 1966
AMIGUITAS DE LOS RICOS, LAS • GIRL-FRIENDS OF THE RICH, THE • 1968

DIAZ ROLANDO – CUB

VIDA EN ROSA, LA • VIE EN ROSE, LA • 1989

DICK KIRBY – USA

PRIVATE PRACTICES • 1986 • DOC

DICK NIGEL – USA

DEAD END • 1987
PRIVATE INVESTIGATIONS • P.I.– PRIVATE INVESTIGATIONS ◦ PRIVATE INVESTIGATION • 1987
DEADLY INTENT • 1988

DICK RONALD – CND

GERMANY -KEY TO EUROPE • 1953 • DCS

DICKENS STAFFORD – Actor – UKN – 1896–

PLEASE TEACHER • 1937
SKIMPY IN THE NAVY • 1949

DICKENSON JOHN – VNZ

DICKINSON JOHN

ENTRE GOLPES Y BOLEROS • BETWEEN BLOWS AND BOLEROS ◦ AMONG BLOWS AND BOLEROS • 1988

DICKENSON MARGARET

BEHIND THE LINE • DOC

DICKINSON DESMOND – Dir. photo – UKN – 1902–

HER FATHER'S DAUGHTER • 1940
EATING OUT WITH TOMMY • 1941

DICKINSON JOHN see **DICKENSON JOHN**

DICKINSON LUCKY see **FIDANI DEMOFILO**

DICKINSON MARGARET – UKN

EXCHANGE AND DIVIDE • 1980

DICKINSON THOROLD – UKN – 1903–1984

JAVA HEAD • 1934
HIGH COMMAND, THE • 1937
BEHIND THE SPANISH LINES • 1938 • DCS
SPANISH ABC • 1938 • DOC
ARSENAL STADIUM MYSTERY, THE • 1939
GASLIGHT • ANGEL STREET (USA) ◦ STRANGER CASE OF MURDER, A • 1940
YESTERDAY IS OVER YOUR SHOULDER • 1940
PRIME MINISTER, THE • EMPIRE WAS BUILT, AN • 1941
WESTWARD HO! • 1941 • DCS
NEXT OF KIN, THE • 1942
MEN OF TWO WORLDS • KISENGA MAN OF AFRICA ◦ WITCH DOCTOR • 1946
QUEEN OF SPADES, THE • 1949
SECRET PEOPLE • 1952
RED GROUND, THE • HAKARKA HA A DOM • 1954 • SHT
HAGIVA • HILL 24 DOESN'T ANSWER • 1955

DICKOFF MICHEL – SWT

WILHELM TELL -BERGEN IN FLAMMEN • GUILLAUME TELL ◦ FLAMMENDE BERG • 1960

DICKSON CHARLES – USA

CAPTAIN JINKS' HIDDEN TREASURE • 1916 • SHT
DEAR PERCY • 1916
KERNEL NUTT • 1916 • SHS
KERNEL NUTT AND PRINCE TANGO • 1916 • SHT
KERNEL NUTT, THE PIANO TUNER • 1916 • SHT
MOVIE MONEY • 1916

DICKSON PAUL – UKN – 1920–

UNDEFEATED, THE • 1950 • DOC
DAVID • 1951
STORY OF AN ACHIEVEMENT, THE • 1952 • DOC
GILBERT HARDING SPEAKING OF MURDER • 1953
STAR OF MY NIGHT • 1954
TALE OF THREE WOMEN, A • 1954
SATELLITE IN THE SKY • FLAME IN THE SKY • 1956
DEPRAVED, THE • 1957
ENQUIRY INTO GENERAL PRACTICE • 1957 • DOC
FILM THAT NEVER WAS, THE • 1957
FUN AT THE MOVIES • 1957
STONE INTO STEEL • 1961 • DOC

DICKSON W. K. L. – Inventor – USA – 1860–1935

BAR ROOM SCENE • 1894
SHOESHINE AND BARBER SHOP • 1894
SERPENTINE DANCE -ANNABELLE • ANNABELLE THE DANCER • 1897

DIDDEN MARC – BLG

BRUSSELS BY NIGHT • 1984
SAILORS DON'T CRY • 1989

DIDDENS G. – BLG

MEERMIN, DE • 1971

DIDIER MARC – FRN

AME DE CLOWN • 1933
BILLET DE MILLE, LE • 1934
MOULIN DANS LE SOLEIL, LE • 1938
SIDI-BRAHIM • DIABLES BLEUS, LES • 1939

DIEGE SAMUEL – USA

RIDE 'EM, COWGIRL • 1939
SINGING COWGIRL, THE • 1939
WATER RUSTLERS • 1939

DIEGO CONSTANTE – CUB

CAROUSALS • PARRANDAS • 1979 • DOC
CON EL CORAZON SOBRE LA TIERRA • MY HEART IS THAT LAND • 1985

DIEGUES CACA – BRZ

TREM PARA AS ESTRELAS, UM • TRAIN TO THE STARS, A • 1988

DIEGUES CARLOS – BRZ – 1940–

FUGA • 1960 • SHT
DOMINGO • 1961 • SHT
CINCO VEZES FAVELA • 1962
GANGA ZUMBA • 1963
8A. BIENAL DE SAO PAULO, A • 1965 • SHT
GRANDE CIDADE, A • BIG CITY, THE • 1966
OITO UNIVERSITARIOS • 1967 • MTV
BRADO RETUMBANTE • RESOUNDING CRY, THE • 1968
HERDEIROS, OS • INHERITORS, THE • 1970
QUANDO O CARNAVAL CHEGAR • WHEN CARNIVAL COMES • 1972
JOANA A FRANCESA • JOANNA FRANCESA (USA) ◦ JEAN LA FRANCAISE ◦ JOAN THE FRENCHWOMAN • 1973
XICA DA SILVA • XICA • 1976
CHUVAS DE VERAO • SUMMER SHOWERS ◦ SUMMER RAIN • 1977
FILHOS DO MEDO, OS • ENFANTS DE LA PEUR, LES • 1978 • DOC
BYE BYE BRASIL • BYE BYE BRAZIL • 1980
QUILOMBO • 1984
SUBWAY TO THE STARS • 1987
DIAS MELHORES VIRAO • BETTER DAYS WILL COME • 1989

DIEGUEZ MANUEL ZECENA – MXC

ZECENA DIEGUEZ MANUEL

AMOR EN LAS NUBES • LOVE IN THE CLOUDS • 1968

DIEHL BROS see **DIEHLE BROS**

DIEHLE BROS – Animators – GRM

DIEHL BROS

RACE OF THE RABBIT AND THE HEDGEHOG, THE • ANM
EVA AND THE GRASSHOPPER • 1928 • ANM
SEVEN RAVENS • 1937 • ANM
PUSS IN BOOTS • 1938 • ANS
SEVEN RAVENS, THE • 1952 • ANM

DIELTZ CHARLES – USA

ROCKED TO SLEEP • 1920 • SHT

van DIEM MIKE – NTH

ALASKA • 1989 • SHT

DIENAR BARUCH – ISR

HEM HAYU ASAR • THEY WERE TEN (USA) • 1960
TAKE TWO • 1972

DIENTA KALIFA – MLI

A BANNA • C'EST FINI ◦ IT'S FINISHED ◦ IT'S ALL OVER • 1980

DIERKER HUGH – USA

OTHER SIDE, THE • 1922
CAUSE FOR DIVORCE • 1923
CAMILLE OF THE BARBARY COAST • FALLEN ANGEL, THE • 1925
WRONGDOERS, THE • 1925
BROKEN HOMES • 1926
FALSE PRIDE • 1926
THINGS WIVES TELL • 1926

del DIESTRO ALFREDO – MXC

MARIA, LA • 1922
NOBLEZA RANCHERA • 1938

DIETERLE WILHELM see **DIETERLE WILLIAM**

DIETERLE WILLIAM – GRM – 1893–1972

DIETERLE WILHELM

MENSCH AM WEGE, DER • MAN BY THE ROADSIDE, THE • 1923
GESUNKENEN, DIE • SUNKEN, THE (USA) • 1925
GEHEIMNIS DES ABBE X, DAS • MANN, DER NICHT LIEBEN DARF, DER ◦ BEHIND THE ALTAR • 1927
GESCHLECHT IN FESSELN • SEX IN CHAINS (USA) ◦ SEX IN FETTERS ◦ GESCHLECHT IN FESSELN -DIE SEXUALNOT DER GEFANGEN ◦ SEXES ENCHAINES, LES ◦ CHAINES • 1928
HEILIGE UND IHR NARR, DIE • SAINT AND HER FOOL, THE (USA) ◦ SAINTE ET LE FOU, LA • 1928
FRUHLINGSRAUSCHEN • TRANEN DIE ICH DIR GEWEINT ◦ REVES DE PRINTEMPS ◦ NOSTALGIE • 1929
ICH LEBE FUR DICH • TRIUMPH OF LOVE (USA) ◦ TRIOMPHE DE LA VIE, LE • 1929
LUDWIG DER ZWEITE, KONIG VON BAYERN • LUDWIG II, KING OF BAVARIA • 1929
SCHWEIGEN IM WALDE, DAS • SILENCE DANS LA FORET, LE ◦ NUIT DE LA SAINT-JEAN, LA • 1929
MASKE FALLT, DIE • 1930
STUNDE GLUCK, EINE • 1930
TANZ GEHT WEITER, DER • DANCE GOES ON, THE • 1930
DAMON DES MEERES • MOBY DICK • 1931
HER MAJESTY, LOVE • 1931
KISMET • 1931
LAST FLIGHT, THE • SPENT BULLETS • 1931
CRASH, THE • 1932
JEWEL ROBBERY • 1932
LAWYER MAN • 1932
MAN WANTED • DANGEROUS BRUNETTE • 1932
SCARLET DAWN • REVOLT • 1932
SIX HOURS TO LIVE • 1932
ADORABLE • 1933
DEVIL'S IN LOVE, THE • 1933
FEMALE • 1933
FROM HEADQUARTERS • 1933
GRAND SLAM • 1933
DR. MONICA • 1934
FASHIONS OF 1934 • FASHION FOLLIES OF 1934 ◦ FASHIONS • 1934
FIREBIRD, THE • 1934
FOG OVER FRISCO • 1934
MADAME DU BARRY • 1934
SECRET BRIDE, THE • CONCEALMENT (UKN) • 1934
DR. SOCRATES • 1935
MIDSUMMER NIGHT'S DREAM, A • 1935
SATAN MET A LADY • 1936
STORY OF LOUIS PASTEUR, THE • ENEMY OF MAN • 1936
WHITE ANGEL, THE • 1936
ANOTHER DAWN • 1937
GREAT O'MALLEY, THE • MAKING OF O'MALLEY • 1937
LIFE OF EMILE ZOLA, THE • I ACCUSE (UKN) • 1937
BLOCKADE • 1938
HUNCHBACK OF NOTRE DAME, THE • 1939
JUAREZ • 1939
DISPATCH FROM REUTERS, A • THIS MAN REUTER (UKN) • 1940
DR. EHRLICH'S MAGIC BULLET • STORY OF DR. EHRLICH'S MAGIC BULLET, THE (UKN) ◦ MAGIC BULLET, THE • 1940
DEVIL AND DANIEL WEBSTER, THE • ALL THAT MONEY CAN BUY (UKN) ◦ DANIEL AND THE DEVIL ◦ HERE IS A MAN • 1941
SYNCOPATION • 1942
TENNESSEE JOHNSON • MAN ON AMERICA'S CONSCIENCE, THE (UKN) • 1942
I'LL BE SEEING YOU • DOUBLE FURLOUGH • 1944
KISMET • ORIENTAL DREAMS • 1944
LOVE LETTERS • 1945
THIS LOVE OF OURS • AS IT WAS BEFORE • 1945
SEARCHING WIND, THE • 1946
ACCUSED, THE • 1948
PORTRAIT OF JENNIE • JENNIE (UKN) ◦ TIDAL WAVE • 1948
ROPE OF SAND • 1949
DARK CITY • 1950
PAID IN FULL • BITTER VICTORY • 1950
SEPTEMBER AFFAIR • 1950
VULCANO • VOLCANO (USA) • 1950
PEKING EXPRESS • 1951
RED MOUNTAIN • 1951
BOOTS MALONE • 1952
SALOME • SALOME, THE DANCE OF THE SEVEN VEILS • 1952
TURNING POINT, THE • THIS IS DYNAMITE • 1952
ELEPHANT WALK • 1954
MAGIC FIRE • 1956
OMAR KHAYYAM • LOVES OF OMAR KHAYYAM, THE • 1957
MISTERO DEI TREI CONTINENTI, IL • MYSTERES D'ANGKOR, LES (FRN) ◦ HERRIN DER WELT (FRG) ◦ MISTRESS OF THE WORLD (USA) ◦ MYSTERY OF THREE CONTINENTS, THE ◦ MYSTERIES OF ANGKOR, THE ◦ FRN ◦ APOCALISSE SULL FIUME GIALLO • 1959
VENDICATORE, IL • REVOLT OF THE VOLGA ◦ DUBROWSKY ◦ AIGLE NOIR, L' ◦ REVOLTE SUR LA VOLGA • 1959
FASTNACHTSBEICHTE, DIE • ASH WEDNESDAY CONFESSION • 1960
GROSSE REISE, DIE • 1961 • MTV
VERGNUGEN, ANSTANDIG ZU SEIN, DAS • 1961 • MTV
GABRIEL SCHILLINGS FLUCHT • 1962 • MTV
SPIEL UM JOB, ANTIGONE, DAS GROSSE VORBILD • 1962 • MTV
QUICK, LET'S GET MARRIED • SEVEN DIFFERENT WAYS ◦ CONFESSION, THE • 1964

DIETERLEN GERMAINE – FRN

VIEIL ANAI, LE • 1979 • DOC
AMBARA DAMA • 1981

DIETRICH ERWIN C. – GRM

GILBERT GUY • THOMAS MICHAEL

HINTERHOEFE DER LIEBE • BACKYARD OF LOVE • 1968
NICHTEN DER FRAU OBERST, DIE • GUESS WHO'S COMING FOR BREAKFAST (UKN) ◦ NIECES OF FRAU OBERST, THE • 1968
NEFFEN DES HERRN GENERAL, DIE • 1969
NICHTEN DER FRAU OBERST, PART 2 -MEIN BETT IS MEINE BURG • 1969
SECRETS OF A FRENCH MAID, THE

BLUTJUNGE VERFUHRERINNEN • 1971
STEWARDESSEN, DIE • SWINGING STEWARDESSES, THE (UKN) ○ SWINGIN' STEWARDESSES ○ YOUNG SEDUCERS, THE • 1972
ARMEE GRETCHEN, EINE • FRAULEINS IN UNIFORM (UKN) ○ GRETCHEN IN UNIFORM ○ ARMY GIRL • 1973
MADCHEN DIE NACH LIEBE SCHREIEN • GIRLS WHO CRY OUT FOR LOVE (UKN) • 1973
BUMSFIDELEN MADCHEN VON BIRKENHOF, DIE • RANCH OF THE NYMPHOMANIAC GIRLS ○ RANCH OF THE NYMPHOMANIACS • 1974
HEISSE SEX IN BANGKOK • HOT SEX IN BANGKOK • 1974
SEX-ABENTEUER DER DREI MUSKETIERE • SEX-ADVENTURES OF THE THREE MUSKETEERS, THE • 1975
THAT GIRL IS A TRAMP • 1975
TANZERINNEN FUR TANGER • ISLAND OF THE SAVAGE SEX SLAVES ○ CONFESSIONS OF THE SEX SLAVES ○ NAKED STREET GIRLS • 1977
COME PLAY WITH ME 2 • 1980
JULCHEN UND JETTCHEN: DIE VERLIEBTEN APOTHEKERSTOCHTER • COME PLAY WITH ME 3 • 1980
SECH SCHWEDINNEN IM PENSIONAT • UNTAMED SEX • 1980

DIEUDONNE ALBERT – Actor – FRN – 1889–1976

SOUS LA GRIFFE • 1921
SON CRIME • 1922
GLOIRE ROUGE • 1923
VIE SANS JOIE, UNE • CATHERINE ○ BACKBITERS • 1924

DIEZ ANA – SPN

ANDER ETA YUL • ANDER AND YUL • 1988

DIEZ ANTONIO GOMEZ – SPN

GRIS • GLOOMY • 1969

DIEZ MIGUEL ANGEL – SPN – 1947–

LOLA PAZ Y YO • 1974 • SHT
RETRANSMISION, LA • 1974 • SHT
IR POR LANA • 1976 • SHT
PECADO MORTAL • 1976
DE FRESA, LIMON Y MENTA • OF STRAWBERRY, LEMON AND MINT • 1977
VULPEJA • 1978
LUCES DE BOHEMIA • BOHEMIAN LIGHTS • 1985

DIGGLE LYNTON – NZL

ART SURGEON • 1969 • DCS

DIGMELOV ALEXANDER – USS

FIRST SPRING RACES AT TBILISI, THE
FUNERAL OF THE CATHOLICS IN ECHMIADZIN, THE
WILD BEAR HUNT, THE

van DIJK GERRIT – Animator – NTH

PAS A DEUX • 1987 • ANM

DIL MUNSHI – PKS

GUL BAKAWLI • 1960

DILDARYAN I. – USS

OKHOTNIK IZ LALVARA • HUNTER FROM LALVAR • 1967

DILEO MARIO – USA

FINAL ALLIANCE • 1989

DILLMAN MAX see **DALLAMANO MASSIMO**

DILLON EDDIE – USA

DILLON EDWARD

LINE AT HOGAN'S, THE • 1912
TRAGEDY OF A DRESS SUIT, THE • 1912
AUNTS, TOO MANY • 1913
BARBER CURE, A • 1913
BINK'S VACATION • 1913
BOARDERS AND BOMBS • 1913
CIRCUMSTANTIAL HERO, A • 1913
DYED, BUT NOT DEAD • 1913
END OF THE WORLD, THE • 1913
FALLEN HERO, A • 1913
FOUL AND FEARFUL PLOT, A • 1913
HE'S A LAWYER • 1913
HIS HOODOO • 1913
HOW THE DAY WAS SAVED • 1913
IN THE HANDS OF THE BLACK HANDS • 1913
MCGANN AND HIS OCTETTE • 1913
MIXED NUTS • 1913
MRS. CASEY'S GORILLA • 1913
NEVER KNOWN TO SMILE • 1913
OH, SAMMY! • 1913
SATURDAY HOLIDAY, A • 1913
SCENTING A TERRIBLE CRIME • 1913
SONAMBULISTS, THE • 1913
TROUBLESOME MOLE, THE • 1913
WINNING PUNCH, THE • 1913
WITH THE AID OF PHRENOLOGY • 1913
ALARM, THE • 1914
BARNYARD FLIRTATIONS • 1914
BECAUSE OF A HAT • 1914
BRAND NEW HERO, A • 1914
CASEY'S VENDETTA • 1914
CHOCOLATE DYNAMITE • 1914
DECEIVER, THE • 1914
FATTY AND THE HEIRESS • 1914
FATTY'S DEBUT • 1914
FATTY'S FINISH • 1914
FATTY'S GIFT • 1914
FATTY'S JONAH DAY • 1914
FATTY'S MAGIC PANTS • 1914
FATTY'S WINE PARTY • 1914
HOUSEBREAKERS, THE • 1914
HUBBY TO THE RESCUE • 1914
INCOMPETENT HERO, AN • 1914
IT WAS SOME PARTY • 1914
JONAH, A • 1914
LAST DRINK OF WHISKEY, THE • 1914
LEADING LIZZIE ASTRAY • 1914
LOVERS' POST OFFICE • 1914
MANIACS THREE • 1914
MIX-UP AT MURPHY'S, A • 1914
REBECCA'S WEDDING DAY • 1914
REJUVENATION OF AUNT MARY, THE • 1914
RIGHT DOPE, THE • 1914
SHOTGUNS THAT KICK • 1914
SKELLEY AND THE TURKEY • 1914
SKELLEY BUYS A HOTEL • 1914
SKELLEY'S BIRTHDAY • 1914
SKY PIRATE, THE • 1914
THAT MINSTREL MAN • 1914
THOSE COUNTRY KIDS • 1914
THOSE HAPPY DAYS • 1914
BEPPO, THE BARBER • 1915
BILL GIVES A SMOKER • 1915
CAUGHT BY THE HANDLE • 1915
DEACON'S WHISKERS, THE • 1915
ETHEL'S DOGGONE LUCK • 1915
FAITHFUL TO THE FINISH • 1915
FATAL FINGER PRINTS, THE • 1915
FATHER LOVE • 1915
FATTY AND MABEL AT THE SAN DIEGO EXPOSITION • 1915
FATTY AND MINNIE HE-HAW • 1915
FATTY'S CHANCE ACQUAINTANCE • 1915
FATTY'S NEW ROLE • 1915
FATTY'S RECKLESS FLING • 1915
JINX ON JENKS, THE • 1915
LOVE PIRATE, THE • 1915
MABEL, FATTY AND THE LAW • 1915
MABEL'S AND FATTY'S MARRIED LIFE • 1915
MABEL'S AND FATTY'S SIMPLE LIFE • FATTY AND MABEL'S SIMPLE LIFE ○ MABEL AND FATTY'S SIMPLE LIFE • 1915
MABEL'S AND FATTY'S WASH DAY • 1915
MIXED VALUES • 1915
OVER AND BACK • 1915
SAFETY FIRST • 1915
SHOCKING STOCKINGS • 1915
WHERE BREEZES BLOW • 1915
DON QUIXOTE • 1916
MR. GOODE, THE SAMARITAN • 1916
SUNSHINE DAD • 1916
TWO O'CLOCK TRAIN, THE • 1916 • SHT
ANTICS OF ANN, THE • 1917
DAUGHTER OF THE POOR, A • 1917
HEIRESS AT "COFFEE DAN'S", THE • 1917
MIGHT AND THE MAN • 1917
DOLL SHOP • 1918
EMBARRASSMENT OF RICHES, THE • 1918
OUR LITTLE WIFE • 1918
HELP! HELP! POLICE! • 1919
LUCK AND PLUCK • 1919
NEVER SAY QUIT • 1919
PUTTING ONE OVER • CHASING A FORTUNE • 1919
WINNING STROKE, THE • 1919
AMATEUR WIFE, THE • 1920
FRISKY MRS. JOHNSON, THE • 1920
PARLOR, BEDROOM AND BATH • 1920
EDUCATION OF ELIZABETH, THE • 1921
HEART TO LET, A • 1921
SHELTERED DAUGHTERS • 1921
BEAUTY SHOP, THE • 1922
WOMEN MEN MARRY • 1922
BROADWAY GOLD • VIRTUOUS FOOL, A • 1923
DRUMS OF JEOPARDY, THE • 1923
BRED IN OLD KENTUCKY • 1926
DANGER GIRL, THE • 1926
FLAME OF THE ARGENTINE • 1926
DICE WOMAN, THE • 1927

DILLON EDWARD see **DILLON EDDIE**

DILLON JACK see **DILLON JOHN FRANCIS**

DILLON JOHN see **DILLON JOHN FRANCIS**

DILLON JOHN F. see **DILLON JOHN FRANCIS**

DILLON JOHN FRANCIS – USA – 1887–1934

DILLON JOHN F. • DILLON JOHN • DILLON JACK

ALMOST A WIDOW • 1915
ANITA'S BUTTERFLY • 1915
CATS, CASH AND A COOK BOOK • 1915
CURING FATHER • 1915
DESERTED AT THE AUTO • 1915
JOHNNY THE BARBER • 1915
KIDDUS, KIDS AND KIDDO • 1915
ONE TO THE MINUTE • 1915
TWO HEARTS AND A THIEF • 1915
BUNGLING BILL, BURGLAR • 1916 • SHT
BUNGLING BILL, DETECTIVE • 1916
BUNGLING BILL, DOCTOR • 1916
BUNGLING BILL'S DREAM • 1916
BUNGLING BILL'S DRESS SUIT • 1916
BUNGLING BILL'S PEEPING WAYS • 1916 • SHT
CHINATOWN VILLAINS • 1916
DEEP SEA LIAR, THE • 1916
DELINQUENT BRIDEGROOMS • 1916 • SHT
FOR TEN THOUSAND BUCKS • 1916 • SHT
GETTING IN WRONG • 1916
HIRED AND FIRED • 1916 • SHT
HIS BLOWOUT • 1916 • SHT
IGORROTES, CROCODILES AND A HAT BOX • 1916
IRON MITT, THE • 1916 • SHT
JUST FOR A KID • 1916
KNOCKING OUT KNOCKOUT KELLY • 1916
LIONHEART CHIEF, THE • 1916
LOVE, DYNAMITE AND BASEBALL • 1916
MIX-UP IN PHOTOS, A • 1916
MIXUP AT RANDOLPHS, A • 1916
MORE TRUTH THAN POETRY • 1916
NAILING ON THE LID • 1916
NATIONAL NUTS • 1916
PADDY'S POLITICAL DREAM • 1916
SEARCH ME! • 1916
SLIPPING IT OVER ON FATHER • 1916
SOME NIGHT • 1916
TOO MUCH MARRIED • 1916 • SHT
WALK THIS WAY • 1916
WHEN PAPA DIED • 1916 • SHT
INDISCREET CORINNE • 1917
MALE GOVERNESS, THE • 1917 • SHT
TWIN TROUBLES • 1917
WHEELS AND WOE • 1917
BEANS • 1918
BETTY TAKES A HAND • 1918
HEIRESS FOR A DAY • 1918
LIMOUSINE LIFE • 1918
LOVE SWINDLE, A • 1918
NANCY COMES HOME • 1918
BURGLAR BY PROXY • 1919
FLIP OF A COIN, THE • 1919 • SHT
FOLLIES GIRL, THE • 1919
GREEN-EYED JOHNNY • 1919 • SHT
HAPPY RETURNS • 1919 • SHT
LOVE'S PRISONER • 1919
PRISONER FOR LIFE, A • 1919 • SHT
SHE HIRED A HUSBAND • 1919
SILK-LINED BURGLAR, THE • 1919
TAPERING FINGERS • 1919 • SHT
TASTE OF LIFE, A • 1919
TEA HOUND, THE • 1919 • SHT
TEMPORARY ALIMONY • 1919 • SHT
BLACKBIRDS • 1920
RIGHT OF WAY, THE • 1920
SUDS • 1920
CHILDREN OF THE NIGHT • 1921
PLAYTHING OF BROADWAY, THE • 1921
ROOF TREE, THE • 1921
CALVERT'S VALLEY • CALVERT'S FOLLY (UKN) • 1922
CUB REPORTER, THE • NEW REPORTER, THE • 1922
GLEAM O'DAWN • 1922
MAN WANTED • 1922
YELLOW STAIN, THE • 1922
BROKEN VIOLIN, THE • 1923
FLAMING YOUTH • 1923
SELF-MADE WIFE, THE • 1923
FLIRTING WITH LOVE • 1924
LILIES OF THE FIELD • 1924
PERFECT FLAPPER, THE • 1924
CHICKIE • 1925
HALFWAY GIRL, THE • 1925
IF I MARRY AGAIN • 1925
ONE WAY STREET • 1925
WE MODERNS • 1925
DON JUAN'S THREE NIGHTS • 1926
LOVE'S BLINDNESS • 1926
MIDNIGHT LOVERS • 1926
TOO MUCH MONEY • 1926
CRYSTAL CUP, THE • 1927
MAN CRAZY • 1927
PRINCE OF HEADWAITERS, THE • 1927
SEA TIGER, THE • RUNAWAY ENCHANTRESS, THE • 1927
SMILE, BROTHER, SMILE • ROAD TO ROMANCE, THE • 1927
NOOSE, THE • GOVERNOR'S WIFE, THE • 1928
OUT OF THE RUINS • 1928
CAREERS • 1929
CHILDREN OF THE RITZ • 1929
FAST LIFE • 1929
SALLY • 1929
SCARLET SEAS • 1929
BRIDE OF THE REGIMENT • LADY OF THE ROSE (UKN) • 1930
GIRL OF THE GOLDEN WEST, THE • 1930
KISMET • 1930
ONE NIGHT AT SUSIE'S • 1930
SPRING IS HERE • 1930
FINGER POINTS, THE • 1931
MILLIE • 1931
PAGAN LADY, THE • 1931
RECKLESS HOUR, THE • 1931
BEHIND THE MASK • 1932
CALL HER SAVAGE • 1932
COHENS AND KELLYS IN HOLLYWOOD, THE • 1932
MAN ABOUT TOWN • 1932
HUMANITY • 1933
BIG SHAKEDOWN, THE • SHAKEDOWN, THE • 1934

DILLON R. A. see **DILLON ROBERT A.**

DILLON ROBERT see **DILLON ROBERT A.**

DILLON ROBERT A. – USA

DILLON R. A. • DILLON ROBERT

PAT'S PASTING WAYS • 1916 • SHT
PIRATE BOLD, A • 1917 • SHT
THEIR SPORTING BLOOD • 1918 • SHT
PHANTOM POLICE • 1926 • SRL

DILLOW JEAN CARMEN – USA

PAWN, THE • 1968

DILTZ CHARLES – USA

PRINCE OF DAFFYDIL • 1920 • SHT
WILD WOMEN OF BORNEO • 1932

DIMITRACOPOULOS SPIROS – GRC

QUO VADIS SPIRIDION • 1911

DIMITRI M. M. – USA

SENSUOUS DETECTIVE, THE

DIMITRI MICHELE – BLG

TOUR DE CHANCE

DIMITROV STEFAN – BUL

MOTOR HIGHWAY, THE • HIGHWAY, THE • 1975

DIMMOCK F. HAYDEN – UKN

KNIGHTS OF FREEDOM • 1947

DIMOGERONTAKIS DIMITRIS – GRC

SKOTINI KATASKEVI MIAS ILIOGRAFIAS • DARK MAKING OF AN HELIOGRAPHY, THE • 1976

DIMOND PETER – ASL – 1915–

COAL MINER, THE • 1955 • DOC
ESCAPE THE CITY • 1955 • DOC
NEW GUINEA PATROL • 1958 • DOC
LULUAI'S DREAM, THE • 1966 • DOC
PACIFIC ENDEAVOUR • 1970 • DOC

DIMOPOULOS ARIS – GRC

HOMA KE EMA • EARTH AND BLOOD • 1967

DIMOPOULOS DINOS – GRC – 1921–

JOE O TROMEROS • JOE THE TERRIBLE • 1955
AGAPITIKOS TIS VOSKOPOULAS, O • AMANT DE LA BERGERE, L' • 1956
AMAXAKI, TO • HORSE AND CARRIAGE (USA) ○ PETIT FIACRE, LE ○ HANSOM CAB, THE • 1957
MADALENA • MADDALENA • 1960
LIZA KAI I ALLI, I • LIZA AND HER DOUBLE • 1961
AMOK • RAPE, THE (USA) • 1964
KATI KOURASMENA PALLIKARIA • RETIRED PLAYBOY, A • 1967
KONSERTO YIA POLIVOLA • CONCERTO FOR MACHINE-GUNS ○ CASE OF HIGH TREASON, A • 1967
PIRETOS STIN ASFALTO • FEVER ON THE ROADS • 1967
ARHONTISA KE O ALITIS, I • LADY AND THE PAUPER, THE • 1968
MIA ITALIDHA AP' TI KIPSELI • ITALIAN GIRL FROM KIPSELA, AN • 1968
KORITSI ME TA XANTHA MALLIA, TO • TEACHER WITH THE GOLDEN HAIR, THE • 1969
ILIOS TOU THANATOU, O • SUN OF DEATH, THE • 1978

DIMOPOULOS MICHEL – GRC

ALLI SKINI, I • OTHER SCENE, THE • 1974

DIMSEY ROSS – ASL – 1943–
GIRL ON THE ROOF • 1971 • SHT
IT'S TIME –THE GOUGH AND BOB SHOW • 1973 • DOC
BLUE FIRE LADY • BLUE FYRE LADY • 1977
RUNNER, THE • 1977
FINAL CUT • 1980

DIN AHMAD DIA AD– – EGY
AD–DIN AHMAD DIA
TEENAGERS, LES • 1960
ALMURAHIKAT • TEENAGERS • 1961

el DIN KAMAL SALAH – EGY
GIRL DIFFERENT FROM OTHERS, A • 1978

D'INCERTI VICO – ITL
PIAVE MORMORO.., IL • 1964 • DOC

DINDO RICHARD – SWT – 1944–
SUIZO –UN AMOR EN ESPAGNE
ERSCHIESSUNG DES LANDESVERRATERS ERNST S., DIE • EXECUTION OF TRAITOR ERNST S., THE ○ SHOOTING OF TRAITOR ERNST S., THE • 1976 • DOC
CLEMENT MOREAU • 1978 • DOC
HANS STAUB • 1978 • DOC
JOURNAL I–III • 1979 • DOC
MAX HAUFLER, DER STUMME • MAX HAUFLER THE MUTE • 1983
DANI, MICHI, RENATO UND MAX • 1986 • DOC
ARTHUR RIMBAUD, UNE BIOGRAPHIE • ARTHUR RIMBAUD, A BIOGRAPHY • 1989 • DOC

DINEL PIERRE – CND – 1952–
OUKAIKON, LE TEMPS DES ERABLES • 1978
TRAPPE, LA • 1983 • DOC
HORS–MOUANE • 1986 • DOC

DINENZON VICTOR – ARG
ABIERTO DE 18 A 24 • OPEN FROM 6P.M. TO MIDNIGHT • 1987
FUTBOL ARGENTINO • ARGENTINE SOCCER • 1990 • DOC

DINESEN ROBERT – DNM – 1874–1972
AFGRUNDEN • 1911
FIRE DIAEVLE, DE • FOUR DEVILS, THE • 1911
HJAELPEN • 1911
KVINDELIGE DAEMON, DEN • 1913
DOKTOR VOLUNTAS • 1915
LUKSUSCHAUOREN • 1915
OPPIUM METS MAGT, I • 1915
SFINXEN SON • 1915
HOTEL PARADIS • HOTEL PARADISO • 1916
INCOGNITO • 1916
POTIFARS HUSTRU • 1917
FRAUEN VOM GNADENSTEIN, DIE • 1920
ERBIN VON TORDIS, DIE • 1921
LEIDENSWEG DER INGE KRAFFT, DER • 1921
ILONA • 1922
TABEA, STEHE AUF! • 1922
TATJANA • 1923
CLAIRE • GESCHICHTE EINES JUNGEN MADCHENS, DIE • 1924
MALVA • SPANISH PASSION • 1924
THAMAR, DAS KIND DER BERGE • 1924
FEUERTANZERIN, DIE • 1925
IN NAMEN DES KAISERS • 1925
WENN DIE LIEBE NICHT WAR'! • 1925
HOLLE DER JUNGFRAUEN, DIE • 1927
ARIADNE IN HOPPEGARTEN • 1928
WEG DURCH DIE NACHT, DER • 1929

DINET JAMES – USA
MUSIC CITY, U.S.A. • 1966

DING YINNAN – CHN
DR. SUN YAT–SEN • 1986

DINGWALL JOHN – Writer – ASL – 1940–
PHOBIA • 1987

DINI GENNARO – FRN
VAGABONDS MAGNIFIQUES, LES • 1931
VOIX QUI MEURT, LA • 1932

DINIZ ALCINO – BRZ
JOVENS PRA FRENTE • UNCONVENTIONAL YOUTH • 1968
CORONEL E O LOBISOMEM, O • COLONEL AND THE WOLFMAN, THE • 1980

DINKEVITSH ARKADI – FNL
CARIBBEAN CRISIS, THE • 1989

DINLER MEHMET – TRK
ASKINLA DIVANEYIM • LOVE CRAZY • 1967
KARA DUVAKLI GELIN • BLACK VEILED BRIDE, THE • 1967
KELEPCELI MELEK • HANDCUFFED ANGEL, THE • 1967
OLUMSUZ KADIN • IMMORTAL WOMAN, THE • 1967
SERSERILER KRALI • KING OF TRAMPS • 1967
SINEKLI BAKKAL • FLIES' GROCERY, THE • 1967
YARIN COK GEC OLACAK • TOMORROW WILL BE TOO LATE • 1967
ZEHIRLI CICEK • POISONED FLOWER, THE • 1967
AGLA GOZLERIM • WEEP, MY EYES • 1968
ALEVLI YILLAR • FLAMING YEARS • 1968
FUNDA • 1968
ISTANBUL KALDIRIMLARI • STREETS OF ISTANBUL, THE • 1968

DINNER MICHAEL – USA
MISS LONELYHEARTS • 1983
HEAVEN HELP US • CATHOLIC BOYS (UKN) • 1985
OFF BEAT • 1986
DOGFIGHT • 1988
HOT TO TROT • 1988

DINO ABIDINE – UKN
GOAL! WORLD CUP 1966 • GOAL! • 1966

DINOV TODOR – GRC – 1919–
DINOV TUDOR
DRUM, THE • ANS
YUNAK MARKO • MIGHTY MARKO, THE ○ BRAVE MARCO ○ JUNAK MARKOS ○ MARKO THE HERO • 1953 • ANS
CAREFUL LITTLE ANGEL, THE • LITTLE GUARDIAN ANGEL, THE • 1956 • ANS
OUTWITTED FOX, THE • 1957 • ANM
IN THE COUNTRY OF THE CANNIBALS • CANNIBAL COUNTRY • 1958 • ANS
LITTLE ANN • 1958 • ANM
SECRET OF THE GOLDEN SHOES, THE • 1959 • ANM
TALE OF THE PINE BOUGH • STORY OF A TWIG • 1960 • ANM
GRAMOOTVOD • LIGHTNING ROD ○ LIGHTNING CONDUCTOR, THE • 1962 • ANS
SIVOUSHKO • GREYSKIN ○ LITTLE GREY THING • 1962 • ANS
JABALKATA • APPLE, THE • 1963 • ANM
JEALOUSY • 1963 • ANS
REVNOST • 1963
ADVENTURES • 1965 • ANM
MARGARITKA • DAISY, THE • 1965 • ANS
IZGONEN OT RAYA • DRIVEN OUT OF PARADISE ○ EXPELLED FROM PARADISE • 1967 • ANS
IKONOSTASAT • ICONOSTASIS • 1968
PROMETHEUS • PROMETHEUS XX • 1970 • ANS
CHAIN REACTION • 1971 • ANS
DRAGON, THE • 1974
LAMJATA • 1974
PERPETUAL MOTION • 1975 • ANM
BARUTEN BUKVAR • 1977
GUNPOWDER PRIMER • 1978
RAIN OF PARIS, THE • 1980 • ANM

DINOV TUDOR see **DINOV TODOR**

DINULOVIC PREDRAG – YGS
SUMNJIVO LICE • SUSPICIOUS CHARACTER, A • 1954

DION FRANCOIS see **DION JEAN–FRANCOIS**

DION JEAN–FRANCOIS – FRN – 1948–
DION FRANCOIS
AUDITION, L' • 1973 • SHT
THOMAS • 1974

DION YVES – CND
HOMME RENVERSE, L' • 1988

DIONYSIUS ERIC – USA – 1951–
AC/DC: LET THERE BE ROCK • AC/DC THE FILM: LET THERE BE ROCK • 1980

DIOP DJIBRIL – SNL
DIOP–MAMBETY DJIBRIL
CONTRAS CIRY • 1968 • DCS
BADOU BOY, THE • 1970
TOUKI–BOUKI • 1973
PARLONS GRANDMERE • 1989 • DOC

DIOP–MAMBETY DJIBRIL see **DIOP DJIBRIL**

DIOP MUSTAPHA – NGR
SYNAPSES • 1972
MEDECIN DE GAFIRE, LE • DOCTOR OF GAFIRE, THE

DIPPE HERMANN – GRM
PUSZTA – BERGE – BLAUES MEER • PUSZTA – MOUNTAINS – BLUE SEAS • 1968 • DOC

DIPPEL LIDMILLA – USA
3 SUNRISES, 4 SUNSETS • 1972 • ANS

DIRKSEN MILLER – ITL
PLEASURE SO DEEP • 1983

DISCEPOLO ENRIQUE S. see **DISCEPOLO ENRIQUE SANTOS**

DISCEPOLO ENRIQUE SANTOS – Actor – ARG – 1901–1951
DISCEPOLO ENRIQUE S.
CUATRO CORAZONES • 1939
CAPRICHOSA Y MILLONARIA • 1940
SENOR MUCAMO, UN • 1940
EN LA LUZ DE UNA ESTRELLA • 1941
FANTASMAS EN BUENOS AIRES • GHOSTS IN BUENOS AIRES • 1942
YO NO ELEGI MI VIDA • 1949

DISERENS JEAN–CLAUDE – FRN
GARCON SAVOYARD, LE • SAVOYAN BOY, THE ○ BOY FROM.., THE • 1967

D'ISERNIA GIAN – ITL
MADONNA DI CARAVAGGIO, LA • 1932

DISNEY WALT – Animator – USA – 1901–1966
NEWMAN LAUGH–O–GRAM SERIES • NEWMAN'S LAUGH–O–GRAMS • 1920 • ASS
CINDERELLA • 1922 • ANS
FOUR MUSICIANS OF BREMEN, THE • 1922 • ANS
GOLDIE LOCKS AND THE THREE BEARS • 1922 • ANS
JACK AND THE BEANSTALK • 1922 • ANS
LITTLE RED RIDING HOOD • 1922 • ANS
PUSS IN BOOTS • 1922 • ANS
ALICE'S WONDERLAND • 1923 • ANS
MARTHA • 1923 • ANS
TOMMY TUCKER'S TOOTH • 1923 • ANS
ALICE AND THE DOG CATCHER • 1924 • ANS
ALICE AND THE THREE BEARS • 1924 • ANS
ALICE CANS THE CANNIBALS • 1924 • ANS
ALICE GETS IN DUTCH • 1924 • ANS
ALICE HUNTING IN AFRICA • 1924 • ANS
ALICE THE PEACEMAKER • 1924 • ANS
ALICE THE PIPER • 1924 • ANS
ALICE THE TOREADOR • 1924 • ANS
ALICE'S DAY AT SEA • 1924 • ANS
ALICE'S FISHY STORY • 1924 • ANS
ALICE'S SPOOKY ADVENTURE • 1924 • ANS
ALICE'S WILD WEST SHOW • 1924 • ANS
ALICE IN CARTOON LAND • 1924–27 • ASS
ALICE CHOPS THE SUEY • 1925 • ANS
ALICE GETS STUNG • 1925 • ANS
ALICE IN THE JUNGLE • 1925 • ANS
ALICE LOSES OUT • 1925 • ANS
ALICE ON THE FARM • 1925 • ANS
ALICE PICKS THE CHAMP • 1925 • ANS
ALICE PLAYS CUPID • 1925 • ANS
ALICE RATTLED BY RATS • 1925 • ANS
ALICE SOLVES THE PUZZLE • 1925 • ANS
ALICE STAGE STRUCK • 1925 • ANS
ALICE THE JAIL BIRD • 1925 • ANS
ALICE WINS THE DERBY • 1925 • ANS
ALICE'S BALLOON RACE • 1925 • ANS
ALICE'S EGG PLANT • 1925 • ANS
ALICE'S LITTLE PARADE • 1925 • ANS
ALICE'S MYSTERIOUS MYSTERY • 1925 • ANS
ALICE'S ORNERY ORPHAN • 1925 • ANS
ALICE'S TIN PONY • 1925 • ANS
ALICE CHARMS THE FISH • 1926 • ANS
ALICE CUTS THE ICE • 1926 • ANS
ALICE HELPS THE ROMANCE • 1926 • ANS
ALICE IN THE WOOLY WEST • 1926 • ANS
ALICE THE LUMBERJACK • 1926 • ANS
ALICE'S BROWN DERBY • 1926 • ANS
ALICE'S MONKEY BUSINESS • 1926 • ANS
ALICE'S SPANISH GUITAR • 1926 • ANS
CLARA CLEANS HER TEETH • 1926 • ANS
ALICE AT THE CARNIVAL • 1927 • ANS
ALICE FOILS THE PIRATES • 1927 • ANS
ALICE IN THE ALPS • 1927 • ANS
ALICE IN THE BIG LEAGUE • 1927 • ANS
ALICE IN THE KLONDIKE • 1927 • ANS
ALICE THE BEACH NUT • 1927 • ANS
ALICE THE COLLEGIATE • 1927 • ANS
ALICE THE GOLF BUG • 1927 • ANS
ALICE THE WHALER • 1927 • ANS
ALICE'S AUTO RACE • 1927 • ANS
ALICE'S CHANNEL SWIM • 1927 • ANS
ALICE'S CIRCUS DAZE • 1927 • ANS
ALICE'S KNAUGHTY KNIGHT • 1927 • ANS
ALICE'S MEDICINE SHOW • 1927 • ANS
ALICE'S PICNIC • 1927 • ANS
ALICE'S RODEO • ALICE AT THE RODEO • 1927 • ANS
ALICE'S THREE BAD EGGS • 1927 • ANS
ALL WET • 1927 • ANS
BANKER'S DAUGHTER, THE • 1927 • ANS
EMPTY SOCKS • 1927 • ANS
GREAT GUNS • 1927 • ANS
HAREM SCAREM • 1927 • ANS
MECHANICAL COW, THE • 1927 • ANS
NECK 'N NECK • 1927 • ANS
OCEAN HOP, THE • 1927 • ANS
OH, TEACHER • 1927 • ANS
OSWALD THE LUCKY RABBIT • 1927 • ASS
RICKETY GIN • 1927 • ANS
TROLLEY TROUBLES • 1927 • ANS
AFRICA BEFORE DARK • 1928 • ANS
BARN DANCE, THE • 1928 • ANS
BARNYARD BATTLE, THE • 1928 • ANS
BRIGHT LIGHTS • 1928 • ANS
EL TERRIBLE TOREADOR • 1928 • ANS
FOX CHASE, THE • 1928 • ANS
GALLOPIN' GAUCHO • 1928 • ANS
HAUNTED HOUSE, THE • 1928 • ANS
HOT DOG • 1928 • ANS
HUNGRY HOBOES • 1928 • ANS
JAZZ FOOL, THE • 1928 • ANS
JUNGLE RHYTHM • 1928 • ANS
KARNIVAL KID, THE • 1928 • ANS
MERRY DWARFS, THE • 1928 • ANS
MICKEY'S CHOO–CHOO • 1928 • ANS
OH, WHAT A KNIGHT • 1928 • ANS
OL' SWIMMING 'OLE, THE • 1928 • ANS
OPRY HOUSE, THE • 1928 • ANS
OZZIE OF THE MOUNTED • 1928 • ANS
PLANE CRAZY • 1928 • ANS
PLOW BOY, THE • 1928 • ANS
POOR PAPA • 1928 • ANS
RIDE 'EM PLOW BOY! • 1928 • ANS
RIVAL ROMEOS • 1928 • ANS
SAGEBRUSH SADIE • 1928 • ANS
SKELETON DANCE, THE • 1928 • ANS
SKY SCRAPPERS • 1928 • ANS
SLEIGH BELLS • 1928 • ANS
STEAMBOAT WILLIE • 1928 • ANS
TALL TIMBER • 1928 • ANS
WHEN THE CAT'S AWAY • 1928 • ANS
BARNYARD CONCERT, THE • 1930 • ANS
CACTUS KID, THE • 1930 • ANS
JUST MICKEY • FIDDLIN' AROUND • 1930 • ANS
NIGHT • 1930 • ANS
PLAYFUL PEN • 1931 • ANS
GOLDEN TOUCH, THE • 1935 • ANS
VICTORY THROUGH AIR POWER • 1943

DISSANAYAKE WIMALANATH – SLN
MATHRU BHUMI • MOTHERLAND • 1968

DITMARS RAYMOND L. – USA
FOUR SEASONS • 1921

DITTMER HANS – SWD
SEXIER THAN SEX • 1974

DITTRICH KLAUS – GRM
MAKING CONTACT • JOEY • 1986

DITTRICH SCOTT – USA
FREEWHEELIN' • 1976

DITVOORST ADRIAAN – NTH – 1940–
IK KOM WAT LATER TILL MADRA • THAT WAY TO MADRA • 1965 • SHT
IK KOM WAT LATER NAAR MADRA • 1966
PARANOIA • 1967
ANTENNA • 1970
BLINDE FOTOGRAAF, DE • BLIND PHOTOGRAPHER, THE • 1972
FLANAGAN • 1975
MANTEL DER LIEFTE, DER • CLOAK OF CHARITY, THE • 1978
WITTE WAN • WHITE MADNESS • 1983

DIVAD DAVID – USA
GIRL'S DESIRE, A • 1922
LITTLE WILDCAT • 1922

DIVER WILLIAM – UKN
ENVEROUNEN • 1973

DIXON DENVER – USA
LONE RIDER, THE • 1922
ACE OF CACTUS RANGE • 1924
FIGHTING COWBOY, THE • 1933

DIXON HARRY T. – USA
MIRACLE OF SISTER BEATRICE, THE • 1939

DIXON IVAN – USA – 1931–
TROUBLE MAN • 1972
SPOOK WHO SAT BY THE DOOR, THE • CERTAIN HEAT ○ KEEPERS • 1973
LOVE IS NOT ENOUGH • 1978 • TVM

DIXON JOHN – ASL
FREE ENTERPRISE • RUNNING FROM THE GUNS • 1986

DIXON KEN – USA
SHADOW HOUSE • 1972
EROTIC ADVENTURES OF ROBINSON CRUSOE • 1975
NEVER ON FRIDAY • 1976
BEST OF SEX AND VIOLENCE, THE • 1981
FILMGORE • 1983 • CMP
ZOMBIETHON • 1986 • CMP
SLAVE GIRLS FROM BEYOND INFINITY • 1987

DIXON PAUL WELD – UKN
BIG CITY, THE • 1963 • DCS

DIXON THOMAS – USA
MARK OF THE BEAST • 1923

DIXON WHEELER – USA
AMAZING WORLD OF GHOSTS • 1978

DIZDAREVIC NENAD – YGS
GAZIJA • 1981
I TO CE PROCI • THAT TO WILL PASS • 1985

DIZIKIRIKIS GEORGE – GRC
BABYLONIA • BABEL • 1970

DJAMARDJI DJAFFAR see **DAMARDJI JAFFAR**

DJAPARIDZE R. see **DZHAPARIDZE R.**

DJAROT EROS – INN
CUT NYAK DIEN • 1988

DJAROT SLAMET RAHARDJO – INN
INFATUATION • 1989

DJAYA SJUMAN – INN
REAL THING, THE • 1980
VIOLET SILK OF FOG, THE • 1980

DJINGAREYE MAIGA – NGR
MAIGA DJINGAREYE
BALLON, LE • 1973 • SHT
ETOILE NOIRE, L' • 1973
AUBE NOIRE, L' • BLACK DAWN

DJORDJEVIC ALEKSANDAR – YGS
DORDEVIC ALEKSANDAR
OTPISANI • WRITTEN OFF • 1975
POVRATAK OTPISANIH • WRITTEN-OFF RETURN, THE • 1977
STICI PRE SVITANJA BEGSTVO SA ROBIJE • ESCAPING FROM PRISON • 1979
KRALJEVSKI VOZ • TRAIN TO KRALJEVO, THE • 1983
BALKAN EKSPRES II • BALKAN EXPRESS II • 1989
TESNA KOZA III • THIN SKIN III • 1989

DJORDJEVIC MLADOMIR PURISA – YGS
OSAM KILA GRECE • EIGHT KILOS OF HAPPINESS • 1981
IZLAZ 19 • EXIT 19 • 1989

DJORDJEVIC PURISA – YGS – 1924–
DORDEVIC PURISA
OPSTINSKO DETE • CHILD OF THE COMMUNITY, A • 1951
DVA ZRNA GROZDJA • TWO GRAPES • 1955
ON • HE • 1961
LJETO JE KRIVO ZA SVE • SUMMER IS TO BLAME FOR EVERYTHING, THE • 1962
DEVOJKA • GIRL, THE • 1965
PRVI GRADJANIN MALE VAROSI • FIRST CITIZEN IN A SMALL TOWN, THE • 1966
SAN • DREAM, THE • 1966
JUTRO • MORNING • 1967
PODNE • NOON • 1968
CROSS COUNTRY • 1969
CYCLIST, THE • 1970
ZBOGOM OSTAJ, BUNKERU NA RECI • FAREWELL, RIVERSIDE PILLBOX • 1972
KISA • RAIN • 1973
PAVLE PAVLOVIC • 1976
TRENER • COACH, THE • 1979

DJUKANOVIC MILO – YGS
MUSKARCI • MEN, THE • 1962
INSPEKTOR • INSPECTOR, THE • 1965
PAJA I JARE • PAJA AND JARE, THE LORRY DRIVERS • 1974

DJUKIC RADIVOJE-LOLA – YGS
BALADA O SVIREPOM • BALLAD OF THE CRUEL ONE, THE • 1972
COVEK SA CETIRI NOGE • FOUR-LEGGED MAN, THE • 1984

DJURCINOV ALEKSANDAR – YGS
DURCINOV ALEKSANDAR
ISPRAVI SE, DELFINA • GET UP, DELFINA ∘ STAND UP STRAIGHT, DELPHINE • 1978

DJURKOVIC DEJAN – YGS – 1939–
ANABELLE'S DREAM • 1967 • SHT
PSYCHODELIC • 1968 • SHT
TRANPORTATION OF FEELINGS • 1969 • SHT
U PRAVCU POCETKA • TOWARDS THE BEGINNING • 1970 • SHT
FAIRYTALE • 1973

D'LANOR – PHL
LANGIT AT LUPA • HEAVEN AND EARTH • 1967
MATIMBANG ANG DUGO SA TUBIG • BLOOD IS THICKER THAN WATER • 1967
NINO, EL • BOY, THE • 1968
TATLONG HARI • THREE KINGS • 1968

DLZ – PHL
HAMMERHEAD • 1967
INCOGNITO • 1967
MASQUERADE • 1967
BART SALAMANCA • 1968
PALOS STRIKES AGAIN • EEL STRIKES AGAIN • 1968

DMYTRYK EDWARD – CND – 1908–
TRAIL OF THE HAWK • HAWK, THE • 1935
MILLION DOLLAR LEGS • 1939
TELEVISION SPY • WORLD ON PARADE, THE • 1939
EMERGENCY SQUAD • 1940
GOLDEN GLOVES • 1940
HER FIRST ROMANCE • RIGHT MAN, THE • 1940
MYSTERY SEA RAIDER • 1940
BLONDE FROM SINGAPORE, THE • HOT PEARLS (UKN) • 1941
CONFESSIONS OF BOSTON BLACKIE • CONFESSIONS (UKN) • 1941
DEVIL COMMANDS, THE • WHEN THE DEVIL COMMANDS • 1941
SECRETS OF THE LONE WOLF • SECRETS (UKN) • 1941
SWEETHEART OF THE CAMPUS • BROADWAY AHEAD (UKN) ∘ BETTY CO-ED • 1941
UNDER AGE • 1941
COUNTER-ESPIONAGE • 1942
SEVEN MILES FROM ALCATRAZ • 1942
BEHIND THE RISING SUN • 1943
CAPTIVE WILD WOMAN • 1943
FALCON STRIKES BACK, THE • 1943
HITLER'S CHILDREN • 1943
TENDER COMRADE • 1943
BACK TO BATAAN • 1945
CORNERED • 1945
MURDER MY SWEET • FAREWELL MY LOVELY (UKN) • 1945
TILL THE END OF TIME • 1946
CROSSFIRE • 1947
SO WELL REMEMBERED • 1947
OBSESSION • HIDDEN ROOM, THE (USA) • 1948
GIVE US THIS DAY • SALT TO THE DEVIL (USA) • 1949
MUTINY • 1952
SNIPER, THE • 1952
EIGHT IRON MEN • DIRTY DOZEN, THE • 1953
JUGGLER, THE • 1953
THREE LIVES • 1953 • SHT
BROKEN LANCE • 1954
CAINE MUTINY, THE • 1954
BING PRESENTS ORESTE • 1955 • SHT
END OF THE AFFAIR, THE • 1955
LEFT HAND OF GOD, THE • 1955
SOLDIER OF FORTUNE • 1955
MOUNTAIN, THE • 1956
RAINTREE COUNTY, THE • 1957
YOUNG LIONS, THE • 1958
BLUE ANGEL, THE • 1959
WARLOCK • 1959
RELUCTANT SAINT, THE • CRONACHE DI UN CONVENTO (ITL) ∘ JOSEPH DESA • 1962
WALK ON THE WILD SIDE • 1962
CARPETBAGGERS, THE • 1964
WHERE LOVE HAS GONE • 1964
MIRAGE • 1965
ALVAREZ KELLY • 1966
SBARCO DI ANZIO, LO • BATTLE FOR ANZIO, THE ∘ ANZIO LANDING, THE ∘ ANZIO • 1968
SHALAKO! • 1968
BARBE-BLEUE • BARBABLU (ITL) ∘ BLUEBEARD (USA) • 1972
HUMAN FACTOR, THE • 1975
HE IS MY BROTHER • 1976

DOANE WARREN – USA
BIG SQUAWK ,THE • 1929 • SHT
CRAZY FEET • 1929
GREAT GOBS • 1929 • SHT
LEAPING LOVE • 1929 • SHT
SNAPPY SNEEZER • 1929 • SHT
STEPPING OUT • 1929 • SHT
BIG KICK, THE • 1930 • SHT
REAL MCCOY, THE • 1930 • SHT
FIRST IN WAR • 1932 • SHT
IN WALKED CHARLEY • 1932 • SHT
NICKEL NURSER, THE • 1932 • SHT
DEMI-TASSE • 1934 • SHT
TID-BITS • 1934 • SHT

DOBBS FRANK Q. – USA
ENTER THE DEVIL • DISCIPLES OF DEATH • 1975
HOT WIRE • HOTWIRE • 1980
UPHILL ALL THE WAY • 1985

DOBCHEV IVAN – BUL
TO THE MISS AND HER MALE COMPANY • 1983

DOBKIN LARRY – USA
LIKE A CROW ON A JUNE BUG • 1974

DOBKIN LAWRENCE – USA
TARZAN'S DEADLY SILENCE • DEADLY SILENCE, THE • 1970 • MTV

DOBLATYAN see **DOVLATYAN FRUNZE**

DOBOS MARIA – HNG
VATSALA KALYANAM • COTTON CHICKEN ∘ COTTON CHICKEN • 1950

DOBRAY GYORGY – HNG – 1942–
ALDOZAT, AZ • VICTIM, THE • 1980
VERSZERZODES • BLOOD BROTHERS • 1983
SZERELEM ELSO VERIG • LOVE TILL FIRST BLOOD • 1985
K -FILM A PROSTITUALTAKROL (RAKOCZI TER) • K -A FILM ABOUT PROSTITUTION (RAKOCZI SQUARE) • 1988
SZERELEM MASODIK VERIG • LOVE TILL SECOND BLOOD • 1988
K 2 • PROS.. 2 ∘ PROS.. 2: A FILM ABOUT PROSTITUTION -LADIES OF THE NIGHT • 1989

DOBRILA SASA – YGS
ROBOT • 1960 • ANS

DOBROLUKOV IGOR see **DOBROLYUBOV IGOR**

DOBROLYUBOV IGOR – USS
DOBROLUKOV IGOR
IVAN MAKAROVICH • 1968
BECAUSE I'M IN LOVE • 1974
BRATUSHKA • SOLDIER OF THE TRANSPORT UNIT, THE ∘ VOINIKUT OT OBOZA ∘ BUDDY • 1975
RASPISANIE NA POSLEZAVTRA • TIMETABLE FOR THE DAY AFTER TOMORROW, A • 1980

DOBROWOLNY WOLFGANG
ASHRAM • 1981

DOBROWOLSKA KRYSTYNA – Animator – PLN
ABOUT BACHTALO • 1967 • ANM

DOBSON KEVIN – ASL – 1952–
GONE TO GROUND • 1977 • MTV
MANGO TREE, THE • 1977
DDQ10 • 1978 • DOC
DEMOLITION • 1978 • MTV
IMAGE OF DEATH • 1978 • MTV
DEAN CASE, THE • 1982 • MTV
SQUIZZY TAYLOR • 1982
TANAMERA • 1989 • MTV

DOBSON QUENTIN – UKN
ENGLISH BY RADIO • 1949

DOBY KATHRYN – USA
PIPPIN • 1981

DODD THOMAS – CND – 1944–
WEARDALE • 1974 • MTV
DENIS LOW • 1975 • MTV
ENERGY B.C. • 1979 • SHS
ENERGY FROM THE PEACE • 1980 • DOC
IMPROVING THE ODDS • 1983 • MTV
PRECONDITIONING • 1984 • DOC
WEATHER PICTURE, THE • 1984 • DOC
AT THE CROSSROADS • 1985 • MTV
MATTER OF SOIL, A • 1985 • DOC
RIGHT AMOUNT, THE • 1986 • MTV
SALT WOES, THE • 1986 • DOC

DODDS PETER – Cameraman – ASL – 1949–
AS LONG AS I CAN WALK • 1971 • DOC
LOST IN THE BUSH • 1973
STRUGGLE FOR PEDDER • 1974 • DOC
FITZROY COMING UP FOR AIR • 1979 • DOC

DODEL KAREL – Animator – CZC
ADVENTURES OF MR. PRY, THE • 1936 • ANM
LANTERN MYSTERY, THE • 1938 • ANM

DODGSON CHARLES – USA
CHICKIE TETTRAZZINI • CHICKIE • 1975

DODSON JAMES – USA
DEADLOCK • 1988

DOFF MR. – UKN
FREDDY'S NIGHTMARE: OR, TOO MUCH MONEY • 1914

DOGAN SUHA – TRK
HALIMEDEN MEKTUP VAR • 1964
ANJELIK VE DELI IBRAHIM • ANGELIQUE AND IBRAHIM THE CRAZY • 1968
AVANTA KEMAL TORPIDO YILMAZA KARSI • AVANTA KEMAL VS. TORPIDO YILMAZ • 1968
BUYUK GUNAH • GREAT SIN, THE • 1968

DOHENY LARRY see **DOHENY LAWRENCE**

DOHENY LAWRENCE – USA
DOHENY LARRY
TEENAGE MILLIONAIRE • 1961
HOUSTON, WE'VE GOT A PROBLEM • 1974 • TVM
BEGGARMAN, THIEF • 1979 • TVM
UP AGAINST THE ODDS • DUKE, THE • 1979 • TVM

DOHLER DON – USA
DOHLER DONALD M.
ALIEN FACTOR, THE • ALIEN TERROR, THE • 1977
FIEND • 1981
NIGHT BEAST • 1982
GALAXY INVADER • 1985

DOHLER DONALD M. see **DOHLER DON**

DOHNEY SALAH see **DEHNI SALAH**

DOI MICHIYOSHI – JPN
OBANTO KOBANTO • FIGHTING SPIRIT, THE • 1967
ENSETSU MEIJI JAKYODEN • WORSHIP OF THE FLESH, THE • 1968
MEOTO ZENZAI • LOVE BIRDS, THE • 1968
OTOKO NO CHOSEN • HIGH SPEED CHALLENGE • 1968

DOICHEVA ZDENKA – BUL
DOYCHEVA ZDENKA
SMALL DIVER, THE • ANS
MOUSE AND THE PENCIL, THE • MOUSE AND THE CRAYON, THE • 1958
FOOTBALL, THE • 1962 • ANS
DON'T BLOW THEM UP
DUPKATA • HOLE, THE • 1967
INCOMPLETE, THE • 1967 • ANS

DOILLON JACQUES – FRN – 1944–
AN 01, L' • 1972
DOIGTS DANS LA TETE, LES • 1975
SAC DE BILLES, UN • BAG OF MARBLES, A • 1976
DROLESSE, LA • HUSSY, THE (USA) • 1979
FEMME QUI PLEURE, LA • CRYING WOMAN, THE • 1979
FILLE PRODIGUE, LA • PRODIGAL DAUGHTER, THE (USA) • 1980
PIRATE, LA • 1984
VIE DE FAMILLE, LA • 1984
TENTATION D'ISABELLE, LA • 1986
COMEDIE • 1987
AMOUREUSE, L' • 1988
FILLE DE 15 ANS, LA • 1988
VENGEANCE D'UN FEMME, LA • 1989

DOLAN MARIANNE – CND – 1942–
ZINC OINTMENT • 1971 • SHT
DAMAGES • 1972 • SHT

DOLCE IGNAZIO – ITL
AMMAZZATINA, L' • 1975

DOLGOY REEVAN – CND
JABLONSKI • 1972

DOLGY MIKE – USA
SECRET WEAPON • 1988

DOLIDZE KETI – USS
KOUKARACHA • COUCARACHA • 1983

DOLIDZE S. see **DOLIDZE SIKO**

DOLIDZE SIKO – USS
DOLIDZE S.
IN THE COUNTRY OF THE AVALANCHES • 1931
UKANASKNELI JVAROSNEBI • LAST CRUSADER, THE • 1934
DARIKO • 1937
FATIMA • 1959
DEN POSLEDNII, DEN PERVYI • LAST DAY AND THE FIRST DAY, THE ○ LAST AND FIRST DAY, THE ○ LAST DAY, FIRST DAY • 1960
VSTRYECHA S PROSHLYM • RENDEZVOUS WITH THE PAST • 1967
GOROD PROSYPAYETSYA RANO • CITY AWAKENS EARLY, THE • 1968
KOUKARACHA • COUCARACHA • 1983

DOLIN BORIS – USS – 1903–
ZAKON VELIKOI LYUBVI • LAW OF THE GREAT LOVE, THE • 1945
ISTORIA ODNOGO KOLZA • TALE OF A LINK, THE • 1948
LOOKING AT WILD ANIMALS • 1950 • DOC
MAN ON THE TRAIL • 1950 • DOC
DEFENDED BY BIRDS • 1954 • DOC
MISCHEVIOUS ROBBER, THE • 1956 • DOC
FAITHFUL HEART, THE • 1958 • DOC
SURPRISING HUNT, THE • 1960 • DOC
BLIND BIRD, THE • 1962 • DOC
MORE AMAZING THAN A FAIRY-TALE • 1963 • DOC

DOLIN V. – USS
NOVYI ATTRAKTION • THRILLING SHOW, A ○ SAWDUST RING ○ NEW NUMBER, THE • 1957

DOLINO GIANNI – ITL
GIORNI DI FURORE • 1964 • DOC

DOLINOV B. – USS
NUZHNY CHELOVYEK • NECESSARY MAN, A • 1967

DOLLENS MORRIS SCOTT – USA
DREAM OF THE STARS • 1953 • SHT

DOLLER MIKHAIL – USS
KIRPITCHIKI • LITTLE BRICKS • 1925
POBEDA • MOTHERS AND SONS ○ VICTORY • 1938
MININ I POZHARSKY • MININ AND POZHARSKY • 1939
SUVOROV • GENERAL SUVOROV • 1941

DOLLINGER STEVE – USA
AIRWOLF 3: FLIGHT INTO DANGER • 1984 • MTV

DOLMAN MARTIN – ITL
AFTER THE FALL OF NEW YORK • 2019: THE FALL OF NEW YORK ○ 2019: DOPO CAPUTA DI NEW YORK • 1983
HANDS OF STEEL • FISTS OF STEEL • 1986

DOM SHAHROM – MLY
BINTANG PUJAAN • SUPERSTAR • 1979

DOMALIK ANDRZEJ – PLN
ZYGFRYD • SIEGFRIED • 1986
SCHODAMI W GORE.. • STAIRWAY TO HEAVEN ○ UPSTAIRS.. • 1988

DOMARADZKI JERZY – PLN
BIALE ZNIWA • WHITE HARVEST • 1978
ZDJECIA PROBNE • FILM TEST, THE ○ SCREEN TESTS • 1978
TAILOR'S PLANET, THE • 1983
WHITE DRAGON • 1986
LUK EROSA • CUPID'S BOW • 1988
WIELKI BIEG • GREAT RACE • 1988
STRUCK BY LIGHTNING • 1989

DOMBASLE ARIELLE – USA – 1955–
CHASSE-CROISE • 1981

DOMENGHINI ANTON GINO – ITL – 1897–1966
ROSA DI BAGDAD, LA • SINGING PRINCESS, THE (USA) ○ ROSE OF BAGDAD, THE • 1949 • ANM

DOMINIC JOHN – USA
IF YOU GOT THE FEELIN' • 1973

DOMINICI PAOLO see **PAOLELLA DOMENICO**

DOMNICK HANS – Producer – GRM – 1909–
GOLDENE GARTEN, DER • 1953
MEINE 16 SOHNE • 1956
TRAUMSTRASSE DER WELT • 1958
PANAMERICANA -TRAUMSTRASSE DER WELT • PANAMERICANA -DREAM ROAD OF THE WORLD • 1968 • DOC

DOMNICK OTTOMAR – Producer – GRM – 1907–
JONAS • 1957
GINO • 1960
OHNE DATUM • 1962
N. N. • 1969

DOMOKOS ATTILA – USA
WASICHU • SHT

DOMOLKY JANOS – HNG
JAGUAR • 1967
KARD, A • SWORD, THE • 1977
HAJNALI HAZTETOK • ROOFS AT DAWN • 1986

DONA – ITL
DE PISIS • 1957 • SHT

DONADIO FRANCISCO P. – Actor – ARG
PONCHO BLANCO • 1936
SECUESTRO SENSACIONAL • 1942

DONAHUE PATRICK G. – HKG
KILL SQUAD • CODE OF HONOUR • 1981

DONALDSON ARTHUR – USA
SALAMANDER, THE • 1915

DONALDSON DICK – USA
GOOD LOSER, A • 1918

DONALDSON R. M. – USA
PLUMBER'S WATERLOO, A • 1916 • SHT

DONALDSON ROGER – ASL – 1945–
SLEEPING DOGS • 1977
NUTCASE • 1980
SMASH PALACE • 1981
JOCKO • 1982 • SHS
MUTINY ON THE BOUNTY • SAGA OF H.M.S. BOUNTY, THE ○ BOUNTY, THE • 1983
MARIE • MARIE: A TRUE STORY • 1986
NO WAY OUT • DECEIT • 1987
COCKTAIL • 1988

DONAN J. LEE see **LOY MINO**

DONAN MARTIN see **MARTINO LUCIANO**

DONAT MISHA – UKN
SOLO • 1968

DONAT ROBERT – Actor – UKN – 1905–1958
CURE FOR LOVE, THE • 1950

DONATIEN E. B. – FRN
HOMMES NOUVEAUX, LES • 1922
MON CURE CHEZ LES RICHES • 1926
MON CURE CHEZ LES RICHES • 1932

DONAVAN TOM – UKN
LOVE SPELL • 1979

DONCASTER CARYL – UKN
FOUR MEN OF INDIA • 1967

DONDA FRANCA – VNZ
SI PODEMOS • WE CAN • 1973 • DOC

DONEHUE VINCENT J. – Stage director – USA – 1916–1966
LONELYHEARTS • MISS LONELYHEARTS • 1958
SUNRISE AT CAMPOBELLO • 1960

DONEN STANLEY – USA – 1924–
ON THE TOWN • 1949
ROYAL WEDDING • WEDDING BELLS (UKN) • 1950
LOVE IS BETTER THAN EVER • LIGHT FANTASTIC, THE (UKN) • 1951
FEARLESS FAGAN • 1952
SINGIN' IN THE RAIN • 1952
GIVE A GIRL A BREAK • 1953
DEEP IN MY HEART • 1954
SEVEN BRIDES FOR SEVEN BROTHERS • 1954
IT'S ALWAYS FAIR WEATHER • 1955
KISMET • 1955
FUNNY FACE • 1957
KISS THEM FOR ME • 1957
PAJAMA GAME, THE • WHAT LOLA WANTS • 1957
DAMN YANKEES • WHAT LOLA WANTS (UKN) • 1958
INDISCREET • 1958
ONCE MORE, WITH FEELING • 1960
SURPRISE PACKAGE • 1960
GRASS IS GREENER, THE • 1961
CHARADE • 1963
ARABESQUE • 1966
BEDAZZLED • 1967
TWO FOR THE ROAD • 1967
STAIRCASE • 1969
LITTLE PRINCE, THE • 1973
LUCKY LADY • 1975
MOVIE MOVIE • 1978
SATURN 3 • 1980
BLAME IT ON RIO • ONLY IN RIO • 1983

DONER WILLIAM – USA
TORRENT, THE • 1924

DONEV BONIU – BUL
SHARPSHOOTERS, THE • ANS

DONEV DONIO see **DONEV DONYO**

DONEV DONYO – Animator – BUL – 1929–
DONEV DONYU • DONEV DONIO
ATTRACTION • ANS
DUET • 1961 • ANS
CIRCUS, THE • 1962 • ANS
QUEUE, THE • 1963 • ANM
SECOND I, THE • 1964 • ANM
SECOND BOTTLE, THE • 1965 • ANM
TALE FOR EVERYONE, A • 1965 • ANM
KRAVATA, KOIATO.. • COW THAT.., THE ○ COW WHO.., THE ○ COW WHICH.., THE • 1966
SPRING • 1966 • ANS
FRIENDS OF GOSHO THE ELEPHANT, THE • 1967 • ANM
JOKE, A • 1967 • ANM
STRELTZI • SHARPSHOOTERS ○ MARKSMEN • 1967
HAPPY END • 1969 • ANS
THREE DUNCES, THE • 1969 • ANS
DECEITFUL SHEPHERD, THE • 1970 • ANS
WISE VILLAGE, THE • 1972 • ANS
DE FACTO • 1973 • ANS
CAUSA PERDUTA • 1977 • ANS
WE CALLED THEM MONTAGUES AND CAPULETS • 1986 • ANM
WOLFISH SUITE • 1988 • ANM

DONEV DONYU see **DONEV DONYO**

DONEV PETER – BUL
MORETO • SEA, THE • 1967
MEMORABLE DAY, THE • 1975
BONNE CHANCE, INSPECTOR! • 1983
MAGGIE • 1988

DONG JEAN-MARIE – GBN
N'DONG PIERRE
SUR LE SENTIER DU REQUIEM • 1971 • SHT
IDENTITE • 1973
OBALI • 1976
AYOUMI • 1977
DEMAIN UN JOUR NOUVEAU • 1978

van DONGEN HELEN – Editor – NTH – 1909–
YOU CAN DRAW • 1938
NEDERLANDS AMERICA • 1943
PEOPLES OF INDONESIA • 1943
GIFT OF GREEN • 1946
OF HUMAN RIGHTS • 1950

DONIGER BENJI – PRC
MODESTA • 1956

DONIGER WALTER – Writer – USA – 1917–
DUFFY OF SAN QUENTIN • MEN BEHIND BARS (UKN) • 1954
STEEL CAGE, THE • 1954
HOMICIDE PATROL • 1956
STEEL JUNGLE, THE • I DIED A THOUSAND TIMES • 1956
UNWED MOTHER • 1958
HOUSE OF WOMEN • LADIES OF THE MOB • 1962
SAFE AT HOME! • 1962
MAD BULL • AGGRESSOR, THE • 1977 • TVM
KENTUCKY WOMAN • 1982 • TVM

DONING OLIVIER – NTH
PASSION • 1985

DONIOL-VALCROZE JACQUES – Novelist/actor – FRN – 1920–1989
BONJOUR, MONSIEUR LA BRUYERE • 1956 • SHT
OEIL DU MAITRE, L' • 1957
SURMENES, LES • 1958
EAU A LA BOUCHE, L' • GAME FOR SIX LOVERS, A (USA) ○ GAMES FOR SIX LOVERS ○ GAME OF LOVE, THE • 1959
COEUR BATTANT, LE • FRENCH GAME, THE (USA) • 1960
DENONCIATION, LA • IMMORAL MOMENT, THE (USA) • 1962
ENLEVEMENT D'ANTOINE BIGUT, L' • 1964
JEAN-LUC GODARD • 1964
BIEN AIMEE, LA • 1966
VIOL, LE • OVERGREPPET (SWD) ○ QUESTION OF RAPE, A (UKN) ○ VIOL OU UN AMOUR FOU, LE ○ RAPE, THE • 1967
MAISON DES BORIES, LA • 1969
MALHEUR DES AUTRES, LE • 1969
HOMME AU CERVEAU GREFFE, L' • UOMO DAL CERVELLO TRAPIANTATO L' (ITL) ○ MAN WITH THE BRAIN GRAFT, THE ○ MAN WITH THE TRANSPLANTED BRAIN, THE • 1971
ANNE OU LA MORT D'UN PILOTE • 1974
FEMME FATALE, UNE • 1976

DONNE JOHN – USA
SHUT UP AND DEAL • 1959
ALICE IN ACIDLAND • ALICE IN HIPPIELAND • 1969
BRIDE AND THE BEASTS, THE • 1969
HOUSE OF THE RED DRAGON • HOUSE OF DRAGON GIRLS, THE • 1969
SWITCHEROO! • 1969

DONNELLY DENNIS – USA
TOOLBOX MURDERS, THE • 1978

DONNELLY ED see **DONNELLY EDDIE**

DONNELLY EDDIE – Animator – USA
DONNELLY ED
CUBBY'S PICNIC • 1933 • ANS
GALLOPING FANNY • GALLOPING HOOVES • 1933 • ANS
CHRIS COLUMBO • 1938 • ANS
HERE'S TO GOOD OLD JAIL • 1938 • ANS
HOUSEWIFE HERMAN • 1938 • ANS
MRS. O'LEARY'S COW • 1938 • ANS
BULLY ROMANCE, A • 1939 • ANS
G-MAN JITTERS • 1939 • ANS
HITCHHIKER, THE • 1939 • ANS
HOOK, LINE AND SINKER • 1939 • ANS
OLD FIRE HORSE • 1939 • ANS
ONE GUN GARY IN NICK OF TIME • 1939 • ANS
OWL AND THE PUSSY CAT, THE • 1939 • ANS
THEIR LAST BEAN • 1939 • ANS
WATCHDOG, THE • 1939 • ANS
BILLY MOUSE'S AWKAKADE • 1940 • ANS
DOG IN A MANSION, A • 1940 • ANS
HARE AND THE HOUNDS, THE • 1940 • ANS
HOW WET WAS MY OCEAN • 1940 • ANS
JUST A LITTLE BULL • 1940 • ANS
PLANE GOOFY • 1940 • ANS
SWISS SKI YODELERS • 1940 • ANS
BACK TO THE SOIL • 1941 • ANS
DOG'S DREAM, THE • 1941 • ANS
FISHING MADE EASY • 1941 • ANS
HORSE FLY OPERA • 1941 • ANS
ICE CARNIVAL, THE • 1941 • ANS
SLAP HAPPY HUNTERS • 1941 • ANS
TWELVE O'CLOCK AND ALL AIN'T WELL • 1941 • ANS
WHAT A LITTLE SNEEZE WILL DO • 1941 • ANS
AESOP'S FABLES • 1941–45 • ASS
BARNYARD WAAC • 1942 • ANS
FUNNY BUNNY BUSINESS • 1942 • ANS
LIGHTS OUT • 1942 • ANS
MOUSE OF TOMORROW, THE • 1942 • ANS
STORK'S MISTAKE, THE • 1942 • ANS
TORRID TOREADOR, THE • 1942 • ANS
TRICKY BUSINESS • 1942 • ANS
TROUBLE, THE • 1942 • ANS

ALADDIN'S LAMP • 1943 • ANS
CAMOUFLAGE • 1943 • ANS
HE DOOD IT AGAIN • 1943 • ANS
MOPPING UP • 1943 • ANS
SHIPYARD SYMPHONY • 1943 • ANS
YOKEL DUCK MAKES GOOD • 1943 • ANS
AT THE CIRCUS • 1944 • ANS
BUTCHER OF SEVILLE, THE • 1944 • ANS
DAY IN JUNE, A • 1944 • ANS
DEAR OLD SWITZERLAND • 1944 • ANS
FROG AND THE PRINCESS, THE • 1944 • ANS
GREEN LINE, THE • 1944 • ANS
HELICOPTER, THE • 1944 • ANS
MY BOY JOHNNY • 1944 • ANS
TWO BARBERS, THE • 1944 • ANS
EXTERMINATOR, THE • 1945 • ANS
FISHERMAN'S LUCK • 1945 • ANS
MIGHTY MOUSE AND THE WOLF • 1945 • ANS
PORT OF MISSING MICE • 1945 • ANS
SILVER STREAK, THE • 1945 • ANS
WATCH DOG, THE • 1945 • ANS
WHO'S WHO IN THE JUNGLE • 1945 • ANS
BEANSTALK JACK • 1946 • ANS
CRACKPOT KING, THE • 1946 • ANS
DINKY FINDS A HOME • 1946 • ANS
JAIL BREAK, THE • 1946 • ANS
MIGHTY MOUSE IN SVENGALI'S CAT • SVENGALI'S CAT • 1946 • ANS
MY OLD KENTUCKY HOME • 1946 • ANS
WINNING THE WEST • 1946 • ANS
DATE FOR DINNER, A • 1947 • ANS
DEADEND CATS • 1947 • ANS
INTRUDERS, THE • 1947 • ANS
LAZY LITTLE BEAVER • 1947 • ANS
MIGHTY MOUSE IN ALADDIN'S LAMP • ALADDIN'S LAMP • 1947 • ANS
SUPER SALESMAN • 1947 • ANS
WOLF'S PARDON, THE • 1947 • ANS
HOUNDING THE HARES • 1948 • ANS
MAGPIE MADNESS • 1948 • ANS
MIGHTY MOUSE AND THE MAGICIAN • 1948 • ANS
MYSTERIOUS STRANGER, THE • 1948 • ANS
MYSTERY IN THE MOONLIGHT • 1948 • ANS
TRIPLE TROUBLE • 1948 • ANS
CATNIP GANG, THE • 1949 • ANS
KITTEN SITTER, THE • 1949 • ANS
LION HUNT • 1949 • ANS
MRS JONES' REST FARM • 1949 • ANS
PERILS OF PEARL PUREHEART • 1949 • ANS
POWER OF THOUGHT • 1949 • ANS
STOP, LOOK AND LISTEN • 1949 • ANS
BEAUTY SHOP, THE • 1950 • ANS
BETTER LATE THAN NEVER • 1950 • ANS
DOG SHOW, THE • 1950 • ANS
IF CATS COULD SING • 1950 • ANS
LAW AND ORDER • 1950 • ANS
WIDE OPEN SPACES • 1950 • ANS
AESOP'S FABLES: GOLDEN EGG GOOSIE • 1951 • ANS
HAUNTED CAT, THE • 1951 • ANS
INJUN TROUBLE • 1951 • ANS
LITTLE PROBLEMS • 1951 • ANS
MUSICAL MADNESS • 1951 • ANS
RIVAL ROMEOS • 1951 • ANS
'SNO FUN • 1951 • ANS
WOODMAN SPARE THAT TREE • 1951 • ANS
FLOP SEACRET • 1952 • ANS
HAPPY HOLLAND • 1952 • ANS
HAPPY VALLEY • 1952 • ANS
MECHANICAL BIRD • 1952 • ANS
NICE DOGGY • 1952 • ANS
FEATHERWEIGHT CHAMP • 1953 • ANS
GROWING PAINS • 1953 • ANS
HAIR CUT-UPS • 1953 • ANS
HOT RODS • 1953 • ANS
MOUSE MENACE • 1953 • ANS
OPEN HOUSE • 1953 • ANS
ORPHAN EGG, THE • 1953 • ANS
SNAPPY SNAP SHOTS • 1953 • ANS
TIMID SCARECROW, THE • 1953 • ANS
BLIND DATE • 1954 • ANS
PET PROBLEMS • 1954 • ANS
PRIDE OF THE YARD • 1954 • ANS
PIRATE'S GOLD • 1957 • ANS

DONNELLY TOM – USA

QUICKSILVER • 1986

DONNER CLIVE – UKN – 1926–

SECRET PLACE, THE • 1957
HEART OF A CHILD • 1958
MARRIAGE OF CONVENIENCE • 1960
PURPLE STREAM, THE • 1961 • SHT
SINISTER MAN, THE • 1961
WEEKEND IN PARIS • 1961 • SHT
SOME PEOPLE • 1962
CARETAKER, THE • GUEST, THE (USA) • 1963
NOTHING BUT THE BEST • 1963
WHAT'S NEW PUSSYCAT? • QUOI DE NEUF, PUSSYCAT? (FRN) • 1965
HERE WE GO AROUND THE MULBERRY BUSH • 1967
LUV • 1967
ALFRED THE GREAT • 1969
FLY ME TO THE BANK • 1973 • SHT
VAMPIRA • OLD DRACULA (USA) ○ VAMPIRELLA ○ VAMPIRE ○ OLD DRAC • 1974
JENNY'S DIARY • 1975 • SHT
ROGUE MALE • 1976 • TVM
SPECTRE • 1977 • TVM
THREE HOSTAGES, THE • 1977 • TVM
SHE FELL AMONG THIEVES • 1978 • TVM
THIEF OF BAGHDAD, THE • 1978 • TVM
NUDE BOMB, THE • RETURN OF MAXWELL SMART, THE • 1980
CHARLIE CHAN AND THE CURSE OF THE DRAGON QUEEN • 1981
OLIVER TWIST • 1982 • TVM
SCARLET PIMPERNEL, THE • 1982 • TVM
ARTHUR THE KING • MERLIN AND THE SWORD • 1983 • TVM
CHRISTMAS CAROL, A • 1984 • TVM
TO CATCH A KING • 1984 • TVM
AGATHA CHRISTIE'S DEAD MAN'S FOLLY • DEAD MAN'S FOLLY • 1986 • TVM
BABES IN TOYLAND • 1986 • TVM
STEALING HEAVEN • 1988

DONNER JORN – FNL – 1933–

AAMUA KAUPUNGISSA • MORNING IN THE CITY • 1954 • SHT
NAINA PAIVINA • IN THE DAYS ○ IN THESE DAYS • 1955 • SHT
PORKALA • 1956 • SHT
VETTA • WATER • 1957 • SHT
VITTNESBORD OM HENNE • TESTIMONIES OF HER ○ TESTIMONIES • 1962 • SHT
SONDAG I SEPTEMBER, EN • SUNDAY IN SEPTEMBER, A • 1963
ATT ALSKA • TO LOVE • 1964
HAR BORJAR AVENTYRET • ADVENTURE STARTS HERE • 1965
STIMULANTIA • 1965
TVARBALK • ROOFTREE ○ CROSS BAR ○ CROSSBEAM • 1967
MUSTAA VALKOISELLA • BLACK AND WHITE (UKN) ○ BLACK ON WHITE (USA) • 1968
SIXTYNINE • 69 • 1969
TUNTEMATON SOTILAS • UNKNOWN SOLDIER • 1969
ANNA • 1970
NAISENKUVIA • PORTRAITS OF WOMEN (UKN) • 1970
PERKELE! • FUCK OFF! –IMAGES OF FINLAND (USA) ○ PERKELE! KUVIA SUOMESTA • 1971 • DOC
HELLYYS • TENDERNESS ○ OHMET ○ KRAPULA • 1972
OHMET • TENDERNESS • 1972
BAKSMALLA • HANGOVER ○ LOVELIER THAN LOVE ○ SEXIER THAN SEX ○ TENDERNESS • 1973
WORLD OF INGMAR BERGMAN, THE • 1975
INGMAR BERGMANIN MA AILMA • THREE SCENES WITH INGMAR BERGMAN ○ TRE SCENER MED INGMAR BERGMAN • 1976 • DOC
MANRAPE • MAN KAN INTE VALDTAS (SWD) ○ MIESTA EI VOI RAISKATA ○ MAN CANNOT BE RAPED ○ MEN CAN'T BE RAPED • 1978
YHDEKSAN TAPAA LAHESTYA HELSINKIA • NINE WAYS TO APPROACH HELSINKI • 1983 • DOC
SMUTSIG HISTORIA, EN • DIRTY STORY • 1984

DONNER RICHARD – USA – 1930–

DONNER RICHARD D.

X-15 • 1961
PHILBERT • 1963 • SHT
SALT AND PEPPER • 1968
TWINKY • LOLA (USA) • 1969
CANNON: HE WHO DIGS A GRAVE • 1973 • TVM
LUCAS TANNER • 1974
SENIOR YEAR • 1974 • TVM
BRONK • 1975 • TVM
SARAH T. –PORTRAIT OF A TEENAGE ALCOHOLIC • 1975 • TVM
SHADOW IN THE STREETS, A • 1975 • TVM
OMEN, THE • 1976
SUPERMAN • SUPERMAN: THE MOVIE • 1978
INSIDE MOVES • 1980
SUPERMAN II • 1980
TOY, THE • 1982
LADYHAWKE • 1984
GOONIES, THE • 1985
LETHAL WEAPON • 1987
SCROOGED • 1988
LETHAL WEAPON 2 • 1989

DONNER RICHARD D. see **DONNER RICHARD**

DONOHUE JACK – USA – 1912–1984

CLOSE-UP • 1948
YELLOW CAB MAN, THE • 1949
WATCH THE BIRDIE • 1950
LUCKY ME • 1954
BABES IN TOYLAND • 1961
MARRIAGE ON THE ROCKS • 1965
ASSAULT ON A QUEEN • 1966

DONOVAN FRANK see **DONOVAN FRANK P.**

DONOVAN FRANK P. – USA – 1904–

DONOVAN FRANK

HAREM ROMANCE, A • 1917
HIS WATERY WATERLOO • 1917
BOOBS AND BUMPS • 1919 • SHT
BULLIN THE BOLSHEVIKI • 1919
MAD MARRIAGE, THE • SOULS ADRIFT • 1925

DONOVAN KING – USA

PROMISES! PROMISES! • 1963

DONOVAN MARTIN – UKN

STATE OF WONDER • 1984
APARTMENT ZERO • 1989

DONOVAN PAUL – CND – 1954–

SOUTH PACIFIC 1942 • TORPEDOED • 1980
SIEGE • SELF DEFENCE • 1982
EARTH FALL • 1984
DEF-CON 4 • GROUND ZERO ○ DEFENSE CONDITION FOUR • 1985
SQUAMISH FIVE, THE • 1988
SWITCH IN TIME, A • 1988
GEORGE'S ISLAND • 1990

DONOVAN TERENCE – UKN

YELLOW DOG • 1973

DONOVAN TOM – USA

LAST BRIDE OF SALEM, THE • 1974 • TVM
TRISTAN AND ISOLT • 1981

DONSKOI MARC see **DONSKOI MARK**

DONSKOI MARK – USS – 1901–1981

DONSKOI MARC • DONSKOY MARK

V BOLSHOI GORODE • IN THE BIG CITY • 1927
ZHIZN • LIFE • 1927
TSENA CHELOVEKA • PRICE OF MAN, THE ○ VALUE OF MAN ○ MAN'S VALUE ○ LESSON, THE • 1928
PIZHON • PIGEON, THE ○ FOP, THE • 1929
CHUZHOI BEREG • OTHER SHORE, THE ○ ALIEN SHORE • 1930
OGON • FIRE • 1930
PESNYA O SHCHASTYE • SONG ABOUT HAPPINESS ○ SONG OF HAPPINESS • 1934
DETSTVO GORKOVO • CHILDHOOD OF MAXIM GORKI, THE ○ GORKY'S CHILDHOOD ○ CHILDHOOD OF GORKY • 1938
TRILOGIYA O GORKOM • GORKY TRILOGY, THE • 1938–40
V LYUDKYAKH • MY APPRENTICESHIP ○ AMONG PEOPLE ○ OUT IN THE WORLD • 1939
MOI UNIVERSITETI • UNIVERSITY OF LIFE ○ MY UNIVERSITIES • 1940
RADUGA • RAINBOW • 1941
ROMANTIKI • CHILDREN OF THE SOVIET ARCTIC ○ ROMANTICS • 1941
WAR NEWSREEL NO.8 • 1941
BOEVOI KINOSBORNIK 9 • FIGHTING FILM ALBUM NO.9 • 1942
KAK ZAKALYALAS STAL • HOW THE STEEL WAS TEMPERED ○ HEROES ARE MADE • 1942
MAYAK • LIGHTHOUSE, THE ○ BEACON, THE ○ SIGNAL, THE • 1942
NEPOKORENNYE • UNVANQUISHED, THE ○ TARAS FAMILY, THE ○ UNCONQUERED ○ SEMYA TARASSA • 1945
SELSKAYA UCHITELNITSA • VILLAGE SCHOOLTEACHER, THE ○ VILLAGE TEACHER ○ EMOTIONAL EDUCATION, AN ○ RURAL INSTITUTE ○ VARVARA • 1947
ALITET UKHODIT V GORY • ALITET LEAVES FOR THE HILLS ○ ALITET GOES INTO THE MOUNTAINS ○ ZAKONE BOLSHOI ZEMLI • 1949
NASHI CHEMPIONY • SPORTING FAME ○ OUR CHAMPIONS ○ SPORTIVNAYA SLAVA ○ NACHI CHEMPIONY • 1950 • SHT
MAT • MOTHER ○ 1905 • 1956
DOROGOI TSENOI • HORSE THAT CRIED, THE ○ AT A HIGH COST ○ AT A HIGH PRICE ○ AT GREAT COST • 1957
FOMA GORDEEV • GORDEYEV FAMILY, THE (USA) ○ FOMA GORDEYEV • 1959
ZDRAVSTVYITE DETI • HOW DO YOU DO, CHILDREN? ○ HELLO CHILDREN • 1962
SERDTSE MATERI • HEART OF A MOTHER (UKN) ○ SONS AND MOTHERS (USA) ○ MOTHER'S HEART, A ○ SERDZE MATERI • 1966
VYERNOST MATERI • MOTHER'S LOYALTY, A ○ VERNOST MATERI ○ MOTHER'S DEVOTION, A • 1967
CHALIAPIN • 1970

NADYEZHDA • NADEZHDA • 1973
SUPRUGI ORLOVY • ORLOV COUPLE, THE ○ ORLOVS, THE • 1979

DONSKOY MARK see **DONSKOI MARK**

DOO JOHN – BRZ

ESTRANHA HISTORIA DE AMOR, UMA • STRANGE LOVE STORY, A • 1980
PRESENCA DE MARISA • MARISA'S PRESENCE • 1988

DOO KWANG GEE – HKG

KUNG FU FIGHTING • 1974

DOOLEY JOHN – UKN

ROVER MAKES GOOD • 1953
ASSISTANT, THE • 1969
STRANGE TALES • 1969

DOPFF PAUL – FRN

CHUTE, LA • 1971
PHENOMENE, LE • 1978 • ANS

DOR MILAN – AUS

PINK PALACE, PARADISE BEACH • 1989

DOR-NIV ORNA BEN – ISR

BECAUSE OF THAT WAR • 1988 • DOC

DORAIRAJ B. – IND

GOA DALLI C.I.D.999 • C.I.D.999 FROM GOA • 1968
JADARABALE • COBWEB • 1968

DORAN THOMAS – USA

SPOOKIES • TWISTED SOULS • 1986

DORDEVIC ALEKSANDAR see **DJORDJEVIC ALEKSANDAR**

DORDEVIC PURISA see **DJORDJEVIC PURISA**

DORDSCHPALAM RABSCHAA – MNG

GOLDENE JURTE, DIE • 1961

DORE MARY – USA

GOOD FIGHT, THE • 1983 • DOC

DOREANU VLADIMIR POPESCU – RMN

AMPRENTA • FINGERPRINT • 1967

DORFLER FERDINAND – GRM

DREI DORFHEILIGEN, DIE • 1949
ALLES FUR DIE FIRMA • 1950
FIDELE TANKSTELLE, DIE • 1950
MITTERNACHTSVENUS, DIE • 1951
WILDWEST IN OBERBAYERN • 1951
MONCHE, MADCHEN UND PANDUREN • 1952
NACHT OHNE MORAL, DIE • 1953
SUNDIGE DORF, DAS • 1954
DOPPELTE EHEMAN, DER • 1955
FRONTGOCKEL, DER • 1955
FROHLICHE WALLFAHRT, DIE • 1956
BESUCH AUS HEITEREM HIMMEL • 1959

DORFMAN RON – USA

GROUPIES • ROCK '70 • 1970

DORIA ALBERTO – ITL

PONTE SULL'INFINITO, IL • 1941

DORIA ALEJANDRO – ARG

ANOS INFAMES, LOS • INFAMOUS YEARS, THE • 1975
DIVISION HOMICIDIOS • HOMICIDE SECTION: COUNTERSTROKE • 1978
ISLA, LA • ISLAND, THE • 1979
MIEDOS, LOS • FEARS • 1980
PASAJEROS DEL JARDIN, LOS • GARDEN TRAVELLERS • 1982
SOFIA • 1987
CIEN VECES NO DEBO • ONE HUNDRED TIMES I SHOULDN'T • 1988

DORIA ENZO – ITL – 1936–

AVVENTUROSA FUGA, LA
CHEVAL ET L'ENFANT, LE

DORIAN CHARLES – USA

WILD AND WOOLLY • 1931 • SHT

DORIGO ANGELO – ITL

FLEMINGER JOHNNY

AMORE E GUAI • 1959
CAPITANI DI VENTURA • 1961

GRANDE VALLATA, LA • 1961
MARITO IN CONDOMINIO, UN • 1963
COLPO DA RE, UN • 1967

DORING JEF – ASL
TIDIKAWA AND FRIENDS • 1972

DORING SU – ASL
TIDIKAWA AND FRIENDS • 1972

DORMAN V. see **DORMAN VENIAMIN**

DORMAN VENIAMIN – USS
DORMAN VENYAMIN • DORMAN V.
SPUTNIK SPEAKING • SPUTNIK SPEAKS, THE • 1959
DEVICHYA VESNA • SPRINGTIME ON THE VOLGA (USA) ○ SPRING OF THE VIRGIN • 1960
OSHIBKA REZIDYENTA I: PO STAROY LEGYENDYE II: VOZVRASHCHYENIYE BEKASA • SPY'S MISTAKE PART ONE: ACCORDING TO AN OLD LEGEND PART TWO: BEKAS' RETURN, A • 1968

DORMAN VENYAMIN see **DORMAN VENIAMIN**

DORMAND FRANK – UKN
CLAP HANDS • 1935

DORN RUDI – CND
TAKE HER BY SURPRISE • TAKEN BY SURPRISE ○ VIOLENT LOVE • 1967
DULCIMA • 1970
MOVING EXPERIENCE, A • 1975

DORNES YVONNE – Producer – FRN – 1910–
ATOME, L' • 1955 • SHT
CIEL DES HOMMES, LE • 1956 • SHT

DORNHELM ROBERT – USS
CHILDREN OF THEATRE STREET, THE • 1978 • DOC
SHE DANCES ALONE • 1981
DIGITAL DREAMS • 1983
ECHO PARK • 1985
COLD FEET • 1989

DOROFTEI DORIN MIRCEA – RMN
NELU • 1988

DOROY JEAN-JACQUES – FRN
BACHELIERES EN CHALEUR

DORRE PETER – AUS
TANZE MIT MIR IN DEN MORGEN • 1962

DORRESTEIJN JAN – NTH
NACHT ZONDER ZEGEN • NIGHT OF DOOM • 1977

DORRIE DORIS – GRM – 1955–
OB'S STURMT ODER SCHNEIT • RAIN OR SHINE • 1977
ERSTE WALZER, DER • FIRST WALTZ, THE • 1978
BELLY OF THE WHALE, THE • 1984
MITTEN INS HERZ • STRAIGHT TO THE HEART (USA) ○ RIGHT TO THE HEART • 1984
MANNER • MEN • 1986
PARADIES • PARADISE • 1987
ME AND HIM • 1988
MONEY • 1989

DORRIES BERNHARD – GRM
STUNDE X • 1959
MANNEQUIN, DAS • 1960

DORSKY NATHANIEL – USA
SUMMERWIND • 1966

DORST TANKRED – GRM
EISENHANS • 1983

DORVAL HENRI – CND
SAUVONS NOS BEBES • 1918

DOSHI CHATURBHUJ – IND
SHANKAR-PARVATI • 1944
BHARTRUHARI • 1945

DOSSO MOUSSA – IVC
DALOKAN • PAROLE DONNEE, LA • 1982

DOSTAL N. – USS
VSE NACHINAETSYA S DOROGI • EVERYTHING BEGINS WITH A JOURNEY ○ EVERYTHING STARTS ON THE ROAD • 1959

DOSTIE ALAIN – CND – 1943–
"C'EST VOTRE PLUS BEAU TEMPS" • 1973 • DOC

DOTAN SHIMON – ISR
REPEAT DIVE • 1981
HYIUCH HAGDI • SMILE OF THE LAMB, THE • 1985

DOTTESIO ATTILIO – ITL
AMAZZONIA TERRA SCONOSCIUTA • 1955

DOUBKOVA DAGMAR – CZC
SBOHEM OFELIE • GOODBYE OPHELIA • 1980

DOUBOUT ALBERT see **DUBOUT ALBERT**

DOUBRAVA JAROSLAV – CZC
PIRATI • PIRATES • 1980

DOUCETTE ALBERT J. – USA
JUDGE THE WILD QUEEN • 1968

DOUCHET JEAN – FRN – 1929–
PARIS VU PAR.. 20 ANS APRES • SIX IN PARIS • 1984

DOUDKO APOLLINARY see **DUDKO APOLLINARI**

DOUGHTON RUSSELL S. see **DOUGHTON RUSSELL S. JR.**

DOUGHTON RUSSELL S. JR. – USA
DOUGHTON RUSSELL S.
HOSTAGE, THE • 1967
FEVER HEAT • 1968

DOUGLAS BILL – UKN – 1934–1991
MY CHILDHOOD/ MY AIN FOLK • 1972–73
MY WAY HOME • 1977
COMRADES • 1987

DOUGLAS GORDON – USA – 1909–
INFERNAL TRIANGLE, THE • 1935 • SHT
LUCKY BEGINNERS • 1935 • SHT
BORED OF EDUCATION • 1936 • SHT
GENERAL SPANKY • 1936
PAY AS YOU EXIT • 1936 • SHT
SPOOKY HOOKY • 1936 • SHT
TWO TOO YOUNG • 1936 • SHT
FISHY TALES • 1937 • SHT
FRAMING YOUTH • 1937 • SHT
GLOVE TAPS • 1937 • SHT
HEARTS ARE THUMPS • HEARTS ARE TRUMPS • 1937 • SHT
NIGHT 'N' GALES • 1937 • SHT
OUR GANG FOLLIES OF 1938 • 1937 • SHT
PIGSKIN POLKA • 1937 • SHT
REUNION IN RHYTHM • 1937 • SHT
ROAMIN' HOLIDAY • 1937 • SHT
RUSHIN' BALLET • 1937 • SHT
THREE SMART BOYS • 1937 • SHT
ALADDIN'S LANTERN • 1938 • SHT
BEAR FACTS • 1938 • SHT
CAME THE BRAWN • 1938 • SHT
CANNED FISHING • 1938 • SHT
FEED 'EM AND WEEP • 1938 • SHT
HIDE AND SHRIEK • 1938 • SHT
LITTLE RANGER, THE • 1938 • SHT
ZENOBIA • ELEPHANTS NEVER FORGET (UKN) ○ IT'S SPRING AGAIN • 1939
SAPS AT SEA • TWO'S COMPANY • 1940
BROADWAY LIMITED • BABY VANISHES, THE (UKN) • 1941
NIAGARA FALLS • 1941
ROAD SHOW • 1941
DEVIL WITH HITLER, THE • 1942
GREAT GILDERSLEEVE, THE • 1942
GILDERSLEEVE ON BROADWAY • 1943
GILDERSLEEVE'S BAD DAY • 1943
FALCON IN HOLLYWOOD, THE • 1944
GILDERSLEEVE'S GHOST • 1944
GIRL RUSH, THE • 1944
NIGHT OF ADVENTURE, A • ONE EXCITING NIGHT • 1944
FIRST YANK INTO TOKYO • MASK OF FURY (USA) ○ HIDDEN SECRET ○ FIRST MAN INTO TOKYO • 1945
ZOMBIES ON BROADWAY • LOONIES ON BROADWAY (UKN) • 1945
DICK TRACY VERSUS CUEBALL • 1946
SAN QUENTIN • 1946
BLACK ARROW, THE • BLACK ARROW STRIKES, THE (UKN) • 1948
IF YOU KNEW SUSIE • 1948
WALK A CROOKED MILE • 1948
DOOLINS OF OKLAHOMA, THE • GREAT MANHUNT, THE (UKN) • 1949
MR. SOFT TOUCH • HOUSE OF SETTLEMENT (UKN) • 1949
BETWEEN MIDNIGHT AND DAWN • PROWL CAR • 1950
FORTUNES OF CAPTAIN BLOOD • 1950
GREAT MISSOURI RAID, THE • 1950
KISS TOMORROW GOODBYE • 1950
NEVADAN, THE • MAN FROM NEVADA, THE (UKN) • 1950
ROGUES OF SHERWOOD FOREST • 1950
COME FILL THE CUP • 1951
I WAS A COMMUNIST FOR THE F.B.I. • 1951
ONLY THE VALIANT • 1951
IRON MISTRESS, THE • 1952
MARA MARU • 1952
CHARGE AT FEATHER RIVER, THE • 1953
SHE'S BACK ON BROADWAY • BACK ON BROADWAY • 1953
SO THIS IS LOVE • GRACE MOORE STORY, THE (UKN) • 1953
THEM! • 1954
YOUNG AT HEART • 1954
MCCONNELL STORY, THE • TIGER IN THE SKY (UKN) • 1955
SINCERELY YOURS • 1955
BIG LAND, THE • STAMPEDED (UKN) • 1956
SANTIAGO • GUN RUNNER, THE (UKN) • 1956
BOMBERS B-52 • NO SLEEP TILL DAWN (UKN) • 1957
FIEND WHO WALKED THE WEST, THE • HELL BENT KID, THE • 1958
FORT DOBBS • 1958
UP PERISCOPE • 1959
YELLOWSTONE KELLY • 1959
CLAUDELLE INGLISH • YOUNG AND EAGER (UKN) • 1961
GOLD OF THE SEVEN SAINTS • 1961
RACHEL CADE • SINS OF RACHEL CADE, THE • 1961
FOLLOW THAT DREAM • 1962
CALL ME BWANA • 1963
RIO CONCHOS • 1964
ROBIN AND THE 7 HOODS • ROBBO • 1964
HARLOW • 1965
SYLVIA • 1965
STAGECOACH • 1966
WAY, WAY OUT • 1966
CHUKA • 1967
IN LIKE FLINT • 1967
TONY ROME • 1967
DETECTIVE, THE • 1968
LADY IN CEMENT • 1968
BARQUERO • 1970
SKULLDUGGERY • 1970
THEY CALL ME "MISTER" TIBBS • 1970
SKIN GAME • 1971
SLAUGHTER'S BIG RIP-OFF • 1973
NEVADA SMITH • 1975 • TVM
VIVA KNIEVEL! • 1977

DOUGLAS J. see **ELORRIETA JOSE MARIA**

DOUGLAS JAMES see **DOUGLASS JAMES**

DOUGLAS JAMES* – USA
MINCE MEET • 1968 • ANS
SACRIFACE • 1968 • SHT

DOUGLAS JOHN – UKN
VICAR OF WAKEFIELD, THE • 1913

DOUGLAS JOHN* – USA
MILESTONES • 1975

DOUGLAS KIRK – Actor – USA – 1916–
SCALAWAG • PEGLEG, MUSKET AND SABRE ○ PROTUVA • 1973
POSSE • 1975

DOUGLAS LAMONT – USA
REBEL ANGEL • 1962

DOUGLAS NEIL – USA
SINNER'S BLOOD • 1969

DOUGLAS PETER – USA – 1953–
TIGER'S TALE, A • 1987

DOUGLAS ROBERT – Actor – UKN – 1909–
FINAL HOUR, THE • 1963 • MTV
NIGHT TRAIN TO PARIS • 1964

DOUGLAS W. A. see **DOUGLAS W. A. S.**

DOUGLAS W. A. S. – USA
DOUGLAS W. A.
GRIP OF EVIL, THE • 1916 • SRL
BEWARE OF THE LAW • WATERED STOCK • 1922

DOUGLASS JAMES – USA
DOUGLAS JAMES
AIDED BY THE MOVIES • 1915
ALIAS JAMES, CHAUFFEUR • 1915
AUTO-BUGALOW FRACAS, THE • 1915
BULLY AFFAIR, A • 1915
CUPID BEATS FATHER • 1915
DRUMMER'S TRUNK, THE • 1915
FRIEND IN NEED, A • 1915
HER MUSICAL COOK • 1915
MAKING A MAN OF JOHNNY • 1915
MIXED MALES • 1915
THAT COUNTRY GAL • 1915
WHEN HIS DOUGH WAS CAKE • 1915
ELLA WANTS TO ELOPE • 1916 • SHT
FIRST QUARREL, THE • 1916
JOHNNIE'S BIRTHDAY • 1916
MAMMY'S ROSE • 1916 • SHT

DOUGNAC JEAN-PIERRE – FRN – 1933–
AMOUR INTERDIT, L' • 1984

DOUKAS BILL – USA
FEEDBACK • 1978

DOUKAS KOSTAS – GRC
SINTRIMMIA TA ONIRA MAS • OUR SHATTERED DREAMS • 1967
ELPIDHES POU NAVAYISAN • HOPES GONE WITH THE WIND • 1968
KATARAMENI ORA • EVIL EYE • 1968
THA KANO PETRA TI KARDHIA MOU • WILD HEART • 1968

DOUKOV STOYAN – Animator – BUL – 1931–
JABALKATA • APPLE, THE • 1963 • ANM
BEGINNING • 1964 • ANM
GOLDEN TREASURE, THE • 1964 • ANM
ADVENTURE • 1965 • ANM
JOURNEY IN THE COSMOS • TRIP IN SPACE, A • 1966 • ANS
KASHTI-KREPOSTI • HOUSES THAT ARE FORTS ○ HOME-CASTLES • 1966 • ANM
THERE WAS A MAN ROAMING • 1966 • ANM

DOULES SEEMORE – USA
ELEANA • 1969

DOUROS THIMIOS – GRC
ZITONTAS TI TIHI STA XENA • SEARCH FOR A BETTER LIFE, THE • 1967

DOUSA A. – USS
CHUVSTVA • FEELINGS • 1971

DOUSSEAU ANIK – CND
AMERIQUE DU SUD: LES INDIENS DES FORETS • 1976 • DOC

DOVE LINDA – UKN
MISS/MRS. • 1972

DOVGAN VLADIMIR – USS
DOOM OF THE SQUADRON, THE • 1966
A TEPYER SUDI.. • AND NOW PASS JUDGEMENT.. • 1967

DOVJENKO A. see **DOVZHENKO ALEXANDER**

DOVLATYAN F. see **DOVLATYAN FRUNZE**

DOVLATYAN FRUNZE – USS – 1927–
DOVLATYAN F. • DOBLATYAN
DIMA GORINA • CAREER OF DIMA • 1961
MORNING TRAINS • 1963
ZDRAVSTVYI, ETO YA! • GREETINGS, IT IS I! ○ HALLO, IT'S ME! ○ HOW DO, IT'S ME! • 1965

DOVNIKOVIC BORDO see **DOVNIKOVIC BORIVOJ**

DOVNIKOVIC BORIVOJ – Animator – YGS – 1930–
DOVNIKOVIC BORDO
BIG RALLY, A • 1951 • ANS
CASE OF THE MISSING MOUSE, THE • CASE OF THE EVIL MOUSE, THE • 1961 • ANS
LUTKICA • DOLL, A ○ LITTLE DOLL • 1961 • ANS

MARIONETTE • 1963 • ANS
OLLE TORERO • 1963 • ANM
BES NASLOVA • NO CREDITS ○ WITHOUT TITLE • 1964 • ANS
CEREMONIJA • CEREMONY, THE • 1965 • ANS
KOSTIMIRANI RENDEZ-VOUS • MEETING OF THE FASHION SHOW, THE ○ MEETING AT THE FASHION SHOW ○ HISTORY OF COSTUME, A ○ COSTUME MEETING • 1965 • ANM
ZNATIZELJA • CURIOSITY • 1966 • ANS
KREK • SERGEANT, THE • 1967 • ANS
MAN AND HIS WORLD, A • 1967 • ANS
MANOEUVRES • 1968 • ANM
CUDNA PTICA • STRANGE BIRD • 1969 • ANS
ORATOR • 1969
LJUBITELJI CVIJECA • FLOWER LOVERS, THE ○ LJUBITELJ CVECA • 1970 • ANS
OSLOBODILAC • LIBERATOR • 1971 • ANS
PUTNIK DRUGOG RAZREDA • SECOND CLASS PASSENGER ○ TRAVELLER SECOND CLASS • 1973 • ANM
N.N. • 1977 • ANM
LEARNING TO WALK • 1978 • ANM
LAST NO, THE • 1979 • ANM
ONE DAY OF LIFE • 1983 • ANS

DOVZHENKO A. see **DOVZHENKO ALEXANDER**

DOVZHENKO ALEXANDER – USS – 1894–1956
DOVZHENKO A. • DOVJENKO A.
VASYA -REFORMATOR • VASYA THE REFORMER • 1926
YAGODKI LYUBVI • JEAN KOLBASINK THE HAIRDRESSER ○ FRUITS OF LOVE, THE ○ MARRIAGE TRAP, THE ○ LOVE'S BERRY ○ YAHIDKA KOKHANNYA • 1926
SUMKA DIPKURIERA • DIPLOMATIC POUCH, THE ○ TEKA DIPKURYERA • 1927
ARSENAL • JANUARY UPRISING IN KIEV IN 1918 (UKN) • 1928
ZVENIGORA • ZVENYHORA • 1928
ZEMLYA • SONG OF NEW LIFE ○ EARTH ○ SOIL • 1930
IVAN • 1932
AEROGRAD • FRONTIER ○ AIR CITY • 1935
SHCHORS • SHORS • 1939
OSVOBOZHDENIYE • LIBERATION • 1940
POBEDA NA PRAVOBEREZHENOI UKRAINE I IZGNANIYE NEMETSKIH ZA PREDELI UKRAINSKIKH SOVIETSKIKH ZEMEL • VICTORY IN THE UKRAINE AND THE EXPULSION OF THE GERMANS FROM THE BOUNDARIES OF THE UKR. SOV. LAND • 1945
MICHURIN • LIFE IN BLOSSOM ○ LIFE IN BLOOM • 1947
POEMA O MORE • POEM OF THE SEA (USA) ○ POEM ABOUT THE SEA ○ POEM OF AN INLAND SEA • 1958

DOW MARCUS – USA
STEVE HILL'S AWAKENING • 1914

DOW SERGIO – CLM
DIA QUE ME QUIERAS, EL • DAY YOU LOVE ME, THE • 1988

DOWD NANCY – USA – 1944–
LOVE • 1981

DOWDEY KATHLEEN – USA – 1949–
CELTIC TRILOGY, A • 1981 • DOC
BLUE HEAVEN • 1984

DOWLAN WILLIAM see **DOWLAN WILLIAM C.**

DOWLAN WILLIAM C. – USA
DOWLAN WILLIAM
COLLEGE ORPHAN, THE • 1915
DEAR LITTLE OLD TIME GIRL • 1915
DEVIL AND IDLE HANDS, THE • 1915
DOUBLE STANDARD, THE • 1915
GREAT FEAR, THE • 1915
HER MYSTERIOUS ESCORT • 1915
LILT OF LOVE, THE • 1915
LORD BARRINGTON'S ESTATE • 1915
MASKED SUBSTITUTE, THE • 1915
MAYOR'S DECISION, THE • 1915
THEIR SECRET • 1915
DRUGGED WATERS • 1916
JUST PLAIN FOLKS • 1916 • SHT
LAVINIA COMES HOME • 1916 • SHT
LIGHT, THE • 1916
MADCAP, THE • 1916
ROSE OF THE ALLEY • 1916
YOUTH'S ENDEARING CHARM • 1916
OUTSIDER, THE • 1917
ALIAS MARY BROWN • 1918
ATOM, THE • 1918
DAUGHTER ANGELE • 1918
IRISH EYES • 1918
COMMON PROPERTY • 1919
COWARDICE COURT • 1919
LOOT • 1919
RESTLESS SOULS • 1919
UNDER SUSPICION • 1919
CHORUS GIRL'S ROMANCE, A • 1920
DANGEROUS TO MEN • ELIZA COMES TO STAY • 1920
LOCKED LIPS • 1920
PEDDLER OF LIES, THE • 1920

DOWNEY JOHN – USA
SUMMER AT 17

DOWNEY ROBERT – Actor – USA – 1936–
BALL'S BLUFF • 1962
BABO 73 • 1964
SWEET SMELL OF SEX, THE • SWEET SMELL OF PERFUME ○ SWEET SMELL OF LOVE • 1965
CHAFED ELBOWS • 1967
NO MORE EXCUSES • 1968
PUTNEY SWOPE • 1969
POUND • 1970
GREASER'S PALACE • 1972
TWO TONS OF TURQUOISE TO TAOS TONIGHT • 1976
JIVE • 1979
UP THE ACADEMY • MAD MAGAZINE PRESENTS UP THE ACADEMY • 1980
MOONBEAM • 1984
AMERICA • 1986
RENTED LIPS • 1988
TOO MUCH SUN • 1990

DOWNS ALLEN – USA
FREIGHT STOP • 1954 • SHT
POW WOW • 1959

DOXAT-PRATT B. E. – UKN
AS GOD MADE HER • JUST AS I AM • 1920
FATE'S PLAYTHING • 1920
JOHN HERIOT'S WIFE • 1920
LITTLE HOUR OF PETER WELLS, THE • 1920
SKIN GAME, THE • 1920
VERBORGEN LEVEN, HET • HIDDEN LIFE, THE • 1920
ZONNETJE • SUNNY ○ JOY • 1920
ZOOALS IK BEN • AS GOD MADE HER • 1920
CIRCUS JIM • 1921
LAUGHTER AND TEARS • 1921
OTHER PERSON, THE • 1921
ZUSTER BROWN • NURSE BROWN • 1921
MY LORD THE CHAUFFEUR • 1927

DOXIADIS APOSTOLOS – GRC
IPOGIA DIADROMI • UNDERGROUND PASSAGE • 1984

DOYCHEVA ZDENKA see **DOICHEVA ZDENKA**

DOYE JACQUELINE – FRN
NEVERMORE, FOREVER • 1979

DOYLE DON – USA
WATCH THE BIRDIE.. DIE! • 1968

DOYLE JULIAN – USA
LOVE POTION • 1987
SHOCK TREATMENT • 1987

DRACH MICHEL – FRN – 1930–
SOLILOQUES DU PAUVRE, LES • REVENANT, LE • 1951 • SHT
MER SERA HAUTE A 16 HEURES, LA • 1954 • SHT
AUDITORIUM • 1957 • SHT
ON N'ENTERRE PAS LE DIMANCHE • WE DON'T BURY ON SUNDAYS • 1959
AMELIE OU LE TEMPS D'AIMER • AMELIA OR THE TIME FOR LOVE ○ AMELIE ○ TIME TO DIE, A • 1961
BONNE OCCASE, LA • BELLES CONDUITES, LES • 1964
FUR EINE HANDVOLL DIAMANTEN • SAFARI DIAMANTS (FRN) • 1966
ELISE OU LA VRAIE VIE • 1970
VIOLONS DU BAL, LES • 1973
PARLEZ-MOI D'AMOUR • 1975
PASSE SIMPLE, LE • REPLAY ○ SIMPLE PAST, THE • 1977
PULL-OVER ROUGE, LE • RED SWEATER, THE • 1979
GUY DE MAUPASSANT • 1982

DRAEXLER-JUST – GRM
SWAN LAKE • 1964

DRAGAN MIRCEA – RMN – 1932–
DRAGAN MIRKO
LUPENI '29
SETEA • THIRST • 1960
NEAMUL SOIMARESTILOR • HAWKS, THE • 1965
GOLGOTA • GOLGOTHA • 1966
COLUMNA • COLUMN, THE ○ TRAJAN'S COLUMN ○ TYRANN, DER • 1968
MISCELLANEOUS BRIGADE, THE • 1969
BRIGADE MISCELLANEOUS IN THE MOUNTAINS AND AT THE SEASIDE • 1970
BRIGADE MISCELLANEOUS ON ALERT • 1970
BRIGADE MISCELLANEOUS STEPS IN • 1970
FRATII JDERI • CAPTAIN MARTENS BROTHERS, THE • 1973
OIL • OIL: THE BILLION DOLLAR FIRE • 1977
S.O.S. POSEIDON • 1977

DRAGAN MIRKO see **DRAGAN MIRCEA**

DRAGESCO JEAN – RMN – 1920–
VIE DES OISEAUX EN MAURITANIE, LA • 1963 • SHT

DRAGIC NEDELJKO – Animator – YGS – 1936–
ELEGIJA • ELEGY • 1965 • ANM
KROTITELJ DIVLJIH KONJA • TAMER OF WILD HORSES (USA) • 1966 • ANS
IDU DANI • PASSING DAYS ○ DAYS ELAPSE, THE ○ DAY COMES, THE • 1968
MOZDA DIOGEN • DIOGENES PERHAPS ○ PERHAPS DIOGENES • 1968 • ANS
AS ASPERA ED ASTRA • PER ASPERA AD ASTRA • 1969 • ANS
STRIPTIZ • STRIPTEASE • 1969 • ANM
DOOR, THE • 1970 • ANM
SUJSEDI • NEIGHBORS • 1970 • ANM
EKSPLOATACIJA • EXPLOITATION • 1971 • ANM
TUP-TUP • 1972 • ANS
DVEVNIK • DIARY • 1974 • ANM
DAY I STOPPED SMOKING, THE • 1982 • ANM
WAY TO THE NEIGHBORS, THE • WAY TO YOUR NEIGHBOR • 1982 • ANS
VUCKO • 1983 • ASS
SLIKE IZ SJECANJA • PICTURES FROM MEMORY • 1988 • ANM

DRAGIN BERT L. – USA
SUMMER CAMP NIGHTMARE • BUTTERFLY REVOLUTION, THE • 1987
TWICE DEAD • 1988

DRAGOI SORIN – RMN
LA BUNICI • AT GRANDPARENTS' • 1988

DRAGOLJUB – YGS
INNOCENCE UNPROTECTED • 1942

DRAGOTI STAN – USA – 1932–
DIRTY LITTLE BILLY • 1972
LOVE AT FIRST BITE • 1979
MR. MOM • MR. MUM • 1983
MAN WITH ONE RED SHOE, THE • TALL BLOND MAN WITH ONE BLACK SHOE, THE ○ MISCHIEF • 1985
CRACK • 1988
SHE'S OUT OF CONTROL • DADDY'S LITTLE GIRL • 1989
LOVE AT SECOND BITE • 1990

DRAHOS TOM – CZC – 1947–
METROSHIMA • 1947

DRAKE JAMES R. – USA
THIS WIFE FOR HIRE • 1985 • TVM
GODDESS OF LOVE, THE • 1988

DRAKE JIM – USA
MR. BILL'S REAL LIFE ADVENTURES • 1986
POLICE ACADEMY 4: CITIZENS ON PATROL • 1987
SPEEDZONE FEVER • ONE FOR THE MONEY ○ SPEED ZONE • 1989

DRAKE OLIVER – USA
TEXAS TORNADO • 1932
TODAY I HANG • 1942
BORDER BUCKAROOS • 1943
FIGHTING VALLEY • 1943
TRAIL OF TERROR • 1943
WEST OF TEXAS • SHOOTIN' IRONS • 1943
LONESOME TRAIL • 1945
RIDERS OF THE DAWN • 1945
SADDLE SERENADE • 1945
SPRINGTIME IN TEXAS • 1945
MOON OVER MONTANA • 1946
SONG OF THE SIERRAS • 1946
TRAIL TO MEXICO • 1946
WEST OF THE ALAMO • 1946
GINGER • 1947
RAINBOW OVER THE ROCKIES • 1947
DEADLINE • 1948
FIGHTING MUSTANG • 1948
SUNSET CARSON RIDES AGAIN • 1948
ACROSS THE RIO GRANDE • 1949
BRAND OF FEAR • 1949
LAWLESS CODE • 1949
ROARING WESTWARD • 1949
BATTLING MARSHAL • 1950
KID FROM GOWER GULCH, THE • 1950
OUTLAW TREASURE • 1955
LUST TO KILL, A • 1957
PARSON AND THE OUTLAW, THE • 1957

*DRAKE OLIVER** see **PAYNE JOHN**

DRAKE RONALD – UKN
KILLER WALKS, A • 1952

DRAKE T. Y. see **DRAKE TOM**

DRAKE TOM – Actor – USA – 1918–
DRAKE TOM Y. • DRAKE T. Y.
KEEPER, THE • 1976

DRAKE TOM Y. see **DRAKE TOM**

DRANKOV A. O. – USS
BORIS GUDONOV • 1907

DRAPELLA HUBERT – PLN
HISTORIA JEDNOGO MYSLIWCA • STORY OF A FIGHTER PLANE, THE • 1958
ODPOWIEDZ • ANSWER, THE • 1961

DRAPER LAURON A. – USA
FLYING HUNTERS • 1934 • SHT

DRASCOVIC B. see **DRASKOVIC BORO**

DRASKOVIC BORO – YGS – 1935–
DRASCOVIC B.
HOROSKOP • HOROSCOPE (USA) • 1969
OVERNIGHT SUCCESS • INSTANT SUCCESS • 1970
NOKAUT • KNOCKOUT • 1971
DONNE SOPRA FEMMINE SOTTO • 1972
USIJANJE • RED HOT ○ BURNING • 1979
ZIVOT JE LEP • LIFE IS BEAUTIFUL • 1985

DRAY JIM ROBERTSON – USA
LEGEND OF ALFRED PACKER, THE • 1980

DREAM RINSE – USA
CAFE FLESH • 1986

DRECHSEL SAMMY – GRM
ZWEI GIRLS VOM ROTEN STERN • AFFAIR OF STATE, AN (USA) • 1966

DREIER HANS – GRM
DANTON • ALL FOR A WOMAN (USA) ○ LOVES OF THE MIGHTY • 1920

DREIFUSS ARTHUR – GRM – 1908–
FROZEN AFFAIR • 1937 • SHT
MURDER IN SWINGTIME • 1937 • SHT
DOUBLE DEAL • 1938
MYSTERY IN SWING • 1938
NIGHT AT THE TROC, A • 1939 • SHT
YANKEE DOODLE HOME • 1939 • SHT
MURDER ON LENOX AVENUE • 1941
REG'LAR FELLERS • 1941
SUNDAY SINNERS • 1941
BABY FACE MORGAN • 1942
BOSS OF BIG TOWN, THE • 1942
PAY-OFF, THE • 1942
CAMPUS RHYTHM • 1943
DANCING ON THE STARS • 1943 • SHT
MELODY PARADE • 1943
NEARLY EIGHTEEN • 1943
SARONG GIRL • 1943
SMOKE RINGS • 1943 • SHT
SULTAN'S DAUGHTER, THE • 1943
SWING THAT BAND • 1943 • SHT
EVER SINCE VENUS • 1944
BOSTON BLACKIE BOOKED ON SUSPICION • BOOKED ON SUSPICION (UKN) • 1945
BOSTON BLACKIE'S RENDEZVOUS • BLACKIE'S RENDEZVOUS (UKN) • 1945
EADIE WAS A LADY • 1945
GAY SENORITA, THE • 1945
PRISON SHIP • 1945
BETTY CO-ED • MELTING POT, THE (UKN) • 1946
FOLLOW THAT MUSIC • FOLLOW THE MUSIC • 1946 • SHT
FREDDIE STEPS OUT • SWEET SIXTEEN • 1946
HIGH SCHOOL HERO • 1946
JUNIOR PROM • 1946
GLAMOR GIRL • NIGHT CLUB GIRL ○ GLAMOUR GIRL • 1947
LITTLE MISS BROADWAY • 1947
SWEET GENEVIEVE • 1947
TWO BLONDES AND A REDHEAD • 1947
VACATION DAYS • 1947
ALL AMERICAN PRO • 1948
I SURRENDER, DEAR • 1948

MANHATTAN ANGEL • 1948
MARY LOU • 1948
OLD-FASHIONED GIRL, AN • 1949
SHAMROCK HILL • 1949
THERE'S A GIRL IN MY HEART • 1949
SECRET FILE, U.S.A. • 1955
LIFE BEGINS AT 17 • 1958
JUKE BOX RHYTHM • 1959
LAST BLITZKRIEG, THE • 1959
SECRET FILE, ASSIGNMENT ABROAD • 1959
10.32 • TEN THIRTY-TWO IN THE MORNING ○ MURDER IN AMSTERDAM
QUARE FELLOW, THE • 1962
LOVE-INS, THE • 1967
RIOT ON SUNSET STRIP • 1967
FOR SINGLES ONLY • 1968
TIME TO SING, A • 1968
YOUNG RUNAWAYS, THE • 1968

DREVILLE JEAN – FRN – 1906–

AUTOUR DE L'ARGENT • 1928 • SHT
CREOSOTE • 1929 • SHT
QUAND LES EPIS SE COURBENT • 1929 • SHT
PHYSIOPOLIS • 1930
POMME D'AMOUR • 1932
TROIS POUR CENT • PETIT MILLIONAIRE, LE • 1933
HOMME EN OR, UN • MAN AND HIS WOMAN, A (USA) • 1934
COUP DE VENT • 1935
TOUCHE-A-TOUT • 1935
PETITES ALLIEES, LES • 1936
MAMAN COLIBRI • 1937
NUITS BLANCHES DE SAINT-PETERSBOURG, LES • 1937
TROIKA SUR LA PISTE BLANCHE • TROIKA ROUGE • 1937
JOUEUR D'ECHECS, LE • CHESS PLAYER, THE (USA) ○ DEVIL IS AN EMPRESS, THE • 1938
SON ONCLE DE NORMANDIE • FUGUE DE JIM BAXTER, LA • 1938
BRIGADE SAUVAGE, LA • 1939
PRESIDENT HAUDECOEUR, LE • 1939
ANNETTE ET LA DAME BLONDE • 1941
AFFAIRES SONT LES AFFAIRES, LES • 1942
CADETS DE L'OCEAN • 1942
CAGE AUX ROSSIGNOLS, LA • CAGE OF NIGHTINGALES, A (USA) • 1943
ROQUEVILLARD, LES • 1943
TORNAVARA • 1943
AFFAIRE DU COLLIER DE LA REINE, L' • QUEEN'S NECKLACE, THE (USA) • 1945
FERME DU PENDU, LA • FERME DU MAUDIT, LA ○ HANGED MAN'S FARM • 1945
COPIE CONFORME • CONFESSIONS OF A ROGUE (USA) ○ MONSIEUR ALIBI ○ DUPLICATA • 1946
VISITEUR, LE • TAINTED (USA) • 1946
BATAILLE DE L'EAU LOURDE, LA • OPERATION SWALLOW ○ KAMPEN OM TUNGTVANNET • 1947
CASSE-PIEDS, LES • SPICE OF LIFE, THE (USA) ○ FACHEUX MODERNES, LES ○ PARADE DU TEMPS PERDU • 1948
RETOUR A LA VIE • RETURN TO LIFE • 1948
GRAND RENDEZ-VOUS, LE • FRANKLIN ARRIVE • 1949
FILLE AU FOUET, LA • 1951
SEPT PECHES CAPITAUX, LES • SETTE PECCATI CAPITALI, I (ITL) ○ SEVEN CAPITAL SINS, THE ○ SETTE PECCATI CAPITALI, I ○ SEVEN DEADLY SINS, THE ○ SEVEN DEADLY SINS ○ SEVEN CAPITAL SINS • 1951
HORIZONS SAN FIN • ENDLESS HORIZONS • 1952
REINE MARGOT, LA • REGINA MARGOT, LA (ITL) ○ WOMAN OF EVIL, A • 1954
ESCALE A ORLY • ZWISCHENLANDUNG IN PARIS (FRG) ○ FASTEN YOUR SEAT BELTS • 1955
BELLE ET LE TZIGANE, LA • 1957
SUSPECTS, LES • 1957
A PIED, A CHEVAL ET EN SPOUTNIK • HOLD TIGHT TO THE SATELLITE (UKN) ○ SPUTNIK ○ DOG, A MOUSE AND A SPUTNIK, A (USA) ○ BY FOOT, BY HORSE AND BY SPUTNIK • 1958
NORMANDIE-NEIMEN • 1959
LAFAYETTE • LAFAYETTE (UNA SPADA PER DUE BANDIERE) (ITL) • 1962
LA FAYETTE • SPADA PER DUE BANDIERE, UNA (ITL) • 1963
NUIT DES ADIEUX, LES • 1965
SENTINELLE ENDORMIE, LA • 1965
TROISIEME JEUNESSE • 1965

DREW DI – ASL

RIGHT-HAND MAN, THE • RIGHT HAND MAN, THE • 1986
TROUBLE IN PARADISE • 1988 • TVM

DREW LES – CND

WHAT ON EARTH! • 1966 • ANS
IN A NUTSHELL • 1971 • SHT
ENERGY CAROL • 1975
EVERY DOG'S GUIDE TO COMPLETE HOME SAFETY • 1987 • ANS
DINGLES, THE • 1990 • ANS

DREW ROBERT – USA

JAZZ: THE INTIMATE ART • 1968

DREW ROBERT L. – USA

FOOTBALL • MOONEY VS. FOWLE • 1961 • DOC
STORM SIGNAL • 1966

DREW S. RANKIN see **DREW SIDNEY**

DREW SIDNEY – USA – 1864–1920

DREW SIDNEY RANKIN • DREW S. RANKIN

RED DEVILS, THE • 1911
FLORIDA ENCHANTMENT, A • 1914
HORSESHOE –FOR LUCK, A • 1914
INNOCENT BUT AWKWARD • 1914
JERRY'S UNCLE'S NAMESAKE • 1914
MYSTERIOUS MR. DAVEY, THE • 1914
NEVER AGAIN • 1914
PROFESSIONAL SCAPE GOAT, THE • 1914
PROFESSOR'S ROMANCE, THE • 1914
RAINY, THE LION KILLER • HENRY STANLEY, THE LION KILLER • 1914
ROYAL WILD WEST, THE • 1914
STANLEY, THE LION-KILLER • 1914
TOO MANY HUSBANDS • 1914
WILLIAM HENRY JONES' COURTSHIP • 1914
ALL FOR THE LOVE OF A GIRL • 1915
BACK TO THE PRIMITIVE • 1915
BEAUTIFUL THOUGHTS • 1915
BETWEEN THE TWO OF THEM • 1915
BOOBLEY'S BABY • 1915
BY MIGHT OF HIS RIGHT • 1915
CASE OF EUGENICS, A • 1915
COMBINATION, THE • 1915
CUB AND THE DAISY CHAIN, THE • 1915
DECEIVERS, THE • 1915
DIPLOMATIC HENRY • 1915
FOLLOWING THE SCENT • 1915
FOX TROT FINESSE, THE • 1915
HAIR OF HER HEAD, THE • 1915
HIS WIFE KNEW ABOUT IT • 1915
HOME CURE, THE • 1915
HONEYMOON BABY, THE • 1915
HOW JOHN CAME HOME • 1915
IS CHRISTMAS A BORE? • 1915
LESSON OF THE NARROW STREET, THE • 1915
LOVE'S WAY • 1915
MISS STICKY-MOUFIE-KISS • 1915
MR. BLINK OF BOHEMIA • 1915
PLAYING DEAD • 1915
PROFESSIONAL DINER, THE • 1915
PROFESSOR'S PAINLESS CURE, THE • 1915
REWARD, THE • 1915
ROMANTIC REGGIE • 1915
ROONEY'S SAD CASE • 1915
SAFE INVESTMENT, A • 1915
STORY OF THE GLOVE, THE • STORY OF A GLOVE, THE • 1915 • SHT
THEIR AGREEMENT • 1915
THEIR FIRST QUARREL • 1915
TIMID MR. TOOTLES, THE • 1915
UNLUCKY LOUEY • 1915
WANTED, A NURSE • 1915
WHAT'S OURS? • 1915
WHEN DUMBLEIGH SAW THE JOKE • 1915
WHEN GREEK MEETS GREEK • 1915
AT A PREMIUM • 1916 • SHT
BETWEEN ONE AND TWO • 1916 • SHT
BORROWING TROUBLE • 1916 • SHT
CROSBY'S REST CURE • 1916 • SHT
DARING OF DIANA, THE • 1916
DUPLICITY • 1916 • SHT
FREE SPEECH • 1916 • SHT
HELP • 1916 • SHT
HENRY'S THANKSGIVING • 1916 • SHT
HER PERFECT HUSBAND • 1916 • SHT
HIS FIRST TOOTH • 1916 • SHT
HIS RIVAL • 1916 • SHT
HIS WIFE'S MOTHER • 1916 • SHT
HUNTED WOMAN, THE • 1916
IT NEVER GOT BY • 1916 • SHT
KENNEDY SQUARE • 1916
LADY IN THE LIBRARY, A • 1916 • SHT
MODEL COOK, THE • 1916 • SHT
NOBODY HOME • 1916 • SHT
ONE ON HENRY • 1916 • SHT
PEACE AT ANY PRICE • 1916
PREPAREDNESS • 1916 • SHT
SUSPECT, THE • 1916
SWEET CHARITY • 1916 • SHT
SWOONERS, THE • 1916 • SHT
SYMPHONY IN COAL, A • 1916 • SHT
TAKING A REST • 1916 • SHT
TELEGRAPHIC TANGLE, A • 1916 • SHT
THEIR DIVORCE • 1916 • SHT
THEIR FIRST • 1916 • SHT
THOU ART THE MAN • 1916
TOO CLEVER BY HALF • 1916 • SHT
VAMPIRE OUT OF WORK, A • 1916 • SHT
VITAL QUESTION, THE • 1916
WHEN TWO PLAY A GAME • 1916 • SHT
AS OTHERS SEE US • 1917
AWAKENING OF HELENE MINOR, THE • 1917 • SHT
BLACKMAIL • 1917 • SHT
CAVEMAN'S BLUFF • 1917 • SHT
CLOSE RESEMBLANCE, A • 1917 • SHT
DENTIST, THE • 1917 • SHT
GIRL PHILIPPA, THE • 1917
HANDY HENRY • 1917 • SHT
HENRY'S ANCESTORS • 1917 • SHT
HER ANNIVERSARIES • 1917 • SHT
HER ECONOMIC INDEPENDENCE • 1917 • SHT
HER FIRST GAME • 1917 • SHT
HER LESSON • 1917 • SHT
HER OBSESSION • 1917 • SHT
HIGH COST OF LIVING, THE • 1917 • SHT
HIS CURIOSITY • 1917 • SHT
HIS DEADLY CALM • 1917 • SHT
HIS DOUBLE LIFE • 1917 • SHT
HIS EAR FOR MUSIC • 1917 • SHT
HIS LITTLE SPIRIT • 1917 • SHT
HIS PERFECT DAY • 1917 • SHT
HIST! SPIES • 1917 • SHT
HYPOCHONDRIAC, THE • 1917 • SHT
JOY OF FREEDOM, THE • 1917 • SHT
LEST WE FORGET • 1917 • SHT
LOCKED OUT • 1917 • SHT
MATCH MAKERS, THE • 1917 • SHT
MR. PARKER –HERO • 1917 • SHT
MUSIC HATH CHARMS • 1917 • SHT
NOTHING TO WEAR • 1917 • SHT
PATRIOT, THE • 1917 • SHT
PEST, THE • 1917 • SHT
PROFESSIONAL PATIENT, THE • 1917 • SHT
PUTTING IT OVER ON HENRY • 1917 • SHT
REBELLION OF MR. MINOR, THE • 1917 • SHT
RELIABLE HENRY • 1917 • SHT
RUBBING IT IN • 1917
SAFETY FIRST • 1917 • SHT
SHADOWING HENRY • 1917 • SHT
SPIRIT OF MERRY CHRISTMAS, THE • 1917
THEIR BURGLAR • 1917 • SHT
TOO MUCH HENRY • 1917 • SHT
TOOTSIE • 1917 • SHT
TWELVE GOOD HENS AND TRUE • 1917 • SHT
UNMARRIED LOOK, THE • 1917 • SHT
WAGES NO OBJECT • 1917 • SHT
WHO'S YOUR NEIGHBOR? • 1917
AFTER HENRY • 1918 • SHT
BEFORE AND AFTER TAKING • 1918 • SHT
BRIGHT LIGHTS DIMMED, THE • 1918
GAS LOGIC • 1918 • SHT
HELP WANTED • 1918 • SHT
HIS FIRST LOVE • 1918 • SHT
HIS GENEROSITY • 1918 • SHT
HIS STRENGTH OF MIND • 1918 • SHT
PAY DAY • 1918
SPECIAL TODAY • 1918 • SHT
THEIR MUTUAL MOTOR • 1918 • SHT
UNDER THE INFLUENCE • 1918 • SHT
WHEN A MAN'S MARRIED • 1918 • SHT
WHY HENRY LEFT HOME • 1918 • SHT
YOUTHFUL AFFAIR, A • 1918 • SHT
BELLE OF THE SEASON, THE • 1919
ONCE A MASON • 1919 • SHT
SQUARED • 1919 • SHT

DREW SIDNEY MRS. – Actress – USA – 1868–1925

RANKIN GLADYS • McVEY LUCILLE

AS OTHERS SEE US • 1917
CLOSE RESEMBLANCE, A • 1917 • SHT
DENTIST, THE • 1917 • SHT
HENRY'S ANCESTORS • 1917 • SHT
HER ANNIVERSARIES • 1917 • SHT
HER ECONOMIC INDEPENDENCE • 1917 • SHT
HER FIRST GAME • 1917 • SHT
HER LESSON • 1917 • SHT
HIS CURIOSITY • 1917 • SHT
HIS DEADLY CALM • 1917 • SHT
HIS DOUBLE LIFE • 1917 • SHT
HIS EAR FOR MUSIC • 1917 • SHT
HIST! SPIES • 1917 • SHT
HYPOCHONDRIAC, THE • 1917 • SHT
JOY OF FREEDOM, THE • 1917 • SHT
LEST WE FORGET • 1917 • SHT
MATCH MAKERS, THE • 1917 • SHT
MR. PARKER –HERO • 1917 • SHT
MUSIC HATH CHARMS • 1917 • SHT
NOTHING TO WEAR • 1917 • SHT
PATRIOT, THE • 1917 • SHT
REBELLION OF MR. MINOR, THE • 1917 • SHT
RUBBING IT IN • 1917
SAFETY FIRST • 1917 • SHT
SHADOWING HENRY • 1917 • SHT
SPIRIT OF MERRY CHRISTMAS, THE • 1917
THEIR BURGLAR • 1917 • SHT
TOO MUCH HENRY • 1917 • SHT
TOOTSIE • 1917 • SHT
TWELVE GOOD HENS AND TRUE • 1917 • SHT
UNMARRIED LOOK, THE • 1917 • SHT
WAGES NO OBJECT • 1917 • SHT
AFTER HENRY • 1918 • SHT
BEFORE AND AFTER TAKING • 1918 • SHT
BRIGHT LIGHTS DIMMED, THE • 1918
GAS LOGIC • 1918 • SHT
HELP WANTED • 1918 • SHT
HIS FIRST LOVE • 1918 • SHT
HIS GENEROSITY • 1918 • SHT
HIS STRENGTH OF MIND • 1918 • SHT
PAY DAY • 1918
SPECIAL TODAY • 1918 • SHT
THEIR MUTUAL MOTOR • 1918 • SHT
UNDER THE INFLUENCE • 1918 • SHT
WHEN A MAN'S MARRIED • 1918 • SHT
WHY HENRY LEFT HOME • 1918 • SHT
YOUTHFUL AFFAIR, A • 1918 • SHT
BUNKERED • 1919 • SHT
HAROLD, THE LAST OF THE SAXONS • 1919 • SHT
ONCE A MASON • 1919 • SHT
SISTERLY SCHEME, A • 1919 • SHT
SQUARED • 1919 • SHT
CHARMING MRS. CHASE, THE • 1920 • SHT
COUSIN KATE • 1920
EMOTIONAL MISS VAUGHAN, THE • EMOTIONAL MRS. VAUGHAN • 1920 • SHT
STIMULATING MRS. BARTON, THE • 1920 • SHT
UNCONVENTIONAL MAIDA GREENWOOD, THE • 1920 • SHT

DREW SIDNEY RANKIN see **DREW SIDNEY**

DREW WILLIAM – USA

WHEN ROMANCE CAME TO ANNE • 1914

DREXLER PHILIP T. – USA

DREXLER PHILIP T. JR.

SATIN SUITE
ORIENTAL BLUE • 1975
FRENCH SHAMPOO • 1977
SCENT OF HEATHER, A • 1981

DREXLER PHILIP T. JR. see **DREXLER PHILIP T.**

DREYER CARL see **DREYER CARL T.**

DREYER CARL T. – DNM – 1889–1968

DREYER CARL THEODOR • DREYER CARL

BLADE AF SATANS BOG • LEAVES FROM SATAN'S BOOK • 1919
PRAESIDENTEN • PRESIDENT, THE • 1919
PRASTANKAN • FOURTH MARRIAGE OF DAME MARGARET, THE ○ PARSON'S WIDOW, THE ○ WITCH WOMAN, THE (USA) ○ YOUTH TO YOUTH • 1920
GEZEICHNETEN, DIE • LOVE ONE ANOTHER ○ STIGMATIZED ONE, THE ○ ELSKER HVERANDRE • 1921
DER VAR ENGANG • ONCE UPON A TIME • 1922
MICHAEL • HEART'S DESIRE (UKN) ○ CHAINED (USA) ○ MIKAEL • 1924
DU SKAL AERE DIN HUSTRU • MASTER OF THE HOUSE ○ THOU SHALT HONOR THY WIFE • 1925
GLOMDALSBRUDEN • BRIDE OF GLOMSDALE, THE ○ BRIDE OF GLOMDAL, THE • 1925
PASSION DE JEANNE D'ARC, LA • PASSION OF JOAN OF ARC, THE • 1928
VAMPYR • VAMPYR OU L'ETRANGE AVENTURE DE DAVID GRAY (FRN) ○ TRAUM DES ALLAN GRAY, DER ○ STRANGE ADVENTURE OF DAVID GRAY, THE (UKN) ○ VAMPIRE ○ CASTLE OF DOOM ○ ADVENTURES OF DAVID GRAY ○ FRG ○ VAMPIRE OR THE STRANGE ADVENTURE OF DAVID GRAY • 1931
MODREHJAELPEN • HELP FOR MOTHERS ○ GOOD MOTHERS • 1942 • DCS
VREDENS DAG • DAY OF WRATH ○ DIES IRAE • 1943
TVA MANNISKOR • TWO PEOPLE • 1945
VANDET PA LANDET • WATER FROM THE LAND • 1945 • DCS
DANSKE LANDSBYKIRKE, DEN • DANISH VILLAGE CHURCH, THE ○ LANDSBYKIRKEN • 1947 • DCS
KAMPEN MOD KRAEFTEN • STRUGGLE AGAINST CANCER, THE • 1947 • SHT
NAEDE FARGEN, DE • THEY CAUGHT THE FERRY • 1948 • SHT
STORSSTROEMBROEN • STORSTROM BRIDGE ○ BRIDGE OF STORSTROM, THE ○ STORSTROMS BROEN • 1949 • SHT
THORVALDSEN • 1949 • DCS
ORDET • WORD, THE • 1954
SLOT I ET SLOT, ET • CASTLE WITHIN A CASTLE • 1955 • DCS
GERTRUD • GERTRUDE • 1964
NOGET OM NORDEM • 1964 • SHT

DREYER CARL THEODOR see **DREYER CARL T.**

DREYFUS JEAN-PAUL see **LE CHANOIS JEAN-PAUL**

DREYFUS LILIANE – FRN – 1937–

FEMMES AU SOLEIL • 1974

DRHA VLADIMIR – CZC
DNESKA PRISEL NOVY KLUK • NEW BOY STARTED TODAY, A • 1981
MEZEK • 1985
O JE • OH DEAR • 1985
CITLIVA MISTA • SENSITIVE SPOT • 1987

DRIESSEN PAUL – Animator – NTH – 1940–
STORY OF LITTLE YOGHURT, THE • LITTLE YOGHOURT • 1968 • ANS
STORY OF LITTLE JOHN BAILEY, THE • 1970 • ANS
UNEMPLOYED DEVIL, THE • ANM
AIR • 1972 • ANM
BLEU PERDU, LE • 1972 • ANM
AU BOUT DU FIL • CAT'S CRADLE • 1974 • ANM
VIEILLE BOITE, UNE • OLD BOX, AN • 1975 • ANM
DAVID • 1977 • ANM
EI OM ZEEP • KILLING OF AN EGG, THE • 1977
JEU DE COUDES • 1979 • ANM
ELBOWING • 1980 • ANS
ON LAND, AT SEA AND IN THE AIR • 1980 • ANM
HISTOIRE COMME UNE AUTRE, UNE • SAME OLD STORY, THE • 1981 • ANM
HOME ON THE RAILS • 1982 • ANM
OH WHAT A KNIGHT • 1982 • ANS
SPOTTING A COW • 1983 • ANM
SCHRIJVER EN DE DOOD, DE • WRITER, THE • 1988 • ANM
UNCLES AND AUNTS • 1989 • ANM

DRIEST BURKHARD – GRM
ANNA'S MUTTER • ANNA'S MOTHER • 1984

DRILLAUD CHRISTIAN – FRN – 1946–
A VENDRE • 1978
ITINERAIRE BIS • 1981

DRISCOLL RICHARD – USA
COMIC, THE • 1985
SILENT HERO, THE • SILENT HEROES • 1988

DRITSAS KOSTAS – GRC
HAIDO • 1967

DRIVER DONALD – USA
NAKED APE, THE • 1973

DRIVER SARA – USA – 1956–
YOU ARE NOT I • 1981
SLEEPWALK • 1986

DROBACZYNSKI ROMUALD – PLN
JADA, GOSCIE, JADA • GUESTS ARE COMING (USA) • 1962

DROMGOOLE PATRICK – CHL – 1930–
DEAD MAN'S CHEST • 1965
HIDDEN FACE, THE • 1965

DROOP MARIE LUISE – GRM
FEST DES SCHWARZEN TULPE, DAS • 1920
TODESKARAWANE, DIE • CARAVAN OF DEATH (USA) • 1920

DROT JEAN-MARIE – FRN – 1929–
VIVE JOSEPH DELTEIL! • 1971 • DOC

DROUET ROBERT – USA
TWO FATHERS, THE • 1913

DROUIN JACQUES – CND – 1943–
TROIS EXERCICES SUR L'ECRAN D'EPINGLES ALEXEIEFF • 1974 • ANS
PAYSAGISTE, LE • MINDSCAPE • 1976 • ANS
ROMANCE Z TEMNOT • ROMANCE FROM DARKNESS • 1987 • ANM

DROUOT PIERRE – BLG
ETREINTE, L' • GISELE (UKN) • 1969
ETUDE VOOR LOUIZA SEULE • 1969
MOT D'AMOUR, UN • 1971
DOOD VAN EEN NON, DE • DEATH OF A NUN • 1972

DROVE ANTONIO – SPN
MI MUJER ES MUY DECENTE DENTRO DE LO QUE CABE • 1974
TOCATA Y FUGA DE LOLITA • LOLITA'S TOCCATO AND FUGUE • 1974
NOSOTROS QUE FUIMOS TAN FELICES • 1976
NELL'OCCHIO DELLA VOLPE • 1979
VERDAD SOBRE EL CASO SAVOLTA, LA • TRUTH ABOUT THE SAVOLTA AFFAIR, THE ○ CASO SAVOLTA, EL ○ SAVOLTA AFFAIR, THE • 1980
TUNEL, EL • TUNNEL, THE • 1988

DROZG JANEZ – YGS
BOJ NA POZIRALNIKU • BATTLE OF POZIRALNIK, THE ○ BOJ NA PROZDRLJIVCU • 1983

DRURY DAVID – UKN
FOREVER YOUNG • 1984
DEFENCE OF THE REALM • 1985
TERRA ROXA • 1986
INTRIGUE • 1988 • TVM
SPLIT DECISIONS • KID GLOVES • 1988

DRURY WILLIAM – UKN
GRASS WIDOWERS • 1921
LEVITY AND LAITY • 1922

DRUZHININA S. – USS
WISH FULFILLED, A • 1974

DRYDEN HOPE – USA
RYDEN HOPE
JANE • 1962
CRISIS • 1963 • DOC

DRYDEN WHEELER – UKN
LITTLE BIT OF FLUFF, A • SKIRTS (USA) • 1928

DRYHURST EDWARD – Producer/writer – UKN – 1904–
DIZZY LIMIT, THE • KIDNAPPED • 1930
WOMAN FROM CHINA, THE • 1930
DANGEROUS SEAS • 1931
COMMISSIONAIRE • 1933

DRYHURST MICHAEL – UKN
HARD WAY, THE • 1980

DU BOIS ALBERT see **DUBOIS ALBERT**

DU KHANH – VTN
WHEN MOTHER IS OUT • 1983

DU PONT MICHAEL – USA
SECRET OF THE SACRED FOREST, THE • 1970

DU PREE HAYES see **DUPREE HAYES**

DU REES GORAN – SWD
TENT –WHO OWNS THIS WORLD, THE • 1977
MALAREN • PAINTER, THE • 1981
JACOB SMITAREN • WHERE WERE YOU, JACOB? • 1983
S/Y GLADJEN • S/Y JOY • 1990

DU TOIT CHRIS – SAF
GEMINI • 1979

DU TOIT MARIE – SAF
NICOLENE • 1978

DUARTE ANSELMO – Actor – BRZ – 1920–
ABSOLUTAMENTE CERTO • 1957
PAGADOR DE PROMESSAS, O • KEEPER OF PROMISES, THE ○ GIVEN WORD, THE ○ PROMISE, THE • 1961
VEREDA DA SALVACAO • 1965
CERTO CAPITAO RODRIGO, UM • 1970
QUELE DO PAJEU • 1970
POSSESSED, THE
DESCARTE, O • 1974
TROMBADINHAS, OS • 1979
CRIME DO ZE BIGORNA, O • CRIME OF ZE BIGORNA, THE • 1980

DUARTE ARTHUR – Actor – PRT – 1895–
CASTELO DE CHOCOLATE, O • 1923
FIDALGOS DA CASA MOURISCA, OS • 1938
FERIAS A BEIRA-MAR • 1942 • SHT
COSTA DO CASTELO, O • COSTA OF THE CASTLE • 1943
ESTRADA DA VIDA, A • 1943 • SHT
MENINA DA RADIO, A • 1944
E PERIGOSO DEBRUCAR-SE • ES PELIGROSO ASOMARSE AL EXTERIOR (SPN) • 1946
HOSPEDE DO QUARTO NO.13, O • HUESPEDE DEL CUARTO NO.13, EL (SPN) • 1946
LEAO DA ESTRELA, O • 1947
FOGO! • FUEGO! (SPN) • 1949
GRANDE ELIAS, O • 1950
GARCA E A SERPENTE, A • 1952
PARABENS, SENHOR VICENTE • NUBES DE VERANO • 1954
NOIVO DAS CALDAS, O • 1956
DOIS DIAS NO PARAISO • 1957
ROMA PORTUGUESA • 1957 • SHT
BARQUEIROS DO DOURO • 1959 • SHT
ENCONTRO COM A VIDA • 1960
METRIPOLITANO DE LISBOA • 1961 • SHT
ENCONTRO COM A MORTE • 1964
RECOMPENSA • REWARD • 1977

DUBA CENEK – CZC
ATOM NA ROZCESTI • 1947 • ANS
VECERY S JINDRICHEM PLACHTOU • EVENINGS WITH JINDRICH PLACHTA • 1954
BRANKAR BYDLI V NASI ULICI • GOALKEEPER LIVES IN OUR STREET, THE • 1957
AMAZING SUNDAY • 1958

DUBBS ARTHUR – USA
DREAM CHASERS • 1984

DUBELMAN DICK – USA
GRAND JETE • 1966

DUBIN CHARLES see **DUBIN CHARLES S.**

DUBIN CHARLES S. – USA – 1919–
DUBIN CHARLES
MR. ROCK AND ROLL • 1957
MEANEST MEN IN THE WEST, THE • 1967 • MTV
TO DIE IN PARIS • 1968 • TVM
MURDER ONCE REMOVED • SECRET KILLING • 1971 • TVM
HAWAII FIVE-O: V FOR VASHON • 1972 • TVM
MURDOCK'S GANG • 1973 • TVM
DEATH IN SPACE • 1974 • TVM
MOVING VIOLATION • 1976
DEADLY TRIANGLE, THE • 1977 • TVM
MAN FROM ATLANTIS: THE DISAPPEARANCES, THE • DISAPPEARANCES, THE • 1977 • TVM
ROOTS: THE NEXT GENERATIONS • 1978 • TVM
GATHERING PART II, THE • 1979 • TVM
TOPPER • 1979 • TVM
MANIONS, THE • 1981 • MTV
MY PALIKARI • SILENT REBELLION ○ BIG SHOT • 1982 • TVM
INTERNATIONAL AIRPORT • 1985 • TVM
MASTERPIECE OF MURDER, A • 1986 • TVM
DROP-OUT MOTHER • 1988 • TVM

DUBIN JAY – USA
BLACK AND BLUE • 1980
KID CREOLE AND THE COCONUTS: LIVE IN CONCERT "AT THE RITZ" NEW YORK • 1982

DUBOC CLAUDE – UKN
ONE BY ONE • 1975 • DOC

DUBOIS ALBERT – ARG
DU BOIS ALBERT
ACOSADA • PINK PUSSY (WHERE SIN LIVES), THE (USA) ○ PINK PUSSY CLUB, THE ○ EXPLOITEERS, THE ○ WHERE SIN LIVES ○ PINK PUSSY, THE ○ PINK PUSSY CAT, THE • 1963
FLOR DEL IRUPE, LA • LOVE HUNGER (USA) • 1964
MI SECRETARIA ESTA LOCA, LOCA, LOCA • MY SECRETARY IS MAD, MAD, MAD • 1967
DESTINO PARA DOS • DESTINY FOR TWO • 1968

DUBOIS BERNARD – FRN – 1945–
PARANO • 1962
LOLOS DE LOLA, LES • 1974
AU BOUT DU PRINTEMPS • 1976
J'AI VOULU RIRE COMME LES AUTRES • 1979
PARIS VU PAR.. 20 ANS APRES • SIX IN PARIS • 1984

DUBOR SERGE – FRN – 1946–
DUBOUR SERGE
CARGO • 1981

DUBOSC DOMINIQUE – FRN – 1941–
LIP 73–74: LE GOUT DU COLLECTIF • 1973 • DOC

DUBOUR SERGE see **DUBOR SERGE**

DUBOUT ALBERT – Animator – FRN – 1905–1976
DOUBOUT ALBERT
ANATOLE FAIT DU CAMPING • ANATOLE'S CAMPING TRIP • ANM
AVENTURES DES HEROS DE LA TOUR DE NESLE • ADVENTURES OF THE HEROES OF THE NESLE TOWER • 1947 • ANS

DUBREUIL CHARLOTTE – BLG – 1940–
QU'EST-CE QUE TU VEUX JULIE? • WHAT DO YOU WANT JULIE? • 1976
MA CHERIE • 1980
COTE D'AMOUR, LA • 1982

DUBROUX DANIELE – FRN – 1947–
OLIVIER, L' • 1975 • DOC

DUBROVIN YU – USS
MIROVOY PAREN • MAN OF THE WORLD, A • 1972

DUBS ARTHUR see **DUBS ARTHUR R.**

DUBS ARTHUR R. – USA
DUBS ARTHUR
WHITE FURY • 1969 • DOC
VANISHING WILDERNESS • 1974 • DOC
WONDER OF IT ALL, THE • 1974 • DOC

DUBSON M. – USS
FRONTIER, THE • BORDER, THE • 1935
KONSERT-VALS • CONCERT VALSE ○ CONCERT WALTZ • 1940
SHTORM • STORM • 1957

DUBSON MICHAEL – GRM
GIFTGAS • 1929
ZWEI BRUDER • RIVALEN DER LIEBE • 1929

DUCE JOSE ANTONIO – SPN – 1933–
CULPABLES PARA UN DELITO • 1966

DUCEPPE PIERRE – CND
PEINTURE NO.1, LA • 1973 • DCS
VEUX-TU REPARER MA MAISON • 1973 • SHT
COMMENT CA VA LES JEUNESSES? • 1974 • DCS
JE T'AIME • 1974

DUCEY LILLIAN – USA
ENEMIES OF CHILDREN • YOUTH TRIUMPHANT • 1923
WORRY, THE • 1927

DUCHAMP MARCEL – Painter – FRN – 1887–1868
ANAEMIC CINEMA • 1926 • SHT
ABSTRACT • 1927
FORTY YEARS OF EXPERIMENT IN FILM • 1961 • CMP

DUCHENE NICOLE – CND
ALGERIE: UNE EXPERIENCE • 1976 • DOC

DUCHESNE LOUIS – FRN – 1926–
PECHE DE JEUNESSE • 1958
MUNDO PARA MI, UN • TENTATIONS (FRN) ○ SOFT SKIN AND BLACK LACE ○ SOFT SKIN ON BLACK SILK • 1959

DUCHOWNY ROGER – USA
MURDER CAN HURT YOU! • 1980 • TVM

DUCIS PIERRE-JEAN – FRN – 1908–1980
CAVALIER LAFLEUR, LE • 1934
CENTENAIRE, LE • 1934
LUNE DE MIEL • 1935
ASSAUT, L' • 1936
AU SON DES GUITARES • LOIN DES GUITARES • 1936
OEIL DE LYNX DETECTIVE • 1936
SOURIS BLEUE, LA • 1936
AU SOLEIL DE MARSEILLE • 1937
FICHU METIER, UN • 1938
SUR LE PLANCHER DES VACHES • PLANCHER DES VACHES, LE • 1939
APRES L'ORAGE • RETOUR • 1941
ETRANGE SUZY, L' • 1941

DUCKWORTH MARTIN – Cinematographer – CND – 1933–
PASSING THROUGH SWEDEN • 1969 • DOC
WISH, THE • 1970 • DOC
CELL 16 • 1971 • DOC
ACCIDENT • 1973 • DOC

FORGET IT JACK • 1974 • DOC
TEMISCAMING QUEBEC • TEMISCAMINGUE QUEBEC • 1976 • DOC
12,000 MEN • 1978 • DOC
WIVES' TALE, A • HISTOIRE DE FEMMES, UNE • 1980 • DOC
CONNAISSONS-NOUS: BON APPETIT • 1981 • DOC
CONNAISSONS-NOUS: SALUT MONTREAL • 1981 • DOC
ON L'APPELAIT CAMBODGE • BACK TO KAMPUCHEA • 1982 • DOC
NO MORE HIBAKUSHA • 1983 • DOC
NO MORE HIROSHIMA • PLUS JAMAIS HIROSHIMA • 1983 • DCS
RETURN TO DRESDEN • RETOUR A DRESDEN • 1986 • MTV
NOS DERNIERS JOURS A MOSCOU • OUR LAST DAYS IN MOSCOW • 1988 • DOC

DUCREST PHILIPPE – EGY – 1928–
CHAMBRE 17
CROIX DE LA BANNIERE, LA • 1960

DUDA JACQUES – FRN
NUIT DES CARESSES, LA • 1975

DUDESEK JAN – Animator – CZC
PROBLEM, THE • ANM
ZLATOVLASKA • GOLDEN CURLS ○ GOLDILOCKS • 1954 • ANS

DUDKO A. see **DUDKO APOLLINARI**

DUDKO APOLLINARI – USS
DOUDKO APOLLINARY • DUDKO A.
SEVODNYA –NOVYI ATTRAKSION • LOVE AND TIGERS • 1964
SPYASHCHAYA KRASAVITSA • SLEEPING BEAUTY, THE (USA) • 1964
LEBEDINOYE OZERO • SWAN LAKE (UKN) • 1968

DUDLEY BERNARD – UKN
LOVE IN THE WELSH HILLS • 1921
BOY SCOUTS • 1922
CONJURERS, THE • 1922
CUTTING OUT PICTURES • 1922
FOOTBALL FUN • 1922
MAKING GOOD RESOLUTIONS • 1922
MAKING PAPER MONEY • 1922
PAPER HANGING • 1922
PETER THE BARBER • 1922
PLAYING AT DOCTORS • 1922
RAINBOW COMEDIES • 1922 • SHS
SOLD AND HEALED • 1922
SPRING CLEANING • 1922
SWEEP, THE • 1922

DUDLEY CARL – USA
PIGSKIN SKILL • 1948 • SHT

DUDLEY FRANK – UKN
MAZEPPA • 1908

DUDLEY M. B. – USA
RICHARD III • 1913

DUDLEY MICHAEL – USA
ALL STAR BOND RALLY • 1944 • SHT

DUDLEY TERENCE – UKN
ALL CREATURES GREAT AND SMALL: THE HOMECOMING • 1983 • TVM

DUDOW SLATAN – BUL – 1903–1963
WIE DER BERLINER ARBEITER WOHNT • HOW THE BERLIN WORKER LIVES • 1930 • DCS
KUHLE WAMPE • WHITHER GERMANY? (UKN) ○ WEM GEHORT DIE WELT ○ KUHLE WAMPE OR WHO OWNS THE WORLD? • 1932
SEIFENBLASEN • SOAP BUBBLES ○ BULLES DE SAVON • 1933
UNSER TAGLICH BROT • OUR DAILY BREAD (USA) • 1949
FAMILIE BENTHIN • 1950
FRAUENSCHICKSALE • FATES OF WOMEN ○ WOMAN'S FATE ○ WOMEN'S DESTINY • 1952
STARKER ALS DIE NACHT • STRONGER THAN THE NIGHT • 1954
HAUPTMANN VON KOLN, DER • CAPTAIN OF COLOGNE, THE • 1956
VERWIRRUNG DER LIEBE • LOVE'S CONFUSION ○ CRAZINESS OF LOVE • 1959
CHRISTINE • 1963

DUDRUMET JEAN-CHARLES – FRN – 1929–
CORDE RAIDE, LA • LOVERS ON A TIGHTROPE (USA) • 1959
DANS LA GUEULE DU LOUP • 1961
HONORABLE STANISLAS AGENT SECRET, L' • SPIONAGGIO SENZA FRONTIERE (ITL) ○ RELUCTANT SPY, THE (USA) • 1963
PLEINS FEUX SUR STANISLAS • RENDEZVOUS DER KILLER (FRG) ○ KILLER SPY (USA) • 1965

DUECK DAVID B. – CND – 1940–
GLOBAL PANORAMA • 1971 • DOC
HOME FOR THE HOMELESS • HEIMAT FUR HEIMATLOSE • 1981
FAMILIES • 1986

DUFAUX GEORGES – FRN – 1927–
DAYS BEFORE CHRISTMAS, THE • BIENTOT NOEL • 1958 • DCS
I WAS A NINETY-POUND WEAKLING • 1959 • DCS
CONGRES • 1960 • DOC
DIEUX, LES • 1961 • DCS
POUR QUELQUES ARPENTS DE NEIGE.. • QUELQUES ARPENTS DE NEIGE • 1962 • DCS
36,000 BRASSES • 1962 • DCS
RENCONTRES A MITZIC • 1963 • DCS
A PROPOS D'UNE PLAGE • 1964 • SHT
CAROLINE • 1964 • SHT
DEPARTS NECESSAIRES, LES • 1965 • DCS
PRECISION • 1966 • DCS
C'EST PAS LA FAUTE A JACQUES CARTIER • 1967
CINEMA ET REALITE • 1967 • DOC
HOMME MULTIPLIE, L' • 1969 • DCS
DEUX ANS ET PLUS • 1970 • DCS
A CRIS PERDUS • 1972 • DOC
A VOTRE SANTE • 1973 • DOC
AU BOUT DE MON AGE • 1975 • DOC
JARDINS D'HIVER, LES • 1976 • DOC
ENFANTS DES NORMES, LES • 1978 • SER
GUI DAO • SUR LA VOIE • 1980 • DOC
ENFANTS DES NORMES POST SCRIPTUM, LES • 1983 • DOC

DUFF EUAN – UKN
JANET AND JOHN –GROW UP! • 1974

DUFFELL PETER – UKN – 1924–
GRAND JUNCTION CASE, THE • 1961
NEVER NEVER MURDER, THE • 1961
PARTNERS IN CRIME • 1961
SILENT WEAPON, THE • 1961
COMPANY OF FOOLS • 1966
PAYMENT IN KIND • 1967
HOUSE THAT DRIPPED BLOOD, THE • 1970
ENGLAND MADE ME • RAPE OF THE THIRD REICH, THE • 1972
JUST THE JOB • 1974
INSIDE OUT • GOLDEN HEIST, THE ○ HITLER'S GOLD • 1975
EXPERIENCE PREFERRED –BUT NOT ESSENTIAL • 1983
FAR PAVILIONS, THE • 1983 • MTV
LETTERS TO AN UNKNOWN LOVER • LOUVES, LES (FRN) • 1985

DUFFY J. A. – USA
MICKEY'S APE MAN • 1933

DUFFY KEVIN – USA
MAXWELL ALEXANDER • VINCENT KEVIN
SWEET BIPPY (BLUE) • 1968
DR. MASHER • 1969
IT'S ALL FOR SALE • IT WAS ALL FOR SALE • 1969

DUGA DON – Animator – USA
JUNGLE MADNESS • 1967 • ANS
MAN • 1967 • ANS

DUGA IRENE – USA
TURTLE SOUP • 1967 • SHT
PESCA PISCA • 1968 • SHT

DUGAN JAMES – USA
DESERT PIRATE, THE • 1927
HER SUMMER HERO • 1928
PHANTOM OF THE RANGE • 1928

DUGAN MICHAEL – USA
SUPER SEAL • 1976
MAUSOLEUM • 1982

DUGDALE GEORGE – USA
APRIL FOOL'S DAY • SLAUGHTER HIGH • 1985
LIVING DOLL • 1989

DUGGAN M. B. – CND
MIKE • 1990 • SHT

DUGOWSON MAURICE – FRN – 1938–
LILY AIME-MOI • 1975
F COMME FAIRBANKS • 1976
AU REVOIR, A LUNDI • 'BYE, SEE YOU MONDAY • 1980
SARAH • 1982

DUGUAY RAOUL – CND – 1939–
O OU L'INVISIBLE ENFANT • 1973

DUHAMEL M. – FRN
SOUVENIRS DE PARIS • PARIS EXPRESS • 1928

DUHIGG BRENDAN – ASL
OUTSIDE LOOKING IN • 1989 • SHT

DUHNI SALAH see **DEHNI SALAH**

DUHOUR CLEMENT – Actor – FRN – 1912–1983
TROIS FONT LA PAIRE, LE • 1957
VIE A DEUX, LA • LIFE TOGETHER • 1958
VOUS N'AVEZ RIEN A DECLARER? • 1959

DUIGAN JOHN – Producer/writer – UKN – 1949–
FIRM MAN, THE • 1975
TRESPASSERS, THE • 1976
MOUTH TO MOUTH • 1978
DIMBOOLA • 1979
WINTER OF OUR DREAMS, THE • 1981
FAR EAST • 1982
ONE NIGHT STAND • 1984
VIETNAM • 1987 • MTV
YEAR MY VOICE BROKE, THE • 1987
ROMERO • 1989
FLIRTING • 1990

DUKANOVIC MILO – YGS
ZEDNI CAR • THIRSTY TSAR, THE • 1967
QUO VADIS ZIVORAD • 1969

DUKE BILL – USA
JOHNNIE MAE GIBSON: F.B.I. • 1986 • TVM
MAXIMUM SECURITY • 1987

DUKE DARYL – USA – 1935–
PRESIDENT'S PLANE IS MISSING, THE • 1971 • TVM
BANACEK: NO SIGN OF THE CROSS • 1972 • TVM
I HEARD THE OWL CALL MY NAME • 1973 • TVM
PAYDAY • 1973
CRY FOR HELP, A • END OF THE LINE • 1975 • TVM
THEY ONLY COME OUT AT NIGHT • 1975 • TVM
GRIFFIN AND PHOENIX: A LOVE STORY • TODAY IS FOREVER • 1976 • TVM
SILENT PARTNER, THE • ARGENT DE LA BANQUE, L' ○ DOUBLE DEADLY • 1978
HARD FEELINGS • 1981
SNEAKERS • 1981
THORN BIRDS, THE • 1982 • TVM
FLORENCE NIGHTINGALE • 1985 • TVM
TAI-PAN • 1986

DUKES ROBERT – USA
LOST CITY, THE • 1982

DUKIC RADIVOJE-LOLA – YGS
JEZERO • 1950
TAKE YOUR PLACE, CITIZEN HUMBLE!
ZLATNA PRACKA • GOLDEN SLING, THE • 1968
GOD DIED IN VAIN • 1969

DULAC GERMAINE – FRN – 1882–1942
SOEURS ENNEMIES, LES • ENEMY SISTERS • 1915
GEO LE MYSTERIEUX • VRAIE RICHESSE, LA ○ MYSTERIOUS GEORGE ○ TRUE WEALTH • 1916
AMES DE FOUS • SOULS OF THE MAD • 1917
VENUS VICTRIX • DANS L'OURAGAN DE LA VIE • 1917
BONHEUR DES AUTRES, LE • 1918
CIGARETTE, LA • 1919
FETE ESPAGNOL, LA • 1919
MALENCONTRE • 1920
BELLE DAME SANS MERCI, LA • 1921
MORT DU SOLEIL, LA • DEATH OF THE SUN, THE • 1921
GOSSETTE • 1922
SOURIANTE MADAME BEAUDET, LA • SMILING MADAME BEAUDET, THE (USA) • 1922
WERTHER • 1922
DIABLE DANS LA VILLE, LE • DEVIL IN THE CITY, THE ○ DEVIL IN THE TOWN, THE • 1924
AME D'ARTISTE • HEART OF AN ACTRESS • 1925
FOLIE DES VAILLANTS, LA • MADNESS OF THE VALIANT, THE • 1926
ANTOINETTE SABRIER • 1927
CINEMA AU SERVICE DE L'HISTOIRE, LE • 1927
INVITATION AU VOYAGE, L' • 1927
OUBLIE • PRINCESSE MANDANE, LA • 1927
COQUILLE ET LE CLERGYMAN, LA • SEASHELL AND THE CLERGYMAN, THE • 1928
ETUDE CINEMATOGRAPHIQUE SUR UNE ARABESQUE • ARABESQUE • 1928
GERMINATION D'UN HARICOT • 1928 • DOC
THEME ET VARIATIONS • 1928
DISQUE 927 • 1929 • SHT
RHYTHME ET VARIATIONS • 1930 • SHT

DULETIC VOJKO – YGS
IN THE GORGE • 1971
LOVE ON A DOWNWARD SLOPE • 1973
LJUBAV NA BRAZDAMA • LOVE ON THE FURROWS • 1974
IZMEDJU STRAHA I DUZNOSTI • BETWEEN FEAR AND DUTY • 1977
MOJA DRAGA IZA • MY DARLING IZA ○ MY PRECIOUS IZA • 1979
DESETI BRAT • TENTH BROTHER, THE • 1983

DULGUEROV GUEORGUI see **DYULGEROV GEORGI**

DULHUNTY – ASL
CRACK IN THE CURTAINS • 1989 • SHT

DULL ORVILLE O. – USA
FLYING HORSEMAN, THE • WHITE EAGLE • 1926
BLACK JACK • 1927
BRONCHO TWISTER, THE • 1927

DULUD MICHEL – FRN – 1907–
TROISIEME DALLE, LA • 1941
BANCO DE PRINCE • DAUPHIN SUR LA PLAGE, LE • 1950

DULZ STANISLAW – PLN
GIERMEK • SHIELD-BEARER, THE • 1964
NA DZIKIM ZACHODZIE • IN THE WILD WEST • 1970
AROUND THE WORLD WITH BOLEK AND LOLEK • 1977 • ANM

DUMALA PIOTR – Animator – PLN
SCIANY • WALLS, THE • 1988 • ANM

DUMARESQ WILLIAM – UKN
DUFFER • 1971

DUMAS – FRN
SECURITE ET HYGIENE DU TRAVAIL DANS LA FABRICATION DU SUCRE ET DE L'ALCOOL • 1952 • SHT

DUMENY M. M. – FRN
ORGUEIL, L' • ARROGANCE ○ PRIDE • 1907

DUMODA JACQUES see **DAERT DANIEL**

DUMONT – FRN
AU-DELA DES LOIS HUMAINES • 1921
ELUS DE LA MER, LES • 1921
PETITS, LES • 1925

DUMONT BERNARD – FRN – 1935–
BLUES, BLANC, ROUGE • 1976 • DOC

DUMOULIN GEORGES – FRN – 1934–
ET ZEUS SE GRATTA LA CUISSE • 1964
NOUS N'IRONS PLUS UN BOIS • WE WON'T GO TO THE WOODS ANY MORE • 1968
GRAPHIQUE DE BOSCOP, LE • 1976

DUNAYEVAS F. – USS
ONITE AND IONELIS • 1931

DUNBAR GEOFF – UKN
UBU • 1978

DUNCALF BILL – UKN
EPIC THAT NEVER WAS, THE • 1965

DUNCAN ALMA – Animator – CND – 1917–
FOLK SONG FANTASY • 1951 • ANS
KUMAK THE SLEEPY HUNTER • 1953 • ANM

HEARTS AND SOLES • 1956 • ANM
FOLKSONG FANTASY • 1957 • ANM
FRIENDLY INTERCHANGE • 1961 • ANM
ONE LITTLE INDIAN • 1962 • ANM

DUNCAN DIGBY – ASL
MY LIFE WITHOUT STEVE • 1986 • SHT

DUNCAN F. MARTIN – UKN
DUNCAN MARTIN
CHEESE MITES • 1903
INVISIBLE PEOPLE, THE • INVISIBLE FAMILY, THE • 1903

DUNCAN MARTIN see **DUNCAN F. MARTIN**

DUNCAN PATRICK – USA
84 CHARLIE MOPIC • 1988

DUNCAN ROBERT – CND
HIS WORSHIP MR. MONTREAL: THE LIFE AND TIMES OF CAMILLIEN HOUDE • 1976

DUNCAN VICTOR – USA
COUNTRY MUSIC ON BROADWAY • 1964
SECOND FIDDLE TO A STEEL GUITAR • 1965

DUNCAN WILLIAM – Actor/writer – USA – 1880–1961
BUCK'S ROMANCE • 1912
DYNAMITERS, THE • 1912
FIGHTING INSTINCT, THE • 1912
JIM'S VINDICATION • 1912
RANGER AND HIS HORSE, THE • 1912
ROUGH RIDE WITH NITROGLYCERINE, A • 1912
WHY JIM REFORMED • 1912
APACHE'S GRATITUDE, AN • 1913
BANK'S MESSENGER, THE • 1913
BILL'S BIRTHDAY PRESENT • 1913
CANINE MATCHMAKER, A • 1913
CAPTURE OF BAD BROWN, THE • 1913
CATTLE THIEF'S ESCAPE, THE • 1913
CUPID IN THE COW CAMP • 1913
DISHWASH DICK'S COUNTERFEIT • 1913
EMBARRASSED BRIDEGROOM, AN • 1913
ESCAPE OF JIM DOLAN, THE • 1913
GALLOPING ROMEO, THE • 1913
GOOD INDIAN, THE • 1913
GOOD RESOLUTIONS • 1913
GUNFIGHTER'S SON, THE • 1913
HIS FATHER'S DEPUTY • 1913
HOW BETTY MADE GOOD • 1913
HOW IT HAPPENED • 1913
HOWLIN' JONES • 1913
JEALOUSY OF MIGUEL AND ISABELLA, THE • 1913
JUGGLING WITH FATE • 1913
LAW AND THE OUTLAW, THE • 1913
LIFETIMER, THE • 1913
MADE A COWARD • 1913
MARSHALL'S CAPTURE, THE • 1913
MATRIMONIAL DELUGE, A • 1913
MOTHER LOVE VS. GOLD • 1913
ONLY CHANCE, THE • 1913
PHYSICAL CULTURE ON THE QUARTER CIRCLE V BAR • 1913
REJECTED LOVER'S LUCK, THE • 1913
RELIGION AND GUN PRACTICE • 1913
RUD'S HEIRESS • 1913
RUSTLER'S REFORMATION, THE • 1913
SALLIE'S SURE SHOT • 1913
SAVED FROM THE VIGILANTES • 1913
SENORITA'S REPENTANCE, THE • 1913
SHERIFF OF YAWAPAI COUNTY, THE • 1913
SHOTGUN MAN AND THE STAGE DRIVER, THE • 1913
SILVER GRINDSTONE, THE • 1913
STOLEN MOCCASSINS, THE • 1913
SUFFRAGETTE, THE • 1913
TAMING A TENDERFOOT • 1913
TAMING OF TEXAS PETE, THE • 1913
TWO SACKS OF POTATOES • 1913
BY UNSEEN HAND • 1914
MARIAN, THE HOLY TERROR • 1914
MARRYING GRETCHEN • 1914
ROMANCE OF THE FOREST RESERVE, A • 1914
SERVANT QUESTION OUT WEST, THE • 1914
DEAD-SHOT BAKER • 1917
FIGHTING TRAIL, THE • 1917 • SRL
TENDERFOOT, THE • 1917
FIGHT FOR MILLIONS, A • 1918 • SRL
VENGEANCE AND THE WOMAN • 1918 • SRL
MAN OF MIGHT, THE • 1919 • SRL
SMASHING BARRIERS • 1919 • SRL
FIGHTING FATE • 1920 • SRL
SILENT AVENGER, THE • 1920 • SRL
NO DEFENSE • 1921
STEELHEART • 1921
WHERE MEN ARE MEN • 1921
FIGHTING GUIDE, THE • 1922
SILENT VOW, THE • 1922
WHEN DANGER SMILES • 1922
PLAYING IT WILD • 1923
SMASHING BARRIERS • 1923
STEEL TRAIL, THE • 1923 • SRL
FAST EXPRESS, THE • 1924 • SRL
WOLVES OF THE NORTH • 1924 • SRL

DUNFORD MIKE – UKN
STILL IMAGE • 1976

von DUNGERN A. – GRM
PORI • 1929

DUNHAM PHIL – USA
BACKWARD SONS AND FORWARD DAUGHTERS • 1917 • SHT
COUNTING OUT THE COUNT • 1917 • SHT
EVEN AS HIM AND HER • 1917 • SHT
JOY RIDERS, THE • 1917 • SHT

DUNKERS O. – USS
DANCE OF THE MOTH, THE • 1972

DUNKLEY R. – UKN
EYES DOWN • 1976

DUNKLEY-SMITH JOHN – UKN
BACK • 1976
BACK IN BEDFORD • 1976
BEDFORD • 1976
BEDFORD'S BACK • 1976
DOWN BY THE STATION • 1977
HODDLE STREET SUITE • 1977
TRAIN FIXATION • 1977
BUS STOP • 1978
WINDOWS • 1979

DUNLAP JACK – USA
NATAS: A REFLECTION • NATAS: THE REFLECTION ○ NATAS • 1983

DUNLAP SCOTT see **DUNLAP SCOTT R.**

DUNLAP SCOTT R. – USA – 1892–1970
DUNLAP SCOTT
BE A LITTLE SPORT • 1919
LOST PRINCESS, THE • 1919
LOVE IS LOVE • 1919
VAGABOND LUCK • LITTLE PRAYER FOR RAIN, A • 1919
WORDS AND MUSIC BY.. • WORDS AND MUSIC • 1919
CHALLENGE OF THE LAW, THE • 1920
FORBIDDEN TRAILS • 1920
HELL SHIP, THE • 1920
HER ELEPHANT MAN • 1920
IRON RIDER, THE • 1920
TWINS OF SUFFERING CREEK • 1920
WOULD YOU FORGIVE? • 1920
CHEATER REFORMED, THE • 1921
TOO MUCH MARRIED • 1921
BELLS OF SAN JUAN • 1922
BLUEBEARD, JR. • 1922
PAWN TICKET 210 • 1922
TROOPER O'NEILL • 1922
WEST OF CHICAGO • VAMOOSE • 1922
WESTERN SPEED • 1922
BOSTON BLACKIE • 1923
FOOTLIGHT RANGER, THE • 1923
SKID PROOF • 1923
SNOWDRIFT • 1923
FATAL MISTAKE, THE • FATAL KISS, THE • 1924
ONE GLORIOUS NIGHT • 1924
TRAFFIC IN HEARTS • 1924
BEYOND THE BORDER • 1925
BLUE BLOOD • 1925
SILENT SANDERSON • 1925
TEXAS TRAIL, THE • 1925
WRECKAGE • 1925
BETTER MAN, THE • 1926
DESERT VALLEY • 1926
DOUBLING WITH DANGER • 1926
DRIFTIN' THRU • 1926
FRONTIER TRAIL, THE • 1926
SEVENTH BANDIT, THE • 1926
WINNING THE FUTURITY • 1926
GOOD AS GOLD • 1927
WHISPERING SAGE • 1927
MIDNIGHT LIFE • MIDNIGHT (UKN) • 1928
OBJECT -ALIMONY • OBJECT -MATRIMONY • 1928
ROMANCE OF RUNNIMEDE • 1928
ONE STOLEN NIGHT • 1929
SMOKE BELLEW • 1929

DUNLOP FRANK – UKN
WINTER'S TALE, THE • 1968

DUNLOP IAN – UKN – 1927–
FESTIVAL IN ADELAIDE • 1962
PEOPLES OF PAPUA AND NEW GUINEA • 1962 • DOC
DESERT PEOPLE • 1965 • DOC
PEOPLE OF THE AUSTRALIAN WESTERN DESERT • 1965 • DOC
TOWARDS BARUYA MANHOOD • 1969 • DOC
NARRITJIN AT DJARRAKPI • 1981 • DOC

DUNLOP PAUL – USA
TWIN DRAGON ENCOUNTER • 1988

DUNLOP RICHARD – UKN
DEMON, DEMON • 1975 • TVM

DUNN EDDIE – USA
ANOTHER WILD IDEA • 1934 • SHT
CRACKED ICEMAN, THE • 1934
FOUR PARTS • 1934 • SHT
I'LL TAKE VANILLA • 1934 • SHT
IT HAPPENED ONE DAY • 1934 • SHT
NEXT WEEK-END • 1934 • SHT

DUNN HENRY K. – USA
STORY OF DR. JENNER, THE • 1939

DUNN WILLIE – CND
BALLAD OF CROW-FOOT, THE • 1968 • SHT

DUNNE J. W. – USA
EXPERIMENT WITH TIME, AN

DUNNE PHILIP – Screenwriter – USA – 1908–
PRINCE OF PLAYERS • 1955
VIEW FROM POMPEY'S HEAD, THE • SECRET INTERLUDE (UKN) • 1955
HILDA CRANE • MANY LOVES OF HILDA CRANE, THE • 1956
THREE BRAVE MEN • 1957
IN LOVE AND WAR • 1958
TEN NORTH FREDERICK • 1958
BLUE DENIM • BLUE JEANS (UKN) • 1959
INSPECTOR, THE • LISA • 1961
WILD IN THE COUNTRY • 1961
BLINDFOLD • 1966

DUNNING GEORGE – Animator – CND – 1920–1979
AUPRES DE MA BLONDE • 1943 • ANM
GRIM PASTURES • GRIM PASTURES, OR THE FIGHT FOR FODDER • 1943 • ANS
J'AI TANT DANSE • 1944 • ANS
KEEP YOUR MOUTH SHUT • 1944 • ANS
THREE BLIND MICE • 1945 • ANS
UPRIGHT AND WRONG • 1946 • ANS
ADVENTURES OF BARON MUNCHAUSEN, THE • 1947 • ANM
CADET ROUSSELLE • 1947 • ANS
FAMILY TREE • 1950 • ANS
STORY OF THE MOTOR-CAR ENGINE, THE • 1958 • ANS
WARDROBE, THE • 1960 • ANS
MR. KNOW-HOW IN HOT WATER • 1961 • ANS
APPLE, THE • 1962 • ANS
EVER-CHANGING MOTOR CAR, THE • 1962 • ANS
FLYING MAN, THE • 1962 • ANS
VISIBLE MANIFESTATIONS • 1963 • ANS
CHARLEY • 1964 • ANS
SAFETY BOOTS • 1965 • ANM
BEATLES, THE • 1966 • ASS
COOL MCCOOL • 1966 • ASS
LADDER, THE • 1966 • ANS
CANADA IS MY PIANO • CONFEDERATION • 1967 • ANS
CHAIR, THE • 1967 • ANS
LAZY RIVER • 1968 • ANM
YELLOW SUBMARINE • BEATLES: YELLOW SUBMARINE • 1968 • ANM
HANDS, KNEES AND BUMPS A DAISY • 1969 • ANM
MOON ROCK 10 • 1970 • ANS
HORSES OF DEATH • 1972 • ANM
MAGGOT, THE • 1972 • ANS
DAMON THE MOWER • 1973 • ANS
HOW NOT TO LOSE YOUR HEAD WHILE SHOTFIRING • 1973 • ANM
ALONG THESE LINES • 1974 • ANS
TEAMWORK • 1977 • ANM

DUNSTALL GEORGE – UKN
COUNT OF NO-ACCOUNT, THE • 1921
DUTCH COURAGE • 1922
EXCLUSIVE MODEL, THE • 1922

DUPARC HENRI – IVC
MOUNA, OU LE REVE D'UN ARTISTE • MOUNA, OR AN ARTIST'S DREAM ○ DREAM OF AN ARTIST • 1969
ABUSAN • FAMILLE, LA ○ FAMILY, THE • 1973
HERBE SAUVAGE, L' • 1978
BAL POUSSIERE • 1989

DUPE GILBERT – FRN – 1900–
TEMPETE SUR LES MAUVENTS • MAUVENTS, LES • 1952

DUPEYRON FRANCOISE – FRN
DROLE D'ENDROIT POUR UNE RENCONTRE • STRANGE PLACE TO MEET, A (UKN) • 1988

DUPONT E. A. – GRM – 1891–1956
DURCHLAUCHT HYPOCHONDER • 1917
EWIGE ZWEIFEL, DER • 1917
PERLENHALSBAND, DAS • 1917
EUROPA POSTLAGERND • POST OFFICE EUROPE • 1918
GEHEIMNIS DER AMERIKA-DOCKS, DAS • SECRET OF THE AMERICA DOCK, THE • 1918
JAPANERIN, DIE • 1918
MITTERNACHT • 1918
SCHATTEN, DER • LEBENDER SCHATTEN, DER • 1918
TEUFEL, DER • 1918
ALKOHOL • 1919
APACHEN, DIE • PARIS UNDERWORLD • 1919
DERBY, DAS • 1919
GRAND HOTEL BABYLON, DAS • 1919
MASKE, DIE • 1919
SPIONE, DIE • 1919
WURGER DER WELT, DER • 1919
HERZTRUMPT • 1920
MORD OHNE TATER, DER • MURDER WITHOUT CAUSE • 1920
WEISSE PFAU, DER • WHITE PEACOCK, THE • 1920
WHITECHAPEL • KETTE VON PERLEN UND ABENTEUERN, EINE ○ LONDONER NEBEL • 1920
GEIER-WALLY, DIE • WOMAN WHO KILLED A VULTURE, THE ○ ROMAN AUS DEN BERGEN, EIN ○ GEIERWALLY • 1921
KINDER DER FINSTERNIS 1 • MANN AUS NEAPEL, DER ○ CHILDREN OF DARKNESS ○ MAN FROM NAPLES, THE ○ CHILDREN OF THE DARKNESS • 1921
KINDER DER FINSTERNIS 2 • KAMPFENDE WELTEN ○ WORLDS IN STRUGGLE • 1921
SIE UND DIE DREI • SHE AND THE THREE • 1922
ALTE GESETZ, DAS • ANCIENT LAW, THE ○ BARUCH • 1923
GRUNE MANUELA, DIE • GREEN MANUELA, THE (UKN) ○ FILM AUS DEM SUEDEN, EIN • 1923
DEMUTIGE UND DIE SANGERIN, DER • HUMBLE MAN AND THE SINGER, THE ○ MEURTRIERE, LA • 1925
VARIETE • VAUDEVILLE (UKN) ○ VARIETY ○ VARIETES • 1925
LOVE ME AND THE WORLD IS MINE • IMPLACABLE DESTINY • 1928
MOULIN ROUGE • 1928
ATLANTIC • 1929
PICCADILLY • 1929
ATLANTIS • 1930
CAPE FORLORN • LOVE STORMS (USA) ○ LOVE STORM, THE • 1930
DEUX MONDES, LES • 1930
MENSCHEN IM KAFIG • 1930
TWO WORLDS • 1930
ZWEI WELTEN • 1930
CAP PERDU, LE • 1931
SALTO MORTALE • 1931
SALTO MORTALE • TRAPEZE (UKN) ○ CIRCUS OF SIN, THE • 1931
PETER VOSS, DER MILLIONENDIEB • PETER VOSS, WHO STOLE MILLIONS • 1932
LADIES MUST LOVE • FOUR WISE GIRLS • 1933
LAUFER VON MARATHON, DER • MARATHON RUNNER, THE • 1933
BISHOP MISBEHAVES, THE • BISHOP'S MISADVENTURES, THE (UKN) • 1935
FORGOTTEN FACES • SOMETHING TO LIVE FOR • 1936
SON COMES HOME, A • 1936
NIGHT OF MYSTERY • GREEN MURDER CASE, THE (UKN) • 1937
ON SUCH A NIGHT • 1937
LOVE ON TOAST • 1938
HELL'S KITCHEN • 1939
PICTURA -ADVENTURE IN ART • 1951 • DOC
SCARF, THE • DUNGEON, THE • 1951
NEANDERTHAL MAN, THE • 1953
PROBLEM GIRLS • 1953
STEEL LADY, THE • TREASURE OF KALIFA (UKN) ○ SECRET OF THE SAHARA • 1953
MISS ROBIN CRUSOE • 1954
RETURN TO TREASURE ISLAND • BANDIT ISLAND OF KARABEI • 1954

DUPONT FRANS – NTH
UITZICHT OP DE HEMEL • PROMISE OF HEAVEN ○ JOY AND LIGHT • 1961 • SHT
PORTRET VAN FRANS HALS • PORTRAIT OF FRANS HALS • 1963 • SHT
MENSEN EN STAAL • 1966

DUPONT JACQUES – FRN – 1921–
AU PAYS DES PYGMEES • 1946 • SHT
PIROGUES SUR L'OGOOUE • 1947 • SHT
GRANDE CASE, LA • 1949 • SHT
CONGOLAISE • 1950
EVEIL D'UN MONDE, L' • 1951 • SHT
MOISSONS D'AUJOURD'HUI • NEW FARMING IN FRANCE • 1951 • DOC
OKOME • 1951 • SHT
PALMES • 1951 • SHT
VOILA VOUS • 1951 • SHT

CREVE-COEUR • 1952
A TOUT CASSER • STOCK-CARS ○ STOCK CAR • 1953 • SHT
ENFANT AU FENNEC, L' • 1954 • SHT
COUREURS DE BROUSSE • 1955 • SHT
HEARTBREAK RIDGE • 1955
PASSE DU DIABLE, LA • 1958
DISTRACTIONS, LES • DISTRAZIONI, LE (ITL) ○ TRAPPED BY FEAR (USA) • 1960
REVOLUTION MUNICIPALE, LA • 1970

DUPONT-MIDY FRANCOIS – FRN – 1939–

LIT A DEUX PLACES, LE • RACCONTE A DUE PIAZZE (ITL) ○ DOUBLE BED, THE • 1965
POUR UN SOURIRE • 1969
VOUS NE L'EMPORTEREZ PAS AU PARADIS • 1974

DUPREE HAYES – USA

DU PREE HAYES

GETTING OFF
BLOW THE MAN DOWN • 1968

DUPUIS F. see **DUPUIS FRANCOIS**

DUPUIS FRANCOIS – CND – 1947–

DUPUIS F.

GARS DE LAPALME, LES • 1972 • DCS
SPECIAL DELIVERY • 1972 • DCS

DUPUIS JEAN-PAUL – FRN – 1949–

LITHOPHONIE • 1977

DUQUE LISANDRO see **NARANJO LISANDRO DUQUE**

DUQUESA OLGA – MXC

LIMINANA EVA • OLGA DUQUESA

MI LUPE Y MI CABALLO • 1942

DURA CHRISTIAN – FRN – 1945–

COMME UN FEMME • 1979

DURABONT FRANK see **DARABONT FRANK**

DURAJ CSESLAW – PLN

SZACHOWNICA • 1967

DURAN – BLV

HACIA LA GLORIA • TOWARDS GLORY • 1931

DURAN CARLOS – SPN – 1935–

CADA VEZ QUE.. • EVERY TIME THAT.. ○ WHENEVER • 1968
LIBERXINA 90 • 1971

DURAN CIRO – VNZ

AQUILEO VENGANZA • VENGEANCE OF AQUILLES, THE ○ AQUILEO'S VENGEANCE • 1968
CORRALEJAS DE SINCELEJO • FEASTS OF SINCELEJO • 1975 • SHT
TROPICAL SNOW • 1988

DURAN FERNANDO – MXC

ALAS DORADAS • 1976
HOT SNAKE • 1976

DURAN JAVIER – MXC

TRIUNFADORES, LOS • 1978

DURAN JORGE – BRZ

COR DO SEU DESTINO, A • COLOUR OF DESTINY, THE • 1986

DURAN MANUEL TRUJILLO – VNZ

GRAN ESPECIALISTA SACANDO MUELAS EN EL HOTEL EUROPA • 1897
MUCHACHAS BANADOSE EN EL LAGO • 1897

DURAN ROJAS FERNANDO – MXC

VIBORA CALIENTE • 1976
HEROES DE MAR • TEMPESTAD • 1978

DURAND CARLOS B. – VNZ

SOBRE LA HERBA VIRGEN • ON THE FRESH GRASS • 1977

DURAND CLAUDE – FRN – 1938–

ON VOUS PARLE • 1960
MADAME SE MUERT • 1961
COUP DE GRACE, LE • 1964

DURAND JEAN – FRN – 1882–1946

DRAME SUR UNE LOCOMOTIVE • 1907
PRAIRIE EN FOU, LA • 1907
BELLE-MAMAN BAT LES RECORDS • 1908
TROP CREDULES • 1908
VETEMENTS CASCADEURS, LES • 1908
ARIZONA BILL • 1909 • SER
ARIZONA BILL L'ATTAQUE D'UN TRAIN • 1909
AVENTURES D'UN COW-BOY A PARIS • 1909
CALINO AMONG THE CANNIBALS • 1909
DESPERADO, LE • 1909
MAIN COUPEE, LA • 1909
BAPTEME DE CALINO, LE • 1910
CALINO • 1910 • SER
CALINO COURTIER EN PARATONNERRES • 1910
CALINO GARDIEN DE PRISON • 1910
CYRANO DE BERGERAC • 1910
POUICS • 1910 • SER
FAUST AND MARGUERITE • 1911
PENDAISON A JEFFERSON CITY • 1911
REMBRANDT DE LA RUE LEPIC, LE • 1911
ZIGOTO • 1911 • SER
CALINO'S NEW INVENTION • 1912
CENT DOLLARS MORT OU VIF • MORT OU VIF • 1912
ONESIME AUX ENFERS • SIMPLE SIMON AND THE DEVIL (UKN) ○ SIMPLE SIMON IN HELL • 1912
ONESIME DOUANIER • 1912
ONESIME HORLOGER • SIMPLE SIMON CLOCK MAKER • 1912
ONESIME • 1912–14 • SHS
AVENTURES DE TROIS PEAUX-ROUGES, LES • 1913
BEBE RECALCITRANT • 1913
COLLIER VIVANT, LE • 1913
DOIGTS QUI ENTRANGLENT, LES • 1913
DUEL A L'AMERICAINE • 1913
FIANCEE DU TOREADOR, LA • 1913
ONESIME CONTRE ONESIME • 1913
ONESIME CORRESPONDANT DE GUERRE • 1913
ONESIME ET LA MAISON HANTEE • SIMPLE SIMON AND THE HAUNTED HOUSE • 1913
ONESIME TIMIDE • 1913
PRAIRIE EN FEU, LA • 1913
RAILWAY DE LA MORT, LE • 1913
AVENTURE DE M. SMITH, L' • 1913–18
ENFANT ET LE CHIEN, L' • 1913–18
FAUVES ET BANDITS • 1913–18
JUGEMENT DU FAUVE, LE • 1913–18
LIONS DANS LA NUIT, LES • 1913–18
SOUS LA GRIFFE • 1913–18
CHASSE A L'HOMME, LA • 1914
MORT QUI FROLE, LA • 1914
ONESIME ET LE CHAMEAU RECONNAISSANT • 1914
ONESIME ET LE CLUBMAN • SIMPLE SIMON AND THE CLUBMAN • 1914
ONESIME ET L'ENFANT PERDU • 1914
SERPENTIN AU HAREM • 1919 • SHT
SERPENTIN ET LES CONTREBANDIERS • 1919 • SHT
SERPENTIN LE BONHEUR EST A TOI • 1919 • SHT
SERPENTIN MANOEUVRE • 1919 • SHT
SERPENTIN REPORTER • 1919 • SHT
SERPENTIN • 1919–20 • SER
SERPENTIN A DRESS BOUBOULE • 1920 • SHT
SERPENTIN A ENGAGE BOUBOULE • 1920 • SHT
SERPENTIN FAIT DE LA PEINTURE • 1920 • SHT
MAIRE CHEZ LES LOUPS • 1921
MARIE LA GAIETE • 1921
MARIE • 1921–22 • SER
MARIE LA BOHEMIENNE • 1922
MARIE LA FEMME AU SINGE • 1922
CHAUSSEE DES GEANTS, LA • 1926
FACE AUX LOUPS • 1926
ILE D'AMOUR, L' • 1927
PALACES • BITTER SWEETS • 1927
FEMME REVEE, LA • 1929

DURAND JEAN-MARIE – FRN – 1942–

AVENTURES DE GUIDON FUTE, LES • 1979

DURAND PHILIPPE – FRN – 1932–

ANNONCIATION, L' • 1963
NOCES D'HIRONDELLE, LES • MARRIAGE OF THE SWALLOW, THE • 1968
LANGUE DE LA HONTE, LA • YEZH AR VEZH • 1979

DURAND RUDY – USA

TILT • 1978

DURANT ALBERTO – CUB

OJOS DE PERRO • DOG'S EYES • 1982

DURAS MARGUERITE – Novelist – INC – 1914–

MUSICA, LA • 1966
DETRUIRE, DIT-ELLE • DESTROY, SHE SAID • 1969
JAUNE LE SOLEIL • 1971
NATHALIE GRANGER • NATHALIE GRANGIER • 1972
FEMME DU GANGE, LA • RAGAZZA DI PASSAGGIO, LA (ITL) ○ WOMAN OF THE GANGES • 1973
INDIA SONG • 1975
BAXTER, VERA BAXTER • VERA BAXTER OU LES PLAGES DE L'ATLANTIQUE ○ VERA BAXTER • 1976
DES JOURNEES ENTIERES DANS LES ARBRES • ENTIRE DAYS AMONG THE TREES (UKN) ○ DAYS IN THE TREES • 1976
SON NOM DE VENISES DANS CALCUTTA DESERT • 1976
CAMION, LE • LORRY, THE (UKN) ○ TRUCK, THE • 1977
CESAREE • 1978 • SHT
MAINS NEGATIVES, LES • 1978 • SHT
AURELIA STEINER • 1979 • SER
AURELIA STEINER –MELBOURNE • 1979
AURELIA STEINER –VANCOUVER • 1979
NAVIRE NIGHT, LE • 1979
AGATHA ET LES LECTURES ILLIMITEES • AGATHA • 1981
HOMME ATLANTIQUE, L' • 1981
DIALOGUE DE ROME • 1982

DURCINOV ALEKSANDAR see **DJURCINOV ALEKSANDAR**

DURDEN J. V. – UKN

SEA URCHIN, THE • 1936
HEREDITY IN MAN • 1937
BROWN ROT • PLANT PESTS AND DISEASES –BROWN ROT • 1950

DURDEN-SMITH JO – UKN

HORSE CALLED NIJINSKY, A • 1972 • DOC

DUREC MONSIEUR – GRM

MADONNA AM PORTAL, DIE • 1923

DURHAM TODD – USA

GREMLOIDS • HYPERSPACE • 1986

DURING JAN ERIK – NRW

BOR BORSON • 1973
KNUT FORMOS SISTE JAKT • KNUT FORMO'S LAST HUNTING TRIP ○ REINDEER ○ REIN • 1973
SOMMER • SUMMER • 1974
SVAERMERE • MOTHWIESE ○ DREAMERS • 1974
KJAERE MAREN • 1976
SYKLUS • 1977
LUCIE • 1979

DURKIN JAMES – Actor – USA – 1879–1934

INCORRIGIBLE DUKANE, THE • 1915
MUMMY AND THE HUMMINGBIRD, THE • 1915
BY WHOSE HAND? • 1916
CLARION, THE • 1916
RED WIDOW, THE • 1916

DURLAM G. ARTHUR – USA

TWO-FISTED JUSTICE • 1931

DURNING BERNARD see **DURNING BERNARD J.**

DURNING BERNARD J. – USA

DURNING BERNARD

WALL INVISIBLE, THE • 1918
UNWRITTEN CODE, THE • ALIENS • 1919
DEVIL WITHIN, THE • 1921
ONE-MAN TRAIL, THE • 1921
PARTNERS OF FATE • 1921
PRIMAL LAW, THE • 1921
STRAIGHT FROM THE SHOULDER • 1921
TO A FINISH • 1921
FAST MAIL, THE • 1922
IRON TO GOLD • 1922
OATH-BOUND • 1922
STRANGE IDOLS • VOWS THAT MAY BE BROKEN • 1922
WHILE JUSTICE WAITS • AS A MAN THINKETH • 1922
YOSEMITE TRAIL, THE • 1922
ELEVENTH HOUR, THE • 1923

DUROV BORIS – USS

VERTIKAL • VERTICAL CLIMB • 1967

DURRANT FRED W. – UKN

RAID OF 1915, THE • IF ENGLAND WERE INVADED • 1914
STRIPED STOCKING GANG, THE • MRS. CASSELL'S PROFESSION • 1915
FATE AND THE WOMAN • 1916
GIRL WHO DIDN'T CARE, THE • 1916
LITTLE MAYORESS, THE • MILL-OWNER'S DAUGHTER, THE • 1916
PICTURE OF DORIAN GRAY, THE • 1916
STRANGE CASE OF PHILIP KENT, THE • 1916
WHAT EVERY WOMAN KNOWS • 1917
EDGE O'BEYOND • 1919
WOMEN WHO WIN • 1919
HUSBAND HUNTER • 1920
TEMPORARY GENTLEMAN, A • 1920
NO.7 BRICK ROW • 1922

DURST JOHN – UKN

ELECTRICITY AND LIGHT • 1951 • DOC
MAGNETISM • 1951
SECRET CAVE, THE • 1953
DISTANT NEIGHBOURS • 1956
ONE WISH TOO MANY • 1956
COOL STEADY LOOK AT THE WRAC, A • 1966 • SHT

DURSTON DAVID see **DURSTON DAVID E.**

DURSTON DAVID E. – USA

DURSTON DAVID

LOVE STATUE, THE • STATUE, THE • 1966
I DRINK YOUR BLOOD • 1970
BLUE SEXTET • 1971
STIGMA • 1972

DURSUN – TRK

YARALI KARTAL • 1965

DURU SUREYYA – TRK – –1988

HAYATA DONUS • ZENGIN VE SERSERI ○ BACK TO LIFE ○ RICH AND IDLE • 1967
MALKOCOGLU KRALLARA KARSI • MALKOCOGLU VS. THE KINGS • 1967
DAGLARI BEKLEYEN KIZ • GIRL WHO WATCHES THE MOUNTAIN, THE • 1968
KADER AYIRSA BILE • IF FATE WILL PART US • 1968
MALKACOGLU –KARA KORSAN • MALKOCOGLU, THE BLACK PIRATE • 1968
YAKILACAK KITAP • BOOK TO BURN, A • 1968
BEDRANA • 1974
KARA CARSAFLI GELIN • DARK-VEILED BRIDE, THE • 1976
GUNESLI BATAKLIK • SUNNY SWAMP, THE • 1978
UMUTLU SAFAKLLAR • DAWN OF HOPE, THE • 1985
ADA • ISLAND, THE • 1987
CIL HOROZ • COCK, THE • 1987
UZUN BIR GECE • LONG NIGHT, A • 1987

DURU UGUR – TRK

AVANTA KEMAL TORPIDO YILMAZA KARSI • AVANTA KEMAL VS. TORPIDO YILMAZ • 1968
KORKUSUZ YABANCI • FEARLESS STRANGER, THE • 1968

DURU YILMAZ – TRK

BUYUK YEMIN • GREAT OATH, THE • 1967
INCE CUMALI • CUMALI, THE THIN ONE • 1967
SEYTANIN OGLU • BUYUK CELLATLAR ○ DEVIL'S SON, THE ○ GREAT HANGMEN, THE • 1967
BIN YILLIK YOL • TWO THOUSAND YEARS' ROAD, THE • 1968
MEKANSIZ KURTLAR • LANDLESS WOLVES, THE • 1968

DUSE CARLO – ITL – 1899–1956

FANFULLA DA LODI • 1940
COLPA DI UNA MADRE, LA • 1954

DUSE VITTORIO – ITL – 1916–

NOSTRO CAMPIONE, IL • 1955
ULTIMA ILLUSIONE • QUESTA NOSTRA GENTE • 1955
A VENT'ANNI E SEMPRE FESTA • 1957

DUSSAULT LOUIS – CND – 1952–

FACTEUR, LE • 1974
ROCKER, LE • 1975
MON GANT ME FAIT MOURIR • 1976
ALTERNATIVE DE BAIE ST-PAUL, L' • 1977
FESTIVAL DU BLE D'INDE • 1978
FICTION D'AMOUR • 1986

DUTILLEUX JEAN-PIERRE – FRN – 1950–

RAONI • 1980 • DOC

DUTILLIEU JOSE – Animator – BLG

FLUTE A SIX SCHTROUMPFS, LA • SMURFS AND THE MAGIC FLUTE, THE ○ SIX-SMURF FLUTE, THE • 1975 • ANM

DUTKIEWICZ LUDWIK – PLN – 1921–

TRANSFIGURATION • 1964 • SHT
TIME IN SUMMER • 1968

DUTT BIMAL – IND
KASTURI • 1978

DUTT GURU – IND – 1925–1964
BAAZI • BAAZ • 1951
AAR PAAR • 1954
MR. AND MRS. 55 • 1955
SAILAAB • 1956
PYAAR • PYAR • 1957
KAAGAZ KE PHOOL • 1959

DUTT SUNIL – IND
RESHMA AUR SHERA • 1971

DUTT U. – IND
MEGH • 1961
GHUM BHANGAAR GAAN • 1964

DUTT UTPAL – IND
BAISAKHI MEGH • STORM CLOUD • 1981

DUTTA ASHA – IND
MERI KAHANI • MY STORY • 1983

DUTTA NITYANANDA – IND
HATHAT DEKHA • UNEXPECTED ENCOUNTER • 1967

DUTTA RAJ – IND
SARJA • 1987

DUTTA SUBHASH – BNG – c1930–
SUTORANG • CONSEQUENTLY ○ SOOTARANG ○ THEREFORE • 1964
AYNA-O-ABOSHISHTA • 1967
ARUNODOYER AGNISHAKHI • IN THE FLAMES OF SUNRISE • 1972
BOSHUNDHARA • MOTHER EARTH • 1977
DOOMOORER PHOOL • UNSEEN FLOWER ○ PARADOX • 1978
NOORI • 1980

DUVAL DANIEL – FRN – 1944–
VOYAGE D'AMELIE, LE • 1974
OMBRE DES CHATEAUX, L' • SHADOW OF THE CASTLES • 1977
DEROBADE, LA • MEMOIRS OF A FRENCH WHORE (USA) ○ GETAWAY LIFE, THE ○ LIFE, THE (UKN) ○ CONFESSIONS OF A STREETWALKER ○ EVASION, THE • 1979
AMOUR TROP FORT, L' • 1981
EFFRACTION • 1983

DUVAL EARL – Animator – USA
BUDDY'S BEER GARDEN • 1933 • ANS
SITTIN' ON A BACKYARD FENCE • 1933 • ANS
BUDDY'S GARAGE • 1934 • ANS
HONEYMOON HOTEL • 1934 • ANS

DUVALL ROBERT – Actor – USA – 1931–
WE'RE NOT THE JET SET • 1974
ANGELO MY LOVE • 1983

DUVIC DAVID – FRN
VAMPIRISME • 1967 • SHT

DUVIVIER ERIC – FRN
FOU • 1958 • ANT

DUVIVIER JULIEN – FRN – 1896–1867
HACELDAMA • PRIX DE SANG, LE • 1919
AGONIE DES AIGLES, L' • 1921
REINCARNATION DE SERGE RENARDIER, LE • 1921
OURAGAN SUR LA MONTAGNE, L' • 1922
ROQUEVILLARD, LES • 1922
UNHEIMLICHE GAST, DER • LOGIS DE L'HORREUR, LE ○ SINISTER GUEST, THE • 1922
CREDO • TRAGEDIE DE LOURDES, LA • 1923
OEUVRE IMMORTELLE, L' • 1923
REFLET DE CLAUDE MERCOEUR, LE • 1923
COEURS FAROUCHES • 1924
MACHINE A REFAIRE LA VIE, LA • MACHINE FOR RECREATING LIFE, A (USA) • 1924
ABBE CONSTANTIN, L' • 1925
HOMME A L'HISPANO, L' • 1926
MARIAGE DE MLLE BEULEMANS, LE • 1926
POIL DE CAROTTE • 1926
AGONIE DE JERUSALEM, L' • 1927
MYSTERE DE LA TOUR EIFFEL, LE • TRAMEL S'EN FICHE • 1927
DIVINE CROISIERE, LA • 1928
TOURBILLON DE PARIS, LE • 1928
AU BONHEUR DES DAMES • 1929
MAMAN COLIBRI • 1929
VIE MIRACULEUSE DE THERESE MARTIN, LA • 1929
DAVID GOLDER • 1930
ALLO BERLIN, ICI PARIS • HALLO HALLO! HIER SPRICHT BERLIN (FRG) • 1931
CINQ GENTLEMEN MAUDITS, LES • 1931
FUNF VERFLUCHTEN GENTLEMEN, DIE • 1931
POIL DE CAROTTE • REDHEAD (USA) • 1932
TETE D'UN HOMME, LA • 1932
VENUS DU COLLEGE, LA • 1932
MACHINE A REFAIRE LA VIE, LA • 1933
PETIT ROI, LE • 1933
SOUS LA LUNE DU MAROC • UNDER THE MOON OF MOROCCO (USA) • 1933
MARIA CHAPDELAINE • 1934
PAQUEBOT TENACITY, LE • 1934
BANDERA, LA • ESCAPE FROM YESTERDAY (UKN) ○ GRANDE RELEVE, LA • 1935
GOLEM, LE • LEGEND OF PRAGUE, THE (UKN) ○ MAN OF STONE, THE ○ GOLEM, THE (USA) • 1935
GOLGOTHA • ECCE HOMO ○ BEHOLD THE MAN • 1935
HOMME DU JOUR, L' • MAN OF THE HOUR (USA) • 1935
BELLE EQUIPE, LA • THEY WERE FIVE (USA) ○ JOUR DE PAQUES • 1936
PEPE LE MOKO • NUITS BLANCHES, LES ○ CASBAH • 1936
CARNET DE BAL, UN • LIFE DANCES ON (USA) ○ CHRISTINE (UKN) ○ DANCE PROGRAMME, THE • 1937
FIN DU JOUR, LA • END OF THE DAY, THE (USA) • 1938
GREAT WALTZ, THE • 1938
MARIE ANTOINETTE • 1938
CHARRETTE FANTOME, LA • PHANTOM WAGON, THE (USA) ○ CHARRETIER DE LA MORT, LE • 1939
UNTEL PERE ET FILS • HEART OF A NATION (UKN) ○ IMMORTAL FRANCE (USA) ○ COEUR D'UNE NATION, LE ○ RELEVE, LA • 1940
LYDIA • 1941
TALES OF MANHATTAN • 1942
FLESH AND FANTASY • OBSESSIONS ○ FOR ALL WE KNOW • 1943
IMPOSTER, THE • STRANGE CONFESSION ○ IMPOSTOR, THE • 1943
DESTINY • FUGITIVE, THE • 1944
PANIQUE • PANIC (USA) • 1946
ANNA KARENINA • 1948
AU ROYAUME DES CIEUX • WOMAN HUNT ○ SINNERS, THE • 1949
BLACK JACK • CAPTAIN BLACK JACK (USA) ○ JACK EL NEGRO (SPN) • 1949
SOUS LE CIEL DE PARIS COULE LE SEINE • UNDER THE PARIS SKY ○ SOUS LE CIEL DE PARIS • 1950
PETIT MONDE DE DON CAMILLO, LE • PICCOLO MONDO DI DON CAMILLO, IL (ITL) ○ DON CAMILLO ○ LITTLE WORLD OF DON CAMILLO, THE • 1951
AFFAIRE MAURIZIUS, L' • CASO MAURITIUS, IL (ITL) ○ MAURIZIUS CASE, THE (USA) ○ ON TRIAL • 1953
FETE A HENRIETTE, LA • HOLIDAY FOR HENRIETTA (USA) ○ HENRIETTA'S HOLIDAY ○ HENRIETTE • 1953
RETOUR DE DON CAMILLO, LE • RITORNO DI DON CAMILLO, IL (ITL) ○ RETURN OF DON CAMILLO, THE • 1953
MARIANNE DE MA JEUNESSE • MARIANNE OF MY YOUTH (USA) ○ MARIANNE (FRG) • 1954
VOICI LE TEMPS DES ASSASSINS • DEADLIER THAT THE MALE (USA) ○ MURDER A LA CARTE • 1956
HOMME A L'IMPERMEABLE, L' • MAN IN THE RAINCOAT, THE (UKN) • 1957
POT-BOUILLE • LOVERS IN PARIS (USA) ○ HOUSE OF LOVERS (UKN) ○ LOVERS OF PARIS • 1957
FEMME ET LE PANTIN, LA • WOMAN LIKE SATAN, A (USA) ○ FEMALE, THE • 1958
MARIE-OCTOBRE • SECRET MEETING (USA) ○ MARIE OCTOBRE • 1958
BOULEVARD • 1960
KUNSTSEIDENE MADCHEN, DAS • GRANDE VIE, LA (FRN) • 1960
CHAMBRE ARDENTE, LA • PECCATORI DELLA FORESTA NERA, I (ITL) ○ BRENNENDE GERICHT, DAS (FRG) ○ CURSE AND THE COFFIN, THE (UKN) ○ BURNING COURT, THE • 1961
DIABLE ET LES DIX COMMANDEMENTS, LE • DEVIL AND THE TEN COMMANDMENTS, THE (USA) ○ TENTAZIONE QUOTIDIANE, LE(ITL) ○ DIAVOLO E I DIECI COMANDAMENTI, IL • 1962
CHAIR DE POULE • HIGHWAY PICKUP (UKN) • 1964
DIABOLIQUEMENT VOTRE • MIT TEUFLISCHEN GRUSSEN (FRG) ○ DIABOLICAMENTE TUA (ITL) ○ DIABOLICALLY YOURS • 1967

DUVOIR G. – Animator – FRN
ACTUALITES PREHISTORIQUES • 1947 • ANS

DUYNS CHERRY – NTH
WORDING, DE • 1988 • DOC

DUZ AYKUT – TRK
TALIHSIZ MERYEM • UNLUCKY MERYEM • 1968

DVORAK IVO – SWD
FORVANDLINGEN • METAMORPHOSIS (USA) • 1975

DWAN ALLAN – CND – 1885–1981
ACTRESS AND THE COWBOYS, THE • 1911
ANGEL OF PARADISE RANCH, THE • GIRL OF THE RANCH, THE • 1911
AUNTIE AND THE COWBOYS • 1911
BATTLESHIPS • 1911
BLOTTED BRAND, THE • 1911
BONITA OF EL CAJON • 1911
BRAND OF FEAR, THE • 1911
BRANDISHING A BAD MAN • BRANDING A BAD MAN • 1911
BRONCHO BUSTER'S BRIDE, THE • 1911
CALL OF THE OPEN RANGE, THE • 1911
CATTLE, GOLD AND OIL • 1911
CATTLE RUSTLER'S END, THE • 1911
CATTLE THIEF'S BRAND, THE • 1911
CAVES OF LA JOLLA • 1911 • DOC
CIRCULAR FENCE, THE • 1911
CLAIM AGENT'S MIS-ADVENTURE, THE • MISADVENTURES OF A CLAIM AGENT, THE • 1911
CLAIM JUMPERS, THE • RANGE SQUATTER, THE • 1911
COWBOY AND THE ARTIST, THE • 1911
COWBOY AND THE OUTLAW, THE • 1911
COWBOY'S DELIVERANCE, THE • 1911
COWBOY'S RUSE, THE • 1911
CUPID IN CHAPS • 1911
DAMS AND WATERWAYS • 1911
DAUGHTER OF LIBERTY, A • 1911
DAUGHTERS OF THE WEST • 1911
DIAMOND SMUGGLERS, THE • SMUGGLER AND THE GIRL, THE • 1911
DUEL OF CANDLES, A • DUEL OF THE CANDLES • 1911
EASTERN COWBOY, THE • 1911
ELOPEMENTS ON DOUBLE L RANCH, THE • 1911
GOLD LUST, THE • 1911
GUN MAN, THE • GUNMAN, THE • 1911
HERMIT'S GOLD, THE • 1911
HORSE THIEF'S BIGAMY, THE • 1911
JOLLY BILL OF THE ROLLICKING R • SLOPPY BILL OF THE ROLLICKING R • 1911
LAND THIEVES, THE • 1911
LAST NOTCH, THE • 1911
LAW AND ORDER ON THE BAR L RANCH • 1911
LAWFUL HOLDUP, THE • 1911
LONELY RANGE, THE • 1911
LOVE OF THE WEST, THE • WESTERN LOVE • 1911
MAN HUNT, THE • 1911
MASTER OF THE VINEYARD, THE • 1911
MEXICAN, THE • 1911
MINER'S WIFE, THE • 1911
MOTHER OF THE RANCH, THE • 1911
OUTLAW'S TRAIL, THE • 1911
PARTING TRAILS, THE • 1911
POISONED FLUME, THE • 1911
RANCH CHICKEN, THE • 1911
RANCH GIRL, THE • RANCH GIRL'S RUSTLER, THE • 1911
RANCH TENOR, THE • FOREMAN'S FIXUP, THE • 1911
RANCHMAN'S NERVE, THE • 1911
RATTLESNAKES AND GUNPOWDER • 1911
RUSTLER SHERIFF, THE • 1911
SAGE-BRUSH PHRENOLOGIST, THE • 1911
SANTA CATALINA, MAGIC ISLE OF THE PACIFIC • 1911 • DOC
SCHOOLMA'AM OF SNAKE, THE • 1911
SHEEPMAN'S DAUGHTER, THE • 1911
SHERIFF'S SISTERS, THE • 1911
SKY PILOT'S INTEMPERANCE, THE • 1911
SMOKE OF THE FORTY FIVE, THE • 1911
STAGE ROBBERS OF SAN JUAN, THE • 1911
STRONGER MAN, THE • 1911
TEST, THE • 1911
THREE DAUGHTERS OF THE WEST • 1911
THREE MILLION DOLLARS • 1911
THREE SHELL GAME, THE • 1911
TRAIL OF THE EUCALYPTUS, THE • 1911
TRAINED NURSE AT BAR Z, THE • 1911
TROUPER'S HEART, A • 1911
WATER WAR, THE • 1911
WAY OF THE WEST, THE • 1911
WESTERN DOCTOR'S PERIL, THE • 1911
WESTERN DREAM, A • WESTERN DREAMER, A • 1911
WESTERN WAIF, A • 1911
WHEN EAST COMES WEST • 1911
WITCH OF THE RANGE, THE • 1911
YIDDISHER COWBOY, THE • 1911
$5000 REWARD, DEAD OR ALIVE • 1911
AFTER SCHOOL • 1912
AGITATOR, THE • COWBOY SOCIALIST, THE • 1912
ANIMAL WITHIN, THE • 1912
ASSISTED ELOPEMENT, AN • 1912
BAD INVESTMENT, A • 1912
BAD MAN AND THE RANGER • 1912
BANDIT OF POINT LOMA, THE • 1912
BATTLE-GROUND, THE • 1912
BEST MAN WINS, THE • 1912
BEST POLICY, THE • 1912
BLACKENED HILLS • 1912
BRAND, THE • 1912
BROKEN TIES, THE • 1912
BRONCHO BUSTING FOR FLYING A PICTURES • BUCKING HORSES • 1912
BUILDING THE GREAT LOS ANGELES AQUEDUCT • 1912 • DOC
CALAMITY ANNE'S WARD • 1912
CANYON DWELLER, THE • 1912
CHECKMATE • 1912
COWARD, THE • 1912
CUPID THROUGH PADLOCKS • 1912
CURTISS'S SCHOOL OF AVIATION • 1912
DAUGHTERS OF SENOR LOPEZ, THE • 1912
DAWN OF PASSION, THE • 1912
DISTANT RELATIVE, A • 1912
DRIFTWOOD • 1912
EASTERN GIRL, THE • HER MOUNTAIN HOME • 1912
END OF THE FEUD, THE • 1912
EVIL INHERITANCE, THE • 1912
FATAL MIRROR, THE • 1912
FATHER'S FAVORITE • FAVORED SON, THE • 1912
FEAR, THE • 1912
FIDELITY • 1912
FIFTY MILE AUTO CONTEST • AUTO RACE –LAKESIDE • 1912
FOR THE GOOD OF HER MEN • 1912
FORECLOSURE, THE • 1912
FRAUD THAT FAILED, THE • 1912
FROM THE FOUR HUNDRED TO THE HERD • 1912
FROM THE 400 TO THE HERD • 1912
FULL VALUE, THE • 1912
GIRL AND THE GUN, THE • 1912
GIRL BACK HOME, THE • 1912
GOD'S UNFORTUNATE • 1912
GOOD LOVE AND THE BAD, THE • 1912
GREASER AND THE WEAKLING, THE • 1912
GREEN EYED MONSTER • 1912
GRUB STAKE MORTGAGE, THE • 1912
HATERS, THE • 1912
HER OWN COUNTRY • 1912
HORSE THIEF, THE • 1912
HOUSE THAT JACK BUILT, THE • 1912
INDIAN JEALOUSY • 1912
INNOCENT GRAFTER, AN • 1912
INTRUSION AT LOMPOC, THE • 1912
IT PAYS TO WAIT • 1912
JACK OF DIAMONDS • QUEEN OF HEARTS • 1912
JACK'S WORLD • MAN'S WORD, A • 1912
JEALOUS RAGE, THE • 1912
JUSTICE OF THE SAGE • 1912
LAND BARON OF SAN TEE, THE • 1912
LAND OF DEATH, THE • 1912
LAW OF GOD, THE • 1912
LEAP YEAR COMEDY, A • LEAP YEAR COWBOY, THE ○ FEBRUARY 29 • 1912
LIAR, THE • 1912
LIFE FOR A KISS, A • 1912
LOCKET, THE • 1912
LONELINESS OF NEGLECT • 1912
LOVE AND LEMONS • 1912
MAID AND THE MAN, THE • 1912
MAIDEN AND MEN • 1912
MAN FROM THE EAST, THE • 1912
MAN'S CALLING • 1912
MARAUDERS, THE • 1912
MEDDLERS, THE • 1912
MIDWINTER TRIP TO LOS ANGELES, A • 1912 • DOC
MORMON, THE • 1912
MYTH OF JAMASHA PASS, THE • MYSTICAL MAID OF JAMASHA PASS, THE • 1912
NELL OF THE PAMPAS • 1912
NEW COWPUNCHER, THE • 1912
OBJECTIONS OVERRULED • 1912
ODD JOB MAN, THE • 1912
ONE, TWO, THREE • 1912
OTHER WISE MAN, THE • 1912
OUTLAW COLONY, THE • 1912
PAID IN FULL • 1912
PALS • 1912
PENSIONERS, THE • 1912
POINT LOMA, OLD TOWN • 1912 • DOC
POWER OF LOVE, THE • 1912
PROMISE, THE • 1912
RANCH LIFE ON THE RANGE • 1912
RANCHMAN'S MARATHON, THE • 1912
RANGE DETECTIVE, THE • RANCH DETECTIVE, THE • 1912
REAL ESTATE FRAUD, THE • 1912
RECOGNITION, THE • 1912
REFORMATION OF SIERRA SMITH • LOST WATCH, THE • 1912
RELENTLESS OUTLAW, THE • RELENTLESS LAW, THE • 1912
REWARD OF VALOUR, THE • 1912
ROAD TO SUCCESS, THE • 1912
SAN DIEGO • 1912 • DOC
SIMPLE LOVE, THE • 1912
SOCIETY AND CHAPS • 1912
STEPMOTHER, THE • 1912
STRANGER AT COYOTE, THE • 1912
TELLTALE SHELLS, THE • 1912
THEIR HERO SON • 1912
THIEF'S WIFE, THE • 1912
THREAD OF LIFE, THE • 1912

TRAMP'S GRATITUDE, THE • 1912
UNDER FALSE PRETENCES • 1912
VANISHING RACE, THE • VANISHING TRIBE, THE • 1912
VENGEANCE THAT FAILED • 1912
WANDERER, THE • 1912
WANDERING GYPSY, THE • 1912
WAYS OF FATE, THE • 1912
WEAKER BROTHER, THE • 1912
WEDDING DRESS, THE • HER WEDDING DRESS • 1912
WHERE BROADWAY MEETS THE MOUNTAINS • 1912
WHERE THERE'S A HEART • 1912
WHITE TREACHERY • 1912
WILL OF JAMES WALDRON, THE • 1912
WINNING OF LA MESA, THE • 1912
WINTER SPORTS AND PASTIMES OF CORONADO BEACH • CORONADO NEW YEAR'S DAY • 1912 • DOC
WOOERS OF MOUNTAIN KATE, THE • MOUNTAIN KATE • 1912
WORDLESS MESSAGE, THE • 1912
WOULD-BE HEIR, THE • 1912
ANDREW JACKSON • 1913
ANGEL OF THE CANYONS • 1913
ANIMAL, THE • 1913
ANOTHER MAN'S WIFE • 1913
ASHES OF THREE • 1913
BACK TO LIFE • 1913
BATTLE OF WILLS, THE • 1913
BLOODHOUNDS OF THE NORTH • 1913
BOOBS AND BRICKS • 1913
BROTHERS, THE • 1913
CALAMITY ANNE, DETECTIVE • 1913
CALAMITY ANNE PARCEL POST • 1913
CALAMITY ANNE'S BEAUTY • 1913
CALAMITY ANNE'S INHERITANCE • 1913
CALAMITY ANNE'S TRUST • 1913
CALAMITY ANNE'S VANITY • 1913
CHASE, THE • 1913
CRIMINALS • 1913
CUPID NEVER AGES • 1913
CUPID THROWS A BRICK • 1913
EASTERN FLOWER, AN • 1913
ECHO OF A SONG, THE • 1913
FINER THINGS, THE • 1913
FUGITIVE, THE • 1913
GREAT HARMONY, THE • 1913
GREATER LOVE, THE • 1913
HE CALLED HER IN • 1913
HEARTS AND HORSES • 1913
HER BIG STORY • 1913
HER INNOCENT MARRIAGE • 1913
HIGH AND LOW • 1913
HIS OLD-FASHIONED MOTHER • 1913
HUMAN KINDNESS • 1913
IN ANOTHER'S NEST • 1913
IN LOVE AND WAR • CALL TO ARMS, THE • 1913
JEWELS OF SACRIFICE • JEWELS OF A SACRIFICE • 1913
JOCULAR WINDS • 1913
LOVE IS BLIND • 1913
MAN'S DUTY • 1913
MARINE LAW • 1913
MATCHES • 1913
MENACE, THE • 1913
MENTAL SUICIDE • 1913
MUTE WITNESS, THE • 1913
OIL ON TROUBLED WATERS • 1913
ON THE BORDER • 1913
ORPHAN'S MINE, THE • 1913
OUR LITTLE FAIRY • 1913
PICKET GUARD, THE • 1913
POWDER FLASH OF DEATH, THE • 1913
RED MARGARET, MOONSHINER • 1913
RENEGADE'S HEART, THE • 1913
RESTLESS SPIRIT, THE • 1913
REWARD OF COURAGE • 1913
ROAD TO RUIN, THE • 1913
ROMANCE, THE • 1913
ROSE OF OLD MEXICO, A • 1913
SILVER-PLATED GUN, THE • 1913
SOUL OF A THIEF • 1913
SPIRIT OF THE FLAG • 1913
SUSPENDED SENTENCE • 1913
THAT SHARP NOTE • 1913
THEIR MASTERPIECE • 1913
TRANSGRESSION OF MANUEL, THE • 1913
WALL OF MONEY, THE • 1913
WHEN A WOMAN WON'T • 1913
WHEN LUCK CHANGES • 1913
WHEN THE LIGHT FADES • 1913
WHERE DESTINY GUIDES • 1913
WISHING SEAT, THE • 1913
WOMAN'S HONOR • 1913
WOMEN AND WAR • 1913
WOMEN LEFT ALONE • 1913
YOUTH AND JEALOUSY • 1913
CARLOTTA THE BEAN STRINGER • MENACE OF CARLOTTA, THE • 1914
CONSPIRACY, THE • 1914
COUNTY CHAIRMAN, A • 1914
DISCORD AND HARMONY • 1914
EMBEZZLER, THE • 1914
END OF THE FEUD, THE • 1914
FORBIDDEN ROOM, THE • 1914
GREAT UNIVERSAL MYSTERY, THE • 1914
HER BOUNTY • 1914
HONOR OF THE MOUNTED, THE • 1914
HOPES OF BLIND ALLEY, THE • 1914
LAMB, THE WOMAN, THE WOLF, THE • 1914
LIE, THE • 1914
MAN ON THE CASE, THE • 1914
REMEMBER MARY MAGDALEN • 1914
RICHELIEU • 1914
STRAIGHT ROAD, THE • 1914
TRAGEDY OF WHISPERING CREEK, THE • 1914
UNLAWFUL TRADE, THE • 1914
UNWELCOME MRS. HATCH, THE • 1914
WILDFLOWER • 1914
COMMANDING OFFICER, THE • 1915
DANCING GIRL, THE • 1915
DAVID HARUM • 1915
FOUNDLING, THE • 1915
GIRL OF YESTERDAY, A • 1915
JORDAN IS A HARD ROAD • 1915
LOVE ROUTE, THE • 1915
MAY BLOSSOM • 1915
PRETTY SISTER OF JOSE • 1915
SMALL TOWN GIRL, A • 1915
BETTY OF GRAYSTONE • 1916
FIFTY-FIFTY • 1916
GOOD BAD-MAN, THE • PASSING THROUGH • 1916
HABIT OF HAPPINESS, THE • LAUGH AND THE WORLD LAUGHS • 1916
HALF BREED, THE • CARQUENEZ WOODS, THE ○ HALF-BREED, THE • 1916
INNOCENT MAGDALENE, AN • 1916
MANHATTAN MADNESS • 1916
MOONSHINE BLOOD • 1916 • SHT
FIGHTING ODDS • 1917
HER FATHER'S KEEPER • 1917
JINX JUMPER, THE • 1917
'MELIA NO GOOD • 1917
MODERN MUSKETEER, A • 1917
PANTHEA • 1917
BOUND IN MOROCCO • 1918
HE COMES UP SMILING • 1918
MR. FIX-IT • 1918
CHEATING CHEATERS • 1919
DARK STAR, THE • 1919
GETTING MARY MARRIED • MARRYING MARY (UKN) • 1919
SOLDIERS OF FORTUNE • 1919
FORBIDDEN THING, THE • 1920
IN THE HEART OF A FOOL • HEART OF A FOOL • 1920
LUCK OF THE IRISH, THE • 1920
SCOFFER, THE • 1920
BROKEN DOLL, A • 1921
MAN TO MAN • BARBER JOHN'S BOY • 1921
PERFECT CRIME, A • 1921
SIN OF MARTHA QUEED, THE • SINS OF THE PARENTS (UKN) • 1921
HIDDEN WOMAN, THE • 1922
ROBIN HOOD • DOUGLAS FAIRBANKS IN ROBIN HOOD • 1922
SUPERSTITION • 1922
BIG BROTHER • 1923
GLIMPSES OF THE MOON, THE • 1923
LAWFUL LARCENY • 1923
ZAZA • 1923
ARGENTINE LOVE • 1924
HER LOVE STORY • 1924
MANHANDLED • 1924
SOCIETY SCANDAL, A • 1924
WAGES OF VIRTUE • 1924
COAST OF FOLLY, THE • 1925
NIGHT LIFE OF NEW YORK • 1925
STAGE STRUCK • SCREEN STRUCK • 1925
PADLOCKED • 1926
SEA HORSES • 1926
SUMMER BACHELORS • 1926
TIN GODS • 1926
EAST SIDE, WEST SIDE • 1927
FRENCH DRESSING • LESSONS FOR WIVES (UKN) • 1927
JOY GIRL, THE • 1927
MUSIC MASTER, THE • 1927
WEST POINT • ETERNAL YOUTH • 1927 • SHT
BIG NOISE, THE • NINE DAYS' WONDER • 1928
FAR CALL, THE • 1929
FROZEN JUSTICE • 1929
IRON MASK, THE • 1929
SOUTH SEA ROSE • 1929
TIDE OF EMPIRE • 1929
WHAT A WIDOW! • 1930
CHANCES • 1931
MAN TO MAN • BARBER JOHN'S BOY • 1931
WICKED • 1931
HER FIRST AFFAIRE • 1932
WHILE PARIS SLEEPS • 1932
COUNSEL'S OPINION • 1933
I SPY • MORNING AFTER, THE (USA) • 1933
HOLLYWOOD PARTY • 1934
BLACK SHEEP • STAR FOR A NIGHT • 1935
NAVY WIFE • BEAUTY'S DAUGHTER • 1935
HIGH TENSION • TROUBLEMAKERS • 1936
HUMAN CARGO • 1936
SONG AND DANCE MAN, THE • 1936
15 MAIDEN LANE • 1936
HEIDI • 1937
ONE MILE FROM HEAVEN • 1937
THAT I MAY LIVE • 1937
WOMAN WISE • WOMAN-WISE • 1937
JOSETTE • 1938
REBECCA OF SUNNYBROOK FARM • 1938
SUEZ • 1938
FRONTIER MARSHAL • FRONTIER MARSHAL, THE SAGA OF TOMBSTONE, ARIZONA • 1939
GORILLA, THE • 1939
THREE MUSKETEERS, THE • SINGING MUSKETEER, THE (UKN) • 1939
SAILOR'S LADY • 1940
TRAIL OF THE VIGILANTES • 1940
YOUNG PEOPLE • 1940
LOOK WHO'S LAUGHING • LOOK WHO'S TALKING • 1941
RISE AND SHINE • 1941
FRIENDLY ENEMIES • 1942
HERE WE GO AGAIN • 1942
AROUND THE WORLD • 1943
ABROAD WITH TWO YANKS • 1944
UP IN MABEL'S ROOM • 1944
BREWSTER'S MILLIONS • 1945
GETTING GERTIE'S GARTER • 1945
RENDEZVOUS WITH ANNIE • CORPORAL DOLAN GOES A.W.O.L. ○ CORPORAL DOLAN AWOL • 1946
CALENDAR GIRL • 1947
NORTHWEST OUTPOST • END OF THE RAINBOW (UKN) ○ ONE EXCITING KISS • 1947
ANGEL IN EXILE • BLUE LADY, THE • 1948
DRIFTWOOD • HEAVEN FOR JENNY • 1948
INSIDE STORY, THE • 1948
SANDS OF IWO JIMA • 1949
SURRENDER • 1950
BELLE LE GRAND • 1951
WILD BLUE YONDER, THE • THUNDER ACROSS THE PACIFIC (UKN) ○ BOMBS OVER JAPAN ○ WINGS ACROSS THE PACIFIC • 1951
I DREAM OF JEANNIE • I DREAM OF JEANNIE WITH THE LIGHT BROWN HAIR • 1952
MONTANA BELLE • 1952
FLIGHT NURSE • 1953
SWEETHEARTS ON PARADE • 1953
WOMAN THEY ALMOST LYNCHED, THE • 1953
CATTLE QUEEN OF MONTANA • 1954
PASSION • 1954
SILVER LODE • 1954
ESCAPE TO BURMA • 1955
IT'S ALWAYS SUNDAY • 1955 • SHT
PEARL OF THE SOUTH PACIFIC • 1955
TENNESSEE'S PARTNER • 1955
HIGH AIR • 1956 • SHT
HOLD BACK THE NIGHT • 1956
SLIGHTLY SCARLET • 1956
RESTLESS BREED, THE • 1957
RIVER'S EDGE, THE • 1957
ENCHANTED ISLAND • 1958
MOST DANGEROUS MAN ALIVE, THE • STEEL MONSTER, THE • 1961

DWORSKY RUDOLF – GRM

WILHELM TELL • 1923

DWOSKIN STEPHEN – UKN

DWOSKIN STEVE

ALONE • 1963
CHINESE CHECKERS • 1965
ME, MYSELF AND I • 1969
TAKE ME • 1969
TIMES FOR • 1970
TRIXI • 1970
DYNAMO • 1972
BEHINDERT • HINDERED • 1973
CENTRAL BAZAAR • PUPPET PEOPLE • 1973
DEATH AND DEVIL • 1973
SILENT CRY, THE • 1977
SHADOWS FROM LIGHT • 1984
BALLET BLACK • 1987

DWOSKIN STEVE see **DWOSKIN STEPHEN**

DWYER JOHN – USA

TEXAS SERIAL KILLINGS, THE • 1986

DYAL H. K. see **DYAL H. KAYE**

DYAL H. KAYE – USA

DYAL H. K.

MEMORY OF US • 1974
TRAINED TO KILL • 1988

DYAL SUSAN – USA

NAVAHO RAIN CHANT • 1971 • ANS

DYALL FRANKLYN – Actor – UKN – 1874–

DUKE'S SON • SQUANDERED LIVES (USA) • 1920

DYE TED – USA

COP KILLERS, THE

DYER ANSON – Animator – UKN – 1876–

DICKY DEE'S CARTOON • 1915 • ANM
JOHN BULL'S ANIMATED SKETCH-BOOK • 1916 • ANM
WEAPONS • 1916
AGITATED ADVERTS • 1917 • ANM
OLD KING KOAL • 1917 • ANM
BRITAIN'S EFFORT • 1918 • ANM
FOCH THE MAN • 1918 • ANM
PLANE TALE, A • 1918 • ANM
MERCHANT OF VENICE, THE • 1919 • ANS
ROMEO AND JULIET • 1919 • ANS
OTHELLO • 1920 • ANS
TAMING OF THE SHREW, THE • 1920 • ANM
BOY SCOUT • 1921 • ANM
DOLLARS IN SURREY • 1921
LITTLE RED RIDING HOOD • 1922 • ANS
CARMEN • 1936 • ANM
SQUIRREL WAR • 1947
WHO ROBBED THE ROBINS? • 1947

DYER JOHN – CND

TWO DREAMS OF A NATION: THE FORTIN FAMILY OF QUEBEC AND ALBERTA • 1980 • DOC

DYHRENFUSS G. O. – GRM

HIMATSCHAL, DER THRON DER GOTTER • WEISSE TOD IN HIMALAYA, DER • 1931

DYJA ANDRE – FRN

FLEURS, LES • 1963
VISAGES, LES • 1967

DYKE ROBERT – USA

MOONTRAP • 1988

DYLAN BOB – Singer – USA – 1941–

EAT THE DOCUMENT • 1972
RENALDO & CLARA • 1978

DYMON FRANKIE JR. – UKN

DEATH MAY BE YOUR SANTA CLAUS • 1969

DYOTT GEORGE M. – USA

HUNTING TIGERS IN INDIA • 1929 • DOC

DYRENFURTH OSKAR – GRM

DAMON DES HIMALAYA, DER • 1935

DYULGEROV GEORGI – BUL – 1943–

DULGUEROV GUEORGUI

IZPIT • EXAM ○ TEST, THE • 1971
I DOYDE DENYAT • THERE CAME THE DAY ○ AND THE DAY CAME ○ I DOIDE DENYAT • 1974
AVANTAZH • ADVANTAGE • 1978
MUDDLED NOTES • 1979
TRAMPA • SWAP, THE • 1979
MEASURE FOR MEASURE • 1980
NESHKA ROBEVA AND HER GIRLS • GIRLS AND THEIR NESHKA ROBEVA, THE • 1985
ACADAMUS • 1987
CAMP, THE • 1990

DZHAPARIDZE R. – USS

DJAPARIDZE R.

CHUZHIE DETI • STEPCHILDREN (USA) ○ SOMEONE ELSE'S CHILDREN • 1959

DZHORDZHADZE NANA – USS

MY ENGLISH GRANDFATHER • 1986

DZIEDZINA JULIAN – PLN

KONIEC NOCY • END OF THE NIGHT, THE ○ END OF NIGHT • 1957
DECYZJA • 1960
BOKSER • BOXER, THE (UKN) ○ PRIZE FIGHTER, THE • 1967
MALY • SMALL ONE, THE • 1970
CZERWONE CIERNIE • 1976
UMARLI RZUCAJA CIEN • DEAD PERSON'S SHADOW • 1978

DZIGAN EFIM see **DZIGAN YEFIM**

DZIGAN YEFIM – USS – 1898–1981

DZIGAN EFIM

PERVYI KORNET STRECHNEV • FIRST CORNET STRESHNEV • 1928
MY IZ KRONSTADT • WE ARE FROM KRONSTADT ○ WE FROM KRONSTADT • 1936
IF WAR COMES TOMORROW • 1938 • DOC
KINOKONCERT K25 LETIJU KRASNOJ ARMII • FILM CONCERT FOR THE RED ARMY'S 25TH ANNIVERSARY ○ MOSCOW MUSIC HALL • 1943
FATALI-CHAN • 1948
JAMBUL • 1953
PROLOG • PROLOGUE • 1956
ZHELYEZNY POTOK • IRON FLOOD, THE ○ ZHELEZNYI POTOK • 1967

DZIKI WALDEMAR - PLN
KARTKA Z PODROZY • POSTCARD FROM A JOURNEY • 1983
JEUNE MAGICIEN, LE • YOUNG MAGICIAN, THE • 1987

DZIUBA HELMUT - GRM
MOHR UND DIE RABEN VON LONDON • 1969
LAUT UND LIESE IST DER LIEBE • 1972
SABINE KLEIST, 7 JAHRE • SABINE KLEIST -SEVEN YEARS OLD • 1982
ERSCHEINEN PFLICHT • ATTENDANCE COMPULSORY • 1984
JAN ON THE BARGE • 1987

DZIWORSKI BOGDAN - PLN
KRZYZ I TOPOR • CROSS AND AXE • 1972

EADES WILFRED - Producer - UKN - 1920-
YOU CAN'T ESCAPE • 1956

EADIE DOUGLAS - UKN
MICHAEL DAVITT'S HOME MOVIE ABOUT THE LAND OF THE SCOTS • 1973
SORLEY MACLEAN'S ISLAND • 1974 • DOC
BARNSTORMERS, THE • 1979

EADY DAVID - UKN - 1924-
BRIDGE OF TIME, THE • 1952 • DOC
EDINBURGH • 1952 • DOC
ROAD TO CANTERBURY, THE • 1952
THREE CASES OF MURDER • 1955
HEART WITHIN, THE • 1957
ZOO BABY • 1957
CROWNING TOUCH, THE • 1959
IN THE WAKE OF A STRANGER • 1959
MAN WHO LIKED FUNERALS, THE • 1959
FACES IN THE DARK • 1960
VERDICT, THE • 1964
OPERATION THIRD FORM • 1966
SCRAMBLE • 1970
ANOUP AND THE ELEPHANT • ANOOP AND THE ELEPHANT • 1972
HIDE AND SEEK • 1972
WHERE'S JOHNNY? • 1974
HOSTAGES • 1975
ECHO OF THE BADLANDS • 1976
NIGHT FERRY • 1976
DEEP WATERS • 1979

EAGLE BILL - USA
BLONDE GODDESS, THE • 1982

EAGLE BORIS - USA
TORMENTORS, THE • 1986

EAGLE DEXTER see **ANTONERO LUIS F.**

EAGLE OSCAR - USA
BREAD UPON THE WATERS • 1912
FIRE-FIGHTER'S LOVE, THE • 1912
MILLER OF BURGUNDY, THE • 1912
WHERE LOVE IS, THERE GOD IS ALSO • 1912
ARABIA AND THE BAY • 1913
ARABIA TAKES THE HEALTH CURE • 1913
ARABIA, THE EQUINE DETECTIVE • 1913
AROUND BATTLE TREE • 1913
BELLE BOYD -A CONFEDERATE SPY • 1913
COAST OF CHANCE, THE • 1913
EX-CONVICT, THE • 1913
FALSE ORDER, THE • 1913
FERRETS, THE • 1913
FINGER PRINT, THE • 1913
HUSBAND WON BY ELECTION, A • 1913
INVISIBLE GOVERNMENT, THE • 1913
LESSON, THE • 1913
LOVE IN THE GHETTO • 1913
MAN IN THE STREET, THE • 1913
MISS ARABIAN NIGHTS • 1913
PAULINE CUSHMAN, THE FEDERAL SPY • 1913
ROBERT HALE'S AMBITION • 1913
SCALES OF JUSTICE, THE • 1913
STOLEN FACE, THE • 1913
TOBIAS TURNS THE TABLES • 1913
TOBIAS WANTS OUT • 1913
TOILS OF DECEPTION, THE • 1913
WATER RAT, THE • 1913
WHEELS OF FATE, THE • 1913
DOCTOR'S MISTAKE, THE • 1914
ESTRANGEMENT • 1914
FIVE HUNDRED DOLLAR KISS, THE • 1914
GIRL AT HIS SIDE, THE • 1914
LITTLE HOBO, THE • 1914
LOVE VS. PRIDE • 1914
LURE OF THE LADIES, THE • 1914
MODERN VENDETTA, A • 1914
PIRATES OF PEACOCK ALLEY, THE • 1914
ROYAL BOX, THE • 1914
SUPPRESSED NEWS • 1914
COTTON KING, THE • 1915
DICTATOR, THE • 1915
LITTLE MADEMOISELLE, THE • 1915
RUNAWAY JANE • 1915 • SRL
SINS OF SOCIETY, THE • 1915
FRUITS OF DESIRE, THE • 1916
CHARLOTTE • 1917
DAUGHTER OF THE SOUTHLAND, A • 1917 • SHT
PIONEER DAYS • 1917 • SHT
TOLL OF SIN, THE • 1917 • SHT
FROZEN WARNING, THE • 1918

EAGLE VINCENT see **DELL'ACQUILA ENZO**

EAMES CHARLES - USA
BLACKTOP • 1950 • SHT
TRAVELING BOY • 1950 • SHT
PARADE • HERE THEY COME DOWN THE STREET • 1952 • SHT
COMMUNICATIONS PRIMER • 1953 • SHT
HOUSE • 1955
DAY OF THE DEAD • 1957
INFORMATION MACHINE, THE • 1957 • ANS
TOCCATA FOR TOY TRAINS • 1957 • SHT
KALEIDOSCOPE • 1961
IBM PUPPET SHOWS • 1965 • SHT
COMPUTER GLOSSARY, A • 1967 • SHT
NATIONAL AQUARIUM PRESENTATION • 1967 • SHT
POWERS OF TEN • 1968
ROUGH SKETCH FOR A PROPOSED FILM DEALING WITH THE POWERS OF TEN AND THE RELATIVE SIZE OF THINGS IN.. • 1969 • SHT

EAMES RAY - USA
BLACKTOP • 1950 • SHT
TRAVELING BOY • 1950 • SHT
PARADE • HERE THEY COME DOWN THE STREET • 1952 • SHT
COMMUNICATIONS PRIMER • 1953 • SHT
HOUSE • 1955
DAY OF THE DEAD • 1957
INFORMATION MACHINE, THE • 1957 • ANS
TOCCATA FOR TOY TRAINS • 1957 • SHT
KALEIDOSCOPE • 1961
IBM PUPPET SHOWS • 1965 • SHT
COMPUTER GLOSSARY, A • 1967 • SHT
NATIONAL AQUARIUM PRESENTATION • 1967 • SHT
POWERS OF TEN • 1968

EARLE FERDINAND P. - USA
RUBAIYAT OF OMAR KHAYYAM, THE • 1922
LOVER'S OATH, A • 1925

EARLE GEORGE - USA
BETTY'S AFFAIR • 1915 • SHT

EARLE WILLIAM P. S. - USA
FOR THE HONOR OF THE CREW • 1915
CURSE OF THE FOREST, THE • 1916 • SHT
LAW DECIDES, THE • 1916
SCARLET RUNNER, THE • 1916 • SRL
WHOM THE GODS DESTROY • 1916
COURAGE OF SILENCE, THE • 1917
I WILL REPAY • MUNICIPAL REPORT, A • 1917
MARY JANE'S PA • 1917
WHO GOES THERE? • 1917
WITHIN THE LAW • 1917
WOMANHOOD • 1917
GIRL AND THE GRAFT, THE • 1918 • SHT
HEREDITY • BLOOD OF THE TREVORS • 1918
HIS OWN PEOPLE • 1918
LITTLE MISS NO-ACCOUNT • 1918
LITTLE RUNAWAY, THE • 1918
T'OTHER DEAR CHARMER • 1918
WOOING OF PRINCESS PAT, THE • 1918
BETTER WIFE, THE • 1919
LONE WOLF'S DAUGHTER, THE • 1919
LOVE HUNGER, THE • 1919
BROKEN MELODY, THE • 1920
DANGEROUS PARADISE, THE • 1920
ROAD OF AMBITION, THE • 1920
WHISPERS • 1920
WOMAN GAME, THE • 1920
GILDED LILIES • 1921
LAST DOOR, THE • 1921
POOR, DEAR MARGARET KIRBY • 1921
WAY OF A MAID, THE • 1921
DESTINY'S ISLE • 1922
LOVE'S MASQUERADE • 1922
DANCER OF THE NILE, THE • 1923

EASAW THOMAS J. - IND
EENAM MARANNA KATTU • 1987

EASON B. REEVES - USA - 1886-1956
EASON REEVES • EASON REAVES
AFTER THE STORM • 1915
ASSAYER OF LOVE GAP, THE • 1915
BARREN GAIN, THE • 1915
BLOT ON THE SHIELD, A • 1915
BLUFFERS, THE • 1915
BROKEN CLOUD, A • 1915
COMPETITION • 1915
DAY OF RECKONING, THE • 1915
DRAWING THE LINE • 1915
EXILE OF BAR-K RANCH, THE • 1915
GOOD BUSINESS DEAL, A • 1915
HEARTS IN SHADOW • 1915
HONOR OF THE DISTRICT ATTORNEY, THE • 1915
IN TRUST • 1915
LITTLE LADY NEXT DOOR, THE • 1915
MOUNTAIN MARY • 1915
NEWER WAY, THE • 1915
POET OF THE PEAKS, THE • 1915
PROFIT FROM LOSS • 1915
QUESTION OF HONOR, A • 1915
SHE WALKETH ALONE • 1915
SILVER LINING, THE • 1915
SMUGGLER'S CAVE, THE • 1915
SOLUTION OF THE MYSTERY, THE • 1915
SPIRIT OF ADVENTURE, THE • 1915
SUBSTITUTE MINISTER, THE • 1915
TO MELODY A SOUL RESPONDS • 1915
TO RENT FURNISHED • 1915
WASP, THE • 1915
YES OR NO? • 1915
MATCHING DREAMS • 1916 • SHT
OLD MAN'S FOLLY, AN • 1916 • SHT
PAY DIRT • 1916
SANITARIUM SCRAMBLE, A • 1916 • SHT
SHADOWS • 1916 • SHT
TIME AND TIDE • 1916
VIVIANA • 1916 • SHT
NINE-TENTHS OF THE LAW • 1918
CROW, THE • 1919 • SHT
FIGHTING HEART, THE • 1919
FIGHTING LINE, THE • 1919 • SHT
FOUR BIT MAN, THE • FOUR-BIT MAN, THE • 1919 • SHT
JACK OF HEARTS, THE • 1919 • SHT
KID AND THE COWBOY, THE • 1919 • SHT
TELL TALE WIRE, THE • 1919 • SHT
BLUE STREAK MCCOY • 1920
HAIR TRIGGER STUFF • 1920
HELD UP FOR THE MAKIN'S • 1920 • SHT
HUMAN STUFF • 1920
MOON RIDERS, THE • 1920 • SRL
NOSE IN A BOOK, A • 1920 • SHT
PINK TIGHTS • 1920
PROSPECTOR'S VENGEANCE, THE • 1920 • SHT
RATTLER'S HISS, THE • 1920 • SHT
TEXAS KID, THE • 1920 • SHT
TWO KINDS OF LOVE • 1920
BIG ADVENTURE, THE • 1921
COLORADO • 1921
FIRE EATER, THE • 1921
RED COURAGE • 1921
LONE HAND, THE • FALSE PLAY • 1922
PARDON MY NERVE! • 1922
ROBINSON CRUSOE • ADVENTURES OF ROBINSON CRUSOE • 1922 • SRL
ROUGH SHOD • 1922
WHEN EAST COMES WEST • 1922
AROUND THE WOLRD IN EIGHTEEN DAYS • 1923 • SRL
HIS LAST RACE • 1923
FLASHING SPURS • SPIDER'S WEB (UKN) • 1924
TIGER THOMPSON • 1924
TRIGGER FINGER • 1924
VANISHING FRONTIER • 1924
WOMEN FIRST • TURF SENSATION, THE (UKN) • 1924
BORDER JUSTICE • 1925
FIGHT TO THE FINISH, A • 1925
FIGHTING THE FLAMES • 1925
FIGHTING YOUTH • 1925
NEW CHAMPION • 1925
SHADOW ON THE WALL, THE • 1925
TEXAS BEARCAT, THE • 1925
JOHNNY GET YOUR HAIR CUT • 1926
LONE HAND SAUNDERS • 1926
SIGN OF THE CLAW, THE • 1926
TEST OF DONALD NORTON, THE • 1926
DENVER DUDE, THE • 1927
GALLOPING FURY • 1927
PAINTED PONIES • 1927
PRAIRIE KING, THE • 1927
THROUGH THICK AND THIN • 1927
CLEARING THE TRAIL • 1928
FLYIN' COWBOY, THE • 1928
RIDING FOR FAME • 1928
TRICK OF HEARTS, A • WESTERN SUFFRAGETTES ○ HORSE TRADER, THE • 1928
LARIAT KID, THE • 1929
WINGED HORSEMAN, THE • 1929
ROARING RANCH • 1930
SPURS • 1930
TRIGGER TRICKS • 1930
TROOPERS THREE • 1930
BIMI • 1931
GALLOPING GHOST, THE • 1931 • SRL
KING OF THE WILD • 1931 • SRL
SUNSET TRAIL • 1931
VANISHING LEGION, THE • 1931 • SRL
HEART PUNCH, THE • 1932
HONOR OF THE PRESS • SCOOP, THE (UKN) • 1932
LAST OF THE MOHICANS • 1932 • SRL
ALIMONY MADNESS • 1933
BEHIND JURY DOORS • 1933
CORNERED • 1933
DANCE HALL HOSTESS • 1933
HER RESALE VALUE • 1933
NEIGHBOR'S WIVES • 1933
REVENGE AT MONTE CARLO • MYSTERY AT MONTE CARLO (UKN) • 1933
HOLLYWOOD HOODLUM • WHAT PRICE FAME? (UKN) • 1934
LAW OF THE WILD • 1934 • SRL
MYSTERY MOUNTAIN • 1934 • SRL
ADVENTURES OF REX AND RINTY, THE • 1935 • SRL
FIGHTING MARINES • 1935 • SRL
MIRACLE RIDER, THE • 1935 • SRL
PHANTOM EMPIRE • 1935 • SRL
RADIO RANCH • 1935
BATMEN OF AFRICA • 1936
DARKEST AFRICA • HIDDEN CITY (UKN) ○ KING OF THE JUNGLELAND • 1936
RED RIVER VALLEY • 1936
SHARAD OF ATLANTIS • 1936
UNDERSEA KINGDOM • 1936 • SRL
EMPTY HOLSTERS • 1937
GIVE ME LIBERTY • 1937
LAND BEYOND THE LAW • 1937
PRAIRIE THUNDER • 1937
CALL OF THE YUKON • 1938
DAREDEVIL DRIVERS • 1938
KID COMES BACK, THE • DON'T PULL YOUR PUNCHES (UKN) • 1938
SERGEANT MURPHY • 1938
BLUE MONTANA SKIES • 1939
MAN OF CONQUEST • 1939
MOUNTAIN RHYTHM • 1939
WILD WEST DAYS • 1939
MARCH ON MARINES • 1940 • SHT
MEET THE FLEET • 1940 • SHT
MEN WITH STEEL FACES • COULDN'T POSSIBLY HAPPEN (UKN) • 1940
PONY EXPRESS DAYS • 1940 • SHT
SERVICE WITH THE COLORS • 1940 • SHT
SOCKEROO • 1940
TAKE THE AIR • 1940 • SHT
YOUNG AMERICA FLIES • 1940 • SHT
SOLDIERS IN WHITE • 1941 • SHT
TANKS ARE COMING, THE • 1941 • SHT
WINGS OF STEEL • 1941 • SHT
MAYBE DARWIN WAS RIGHT • 1942 • SHT
MEN OF THE SKY • 1942 • SHT
MURDER IN THE BIG HOUSE • HUMAN SABOTAGE (UKN) ○ BORN FOR TROUBLE • 1942
SPY SHIP • 1942
FIGHTING ENGINEERS, THE • 1943 • SHT
MOUNTAIN FIGHTERS • 1943 • SHT
MURDER ON THE WATERFRONT • 1943
OKLAHOMA OUTLAWS • 1943 • SHT
PHANTOM, THE • 1943 • SRL
TRUCK BUSTERS • 1943
WAGON WHEELS WEST • 1943 • SHT
BLACK ARROW • 1944 • SRL
DESERT HAWK, THE • 1944 • SRL
'NEATH CANADIAN SKIES • 1946
NORTH OF THE BORDER • 1946
RETURN OF THE MOHICANS • 1948
RIMFIRE • 1949
KAMONG SENTOSA • 1952
SINGAPORE STORY, THE • 1952
JUNGLE JUSTICE • 1953
PAPER TIGER • 1953

EASON REAVES see **EASON B. REEVES**

EASON REEVES see **EASON B. REEVES**

EASON WALTER B. - USA
SEA HOUND, THE • 1947 • SRL

EASTMAN ALLAN - CND - 1950-
DEUS EX MACHINA • 1974 • MTV
FOREIGNERS • 1975 • MTV
SWEETER SONG, A • SNAPSHOT ○ SNAPSHOTS • 1976
WAR BOY, THE • POINT OF ESCAPE • 1984
CRAZY MOON • HUGGERS • 1986
RACE FOR THE BOMB • 1986 • MTV
FORD: THE MAN AND THE MACHINE • FORD: HIS MISTRESS AND HIS MACHINE ○ FORD • 1987 • TVM

EASTMAN CHARLES - USA
ALL-AMERICAN BOY, THE • 1973

EASTMAN DAVID - UKN
AMBUSH AT DEVIL'S GAP • 1966 • SRL
CALAMITY THE COW • 1967

EASTMAN G. L. - USA
REGENERATOR • 1986

EASTMAN GORDON - USA
HIGH, WILD AND FREE • 1968 • DOC
SAVAGE WILD, THE • WILD ARCTIC • 1970 • DOC
SAVAGE WORLD, THE • 1976

EASTMAN PHIL - USA
FLAT HATTING • 1946 • ANS

EASTON C. see **EASTON CLEM**

EASTON C. H. see **EASTON CLEM**

EASTON CLEM – USA
EASTON CLEMENT • EASTON C. H. • EASTON C.
ALIBI, THE • 1915
COUNTRY GIRL, THE • 1915
ELEVENTH DIMENSION, THE • 1915
FIFTY-FIFTY • 1915
INHERITANCE • 1915
LADDER OF FORTUNE, THE • 1915
LESSON FROM THE FAR EAST, A • 1915
RIDER OF SILHOUETTE, THE • 1915
THOU SHALT NOT LIE • 1915
TRAIL OF THE UPPER YUKON, THE • 1915
WRONG LABEL, THE • 1915
PIECES OF THE GAME • 1916 • SHT
TOY SOLDIER, THE • 1916 • SHT

EASTON CLEMENT see **EASTON CLEM**

EASTON H. C. – USA
LARRY O'NEILL, GENTLEMAN • 1915
VALLEY OF SILENT MEN, THE • 1915

EASTWAY JOHN – ASL
SON OF ALVIN • MELVIN: SON OF ALVIN ○ GIRL-TOY ○ FOREPLAY • 1984

EASTWOOD CLINT – Actor – USA – 1930–
PLAY MISTY FOR ME • 1971
BREEZY • 1973
HIGH PLAINS DRIFTER • 1973
EIGER SANCTION, THE • 1975
OUTLAW JOSEY WALES, THE • 1976
GAUNTLET, THE • 1977
BRONCO BILLY • 1980
FIREFOX • 1982
HONKYTONK MAN • 1983
SUDDEN IMPACT • 1983
PALE RIDER • 1985
HEARTBREAK RIDGE • 1986
BIRD • 1988
ROOKIE, THE • 1990
WHITE HUNTER, BLACK HEART • 1990

EASTWOOD JOHN see **PAROLINI GIANFRANCO**

EBERHARDT THOM – USA
NIGHT OF THE COMET • 1984
SOLE SURVIVOR • 1985
NIGHT BEFORE, THE • 1988
SHERLOCK AND ME • WITHOUT A CLUE • 1988

EBERSON DREW – USA
OVERLAND EXPRESS, THE • 1938

EBERT JURGEN – GRM
ECHTZEIT • REAL TIME • 1983

EBNERS JANIS – USS
POSLYEDNI ZHULIK • LAST SWINDLER, THE • 1967

EBRAHIMIAN GHASEM – USA
WILLIE • 1980

EBRAHIMIFAR SAEED – IRN
NAR-O-NEY • 1989

ECARE DESIRE – IVC – 1939–
CONCERTO POUR UN EXILE • CONCERTO FOR AN EXILE • 1968
A NOUS DEUX, LA FRANCE! • FEMMES NOIRES, FEMMES NUES ○ A NOUS DEUX, FRANCE ○ TAKE CARE! FRANCE • 1970
CASTIGAT RIDENDO MORES • 1974
VISAGES DE FEMMES • 1985

ECCIO EGYIDO – BRZ
MATADOR, O • KILLER, THE • 1968

ECEIZA ANTONIO – SPN – 1935–
DEAD BUT NOT BURIED • 1964
DE CUERPO PRESENTE • PHYSICALLY PRESENT • 1967
PROXIMO OTONO, EL • NEXT AUTUMN • 1967
ULTIMO ENCUENTRO • LAST ENCOUNTER • 1967
SECRETAS INTENCIONES, LAS • SECRET INTENTIONS • 1969
VIENTO DE LIBERTAD • WIND OF FREEDOM • 1975
COMPLOT MONGOL, EL • MONGOLIAN CONSPIRACY, THE • 1976
MINA: VIENTO DE LIBERTAD • MINA, THE WIND OF LIBERTY • 1976

ECHAVARRIA NICOLAS – MXC
NINO FIDENCIO, EL • 1981

ECKERT JOHN M. – CND
DOOR, THE • 1970
THREE FILMS: TORONTO • 1970
HOME FREE • 1972

ECKSTEIN FRANZ – GRM
AUGEN DER SCHWESTER, DIE • 1918
IHR JUNGE • 1918
IHR LASST DEN ARMEN SCHULDIG WERDEN.. • 1918
DRAMA VON GLOSSOW, DAS • 1920
SCHONE MISS LILIAN, DIE • 1920
DEINES BRUDERS WEIB • 1921
DU BIST DAS LEBEN • 1921
DURCH LIEBE ERLOST • 1921
HEXE, DIE • WITCH, THE • 1921
IHR SCHLECHTER RUF • 1921
LOTTE LORE • 1921
OPFER DER LIEBE • 1921
HEDDA GABBLER • 1924
SCHMETTERLINGSSCHLACHT, DIE • 1924
HEIRATSFALLE, DIE • 1927
MADCHEN AUS DER FREMDE, DAS • 1927

EDAGAWA HIROSHI – JPN
ARASHI NO KUDOKEN • JUDO CHAMP • 1958
SHINKON NANATSU NO TANOSHIMI • AMUSEMENT OF SEVEN MARRIED COUPLES • 1958
BARA NO KI NI BARA NO HANA • TIME OF ROSES AND BLOSSOMING FLOWERS • 1959
REN-AIBYO KANJA • 1961

EDDIN AHMED DIA – EGY
BEIT EL TALIBAT • GIRL STUDENT'S HOME, THE • 1967
SIT EL NAZRA, EL • HEADMISTRESS, THE • 1968
TILMIZA WAL OSSTAZ, AL • PUPIL AND THE PROFESSOR, THE • 1968

EDDY BOB see **EDDY ROBERT**

EDDY PAUL – AUS – 1938–1977
BOX, THE • 1975
ALTERNATIVE, THE • 1977 • MTV

EDDY ROBERT – USA
EDDY BOB
HEARTS AND SADDLES • 1917 • SHT
POP TUTTLE, FIRE CHIEF • 1922
ACTION GALORE • MEN WITHOUT FEAR (UKN) • 1925
GALLOPING JINX • FEARLESS JINX, THE (UKN) • 1925
HANDSOME BRUTE, THE • 1925
HURRICANE HORSEMAN • 1925
READIN' 'RITIN' 'RITHMETIC • 1926
STACKED CARDS • 1926

EDEL EDMUND – GRM
MOBLIERTE HERR, DER • 1915
BORSENKONIGIN, DIE • 1916
DOKTOR SATANSOHN • 1916
SUSSE MADEL, DAS • 1916
WENN MANNER STREIKEN • 1919

EDEL ULLI see **EDEL ULRICH**

EDEL ULRICH – GRM
EDEL ULLI
CHRISTIANE F. WIR KINDER VOM BAHNHOF ZOO • WE CHILDREN FROM BAHNHOF ZOO (USA) ○ CHRISTIANE F. (UKN) • 1981
LAST EXIT TO BROOKLYN • 1989

EDELENYI JANOS – HNG
MI LESZ? • WHAT NOW? • 1966

EDELMANN HEINZ – UKN
CAMBRIDGE STEAM ENGINE • 1968 • ANS

EDELSTEIN SIMON – SWT
VILAINES MANIERES, LES • MAUVAISES MANIERES, LES • 1973
HOMME EN FUITE, L' • MAN ON THE RUN, A • 1981

EDEN MARK – USA
BOY INTO MAN • 1970
ONE TOUCHING ONE • 1970

EDGREN GUSTAF – SWD – 1895–1954
FROKEN PA BJORNEBORG • YOUNG LADY OF BJORNEBORG, THE • 1922
NARKINGARNA • PEOPLE OF NARKE • 1923
TROLLEBOKUNGEN • KING OF TROLLEBO, THE • 1924
SKEPPARGATAN 40 • 40 SKIPPER'S STREET • 1925
STYRMAN KARLSSONS FLAMMOR • MR. KARLSSON MATE AND HIS SWEETHEARTS • 1925
HON, HAN OCH ANDERSSON • SHE, HE AND ANDERSSON • 1926
SPOKBARONEN • GHOST BARON, THE • 1927
SVARTE RUDOLF • BLACK RUDOLF • 1928
KONSTGJORDA SVENSSON • FALSE SVENSSON • 1929
KRONANS KAVALJERER • CROWN'S CAVALIERS, THE ○ GENTLEMEN IN UNIFORM • 1930
RODA DAGEN • RED DAY, THE • 1931
SKEPP OHOJ! • SHIP AHOY! • 1931
TROTTE TEODOR • TIRED TEODOR • 1931
VARMLANNINGARNA • PEOPLE OF VARMLAND • 1932
KARL FREDRIK REGERAR • KARL FREDRIK REIGNS • 1934
SIMON I BACKABO • SIMON FROM BACKABO • 1934
VALBORGSMASSOAFTON • WALPURGIS NIGHT • 1935
JOHAN ULFSTJERNA • 1936
VOX POPULI • 1936
JOHN ERICSSON -SEGRAGEN VID HAMPTON ROADS • JOHN ERICSSON -THE VICTOR AT HAMPTON ROADS • 1937
RYSKA SNUVAN • COLD IN THE HEAD, A • 1937
STYRMAN KARLSSONS FLAMMOR • MR. KARLSSON MATE AND HIS SWEETHEARTS • 1938
STORA FAMNEN • BIG HUG, A • 1940
KATRINA • 1943
LILLE NAPOLEON • LITTLE NAPOLEON • 1943
DOLLY TAR CHANSEN • DOLLY TAKES HER CHANCE • 1944
HANS MAJESTAT FAR VANTA • HIS MAJESTY WILL HAVE TO WAIT • 1945
DRIVER DAGG FALLER REGN • IF DEW FALLS RAIN FOLLOWS ○ SUNSHINE FOLLOWS RAIN • 1946
KRISTIN KOMMENDERAR • KRISTIN TAKES COMMAND • 1946
TOSEN FRAN STORMYRTORPET • GIRL FROM THE MARSH CROFT, A • 1947
SVENSK TIGER, EN • SWEDISH TIGER, A • 1948
FLOTTANS KAVALJERER • GENTLEMEN OF THE NAVY • 1949
SVENSKE RYTTAREN • SWEDISH HORSEMAN, A • 1949
SKONA HELENA • HELEN OF TROY • 1951

EDMONDS DON – CND
WILD HONEY • 1971
ILSA, SHE-WOLF OF THE S.S. • 1973
TENDER LOVING CARE • NAUGHTY NURSES • 1974
ILSA, HAREM KEEPER OF THE OIL SHEIKS • HAREM KEEPER OF THE OIL SHEIKS • 1975
BARE KNUCKLES • 1976
TERROR ON TOUR • TERROR, THE • 1980
STRIKER • 1985

EDMUNDS ROBERT – CND
TELEVISION TALENT • 1937
COAL FACE CANADA • 1943 • SHT

EDMUNDSON ADRIAN – UKN
COMIC STRIP: MORE BAD NEWS • 1987

EDOLS MICHAEL – Dir. photo – ASL – 1942–
FLOATING • 1975 • DOC
LALAI DREAMTIME • 1976 • DOC
OUT THEY GO • 1976 • DOC
VOYAGE OF THE BOUNTY'S CHILD • 1984

EDVARDSSON EGILL – ICL
HUSID • HOUSE, THE • 1983

EDWALL ALLAN – Actor – SWD – 1924–
ERIKSSON • 1969
AKE OCH HANS VARLD • AKE AND HIS WORLD • 1984

EDWARD STEVEN – USA
WACKY PLAYBOY, THE • 1964

EDWARDES-HALL GEORGE see **HALL GEORGE EDWARDES**

EDWARDS BLAKE – Producer/writer – USA – 1922–
BRING YOUR SMILE ALONG • 1955
HE LAUGHED LAST • 1956
MISTER CORY • 1957
PERFECT FURLOUGH, THE • STRICTLY FOR PLEASURE (UKN) • 1958
THIS HAPPY FEELING • FOR LOVE OR MONEY • 1958
OPERATION PETTICOAT • 1959
HIGH TIME • 1960
BREAKFAST AT TIFFANY'S • 1961
DAYS OF WINE AND ROSES • 1962
EXPERIMENT IN TERROR • GRIP OF FEAR, THE (UKN) • 1962
PINK PANTHER, THE • 1964
SHOT IN THE DARK, A • 1964
GREAT RACE, THE • 1965
WHAT DID YOU DO IN THE WAR, DADDY? • 1966
GUNN • 1967
PARTY, THE • 1968
DARLING LILI • 1970
WILD ROVERS • 1971
CAREY TREATMENT, THE • EMERGENCY WARD • 1972
TAMARIND SEED, THE • 1974
RETURN OF THE PINK PANTHER • 1975
PINK PANTHER STRIKES AGAIN, THE • 1976
REVENGE OF THE THE PINK PANTHER • 1978
10 • 1979
S.O.B. • 1980
TRAIL OF THE PINK PANTHER, THE • 1982
VICTOR VICTORIA • 1982
CURSE OF THE PINK PANTHER • 1983
MAN WHO LOVED WOMEN, THE • 1983
MICKI AND MAUDE • 1983
FINE MESS, A • 1986
THAT'S LIFE! • 1986
BLIND DATE • 1987
SUNSET • 1987
JUSTIN CASE • 1988 • TVM
SKIN DEEP • 1988

EDWARDS CHARLES – USA
CAMPUS CONFIDENTIAL • 1968

EDWARDS GEORGE – USA
ATTIC, THE • 1979

EDWARDS H. P. – USA
WILD, FREE AND HUNGRY • 1970

EDWARDS HARRY see **EDWARDS HARRY J.**

EDWARDS HARRY J. – Producer – CND – 1888–
EDWARDS HARRY
UNIVERSAL IKE GETS A GOAT • 1914
UNIVERSAL IKE'S WOOING • 1914
FATAL NOTE, THE • 1915
FATHER WAS NEUTRAL • 1915
HEARTS AND FLAMES • 1915
POOR POLICY • 1915
HAM AND THE MASKED MARVEL • 1916
HAM'S BUSY DAY • 1916 • SHT
HAM'S WATERLOO • 1916 • SHT
LOVER'S MIGHT, A • FIRE CHIEF, THE • 1916 • SHT
SURF GIRL, THE • 1916 • SHT
TANK TOWN TROUPE, THE • 1916
BATH HOUSE TANGLE, A • 1917 • SHT
BRAINSTORM • 1917 • SHT
FIRE ESCAPE FINISH, THE • 1917 • SHT
BAD NEWS • 1918 • SHT
MANY HAPPY RETURNS • 1918 • SHT
TAKING THINGS EASY • 1919 • SHT
EXCESS BAGGAGE • 1920 • SHT
FIX IT FOR ME • 1920 • SHT
HEARTS AND HAMMERS • 1920 • SHT
HIS PAJAMA GIRL • 1920
HIS WIFE'S HUSBAND • 1920 • SHT
KNOCKING 'EM COLD • 1920 • SHT
ROAD TO RUIN, THE • 1920 • SHT
FEET OF MUD • 1924 • SHT
HANSOM CABMAN, THE • BE CAREFUL • 1924
BOOBS IN THE WOODS • 1925 • SHT
LUCKY STARS • 1925 • SHT
PLAIN CLOTHES • 1925 • SHT
REMEMBER WHEN? • 1925 • SHT
SATURDAY AFTERNOON • 1926 • SHT
TRAMP, TRAMP, TRAMP • 1926
BEST OF FRIENDS, THE • 1927 • SHT
DADDY BOY • 1927 • SHT
FIDDLESTICKS • 1927 • SHT
GOLF NUT, THE • 1927 • SHT
HIS FIRST FLAME • 1927
HOLLYWOOD HERO, A • 1927 • SHT
BEACH CLUB, THE • 1928 • SHT
BEST MAN, THE • 1928 • SHT
CAMPUS VAMP, THE • 1928 • SHT
DUMB WAITER, A • 1928 • SHT
GIRL FROM NOWHERE, THE • 1928 • SHT
CLOSE SHAVE, A • 1929 • SHT
COLLEGIANS, THE • 1929
MATCHMAKING MAMAS • 1929 • SHT
FOLLOW ME • 1930 • SHT
GO TO BLAZES • 1930 • SHT
HELLO RUSSIA • 1930 • SHT
OOH LA-LA! • 1930 • SHT
UP AND DOWN STAIRS • 1930 • SHT

VERNON'S AUNT • 1930 • SHT
APPLE A DAY, AN • 1931 • SHT
BLESS THE LADIES • 1931 • SHT
CAT'S PAW, THE • 1931 • SHT
FIRST TO FIGHT • 1931 • SHT
HELLO NAPOLEON • 1931 • SHT
HOTTER THAN HAITI • 1931 • SHT
HOWDY MATE • 1931 • SHT
NO PRIVACY • 1931 • SHT
PEEKING IN PEKING • 1931 • SHT
SARGIE'S PLAYMATE, THE • 1931 • SHT
SCARED STIFF • 1931 • SHT
SOLD AT AUCTION • 1931 • SHT
BOY, OH, BOY • 1932 • SHT
EYES HAVE IT • 1932 • SHT
FOOL ABOUT WOMEN, A • 1932 • SHT
IN THE BAG • 1932 • SHT
KID GLOVE KISSES • 1932 • SHT
MEET THE PRINCE • 1932 • SHT
ROBINSON CRUSOE AND SON • 1932 • SHT
SEA SOLDIERS' SWEETIES • 1932 • SHT
SUNKISSED SWEETIES • 1932 • SHT
ARTISTS MUDDLES • 1933 • SHT
DORA'S DUNKIN' DONUTS • 1933 • SHT
FEELING ROSY • 1933
FROZEN ASSETS • 1933 • SHT
HIS WEAK MOMENT • 1933 • SHT
LOOSE RELATIONS • 1933 • SHT
MARRIAGE HUMOR • 1933 • SHT
STAGE HAND, THE • 1933 • SHT
OLD GYPSY CUSTOM, AN • 1934 • SHT
SUPER SNOOPER • 1934 • SHT
CARRY HARRY • 1942 • SHT
MATRI-PHONY • 1942 • SHT
PIANO MOONER • 1942 • SHT
SAPPY BIRTHDAY • 1942 • SHT
SAPPY PAPPY • 1942 • SHT
BLONDE AND GROOM • 1943 • SHT
HE WAS ONLY FEUDIN' • 1943 • SHT
THREE LITTLE TWERPS • 1943 • SHT
DEFECTIVE DETECTIVES • 1944 • SHT
HEATHER AND YON • 1944 • SHT
HIS TALE IS TOLD • 1944 • SHT
PISTOL PACKIN' NITWITS • 1945 • SHT
SNOOPER SERVICE • 1945 • SHT
BLONDE STAYED ON, THE • 1946 • SHT
MAID TROUBLE • 1946 • SHT

EDWARDS HENRY – Actor – UKN – 1882–1952

LUNATIC AT LARGE, A • 1912
WELSH SINGER, A • 1915
DOORSTEPS • 1916
EAST IS EAST • 1916
BROKEN THREADS • 1917
FAILURE, THE • DICK CARSON WINS THROUGH • 1917
MERELY MRS. STUBBS • 1917
AGAINST THE GRAIN • 1918
ANNA • 1918
HANGING JUDGE, THE • 1918
HER SAVINGS SAVED • 1918
INEVITABLE, THE • 1918
MESSAGE, THE • 1918
OLD MOTHER HUBBARD • 1918
POET'S WINDFALL, THE • 1918
SECRET, THE • 1918
TOWARDS THE LIGHT • 1918
WHAT'S THE USE OF GRUMBLING • 1918
CITY OF BEAUTIFUL NONSENSE, THE • 1919
HIS DEAREST POSSESSION • 1919
KINSMAN, THE • 1919
POSSESSION • 1919
AMAZING QUEST OF MR. ERNEST BLISS, THE • 1920 • SRL
AYLWIN • 1920
JOHN FORREST FINDS HIMSELF • 1920
TEMPORARY VAGABOND, A • 1920
BARGAIN, THE • 1921
SIMPLE SIMON • 1922
TIT FOR TAT • 1922
BODEN'S BOY • 1923
LILY OF THE ALLEY • 1923
NAKED MAN, THE • 1923
OWD BOB • 1924
WORLD OF WONDERFUL REALITY, THE • 1924
GIRL OF LONDON, A • 1925
KING OF THE CASTLE • 1925
ISLAND OF DESPAIR, THE • 1926
ONE COLOMBO NIGHT • COLOMBO NIGHT, A • 1926
CLUNKED ON THE CORNER • 1929 • SHT
GIRL IN THE NIGHT, THE • 1931
STRANGLEHOLD • 1931
BARTON MYSTERY, THE • 1932
BROTHER ALFRED • 1932
FLAG LIEUTENANT, THE • 1932
ANNE ONE HUNDRED • 1933
DISCORD • 1933
GENERAL JOHN REGAN • 1933
LORD OF THE MANOR • 1933
ONE PRECIOUS YEAR • 1933
PURSE STRINGS • 1933
ARE YOU A MASON? • 1934
LASH, THE • 1934
LORD EDGWARE DIES • 1934
MAN WHO CHANGED HIS NAME, THE • 1934
D'YE KEN JOHN PEEL? • CAPTAIN MOONLIGHT (USA) • 1935
LAD, THE • 1935
PRIVATE SECRETARY, THE • 1935
ROCKS OF VALPRE, THE • HIGH TREASON (USA) • 1935
SCROOGE • 1935
SQUIBS • 1935
VINTAGE WINE • 1935
ELIZA COMES TO STAY • 1936
IN THE SOUP • 1936
JUGGERNAUT • 1936
BEAUTY AND THE BARGE • 1937
SONG OF THE FORGE • VILLAGE BLACKSMITH, THE ○ BLACKSMITH, THE • 1937
VICAR OF BRAY, THE • 1937

EDWARDS HILTON – UKN

RETURN TO GLANNASCAUL • 1951

EDWARDS J. G. see **EDWARDS J. GORDON**

EDWARDS J. GORDON – CND – 1885–1825

EDWARDS J. G.

ANNA KARENINA • 1915
BLINDNESS OF DEVOTION, THE • 1915
CELEBRATED SCANDAL, A • 1915
GALLEY SLAVE, THE • 1915
SHOULD A MOTHER TELL? • 1915
SONG OF HATE, THE • 1915
UNFAITHFUL WIFE, THE • 1915
WOMAN'S RESURRECTION, A • 1915
GREEN-EYED MONSTER, THE • 1916
HER DOUBLE LIFE • IN THE LIGHT • 1916
ROMEO AND JULIET • 1916
SPIDER AND THE FLY, THE • 1916
UNDER TWO FLAGS • 1916
VIXEN, THE • LOVE PIRATE, THE (UKN) • 1916
WIFE'S SACRIFICE, A • 1916
CAMILLE • 1917
CLEOPATRA • 1917
DARLING OF PARIS, THE • 1917
DAUGHTER OF THE GODS, A • 1917
HEART AND SOUL • 1917
HER GREATEST LOVE • 1917
ROSE OF BLOOD, THE • RED ROSE, THE • 1917
TANGLED LIVES • 1917
TIGER WOMAN, THE • 1917
DU BARRY • MADAME DUBARRY • 1918
FORBIDDEN PATH, THE • 1918
MESSAGE OF THE LILIES • 1918
SHE DEVIL, THE • 1918
SOUL OF BUDDHA, THE • 1918
UNDER THE YOKE • 1918
WHEN A WOMAN SINS • 1918
LAST OF THE DUANES, THE • 1919
LIGHT, THE • 1919
LONE STAR RANGER, THE • 1919
SALOME • 1919
SIREN'S SONG, THE • 1919
WHEN MEN DESIRE • 1919
WINGS OF THE MORNING, THE • 1919
WOLVES OF THE NIGHT • 1919
WOMAN THERE WAS, A • 1919
ADVENTURER, THE • 1920
DRAG HARLAN • 1920
HEART STRINGS • 1920
IF I WERE KING • 1920
JOYOUS TROUBLEMAKERS, THE • 1920
ORPHAN, THE • 1920
SCUTTLERS, THE • 1920
HIS GREATEST SACRIFICE • 1921
QUEEN OF SHEBA, THE • 1921
NERO • 1922
NET, THE • 1923
SHEPHERD KING, THE • 1923
SILENT COMMAND, THE • 1923
IT IS THE LAW • 1924

EDWARDS J. HARRISON – USA

FIGHTING KENTUCKIANS, THE • 1920

EDWARDS J. S. see **EDWARDS J. STEVEN**

EDWARDS J. STEVEN – UKN

EDWARDS J. S.

BARCELONA • 1927
BECAUSE I LOVE YOU • 1927
CHINESE MOON • 1927
HI DIDDLE DIDDLE • 1927
MORE WE ARE TOGETHER, THE • 1927
ON WITH THE DANCE • 1927 • SER
SYNCOPATED MELODIES • 1927 • SHS
ABIDE WITH ME • 1928 • SHT
AVE MARIA • 1928
LEAD KINDLY LIGHT • 1928 • SHT
LOST CHORD, THE • 1928 • SHT
ROCK OF AGES • 1928
ROSARY, THE • 1928 • SHT
SACRED DRAMAS • 1928 • SER
BROKEN ROMANCE, A • 1929
HUMAN CARGO • 1929
PRIDE OF DONEGAL, THE • 1929
SECOND MATE, THE • 1929
FEAR SHIP, THE • 1933

EDWARDS JOHN – UKN

WORKING GAME, THE • 1967

EDWARDS ROBERT – USA

THUNDER IN THE PINES • 1948

EDWARDS ROLAND G. – USA

DARING LOVE • 1924

EDWARDS VINCE – Actor – USA – 1928–

MANEATER • EVASION • 1973 • TVM
MISSION GALACTICA; THE CYCLON ATTACK • 1979 • TVM

EDWARDS WALTER – USA

EDWARDS WALTER C.

BLOOD WILL TELL • 1912
ON SECRET SERVICE • 1912
BLACK CONSPIRACY, A • 1913
BROKEN THREAD, THE • 1913
COWARD'S ATONEMENT, THE • 1913
CRIMSON STAIN, THE • 1913
DIXIE MOTHER, A • 1913
HARVEST OF SIN • 1913
LOADED DICE • 1913
SILENT HEROES • 1913
SINS OF THE FATHER, THE • 1913
WAR CORRESPONDENT, THE • 1913
BREED O' THE NORTH • 1914
ELEVENTH HOUR REFORMATION, AN • 1914
FINAL RECKONING, THE • RECKONING, THE • 1914
IN THE COW COUNTRY • 1914
LATENT SPARK, THE • 1914
LOVE VS. DUTY • 1914
MARIO • 1914
NEW ENGLAND IDYL, A • 1914
PANTHER, THE • 1914
REPAID • 1914
RIGHTFUL HEIR, THE • SATAN MCALLISTER'S HEIR • 1914
SILENT WITNESS, THE • 1914
WINNING OF DENISE, THE • 1914
WOLVES OF THE UNDERWORLD • 1914
BRINK, THE • 1915
IN THE SWITCH TOWER • 1915
MAN FROM OREGON, THE • 1915
WINGED IDOL, THE • 1915
$100,000 BILL, THE • 1915
BECKONING FLAME, THE • 1916
CORNER, THE • 1916
DESERTER, THE • 1916
DIVIDEND, THE • 1916
EYE OF THE NIGHT, THE • 1916
GAMBLE IN SOULS, A • 1916
JUNGLE CHILD, THE • 1916
LIEUT. DANNY, U.S.A. • 1916
NO-GOOD GUY, THE • 1916
SIN YE DO, THE • 1916
WOLF WOMAN, THE • 1916
ASHES OF HOPE • 1917
BRIDE OF HATE, THE • 1917
CRAB, THE • 1917
FUEL OF LIFE • 1917
IDOLATORS • 1917
LAST OF THE INGRAHAMS, THE • 1917
LOVE OR JUSTICE • 1917
MASTER OF HIS HOME • 1917
PADDY O'HARA • IRISH EYES • 1917
TIME LOCKS AND DIAMONDS • 1917
EVIDENCE • ARGUMENT, THE • 1918
GOOD NIGHT, PAUL • GOODNIGHT PAUL • 1918
GYPSY TRAIL, THE • 1918
I LOVE YOU • 1918
LADY'S NAME, A • 1918
MAN FROM FUNERAL RANGE, THE • 1918
MARRIAGE BUBBLE, THE • 1918 • SHT
PAIR OF SILK STOCKINGS, A • 1918
REAL FOLKS • 1918
SAUCE FOR THE GOOSE • 1918
VIVIETTE • 1918
FINAL CLOSE-UP, THE • 1919
GIRLS • 1919
HAPPINESS A LA MODE • 1919
LUCK IN PAWN • 1919
MRS. LEFFINGWELL'S BOOTS • MRS. LEFFINGWELL'S BOOT • 1919
RESCUING ANGEL, THE • 1919
ROMANCE AND ARABELLA • 1919
VEILED ADVENTURE, THE • 1919
WHO CARES? • 1919
WIDOW BY PROXY • 1919
ALL OF A SUDDEN PEGGY • 1920
EASY TO GET • 1920
GIRL NAMED MARY, A • 1920
LADY IN LOVE, A • 1920
YOUNG MRS. WINTHROP • 1920

EDWARDS WALTER C. see **EDWARDS WALTER**

EDWARDS WILLIAM – USA

DRACULA (THE DIRTY OLD MAN) • 1969

EDWIN WALTER – USA

ON DONOVAN'S DIVISION • 1912
SALLY ANN'S STRATEGY • 1912
ALMOND-EYED MAID, AN • 1913
ANN • 1913
DEAN'S DAUGHTERS, THE • 1913
DESPERATE CONDITION OF MR. BOGGS, THE • 1913
DOCTOR'S PHOTOGRAPH, THE • 1913
DUKE'S DILEMMA, THE • 1913
FACE FROM THE PAST, A • 1913
GAUNTLETS OF WASHINGTON, THE • 1913
GOVERNESS, THE • 1913
LIGHT ON TROUBLED WATERS, A • 1913
MAN WHO WOULDN'T MARRY, THE • 1913
MERCY MERRICK • 1913
PROPHECY, THE • 1913
RANCH OWNER'S LOVE-MAKING, THE • 1913
ROBBERS, THE • 1913
STORY OF THE BELL, THE • 1913
SUBSTITUTE STENOGRAPHER, THE • 1913
TRANSLATION OF A SAVAGE, THE • 1913
WHAT HAPPENED TO MARY? • 1913 • SRL
WHEN GREEK MEETS GREEK • 1913
WHEN THE RIGHT MAN COMES ALONG • 1913
WHO WILL MARRY MARY? • 1913 • SRL
WITH THE EYES OF THE BLIND • 1913
WOODLAND PARADISE, A • 1913
YOUTHFUL KNIGHT, A • 1913
AFFAIR OF DRESS, AN • 1914
CHINESE FAN, THE • 1914
COMEDY AND TRAGEDY • 1914
DOLLY AT THE HELM • 1914
DOLLY PLAYS DETECTIVE • 1914
END OF THE UMBRELLA, THE • 1914
FREDERICK THE GREAT • 1914
GHOST OF MOTHER EVE, THE • 1914
HEART OF THE HILLS • 1914
HEART OF THE NIGHT WIND, THE • 1914
LAST ASSIGNMENT, THE • 1914
MAN OF DESTINY, THE • 1914
ON THE HEIGHTS • 1914
PERFECT TRUTH, THE • 1914
PRINCESS OF THE DESERT, A • 1914
PUTTING ONE OVER • 1914
SOPHIA'S IMAGINARY VISITORS • 1914
TERROR OF THE NIGHT, A • 1914
TIGHT SQUEEZE, A • 1914
VIKING QUEEN, THE • 1914
WHEN EAST MEETS WEST IN BOSTON • 1914
WITCH GIRL, THE • 1914
MASTER MUMMER, THE • 1915
SPENDTHRIFT, THE • 1915
GLORIA'S ROMANCE • 1916 • SRL
MUTE APPEAL, A • 1917

EDZARD CHRISTINE – UKN

STORIES FROM A FLYING TRUNK • 1980
BIDDY • 1984
LITTLE DORRIT • 1987

EEHART BOBBY – BLG

WILDSCHUT • STRONGHOLD ○ GAMEKEEPER • 1986

EFFENDI BAKHTIAR – INN

NJAI DASIMA • 1931

EFFENDY BASUKI – INN

NAI DASIMA
SI MENJE • 1950
EMBUN • 1954
SI MELATI • 1954

EFROS ANATOLI – USS

LEAP YEAR • 1962
V CHETVERG I BOLSHE NIKOGDA • THURSDAYS NEVER AGAIN • 1977

EFSTRATIADIS OMIRIS – GRC

EFSTRATIADIS OSMIRIS

MATOMENI YI • BLEEDING EARTH • 1967
LADY IS A WHORE, THE • TWO FACES OF LOVE, THE ○ NAUGHTY NIGHTS • 1972
SHE KNEW NO OTHER WAY • 1977
GIRL OF PASSION

EFSTRATIADIS OSMIRIS see **EFSTRATIADIS OMIRIS**

EGE OLE – DNM

PORNOGRAFI • 1971
BORDELLET • BEST BIT OF CRUMPET IN DENMARK, THE ○ BORDELLO ○ BORDELLET: EN GLAEDESPIGES ERINDRINGER • 1972

EGEA JOSE LUIS – SPN – 1940–

DESAFIO, EL • 1970

EGERTON MARK – UKN – 1947–

CROSSTALK • WALL TO WALL • 1982
WINDS OF JARRAH, THE • 1983

EGGELING VIKING – Painter – SWD – 1880–1925
SYMPHONIE DIAGONALE • DIAGONAL SYMPHONY ○ DIAGONAL SINFONIE • 1920 • ANS
HORIZONTAL-VERTIKAL ORCHESTER • HORIZONTAL-VERTICAL ORCHESTRA • 1921
HORIZONTALE • HORIZONTAL • 1924
PARALLELE • PARALLEL • 1924 • ANS
FORTY YEARS OF EXPERIMENT IN FILM • 1961 • CMP

EGGER URS – SWT
MOTTEN IM LICHT
CHAOS AM GOTTHARD • 1988

EGGERS JORG A. – AUS
LETZTE WERKELMANN, DER • LAST OF THE WERKELMANNS, THE • 1972
ICH WILL LEBEN • I WANT TO LIVE • 1976

EGGERT KONSTANTIN V. – USS
LOKIS • MARRIAGE OF THE BEAR, THE (USA) ○ LEGEND OF THE BEAR'S WEDDING ○ BEAR'S WEDDING, THE ○ BEAR, THE ○ MEDVEZHYA SVADBA ○ WEDDING OF THE BEAR • 1926

EGGLESTON COLIN
RAM ERIC
FANTASM COMES AGAIN • 1977
LION'S SHARE, THE • 1978 • MTV
LONG WEEKEND • 1978
AIR HAWK • 1981 • MTV
LITTLE FELLER • 1982 • MTV
VOYEUR • 1983 • MTV
INNOCENT PREY • 1984
OUTBACK VAMPIRES • 1986
SKY PIRATES • 1986
CASSANDRA • 1987
PRINCE AT THE COURT OF YARRALUMLA, THE • 1987
CONSPIRACY • 1989

EGIAZAROV G. – USS
MEETING ON THE FERRY • 1964

EGILMEZ ERTEM – TRK
OLUNCEYE KADAR • UNTIL DEATH US DO PART • 1967
OMRE BEDEL KIZ • GIRL TO LIVE FOR, A • 1967
SURTUGUN KIZI • TROLLOP'S DAUGHTER, THE • 1967
AHMED THE SHEIK • 1968
INGILIZ KEMAL • KEMAL, THE ENGLISHMAN • 1968
NILGUN • 1968
SEVEMEZ KIMSE SENI • NO ONE CAN LOVE YOU • 1968
CANIM KARDESIM • MY BELOVED BROTHER • 1973
OH OLSUN • GOOD FOR YOU! • 1974
SALAK MILYONER • STUPID MILLIONAIRE, THE • 1974
YALANCI YARIM • MY FALSE BELOVED • 1974
KOYDEN INDIM SEHIRE • FROM THE VILLAGE TO THE TOWN • 1975
GULEN GOZLER • SMILING EYES • 1977
HABABAM SINIFI UYANIYOR • DEUCE CLASS AWAKES, THE • 1977
ARABESK • 1988

EGLESON JAN – USA
BILLY IN THE LOWLANDS • 1979
DARK END OF THE STREET, THE • 1981
LITTLE SISTER, THE • TENDER AGE, THE • 1984 • TVM
ROANOAK • 1986 • TVM
LEMON SKY • 1987 • TVM
SHOCK TO THE SYSTEM, A • 1989

EGOROV OLEG – USA
OSA • 1985

EGOYAN ATOM – EGY – 1960–
HOWARD IN PARTICULAR • 1979
AFTER GRAD WITH DAD • 1980
PEEP SHOW • 1981
IN THE CORNER • 1985 • MTV
NEXT OF KIN • 1985
PASSION PLAY GROUND • 1985
FAMILY VIEWING • 1986
FRIDAY'S CURSE: QUILT OF HATHOR/ THE AWAKENING • 1987 • MTV
SPEAKING PARTS • 1988

EGUILUZ ENRIQUE L. – SPN – 1930–
BURGOS • SHT
COVARRUBIAS • SHT
PANDILLA, LA • SHT
PICOS DE EUROPA I Y II • SHT
POEMA DE FERNAN GONZALEZ, EL • SHT
TIRO POR LA CULATA • SHT
PASCUALIN • 1965
CHANTAJE A UN ASESINO • 1966
EN ANDALUCIA NACIO EL AMOR • 1966
AGONIZANDO EN EL CRIMEN • SUFFERING IN CRIME • 1967
MISION SECRETA EN EL CARIBE • SECRET MISSION IN THE CARIBBEAN • 1971

EGUINO ANTONIO – BLV
BASTA • 1970
PUEBLO CHICO • SMALL TOWN • 1974
HISTORIAS DEL CHUQUIAGO • STORIES FROM THE CHUQUIAGO ○ CHUQUIAGO • 1976
OPERACION TURBINA • 1977 • SHT
AMARGO MAR • 1984

de EGUINO DANIELLE CAILLET – BLV
WARMI • 1980

EHLEN PER ARNE see **EHLIN PER-ARNE**

EHLIN PER-ARNE – SWD
EHLEN PER ARNE
HALL ALLA DORRAR OPPNA • THERE'S A KEY TO EVERY DOOR ○ KEEP ALL DOORS OPEN • 1973

EHMANN KARL – GRM
FAUSTRECHT • 1922

EHMCK GUSTAV – GRM
SPUR EINES MADCHENS • TRACE OF A GIRL • 1967
SPIELST DU MIT SCHRAGEN VOGELN • MY SWEDISH MEATBALL (UKN) ○ SCHRAGE VOGEL ○ IF YOU PLAY WITH CRAZY BIRDS • 1968
SCHWEIZER NAMENS NOTZLI, EIN • 1988
SUPER HIGH SCORE • 1990

EHRARDT ALFRED – PRT
FLOR DO MAR • 1956 • SHT

EHRENBORG LENNART – NRW – 1923–
RA-EKSPEDISJONEN • RA EXPEDITIONS, THE ○ RA • 1971 • DOC

EHRHARDT MAX – GRM
DUSTERE SCHATTEN, STRAHLENDES GLUCK • 1924

EHRLICH DAVID – Animator – USA
PRECIOUS METAL VARIATIONS • 1983 • ANS

EICHBERG RICHARD – Actor – GRM – 1882–1952
TODESREIGEN
ROBERT ALS LOHENGRIN • 1915
STROHFEUER • 1915
TAGEBUCH COLLINS, DAS • 1915
VOM SPIELTEUFEL BEFREIT! • 1915
FRAUEN, DIE SICH OPFERN • 1916
LEBEN UM LEBEN • 1916
RING DES SCHICKSALS, DER • 1916
SKELETT, DAS • 1916
BACCHANAL DES TODES ODER DAS OPFER EINER GROSSEN LIEBE • 1917
FLUCHT DES ARNO JESSEN, DIE • 1917
FUR DIE EHRE DES VATERS • 1917
IM SCHATTEN LEBEN, DIE • 1917
KATHARINA KARASCHKIN • 1917
STRANDGUT ODER DIE RACHE DES MEERES • 1917
UND FUHRE UNS NICHT IN VERSUCHUNG • 1917
GOLDENE MUMIE, DIE • 1918
IM ZEICHEN DER SCHULD • 1918
LETZTE LIEBESNACHT DER INGE TOLMEIN, DIE • 1918
JETTATORE • 1919
KINDER DER LANDSTRASSE • 1919
NONNE UND TANZERIN • 1919
SKLAVEN FREMDEN WILLENS • 1919
SUNDEN DER ELTERN • 1919
TRAGODIE DER MANJA ORSAN, DIE • 1919
UNS ABER IST GEGEBEN, AUF KEINER STATTE ZU RUHEN • 1919
WEHLOSE OPFER • 1919
FLUCH DER MENSCHHEIT 1, DER • TOCHTER DER ARBEIT, DIE • 1920
FLUCH DER MENSCHHEIT 2, DER • IM RAUSCHE DER MILLIARDEN • 1920
JUGEND • 1920
STAATSANWALT BRIANDS ABENTEUER 1 • UNGULTIGE EHE, DIE • 1920
STAATSANWALT BRIANDS ABENTEUER 2 • DEM WELKENGRAB ENTRONNEN • 1920
TANZ AUF DEM VULKAN 1, DER • SYBIL JOUNG ○ DANCE ON THE VOLCANO, THE • 1920
TANZ AUF DEM VULKAN 2, DER • TOD DES GROSSFURSTEN, DER • 1920
BETTELGRAFIN VOM KURFURSTENDAMM, DIE • 1921
EHE DER HEDDA OLSEN ODER DIE BRENNENDE AKROBATIN, DIE • BRENNENDE AKROBATIN, DIE • 1921
LEBENDE PROPELLER, DER • 1921
LIEBESABENTEUER DER SCHONEN EVELYNE ODER DIE MORDMUHLE AUF EVANSHILL • 1921
MACHT DES BLUTES 1 • TOD IN VENEDIG, DER • 1921
MACHT DES BLUTES 2 • IN DER SCHLINGE DES INDERS • 1921
IHRE HOHEIT DIE TANZERIN • 1922
LEIDENSWEG DER EVA GRUNWALD, DER • 1922
MONNA VANNA • 1922
ROMAN EINER ARMEN SUNDERIN, DER • 1922
STRASSEMADCHEN VON BERLIN, DAS • 1922
FRAULEIN RAFFKE • 1923
MOTORBRAUT, DIE • LIEBE, LIED UND SPORT • 1924
SCHONSTE FRAU DER WELT, DIE • 1924
KLEINE VOM BUMMEL, DIE • 1925
LEIDENSCHAFT, DIE LIEBSCHAFTEN DER HELLA VON GILSA • 1925
LIEBE UND TROMPETENBLASEN • 1925
KEUSCHE SUSANNE, DIE • CHASTE SUSANNE ○ VIRTUOUS SUSANNAH, THE • 1926
PRINZ UND DIE TANZERIN, DER • PRINZ UND DIE KOKOTTE, DER • 1926
DURCHLAUCHT RADIESCHEN • 1927
FURST VON PAPPENHEIM ,DER • 1927
LEIBEIGENEN, DIE • BONDAGE • 1927
TOLLE LOLA, DIE • 1927
GIRL VON DER REVUE, DAS • GIRL FROM THE REVUE • 1928
RUTSCHBAHN • 1928
SONG • SCHMUTZIGES GELD ○ SHOW LIFE • 1928
GROSSTADTSCHMETTERLING • PAVEMENT BUTTERFLY • 1929
WER WIRD DENN WEINEN, WENN MAN AUSEINANDERGEHT • TOM BOY, THE • 1929
FLAME OF LOVE • 1930
GREIFER, DER • NIGHT BIRDS • 1930
HAI-TANG • 1930
HAI-TANG • WEG ZUR SCHANDE, DER ○ ROAD TO DISHONOUR, THE • 1930
NIGHT BIRDS • 1930
BRAUTIGAMSWITWE • 1931
DRAUFGANGER, DER • 1931
LET'S LOVE AND LAUGH • BRIDEGROOM FOR TWO (USA) ○ BRIDEGROOM'S WIDOW, THE • 1931
TRARA UM LIEBE • 1931
UNSICHTBARE FRONT, DIE • 1932
FRUCHTCHEN • 1934
KATZ' IM SACK, DIE • 1934
QUADRILLE D'AMOUR • 1934
KURIER DES ZAREN, DER • TSAR'S COURIER, THE • 1935
MICHEL STROGOFF • 1935
SCHLAFWAGENKONTROLLEUR, DER • CONTROLEUR DES WAGON-LITS, LE (FRN) • 1935
ES GEHT UM MEIN LEBEN • 1936
TIGER VON ESCHNAPUR, DER • 1937
TIGRE DU BENGALE, LE • 1937
TOMBEAU HINDOU, LE • 1937
INDISCHE GRABMAL, DAS • INDIAN TOMB, THE • 1938
REISE NACH MARRAKESH, DIE • 1949

EICHGRUN BRUNO – GRM
FALSCHE BARONET, DER • 1920
FLAMETTI • 1920
GASTHAUS VON CHICAGO, DAS • 1920
GEHEIMNIS DER GLADIATORENWERKE 1, DAS • IM BANNE DER FRAU • 1920
GEHEIMNIS DER GLADIATORENWERKE 2, DAS • UNTER DER MASKE DES JUWELIERS • 1920
GEISTERTANZ, DER • 1920
HAND DES WURGERS, DIE • 1920
KOMPLIZE VON CINCINNATI, DER • 1920
RACHE DES MESTIZEN, DIE • 1920
TODESBOTE, DER • 1920
APOTHEKE DES TEUFELS, DIE • 1921
DROHENDE FAUST, DIE • 1921
ERZGAUNER • 1921
MADCHEN AUS DEM SUMPF, DAS • 1921
OFFENE GRAB, DAS • 1921
GOLDENE HAAR, DAS • 1922
PASSAGIER IN DER ZWANGSJACKE, DER • 1922

EICHHORN FRANZ – GRM
MUNDO EXTRANO • STRANGE WORLD ○ GOTTIN VOM RIO BENE, DIE • 1952
CONCHITA • 1954
VIOLENT YEARS, THE • 1956
UND DER AMAZONAS SCHWEIGT • RIVER OF EVIL (USA) ○ BLOOD RIVER • 1963

EICHLER FRITZ – GRM
CHRISTINA • 1953

EIDE E. see **EIDE EGIL**

EIDE EGIL – Actor – SWD – 1868–1846
EIDE E.
ENVAR SIN EGEN LYCKAS SMED • ARCHITECT OF ONE'S OWN FUTURE • 1917
FRU BONNETS FELSTEG • MRS. B'S LAPSE • 1917

van EIJK KEES – NTH
DRECHT TUNNEL, THE • 1977 • SHT

EINARSON ELDAR – NRW
FANEFLUCKT • DESERTION • 1974
KOSMETIKKREVOLUSJONEN • COSMETIC REVOLUTION, THE • 1977
PAKKETUR TIL PARADIS • DESTINATION: PARADISE • 1981
FOR DAGENE ER ONDE • BECAUSE THESE ARE EVIL DAYS • 1990

EINARSON ODDVAR – NRW – 1949–
ODYSSEY 68 • 1968 • SHT
KAMPEN OM MARDOLA • MARDOLA CONTEST, THE • 1972 • DOC
KILROY, THE LONELY REVENGER • 1973 • SHT
INNERDALEN 1984 • 1980 • DOC
PROGNOSE INNERDALEN • PROGNOSIS INNERDALEN • 1981 • DOC
X • 1985
KARACHI • 1988
HAVET STIGER • RISING TIDE • 1990

EINFELD RICHARD – USA
GHOST DIVER • 1957

EINHORN LAWRENCE – USA
WARNER BROS MOVIES -A 50-YEAR SALUTE • 1973

EISENSCHITZ BERNARD – FRN
PICK UP • 1968 • SHT

EISENSTEIN SERGEI – USS – 1898–1948
KINODNEVIK GLUMOVA • GLUMOV'S DIARY ○ GLURUMOV'S FILM DIARY • 1923 • SHT
BRONENOSETS POTYOMKIN • POTEMKIN (USA) ○ BATTLESHIP POTEMKIN ○ CRUISER POTEMKIN • 1925
STACHKA • TOWARDS THE DICTATORSHIP OF THE PROLETARIAT ○ STRIKE (UKN) • 1925
OKTYABR' • TEN DAYS THAT SHOOK THE WORLD ○ OCTOBER • 1928
STAROIE I NOVOIE • OLD AND NEW (USA) ○ GENERALNAYA LINIYA ○ GENERAL LINE, THE ○ OLD AND THE NEW, THE ○ STAROYE I NOVOYE • 1929
STURM UBER LA SARRAZ • KAMPF DES UNABHANGIGEN GEGEN DES KOMMERZIELLEN FILM • 1929 • SHT
ROMANCE SENTIMENTALE • 1930 • SHT
QUE VIVA MEXICO! • DEATH DAY ○ EISENSTEIN IN MEXICO ○ TIME IN THE SUN • 1931
BEZHIN LUG • BEZHIN MEADOW ○ TIME IN THE SUN • 1937
ALEXANDER NEVSKY • ALEXANDR NEVSKII • 1938
FERGANA CANAL, THE • 1939 • DCS
MIGHTY STREAM • 1940
IVAN THE TERRIBLE PART 1 • 1945
IVAN GROZNYI • IVAN THE TERRIBLE PARTS 1, 2 & 3 • 1945–47
IVAN THE TERRIBLE PART 2 • BOYARS' PLOT, THE • 1946
IVAN THE TERRIBLE PART 3 • BATTLES OF IVAN, THE • 1947

EISHOLZ LUTZ – GRM
BRUNO DER SCHWARZE, ES BLIES EIN JAGER WOHL IN SEIN HORN • 1972

EISIMONT VIKTOR – USS
EISYMONT V. • *EYSYMONT VIKTOR*
FRONTOVYYE PODRUGI • GIRL FROM LENINGRAD, THE ○ GIRLFRIENDS AT THE FRONT ○ NATASHA • 1942
ALEXANDER POPOV • ALEKSANDR POPOV • 1949
DVA DRUGA • TWO FRIENDS ○ CHUMS • 1955
DRUMMER, THE • 1956
DRUZHOK • LITTLE FRIEND • 1957
KONETS STAROY BERYOZOVSKI • APARTMENT IN MOSCOW (USA) • 1961

EISNER VLADIMIR – USS
ZHILI-BYLI SEM'SIMEONOV • ONCE UPON A TIME THERE LIVED SEVEN SIMEONS • 1989

EISYMONT V. see **EISIMONT VIKTOR**

EIWORTH ROLAND – SWD
HJALPSAMMA HERRN • 1954

EKARD REVILO – USA
RIDE A WILD STUD • RIDE THE WILD STUD • 1969

EKEROT BENGT – Actor – SWD – 1920–
EKEROTH BENGT
BARBACKA • BAREBACK • 1946
GLADA KALASET, DET • GAY PARTY, THE • 1946
SCENINGANG • STAGE ENTRANCE • 1956

EKEROTH BENGT see **EKEROT BENGT**

EKHART ROBERT – IRN
BAZU TALAEI • GOLDEN ARMS • 1967
GHODRATE-ESHGH • POWER OF LOVE, THE • 1968

EKK NIKOLAI – USS – 1898–1976
EKK NIKOLAS
PUTYOVKHA Z ZHIZN • ROAD TO LIFE, THE ○ PASS TO LIFE, A • 1931
GRUNYA KORNAKOVA • NIGHTINGALE, LITTLE NIGHTINGALE ○ NIGHTINGALE • 1936
SOROCHINSKY YARMAROK • SOROCHINSKI FAIR, THE ○ SOROCHINSKAYA YAMARKA • 1939
NIGHT IN MAY, A • 1941

EKK NIKOLAS see **EKK NIKOLAI**

EKLUND ALICE – SWD – 1896–
FLICKORNA PA UPPAKRA • GIRLS OF UPPAKRA, THE • 1936

EKLUND ERNST – SWD – 1882–
FLICKAN AR ETT FYND • THAT GIRL IS A DISCOVERY • 1943

EKMAN GOSTA – Actor – SWD – 1890–1938
PERFEKT GENTLEMAN, EN • PERFECT GENTLEMAN • 1927

EKMAN HASSE – Actor – SWD – 1915–
MED DEJ I MIN ARMAR • WITH YOU IN MY ARMS • 1940
FORSTA DIVISIONEN • FIRST DIVISION • 1941
LAGOR I DUNKLET • FLAMES IN THE DARK • 1942
LYCKAN KOMMER • LUCK ARRIVES • 1942
OMBYTE AV TAG • UNEXPECTED MEETING ○ CHANGING TRAINS • 1943
SJATTE SKOTTET • SIXTH SHOT, THE • 1943
DAG SKALL GRY, EN • DAY SHALL DAWN, A • 1944
EXCELLENSEN • HIS EXCELLENCY • 1944
SOM FOLK AR MEST • LIKE MOST PEOPLE • 1944
FRAM FOR LILLA MARTA • THREE CHEERS FOR LITTLE MARTHA • 1945
KUNGLIGA PATRASKET • ROYAL BABBLE, THE • 1945
VANDRING MED MANEN • WANDERING WITH THE MOON • 1945
I DODENS VANTRUM • IN DEATH'S WAITING ROOM ○ INTERLUDE • 1946
MEDAN PORTEN VAR STANGD • WHEN THE DOOR WAS CLOSED • 1946
MOTE I NATTEN • NIGHTLY ENCOUNTER • 1946
EN FLUGA GOR INGEN SOMMAR • ONE SWALLOW DOESN'T MAKE A SUMMER • 1947
BANKETTEN • BANQUET, THE • 1948
LILLA MARTA KOMMER TILLBAKA • LITTLE MARTA RETURNS • 1948
VAR SIN VAG • EACH GOES HIS OWN WAY • 1948
FLICKAN FRAN TREDJE RADEN • GIRL FROM THE GALLERY, THE • 1949
FLICKA OCH HYACINTER • GIRL WITH HYACINTHS ○ SUICIDE • 1950
HJARTER KNEKT • JACK OF HEARTS • 1950
VITA KATTEN, DEN • WHITE CAT, THE • 1950
DARSKAPENS HUS • HOUSE OF FOLLY • 1951
ELDFAGELN • UCCELLO DI FUOCO, L' (ITL) ○ FIRE BIRD, THE • 1952
VI TRE DEBUTERA • WE THREE ARE MAKING OUR DEBUT ○ WE THREE DEBUTANTES • 1953
GABRIELE • 1954
EGEN INGANG • PRIVATE ENTRANCE • 1956
RATATAA • STAFFEN STOLLE STORY, THE • 1956
SJUNDE HIMLEN • SEVENTH HEAVEN, THE • 1956
MED GLORIAN PA SNED • WITH THE HALO ASKEW • 1957
SOMMARNOJE SOKES • SUMMER PLACE IS WANTED, A • 1957
JAZZGOSSEN • JAZZ BOY, THE • 1958
STORE AMATOREN, DEN • GREAT AMATEUR, THE • 1958
FROKEN CHIC • MISS CHIC • 1959
HIMMEL OCH PANNKAKA • GOOD HEAVENS! • 1959
KARLEKENS DECIMALER • DECIMALS OF LOVE, THE • 1960
PA EN BANK I EN PARK • ON A BENCH IN A PARK • 1960
STOTEN • JOB, THE • 1961
MIN KARA AR EN ROS • MY LOVE IS A ROSE ○ MY LOVE IS LIKE A ROSE • 1963
AKTENSKAPSBROTTAREN • MARRIAGE WRESTLER, THE • 1964

EKMAN MIKAEL – SWD
STRANGHUGG I SOMRAS • 1972
JONSSONLIGAN DYKKER UPP IGEN • JONSSON GANG TURNS UP AGAIN, THE • 1987
JONSSONLIGAN PA MALLORCA • JONSSON GANG ON MAJORCA, THE • 1989

EKONOMIDIS FIVOS – GRC
STRUGGLE • 1975

ELAM JO ANN – USA
RAPE • 1978 • DOC

ELBOGI NALA – UKN – 1938–
HAIR-RAISING TALE, A • 1970 • SHT

ELCI UMIT – TRK
KURSUN ATA ATA BITER • HERO'S WAY • 1985
BIR AVUC GOKYUZU • HANDFUL OF SKY, A • 1987

ELDAD ILAN – ISR
HADYBBUK • DYBBUK, THE ○ BETWEEN TWO WORLDS • 1968

ELDER BRUCE – CND – 1947–
ELDER R. BRUCE
BREATH • LIGHT ○ BIRTH • 1975
SHE IS AWAY • 1975
BARBARA IS A VISION OF LOVELINESS • 1976
PERMUTATIONS AND COMBINATIONS • 1976
UNREMITTING TENDERNESS • 1977
LOOK! WE HAVE COME THROUGH! • 1978
ART OF WORLDLY WISDOM, THE • 1979
SWEET LOVE REMEMBERED • 1980
TRACE • 1980
1857 • FOOL'S GOLD • 1981
ILLUMINATED TEXTS • 1983
LAMENTATIONS: A MONUMENT TO THE DEAD WORLD • 1985
CONSOLATIONS • 1988

ELDER CLARENCE – UKN
SILVER DARLINGS, THE • 1947

ELDER JOHN C. – UKN
HEAVY INDUSTRIES • 1936 • DOC
HIGHLANDS OF SCOTLAND • 1936 • DOC
TEXTILES • 1936
GATEWAY TO THE WEST • 1937

ELDER R. BRUCE see **ELDER BRUCE**

ELDRIDGE E. M. – USA
FORBIDDEN GRASS • 1928

ELDRIDGE JOHN – UKN – 1917–1960
S.O.S. • 1939 • DOC
STORY OF MICHAEL FLAHERTY, THE • 1940 • DOC
VILLAGE SCHOOL • 1940
YOUNG FARMERS • 1942 • DCS
ASHLEY GREEN GOES TO SCHOOL • 1943 • DOC
NEW TOWNS FOR OLD • 1943 • DOC
FUEL FOR BATTLE • 1944 • DOC
OUR COUNTRY • 1944 • DOC
TANK PATROL • 1944 • DOC
CITY REBORN, A • 1945 • DOC
CONQUEST OF A GERM • 1945 • DOC
CIVIL ENGINEERING • 1946 • SHT
NORTH EAST CORNER • 1946 • DOC
THREE DAWNS TO SYDNEY • 1947 • DOC
WAVERLEY STEPS • 1947 • DOC
BRANDY FOR THE PARSON • 1952
LAXDALE HALL • SCOTCH ON THE ROCKS (USA) • 1952
CONFLICT OF WINGS • FUSS OVER FEATHERS (USA) • 1954

ELEASARI JACOB
WALK IN BEAUTY • 1987
OBSESSION • 1988

ELEK JUDIT – HNG – 1937–
TALAKOZAS • ENCOUNTER • SHT
KASTELYOK LAKOI • OCCUPANTS OF MANOR HOUSE ○ TENANTS OF CASTLES • 1966 • SHT
MEDDIG EL AZ EMBER? • HOW LONG DOES MAN MATTER? • 1967 • SHT
SZIGET A SZARAZFOLDON • LADY FROM CONSTANTINOPLE, THE (UKN) ○ ISLAND ON THE CONTINENT • 1968
ISTENMEZEJEN • HUNGARIAN VILLAGE, A • 1974
SZERU TORTENET, EGY • SIMPLE STORY, A • 1975
MAJD HOLNAP • HOLNAP MAJD HOLNAP ○ MAYBE TOMORROW • 1980
MARIA NAP • MARIA'S DAY • 1984
TUTAJOSOK • RAFTSMEN ○ MEMORIES OF A RIVER ○ MEMOIRS OF A RIVER • 1988

ELERS-JARLEMANN AGNETA – SWD
SMARTGRANSEN • BEYOND SORROW, BEYOND PAIN • 1983 • DOC

ELFELT C. S. see **ELFELT CLIFFORD S.**

ELFELT CLIFFORD see **ELFELT CLIFFORD S.**

ELFELT CLIFFORD S. – USA
ELFELT CLIFFORD • ELFELT C. S.
CRY OF CONSCIENCE, THE • 1916 • SHT
ETERNAL WAY, THE • 1916 • SHT
FOR HER MOTHER'S SAKE • 1916 • SHT
GREAT LOVE, A • 1916
LITTLE BROWNIE'S BRAVERY • 1916 • SHT
MUGGINS • 1916 • SHT
SONG OF THE WOODS • 1916 • SHT
WEAPONS OF LOVE • 1916 • SHT
BIG STAKES • 1922
FLAMING HEARTS • 1922
CRIMSON GOLD • 1923
DANGER • 1923
$50,000 REWARD • WINNING A WOMAN • 1924
FIGHTING COURAGE • 1925
UNDER FIRE • 1926

ELFELT PETER – DNM
KORSEL MED GRONLANDSKE HUNDE • 1896
HENRETTELSEN • 1903

ELFFERS JOOST – NTH
SCHOOL • 1972 • SHT

ELFICK DAVID – Producer – ASL – 1944–
MAGNIFICENT MALES • 1969 • SHT
SURFABOUT 75 • 1975 • DOC
LEVI STRAUSS STORY, THE • 1976 • SHT
TO SHOOT A MAD DOG • 1976 • DOC
CAPTAIN GOODVIBES -HOT TO TROT • 1977 • SHT
HARBOUR BEAT • 1989

ELFMAN RICHARD – USA
FORBIDDEN ZONE • 1980

ELFRIDE – ITL
THERMES DIANA
MARIA R. E GLI ANGELI DI TRASTEVERE • 1975

ELFSTROM ROBERT – USA
JOHNNY CASH: THE MAN, HIS WORLD, HIS MUSIC • JOHNNY CASH! • 1970
PETE SEEGER -A SONG AND A STONE • 1972 • DOC
GOSPEL ROAD, THE • 1973
AMERICAN GAME, THE • 1979

ELIAS FRANCIS A. see **ELIAS FRANCISCO**

ELIAS FRANCISCO – SPN – 1890–1977
ELIAS FRANCIS A.
TAURO MAQUIAS O LA VOCACION DE RAFAEL ARCOS • 1914
TERRA BAIXA • 1914 • SHT
CUSTER'S LAST STAND • 1921 • SHT
FESTIVAL EN EL PASO • 1921 • SHT
PERFECT FIT, A • 1921 • SHT
EPOPEYA • 1922 • SHT
FABRICANTE DE SUICIDIOS, EL • 1928
MISTERIO DE LA PUERTA DEL SOL, EL • 1928
CINOPOLIS • 1930
SOUS LES CASQUES DE CUIR • 1930
BLANC COMME NEIGE • SOURIS BLONDE, LA • 1931
PAX • 1932
ULTIMO DIA DE POMPEYO, EL • 1932 • SHT
BOLICHE • 1933
RATAPLAN • 1935
VIUDA QUERIA EMOCIONES, LA • 1935
MARIA DE LA O • 1936
BOHEMIOS • 1937
CALUMNIA • 1938
NO QUIERO, NO QUIERO • 1938
PROMESA HEROICA • 1939
MI MADRECITA • MADRECITA, LA • 1940
MILAGRO DE CRISTO, EL • 1940
CANCION DEL PLATEADO, LA • 1941
EPOPEYA DEL CAMINO, LA • 1941
VIRGEN ROJA, LA • 1942
SIERRA MORENA • 1944
MAGDA • 1946
YO YENGO A MI HIJO • 1946
NO TE DEJARE NUNCA • 1947
MARTA • 1954

ELIAS MORENO JOSE – MXC
MORENO JOSE ELIAS
NOCHE BAJO LA TORMENTA, UNA • 1966

ELIKANN LARRY – USA
GREAT WALLENDAS, THE • 1978 • TVM
CHARLIE AND THE GREAT BALLOON CHASE • CHARLIE'S BALLOON • 1981 • TVM
SPRAGGUE • 1984 • TVM
LETTER TO THREE WIVES, A • 1985 • TVM
PEYTON PLACE: THE NEXT GENERATION • 1985 • TVM
POISON IVY • 1985 • TVM
DALLAS: THE EARLY YEARS • 1986 • TVM
HIGH PRICE OF PASSION, THE • 1986 • TVM
STRANGER IN MY BED • 1986 • TVM
DANGEROUS AFFECTION • 1987 • TVM
HANDS OF A STRANGER • 1987 • TVM
DISASTER AT SILO 7 • 1988 • TVM
GOD BLESS THE CHILD • 1988 • TVM
STONING, A • 1988
STRANGER ON MY LAND • 1988 • TVM
I KNOW MY FIRST NAME IS STEPHEN • 1989

ELIOPOULOU VASILIKI – GRC
GRANDFATHER'S TRAGIC DEATH • 1978

ELIZAROV G. – USS
V KUROLNOI STRANE • IN THE LAND OF TOYS • 1940

ELLERY ARTHUR – USA
CAPTAIN JINKS' EVOLUTION • 1916 • SHT
CAPTAIN JINKS SHOULD WORRY • 1916 • SHT
CAPTAIN JINKS' SPRAINED ANKLE • 1916 • SHT

ELLES FRED – UKN
MRS. PYM OF SCOTLAND YARD • 1939

ELLING ALWIN – GRM
SEEFAHRT, DIE IST LUSTIG, EINE • FAHRT INS BLAUE, DIE • 1935
BEFEHL IST BEFEHL • 1936
KLEINER GOLDENER BERG, EIN • HUMMEL-HUMMEL ○ EHEKRACH • 1936
LUSTIGE WITWENBALL, DER • 1936
KARUSSEL • 1937
MEINE FRAU, DIE PERLE • 1937
KLEINES BEZIRKSGERICHT • 1938
EHE MAN EHEMAN WIRD • 1941
SANATORIUM TOTAL VERRUCKT • 1954

ELLING TOM – DNM
PERFECT WORLD • 1989

ELLIOT GRACE – USA
DEVIL'S MARRIAGE, THE • 1931 • SHT
HIM WHO HAS • 1931
MAN ABOUT TOWN • 1931 • SHT
MARRIAGE A LA CARTE • 1931
SPICE OF LIFE, THE • 1931
SPLURGE • 1931 • SHT
TEN THOUSAND AND BROKE • 1931 • SHT
THREE RACKETEERS, THE • 1931

ELLIOTT B. RON – USA
SMELL OF HONEY, A SWALLOW OF BRINE!, A • TASTE OF HONEY, A SWALLOW OF BRINE, A ○ SMELL OF HONEY!, THE • 1966
ACID EATERS, THE • ACID PEOPLE, THE • 1968

BRAND OF SHAME • BRAND, THE • 1968
BUSHWHACKER, THE • BUSH WHACKER, THE ○ BUSHWACKER, THE ○ BUSHWACKERS • 1968
HEAD LADY • HEAD MISTRESS, THE ○ HEADMISTRESS • 1968
LUSTFUL TURK, THE • 1968
SPACE THING • 1968
LOVE THY NEIGHBOR AND HIS WIFE • 1970
ADULT VERSION OF JEKYLL AND HYDE, THE • 1972
HALF THE ACTION • 1980

ELLIOTT CLYDE see **ELLIOTT CLYDE E.**

ELLIOTT CLYDE E. – USA
ELLIOTT CLYDE
BRING 'EM BACK ALIVE • 1932 • DOC
CHINA ROARS • 1934
DEVIL TIGER, THE • 1934
BOOLOO • 1938

ELLIOTT DAVID – Animator – UKN
STINGRAY: INVADERS FROM THE DEEP • INVADERS FROM THE DEEP • 1964 • ANM
INCREDIBLE VOYAGE OF STINGRAY, THE • 1965 • ANM
THUNDERBIRDS: CITY OF FIRE • 1966 • ANM
THUNDERBIRDS: COUNTDOWN TO DISASTER • 1981 • ANM

ELLIOTT LANG – USA – 1950–
PRIVATE EYES, THE • 1980
DORF AND THE FIRST GAMES OF MOUNT OLYMPUS • 1988 • SHT

ELLIOTT MICHAEL – UKN
KING LEAR • 1983 • MTV
FATAL GAMES • KILLING TOUCH, THE • 1984

ELLIOTT W. F. – UKN
ADVENTURES OF PARKER, THE • 1946

ELLIOTT WILLIAM J. – UKN
GENTLEMAN, THE • 1925
CAB, THE • 1926
CONTRAST, THE • 1926
LITTLE DRAMAS OF EVERYDAY LIFE • 1926 • SER
TEST, THE • 1926

ELLIOTTS PAUL see **BALDANELLO GIANFRANCO**

ELLIS BOB – ASL
UNFINISHED BUSINESS • 1986
WARM NIGHTS ON A SLOW-MOVING TRAIN • 1987

ELLIS CARLYLE – USA
HOME-KEEPING HEARTS • 1921

ELLIS ELIS – SWD – 1879–1956
STEN STENSSON STEEN FRAN ESLOV • STEN STENSSON STEEN FROM ESLOV • 1924
TVA KONUNGAR • TWO KINGS • 1925
CHARLEYS TANT • CHARLEY'S AUNT • 1926
STEN STENSSON STEEN FRAN ESLOV PA NYA AVENTYR • STEN STENSSON STEEN FROM ELSOV ON NEW ADVENTURES • 1932

ELLIS FRED – FRN
JEUNE FILLE ET UN MILLION,UNE • DESIR 22 • 1932
CHAMPIGNOL MAIGRE LUI • 1933

ELLIS ROBERT – Actor – USA – 1892–1935
APACHES OF PARIS, THE • 1915
VENTURES OF MARGUERITE, THE • 1915 • SRL
ALMOST A HEROINE • 1916 • SHT
BABY GRAND, A • 1916
BATTERED BRIDEGROOM, THE • 1916 • SHT
CODE LETTER, THE • 1916 • SHT
DOUBLE ELOPEMENT, A • 1916 • SHT
DOUBLE-BARRELED COURTSHIP, A • 1916
DUMB HEIRESS, THE • 1916
FATE OF AMERICA, THE • 1916
FICKLE FIDDLER'S FINISH, THE • 1916 • SHT
FLOCK OF SKELETONS, A • 1916
GIRL AND THE TENOR, THE • 1916 • SHT
GUIDING HAND, THE • 1916 • SHT
HE WROTE POETRY? • 1916 • SHT
HER GREAT INVENTION • 1916
HOUSE OF THREE DEUCES, THE • 1916
INNOCENT VAMPIRE, AN • 1916
JUGGLING JUSTICE • 1916
LEAP YEAR WOOING, A • 1916 • SHT
LUCKY MISTAKE, A • 1916 • SHT
LUNCH ROOM LEGACY, A • 1916
LURKING PERIL, THE • 1916
MAN FROM YUKON, THE • 1916 • SHT
MENACE, THE • 1916 • SHT
METER IN THE KITCHEN • 1916 • SHT
MISSING HEIRESS, THE • 1916 • SHT
MISSION OF STATE, A • 1916
MYSTERIOUS DOUBLE, THE • 1916
NIGHT WATCH, THE • 1916
PEACHES AND PONIES • 1916 • SHT
PENCIL CLUE, THE • 1916 • SHT
PSYCHIC PHENOMENON, THE • 1916 • SHT
RIVAL ARTISTS • 1916 • SHT
ROGUE'S PAWN, THE • 1916 • SHT
ROMANCE AND RIOT • 1916
SEALSKIN COAT, THE • 1916
SETTING THE FASHION • 1916 • SHT
SHE CAME, SHE SAW, SHE CONQUERED • 1916 • SHT
SIS THE DETECTIVE • 1916
STOLEN JAIL, THE • 1916 • SHT
STOLEN PLUMAGE • 1916 • SHT
TANGLED BY TELEPHONE • 1916
THAT PESKY PARROT • 1916 • SHT
TIGER'S CLAW, THE • 1916 • SHT
TRAIL OF GRAFT, THE • 1916
TRAIL'S END, THE • 1916 • SHT
TRUNK MYSTERY, THE • 1916 • SHT
WHEN THINGS GO WRONG • 1916
WISHING RING, THE • 1916
WIZARD'S PLOT, THE • 1916 • SHT
BLACK CIRCLE, THE • 1917 • SHT
DEAL IN BONDS, A • 1917
HOUSE OF SECRETS, THE • 1917 • SHT
IN THE WEB OF THE SPIDER • 1917 • SHT
MIRROR OF FEAR, THE • 1917 • SHT
MISSING FINANCIER, THE • 1917 • SHT
MYSTERY OF ROOM 422 • 1917 • SHT
NET OF INTRIGUE, THE • 1917 • SHT
SCREENED VAULT, THE • 1917 • SHT
SECRET OF THE BORGIAS, THE • 1917 • SHT
SIGN OF THE SCARF • 1917
TRAP, THE • 1917 • SHT
VEILED THUNDERBOLT, THE • 1917 • SHT
VIOLET RAY, THE • 1917 • SHT
WINGED DIAMONDS • 1917 • SHT
FRINGE OF SOCIETY, THE • 1918
TIGER'S TRAIL, THE • 1919 • SRL
DAUGHTER PAYS, THE • 1920
FIGUREHEAD, THE • 1920
FOOL AND HIS MONEY, A • 1920
IMP, THE • 1920
CHIVALROUS CHARLEY • 1921
DIVORCE OF CONVENIENCE, A • 1921
WOMAN WHO FOOLED HERSELF, THE • 1922

ELLISON JOSEPH – USA
DON'T GO IN THE HOUSE • BURNING, THE • 1980
JOEY • 1986

ELLITT JACK – UKN
THIS IS COLOUR • 1942 • DCS
EDUCATION OF THE DEAF • 1946 • DOC
CHASING THE BLUES • 1947 • SHT
MECHANICAL FIRING OF COAL • 1961 • DOC

ELLSWORTH J. – USA
BODY OF A FEMALE • 1965

ELLSWORTH WARREN – USA
SHERIFF OF PLUMAS, THE • 1916 • SHT

ELMAN LOUIS – USA
LITTLE NEZHA FIGHTS GREAT DRAGON KINGS • ANM

ELMAS ORHAN – TRK
EZO GELIN • EZO THE BRIDE • 1968
ONU ALLAH AFFETSIN • 1970

el ELMI YEHIA – EGY
HOW NICE, THE WORLD OF LOVE • 1977
NIGHT AND DESIRE • 1977
SAD NIGHT BIRD • 1977

ELMORE MILTON – UKN
TEDDY LAUGHS LAST • 1921

ELNECAVE VIVIANNE – CND
NOTRE JEUNESSE EN AUTO SPORT • OUR SPORTS CAR DAYS • 1969

ELORRIETA JAVIER – SPN
SANGRE Y ARENA • BLOOD AND SAND • 1988

ELORRIETA JOSE MARIA – SPN – 1921–
DOUGLAS J. • LACY J. • LACY JOE • de LACEY JOSEPH • RIETT ELIO
CIUDAD DE LOS MUNECOS, LA • 1946
TIENDA DE ANTIGUEDADES, LA • 1949
CERCO DEL DIABLO, EL • 1950
BARCO SIN RUMBO • 1951
HORAS INCIERTAS • 1951
ENCUENTRO EN LA CIUDAD • 1952
MARIA DOLORES • 1952
MILAGRO DEL SACRISTAN, EL • 1953
BANDIDO GENEROSO, EL • 1954
CRUZ EN EL INFIERNO, UNA • 1954
TRES HUCHAS PARA ORIENTE • 1954
MONTANA DE ARENA, LA • 1955
TORERO POR ALEGRIAS • 1955
CARRETERA GENERAL • 1956
FENOMENO, EL • 1956
HINCHA, EL • 1957
MENSAJEROS DE PAZ • 1957
MUCHACHAS EN VACACIONES • 1957
HABANERA • 1958
PASA LA TUNA • 1959
BELLA MIMI, LA • 1960
CORISTA, LA • 1960
MELODIAS DE HOY • 1960
CANCION DE CUNA • 1961
ESA PICARA PELIRROJA • 1961
MI ADORABLE ESCLAVA • MY ADORABLE SLAVE • 1961
ROSA DE LIMA • ROSA OF LIMA • 1962
USTED TIENE OJOS DE MUJER FATAL • 1962
CONQUISTADORES DEL PACIFICO, LOS • LEGGENDARIO CONQUISTATORE, IL (ITL) ○ CONQUERORS OF THE PACIFIC, THE ○ CONQUISTA DEL PACIFICO, LA • 1963
DIABLO EN VACACIONES, EL • DEVIL ON VACATION, THE • 1963
HOMBRE DE LA DILIGENCIA ,EL • FURIA DEGLI APACHE, LA ○ FURY OF THE APACHES ○ APACHE FURY • 1963
FUERTE PERDIDO • MASSACRE AT FORT PERDITION (USA) • 1965
HALCON DE CASTILLA, EL • 1965
BRUJA SIN ESCOBA, UNA • WITCH WITHOUT A BROOM, A (USA) • 1966
SIETE DE PANCHO VILLA, LOS • 1966
TESORO DE MAKUBA, EL • TREASURE OF MAKUBA, THE (USA) • 1966
FLAME OVER VIETNAM • 1967
MUCHACHA DEL NILO, LA • EMERALD OF ARTATAMA, THE (UKN) ○ GIRL OF THE NILE, THE (USA) • 1967
ESCLAVA DEL PARAISO, LA • SLAVE OF PARADISE, THE • 1968
JOYAS DEL DIABLO, LA • 1968
OPERACION TOISON DE ORO • 1968
SHARAZ • 1968
THOUSAND AND ONE NIGHTS, A • 1968
CANDIDATO PER UN ASSASSINO • CANDIDATE FOR A KILLING (USA) ○ SUDARIO A LA MEDIA, UN • 1969
SHEBA Y EL DIABLO • 1970
AMANTES DEL DIABLO, LES • DEVIL'S LOVERS, THE (USA) ○ DIABOLICAL MEETINGS ○ LOVERS OF THE DEVIL, THE ○ SATAN'S LOVERS ○ DIABOLICI CONVEGNI • 1971
ESPECTRO DEL TERROR ,EL • 1972
LLAMADA DEL VAMPIRO, LA • 1973
SIETE DISPAROS AL AMANECER • 1974
SI QUIERES VIVIR.. DISPARA • 1975

ELSASS PETER – DNM
JORDEN ER VORES MOR • EARTH IS OUR MOTHER, THE • 1987 • DOC

ELSE JOHN – USA
DAY AFTER TRINITY: J. ROBERT OPPENHEIMER AND THE ATOMIC BOMB • 1981 • DOC

ELSESSER CHARLES – CHL
TRESTIGOS, LOS • WITNESSES, THE

ELSNER RICHARD – GRM
UNSER WUNDERLAND BEI NACHT • MAINLY FOR MEN • 1959

ELSOM BRYAN – USA
NIGHT IN TUNISIA, A • 1980 • SHT

van ELST GERRIT – NTH
ISOLATION • 1982
KICK, THE • 1983 • DOC

ELSTELA ESKO – FNL
JUULIA • ONNELLISET LEIKIT • 1964

ELSTER MICHAEL – UKN
ROPE • 1960

ELTER MARCO – ITL
SCARPE AL SOLE, LE • 1935
ALLEGRI MASNADIERI • 1937
ORGOGLIO • ALBA DI DOMANI • 1938
TORRENTE, IL • 1938
FIGLIO DEL CORSARO ROSSO, IL • 1942
DENTE PER DENTE • 1943
ULTIMI FILIBUSTIERI, GLI • 1943

ELTON ARTHUR – Producer – UKN – 1906–1973
SHADOW ON THE MOUNTAIN AN EXPERIMENT ON THE WELSH HILLS • SHADOW ON THE MOUNTAIN • 1931 • DOC
UPSTREAM • 1931 • DOC
VOICE OF THE WORLD • 1932 • DOC
INDUSTRIAL BRITAIN • 1933 • DCS
AERO-ENGINE • 1934 • DOC
HOUSING PROBLEMS • 1935 • DOC
WORKERS AND JOBS • 1935 • DOC
SCRATCH MEAL • 1936
CITY, THE • 1939 • DOC
MEN BEHIND THE METERS • 1940

ELTON RALPH – UKN
HYDRAULICS • 1940
VOICES OF MALAYA • 1948

ELVEY MAURICE – UKN – 1887–1967
BRIDEGROOMS BEWARE • 1913
FALLEN IDOL, THE • 1913
GREAT GOLD ROBBERY, THE • 1913
MARIA MARTEN: OR, THE MURDER AT THE RED BARN • 1913
POPSY WOPSY • 1913
BEAUTIFUL JIM • PRICE OF JUSTICE, THE (USA) • 1914
BELLS OF RHEIMS, THE • 1914
BLACK-EYED SUSAN • BATTLING BRITISH, THE (USA) ○ IN THE DAYS OF TRAFALGAR • 1914
CUP FINAL MYSTERY, THE • 1914
HER LUCK IN LONDON • 1914
IDOL OF PARIS, THE • 1914
INQUISITIVE IKE • 1914
IT'S A LONG, LONG WAY TO TIPPERARY • 1914
LEST WE FORGET • 1914
LOSS OF THE BIRKENHEAD, THE • 1914
SOUND OF HER VOICE, THE • 1914
SUICIDE CLUB, THE • 1914
WHITE FEATHER, THE • 1914
CHARITY ANN • 1915
FINE FEATHERS • 1915
FLORENCE NIGHTINGALE • 1915
FROM SHOPGIRL TO DUCHESS • 1915
GILBERT DYING TO DIE • 1915
GILBERT GETS TIGER-ITIS • 1915
GRIP • 1915
HER NAMELESS(?) CHILD • 1915
HOME • 1915
HONEYMOON FOR THREE, A • 1915
LONDON'S YELLOW PERIL • 1915
LOVE IN A WOOD • 1915
MIDSHIPMAN EASY • 1915
THERE'S GOOD IN EVERYONE • 1915
WILL OF HER OWN, A • 1915
DRIVEN • DESPERATION (USA) • 1916
ESTHER • 1916
KING'S DAUGHTER, THE • 1916
MEG THE LADY • 1916
MONEY FOR NOTHING • 1916
MOTHERLOVE • 1916
PRINCESS OF HAPPY CHANCE, THE • 1916
TROUBLES FOR NOTHING • 1916
VICE VERSA • 1916
WHEN KNIGHTS WERE BOLD • 1916
DOMBEY AND SON • 1917
FLAMES • 1917
GAY LORD QUEX, THE • 1917
GRIT OF A JEW, THE • 1917
JUSTICE • 1917
MARY GIRL • 1917
SMITH • 1917
WOMAN WHO WAS NOTHING, THE • 1917
ADAM BEDE • 1918
GOODBYE • 1918
GREATEST WISH IN THE WORLD, THE • 1918
HINDLE WAKES • 1918
LIFE STORY OF DAVID LLOYD GEORGE, THE • 1918
NELSON • 1918
COMRADESHIP • COMRADES IN ARMS • 1919
ELUSIVE PIMPERNEL, THE • 1919
GOD'S GOOD MAN • 1919
KEEPER OF THE DOOR • 1919
MR. WU • 1919
ROCKS OF VALPRE, THE • 1919
SWINDLER, THE • 1919
VICTORY LEADERS, THE • 1919
AMATEUR GENTLEMAN, THE • 1920
AT THE VILLA ROSE • 1920
BLEAK HOUSE • 1920
HUNDREDTH CHANCE, THE • 1920
QUESTION OF TRUST, A • 1920
TAVERN KNIGHT, THE • 1920
ADVENTURES OF SHERLOCK HOLMES, THE • 1921 • SER
BERYL CORONET, THE • 1921
CASE OF IDENTITY, A • 1921
COPPER BEECHES, THE • 1921
DEVIL'S FOOT, THE • 1921
DYING DETECTIVE, THE • 1921
EMPTY HOUSE, THE • 1921
FRUITFUL VINE, THE • 1921
GENTLEMAN OF FRANCE, A • 1921
HOUND OF THE BASKERVILLES, THE • 1921
INNOCENT • 1921

MAN WITH THE TWISTED LIP, THE • 1921
NOBLE BACHELOR, THE • LONELY BACHELOR, THE • 1921
PRIORY SCHOOL, THE • 1921
RED-HEADED LEAGUE, THE • 1921
RESIDENT PATIENT, THE • 1921
ROMANCE OF WASTDALE, A • 1921
SCANDAL IN BOHEMIA, A • 1921
SOLITARY CYCLIST, THE • 1921
TIGER OF SAN PEDRO, THE • 1921
TRAGEDY OF A COMIC SONG, THE • 1921
YELLOW FACE • 1921
DEBT OF HONOUR, A • 1922
DICK TURPIN'S RIDE TO YORK • 1922
PASSIONATE FRIENDS, THE • 1922
RUNNING WATER • 1922
DON QUIXOTE • 1923
GUY FAWKES • 1923
ROYAL OAK, THE • 1923
SALLY BISHOP • 1923
SIGN OF FOUR, THE • 1923
WANDERING JEW, THE • 1923
CURLYTOP • 1924
FOLLY OF VANITY, THE • 1924
HENRY, KING OF NAVARRE • 1924
LOVE STORY OF ALIETTE BRUNTON, THE • 1924
MY HUSBAND'S WIVES • 1924
SLAVES OF DESTINY • MIRANDA OF THE BALCONY • 1924
EVERY MAN'S WIFE • 1925
SHE WOLVES • 1925
BADDESLEY MANOR -THE PHANTOM GAMBLER • 1926
FLAG LIEUTENANT, THE • 1926
GLAMIS CASTLE • 1926
HUMAN LAW • 1926
KENILWORTH CASTLE AND AMY ROBSART • 1926
MADEMOISELLE FROM ARMENTIERES • 1926
TOWER OF LONDON, THE • 1926
TRAGODIE EINER EHE • 1926
WINDSOR CASTLE • 1926
WOMAN TEMPTED, A • 1926
FLIGHT COMMANDER, THE • 1927
GLAD EYE, THE • 1927
HINDLE WAKES • FANNY HAWTHORNE (USA) • 1927
QUINNEYS • 1927
ROSES OF PICARDY • 1927
BALACLAVA • JAWS OF HELL (USA) • 1928 • SIL
MADEMOISELLE PARLEY VOO • 1928
MAN AND HIS KINGDOM • 1928
PALAIS DE DANSE • 1928
YOU KNOW WHAT SAILORS ARE • 1928
HIGH TREASON • 1929
BALACLAVA • JAWS OF HELL (USA) • 1930 • SND
SCHOOL FOR SCANDAL, THE • 1930
HONEYMOON ADVENTURE, A • FOOTSTEPS IN THE NIGHT (USA) • 1931
POTIPHAR'S WIFE • HER STRANGE DESIRE (USA) • 1931
SALLY IN OUR ALLEY • 1931
DIAMOND CUT DIAMOND • BLAME THE WOMAN (USA) • 1932
FRAIL WOMEN • 1932
IN A MONASTERY GARDEN • 1932
LODGER, THE • PHANTOM FIEND, THE (USA) • 1932
MARRIAGE BOND, THE • 1932
WATER GIPSIES, THE • 1932
I LIVED WITH YOU • 1933
LOST CHORD, THE • 1933
SOLDIERS OF THE KING • WOMAN IN COMMAND, THE (USA) • 1933
THIS WEEK OF GRACE • 1933
WANDERING JEW, THE • 1933
LILY OF KILLARNEY • BRIDE OF THE LAKE, THE (USA) • 1934
LOVE, LIFE AND LAUGHTER • 1934
MY SONG FOR YOU • SONG FOR YOU, A • 1934
PRINCESS CHARMING • 1934
ROAD HOUSE • 1934
CLAIRVOYANT, THE • EVIL MIND, THE • 1935
HEAT WAVE • CODE, THE • 1935
TUNNEL, THE • TRANSATLANTIC TUNNEL (USA) • 1935
MAN IN THE MIRROR, THE • 1936
SPY OF NAPOLEON • 1936
CHANGE FOR A SOVEREIGN • 1937
MELODY AND ROMANCE • 1937
ROMANCE IN FLANDERS, A • LOST ON THE WESTERN FRONT (USA) ◦ WIDOW'S ISLAND • 1937
WHO KILLED JOHN SAVAGE? • 1937
LIGHTNING CONDUCTOR • 1938
RETURN OF THE FROG, THE • 1938
WHO GOES NEXT? • 1938
SONS OF THE SEA • 1939
SPIDER, THE • 1939
SWORD OF HONOUR • 1939
FOR FREEDOM • 1940
GOOFER TROUBLE • 1940
ROOM FOR TWO • 1940
UNDER YOUR HAT • 1940
SALUTE JOHN CITIZEN • 1942
GENTLE SEX, THE • 1943
LAMP STILL BURNS, THE • 1943
MEDAL FOR THE GENERAL • GAY INTRUDERS, THE (USA) • 1944
STRAWBERRY ROAN • 1945
BEWARE OF PITY • 1946
LATE EDWINA BLACK, THE • OBSESSED (USA) • 1951
THIRD VISITOR, THE • 1951
MY WIFE'S LODGER • 1952
GREAT GAME, THE • 1953
HOUSE OF BLACKMAIL • 1953
IS YOUR HONEYMOON REALLY NECESSARY? • 1953
GAY DOG, THE • 1954
HAPPINESS OF THREE WOMEN, THE • WISHING WELL (USA) • 1954
HARRASSED HERO, THE • 1954
WHAT EVERY WOMAN WANTS • 1954
ROOM IN THE HOUSE • 1955
YOU LUCKY PEOPLE • 1955
DRY ROT • 1956
FUN AT ST. FANNY'S • 1956
STARS IN YOUR EYES • 1956
SECOND FIDDLE • 1957

ELWYN ROBERT – USA

THAT MAN FROM TANGIER • 1953

el EMAM HASSAN see **el IMAM HASSAN**

EMANUEL ARAM see **GOLDMAN PETER EMANUEL**

EMARA HUSSEIN – EGY

FATINA WAL SOOLUK, AL • WOMAN AND PUPPET • 1976
WHERE TO ESCAPE TO? • 1977

EMBER JUDIT – HNG

FAGYONGYOK • MISTLETOES • 1979

EMENEGGER ROBERT – USA

DEATH: THE ULTIMATE MYSTERY • 1975
CAPTIVE • 1980
KILLINGS AT OUTPOST ZETA • 1980
LABORATORY • 1980
BEYOND THE UNIVERSE • 1981
ESCAPE FROM DS-3 • 1981
TIME WARP • 1981

EMERSON JOHN – Producer/writer – USA – 1874–1956

OLD HEIDELBERG • IN OLD HEIDELBERG • 1915
HIS PICTURE IN THE PAPERS • 1916
LESS THAN THE DUST • LESS THAN DUST • 1916
MACBETH • 1916
MYSTERY OF THE LEAPING FISH, THE • 1916 • SHT
SOCIAL SECRETARY, THE • 1916
AMERICANO, THE • 1917
DOWN TO EARTH • 1917
IN AGAIN -OUT AGAIN • 1917
REACHING FOR THE MOON • 1917
WILD AND WOOLLY • 1917
COME ON IN • 1918
GOODBYE BILL • 1918
OH, YOU WOMEN! • 1919
LOVE EXPERT, THE • 1920
POLLY OF THE FOLLIES • GOOD FOR NOTHING • 1922

EMERSON LES – FRN

EXCITATION • 1975

EMERSON W. D. – USA

IN THE NICK OF TIME • 1912

EMERSON WESLEY – USA

BAD COMPANY • 1972

EMERY ROBERT J. – USA

DARE THE DEVIL • 1969
RETURN OF KID BARKER, THE
SIGN OF AQUARIUS • GHETTO FREAKS • 1970
SCREAM BLOODY MURDER • 1972
WILLY & SCRATCH • 1972
RIDE IN A PINK CAR • 1978

EMES IAN – UKN – 1949–

HEART'S RIGHT • 1977
I TOLD YOU SO • 1977
WITCH FLIGHT • 1977
KNIGHTS AND EMERALDS • 1986
COMIC STRIP PRESENTS: THE YOB • YOB, THE • 1987 • MTV

EMIGHOLZ HEINZ – GRM

PROGRAMM • 1976
DEMON • 1977

EMILIANI MANUEL BOUSQUETS – CLM

MADE IN COLOMBIA • 1974 • SHT

EMIRZAS GEORGE – GRC

VLEPE LOUKIANOS • SEE LUCIAN • 1969

EMMER LUCIANO – ITL – 1918–

PARADISO TERRESTRE, IL • EARTHLY PARADISE (USA) • 1940 • SHT
RACCONTO DA UN AFFRESCO • GIOTTO • 1940
COVO, IL • 1941
ROMANZO DI UN'EPOCA • 1941
GUERRIERI • 1942
CANTICO DELLE CREATURE • 1943
CONTE DI LUNA, IL • 1943
DESTINO D'AMORE • 1943
PAESE DEL NASCITA MUSSOLINI, IL • 1943
BIANCHI PASCOLI • 1947
ISOLE DELLA LAGUNA • ISLANDS ON THE LAGOON • 1947
ROMANTICI A VENEZIA • ROMANTICS IN VENICE ◦ VENISE ET SES AMANTS • 1947
SAN GENNARO • 1947
SULLA VIA SI DAMASCO • 1947
TERRA DEL MELOFRAMMA • 1947
DRAMMA DI CRISTO, IL • 1948
LEGGENDA DI SANT'ORSA, LA • LEGEND OF SAINT URSULA, THE ◦ LEGENDE DE SAINTE URSULE, LA • 1948
LUOGHI VERDIANI • SULLE ROME DI VERDI • 1948
PARADISO PERDUTO, IL • BOSCH • 1948
ALLEGORIA DI PRIMAVERA • STORY OF SPRING, THE ◦ BOTTICELLI • 1949
COLONNA TRAIANA, LA • 1949
FRATELLI MIRACOLOSI, I • MIRACULOUS BROTHERS, THE • 1949
INVENZIONE DELLA CROCE, L' • LEGEND OF THE TRUE CROSS ◦ PIERO DELLA FRANCESCA • 1949
DOMENICA D'AGOSTO • SUNDAY IN AUGUST • 1950
GOYA • FESTA DI ISIDORA • 1950
A CHACUN SON PARADIS • IL PARADISO TERRESTRE ◦ RITUAL OF LOVE • 1951
CAVALCATA DI MEZZO SECOLO • 1951
MATRIMONIO ALLA MODO • 1951
PARIGI E SEMPRE PARIGI • PARIS IS ALWAYS PARIS ◦ PARIS EST TOUJOURS PARIS • 1951
PICTURA -ADVENTURE IN ART • 1951 • DOC
LEONARDO DA VINCI • 1952
RAGAZZE DI PIAZZA DI SPAGNA, LE • GIRLS OF THE SPANISH STEPS, THE ◦ GIRLS OF THE PIAZZA DI SPAGNA ◦ THREE GIRLS FROM ROME • 1952
CAMILLA • 1954
EROI DELL'ARTIDE, GLI • 1954 • DOC
PICASSO • 1954
TERZA LICEO • HIGH SCHOOL (USA) ◦ JUNIOR YEAR HIGH SCHOOL ◦ THIRD LYCEUM • 1954
BIGAMO, IL • BIGAME, LE (FRN) ◦ PLEA FOR PASSION, A ◦ BIGAMIST, THE • 1956
MOMENTO PIU BELLO, IL • MOST WONDERFUL MOMENT, THE • 1957
RAGAZZA IN VETRINA, LA • FILLE DANS LA VITRINE, LA (FRN) ◦ GIRL IN THE SHOP WINDOW, THE ◦ WOMAN IN THE WINDOW • 1960

EMMERICH KLAUS – GRM

ROSA UND LIN • ROSA AND LIN • 1971
FLORIAN • 1973
ERSTE POLKA • FIRST POLKA, THE • 1978
TROKADERO • TROCADERO • 1981

EMMERICH ROLAND – USA

NOAH'S ARK PRINCIPLE, THE • 1984
MAKING CONTACT • JOEY • 1986
GHOST CHASE • 1988
MOON 44 • 1989

EMMETT E. V. H. – UKN

BOTHERED BY A BEARD • 1946

EMMETT ROBERT see **TANSEY ROBERT**

EMO E. W. – GRM – 1898–

EMO EMERICH W.

FLITTERWOCHEN • 1928
POLNISCHE WIRTSCHAFT • 1928
SPELUNKE • 1928
WAS KOSTET LIEBE? • 1928
IM PRATER BLUHN WIEDER DIE BAUME • 1929
ZWISCHEN VIERZEHN UND SIEBZEHN • 1929
HAMPELMANN, DER • PUPPET, THE • 1930
HEUTE NACHT -EVENTUELL • 1930
ZWEIMAL HOCHZEIT • 1930
ICH HEIRATE MEINEN MANN • 1931
MEJOR ES REIR, LO • 1931
MINHA NOITE DE NUPCIAS, A • 1931
STORCHS TREIKT, DER • SIEGFRIED DER MATROSE • 1931
UNBEKANNTE GAST, DER • 1931
CERCASI MODELLA • 1932
FRAUENDIPLOMAT, DER • 1932
FRAULEIN -FALSCH VERBUNDEN • 1932
MARION, DAS GEHORT SICH NICHT • 1932
MODERNE MITGIFT • 1932
NOTTE CON TE, UNA • 1932
TESTAMENT DES CORNELIUS GULDEN, DAS • ERBSCHAFT MIT HINDERNISSEN, EINE • 1932
RAGAZZA DAL LIVIDO AZZURRO, LA • SIGNORINA DAL LIVIDO AZZURRO, LA • 1933
UND WER KUSST MICH? • 1933
DOPPELGANGER, DER • 1934
GERN HAB' ICH DIE FRAU'N GEKUSST • PAGANINI • 1934
HERR OHNE WOHNUNG, DER • 1934
JUNGFRAU GEGEN MONCH • 1934
PAPRIKA • 1934
PETERSBURGER NACHTE • WALZER AN DER NEWA • 1934
ENDSTATION • 1935
FAMILIE SCHIMEK • 1935
HIMMEL AUF ERDEN • 1935
KNOX UND DIE LUSTIGEN VAGABUNDEN • ZIRKUS SARAN • 1935
VOGELHANDLER, DER • 1935
DREI MADERL UM SCHUBERT • DREIMADERLHAUS • 1936
FIAKERLIED • 1936
PUPPENFEE, DIE • 1936
SCHABERNACK • 1936
UNGEKUSST SOLL MAN NICHT SCHLAFEN GEH'N • 1936
AUSTERNLILLI, DIE • 1937
MANN, VON DEM MAN SPRICHT, DER • 1937
MUSIK FUR DICH • 1937
UNENTSCHULDIGTE STUNDE, DIE • 1937
VERSCHWUNDENE FRAU, DIE • 1937
OPTIMIST, DER • 1938
13 STUHLE • 1938
ANTON DER LETZTE • 1939
UNSTERBLICHER WALZER • 1939
LIEBE AUGUSTIN, DER • 1940
MEINE TOCHTER LEBT IN WIEN • 1940
LIEBE IST ZOLLFREI • 1941
WIEN 1910 • 1942
SCHWARZ AUF WEISS • 1943
ZWEI GLUCKLICHE MENSCHEN • 1943
FREUNDE • 1944
ALLES LUGE • 1948
KLEINE MELODIE AUS WIEN • 1948
ES LEBE DAS LEBEN • 1949
NICHTS ALS ZUFALLE • 1949
UM EINE NASENLANGE • 1949
ES LIEGT WAS IN DER LUFT • 1950
JETZT SCHLAGTS 13 • ES SCHLAGT DREIZEHN • 1950
THEODOR IM FUSSBALLTOR, DER • 1950
HILFE, ICH BIN UNSICHTBAR • ALAS, I'M INVISIBLE ◦ HELP, I'M INVISIBLE • 1951
WIR WERDEN DAS KIND SCHON SCHAUKELN • SCHAM DICH, BRIGITTE • 1952
DAMENWAHL • 1953
FRAULEIN CASANOVA • 1953
IRENE IN NOTEN • 1953
KLEINES MADEL -GROSSES GLUCK • 1953
IHR KORPORAL • HUSARENMANOVER • 1956
K. UND K. FELDMARSCHALL • 1956
OBER, ZAHLEN! • 1957
WENN DIE BOMBE PLATZT • 1958

EMO EMERICH W. see **EMO E. W.**

EMPEY ARTHUR GUY – USA

LIQUID GOLD • 1920
MILLIONAIRE FOR A DAY • 1920

EMSHWILLER ED – USA – 1925–

PAINTINGS BY ED EMSHWILLER • 1955–58
DANCE CHROMATIC • 1959 • SHT
TRANSFORMATION • TRANSFORMATIONS • 1959 • SHT
LIFELINES • LIFE LINES • 1960 • SHT
VARIABLE STUDIES • 1960 • SHT
SCRAMBLES • 1960–63 • SHT
THANATOPSIS • 1962 • SHT
TIME OF THE HEATHEN • 1962
GEORGE DUMPSON'S PLACE • 1963 • SHT
TOTEM • 1963 • SHT
DLUGOSZEWSKI CONCERT • 1965
FACES OF AMERICA • 1965
RELATIVITY • 1966
FUSION • 1967
PROJECT APOLLO • 1968
IMAGE, FLESH AND VOICE • 1969
BRANCHES • 1970
CAROL • 1970
FILM WITH THREE DANCERS • 1970
CHOICE CHANCE WOMEN DANCE • 1971
CHRYSALIS • 1973
INTERRUPTED SOLITUDE • 1974
FAMILY FOCUS • 1975
INSIDE EDGES • 1975
COLLISIONS • 1976
NEW ENGLAND VISIONS PAST AND FUTURE • 1976
SELF TRIO • 1976
SHORT AND VERY SHORT FILMS • 1976 • CMP
FACE OFF • 1977
SUR FACES • 1977
DUBS • 1978

EMSHWILLER PETER - USA
JR. STAR TREK • 1969 • SHT

EMYL ROLF - USA
MID-DAY MISTRESS • BUSINESS MAN'S LUNCH, THE ○ MID-DAY MISS • 1968

ENCHEV BURYAN - BUL
NASHIAT OKTOMVRI • OUR OCTOBER • 1967 • DOC

ENCISO LUIS S. - SPN
CORDOBA • 1967 • SHT
COSTA DE LA LUZ, LA • 1967 • SHT
EXTREMADURA • 1967 • SHT
CASI JUGANDO • 1969

van ENCKE JORG - GRM
INTIM-REPORT • INTIMATE REPORT (UKN) • 1968

ENDE MEL M. - USA
STOP DRIVING US CRAZY • 1960 • SHT

ENDELSON ROBERT A. - USA
FIGHT FOR YOUR LIFE • 1977
STAYING ALIVE • 1979

ENDERS ROBERT - USA
HOW TO SCORE • 1978 • DCS
STEVIE • 1978

ENDFIELD C. RAKER see **ENDFIELD CY**

ENDFIELD CY - SAF - 1914-
ENDFIELD C. RAKER • ENDFIELD CYRIL • RAKER HUGH
DANCING ROMEO • 1944 • SHT
NOSTRADAMUS IV • 1944 • SHT
RADIO BUGS • 1944 • SHT
TALE OF A DOG • 1944 • SHT
GREAT AMERICAN MUG, THE • 1945 • SHT
GENTLEMAN JOE PALOOKA • 1946
MAGIC ON A STICK • 1946 • SHT
OUR OLD CAR • 1946 • SHT
STORK BITES MAN • 1947
ARGYLE SECRETS, THE • 1948
JOE PALOOKA IN THE BIG FIGHT • BIG FIGHT, THE • 1949
TRY AND GET ME • SOUND OF FURY, THE (UKN) • 1950
UNDERWORLD STORY, THE • WHIPPED, THE • 1950
TARZAN'S SAVAGE FURY • 1952
COLONEL MARCH INVESTIGATES • 1953
LIMPING MAN, THE • 1953
MASTER PLAN, THE • 1954
IMPULSE • 1955
SECRET, THE • 1955
CHILD IN THE HOUSE • 1956
HELL DRIVERS • 1957
SEA FURY • 1958
JET STORM • KILLING URGE ○ JET STREAM • 1959
MYSTERIOUS ISLAND • 1960
HIDE AND SEEK • 1963
ZULU • 1963
SANDS OF THE KALAHARI • 1965
DE SADE • AUSSCHWEIFENDE LEBEN DES MARQUIS DE SADE, DAS ○ MARQUIS DE SADE, DER (FRG) • 1969
UNIVERSAL SOLDIER • 1971

ENDFIELD CYRIL see **ENDFIELD CY**

ENGBERG PETER - DNM
TRANSFORMATIONS • 1988 • DCS

ENGDAHL CARL - SWD
FANRIK STALS SAGNER • 1909
BROLLOPET PA ULFASA • WEDDING AT ULFASA • 1910
VARMLANNINGARNA • PEOPLE OF VARMLAND • 1910

ENGEL ANDI - UKN
MELANCHOLIA • 1989

ENGEL CHRISTOPH - GRM
ZAUBERMANNCHEN, DAS • RUMPELSTILZCHEN ○ WIZARD, THE • 1960

ENGEL ERICH - GRM - 1891-1966
WER NIMMT DIE LIEBE ERNST? • 1931
FUNF VON DER JAZZBAND • 1932
INGE UND DIE MILLIONEN • 1933
HOHE SCHULE • GEHEIMNIS DES CARLO CAVELLI, DAS ○ SECRETS OF CAVELLI, THE ○ COLLEGE • 1934
PECHMARIE • 1934
...NUR EIN KOMODIANT • 1935
PYGMALION • 1935
HOCHZEITSTRAUM, EIN • THUNDER LIGHTNING AND SUNSHINE (USA) • 1936
MADCHENJAHRE EINER KONIGIN • 1936
NACHT MIT DEM KAISER, DIE • NIGHT WITH THE EMPEROR • 1936
GEFAHRLICHES SPIEL • 1937
MAULKORB, DER • 1938
HOFFNUNGSLOSER FALL, EIN • 1939
HOTEL SACHA • 1939
NANETTE • 1939
WEG ZU ISABEL, DER • 1939
UNSER FRAULEIN DOKTOR • 1940
NON MI SPOSO PIU • VIEL LARM UM NIXI (FRG) ○ NIXI • 1942
SOMMERLIEBE • 1942
ALTES HERZ WIRD WIEDER JUNG • 1943
MAN REDE MIR NICHT VON LIEBE • 1943
VATER, DER • 1943-44
ES LEBE DIE LIEBE • 1944
FAHRT INS GLUCK • 1945
WO IST HERR BELLING • 1945
AFFARE BLUM • BLUM AFFAIR, THE ○ AFFAIRE BLUM • 1948
BIBERPELZ, DER • 1949
KOMMEN SIE ERST AM ERSTEN • KOMMEN SIE AM ERSTEN.. • 1951
SELTSAME LEBEN DES HERRN BRUGGS, DAS • 1951
FROHLICHE WEINBERG, DER • GRAPES ARE RIPE, THE (USA) ○ HAPPY VINEYARD, THE ○ GAY VINEYARD, THE • 1952
UNTER DEN TAUSAND LATERNEN • STIMME DES ANDEREN, DIE • 1952
KONSUL STROTTHOFF • 1954
MANN MEINES LEBENS, DER • 1954
DU BIST DIE RICHTIGE • 1955
LIEBE OHNE ILLUSION • 1955
VOR GOTT UND DEN MENSCHEN • 1955
GESCHWADER FLEDERMAUS • FLEDERMAUS SQUADRON, THE • 1958

ENGEL JULES - USA
ICARUS MONTGOLFIER WRIGHT • 1962 • ANS
SILENCE • 1970 • SHT
LANDSCAPE • 1972 • ANS

ENGEL MORRIS - Producer/writer - USA - 1918-
LITTLE FUGITIVE • 1953
LOVERS AND LOLLIPOPS • 1956
WEDDINGS AND BABIES • 1958

ENGEL THOMAS - GRM - 1922-
PUNKTCHEN UND ANTON • 1953
GLUCKLICHE REISE • 1954
MADCHEN MIT ZUKUNFT • 1954
LIEBE, DIE DEN KOPF VERLIERT • 1956
NICHTS ALS AERGER MIT DER LIEBE • 1956
SOMMARFLICKAN • SCHWEDENMADEL (FRG) ○ GIRL FOR THE SUMMER • 1956
STIMME DER SEHNSUCHT, DIE • 1956
JUNGER MANN, DER ALLES KANN • 1957
PAGE VOM PALAST-HOTEL, DER • 1957
WIE SCHON, DASS ES DICH GIBT • 1957
LACHENDE VAGABUND, DER • 1958
BLAUE MEER UND DU, DAS • 1959
LIEBE AUF KRUMMEN BEINEN • EVERY DOG HAS HIS DAY • 1959
DAS HAB' ICH IN PARIS GELERNT • 1960
GAUNERSERENADE • 1960
DAVON TRAUMEN ALLE MADCHEN • 1961
SCHLAGER-REVUE 1962 • 1961
MEINE TOCHTER UND ICH • 1963

ENGEL TOBIAS - FRN
NO PINCHA • FORWARD • 1970

ENGELBACH DAVID - USA
AMERICA 3000 • THUNDER WARRIORS • 1985

ENGELEN PHILIP - NTH
NEW HERETICS, THE • 1977 • SHS

ENGELS ERICH - Producer - GRM - 1889-
GEHEIMNIS DES BLAUEN ZIMMERS • 1932
KRIMINALREPORTER HOLM • 1932
MILLIONENTESTAMENT, DAS • QUERKOPF, DER • 1932
LUSTIGE KLEEBLATT, DAS • GASTHAUS ZUR TREUEN LIEBE • 1933
NACHT IM FORSTHAUS, DIE • FALL ROBERTS, DER • 1933
PETER, PAUL AND NANETTE • 1934
KIRSCHEN IN NACHBARS GERTEN • 1935
DONNER, LITZ UND SONNENSCHEIN • 1936
SHERLOCK HOLMES • GRAUE DAME, DIE • 1937
MORDSACHE HOLM • 1938
IM NAMEN DES VOLKES • 1939
ZENTRALE RIO • 1939
HIMMELBLAUE ABENDKLEID, DAS • 1941
DR. CRIPPEN AN BORD • 1942
GOLDENE SPINNE, DIE • 1943
FREITAG DER 13 • FRIDAY THE 13TH • 1944
MORDPROZESS DR. JORDAN • 1949
KEINE ANGST VOR SCHWIEGERMUTTERN • 1954
KIRSCHEN IN NACHBARS GARTEN • 1956
WITWER MIT 5 TOCHTERN • 1957
DR. CRIPPEN LEBT • DR. CRIPPEN LIVES • 1958
GRABENPLATZ 17 • 1958
VATER, MUTTER UND NEUN KINDER • 1958
NATURLICH DIE AUTOFAHRER • 1959

ENGELS MARK - SAF
ENDANGERED, THE • 1989

ENGELSON BOB - USA
FILTHIEST SHOW IN TOWN, THE • 1973

ENGELSON RICK - USA
FILTHIEST SHOW IN TOWN, THE • 1973

ENGER MOGENS - GRM
KINDER DER LIEBE • 1919

ENGHOLM F. W. - UKN
BOGUS HOUSE AGENT, THE • 1926
CONFIDENCE TRICK, THE • 1926
DUD CHEQUE CHICANERY • 1926
EMPLOYMENT WITH INVESTMENT AND THE MASKED FRAUD • 1926
EVERYDAY FRAUDS • 1926 • SER
HONESTY IS THE BEST POLICY • 1926
MISCREANTS OF THE MOTOR WORLD • 1926
MOCK AUCTIONEER, THE • 1926
STREET CORNER FRAUDS • 1926

ENGIN ILHAN - TRK
BES UZUN SAAT • FIVE ENDLESS HOURS • 1967
KADIN DUSMANI • WOMAN HATER, THE • 1967
ZALIMLER DE SEVER • CRUEL ALSO LOVE, THE • 1967
ASK ESKI BIR YALAN • LOVE, THAT OLD LIE • 1968
DEV ADAM • GIANT, THE • 1968
KADIN INTIKAMI • WOMAN'S REVENGE, A • 1968

ENGLAND PAUL - UKN
TRIAL OF MADAME X, THE • 1948

ENGLE HARRISON - USA
INDOMITABLE TEDDY ROOSEVELT, THE • 1983 • DOC

ENGLER ROBI - SWT
AUTOROUTE • ANS

ENGLIND ARVID - SWD
BRANDSOLDATEN • FIREMAN • 1916

ENGLISH EDWARD - USA
SPACEWAYS • SHT
FUGS • 1965 • DCS

ENGLISH JACK see **ENGLISH JOHN**

ENGLISH JAMES W. - USA
HIS FIGHTING BLOOD • 1935

ENGLISH JOHN - UKN - 1903-1969
ENGLISH JACK
RED BLOOD OF COURAGE, THE • 1935
ARIZONA DAYS • 1937
WHISTLING BULLETS • 1937
ZORRO RIDES AGAIN • 1937 • SRL
CALL THE MESQUITEERS • OUTLAWS OF THE WEST (UKN) • 1938
DICK TRACY RETURNS • 1938 • SRL
FIGHTING DEVIL DOGS • 1938 • SRL
HAWK OF THE WILDERNESS • 1938 • SRL
LONE RANGER, THE • 1938 • SRL
LOST ISLAND OF KIOGA • 1938
TORPEDO OF DOOM, THE • 1938
DAREDEVILS OF THE RED CIRCLE • 1939 • SRL
DICK TRACY'S G-MEN • 1939 • SRL
LONE RANGER RIDES AGAIN, THE • 1939 • SRL
ZORRO'S FIGHTING LEGION • 1939 • SRL
ADVENTURES OF RED RYDER • 1940 • SRL
DOCTOR SATAN'S ROBOT • 1940
DRUMS OF FU MANCHU • 1940 • SRL
HI-YO SILVER! • 1940
KING OF THE ROYAL MOUNTED • YUKON PATROL, THE • 1940 • SRL
MYSTERIOUS DR. SATAN • 1940 • SRL
YUKON PATROL • 1940
ADVENTURES OF CAPTAIN MARVEL • RETURN OF CAPTAIN MARVEL • 1941 • SRL
DICK TRACY VS. CRIME INC. • DICK TRACY VS. THE PHANTOM EMPIRE • 1941 • SRL
GANGS OF SONORA • 1941
JUNGLE GIRL • 1941 • SRL
KING OF THE TEXAS RANGERS • 1941 • SRL
CODE OF THE OUTLAW • 1942
PHANTOM PLAINSMEN, THE • 1942
RAIDERS OF THE RANGE • 1942
SHADOWS OF THE RANGE • 1942
VALLEY OF HUNTED MEN • 1942
WESTWARD HO! • 1942
BLACK HILLS EXPRESS • 1943
DAREDEVILS OF THE WEST • 1943 • SRL
DEAD MAN'S GULCH • 1943
DEATH VALLEY MANHUNT • 1943
MAN FROM THUNDER RIVER, THE • 1943
OVERLAND MAIL ROBBERY • 1943
RAIDERS OF SUNSET PASS • 1943
THUNDERING TRAILS • 1943
CALL OF THE SOUTH SEAS • 1944
CAPTAIN AMERICA • RETURN OF CAPTAIN AMERICA, THE • 1944 • SRL
FACES IN THE FOG • 1944
GRISSLY'S MILLIONS • 1944
LARAMIE TRAIL, THE • 1944
PHANTOM SPEAKS, THE • 1944
PORT OF FORTY THIEVES, THE • 1944
SAN FERNANDO VALLEY • 1944
SILVER CITY KID • 1944
BEHIND CITY LIGHTS • 1945
DON'T FENCE ME IN • 1945
UTAH • 1945
MURDER IN THE MUSIC HALL • MIDNIGHT MELODY • 1946
LAST ROUND-UP, THE • 1947
TRAIL TO SAN ANTONE • 1947
STRAWBERRY ROAN, THE • FOOLS AWAKE (UKN) • 1948
COWBOY AND THE INDIANS, THE • 1949
LOADED PISTOLS • 1949
RIDERS IN THE SKY • 1949
RIDERS OF THE WHISTLING PINES • 1949
RIM OF THE CANYON • 1949
BEYOND THE PURPLE HILLS • 1950
BLAZING SUN, THE • BLAZING HILLS, THE • 1950
COW TOWN • BARBED WIRE (UKN) • 1950
INDIAN TERRITORY • 1950
MULE TRAIN • 1950
SONS OF NEW MEXICO • BRAT, THE (UKN) • 1950
WHIPPED, THE • 1950
GENE AUTRY AND THE MOUNTIES • 1951
HILLS OF UTAH • 1951
SILVER CANYON • 1951
VALLEY OF FIRE • 1951
WHIRLWIND • 1951

ENGLISH JOHN W. - USA
IT'S A MEAN OLD WORLD • 1977 • DOC

ENGLUND ALEX C. - USA
PRIVATE PLEASURES

ENGLUND GEORGE - USA - 1926-
ENGLUND GEORGE H.
UGLY AMERICAN, THE • 1963
SIGNPOST TO MURDER • 1964
ZACHARIAH • 1971
SNOW JOB • SKI RAIDERS, THE (UKN) ○ GREAT SKI CAPER • 1972
CHRISTMAS TO REMEMBER, A • 1978 • TVM
DIXIE: CHANGING HABITS • 1982 • TVM
VEGAS STRIP WARS, THE • VEGAS STRIP WAR, THE • 1984 • TVM

ENGLUND GEORGE H. see **ENGLUND GEORGE**

ENGLUND ROBERT - USA
976 EVIL • HOROSCOPE ○ NINE SEVEN SIX: EVIL • 1988

ENGSTROM GERT - SWD - 1918-
GRE-NO-LI, NACKA & CO. • 1951

ENGSTROM INGEMO - GRM
KAMPF UM EIN KIND • 1975
FLUCHTWEG NOCH MARSEILLE • ESCAPE ROUTE TO MARSEILLES • 1977
FLUCHT IN DEN NORDEN • 1986

ENOKSEN IVAR - NRW
KEEP FROZEN • 1977 • SHT

ENRICO ROBERT - FRN - 1931-
A CHACUN SON PARADIS • IL PARADISO TERRESTRE ○ RITUAL OF LOVE • 1951
JEHANNE • 1956
BATAILLE DE CHICKAMAUGA, LA • 1956-62 • SHT
OISEAU MOQUEUR, L' • 1956-62 • SHT
VILLES-LUMIERES • CITIES OF LIGHTS • 1959
METIER DES AUTRES, LE • 1960
THAUMATOPOEA • 1960
RIVIERE DU HIBOU, LA • OCCURRENCE AT OWL CREEK BRIDGE, AN (USA) ○ INCIDENT AT OWL CREEK • 1961 • SHT

BELLE VIE, LA • GOOD LIFE, THE (UKN) • 1962
MONTAGNES MAGIQUES • 1962
CONTREPOINT • 1964
GRANDES GUEULES, LES • VAMPATA DI VIOLENZA, UNA (ITL) ○ WISE GUYS, THE (USA) ○ JAILBIRDS' VACATION • 1965
AVENTURIERS, LES • TRE AVVENTURIERI, I (ITL) ○ LAST ADVENTURE, THE (UKN) • 1966
TANTE ZITA • ZITA • 1967
AU COEUR DE LA VIE • 1968
HO! • HO! CRIMINAL FACE ○ CRIMINAL FACE ○ STORIA DI UN CRIMINALE (ITL) • 1968
PEU, BEAUCOUP, PASSIONNEMENT.., UN • LITTLE, A LOT, PASSIONATELY, A • 1970
BOULEVARD DU RHUM • VIA DEL RHUM, LA (ITL) ○ WINNER TAKES ALL ○ RUM RUNNER • 1971
CAIDS, LES • HELL BELOW, THE (UKN) • 1972
COMPAGNON INDESIRABLE, LE • 1973
SECRET, LE • SECRET, THE • 1974
VIEUX FUSIL, LE • OLD GUN, THE (USA) ○ HIDDEN GUN, THE ○ OLD RIFLE, THE • 1975
COUP DE FOUDRE • 1978
NEVEU SILENCIEUX, UN • 1978
PILE OU FACE • HEADS OR TAILS • 1980
AU NOM DE TOUS LES MIENS • FOR THOSE I LOVED • 1983
ZONE ROUGE • 1986
REVOLUTION FRANCAISE, LA • FRENCH REVOLUTION, THE • 1989

ENRIGHT RAY – USA – 1896–1965
ENRIGHT RAYMOND E.
HIS UNLUCKY JOB • 1921 • SHT
VERSE AND WORSE • 1921 • SHT
GIRL FROM CHICAGO, THE • 1927
JAWS OF STEEL • 1927
TRACKED BY THE POLICE • 1927
DOMESTIC TROUBLES • 1928
LAND OF THE SILVER FOX • 1928
LITTLE WILDCAT, THE • 1928
KID GLOVES • 1929
SKIN DEEP • 1929
STOLEN KISSES • 1929
DANCING SWEETIES • THREE FLIGHTS UP • 1930
GOLDEN DAWN • 1930
SCARLET PAGES • 1930
SONG OF THE WEST • 1930
PLAY GIRL • 1932
TENDERFOOT, THE • 1932
BLONDIE JOHNSON • 1933
HAVANA WIDOWS • 1933
SILK EXPRESS, THE • 1933
TOMORROW AT SEVEN • BLACK ACE, THE • 1933
CIRCUS CLOWN, THE • 1934
DAMES • 1934
I'VE GOT YOUR NUMBER • 1934
ST. LOUIS KID • PERFECT WEEKEND, A (UKN) • 1934
TWENTY MILLION SWEETHEARTS • HOT AIR ○ RHYTHM IN THE AIR • 1934
ALIBI IKE • 1935
MISS PACIFIC FLEET • 1935
TRAVELING SALESLADY • 1935
WE'RE IN THE MONEY • 1935
WHILE THE PATIENT SLEPT • 1935
CHINA CLIPPER • 1936
EARTHWORM TRACTORS • NATURAL BORN SALESMAN, A (UKN) • 1936
SING ME A LOVE SONG • COME UP SMILING (UKN) • 1936
SNOWED UNDER • 1936
BACK IN CIRCULATION • ANGLE SHOOTER • 1937
READY, WILLING AND ABLE • 1937
SINGING MARINE, THE • 1937
SLIM • 1937
GOLDDIGGERS IN PARIS • GAY IMPOSTORS, THE (UKN) • 1938
HARD TO GET • HEAD OVER HEELS • 1938
SWING YOUR LADY • 1938
ANGELS WASH THEIR FACES • BATTLE OF CITY HALL, THE • 1939
GOING PLACES • 1939
NAUGHTY BUT NICE • ALWAYS LEAVE THEM LAUGHING • 1939
ON YOUR TOES • 1939
ANGEL FROM TEXAS, AN • 1940
BROTHER RAT AND A BABY • BABY BE GOOD (UKN) • 1940
RIVER'S END • DOUBLE IDENTITY • 1940
TEDDY, THE ROUGH RIDER • 1940 • DCS
THROWING A PARTY • 1940 • DCS
BAD MEN OF MISSOURI • 1941
LAW OF THE TROPICS • 1941
THIEVES FALL OUT • THIRTY DAYS HATH SEPTEMBER • 1941
WAGONS ROLL AT NIGHT, THE • 1941
MEN OF TEXAS • MEN OF DESTINY (UKN) ○ DEEP IN THE HEART OF TEXAS • 1942
SIN TOWN • 1942
SPOILERS, THE • 1942
WILD BILL HICKOK RIDES • 1942
DESTROYER • 1943
GOOD LUCK, MR. YATES • RIGHT GUY • 1943
GUNG HO! • 1943
IRON MAJOR, THE • 1943
REAR GUNNER, THE • 1943 • DCS
CHINA SKY • 1945
MAN ALIVE • AMOROUS GHOST, THE • 1945
ONE WAY TO LOVE • 1946
TRAIL STREET • 1947
ALBUQUERQUE • SILVER CITY (UKN) • 1948
CORONER CREEK • CORONER'S CREEK • 1948
RETURN OF THE BAD MEN • 1948
SOUTH OF ST. LOUIS • 1949
KANSAS RAIDERS • 1950
MONTANA • 1950
FLAMING FEATHER, THE • FORT SAVAGE • 1951
MAN FROM CAIRO, THE • DRAMMA NELLA KASBAH (ITL) ○ CRIME SQUAD (UKN) ○ AVVENTURA AD ALGERI • 1953

ENRIGHT RAYMOND E. see **ENRIGHT RAY**

ENRIQUE TABOADA CARLOS – MXC
TABOADA CARLOS ENRIQUE
RECTA FINAL, LA • 1964
A LA SOMBRA DEL SOL • 1965
JUICIO DE ARCADIO, EL • 1965
HASTA EL VIENTO TIENE MIEDO • EVEN THE WIND IS AFRAID • 1968
VENENO PARA LAS HADAS • POISON FOR FAIRIES • 1985

ENRIQUEZ CESAR – VNZ
BORBURATA • 1977

ENRIQUEZ LUIS see **ENRIQUEZ LUIS B.**

ENRIQUEZ LUIS B. – PHL
ENRIQUEZ LUIS
KASALANAN KAYA? • IS IT A SIN? • 1968
SIETE DOLORES • SEVEN SORROWS • 1968
PERRO GANCHO, EL • HOODLUMS, THE • 1969
HAGIBIS, NGA • 1970

ENSMINGER BERT see **ENSMINGER ROBERT**

ENSMINGER ROBERT – USA
ENSMINGER BERT
MARYLEE MIXES IN • 1918
MIDNIGHT BURGLAR, A • 1918
WANTED –A BROTHER • 1918
WHATEVER THE COST • 1918
BREAKING THROUGH • 1921
BRING HIM IN • 1921
FORTUNE'S MASK • 1922
RESTLESS SOULS • 1922
YOU NEVER KNOW • 1922
ONE STOLEN NIGHT • 1923

ENTWHISTLE HAROLD – USA
SURRENDER, THE • 1915

ENYEDI ILDIKO – HNG
EN XX. SZAZADOM, A • MY 20TH CENTURY (UKN) • 1988

ENZ JURGEN – GRM
AUS DEM TAGEBUCH EINES SIEBZEHNJAHRIGEN • COME MAKE LOVE WITH ME • 1979

EPHRATI YIGAEL – ISR
FOLLOW ME.. THE FULL STORY OF THE SIX DAY WAR • 1968

EPHRON HENRY – Screenwriter – USA – 1912–
SING BOY SING • SINGIN' IDOL, THE • 1957

EPNERS A. – USS
SERGEI EISENSTEIN, POSTSCRIPT • DOC
SERGEI EISENSTEIN, PREFACE • DOC

EPPEL I. J. – UKN
IRISH DESTINY • IRISH MOTHER, AN • 1925

EPSTEIN HARRY – USA
HOT BED, THE • 1965

EPSTEIN JEAN – PLN – 1897–1953
PASTEUR • 1922
VENDANGES, LES • 1922
AUBERGE ROUGE, L' • RED INN, THE (USA) • 1923
BELLE NIVERNAISE, LA • BEAUTY FROM NIVERNAISE, THE • 1923
COEUR FIDELE • FAITHFUL HEART, THE • 1923
MONTAGNE INFIDELE, LA • 1923
GOUTTE DE SANG, LA • 1924
LION DES MOGOLS, LE • 1924
AFFICHE, L' • 1925
AVENTURES DE ROBERT MACAIRE, LES • ADVENTURES OF ROBERT MACAIRE, THE (USA) • 1925
DOUBLE AMOUR, LE • 1925
PHOTOGENIES • 1925
AU PAYS DE GEORGES SAND • 1926
MAUPRAT • 1926
GLACE A TROIS FACES, LA • GLASS WITH THREE FACES, THE ○ THREE–WAY MIRROR, THE ○ MIRROR WITH THREE FACES • 1927
SIX ET DEMI–ONZE (UN KODAK) • SIX AND A HALF BY ELEVEN (A KODAK) • 1927
CHUTE DE LA MAISON USHER, LA • FALL OF THE HOUSE OF USHER, THE • 1928
FINIS TERRAE • 1929
SA TETE • 1929
MOR' VRAN • MER DES CORBEAUX, LA ○ SEA OF RAVENS, THE • 1930
PAS DE LA MULE, LE • 1930
CHANSON DES PEUPLIERS, LA • 1931
COR, LE • 1931
NOTRE–DAME DE PARIS • 1931
BERCEAUX, LES • 1932
HOMME A L'HISPANO, L' • MAN IN THE HISPANO–SUIZA, THE • 1932
OR DES MERS, L' • GOLD FROM THE SEA • 1932
VIEUX CHALAND, LE • 1932
VILLANELLE DES RUBANS, LA • 1932
CHATELAINE DU LIBAN, LA • 1933
CHANSON D'AMOUR • 1934
VIE D'UN GRAND JOURNAL, LA • 1934
MARIUS ET OLIVE A PARIS • 1935
BOURGOGNE, LA • 1936
BRETAGNE, LA • 1936
COEUR DE GUEUX • CUOR DI VAGABONDO (ITL) ○ PER LE STRADE DEL MONDO • 1936
FEMME DU BOUT DU MONDE, LA • 1937
VIVE LA VIE • 1937
BATISSEURS, LES • 1938
EAU VIVE • 1938
RELEVE, LA • 1938
ARTERES DE FRANCE • 1939
TEMPESTAIRE, LE • 1947
FEUX DE LA MER, LES • 1948

EPSTEIN JEROME – UKN
EPSTEIN JERRY
FOLLOW THAT MAN • 1961
ADDING MACHINE, THE • 1969

EPSTEIN JERRY see **EPSTEIN JEROME**

EPSTEIN MARCELO – USA
BODY ROCK • 1984

EPSTEIN MARIE – PLN – 1899–
PEAU DE PECHE • PEAU–DE–PECHE • 1926
PETIT JIMMY, LE • JIMMY BRUITEUR ○ JIMMY • 1930
COEUR DE PARIS • 1931
MATERNELLE, LA • NURSERY SCHOOL • 1933
ITTO • 1934
HELENE • 1936
MORT DU CYNGE, LA • BALLERINA (USA) ○ DEATH OF A SWAN, THE • 1937
ALTITUDE 3200 • YOUTH IN REVOLT (USA) ○ GRAND REVE, LE ○ NOUS LES JEUNES • 1938

EPSTEIN ROBERT – USA
TIMES OF HARVEY MILK, THE • 1985 • DOC

EQUILUZ ENRIQUE L. – SPN
MARCA DEL HOMBRE LOBO, LA • FRANKENSTEIN'S BLOODY TERROR (USA) ○ WOLFMAN OF COUNT DRACULA, THE ○ HELL'S CREATURES ○ VAMPIRE OF DR. DRACULA ○ MARK OF THE WOLF MAN, THE • 1968

ERAKALIN ULKU – TRK
ANJELIK OSMANLI SARAYLARINDA • ANGELIQUE AT THE OTTOMAN COURT • 1967
BIR ANENIN GOZ YASLARI MUHUR GOZLUM • TEARS OF A MOTHER, THE • 1967
BIR KATIL SEVDIM • I'VE LOVED A MURDERER • 1967
DORDU DE SEVIYORDU • FOUR IN LOVE • 1967
HIRCIN KADIN • SHREW, THE • 1967
KIRALIK KADIN • WOMAN FOR HIRE, A • 1967
OMRUNCE AGLADIM • I'VE CRIED ALL MY LIFE • 1967
SEN BENIMSIN • YOU ARE MINE • 1967
UVEY ANA • STEP–MOTHER, THE • 1967
ACI YILLAR • BITTER YEARS • 1968
CATALLI KOY • VILLAGE OF CATALLI, THE • 1968
HAPISHANE GELINI • PRISON'S BRIDE, THE • 1968
ISTANBULU SEVMIYORUM • I HATE ISTANBUL • 1968
KADIN SEVERSE • IF A WOMAN LOVES • 1968
KANTI NIGAR • BLOODY NIGAR • 1968
KATIP • USKUDARA GIDERKEN ○ ON THE WAY TO USKUDAR ○ SECRETARY, THE • 1968
PAYDOS • DISMISSAL • 1968
YAYLA KARTALI • EAGLE OF THE PLAIN, THE • 1968

ERAN DORON – ISR
ROAD TO EIN HAROD • 1989

ERASLAN NUSRET – TRK
501 NUMARALI HUCRE • CELL NO.501 • 1967

ERCHOV CONSTANTIN see **YERSHOV KONSTANTIN**

ERCOLI LUCIANO – ITL
COLBERT ANDRE
FOTO PROIBITE DI UNA SIGNORA PER BENE, LE • 1970
MORTE CAMMINA CON I TACCI ALTI • 1971
MORTE ACCAREZZA A MEZZANOTTE, LA • DEATH CHERISHES MIDNIGHT ○ INCUBUS • 1972
TROPPO RISCHIO PER UN UOMO SOLO • 1973
FIGLIO DELLA SEPOLTA VIVA, IL • 1974
LUCREZIA GIOVANE • 1974
POLIZIA HA LE MANI LEGATE, LA • POLICE CAN'T MOVE, THE ○ KILLER COP • 1975
BIDONATA, LA • 1978

ERDELYI – HNG
HUNGARN IN FLAMMEN • REVOLT IN HUNGARY • 1957 • DOC

ERDELYI JANOS – HNG
WITH BLOOD AND ROPE • 1989 • DOC

ERDEM REHA – TRK
A... AY • 1989

ERDMAN RICHARD – Actor – USA – 1925–
BLEEP • 1971
BROTHERS O'TOOLE, THE • DOUBLE TROUBLE • 1973

ERDMANN–JESNITZER – GRM
KUSSE DER IRA TOSCARI, DIE • 1922

ERDOSS PAL – HNG
ADJ KIRALY KATONAT! • PRINCESS, THE • 1983
VISSZASZAMLALAS • COUNTDOWN • 1985
GONDVISELES • TOLERANCE • 1987

EREBARA GESIM – ALB
NGADHNJIM MBI VDEKJEN • VICTORY OVER DEATH
VANGJUSH MIO • 1966

ERENDS RONNY – NTH
HOLLAND TERRA FERTILIS • 1968 • SHT
EVOLUON • 1969 • SHT
VISIONS OF A REALITY • 1969 • SHT
50 YEARS KLM • 1970 • SHT
HOSPITAL • 1971 • DCS
HOLLAND –TERRA CULINARIS • 1972 • DOC

ERFURTH ULRICH – GRM
ERZIEHERIN GESUCHT • 1945
FINALE • 1948
KEINE ANGST VOR GROSSEN TIEREN • 1953
COLUMBUS ENTDECKT KRAHWINKEL • 1954
RITTMEISTER WRONSKI • 1954
FRAU GENUGT NICHT?, EINE • 1955
REIFENDE JUGEND • 1955
DREI BIRKEN AUF DER HEIDE • 1956
FRUCHT OHNE LIEBE • 1956
HEIDEMELODIE • 1956
HIMMEL, AMOR UND ZWIRN • 1960
HOCHTOURIST, DER • 1961
MEIN MANN, DAS WIRTSCHAFTSWUNDER • 1961

ERGUN MAHINUR – TRK
GECE DANSI TUTSAKLARI • CAPTIVES OF A NIGHT DANCE • 1988
TIDAL VIEWS • 1989

ERGUN NURI – TRK
MOR DEFTER • 1964
CICI GELIN • NICE BRIDE • 1967
CIFTE TABANCALI DAMAT • TWO-FISTED BRIDEGROOM, THE • 1967
GECELERIN KRALI • KING OF THE KNIGHTS, THE • 1967
ILK ASKIM • MY FIRST LOVE • 1967
SERSERI • TRAMP, THE • 1967
YAGMUR CISELERKEN • WHEN THE RAIN FALLS • 1967
DERTLI PINAR • SORROWFUL SPRING, THE • 1968
ERIKLER CICEK ACTI • PLUMP BLOSSOMS • 1968
OLDURMEK HAKKIMDIR • I HAVE THE RIGHT TO KILL • 1968
OMRUMUN TEK GECESI • ONLY NIGHT OF MY LIFE, THE • 1968
URFA – ISTANBUL • 1968
BELANIN YEDI TURLUSU • SEVEN KINDS OF TROUBLE • 1969
KURSUNLARIN KANUNU • 1969

el ERIAN TAREK – EGY
EMPEROR, THE • 1989

ERICE VICTOR – SPN – 1940–
DESAFIO, EL • 1970
ESPIRITU DE LA COLMENA, EL • SPIRIT OF THE BEEHIVE, THE (USA) • 1973
SUR, EL • SOUTH, THE • 1983

ERICHSEN BENTE – NRW
FELDMANN-SAKEN • FELDMANN CASE, THE ○ OVER GRENSEN • 1986
FOLK OG ROVERE I KARDEMOMME BY • PEOPLE AND ROBBERS OF CARDAMOM TOWN ○ CARDAMOM TOWN ○ KARDAMOM TOWN • 1988

ERICKSON A. F. (BUDDY) see **ERICKSON A. F.**

ERICKSON A. F. – USA – 1879–
ERICKSON A. F. (BUDDY)
WOMAN FROM HELL, THE • 1929
CITY GIRL • OUR DAILY BREAD • 1930
LONE STAR RANGER, THE • 1930
ROUGH ROMANCE • 1930
UNDER SUSPICION • TONIGHT AND YOU • 1931
THIS SPORTING AGE • 1932

ERICSON OLAF – UKN
TOUCH OF LEATHER • DEATH BLOW, THE • 1968

ERICSON STIG O. see **ERICSON STIG OSSIAN**

ERICSON STIG OSSIAN – SWD – 1923–
ERICSON STIG O.
FESTIVITETSSALONGEN • BALLROOM, THE • 1965
ADAMSSON I SVERIGE • I NEED A WOMAN • 1966

ERICSSON ALVAR – Animator – SWD
ERIKSSON ALVAR
BAD MUSICIAN, THE • ANM
EVIL MAGICIAN, THE • ANM

ERIKSEN ADAM – NRW
ANNY –STORY OF A PROSTITUTE • 1912

ERIKSEN DAN – USA
MIDSUMMER NIGHT'S DREAM, A • 1966

ERIKSEN ERICH – GRM
ERIKSEN ERIK
ICH LASSE DICH NICHT • 1919
LIEBE, HASS UND GELD • 1919
SKANDAL IM VIKTORIA-CLUB, DER • 1919
DEIN IST MEIN HERZ • 1920
DES TEUFELS ADVOKAT • 1920
HEXENGOLD • 1920
GIB MICH FREI • 1924
MAUD ROCKEFELLERS WETTE • 1924
LENA WARNSTETTEN • 1925
STOLZE SCHWEIGEN, DAS • 1925
ANNEMARIE UND IHR ULAN • 1926
WER WIRFT DEN ERSTEN STEIN? • 1927
LIED, DAS MEINE MUTTER SANG, DAS • 1928

ERIKSEN ERIK see **ERIKSEN ERICH**

ERIKSEN SKULE – NRW
TAKING OF SAMELAND, THE • 1984 • DOC

ERIKSSON ALVAR see **ERICSSON ALVAR**

van ERKEL BRAM – NTH
THINGS PAST • 1981

ERKENS JO – NTH
GREY KITE, THE • 1972 • SHT

ERKSAN METIN – TRK – 1929–
SUSUZ YAZ • DRY SUMMER (USA) ○ I HAD MY BROTHER'S WIFE ○ WATERLESS SUMMER • 1963
WUTHERING HEIGHTS
KUYU • WELL, THE • 1968
INTIKAM MELEGI –KADIN HAMLET • ANGEL OF VENGEANCE –THE FEMALE HAMLET, THE • 1977
SENSIZ YASAYAMAM • I CANNOT LIVE WITHOUT YOU • 1980

ERLER RAINER – GRM
SEELENWANDERUNG • TRANSMIGRATION OF SOULS ○ WANDERINGS OF A SOUL • 1964
GENERAL FREDERICK • 1966
KOMMANDANT VON MOLINETTE, DER • COMMANDER OF MOLINETTE, THE ○ FAST EIN HELD • 1967
PROFESSOR COLUMBUS • 1968
OPERATION GANYMED • OPERATION GANYMEDE • 1977
FLEISCH • SPARE PARTS (USA) • 1980
NEUESBERICHT UBER EINE REISE IN EINE STRAHLENDE ZUKUNFT • NUCLEAR CONSPIRACY, THE • 1986

ERLSBO LEIF – NRW
ERLSBOE LEIF
INGEN ROSER, TAKK • DO ME A FAVOUR • 1979
LARS I PORTEN • LARS IN THE DOORWAY ○ ON THE THRESHOLD • 1984

ERLSBOE LEIF see **ERLSBO LEIF**

ERMAN JOHN – USA – 1935–
MAKING IT • 1971
ACE ELI AND ROGER OF THE SKIES • 1973
LETTERS FROM THREE LOVERS • 1973 • TVM
GREEN EYES • 1976 • TVM
ALEXANDER: THE OTHER SIDE OF DAWN • 1977 • TVM
ROOTS • 1977 • TVM
JUST ME AND YOU • JUST YOU AND ME • 1978
ROOTS: THE NEXT GENERATIONS • 1978 • TVM
MY OLD MAN • 1979 • TVM
SCARLETT O'HARA WAR, THE • 1980 • TVM
SILENT LOVERS, THE • 1980 • TVM
THIS YEAR'S BLONDE • SECRET LOVE OF MARILYN MONROE, THE • 1980 • TVM
ANOTHER WOMAN'S CHILD • 1982 • TVM
ELEANOR, FIRST LADY IN THE WORLD • 1982 • TVM
LETTER, THE • 1982 • TVM
WHO WILL LOVE MY CHILDREN? • 1982 • TVM
ATLANTA CHILD MURDERS, THE • 1985 • TVM
EARLY FROST, AN • 1985 • TVM
RIGHT TO KILL? • 1985 • TVM
TWO MRS. GRENVILLES, THE • 1987 • TVM
WHEN THE TIME COMES • 1987
ATTIC: THE HIDING OF ANNE FRANK, THE • 1988 • TVM
STELLA • 1989

ERMLER FREDERIC see **ERMLER FRIEDRICH**

ERMLER FRIEDRICH – USS – 1898–1967
ERMLER FREDERIC
SKARLATINA • SCARLET FEVER • 1924 • DOC
DETI BURI • CHILDREN OF THE STORM • 1926
KATKA BUMAZHNYR ANYOT • KATKA'S REINETTE APPLES ○ KATKA BUMAZHNYI RANET • 1926
DOM V SUGROBAKH • HOUSE IN THE SNOW DRIFTS, THE • 1928
PARIZHSKY SAPOZHNIK • PARISIAN COBBLER, THE • 1928
OBLOMOK IMPERII • FRAGMENT OF AN EMPIRE ○ CHIP OF THE EMPIRE, A • 1929
VSTRECHNYI • COUNTERPLAN ○ ONCOMING, THE ○ STRECHNI ○ SHAME ○ POZOR • 1932
KRESTYANIYE • PEASANTS • 1935
VELIKI GRAZHDANIN • GREAT CITIZEN, A • 1938
OSEN • AUTUMN • 1940 • SHT
ONA ZASHCHISHCHAYET RODINU • SHE DEFENDS HER COUNTRY ○ NO GREATER LOVE • 1943
VELIKI PERELOM • GREAT TURNING POINT, THE ○ TURNING POINT, THE • 1946
VELIKAYA SILA • GREAT FORCE, THE ○ GREAT POWER ○ GREAT STRENGTH • 1949
NEOKONCHENNAYA POVEST • UNFINISHED STORY, AN • 1955
PERVI DEN • FIRST DAY, THE ○ DEN PERVYI • 1955
DINNER TIME • 1962
ZVANYI UZHIN • 1962 • SHT
FROM NEW YORK TO ISSANAIA POLIANA • 1963
PERED SUDOM ISTORII • BEFORE THE JUDGMENT OF HISTORY ○ JUDGEMENT OF HISTORY, THE • 1966

ERNOTTE ANDRE – BLG
RUE HAUTE • 1976

ERNST FRANZ – DNM – 1938–
REFUGEE • 1963 • SHT
ANGAENDE LONE • CONCERNING LONE ○ RE: LONE ○ ANG: LONE • 1970
DOBBELTE MAND, DEN • DOUBLE MAN, THE • 1975
SKYTTEN • 1977
SUPERTANKER • 1980
VIDE VERDEN, DEN • WIDE WORLD, THE • 1987 • DOC
BETWEEN HEAVEN AND HELL • 1988 • DOC

EROFEYEV – USS
AFGHANISTAN • 1929

ERP THOMAS – USA
VISIONS OF CLAIR • 1977

ERSGARD HAKAN – SWD – 1934–
SOMMARAVENTYR, ETT • ...DA SKA DU FA EN GUNGSTOL AV MIG –EN BLA ○ ANNA, MY DARLING (USA) • 1965

ERSHOV MIKHAIL – USS
BLOCKADE • 1975

ERSKINE CHESTER – Producer/writer – USA – 1905–1986
MIDNIGHT • CALL IT MURDER • 1934
FRANKIE AND JOHNNY • 1935
EGG AND I, THE • 1947
TAKE ONE FALSE STEP • 1949
ANDROCLES AND THE LION • 1952
GIRL IN EVERY PORT, A • 1952
IRISH WHISKEY REBELLION • 1972

ERTAUD JACQUES – FRN – 1924–
CHARLES TRENET • DOC
MORT AMOUREUSE, LA
ETOILES DE MIDI, LES • 1958 • DOC
MAILLON ET LA CHAINE, LE • 1961 • DOC
VOICI LE SKI • 1961 • DOC
SKI TOTAL • 1962
MORT D'UN GUIDE • 1975
NE PLEURE PAS • 1977

ERTUGRUL MUHSIN – TRK – 1888–1979
ISTANBUL SOKAKLARINDA • 1931

ERULKAR SARAH – UKN
NIGHT HOP • 1950
HISTORY OF THE HELICOPTER, THE • 1951 • DOC
GKN SPAT SYSTEM • 1966 • SHT
HUNCH, THE • 1967
SOMETHING NICE TO EAT • 1967 • SHT
TAKE ONE BABY • 1968 • DCS

ERWITT ELLIOTT – USA
ARTHUR PENN –THE DIRECTOR • 1970 • DOC
BEAUTY KNOWS NO PAIN • 1972 • DCS

ERZIKIAN YU. – USS
DIFFICULT PASS, THE • 1965

ESADZE REZO – USS – 1935–
ONCE • ONE DAY • 1963 • SHT
FRO • 1965 • SHT
CHYETYRYE STRANITSY ODNOY MOLODY ZHIZNI • CHETIRE STRANITZ ODNOI MOLODOI ZHIZHNI ○ FOUR PAGES OF A YOUNG LIFE ○ FOUR PAGES FROM A YOUNG LIFE • 1968
STOPWATCH, THE • 1970

ESAKIA LEO – USS
ABESALOM I ETERI • ABESALOM AND ETERI • 1967

ESBAUGH TED – Animator – USA
GOOFY GOAT • 1931 • ANS

ESCALONA ENRIQUE – MXC
TLACUILO • 1988 • ANM

ESCAMILLA TEO – SPN – 1940–
YOU ALONE • 1984

ESCOBAR JUAN – CLM
MONDAY HOLIDAY • 1989 • SHT

ESCOBAR LUIS – SPN – 1908–
HONRADEZ DE LA CERRADURA, LA • 1950
CANCION DE LA MALIBRAN, LA • 1951

ESCOREL EDUARDO – BRZ
LICAO DE AMOR • LESSON IN LOVE • 1975
CONTOS EROTICOS • EROTIC STORIES • 1980
ATO DE VIOLENCIA • ACT OF VIOLENCE • 1981

ESCOREL LAURO – BRZ
SONHO SEM FIM • ENDLESS DREAM • 1986

ESCRIVA VICENTE – SPN – 1913–
HOMBRE DE LA ISLA, EL • 1959
DULCINEA • GIRL FROM LA MANCHA • 1962
GOLFO, EL • 1968
ANGEL, EL • 1969
JOHNNY RATON • 1969
SIN UN ADIOS • 1970
AUNQUE LA HORMONA SE VISTA DE SEDA • 1971
CURIOSA, LA • 1972
VERDE EMPIEZA EN LOS PIRINEOS, LO • 1973
ABUELITA DE ANTES DE LA GUERRA, UNA • 1974
POLVO ERES • 1974
ZORRITA MARTINEZ • 1975
LOZANA ANDALUZA, LA • 1976
NINAS.. AL SALON • 1977
VIRGO DE VISANTETA, EL • 1978
MONTOYAS Y TARANTOS • LOVE, HATE AND DEATH ○ MONTOYAS AND TARANTOS ○ TARANTOS Y MONTOYAS • 1988

ESHBAUGH TED – USA
PASTRY TOWN WEDDING • 1934 • ANS
JAPANESE LANTERNS • 1935 • ANS
SUNSHINE MAKERS, THE • 1935 • ANS

ESHGHI SALAR – IRN
ZIBAYE KHATARNAK • DANGEROUSLY BEAUTIFUL • 1967

ESME JEAN see **d'ESME JEAN**

d'ESME JEAN – FRN – 1893–1966
ESME JEAN
RAZAFF LE MALGACHE • 1925
PEAU NOIRE • 1930 • DOC
GRANDE CARAVANE, LA • 1934 • DOC
SENTINELLES DE L'EMPIRE • 1938 • DOC
GRANDE INCONNUE, LA • 1939 • DOC

ESPER DWAIN – USA
ESPER DWAYNE
MANIAC • 1934
SEX MADNESS • 1934
MARIHUANA • MARIHUANA: DEVIL'S WEED WITH ROOTS IN HELL ○ MARIJUANA: THE DEVIL'S WEED ○ MARIHUANA: THE DEVIL'S WEED • 1936

ESPER DWAYNE see **ESPER DWAIN**

d'ESPINAY CHARLES – FRN
YAMILE SOUS LES CEDRES • 1939

ESPINDOLA LUISA FERNANDA – RMN
MARIA • 1989 • SHT
RE-ENCOUNTERS • 1989 • SHT

ESPINOSA JULIO GARCIA – CUB – 1926–
GARCIA ESPINOSA JULIO
HOUSING
MEGANO, EL • 1955
CHARCOAL DIGGER, THE • 1956
CUBA BAILA • CUBA DANCES • 1959
JOVEN REBELDE, EL • YOUNG REBEL, THE • 1961
AVENTURAS DE JUAN QUIN QUIN, LAS • ADVENTURES OF JUAN QUIN QUIN, THE • 1967
TERCER MUNDO, TERCERA GUERRA MUNDIAL • 1970

ESPIRITU ROMY – PHL
SEVEN FACES OF DR. SI BAGO, THE
HUGONG PANGAHAS • HUGO, THE RISKY FELLOW • 1967

ESPONA JOAQUIN COLL see **COLL JOAQUIN**

ESPOSITO LUIGI – ITL
SQUILIBRIO MOSSO • 1975
UOMO DA PAGARE, UN • 1977

ESSA SAYED – EGY
GAFFET EL AMTAR • SOFT RAINS, THE • 1967

ESSEX HARRY – Screenwriter – USA – 1910–
I, THE JURY • 1953
MAD AT THE WORLD • 1955
OCTA-MAN • OCTOMAN • 1971
CREMATORS, THE • DUNE ROLLER, THE ○ CREMATORS ARE COMING, THE • 1972

ESSID – FRN
QUE FAIT-ON CE DIMANCHE • 1977

ESSID HAMADI – TNS – 1940–
AMMAR FARHAT • 1963 • DCS
GRANDE BATAILLE, LA • 1963 • SHT
MECQUE 1964, LA • 1964 • SHT
SIDI BOU SAID • 1964 • SHT
GAMOUDI • 1965 • SHT
RENDEZ-VOUS AVEC L'HISTOIRE • 1965 • DOC
150,000 VOLTS • 1965 • SHT
TROIS VILLES D'ISLAM • 1966 • DOC
TUNISIE, TERRE D'AFRIQUE • 1966 • DOC
NOUVELLE BATAILLE, LA • 1967 • DOC
STAR • 1967 • DCS
TOUR DE CONTROLE • 1968 • DCS

ESTABROOK HOWARD – Screenwriter – USA – 1884–1978
AESOP'S FABLES • 1917 • ANM
GIVING BECKY A CHANCE • 1917
HIGHWAY OF HOPE, THE • 1917
WILD GIRL, THE • 1917
HEAVENLY DAYS • 1944

ESTE PHILIPPE – FRN
CHASSES DE NEPTUNE • 1949

ESTEBA M. – ITL
SEI UNA CAROGNA.. E T'AMMAZZO • 1972

ESTELLA RAMON – MLY
ESTELLIA RAMON
ANAK PONTIANAK • SON OF THE VAMPIRE • 1958
RAMIR • 1958
PONTIANAK KEMBALI • VAMPIRE RETURNS, THE • 1963

ESTELLE
THREE OF OUR CHILDREN • 1957 • SHT

ESTELLIA RAMON see **ESTELLA RAMON**

ESTELRICH JUAN – SPN – 1927–
ANACORETA, EL • ANCHORITE, THE • 1976

ESTERER WOLFGANG – GRM
MOZART IN PRAG -DON GIOVANNI 67 • MOZART IN PRAGUE -DON GIOVANNI 67 • 1968 • DOC

ESTEVA JACINTO – SPN – 1936–
GREWE JACINTO ESTEVA
NOTES SUR L'EMIGRATION • 1960 • SHT
DANTE NO ES UNICAMENTE SEVERO • DANTE IS NOT ONLY SEVERE • 1967
DESPUES DEL DILUVIO • AFTER THE FLOOD ○ AFTER THE DELUGE • 1968
LEJOS DE LOS ARBOLES • 1970
METAMORFOSIS • 1971

ESTEVES CONSTANTINO – PRT – 1914–
COMISSARIO DA POLICIA, O • 1952
ERAM 200 IRMAOS • 1952
BARRAGENS PORTUGUESAS DO DOURO INTERNACIONAL • 1958 • SHT
BARRAGENS DO ZEZERE • 1961 • SHT
MIUDO DA BICA, O • 1963
NOVE RAPAZES E UM CAO • 1963
ULTIMA PEGA, A • 1964
RAPAZES DE TAXIS • 1965
SARILHOS DE FRALDAS • 1966
AMOR DESCEU EM PARAQUEDAS, O • LOVE CAME DOWN BY PARACHUTE • 1968
DIABO ERA OUTRO, O • 1969
DERRAPAGEM • 1974
DOIS TIROS NO SOL • TWO SHOTS IN THE SUN • 1977

ESTEVEZ EMILIO – Actor – USA – 1962–
WISDOM • 1986
MEN AT WORK • 1990

ESTIENNE JEAN – FRN
ET DIEU CREA LES HOMMES

ESTRADA JOSE – MXC
AGUIRRE JOSE ESTRADA
CAYO DE LA GLORIA EL DIABLO • 1971
PROFETA MIMI, EL • MIMI THE PROPHET ○ PROPHET MIMI, THE • 1972
MATEN AL LEON • KILL THE LION • 1975
INDOLENTES, LOS • 1977
LUGAR SIN LIMITES • 1977
ANGELA MORANTE, CRIMEN O SUICIDIO • 1978
BENJAMIN ARGUMEDO • 1978
PUM • 1979
MEXICANO TU PUEDES • YOU CAN DO IT MEXICAN • 1985

ESTRADA LUIS – MXC
CAMINO LARGO A TIJUANA • LONG ROAD TO TIJUANA • 1988

ESTRIN L. – USS
GIRLHOOD • 1961

ESTUS BOYD – USA
EIGHT MINUTES TO MIDNIGHT: A PORTRAIT OF DR. HELEN CALDICOTT • 1981 • DOC

ESWAY ALEXANDER – HNG – 1898–1947
DER ESWAY ALEXANDER • ESWAY ALEXANDRE
HERKULES MAIER • 1927
TAXI FOR TWO • 1929
CHILDREN OF CHANCE • 1930
SHADOWS • MY WIFE'S FAMILY ○ PRESS GANG • 1931
JUGEMENT DE MINUIT, LE • MYSTERE DE LA DAME BLONDE, LE ○ VENGEUR, LE • 1932
VIE PERDU, UNE • SILENCE DE MORT • 1933
MAUVAISE GRAINE • 1934
IT'S A BET • SAFE BET, A • 1935
MUSIC HATH CHARMS • 1935
CONQUEST OF THE AIR • 1936
HERCULE • INCORRUPTIBLE, L' • 1937
BARNABE • 1938
EDUCATION DE PRINCE • BARGE-KEEPER'S DAUGHTER, THE • 1938
HOMME QUI CHERCHE LA VERITE, L' • 1939
MONSIEUR BRETONNEAU • 1939
QUARTIER LATIN • 1939
BATAILLON DU CIEL, LE • 1945
STEPPIN' IN SOCIETY • 1945
IDOLE, L' • 1947

ESWAY ALEXANDRE see **ESWAY ALEXANDER**

ESZTERHAS PETER – DNM
NAR ENGLE ELSKER • ANGELS IN LOVE • 1985

ETAIX PIERRE – Actor – FRN – 1928–
RUPTURE • BREAK, THE • 1961 • SHT
HEUREUX ANNIVERSAIRE • ANNIVERSARY, THE (UKN) ○ HAPPY ANNIVERSARY • 1962 • SHT
SOUPIRANT, LE • SUITOR, THE • 1962
NOUS N'IRONS PLUS AU BOIS • 1964
INSOMNIE • INSOMNIA (UKN) • 1965 • SHT
TANT QU'ON A LA SANTE • AS LONG AS YOU'RE HEALTHY (UKN) • 1965
YOYO • YO YO • 1965
GRAND AMOUR, LE • GREAT LOVE, THE • 1968
PAYS DE COCAGNE • COCAGNE • 1971 • DOC
POLONAISE, LA • 1971 • SHT

ETCHEBCHERE JUAN – URG
DOS DESTINOS • 1936

ETHERIDGE FRANK – UKN
JENNY OMROYD OF OLDHAM • 1920

ETIEVANT HENRI – FRN
BEIDEN RIVALEN, DIE • 1914
PAULINE • 1914
POCHARDE, LA • 1921
NEIGE SUR LES PAS, LA • 1923
NUIT DE LA REVANCHE, LA • 1924
SIRENE DES TROPIQUES, LA • 1927

ETLER EDWARD – PLN
CMENTARZ REMUCH • REMUCH CEMETERY, THE ○ CEMENTERY OF REMU, THE • 1962 • DOC

ETTING EMLEN – USA
ORAMUNDE • 1931 • SHT
LAUREATE • 1932 • SHT
POEM 8 • 1932 • SHT

EUSTACE DAVID see **EUSTACE DAVID F.**

EUSTACE DAVID F. – CND
EUSTACE DAVID
INTRUDER, THE • 1980 • MTV

EUSTACE HARRY K. – USA
THROUGH DARKEST AFRICA: IN SEARCH OF WHITE RHINOCEROS • 1927 • DOC

EUSTACHE JEAN – FRN – 1938–1981
DU COTE DE ROBINSON • ROBINSON'S PLACE • 1964
PERE NOEL A LES YEUX BLEUS, LE • SANTA CLAUS HAS BLUE EYES ○ BAD COMPANY ○ FATHER CHRISTMAS HAS BLUE EYES • 1966
MAUVAISES FREQUENTATIONS, LES • BAD COMPANY (USA) • 1967 • CMP
ROSIERE DE PESSAC, LA • 1969 • DOC
COCHON, LE • 1971 • DOC
NUMERO ZERO • 1971
MAMAN ET LA PUTAIN, LA • MOTHER AND THE WHORE, THE (USA) • 1973
MES PETITES AMOUREUSES • MY LITTLE LOVES • 1975
SALE HISTOIRE, UNE • DIRTY STORY, A • 1977
ROSIERE DE PESSAC II, LA • 1979 • DOC
PHOTOS D'ALIX • 1980

EVANCHUK PETER – CND
PLATINUM • 1988

EVANS BOB – ASL
RIDE A WHITE HORSE • 1968

EVANS CLIFFORD – Actor – UKN – 1912–
SILVER DARLINGS, THE • 1947

EVANS DAVID – UKN
SIX FACES OF TERYLENE • 1964 • DCS
FORCES OF INDUCTION, THE • 1969

EVANS FRED – Actor – UKN – 1889–1951
STOP THE FIGHT • 1911
FIFTY YEARS AFTER • 1912
LITTLE GENERAL, THE • 1912
NOVEL BURGLARY, A • 1912
PIMPLE AS A BALLET DANCER • 1912
PIMPLE AS A CINEMA ACTOR • 1912
PIMPLE AS A RENT COLLECTOR • 1912
PIMPLE BECOMES AN ACROBAT • 1912
PIMPLE GETS A QUID • 1912
PIMPLE WINS A BET • 1912
PIMPLE'S EGGS-TRAORDINARY STORY • 1912
PIMPLE'S FIRE BRIGADE • 1912
PIMPLE • 1912-20 • SHS
ADVENTURES OF PIMPLE -PIMPLE P.C., THE • PIMPLE JOINS THE POLICE FORCE • 1913
ADVENTURES OF PIMPLE -THE BATTLE OF WATERLOO • 1913
ADVENTURES OF PIMPLE -THE INDIAN MASSACRE • 1913
BATHROOM PROBLEM, A • 1913
DICKE TURPIN'S RIDE TO YORKE • 1913
HOW PIMPLE SAVED KISSING CUP • 1913
LIEUTENANT PIMPLE ON SECRET SERVICE • 1913
MISS PIMPLE, SUFFRAGETTE • 1913
ONCE UPON A TIME • 1913
PIMPLE AND THE GORILLA • 1913
PIMPLE, DETECTIVE • 1913
PIMPLE DOES THE HAT TRICK • 1913
PIMPLE GETS THE JUMPS • 1913
PIMPLE GETS THE SACK • 1913
PIMPLE GOES A-BUSKING • 1913
PIMPLE GOES FISHING • 1913
PIMPLE JOINS THE ARMY • 1913
PIMPLE MEETS CAPTAIN SCUTTLE • 1913
PIMPLE TAKES A PICTURE • 1913
PIMPLE THE SPORT • 1913
PIMPLE WRITES A CINEMA PLOT • 1913
PIMPLE'S COMPLAINT • 1913
PIMPLE'S GREAT BULL FIGHT • 1913
PIMPLE'S INFERNO • 1913
PIMPLE'S IVANHOE • 1913
PIMPLE'S MIDNIGHT RAMBLE • 1913
PIMPLE'S MOTOR BIKE • 1913
PIMPLE'S MOTOR TRAP • 1913
PIMPLE'S NEW JOB • 1913
PIMPLE'S REST CURE • 1913
PIMPLE'S SPORTING CHANCE • 1913
PIMPLE'S WIFE • 1913
PIMPLE'S WONDERFUL GRAMOPHONE • 1913
SLIPPERY PIMPLE • 1913
STORY OF HYAM TOUCHED, THE • 1913
TRAGEDY IN PIMPLE'S LIFE, A • 1913
TWO TO ONE ON PIMPLE • 1913
WHAT HAPPENED TO PIMPLE -THE SUICIDE • 1913
WHEN PIMPLE WAS YOUNG • 1913
ADVENTURES OF PIMPLE -THE SPIRITUALIST, THE • 1914
ADVENTURES OF PIMPLE -TRILBY, THE • TRILBY BY PIMPLE AND CO • 1914
BATTLE OF GETTYSOWNBACK, THE • 1914
BIG CHIEF LITTLE PIMPLE • 1914
BRONCHO PIMPLE • 1914
CLOWNS OF EUROPE, THE • 1914
HOUSE OF DISTEMPERLY, THE • 1914
HOW LIEUTENANT PIMPLE CAPTURED THE KAISER • 1914
HOW PIMPLE WON THE DERBY • 1914
INSPECTOR PIMPLE • 1914
LIEUTENANT PIMPLE AND THE STOLEN INVENTION • 1914
LIEUTENANT PIMPLE AND THE STOLEN SUBMARINE • 1914
LIEUTENANT PIMPLE GOES TO MEXICO • 1914
LIEUTENANT PIMPLE, GUN RUNNER • 1914
LIEUTENANT PIMPLE, KING OF THE CANNIBAL ISLANDS • 1914
LIEUTENANT PIMPLE'S DASH FOR THE POLE • 1914
LIEUTENANT PIMPLE'S SEALED ORDERS • 1914
PIMPLE, ANARCHIST • 1914
PIMPLE AND GALATEA • 1914
PIMPLE AND THE STOLEN PLANS • 1914
PIMPLE BEATS JACK JOHNSON • 1914
PIMPLE, COUNTER JUMPER • 1914
PIMPLE ELOPES • 1914
PIMPLE ENLISTS • 1914
PIMPLE GOES TO PARIS • 1914
PIMPLE IN SOCIETY • 1914
PIMPLE IN THE GRIP OF THE LAW • 1914
PIMPLE M.P. • 1914
PIMPLE 'MIDST RAGING BEASTS • 1914
PIMPLE ON FOOTBALL • 1914
PIMPLE PINCHED • 1914
PIMPLE, SPECIAL CONSTABLE • 1914
PIMPLE TURNS HONEST • 1914
PIMPLE'S ADVICE • 1914
PIMPLE'S BURGLAR SCARE • 1914
PIMPLE'S CHARGE OF THE LIGHT BRIGADE • 1914
PIMPLE'S ESCAPE FROM PORTLAND • 1914
PIMPLE'S GREAT FIRE • 1914
PIMPLE'S HUMANITY • 1914
PIMPLE'S LAST RESOURCE • 1914
PIMPLE'S LEAP TO FORTUNE • 1914
PIMPLE'S PRISON • 1914
PIMPLE'S PROPOSAL • 1914
PIMPLE'S TROUSERS • 1914
PIMPLE'S VENGEANCE • 1914
WHAT HAPPENED TO PIMPLE -IN THE HANDS OF THE LONDON CROOK • 1914
WHAT HAPPENED TO PIMPLE -THE GENTLEMAN BURGLAR • 1914
WHEN PIMPLE WAS YOUNG -HIS FIRST SWEETHEART • 1914
WHEN PIMPLE WAS YOUNG -YOUNG PIMPLE'S SCHOOLDAYS • 1914
WHITEWASHERS, THE • 1914
YOUNG PIMPLE AND HIS LITTLE SISTER • 1914
YOUNG PIMPLE'S FROLIC • 1914
ALADDIN • 1915
DRIVEN BY HUNGER • 1915
FLASH PIMPLE THE MASTER CROOK • 1915
FOR HER BROTHER'S SAKE • 1915
JUDGE PIMPLE • 1915
KAISER CAPTURES PIMPLE, THE • 1915
MADEMOISELLE PIMPLE • 1915
MRS. RAFFLES NEE PIMPLE • 1915
PIMPLE ACTS • 1915
PIMPLE, CHILD STEALER • 1915
PIMPLE COPPED • 1915
PIMPLE EXPLAINS • 1915
PIMPLE GETS THE HUMP • 1915
PIMPLE HAS ONE • 1915
PIMPLE IN THE KILTIES • 1915
PIMPLE SEES GHOSTS • 1915
PIMPLE, THE BAD GIRL OF THE FAMILY • 1915
PIMPLE UP THE POLE • 1915
PIMPLE WILL TREAT • 1915
PIMPLE'S ART OF MYSTERY • FLIVVER'S ART OF MYSTERY (USA) • 1915
PIMPLE'S ARTFUL DODGE • 1915
PIMPLE'S BOY SCOUT • 1915
PIMPLE'S BURLESQUE OF THE STILL ALARM • FLIVVER'S STILL ALARM (USA) • 1915
PIMPLE'S DILEMMA • FLIVVER'S DILEMMA (USA) • 1915
PIMPLE'S DREAM OF VICTORY • 1915

PIMPLE'S GOOD TURN • FLIVVER'S GOOD TURN (USA) • 1915
PIMPLE'S HOLIDAY • 1915
PIMPLE'S MOTOR TOUR • 1915
PIMPLE'S RIVAL • 1915
PIMPLE'S ROAD TO RUIN • 1915
PIMPLE'S SCRAP OF PAPER • 1915
PIMPLE'S SOME BURGLAR • 1915
PIMPLE'S STORYETTE • 1915
PIMPLE'S THREE • 1915
PIMPLE'S THREE O'CLOCK RACE • 1915
PIMPLE'S UNCLE • 1915
PIMPLE'S WILL IT –WAS IT –IS IT • 1915
RAGTIME COWBOY PIMPLE • 1915
SEXTON PIMPLE • 1915
SMUGGLERS, THE • 1915
SOME FUN • 1915
STUDY IN SKARLIT, A • 1915
TALLY HO! PIMPLE • 1915
WAS PIMPLE (W)RIGHT? • 1915
DIAMOND CUT DIAMOND • 1916
PIMPLE –HIMSELF AND OTHERS • 1916 • SHT
PIMPLE AS HAMLET • 1916 • SHT
PIMPLE ENDS IT • 1916 • SHT
PIMPLE POOR BUT DISHONEST • 1916 • SHT
PIMPLE SPLITS THE DIFFERENCE • 1916 • SHT
PIMPLE'S A WOMAN IN THE CASE • 1916 • SHT
PIMPLE'S ARM OF THE LAW • 1916 • SHT
PIMPLE'S CLUTCHING HAND • 1916 • SHT
PIMPLE'S CRIME • 1916 • SHT
PIMPLE'S DOUBLE • 1916 • SHT
PIMPLE'S GREAT ADVENTURE • 1916 • SHT
PIMPLE'S MERRY WIVES • MERRY WIVES OF PIMPLE, THE • 1916 • SHT
PIMPLE'S MIDSUMMER NIGHT'S DREAM • 1916 • SHT
PIMPLE'S MONKEY BUSINESS • SOME MONKEY BUSINESS • 1916 • SHT
PIMPLE'S NAUTICAL STORY • 1916
PIMPLE'S PART • 1916 • SHT
PIMPLE'S PINK FORMS • 1916 • SHT
PIMPLE'S SILVER LAGOON • 1916 • SHT
PIMPLE'S TENTH COMMANDMENT • 1916 • SHT
PIMPLE'S ZEPPELIN SCARE • 1916
OLIVER TWISTED • 1917
PIMPLE –HIS VOLUNTARY CORPS • 1917 • SHT
PIMPLE'S LADY GODIVA • 1917 • SHT
PIMPLE'S MOTOR TOUR • 1917
PIMPLE'S MYSTERY OF THE CLOSED DOOR • 1917 • SHT
PIMPLE'S PITTER-PATTER • 1917 • SHT
PIMPLE'S ROMANCE • 1917 • SHT
PIMPLE'S SENSELESS CENSORING • 1917 • SHT
PIMPLE'S TABLEAUX VIVANTS • 1917
PIMPLE'S THE WHIP • 1917 • SHT
PIMPLE'S THE WOMAN WHO DID • 1917 • SHT
SAVING RAFFLES • 1917
SOME DANCER • 1917
INNS AND OUTS • 1918
PIMPLE'S BETTER 'OLE • 1918 • SHT
PIMPLE'S TOPICAL GAZETTE • 1920 • SHT
PIMPLE'S THREE MUSKETEERS • 1922 • SHT

EVANS HUGH – UKN

THIS TOWN • 1969

EVANS JACK – USA

COME DREAM WITH ME • 1969

EVANS JOE – Actor – UKN – 1891–1967

PIMPLE AS A BALLET DANCER • 1912
PIMPLE AS A CINEMA ACTOR • 1912
PIMPLE AS A RENT COLLECTOR • 1912
PIMPLE BECOMES AN ACROBAT • 1912
PIMPLE GETS A QUID • 1912
PIMPLE WINS A BET • 1912
PIMPLE'S EGGS-TRAORDINARY STORY • 1912
PIMPLE'S FIRE BRIGADE • 1912
PIMPLE • 1912-20 • SHS
ADVENTURES OF PIMPLE –THE BATTLE OF WATERLOO • 1913
ADVENTURES OF PIMPLE –THE INDIAN MASSACRE • 1913
BATHROOM PROBLEM, A • 1913
DICKE TURPIN'S RIDE TO YORKE • 1913
HOW PIMPLE SAVED KISSING CUP • 1913
LIEUTENANT PIMPLE ON SECRET SERVICE • 1913
MISS PIMPLE, SUFFRAGETTE • 1913
ONCE UPON A TIME • 1913
PIMPLE AND THE GORILLA • 1913
PIMPLE, DETECTIVE • 1913
PIMPLE DOES THE HAT TRICK • 1913
PIMPLE GETS THE JUMPS • 1913
PIMPLE GETS THE SACK • 1913
PIMPLE GOES A-BUSKING • 1913
PIMPLE GOES FISHING • 1913
PIMPLE JOINS THE ARMY • 1913
PIMPLE MEETS CAPTAIN SCUTTLE • 1913
PIMPLE TAKES A PICTURE • 1913
PIMPLE THE SPORT • 1913
PIMPLE'S COMPLAINT • 1913
PIMPLE'S GREAT BULL FIGHT • 1913
PIMPLE'S INFERNO • 1913
PIMPLE'S IVANHOE • 1913
PIMPLE'S MIDNIGHT RAMBLE • 1913
PIMPLE'S MOTOR BIKE • 1913
PIMPLE'S MOTOR TRAP • 1913
PIMPLE'S NEW JOB • 1913
PIMPLE'S REST CURE • 1913
PIMPLE'S SPORTING CHANCE • 1913
PIMPLE'S WIFE • 1913
PIMPLE'S WONDERFUL GRAMOPHONE • 1913
SLIPPERY PIMPLE • 1913
TRAGEDY IN PIMPLE'S LIFE, A • 1913
TWO TO ONE ON PIMPLE • 1913
WHAT HAPPENED TO PIMPLE –THE SUICIDE • 1913
WHEN PIMPLE WAS YOUNG • 1913
ADVENTURES OF PIMPLE –THE SPIRITUALIST, THE • 1914
ADVENTURES OF PIMPLE –TRILBY, THE • TRILBY BY PIMPLE AND CO • 1914
ARCHIBALD IN A TANGLE • 1914
ARCHIBALD'S EGG DIET • 1914
BATTLE OF GETTYSOWNBACK, THE • 1914
BIG CHIEF LITTLE PIMPLE • 1914
BRONCHO PIMPLE • 1914
CLOWNS OF EUROPE, THE • 1914
FIERY DEEDS OF THE TERRIBLE TWO, THE • 1914
HOUSE OF DISTEMPERLY, THE • 1914
HOW LIEUTENANT PIMPLE CAPTURED THE KAISER • 1914
HOW PIMPLE WON THE DERBY • 1914
INSPECTOR PIMPLE • 1914
LIEUTENANT PIMPLE AND THE STOLEN INVENTION • 1914
LIEUTENANT PIMPLE AND THE STOLEN SUBMARINE • 1914
LIEUTENANT PIMPLE GOES TO MEXICO • 1914
LIEUTENANT PIMPLE, GUN RUNNER • 1914
LIEUTENANT PIMPLE, KING OF THE CANNIBAL ISLANDS • 1914
LIEUTENANT PIMPLE'S DASH FOR THE POLE • 1914
LIEUTENANT PIMPLE'S SEALED ORDERS • 1914
PEARLS OF DEATH • 1914
PIMPLE, ANARCHIST • 1914
PIMPLE AND GALATEA • 1914
PIMPLE AND THE STOLEN PLANS • 1914
PIMPLE BEATS JACK JOHNSON • 1914
PIMPLE, COUNTER JUMPER • 1914
PIMPLE ELOPES • 1914
PIMPLE ENLISTS • 1914
PIMPLE GOES TO PARIS • 1914
PIMPLE IN SOCIETY • 1914
PIMPLE IN THE GRIP OF THE LAW • 1914
PIMPLE M.P. • 1914
PIMPLE 'MIDST RAGING BEASTS • 1914
PIMPLE ON FOOTBALL • 1914
PIMPLE PINCHED • 1914
PIMPLE, SPECIAL CONSTABLE • 1914
PIMPLE TURNS HONEST • 1914
PIMPLE'S ADVICE • 1914
PIMPLE'S BURGLAR SCARE • 1914
PIMPLE'S CHARGE OF THE LIGHT BRIGADE • 1914
PIMPLE'S ESCAPE FROM PORTLAND • 1914
PIMPLE'S GREAT FIRE • 1914
PIMPLE'S HUMANITY • 1914
PIMPLE'S LAST RESOURCE • 1914
PIMPLE'S LEAP TO FORTUNE • 1914
PIMPLE'S PRISON • 1914
PIMPLE'S PROPOSAL • 1914
PIMPLE'S TROUSERS • 1914
PIMPLE'S VENGEANCE • 1914
STOLEN HONOURS • 1914
TERRIBLE TWO ON THE MASH, THE • 1914
TERRIBLE TWO ON THE STAGE, THE • 1914
TERRIBLE TWO ON THE TWIST, THE • 1914
TERRIBLE TWO ON THE WARPATH, THE • 1914
TERRIBLE TWO, THE • 1914
WHAT HAPPENED TO PIMPLE –IN THE HANDS OF THE LONDON CROOK • 1914
WHAT HAPPENED TO PIMPLE –THE GENTLEMAN BURGLAR • 1914
WHEN PIMPLE WAS YOUNG –HIS FIRST SWEETHEART • 1914
WHEN PIMPLE WAS YOUNG –YOUNG PIMPLE'S SCHOOLDAYS • 1914
WHITEWASHERS, THE • 1914
WHO WILL MARRY MARTHA? • 1914
YOUNG PIMPLE AND HIS LITTLE SISTER • 1914
YOUNG PIMPLE'S FROLIC • 1914
ALADDIN • 1915
FLASH PIMPLE THE MASTER CROOK • 1915
IN THE CLUTCHES OF THE HUN • 1915
JOEY'S 21ST BIRTHDAY • 1915
JUDGE PIMPLE • 1915
KAISER CAPTURES PIMPLE, THE • 1915
KIDNAPPED KING, THE • 1915
LADY DETECTIVE, THE • 1915
LIZA ON THE STAGE • 1915
LIZA'S LEGACY • 1915
MADEMOISELLE PIMPLE • 1915
MR. AND MRS. PIECAN –THE GIDDY HUSBAND • 1915
MRS. RAFFLES NEE PIMPLE • 1915
PIECAN'S TONIC • 1915
PIMPLE ACTS • 1915
PIMPLE, CHILD STEALER • 1915
PIMPLE COPPED • 1915
PIMPLE EXPLAINS • 1915
PIMPLE GETS THE HUMP • 1915
PIMPLE HAS ONE • 1915
PIMPLE IN THE KILTIES • 1915
PIMPLE SEES GHOSTS • 1915
PIMPLE, THE BAD GIRL OF THE FAMILY • 1915
PIMPLE UP THE POLE • 1915
PIMPLE WILL TREAT • 1915
PIMPLE'S ART OF MYSTERY • FLIVVER'S ART OF MYSTERY (USA) • 1915
PIMPLE'S ARTFUL DODGE • 1915
PIMPLE'S BOY SCOUT • 1915
PIMPLE'S BURLESQUE OF THE STILL ALARM • FLIVVER'S STILL ALARM (USA) • 1915
PIMPLE'S DILEMMA • FLIVVER'S DILEMMA (USA) • 1915
PIMPLE'S DREAM OF VICTORY • 1915
PIMPLE'S GOOD TURN • FLIVVER'S GOOD TURN (USA) • 1915
PIMPLE'S HOLIDAY • 1915
PIMPLE'S MOTOR TOUR • 1915
PIMPLE'S RIVAL • 1915
PIMPLE'S ROAD TO RUIN • 1915
PIMPLE'S SCRAP OF PAPER • 1915
PIMPLE'S SOME BURGLAR • 1915
PIMPLE'S STORYETTE • 1915
PIMPLE'S THREE • 1915
PIMPLE'S THREE O'CLOCK RACE • 1915
PIMPLE'S UNCLE • 1915
PIMPLE'S WILL IT –WAS IT –IS IT • 1915
POOR OLD PIECAN • 1915
RAGTIME COWBOY PIMPLE • 1915
SEXTON PIMPLE • 1915
SHELLS, MORE SHELLS • 1915
SOME FUN • 1915
TALLY HO! PIMPLE • 1915
WAS PIMPLE (W)RIGHT? • 1915
WHEN THE GERMANS CAME • 1915
WHEN WOMEN RULE • 1915
BOARDING HOUSE SCANDAL, A • 1916
DIAMOND CUT DIAMOND • 1916
JOEY THE SHOWMAN • 1916 • SHT
JOEY WALKS IN HIS SLEEP • 1916 • SHT
JOEY'S APACHE MANIA • 1916 • SHT
JOEY'S AUNT • 1916 • SHT
JOEY'S AUTOMATIC FURNITURE • 1916 • SHT
JOEY'S BLACK DEFEAT • 1916 • SHT
JOEY'S DREAM • 1916 • SHT
JOEY'S HIGH JINKS • 1916 • SHT
JOEY'S LIAR METER • 1916 • SHT
JOEY'S NIGHT ESCAPADE • 1916 • SHT
JOEY'S PERMIT • 1916 • SHT
JOEY'S PLUCK • 1916 • SHT
PIMPLE –HIMSELF AND OTHERS • 1916 • SHT
PIMPLE AS HAMLET • 1916 • SHT
PIMPLE ENDS IT • 1916 • SHT
PIMPLE POOR BUT DISHONEST • 1916 • SHT
PIMPLE SPLITS THE DIFFERENCE • 1916 • SHT
PIMPLE'S A WOMAN IN THE CASE • 1916 • SHT
PIMPLE'S ARM OF THE LAW • 1916 • SHT
PIMPLE'S CLUTCHING HAND • 1916 • SHT
PIMPLE'S CRIME • 1916 • SHT
PIMPLE'S DOUBLE • 1916 • SHT
PIMPLE'S GREAT ADVENTURE • 1916 • SHT
PIMPLE'S MERRY WIVES • MERRY WIVES OF PIMPLE, THE • 1916 • SHT
PIMPLE'S MIDSUMMER NIGHT'S DREAM • 1916 • SHT
PIMPLE'S MONKEY BUSINESS • SOME MONKEY BUSINESS • 1916 • SHT
PIMPLE'S NAUTICAL STORY • 1916
PIMPLE'S PART • 1916 • SHT
PIMPLE'S PINK FORMS • 1916 • SHT
PIMPLE'S SILVER LAGOON • 1916 • SHT
PIMPLE'S TENTH COMMANDMENT • 1916 • SHT
PIMPLE'S ZEPPELIN SCARE • 1916
SILAS AT THE SEASIDE • 1916
TAMING LIZA • 1916
WEST END PALS • 1916
OLIVER TWISTED • 1917
PIMPLE –HIS VOLUNTARY CORPS • 1917 • SHT
PIMPLE'S LADY GODIVA • 1917 • SHT
PIMPLE'S MOTOR TOUR • 1917
PIMPLE'S MYSTERY OF THE CLOSED DOOR • 1917 • SHT
PIMPLE'S PITTER-PATTER • 1917 • SHT
PIMPLE'S ROMANCE • 1917 • SHT
PIMPLE'S SENSELESS CENSORING • 1917 • SHT
PIMPLE'S TABLEAUX VIVANTS • 1917
PIMPLE'S THE WHIP • 1917 • SHT
PIMPLE'S THE WOMAN WHO DID • 1917 • SHT
SAVING RAFFLES • 1917
SOME DANCER • 1917
INNS AND OUTS • 1918
PIMPLE'S TOPICAL GAZETTE • 1920 • SHT
PIMPLE'S THREE MUSKETEERS • 1922 • SHT

EVANS JOHN – USA

BLACK GODFATHER, THE • STREET WAR • 1974

EVANS OSMOND – USA

RISE OF DUTON LANG, THE • 1955 • ANS

EVANS RICHARD Z. – USA

DOCTOR STUDLEY • 1969
DELIGHTFUL DILEMMA • 1970

EVANS ROGER – USA

FOREVER EVIL • 1987

EVANS ROY – UKN

LOVE AFFAIR • 1971

EVANS WARREN – USA

SCHWARTZ KENNETH

FIONA ON FIRE • WHITE FLESH IS WEAK • 1978
LOVE AT FIRST GULP • DRACULA EXOTICA • 1980
AFTERNOON DELIGHTS • AFTERNOON DELIGHT • 1981
HEAVEN'S TOUCH • 1983

EVANS WILL – Actor – UKN – 1867–1931

EVANS WILL E.

MUSICAL ECCENTRIC, THE • WILL EVANS THE LIVING CATHERINE WHEEL • 1899
STUDY IN SKARLIT, A • 1915

EVANS WILL E. see **EVANS WILL**

EVELEIGH L. see **EVELEIGH LESLIE**

EVELEIGH LESLIE – UKN

EVELEIGH L.

DANCE OF DEATH, THE • 1928 • SHT
DAVID GARRICK • 1928 • SHT
GHOSTS OF YESTERDAY • 1928 • SHS
LADY GODIVA • 1928
MAN IN THE IRON MASK, THE • 1928
MYSTERY OF THE SILENT DEATH, THE • 1928
PRINCES IN THE TOWER, THE • 1928
SILKEN THREADS • 1928
VANISHED HAND, THE • 1928
NEMESIS • 1929
SNARE, THE • 1929

EVERETT D. S. see **SHEBIB DONALD**

EVERETT EDWARD – USA

DOWN AND DIRTY • 1969

EVERETT GEORGE – USA

CRIMSON CROSS, THE • 1920

EVERETT PETER – UKN

LAST OF THE LONG HAIRED BOYS, THE • 1968

EVIN SEMIH – TRK

KORKUSZLAR • 1965
AGLAYAN KADIN • WEEPING WOMAN, THE • 1967
AKSAM YILDIZI • NIGHT STAR • 1967
AMANSIZ TAKIP • MERCILESS CHASE • 1967
CILDIRTAN DARBE • MADDENING BLOW, THE • 1967
KIZIM DUYMASIN • DON'T TELL MY DAUGHTER • 1967
YAYLA KIZI • GIRL OF THE PLAIN, THE • 1967
GUNAHSIZLAR • GUILTLESS, THE • 1968
CIFTE YUREKLI • 1970

EVREINOFF NICOLAS – FRN – 1879–1953

PAS SUR LA BOUCHE • 1931

EVSTATIEVA MARIANNA – BUL

LITTLE TIGER • 1973
MIGOVE V KIBRITENA KOUTIYA • MOMENTS IN A MATCHBOX • 1979
ABDUCTION IN YELLOW • 1980
UP IN THE CHERRY TREE • 1984
MY NEPHEW IS A FOREIGNER • 1988

EWERS HANS H. – GRM

IDEALE GATTIN, DIE • 1914

EWING IAIN – CND

KILL • 1970

EXPORT VALIE – AUS

UNSICHTBARE GEGNER • INVISIBLE ADVERSARY ○ INVISIBLE ADVERSARIES • 1977
MENSCHENFRAUEN • HUMAN WOMAN ○ HUMANWOMEN • 1980
PRAXIS DER LIEBE, DIE • PRACTICE OF LOVE, THE • 1985

van EYCK ROB see **van EYCK ROBERT**

van EYCK ROBERT – BLG
van EYCK ROB
VRIENDEN, DE • AMIS, LES • 1971
ONTBIJT VOOR TWEE • PETIT DEJEUNER POUR DEUX • 1973
MIRLITON • 1977
TERUGTOCHT, DE • 1981
AFTERMATH, THE • 1986

EYDE MARIANNE – PRU
RONDEROS, LOS • 1986

van den EYNDEN RICK – BLG
WONDERSHOP • 1975

EYRE RICHARD – UKN
PLOUGHMAN'S LUNCH, THE • 1982
LAUGHTERHOUSE • SINGLETON'S PLUCK • 1984
LOOSE CONNECTIONS • 1984
INSURANCE MAN, THE • 1985
PAST CARING • 1985

EYRES JOHN – UKN
LUCIFER • GOODNIGHT, GOD BLESS • 1987

EYSYMONT VIKTOR see **EISIMONT VIKTOR**

EZAKI see **EZAKI MIO**

EZAKI JISSEI – JPN
KUROI KAIKYO • BLACK CHANNEL • 1964
TOBO RESSHA • LAST ESCAPE • 1966

EZAKI MIO – JPN
EZAKI
GIRLS' SCHOOL -VILE GAMES
KAERAZARU HATOBA • HARBOUR OF NO RETURN • 1966
SEISHUN DAITORYO • YOUTH PRESIDENT • 1966
OGON NO YARO-DOMO • GOLDEN MOB • 1967
SABITA PENDANT • STAINED PENDANT, THE • 1967
SHICHININ NO YAJU • DIRTY SEVEN, THE • 1967
SHICHININ NONYAJU CHI NO SENGEN • RETURN OF THE DIRTY SEVEN, THE • 1967
YOGIRI YO KONYA MO ARIGATO • WARM MISTY NIGHT, A • 1967
DAI KANBU BURAI HIJO • GANGSTER V.I.P. -VILLAINOUS CRUELTY • 1968
OTOKO NO OKITE • CODE OF MAN, THE • 1968
SHIKIYOKU NO HATE • AT LUST'S END • 1968

EZARD ALEX – Editor – ASL – 1916–
AUSTRALIA'S GOLD COAST • 1958 • DOC

EZEIZA ANTONIO – SPN
EZEIZA ANTXON
DIAS DE HUMO • DAYS OF SMOKE ○ KE ARTEKO EGUNAK • 1989
KE ARTEKO EGUNAK • DAYS OF SMOKE • 1989

EZEIZA ANTXON see **EZEIZA ANTONIO**

EZRA MARK – USA
APRIL FOOL'S DAY • SLAUGHTER HIGH • 1985

van FAASSEN FREDERICE – NTH
ACCUMULATIONS • 1964

van FAASSEN HENK – NTH
ACCUMULATIONS • 1964

FABBRI JACQUES – FRN – 1925–
PIED DANS LE PLATRE, LES • 1964

FABBRI LIONETTO – ITL
MALESIA MAGICA • 1962 • DOC
UOMO, UOMO, UOMO • 1977

FABBRI OTTAVIO – ITL
MOVIE RUSH • FEBBRE DEL CINEMA, LA • 1976
BANANA REPUBLIC • 1979

FABBRO RINALDO DAL see **DAL FABBRO RINALDO**

FABER CHRISTIAN – USA
BAIL JUMPER • 1990

FABER JACQUES – BLG
CHOIX, LE • CHOICE, THE • 1975
FRONTIERES DU REVE OU JEAN-PIERRE, ANNE ET JULIETTE, LES • 1975

FABERT HENRI – FRN
MERVEILLEUSE TRAGODIEDE LOURDES, LA • 1933

FABIANI – Animator – YGS
VACUUM CLEANER, THE • 1982 • ANS

FABIANI H. see **FABIANI HENRI**

FABIANI HENRI – FRN – 1919–
FABIANI H.
GRANDE PECHE • 1955
MARCHE FRANCAISE • 1956 • SHT
TU ENFANTERAS SANS DOULEUR • 1956 • SHT
PORTRAIT DE LA FRANCE • 1957 • SHT
DIAGNOSTIC C.I.V. • 1960 • SHT
PHOTO SOUVENIR • 1960 • SHT
BONHEUR EST POUR DEMAIN, LE • 1962
TEMPS REDONNE, LE • 1967 • DOC

FABIANI LEO – YGS
SKRBNIK • GUARDIAN, THE • 1974

FABRE MARCEL – Actor – SPN
AVENTURES DE SATURNIN FARADOLE, LES • 1915

FABRE PIERRE – FRN – 1933–
TOUT DEPEND DES FILLES • 1979

FABRI ZOLTAN – HNG – 1917–
FABRY ZOLTAN
GYARMAT A FOLD ALATT • COLONY BENEATH THE EARTH • 1951
VIHAR • STORM, THE • 1952
ELETJEL • FOURTEEN LIVES IN DANGER ○ FOURTEEN LIVES SAVED ○ VIERZEHN MENSCHENLEBEN ○ LIFE SIGNS • 1954
KORHINTA • MERRY GO ROUND ○ KARUSSELL • 1955
HANNIBAL TANAR UR • PROFESSOR HANNIBAL • 1956
BOLOND APRILIS • APRIL CLOUDS ○ SUMMER CLOUDS • 1957
EDES ANNA • ANNA ○ SCHULDIG? • 1958
DUVAD • BRUTE, THE ○ SCHEUSAL, DAS • 1959
KET FELIDO A POKOLBAN • LAST GOAL, THE (UKN) ○ TWO HALF-TIMES IN HELL ○ ELEVEN MEN • 1961
NAPPALI SOTETSEG • DARKNESS BY DAYLIGHT ○ DARKNESS IN DAYTIME ○ DUNKEL BEI TAGESLICHT • 1963
HUSZ ORA • TWENTY HOURS (UKN) • 1964
VIZIVAROSI NYAR • HARD SUMMER, A • 1965
UTOSZEZON • LATE SEASON • 1967
BOYS OF PAUL STREET, THE • PAL UTCAI FIUK, A (HNG) • 1969
ISTEN HOZTA, ORNAGY UR! • TOTH FAMILY, THE • 1969
HANGYABOLY • ANT'S NEST • 1971
PLUSZ MINUSZ EGY NAP • ONE DAY MORE, ONE DAY LESS ○ ONE DAY MORE OR LESS • 1973
148 PERC A BEFEJEZETLEN MONDATBOL • 148 MINUTES FROM THE UNFINISHED SENTENCE ○ UNFINISHED SENTENCE, THE ○ UNFINISHED SENTENCE IN 148 MINUTES, THE • 1974
OTODIK PECSET, AZ • FIFTH SEAL, THE • 1977
MAGYAROK • HUNGARIANS (UKN) • 1978
FABIAN BALINT TALALKOZASA ISTENNEL • BALINT FABIAN MEETS GOD • 1981
REQUIEM • 1982
GYERTEK EL A NEVNAPOMRA • HOUSE-WARMING, THE • 1984

FABRITZI A. – USA
LEGEND OF LADY BLUE, THE • 1978

FABRIZI ALDO – ITL – 1897–
EMIGRANTES • EMIGRANTI, GLI • 1949
BENVENUTO REVERENDO! • 1950
FAMIGLIA PASSAGUAI, LA • 1951
FAMIGLIA PASSAGUAI FA FORTUNA, LA • 1952
PAPA DIVENTA MAMMA • 1952
UNA DI QUELLE • 1953
QUESTA E LA VITA • OF LIFE AND LOVE (USA) • 1954
MAESTRO, IL • MAESTRO, EL (SPN) ○ TEACHER AND THE MIRACLE, THE ○ TEACHER, THE • 1957

FABRY PETER – HNG
NYOM NELKUL • NO CLUES • 1983

FABRY ZOLTAN see **FABRI ZOLTAN**

FACCINI LUIGI – ITL
GAROFANO ROSSO • 1976
INGANNI • DECEPTIONS • 1985

FADEL MOHAMED – EGY
DOWNTOWN FLAT • 1977

FADLER HANS – AUS
WIENER BRUT • VIENNESE BROOD • 1985

FADMAN EDWIN MILES – Animator – USA
CRACKED ICE • 1924 • ANM
MOSE AND FUNNY FACE MAKE ANGEL CAKE • 1924 • ANM

FAENZA ROBERTO – ITL – 1943–
ESCALATION • 1967
H25 • 1968
FORZA ITALIA! • 1978
SI SALVI CHI VUOLE • 1979
ORDER OF DEATH • COP KILLERS ○ CORRUPT ○ COPKILLER • 1983
MIO CARO DOTTOR GRASLER • MY DEAR DOCTOR GRASLER • 1990

FAFOUTIS JIANNIS – GRC
MY WEAPONS SHOOT FLOWERS, YOURS FIRE RED-HOD LEAD • 1981

FAGARAZZI DANIELE – ITL
ARRIVANO I PUTI POTI • 1969 • SHT

FAGERSTROM-OLSSON AGNETA – SWD
HJALTEN • HERO, THE • 1989

FAGO GIOVANNI – ITL
LEAN SIDNEY
PER CENTOMILA DOLLARI TI AMMAZZO • FOR 100,000 DOLLARS I'LL KILL YOU • 1967
UNO DI PIU ALL'INFERNO • ONE MOVE TO HELL • 1968
O' CANGACEIRO • 1969
FATEVI VIVI: LA POLIZIA NON INTERVERRA • 1974
MAESTRO DI VIOLINO, IL • 1976

FAGOT GEORGES – FRN
FAUST • 1909

FAHLSTROM OYVIND – SWD
DU GAMLA, DU FRIA • YOU OLD, YOU FREE ○ PROVOCATION • 1970

FAHMI ASHRAF see **FAHMY ASHRAF**

FAHMY ASHRAF – EGY – 1936–
FAHMI ASHRAF
ABIADH WA AL-ASWAD, AL- • BLANC ET LE NOIR, LE • 1970
QATALA, AL- • MEURTRIERS, LES ○ ASSASSINS, LES • 1971
WAH'ID FI AL-MILIUM • SUR UN MILLION, UN • 1971
LAILUN WA QIDHBAN • NUITS ET BARREAUX • 1972
SADA', AS- • ECHO, L' • 1973
IMRA'A ACHIQA • WOMAN IN LOVE, A • 1974
TILL THE END OF LIFE • 1975
SHAWQ • DESIRE • 1976
LOOK, SEE WHAT SOKKAR IS DOING • 1977
LOVE WHISPERS • 1977
OTHER WOMAN, THE • 1978
TRIP INSIDE A WOMAN'S HEART, A • 1978
SAAD THE ORPHAN • 1985
LACK OF PROOF • 1987
MURDER OF A SCHOOLMISTRESS • 1987
ANBAR EL MAWI • DEATH WARD • 1988
LEIL WA KHAWANA • NIGHT AND TRAITORS • 1989

FAHRNEY (MR) see **FAHRNEY MILTON**

FAHRNEY MILTON – USA
FAHRNEY MILTON H. • *FAHRNEY (MR)*
LAW OF THE RANGE, THE • 1911
TRUE WESTERNER, A • 1911
WHITE MEDICINE MAN, THE • 1911
EVERLASTING JUDY, THE • 1912
GENTLEMAN OF FORTUNE, A • 1912
HARD LUCK BILL • 1912
HIS ONLY SON • 1912
LAND OF MIGHT, THE • 1912
SQUATTER'S CHILD, THE • 1912
TRACKED THROUGH THE DESERT • 1912
POISONED WATERS • 1913
VORTEX, THE • 1913
DISTILLED SPIRITS • 1915
DOUBLE CROSS, THE • 1915
FATHER FORGOT • 1915
HE'S IN AGAIN • 1915
JERRY'S BUSY DAY • 1915
JERRY'S REVENGE • 1915
LIFE'S MYSTERIES • 1915
LITTLE DETECTIVE, THE • 1915
LITTLE HERO, THE • 1915
MIX-UP IN MALES, A • 1915
NIGHT'S LODGING, A • 1915
ON THE JOB • 1915
ORIENTAL SPASM, THE • 1915
SAFETY FIRST • 1915
STOLEN CASE, THE • 1915
TAKING A CHANCE • 1915
AROUND THE WORLD • 1916
CONQUERING HERO, THE • 1916
DESPERATE CHANCE, THE • 1916
GIRL OF HIS DREAMS, THE • 1916
GOING UP • 1916
HERO OF E.Z. RANCH, THE • 1916
JERRY AND THE BANDITS • 1916
JERRY AND THE BLACKHANDERS • 1916
JERRY AND THE MOONSHINERS • 1916
JERRY AND THE SMUGGLERS • 1916
JERRY IN THE MOVIES • 1916
JERRY'S BIG DOINGS • 1916
JERRY'S BIG GAME • 1916
JERRY'S BIG HAUL • 1916
JERRY'S BIG LARK • 1916
JERRY'S CELEBRATION • 1916 • SHT
JERRY'S DOUBLE HEADER • 1916 • SHT
JERRY'S ELOPEMENT • 1916
JERRY'S MILLIONS • 1916
JERRY'S PERFECT DAY • 1916
JERRY'S STRATAGEM • 1916
JERRY'S WINNING WAY • 1916 • SHT
MAKING THINGS HUM • 1916
MASQUE BALL, THE • 1916
MERRY MIX-UP, A • 1916
MOVIE STRUCK • 1916
TRAITOR, THE • 1916
WISE DUMMY, A • 1916
BE SURE YOU'RE RIGHT • 1917
BEACH NUTS • 1917
FLYING TARGET, THE • 1917 • SHT
GYPSY PRINCE, THE • 1917
JERRY AND HIS PAL • 1917 • SHT
JERRY AND THE BULLY • 1917
JERRY AND THE BURGLARS • 1917 • SHT
JERRY AND THE OUTLAWS • 1917
JERRY AT THE WALDORF • 1917
JERRY IN YODEL LAND • 1917
JERRY JOINS THE ARMY • 1917
JERRY'S BIG DEAL • 1917
JERRY'S BIG MYSTERY • 1917
JERRY'S BIG RAID • 1917 • SHT
JERRY'S BIG STUNT • 1917
JERRY'S BOARDING HOUSE • 1917 • SHT
JERRY'S BRILLIANT SCHEME • 1917
JERRY'S GENTLE NURSING • 1917
JERRY'S HOPELESS TANGLE • 1917
JERRY'S LUCKY DAY • 1917 • SHT
JERRY'S MASTER STROKE • 1917 • SHT
JERRY'S PICNIC • 1917
JERRY'S RED HOT TRAIL • 1917
JERRY'S RUNNING FIGHT • 1917 • SHT
JERRY'S SOFT SNAP • 1917
JERRY'S STAR BOUT • 1917
JERRY'S WHIRLWIND FINISH • 1917
JEWEL OF DEATH, THE • 1917 • SHT
OFFICER JERRY • 1917 • SHT
RANSOM, THE • 1917 • SHT
RED, WHITE AND BLEW • 1917
SOMEWHERE IN THE MOUNTAINS • 1917

FAHRNEY MILTON H. see **FAHRNEY MILTON**

FAILLE ALBERT – CND
SEVEN SURPRISES • 1963 • ANT

FAIMAN PETER – ASL
CROCODILE DUNDEE • 1986

FAINZIMMER A. see **FAINZIMMER ALEXANDER**

FAINZIMMER ALEXANDER – USS
FEINZIMMER ALEXANDER • *FAINZIMMER A.*
PORUCHIK KIZHE • TSAR WANTS TO SLEEP, THE ○ LIEUTENANT KITE • 1934
KOTOVSKY • 1943
SA TEKH KTO V MORE • FOR THOSE WHO ARE AT SEA • 1948
U NIKH EST RODINA • THEY HAVE A MOTHERLAND ○ THEY HAVE A HOMELAND • 1951
NAD NEMANOM RASSVET • 1953
OVOD • GADFLY, THE • 1957
GIRL WITH THE GUITAR, THE • 1958
DALEKO NA ZAPADE • FAR AWAY IN THE WEST • 1969

FAIRBAIRN KEN see **FAIRBAIRN KENNETH**

FAIRBAIRN KENNETH - UKN
FAIRBAIRN KEN
THAT DAY OF REST • 1948
FAKE'S PROGRESS • 1950
SCOTLAND FOR SPORT • 1958 • DOC
IRELAND, ISLE OF SPORT • 1961
FRONTIERS OF POWER • 1967 • SHT
ALL AT SEA • 1969
HORSE CALLED JESTER, A • 1979

FAIRBANKS DOUGLAS - Actor/producer - USA - 1883-1939
ARIZONA • 1918
AROUND THE WORLD IN 80 MINUTES • AROUND THE WORLD IN 80 MINUTES WITH DOUGLAS FAIRBANKS • 1931 • DOC

FAIRBANKS JEFFREY - USA
FANTASY WORLD • 1979
EXPOSED • 1980
AMERICAN PIE • 1981

FAIRBANKS JERRY - USA
STRANGE AS IT SEEMS • 1931-37 • SHS

FAIRCHILD WILLIAM - Screenwriter - UKN - 1918-
JOHN AND JULIE • 1955
EXTRA DAY, THE • 12 DESPERATE HOURS ○ ONE EXTRA DAY • 1956
SILENT ENEMY, THE • 1958
HORSEMASTERS, THE • 1961

FAIRFAX FERDIE see **FAIRFAX FERDINAND**

FAIRFAX FERDINAND - UKN - 1944-
FAIRFAX FERDIE
NATE AND HAYES • SAVAGE ISLANDS • 1983
FIGHTING CHOICE • 1985
RESCUE, THE • 1988

FAIRFAX JOHN C. - ASL
STALLION OF THE SEA • 1979 • DOC

FAIRFAX MARION - USA
LYING TRUTH, THE • 1922

FAIRSERVICE DON - UKN
BEOWULF • 1976

FAIRTHORNE ROBERT - UKN
AND NOW THEY REST • 1939

FAISIYEV HABIBULLA - USS
FAIZIYEV KHABIBULLA
TAYNA PESHCHYERY KANIYUTA • SECRET OF THE KANIYUT CAVE • 1968
RADUGA SEMI NEDESHD • PRINCE AND THE POTTER, THE • 1983

FAITHFULL GEOFFREY - Cinematographer - UKN - 1894-1979
DEATH BY DESIGN • 1943
FOR YOU ALONE • 1945
I'LL TURN TO YOU • 1946

FAIZIYEV KHABIBULLA see **FAISIYEV HABIBULLA**

FAJARDO JORGE - CND
IL N'Y PAS D'OUBLI • THERE IS NO FORGETTING • 1975
OFF OFF OFF OU SUR LE TOIT DE PABLO NERUDA • OFF OFF OFF OR ON THE ROOF OF PABLO NERUDA • 1990

FAKHIMZADEH MEHDI - IRN
COURTSHIP • 1989

FALARDEAU PIERRE - CND
ELVIS GRATTON LE KING DES KINGS • 1986

FALCK AKE - SWD - 1925-
ADAM OCH EVA • ADAM AND EVE • 1963
BROLLOPSBESVAR • SWEDISH WEDDING NIGHT (USA) ○ WEDDING -SWEDISH STYLE (UKN) • 1964
PRINSESSAN • TIME IN THE SUN, A (USA) ○ PRINCESS, THE • 1966
CAVALLERIA RUSTICANA • 1968
VINDINGEVALS • WALTZ OF SEX (UKN) ○ VINDINGE WALTZ • 1968

FALCK KARIN - SWD - 1932-
DROMPOJKEN • ANTE I DROMPOJKEN ○ DREAM BOY • 1964

FALCK RAGNAR - SWD - 1905-1966
FIA JANNSON FRAN SODER • 1944
SLAKTEN AR BAST • YOUR RELATIVES ARE BEST • 1944

FALCO ALBERT - FRN
MONDE SANS SOLEIL, LE • MONDO SENZA SOLEIL,IL (ITL) ○ JACQUES-YVES COUSTEAU'S WORLD WITHOUT SUN ○ WORLD WITHOUT SUN (USA) • 1964 • DOC

FALCON P. - USA
BRONC RIDER • 1986

FALCONER ALUN - UKN
MISSING PERSONS • 1953

FALCONI DINO - ITL
SCARPE GROSSE • 1940
VENTO DI MILIONI • QUATTRINI A PALATE • 1940
DON GIOVANNI • DON JUAN • 1942

FALENA UGO - ITL - 1875-1931
CARMEN • 1909
OTELLO • OTHELLO • 1909
SIGNORA DALLE CAMELIE, LA • CAMILLE (USA) • 1909
BEATRICE CENCI • 1910
LUCREZIA BORGIA • 1910
RIGOLETTO • 1910
MERCANTE DI VENEZIA, IL • MERCHANT OF VENICE, THE (USA) • 1911
MORTE CIVILE, LA • 1912
FRANCESCA DA RIMINI • 1913
MARCO VISCONTI • 1913
COLPA DI GIOVANNI, LA • 1914
PIU FORTE, LA • 1914
RE FANTASMA, IL • 1914
RIVELAZIONE E FATALITA • 1914
FIGLIO DELLA GUERRA, IL • 1915
RITORNO DELLA MAMMA, IL • 1915
CENERI E VAMPE • 1916
CONTESSA DI CHALLANT, LA • 1916
DEMENTIAE CALIGULAE IMPERATORIS • 1916
LAUDE DELLA VITA E LA LAUDE DELLA MORTE, LA • 1916
MALEFICIO ANELLO, IL • 1916
OMBRA DEL SOGNO, L' • 1916
PICCOLA OMBRA, LA • 1916
PROMESSI SPOSI, I • 1916
SUOR TERESA • 1916
CAVALLERIA RUSTICANA • 1917
DONNA CHE NON EBBE CUORE, LA • 1917
DUE MARIE, LE • 1917
ESMERALDA • 1917
VAGABONDA, LA • 1917
ADRIANA LECOUVREUR • 1918
FRATE SOLE • 1918
PICCOLO SANTO, IL • 1918
ROSE DEL MARTIRIO, LA • 1918
CENERENTOLA • 1919
IN PENOMBRA • 1919
INGENUO, L' • 1919
DUE ESISTENZE, LE • 1920
GIULIANO L'APOSTATA • 1920
SCALA DI GIACOBBE, LA • 1920
TRITTICO DELL'AMORE, IL • 1920
VOLO DEGLI AIRONI, IL • 1920
CONGIURA DEI FIRSCHI, LA • 1921
TRAMONTO DEI DORIA, IL • 1921
NATALIZIO DELLA NANNA • 1923

FALESSI - ITL
ORIGINI DELLA FANTASCIENZA, LE • ORIGINS OF SCIENCE FICTION, THE • 1963 • SHT

FALK FELIKS - PLN - 1941-
W SRODKU LATA • IN THE MIDDLE OF SUMMER ○ AT THE HEIGHT OF SUMMER • 1975
WODZIREJ • DANCE LEADER ○ TOP DOG • 1978
CHANCE, THE • 1979
SZANSA • CHANCE, THE • 1980
BYL JAZZ • THAT'S JAZZ ○ AND THERE WAS JAZZ • 1983
BOHATER ROKU • HERO OF THE YEAR • 1986

FALK HARRY - USA
THREE'S A CROWD • 1969
DEATH SQUAD, THE • 1973
MEN OF THE DRAGON • 1974 • TVM
ABDUCTION OF SAINT ANNE, THE • THEY'VE KIDNAPPED ANNE BENEDICT • 1975 • TVM
MANDRAKE • 1979 • TVM
BEULAH LAND • 1980 • TVM
NIGHT THE CITY SCREAMED, THE • 1980 • TVM
ADVICE TO THE LOVELORN • 1981 • TVM
SOPHISTICATED GENTS, THE • 1981 • TVM
HEAR NO EVIL • 1982 • TVM
FIFTY FIFTY • 1984 • TVM
NORTH BEACH AND RAWHIDE • 1985 • TVM

FALK LAURITZ - SWD - 1909-
LEV FARLIGT • LIVE DANGEROUSLY • 1944
VANDKORSET • TURNSTILE • 1944
GOMORRON BILL! • GOOD MORNING BILL • 1945
JET • 1959

FALLAY ALEX see **MAIETTO RENZO**

FALLETTE - ITL
PESCA A MAZZARA DEL VALLO • 1949 • SHT

FALOMIR CARLOS - MXC
YANKO EL GUARDIAN DE LA SELVA • AVENTURAS DEL GUARDIAN, LAS • 1962

FALSK HERODES - ASL
PRIMA VERAS SAGA OM OLAV DEN HELLIGE • PRIMA VERA'S SAGA OF ST. OLAV • 1984

FALZON ALBERT - ASL - 1944-
MORNING OF THE EARTH • 1972
SURFABOUT 74 • 1974 • DOC
KASHMIR • 1981 • DOC
KASHMIRI WATERWAYS • 1981 • DOC
KUMBHA MELA -SAME AS IT EVER WAS • 1983 • DOC

FALZON FRANZ - ASL
CRYSTAL VOYAGER • 1973

FANAKA JAMAA - USA
BLACK GODFATHER, THE • STREET WAR • 1974
WELCOME HOME, BROTHER CHARLES • 1975
EMMA MAE • BLACK SISTER'S REVENGE • 1977
PENITENTIARY • 1979
PENITENTIARY II • 1982
PENITENTIARY III • 1987

FANARI MOHAMMED MOUNIR - IRQ
ASHI, AL • LOVER, THE • 1986

FANCEY E. J. - Producer - UKN - 1902-
LAND OF MY FATHERS • 1951
LONDON ENTERTAINS • 1951
FLIGHT • 1952
INTO THE UNKNOWN • 1954
MARCH OF THE MOVIES, THE • 1965

FANCEY MALCOLM J. - UKN
CROCODILE SAFARI • 1967 • DOC

FANCK ARNOLD - GRM - 1889-1974
WUNDER DES SCHNEESCHUHS 1, DIE • MARVELS OF SKI • 1920
IM KAMPF MIT DEM BERGE • 1921
POMPERLEYS KAMPF MIT DEM SCHNEESCHUH • 1922
WUNDER DES SCHNEESCHUHS 2, DAS • FUCHSJAGD AUF SKIERN DURCHS ENGADIN, EINE • 1922
BERG DES SCHICKSALS, DER • PEAK OF DESTINY ○ PEAK OF FATE ○ PEAKS OF DESTINY • 1924
HEILIGE BERG, DER • HOLY MOUNTAIN, THE ○ WRATH OF THE GODS • 1926
GROSSE SPRUNG, DER • BIG JUMP, THE • 1927
WEISSE HOLLE VOM PIZ PALU, DIE • WHITE HELL OF PITZ PALU, THE • 1929
STURME UBER DEM MONTBLANC • AVALANCHE ○ STORM OVER MONT BLANC • 1930
WEISSE RAUSCH, DER • WHITE ECSTASY, THE ○ WHITE FRENZY, THE ○ SKI CHASE, THE ○ WHITE DRUNKENNESS, THE ○ WHITE FLAME, THE • 1931
S.O.S. EISBERG • 1933
EWIGE TRAUM, DER • KONIG DES MONT-BLANC, DER • 1934
REVE ETERNEL • ROI DU MONT BLANC, LE • 1934
WEISSE HOLLE VOM PIZ PALU, DIE • 1935
WILDNIS STIRBT, DIE • 1936
ATARASHIKI TSUCHI • DAUGHTER OF THE SAMURAI, A ○ NEW EARTH, THE • 1937
TOCHTER DES SAMURAI, DIE • LIEBE DER MITSU, DIE • 1937
ROBINSON, EIN • TAGEBUCH EINES MATROSEN, DAS • 1940

FANDINO ROBERTO - CUB - 1929-
BAUTIZO, EL • 1966
ESPUELA, LA • 1976
MARIA, LA SANTA • 1977

FANELLI MARIO - YGS
PUT U RAJ • WAY TO PARADISE • 1971
SPOD TE UCKE GORI • UNDER THAT UCKA MOUNTAIN • 1973
NIJEMA PROZIVKA • SILENT ROLL CALL, THE • 1974

FANG-FANG HSIAO see **FANG FANG HSIAO**

FANG FANG HSIAO
FANG-FANG HSIAO
T'IAO HUI • JUMPING ASH • 1977
TAMEN ZHENG NIANQING • IN THEIR PRIME • 1987

FANG LING-CHENG - HKG
T'ANG-CH'A0 HAO-FANG NU • 1984

FANG YU-P'ING see **FONG YUK-PING**

FANNING FRANK - USA
MASKED AVENGER, THE • 1922

FANO MICHEL - FRN - 1929-
DANGER DU MORT • 1958-59
TERRITOIRE DES AUTRES, LE • 1971 • DOC
OLIVIER MESSIAEN ET LES OISEAUX • 1973 • DOC

FANSHAWE DAVID - USA
AFRICAN SANCTUS

FANSTEN JACQUES - FRN - 1946-
APRES TOUT CE QU'ON A FAIT POUR TOI
PETIT MARCEL, LE • 1976
ETATS D'AME • 1985

FANT CARL-HENRIK see **FANT KENNE**

FANT KENNE - Actor - SWD - 1923-
FANT CARL-HENRIK
SKUGGAN • SHADOW, THE • 1953
VINGSLAG I NATTEN • WING-BEATS IN THE NIGHT • 1953
UNG SOMMAR • YOUNG SUMMER • 1954
SA TUKTAS KARLEKEN • LOVE CHASTISED • 1955
TARPS ELIN • 1957
PRASTEN I UDDARBO • CLERGYMAN FROM UDDARBO, THE • 1958
KARA LEKEN, DEN • LOVE GAME, THE ○ BELOVED GAME, THE • 1959
BROLLOPSDAGEN • WEDDING DAY • 1960
NILS HOLGERSSONS UNDERBARA RESA • WONDERFUL ADVENTURES OF NILS, THE ○ MARVELOUS JOURNEY OF NILS HOLGERSSON, THE • 1962
MONISMANIEN 1995 • MONISMANIA 1995 • 1975

FANTL THOMAS - GRM
ZEIT DER SCHULDLOSEN, DIE • TIME OF THE INNOCENT, THE • 1964
FAIRE L'AMOURE: DE LA PILULE A L'ORDINATEUR • AMOUR AU FEMININ, L' • 1968

FARALDO CLAUDE - FRN - 1938-
JEUNE MORTE, LA • 1965
BOF! -ANATOMIE D'UN LIVREUR • BOF • 1971
THEMROC • 1972
TABARNAC • VIENS CHEZ MOI, TU SERAS PROPHETE • 1975
FLEURS DU MIEL, LES • 1976
DEUX LIONS AU SOLEIL • TWO LIONS IN THE SUN • 1980
FLAGRANT DESIR • CERTAIN DESIRE, A • 1985

FARALDO PIER L. see **FARALDO PIER LUIGI**

FARALDO PIER LUIGI
FARALDO PIER L.
URAGANO AI TROPICI • 1939
AFFARE SI COMPLICA, L' • 1941
SANCTA MARIA • 1941
VITA TORNA, LA • RAGAZZA DI VENT'ANNI, UNA ○ VITA RITORNA, LA • 1943
TRAGICO RITORNO • 1954

FARALLA WILLIAM see **FARALLA WILLIAM D.**

FARALLA WILLIAM D. - USA
FARALLA WILLIAM
RED HELL • 1962
TWO BEFORE ZERO • RUSSIAN ROULETTE • 1962 • DOC

FARANI DAOUD – AFG
RABHI BALKHIE • 1974

FARAT MARIA ALMA – PLN
SPOTKANIE Z PRZYRODA • ENCOUNTERS WITH NATURE • 1971 • DOC

FARDEEN MOHAMAD ALI – IRN
SOLTAN GHALBHA • HEART'S KINGDOM • 1968

FARES TEWFIK – ALG – 1937–
JUSQU'AU SOIR OU LA LIGNE DES JOURS.. • 1966
HORS-LA-LOI, LES • LAWLESS, THE • 1969
LIGNE 150 • 1969 • SHT
GENERATION DE LA GUERRE • 1971
RETOUR, LE • 1971

FARGES JOEL – FRN – 1948–
GUERRES CIVILES EN FRANCE • 1976
AIMEE • 1979

FARGO JAMES – USA – 1938–
ENFORCER, THE • 1976
CARAVANS • 1978
EVERY WHICH WAY BUT LOOSE • 1978
GAME FOR VULTURES • 1980
FORCED VENGEANCE • 1982
VOYAGE OF THE ROCK ALIENS • WHEN THE RAIN BEGINS TO FALL • 1984
GUS BROWN AND MIDNIGHT BREWSTER • 1985 • TVM
LAST ELECTRIC KNIGHT, THE • 1986 • MTV
BORN TO RACE • 1988
RIDING ON THE EDGE • 1988

FARHANG DARIOUSH – IRN
SPELL, THE • 1987
ACTION • 1990

FARHATI JALILI – MRC
FERHATI JILALI
JARHA FI AL-HAIT • CRACK IN THE WALL, A • 1977
POUPEES DE ROSEAU • REED DOLLS • 1981

FARIA ANDRE LUIZ DE SOUZA – BRZ
PRATA PALOMARIS • 1972

FARIA ANTONIO – PRT – 1942–
CHAFARICA, A • 1970 • SHT
OMALA VANGALANGE • 1971 • SHT
BARRO, O • 1972 • SHT
TERRA DA ERMELINDA, A • 1973 • SHT
INDIA • 1975
SERTORIO • 1977
FLAGELADOS DO VENTO LESTE, OS • 1988

FARIA MIGUEL – BRZ
HOMEM CELEBRE, O • 1974
STELINHA • 1989

FARIA MIGUEL JR. – BRZ
PECADO MORTAL • 1971
PEDRO DIABO AMA ROSA MEIA: NOITE • 1971

FARIAS JORGE ENRIQUE – ARG
LORO DE LA SOLEDAD, EL • PARROT OF LONELINESS, THE • 1967

FARIAS LUI – BRZ
COM LICENCA, EU VOU A LUTA • I'M STEPPING OUT • 1986

FARIAS MARCOS – BRZ
FOGO MORTO • LAST PLANTATION, THE • 1976

FARIAS REGINALDO – BRZ
PAQUERAS, OS • PEEPING TOM, THE • 1969
MACHOES, OS • 1972
AGUENTA CORACAO • HOLD ON, HEART • 1984

FARIAS ROBERTO – BRZ
CIDADE AMEACADA • THREATENED CITY, THE • 1959
ASSALTO AO TREMO PAGADOR • TRAIN ROBBERY CONFIDENTIAL (USA) ○ TRAIN ROBBERS, THE (UKN) ○ TIAO MEDONHO • 1962
SELVA TRAGICA • 1964
ROBERTO CARLOS EM RITMO DE AVENTURA • 1967
A 300KM POR HORA • 1972
PRA FRENTE BRASIL • ONWARD BRAZIL • 1982

FARIDAH IDA – MLY
PEREMPUAN • 1988

FARINA CORRADO – ITL – 1938–
HANNO CAMBIATO FACCIO • THEY'VE CHANGED FACES • 1971
BABA YAGA • BABA YAGA -DEVIL WITCH ○ DEVIL WITCH, THE • 1973

FARKAS MICHAEL – USA
PRIME RISK • 1984

FARKAS NICOLAS – Dir. photo – HNG – 1891–1936
FARKAS NIKOLAUS • FARKAS NIKOLAS
BATAILLE, LA • 1933
BATTLE, THE • THUNDER IN THE EAST (USA) ○ HARA-KIRI • 1934
VARIETE • 1935
VARIETES • VARIETY • 1935
PORT ARTHUR • 1936
PORT-ARTHUR • I GIVE MY LIFE • 1936

FARKAS NIKOLAS see **FARKAS NICOLAS**

FARKAS NIKOLAUS see **FARKAS NICOLAS**

FARLOWE VANCE – USA
SPIKEY'S MAGIC WAND • 1973

FARMANARA BAHMAN – IRN
FIRST INNOCENT, THE • 1975
JOBBE-KHANEH • MEMORY ROOM • 1975
SHAZDE-EHTEJAB • PRINCE EHTEJAB • 1975
SAYEHAYE BOLANDE BAD • LONG SHADOWS OF THE WIND, THE ○ TALL SHADOWS OF THE WIND ○ SAIHAIEN BOLAN DE BAD ○ SHADOWS OF THE WIND, THE • 1978
LUPUS • 1982

FARMER DAN – USA
CANNIBAL HOOKERS • 1987

FARNEY CHARLES – USA
ROMANCE OF THE UTAH PIONEERS, THE • 1913

FARNUM MARSHALL – USA
WITHIN THE HOUR • 1913
WOLF OF THE CITY, THE • 1913
ANGEL PARADISE • 1914
EUGENICS AT BAR U RANCH • 1914
HEARTS OF MEN • 1914
HOW LONE WOLF DIED • 1914
RUBE, THE • 1914
SHEEP RUNNERS, THE • 1914
TICKET TO HAPPINESS, A • 1914
TOO LATE • 1914
LADY AUDLEY'S SECRET • SECRETS OF SOCIETY, THE • 1915
WORMWOOD • 1915
DRIFTWOOD • 1916
HOUSE OF MIRRORS, THE • 1916
MY HUSBAND'S FRIEND • 1918

FARNUM MARTIN – USA
ARROW'S TONGUE, THE • 1914

FAROCKI HARUN – GRM
SACHE, DIE SICH VERSTEHT, EINE • 1971
ZWISCHEN ZWEI KRIEGEN • BETWEEN TWO WARS • 1977

FARRAR ANTHONY – USA
SIN YOU SINNERS • 1963

FARRE ESTABAN – SPN – 1926–
SABADO EN LA PLAYA • 1966

FARREL BERNARD – FRN – 1926–
TRAIN, LE • TRENO, IL (ITL) ○ TRAIN, THE • 1964

FARREL GEORGES – FRN – 1926–
SAPHO OU LA FUREUR D'AIMER • SEX IS MY GAME • 1970

FARRELL JEFF – USA
REVENGE OF THE TEENAGE VIXENS FROM OUTER SPACE • 1985

FARRELL MIKE – USA
HOOTIE'S BLUES • 1978 • DCS

FARRIS JOHN – USA
DEAR DEAD DELILAH • 1972

FARROHZAD FOROUGH – IRN
KHANEH SIAH AST • HOUSE IS BLACK, THE • 1962

FARROW JOHN – ASL – 1904–1963
FARROW JOHN VILLIERS
DON QUIXOTE • 1932
MAD KING • 1933
SPECTACLE MAKER, THE • 1934 • SHT
TWO MEN • 1934
MEN IN EXILE • 1937
WEST OF SHANGHAI • WAR LORD • 1937
BROADWAY MUSKETEERS • THREE GIRLS ON BROADWAY • 1938
INVISIBLE MENACE, THE • WITHOUT WARNING • 1938
LITTLE MISS THOROUGHBRED • 1938
MY BILL • IN EVERY WOMAN'S LIFE • 1938
SHE LOVED A FIREMAN • 1938
FIVE CAME BACK • 1939
FULL CONFESSION • 1939
RENO • 1939
SAINT STRIKES BACK, THE • 1939
SORORITY HOUSE • THAT GIRL FROM COLLEGE (UKN) • 1939
WOMEN IN THE WIND • 1939
BILL OF DIVORCEMENT, A • NOT FOR EACH OTHER ○ NEVER TO LOVE • 1940
MARRIED AND IN LOVE • DISTANT FIELDS • 1940
COMMANDOS STRIKE AT DAWN • 1942
WAKE ISLAND • 1942
CHINA • 1943
HITLER GANG, THE • 1944
WANDA, ELYSE AND PATTI • 1944
YOU CAME ALONG • 1945
CALIFORNIA • 1946
TWO YEARS BEFORE THE MAST • 1946
BLAZE OF NOON • 1947
CALCUTTA • 1947
EASY COME, EASY GO • 1947
ALIAS NICK BEAL • CONTACT MAN, THE (UKN) ○ DARK CIRCLE ○ STRANGE TEMPTATION • 1948
BEYOND GLORY • LONG GREY LINE, THE • 1948
BIG CLOCK, THE • 1948
NIGHT HAS A THOUSAND EYES • 1948
RED, HOT AND BLUE • 1949
COPPER CANYON • 1950
WHERE DANGER LIVES • 1950
HIS KIND OF WOMAN • 1951
RED MOUNTAIN • 1951
SUBMARINE COMMAND • 1951
BOTANY BAY • 1953
HONDO • 1953
PLUNDER OF THE SUN • 1953
RIDE, VAQUERO! • VAQUERO • 1953
BULLET IS WAITING, A • 1954
SEA CHASE, THE • 1955
BACK FROM ETERNITY • 1956
UNHOLY WIFE, THE • 1957
JOHN PAUL JONES • 1959

FARROW JOHN VILLIERS see **FARROW JOHN**

FARWAGI ANDRE – FRN – 1935–
TEMPS DE MOURIR, LE • TWICE UPON A TIME ○ TIME TO DIE, THE • 1969
DEUX HEURES DE COLLE POUR UN BAISER • 1977
LEIDENSCHAFTLICHE BLUMCHEN • PASSION FLOWER HOTEL (USA) ○ BOARDING SCHOOL ○ VIRGIN CAMPUS • 1978

FASANO JOHN – USA
EDGE OF HELL • ROCK 'N' ROLL NIGHTMARE • 1986
BLACK ROSES • 1988

FASANO UGO – ITL
O.K. JOHN! • 1947
PROCIDA • 1950 • SHT
S. CARLINO • 1950 • SHT
PASSIONE A ISNELLO • 1951

FASQUEL MAURICE – FRN – 1931–
CONTREBASSE, LA • 1962 • SHT
PENSION, LA • 1967 • SHT
PORTEFEUILLE, LE • 1967 • SHT
TROIS NOUVELLES DE TCHEKHOV • 1967 • ANT

FASSBINDER R. W. – Actor – GRM – 1946–1982
FASSBINDER RAINER WERNER
STADTSTREICHER • CITY TRAMP, THE • 1966
KLEINE CHAOS, DAS • LITTLE CHAOS, THE • 1967
GOTTER DER PEST • GODS OF THE PLAGUE • 1969
KATZELMACHER • 1969
LIEBE IST KALTER ALS DER TOD • LOVE IS COLDER THAN DEATH (UKN) • 1969
WARUM LAUFT HERR R. AMOK? • WHY DOES HERR R. RUN AMOK? • 1969
AMERIKANISCHE SOLDAT, DER • AMERICAN SOLDIER, THE (USA) • 1970
KAFFEEHAUS, DAS • 1970 • MTV
NIKLASHAUSER FAHRT • NIKLASHAUSEN JOURNEY, THE • 1970
RIO DAS MORTES • 1970
WARNUNG VOR EINER HEILIGEN NUTTE • BEWARE OF THE HOLY WHORE (USA) ○ WARNING OF A HOLY WHORE (UKN) ○ BEWARE THE HOLY WHORE • 1970
WHITY • 1970
HANDLER DER VIER JAHRESZEITEN, DER • MERCHANT OF THE FOUR SEASONS, THE ○ MERCHANT OF FOUR SEASONS, THE • 1971
PIONIERE IN INGOLSTADT • RECRUITS IN INGOLSTADT ○ PIONEERS IN INGOLSTADT • 1971
ACHT STUNDEN SIND KEIN TAG • 8 HOURS DON'T MAKE A DAY • 1972
BITTEREN TRANEN DER PETRA VON KANT, DIE • BITTER TEARS OF PETRA VON KANT, THE (USA) • 1972
BREMER FREIHEIT • BREMER FREEDOM • 1972 • MTV
WILDWECHSEL • WILD GAME (UKN) ○ JAIL BAIT (USA) ○ GAME PASS • 1972
ANGST ESSEN SEELE AUF • FEAR EATS THE SOUL (UKN) ○ ALI: FEAR EATS THE SOUL ○ ALI • 1973
WELT AM DRAHT • WORLD ON A WIRE • 1973
EINS BERLIN-HARLEM • 1974
FONTANE EFFI BRIEST • EFFI BRIEST (USA) • 1974
MARTHA • 1974
NORA HELMER • NORA (USA) • 1974 • MTV
ANGST VOR DER ANGST • FEAR OF FEAR • 1975
FAUSTRECHT DER FREIHEIT • FOX AND HIS FRIENDS (UKN) ○ FIST-RIGHT OF FREEDOM ○ CLUB-LAW OF FREEDOM ○ FOX • 1975
MUTTER KUSTERS FAHRT ZUM HIMMEL • MOTHER KUSTER'S TRIP TO HEAVEN (UKN) ○ MOTHER KUSTERS GOES TO HEAVEN (USA) • 1975
WIE EIN VOGEL AUF DEM DRAHT • LIKE A BIRD ON A WIRE • 1975
CHINESISCHES ROULETT • CHINESE ROULETTE (UKN) ○ ROULETTE CHINOISE (FRN) • 1976
ICH WILL DOCH NUR, DASS IHR MICH LIEBT • I ONLY WANT YOU TO LOVE ME • 1976
SATANSBRATEN • SATAN'S BREW (USA) • 1976
BOLWIESER • 1977
FRAUEN IN NEW YORK • WOMEN IN NEW YORK • 1977
STATIONMASTER'S WIFE, THE • 1977 • MTV
DEUTSCHLAND IM HERBST • GERMANY IN AUTUMN • 1978
EINE REISE IN LICHTS • DESPAIR • 1978
IN EINEM JAHR MIT 13 MONDEN • IN A YEAR OF 13 MOONS (USA) ○ IN THE YEAR OF 13 MOONS ○ IN A YEAR WITH 13 MOONS • 1978
BERLIN ALEXANDERPLATZ • 1979 • MTV
DRITTE GENERATION, DER • THIRD GENERATION, THE (USA) • 1979
EHE DER MARIA BRAUN, DIE • MARRIAGE OF MARIA BRAUN, THE (UKN) • 1979
LILI MARLEEN • 1981
LOLA • 1981
THEATER IN TRANCE • 1981 • DOC
QUERELLE DE BREST • QUERELLE (UKN) • 1982
SEHNSUCHT DER VERONIKA VOSS, DIE • VERONICA VOSS • 1982

FASSBINDER RAINER WERNER see **FASSBINDER R. W.**

FATEHLAL S. – IND
SANT TURKARAM • TUKARAM • 1936
GOPAL KRISHNA • 1938
SANT DNYANESHWAR • 1940
SANT SAKHU • 1941

FATEMI NESAME see **FATEMI NEZAM**

FATEMI NEZAM – IRN
FATEMI NESAME
HAROUN AND GHAROUN • 1967
ZANHA-VA SHOHARHA • HUSBANDS AND WIVES • 1967
GERDBADE ZENDEGI • WHIRLWIND OF LIFE, THE • 1968

FATER VLADIMIR see **FORGENCY VLADIMIR**

FATIGATI GIUSEPPE – ITL – 1906–
TRE RAGAZZE VIENNESI • DREI TOLLE MADELS (FRG) • 1942
PAGLIACCI, I • 1943
VOGLIO BENE SOLTANTO A TE • 1947

FAUCHER JEAN – CND – 1934–
SOLEIL DES AUTRES, LE • 1969

FAUCON PHILIPPE – FRN
AMOUR, L' • 1989

FAULKNER BRENDAN – USA
SPOOKIES • TWISTED SOULS • 1986

FAURE JEAN-JACQUES – FRN
PARIS DES SCANDINAVES, LE • 1964 • SHT

FAURE WILLIAM C. – SAF
SHAKA ZULU • 1986 • MTV

FAUREZ JEAN – FRN – 1905–1981
SERVICE DE NUIT • TURNO DI NOTTE (ITL) ○ NUIT COMME LES AUTRES, UNE • 1943
FILLE AUX YEUX GRIS, LA • FILLE AUX YEUX CLAIRS, LA • 1945
CONTRE-ENQUETE • COUNTER INVESTIGATION (USA) • 1946
VIE EN ROSE, LA • LOVES OF COLETTE • 1947
VIRE-VENT • 1948
HISTOIRES EXTRAORDINAIRES • UNUSUAL TALES ○ ASYLUM OF HORROR • 1949
QUAI DU POINT DU JOUR • 1960

FAUST MARTIN J. – USA
JANE EYRE • 1914

FAUSTMAN ERIK – Actor – SWD – 1919–1961
FAUSTMAN HAMPE
FLICKAN OCH DJAVULEN • GIRL AND THE DEVIL, THE • 1943
NATT I HAMN • NIGHT IN THE HARBOUR • 1943
SONJA • 1943
VI BEHOVER VARANN • WE NEED EACH OTHER • 1943
BROTT OCH STRAFF • CRIME AND PUNISHMENT • 1945
NAR ANGARNA BLOMMAR • WHEN MEADOWS BLOOM • 1946
HARALD HANDFASTE • 1947
KRIGSMANS ERINRAN • SOLDIER'S DUTIES, A • 1947
FRAMMANDE HAMN • FOREIGN HARBOUR • 1948
LARS HARD • 1948
SMEDER PA LUFFEN • VAGABOND BLACKSMITHS • 1949
RESTAURANT INTIM • INTIMATE RESTAURANT, THE • 1950
KVINNAN BAKOM ALLT • NELJA RAKKAUTTA –FYRA GANGER KARLEK ○ ALT DETTE –OG ISLAND MED ○ ALT DETTE –OG ISLAND OGSA ○ WOMAN BEHIND EVERYTHING • 1951
HON KOM SOM EN VIND • SHE CAME LIKE A WIND ○ FABIAN OCH FLICKAN • 1952
UBAT 39 • U-BOAT 39 • 1952
KVINNOHUSET • HOUSE OF WOMEN • 1953
CAFE LUNCHRASTEN • LUNCHBREAK CAFE, THE • 1954
GUD FADER OCH TATTAREN • GOD AND THE GYPSYMAN ○ TATTARBLOD • 1954
RESA I NATTEN • NIGHT JOURNEY • 1954
INGEN SA TOKIG SOM JAG • NO ONE IS CRAZIER THAN I AM ○ KARLEK PA TURNE • 1955

FAUSTMAN HAMPE see **FAUSTMAN ERIK**

FAUTSCH GEORGES – LXM
KLIBBERKLEESCHEN • 1987 • DOC

FAUZEE AHMAD – MLY
KOLEJ 56 • 1989

FAVEN ESKO – FNL
RAKASTUNUT RAMPA • CRIPPLE IN LOVE • 1974

FAVIO LEONARDO – ARG
ROMANCE DEL ANICETO Y LA FRANCISCA • BALLAD OF ANICETO AND FRANCISCA, THE • 1967
JUAN MOREIRA • 1973
NAZARENO CRUZ Y EL LOBO • NAZARENO CRUZ AND THE WOLF • 1975
SONAR, SONAR • TO DREAM, TO DREAM • 1976

FAVRE BERNARD – FRN – 1945–
RUE DE L'ENFER, LA • 1977 • DOC
TRACE, LA • 1983

FAVREAU ROBERT – CND – 1948–
C'EST PAS L'ARGENT QUI MANQUE • 1972 • DOC
Y'E TARD GASTON • Y'ETAND, GASTON • 1972 • DCS
CAPABLES D'ETRE UN PEU FOUS.. • 1973 • DCS
FAIM DES CAVES, LA • 1973 • DCS
VOUS SAVEZ-CA M. LE MINISTRE? • 1973 • MTV
SOLEIL A PAS D'CHANCE, LE • 1975 • DOC
ENFANTS DE LA COUR, LA LONGUE MARCHE EN INSTITUTION, LES • 1977 • DCS
ENFANTS DE LA COUR, UNE CHANCE SUR MILLE, LES • 1977 • DCS
CORRIDORS – PRIS AU PIEGE • 1979
COULISSES DE L'ENTRAIDE • TOUCH OF HEALING • 1984
FAUX-FUYANTS • 1986
PORTION D'ETERNITE • LOOKING FOR ETERNITY • 1990

FAWBERT FRED – UKN
WE DIDN'T REALLY MEAN IT • 1978 • SHT

FAWCETT GEORGE – USA – 1860–1939
DEADLINE AT ELEVEN • 1920
LITTLE MISS REBELLION • 1920
SUCH A LITTLE QUEEN • 1921

FAWZI HUSSEIN – EGY
AFRIT AM ABDU • UNCLE ABDU'S GHOST
JANNA WAR NARR • HEAVEN AND HELL • 1953

FAY AUSTIN – ASL
FELLERS • 1930

FAY HUGH – USA
GLAD RAGS • 1923
PUNCTURED PRINCE, A • 1923

FAYE RANDALL – UKN
HYDE PARK • 1934
BORN THAT WAY • 1936
IF I WERE RICH • 1936
LUCK OF THE TURF • 1936
SUCH IS LIFE • MUSIC AND MILLIONS • 1936
THIS GREEN HELL • 1936
VANDERGILT DIAMOND MYSTERY, THE • 1936
MR. STRINGFELLOW SAYS NO • ACCIDENTAL SPY • 1937
SCRUFFY • 1938

FAYE SAFI – SNL – 1943–
KADDU BEYKAT • NEWS FROM THE VILLAGE ○ PEASANT LETTER • 1975
FAD JAL • GRANDFATHER ○ WORK NEWCOMER • 1979

FAYMAN LYNN – USA
GREENSLEEVES • SHT
SOPHISTICATED VAMPS • SHT

FAZEKAS LAJOS – HNG
LASSATOK FELEIM! • SIGNAL • 1968
HALADEK • NOT YET THE DAY • 1981

FAZELI REZA – IRN
GHAHRAMAN-E-SHAHRE MA • HERO OF OUR TOWN, THE • 1968
SHAB-E-FERESHTEGAN • NIGHT OF ANGELS, THE • 1968

FAZIL JAVAID see **FAZIL JAVED**

FAZIL JAVED – PKS
FAZIL JAVAID
KUNDAN • GOLD • 1987
BAZAR-E-HUSN • MARKET • 1988
DUSHMANOON KEY DUSHMAN • ENEMY • 1988

FEAZALL JIM – USA
PSYCHO FROM TEXAS • BUTCHER, THE ○ EVIL/HATE/KILLER ○ HURTING, THE ○ MAMMA'S BOY, THE ○ WHEELER • 1982

FEC T. – ITL
URLO DEL VAMPIRO, L' • CRY OF THE VAMPIRE, THE

FECCHI ETTORE – ITL – 1911–
SEXY AL NEON • 1962 • DOC
NOTTI NUDE • 1963
SEXY AL NEON BIS • 1963 • DOC
MANO DI VELLUTO • 1967

FECHNER EBERHARD – GRM
TADELLOESER AND WOLFF: RIGHT OR WRONG, MY COUNTRY • 1974

FEDAK WACLAW – PLN
WALTER • GENERAL WALTER • 1971

FEDER L. – USA
LOVE DOLL, THE • 1970

FEDETSKY A. P. – USS
COSSACK TRICK RIDERS • 1896

FEDORENKO EUGENE – LTH – 1951–
EVERY CHILD • 1979 • ANM

FEDOROV – USS
ICH PUTI RAZOSHCHLIS • 1932

FEDOSOV VALERY – USS
UTRENNEYE SHOSSE • MORNING HIGHWAY, THE • 1989

FEELS C. W. – USA
FRENZY • 1970

FEENEY ED see **FEENEY EDWARD**

FEENEY EDWARD – USA
FEENEY ED
BOSS OF COPPERHEAD, THE • 1920 • SHT
FIGHTING PALS • 1920 • SHT
TWO FROM TEXAS • 1920 • SHT
UNDER SENTENCE • 1920 • SHT

FEENEY JOHN see **FEENY JOHN**

FEENY JOHN – CND
FEENEY JOHN
FOUNTAINS OF THE SUN • YANABIE EL SHAMS • 1970 • DOC

FEFERMAN LINDA – USA
SEVEN MINUTES IN HEAVEN • 1986

FEHER ANDRE see **WHYTE ANDREW**

FEHER FRIEDRICH – Actor – AUS – 1895–1945
NEUE LEBEN, DAS • 1918
UNSICHTBARE GAST, DER • 1919
ROTE HEXE, DIE • 1920
TANZERIN MARION, DIE • 1920
TYRANNEI DES TODES • 1920
CARRIERE • 1921
HANS OHNE TUREN UND FUNSTER, DAS • 1921
KURTISANE VON VENEDIG, DIE • NACKTE WEIB, DAS • 1924
MEMOIREN EINES MONCHS, DIE • 1924
SSANIN • 1924
VENEZIANISCHE LIEBESPRACHE • 1924
MARIA, DIE GESCHICHTE EINES HERZENS • GRAUE HAUS, DAS • 1926
GELIEBTE DES GOUVERNEURS, DIE • 1927
MARIA STUART 1 • 1927
MARIA STUART 2 • 1927
MATA HARI • 1927
VERBOTENE LIEBE • LETZTE LIEBE, DIE • 1927
HOTELGEHEIMNISSE • 1928
SENSATIONS-PROZESS • 1928
KDYZ STRUNY LKAJI • WHEN THE STRINGS WEEP ○ WHEN THE VIOLIN SIGHS • 1930
IHR JUNGE • WENN DIE GEIGEN KLINGEN • 1931
GEHETZTE MENSCHEN • ROBBER SYMPHONY, THE (UKN) ○ STECKBRIEF Z 48 ○ HUNTED PEOPLE ○ LOUP GARON, LE • 1932
STVANI LIDE • OUTCASTS • 1933
ROBBER SYPHONY, THE • 1936
SYMPHONIE DES BRIGANDS, LA • 1936

FEHER GYORGY – HNG
SZURKULET • TWILIGHT • 1989
UTAK • WAY • 1989

FEHER IMRE – HNG – 1926–1976
BAKARUHABAN • SUNDAY ROMANCE, A • 1957
GYALOG A MENNYORSZAGBA • WALKING TO HEAVEN • 1959
KARD ES KOCKA • SWORD AND DICE • 1959
ASSZONY A TELEPEN • WOMAN AT THE HELM • 1962
HUSZ EVRE EGYMASTOL • TRUTH CANNOT BE HIDDEN • 1962
HARLEKIN ES SZERELMESE • HARLEQUIN AND HIS LOVER • 1966
TUZGOMBOK • START FROM ZERO • 1975

FEHR FRANCIS – FRN – 1935–
PAULINE ET L'ORDINATEUR • 1976

FEHR-LUTZ L. – FRN
SYMPHONIE SOUS LE SOLEIL • 1952 • SHT

FEIGENBAUM BILL – USA
HUGO THE HIPPO • 1975 • ANM

FEIJOO BEDA DOCAMPO see **FEIJOO BEDA OCAMPO**

FEIJOO BEDA OCAMPO – ARG
FEIJOO BEDA DOCAMPO
DEBAJO DEL MUNDO • UNDER THE WORLD ○ UNDER EARTH • 1986
AMORES DE KAFKA, LOS • LOVES OF KAFKA, THE • 1987

FEIKEL BERNARD – USA
WHITE HELL • 1922

FEIN BERNARD – UKN
VIEW FROM THE LOFT • 1975

FEINBERG BARRY – UKN
ISITWALANDWE: THE STORY OF THE SOUTH AFRICAN FREEDOM CHARTER • 1980

FEINDT JOHANN – GRM
VERSUCH ZU LEBEN, DER • TRYING TO LIVE • 1984

FEINSTEIN BARRY – USA
YOU ARE WHAT YOU EAT • 1968 • DOC
MONTEREY POP • 1969

FEINZIMMER ALEXANDER see **FAINZIMMER ALEXANDER**

FEIST FELIX see **FEIST FELIX E.**

FEIST FELIX E. – USA – 1906–1965
FEIST FELIX
FOOTBALL FOOTWORK • 1932 • SHT
DELUGE, THE • 1933
MY GRANDFATHER'S CLOCK • 1934 • SHT
STRIKES AND SPARES • 1934 • SHT
FOOTBALL TEAMWORK • 1935 • SHT
PRINCE, KING OF DOGS • 1935 • SHT
EVERY SUNDAY • 1936 • SHT
HOLLYWOOD –THE SECOND STEP • 1936
HOLLYWOOD EXTRA! • 1936 • SHT
HOW TO BE A DETECTIVE • 1936 • SHT
HOW TO VOTE • 1936 • SHT
DECATHLON CHAMPION • DECATHLON CHAMPION –THE STORY OF GLENN MORRIS • 1937 • SHT
GIVE TILL IT HURTS • 1937 • SHT
GOLF MISTAKES • 1937 • SHT
ROMANCE OF DIGESTION, THE • 1937 • SHT
WHAT DO YOU THINK? • 1937 • SHS
FOLLOW THE ARROW • 1938 • SHT
MAGICIAN'S DAUGHTER, THE • 1938 • SHT
CULINARY CARVING • 1939 • SHT
DOUBLE DIVING • 1939 • SHT
HAPPILY BURIED • 1939 • SHT
LET'S TALK TURKEY • 1939 • SHT
PROPHET WITHOUT HONOR • 1939 • SHT
RADIO HAMS • 1939 • SHT
SET 'EM UP • 1939 • SHT
TAKE A CUE • 1939 • SHT
DREAMS • 1940 • SHT
POUND FOOLISH • 1940 • SHT
ALL BY MYSELF • YOU GO TO MY HEART • 1943
YOU'RE A LUCKY FELLOW, MR. SMITH • 1943
PARDON MY RHYTHM • 1944
RECKLESS AGE • 1944
THIS IS THE LIFE • ANGELA • 1944
GEORGE WHITE'S SCANDALS OF 1945 • 1945
DEVIL THUMBS A RIDE, THE • 1947
WINNER'S CIRCLE, THE • 1948
GUILTY OF TREASON • TREASON (UKN) • 1949
THREAT, THE • 1949
GOLDEN GLOVES STORY, THE • 1950
BASKETBALL FIX, THE • BIG DECISION, THE (UKN) • 1951
MAN WHO CHEATED HIMSELF, THE • 1951
TOMORROW IS ANOTHER DAY • 1951
BATTLES OF CHIEF PONTIAC, THE • 1952
BIG TREES, THE • 1952
MAN BEHIND THE GUN, THE • 1952
THIS WOMAN IS DANGEROUS • 1952
DONOVAN'S BRAIN • 1953
PIRATES OF TRIPOLI • 1955

FEITLER FRANK – LXM
SCHACKO KLAK • 1989

FEITSHANS FRED R. JR. – USA
ARCTIC FURY • 1949

FEIX ANDREE – FRN – 1912–
IL SUFFIT D'UNE FOIS • 1946
CAPITAINE BLOMET • N'ECRIVEZ JAMAIS • 1947

FEJER TAMAS – HNG
KERTES HAZAK UTCAJA • LOVE IN THE SUBURB ○ GARDEN SUBURB • 1962
COSY COTTAGE, A • 1963
WHAT'S WRONG WITH HUNGARIAN FILMS? • 1963
IDO ABLAKAI, AZ • WINDOWS OF TIME, THE • 1969
TALKING CAFTAN, THE • 1969
HEKKUS LETTEM • I'VE BECOME A COP • 1972
BALLAGO IDO • SECRET OF THE ATTIC • 1975

FEJOS PAUL – HNG – 1897–1963
PAN • 1919
FEKETE KAPITANY • BLACK CAPTAIN, THE • 1920
JOSLAT • PROPHECY • 1920
LIDERCNYOMAS • MARK OF THE PHANTOM, THE ○ LORD ARTHUR SAVILLE'S CRIME ○ NIGHTMARE ○ HALLUCINATION • 1920
ARSEN LUPIN UTOLSO KALANDJA • LAST ADVENTURE OF ARSEN LUPIN, THE ○ ARSENE LUPIN'S LAST ADVENTURE • 1921
UJRAELOK • RESURRECTED, THE ○ REINCARNATION ○ REVIVED • 1921
SZENZACIO • QUEEN OF SPADES ○ PIQUE DAME ○ SENSATION • 1922
EGRI CSILLAGOK • STARS OF EGER, THE • 1923
LAST PERFORMANCE, THE • ERIC THE GREAT ILLUSIONIST ○ LAST CALL, THE (UKN) ○ ERIC THE GREAT • 1927
LAST MOMENT, THE • DERNIER MOMENT, LE • 1928
LONESOME • SOLITUDE • 1928
BROADWAY • 1929
BIG HOUSE • 1930
CAPTAIN OF THE GUARD • MARSEILLAISE, LA • 1930
KING OF JAZZ, THE • 1930
MENSCHEN HINTER GETTERN • 1930
AMOUR A L'AMERICAINE, L' • 1931
FANTOMAS • 1932
ITEL A BALATON • VERDICT OF LAKE BATALON, THE ○ STORM AT BATALON • 1932
MARIE –HUNGARIAN LEGEND • 1932
MARIE, LEGENDE HONGROISE • HISTOIRE D'AMOUR, UNE • 1932
TAVASZI ZAPOR • SPRING SHOWER (USA) ○ MARIE –A HUNGARIAN LEGEND ○ MARIE • 1932
FRUHLINGSTIMMEN • VOIX DU PRINTEMPS, LES • 1933
GARDEZ LE SOURIRE • RAYON DE SOLEIL • 1933
SONNENSTRAHL • TOGETHER WE TOO (UKN) ○ RAY OF SUNSHINE, A • 1933
FLUGTEN FRA MILLIONERNE • FLIGHT FROM THE MILLIONS (UKN) ○ MILLIONS IN FLIGHT (USA) ○ MILLIONS EN FUITE, LES ○ FLIGHT FROM MILLIONS • 1934
MENSCHEN IM STURM • 1934
FANGE NR.1 • PRISONER NO.1 • 1935
GYLDNE SMIL, DEN • GOLDEN SMILE, THE ○ SOURIRE D'OR, LE • 1935
SKONHETSVARD I DJUNGELN • BEAUTY CARE IN THE JUNGLE • 1936 • DCS
SVARTA HORISONTER • BLACK HORIZONS ○ HORIZONS NOIRS • 1936 • DOC
DANSTAVLING I ESIRA • DANCE CONTEST IN ESIRA • 1937 • DCS
DJUNGELDANSEN • JUNGLE DANCE • 1937 • DCS
HAVETS DJAVUL • SEA DEVIL, THE • 1937 • DCS
VARA FADERS GRAVAR • TOMBS OF OUR ANCESTORS • 1937 • DCS
VARLDENS MEST ANVANDBARA TRAD • MOST USEFUL TREE IN THE WORLD, THE • 1937 • DCS
ATT SEGLA AR NODVANDIGT • TO SAIL IS NECESSARY • 1938 • DCS
BAMBUALDERN PA MENTAWEI • AGE OF BAMBOO AT MENTAWEI, THE • 1938 • DCS
BYN VID DEN TRIVSAMME BRUNNEN • VILLAGE NEAR THE PLEASANT FOUNTAIN, THE • 1938 • DCS
DRAKEN PA KOMODO • DRAGON OF KOMODO, THE • 1938 • DCS
HOVDINGENS SON AR DOD • CHIEF'S SON IS DEAD, THE • 1938 • DCS
STAMMEN LEVER AN • TRIBE LIVES ON, THE • 1938 • DCS
TAMBORA • 1938 • DOC
MAN OCH KVINNA • JUNGLE OF CHANG (USA) ○ HANDFUL OF RICE, A ○ HANDVOLL RIS, EN ○ POIGNEE DE RIZ, UNE ○ HOMME ET FEMME • 1939
YAGUA • 1941 • DOC

FEKE STEVE – USA
KEYS TO FREEDOM • 1989

FEKETE ALFRED – GRM
MEISTERSPRINGER VON KURNBERG, DIE • 1923
PAGODE, DIE • 1923

FELDBERG MARK – USA
GETTING EVEN • 1981

FELDERMAN BOB – USA
HAWAIIAN THIGH • 1965

FELDMAN DENNIS – USA
REAL MEN • 1987

FELDMAN GENE – USA
DANNY • 1977

FELDMAN MARTY – Actor/writer – UKN – 1933–1982
WHEN THINGS WERE ROTTEN • 1975 • MTV
LAST REMAKE OF BEAU GESTE, THE • 1977
IN GOD WE TRUST (OR GIMME THAT PRIME TIME RELIGION) • 1979

FELDMAN SIMON – ARG
LOS DE LA MESA DIEZ • 1960
MEMORIAS Y OLVIDOS • MEMORIES AND OBLIVION • 1987

FELEO BEN – PHL
ALEXANDER BILIS • ALEXANDER, THE FAST ONE • 1967
ALIAS CHAIN GANG • 1967
CLOSE TO YOU • 1967
LET'S GO MERRY GO ROUND • 1967
MAX DIAMOND • 1967
TARGET SEXY ROSE • 1967
TOP TEN • 1967
DAREDEVIL • 1968
HONEY & WEST • 1968
KIDLAT SA KARATE • LIKE LIGHTNING IN KARATE • 1968
KIKO EN KIKAY • KIKO AND KIKAY • 1968
MALI-MALI MEETS BATANGUENO • 1968
SA MANLULUPIG DI KA PASISIIL • NEVER SHALL INVADERS CONQUER • 1968

FELISATTI MASSIMO – ITL
VIOLENTI DI ROMA BENE, I • 1976

FELIU JORDI – SPN – 1926–
DIALOGOS DE LA PAZ • 1965
ARTE DE CASARSE, EL • 1966
ARTE DE NO CASARSE, EL • 1966
BARCA, 75 ANOS DE HISTORIA DEL F.C. BARCELONA • 1974
ALICIA EN LA ESPANA DE LAS MARAVILLAS • ALICE IN SPANISH WONDERLAND • 1977

FELIX LOUIS – FRN – 1920–
CE SACRE AMEDEE • BON VOYAGE • 1955
CHALEURS D'ETE • HEAT OF THE SUMMER (USA) • 1959
HEURES CHAUDES • HOT HOURS (USA) • 1959
HOLD-UP A SAINT-TROP' • PLAY-BOYS, LES • 1960

FELIX SEYMOUR – Choreographer – USA – 1892–1961
GIRLS DEMAND EXCITEMENT • 1931
STEPPING SISTERS • 1932

FELLBOM CLAES – SWD – 1943–
BOO'S UPS AND DOWNS • 1962 • SHT
SKA'RU' ME' PA FEST? • 1966
CARMILLA • SWEDISH LOVE PLAY (UKN) ○ WHAT NEXT? (USA) ○ INCEST • 1968
SKOTTET • ACCIDENTAL KILLER ○ SHOT, THE • 1969
AIDA • 1988

FELLIGI TAMAS – HNG
PROMETHEUS • 1965

FELLINI FEDERICO – ITL – 1920–
LUCI DEL VARIETA • VARIETY LIGHTS (USA) ○ LIGHTS OF THE MUSIC HALL ○ LIGHTS OF VARIETY ○ FOOTLIGHTS • 1950
SCEICCO BIANCO, LO • WHITE SHEIK, THE • 1952
VITELLONI, I • YOUNG AND THE PASSIONATE, THE (USA) ○ SPIVS (UKN) ○ LOAFERS, THE ○ DRIFTERS, THE ○ WASTRELS, THE • 1953
STRADA, LA • ROAD, THE • 1954
BIDONE, IL • SWINDLERS, THE (UKN) ○ SWINDLE, THE(USA) • 1955
NOTTI DI CABIRIA, LE • NUITS DE CABIRIA, LES (FRN) ○ NIGHTS OF CABIRIA (USA) ○ CABIRIA (UKN) • 1957
DOLCE VITA, LA • DOUCEUR DE VIVRE, LA (FRN) ○ SWEET LIFE, THE • 1959
BOCCACCIO '70 • BOCCACE 70 • 1962
AMORE IN 4 DIMENSIONI • AMOUR EN 4 DIMENSIONS, L' (FRN) ○ LOVE IN 4 DIMENSIONS (USA) ○ LOVE IN THE CITY • 1963
OTTO E MEZZO • EIGHT AND A HALF ○ 8½ • 1963
GIULIETTA DEGLI SPIRITI • JULIA UND DIE GEISTER (FRG) ○ JULIETTE DES ESPRITS (FRN) ○ JULIET OF THE SPIRITS (USA) • 1965
VIAGGIO DE G. MASTORNA, IL • 1967
FELLINI –A DIRECTOR'S NOTEBOOK • BLOCK-NOTES DI UN REGISTA • 1968 • DOC
HISTOIRES EXTRAORDINAIRES • SPIRITS OF THE DEAD (USA) ○ TALES OF MYSTERY (UKN) ○ TROIS HISTOIRES EXTRAORDINAIRES D'EDGAR POE ○ THREE STRANGE STORIES OF EDGAR POE ○ STRANGE TALES ○ TRE PASSI NEL DELIRIO ○ STORIE STRAORDINARIE • 1968
FELLINI-SATYRICON • SATYRICON • 1969
CLOWNS, I • CLOWNS, THE • 1970
ROMA • FELLINI-ROMA (FRN) ○ FELLINI'S ROMA (USA) • 1972
AMARCORD • FELLINI'S AMARCORD • 1973
CASANOVA • CASANOVA DE FELLINI (FRN) ○ FELLINI'S CASANOVA ○ CASANOVA DI FEDERICO FELLINI, IL • 1976
CITTA DELLE DONNE, LA • CITY OF WOMEN (UKN) • 1979
PROVA D'ORCHESTRA • ORCHESTRA REHEARSAL (USA) • 1979
E LA NAVE VA • AND THE SHIP SAILS ON (USA) ○ SHIP SAILS ON, THE • 1983
GINGER E FRED • GINGER AND FRED (UKN) • 1985
INTERVISTA • FEDERICO FELLINI'S INTERVISTA (USA) ○ INTERVIEW • 1987
VOCE DELLA LUNA, LA • VOICE OF THE MOON, THE • 1990

FELLINI RICCARDO – ITL – 1921–
STORIE SULLA SABBIA • 1963

FELLOUS ROGER – FRN
A TOUTE HEURE EN TOUTE SAISON • 1961 • SHT

FELMY MAX – GRM
FLIEGENDEN BRIGANTEN 1, DIE • DIEB SIENES EIGENTUMS, DER • 1921
FLIEGENDEN BRIGANTEN 2, DIE • RACHE DES MONGOLEN, DIE • 1921

FELNER PETER PAUL – GRM – 1884–1927
GRAF VON ESSEX, DER • 1922
KAUFMANN VON VENEDIG, DER • JEW OF MESTRI, THE ○ MERCHANT OF VENICE, THE • 1923
GOLDENE KALB, DAS • 1924
PRATER • ERLEBNISSE ZWEIER NAHMADCHEN, DIE • 1924
WELT WILL BELOGEN SEIN, DIE • MANN MIT DEM SPLITTER, DER • 1926
MEER, DAS • 1927

FELS HANS – NTH
QUATRE MATINS • 1987

FELSENSTEIN WALTER – GRM
WINDSTROSS, EIN • 1942
FIDELIO • 1956
RITTER BLAUBART • 1973

FELSTEAD BERT – UKN
CUCKOO, THE • 1948
HOUSE CAT, THE • 1948
LION, THE • 1948
FOREST DRAGON • GINGER NUTT'S FOREST DRAGON • 1949
GINGER NUTT'S BEE-BOTHER • 1949
GINGER NUTT'S CHRISTMAS • CHRISTMAS CIRCUS • 1949
IT'S A LOVELY DAY • 1949
OSTRICH, THE • 1949

FELTHAM KERRY see **FELTHAM KERRY B.**

FELTHAM KERRY B. – CND – 1939–
FELTHAM KERRY
CHICAGO 70 • GREAT CHICAGO CONSPIRACY CIRCUS, THE ○ CONSPIRACY CIRCUS –CHICAGO '70 • 1970
WALTZING POLICEMAN, THE • 1979 • SHT

FEMAN MLADEN – YGS
KRADJA DRAGULJA • GREAT JEWEL ROBBERY, THE (USA) • 1959 • ANS
TACNO U PONOC • LOW MIDNIGHT • 1960 • ANS

FENADY GEORGE – USA – 1930–
ARNOLD • 1973
TERROR IN THE WAX MUSEUM • 1973
EMERGENCY • 1979 • TVM
HANGING BY A THREAD • 1979 • TVM
NIGHT THE BRIDGE FELL DOWN, THE • 1982 • TVM
CAVE-IN! • 1983 • TVM
KNIGHTRIDER 2: NIGHT OF THE JUGGERNAUT • 1985 • TVM

FENCL ANTONIN – CZC
ZLATE SRDECKO • GOLDEN HEART, THE ○ HEART OF GOLD • 1916
PRAZSTI ADAMITE • PRAGUE ADAMITES, THE • 1917
MACOCHA • 1919

FENELLI MARIO – ITL
AFFISSIONI • POSTERS • 1950

FENGLER MICHAEL – GRM
WARUM LAUFT HERR R. AMOK? • WHY DOES HERR R. RUN AMOK? • 1969
NIKLASHAUSER FAHRT • NIKLASHAUSEN JOURNEY, THE • 1970
EIERDIEBE • EGG-THIEVES • 1977

FENNELL CHRISTIAN – CND
LOST SALT: GIFT OF BLOOD, THE • 1990 • SHT

FENNELL PAUL – Animator – USA
BROKEN TREATIES • 1941 • ANS
CARPENTERS, THE • 1941 • ANS
HOW WAR CAME • 1941 • ANS

FENOLLAR AUGUSTO – SPN – 1924–
HISTORIA DE BIENVENIDO, LA • 1964
TESORO DEL CASTILLO, EL • 1964
TIA DE CARLOS EN MINIFALDA, LA • CHARLEY'S AUNT DRESSED IN A MINI-SKIRT • 1967
BODAS DE CAMACHO, LAS • 1977

FENTON LESLIE – Actor – UKN – 1902–1978
CAPTAIN KIDD'S TREASURE • 1938 • SHT
CRIMINAL IS BORN, A • 1938 • SHT
FORGOTTEN STEP, THE • 1938 • SHT
MIRACLE MONEY • 1938 • SHT
STRONGER THAN DESIRE • 1939
TELL NO TALES • 1939
GOLDEN FLEECING, THE • 1940
MAN FROM DAKOTA, THE • AROUSE AND BEWARE (UKN) • 1940
SAINT'S VACATION, THE • 1941
THERE'S A FUTURE IN IT • 1943
TOMORROW THE WORLD • 1944
PARDON MY PAST • 1945
LULU BELLE • 1948
MIRACLE CAN HAPPEN, A • ON OUR MERRY WAY (UKN) • 1948
SAIGON • 1948
WHISPERING SMITH • 1948
STREETS OF LAREDO • 1949
REDHEAD AND THE COWBOY, THE • 1950

FEO IVAN – VNZ
PAIS PORTATIL • PORTABLE COUNTRY • 1977
SE MUEVE • IT MOVES • 1977 • DOC
IFIGENIA • 1987

FERARD FRANCIS – SAF
STEAM PIG, THE • 1975

FERBUS JEAN-PAUL – BLG
DES MORTS • 1979 • DOC

FERCHIOU SOFIA – TNS
ZARDA, LA

FERDINAND FRANZ – AUS
TEUFELS-SCHLOSSER, DER • DEVIL'S LOCKSMITH, THE • 1919

FERENCZI GABOR – HNG
VATSALA KALYANAM • COTTON CHICKEN ○ COTTON CHICKEN • 1950

FERENDELES ANDREA – ITL
OFF-SIDE • 1972

FERET RENE – FRN – 1945–
HISTOIRE DE PAUL • 1975
COMMUNION SOLENNELLE, LA • SOLEMN COMMUNION • 1977
ENFANT ROI, L' • 1979
FERNAND • 1980
MYSTERE ALEXINA, LE • MYSTERY OF ALEXINA, THE (USA) • 1985
HOMME QUI N'ETAIT PAS LA, L' • 1986

FERGESON JAMES – USA
COME PLAY WITH ME • 1970

FERGUSON AL – USA
SHACKLES OF FEAR • 1924
TRAIL OF VENGEANCE, THE • 1924
FIGHTING ROMEO, THE • 1925
PHANTOM SHADOWS • 1925

FERGUSON EDWARD – USA
THEIR ACT • 1916 • SHT

FERGUSON GRAEME – CND – 1929–
SEDUCERS, THE • 1962
LEGEND OF RUDOLPH VALENTINO, THE • 1963
DAYS OF DYLAN THOMAS, THE • 1965
LOVE GODDESSES, THE • 1965
POLAR LIFE • 1967 • DCS
IBM CLOSE-UP • 1968
VIRGIN PRESIDENT, THE • 1968
NORTH OF SUPERIOR • 1971 • DCS
QUESTION OF TELEVISION VIOLENCE, THE • 1972 • DOC
MAN BELONGS TO THE EARTH • 1974 • DOC
SNOW JOB • 1974
OCEAN • 1977
HAIL COLUMBIA! • 1982
DREAM IS ALIVE, THE • EN DIRECT DE L'ESPACE • 1984

FERGUSON IAN – UKN
WILD HIGHLANDS • 1961

FERGUSON MICHAEL – UKN
DR. WHO: THE SEEDS OF DEATH • 1969 • MTV
GLORY BOYS, THE • 1982 • TVM
KILLER IN WAITING • 1982 • MTV

FERGUSON NICHOLAS – UKN
PICTURES AT AN EXHIBITION • 1972

FERGUSON NORMAN – Animator – USA
FANTASIA • 1940 • ANM
PLUTO'S PLAYMATE • 1941 • ANS
THREE CABALLEROS, THE • 1945

FERGUSON R. – ITL
MONTAGNA DELLA PAURA, LA • 1970
SEGRETO DEI SOLDATI DI ARGILLA, IL • 1970

FERGUSON S. G. – UKN
SUPERSONIC SAUCER • 1956

FERGUSSON GUY – UKN
GOLD EXPRESS, THE • 1955

FERHATI JILALI see **FARHATI JALILI**

FERIE BERNARD – FRN – 1947–
ECLIPSE SUR UN ANCIEN CHEMIN VERS COMPOSTELLE • BRAVADE LEGENDAIRE, LA • 1978

FERMAUD MICHEL – FRN – 1921–
PORTES CLAQUENT, LES • 1960
VOUS HABITEZ CHEZ VOS PARENTS? • 1983

FERNAN GOMEZ FERNANDO see **FERNAN-GOMEZ FERNANDO**

FERNAN-GOMEZ FERNANDO – ARG – 1921–
FERNAN GOMEZ FERNANDO
MANICOMIO • 1952
MENSAJE, EL • 1953
MALVADO CARABEL, EL • 1955
VIDA POR DELANTE, LA • 1958
VIDA ALREDEDOR, LA • 1959
SOLO PARA HOMBRES • 1960
VENGANZA DE DON MENDO, LA • 1961
MUNDO SIGUE, EL • 1963
EXTRANO VIAJE, EL • STRANGE JOURNEY, THE • 1964
PALOMOS, LOS • 1964
NINETTE Y UN SENOR DE MURCIA • 1965
MAYORES CON REPAROS • ADULTS WITH OBJECTIONS • 1967
COMO CASARSE EN SIETE DIAS • 1969
CRIMEN IMPERFECTO • 1970
YO LA VI PRIMERO • I SAW HER FIRST • 1974
QUERIDA, LA • 1975
BRUJA, MAS QUE BRUJA • 1976
MI HIJA HILDEGART • MY DAUGHTER HIDEGART • 1977
MAMBRU SE FUE A LA GUERRA • MARLBOROUGH WENT TO WAR ◦ MAMBRU WENT TO WAR • 1985
VIAJE A NINGUNA PARTE, EL • JOURNEY TO NOWHERE, THE • 1986

FERNANDEL – Actor – FRN – 1903–1971
SIMPLET • 1942
ADRIEN • BAR DU SOLEIL, LE • 1943
ADHEMAR OU LE JOUET DE LA FATALITE • 1951

FERNANDES ARY – BRZ
VIGILANTE EM MISSAO SECRETA, O • VIGILANTE ON A SECRET MISSION, THE • 1967 • MTV
AGUIAS EM PATRULLA • EAGLES ON PATROL • 1969
DESAFIO A AVENTURA • 1972
PANICO NO IMPERIO DO CRIME • 1972

FERNANDES SERIO – PRT
CHICO FININHO, O • 1982

FERNANDEZ ANTONIO – MXC
TRES FARSANTES, LOS • 1965

FERNANDEZ ARDAVIN EUSEBIO see **ARDAVIN EUSEBIO F.**

FERNANDEZ BERNARDO – SPN – 1939–
CONTRA LA PARED • 1975

FERNANDEZ BUSTAMENTE ADOLFO – MXC
BUSTAMENTE ADOLFO F.
MAS ALLA DEL AMOR • 1944
MULATA DE CORDOBA, LA • 1945
CONTRA LA LEY DE DIOS • 1946
REBELION DE LOS FANTASMAS, LA • REBELLION OF THE GHOSTS ◦ REVOLT OF THE GHOSTS • 1946
BARRIO DE PASIONES • 1947
MARIA LA O • 1947
OTONO Y PRIMAVERA • 1947
LLUVIA DE ABUELOS • 1949
MARIACHIS • 1949
ENTRE ABOGADOS TE VEAS • 1950
MEDICO DE GUARDIA • 1950
PACO EL ELEGANTE • 1951
SANGRE EN EL BARRIO • CRUCERO 33 • 1951
CUATRO DE HOTEL • 1952
A LOS CUATRO VIENTOS • 1954
CADENA DE MENTIRAS • 1955
PENSION DE ARTISTAS • 1955
ASESINOS, S.A. • 1956
MUERTOS DE RISA • DEAD OF LAUGHTER • 1957

FERNANDEZ CUENCA CARLOS – SPN – 1904–1977
ES MI HOMBRE • 1928
LEYENDA ROTA • 1939
MISTERIOS DE TANGER, LOS • 1942
OTROS TIEMPOS • 1959

FERNANDEZ EMILIO – Actor – MXC – 1904–1986
ISLA DE LA PASION, LA • PASSION ISLAND (USA) ◦ ISLAND OF PASSION, THE • 1941
SOY PURO MEXICANO • I'M PURE MEXICAN • 1942
FLOR SILVESTRE • WILD FLOWER • 1943
MARIA CANDELARIA • PORTRAIT OF MARIA ◦ XOCHIMILCO • 1943
ABANDONADAS, LAS • ABANDONED ONES, THE • 1944
BUGAMBILIA • 1944
PEPITA JIMENEZ • 1945
ENAMORADA • IN LOVE • 1946
FUGITIVE, THE • FUGITIVO, EL (MXC) • 1946
PEARL, THE • 1946
RIO ESCONDIDO • HIDDEN RIVER • 1947
MACLOVIA • 1948
PUEBLERINA • 1948
SALON MEXICO • 1948
DEL ODIO NACIO EL AMOR • TORCH, THE (USA) ◦ BANDIT GENERAL, THE (UKN) ◦ BELOVED • 1949
DUELO EN LAS MONTANAS • 1949
MALQUERIDA, LA • 1949
DIA DE VIDA, UN • 1950
ISLAS MARIAS • 1950
SIEMPRE TUYA • ALWAYS YOURS • 1950
VICTIMAS DEL PECADO • 1950
ACAPULCO • 1951
BIEN AMADA, LA • 1951
MAR Y TU, EL • TU Y EL MAR • 1951
SUAVE PATRIA • 1951
CUANDO LEVANTA LA NIEBLA • 1952
RAPTO, EL • 1953
REBELION DE LOS COLGADOS, LA • REVOLT OF THE HANGED ◦ REBELLION OF THE HANGED, THE • 1953
RED, LA • ROSANNA (USA) ◦ NET, THE • 1953
REPORTAJE • 1953
ROSA BLANCA, LA • MOMENTOS DE LA VIDA DI MARTI • 1953
NOSOTROS DOS • NOSTROS DOS • 1954
TIERRA DEL FUEGO SE APAGA, LA • 1955
CITA DE AMOR, UNA • REBEL, THE • 1956
IMPOSTOR, EL • GESTICULADOR, EL • 1956
PALOMA HERIDA • 1962
PUEBLITO • PUBELITO, O EL AMOR • 1962
DORADO DE PANCHO VILLA, UN • LOYAL SOLDIER OF PANCHO VILLA, A • 1966
CREPUSCOLO DE UN DIOS • 1968
CHOCA, LA • 1973
ZONA ROJA • RED ZONE • 1975

FERNANDEZ FERNANDO – MXC
ATAUD INFERNAL, EL • 1958
FISTOL DEL DIABLO, EL • 1958
JUEGO DIABOLICO • DIABOLIC GAME • 1958
TRAMPA FATAL • 1958
SENOR TORMENTA, EL • 1962
TORMENTA EN EL RING • 1962
SOMBRA BLANCA, LA • 1963
FORASTERO VENGADOR, EL • 1966
HERMANOS CENTELLA, LOS • 1966

FERNANDEZ GUSTAVO – CLM
HADDOCK WITH AREPA • 1989 • SHT

FERNANDEZ MARCELA see **VIOLANTE MARCELA FERNANDEZ**

FERNANDEZ R. see **FERNANDEZ RAMON**

FERNANDEZ RAMON – SPN – 1930–
FERNANDEZ R.
AHI VA OTRO RECLUTA • 1960
AQUI ESTAN LAS VICETIPLES • 1960
MARGARITA SE LLAMA MI AMOR • 1961
OBJETIVO: LAS ESTRELLAS • 1962
RUEDA DE SOSPECHOSOS • 1964
SIETE MINUTOS PARA MORIR • 1966
SOR YE-YE • SISTER YE-YE • 1968
PANTERAS SE COMEN A LOS RICOS • 1969
CRISTO DEL OCEANO, EL • CHRIST OF THE OCEAN, THE • 1970
DIABLO COJUELO, EL • LAME DEVIL, THE • 1970
SENORITO Y LAS SEDUCTORAS • 1970
CATETO A BABOR • 1971
DUE RAGAZZI DA MARCIAPIEDE • 1971
LUCA, BAMBINO MIO • 1971
NO DESEARAS AL VECINO DEL QUINTO • THOU SHALT NOT COVET THY NEIGHBOUR ON THE FIFTH FLOOR • 1971
QUIEN SOY YO? • 1971
CASA FLORA • 1972
NOVIOS DE MI MUJER, LOS • 1972
SIMON, CONTAMOS CONTIGO • 1972
DOCTOR, ME GUSTAN LAS MUJERES, ES GRAVE? • 1973
COMO MATAR A PAPA SIN HACERLE DANO • 1974
MATRIMONIO AL DESNUDO • 1974
ADULTERO, EL • 1975
CUANDO LOS MARIDOS IBAN A LA GUERRA • 1975
ESTA QUE LO ES • 1975
LUJO A SU ALCANCE, UN • 1975
CHELY • HISTORIA ESTRICTAMENTE INMORAL, UNA • 1976
GRAN FIESTA, LA • 1977
MUERTE RONDA A MONICA, LA • 1977
SANGRE • 1978
CIPOTE DE ARCHIDONA, EL • DONG OF ARCHIDONA, THE • 1979

FERNANDEZ RAUL – MXC
CARCACHITA, LA • 1966

FERNANDEZ SANTOS JESUS – SPN – 1926–
LLEGAR A MAS • 1963

FERNANDEZ UNSAIN JOSE MARIA – MXC
MUNDO LOCO DE LOS JOVENES, EL • 1966
ENSAYO DE UNA NOCHE DE BODAS • WEDDING NIGHT ESSAY, A • 1968
LARGO VIAJE HACIA LA MUERTE, UN • LONG VOYAGE TOWARDS DEATH, A • 1968
VIDA DIFICIL DE UNA MUJER FACIL • 1977

FERNANDEZ VIOLANTE MARCELA – MXC
NOCTURNO AMOR QUE TE VAS • NOCTURNAL LOVE YOU'RE LEAVING ◦ NOCTURNE OF LOVE • 1986

FERNANDINO GUILLERMO – ARG
AGRESOR, EL • AGGRESSOR, THE • 1988

FERNHOUT JOHN see **FERNO JOHN**

FERNO JOHN – NTH – 1918–
FERNHOUT JOHN
ILE DE PAQUES • EASTER ISLAND • 1935 • DOC
TROIS-MATS "MERCATOR" • MERCATOR ◦ TROIS-MATS, LE • 1935 • SHT
GEBROKEN DIJKEN • BROKEN DIKES • 1945 • DOC
LAATSTE SCOT, HET • LAST SHOT, THE • 1945 • DOC
A.B.C. • ARUBA, BONAIRE, CURAZAO • 1958 • SHT
BLUE PETER • 1958 • SHT
FORTRESS OF PEACE • 1965 • SHT
SKY OVER HOLLAND • 1967 • SHT
DELTA DATA • 1968 • SHT
TREE OF LIFE, THE • 1971

FERRAIOLI – ITL
QUANDO GLI ANGELI DORMONO • 1947

FERRAND CARLOS – PRU – 1946–
INVENTEURS AU QUEBEC, LES • MTV
EPPISURES DE SABLES • 1981 • MTV
EYES ONLY • 1981 • MTV
CIMARRONES • 1982
FENETRE SUR CA • 1986
INVENTEZ • 1986 • MTV

FERRAND-LAFAYE – FRN
NEW YORK 1935 • 1988 • SHT

FERRARA ABEL – USA
DRILLER KILLER • 1979
ANGEL OF VENGEANCE • MS.45 • 1980
FEAR CITY • 1985
CRIME STORY • 1986
GLADIATOR, THE • 1986 • TVM
CHINA GIRL • 1987
CRIME STORY PART 2: THE MAFIA WAR • 1987 • TVM
CRIME STORY PART 3: BLOOD FEUD • 1987 • TVM
CRIME STORY PART 4: THE VEGAS CONNECTION • 1987 • TVM
CRIME STORY PART 5: LUCA'S FALL • 1987 • TVM
CRIME STORY PART 6: THE FINAL CHAPTER • 1987 • TVM
CAT CHASER • 1989
KIMG OF NEW YORK, THE • 1990

FERRARA GIANFRANCO – ITL
SOGNI PROIBITI DI DON GALEAZZO CURATO DI CAMPAGNA • 1973

FERRARA GIORGIO – ITL – 1947–
CUORE SEMPLICE, UN • 1977

FERRARA GIUSEPPE – ITL – 1932–
MISTERI DI ROMA, I • MYSTERIES OF ROME, THE ◦ WONDERS OF ROME, THE • 1963 • DOC
SASSO IN BOCCA, IL • SECRET DOSSIER OF THE MAFIA ◦ STONE IN THE MOUTH • 1970
FACCIA DI SPIA • 1975
VENTRE DI NAPOLI, IL • 1977
ALESSANDRO PANAGULIS • 1979 • MTV
CASO MORO, IL • MORO AFFAIR, THE • 1987

FERRARA ROMANO – ITL
FREEMOUNT ROY • WILLIAMS MIKE
PIANETI CONTRO DI NOI, I • MONSTRE AUX YEUX VERT, LE (FRN) ◦ HANDS OF A KILLER (UKN) ◦ PLANETS AGAINST US (USA) ◦ MAN WITH THE YELLOW EYES ◦ PLANETS AROUND US ◦ MONSTER WITH GREEN EYES, THE • 1961
INTRIGO A LOS ANGELES • 1964
CRIMINE A DUE • CASA SULLA FUNGAIA, LA • 1965
GUNGALA LA VERGINE DELLA GIUNGLA • GUNGALA THE VIRGIN OF THE JUNGLE • 1967

FERRARESE NELLO see **ROSSATI NELLO**

FERRARI ALAIN – GBN
OU VAS-TU KOUMBA • 1971

FERRARI GIORGIO – ITL
POVERI, BELLI E INNAMORATI • 1968

FERRARI L. – FRN
AMBITUS • 1967 • SHT
DE L'AUTRE COTE DU CHEMIN DE FER • 1967 • SHT
INVENTION, L' • 1967 • SHT

FERRARI NICOLO – ITL – 1928–
LAURA NUDA • 1961
MIO MAO • 1970
NELL'AGRO PONTINO • 1978

FERRARI STEFANO – USA
DEAD HEAT • 1987

FERRARIO CESARE – ITL
PIU BELLA DEL REAME, LA • MOST BEAUTIFUL GIRL IN THE KINGDOM, THE • 1990

FERRATER-MORA J. – USA
HERO OF OUR TIMES, A • 1969

FERRE CARLOS PEREZ – SPN
HECTOR • HECTOR, THE STIGMA OF FEAR • 1983

FERREIRA EURICO – PRT
CAMINHOS LONGOS • 1955
ZE DO BURRO • 1972

FERREIRA LEANDRO – PRT
CONTACTOS • 1984

FERREIRA LINO – PRT – 1884–1939
RAPTO DE UMA ACTRIZ • 1907 • SHT
CENTENARIO, O • 1922

FERRER CHARLES – GRM
SEX CONNECTION, THE • 1969

FERRER JOSE – Actor – PRC – 1912–
COCKLESHELL HEROES • 1955
SHRIKE, THE • 1955
GREAT MAN, THE • 1956
HIGH COST OF LOVING, THE • BAY THE MOON • 1958
I ACCUSE! • 1958
RETURN TO PEYTON PLACE • 1961
STATE FAIR • 1962

FERRER MEL – Actor – USA – 1917–
GIRL OF THE LIMBERLOST, THE • 1945
SECRET FURY, THE • BLIND SPOT • 1950
VENDETTA • 1950
GREEN MANSIONS • 1959
EVERY DAY IS A HOLIDAY • CABRIOLA • 1966

FERRERA GIUSEPPE – ITL
CENTO GIORNI A PALERMO • ONE HUNDRED DAYS IN PALERMO • 1984

FERRERI MARCO – ITL – 1928–
PISITO, EL • 1957
CHICOS, LOS • BOYS, THE • 1959
COCHECITO, EL • WHEELCHAIR, THE ○ MOTORCART, THE • 1960
TESORO DEI BARBARI, IL • 1960
TRESOR DES HOMMES BLEUS, LE • SECRETO DE LOS HOMBRES AZULES, EL (SPN) ○ SECRET DES HOMMES BLEUS, LE ○ CARAVANE POUR ZAGORA ○ SECRET OF THE BLUE MEN, THE • 1960
ITALIANE E L'AMORE, LE • LATIN LOVERS (USA) ○ ITALIAN WOMEN AND LOVE • 1961
STORIA MODERNA –L'APE REGINA, UNA • LIT CONJUGAL, LE (FRN) ○ CONJUGAL BED, THE (USA) ○ QUEEN BEE ○ APE REGINA, L' • 1963
CONTROSESSO • 1964
DONNA SCIMMIA, LA • MARI DE LA FEMME A BARBE, LE (FRN) ○ APE WOMAN, THE (USA) ○ MOST UNUSUAL WOMAN, A ○ MONKEY WOMAN ○ BEARDED LADY, THE • 1964
UOMO DAI PALLONCINI, L' • MAN WITH THE BALLOONS, THE (USA) ○ UOMO DAI CINQUE PALLONI, L' ○ BREAK UP • 1964
OGGI DOMANI DOPODOMANI • PARANOIA (USA) ○ OGGI DOMANI E DOPODOMANI ○ TODAY, TOMORROW AND THE DAY AFTER ○ KISS THE OTHER SHEIK ○ BLOND WIFE, THE • 1965
MARCIA NUZIALE • WEDDING MARCH • 1966
HAREM, L' • HER HAREM (USA) ○ HAREM, THE • 1967
DILLINGER E MORTO • DILLINGER IS DEAD (UKN) • 1969
SEME DELL'UOMO, IL • SEED OF MAN, THE (USA) • 1969
PERCHE PAGARE PER ESSERE FELICE • 1971 • DOC
CAGNA, LA • LOVE TO ETERNITY (UKN) ○ MELAMPO ○ LIZA • 1972
UDIENZA, L' • AUDIENCE, THE • 1972
GRANDE ABBUFFATA, LA • GRANDE BOUFFE, LA (FRN) ○ BLOW-OUT (UKN) • 1973
NON TOCCARE LA DONNA BIANCA • VERA STORIA DEL GENERALE CUSTER, LA ○ TOUCHE PAS LA FEMME BLANC • 1975
ULTIMA DONNA, L' • DERNIERE FEMME, LA (FRN) ○ LAST WOMAN, THE (USA) • 1976
YERMA • 1977 • MTV
REVE DE SINGE • CIAO MASCHIO (ITL) ○ BYE BYE MONKEY ○ CIAO MALE ○ CIAO SCIMMIA • 1978
CHIEDO ASILO • PIPICACADODO (FRN) ○ NO CHILD'S LAND ○ MY ASYLUM ○ PIPI, CACA, DODO • 1979
C'ETAIT LA PLUS BELLE FILLE DANS LA VILLE • 1981
STORIE DI ORDINARIA FOLLIA • CONTE DE LA FOLIE ORDINAIRE (FRN) ○ TALES OF ORDINARY MADNESS • 1981
STORIA DI PIERA • STORY OF PIERA, THE (USA) ○ PIERA'S STORY • 1983
FUTURO E' DONNA, IL • FUTURE IS WOMAN, THE • 1984
I LOVE YOU • 1987
COME SONO BUONI I BIANCI • HOW GOOD THE WHITES ARE! • 1988

FERRERO CARLO – ITL
K.O. VA E UCCIDI • 1966

FERRERS CHARLES – SWT
PLEASURE MACHINE, THE • SEX CONNECTION • 1975

FERRET ROGER – FRN
CONCERTO DE L'AUBE • 1960

FERRETTI PIERGIORGIO – ITL
DECAMEROTICUS • 1972
SERGENTE ROMPIGLIONI, IL • 1973
NOVIZIA, LA • 1975

FERRETTI ROBERT A. – USA
FEAR • HONOR BETRAYED ○ FLASHBACK • 1988

FERREUX – FRN
REVUE BLANCHE, LA • 1966 • SHT

FERREYRA JOSE – ARG – 1889–1943
FERREYRA JOSE A.
NOCHE DE GARUFA, UNA • 1915
TANGO DE LA MUERTE, EL • 1917
CAMPO AJUERA • 1919
CHICA DELLA CALLE FLORIDA, LA • 1921
GUACHA, LA • 1921
MIENTRE BUENOS AIRES DUERME • 1921
BUENOS AIRES • 1922
CIUDAD DE ENSUENO • 1922
ARRIERO DE YACANTO, EL • 1924
MI ULTIMO CANTO • 1924
ORGANITO DE LA TARDE, EL • 1924
MUCHACHITA DE CHICLANA • 1926
PERDEN VIEJITA • 1927
CANCION DEL GAUCHO, LA • 1930
CANTAR DI MI CIUDAD, EL • 1930
MUNEQUITAS PORTENAS • 1931
CALLES DE BUENOS AIRES • 1934
PUENTE ALSINA • 1935
AYUDAME A VIVIR • 1936
BESOS BRUJOS • BEWITCHING KISSES (USA) • 1937
MUCHACHOS DE LA CIUDAD • 1937
LEY QUE OLVIDARON, LA • LAW THEY FORGOT, THE (USA) • 1938
CHIMBELLA • 1939
HIJO DEL BARRIO, EL • 1940
MUJER Y LA SELVA, LA • 1941

FERREYRA JOSE A. see **FERREYRA JOSE**

FERRIER LAURENT – FRN – 1945–
VOL DU SPHINX, LE • 1984

FERRIN FRANK – USA
HINDU, THE • SABAKA (UKN) • 1953

FERRINI FRANCO – ITL
CARAMELLE DA UNO SCONOCIUTO • SWEETS FROM A STRANGER • 1987

FERRIS BILL – USA
SONNY FORD • 1969
GIVE MY POOR HEART EASE: MISSISSIPPI DELTA BLUESMEN • 1975 • SHT

FERRIS COSTAS see **FERRIS KOSTAS**

FERRIS JOSETTE – USA
SONNY FORD • 1969
GIVE MY POOR HEART EASE: MISSISSIPPI DELTA BLUESMEN • 1975 • SHT

FERRIS KOSTAS – GRC
FERRIS COSTAS
FONISSA, I • MURDERESS, THE • 1974
PROMITHEAS SE DEFTERO PROSOPO • PROMETHEUS SECOND PERSON SINGULAR • 1975
DHIO FENGARIA TON AVGOUSTO • TWO MOONS IN AUGUST • 1979
REMBETIKO • 1984
OH BABYLON • 1989

FERRIS MABEL – USA
BRIDGE OF THE GODS, THE • 1914

FERRIS STAN – CND
TULIPS • 1980

FERRO ALBERTO – USA
BRAUN LASSE
SENSATIONS • 1975

FERRO GUDMUNDUR GUDMUNDSSON – USA
GRIMACES • 1968

FERRONETTI IGNAZIO – ITL – 1908–
SPIE FRA LE ELICHE • 1943
FUGA NELLA TEMPESTA • 1946
MA CHI TE LO FARE? • SIRENA DEL GOLFO, LA • 1948
FANTASMA DELLE MORTE, IL • 1950
MISTERI DI VENEZIA, I • FARO ABBANDONATO, IL • 1951
TUTTO IL MONDO RIDE • 1952
CINQUANT'ANNI DI EMOZIONI • 1954
INGRESSO CENTESIMI 10 • 1956
TIRANNO DEL GARDA, IL • 1956
DUE SOSIA IN ALLEGRIA • 1958
NAPOLI E TUTTA UNA CANZONE • 1959
SIRENA DEL GOLFO, LA • 1959

FERRONI GIORGIO – ITL – 1908–
PADGET KELVIN JACKSON • PADGET CALVIN JACKSON • PADGET CALVIN J
PESCA NEL GOLFO • FISHING IN THE GULF • 1933
TRE DESIDERI, I • DRIE WENSEN, DE (NTH) ○ DRIE WENSCHEN ○ THREE WISHES • 1937
TERRA DI FUOCO • 1938
EBBREZZA DEL CIELO, L' • 1940
ARCOBALENO • 1943
FANCIULLO DEL WEST, IL • 1943
MACARIO CONTRO ZAGOMAR • MACARIO CONTRO FANTOMAS • 1944
CASELLO N.3 • 1945
PAIN DELLE STELLE • 1947
TOMBOLO PARADISO NERO • TOMBOLO, PARADISE NOIR (FRN) ○ TOMBOLO (USA) • 1947
MARECHIARO • 1949
VIVERE A SBAFO • 1950
VERTIGINE BIANCA • 1956 • DOC
OCEANO CI CHIAMO, L' • NOI DELL'OCEANO • 1958 • DOC
1940, FUOCO NEL DESERTO • 1958
MULINO DELLE DONNE DI PIETRA, IL • MOULIN DES SUPPLICES, LE (FRN) ○ MILL OF THE STONE WOMEN (USA) ○ DROPS OF BLOOD (UKN) ○ HORRIBLE MILL WOMEN, THE ○ HORROR OF THE STONE WOMEN ○ MILL OF THE STONE MAIDENS • 1960
BACCANTI, LE • BACCHANTES, THE (USA) • 1961
GUERRA DI TROIA, LA • WOODEN HORSE OF TROY, THE (UKN) ○ GUERRE DE TROIE, LA (FRN) ○ TROJAN HORSE, THE (USA) ○ TROJAN WAR, THE • 1961
ERCOLE CONTRO MOLOCH • CONQUEST OF MYCENE (USA) ○ HERCULE CONTRE MOLOCH ○ HERCULES ATTACKS ○ HERCULES CHALLENGE ○ HERCULES AGAINST MOLOCH ○ HERCULES VS. MOLOCH • 1964
LEONE DI TEBE, IL • LION DE THEBES, LE (FRN) ○ LION OF THEBES, THE (USA) ○ HELEN OF TROY ○ HELENE, REINE DE TROIE • 1964
CORIOLANO, EROE SENZA PATRIA • CORIOLANUS: HERO WITHOUT A COUNTRY ○ THUNDER OF BATTLE • 1965
DOLLARO BUCATO, UN • ONE SILVER DOLLAR (USA) ○ DOLLAR TROUE, LE (FRN) ○ BLOOD FOR A SILVER DOLLAR • 1965
NEW YORK CHIAMA SUPERDRAGO • NEW YORK APPELLE SUPER DRAGON (FRN) ○ SECRET AGENT SUPER DRAGON(USA) ○ HOLLENJAGD AUF HEISSE WARE (FRG) ○ SUPER DRAGON ○ NEW YORK CALLING SUPERDRAGON • 1966
PER POCHI DOLLARI ANCORA • FORT YUMA GOLD (USA) • 1966
WANTED • 1967
DUE PISTOLE E UN VIGLIACCO • TWO PISTOLS AND A COWARD • 1968
PISTOLERO SEGNATA DA DIO, IL • 1968
TROIS CAVALIERS POUR FORT YUMA • 1968
BATTAGLIA DI EL ALAMEIN, LA • DESERT TANKS (UKN) ○ BATTLE OF EL ALAMEIN, THE • 1969
REBEL LIEUTENANT, THE
ARCIERE DI FUOCO, L' • GRANDE CHEVAUCHEE DE ROBIN DES BOIS, LA (FRN) ○ ARQUERO DE SHERWOOD, L' • 1971
NOTTE DEI DIAVOLI, LA • NOCHE DE LOS DIABLOS, LA ○ NIGHT OF THE DEVILS (UKN) • 1972
ATTENTI RAGAZZI, CHI ROMPE.. PAGA! • 1976

FERRY ISIDORO M. see **FERRY ISIDORO MARTINEZ**

FERRY ISIDORO MARTINEZ – SPN – 1925–
FERRY ISIDORO M.
PISITO, EL • 1957
CARA DEL TERROR, LA • FACE OF TERROR (USA) ○ FACE OF FEAR • 1962
ESCALA EN HI-FI • SCALE IN HI-FI • 1963
CRUZADA EN EL MAR • 1967

FERY KLAUS – GRM
SCHENK MIR DAS LEBEN • 1927

FESCOURT HENRI – FRN – 1880–1966
AMAZONE, L' • 1912
BONHEUR PERDU, LE • 1912
FANTAISIE DE MILLIARDAIRE • 1912
GRAND SEIGNEUR, UN • 1912
HOMME GIFLE, L' • 1912
LUMIERE QUI TUE, LA • 1912
MARI A L'ESSAI, UN • 1912
METHODE DU PROFESSEUR NEURA, LA • 1912
MINUIT TRENTE-CINQ • 1912
PARIS-SAINT-PETERSBOURG • 1912
PETIT RESTAURANT DE L'IMPASSE CANIN, LE • 1912
REGARD, LE • 1912
RISQUES DU FLIRT, LES • 1912
TENOR, LE • 1912
CRIME ENSEVELI, LE • 1913
CUBISTE PAR AMOUR • 1913
DEPART DANS LA NUIT, LE • 1913
JEUX D'ENFANTS • 1913
JOYEUSES NOCES DE SAINT-LOLO, LES • 1913
MARIQUITA, LA • 1913
MARQUISE DE TREVENEC, LA • 1913
MORT SUR PARIS, LA • 1913
OBUS SUR PARIS, UN • 1913
FILLE DE PRINCE • 1914
PEINE D'AMOUR • 1914
TROIS OMBRES, LES • 1914
MENACE, LA • 1915
MATHIAS SANDORFF • 1920
NUIT DU 13, LA • 1921
ROULETABILLE • ROULETABILLE CHEZ LES BOHEMIENS • 1922
MANDRIN • 1923
GRANDS, LES • 1924
FILS D'AMERIQUE, UN • 1925
MISERABLES, LES • 1925
GLU, LA • 1926
MAISON DU MALTAIS, LA • KARINA THE DANCER • 1927
COMTE DE MONTE-CRISTO, LE • 1928
OCCIDENT, L' • 1928
MAISON DE LA FLECHE, LA • 1930
SERMENTS • REBELLE, LE • 1931
SERVICE DE NUIT • THEODORE EST FATIGUE ○ NUITS DE PAPA, LES ○ POUR SERVICE DE NUIT • 1931
OCCIDENT, L' • 1937
BAR DU SUD • 1938
FACE AU DESTIN • 1939
VOUS SEULE QUE J'AIME • C'EST VOUS SEULE QUE J'AIME • 1939
RETOUR DE FLAMME • 1942

FEST JOACHIM C. – GRM
HITLER, EINE KARRIERE • HITLER, A CAREER (USA) • 1977

FESTA CAMPANILE P. see **FESTA CAMPANILE PASQUALE**

FESTA CAMPANILE PASQUALE – ITL – 1927–
FESTA CAMPANILE P. • CAMPANILE P. FESTA
TENTATIVO SENTIMENTALE, UN • AMOUR SANS LENDEMAIN (FRN) ○ SENTIMENTAL EXPERIMENT • 1963
COSTANZA DELLA RAGIONE, LA • 1964
VOCI BIANCHE, LE • SEXE DE ANGES, LE (FRN) ○ WHITE VOICES (USA) ○ COUNTER TENORS, THE ○ UNDER COVER ROGUE ○ CASTRATI, I • 1964
VERGINE PER IL PRINCIPE, UNA • VIERGE POUR LE PRINCE, UNE (FRN) ○ VIRGIN FOR THE PRINCE, A (UKN) ○ MAIDEN FOR THE PRINCE, A (USA) ○ MAIDEN FOR A PRINCE, A ○ THERE'S SOMETHING FUNNY GOING ON • 1965

ADULTERIO ALL'ITALIANA • ADULTERY ITALIAN STYLE • 1966
RAGAZZA E IL GENERALE, LA • GIRL AND THE GENERAL, THE (USA) • 1966
CINTURA DI CASTITA, LA • ON MY WAY TO THE CRUSADES, I MET A GIRL WHO.. (USA) ○ CHASTITY BELT, THE (UKN) • 1967
MARITO E MIO E L'AMMAZZO QUANDO MI PARE, IL • HE'S MY HUSBAND AND I'LL KILL HIM WHEN I LIKE ○ DROP DEAD, MY LOVE • 1967
MATIARCA, LA • MATRIARCH, THE ○ LIBERTINE, THE • 1968
DOVE VAI TUTTA NUDA? • WHERE ARE YOU GOING ALL NAKED? (UKN) • 1969
SCACCO ALLA REGINA • CHECK TO THE QUEEN • 1969
CON QUALE AMORE, CON QUANTO AMORE • 1970
QUANDO LE DONNE AVEVANO LA CODA • WHEN WOMEN HAD TAILS (USA) • 1970
MERLO MASCHINO, IL • 1971
CALANDRIA, LA • 1972
JUS PRIMAE NOCTIS • 1972
QUANDO LE DONNE PERSERO LA CODA • TOLL TRIEBEN ES DIE ALTEN GERMANEN (FRG) ○ WHEN WOMEN LOST THEIR TAILS (USA) • 1972
EMIGRANTE, L' • 1973
RUGANTINO • 1973
SCULACCIATA, LA • 1974
CONVIENE FAR BENE L'AMORE • SEX MACHINE, THE (USA) • 1975
DIMMI CHE FAI TUTTO PER ME • 1976
HUMUNQUS HECTOR • 1976
SOLDATO DI VENTURA, IL • GRANDE BAGARRE, LA (FRN) ○ SOLDIER OF FORTUNE • 1976
AUTOSTOP • AUTOSTOP ROSSO SANGUE ○ DEATH DRIVE ○ HITCH-HIKE • 1977
CARA SPOSA • 1977
PARLAMI D'AMORE MARIA • 1977
COME PERDERE UNA MOGLIE E TROVARE UN'AMANTE • 1978
RITORNO DI CASANOVA, IL • 1978 • MTV
BELLO MA DANNATO • 1979
CORPO DELLA RAGASSA, IL • YOUNG GIRL'S BODY, THE • 1979
GEGE BELLAVITA • 1979
LADRONE, IL • BAD THIEF, THE • 1979
SABATO, DOMENICA E VENERDI • 1979
QUA LA MANO • GIVE US YOUR HAND ○ GIVE ME FIVE ○ LET'S SHAKE ON IT • 1980
MANOLESTA • 1981
PIU BELLO DI COSI SI MUORE • YOU CAN'T GET MORE BEAUTIFUL • 1982
BINGO BONGO • 1983
NESSUNO E PERFETTO • 1983
PORCA VACCA • 1983
POVERO RICCO • 1983
RAGAZZA DI TRIESTE, LA • GIRL FROM TRIESTE, THE • 1983
PETOMANE, IL • PETOMANIAC, THE ○ WINDBREAKER, THE • 1984
SCANDALO PERBENE, UNO • BOURGEOIS SCANDAL, A • 1984

FETHKE JAN – PLN

ZALOGA • CREW, THE • 1952

FETIN V. see **FETIN VLADIMIR**

FETIN VLADIMIR – USS – 1936–

FETIN V.

SECRET OF YOUTH, THE • 1956 • SHT
FIRST CAR, THE • 1957 • SHT
AND HOW ARE YOU? • 1958 • SHT
FOAL, THE • 1959 • SHT
ZHEREBYONOK • COLT, THE • 1960
STRIPED LOAD, THE • STRIPED VOYAGE, A • 1961
DON STORY, THE • TALE OF THE DON, A • 1964
VIRINEYA • VIRINEA • 1969
LUBOV YAROVAYA • 1970
OPEN BOOK, THE • 1974

FETTAR SID ALI see **FETTAR SID-ALI**

FETTAR SID-ALI

FETTAR SID ALI

REFLEXION SUR LA GUERRE DU VIETNAM • 1967
INGRATITUDE, L' • 1969
TOUT PART • 1970
COULISSES, LES • 1971
RAI • 1987

FETTERER HARRY – USA

POISON IVY • 1913

FEUILLADE LOUIS – FRN – 1873–1925

COURSE A LA PERRUQUE, LA
BILLET DE BANQUE, LE • 1906
C'EST PAPA QUI PREND LA PURGE • 1906
COURSE AU POTIRON, LA • 1906
DEUX GOSSES, LES • 1906
MIREILLE • 1906
N'TE PROMENE DONC PAS TOUTE NUE • 1906
PORTEUSE DE PAIN, LA • 1906
ACCIDENT D'AUTO • 1907
COURSE DES BELLES-MERES, LA • 1907
HOMME AIMANTE, L' • 1907
LEGENDE DE LA FILEUSE, LA • 1907
PAQUET EMBARRASSANT, UN • 1907
SIRENE, LA • 1907
THE CHEZ LA CONCIERGE, LE • 1907
VENGEANCE CORSE, LA • 1907
VIVE LE SABOTAGE • 1907
AGENTS TELS QU'ON NOUS LES PRESENTE, LES • 1908
CUL-DE-JATTE EMBALLE, LE • 1908
DAME VRAIMENT BIEN, UNE • TRULY GOOD LADY, A • 1908
FACTEUR TROP FERRE, UN • 1908
GREVE DES APACHES, LA • 1908
JOURNEE D'UN-NON GREVISTE, LA • 1908
MAMAN N'IRA PLUS A LA FETE • 1908
NETTOYAGE PAR LA VIDE • 1908
NUIT AGITEE, UNE • 1908
PROMETHEE • 1908
RECIT DU COLONEL, LA • 1908
REVE DES APACHES, LE • 1908
ROMAN DE SOEUR LOUISE, LE • 1908
TIC, LE • 1908
AVEUGLE DE JERUSALEM, L' • 1909
CHATTE METAMORPHOSEE EN FEMME, LA • CAT THAT CHANGED INTO A WOMAN, THE (USA) • 1909
CIGALE ET LA FOURMI, LA • GRASSHOPPER AND THE ANT, THE • 1909
COLLIER DE LA REINE, LE • 1909
FILLES DU CANTONNIER, LES • 1909
FRA VINCENTI • 1909
HEURES, LES • 1909
HISTOIRE DE PUCE • 1909
HUGUENOT, LE • 1909
JUDITH ET HOLOPHERNE • 1909
LEGENDE DES PHARES, LA • 1909
MATER DOLOROSA • 1909
MERE DU MOINE, LA • 1909
MORT DE MOZART, LA • 1909
MORT, LA • 1909
POSSESSION DE L'ENFANT, LA • 1909
PRINTEMPS, LE • 1909
SAVETIER ET LE FINANCIER, LE • 1909
VAINQUEUR DE LA COURSE PEDESTRE • 1909
BEBE APACHE • 1910
BEBE FUME • 1910
BEBE PECHEUR • 1910
BENVENUTO CELLINI • 1910
CHRIST EN CROIX, LE • 1910
ESTHER • 1910
EXODE, L' • 1910
FESTIN DE BALTHAZAR, LE • 1910
FILLE DE JEPHTE, LA • 1910
MAUDITE SOIT LA GUERRE • 1910
MIL HUIT CENT QUATORZE • 1910
NATIVITE, LA • 1910
PATER, LE • 1910
ROI DE THULE, LE • LURED BY A PHANTOM OR THE KING OF THULE (USA) • 1910
SEPT PECHES CAPITAUX, LES • 1910 • SER
TROUVAILLE DE BEBE • 1910
BEBE • 1910–13 • SER
ANDRE CHENIER • 1911
AUX LIONS LES CHRETIENS • 1911
AVENTURIERE DAME DE COMPAGNIE, L' • 1911
BAS DE LAINE OU LE TRESOR, LE • TRESOR, LE • 1911
BEBE A LA BEGUIN • 1911
BEBE A LA FERME • 1911
BEBE A LU LA FABLE • 1911
BEBE AGENT D'ASSURANCES • 1911
BEBE CANDIDAT AU MARIAGE • 1911
BEBE CHEMINEAU • 1911
BEBE CORRIGE SON FRERE • 1911
BEBE COURT APRES SA MONTRE • 1911
BEBE EST AU SILENCE • 1911
BEBE EST NEURASTHENIQUE • 1911
BEBE EST SOCIALISTE • 1911
BEBE EST SOURD • 1911
BEBE ET LA DANSEUSE • 1911
BEBE ET SA PROPRIETAIRE • 1911
BEBE ET SON ANE • 1911
BEBE FAIT CHANTER SA BONNE • 1911
BEBE FAIT DE L'HYPNOTISME • 1911
BEBE FAIT SON PROBLEME • 1911
BEBE FLIRTE • 1911
BEBE HERCULE • 1911
BEBE LA TERREUR • 1911
BEBE MARCHAND DES QUATRE-SAISONS • 1911
BEBE MARIE SON ONCLE • 1911
BEBE MILLIONNAIRE • 1911
BEBE MORALISTE • 1911
BEBE NEGRE • 1911
BEBE PHILANTHROPE • 1911
BEBE PRATIQUE LE JIU-JITSU • 1911
BEBE PRESTIDIGITATEUR • 1911
BEBE PROTEGE SA SOEUR • 1911
BEBE ROI • 1911
BEBE SUR LA CANEBIERE • 1911
BRACELET DE LA MARQUISE, LE • 1911
CHEF-LIEU DE CANTON, LE • 1911
DANS LA VIE • 1911
DESTIN DES MERES, LE • 1911
DOIGTS QUI VOIENT, LES • 1911
EN GREVE.. • 1911
FIDELITE ROMAINE • 1911
FILLE DU JUGE D'INSTRUCTION, LA • 1911
FILS DE LA SUNAMITE, LE • 1911
FILS DE LOCUSTE, LE • 1911
FUGUE DE BEBE, LA • 1911
MARIAGE DE L'AIMEE, LE • MARIAGE DE L'AINEE, LE • 1911
NOEL DE BEBE, LE • 1911
PETITES APPRENTIES, LES • 1911
POISON, LE • 1911
QUAND LES FEUILLES TOMBENT • 1911
ROI LEAR AU VILLAGE, LE • 1911
SANS LE JOUG • 1911
SOURIS BLANCHE, LA • 1911
SOUS LA JOUG • 1911
TANT QUE VOUS SEREZ HEUREUX • 1911
TARE, LA • 1911
TRAFIQUANT, LE • 1911
TRUST, LE • BATAILLES DE L'ARGENT, LES • 1911
VIERGE D'ARGOS, LA • 1911
VIPERES, LES • 1911
VIE TELLE QU'ELLE EST • 1911–13 • SER
ACCIDENT, L' • 1912
AMOUR D'AUTOMNE • 1912
ANDROCLES • ANDROCLES AND THE LION (USA) • 1912
ANNEAU FATAL, L' • 1912
ATTRAIT DU BOUGE, L' • 1912
AU PAYS DES LYONS • 1912
AVENTURIERE, L' • 1912
BEBE A LA PESTE • 1912
BEBE ADOPTE UN PETIT FRERE • 1912
BEBE, BOUT DE ZAN ET LE VOLEUR • 1912
BEBE CHEZ LE PHARMACIEN • 1912
BEBE COLLE LES TIMBRES • 1912
BEBE DEVIENT FEMINISTE • 1912
BEBE EST ANGE GARDIEN • 1912
BEBE EST MYOPE • 1912
BEBE EST PERPLEXE • 1912
BEBE ET LA GOUVERNANTE • 1912
BEBE ET LA LETTRE ANONYME • 1912
BEBE ET LE FINANCIER • 1912
BEBE ET LE SATYRE • 1912
BEBE ET LE VIEUX MARCHEUR • 1912
BEBE ET SES GRANDS-PARENTS • 1912
BEBE FAIT DU SPIRITISME • 1912
BEBE JARDINIER • 1912
BEBE MARIE SA BONNE • 1912
BEBE PACIFICATEUR • 1912
BEBE PERSECUTE SA BONNE • 1912
BEBE SE NOIE • 1912
BEBE SONAMBULE • 1912
BEBE TIRE A LA CIBLE • 1912
BOUT DE ZAN REVIENT DU CIRQUE • 1912
BRAVES GENS, LES • 1912
CASSETTE DE L'EMIGREE, LA • 1912
C'EST BEBE QUI BOIT LE MUSCAT • 1912
CHATEAU DE LA PEUR, LE • 1912
CLOCHES DE PAQUES, LES • 1912
COEUR ET L'ARGENT, LE • 1912
COURSE AUX MILLIONS, LA • 1912
DANS LA BROUSSE • 1912
DEMOISELLE DU NOTAIRE, LA • 1912
FILLE DU MARGRAVE, LA • 1912
FIN D'UNE REVOLUTION AMERICAINE, LA • 1912
HANTISE, LA • 1912
HAUT LES MAINS • 1912
HOMME DE PROIE, L' • 1912
MAISON DES LIONS, LA • 1912
MALEFICE, LE • 1912
MORT VIVANT, LE • LIVING DEAD MAN, THE • 1912
NAIN, LE • 1912
NAPOLEON, BEBE ET LES COSAQUES • 1912
NOCES SICILIENNES, LES • 1912
NOEL DE FRANCESCA, LE • 1912
OUBLIETTE, L' • 1912
PETIT POUCET, LE • TOM THUMB • 1912
PONT SUR L'ABIME, LE • 1912
PREMEDITATION • 1912
PRISON SUR LE GOUFFRE, LA • 1912
PROSCRIT, LE • 1912
TEMOIN, THE • 1912
TOURMENT, LE • 1912
TYRTEE • 1912
VERTU DE LUCETTE, LA • 1912
VIE OU LA MORT, LA • 1912
YEUX QUI MEURENT, LES • EYES THAT KILL, THE • 1912
DETECTIVE DERVIEUX, LE • 1912–13 • SER
BOUT DE ZAN • 1912–16 • SER
AGONIE DE BYZANCE, L' • 1913
ANGOISSE, L' • 1913
AU GRE DES FLOTS • 1913
AUDACES DU COEUR, LES • 1913
AVENTURE DE BOUT DE ZAN, UNE • 1913
BEBE EN VACANCES • 1913
BON PROPRIETAIRE, LE • 1913
BONNE ANNEE • 1913
BOUT DE ZAN AU BAL MASQUE • 1913
BOUT DE ZAN CHANTEUR AMBULANT • 1913
BOUT DE ZAN EN VACANCES • 1913
BOUT DE ZAN ET LE CHEMINEAU • 1913
BOUT DE ZAN ET LE CHIEN DE POLICE • 1913
BOUT DE ZAN ET LE CIGARE • 1913
BOUT DE ZAN ET LE CROCODILE • 1913
BOUT DE ZAN ET LE LION • 1913
BOUT DE ZAN ET LE MANNEQUIN • 1913
BOUT DE ZAN ET LE PECHEUR • 1913
BOUT DE ZAN ET SA PETITE AMIE • 1913
BOUT DE ZAN FAIT LES COMMISSIONS • 1913
BOUT DE ZAN FAIT UNE ENQUETE • 1913
BOUT DE ZAN LE CHIEN RATIER • 1913
BOUT DE ZAN REGARDE PAR LA FENETRE • 1913
BOUT DE ZAN S'AMUSE • 1913
BOUT DE ZAN VOLE UN ELEPHANT • 1913
BROWNING, LE • 1913
CERISES DE BOUT DE ZAN, LES • 1913
CHASSEURS DE LIONS, LES • 1913
CONVERSION D'IRMA, LA • 1913
CRIME DE BOUT DE ZAN, LE • 1913
DRAME AU PAYS BASQUE, UN • 1913
ECRIN DU RADJAH, L' • 1913
EDUCATION DE BOUT DE ZAN, L' • 1913
EFFROI, L' • 1913
ERREUR TRAGIQUE • 1913
ETRENNES DE BOUT DE ZAN, LES • 1913
FANTOMAS • FANTOMAS UNDER THE SHADOW OF THE GUILLOTINE • 1913 • SRL
GARDIENNE DU FEU, LA • 1913
GUET-APENS, LE • 1913
INTRUSE, L' • 1913
MARCHE DES ROIS, LA • 1913
MARIAGE DE MISS NELLY, LE • 1913
MENESTREL DE LA REINE ANNE, LE • 1913
MILLIONS DE LA BONNE, LES • 1913
MOMIE, LA • MUMMY, THE • 1913
MORT DE LUCRECE, LA • 1913
PETITE DANSEUSE, LA • 1913
PREMIERE IDYLLE DE BOUT DE ZAN, LA • 1913
REVENANT, LE • GHOST, THE • 1913
ROSE BLANCHE, LA • 1913
S'AFFRANCHIR • 1913
SCANDALE AU VILLAGE, UN • 1913
SECRET DU FORCAT, LE • 1913
SOUHAITS DE BOUT DE ZAN, LES • 1913
TIRELIRE DE BOUT DE ZAN, LA • 1913
VENGEANCE DU SERGENT DE VILLE, LA • 1913
YEUX OUVERTS, LES • 1913
VIE DROLE, LA • 1913–18 • SER
BOUT DE ZAN A LA GALE • 1914
BOUT DE ZAN A LE VER SOLITAIRE • 1914
BOUT DE ZAN ECRIT SES MAXIMES • 1914
BOUT DE ZAN EN VILLEGIATURE • 1914
BOUT DE ZAN EPICIER • 1914
BOUT DE ZAN ET LE CRIME AU TELEPHONE • 1914
BOUT DE ZAN ET LE RAMONEUR • 1914
BOUT DE ZAN ET LE SAC DE NOIX • 1914
BOUT DE ZAN ET L'ESPION • 1914
BOUT DE ZAN PACIFISTE • 1914
BOUT DE ZAN PUGILISTE • 1914
BOUT DE ZAN VAUDEVILLISTE • 1914
CALVAIRE, LA • 1914
COFFRET DE TOLEDE, LE • 1914
DIAMANT DU SENECHAL, LE • 1914
ENFANT DE LA ROULOTTE, L' • 1914
EPREUVE, L' • 1914
FANTOMAS CONTRE FANTOMAS • FANTOMAS, THE CROOK DETECTIVE ○ FANTOMAS IV • 1914 • SRL
FAUX MAGISTRAT, LE • FALSE MAGISTRATE, THE ○ FANTOMAS V • 1914
FIANCES DE SEVILLE, LES • 1914
FIANCES DE 1914, LES • 1914
GENDARME EST SANS CULOTTE, LE • 1914
GITANELLA, LA • 1914
HOTEL DE LA GARE, L' • 1914
ILLUSTRE MACHEFER, L' • 1914
JOCOND, LE • 1914
JUVE CONTRE FANTOMAS • JUVE VS. FANTOMAS ○ FANTOMAS II • 1914 • SRL
LETTRES, LES • 1914
MANON DE MONTMARTRE • 1914
MORT QUI TUE, LA • DEAD MAN WHO KILLED, THE (USA) ○ MYSTERIOUS FINGERPRINTS, THE ○ FANTOMAS III • 1914 • SRL
NEUVAINE, LA • 1914
NOEL DE BOUT DE ZAN, LE • 1914
PAQUES ROUGES • 1914
PETITE ANDALOUSE, LA • 1914
RENCONTRE, LA • 1914
RESOLUTIONS DE BOUT DE ZAN, LES • 1914
SEVERO TORELLI • 1914
SOMNAMBULES, LES • 1914
TU N'EPOUSERAS JAMAIS UN AVOCAT • 1914
ANGOISSE AU FOYER, L' • 1915
BAGUE QUI TUE, LA • 1915
BARRIERE, LA • 1915
BLASON, LE • 1915
BOUT DE ZAN ET LE FANTOME • 1915
CELUI QUI RESTE • 1915
COLLIER DE PERLES, LE • 1915
COLONEL BONTEMPS, LE • 1915
COUP DU FAKIR, LE • 1915
COURSE A L'ABIME, LA • 1915
CRYPTOGRAMME ROUGE, LE • 1915
DEUX FRANCAISES • 1915
ESCAPADE DE FILOCHE, L' • 1915
EXPIATION, L' • 1915
FER A CHEVAL, LE • 1915
FIFI TAMBOUR • 1915
FURONCLE, LE • 1915
NOCES D'ARGENT, LES • 1915
ROMAN DE LA MIDINETTE, LE • 1915

SOSIE, LE • 1915
TETE COUPEE, LA • 1915
TRIPLE ENTENTE • 1915
UNION SACREE • 1915
VAMPIRES, LES • VAMPIRES, THE (USA) ○ ARCH CRIMINALS OF PARIS, THE • 1915-16 • SER
AVENTURE DES MILLION, L' • 1916
BOUT DE ZAN EST PATRIOTE • 1916
BOUT DE ZAN ET LA GAMINE • 1916
BOUT DE ZAN ET LA TORPILLE • 1916
BOUT DE ZAN SE VENGE • 1916
BOUT DE ZAN VEUT S'ENGAGER • 1916
C'EST LE PRINTEMPS • 1916
DOUBLE JEU, LE • 1916
EVASION DU MORT, L' • 1916
FIANCAILLES D'AGENOR, LES • 1916
FOURBERIES DE PINGOUIN, LES • 1916
HOMME DES POISONS, L' • 1916
JUDEX • PLUS GRAND SUCCES DE RENE CRESTE, LE • 1916 • SRL
LAGOURDETTE, GENTLEMAN CAMBRIOLEUR • 1916
MAITRE DE LA FOUDRE, LE • 1916
MALHEUR QUI PASSE, LE • 1916
MARIAGE DE RAISON, LE • 1916
MARIES D'UN JOUR, LES • 1916
NOCES SANGLANTES, LES • 1916
NOEL DU POILU, LE • 1916
NOTRE PAUVRE COEUR • 1916
ONCLE DE BOUT DE ZAN, L' • 1916
PEINE DU TALION, LA • 1916
POETE ET SA FOLLE AMANTE, LE • 1916
RETOUR DE MANIVEL, LE • 1916
SATANAS • 1916
SI VOUS NE M'AIMEZ PAS • 1916
SPECTRE, LE • 1916
YEUX QUI FASCINENT, LES • 1916
AUTRE, L' • 1917
BANDEAU SUR LES YEUX, LE • 1917
DEBROUILLE-TOI • 1917
DESERTEUSE • 1917
FEMME FATALE, LA • 1917
FUGUE DE LILY, LA • 1917
HERR DOKTOR • 1917
MON ONCLE • 1917
NOUVELLE MISSION DE JUDEX, LA • NEW MISSION OF JUDEX, THE (USA) ○ FURTHER EXPLOITS OF JUDEX, THE • 1917 • SRL
PASSE DE MONIQUE, LE • 1917
AIDE-TOI • 1918
HOMME SANS VISAGE, L' • 1918
PETITES MARIONNETTES, LES • 1918
TIH MINH • 1918 • SRL
VENDEMIAIRE • 1918
BARRABAS • 1919 • SRL
ENGRENAGE, L' • 1919
ENIGME, L' • MOT DE L'ENIGME • 1919
NOCTURNE, LA • 1919
BISCOTIN • 1920 • SER
BISCOTIN CANDIDAT • 1920
BISCOTIN NEURASTHENIQUE • 1920
DEUX GAMINES, LES • TWO LITTLE URCHINS, THE • 1920 • SRL
GAETAN OU LE COMMIS AUDACIEUX • 1921
GUSTAVE OU LE MEDIUM • GUSTAV EST MEDIUM • 1921
MARJOLIN OU LA FILLE MANQUE • 1921
ORPHELINE, L' • 1921 • SRL
PARISETTE • 1921 • SRL
SATURNIN OU LE BON ALLUMEUR • 1921
SERAPHIN OU LES JAMBES NUES • 1921
ZIDORE OU LES METAMORPHOSES • 1921
BELLE HUMEUR • 1921-22 • SER
FILS DU FLIBUSTIER, LE • SON OF A BUCCANEER, THE • 1922
LAHIRE OU LE VALET DE COEUR • 1922
GAMIN DE PARIS, LE • 1923
GOSSELINE, LA • 1923
ORPHELIN DE PARIS, L' • 1923 • SRL
VINDICTA • 1923 • SRL
FILLE BIEN GARDEE, LA • 1924
LUCETTE • 1924
PIERROT, PIERRETTE • 1924
STIGMATE, LE • 1925 • SRL

FEUILLEBOIS JEAN-PAUL – FRN

COMMENT DRAGUER TOUS LES MECS • 1984

FEVRE BERTRAND – FRN

CHET'S ROMANCE • 1988

FEYDEAU JEAN-PIERRE – FRN – 1903–

AMANT DE BORNEO, L' • 1942

FEYDER JACQUES – BLG – 1885–1948

M. PINSON, POLICIER • 1915
ABREGEONS LES FORMALITES • 1916
BILLARD CASSE, LE • 1916
BISCOT SE TROMPE D'ETAGE • 1916
BLUFF, LE • 1916
CONSEIL D'AMI, UN • 1916
DES PIEDS ET DES MAINS • 1916
FRERE DE LAIT, LE • 1916
HOMME AU FOULARD A POIS, L' • 1916
HOMME DE COMPAGNE, L' • 1916
INSTINCT EST MAITRE, L' • 1916
PIED QUI ETREINT, LE • 1916
TETES DE FEMMES, FEMMES DE TETE • 1916
TIENS, VOUS ETES A POITIERS • 1916
TROUVAILLE DE BOUCHU, LE • 1916
PARDESSUS DE DEMI-SAISON, LE • 1917
RAVIN SANS FOND, LE • 1917
VIEILLES DAMES DE L'HOSPICE, LES • 1917
FAUTE D'ORTHOGRAPHE, LA • 1919
MANON DE MONTMARTRE • 1919
ATLANTIDE, L' • LOST ATLANTIS ○ MISSING HUSBANDS • 1921
CRAINQUEBILLE • COSTER BILL OF PARIS (USA) • 1922
VISAGES D'ENFANTS • FACES OF CHILDREN (USA) • 1923
GRIBICHE • MOTHER OF MINE • 1925
IMAGE, L' • 1925
CARMEN • 1926
AU PAYS DU ROI LEPREUX • 1927 • SHT
THERESE RAQUIN • DU SOLLST NICHT EHEBRECHEN! (FRG) ○ SHADOWS OF FEAR (USA) ○ THOU SHALT NOT (UKN) • 1928
BAISER, LE • KISS, THE • 1929
KISS, THE • 1929
NOUVEAUX MESSIEURS, LES • NEW GENTLEMEN, THE (USA) • 1929
ANNA CHRISTIE • 1930
OLYMPIA • 1930
SI L'EMPEREUR SAVAIT CA • OLYMPIA • 1930
SPECTRE VERT, LE • GREEN GHOST, THE • 1930
DAYBREAK • 1931
SON OF INDIA • SON OF THE RAJAH • 1931
GRAND JEU, LE • GREAT GAME, THE • 1933
PENSION MIMOSAS • 1934
KERMESSE HEROIQUE, LA • CARNIVAL IN FLANDERS (UKN) • 1935
KLUGEN FRAUEN, DIE • 1935
GENS DU VOYAGE, LES • WANDERERS, THE • 1937
KNIGHT WITHOUT ARMOUR • CHEVALIER SANS ARMURE, LE (FRN) • 1937
FAHRENDES VOLK • 1938
PISTE DU NORD, LA • LOI DU NORD, LA • 1939
FEMME DISPARAIT, UNE • PORTRAIT OF A WOMAN ○ WOMAN DISAPPEARED, A • 1942
MACADAM • BACK STREETS OF PARIS (USA) • 1946

FEYDER PAUL – FRN – 1922–

PROMESSE, LA • ECHELLE BLANCHE, L' ○ SECRET WORLD (USA) • 1969

FIALA EMAN – Actor – CZC

PROC SE NESMEJES? • WHY AREN'T YOU LAUGHING? • 1922

FIALA HANS – GRM

DREI MADCHEN VON FINSTERVIERECK, DIE • 1923

FICHMAN NIV – CND

WORLD DRUMS • 1988 • DOC

FICHTER JEAN – FRN

DES HOMMES QU'ON APPELLE SAUVAGE • 1948 • DOC

FIDANI DEMOFILO – ITL

DANI DANILO • DEEM MILES • DEMOS ALEX • DICKINSON LUCKY • SPITFIRE DICK

ED ORA RACCOMANDA L'ANIMA A DIO • 1968
STRANIERO FATTI IL SEGNO DELLE CROCE! • 1968
E VENNERO IN QUATTRO PER UCCIDERE SARTANA • 1969
SEDIA ELETTRICA • 1969
ARRIVANO DJANGO E SARTANA.. E LA FINE • 1970
INGINOCCHIATI STRANIERO.. I CADAVERI NON FANNO OMBRA! • 1970
QUEL MALEDETTO GIORNO D'INVERNO: DJANGO E SARTANA ALL'ULTIMO SANGUE • 1970
DOPPIA TAGLIA PER MINNESOTA STINKY • 1971
ERA SAM WALLASH.. LO CHIAMAVANO COSI SIA • 1971
GIU LE MANI.. CAROGNA • DJANGO STORY • 1971
KARZAN, IL FAVOLOSO UOMO DELLA GIUNGLA • KARZAN, THE FABULOUS JUNGLE MAN ○ MOST FANTASTIC AND MARVELOUS ADVENTURE IN THE JUNGLE • 1971
PER UNA BARA PIENA DI DOLLARI • BARREL FULL OF DOLLARS, A • 1971
DJANGO E SARTANA
A.A.A. MASSAGGIATRICE BELLA PRESENZA OFFRESI • 1972
SCANSATI.. A TRINITA ARRIVA ELDORADO • 1972
AMICO MIO.. FREGA TU.. CHE FREGO IO! • 1973
FURIA NERA • 1975
CALDE LABBRA • EXCITATION • 1976
PROFESSORESSA DI LINGUE • 1976
JUNGLE MASTER, THE • 1985

FIEDLER E. F. – GRM

LETZTE HEUER, DER • 1951

FIEDLER-SPIES ERNST – GRM

FRAUENRUHM • UM RHUM UND FRAUENGLUCK • 1920
BARON BUNNYS ERLEBNISSE 1 • MEISTERDIEB, DER • 1921
SPIELZEUG EINER DIRNE, DAS • 1922

FIEGELSON JULIUS – USA

WINDSPLITTER, THE • 1971

FIELD C. C. – USA

HUMAN ORCHID, THE • 1916

FIELD GEORGE – USA

BROTHERS • 1912

FIELD MARY – UKN – 1896–1968

SECRETS OF NATURE • 1928 • SER
MYSTERY OF MARRIAGE, THE • 1931
WATER FOLK • 1931
CHANGING YEAR, THE • 1932
KING'S ENGLISH, THE • 1932 • DOC
STRICTLY BUSINESS • 1932
FARMING IN EAST ANGLIA • 1934 • DOC
FRUITLANDS OF KENT • 1934 • DOC
ROOTS • 1934
SECRETS OF LIFE • 1934 • SER
CARRIAGE • 1935
FARM FACTORY, THE • 1935 • DOC
LIFE IN THE BALANCE • 1935
MIXED BATHING • 1935
RAVENOUS ROGER • 1935
THIS WAS ENGLAND • 1935
WHEATLANDS OF EAST ANGLIA • WORKERS TO BE INSURED • 1935
COMMUNITY LIFE • 1936
HE WOULD A-WOOING GO • 1936
LIFE STORY OF THE TAWNY OWL, THE • TAWNY OWL, THE • 1936
LIVING LIES • 1936
LUPINS • 1936
NURSERY ISLAND • 1936
ROCK POOLS • 1936
SPARROWHAWK • 1936
WE ARE SEVEN • 1936
KINGS IN EXILE • 1937
NEW GENERATION, THE • 1937
THEY MADE THE LAND • 1938 • DOC
MEDIEVAL VILLAGE, THE • 1940 • DOC
INDIAN OCEAN • 1946 • DOC
CZECHOSLOVAKIA • 1948 • DOC

FIELD RON – USA

PINOCCHIO • 1976 • TVM

FIELDING ROMAINE – USA – 1877–

LOVE'S VICTORY • 1911
CHIEF WHITE EAGLE • 1912
DEPUTY'S PERIL, THE • 1912
FOREST RANGER, THE • 1912
SOLDIER'S FURLOUGH, A • 1912
ACCUSING HAND, THE • 1913
ADVENTURE ON THE MEXICAN BORDER, AN • 1913
CLOD, THE • 1913
COUNTERFEITER'S FATE, THE • 1913
DASH FOR LIBERTY, A • 1913
EVIL EYE, THE • 1913
FATAL SCAR, THE • 1913
GIRL SPY IN MEXICO, A • 1913
HARMLESS ONE, THE • 1913
HIGHER LAW, THE • 1913
RATTLESNAKE, THE • 1913
REFORMED OUTLAW, THE • 1913
TOLL OF FEAR, THE • 1913
UNKNOWN, THE • 1913
WEAKER MIND, THE • 1913
WHEN MOUNTAIN AND VALLEY MEET • 1913
COWBOY PASTIME, A • 1914
CROOKS, THE • 1914
GOLDEN GOD, THE • 1914
ON CIRCUS DAY • 1914
WAS HIS DECISION RIGHT? • 1914
ADVERTISING DID IT • 1915
DESERT HONEYMOON, A • 1915
DREAMER, THE • 1915
EAGLE'S NEST, THE • 1915
FROM CHAMPION TO TRAMP • 1915
GREAT LONE LAND, THE • 1915
GREEN BACKS AND RED SKINS • 1915
MR. CARLSON OF ARIZONA • 1915
ROMANCE OF MEXICO, A • 1915
SPECIES OF MEXICAN MAN, A • 1915
TEASING THE TORNADO • 1915
TRAGEDY OF THE HILLS, A • 1915
TRAPPER'S REVENGE, THE • 1915
WESTERN GOVERNOR'S HUMANITY, A • 1915
WHEN SOULS ARE TRIED • 1915
DESERT RAT, THE • 1916 • SHT
HANG ON COWBOY • 1916 • SHT
IN THE HOUR OF DISASTER • 1916 • SHT
CRIMSON DOVE, THE • 1917
MORAL COURAGE • 1917
YOUTH • 1917
FOR THE FREEDOM OF THE WORLD • 1918
RICH SLAVE, THE • 1920
MAN WORTH WHILE, THE • 1921

FIELDING TOM – USA

MIDDLE PASSAGE, THE • 1978

FIELDS CONNIE – USA

ROSIE THE RIVETER • LIFE AND TIMES OF ROSIE THE RIVETER, THE • 1980

FIELDS DON – USA

CURSE OF BIGFOOT, THE • 1972

FIELDS LEONARD – USA

KING KELLY OF THE U.S.A. • IRISH AND PROUD OF IT (UKN) • 1934
MANHATTAN LOVE SONG • 1934
STREAMLINE EXPRESS • 1935

FIELDS MICHAEL – USA

NOON WINE • 1985 • TVM
GERALDINE • 1987
BRIGHT ANGEL • 1990

FIERING ALVIN – USA

SCULPTOR • 1963 • SHT

FIFTHIAN DOUGLAS – UKN

TOUCH ME NOT • HUNTED, THE • 1973

FIGENLI YAVUZ – TRK

ALLAHA ADANAN TOPRAK • GOD'S COUNTRY • 1967
KANLI TAKIP • BLOODY CHASE, THE • 1967
KILLING OLULER KONUSMAZ • KILLING CORPSES DO NOT TALK • 1967
SON SOZ BENIM • LAST WORD IS MINE, THE • 1967
AFFET BENI ALLAHIM • FORGIVE ME, MY GOD • 1968
CEHENNEMDE BOS YER YOK • NO PLACE IN HELL • 1968
DEREBEYI • FEUDAL LORD, THE • 1968
ESKIYA KANI • BRIGAND'S BLOOD ○ HAKIMO • 1968
KABADAYI • BULLY, THE • 1968
KISLALAR DOLDU BUGUN • BARRACKS ARE FULL TODAY, THE • 1968
KIZGIN ADAM • ANGRY MAN, THE • 1968
KANIMIN SON DAMLASINA KADAR • 1970

FIGGIS MIKE – UKN

STORMY MONDAY • 1988
HOT SPOT • 1989
INTERNAL AFFAIRS • 1989

FIGMAN MAX – USA

TRUTH WAGON, THE • 1914
JACK CHANTY • 1915
LOVE ME, LOVE MY DOG • 1916 • SHT

de FIGUEIREDO VERA – BRZ

SAMBA DA CRIACAO DO MUNDO • SAMBA -CREATION OF THE WORLD • 1982

FIGUEROA ALBERTO VAZQUEZ – VNZ

CARTA DE CARACAS • LETTER FROM CARACAS, A • 1973
MANAOS • 1980

FIGUEROA LUIS – PRU

CARGADOR, EL • SHT
KUKULI • 1961
PERROS HAMBRIENTOS, LOS • 1976
CHIARAJE, BATALLA RITUAL • 1977
YAWAR FIESTA • 1980

FIJITA JUNYA – JPN

DOUBLE KNOCKING • 1967

FIKS HENRI – CND – 1938–

CAMERA AND THE SONG, THE • 1975 • SER

FILAKTOS FILIPPOS – GRC

TOU HORISMOU TO TRENA • TRAIN OF PARTING, THE • 1967
PSIHREMIA NAPOLEON • DON'T LOSE YOUR TEMPER, NAPOLEON ○ SANG-FROID, NAPOLEON • 1968

FILAN LUDOVIT – CZC

VRECKARI • PICKPOCKETS • 1967
OURS AT THE GATE • 1970

LETOKRUHY • YEARS OF LIFE, THE • 1972
V BLUDISKU PAMATI • IN THE LABYRINTH OF MEMORY • 1985

FILER LEO – ISR
FILLER LEO
NESS BA'AYARA • MIRACLE IN THE TOWN, A ○ MIRACLE, THE • 1968

FILERIS XENOPHON – GRC
DHOLLARIATIS ASPASIAS, TA • ASPASIA'S DOLLARS • 1967

FILHO LUIS ROSEMBERG – BRZ
AMERICA DO SEXO • 1970
JARDIM DAS ESPUMAS, O • 1970
IMAGENS • IMAGES • 1973
ASSUNTINA DAS AMERIKAS • 1974
CRONICA DE UM INDUSTRIAL • CHRONICLE OF AN INDUSTRIAL • 1980

FILHO ROBERTO SANTOS – BRZ
QUINCAS BORBA • 1988

FILIP FRANTISEK – CZC
ODVAZNA SLECNA • COURAGEOUS OLD MAID, THE ○ RESOLUTE SPINSTER, THE • 1969
UTRPENI MLADEHO BOHACKA • SUFFERINGS OF YOUNG BOHACEK, THE ○ HARDSHIPS OF YOUNG BOHACEK, THE • 1969

FILIPOVIC VLATKO – YGS
MY PART OF THE WORLD • 1969
DEVETO CUDO NA ISTOKU • NINTH WONDER OF THE EAST, THE • 1973
NASTOJANJE • ENDEAVOUR • 1983

FILIPPI WALTER – ITL
NERONE '71 • 1962

FILIPPOV F. see **FILIPPOV FYODOR**

FILIPPOV FYODOR – USS
FILIPPOV F.
VOLSHEBNOYE ZERNO • MAGIC SEED, THE • 1942
CHELKASH • 1957
KHLEB I ROZI • BREAD AND ROSES • 1960
GREZHNITSA • SINNER, THE • 1962
PO RUSI • ON THE ROADS TO RUSSIA ○ ALONG RUSSIAN PATHS ○ THROUGH RUSSIA ○ ALL OVER RUSSIA • 1968
PAY-OFF, THE • 1971

FILIPPOV G. – USS
LEV I ZAYATS • LION AND THE HARE, THE • 1949

FILIPSKI RYSZARD – PLN
ORZEL I RESZKA • HEADS AND TAILS • 1974
WYSOKIE LOTY • HIGH FLIGHT • 1978

FILIPSTEIN SAUL see **SANGIORGI DANIELE**

FILIS GIORGOS – GRC
GRIGORIS AFXENTIOU, ENAS IROAS ME TO MNIMOSKOPIO • GRIGORIS AFXENTIOU, A HERO LIVING IN OUR MEMORIES • 1973

FILIS YANNIS – GRC
GREAT DOCUMENT, THE • 1980 • DOC

FILLER LEO see **FILER LEO**

FILLIARD THIERRY
ANTHONY BURGESS • DOC

FILMER – TRK
SEYTAN KAYALIKLARI • DEVIL CRAG • 1970

FILMGRUPPE DEMOKRATISCHE RECHTE – SWT
AUFPASSEN MACHT SCHULE • 1978

FINA GIUSEPPE – ITL
PELLE VIVA • 1964

FINBOW COLIN – UKN
CUSTARD BOYS, THE • 1980
DARK ENEMY • 1984
DAEMON • 1985
MISTER SKEETER • 1985
SCHOOL FOR VANDALS • 1987

FINCH CHARLES – ITL
PRICELESS BEAUTY • 1987
LOVE DREAM • 1988

FINCH PETER – Actor – UKN – 1916–1977
DAY, THE • ANTONITO • 1961

FINDLAY MICHAEL – USA
WESTE ROBERT • MARSH JULIAN
BODY OF A FEMALE • 1965
ZERO GIRLS • SIN SYNDICATE, THE ○ JAZZ ME BABY • 1965
TAKE ME NAKED • TAKE ME • 1966
TOUCH OF HER FLESH, THE • TOUCH OF HER LIFE, THE ○ WAY OUT LOVE • 1967
CURSE OF HER FLESH, THE • CURSE OF THE CURIOUS, THE ○ CURSE OF THE FLESH, THE • 1968
KISS OF HER FLESH, THE • 1968
THOUSAND PLEASURES, A • 1968
ALL NIGHT RIDER • 1969
CLOSER TO THE BONE THE SWEETER THE MEAT • 1969
CRACK-UP • 1969
ULTIMATE DEGENERATE, THE • 1969
VICE VERSA! • 1970
SHRIEK OF THE MUTILATED • 1976

FINDLAY ROBERTA – USA
RIVA ANNA
TAKE ME NAKED • TAKE ME • 1966
ULTIMATE DEGENERATE, THE • 1969
TAKE MY HEAD • 1970
ANGEL NO.9 • 1975
PLAYGIRL, THE • 1982
ORACLE, THE • 1985
BLOOD SISTERS • 1986
LURKERS • 1988
PRIME EVIL • 1989

FINDLAY SEATON – CND
JANIS • 1974 • DOC

FINE DAVID – Animator – CND
GEORGE AND ROSEMARY • 1987 • ANM
IN AND OUT • 1990 • ANS

FINEGAN JOHN see **FINEGAN JOHN P.**

FINEGAN JOHN P. – USA
FINEGAN JOHN
GIRLS' SCHOOL SCREAMERS • GIRL SCHOOL SCREAMERS ○ DEATH LEGACY ○ PORTRAIT, THE • 1986

FINEGAN PETER – IRL
DREAM FACTORY, THE • 1979 • SHT

FINK MICHAEL – USA
FORCE FOUR • 1975
VELVET SMOOTH • 1975

FINK TONE – AUS
JOHNNY UNSER • JOHNNY OUR • 1980
NARRHOHUT • FOOLERY • 1982
KATIJUBATO • 1986

FINKLEMAN KEN – USA
AIRPLANE II -THE SEQUEL • 1982
HEAD OFFICE • 1986

FINLEY GEORGE see **STEGANI GIORGIO**

FINLEY NED – USA
LEADING LADY, THE • 1911
CURE, THE • 1913
GAME OF CARDS, A • 1913
HOMESPUN TRAGEDY, A • 1913
LEADING LADY, THE • 1913
'MID KENTUCKY HILLS • 1913
PRICE OF THOUGHTLESSNESS, THE • 1913
CAUGHT WITH THE GOODS • 1914
CHANLER RAO, CRIMINAL EXPERT • 1914
CHILDREN OF THE FEUD • 1914
COUNTESS VESCHKI'S JEWELS, THE • 1914
GANG, THE • REFORMATION OF THE GANG, THE • 1914
LOCAL COLOR • 1914
OFFICER KATE • 1914
REWARD OF THRIFT, THE • 1914
SECOND SIGHT • 1914
STAGE-STRUCK • 1914
STEVE O'GRADY'S CHANCE • 1914
TATTOO MARK, THE • 1914
O'GARRY OF THE ROYAL MOUNTED • 1915
MOUNTAIN LADY • 1918 • SHT
RETURN OF O'GARRY, THE • 1918 • SHT

FINN ARTHUR – UKN
DETECTIVE FINN AND THE FOREIGN SPIES • FOREIGN SPIES, THE (USA) • 1914
FOR KING AND COUNTRY • 1914
GIRL NEXT DOOR, THE • 1914
GREAT PYTHON ROBBERY, THE • 1914
OUR BABY • 1914
WAS HE A GENTLEMAN? • 1914
WHAT A KISS WILL DO • 1914
YOUR NAME BROWN? • 1914
FORTY WINKS • 1920

FINN OSCAR BARNEY – ARG
BALADA DEL REGRESO, LA • HOMECOMING BALLAD, THE • 1974
COMEDIA ROTA • BROKEN COMEDY • 1978
MAS ALLA DE LA AVENTURA • BEYOND ADVENTURE • 1980
CUENTOS DE LA MISTERIOSA BUENOS AIRES • TALES FROM MYSTERIOUS BUENOS AIRES • 1981

FINNEY ALBERT – Actor – UKN – 1936–
CHARLIE BUBBLES • 1967
BIKO INQUEST, THE • 1987 • MTV

FINNEY EDWARD – Producer – USA
RIOT SQUAD • 1941
SILVER STALLION • 1941
KING OF THE STALLIONS • 1942
QUEEN OF THE AMAZON • 1947

FINNIE RICHARD S. – CND – 1906–
IN THE SHADOW OF THE POLE • 1928 • DOC
ARCTIC PATROL, THE • 1929
OVER THE NORTH MAGNETIC POLE • 1930 • DOC
AMONG THE IGLOO DWELLERS • 1931 • DOC
WINTER IN AN ARCTIC VILLAGE • 1931 • DOC
IKPUCK THE IGLOO DWELLER • 1934 • DOC
LAST FRONTIER, THE • 1934 • DOC
WANDERING THROUGH FRENCH CANADA • 1935 • DOC
PATROL TO THE NORTHWEST PASSAGE • 1937 • DOC
CANADA MOVES NORTH • 1939 • DOC
TREATY TIME AT FORT RAE • 1939 • DOC
ALASKA HIGHWAY • 1944 • DOC
CANOL • 1944 • DOC

FIORANI MARIO – BRZ
DERROTA, A • DEFEAT, THE • 1967
ENGANO, O • MISTAKE, THE • 1968

FIORE ROBERT – USA
DIONYSUS IN '69 • 1970
PUMPING IRON • 1977 • DOC

FIORY ODOARDO – ITL
SALOME '73 • 1964

FIREK WOJCIECH see **FIWEK WOJCIECH**

FIRESTONE CINDA – USA
ATTICA • 1973 • DOC

FIRKIN REX – UKN
DEATH OF ADOLF HITLER • 1973

FIRMANS JOSEF – GRM
AM NARRENSEIL 1 • SCHRECKENSTAGE DER FINANZKREISE • 1921
AM NARRENSEIL 2 • RATSEL DER KRIMINALISTIK • 1921
MANN OHNE BERUF, DER • 1922
TEUFELSSYMPHONIE • 1922
VERBRECHER IN UNIFORM • 1922
AM NARRENSEIL • 1923
DR. SACROBOSCO, DER GROSSE UNHEIMLICHE • 1923

FIRNER WALTER – AUS
KUCKUCKSEI, DAS • 1949

FIRSOVA JEMMA – USS
PUTESHESTVIYE • JOURNEY • 1967

FIRST WILLIAM see **CELANO GUIDO**

FIRSTENBERG SAM – ISR – 1950–
ONE MORE CHANCE • 1981
BREAKIN' 2 ELECTRIC BOOGALOO • BREAKDANCE 2: ELECTRIC BOOGALOO • 1984
NINJA III: THE DOMINATION • 1984
REVENGE OF THE NINJA • NINJA II: REVENGE OF THE NINJA • 1984
AMERICAN NINJA • AMERICAN WARRIOR • 1985
AVENGING FORCE • NIGHT HUNTER • 1986
AMERICAN NINJA 2: THE CONFRONTATION • 1987
PRANK, THE • 1988

FIRTH MICHAEL – USA
OFF THE EDGE • 1977 • DOC
HEART OF THE STAG • 1983
SYLVIA • 1985
LEADING EDGE, THE • 1988

FIRUS KAREN – CND – 1959–
AUDITION! • 1980 • DOC
SPECTRUM-SPECTRUM-SPECTRUM • 1981
FASHION 99 • 1986

FISCHA MICHAEL – USA
DEATH SPAR • WITCH BITCH • 1988
MY MOM'S A WEREWOLF • 1989

FISCHER DAVID G. – USA
DAD'S GIRL • 1919
LAW OF NATURE, THE • 1919
WHERE BONDS ARE LOOSED • 1919

FISCHER EGON – DNM
NADVEREN • 1970

FISCHER GUNNAR – Cinematographer – SWD – 1910–
MAMSELL JOSABETH • MISS JOSABETH • 1963 • SHT
DROTTNINGHOLMS SLOTTSTEATER • DROTTNINGHOLM PALACE THEATRE, THE • 1965 • SHT
ACK, DU AR SOME EN ROS • OH, YOU ARE LIKE A ROSE • 1967 • SHT
DJAVULENS INSTRUMENT • DEVIL'S INSTRUMENT, THE • 1967 • SHT

FISCHER HANS CONRAD – GRM
LEBEN MOZARTS, DAS • LIFE OF MOZART, THE (USA) ○ LEBENS MOZART, DAS • 1967 • DOC
LUDWIG VAN BEETHOVEN • 1970 • DOC
LEBEN ANTON BRUCKNERS, DAS • LIFE OF ANTON BRUCKNERS, THE • 1974 • DOC
NELA -DIE GESCHICHTE EINER MALERIN • NELA -THE STORY OF A PAINTER • 1980

FISCHER HEINZ – GRM
HOFFMANNS ERZAHLUNGEN • 1958

FISCHER-KOSEN HANS – GRM
BLAU WUNDER, DAS • BLUE WONDER, THE • ANM

FISCHER-KOSEN KASKELINE – GRM
BLAU WUNDER, DAS • BLUE WONDER, THE • ANM

FISCHER MARKUS – SWT
FLUGJAHR, DAS • HARD TIME FAMILY • 1982
ZIMMER 36 • 1988

FISCHER MAX – EGY – 1929–
FISHER MAX
MEWS EN MEIJN • 1965
DREAMS • 1970
LUCKY STAR, THE • BELLE ETOILE, LA • 1980
MAN IN 5A, THE • MAN NEXT DOOR, THE ○ NEIGHBOUR, THE • 1982
KILLING 'EM SOFTLY • 1985
PALANQUIN DES LARMES, LE • 1986 • MTV

FISCHER O. W. – Actor – GRM – 1915–
FISCHER OTTO WILHELM
HANUSSEN • 1955
ICH SUCHE DICH • 1956

FISCHER OLF – GRM
WEISSEBLAUE LOWE, DER • 1952

FISCHER OTTO WILHELM see **FISCHER O. W.**

FISCHERAUER BERND – GRM
BLOOD AND HONOUR • 1982

FISCHERMAN ALBERTO see **FISCHERMANN ALBERTO**

FISCHERMANN ALBERTO – ARG
FISCHERMAN ALBERTO
PLAYERS AGAINST FALLEN ANGELS, THE • 1969
SORPRESAS, LAS • SURPRISES • 1975
CUENTOS DE LA MISTERIOSA BUENOS AIRES • TALES FROM MYSTERIOUS BUENOS AIRES • 1981
GOMBROWICZ O LA SEDUCCION • GOMBROWICZ OR SEDUCTION • 1986
CLINICA DEL DOCTOR CURETA, LA • DR. CURETO'S CLINIC • 1987

FISCHINGER ELFRIEDE – GRM
LUMIGRAPH 1 • 1955–69 • SHT

FISCHINGER OSCAR see **FISCHINGER OSKAR**

FISCHINGER OSKAR – Animator – GRM – 1900–1967
FISCHINGER OSCAR
ORGELSTABE • STAFFS • 1923–27 • ANM
PIERRETTE NO.1 • 1924 • ANM
MUNCHENER BILDERBOGEN • 1924–26 • ANS
WAX EXPERIMENTS • 1924–29 • ANM
MUNCHEN–BERLIN WANDERUNG • 1927 • ANS
R–1 • 1927 • ANS
SEELISCHE KONSTRUKTIONEN • SPIRITUAL CONSTRUCTIONS • 1927 • ANS
STAFFS • 1927 • ANS
DEIN SCHICKSAL • YOUR DESTINY • 1928 • ANS
STUDY NO.1 • 1929 • ANS
HOHELIED DER KRAFT, DAS • HYMN OF ENERGY, THE • 1930 • ANS
STUDY NO.2 • 1930 • ANS
STUDY NO.3 • 1930 • ANS
STUDY NO.4 • 1930 • ANS
STUDY NO.5 • 1930 • ANS
STUDY NO.6 • 1930 • ANS
STUDY NO.7 • 1930–31 • ANS
BRAHM'S HUNGARIAN DANCE • STUDIE 9 • 1931 • ANS
KOLORATUREN • COLORATURA • 1931 • ANS
LIEBESSPIEL • LOVE–GAMES • 1931 • ANS
MINUET BY MOZART • 1931 • ANS
STUDY NO.8 • 1931 • ANS
STUDY NO.9 • 1931 • ANS
STUDY NO.10 • 1932 • ANS
STUDY NO.11 • 1932 • ANS
STUDY NO.12 • 1932 • ANS
SYNTHETIC SOUND EXPERIMENTS • 1932 • ANS
KREISE • CIRCLE • 1933 • ANS
VIERTELSTUNDE GROSS–STADTSTATISTIK • QUARTER HOUR OF CITY STATISTICS, A • 1933 • ANS
STUDY NO.13 • 1933–34 • ANS
CIGARETTE TESTS • 1934 • ANS
FARBENSPIEL • SPIEL IN FARBEN, EIN ○ PLAY IN COLORS, A • 1934 • ANM
MURATTI GREIFT EIN • MURATTI MARCHES ON • 1934 • ANS
QUADRATE • SQUARES • 1934 • ANS
STUDY NO.14 • 1934 • ANS
SWISS TRIP • RIVERS AND LANDSCAPES • 1934 • ANS
KOMPOSITION IN BLAU • COMPOSITION IN BLUE • 1935 • ANM
LICHTKONZERT NO.2 • 1935 • ANS
MURATTI PRIVAT • 1935 • ANS
ALLEGRETTO • 1936 • ANS
COLOR POEM • 1938 • ANS
OPTICAL POEM • 1938 • ANS
AMERICAN MARCH, AN • 1940 • ANS
AMERICAN MARDI, AN • 1941
COLOR RHYTHM • 1942 • ANM
RADIO DYNAMIC • 1942 • ANM
ORGANIC FRAGMENT • 1945 • ANS
MOTION PAINTING NO.1 • 1949 • SHT
STEREO FILM • 1953 • ANM
LUMIGRAPH 1 • 1955–69 • SHT

FISHBACK FRED see **FISHBACK FRED C.**

FISHBACK FRED C. – USA
FISHBACK FRED
AMBROSE'S CUP OF WOE • 1916 • SHT
AMBROSE'S RAPID RISE • 1916 • SHT
BY STORK DELIVERY • 1916 • SHT
HIS AUTO RUINATION • 1916 • SHT
HIS BITTER PILL • 1916 • SHT
MADCAP AMBROSE • 1916 • SHT
MOVIE STAR, A • 1916 • SHT
SAFETY FIRST AMBROSE • 1916 • SHT
VAMPIRE AMBROSE • 1916 • SHT
CACTUS NELL • 1917 • SHT
HIS NAUGHTY THOUGHT • 1917 • SHT
INTERNATIONAL SNEAK, AN • 1917 • SHT
ROPING HER ROMEO • 1917 • SHT
BEWARE OF BOARDERS • 1918 • SHT
LADIES FIRST • 1918 • SHT
AFRICAN LIONS AND AMERICAN BEAUTIES • 1919 • SHT
CHASING HER FUTURE • 1919 • SHT
GOOD SHIP ROCK 'N RYE, THE • 1919 • SHT
JUNGLE GENTLEMAN, A • 1919 • SHT
MERRY JAIL–BIRDS • 1919 • SHT
MONEY TALKS • 1919 • SHT
VILLAGE VENUS, A • 1919 • SHT
WEAK HEARTS AND WILD LIONS • 1919 • SHT
BABY DOLL BANDIT, THE • 1920 • SHT
FISHY STORY, A • 1920 • SHT
HIS MASTER'S BREATH • 1920 • SHT
HOT DOG • 1920 • SHT
LION PAWS AND LADY FINGERS • 1920 • SHT
LION'S ALLIANCE, THE • 1920 • SHT
LOOSE LIONS AND FAST LOVERS • 1920 • SHT
MOVIE HERO, A • 1920 • SHT
MY DOG PAL • 1920 • SHT
MY SALOMY LIONS • 1920 • SHT
NAUGHTY LIONS AND WILD MEN • 1920 • SHT
OVER THE TRANSOM • 1920 • SHT
SHOTGUN WEDDING, A • 1920 • SHT

FISHELSON DAVID – USA
CITY NEWS • 1983

FISHER ALBERT – USA
PLANT, THE • 1969 • SHT

FISHER ANDREW – UKN
ADVENTURES OF X, THE • 1967

FISHER BUD – USA
SKATING INSTRUCTORS • 1926 • ANS

FISHER DAVID – USA – 1948–
LIAR'S MOON • 1981
TOY SOLDIERS • 1983

FISHER JACK – USA
FORBIDDEN LOVE • 1989

FISHER MARY ANN – USA
LORDS OF THE DEEP • 1988

FISHER MAX see **FISCHER MAX**

FISHER RICHARD – UKN
HAUNTED PALACE • 1949

FISHER RODNEY – ASL
I CAN'T GET STARTED • 1986 • TVM
MELBA • 1987 • MTV

FISHER TERENCE – UKN – 1904–1980
COLONEL BOGEY • 1948
PORTRAIT FROM LIFE • GIRL IN THE PAINTING, THE ○ JOURNEY INTO YESTERDAY ○ PORTRAIT OF HILDEGARD • 1948
SONG FOR TOMORROW, A • 1948
TO THE PUBLIC DANGER • 1948
MARRY ME • I WANT TO GET MARRIED • 1949
ASTONISHED HEART, THE • 1950
SO LONG AT THE FAIR • 1950
HOME TO DANGER • 1951
DISTANT TRUMPET • 1952
LAST PAGE, THE • MANBAIT (USA) • 1952
STOLEN FACE • 1952
WINGS OF DANGER • DEAD ON COURSE (USA) • 1952
BLOOD ORANGE • 1953
FOUR SIDED TRIANGLE • 1953
MANTRAP • MAN IN HIDING (USA) ○ WOMAN IN HIDING • 1953
SPACEWAYS • 1953
THREE'S COMPANY • 1953
CHILDREN GALORE • 1954
FACE THE MUSIC • BLACK GLOVE, THE (USA) • 1954
FINAL APPOINTMENT • 1954
MASK OF DUST • RACE FOR LIFE (USA) • 1954
STRANGER CAME HOME, THE • UNHOLY FOUR, THE (USA) ○ STRANGER, THE • 1954
FLAW, THE • 1955
MURDER BY PROXY • BLACKOUT (USA) • 1955
STOLEN ASSIGNMENT • 1955
GELIGNITE GANG, THE • DYNAMITERS, THE (USA) • 1956
LAST MAN TO HANG, THE • 1956
CURSE OF FRANKENSTEIN, THE • BIRTH OF FRANKENSTEIN • 1957
KILL ME TOMORROW • 1957
DRACULA • HORROR OF DRACULA (USA) • 1958
REVENGE OF FRANKENSTEIN, THE • 1958
HOUND OF THE BASKERVILLES, THE • 1959
MAN WHO COULD CHEAT DEATH, THE • MAN IN RUE NOIR, THE • 1959
MUMMY, THE • 1959
STRANGLERS OF BOMBAY, THE • 1959
BRIDES OF DRACULA, THE • 1960
SWORD OF SHERWOOD FOREST • 1960
TWO FACES OF DR. JEKYLL, THE • HOUSE OF FRIGHT (USA) ○ JEKYLL'S INFERNO • 1960
CURSE OF THE WEREWOLF, THE • 1961
PHANTOM OF THE OPERA, THE • 1962
SHERLOCK HOLMES UND DAS HALSBAND DES TODES • SHERLOCK HOLMES ET LE COLLIER DE LA MORT (FRN) ○ VALLEY OF FEAR, THE (UKN) ○ SHERLOCK HOLMES AND THE DEADLY NECKLACE • 1962
EARTH DIES SCREAMING, THE • 1964
GORGON, THE • 1964
HORROR OF IT ALL, THE • 1964
DRACULA –PRINCE OF DARKNESS • BLOODY SCREAM OF DRACULA, THE ○ REVENGE OF DRACULA ○ DISCIPLE OF DRACULA • 1965
ISLAND OF TERROR • NIGHT OF THE SILICATES ○ NIGHT THE CREATURES CAME ○ SILICATES, THE ○ CREEPERS, THE ○ NIGHT THE SILCATES CAME • 1965
FRANKENSTEIN CREATED WOMAN • 1967
NIGHT OF THE BIG HEAT • ISLAND OF THE BURNING DAMNED (USA) ○ ISLAND OF THE BURNING DOOMED • 1967
DEVIL RIDES OUT, THE • DEVIL'S BRIDE, THE (USA) • 1968
FRANKENSTEIN MUST BE DESTROYED • 1969
FRANKENSTEIN AND THE MONSTER FROM HELL • 1973

FISHMAN BILL – USA
TAPEHEADS • 1988

FISK JACK – Art director – USA – 1945–
RAGGEDY MAN • 1981
VIOLETS ARE BLUE • 1986
DADDY'S DYING, WHO'S GOT THE WILL • 1990

FISKE PAT – ASL
ROCKING THE FOUNDATIONS • 1986 • DOC

FIST FLETCHER – USA
WANDERLOVE • WANDER LOVE STORY • 1970

FITCHEN JOHN – UKN
CROSSROADS • 1955

FITCHETT CHRIS see **FITCHETT CHRISTOPHER**

FITCHETT CHRISTOPHER – ASL – 1951–
FITCHETT CHRIS
MELANIE AND ME • 1975
SNATCH • BLOOD MONEY • 1980
DESOLATION ANGELS • 1983

FITE ENRIQUE – SPN
FANTASIA TRAGICA • 1950

FITZGERALD DALLAS M. – USA
PROPS AND PANIC • 1917
MOTHERS OF LIBERTY • 1918
OPEN DOOR, THE • 1919
BLACKMAIL • 1920
CHAINS OF EVIDENCE • 1920
CINDERELLA'S TWIN • 1920
PRICE OF REDEMPTION, THE • 1920
BIG GAME • 1921
INFAMOUS MISS REVELL, THE • 1921
LIFE'S DARN FUNNY • 1921
MATCH–BREAKER, THE • 1921
OFF–SHORE PIRATE, THE • 1921
PLAYING WITH FIRE • 1921
PUPPETS OF FATE • SORRENTINA ○ TONY AMERICA • 1921
GUTTERSNIPE, THE • 1922
HER ACCIDENTAL HUSBAND • 1923
AFTER THE BALL • 1924
MY LADY OF WHIMS • 1925
PASSIONATE YOUTH • BLIND MOTHERS (UKN) • 1925
TESSIE • 1925
OUT OF THE PAST • 1927
PRINCESS ON BROADWAY, THE • 1927
ROSE OF KILDARE, THE • FORGOTTEN VOWS (UKN) • 1927
WEB OF FATE • 1927
WILFUL YOUTH • 1927
WOMAN'S LAW • 1927
GIRL HE DIDN'T BUY, THE • BROADWAY BRIDE, A (UKN) • 1928
GOLDEN SHACKLES • 1928
JAZZLAND • 1928
LOOK OUT GIRL, THE • SHADOWED (UKN) • 1928

FITZGERALD ED – USA
BLUE MOVIES • 1988

FITZGERALD J. A. – USA
RAFFERTY AT THE HOTEL DE REST • 1915
RAFFERTY GOES TO CONEY ISLAND • 1915
RAFFERTY SETTLES THE WAR • 1915
RAFFERTY STOPS A MARATHON • 1915
CASEY GOES SHOPPING • 1916 • SHT
CASEY IN MEXICO • 1916 • SHT
CASEY IN THE GRANDSTAND • 1916 • SHT
CASEY THE DETECTIVE • 1916 • SHT
CASEY THE MILLIONAIRE • 1916 • SHT
CASEY THE WIZARD • 1916 • SHT
CASEY'S DREAM • 1916 • SHT
CASEY'S KIDS • 1916 • SHT
CASEY'S SERVANTS • 1916 • SHT
IGNORANCE • 1916
CASEY THE BANDMASTER • 1917 • SHT
CASEY THE FIREMAN • 1917 • SHT
WIVES OF THE PROPHET, THE • 1926

FITZGERALD S. – ASL
LIFE AND ADVENTURES OF JOHN VANE, THE AUSTRALIAN BUSHRANGER • 1910

FITZHAMON LEWIN – UKN – 1869–1961
BRITON VS. BOER • 1900
HIS MOTHER'S PORTRAIT: OR, THE SOLDIER'S VISION • 1900
AFTER THE 'OLIDAY • 1904
CHEAP BOOT STORE, A • 1904
CONFIDENCE TRICK, THE • 1904
COSTER'S WEDDING, THE • 1904
DEN OF THIEVES, A • 1904
DON'T INTERFERE WITH A COALHEAVER • 1904
FOR THE HAND OF A PRINCESS • 1904
GREAT SERVANT QUESTION, THE • 1904
HAUNTED OAK, THE • 1904
HIS SUPERIOR OFFICER • 1904
HONEYMOON: FIRST, SECOND AND THIRD CLASS, THE • 1904
JONAH MAN: OR, THE TRAVELLER BEWITCHED, THE • BEWITCHED TRAVELER, THE (USA) • 1904
LADY PLUMPTON'S MOTOR • 1904
LOVER'S CRIME, THE • 1904
NIGGER BOY'S REVENGE, THE • 1904
PARSON'S COOKERY LESSON, THE • 1904
PRESS ILLUSTRATED, THE • 1904
RACE FOR A KISS, A • 1904
ROUGH TIME FOR THE BROKER, A • 1904
SLAVEY'S DREAM, THE • 1904
SPOILT CHILD, THE • 1904
STOLEN PUPPY, THE • 1904
STORY OF TWO CHRISTMASES, THE • 1904
TRIP TO PARIS, A • ENGLISHMAN'S TRIP TO PARIS FROM LONDON, AN (USA) • 1904
TWO LEAP YEAR PROPOSALS • 1904
WHEN THE SLEEPER WAKES • 1904
WON BY STRATEGY • 1904
ALIENS' INVASION, THE • 1905
AMATEUR ARCHITECT, THE • 1905
ANNUAL TRIP OF THE MOTHERS' MEETING, THE • 1905
BABES IN THE WOOD • 1905
BATHERS WILL BE PROSECUTED • 1905
BATTLE OF CAULIFLOWERS, A • 1905
BURGLAR'S BOY, THE • 1905
CHARITY COVERS A MULTITUDE OF SINS • 1905
CHILDREN VS. EARTHQUAKES –EARTHQUAKES PREFERRED • 1905
DEATH OF NELSON, THE • 1905
DUEL, THE • 1905
FALSE MONEY • 1905
FALSELY ACCUSED • 1905
HOW THE TRAMPS TRICK THE MOTORIST • 1905
INQUISITIVE BOOTS, THE • 1905
INTERNATIONAL EXCHANGE • 1905
INTERRUPTED HONEYMOON, AN • 1905
LODGINGS TO LET • 1905
LOST, STOLEN OR STRAYED • 1905
ONLY HER BROTHER • 1905
OTHER SIDE OF THE HEDGE, THE • OVER THE HEDGE (USA) • 1905
PAINT AND PERFIDY • 1905
POISON OR WHISKEY • LOVER'S RUSE, THE (USA) • 1905
PREHISTORIC PEEPS • 1905
REHEARSING A PLAY • 1905
RELUCTANT BRIDEGROOM, THE • 1905
RESCUED BY ROVER • 1905
RIVAL SPORTSMEN, THE • 1905
ROVER TAKES A CALL • 1905
STOLEN GUY, THE • 1905
TABLE TURNING • 1905
TERRIBLE FLIRT, A • 1905
TWO IMPS, THE • 1905
TWO SENTIMENTAL TOMMIES • 1905
VILLAIN'S WOOING, THE • 1905
WHAT THE CURATE REALLY DID • 1905
AFTER THE MATINEE • 1906
BEST LITTLE GIRL IN THE WORLD, THE • 1906
BLACK BEAUTY • 1906
BRIGANDS, THE • 1906
BURGLAR AND THE CAT, THE • 1906
BURGLAR AND THE JUDGE, THE • 1906
CUPID AND THE WIDOW • 1906
CURE FOR LUMBAGO, A • 1906
DICK TURPIN'S RIDE TO YORK • 1906
DOLL MAKER'S DAUGHTER, THE • 1906
EPISODE OF THE DERBY, AN • 1906

FATAL LEAP, THE • 1906
GRANDCHILD'S DEVOTION, A • 1906
HARLEQUINADE • 1906
HIS DAUGHTER AND HIS GOLD • 1906
IN THE SUMMERTIME • 1906
JERRY-BUILT HOUSE, THE • 1906
JUST IN TIME • 1906
KIDNAPPER AND THE CHILD, THE • 1906
LITTLE MEG AND THE WONDERFUL LIFE • 1906
LUCKY NECKLACE, THE • 1906
MAGIC RING, THE • 1906
OUR NEW POLICEMAN • 1906
PEASANT GIRL'S REVENGE, THE • 1906
PILL MAKER'S MISTAKE, THE • 1906
PIRATE SHIP, THE • 1906
POET AND HIS BABIES, A • 1906
RIVALS, THE • 1906
SQUATTER'S DAUGHTER, THE • 1906
TRAGEDY OF THE SAWMILLS, A • 1906
TRAMP'S DREAM, THE • 1906
VALET WHO STOLE THE TOBACCO, THE • 1906
VOTER'S GUIDE, THE • 1906
WHEN FATHER ELOPED WITH COOK • 1906
WHEN JENKINS WASHED UP • 1906
ABSENT MINDED MAN, THE • 1907
ARTFUL LOVERS, THE • 1907
ARTIST'S MODEL, THE • 1907
BOASTER, THE • 1907
BURGLARS AT THE BALL • 1907
BUSY MAN, THE • 1907
CINDERELLA • 1907
DOLL'S REVENGE, THE • 1907
DRINK • 1907
DUMB SAGACITY • 1907
DYING OF THIRST • 1907
FATHER'S VENGEANCE, A • 1907
FEATHER IN HIS CAP, A • 1907
FRAUDULENT SOLICITOR, THE • 1907
GHOST'S HOLIDAY, THE • 1907
GREEN DRAGON, THE • 1907
HAIR RESTORER • 1907
HEAVENLY TWINS, THE • 1907
HER FRIEND THE ENEMY • 1907
JOHNNY'S GUN • 1907
KIDNAPPED • 1907
LETTER IN THE SAND, A • 1907
LOVER'S QUARREL, A • 1907
MADMAN'S BRIDE, THE • 1907
MAN WHO COULD NOT COMMIT SUICIDE, THE • 1907
MILKMAN'S WEDDING, THE • 1907
MISCHIEVOUS GIRLS • 1907
MODERN DON JUAN, A • 1907
NEVER COMPLAIN TO YOUR LAUNDRESS • 1907
NEW DRESS, THE • 1907
NOT SUCH A FOOL AS HE LOOKS • 1907
NUN, THE • 1907
PAINLESS EXTRACTING, A • 1907
PERSEVERING EDWIN • 1907
PILLAGE BY PILLAR BOX • 1907
REBELLIOUS SCHOOLGIRLS • 1907
SAILOR'S LASS, A • 1907
SEASIDE GIRL, A • 1907
SERVING THE WRIT • 1907
SIMPKIN'S SATURDAY OFF • 1907
SISTER MARY JANE'S TOP NOTE • 1907
SMART CAPTURE, A • 1907
SOLDIER'S JEALOUSY, A • 1907
STICKY BICYCLE, THE • 1907
STOLEN BRIDLE, THE • 1907
THAT FATAL SNEEZE • 1907
TOO DEVOTED WIFE, A • 1907
TRAMP'S DREAM OF WEALTH, A • 1907
TRAMP'S REVENGE, THE • 1907
VIKING'S BRIDE, THE • 1907
YOUNG SCAMPS • 1907
AMOROUS NURSE, THE • 1908
ARTFUL DODGER, THE • 1908
ATTRACTIVE CATCH, AN • 1908
BABY'S PLAYMATE • 1908
BEAUTY COMPETITION, THE • 1908
BICYCLES REPAIRED • 1908
BURGLAR AND THE CLOCK, THE • 1908
CABBY'S SWEETHEART • 1908
CATCHING A BURGLAR • 1908
CATCHING A TARTAR • 1908
CONVICT'S DASH FOR LIBERTY, A • 1908
COUNTRY GIRL, A • 1908
CURATE'S COURTSHIP, THE • 1908
DESERTER, THE • 1908
DETECTIVE'S RUSE, THE • 1908
DEVIL AND THE CORNET, THE • 1908
DISHONEST BARBER, THE • 1908
DOCTOR'S DODGE, THE • 1908
DOG OUTWITS THE KIDNAPPERS, THE • 1908
DOG THIEF, THE • 1908
DON QUIXOTE'S DREAM • 1908
ELECTRIC TORCH, THE • 1908
ENEMY IN THE CAMP, AN • 1908
FAIRY'S SWORD, THE • 1908
FAITHLESS FRIEND, A • 1908
FASCINATING GAME, A • 1908
FATAL SNEEZE, THE • 1908
FATHER'S LESSON • 1908
FICKLE HUSBAND AND THE BOY, THE • 1908
FOR THE LITTLE LADY'S SAKE • 1908
FREE PARDON, A • 1908
GENTLEMAN GYPSY, THE • TRIALS OF A GYPSY GENTLEMAN, THE • 1908
HARMLESS LUNATIC'S ESCAPE, THE • 1908
HEARTLESS MOTHER, A • 1908
HI! STOP THOSE BARRELS • 1908
HIDDEN HOARD, THE • 1908
HOTTENTOT AND THE GRAMOPHONE, THE • 1908
JACK IN THE LETTERBOX • 1908
JOHN GILPIN'S RIDE • 1908
LOVE TOKEN, THE • 1908
LUCKY PIE, THE • 1908
MAN AND HIS BOTTLE, THE • 1908
MAN AND THE LATCHKEY, THE • 1908
MAN WHO LEARNED TO FLY, THE • 1908
MARRYING UNDER DIFFICULTIES • 1908
MOTHERLY PRAM, THE • 1908
MY LITTLE LADY BOUNTIFUL • 1908
NE'ER-DO-WELL AND THE BABY, THE • 1908
NURSEMAID'S DREAM, THE • 1908
OUR COUSIN FROM ABROAD • 1908
PETS' TEA PARTY, THE • 1908
PHOTOGRAPHER'S FLIRTATION, THE • 1908
PROFESSOR'S ANTIGRAVITATIONAL FLUID, THE • 1908
RUNAWAY KIDS, THE • 1908
SAFETY SUIT FOR SKATERS, THE • 1908
SAVED FROM A TERRIBLE DEATH • 1908
SCHOOLBOYS' REVOLT, THE • 1908
SERPENT'S TOOTH, THE • 1908
STUBBORN MOKE, THE • 1908
TELL-TALE KINEMATOGRAPH, THE • 1908
THIEF AT THE CASINO, THE • 1908
THOUGHTLESS BEAUTY, A • FORCED TO CONSENT • 1908
TICKET FOR TWO, A • 1908
TOMKINS BUYS A DONKEY • 1908
TRAMPS AND THE PURSE, THE • 1908
TROUBLES OF A HOUSE AGENT, THE • 1908
UNEMPLOYED AND UNEMPLOYABLE • 1908
UNFORTUNATE BATHE, AN • 1908
UNLUCKY BRIDEGROOM, THE • 1908
UNLUCKY THIEF, THE • 1908
WEARY WILLIE STEALS A FISH • 1908
WHEN WOMEN RULE • 1908
WRONG MEDICINE, THE • 1908
ALL'S FAIR IN LOVE AND WAR • 1909
BAITING THE BOBBY • 1909
BOY AND HIS KITE, THE • 1909
BOY AND THE PURSE, THE • 1909
BRUTAL MASTER, A • 1909
CABMAN'S GOOD FAIRY, THE • 1909
CAT CAME BACK, THE • 1909
CHEAP REMOVAL, A • 1909
CUPID'S LOAF • 1909
CURATE AT THE RACES, THE • 1909
DENTIST'S DAUGHTER, THE • 1909
DOG AND THE BONE, THE • 1909
DOG CAME BACK, THE • 1909
DRUNKARD'S SON, A • 1909
FAITHFUL CLOCK, THE • 1909
FANCY DRESS BALL, THE • 1909
FATAL APPETISER, THE • 1909
FRIEND IN NEED, A • 1909
GAMIN'S ATTITUDE, A • 1909
GIPSY CHILD, THE • 1909
GIRL WHO JOINED THE BUSH RANGERS, THE • 1909
GYPSY LOVER, THE • 1909
GYPSY'S BABY, THE • 1909
HIS ONLY FRIEND • 1909
IN THE SERVICE OF THE KING • 1909
INVISIBILITY • 1909
JEWEL THIEVES, THE • 1909
LAST YEARS TIMETABLE • 1909
LAZY BOY, THE • 1909
LITTLE FLOWER GIRL'S CHRISTMAS, THE • 1909
LITTLE MILLINER AND THE THIEF, THE • 1909
LOST MEMORY, THE • 1909
MAN AND HIS BEES, A • 1909
MARY JANE'S LOVES • 1909
MEANEST MAN ON EARTH, THE • 1909
MISER AND THE CHILD, THE • 1909
MOTHER-IN-LAW HAS ALL THE LUCK • 1909
MR. POORLUCK GETS MARRIED • 1909
NECESSITY IS THE MOTHER OF INVENTION • 1909
NO MORE HATS WANTED • 1909
PAIR OF DESPERADOES, A • 1909
PAIR OF TRUANTS, A • 1909
PENALTY OF BEAUTY, THE • 1909
PLUCKY LITTLE GIRL, A • 1909
PRESENT FOR HER HUSBAND, A • 1909
RACE FOR THE FARMER'S CUP, THE • 1909
RANCH OWNER'S DAUGHTER, THE • REDSKIN'S OFFER, THE • 1909
RIVAL MESMERIST, THE • 1909
RIVALS, THE • 1909
SAVED BY THE TELEGRAPH • 1909
SAVED FROM THE SEA • 1909
SHEPHERD'S DOG, THE • 1909
SORROWS OF A CHAPERONE, THE • 1909
SPOILT CHILD, THE • 1909
SPY, THE • 1909
STOLEN CLOTHES, THE • 1909
STORY OF A PICTURE, THE • 1909
STREET ARAB, A • 1909
THAT MARVELLOUS GRAMOPHONE • 1909
TOO MUCH LOBSTER • 1909
VILLAIN'S DOWNFALL, A • 1909
WHY FATHER LEARNED TO RIDE • 1909
WRONG CAB, THE • 1909
ADVENTURES OF A £5 NOTE, THE • 1910
ALL'S FAIR IN LOVE • 1910
ARE YOU JOHN BROWN? • 1910
BABY'S POWER, A • 1910
BLACK BEAUTY • 1910
BLACK KITTEN, THE • 1910
BURGLAR AND LITTLE PHYLLIS, THE • 1910
CARDSHARPERS, THE • 1910
CHANTICLER HAT, A • 1910
COCKSURE'S CLEVER RUSE • TOO CLEVER FOR ONCE • 1910
CONQUERING CASK, THE • 1910
DAVID CRAGGS, DETECTIVE • 1910
DETECTIVE IN PERIL, A • 1910
DETECTIVE'S DOG, THE • 1910
DIFFICULT COURTSHIP, A • 1910
DOG CHAPERONE, THE • 1910
DUMB COMRADES • 1910
EXTRACTING A CHEQUE FROM UNCLE • 1910
FAKIR'S FLUTE, THE • 1910
FARMER'S DAUGHTER, THE • 1910
FATHER BUYS A SCREEN • 1910
FICKLE GIRL, A • 1910
FITS AND MISFITS • 1910
GOOD KICK OFF, A • 1910
HE ELOPED WITH HER FATHER • 1910
HEART OF A FISHERGIRL, THE • 1910
HEART OF OAK • 1910
HIS NEW MAMA • 1910
HOT PICKLES • 1910
IN PURSUIT OF FASHION • 1910
IN THE GOOD OLD DAYS • 1910
INVIGORATING ELECTRICITY • 1910
JOSEPHINE AND HER LOVERS • 1910
LET SLEEPING DOGS LIE • 1910
LITTLE BLUE CAP, THE • 1910
LITTLE HOUSEKEEPER, THE • 1910
LOVE ME LOVE MY DOG • 1910
LOVE'S STRATEGY • 1910
MAN WHO THOUGHT HE WAS POISONED, THE • 1910
MARRIED IN HASTE • 1910
MARY THE COSTER • 1910
MECHANICAL MARY ANNE, THE • 1910
MERRY BEGGARS, THE • 1910
MODERN LOVE POTION, A • 1910
MONEYLENDER'S MISTAKE, THE • 1910
MR. POORLUCK BUYS SOME FURNITURE • 1910
MR. POORLUCK'S DREAM • 1910
MR. POORLUCK'S LUCKY HORSESHOE • 1910
NEVER SEND A MAN TO MATCH A RIBBON • 1910
NEW HAT FOR NOTHING, A • 1910
NEW REPORTER, THE • 1910
NIGHT IN ARMOUR, A • 1910
OVER THE GARDEN WALL • 1910
PERSUADING PAPA • 1910
POORLUCK'S FIRST TIFF, THE • 1910
POORLUCKS TAKE PART IN A PAGEANT, THE • 1910
POSTMAN, THE • 1910
PRESENT FOR HIS WIFE, A • 1910
SAVED BY HIS SWEETHEART • 1910
SCARAMOUCHES • 1910
SEVEN, SEVENTEEN AND SEVENTY • 1910
SHARP-WITTED THIEF, THE • 1910
SHERIFF'S DAUGHTER, THE • 1910
SHORT-SIGHTED ERRAND BOY, THE • 1910
SPOILT CHILD OF FORTUNE, A • 1910
STOWAWAY, THE • 1910
TELEPHONE CALL, THE • 1910
TEMPERED WITH MERCY • 1910
TILLY AT THE ELECTION • 1910
TILLY THE TOMBOY BUYS LINOLEUM • 1910
TILLY THE TOMBOY GOES BOATING • 1910
TILLY THE TOMBOY PLAYS TRUANT • 1910
TILLY THE TOMBOY VISITS THE POOR • 1910
UNCLE JOE • 1910
UNLUCKY BILL • 1910
WHO'S GOT MY HAT? • 1910
WIDOW'S WOOERS, THE • 1910
WITHOUT HER FATHER'S CONSENT • 1910
WOMAN SCORNED, A • 1910
ABSORBING GAME, AN • 1911
ALL'S RIGHT WITH THE WORLD • 1911
AMATEUR BURGLAR, THE • 1911
BAILIFF'S LITTLE WEAKNESS, THE • 1911
CHILDREN MUSTN'T SMOKE • 1911
COLLEGE CHUMS • 1911
COURSE OF TRUE LOVE, THE • 1911
DEMON DOG, THE • 1911
DETECTIVE AND THE JEWEL TRICK, THE • 1911
DOG'S DEVOTION, THE • 1911
DOUBLE DECEPTION, A • 1911
DOUBLE ELOPEMENT, THE • 1911
EARLY WORM, THE • 1911
ENVY, HATRED AND MALICE • 1911
EVICTED • 1911
EXCEEDING HIS DUTY • 1911
FIGHT WITH FIRE, A • 1911
FIREMAN'S DAUGHTER, THE • 1911
FOR A BABY'S SAKE • 1911
GAY LORD DUCIE, THE • 1911
GIPSY NAN • 1911
GREATEST OF THESE, THE • 1911
HALFBREED'S GRATITUDE, A • 1911
HAPPY EVENT IN THE POORLUCK FAMILY, A • 1911
HARRY THE FOOTBALLER • 1911
HAWKEYE LEARNS TO PUNT • 1911
HORSE AND MRS. GRUNDY, A • 1911
IN JEST AND EARNEST • 1911
JANET'S FLIRTATION • 1911
JIM OF THE MOUNTED POLICE • 1911
LAWYER'S MESSAGE, THE • 1911
LITTLE BLACK POM, THE • 1911
LOVE AND A SEWING MACHINE • 1911
MANY A SLIP • 1911
MOTHER'S BOY • 1911
MR. AND MRS. POORLUCK SEPARATE • 1911
MR. POORLUCK BUYS SOME CHINA • 1911
MY DEAR LOVE • 1911
N STANDS FOR NELLY • 1911
NEW COOK, THE • 1911
NOT GUILTY • 1911
NOW I HAVE TO CALL HIM FATHER • 1911
P.C. HAWKEYE LEAVES THE FORCE • 1911
P.C. HAWKEYE TURNS DETECTIVE • 1911
P.C. HAWKEYE'S BUSY DAY • 1911
PARSON'S WIFE, THE • 1911
POORLUCK'S EXCURSION TICKETS • 1911
RACHEL'S SIN • 1911
ROVER THE PEACEMAKER • 1911
SEASIDE INTRODUCTION, A • 1911
SMUGGLER'S STEPDAUGHTER, THE • 1911
SPRAINED ANKLE, A • 1911
STOLEN LETTERS, THE • 1911
SUBALTERN'S JOKE, THE • 1911
THREE LOVERS, THE • 1911
TIGER THE 'TEC • 1911
TILL DEATH DO US PART • 1911
TILLIE AND THE MORMON MISSIONARY • 1911
TILLY -MATCHMAKER • 1911
TILLY AND THE FIRE ENGINES • 1911
TILLY AND THE SMUGGLERS • 1911
TILLY AT THE SEASIDE • 1911
TILLY'S PARTY • 1911
TILLY'S UNSYMPATHETIC UNCLE • 1911
TODDLES, SCOUT • 1911
TRACKED BY TIGER • 1911
TWIN ROSES • 1911
VERY POWERFUL VOICE, A • 1911
WHEN TILLY'S UNCLE FLIRTED • 1911
WILFUL MAID, A • 1911
WISDOM OF BROTHER AMBROSE, THE • 1911
AMOROUS ARTHUR • 1912
BLIND MAN'S DOG, THE • 1912
BROKEN MELODY, THE • 1912
BURGLAR'S DAUGHTER, THE • 1912
CASE OF EXPLOSIVES, A • MUNITION WORKERS • 1912
CHILDREN OF THE FOREST • 1912
COPPER'S REVENGE, THE • 1912
CURATE'S LOVE STORY, A • 1912
DAY IN LONDON, A • 1912
DAY IN THE COUNTRY, A • 1912
EDITOR AND THE MILLIONAIRE, THE • 1912
FISHERMAN'S LOVE STORY, A • 1912
FLAPPER AND THE CURATES, THE • 1912
FLAPPER'S ELOPEMENT, THE • 1912
FLO THE FLAPPER • 1912
GIPSY GIRL'S HONOUR, A • 1912
HER ONLY PAL • 1912
HUBBY'S LETTER • 1912
INDIAN VENDETTA, AN • 1912
JEMIMA AND THE EDITOR • 1912
LOST WILL, THE • 1912
MERMAID, THE • 1912
MOTHER AND SONS OF 1776, A • 1912
NEVER AGAIN, NEVER! • 1912
PONY WHO PAID THE RENT, THE • 1912
REPAYING THE DEBT • 1912
SAVING THE ROYAL MAIL • 1912
UNJUST STEWARD, THE • 1912
UNLUCKY ANN • 1912
VILLAGE SCANDAL, A • 1912
WRONG ENVELOPES, THE • 1912
ALGY'S TORMENTOR • 1913
BEAUTY AND THE BOAT • 1913
BORE OF A BOY, A • 1913
DADDY'S DARLINGS • 1913
DAY ON ROLLERS, A • 1913
FIRST STEEPLECHASE, THE • 1913
FLAPPERS AND THE COLONEL, THE • 1913
FLAPPERS AND THE NUTS, THE • 1913
FREDDY'S DUMB PLAYMATES • 1913
GIPSY HATE • 1913
GIRL NEXT DOOR, THE • 1913
HE WAS SO FOND OF ANIMALS • 1913
HER PONY'S LOVE • 1913
LITTLE WILLIE'S APPRENTICESHIPS • 1913
LOVE IN A BOARDING HOUSE • 1913
PICNIC ON THE ISLAND, THE • 1913
RACE FOR LOVE, A • 1913
TERRIBLE PLANT, A • 1913
THREE LITTLE VAGABONDS • HOME FOR THE HOLIDAYS • 1913
WHEN THE HURRICANES VISITED THE DOUGHNUTS • 1913
WHILE SHEPHERDS WATCHED • 1913
FOOTBALLER'S HONOUR, A • 1914
HATEFUL BONDAGE, A • 1914
HER FAITHFUL COMPANIONS • 1914
LOOSENED PLANK, THE • 1914
MEN WILL DECEIVE • 1914
SCALLAWAG, THE • 1914
TWO LITTLE ANGELS • 1914
WHEN THE HURRICANES BOUGHT THE LINO • 1914
WHEN THE HURRICANES TOOK UP FARMING • 1914
WHEN THE HURRICANES VISITED THE SAWMILLS • 1914
WHIRLWIND KIDS, THE • 1914

FITZMAURICE AUBREY – UKN

SUCCESSFUL OPERATION, A • 1916

FITZMAURICE GEORGE – FRN – 1885–1941

BOMB BOY, THE • 1914
QUEST OF THE SACRED GEM, THE • 1914
AT BAY • 1915
COMMUTORS, THE • 1915
MELTING POT, THE • 1915
MONEY MASTER, THE • 1915
STOP THIEF • 1915
VIA WIRELESS • 1915
WHO'S WHO IN SOCIETY • 1915
ARMS AND THE WOMAN • 1916
BIG JIM GARRITY • 1916
FIFTH AVENUE • 1916
NEW YORK • 1916
ROMANTIC JOURNEY, THE • 1916
TEST, THE • 1916
BLIND MAN'S LUCK • 1917
HUNTING OF THE HAWK, THE • 1917
IRON HEART, THE • 1917
KICK IN • 1917
MARK OF CAIN, THE • 1917
ON-THE-SQUARE GIRL, THE • 1917
RECOIL, THE • 1917
SYLVIA OF THE SECRET SERVICE • 1917
HILLCREST MYSTERY, THE • 1918
INNOCENT • INNOCENCE • 1918
JAPANESE NIGHTINGALE, A • 1918
NARROW PATH, THE • 1918
NAULAHKA, THE • 1918
AVALANCHE, THE • 1919
COMMON CLAY • 1919
COUNTERFEIT • 1919
CRY OF THE WEAK, THE • 1919
OUR BETTER SELVES • 1919
PROFITEERS, THE • 1919
SOCIETY EXILE, A • 1919
WITNESS FOR THE DEFENSE, THE • 1919
IDOLS OF CLAY • 1920
ON WITH THE DANCE • 1920
RIGHT TO LOVE, THE • 1920
EXPERIENCE • 1921
FOREVER • GREAT ROMANCE, THE ○ PETER IBBETSON • 1921
PAYING THE PIPER • MONEY MAD • 1921
KICK IN • 1922
MAN FROM HOME, THE • 1922
THREE LIVE GHOSTS • 1922
TO HAVE AND TO HOLD • 1922
BELLA DONNA • 1923
CHEAT, THE • 1923
ETERNAL CITY, THE • 1923
CYTHEREA • FORBIDDEN WAY, THE • 1924
TARNISH • 1924
DARK ANGEL, THE • 1925
HIS SUPREME MOMENT • 1925
THIEF IN PARADISE, A • 1925
SON OF THE SHEIK, THE • 1926
LOVE MART, THE • LOUISIANA • 1927
NIGHT OF LOVE, THE • 1927
ROSE OF THE GOLDEN WEST • ROSE OF MONTEREY • 1927
TENDER HOUR, THE • MARRIAGE OF MARCIA, THE • 1927
BARKER, THE • 1928
LILAC TIME • LOVE NEVER DIES (UKN) • 1928
HIS CAPTIVE WOMAN • STRANDED IN PARADISE • 1929
LOCKED DOOR, THE • 1929
MAN AND THE MOMENT, THE • 1929
TIGER ROSE • 1929
BAD ONE, THE • 1930
ONE HEAVENLY NIGHT • 1930
RAFFLES • 1930
DEVIL TO PAY, THE • 1931
MATA HARI • 1931
STRANGERS MAY KISS • 1931
UNHOLY GARDEN, THE • 1931
AS YOU DESIRE ME • 1932
ALL MEN ARE ENEMIES • 1934
PETTICOAT FEVER • 1936
SUZY • 1936
ARSENE LUPIN RETURNS • 1937
EMPEROR'S CANDLESTICKS, THE • 1937
LAST OF MRS. CHEYNEY, THE • 1937
LIVE, LOVE AND LEARN • 1937
VACATION FROM LOVE • 1938
ADVENTURE IN DIAMONDS • DIAMONDS ARE DANGEROUS • 1940

FITZPATRICK JAMES – USA

COLORFUL ISLANDS -MADAGASCAR AND SEYCHELLES • 1936 • SHT
PICTURESQUE SOUTH AFRICA • 1936 • SHT
ST. HELENA AND ITS MAN OF DESTINY • 1936 • SHT
CHILE, LAND OF CHARM • 1937 • SHT
COLORFUL BOMBAY • 1937 • SHT
GLIMPSES OF JAVA AND CEYLON • 1937 • SHT
GLIMPSES OF PERU • 1937 • SHT
INDIA ON PARADE • 1937 • SHT
LAND OF THE INCAS • 1937 • SHT
PRIDE OF SWEDEN • 1937 • SHT
SERENE SIAM • 1937 • SHT
STOCKHOLM • 1937 • SHT
BEAUTIFUL BUDAPEST • 1938 • SHT
CZECHOSLOVAKIA ON PARADE • 1938 • SHT
GLIMPSE OF AUSTRIA • 1938 • SHT
GLIMPSES OF NEW BRUNSWICK • 1938 • SHT
RURAL SWEDEN • 1938 • SHT
MARINE CIRCUS • 1939 • SHT
RURAL HUNGARY • 1939 • SHT
MEMORIES OF EUROPE • 1941 • CMP
CANCION DE MEXICO, LA • SONG OF MEXICO • 1944
OVER THE ANDES • 1944 • SHT

FITZPATRICK JAMES A. – Producer – UKN – 1902–1980

FAMOUS MUSIC MELODIES • 1925 • SER
SONGS OF ENGLAND • 1925 • SHT
SONGS OF IRELAND • 1925 • SHT
SONGS OF SCOTLAND • 1925 • SHT
SONGS OF THE BRITISH ISLES • 1925 • SHT
LUDWIG VON BEETHOVEN • 1926
MENDELSSOHN • 1926
STEPHEN FOSTER • 1926
LADY OF THE LAKE, THE • 1928
DAVID LIVINGSTONE • 1936
AULD LANG SYNE • 1937
BELLS OF ST. MARY'S, THE • 1937
LAST ROSE OF SUMMER, THE • 1937
DREAM OF LOVE, A • 1938
GEORGE BIZET, COMPOSER OF CARMEN • 1938
LIFE OF CHOPIN, THE • 1938
PARIS ON PARADE • 1938 • DCS

FITZPATRICK JAMES A.* – USA

CHIP OFF THE OLD BLOCK, A • 1916 • SHT
CHIP'S BACKYARD BARN STORMERS • 1916 • SHT
CHIP'S CARMEN • 1916 • SHT
CHIP'S ELOPEMENT • 1916 • SHT
CHIP'S MOVIE COMPANY • 1916 • SHT
CHIP'S RIVAL • 1916 • SHT
WORLD WAR IN KIDLAND • 1916 • SHT
MAY DAYS • 1920

FIVESON ROBERT S. – USA

CLONUS HORROR, THE • PARTS: THE CLONUS HORROR ○ CLONUS ○ ALTER EGO • 1979

FIWEK WOJCIECH – PLN

FIREK WOJCIECH

ROMEK I ANKA • 1964
EWA + EWA • EVE + EVE • 1971 • DOC

FIZ ROBERT – ITL

SEI SIMPATICHE CAROGNE • ATRACO DE IDA Y VUELTA, UN (SPN) ○ IT'S YOUR MOVE (USA) ○ SCACCO TUTTO MATTO, UNO ○ MAD CHECKMATE ○ RETURN ATTACK, A • 1968

FIZZ GENE – USA

MIDNIGHT COWGIRL • THEY CAME TOGETHER • 1970

FIZZAROTTI ARMANDO – ITL – 1892–

NAPOLI VERDE-BLU • 1935
MALASPINA • 1947
CALAMITA D'ORO • 1949
CUORE FORESTIERO • 1953
NAPOLI E SEMPRE NAPOLI • 1955
TE STO ASPETTANNO • 1956
MALAFEMMINA • 1957
PRESENTIMENTO • 1957

FIZZAROTTI ETTORE see **FIZZAROTTI ETTORE MARIA**

FIZZAROTTI ETTORE M. see **FIZZAROTTI ETTORE MARIA**

FIZZAROTTI ETTORE MARIA – ITL

FIZZAROTTI ETTORE M. • FIZZAROTTI ETTORE

IN GINOCCHIO DA TE • 1964
LACRIMA SUL VISO, UNA • 1964
NON SON DEGNO DI TE • 1965
SE NON AVESSI PIU TE • 1965
MI VEDRAI TORNARE • 1966
NESSUNO MI PUO GIUDICARE • 1966
PERDONO • 1966
SOLDATI E CAPELLONI • SIAMO TUTTI BEAT ○ SOLDIERS AND BEATNIKS ○ WE ARE ALL SWINGERS • 1967
CHIMERA • 1968
STASERA MI BUTTO • I'LL TRY TONIGHT • 1968
VENDO CARA LA PELLE • I SELL MY SKIN DEARLY • 1968
SUO NOME E DONNA ROSA, IL • 1969
ANGELI SENZA PARADISO • 1970
MEZZANOTTE D'AMORE • 1970
VENGA A FARE IL SOLDATO DA NOI • 1971
SGARRO ALLA CAMORRA • 1973

FJORD OLAF – Actor – NRW – 1897–

PAN • SCHICKSAL DES LEUTNANT THOMAS GLAHN, DAS • 1937

FLAHERTY DAVID – USA

GIFT OF GREEN • 1952

FLAHERTY FRANCES HUBBARD – USA

MOANA -A ROMANCE OF THE GOLDEN AGE • MOANA: THE LOVE LIFE OF A SOUTH SEA SIREN ○ MOANA • 1926 • DOC

FLAHERTY PAUL – USA

18 AGAIN! • EIGHTEEN AGAIN! • 1988
WHO'S HARRY CRUMB? • 1989

FLAHERTY ROBERT – USA – 1884–1951

FLAHERTY ROBERT J.

NANOOK OF THE NORTH • 1922 • DOC
STORY OF A POTTER, THE • POTTERY MAKER • 1925
MOANA -A ROMANCE OF THE GOLDEN AGE • MOANA: THE LOVE LIFE OF A SOUTH SEA SIREN ○ MOANA • 1926 • DOC
24-DOLLAR ISLAND • 1926 • DCS
WHITE SHADOWS IN THE SOUTH SEAS • SOUTHERN SKIES • 1928
ACOMA THE SKY CITY • 1929 • DCS
TABU • 1931
ART OF THE ENGLISH CRAFTSMAN • 1933 • DCS
ENGLISH POTTER, THE • 1933 • DCS
GLASSMAKERS OF ENGLAND, THE • 1933 • DCS
INDUSTRIAL BRITAIN • 1933 • DCS
MAN OF ARAN • 1934 • DOC
ELEPHANT BOY • 1937
LAND, THE • 1942 • DOC
LOUISIANA STORY • 1948

FLAHERTY ROBERT J. see **FLAHERTY ROBERT**

FLAMHOLC LEON – SWD

THIS IS A HOLD-UP • 1982 • SHT

FLANZ MARTA – HNG

LOVE ONLY ME • 1935

FLAVEN ART – USA

FLAVEN ARTHUR

GUN GAME, THE • 1920 • SHT
RUNNIN' STRAIGHT • 1920 • SHT
SON OF TARZAN, THE • 1921 • SRL
JUNGLE TRAIL OF THE SON OF TARZAN • 1923

FLAVEN ARTHUR see **FLAVEN ART**

FLECHET JEAN – FRN – 1928–

TRAITE DU ROSSIGNOL • 1969
MONTREUR D'OURS, LE • 1984

FLECK J. see **FLECK JACOB**

FLECK JACOB – AUS

FLECK J.

TRILBY • THREE TALES OF TERROR ○ TRILOGY OF TERROR • 1912
HYPNOTISEUR, DER • SVENGALI • 1914
MIT HERZ UN HAND FURS VATERLAND • 1915
AUF DER HOHE • 1916
LANDSTREICHER, DIE • 1916
MIT GOTT FUR KAISER UND REICH • 1916
SOMMERIDYLLE • 1916
TRAGODIE AUF SCHLOSS ROTTERSHEIM, DIE • 1916
LEBENSWOGEN • 1917
MIR KOMMT KEINER AUS • SCHWARZE HAND, DIE • 1917
SCHANDFLECK, DER • 1917
VERSCHWENDER, DER • 1917
DOPPELSELBSTMORD, DER • 1918
KONIG AMUSIERT SICH, DER • RIGOLETTO • 1918
AHNFRAU, DIE • 1919
DURCH WAHRHEIT ZUM NARREN • 1920
EVA, DIE SUNDE • 1920
FREUT EUCH DES LEBENS • 1920
HERR DES LEBENS, DER • 1920
LAIERMANN, DER • 1920
STIMME DES GEWISSENS, DIE • 1920
TANZENDE TOD, DER • 1920
TRANCE • ANITA (USA) • 1920
VERSCHNEIT • 1920
FRUHLINGSERWACHEN • 1923
MEINEIDBAUER, DER • 1926
PFARRER VON KIRCHFELD, DER • 1926
BETTELSTUDENT, DER • 1927
FROHLICHE WEINBERG, DER • HAPPY VINEYARD, THE ○ GAY VINEYARD, THE • 1927
FURSTENKIND, DAS • 1927
LIEBELEI • PASSION'S FOOL • 1927
MADEL AUS DEM VOLKE, EIN • 1927
ORLOW, DER • HEARTS AND DIAMONDS • 1927
WENN MENSCHEN REIF ZUR LIEBE WERDEN • HAUBENLERCHE, DIE • 1927
FRAUENARZT DR. SCHAFER • 1928
GELIEBTE SEINER HOHEIT, DIE • 1928
JACHT DER SIEBEN SUNDEN, DIE • YACHT OF THE SEVEN SINS • 1928
KLEINE SKLAVIN, DIE • 1928
LUSTIGEN VAGABUNDEN, DIE • 1928
SCHONSTE FRAU VON PARIS, DIE • 1928
ZARESWITCH, DER • 1928
LEUTNANT IHRER MAJESTAT, DER • 1929
MADCHEN AM KREUZ • SCHAM • 1929
RECHT AUF LIEBE, DAS • SEXUALNOT • 1929
EINBRUCH IM BANKHAUS REICHENBACH • 1930
WARSCHAUER ZITADELLE, DIE • CITADEL OF WARSAW, THE • 1930
AUTO UND KEIN GELD, EIN • 1931
WENN DIE SOLDATEN.. • 1931

FLECK LUISE – AUS

KOLM LUISE

HOFFMANNS ERZAHLUNGEN • TALES OF HOFFMANN • 1911
TRILBY • THREE TALES OF TERROR ○ TRILOGY OF TERROR • 1912
HYPNOTISEUR, DER • SVENGALI • 1914
MIT HERZ UN HAND FURS VATERLAND • 1915
AUF DER HOHE • 1916
LANDSTREICHER, DIE • 1916
MIT GOTT FUR KAISER UND REICH • 1916
SOMMERIDYLLE • 1916
TRAGODIE AUF SCHLOSS ROTTERSHEIM, DIE • 1916
LEBENSWOGEN • 1917
MIR KOMMT KEINER AUS • SCHWARZE HAND, DIE • 1917
SCHANDFLECK, DER • 1917
VERSCHWENDER, DER • 1917
DOPPELSELBSTMORD, DER • 1918
KONIG AMUSIERT SICH, DER • RIGOLETTO • 1918
AHNFRAU, DIE • 1919
DURCH WAHRHEIT ZUM NARREN • 1920
EVA, DIE SUNDE • 1920
FREUT EUCH DES LEBENS • 1920
HERR DES LEBENS, DER • 1920
LAIERMANN, DER • 1920
STIMME DES GEWISSENS, DIE • 1920
TANZENDE TOD, DER • 1920
TRANCE • ANITA (USA) • 1920
VERSCHNEIT • 1920
FRUHLINGSERWACHEN • 1923
MEINEIDBAUER, DER • 1926
PFARRER VON KIRCHFELD, DER • 1926
BETTELSTUDENT, DER • 1927
FROHLICHE WEINBERG, DER • HAPPY VINEYARD, THE ○ GAY VINEYARD, THE • 1927
FURSTENKIND, DAS • 1927
LIEBELEI • PASSION'S FOOL • 1927
MADEL AUS DEM VOLKE, EIN • 1927
ORLOW, DER • HEARTS AND DIAMONDS • 1927
WENN MENSCHEN REIF ZUR LIEBE WERDEN • HAUBENLERCHE, DIE • 1927
FRAUENARZT DR. SCHAFER • 1928
GELIEBTE SEINER HOHEIT, DIE • 1928
JACHT DER SIEBEN SUNDEN, DIE • YACHT OF THE SEVEN SINS • 1928
KLEINE SKLAVIN, DIE • 1928
LUSTIGEN VAGABUNDEN, DIE • 1928
SCHONSTE FRAU VON PARIS, DIE • 1928
ZARESWITCH, DER • 1928
LEUTNANT IHRER MAJESTAT, DER • 1929
MADCHEN AM KREUZ • SCHAM • 1929
RECHT AUF LIEBE, DAS • SEXUALNOT • 1929
EINBRUCH IM BANKHAUS REICHENBACH • 1930
WARSCHAUER ZITADELLE, DIE • CITADEL OF WARSAW, THE • 1930
AUTO UND KEIN GELD, EIN • 1931
WENN DIE SOLDATEN.. • 1931

FLEETWOOD DAVID – USA

DIRTY WESTERN, A • 1975

FLEIDER LEO – ARG

HERMANOS CORSOS, LOS • CORSICAN BROTHERS, THE • 1955
CAMPO ARADO • 1959
ACONCAGUA • 1962
CAUTIVA DE LA SELVA, LA • SENSUAL JUNGLE (UKN) ○ CAPTIVE OF THE JUNGLE • 1968

FLEISCHAMMAN PETER – CND

ALEXANDER AND THE CAR WITH A MISSING HEADLIGHT • 1966

FLEISCHER ALAIN - FRN - 1944-
RENDEZ-VOUS EN FORET, LE • MEETING IN THE FOREST, THE • 1972
DEHORS, DEDANS • 1975
ZOO-ZERO • ZOO ZERO • 1978
REGLES, RITES • 1982
ROME-ROMEO • 1990

FLEISCHER DAVE - Animator - USA - 1894-1979
FLEISCHER DAVID
CLOWN'S PUP, THE • 1919 • ANS
SLIDES • 1919 • ANS
TANTALIZING FLY, THE • 1919 • ANS
BOXING KANGAROO, THE • 1920 • ANS
CHINAMAN, THE • 1920 • ANS
CIRCUS, THE • 1920 • ANS
CLOWN'S LITTLE BROTHER, THE • 1920 • ANS
OUIJA BOARD, THE • 1920 • ANS
PERPETUAL MOTION • 1920 • ANS
POKER • CARD GAME, THE • 1920 • ANS
RESTAURANT, THE • 1920 • ANS
AUTOMOBILE RIDE, THE • 1921 • ANS
CARTOONLAND • 1921 • ANS
FIRST MAN TO THE MOON, THE • 1921 • ANS
FISHING • 1921 • ANS
HYPNOTIST, THE • 1921 • ANS
INVISIBLE INK • 1921 • ANS
MODELING • 1921 • SHT
NOVEMBER • 1921 • ANS
BIRTHDAY • 1922 • ANS
BUBBLES • 1922 • ANS
CHALLENGE, THE • 1922 • ANS
DANCING DOLL, THE • DRESDEN DOLL • 1922 • ANS
FISH, THE • 1922 • ANS
JUMPING BEANS • 1922 • ANS
MOSQUITO • 1922 • ANS
PAY DAY • 1922 • ANS
REUNION • 1922 • ANS
SHOW, THE • 1922 • ANS
KO-KO THE CLOWN • 1922-29 • ASS
BALLOONS • 1923 • ANS
BATTLE, THE • 1923 • ANS
BEDTIME • 1923 • ANS
CONTEST, THE • 1923 • ANS
FALSE ALARM • 1923 • ANS
FLIES • 1923 • ANS
FORTUNE TELLER, THE • 1923 • ANS
FUN FROM THE PRESS • 1923 • ANS
LAUNDRY • 1923 • ANS
PUZZLE • 1923 • ANS
SHADOWS • 1923 • ANS
SURPRISE • 1923 • ANS
TRAPPED • 1923 • ANS
COME TAKE A TRIP IN MY AIRSHIP • 1924 • ANS
CURE, THE • 1924 • ANS
ECHO AND NARCISSUS • 1924 • ANS
GOODBYE MY LADY LOVE • 1924 • ANS
KO-KO IN 1999 • 1924 • ANS
KO-KO THE HOT SHOT • 1924 • ANS
LEAGUE OF NATIONS • 1924 • ANS
MASQUERADE, THE • 1924 • ANS
MOTHER, MOTHER, MOTHER, PIN A ROSE ON ME • 1924 • ANS
OH MABEL • 1924 • ANS
PROXY LOVER: A FABLE OF THE FUTURE, THE • 1924 • ANS
RUNAWAY, THE • 1924 • ANS
SPARRING PARTNER • 1924 • ANS
TRIP TO MARS, A • 1924 • ANS
VACATION • 1924 • ANS
VAUDEVILLE • 1924 • ANS
ANNIE LAURIE • 1924-26 • ANS
DEAR OLD PAL • 1924-26 • ANS
MARGIE • 1924-26 • ANS
MY WIFE'S GONE TO THE COUNTRY • 1924-26 • ANS
OH, HOW I HATE TO GET UP IN THE MORNING • 1924-26 • ANS
OH, SUZANNA • 1924-26 • ANS
PACK UP YOUR TROUBLES • 1924-26 • ANS
WHEN I LOST YOU • 1924-26 • ANS
WHEN THE MIDNIGHT CHOO-CHOO COMES TO ALABAM • 1924-26 • ANS
YAKA-HULA-HICKA-OOOLA • 1924-26 • ANS
BIG CHIEF KO-KO • 1925 • ANS
CARTOON FACTORY • 1925 • ANS
DAISY BELL • 1925 • ANS
DIXIE • 1925 • ANS
I LOVE A LASSIE • 1925 • ANS
KO-KO CELEBRATES THE FOURTH • 1925 • ANS
KO-KO EATS • 1925 • ANS
KO-KO IN TOYLAND • 1925 • ANS
KO-KO NUTS • 1925 • ANS
KO-KO ON THE RUN • 1925 • ANS
KO-KO PACKS UP • 1925 • ANS
KO-KO SEES SPOOKS • 1925 • ANS
KO-KO THE BARBER • 1925 • ANS
KO-KO TRAINS 'EM • 1925 • ANS
KO-KO'S THANKSGIVING • 1925 • ANS
MOTHER GOOSE LAND • 1925 • ANS
MY BONNIE • 1925 • ANS
NUTCRACKER SUITE • 1925 • ANS
OLD FOLKS AT HOME • 1925 • ANS
STORM, THE • 1925 • ANS
SUWANEE RIVER • 1925 • ANS
TA-RA-RA-BOOM-DEE-AYE • RA-RA-BOOM-DER-A • 1925 • ANS
ANOTHER BOTTLE, DOCTOR • 1926 • SHT
BERTH MARK • 1926 • ANS
COMIN' THROUGH THE RYE • 1926 • ANS
DARLING DOLLY GRAY • 1926 • ANS
FADEAWAY, THE • 1926 • ANS
HAS ANYBODY HERE SEEN KELLY? • 1926 • ANS
IT'S THE CATS • 1926 • ANS
KO-KO BAFFLES THE BULLS • 1926 • ANS
KO-KO STEPS OUT • 1926 • ANS
KO-KO'S PARADISE • 1926 • ANS
MORNING JUDGE • 1926 • ANS
MY OLD KENTUCKY HOME • 1926 • ANS
OH YOU BEAUTIFUL DOLL • 1926 • ANS
OLD BLACK JOE • 1926 • ANS
SAILING, SAILING OVER THE BOUNDING MAIN • 1926 • ANS
TAKE A TRIP • 1926 • ANS
TRAIL OF THE LONESOME PINE • 1926 • ANS
TRAMP, TRAMP, TRAMP, THE BOYS ARE MARCHING • 1926 • ANS
BY THE LIGHT OF THE SILVERY MOON • 1927 • ANS
EAST SIDE, WEST SIDE • 1927 • ANS
IN THE GOOD OLD SUMMERTIME • 1927 • ANS
INKLINGS • 1927 • ASS
KO-KO AT THE CIRCUS • 1927 • ANS
KO-KO BACK TRACKS • 1927 • ANS
KO-KO CHOPS SUEY • 1927 • ANS
KO-KO EXPLORES • 1927 • ANS
KO-KO GETS EGG-CITED • 1927 • ANS
KO-KO HOPS OFF • 1927 • ANS
KO-KO HOT AFTER IT • 1927 • ANS
KO-KO IN THE FADE-AWAY • 1927 • ANS
KO-KO KICKS • 1927 • ANS
KO-KO KIDNAPPED • 1927 • ANS
KO-KO MAKES 'EM LAUGH • 1927 • ANS
KO-KO NEEDLES THE BOSS • 1927 • ANS
KO-KO PLAYS POOL • 1927 • ANS
KO-KO THE CONVICT • 1927 • ANS
KO-KO THE KID • 1927 • ANS
KO-KO THE KNIGHT • 1927 • ANS
KO-KO THE KOP • 1927 • ANS
KO-KO'S CLOCK • 1927 • ANS
KO-KO'S KANE • 1927 • ANS
KO-KO'S QUEEN • 1927 • ANS
KO-KO'S QUEST • 1927 • ANS
SWEET ADELINE • 1927 • ANS
THAT LITTLE BIG FELLOW • 1927 • ANS
TOOT! TOOT! • 1927 • ANS
KO-KO CLEANS UP • 1928 • ANS
KO-KO GOES OVER • 1928 • ANS
KO-KO HEAVE HO • 1928 • ANS
KO-KO IN THE ROUGH • 1928 • ANS
KO-KO LAMPS ALADDIN • 1928 • ANS
KO-KO ON THE TRACK • 1928 • ANS
KO-KO SMOKES • 1928 • ANS
KO-KO SQUEALS • 1928 • ANS
KO-KO'S ACT • 1928 • ANS
KO-KO'S BAWTH • 1928 • ANS
KO-KO'S BIG PULL • 1928 • ANS
KO-KO'S CATCH • 1928 • ANS
KO-KO'S CHASE • 1928 • ANS
KO-KO'S COURTSHIP • 1928 • ANS
KO-KO'S DOG GONE • 1928 • ANS
KO-KO'S EARTH CONTROL • 1928 • ANS
KO-KO'S FIELD DAZE • 1928 • ANS
KO-KO'S GERM JAM • 1928 • ANS
KO-KO'S HAUNTED HOUSE • 1928 • ANS
KO-KO'S HOT DOG • 1928 • ANS
KO-KO'S KINK • 1928 • ANS
KO-KO'S KOSY KORNER • 1928 • ANS
KO-KO'S MAGIC • 1928 • ANS
KO-KO'S PARADE • 1928 • ANS
KO-KO'S TATTOO • 1928 • ANS
KO-KO'S WAR DOGS • 1928 • ANS
TELEFILM • 1928 • ANS
AFTER THE BALL • 1929 • ANS
CHEMICAL KO-KO • 1929 • ANS
CHINATOWN, MY CHINATOWN • 1929 • ANS
DAISY BELL • 1929 • ANS
DIXIE • 1929 • ANS
GOODBYE MY LADY LOVE • 1929 • ANS
I'VE GOT RINGS ON MY FINGERS • 1929 • ANS
KO-KO BEATS TIME • 1929 • ANS
KO-KO'S BIG SALE • 1929 • ANS
KO-KO'S CONQUEST • 1929 • ANS
KO-KO'S CRIB • 1929 • ANS
KO-KO'S FOCUS • 1929 • ANS
KO-KO'S HAREM SCAREM • 1929 • ANS
KO-KO'S HOT INK • 1929 • ANS
KO-KO'S HYPNOTISM • 1929 • ANS
KO-KO'S KNOCK-DOWN • 1929 • ANS
KO-KO'S REWARD • 1929 • ANS
KO-KO'S SAXAPHONIES • 1929 • ANS
KO-KO'S SIGNALS • 1929 • ANS
MOTHER PIN A ROSE ON ME • 1929 • ANS
MY PONY BOY • 1929 • ANS
NO EYES TODAY • 1929 • ANS
NOAH'S LARK • 1929 • ANS
NOISE ANNOYS KO-KO • 1929 • ANS
OH YOU BEAUTIFUL DOLL • 1929 • ANS
OLD BLACK JOE • 1929 • ANS
PUT ON YOUR OLD GRAY BONNET • 1929 • ANS
SIDEWALKS OF NEW YORK, THE • 1929 • ANS
SMILES • 1929 • ANS
YANKEE DOODLE BOY • 1929 • ANS
YE OLDE MELODIES • 1929 • ANS
ACCORDION JOE • 1930 • ANS
BARNACLE BILL • 1930 • ANS
BEDELIA • 1930 • ANS
COME TAKE A TRIP IN MY AIRSHIP • 1930 • ANS
DIZZY DISHES • 1930 • ANS
FIRE BUGS • 1930 • ANS
GLOWWORM, THE • 1930 • ANS
GRAND UPROAR, THE • 1930 • ANS
HOT DOG • 1930 • ANS
HOT TIME IN THE OLD TOWN TONIGHT, A • 1930 • ANS
I'M AFRAID TO COME HOME IN THE DARK • 1930 • ANS
I'M FOREVER BLOWING BUBBLES • 1930 • ANS
IN THE GOOD OLD SUMMERTIME • 1930 • ANS
IN THE SHADE OF THE OLD APPLE TREE • 1930 • ANS
LA PALOMA • 1930 • ANS
MARIUTCH • 1930 • ANS
MARRIAGE WOWS • 1930 • ANS
MY GAL SAL • 1930 • ANS
MYSTERIOUS MOSE • 1930 • ANS
ON A SUNDAY AFTERNOON • 1930 • ANS
PRISONER'S SONG, THE • 1930 • ANS
RADIO RIOT • 1930 • ANS
ROW ROW ROW • 1930 • ANS
SKY SCRAPING • 1930 • ANS
STEIN SONG, THE • 1930 • ANS
STRIKE UP THE BAND • 1930 • ANS
SWING YOU SINNER • 1930 • ANS
UP TO MARS • 1930 • ANS
WISE FLIES • 1930 • ANS
YES! WE HAVE NO BANANAS • 1930 • ANS
BETTY BOOP • 1930-39 • ASS
ACE OF SPADES, THE • 1931 • ANS
ALEXANDER'S RAGTIME BAND • 1931 • ANS
AND THE GREEN GRASS GREW ALL AROUND • 1931 • ANS
ANY LITTLE GIRL THAT'S A NICE LITTLE GIRL • 1931 • ANS
BETTY CO-ED • 1931 • ANS
BIMBO • 1931 • ASS
BIMBO'S EXPRESS • 1931 • ANS
BIMBO'S INITIATION • 1931 • ANS
BUM BANDIT, THE • 1931 • ANS
BY THE BEAUTIFUL SEA • 1931 • ANS
BY THE LIGHT OF THE SILVERY MOON • 1931 • ANS
COW'S HUSBAND, THE • 1931 • ANS
DIZZY RED RIDING HOOD • 1931 • ANS
GRADUATION DAY IN BUGLAND • 1931 • ANS
HERRING MURDER CASE, THE • 1931 • ANS
HURRY DOCTOR • 1931 • ANS
I WONDER WHO'S KISSING HER NOW • 1931 • ANS
I'D CLIMB THE HIGHEST MOUNTAIN • 1931 • ANS
IN MY MERRY OLDSMOBILE • 1931 • ANS
IN THE SHADE OF THE OLD APPLE SAUCE • 1931 • ANS
JACK AND THE BEANSTALK • 1931 • ANS
JOLT FOR GENERAL GERM, A • 1931 • ANS
KITTY FROM KANSAS CITY • 1931 • ANS
LITTLE ANNIE ROONEY • 1931 • ANS
MALE MAN, THE • 1931 • ANS
MASK-A-RAID • 1931 • ANS
MINDING THE BABY • 1931 • ANS
MR. GALLAGHER AND MR. SHEAN • 1931 • ANS
MY BABY JUST CARES FOR ME • 1931 • ANS
MY WIFE'S GONE TO THE COUNTRY • 1931 • ANS
PLEASE GO 'WAY AND LET ME SLEEP • 1931 • ANS
RUSSIAN LULLABY • 1931 • ANS
SILLY SCANDALS • 1931 • ANS
SOMEBODY STOLE MY GAL • 1931 • ANS
STEP ON IT • 1931 • ANS
SUITED TO A T. • 1931 • ANS
TEACHER'S PEST • 1931 • ANS
TEXAS IN 1999 • 1931 • ANS
THAT OLD GANG OF MINE • 1931 • ANS
TREE SAPS • 1931 • ANS
TWENTY LEGS UNDER THE SEA • 1931 • ANS
YOU'RE DRIVING ME CRAZY • 1931 • ANS
A HUNTING WE WILL GO • 1932 • ANS
ADMISSION FREE • 1932 • ANS
ANY RAGS • 1932 • ANS
BETTY BOOP FOR PRESIDENT • 1932 • ANS
BETTY BOOP LIMITED, THE • 1932 • ANS
BETTY BOOP, M.D. • 1932 • ANS
BETTY BOOP'S BAMBOO ISLE • 1932 • ANS
BETTY BOOP'S BIZZY BEE • 1932 • ANS
BETTY BOOP'S MUSEUM • 1932 • ANS
BETTY BOOP'S UPS AND DOWNS • 1932 • ANS
BOOP-OOP-A-DOOP • 1932 • ANS
CHESS NUTS • 1932 • ANS
CRAZY TOWN • 1932 • ANS
DANCING FOOL, THE • 1932 • ANS
DOWN AMONG THE SUGAR CANE • 1932 • ANS
HIDE AND SEEK • 1932 • ANS
I AIN'T GOT NOBODY • 1932 • ANS
I'LL BE GLAD WHEN YOU'RE DEAD YOU RASCAL YOU • 1932 • ANS
JUST A GIGOLO • 1932 • ANS
JUST ONE MORE CHANCE • 1932 • ANS
LET ME CALL YOU SWEETHEART • 1932 • ANS
MINNIE THE MOOCHER • 1932 • ANS
OH! HOW I HATE TO GET UP IN THE MORNING • 1932 • ANS
ROBOT, THE • 1932 • ANS
ROMANTIC MELODIES • 1932 • ANS
RUDY VALLEE MELODIES • 1932 • ANS
SCHOOL DAYS • 1932 • ANS
SHINE ON HARVEST MOON • 1932 • ANS
SHOW ME THE WAY TO GO HOME • 1932 • ANS
SING A SONG • 1932 • ANS
SLEEPY TIME DOWN SOUTH • 1932 • ANS
STOPPING THE SHOW • 1932 • ANS
SWEET JENNY LEE • 1932 • ANS
SWIM OR SINK • 1932 • ANS
TIME ON MY HANDS • 1932 • ANS
WAIT TILL THE SUN SHINES, NELLIE • 1932 • ANS
WHEN IT'S SLEEPY TIME DOWN SOUTH • 1932 • ANS
WHEN THE RED RED ROBIN COMES BOB BOB BOBBIN' ALONG • 1932 • ANS
YOU TRY SOMEBODY ELSE • 1932 • ANS
AIN'T SHE SWEET • 1933 • ANS
ALOHA OE • 1933 • ANS
BETTY BOOP'S BIG BOSS • 1933 • ANS
BETTY BOOP'S BIRTHDAY PARTY • 1933 • ANS
BETTY BOOP'S CRAZY INVENTIONS • 1933 • ANS
BETTY BOOP'S HALLOWE'EN PARTY • 1933 • ANS
BETTY BOOP'S KER-CHOO • 1933 • ANS
BETTY BOOP'S MAY PARTY • 1933 • ANS
BETTY BOOP'S PENTHOUSE • 1933 • ANS
BLOW ME DOWN • 1933 • ANS
BOILESK • 1933 • ANS
BOO, BOO, THEME SONG • 1933 • ANS
DINAH • 1933 • ANS
DOWN BY THE OLD MILL STREAM • 1933 • ANS
I EATS MY SPINACH • 1933 • ANS
I HEARD • 1933 • ANS
I LIKE MOUNTAIN MUSIC • 1933 • ANS
I YAM WHAT I YAM • 1933 • ANS
IS MY PALM RED? • IS MY PALM READ? • 1933 • ANS
MORNING NOON AND NIGHT • 1933 • ANS
MOTHER GOOSE LAND • 1933 • ANS
OLD MAN OF THE MOUNTAIN, THE • 1933 • SHT
PARADE OF THE WOODEN SOLDIERS • 1933 • ANS
PEANUT VENDOR, THE • 1933 • ANS
POPEYE THE SAILOR • 1933 • ANS
POPULAR MELODIES • 1933 • ANS
REACHING FOR THE MOON • 1933 • ANS
SEASON'S GREETINKS • 1933 • ANS
SING, BABIES, SING • 1933 • ANS
SING, SISTERS, SING • 1933 • ANS
SNOW WHITE • 1933 • ANS
SONG SHOPPING • 1933 • ANS
STOOPNOCRACY • 1933 • ANS
WHEN YUBA PLAYS THE RUMBA ON THE TUBA • 1933 • ANS
WILD ELEPHINKS • 1933 • ANS
AXE ME ANOTHER • 1934 • ANS
BETTY BOOP'S LIFEGUARD • 1934 • ANS
BETTY BOOP'S LITTLE PAL • 1934 • ANS
BETTY BOOP'S PRIZE SHOW • 1934 • ANS
BETTY BOOP'S RISE TO FAME • 1934 • ANS
BETTY BOOP'S TRIAL • 1934 • ANS
BETTY IN BLUNDERLAND • 1934 • ANS
CAN YOU TAKE IT • 1934 • ANS
DANCE CONTEST, THE • 1934 • ANS
DREAM WALKING, A • 1934 • ANS
HA! HA! HA! • 1934 • ANS
KEEP IN STYLE • 1934 • ANS
KEEPS RAININ' ALL THE TIME • 1934 • ANS
LAZY BONES • 1934 • ANS
LET'S ALL SING LIKE THE BIRDIE'S SING • 1934 • ANS
LET'S YOU AND HIM FIGHT • 1934 • ANS
LITTLE DUTCH MILL • 1934 • ANS
LOVE THY NEIGHBOR • 1934 • ANS
MAN ON THE FLYING TRAPEZE, THE • 1934 • ANS
POOR CINDERELLA • 1934 • ANS
RED HOT MAMA • 1934 • ANS
SHE REMINDS ME OF YOU • 1934 • ANS
SHE WRONGED HIM RIGHT • 1934 • ANS
SHIVER ME TIMBERS • 1934 • ANS
SHOEIN' HOSSES • 1934 • ANS
SOCK-A-BYE BABY • 1934 • ANS
STRONG TO THE FINICH • 1934 • ANS
THERE'S SOMETHING ABOUT A SOLDIER • 1934 • ANS
THIS LITTLE PIGGIE WENT TO MARKET • 1934 • ANS
TUNE UP AND SING • 1934 • ANS
TWO-ALARM FIRE, THE • 1934 • ANS
WE AIM TO PLEASE • 1934 • ANS
WHEN MY SHIP COMES IN • 1934 • ANS
ADVENTURES OF POPEYE • 1935 • ANS
BABY BE GOOD • 1935 • ANS
BE KIND TO ANIMALS • 1935 • ANS

BETTY BOOP AND GRAMPY • 1935 • ANS
BETTY BOOP WITH HENRY, THE FUNNIEST LIVING AMERICAN • 1935 • ANS
BEWARE OF BARNACLE BILL • 1935 • ANS
CHOOSE YOUR WEPPINS • 1935 • ANS
DANCING ON THE MOON • 1935 • ANS
DIZZY DIVERS • 1935 • ANS
ELEPHANT NEVER FORGETS, AN • 1935 • ANS
FOR BETTER OR WORSER • 1935 • ANS
HYP-NUT-TIST, THE • 1935 • ANS
I WISHED ON THE MOON • 1935 • ANS
IT'S EASY TO REMEMBER • 1935 • ANS
JUDGE FOR A DAY • 1935 • ANS
KIDS IN THE SHOP, THE • 1935 • ANS
KING OF THE MARDI GRAS • 1935 • ANS
LANGUAGE ALL MY OWN, A • 1935 • ANS
LITTLE SOAP AND WATER, A • 1935 • ANS
MAKING STARS • 1935 • ANS
MUSICAL MEMORIES • 1935 • ANS
NO! NO! A THOUSAND TIMES NO!! • 1935 • ANS
PLEASED TO MEET CHA! • 1935 • ANS
SONG OF THE BIRDS, THE • 1935 • ANS
SPINACH OVERTURE, THE • 1935 • ANS
STOP THAT NOISE • 1935 • ANS
SWAT THAT FLY • 1935 • ANS
TAKING THE BLAME • 1935 • ANS
TIME FOR LOVE • 1935 • ANS
YOU GOTTA BE A FOOTBALL HERO • 1935 • ANS
BE HUMAN • 1936 • ANS
BETTY BOOP AND LITTLE JIMMY • 1936 • ANS
BETTY BOOP AND THE LITTLE KING • 1936 • ANS
BRIDGE AHOY • 1936 • ANS
BROTHERLY LOVE • 1936 • ANS
CHRISTMAS COMES BUT ONCE A YEAR • 1936 • ANS
CLEAN SHAVEN MAN, A • 1936 • ANS
COBWEB HOTEL, THE • 1936 • ANS
GRAMPY'S INDOOR OUTING • 1936 • ANS
GREEDY HUMPTY DUMPTY • 1936 • ANS
HAPPY YOU AND MERRY ME • 1936 • ANS
HAWAIIAN BIRDS • 1936 • ANS
HILLS OF WYOMIN', THE • 1936 • ANS
HOLD THE WIRE • 1936 • ANS
I CAN'T ESCAPE FROM YOU • 1936 • ANS
I DON'T WANT TO MAKE HISTORY • 1936 • ANS
I FEEL LIKE A FEATHER IN THE BREEZE • 1936 • ANS
I WANNA BE A LIFEGUARD • 1936 • ANS
I-SKI LOVE-SKI YOU-SKI • 1936 • ANS
I'M IN THE ARMY NOW • 1936 • ANS
LET'S GET MOVIN' • 1936 • ANS
LITTLE NOBODY • 1936 • ANS
LITTLE STRANGER, THE • 1936 • ANS
LITTLE SWEE' PEA • 1936 • ANS
MAKING FRIENDS • 1936 • ANS
MORE PEP • 1936 • ANS
NEVER KICK A WOMAN • 1936 • ANS
NO OTHER ONE • 1936 • ANS
NOT NOW • 1936 • ANS
PLAY SAFE • 1936 • ANS
POPEYE THE SAILOR MEETS SINBAD THE SAILOR • 1936 • ANS
SOMEWHERE IN DREAMLAND • 1936 • ANS
SONG A DAY, A • 1936 • ANS
SPINACH ROADSTER, THE • 1936 • ANS
TALKING THROUGH MY HEART • 1936 • ANS
TRAINING PIGEONS • 1936 • ANS
VIM, VIGOR AND VITALITY • 1936 • ANS
WE DID IT • 1936 • ANS
WHAT, NO SPINACH? • 1936 • ANS
YOU'RE NOT BUILT THAT WAY • 1936 • ANS
BUNNY MOONING • 1937 • ANS
CANDID CANDIDATE, THE • 1937 • ANS
CAR-TUNE PORTRAIT, A • 1937 • ANS
CHICKEN A LA KING • 1937 • ANS
DING DONG DOGGIE • 1937 • ANS
EDUCATED FISH • 1937 • ANS
FOOTBALL TOUCHER DOWNER, THE • 1937 • ANS
FOWL PLAY • 1937 • ANS
FOXY HUNTER, THE • 1937 • ANS
HOSPITALIKY • 1937 • ANS
HOT AIR SALESMAN, THE • 1937 • ANS
HOUSE CLEANING BLUES • 1937 • ANS
I LIKE BABIES AND INFINKS • 1937 • ANS
I NEVER CHANGES MY ATTITUDE • 1937 • ANS
IMPRACTICAL JOKER, THE • 1937 • ANS
LITTLE LAMBY • 1937 • ANS
LOST AND FOUNDRY • 1937 • ANS
MAGIC ON BROADWAY • 1937 • ANS
MORNING, NOON AND NIGHTCLUB • 1937 • ANS
MY ARTISTICAL TEMPERATURE • 1937 • ANS
NEVER SHOULD HAVE TOLD YOU • 1937 • ANS
NEW DEAL SHOW, THE • 1937 • ANS
ORGAN GRINDER'S SWING • 1937 • ANS
PANELESS WINDOW WASHER, THE • 1937 • ANS
PEEPING PENGUINS • 1937 • ANS
PLEASE KEEP ME IN YOUR DREAMS • 1937 • ANS
POPEYE THE SAILOR MEETS ALI BABA'S FORTY THIEVES • 1937 • ANS
PROTECK THE WEAKERIST • 1937 • ANS
PUDGY PICKS A FIGHT • 1937 • ANS
PUDGY TAKES A BOW-WOW • 1937 • ANS
SERVICE WITH A SMILE • 1937 • ANS
TWILIGHT ON THE TRAIL • 1937 • ANS
TWISKER PITCHER, THE • 1937 • ANS
WHISPERS IN THE DARK • 1937 • ANS
WHOOPS! I'M A COWBOY • 1937 • ANS
YOU CAME TO MY RESCUE • 1937 • ANS
ZULA HULA • 1937 • ANS
ALL'S FAIR AT THE FAIR • 1938 • ANS
BE UP TO DATE • 1938 • ANS
BESIDE A MOONLIT STREAM • 1938 • ANS
BIG CHIEF UGH-AMUGH-UGH • 1938 • ANS
BULLDOZING THE BULL • 1938 • ANS
BUZZY BOOP • 1938 • ANS
BUZZY BOOP AT THE CONCERT • 1938 • ANS
COPS IS ALWAYS RIGHT • 1938 • ANS
DATE TO SKATE, A • 1938 • ANS
GOONLAND • 1938 • ANS
HOLD IT! • 1938 • ANS
HONEST LOVE AND TRUE • 1938 • ANS
HOUSE BUILDER UPPER, THE • 1938 • ANS
HUNKY AND SPUNKY • 1938 • ANS
I YAM LOVE SICK • 1938 • ANS
JEEP, THE • 1938 • ANS
LEARN POLIKNESS • 1938 • ANS
LET'S CELEBRAKE • 1938 • ANS
MUTINY AIN'T NICE • 1938 • ANS
ON WITH THE NEW • 1938 • ANS
OUT OF THE INKWELL • 1938 • ANS
PLAYFUL POLAR BEARS, THE • 1938 • ANS
PLUMBING IS A PIPE • 1938 • ANS
PUDGY AND THE LOST KITTEN • 1938 • ANS
PUDGY IN THRILLS AND CHILLS • 1938 • ANS
PUDGY THE WATCHMAN • 1938 • ANS
RIDING THE RAILS • 1938 • ANS
SALLY SWING • 1938 • ANS
SWING SCHOOL • 1938 • ANS
TEARS OF AN ONION, THE • 1938 • ANS
THANKS FOR THE MEMORY • 1938 • ANS
YOU LEAVE ME BREATHLESS • 1938 • ANS
YOU TOOK THE WORDS RIGHT OUT OF MY HEART • 1938 • ANS
HUNKY AND SPUNKY • 1938-39 • ASS
ALADDIN AND HIS WONDERFUL LAMP • 1939 • ANM
ALWAYS KICKIN' • 1939 • ANS
BARNYARD BRAT • 1939 • ANS
CUSTOMERS WANTED • 1939 • ANS
FRESH VEGETABLE MYSTERY, THE • 1939 • ANS
GHOSKS IS THE BUNK • 1939 • ANS
GULLIVER'S TRAVELS • 1939 • ANM
HELLO, HOW AM I • 1939 • ANS
IT'S THE NATURAL THING TO DO • 1939 • ANS
LEAVE WELL ENOUGH ALONE • 1939 • ANS
MUSICAL MOUNTAINEERS • 1939 • ANS
MY FRIEND THE MONKEY • 1939 • ANS
NEVER SOCK A BABY • 1939 • ANS
RHYTHM ON THE RESERVATION • 1939 • ANS
SCARED CROWS, THE • 1939 • ANS
SMALL FRY • 1939 • ANS
SO DOES AN AUTOMOBILE • 1939 • ANS
WOTTA NIGHTMARE • 1939 • ANS
YIP, YIP, YIPPY • 1939 • ANS
ANTS IN THE PLANTS • 1940 • ANS
BRING HIMSELF BACK ALIVE • 1940 • ANS
CONSTABLE, THE • 1940 • ANS
DANDY LION, THE • 1940 • ANS
DOING IMPOSSIBLE STUNTS • 1940 • ANS
FEMALES IS FICKLE • 1940 • ANS
FIGHTIN' PALS • 1940 • ANS
FOUL BALL PLAYER, THE • 1940 • ANS
FULLA BLUFF MAN, THE • 1940 • ANS
GRANITE HOTEL • 1940 • ANS
KICK IN TIME, A • 1940 • ANS
KING FOR A DAY • 1940 • ANS
LITTLE LAMBKIN • 1940 • ANS
ME FEELIN'S IS HURT • 1940 • ANS
MOMMY LOVES PUPPY • 1940 • ANS
MY POP, MY POP • 1940 • ANS
NURSE MATES • 1940 • ANS
ONION PACIFIC • 1940 • ANS
PEDAGOGICAL INSTITUTION (COLLEGE TO YOU) • 1940 • ANS
POPEYE PRESENTS EUGENE THE JEEP • 1940 • ANS
POPEYE THE SAILOR MEETS WILLIAM TELL • 1940 • ANS
PUTTIN' ON THE ACT • 1940 • ANS
SHAKESPERIAN SPINACH • 1940 • ANS
SNEAK, SNOOP AND SWITCH • 1940 • ANS
SNUBBED BY A SNOB • 1940 • ANS
SPRINGTIME IN THE ROCK AGE • 1940 • ANS
STEALIN' AIN'T HONEST • 1940 • ANS
STONE AGE, THE • 1940 • ASS
UGLY DINO, THE • 1940 • ANS
WAY BACK WHEN A NIGHTCLUB WAS A STICK • 1940 • ANS
WAY BACK WHEN A RAZZBERRY WAS A FRUIT • 1940 • ANS
WAY BACK WHEN A TRIANGLE HAD ITS POINTS • 1940 • ANS
WAY BACK WHEN WOMEN HAD THEIR WEIGH • 1940 • ANS
WEDDING BELTS • 1940 • ANS
WIMMEN IS A MYSKERY • 1940 • ANS
WIMMIN HADN'T OUGHTA DRIVE • 1940 • ANS
WITH POOPDECK PAPPY • 1940 • ANS
YOU CAN'T SHOE A HORSEFLY • 1940 • ANS
ALL'S WELL • 1941 • ANS
CHILD PSYKOLOJIKY • 1941 • ANS
COPY CAT • 1941 • ANS
FIRE CHEESE • 1941 • ANS
FLIES AIN'T HUMAN • 1941 • ANS
GABBY • 1941 • ASS
GABBY GOES FISHING • 1941 • ANS
I'LL NEVER CROW AGAIN • 1941 • ANS
IT'S A HAP-HAP-HAPPY DAY • 1941 • ANS
MECHANICAL MONSTERS, THE • 1941 • ANS
MIGHTY NAVY, THE • 1941 • ANS
MR. BUG GOES TO TOWN • HOPPITY GOES TO TOWN (UKN) • 1941 • ANM
NIX ON HYPNOTRICKS • 1941 • ANS
OLIVE'S BOITHDAY PRESINK • 1941 • ANS
OLIVE'S SWEEPSTAKES TICKET • 1941 • ANS
PEST PILOT • 1941 • ANS
POPEYE MEETS RIP VAN WINKLE • 1941 • ANS
PROBLEM PAPPY • 1941 • ANS
QUIET! PLEASE • 1941 • ANS
RAGGEDY ANN AND RAGGEDY ANDY • 1941 • ANS
SNEAK, SNOOP AND SWITCH IN TRIPLE TROUBLE • 1941 • ANS
SUPERMAN • 1941 • ANS
SWING CLEANING • 1941 • ANS
TWINKLETOES -WHERE HE GOES NOBODY KNOWS • 1941 • ANS
TWINKLETOES GETS THE BIRD • 1941 • ANS
TWINKLETOES IN HAT STUFF • 1941 • ANS
TWO FOR THE ZOO • 1941 • ANS
VITAMIN HAY • 1941 • ANS
WIZARD OF ANTS, THE • 1941 • ANS
ZERO, THE HOUND • 1941 • ANS
ARCTIC GIANT, THE • 1942 • ANS
BABY WANTS A BOTTLESHIP • 1942 • ANS
BILLION DOLLAR LIMITED • 1942 • ANS
BLUNDER BELOW • 1942 • ANS
BULLETEERS, THE • 1942 • ANS
ELECTRIC EARTHQUAKE • 1942 • ANS
FLEETS OF STRE'TH • 1942 • ANS
KICKIN' THE CONGA 'ROUND • 1942 • ANS
MAGNETIC TELESCOPE, THE • 1942 • ANS
MANY TANKS • 1942 • ANS
OLIVE OYL AND WATER DON'T MIX • 1942 • ANS
PIP-EYE, PUP-EYE, POOP-EYE AND PEEP-EYE • 1942 • ANS
RAVEN, THE • 1942 • ANS
TERROR ON THE MIDWAY • 1942 • ANS
VOLCANO • 1942 • ANS
BETTY BOOP FOLLIES, THE • 1973 • ANM

FLEISCHER DAVID see **FLEISCHER DAVE**

FLEISCHER MAX – Producer – USA – 1889–1972

OUT OF THE INKWELL • 1915 • ANS
HOW TO FIRE A LEWIS GUN • 1918 • SHT
HOW TO FIRE A STOKES MORTAR • 1918 • SHT
HOW TO READ AN ARMY MAP • 1918 • SHT
EINSTEIN THEORY OF RELATIVITY, THE • EINSTEIN'S THEORY OF RELATIVITY • 1923 • DOC
EVOLUTION • 1923 • DOC
FINDING HIS VOICE • 1929 • ANS
MR. BUG GOES TO TOWN • HOPPITY GOES TO TOWN (UKN) • 1941 • ANM
RUDOLPH THE RED-NOSED REINDEER • 1948 • ANS
POPEYE FOLLIES: HIS TIMES AND LIFE, THE • 1973

FLEISCHER RICHARD – USA – 1916–
FLEISCHER RICHARD O.

FLICKER FLASHBACKS • 1943 • SHS
THIS IS AMERICA • 1943 • DSS
MEMO FOR JOE • 1944 • SHT
CHILD OF DIVORCE • 1946
BANJO • 1947
DESIGN FOR DEATH • 1947
BODYGUARD • 1948
SO THIS IS NEW YORK • 1948
CLAY PIGEON, THE • 1949
FOLLOW ME QUIETLY • 1949
MAKE MINE LAUGHS • 1949
TRAPPED • 1949
ARMORED CAR ROBBERY • 1950
HIS KIND OF WOMAN • 1951
HAPPY TIME, THE • 1952
NARROW MARGIN, THE • TARGET • 1952
ARENA • 1953
20,000 LEAGUES UNDER THE SEA • 1954
GIRL IN THE RED VELVET SWING, THE • 1955
VIOLENT SATURDAY • 1955
BANDIDO • 1956
BETWEEN HEAVEN AND HELL • 1956
VIKINGS, THE • 1958
COMPULSION • 1959
THESE THOUSAND HILLS • 1959
CRACK IN THE MIRROR • 1960
BARABBA • BARABBAS (USA) • 1961
BIG GAMBLE, THE • 1961
FANTASTIC VOYAGE • MICROSCOPIA • 1966
DOCTOR DOLITTLE • 1967
THINK 20TH • 1967
BOSTON STRANGLER, THE • 1968
CHE! • 1969
TORA! TORA! TORA! • 1970
BLIND TERROR • SEE NO EVIL (USA) • 1971
LAST RUN, THE • 1971
10, RILLINGTON PLACE • 1971
NEW CENTURIONS, THE • PRECINCT 45 -LOS ANGELES POLICE (UKN) • 1972
DON IS DEAD, THE • BEAUTIFUL BUT DEADLY • 1973
SOYLENT GREEN • 1973
MR. MAJESTYK • 1974
SPIKES GANG, THE • 1974
MANDINGO • 1975
INCREDIBLE SARAH, THE • 1976
PRINCE AND THE PAUPER, THE • CROSSED SWORDS (USA) • 1978
ASHANTI • 1979
JAZZ SINGER, THE • 1980
TOUGH ENOUGH • 1982
AMITYVILLE 3D • AMITYVILLE III: THE DEMON • 1983
CONAN THE DESTROYER • 1984
RED SONJA • 1985
MILLION DOLLAR MYSTERY • MONEY MANIA • 1987

FLEISCHER RICHARD O. see **FLEISCHER RICHARD**

FLEISCHMANN GEORGE – IRL

SAINTS ARE MARCHING OUT, THE • 1970 • DOC

FLEISCHMANN PETER – GRM – 1937–

JAGDSZENEN AUS NIEDERBAYERN • HUNTING SCENES FROM BAVARIA (USA) ◦ HUNTERS ARE THE HUNTED, THE ◦ HUNTING SCENES FROM LOWER BAVARIA • 1970
UNHEIL, DAS • DISASTER, THE ◦ HAVOC • 1972
DOROTHEAS RACHE • 1973
DRITTE GRAD, DER • 1975
FAILLE, LA • WEAK SPOT, THE • 1975
HAMBURGER KRANKEIT, DIE • MALADIE DE HAMBOURG, LA (FRN) ◦ HAMBURG DISEASE, THE • 1980
TRUDNO BYT BOGOM • HARD TO BE A GOD ◦ IT'S HARD TO BE GOD • 1988

FLEISCHNER BOB – USA

GRANDMA'S HOUSE • 1965 • SHT

FLEISHMAN STEPHEN – USA

AMERICAN MUSIC -FROM FOLK TO JAZZ AND POP • ANATOMY OF POP • 1969

FLEITAS MIGUEL – CUB

TECNOLOGICOS • 1971 • DOC
ETIOPIA, CRONICA DE UNA VICTORIA • ETHIOPIA, DIARY OF A VICTORY • 1979 • DOC

FLEMING ANDREW – USA

BAD DREAMS • 1988

FLEMING CARROLL – USA

BEATING BACK • 1914
DIAMOND OF DISASTER, THE • 1914
VARSITY RACE, THE • 1914
IN THE JURY ROOM • 1915
SONG OF THE HEART, THE • 1915

FLEMING CARYL S. – USA

CLOUDED NAME, THE • MAN WITHOUT A NAME, THE • 1919
DEVIL'S PARTNER, THE • 1923
VALLEY OF LOST SOULS, THE • 1923

FLEMING EDWARD – UKN – 1923–

OG DER ER BAL BAGEFTER • AND THERE'S DANCING AFTERWARDS • 1971
KORTE SOMMER, DEN • BRIEF SUMMER ◦ THAT BRIEF SUMMER • 1975
LILLE SPEJL • 1978
MIRROR, MIRROR • 1978
REND MIG I TRADIONERNE • TRADITIONS, UP YOURS! • 1979
UANSTAENDIGE, DE • IMPROPER ONES, THE • 1983
TOPSY TURVY • 1984
KRONISKE USKYLD, DEN • CHRONICLE INNOCENCE, THE • 1985

FLEMING PAUL see **PAOLELLA DOMENICO**

FLEMING STUART F. – SAF

GO FOR GOLD • 1984

FLEMING VICTOR - USA - 1883-1949

MOLLYCODDLE, THE • 1920
WHEN THE CLOUDS ROLL BY • 1920
MAMA'S AFFAIRS • 1921
WOMAN'S PLACE • 1921
ANNA ASCENDS • 1922
LANE THAT HAD NO TURNING, THE • 1922
RED HOT ROMANCE • 1922
CALL OF THE CANYON, THE • 1923
DARK SECRETS • 1923
LAW OF THE LAWLESS, THE • 1923
TO THE LAST MAN • 1923
CODE OF THE SEA • 1924
EMPTY HANDS • 1924
ADVENTURE • 1925
DEVIL'S CARGO, THE • 1925
LORD JIM • 1925
SON OF HIS FATHER, A • 1925
BLIND GODDESS, THE • 1926
MANTRAP • 1926
HULA • 1927
ROUGH RIDERS • TRUMPET CALL, THE (UKN) • 1927
WAY OF ALL FLESH, THE • 1927
AWAKENING, THE • 1928
ABIE'S IRISH ROSE • 1929
VIRGINIAN, THE • 1929
WOLF SONG • 1929
COMMON CLAY • 1930
RENEGADES • 1930
AROUND THE WORLD IN 80 MINUTES • AROUND THE WORLD IN 80 MINUTES WITH DOUGLAS FAIRBANKS • 1931 • DOC
RED DUST • 1932
WET PARADE, THE • 1932
BOMBSHELL • BLONDE BOMBSHELL (UKN) • 1933
WHITE SISTER, THE • 1933
TREASURE ISLAND • 1934
FARMER TAKES A WIFE, THE • 1935
RECKLESS • 1935
GOOD EARTH, THE • 1936
CAPTAINS COURAGEOUS • 1937
GREAT WALTZ, THE • 1938
TEST PILOT • 1938
GONE WITH THE WIND • 1939
WIZARD OF OZ, THE • 1939
DR. JEKYLL AND MR. HYDE • 1941
TORTILLA FLAT • 1942
GUY NAMED JOE, A • 1943
ADVENTURE • 1945
JOAN OF ARC • 1948

FLEMINGER JOHNNY see **DORIGO ANGELO**

FLEMMING CLAUDE - ASL - 1884-1952

LURE OF THE BUSH • 1918
£500 REWARD • 1918
DEAR OLD LONDON • 1934 • DOC
MAGIC SHOES • 1935 • SHT

FLEMYNG GORDON - UKN - 1934-

SOLO FOR SPARROW • 1962
FIVE TO ONE • 1963
JUST FOR FUN • 1963
DR. WHO AND THE DALEKS • 1965
DALEKS' INVASION OF EARTH 2150 A.D. • DR. WHO: INVASION EARTH 2150 A.D. ○ INVASION EARTH 2150 A.D. • 1966
GREAT CATHERINE • 1967
SPLIT, THE • 1968
LAST GRENADE, THE • GRIGSBY • 1970
PHILBY, BURGESS AND MACLEAN • BURGESS, PHILBY AND MACLEAN: SPY SCANDAL OF THE CENTURY • 1977 • MTV
HAUNTED • 1982 • MTV
CLOUD WALTZING • CLOUD WALTZER • 1987 • TVM

FLETCHER JOHN - UKN

SATURDAY MEN, THE • 1962
CAN I HELP YOU? • 1966 • SHT
ABOUT THE WHITE BUS • 1968 • DOC

FLETCHER PAUL - UKN

STRICKEN PENINSULA • 1946 • DOC

FLETCHER TREVOR - CND

SIMPSON LINE, THE • 1953
FOUR-LINE CONICS • FAMILLE DE CONIQUES • 1962 • ANS

FLETCHER YVONNE - MLT - 1917-

CHILDREN SEE IT THROUGH, THE • CHILDREN SEE IT THRU, THE • 1941 • DOC

FLEURY GEORGES see **DESVILLES JEAN**

FLEURY PIETER - NTH

SHANGHAI • 1985 • DOC

FLICKER THEODORE see **FLICKER THEODORE J.**

FLICKER THEODORE J. - USA - 1930-

FLICKER THEODORE

TROUBLEMAKER, THE • 1964
PRESIDENT'S ANALYST, THE • T.P.A. • 1967
UP IN THE CELLAR • THREE IN THE CELLAR (UKN) ○ 3 IN THE CELLAR ○ THREE IN A CELLAR • 1970
PLAYMATES • 1972
GUESS WHO'S SLEEPING IN MY BED? • 1973 • TVM
JACOB TWO-TWO MEETS THE HOODED FANG • 1977
JUST A LITTLE INCONVENIENCE • 1977 • TVM
BIG FOOT, THE • 1978
LAST OF THE GOOD GUYS, THE • 1978 • TVM
WHERE THE LADIES GO • 1980 • TVM
SOGGY BOTTOM USA • 1981

FLIDR ZDENEK - CZC

PLACHE PRIBEHY • SHY TALES • 1982

FLOCKER JAMES T. - USA

GROUND ZERO • 1973
SECRET OF NAVAJO CAVE • 1976
GHOSTS THAT STILL WALK • 1977
LUCIFER COMPLEX, THE • 1978
ALIEN ENCOUNTERS • 1979

FLOCKER JIM - USA

CHIBIKKO REMI TO MEIKEN KAPI • NOBODY'S BOY • 1970 • ANM

FLON PAUL - BLG

BELGIQUE MEURTRIE • 1920
FAMILLE KLEPKENS, LA • 1930

FLOOD JAMES - USA - 1895-1953

TIMES HAVE CHANGED • 1923
WHEN ODDS ARE EVEN • 1923
TENTH WOMAN, THE • 1924
MAN WITHOUT A CONSCIENCE, THE • 1925
SATAN IN SABLES • 1925
WIFE WHO WASN'T WANTED, THE • 1925
WOMAN HATER, THE • 1925
HONEYMOON EXPRESS, THE • 1926
WHY GIRLS GO BACK HOME • 1926
LADY IN ERMINE, THE • 1927
THREE HOURS • PURPLE AND FINE LINEN • 1927
COUNT OF TEN, THE • BETTY'S A LADY • 1928
DOMESTIC MEDDLERS • 1928
MARRIAGE BY CONTRACT • 1928
MIDSTREAM • 1929
MISTER ANTONIO • 1929
WHISPERING WINDS • 1929
SISTERS • 1930
SWELLHEAD, THE • COUNTED OUT (UKN) • 1930
MOTHER'S MILLIONS • SHE-WOLF OF WALL STREET ○ SHE-WOLF • 1931
LIFE BEGINS • DAWN OF LIFE, THE (UKN) • 1932
MOUTHPIECE, THE • 1932
UNDER-COVER MAN • 1932
ALL OF ME • 1934
SUCH WOMEN ARE DANGEROUS • 1934
SHANGHAI • 1935
WE'RE ONLY HUMAN • 1935
WINGS IN THE DARK • 1935
EVERYBODY'S OLD MAN • 1936
LONELY ROAD, THE • SCOTLAND YARD COMMANDS • 1936
MIDNIGHT MADONNA • 1937
OFF THE RECORD • UNFIT TO PRINT (UKN) • 1939
BIG FIX, THE • 1947
STEPCHILD • 1947

FLOOD THOMAS - USA

FOREVER AND BEYOND • 1982

FLOQUET FRANCOIS - FRN - 1939-

OCTOBRE EN AFGHANISTAN • 1966 • DCS
100 MILLIONS DE JEUNES • 1967 • DSS
ENFANTS DU SOLEIL, LES • 1968 • DCS
NOSOTROS CUBANOS • 1968 • DOC
PLEIN FEU.. L'AVENTURE • 1969-70 • DCS
ETRANGE ENIGME DES ORANG KUBUS, L' • 1971-74 • DOC
HOMMES QUI VIENNENT DU CIEL, LES • 1971-74 • DOC
DANSE, LA • 1972 • DCS
TRIBULLE • 1972 • SHS
BRESIL: LA TRANSAMAZONIE • 1973 • DOC
AHO.. AU COEUR DU MONDE PRIMITIF • 1975 • DOC
DEFI • 1975-77 • DSS
LAISSEZ-PASSER • 1976-77 • DSS
CUBA, UN NOUVEAU MONDE • 1977 • DOC
MALI: PORTRAIT D'UN PAYS PAUVRE • 1977 • DOC

FLORALVALLE - SPN

ESPADIN, EL • RAPIER, THE • 1969 • SHT

FLOREA JOHN - Producer - USA - 1916-

ISLAND OF THE LOST • DANGEROUS ISLAND ○ LOST ISLAND • 1967
PICKUP ON 101 • ECHOES OF THE ROAD (UKN) ○ WHERE THE EAGLE FLIES • 1972
ASTRAL FACTOR • INVISIBLE STRANGER ○ SILENT KILL • 1976
WHERE'S WILLIE? • COMPUTER KID, THE ○ COMPUTER WIZARD • 1978
HOT CHILD IN THE CITY • 1987

FLOREY JOHN - USA

MR. MOTORBOAT'S LAST STAND • 1933

FLOREY ROBERT - FRN - 1900-1979

ROBERTS FLORIAN

HEUREUSE INTERVENTION • 1919
ISADORE A LA DEVEINE • 1919 • SHT
ISADORE SUR LE LAC • 1919 • SHT
VALENTINO EN ANGLETERRE • 1923 • SHT
50-50 • 1923
THAT MODEL FROM PARIS • MODEL FROM PARIS • 1926
FACE VALUE • 1927
ONE HOUR OF LOVE • 1927
ROMANTIC AGE, THE • 1927
BONJOUR NEW YORK! • 1928 • SHT
JOHANN THE COFFIN MAKER • 1928
LIFE AND DEATH OF 9413, A HOLLYWOOD EXTRA, THE • SUICIDE OF A HOLLYWOOD EXTRA ○ HOLLYWOOD RHAPSODY ○ HOLLYWOOD EXTRA, A • 1928 • SHT
LOVES OF ZERO, THE • SAD LOVE OF ZERO • 1928
NIGHT CLUB • 1928
SKYSCRAPER SYMPHONY • 1928
BATTLE OF PARIS, THE • GAY LADY, THE • 1929
COCOANUTS, THE • 1929
EDDIE CANTOR • 1929 • SHT
HOLE IN THE WALL, THE • 1929
LILLIAN ROTH AND HER PIANO BOYS • 1929 • SHT
PUSHER-IN-THE-FACE • 1929
ROUTE EST BELLE, LA • 1929
AMOUR CHANTE, L' • VIE PARISIENNE • 1930
BLANC ET LE NOIR, LE • 1930
PROFESSOR DI MI MUJER, EL • PROFESSOR DI MI SENORA, EL • 1930
BLUE MOON MURDER CASE, THE • 1932
MAN CALLED BACK • 1932
MURDERS IN THE RUE MORGUE • 1932
THOSE WE LOVE • 1932
EX-LADY • 1933
GIRL MISSING • 1933
HOUSE ON 56TH STREET, THE • 1933
BEDSIDE • 1934
I SELL ANYTHING • 1934
REGISTERED NURSE • 1934
SMARTY • HIT ME AGAIN (UKN) • 1934
DON'T BET ON BLONDES • 1935
FLORENTINE DAGGER, THE • 1935
GO INTO YOUR DANCE • CASINO DE PAREE (UKN) • 1935
GOING HIGHBROW • 1935
I AM A THIEF • 1935
PAY-OFF, THE • 1935
SHIP'S CAFE • 1935
WOMAN IN RED, THE • NORTH SHORE • 1935
NEW DIVORCE, THE • 1936
OUTCAST, THE • HAPPINESS PREFERRED • 1936
PREVIEW MURDER MYSTERY, THE • PREVIEW • 1936
ROSE OF THE RANCHO • 1936
TILL WE MEET AGAIN • 'TIL WE MEET AGAIN ○ REUNION • 1936
DAUGHTER OF SHANGHAI • DAUGHTER OF THE ORIENT (UKN) • 1937
HOLLYWOOD BOULEVARD • 1937
KING OF GAMBLERS • CZAR OF THE SLOT MACHINES • 1937
MOUNTAIN MUSIC • 1937
THIS WAY PLEASE • 1937
DANGEROUS TO KNOW • 1938
KING OF ALCATRAZ • KING OF THE ALCATRAZ (UKN) • 1938
DEATH OF A CHAMPION • 1939
DISBARRED • 1939
HOTEL IMPERIAL • 1939
MAGNIFICENT FRAUD, THE • 1939
PAROLE FIXER • 1940
WOMEN WITHOUT NAMES • 1940
FACE BEHIND THE MASK, THE • 1941
MEET BOSTON BLACKIE • 1941
TWO IN A TAXI • ONE WAY STREET • 1941
DANGEROUSLY THEY LIVE • REMEMBER TOMORROW • 1942
LADY GANGSTER • 1942
BOMBER'S MOON • 1943
DESERT SONG, THE • 1943
MAN FROM FRISCO • 1944
ROGER TOUHY, GANGSTER • LAST GANGSTER, THE (UKN) • 1944
DANGER SIGNAL • 1945
ESCAPE IN THE DESERT • STRANGERS IN OUR MIDST • 1945
GOD IS MY CO-PILOT • 1945
BEAST WITH FIVE FINGERS, THE • 1946
MONSIEUR VERDOUX • 1947
ROGUE'S REGIMENT • 1948
TARZAN AND THE MERMAIDS • 1948
CROOKED WAY, THE • 1949
OUTPOST IN MOROCCO • 1949
JOHNNY ONE-EYE • 1950
VICIOUS YEARS, THE • GANGSTER WE MADE, THE (UKN) • 1950

FLORIO ALDO - ITL - 1925-

CINQUE DELLA VENDETTA, I • FIVE GIANTS FROM TEXAS • 1966
UOMO DAL COLPO PERFETTO, L' • MAN WITH THE PERFECT SHOT, THE • 1967
TUTTO SUL ROSSO • 1968
SOLE SOTTO TERRA, IL • ANDA MUCHACHO, SPARA (SPN) ○ DEAD MEN RIDE (UKN) • 1971
VITA VENDUTA, UNA • 1976

FLORIO MARIA - USA

BROKEN RAINBOW • 1985 • DOC

FLORKOWSKI WACLAW - PLN

NIEDZWIEDZ PANA PO EJKO • 1975

FLORMAN ERNEST - SWD

SLAGSMAL I GAMLA STOCKHOLM • 1897

FLORNOY BERTRAND - FRN - 1910-

IAWA • 1953 • DOC

FLOWERS DON - USA

SENATOR'S DAUGHTER, THE • 1979

FLOYD CALVIN - SWD

CHAMPAGNE ROSE IS DEAD • 1970
IN SEARCH OF DRACULA • 1972
VICTOR FRANKENSTEIN • TERROR OF DR. FRANKENSTEIN ○ TERROR OF FRANKENSTEIN • 1977
FLYGANDE DRAKEN, DEN • INN OF THE FLYING DRAGON, THE ○ SLEEP OF DEATH, THE ○ ONDSKANS VARDSHUS ○ DEVIL SLEEP • 1980

FLUTSCH JOHANNES - GRM

MONARCH • 1980
ZARTLICHKEIT UND ZORN • TENDERNESS AND ANGER • 1981 • DOC
CHAPITEAU • 1984

FLYNN EMMETT see **FLYNN EMMETT J.**

FLYNN EMMETT J. - USA - 1892-1937

FLYNN EMMETT

ALIMONY • 1918
MARRIED VIRGIN, THE • 1918
BACHELOR'S WIFE, A • MARY O'ROURKE • 1919
BONDAGE OF BARBARA, THE • 1919
EASTWARD HO! • 1919
RACING STRAIN, THE • 1919
VIRTUOUS SINNERS • 1919
YVONNE FROM PARIS • 1919
LEAVE IT TO ME • 1920
LINCOLN HIGHWAYMAN, THE • 1920
MAN WHO DARED, THE • 1920
SHOD WITH FIRE • 1920
UNTAMED, THE • 1920
VALLEY OF TOMORROW, THE • 1920
CONNECTICUT YANKEE AT KING ARTHUR'S COURT, A • 1921
LAST TRAIL, THE • 1921
SHAME • 1921
FOOL THERE WAS, A • 1922
MONTE CRISTO • 1922
WITHOUT COMPROMISE • 1922
HELL'S HOLE • PAYDAY ○ AVALANCHE • 1923
IN THE PALACE OF THE KING • 1923
GERALD CRANSTON'S LADY • 1924
MAN WHO CAME BACK, THE • 1924
NELLIE, THE BEAUTIFUL CLOAK MODEL • 1924
DANCERS, THE • 1925
EAST LYNNE • 1925
WINGS OF YOUTH • 1925
PALACE OF PLEASURE, THE • 1926
YANKEE SENOR, THE • 1926
YELLOW FINGERS • 1926
MARRIED ALIVE • 1927
EARLY TO BED • 1928 • SHT
HOLD YOUR MAN • 1929
SHANNONS OF BROADWAY, THE • 1929
VEILED WOMAN, THE • 1929

FLYNN HARRY – USA
WHO KILLED COCK ROBIN? • 1970

FLYNN JOHN – USA
SERGEANT, THE • 1968
JERUSALEM FILE, THE • JERUSALEM, JERUSALEM • 1971
OUTFIT, THE • GOOD GUYS ALWAYS WIN, THE • 1973
ROLLING THUNDER • 1977
DEFIANCE • 1979
MARILYN: THE UNTOLD STORY • MARILYN • 1980 • TVM
TOUCHED • 1983
BEST SELLER • HARD COVER • 1987
ESCAPE • 1989
LOCK UP • LOCK-UP • 1989

FLYNN RAY – USA
BLOOD WILL TELL • 1927

FOAM JOHN see **BAVA MARIO**

FOAM MARIE see **BAVA MARIO**

FOCINIC BOSKO – SYR
TRUCK DRIVER, THE • 1963

FODOROVA ANNA – UKN
LOOP • 1977

FOG DANY – FRN – 1923–
MOURIR D'AMOUR • 1960

FOGELMAN YU. – USS
FRIEND OF THE SONG, THE • 1961

FOGUES JUAN JOSE – SPN
MUJER EN UN TAXI, UNA • 1944
CUMBRES LUMINOSAS • 1957

FOGWELL REGINALD – UKN
WARNING, THE • 1928
IMPOSTER, THE • 1929
OUTLAWED • 1929
CROSS ROADS • 1930
GUILT • 1931
MADAME GUILLOTINE • 1931
WRITTEN LAW, THE • 1931
BETRAYAL • 1932
WONDERFUL STORY, THE • 1932
MURDER AT THE CABARET • 1936

FOK YIU-LEUNG – HKG
GAPDUNG KEIHAP • ICEMAN COMETH, THE • 1989

FOKY OTTO – Animator – HNG
APPLE THIEVES, THE • ANS
MURDER WITH NOODLES • 1971 • ANS
ELJEN SVERVAC! • LONG LIVE SERVATIUS! • 1987 • ANM

FOLDES JOAN – Animator – UKN
ANIMATED GENESIS • 1951 • ANS
ON CLOSER INSPECTION • 1953 • ANM
SHORT VISION, A • 1956 • ANS

FOLDES LAURENCE D. see **FOLDES LAWRENCE D.**

FOLDES LAWRENCE D. – USA – 1959–
FOLDES LAURENCE D.
MALIBU HIGH • 1979
DON'T GO NEAR THE PARK • NIGHTSTALKER • 1981
GREAT SKYCOPTER RESCUE, THE • 1982
YOUNG WARRIORS, THE • 1983
NIGHTFORCE • NIGHT FIGHTERS • 1987

FOLDES PETER – Animator – HNG – 1924–1977
ANIMATED GENESIS • 1951 • ANS
ON CLOSER INSPECTION • 1953 • ANM
SHORT VISION, A • 1956 • ANS
APPETIT D'OISEAU • BIRD'S APPETITE, A • 1964 • SHT
AGRESSION • 1965 • ANM
GARCON PLEIN D'AVENIR, UN • BOY WITH A FUTURE, A • 1965 • ANS
PLUS VITE • FASTER • 1966 • ANS
WHIZZ, WHOOSH, WHAAM! • 1966 • ANS
BONGO FUEGO - FORMS - PETIT MATIN • 1967 • ANM
ELECTRORYTMES • 1967 • ANM
EVEIL • 1967 • SHT
BELLE CEREBRALE, LA • BEAUTIFUL DREAMER • 1968 • ANM
EPATOZOIDES • 1968 • ANM
VISAGES DE FEMMES • PORTRAITS OF WOMEN • 1969 • ANS
JE, TU, ELLES • I, YOU, THEY • 1971
METADATA • 1971 • ANS
NARCISSUS-ECHO • NARCISSUS • 1971 • ANS
VIBES 1-2-3 • 1971 • ANM
MIDI A QUATORZE HEURES • 1972 • ANM
FAIM, LA • HUNGER • 1973 • ANS
VISAGE • 1975 • ANM
REVE, LE • 1976

FOLEG PETER – USA
UNSEEN, THE • 1981

FOLEY JAMES – USA
RECKLESS • 1984
AT CLOSE RANGE • 1985
WHO'S THAT GIRL? • SLAMMER • 1987
AFTER DARK, MY SWEET • 1990

FOLEY JOHN – USA
GAY LIFE, THE • 1968

FOLKE GOSTA – SWD – 1913–
KVINNOR I VANTRUM • WOMEN IN A WAITING ROOM • 1946
ODEMARKSPRASTEN • CLERGYMAN FROM THE WILDS • 1946
FORSUMMAD AV SIN FRU • NEGLECTED BY HIS WIFE • 1947
MARIA • 1947
PA DESSA SKULDROR • ON THE SHOULDERS • 1948
MANNISKORS RIKE • REALM OF MAN • 1949
STORA HOPAREGRAND OCH HIMMELRIKET • STORA HOPARE LANE AND HEAVEN • 1949
SEGER I MORKER • VICTORY IN DARKNESS ○ VICTORY IN THE DARK • 1954
BOCK I ORTAGARD • SQUARE PEG IN A ROUND HOLE, A • 1958
LEJON PA STAN • LION IN TOWN • 1959

FOLKNER H. – ITL
UNDERGROUND -IL CLANDESTINO, THE • 1970

FOLLETT F. M. – Animator – USA
QUACKY DOODLES FAMILY • 1914 • ASS

FOLPRECHT JOSEF – CZC
O DEVCICU • FOR THE GIRL ○ LITTLE GIRL, THE • 1918

FONDA JANE – Actress – USA – 1937–
VIETNAM JOURNEY • VIETNAM JOURNEY: INTRODUCTION TO THE ENEMY ○ INTRODUCTION TO THE ENEMY • 1974

FONDA PETER – Actor – USA – 1939–
HIRED HAND, THE • 1971
IDAHO TRANSFER • DERANGED • 1975
WANDA NEVADA • 1979

FONDATO MARCELLO – ITL – 1924–
PROTAGONISTI, I • PROTAGONISTS, THE • 1968
CERTO, CERTISSIMO, ANZI.. PROBABILE • 1969
NINI TIRABUSCIO, LA DONNA CHE INVENTO LA MOSSA • 1970
CAUSA DI DIVORZIO • 1972
ALTRIMENTI CI ARRABBIAMO • Y SI NO ENFADAMOS (SPN) ○ WATCH OUT, WE'RE MAD • 1974
A MEZZANOTTE VA LA RONDA DEL PIACERE • MIDNIGHT PLEASURES (USA) • 1975
CHARLESTON • 1977
IMMORTAL BACHELOR, THE • 1979

FONG ALLEN see **FONG YUK-PING**

FONG EDDIE – HKG
CHUNDOU FONGTSI • 1990

FONG-FONG SIU see **FANG FANG HSIAO**

FONG HO – HKG
PHOENIX THE NINJA • 1986

FONG YUK-PING – HKG
FANG YU-P'ING • FONG ALLEN
WILD CHILDREN • YEH HAI CHI • 1977
YUEN-CHAU-CHAI CHIH KO • SONG OF YUEN-CHOW-CHAI • 1977
FU-TZU CH'ING • FATHER AND SON ○ FUZI QING • 1981
AH YING • PAN-PIEN JEN • 1983
MEIGUO XIN • JUST LIKE WEATHER • 1987
MOU NGAU • DANCING BULL • 1989

FONS ANGELINO – SPN – 1935–
BUSCA, LA • SEARCH, THE • 1967
CANTANDO A LA VIDA • 1968
FORTUNATA Y JACINTA • FORTUNATA AND JACINTA • 1969
PRIMERA ENTREGA DE UNA MUJER CASADA • FIRST SURRENDER, THE • 1971
MARIANELA • 1972
ACELGAS CON CHAMPAN Y MUCHA MUSICA • 1973
SEPARACION MATRIMONIAL • 1973
CASA, LA • HOUSE, THE • 1974
MI HIJO NO ES LO QUE PARECE • MY SON ISN'T WHAT HE SEEMS • 1974
DE PROFESION: POLIGAMO • 1975
EMILIA, PARADA Y FONDA • EMILY.. HALT AND INN • 1976
ESPOSA Y AMANTE • 1977

FONS JORGE – USA
CACHORROS, LOS • 1971
JORY • 1971
FE, ESPERANZA Y CARIDAD • FAITH, HOPE, AND CHARITY • 1972
ALBANILES, LOS • BRICKLAYERS, THE • 1976

FONSECA E COSTA JOSE see **COSTA JOSE FONSECA**

FONSECA JOAO DE SOUSA – PRT – 1899–1962
COPO DE AGUA, UM • 1926 • SHT
FESTAS DA CURIA • 1926 • SHT
BICHO DA SERRA DE SINTRA, O • 1927

de FONSECA TEIXEIRA – PRT
BEIJO DE VIDA, O • REVOLUCAO ESCUTURAL ○ ESCULTERAL REVOLUTION ○ KISS OF LIFE • 1976
DIABO DESCEU A VILA, O • SATAN GOES TO TOWN • 1979

FONSEKA GAMINI – SLN
KOTI VALIGAYA • 1986

FONSS OLAF – DNM – 1882–1949
HAEVNEREN • 1918
SAMVITTIGHEDSKVALER • 1920

de FONT ANTONIO – SPN
VIAJES DE GULLIVER, LOS • 1976 • ANM

FONT-ESPINA JOSE MARIA see **FONT ESPINA JOSE MARIA**

FONT ESPINA JOSE MARIA – SPN – 1928–
FONT-ESPINA JOSE MARIA
DIALOGOS DE LA PAZ • 1965
ARTE DE CASARSE, EL • 1966
ARTE DE NO CASARSE, EL • 1966
EN BALDIRI DE LA COSTA • 1967
ABOGADO, EL ALCALDE Y EL NOTARIO, EL • 1968

FONT JOSE LUIS – SPN – 1930–
VIDA DE FAMILIA • 1963

FONTAINE DICK – UKN
SONNY ROLLINS, MUSICIAN • 1968 • DCS
WILL THE REAL NORMAN MAILER PLEASE STAND UP • 1968

FONTAINE GERARD – USA
SOPHY OF KRAVONIA • VIRGIN OF PARIS, THE • 1920

FONTAINE GIANNI – ITL
OKIBAM, NON VENDERMI! • 1956

FONTAINE RICHARD – USA
HAPPY BIRTHDAY, DAVY • 1970
SINS OF RACHEL, THE • 1975

FONTANA BEPI – FRN
GOULVE, LA • EROTIC WITCHCRAFT (UKN) ○ GOLEM'S DAUGHTER ○ HOMO VAMPIRE • 1971

FONTANA BRUNO – ITL
TEMPO DELLE BELVE, IL • 1979

FONTANA EMILIO – BRZ
NENE BANDACHO • 1970

FONTES IPOJUCA – BRZ
PEDRO MICO • PETER MONKEY • 1986

FONTOURA ANTONIO CARLOS – BRZ
ULTIMO E IL PRIMO UOMO, L' • 1969
RAINHA DIABA, A • 1974
ESPELHO DE CARNE, O • MIRROR OF FLESH, THE • 1984

FONVIELLE LLOYD – USA
DEAD CAN'T LIE, THE • GOTHAM • 1988

FOOKES MAGGI – Animator – ASL
PLEASURE DOMES • 1987 • ANM

FOONG WU MA – HKG
FLIGHT OF THE ANGRY DRAGON • 1986

FOOTE MR. – UKN
HIS HIGHNESS • 1916

FORBERT WLADYSLAW – PLN
JASNY DZIEN WOLNOSCI • CLEAR DAY OF LIBERTY • 1962

FORBES BRYAN – Actor – UKN – 1926–
WHISTLE DOWN THE WIND • 1961
L-SHAPED ROOM, THE • 1962
SEANCE ON A WET AFTERNOON • 1964
KING RAT • 1965
WHISPERERS, THE • 1966
WRONG BOX, THE • 1966
DEADFALL • 1967
MADWOMAN OF CHAILLOT, THE • 1969
RAGING MOON, THE • LONG AGO TOMORROW (USA) • 1970
STEPFORD WIVES, THE • 1975
SLIPPER AND THE ROSE, THE • SLIPPER AND THE ROSE -THE STORY OF CINDERELLA, THE (USA) ○ STORY OF CINDERELLA, THE • 1976
INTERNATIONAL VELVET • 1978
SUNDAY LOVERS • SEDUCTEURS, LES (FRN) • 1980
JESSIE • 1981 • TVM
BETTER LATE THAN NEVER • 1982
MENAGE A TROIS • 1982
NAKED FACE, THE • 1984
DEADLY GAME, THE • 1989 • TVM

FORCE LEWIS J. – UKN
NIGHT AFTER NIGHT AFTER NIGHT • HE KILLS NIGHT AFTER NIGHT AFTER NIGHT ○ NIGHT AFTER NIGHT • 1970

FORCIER ANDRE – CND – 1947–
CHRONIQUES LABRADORIENNES • 1967 • SHT
RETOUR DE L'IMMACULEE CONCEPTION, LE • GRANDS ENFANTS, LES • 1971
BAR SALON • 1973
NIGHT CAP • 1974 • SHT
EAU CHAUDE, L'EAU FRETTE, L' • HOT WATER, COLD WATER • 1976
ALBERT ET LEO EN ALBINIE • 1979
AU CLAIR DE LA LUNE • MOONSHINE • 1982
KALAMAZOO • 1986

FORD ABIYI – BRK
BURKINO FASO: LAND OF THE PEOPLE OF DIGNITY • 1987

FORD ALEKSANDER – PLN – 1908–1980
FORD ALEKSANDR
NAD RANEM • AT DAWN • 1928 • SHT
TETNO POLSKIEGO MANCHESTERU • LODZ, THE POLISH MANCHESTER • 1929
MASCOTTE • MASCOT, THE • 1930
NARODZINY GAZETY • 1931
LEGION ULICY • LEGION OF THE STREETS ○ STREET LEGION, THE • 1932
PRZEBUDZENIE • AWAKENING • 1934
SABRA • CHALUTZIM • 1934
DROGA MLODYCH • STREET OF THE YOUNG ○ CHILDREN MUST LAUGH ○ ROAD FOR YOUTH, THE • 1935
FORWARD COOPERATION • 1935 • DOC
NE MIALA BABA KLOPOTU • 1935
LUDZIE WISLY • PEOPLE OF THE VISTULA ○ VISTULA PEOPLE, THE • 1937
NA START • 1937 • DOC
SPOLEM • 1937 • DOC
BITWA O KOLOBRZEG • BATTLE OF KOLOBRZEG, THE ○ BATTLE OF KOLBERG, THE • 1945
MAJDANEK -1944 • MAJDANEK IN 1944 ○ MAJDANEK -CMENTARZYSKO EUROPY ○ MAIDANEK • 1945 • DOC
ULICA GRANICZNA • BORDER STREET (UKN) ○ THAT OTHERS MAY LIVE ○ FRONTIER STREET • 1948

MLODOSC CHOPINA • YOUTH OF CHOPIN, THE ○ CHOPIN'S YOUTH ○ YOUNG CHOPIN • 1952
PIATKA Z ULICY BARSKIEJ • FIVE BOYS FROM BARSKA STREET ○ FIVE BOYS OF BARSKA STREET • 1953
OSMY DZIEN TYGODNIA • EIGHTH DAY OF THE WEEK, THE (USA) ○ ACHTE WOCHENTAG, DER (FRG) • 1958
KRZYZACY • KNIGHTS OF THE TEUTONIC ORDER, THE ○ KNIGHTS OF THE BLACK CROSS ○ BLACK CROSS (USA) • 1960
PIERWSZY DZIEN WOLNOSCI • FIRST DAY OF FREEDOM, THE • 1964
ARZT STELLT FEST... DER • DOCTOR SAYS, THE (USA) ○ ANGEKLAGT NACH PARAGRAPH 218 ○ DOCTOR SPEAKS OUT, THE • 1966
RUFNUMMER 728 • PHONE NUMBER 728 • 1966
GOOD MORNING POLAND • 1969 • DOC
FORSTE KREDS, DEN • FIRST CIRCLE OF HELL, THE ○ FIRST CIRCLE, THE • 1971
MARTYRER -DR. KORCZAK UND SEINE KINDER, DER • MARTYRS -DR. KORCZAK AND HIS CHILDREN ○ MARTYR, THE ○ SIE SIND FREI, DR. KORCZAK • 1974

FORD ALEKSANDR see **FORD ALEKSANDER**

FORD CHARLES – FRN
ELOQUENTS, LES • 1956 • DOC

FORD CHARLES E. – USA
GOING PLACES WITH LOWELL THOMAS • 1934 • SHS
STRANGER THAN FICTION • 1934–39 • SHS
GOING PLACES WITH LOWELL THOMAS • 1935 • SHS
GOING PLACES WITH LOWELL THOMAS • 1936 • SHS
GOING PLACES WITH LOWELL THOMAS • 1937 • SHS
BREATHLESS MOMENTS • 1938 • SHT
GOING PLACES WITH LOWELL THOMAS • 1938 • SHS
JACARE • 1943

FORD CHARLES HENRI – USA
POEM POSTERS • 1967 • SHT

FORD D. – ITL
SUO NOME ERA POT.. MA.. LO CHIAMAVANO ALLEGRIA • 1971

FORD DEREK – UKN – 1932–
SYMPHONIE OF LOVE
GIRL FROM THE STARSHIP VENUS, THE • 1957
PROMISE OF BED, A • THIS, THAT AND THE OTHER • 1969
GROUPIE GIRL • BLOOD GROUPIE • 1970
WIFE SWAPPERS, THE • SWAPPERS, THE ○ WIFE SWAPPER • 1970
SECRET RITES • 1971
SUBURBAN WIVES • 1971
COMMUTER HUSBANDS • SEX GAMES • 1972
KEEP IT UP JACK! • 1974
SEX EXPRESS • 1975
SEXPLORER, THE • DIARY OF A SPACE VIRGIN ○ GIRL FROM STARSHIP VENUS • 1975
WHAT'S UP NURSE? • 1977
EROTIC FANTASIES • 1978
WHAT'S UP SUPERDOC? • WHAT'S UP NO.2 • 1978

FORD FRANCIS – USA – 1882–1953
ARMY SURGEON, THE • 1912
BALL PLAYER AND THE BANDIT, THE • 1912
CUSTER'S LAST RAID • 1912
INVADERS, THE • 1912
SUNDERED TIES • 1912
BATTLE OF MANILA, THE • 1913
BELLE OF YORKTOWN, THE • 1913
BRIDE'S HISTORY, THE • 1913
FAVORITE SON, THE • 1913
FROM RAIL SPLITTER TO PRESIDENT • 1913
FRONTIER WIFE, A • 1913
HOW SHORTY KEPT HIS PROMISE • 1913
IN THE RANKS • 1913
MADONNA OF THE SLUMS, THE • 1913
ORPHAN AT WAR, AN • 1913
SHE WOLF, THE • 1913
TELL TALE HAT BAND, THE • 1913
TEXAS KELLY AT BAY • 1913
TOLL OF WAR, THE • 1913
WHEN LINCOLN PAID • 1913
WILL-O'-THE-WISP • 1913
WYNONA'S VENGEANCE • WYNONA'S REVENGE • 1913
ADVENTURES OF SHORTY, THE • 1914
BE NEUTRAL • 1914
BRIDE OF MYSTERY, THE • 1914
IN THE FALL OF '64 • 1914
LUCILLE LOVE, THE GIRL OF MYSTERY • 1914 • SRL
MYSTERIOUS LEOPARD LADY, THE • 1914
MYSTERIOUS ROSE, THE • 1914
PHANTOM VIOLIN, THE • PHANTOM OF THE VIOLIN, THE • 1914
SHORTY ESCAPES MATRIMONY • 1914
SHORTY GETS IN TROUBLE • 1914
SHORTY TURNS JUDGE • 1914
SHORTY'S SACRIFICE • 1914
SHORTY'S STRATEGY • 1914
SHORTY'S TRIP TO MEXICO • 1914
TWIN'S DOUBLE, THE • 1914
UNSIGNED AGREEMENT, THE • 1914
WARTIME REFORMATION, A • WAR TIME REFORMATION, A • 1914
WASHINGTON AT VALLEY FORGE • 1914
AND THEY CALLED HIM HERO • 1915
BROKEN COIN, THE • 1915 • SRL
CAMPBELLS ARE COMING, THE • 1915
DOORWAY OF DESTRUCTION, THE • 1915
HEART OF LINCOLN, THE • 1915
HIDDEN CITY • 1915
ONE KIND OF A FRIEND • 1915
SMUGGLER'S ISLAND • 1915
THREE BAD MEN AND A GIRL • 1915
ADVENTURES OF PEG O' THE RING, THE • PEG O' THE RING • 1916 • SRL
BANDIT'S WAGER, THE • 1916 • SHT
BORN OF THE PEOPLE • 1916 • SHT
BRENNON O' THE MOOR • 1916 • SHT
CHICKEN-HEARTED JIM • 1916 • SHT
CRY OF ERIN, THE • 1916 • SHT
DUMB BANDIT, THE • 1916 • SHT
ELUSIVE ENEMY, THE • 1916 • SHT
GOOD MORNING, JUDGE • 1916 • SHT
HER SISTER'S SIN • 1916 • SHT
HEROINE OF SAN JUAN, THE • 1916 • SHT
HIS MAJESTY DICK TURPIN • BEHIND THE MASK • 1916 • SHT
LADY RAFFLES RETURNS • MASTER CROOKS, THE • 1916 • SHT
LUMBER YARD GANG, THE • 1916
MADCAP QUEEN OF CRONA, THE • 1916 • SHT
MR. VAMARE • 1916 • SHT
ORDERS IS ORDERS • 1916 • SHT
PHANTOM ISLAND • 1916 • SHT
POISONED LIPS • 1916 • SHT
POWDER TRAIL, THE • 1916 • SHT
PRINCELY BANDIT, THE • 1916 • SHT
SHAM REALITY, THE • 1916 • SHT
STRONG ARM SQUAD, THE • 1916 • SHT
UNEXPECTED, THE • 1916 • SHT
IN TREASON'S GRASP • 1917
JOHN ERMINE OF THE YELLOWSTONE • JOHN ERMINE OF YELLOWSTONE • 1917
LITTLE REBEL'S SACRIFICE, THE • 1917 • SHT
MAD HERMIT, THE • 1917 • SHT
PURPLE MASK, THE • 1917 • SRL
PUZZLED WOMAN, THE • PUZZLE WOMAN • 1917 • SHT
TERRORS OF WAR, THE • 1917 • SHT
TRUE TO THEIR COLORS • 1917 • SHT
UNMASKED • 1917 • SHT
WHO WAS THE OTHER MAN? • 1917
AVENGING TRAIL, THE • 1918
BERLIN VIA AMERICA • 1918
CRAVING, THE • DELIRIUM • 1918
ISLE OF INTRIGUE, THE • 1918
MYSTERY SHIP, THE • 1918 • SRL
SILENT MYSTERY, THE • 1918 • SRL
CRIMSON SHOALS • 1919
MYSTERY OF 13, THE • 1919 • SRL
GATES OF DOOM, THE • 1920 • SRL
MAN FROM NOWHERE, A • 1920
THUNDERBOLT JACK • 1920 • SRL
CYCLONE BLISS • 1921
FLOWER OF THE RANGE • 1921
GREAT REWARD, THE • 1921 • SRL
I AM THE WOMAN • 1921
STAMPEDE, THE • 1921
ANGEL CITIZENS • 1922
CROSS ROADS • LARIAT THROWER, THE (?) • 1922
GOLD GRABBERS • 1922
SO THIS IS ARIZONA • 1922
STORM GIRL • 1922
THEY'RE OFF • 1922
THUNDERING HOOFS • 1922
TRAIL'S END • MAN GETTER, THE • 1922
FIGHTING SKIPPER, THE • 1923 • SRL
COWBOY PRINCE, THE • MEET THE PRINCE (UKN) • 1924
CUPID'S RUSTLER • 1924
DIAMOND BANDIT, THE • 1924
LASH OF PINTO PETE, THE • 1924
LASH OF THE WHIP • 1924
MIDNIGHT SHADOWS • 1924
RANGE BLOOD • 1924
RODEO MIXUP, A • WINGS OF THE WEST • 1924
WESTERN FEUDS • 1924
WESTERN YESTERDAYS • 1924
FOUR FROM NOWHERE, THE • 1925
PERILS OF THE WILDS • 1925 • SRL
FALSE FRIENDS • 1926
GHETTO SHAMROCK, THE • 1926
HER OWN STORY • 1926
MELODIES • 1926
OFFICER 444 • 1926 • SRL
WINKING IDOL, THE • 1926 • SRL
WOLF'S TRAIL • 1927
WOLVES OF THE AIR • 1927
CALL OF THE HEART • 1928

FORD HUGH – USA
PRISONER OF ZENDA, THE • 1913
CRUCIBLE, THE • 1914
SUCH A LITTLE QUEEN • 1914
BELLA DONNA • 1915
ETERNAL CITY, THE • 1915
GRETNA GREEN • 1915
JIM, THE PENMAN • 1915
POOR SCHMALTZ • 1915
PRINCE AND THE PAUPER, THE • 1915
SOLD • 1915
WHEN WE WERE TWENTY-ONE • 1915
ZAZA • 1915
ADREY • 1916
LYDIA GILMORE • 1916
WOMAN IN THE CASE, A • 1916
GIRL LIKE THAT, A • TURNING POINT, THE • 1917
SAPHO • 1917
SEVEN KEYS TO BALDPATE • 1917
SLAVE MARKET, THE • 1917
SLEEPING FIRES • 1917
DANGER MARK, THE • 1918
MRS. DANE'S DEFENSE • 1918
IN MIZZOURA • 1919
MRS. WIGGS OF THE CABBAGE PATCH • 1919
SECRET SERVICE • 1919
WOMAN THOU GAVEST ME, THE • 1919
CALL OF YOUTH, THE • 1920
CIVILIAN CLOTHES • 1920
GREAT DAY, THE • 1920
HIS HOUSE IN ORDER • 1920
LADY ROSE'S DAUGHTER • 1920
PRICE OF POSSESSION, THE • 1921

FORD JACK see **FORD JOHN**

FORD JOHN – USA – 1895–1973
FORD JACK
LUCILLE THE WAITRESS • 1914
CACTUS MY PAL • 1917
CATTLE WAR, THE • 1917
CHEYENNE'S PAL • 1917 • SHT
MARKED MAN, A • 1917
RANGE WAR, THE • 1917
ROUND-UP, THE • 1917
SCRAPPER, THE • 1917 • SHT
SECRET MAN, THE • 1917
SECRET, THE • 1917
SOUL HERDER, THE • 1917 • SHT
STRAIGHT SHOOTING • JOAN OF THE CATTLELANDS • 1917
TORNADO, THE • 1917 • SHT
TRAIL OF HATE, THE • 1917 • SHT
TRAIL OF SHADOWS, THE • 1917
BUCKING BROADWAY • SLUMBERING FIRES (UKN) • 1918
CRAVING, THE • DELIRIUM • 1918
HELL BENT • 1918
HILL BILLY, THE • 1918
PHANTOM RIDERS, THE • 1918
SCARLET DROP, THE • HILL BILLY, THE (UKN) • 1918
THIEVES' GOLD • 1918
THREE MOUNTED MEN • 1918
WILD WOMEN • 1918
WOMAN'S FOOL, A • 1918
ACE OF THE SADDLE • 1919
BARE FISTS • 1919
BY INDIAN POST • 1919 • SHT
FIGHT FOR LOVE, A • 1919
FIGHTING BROTHERS, THE • 1919 • SHT
GUN LAW • 1919 • SHT
GUN PACKER, THE • 1919 • SHT
GUN-FIGHTIN' GENTLEMAN, A • 1919
LAST OUTLAW, THE • 1919
OUTCASTS OF POKER FLAT, THE • 1919
RIDER OF THE LAW • 1919
RIDERS OF VENGEANCE • 1919
ROPED • 1919
GIRL IN NUMBER 29, THE • 1920
HITCHIN' POSTS • LAND OF PROMISE, THE (UKN) • 1920
JUST PALS • 1920
MARKED MEN • 1920
PRINCE OF AVENUE A., THE • 1920
ACTION • LET'S GO • 1921
BIG PUNCH, THE • 1921
DESPERATE TRAILS • CHRISTMAS EVE AT PILOT BUTTE • 1921
FREEZE OUT, THE • 1921
JACKIE • 1921
SURE FIRE • BRANSFORD OF RAINBOW RIDGE • 1921
WALLOP, THE • HOMEWARD TRAIL, THE • 1921
LITTLE MISS SMILES • 1922
SILVER WINGS • 1922
VILLAGE BLACKSMITH, THE • 1922
CAMEO KIRBY • 1923
FACE ON THE BARROOM FLOOR, THE • LOVE IMAGE, THE (UKN) ○ DRINK • 1923
HOODMAN BLIND • 1923
NORTH OF HUDSON BAY • NORTH OF THE YUKON (UKN) ○ JOURNEY OF DEATH • 1923
THREE JUMPS AHEAD • HOSTAGE, THE • 1923
HEARTS OF OAK • 1924
IRON HORSE, THE • 1924
FIGHTING HEART, THE • ONCE TO EVERY MAN (UKN) • 1925
KENTUCKY PRIDE • 1925
LIGHTNIN' • 1925
THANK YOU • 1925
BLUE EAGLE, THE • 1926
SHAMROCK HANDICAP, THE • 1926
THREE BAD MEN • 1926
UPSTREAM • FOOTLIGHT GLAMOUR (UKN) • 1927
FOUR SONS • 1928
HANGMANS HOUSE • 1928
MOTHER MACHREE • 1928
NAPOLEON'S BARBER • 1928 • SHT
RILEY THE COP • 1928
BLACK WATCH, THE • KING OF THE KHYBER RIFLES (UKN) • 1929
SALUTE • 1929
STRONG BOY • 1929
BORN RECKLESS • 1930
MEN WITHOUT WOMEN • 1930
UP THE RIVER • 1930
ARROWSMITH • 1931
BRAT, THE • 1931
SEAS BENEATH, THE • 1931
AIR MAIL • 1932
FLESH • 1932
DOCTOR BULL • LIFE'S WORTH LIVING • 1933
PILGRIMAGE • 1933
JUDGE PRIEST • 1934
LOST PATROL, THE • 1934
WORLD MOVES ON, THE • 1934
INFORMER, THE • 1935
STEAMBOAT 'ROUND THE BEND • STEAMBOAT BILL • 1935
WHOLE TOWN'S TALKING, THE • PASSPORT TO FAME (UKN) • 1935
MARY OF SCOTLAND • 1936
PLOUGH AND THE STARS, THE • 1936
PRISONER OF SHARK ISLAND, THE • 1936
HURRICANE, THE • 1937
WEE WILLIE WINKIE • 1937
ADVENTURES OF MARCO POLO, THE • 1938
FOUR MEN AND A PRAYER • 1938
SUBMARINE PATROL • 1938
DRUMS ALONG THE MOHAWK • 1939
STAGECOACH • 1939
YOUNG MR. LINCOLN • 1939
GRAPES OF WRATH, THE • 1940
LONG VOYAGE HOME, THE • 1940
HOW GREEN WAS MY VALLEY • 1941
SEX HYGIENE • 1941 • DOC
TOBACCO ROAD • 1941
BATTLE OF MIDWAY, THE • 1942 • DOC
HOW TO OPERATE BEHIND ENEMY LINES • 1942
TORPEDO SQUADRON • 1942 • DOC
DECEMBER 7TH • 1943 • DOC
WE SAIL AT MIDNIGHT • 1943 • DOC
THEY WERE EXPENDABLE • 1945
FUGITIVE, THE • FUGITIVO, EL (MXC) • 1946
MY DARLING CLEMENTINE • 1946
FORT APACHE • 1948
THREE GODFATHERS • 1948
PINKY • 1949
SHE WORE A YELLOW RIBBON • 1949
RIO GRANDE • 1950
WAGONMASTER • 1950
WHEN WILLIE COMES MARCHING HOME • FRONT AND CENTER • 1950
THIS IS KOREA • 1951 • DOC
QUIET MAN, THE • 1952
WHAT PRICE GLORY • 1952
MOGAMBO • 1953
SUN SHINES BRIGHT, THE • 1953
BAMBOO CROSS, THE • 1955 • MTV
LONG GRAY LINE, THE • 1955
MISTER ROBERTS • 1955
RED, WHITE AND BLUE LINE, THE • 1955 • SHT
ROOKIE OF THE YEAR • 1955 • MTV
SEARCHERS, THE • 1956
WINGS OF EAGLES, THE • 1956
GROWLER STORY, THE • 1957 • SHT
RISING OF THE MOON, THE • 1957
LAST HURRAH, THE • 1958
SO ALONE • 1958 • SHT
GIDEON'S DAY • GIDEON OF SCOTLAND YARD (USA) • 1959
HORSE SOLDIERS, THE • 1959
KOREA • 1959 • DOC
COLTER CRAVEN STORY, THE • 1960 • MTV
SERGEANT RUTLEDGE • TRIAL OF SERGEANT RUTLEDGE, THE • 1960
TWO RODE TOGETHER • 1961
FLASHING SPIKES • 1962 • MTV
HOW THE WEST WAS WON • 1962
MAN WHO SHOT LIBERTY VALANCE, THE • 1962
DONOVAN'S REEF • 1963
CHEYENNE AUTUMN • 1964
SEVEN WOMEN • 1965
YOUNG CASSIDY • 1965
CHESTY • 1970 • DOC

FORD PHIL – UKN
BEWARE OF THE DOG • 1964 • SRL

FORD PHILIP – USA – 1902–1976
TIGER WOMAN, THE • 1945
CRIME OF THE CENTURY • 1946
INNER CIRCLE, THE • 1946
INVISIBLE INFORMER, THE • 1946
LAST CROOKED MILE, THE • 1946
MYSTERIOUS MR. VALENTINE, THE • 1946
VALLEY OF THE ZOMBIES • 1946
BANDITS OF DARK CANYON • 1947
WEB OF DANGER, THE • 1947
WILD FRONTIER, THE • 1947
ANGEL IN EXILE • BLUE LADY, THE • 1948
BOLD FRONTIERSMAN, THE • 1948
CALIFORNIA FIREBRAND • 1948
DENVER KID, THE • 1948
DESPERADOES OF DODGE CITY • 1948
MARSHAL OF AMARILLO • 1948
TIMBER TRAIL, THE • 1948
TRAIN TO ALCATRAZ • 1948
HIDEOUT • 1949
LAW OF THE GOLDEN WEST • 1949
OUTCASTS OF THE TRAIL • 1949
PIONEER MARSHAL • 1949
POWDER RIVER RUSTLERS • 1949
PRINCE OF THE PLAINS • 1949
RANGER OF CHEROKEE STRIP • 1949
SAN ANTONE AMBUSH • 1949
SOUTH OF RIO • 1949
WYOMING BANDIT, THE • 1949
OLD FRONTIER, THE • 1950
REDWOOD FOREST TRAIL • 1950
TRIAL WITHOUT JURY • 1950
VANISHING WESTERNER, THE • 1950
BUCKAROO SHERIFF OF TEXAS • 1951
DAKOTA KID, THE • 1951
MISSING WOMAN • 1951
PRIDE OF MARYLAND • 1951
RODEO KING AND THE SENORITA • 1951
UTAH WAGON TRAIN • 1951
WELLS FARGO GUNMASTER • 1951
BAL TABARIN • 1952
DESPERADOES OUTPOST • 1952

FORD SAM – UKN
SEX VICTIMS, THE • 1973

FORD STEVE – USA
DUNGEONMASTER, THE • DIGITAL KNIGHTS ◦ RAGEWAR • 1985

FORD WESLEY – USA
HER FORGOTTEN PAST • 1933
SECRET SINNERS • 1933
$20 A WEEK • 1935

FORDE EUGENE see **FORDE EUGENE J.**

FORDE EUGENE J. – USA – 1898–
FORDE EUGENE
DAREDEVIL'S REWARD • $5000 REWARD • 1928
HELLO CHEYENNE • 1928
PAINTED POST • 1928
SON OF THE GOLDEN WEST • 1928
BIG DIAMOND ROBBERY, THE • 1929
OUTLAWED • 1929
PRIMAVERA ET OTONO • 1932
SMOKY • 1933
CHARLIE CHAN IN LONDON • 1934
CHARLIE CHAN'S COURAGE • 1934
GREAT HOTEL MYSTERY, THE • GREAT HOTEL MURDER, THE • 1935
MYSTERY WOMAN • 1935
YOUR UNCLE DUDLEY • 1935
COUNTRY BEYOND, THE • 1936
36 HOURS TO KILL • 1936
CHARLIE CHAN AT MONTE CARLO • 1937
CHARLIE CHAN ON BROADWAY • 1937
LADY ESCAPES, THE • 1937
MIDNIGHT TAXI • 1937
STEP LIVELY, JEEVES! • 1937
INTERNATIONAL SETTLEMENT • 1938
MEET THE GIRLS • 1938
ONE WILD NIGHT • HANDLE WITH CARE ◦ TIME OUT FOR MURDER • 1938
HONEYMOON'S OVER, THE • 1939
INSPECTOR HORNLEIGH • 1939
CHARLIE CHAN'S MURDER CRUISE • 1940
CHARTER PILOT • 1940
MICHAEL SHAYNE, PRIVATE DETECTIVE • 1940
PIER 13 • 1940
BUY ME THAT TOWN • 1941
DRESSED TO KILL • 1941
MAN AT LARGE • 1941
SLEEPERS WEST • 1941
BERLIN CORRESPONDENT • 1942
RIGHT TO THE HEART • YOU CAN'T ALWAYS TELL • 1942
CRIME DOCTOR'S STRANGEST CASE • STRANGEST CASE, THE (UKN) • 1943
SHADOWS IN THE NIGHT • CRIME DOCTOR'S RENDEZVOUS, THE • 1944
BACKLASH • 1947
CRIMSON KEY, THE • 1947
INVISIBLE WALL, THE • 1947
JEWELS OF BRANDENBURG • 1947

FORDE VICTORIA – USA
WHEN CUPID SLIPPED • 1916 • SHT

FORDE WALTER – Actor – UKN – 1896–
FISHING FOR TROUBLE • 1920
HANDY MAN, THE • 1920
NEVER SAY DIE • 1920
WALTER MAKES A MOVIE • 1922 • SHT
WALTER WANTS WORK • 1922 • SHT
WALTER WINS A WAGER • 1922 • SHT
WALTER'S TRYING FROLIC • 1922 • SHT
WAIT AND SEE • 1928
WHAT NEXT? • 1928
SILENT HOUSE, THE • 1929
WOULD YOU BELIEVE IT! • 1929
BED AND BREAKFAST • 1930
LAST HOUR, THE • 1930
LORD RICHARD IN THE PANTRY • 1930
RED PEARLS • 1930
YOU'D BE SURPRISED • 1930
GHOST TRAIN, THE • 1931
RINGER, THE • 1931
SPLINTERS IN THE NAVY • 1931
THIRD TIME LUCKY • 1931
CONDEMNED TO DEATH • JACK O'LANTERN • 1932
JACK'S THE BOY • NIGHT AND DAY (USA) • 1932
LORD BABS • 1932
ROME EXPRESS • 1932
ORDERS IS ORDERS • 1933
CHU CHIN CHOW • 1934
JACK AHOY! • 1934
BROWN ON RESOLUTION • BORN FOR GLORY (USA) ◦ FOREVER ENGLAND • 1935
BULLDOG JACK • ALIAS BULLDOG DRUMMOND (USA) • 1935
KING OF THE DAMNED • 1936
LAND WITHOUT MUSIC • FORBIDDEN MUSIC (USA) • 1936
GAUNT STRANGER, THE • PHANTOM STRIKES, THE (USA) • 1938
KICKING THE MOON AROUND • PLAYBOY, THE (USA) ◦ MILLIONAIRE MERRY-GO-ROUND • 1938
CHEER BOYS CHEER • 1939
FOUR JUST MEN, THE • SECRET FOUR, THE • 1939
INSPECTOR HORNLEIGH ON HOLIDAY • 1939
LET'S BE FAMOUS • 1939
CHARLEY'S (BIG HEARTED) AUNT • 1940
SAILORS THREE • THREE COCKEYED SAILORS (USA) • 1940
SALOON BAR • 1940
ATLANTIC FERRY • SONS OF THE SEA (USA) • 1941
GHOST TRAIN, THE • 1941
INSPECTOR HORNLEIGH GOES TO IT • MAIL TRAIN (USA) • 1941
FLYING FORTRESS • 1942
GO TO BLAZES! • 1942
PETERVILLE DIAMOND, THE • 1942
SONS OF THE SEA • 1942
IT'S THAT MAN AGAIN • 1943
ONE EXCITING NIGHT • YOU CAN'T DO WITHOUT LOVE (USA) • 1944
TIME FLIES • 1944
MASTER OF BANKDAM, THE • 1947
CARDBOARD CAVALIER • 1949

FORDER TIMOTHY – UKN
INDIAN SUMMER • 1987

FORDSON JOHN W. see **COSTA MARIO**

FORDYCE IAN – UKN
ONE DEADLY OWNER • 1974 • TVM

FOREGGER – USS
SEVERNOE SIIANIE • MIRAGE IN THE NORTH • 1926

FOREMAN CARL – Producer/writer – USA – 1914–1984
VICTORS, THE • 1963

FOREMAN RICHARD – USA
STRONG MEDICINE • 1981 • TVM

FOREMAN RONALD KENT – USA
DIE, SISTER, DIE • 1980

FOREST ALAN – USA
FORREST ALAN
THINGS IN THE BOTTOM DRAWER, THE • 1915
TANGLED THREADS • 1917 • SHT

FOREST KARL – AUS
DAMON DES "GRAND HOTEL MAJESTIC", DER • SCHACH DEM LEBEN • 1920

FOREST LEONARD – USA – 1928–
FEMME DE MENAGE, LA • CHARWOMAN, THE • 1954 • SHT
MIDINETTE • 1955 • DCS
MONDE DES FEMMES, LE • 1956 • SHT
PECHEURS DE POMCOUP • 1956 • DCS
WHOLE WORLD OVER, THE • 1957 • SHT
AMITIES HAITIENNES • 1958 • DCS
BOUJOU' SOLEIL • 1958 • DCS
A LA RECHERCHE DE L'INNOCENCE • IN SEARCH OF INNOCENCE • 1963 • DCS
MEMOIRE EN FETE • 1964 • DCS
ACADIE CONTEMPORAINE • 1966 • DOC
ACADIENS DE LA DISPERSION, LES • 1967 • DOC
ACADIE LIBRE • 1969 • DCS
NOCE EST PAS FINIE, LA • 1971
OUT OF SILENCE • 1972 • DCS
SOLEIL PAS COMME AILLEURS, UN • 1972 • DOC
PORTRAIT: GERALD SQUIRES OF NEWFOUNDLAND • 1980 • DOC
ST-JEAN-SUR-AILLEURS • 1980 • DOC

FORESTIER – FRN
FRUITS COMMUNS • 1960 • SHT

FORGENCY VLADIMIR – FRN – 1934–
FATER VLADIMIR
FEU SACRE, LE • 1934
ADOLESCENCE • 1966

FORGEOT JACQUES – FRN – 1923–
VINGT MILLE ANS A LA FRANCAISE • FRENCH WAY OF LOOKING AT IT, THE (UKN) • 1967 • DOC

FORGES – SPN – 1942–
PAIS, S.A. • COUNTRY LTD. • 1975
BENGADOR GUSTICIERO Y SU PASTELERA MADRE, EL • 1976

FORGES DAVANZATI MARIA – ITL
DAVAN LUCA
BRIGADIERE PASQUALE ZACARIA AMA LA MAMMA E LA POLIZIA • 1973

FORGUE FABIENNE – FRN
PABLO PICASSO, DE 1900 A 1914 • 1959 • SHT

FORLANI REMO – FRN – 1927–
JULIETTE ET JULIETTE • JULIETTE E JULIETTE (ITL) • 1973

FORLONG MICHAEL – UKN
JOURNEY FOR THREE • 1950
SUICIDE MISSION • SHELTLANDSGJENGEN (NRW) • 1956
MAGIC FIDDLE, THE • 1957 • SHT
GREEN HELMET, THE • 1961
OVER THE ODDS • 1961
STORK TALK • 1962
AMBUSH • 1965 • DCS
PLANTAGE TAMARINE • 1965
LIONHEART • 1968
RANGI'S CATCH • 1972
HIJACK • 1975

FORMAN MILOS – CZC – 1932–
LATERNA MAGIKA • 1958 • SHT
LATERNA MAGIKA II • 1960
CERNY PETR • BLACK PETER (USA) ◦ PETER AND PAVLA ◦ PETER AND PAULA • 1963
KDYBY TY MUSIKY NEBYLY • WHY DO WE NEED ALL THE BRASS BANDS? (USA) ◦ GLORY OF THE BRASS BANDS, THE ◦ IF IT WEREN'T FOR MUSIC ◦ IF THERE WAS NO MUSIC • 1963
KONKURS • TALENT COMPETITION ◦ AUDITION, THE ◦ COMPETITION • 1963
DOBRE PLACENA PROCHAZKA • WELL PAID STROLL, A • 1965
LASKY JEDNE PLAVOVLASKY • LOVES OF A BLONDE (USA) ◦ BLONDE IN LOVE, A (UKN) • 1965
HORI, MA PANENKO! • FIREMEN'S BALL, THE (USA) ◦ FIREMAN'S BALL, THE (UKN) ◦ THERE'S A FIRE, MY DOLLY! ◦ LIKE A HOUSE ON FIRE ◦ SONG OF THE FIREMAN ◦ FIRE! FIRE! • 1967
TAKING OFF • S.P.F.C. • 1971
VISIONS OF EIGHT • 1973
ONE FLEW OVER THE CUCKOO'S NEST • 1975
HAIR • 1979
RAGTIME • 1981
AMADEUS • 1984
VALMONT • 1989

FORMAN TOM – USA – 1893–1938
BLOTTED OUT • 1914
DOOM OF DUTY, THE • 1914
LADDER OF LIES, THE • 1920
SINS OF ROZANNE • SINS OF ROSANNE, THE • 1920
CAPPY RICKS • 1921
CITY OF SILENT MEN • 1921
EASY ROAD, THE • 1921
PRINCE THERE WAS, A • 1921
WHITE AND UNMARRIED • POINT OF VIEW, THE • 1921
IF YOU BELIEVE IT, IT'S SO • 1922
SHADOWS • CHING, CHING, CHINAMAN • 1922
WHITE SHOULDERS • 1922
WOMAN CONQUERS, THE • 1922
APRIL SHOWERS • 1923
ARE YOU A FAILURE? • 1923
BROKEN WING, THE • 1923
GIR WHO CAME BACK, THE • 1923
MONEY! MONEY! MONEY! • 1923
VIRGINIAN, THE • 1923
FIGHTING AMERICAN, THE • FIGHTING ADVENTURER, THE • 1924
FLAMING FORTIES, THE • 1924
ROARING RAILS • 1924
CRIMSON RUNNER, THE • 1925
FLATTERY • 1925
MIDNIGHT FLYER, THE • 1925
OFF THE HIGHWAY • 1925
PEOPLE VS. NANCY PRESTON, THE • 1925
DEVIL'S DICE • 1926
WHISPERING CANYON • 1926

FORN JOSEP MARIA – SPN – 1928–
YO MATE • 1955
RANA VERDE, LA • 1957
MUERTE AL AMANECER • 1959
VIDA PRIVADA DE FULANO DE TAL, LA • 1960
PENA DE MUERTE • INOCENTE, EL • 1961
CULPABLES, LOS • 1962
RUTA DE LOS NARCOTICOS, LA • 1962
JOSE MARIA • 1963
BARCA SIN PESCADOR, LA • BOAT WITHOUT THE FISHERMAN, THE • 1964
PIEL QUEMADA, LA • BURNT SKIN • 1968
RESPUESTA, LA • ANSWER, THE • 1969
COMPANYS, PROCES A CATALUNYA • COMPANYS, TRIAL AT CATALONIA • 1979

FORNBACHER H. see **FORNBACHER HELMUT**

FORNBACHER HELMUT – GRM – 1936–
FORNBACHER H.
SOMMERSPROSSEN • BEYOND CONTROL (USA) ◦ FRECKLES ◦ WHAT A WAY TO DIE! • 1968
GANGSTERS DALLA FACCIA PULITA, I • 1969
...KOPCHEN IN DAS WASSER, SCHWANZCHEN IN DIE HOH • 1969
BEISS MICH, LIEBLING • BITE ME, DARLING • 1970

FORQUE ALVARO – SPN – 1953–
TERCERA PUERTA, LA • 1976

FORQUE JOSE M. see **FORQUE JOSE MARIA**

FORQUE JOSE MARIA – SPN – 1923–
FORQUE JOSE M.
MARIA MORENA • VENDETTA • 1951
NIEBLA Y SOL • 1951
DIABLO TOCA LA FLAUTA, EL • 1953
DIA PERDIDO, UN • 1954
LEGION DEL SILENCIO, LA • 1955
EMBAJADORES EN EL INFIERNO • 1956
AMANECER EN PUERTA OSCURA • 1957
HECHO VIOLENTO • 1958
NOCHE Y EL ALBA, LA • NIGHT AND THE DAWN, THE • 1958
DE ESPALDAS A LA PUERTA • 1959
MARIBEL Y LA EXTRANA FAMILIA • 1960
091, POLICIA AL HABLA • 1960
SECRETO DE MONICA, EL • 1961
USTED PUEDE SER UN ASESINO • 1961
ACCIDENTE 703 • 1962
ATRACO A LAS TRES • 1962
BECERRADA, LA • 1962
JUEGO DE LA VERDAD, EL • 1963
CASI UN CABALLERO • 1964
TENGO DIECISIETE ANOS • 1964
VACACIONES PARA YVETTE • 1964
UMORISMO NERO • MUERTE VIAJA DEMASIADO, LA (SPN) ◦ HUMORISMO NEGRO ◦ BLACK HUMOR ◦ HUMOUR NOIR ◦ DEATH TRAVELS TOO MUCH • 1965
BALEARI OPERAZIONE ORO • BARBOUZE CHERIE (FRN) • 1966
VIUDAS, LAS • 1966
LAS QUE TIENEN QUE SERVIR • THOSE WHO HAVE TO SERVE • 1967
MILLON EN LA BASURA, UN • 1967
YO HE VISTO LA MUERTE • I HAVE SEEN DEATH • 1967

ZARABANDA BING.. BING • 1967
DAME UN POCO DE AMOOOOR...! • GIVE ME A BIT OF LOOOVE! • 1968
DIABLO BAJA LA ALMOHADA, UN • DEVIL UNDER THE PILLOW, A • 1968
PECADOS CONYUGALES • 1968
VIL SEDUCCION, LA • VILE SEDUCTION, THE • 1968
ESTUDIO AMUEBLADO 2-P • 1969
TRIANGULITO, EL • 1969
MONUMENTO, EL • 1970
OJO DEL HURACAN, EL • 1970
CERA VIRGEN, LA • 1971
VOLPE DALLA CODA DI VELLUTO, LA • SUSPICION • 1971
PAREJA DISTINTA, UNA • 1973
RELEVO, EL • RELIEF, THE • 1973
TAROTS • 1973
NO ES NADA MAMA, SOLO UN JUEGO • IT'S NOTHING MUMMY, JUST A GAME • 1974
CASA FUNDADA EN 1940 • 1975
VUELVE, QUERIDA NATI • 1976
ENCUENTRO, EL • 1977
SEGUNDO PODER, EL • SECOND POWER, THE (USA) • 1977
MUJER DE LA TIERRA CALIENTE, LA • 1978

FORRELL GENE – USA

BOUNDARY LINES • 1947 • ANS

FORREST ALAN see **FOREST ALAN**

FORREST STANLEY – USA

HOT PURSUIT • YAB-YUM OP STELTEN (NTH) ○ HEAVEN CAN'T WAIT • 1983

FORRESTER JACK – FRN

CRIMINEL • CODE CRIMINEL, LE ○ CRIMINELS • 1932
MON AMI TIM • FORCATS DER LA MER, LES ○ BOURRASQUES ○ RAFALES • 1932
QUELQU'UN A TUE • CHATEAU DE LA TERREUR, LE ○ SECRET DU VIEUX PRIEURE, LE ○ JEUNE FILLE EFFRAYEE, LA • 1933
ET MOI J'TE DIS QU'ELLE T'A FAIT DE L'OEIL • J'TE DIS QU'ELLE T'A FAIT DE L'OEIL • 1935
GAIETES DE LA FINANCE, LES • HOMME QUI A VENDU SA TETE, L' ○ BENGALI VII • 1935
PARIS-CAMARGUE • VIE EST SI BELLE, LA ○ VIE EST BELLE, LA • 1935

FORRESTER M. F. – USA

HELD BY THE ENEMY • 1917 • SHT

FORSBERG – SWD

SLUT • END, THE • 1966 • SHT

FORSBERG LARS see **FORSBERG LARS LENNART**

FORSBERG LARS LENNART – SWD

FORSBERG LARS
JANKEN • YANKEE, THE • 1970
MANDAGARNA MED FANNY • ROBERT AND FANNY • 1977
KRISTOFFERS HUS • CHRISTOPHER'S HOUSE • 1979
HANS CHRISTIAN AND THE GEOGRAPHIC SOCIETY • 1980 • MTV

FORSBERG LASSE – SWD

MISSHANDLINGEN • ASSAULT, THE • 1970

FORSBERG ROLF – USA

ARK • 1970 • SHT

FORSHER JAMES – USA

HOLLYWOOD GHOST STORIES • 1986

FORSLUND BENGT – Producer/ writer – SWD – 1932–

LUFTBUREN • AIR CAGE, THE • 1973

FORST WILLI – Actor – GRM – 1903–1980

LEISE FLEHEN MEINE LIEDER • SCHUBERTS UNVOLLENDETE SYMPHONIE ○ UNFINISHED SYMPHONY (USA) ○ LOVER DIVINE (USA) • 1933
MASKERADE • MASQUERADE IN VIENNA • 1934
MAZURKA • 1935
ALLOTRIA • 1936
BURGTHEATER • VIENNA BURGTHEATER • 1936
SERENADE • 1937
BEL AMI • LIEBLING SCHONER FRAUEN, DER • 1939
CAPRIOLEN • 1939
ICH BIN SEBASTIAN OTT • I AM SEBASTIAN OTT (USA) • 1939
OPERETTE • OPERETTA (USA) • 1940
FRAUEN SIND KEINE ENGEL • 1942
WIENER BLUT • 1942
WIENER MADELN • VIENNESE MAIDENS (USA) ○ VIENNA MAIDENS • 1945
ES GESCHEHEN NOCH WUNDER • MIRACLES STILL HAPPEN • 1951
SUNDERIN, DIE • SINNER, THE • 1951
IM WEISSEN ROSSL • 1952
DIESES LIED BLIEBT BEI DIR • CABARET (USA) • 1954
DREI VON DER TANKSTELLE, DIE • 1955
KAISERJAGER • 1956
UNENTSCHULDIGTE STUNDE, DIE • 1957
WIEN, DU STADT MEINER TRAUME • 1957

FORSTEN HANS – GRM

LICHT UND FINSTERNIS • 1920
TROPFEN SCHWARZEN BLUTES, EIN • 1920
WO DU BIST, WIRD MEINE LIEBE SEIN • 1920

FORSTER ROBERT – Actor – USA – 1941–

HOLLYWOOD HARRY • 1985

FORSYTH BILL – UKN – 1947–

ISLANDS OF THE WEST • 1973 • DCS
GREGORY'S GIRL • 1980
THAT SINKING FEELING • 1980
ANDRINA • 1981 • TVM
LOCAL HERO • 1983
COMFORT AND JOY • 1984
HOUSEKEEPING • SYLVIE'S ARK • 1987
BREAKING IN • 1989
REBECCA'S DAUGHTER • 1989

FORSYTH ED – USA

UP THE NAVY
SUPERCHICK • SUPERCHIC ○ SUPER CHICK • 1973
CHESTY ANDERSON, USN • ANDERSON'S ANGELS ○ CHESTY ANDERSON, U.S. NAVY • 1976
INFERNO IN PARADISE • 1976 • MTV
ON ANY SUNDAY II • 1981 • DOC

FORTIER BOB – CND – 1945–

END OF A SUMMER DAY • 1969 • MTV
MYTH AND REALITY • 1973 • MTV
ALL THE YEARS OF HER LIFE • 1974 • MTV
MAD CANADIAN, THE • 1976
METAL WORKERS – ARTISANS DES METAUX • 1976 • DOC
HARMONIUM IN CALIFORNIA • 1979 • MTV
DEVIL AT YOUR HEELS, THE • 1982
SINGLE REGRET, A • 1982 • MTV
LAST RIGHT, THE • 1983 • MTV
RUNNING SCARED • 1984 • MTV
ONE STEP AWAY • 1985 • MTV
OUT OF A JOB • 1986 • MTV

FORTIER MONIQUE – Editor – CND – 1928–

A L'HEURE DE LA COLONISATION • 1963 • DOC
BEAUTE MEME, LA • 1964 • DOC
FERMONT P.Q. • 1980 • DOC

FORTUNE SAM – CND

MARIE-QUOEUR • 1971

FORTUNY JUAN – SPN – 1917–

LEGION DE HEROES • 1941
UNAS PAGINAS EN NEGRO • 1949
HUYENDO DE SI MISMO • 1953
REY DE LA CARRETERA, EL • 1954
MELODIA MISTERIOSA, LA • 1955
DELINCUENTES • 1956
AVENTURAS DE TAXI-KEY • 1959
PALMER HA MUERTO • 1961
RATAS NO DUERMEN DE NOCHE, LAS • 1973
POBRE DRACULA, EL • 1976
POBRECITA DRACULIN, EL • 1977
CRIMSON • 1985

FORZANO ANDREA see **LOSEY JOSEPH**

FORZANO ANDREA – ITL – 1915–

RAGAZZA CHE DORME • 1941
PELLEGRINI D'AMORE • 1955
CANTO DELL'EMIGRANTE, IL • 1956

FORZANO GIOVACCHINO – ITL – 1884–1970

CAMICIA NERA • 1933
VILLAFRANCA • 1933
CAMPO DI MAGGIO • 1935
COUP DE VENT • 1935
MAESTRO LANDI • 1935
SOUS LA TERREUR • 1935
COLPO DI VENTO, UN • 1936
FIORDALISI D'ORO • 1936
TREDICI UOMINI E UN CANNONE • 13 MEN AND A GUN (UKN) • 1936
SEI BAMBINE E IL PERSEO • 1939
RE D'INGHILTERRA NON PAGA, IL • 1941
PIAZZA S. SEPOLCRO • CRONACA DI DUE SECOLI • 1943

FOSCO PIERO see **PASTRONE GIOVANNI**

FOSKOLOS NIKOS – GRC

SFERES DHEN YIRIZOUN PISO, I • BULLETS DO NOT TURN BACK • 1967
AGAPI KE EMA • LOVE AND BLOOD • 1968
LEOFOROS TOU MISOUS, I • HIGHWAY OF HATE, THE • 1968
EHMALOTI TOU MISOUS • PRISONERS OF HATE • 1971
LIEUTENANT NATASSA • 1971
ME FOVO KE PATHOS • WITH FEAR AND PASSION • 1972

FOSKOS NICK – USA

WILD YOUTH • 1985

FOSS KENELM – UKN

PEEP BEHIND THE SCENES, A • 1918
FANCY DRESS • 1919
I WILL • 1919
LITTLE BIT OF FLUFF, A • 1919
BACHELOR HUSBAND, A • 1920
BREED OF THE TRESHAMS, THE • 1920
GLAD EYE, THE • 1920
ALL ROADS LEAD TO CALVARY • 1921
CHERRY RIPE • 1921
DOUBLE EVENT, THE • 1921
HEADMASTER, THE • 1921
NO.5 JOHN STREET • 1921
STREET OF ADVENTURE, THE • 1921
WONDERFUL YEAR, THE • 1921
DICKY MONTEITH • 1922
HOUSE OF PERIL, THE • 1922
ROMANCE OF OLD BAGDAD, A • 1922

FOSSE BOB – Choreographer – USA – 1927–1987

SWEET CHARITY • 1969
CABARET • 1972
LENNY • 1974
ALL THAT JAZZ • 1979
STAR 80 • 1983

FOSSELIUS ERNIE – USA

HARDWARE WARS • 1977 • SHT

FOSTER BOB – UKN

REMEMBER ME THIS WAY • 1975

FOSTER CHARLIE see **VEO CARLO**

FOSTER DOUGLAS – USA

FAMOUS BONERS • 1942 • SHT
SEESAW AND THE SHOES, THE • MOMENTS THAT MADE HISTORY • 1945 • SHT

FOSTER GILES – UKN

AERODROME, THE • 1983 • TVM
DUTCH GIRLS • 1985 • MTV
HOTEL DU LAC • 1985 • TVM
SILAS MARNER • 1985 • TVM
CONSUMING PASSIONS • 1988
TREE OF HANDS • 1989

FOSTER HARRY – USA – 1906–1985

RAY MCKINLEY AND HIS ORCHESTRA • 1946 • SHT
RAY ANTHONY AND HIS ORCHESTRA • 1947 • SHT
LET'S ROCK • KEEP IT COOL (UKN) • 1958

FOSTER HARVE – USA

SONG OF THE SOUTH • 1946
FABULOUS JOE, THE • 1947
HAL ROACH COMEDY CARNIVAL • 1947
JULESBURG • 1956 • MTV

FOSTER JOHN – Animator – USA

BARNYARD MELODY • 1929 • ANS
FLY'S BRIDE • 1929 • ANS
HOUSE CLEANING TIME • 1929 • ANS
JUNGLE FOOL • 1929 • ANS
MILL POND • 1929 • ANS
NIGHT CLUB • 1929 • ANS
SUMMER TIME • 1929 • ANS
BIG CHEEZE, THE • 1930 • ANS
CIRCUS CAPERS • 1930 • ANS
DIXIE DAYS • 1930 • ANS
FARM FOOLERY • 1930 • ANS
FOOLISH FOLLIES • 1930 • ANS
FROZEN FROLICS • 1930 • ANS
GOOD OLD SCHOOLDAYS • 1930 • ANS
GYPPED IN EGYPT • 1930 • ANS
HAUNTED SHIP, THE • 1930 • ANS
HOT TAMALE • 1930 • ANS
IRON MAN, THE • 1930 • ANS
JUNGLE JAZZ • 1930 • ANS
KING OF THE BUGS • 1930 • ANS
LAUNDRY BLUES • 1930 • ANS
MIDNIGHT • 1930 • ANS
NOAH KNEW HIS ARK • 1930 • ANS
OFFICE BOY, THE • 1930 • ANS
OOM PAH PAH • 1930 • ANS
ROMEO ROBIN, A • 1930 • ANS
SHIP AHOY • 1930 • ANS
SINGING SAPS • 1930 • ANS
SKY SKIPPERS • 1930 • ANS
SNOW TIME • 1930 • ANS
STONE AGE STUNTS • 1930 • ANS
WESTERN WHOOPEE • 1930 • ANS
ANIMAL FAIR, THE • 1931 • ANS
CINDERELLA BLUES • 1931 • ANS
COLLEGE CAPERS • 1931 • ANS
COWBOY BLUES • 1931 • ANS
COWBOY CABARET • 1931 • ANS
FAIRYLAND FOLLIES • 1931 • ANS
FAMILY SHOE, THE • 1931 • ANS
FISHERMAN'S LUCK • 1931 • ANS
FLY GUY, THE • 1931 • ANS
FLY HI • 1931 • ANS
FUN ON THE ICE • 1931 • ANS
HORSE COPS • 1931 • ANS
IN DUTCH • 1931 • ANS
JUNGLE JAM • 1931 • ANS
LOVE IN A POND • 1931 • ANS
MAD MELODY • 1931 • ANS
MAKING 'EM MOVE • IN A CARTOON STUDIO • 1931 • ANS
PALE FACE PUP • 1931 • ANS
PLAY BALL • 1931 • ANS
POLAR PALS • 1931 • ANS
RADIO RACKET • 1931 • ANS
RED RIDING HOOD • 1931 • ANS
SWISS TRICK, A • 1931 • ANS
TOY TIME • 1931 • ANS
TOY TOWN TALES • TOYLAND ADVENTURE • 1931 • ANS
TROUBLE • 1931 • ANS
WOT A NIGHT • 1931 • ANS
BALL GAME, THE • 1932 • ANS
BARNYARD BUNK • 1932 • ANS
BRING 'EM BACK HALF-SHOT • 1932 • ANS
BUGS AND BOOKS • 1932 • ANS
CATFISH ROMANCE • 1932 • ANS
CAT'S CANARY, THE • 1932 • ANS
CHINESE JUNKS • 1932 • ANS
CIRCUS ROMANCE • 1932 • ANS
DOWN IN DIXIE • 1932 • ANS
FLY FROLIC • 1932 • ANS
HOKUM HOTEL • 1932 • ANS
IN THE BAG • 1932 • ANS
JOINT WIPERS • 1932 • ANS
JOLLY FISH • 1932 • ANS
MAGIC ART • 1932 • ANS
NURSERY SCANDAL • 1932 • ANS
PENCIL MANIA • 1932 • ANS
PIANO TOONERS • 1932 • ANS
PICKANINNY BLUES • 1932 • ANS
PLANE DUMB • 1932 • ANS
POTS AND PANS • 1932 • ANS
RABID HUNTERS • 1932 • ANS
REDSKIN BLUES • 1932 • ANS
ROCKETEERS • 1932 • ANS
ROMEO MONK, A • 1932 • ANS
SPANISH TWIST, A • 1932 • ANS
SPRING ANTICS • 1932 • ANS
STONE AGE ERROR • 1932 • ANS
TUBA TOOTER, THE • 1932 • ANS
VENICE VAMP • 1932 • ANS
WILD GOOSE CHASE • 1932 • ANS
YARN OF WOOL, A • 1932 • ANS
LOVE'S LABOR WON • 1933 • ANS
MAGIC MUMMY, THE • 1933 • ANS
PANICKY PUP • 1933 • ANS
SILVERY MOON • 1933 • ANS
TIGHT ROPE TRICKS • 1933 • ANS
TUMBLEDOWN TOWN • 1933 • ANS
BILLY GOAT WHISKERS, THE • 1937 • ANS
BUGS BEETLE AND HIS ORCHESTRA • 1938 • ANS
DEVIL OF THE DEEP • 1938 • ANS
GANDY THE GOOSE • 1938 • ANS
GOOSE FLIES HIGH • 1938 • ANS
ROBINSON CRUSOE'S BROADCAST • 1938 • ANS
STRING BEAN JACK • 1938 • ANS

FOSTER LEWIS see **FOSTER LEWIS R.**

FOSTER LEWIS R. – USA – 1889–1974

FOSTER LEWIS
ANGORA LOVE • 1929 • SHT
BACON GRABBERS • 1929 • SHT
BERTH MARKS • 1929 • SHT
DOUBLE WHOOPEE • 1929 • SHT
HOTTER THAN HOT • 1929 • SHT
LOUD SOUP • 1929 • SHT
MEN O'WAR • 1929 • SHT
MOVIE NIGHT • 1929 • SHT
STEPPING OUT • 1929 • SHT
UNACCUSTOMED AS WE ARE • 1929 • SHT
BROKEN WEDDING BELLS • 1930 • SHT
CASH AND MARRY • 1930 • SHT
DIZZY DATES • 1930 • SHT
FALL TO ARMS, A • 1930 • SHT
KNIGHTS BEFORE CHRISTMAS • 1930 • SHT
LAND OF THE BLUE DAUGHTERS, THE • 1930 • SHT
MAN WITHOUT SKIRTS • 1930 • SHT

PURE AND SIMPLE • 1930 • SHT
SETTING SON, THE • 1930 • SHT
SLEEPING CUTIE, THE • 1930 • SHT
TOO HOT TO HANDLE • 1930 • SHT
BLONDES PREFER BONDS • 1931 • SHT
DUMBBELLS IN DERBIES • 1931 • SHT
EVENTUALLY BUT NOT NOW • 1931 • SHT
ITCHING HOUR, THE • 1931 • SHT
LIME JUICE NIGHTS • 1931 • SHT
SECOND HAND KISSES • 1931 • SHT
LOVE LETTERS OF A STAR • CASE OF THE CONSTANT GOD • 1936
ARMORED CAR • 1937
MAN WHO CRIED WOLF, THE • TOO CLEVER TO LIVE • 1937
SHE'S DANGEROUS • 1937
CAPTAIN CHINA • 1949
EL PASO • 1949
LUCKY STIFF, THE • 1949
MANHANDLED • 1949
EAGLE AND THE HAWK, THE • SPREAD EAGLE • 1950
CROSSWIND • JUNGLE ATTACK • 1951
HONG KONG • BOMBS OVER CHINA • 1951
LAST OUTPOST, THE • CAVALRY CHARGE • 1951
PASSAGE WEST • HIGH VENTURE (UKN) • 1951
JAMAICA RUN • JAMAICA • 1953
THOSE REDHEADS FROM SEATTLE • 1953
TROPIC ZONE • 1953
CRASHOUT • 1955
TOP OF THE WORLD • 1955
BOLD AND THE BRAVE, THE • 1956
DAKOTA INCIDENT • 1956
TONKA • HORSE CALLED COMANCHE, A • 1958
SIGN OF ZORRO, THE • 1960 • MTV

FOSTER MARK – ASL
DRINK THE MOON • 1981

FOSTER NORMAN – Actor – USA – 1900–1976
I COVER CHINATOWN • 1936
FAIR WARNING • DEATH IN PARADISE CANYON • 1937
THANK YOU, MR. MOTO • 1937
THINK FAST, MR. MOTO • 1937
MR. MOTO TAKES A CHANCE • LOOK OUT MR. MOTO • 1938
MYSTERIOUS MR. MOTO • 1938
WALKING DOWN BROADWAY • 1938
CHARLIE CHAN AT TREASURE ISLAND • 1939
CHARLIE CHAN IN RENO • 1939
MR. MOTO TAKES A VACATION • 1939
MR. MOTO'S LAST WARNING • 1939
CHARLIE CHAN IN PANAMA • 1940
VIVA CISCO KID • 1940
RIDE, KELLY, RIDE • 1941
SCOTLAND YARD • 1941
IT'S ALL TRUE • 1942
JOURNEY INTO FEAR • 1942
FUGA, LA • ESCAPE, THE • 1943
SANTA • 1943
HORA DE LA VERDAD, LA • HOUR OF TRUTH, THE • 1944
AHIJADO DE LA MUERTE, EL • 1946
CANTO DE LA SIRENA, EL • SONG OF THE SIREN (UKN) • 1946
KISS THE BLOOD OFF MY HANDS • BLOOD ON MY HANDS (UKN) ○ UNAFRAID, THE • 1948
RACHEL AND THE STRANGER • 1948
TELL IT TO THE JUDGE • 1949
FATHER IS A BACHELOR • MOTHER FOR MAY, A • 1950
WOMAN ON THE RUN • 1950
NAVAJO • 1952
SKY FULL OF MOON • 1952
SOMBRERO • 1952
DAVY CROCKETT AND THE RIVER PIRATES • 1956 • MTV
DAVY CROCKETT, KING OF THE WILD FRONTIER • 1956 • MTV
NINE LIVES OF ELFEGO BACA, THE • 1959
SIGN OF ZORRO, THE • 1960 • MTV
HANS BRINKER, OR, THE SILVER SKATES • 1962
VON DRAKE IN SPAIN • 1962
BRIGHTY OF THE GRAND CANYON • BRIGHTY (UKN) ○ BRIGHTY OF GRAND CANYON • 1967
INDIAN PAINT • 1967
CUSTER'S LAST FIGHT • 1968 • TVM
LEGEND OF CUSTER, THE • 1968 • TVM
DEATHBED • 1973
RETURN OF THE DRAGON • 1975

FOSTER PETER LE NEVE – UKN
WITCH'S FIDDLE, THE • 1924 • SHT

FOSTER R. F. see **BAKER RICHARD FOSTER**

FOSTER RICHARD – UKN
WATCHERS, THE • 1969

FOSTER RICHARD F. see **BAKER RICHARD FOSTER**

FOTH – GRM
EISMEER RUFT, DAS • ARCTIC SEA IS CALLING, THE

FOTOPOULOS VASSILIS – GRC
ORESTIS • ORESTES • 1969

FOUCAUD PIERRE – FRN – 1908–
SERIE NOIRE • INFILTRATOR, THE (USA) • 1954
MEMOIRES D'UN FLIC • 1955
MADEMOISELLE STRIP-TEASE • 1957

FOUCHER BERNARD – VNZ
MI PRIMER ACTOR ES UN POETA • MY FIRST ACTOR IS A POET • 1971

FOULDS HUGH – CND
CITIZEN HAROLD • 1971

FOULK BILL – UKN
BEASTLY TREATMENT • 1980

FOULON RAOUL – FRN – 1925–
TROUBLE-FESSES, LE • TROUBLE FESSES, LE • 1976

FOULSHAM FRASER – UKN
RIVER HOUSE MYSTERY, THE • 1935
SKY RAIDERS, THE • 1938

FOURACRE RON – Producer – UKN
UNDERGRADUATE, THE • 1970

FOURASTIE PHILIPPE – FRN – 1940–
CHOIX D'ASSASSINS, UN • 1967
BANDE A BONNOT, LA • BANDA BONNOT, LA (ITL) ○ ANARCHISTES, LES ○ ANARCHISTES OU LA BANDE A BONNOT, LES • 1969

FOURNIER CLAUDE – CND – 1931–
TELESPHORE, LEGARE, GARDE-PECHE • 1959 • DCS
ALFRED DESROCHERS, POETE • 1960 • DCS
FRANCE SUR UN CAILLOU, LA • 1960 • DCS
LUTTE, LA • WRESTLING • 1961 • DCS
MIDWESTERN FLOODS • 1962 • DOC
NEHRU • 1962 • DOC
STAMPEDE • 1962 • SHT
TEMOINS DE JEHOVA • 1962–64 • DCS
ALLELUYAHS, LES • ALLELUIA • 1963–64 • DCS
ARMAGEDDON • 1963–64 • DCS
BOHEMES 64 • 1963–64 • DCS
JEUNES ROMANCIERS, LES • 1963–64 • DCS
MALIOTENAM • 1963–64 • DCS
SERGE ET REAL • 1963–64 • DCS
DEUX FEMMES • 1965 • DCS
COLUMBIUM • 1966 • DCS
LONDRES • 1966 • DCS
ON SAIT OU ENTRER TONY, MAIS C'EST LES NOTES • 1966 • DCS
SEBRING, LA CINQUIEME HEURE • 1966 • DCS
TI-JEAN • 1966 • DCS
TONY ROMAN • 1966 • DOC
CANADA TODAY • 1967 • SHT
DU GENERAL AU PARTICULIER • 1967 • DCS
AMOOOOOR • 1968 • DCS
DOSSIER NELLIGAN, LE • 1968
QUEBEC AN 2000 • 1968 • DCS
COEURS NEUFS • HEARTS • 1969 • DCS
GREFFE CARDIAQUE, LA • 1969 • DOC
GREFFE CARDIAQUE, SYMPOSIUM DE MONTREAL, LA • 1969 • DCS
DEUX FEMMES EN OR • FEMMES DE BANLIEU ○ TWO WOMEN OF GOLD ○ TWO WOMEN IN GOLD • 1970
CHATS BOTTES, LES • 1971
ALIEN THUNDER • DAN CANDY'S LAW • 1973
...ET DIEU CREA L'ETE! • 1974 • DCS
POMME, LA QUEUE ET LES PEPINS, LA • 1974
ALIMENTS, GENTILS ALIMENTS • 1975 • DCS
JE SUIS LOIN DE TOI MIGNONNE • 1976
NEWCOMERS: 1740, THE • 1977
COPS AND OTHER LOVERS • 1979
HOT DOGS • CHIENS-CHAUDS, LES ○ CLEAN-UP SQUAD, THE • 1980
JACK LONDON'S TALES OF THE KLONDIKE: SCORN OF WOMEN • 1981
BONHEUR D'OCCASION • TIN FLUTE, THE • 1983
TISSERANDS DU POUVOIR, LES • MILLS OF POWER, THE • 1988

FOURNIER E. see **FOURNIER ERIC**

FOURNIER ERIC – CND – 1952–
FOURNIER E.
ENFANTS DE L'EMOTION, LES • 1975–77 • DCS

FOURNIER JACQUES – FRN – 1940–
ANGE GARDIEN, L' • 1978

FOURNIER JEAN-LOUIS – FRN
BAUHAUS, LE

FOURNIER JEAN-PIERRE – CND
CHISSIBI –LA MORT D'UN FLEUVE • 1973 • DOC

FOURNIER ROGER – CND – 1929–
PILE OU FACE • 1971
AVENTURES D'UNE JEUNE VEUVE, LES • 1974
VERY PRIVATE PARTY, A • 1975

FOUROUZESH IBRAHIM – IRN
KEY, THE • 1987

FOUSE FRANK – USA
WHEN KNIGHTS WERE COLD • 1923

FOWLER GENE JR. – USA
I WAS A TEENAGE WEREWOLF • BLOOD OF THE WEREWOLF • 1957
GANG WAR • 1958
I MARRIED A MONSTER FROM OUTER SPACE • 1958
SHOWDOWN AT BOOT HILL • 1958
HERE COME THE JETS • 1959
OREGON TRAIL, THE • 1959
REBEL SET, THE • 1959

FOWLER JOHN see **PHILIPPE-GERARD DIDIER**

FOWLER KELL – NZL
140 DAYS UNDER THE WORLD • 1966 • DOC

FOWLER ROBERT – USA
BELOW THE BELT • TO SMITHEREENS • 1980

FOWLEY DOUGLAS – Actor – USA – 1911–
MACUMBA LOVE • 1960

FOX BERYL – CND – 1931–
BALANCE OF TERROR • 1962 • DOC
SERVANT OF ALL • 1962 • DOC
ONE MORE RIVER • 1963 • DOC
SINGLE WOMAN AND THE DOUBLE STANDARD, THE • 1963 • DOC
THREE ON A MATCH • 1963 • DOC
CHIEF, THE • 1964 • DOC
MILLS OF THE GODS: VIET NAM, THE • 1965 • DOC
SUMMER IN MISSISSIPPI • 1965 • DCS
HONOURABLE RENE LEVESQUE, THE • 1966 • DOC
YOUTH IN SEARCH OF MORALITY • 1966 • DOC
SAIGON: PORTRAIT OF A CITY • SAIGON • 1967 • DOC
LAST REFLECTIONS ON A WAR: BERNARD FALL • 1968 • DOC
VIEW FROM THE 21ST CENTURY, A • 1968 • DOC
BE A MAN –SELL OUT • 1969 • DOC
MEMORIAL TO MARTIN LUTHER KING • 1969 • DOC
NORTH WITH THE SPRING • 1970 • DOC
HERE COME THE SEVENTIES • 1970–72 • SER
TRAVEL AND LEISURE • 1971 • DOC
HABITAT 2000 • 1973 • DOC
JERUSALEM • 1973 • DOC
MAN INTO SUPERMAN • 1974 • DOC
WILD REFUGE • 1974 • SER
HOW TO FIGHT WITH YOUR WIFE • 1975 • DOC
TAKE MY HAND • 1975 • DOC
VISIBLE WOMAN, THE • 1975 • DOC
RETURN TO KANSAS CITY • 1978 • DOC

FOX DONALD – USA
OMEGA • 1970 • SHT
YOUNG GOODMAN BROWN • 1972 • SHT

FOX FINIS – USA
MAN'S LAW AND GOD'S • 1922
BAG AND BAGGAGE • 1923
BISHOP OF THE OZARKS, THE • 1923
MAN BETWEEN, THE • 1923
TIPPED OFF • 1923
WOMAN WHO SINNED, A • 1924
DANGEROUS FRIENDS • 1926

FOX MARILYN – UKN
CODENAME: ICARUS • 1983 • MTV
BAKER STREET BOYS, THE • 1984 • MTV

FOX TED – UKN
TOILERS OF THE SEA • 1936

FOX WALLACE – USA – 1895–1958
FOX WALLACE W.
BANDIT'S SON, THE • 1927
AVENGING RIDER, THE • PARTNERS (UKN) • 1928
BREED OF THE SUNSETS • 1928
DRIFTIN' SANDS • 1928
MAN IN THE ROUGH • 1928
RIDING RENEGADE, THE • 1928
TRAIL OF COURAGE, THE • 1928
AMAZING VAGABOND, THE • 1929
COME AND GET IT • 1929
LAUGHING AT DEATH • 1929
NEAR THE TRAIL'S END • 1931
PARADING PAJAMAS • 1931
PARTNERS OF THE TRAIL • 1931
CANNONBALL EXPRESS, THE • 1932
DEVIL ON DECK • 1932
POWDERSMOKE RANGE • 1935
RED MORNING • GIRL OF THE ISLANDS ○ KARA • 1935
LAST OF THE MOHICANS, THE • 1936
YELLOW DUST • MOTHER LODE • 1936
RACING LADY • 1937
GUN PACKER, THE • 1938
MEXICALI KID, THE • 1938
BOWERY BLITZKRIEG • STAND AND DELIVER (UKN) • 1941
BOWERY AT MIDNIGHT • 1942
BULLETS FOR BANDITS • 1942
CORPSE VANISHES, THE • CASE OF THE MISSING BRIDES, THE (UKN) • 1942
LET'S GET TOUGH! • 1942
LONE STAR VIGILANTES, THE • DEVIL'S PRICE, THE (UKN) • 1942
'NEATH BROOKLYN BRIDGE • NEATH BROOKLYN BRIDGE ○ NEW YORK MYSTERY • 1942
SMART ALECKS • 1942
CAREER GIRL • 1943
GHOST RIDER, THE • 1943
GIRL FROM MONTEREY, THE • 1943
KID DYNAMITE • QUEEN OF BROADWAY • 1943
OUTLAWS OF STAMPEDE PASS • 1943
BLOCK BUSTERS • 1944
GREAT MIKE, THE • 1944
MEN ON HER MIND • 1944
MILLION DOLLAR KID • 1944
PRIDE OF THE PLAINS • 1944
RIDERS OF SANTA FE • MILE A MINUTE (UKN) ○ RIDERS OF THE SANTA FE • 1944
SONG OF THE RANGE • 1944
BAD MEN OF THE BORDER • 1945
BRENDA STARR, REPORTER • 1945 • SRL
CODE OF THE LAWLESS • MYSTERIOUS STRANGER, THE (UKN) • 1945
MR. MUGGS RIDES AGAIN • 1945
PILLOW OF DEATH • 1945
TRAIL TO VENGEANCE • VENGEANCE (UKN) • 1945
GUN TOWN • 1946
GUNMAN'S CODE • 1946
LAWLESS BREED • LAWLESS CLAN • 1946
RUSTLER'S ROUND-UP • RUSTLER'S HIDEOUT • 1946
WILD BEAUTY • 1946
JACK ARMSTRONG • 1947 • SRL
VIGILANTE, THE • 1947 • SRL
DOCKS OF NEW YORK • 1948
DARING CABALLERO, THE • 1949
GAY AMIGO, THE • 1949
VALIANT HOMBRE, THE • ROMANTIC VAQUERO • 1949 • MTV
WESTERN RENEGADES • 1949
ARIZONA TERRITORY • 1950
FENCE RIDERS • 1950
GUNSLINGERS • 1950
OUTLAW GOLD • 1950
OVER THE BORDER • 1950
SILVER RAIDERS • 1950
SIX-GUN MESA • 1950
WEST OF WYOMING • 1950
BLAZING BULLETS • 1951
MONTANA DESPERADO • 1951

FOX WALLACE W. see **FOX WALLACE**

FOX WILLIAM – USA
WHITE GODDESS • RAMAR OF THE JUNGLE (UKN) • 1953 • MTV

FOY BRYAN – Producer – USA – 1896–1977
PONCE DE LEON • 1924 • SHT
EDDIE PEABODY IN BANJOMANIA • 1927 • SHT
REB SPIKES AND HIS FOLLIES ENTERTAINERS • 1927 • SHT
HOME TOWNERS, THE • 1928
LIGHTS OF NEW YORK • 1928
KONIGSLOGE, DIE • QUEEN OF THE NIGHT CLUBS • 1929
QUEEN OF THE NIGHT CLUBS • 1929
GORILLA, THE • 1930
ROYAL BOX, THE • 1930
STOUT HEARTS AND WILLING HANDS • 1931 • SHT

FRAAS ARNE PHILIP – NRW
RAGNAROCK • RAGNA ROCK • 1973 • DOC

FRACASSI CLEMENTE – ITL – 1917–
ROMANTICISMO • 1951
SENSUALITA • BAREFOOT SAVAGE, THE (USA) ○ ENTICEMENT (UKN) • 1952
AIDA • 1953
ANDREA CHENIER • SOUFFLE DE LA LIBERTE, LE • 1955

FRADETAL MARCEL – Cinematographer – FRN – 1908–
HOMMES D'AUJOURD'HUI • 1952 • SHT

FRAGA AUGUSTO – PRT – 1920–
PORTUGAL, OITO SECULOS DE HISTORIA • 1940 • SHT
LISBOA DE ONTEM E DE HOJE • 1956 • SHT
PRISOES DE VIDRO • 1958 • SHT
SANGUE TOUREIRO • 1958
TARZAN DO 5° ESQ, O • 1958
PASSARINHO DA RIBEIRA • 1959
TERRA ARDENTE • 1960 • SHT
TERRA MAE • 1960 • SHT
ANGOLA • 1961 • SHT
RACA • 1961
DIA DE VIDA, UM • 1962
ABC A PRETO E BRANCO • 1964 • SHT
HORA DE AMOR, UMA • 1964
VINTE E NOVE IRMAOS • 1965
VOZ DO SANGUE, A • 1965
TRAICAO INVEROSIMIL • 1971

FRAGA JORGE – CUB – 1935–
EN DIAS COMO ESTOS • 1960
VENCEREMOS • 1960 • DOC
CUBA 58 • 1962
ROBO, EL • 1965
ODISEA DEL GENERAL JOSE, LA • ODYSSEY OF GENERAL JOSE, THE ○ GENERAL JOSE'S ODYSSEY • 1968
DESAFIO, EL • 1970
JUEGO HISTORICO, UN • 1971 • DOC
VI JUEGOS PANAMERICANOS • 1971 • DOC
NUEVA ESCUELA, LA • NEW SCHOOL, THE • 1973

FRAGA ODY – BRZ
VIDAS NUAS • NAKED LIVES • 1967

FRAGASSO CLAUDIO – ITL
PASSAGGI • 1979

FRAIKIN MARCEL – BLG
IMPLOSION • 1966
REPRIMAND, LA • 1966

FRAKER WILLIAM see **FRAKER WILLIAM A.**

FRAKER WILLIAM A. – Cinematographer – USA – 1923–
FRAKER WILLIAM
MONTE WALSH • 1970
REFLECTION OF FEAR, A • LABYRINTH ○ AUTUMN CHILD • 1973
LEGEND OF THE LONE RANGER, THE • 1981
DANCER'S TOUCH, THE • B.L. STRYKER: THE DANCER'S TOUCH • 1988 • TVM

FRAMBERS C. A. – USA
TOUGH LUCK SMITH • 1914

FRAME PARK – USA
FOR A WOMAN'S HONOR • 1919
GRAY WOLF'S GHOST, THE • MARUJA • 1919
MAN WHO TURNED WHITE, THE • SHEIK OF ARABY, THE • 1919
MINTS OF HELL, THE • 1919
PAGAN GOD, THE • 1919
WHITEWASHED WALLS • 1919
FORGOTTEN WOMAN • 1921
LOOPED FOR LIFE • 1924
DRUG STORE COWBOY • 1925

FRAMPTON HOLLIS – USA – 1936–
INFORMATION • 1966
MANUAL OF ARMS • 1966
PROCESS RED • 1966
HETERODYNE • 1967 • SHT
STATES • 1967
MAXWELL'S DEMON • 1968 • SHT
SNOWBLIND • 1968
SURFACE TENSION • 1968 • SHT
ARTIFICIAL LIGHT • 1969
CARROTS & PEAS • 1969
LEMON (FOR ROBERT HUOT) • 1969
PALINDROME • 1969 • SHT
PRINCE RUPERT DROPS • 1969
WORKS AND DAYS • 1969
ZORNS LEMMA • 1970
HAPAX LEGOMENA I: NOSTALGIA • 1971
HAPAX LEGOMENA II: POETIC JUSTICE • 1971
HAPAX LEGOMENA III: CRITICAL MASS • 1972
HAPAX LEGOMENA IV: TRAVELLING MATTE • 1972
HAPAX LEGOMENA V: ORDINARY MATTER • 1972
HAPAX LEGOMENA VI: REMOTE CONTROL • 1972
HAPAX LEGOMENA VII: SPECIAL EFFECTS • 1972
MAGELLAN

FRANCE CHARLES see **FRANCE CHARLES H.**

FRANCE CHARLES H. – USA
FRANCE CHARLES
ABSENT-MINDED MR. BOOB • 1913
ANDY GETS A JOB • 1913
AT MIDNIGHT • 1913
BORROWING TROUBLE • 1913
COLLEGE CHAPERONE, THE • 1913
COMEDIAN'S DOWNFALL, THE • 1913
CURED OF HER LOVE • 1913
DAY THAT IS DEAD, A • 1913
ENOCH AND EZRA'S FIRST SMOKE • 1913
FUGITIVE, THE • 1913
GOLD BRICK, THE • 1913
GREEDY GEORGE • 1913
GREEN EYE OF THE YELLOW GOD, THE • 1913
HENRIETTA'S HAIR • 1913
HIS FIRST PERFORMANCE • 1913
HIS MOTHER-IN-LAW'S VISIT • 1913
HONOR OF THE FORCE, THE • 1913
HORNET'S NEST, A • 1913
IN THE GARDEN • 1913
JOLT FOR THE JANITOR, A • 1913
LOVE'S OLD SWEET SONG • 1913
MAGICIAN FISHERMAN, THE • 1913
MARY'S NEW HAT • 1913
MIDNIGHT BELL, A • 1913
PAPA'S DREAM • 1913
PATCHWORK QUILT, THE • 1913
PRICE OF HUMAN LIVES, THE • 1913
SETH'S WOODPILE • 1913
SHORT LIFE AND A MERRY ONE, A • 1913
SHORT-STOP'S DOUBLE, THE • 1913
SWEENEY AND THE FAIRY • 1913
SWEENEY AND THE MILLION • 1913
SWEENEY'S DREAM • 1913
TEA AND TOAST • 1913
THEY WERE ON THEIR HONEYMOON • 1913
TWO ARTISTS AND ONE SUIT OF CLOTHES • 1913
WIDOW'S SUITORS, THE • 1913
ABSENT-MINDED MOTHER, AN • 1914
ANDY AND THE HYPNOTIST • 1914
ANDY AND THE REDSKINS • 1914
ANDY FALLS IN LOVE • 1914
ANDY GOES A-PIRATING • 1914
ANDY GOES ON THE STAGE • 1914
ANDY HAS A TOOTHACHE • 1914
ANDY LEARNS TO SWIM • 1914
ANDY PLAYS CUPID • 1914
ANDY PLAYS HERO • 1914
ANDY, THE ACTOR • 1914
BOARDING HOUSE ROMANCE, A • 1914
BUSTER AND HIS GOAT • 1914
BUSTER BROWN • 1914 • SER
BUSTER BROWN AND THE GERMAN BAND • 1914
BUSTER BROWN CAUSES A COMMOTION • 1914
BUSTER BROWN ON THE CARE AND TREATMENT OF GOATS • 1914
BUSTER BROWN PICKS OUT THE COSTUMES • 1914
BUSTER BROWN'S EDUCATION • 1914
BY PARCEL POST • 1914
CALL OF THE FOOTLIGHTS • 1914
CHEESE MINING • 1914
DEACON BILLINGTON'S DOWNFALL • 1914
GEORGE WASHINGTON JONES • 1914
GETTING ANDY'S GOAT • 1914
GETTING TO THE BALL GAME • 1914
IMPERSONATOR, THE • 1914
IN A PROHIBITION TOWN • 1914
LOVE'S YOUNG DREAM • 1914
LUCKY VEST, THE • 1914
NIGHT OUT, A • 1914
OLD FIRE HORSE, THE • 1914
ON THE STEPS • 1914
ROMANCE OF THE EVERGLADE, A • 1914
SHERLOCK HOLMES GIRL, THE • 1914
STORY OF THE WILLOW PATTERN, THE • 1914
STUFF THAT DREAMS ARE MADE OF, THE • 1914
THREE KNAVES AND THE HEATHEN CHINESE • 1914
UP-TO-DATE COURTSHIP, AN • 1914
SNAP SHOTS • 1915
THEIR HAPPY LITTLE HOME • 1915
TRACKED BY THE HOUNDS • 1915
VOICE OF CONSCIENCE, THE • 1915
NATURAL LAW, THE • 1917
HE, SHE AND IT • 1920 • SHT
THAT QUIET NIGHT • 1920 • SHT
WHEN YOU ARE DRY • 1920 • SHT
WHOSE WIFE • 1920 • SHT
WIVES' UNION, THE • 1920 • SHT

FRANCE CHUCK – USA
JAZZ IN EXILE • 1978 • DCS

FRANCE FLOYD – USA
LUCK OF ROARING CAMP, THE • 1917 • SHT
PRINCESS' NECKLACE, THE • 1917
PUTTING THE BEE IN HERBERT • 1917
TWO KENTUCKY BOYS • 1917 • SHT
WHIRLIGIG OF LIFE, THE • 1917 • SHT

FRANCEL HUBERT – FRN
MANUELA

FRANCHI PIERRE – FRN – 1911–
NUITS DE MONTMARTRE, LES • 1955

FRANCHINA BASILIO – ITL – 1914–
LEGIONE STRANIERA • TROUBLE FOR THE LEGION • 1953

FRANCHINA SANDRA – ITL
MORIRE GRATIS • TO DIE FOR NOTHING • 1968

FRANCHINI MARIO – ITL
CITTA DELL'AMORE, LA • 1934
RITORNO ALLA TERRA • 1934

FRANCHON LEONARD – USA
COTTON AND CATTLE • 1921
COWBOY ACE, THE • 1921
FLOWING GOLD • 1921
OUT OF THE CLOUDS • 1921
RANGE PIRATE, THE • 1921
RUSTLERS OF THE NIGHT • 1921
TRAIL TO RED DOG, THE • COLD STEEL • 1921

FRANCI PIER GIUSEPPE – ITL
PIU GRANDE MISTERO D'AMORE, IL • 1956

FRANCIA ALDO – CHL
VALPARAISO, MI AMOR • VALPARAISO, MY LOVE • 1970
YA NO BASTA CON REZAR • ENOUGH PRAYING • 1971

FRANCIOLINI GIANNI – ITL – 1910–1960
ISPETTORE VARGAS, L' • SBARRA, LA • 1940
FARI NELLA NEBBIA • LIGHTHOUSE IN THE FOG ○ GELOSIA ○ NEBBIA ○ HEADLIGHTS IN THE FOG • 1942
GIORNI FELICI • 1943
ADDIO, AMORE! • 1944
NOTTE DI TEMPESTA • 1946
AMANTI SENZA AMORE • 1948
SPOSA NON PUO ATTENDERE, LA • ALSELMO HA FRETTA ○ BRIDE COULDN'T WAIT, THE • 1950
BUONGIORNO ELEFANTE • HELLO ELEPHANT (USA) ○ SABU PRINCIPE LADRO ○ PARDON MY TRUNK ○ HULLO ELEPHANT • 1952
ULTIMO INCONTRO • 1952
MONDO LE CONDANNA, IL • WORLD CONDEMNS THEM, THE • 1953
SIAMO DONNE • WE, THE WOMEN • 1953
VILLA BORGHESE • AMANTS DE VILLA BORGHESE, LES (FRN) ○ IT HAPPENED IN THE PARK (USA) • 1953
SECRETS D'ALCOVE • LETTO, IL (ITL) ○ BED, THE (USA) • 1954
RACCONTI ROMANI • 1955
SIGNORINE DELLO 04, LE • 1955
PECCATO DI CASTITA • 1956
RACCONTI D'ESTATE • FEMMES D'UN ETE (FRN) ○ LOVE ON THE RIVIERA (USA) ○ SUMMER TALES ○ GIRLS FOR THE SUMMER • 1958
FERDINANDO I RE DI NAPOLI • 1959

FRANCIOSA MASSIMO – Writer – ITL – 1924–
TENTATIVO SENTIMENTALE, UN • AMOUR SANS LENDEMAIN (FRN) ○ SENTIMENTAL EXPERIMENT • 1963
VOCI BIANCHE, LE • SEXE DE ANGES, LE (FRN) ○ WHITE VOICES (USA) ○ COUNTER TENORS, THE ○ UNDER COVER ROGUE ○ CASTRATI, I • 1964
EXTRA CONIUGALE • 1965
MORBIDONE, IL • DREAMER, THE (USA) • 1965
PRONTO.. C'E UNA CERTA GIULIANA PER TE • HELLO.. THERE'S SOMEONE CALLED GIULIANA FOR YOU • 1967
STAGIONE DEI SENSI, LA • 1969
TOGLI LE GAMBE DAL PARABREZZA • 1969
QUELLA CHIARA NOTTE D'OTTOBRE • 1970
PER AMORE O PER FORZA • 1971

FRANCIS CARL see **FRANCIS KARL**

FRANCIS COLEMAN – USA
BEAST OF YUCCA FLATS, THE • 1961
SKYDIVERS, THE • 1963
NIGHT TRAIN TO MUNDO FINE • 1966

FRANCIS FREDDIE – Cinematographer – UKN – 1917–
BARNETT KEN
DAY OF THE TRIFFIDS • 1962
TWO AND TWO MAKE SIX • GIRL SWAPPERS, THE ○ CHANGE OF HEART, A • 1962
VENGEANCE • TOTER SUCHT SEINEN MORDER, EIN (FRG) ○ BRAIN, THE (USA) ○ DEAD MAN SEEKS HIS MURDERER, A • 1962
NIGHTMARE • HERE'S THE KNIFE, DEAR: NOW USE IT • 1963
PARANOIAC • 1963
DR. TERROR'S HOUSE OF HORRORS • 1964
EVIL OF FRANKENSTEIN, THE • 1964
HYSTERIA • 1964
TRAITOR'S GATE • VERRATEROR, DAS (FRG) • 1964
SKULL, THE • 1965
PSYCHOPATH, THE • SCHIZO • 1966
DEADLY BEES, THE • 1967
THEY CAME FROM BEYOND SPACE • 1967
TORTURE GARDEN • 1967
DRACULA HAS RISEN FROM THE GRAVE • 1968
INTREPID MR. TWIGG, THE • 1969 • SHT
MUMSY, NANNY, SONNY AND GIRLY • GIRLY • 1969
TROG • 1970
GEBISSEN WIRD NUR NACHTS -HAPPENING DER VAMPIRE • VAMPIRE HAPPENING, THE ○ HAPPENING DER VAMPIRE • 1971
TALES FROM THE CRYPT • 1972
CRAZE • INFERNAL IDOL, THE • 1973
CREEPING FLESH, THE • 1973
TALES THAT WITNESS MADNESS • 1973
LEGEND OF THE WEREWOLF • 1974
SON OF DRACULA • YOUNG DRACULA ○ COUNT DOWNE • 1974
GHOUL, THE • 1975
GOLDEN RENDEZVOUS • NUCLEAR TERROR • 1977
DOCTOR AND THE DEVILS, THE • 1985
DARK TOWER • 1987

FRANCIS JOE – FRN
FRANCYS JOE
TAMPON DU CAPISTON, LE • 1930
EN BORDEE • 1931
LEON.. TOUT COURT • 1932

FRANCIS KARL – UKN
FRANCIS CARL
ABOVE US THE EARTH • 1977
IN THE AFTERNOON OF WAR • MOUSE AND THE WOMAN, THE ○ AFTERNOON OF WAR • 1981
GIRO CITY • AND NOTHING BUT THE TRUTH (USA) • 1982
HAPPY ALCOHOLIC, THE • 1984
MS RHYMNEY VALLEY • 1986 • DOC
BOY SOLDIER • 1987

FRANCIS LEWIS S. – USA
WAY OUT TOPLESS • WAY OUT TOP ○ WAY OUT STOPLESS • 1967

FRANCIS YUSSIF – EGY – 1934–
NADHRATU AL-FANNAN • REGARD DE L'ARTISTE, LE • 1970 • SHT
HANIN • NOSTALGIE • 1971 • SHT
NABADHATU QALB • BATTEMENTS DE COEUR • 1971 • SHT
WARDA • FLEUR, UNE • 1971 • SHT
ZUHURUN BARRIYYA • FLEURS SAUVAGES • 1972
MUDIL • MODELE, UN • 1974 • MTV

FRANCISCI PIETRO – ITL – 1906–
MIA VITA SEI TU, LA • 1934
IO T'HO INCONTRATA A NAPOLI • 1946
NATALE AL CAMPO 119 • ESCAPE INTO DREAMS (USA) • 1948
ANTONIO DA PADOVA • ANTONY OF PADUA (USA) • 1949
LEONE DI AMALFI, IL1 • RIBELLE DI AMALFI, IL • 1951
MERAVIGLIOSE AVVENTURE DI GUERRIN MESCHINO, LE • 1952
REGINA DI SABA, LA • QUEEN OF SHEBA, THE (USA) • 1952
ATTILA FLAGELLO DI DIO • ATTILA FLEAU DE DIEU (FRN) ○ ATTILA (USA) ○ ATTILA THE HUN ○ ATTILA THE SCOURGE OF GOD • 1955
ORLANDO E I PALADINI DI FRANCIA • ROLAND THE MIGHTY (USA) ○ ORLANDO • 1956

FATICHE DI ERCOLE, LE • HERCULES (UKN) • 1957
ERCOLE E LA REGINA DI LIDIA • HERCULES AND THE QUEEN OF SHEBA (USA) ○ HERCULES UNCHAINED (UKN) ○ HERCULE ET LA REINE DE LYDIE (FRN) ○ HERCULES AND THE QUEEN OF LIDIA • 1959
ASSEDIO DI SIRACUSA, L' • SIEGE DE SYRACUSE, LE (FRN) ○ SIEGE OF SYRACUSE (USA) ○ ARCHIMEDE • 1960
SAFFO, VENERE DI LESBO • WARRIOR EMPRESS, THE (USA) ○ SAPHO, VENUS OF LESBOS ○ SAPHO • 1960
ERCOLE SFIDA SANSONE • HERCULES, SAMSON AND ULYSSES (USA) ○ HERCULES CHALLENGES SAMSON • 1964
2 + 5 MISSIONE HYDRA • STAR PILOTS (USA) ○ DUE + CINQUE MISSIONE HYDRA ○ TWO ø FIVE MISSION HYDRA • 1966
SIMBAD E IL CALIFFO DI BAGDAD • 1973

FRANCISCO CLAY – USA

RUSSIA IN THE 70'S • 1970 • DOC

FRANCK ERNST L. – GRM

LIEBE AUF BEFEHL • 1931

FRANCKEN SANDOR – NTH

VIDEO AND JULIA • 1981
OPLOSSING, DE • 1983

FRANCO JESS see **FRANCO JESUS**

FRANCO JESUS – SPN – 1930–

JOHNSON JAMES P. • BROWN CLIFFORD • HOLLMANN FRANK • ZINNERMAN ROBERT • FRANK JESS • FRANCO JESS • KHUNNE DAVID • TOUGH DAVE • MANERA JESUS FRANCO

LABIOS ROJOS • 1960
REINA DEL TABARIN, LA • 1960
TENEMOS 18 ANOS • WE ARE 18 YEARS OLD • 1960
VOLANDO HACIA LA FAMA • 1961
CARTAS BOCA ARRIBA • ATTACK OF THE ROBOTS (USA) ○ CARTES SUR TABLE (FRN) ○ CARDS ON THE TABLE ○ CARDS FACE UP • 1962
GRITOS EN LA NOCHE • AWFUL DR. ORLOFF, THE (USA) ○ HORRIBLE DR. ORLOFF, L' ○ DEMON DOCTOR, THE (UKN) ○ CRIES IN THE NIGHT • 1962
MUERTE SILBA UN BLUES, LA • 1962
VAMPIRESAS 1930 • 1962
LLANERO, EL • 1963
MANO DE UN HOMBRE MUERTO, EL • HAND OF A DEAD MAN, THE • 1963
RIFIFI EN LA CIUDAD • 1963
SECRETO DEL DR. ORLOFF, EL • DR. ORLOFF'S MONSTER (USA) ○ MISTRESSES OF DR. JEKYLL ○ DR. ORLOFF'S SECRET ○ SECRET OF DR. ORLOFF, THE • 1964
GOLDEN HORT • 1966
MISS MUERTE • DAN LES GRIFFES DU MANIAQUE (FRN) ○ DIABOLICAL DR. Z, THE (USA) ○ IN THE GRIP OF THE MANIAC ○ MISS DEATH • 1966
RESIDENCIA PARA ESPIAS • 1966
AGENTE SPECIALE L. K. • 1967
LUCKY EL INTREPIDO • 1967
SADISTEROTICA • 1967
BESAME, MONSTRUO • KISS ME MONSTER (USA) ○ CASTLE OF THE DOOMED • 1968
CASO DE LAS DOS BELLEZAS, EL • CASE OF THE TWO BEAUTIES, THE • 1968
CASTLE OF FU MANCHU, THE • FOLTERKAMMER DES DR. FU MAN CHU, DIE (FRG) ○ CASTILLO DE FU MANCHU, EL(SPN) ○ ASSIGNMENT: INSTANBUL ○ TORTURE CHAMBER OF DR. FU MANCHU, THE • 1968
MARQUIS DE SADE: JUSTINE • JUSTINE OVVERO LE DISAVVENTURE DELLA VERTU (ITL) ○ JUSTINE AND JULIET ○ INFORTUNES DE LA VERTU, LES(FRN) ○ JUSTINE • 1968
NECRONOMICON –GETRAUMTE SUNDEN • NECRONOMICON –DREAMT SIN ○ NECROMICRON (SPN) ○ SUCCUBUS (USA) • 1968
SUMURU • SIEBEN MANNER DER SU–MARU, DIE (FRG) ○ RIO 70 (USA) ○ CIUDAD SIN HOMBRES, LA ○ SEVEN SECRETS OF SU–MARU, THE ○ RIVER 70 • 1968
TODESKUSS DES DR. FU MAN CHU, DER • FU MANCHU Y EL BESO DE LA MUERTE (SPN) ○ BLOOD OF FU MANCHU, THE (GBR) ○ KISS & KILL (USA) ○ FU MANCHU AND THE KISS OF DEATH ○ AGAINST ALL ODDS ○ FU MANCHU'S KISS OF DEATH • 1968
DE SADE 70 • INASSOUVIES, LES (FRN) ○ DEADLY SANCTUARY (USA) • 1969
DOCTOR JEKYLL Y MR. HYDE • 1969
HEISSE TOD, DER • 99 MUJERES (SPN) ○ 99 DONNE (ITL) ○ 99 WOMEN (USA) ○ PROSTITUTES IN PRISON ○ 99 FRAUEN • 1969
VIERGE PARMI LES MORTS VIVANTS, UNE • 1969
PICK–UP GIRLS, THE
CAUCHEMARS VIENNENT LA NUIT • 1970
CONDE DRACULA, EL • COUNT DRACULA (UKN) ○ CONTE DRACULA, IL (ITL) ○ BRAM STOKER'S COUNT DRACULA • 1970
DIABOLO VIENA DE AKASAWA, EL • 1970
EUGENIE.. THE STORY OF HER JOURNEY INTO PERVERSION • EUGENIE • 1970
PROCESO DE LAS BRUJAS, EL • HEXENTOTER VON BLACKMOOR, DER (FRG) ○ WITCH KILLER OF BLACKMOOR ○ NIGHT OF THE BLOOD MONSTER (USA) ○ BLOODY JUDGE, THE (UKN) ○ JUEZ SANGRIENTO, EL ○ TRONO DI FUOCO, IL ○ FRG ○ TRIAL OF THE WITCHES, THE • 1970
SEX CHARADE • 1970
TOTETE IN EKSTASE, DIE • 1970
VENUS IN FURS • VENUS IN PELTZ (FRG) ○ PAROXISMUS (ITL) ○ PUO UNA MORTA RIVIVERE PER AMORE? • 1970
DR. MABUSE, EL • DOKTOR MABUSE, DER (FRG) • 1971
DRACULA CONTRA EL DR. FRANKENSTEIN • DRACULA PRISONNIER DU DOCTEUR FRANKENSTEIN (FRN) ○ DRACULA VS. DR. FRANKENSTEIN ○ SCREAMING DEAD, THE • 1971
HIJA DE DRACULA, LA • 1971
INFIERNO, TUYA ES LA VICTORIA • 1971
MUERTO HACE LAS MALETAS, EL • TODESRACHER, DER (FRG) ○ DEATH PACKS UP ○ DEATH AVENGER • 1971
ROBINSON CRUSOE UND SEINE WILDEN SKLAVINNEN • SEXY DARLINGS, THE (UKN) • 1971
TEUFEL KAM AUS AKASAWA, DER • DIABLO VENIA DE AKASAWA, EL (SPN) ○ DEVIL WAS COMING FROM AKASAWA, THE • 1971
VAMPYROS LESBOS –DIE ERBIN DES DRACULA • SIGNO DEL VAMPIRO, EL ○ HERITAGE OF DRACULA, THE ○ HEIRESS OF DRACULA, THE ○ VAMPIRAS, LAS ○ LESBIAN VAMPIRES –THE HEIRESS OF DRACULA ○ VAMPIRE WOMEN, THE ○ SPN ○ SIGN OF THE VAMPIRE, THE • 1971
VUELO AL INFIERNO • 1971
X 312 –FLUG ZUR HOLLE • X 312 FLIGHT TO HELL (UKN) • 1971
AMANTES DE LA ISLA DEL DIABOLO, LOS • AMANTS DE L'ILE DU DIABLE, LES (FRN) ○ LOVERS OF DEVIL'S ISLAND, THE • 1972
CAPITAINE DE 15 ANS, UN • 1972
DOCTEUR NO HA MUERTO, EL • 1972
DR. M. SCHLAGT ZU • 1972
JUNGFRAUEN REPORT • 1972
MALDICION DE FRANKENSTEIN, LA • 1972
MISTERIO DEL CASTILLO ROJO, EL • 1972
SILENCIO DE TUMBO, UN • 1972
TODESRADER VON SOHO, DER • 1972
AL OTRO LADO DEL ESPEJO • 1973
COMTESSE PERVERSE, LA • 1973
INCESTE, L' • 1973
OJOS SINIESTROS DEL DOCTOR ORLOFF, LOS • 1973
PLAISIR A TROIS • 1973
RELAX BABY • 1973
VENGANZA DEL DOCTOR MABUSE, LA • 1973
AMAZONES DE LA LUXURE, LES • 1974
CELESTINE, BONNE A TOUT FAIRE • CELESTINE, MAID AT YOUR SERVICE ○ CELESTINE • 1974
CHATOUILLEUSES, LES • 1974
CHEMIN SOLITAIRE, LE • 1974
COMTESSE NOIRE, LA • 1974
MAIS QUI DONC A VIOLE LINDA? • 1974
NOCHE DE LOS ASESINOS, LA • 1974
SEXY BLUES • 1974
FUTURE WOMEN • RIO '80 • 1975
DIRNENMORDER VON LONDON, DER • 1976
PETITES VICIEUSES FONT LES GRANDES EMMERDEURS, LES • 1976
BLUE RITA • 1977
LIEBESBRIEFE EINER PORTUGIESISCHEN NONNE • 1977
COCKTAIL SPECIAL • 1978
DEUX SOEURS VICIEUSES • 1978
ELLES FONT TOUT • 1978
JACK THE RIPPER • 1978
JE BRULE DE PARTOUT • 1978
WANDA, THE WICKED WARDEN • 1979
SAGE DES TODES, DIE • BLOODY MOON • 1981
VIRGIN AMONG THE LIVING DEAD • 1985

FRANCO MANUEL – CLM

CUANDO LA SAL PIERDE SU SABOR • WHEN SALT LOSES ITS TASTE • 1975 • SHT

FRANCO RICARDO – SPN – 1949–

DESASTRE DE ANNUAL, EL • 1970
PASCUAL DUARTE • 1975
RESTOS DEL NAUFRAGIO, LOS • REMAINDER OF THE SHIPWRECK, THE ○ REMAINS OF THE SHIPWRECK, THE ○ REMAINS OF THE WRECK, THE • 1977
IN 'N OUT • ST. JUDE OF THE BORDER • 1986
BERLIN BLUES • 1988

FRANCOVICH ALLAN – USA

ON COMPANY BUSINESS • 1979 • DOC

FRANCYS JOE see **FRANCIS JOE**

FRANEY WILLIAM – USA

HIS DOCTOR'S ORDERS • 1914
WHAT THE RIVER FORETOLD • 1915

FRANJU GEORGES – FRN – 1912–1987

METRO, LE • 1934 • DCS
SANG DES BETES, LE • BLOOD OF BEASTS, THE ○ BLOOD OF THE BEASTS • 1949 • DCS
EN PASSANT PAR LA LORRAINE • 1950 • DOC
GRAND MELIES, LE • GREAT MELIES, THE • 1952 • DOC
HOTEL DES INVALIDES • 1952 • DCS
MONSIEUR ET MADAME CURIE • 1953 • DCS
NAVIGATION MARCHANDE • MARINE MARCHANDE • 1954 • DOC
POUSSIERES, LES • 1954 • DCS
A PROPOS D'UNE RIVIERE • AU FIL D'UNE RIVIERE ○ SAUMON ATLANTIQUE, LE • 1955 • SHT
MON CHIEN • 1956 • DCS
SUR LE PONT D'AVIGNON • 1956 • DCS
THEATRE NATIONAL POPULAIRE, LE • T.N.P., LE • 1956 • DCS
NOTRE–DAME, CATHEDRALE DE PARIS • 1957 • DCS
PREMIERE NUIT, LA • FIRST NIGHT, THE • 1958 • DCS
TETE CONTRE LES MURS, LA • KEEPERS, THE (UKN) • 1958
YEUX SANS VISAGE, LES • HORROR CHAMBER OF DR. FAUSTUS, THE (USA) ○ OCCHI SENZA VOLTO (ITL) ○ EYES WITHOUT A FACE (UKN) • 1959
PLEINS FEUX SUR L'ASSASSIN • SPOTLIGHT ON A MURDERER ○ SPOTLIGHT ON MURDER • 1961
THERESE DESQUEYROUX • THERESE • 1962
JUDEX • UOMO IN NERO, L' (ITL) • 1963
THOMAS L'IMPOSTEUR • THOMAS THE IMPOSTER • 1964
MARCEL ALLAIN • 1966
RIDEAUX BLANCS, LES • 1966 • SHT
FAUTE DE L'ABBE MOURET, LA • AMANTE DEL PRETE, L' (ITL) ○ SIN OF FATHER MOURET, THE ○ DEMISE OF FATHER MOURET, THE (USA) ○ C'EST LA FAUTE DE L'ABBE MOURET • 1970
LIGNE D'OMBRE, LA • SHADOW LINE, THE • 1971 • MTV
HOMME SANS VISAGE, L' • SHADOWMAN (UKN) ○ NUITS ROUGES ○ MAN WITHOUT A FACE, THE • 1974
MASQUE DE PLOMB, LE • 1974 • MTV
MORT QUI RAMPAIT SUR LES TOITS, LE • 1974 • MTV
NUIT DU VOLEUR DE CORBEAU, LA • 1974 • MTV
TUEURS SANS AME, LES • 1974 • MTV
MARCHE DES SPECTRE, LA • 1975 • MTV
RAPT, LE • 1975 • MTV
SANG ACCUSATEUR, LE • 1975 • MTV
SECRET DES TEMPLIERS, LE • 1975 • MTV
DERNIER MELODRAME, LE • LAST MELODRAMA, THE • 1978 • MTV
DISCORDE, LA • 1978 • MTV

FRANK A. M. – FRN

A L'EST DE BERLIN
ANGEL OF DEATH • 1987

FRANK ALEX see **FRANK ALEXANDER F.**

FRANK ALEXANDER see **FRANK ALEXANDER F.**

FRANK ALEXANDER F. – USA

FRANK ALEXANDER • FRANK ALEX

BLOWN UPON • 1915
ELIZA'S FAIRY PRINCE • 1915
IN RAW COLOR • 1915
NONE SO BLIND • 1915
TATTOOED MAN, THE • 1915

FRANK BARBARA – USA

RISING TARGET • 1976 • DOC

FRANK CAROL – USA

SORORITY HOUSE MASSACRE • 1986

FRANK CHARLES see **FRANK CHARLES H.**

FRANK CHARLES H. – UKN – 1910–

FRANK CHARLES

UNCLE SILAS • INHERITANCE, THE (USA) • 1947
INTIMATE RELATIONS • DISOBEDIENT • 1953

FRANK CHRISTOPHER – UKN – 1942–

JOSEPHA • 1981
ANNEE DES MEDUSES, L' • 1984
FEMMES DE PERSONNE • NOBODY'S WOMEN • 1984

FRANK DIMITRI FRENKEL – NTH

HIGH HEELS, TRUE LOVE • 1981
IJSSALON, DE • 1985

FRANK EARL – USA

BAR–RAC'S NIGHT OUT • 1937 • SHT

FRANK ERNEST L. see **FRANK ERNST L.**

FRANK ERNST – DNM

LIVET ER EN DROM • LIFE IS A DREAM • 1971 • DOC

FRANK ERNST L. – USA

FRANK ERNEST L.

NAGANA • 1933
ONE EXCITING ADVENTURE • 1934

FRANK HERZ see **FRANKS HERCS**

FRANK HUBERT – GRM

MORTON GEORGE

BEZAUBERNDES MADCHEN, EIN • 1963
FUNKSTREIFE GOTTES, DIE • GOD'S RADIO PATROL • 1968
WILLST DU EWIG JUNGFRAU BLEIBEN? • DO YOU WANT TO REMAIN A VIRGIN FOREVER? (UKN) • 1968
UNTERM ROCKEN STOSST DAS BOCKCHEN • 1974
ZUM ZWEITEN FRUHSTUCK • VIRGIN WIVES (UKN) • 1975
OH SCHRECK, MEI' HOS IST WEG • 1976
VANESSA • 1976
INSEL DER 1,000 FREUDEN, DIE • SEX FEVER ON AN ISLAND OF 1,000 DELIGHTS ○ SEX FEVER ○ SEX SLAVES • 1977
TERRIFYING CONFESSIONS OF CAPTIVE WOMEN • TERRIFYING CONFESSIONS OF A CAPTIVE WOMAN ○ CAPTIVE WOMEN ○ DIRTY JOBS • 1977
DISCO FIEBER • 1978
MELODY IN LOVE • 1978
TRIANGLE DE VENUS, LE • TRIANGLE OF LUST • 1978
HEISSBLUTIG • HOT–BLOODED • 1979
CATHERINE CHERIE • CATHERINE • 1982

FRANK JESS see **FRANCO JESUS**

FRANK JESS see **FRANCO JESUS**

FRANK MELVIN – Producer/writer – USA – 1913–

REFORMER AND THE REDHEAD, THE • 1950
CALLAWAY WENT THATAWAY • STAR SAID NO, THE (UKN) • 1951
STRICTLY DISHONORABLE • 1951
ABOVE AND BEYOND • 1952
KNOCK ON WOOD • 1954
COURT JESTER, THE • 1956
THAT CERTAIN FEELING • 1956
JAYHAWKERS, THE • 1959
LI'L ABNER • 1959
FACTS OF LIFE, THE • 1960
STRANGE BEDFELLOWS • 1964
BUONA SERA, MRS. CAMPBELL • 1969
TOUCH OF CLASS, A • 1973
PRISONER OF SECOND AVENUE, THE • 1975
DUCHESS AND THE DIRTWATER FOX, THE • 1976
LOST AND FOUND • 1979
WALK LIKE A MAN • BOBO • 1987

FRANK PREBEN – DNM

DER ER ET YNDIGT LAND • DANMARKSFILMEN • 1940
THORVALDSEN • 1949 • DCS

FRANK ROBERT – USA

PULL MY DAISY • 1959 • SHT
SIN OF JESUS, THE • 1961
O.K. ENDS HERE • O.K. END HERE • 1963 • SHT
ME AND MY BROTHER • 1968
COCKSUCKER BLUES • CS BLUES • 1976
CANDY MOUNTAIN • 1987

FRANK T. C. see **LAUGHLIN TOM**

FRANK W. EARLE – USA
ROPING WILD BEARS • 1934

FRANK WOLFGANG – GRM
PORNO BABY • 1969

FRANKE ANJA – SWT
DU MICH AUCH • 1986

FRANKEL CYRIL – UKN – 1921–1973
EAGLES OF THE FLEET • 1950 • DCS
EXPLORERS OF THE DEPTHS • 1950 • SHT
WING TO WING • 1951 • DCS
MAN OF AFRICA • 1953 • DOC
NUTCRACKER, THE • 1953
DEVIL ON HORSEBACK • 1954
MAKE ME AN OFFER • 1954
IT'S GREAT TO BE YOUNG • 1956
NO TIME FOR TEARS • 1957
ALIVE AND KICKING • 1958
SHE DIDN'T SAY NO! • 1958
NEVER TAKE SWEETS FROM A STRANGER • NEVER TAKE CANDY FROM A STRANGER (USA) ○ MOLESTER, THE • 1960
SCHEIDUNGSGRUND LIEBE • 1960
DON'T BOTHER TO KNOCK • WHY BOTHER TO KNOCK? (USA) • 1961
ON THE FIDDLE • OPERATION SNAFU (USA) ○ OPERATION WAR HEAD ○ WAR HEAD • 1961
VERY EDGE, THE • 1963
GEHEIMNIS DER WEISSEN NONNE, DAS • 1966
WITCHES, THE • DEVIL'S OWN, THE (USA) • 1966
TRYGON FACTOR, THE • 1967
PERMISSION TO KILL • 1975
VOLLMACHT ZUM MORD • PERMISSION TO KILL • 1975
SAINT AND THE BRAVE GOOSE, THE • 1978 • MTV
TENNIS COURT, THE • 1984 • TVM
FRAU NAMENS HARRY, EIN • HARRY AND HARRIET • 1990

FRANKEN MANNUS – NTH – 1899–1953
SLAET OP TEN TROMMLE
BRANDING • BREAKERS • 1929 • SHT
JARDIN DU LUXEMBOURG • 1929
REDDING • 1929
REGEN • RAIN (USA) • 1929
TREKSCHUIT, DE • 1932
WIND IN THE SAILS • 1934
PAREH, HET LIED VAN DER RIJST • PAREH, SONG OF THE RICE • 1936
TANAH SABRANG • LAND ACROSS SEA, THE • 1938
'T SAL WAARACHTIG WEL GAEN • 1939

FRANKENHEIMER JOHN – USA – 1930–
COMEDIAN, THE • 1956 • MTV
ELOISE • 1956 • MTV
FAMILY NOBODY WANTED, THE • 1956 • MTV
FORBIDDEN AREA • 1956 • MTV
NINTH DAY, THE • 1956 • MTV
RENDEZVOUS IN BLACK • 1956 • MTV
CLASH BY NIGHT • 1957 • MTV
DEATH OF MANOLETE, THE • 1957 • MTV
FABULOUS IRISHMAN, THE • 1957 • MTV
IF YOU KNEW ELIZABETH • 1957 • MTV
LAST TYCOON, THE • 1957 • MTV
SOUND OF DIFFERENT DRUMMERS, A • 1957 • MTV
THUNDERING WAVE, THE • 1957 • MTV
TROUBLE MAKERS, THE • 1957 • MTV
WINTER DREAMS • 1957 • MTV
YOUNG STRANGER, THE • 1957
BOMBER'S MOON • 1958 • MTV
DAYS OF WINE AND ROSES • 1958 • MTV
LAST MAN, THE • 1958 • MTV
OLD MAN • 1958 • MTV
RUMORS OF EVENING • 1958 • MTV
TOWN HAS TURNED TO DUST, A • 1958 • MTV
VIOLENT HEART, THE • 1958 • MTV
BLUE MEN, THE • 1959 • MTV
FACE OF A HERO • 1959 • MTV
FOR WHOM THE BELL TOLLS • 1959 • MTV
JOURNEY TO THE DAY • 1960 • MTV
YOUNG SAVAGES, THE • MATTER OF CONVICTION, A • 1961
ALL FALL DOWN • 1962
BIRDMAN OF ALCATRAZ • 1962
MANCHURIAN CANDIDATE, THE • 1962
SEVEN DAYS IN MAY • 1964
TRAIN, LE • TRENO, IL (ITL) ○ TRAIN, THE • 1964
GRAND PRIX • 1966
SECONDS • 1966
EXTRAORDINARY SEAMAN, THE • 1968
FIXER, THE • 1968
GYPSY MOTHS, THE • 1969
I WALK THE LINE • 1970
HORSEMEN, THE • 1971
ICEMAN COMETH, THE • 1973
QUESTO IMPOSSIBILE OGGETTO • STORY OF A LOVE STORY, THE (USA) ○ IMPOSSIBLE OBJET, L'(FRN) ○ IMPOSSIBLE OBJECT • 1973
99 AND 44/100% DEAD • CALL HARRY CROWN (UKN) • 1974
FRENCH CONNECTION II • 1975
BLACK SUNDAY • 1977
PROPHECY • 1979
CHALLENGE, THE • 1982
EQUALS, THE • 1982
HOLCROFT COVENANT, THE • 1985
ACROSS THE RIVER AND INTO THE TREES • 1987
52 PICK-UP • FIFTY-TWO PICK-UP • 1987
DEAD-BANG • DEAD BANG • 1989
FOURTH WAR, THE • 1989

FRANKFURTER BERNHARD – AUS
ON THE ROAD TO HOLLYWOOD • 1982 • DOC

FRANKFURTHER P. HANS – NTH
NEGEN EEUWEN SLOTEN • 1966

FRANKLIN C. M. see **FRANKLIN CHESTER M.**

FRANKLIN CARL – USA
CADDO LAKE • 1989
EYE OF THE EAGLE II • EYE OF THE EAGLE 2: INSIDE THE ENEMY ○ K.I.A. KILLED IN ACTION ○ KIA • 1989

FRANKLIN CHESTER see **FRANKLIN CHESTER M.**

FRANKLIN CHESTER M. – USA – 1890–1948
FRANKLIN CHESTER • FRANKLIN C. M.
RIVALS, THE • 1913
SHERIFF, THE • 1913
ASH CAN OR LITTLE DICK'S FIRST ADVENTURE • LITTLE DICK'S FIRST ADVENTURE • 1915
DIRTY FACE DAN • 1915
DOLL HOUSE MYSTERY, THE • 1915
HER FILMLAND HERO • 1915
KID MAGICIANS, THE • 1915
LITTLE CUPIDS, THE • 1915
LITTLE DICK'S FIRST CASE • 1915
PIRATES BOLD • 1915
RUNAWAYS, THE • 1915
STRAW MAN, THE • 1915
TEN-CENT ADVENTURE, A • 1915
CHILDREN IN THE HOUSE, THE • 1916
GOING STRAIGHT • 1916
GRETCHEN, THE GREENHORN • 1916
LET KATHY DO IT • 1916
LITTLE SCHOOL MA'AM, THE • 1916
MARTHA'S VINDICATION • SILENCE OF MARTHA, THE • 1916
SISTER OF SIX, A • 1916
ALADDIN AND THE WONDERFUL LAMP • 1917
BABES IN THE WOODS • 1917
JACK AND THE BEANSTALK • 1917
TREASURE ISLAND • 1917
ALI BABA AND THE FORTY THIEVES • 1918
FAN FAN • MIKADO, THE • 1918
GIRL WITH THE CHAMPAGNE EYES, THE • 1918
YOU NEVER CAN TELL • 1920
ALL SOULS' EVE • 1921
CASE OF BECKY, THE • 1921
PRIVATE SCANDAL, A • 1921
GAME CHICKEN, THE • 1922
NANCY FROM NOWHERE • 1922
TOLL OF THE SEA, THE • 1922
SONG OF LOVE, THE • DUST OF DESIRE • 1923
WHERE THE NORTH BEGINS • 1923
BEHIND THE CURTAIN • 1924
SILENT ACCUSER, THE • 1924
WILD JUSTICE • 1925
THIRTEENTH HOUR, THE • 1927
DETECTIVES • 1928
SI EL EMPERADOR LO SUPIERA • 1930
SU ULTIMA NOCHE • 1931
FILE NO.113 • 1932
PARISIAN ROMANCE, A • 1932
STOKER, THE • 1932
VANITY FAIR • 1932
IRON MASTER, THE • 1933
SEQUOIA • 1934
TOUGH GUY • 1936

FRANKLIN HARRY see **FRANKLIN HARRY L.**

FRANKLIN HARRY L. – USA
FRANKLIN HARRY
KILDARE OF STORM • 1918
SUCCESSFUL ADVENTURE, A • 1918
SYLVIA ON A SPREE • 1918
WINNING OF BEATRICE, THE • 1918
AFTER HIS OWN HEART • 1919
FOUR FLUSHER, THE • 1919
FULL OF PEP • 1919
IN HIS BROTHER'S PLACE • 1919
JOHNNY-ON-THE-SPOT • 1919
THAT'S GOOD • 1919
ALIAS MISS DODD • 1920
HER FIVE-FOOT HIGHNESS • 1920
ROGUE AND RICHES • ROUGE AND RICHES • 1920
SECRET GIFT, THE • 1920

FRANKLIN HOWARD – USA
QUICK CHANGE • 1990

FRANKLIN RICHARD – ASL – 1948–
BRUCE RICHARD
BELINDA • 1972
LOVELAND • 1973
TRUE STORY OF ESKIMO NELL, THE • DICK DOWN UNDER • 1975
FANTASM • 1976
PATRICK • 1978
ROAD GAMES • 1981
PSYCHO II • 1983
CLOAK AND DAGGER • 1984
LINK • 1986
F/X 2 • 1990

FRANKLIN ROGER see **DEODATO RUGGERO**

FRANKLIN S. A. see **FRANKLIN SIDNEY A.**

FRANKLIN SIDNEY see **FRANKLIN SIDNEY A.**

FRANKLIN SIDNEY A. – Producer – USA – 1893–1972
FRANKLIN SIDNEY • FRANKLIN S. A.
RIVALS, THE • 1913
SHERIFF, THE • 1913
ASH CAN OR LITTLE DICK'S FIRST ADVENTURE • LITTLE DICK'S FIRST ADVENTURE • 1915
DIRTY FACE DAN • 1915
DOLL HOUSE MYSTERY, THE • 1915
HER FILMLAND HERO • 1915
KID MAGICIANS, THE • 1915
LITTLE CUPIDS, THE • 1915
LITTLE DICK'S FIRST CASE • 1915
PIRATES BOLD • 1915
RUNAWAYS, THE • 1915
STRAW MAN, THE • 1915
TEN-CENT ADVENTURE, A • 1915
CHILDREN IN THE HOUSE, THE • 1916
GOING STRAIGHT • 1916
GRETCHEN, THE GREENHORN • 1916
LET KATHY DO IT • 1916
LITTLE SCHOOL MA'AM, THE • 1916
MARTHA'S VINDICATION • SILENCE OF MARTHA, THE • 1916
SISTER OF SIX, A • 1916
ALADDIN AND THE WONDERFUL LAMP • 1917
BABES IN THE WOODS • 1917
JACK AND THE BEANSTALK • 1917
TREASURE ISLAND • 1917
ALI BABA AND THE FORTY THIEVES • 1918
BRIDE OF FEAR, THE • 1918
CONFESSION • 1918
FAN FAN • MIKADO, THE • 1918
FORBIDDEN CITY, THE • 1918
HER ONLY WAY • WHAT MIGHT HAVE BEEN • 1918
SAFETY CURTAIN, THE • 1918
SIX-SHOOTER ANDY • SIX SHOOTER ANDY • 1918
HEART O' THE HILLS • 1919
HEART OF WETONA, THE • 1919
HOODLUM, THE • RAGAMUFFIN, THE (UKN) • 1919
PROBATION WIFE, THE • 1919
TWO WEEKS • 1920
UNSEEN FORCES • 1920
COURAGE • 1921
NOT GUILTY • PARROT AND CO. • 1921
EAST IS WEST • 1922
PRIMITIVE LOVER, THE • 1922
SMILIN' THROUGH • SMILING THROUGH • 1922
BRASS • 1923
DULCY • 1923
TIGER ROSE • 1923
HER NIGHT OF ROMANCE • HEART TROUBLE ○ ONE NIGHT • 1924
HER SISTER FROM PARIS • 1925
LEARNING TO LOVE • 1925
BEVERLY OF GRAUSTARK • 1926
DUCHESS OF BUFFALO, THE • SYBIL • 1926
QUALITY STREET • 1927
ACTRESS, THE • TRELAWNEY OF THE WELLS • 1928
WILD ORCHIDS • 1928
DEVIL MAY CARE • BATTLE OF THE LADIES ○ DEVIL-MAY-CARE • 1929
LAST OF MRS. CHEYNEY, THE • 1929
LADY OF SCANDAL, THE • HIGH ROAD, THE (UKN) • 1930
LADY'S MORALS, A • JENNY LIND (UKN) • 1930
GUARDSMAN, THE • 1931
PRIVATE LIVES • 1931
REUNION IN VIENNA • 1932
SMILIN' THROUGH • 1932
BARRETTS OF WIMPOLE STREET, THE • FORBIDDEN ALLIANCE • 1934
DARK ANGEL, THE • 1935
GOOD EARTH, THE • 1936
BARRETTS OF WIMPOLE STREET, THE • 1957

FRANKLIN SIDNEY A. JR. – USA
GUN BATTLE AT MONTEREY • 1957

FRANKLIN WENDELL JAMES – USA
BUS IS COMING, THE • 1971

FRANKLYN ROGER D. see **DEODATO RUGGERO**

FRANKS HERCS – USS – 1926–
FRANK HERZ
HIGHER COURT • DOC
ZHILI-BYLI SEM'SIMEONOV • ONCE UPON A TIME THERE LIVED SEVEN SIMEONS • 1989

FRANSSEN MARTIN – NTH
LITTLE JOHN RUNNING AMOK • 1976

FRANYOUDAKIS MIMIS – GRC
TIMIOS DROMOS • HONOURABLE WAY, THE • 1968

FRANZ JOSEPH see **FRANZ JOSEPH J.**

FRANZ JOSEPH J. – USA
FRANZ JOSEPH
GUN MEN OF PLUMAS, THE • 1914
CONNECTING LINK, THE • 1915
DAWN ROAD, THE • 1915
GHOST WAGON, THE • 1915
HIS REAL CHARACTER • 1915
MAN OF THE HILLS, A • 1915
QUEEN OF JUNGLE LAND, THE • 1915
SUPERIOR CLAIM, THE • 1915
WHAT THE RIVER FORETOLD • 1915
WITH A GIRL AT STAKE • 1915
BARE-FISTED GALLAGHER • 1919
BLUE BANDANA, THE • 1919
DANGEROUS WATERS • 1919
GRAY WOLF'S GHOST, THE • MARUJA • 1919
SAGE BRUSH HAMLET, A • 1919
BROADWAY COWBOY, A • 1920
CAVE GIRL, THE • 1921
FIGHTIN' MAD • 1921
PARISH PRIEST, THE • 1921
LOVE GAMBLER, THE • 1922
NEW TEACHER, THE • 1922
SMILING JIM • 1922
TRACKS • 1922
YOUTH MUST HAVE LOVE • UNEXPECTED WIFE, AN • 1922
ALIAS THE NIGHT WIND • 1923
STEPPING FAST • MODERN MONTE CRISTO, A • 1923
HORSESHOE LUCK • 1924
PELL STREET MYSTERY, THE • 1924
BLUE BLAZES • 1926
DESPERATE GAME, THE • 1926

FRANZESE MICHAEL – USA
MAUSOLEUM • 1983

FRAPPIER ROGER – CND – 1945–
GRAND FILM ORDINAIRE, LE • GREAT ORDINARY MOVIE, THE ○ GRAND FILM ORDINAIRE OU JEANNE D'ARC N'EST PAS MORTE, SE PORTE BIEN, ET VIT AU QUEBEC, LE • 1970
ALAIN GRANDBOIS • 1971 • DCS
GASTON MIRON • 1971 • DOC
RAOUL DUGUAY • 1971 • DOC
GRAVURE, LA • 1973 • DCS
INFONIE INACHEVEE, L' • 1973 • DOC
ON A RAISON DE SE REVOLTER • 1973 • DOC
YANNIS ZENAKIS • 1974 • DCS
VOYAGE DE NUIT • 1981 • DOC

FRASER CHRIS – NZL – 1948–
SUMMER CITY • 1977
DRINK NO LONGER WATER • 1979 • DOC
SPRINGWOOD • 1979 • DOC
LINEAGE • 1980 • DOC
WORLD OF LEGO, THE • 1981 • DOC

FRASER DONALD – CND – 1914–
DATE OF BIRTH • 1950 • DOC
MOUNTAINS OF THE WEST • 1954 • DOC
ATLANTIC REGION, THE • 1957 • DOC

MEN AND AUTOMATION • 1958 • DOC
MODERN PROSPECTOR, THE • 1958 • DOC
POSTMARK CANADA • 1958 • DOC
EARTH AND MANKIND, THE • 1961 • SER
TEN YEARS FROM COLOMBO • 1961 • DOC

FRASER GEORGE – USA

YOUTH MARCHES ON • 1938
VOICE OF THE HURRICANE • 1964

FRASER HARRY see **FRASER HARRY L.**

FRASER HARRY L. – USA

FRASER HARRY

OIL AND ROMANCE • 1925
QUEEN OF SPADES • 1925
SKY'S THE LIMIT • 1925
WEST OF MOJAVE • 1925
FIGHTING GOB, THE • 1926
GENERAL CUSTER AT THE LITTLE BIG HORN • WITH GENERAL CUSTER AT LITTLE BIG HORN • 1926
SHEEP TRAIL • 1926
WILDCAT, THE • 1926
COLLEGIANS, THE • 1929
BARE KNEES • 1930
OPEN HOUSE • 1930
MONTANA KID, THE • 1931
NIGHT CLASS • 1931
OKLAHOMA JIM • 1931
DIAMOND TRAIL, THE • 1932
FROM BROADWAY TO CHEYENNE • BROADWAY TO CHEYENNE (UKN) • 1932
GHOST CITY • 1932
HONOR OF THE MOUNTED • BEYOND THE BORDER (UKN) • 1932
LAND OF WANTED MEN • 1932
LAW OF THE NORTH • 1932
MAN FROM ARIZONA, THE • 1932
MASON OF THE MOUNTED • 1932
RECKONING, THE • 1932
TEXAS PIONEERS • BLOOD BROTHER, THE (UKN) • 1932
VANISHING MEN • 1932
FIGHTING PARSON, THE • 1933
FUGITIVE, THE • 1933
RAINBOW RANCH • 1933
SAVAGE GIRL, THE • 1933
WOLF DOG, THE • 1933 • SRL
FIGHTING THROUGH • 1934
'NEATH THE ARIZONA SKIES • 1934
RANDY RIDES ALONE • 1934
CAVALCADE OF THE WEST • 1935
FIGHTING PIONEERS • 1935
GUNFIRE • 1935
LAST OF THE CLINTONS • 1935
RECKLESS BUCKAROO, THE • 1935
RUSTLER'S PARADISE • 1935
SADDLE ACES • 1935
TONTO KID, THE • 1935
WAGON TRAIL • 1935
WILD MUSTANG • 1935
ACES WILD • 1936
FEUD OF THE WEST • VENGEANCE OF GREGORY WALTERS, THE (UKN) • 1936
GHOST TOWN • 1936
HAIR-TRIGGER CASEY • 1936
RIDING AVENGER, THE • 1936
ROMANCE RIDES THE RANGE • 1936
WILDCAT SAUNDERS • WILD CAT -PRIZE FIGHTER (UKN) • 1936
GALLOPING DYNAMITE • 1937
HEROES OF THE ALAMO • 1937
JUNGLE MENACE • 1937 • SRL
FURY BELOW • 1938
SIX SHOOTIN' SHERIFF • 1938
SONGS AND SADDLES • 1938
SPIRIT OF YOUTH • 1938
LIGHTNING STRIKES WEST • 1940
PHANTOM RANCHER, THE • 1940
JUNGLE MAN • 1941
BRAND OF THE DEVIL • 1944
GUNSMOKE MESA • 1944
OUTLAW ROUNDUP • 1944
ENEMY OF THE LAW • 1945
FLAMING BULLETS • 1945
FRONTIER FUGITIVES • 1945
NAVAJO KID • 1945
THREE IN THE SADDLE • 1945
AMBUSH TRAIL • 1946
PEOPLE'S CHOICE, THE • 1946
SIX GUN FOR HIRE • 1946
SIX GUN MAN • 1946
THUNDER TOWN • 1946
WHITE GORILLA, THE • 1947
STALLION CANYON • 1949
CHAINED FOR LIFE • 1959

FRASER LILIAN – ASL

CHILDREN'S THEATRE • 1961

FRASS WILFRED – GRM

GESTOHLENE JAHR, DAS • 1951

FRAWLEY JAMES – USA – 1937–

CHRISTIAN LICORICE STORE, THE • 1971
KID BLUE • 1973
DELANCEY STREET: THE CRISIS WITHIN • SINNER, THE • 1975 • TVM
BIG BUS, THE • 1976
DEADLY PRICE OF PARADISE, THE • NIGHTMARE AT PENDRAGON'S CASTLE (UKN) • 1978 • TVM
MUPPET MOVIE, THE • 1979
GREAT AMERICAN TRAFFIC JAM, THE • GRIDLOCK • 1980 • TVM
HANSEL AND GRETEL • 1982 • MTV
OUTLAWS, THE • 1984 • TVM
FRATERNITY VACATION • WENDELL • 1985
ASSAULT AND MATRIMONY • 1987 • TVM
WARM HEARTS, COLD FEET • 1987 • TVM
COLUMBO: MURDER, SMOKE AND SHADOWS • MURDER, SMOKE AND SHADOWS • 1988 • TVM
COLUMBO: SEX AND THE MARRIED DETECTIVE • SEX AND THE MARRIED DETECTIVE • 1989 • TVM
SPIES, LIES AND NAKED THIGHS • 1989

FRAZAO JOSE – BRZ

J.S. BROWN -O ULTIMO HEROI • J.S. BROWN -THE LAST HERO • 1982

FRAZEE E. A. see **FRAZEE EDWIN**

FRAZEE EDWIN – USA

FRAZEE EDWIN A. • FRAZEE E. A.

BATH HOUSE TRAGEDY, THE • 1915
BEATING HEARTS AND CARPETS • 1915
BIRD'S A BIRD, A • 1915
CROOKED TO THE END • 1915
DARK LOVER'S PLAY, A • 1915
FAVORITE FOOL, A • 1915
GERTIE'S JOY RIDE • 1915
HASH HOUSE FRAUD, A • 1915
HASH HOUSE MASHERS • 1915
HE FELL IN A CABARET • 1915
LUCKY LEAP, A • 1915
MRS. PLUM'S PUDDING • 1915
RASCAL'S WOLFISH WAY, A • 1915
VERSATILE VILLAIN, A • 1915
BATHTUB PERILS • 1916 • SHT
LOVE WILL CONQUER • 1916 • SHT
OILY SCANDAL, AN • 1916 • SHT
VILLAGE VAMPIRE, A • 1916 • SHT
HER FATHER'S STATION • 1917 • SHT
HAUNTED HOUSE, THE • 1918 • SHT
HICKORY HIRAM • 1918 • SHT
PHONEY PHOTOS • 1918 • SHT
AFTER BEDTIME • 1920 • SHT

FRAZEE EDWIN A. see **FRAZEE EDWIN**

FRAZER D. R. – UKN

CARRY ON LONDON • 1937

FRAZER DAVID I. – USA

SEX BOAT • 1980

FRAZER-JONES PETER – UKN – 1930–

JONES PETER FRAZER

GEORGE AND MILDRED • 1980

FREARS STEPHEN – UKN – 1931–

BURNING, THE • 1968 • SHT
GUMSHOE • 1972
BLOODY KIDS • RED SATURDAY • 1980 • TVM
WALTER • LOVING WALTER (USA) • 1982 • TVM
SAIGON: THE YEAR OF THE CAT • 1983
HIT, THE • 1984
MY BEAUTIFUL LAUNDRETTE • 1985
SONG OF EXPERIENCE • 1985 • TVM
COMIC STRIP PRESENTS: MISTER JOLLY LIVES NEXT DOOR • MISTER JOLLY LIVES NEXT DOOR • 1987 • MTV
PRICK UP YOUR EARS • 1987
SAMMY AND ROSIE GET LAID • 1987
DANGEROUS LIAISONS • LIAISONS DANGEREUSES, LES • 1988

FREDA RICCARDO – EGY – 1909–

PARETO WILLY • HAMPTON ROBERT • LINCOLN GEORGE

DON CESARE DI BAZAN • LAMADEL GIUSTIZIERE, LA • 1942
NON CANTO PIU • 1943
TUTTA LA CITTA CANTA • SEI PER OTTO QUARANTOTTO • 1944
AQUILA NERA • BLACK EAGLE, THE • 1946
MISERABILI, I • LES MISERABLES (USA) • 1947
ASTUTO BARONE, L' • EREDITA CONTESA, L' • 1948 • SHT
CAVALIERE MISTERIOSO, IL • CENTO DONNE DI CASANOVA, LE ○ MYSTERIOUS RIDER, THE (USA) • 1948
GUARANY • 1948
TENORE PER FORZA • 1948 • SHT
CACOULHA DO BARULHO, O • 1949
FIGLIO DI D'ARTAGNAN, IL • SON OF D'ARTAGNAN (USA) ○ GAY SWORDSMAN, THE • 1949
CONTE UGOLINO, IL • IRON SWORDSMAN, THE (USA) ○ CAVALIERE DI FERRO, IL • 1950
MAGIA A PREZZI MODICI • 1950 • SHT
TRADIMENTO, IL • PASSATO CHE UCCIDE • 1951
LEGGENDA DL PIAVE, LA • 1952
SPARTACO • SPARTACUS THE GLADIATOR (UKN) ○ SINS OF ROME (USA) ○ GLADIATORE DELLA TRACIA, IL ○ SPARTACUS AND THE REBEL GLADIATOR • 1952
VEDI NAPOLI E POI MUORI • SEE NAPLES AND DIE (USA) ○ PERFIDO RICATTO • 1952
VENDETTA DI AQUILA NERA, LA • REVENGE OF THE BLACK EAGLE (UKN) ○ REVENGE OF BLACK EAGLE (USA) • 1952
MOSAICI DI RAVENNA • 1953 • SHT
TEODORA, L'IMPERATRICE DI BISANZIO • THEODORE, IMPERATRICE DE BYZANCE (FRN) ○ THEODORA, SLAVE EMPRESS (USA) ○ THEODORA, QUEEN OF BYZANTIUM ○ THEODORE, IMPERATRICE BYZANTINE • 1954
BEATRICE CENCI • MALEDETTI, I • 1956
DA QUI ALL'EREDITA • 1956
VAMPIRI, I • DEVIL'S COMMANDMENT, THE (USA) ○ VAMPIRE OF NOTRE DAME, THE ○ LUST OF THE VAMPIRE ○ VAMPIRES, THE • 1956
AGGUATO A TANGERI • GUET-APENS A TANGER (FRN) ○ TRAPPED IN TANGIERS ○ AMBUSH IN TANGIERS • 1958
AGI MURAD, IL DIAVOLO BIANCO • BELI DJAVO (YGS) ○ WHITE WARRIOR, THE (USA) • 1959
CALTIKI IL MOSTRO IMMORTALE • CALTIKI, THE IMMORTAL MONSTER (USA) ○ IMMORTAL MONSTER, THE • 1959
GIGANTI DELLA TESSAGLIA, I • GEANT DE THESALIE, LE (FRN) ○ GIANT OF THESSALY, THE (USA) ○ ARGONAUTI, GLI ○ JASON AND THE GOLDEN FLEECE ○ ARGONAUTS, THE • 1960
CACCIA ALL'UOMO • DOX, CACCIA ALL'UOMO ○ AVVENTURE DI DOX, LE • 1961
MACISTE ALLA CORTE DEL GRAN KHAN • GEANT A LA COUR DE KUBLAI KHAN, LE (FRN) ○ GOLIATH AND THE GOLDEN CITY ○ SAMSON AND THE SEVEN MIRACLES OF THE WORLD (USA) ○ MACISTE AT THE COURT OF THE GREAT KHAN • 1961
MONGOLI, I • MONGOLS, LES (FRN) ○ MONGOLS, THE • 1961
DOMINATORE DEI SETTE MARI, IL • SEVEN SEAS TO CALAIS (USA) ○ SIR FRANCIS DRAKE ○ SIR FRANCIS DRAKE ,IL RE DEI SETTE MARI ○ RE DEI SETTE MARI, IL • 1962
MACISTE ALL'INFERNO • WITCH'S CURSE, THE (USA) ○ WITCHES CURSE, THE ○ MACISTE IN HELL • 1962
MARCO POLO • AVVENTURA DI UN ITALIANO IN CINA, L' (ITL) • 1962
ORRIBILE SEGRETO DEL DR. HICHCOCK, L' • RAPTUS -THE SECRET OF DR. HICHCOCK (UKN) ○ TERROR OF DR. HICHCOCK, THE ○ HORRIBLE DR. HICHCOCK, THE (USA) ○ HORRIBLE SECRET OF DR. HICHCOCK, THE • 1962
SOLO CONTRO ROMA • VENGEANCE OF THE GLADIATOR (UKN) ○ ALONE AGAINST ROME ○ FALL OF ROME, THE • 1962
SPETTRO, LO • GHOST, THE (USA) ○ SPETTRO DE DR. HICHCOCK, LO ○ SPECTRE, THE • 1962
ORO PER I CESARI • OR POUR LES CESARS (FRN) ○ OR DES CESARS, L' ○ GOLD FOR THE CESARS • 1963
SETTE SPADE DEL VENDICATORE, LE • SEVENTH SWORD, THE (USA) ○ SETTE SPADE PER IL RE ○ SEPT EPEES POUR LE ROI • 1963
GIULIETTA E ROMEO • AMANTES DE VERONA, LOS (SPN) ○ ROMEO AND JULIET (USA) • 1964
MAGNIFICO AVVENTURIERO, IL • MAGNIFICENT ADVENTURER • 1964
COPLAN FX18 CASSE TOUT • AGENTE 777 MISSIONE SUPERGAME (ITL) ○ EXTERMINATORS, THE (USA) ○ FX-18 SUPERSPY ○ FERMATI COPLAN • 1965
DUE ORFANELLE, LE • TWO ORPHANS, THE (USA) • 1966
TRAPPOLA PER L'ASSASSINO • TRAP FOR THE ASSASSIN (USA) ○ ROGER LA HONTE • 1966
MORESQUE OBIETTIVO ALLUCINANTE • COPLAN OUVRE LE FEU A MEXICO (FRN) ○ ENTRE LAS REDES (SPN) ○ BETWEEN THE NETS • 1967
MORTE NON CONTA I DOLLARI, LA • DEATH DOES NOT COUNT THE DOLLARS ○ DEATH AT ORWELL ROCK • 1967
A DOPPIA FACCIA • PUZZLE OF HORROR (USA) ○ GESICHT IM DUNKELN, DAS (FRG) ○ DOUBLE FACE • 1969
IGUANA DALLA LINGUA DI FUOCO, L' • 1971
SALAMANDRA DEL DESERTO, LA • 1971
ESTRATTO DAGLI ARCHIVI SEGRETI DELLA POLIZIA DI UNA CAPITALE EUROPEA • 1972
LIZ E HELEN • 1972
SUPERHUMAN • 1979
UNCONSCIOUS • 1980
FEAR • 1981

FREDALL H. see **HALM ALFRED**

FREDERIC JEAN-JACQUES – FRN

JOYEUSES, LES

FREDERICKS W. S. see **FREDERICKS WALTER S.**

FREDERICKS WALTER S. – USA

FREDERICKS W. S.

AMBROSE AND HIS WIDOW • 1918 • SHT
AMBROSE, THE LION HEARTED • 1918 • SHT
AMBROSE'S ICY LOVE • 1918 • SHT
HOME RUN AMBROSE • 1918 • SHT
SHERLOCK AMBROSE • 1918 • SHT
AMBROSE'S DAY OFF • 1919 • SHT

FREDERICO CARLOS – BRZ

POSSUIDA POR MIL DEMONIOS • 1970

FREDERSDORF HERBERT B. – GRM

LIEBESLIED • 1935
NORDLICHT • 1938
ALARM • 1941
SPAHTRUPP HALLGARTEN • 1941
LANG IST DER WEG • LONG IS THE ROAD • 1948
GESTIEFELTE KATER, DER • PUSS 'N BOOTS (USA) • 1955
RUMPELSTILZCHEN • RUMPESTILTSKIN (USA) • 1955
KEIN AUSKOMMEN MIT DEM EINKOMMEN • 1957
HEIMATLOS • 1958
KLEINE LEUTE-MAL GANZ GROSS • 1958
SUNDENBOCK VON SPATZENHAUSEN, DER • 1958
TATER IST UNTER UNS, DER • 1966

FREDHOLM GERT – DNM – 1941–

DESERTOREN • DESERTER, THE • 1971
FORSVUNDNE FULDMAEGTIG, DEN • CASE OF THE MISSING CLERK, THE ○ MISSING PRINCIPAL, THE • 1972
TERROR • 1976
LILLE VIRGIL OG ORLA FROSNAPPER • LITTLE VIRGIL AND ORLA FROGSNAPPER • 1979

FREED GREGORY – FRN

RAGAZZINA PERVERSA, LA • FILLE POUR SAINT-TROPEZ, UNE (FRN) • 1975

FREED HERB – USA

A.W.O.L. • 1973
HAUNTS • VEIL, THE • 1977
BEYOND EVIL • 1980
GRADUATION DAY • 1981
TOMBOY • 1985
JOHNNY BLADE • 1987
SURVIVAL GAME • 1987

FREEDLAND GEORG – GRM – 1910–

FREEDLAND GEORGES

UND IMMER RUFT DAS HERZ • 1939
PERE CHOPIN, LE • MUSIC MASTER, THE ○ ONCLE DU CANADA, L' • 1943
NEUF GARCONS, UN COEUR • 1947
...UND IMMER RUFT DAS HERZ • MOONWOLF (USA) ○ ZURUCK AUS DEM WELTALL ○ AVARUUSRAKETILLA RAKKAUTEEN • 1958
MOON WOLF • 1959
VIERGE POUR SAINT-TROPEZ, UNE

FREEDLAND GEORGES see **FREEDLAND GEORG**

FREEDMAN JERROLD – USA

HARPY • 1970 • TVM
KANSAS CITY BOMBER • 1972
BLOODSPORT • 1973 • TVM
COLD NIGHT'S DEATH, A • CHILL FACTOR, THE • 1973 • TVM
LAST ANGRY MAN, THE • 1974 • TVM
LAWMAN WITHOUT A GUN • 1977 • TVM
SOME KIND OF MIRACLE • 1979 • TVM
STREETS OF L.A., THE • 1979 • TVM
THIS MAN STANDS ALONE • 1979 • TVM
BORDERLINE • 1980
BOY WHO DRANK TOO MUCH, THE • 1980 • TVM

LEGS • ROCKETTES • 1982 • TVM
VICTIMS • 1982 • TVM
BEST KEPT SECRETS • 1984 • TVM
SEDUCTION OF GINA, THE • 1984 • TVM
SEDUCED • 1985 • TVM
NATIVE SON • 1986
THOMPSON'S LAST RUN • LAST RUN, THE • 1986 • TVM
FAMILY SINS • 1987 • TVM
COMEBACK, THE • 1988
DEADLY VOWS • 1988 • TVM

FREEDMAN JOEL L. – USA

SKEZAG • 1971
BROKEN TREATY AT BATTLE MOUNTAIN • 1974 • DOC

FREEDMAN LAURIE – UKN

TAILS YOU LOSE • 1948

FREEDMAN ROBERT – USA

GOIN' ALL THE WAY • 1982

FREELAND THORNTON – USA – 1898–

THREE LIVE GHOSTS • 1929
BE YOURSELF! • CHAMP, THE • 1930
WHOOPEE! • 1930
SECRET WITNESS • 1931
SIX CYLINDER LOVE • 1931
TERROR BY NIGHT • 1931
LOVE AFFAIR • 1932
THEY CALL IT SIN • WAY OF LIFE, THE (UKN) • 1932
UNEXPECTED FATHER, THE • PAPA LOVES MAMA ○ PUDGE • 1932
WEEK-END MARRIAGE • WORKING WIVES (UKN) • 1932
FLYING DOWN TO RIO • 1933
GEORGE WHITE'S SCANDALS OF 1934 • 1934
BREWSTER'S MILLIONS • 1935
ACCUSED • 1936
AMATEUR GENTLEMAN, THE • 1936
SKYLARKS • 1936
JERICHO • DARK SANDS (USA) • 1937
OVER THE MOON • 1937
PARADISE FOR TWO • GAIETY GIRLS, THE (USA) • 1937
HOLD MY HAND • 1938
GANG'S ALL HERE, THE • AMAZING MR. FORREST, THE (USA) • 1939
SO THIS IS LONDON • 1939
MARRY THE BOSS'S DAUGHTER • 1941
TOO MANY BLONDES • 1941
MEET ME AT DAWN • GAY DUELLIST, THE (USA) • 1947
BRASS MONKEY, THE • LUCKY MASCOT • 1948
DEAR MR. PROHACK • MR. PROHACK • 1949

FREEMAN AL JR. – USA – 1934–

FABLE, A • 1971

FREEMAN HENRY – USA

ECHO OF AN ERA • 1957 • SHT

FREEMAN JIM – USA

SUNSHINE SEA, THE • SHT
WAVES OF CHANGE • 1970 • DOC
FIVE SUMMER STORIES • 1973 • CMP

FREEMAN JOAN – USA

STREETWALKIN' • COOKIE • 1985
SWEET LITTLE ROCK AND ROLLER • SATISFACTION • 1987

FREEMAN LEONARD – Producer – USA – 1921–1974

HAWAII FIVE-O • 1968 • TVM

FREEMAN MARJORIE – USA

LIONS ON THE LOOSE • 1941 • SHT

FREEMAN MERVYN – USA

POETRY OF NATURE • 1939 • SHT

FREEMAN MIKE – USA

SOLITAIRE

FREEMAN ROBERT – UKN – 1935–

MINI-MIDI • WORLD OF FASHION (USA) ○ HIER, AUJOURD'HUI, DEMAIN • 1968 • SHT
TOUCHABLES, THE • 1968
PROMESSE, LA • ECHELLE BLANCHE, L' ○ SECRET WORLD (USA) • 1969
EROTIC ADVENTURES OF ZORRO, THE • 1972
ALEXANDRA: QUEEN OF SEX • ALEXANDRA • 1983

FREEMAN W. W. DOC – USA

PASSION PLAY, THE • 1897

FREEMAN WARWICK – ASL – 1937–

DEMONSTRATOR • 1971

FREEMOUNT ROY see **FERRARA ROMANO**

FREEN HOWARD – USA

DIRTY O'NEIL • DIRTY O'NEIL –THE LOVE LIFE OF A COP • 1974

FREER-HUNT J. L. – UKN

KARMA • 1933

FREER JAMES SIMMONS – CND – 1855–1933

TEN YEARS IN MANITOBA • 1898

FREERS RICK – USA

SCORCHING FURY • 1952

FREES PAUL – USA

BEATNIKS, THE • 1958

FREGONESE HUGO – ARG – 1908–1987

BARILOCHE • 1939 • SHT
DELTA, EL • 1939 • SHT
PAMPA BARBARA • SAVAGE PAMPAS • 1943
DONDE MUEREN LAS PALABRAS • WHERE WORDS FAIL • 1946
APENA UN DELINCUENTE • HARDLY A CRIMINAL ○ LIVE IN FEAR • 1947
DE HOMBRE A HOMBRE • 1949
ONE-WAY STREET • DEATH ON A SIDE STREET ○ DEEP END, THE • 1950
SADDLE TRAMP • 1950
APACHE DRUMS • 1951
MARK OF THE RENEGADE • DON RENEGADE • 1951
MY SIX CONVICTS • 1952
UNTAMED FRONTIER • 1952
BLOWING WILD • 1953
DECAMERON NIGHTS • 1953
MAN IN THE ATTIC • 1954
RAID, THE • 1954
BLACK TUESDAY • 1955
GIROVAGHI, I • 1956
SEVEN THUNDERS • BEASTS OF MARSEILLES, THE (USA) • 1957
SPADA IMBATTIBILE, LA • 1957
HARRY BLACK AND THE TIGER • HARRY BLACK • 1958
MARCO POLO • AVVENTURA DI UN ITALIANO IN CINA, L' (ITL) • 1962
OLD SHATTERHAND • BATTAGLIA DE FORT APACHE, LA (ITL) ○ CAVALIERS ROUGES, LES (FRN) ○ APACHES' LAST BATTLE ○ SHATTERHAND (USA) ○ OLD SETERHEND • 1964
TODESSTRAHLEN DES DR. MABUSE, DIE • RAYONS MORTELS DU DOCTEUR MABUSE, LES (FRN) ○ SECRETS OF DR. MABUSE (USA) ○ RAGGI MORTALI DEL DR. MABUSE, I (ITL) ○ MIRROR DEATH RAY OF DR. MABUSE, THE ○ FRN ○ DEATH RAYS OF DR. MABUSE, THE • 1964
OPERAZIONE BAALBECK • FBI MISSION BALBECK • 1965
PAMPA SALVAJE • SAVAGE PAMPAS • 1966
MALA VIDA, LA • WRONG SIDE OF THE TRACKS, THE • 1973
MAS ALLA DEL SOL • BEYOND THE SUN • 1975

FREIRE ROBERTO – BRZ

CLEO E DANIEL • 1971

FREISLER FRITZ – GRM

BRIEF EINEN TOTEN, DER • 1917
ANDERE ICH, DAS • OTHER SELF, THE • 1918
UMWEG ZUR EHE, DER • 1919
HENKER VON SANKT MARIEN, DER • HANGMAN OF ST. MARIEN, THE • 1920
JAGD NACH DEM GLUCK • 1920
PRINZ KARNEVAL • 1923
MADELS VON HEUTE • LIEBESGESCHICHTEN • 1925
HOHEIT TANZT WALZER • 1926
DREI NIEMANDSKINDER, DIE • 1927
KONIG DER MITTELSTURMER, DER • 1927
SPIELZEUG SCHONER FRAUEN, DAS • 1927

FRELENG FRIZ – Animator – USA – 1906–

FRELENG ISADORE • FRELENG I.

HARE TRIGGER • 1932 • ANS
BEAU BOSKO • 1933 • ANS
BOSKO IN DUTCH • 1933 • ANS
BOSKO IN PERSON • 1933 • ANS
BOSKO'S PICTURE SHOW • 1933 • ANS
SHUFFLE OFF TO BUFFALO • 1933 • ANS
BEAUTY AND THE BEAST • 1934 • ANS
BUDDY AND TOWSER • 1934 • ANS
BUDDY THE GOB • 1934 • ANS
BUDDY'S TROLLEY TROUBLES • 1934 • ANS
GIRL AT THE IRONING BOARD, THE • 1934 • ANS
GOIN' TO HEAVEN ON A MULE • 1934 • ANS
HOW DO I KNOW IT'S SUNDAY? • 1934 • ANS
I HAVEN'T GOT A HAT • 1934 • ANS
MILLER'S DAUGHTER, THE • 1934 • ANS
SHAKE YOUR POWDER PUFF • 1934 • ANS
WHY DO I DREAM THOSE DREAMS • 1934 • ANS
ALONG FLIRTATION WALK • 1935 • ANS
COUNTRY BOY • 1935 • ANS
COUNTRY MOUSE, THE • 1935 • ANS
INTO YOUR DANCE • 1935 • ANS
LADY IN RED, THE • 1935 • ANS
LITTLE DUTCH PLATE • 1935 • ANS
MERRY OLD SOUL • 1935 • ANS
MR. AND MRS. IS THE NAME • 1935 • ANS
MY GREEN FEDORA • 1935 • ANS
POP GOES MY HEART • 1935 • ANS
THOSE BEAUTIFUL DAMES • 1935 • ANS
AT YOUR SERVICE, MADAME • 1936 • ANS
BILLBOARD FROLICS • 1936 • ANS
BINGO CROSBYANA • 1936 • ANS
BOULEVARDIER FROM THE BRONX, THE • 1936 • ANS
CAT CAME BACK, THE • 1936 • ANS
COO-COO NUT GROVE • 1936 • ANS
FLOWERS FOR MADAME • 1936 • ANS
I WANNA PLAY HOUSE • 1936 • ANS
I'M A BIG SHOT NOW • 1936 • ANS
LET IT BE ME • 1936 • ANS
SUNDAY, GO TO MEETIN' TIME • 1936 • ANS
TOY TOWN HALL • 1936 • ANS
WHEN I YOO HOO • 1936 • ANS
CLEAN PASTURES • 1937 • ANS
DOG DAZE • 1937 • ANS
FELLA WITH THE FIDDLE, THE • 1937 • ANS
HE WAS HER MAN • 1937 • ANS
LYIN' MOUSE, THE • 1937 • ANS
PIGS IS PIGS • 1937 • ANS
PLENTY OF MONEY AND YOU • 1937 • ANS
SEPTEMBER IN THE RAIN • 1937 • ANS
SHE WAS AN ACROBAT'S DAUGHTER • 1937 • ANS
STREAMLINED GRETNA GREEN • 1937 • ANS
SWEET SIOUX • 1937 • ANS
DAY AT THE BEACH, A • 1938 • ANS
JUNGLE JITTERS • 1938 • ANS
MY LITTLE BUCKAROO • 1938 • ANS
POULTRY PIRATES • 1938 • ANS
PYGMY HUNT, THE • 1938 • ANS
STAR IS HATCHED, A • 1938 • ANS
BOOKWORM, THE • 1939 • ANS
MAMA'S NEW HAT • 1939 • ANS
PORKY THE GIANT KILLER • 1939 • ANS
CALLING DR. PORKY • 1940 • ANS
CONFEDERATE HONEY • 1940 • ANS
HARDSHIP OF MILES STANDISH, THE • 1940 • ANS
LITTLE BLABBERMOUSE • 1940 • ANS
MALIBU BEACH PARTY • 1940 • ANS
PORKY'S BASEBALL BROADCAST • 1940 • ANS
PORKY'S HIRED HAND • 1940 • ANS
SHOP, LOOK AND LISTEN • 1940 • ANS
YOU OUGHT TO BE IN PICTURES • 1940 • ANS
CAT'S TAIL, THE • 1941 • ANS
FIGHTING 69½TH, THE • 1941 • ANS
HIAWATHA'S RABBIT HUNT • 1941 • ANS
NOTES TO YOU • 1941 • ANS
PORKY'S BEAR FACTS • 1941 • ANS
RHAPSODY IN RIVETS • 1941 • ANS
ROOKIE REVIEW • 1941 • ANS
SPORTS CHAMPIONS • 1941 • ANS
TRIAL OF MR. WOLF, THE • 1941 • ANS
WACKY WORM, THE • 1941 • ANS
DING DONG DADDY • 1942 • ANS
DOUBLE CHASER • 1942 • ANS
FONEY FABLES • 1942 • ANS
FRESH HARE • 1942 • ANS
HARE-BRAINED HYPNOTIST, THE • 1942 • ANS
HOP, SKIP AND A CHUMP • 1942 • ANS
LIGHTS FANTASTIC, THE • 1942 • ANS
PIGS IN A POLKA • 1942 • ANS
PORKY'S PASTRY PIRATES • 1942 • ANS
SAPS IN CHAPS • 1942 • ANS
SHEEPISH WOLF, THE • 1942 • ANS
WABBIT WHO CAME TO SUPPER, THE • 1942 • ANS
DAFFY THE COMMANDO • 1943 • ANS
FIFTH COLUMN HORSE • 1943 • ANS
GREETINGS, BAIT! • 1943 • ANS
HISS AND MAKE UP • 1943 • ANS
JACK RABBIT AND THE BEANSTALK • 1943 • ANS
LITTLE RED RIDING RABBIT • 1943 • ANS
YANKEE DOODLE DAFFY • 1943 • ANS
BUGS BUNNY NIPS THE NIP • 1944 • ANS
DUCK SOUP TO NUTS • 1944 • ANS
GOLDILOCKS AND THE JIVIN' BEARS • 1944 • ANS
HARE FORCE • 1944 • ANS
MEATLESS FLYDAY • 1944 • ANS
SLIGHTLY DAFFY • 1944 • ANS
STAGE DOOR CARTOON • 1944 • ANS
AIN'T THAT DUCKY • 1945 • ANS
HERR MEETS HARE • 1945 • ANS
LIFE WITH FEATHERS • 1945 • ANS
PECK UP YOUR TROUBLES • 1945 • ANS
BASEBALL BUGS • 1946 • ANS
HOLIDAY FOR SHOESTRINGS • 1946 • ANS
HOLLYWOOD DAFFY • 1946 • ANS
OF THEE I STING • 1946 • ANS
RACKETEER RABBIT • 1946 • ANS
RHAPSODY RABBIT • 1946 • ANS
ALONG CAME DAFFY • 1947 • ANS
GAY ANTIES, THE • 1947 • ANS
HARE GROWS IN MANHATTAN, A • 1947 • ANS
RABBIT TRANSIT • 1947 • ANS
SLICK HARE • 1947 • ANS
TWEETIE PIE • 1947 • ANS
BACK ALLEY OPROAR • 1948 • ANS
BUCCANEER BUNNY • 1948 • ANS
BUGS BUNNY RIDES AGAIN • 1948 • ANS
HARE SPLITTER • 1948 • ANS
HARE-DO • 1948 • ANS
HOP, LOOK AND LISTEN • 1948 • ANS
I TAW A PUDDY TAT • 1948 • ANS
KIT FOR KAT • 1948 • ANS
BAD OL' PUTTY TAT • 1949 • ANS
CURTAIN RAZOR • 1949 • ANS
DOUGH FOR THE DO-DO • 1949 • ANS
EACH DAWN I CROW • 1949 • ANS
HARE DO • 1949 • ANS
HIGH DIVING HARE • 1949 • ANS
KNIGHTS MUST FALL • 1949 • ANS
MOUSE MAZURKA • 1949 • ANS
WHICH IS WITCH? • 1949 • ANS
WISE QUACKERS • 1949 • ANS
ALL ABIR-R-RD • 1950 • ANS
BIG HOUSE BUNNY • 1950 • ANS
BUNKER HILL BUNNY • 1950 • ANS
CANARY ROW • 1950 • ANS
GOLDEN YEGGS • 1950 • ANS
HARE WE GO • 1950 • ANS
HIS BITTER HALF • 1950 • ANS
HOME TWEET HOME • 1950 • ANS
LION'S BUSY, THE • 1950 • ANS
MUTINY ON THE BUNNY • 1950 • ANS
STOOGE FOR A MOUSE • 1950 • ANS
BALLOT BOX BUNNY • 1951 • ANS
BONE FOR A BONE, A • 1951 • ANS
CANNED FEUD • 1951 • ANS
FAIR-HEADED HARE • 1951 • ANS
HIS HAIR RAISING TALE • 1951 • ANS
PUTTY TAT TROUBLE • 1951 • ANS
RABBIT EVERY MONDAY • 1951 • ANS
ROOM AND BIRD • 1951 • ANS
TWEET, TWEET, TWEETY • 1951 • ANS
TWEETY'S S.O.S. • 1951 • ANS
AIN'T SHE TWEETY • 1952 • ANS
BIRD IN A GUILTY CAGE • 1952 • ANS
CRACKED QUACK • 1952 • ANS
FOXY BY PROXY • 1952 • ANS
GIFT WRAPPED • 1952 • ANS
LITTLE RED RODENT HOOD • 1952 • ANS
MOUSE DIVIDED, A • 1952 • ANS
SNOW BUSINESS • 1952 • ANS
TREE FOR TWO • 1952 • ANS
14 CARROT RABBIT • 1952 • ANS
ANT PASTED • 1953 • ANS
CATTY CORNERED • 1953 • ANS
FOWL FEATHER • 1953 • ANS
HARE LIFT • 1953 • ANS
HARE-TRIMMED • HARE TRIMMED • 1953 • ANS
ROBOT RABBIT • 1953 • ANS
SOUTHERN FRIED RABBIT • 1953 • ANS
STREET CAT NAMED SYLVESTER, A • 1953 • ANS
TOM-TOM TOMCAT • 1953 • ANS
BUGS AND THUGS • 1954 • ANS
BY WORD OR MOUSE • 1954 • ANS
CAPTAIN HAREBLOWER • 1954 • ANS
DOCTOR JERKYLE'S HIDE • 1954 • ANS
DOG POUNDED • 1954 • ANS
GOO GOO GOLIATH • 1954 • ANS
I GOPHER YOU • 1954 • ANS
MUZZLE TOUGH • 1954 • ANS
PIZZICATO PUSSYCAT • 1954 • ANS
SATAN'S WAITIN' • 1954 • ANS
YANKEE DOODLE BUGS • 1954 • ANS
HARE BRUSH • 1955 • ANS
HEIR CONDITIONED • 1955 • ANS
HYDE AND HARE • 1955 • ANS
KIDDIE'S KITTY, A • 1955 • ANS
LUMBER JERKS • 1955 • ANS
PAPPY'S PUPPY • 1955 • ANS
PESTS FOR GUESTS • 1955 • ANS
RED RIDING HOODWINKED • 1955 • ANS
ROMAN LEGION HARE • 1955 • ANS
SAHARA HARE • 1955 • ANS
SANDY CLAWS • 1955 • ANS
SPEEDY GONZALES • 1955 • ANS
STORK NAKED • 1955 • ANS
THIS IS A LIFE? • 1955 • ANS
TWEETY'S CIRCUS • 1955 • ANS
NAPOLEON BUNNY-PART • 1956 • ANS
RABBITSON CRUSOE • 1956 • ANS
STAR IS BORED, A • 1956 • ANS
TREE CORNERED TWEETY • 1956 • ANS
TUGBOAT GRANNY • 1956 • ANS
TWEET AND SOUR • 1956 • ANS
TWO CROWS FROM TACOS • 1956 • ANS
YANKEE DOOD IT • 1956 • ANS
BIRDS ANONYMOUS • 1957 • ANS
BUGSY AND MUGSY • 1957 • ANS
GONZALES' TAMALES • 1957 • ANS
GREEDY FOR TWEETY • 1957 • ANS
MOUSE TAKEN IDENTITY • 1957 • ANS

PIKER'S PEAK • 1957 • ANS
SHOW BIZ BUGS • 1957 • ANS
THREE LITTLE BOPS, THE • 1957 • ANS
TWEET ZOO • 1957 • ANS
TWEETY AND THE BEANSTALK • 1957 • ANS
BIRD IN A BONNET, A • 1958 • ANS
HARE-LESS WOLF • 1958 • ANS
KNIGHTY-KNIGHT BUGS • 1958 • ANS
PIZZA TWEETY PIE, A • 1958 • ANS
TORTILLA FLAPS • 1958 • ANS
WAGGILY TALE, A • 1958 • ANS
APES OF WRATH • 1959 • ANS
HERE TODAY, GONE TAMALE • 1959 • ANS
MEXICALI SHMOES • 1959 • ANS
TRICK OR TWEET • 1959 • ANS
TWEET AND LOVELY • 1959 • ANS
TWEET DREAMS • 1959 • ANS
WILD AND WOOLY HARE • 1959 • ANS
FROM HARE TO HEIR • 1960 • ANS
GOLDIMOUSE AND THE THREE CATS • 1960 • ANS
HORSE HARE • 1960 • ANS
HYDE AND GO TWEET • 1960 • ANS
LIGHTER THAN HARE • 1960 • ANS
MOUSE AND GARDEN • 1960 • ANS
PERSON TO BUNNY • 1960 • ANS
TRIP FOR TAT • 1960 • ANS
WEST OF THE PECOS • 1960 • ANS
CANNERY WOE • 1961 • ANS
D' FIGHTING ONES • 1961 • ANS
LAST HUNGRY CAT, THE • 1961 • ANS
PIED PIPER OF GUADALOPE, THE • 1961 • ANS
PRINCE VIOLENT • 1961 • ANS
REBEL WITHOUT CLAWS, THE • 1961 • ANS
WHAT'S MY LION? • 1961 • ANS
CROW'S FEAT • 1962 • ANS
HONEY'S MONEY • 1962 • ANS
JET CAGE, THE • 1962 • ANS
MEXICAN BOARDERS • 1962 • ANS
QUACKODILE TEARS • 1962 • ANS
SHISHKABUGS • 1962 • ANS
CHILI WEATHER • 1963 • ANS
DEVIL'S FEUD CAKE • 1963 • ANS
MEXICAN CAT DANCE • 1963 • ANS
UNMENTIONABLES, THE • 1963 • ANS
NUTS AND VOLTS • 1964 • ANS
PANCHO'S HIDEAWAY • 1964 • ANS
PINK PAJAMAS • 1964 • ANS
PINK PHINK, THE • 1964 • ANS
PINK-FINGER • 1964 • ANS
ROAD TO ANDALAY • TEQUILA MOCKING BIRD • 1964 • ANS
SENORELLA AND THE GLASS HUARACHE • 1964 • ANS
CATS AND BRUISES • 1965 • ANS
DIAL P FOR PINK • 1965 • ANS
IT'S NICE TO HAVE A MOUSE AROUND THE HOUSE • 1965 • ANS
PICKLED PINK • 1965 • ANS
SHOCKING PINK • 1965 • ANS
WE GIVE PINK STAMPS • 1965 • ANS
SLINK PINK • 1967 • ANS
ANT AND THE AARDVARK • 1968 • ASS
ANT AND THE AARDVARK, THE • 1968 • ANS
PINK PRANKS • 1971 • ANS
LOONEY LOONEY LOONEY BUGS BUNNY MOVIE, THE • 1981 • ANM
1001 RABBIT TALES • 1982 • ANM
DAFFY DUCK'S MOVIE: FANTASTIC ISLAND • 1983 • ANM

FRELENG I. see **FRELENG FRIZ**

FRELENG ISADORE see **FRELENG FRIZ**

FRELIKH O. – USS
PROSTITUTKA • PROSTITUTE, A • 1926

FRENCH CHARLES see **FRENCH CHARLES K.**

FRENCH CHARLES K. – USA
FRENCH CHARLES
HIS PUNISHMENT • 1912
GROCER'S REVENGE, THE • 1913
HIS PARTNER'S SACRIFICE • 1915
JOE'S PARTNER, BILL • 1915
MASK, A RING, A PAIR OF HANDCUFFS, A • 1915
THOUGHTS OF TONIGHT • 1915

FRENCH HAROLD – UKN – 1897–
CAVALIER OF THE STREETS, THE • 1937
DEAD MEN ARE DANGEROUS • 1939
HOUSE OF THE ARROW, THE • CASTLE OF CRIMES • 1940
JEANNIE • GIRL IN DISTRESS (USA) • 1941
MAJOR BARBARA • 1941
DAY WILL DAWN, THE • AVENGERS, THE (USA) • 1942
SECRET MISSION • 1942
UNPUBLISHED STORY • 1942
DEAR OCTOPUS • RANDOLPH FAMILY, THE (USA) • 1943
ENGLISH WITHOUT TEARS • HER MAN GILBEY (USA) • 1944
MR. EMMANUEL • 1944
QUIET WEEKEND • 1946
WHITE CRADLE INN • HIGH FURY (USA) • 1947
BLIND GODDESS, THE • 1948
MY BROTHER JONATHAN • BROTHER JONATHAN • 1948
QUARTET • SOMERSET MAUGHAM'S QUARTET • 1948
ADAM AND EVELYNE • ADAM AND EVALYN (USA) • 1949
DANCING YEARS, THE • 1950
TRIO • 1950
ENCORE • 1951
HOUR OF 13, THE • 1952
MAN WHO WATCHED THE TRAINS GO BY, THE • PARIS EXPRESS (USA) • 1952
ISN'T LIFE WONDERFUL! • UNCLE WILLIE'S BICYCLE SHOP • 1953
ROB ROY THE HIGHLAND ROGUE • ROB ROY (USA) • 1953
FORBIDDEN CARGO • 1954
MAN WHO LOVED REDHEADS, THE • 1955

FRENCH JOHN McLEAN – Novelist – CND – 1863–1940
CINDERELLA OF THE FARMS • 1931

FRENCH LLOYD – USA
THAT'S MY WIFE • 1929 • SHT
KNOCKOUT, THE • 1932 • SHT
TOO MANY WOMEN • 1932 • SHT
WILD BABIES • 1932 • SHT
YOU'RE TELLING ME • 1932 • SHT
BUSY BODIES • 1933 • SHT
DIRTY WORK • 1933 • SHT
ME AND MY PAL • 1933
MIDNIGHT PATROL, THE • 1933 • SHT
CARETAKER'S DAUGHTER, THE • 1934 • SHT
MRS. BARNACLE BILL • 1934 • SHT
OLIVER THE EIGHTH • 1934 • SHT
JIMMY DORSEY AND HIS ORCHESTRA • 1938 • SHT
SATURDAY NIGHT SWING CLUB, THE • 1938 • SHT
TWO SHADOWS • 1938 • SHT
JERRY LIVINGSTON AND HIS TALK OF THE TOWN MUSIC • 1939 • SHT
SWING STYLES • 1939 • SHT
BAR BUCKAROOS • 1940
DRAFTED IN THE DEPOT • 1940 • SHT
CALIFORNIA OR BUST • 1941 • SHT
MAIL TROUBLE • 1942 • SHT
TWO FOR THE MONEY • 1942 • SHT
HOLD YOUR TEMPER • 1943 • SHT

FRENCH MICHAEL – CND
POWER HEADS • 1981

FRENCH VICTOR – USA
LITTLE HOUSE ON THE PRAIRIE: LOOK BACK TO YESTERDAY • 1983 • TVM
LITTLE HOUSE: BLESS ALL THE DEAR CHILDREN • 1984 • TVM

FRENCH WILLIAM – ITL
MOSCHETTIERE FANTASMA, IL • 1954

FREND CHARLES – UKN – 1909–1977
BIG BLOCKADE, THE • 1942
FOREMAN WENT TO FRANCE, THE • SOMEWHERE IN FRANCE (USA) • 1942
SAN DEMETRIO – LONDON • 1943
JOHNNY FRENCHMAN • 1945
RETURN OF THE VIKINGS • 1945 • DOC
LOVES OF JOANNA GODDEN, THE • 1947
SCOTT OF THE ANTARCTIC • 1948
RUN FOR YOUR MONEY, A • LARK, THE • 1949
MAGNET, THE • 1950
CRUEL SEA, THE • 1953
LEASE OF LIFE • 1954
LONG ARM, THE • THIRD KEY, THE (USA) • 1956
BARNACLE BILL • ALL AT SEA (USA) • 1957
CONE OF SILENCE • TROUBLE IN THE SKY (USA) • 1960
FINCHE DURA LA TEMPESTA • DEFI A GIBRALTAR (FRN) ◦ TORPEDO BAY (USA) ◦ BETA SOM • 1962
GIRL ON APPROVAL • 1962
SKY BIKE, THE • 1967

FRENGUELLI A. G. see **FRENGUELLI ALBERT G.**

FRENGUELLI ALBERT G. – UKN
FRENGUELLI A. G.
CRY FOR JUSTICE, THE • 1919
LAUNDRY GIRL, THE • BECAUSE • 1919

FRENGUELLI ALFONSE – UKN
CHRISTMAS EVE • 1915
COSTER JOE • 1915
BURGLAR BILL • 1916
EVERYMAN CAMEOS • 1916 • SER
SOLOMON'S TWINS • 1916
THREE CHRISTMASSES • 1916
AWAKENING, THE • 1938

FRENGUELLI ANTHONY see **FRENGUELLI TONY**

FRENGUELLI TONY – UKN
FRENGUELLI ANTHONY
HOUSE OF DREAMS • 1933
DR. SIN FANG • 1937
CHINATOWN NIGHTS • 1938
ARCIDIAVOLO, L' • 1940
TREPIDAZIONE • 1946

FRENKE EUGENE – USA
GIRL IN THE CAGE • 1934
LIFE RETURNS • 1934
WOMAN ALONE, A • TWO WHO DARED (USA) • 1936
MISS ROBIN CRUSOE • 1954

FRENKEL-BOUWMEESTER THEO – GRM
ALEXANDRA • 1922
NEUES LEBEN, EIN • 1922
FRAUENMORAL • FRAU MIT VERGANGENHEIT, EINE • 1923

FRENKEL MICHA – NTH
GELIJKENIS • 1966 • SHT

FRENKEL THEO SR. – NTH
LEVENSSCHADUWEN • LIFE'S SHADOWS • 1916
DUIVEL IN AMSTERDAM, DE • DEVIL IN AMSTERDAM, THE • 1919

FRERCK ROBERT – USA
NEBULA • 1968 • SHT
NEBULA 2 • 1969 • SHT

FRESAN JUAN – ARG
NUEVA FRANCIA, LA • NEW FRANCE, THE • 1972

FRESHMAN WILLIAM – Actor – ASL – 1907–
COME UP SMILING • 1939
TEHERAN • PLOT TO KILL ROOSEVELT, THE (USA) ◦ APPOINTMENT IN PERSIA ◦ CONSPIRACY IN TEHERAN • 1947

FRESNAY PIERRE – Actor – FRN – 1897–1975
DUEL, LE • 1939

FRESNOT ALAIN – BRZ
LUNACHEIA • FULL MOON • 1988

FRESS EDMOND – FRN – 1938–
TREFLE A CINQ FEUILLES, LE • HOMME DES CINQ SAISONS, L' ◦ MAN FOR FIVE SEASONS, THE • 1971
DEUX IMBECILES HEUREUX • JE REVE D'ETRE UN IMBECILE HEUREUX • 1975

FREULICH ROMAN – USA
BROKEN EARTH • 1934

FREUND EDWARD – BRZ
VIDA QUIS ASSIM, A • LIFE IS LIKE THAT • 1968

FREUND ERICH – GRM
GRUBE MORGENROT • 1948

FREUND JAY – USA
AMERICAN GAME, THE • 1979

FREUND KARL – Dir. photo – CZC – 1890–1969
CHINESE MOON, A • 1928
FASCINATING VAMP, A • 1928
IN A JAPANESE GARDEN • 1928
KEYS OF HEAVEN, THE • 1928
MADELEINE • 1928
POCKET NOVELTIES • 1928 • SER
SNOWMAN'S ROMANCE, A • 1928
TODDLIN' ALONG • 1928
TUNE UP THE UKE • 1928
ZULU LOVE • 1928
MUMMY, THE • IM-HO-TEP • 1932
MOONLIGHT AND PRETZELS • MOONLIGHT AND MELODY (UKN) • 1933
COUNTESS OF MONTE CRISTO, THE • 1934
GIFT OF GAB, THE • 1934
I GIVE MY LOVE • 1934
MADAME SPY • 1934
UNCERTAIN LADY • 1934
MAD LOVE • HANDS OF ORLAC (UKN) • 1935

FREY KARL – GRM
LEBEN DER HEILIGEN ELISABETH, DAS • 1917
SEBASTIAN, DER TRIBUN DES KAISERS • 1919
ARME MARGARET, DIE • 1920
BETTLER VON ASSISSI, DER • 1920
PAPA HAYDN • 1920
SPITZWEG, DER EWIGE HOCHZEITER • 1920
SUMPFLILIE, DIE • 1920
TEUFELSMUHLE, DIE • 1920
STURZENDE GOTTER • 1922

FREZ I. see **FREZ ILYA**

FREZ ILYA – USS
FREZ I.
SLON I VEREVOCHKA • ELEPHANT AND THE SKIPPING ROPE, THE • 1945
LEDA AND THE ELEPHANT • 1946 • SHT
PERVOKLASSNIZA • FIRST YEAR AT SCHOOL ◦ FIRST GRADE, THE • 1948
RYZHIK • GINGER • 1960
YA KAPIL PAPU • DIMKA (USA) • 1963
ALONE IN MOSCOW • 1964
YA VAS LYUBIL.. • I LOVED YOU.. • 1968

FREZZA ANDREA – ITL – 1937–
GATTO SELVAGGIO, IL • 1969
MEMORIALE DALLE ROVINE • 1973 • MTV

FRIC MAC see **FRIC MARTIN**

FRIC MARTIN – CZC – 1902–1968
FRIC MAC
PATER VOJTECH • FATHER VOJTECH • 1928
CHUDA HOLKA • POOR GIRL • 1929
VARHANIK U SV. VITA • ORGANIST OF ST. VIT, THE ◦ ORGANIST AT ST. VITUS, THE • 1929
VSE PRO LASKA • ALL FOR LOVE • 1930
DOBRY VOJAK SVEJK • GOOD SOLDIER SCHWEIK • 1931
ON A JEHO SESTRA • HE AND HIS SISTER • 1931
TO NEZNATE HADIMRSKU • HADIMRSKU DOESN'T KNOW • 1931
ZINKER, DER • 1931
ANTON SPELEC, OSTROSTRELEC • ANTON SPELEC, THE THROWER • 1932
KANTOR IDEAL • BETRAGEN UNGENUGEND (FRG) ◦ CONDUCT UNSATISFACTORY ◦ MASTER IDEAL • 1932
SESTRA ANGELIKA • SISTER ANGELICA • 1932
WEHE, WENN ER LOSGELASSEN • UNTER GESCHAFTSAUFSICHT • 1932
POPBOCNIK JEHO VYSOSTI • ADJUDANT SEINER HOHEIT, DER (FRG) ◦ ASSISTANT TO HIS HIGHNESS • 1933
REVISOR • GOVERNMENT INSPECTOR ◦ INSPECTOR GENERAL, THE ◦ ACCOUNTANT ◦ INSPECTOR, THE • 1933
S VYLOUCENIM VEREJNOSTI • CLOSED DOORS • 1933
U SNEDENEHO KRAMU • EATEN-UP SHOP, THE ◦ RUINED SHOPKEEPER, THE ◦ RANSACKED SHOP, THE ◦ EMPTIED-OUT GROCER'S SHOP, THE • 1933
ZIVOT JE PES • DOG'S LIFE, A • 1933
DOPPELBRAUTIGAM, DER • DOUBLE FIANCEE, THE • 1934
HEJ RUP! • HEAVE-HO! • 1934
MAZLICEK • EFFEMINATE ONE, THE ◦ DARLING • 1934
POSLEDNI MUZ • LAST MAN, THE • 1934
AT ZIJE NEBOZTIK! • LONG LIVE THE LOVED ONE! ◦ LONG LIVE KINDNESS ◦ LONG LIVE THE DECEASED • 1935
HRDJA JEDNO NOCI • HELD EINER NACHT (FRG) ◦ HERO FOR A NIGHT ◦ HRDINA JEDNO NOCI ◦ JRDINA JEDNE NOCI • 1935
JANOSIK • 1935
JEDENACTE PRIKAZANI • ELEVENTH COMMANDMENT, THE • 1935
SVADLENKA • SEAMSTRESS, THE • 1936
ULICKA V RAJI • LANE IN PARADISE, A ◦ PARADISE ROAD • 1936
ADVOKATKA VERA • VERA THE LAWYER • 1937
HORDUBALOVE • HORDUBAL BROTHERS, THE ◦ HORDUBALS, THE • 1937
LIDE NA KRE • PEOPLE ON THE ICEBERG ◦ LOST ON THE ICE ◦ PEOPLE ON A GLACIER ◦ PEOPLE ON ICEBERG • 1937
MRAVNOST NADRE VSE • MORALITY ABOVE ALL • 1937
PATER VOJTECH • FATHER VOJTECH • 1937
SVET PATRI NAM • WORLD BELONGS TO US, THE ◦ WORLD IS OURS, THE • 1937
TRI VEJCE DO SKLA • THREE EGGS IN A GLASS • 1937
KROK DO TMY • MADMAN IN THE DARK • 1938

SKOLA ZAKLAD ZIVOTA • SCHOOL, THE BEGINNING OF LIFE ○ SCHOOL WHERE LIFE BEGINS ○ SCHOOL, THE BASIS OF LIFE • 1938
CESTA DO HUBIN STUDAKOVY DUSE • SEARCHING THE HEARTS OF STUDENTS • 1939
EVA TROPI HLOUPOSTI • EVA PLAYS THE FOOL ○ EVA IS FOOLING ○ ESCAPADES OF EVA, THE • 1939
JINY VZDUCH • FRESH AIR ○ ANOTHER AIR • 1939
KRISTIAN • CHRISTIAN (USA) • 1939
MUZ Z NEZNAMA • RELUCTANT MILLIONAIRE • 1939
BARON PRASIL • BARON MUNCHAUSEN (USA) • 1940
DRUHA SMENA • SECOND TOUR (USA) ○ SECOND SHIFT, THE ○ SECOND LAWYER ○ SECOND PART • 1940
KATAKOMBY • CATACOMBS • 1940
MUSIKANTSKA LIDUSKA • MUSICIAN'S LIDUSKA, THE ○ MUSICIAN'S GIRL, THE ○ LIDUSKA OF THE STAGE • 1940
HOTEL MODRA HVEZDA • HOTEL BLUE STAR, THE • 1941
ROZTOMILY CLOVEK • CHARMING MAN, A • 1941
TETICKA • AUNTIE'S FANTASIES • 1941
TEZKY ZIVOT DOBRODRUHA • DIFFICULT LIFE OF AN ADVENTURER, THE ○ ADVENTURE IS A HARD LIFE ○ HARD LIFE OF AN ADVENTURER, THE • 1941
BARBORA HLAVSOVA • 1942
VALENTIN DOBROTIVY • VALENTIN THE GOOD • 1942
EXPERIMENT • 1943
ZWEITE SCHUSS, DER • SECOND SHOT, THE • 1943
DIR ZULIEBE • 1944
POCESTNE PANI PARDUBICKE • RESPECTABLE LADIES OF PARDUBICKE, THE ○ HONORABLE LADIES OF PARDUBICE, THE ○ VIRTUOUS DAMES OF PARDUBICE, THE • 1944
PRSTYNEK • WEDDING RING, THE ○ LITTLE RING, THE ○ RING, THE • 1944
TRINACTY REVIR • GUARD 13 ○ BEAT 13 ○ 13 REVIR • 1945
CAPKOVY POVIDKY • CAPEK'S TALES (USA) ○ TALES FROM CAPEK ○ TALES OF CAPEK ○ TALES BY CAPEK ○ KAREL CAPEK'S TALES • 1947
VARUJ! • REITERATE THE WARNING! ○ WARNING • 1947
NAVRAT DOMU • LOST IN THE SUBURBS ○ RETURN HOME ○ PRAGUE ○ LOST IN PRAGUE • 1948
POLIBEK ZE STADIONU • KISS FROM THE STADIUM, A • 1948
PETISTOVKA • MOTOR CYCLES • 1949
PYTLAKOVA SCHOVANKA • POACHER'S GOD-DAUGHTER, THE ○ KIND MILLIONAIRE, THE • 1949
PAST • TRAP, THE • 1950
ZOCELENI • TEMPERED STEEL ○ STEEL TOWN • 1950
AKCE B • ACTION B • 1951
BYLO TO V MAJI • MAY EVENTS • 1951
CISARUV PEKAR • EMPEROR AND THE GOLEM, THE (USA) ○ EMPEROR'S BAKER, THE ○ RETURN OF THE GOLEM, THE • 1951
PEKARUV CISAR • BAKER'S EMPEROR, THE • 1951
TAJEMSTVI KRVE • MYSTERY OF THE BLOOD, THE ○ SECRET OF BLOOD, THE • 1953
PSOHLAVCI • DOG'S HEADS ○ DOGHEADS • 1954
MISTVI ZIMNICH SPORTI • MASTER OF WINTER SPORTS • 1955
NECHTE TO NA MNE! • LEAVE IT TO ME • 1955
SPARTAKIADA • SPARTAKIAD • 1956 • DOC
ZAOSTRIT PROSIM • WATCH THE BIRDIE ○ CLOSE-UP PLEASE! • 1956
DNES NAPOSLED • TODAY FOR THE LAST TIME • 1958
POVODEN • FLOOD, THE • 1958
THEODOR PISTEK • 1958
PRINCEZNA SE ZLATOV HVEZDOU • PRINCESS WITH THE GOLDEN STAR, THE • 1959
BILA SPONA • WHITE SLIDE, THE • 1960
DARBUJAN A PANDRHOLA • COMPACT WITH DEATH, A • 1960
RUZENA NASKOVA • 1960
MEDVED • BEAR, THE • 1961 • MTV
NAMLUVY • COURTING • 1961 • MTV
SLZY, KTERE SVET NEVIDI • TEARS THE WORLD CAN'T SEE • 1961 • MTV
KRAL KRALU • KING OF KINGS • 1963
TRI ZLATE VLASY DEDA VSEVEDA • THREE GOLDEN HAIRS OF OLD MAN KNOW-ALL, THE • 1963
HVEZDA ZVANA PELYNEK • STAR NAMED WORMWOOD, A • 1964
LIDE NA KOLEKACH • PEOPLE ON WHEELS ○ LIDE Z MARINGOTEK ○ LIFE ON WHEELS • 1966
NEJLEPSI ZENSKA MEHO ZIVOTE • BEST GIRL IN THE WORLD, THE ○ BEST WOMAN IN MY LIFE, THE ○ BEST GIRL I EVER HAD, THE • 1967
PRISNE TAJNE PREMIERY • STRICTLY SECRET PREMIERES ○ RECIPE FOR A CRIME ○ STRICTLY SECRET PREVIEWS • 1967

FRICK JONAS - SWD

STRUL • FRAMED • 1988

FRID YA. - USS

FRID YAN • FRIED Y.

DVENADTSATAYA NOCH • TWELFTH NIGHT • 1955
ROAD OF TRUTH, THE • 1956
TROUBLE IN SPRING • 1964
ZELYONAYA KARYETA • GREEN CARRIAGE, THE • 1967
LYUBOV YAROVAYA • 1970

FRID YAN see **FRID YA.**

FRIDRIKSSON FRIDRIK see **FRIDRIKSSON FRIDRIK THOR**

FRIDRIKSSON FRIDRIK THOR - ICL

FRIDRIKSSON FRIDRIK

ELDSMIDURINN • BLACKSMITH, THE • 1981 • DCS
ROCK ON REJKJAVIK • 1982
WHITE WHALES • 1987

FRIEBERG CAMELIA - CND

CROSSING THE RIVER • 1988 • DCS

FRIED GERMAIN - FRN

VOYAGES DE NOCES • JACQUELINE ET L'AMOUR • 1932
QUADRILLE D'AMOUR • 1934
TOVARITCH • 1935

FRIED Y. see **FRID YA.**

FRIEDBERG DAVID R. - USA

TORTURE ME KISS ME • 1970

FRIEDBERG RICK - USA

KGOD • PRAY TV • 1980
OFF THE WALL • SNAKE CANYON PRISON • 1983

FRIEDEL FREDERICK R. - USA

CALIFORNIA AXE MASSACRE • LISA, LISA ○ AXE • 1974

FRIEDENBERG DICK see **FRIEDENBERG RICHARD**

FRIEDENBERG RICHARD - USA

FRIEDENBERG DICK

LIFE AND TIMES OF GRIZZLY ADAMS, THE • 1975
ADVENTURES OF FRONTIER FREEMONT, THE • 1976
BERMUDA TRIANGLE, THE • 1978 • DOC
DEERSLAYER, THE • 1978 • TVM

FRIEDKIN DAVID - USA - 1939-

HOT SUMMER NIGHT • CAPITAL OFFENSE • 1956
HANDLE WITH CARE • MOCK TRIAL • 1958
RIVER OF GOLD, THE • 1970 • TVM

FRIEDKIN WILLIAM - USA - 1939-

GOOD TIMES • 1967
NIGHT THEY RAIDED MINSKY'S, THE • NIGHT THEY INVENTED STRIPTEASE, THE • 1969
BIRTHDAY PARTY, THE • 1970
BOYS IN THE BAND, THE • 1970
FRENCH CONNECTION, THE • 1971
EXORCIST, THE • 1973
SORCERER • WAGES OF FEAR, THE (UKN) • 1977
BRINK'S JOB, THE • BIG STICKUP AT BRINK'S • 1978
CRUISING • 1980
DEAL OF THE CENTURY • 1983
TO LIVE AND DIE IN L.A. • 1985
C.A.T. SQUAD • 1986 • TVM
RAMPAGE • 1987
C.A.T. SQUAD 2: OPERATION PYTHON WOLF • 1988 • TVM

FRIEDLANDER LOUIS see **LANDERS LEW**

FRIEDMAKER BILLY see **VARELA JOSE**

FRIEDMAN DAVID - USA

CONVICTS AT LARGE • 1938

FRIEDMAN DAVID F. - USA

SIEGFRIED UND DAS SAGENHAFTE LIEBESLEBEN DER NIBELUNGEN • LONG SWIFT SWORD OF SIEGFRIED, THE (USA) ○ MAIDEN QUEST ○ EROTIC ADVENTURES OF SIEGFRIED, THE (UKN) ○ TERRIBLE QUICK SWORD OF SIEGFRIED, THE • 1971
JOURNEY OF O, THE • 1975

FRIEDMAN E. see **FRIEDMAN YEVGENI**

FRIEDMAN ED - USA

MIGHTY MOUSE: THE GREAT SPACE CHASE • MIGHTY MOUSE IN THE GREAT SPACE RACE • 1983 • ANM
HE-MAN AND SHE-RA: THE SECRET OF THE SWORD • SECRET OF THE SWORD, THE • 1985 • ANM

FRIEDMAN KEN - USA

DEATH BY INVITATION • 1971
MADE IN USA • USA TODAY • 1988

FRIEDMAN KIM - USA

BEFORE AND AFTER • 1979 • TVM

FRIEDMAN RICHARD - USA

DEATHMASK • 1984
SCARED STIFF • 1987
DOOM ASYLUM • 1988
PHANTOM OF THE MALL • 1989

FRIEDMAN SERGE - FRN - 1930-

MAGICIENNES, LES • DOUBLE DECEPTION (USA) ○ FRANTIC ○ MAGICIANS, THE • 1960
VOYAGE EN QUESTION, LE • 1962
MARI, C'EST UN MARI, UN • 1976

FRIEDMAN SEYMOUR - USA - 1917-

TRAPPED BY BOSTON BLACKIE • 1948
BODYHOLD • 1949
BOSTON BLACKIE'S CHINESE VENTURE • CHINESE VENTURE (UKN) • 1949
CHINATOWN AT MIDNIGHT • 1949
CRIME DOCTOR'S DIARY • 1949
DEVIL'S HENCHMAN, THE • 1949
PRISON WARDEN • 1949
RUSTY SAVES A LIFE • 1949
RUSTY'S BIRTHDAY • 1949
COUNTERSPY MEETS SCOTLAND YARD, THE • 1950
CUSTOMS AGENT • 1950
ROOKIE FIREMAN • 1950
CRIMINAL LAWYER • 1951
HER FIRST ROMANCE • GIRLS NEVER TELL (UKN) ○ ROMANTIC AGE, THE • 1951
SON OF DR. JEKYLL, THE • SECOND FACE OF DR. JEKYLL, THE • 1951
ESCAPE ROUTE • I'LL GET YOU (USA) • 1952
LOAN SHARK • 1952
FLAME OF CALCUTTA • 1953
SAINT'S RETURN, THE • SAINT'S GIRL FRIDAY, THE (USA) • 1953
KHYBER PATROL • 1954
AFRICAN MANHUNT • 1955
SECRET OF TREASURE MOUNTAIN • 1956

FRIEDMAN SHRAGA - ISR

HADYBBUK • DYBBUK, THE ○ BETWEEN TWO WORLDS • 1968

FRIEDMAN YEVGENI - USS

FRIEDMAN E.

OSTROV SOKROVISC • TREASURE ISLAND • 1971

FRIEDMAN YONA - Animator - FRN

AVENTURES DE SAMBA GANA, LES • 1962 • ANM
ORIGINE DES KABOULOUKOU, L' • 1962 • ANM

FRIEDMANN ANTHONY - UKN - 1937-

BARTLEBY • 1970

FRIEDMANN-FRIEDRICH FRITZ - GRM

HERR FINANZDIREKTOR, DER • 1931
FRIEDERICKE • 1932

FRIEDMANN MAX - GRM

BEGEGNUNG IN SALZBURG • 1964

FRIEDRICH GUNTHER - GRM

UNTERNEHMEN GEIGENKASTEN • OPERATION VIOLIN-CASE • 1985
COWARD • 1987

FRIEDRICHS PETER see **FRIEDRICHS ZBIGNIEW**

FRIEDRICHS ZBIGNIEW - PLN - 1944-

FRIEDRICHS PETER

MADE IN AUSTRALIA • 1975
APOSTASY • 1979
ON THE ROAD WITH CIRCUS OZ • 1982 • DOC
ARTISTS IN THE COMMUNITY • 1983 • DOC

FRIEL DEIRDRE - IRL

CANCER • 1977 • MTV
HERITAGE • 1977 • MTV
SIEGE • 1977 • MTV

FRIEND ROBERT L. - USA

TARZAN'S DEADLY SILENCE • DEADLY SILENCE, THE • 1970 • MTV

FRIESE-GREENE CLAUDE - UKN

PRIDE OF NATIONS, THE • 1915

FRIESE WOLF DIETRICH - AUS

WER KUSST WEN? • GLUCK MUSST DU HABEN AUS DIESER WELT • 1949

FRIESSNER UWE - GRM

ENDE DES REGEN BOGENS, DAS • END OF THE RAINBOW, THE • 1980

FRISCH LARRY - USA - 1929-

TEL AVIV TAXI • 1956
PILLAR OF FIRE, THE • 1963
CASABLAN • 1964

FRISK RAGNAR - SWD - 1902-

MELODIEN FRAN GAMLA STA'N • MELODY FROM THE OLD TOWN • 1939
MORGONDAGENS MELODI • TOMORROW'S MELODY • 1942
AKTOREN • ACTOR • 1943
I BRIST PA BEVIS • LACK OF EVIDENCE • 1943
HELIGA LOGNEN, DEN • HOLY LIE • 1944
RANNSTENSUNGAR • GUTTER-SNIPES • 1944
STEN STENSSON KOMMER TILL STAN • STEN STENSSON COMES TO TOWN • 1945
TRAV, HOPP OCH KARLEK • TROTTING, HOPE AND CHARITY • 1945
ASA-NISSE • 1946
HUNDRA DRAGSPEL OCH EN FLICKA • HUNDRED ACCORDIONS AND ONE GIRL, A • 1946
HAMMARFORSENS BRUS • ROAR OF HAMMER RAPIDS, THE • 1948
LAPPBLOD • LAPP BLOOD • 1948
ASA-NISSE PA JAKTSTIGEN • 1950
DET VAR EN GANG EN SJOMAN • ONCE UPON A TIME A SAILOR • 1951
KANSKE EN GENTLEMAN • 1951
ASA-NISSE PA NYA AVENTYR • 1952
ASA-NISSE PA SEMESTER • 1953
FLOTTARE MED FARG • 1953
ASA-NISSE PA HAL IS • 1954
BROR MIN OCH JAG • 1954
OSTERMANS TESTAMENTE • OSTERMAN'S WILL • 1954
ASA-NISSE ORDNAR ALLT • 1955
FLOTTANS MUNTERGOKAR • MERRY BOYS OF THE FLEET • 1955
KARUSELLEN I FJALLEN • MERRY-GO-ROUND IN THE MOUNTAINS • 1955
ASA-NISSE FLYGER I LUFTEN • 1956
BRODERNA OSTERMANS BRAVADER • 1956
JOHAN PA SNIPPEN • JOHAN AT SNIPPEN • 1956
ASA-NISSE I FULL FART • 1957
ASA-NISSE I KRONANS KLADER • 1958
KLARAR BANANEN BIFFEN? • 1958
ASA-NISSE JUBILERAR • 1959
ASA-NISSE SOM POLIS • 1960
ASA-NISSE BLAND GREVAR OCH BARONER • 1961
VI FIXAR ALLT • 1961
RAGGARGANGET • RAGGARE GANG • 1962
TRE DAR I BUREN • 1963
TRE DAR PA LUFFEN • THREE DAYS AS A VAGABOND • 1964
ASA-NISSE I RAKETFORM • 1966
PANG I BYGGET • BIG BANG • 1966
30 PINNAR MUCK • 1966
FREDDY KLARAR BIFFEN • FREDDY CAN MANAGE IT • 1968
UNDER DITT PARASOLL • UNDER YOUR UMBRELLA • 1968

FRISSELL VARICK – USA – 1903–1931
FRISSELL VARICK LEWIS
LURE OF LABRADOR, THE • 1925 • DOC
SWILIN' RACKET, THE • GREAT ARCTIC SEAL HUNT ○ SEAL HUNTING IN THE ARCTIC • 1928 • DOC
CEUX DE VIKING • 1931
VIKING, THE • NORTHERN KNIGHT ○ WHITE THUNDER • 1931

FRISSELL VARICK LEWIS see **FRISSELL VARICK**

FRITSCH GUNTHER see **FRITSCH GUNTHER V.**

FRITSCH GUNTHER V. – USA
von FRITSCH GUNTHER • FRITSCH GUNTHER
WANTED: A MASTER • 1936 • SHT
THIS IS THE BOWERY • ON THE BOWERY • 1941
FALA • 1943 • SHT
SEEING HANDS • 1943 • SHT
CURSE OF THE CAT PEOPLE, THE • 1944
FALA AT HYDE PARK • 1946 • SHT
CIGARETTE GIRL • 1947
WRONG SON • 1950 • SHT
STOLEN IDENTITY • 1953

von FRITSCH GUNTHER see **FRITSCH GUNTHER V.**

FRITSCH WILLI – Actor – AUS – 1901–
KLEINE MIT DEM SUSSEN PO, DIE • 1975

FRITZ-NEMETH PAUL – CND
DOGS TO THE RESCUE • 1972
TWO SILENT FRIENDS • 1972 • DOC

FRITZ ROGER – GRM
MADCHEN, MADCHEN • GIRLS, GIRLS (UKN) • 1967
EROTIK AUF DER SCHULBANK • EROTICISM ON THE SCHOOL BENCH • 1968
HASCHEN IN DIE GRUBE • 1968
TAGSUBER -ABENDS • DURING THE DAY -AT NIGHT • 1973

FRITZ SONIA – PRC
ESPEJOS DEL SILENCIO, LOS • MIRRORS OF SILENCE, THE • 1989 • DCS

FRIZLER PAUL – USA
GETTING WASTED • 1980

FRIZZELL JOHN – Writer – CND
RICKY GOES TO CAMP • 1982
UPROOTED • 1982
WINTER TAN, A • 1988

FROEHLICH BILL – USA
RETURN TO HORROR HIGH • 1987

FROELICH CARL – Producer – GRM – 1875–1953
ZU SPAT • 1911
RICHARD WAGNER • 1912
ANDREAS HOFER • 1914
FURST SEPPL • 1915
SCHIRM MIT DEM SCHWAN, DER • 1915
WERNER KRAFFT • 1916
MUSKETIER KACZMAREK • KACZMAREK • 1917
IKARUS, IM HOHENFLUG DER LEIDENSCHAFTEN • ADLER VON FLANDERN, DER • 1918
ARME THEA • 1919
KLAPPERSTORCHVERBAND, DER • 1919
LIEBSCHAFTEN DER KATE KELLER, DIE • 1919
SCHICKSAL DER CAROLA VAN GELDERN, DAS • 1919
TANZER 1, DER • 1919
TANZER 2, DER • 1919
VERFUHRTEN, DIE • 1919
BRUDER KARAMASOFF, DIE • BROTHERS KARAMAZOV, THE • 1920
KWANNON VON OKADERA, DIE • 1920
TOTENINSEL • 1920
IRRENDE SEELEN • SKLAVEN DER SINNE ○ IDIOT, DER • 1921
JOSEF UND SEINE BRUDER • JOSEPH AND HIS BRETHREN • 1922
LUISE MILLERIN • KABALE UND LIEBE • 1922
TAUGENICHTS, DER • 1922
WETTERWART, DER • 1923
MUTTER UND KIND • MOTHER AND CHILD • 1924
ABENTEUER DER SIBYLLE BRANT, DAS • UM EIN HAAR.. • 1925
IM BANNE DER KRALLE • 1925
KAMMERMUSIK • 1925
TRAGODIE • 1925
FLAMMEN LUGEN, DIE • 1926
ROSEN AUS DEM SUDEN • 1926
WEHE, WENN SIE LOSGELASSEN • 1926
GROSSE PAUSE, DIE • 1927
MEINE TANTE -DEINE TANTE • 1927
VIOLANTHA • 1927
LIEBE IM KUHSTALL • 1928
LIEBE UND DIEBE • HOTELRATTE, DIE ○ LOVE AND THIEVES • 1928
LIEBFRAUMILCH • 1928
LOTTE • 1928
ZUFLUCHT • REFUGE • 1928
FRAU, DIE JEDER LIEBT, BIST DU!, DIE • 1929
NACHT GEHORT UNS, DIE • 1929
NUIT EST A NOUS, LA • NIGHT IS OURS, THE • 1929
BARCAROLLE D'AMOUR • 1930
BRAND IN DER OPER • FIRE IN THE OPERA HOUSE ○ BARCAROLE ○ LOVE DUET, THE • 1930
FOLLE AVENTURE, LA • 1930
HANS IN ALLEN GASSEN • 1930
LUISE, KONIGIN VON PREUSSEN • LUISE, QUEEN OF PRUSSIA • 1931
MITTERNACHTSLIEBE • 1931
DIE-ODER KEINE • 1932
GITTA ENTDECKT IHR HERZ • 1932
LIEBE AUF DEN ERSTEN TON • 1932
MIETER SCHULZE GEGEN ALLE • 1932
CHORAL VON LEUTHEN, DER • ANTHEM OF LEUTHEN, THE • 1933
REIFENDE JUGEND • 1933
VOLLDAMPF VORAUS • 1933
FRUHLINGSMARCHEN • VERLIEB' DICH NICHT IN SIZILIEN • 1934
ICH FUR DICH -DU FUR MICH • 1934
KRACH UM JOLANTHE • 1934
ICH WAR JACK MORTIMER • 1935
LISELOTTE VON DER PFALZ • PRIVATE LIFE OF LOUIS XIV, THE ○ FRAUEN UM DEN SONNENKONIG • 1935
OBERWACHTMEISTER SCHWENKE • 1935
TRAUMULUS • 1936
WENN DER HAHN KRAHT • 1936
WENN WIR ALLE ENGEL WAREN • IF WE ALL WERE ANGELS (USA) • 1936
GANZ GROSSEN TORHEITEN, DIE • 1937
HEIMAT • MAGDA • 1938
UMWEGE DES SCHONEN KARL, DIE • 1938
4 GESELLEN, DIE • 1938
ES WAR EINE RAUSCHENDE BALLNACHT • ONE ENCHANTED EVENING ○ THAT NIGHT AT THE BALL ○ IT WAS A GAY BALL NIGHT • 1939
HERZ EINER KONIGIN, DAS • HERZ DER KONIGIN, DAS • 1940
GASMANN, DER • 1941
HOCHZEIT AUF BARENHOF • 1942
FAMILIE BUCHHOLZ • NEIGUNGSEHE • 1944
KOMPLETT AUF ERLENHOF • 1950
STIPS • 1951

FROELICH MARTIN – GRM
MISS EVELYNE, DIE BADEFEE • 1929

FROELICH ROMAN – USA
PRISONER, THE • 1928

FROELICHER MIA – SWT
UNSERE ELTERN HABEN DEN AUSWEIS C. • 1983 • DOC

FROHLICH GUSTAV – Actor – GRM – 1902–
RAKOCZY-MARSCH • RAKOCZI INDULO • 1933
ABENTEUER EINES JUNGEN HERRN IN POLEN • LIEBE UND TROMPETENKLANG • 1934
LEB' WOHL CHRISTINA • UMARMT DAS LEBEN • 1945
WEGE IM ZWIELICHT • 1948
BAGNOSTRAFLING, DER • 1949
LUGE, DIE • 1950
TORREANI • 1951
SEINE TOCHTER IST DER PETER • 1955

FROHMAN MARY HUBERT – USA
FAIRY AND THE WAIF, THE • 1915

FROLOV ANDREI – USS
WINNER, THE • 1947
PESNI RODNOY STORONY • FESTIVAL OF RUSSIAN SONG AND DANCES • 1953

FROMBERG GERALD – USA
VISIONS OF ST. TERESA, THE • SHT

FRONZ FRITZ – AUS
MANNER IN DEN BESTEN JAHREN ERZAHLEN SEXGESCHICHTEN • MEN IN THEIR PRIME TELL SEX STORIES • 1967
VIA EROTICA 6 • 1967
HUNENREPORT • REPORT ON PROSTITUTION • 1972

FROSI ALDO – ITL
TENTAZIONE • FOLLIA DEL GIUDICE PASSMANN, LA • 1942

FROST F. HARVEY see **FROST HARVEY**

FROST HARVEY – UKN – 1947–
FROST F. HARVEY
SOMETHING'S ROTTEN • 1979
IN GOOD COMPANY • 1984 • MTV
UNKNOWN SHOW, THE • 1985 • MTV

FROST LEE – USA
CHAIN GANG WOMEN • 1971
CHROME AND HOT LEATHER • 1971
THING WITH TWO HEADS, THE • MAN WITH TWO HEADS • 1972
POLICEWOMAN • 1974
BLACK GESTAPO • GHETTO WARRIORS • 1975
DIXIE DYNAMITE • 1980

FROST R. L. – USA
FROST ROBERT LEE • FROST R. LEE
HOUSE ON BARE MOUNTAIN, THE • NIGHT ON BARE MOUNTAIN • 1962
SURFTIDE 77 • CALL SURFSIDE 77 ○ CALL GIRL 777 ○ SURFTIDE 777 • 1962
HOLLYWOOD'S WORLD OF FLESH • WORLD OF FLESH • 1963
LOVE IS A FOUR-LETTER WORD • LOVE IS AN EXCITING WORD • 1964
DEFILERS, THE • 1965
CENSORED • 1966
MONDO BIZARRO • 1966
MONDO FREUDO • WORLD OF FREUD, THE • 1966 • DOC
ANIMAL, THE • 1968
HOT SPUR • NAKED SPUR, THE ○ FIERY SPUR ○ LONGEST SPUR, THE • 1968
LOVE CAMP 7 • LOVE CAMP SEVEN • 1968
PICK-UP, THE • 1968
SCAVENGERS, THE • GRABBERS, THE • 1969

FROST R. LEE see **FROST R. L.**

FROST ROBERT LEE see **FROST R. L.**

FROT-COUTAZ GERARD – FRN
CAMPAGNE DE CICERON, LA • 1989

FROWEIN EBERHARD – GRM
LEIDENSWEG EINES ACHTZEHNJAHRIGEN, DER • IN KETTEN DER LEIDENSCHAFT • 1920
SILHOUETTENSCHNEIDER, DER • 1920
PERLENMACHER VON MADRID, DER • PERLENMACHER VON PARIS, DER • 1921
SUNDE AM WEIBE • 1926
EHE, DIE • 1929
FRUCHTBARKEIT • 1929
KIND UND DIE WELT, DAS • 1931
GOETHE LEBT..! • 1932

FRUCHTER NORMAN – USA
TROUBLEMAKERS • 1966 • DOC

FRUEH KURT – SWT
TEUFEL HAT GUT LACHEN, DER • DEVIL MAY WELL LAUGH, THE • 1960

FRUET WILLIAM – CND – 1948–
WEDDING IN WHITE • MARIAGE EN BLANC • 1972
BRING WHISKY AND A SMILE • 1974
ITALY • 1974
DEATH WEEKEND • HOUSE BY THE LAKE, THE (USA) • 1976
ONE OF OUR OWN • 1979 • MTV
SEARCH AND DESTROY • STRIKING BACK • 1979
CRIES IN THE NIGHT • FUNERAL HOME • 1980
BAKER COUNTY U.S.A. • TRAPPED ○ KILLER INSTINCT, THE • 1981
CHATWILL'S VERDICT • 1981
SPASMS • DEATH BITE • 1982
VANDERBERG • 1983 • SER
KILLER INSTINCT • 1985
RAY BRADBURY'S NIGHTMARES VOLUME 1 • 1985
BEDROOM EYES • 1986
KILLER PARTY • APRIL FOOL ○ FOOL'S NIGHT • 1986
BLUE MONKEY • INVASION OF THE BODYSUCKERS ○ GREEN MONKEY ○ INSECT • 1987
FRIDAY THE 13TH: THE LEGACY -THE INHERITANCE/ CUPID'S QUIVER • 1987
FRIDAY'S CURSE: DOCTOR JACK/ SHADOW BOXER • 1987 • MTV
FRIDAY'S CURSE: TALES OF THE UNDEAD/ SCARECROW • 1987 • MTV

FRUMIN B. – USS
HEADMASTER'S DIARY, A • 1975
OSHIBKI YUNISTI • ERRORS OF YOUTH (UKN) • 1989

FRYD JOSEPH – ITL
UOMINI RAPITI • KIDNAPPED MEN • 1965

FRYDMAN GERALD – BLG
SCARABUS • 1971 • ANS
SCARABUS II • 1973 • SHT
WALTER IV • 1973

FRYER BRYANT – Animator – CND – 1897–1963
FOLLOW THE SWALLOW • 1927 • ANS
ONE BAD NIGHT • 1927 • ANS
BYE BYE BUNTING • 1933 • ANS
JACK THE GIANT KILLER • 1933 • ANS
SAILORS OF THE GUARD • 1933 • ANS
CAN THIS BE TRUE? • 1935 • ANS

FU CH'I – HKG
CHUNGKUO T'I T'AN CH'UN YING HUI • NATIONAL GAMES, THE • 1976 • DOC
HSI-HSUEH JEN-MO • BLOOD, THE • 1976

FUAD AHMED – EGY
WAGHAN LI WAGH • FACE TO FACE • 1976

FUCHS ARISTIDIS KARIDIS – GRC
ATHINA META TA MESANIHTA, I • ATHENS AFTER MIDNIGHT • 1968

FUCHS FRIEDRICH J. – GRM
VERSUCHUNG • 1955

FUEKI JUZABURE – JPN
ASH OF DEATH • 1954

de la FUENTE JOSE ANTONIO – SPN
BARCELONA KILL, THE • 1972

FUENTES – MXC
MEXICANOS AL GRITO DE GUERRA • HISTORIA DEL HIMNO NACIONAL • 1943

de FUENTES FERNANDO – MXC – 1894–1958
ANONIMO, EL • ANONYMOUS ONE, THE • 1932
CALANDRIA, LA • 1933
COMPADRE MENDOZA, EL • MY FRIEND MENDOZA ○ GODFATHER MENDOZA • 1933
PRISIONERO TRECE, EL • PRISONER NUMBER THIRTEEN • 1933
TIGRE DE YAUTEPEC, EL • TIGER OF YAUTEPEC, THE • 1933
CRUZ DIABLO • 1934
FANTASMA DEL CONVENTO, EL • FANTASY IN A MONASTERY ○ PHANTOM OF THE CONVENT, THE • 1934
FAMILIA DRESSEL, LA • DRESSEL FAMILY, THE • 1935
VAMONOS CON PANCHO VILLA • LET'S GO WITH PANCHO VILLA (USA) • 1935
ALLA EN EL RANCHO GRANDE • THERE AT THE BIG RANCH ○ OUT AT BIG RANCH • 1936
MUJERES MANDAN, LAS • WOMEN COMMAND, THE • 1936
ZANDUNGA, LA • 1936
BAJO EL CIELO DE MEXICO • BENEATH THE SKY OF MEXICO (USA) • 1937
CASA DEL OGRO, LA • HOUSE OF THE OGRE, THE ○ OGRE'S HOUSE, THE • 1938
SU GRAN AVENTURA • HIS GREAT ADVENTURE (USA) • 1938
PAPACITO LINDO • SUGAR DADDY (USA) • 1939
ALLA EN EL TROPICO • 1940
CREO EN DIOS • LABIOS SELLADOS • 1940
JEFE MAXIMO, EL • BIG BOSS, THE • 1940
GALLINA CLUECA, LA • 1941
ASI SE QUIERE EN JALISCO • THAT'S HOW THEY LOVE IN JALISCO • 1942
DONA BARBARA • 1943
MUJER SIN ALMA, LA • WOMAN WITHOUT A SOUL • 1943
REY SE DIVIERTE, EL • 1944
HASTA QUE PERDIO JALISCO • 1945
SELVA DE FUEGO, LA • JUNGLE FIRE • 1945
DEVORADORA, LA • 1946
ALLA EN EL RANCHO GRANDE • 1948
JALISCO CANTA EN SEVILLA • 1948
HIPOLITO EL DE SANTA • 1949
CRIMEN Y CASTIGO • CRIME AND PUNISHMENT • 1950
POR LA PUERTA FALSA • FALSE DOOR, THE ○ THROUGH THE FALSE DOOR • 1950
CANCION DE CUNA • 1952

HIJOS DE MARIA MORALES, LOS • 1952
MALEFICIO • TRES CITAS CON EL DESTINO (SPN) ○ WITCHCRAFT ○ THREE DATES WITH DESTINY • 1954

de FUENTES FERNANDO JR. – MXC
DONA BARBARA • 1972

FUENTES RAUL – VNZ
GUARAIRA REPANO • 1977 • DOC

FUEST ROBERT – UKN – 1927–
JUST LIKE A WOMAN • 1966
AND SOON THE DARKNESS • 1970
WUTHERING HEIGHTS • 1970
ABOMINABLE DR. PHIBES, THE • DR. PHIBES • 1971
DR. PHIBES RISES AGAIN • 1972
FINAL PROGRAMME, THE • LAST DAYS OF MAN ON EARTH • 1973
DEVIL'S RAIN, THE • 1975
REVENGE OF THE STEPFORD WIVES • 1980 • TVM
APHRODITE • 1982

FUHR CHARLES – USA
BOMBER'S MOON • 1943

FUHRMANN H. – GRM
MIT UNS DAS VOLK • 1927

FUJIEDA RYUJI – JPN
I AM HERE • 1972 • ANS

FUJINO KAZUTOMO – JPN
EATER, AN • 1963

FUJITA SHIGEO – JPN
HINODE NO SAKEBI • CRYING FOR THE SUN • 1967

FUJITA TOSHIYA – JPN
IMOHTO • MY SISTER • 1974
KAEREZARU HIBI • DAYS OF NO RETURN • 1978

FUJIWARA SUGIO – JPN
AKAI JITENSHIA • RED BICYCLE • 1954
MICHI • ROAD, THE • 1956
TADAIMA ZEROHIKI • MONKEY BUSINESS • 1957

FUKADA KINNOSUKE – JPN
FUKUDA KINNOSUKE
KAIBYO KARAKURI TENJO • GHOST-CAT OF KARAKURI TENJO • 1958
KAIDAN HITOTSU-ME JIZO • GHOST FROM THE POND • 1959
KAIRAKU NO WANA • TRAP OF PLEASURE • 1967

FUKADA SEIICHIRO see **FUKUDA SEIICHI**

FUKASAKU KINJI – JPN
GANG DOMES • LEAGUE OF GANGSTERS • 1963
JAKOMAN TO TETSU • JAKOMAN AND TETSU • 1964
OKAMI TO BUTA TO NINGEN • HUMAN WOLVES • 1964
ODOSHI • THREAT • 1966
KAISANSHIKI • BREAK-UP, THE • 1967
BAKUTO KAISAN SHIKI • GAMBLER'S DISPERSION • 1968
GAMMA SANGO UCHU DAISAKUSEN • GREEN SLIME, THE (USA) ○ BATTLE BEYOND THE STARS ○ DEATH AND THE GREEN SLIME • 1968
KUROTOKAGE • BLACK LIZARD (USA) • 1968
KYOKATSU KOSO WAGA JINSEI • BLACKMAIL IS MY LIFE • 1968
KUROBARA NO YAKATA • BLACK ROSE ○ BLACK ROSE INN, THE • 1969
KIMI GA WAKAMONO • OUR DEAR BUDDIES • 1970
TORA! TORA! TORA! • 1970
BAKUTO GAIJIN BUTAI • GAMBLERS IN OKINAWA • 1971
GUNKI HATAMEKU SHITANI • UNDER THE MILITARY FLAG • 1972
JINGI NAKI TATAKAI • YAKUZA PAPERS, THE • 1972
JINGI NAKI TATAKAI, CHOJO SAKUSEN • FIGHT BETWEEN YAKUZA FAMILIES • 1973
YAKUZA NO HAKABA • GRAVEYARD OF YAKUZA, THE • 1976
UCHU KARANO MESSAGE • MESSAGE FROM SPACE, THE ○ UCHU KARA NO MESSEJI ○ UCHU NI MESSEJI • 1977
YAGYU ICHIZOKU NO IMBOU • INTRIGUE OF THE YAGYU FAMILY, THE • 1977
AKOJO DANZETSU • FALL OF AKO-JO, THE • 1978
FUKKATSU NO HI • DAY OF RESURRECTION, THE ○ VIRUS (USA) ○ RESURRECTION DAY • 1979
SHOGUN'S SAMURAI, THE • 1979
DEVIL RESUSCITATION • 1980
MAKAI TENSHO • SAMURAI REINCARNATION • 1981
FALL GUY, THE • 1982
UNDER THE FLAG OF THE RISING SUN • 1982
JINSEI GEKIJO • HUMAN THEATRE • 1983
KAMATA KOSHINKYOKU • KAMATA MOVIE MARCH • 1983
SATOMI HAKKEN DEN • LEGEND OF THE DOGS OF SATOMI • 1984
SHANGHAI VANCE KING • 1984
KATAKU NO HITO • MAN IN A HURRY • 1985

FUKAZAWA KIYOSUMI – JPN
TIME OF THE APES • 1987

FUKUDA JUN – JPN
DENSO NINGEN • SECRET OF THE TELEGIAN (USA) ○ TELEGIAN, THE • 1960
WEED OF CRIME, THE • 1964
HONKON NO SHIROIBARA • WHITE ROSE OF HONG KONG (USA) • 1965
DOTO ICHIMAN-KAIRI • MAD ATLANTIC • 1966
NANKAI NO DAI KETTO • GODZILLA VS. THE SEA MONSTER (USA) ○ EBIRAH, TERROR OF THE DEEP ○ EBIRAH, HORROR OF THE DEEP (UKN) ○ BIG DUEL IN THE NORTH SEA • 1966
OGON NO ME • 1966
GOJIRA NO MUSUKO • SON OF GODZILLA ○ GODZILLA NO MUSUKO • 1967
HYAPPATSU HYAKUCHU • BOOTED BABE, BUSTED BOSS ○ OOGON NO ME • 1968
FURESSHUMAN WAKADAISHO • YOUNG GUY GRADUATES (USA) • 1969
NYUJIRANDO NO WAKADAISHO • YOUNG GUY ON MT. COOK (USA) • 1969
GOJIRA TAI GAIGAN • GODZILLA, WAR OF THE MONSTERS ○ WAR OF THE MONSTERS ○ CHIKIYU KOGERI MEIREI ○ GODZILLA TAI GAIGAN ○ GODZILLA VERSUS GIGAN • 1972
GOJIRA TAI MEGALON • GODZILLA VS. THE SEA MONSTER (USA) ○ GODZILLA VS. MEGALON • 1973
GOJIRA TAI MEKAGOJIRA • GODZILLA VERSUS THE COSMIC MONSTER (USA) ○ GODZILLA VERSUS THE BIONIC MONSTER (UKN) ○ GODZILLA VERSUS MECHAGODZILLA • 1974
NAKUSEI DAISENSO • WAR OF THE PLANETS ○ WAKUSEI DAISENSO ○ WAR IN SPACE • 1977

FUKUDA KINNOSUKE see **FUKADA KINNOSUKE**

FUKUDA SEICHI see **FUKUDA SEIICHI**

FUKUDA SEIICHI – JPN
FUKADA SEIICHIRO • FUKUDA SEICHI
NOHOTEI MONOGATARI • PRIVATE'S STORY, THE • 1955
DOKURO KYOJO • MASKED TERROR • 1957
TODOKE HAHA NO SAKEBI • SON HEAR MY CRY • 1959
NINJUTSU MUSHASHUGYO • THREE MAGICIANS, THE • 1960
RUTEN • WANDERING • 1960
HONENUKI • MUTILATION • 1967
JOTAI JOHATSU • WOMAN'S BODY VANISHES • 1967
ZOKU AKUTOKUI (JOI-HEN) • VICIOUS DOCTOR (PART 2) • 1967
ZOKU: MIDAREGAMI HADAIROJIGAKE • SKIN TRICK • 1967
SHIROI KAIKAN • WHITE PLEASURE • 1968
MADAME O • 1970

FUKUSHIMA HAL – JPN
GRAND TOUR, THE • 1972 • ANS

FUKUSHIMA MICHAEL – Animator – CND
TAKO • KITE • 1987 • ANS

FUKUTOMI HIROSHI – JPN
LOCKE THE SUPERMAN • ANM

FULCHIGNONI ENRICO – ITL
DUE FOSCARI, I • 1942
IMAGES DE LA FOLIE • 1950
LEONARDO DA VINCI: THE TRAGIC PURSUIT OF PERFECTION • TRAGIC PURSUIT OF PERFECTION, THE • 1953
ART PRECOLOMBIEN MEXICAIN • 1956

FULCI LUCIO – ITL – 1927–
LADRI, I • 1959
RAGAZZI DEL JUKE BOX, I • 1959
URLATORI ALLA SBARRO • 1960
COLPO GOBBO ALL'ITALIANA • 1962
DUE DELLA LEGIONE, IL • 1962
MASSAGGIATRICI, LE • 1962
IMBROGLIONI, GLI • 1963
UNO STRANO TIPO • 1963
DUE EVASI DI SING SING, I • 1964
MANIACI, I • 1964
002 AGENTI SEGRETISSIMI • 00-2 MOST SECRET AGENTS (USA) ○ OH! THOSE MOST SECRET AGENTS ○ WORST SECRET AGENTS • 1964
COME INGUAIAMMO L'ESERCITO • 1965
DUE PERICOLI PUBBLICI, I • TWO PUBLIC ENEMIES ○ TWO DANGEROUS AGENTS • 1965
002 OPERAZIONE LUNA • DOS COSMONAUTAS A LA FUERZA (SPN) ○ 002 OPERATION MOON ○ TWO COSMONAUTS AGAINST THEIR WILL • 1965
COME SVALIGIAMMO LA BANCA D'ITALIA • 1966
DUE PARA, I • 1966
TEMPO DI MASSACRO • COLT CANTARONO LA MORTE E FU TEMPO DI MASSACRO, LE ○ BRUTE AND THE BEAST, THE ○ COLT CONCERT ○ TIME OF MASSACRE • 1966
COME RUBAMMO LA BOMBA ATOMICA • HOW WE STOLE THE ATOMIC BOMB • 1967
LUNGO, IL CORTO, IL GATTO, IL • TALL, THE SHORT, THE CAT, THE • 1967
OPERAZIONE SAN PIETRO • ABENTEUER DES KARDINAL BRAUN, DIE (FRG) ○ AU DIABLE LES ANGES (FRN) ○ OPERATION ST. PETER'S (USA) • 1967
BEATRICE CENCI • 1969
UNA SULL'ALTRA • HISTORIA PERVERSA, UNA (SPN) ○ ONE ON TOP OF THE OTHER (UKN) • 1969
SMUGGLER, THE
LUCERTOLA CON LA PELLE DI DONNA, UNA • LAGARITA CON PIEL DE MUJER, UNA (SPN) ○ VENIN DE LA PEUR, LA (FRN) ○ LIZARD IN A WOMAN'S SKIN, A (UKN) ○ SCHIZOID (USA) • 1971
ALL'ONOREVOLE PIACCIONO LE DONNE • EROTICIST, THE • 1972
NON SI SEVIZIA UN PAPERINO • DON'T TORTURE THE DUCKLING (USA) • 1972
ZANNA BIANCA • CROC-BLANC (FRN) ○ WHITE FANG (UKN) • 1973
RITORNO DI ZANNA BIANCA, IL • 1974
CAVALIER COSTANTE NICOSIA DEMONIACO OVVERO DRACULA IN BRIANZA, IL • 1975
QUATTRO DELL'APOCALISSE, I • 1975
PRETORA, LA • 1976
SELLA D'ARGENTO • 1978
SETTE NOTE IN NERO • PSYCHIC, THE (USA) • 1978
ZOMBI 2 • ZOMBIE FLESH EATERS ○ ISLAND OF THE LIVING DEAD ○ ZOMBIE • 1979
PAURA, LA • PAURA NELLA CITTA DEI MORTI VIVENTI ○ CITY OF THE LIVING DEAD ○ FEAR ○ GATES OF HELL, THE ○ TWILIGHT OF THE DEAD • 1980
ALDILA, L' • E TU VIVRAI NEL TERRORE! L'ALDILA ○ BEYOND, THE ○ AND YOU'LL LIVE IN TERROR! THE BEYOND ○ SEVEN DOORS OF DEATH • 1981
GATTO NERO, IL • BLACK CAT, THE • 1981
OCCHIO DEL MALE, L' • EYE OF THE EVIL DEAD, THE ○ MANHATTAN BABY ○ POSSESSED, THE • 1982
QUELLA VILLA ACCANTO AL CIMITERO • HOUSE AT THE END OF THE CEMETERY, THE ○ HOUSE BY THE CEMETERY, THE ○ HOUSE OUTSIDE THE CEMETERY, THE • 1982
SQUARTATORE DI NEW YORK, LO • NEW YORK RIPPER, THE ○ PSYCHO RIPPER • 1982
CONQUEST • 1983
ROME 2033: THE FIGHTER CENTURIONS • NEW GLADIATORS, THE ○ ROME 2033 • 1983
SEVEN DOORS TO DEATH • 1983
GUERRIERI DELL'ANNO 2072, I • WARRIORS OF YEAR 2072, THE • 1984
MURDEROCK • 1984
AENIGMA • 1987
MIELE DEL DIAVOLO, IL • DEVIL'S HONEY, THE • 1987

FULGOZI NISKA – ITL
SPINA DORSALE DEL DIAVOLO, LA • DESERTER, THE (USA) ○ PRELAZ PREKO DJAVOLJE KICME ○ DJAVOLJA KICMA ○ DISERTORE, IL ○ S.O.B.'S, THE • 1970

FULK DAVID – USA
NIGHT VISITORS • 1988

FULLER LESTER – USA
YOU CAN'T RATION LOVE • 1944

FULLER LOIE – Dancer – FRN – 1862–1928
LYS DE LA VIE, LE • LILY OF LIFE, THE • 1920

FULLER SAMUEL – Producer/writer – USA – 1911–
I SHOT JESSE JAMES • 1949
BARON OF ARIZONA, THE • 1950
FIXED BAYONETS • OLD SOLDIERS NEVER DIE • 1951
STEEL HELMET, THE • 1951
PARK ROW • 1952
PICKUP ON SOUTH STREET • 1953
HELL AND HIGH WATER • 1954
HOUSE OF BAMBOO • 1955
CHINA GATE • 1957
FORTY GUNS • 1957
RUN OF THE ARROW • 1957
CRIMSON KIMONO, THE • 1959
VERBOTEN! • 1959
UNDERWORLD U.S.A. • 1961
IT TOLLS FOR THEE • 1962 • MTV
MERRILL'S MARAUDERS • MARAUDERS, THE • 1962
SHOCK CORRIDOR • LONG CORRIDOR ○ STRAIGHTJACKET • 1963
NAKED KISS, THE • 1964
MEANEST MEN IN THE WEST, THE • 1967 • MTV
SHARK! • ARMA DE DOS FILOS, UN (MXC) ○ MANEATER ○ CAINE • 1969
KRESSIN UND DIE TOTE TAUBE IN DER BEETHOVENSTRASSE • DEAD PIGEON ON BEETHOVENSTRASSE ○ DEAD PIGEON ON BEETHOVEN STREET • 1972
BIG RED ONE, THE • 1979
WHITE DOG • 1982
VOLEURS DE LA NUIT, LES • THIEVES AFTER DARK (USA) • 1983

FULLER TEX – USA
STRANDED • SHOCK WAVE • 1987
STREET OF NO RETURN • 1988

FULLER WALTER – USA
AFRICA SPEAKS • 1930 • DOC

FULTON JIMMIE – USA
EAGLE OF THE NIGHT, THE • 1928 • SRL

FUNADA SEI – JPN
HIMO TO KUSARI • ROPE AND CHAIN • 1968

FUNADOKO SADAO – JPN
WATARI (NINJA BOY) • 1966

FUNAKOSHI – JPN
WONDER WORLD • 1972

FUNCK HASSE – SWD
KALLE STROPP, GRODAN BOLL OCH DERAS VANNER • 1955

FUNCK WERNER – GRM
MADCHEN AUS DER ACKERSTRASSE 2, DAS • 1920
HOCHSTAPLER • 1921
MAGYARENFURSTIN, DIE • ZIRKUS-ROMANZE, EINE • 1923
VINETA • 1923
WIE DAS MADCHEN AUS DER ACKERSTRASSE DIE HEIMAT FAND 3 • MADCHEN AUS DER ACKERSTRASSE 3, DAS • 1923
VIER EHEN DES MATTHIAS MERENUS, DIE • 1924

de FUNES LOUIS – Actor – FRN – 1914–1983
AVARE, L' • 1979

FUNNELL MARTIN – UKN
R.I.P. • 1974

FUNT ALLEN – USA – 1914–
WHAT DO YOU SAY TO A NAKED LADY? • 1970
MONEY TALKS • 1972 • DOC
SMILE WHEN YOU SAY "I DO" • 1973 • TVM

FURATAWA TAKUI – JPN
OXED MEN • ANS

FURDIVALL GWYNETH – UKN
SLAG'S PLACE • 1965

FUREY LEWIS – CND – 1949–
NIGHT MAGIC • 1985
SHADES OF LOVE: CHAMPAGNE FOR TWO • CHAMPAGNE FOR TWO • 1987
SHADOW DANCING • STAGE FRIGHT • 1988

FURIE SIDNEY J. – CND – 1933–
COOL SOUND FROM HELL, A • 1957
DANGEROUS AGE, A • 1957
DOCTOR BLOOD'S COFFIN • 1961
DURING ONE NIGHT • NIGHT OF PASSION • 1961
SNAKE WOMAN, THE • 1961
THREE ON A SPREE • 1961
YOUNG ONES, THE • WONDERFUL TO BE YOUNG! (USA) • 1961
BOYS, THE • 1962
LEATHER BOYS, THE • 1963
WONDERFUL LIFE • SWINGER'S PARADISE • 1964
DAY OF THE ARROW • 1965
IPCRESS FILE, THE • 1965
APPALOOSA, THE • SOUTHWEST TO SONORA (UKN) • 1966
NAKED RUNNER, THE • 1967
LAWYER, THE • 1970
LITTLE FAUSS AND BIG HALSY • 1970
LADY SINGS THE BLUES • 1972
HIT! • 1973
SHEILA LEVINE IS DEAD AND LIVING IN NEW YORK • 1975
GABLE AND LOMBARD • 1976
BOYS IN COMPANY C, THE • 1978
NIGHT OF THE JUGGLER • 1980
ENIGMA, THE • 1981
ENTITY, THE • 1982
PURPLE HEARTS: A VIETNAM LOVE STORY • PURPLE HEARTS • 1983
IRON EAGLE • 1986
SUPERMAN IV: THE QUEST FOR PEACE • QUEST FOR PEACE, THE • 1987
IRON EAGLE II: BATTLE BEYOND THE FLAG • IRON EAGLE II • 1989
TAKING OF BEVERLY HILLS, THE • 1990

FURIHATA YASUO see **FURUHATA YASUO**

FURLAN RATE – ITL
ZAPPATORE, LO • RINNEGO MIO FIGLIO • 1950
MALAVITA • 1951
ARRIVEDERCI FIRENZE • GOOD-BYE FIRENZE! • 1958

FURNHAM DAVID – UKN
ACRE OF SEATS IN A GARDEN OF DREAMS, AN • 1973
NOTED EEL AND PIE HOUSES • 1975

FURNISS HARRY – UKN
MRS. SCRUBB'S DISCOVERY • 1914
RIVAL REFLECTIONS • 1914

FURRI MALCOLM – USA
DEATH OF A NYMPHETTE • 1967

FURST WALTER – SWD
TROLLALGEN • MAGIC ELK • 1927

FURTHMAN JULES see **FURTHMAN JULES G.**

FURTHMAN JULES G. – Writer – USA – 1888–1960
FURTHMAN JULES
LAND OF JAZZ, THE • 1920
BLUSHING BRIDE, THE • 1921
COLORADO PLUCK • 1921

FURUHATA YASUO – JPN
FURIHATA YASUO
CHOEKI JUHACHINEN: KARI SHUTSUGOKU • EIGHTEEN YEARS' IMPRISONMENT: PAROLE • 1967
GANG NO TEIO • SOVEREIGN OF ALL GANGSTERS, THE • 1967
GOKUCHO NO KAOYAKU • BOSS IN JAIL • 1968
URAGIRI NO ANKOKUGAI • UNDERGROUND CHEATING, THE • 1968
FUYU NO HANA • FLOWER IN WINTER • 1977
EKI • STATION • 1982
IZAKAYA CHOJI • CHOJI, A TAVERN MASTER • 1984
WAKARENU RIYUU • REASON FOR NOT DIVORCING • 1988
A 'UN • 1989
GAKUDA NO ONNATACHI • YAKUZA'S LADIES • 1989
GEKITOTSU • SHOGUN'S SHADOW • 1989

FURUKAWA TAKU – Animator – JPN
HEAD SPOON • 1971 • ANS
NEW YORK TRIP • 1971 • ANS
HEAD SCAPE • 1972 • ANS

FURUKAWA TAKUMI – JPN
NINGEN GYORAI SHUTSUGEKISU • HUMAN TORPEDOES ATTACK ○ HUMAN TORPEDOES • 1955
TAIYO NO KISETSU • SEASON OF THE SUN • 1956
KUNIN NO SHIKEISHU • CONDEMNED • 1957

FURUSAWA KENGO – JPN
CHINTAO YOSAI BAKUGEKI MEIREI • SIEGE OF FORT BISMARCK (USA) • 1963
NIPPON ICHI NO IRO-OTOKO • BEST PLAYBOY IN JAPAN, THE • 1963
HORAFUKI TAIKOKI • SANDAL KEEPER, THE (USA) • 1964
KYOMO WARE OZORANI ARI • TIGER FLIGHT (USA) • 1964
NIPPON ICHINO HORAFUKI OTOKO • GAY BRAGGART, THE (USA) • 1964
UMINO WAKADAISHO • STANDBY COLLEGIATE • 1965
ARUPUSU NO WADADAISHO • IT STARTED IN THE ALPS (USA) ○ ALPS NO WAKADAISHO • 1966
DAIBOKEN • DON'T CALL ME A CON MAN (USA) ○ CRAZY ADVENTURE • 1966
BAKUMATSU TENAMONYA OSODO • TENAMONYA CONFUSION IN THE LAST DAYS OF THE TOKUGAWA REGIME • 1967
MINAMI TAIHEIYO NO WAKADAISHO • JUDO CHAMPION • 1967
NIHON-ICHI NO OTOKO NO NAKA NO OTOKO • NO.1 MAN OF JAPAN: THE BEST • 1967
BUCHAMUKURE DAIHAKKEN • COMPUTER FREE-FOR-ALL (USA) • 1969
EZO YAKATA NO KETTO • DUEL AT EZO (USA) • 1970

FURUZAN – TRK
BENIM SINEMALARIM • 1989

FUSHIMIZU OSAMU – JPN
SHINA NO YORU • CHINA NIGHT • 1940
SEISHUN NO KIRYU • CURRENTS OF YOUTH • 1942

FUTURISTA FERENC – CZC
BEHIND THE CURTAIN OF DEATH • 1923

FYLAKTOS FILIPPOS – GRC
PAVLOS MELAS • 1973

FYODOROVA see **FYODOROVA MARINA**

FYODOROVA MARINA – USS
FYODOROVA
GIFT FOR MUSIC • 1957
KNOCK AT ANY DOOR • 1958
HEAD WELL-SCREWED ON, A • 1961
TAKOY BOLSHOY MALCHIK • SUCH A BIG BOY • 1967

FYRSTING IB – DNM
JEG SA JESUS DO • 1975

GAAL BELA – HNG
CSOKOLJ MEG EDES • 1932
FILLERES GYOERS • 1933
CSUNYA LANY, A • 1935
UJ ROKON, AZ • NEW RELATIVE, THE (USA) • 1935
BUDAI CUKRASZDA • 1936
CIMZETT ISMERETLEN • 1936
MESEAUTO • 1936
UJ FOELDESUR, AZ • 1936
ARANYEMBER • 1937
HOTEL SUNRISE • 1937
EMBER NEHA TEVED, AZ • MAN SOMETIMES ERRS • 1938
MAGA LESZ A FERJEM • YOU WILL BE MY HUSBAND (USA) • 1938
MAJD A ZSUZSI • 1938
PESTE MESE • TALES OF BUDAPEST (USA) • 1938
ERIK A BUZAKALASZ • WHEAT RIPENS, THE • 1939
JANOS VITEZ • JOHN, THE HERO (USA) • 1939

GAAL ISTVAN – HNG – 1933–
PALYMUNKASOK • SURFACEMEN ○ RAILROADERS • 1957 • SHT
ETUDE • 1959 • SHT
ODA-VISSA • TO AND FRO • 1962 • SHT
TISZA -OSZI VAZLATOK • TISZA -AUTUMN SKETCHES • 1963 • SHT
POPLARS • 1964
SODRASBAN • CURRENT (UKN) ○ STREAM, THE • 1964
ZOLDAR • GREEN YEARS, THE ○ GREEN FLOOD • 1965
KERESZTELO • BAPTISM ○ CHRISTENING PARTY • 1968
KRONIKA • CHRONICLE • 1968 • SHT
TIZ EVES KUBA • CUBA'S TEN YEARS ○ TEN YEARS OF CUBA • 1969 • SHT
MAGASISKOLA • FALCONS, THE • 1970
BARTOK BELA: AZ EJSZAKA ZENEJE • BARTOK BELA: THE MUSIC OF THE NIGHT ○ NIGHT MUSIC, THE • 1971 • SHT
HOLT VIDEK • DEAD LANDSCAPE ○ DEAD COUNTRY, THE ○ DEAD AREA • 1971
NAPONTA KET VONAT • TWO TRAINS A DAY • 1977 • MTV
VAMHATAR • CUSTOMS FRONTIER • 1977 • MTV
LEGATO • TIES • 1978
CSEREPEK • BUFFER ZONE ○ POTTERIES ○ SHARDS • 1981
ORFEUSZ ES EURYDIKE • ORPHEUS AND EURYDICE • 1985

GABAI G. see **GABAY GENNADIY**

GABAI RICHARD – USA
ASSAULT OF THE PARTY NERDS • 1989

GABALE RAM – IND
JIWHALA • 1968

GABAY GENNADIY – USS
GABAI G.
49 DNEY • FORTY-NINE DAYS (USA) ○ SOROK DEVYAT DNEI • 1962
IN THE NAME OF THE REVOLUTION • 1964

GABEL MARTIN – Actor – USA – 1912–1986
LOST MOMENT, THE • 1947

GABELLA FABRIZIO – ITL
QUESTO MONDO PROIBITO • 1963

GABER BRUNO see **GABURRO BRUNO ALBERTO**

GABOR PAL – HNG – 1932–1987
ARANYKOR • GOLDEN YEARS • 1963
FORBIDDEN GROUND • 1969
HORIZONT • HORIZON • 1971
UTAZAS JAKABBAL • MY JOURNEYS WITH JACOB ○ JOURNEY WITH JACOB • 1972
JARVANY • EPIDEMIC • 1975
ANGI VERA • EDUCATION OF VERA, THE ○ VERA'S TRAINING • 1979
KETTEVALT MENNYEZET • WASTED LIVES • 1981
LONG RIDE, THE • HOSSZU VAGTA (HNG) ○ BRADY'S ESCAPE • 1983
MENYASSZONY GYONYORU, A • SPOSA ERA BELLISSIMA, LA (ITL) ○ BRIDE WAS RADIANT, THE • 1987

GABOURIE MITCHELL – CND
BUYING TIME • 1988

GABREA RADU – RMN
TOO SMALL FOR SUCH A GREAT WAR • 1969
AMINTIRI BUCURESTENE • BUCHAREST MEMORIES • 1970
DINCOLO DE NISIPURI • BEYOND THE SANDS • 1973
MANN WIE EVA, EIN • MAN LIKE EVA, A • 1983

GABRIADZE R. – USS
NE GORIUY! • DON'T GRIEVE! ○ CHEER UP! • 1970

GABRIEL HAROLD – GRM
TREIBGUT DER GROSSTADT • DRIFTWOOD OF THE CITY • 1967

GABRIEL MICHAEL – Animator – USA
RESCUERS DOWN UNDER, THE • 1990 • ANM

GABURRO BRUNO A. see **GABURRO BRUNO ALBERTO**

GABURRO BRUNO ALBERTO – ITL
GABURRO BRUNO A. • GABER BRUNO
ECCE HOMO • SOPRAVVISSUTI, I • 1969
VEDOVE INCONSOLABILI IN CERCA DI.. DISTRAZIONI • 1969
FIGLI DI NESSUNO, I • 1974
PECCATI IN FAMIGLIA • SINS WITHIN THE FAMILY (UKN) ○ SINS IN THE FAMILY • 1975
LETTO IN PIAZZA, IL • SEX DIARY • 1976
MALOMBRA: LE PERVERSIONI SESSUALI DI UNA ADOLESCENTE • MALOMBRA, THE SEXUAL PERVERSIONS OF AN ADOLESCENT ○ MALOMBRA • 1983

GABUS CLARISSE – FRN – 1949–
MELANCHOLY BABY • 1979

GAD URBAN – DNM – 1879–1947
AFGRUNDEN • ABYSS, THE • 1910
AEDAL DAAD • STORE FLYVER, DEN ○ GENEROSITY • 1911
BALLETDANSERINDEN • BALLET DANCER, THE • 1911
FREMDE VOGEL, DER • STRANGE BIRD, THE • 1911
GENNEM KAMP TIL SEJR • THROUGH TRIALS TO VICTORY • 1911
HEDE BLOD, DET • 1911
HEISSES BLUT • BURNING BLOOD • 1911
HULDA RASMUSSEN • WHEN PASSION BLINDS HONESTY ○ DYREKOBT GLIMMER • 1911
IM GROSSEN AUGENBLICK • IM DEM GROSSEN AUGENBLICK • 1911
NACHTFALTER • MOTH, THE • 1911
SCHWARZE TRAUM, DER • SORTE DROM, DEN ○ BLACK DREAM, THE • 1911
SPANSK ELSKOV • 1911
SYDENS BORN • 1911
VERRATERIN, DIE • 1911
ZIGEUNERBLUT • GYPSY BLOOD • 1911
ARME JENNY, DIE • PROLETARPIGEN • 1912
ENGELEIN • LILLE ENGELS, DEN (DNM) • 1912
HVIDE SLAVEHANDEL III, DEN • BERYGTEDE HUS, DET ○ NINA ○ NINA, IN THE HANDS OF THE IMPOSTORS • 1912
JUGEND UND TOLLHEIT • UNGDOM OG DAARSKAB (DNM) • 1912
KINDER DES GENERALS, DIE • GENERALENS BORN (DNM) • 1912
KOMODIANTEN • KOMEDIANTER • 1912
MACHT DES GOLDES, DIE • GULDEN MAGT ○ GOLDEN MAGT • 1912
MADCHEN OHNE VATERLAND, DAS • PIGEN UNDEN FAEDRELAND • 1912
TOTENTANZ, DER • DANCE OF THE DEAD, THE (USA) ○ DODEDANSEN • 1912
WENN DIE MASKE FALLT • NAAR MASKEN FALDER (DNM) • 1912
ZUM TODE GEHETZT • DODENS GAADE (DNM) • 1912
ENGELEINS HOCKZEIT • LILLE ENGELS BRYLLUP, DEN (DNM) • 1913
FILMPRIMADONNA, DIE • FILMPRIMADONNA, DEN (DNM) • 1913
S.I. • 1913
SUFFRAGETTEN, DIE • SEMMERETSDAMEN • 1913
SUNDEN DER VATER, DIE • FAEDRENES SYND • 1913
TOD IM SEVILLA, DER • SPANSK ELSOV • 1913
ASCHENBRODEL • CINDERELLA (USA) ○ ASKEPOT (DNM) • 1914
ELENA FONTANA • 1914
EWIGE NACHT, DIE • EVIGE NAT, DEN (DNM) • 1914
FEUER, DAS • FIRE, THE • 1914
KIND RUFT, DAS • 1914
STANDRECHTLICH ERSCHOSSEN • 1914
TOCHTER DER LANDSTRASSE, DIE • 1914
VORDERHAUS UND HINTERHAUS • FORHUS OG BAGHUS (DNM) ○ VORDERTREPPE UND HINTERTREPPE • 1914
WEISSE ROSEN • 1914
ZAPATAS BANDE • 1914
GOLEM, DER • 1916
ROTE STREIFEN, DER • 1916
BREITE WEG, DER • 1917
GESPENSTERSTUNDE, DIE • 1917
KLOSTERFRIEDE • 1917
VERGANGENHEIT RACHT SICH, DIE • 1917
VERSCHLOSSENE TUR, DIE • 1917
KLEPTOMANIN, DIE • 1918
NEUE DALILA, DIE • 1918
SCHMUCK DES RAJAH, DER • 1918
STERBENDE MODELL, DAS • 1918
VERA PANINA • 1918
VERHANGNISVOLLE ANDENKEN, DAS • 1918
MEIN MANN -DER NACHTREDAKTEUR • 1919
SPIEL VON LIEBE UND TOD, DAS • 1919
ABGRUND DER SEELEN, DER • 1920
LIEBES-KORRIDOR, DER • 1920
SO EIN MADEL • 1920
WELTBRAND • CHRISTIAN WAHNSCHAFFE 1 • 1920
CHRISTIAN WAHNSCHAFFE 2 • FLUCHT AUS DEM GOLDENEN KERKER, DIE • 1921
INSEL DER VERSCHOLLENEN, DIE • 1921
VERGIFTETE STROM, DER • VERGIFTETE BRUNNEN, DER • 1921
HANNELES HIMMELFAHRT • 1922
LYKKEHJULET • GAY HUSKIES, THE • 1926

GADE SVEND – DNM – 1877–1952
MAHAREJAENS YNDLINGS HUSTRU • 1916
LIEBE DER BAJADERE, DIE • 1918
HAMLET • 1920

GEHEIMNIS VON BRINKENHOF, DAS • 1923
FIFTH AVENUE MODELS • 1925
PEACOCK FEATHERS • 1925
SIEGE • 1925
BLONDE SAINT, THE • 1926
INTO HER KINGDOM • 1926
WATCH YOUR WIFE • 1926
AASE CLAUSEN • 1932
BALLETEN DANSER • 1938

GADETTE FREDERIC – USA
THIS IS NOT A TEST • 1962

GADIVIA F. – VNZ
BANDOLA Y EL REY, LA • PANDORA AND THE KING, THE • 1979

GADNEY ALAN – USA – 1941–
WEST TEXAS • WEST TEXAS 1870 • 1970
MOONCHILD • MOON CHILD • 1972

GADZHIU VALERIU – USS
MUZHCHINA OKOLO VAS • MAN CLOSE TO YOU, A • 1979

GAFFARI FARROKH – IRN – 1922–
GAFFARY FARROGH
ZANBOURAK • RUNNING CANON, THE • 1973

GAFFARY FARROGH see **GAFFARI FARROKH**

GAFFNEY ROBERT – Producer – USA – 1931–
FRANKENSTEIN MEETS THE SPACE MONSTER • DUEL OF THE SPACE MONSTERS (UKN) ○ MARTE INVADE A PUERTO RICO ○ FRANKENSTEIN MEETS THE SPACEMEN ○ MARS INVADES PUERTO RICO • 1965

GAGE GEORGE – USA
SKATEBOARD • 1978
FLESHBURN • FEAR IN A HANDFUL OF DUST • 1983

GAGE JOHN – USA
VELVET TOUCH, THE • 1948

GAGE LEIGHTON D. – NTH
FIVE CANDLES • 1971 • SHT

GAGIU VALERIU – USS
GORKIYE ZYORNA • BITTER GRAINS ○ BITTER GRAIN • 1967

GAGLIARDO ELIO – ITL
MAGIC LABORATORY, THE • 1962

GAGLIARDO GIOVANNA – ITL
MATERNALE, LA • MOTHER AND DAUGHTER • 1978
VIA DEGLI SPECCHI • MIRRORS' STREET • 1983

GAGNE JACQUES – CND – 1936–
LETTRES A UN FUNAMBULE • 1964 • SHT
AMOOOOOR • 1968 • DCS
GOELETTES • 1968 • DCS
PORTRAITS • 1968 • SHT
SITUATION DU THEATRE AU QUEBEC • 1969 • DOC
CARIBOUS, LES • 1970
CONFLIT DALY–MORIN, LE • 1970 • DCS
JOUR DRAG, LE • 1970 • DCS
CHUT.. • 1971 • DCS
AS DE PIQUE, LES • 1972 • DCS
CONQUETE, LA • 1972
VALET DE COEUR, UN • 1972 • SHT
ADAM ET EVE • 1973 • SHT
ALLER PLUS LOIN • 1973 • DCS
ENTREPRISE DE TOUTE UNE VIE, L' • 1973 • DCS
INFIRMES MOTEURS CEREBRAUX • 1973 • DCS
LIRE LA TERRE • 1973 • DCS
MEGAWATTS • 1973 • DCS
MOI, J'AIME TOUT • 1973 • DCS
MUSEE D'ART CONTEMPORAIN, LE • 1973 • DCS
GRANDE EVASION, LA • 1974 • DCS
TEMPS D'UNE VENTE, LE • 1974 • SHT
SURTOUT L'HIVER • 1977 • DOC

GAGNE JEAN – CND – 1947–
SAISON CINQUIEME • 1967 • SHT
TRENTE MILLE EMPLOYES DE L'ETAT • 1968 • DCS
TETE AU NEUTRE, LA • 1972
CHISTOPHE COLOMB • 1973 • SHT
L' OU 'L • 1974 • DOC
SEMAINE DANS LA VIE DE CAMARADES, UNE • 1976 • DOC
COULEUR ENCERCLEE, LA • 1986

GAGNE SERGE – CND
L' OU 'L • 1974 • DOC
COULEUR ENCERCLEE, LA • 1986

GAGNON CHARLES – Painter – CND – 1934–
EIGHTH DAY, THE • 1967 • SHT
R–69 • 1970
PIERRE MERCURE • 1971
SOUND OF SPACE, THE • 1972
R–69 TWO YEARS LATER • 1976 • DOC

GAGNON CLAUDE – CND – 1949–
ESSAI FILMIQUE SUR MUSIQUE JAPONAISE • 1974
GEININ • 1976
YUI TO HI • 1977
KEIKO • 1979
ROSE, PIERROT ET LA LUCE, LA • 1982
VISAGE PALE • PALE FACE • 1986
KID BROTHER, THE • 1988

GAGNON LINA – Animator – CND
PREMIERS JOURS • BEGINNINGS • 1980 • ANS

GAGOV CHAVDAR – BUL
ZONE 2–V • 1988

GAHRIS ROY – USA
TROOPER 44 • 1917

GAIDAI LEONID – USS – 1923–
DOLGII PUT • LONG PATH, THE ○ LONG WAY, THE • 1956
ZHENIKH S TOGO SVETA • BRIDEGROOM FROM THE OTHER WORLD ○ FIANCEE FROM THE OTHER WORLD • 1958
BARBOS, THE DOG AND A CROSS–COUNTRY RUN • DOG BARBOSS AND THE UNUSUAL CROSS, THE • 1961
SAMOGONSHCHIKI • MOONSHINERS ○ BOOTLEGGERS ○ ALCOHOLMAKERS, THE • 1961
DELOVYE LYUDI • BUSINESSMAN, THE • 1963
OPERATZIA "Y" • OPERATION "Y" AND SHURIK'S OTHER ADVENTURES ○ OPERATION LAUGHTER ○ OPERATION "Y" AND OTHER ADVENTURES OF SHURIK • 1965
KAKAZSKAYA PLENNITZA • KIDNAPPING –CAUCASIAN STYLE ○ PRISONER OF THE CAUCASUS ○ CAUCASIAN CAPTIVE ○ CAPTIVE GIRL OF THE CAUCASUS OR NEW ADVENTURES OF SHURIK ○ CAUCASIAN PRISONER, THE • 1967
BRILLIANTOVAYA RUKA • DIAMOND HAND, THE ○ DIAMOND ARM • 1968
DVINATSAT STULYEV • TWELVE CHAIRS, THE ○ DVENADTSTAT STULYEV • 1971
IVAN VASILYEVICH MENJAET PROFESSIJU • IVAN VASSILIEVICH CHANGES HIS PROFESSION ○ IVAN VASILYEVICH • 1973
NYE MOZHET BYT! • IT CAN'T BE! ○ IMPOSSIBLE • 1976
STRANGER FROM ST. PETERSBURG • 1978
TULITIKKUJA LAINAAMASSA • OUT TO BORROW MATCHES • 1978

GAIDAROFF VLADIMIR see **GAIDAROW WLADIMIR**

GAIDAROW WLADIMIR – Actor – USS
GAIDAROFF VLADIMIR
WELLEN DER LEIDENSCHAFT • KURS AUF DIE EHE • 1930

GAIGNAIRE CLAUDE TIMON – FRN
TOUCHE DE BLEUE, UNE • 1988

GAILLARD JACQUES – FRN – 1930–
LIGNE DROIT, LA • 1961

GAILLARD ROBERT see **GAILLORD ROBERT**

GAILLORD ROBERT – USA
GAILLARD ROBERT
ALTAR OF LOVE, THE • 1910
EDUCATION OF AUNT GEORGIANNA, THE • 1913
GOLDEN PATHWAY, THE • 1913
SALE OF A HEART, THE • 1913
WARMAKERS, THE • 1913
BELLA'S ELOPEMENT • 1914
BLOOD RUBY, THE • 1914
BY THE GOVERNOR'S ORDER • 1914
DOCTOR SMITH'S BABY • 1914
ETTA OF THE FOOTLIGHTS • 1914
GIRL IN THE CASE • 1914
HER GREAT SCOOP • 1914
IRON AND STEEL • 1914
LOLA THE RAT • 1914
LOVE, THE CLAIRVOYANT • 1914
MOONSTONE OF FEZ, THE • 1914
MR. BARNES OF NEW YORK • 1914
MYSTERIOUS LODGER, THE • 1914
MYSTERY OF BRAYTON COURT, THE • 1914
PLOT, THE • 1914
PRODUCT, THE • 1914
SENTIMENTAL BURGLAR, A • 1914
TOO MUCH BURGLAR • 1914
WOES OF A WAITRESS, THE • 1914
WOMAN IN BLACK, THE • 1914
EVIL MEN DO, THE • 1915
MAN WHO COULDN'T BEAT GOD, THE • 1915
UNDERSTUDY, OR BEHIND THE SCENES, THE • 1915

GAINE MICHAEL – USA
CONTACT • 1973

GAINSBOURG SERGE – FRN – 1928–
JE T'AIME MOI NON PLUS • I LOVE YOU, ME NO LONGER (USA) ○ I LOVE YOU, I DON'T (UKN) • 1976
EQUATEUR • 1983
STAN THE FLASHER • 1989

GAINVILLE RENE – HNG – 1931–
BALOGH CATHERINE
HOMME DE MYKONOS, L' • 1965
DEMONIAQUE, LE • 1968
JEUNE COUPLE, UN • YOUNG COUPLE, A (USA) • 1968
ALYSE ET CHLOE • ALYSE AND CHLOE (UKN) • 1970
COMPLOT, LE • 1972
ASSOCIE, L' • ASSOCIATE, THE • 1979

GAIO AFONSO – PRT – 1872–1941
PASSEIO AUSPICIOSO • 1929

GAISFORD JOHN – CND
OUT OF TOUCH • 1972

GAISSEAU PIERRE see **GAISSEAU PIERRE–DOMINIQUE**

GAISSEAU PIERRE–DOMINIQUE – FRN – 1923–
GAISSEAU PIERRE
DES HOMMES QU'ON APPELLE SAUVAGE • 1948 • DOC
NALOUTAI • 1952
PAYS BASSARI • 1952
FORET SACREE • 1954 • DOC
SURVIVANTS DE LA PRE–HISTOIRE • 1955
CIEL ET LA BOUE, LE • SKY ABOVE, THE MUD BELOW, THE • 1961 • DOC
ONLY ONE NEW YORK • NEW–YORK–SUR–MER (FRN) ○ NEW YORK SUR MER • 1964 • DOC
FLAME AND THE FIRE • 1965 • DOC
ROUND TRIP • 1967

GAITAN JORGE – VNZ
TACITURN, THE
MAMAGAY • 1979

GAITHER DAVID
FOREST RING, THE • 1930

GAJBAR BAL – IND
GOKUL CHA RAJA • SHEPHERD KING, THE ○ KRISHNA • 1950
SATI VRINDA

GAJER VACLAV – CZC – 1923–
KRIZOVA TROJKA • THREE CROSSES • 1948
PAN HABETIN OCHAZI • DEPARTURE OF MR. HABETIN, THE ○ MR. HABETIN DEPARTS • 1949
SMILING LAND, THE • 1952
VINA VLADIMIRA OLMERA • GUILT OF VLADIMIR OLMER, THE ○ ON THE THRESHOLD OF LIFE • 1956
ROCNIK JEDENADVACET • BORN IN 1921 ○ BORN 1921 • 1957
SNY NA NEDELI • DREAMS ON SUNDAY ○ SUNDAY DREAMS • 1959
SEDMY KONTINENT • SEVENTH CONTINENT, THE • 1960
KRALICI VE VYSOKE TRAVE • RABBITS IN THE TALL GRASS • 1961
RUFFLED SURFACE • 1963
JAK SE ZBAVIT HELENKY • HOW TO GET RID OF HELENA • 1967
FLIRT SE SLECNOU STRIBRNOU • FLIRTING WITH MISS SILVER ○ FLIRT WITH MISS STRIBRNOU, A • 1969
KATARINA A JEJI DETI • KATHERINE AND HER CHILDREN ○ CATHERINE AND HER DAUGHTERS • 1970
NA PYTLACKE STEZCE • ON THE POACHER'S PATH • 1981
POD JEZEVCI SKALOU • UNDER THE BADGER'S ROCK • 1981
ZA TRNKOVYM KEREM • BEHIND THE BLACKTHORN BUSH • 1981

GAJIC GORAN – YGS
KAKO JE PROPAO ROKENROL • RISE AND FALL OF ROCK'N'ROLL, THE • 1989

GALAL NADER – EGY
BEDOUR • 1974
GLASS WOMAN • 1977

GALAN – SPN
APUNTE SOBRE ANA • MEMORANDUM ON ANA • 1971

GALANI RENA – GRC
KOUNIA POU SE KOUNAGE • IMPOSSIBLE TASK, AN • 1967
MIRA MIAS YINEKAS, I • WOMAN'S FATE, A • 1968

GALANTY SIDNEY – USA
AFRO–AMERICAN MUSIC: ITS HERITAGE • 1960 • SHT
MUSIC: FROM POPULAR TO CONCERT STAGE • 1970 • SHT

GALATIS DIMITRIS – GRC
STI ZOI MAZI SOU PONESA • LIFE OF GRIEF, A • 1968

GALBREATH RICHARD – USA
NIGHT OF EVIL • 1962

GALE DAVID – UKN
MILIAN • 1969

GALE GEORGE – USA
MYSTERIES FROM BEYOND EARTH • MYSTERIES FROM BEYOND THE EARTH • 1975 • DOC
ARE WE ALONE IN THE UNIVERSE? • 1978

GALE JOHN – USA
SLASH

GALE JOZE – YGS
TUDA ZEMLJA • ON FOREIGN SOIL • 1957
VRATICU SE • I WILL RETURN • 1957
SRECNO, KEKEC! • MOUNTAIN OF FEAR (UKN) • 1964
MOUNTAIN OF FEAR • 1967
KEREC THE KEEN–WITTED • 1969
ONKRAJ • ON THE OTHER SIDE • 1971
PUSTOTA • WASTELAND, THE ○ PUSTOLINA • 1983

GALEEN HEINRICH see **GALEEN HENRIK**

GALEEN HENRIK – Actor/writer – DNM – 1881–1949
GALEEN HENRYK • GALEEN HEINRICH
GOLEM, DER • MONSTER OF FATE, THE ○ GOLEM, THE • 1914
JUDITH TRACHTENBERG • 1920
VERBOTENE WEG, DER • 1920
STADT IN SICHT • 1923
LIEBES DER BARONIN VON S., DIE • LOVE LETTERS OF BARONESS S. ○ GESCHICHTE EINER EHE, DIE • 1924
STUDENT VON PRAG, DER • MAN WHO CHEATED LIFE, THE (USA) ○ STUDENT OF PRAGUE, THE • 1926
ALRAUNE • DAUGHTER OF DESTINY, A ○ UNHOLY LOVE ○ MANDRAGORE ○ MANDRAKE • 1927
AFTER THE VERDICT • 1929
SALON DORA GREEN • FALLE, DIE • 1933

GALEEN HENRYK see **GALEEN HENRIK**

GALENTINE WHEATON – USA
RICE • 1964 • DOC

GALETTINI CARLOS – ARG
JUAN QUE REIA • JUAN WHO LAUGHED • 1976
PRONTO ANTES QUE SE ACABE • QUICK BEFORE IT'S OVER • 1982
TIGRES DE LA MEMORIA, LOS • TIGERS OF MEMORY • 1984
SERE CUALQUIER COSA PERO TE QUIERO • I LOVE YOU, NO MATTER WHAT I AM • 1986

GALETTINI D. C. – ARG
SORPRESAS, LAS • SURPRISES • 1975

GALETZKI HEINZ – GRM

SUSANNE JAKOBAA KRAFFTIN • 1950

GALEY – FRN

AVEC LES PILOTES DE PORTE-AVIONS • 1953 • SHT
CITE D'ARGENT, LA • 1955 • SHT
BREVET DE PILOTE NO.1: BLERIOT • 1960 • SHT

GALFAS TIMOTHY – USA – 1934–

BOGARD • 1975
BLACK FIST • BLACK STREETFIGHTER, THE ○ FIST • 1976
REVENGE FOR A RAPE • 1976 • TVM
MANEATERS ARE LOOSE! • 1978 • TVM
SUNNYSIDE • 1979

GALIC EDUARD – YGS

CRNE PTICE • BLACK BIRDS ○ UP THE RIVER • 1967
SVETOZAR MARKOVIC • 1981
HORVATOV IZBOR • HORVAT'S CHOICE • 1985

GALIN I. – USS

KRESTYANYE • PEASANTS • 1972 • DOC

GALINDO ALEJANDRO – MXC – 1911–

ALMAS REBELDES • REBEL SOULS (USA) • 1937
MIENTRAS MEXICO DUERME • WHILE MEXICO SLEEPS (USA) • 1938
REFUGIADOS EN MADRID • REFUGEES IN MADRID • 1938
CORAZON DE NINO • HEART OF A CHILD (USA) • 1939
MUERTO MURIO, EL • DEAD MAN DIED, THE (USA) • 1939
MONJE LOCO, EL • 1940
NI SANGRE NI ARENA • NEITHER BLOOD NOR SAND • 1941
RAPIDO DE LAS 9:15, EL • 1941
VIRGEN DE MEDIANOCHE • 1941
DIVORCIADAS • 1943
KONGA ROJA • 1943
TRIBUNAL DE JUSTICIA • TRIBUNAL OF JUSTICE • 1943
SOMBRA DE CHUCHO EL ROTO, LA • 1944
CAMPEON SIN CORONA • 1945
TU ERES LA LUZ • 1945
QUE VOLVIERON, LOS • 1946
HERMOSO IDEAL • 1947
MUCHACHO ALEGRE, EL • CHEERFUL LAD, THE • 1947
ESQUINA BAJAN! • CORNER, GETTING OFF! • 1948
FAMILIA DE TANTAS, UNA • ORDINARY FAMILY, AN • 1948
HAY LUGAR PARA DOS • 1948
CONFIDENCIAS DE UN RULETERO • 1949
CUATRO CONTRA EL MUNDO • 1949
CAPITAN DE RURALES • 1950
DONA PERFECTA • 1950
DICEN QUE SOY COMUNISTA • 1951
DINEROS DEL DIABLO, LOS • 1952
POR EL MISMO CAMINO • 1952
SUCEDIO EN ACAPULCO • 1952
ULTIMO ROUND, EL • 1952
DUDA, LA • 1953
ESPALDAS MOJADAS • WETBACKS • 1953
FERNANDEZ DE PERALVILLO, LOS • FERNANDEZES OF PERALVILLO, THE • 1953
INFIELES, LAS • 1953
HISTORIA DE UN MARIDO INFIEL • 1954
...Y MANANA SERAN MUJERES! • 1954
TRES MELODIAS DE AMOR • 1955
ESPOSA TE DOY • 1956
HORA Y MEDIA DE BALAZOS • 1956
POLICIAS Y LADRONES • 1956
TU HIJO DEBE NACER • 1956
ECHENME AL GATO • 1957
MANOS ARRIBA • 1957
PIERNAS DE ORO • 1957
TE VI EN TV • 1957
EDAD DE LA TENTACION, LA • 1958
MEXICO NUNCA DUERME • 1958
RAFFLES • 1958
SUPERMACHO, EL • SUPER HE-MAN, THE • 1958
VIDA DE AGUSTIN LARA, LA • 1958
ELLAS TAMBIEN SON REBELDES • 1959
NI HABLAR DEL PELUQUIN! • 1959
MANANA SERAN HOMBRES • 1960
MUERTE Y EL CRIMEN, LA • 1961
CORONA DE LAGRIMAS • CROWN OF TEARS • 1968
SIMPLEMENTS VIVIR • SIMPLY TO LIVE • 1970
PEPITO Y LA LAMPARA MARAVILLOSA • LITTLE JOE AND THE MARVELOUS LAMP ○ PEPITO AND THE MARVELOUS LAMP • 1971
TACOS AL CARBON • BARBECUED TACOS • 1971
ANTE EL CADAVER DE UN LIDER • BEFORE THE CORPSE OF A LEADER • 1973
JUICIO DE MARTIN CORTES, EL • TRIAL OF MARTIN CORTES, THE • 1973

GALINDO LUIS – SPN – 1943–

POR QUE PERDIMOS LA GUERRA? • WHY WE LOST THE WAR • 1977

GALINDO MARCO AURELIO see **AURELIO GALINDO MARCO**

GALINDO RUBEN – MXC

ASESINOS DE OTROS MUNDOS • MURDERERS FROM OTHER WORLDS • 1971

GALINDO RUBEN JR. – USA

CEMETERY OF TERROR • 1984
DON'T PANIC • 1987

GALITZINE – FRN

HALLES, LES • 1929 • SHT

GALL ROLAND – GRM

WIE ICH EIN NEGER WURDE • HOW I BECAME BLACK • 1970

GALLAGA PEQUE – PHL

ORO, PLATA, MATA • GOLD, SILVER, BAD LUCK • 1982
SCORPIO NIGHTS • 1985
HIWAGA SA BALETE DRIVE • BALETE DRIVE HORROR STORY • 1988
KID, HUWAG KANG SUSUKO • DON'T GIVE UP • 1988

GALLAGHER CHRIS – CND

UNDIVIDED ATTENTION • 1988

GALLAGHER JOHN A. – USA – 1955–

BEACH HOUSE • DOWN THE SHORE • 1982
HELL SOLDIER • 1986

GALLAGHER RAY – USA – 1889–1953

TRUE TILL DEATH • 1912

GALLAHER DONALD – USA

NIX ON DAMES • 1929
PLEASURE CRAZED • MASQUERADE • 1929
TEMPLE TOWER • 1930

GALLAND PHILIPPE – FRN – 1947–

EXERCICE DU POUVOIR, L' • 1976
QUART D'HEURE AMERICAIN, LE • 1982

GALLARDO CESAR see **GALLARDO CESAR CHAT**

GALLARDO CESAR CHAT – PHL

GALLARDO CESAR

BADONG BALDADO • BADONG THE HANDICAPPED • 1967
BOY AGUILA • EAGLE BOY • 1967
ITO ANG PILIPINO • THIS IS A FILIPINO • 1967
KAN NG HARAGAN, ANG • FAMILY OF THE RECKLESS • 1967
VENDETTA BROTHERS • 1967
CRIMEBUSTER, THE • 1968
DAMBANA NG KAGITINGAN • ALTAR OF THE BRAVE • 1968
JAKIRI VALIENTE • 1968
LEON GUERRERO LABAN SA 7 KILABOT • LEON GUERRERO AGAINST THE DEADLY 7 • 1968
LUMUHOD KA O LUMABAN • KNEEL OR FIGHT • 1968
PRIVATE OMPONG AND THE SEXY DOZEN • 1968
TATAK DOUBLE CROSS • MARK DOUBLE CROSS • 1968
BAMBOO GODS AND IRON MEN • 1974
HUSTLER SQUAD • DIRTY HALF DOZEN • 1976

GALLE MISCHA – GRM

STRAUBERG IST DA • 1978

GALLEGO MANUEL ESTEBA – SPN

HORROR STORY • 1972

GALLEPE JEAN-PIERRE – FRN – 1946–

A FORCE ON S'HABITUE • BELLE VIE, LA • 1979 • DOC

GALLO MARIO – ITL – 1878–1945

FUSILAMIENTO DE DORREGO, EL • SHOOTING OF DORREGO, THE • 1908
JUAN MOREIRA • 1909
MUERTE CIVIL • 1910
REVOLUCION DE MAYO • 1910
BALATA DE MAIPO • 1911
TIERRA BAJA • 1911

GALLO VITTORIO – ITL

INCONTRI DI UN GIORNO • DAY'S ENCOUNTERS, A • 1947

GALLONE CARMINE – ITL – 1886–1973

BACIO DI CIRANO, IL • 1913
DONNA NUDA, LA • 1914
TURBINE D'ODIO • 1914
AVATAR • 1915
CAVALCATA ARDENTE • 1915
FIOR DI MALE • 1915
REDENZIONE • 1915
SENZA COLPA • 1915
FALENA, LA • 1916
FEDE • 1916
MALOMBRA • 1916
MARCIA NUZIALE • 1916
TRA I GORGHI • 1916
LEDA SENZA SIGNO • 1917
LO CHIAMAVANO COSETTA • 1917
MADONNA GRAZIA • 1917
STORIA DEI TREDICI • 1917
MARIA DI MAGDALA • 1918
STORIA DI UN PECCATO • 1918
DESTINO E IL TIMONIERE, IL • 1919
FIGLIE DEL MARE, LA • 1919
MAMAN POUPEE • MAMAN POPEE • 1919
MARE DI NAPOLI, IL • 1919
AMLETO E I SUO CLOWN • ON WITH THE MOTLEY • 1920
BACIO DI CYRANO, IL • 1920
FANCIULLA, LA • 1920
FIGLIA DEL TEMPESTA, LA • 1920
GRANDE TORMENTA, LA • 1920
POETA E LA LAGUNA, IL • 1920
VIE D'UNE FEMME, LA • 1920
NEMESIS • 1921
OMBRA DI UN TRONO, L' • 1921
BRACCIA APERTE, LE • 1922
COLONNELLO GHABERT, IL • 1922
FIGLIA DELLA TEMPESTA, LA • 1922
MADRE FOLLE, LA • 1922
MARCELLA • 1922
REGGIMENTO ROYAL CRAVATE, IL • 1922
SEGRETO DELLA GROTTA AZZURRA, IL • 1922
VEDOVA SCALTRA, LA • 1922
AMORE • 1923
CAVALCATA ARDENTE, LA • 1923
CORSARO, IL • 1923
CYRANO DE BERGERAC • CIRANO DE BERGERAC • 1923
JOLLY • 1923
TORMENTA • NELLA TORMENTA • 1923
VOLTI DELL'AMORE, I • 1923
FIAMMATA, LA • 1924
JERRY • 1924
SIGNORINA MADRE DI FAMIGLIA, LA • 1924
ULTIMI GIORNI DI POMPEI, GLI • LAST DAYS OF POMPEII, THE • 1926
CELLE QUI DOMINE • 1927
STADT DER TAUSEND FREUDEN, DIE • 1927
LIEBESHOLLE • INFERNO DELL'AMORE, L' (ITL) ○ PAWNS OF PASSION • 1928
MARTER DER LIEBE • LOVE'S CRUCIFIXION • 1928
SCHIFF IN NOT S.O.S. • S.O.S. ○ SHIPWRECK • 1928
CAVALCATA ARDENTE • 1929
TERRA SENZA DONNE • LAND OHNE FRAUEN, DAS (FRG) ○ BRIDE 68 • 1929
CITY OF SONG, THE • FAREWELL TO LOVE (USA) • 1930
SINGENDE STADT, DIE • 1930
VILLE QUI CHANTE, LA • 1930
CHANT DU MARIN, LE • 1931
MA COUSINE DE VARSOVIE • 1931
SOIR DE RAFLE, UN • 1931
FILS D'AMERIQUE, UN • AMERIKAI FLU, AZ (HNG) • 1932
KING OF THE RITZ • 1932
ROI DES PALACES ,LE • 1932
FOR LOVE OF YOU • 1933
GOING GAY • KISS ME GOODBYE (USA) • 1933
MEIN HERZ RUFT NACH DIR • 1934
MON COEUR T'APPELLE • 1934
MY HEART IS CALLING • 1934
NACHT IN VENEDIG, EINE • NOTTE A VENEZIA, UNA (ITL) • 1934
TWO HEARTS IN WALTZ TIME • 1934
AL SOLE • 1935
CASTA DIVA • 1935
DIVINE SPARK, THE • 1935
E LUCEAN LE STELLE • 1935
WENN DIE MUSIK NICHT WAR' • LIED DER LIEBE, DAS ○ KRAFT-MAYR, DER ○ LISZT RHAPSODY • 1935
IM SONNENSCHEIN • THANK YOU, MADAME (USA) ○ OPERNRING • 1936
MANEGE • DRAMMA AL CIRCO, UN • 1937
SCIPIONE L'AFRICANO • DEFEAT OF HANNIBAL, THE ○ SPICIO AFRICANUS • 1937
SOLO PER TE • MUTTERLIED (FRG) ○ ONLY FOR THEE (USA) • 1937
STIMMES DES BLUTES • BLOOD BOND • 1937
DIR GEHORT MEIN HERZ • MY HEART BELONGS TO THEE • 1938
GIUSEPPE VERDI • LIFE AND MUSIC OF GIUSEPPE VERDI, THE • 1938
ABENTEUER GEHT WEITER, DAS • JEDE FRAU HAT EIN SUSSES GEHEIMNIS • 1939
MARIONETTE • 1939
SOGNO DI BUTTERFLY, IL • PREMIERE DER BUTTERFLY (FRG) ○ DREAM OF BUTTERFLY, THE • 1939
AMAMI, ALFREDO! • 1940
ERLEBNIS GEHT WEITER, DAS • ANOTHER EXPERIENCE • 1940
MANON LESCAUT • 1940
MELODIE ETERNE • ETERNAL MELODIES • 1940
OLTRE L'AMORE • PASSIONE • 1940
AMANTE SEGRETA, L' • 1941
PRIMO AMORE • 1941
DUE ORFANELLE, LE • TWO ORPHANS, THE • 1942
ODESSA IN FIAMME • FIAMME IN ORIENTE ○ FIAMME SU ODESSA ○ ODESSA • 1942
REGINA DI NAVARRA, LA • ALLEGRA REGINA, L' • 1942
FUCILLATO ALL'ALBA • 1943
HARLEM • 1943
TRISTI AMORI • 1943
CANTO DELLA VITA, IL • 1945
BIRAGHIN • 1946
DAVANTI A LUI TREMAVA TUTTA ROMA • BEFORE HIM ALL ROME TREMBLED ○ AVANTI A LUI ○ TOSCA ○ INNANZI A LUI TREMAVA TUTTA ROMA • 1946
ADDIO, MIMI • HER WONDERFUL LIE ○ BOHEME, LA • 1947
RIGOLETTO • 1947
SIGNORA DALLE CAMELIE, LA • LOST ONE, THE (USA) ○ TRAVIATA, LA • 1948
LEGGENDA DI FAUST, LA • FAUST AND THE DEVIL • 1949
TROVATORE, IL • TROUBADOUR, THE • 1949
FORZA DEL DESTINO, LA • FORCE OF DESTINY, THE • 1950
TAXI DI NOTTE • SINGING TAXI DRIVER (USA) ○ BAMBINO • 1950
MESSALINA • AFFAIRS OF MESSALINA, THE (USA) • 1951
CAVALLERIA RUSTICANA • FATAL DESIRE • 1953
PUCCINI • HIS TWO LOVES • 1953
SENZA VELI • 1953
CASA RICORDI • HOUSE OF RICORDI (USA) ○ MAISON DU SOUVENIR, LA • 1954
CASTA DIVA • 1955
DON CAMILLO E L'ONOREVOLE PEPPONE • GRANDE BAGARRE DE DON CAMILLO, LA (FRN) ○ DON CAMILLO'S LAST ROUND • 1955
FIGLIA DI MATA HARI, LA • MATA HARI'S DAUGHTER (USA) ○ FILLE DE MATA-HARI, LA (FRN) ○ DAUGHTER OF MATA-HARI • 1955
MADAMA BUTTERFLY • MADAME BUTTERFLY (UKN) • 1955
MICHELE STROGOFF • MICHEL STROGOFF (FRN) ○ REVOLT OF THE TARTARS ○ MICHAEL STROGOFF • 1956
TOSCA • 1956
POLIKUSKA • POLIKUSCHKA (FRG) ○ POLIJUSCHKA • 1958
CARTAGINE IN FIAMME • CARTHAGE EN FLAMMES (FRN) ○ CARTHAGE IN FLAMES • 1959
DON CAMILLO MONSIGNORE.. MA NON TROPPO • DON CAMILLO, MONSEIGNEUR (FRN) • 1961
CARMEN DI TRASTEVERE • CARMEN 63 (FRN) • 1962
MONACA DI MONZA, LA • 1962

GALLOTTE JEAN-FRANCOIS – FRN – 1953–

POINT FINAL A LA LIGNE • 1978
CARBONE, LA • 1982 • DOC
CHIEN, LE • 1984

GALLU SAMUEL – Singer – USA – 1918–

MAN OUTSIDE, THE • 1967
THEATRE OF DEATH • BLOOD FIEND • 1967
LIMBO LINE, THE • 1968
ARTHUR ARTHUR • 1969

GALVAN FERNANDO PEREZ – MXC

NOS TRAICIONARA EL PRESIDENTE? • WILL THE PRESIDENT BETRAY US? • 1988

GALVAN JUAN ANTONIO – SPN – 1941–

ROSTROS • 1977

GALVEZ ALVARO - MXC
MEXICANOS AL GRITO DE GUERRA • HISTORIA DEL HIMNO NACIONAL • 1943

GAMBARDELLA GIUSEPPE - ITL
KRI-KRI MANGIA I GAMBERI • BLOOMER AND THE EGG POWDER • 1913

GAMBINO DOMENICO see **GAMBINO DOMENICO M.**

GAMBINO DOMENICO M. - ITL - 1896-
GAMBINO SAETTA DOMENICO • GAMBINO DOMENICO
DIEBE • 1928
LETZTE GAVALORSTELLUNG DES ZIRKUS WOLFSOHN, DIE • 1928
ICH HAB MEIN HERZ IM AUTOBUS VERLOREN • 1929
LOTTE NELL'OMBRA • BATTLES IN THE SHADOWS • 1939
TRAVERSATA NERA • 1939
ARDITI CIVILI • 1940
SEGRETO DI VILLA PARADISO, IL • NOTTE A VILLA PARADISO, UNA ○ VILLA PARADISO • 1940
DONNA PERDUTA, LA • 1941
PANTERA NERA, LA • 1942
TORNA A NAPOLI • SIMME 'E NAPULE, PAISA • 1949
MESE DI ONESTA, UN • 1950
LUCIANA • 1955

GAMBINO SAETTA DOMENICO see **GAMBINO DOMENICO M.**

GAMBLE DON - USA
ABLEMINDED LADY, THE • 1922

GAMBOA JOSE LUIS - SPN
MINUTOS ANTES • 1956
ESTATUA, LA • 1957
HONORABLES SINVERGUENZAS • 1960
CERRADO POR ASESINATO • 1962
JUEGO DE HOMBRES • GAME OF MEN • 1964

GAMEZ RUBEN - MXC
FORMULA SECRETA, LA • SECRET FORMULA, THE (USA) ○ KOKA KOLA EN LA SANGRE ○ KOKA KOLA IN THE BLOOD • 1965

GAMLIN YNGVE - SWD - 1925-
I ROK OCH DANS • IN SMOKE AND DANCING • 1954
AR DU INTE RIKTIGT KLOK? • YOU MUST BE CRAZY DARLING! • 1964
JAKTEN • HUNT, THE • 1965
BADARNA • BATHERS, THE ○ I, A VIRGIN • 1968
SOUVENIRJAGARNA • SOUVENIR HUNTERS, THE • 1970

GAMMELTOFT OLE - DNM
KAMMERSPIL • 1966
SIGNALET • 1966 • SHT

GAMNA VINCENZO - ITL
FLAUTO IN PARADISO, UN • 1958
VITA PROVVISORIA, LA • 1962

GAMULIN BRUNO - YGS
ZIVI BILI PA VIDJELI • THAT'S THE WAY THE COOKIE CRUMBLES ○ THAT'S HOW THE COOKIE CRUMBLES • 1980
LJETO ZA SECANJE • SUMMER TO REMEMBER, A • 1990

GAN JOSE H. - SPN - 1916-
POZO DE LOS ENAMORADOS, EL • 1943
SUENOS DE HISTORIA • 1957
SUENO EL CLARIN • 1965
JUGANDO A MORIR • 1966

GANANCIA J.-P. - FRN
ARCHITECTURE ET LUMIERE • 1953 • SHT

GANCE ABEL - FRN - 1889-1981
DIGUE, LA • DIGUE, OU: POUR SAUVER LA HOLLANDE, LA • 1911
IL Y A DES PIEDS AU PLAFOND • 1912
MASQUE D'HORREUR, LE • MASK OF HORROR, THE (USA) • 1912
NEGRE BLANC, LE • 1912
DRAME AU CHATEAU D'ACRE, UN • MORTS REVIENNENT-ILS?, LES ○ DO THE DEAD RETURN ○ DRAMA OF THE CASTLE, A • 1915
ECCE HOMO • 1915
FIORITURES OU SOURCES DE BEAUTE • FIORITURE: OU, LA SOURCE DE BEAUTE • 1915
BARBEROUSSE • 1916
CE QUE LES FLOTS RACONTENT • 1916
DROIT A LA VIE, LE • 1916
ENIGME DE DIX HEURES, L' • 1916
FEMME INCONNUE, LA • 1916
FLEUR DES RUINES, LA • 1916
FOLIE DU DOCTEUR TUBE, LA • MADNESS OF DR. TUBE, THE ○ STORY OF A MADMAN • 1916
FOU DE LA FALAISE, LE • 1916
GAZ MORTELS, LES • GAZ MORTELS: OU, LE BROUILLARD SUR LA VILLE, LES ○ DEADLY GASES, THE • 1916
HEROISME DE PADDY, L' • 1916
PERISCOPE, LE • 1916
STRASS ET COMPAGNIE • 1916
MATER DOLOROSA • 1917
ZONE DE LA MORT, LA • ZONE OF DEATH, THE (USA) • 1917
DIXIEME SYMPHONIE, LA • TENTH SYMPHONY, THE • 1918
SOLEIL NOIR • 1918
J'ACCUSE • I ACCUSE • 1919
ROUE, LA • WHEEL, THE • 1922
AU SECOURS! • HAUNTED HOUSE, THE (UKN) ○ HELP! • 1923
NAPOLEON • NAPOLEON VU PAR ABEL GANCE • 1926
CRISTAUX • 1928 • SHT
MARINES • 1928 • SHT
FIN DU MONDE, LA • END OF THE WORLD, THE (USA) • 1930
MATER DOLOROSA • 1932
MAITRE DE FORGES, LE • 1933
DAME AUX CAMELIAS, LA • 1934
POLICHE • 1934
JEROME PERREAU • QUEEN AND THE CARDINAL, THE (USA) ○ JEROME PERREAU, HEROS DES BARRICADES • 1935
LUCRECE BORGIA • LUCRETIA BORGIA • 1935
NAPOLEON BONAPARTE • 1935
ROMAN D'UN JEUNE HOMME PAUVRE, LE • 1935
GRAND AMOUR DE BEETHOVEN, UN • LIFE AND LOVES OF BEETHOVEN, THE (USA) ○ BEETHOVEN (UKN) • 1936
VOLEUR DE FEMMES, LE • LADRO DI DONNE (ITL) • 1936
J'ACCUSE • THAT THEY MAY LIVE (USA) ○ I ACCUSE (UKN) • 1937
CHRISTOPHE COLOMB • 1939
LOUISE • 1939
PARADIS PERDU • FOUR FLIGHTS TO LOVE (USA) ○ PARADISE LOST (UKN) • 1939
VENUS AVEUGLE • 1940
FEMME DANS LA NUIT, UNE • 1941
CAPITAINE FRACASSE, LE • MASCHERA SUL CUORE, LA (ITL) • 1942
MANOLETE • 1944
QUATORZE JUILLET 1953 • 1953
TOUR DE NESLE, LA • TORRE DEL PIACERE, LA (ITL) ○ TOWER OF LUST, THE • 1954
MAGIRAMA • 1956
AUSTERLITZ • NAPOLEONE AD AUSTERLITZ (ITL) ○ BATTLE OF AUSTERLITZ (USA) • 1960
CYRANO ET D'ARTAGNAN • CYRANO E D'ARTAGNAN (ITL) • 1963
MARIE TUDOR • 1965 • MTV
BONAPARTE ET LA REVOLUTION • 1971

GAND MICHEL see **ROLLIN JEAN**

GANDA OUMAROU - NGR - 1935-1981
CABASCABO • 1967
WAZOU POLYGAME, LE • 1969 • SHT
SARTANI • SAITANE ○ SATAN • 1972 • SHT
EXILE, L' • EXILE, THE • 1980

GANDERA FELIX - FRN - 1885-1957
D'AMOUR ET D'EAU FRAICHE • FACON DE SE DONNER, LA ○ PASSAGE CLOUTE • 1933
SECRET D'UNE NUIT, LE • 1934
MYSTERES DE PARIS, LES • MYSTERIES OF PARIS, THE • 1935
GRANDS, LES • 1936
DOUBLE CRIME SUR LA LIGNE MAGINOT • CRIME IN THE MAGINOT LINE (USA) • 1937
TAMARA LA COMPLAISANTE • 1937
PARADIS DE SATAN, LE • 1938
FINANCE NOIRE • GUET-APENS DANS LA FORET NOIRE • 1940

GANDIN MICHELE - ITL - 1914-
BORGO A MOZZANO • AGRICULTURAL EXPERIMENT IN ITALY, AN • 1958
MOSCA DI GIORNO E DI NOTTE • VIAGGIO A MOSCA • 1961 • DOC
CAROSELLO NERO • BLACK ADVERTISING • 1973

GANDY BERN - ASL
FORWARD COMMUNICATIONS • 1949

GANEV HRISTO - Screenwriter - BUL - 1924-
HOLIDAY OF HOPE • 1962 • DOC

GANGLER TOD - USA
VERY GRIM FAIRY TALES • 1969 • SHT

GANGULY AJIT - IND
BALUCHARI • SANDY LAND • 1968

GANGULY DHIREN - IND
NIGHT BIRD • 1935

GANGULY P. N. - IND
JAMUNA PULINEY • 1933

GANGULY SAMIR - IND
SHAGIRD • BACHELOR • 1967

GANIEV NABI see **GANIYEV UZBEK NABI**

GANIYEV UZBEK NABI - USS - 1903-
GANIEV NABI
TAHIR I ZHURA • TAHIR AND ZHURA • 1945

GANNAWAY AL see **GANNAWAY ALBERT C.**

GANNAWAY ALBERT see **GANNAWAY ALBERT C.**

GANNAWAY ALBERT C. - USA - 1920-
GANNAWAY ALBERT • GANNAWAY AL
DANIEL BOONE, TRAIL BLAZER • 1956
HIDDEN GUNS • 1956
BADGE OF MARSHALL BRENNAN, THE • 1957
RAIDERS OF OLD CALIFORNIA • 1957
MAN OR GUN • 1958
NO PLACE TO LAND • MAD MAD (UKN) • 1958
PLUNDERERS OF PAINTED FLATS • 1959
BUFFALO GUN • 1961
CHIVATO • REBELLION IN CUBA • 1961
TENNESSEE JAMBOREE • 1964

GANNON WILFRED - UKN
AUNTIE'S ANTICS • 1929
CHRIS'S MRS. • 1929
NICK'S KNICKERS • 1929

GANT HARRY A. - USA
ABSENT • 1928
GEORGIA ROSE • 1930

GANTILLON BRUNO - FRN - 1944-
MORGANE ET SES NYMPHES • 1970
SANS SOMMATION • 1972
SELF SERVICE DU NU • 1972 • ANT
SERVANTE ET MAITRESSE • 1977

GANZER ALVIN - USA
CATALINA INTERLUDE • 1945 • SHT
MIDNIGHT SERENADE • 1947 • SHT
GIRLS OF PLEASURE ISLAND, THE • 1953
LEATHER SAINT, THE • 1956
COUNTRY MUSIC HOLIDAY • COUNTRY MUSIC BOY • 1958
WHEN THE BOYS MEET THE GIRLS • GIRL CRAZY • 1965
THREE BITES OF THE APPLE • 1966

GAO ZHIZEN - HKG
KO CLIFTON
FIGUI BIREN • IT'S A MAD, MAD WORLD • 1987
GAITUNGAP GONG • CHICKEN AND DUCK TALK • 1988
MR. COCONUT • 1989

GAON YEHORAM - ISR
ANI YERUSHALMI • I WAS BORN IN JERUSALEM • 1971

GAPO BRANKO - YGS
DAYS OF TEMPTATION, THE • 1966
PUCANJ • SHOT, THE • 1972
NAJDUZI PUT • LONGEST ROAD, THE ○ NAJDOLGIOT PAT ○ LONGEST JOURNEY, THE • 1977
VREME, VODI • TIME AND TIDE ○ VRIJEME, VODE • 1981

GARAI-ARVAI - GRM
JUWELENMARDER, DIE • 1928

GARAND MARCEL - FRN
ATHLETE AUX MAINS NUES, L' • 1952

GARANINA IDEA - Animator - USS
POOR LIZA • ANM
SHOW-BOOTH, A • ANM

GARAS DEZSO - HNG
LEGENYANA • PREGNANT PAPA, THE • 1989

GARAS MARTIN - GRM
SPIELER, DER • 1915
CHRISTOPH COLUMBUS • 1922

GARAUDY ROGER - FRN - 1913-
DIONYSOS NOIR • 1973

GARAYUCOCHEA OSCAR - VNZ
DIA.. UN RIO, UN • ONE DAY.. A RIVER • 1979 • DOC
54 CAMINOS HACIA EL FUTURO • 54 ROADS TOWARDS THE FUTURE • 1979 • DOC

GARBAGNY PAUL - SWD
I LIVETS VAR, ELLER FORSTA ALSKARINNAN • IN THE SPRING OF LIFE, OR HIS FIRST LOVE • 1912

GARBER HERBERT - USA
HER WONDERFUL DAY • 1915

GARCEAU RAYMOND - CND - 1919-
FARM HOMES BEAUTIFUL • MON DOMAINE • 1947 • DCS
DUTCH ELM DISEASE • ORME EN PERIL, L' • 1948 • DCS
LAND IN TRUST • SAUVONS NOS SOLS • 1948 • DCS
OUT BEYOND TOWN • OMBRE AU PAYSAGE • 1948 • DCS
SCIENCE HELPS THE FARMER • SCIENCE ET AGRICULTURE • 1948 • DCS
MONTEE • 1949 • DCS
55,000 FOR BREAKFAST • 55,000 PETIT DEJEUNERS • 1949 • DCS
COUNTRY NURSE • INFIRMIERE RURALE, L' • 1951 • DCS
DEFEATING DELINQUENCY • GUERRE A LA DELINQUANCE ○ FEMME POLICES • 1951 • DCS
STAMP OF APPROVAL • AVEC LE SCEAU DU CANADA • 1951 • DCS
ABATIS, L' • SETTLER, THE • 1952 • SHT
BEDEAU, LE • 1952 • DCS
HORIZONS OF QUEBEC • QUEBEC XXe SIECLE • 1952 • DCS
COCHER, LE • 1953 • DCS
M. LE MAIRE • MR. MAYOR • 1953 • DCS
NOTAIRE, LE • 1953 • DCS
REFERENDUM • TEMPEST IN TOWN • 1953 • DCS
BRIDGE UNDER THE OCEAN • PONT SOUS L'OCEAN, UN • 1957 • DCS
DRAVE, LA • LOG DRIVE, THE • 1957 • DCS
IL FAUT QU'UNE BIBLIOTHEQUE SOIT OUVERTE OU FERMEE • 1957 • DCS
TI-JEAN S'EN VA DANS L'OUEST • 1957 • SHT
ILE DE SAINT-LAURENT, UNE • 1958 • DCS
PLUMES AU VENT • 1958 • DCS
TI-JEAN AU PAYS DU FER • 1958 • DCS
INTEGRATION • 1960 • DCS
ALEXIS LADOUCEUR, METIS • 1961 • DCS
RIVIERE LA PAIX • 1961 • DCS
WAYWARD RIVER • CHAUDIERE, LA • 1961 • DCS
CHETICAMP • 1962 • DCS
HOMME DU LAC, L' • LAKE MAN, THE • 1962 • DCS
PETITS ARPENTS, LES • LITTLE ACRES, THE • 1963 • DCS
ANNEE A VAUCLUSE, UNE • 1964 • DCS
AGRICULTURE, L' • 1965-66 • DCS
AVENIR DE LA MAIN-D'OEUVRE, L' • 1965-66 • DCS
COOPERATIVES, LES • 1965-66 • DCS
CREVETTES, LES • 1965-66 • DCS
ECHOUERIES, LES • 1965-66 • DCS
EXPERIENCE DE GUYENNE, L' • 1965-66 • DCS
FORET, LA • 1965-66 • DCS
ILES DE LA MADELEINE: LA PECHE COTIERE • 1965-66 • DCS
ILES DE LA MADELEINE: LA PECHE HAUTIERE • 1965-66 • DCS
ILES DE LA MADELEINE: LES PETONCLES • 1965-66 • DCS
ILES DE LA MADELEINE: LES USINES A POISSON • 1965-66 • DCS
ILES DE LA MADELEINE: TOURISME ET TRANSPORTS • 1965-66 • DCS
INVENTAIRE D'UNE COLONIE • 1965-66 • DCS
JEUNES, LES • 1965-66 • DCS
MILIEU, LE • 1965-66 • DCS
MISE EN COMMUN • 1965-66 • DCS
PARTICIPATION, LA • 1965-66 • DCS
PECHE DU CAPITAINE, LA • 1965-66 • DCS
PECHERIES, LES • 1965-66 • DCS
PLAN, THE • 1965-66 • DCS

TOURBIERE, LA • 1965-66 • DCS
TRAVAILLEUR FORESTIER, LE • 1965-66 • DCS
AMENAGEMENT REGIONAL, L' • 1966 • DCS
DIABLERIES D'UN SOURCIER, LES • 1966 • SHT
GRAND ROCK, LE • 1967
WATERDEVIL, THE • 1969 • SHT
VIVE LA FRANCE! • 1970
ET DU FILS • 1971
GUERISSEZ-NOUS DU MAL • 1972 • DCS
PRIS AU COLLET • 1974 • SHT
PETITS INVENTEURS, LES • 1975 • DOC
TROUVAILLES ET BIZARRERIES • 1976 • DCS
QUEBEC A VENDRE • 1977 • DOC

GARCES ARMANDO – PHL

ALMA VIDA • 1967
BUHAY MARINO • SAILOR'S LIFE • 1967
CRACK DOWN • 1967
DALAWANG MUKHA NG PAG-IBIG • TWO FACES OF LOVE • 1967
DEADLY BROTHERS • 1967
KARATISTA • KARATE EXPERT, THE • 1967
KIDLAT MEETS GRINGO • 1967
ABDUL TAPANG • ABDUL THE BRAVE • 1968
BARIL AT ROSARIO • GUN & ROSARY • 1968
BIGAT NG KAMAY • MIGHT OF THE HAND • 1968
BLACKBELTER, THE • 1968
DE COLORES • 1968
DOS POR DOS • TWO BY TWO • 1968
JOURNEY TO HELL -THE LUCKY 9 COMMANDOS • 1968
KARATE FIGHTERS • 1968
MAGPAKAILAN MAN • FOREVER • 1968
MASTERS OF KARATE • 1968
OBJECTIVE: SABAH • 1968
PAGBABALIK NI DANIEL BARRION, ANG • RETURN OF DANIEL BARRION, THE • 1968
SORRENTO • 1968
3 KILABOT SA BARILAN • 3 DEADLY SHOOTERS • 1968

GARCHAR W. – IND

SHREE RAM AVTAR • 1950

GARCI JOSE LUIS – SPN – 1944–

ASIGNATURA PENDIENTE • PENDING EXAM • 1977
SOLOS EN LA MADRUGADA • ALONE IN THE EARLY HOURS OF THE MORNING ○ ALONE AT DAYBREAK • 1978
VERDES PRADERAS, LAS • GREEN PASTURES, THE • 1979
CRACK, EL • CRACK, THE • 1980
VIVA LA CLASE MEDIA • LONG LIVE THE MIDDLE CLASS • 1980
BEGIN THE BEGUINE • 1981
CRACK 2, EL • CRACK 2 • 1983
VOLVER A EMPEZAR • TO BEGIN AGAIN • 1983
SESION CONTINUA • DOUBLE FEATURE • 1984
ASIGNATURA APROBADA • COURSE COMPLETED • 1987

GARCIA AGRAZ JOSE LUIS – MXC – 1952–

AGRAZ JOSE LUIS GARCIA
NOCAUT • KNOCKOUT • 1983
DREAMS OF GOLD • 1985
NOCHES DEL CALIFAS, LAS • 1986
APPROVED EXAM • 1987
TREASURE OF THE MOON GODDESS • RACE TO DANGER • 1987

GARCIA AL ERNEST – USA

PURPLE SCAR, THE • 1917 • SHT

GARCIA ASCOT JOMI see **GARCIA ASCOT JOSE MIGUEL**

GARCIA ASCOT JOSE MIGUEL – MXC

ASCOT JOMI GARCIA • GARCIA ASCOT JOMI
CUBA 58 • 1962
EN EL BALCON VACIO • ON AN EMPTY BALCONY ○ ON THE EMPTY BALCONY • 1962

GARCIA ATIENZA JUAN see **ATIENZA JUAN G.**

GARCIA BERLANGA LUIS see **BERLANGA LUIS GARCIA**

GARCIA de DUENAS JESUS – SPN – 1939–

PRELUDIO A ESPANA • SPANISH PRELUDE • 1972 • DOC
ASESINO ESTA SOLO • BLOOD ON THE SHEETS • 1973

GARCIA de la VEGA FERNANDO – SPN – 1941–

EN UN MUNDO NUEVO • IN THE NEW WORLD • 1971

GARCIA DURVAL GOMES – BRZ

ANA TERRA • 1972

GARCIA EDDIE – PHL

ASSASSIN, THE • 1967
MODUS OPERANDI • 1967

de GARCIA EDUARDO CHIANCA – PRT – 1898–

VER E AMAR • 1930
TREVO DE QUATRO FOLHAS, O • 1936
ALDEIA DA ROUPA BRANCA • 1938
ROSA DO ADRO, A • 1938
PUREZA • 1940
24 HORAS DE SONHO • 1941

GARCIA ESPINOSA JULIO see **ESPINOSA JULIO GARCIA**

GARCIA FEDERICO – CUB

CASO HUAYANAY: TESTIMONIO DE PART • 1980
MELGAR, EL POETA INSURGENTA INSURGENTE • MELGAR • 1982
TUPAC AMARU • 1983
SOCIO DE DIOS, EL • 1986

GARCIA FERNANDO – PRT – 1917–

HEROIS DO MAR • 1949
CANTINAS ESCOLARES • 1950 • SHT
DEUS OS FEZ • 1950 • SHT
ERAM 200 IRMAOS • 1952
MARIDO SOLTEIRO, UM • 1952
PAISAGENS DE PORTUGAL • 1952 • SHT
AGORA E QUE SAO ELAS • 1953
BOM DIA, SENHORA PROFESSORA • 1953 • SHT
FABRICA DE BOLACHAS TRIUNFU • 1953 • SHT
LISBOA, PEQUENA BIOGRAFIA DE UMA CAPITAL • 1953 • SHT
ALMOURAL • 1954 • SHT
CERRO DOS ENFORCADOS, O • 1954
EPISODIO PASTORIL • 1954 • SHT
PORTUGAL ANTIGO E MODERNO • 1954 • SHT
AR, AGUA E LUZ • 1955 • SHT
LISBOA MODERNA • 1955 • SHT
ILHA QUE NASCE DO MAR, A • 1956 • SHT
FIM DO ANO NA MADEIRA • 1957 • SHT
ILHA DAS MAOS DE FADA, A • 1957 • SHT
MADEIRA • 1957 • SHT
MADEIRA, UMA CANCAO • 1957 • SHT
PRIMITIVOS PORTUGUESES • 1957 • SHT
CASTELOS PORTUGUESES • 1959 • SHT
PORTUGAL, PAIS DE CONTRASTES • 1959 • SHT
PERIGO NAO DORME, O • 1960 • SHT

GARCIA GALLILEU – BRZ

CARA DE FOGO • 1960

GARCIA GERARDO – SPN – 1944–

CON MUCHO CARINO • 1977

GARCIA JERRY – USA

GRATEFUL DEAD MOVIE, THE • GRATEFUL DEAD, THE • 1977 • DOC

GARCIA JOSE ANTONIO – BRZ

ESTRELA NULA, A • NAKED STAR, THE • 1984
CORPO, O • BODY, THE • 1989

GARCIA MORENO GABRIEL – MXC

MORENO GABRIEL GARCIA
BUITRE, EL • 1925
TREN FANTASMA, EL • 1926
PUNOS DE HIERRO • 1927

GARCIA MUNOZ M. – SPN

TESTAMENT DE UN PUEBLO • VILLAGE'S TESTAMENT, A • 1976

GARCIA NICOLE – FRN

CHASSEURS D'ETOILES • 1989
WEEK-END SUR DEUX, UN • 1989

GARCIA PELAYO GONZALO – SPN – 1947–

MANUELA • 1975
VIVIR EN SEVILLA • LIFE IN SEVILLA • 1979
FRENTE AL MAR • ON THE SEA FRONT • 1980
ROCIO Y JOSE • ROCIO AND JOSE • 1983

GARCIA RAUL – BUL

DOKOSVANIA • 1989 • SHT
NOCTURNAL SUN • 1989 • SHT

GARCIA RON – USA

PLEASURE MACHINES, THE • LOVE MACHINES, THE ○ PLEASURE MACHINE ○ LOVE MACHINE • 1969
TOY BOX, THE • 1971

GARCIA SANCHEZ J. L. see **GARCIA SANCHEZ JOSE LUIS**

GARCIA SANCHEZ JOSE LUIS – SPN – 1941–

SANCHEZ JOSE LUIS GARCIA • GARCIA SANCHEZ J. L.
LOVE FEROZ, EL • CRUEL LOVE • 1972
COLORIN, COLORADO • 1976
TRUCHAS, LAS • TROUT, THE • 1978
DOLORES • 1980
CORTE DE FARAON, LA • COURT OF FARAON, THE ○ FARAON'S COURT • 1985
DIVINAS PALABRAS • DIVINE WORDS • 1987
PASODOBLE • 1988
VUELO DE LA PALOMA, EL • FLIGHT OF THE DOVE, THE ○ DOVE'S FLIGHT, THE • 1988

GARCIA-SANZ RAUL – Animator – SPN

MUJER ESPERANDO EN UN HOTEL • 1983 • ANS
ANIMARATHON • 1984 • ANS

GARCIA SERRANO RAFAEL – SPN – 1917–

OJOS PERDIDOS, LOS • LOST EYES • 1967

GARCIA VINOLAS MANUEL AUGUSTO – SPN

INES DE CASTRO • DEAD QUEEN, THE • 1944

GARDAN JULIUSZ – PLN – -1945

WYROK ZYCIA • 1934
HALKA • 1938

GARDI RENE – SWT

MANDARA -ZAUBER DER SCHWARZEN WILDNIS • 1960

GARDIN VLADIMIR – Actor – USS – 1877–1965

KLYUCHI SHCHASTYA • KEYS TO HAPPINESS • 1913
ANNA KARENINA • 1914
DNI NACHEI GIZNI • DAYS OF OUR LIFE • 1914
KOUZMA KRIOUTCHKOV • GHOSTS • 1914
KREUTZER SONATA, THE • 1914
DVORYANSKOYE GNEZDO • 1915
PETERBURGSKIYE TRUSHCHOBI • PETERSBURG SLUMS • 1915
PRIVIDENIYA • 1915
VOINA I MIR • WAR AND PEACE • 1915
MYSL • THOUGHT • 1916
OUR HEART • 1917
TSVETI ZAPORDALIGE • 1917
JELOZNAYA PUYATA • IRON HEEL, THE • 1919
GOLOD.. GOLOD.. GOLOD • HUNGER.. HUNGER.. HUNGER • 1921
SERP I MOLOT • SICKLE AND HAMMER • 1921
DUEL, THE • 1922
PRIZAK BRODIT PO YEVROPE • SPECTER HAUNTS EUROPE, A • 1923
SLESAR I KANTZLER • LOCKSMITH AND CHANCELLOR • 1923
OSTAP BANDOURA • 1924
CROSS AND MAUSER • 1925
GOLD RESERVE, THE • 1925
LOKIS • MARRIAGE OF THE BEAR, THE (USA) ○ LEGEND OF THE BEAR'S WEDDING ○ BEAR'S WEDDING, THE ○ BEAR, THE ○ MEDVEZHYA SVADBA ○ WEDDING OF THE BEAR • 1926
TSAR I POET • CZAR AND POET • 1927
KASTUS KALINOVSKY • 1928

GARDNER BOB see **GARDNER ROBERT**

GARDNER BUD – USA

MODEL BEHAVIOUR • 1984

GARDNER CYRIL – FRN – 1898–

GRUMPY • 1930
ONLY SAPS WORK • SOCIAL ERRORS • 1930
ROYAL FAMILY OF BROADWAY, THE • THEATRE ROYAL • 1930
RECKLESS LIVING • TWENTY GRAND • 1931
DOOMED BATTALION, THE • MOUNTAINS IN FLAME • 1932
PERFECT UNDERSTANDING • 1933
BIG BUSINESS • 1934
WIDOW'S MIGHT, THE • 1935

GARDNER DAVID – CND

PAPER PEOPLE, THE • 1969

GARDNER FRANK – USA

EVERYBODY AND A CHICKEN • SHT
GUEST, THE • SHT
TIMES EIGHT • SHT

GARDNER FRED – ITL

MONDO PORNO DI DUE SORELLE, IL • 1979

GARDNER HERB – USA

GOODBYE PEOPLE, THE • 1984

GARDNER LOUIS B. – USA

GLORY OF YOUTH, THE • 1915

GARDNER RICHARD – USA

DEADLY DAPHNE'S REVENGE • 1988

GARDNER ROBERT – USA

GARDNER BOB
DEAD BIRDS • 1965
MAN ON A MISSION • 1965
CLARENCE AND ANGEL • 1980

GARDOS PETER – HNG

SZAMARKOHOGES • WHOOPING COUGH • 1986
HECC, A • JUST FOR KICKS • 1989

GAREN LEO – USA

HEX • GRASSLANDS • 1973

GARFEIN JACK – Stage director – CZC – 1930–

STRANGE ONE, THE • END AS A MAN (UKN) • 1957
SOMETHING WILD • 1961

GARFIAS ROBERT – USA

ROOTS OF AMERICAN MUSIC: COUNTRY AND URBAN MUSIC • 1971

GARGIULO MIKE see **CARGIULO MIKE**

GARIAZZO ANTONIO – USA

AFTER SIX DAYS • 1922

GARIAZZO MARIO – ITL

GARRETT ROY • PAGET PAUL
LASCIAPASSARE PER IL MORTO • PASSPORT FOR A CORPSE (USA) • 1962
DIO PERDONI LA MIA PISTOLA • 1969
ACQUASANTA JOE • 1971
GIORNO DEL GIUDIZIO, IL • DRUMMER OF VENGEANCE • 1971
MANO SPIETATO DELLE LEGGE, LA • BLOODY HANDS OF THE LAW • 1973
OSSESSA, L' • EERIE MIDNIGHT HORROR SHOW, THE ○ DEVIL OBSESSION, THE ○ SEXORCIST, THE ○ TORMENTED ○ ENTER THE DEVIL ○ OBSESSION, THE ○ TORMENTORS, THE ○ OBSESSED, THE • 1974
VENDITORE DI PALLONCINI, IL • LAST CIRCUS SHOW, THE (USA) ○ BALLOON VENDOR, THE ○ LOST MOMENTS • 1974
INCONTRI MOLTO.. RAVVICINATI DEL QUARTO TIPO • VERY CLOSE ENCOUNTERS OF THE FOURTH KIND ○ INCONTRI MOLTO RAVVICINATI ○ COMING OF ALIENS, THE • 1978
OCCHI DALLE STELLE • EYES BEHIND THE STARS (USA) ○ EYES BEYOND THE STARS • 1978
PLAY MOTEL • 1979
AMAZONIA INFERNO VERDE • AMAZONIA: THE CATHERINE MILES STORY ○ AMAZZONE BIANCA, L' ○ AMAZONIA ○ WHITE AMAZON ○ WHITE SLAVE • 1984

GARIAZZO P. A. – GRM

ARME SUNDERIN • 1923

GARIEPY JEAN-PIERRE – CND

SOUS LES DRAPS, LES ETOILES • 1990

GARIN ERAST - USS
WEDDING, THE • 1937
SINEGORIYA • LAND OF THE BLUE MOUNTAINS, THE • 1945
VESYOLYYE RASPLYUYEVSKIYE DNI • THOSE CRAZY RASPLYUYEV DAYS ○ VESELYE RASPLIUYEVSKIE DNI ○ MERRY RASPLYUYEV DAYS ○ RASPLYUYEV'S GAY DAYS ○ GAY RASPLYEV DAYS • 1966

GARLAND NATHAN - USA
TRIP, A • 1969 • SHT

GARLAND PATRICK - UKN - 1936-
REACHING OUT • 1968 • DCS
DOLL'S HOUSE, A • 1973

GARMES LEE - Dir. photo - UKN - 1898-1978
DREAMING LIPS • 1935
MISS BRACEGIRDLE DOES HER DUTY • 1936
SKY'S THE LIMIT, THE • 1937
ANGELS OVER BROADWAY • 1940
OUTLAW TERRITORY • HANNAH LEE • 1953

GARNETT TAY - USA - 1895-1977
CELEBRITY • 1928
SPIELER, THE • SPELLBINDER, THE (UKN) • 1928
FLYING FOOL, THE • 1929
OH, YEAH! • NO BRAKES (UKN) • 1929
HER MAN • 1930
OFFICER O'BRIEN • BIG SHOT, THE • 1930
BAD COMPANY • 1931
OKAY AMERICA • PENALTY OF FAME (UKN) • 1932
ONE WAY PASSAGE • 1932
PRESTIGE • 1932
DESTINATION UNKNOWN • 1933
S.O.S. ICEBERG • 1933
CHINA SEAS • 1935
PROFESSIONAL SOLDIER • 1935
SHE COULDN'T TAKE IT • WOMAN TAMER (UKN) • 1935
LOVE IS NEWS • 1937
SLAVE SHIP • 1937
STAND-IN • 1937
JOY OF LIVING • 1938
TRADE WINDS • 1938
ETERNALLY YOURS • 1939
SEVEN SINNERS • CAFE OF SEVEN SINNERS (UKN) ○ DOOMED CARGO • 1940
SLIGHTLY HONORABLE • SEND ANOTHER COFFIN • 1940
CHEERS FOR MISS BISHOP • 1941
MY FAVORITE SPY • 1942
BATAAN • 1943
CROSS OF LORRAINE, THE • 1943
MRS. PARKINGTON • 1944
VALLEY OF DECISION, THE • 1945
POSTMAN ALWAYS RINGS TWICE, THE • 1946
WILD HARVEST • BIG HAIRCUT • 1947
CONNECTICUT YANKEE IN KING ARTHUR'S COURT, A • YANKEE IN KING ARTHUR'S COURT, A (UKN) • 1948
CAUSE FOR ALARM • 1950
FIREBALL, THE • 1950
SOLDIERS THREE • 1951
ONE MINUTE TO ZERO • 1952
MAIN STREET TO BROADWAY • 1953
BLACK KNIGHT, THE • 1954
SEVEN WONDERS OF THE WORLD • 1956
TERRIBLE BEAUTY, A • NIGHT FIGHTERS, THE (USA) • 1960
CATTLE KING • GUNS OF WYOMING • 1963
DELTA FACTOR, THE • 1970
CHALLENGE TO BE FREE • MAD TRAPPER OF THE YUKON ○ MAD TRAPPER, THE • 1972
TIMBER TRAMP • BIG PUSH, THE • 1973

GARNETT TONY - Producer - UKN - 1936-
PROSTITUTE • 1980
HANDGUN • DEEP IN THE HEART • 1983

GARNICA ADOLFO - MXC
VIVA LA TIERRA • 1959

GARNIER ALAIN - FRN
HELGA, LA LOUVE DE STILBERG • 1979

GARNIER DERCK - Animator - DNM
INDIENS KAPLOB MED TIDEN • 1967 • ANS

GARNIER JEAN-PIERRE - FRN - 1944-
FRANCE INTERDITE, LA • 1983

GARNIER MAX MASSIMINO - YGS
ECCE HOMO • 1972

GARNIER PIERRE-CLAUDE - BLG
PAMELA
COMMENT SE DIVERTIR QUAND ON EST COCU MAIS INTELLIGENT • 1972
TANGO DE LA PERVERSION, LE • 1974

GARNY DOMINIQUE - BLG
DES MORTS • 1979 • DOC

GAROLDA G. A. - ITL
ZAGOR E L'ERBA MUSICALE • 1974

GARRAN GABRIEL - FRN
BRULER LES PLANCHES • 1983

GARREL PHILIPPE - FRN - 1948-
ANEMONE • 1966
DROIT DE VISITE • 1966 • SHT
ENFANTS DESACCORDES, LES • 1967 • SHT
CONCENTRATION, LA • 1968
MARIE POUR MEMOIRE • 1968
REVELATEUR, LE • 1968
LIT DE LA VIERGE, LE • 1969
CICATRICE INTERIEURE, LA • INNER SCAR (USA) • 1971
ATHANOR, L' • 1972 • SHT
HAUTES SOLITUDES, LES • 1973
ANGE PASSE, UN • 1975
BERCEAU DE CRISTAL, LE • 1976
VOYAGE AU JARDIN DES MORTS • 1978
BLEU DE ORIGINES, LE • 1979
ENFANT SECRET, L' • 1982
LIBERTE, LA NUIT • 1983
PARIS VU PAR.. 20 ANS APRES • SIX IN PARIS • 1984
BAISERS DE SECOURS, LES • 1989

GARRETT LILA - USA
TERRACES • 1977 • TVM
WHO GETS THE FRIENDS? • 1988 • TVM

GARRETT OLIVER H. P. - USA - 1897-1952
CAREFUL SOFT SHOULDER • 1942

GARRETT OTIS - USA - 1895-1941
BLACK DOLL, THE • 1937
DANGER ON THE AIR • 1938
LADY IN THE MORGUE • CASE OF THE MISSING BLONDE, THE (UKN) • 1938
LAST EXPRESS, THE • 1938
PERSONAL SECRETARY • 1938
EXILE EXPRESS • 1939
MYSTERY OF THE WHITE ROOM • 1939
WITNESS VANISHES, THE • 1939
MARGIE • 1940
SANDY GETS HER MAN • FIREMAN SAVE MY CHILD • 1940

GARRETT ROY see **GARIAZZO MARIO**

GARRICK RICHARD - UKN
CARD PLAYERS, THE • 1915
HOUSE WITH NOBODY IN IT, THE • 1915
NEW ADAM AND EVE, THE • 1915
TANGLE IN HEARTS, A • 1915
ACCORDING TO LAW • 1916
ARMADALE • 1916 • SHT
DRIFTER, THE • 1916
IDOL OF THE STAGE, THE • 1916
QUALITY OF FAITH, THE • 1916
RANK OUTSIDER, A • 1920
ROMANCE OF A MOVIE STAR • 1920
TRENT'S LAST CASE • 1920

GARRIDO JOSE CARLOS - SPN
REQUIEM POR UN HOMBRE SOLO • REQUIEM FOR A LONE MAN • 1969 • SHT

GARRIS MICK - USA
CRITTERS 2: THE MAIN COURSE • 1988

GARRISON CHRISTIAN - USA
BLUES MAKER • 1969 • SHT

GARRISON GREG - USA
HEY, LET'S TWIST! • 1961
TWO TICKETS TO PARIS! • 1962

GARRONE RICCARDO - ITL
COMMESSA, LA • 1975
MAFIA MI FA UN BAFFO, LA • 1975

GARRONE SERGIO - ITL
REGAN WILLY S.
SE VUOI VIVERE.. SPARA! • IF YOU WANT TO LIVE.. SHOOT! ○ OUTLAW RIDER, THE • 1968
TRE CROCI PER NON MORIRE • 1968
DJANGO IL BASTARDO • STRANGER'S GUNDOWN, THE (USA) ○ DJANGO THE BASTARD • 1969
LUNGA FILA DI CROCI, UNA • NO ROOM TO DIE (UKN) • 1969
COLOMBA NON DEVE VOLARE, LA • 1970
QUEL MALEDETTO GIORNO DELLA RESA DEI CONTI • 1971
UCCIDI DJANGO.. UCCIDI PER PRIMO • 1971
AMANTI DEL MOSTRO, LE • 1974
MANO CHE NUTRE LA MORTE, LA • 1975
LAGER SSADIS KASTRAT KOMMANDATUR • SSADIS LAGER KASTRAT KOMMANDATUR • 1976
SS LAGER 5 L'INFERNO DELLE DONNE • 1977
BRACCIO VIOLENTO DELLA MALA, IL • 1979

GARSON HARRY - USA
FOR THE SOUL OF RAFAEL • 1920
FORBIDDEN WOMAN, THE • 1920
MIDCHANNEL • 1920
WHISPERING DEVILS • 1920
CHARGE IT • 1921
HUSH • 1921
STRAIGHT FROM PARIS • 1921
WHAT NO MAN KNOWS • 1921
HANDS OF NARA, THE • 1922
SIGN OF THE ROSE, THE • 1922
WORLDLY MADONNA, THE • 1922
OLD SWEETHEART OF MINE, AN • 1923
THUNDERING DAWN • BOND OF THE RING, THE ○ HAVOC • 1923
BREED OF THE BORDER, THE • 1924
MILLIONAIRE COWBOY, THE • 1924
NO-GUN MAN, THE • 1924
HEADS UP • 1925
HIGH AND HANDSOME • WINNING HIS STRIPES • 1925
O.U. WEST • 1925
SMILIN' AT TROUBLE • SMILING AT TROUBLE • 1925
SPEED WILD • 1925
COLLEGE BOOB, THE • 1926
GLENISTER OF THE MOUNTED • 1926
MULHALL'S GREAT CATCH • 1926
SIR LUMBERJACK • 1926
TRAFFIC COP, THE • 1926
BEAST OF BORNEO • 1935

GARTNER ADOLF - GRM
MUTTER, VERZAGET NICHT! • 1910
GESTREIFTE DOMINO, DER • 1915
MITTERNACHTSSCHIFF, DAS • 1915
TOTEN ERWACHEN, DIE • 1915
BRIEFOFFNER, DER • 1916
GRAFIN DE CASTRO • 1916
HILFERUF, DER • BANKNOTENFALSCHER, DIE • 1916
PEITSCHE, DIE • 1916
REISE INS JENSEITS, DIE • 1916
DU SOLLST KEINE ANDEREN GOTTER HABEN • 1917
EISERNE WILLE, DER • 1917
GLOCKEN DER KATHARINEKIRCHE, DIE • 1917
HERR UND DIENER • 1917
ERTRAUMTES • 1918
DUPLIZITAT DER EREIGNISSE, DER • 1919
GATTESTELLVERTRETER, DER • 1919
LETZTE ZEUGE, DER • 1919
SCHWACHE STUNDE, EINE • 1919
WERK SEINES LEBENS, DAS • 1919
ZWISCHEN ZWEI WELTEN • 1919
FUNKENRUF DER RIOBAMBA, DER • 1920
FURSTIN WORONZOFF ,DIE • 1920
MARIA TUDOR • 1920
MITTERNACHTSBESUCH • 1920
NAPOLEON UND DIE KLEINE WASCHERIN • 1920
SIZILIANISCHE BLUTRACHE • 1920
SOHNE DES GRAFEN DOSSY, DIE • 1920
STIMME, DIE • 1920
ZEHN MILLIARDEN VOLT • 1920
ABENTEUERIN VON MONTE CARLO 1, DIE • GELIEBTE DES SCHAH, DIE • 1921
ABENTEUERIN VON MONTE CARLO 2, DIE • MAROKKANISCHE NACHTE • 1921
ABENTEUERIN VON MONTE CARLO 3, DIE • MORDPROZESS STANLEY, DER • 1921
FAHRENDES VOLK • 1921
RATSEL DER SPHINX, DAS • 1921
WEISSE TOD, DER • 1921
ZIRKUSPRINZESSIN, DIE • 1925

GARTNER JAMES - FRN
TRAIN SPECIAL POUR S.S. • TRAIN SPECIAL POUR HITLER ○ SPECIAL TRAIN FOR HITLER • 1976

GARTO FRANK - USA
CARNY GIRL • 1970

GARVIZU O. - VNZ
PATIO SE ESTA HUNDIENDO, EL • PATIO IS BEING FLOODED, THE • 1979

GARWOOD JOHN - USA
CRACKDOWN • 1987

GARWOOD WILLIAM - USA
TURN OF THE CARDS, A • 1914
BILLY'S LOVE MAKING • 1915
DESTINY'S TRUMP CARD • 1915
WILD BLOOD • 1915
YOU CAN'T ALWAYS TELL • 1915
ARTHUR'S DESPERATE RESOLVE • 1916 • SHT
BILLY'S WAR BRIDES • 1916 • SHT
DECOY, THE • 1916 • SHT
GO-BETWEEN, THE • 1916 • SHT
HE WROTE A BOOK • 1916 • SHT
HIS PICTURE • 1916 • SHT
SOCIETY SHERLOCK, A • 1916 • SHT
SOUL AT STAKE, A • 1916 • SHT
PROXY HUSBAND, A • 1919 • SHT

GARY JEROME - USA
STRIPPER • 1986 • DOC
TRAXX • 1988

GARY KEN - USA
SHIRT OF HER BACK, THE • 1961

GARY ROMAIN - LTH - 1914-1980
OISEAUX VONT MOURIR AU PEROU, LES • BIRDS COME TO DIE IN PERU, THE (UKN) ○ BIRDS IN PERU (USA) • 1968
KILL! • KILL, KILL, KILL • 1971

GARZON PEDRO MORENO - CLM
LOVE DUTY AND CRIME • 1924
FLOWERS OF THE VALLEY • 1939

GAS GELSEN - MXC
ANTICLIMAX • 1970

GASCON GILLES - CND
PEUT-ETRE MAURICE RICHARD • 1971 • DOC
C'EST PAS CHINOIS • PIECE OF CAKE, A • 1974 • DCS

GASCON JOSE - SPN - 1910-
LADRON DE GUANTE BLANCO, UN • 1945
CONFLICTO INESPERADO • 1947
CUANDO LOS ANGELES DUERMEN • 1947
DON JUAN DE SERRALLONGA • 1948
HA ENTRADO UN LADRON • 1948
HIJO DE LA NOCHE, EL • 1949
NINA DE LUZMELA, LA • 1949
CORREO DEL REY, EL • 1950
FINAL DE UNA LEYENDA, EL • 1950
MISION EXTRAVAGANTE • 1953
AGENTES DEL QUINTO GRUPO, LOS • 1954
PLEITO DE SANGRE • 1955
ATACANDO EL PELIGRO • 1957
AVENTURERO, EL • 1957

GASKILL CHARLES see **GASKILL CHARLES L.**

GASKILL CHARLES L. - USA
GASKILL CHARLES
CLEOPATRA • 1913
DAUGHTER OF PAN, A • 1913
PRINCESS OF BAGDAD, A • 1913
SISTER TO CARMEN • 1913
WIFE OF CAIN, THE • 1913
BUTTERFLY, THE • 1914
FLEUR-DE-LYS • 1914
MOONSHINE MAID AND THE MAN, THE • 1914
SYLVIA GRAY • 1914
BREATH OF ARABY, THE • 1915
CONFESSION OF MADAME BARASTOFF, THE • 1915
MISS JEKYLL AND MADAME HYDE • 1915 • SHT
SNATCHED FROM A BURNING DEATH • 1915
STILL SMALL VOICE, THE • 1915
UNDERNEATH THE PAINT • 1915
COMMON SIN, THE • 1917 • SHT
SLEEP OF CYMA ROGET • 1920

GASNIER LOUIS see **GASNIER LOUIS J.**

GASNIER LOUIS J. - FRN - 1878-1963
GASNIER LOUIS
RAVENGAR
PREMIERE SORTIE D'UN COLLEGIEN • 1905
PENDU, LE • 1906
MORT D'UN TOREADOR, LA • 1907
TIREZ S'IL VOUS PLAIT • 1908
MAX FAIT DU SKI • 1910
DETECTIVE SWIFT • 1914
PERILS OF PAULINE, THE • 1914 • SRL
STOLEN BIRTHRIGHT, THE • 1914
TICKET-OF-LEAVE MAN, THE • 1914
EXPLOITS OF ELAINE, THE • 1915 • SRL
MAIN QUI ETREINT, LA • MAX AND THE CLUTCHING HAND (USA) ○ GRASPING HAND, THE • 1915 • SHT
ANNABEL'S ROMANCE • 1916
SHIELDING SHADOW, THE • 1917 • SRL

HANDS UP • 1918 • SRL
BELOVED CHEATER, THE • 1919
KISMET • 1920
GOOD WOMEN • 1921
SILENT YEARS • MA'MSELLE JO • 1921
WIFE'S AWAKENING, A • 1921
CALL OF HOME • 1922
RICH MEN'S WIVES • 1922
THORNS AND ORANGE BLOSSOMS • 1922
DAUGHTERS OF THE RICH • 1923
HERO, THE • HIS BROTHER'S WIFE • 1923
MAYTIME • 1923
MOTHERS-IN-LAW • 1923
POOR MEN'S WIVES • 1923
BREATH OF SCANDAL, THE • 1924
POISONED PARADISE: THE FORBIDDEN STORY OF MONTE CARLO • 1924
TRIFLERS, THE • 1924
WHITE MAN • 1924
WINE • 1924
BOOMERANG, THE • LOVE DOCTOR, THE • 1925
FAINT PERFUME • 1925
PARASITE, THE • 1925
PARISIAN LOVE • 1925
LOST AT SEA • 1926
OUT OF THE STORM • 1926
PLEASURES OF THE RICH • 1926
SIN CARGO • 1926
THAT MODEL FROM PARIS • MODEL FROM PARIS • 1926
BEAUTY SHOPPERS • 1927
STREET OF SHANGHAI • 1927
FASHION MADNESS • 1928
DARKENED ROOMS • 1929
AMOR AUDAZ • 1930
ENIGMATIC MONSIEUR PARKES, L' • 1930
SHADOW OF THE LAW • 1930
SLIGHTLY SCARLET • 1930
VIRTUOUS SIN, THE • CAST IRON (UKN) ○ GENERAL, THE • 1930
LAWYER'S SECRET, THE • 1931
SILENCE • 1931
FORGOTTEN COMMANDMENTS • 1932
STRANGE CASE OF CLARA DEANE, THE • CLARA DEANE • 1932
TOPAZE • 1932
ESPERAME • 1933
GAMBLING SHIP • 1933
IRIS PERDUE ET RETROUVEE • 1933
MELODIA DE ARRABAL • 1933
CUESTA ABAJO • 1934
FEDORA • 1934
LAST OUTPOST, THE • 1935
TANGO EN BROADWAY, EL • 1935
BANK ALARM • 1937
GOLD RACKET, THE • 1937
SUNSET STRIP CASE, THE • HIGH EXPLOSIVE • 1938
INMACULADA, LA • 1939
JUAN SOLDADO, O VENGANZA • JOHN THE SOLDIER OF VENGEANCE • 1939
BURNING QUESTION, THE • TELL YOUR CHILDREN ○ REEFER MADNESS ○ DOPE ADDICT ○ DOPED YOUTH ○ LOVE MADNESS • 1940
MURDER ON THE YUKON • 1940
STOLEN PARADISE • 1941
MARINES COME THROUGH, THE • FIGHT ON, MARINES • 1943

GASNIER-RAYMOND LUCIEN – FRN
PERE SERGE, LE • 1945
CAVALIER DE CROIX-MORT, LE • AVENTURE DE VIDOCQ, UN • 1947

GASPARD-HUIT PIERRE – FRN – 1917–
VIE DRAMATIQUE DE MAURICE UTRILLO, LA • VIE TRAGIQUE DE UTRILLO, LA • 1949
PARIS COQUIN • MAID IN PARIS (USA) ○ PARIS CANAILLE ○ PARIS-COQUIN ○ OH, LA-LA CHERI! • 1955
SOPHIE ET LE CRIME • 1955
MARIEE EST TROP BELLE, LA • BRIDE IS MUCH TOO BEAUTIFUL, THE (USA) ○ BRIDE IS TOO BEAUTIFUL, THE (UKN) • 1956
LAVANDERAS DE PORTUGAL • LAVANDIERES DU PORTUGAL, LES (FRN) • 1957
CHRISTINE • AMANTE PURA, L' (ITL) • 1959
CAPITAINE FRACASSE, LE • 1960
GIBRALTAR • SPIONAGGIO A GIBILTERRA (ITL) • 1963
SHEHERAZADE • SCHIAVA DI BAGDAD, LA (ITL) ○ SCHEHERAZADE (USA) • 1963
A BELLES DENTS • 1966
KARRIERE • CAREER • 1966

GASPARINI LUDOVICO – ITL
NO GRAZIE, IL CAFFE' MI RENDE NERVOSO • NO THANKS, COFFEE MAKES ME NERVOUS • 1983

GASPAROV SAMUEL – USS
NENAVIST • HATRED • 1978

GASPAROVIC ZDENKO – YGS
PASJI ZIVOT • DOG'S LIFE, A • 1966 • ANS
SATIEMANIA • 1978

GASS KARL – GRM – 1917–
FACTORY IN GERMANY • 1954 • DOC
BETWEEN HEAVEN AND EARTH • 1957 • DOC
ISLAND OF ROSES • 1957 • DOC
BULLS OF HIDALGO, THE • 1959 • DOC
FIVE SEASONS • 1960 • DOC
FREEDOM, FREEDOM ABOVE ALL • 1960 • DOC
ALLONS ENFANTS.. POUR L'ALGERIE • 1961 • DOC
I SING OF PEACE • 1961 • DOC
SEPTEMBER THOUGHTS • 1961 • DOC
WITH MOTORBIKE AND TENT TO TUNISIA • 1961 • DOC
SCHAUT AUF DIESE STADT • LOOK AT THIS CITY ○ BERLIN WALL, THE • 1962 • DOC
TIME OFF • 1964 • DOC
ACES • 1965 • DOC
AT HOME IN MAY • 1966 • DOC
ERNST BUSCH • 1967 • DOC
VORWARTS DIE ZEIT • ONWARDS WITH TIME • 1968

GASSAN ARNOLD – USA
MARSYAS • 1962 • SHT
DOORS, THE • 1963 • SHT

GASSMAN ALESSANDRO – ITL
DI PADRE IN FIGLIO • FROM FATHER TO SON • 1983

GASSMAN VITTORIO – Actor – ITL – 1922–
KEAN, GENIO E SREGOLATEZZA • KEAN, GENIUS OR SCOUNDREL • 1957
ALIBI, L' • ALIBI, THE • 1968
GULLIVER
SENZA FAMIGLIA NULLA TENENTI CERCANO AFFETTO • WITHOUT FAMILY, OR.. ○ SENZA FAMIGLIA • 1972
DI PADRE IN FIGLIO • FROM FATHER TO SON • 1983

GAST LEON – USA
OUR LATIN THING • 1972 • DOC
SALSA • 1976 • DOC
HELL'S ANGELS FOREVER • 1982

GAST MICHEL – Producer – FRN – 1926–
AUTANT EN EMPORTE LE GANG • 1953
MUSIC-HALL PARADE • 1958 • SHT
J'IRAI CRACHER SUR VOS TOMBES • I SPIT ON YOUR GRAVE (USA) • 1959
SAHARA BRULE, LE • 1960
CELESTE • 1970

GASTALDI ERNESTO – ITL
BERRY JULIAN
LIBIDO • 1965
CIN.. CIN.. CIANURO • 1968
LUNGA SPIAGGIA FREDDA, LA • 1971

GASTALDI ROMANO – ITL
SOLLAZZEVOLI STORIE DI MOGLI GAUDENTI E MARITI PENITENTI • 1972
FRA' TAZIO DA VELLETRI • 1974
MORE SEXY CANTERBURY TALES • 1975

van GASTEREN LOUIS A. – NTH – 1922–
van GASTEREN LOUIS
BROWN GOLD • 1952 • DOC
RAILPLAN 68 • 1954 • DOC
STRANDING, SOS ECUADOR • STRANDING, THE • 1956
HUIS, DE • HOUSE, THE ○ HUIS, HET • 1962
JAZZ EN POEZIE • 1966 • SHT
REPORT FROM BIAFRA • 1968 • DOC
BEGRIJPT U NU WAAROM IK HUIL? • DO YOU GET IT NOW, WHY I'M CRYING? ○ NOW DO YOU GET IT WHY I'M CRYING • 1970
JE NE SAIS PAS.. MOI NON PLUS • 1972 • MTV
CORBEDDU • 1975
DO YOU GET IT? • 1975 • SER
HANS, HET LEVEN VOOR DE DOOD • HANS, LIFE BEFORE DEATH • 1983 • DOC

van GASTEREN LOUIS see **van GASTEREN LOUIS A.**

GASTON WILLIAM – USA
MYRA'S BED • VIOLENT SEX AFFAIR ○ MYRA'S DEN • 1967

de GASTYNE MARC see **de GASTYNE MARCO**

de GASTYNE MARCO – FRN – 1889–1982
de GASTYNE MARC
A L'HORIZON DU SUD • 1924
CHATELAINE DU LIBAN, LA • 1925
BLESSURE, LA • 1926
MON COEUR AU RALENTI • 1927
MERVEILLEUSE VIE DE JEANNE D'ARC, LA • SAINT JOAN THE MAID • 1928
BELLE GARCE, UNE • 1930
BETE ERRANTE, LA • 1931
ROTHCHILD • 1933
ILE DE LA SOLITUDE, L' • 1936
RINE DES RESQUILLEUSES, LA • 1936
HISTOIRE DE SINGES • 1949 • SHT
CHER VIEUX PARIS! • 1950 • SHT
CAROLINE AU PAYS NATAL • 1951 • SHT
VACANCES BLANCHES • 1951 • SHT
CAROLINE DU SUD • 1952 • SHT
OR DES PHARAONS, L' • OR DU NIL, L' • 1952
TOUTANKHAMON ET SON ROYAUME • 1952 • SHT
AVEC LES GENS DU VOYAGE • 1953 • SHT
BEAUTE DE L'EFFORT, LA • 1953 • SHT
EGYPTE ETERNELLE, L' • 1953 • SHT
GRAND CIRQUE S'EN VA, LE • 1953 • SHT
HOMME ET LA BETE, L' • 1953 • SHT
MONDE TROUBLANT, UN • 1953 • SHT
TRESOR DES PHARAONS, LE • MASQUE DE TOUT ANKH AMON, LE • 1954
CERCLE ENCHANTEE, LE • 1955 • SHT
HOMME, NOTRE AMI, L' • 1955 • SHT
ISRAEL.. TERRE RETROUVEE • 1956 • SHT
PROPRE A RIEN • 1956 • SHT
PLUS BEAUX JOURS, LES • 1957 • SHT
ROBINSON • 1957 • SHT
CHATEAU DU PASSE, LE • 1958 • SHT
ILE AUX OISEAUX, L' • 1958
FUGITIFS, LES • 1960
TRIQUE, GAMIN DE PARIS • FUGITIVES, LES • 1960
AUTRESVILLE D'ART • 1969 • SHT

GATES TUDOR – UKN
INTIMATE GAMES • 1976

GATGENS AMANDO – CRC
TEMPORADA DE LANGOSTA • 1978 • DOC

GATI JOHN – USA
EMOTIONS AT SUNSET • 1968 • SHT
EFFECTS • 1969 • ANS

GATLIF TONY – FRN – 1948–
TETE EN RUINE, LA • 1975
TERRE AU VENTRE, LA • 1978
PRINCES, LES • PRINCES, THE • 1982
PLEURE PAS, MY LOVE • 1989

GATOR LINUS – USA
STAR VIRGIN • 1979
NAUGHTY NETWORK • 1981

GATTI ARMAND – MNC – 1924–
ENCLOS, L' • 1961
OTRO CRISTOBAL, EL • OTHER CHRISTOPHER, THE ○ AUTRE CRISTOBAL, L' • 1962
NOUS ETIONS TOUS DES NOMS D'ARBRES • 1983

GATTI ATTILIO
BITTER SPEARS • 1956

GATTINARA CARLO CASTELLI – ITL
DEMONIACO' NELL'ARTE, IL • DEMON IN ART, THE (USA) • 1950 • SHT
MASCHERE E LA VITA, LE • 1950

GATWARD JAMES
STAR MAIDENS • 1976

GAUCHERAND PHILIPPE – FRN
PANO • 1979

GAUDARD LUCETTE – FRN
C'EST UN VRAI PARADIS • IT'S A REAL PARADISE
HOTES DE NOS TERRES, LES • GUESTS ON OUR LAND
INDUSTRIE DU VERRE, L' • GLASS INDUSTRY, THE
SOUVENIRS DE PARIS • MEMORIES OF PARIS
PARIS-BERLIN • 1935

GAUDIO ANTONIO – Dir. photo – ITL – 1885–1951
GAUDIO TONY
PRICE OF SUCCESS, THE • 1925
SEALED LIPS • 1925

GAUDIO TONY see **GAUDIO ANTONIO**

GAUDIOZ JOHN – UKN
LAYOUT FOR 5 MODELS • 1973

GAUDIOZ TONY – USA
BORDER HEAT • 1988

GAUDITE SOLANO – PHL
BERTONG KARATE • BERT, THE KARATE FIGHTER • 1967
BLACK BELT PHANTOM • 1967
DIGMAAN SA KARATE • KARATE WAR • 1967
JUDO, KARATE MATADOR • 1967
MAGNIFICENT BROTHERS • 1967
MASTER FIGHTER • 1967
BULAG NA MATADOR • BLIND MATADOR, THE • 1968
DEADLY TRIO • 1968
HARI NG SLUMS • KING OF THE SLUMS • 1968
ITO ANG DIGMAAN • THIS IS WAR • 1968
KARATE, SAMURAI, AT PAGIBIG • KARATE, SAMURAI AND LOVE • 1968
HARI NG NINJA • 1969

GAUER WOLF – BRZ
MUCKER, OS • MUCKER, THE • 1980

GAUGH HOMER see **HO MENG-HUA**

GAUP NILS – NRW
VEIVISEREN • PATHFINDER (UKN) ○ OFELAS • 1987
HAKON HAKONSEN • 1989

GAUTAMA SISWORO – INN
HEADLESS WARRIOR, THE
PRIMITIVE, THE • 1979
NYI BLORONG • SNAKE QUEEN, THE • 1983

GAUTHERIN PIERRE – FRN – 1919–
AU FIL DES ONDES • 1950
AU COEUR DE LA VILLE • 1960

GAUTHIER BERTRAND – FRN – 1949–
BALLADE A BLANC • 1981

GAUTHIER GEORGES – FRN – 1894–
BAGNES D'ENFANTS • GOSSES DE MISERE • 1933

GAUTHIER MICHEL – CND
QU'EST-CE QU'ON VA DEVENIR? • 1971
RICHESSE DES AUTRES, LA • 1973 • DOC
DEBARQUE-MOUE AU LAC DES VENTS • 1974 • DOC

GAUVREAU J. – CND
AGENCE BEAUSOLEIL • 1974 • SHT
ATTENTION ATTENTION • 1974 • SHT
POURRIEZ-VOUS M'EXPLIQUER? • 1974 • SHT
QUELLE NOUVELLE! • 1974 • SHT
QUI CA? • 1974 • SHT

GAUZNER V. – USS
HAVE YOU CALLED A DOCTOR? • 1974

GAVALA MARIA – GRC
SCENT OF VIOLETS, THE • 1985
MAGIC GLASS, THE • 1988

GAVALDON ROBERTO – MXC – 1909–
CONDE DE MONTE CRISTO, EL • 1941
BARRACA, LA • COTTAGE, THE • 1944
NANA • 1944
CORAZONES DE MEXICO • 1945
RAYANDO EL SOL • 1945
SOCIO, EL • 1945
A LA SOMBRA DEL PUENTE • 1946
OTRA, LA • 1946
VIDA INTIMA DE MARCO ANTONIO Y CLEOPATRA, LA • 1946
ADVENTURES OF CASANOVA • CAPITAN CASANOVA, EL (MXC) • 1947
DIOSA ARRODILLADA, LA • 1947
HAN MATADO A TONGOLELE • 1948
CASA CHICA, LA • 1949
DESEADA • 1950
EN LA PALMA DE TU MANO • KILL HIM FOR ME • 1950
MI VIDA POR LA TUYA • 1950
ROSAURO CASTRO • 1950
NOCHE AVANZA, LA • 1951
ACUERDATE DE VIVIR • 1952
REBOZO DE SOLEDAD, EL • SOLEDAD • 1952
TRES PERFECTAS CASADAS, LAS • 1952
CAMELIA • 1953
NINO Y LA NIEBLA, EL • 1953
DE CARNE SOMOS • 1954
PALMA DI TU MANO • 1954

SOMBRA VERDE • 1954
DESPUES DE LA TORMENTA • 1955
ESCONDIDA, LA • HIDDEN WOMAN, THE • 1955
HISTORIA DE UN AMOR • 1955
LITTLEST OUTLAW, THE • 1955
VIVA REVOLUCION • VIVA REVOLUTION (USA) • 1956
AQUI ESTA HERACLIO BERNAL • 1957
FLOR DE MAYO • BEYOND ALL LIMITS ○ SPOILERS OF THE SEA ○ FLOWERS OF MAY ○ MEXICAN AFFAIR, A • 1957
REBELION DE LA SIERRA, LA • 1957
VENGANZA DE HERACLIO BERNAL, LA • 1957
MIERCOLES DE CENIZA • 1958
MACARIO • 1959
SIETE DE COPAS, EL • 1960
ROSA BLANCA • 1961
DIAS DE OTONO • 1962
GALLO DE ORO, EL • 1964
HIJOS QUE YO SONE, LOS • 1964
DON QUIXOTE CABALGA DE NUEVA • DON QUIJOTE CABALGA DE NUEVA ○ DON QUIXOTE RIDES AGAIN • 1972
ROSA BLANCA, LA • 1972
HOMBRE DE LOS HONGOS, EL • 1976
CUANDO TEJEN LAS ARANAS • 1977
PLAYA VACIA, LA • 1979

GAVARRY CHRISTIAN – FRN
ILOMBE • 1978

GAVEAU CHRISTIAN – FRN
NAISSANCE D'UN PETROLIER • BIRTH OF A TANKER • 1958

GAVEAU RENE – Dir. photo – FRN – 1900–
TOINE • 1932
MIREILLE • 1933
ADAM EST.. EVE • ADAM EST EVE –LA NOUVELLE LEGENDE DES SEXES ○ ADAM IS EVE –THE NEW LEGEND OF THE SEXES • 1953
BOULEVARD DU CRIME • 1955
INSOUMISES, LES • QUATRE VEUVES, LES • 1955
ZAZA • 1955

GAVER ELEANOR – USA
SLIPPING INTO DARKNESS • TAKEN BY FORCE • 1988

GAVIN J. F. see **GAVIN JOHN F.**

GAVIN JOHN see **GAVIN JOHN F.**

GAVIN JOHN F. – Actor – ASL – 1875–1938
GAVIN J. F. • *GAVIN JOHN*
ASSIGNED TO HIS WIFE • ASSIGNED SERVANT, THE • 1911
BEN HALL AND HIS GANG • 1911
DROVER'S SWEETHEART, THE • 1911
FRANK GARDINER –KING OF THE ROAD • 1911
MARK OF THE LASH • 1911
KEANE OF KALGOORIE • 1912
CHARLIE AT THE SYDNEY SHOW • 1916 • SHT
MARTYRDOM OF NURSE CAVELL, THE • 1916
MURDER OF CAPTAIN FRYATT • 1917
HIS CONVICT BRIDE • 1918
TROOPER O'BRIEN • KEY OF FATE, THE • 1928

GAVIOLI GINO – Animator – ITL
DANDY, THE • 1955 • ANS
MAGIC POT, THE • 1955 • ANM
UGH ME HUNGRY • ANS
LUNGA CALZA VERDE, LA • LONG GREEN STOCKING, THE (USA) • 1961

GAVIOLI ROBERTO – Animator – ITL – 1926–
DANDY, THE • 1955 • ANS
MAGIC POT, THE • 1955 • ANM
UGH ME HUNGRY • ANS
LUNGA CALZA VERDE, LA • LONG GREEN STOCKING, THE (USA) • 1961
PUTIFERIO VA ALLA GUERRA • MAGIC BIRD, THE (USA) ○ PUTIFERIO GOES TO WAR • 1968 • ANM
MISSIONE SPAZIO TEMPO ZERO • 1969
NIGHT THE ANIMALS TALKED, THE • 1970 • ANS
SPHINX, THE • 1970 • ANS

GAVIRIA VICTOR – CLM
RODRIGO D. –NO FUTURO • RODRIGO D. –NO FUTURE ○ RODRIGO D. • 1989

GAVOTY BERNARD – Film critic – FRN – 1908–
YEHUDI MENUHIN –CHEMIN DE LUMIERE • YEHUDI MENUHIN –WAY OF LIGHT (UKN) ○ WAY OF LIGHT ○ YEHUDI MENUHIN STORY ○ YEHUDI MENUHIN –ROAD OF LIGHT • 1971 • DOC

GAVRAS COSTA see **COSTA-GAVRAS**

GAVRILOV EDUARD – USS
PASSING TRAINS • 1967
DVOYE I ODNA • TWO GROWNUPS AND A CHILD • 1989

GAVRILOV GEORGY – USS
CONFESSION, A CHRONICLE OF ALIENATION • 1988 • DOC

GAVRIN GUSTAV – YGS
ZIVOT JE NAS • 1948
CRVENI CVET • 1950

GAVRONSKY A. – USS
RING, THE • DUTY AND LOVE ○ CIRCLE, THE • 1927

GAVRONSKY M.
BEETHOVEN CONCERTO • 1937

GAYE HOWARD – USA
BY SUPER STRATEGY • 1917
RESTITUTION • 1918
MARCH OF THE MOVIES • 1938

GAYER RICHARD see **GAYOR RICHARD**

GAYET-TANCREDE PAUL see **SAMIVEL**

GAYLORD A. J. – USA
KNOCKERS UP • 1963

GAYOR RICHARD – UKN
GAYER RICHARD
ALTERNATIVE MISS WORLD, THE • 1980

GAYTON JOE – USA
WARM SUMMER RAIN • 1989

GAYTON TONY – USA
ATHENS, GA • 1987 • DOC

GAZANS G. see **KAZANSKY GENNADI**

GAZANSKI GENNADI see **KAZANSKY GENNADI**

GAZARIAN ARMAND – USA
GAME OF SURVIVAL • 1988

GAZCON GILBERTO – MXC
BOXEADOR, EL • 1957
DESARRAIGADOS, LOS • 1958
GRAN PILLO, EL • 1958
REMOLINO • 1959
SUERTE TE DE DIOS • 1959
CARCEL DE CANANEA, LA • 1960
JUAN SIN MIEDO • 1960
TRES TRISTES TIGRES • 1960
ATRAS DE LAS NUBES • 1961
CIELO ROJO • 1961
PURSUIT ACROSS THE DESERT • 1961
RISA DE LA CIUDAD, LA • 1962
MAL, EL • RAGE, THE • 1965

GAZDAG GYULA – HNG – 1947–
BANQUET, THE • DOC
SINGING ON THE TREADMILL
SWAP
SIPOLO MACSKAKO • WHISTLING COBBLESTONES • 1971
ELVESZETT ILLUZIOK • LOST ILLUSIONS • 1983
PACKAGE TOUR, THE • 1984 • DOC
HOL VOLT, HOL NEM VOLT.. • HUNGARIAN FAIRY TALE, A • 1987
TUSZTORTENET • HOSTAGE STORY, A ○ STAND OFF • 1988

GAZHIU VALERI – Screenwriter – USS – 1938–
GAZHIYU VALERIU
STREET LISTENS, THE • 1964 • SHT
TEN WINTERS IN ONE SUMMER • 1969
TIME BOMB • TIME-BOMB EXPLOSION • 1971
KORSHUNY DOBYCHEI NE DELYATSYA • KITES DON'T SPARE THEIR PREY • 1989

GAZHIYU VALERIU see **GAZHIU VALERI**

GAZIADIS DIMITRIOS – GRC – 1897–1961
LIMANI TON DACRION, TO • PORT OF TEARS, THE • 1928
THIELLA, I • STORM, THE • 1929
APACHIDES TON ATHINON, I • APACHES OF ATHENS, THE • 1930
PHILISE ME, MARITSA • KISS ME, MARISA • 1931
EXO PTOCHIA • BE HAPPY • 1932

GAZLADES MICHAEL
ANNA OF RHODES • 1950

GAZZARA BEN – Actor – USA – 1930–
COLUMBO: TROUBLED WATERS • 1975 • TVM
OLTRE L'OCEANO • BEYOND THE OCEAN • 1990

GEADA EDUARDO – PRT – 1945–
LISBOA, O DIREITO A CIDADE • 1974
SOFIA E A EDUCACAO SEXUAL • SOFIA AND SEXUAL EDUCATION • 1974
FUNERAL DO PATRAO, O • 1975
SANTA ALIANCA, A • SAINTLY ALLIANCE, THE ○ SAINT ALLIANCE, THE • 1977

GEBEL BRUNO – CHL
CALETA OLVIDIDA, LA • FORGOTTEN COVE, THE ○ FORGOTTEN CREEK, THE • 1958

GEBRIUNUS ARUNAS see **ZHEBRUNAS ARUNAS**

GEBSKI JOZEF – PLN
TESTAMENT • 1970
CZARNE ZIELONE • BLACK GREEN • 1971
JEDEN PLUS JEDEN • ONE PLUS ONE • 1971

GEDDES HENRY – UKN – 1912–
ALI AND THE CAMEL • 1960 • SRL
LAST RHINO, THE • 1961
EAGLE ROCK • 1964

GEDEVANISHVILI S. – USS
NICKO AND SICKO • 1963 • ANS

GEDRIS MARIONAS see **GEDRIS MARIONAS VINTZO**

GEDRIS MARIONAS VINTZO – USS – 1933–
GEDRIS MARIONAS
ZHIVYE GEROI • LIVING HEROES • 1959
STRANGERS, THE • 1962
SKY BELONGS TO US, THE • 1964 • SHT
ANNIVERSARY, THE • 1965 • SHT
SONG ABOUT FLAX, THE • 1965 • SHT
DO–RE–MI • 1966 • SHT
HEN AND HORSES, THE • 1966
SUMMER OF MEN, THE • MEN'S SUMMER, THE • 1970

GEE – USA
KRIK? KRAK! TALES OF A NIGHTMARE • 1988

GEELEN HARRY – NTH
GETEKENDE MENSEN • 1985 • DOC

GEERTSEN GEORGE – CND
MEN IN THE PARK, THE • 1972 • ANS
PRISON • 1975

GEESINK JOOP – Animator – NTH – 1913–
DOLLYWOOD PUPPETS, THE
GROTE VIER, DE • BIG FOUR IN CONFERENCE, THE • 1947 • ANM
KERMESSE FANTASTIQUE • 1947 • ANM
TRAVELLING TUNE, THE • 1960 • ANM
PHILIPS CAVALCADE • 1964 • ANM
DELFTSBLAUW • 1966 • SHT
GOED EN SNEL MACHINAAL MELKEN • 1966 • SHT
SPAARROUSEL • 1966 • SHT
PHILIPS ON PARADE • 1967 • ANM

GEGAUFF PAUL – Screenwriter – FRN – 1922–1983
REFLUX • 1961

GEHR ERNIE – USA – 1943–
MORNING • 1968
WAIT • 1968
REVERBERATION • 1969 • SHT
TRANSPARENCY • 1969
FIELD • 1970
HISTORY • 1970
SERENE VELOCITY • 1970 • SHT
STILL • 1970 • SHT
SHIFT • 1972–74
EUREKA • 1974
TABLE • 1976
UNTITLED (77) • 1977
MIRAGE • 1981

GEHRET JEAN – FRN – 1900–1956
CAFE DE CADRAN, LE • CADRAN, LE • 1946
CRIME DES JUSTES, LE • 1948
TABUSSE • 1948
ORAGE D'ETE • 1949
LOTERIE DU BONHEUR, LA • 1952

GEHRIC PETER – GRM
ZUNDHOLZER • MATCHES • 1960

GEILFUS FREDERIC – BLG
SCULPTURE AUJOURD'HUI • 1965 • DOC
REVOLVER AUX CHEVEUX ROUGES, LE • MAN ALIVE • 1974

GEIS JACOB – GRM
ERBSCHAFT, DER • 1936

GEIS RAINER – GRM
SCHULE FUR EHEGLUCK • 1954
KLEINES ZELT UND GROSSE LIEBE • TWO IN A SLEEPING BAG (USA) • 1956
BREMER STADTMUSIKANTEN, DIE • BREMEN TOWN MUSICIANS, THE (USA) • 1959

GEISENDORFER JULIUS – GRM
MENSCHEN IM RAUSCH • 1921

GEISINGER ELLIOT – USA
PRINCE AND THE PAUPER, THE • ADVENTURES OF THE PRINCE AND THE PAUPER, THE • 1969

GEISS ALEC – Animator – USA
BULLDOG AND THE BABY, THE • 1942 • ANS
CHOLLY POLLY • 1942 • ANS
GULLIBLE CANARY, THE • 1942 • ANS
MALICE IN SLUMBERLAND • 1942 • ANS
WACKY WIGWAMS • 1942 • ANS
DIZZY NEWSREEL • 1943 • ANS
DUTY AND THE BEAST • 1943 • ANS
KINDLY SCRAM • 1943 • ANS
MASS MOUSE MEETING • 1943 • ANS
NURSERY CRIMES • 1943 • ANS
THERE'S SOMETHING ABOUT A SOLDIER • 1943 • ANS
TANGLED TRAVELS • 1944 • ANS

GEISSENDORFER HANS W. – GRM – 1941–
GEISSENDORFER HANS WERNER
JONATHAN, VAMPIRE STERBEN NICHT • JONATHAN (USA) • 1970
CARLOS • 1971
SEINEN VATER ERSCHOSS ER NICHT, DAS WAR SEIN FEHLER • 1971
MARIE • 1972
ELTERN, DIE • PARENTS, THE • 1973
PERAHIM • 1973
STERNSTEINHOF • STERNSTEIN MANOR, THE • 1976
WILDENTE, DIE • WILD DUCK, THE • 1976
TATJANA • 1977
GLASERNE ZELLE, DIE • GLASS CELL, THE • 1978
ZAUBERBERG, DER • MAGIC MOUNTAIN, THE • 1982

GEISSENDORFER HANS WERNER see **GEISSENDORFER HANS W.**

GELABERT ALEJANDRO MARTI – SPN
MARTI ALEJANDRO
ELISABETH • 1968
SECRETO DE LA MOMIA EGIPCIA, EL • SECRET OF THE MUMMY, THE • 1972

GELABERT FRUCTUOSO – SPN – 1874–1955
RINA EN UN CAFE • 1897

GELBART ARNIE – CND
TWENTY MILLION PEOPLE • 1969 • SHT
CA MARCHE • 1970 • DCS

van GELDER AREND – NTH
ANNEMIEK • 1966

van GELDER HAN see **van GELDER HANS**

van GELDER HANS – NTH – 1923–
van GELDER HAN
CONQUERED PLANET, THE • 1952 • ANS
PALEONTHOLOGIE • SCHAKEL MET HET VERLEDEN ○ STORY IN THE ROCKS • 1959 • SHT
WIJD EN ZIJD • 1966 • SHT
OOG OP AVONTUUR, HET • ADVENTURES IN PERCEPTION • 1970 • DCS

van GELDER J. A. – NTH
AALTJES • 1966 • SHT

GELDERT CLARENCE – USA – 1867–1936
WASTED LIVES • 1923
MY NEIGHBOR'S WIFE • 1925

GELDOF BOB – UKN
COWBOYS • 1989

GELENBEVI BAHA – TRK – 1902–1986
CILDIRAN KADIN • WOMAN WHO BECAME MAD, THE • 1948

GELENTINE WHEATON – USA
WATER STARS • 1952
TREADLE AND BOBBIN • 1954 • SHT

GELIN DANIEL – Actor – FRN – 1921–
DENTS LONGUES, LES • 1953

GELINAS GRATIEN – CND – 1909–
DAME AUX CAMELIAS, LA VRAIE, LA • 1942 • SHT
FLOP POPULAIRE • 1943 • SHT
FRIGOLIN • 1944 • ANT
RETOUR DU CONSCRIT, LE • 1944 • SHT
TIT–COQ • 1952
YESTERDAY THE CHILDREN WERE DANCING • 1968

GELINAS PASCAL – CND
ACTUALITES PREHISTORIQUES • 1947 • ANS
MONTREAL BLUES • 1972
TURLUTE DES ANNEES DURES, LA • 1984 • DOC

GELINOV OGNYAN – BUL
AIRCRAFT, THE • 1980
ACCIDENT • 1986 • DOC

GELLER BRUCE – USA – 1931–1978
MISSION IMPOSSIBLE VS. THE MOB • 1969 • MTV
HARRY IN YOUR POCKET • HARRY NEVER HOLDS • 1973
SAVAGE BEES, THE • 1976 • TVM

GELLER BRUNO – USA
PAPARAZZI • 1969

GELOVANI MIKHAIL – USS
YOUTH CONQUERORS, THE • 1929

GELS JACOB – GRM
VARIETE • 1935

GEMES JOZSEF – Animator – HNG
CONCERTISSIMO • ANM
PARADE • 1971 • ANS
FUNERAL • ANS
SUN BARATOM • FRIEND HEDGEHOG • 1977
DALIAS IDOK • HEROIC TIMES • 1983
WILLY, THE SPARROW • 1989

GEMIER FIRMIN – FRN – 1865–1933
SIMOUN, LE • 1933

GEMMA GIULIANO – Actor – ITL
DEATH IN DALLAS

GEMMITI ARTURO – ITL
MONTECASSINO • 1947
MONTECASSINO NEL CERCHIO DI FUOCO • 1961
URLO CONTRO MELODIA NEL CANTAGIRO '63 • 1964

GENDELSTEIN A. see **GENDELSTEIN ALBERT**

GENDELSTEIN ALBERT – USS
GENDELSTEIN A.
LOVE AND HATE • 1935
LERMONTOV • 1943

GENDOV VASSIL – BUL
GUENDOV VASSIL
BULGARIANS ARE GALLANT • 1910
BULGARIAN IS A GALLANT MAN, THE • BULGAR IS A GENTLEMAN, THE • 1915
SATAN IN SOFIA • 1921

GENEE HEIDI – GRM – 1938–
GRETE MINDE –DER WALD IST VOLLER WOLFE • GRETE MINDE • 1977
1 + 1 + 3 • 1980

GENEEN SASHA – UKN
EXPRESS LOVE • 1929
COMETS • 1930
INFATUATION • 1930

de GENEFFE FERNAND – BLG
GESTES DU REPAS • WAYS OF EATING • 1958

GENET JEAN – FRN – 1910–
CHANT D'AMOUR, UN • 1950

GENINA AUGUSTO – ITL – 1892–1957
MOGLIE DI SUA ECCELLENZA, LA • 1913
ANELLO DI SIVA, L' • 1914
DOPO IL VEGLIONE • 1914
FUGA DEGLI AMANTI, LA • 1914
GETTO D'ACQUE, IL • 1914
PAROLA CHE UCCIDE, LA • 1914
PICCOLO CERINAIO, IL • 1914
SEGRETO DEL CASTELLO DI MONROE, IL • SECRET OF CASTLE MUNROE, THE • 1914
DOPPIA FERITA, LA • 1915
GELOSIA • 1915
LULU • 1915
MEZZANOTTE • 1915
CENTO HP • 1916
CONQUISTA DEI DIAMANTI • 1916
DRAMMA DELLA CORONA, IL • 1916
MENZOGNA, LA • 1916
PRESAGIO, IL • 1916
SIGNORINA CICLONE, LA • 1916
SOGNO DI UN GIORNO, IL • 1916
SOPRAVVISSUTO, IL • 1916
FEMMINA • 1917
LUCCIOLA • 1917
MASCHIACCIO • 1917
SILURAMENTO DELL'OCEANIA, IL • 1917
ADDIO GIOVINEZZA! • 1918
DUE CROCIFISSI, I • 1918
TRONO E LA SEGGIOLA, IL • 1918
BEL AMI • 1919
DONNA E IL CADAVERE, LA • 1919
LUCREZIA BORGIA • 1919
MASCHERA E IL VOLTO, LA • 1919
NORIS • 1919
PRINCIPE DELL'IMPOSSIBILE, IL • 1919
SCALDINO, LO • 1919
AVVENTURA DI DIO, L' • 1920
AVVENTURE DI BIJOU, LE • 1920
CASTELLO DELLA MALINCONIA, IL • 1920
DEBITO D'ODIO • 1920
DIABOLICI, I • 1920
DOULOUREUSE, LA • 1920
MOGLIE, MARITO E.. • 1920
RUOTA DEL VIZIO, LA • 1920
TRE MENO DUE • 1920
TRE SENTIMENTALI, I • 1920
CRISI • 1921
INCATENATA, L' • 1921
INNAMORATA, L' • 1921
LUCIE DE TRECOEUR • 1922
CORSARO, IL • 1923
CYRANO DE BERGERAC • CIRANO DE BERGERAC • 1923
GERMAINE • 1923
PECCATRICE SENZA PECCATO • 1923
MOGLIE BELLA, LA • 1924
FOCOLARE SPENTO, IL • PIU GRANDE AMORE, IL • 1925
ULTIMO LORD, L' • 1926
ADDIO GIOVINEZZA! • INCONSTANT YOUTH • 1927
GESCHICHTE EINER KLEINEN PARISERIN, DIE • 1927
SPRUNG INS GLUCK, DER • SHE'S A GOOD GIRL • 1927
WEISSE SKLAVIN, DIE • WHITE SLAVE, THE • 1927
LIEBESKARNEVAL • 1928
MADCHEN DER STRASSE, DAS • SCAMPOLO ○ MADCHEN VON DER STRASS, DAS • 1928
QUARTIER LATIN • LATIN QUARTER • 1928
QUARTIER LATIN • 1929
SCAMPOLO • 1929
AMOURS DE MINUIT, LES • 1930
PRIX DE BEAUTE • MISS EUROPE • 1930
AMANTS DE MINUIT, LES • 1931
MITTERNACHTSLIEBE • 1931
PARIS–BEGUIN • 1931
FEMME EN HOMME, LA • 1932
NE SOIS PAS JALOUSIE • 1932
NOUS NE SOMMES PLUS DES ENFANTS • 1934
GONDOLA DELLE CHIMERE, LA • GONDOLE AUX CHIMERES, LA (FRN) • 1935
NON TI SCORDAR DI ME • 1935
VERGISS MEIN NICHT • FORGET–ME–NOT • 1935
BLUMEN AUS NIZZA • FLOWERS FROM NICE • 1936
SQUADRONE BIANCO • WHITE SQUADRON, THE • 1936
FRAUENLIEBE –FRAUENLIED • 1937
NAPLES AU BAISER DE FEU • 1937
CASTELLI IN ARIA • INS BLAUE LEBEN (FRG) ○ TRE GIORNI IN PARADISO • 1939
ASSEDIO DELL'ALCAZAR, L' • SIEGE OF ALCAZAR • 1940
BENGASI • 1942
CIELO SULLA PALUDE • HEAVEN OVER THE MARSHES • 1949
EDERA, L' • DEVOTION • 1950
TRE STORIE PROIBITE • THREE FORBIDDEN STORIES • 1952
MADDALENA • 1954
FROU–FROU • 1955

GENINI LUSATTI – ITL
ITALIAN IN ALGIERS, THE • 1969 • ANS

GENNI SERGIO – SWT
SWAN LAKE

GENNS KARL – USA
GENS CARL
NEW ORLEANS JAZZ
JAZZ FROM STUDIO 61 • 1959 • SHT

GENOCK EDWARD – USA
CASSINO TO KOREA • 1950 • DOC

GENOINO ARNALDO – ITL – 1909–
ERODE IL GRANDE • HEROD THE GREAT (USA) • 1958

GENOVES ANDRE – FRN – 1941–
FOLIES D'ELODIE, LES • SECRETS OF THE SATIN BLUES ○ NAUGHTY BLUE KNICKERS • 1981
MESRINE • 1983

GENOVES SANTIAGO – MXC
MUSCLE AND CULTURE • 1968 • ANS

GENS CARL see **GENNS KARL**

GENSCHOW FRITZ – GRM
ASCHENPUTTEL • CINDERELLA (USA) • 1955
DORNROSCHEN • SLEEPING BEAUTY (USA) • 1955
GANSEMAGD, DIE • GOOSE GIRL, THE (USA) • 1958

GENTA RENZO – ITL
LONDON JAMES
JESSE E LESTER DUE FRATELLI IN UN POSTO CHIAMATO TRINITA • JESSE AND LESTER (UKN) ○ JESSE AND LESTER: TWO BROTHERS IN A PLACE CALLED TRINITY • 1972

GENTELE GORAN – SWD – 1917–
BROTT I SOL • CRIME IN THE SUN • 1947
INTILL HELVETETS PORTAR • UNTO THE GATES OF HELL • 1948
LEVA PA "HOPPET" • LIVING AT THE "HOPE" • 1951
VARMLANNINGARNA • PEOPLE OF VARMLAND • 1957
FROKEN APRIL • MISS APRIL • 1958
SANGKAMMARTJUVEN • THIEF IN THE BEDROOM, A • 1959
TRE ONSKNINGAR • THREE WISHES • 1960
EN VACKER DAG • ONE FINE DAY • 1963
VACKER DAG, EN • 1963
MISS OCH MRS. SWEDEN • MISS AND MRS. SWEDEN • 1970

GENTIL MICHEL see **ROLLIN JEAN**

GENTILI GIORGIO – ITL
ASH DAN
MILLIPILLERI • MILLIPILL, THE ○ MILL PILL ○ DOLLARO PER 7 VIGLIACCHI, UN ○ TESTAMENTO DE MADIGAN, EL ○ MADIGAN'S MILLIONS • 1966
MILLIPILLERI • MILLIPILL, THE ○ MILL PILL ○ DOLLARO PER 7 VIGLIACCHI, UN ○ TESTAMENTO DE MADIGAN, EL ○ MADIGAN'S MILLIONS • 1966
SLEDGE • MAN CALLED SLEDGE, A (UKN) • 1970

GENTILOMO GIACOMO – ITL – 1909–
CITTA DELL'AMORE, LA • 1934
CARNEVALE DI VENEZIA, IL • 1940
ECCO LA RADIO! • 1940
GRANDUCHESSA SI DIVERTE, LA • 1940
BRIVIDO • TRIANGOLO MAGICO, IL • 1941
LUNA DI MIELE • 1941
FINALEMENT SOLI • HO PERDUTO MIA MOGLIE • 1942
CORTOCIRCUITO • POLIZIA A VILLABIANCA, LA ○ ORCHIDEA AZZURRA • 1943
IN CERCA DI FELICITA • CANTO DELL'AMORE, IL • 1943
MATER DOLOROSA • 1943
PAZZO D'AMORE • MANUSCRITTO NELLA BOTTIGLIA • 1943
O' SOLE MIO • 1946
TEMPESTA D'ANIME • ANIME IN CATENA • 1946
AMANTI IN FUGA • 1947
TEHERAN • PLOT TO KILL ROOSEVELT, THE (USA) ○ APPOINTMENT IN PERSIA ○ CONSPIRACY IN TEHERAN • 1947
FRATELLI KARAMAZOFF, I • 1948
BIANCAVE E I SETTE LADRI • 1949
TI RITROVERO • TENENTE CRAIG MIO MARITO ○ LIEUTENANT CRAIG –MISSING • 1949
ATTO DI ACCUSA • 1950
ENRICO CARUSO • YOUNG CARUSO, THE (USA) ○ LEGGENDA DI UNA VOCE • 1951
SPARVIERO DEL NILO, LO • 1951
CIECA DI SORRENTO, LA • 1952
MELODIE IMMORTALI • MASCAGNI • 1953
APPASSIONATAMENTE • 1954
DUE ORFANELLE, LE • 1955
VOCE, UNA CHITARRA, UN PO' DI LUNA, UNA • 1956
CAVALIERE SENZA TERRA, IL • 1958
TROVATELLA DI POMPEI, LA • 1958
SIGFRIDO • SIEGFRIED (USA) ○ LEGGENDA DEI NIBELUNGHI, LA ○ DRAGON'S BLOOD • 1959
MACISTE CONTRO IL VAMPIRO • GOLIATH AND THE VAMPIRES (USA) ○ VAMPIRES, THE ○ MACISTE VS. THE VAMPIRE • 1961
ULTIMO DEI VICHINGHI, L' • DERNIER DES VIKINGS, LE (FRN) ○ LAST OF THE VIKINGS (USA) • 1961
LANCIERI NERI, I • CHARGE OF THE BLACK LANCERS (USA) ○ LANCIERS NOIRS, LES (FRN) • 1963
BRENNO IL NEMICO DI ROMA • BATTLE OF THE SPARTANS ○ BRENNUS, ENEMY OF ROME • 1964
MACISTE E LA REGINA DI SAMAR • MACISTE CONTRE LES HOMMES DE PIERRE (FRN) ○ MACISTE ET LA REINE DE SAMAR ○ HERCULES AGAINST THE MOON MEN (USA) ○ MACISTE CONTRO GLI UOMINI DELLA LUNA ○ MACISTE VS. THE MOON MEN • 1964
VERDI BANDIERE DI ALLAH, LE • SLAVE GIRLS OF SHEBA (USA) • 1964

GENTLE MICHAEL see **ROLLIN JEAN**

GENTLE MIKE see **ROLLIN JEAN**

GEORGE BURTON – USA
BLADE O' GRASS • 1915
CELESTE OF THE AMBULANCE CORPS • 1916 • SHT
EMERALD PIN, THE • 1916 • SHT
HERITAGE OF HATE, THE • 1916
ISLE OF LIFE, THE • 1916
LITTLEST MAGDALENE, THE • 1916 • SHT
QUITTER, THE • 1916 • SHT
AMAZING ADVENTURE, THE • 1917 • SHT
BOULEVARD SPEED HOUNDS, THE • 1917 • SHT
LAW OF THE NORTH, THE • 1917
EVE IN EXILE • 1919
GINGER • 1919
OH, ETHEL! • 1919 • SHT
VALLEY OF DOUBT, THE • 1920
CONCEIT • 1921
DEVOTION • 1921
BESTIE, DIE • 1922
HUMAN DESIRES • 1924

GEORGE GEORGE W. – USA
JAMES DEAN STORY, THE • 1957 • DOC

GEORGE HEINRICH – Actor – GRM – 1893–1946
SCHLEPPZUG M17 • TUGBOAT M17 • 1933

GEORGE HENRY W. – UKN
FISTICUFFS • 1928
PIRATES BEWARE • 1928
ROAMING ROMEO • 1928
DEPUTY DRUMMER, THE • 1935
TRUST THE NAVY • 1935
WHO'S YOUR FATHER? • 1935

GEORGE JAMES – Animator – USA
ROVER DANGERFIELD • 1990 • ANM

GEORGE K. G. – IND
ADAMINTE VARIYELLU • ADAM'S RIB • 1984
YATHRAYUDE ANTHYAM • JOURNEY ENDS • 1988

GEORGE LESLIE – USA
SCREW LOOSE • 1984

GEORGE PETER – USA
SURF NAZIS MUST DIE • SURF NAZIS • 1987

GEORGE W. H. – UKN
OUTER ISLES, THE • 1932
THEY ARE FORSAKEN • 1938

GEORGESCO JEAN – FRN – 1904–
HEUREUSE AVENTURE, L' • DEPARTS • 1935

GEORGESCU JEAN – RMN
IN SAT LA NOI • OUR VILLAGE • 1951
CINDERELLA'S SHOES • 1969

GEORGI KATIA see **GEORGI KATJA**

GEORGI KATJA – Animator – GRM – 1928–
GEORGI KATIA
BRAVE HANS • VALIANT HANS • ANM
CLOUD SHEEP, THE • ANM
DEVIL'S VALLEY, THE • 1959 • ANM
PRINCESS AND THE PEA, THE • 1959 • ANS
PYRAMID, THE • 1961 • ANS
KARLI KIPPE • CHARLEY BUTT ○ CIGARETTE CHARLIE • 1962 • ANS
ALLUMETTES • MATCHES • 1963 • ANS
MUSICI • MUSICIANS • 1963 • ANS
PLASTIC IN THE PARK • 1964 • ANM
STATUE IN THE PARK, THE • 1964 • ANS
CONCURRENCE • 1965 • ANM
GOOD DAY MR. H. • 1965 • ANM
THORN, THE • 1967 • ANS
GARDINENTRAUM, DER • 1969 • ANM
YOUNG MAN NAMED ENGELS, A • 1970 • ANM

GEORGI KLAUS – Animator – GRM
BRAVE HANS • VALIANT HANS • ANM
PYRAMID, THE • 1961 • ANS
KARLI KIPPE • CHARLEY BUTT ○ CIGARETTE CHARLIE • 1962 • ANS
ALLUMETTES • MATCHES • 1963 • ANS
MUSICI • MUSICIANS • 1963 • ANS
STATUE IN THE PARK, THE • 1964 • ANS
YOUNG MAN NAMED ENGELS, A • 1970 • ANM

GEORGIADES VASSILIS see **GEORGIADIS VASSILIS**

GEORGIADIS VASSILIS – GRC – 1921–
GEORGIADES VASSILIS • YEORGHIADIS VASSILIS
SEVENTH DAY OF CREATION, THE
WRATH
KATARA TIS MANAS, I • PROMISE, THE • 1961
DON'T MAKE LOVE ON SUNDAY • 1962
KOKKINA PHANARIA • RED LANTERNS (USA) • 1962
HOMA VAFTIKE KOKKINO, TO • TERRE SANGLANTE ○ BLOOD ON THE LAND • 1965
MARRIAGE GREEK STYLE • 1965
RANDEVOU ME MIAN AGNOSTI • APPOINTMENT WITH AN UNKNOWN WOMAN • 1968
BLUFF • 1969
KORITSIA STON ILIO • GIRLS IN THE SUN • 1969
LOVE FOR EVER • 1969
BATTLE OF CRETE, THE • 1970
EKINO TO KALOKERI • THAT SUMMER • 1971
ANTHROPOS KAI TO TANK, O • MAN AND THE TANK, THE • 1978

GEORGIAS ANDREW – USA
BIGTIME • BIG TIME • 1976

GEORGIEV VIKTOR – USS
GEORGIYEV VIKTOR
SILNYYE DUKHOM • STRONG IN SPIRIT • 1967
KREMLIEVSKIE KURANTY • KREMLIN CHIMES, THE • 1970
IDEALNY MUZH • IDEAL HUSBAND, AN • 1981

GEORGIEVSKI LJUBISA – YGS
PLANINA NA GNEVOT • MOUNTAIN OF WRATH, THE • 1968
REPUBLIC IN FLAMES • 1969
CENA GRADA • PRICE OF A TOWN, THE • 1971

GEORGIOU GEORGE – GRC
KAMBOURIS, O • HUNCHBACK, THE • 1967

GEORGIYEV VIKTOR see **GEORGIEV VIKTOR**

GERAL HUBERT – FRN
MILLIARDAIRE, LA
MON PARRAIN, MON AMOUR
PLAISIRS DE MADAME, LES

GERARD – FRN
AMOUR D'UN METIER, L' • 1950 • SHT
CE SOIR.. LE CIRQUE • 1951 • SHT
CHANSON DU PAVE, LA • 1951 • SHT
DISQUES D'HIER ET D'AUJOURD'HUI • 1951 • SHT
FABRICATION INDUSTRIELLE DES SOLUTES INJECTABLES • 1951 • SHT
FABRICATION INDUSTRIELLE DES COMPRIMES ET DRAGEES • 1952 • SHT
CELLE QUI N'ETAIT PLUS • 1957 • SHT
DES GOUTS ET DES COULEURS • 1960 • SHT
SAHARA, AN IV • 1960 • SHT

GERARD CHARLES – FRN – 1926–
BALLE DANS LE CANON, UNE • SLUG IN THE HEATER, A • 1958
ENNEMI DANS L'OMBRE, L' • 1960
DEMONS DE MINUIT, LES • DEMONS AT MIDNIGHT • 1961
LOI DES HOMMES, LA • 1961
HOMME QUI TRAHIT LA MAFIA, L' • CALIBRO 38 (ITL) • 1967
JOYEUX LURONS, LES • 1972

GERARD FRANCIS – SAF
PRIVATE LIFE, A • 1989

GERARD JERRY see **DAMIANO GERARD**

GERARD MICHEL – FRN – 1933–
OLLIVIER MARC
MAIS QUI DONC M'A FAIT CE BEBE? • 1971
VACANCIERS, LES • 1973
SALUT LES FRANGINES • 1974
SOLDAT DUROC, CA VA ETRE TA FETE • 1974
ARRETE TON CHAR!!! BIDASSE • 1977
DIS BONJOUR A LA DAME • 1977
C'EST DINGUE.. MAIS ON Y VA! • 1978
JOYEUSES COLONIES DE VACANCES, LES • 1979
SURDOUES DE LA 1ere COMPAGNIE, LES • 1980
ON S'EN FOUT.. ON S'AIME • 1982
T'ES FOLLE OU QUOI? • 1982
RETENEZ-MOI.. OU JE FAIS UN MALHEUR • 1983

GERASIMOV SERGEI – USS – 1906–1985
DVADZATDVA NESHCHASTIA • TWENTY-TWO MISHAPS ○ 22 MISFORTUNES • 1930
WOODS, THE • FOREST, THE • 1931
SERDCE SOLOMONA • HEART OF SOLOMON, THE ○ SOLOMON'S HEART • 1932
LIUBLIU LITEBIA? • IF I LOVE YOU? ○ DO I LOVE YOU? • 1934
SEMERO SMELYKH • SEVEN BRAVE MEN ○ BOLD SEVEN, THE ○ BRAVE SEVEN, THE • 1936
KOMSOMOLSK • FROZEN NORTH, THE (UKN) ○ CITY OF YOUTH • 1938
UCHITEL • NEW TEACHER, THE ○ TEACHER, THE • 1939
BOYEVOYE KINOSBORNIK N.1 • FIGHTING FILM ALBUM NO.1 ○ WAR NEWSREEL NO. 1 • 1941
MASKARAD • MASQUERADE • 1941
OLD GUARD, THE • 1941
NEPOBEDIMYIE • UNCONQUERABLE, THE ○ INVINCIBLE • 1942
KINOKONCERT K25 LETIJU KRASNOJ ARMII • FILM CONCERT FOR THE RED ARMY'S 25TH ANNIVERSARY ○ MOSCOW MUSIC HALL • 1943
BOLSHAYA ZEMLYA • MAINLAND ○ GREAT EARTH, THE ○ GREAT LAND, THE • 1944
BERLIN CONFERENCE, THE • 1945
MOLODAYA GVARDIYA • YOUNG GUARD, THE • 1948
OSVOBOZHDYONNY KITAI • LIBERATED CHINA ○ NEW CHINA, THE • 1950
SELSKII VRACH • VILLAGE DOCTOR, THE ○ COUNTRY DOCTOR, THE • 1952
NADEZHDA • NADEJDA • 1955
WINDROSE, DIE • WIND ROSE, THE ○ LEBEN DER FRAUEN, DAS • 1956
TIKHII DON • QUIET FLOWS THE DON (UKN) ○ AND QUIET FLOWS THE DON • 1958
SPUTNIK SPEAKING • SPUTNIK SPEAKS, THE • 1959
LYUDI I ZVERI • MENSCHEN UND TIERE (GDR) ○ MEN AND BEASTS ○ PEOPLE AND BEASTS • 1962
ZHURNALIST • JOURNALIST • 1967
V OZERA • AT THE LAKE ○ BY THE LAKE • 1969
LYUBIT CHELOVYEKA • TO LOVE A PERSON ○ GRADOSTROYITELI ○ CITY-BUILDERS, THE ○ FOR THE LOVE OF MAN ○ TO LOVE A MAN • 1972
DOCHKI MATERI • MOTHERS AND DAUGHTERS • 1975
KRAASNOYE I CHYORNOYE • ROUGE ET LE NOIR, LE ○ RED AND BLACK • 1976
PETERS JUGEND • 1980
YOUNOST PELIA • 1980
V NATCHALE SLAVNYKH DEL • 1981

GERASIMOV V. see **GERASIMOV VLADIMIR**

GERASIMOV VLADIMIR – USS
GERASIMOV V.
PESN O KOLTSOVE • SONG OF KOLTSOV • 1960
TRIAL PERIOD • 1960
ACADEMICIAN FROM ASKANIA, THE • 1962
TRUE STORY • REAL STORY • 1964
CHYORT S PORTFYELEM • DEVIL WITH A BRIEFCASE, THE • 1968

GERAUGHTY GERALD – USA
TRAIN TO ALCATRAZ • 1948

GERAUGHTY MAURICE – USA – 1908–1987
SWORD OF MONTE CRISTO, THE • 1951

GERAUGHTY TOM – UKN
PERPETUA • LOVE'S BOOMERANG (USA) • 1922
SPANISH JADE • 1922

GERBASE CARLOS – BRZ
VERDES ANOS • GREEN YEARS • 1984

GERBER – BRZ
ORI • 1988

GERBER PAUL – SWD
BAD BARBARA • 1972
NOGLEHULLET • KEYHOLE, THE • 1974
PRIVATE PLEASURES • 1976

GERCKE – USA
POWER FOR DEFENSE • 1942 • SHT

GERCON JO – USA
MOBILE COMPOSITION • 1930
STORY OF A NOBODY, THE • 1930

GERDES HERBERT – GRM
GROSSE GEHEIMNIS, DAS • 1920
SEINE DREI FRAUEN • DREI FRAUEN • 1920

GERHARDS CHRISTIANE – GRM
VIVA PORTUGAL • 1975 • DOC

GERHARDT KARL – GRM
AUGEN DER MASKE, DIE • 1920
BLUT DER AHNEN, DAS • 1920
JAGD NACH DEM TODE 1, DIE • 1920
JOHANNES GOTH • 1920
JAGD NACH DEM TODE 3, DIE • MANN IM DUNKEL, DER • 1921
JAGD NACH DEM TODE 4, DIE • GOLDMINE VON SAR-KHIN, DIE • 1921
GEHEIMNISVOLLEN PIRATEN, DIE • 1922
JUSSUF EL FANIT, DER WUSTENRAUBER • 1922
DREIKLANG DER NACHT • 1924
GENTLEMAN AUF ZEIT • 1924
MENSCHENLEBEN IN GEFAHR • 1926
STAATSANWALT JORDAN • 1926

GERIMA HAILE – ETH – 1943–
MIRT SOST SHI AMIT • HARVEST: 3000 YEARS • 1972
BUSH MAMA • 1979

GERING MARION – USS – 1901–1977
I TAKE THIS WOMAN • 1931
TWENTY-FOUR HOURS • HOURS BETWEEN, THE (UKN) ○ 24 HOURS • 1931
DEVIL AND THE DEEP • 1932
LADIES OF THE BIG HOUSE • 1932
MADAME BUTTERFLY • 1932
JENNIE GERHARDT • 1933
PICK-UP • PICK UP • 1933
GOOD DAME • GOOD GIRL (UKN) • 1934
READY FOR LOVE • 1934
THIRTY DAY PRINCESS • THIRTY-DAY PRINCESS • 1934
RUMBA • 1935
LADY OF SECRETS • 1936
ROSE OF THE RANCHO • 1936
SHE MARRIED AN ARTIST • 1937
THUNDER IN THE CITY • 1937
SARUMBA • 1950
VIOLATED PARADISE • DIVING GIRLS' ISLAND, THE ○ DIVING GIRLS OF JAPAN ○ SCINTILLATING SIN ○ SEA NYMPHS • 1963

GERINSKA VESSELINA – BUL
GUILT • 1976
BREATHE, LITTLE MAN! • 1980

von GERLACH ARTHUR – GRM – 1860–1925
VANINA ODER DIE GALGENHOCHZEIT • VANINA • 1922
ZUR CHRONIK VON GRIESHUUS "UM DAS ERBE VON GRIESHUUS" • CHRONICLES OF THE GREY HOUSE, THE (UKN) ○ CHRONIK VON GRIESHUUS, DIE ○ CHRONICLES OF THE GRAY HOUSE, THE (USA) ○ AT THE GREY HOUSE ○ CHRONIK VON GRIESHUUS • 1925

GERLACH CLAUS – GRM
CORINNA • 1978

GERMAIN BERNARD – FRN
PIC POUR LENINE, UN • 1981 • DOC

GERMAN ALEKSEI see **GHERMAN ALEXEI**

GERMI PIETRO – ITL – 1914–1974
TESTIMONE, IL • 1946
GIOVENTU PERDUTA • LOST YOUTH • 1948
IN NOME DELLA LEGGE • IN THE NAME OF THE LAW ○ MAFIA • 1949
CAMMINO DELLA SPERANZA, IL • PATH OF HOPE, THE ○ ROAD TO HOPE, THE • 1950
CITTA SI DEFENDE, LA • FOUR WAYS OUT (USA) ○ PASSPORT TO HELL • 1951
BRIGANTE DI TACCA DEL LUPO, IL • 1952
PRESIDENTESSA, LA • LADY PRESIDENT, THE ○ MADEMOISELLE GOBETTE • 1952
GELOSIA • JEALOUSY • 1953
AMORI DI MEZZO SECOLO • 1954
FERROVIERE, IL • RAILROAD MAN, THE (USA) ○ MAN OF IRON (UKN) • 1956
UOMO DI PAGLIA, L' • SEDUCER, THE ○ MAN OF STRAW ○ SORDID AFFAIR, A ○ SEDUCER -MAN OF STRAW, THE • 1957
MALEDETTO IMBROGLIO, UN • FACTS OF MURDER, THE ○ CURSED TANGLE, A ○ SORDID AFFAIR, A • 1959
DIVORZIO ALL'ITALIANA • DIVORCE, ITALIAN STYLE (USA) • 1961
SEDOTTA E ABBANDONATA • SEDUITE ET ABANDONNEE (FRN) ○ SEDUCED AND ABANDONED (USA) • 1964
SIGNORE E SIGNORI • BIRDS, THE BEES AND THE ITALIANS, THE (USA) ○ MESDAMES ET MESSIEURS ○ BELLES DAMES, VILAINS MESSIEURS ○ CES MESSIEURS DAMES ○ LADIES AND GENTLEMEN • 1966
IMMORALE, L' • BEAUCOUP TROP POUR UN SEUL HOMME (FRN) ○ TOO MUCH FOR ONE MAN ○ CLIMAX, THE (USA) ○ IMMORAL MAN, THE • 1967
SERAFINO • SERAFINO OU L'AMOUR AUX CHAMPS (FRN) • 1968
CASTAGNE SONO BUONE, LE • TILL DIVORCE DO YOU PART (USA) • 1970
ALFREDO, ALFREDO • 1972

GERMONT FELIX – FRN
TIRONS UN COUP, TIRONS EN DEUX

GERNERT BILL – USA
CINDERELLA • 1958 • SHT

GERNES PAUL see **GERNES POUL**

GERNES POUL – DNM
GERNES PAUL
NADVEREN • 1970
NORMANNERNE • 1975

GERONIMI CLYDE – Animator – USA
UNNATURAL HISTORY • 1925-27 • ASS
HOT DOG CARTOONS • 1926-27 • ASS
HYENA'S LAUGH • 1927 • ANS
BEACH PICNIC • 1939 • ANS
OFFICER DUCK • 1939 • ANS
POINTER, THE • 1939 • ANS

BILL POSTERS • 1940 • ANS
MR. MOUSE TAKES A TRIP • 1940 • ANS
PANTRY PIRATE • 1940 • ANS
PLUTO'S DREAM HOUSE • 1940 • ANS
TUGBOAT MICKEY • 1940 • ANS
CANINE CADDY • 1941 • ANS
GENTLEMAN'S GENTLEMAN, A • 1941 • ANS
LEND A PAW • 1941 • ANS
ARMY MASCOT, THE • 1942 • ANS
PLUTO AT THE ZOO • 1942 • ANS
PLUTO, JUNIOR • 1942 • ANS
SLEEPWALKER, THE • 1942 • ANS
T-BONE FOR TWO • 1942 • ANS
CHICKEN LITTLE • 1943 • ANS
EDUCATION FOR DEATH • 1943 • ANS
PLUTO AND THE ARMADILLO • 1943 • ANS
PRIVATE PLUTO • 1943 • ANS
MAKE MINE MUSIC • SWING STREET • 1945 • ANM
CASEY AT THE BAT • 1946 • ANS
PETER AND THE WOLF • 1946 • ANS
WILLIE THE OPERATIC WHALE • WHALE WHO WANTED TO SING AT THE MET, THE • 1946 • ANS
BIG WASH, THE • 1948 • ANS
BLAME IT ON THE SAMBA • 1948 • ANS
LITTLE TOOT • 1948 • ANS
MELODY TIME • 1948 • ANM
CINDERELLA • 1949 • ANM
ICHABOD AND MR. TOAD • ADVENTURES OF ICHABOD AND MR. TOAD, THE • 1949 • ANM
LEGEND OF SLEEPY HOLLOW, THE • 1949 • ANM
ALICE IN WONDERLAND • 1951 • ANM
SUSIE, THE LITTLE BLUE COUPE • 1952 • ANS
PETER PAN • 1953 • ANM
LADY AND THE TRAMP • 1955 • ANM
STORY OF ANYBURG U.S.A., THE • 1957 • ANS
SLEEPING BEAUTY • 1959 • ANM
ONE HUNDRED AND ONE DALMATIONS • 1961 • ANM

GERRARD DOUGLAS – USA – 1885–

HER WEDDING DAY • 1916 • SHT
IN THE DEAD O' NIGHT • 1916 • SHT
PENALTY OF TREASON, THE • 1916 • SHT
PRICE OF VICTORY, THE • 1916
BUBBLE OF LOVE, THE • 1917 • SHT
ETERNAL LOVE • 1917
KEEPER OF THE GATE, THE • 1917 • SHT
MARY FROM AMERICA • 1917 • SHT
MELODY OF DEATH, THE • 1917 • SHT
MONEY'S MOCKERY • 1917 • SHT
MORAL RIGHT, THE • 1917 • SHT
POLLY PUT THE KETTLE ON • 1917
BETTER HALF • 1918
EMPTY CAB, THE • 1918
MADAME SPY • 1918
MOTHER'S SECRET, A • 1918
PLAYTHINGS • 1918
VELVET HAND, THE • 1918
$5000 REWARD • 1918
CABARET GIRL, THE • 1919
HIS DIVORCED WIFE • 1919
SEALED ENVELOPE, THE • 1919
SHOULD WOMEN TELL • 1919
FORGED BRIDE, THE • 1920
PHANTOM MELODY, THE • 1920
SINS OF HIS FATHER • 1920

GERRARD GENE – Actor – UKN – 1892–1971

OUT OF THE BLUE • 1931
LET ME EXPLAIN DEAR • 1932
LUCKY GIRL • 1932
WAKE UP FAMOUS • 1937
IT'S IN THE BLOOD • 1938

GERRARD PAUL – UKN

COUNT OF TWELVE • 1955

GERRETSEN PETER – CND – 1939–

BABY JOHN DOE • KIDNAPPING OF BABY JOHN DOE, THE ○ KIDNAPPING OF BABY JOHN, THE • 1986
CRY FROM THE HEART, A • 1987
NIGHT FRIEND • 1988

GERRON KURT – Actor – GRM – 1897–1944

LIEBE LUST UND LEID, DER • 1926
MEINE FRAU, DIE HOCHSTAPLERIN • 1931
ES WIRD SCHON WIEDER BESSER • THINGS WILL BE BETTER AGAIN • 1932
STUPEFIANTS • 1932
TOLLER EINFALL, EIN • 1932
WEISSE DAMON, DER • RAUSCHGIFT ○ WHITE DEMON, THE • 1932
FEMME AU VOLANT, UNE • 1933
HEUT' KOMMT'S DRAUF AN • 1933
INCOGNITO • SON ALTESSE VOYAGE • 1933
KIND, ICH FREU' MICH AUF DEIN KOMMEN • AMOR AN DER LEINE • 1933
MYSTERIE VAN DE MONDSCHEIN SONATE, HET • MYSTERY OF THE MOONLIGHT SONATA, THE • 1935
MERIJNTJE GIJZEN'S JEUGD • 1936
TRE DESIDERI, I • DRIE WENSEN, DE (NTH) ○ DRIE WENSCHEN ○ THREE WISHES • 1937

GERSHUNY THEODORE – USA

KEMEK • 1970
SILENT NIGHT, BLOODY NIGHT • NIGHT OF THE DARK FULL MOON ○ ZORA ○ DEATH HOUSE • 1972
LOVE, DEATH • LOVE ME MY WAY (UKN) • 1973
SUGAR COOKIES • 1977
DEATHHOUSE • 1981

GERSIK R. – AUS

RASPUTIN (DAS LIEBESLEBEN DES SONDERBAREN HEILIGEN) • RASPUTIN (THE LOVE LIFE OF A STRANGE HOLY MAN) • 1925

GERSON BARRY – USA

WINTER SONGS • 1969 • SHT

GERSON SKIP – USA

BLUES ACCORDIN' TO LIGHTNIN' HOPKINS • 1968 • DOC
SPEND IT ALL • 1970 • DOC
WELL SPENT LIFE, A • 1971 • DOC

GERSTAD HARRY – USA

THIRTEEN FIGHTING MEN • 1960

GERSTEIN CASSANDRA see **GERSTEIN CASSANDRA M.**

GERSTEIN CASSANDRA M. – USA

GERSTEIN CASSANDRA

STRANGE LANDS • SHT
UNDINE • SHT
KALI • 1967 • SHT
MAI EAST • 1968 • SHT
TALES • 1969 • DOC

GERSTEIN MORDI – USA

ROOM, THE • SHT
NOSE, THE • 1966 • ANS

GERTLER VIKTOR – HNG – 1901–

HAZUGSAG NELKUL • WITHOUT LIES • 1945
DISZMAGYAR • GALA SUIT • 1948
BECSULET ES DICSOSEG • HONOUR AND GLORY • 1951
UTKOZET BEKEBEN • BATTLE IN PEACE • 1951
ALLAMI ARUHAZ • STATE DEPARTMENT STORE • 1952
BUVOS SZEK • MAGIC CHAIR, THE • 1952
EN ES A NAGYAPAM • ME AND MY GRANDFATHER • 1954
GAZOLAS • HIT AND RUN • 1955
LAZ • FEVER • 1957
VOROS TINTA • RED INK • 1959
ARANYEMBER, AZ • MAN WITH THE GOLDEN TOUCH, THE • 1962
OZVEGY MENYASSZONYOK • LADY-KILLER IN TROUBLE • 1964
UTOLSO KOR, AZ • LAST CIRCLE, THE • 1968

GERVAIS SUZANNE – Animator – CND

CYCLE • 1971 • ANS
DU COQ A L'ANE • 1973 • ANS
CLIMATS • 1975 • ANS
PLAGE, LA • 1978 • ANS
PREMIERS JOURS • BEGINNINGS • 1980 • ANS
TREVE • STILL POINT • 1983 • ANS

GERVASI MARIO – ITL

AFRICA NUDA, AFRICA VIOLENTA • 1974

GERVITZ ROBERTO – BRZ

FELIZ AND VELHO • HAPPY OLD YEAR • 1988

GESSNER N. see **GESSNER NICOLAS**

GESSNER NICHOLAS see **GESSNER NICOLAS**

GESSNER NICOLAS – HNG – 1931–

GESSNER NICHOLAS • GESSNER N.

MILLIARD DANS UN BILLIARD, UN • ALLARME IN CINQUE BANCHE (ITL) ○ DIAMANTEN-BILLARD (FRG) ○ DIAMONDS ARE BRITTLE (UKN) • 1965
BLONDE DE PEKIN, LA • BLONDE VON PEKING, DIE (FRG) ○ PEKING BLONDE (USA) ○ BIONDA DI PECHINO, LA (ITL) ○ PROFESSIONAL BLONDE ○ BLONDE FROM PEKING, THE • 1968
UNA SU TREDICI • TWELVE PLUS ONE (USA) ○ 12 + 1 (FRN) ○ LUCKY 13 ○ 13 CHAIRS • 1969
QUALCUNO DIETRO LA PORTA • QUELQU'UN DERRIERE LA PORTE (FRN) ○ SOMEONE BEHIND THE DOOR (USA) ○ TWO MINDS FOR MURDER (UKN) ○ BRAINKILL • 1971
LITTLE GIRL WHO LIVES DOWN THE LANE, THE • PETIT FILLE AU BOUT DU CHEMIN, LA (FRN) • 1977
DEUX AFFREUX SUR LE SABLE • IT RAINED ALL DAY THE NIGHT I LEFT ○ DEUX REQUINS SUR LE SABLE • 1979
QUICKER THAN THE EYE • 1988
DAY OF THE HUNTER • 1989
TENNESSEE WALTZ • TENNESSEE NIGHTS • 1989

GESSNER PETER – USA

LAST SUMMER WON'T HAPPEN • 1969 • DOC
OVER-UNDER, SIDEWAYS-DOWN • 1977

GESTIN – FRN

ENEZ EUSSA • ILE D'OUESSANT, L' • 1961 • SHT

GETHERS STEPHEN see **GETHERS STEVE**

GETHERS STEVE – USA

GETHERS STEPHEN • GETHERS STEVEN

BILLY: PORTRAIT OF A STREET KID • 1977 • TVM
FATHER DAMIEN: THE LEPER PRIEST • DAMIEN: THE LEPER PRIEST • 1980 • TVM
JACQUELINE BOUVIER KENNEDY • 1981 • TVM
CONFESSIONS OF A MARRIED MAN • SUCCESS • 1982 • TVM
JENNY'S WAR • 1985 • TVM
MERCY OR MURDER • 1987 • TVM
CASE OF THE HILLSIDE STRANGLERS, THE • HILLSIDE STRANGLERS, THE • 1988

GETHERS STEVEN see **GETHERS STEVE**

GETINO OCTAVIO – SPN

TRASMALLOS • SHT
HORA DE LOS HORNOS, LA • HOUR OF THE FURNACES, THE (USA) • 1968 • DOC
FAMILIAR, EL • 1973
FAMILIA PICHILIN, LA • 1978

GEYRA ELLIDA – ISR

BEFORE TOMORROW • DAYS BEFORE TOMORROW, THE • 1968

GEZ MOSHE – ISR

ANGEL WAS A DEVIL, THE • 1971

GHADERI IRAJ – IRN

LILAJ • 1967
BASATRHAYE JODAGANE • SEPARATE BEDS • 1968
SHAHRAHE ZENDEGI • LIFE'S HIGHWAY • 1968

GHADIALI NARI – IND

JUNGLE KING • 1939
JUNGLE QUEEN • 1956

GHAEM-MAGHAMI SAVAD – IRN

MAN SHOHAR MIKHAM • I WANT A HUSBAND • 1968

GHAFFARY FARROKH – IRN

JONUBE SHAHR • SOUTHERN TEHERAN • 1959
AROUS KODUME? • WHO IS THE BRIDE? • 1960

GHALEM ALI – ALG – 1943–

GHALEN ALI

MEKTOUB? • MAKTUB • 1970
AUTRE FRANCE, L' • 1975

GHALEN ALI see **GHALEM ALI**

GHANCHKAR G. B. – IND

DHARMAPATNI • 1968

GHANE NADER – IRN

TUNNEL • 1968

GHANEKAR G. B. – IND

SHIV LEELA • 1951

GHANI SALLEH – MLY

RIBUT BARAT • 1980
PERTENTANGAN • 1982

GHARIB SH. see **GHARIB SHAPOOR**

GHARIB SHAPOOR – IRN

GHARIB SH.

KHOROOS • CLOCK, THE • 1973
LIGHT AND SHADOW • 1990

GHARIZADEH MAJID – IRN

GRANDFATHER, THE • 1985
MY DAUGHTER, SAHAR • 1989

GHASEMIVAND – IRN

FARMAN-E-KHAN • KHAN'S COMMAND • 1967

GHATAK RITWIK – IND – 1925–1976

NAGARIK • CITIZEN, THE • 1952
AJAANTRIK • PATHETIC FALLACY, THE ○ AJANTRIK ○ MECHANICAL MAN • 1958
BARI THEKEY PALIYE • VAGRANTS, THE ○ RUNWAY, THE ○ RUNAWAY BOY, THE • 1959
MEGHEY DHAAKA TAARA • RED STAR HIDDEN BY THE MOON, THE ○ CLOUD-CAPPED STAR, THE ○ MEGHE DHAKA TARA ○ STAR UNDER THE COVER OF CLOUD • 1959
KOMAL GANDHAR • E-FLAT • 1961
SUVARNA REKHA • 1963
TITAS EKTI NADIR NAAM • TITAS IS THE NAME OF A RIVER ○ RIVER CALLED TITAS, A • 1973
JUKTI, TAKKO AAR GAPPO • REASON, DEBATE AND A TALE • 1974

GHAVIDEL AMIR – IRN

DELNAMAK • 1989
THIRD LINE • 1990

GHEERBRANDT ALAIN – FRN – 1920–

DES HOMMES QU'ON APPELLE SAUVAGE • 1948 • DOC

GHEORGHE GICA – RMN

BROTHERS, THE • 1970

GHERARDI GHERARDO – Screenwriter – ITL – 1891–1949

NOSTRO PROSSIMO, IL • 1943

GHERMAN ALEXEI

GERMAN ALEKSEI

SEDMOY SPUTNIK • SEVENTH FELLOW-TRAVELLER, THE • 1968
PROVERKA NA DOROGAKH • TRIAL ON THE ROAD, THE • 1971
DVADTSAT DNEI BEZ VOINI • TWENTY DAY RESPITE FROM WAR, A ○ TWENTY DAYS WITHOUT WAR • 1976
CHECKPOINT • 1986
MOI DRUG IVAN LAPSHIN • MY FRIEND IVAN LAPSHIN • 1986

GHERZO PAUL – UKN

FATAL JOURNEY • 1954
MYSTERIOUS BULLET, THE • 1955
STATELESS MAN, THE • 1955

GHIAUROV SERGEI – BUL

BLOOD THAT HAD TO BE SHED • 1984

GHIMIRAY TULSHI – NPL

GIMERE TULSHI

BANSURI • 1979
JAGWAL • WAITING, THE
KUSHUME RUMAL • COLOURED HANDKERCHIEF, A ○ KUSUME RUMAL • 1985
LAHUREY • 1989
ANNYAYA • 1990
KOSHELI • 1990

GHIONE EMILIO – Actor/writer – ITL – 1879–1930

CRICCA DORATA, LA • 1913
AMAZZONE MASCHERATA, L' • 1914
DON PIETRO CARUSO • 1914
NELLY LA GIGOLETTE • 1914
TRISTE IMPREGNO • 1914
ULTIMO DOVERE • 1914

ZA LA MORT • 1914 • SRL
ANIME BUIE • 1915
BANDA DELLE CIFRE, LA • 1915 • SRL
CICERUACCHIO • 1915
GUGLIELMO OBERDAN • 1915
TRESA, SPINE E LACRIME • 1915
DRAMMA IGNORATA, UN • 1916
GRANDE VERGOGNA, LA • 1916
IMBOSCATA, L' • 1916
MADAME CYCLONE • 1916
MENZOGNA, LA • 1916
NUORA, LA • 1916
POTERE TEMPORALE • 1916
PRESAGIO • 1916
SPOSA DELLE MORTE, LA • 1916
TORMENTO GENTILE • 1916
NUMERO 121, IL • 1917
TRIANGOLO GIALLO, IL • 1917 • SRL
ULTIMA IMPRESSA, L' • 1917
GORGO, IL • 1918
PELEGRINO, IL • 1918
TOPI GRIGI, I • 1918 • SRL
DOLLARI E FRAKS • 1919 • SRL
QUADRANTE D'ORO, IL • 1920
ZA LA FRAK • 1920
MASCHERE BIANCHE • 1921
SENZA PIETA • 1921
ZA LA MORT CONTRA ZA LA MORT • 1921
QUATTRO TRAMONTI, I • 1922
ULTISSIME DI NOTTE • 1922
SOGNO DI ZA LA VIE • 1923
ZALAMORT • TRAUM DER ZALAVIE, DER • 1924
NOSTRA PATRIA, LA • 1925

GHIONE PIERO – ITL
DAGLI ZAR ALLA BANDIERA ROSSA • 1963 • DOC

GHIONE RICCARDO – ITL
LIMBO, IL • LIMBO • 1968
RIVOLUZIONE SESSUALE, LA • SEXUAL REVOLUTION, THE • 1968
A CUORE FREDDO • 1971
PRATO MACCHIATO DI ROSSO, IL • 1975

GHOLAM-REZAI NASSER – IRN
CHE POR-SETARE BOOD SHABAM • HOW STARRY WAS MY NIGHT • 1977

GHOSE GOUTAM – IND
MAA BHOOMI • OUR LAND • 1979
DAKHAL • OCCUPATION, THE • 1982
ANTARJALI YATRA • LAST RITES • 1988
YATRA • JOURNEY, THE • 1988
MEETING A MILESTONE • 1989 • DOC

GHOSEINI SAMIR – LBN
CATS OF HAMRA, THE

GHOSH DHIRESH – MLY
MAS MERAH

GHOSH DILIP – IND
AADI HAQEEQAT AADHA FASANA • CHILDREN OF THE SILVER SCREEN • 1990

GHOSH NABENDU – IND
TRISHAGNI • SANDSTORM, THE • 1988

GHOSH PRAFULLA – IND
HARISHCHANDRA • 1935

GIACCARDI JOSE – MXC
CUATRO VIDAS • 1949

GIACHETTA LIBERO MIGUEL – BRZ
IPANEMA TODA NUA • 1972

GIACHINO LUIGI see **GIACHINO LUIGI MARIA**

GIACHINO LUIGI M. see **GIACHINO LUIGI MARIA**

GIACHINO LUIGI MARIA – ITL
GIACHINO LUIGI M. • *GIACHINO LUIGI*
MIRACOLO A VIGGIU • MIRACLE AT VIGGIU • 1951
ULTIMA CENA, L' • 1951
PER LE VIE DELLA CITTA • SATELLITE DEL BUON UMORE, IL • 1956

GIACOBETTI FRANCIS – FRN – 1939–
EMMANUELLE L'ANTIVIERGE • EMMANUELLE, THE JOYS OF A WOMAN (USA) ○ EMMANUELLE 2 (UKN) ○ EMMANUELLE 2, L'ANTIVIERGE • 1975

GIACULLI FRANCESCO – ITL
INCENSURATI, GLI • 1961

GIAMBASTIANE SALVADOR – CHL
BARAJA DE LA MUERTE, LA • 1916

GIAMPALMO LIVIA – ITL
EVELINA E I SUOI FIGLI • EVELINA AND HER CHILDREN • 1990

GIANINI GIULIO – Animator – ITL
PALADINI DE FRANCIA, I • PALADINS OF FRANCE, THE • 1960 • ANS
GAZZA LADRA, LA • THIEVING MAGPIE, THE (USA) • 1964 • ANS

GIANNARELLI ANSANO – ITL – 1933–
MISTERI DI ROMA, I • MYSTERIES OF ROME, THE ○ WONDERS OF ROME, THE • 1963 • DOC
SIERRA MAESTRA • 1969
NON HO TEMPO • NO MORE TIME ○ SO LITTLE TIME • 1973
IMAGINI VIVE (CIO CHE DI ME HANNO LASCIATO) • 1976 • MTV
RESISTENZA, UNA NAZIONE CHE RISORGE • 1976
CONTADINI MERCANTI E PRINCIPI • 1979

GIANNETTI ALFREDO – ITL – 1924–
GIORNO PER GIORNO DISPERATAMENTE • 1961
AMORI PERICOLOSI • 1964
RAGAZZA IN PRESTITO, LA • ENGAGEMENT ITALIANO (USA) • 1965
SCIANTOSA, LA • CHANTEUSE, THE • 1970
AUTOMOBILE, L' • MOTOR CAR • 1971
CORREVA L'ANNO DI GRAZIA 1870... • 1971
1943: UN INCONTRO • 1971
BELLO COME UN ARCANGELO • 1974
DI MAMA NON CE N'E UNA SOLA • 1974
BANDITO DAGLI OCCHI AZZURI, IL • BANDITO DAGLI OCCHI BLU, IL ○ BLUE-EYED BANDITS, THE • 1980

GIANNINI ETTORE – ITL – 1912–
CARREFOUR DES PASSIONS • 1947
UOMINI SONO NEMICI, GLI • 1950
CAROSELLO NAPOLETANO • NEAPOLITAN CAROUSEL (USA) ○ NEAPOLITAN FANTASY • 1954

GIANNINI GIANCARLO – ITL
TERNOSECCO • 1987

GIANNINI GUGLIELMO – ITL
DUETTO VAGABONDO • 1939
GRATTICIELI • 1943
NEMICO, IL • 1943
4 RAGAZZE SOGNANO • 1943

GIANNINI MARCELLO – ITL
F.B.I. OPERAZIONE BAALBECK • 1964
RAGAZZI DELL'HULLY GULLY, I • 1965

GIANNINI NINO – ITL
SE QUELL'IDIOTA CI PENSASSE.. • 1939
INVASORE, L' • 1943
SIGNORA E SERVITA, LA • SIGNORE E SERVITO, IL • 1946

GIANNONE JOE – USA
MADMAN • MADMAN MARZ • 1982

GIANNOPOULOU E. – GRC
TAKE ME AWAY, MY LOVE • 1962

GIANPAOLO MARIO – ITL
VIDEO WARS • 1984

GIARDA MINO – ITL
PER AMORE • 1978

GIBAUD MARCEL – FRN – 1921–
BATON, LE • 1946 • SHT
TRANSPORTS URBAINS • 1948 • SHT
HISTOIRE DE PIN-UP GIRLS • 1950 • SHT
RUE SANS LOI, LA • 1950
ART HAUT-RHENAN, L' • 1951 • SHT
DICTIONNAIRE DES PIN-UP GIRLS, LE • 1951 • SHT
STATION MONDAINE • 1951 • SHT
VIE DE JESUS, LA • 1951 • DOC
ENQUETE DE MARIE • 1952 • SHT
SEINE ET SES MARCHANDS, LA • 1953 • SHT
BALLADE PARISIENNE • 1954 • SHT
CROISSANCE DE PARIS • 1954 • SHT
PARIS D'HIER ET D'AUJOURD'HUI • 1956 • SHT

GIBB KEN – USA
FLESHDANCE • 1984

GIBBA – ITL
GUIDO FRANCESCO MAURIZIO
ULTIMO SCIUSCIA, L' • LAST STREET BOY, THE (USA) • 1946 • ANS
ROBINSON CRUSOE • 1972 • ANM
RACCONTO DELLA JUNGLA, IL • 1973
NANO E LA STREGA, IL • LITTLE DICK THE MIGHTY MIDGET ○ KING DICK • 1975

GIBBARD SUSAN – CND
A QUI APPARTIENT CE GAGE? • 1973

GIBBINS DUNCAN – USA
FIRE WITH FIRE • CAPTIVE HEARTS • 1986
EVE OF DESTRUCTION • 1990

GIBBONS CEDRIC – Art director – USA – 1893–1960
TARZAN AND HIS MATE • 1934

GIBBONS GEOFFREY – Animator – UKN
IT FURTHERS ONE TO HAVE SOMEWHERE TO GO • 1971 • ANS

GIBBONS PAMELA – ASL
BELINDA • MIDNIGHT DANCER (USA) • 1987

GIBBONS WALTER – UKN – 1871–
ALGY THE PICCADILLY JOHNNY • 1900
BLIND BOY, THE • 1900
CORNFIELDS QUARTETTE • 1900
KITTY MAHONE • 1900
LAMBETH WALK, THE • 1900
LOUISIANA LOU • 1900
MIDNIGHT SON, THE • 1900
PHONO-BIO-TABLEAUX FILMS • 1900 • SER
SALLY IN OUR ALLEY • 1900
TURN OUT THE FIRE BRIGADE • 1900

GIBBS B. C. – USA
GOLD AND THE DROSS • 1916

GIBLYN CHARLES – USA
HIS SQUAW • 1912
INDIAN LEGEND, AN • 1912
VENGEANCE OF FATE, THE • 1912
BANZAI • 1913
BLUEGRASS ROMANCE, A • 1913
GREEN SHADOW, THE • 1913
GREENHORN, THE • 1913
OLD MAMMY'S SECRET CODE • 1913
PAST REDEMPTION • 1913
PITFALL, THE • 1913
SHARPSHOOTER, THE • 1913
SIGN OF THE SNAKE, THE • 1913
SLAVES DEVOTION, A • 1913
BATTLE OF GETTYSBURG, THE • 1914
HEARTSTRINGS • 1914
HIGHER LAW, THE • 1914
KATE WATERS OF THE SECRET SERVICE • 1914
NINETY BLACK BOXES • 1914
OUBLIETTE, THE • 1914
AT HIS OWN TERMS • 1915
CAMEO RING, THE • 1915
DANCER, THE • 1915
DECEIVERS, THE • 1915
EXTRAVAGANCE • 1915
FAITH OF HER FATHERS, THE • 1915
FEAR WITHIN, THE • 1915
FIERY INTRODUCTION, A • 1915
FLIGHT OF A NIGHT BIRD, THE • 1915
HER THREE MOTHERS • 1915
IN HIS MIND'S EYE • 1915
JANE'S DECLARATION OF INDEPENDENCE • 1915
NIGHTMARE OF A MOVIE FAN, THE • 1915
NO.329 • 1915
PEOPLE OF THE PIT, THE • 1915
PUTTING ONE OVER • 1915
WAYS OF A MAN, THE • 1915
WHIRLING DISC, THE • 1915
WILD IRISH ROSE • 1915
CIVILIZATION'S CHILD • 1916
DEAD YESTERDAY, A • 1916 • SHT
HONOR THY NAME • 1916
NOT MY SISTER • 1916
PEGGY • 1916
PHANTOM, THE • 1916
SOMEWHERE IN FRANCE • 1916
SORROWS OF LOVE, THE • 1916
VAGABOND PRINCE, THE • 1916
HONEYMOON, THE • 1917
LESSON, THE • 1917
PRICE SHE PAID, THE • 1917
SCANDAL • 1917
JUST FOR TONIGHT • 1918
LET'S GET A DIVORCE • 1918
PECK'S BAD GIRL • 1918
PERFECT 36, A • 1918
STUDIO GIRL, THE • 1918
SUNSHINE NAN • 1918
SPITE BRIDE, THE • 1919
UPSTAIRS AND DOWN • 1919
BLACK IS WHITE • 1920
DARK MIRROR, THE • 1920
THIEF, THE • 1920
TIGER'S CUB • 1920
KNOW YOUR MEN • 1921
MOUNTAIN WOMAN, THE • 1921
SINGING RIVER • 1921
WOMAN'S WOMAN, A • 1922
HYPOCRITES, THE • 1923
LEAVENWORTH CASE, THE • 1923
LOYAL LIVES • 1923
PRICE OF A PARTY, THE • 1924
ADVENTUROUS SEX, THE • 1925
LADIES BEWARE • 1927

GIBLYN GEORGE – USA
BRAND OF CAIN • 1914

GIBSON ALAN – CND – 1938–
CRESCENDO • 1969
JOURNEY INTO MIDNIGHT • 1969 • ANT
POOR BUTTERFLY • 1969 • MTV
GOODBYE GEMINI • 1970
DRACULA A.D.1972 • DRACULA CHELSEA '72 ○ DRACULA TODAY • 1972
SATANIC RITES OF DRACULA, THE • SATAN IS DEAD.. AND WELL AND LIVING IN LONDON ○ DRACULA AND HIS VAMPIRE BRIDE ○ COUNT DRACULA AND HIS VAMPIRE BRIDE ○ DRACULA IS DEAD AND WELL AND LIVING IN LONDON • 1973
CHECKERED FLAG OR CRASH • 1977
CHURCHILL AND THE GENERALS • 1979 • MTV
SILENT SCREAM, THE • 1980 • TVM
TWO FACES OF EVIL, THE • 1980 • TVM
FLIPSIDE OF DOMINICK HIDE, THE • 1981 • MTV
WOMAN CALLED GOLDA, A • 1982 • TVM
HELEN KELLER.. THE MIRACLE CONTINUES • 1983 • TVM
WITNESS FOR THE PROSECUTION • 1983 • TVM
MARTIN'S DAY • 1984
CHARMER, THE • 1986 • MTV

GIBSON BILL – USA
FOOTPRINTS ON THE MOON -APOLLO 11 • 1969 • DOC
CARIBE • 1972

GIBSON BRIAN – UKN – 1922–
BRANDS HATCH BEAT • 1964 • SHT
GOSSIP FROM THE FOREST • GOSSIP FROM THE FRONT • 1979 • TVM
BREAKING GLASS • 1980
POLTERGEIST II • POLTERGEIST II -THE OTHER SIDE • 1986

GIBSON DAN – CND
WINGS IN THE WILDERNESS • 1975

GIBSON ED HOOT – Actor – USA – 1892–1962
GIBSON HOOT
CHAMPION LIER, THE • 1920 • SHT
FIGHTIN' TERROR, THE • 1920 • SHT
SHOOTIN' KID, THE • 1920 • SHT
SMILIN' KID, THE • 1920 • SHT
SOME SHOOTER • 1920 • SHT

GIBSON HARRY – USA
WHERE IS MY DOG? • 1920 • SHT

GIBSON HOOT see **GIBSON ED HOOT**

GIBSON JOE – CND
ORDEAL BY ICE • 1945 • DCS

GIBSON ROBERT – Editor – ASL
SNOW • SNOW BUNNIES: NERDS ON VACATION ○ SNOW: THE MOVIE • 1982

GIBSON ROSS – ASL
DEAD TO THE WORLD • 1990

GIBSON TOM – USA
WEB OF THE LAW, THE • 1923
GAME FIGHTER, A • 1924
PAYING THE LIMIT • 1924
THREE DAYS TO LIVE • 1924
WATERFRONT WOLVES • FAMOUS MORGAN PEARLS, THE • 1924
MYSTERY OF LOST RANCH, THE • 1925
RANGE BUZZARDS • 1925
RECKLESS COURAGE • FLYING COURAGE (UKN) • 1925
STAMPEDE THUNDER • 1925
TRIPLE ACTION • HURRICANE RANGER, THE • 1925
WEST OF ARIZONA • 1925
TEX • 1926
SINGING BUCKAROO, THE • 1937

GICCA ENZO – ITL
PALLI VINCENZO GICCA • VINCENT THOMAS
GIORNI DI SANGUE • 1968
LIEBES LAGER • 1977

GIDAL PETER – UKN
HEADS • 1969
BEDROOM • 1971
UPSIDE DOWN FEATURE • 1972
CLOSE UP • 1984

GIDWANI MOTI B. – IND
KISAN KANYA • 1937

GIERSZ WITOLD – Animator – PLN – 1927–
CASTAWAYS • ANS
TAGEMNICA STAREGO ZAMKU • MYSTERY OF THE OLD CASTLE, THE ○ SECRET OF THE OLD CASTLE, THE • 1956 • ANS
W DZUNGLI • IN THE JUNGLE • 1957 • ANS
PRZYGODY MARYNARZA • SAILOR'S ADVENTURES, A ○ SAILOR'S ADVENTURE, THE • 1958 • ANS
NEONOWA FRASZKA • NEON EPIGRAM, A ○ NEON TRIFLE, THE • 1959 • ANS
WIOSENNE PRZYGODY KRASNALA • SPRING ADVENTURES OF A GNOME, THE ○ DWARF'S SPRING ADVENTURES, A ○ GNOMES IN SPRING • 1959 • ANS
MALY WESTERN • LITTLE WESTERN ○ SMALL WESTERN • 1960 • ANS
SKARB CZARNEGO JACKA • BLACK JACK'S TREASURE • 1961 • ANS
DINOZAURY • DINOSAURA ○ DINOSAURS • 1962 • ANS
OCZEKIWANIE • EXPECTATIONS ○ AWAITING ○ OCZEKIWANIA ○ WAITING • 1962 • DOC
PODARTA KSIAZKA • TORN BOOK, THE • 1962 • ANS
W PIASKACH PUSTYNI • IN THE SANDS OF THE DESERT • 1962 • ANS
CZERWONE I CZARNE • RED AND BLACK (USA) ○ RED AND THE BLACK, THE • 1963 • ANS
MADAME SOPRANI • 1963 • ANS
LADIES AND GENTLEMEN • 1964 • ANS
KLOPOTY Z CIEPLEM • TROUBLES WITH HEAT • 1965 • ANS
KORZEN • ROOT, THE • 1965 • ANS
KARTOTEKA • CARD-INDEX, THE ○ FILE, THE ○ INDEX, THE • 1966 • ANS
ADMIRAL • ADMIRAL, THE • 1968 • ANS
KON • PORTRAIT OF A HORSE, THE ○ HORSE, THE • 1968 • ANS
PRZEPROWADZKA DOMINIKA • DOMINIK'S FLITTING ○ REMOVAL OF DOMINIK, THE • 1968 • ANS
WYCIECZKA Z MIASTA • TRIP OUT OF TOWN, A ○ JOURNEY OUT OF THE CITY, THE • 1968 • ANS
INTELEKTUALISTA • INTELLECTUALS, THE • 1969 • ANS
OTO ZIVOT • OTO ZYCIE ○ THAT'S LIFE • 1969 • ANS
ROZBITKOWIE • CASTAWAYS, THE • 1969 • ANS
WSPANIALY MARSZ • GLORIOUS MARCH ○ MAGNIFICENT MARCH, THE • 1970 • ANS
KASKADER • STUNTMAN, THE • 1971 • ANS
KIEROWCA DOSKONALY • PERFECT DRIVER, THE • 1971 • ANS
RODZINA INDONEZYJSKA • INDONESIAN FAMILY, AN • 1973 • ANS
STARY KOWBOJ • OLD COWBOY, THE • 1973 • ANS
SLADY • FOOTPRINTS • 1974 • ANS
POZAR • FIRE, THE • 1975 • ANS
BIG CATS AND HOW THEY CAME TO BE, THE • 1976 • ANS
RADIO PHILIPS • 1977 • ANS
PROSZE SLONIA • PLEASE, ELEPHANT • 1978 • ANM
SKANSEN • ETHNOGRAPHICAL MUSEUM • 1978 • ANS

GIES HAJO – GRM
SCHIMANSKI ON THE KILLER'S TRACK • 1986
SCHIMANSKI 2 • CRACK CONNECTION, THE ○ ZABOU • 1987

GIES MARTIN – GRM
DANNI • 1983

GIESBRECHT JOHNNY – CND
HERO, THE • 1983

GIESLER RODNEY – Producer/ writer – UKN – 1931–
INSOMNIAC, THE • 1971

GIGER BERNHARD – SWT
WINTERSTADT • WINTERTOWN ○ WINTER CITY • 1982
GEMEINDEPRASIDENT, DER • 1983
KAMPF UMS GLUCK • FIGHT FOR HAPPINESS • 1988
UNTER EINER DECKE • ACCOMPLICES • 1989

GIGO JORGE LUIS – SPN
PERVERSA CARICIA DE SATAN, LA • PERVERSE CARESS OF SATAN, THE

GIJON SALVADOR – Animator – SPN
LUNA DE TOBALITO, LA • MOON OF TOBALITO, THE • 1968 • ANS
FIESTA EN SATURNO • FIESTA ON SATURN • 1969 • ANS
JUEGO DE NAIPES • GAME OF CARDS • 1969 • ANS

GIKOV G. – USS
ORLOVSKAYA BITVA • BATTLE OF OREL, THE • 1943

GIL GILBERT – Actor – FRN – 1913–
BRIGADE CRIMINELLE • 1947

GIL RAFAEL – SPN – 1913–
HOMBRE QUE SE QUISO MATAR • 1941
VIAJE SIN DESTINO • 1942
ELOISA ESTA DEBAJO DE UN ALMENDRO • 1943
HUELLA DE LUZ • 1943
LECCIONES DE BUEN AMOR • 1943
CLAVO, EL • 1944
FANTASMA Y DONA JUANITA, EL • GHOST AND DONA JUANITA, THE • 1944
TIERRA SEDIENTA • 1945
PRODIGA, LA • 1946
REINA SANTA • 1946
DON QUIXOTE DE LA MANCHA • DON QUIJOTE DE LA MANCHA ○ DON QUIXOTE • 1947
FE, LA • 1947
CALLE SIN SOL, LA • 1948
MARE NOSTRUM • 1948
ALBA DI SANGUE • 1949
AVENTURAS DE JUAN LUCAS • 1949
MUJER CUALQUIERA, UNA • 1949
NOCHE DEL SABADO, LA • 1950
TEATRO APOLO • 1950
GRAN GALEOTO, EL • 1951
SENORA DE FATIMA, LA • 1951
DE MADRID AL CIELO • 1952
SOR INTREPIDA • SONG OF SISTER MARIA, THE (USA) • 1952
BESO DE JUDAS, EL • 1953
GUERRA DE DIOS, LA • I WAS A PARISH PRIEST (USA) • 1953
MURIO HACE QUINCE ANOS • 1954
OTRA VIDA DEL CAPITAN CONTRERAS, LA • 1954
CANTO DEL GALLO, EL • 1955
GRAN DIA, EL • 1956
GRAN MENTIRA, LA • 1956
TRAJE BLANCO, UN • 1956
CAMAROTE DE LUJO • 1957
VIVA LO IMPOSIBLE • 1957
CASA DE LA TROYA, LA • 1959
LITRI Y SU SOMBRA, EL • 1959
SIEGA VERDE • 1960
CARINO MIO • 1961
TU Y YO SOMOS TRES • 1961
REINA DEL CHANTECLER, LA • 1962
ROGELIA • 1962
BLACKMAILERS, THE • 1963
CHANTAJE A UN TORERO • 1963
SAMBA • 1964
CURRITO DE LA CRUZ • 1965
VIDA NUEVA DE PEDRITO DE ANDIA, LA • 1965
CAMINO DEL ROCIO • 1966
ES MI HOMBRE • 1966
MUJER DE OTRO, LA • ANOTHER MAN'S WOMAN • 1967
MARINO DE LOS PUNOS DE ORO, EL • SAILOR WITH THE GOLDEN FISTS, THE • 1968
SANGRE EN EL RUEDO • 1968
VERDE CONCELLA • GREEN MAIDEN • 1968
ADULTERIO CASI DECENTE, UN • 1969
HOMBRE QUE SE QUISO MATAR, EL • 1970
RELICARIO, EL • 1970
NADA MENOS QUE TODO UN HOMBRE • NOTHING LESS THAN A MAN • 1971
SOBRE VERDE, EL • 1971
DUDA, LA • 1972
GUERRILLA, LA • 1972
MEJOR ALCALDE, EL REY, EL • 1973
NOVIOS DE LA MUERTE, LOS • 1974
OLVIDA LOS TAMBORES • 1974
A LA LEGION LE GUSTAN LAS MUJERES • 1975
BUENOS DIAS PERDIDOS, LOS • 1975
DOS HOMBRES Y EN MEDIO DOS MUJERES • 1977
ULTIMO TREN DE LA GUERRA, EL • 1977
YAL TERCER ANO, RESUCITO • AND ON THE THIRD YEAR, HE ROSE AGAIN • 1980

GILBERT ARTHUR – UKN
DREAMY EYES • 1905
ANIMAL IMITATIONS • 1906
AVE MARIA (GOUNOD) • 1906
CAPTAIN OF THE PINAFORE • 1906
CHORUS, GENTLEMEN! • 1906
COSTER'S SERENADE, THE • 1906
EXCELSIOR • 1906
FIREMAN'S SONG, THE • 1906
FLOWERS THAT BLOOM IN THE SPRING, THE • 1906
GOODBYE SWEET MARIE • 1906
HEART BOWED DOWN, THE • 1906
HERE'S A HOW-D'YE-DO • 1906
HOME TO OUR MOUNTAINS (IL TROVATORE) • 1906
IN MONTEZUMA FROM "THE BELLE OF MAYFAIR" • 1906
LAKME: LES STANCES • 1906
LET ME LIKE A SOLDIER FALL • 1906
LITTLE NELL • 1906
LORD HIGH EXECUTIONER, THE • 1906
LOVE SONG, THE • 1906
MISERERE (IL TROVATORE) • 1906
ONWARD, CHRISTIAN SOLDIERS • 1906
SERENADE FROM "FAUST" • 1906
STROLLING HOME WITH ANGELINA • 1906
SWING SONG FROM "VERONIQUE" • 1906
THERE IS A GREEN HILL FAR AWAY • 1906
THEY CAN'T DIDDLE ME • 1906
THREE LITTLE MAIDS FROM SCHOOL • 1906
TICKLISH REUBEN • 1906
TIT WILLOW • 1906
WALTZ MUST CHANGE TO A MARCH, THE • 1906
WE ALL WALKED INTO THE SHOP • 1906
WERT THOU NOT TO KOKO PLIGHTED • 1906
WHISTLING COON, THE • 1906
YOU'LL REMEMBER ME • 1906
ARE YOU SINCERE? • 1907
BEDOUIN'S LOVE SONG • 1907
BLIND VIOLINIST, THE • 1907
BROKEN MELODY, THE • 1907
CARMEN • 1907
CHRISTIANS AWAKE! • 1907
CUPID • 1907
CURFEW SHALL NOT RING TONIGHT • 1907
EVERY LITTLE BIT HELPS • 1907
FAUST • 1907
FIREMAN, THE • 1907
GLOW LITTLE GLOW WORM GLOW • 1907
HARRIGAN • 1907
HOME AGAIN MY CHERRY BLOSSOM • 1907
I LOVE A LASSIE • 1907
INVERARY • 1907
LAUGHING NIGGER, THE • 1907
MARCH OF THE LIGHT CAVALRY • 1907
MY INDIAN ANNA • 1907
NAVAHO • 1907
NELSON'S VICTORY • 1907
PLEASE CONDUCTOR, DON'T PUT ME OFF THE TRAIN • 1907
REGIMENT OF FROCKS AND FRILLS • 1907
ROYAL STANDARD, THE • 1907
SHE IS MY DAISY • 1907
SONG FROM "THE BELLE OF MAYFAIR" • 1907
STOP YOUR TICKLING JOCK • 1907
TALA -INDIAN LOVE SONG • 1907
THIS LITTLE GIRL AND THAT LITTLE GIRL • 1907
TWIN BROTHERS FROM "THE FRENCH MAID" • 1907
WAIT TILL THE WORK COMES ROUND • 1907
WE PARTED ON THE SHORE • 1907
WEDDING OF SANDY MCNAB, THE • 1907
WILL EVANS: ON THE DOORSTEP: NOVELETTE: THE JOCKEY • 1907
WON'T YOU THROW ME A KISS • 1907
ALL COONS LOOK ALIKE TO ME (PARODY) • 1908
COME MY LAD AND BE A SOLDIER • 1908
D'YE KEN JOHN PEEL • 1908
FOLLOWING IN FATHER'S FOOTSTEPS • 1908
GOODBYE LITTLE SISTER • 1908
HELLO LITTLE GIRL HELLO • 1908
I GET DIZZY WHEN I DO THAT TWOSTEP DANCE • 1908
KEYS OF HEAVEN, THE • 1908
MANY IS THE TIME • 1908
MONTEZUMA • 1908
REDWING • 1908
SHE'S PROUD AND SHE'S BEAUTIFUL • 1908
WALTZ ME AROUND AGAIN WILLIE • 1908
WE CLOSE AT TWO ON THURSDAY • 1908
ZUYDER ZEE • 1908
CONVICT 99 • 1909
GAIETY DUET, A • 1909
MYSTERY OF EDWIN DROOD, THE • 1909

GILBERT BILLY – Actor – USA – 1894–1971
RHAPSODY IN BREW • 1933 • SHT

GILBERT BRIAN – UKN
SHARMA AND BEYOND • 1984
FROG PRINCE, THE • FRENCH LESSON • 1985
VICE VERSA • 1988

GILBERT DAVID – UKN
SEXIER THAN SEX • 1974

GILBERT GUY see **DIETRICH ERWIN C.**

GILBERT JAMES – ASL
SUNSTRUCK • EDUCATION OF STANLEY EVANS, THE • 1972

GILBERT JOHN – Actor – USA – 1895–1936
LOVE'S PENALTY • 1921

GILBERT LEWIS – UKN
BURGLAR BILL • 1916
EVERYMAN CAMEOS • 1916 • SER
SOLOMON'S TWINS • 1916
WEB OF FATE, THE • 1916

GILBERT LEWIS* – UKN – 1920–
SAILORS DO CARE • 1944 • DCS
TEN YEAR PLAN, THE • 1945 • DCS
ARCTIC HARVEST • 1946 • DCS
UNDER ONE ROOF • 1946 • DCS
FISHING GROUNDS OF THE WORLD • 1947 • DCS
LITTLE BALLERINA, THE • 1947
ONCE A SINNER • 1950
THERE IS ANOTHER SUN • WALL OF DEATH (USA) • 1950
IT'S A SMALL WORLD • 1951
SCARLET THREAD • 1951
COSH BOY • SLASHER, THE (USA) • 1952
EMERGENCY CALL • HUNDRED HOUR HUNT, THE (USA) • 1952
TIME, GENTLEMEN, PLEASE • NOTHING TO LOSE • 1952
ALBERT R.N. • BREAK TO FREEDOM (USA) ○ SPARE MAN • 1953
JOHNNY ON THE RUN • 1953
GOOD DIE YOUNG, THE • 1954
SEA SHALL NOT HAVE THEM, THE • 1954
CAST A DARK SHADOW • 1955
REACH FOR THE SKY • 1956
ADMIRABLE CRICHTON, THE • PARADISE LAGOON (USA) • 1957
CARVE HER NAME WITH PRIDE • 1958
CRY FROM THE STREETS, A • 1958
FERRY TO HONG KONG • 1959
LIGHT UP THE SKY • SKYWATCH (USA) • 1960
SINK THE BISMARCK! • 1960
GREENGAGE SUMMER, THE • LOSS OF INNOCENCE (USA) • 1961
H.M.S. DEFIANT • DAMN THE DEFIANT! (USA) ○ BATTLE ABOARD THE DEFIANT • 1962
SEVENTH DAWN, THE • WHEREVER LOVE TAKES ME ○ THIRD ROAD, THE • 1964
ALFIE • 1966
YOU ONLY LIVE TWICE • 1967
ADVENTURERS, THE • 1970
FRIENDS • 1971
PAUL AND MICHELE • PAUL ET MICHELE • 1974
OPERATION DAYBREAK • SEVEN MEN AT DAYBREAK ○ PRICE OF FREEDOM • 1975
SEVEN NIGHTS IN JAPAN • 1976
SPY WHO LOVED ME, THE • 1977
MOONRAKER • 1979
EDUCATING RITA • 1983
NOT QUITE JERUSALEM • NOT QUITE PARADISE (USA) • 1984
SHIRLEY VALENTINE • 1989

GILBERT NICOLE – BLG
SANS PAROLE

GILBERT O.-P. see **GILBERT OSCAR-PAUL**

GILBERT OSCAR-PAUL – BLG – 1898–
GILBERT O.-P.
COURRIER D'ASIE • 1939

GILBERT PHILIP – USA
BLOOD AND LACE • 1972

GILBERT ROD see **GUERRIERI ROMOLO**

GILDEMEIJER JOHAN – DNM
KONIGIN ELISABETHS DOCHTER • QUEEN ELIZABETH'S DAUGHTER • 1915

GILER DAVID – USA
BLACK BIRD, THE • 1975

GILES DAVID – UKN
FORTSYTE SAGA, THE • 1967 • MTV
DANCE OF DEATH, THE • 1969
RICHARD II • 1978 • MTV
HENRY IV, PART I • 1979 • MTV
HENRY IV, PART II • 1979 • MTV
HENRY V • 1979 • MTV
MANSFIELD PARK • 1986 • MTV

GILHUIS MARK G. – USA
GILLHUIS MARK G.
BLOODY WEDNESDAY • 1985

GILIC VLATKO – YGS
IN CONTINUO • 1972 • SHT
JUDA • 1972 • SHT
ONE DAY MORE • 1972 • SHT
LOVE • 1973 • SHT
KICMA • BACKBONE ○ GASP ○ ASPHYXIA • 1976
DANI OD SNOVA • DREAM DAYS • 1981

GILKISON ANTHONY – Producer – UKN – 1913–
BREAKERS AHEAD • 1935
ALGERNON BLACKWOOD STORIES • 1949 • SER
CONFESSION • 1949
DRESS REHEARSAL, THE • 1949
LOCK OUR DOOR • 1949
REFORMATION OF ST. JULES, THE • 1949
RENDEZVOUS, THE • 1949
TWO OF A KIND • 1949

GILL BYRON – UKN
HARMONY LANE • 1954

GILL DAVID – UKN
UNKNOWN CHAPLIN • 1983 • DOC

GILL EMILIO CASTRO see **GOMEZ BASCUAS ENRIQUE**

GILL MICHAEL – UKN
PEACHES, THE • 1964 • SHT
GIACOMETTI • 1967
CIVILISATION: ROMANCE AND REALITY • 1969
CIVILISATION: THE HERO AS ARTIST • 1969
CIVILISATION: THE LIGHT OF EXPERIENCE • 1969
CIVILISATION: THE SKIN OF OUR TEETH • 1969
CIVILISATION; THE SMILE OF REASON • 1969
CIVILISATION: THE WORSHIP OF NATURE • 1969
CARVED IN IVORY • 1974 • SHT
IN THE BEGINNING • 1975 • MTV

GILLARD STUART – CND – 1946–
PARADISE • 1982
RETURN OF THE SHAGGY DOG, THE • 1987 • TVM
MAN CALLED SARGE, A • 1988

GILLEN JEFF – USA
DERANGED • 1974

GILLES GUY – ALG – 1940–
AMOUR A LA MER, L' • 1963
JOURNAL D'UN COMBAT, LE • 1965 • DCS
AU PAN COUPE • 1968
CLAIR DE TERRE • 1969
MILLE BAISERS DE FLORENCE • 1970
ABSENCES REPETEES • 1972
JARDIN QUI BASCULE, LE • 1974
CRIME D'AMOUR • 1982
LOTERIE DE LA VIE, LA • 1982
NUIT DOCILE • 1987

GILLES KEVIN – Animator – USA
RACCOONS AND THE LOST STAR, THE • 1983 • ANM
RACCOONS' BIG SURPRISE, THE • 1985 • ANM

GILLESPIE GORDON – CND
DEATH OF A NOBODY • 1970 • SHT

GILLET – FRN
FROM DORIC TO GOTHIC • 1947 • SHT
PAUL CLAUDEL • 1951 • SHT
CENTRALES DE LA MINE, LES • 1958 • SHT
HORIZONS NOUVEAUX • 1961 • SHT

GILLETT BURT – Animator – USA
GILLETT BURTON
WHERE AM I? • 1925 • ANS
WILD WAVES • 1928 • ANS
CANNIBAL CAPERS • 1930 • ANS
CHAIN GANG, THE • 1930 • ANS
FIRE FIGHTERS, THE • 1930 • ANS
FROLICKING FISH • 1930 • ANS
GORILLA MYSTERY, THE • 1930 • ANS
MONKEY MELODIES • 1930 • ANS
PICNIC, THE • 1930 • ANS
PIONEER DAYS • 1930 • ANS
PLAYFUL PAN • 1930 • ANS
SHINDIG, THE • 1930 • ANS
WINTER • 1930 • ANS
BARNYARD BROADCAST, THE • 1931 • ANS
BEACH PARTY • 1931 • ANS
BIRDS OF A FEATHER • 1931 • ANS
BIRTHDAY PARTY, THE • 1931 • ANS
BLUE RHYTHM • 1931 • ANS
DELIVERY BOY, THE • 1931 • ANS
FISHIN' AROUND • 1931 • ANS
MICKEY CUTS UP • 1931 • ANS
MICKEY STEPS OUT • 1931 • ANS
MICKEY'S ORPHANS • 1931 • ANS
MOOSE HUNT, THE • 1931 • ANS
MOTHER GOOSE MELODIES • 1931 • ANS
TRAFFIC TROUBLES • 1931 • ANS
BABES IN THE WOODS • 1932 • ANS
BUGS IN LOVE • 1932 • ANS
DUCK HUNT, THE • 1932 • ANS
FLOWERS AND TREES • 1932 • ANS
JUST DOGS • 1932 • ANS
KING NEPTUNE • 1932 • ANS
MAD DOG, THE • 1932 • ANS
MICKEY'S GOOD DEED • 1932 • ANS
MICKEY'S NIGHTMARE • 1932 • ANS
WAYWARD CANARY, THE • 1932 • ANS
GIANT LAND • 1933 • ANS
MICKEY'S GALA PREMIERE • 1933 • ANS
MICKEY'S PAL PLUTO • 1933 • ANS
STEEPLE-CHASE, THE • 1933 • ANS
THREE LITTLE PIGS, THE • 1933 • ANS
YE OLDEN DAYS • 1933 • ANS
ALONG CAME A DUCK • 1934 • ANS
BIG BAD WOLF, THE • 1934 • ANS
GRANDFATHER'S CLOCK • 1934 • ANS
GULLIVER MICKEY • 1934 • ANS
LITTLE BIRD TOLD ME, A • 1934 • ANS
MICKEY PLAYS PAPA • 1934 • ANS
ORPHAN'S BENEFIT • 1934 • ANS
PARROTVILLE FIRE DEPARTMENT, THE • 1934 • ANS
PASTRY TOWN WEDDING • 1934 • ANS
PLAYFUL PLUTO • 1934 • ANS
SHANGHAIED • 1934 • ANS
BURT GILLETT'S RAINBOW PARADE • 1934–35 • ASS
PARROTVILLE FOLKS • 1934–35 • ASS
BIRD SCOUTS • 1935 • ANS
FOXY TERROR, THE • 1935 • ANS
HUNTING SEASON, THE • 1935 • ANS
JAPANESE LANTERNS • 1935 • ANS
MERRY KITTENS, THE • 1935 • ANS
MOLLY MOO-COW AND RIP VAN WINKLE • 1935 • ANS
MOLLY MOO-COW AND THE BUTTERFLIES • 1935 • ANS
MOLLY MOO-COW AND THE INDIANS • 1935 • ANS
PARROTVILLE OLD FOLKS • 1935 • ANS
PARROTVILLE POST OFFICE • 1935 • ANS
PICNIC PANIC • 1935 • ANS
RAG DOG • 1935 • ANS
SCOTTIE FINDS A HOME • 1935 • ANS
SPINNING MICE • 1935 • ANS
SUNSHINE MAKERS, THE • 1935 • ANS
MOLLY MOO-COW • 1935–36 • ASS
RAINBOW PARADE • 1935–36 • ASS
BOLD KING COLE • 1936 • ANS
FELIX THE CAT AND THE GOOSE THAT LAID THE GOLDEN EGGS • 1936 • ANS
FIND THE LADY • 1936
MOLLY MOO-COW AND ROBINSON CRUSOE • 1936 • ANS
NEPTUNE NONSENSE • 1936 • ANS
TOONERVILLE FOLKS • 1936 • ASS
TOONERVILLE PICNIC • 1936 • ANS
TOONERVILLE TROLLEY • 1936 • ANS
TROLLEY AHOY • 1936 • ANS
LONESOME GHOSTS • 1937 • ANS
BRAVE LITTLE TAILOR, THE • 1938 • ANS
MOTH AND THE FLAME, THE • 1938 • ANS
A HAUNTING WE WILL GO • 1939 • SHT
ANDY PANDA GOES FISHING • 1939 • ANS
BIRTH OF A TOOTHPICK • 1939 • ANS
SILLY SUPERSTITION • 1939 • ANS
SLEEPING PRINCESS, THE • 1939 • ANS
STUBBORN MULE • 1939 • ANS
ADVENTURES OF TOM THUMB, JR. • 1940 • ANS

GILLETT BURTON see **GILLETT BURT**

GILLETT ROLAND – UKN – 1907–
UNDER PROOF • 1936

GILLHUIS MARK G. see **GILHUIS MARK G.**

GILLIAM TERRY – Animator – USA – 1940–
MONTY PYTHON AND THE HOLY GRAIL • 1974
JABBERWOCKY • 1977
TIME BANDITS • 1981
BRAZIL • 1984
ADVENTURES OF BARON MUNCHAUSEN, THE • 1988

GILLIAT SIDNEY – Producer/writer – UKN – 1908–
TRYST, THE • 1929 • SHT
PARTNERS IN CRIME • 1942
MILLIONS LIKE US • WOMEN WITHOUT UNIFORM • 1943
RAKE'S PROGRESS, THE • NOTORIOUS GENTLEMAN, THE (USA) • 1945
WATERLOO ROAD • BLUE FOR WATERLOO • 1945
GREEN FOR DANGER • 1946
LONDON BELONGS TO ME • DULCIMER STREET (USA) • 1948
STATE SECRET • GREAT MANHUNT, THE • 1950
STORY OF GILBERT AND SULLIVAN, THE • GREAT GILBERT AND SULLIVAN, THE (USA) ○ GILBERT AND SULLIVAN ○ MR. GILBERT AND MR. SULLIVAN • 1953
CONSTANT HUSBAND, THE • 1955
FORTUNE IS A WOMAN • SHE PLAYED WITH FIRE (USA) • 1957
LEFT, RIGHT AND CENTRE • 1959
ONLY TWO CAN PLAY • THAT UNCERTAIN FEELING • 1962
GREAT ST. TRINIAN'S TRAIN ROBBERY, THE • 1966
ENDLESS NIGHT • AGATHA CHRISTIE'S ENDLESS NIGHT • 1971

GILLING JOHN – Screenwriter – UKN – 1912–1985
ESCAPE FROM BROADMOOR • 1948
MATTER OF MURDER, A • 1949
BLACKOUT • 1950
NO TRACE • 1950
QUIET WOMAN, THE • 1951
FRIGHTENED MAN, THE • 1952
MOTHER RILEY MEETS THE VAMPIRE • OLD MOTHER RILEY MEETS THE VAMPIRE ○ MY SON THE VAMPIRE (USA) ○ MOTHER RILEY IN DRACULA'S DESIRE ○ KING ROBOT ○ VAMPIRE OVER LONDON ○ MOTHER RILEY RUNS RIOT • 1952
VOICE OF MERRILL, THE • MURDER WILL OUT (USA) • 1952
DEADLY NIGHTSHADE • 1953
RECOIL • 1953
THREE STEPS TO THE GALLOWS • WHITE FIRE (USA) • 1953
DESTINATION MILAN • 1954
DOUBLE EXPOSURE • 1954
EMBEZZLER, THE • 1954
ESCAPE BY NIGHT • 1954
GILDED CAGE, THE • 1955
TIGER BY THE TAIL • CROSS UP (USA) • 1955
GAMMA PEOPLE, THE • 1956
ODONGO • 1956
HIGH FLIGHT • 1957
INTERPOL • PICKUP ALLEY (USA) • 1957
ZARAK • 1957
MAN INSIDE, THE • 1958
BANDIT OF ZHOBE, THE • 1959
IDOL ON PARADE • 1959
CHALLENGE, THE • IT TAKES A THIEF • 1960
FLESH AND THE FIENDS, THE • MANIA (USA) ○ PSYCHO KILLERS ○ FIENDISH GHOULS, THE • 1960
FURY AT SMUGGLER'S BAY • 1961
SHADOWS OF THE CAT, THE • 1961
PIRATES OF BLOOD RIVER, THE • 1962
PANIC • 1963
SCARLET BLADE, THE • CRIMSON BLADE, THE (USA) • 1963
BRIGAND OF KANDAHAR, THE • 1965
PLAGUE OF THE ZOMBIES, THE • ZOMBIES, THE ○ ZOMBIE, THE • 1965
REPTILE, THE • 1965
NIGHT CALLER, THE • BLOOD BEAST FROM OUTER SPACE (USA) ○ NIGHT CALLER FROM OUTER SPACE • 1966
WHERE THE BULLETS FLY • DEATH OF ANGELS • 1966
MUMMY'S SHROUD, THE • 1967
CRUZ DEL DIABLO, LA • DEVIL'S CROSS, THE • 1974
MOUNTAIN OF THE GHOSTS, THE • 1974

GILLMANN KARL P. – GRM
FRAUENARZT DR. PRATORIUS • 1950

GILLMER REUBEN – USA
MEN WHO FORGET • 1923

GILLSON MALCA – CND
MUSICANADA • 1975 • DOC

GILLSTROM ARVID see **GILLSTROM ARVID E.**

GILLSTROM ARVID E. – USA
GILLSTROM ARVID
THEIR SOCIAL SPLASH • 1915
SNOW CURE, THE • 1916 • SHT
BACK STAGE • 1917 • SHT
BAND MASTER, THE • 1917 • SHT
CANDY KID, THE • 1917 • SHT
CHIEF COOK, THE • 1917 • SHT
CUPID'S RIVAL • 1917 • SHT
DOUGH-NUTS • 1917 • SHT
FLY COP, THE • 1917 • SHT
GENIUS, THE • 1917 • SHT
GOAT, THE • 1917 • SHT
HERO, THE • 1917 • SHT
HOBO, THE • 1917 • SHT
MILLIONAIRE, THE • 1917 • SHT
MIX-UP IN HEARTS, A • 1917 • SHT
MODISTE, THE • 1917 • SHT
PEST, THE • 1917 • SHT
PROSPECTOR, THE • 1917 • SHT
SLAVE, THE • 1917 • SHT
STAR BOARDER, THE • 1917 • SHT
STATION MASTER, THE • 1917 • SHT
STRANGER, THE • 1917 • SHT
VILLAIN, THE • 1917 • SHT
ARTIST, THE • 1918 • SHT
BARBER, THE • 1918 • SHT
HIS DAY OUT • 1918 • SHT
KING SOLOMON • 1918 • SHT
MESSENGER, THE • 1918 • SHT
ORDERLY, THE • 1918
ROGUE, THE • 1918 • SHT
SCHOLAR, THE • 1918 • SHT
SWAT THE SPY • 1918
TELL IT TO THE MARINES • 1918
"CON" IN ECONOMY, THE • 1919 • SHT
SMILES • 1919
LEAVE IT TO GERRY • 1924
CLANCY'S KOSHER WEDDING • 1927
LEGIONNAIRES IN PARIS • FRENCH LEAVE (UKN) • 1927
MELANCHOLY DAME, THE • 1929 • SHT
OUR NAGGING WIVES • 1930
BIG FLASH, THE • 1932 • SHT
HITCH HIKER, THE • 1933
HOOKS AND JABS • 1933 • SHT
KNIGHT DUTY • 1933
ON ICE • 1933 • SHT
ROAMING ROMEO • 1933 • SHT
THREE LITTLE SWIGS • 1933 • SHT
TIED FOR LIFE • 1933 • SHT
TIRED FEET • 1933 • SHT
CIRCUS HOODOO • 1934 • SHT
NO MORE BRIDGE • 1934 • SHT
PETTING PREFERRED • 1934 • SHT

GILMORE STUART – Editor – USA – 1913–1971
VIRGINIAN, THE • 1946
HOT LEAD • 1951
CAPTIVE WOMEN • 3000 A.D. (UKN) ○ 1000 YEARS FROM NOW • 1952
HALF-BREED, THE • 1952
TARGET, THE • 1952

GILMOUR IAN – ASL
DOUBLE SKULLS • 1986 • TVM

GILOU THOMAS – FRN – 1955–
BLACK MIC-MAC • 1985

GILPIN FRANK – UKN
SWINGING U.K. • GO GO BIG BEAT (USA) • 1964
U.K. SWINGS AGAIN • GO GO BIG BEAT (USA) • 1964
MOOD MAN, THE • 1965

GILROY FRANK D. – USA – 1925–
DESPERATE CHARACTERS • DESPERATE ENCOUNTERS • 1971
FROM NOON TILL THREE • 1975
TURNING POINT OF JIM MALLOY, THE • GIBBSVILLE: THE TURNING POINT OF JIM MALLOY ○ JOHN O'HARA'S GIBBSVILLE • 1975 • TVM
NERO WOLFE • 1977 • TVM
ONCE IN PARIS.. • 1978
GIG, THE • 1985
LUCKIEST MAN IN THE WORLD, THE • 1989

GILSON RENE – FRN – 1921–
ESCADRON VOLAPUK, L' • 1971
ON N'ARRETE PAS LE PRINTEMPS • 1972
BRIGADE, LA • 1974
JULIETTE ET L'AIR DU TEMPS • 1976
MA BLONDE, ENTENDS-TU DANS LA VILLE? • 1979

GIMBEL PETER – USA
BLUE WATER, WHITE DEATH • 1971 • DOC

GIMENEZ MANUEL HORACIO – BRZ
BRASIL VERDADE • TRUE BRAZIL • 1968

GIMENEZ-RICO ANTONIO – SPN – 1938–
MANANA DE DOMINGO • 1966
HUESO, EL • BONE, THE • 1968
CRONICON, EL • 1969
ES USTED MI PADRE? • 1970
RETRATO DE FAMILIA • FAMILY PORTRAIT • 1976
AL FIN SOLOS, PERO... • 1977
DEL AMOR Y DE LA MUERTE • 1977
VESTIDA DE AZUL • DRESSED IN BLUE • 1984

GIMENO ALFONSO – FRN
QUATRIEME SEXE, LE • FOURTH SEX, THE (USA) • 1962

GIMERE TULSHI see **GHIMIRAY TULSHI**

GIMTELL KAGE G. – SWD – 1932–
ALSKLING PA VIFT • MISS SEX • 1964
EN SAN STRALANDE DAG • WHAT A BEAUTIFUL DAY • 1967

GINALDO D. LEON – CLM
CAMILO TORRES • 1969

GINET RENE – FRN – 1896–
NORD 70° 22' • 1929 • DOC
CEUX DE VIKING • 1931
ANGOLA–PULLMANN • 1932 • DOC

GINEVER AVELING – Producer – UKN
DICKENSIAN FANTASY, A • 1933
IN OUR TIME • 1933
MASTERSHIP • 1934
TWENTY–FIVE YEARS A KING • 1935
KNIGHTS FOR A DAY • 1937
WALKING ON AIR • 1946

GINNA ARNALDO – ITL
VITA FUTURISTA • 1916

GINNANE ANTHONY I. – Producer – ASL – 1949–
GINNANE TONY
SYMPATHY IN SUMMER • 1971
SAVAGE SARAH • 1988
WHITE FIRE • 1988

GINNANE TONY see **GINNANE ANTHONY I.**

GINSBERG DONALD – CND – 1920–
PERFORMER, THE • 1959 • DOC

GINSBERG HENRY – USA
FLYING FISTS • 1924

GINSBERG MILTON MOSES – USA
COMING APART • 1969
WEREWOLF OF WASHINGTON, THE • 1973

GINSBURG DIANNE – SAF
SPOOK VAN DONKERGAT, DIE • GHOST OF DONKERGAT, THE • 1972

GINSEY – FRN
JUSQUES AU FEU EXCLUSIVEMENT • 1971 • SHT

GINTSBURG ALEXANDER – USS
GIPERBOLOID INGENERA GARINA • HYPERBOLOID OF ENGINEER GARIN, THE ○ ENGINEER GARIN'S DEATH RAY • 1965

GINTY ROBERT – Actor – USA
VIETNAM, TEXAS • 1990

GION CHRISTIAN – FRN – 1940–
ENCERCLES, LES • 1968
C'EST DUR POUR TOUT LE MONDE • 1975
JARDIN DES SUPPLICES, LE • 1976
ONE TWO TWO: 122 RUE DE PROVENCE • CENT VINGT–DEUX RUE DE PROVENCE ○ NEVER LOVE A HOOKER ○ ONE TWO TWO • 1978
PION, LE • 1978
GAGNANT, LE • 1979
PETROLE, PETROLE • 1981
DIPLOMES DU DERNIER RANG, LES • 1982
BOURREAU DES COEURS, LE • 1983
J'AI RENCONTRE LE PERE NOEL • 1984

GIONO JEAN – Screenwriter – FRN – 1895–1970
CRESUS • 1960

GIORDANA EMILIO see **GORA CLAUDIO**

GIORDANA MARIO TULLIO – ITL
MALEDETTI VI AMERO • 1980

GIORDANI BRANDO – ITL
ITALIA PROIBITA • 1963 • DOC

GIORDANI SERGIO – ITL
ITALIA PROIBITA • 1963 • DOC

GIORGETTI UGO – BRZ
FESTA • PARTY • 1988

GIORGI CLAUDIO – ITL
UNICA LEGGE IN CUI CREDO, L' • 1975
ANCORA UNA VOLTA.. A VENEZIA • 1976

GIORGIO BOB – USA
FANTASY • SHT

GIORNELLI FRANCO – ITL
MATTO, IL • 1979

GIOVANNETTI ADRIANO – ITL
SI FA COSI • 1934

GIOVANNI JOSE – Novelist – FRN – 1923–
LOI DU SURVIVANT, LA • DESESPERADO, LE • 1966
RAPACE, LA • RAPACE, IL (ITL) ○ BIRDS OF PREY • 1968
ALLER SIMPLE, UN • SOLO ANDATA (ITL) • 1970
DERNIER DOMICILE CONNU • ULTIMO DOMICILIO CONOSCIUTO (ITL) • 1970
OU EST PASSE TOM? • 1971
DEUX HOMMES DANS LA VILLE • DUE CONTRO LA CITTA (ITL) ○ TWO AGAINST THE LAW (USA) • 1973
SCOUMOUNE, LA • CLAN DEI MARSIGLIESI, IL (ITL) ○ HIT MAN, THE (UKN) ○ KILLER MAN (USA) ○ SCOUNDREL ○ MAFIA WARFARE • 1973
GITAN, LE • ZINGARO, LO ○ GYPSY, THE • 1975
COMME UN BOOMERANG • LIKE A BOOMERANG • 1976
EGOUTS DU PARADIS, LES • SEWERS OF PARIS, THE • 1978
ROBE NOIRE POUR UN TUEUR, UNE • 1980
RUFFIAN, LE • 1982
AMONG WOLVES • 1985

GIOVANNINI – ITL
ARTE E REALTA • 1950 • SHT

GIOVANNINI ATTILIO – ITL – 1915–
PINOCCHIO E LE SUE AVVENTURE • 1958

GIOVINAZZO BUDDY – USA
COMBAT SHOCK • AMERICAN NIGHTMARES • 1986

GIR FRANCOIS – FRN – 1920–
MON POTE LE GITAN • 1959

GIRAL SERGIO – CUB – 1937–
HENO Y ENSILAJE • 1962 • DOC
NUEVO CAUTO • 1965 • SHT
CIMARRON • 1967 • SHT
GONZALO ROIG • 1968 • SHT
VIA LIBRE • 1969 • SHT
POR ACCIDENTE • 1971 • DOC
RANCHEADOR • RANCHER, THE ○ SLAVEDRIVER • 1977
MALUALA • 1979
TECHE DE VIDRIO • GLASS CEILING • 1982
SANGRE Y FUEGO • BLOOD AND FIRE • 1983

GIRALDEAU JACQUES – CND
MONTREURS DE MARIONNETTE • 1951 • DCS
NEIGE A NEIGE, LA • 1951 • SHT
COMPARAISONS: QUATRE FAMILLES • 1959 • DCS
SOIF DE L'OR, LA • 1962 • DCS
VIEIL AGE, LE • 1962 • DCS
AU HASARD DU TEMPS • 1964 • DCS
COURTE ECHELLE, LA • 1964 • DCS
ELEMENT 3 • 1965 • DOC
FORME DES CHOSES, LA • 1965 • DCS
GROS MORNE • 1967 • DOC
BOZARTS • 1969 • DOC
FLEURS, C'EST POUR ROSEMONT, LES • 1969 • DOC
FAUT–IL SE COUPER L'OREILLE? • 1970 • DCS
ZOOPSIE • 1973 • ANS
FOUGERE ET LA ROUILLE, COLLAGE 2, LA • 1974
PUZZLE • 1976 • ANS

GIRALDI BOB – USA
NATIONAL LAMPOON GOES TO THE MOVIES • NATIONAL LAMPOON'S MOVIE MADNESS • 1981
CLUB MED • 1986 • TVM
HIDING OUT • ADULT EDUCATION • 1987

GIRALDI FRANCO – ITL – 1931–
GRAFIELD FRANK • PRESTAND FRANK
SETTE PISTOLE PER I MACGREGOR • SEVEN GUNS FOR THE MACGREGORS (USA) ○ SETTE PISTOLAS PARA LOS MACGREGOR (SPN) • 1966
SUGAR COLT • 1966
MINUTO PER PREGARE, UN ISTANTE PER MORIRE, UN • MINUTE TO PRAY, A SECOND TO DIE, A (USA) ○ DEAD OR ALIVE ○ ESCONDIDO • 1967
SETTE DONNE PER I MACGREGOR • SIETE MUJERES PARA LOS MACGREGOR (SPN) ○ UP THE MACGREGORS (USA) • 1967
BAMBOLONA, LA • BIG DOLL, THE • 1968
CUORI SOLITARI • 1970
SUPERTESTIMONE, LA • 1971
ORDINI SONO ORDINI, GLI • 1972
ROSA ROSSA, LA • RED ROSE, THE • 1973
LUNGO VIAGGIO, IL • 1975 • MTV
COLPITA DA IMPROVVISO BENESSERE • 1976
ANNO DI SCUOLA, UN • YEAR OF SCHOOL, A • 1977 • MTV
GIACCA VERDE, LA • 1979

GIRALDO DIEGO LEON – CLM
PAN–AMERICAN GAMES
CALI: TOWN OF AMERICA • 1974 • SHT
CARTA AJENA • ANOTHER'S LETTER • 1975 • SHT
CASO TAYRONA, EL • TAYRONA CASE, THE • 1975 • SHT
COLOMBIA • 1976 • DOC

GIRARD BERNARD – Screenwriter – USA – 1929–
GREEN–EYED BLONDE, THE • 1957
RIDE OUT FOR VENGEANCE • 1957
AS YOUNG AS WE ARE • 1958
PARTY CRASHERS, THE • 1958
PUBLIC AFFAIR, A • 1962
DEAD HEAT ON A MERRY–GO–ROUND • 1966
GONE WITH THE WEST • MAN WITHOUT MERCY ○ LITTLE MOON AND JUD MCGRAW ○ BRONCO BUSTERS • 1969
MAD ROOM, THE • 1969
NAME FOR EVIL, A • THERE IS A NAME FOR EVIL ○ GROVE, THE • 1970
MIND SNATCHERS, THE • HAPPINESS CAGE, THE • 1972

GIRARD CHARLES – FRN
A COUTEAUX TIRES • DAGGERS DRAWN (USA) • 1963

GIRARD HELENE – CND – 1945–
FILLES C'EST PAS PAREIL, LES • 1974
P'TITE VIOLENCE, LA • 1976 • MTV
FUIR • 1978
BEBE TOUT NEUF, UN • 1982 • MTV
COUTE QUE COUTE • 1983

GIRAUDEAU BERNARD – FRN
AUTRE, L' • 1989

GIRAULT J. see **GIRAULT JEAN**

GIRAULT JEAN – FRN – 1924–1982
GIRAULT J.
MOUTONS DE PANURGE, LES • 1960
PIQUE–ASSIETTES, LES • 1960
LIVREURS, LES • 1961
BRICOLEURS, LES • WHO STOLE THE BODY (USA) ○ BODY IS MISSING, THE • 1962
VEINARDS, LES • PEOPLE IN LUCK • 1962
FAITES SAUTER LA BANQUE • 1963
POUIC–POUIC • 1963
GENDARME DE SAINT–TROPEZ, LE • RAGAZZA A SAINT TROPEZ, UNA (ITL) ○ GENDARME OF SAINT TROPEZ, THE • 1964
GORILLES, LES • 1964
GENDARME A NEW YORK, LE • TRE GENDARMI A NEW YORK (ITL) • 1965
MONSIEUR LE PRESIDENT–DIRECTEUR GENERAL • APPELEZ–MOI MAITRE • 1966
GRANDES VACANCES, LES • GRANDI VACANZE (ITL) • 1967
DROLE DE COLONEL, UN • 1968
GENDARME SE MARIE, LE • CALMA RAGAZZO, OGGI MI SPOSO (ITL) • 1968
JUGE, LE • 1969
MAISON DE CAMPAGNE, LA • 1969
GENDARME EN BALLADE, LE • 6 GENDARMI IN FUGA (ITL) ○ BALLADE DU GENDARME, LA • 1970
JO • GAZEBO, THE ○ JOE –THE BUSY BODY • 1971
CHARLOTS FONT L'ESPAGNE, LES • 1972
CONCIERGE, LE • 1973
PREMIS DE CONDUIRE, LE • 1973
DEUX GRANDES FILLES DANS UN PYJAMA • 1974
MURS ONT DES OREILLES, LES • 1974
INTREPIDE, L' • 1975
ANNEE SAINTE, L' • HOLY SAINT, THE (USA) • 1976
MILLE–PATTES FAIT DES CLAQUETTES, LE • 1977
GENDARME ET LES EXTRA–TERRESTRES, LE • 1978
HOROSCOPE, L' • FAIS GAFFE A LA MARCHE • 1978
AVARE, L' • 1979
SOUPE AUX CHOUX, LA • 1981
GENDARME ET LES GENDARMETTES • 1982

GIRDLER WILLIAM – USA – 1947–1978
ASYLUM OF SATAN • 1971
THREE ON A MEATHOOK • 1972
ABBY • 1974
PANIC CITY • ZEBRA KILLER, THE • 1974
SHEBA BABY • 1975
GRIZZLY • KILLER GRIZZLY • 1976
DAY OF THE ANIMALS • SOMETHING IS OUT THERE • 1977
PROJECT: KILL • 1977
MANITOU, THE • 1978

GIRITIOGLU TOMRIS – TRK
FROM CANTO TO TANGO • 1989

GIROD FRANCIS – FRN – 1944–
TRIO INFERNAL • TRIO INFERNALE (ITL) ○ INFERNAL TRIO, THE (USA) • 1974
RENE LA CANNE • TRE SIMPATHICE CAROGNE • 1976
ETAT SAUVAGE, L' • 1978
BANQUIERE, LA • 1980
GRAND FRERE, LE • 1982
BON PLAISIR, LE • 1983
ENFANCE DE L'ART, L' • 1988

GIROLAMI MARINO – ITL – 1914–
MARTINELLI FRANCO • WILSON FRED
STRADA BUIA, LA • FUGITIVE LADY (USA) • 1949
AMORE E SANGUE • CAMORRA ○ CITY OF VIOLENCE • 1951
ERA LUI, SI, SI.. • 1951
MILANO MILIARDARIA • 1951
MAGO PER FORZA • COMPELLED TO BE A MAGICIAN • 1952
OGGI SPOSI • 1952
ERA LEI CHE LO VOLEVA! • 1953
NOI DUE SOLI • 1953
LASCIATECI IN PACE • 1954
RISCATTO, IL • 1954
CANTANTE MISTERIOSO, IL • 1955
ORE 10 LEZIONE DI CANTO • 1955
CANTANDO SOTTO LE STELLE • 1956
CANTO PER TE • 1956
RAGAZZA DI VIA VENETO, LA • 1956
BUONGIORNO PRIMO AMORE • 1957
C'E UN SENTIERO NEL CIELO • 1957
SERENATA PER SEDICI BIONDE • 1957
SETTE CANZONI PER SETTE SORELLE • 1957
VIVENDO, CANTANDO, CHE MALE TI FO? • 1957
CANZONE DEL DESTINO • 1958
QUANDO GLI ANGELI PIANGONO • 1958
ROMANZO DI UN GIOVANE POVERO, IL • 1958
QUEL TESORO DI PAPA • 1959
CACCIA AL MARITO • 1960
CANTO NEL DESERTO, UN • 1960
MIO AMICO JEKYLL, IL • MY FRIEND, DR. JEKYLL (USA) • 1960
QUANTO SEI BELLA ROMA • 1960
FERRAGOSTO IN BIKINI • 1961
FIGLIO D'OGGI, UN • 1961
MAGNIFICHE SETTE, LE • 1961
RAGAZZA SOTTO IL LENZUOLO, LA • GIRL UNDER THE SHEET, THE • 1961
SCANDALI AL MARE • 1961
WALTER E I SUOI CUGINI • 1961
ASSASSINO SIN CHIAMA POMPEO, L' • 1962
IRA DI ACHILLE, L' • FURY OF ACHILLES (USA) ○ ACHILLES (UKN) • 1962
MEDICO DELLE DONNE, IL • 1962
TWIST, LOLITE E VITELLONI • 1962
MOTORIZZATE, LE • 1963
OTONALES, LAS • 1963
SIAMO TUTTI POMICIONI • 1963
QUESTE PAZZE, PAZZE DONNE • 1964
TARDONE, LE • 1964
MAGNIFICI BRUTOS DEL WEST, I • 1965
PIOMBO E LA CARNE, IL • 1965
SENTIERI DELL'ODIO, I • PATHS OF HATE • 1965
VENERI AL SOLE • 1965
VENERI IN COLLEGIO • 1965
SPIAGGIA LIBERA • 1966
DUE RRRINGOS NEL TEXAS • TWO RRRINGOS OF TEXAS • 1967
FRANCO, CICCIO E LE VEDOVE ALLEGRE • FRANCO CICCIO AND THE MERRY WIDOWS • 1968
GRANADA ADDIO! • GOODBYE GRANADA! • 1968
DUE MAGNIFICI FRESCONI, I • 1969
RAPTUS • 1969

DON FRANCO E DON CICCIO NELL'ANNO DELLA CONTESTAZIONE • NELL'ANNO DELLA CONTESTAZIONE • 1970
AFRICAN STORY • 1971
DECAMERON PROIBITISSIMO • BOCCACCIO MIO STATTE ZITTO ○ SEXY SINNERS (UKN) • 1972
MARIAROSA LA GUARDONA • 1973
QUATTRO MARMITTONI ALLE GRANDI MANOVRE • 1974
GRAZIE NONNA • LOVER BOY (UKN) • 1975
ROMA VIOLENTA • STREET KILLERS (UKN) ○ FORCED IMPACT • 1975
SGARBO, LO • 1975
ITALIA A MANO ARMATA • SPECIAL COP IN ACTION • 1976
MOGLIE VERGINE, LA • VALENTINA -THE VIRGIN WIFE ○ VIRGIN WIFE • 1976
ROMA L'ALTRA FACCIA DELLA VIOLENZA • 1976
KAKKIENTRUPPEN • 1977
NUDEODEON • 1978
DOVE VAI SE IL VIZIETTO NON CE L'HAI? • 1979
LICEALE AL MARE CON L'AMICA DE PAPA, LA • 1980
PIERINO COLSPICE ANCORA • PIERINO STRIKES AGAIN • 1982

GIROLAMI ROMOLO see **GUERRIERI ROMOLO**

GIROTTI MARIO see **HILL TERENCE**

GISH LILLIAN – Actress – USA – 1896–
REMODELING HER HUSBAND • 1920

GISLASON OSKAR – ICL
BJORGUNARAFREKID VID LATRABJARG • RESCUE AT LATRABJARG • 1946 • DOC
SIDASTI BOERINN I DALNUM • LAST FARM IN THE VALLEY, THE • 1949

GISLER MARCEL – SWT
LUDWIG • 1987

GISSBERG JAN – SWD
AGATON SAX • 1977

GIST ROBERT – USA – 1924–
BLUES FOR A JUNKMAN • MURDER MEN, THE • 1962 • MTV
AMERICAN DREAM, AN • SEE YOU IN HELL, DARLING (UKN) • 1966

GISTAMANO CLARKO – USA
PALEOLITHIC PORNOGRAFFITTI • ANS

GITAI AMOS – ISR – 1950–
BERLIN JERUSALEM • 1989

GITTENS WYNDHAM – USA
SHIP OF DOOM, THE • 1917
ME UND GOTT • ME AND GOTT • 1918
TIM TYLER'S LUCK • 1937 • SRL
FORBIDDEN VALLEY • 1938

GITTLEMAN LEONARD J. – USA
WHIRLIGIG • 1958

GITTLER ALLAN – USA
PARACHUTE TO PARADISE • 1968

GIUMALE ELHADJI MOHAMED – SML
TOWN AND VILLAGE • 1968

de GIVOZY CLAUDE – FRN
FOUAD, EL- • 1966 • SHT

de GIVRAY CLAUDE – FRN – 1933–
TIRE-AU-FLANC 1962 • ARMY GAME, THE (USA) ○ SAD SACK, THE • 1961
GROSSE TETE, UNE • GUERRE DES KARTS, LA • 1962
MARI A PRIX FIXE, UN • 1963
AMOUR A LA CHAINE, L' • TIGHT SKIRTS, LOOSE PLEASURES (USA) ○ LOOSE PLEASURES ○ CHAINWORK LOVE ○ VICTIMS OF VICE ○ TIGHT SKIRTS • 1965

GJIKA VIKTOR – ALB
KOMISARI I DRITES • COMMISSAR OF LIGHT, THE • 1966
HORIZONTE TE HAPURA • BROAD HORIZONS • 1968
VICTORS, THE • 1968

GLACKENS L. M. – USA
STONE AGE ADVENTURE, A • 1915 • ANS

GLACKENS W. L. – Animator – USA
GLACKENS CARTOONS • 1916 • ASS

GLADU ANDRE – CND
C'EST PU COMME CA ANYMORE • 1976-77 • DCS
CREOLES, LES • 1976-77 • DCS
EN PREMIER, L' • 1976-77 • DCS
ENVOYEZ DE L'AVANT NOS GENS • 1976-77 • DCS
FAUT PAS L'DIRE • 1976-77 • DCS
FRED'S LOUNGE • 1976-77 • DCS
IL'ALLONT-Y DISPARAITRE? • 1976-77 • DCS
JOHNNY A DENNIS A ALFRED • 1976-77 • DCS
MA CHERE TERRE • 1976-77 • DCS
MONSIEUR GUILLAUME TREMBLAY • 1976-77 • DCS
PITOU BOUDREAULT, VIOLONEUX • 1976-77 • DCS
REEL DES OUVRIERS • 1976-77 • DCS
REVEILLE! • 1976-77 • DCS
REVOLUTION DU DANSAGE, LA • 1976-77 • DCS
RUINE-BABINES, LES • 1976-77 • DCS
LIBERTY STREET BLUES • 1988 • DOC

GLADWELL DAVID – Editor – UKN – 1935–
GREAT STEAM FAIR, THE • 1964
UNTITLED FILM, AN • 1964
REQUIEM FOR A VILLAGE • 1975
MEMOIRS OF A SURVIVOR • 1981

GLADWISH HUGH – UKN
GHOST GOES GEAR, THE • 1966

GLAESER HENRI – FRN – 1929–
MAIN, LA • MANO, LA (ITL) ○ HAND, THE • 1969
LARME DANS L'OCEAN, UNE • 1971
ANDREA • 1975

de GLAHS ARTHUR – AUS
MARCHEN VOM GLUCK • KUSS' MICH CASANOVA • 1949

GLAISTER GERALD – HKG
CLUE OF THE SILVER KEY • 1961
SHARE OUT, THE • 1962
PARTNER, THE • 1963
SET-UP, THE • 1963

GLASBERT JIMMY – FRN
ETRE LIBRE • ETRE LIBRE -AVIGNON 68 • 1968

GLASER PAUL MICHAEL – Actor – USA – 1943–
AMAZONS • 1984 • TVM
MIAMI VICE: THE PRODIGAL SON • 1985 • TVM
BAND OF THE HAND • 1986
RUNNING MAN, THE • 1987

GLASMACHER DIETER – GRM
MARIA MARTINEZ LOPEZ • 1971 • ANS

GLASS MAX – GRM – 1890–1964
MANN MIT DER EISERNEN MASKE, DER • 1922
BOB UND MARY • 1923
RINE DES RESQUILLEUSES, LA • 1936
CHEMIN DE DAMAS, LE • 1952

GLASSER BERNARD – Producer – USA – 1924–
SERGEANT WAS A LADY, THE • 1961
RUN LIKE A THIEF • ROBO DE DIAMANTES (SPN) ○ DIAMOND COUNTRY ○ DIAMOND HUNTERS • 1967

GLASSMAN ROBERT – FRN
ACCELERATION PUNK • 1977 • DOC

GLATTER LESLI LINKA – USA
INTO THE HOMELAND • 1987 • TVM

GLAVANY G. G. see **GUARINO JOSEPH**

GLAVANY GUARINO G. see **GUARINO JOSEPH**

GLAVANY JOSEPH see **GUARINO JOSEPH**

GLAZER BENJAMIN – Screenwriter – USA – 1887–1958
STRANGE CARGO • 1929
SONG OF MY HEART • 1948

GLAZER HERBERT – USA
DOIN' THEIR BIT • 1942 • SHT
MIGHTY LAK A GOAT • 1942 • SHT
ROVER'S BIG CALL • 1942 • SHT
UNEXPECTED RICHES • 1942 • SHT
BENJAMIN FRANKLIN, JR. • 1943 • SHT
ELECTION DAZE • 1943 • SHT
FAMILY TROUBLES • 1943 • SHT
FARM HANDS • 1943 • SHT
LITTLE MISS PINKERTON • 1943 • SHT

GLEASON JOSEPH – USA
BELOVED IMPOSTOR, THE • 1918
FORTUNE'S CHILD • 1919
MISS DULCIE FROM DIXIE • 1919

GLEASON MICHIE – USA
BROKEN ENGLISH • 1981
SUMMER HEAT • 1987

GLEIZE MAURICE – FRN – 1898–1974
CHEMIN DE ROSELAND, LE • 1924
MAIN QUI A TUE, LA • 1924
JUSTICIERE, LA • 1925
MADONE DES SLEEPINGS, LA • 1928
FAUTE DE MONIQUE, LA • 1929
TU M'APPARTIENS • 1929
CHANSON DES NATIONS, LA • 1930
JOUR DE NOCES • 1930
C'ETAIT UN MUSICIEN • 1933
COURSE A LA VERTU, LA • 1936
POULE SUR UN MUR, UNE • 1936
LEGIONS D'HONNEUR • 1938
RECIF DE CORAIL, LE • 1938
CLUB DES SOUPIRANTS, LE • 1941
APPEL DU BLED, L' • FEMMES DE BONNE VOLANTE • 1942
GRAINE AU VENT • 1943
BATEAU A SOUPE, LE • 1946
ET MOI J'TE DIS QU'ELLE T'A FAIT D' L'OEIL • 1950
PASSAGE DE VENUS, LE • 1951

GLEN JOHN – UKN – 1932–
FOR YOUR EYES ONLY • 1981
OCTOPUSSY • 1983
VIEW TO A KILL, A • 1985
LIVING DAYLIGHTS, THE • 1987
LICENSE TO KILL • 1989

GLENDON FRANK see **GLENDON J. FRANK**

GLENDON J. FRANK – USA
GLENDON FRANK
CIRCLE OF DEATH, THE • 1935

GLENISTER JOHN – UKN – 1932–
MISS JULIE • 1972
HAUNTED • 1982 • MTV
SECRET LIVES OF THE BRITISH PRIME MINISTERS: THE IRON DUKE, THE • WELLINGTON: THE DUEL SCANDAL ○ DUKE OF WELLINGTON, THE ○ SECRET LIVES OF THE BRITISH PRIME MINISTERS: THE DUKE OF WELLINGTON, THE ○ IRON DUKE, THE • 1983 • MTV

GLENN BILL – USA
SUICIDE CLUB, THE • 1973 • TVM
HOUSE OF EVIL • 1974 • TVM

GLENN GORDON – ASL
JUST US • 1986

GLENN JACK – USA
CRY MURDER • 1950

GLENN PIERRE-WILLIAM – FRN – 1943–
CHEVAL DE FER, LE • 1974 • DOC
TERMINUS • 1986

GLENNON BERT – Dir. photo – USA – 1893–1967
GANG WAR • ALL SQUARE (UKN) • 1928
PERFECT CRIME, THE • 1928
STEPPING HIGH • 1928
AIR LEGION, THE • 1929
SYNCOPATION • 1929
AROUND THE CORNER • 1930
GIRL OF THE PORT • FIRE WALKER, THE • 1930
PARADISE ISLAND • 1930
IN LINE OF DUTY • 1931
SOUTH OF SANTA FE • 1932

GLENVILLE PETER – Actor – UKN – 1913–
PRISONER, THE • 1955
ME AND THE COLONEL • 1958
SUMMER AND SMOKE • 1961
TERM OF TRIAL • 1962
BECKET • 1964
HOTEL PARADAISO • PARADISO, HOTEL DU LIBRE-EXCHANGE (FRN) • 1966
COMEDIANS, THE • COMEDIENS, LES (FRN) • 1967

GLEYZER RAYMUNDO – ARG
MEXICO: THE FROZEN REVOLUTION • MEXICO, LA REVOLUCION CONGELADA • 1970
TRAIDORES, LOS • TRAITORS, THE • 1973

GLICK WIZARD – USA
BALLERS, THE • CALLERS, THE ○ LISA AND BALLERS • 1969
MOONLIGHTING SECRETARIES • 1969
MORE HEAD • 1969
ROOMMATES SOCIABLE • 1969

GLICKENHAUS JAMES – USA – 1950–
GLICKENHAUS JIM
ASTROLOGER, THE • SUICIDE CULT • 1977
EXTERMINATOR, THE • 1980
SOLDIER, THE • CODENAME: THE SOLDIER • 1982
PROTECTOR, THE • 1985
SHAKEDOWN • BLUE JEAN COP • 1988
ROOM AT THE END OF THE UNIVERSE • 1989

GLICKENHAUS JIM see **GLICKENHAUS JAMES**

GLICKER PAUL – USA
HOT CIRCUIT • 1972
CHEERLEADERS, THE • 18 YEARS OLD SCHOOLGIRLS, THE (UKN) • 1973
RUNNING SCARED • 1980

GLIDDON JOHN – UKN
NIGHT HAWK, THE • 1921
PINS AND NEEDLES • 1921
SENORITA • 1921

GLIESE ROCHUS – Set designer – GRM – 1891–
EVINTRUDE, DIE GESCHICHTE EINES ABENTEURERS • 1914
RATTENFANGER VON HAMELN, DER • PIED PIPER OF HAMELIN, THE ○ RATCATCHER, THE • 1916
SCHONE PRINZESSIN VON CHINA, DIE • 1916
YOGHI, DER • HAUS DES YOGHI, DAS ○ JOGHI, DER ○ YOGI, THE • 1916
PAPIERENE PETER, DER • 1917
APOKALYPSE • 1918
GALEERENSTRAFLING, DER • 1919
MALARIA • 1919
VERLORENE SCHATTEN, DER • LOST SHADOW, THE (USA) • 1920
BRUDER • ZWISCHEN HIMMEL UND ERDE • 1923
MUTTER, DEIN KIND RUFT • BRENNENDE GEHEIMNIS, DAS • 1923
KOMODIE DES HERZENS • 1924
GEFUNDENE BRAUT, DIE • 1925
ROSA DIAMANT, DER • LIFE'S SHADOWS • 1925
JAGD NACH DEM GLUCK, DIE • 1930

GLIGOROWSKI PETAR – YGS
ADAM • 1977

GLIKOFRIDIS PANOS see **GLYKOFRIDIS PANOS**

GLINSKI ROBERT – PLN
NIEDZIELNE IGRASZKI • SUNDAY PRANKS • 1988
SUPERWIZJA • SUPER VISION • 1990

GLOMM LASSE – NRW – 1944–
ANDRE SKIFTET, DET • SECOND SHIFT, THE • 1978
RANA • 1978
AT DERE TOR! • STOP IT • 1980
ZEPPELIN • 1981
SVARTE FUGLER • BLACK CROWS • 1983
HAVLANDET • NORTHERN LIGHTS • 1985
SWEETWATER • 1986

GLOOR KURT – SWT
LANDSCHAFTSGARTNER, DIE • 1969
PLOTZLICHE EINSAMKEIT DES KONRAD STEINER, DIE • SUDDEN LONELINESS OF KONRAD STEINER, THE • 1976
CHINESE, DER • CHINESE, THE • 1979 • MTV
ERFINDER, DER • INVENTOR, THE • 1981
MANN OHNE GEDACHTNIS • MAN WHO LOST HIS MEMORY, THE • 1983

GLORI VITTORIO MUSY – ITL
MARIA RICCHEZZA • 1969

GLOVER GUY – CND
MARCHING THE COLORS • 1942 • ANS
FIRST AS A CHILD • 1949
SELF-PORTRAIT • AUTO-PORTRAIT • 1961

GLOVER RUPERT – CND
LIGHT FANTASTICK, THE • 1975
TAX: THE OUTCOME ON INCOME • TAX: THE OUTCOME OF INCOME • 1975 • ANS

GLOVER T. A. – UKN
CITIES OF THE DESERT • 1934

GLOWNA VADIM – GRM
DESPERADO CITY • 1981
DIES RIGOROSE LEBEN • 1983
DES TEUFELS PARADIES • DEVIL'S PARADISE, THE • 1987

GLUCK WOLFGANG – GRM
PFARRER VON ST. MICHAEL, DER • 1957
GEFAHRDETE MADCHEN • DOLLS OF VICE • 1958
WORUBER MAN NICHT SPRICHT • FALSE SHAME (USA) • 1958
MADCHEN FUR DIE MAMBO-BAR • GIRLS FOR THE MAMBO BAR, THE (UKN) ○ $100 A NIGHT (USA) • 1959
NACHTLOKAL ZUM SILBERMOND, DAS • 5 SINNERS (USA) ○ SINNERS, THE ○ CAVERNS OF VICE • 1959
DENN DAS WEIB IST SCHWACH • 1961
SCHULER GERBER, DER • PUPIL GERBER, THE • 1981
38 • 1986

GLUCKSTADT WILHELM – DNM
DODES "O", DE • ISLE OF THE DEAD (USA) ○ ISLAND OF THE DEAD • 1913
KRIGSKORRESPONDENTEN • WAR CORRESPONDENT, THE • 1913
OLD PLAY OF EVERYMAN, THE • 1915

GLUSCEVIC OBRAD – YGS
GLUZCEVIC OBRAD
DAN ODMORA • DAY OF PEACE • 1957
LJUDI SA NERETVE • PEOPLE ON THE NERETVA • 1966
GILO COVIK • NAKED MAN, THE • 1968
VUK SAMATNJAK • LONE WOLF, THE • 1973
KAPETAN MIKULA MALI • 1974

GLUT DON – USA
DIPLODOCUS AT LARGE • 1953 • SHT
EARTH BEFORE MAN, THE • 1957 • SHT
FRANKENSTEIN MEETS DRACULA • 1957 • SHT
RETURN OF THE WOLF MAN • 1957 • SHT
FRANKENSTEIN STORY, THE • 1958 • SHT
RETURN OF THE MONSTER MAKER • 1958 • SHT
REVENGE OF DRACULA • 1958 • SHT
DAY I VANISHED, THE • 1959 • SHT
DINOSAUR DESTROYER • 1959 • SHT
FIRE MONSTERS, THE • 1959 • SHT
I WAS A TEENAGE APEMAN • 1959 • SHT
I WAS A TEENAGE VAMPIRE • 1959 • SHT
RETURN OF THE TEENAGE WEREWOLF • 1959 • SHT
SLAVE OF THE VAMPIRE • 1959 • SHT
TEENAGE FRANKENSTEIN MEETS THE TEENAGE WEREWOLF, THE • 1959 • SHT
TEENAGE FRANKENSTEIN, THE • 1959 • SHT
TEENAGE WEREWOLF, THE • 1959 • SHT
TIME MONSTERS, THE • 1959 • SHT
REVENGE OF THE TEENAGE WEREWOLF • 1960 • SHT
TIME IS JUST A PLACE • 1961 • SHT
DRAGSTRIP DRACULA • 1962
INVISIBLE TEENAGER, THE • 1962 • SHT
TOR, KING OF BEASTS • 1962 • SHT
HUMAN TORCH, THE • 1963 • SHT
SUPERDUPERMAN • 1963 • SHT
BATMAN AND ROBIN • 1964 • SHT
SON OR TOR • 1964 • SHT
SPY SMASHER • 1964 • SHT
JEEPERS CREEPERS' CAR CHASE • 1965 • SHT
SUPERMAN VS. THE GORILLA GANG • 1965 • SHT
WRATH OF THE SUN DEMON • 1965 • SHT
ROCKETMAN FLIES AGAIN • 1966 • SHT
SPIDERMAN • 1969 • SHT

GLUZCEVIC OBRAD see **GLUSCEVIC OBRAD**

GLYKOFRIDIS PANOS – GRC
GLIKOFRIDIS PANOS
MI TI LAMPSI STA MATIA • ECLAT DE GLOIRE • 1966
POLI ARGA YIA DHAKRIA • VERY LATE FOR TEARS ○ TEARS OF REMORSE • 1968
ESHATI PRODOSIA • HIGH TREASON • 1970
DICTATOR KALI THANASSI • THANASSIS AND THE DICTATOR • 1973
DIKI TON DIKASTON, I • TRIAL OF THE JUDGES, THE • 1973
THANASSIS STI HORA TIS SFALIARAS, O • EVENTS HIT THANASSIS SMACK ON THE NOSE ○ THANASSIS IN THE LAND OF SLAPS • 1975
PEDDLER, THE • PEDLAR, THE • 1981

GLYN ELINOR – Novelist – UKN
KNOWING MEN • 1930
PRICE OF THINGS, THE • 1930

GNANT ROB – SWT
SIAMO DONNE • WE, THE WOMEN • 1953

GNOAN M'BALA ROGER see **M'BALA GNOAN**

GOBBETT D. W. – MXC
MEXICO TODAY • 1916
VIRGEN DE GUADALOUPE, LA • VIRGIN OF GUADALUPE, THE • 1918

GOBBETT T. J. – UKN
MODERN GRACE DARLING, A • 1908
ANARCHY IN ENGLAND • 1909
BAD DAY FOR LEVINSKY, A • 1909
FATHER BUYS THE FIREWORKS • 1909
JAGGER BREAKS ALL RECORDS • 1909
PRICE OF BREAD, THE • 1909
TRAGEDY OF THE TRUTH, A • 1909
WHEN MAMA'S OUT • 1909
CHILD'S MESSAGE TO HEAVEN, A • 1910
EMIGRANT, THE • 1910
NEW RECRUIT, THE • 1910

GOBBI ANNA – ITL
TRE E DUE
SCANDOLO, LO • 1966

GOBBI SERGIO – ITL – 1938–
EXECUTION, L'
ESPACE D'UN MATIN, L' • 1960
BLUFFEUR, LE • 1963
PAS DE PANIQUE • 1965
ETRANGERE, L' • SEX WITH A STRANGER • 1968
FILLE NOMMEE AMOUR, UNE • RAGAZZA CHIAMATA AMORE, UNA (ITL) ○ GIRL CALLED LOVE, A • 1968
MALDONNE • 1968
TEMPS DES LOUPS -TEMPO DI VIOLENZA, LE • TEMPS DES LOUPS, LE (FRN) ○ DILLINGER 70 ○ CARBON COPY ○ HEIST, THE ○ LAST SHOT, THE ○ TIME OF THE WOLVES • 1970
BEL MOSTRO, IL • STRANGE LOVE AFFAIR, A (UKN) ○ BEAU MONSTRE, UN (FRN) • 1971
GALETS D'ETRETAT, LES • IMPROVVISAMENTE UNA SERA, UN AMORE (ITL) • 1971
INTRUS, LES • MENACE (UKN) • 1971
COSI BELLO COSI CORROTTO COSI CONTESO • VORACES, LES (FRN) • 1973
RIVALE, LA • 1974
BLONDY • VORTEX (USA) ○ BLONDIE • 1975
ENFANT DE NUIT, L' • ENFANTASME • 1978
INCONNUS AUX PETITS PIEDS, LES • 1978
CIAO, LES MECS! • 1979
ARBELETE, L' • 1984

GOBRON JEAN-NOEL – BLG
SARTORI STRESS • 1984

GOCHIS CONSTANTINE S. – USA
REDEEMER, THE • REDEEMER.. SON OF SATAN, THE • 1976

GODAL EDWARD – UKN
ADVENTUROUS YOUTH • 1928
CHIPS • 1938

GODARD CLAUDE – FRN
TEMPS MORTS • 1980 • DOC

GODARD JEAN – FRN – 1899–
POUR UN SOIR • STELLA MARIS • 1931

GODARD JEAN-LUC – FRN – 1930–
SEPT PECHES CAPITAUX, LES • SETTE PECCATI CAPITALI, I (ITL) ○ SEVEN CAPITAL SINS, THE ○ SETTE PECCATI CAPITALI, I ○ SEVEN DEADLY SINS, THE ○ SEVEN DEADLY SINS ○ SEVEN CAPITAL SINS • 1951
OPERATION BETON • 1954 • SHT
FEMME COQUETTE, UNE • 1955 • SHT
TOUS LES GARCONS S'APPELLENT PATRICK • CHARLOTTE ET VERONIQUE • 1957 • SHT
CHARLOTTE ET SON JULES • 1958 • SHT
HISTOIRE D'EAU • 1959 • SHT
A BOUT DE SOUFFLE • BREATHLESS (USA) • 1960
FEMME EST UNE FEMME, UNE • WOMAN IS A WOMAN, A (USA) ○ DONNA E DONNA, LA (ITL) • 1961
PETIT SOLDAT, LE • LITTLE SOLDIER, THE • 1961
CARABINIERS, LES • RIFLEMEN, THE (USA) ○ SOLDIERS, THE • 1962
VIVRE SA VIE • MY LIFE TO LIVE (USA) ○ IT'S MY LIFE (UKN) • 1962
MEPRIS, LE • DISPREZZO, IL (ITL) ○ CONTEMPT (USA) • 1963
PLUS BELLES ESCROQUERIES DU MONDE, LES • TRUFFE PIU BELLE DEL MONDO, LE (ITL) ○ WORLD'S GREATEST SWINDLES ○ BEAUTIFUL SWINDLERS, THE ○ SEKAI SAGI MONOGATARI ○ PIU BELLE TRUFFE DEL MONDO, LE • 1963
ROGOPAG LAVIAMOCI IL CERVELLO • ROGOPAG • 1963
BAND A PART • BAND OF OUTSIDERS (USA) ○ OUTSIDERS, THE (UKN) • 1964
FEMME MARIEE, UNE • FEMME MARIEE, LA ○ MARRIED WOMAN, A ○ MARRIED WOMAN, THE • 1964
REPORTAGE SUR ORLY • 1964 • DCS
ALPHAVILLE, UNE ETRANGE AVENTURE DE LEMMY CAUTION • AGENTE LEMMY CAUTION MISSIONE ALPHAVILLE (ITL) ○ ALPHAVILLE (USA) ○ TARZAN VS. I.B.M. • 1965
PIERROT LE FOU • BANDITO DELLA 11, IL (ITL) ○ DEMON DE ONZE HEURES, LE • 1965
MADE IN U.S.A. • 1966
MASCULIN-FEMININ • MASKULINUM-FEMININUM (SWD) ○ MASCULINE-FEMININE ○ MASCULIN-FEMININ 15 FAITS PRECIS • 1966
CHINOISE, LA • CHINOISE, OU PLUTOT A LA CHINOISE, LA ○ CHINESE GIRL, THE • 1967
DEUX OU TROIS CHOSES QUE JE SAIS D'ELLE • TWO OR THREE THINGS I KNOW ABOUT HER (UKN) • 1967
GAI SAVOIR, LE • FROHLICHE WISSENSCHAFT, DIE (FRG) ○ JOYFUL WISDOM, THE • 1967
LOIN DU VIETNAM • FAR FROM VIETNAM • 1967
MAUVAISES FREQUENTATIONS, LES • BAD COMPANY (USA) • 1967 • CMP
PLUS VIEUX METIER DU MONDE, LE • AMORE ATTRAVERSO I SECOLO, L' (ITL) ○ AMOUR A TRAVERS LES AGES, L' ○ ALTESTE GEWERBE DER WELT, DAS ○ LOVE THROUGH THE CENTURIES ○ OLDEST PROFESSION IN THE WORLD, THE ○ OLDEST PROFESSION, THE (USA) • 1967
CINETRACTS • 1968
FILM COMME LES AUTRES, UNE • FILM LIKE ALL OTHERS, A • 1968
ONE PLUS ONE • SYMPATHY FOR THE DEVIL (UKN) • 1968
WEEK-END • WEEK END: UNA DONNA E UN UOMO DA SABATO A DOMENICO (ITL) ○ WEEKEND • 1968
AMORE E RABBIA • CONTESTATION, LA (FRN) ○ VANGELO '70 ○ LOVE AND ANGER • 1969
BRITISH SOUNDS • SEE YOU AT MAO • 1969
COMMUNICATIONS • 1969
LOTTE IN ITALIA • LUTTES EN ITALIE ○ STRUGGLE IN ITALY • 1969
ONE A.M. • ONE AMERICAN MOVIE • 1969
VENT D'EST, LE • VENTO DELL'EST (ITL) ○ WIND VON OSTEN (FRG) ○ WIND FROM THE EAST (USA) ○ EAST WIND • 1969
JUSQU'A LA VICTOIRE • 'TIL VICTORY (USA) ○ TILL VICTORY • 1970 • DOC
PRAVDA • 1970
VLADIMIR ET ROSA • VLADIMIR AND ROSA • 1971
LETTER TO JANE: INVESTIGATION OF A STILL • LETTRE A JANE • 1972
TOUT VA BIEN • CREPA PADRONE TUTTO VA BENE (ITL) ○ ALL IS WELL • 1972
MOI JE • 1973
NUMERO DEUX • 1975
COMMENT CA VA • 1976
COMMUNICATION, LA • 6 x 2: SUR ET SOUS LA COMMUNICATION • 1976 • MTV
ICI ET AILLEURS • 1977
SAUVE QUI PEUT • EVERY MAN FOR HIMSELF (USA) ○ SLOW MOTION (UKN) ○ SAUVE QUI PEUT (LA VIE) ○ VIE, LA • 1980
LETTRE A FREDDY BUACHE • 1982 • DOC
PASSION • GODARD'S PASSION (USA) • 1982
PRENOM: CARMEN • FIRST NAME: CARMEN • 1983
JE VOUS SALUE MARIE • HAIL MARY • 1984
PARIS VU PAR.. 20 ANS APRES • SIX IN PARIS • 1984
DETECTIVE • 1985
ARIA • 1987
KING LEAR • 1987
SOIGNE TA DROITE • 1987
NOUVELLE VAGUE • NEW WAVE • 1989

GODBOUT JACQUES – CND – 1933–
ADMINISTRATEURS, LES • 1960 • DOC
DIEUX, LES • 1961 • DCS
POUR QUELQUES ARPENTS DE NEIGE.. • QUELQUES ARPENTS DE NEIGE • 1962 • DCS
PAUL-EMILE BORDUAS • 1963 • DCS
ROSE ET LANDRY • 1963 • DCS
FABIENNE SANS SON JULES • 1964 • SHT
MONDE VA NOUS PRENDRE POUR DE SAUVAGES, LE • PEOPLE MIGHT LAUGH AT US • 1964 • DCS
HUIT TEMOINS • 1965 • DOC
YUL 871 • 1966
VIVRE SA VILLE • 1967 • DCS
KID SENTIMENT • 1968
HOMME MULTIPLIE, L' • 1969 • DCS
VRAIS COUSINS, LES • 1970 • DOC
IXE 13 • 1971
GAMMICK, LA • 1974
TROUBLES DE JOHNNY, LES • 1974 • SHT
AIMEZ-VOUS LES CHIENS? • 1975 • DOC
ARSENAL • 1976
INVASION 1775...1975, L' • 1976 • DCS
DERRIERE L'IMAGE • 1978
DEUX EPISODES DANS LA VIE D'HUBERT AQUIN • 1979
FEU L'OBJECTIVITE • 1979
DISTORTIONS • 1981
MONOLOGUE NORD-SUD, UN • 1982
COMME EN CALIFORNIE • 1983
ALIAS WILL JAMES • 1988 • DOC
EN DERNIER RECOURS • 1988 • DOC

GODDARD CLAUDE – USA
BARBIE'S FANTASIES • 1974
COUPLES • 1975
WINTER HEAT • 1977

GODDARD FREDERICK – UKN
THROUGH STORMY WATERS • 1920

GODDARD GARY – USA
MASTERS OF THE UNIVERSE • MASTERS OF THE UNIVERSE: THE MOTION PICTURE • 1987

GODDARD JIM – UKN – 1936–
TALE OF TWO CITIES, A • 1980 • TVM
REILLY: ACE OF SPIES • REILLY: THE ACE OF SPIES • 1983 • MTV
BLACK STUFF, THE • 1984
BONES • 1984
HITLER'S S.S.: PORTRAIT IN EVIL • HITLER'S S.S.: PORTRAIT OF EVIL • 1985 • TVM
PARKER • BONES • 1985
SHANGHAI SURPRISE, THE • 1986
IMPOSSIBLE SPY, THE • 1987 • TVM
REASONABLE FORCE • 1988

GODED A. – MXC
ESTUDIOS PARA UN RETRATO • 1978 • SHT

GODFREY BOB – Animator – ASL – 1922–
BIG PARADE, THE • 1952 • ANS
FORMATION • 1952 • ANS
WATCH THE BIRDIE • 1953 • ANS
DRIVING TEST • 1958 • SHT
HANGING TREE • 1958 • SHT
BATTLE OF NEW ORLEANS, THE • 1960 • SHT
POLYGAMOUS POLONIUS • 1960 • ANS
DO-IT-YOURSELF CARTOON KIT, THE • 1961 • ANS
THAT NOISE • 1961 • SHT
WHAT KIND OF FOOL AM I? • 1961 • SHT
PLAIN MAN'S GUIDE TO ADVERTISING, THE • 1962 • SHT
MORSE CODE MELODY • 1963 • SHT
ALF, BILL AND FRED • 1964 • ANS
PRODUCTIVITY PRIMER • 1964 • ANS
RISE AND FALL OF EMILY SPROD, THE • 1964 • ANS
ONE MAN BAND • 1965 • SHT
ART POUR L'ART (ART FOR ART'S SAKE), L' • 1966
BANG • 1967 • SHT
ROPE TRICK • 1967 • ANS

WHATEVER HAPPENED TO UNCLE FRED • 1967 • ANS
MASKS • 1968 • ANS
TWO OFF THE CUFF • 1968 • CMP
WAYS AND MEANS • 1968 • ANS
HAPPENINGS • ANS
ELECTRON'S TALE, THE • 1970 • ANS
HENRY 9 TILL 5 • 1970 • ANS
KAMA SUTRA RIDES AGAIN • 1972 • ANS
WHEN ROOBARB MADE A SPIKE • 1973 • ANS
WHEN ROOBARB FOUND SAUCE • 1974 • ANS
WHEN ROOBARB WAS BEING BORED, THEN NOT BEING BORED • 1974 • ANS
WHEN THERE WASN'T TREASURE • 1974 • ANS
GREAT • GREAT ISAMBARD KINGDOM BRUNEL • 1975 • ANS
DEAR MARJORIE BOOBS • 1977 • ANS
HAND, THE • 1977 • ANS
KEY, THE • 1977 • ANS
LINE, THE • 1977 • ANS
SHADOW, THE • 1977 • ANS
MARX FOR BEGINNERS • 1978 • ANS
DREAM DOLL • LUTKA SNOVA • 1979 • ANS
INSTANT SEX • 1980 • ANS
BIO WOMAN • 1981 • ANS
BEAKS TO THE GRINDSTONE • 1985 • ANS
JOURNALIST'S TALE, A • 1985 • ANS
POLYGAMOUS POLONIUS REVISITED • 1985 • ANS

GODFREY PETER – UKN – 1899–1970
THREAD O' SCARLET • 1930
DOWN RIVER • 1931
LONE WOLF SPY HUNT, THE • LONE WOLF'S DAUGHTER, THE (UKN) • 1939
UNEXPECTED UNCLE • 1941
HIGHWAYS BY NIGHT • 1942
MAKE YOUR OWN BED • 1944
CHRISTMAS IN CONNECTICUT • INDISCRETION (UKN) • 1945
HOTEL BERLIN • 1945
ONE MORE TOMORROW • ANIMAL KINGDOM, THE • 1946
CRY WOLF • 1947
ESCAPE ME NEVER • 1947
THAT HAGEN GIRL • 1947
TWO MRS. CARROLLS, THE • 1947
DECISION OF CHRISTOPHER BLAKE, THE • CHRISTOPHER BLAKE • 1948
WOMAN IN WHITE, THE • 1948
GIRL FROM JONES BEACH, THE • 1949
ONE LAST FLING • 1949
BARRICADE • 1950
GREAT JEWEL ROBBER, THE • AFTER NIGHTFALL • 1950
HE'S A COCKEYED WONDER • FREDDIE THE GREAT • 1950
ONE BIG AFFAIR • 1952
ONE LIFE • 1955
PLEASE MURDER ME • 1956

GODINA KARPO – YGS
SPLAV MEDUZE • RAFT OF MEDUSA, THE ○ MEDUSA RAFT, THE ○ RAFT OF THE MEDUSA, THE • 1981
CRVENI BUGI • RDECI BOOGIE ALI KAJ TI JE DEKLICA ○ RED BOOGIE ○ CVRENI BOOGIE ILI STO TI JE DJEVOJKO ○ RED BOOGIE, OR WHAT'S UP, GIRL? • 1983
UMETNI RAJ • ARTIFICIAL PARADISE • 1990

GODMILOW JILL – USA
ANTONIA: A PORTRAIT OF A WOMAN • 1974 • DOC
POPOVICH BROTHERS OF SOUTH CHICAGO, THE • 1978
WAITING FOR THE MOON • ON THE TRAIL OF THE LONESOME PINE • 1987

GODOY ARMANDO ROBLES – PRU
ROBLES–GODOY ARMANDO
EN LA SELVA NO HAY ESTRELLAS • THERE ARE NO STARS IN THE JUNGLE ○ NO STARS IN THE JUNGLE • 1968
MURALLA VERDE, LA • GREEN WALL, THE (USA) • 1969
ESPEJISMO • MIRAGE • 1973

GODROS FRIGYES – HNG
DA CAPO • 1989

GODSOE HAROLD – USA
TO HEIR IS HUMAN • 1944 • SHT

GODWIN FRANK – UKN
BOY WHO NEVER WAS, THE • 1979
ELECTRIC ESKIMO, THE • 1979
BREAK OUT • 1984
TERRY ON THE FENCE • 1987

GOEBEL O. E. – USA
BLASPHEMER, THE • 1921

GOEL DEVENDRA – IND
DUS LAKH • TEN LAKHS • 1967

GOEL VERONIQUE – SWT
PRECIS

van GOETHEM NICOLE – Animator – BLG
GREEK TRAGEDY, A • 1986 • ANS

GOETZ BEN – USA – 1891–
FIGHTING IS NO BUSINESS • 1914
INEVITABLE, THE • DRAGONFLY, THE • 1917

GOETZ CURT – GRM – 1888–1960
GOTZ KURT
FRIEDRICH SCHILLER • 1923
NAPOLEON IST AN ALLEM SCHULD • 1938
FRAUENARZT DR. PRATORIUS • 1950
HAUS IN MONTEVIDEO, DAS • 1951

GOETZ JOHN – USA
UNCLE VANYA • 1958

GOETZ TOMMY – USA
AROUND THE WORLD IN 80 WAYS! • 1969
BRIDE FOR BRENDA, A • 1969
GOING DOWN FOR THE 3RD TIME • 1969
HOT KISS • 1969
I WISH I WERE IN DIXIE • 1969
MARRIAGE DROPOUTS • 1969
SEX CIRCUS • 1969
HOT LINE • 1970

van GOGH THEO – NTH
LUGHER • 1981
DAGJE NAAR HET STRAND, EEN • DAY AT THE BEACH, A • 1984
TERUG NAAR OEGSTGEEST • BACK TO OEGSTGEEST • 1987
LOOS • NO POTATOES • 1988

GOGOBERIDZE L. see **GOGOBERIDZE LANA**

GOGOBERIDZE LANA – USS
GOGOBERIDZE L.
UNDER THE SAME SKY
I SEE THE SUN • 1965
LITTLE INCIDENT, THE • 1975
PEREPOLOKH • SCANDAL IN SALKHINETI ○ AURZAURI SALKHINETSHI ○ COMMOTION • 1976
NESKOLKO INTERVYU PO LICHNYM VOPROSAM • SEVERAL INTERVIEWS ON PERSONAL MATTERS ○ PERSONAL PROBLEMS ○ INTERVIEWS ON PERSONAL PROBLEMS ○ SEVERAL INTERVIEWS ON PRIVATE MATTERS • 1980
DEN' DINNEIE NOCHI • DAY LONGER THAN NIGHT, THE • 1983

GOGOLEWSKI IGNACY – PLN
ROMANS TERESY HENNERT • ROMANCE OF TERESA HENNERT, THE ○ TERESA HENNERT'S ROMANCE • 1978

GOIRICELAYA AITOR – SPN
CAPERUCITA Y ROJA • RIDING HOOD AND RED • 1976

GOITEIN ALEX E. – USA
CHERRY HILL HIGH • VIRGIN CONFESSIONS • 1976
CHEERLEADERS' BEACH PARTY • 1978

GOK SAHIN – TRK
LIGHTHOUSE OF PONENTE, THE • 1989

GOKHALE G. K. – IND
UMBRELLA • ANM

GOLAN MENACHEM see **GOLAN MENAHEM**

GOLAN MENAHEM – Producer – ISR – 1929–
GOLAN MENACHEM
EL DORADO • 1963
FILLE DE LA MER MORTE, LA • SEDUCED IN SODOM (UKN) ○ GIRL FROM THE DEAD SEA, THE • 1966
MIVTZA KAHIR • EINER SPIELT FALSCH (FRG) ○ TRUNK TO CAIRO (USA) • 1966
999.. ALIZA MIZRACHI • 1967
FORTUNA • 1968
TUVIYAH VE SHEVA BENOTAIV • TEVYE UND SEINE SIEBEN TOCHTER (FRG) ○ TEVYE AND HIS SEVEN DAUGHTERS • 1968
WHAT'S GOOD FOR THE GOOSE • WHAT'S GOOD FOR THE GANDER • 1969
EAGLES ATTACK AT DAWN • 1970
LUPO • 1970
KATZ & CARASSO • 1971
MARGO SHELI • MARGO (USA) ○ MY LOVE IN JERUSALEM ○ LOVE IN JERUSALEM • 1971
ESCAPE TO THE SUN • HABRICHA EL HASHEMESH • 1972
GREAT TELEPHONE ROBBERY, THE • 1972
MALKAT HAKVISH • HIGHWAY QUEEN, THE (UKN) ○ QUEEN OF THE ROAD • 1972
KAZABLAN • 1974
LEPKE • 1974
DIAMONDS • 1975
AMBASSADOR, THE • 1976
OPERATION THUNDERBOLT • ENTEBBE: OPERATION THUNDERBOLT • 1977
A CHI TOCCA...TOCCA! • AGENTEN KENNEN KEINE TRANEN ○ URANIUM–VERSCHWORUNG, DIE ○ KESHER HAURANIUM ○ YELLOWCAKE OPERAZIONE URANO ○ URANIUM CONSPIRACY, THE • 1978
MAGICIAN OF LUBLIN, THE • MAGIER, DER • 1978
APPLE, THE • STAR–ROCK • 1980
ENTER THE NINJA • 1982
OVER THE BROOKLYN BRIDGE • MY DARLING SHIKSA ○ ALBY'S DELIGHT • 1983
DELTA FORCE, THE • 1986
OVER THE TOP • 1987
HANNA'S WAR • HANNA'S WAR ○ INNOCENT HEROES • 1988
WHAT DO WOMEN WANT? • 1988
MACK THE KNIFE • THREE–PENNY OPERA, THE • 1989

GOLC RYSZARD – PLN
WYCIECZKA • TRIP, THE • 1967 • DOC

GOLD GREGG – USA
HOUSE OF THE RISING SUN • 1987

GOLD JACK – UKN – 1930–
HAPPY AS CAN BE • 1958 • SHT
LIVING JAZZ • 1960
VISIT, THE • 1961
SNOWDON AVIARY, THE • 1966 • SHT
BOFORS GUN, THE • 1968
RECKONING, THE • 1970
CATHOLICS • CONFLICT, THE • 1973 • TVM
NATIONAL HEALTH, THE • NATIONAL HEALTH, OR NURSE NORTON'S AFFAIR, THE (USA) • 1973
WHO? • MAN IN THE STEEL MASK, THE ○ MAN WITHOUT A FACE • 1974
MAN FRIDAY • 1975
NAKED CIVIL SERVANT, THE • 1975 • TVM
ACES HIGH • 1976
MEDUSA TOUCH, THE • 1977
SAILOR'S RETURN, THE • 1977
CHARLIE MUFFIN • 1979 • TVM
LITTLE LORD FAUTLEROY • 1980 • TVM
PRAYING MANTIS • 1982 • TVM
RED MONARCH • 1983 • TVM
SAKHAROV • 1984 • TVM
CHAIN, THE • 1985
ME AND THE GIRLS • 1985 • MTV
MURROW • 1985 • TVM
ESCAPE FROM SOBIBOR • 1987 • TVM
STONES FOR IBARRA • 1988 • TVM
TENTH MAN, THE • 1988 • TVM
BALL–TRAP ON THE COTE SAUVAGE • 1989

GOLD JEFFREY – USA
BOTTOM LINE • 1989

GOLD JOEL – USA
JOE AND MAXI • 1977

GOLD MICK – UKN
EUROPE AFTER THE RAIN • 1978

GOLD MYRON see **GOLD MYRON J.**

GOLD MYRON J. – MXC
GOLD MYRON
RABIA (THE RAGE), LA • RABIA POR DENTRO, LA (MXC) ○ RAGE WITHIN, THE • 1962
RAICES EN EL INFIERNO • 1963
FRANKENSTEIN'S GREAT AUNT TILLIE • 1985

GOLDAINE MARK – USA
MUCH NEEDED REST, A • 1919 • SHT
ARTISTIC ENEMIES • 1920 • SHT
AT IT AGAIN • 1920 • SHT
COUNTER PLOT, THE • 1920 • SHT
FINGERS AND POCKETS • 1920 • SHT
FLY IN THE OINTMENT, A • 1920 • SHT
LOVE ON ROLLERS • 1920 • SHT
MATRIMONIACS, THE • 1920 • SHT
MONEY MIX–UP, A • 1920
MUM'S THE WORD • 1920 • SHT
OH, GIRLS! • 1920 • SHT
ONE DOLLAR DOWN • 1920 • SHT
TREAT 'EM KIND • 1920 • SHT

GOLDBAUM PETER – GRM
HEUTE KUNDIGT MIR MEIN MANN • 1962

GOLDBECK WILLIS – Producer/ writer – USA – 1899–1979
DR. GILLESPIE'S NEW ASSISTANT • 1942
DR. GILLESPIE'S CRIMINAL CASE • CRAZY TO KILL (UKN) • 1943
RATIONING • 1943
BETWEEN TWO WOMEN • DOCTOR RED ADAMS • 1944
THREE MEN IN WHITE • 1944
SHE WENT TO THE RACES • 1945
LOVE LAUGHS AT ANDY HARDY • UNCLE ANDY HARDY • 1946
DARK DELUSION • CYNTHIA'S SECRET (UKN) • 1947
JOHNNY HOLIDAY • 1949
TEN TALL MEN • 1951

GOLDBERG DAN – USA
FEDS • 1988

GOLDBERG DANNY – USA
NO NUKES • 1980

GOLDBERG DAVE – USA
SIREN OF THE TROPICS • 1937

GOLDBERG DAVID – USA
DAD • 1989

GOLDBERG HEINZ – GRM
GELDTEUFEL, DER • FENTON • 1923
PAGANINI • 1923

GOLDBERG JACK – USA
SCANDALS OF 1933 • 1933 • SHT
SIREN OF THE TROPICS • 1937
WE'VE COME A LONG WAY • 1944

GOLDBERG RUBE – USA
BOOB WEEKLY, THE • 1916 • SHS
LEAP YEAR • 1920 • ANS

GOLDBERGER KURT – CZC – 1919–
SAFE JOURNEY • DOC
TRAIN TRIP BY DEGREES • DOC
VALLEY OF HEALTH AND QUIET, THE • 1949 • DOC
RETARDED LIFE • 1960 • DOC
ON THE THRESHOLD OF SPACE TRAVEL • DOC
I'M NOT GOING TO EAT • 1961 • DOC
RESECTION OF THE LUNGS • 1961 • DOC
SURGERY OF MITRAL STENOSIS • 1961 • DOC
ZPOMALENY ZIVOT • LIFE IN SLOW MOTION • 1962
UNLOVED CHILDREN • 1964 • DOC

GOLDBLATT MARK – USA
DEAD HEAT • 1988
PUNISHER, THE • 1989

GOLDEN JOHN – USA
FAT GUY GOES NUTZOID • ZEISTERS • 1986
BIG GIVER, THE • 1988

GOLDEN JOSEPH see **GOLDEN JOSEPH A.**

GOLDEN JOSEPH A. – USA
GOLDEN JOSEPH
GIRL FROM ARIZONA, THE • 1910
HER PHOTOGRAPH • 1910
HOODOO, THE • 1910
HOW RASTUS GETS HIS TURKEY • 1910
MAID OF NIAGARA, THE • 1910
MOTOR FIEND • 1910
NEW MAGDALEN, THE • 1910
SUMMER FLIRTATION, A • 1910
TOMMY GETS HIS SISTER MARRIED • 1910
ANGEL OF THE SLUMS, THE • 1911
FLAMING ARROWS, THE • 1911
FOR MASSA'S SAKE • 1911
HELPING HIM OUT • 1911
HIS BIRTHDAY • 1911
HOME SWEET HOME • 1911
LOST NECKLACE, THE • 1911
LOVE MOULDS LABOR • 1911
LOVE'S RENUNCIATION • 1911
MESSAGE OF THE ARROW, THE • 1911
PRISONER OF THE MOHICANS • 1911
STEPSISTERS, THE • 1911
UNFORSEEN COMPLICATION, AN • 1911
COMPACT, THE • 1912
FOR THE HONOR OF THE NAME • 1912
GIRL IN THE NEXT ROOM, THE • 1912
GYPSY FLIRT, THE • 1912
LOCKED OUT • 1912
MAN FROM THE NORTH POLE, THE • 1912
NATION'S PERIL, A • 1912
OH, SUCH A NIGHT! • 1912

QUARREL, THE • 1912
COUNT OF MONTE CRISTO, THE • 1913
EYE OF A GOD, THE • 1913
SECRET FORMULA, THE • 1913
ARM OF THE LAW, THE • 1915
BETTER WOMAN, THE • 1915
CURSE OF THE BLACK PEARL • 1915
DIVORCED • 1915
FALSELY ACCUSED • 1915
KIDNAPPED • 1915
NOT GUILTY • 1915
PRICE, THE • 1915
ROMANCE OF ELAINE, THE • 1915 • SRL
TALE OF THE HILLS, A • 1915
TERRIBLE TRAGEDY, A • 1915
BEATRICE FAIRFAX • 1916 • SRL
LIBERTINE, THE • 1916
LOVE'S CROSS ROADS • BEHIND CLOSED DOORS • 1916
PRIMA DONNA'S HUSBAND, THE • 1916
SENATOR, THE • 1916
LAW OF COMPENSATION, THE • 1917
REDEMPTION • 1917
GREAT GAMBLE, THE • 1919 • SRL
WOLVES OF KULTUR • 1919 • SRL
WHIRLWIND, THE • 1920 • SRL
FANGS OF THE WOLF • 1924

GOLDEN MURRAY – UKN
CLUE ACCORDING TO SHERLOCK HOLMES, THE • 1980 • MTV

GOLDEN ROBERT – USA
HONEYMOON • 1928

GOLDENBERG DANIEL – FRN – 1931–
PORTRAIT DE MARIANNE, LE • 1970

GOLDFARB LAWRENCE G. – USA
STUCKEY'S LAST STAND • 1980

GOLDIE CAROLINE – UKN
MORGAN'S WALL • 1978

GOLDIN R. – USS
HOCKEY PLAYERS • 1965

GOLDIN SIDNEY see **GOLDIN SIDNEY M.**

GOLDIN SIDNEY M. – USA
GOLDIN SIDNEY
ESCAPED FROM SIBIRIA • 1914
BILLY'S COLLEGE JOB • 1915
HUNCHBACK'S ROMANCE, THE • 1915
LAST OF THE MAFFIA, THE • 1915
WHAT MIGHT HAVE BEEN • 1915
WHEN THE CALL CAME • 1915
OH! WHAT A WHOPPER • 1916 • SHT
IT CAN'T BE DONE • 1918 • SHT
GATES OF DOOM, THE • 1919
MYSTERIOUS MR. BROWNING, THE • 1919
BIRD FANCIER, THE • 1920
HORSESHOE COMEDIES • 1920 • SER
TAM NA HORACH • IN THE MOUNTAINS • 1920
WOMAN HATER, THE • 1920
FUHRE UNS NICHT IN VERSUCHUNG • UND FUHRE UNS NICHT IN VERSUCHUNG • 1922
HUTET EURE TOCHTER • 1922
EAST SIDE SADIE • 1929
ETERNAL FOOLS • EWIGE NARANIM • 1930
MY YIDDISHE MAMA • YIDDISH MAMA, THE • 1930
ZEIN WEIB'S LIEBENIK • HIS WIFE'S LOVER • 1931
UNCLE MOSES • 1932

GOLDING PAUL – USA
PULSE • 1988
BREAKFAST OF CHAMPIONS • 1989

GOLDMAN BOSWORTH – UKN
PLANE SAILING • 1937

GOLDMAN F. LYLE – USA
FINDING HIS VOICE • 1929 • ANS

GOLDMAN JIM – USA
DESERT WARRIOR • 1988

GOLDMAN LES – USA
HANGMAN • 1964 • ANS
APRES LE SILENCE • 1970 • ANS

GOLDMAN MARTIN – USA
LEGEND OF NIGGER CHARLEY, THE • LEGEND OF BLACK CHARLEY, THE • 1972
DARK AUGUST • 1976

GOLDMAN MICAL – USA
DIVIDED TRAIL, THE • 1980 • DOC

GOLDMAN MICHAEL – USA
JUMPIN' NIGHT IN THE GARDEN OF EDEN, A • 1988

GOLDMAN PETER EMANUEL – USA – 1939–
GOLDMAN PETER EMMANUEL • EMANUEL ARAM
DUNCAN HINES • 1964
NIGHT CRAWLERS • 1964 • SHT
ECHOES OF SILENCE • 1965
PESTILENT CITY • 1965
SENSUALIST, THE • SENSUALISTS, THE • 1966
WHEEL OF ASHES • 1968

GOLDMAN PETER EMMANUEL see **GOLDMAN PETER EMANUEL**

GOLDMAN STUART – USA
SENIOR WEEK • 1987

GOLDMAN THALMA – UKN
AMATEUR NIGHT • 1975

GOLDOVSKIA MARINA – USS
SOLOVKI POWER • 1988 • DOC

GOLDSCHMIDT D. – FRN
CINEMATOGRAPHIE • 1966 • SHT

GOLDSCHMIDT DIDIER – FRN
VILLE ETRANGERE • 1988

GOLDSCHMIDT JOHN – UKN – 1943–
IT'S A LOVELY DAY TOMORROW • 1975 • MTV
SPEND, SPEND, SPEND • 1977 • MTV
LIFE FOR CHRISTINE • 1980 • MTV
EGON SCHIELE • 1982 • MTV
DEVIL'S LIEUTENANT, THE • 1984 • MTV
SHE'LL BE WEARING PINK PYJAMAS • 1985
SONG FOR EUROPE, A • CRY FOR JUSTICE, A ○ STRENG VERTRAULICH ○ CRIME OF HONOUR • 1985 • TVM
MASCHENKA • 1987

GOLDSCHOLL MILDRED – Animator – USA
GOLDSCHOLL MILLIE
NIGHT DRIVING • 1956 • ANM
SHAPING THE WORLD • 1961 • ANM
ENVELOPE JIVE • 1962 • ANS
DISSENT ILLUSION • 1963
INTERGALACTIC ZOO • 1964 • ANS
GREAT TRAIN ROBBERY, THE • 1966 • ANM
PITTER PATTERNS • 1966 • ANS
UP IS DOWN • 1969 • ANS

GOLDSCHOLL MILLIE see **GOLDSCHOLL MILDRED**

GOLDSCHOLL MORTON – Animator – USA
NIGHT DRIVING • 1956 • ANM
SHAPING THE WORLD • 1961 • ANM
ENVELOPE JIVE • 1962 • ANS
INTERGALACTIC ZOO • 1964 • ANS
GREAT TRAIN ROBBERY, THE • 1966 • ANM
PITTER PATTERNS • 1966 • ANS
EARTHKEEPING • 1973

GOLDSMITH FRANK – USA
BUILDING CHILDREN'S PERSONALITIES WITH CREATIVE DANCING • 1953

GOLDSMITH SIDNEY – Animator – CND – 1922–
HOMELESS ONES, THE • 1954 • ANM
RICHES OF THE EARTH • 1959 • ANM
FUNDAMENTALS OF FISH SPOILAGE • 1962 • DOC
MATHEMATICS • 1966–67 • SER
ELECTRONIC FISH FINDERS • 1969
FIELD OF SPACE • 1969 • SHT
ESPOLIO • 1970 • ANM
UNDER THE RAINBOW • 1972
SATELLITES OF THE SUN • 1974
NO ACT OF GOD • 1977 • ANM
HARNESS THE WIND • 1978 • ANM
DAY OFF, THE • 1980 • ANM
MAN WHO LOVED MACHINES, THE • 1983
STARLIFE • 1983 • ANM
COMET • 1986 • ANS

GOLDSTEIN ALLAN – CND
OUTSIDE CHANCE OF MAXIMILIAN GLICK, THE • 1988

GOLDSTEIN ALVIN H. – USA
UNQUIET DEATH OF JULIUS AND ETHEL ROSENBERG, THE • 1976

GOLDSTEIN BRUCE – USA
HOLLYWOOD OUTTAKES • 1984 • CMP

GOLDSTEIN MAREK – GRM
LANG IST DER WEG • LONG IS THE ROAD • 1948

GOLDSTEIN SCOTT – USA
FLANAGAN • WALLS OF GLASS • 1985

GOLDSTONE DUKE – USA
PROSPECTING FOR PETROLEUM • 1948

GOLDSTONE JAMES – USA – 1931–
GOLDSTONE JIM
SCALPLOCK • 1966 • TVM
CODE NAME: HERACLITUS • 1967 • TVM
IRONSIDE • 1967 • TVM
JIGSAW • 1968
SHADOW OVER ELVERON • 1968 • TVM
MAN CALLED GANNON, A • 1969
WINNING • 1969
CLEAR AND PRESENT DANGER, A • 1970 • TVM
RED SKY AT MORNING • THAT SAME SUMMER • 1970
GANG THAT COULDN'T SHOOT STRAIGHT, THE • 1971
BROTHER JOHN • KANE • 1972
THEY ONLY KILL THEIR MASTERS • 1972
CRY PANIC • 1974
DR. MAX • 1974 • TVM
THINGS IN THEIR SEASON • 1974
ERIC • 1975 • TVM
JOURNEY FROM DARKNESS • 1975 • TVM
SWASHBUCKLER • SCARLET BUCCANEER, THE (UKN) ○ SCARLETT BUCKANEER • 1976
ROLLERCOASTER • 1977
WHEN TIME RAN OUT.. • DAY THE WORLD ENDED, THE • 1980
KENT STATE • 1981 • TVM
CHARLES & DIANA: A ROYAL LOVE STORY • 1982 • TVM
RITA HAYWORTH: THE LOVE GODDESS • 1983
CALAMITY JANE • 1984 • TVM
SENTIMENTAL JOURNEY • 1984 • TVM
SUN ALSO RISES, THE • 1984 • TVM
DREAMS OF GOLD: THE MEL FISHER STORY • 1986 • TVM
EARTHSTAR VOYAGER • EARTH STAR VOYAGER • 1988 • TVM

GOLDSTONE JIM see **GOLDSTONE JAMES**

GOLDSTONE PHIL – USA
MONTANA BILL • 1921
SIN OF NORA MORAN, THE • 1933
MARRIAGE FORBIDDEN • DAMAGED GOODS • 1936

GOLDSTONE RICHARD – Producer – USA – 1912–
NO MAN IS AN ISLAND • ISLAND ESCAPE (UKN) • 1962

GOLDVANI M. – USS
POWER OF EVIL • 1929

GOLDWASSER YA'AKOV – ISR
MITAKHAT LA'AF • 1983

GOLDWASSER YANKUL – ISR
MILLION DOLLAR MADNESS • 1985

GOLDWYN SAM JR. see **GOLDWYN SAMUEL JR.**

GOLDWYN SAMUEL JR. – USA – 1926–
GOLDWYN SAM JR.
YOUNG LOVERS, THE • CHANCE MEETING • 1964

GOLEH FEREYDOON see **GOLEH FREYDOON**

GOLEH FREYDOON – IRN
GOLEH FEREYDOON
KANDOO • BEEHIVE • 1974
ZIRE POOSTE SHAB • UNDER COVER OF NIGHT • 1975

GOLESTAM IBRAHIM see **GOLESTAN EBRAHIM**

GOLESTAN EBRAHIM – IRN – 1922–
GOLESTAM IBRAHIM
GANJ • TREASURE, THE • 1973

GOLIK KRESO – YGS – 1922–
PLAVI 9 • BLUE 9, THE • 1950
DJEVOJCICA I HRAST • GIRL AND THE OAK, THE ○ DJEVOJKA I HRAST ○ LITTLE GIRL AND THE OAK, THE • 1954
KALA • 1958
IMAM DVIJE MAME I DVA TATE • I HAVE TWO MUMMIES AND TWO DADDIES ○ TOO MANY PARENTS • 1968
WHO IS THINKING SHOULDN'T THINK BAD • 1970
TKO PJEVA, ZLO NE MISLI • HE WHO SINGS MEANS NO EVIL ○ SINGING ONE THINKS NO HARM ○ YOU CAN'T GO WRONG IF YOU SING • 1971
RAZMEDJA • CONFLICT • 1974
ZIVJETI OD LJUBAVI • TO LIVE ON LOVE • 1974
PUCANJ • SHOT, THE • 1978
LJUBICA • VIOLET • 1979

GOLLIN NORMAN – USA
WHEEL DEALER • 1970 • SHT

GOLLINGS FRANKLIN – UKN
CONNECTING ROOMS • 1969

GOLOVNYA L. – USS
ECHO OF DISTANT SNOW, THE • 1969
END OF THE LYUBAVINS, THE • 1972

GOLOWANOW A. – GRM
PYAT DNEI –PYAT NOCHEI • FUNF TAGE –FUNF NACHTE (GDR) ○ FIVE DAYS –FIVE NIGHTS • 1961

GOLS ALBERT – NTH
BOSCHPLAAT, DE • 1972 • DOC

GOLUB L. – USS
ANYUTINA DOROGA • LITTLE ANYUTA'S DOG • 1968

GOLUBOVIC PEDRAG see **GOLUBOVIC PREDRAG**

GOLUBOVIC PREDRAG – YGS
GOLUBOVIC PEDRAG
DEATH OF THE PEASANT DJURICA, THE • 1971 • SHT
STILLNESS, THE • 1972 • SHT
WAR IS OVER, THE • 1973
BOMBASI • BOMB THROWERS, THE • 1974
CRVENI UDAR • MINERS' DETACHMENT, THE • 1975
SUDBINE • DESTINY • 1979
SEZONA MIRA U PARIZU • PEACETIME IN PARIS • 1981
PROGON • OPPRESSION • 1983

GOMAS GUIDO – ITL
BALLATA PER UN PEZZ DA 90 • BALLAD FOR A MACHINE GUN • 1966 • ANM

GOMEI UMAR – EGY
AWLADI • MES ENFANTS • 1951

GOMELSKY GIORGIO – UKN
CHRIS BARBER'S JAZZ BAND • 1956 • SHT
FESTIVAL OF JAZZ • 1961 • SHT
CHRIS BARBER BANDSTAND • 1962 • SHT

GOMER STEVE – USA
SWEET LORRAINE • 1987

GOMES – GNB
MORTU NEGA • 1988

GOMES PAULO AUGUSTO – BRZ
IDOLATRADA • IDOLISED • 1984

GOMEZ ANTONIO DELGADO – VNZ
ROMPIMIENTO, EL • 1938

GOMEZ BASCUAS ENRIQUE – SPN
GOMEZ ENRIQUE • GILL EMILIO CASTRO
VIENTO DE SIGLOS • 1945
PROXIMA VEZ QUE VIVAMOS, LA • 1946
EXTRANO AMANECER • 1947
VERDUGO, EL • 1947
FIESTA SIGUE, LA • 1948
TIEMPOS FELICES • 1949
CERCO DEL DIABLO, EL • 1950
MI HIJA VERONICA • 1950
DULCE NOMBRE • 1951
PERSECUCION EN MADRID • 1952
CIUDAD DE LOS SUENOS, LA • 1954

GOMEZ ENRIQUE see **GOMEZ BASCUAS ENRIQUE**

GOMEZ GUILLERMO HERNANDEZ – MXC
ADELITA, LA • 1937

GOMEZ LANDERO HUMBERTO – MXC
LANDERO HUMBERTO GOMEZ
GRAN MAKAKIKUS, EL • 1944
MUJER QUE ENGANAMOS, LA • 1944
HIJO DESOBEDIENTE, EL • 1945
CON LA MUSICA POR DENTRO • 1946
HAY MUERTOS QUE NO HACEN RUIDO • THERE ARE DEAD THAT ARE SILENT • 1946
MUSICO, POETA Y LOCO • 1947
NINO PERDIDO, EL • 1947
POBRES PERO SINVERGUENZAS • 1948
GUARDIAN EL PERRO SALVADOR • 1949
ROSALBA • 1954
PASION ME DOMINA, UNA • 1959
BONITAS LA TAPATIAS • 1960
NUESTROS ODIOSOS MARIDOS • 1960
LASTIMA DE ROPA • 1961
DIVINA GARZA, LA • 1962
AMORES DE MARIETA, LOS • FABULOSOS VEINTES, LOS • 1963
TAPATIAS NUNCA PIERDEN, LAS • 1964

GOMEZ LEOPOLD – FRN – 1895–
CLOCHARD MILLIARDAIRE, LE • LUI ET MOI • 1950

GOMEZ MANUEL G. – MXC
REBELION • 1934

GOMEZ MANUEL O. see **GOMEZ MANUEL OCTAVIO**

GOMEZ MANUEL OCTAVIO – CUB – 1934–
GOMEZ MANUEL O.
AGUA, EL • 1960
COOPERATIVAS AGRICOLAS • 1960 • DOC
ESCUELA EN EL CAMPO, UNA • 1961 • DOC
HISTORIA DE UNA BATALLA • HISTORY OF A BATTLE ○ STORY OF A BATTLE • 1962 • DOC
CUENTOS DEL ALHAMNARA: GUANCANAYABO • 1963
ENCUENTRO: LA SALACION, EL • SALACION, LA • 1965
TULIPA • 1967
NUEVITAS • 1968
PRIMERA CARGA AL MACHETE, LA • FIRST CHARGE OF THE MACHETE, THE (UKN) ○ FIRST ASSAULT WITH MACHETES, THE • 1968
DIAS DEL AGUA, LOS • DAYS OF WATER, THE • 1970
USTEDES TIENEN LA PALABRA • BALL IS IN YOUR COURT, THE ○ NOW IT'S UP TO YOU ○ YOU CAN TALK NOW • 1974
TIERRA Y EL CIELO, LA • EARTH AND THE SKY, THE • 1977
MUJER, UN HOMBRE, UNA CIUDAD, UNA • WOMAN, A MAN, A CITY, A • 1979
SR. PRESIDENTE, EL • SENOR PRESIDENTE, EL • 1983

GOMEZ MURIEL E. see **GOMEZ MURIEL EMILIO**

GOMEZ MURIEL EMILIO – MXC
MURIEL EMILIO GOMEZ • GOMEZ MURIEL E.
REDES • PESCADOS ○ WAVE, THE ○ NETS • 1934
GUERRA DE LOS PASTELES, LA • 1943
MONJA ALFEREZ, LA • ENSIGN NUN, THE • 1944
PAJARERA, LA • 1945
SEXO FUERTE, EL • SUPER-HEMBRAS, LAS ○ STRONGER SEX, THE ○ SUPER FEMALES • 1945
CRIMEN EN LA ALCOBA • 1946
ROPAVEJERO, EL • 1946
NOCTURNO DE AMOR • 1947
YO SOY TU PADRE • 1947
ARRIBA EL NORTE! • 1948
GALLERO, EL • 1948
OJOS DE JUVENTUD • 1948
PANCHITA, LA • 1948
DAMA DEL ALBA, LA • 1949
MUJER DEL PUERTO, LA • 1949
PUERTAS DEL PRESIDIO, LAS • 1949
SENTENCIA • 1949
CUANDO ACABA LA NOCHE • 1950
ENTRE TU AMOR Y EL CIELO • 1950
GALLEGA BAILA MAMBA, UNA • 1950
NOSOTRAS LAS TAQUIGRAFAS • 1950
PATA DE PALO • 1950
VIVILLO DESDE CHIQUILLO • 1950
ANILLO DE COMPROMISO • 1951
CARNE DE PRESIDIO • 1951
CUATRO HORAS ANTES DE MORIR • 1952
DIVORCIO, UN • 1952
EUGENIA GRANDET • 1952
LEY FUGA • 1952
MUJER QUE TU QUIERES, LA • 1952
LADRONA, LA • 1953
MINUTO DE BONDAD, UN • 1953
PADRE NUESTRO • 1953
TRES ELENAS, LAS • 1953
HISTORIA DE UNA ABRIFIO DE MINK • 1954
JOVEN JUAREZ, EL • 1954
MATERNIDAD IMPOSIBLE • 1954
VIDA TIENE TRES DIAS, LA • 1954
CON QUIEN ANDAN NUESTRAS HIJAS? • 1955
LLAMAS CONTRA EL VIENTO • 1955
CASO DE UNA ADOLESCENTE, EL • 1957
GALLO COLORADO, EL • 1957
ESTRELLA VACIA, LA • EMPTY STAR, THE (USA) • 1958
OCHOCIENTAS MIL LEGUAS POR EL AMAZONAS • 800 LEAGUES OVER THE AMAZON (USA) ○ JANGADA, LA • 1958
SIMITRIO • JUEGO DE NINOS • 1960
APUROS DE DOS GALLOS, LOS • 1962
DOS ANOS DE VACACIONES • SHIPWRECK ISLAND (USA) • 1962
DOS GALLOS Y DOS GALLINAS • 1962
TRES PALOMAS ALBOROTADAS • 1962
TRES MUCHACHAS DE JALISCO • 1963
CANTA MI CORAZON • 1964
CIGUENA DISTRAIDA, LA • 1964
FUGITIVO, EL • 1964
ME CANSE DE ROGARLE • 1964
NACIDOS PARA CANTAR • 1965
ROCAMBOLE VS. LA SECTA DEL ESCORPION • 1965
ROCAMBOLE VS. LAS MUJERES ARPIAS • ROCAMBOLE VS. THE HARPY WOMEN • 1965
BANAME MI AMOR • 1966
SEIS DIAS PARA MORIR • 1966
PERRA, LA • BITCH, THE • 1967
BLUE DEMON DESTRUCTOR DE ESPIAS • BLUE DEMON THE DESTROYER OF SPIES ○ BLUE DEMON, SPY DESTROYER • 1968
CAMA, LA • BED, THE • 1968
CINCO EN LA CARCEL • FIVE IN JAIL • 1968
CORRIDO DE "EL HIJO DESOBEDIENTE", EL • FOLK SONG "THE DISOBEDIENT SON", THE • 1968
ESCLAVA DEL DESEO • SLAVE OF DESIRE • 1968

GOMEZ SARA – CUB – 1943–
YERA SARA GOMEZ
IRE A SANTIAGO • 1964 • DOC
EXCURSION A VUELTABAJO • 1965 • DOC
Y TENEMOS SABOR • 1967 • DOC
EN LA OTRA ISLA • 1968 • DOC
ISLA DEL TESORO • 1969 • DOC
PODER LOCAL, PODER POPULAR • 1970 • DOC
ATENCION PRE NATAL • 1971 • DOC
DOCUMENTAL A PROPOSITO DEL TRANSITO, UN • 1971 • DOC
ANO UNO • 1972 • DOC
SOBRE HORAS EXTRAS Y TRABAJO VOLUNTARIO • 1973 • DOC
DE CIERTA MANERA • ONE WAY OR ANOTHER ○ IN A CERTAIN WAY ○ IN A WAY • 1977

GOMEZ URQUIZA ZACARIAS – MXC
URQUIZA ZACARIAS GOMEZ
FLOR DE SANGRE • 1950
TIGRE ENMASCARADO, EL • 1950
AQUELLOS OJOS VERDES • 1951
DERECHO DE NACER, EL • RIGHT TO BE BORN, THE • 1951
NOSOTRAS LAS SIRVIENTAS • 1951
MENSAJE DE LA MUERTE, EL • 1952
MISERICORDIA • 1952
MISTERIO DEL CARRO EXPRESS, EL • 1952
PLEBEYO, EL • 1952
SUENOS DE GLORIA • DREAMS OF GLORY • 1952
LEGITIMA DEFENSA • 1953
ME PERDERE CONTIGO • 1953
PLAGIARIO, EL • 1953
KID TABACO • 1954
MONSTRUO EN LA SOMBRA, EL • MONSTRUO DE LA SOMBRA, EL ○ MONSTER OF THE SHADOW, THE • 1954
PECADO DE SER MUJER, EL • 1954
YO FUI NOVIO DE POSITA ALVIREZ • 1954
VAGO SIN OFICIO, UN • PERIQUILLO SARNIENTO, EL • 1955
AVENTURAS DE CARLOS LACROIX, LAS • CRIMEN PERFECTO, EL • 1958
MISTERIO DE LA COBRA, EL • MYSTERY OF THE COBRA, THE • 1958
QUIETOS TODOS! • 1959
SIGUIENDO PISTAS • 1959
CORREO DEL NORTE, EL • 1960
MASCARA DE LA MUERTE, LA • MASK OF DEATH, THE • 1960
NOCHE DEL JUEVES, LA • 1960
TRAMPA MORTAL, LA • 1961
VENGANZA DE LA SOMBRA, LA • 1961
ZORRO VENGADOR, EL • 1961
CONTRA VIENTO Y MAREA • 1962
TERROR DE LA FRONTERA, EL • 1962
HALCON SOLITARIO, EL • 1963
MI REVOLVER ES LA LEY • 1963
CARGANDO EL MUERTO • 1964
FALSIFICADORES ASESINOS • 1964
GALLO CON ESPOLONES, UN • OPERACION NONGOS • 1964
RESCATE, EL • 1964
ULTIMO CARTUCHO, EL • 1964
COMANDANTE FURIA, EL • 1965
HIJO DEL DIABLO, EL • SON OF THE DEVIL, THE ○ DEVIL'S SON, THE • 1965
ANGEL DE LA CALLE, UN • STREET ANGEL, A • 1966
TESORO DE MENTIRAS • 1968

GONCHAROFF SERGEI – USA
HOUSE OF TERROR • FIVE AT THE FUNERAL, THE • 1972

GONCHAROFF VASILI M. see **GONCHAROV VASILI M.**

GONCHAROV V. see **GONCHAROV VASILI M.**

GONCHAROV VASILI M. – USS
GONTCHAROV VASSILI • GONCHAROV V. • GONCHAROFF VASILI M.
CONQUEST OF SIBERIA • 1908
ONDINE • 1908
YERMAK TIMOFEIEVITCH • 1908
DEATH OF IVAN THE TERRIBLE • 1909
MAZEPPA • 1909
MOSCOW DRAMA • 1909
PESN PRO KOUPTSA KALACHNIKOVA • SONG OF THE MERCHANT KALASHNIKOV • 1909
VANKA KLIOUTCHIK • 1909
JIZN I SMERT Q.S. POUCHKINA • LIFE AND DEATH OF PUSHKIN, THE • 1910
NAPOLEON IN RUSSIA • 1910
PIOTR VELIKY • PETER THE GREAT • 1910
ROUSSALKA • 1910
V POLNOTCH NA KLABICHTCHE • 1910
LIFE FOR THE CZAR • 1911
OKORANA SEVASTOPOLVA • DEFENCE OF SEBASTOPOL, THE • 1911
PRESTUPLENIE I NAKAZANIE • CRIME AND PUNISHMENT • 1911
YEVGENI ONEGIN • 1911
1812 • 1912
VOTSARENIYA DOMA ROMANOVIKH • ACCESSION OF THE ROMANOV DYNASTY • 1913
VOLGA I SIBERIA • VOLGA AND SIBERIA • 1914

GONCHUKOV V. – USS
CHEMPION MIRA • WORLD CHAMPION • 1954

GONHAM M. A. – VNZ
CARNIVAL IN CARACAS • 1909

GONSETH FREDERIC – SWT
SOMNIFIA • 1968
TRANSFUGE, LE • 1984

GONTCHAROV VASSILI see **GONCHAROV VASILI M.**

GONZAGA ADHEMAR – BRZ
SALARIO MINIMO • 1971

GONZALEZ – MXC
D.F. • 1978

GONZALEZ ARTURO – SPN
BENIGNO, HERMANO MIO • 1963
SE VIVE UNA VEZ • 1965

GONZALEZ CARLOS – MXC
CONFESION TRAGICA • 1918
TEPEYAC • 1918

GONZALEZ CHRISTIAN – MXC
THANATOS • 1986
POLVO DE LUX • LIGHT SPECKS • 1988

GONZALEZ DANIEL – VNZ
IMAGEN DE VENEZUELA • IMAGES OF VENEZUELA • 1968

GONZALEZ DE LEON JOSE LUIS – MXC
GRAN CAIDA, LA • BIG DROP, THE (USA) • 1958

GONZALEZ GARZA ROGELIO – MXC
LLANTO POR JUAN INDIO • 1965

GONZALEZ ISMAEL – SPN
AYER, HOY Y MANANA DEL MISTERIO DE LOS OVNIS, EL • 1977

GONZALEZ JAIME J. PUIG see **PUIG JAIME**

GONZALEZ JOSE – SPN
GENTE SIN IMPORTANCIA • 1950
EN-NAR, LA CIUDAD DE FUEGO • 1951

GONZALEZ JULIAN S. – MXC
TIERRA, AMOR Y DOLOR • 1934
RAYO DE SINALOA, EL • HERACLIO BERNAL • 1935

GONZALEZ LADISLAO – PRG
CERRO CORA • 1978

GONZALEZ RODRIGO – CND
IL N'Y PAS D'OUBLI • THERE IS NO FORGETTING • 1975

GONZALEZ ROGELIO see **GONZALEZ ROGELIO A.**

GONZALEZ ROGELIO A. – MXC
GONZALEZ ROGELIO
AMAR FUE SU PECADO • 1950
GAVILAN POLLERO, EL • 1950
AHORA SOY RICO • 1952
INTERESADAS, LAS • 1952
RINCON CERCA DEL CIELO, UN • 1952
TAL PARA CUAL • 1952
NUEVO AMANECER • 1953
VAGABUNDO, EL • 1953
BANDIDOS DE RIO FRIO, LOS • 1954
ESCUELA DE VAGABUNDOS • 1954
MIL AMORES, EL • 1954
PIES DE GATO • 1954
PUEBLO, CANTO Y ESPERANZA • 1954
VIDA NO VALE NADA, LA • 1954
INOCENTE, EL • 1955
MI INFLUYENTE MUJER • 1955
MOVIDA CHUECA, UNA • 1955
VAINILLA, BRONCE Y MORIR • 1955
CULTA DAMA, LA • 1956
ESCUELA DE RATEROS • 1956
MUJER EN CONDOMINIO • 1956
ANDO VOLANDO BAJO • 1957
QUE CON NINOS SE ACUESTA, EL • 1957
DOS FANTASMAS Y UNA MUCHACHA • TWO GHOSTS AND A GIRL • 1958
HOMBRE DEL ALAZAN, EL • 1958
NACIDA PARA AMAR • 1958
DILIGENCIA DE LA MUERTE, LA • 1959
ESQUELETO DE LA SENORA MORALES, EL • SKELETON OF MRS. MORALES, THE • 1959
HAMBRE NUESTRA DE CADA DIA, EL • 1959
NAVE DE LOS MONSTRUOS, LA • SHIP OF THE MONSTERS, THE • 1959
AMORCITO CORAZON • 1960
BUENA SUERTE, EL • 1960
CONQUISTADOR DE LA LUNA, EL • CLAVILLAZO EN LA LUNA ○ CONQUEST OF THE MOON • 1960
DONDE ESTAS, CORAZON? • 1960
EN CADA FERIA UN AMOR • 1960
FANFARRONES, LOS • 1960
JINETE NEGRO, EL • 1960
PALOMA BRAVA • 1960
ALIAS EL RATA • RATA, EL • 1964
RIO HONDO • 1965
VALENTINA, LA • 1965
ADIOS CUNADO • 1966
ALMA GRANDE EN EL DESIERTO • 1966
CHANOC • AVENTURAS DE MAR Y SELVA • 1966
GUERA XOCHITL, LA • 1966
MUJER DE A SIES LITROS, LA • 1966
DR. SATAN Y LA MAGIA NEGRA, EL • DOCTOR SATAN AND BLACK MAGIC ○ VUELVE EL DR. SATAN ○ RETURN OF DR. SATAN • 1967
NOCHE DEL HALCON, LA • NIGHT OF THE FALCON, THE • 1968
JAPONESESNO ESPERAN, LOS • 1977
MEXICO 2000 • 1981

GONZALEZ SERVANDO – MXC
YANCO • 1960
MEDIOCRES, LOS • 1962
FOOL KILLER, THE • LEGEND OF THE FOOL KILLER, THE ○ ASESINO DE TONTOS, EL (MXC) ○ VIOLENT JOURNEY, A • 1963
VIENTO NEGRO • 1964
ESCAPULARIO, EL • 1966
ELEGIDO, EL • 1975

GONZALEZ SINDE JOSE MARIA – SPN
A LA PALIDA LUZ DE LA LUNA • BY THE PALE LIGHT OF THE MOON • 1985

GONZALEZ VICTOR M. – VNZ
DANA • 1968

GONZALO JUAN ANTONIO – SPN
DEMASIADO PARA GALVEZ • TOO MUCH FOR GALVEZ • 1981

GONZALVO JOSE LUIS – SPN – 1934–
LEY DE UNA RAZA, LA • JUAN PEDRO EL DALLADOR • 1967
PLAYA DE LAS SEDUCCIONES, LA • 1970

GOOD KNOTT – USA
GIRLSAPOPPIN • 1964

GOOD PETER B. – USA
FORCE ON THUNDER MOUNTAIN, THE • 1978

GOOD TONY see **AMOROSO ROBERTO**

GOODE FREDERIC – UKN
FLOOD, THE • 1963
STOPOVER FOREVER • 1964
VALLEY OF THE KINGS • 1964 • SRL
POP GEAR • GO GO MANIA (USA) • 1965
WORLD AT THREE, THE • 1965 • DCS
DAVEY JONES' LOCKER • 1966
DEATH IS A WOMAN • LOVE IS A WOMAN (USA) ○ SEX IS A WOMAN • 1966
HAND OF NIGHT, THE • BEAST OF MOROCCO • 1966
SON OF THE SAHARA • 1967 • SRL
GREAT PONY RAID, THE • 1968
SYNDICATE, THE • KENYA –COUNTRY OF TREASURE • 1968
AVALANCHE • 1975

GOODELL GREGORY – USA
GOODELL J. GREGORY
HUMAN EXPERIMENTS • BEYOND THE GATE • 1979

GOODELL J. GREGORY see **GOODELL GREGORY**

GOODELL JOHN D. – USA
ALWAYS A NEW BEGINNING • 1973 • DOC

GOODKIND SAUL – USA
GOODKIND SAUL A.
BUCK ROGERS • BUCK ROGERS CONQUERS THE UNIVERSE • 1939 • SRL
BUCK ROGERS: PLANET OUTLAWS • 1939
DESTINATION SATURN • 1939
OREGON TRAIL, THE • 1939 • SRL
PHANTOM CREEPS, THE • 1939 • SRL
PLANET OF OUTLAWS • 1939

GOODKIND SAUL A. see **GOODKIND SAUL**

GOODMAN A. – UKN
TROPICAL BREEZES • 1930

GOODMAN DANIEL CARSON – USA
THOUGHTLESS WOMEN • 1920

GOODMAN EDWARD – USA
WOMEN LOVE ONCE • 1931

GOODMAN ERNEST see **HOFBAUER ERNST**

GOODMAN F. LYLE – USA
RHAPSODY IN STEEL • 1935 • SHT

GOODMAN PHILIP S. – USA
WE SHALL RETURN • 1963

GOODMAN ROBERT – USA
BUTTERFLY, THE • 1912

GOODRICH WILLIAM see **ARBUCKLE ROSCOE**

GOODWIN ROBERT L. – USA
BLACK CHARIOT • 1971

GOODWINS FRED – UKN
ARTISTIC TEMPERAMENT, THE • HER GREATER GIFT • 1919
CHINESE PUZZLE, THE • 1919
BUILD THY HOUSE • 1920
COLONEL NEWCOME THE PERFECT GENTLEMAN • 1920
DEPARTMENT STORE, THE • 1920
EVER–OPEN DOOR, THE • 1920
IMPOSSIBLE MAN, THE • 1920
NOBLE ART, THE • 1920
SCARLET KISS, THE • 1920
BLOOD MONEY • 1921

GOODWINS LESLIE – UKN – 1899–1969
HEAVE TWO • 1933 • SHT
SHAKESPEARE –WITH TIN EARS • 1933 • SHT
THROWN OUT OF JOINT • 1933 • SHT
CAMP MEETIN' • 1936 • SHT
DEEP SOUTH • 1936 • SHT
DUMMY ACHE • 1936 • SHT
FRAMING FATHER • 1936 • SHT
GRANDMA'S BUOYS • 1936 • SHT
HIGH BEER PRESSURE • 1936 • SHT
ONE LIVE GHOST • 1936 • SHT
RADIOBARRED • 1936 • SHT
SWING IT! • 1936 • SHT
VOCALIZING • 1936 • SHT
WEDTIME STORY, A • 1936 • SHT
WHO'S LOONEY NOW? • 1936 • SHT
WITH LOVE AND KISSES • 1936
ANYTHING FOR A THRILL • 1937
BAD HOUSEKEEPING • 1937 • SHT
DUMB'S THE WORD • 1937 • SHT
EDGAR AND GOLIATH • 1937 • SHT
HARRIS IN THE SPRING • 1937 • SHT
HEADLINE CRASHER • 1937
HILLBILLY GOAT • 1937 • SHT
LOCKS AND BONDS • 1937 • SHT
MISSISSIPPI MOODS • 1937 • SHT
MORNING, JUDGE • 1937 • SHT
SHOULD WIVES WORK? • 1937 • SHT
THAT MAN SAMSON • 1937 • SHT
TRAMP TROUBLE • 1937 • SHT
WRONG ROMANCE • 1937 • SHT
YOUNG DYNAMITE • 1937
CRIME RING • 1938
EARS OF EXPERIENCE • 1938 • SHT
FALSE ROOMERS • 1938 • SHT
FOOL COVERAGE • 1938 • SHT
FUGITIVES FOR A NIGHT • BIRTHDAY OF A STOOGE • 1938
GLAMOR BOY • 1938
HIS PEST FRIEND • 1938 • SHT
JITTERS, THE • 1938 • SHT
KENNEDY'S CASTLE • 1938 • SHT
MR. DOODLES KICKS OFF • 1938
ROMANCING ALONG • 1938 • SHT
TARNISHED ANGEL • MIRACLE RACKET • 1938
TWENTY GIRLS AND A BAND • 1938 • SHT
WESTERN WELCOME, A • 1938 • SHT
ALMOST A GENTLEMAN • MAGNIFICENT OUTCAST (UKN) • 1939
DAY THE BOOKIES WEPT, THE • 1939
GIRL FROM MEXICO, THE • 1939 • SHT
MEXICAN SPITFIRE • 1939
SUED FOR LIBEL • 1939
LET'S MAKE MUSIC • 1940
MEN AGAINST THE SKY • 1940
MEXICAN SPITFIRE OUT WEST • 1940
MILLIONAIRE PLAYBOY, THE • GLAMOUR BOY (UKN) • 1940
POP ALWAYS PAYS • THOUSAND DOLLAR MARRIAGE • 1940
MEXICAN SPITFIRE'S BABY • 1941
PARACHUTE BATTALION • 1941
THEY MET IN ARGENTINA • 1941
MEXICAN SPITFIRE AT SEA • 1942
MEXICAN SPITFIRE SEES A GHOST • 1942
MEXICAN SPITFIRE'S ELEPHANT • 1942
ADVENTURES OF A ROOKIE • 1943
GALS, INC. • 1943
LADIES' DAY • 1943
MEXICAN SPITFIRE'S BLESSED EVENT • 1943
ROOKIES IN BURMA • 1943
SILVER SKATES • 1943
CASANOVA IN BURLESQUE • 1944
GOIN' TO TOWN • 1944
HI, BEAUTIFUL! • PASS TO ROMANCE (UKN) ○ BE IT EVER SO HUMBLE • 1944
MUMMY'S CURSE, THE • 1944
MURDER IN THE BLUE ROOM • 1944
SINGING SHERIFF, THE • 1944
ANGEL COMES TO BROOKLYN, AN • 1945
I'LL TELL THE WORLD • 1945
RADIO STARS ON PARADE • RADIO STARS ON THE AIR • 1945
WHAT A BLONDE • COME SHARE MY LOVE! • 1945
GENIUS AT WORK • MASTER MINDS • 1946
RIVERBOAT RHYTHM • 1946
VACATION IN RENO • 1946
DRAGNET • 1947
LONE WOLF IN LONDON, THE • 1947
BACHELOR BLUES • 1948 • SHT
PAL'S RETURN • 1948 • SHT
PUT SOME MONEY IN THE POT • 1949 • SHT
BROOKLYN BUCKAROOS • 1950 • SHT
PHOTO PHONIES • 1950 • SHT
FROM ROGUES TO RICHES • 1951 • SHT
LORD EPPING RETURNS • 1951 • SHT
PUNCHY PAUNCHO • 1951 • SHT
TINHORN TROUBADOURS • 1951 • SHT
GOLD FEVER • 1952
FIREMAN SAVE MY CHILD • 1954
GO–GETTER, THE • 1955
PARIS FOLLIES OF 1956 • FRESH FROM PARIS • 1955
COMEDY TALE OF FANNY HILL, A • 1964 • SHT
TAMMY AND THE MILLIONAIRE • 1967 • TVM

GOOSSENS RAY – BLG
PINOCCHIO DANS L'ESPACE • PINOCCHIO'S ADVENTURES IN OUTER SPACE ○ PINOCCHIO IN OUTER SPACE • 1965 • ANM

GOPALAKRISHNAN ADOOR – IND
SWAYAMVARAM • 1972
KODIVETTAM • ASCENT • 1977
ELIPPATHAYAM • MOUSE TRAP ○ ELLIPATHAYAM ○ RAT–TRAP ○ ELLIPPATHAYAM • 1981
MUKHAMUKHAM • FACE TO FACE • 1984
ANANTARAM • REST OF THE STORY, THE ○ MONOLOGUE ○ ANANTHARAM • 1986
MATHILUKAL • WALLS, THE • 1990

GOPALAKRISHNAN K. S. – IND
PARIJATHAM • 1950
KANKANDA DEIVAM • LIVING DEITY • 1967
PESUM DEIVAM • GOD WHO TALKS, THE • 1967
PANAMA PASAMA • LOVE OR WEALTH • 1968
UYIRA MANAMA • LIFE OR REPUTATION? • 1968

GOPAX ROBERT – BLG
ARBRES • 1935
MATIN, MIDI ET SOIR AU ZOUTE • 1935

GOPINATH M. S. – IND
JEEVITHA BANDHAM • EXISTING LOVE • 1968

GOPO ION POPESCU see **POPESCU–GOPO ION**

GORA CLAUDIO – ITL – 1913–
GIORDANA EMILIO
CIELO E ROSSO, IL • 1950
FEBBRE DI VIVERE • EAGER TO LIVE • 1953
INCANTEVOLE NEMICA, L' • 1953
TORMENTO D'AMORE • 1957
GRANDE OMBRA, LA • 1958
TRE STRANIERE A ROMA • 1959
CONTESSA AZZURRA, LA • 1960
ODIO E IL MIO DIO, L' • 1969
ROSINA FUMO VIENE IN CITTA PER FARSI IL CORREDO • 1972

GORDELADZE LEYLA – USS
VOZVRASHCHYENIYE ULYBKI • SMILE BROUGHT BACK, A ○ RETURN OF A SMILE ○ SMILE RETURNED, THE • 1968

GORDON AL – USA
FRINGE BENEFITS • 1973

GORDON ALEXANDER – USS
SERGEY LAZO • 1968

GORDON BERT I. – Producer – USA – 1922–
SERPENT ISLAND • 1954
KING DINOSAUR • 1955
AMAZING COLOSSAL MAN, THE • 1957
BEGINNING OF THE END • 1957
CYCLOPS • 1957
ATTACK OF THE PUPPET PEOPLE • SIX INCHES TALL (UKN) ○ FANTASTIC PUPPET PEOPLE, THE • 1958
EARTH VS. THE SPIDER, THE • EARTH VS. THE GIANT SPIDER ○ SPIDER, THE • 1958
WAR OF THE COLOSSAL BEAST • TERROR STRIKES, THE (UKN) ○ REVENGE OF THE COLOSSAL MAN • 1958
BOY AND THE PIRATES, THE • 1960
TORMENTED • 1960
MAGIC SWORD, THE • ST. GEORGE AND THE 7 CURSES (UKN) ○ ST. GEORGE AND THE DRAGON ○ SORCERER'S CURSE, THE • 1962
VILLAGE OF THE GIANTS • 1965
PICTURE MOMMY DEAD • COLOR MOMMY DEAD • 1966
HOW TO SUCCEED WITH SEX • HOW TO SUCCEED WITH THE OPPOSITE SEX ○ TOM CAT • 1970
NECROMANCY • LIFE FOR A LIFE, A ○ TOY FACTORY, THE ○ WITCHING, THE • 1972
MAD BOMBER, THE • 1973
FOOD OF THE GODS, THE • 1976
POLICE CONNECTION, THE • DETECTIVE GERONIMO • 1976
EMPIRE OF THE ANTS • 1977
COMING, THE • 1981
DOING IT • LET'S DO IT • 1984
BIG BET, THE • 1986

GORDON BETTE – USA
VARIETY • 1983

GORDON BRYAN – USA
CAREER OPPORTUNITIES • 1990

GORDON DAN – Animator – USA
IT'S A GREEK LIFE • 1936 • ANS
PINK ELEPHANTS • 1937 • ANS
ELEVENTH HOUR • 1942 • ANS
YOU'RE A SAP, MR. JAP • 1942 • ANS
HAPPY BIRTHDAZE • 1943 • ANS
HUNGRY GOAT, THE • 1943 • ANS
JOLLY GOOD FURLOUGH, A • 1943 • ANS
JUNGLE DRUMS • 1943 • ANS
SEEIN' RED WHITE 'N' BLUE • 1943 • ANS

GORDON EDWARD R. – UKN
CASE OF A PACKING CASE, THE • 1921
FIGHT IN A THIEVES' KITCHEN • 1921
GIRL WHO CAME BACK, THE • 1921
LADY IN BLACK, THE • 1921
LEAVES FROM MY LIFE • 1921 • SER
LOST, STOLEN OR STRAYED • 1921
MOTHER'S DARLING • 1921
NOTORIOUS MRS. FAGIN, THE • 1921
PRODIGAL SON, THE • 1921
SOMETHING IN THE CITY • 1921
STOLEN JEWELS, THE • 1921
LOVE'S INFLUENCE • 1922
REPENTANCE • 1922
LIEUTENANT DARING R.N. AND THE WATER RATS • 1924
GUN–HAND GARRISON • 1927
RIDIN' LUCK • 1927
WILD BORN • 1927

GORDON GEORGE – Animator – USA
BATTLE ROYAL, A • 1936 • ANS
BULLY FROG, A • 1936 • ANS
CATS IN THE BAG • 1936 • ANS
FARMER ALFALFA'S TWENTIETH ANNIVERSARY • 1936 • ANS
HEALTH FARM, THE • 1936 • ANS
HOT SPELL, THE • 1936 • ANS
KIKO AND THE HONEY BEARS • 1936 • ANS
KIKO FOILS A FOX • 1936 • ANS
ROBIN HOOD IN AN ARROW ESCAPE • 1936 • ANS
SKUNKED AGAIN • 1936 • ANS
SUNKEN TREASURE • 1936 • ANS
BIG GAME HUNT, THE • 1937 • ANS
BOOK SHOP, THE • 1937 • ANS
BUG CARNIVAL • 1937 • ANS
DOG AND THE BONE, THE • 1937 • ANS
FLYING SOUTH • 1937 • ANS
HAY RIDE, THE • 1937 • ANS
HOMELESS PUP, THE • 1937 • ANS
KIKO'S CLEANING DAY • 1937 • ANS
OZZIE OSTRICH COMES TO TOWN • 1937 • ANS
PUDDY'S CORONATION • 1937 • ANS
RED HOT MUSIC • 1937 • ANS
SALTY MCGUIRE • 1937 • ANS
SCHOOL BIRDS • 1937 • ANS
TIN CAN TOURIST, THE • 1937 • ANS
STORK'S HOLIDAY • 1943 • ANS
BARNEY BEAR'S POLAR PEST • 1944 • ANS
BEAR RAID WARDEN • 1944 • ANS
INNERTUBE ANTICS • 1944 • ANS
TREE SURGEON, THE • 1944 • ANS
UNWELCOME GUEST • 1945 • ANS
ANT FROM U.N.C.L.E., THE • 1968 • ANS

GORDON GERARD – USA
SO LONG BLUE BOY • 1973

GORDON JAMES – USA
HOODMAN BLIND • 1913
STRANGLERS OF PARIS, THE • 1913

GORDON JOHN J. – USA
THIS IS YOUR ARMY • 1954 • DOC

GORDON JONATHAN – USA
KING, MURRAY • 1969

GORDON KEITH – USA
CHOCOLATE WAR, THE • 1988
UNCLE BOB SHOW, THE • 1989

GORDON KONSTANTY – PLN
SZEROKA DROGA • WIDE ROAD ○ BROAD HIGHWAY • 1949 • DOC
CYRK • CIRCUS UNDER THE STARS • 1962
POLSKA PZEZBA WSPOLCZESNA • POLISH CONTEMPORARY SCULPTURE • 1964

GORDON LEE – CND
IRISH TOUCHSTONE, AN • 1968 • DOC
PUTTING IT TOGETHER • 1970 • DOC
HERE'S LOOKING AT YOU • 1974 • DOC
IRRIGATION • 1980 • DOC
MAXIMIZING PRODUCTION • 1984 • DOC

GORDON LESLIE H. – UKN
HOUSE OF UNREST, THE • 1931
ACCOUNT RENDERED • 1932
DOUBLE EVENT, THE • 1934

GORDON LEWIS H. see **LEWIS HERSCHELL G.**

GORDON MICHAEL – USA – 1909–
BOSTON BLACKIE GOES HOLLYWOOD • BLACKIE GOES HOLLYWOOD (UKN) • 1942
UNDERGROUND AGENT • 1942
CRIME DOCTOR • 1943
ONE DANGEROUS NIGHT • 1943
WEB, THE • DARK WEB, THE • 1947
ACT OF MURDER, AN • LIVE TODAY FOR TOMORROW ○ I STAND ACCUSED ○ CASE AGAINST CALVIN COOKE • 1948
ANOTHER PART OF THE FOREST • 1948
LADY GAMBLES, THE • 1949
WOMAN IN HIDING • FUGITIVE FROM TERROR • 1949
CYRANO DE BERGERAC • 1950
I CAN GET IT FOR YOU WHOLESALE • THIS IS MY AFFAIR (UKN) ○ ONLY THE BEST • 1951
SECRET OF CONVICT LAKE, THE • 1951
WHEREVER SHE GOES • PRELUDE • 1951
PILLOW TALK • 1959
PORTRAIT IN BLACK • 1960
BOYS' NIGHT OUT • 1962
FOR LOVE OR MONEY • 1963
MOVE OVER, DARLING • 1963
VERY SPECIAL FAVOR, A • FAVOR, THE • 1965
TEXAS ACROSS THE RIVER • 1966
IMPOSSIBLE YEARS, THE • 1968
HOW DO I LOVE THEE? • 1970

GORDON MICHAEL S. – Producer/writer – UKN – 1909–
IT MIGHT BE YOU • 1946 • DOC
ALL HALLOWE'EN • 1953 • SHT

GORDON RAFAEL – SPN – 1946–
FOSA COMUN • COMMON GRAVE • SHT
TIEMPOS DE CONSTITUCION • 1978

GORDON ROBERT – USA
BLIND SPOT • 1947
SPORT OF KINGS • HEART ROYAL (UKN) • 1947
BLACK EAGLE • 1948
JOE LOUIS STORY, THE • 1953
IT CAME FROM BENEATH THE SEA • 1955
DAMN CITIZEN! • 1958
RAWHIDE TRAIL, THE • 1958
BLACK ZOO • HORRORS OF THE BLACK ZOO • 1963
CARGA PARA ESCAPAR, UNA • 1963
TARZAN AND THE JUNGLE BOY • 1968
GATLING GUN, THE • SERGEANT BLUE ○ KING GUN • 1972

GORDON SETON – UKN
FAMILY LIFE OF THE GOLDEN EAGLE, THE • 1935

GORDON STEVE – USA – 1938–1982
ARTHUR • 1981

GORDON STUART – USA
RE-ANIMATOR • 1985
FROM BEYOND • 1986
DOLLS • DOLL, THE • 1987
ROBOJOX • 1988
HOTEL DICK • 1989
PIT AND THE PENDULUM, THE • 1990
ROBERT JOX • 1990

GORDON WARREN – USA
WOMAN'S MAN • 1920

GORDY BERRY – USA – 1929–
MAHOGANY • 1975

GORE JAMES – USA
DREAM OF THE SPHINX • ANS

GOREC ERTEM – TRK
AYSECIK, THE POOR PRINCESS
YIGIT YARALI OLUR • 1966
ACI GUNLER • BITTER DAYS • 1967
AFFET BENI • FORGIVE ME • 1967
ALTIN COCUK BEYRUTTA • GOLDEN BOY IN BEIRUT • 1967
DUSMAN ASIKLAR • HOSTILE LOVERS • 1967
KAN DAVASI • VENDETTA • 1967
KANLI HAYAT • BLOODY LIFE • 1967
KRALLAR OLMEZ • KINGS DO NO DIE • 1967
OLUM SAATI • HOUR OF DEATH, THE • 1967
ALNIMIN KARA YAZISI • MY DARK FATE • 1968
ASKIM GUNAHIMDIR • MY LOVE IS A SIN • 1968
BAGDAT HIRSIZI • THIEF OF BAGDAD, THE • 1968
BELALI HAYAT • LIFE OF TROUBLE, A • 1968
BEYOGLU CANAVARI • MONSTER OF BEYOGLU, THE • 1968
CAN PAZARI • 1968
OLECEKSIN • YOU'LL DIE • 1968
SABAHSIZ GECELER • NIGHTS WITHOUT MORNING • 1968
SAFAK SOKMESIN • LET THERE BE NO DAWN • 1968
SEYH AHMET • SHEIK AHMET • 1968
SON HATIRA • LAST MEMORIES • 1968
SON VURGUN • KURSUNLARIN YAGMURU ○ LAST HOLDUP, THE • 1968
NAMUS VE SILAH • 1971
SABTE YAR • 1972

GOREN ROWBY – USA
CRACKING UP • 1977

GOREN SERIF – TRK
PIYADE OSMAN • OSMAN THE WANDERER • 1970
IBRET • EXAMPLE, THE • 1971
ENDISE • ANXIETY ○ TROUBLE • 1975
IKI ARKADAS • TWO FRIENDS • 1976
KOPRU • BRIDGE, THE • 1976
DEPREM • EARTHQUAKE • 1977
ALMANYA ACI VATAN • GERMANY, BITTER LAND • 1980
HERHANGI BIR KADIN • ANY WOMAN • 1982
YOL • 1982
DERMAN • REMEDY • 1985
FIRAR • ESCAPE, THE • 1985
GUNES DOGGARKEN • RISING SUN, THE • 1985
GUNESIN TUTULDUGU GUN • DAY OF THE ECLIPSE, THE • 1985
KAN • BLOOD, THE • 1985
KURBAGALAR • FROGS • 1985
SEN TURKULERINI SOYLE • SING YOUR SONGS • 1985
YILANLARIN OCU • REVENGE OF THE SERPENTS • 1985
GIZLI DUYGULAR • HIDDEN PASSIONS • 1986
UMUT SOKAGI • STREET OF HOPE, THE • 1986
BEYOGLU'NUN ARKA YAKASI • BACK STREETS OF BEYOGLU, THE • 1987
KATIRCILAR • MULE DRIVERS, THE • 1987
ON KADIN • TEN WOMEN • 1987
POLITZEI • 1988
ONE WEIRD MOVIE • 1989

GORETTA CLAUDE – SWT – 1929–
NICE TIME • 1957 • DCS
RETOUR, LE • 1961 • SHT
DIMANCHE DE MAI, UN • 1963 • MTV
MISS A RAOUL, LA • 1963 • SHT
TCHEKOV OU LE MIROIR DES VIES PERDUES • 1964 • MTV
JEAN-LUC PERSECUTE • 1965 • MTV
VIVRE ICI • 1968 • MTV
FOU, LE • MADMAN, THE • 1970
JOUR DE NOCES • WEDDING DAY, THE • 1971 • MTV
TEMPS D'UN PORTRAIT, LE • 1971 • MTV
INVITATION, L' • INVITATION, THE (UKN) • 1973
FILS PRODIGUE, LE • 1974
PAS SI MECHANT QUE CA • WONDERFUL CROOK, THE (USA) ○ THIS WONDERFUL CROOK ○ NOT AS WICKED AS THAT • 1975
PASSION EST MORT DE MICHEL SERVET • 1975 • MTV
DENTELLIERE, LA • LACEMAKER, THE (USA) • 1977
JEAN PIAGET • EPISTEMOLOGY OF JEAN PIAGET, THE • 1977
CHEMINS DE L'EXIL, OU LES DERNIERES ANNEES DE JEAN-JACQUES ROUSEAU, LES • ROADS OF EXILE, THE (UKN) • 1978
PROVINCIALE, LA • GIRL FROM LORRAINE, A (UKN) ○ GIRL FROM THE PROVINCES, THE • 1981
MORT DE MARIO RICCI, LA • DEATH OF MARIO RICCI, THE • 1983
SI LE SOLEIL NE REVENAIT PAS • 1987

GORIKKER V. see **GORIKKER VLADIMIR**

GORIKKER VLADIMIR – USS
GORIKKER V.
VERDI'S MUSIC • 1961
MOTSART I SALYERI • REQUIEM FOR MOZART (USA) ○ MOZART AND SALIERI • 1962
IOLANTA • 1963
TSARSKAYA NEVESTA • TSAR'S BRIDE, THE (USA) • 1965
KAMENNY GOST • STONE GUEST, THE • 1967

GORIN JEAN-PIERRE – FRN – 1943–
LOTTE IN ITALIA • LUTTES EN ITALIE ○ STRUGGLE IN ITALY • 1969
VENT D'EST, LE • VENTO DELL'EST (ITL) ○ WIND VON OSTEN (FRG) ○ WIND FROM THE EAST (USA) ○ EAST WIND • 1969
JUSQU'A LA VICTOIRE • 'TIL VICTORY (USA) ○ TILL VICTORY • 1970 • DOC
PRAVDA • 1970
VLADIMIR ET ROSA • VLADIMIR AND ROSA • 1971
LETTER TO JANE: INVESTIGATION OF A STILL • LETTRE A JANE • 1972
TOUT VA BIEN • CREPA PADRONE TUTTO VA BENE (ITL) ○ ALL IS WELL • 1972
POTO AND CABENGO • 1979

GORJI – IRN
BANDARGAH-E-ESHGH • LOVE'S PORT • 1967

GORJI OBADIAH – ISR
AHAVA BANAMAL • HARBOUR OF LOVE ○ HANECH'SHEKET • 1967

GORKOVENKO YU. – USS
HEY! WHAT'S OUR LIFE LIKE?! • 1975

GORLING LARS – SWD – 1931–1966
TILLSAMMANS MED GUNILLA MANDAG KVALL OCH TISDAG • WITH GUNILLA MONDAY EVENING AND TUESDAY ○ TILLSAMMANS MED GUNILLA ○ WITH GUNILLA ○ GUILT • 1965

GORLOV BORIS – USS
COMA • 1989

GORMAN GEORGE – USA
SOCIAL-SEX ATTITUDES IN ADOLESCENCE • 1953

GORMAN JACK see **GORMAN JOHN**

GORMAN JOHN – USA
GORMAN JACK
AMERICAN GENTLEMAN, AN • 1915
LITTLE ORPHAN, THE • 1916
SOUL OF A CHILD, THE • 1916
CORRUPTION • 1917
MOTHER AND THE LAW, THE • 1918
BUTTERFLY GIRL, THE • 1921
WHY WOMEN REMARRY • 1923
PAINTED FLAPPER, THE • 1924
WASTED LIVES • 1925
PRINCE OF BROADWAY, THE • 1926
BLACK TEARS • WHITE LIES (UKN) • 1927

GORMEZANO GERARDO – SPN
VENT DE L'ILLA, EL • WIND FROM THE ISLAND • 1988

GORMLEY CHARLES – UKN
LEGEND OF LOS TAOS, THE • DOC
GEARED FOR PROFIT • 1970 • DCS
PLACE IN THIS COUNTRY, A • 1972 • DCS
POLAR POWER • 1972 • DCS
GLASGOW ENVIRONMENTAL IMPROVEMENT • 1975 • DOC
KEEP YOUR EYE ON PAISLEY • 1975 • DOC
PLACES.. OR PEOPLE • 1975 • DCS
LIVING APART TOGETHER • 1983
HEAVENLY PURSUITS • GOSPEL ACCORDING TO VIC, THE (USA) ○ JUST ANOTHER MIRACLE • 1985

GORNICK MICHAEL – USA
CREEPSHOW 2 • 1987

GORORUKHIN STANISLAV – USS
VERTIKAL • VERTICAL CLIMB • 1967

GOROSTIZA CELESTINO – MXC
NANA • 1944
AVE DE PASO • 1945
SINFONIA DE UNA VIDA • 1945

GORRIE JOHN – UKN – 1932–
MACBETH • 1970 • MTV
TEMPEST, THE • 1979 • TVM
TWELFTH NIGHT • 1979 • MTV

GORRIS MARLEEN – NTH
STILTE ROND CHRISTINE M., DE • SILENCE OF CHRISTINE M., THE ○ QUESTION OF SILENCE, A • 1982
GEBROKEN SPIEGELS • BROKEN MIRRORS • 1984
LAST ISLAND, THE • 1989

GORSKI PETER – GRM
FAUST • 1960

GORSKY BERNARD – FRN – 1917–
MAILLON ET LA CHAINE, LE • 1961 • DOC
QUATRE D'ENTRE ELLES • FOUR OF THEM ○ VIER FRAU ○ FOUR WOMEN • 1968

GORTER JURGEN JR. – GRM
SKI EXTREM • SKI RECORDS • 1968

GOSCINNY RENE – Animator – FRN – 1926–1977
ASTERIX LE GAULOIS • ASTERIX THE GAUL (UKN) • 1967 • ANM
ASTERIX ET CLEOPATRE • ASTERIX AND CLEOPATRA (UKN) • 1968 • ANM
LUCKY LUKE • LUCKY LUKE: DAISY TOWN • 1971 • ANM
DOUZE TRAVAUX D'ASTERIX, LES • ASTERIX THE GAUL 2: THE TWELVE TASKS OF ASTERIX ○ TWELVE TASKS OF ASTERIX, THE • 1976 • ANM
BALLADE DES DALTON, LA • LUCKY LUKE: BALLAD OF THE DALTONS ○ LUCKY LUKE AND THE DALTON GANG • 1978 • ANM

GOSHA HIDEO – JPN
KEDAMONO NO KEN • SAMURAI GOLD SEEKERS • 1965
GOHIKI NO SHINSHI • CASH CALLS HELL • 1966
TANGE SAZEN HIEN LAI-GIRI • SECRET OF THE URN • 1966
KIBA OKAMINOSUKE JIGOKUGIRI • KIBA OKAMINOSUKE'S SWORD OF HELL • 1967
GOYOKIN • 1969
HITOKIRI • TENCHU • 1969
WOLVES, THE • 1972
HUNTER IN THE DARK • 1979
BANDITS VS. SAMURAI SQUADRON • 1980
KIRYUIN HANAKO NO SHOGAI • LIFE OF HANAKO KIRYUIN, A • 1983
YOKIRO • YOKIRO, HOUSE OF PROSTITUTES • 1984
CRACKED • 1985
FIREFLIES OF THE NORTH • 1985
PADDLE, THE • 1985
USUGESHO • FACE POWDER • 1985
KEKKON SHINAI ONNA • WOMAN WHO WOULDN'T MARRY, A • 1987
YOSHIWARA ENJOW • FIRE OVER THE WOMEN'S CASTLE • 1987
FOUR DAYS OF SNOW AND BLOOD (2-2-6) • 1989

GOSHO HEINOSUKE – JPN – 1902–1981
NANTO NO HARU • SPRING IN SOUTHERN ISLANDS ○ SPRING OF SOUTHERN ISLAND • 1925
OTOKO GOKORO • MAN'S HEART • 1925
SEISHUN • YOUTH • 1925
SORA WA HARETARI • NO CLOUDS IN THE SKY ○ SKY SHINES, THE ○ SKY IS CLEAR, THE • 1925
TOSEI TAMATEBAKO • CASKET FOR LIVING, A ○ CONTEMPORARY JEWELRY BOX • 1925
HAHA-YO KOISHI • MOTHER'S LOVE, A ○ MOTHER, I MISS YOU • 1926
HATSUKOI • FIRST LOVE • 1926
HONRYU • RAPID STREAM, A ○ TORRENT, A • 1926
ITOSHINO WAGAKO • MY BELOVED CHILD ○ MY LOVING CHILD • 1926
KAERANU SASABUE • BAMBOO LEAF FLUTE OF NO RETURN ○ NO RETURN • 1926
KANOJO • GIRLFRIEND ○ SHE • 1926
MACHI NO HITOBITO • TOWN PEOPLE ○ PEOPLE IN THE TOWN • 1926
MUSUME • DAUGHTER • 1926
HAZUKASHII YUME • INTIMATE DREAM ○ SHAMEFUL DREAM • 1927
KARAKURI MUSUME • TRICKY GIRL ○ FAKE GIRL • 1927
MURA NO HANAYOME • VILLAGE BRIDE, THE • 1927
OKAME • MOON-FACED ○ PLAIN WOMAN, A • 1927
SABISHIKI RANBOMONO • LONELY ROUGHNECK, THE ○ LONELY HOODLUM • 1927
SHOJO NO SHI • DEATH OF A MAIDEN ○ DEATH OF A VIRGIN • 1927
DORAKU GOSHINAN • DEBAUCHERY IS WRONG ○ GUIDANCE TO THE INDULGENT • 1928
GAITO NO KISHI • KNIGHT OF THE STREET • 1928
HAHA YO, KIMI NO NA O KEGASU NAKARE • MOTHER, DO NOT SHAME YOUR NAME • 1928
HITO NO YO NO SUGATA • SITUATION OF THE HUMAN WORLD, THE ○ MAN'S WORLDLY APPEARANCE • 1928
KAMI E NO MICHI • ROAD TO GOD ○ WAY TO THE GOD, THE • 1928
SHIN JOSEI KAGAMI • NEW KIND OF WOMAN, A ○ NEW WOMAN'S GUIDANCE • 1928

SUKI NAREBA KOSO • IF YOU LIKE IT ○ BECAUSE I LOVE • 1928
YORU NO MESUNEKO • CAT OF THE NIGHT • 1928
JONETSU NO ICHIYA • ONE NIGHT OF PASSION ○ NIGHT OF PASSION ○ NETSUJO NO ICHIYA • 1929
OYAJI TO SONO KO • FATHER AND HIS CHILD ○ FATHER AND HIS SON • 1929
UKIYO BURO • BATH OF THE TRANSITORY WORLD ○ BATH HAREM, THE • 1929
AIYOKU NO YORU • DESIRE OF NIGHT ○ RECORD OF LOVE AND DESIRE ○ AIYOKU NO KI • 1930
DAI-SHINRIN • BIG FOREST, THE • 1930
DAI-TOKYO NO IKKAKU • CORNER OF GREAT TOKYO, A • 1930
DOKUSHIN-SHA GOYOJIN • BACHELORS BEWARE • 1930
HOHOEMU HINSEI • SMILING CHARACTER, A ○ SMILING LIFE, A • 1930
JOKYU AISHI • SAD STORY OF A BARMAID • 1930
KINUYO MONOGATARI • STORY OF KINUYO ○ KINUYO STORY, THE • 1930
ONNA-YO KIMI NO NA O KEGASU NAKARE • WOMAN DON'T MAKE YOU NAME DIRTY ○ WOMEN, DO NOT SHAME YOUR NAMES • 1930
SHOJO NYUYO • GIRL NYUYO, THE ○ WE NEED VIRGINS ○ VIRGINS WANTED • 1930
GUTEI KENKEI • SILLY YOUNGER BROTHER AND CLEVER ELDER BROTHER ○ STUPID YOUNG BROTHER AND WISE OLD BROTHER • 1931
MADAMU TO NYOBO • NEIGHBOUR'S WIFE AND MINE, THE ○ MADAME AND WIFE ○ NEXT DOOR MADAME AND MY WIFE • 1931
SHIMA TO RATAI JIKEN • NAKED MURDER CASE OF THE ISLAND ○ ISLAND OF NAKED SCANDAL • 1931
WAKAKI HI NO KANGEKI • MEMORIES OF YOUNG DAYS ○ EXCITEMENT OF A YOUNG DAY • 1931
YORU HIRAKU • BLOOMING AT NIGHT ○ OPEN AT NIGHT • 1931
GINZA NO YANAGI • WILLOWS OF GINZA ○ WILLOW TREE IN THE GINZA, A • 1932
HOTOTOGISU • CUCKOO • 1932
KOI NO TOKYO • LOVE IN TOKYO • 1932
NIISAN NO BAKA • MY STUPID BROTHER ○ YOU ARE STUPID, MY BROTHER • 1932
SATSUEIJI ROMANSU-RENAI ANNAI • ROMANCE AT THE STUDIO: GUIDANCE TO LOVE ○ STUDIO ROMANCE, A • 1932
AIBU • CARESS • 1933
HANAYOME NO NEGOTO • SLEEPING WORDS OF THE BRIDE ○ BRIDE TALKS IN HER SLEEP, THE • 1933
IZU NO ODORIKO • DANCING GIRLS OF IZU ○ IZU DANCER, THE ○ DANCER OF IZU • 1933
JUKU-SAI NO HARU • SPRING OF A NINETEEN YEAR OLD ○ NINETEENTH SPRING, THE • 1933
LAMURU • AMOUR, L' • 1933
SHOJO-YO SAYONARA • GOODBYE MY GIRL ○ VIRGIN, GOODBYE • 1933
TENGOKU NI MUSUBU KOI • HEAVEN LINKED WITH LOVE • 1933
HANAMUKO NO NEGOTO • BRIDEGROOM TALKS IN HIS SLEEP, A ○ SLEEPING WORDS OF THE BRIDEGROOM • 1934
IKITOSHI IKERUMONO • EVERYTHING THAT LIVES ○ LIVING, THE • 1934
ONNA TO UMARETA KARANYA • NOW THAT I WAS BORN A WOMAN • 1934
SAKURA ONDO • CHERRY BLOSSOM CHORUS ○ SAKURA DANCE • 1934
AKOGARE • YEARNING ○ LONGING • 1935
FUKEYO KOIKAZE • BLOW, LOVE WIND ○ BREEZES OF LOVE • 1935
HIDARE UCHIWA • GOOD FINANCIAL SITUATION ○ LEFT-HANDED FAN ○ LIFE OF LUXURY, A • 1935
JINSEI NO ONIMOTSU • BURDEN OF LIFE • 1935
OBOROYO NO ONNA • WOMAN OF A PALE NIGHT ○ WOMAN OF THE MIST ○ WOMAN OF A MISTY MOONLIGHT ○ WOMAN OF PALE NIGHT • 1936
OKUSAMA SHAKUYOSHO • MARRIED LADY BORROWS MONEY, A • 1936
SHINDO • NEW ROAD, THE ○ NEW WAY • 1936
HANAKOGO NO UTA • SONG OF A FLOWER BASKET ○ SONG OF THE FLOWER BASKET • 1937
MOKUSEKI • WOODEN HEAD ○ WOOD AND STONE • 1940
SHINSETSU • NEW SNOW • 1942
GOJU NO TU • FIVE-STORIED PAGODA, THE ○ PAGODA, THE • 1944
IZU NO MUSUMETACHI • GIRLS OF IZU • 1945
IMA HITOTABI NO • ONCE MORE ○ ONE MORE TIME • 1947
OMOKAGE • IMAGE ○ VESTIGE, A • 1948
WAKARE-GUMO • DISPERSING CLOUDS ○ DRIFTING CLOUDS ○ DISPERSING CLOUD ○ SPREADING CLOUD • 1951
ASA NO HAMON • MORNING CONFLICTS ○ TROUBLE IN THE MORNING • 1952
ENTOTSU NO MIERU BASHO • FOUR CHIMNEYS (UKN) ○ FROM WHERE CHIMNEYS ARE SEEN ○ WHERE CHIMNEYS ARE SEEN ○ THREE CHIMNEYS • 1953
AI TO SHI NO TANIMA • VALLEY BETWEEN LOVE AND DEATH, THE • 1954
NIWATORI WA FUTATABI NAKU • COCK CROWS AGAIN, THE ○ HEN WILL SQUAWK AGAIN, A ○ COCK CROWS TWICE, THE • 1954
OSAKA NO YADO • INN AT OSAKA, AN ○ HOTEL AT OSAKA ○ OSAKA STORY ○ INN IN OSAKA, AN ○ INN OF OSAKA • 1954
TAKEKURABE • GROWING UP ○ COMPARISON OF HEIGHTS ○ DAUGHTERS OF YOSHIWARA • 1955
ARU YO FUTATABI • TWICE ON A CERTAIN NIGHT ○ AGAIN ONE NIGHT • 1956
BANKA • ELEGY OF THE NORTH ○ ELEGY, AN • 1957
KIIROI KARASU • BEHOLD THY SON ○ YELLOW CROW • 1957
ARI NO MACHI NO MARIA • MARIA OF THE ANT VILLAGE ○ MARIA OF THE STREET OF ANTS • 1958
HABARI NO TAKEKURABE • SKYLARK GROWING UP • 1958
HOTARUBI • FIREFLY LIGHT ○ FIREFLIES ○ FIREFLY'S LIGHT • 1958
YOKU • HALF A LOAF ○ AVARICE ○ DESIRE • 1958
KARATACHI NIKKI • JOURNAL OF THE ORANGE FLOWER ○ TRIFOLIATE ORANGE DIARY, THE • 1959
SHIROI KIBA • WHITE FANGS ○ WHITE FANG • 1960
WAGA AI • WHEN A WOMAN LOVES ○ MY LOVE • 1960
AIJO NO KEIFU • RECORD OF LOVE ○ LOVE'S FAMILY TREE • 1961
KUMO GA CHIGIRERU TOKI • AS THE CLOUDS SCATTER • 1961
RYOJU • HUNTING RIFLE • 1961
KAACHAN KEKKON SHIROYO • GET MARRIED MOTHER ○ MOTHER, GET MARRIED • 1962
HYAKUMAN-NIN NO MUSUMETACHI • MILLION GIRLS, A • 1963
OSOREZAN NO ONNA • WOMAN OF THE OSORE MOUNTAINS, A ○ INNOCENT WITCH, AN • 1965
KAACHAN TO JUICHI-NIN NO KODOMO • OUR WONDERFUL YEARS ○ MOTHER AND ELEVEN CHILDREN • 1966
UTAGE • REBELLION OF JAPAN ○ FEAST • 1967
MEIJI HARU AKI • GIRL OF THE MEIJI PERIOD, A ○ SEASONS OF MEIJI • 1968
ONNA TO MISOSHIRO • WOMAN AND THE BEANCURD SOUP, A ○ WOMAN AND BEAN SOUP ○ WOMEN AND MISO SOUP • 1968

GOSLAR JURGEN - GRM

LIEBLING, ICH MUSS DICH ERSCHIESSEN • 1962
MADCHEN UND DER STAATSANWALT, DAS • 1962
NEUNZIG MINUTEN NACH MITTERNACHT • TERROR AFTER MIDNIGHT (USA) • 1962
REPLICA DI UN DELITTO • VIOLENCE (USA) ○ REPLICA OF A CRIME ○ AMUCK • 1972
WHISPERING DEATH • FLUSTERNDE TOD, DER (FRG) ○ NIGHT OF THE ASKARI ○ ALBINO ○ DEATH IN THE SUN ○ BLIND SPOT • 1975
AMUCK • MANIAC MANSION • 1978
SLAVERS • 1978

GOSLING ANDREW - UKN

SNOW QUEEN, THE • 1976
LIGHT PRINCESS, THE • 1985 • MTV

GOSLING NICHOLAS - UKN

DREAM OF A WORLD • 1970

GOSOV MARRAN - GRM

KERL LIEBT MICH -UND DAS SOLL ICH GLAUBEN, DER • 1959
...UND DANN BYE BYE • 1965
BENGELCHEN LIEBT KREUZ UND QUER • SEX ADVENTURES OF A SINGLE MAN, THE (UKN) ○ 24-HOUR LOVER (USA) ○ CRUNCH ○ BENGELCHEN HAT'S WIRKLICH SCHWER ○ LITTLE RASCAL LOVES CRISS-CROSS • 1968
ENGELCHEN -ODER DIE JUNGFRAU VON BAMBERG • LITTLE ANGEL -OR THE VIRGIN OF BAMBERG ○ ANGEL BABY (USA) • 1968
ZUCKERBROT UND PEITSCHE • MIT ZUCKERBROT UND PEITSCHE ○ SWEATMEAT AND WHIP ○ LUCK OF THE GAME, THE • 1968

GOSPIC ZORAN - YGS

SVEDSKI ARANZMAN • SWEDISH PACKAGE HOLIDAY, THE • 1989

GOSPODNETIC DARKO - YGS

KROTITELJ • LION TAMER, THE • 1961 • ANS

GOSSELIN BERNARD - CND - 1934-

JEU DE L'HIVER, LE • 1962 • DCS
BEAU PLAISIR, LE • 1968 • DCS
CAPTURE • 1969 • DCS
MARTIEN DE NOEL, LE • CHRISTMAS MARTIAN, THE (USA) • 1970
ODYSSEE DU MANHATTAN, L' • 1970 • DCS
CATCH, THE • 1971 • SHT
CESAR ET SON CANOT D'ECORCE • 1971 • DOC
PASSAGE AU NORD-OUEST • 1971 • DCS
RAQUETTES DES ATCIKAMEG, LES • 1973 • DCS
JEAN CARIGNAN, VIOLONEUX • 1975 • DOC
ROYAUME VOUS ATTEND, UN • 1975 • DOC
GOUT DE LA FARINE, LE • 1976 • DOC
VEILLEE DES VEILLEES, LA • 1976 • DOC
BOEUFS DE LABOUR, LES • 1977 • DCS
LEO CORRIVEAU, MARECHAL-FERRANT • 1977 • DCS
RETOUR A LA TERRE, LE • 1977 • DOC
BELLE OUVRAGE, LA • 1977-80 • SER
GENS D'ABITIBI • 1980

GOSSENS ANNE - GRM

COWARD • 1987

GOSTEV IGOR - USS

FRONT WITHOUT FLANKS • 1975

GOSTHI RUPAK - IND

KHEYA • FERRY • 1967

GOSWAMI RAGHUNATH - IND

HATTOGOL VIJAY • HATTOGOL'S VICTORY

GOTHAR PETER - HNG - 1947-

AJANDEK EZ A NAP • PRICELESS DAY, A • 1980
MEGALL AZ IDO • TIME STANDS STILL ○ IDO VAN ○ TIME • 1981
TISZTA AMERIKA • JUST LIKE AMERICA ○ PURE AMERICA • 1987

GOTHO SYUJI - JPN

SHINOBI NINJA • 1984

GOTHSON MANNE - SWD

STORSTADSFAROR • DANGERS OF A BIG CITY • 1918

GOTO KOICHI - JPN

MAHIRU NARI • IT'S NOON • 1978

GOTO TOSHIO - JPN

MATAGI • MATAGI, BEAR HUNTER ○ TRADITIONAL HUNTER, A • 1983
ITAZU • 1988

GOTTLEIN ARTHUR - AUS

RASTELBINDER, DIE • 1927

GOTTLER ARCHIE - USA

WOMAN HATERS • 1934 • SHT

GOTTLIEB - GRM

GEHEIMNISTRAGER, DER • 1975

GOTTLIEB CARL - USA - 1938-

CAVEMAN • 1980
AMAZON WOMEN ON THE MOON • 1987

GOTTLIEB DAVID NEIL - USA

GAME SHOW MODELS • 1977

GOTTLIEB F. J. see **GOTTLIEB FRANZ J.**

GOTTLIEB FRANZ J. - GRM

GOTTLIEB FRANZ JOSEF • GOTTLIEB F. J.

FORSTERCHRISTL, DIE • 1962
FLUCH DER GELBEN SCHLANGE, DER • CURSE OF THE YELLOW SNAKE (USA) • 1963
GEHEIMNIS DER SCHWARZEN WITWE, DAS • SECRET OF THE BLACK WIDOW, THE (USA) • 1963
SCHWARZE ABT, DER • BLACK ABBOT, THE (USA) • 1963
GRUFT MIT DEM RATSELSCHLOSS, DIE • CURSE OF THE HIDDEN VAULT, THE (USA) • 1964
PHANTOM VON SOHO, DAS • PHANTOM OF SOHO, THE • 1964
SIEBENTE OPFER, DAS • 1964
DURCHS WILDE KURDISTAN • WILD KURDISTAN (UKN) • 1965
FERIEN MIT PIROSCHKA • 1965
IM REICHE DES SILBERNEN LOWEN • 1965
MISTER DYNAMIT -MORGEN KUSST EUCH DER TOD • MUORI LENTAMENTE.. TA LA GODI DI PIU (ITL) ○ DIE SLOWLY, YOU'LL ENJOY IT MORE ○ MR. DYNAMITE -DEATH WILL KISS YOU TOMORROW • 1967
VOLLKOMMENE EHE, DIE • 1967
DR. VAN DER VELDE -DIE VOLLKOMMENE EHE 1 • 1968
KLASSENKEILE • SPANKING AT SCHOOL • 1968
OSWALT KOLLE: DAS WUNDER DER LIEBE -SEXUALITAT IN DER EHE • MIRACLE OF LOVE, THE (USA) ○ WONDER OF LOVE, THE (UKN) ○ OSWALT KOLLE: THE WONDER OF LOVE -SEXUALITY IN MARRIAGE • 1968
VAN DER VELDE -DIE KOLLKOMMENE EHE (1) • VAN DE VELDE -THE PERFECT MARRIAGE (1) • 1968
HANSEL UND GRETEL VERLIEFEN SICH IM WALD • HANDS OFF GRETEL! (UKN) ○ HANSEL AND GRETEL ○ HANSEL AND GRETEL GET LOST IN THE WOODS • 1970
LIEBESSPIELE JUNGER MADCHEN • HUNGRY FOR SEX (UKN) ○ LOVE GAMES FOR YOUNG GIRLS ○ LOVE GAMES OF YOUNG GIRLS • 1972
VAN DER VELDE: DAS LEBEN ZU ZWEIT, DIE SEXUALITAT IN DER EHE • EVERY NIGHT OF THE WEEK (UKN) • 1972
INTIMATE DESIRES OF WOMEN, THE • 1973
LADY DRACULA • 1976
FREUDE AM FLIEGEN • SEX AT 7,000 FEET ○ JOY OF FLYING • 1977
HURRA! DIE SCHWEDINNEN SIND DA • 1978
THREE CRAZY JERKS • 1988

GOTTLIEB FRANZ JOSEF see **GOTTLIEB FRANZ J.**

GOTTLIEB LISA - USA

JUST ONE OF THE GUYS • 1985

GOTTLIEB MICHAEL - USA

MANNEQUIN • PERFECT TIMING • 1986

GOTTSCHALK ROBERT - USA - 1918-

DANGEROUS CHARTER • 1962

GOTZ KURT see **GOETZ CURT**

GOTZ SIGGI - FRN

SCHONEN WILDEN VON IBIZA, DIE • BEAUTIFUL AND WILD ON IBIZA ○ SEX ON THE ROCKS
ALPENGLUHN IM DIRNLROCK • 1974
GEH'ZIEH DEIN DIRNDL AUS • 1974
GRIECHISCHE FEIGER • FRUIT IS RIPE, THE • 1976
WAS TREIBT DIE MAUS IM BADENHAUS? • 1976
DREI SCHWEDINNEN IM OBERBAYERN • 1977
SUMMER NIGHT FEVER • 1978
DANS LA CHALEUR DES NUITS D'ETE • 1979

GOUBENKO NIKOLAI see **GUBENKO NIKOLAI**

GOUGH BILL - CND

HIGH CARD • 1982 • MTV

GOULART LUIS FERNANDO - BRZ

RAINHA DO RADIO, A • QUEEN OF THE RADIO, THE • 1981

GOULD CHARLES - USA

GOULD CHARLES S.

GREAT ADVENTURES OF CAPTAIN KIDD, THE • 1953 • SRL
JUNGLE MOON MEN • 1955

GOULD CHARLES S. see **GOULD CHARLES**

GOULD DAVE - USA

RHYTHM PARADE • 1942
IF YOU ONLY KNEW • 1946 • SHT
I'M JUST A LUCKY SO-AND-SO • 1946 • SHT
JOG ALONG • 1946 • SHT
MAN WITH THE WEIRD BEARD, THE • 1946 • SHT
OH! FRENCHY • 1946 • SHT
PATIENCE AND FORTITUDE • 1946 • SHT
SHINE ON YOUR SHOES • 1946 • SHT
SOLID JIVE • 1946 • SHT

GOULD MANNY – Animator – USA
MOTHER GOOSE IN SWINGTIME • 1939 • ANS
MOUNTAIN EARS • 1939 • ANS

GOULD-MARKS L. – UKN
DOMESTIC HOT WATER • 1951 • DOC

GOULD TERRY – UKN
LOVE AND MARRIAGE • SEX, LOVE AND MARRIAGE • 1970 • DOC
LOVE VARIATIONS • 1970

GOULDER STANLEY – UKN
SILENT PLAYGROUND, THE • 1963
TROUBLED WATERS • MAN WITH TWO FACES (USA) • 1964
NAKED EVIL • EXORCISM AT MIDNIGHT • 1966

GOULDING ALF – ASL – 1896-1972
GOULDING ALFRED T. • *GOULDING ALFRED*
HIS BEST GIRL • 1916
OPEN ANOTHER BOTTLE • 1916
CHARLIE THE HERO • 1919 • SHT
FROM HAND TO MOUTH • 1919 • SHT
PAIR OF DEUCES, A • 1919 • SHT
START SOMETHING • 1919 • SHT
TIGHT FIX, A • 1919 • SHT
ANY OLD PORT • 1920 • SHT
CASH CUSTOMERS • 1920 • SHT
DOING TIME • 1920 • SHT
FELLOW CITIZENS • 1920 • SHT
GRAB THE GHOST • 1920 • SHT
HAUNTED SPOOKS • 1920 • SHT
PARK YOUR CAR • 1920 • SHT
BROWNIE'S BABY DOLL • 1921 • SHT
HELLO MARS • 1922 • SHT
SHORT WEIGHT • 1922
SWEETIE • 1923
EXCUSE ME • 1924
JACK AND THE BEANSTALK • 1924 • SHT
DON'T • REBELLIOUS GIRL, THE • 1925
LITTLE RED RIDING HOOD • 1925 • SHT
SMITH'S PONY • 1927 • SHT
ALL AT SEA • 1928
SMITH'S HOLIDAY • 1928 • SHT
THAT RED-HEADED HUSSY • 1929
FOLLOW THE SWALLOW • 1930
HONK YOUR HORN • 1930
BUZZIN' AROUND • 1933 • SHT
BLASTED EVENT, A • 1934 • SHT
HIS BRIDAL SWEET • 1934 • SHT
POISONED IVORY • 1934 • SHT
WRONG DIRECTION • 1934 • SHT
BRING 'EM BACK A LIE • 1935 • SHT
DOUBLE CROSSED • 1935 • SHT
HOME WORK • 1935 • SHT
MY GIRL SALLY • 1935 • SHT
WOULD YOU BE WILLING? • 1935 • SHT
EVERYTHING IS RHYTHM • 1936
OLYMPIC HONEYMOON • HONEYMOON MERRY-GO-ROUND • 1936
ONE GOOD TURN • 1936
GANG SHOW, THE • 1937
SAM SMALL LEAVES TOWN • IT'S SAM SMALL AGAIN • 1937
SPLINTERS IN THE AIR • 1937
CHUMP AT OXFORD, A • 1940
YANK IN AUSTRALIA, A • 1942
DARK ROAD, THE • 1948
DICK BARTON -SPECIAL AGENT • 1948
ADVENTURES OF JANE, THE • 1949
DEVIL'S JEST, THE • 1954

GOULDING ALFRED see **GOULDING ALF**

GOULDING ALFRED T. see **GOULDING ALF**

GOULDING EDMUND – Writer/ composer – UKN – 1891-1959
SALLY, IRENE AND MARY • 1925
SUN-UP • 1925
PARIS • SHADOWS OF PARIS • 1926
LOVE • ANNA KARENINA (UKN) • 1927
WOMEN LOVE DIAMONDS • 1927
TRESPASSER, THE • 1929
DEVIL'S HOLIDAY, THE • 1930
PARAMOUNT ON PARADE • 1930
NIGHT ANGEL • SCARLET HOURS • 1931
REACHING FOR THE MOON • 1931
BLONDIE OF THE FOLLIES • 1932
GRAND HOTEL • 1932
HOLLYWOOD PARTY • 1934
RIPTIDE • 1934
FLAME WITHIN, THE • 1935
THAT CERTAIN WOMAN • 1937
DAWN PATROL • 1938
WHITE BANNERS • 1938
DARK VICTORY • 1939
OLD MAID, THE • 1939
WE ARE NOT ALONE • 1939
'TIL WE MEET AGAIN • WE SHALL ME AGAIN • 1940
GREAT LIE, THE • 1941
CLAUDIA • 1943
CONSTANT NYMPH, THE • 1943
FOREVER AND A DAY • 1943
OF HUMAN BONDAGE • 1946
RAZOR'S EDGE, THE • 1946
NIGHTMARE ALLEY • 1947
EVERYBODY DOES IT • 1949
MISTER 880 • 1950
WE'RE NOT MARRIED • 1952
DOWN AMONG THE SHELTERING PALMS • 1953
TEENAGE REBEL • 1956
MARDI GRAS • 1958

GOULET STELLA – CND – 1947-
PIC ET PIC ET CONTREDANSE • 1979
CHEVAUX D'ACIER, LES • 1983 • MTV
MELODIE, MA GRAND-MERE • 1983 • MTV
TROIS PETITS TOURS • 1983 • MTV
DIFFERENCE N'A PAS D'IMPORTANCE, LA • 1984 • MTV
TIRELIRE, LA • 1984 • MTV
ELISE ET LA MER • 1986 • MTV
ON JOUE OU ON JOUE PAS? • 1986 • MTV

GOULT DOMINIQUE – FRN – 1947-
STEFFEN RICHARD • *RICHARD STEPHEN*
HAINE • 1979

GOUPIL ROMAIN – FRN – 1951-
MOURIR A TRENTE ANS • 1982 • DOC
JAVA DES OMBRES, LA • 1983
MAMAN • 1990

GOUPILLIERES ROGER – FRN – 1896-
POIGNARD MALAIS, LE • 1930
ECHEC ET MAT • AMOURS TRAGIQUES • 1931
KNOCK, OU LE TRIOMPHE DE LA MEDECINE • 1933
DAME DE VITTEL, LA • 1936
CHIPEE • COUP DE FOUDRE • 1937

GOUR RAJENDRA – USA
EYES • SHT

GOURGAUD BARON – FRN
CHEZ LES BUVEURS DE SANG • VRAI VISAGE DE L'AFRIQUE, LE ○ AU PAYS DES BUVEURS DE SANG • 1930 • DOC

GOURGUET JEAN – FRN – 1902-
AFFAIRE COQUELET, L' • 1934
JEANNETTE BOURGOGNE • 1938
MOUSSAILLON, LE • 1941
MALARIA • 1942
SON DERNIER ROLE • 1945
ORPHELINS DE SAINT-VAAST, LES • 1948
ZONE FRONTIERE • 1949
TRAFIC SUR LES DUNES • 1950
ENFANT DANS LA TOURMENTE, UNE • 1951
SECRET D'UNE MERE, LE • 1952
FILLE PERDUE, LA • 1953
MATERNITE CLANDESTINE • 1953
CAGE AUX SOURIS, LA • 1954
PREMIERS OUTRAGES, LES • 1955
PROMESSES DANGEREUSES, LES • 1956
ISABELLE A PEUR DES HOMMES • 1957
P.. SENTIMENTALE, LA • 1958
FRANGINES, LES • 1959
TRAVERSEE DE LA LOIRE, LA • 1961

GOUSINI SAMIR – SYR
ANTARA IN ROMANIA • 1976
DAYS IN LONDON • 1978

GOUT ALBERTO – MXC
SU ADORABLE MAJADERO • 1938
CAFE CONCORDIA • 1939
CUANDO VIAJAN LAS ESTRELLAS • 1942
SAN FRANCISCO DE ASIS • ST. FRANCIS OF ASSISI (USA) • 1943
SOMBRA EN MI DESTINO, UNA • 1944
TUYA EN CUERPO Y ALMA • 1944
BUITRES SOBRE EL TEJADO, LOS • 1945
HUMO EN LOS OJOS • 1946
BIEN PAGADA, LA • 1947
CORTESANA • 1947
GALLO GIRO, EL • 1948
REVANCHA • 1948
AVENTURERA • 1949
RINCON BRUJO • 1949
EN CARNE VIVA • 1950
SENSUALIDAD • SENSUALITY • 1950
MUJERES SACRIFICADAS • 1951
NO NIEGO MI PASADO • 1951
QUIERO VIVIR • 1951
AVENTURA EN RIO • 1952
SOSPECHOSA, LA • 1954
ADAN Y EVA • ADAM AND EVE (USA) ○ ADAM Y EVA • 1955
MI DESCONOCIDA ESPOSA • 1955
RAPTO DE LAS SABINAS, EL • SHAME OF THE SABINE WOMEN, THE (USA) ○ RAPE OF THE SABINES, THE ○ MATING OF THE SABINE WOMEN, THE • 1958
ESTRATEGIA MATRIMONIO • COMO CASARSE CON UN MILLONARIO • 1966

GOUT PIERRE – FRN – 1921-
TOUT CHANTE AUTOUR DE MOI • 1954
GRAND SILENCE, LE • 1955 • SHT
SAHARA D'AUJOURD'HUI • 1957 • DOC

GOVAR IVAN see **GOVAR YVAN**

GOVAR RENE – SPN
NOCHES DEL HOMBRE LOBO, LAS • NIGHTS OF THE WEREWOLF, THE • 1968

GOVAR YVAN – BLG – 1930-
GOVAR IVAN
NOUS N'IRONS PLUS AU BOIS • 1954
TOUBIB, LE • 1955
CIRCUIT DE MINUIT • 1956
Y'EN A MARRE • GARS D'ANVERS, LE ○ Y EN A MARRE • 1959
CROIX DES VIVANTS, LA • CROSS OF THE LIVING (USA) • 1962
QUE PERSONNE NE SORTE • 1963
SOIR.. PAR HASARD, UN • AGENT OF DOOM (USA) ○ ONE NIGHT.. BY ACCIDENT • 1964
DEUX HEURES A TUER • 1965

GOVE EDGAR A. – USA
OVER HERE • 1917

GOVER VICTOR M. – UKN – 1908-
RAINBOW ROUND THE CORNER • RAINBOW RHYTHM • 1944
CURSE OF THE WRAYDONS, THE • TERROR OF LONDON, THE • 1946
DANCING THRU • 1946
GHOST FOR SALE, A • 1952
KING OF THE UNDERWORLD • 1952
MURDER AT SCOTLAND YARD • 1952
MURDER AT THE GRANGE • 1952
BUNTY WINS A PUP • 1953
ALL LIVING THINGS • 1955

GOVERNOR RICHARD – USA
GHOST TOWN • 1988

GOVORUKHIN S. – USS
NAME DAY, THE • 1969
WHITE EXPLOSION • 1970
LIFE AND AMAZING ADVENTURES OF ROBINSON CRUSOE, THE • 1973

GOW KEITH – ASL – 1921-
DROVER'S WIFE, THE • 1968 • SHT
TEMPO -AUSTRALIA IN THE SEVENTIES • 1971

GOW R. see **GOW RONALD**

GOW RONALD – UKN
GOW R.
MAN WHO CHANGED HIS MIND, THE • 1928
GLITTERING SWORD, THE • 1929

GOWDA CHANDRASHEKHAR – IND
EKHANEY AAMAR SWARGA • 1989

GOWER WOLFGANG – USA
RAMB-OOH: THE SEX PLATOON • 1988

GOWERS BRUCE – USA
EDDIE MURPHY -DELIRIOUS • 1983

GRABER SHEILA – UKN
EVOLUTION • 1980

GRABOWSKI STANISLAW – PLN
FLISACY • BARGEMEN, THE • 1963 • DOC
MUZYKA DAWNA • ANCIENT MUSIC • 1964

GRACIE MARC – ASL
JIGSAW • 1989
KINK IN THE PICASSO, A • 1990

GRADOWSKI BOHDAN – PLN – 1943-
KWIATY SOFII • FLOWERS OF SOFIA • 1967 • DOC
PO WYROKU • AFTER THE SENTENCE • 1967 • DOC
POLONEZ • POLONAISE • 1967 • DOC
URODZENI W NIEDZIELE • BORN ON SUNDAY • 1967 • DOC
PROTEST 68 • 1968 • DOC
DWAJ ZOLNIERZE • TWO SOLDIERS • 1970 • DOC
ZANIK SERCA • ATROPHY OF THE HEART • 1970 • DOC
KONSUL I INNI • CONSUL AND OTHERS • 1971 • DOC

GRAEF ROGER – UKN
FAMILY • 1971
PLEASURE AT HER MAJESTY'S • 1976
SECRET POLICEMAN'S BALL • 1980
SECRET POLICEMAN'S OTHER BALL, THE • 1982
SECRET POLICEMAN'S PRIVATE PARTS, THE • 1984

GRAEFF TOM – USA – 1929-
TEEN-AGERS FROM OUTER SPACE • GARGON TERROR, THE (UKN) ○ INVASION OF THE GARGON • 1959

GRAEME KENNETH – UKN
ADVENTURES OF MR. PUSHER LONG, THE • 1921 • SER
GREAT HUNGER DUEL, THE • 1922
HYPNOTIC PORTRAIT, THE • 1922
WAR AT WALLAROO MANSIONS, THE • 1922

GRAF DIETMAR – AUS
DENKWURDIGE WALLFAHRT DES KAISERS KANGA MUSSA VON MALI NACH MEKKA • MEMORABLE PILGRIMAGE OF THE EMPEROR KANGA MUSSA FROM MALI TO MECCA • 1977

GRAF DOMINIK – GRM
SPIELER • PLAYER ○ GAMBLER • 1989
UNDER COVER • 1990

GRAF MARLIES – SWT
ISIDOR HUBER UND DIE FOLGEN • 1972
AMOUR HANDICAPE, L' • BEHINDERTE LIEBE • 1979

GRAF ROLAND – GRM
MEIN LIEBER ROBINSON • 1972
EXPLORING THE MARCHES OF BRANDENBERG • 1982
FARIAHO • 1983
FALLADA -THE LAST CHAPTER • 1988

GRAF URS – SWT
ISIDOR HUBER UND DIE FOLGEN • 1972
CINEMA MORT OU VIF? • 1978 • DOC
WEGE UND MAUERN • WAYS AND WALLS • 1982
ETWAS ANDERES • 1986 • DOC

GRAFENSTEIN HEINRICH – GRM
STUDIE WARTEN • 1956

GRAFF PHILIPPE – BLG
NARCOSES • 1967
JEAN-GINA B. • 1984

GRAFFMAN GORAN – SWD
MADICKEN • MISCHIEVOUS MEG • 1979

GRAFIELD FRANK see **GIRALDI FRANCO**

GRAGNON ALFRED – FRN – 1903-
GREY CONTRE X • INSPECTEUR GREY CONTRE X • 1939

GRAHAM BOB – USA
END OF AUGUST, THE • 1981

GRAHAM DAVID C. – USA
UNDERTAKER AND HIS PALS, THE • 1966

GRAHAM ED – USA
GRAHAM EDDY
SHOOTING OF DAN MCGREW, THE • 1966 • ANS
SHERLOCK HOLMES AND THE BASKERVILLE CURSE • SHERLOCK HOLMES IN THE BASKERVILLE CURSE • 1984 • ANM

GRAHAM EDDY see **GRAHAM ED**

GRAHAM FRANK – USA
CHALLENGE OF THE WILD • 1954 • DOC

GRAHAM JO – USA
ALWAYS IN MY HEART • 1942
YOU CAN'T ESCAPE FOREVER • 1942
GOOD FELLOWS, THE • 1943

GRAHAM PETER – FRN
AU BOUT DES FUSILS • GUNPOINT • 1972 • DCS

GRAHAM RONALD – USA
SHE DID IT HIS WAY! • 1968

GRAHAM SEAN – GRM – 1920–
PLANNED TOWN • DOC
WORLD OF PLENTY • DOC
AMENU'S CHILD • 1949
BOY KUMASENU • 1951

GRAHAM TREVOR – ASL
PAINTING THE TOWN • 1987

GRAHAM WALTER – USA
DIVORCE MADE EASY • 1929 • SND
WHEN CAESAR RAN A NEWSPAPER • 1929

GRAHAM WILLIAM see **GRAHAM WILLIAM A.**

GRAHAM WILLIAM A. – USA – 1928–
GRAHAM WILLIAM
BIG VALLEY, THE • 1965 • TVM
F.B.I., THE • 1965 • TVM
DOOMSDAY FLIGHT, THE • 1966 • TVM
LAST GENERATION, THE • 1966 • TVM
INTRUDERS, THE • DEATH DANCE AT MADELIA • 1967 • TVM
WATERHOLE #3 • 1967
LEGEND OF CUSTER, THE • 1968 • TVM
PERILOUS VOYAGE • REVOLUTION OF ANTONIO DELEON, THE • 1968 • TVM
ACT OF PIRACY • 1969 • TVM
CHANGE OF HABIT • 1969
OUTSIDER, THE • 1969
SUBMARINE X-1 • 1969
THEN CAME BRONSON • 1969 • TVM
TRIAL RUN • 1969 • TVM
CONGRATULATIONS, IT'S A BOY • 1971 • TVM
JIGSAW • MAN ON THE MOVE • 1971 • TVM
MAGIC CARPET • 1971 • TVM
MARRIAGE: YEAR ONE • YEAR 1 • 1971 • TVM
THIEF, THE • 1971 • TVM
CRY FOR ME, BILLY • FACE TO THE WIND ○ COUNT YOUR BULLETS ○ APACHE MASSACRE ○ LONG TOMORROW, THE ○ NAKED REVENGE • 1972
HONKY • 1972
BIRDS OF PREY • TURBO BLADE • 1973 • TVM
MR. INSIDE / MR. OUTSIDE • 1973 • TVM
POLICE STORY • STAKE OUT, THE • 1973 • TVM
SHIRTS / SKINS • 1973 • TVM
GET CHRISTIE LOVE! • 1974
LARRY • 1974 • TVM
TOGETHER BROTHERS • 1974
TRAPPED BENEATH THE SEA • 1974 • TVM
WHERE THE LILIES BLOOM • 1974
BEYOND THE BERMUDA TRIANGLE • 1975 • TVM
PEACH GANG, THE • 1975 • TVM
PART 2 SOUNDER • SOUNDER II • 1976
SHARK KILL • 1976 • TVM
21 HOURS AT MUNICH • TWENTY-ONE HOURS AT MUNICH • 1976 • TVM
AMAZING HOWARD HUGHES, THE • 1977 • TVM
CONTRACT ON CHERRY STREET • 1977 • TVM
MINSTREL MAN • 1977 • TVM
AND I ALONE SURVIVED • 1978 • TVM
CINDY • 1978 • TVM
ONE IN A MILLION: THE RON LEFLORE STORY • 1978 • TVM
ORPHAN TRAIN • 1979 • TVM
TRANSPLANT • 1979 • TVM
GUYANA TRAGEDY: THE STORY OF JIM JONES • 1980 • TVM
RAGE • 1980 • TVM
HARRY TRACY, DESPERADO • HARRY TRACY • 1981
DEADLY ENCOUNTER • 1982 • TVM
M.A.D.D. –MOTHERS AGAINST DRUNK DRIVERS • 1982 • TVM
LAST NINJA, THE • 1983 • TVM
SECRETS OF A MARRIED MAN • 1984 • TVM
WOMEN OF SAN QUENTIN • 1984 • TVM
GEORGE WASHINGTON: THE FORGING OF A NATION • 1986 • TVM
LAST DAYS OF FRANK AND JESSE JAMES, THE • 1986 • TVM
POLICE STORY: THE FREEWAY KILLINGS • FREEWAY KILLINGS, THE • 1987 • TVM
PROUD MEN • 1987 • TVM
SUPERCARRIER • 1987 • TVM
SUPERCARRIER 2 • 1987 • TVM
BILLY THE KID • GORE VIDAL'S BILLY THE KID • 1988
STREET OF DREAMS • 1988 • TVM

GRAINGER RAY – USA
LADIES FIRST • 1918 • SHT

GRAMANTIERI TULIO – ITL
PRINCIPESSINA • 1943

GRAMATICA EMMA – ITL – 1875–1965
PEPPINO E LA NOBILE DAMA • VECCHIA SIGNORA, LA • 1959

GRAMLICH CHARLES – USA
WHEN QUACKEL DID HYDE • 1920

GRAMMATIKOV VLADIMIR – USS
ZVEZDA I SMERT KHOAKINA MURIETY • STAR AND THE DEATH OF JOAQUIM MURIETA, THE • 1983
MIO, MIN MIO! • MIO IN THE LAND OF FARAWAY • 1987

GRAND–JOUAN see **GRAND–JOUAN JEAN–JACQUES**

GRAND–JOUAN JEAN–JACQUES – FRN – 1949–
GRAND–JOUAN
DEFENSE DE JOUER • 1971
SOLVEIG ET LE VIOLON TURC • 1974
RUE DU PIED–DE–GRUE • 1979
DEBOUT LES CRABES, LA MER MONTE! • 1983

GRAND RICHARD – USA
COMMITMENT, THE • 1976
FYRE • 1979

GRANDI GASTONE – ITL
BIGHOUSE TONY
UOMO CHE VISSE LO SPAZIO, L' • 1966

GRANDON F. J. see **GRANDON FRANCIS J.**

GRANDON FRANCIS see **GRANDON FRANCIS J.**

GRANDON FRANCIS J. – USA
GRANDON FRANCIS • GRANDON FRANK • GRANDON F. J.
NEW RANCH FOREMAN, THE • 1912
RANCH–MATES • 1912
SURGEON, THE • 1912
CIPHER MESSAGE, THE • 1913
CONSCIENCE FUND, THE • 1913
ENGRAVER, THE • 1913
EVIL ONE, THE • 1913
GIRL AND THE GAMBLER, THE • 1913
GREED FOR GOLD • 1913
LOVE OF PENELOPE, THE • 1913
ON THE MOUNTAIN RANCH • 1913
PAPITA'S DESTINY • 1913
RIGHT ROAD, THE • 1913
TEACHER AT ROCKVILLE, THE • 1913
WHEN MAY WEDS DECEMBER • 1913
YOUNG MRS. EAMES, THE • 1913
ADVENTURES OF KATHLYN, THE • 1914 • SRL
FIFTH MAN, THE • 1914 • SHT
FLOWER OF FAITH, THE • 1914
FOUR MINUTES LATE • 1914
GARRISON'S FINISH • 1914
IF I WERE YOUNG AGAIN • 1914
JIM • 1914
LEOPARD'S FOUNDLING, THE • 1914
LIVID FLAME, THE • 1914
LURE O' THE WINDIGO, THE • 1914
OUT OF PETTICOAT LANE • 1914
ROSEMARY, THAT'S FOR REMEMBRANCE • 1914
SOUL MATE, THE • 1914
TO BE CALLED FOR • 1914
WADE BRENT PAYS • 1914
WIGGS TAKES THE REST CURE • 1914
BREAD LINE, THE • 1915
FACE AT THE WINDOW, THE • 1915
FATE TAKES A HAND • 1915
FATHER AND SON • 1915
HEARTS OF THE JUNGLE • 1915
HER OATH OF VENGEANCE • 1915
JACK'S PALS • 1915
PUNY SOUL OF PETER RAND, THE • 1915
STRATHMORE • 1915
VAN THORNTON DIAMONDS, THE • 1915
ANGEL OF THE ATTIC, THE • 1916 • SHT
CROSS CURRENTS • 1916
FIVE FRANC PIECE, THE • 1916 • SHT
LURE OF HEART'S DESIRE, THE • 1916
NARROW PATH, THE • DANGER PATH, THE • 1916
PLAYING WITH FIRE • 1916
SOUL MARKET, THE • 1916
BROTHER'S SACRIFICE, A • 1917 • SHT
DUMMY, THE • 1917
GLORY • 1917
GREATER PUNISHMENT, THE • 1917 • SHT
HEART'S DESIRE • 1917
IN THE TALONS OF AN EAGLE • 1917
LITTLE BOY SCOUT, THE • 1917
LITTLE SOLDIER GIRL • 1917
MAN, A GIRL AND A LION, A • 1917 • SHT
MYSTERY OF MY LADY'S BOUDOIR, THE • 1917 • SHT
SOLE SURVIVOR, THE • 1917 • SHT
SOULS UNITED • 1917 • SHT
VOICE THAT LED HIM, THE • 1917 • SHT
CONQUERED HEARTS • 1918
DAREDEVIL, THE • 1918
LOVE'S LAW • 1918
LAMB AND THE LION, THE • 1919
MODERN HUSBANDS • 1919
PRICE OF THE PRAIRIE • 1919
WILD HONEY • 1919
MISS NOBODY • 1920
NOBODY'S GIRL • 1920
VEILED MYSTERY, THE • 1920 • SRL
LOTUS BLOSSOM • 1921
BARB WIRE • BARBED WIRE • 1922
PHANTOM SHADOWS • 1925
SCARLET AND GOLD • 1925

GRANDON FRANK see **GRANDON FRANCIS J.**

GRANDPERRET PATRICK – FRN – 1946–
COURTS–CIRCUITS • COURT CIRCUITS • 1980

GRAND'RY GENEVIEVE – BLG
MARDI GRAS

GRANGIER GILLES – FRN – 1911–
ADEMAI BANDIT D'HONNEUR • 1943
CAVALIER NOIR, LE • 1944
AVENTURE DE CABASSOU, L' • CABASSOU • 1945
LECON DE CONDUITE • CAPRICES DE MICHELINE, LES • 1945
TRENTE ET QUARANTE • 1945
HISTOIRE DE CHANTER • 1946
RENDEZ–VOUS A PARIS • 1946
DANGER DE MORT • 1947
PAR LA FENETRE • JE REVIENDRAI PAR LA FENETRE • 1947
FEMME SANS PASSE • 1948
JO LA ROMANCE • CELLE QUE J'AIME • 1948
AMEDEE • 1949
AMOUR ET CIE • 1949
AU P'TIT ZOUAVE • 1949
AMANT DE PAILLE, L' • 1950
FEMMES SONT FOLLES, LES • 1950
HOMME DE JOIE, L' • 1950
PETITES CARDINALES, LES • FAMILLE CARDINAL, LA • 1950
PLUS JOLI PECHE DU MONDE, LE • 1951
AMOUR MADAME, L' • 1952
DOUZE HEURES DE BONHEUR • 1952
FAITES–MOI CONFIANCE • 1953
JEUNES MARIES • SPOSATA IERI (ITL) • 1953
VIERGE DU RHIN, LA • 1953
POISSON D'AVRIL • 1954
GAS–OIL • HI–JACK HIGHWAY (USA) • 1955
PRINTEMPS, L'AUTOMNE ET L'AMOUR ,LE • MIA MOGLIE NON SI TOCCA (ITL) • 1955
CORRIDA DEI MARITI, LA • 1956
REPRODUCTION INTERDITE • SCHEMER, THE (USA) • 1956
SANG A LA TETE, LE • 1956
ECHEC AU PORTEUR • 1957
ROUGE EST MIS, LE • SPEAKING OF MURDER (USA) • 1957
TROIS JOURS A VIVRE • 1957
DESORDRE ET LA NUIT, LE • NIGHT AFFAIR (USA) • 1958
ARCHIMEDE, LE CLOCHARD • MAGNIFICENT TRAMP, THE (USA) ○ ARCHIMEDE THE TRAMP ○ TRAMP • 1959
125, RUE MONTMARTRE • 1959
VIEUX DE LA VIEILLE, LES • OLD GUARD • 1960
CAVE SE REBIFFE, LE • COUNTERFEITERS OF PARIS, THE (USA) ○ RE DEI FALSARI, IL (ITL) ○ COUNTERFEITERS, THE (UKN) ○ MONEY, MONEY, MONEY • 1961
GENTLEMAN D'EPSOM, LE • 1962
VOYAGE A BIARRITZ • 1962
CUISINE AU BUERRE, LA • MY WIFE'S HUSBAND (USA) ○ CUCINA AL BURRO (ITL) • 1963
MAIGRET VOIT ROUGE • MAIGRET E I GANGSTERS (ITL) • 1963
AGE INGRAT, L' • 1964
TRAIN D'ENFER • OPERATION DOUBLE CROSS • 1965
BONS VIVANTS, LES • HOW TO KEEP THE RED LAMP BURNING (USA) ○ GRAND SEIGNEUR, UN ○ PER FAVORE CHIUDETE LE PERSIANE (ITL) • 1966
HOMME A LA BUICK, L' • 1967
CIGARETTE POUR UN INGENU, UNE • 1968
SOUS LE SIGNE DU TAUREAU • 1968
CAVE, UN • 1971
GROSS PARIS • 1974
BANLIEUE SUD–EST • 1978

GRANIER–DEFERRE DENYS – FRN – 1949–
QUE LES "GROS SALAIRES" LEVENT LE DOIGT! • BETES CURIEUSES, LES ○ BASSE–COUR • 1982
REVEILLON CHEZ BOB • 1984

GRANIER–DEFERRE PIERRE – FRN – 1927–
MENSONGES • 1958
PETIT GARCON DE L'ENSCENSEUR, LE • 1961
AVENTURES DE SALAVIN, LES • CONFESSION DE MINUIT, LA • 1963
METAMORPHOSE DES CLOPORTES • SOTTO IL TALLONE (ITL) ○ CLOPORTES (USA) • 1965
PARIS AU MOIS D'AOUT • PARIS IN THE MONTH OF AUGUST (USA) ○ PARIS IN AUGUST (UKN) • 1966
GRAND DADAIS, LE • ZEIT DER KIRSCHEN IST VORBEI, DIE (FRG) ○ VIRGIN YOUTH ○ BIG SOFTIE, THE • 1967
HORSE, LA • CLAN DEGLI UOMINI VIOLENTI, IL (ITL) • 1969
CHAT, LE • CHAT –L'IMPLACABILE UOMO DI SAINT GERMAIN, LE (ITL) ○ CAT, THE • 1971
VEUVE COUDERC, LE • EVASO, L' (ITL) ○ WIDOW COUDERC, THE (USA) • 1971
FILS, LE • BATTITO D'ALI DOPO LA STRAGE, UN (ITL) • 1973
TRAIN, LE • NOI DUE SENZA DOMANI (ITL) ○ LAST TRAIN, THE • 1973
CREEZY • 1974
RACE DES SEIGNEURS, LA • 1974
ADIEU POULET • FRENCH DETECTIVE, THE (USA) • 1975
CAGE, LA • 1975
FEMME A SA FENETRE, UNE • WOMAN AT HER WINDOW, A (USA) ○ DONNA ALLA FINESTRA, UNA • 1976
BOURGEOISE, LA • 1979
TOUBIB, LE • GREATEST ATTACK, THE (UKN) ○ PRELUDE TO APOCALYPSE ○ HARMONIE ○ MEDIC, THE • 1979
ETRANGE AFFAIRE, UNE • 1981
ETOILE DU NORD, L' • NORTHERN STAR, THE (USA) • 1982
AMI DE VINCENT, L' • 1983
AUTRICHIENNE, L' • 1989

GRANIK A. see **GRANIK ANATOLI**

GRANIK ANATOLI – USS
GRANIK A.
OUR CORRESPONDENT • 1959
NA DIKOM BEREGYE • ON THE WILD SHORE ○ WILD SHORE, THE • 1967

GRANOWSKY ALEXANDER see **GRANOWSKY ALEXIS**

GRANOWSKY ALEXIS – USS – 1880–1937
GRANOWSKY ALEXANDER
KOFFER DES HERRN O.F., DIE • LUGGAGE OF MR. O.F., THE ○ MR. O.F.'S 13 CASES • 1931
LIED VOM LEBEN, DAS • SONG OF LIFE • 1931
ABENTEUER DES KONIGS PAUSOLE, DIE • KONIGS PAUSOLE • 1933
AVENTURES DU ROI PAUSOLE, LES • 1933
MERRY MONARCH, THE • 1933
NUITS MOSCOVITES, LES • 1934
TARASS BOULBA • 1936

GRANT DAVID – Producer/writer – UKN – 1937–
HAMILTON–GRANT DAVID
LOVE VARIATIONS
PINK ORGASM
OFFICE PARTY, THE • 1976
ESCAPE TO ENTEBBE • 1977
SENSATIONS • 1977
UNDER THE BED DARLING • 1977
YOU'RE DRIVING ME CRAZY! • 1978

GRANT DWINNEL – USA
THEMIS • 1940 • SHT
CONTRATHEMIS • 1941 • SHT
THREE DIMENSIONAL EXPERIMENTS • 1945 • SHT

GRANT FRANCES E. – UKN
SWORD OF FATE, THE • 1921

GRANT HARRY A. – USA
SAGE–BRUSH LEAGUE, THE • 1919

GRANT JAMES see **GRANT JAMES EDWARD**

GRANT JAMES EDWARD – Screenwriter – USA – 1902–1966
GRANT JAMES
ANGEL AND THE BAD MAN • 1947
RING OF FEAR • 1954

GRANT JOHN A. – USA
SEXTERMINATORS, THE • SIX TERMINATORS, THE • 1970

GRANT LEE – Actress – USA – 1926–
STRONGER, THE • 1976 • DOC
TELL ME A RIDDLE • 1980
MATTER OF SEX, A • WOMEN OF WILLMAR, THE • 1984 • TVM
NOBODY'S CHILD • 1986 • TVM
STAYING THE SAME • BOY'S LIFE • 1989

GRANT MICHAEL – CND – 1952–
HEAD ON • FATAL ATTRACTION (USA) • 1980

GRANTHAM-HAYES see **GRANTHAM-HAYES H. C.**

GRANTHAM-HAYES H. C. – GRM – –1931
GRANTHAM-HAYES
GROSSTE LIEBE, DIE • 1928
NOS MAITRES, LES DOMESTIQUES • 1931

GRANVILLE FRED L. see **GRANVILLE FRED LEROY**

GRANVILLE FRED LEROY – USA
GRANVILLE FRED L.
AT THE MERCY OF TIBERIUS • PRICE OF SILENCE, THE • 1920
HONEYPOT, THE • 1920
FIGHTING LOVER, THE • 1921
LOVE MAGGY • 1921
SHARK MASTER, THE • 1921
SMART SEX, THE • GIRL AND THE GOOSE, THE • 1921
BELOVED VAGABOND, THE • 1923
SHIFTING SANDS • 1923
SINS YE DO, THE • 1924
DEAR LIAR, A • 1925
FORBIDDEN CARGOES • 1925
BERCEAU DE DIEU, LE • CRADLE OF GOD, THE • 1926

GRANVILLE HARRY – UKN
LIVELY DAY, A • 1921

GRAOIC MARC – ASL
BLOWING HOT AND GOLD • 1988

GRAS ENRICO – ITL – 1919–1981
PARADISO TERRESTRE, IL • EARTHLY PARADISE (USA) • 1940 • SHT
RACCONTO DA UN AFFRESCO • GIOTTO • 1940
COVO, IL • 1941
GUERRIERI • 1942
CANTICO DELLE CREATURE • 1943
CONTE DI LUNA, IL • 1943
DESTINO D'AMORE • 1943
PAESE DEL NASCITA MUSSOLINI, IL • 1943
BIANCHI PASCOLI • 1947
ISOLE DELLA LAGUNA • ISLANDS ON THE LAGOON • 1947
ROMANTICI A VENEZIA • ROMANTICS IN VENICE ○ VENISE ET SES AMANTS • 1947
SAN GENNARO • 1947
SULLA VIA SI DAMASCO • 1947
TERRA DEL MELOFRAMMA • 1947
DRAMMA DI CRISTO, IL • 1948
LEGGENDA DI SANT'ORSA, LA • LEGEND OF SAINT URSULA, THE ○ LEGENDE DE SAINTE URSULE, LA • 1948
LUOGHI VERDIANI • SULLE ROME DI VERDI • 1948
PARADISO PERDUTO, IL • BOSCH • 1948
ALLEGORIA DI PRIMAVERA • STORY OF SPRING, THE ○ BOTTICELLI • 1949
COLONNA TRAIANA, LA • 1949
INVENZIONE DELLA CROCE, L' • LEGEND OF THE TRUE CROSS ○ PIERO DELLA FRANCESCA • 1949
PUPILA AL VIENTO • EYE UPON THE WIND • 1949
SI MELATI • 1954
CONTINENTE PERDUTO • LOST CONTINENT, THE (USA) • 1955 • DOC
IMPERO DEL SOLE, L' • EMPIRE IN THE SUN (USA) • 1956 • DOC
SOLEDAD • 1959 • DOC
SOGNI MUOIONO ALL'ALBA, I • 1961

GRAS MARCEL – FRN – 1911–
AUX JARDINS DE MURCIE • 1935

GRASER JORG – GRM
MOND IS NUR A NACKERTE KUGEL, DER • MOON IS BUT A NAKED GLOBE, THE • 1980
ABRAHAMS GOLD • ABRAHAM'S GOLD • 1990

GRASSET PIERRE – FRN – 1921–
QUAND LA VILLE S'EVEILLE • 1975

GRASSHOFF ALEX – Producer/writer – USA – 1930–
JAILBREAKERS • 1959
REALLY BIG FAMILY, A • 1967 • DOC
YOUNG AMERICANS • 1967 • DOC
FIRST TIME, THE • YOU DON'T NEED PYJAMAS AT ROSIE'S ○ BEGINNERS THREE, THE ○ THEY DON'T WEAR PAJAMAS AT ROSIE'S • 1968
CRACKLE OF DEATH • 1974 • MTV
LAST DINOSAUR, THE • 1977
JD AND THE SALT FLAT KID • 1978
SMOKEY AND THE GOODTIME OUTLAWS • GOODTIME OUTLAWS, THE • 1978
WACKY TAXI • 1982
BILLION FOR BORIS, A • 1985

GRASSI ERNESTO – ITL – 1900–1963
MADUNNELLA • 1948
PASSIONE FATALE • 1950

GRASSIAN DOLORES – TRK – 1926–
FUTUR AUX TROUSSES, LE • 1974
DERNIER BAISER, LE • 1977

GRASVELD FONS – NTH
BLOED • BLOOD • 1973 • DOC
WARSZAWSKI KIEROWCA JERZY WINNICKI • DAY IN THE LIFE OF A WARSAW BUSDRIVER, A • 1973 • DOC
WIL IK WEL DOOD? • DO I REALLY WANT TO DIE? • 1974 • DOC
O, MOET DAT ZO • OH, I SEE.. • 1975 • DOC
OH, IS THAT THE WAY IT GOES.. • 1975
GIJS VAN GROENESTEIN, STRAATVEGER • PORTRAIT OF A ROADSWEEPER ○ ROADSWEEPER • 1976 • DOC
OH, IS THAT THE WAY IT'S DONE • 1976 • SHT

GRATTAN ALEJANDRO see **GRATTAN ALEXANDER**

GRATTAN ALEXANDER – USA
GRATTAN ALEJANDRO
NO RETURN ADDRESS • 1961
TERROR IN THE JUNGLE • 1968
ONLY ONCE IN A LIFETIME • 1979

GRAU JORDI see **GRAU JORGE**

GRAU JORGE – SPN – 1930–
GRAU JORDI
NOCHE DE VERANO • 1962
ACTEON • 1964
ESPONTANEO, EL • 1964
HISTORIA DE AMOR, UNA • LOVE STORY, A • 1968
TUSET STREET • 1968
HISTORIA DE UNA CHICA SOLA • 1969
CHICAS DE CLUB • CANTICO • 1970
CEREMONIA SANGRIETA • LEGEND OF BLOOD CASTLE ○ BLOODY CEREMONY ○ FEMALE BUTCHER ○ BLOOD CEREMONY ○ COUNTESS DRACULA ○ LADY DRACULA ○ VERGINI CAVALCANO LA MORTE, LE • 1972
PENA DE MUERTE • DEATH PENALTY • 1973
FIN DE SEMANA PARA LOS MUERTOS • LIVING DEAD AT THE MANCHESTER MORGUE, THE ○ DON'T OPEN THE WINDOW (USA) ○ BREAKFAST AT MANCHESTER MORGUE ○ BREAKFAST AT THE MANCHESTER MORGUE ○ ITL ○ NO PROFANAR EL SUENO DE LOS MUERTOS • 1974
SECRETO INCONFESABLE DE UN CHICO BIEN, EL • 1975
TRASTIENDA, LA • BACKROOM, THE • 1975
VITA PRIVATA DI UN PUBBLICO ACCUSATORE • 1975
SIESTA, LA • 1976
DONA MESALINA • 1977
CARTAS DE AMOR DE UNA MONJA • 1978
NINO DEL TAMBOR, EL • BOY WITH THE DRUM, THE ○ LEYENDA DEL TAMBOR, LA ○ LEGEND OF THE DRUM, THE • 1981
COTO DE CAZA • GAME RESERVE • 1984
ESTRANGER -OH! DE LA CALLE CRUZ DEL SUR, EL • STRANGER FROM CRUZ DEL SUR STREET • 1985

GRAUMAN WALTER – USA – 1922–
GRAUMAN WALTER E.
DISEMBODIED, THE • 1957
LADY IN A CAGE • 1964
633 SQUADRON • 1964
RAGE TO LIVE, A • 1965
I DEAL IN DANGER • 1966 • MTV
DAUGHTER OF THE MIND • 1969 • TVM
CROWHAVEN FARM • 1970 • TVM
LAST ESCAPE, THE • OSS • 1970
DEAD MEN TELL NO TALES • TO SAVE HIS LIFE • 1971 • TVM
FORGOTTEN MAN, THE • 1971
PAPER MAN • 1971 • TVM
THEY CALL IT MURDER • D.A. DRAWS A CIRCLE, THE • 1971 • TVM
STREETS OF SAN FRANCISCO, THE • 1972 • TVM
OLD MAN WHO CRIED WOLF, THE • 1973 • TVM
MANHUNTER • 1974 • TVM
FORCE FIVE • FINAL TACTIC • 1975 • TVM
MOST WANTED • 1976 • TVM
ARE YOU IN THE HOUSE ALONE? • 1978 • TVM
CRISIS IN MID-AIR • 1979 • TVM
GOLDEN GATE MURDERS, THE • SPECTER ON THE BRIDGE • 1979 • TVM
MEMORY OF EVA RYKER, THE • 1980 • TVM
PLEASURE PALACE • 1980 • TVM
TO RACE THE WIND • 1980 • TVM
JACQUELINE SUSANN'S VALLEY OF THE DOLLS • 1981 • TVM
BARE ESSENCE • 1982 • TVM
ILLUSIONS • 1982 • TVM
COVENANT • 1985 • TVM
OUTRAGE! • 1986 • TVM
WHO IS JULIA? • 1986 • TVM
SHAKEDOWN ON THE SUNSET STRIP • 1988 • TVM

GRAUMAN WALTER E. see **GRAUMAN WALTER**

GRAVER GARY – USA
EMBRACERS, THE • GREAT DREAM, THE ○ BABY GIRL ○ NOW • 1963
KILL, THE • 1968
ERIKA'S HOT SUMMER • 1970
HARD ROAD, THE • 1970
SANDRA -THE MAKING OF A WOMAN • I AM SANDRA • 1970
THERE WAS A LITTLE GIRL • 1973
TEXAS LIGHTNING • 1981
TRICK OR TREAT • 1982
MOON IN SCORPIO • 1987
PARTY CAMP • 1987
CROSSING THE LINE • 1989

GRAVES RALPH – Actor – USA – 1900–1977
KID SISTER, THE • HER SISTER'S HONOUR • 1927
RENO DIVORCE, A • 1927
RICH MEN'S SONS • 1927
SWELL-HEAD, THE • BIG IDEAS • 1927

GRAVES REX – UKN
LOST OVER LONDON • 1934

GRAWERT GUNTER – GRM
ZWEI WHISKY UND EIN SOFA • WHISKEY AND SODA (USA) ○ OPERATION MOONLIGHT • 1963
VORSICHT, MISTER DODD • 1964

GRAY BOB – USA
SHORTY AND THE YELLOW RING • 1917 • SHT
SHORTY BAGS THE BULLION THIEVES • 1917 • SHT
SHORTY GOES TO COLLEGE • 1917 • SHT
SHORTY HOOKS A LOAN SHARK • 1917 • SHT
SHORTY IN THE TIGER'S DEN • 1917 • SHT
SHORTY JOINS THE SECRET SERVICE • 1917 • SHT
SHORTY LANDS A MASTER CROOK • 1917 • SHT
SHORTY LAYS A JUNGLE GHOST • 1917 • SHT
SHORTY PROMOTES HIS LOVE AFFAIR • 1917 • SHT
SHORTY REDUCES THE HIGH COST OF LIVING • 1917 • SHT
SHORTY SOLVES A WIRELESS MYSTERY • 1917 • SHT
SHORTY TRAILS THE MOONSHINERS • 1917 • SHT
SHORTY TRAPS A LOTTERY KING • 1917 • SHT
SHORTY TURNS WILD MAN • 1917 • SHT
SHORTY UNEARTHS A TARTAR • 1917 • SHT
DENNY FROM IRELAND • 1918

GRAY EDWARD – USA
DIFFERENT DRUMMER: ELVIN JONES • 1979 • SHT

GRAY GEORGE – UKN
FIGHTING PARSON, THE • 1912
ROAD TO RUIN, THE • 1913
QUACK DOCTOR, THE • 1920 • SHT

GRAY JOHN – USA
KING OF FRIDAY NIGHT, THE • 1985
BILLY GALVIN • 1986

GRAY MIKE – USA
MURDER OF FRED HAMPTON, THE • HAMPTON • 1971 • DOC
WAVELENGTH • 1982

GRAY PAUL – USA
MAD FOXES, THE

GRAY RAY see **GREY RAY**

GRAY REGINALD – FRN – 1930–
JEU • PASSANT, LE • 1974

GRAYSON GODFREY – UKN – 1913–
ADVENTURES OF P.C.49 -THE CASE OF THE GUARDIAN ANGEL, THE • 1949
DICK BARTON STRIKES BACK • 1949
DR. MORELLE -THE CASE OF THE MISSING HEIRESS • DR. MORELLE • 1949
MEET SIMON CHERRY • 1949
DICK BARTON AT BAY • 1950
ROOM TO LET • 1950
WHAT THE BUTLER SAW • 1950
TO HAVE AND TO HOLD • 1951
FAKE, THE • 1953
BLACK ICE, THE • 1957
HIGH JUMP • 1959
INNOCENT MEETING • 1959
WOMAN'S TEMPTATION, A • 1959
DATE AT MIDNIGHT • 1960
ESCORT FOR HIRE • 1960
HONOURABLE MURDER, AN • 1960
SPIDER'S WEB, THE • 1960
PURSUERS, THE • 1961
SO EVIL SO YOUNG • 1961
BATTLEAXE, THE • 1962
DESIGN FOR LOVING • FASHION FOR LOVING • 1962
DURANT AFFAIR, THE • 1962
LAMP IN ASSASSIN MEWS, THE • 1962
SHE ALWAYS GETS THEIR MAN • 1962

GRAYSON HELEN – USA
CUMMINGTON STORY, THE • 1945
STARTING LINE • 1948

GRAZIADES BILL – CND
LEARNING RINGETTE • 1982 • DOC

GRAZIANI HENRI – MRC – 1930–
POIL DE CAROTTE • 1972

GRAZIANO DOMENICO – ITL
FIGLIO D'OGGI, UN • 1961

GREAVES WILLIAM – USA
STILL A BROTHER
FIGHTERS, THE • 1974 • DOC

GREBER – NRW
GATEGUTTER • GODS OF THE STREETS ○ GUTTERSNIPES • 1949

GRECA ALCIDES – ARG
ULTIMO MALON, EL • 1916

GRECNER EDUARD – CZC
DRAK SA VRACIA • DRAGON'S RETURN, THE ○ DRAGON RETURNS, THE • 1967

GRECO EMIDIO – ITL – 1938–
INVENZIONE DI MOREL, L' • 1974

GRECO JAMES – USA
STEPHEN KING'S NIGHT SHIFT COLLECTION • NIGHTSHIFT • 1986

GREDE KJELL – SWD – 1936–
HUGO OCH JOSEFIN • HUGO AND JOSEFIN ○ HUGO AND JOSEPHINE • 1967
HARRY MUNTER • GAY HARRY • 1969
KLARA LUST • 1972
ENKEL MELODI, EN • SIMPLE MELODY, A • 1974
MADMAN'S DEFENCE, A • 1977 • MTV
MIN ALSKANDE • MY BELOVED ○ MY LOVE • 1979
HIP, HIP, HURRA! • HIP, HIP, HURRAH! • 1987
WALLENBERG • GOOD EVENING, MR. WALLENBERG • 1990

GREEK JANET – USA
ALLEN A K
LADIES CLUB, THE • VIOLATED ○ SISTERHOOD, THE • 1986
SPELLBINDER • WITCHING HOUR • 1988

GREEN ALFRED see **GREEN ALFRED E.**

GREEN ALFRED E. – USA – 1889–1960
GREEN ALFRED • GREENE AL
TEMPTATION OF ADAM, THE • 1916 • SHT
FOR REWARD OF SERVICE • 1917 • SHT
FRIENDSHIP OF BEAUPERE, THE • 1917 • SHT
LAD AND THE LION, THE • 1917
LITTLE LOST SISTER • 1917
LOST AND FOUND • 1917 • SHT
PRINCESS OF PATCHES, THE • 1917
TRIALS AND TRIBULATIONS • 1917 • SHT
RIGHT AFTER BROWN • 1919
WEB OF CHANCE, THE • 1919
DOUBLE-DYED DECEIVER, THE • 1920
IN OLD KENTUCKY • 1920
MAN WHO HAD EVERYTHING, THE • 1920
SILK HUSBANDS AND CALICO WIVES • 1920
JUST OUT OF COLLEGE • 1921
LITTLE LORD FAUNTLEROY • 1921
THROUGH THE BACK DOOR • 1921
BACHELOR DADDY, THE • 1922
BACK HOME AND BROKE • 1922
COME ON OVER • DARLIN' (UKN) ○ DARLING • 1922
GHOST BREAKER, THE • 1922
MAN WHO SAW TOMORROW, THE • 1922
OUR LEADING CITIZEN • 1922
NE'ER-DO-WELL, THE • 1923
WOMAN-PROOF • ALL MUST MARRY • 1923
IN HOLLYWOOD WITH POTASH AND PERLMUTTER • SO THIS IS HOLLYWOOD (UKN) • 1924
INEZ FROM HOLLYWOOD • GOOD BAD GIRL, THE (UKN) • 1924
PIED PIPER MALONE • UNCLE JACK • 1924
MAN WHO FOUND HIMSELF, THE • UP THE RIVER • 1925
SALLY • 1925
TALKER, THE • 1925
ELLA CINDERS • 1926
GIRL FROM MONTMARTRE, THE • 1926
IRENE • 1926
IT MUST BE LOVE • 1926
LADIES AT PLAY • DESPERATE WOMAN, A • 1926
AUCTIONEER, THE • 1927
COME TO MY HOUSE • 1927
IS ZAT SO? • 1927
2 GIRLS WANTED • 1927
HONOR BOUND • 1928
DISRAELI • 1929
FIVE O'CLOCK GIRL, THE • 1929
MAKING THE GRADE • 1929
GREEN GODDESS, THE • 1930
MAN FROM BLANKLEYS, THE • 1930
OLD ENGLISH • 1930
SWEET KITTY BELLAIRS • 1930
MEN OF THE SKY • 1931
ROAD TO SINGAPORE, THE • 1931
SMART MONEY • 1931
DARK HORSE, THE • 1932
IT'S TOUGH TO BE FAMOUS • 1932
RICH ARE ALWAYS WITH US, THE • 1932
SILVER DOLLAR • 1932
UNION DEPOT • GENTLEMAN FOR A DAY (UKN) • 1932
BABY FACE • 1933
I LOVED A WOMAN • RED MEAT • 1933
NARROW CORNER, THE • 1933
PARACHUTE JUMPER • 1933
AS THE EARTH TURNS • 1934
DARK HAZARD • 1934
GENTLEMEN ARE BORN • 1934
HOUSEWIFE • 1934
LOST LADY, A • COURAGEOUS (UKN) • 1934
MERRY FRINKS, THE • HAPPY FAMILY, THE (UKN) • 1934
SIDE STREETS • WOMAN IN HER THIRTIES (UKN) ○ FUR COATS • 1934
DANGEROUS • HARD LUCK DAME • 1935
GIRL FROM TENTH AVENUE, THE • MEN ON HER MIND (UKN) • 1935
GOOSE AND THE GANDER, THE • 1935
HERE'S TO ROMANCE • 1935
SWEET MUSIC • 1935
COLLEEN • 1936
GOLDEN ARROW, THE • 1936
MORE THAN A SECRETARY • 1936
THEY MET IN A TAXI • 1936
TWO IN A CROWD • 1936
LEAGUE OF FRIGHTENED MEN, THE • 1937
LET'S GET MARRIED • 1937
MR. DODD TAKES THE AIR • 1937
THOROUGHBREDS DON'T CRY • 1937
DUKE OF WEST POINT, THE • 1938
RIDE A CROOKED MILE • ESCAPE FROM YESTERDAY (UKN) • 1938
GRACIE ALLEN MURDER CASE, THE • 1939
KING OF THE TURF, THE • 1939
20,000 MEN A YEAR • 1939
EAST OF THE RIVER • 1940
FLOWING GOLD • 1940
SHOOTING HIGH • 1940
SOUTH OF PAGO PAGO • 1940
ADVENTURE IN WASHINGTON • FEMALE CORRESPONDENT (UKN) ○ SENATE PAGE BOYS • 1941
BADLANDS OF DAKOTA • 1941
MAYOR OF 44TH STREET • 1942
MEET THE STEWARTS • 1942
APPOINTMENT IN BERLIN • 1943
THERE'S SOMETHING ABOUT A SAILOR • 1943
MR. WINKLE GOES TO WAR • ARMS AND THE WOMAN (UKN) • 1944
STRANGE AFFAIR • 1944
THOUSAND AND ONE NIGHTS, A • 1945
JOLSON STORY, THE • 1946
TARS AND SPARS • 1946
COPACABANA • 1947
FABULOUS DORSEYS, THE • 1947
FOUR FACES WEST • THEY PASSED THIS WAY (UKN) ○ NEW MEXICO ○ WANTED • 1948
GIRL FROM MANHATTAN, THE • 1948
COVER-UP • 1949
JACKIE ROBINSON STORY, THE • 1950
SIERRA • 1950
TWO GALS AND A GUY • 1951
INVASION U.S.A. • 1952
EDDIE CANTOR STORY, THE • 1953
PARIS MODEL • 1953
TOP BANANA • 1954

GREEN ANTHONY see **SABATINI MARIO**

GREEN AUSTIN – USA
PRINCESS AND THE MAGIC FROG, THE • AT THE END OF THE RAINBOW • 1965

GREEN BRUCE – USA
PULP • 1967

GREEN BRUCE SETH – USA
IN SELF DEFENSE • HOLLOW POINT • 1987 • TVM
RAGS TO RICHES • 1987 • TVM
PERFECT PEOPLE • 1988 • TVM

GREEN CHARLES W. – UKN
SUPER SECRET SERVICE, THE • 1953

GREEN DAVID – UKN – 1948–
CAR TROUBLE • 1985
BUSTER • 1988
WINGS OF THE APACHE • 1989

GREEN DOUGLAS – USA
BILL WALLACE OF CHINA • 1967

GREEN ELTAN see **GREEN EYTAN**

GREEN EYTAN – ISR
GREEN ELTAN
LENA • 1981
AD SOFF HALAYLA • WHEN NIGHT FALLS • 1985

GREEN FRANK – UKN
PICCADILLY PLAYTIME • 1936

GREEN GEORGE – UKN
CHILDREN AND THE LIONS, THE • 1900
INCIDENT IN THE BOER WAR, AN • 1900

GREEN GUY – Dir. photo – UKN – 1913–
RIVER BEAT • 1954
PORTRAIT OF ALISON • POSTMARK FOR DANGER (USA) • 1955
LOST • TEARS FOR SIMON (USA) • 1956
HOUSE OF SECRETS • TRIPLE DECEPTION (USA) • 1957
SEA OF SAND • DESERT PATROL (USA) • 1958
SNORKEL, THE • 1958
S.O.S. PACIFIC • 1959
ANGRY SILENCE, THE • 1960
LIGHT IN THE PIAZZA • 1961
MARK, THE • 1961
DIAMOND HEAD • 1962
PATCH OF BLUE, A • 1965
PRETTY POLLY • MATTER OF INNOCENCE, A • 1967
MAGUS, THE • GOD GAME, THE • 1968
WALK IN THE SPRING RAIN, A • 1970
JACQUELINE SUSANN'S ONCE IS NOT ENOUGH • ONCE IS NOT ENOUGH • 1974
LUTHER • 1974
AVVOCATO DEL DIAVOLO, L' • DEVIL'S ADVOCATE, THE ○ DES TEUFELS ADVOKAT • 1977
INCREDIBLE JOURNEY OF DOCTOR MEG LAUREL, THE • 1979 • TVM
JENNIFER: A WOMAN'S STORY • 1979 • TVM
JIMMY B. & ANDRE • 1980 • TVM
INMATES: A LOVE STORY • 1981 • TVM
ISABEL'S CHOICE • 1981 • TVM
STRONG MEDICINE • 1987

GREEN J. S. – UKN
LONDON SCENE, THE • 1968 • DCS

GREEN JOSEPH – USA
YIDL MITN FIDL • JUDEL GRA NA SKRZYPKACH ○ YIDDLE WITH HIS FIDDLE • 1937
MAMELE • LITTLE MOTHERS (USA) ○ MATECIKA • 1938
BRAIN THAT WOULDN'T DIE, THE • HEAD THAT WOULDN'T DIE, THE ○ BLACK DOOR, THE • 1962
PERILS OF P.K., THE • 1986

GREEN LOU – USA
GIRLS ON A RAINY NIGHT • 1970

GREEN MARTIN – CND
FOOTSTEPS IN THE SNOW • 1966

GREEN PETER – Animator – UKN
ELECTRON'S TALE, THE • 1970 • ANS
WHEN THERE WASN'T TREASURE • 1974 • ANS

GREEN TERRY – UKN
FATHER JIM • 1989

GREEN TOM – UKN
ADVENT OF THE MOTHER-IN-LAW, THE • 1905
ADVENTURES OF AN INSURANCE MAN, THE • 1905
ATTEMPTED NOBBLING OF THE DERBY FAVOURITE • 1905
BEWARE OF THE RAFFLED TURKEY • 1905
CARVING THE CHRISTMAS TURKEY • 1905
DIFFICULT SHAVE, A • 1905
DISAPPOINTED SUITOR'S STRATEGY AND REWARD, THE • 1905
DRINK AND REPENTANCE • 1905
HORSE STEALER: OR, A CASUAL ACQUAINTANCE, THE • 1905
INQUISITIVE VISITORS AT THE DYE WORKS • 1905
JOVIAL EXPRESSIONS • 1905
MISTAKEN FOR A BURGLAR IN HIS OWN HOUSE • 1905
NATURAL LAWS REVERSED • 1905
OLD HOMESTEAD: OR, SAVED FROM THE WORKHOUSE, THE • 1905
PEEPING TOM • 1905
QUARTER DAY EPISODE, A • 1905
REVERSING A SHAVE • 1905
SAME OLD TALE, THE • 1905
SHAMUS O'BRIEN: OR, SAVED FROM THE SCAFFOLD • 1905
ANIMATED DRESS STAND, THE • 1906
ATTACK ON THE AGENT, THE • 1906
BATHER'S DIFFICULTIES, A • 1906
COMIC DUEL, A • 1906
DOWN BY THE OLD BULL AND BUSH • 1906
FATHER'S DERBY TRIP • FATHER AND THE BOOKMAKER • 1906
FOILED BY A WOMAN; OR, FALSELY ACCUSED • 1906
HUMOURS OF A RIVER PICNIC, THE • 1906
MASTER'S RAZOR, THE • 1906
NEW APPRENTICE: OR, FUN IN A BAKEHOUSE • 1906
NIGHT DUTY: OR, A POLICEMAN'S EXPERIENCES • 1906
POOR PA: OR, MOTHER'S DAY OUT • 1906
PORTRAITS FOR NOTHING • 1906
PUNCH AND JUDY • 1906
RETURN OF THE MISSUS, THE • 1906
SEASIDE VIEWS • 1906
SLIPPERY JIM THE BURGLAR • 1906
SWEET SUFFRAGETTES • 1906
TELL-TALE TELEPHONE, THE • 1906
WOMAN'S SACRIFICE, A • 1906
BERTIE'S LOVE LETTER • 1907
SCHOOLBOYS' PRANKS • 1907
THEIR FIRST CIGAR • 1907
WRONG CHIMNEY, THE • 1907
COSTER BURGLAR AND HIS DOG, THE • 1915

GREEN WALON – USA
SPREE • LAS VEGAS BY NIGHT ○ HERE'S LAS VEGAS • 1967 • DOC
HELLSTROM CHRONICLE, THE • 1971
SECRET LIFE OF PLANTS, THE • 1978 • DOC

GREENAWAY PETER – UKN – 1942–
VERTICAL FEATURES REMAKE • 1978
WALK THROUGH H, A • 1979
FALLS, THE • 1980
ACT OF GOD • 1981
DRAUGHTSMAN'S CONTRACT, THE • 1982
ZED AND TWO NOUGHTS, A • ZOO: A ZED AND TWO NOUGHTS • 1985
BELLY OF AN ARCHITECT, THE • 1987
DROWNING BY NUMBERS • 1988
COOK, THE THIEF, HIS WIFE AND HER LOVER, THE • 1989
PROSPERO'S BOOKS • 1990

GREENBAUM MUTZ – GRM
MANN IM NEBEL, DER • 1919
PROFESSOR LAROUSSE • 1920
ESCAPE TO DANGER • MURDER IN A CONVOY • 1943

GREENBERG BOB – USA
PAWNS OF SATAN • 1961 • SHT
POEME • SHT
SUPERMAN • 1969 • SHT
SQUARES, THE • 1971 • ANS

GREENBERG DAVID – ISR
IRIS • 1968

GREENBERG RICHARD – USA
LITTLE MONSTERS • 1989

GREENE AL see **GREEN ALFRED E.**

GREENE BARBARA – CND
LISTEN LISTEN LISTEN • 1976 • DOC

GREENE CLAY M. – USA
BELLE OF BARNEGAT • 1915
BEYOND ALL IS LOVE • 1915
OGRE AND THE GIRL, THE • 1915
AMERICANS AFTER ALL • 1916 • SHT
FATHER'S NIGHT OFF • 1916
HER WAYWARD SISTER • 1916
HUBBY PUTS ONE OVER • 1916 • SHT
JENKINS' JINX • 1916 • SHT
LOVE AND BULLETS • 1916 • SHT
MILLIONAIRE BILLIE • 1916 • SHT
OH YOU UNCLE! • 1916 • SHT
PICKLES AND DIAMONDS • 1916 • SHT
TWO SMITHS AND A HALF • 1916 • SHT
UPLIFT, THE • 1916 • SHT
VOICE IN THE NIGHT, THE • 1916 • SHT
WINNING NUMBER, THE • 1916 • SHT

GREENE DANFORD B. – USA
SECRET DIARY OF SIGMUND FREUD, THE • 1984

GREENE DAVID – Actor – UKN – 1921–
SHOT IN THE DARK, A • 1960 • MTV
SEBASTIAN • MISTER SEBASTIAN • 1967
SHUTTERED ROOM, THE • 1967
STRANGE AFFAIR, THE • 1968
I START COUNTING • 1969
PEOPLE NEXT DOOR, THE • 1970
MADAME SIN • 1971
GODSPELL • 1973
COUNT OF MONTE CRISTO, THE • 1975 • TVM
ELLERY QUEEN • TOO MANY SUSPECTS • 1975 • TVM
RICH MAN, POOR MAN • 1975 • MTV
PERSUADERS: LONDON CONSPIRACY, THE • LONDON CONSPIRACY, THE • 1976 • MTV
LUCAN • 1977 • TVM
ROOTS • 1977 • TVM
TRIAL OF LEE HARVEY OSWALD, THE • 1977 • TVM
GRAY LADY DOWN • 1978
FRIENDLY FIRE • 1979 • TVM
VACATION IN HELL, A • 1979 • TVM
HARD COUNTRY • 1980
CHOICE, THE • 1981 • TVM
REHEARSAL FOR MURDER • 1982 • TVM
TAKE YOUR BEST SHOT • 1982 • TVM
WORLD WAR THREE • 1982 • TVM
GHOST DANCING • 1983 • TVM
PRISONER WITHOUT A NAME, CELL WITHOUT A NUMBER • JACOBO TIMERMAN: PRISONER WITHOUT A NAME, CELL WITHOUT A NUMBER • 1983 • TVM
PROTOTYPE • 1983 • TVM
FATAL VISION • 1984 • TVM
GUARDIAN, THE • 1984 • TVM
SWEET REVENGE • 1984 • TVM
GUILTY CONSCIENCE • 1985 • TVM
THIS CHILD IS MINE • 1985 • TVM
CIRCLE OF VIOLENCE: A FAMILY DRAMA, A • 1986 • TVM
MILES TO GO • LEAVING HOME • 1986 • TVM
TRIPLECROSS • 1986 • TVM
VANISHING ACT • 1986
AFTER THE PROMISE • 1987 • TVM
BETTY FORD STORY, THE • 1987 • TVM
LIBERACE: THE UNTOLD STORY • LIBERACE: BEHIND THE MUSIC • 1987 • TVM
INHERIT THE WIND • 1988 • TVM

GREENE DAVID ALLEN – USA
COME BACK BABY • 1968

GREENE DON FOX – USA

BLINDSIDE • FROM FATHER TO SON • 1988

GREENE FELIX – UKN

CHINA! • 1965 • DOC
INSIDE NORTH VIETNAM • 1967 • DOC
CUBA VA! • 1971 • DOC
ONE MAN'S CHINA • 1972 • DOC
TIBET • 1976 • DOC

GREENE HERBERT – USA

OUTLAW QUEEN • 1956
COSMIC MAN, THE • 1959

GREENE MARTIN – USA

DARK SANITY • STRAIGHT JACKET • 1980

GREENE MAX – Cinematographer – GRM – 1896–1968

HOTEL RESERVE • 1944
MAN FROM MOROCCO, THE • 1945

GREENE PHILIP – USA

HAVE YOU SOLD YOUR DOZEN ROSES? • 1957

GREENE SERGIO OLHOVICH – USA

ANGEL RIVER • 1986

GREENE SPARKY – USA – 1948–

OASIS, THE • SAVAGE HUNTER, A • 1984

GREENGRASS PAUL – UKN

RESURRECTED • 1989

GREENIDGE JOHN – UKN

SILENCE • 1926
NEXT GENTLEMAN PLEASE • 1927

GREENING L. STUART – UKN

SHOEBLACK OF PICCADILLY • 1920

GREENOUGH GEORGE – ASL

CRYSTAL VOYAGER • 1973

GREENS GREGORY – USA

SEA SERPENT, THE • 1986

GREENSPAN BUD – USA

WILMA • 1977 • TVM
16 DAYS OF GLORY • 1985 • DOC

GREENSTANDS ARTHUR – USA

STOCKS AND BLONDES • 1984

GREENWALD BARRY – CND – 1955–

ETUDE • 1970
AGAMEMNON THE LOVER • 1971
WILLAMETTE, MORMOT AND PRIEST • 1974
METAMORPHOSIS • 1975 • SHT
CAREERS FOR EVERYONE • 1977 • DOC
TAXI • 1982 • DOC
TANGENTS • 1983
PITCHMEN • 1985
WHO GETS IN? • 1990 • DOC

GREENWALD MAGGIE – USA

KILL-OFF, THE • 1989

GREENWALD ROBERT – USA – 1945–

SHARON: PORTRAIT OF A MISTRESS • 1977 • TVM
KATIE: PORTRAIT OF A CENTERFOLD • 1978 • TVM
FLATBED ANNIE & SWEETIEPIE: LADY TRUCKERS • FLATBED ANNIE & SWEETIEPIE ◦ LADY TRUCKERS • 1979 • TVM
XANADU • 1980
IN THE CUSTODY OF STRANGERS • 1982 • TVM
BURNING BED, THE • 1985 • TVM
SHATTERED SPIRITS • 1986 • TVM
ON FIRE • 1987 • TVM
SWEET HEARTS DANCE • 1988

GREENWALT DAVID – USA

SECRET ADMIRER • 1985
HELP WANTED: KIDS • 1986 • TVM
DOUBLE SWITCH • 1987 • TVM

GREENWOOD EDDY see **MATALON EDDY**

GREENWOOD EDWIN – UKN – 1895–

AFFAIR OF HONOUR, AN • 1922
MARY QUEEN OF SCOTS • 1922
QUEEN'S SECRET, THE • 1922
SEADOGS OF GOOD QUEEN BESS • 1922
THREEFOLD TRAGEDY, THE • HENRY THE EIGHTH • 1922
UNWANTED BRIDE, THE • 1922
AUDACIOUS MR. SQUIRE, THE • 1923
BELLS, THE • 1923
DREAM OF EUGENE ARAM, THE • 1923
EMPRESS JOSEPHINE: OR, WIFE OF A DEMI-GOD, THE • 1923
FAIR MAID OF PERTH, THE • 1923
FALSTAFF THE TAVERN KNIGHT • 1923
HEARTSTRINGS • 1923
HENRIETTA MARIA: OR, THE QUEEN OF SORROW • 1923
LADY JANE GREY: OR, THE COURT OF INTRIGUE • 1923
LOVE IN AN ATTIC • 1923
LUCREZIA BORGIA: OR, PLAYTHING OF POWER • 1923
MADAME RECAMIER: OR, THE PRICE OF VIRTUE • 1923
SCHOOL FOR SCANDAL, THE • 1923 • SHT
SCROOGE • 1923
SHE STOOPS TO CONQUER • 1923
SIMONE EVRARD: OR, DEATHLESS DEVOTION • 1923
SINS OF A FATHER, THE • 1923
TEST, THE • 1923
WONDER WOMEN OF THE WORLD • 1923 • SHS
ART OF LOVE, THE • 1925 • SER
LADY IN FURS, THE • SABLES OF DEATH • 1925
LADY IN HIGH HEELS, THE • HEEL TAPS • 1925
LADY IN JEWELS, THE • HEARTS TRUMP DIAMONDS • 1925
LADY IN LACE, THE • CAUGHT IN THE WEB • 1925
LADY IN SILK STOCKINGS, THE • WEAKNESS OF MEN, THE • 1925
PAINTED LADY, THE • RED LIPS • 1925
BACK TO THE TREES • 1926
ESCAPE, THE • 1926
MISS BRACEGIRDLE DOES HER DUTY • 1926
FEAR • FANGS OF DEATH • 1927
WHISPERING GABLES • 1927
WOMAN IN PAWN, A • 1927
WHAT MONEY CAN BUY • 1928
CO-OPTIMISTS, THE • 1929
TO WHAT RED HELL • 1929
BLACK SKULL, THE • 1934
MAN DOWNSTAIRS, THE • 1934
NOT FOR PUBLICATION • 1934 • SER
THREE WOMEN • 1934

GREEPY ANTHONY see **ZEGLIO PRIMO**

GREFE WILLIAM – USA

CHECKERED FLAG, THE • 1963
RACING FEVER • 1964
DEVIL'S SISTERS, THE • 1966
STING OF DEATH, THE • 1966
WILD REBELS, THE • 1967
DEATH CURSE OF TARTU • 1968
HOOKED GENERATION, THE • FLORIDA CONNECTION, THE ◦ EVERGLADE KILLINGS, THE ◦ ALLIGATOR ALLEY • 1969
GODMOTHERS, THE
NAKED ZOO, THE • NAKED LOVERS, THE ◦ HALLUCINATORS, THE ◦ GROVE, THE • 1970
STANLEY • 1972
WANT A RIDE, LITTLE GIRL? • IMPULSE • 1974
JAWS OF DEATH, THE • MAKO: THE JAWS OF DEATH • 1976

GREGAN RALF – GRM

HOCHZEITSREISE • 1969

GREGERS EMANUEL – Actor – DNM – 1881–1957

GREGERS EMMANUEL
BOLETTES BRUDFAERD
SORENSEN AND RASMUSSEN
SOLSKINSDALEN • 1924
MILLY, MARIA OCH JAG • MILLY, MARIA AND I • 1938
ALLE GAR RUNDT OG FORELSKER SIG • 1941

GREGERS EMMANUEL see **GREGERS EMANUEL**

GREGG COLIN – UKN – 1947–

FLYING MAN, THE • 1972
BEGGING THE RING • 1978
TRESPASSER, THE • 1982 • TVM
TO THE LIGHTHOUSE • 1983 • TVM
LAMB • 1986
DROWNING IN THE SHALLOW END • 1989
WE THINK THE WORLD OF YOU • 1989

GREGOIRE NORMAND – CND

SERIE 4 • 1972

GREGOR ARTHUR – USA

COUNT OF LUXEMBOURG, THE • 1926
WOMEN'S WARES • 1927
SCARLET DOVE, THE • 1928
STRANGE CARGO • 1929

GREGORETTI UGO – ITL – 1930–

NUOVI ANGELI, I • NEW ANGELS, THE • 1962
PLUS BELLES ESCROQUERIES DU MONDE, LES • TRUFFE PIU BELLE DEL MONDO, LE (ITL) ◦ WORLD'S GREATEST SWINDLES ◦ BEAUTIFUL SWINDLERS, THE ◦ SEKAI SAGI MONOGATARI ◦ PIU BELLE TRUFFE DEL MONDO, LE • 1963
ROGOPAG LAVIAMOCI IL CERVELLO • ROGOPAG • 1963
OMICRON • 1964
BELLE FAMIGLIE, LE • 1965
APOLLON -UNA FABRICA OCCUPATA • 1969
CONTRATTO, IL • 1970
CONQUISTA DELL'IMPERO, LA • 1973
VIETNAM SCENE DEL DOPOGUERRA • 1976

GREGORIO A. – PHL

SPECIALISTS, THE • 1968

GREGORIO CASTILLO FELIPE – MXC

CASTILLO FELIPE CASTILLO
MARIA EUGENIA • 1942

de GREGORIO EDUARDO – Screenwriter – ARG – 1942–

SURREAL • SERAGLIO ◦ SERAIL • 1976
MEMOIRE COURTE, LA • SHORT MEMORY • 1979
ASPERN • 1981
CUERPOS PERDIDOS • CORPS PERDUS (FRN) • 1988

GREGORY CARL LOUIS – USA

LOVE'S FLAME • 1920

GREGORY GERARD – FRN

EDUCATRICE, L'
PROFESSEUR RASPOUTINE, LE
ADOLESCENTES AU PENSIONNAT • 1980
ANIMATRICE POUR COUPLES DEFICIENTS • 1980

GREGORY JIM see **GREGORY JOHN**

GREGORY JOHN – USA

GREGORY JIM
JOY OF LETTING GO, THE • 1976

GREGORY JOHN R. – Producer – USA – 1918–

PARADISE LOST • 1951 • SHT

GREGORY SEBASTIAN see **VORNO ANTHONY**

GREGREEN P. – UKN

ESCAPE FROM COLDITZ • 1977 • TVM

GREINER FRITZ – GRM

...DIE SICH VERKAUFTEN • 1924
MORDENDES GELD • 1927

GREMILLON JEAN – FRN – 1901–1959

CHARTRES • CATHEDRAL DE CHARTRES, LE • 1923 • SHT
REVETEMENT DES ROUTES, LE • 1923 • SHT
BIERE, LA • 1924 • SHT
DU FIL A L'AIGULLE • 1924 • SHT
ETIRAGE DES AMPOULES ELECTRIQUES, L' • 1924 • SHT
FABRICATION DU CIMENT ARTIFICIEL, LA • 1924 • SHT
FABRICATION DU FIL, LA • 1924 • SHT
PARFUMS, LES • 1924 • SHT
PHOTOGENIE MECANIQUE, LA • 1924 • SHT
ROULEMENT A BILLE, LE • 1924 • SHT
ACIERIES DE LA MARINE ET D'HOMECOURT, LES • 1925 • SHT
AUVERGNE, L' • 1925 • SHT
EDUCATION PROFESSIONNELLE DES CONDUCTORS DE TRAMWAY • 1925 • SHS
ELECTRIFICATION DE LA LIGNE PARIS-VIERZON, L' • 1925 • SHT
NAISSANCE DES CIGOGNES, LA • 1925 • SHT
CROISIERE DE L'ATALANTE, LA • 1926
TOUR AU LARGE, LA • 1926
VIE DES TRAVAILLEURS ITALIENS EN FRANCE, LA • 1926
GRATUITES • 1927 • SHT
MALDONNE • MISDEAL • 1927
BOBS • 1928 • SHT
GARDIENS DU PHARE • GUARDIANS OF PHARE • 1928
PETITE LISE, LA • 1930
DAINAH LA METISSE • 1931 • SHT
POUR UN SOU D'AMOUR • 1931
PETIT BABOUIN, LE • 1932 • SHT
GONZAGUE • ACCORDEUR, L' • 1933
DOLOROSA, LA • 1934
CENTINELLA ALERTA! • 1935
VALSE ROYALE • POUR UN BAISER • 1935
PATTES DE MOUCHE, LES • LETTRE BRULANTE, UNE ◦ FIN DE SIECLE • 1936
ETRANGE M. VICTOR, L' • STRANGE MR. VICTOR, THE (UKN) • 1937
GUEULE D'AMOUR • 1937
REMORQUES • STORMY WATERS (UKN) • 1940
LUMIERE D'ETE • SUMMER LIGHT (USA) • 1942
CIEL EST A VOUS, LE • WOMAN WHO DARED, THE (USA) • 1943
6 JUIN A L'AUBE, LE • 1945 • DOC
PATTES BLANCHES • WHITE LEGS (UKN) • 1948
PRINTEMPS DE LA LIBERTE, LE • 1948
CHARMES DE L'EXISTENCE, LES • CHARMS OF LIFE, THE (UKN) • 1949 • SHT
ETRANGE MADAME X, L' • ENIGMATIQUE MADAME UNTEL, L' • 1950
ALCHIMIE • 1952 • SHT
ASTROLOGIE • ASTROLOGIE OU LE MIROIR DE LA VIE ◦ MIROIR DE LA VIE, LE • 1952
AMOUR D'UNE FEMME, L' • AMORE DI UNA DONNA, L' (ITL) • 1954
AU COEUR DE L'ILE-DE-FRANCE • 1954 • SHT
MAISON AUX IMAGES, LA • 1955 • SHT
HAUTE LISSE • 1956 • SHT
ANDRE MASSON ET LES QUATRE ELEMENTS • 1958 • SHT

GREMM WOLF see **GREMM WOLFGANG**

GREMM WOLFGANG – GRM

GREMM WOLF
ICH DACHTE, ICH WARE TOT • I HAD A FEELING I WAS DEAD • 1974
BRUDER, DIE • BROTHERS, THE • 1976
TOD ODER FREIHEIT • DEATH OR FREEDOM • 1977
FABIAN • 1980
KAMIKAZE • KAMIKAZE '89 • 1982

GRENIER GEORGE G. – USA

OH! THE WOMEN • 1918 • SHT

GRENVILLE-TAYLOR H. – UKN

POTTER'S CLAY • 1922

GRENZ IVO – SWD

PROTEST • 1963

GRES VICTOR – USS

GRES VIKTOR
CHERNAYA KURITSA • BLACK HEN, THE • 1983
NOVYE PRIKLUCHENIA JANKE PRI DVORE KOVOLA ARTURA • NEW ADVENTURES OF A CONNECTICUT YANKEE AT KING ARTHUR'S COURT, THE • 1989

GRES VIKTOR see **GRES VICTOR**

GRESHLER ABNER J. – USA

YESTERDAY AND TODAY • 1953 • DOC

GRESS ELSA – DNM

WRIGHT ELSE GRESS
BOXIGANGA • 1967

GREVE BREDO – NRW

SAVER OF THE ENVIRONMENT • 1973 • SHT
HEKSENE FRA DEN FORSTENEDE SKOG • WITCHES FROM THE STONED FOREST ◦ HEKSESABBAT ◦ WITCHES • 1977
LA ELVE LEVE! • ALTE 79 • 1981

GREVE BRUNO – NRW

MAKENE • SEAGULLS, THE • SHT
VI ER ALLE BROILERE • WE ARE ALL BROTHERS • SHT
FILMENS VIDUNDERLIGE VERDEN • FILM -A WONDERFUL WORLD • 1978

GREVILLE EDMOND T. – FRN – 1905–1966

MONTAGUT MAX
ELLE EST BICIMIDINE • SHE IS BICIMIDINE • 1927 • SHT
GRAND JOURNAL ILLUSTRE, UN • 1927 • SHT
24 HEURES DE LA VIE D'UN FAUX-COL • 1928 • SHT
MES-ESTIMATIONS • 1929 • SHT

MYSTERE DE LA VILLA ROSE, LE • MYSTERY OF THE VILLA ROSE, THE • 1929 • SHT
NAISSANCE DES HEURES, LA • 1930 • SHT
BELLE MADAME MOYSE, LA • 1931 • SHT
CRIME PASSIONEL, UN • 1931 • SHT
GUERRE AUX SAUTERELLES, LA • 1931 • SHT
MARIAGE DE SARAH, LE • 1931 • SHT
MARIUS, AMATEUR DE CIDRE • 1931 • SHT
MOYSE ET COHEN, BUSINESSMEN • 1931 • SHT
MOYSE, MARCHAND D'HABITS • 1931 • SHT
PEAU SUR L'HERBE, LA • 1931
TAPIS DE MOYSE, LE • 1931 • SHT
TESTAMENT DE MOYSE, LE • 1931 • SHT
TRAIN DES SUICIDES, LE • METROPOLE • 1931
BERLONGOT • 1932 • SHT
JE SUIS UN HOMME PERDU • 1932 • SHT
MAITRE CHEZ SOI • 1932 • SHT
PLAISIRS DE PARIS • VERJUNGTER ADHEMAR (FRG) ○ OH, MA MITRAILLEUSE A MUSIQUE • 1932
RAYON DES AMOURS, LE • 1932
TRIANGLE DE FEU, LE • 1932
VACANCES CONJUGALES • 1933 • SHT
CROIX DES CIMES, LA • 1934
REMOUS • WHIRLPOOL • 1934
MARCHAND D'AMOUR • 1935
PRINCESSE TAM-TAM • 1935
GYPSY MELODY • 1936
BRIEF ECSTASY • 1937
MADEMOISELLE DOCTEUR • STREET OF SHADOWS (USA) • 1937
SECRET LIVES • I MARRIED A SPY (USA) • 1937
WHAT A MAN! • 1937
VEERTIG JAREN • FORTY YEARS • 1938 • DOC
MENACES • CINQ JOURS D'ANGOISSE ○ GRANDE ALERTE, LA ○ ANGOISSE • 1939
FEMME DANS LA NUIT, UNE • 1941
CINQ JOURS D'ANGOISSE • 1944
DOROTHEE CHERCHE L'AMOUR • 1945
POUR UNE NUIT D'AMOUR • PASSIONNELLE • 1946
DIABLE SOUFFLE, LE • 1947
BUT NOT IN VAIN • NEIT TEVERGEEFS (NTH) • 1948
NOOSE, THE • SILK NOOSE, THE (USA) • 1948
ROMANTIC AGE, THE • NAUGHTY ARLETTE (USA) • 1949
IM BANNE DER MADONNA • 1950
BILDSCHNITZER VOM WALSERTAL, DER • 1951
ENVERS DU PARADIS, L' • 1953
PORT DU DESIR, LE • HOUSE ON THE WATERFRONT, THE ○ HARBOUR OF DESIRE ○ SAUVEUR D'EPAVES • 1954
TANT QU'IL Y AURA DES FEMMES • 1955
GUILTY? • JE PLAIDE NON COUPABLE (FRN) • 1956
QUAND SONNERA MIDI • PLOTONE DI ESECUZIONE (ITL) • 1957
ILE DU BOUT DU MONDE, L' • TEMPTATION ISLAND (UKN) ○ TEMPTATION (USA) • 1958
BEAT GIRL • WILD FOR KICKS (USA) • 1959
MAINS D'ORLAC, LES • HANDS OF ORLAC, THE (UKN) ○ HANDS OF A STRANGLER • 1959
MENTEURS, LES • HOUSE OF SIN (UKN) ○ LIARS, THE (USA) ○ TWISTED LIVES • 1961
ACCIDENT, L' • ACCIDENT, THE (USA) • 1963
PERIL AU PARADIS • 1964 • MTV

GREWE JACINTO ESTEVA see **ESTEVA JACINTO**

GREY JOHN W. see **GREY JOHN WESLEY**

GREY JOHN WESLEY – USA
GREY JOHN W.
OUR MUTUAL GIRL NO.43 • 1914
WIDE OPEN • 1927

GREY LORRAINE – USA
WITH BABIES AND BANNERS • 1976 • DOC

GREY OWL – UKN
BELANEY ARCHIE
TRAIL –MEN AGAINST THE RIVER, THE • 1937
TRAIL –MEN AGAINST THE SNOW, THE • 1937

GREY RAY – USA
GRAY RAY
AMONG THOSE PRESENT • 1919 • SHT
LADY'S TAILOR, A • 1919 • SHT
SALOME VS. SHENANDOAH • 1919 • SHT
DOWN ON THE FARM • 1920
HOMEMADE MOVIES • 1922 • SHT
GUMPS, THE • 1928

GREY RICHARD see **GREY RICHARD M.**

GREY RICHARD M. – UKN – 1916–
GREY RICHARD
BIRTH OF A FILM, THE • 1946 • DOC
FASHION FANTASY • 1946 • DOC
SPOTLIGHT ON GLAMOUR • 1946 • DOC
EYES THAT KILL • 1947
GUNMAN HAS ESCAPED, A • 1948
MAN WITH THE TWISTED LIP, THE • 1951

GREYSON JOHN – CND
URINAL • 1988 • DOC

GREZHOV B. – BUL
REDEMPTION • 1947

GRGIC ZLATKO – Animator – YGS – 1931–
SLUCAJ POSPANOG BOKSERA • CASE OF THE SLEEPY BOXER, THE • 1961 • ANS
LULA MIRA • CALUMET, THE ○ LULU MIRA • 1962 • ANS
PETI • FIFTH ONE, THE ○ FIFTH, THE • 1964 • ANS
POSJET IZ SVEMIRA • VISIT FROM SPACE, A (USA) ○ VISITOR • 1964 • ANS
MUZIKALNO PRASE • MUSICAL PIG, THE • 1965 • ANS
DAVOLJA POSLA • WORK OF THE DEVIL, THE ○ DEVIL'S WORK, THE • 1966 • ANS
MALI I VELIKI • LITTLE AND BIG (USA) • 1966 • ANS
IZUMITELJ CIPELA • INVENTOR OF SHOES (USA) ○ SHOE INVENTOR, THE • 1967 • ANS
TOLERANCIJA • TOLERANCE • 1967 • ANS
PROFESSOR BALTHASAR • 1967–69 • ASS
KLIZI–PUZI • TWIDDLE–TWADDLE • 1968 • ANS
KOVCEG • SUITCASE, THE • 1968 • ANS
LETECI FABIJAN • FLYING FABIAN • 1968 • ANS
VJETROVITA PRICA • WINDY STORY • 1968 • ANS
HANIBALOVE ALPE • LIGHTHOUSE KEEPING • 1969 • ANS
HORACIJEV USPON I PAD • RISE AND FALL OF HORATIO, THE • 1969 • ANS
MAESTRO KOKO • NESTANAK MAESTRA KOKO • 1969 • ANS
MARTIN NA VRHU • MARTIN MAKES IT TO THE TOP • 1969 • ANS
O MISU I SATOVIMA • OF MICE AND MEN ○ OF MICE AND BEN • 1969 • ANS
RODENDANSKA PRICA • ARTS AND FLOWERS • 1969 • ANS
SRECA U DVOJE • HAPPINESS FOR TWO • 1969 • ANS
SVRAB • SCABIES • 1969 • ANS
TETKE PLETKE • KNITTING PRETTY • 1969 • ANS
VIKTOROV JAJOMAT • VICTOR'S EGG–O–MAT • 1969 • ANS
MAXI CAT • 1970 • ANS
PYGMALION • 1970 • ANS
ALFRED NOCNI CUVAR • NIGHTWATCHMAN MUST FALL, THE ○ ALFRED THE NIGHTWATCHMAN • 1971 • ANS
FITILJ • FUSE, THE • 1971 • ANS
HOT STUFF • FEU? PAS POUR LES HOMMES, LE • 1971 • ANS
KAPA • CAP, THE • 1971 • ANS
OGLEDALO • MIRROR, THE • 1971 • ANS
RUPA • HOLE, THE • 1971 • ANS
BIM–BUM • BIM, BAM, BUM • 1972 • ANS
DING–DONG • 1972 • ANS
DOKTOR ZA ZIVOTINJE • DOCTOR FOR ANIMALS ○ DOCTOR DON'TLITTLE • 1972 • ANS
GLJIVA • TOADSTOOLS • 1972 • ANS
IZVRNUTA PRICA • DOUBLE TROUBLE • 1972 • ANS
KLUPKO • BALL, THE • 1972 • ANS
KOCKA • DICE, THE • 1972 • ANS
METLA • BROOM, THE • 1972 • ANS
MISOLOVKA • MOUSETRAP, THE • 1972 • ANS
NAJVECI SNJEGOVIC • SNOW TIME FOR COMEDY • 1972 • ANS
OBLACNA PRICA • CLOUD AND CLEAR • 1972 • ANS
RIBOLOV • FISHING TRIP, THE • 1972 • ANS
RUCAK • LUNCH, THE • 1972 • ANS
VOLITE SE, A NE RATUJTE • MAKE LOVE, NOT WAR • 1972 • ANS
VRATA • DOOR, THE • 1972 • ANS
Z • 1972 • ANS
JAJE • EGG, THE • 1973 • ANS
OPTIMIST I PESIMIST • OPTIMISTS AND PESSIMISTS ○ OPTIMIST AND PESSIMIST • 1973 • ANS
TENIS • TENNIS • 1973 • ANS
WHO ARE WE? • 1974 • ANS
CIGARA • CIGAR, THE • 1975 • ANS
MER MERE • LOW OF THE SEA, THE ○ DEEP THREAT • 1975 • ANS
TRIO • 1975 • ANS
RIBA • FISH, THE • 1976 • ANS
SESIR • HAT, THE • 1976 • ANS
TELEFON • TELEPHONE, THE • 1976 • ANS
TRUBA • TRUMPET, THE • 1976 • ANS
UZE • ROPE, THE • 1976 • ANS
PTICA I CRVEK • BIRD AND THE WORM, THE • 1977 • ANS
SPORTSKI ZIVOT • SPORTING LIFE • 1977 • ANS
DUHOVITA PRICA • SAD LITTLE GHOST, THE • 1978 • ANS
ZRAK • ENDLESS DEVILRY, AN • 1978 • ANS
DREAM DOLL • LUTKA SNOVA • 1979 • ANS
PEPELJUGA • CINDERELLA • 1979 • ANS
VELI JOZE • BIG JOE • 1980 • ANS
DAD • 1982 • ANS

GRIAULE – FRN
MAGICIENS NOIRS, LES • OUANZERBE, CAPITALE DE LA MAGIE ○ MAGICIENS DE WANZERBE, LES • 1949 • DCS

GRIBBLE HARRY WAGSTAFF – USA
MADAME RACKETEER • SPORTING WIDOW, THE (UKN) • 1932

GRIBOFF – FRN
CEUX DU BALLON ROND • 1948 • SHT

GRICAEVICIUS ALMANTIS – USS
GRIKEVICIUS K.
AVE VITA • 1971
CHUVSTVA • FEELINGS • 1971

GRIECO SERGIO – ITL – 1917–1982
HATHAWAY TERENCE • SEGRI
NON E VERO.. MA CI CREDO • 1952
SENTIERO DELL'ODIO, IL • TERRA D'ODIO • 1952
AMARTI E IL MIO PECCATO • 1953
FERMI TUTTI ARRIVO IO! • 1953
MORTI NON PAGANO TASSE, I • 1953
PRIMO PREMIO: MARIA ROSA • 1953
TUA PER LA VITA • 1955
SPADACCINO MISTERIOSO, LO • 1956
DIAVOLO NERO, IL • 1957
GIOVANNI DELLE BANDE NERE • VIOLENT PATRIOT, THE • 1957
CAMERIERE, LE • 1958
PIA DE' TOLOMEI • 1958
PIRATA DELLO SPARVIERO NERO, IL • PIRATE DE L'EPERVIER NOIR, LE (FRN) ○ PIRATE OF THE BLACK HAWK, THE (USA) • 1958
CIAO CIAO BAMBIMA • 1959
NOTTI DI LUCREZIA BORGIA, LE • NUITS DE LUCRECE BORGIA, LES (FRN) ○ NIGHTS OF TEMPTATION (UKN) ○ NIGHTS OF LUCRETIA BORGIA, THE (USA) • 1959
REGINA DEI TARTARI, LA • REINE DES BARBARES, LA (FRN) ○ HUNS, THE (USA) ○ QUEEN OF THE TARTARS • 1960
SALAMBO • LOVES OF SALAMMBO, THE (USA) ○ SALAMMBO (FRN) • 1961
SCHIAVA DI ROMA, LA • CONQUISTA DELLE GALLIE, LA ○ SLAVE OF ROME, THE ○ SLAVE WARRIOR • 1961
GIULIO CESARE CONTRO I PIRATI • CAESAR AGAINST THE PIRATES (USA) • 1962
CAPITANO DI FERRO, IL • 1963
FIGLIO DEL CIRCO, IL • 1963
AGENTE 077 –MISSIONE BLOODY MARY • MISSION BLOODY MARY (USA) ○ MUERTE ESPERA EN ATENAS, LA ○ OPERATION LOTUS BLEU ○ AGENTE 077, MISION BLOODY MARY ○ OPERACION LOTO AZUL • 1965
AGENTE 077, DALL'ORIENTE CON FURORE • FROM THE ORIENT WITH FURY (UKN) ○ FUREUR SUR LE BOSPHORE ○ PARIS–ESTAMBUL SIN REGRESO ○ 077: FURY IN ISTANBUL ○ FURY IN ISTANBUL • 1965
RAGAZZA MERAVIGLIOSA, LA • 1965
SPADA PER L'IMPERO, UNA • SWORD OF THE EMPIRE (USA) • 1965
PASSWORD UCCIDETE AGENTE GORDON • 1966
RIFIFI AD AMSTERDAM • RIFIFI EN AMSTERDAM (SPN) ○ RIFIFI IN AMSTERDAM (USA) • 1966
COME RUBARE LA CORONA D'INGHILTERRA • HOW TO STEAL THE CROWN OF ENGLAND ○ ARGOMAN SUPERDIABOLICO ○ ARGOMAN THE FANTASTIC SUPERMAN ○ FANTASTIC ARGOMAN • 1967
RAPPORTO FULLER, BASE STOCCOLMA • SVETLAWA UCCIDERA IL 28 SETTEMBRE ○ FULLER REPORT, BASE STOCKHOLM ○ TRAHISON A STOCKHOLM ○ FULLER REPORT ○ RAPPORTO FULLER BASE A STOCCOLMA • 1967
TIFFANY MEMORANDUM • 1967
SERGENTE KLEMS, IL • MAN OF LEGEND (USA) ○ SERGEANT KLEMS • 1971
TUTTI FRATELLI NEL WEST.. PER PARTE DI PADRE • 1972
SCOMUNICATE DI SAN VALENTINO, LE • 1973
UOMO CHE SFIDO L'ORGANIZZAZIONE, L' • 1975
VIOLENTI DI ROMA BENE, I • 1976
BELVA COL MITRA, LA • 1977
NIPOTE DEL PRETE, LA • 1977

GRIER KEN – USA
ALAMUT AMBUSH, THE • CHESSGAME: ENTER HASSAN • 1983 • MTV

GRIERSON JOHN – Producer – UKN – 1898–1972
DRIFTERS • 1929 • DOC
CONQUEST • 1930 • DOC
LITTLE PEOPLE BURLESQUES • 1930 • SER
PORT OF LONDON • 1930 • DOC
FISHING BANKS OF SKYE, THE • ON THE FISHING BANKS OF SKYE • 1934 • DOC
GRANTON TRAWLER • 1934 • DOC

GRIERSON MARION – UKN
SO THIS IS LONDON • 1933 • DOC
FOR ALL ETERNITY • 1935
KEY TO SCOTLAND, THE • 1935 • DOC
AROUND THE VILLAGE GREEN • VILLAGE HARVEST • 1937

GRIERSON RUBY I. – UKN
TODAY AND TOMORROW • 1937
TODAY WE LIVE • 1937 • DOC
CARGO FOR ARDROSSAN • 1939

GRIES TOM – USA – 1922–1977
HELL'S HORIZON • 1955
LAST STOP, THE • 1956
GIRL IN THE WOODS • 1958
WILL PENNY • 1968
NUMBER ONE • PRO • 1969
100 RIFLES • 1969
FOOLS • 1970
HAWAIIANS, THE • MASTER OF THE ISLANDS (UKN) • 1970
EARTH II • EARTH TWO • 1971 • TVM
GLASS HOUSE, THE • TRUMAN CAPOTE'S THE GLASS HOUSE • 1972 • TVM
JOURNEY THROUGH ROSEBUD • 1972
CALL TO DANGER • 1973 • TVM
CONNECTION • 1973 • TVM
LADY ICE • MASTERS, THE • 1973
HEALERS, THE • 1974 • TVM
MIGRANTS, THE • 1974 • TVM
QB VII • 1974 • TVM
BREAKOUT • 1975
DYNAMITE MAN • 1975
BREAKHEART PASS • 1976
HELTER SKELTER • 1976 • TVM
GREATEST, THE • 1977

GRIEVE ANDREW – UKN
ON THE BLACK HILL • 1987
SUSPICION • 1987 • TVM

GRIFFI GIUSEPPE PATRONI see **PATRONI GRIFFI GIUSEPPE**

GRIFFIN FRANK see **GRIFFIN FRANK C.**

GRIFFIN FRANK C. – USA – 1861–
GRIFFIN FRANK
DID HE SAVE HER? • 1914
GREEN ALARM, THE • 1914
TOUGH LUCK • 1914
WHEN THE HAM TURNED • 1914
BEST OF ENEMIES, THE • 1915
CAUGHT IN A PARK • 1915
CAUGHT IN THE ACT • 1915
BETTER LATE THAN NEVER • 1916 • SHT
BOMBS • 1916 • SHT
FEATHERED NEST, THE • 1916 • SHT
FIDO'S FATE • 1916 • SHT
MAID MAD • 1916 • SHT
WHERE LOVE LEADS • 1916
WORST OF FRIENDS, THE • 1916 • SHT
HER FAME AND SHAME • 1917 • SHT
HER TORPEDOED LOVE • 1917 • SHT
MAGGIE'S FIRST FALSE STEP • 1917 • SHT
HER FIRST KISS • 1919 • SHT
LIONS AND LADIES • 1919 • SHT
NELLIE'S NAUGHTY BOARDER • 1919 • SHT
ROAMING BATHTUB, THE • 1919 • SHT
WILD WAVES AND WOMEN • 1919 • SHT
AERO–NUT, THE • 1920 • SHT
HER PRIVATE HUSBAND • 1920 • SHT
SHIP AHOY! • 1920 • SHT
CONDUCTOR 1492 • 1924

GRIFFITH BEVERLY – USA
FIVE THOUSAND DOLLAR DREAM, THE • 1916 • SHT
WHAT DARWIN MISSED • 1916 • SHT

GRIFFITH CHARLES B. – USA
FORBIDDEN ISLAND • 1959
EAT MY DUST! • 1976
UP FROM THE DEPTHS • 1979
DR. HECKYL AND MR. HYPE • 1980
SMOKEY BITES THE DUST • 1981
WIZARDS OF THE LOST KINGDOM II • 1989

GRIFFITH D. W. – USA – 1875–1948
GRIFFITH DAVID WARK

ADVENTURES OF DOLLY, THE • 1908
AFTER MANY YEARS • 1908
AWFUL MOMENT, AN • 1908
BALKED AT THE ALTAR • 1908
BANDIT'S WATERLOO, THE • 1908
BARBARIAN -INGOMAR, THE • 1908
BEHIND THE SCENES: WHERE ALL IS NOT GOLD THAT GLITTERS • 1908
BETRAYED BY A HANDPRINT • 1908
BLACK VIPER, THE • 1908
CALAMITOUS ELOPEMENT, A • 1908
CALL OF THE WILD, THE • 1908
CHRISTMAS BURGLARS, THE • 1908
CLUBMAN AND THE TRAMP, THE • 1908
CONCEALING A BURGLAR • 1908
DEVIL, THE • 1908
FATAL HOUR, THE • 1908
FATHER GETS IN THE GAME • 1908
FEUD AND THE TURKEY, THE • 1908
FOR A WIFE'S HONOR • 1908
FOR LOVE OF GOLD • 1908
GIRL AND THE OUTLAW, THE • 1908
GREASER'S GAUNTLET, THE • 1908
GUERILLA, THE • 1908
HEART OF O YAMA, THE • 1908
HELPING HAND, THE • 1908
INGRATE, THE • 1908
MAN AND THE WOMAN, THE • 1908
MONDAY MORNING IN A CONEY ISLAND POLICE COURT • 1908
MONEY MAD • 1908
MR. JONES AT A BALL • 1908
PIRATE'S GOLD, THE • 1908
PLANTER'S WIFE, THE • 1908
PRINCESS IN THE VASE, THE • 1908
RECKONING, THE • 1908
RED GIRL, THE • 1908
REDMAN AND THE CHILD, THE • 1908
ROMANCE OF A JEWESS • 1908
SCULPTOR'S NIGHTMARE, THE • 1908 • SHT
SMOKED HUSBAND, A • 1908
SONG OF THE SHIRT, THE • 1908
STOLEN JEWELS, THE • 1908
TAMING OF THE SHREW • 1908
TAVERN-KEEPER'S DAUGHTER, THE • 1908
TEST OF FRIENDSHIP, THE • 1908
VALET'S WIFE, THE • 1908
VAQUERO'S VOW, THE • 1908
WHERE THE BREAKERS ROAR • 1908
WOMAN'S WAY, A • 1908
ZULU'S HEART, THE • 1908
AND A LITTLE CHILD SHALL LEAD THEM • 1909
AT THE ALTAR • 1909
AWAKENING, THE • 1909
BABY'S SHOE, A • 1909
BETTER WAY, THE • 1909
BRAHMA DIAMOND, THE • 1909
BROKEN LOCKET, THE • 1909
BURGLAR'S MISTAKE, A • 1909
CARDINAL'S CONSPIRACY, THE • RICHELIEU • 1909
CHANGE OF HEART, A • 1909
CHILDREN'S FRIEND, THE • 1909
CHOOSING A HUSBAND • 1909
COMATA, THE SIOUX • 1909
CONFIDENCE • 1909
CONVICT'S SACRIFICE, A • 1909
CORD OF LIFE, THE • 1909
CORNER IN WHEAT, A • 1909
COUNTRY DOCTOR, THE • 1909
CRICKET ON THE HEARTH, THE • 1909
CRIMINAL HYPNOTIST, THE • 1909
CURTAIN POLE, THE • 1909
DAY AFTER, THE • 1909
DEATH DISC, THE • 1909
DECEPTION, THE • 1909
DRIVE FOR A LIFE, THE • 1909
DRUNKARD'S REFORMATION, A • 1909
EAVESDROPPER, THE • 1909
EDGAR ALLAN POE • 1909
ELOPING WITH AUNTIE • 1909
ERADICATING AUNTY • 1909
EXPIATION, THE • 1909
FADED LILIES, THE • 1909
FAIR EXCHANGE, A • 1909
FASCINATING MRS. FRANCIS, THE • 1909
FOOLS OF FATE • 1909
FOOL'S REVENGE, A • 1909
FRENCH DUEL, THE • 1909
FRIEND OF THE FAMILY, THE • 1909
GETTING EVEN • 1909
GIBSON GODDESS, THE • 1909
GIRLS AND DADDY, THE • 1909
GOLDEN LOUIS, THE • 1909
HER FIRST BISCUITS • 1909
HINDOO DAGGER, THE • 1909
HIS DUTY • 1909
HIS LOST LOVE • 1909
HIS WARD'S LOVE • 1909
HIS WIFE'S MOTHER • 1909
HIS WIFE'S VISITOR • 1909
HONOR OF THIEVES, THE • 1909
I DID IT, MAMA • 1909
IN A HEMPEN BAG • 1909
IN LITTLE ITALY • 1909
IN OLD KENTUCKY • 1909
IN THE WATCHES OF THE NIGHT • 1909
IN THE WINDOW RECESS • 1909
INDIAN RUNNER'S ROMANCE, THE • 1909
JEALOUSY AND THE MAN • 1909
JILT, THE • 1909
JONES AND HIS NEW NEIGHBORS • 1909
JONES AND THE LADY BOOK AGENT • 1909
JONES' BURGLAR • 1909
JONESES HAVE AMATEUR THEATRICALS, THE • 1909
LADY HELEN'S ESCAPADE • 1909
LEATHER STOCKING • 1909
LIGHT THAT CAME, THE • 1909
LINES OF WHITE ON A SULLEN SEA • 1909
LITTLE DARLING, THE • 1909
LITTLE TEACHER, THE • 1909
LONELY VILLA, THE • 1909
LOVE FINDS A WAY • 1909
LUCKY JIM • 1909
LURE OF THE GOWN, THE • 1909
MANIAC COOK, THE • 1909
MEDICINE BOTTLE, THE • 1909
MENDED LUTE, THE • 1909
MESSAGE, THE • 1909
MEXICAN SWEETHEARTS • 1909
MIDNIGHT ADVENTURE, A • 1909
MILLS OF THE GODS, THE • 1909
MOUNTAINEER'S HONOR, THE • 1909
MR. JONES HAS A CARD PARTY • 1909
MRS. JONES ENTERTAINS • 1909
MRS. JONES' LOVER OR I WANT MY HAT • 1909
NECKLACE, THE • 1909
NEW TRICK, A • 1909
NOTE IN THE SHOE, THE • 1909
NURSING A VIPER • 1909
OH, UNCLE! • 1909
ONE BUSY HOUR • 1909
ONE TOUCH OF NATURE • 1909
OPEN GATE, THE • 1909
PEACHBASKET HAT, THE • 1909
PIPPA PASSES OR THE SONG OF CONSCIENCE • 1909
POLITICIAN'S LOVE STORY, THE • 1909
PRANKS • 1909
PRUSSIAN SPY, THE • 1909
REDMAN'S VIEW, THE • 1909
RENUNCIATION, THE • 1909
RESTORATION, THE • 1909
RESURRECTION • 1909
ROAD TO THE HEART, THE • 1909
ROUE'S HEART, THE • 1909
RUDE HOSTESS, A • 1909
RURAL ELOPEMENT, A • 1909
SACRIFICE, THE • 1909
SALVATION ARMY LASS, THE • 1909
SCHNEIDER'S ANTI-NOISE CRUSADE • 1909
SEALED ROOM • 1909
SEVENTH DAY, THE • 1909
SLAVE, THE • 1909
SON'S RETURN, THE • 1909
SOUND SLEEPER, A • 1909
STRANGE MEETING, A • 1909
SUICIDE CLUB, THE • 1909
SWEET AND TWENTY • 1909
SWEET REVENGE • 1909
TENDER HEARTS • 1909
TEST, THE • 1909
THEY WOULD ELOPE • 1909
THOSE AWFUL HATS • 1909
THOSE BOYS! • 1909
THROUGH THE BREAKERS • 1909
'TIS AN ILL WIND THAT BLOWS NO GOOD • 1909
TO SAVE HER SOUL • 1909
TRAGIC LOVE • 1909
TRAP FOR SANTA CLAUS, A • 1909
TRICK THAT FAILED, THE • 1909
TROUBLESOME SATCHEL, A • 1909
TRYING TO GET ARRESTED • 1909
TWIN BROTHERS • 1909
TWO MEMORIES • 1909
TWO WOMEN AND A MAN • 1909
VIOLIN MAKER OF CREMONA, THE • 1909
VOICE OF THE VIOLIN, THE • 1909
WANTED: A CHILD • 1909
WAS JUSTICE SERVED? • 1909
WAY OF MAN, THE • 1909
WELCOME BURGLAR, THE • 1909
WHAT DRINK DID • 1909
WHAT'S YOUR HURRY? • 1909
WINNING COAT, THE • 1909
WITH HER CARD • 1909
WOODEN LEG, THE • 1909
WREATH IN TIME, A • 1909
1776 OR THE HESSIAN RENEGADES • 1909
AFFAIR OF HEARTS, AN • 1910
AFFAIR OFF AN EGG, THE • 1910
ARCADIAN MAID, AN • 1910
AS IT IS IN LIFE • 1910
AS THE BELLS RANG OUT • 1910
BANKER'S DAUGHTERS, THE • 1910
BROKEN DOLL, THE • 1910
CALL, THE • 1910
CALL TO ARMS, THE • 1910
CHILD OF THE GHETTO, A • 1910
CHILD'S FAITH, A • 1910
CHILD'S IMPULSE, A • 1910
CHILD'S STRATAGEM, A • 1910
CLOISTER'S TOUCH, THE • 1910
CONVERTS, THE • 1910
COURSE OF TRUE LOVE, THE • 1910
DANCING GIRL OF BUTTE, THE • 1910
DUKE'S PLAN, THE • 1910
EFFECTING A CURE • 1910
ENGLISHMAN AND THE GIRL, THE • 1910
EXAMINATION DAY AT SCHOOL • 1910
FACE AT THE WINDOW, THE • 1910
FAITHFUL • 1910
FINAL SETTLEMENT, THE • 1910
FLASH OF LIGHT, A • 1910
FUGITIVE, THE • 1910
GOLD IS NOT ALL • 1910
GOLD NECKLACE, A • 1910
GOLD SEEKERS, THE • 1910
GOLDEN SUPPER, THE • 1910
HER FATHER'S PRIDE • 1910
HER TERRIBLE ORDEAL • 1910
HIS LAST BURGLARY • 1910
HIS LAST DOLLAR • 1910
HIS NEW LID • 1910
HIS SISTER-IN-LAW • 1910
HONOR OF HIS FAMILY, THE • 1910
HOUSE WITH CLOSED SHUTTERS, THE • 1910
ICONOCLAST, THE • 1910
IMPALEMENT, THE • 1910
IN LIFE'S CYCLE • 1910
IN OLD CALIFORNIA • 1910
IN THE BORDER STATES • 1910
IN THE SEASON OF BUDS • 1910
KNOT IN THE PLOT, A • 1910
LAST DEAL, THE • 1910
LESSON, THE • 1910
LITTLE ANGELS OF LUCK • 1910
LOVE AMONG THE ROSES • 1910
LOVE OF LADY IRMA, THE • 1910
MAN, THE • 1910
MARKED TIME-TABLE, THE • 1910
MAY AND DECEMBER • 1910
MESSAGE OF THE VIOLIN, THE • 1910
MIDNIGHT CUPID, A • 1910
MODERN PRODIGAL, THE • 1910
MOHAWK'S WAY, A • 1910
MUGGSY BECOMES A HERO • 1910
MUGGSY'S FIRST SWEETHEART • 1910
NEVER AGAIN • 1910
NEWLYWEDS, THE • 1910
NOT SO BAD AS HE SEEMED • 1910
OATH AND THE MAN, THE • 1910
OLD STORY WITH A NEW ENDING, AN • 1910
ON THE REEF • 1910
ONE NIGHT, AND THEN • 1910
OVER SILENT PATHS • 1910
PLAIN SONG, A • 1910
PURGATION, THE • 1910
RAMONA • 1910
RICH REVENGE, A • 1910
ROCKY ROAD, THE • 1910
ROMANCE OF THE WESTERN HILLS, A • 1910
ROSE O' SALEM-TOWN • 1910
SALUTARY LESSON, A • 1910
SERIOUS SIXTEEN • 1910
SIMPLE CHARITY • 1910
SMOKER, THE • 1910
SONG OF THE WILDWOOD FLUTE, THE • 1910
SORROWS OF THE UNFAITHFUL, THE • 1910
SUMMER IDYL, A • 1910
SUMMER TRAGEDY, A • 1910
SUNSHINE SUE • 1910
TAMING A HUSBAND • 1910
TENDERFOOT'S TRIUMPH, THE • 1910
THAT CHINK AT GOLDEN GULCH • 1910
THOU SHALT NOT • 1910
THREAD OF DESTINY, THE • 1910
TWISTED TRAIL, THE • 1910
TWO BROTHERS, THE • 1910
TWO LITTLE WAIFS: A MODERN FAIRY TALE • 1910
UNCHANGING SEA, THE • 1910
UNEXPECTED HELP • 1910
UP A TREE • 1910
USURER, THE • 1910
VICTIM OF JEALOUSY, A • 1910
WAITER NO.5 • 1910
WAY OF THE WORLD, THE • 1910
WHAT THE DAISY SAID • 1910
WHEN WE WERE IN OUR 'TEENS • 1910
WHITE ROSES • 1910
WILFUL PEGGY • 1910
WINNING BACK HIS LOVE • 1910
WOMAN FROM MELLON'S, THE • 1910
ADVENTURES OF BILLY, THE • 1911
AS IN A LOOKING GLASS • 1911
BABY AND THE STORK, THE • 1911
BATTLE, THE • 1911
BLIND PRINCESS AND THE POET, THE • 1911
BOBBY THE COWARD • 1911
BROKEN CROSS, THE • 1911
CHIEF'S DAUGHTER, THE • 1911
CONSCIENCE • 1911
COUNTRY CUPID, A • 1911
CROOKED ROAD, THE • 1911
DAN, THE DANDY • 1911
DECREE OF DESTINY, A • 1911
DIAMOND STAR, THE • 1911
ENOCH ARDEN PARTS I & II • 1911
FAILURE, THE • 1911
FATE'S TURNING • 1911
FIGHTING BLOOD • 1911
FISHER FOLKS • 1911
HEART OF A SAVAGE, THE • 1911
HEARTBEATS OF LONG AGO • 1911
HER AWAKENING • 1911
HER SACRIFICE • 1911
HIS DAUGHTER • 1911
HIS MOTHER'S SCARF • 1911
HIS TRUST • 1911
HIS TRUST FULFILLED • 1911
HOW SHE TRIUMPHED • 1911
IN THE DAYS OF '49 • 1911
INDIAN BROTHERS, THE • 1911
ITALIAN BARBER, THE • 1911
ITALIAN BLOOD • 1911
KNIGHT OF THE ROAD, A • 1911
LAST DROP OF WATER, THE • 1911
LILY OF THE TENEMENTS, THE • 1911
LONEDALE OPERATOR, THE • 1911
LONG ROAD, THE • 1911
LOVE IN THE HILLS • 1911
MADAME REX • 1911
MAKING OF A MAN, THE • 1911
MISER'S HEART, THE • 1911
NEW DRESS, THE • 1911
OLD CONFECTIONER'S MISTAKE, THE • 1911
OUT FROM THE SHADOW • 1911
PARADISE LOST • 1911
POOR SICK MEN, THE • 1911
PRIMAL CALL, THE • 1911
REVENUE MAN AND THE GIRL, THE • 1911
ROMANY TRAGEDY, A • 1911
ROSE OF KENTUCKY, THE • 1911
RULING PASSION, THE • 1911
SAVED FROM HIMSELF • 1911
SMILE OF A CHILD, A • 1911
SORROWFUL EXAMPLE, THE • 1911
SPANISH GYPSY, THE • 1911
SQUAW'S LOVE, THE • 1911
STUFF HEROES ARE MADE OF, THE • 1911
SUNSHINE THROUGH THE DARK • 1911
SWORDS AND HEARTS • 1911
TEACHING DAD TO LIKE HER • 1911
TERRIBLE DISCOVERY, A • 1911
THIEF AND THE GIRL, THE • 1911
THREE SISTERS • 1911
THROUGH DARKENED VALES • 1911
TRAIL OF BOOKS, THE • 1911
TWO PATHS, THE • 1911
TWO SIDES, THE • 1911
UNVEILING, THE • 1911
VOICE OF THE CHILD, THE • 1911
WAS HE A COWARD? • 1911
WHAT SHALL WE DO WITH OUR OLD? • 1911
WHEN A MAN LOVES • 1911
WHITE ROSE OF THE WILDS, THE • 1911
WOMAN SCORNED, A • 1911
WREATH OF ORANGE BLOSSOMS, A • 1911
BEAST AT BAY, A • 1912
BILLY'S STRATAGEM • 1912
BLACK SHEEP • 1912
BLOT IN THE 'SCUTCHEON, A • 1912
BRUTALITY • 1912
BURGLAR'S DILEMMA, THE • 1912
CHANGE OF SPIRIT, A • 1912
CHILD'S REMORSE, A • 1912
CRY FOR HELP, A • 1912
ETERNAL MOTHER, THE • 1912
FATE'S INTERCEPTION • 1912
FEMALE OF THE SPECIES, THE • 1912
FEUD IN THE KENTUCKY HILLS, A • 1912
FOR HIS SON • 1912
FRIENDS • 1912
GIRL AND HER TRUST, THE • 1912
GOD WITHIN, THE • 1912
GODDESS OF SAGEBRUSH GULCH, THE • 1912
GOLD AND GLITTER • 1912
HEAVEN AVENGES • 1912
HEREDITY • 1912
HIS LESSON • 1912
HOME FOLKS • 1912
IN THE AISLES OF THE WILD • 1912
IN THE NORTH WOODS • 1912
INDIAN SUMMER, AN • 1912
INFORMER, THE • 1912
INNER CIRCLE, THE • 1912
IOLA'S PROMISE • 1912
JUST LIKE A WOMAN • 1912
LENA AND THE GEESE • 1912
LESSER EVIL, THE • 1912
LODGING FOR THE NIGHT, A • 1912
MAN'S GENESIS • 1912
MAN'S LUST FOR GOLD • 1912
MENDER OF NETS, THE • 1912
MUSKETEERS OF PIG ALLEY • 1912
MY BABY • 1912
MY HERO • 1912
NARROW ROAD, THE • 1912
NEW YORK HAT, THE • 1912
OLD ACTOR, THE • 1912
OLD BOOKKEEPER, THE • 1912
ONE IS BUSINESS, THE OTHER CRIME • 1912
ONE SHE LOVED, THE • 1912
OUTCAST AMONG OUTCASTS, AN • 1912
PAINTED LADY, THE • 1912
PUEBLO LEGEND, A • 1912 • SHT
PUNISHMENT, THE • 1912
ROOT OF EVIL, THE • 1912
SANDS OF DEE, THE • 1912
SCHOOL TEACHER AND THE WAIF, THE • 1912
SIREN OF IMPULSE, A • 1912
SISTER'S LOVE, A • 1912
SO NEAR, YET SO FAR • 1912
SPIRIT AWAKENED, THE • 1912
STRING OF PEARLS, A • 1912
SUNBEAM, THE • 1912
TALE OF THE WILDERNESS, A • 1912
TEMPORARY TRUCE, A • 1912
THREE FRIENDS • 1912
TRANSFORMATION OF MIKE, THE • 1912
TWO DAUGHTERS OF EVE • 1912

UNDER BURNING SKIES • 1912
UNSEEN ENEMY, AN • 1912
WHEN KINGS WERE THE LAW • 1912
WITH THE ENEMY'S HELP • 1912
ADVENTURE IN THE AUTUMN WOODS, AN • 1913
BROKEN WAYS • 1913
BROTHERS • 1913
BRUTE FORCE • WARS OF THE PRIMEVAL TRIBES ○ PRIMITIVE MAN, THE ○ IN PREHISTORIC DAYS • 1913
COMING OF ANGELO, THE • 1913
DEATH'S MARATHON • 1913
DOING THE ROUND-UP • 1913
ENEMY'S BABY, THE • 1913
FATE • 1913
GIRL'S STRATAGEM, A • 1913
HER MOTHER'S OATH • 1913
HIS MOTHER'S SON • 1913
HOUSE OF DARKNESS, THE • 1913
IF WE ONLY KNEW • 1913
INDIAN'S LOYALTY, AN • 1913
JUST GOLD • 1913
LADY AND THE MOUSE, THE • 1913
LEFT-HANDED MAN, THE • 1913
LITTLE TEASE, THE • 1913
LOVE IN AN APARTMENT HOTEL • 1913
MADONNA OF THE STORM, THE • 1913
MISTAKE, THE • 1913
MISUNDERSTOOD BOY, A • 1913
MOTHERING HEART, THE • 1913
NEAR TO EARTH • 1913
OIL AND WATER • 1913
OLAF -AN ATOM • 1913
PERFIDY OF MARY, THE • 1913
RANCHERO'S REVENGE, THE • 1913
REFORMERS, OR THE LOST ART OF MINDING ONE'S BUSINESS, THE • 1913
SHERIFF'S BABY, THE • 1913
SORROWFUL SHORE, THE • 1913
SWITCH-TOWER, THE • 1913
TELEPHONE GIRL AND THE LADY, THE • 1913
TENDERHEARTED BOY, THE • 1913
TIMELY INTERCEPTION, A • 1913
TWO MEN OF THE DESERT • 1913
UNWELCOME GUEST, THE • 1913
WANDERER, THE • 1913
YAQUI CUR, THE • 1913
AVENGING CONSCIENCE OR THOU SHALT NOT KILL, THE • 1914
BATTLE AT ELDERBUSH GULCH, THE • BATTLE OF ELDERBUSH GULCH, THE • 1914
BATTLE OF THE SEXES, THE • 1914
ESCAPE, THE • 1914
HOME SWEET HOME • 1914
JUDITH OF BETHULIA • HER CONDONED SIN • 1914
MASSACRE, THE • 1914
BIRTH OF A NATION, THE • CLANSMAN, THE • 1915
DAY WITH GOVERNOR WHITMAN, A • 1916 • DOC
DAY WITH MARY PICKFORD, A • 1916 • DOC
HOODOO ANN • 1916
INTOLERANCE • 1916
HER CONDONED SIN • 1917
GREAT LOVE, THE • 1918
GREATEST THING IN LIFE, THE • 1918
HEARTS OF THE WORLD • 1918
LIBERTY LOAN BOND SHORT • BUY LIBERTY BONDS ○ LIBERTY BOND SHORT • 1918 • SHT
BROKEN BLOSSOMS • 1919
FALL OF BABYLON, THE • 1919
GIRL WHO STAYED AT HOME, THE • 1919
MOTHER AND THE LAW, THE • 1919
ROMANCE OF HAPPY VALLEY, THE • 1919
SCARLET DAYS • 1919
TRUE HEART SUSIE • 1919
WORLD OF COLUMBUS, THE • 1919 • SHT
GREATEST QUESTION, THE • 1920
IDOL DANCER, THE • 1920
LOVE FLOWER, THE • BLACK BEACH • 1920
WAY DOWN EAST • 1920
DREAM STREET • 1921
EVOLUTION OF THE MOTION PICTURE, THE • 1921
ORPHANS OF THE STORM • TWO ORPHANS, THE • 1921
ONE EXCITING NIGHT • 1922
GO-GETTER, THE • 1923
WHITE ROSE, THE • 1923
AMERICA • LOVE AND SACRIFICE (UKN) ○ AMERICA: 1776 • 1924
ISN'T LIFE WONDERFUL • 1924
SALLY OF THE SAWDUST • 1925
"THAT ROYLE GIRL" • D. W. GRIFFITH'S "THAT ROYLE GIRL" • 1925
SORROWS OF SATAN, THE • 1926
TOPSY AND EVA • 1927
BATTLE OF THE SEXES, THE • 1928
DRUMS OF LOVE • 1928
LADY OF THE PAVEMENTS • LADY OF THE NIGHT (UKN) • 1929
ABRAHAM LINCOLN • 1930
STRUGGLE, THE • 1931

GRIFFITH DAVID – UKN
WAR • 1976 • SHT

GRIFFITH DAVID WARK see **GRIFFITH D. W.**

GRIFFITH E. H. see **GRIFFITH EDWARD H.**

GRIFFITH EDWARD H. – USA – 1894–
GRIFFITH E. H.
AWAKENING OF RUTH, THE • 1917
BILLY AND THE BIG STICK • 1917
BOY WHO CRIED WOLF, THE • 1917
IN LOVE'S LABORATORY • 1917
ONE TOUCH OF NATURE • 1917
SCOUTING FOR WASHINGTON • 1917 • SHT
SHOUT OUT AT THE NINTH • 1917 • SHT
STAR-SPANGLED BANNER, THE • STAR SPANGLED BANNER, THE • 1917 • SHT
YOUR OBEDIENT SERVANT • 1917
END OF THE ROAD, THE • 1919
FIT TO FIGHT • 1919
FIT TO WIN • 1919
BAB'S CANDIDATE • 1920
GARTER GIRL, THE • 1920
PHILISTINE IN BOHEMIA, A • 1920 • SHT
THIMBLE, THIMBLE • 1920 • SHT
VICE OF FOOLS, THE • 1920
DAWN OF THE EAST • 1921
IF WOMEN ONLY KNEW • 1921
LAND OF HOPE, THE • 1921
SCRAMBLED WIVES • 1921
FREE AIR • 1922
SEA RAIDERS • 1923
UNSEEING EYES • 1923
ANOTHER SCANDAL • I WILL REPAY • 1924
WEEKEND HUSBANDS • PART TIME HUSBANDS • 1924
BAD COMPANY • 1925
HEADLINES • 1925
ATTA BOY! • 1926
WHITE MICE • 1926
AFRAID TO LOVE • 1927
ALIAS THE LONE WOLF • 1927
OPENING NIGHT, THE • JUDGMENT (UKN) • 1927
PRICE OF HONOR, THE • 1927
CAPTAIN SWAGGER • 1928
HOLD 'EM YALE! • AT YALE • 1928
LOVE OVER NIGHT • 1928
PARIS BOUND • 1929
RICH PEOPLE • RACKETEER, THE • 1929
SHADY LADY, THE • 1929
HOLIDAY • 1930
REBOUND • 1931
ANIMAL KINGDOM, THE • WOMAN IN HIS HOUSE, THE (UKN) • 1932
LADY WITH A PAST • REPUTATION (UKN) • 1932
ANOTHER LANGUAGE • 1933
BIOGRAPHY OF A BACHELOR GIRL • 1934
NO MORE LADIES • 1935
LADIES IN LOVE • 1936
NEXT TIME WE LOVE • NEXT TIME WE LIVE (UKN) • 1936
CAFE METROPOLE • 1937
I'LL TAKE ROMANCE • 1937
CAFE SOCIETY • 1939
HONEYMOON IN BALI • HUSBANDS OR LOVERS (UKN) ○ HUSBANDS AND LOVERS ○ MY LOVE FOR YOURS ○ ARE HUSBANDS NECESSARY? • 1939
SAFARI • 1940
BAHAMA PASSAGE • 1941
ONE NIGHT IN LISBON • 1941
VIRGINIA • 1941
YOUNG AND WILLING • OUT OF THE FRYING PAN • 1942
SKY'S THE LIMIT, THE • 1943
PERILOUS HOLIDAY • 1946

GRIFFITH JOHN – UKN
REMOVAL OF TONSILS AND ADENOIDS (MR. GEORGE WAUGH'S METHOD) • 1929 • DOC

GRIFFITH RAYMOND – Actor/ producer – USA – 1890–1957
VILLAGE CHESTNUT, THE • 1918 • SHT

GRIFFITHS MARK – USA
LAST OF THE SHCUNUE • 1971 • SHT
RUNNING HOT • 1983
HARDBODIES • 1984
HARDBODIES 2 • 1986

GRIFFITHS PETER – UKN
LINESMAN, THE • 1965 • DCS
LAWS OF DISORDER: PART 3 -MOLECULES AT WORK, THE • MOLECULES AT WORK • 1969 • DOC

GRIFFITHS SIDNEY G. – UKN
TROPICAL BREEZES • 1930

GRIFI ALBERTO – ITL – 1938–
ANNA • 1973

GRIGOR MURRAY – UKN
MACKINTOSH • 1969 • DOC
G.R. STEIN • 1972 • DCS
MALTAMOUR • 1973 • DOC
MARGARET MORRIS • 1973 • DOC
SPACE AND LIGHT • 1973 • DOC
CLYDESCOPE • 1974
ROBERT ADAM • 1974 • DOC
BLAST • 1975 • DOC
HAND OF ADAM, THE • 1975 • DCS
BIG BANANA FEET • 1976

GRIGORATOS DIONISIS – GRC
PARASTASI SE PROTO PROSOPO • ONE-ROLE PERFORMANCE, A • 1979 • DOC
POLK FILE ON THE AIR • 1988

GRIGORIEV – USS
VENSKI LES • VIENNA WOODS • 1963

GRIGORIEV I. – USS
ROMAN KARMEN, WHOM WE KNOW AND DO NOT KNOW • DOC

GRIGORIEV ROMAN – USS – 1911–
BULGANIN • 1946 • DOC
YAKUTIA • 1952 • DOC
MOSCOW AND MUSCOVITES • 1956 • DOC
BRUSSELS 1958 • 1958 • DOC
PEOPLE OF THE BLUE FIRE • 1961 • DOC
PIPELINE "FRIENDSHIP" • 1964 • DOC

GRIGORIEV YURI – USS
GRIGORYEV YURI
FIRST SNOW • 1965
NO NEED FOR A PASS-WORD • 1967
SYERDTSE DRUGA • HEART OF A FRIEND • 1967
TODAY AND FOR THE REST OF YOUR LIFE • 1970

GRIGORIEVA RENITA – USS
SYERDTSE DRUGA • HEART OF A FRIEND • 1967

GRIGORIOU ANNA – GRC
SUNDAY • 1987 • SHT

GRIGORIOU GREGORY see **GRIGORIOU GRIGORIS**

GRIGORIOU GRIGORIS – GRC – 1919–
GRIGORIOU GREGORY
PIKRO PSOMI, TO • PAIN AMER ○ BITTER BREAD • 1951
ARPAYI TIS PERSEFONIS, I • ENLEVEMENT DE PERSEPHONE • 1956
AFTI I YI INE DIKI MAS • THIS EARTH BELONGS TO US • 1967
ANAKATOSOURAS, O • MEDDLER, THE • 1967
KOKOVIOS KE SPAROS STA DIATIA TIS ARAHNIS • KOKOVIOS AND SPAROS IN THE SPIDER'S WEB ○ TWO SMALL FISH IN THE SPIDER'S WEB • 1967
TROUMBA 67 • 1967
DARK ALLEYS • 1968
MEGALOS DHIHASMOS • BIG SPLIT ○ REVENGE • 1968
ORA TIS ORGIS, I • HOUR OF WRATH • 1968
SOULIOTES • MEN OF SOULS, THE • 1970

GRIGORIU CEZAR – RMN
IMPUSCATURI PE PORTATIV • SHOTS ON THE STAVE • 1967

GRIGOROV ROUMEN – BUL – 1921–
SHORES AND PEOPLE • DOC
HE LIVES ON • 1949 • DOC
NEW INITIATIVES • 1950 • DOC
STRUGGLE FOR BREAD • 1950 • DOC
STRUGGLE FOR PEACE • 1950 • DOC
STORY OF THE HOMELAND • 1955 • DOC
DAWN OVER THE DANUBE • 1956 • DOC
AT WEMBLEY STADIUM • 1957 • DOC
ON THE WILL OF MAN • 1959 • DOC
SONGS OF MOTORS • 1961 • DOC
EYES OF THE SEA • 1963 • DOC
BULGARIAN SUMMER • 1966 • DOC
SCIENCE WORKERS • 1966 • DOC
VISA FOR LONDON • 1966 • DOC

GRIGOROVICH YURI – USS
SPARTAK • SPARTACUS • 1976
IVAN GROZNI KINO-BALET • IVAN THE TERRIBLE ○ GROZNY VEK • 1977

GRIGORYEV BORIS – USS
BEGINNINGS OF A LEGEND • 1976
KUZNECHIK • GRASSHOPPER, THE • 1980

GRIGORYEV YURI see **GRIGORIEV YURI**

GRIGSBY MICHAEL – UKN
ENGINEMEN • 1959
TOMORROW'S SATURDAY • 1962

GRIKEVICIUS K. see **GRICAEVICIUS ALMANTIS**

GRILLO GARY – USA
JACKALS • AMERICAN JUSTICE • 1986

GRILO JOAO MARIO – PRT
PROCESO DO REI, O
ESTRANGEIRA, A • 1983

GRIMALDI ALDO – ITL
NEL SOLE • UNDER THE SUN • 1967
ORO DEL MONDO, L' • WORLD'S GOLD, THE • 1968
PENSANDO A TE • 1969
RAGAZZO CHE SORRIDE, IL • MATTINO • 1969
FRANCO E CICCIO SUL SENTIERO DI GUERRA • 1970
W LE DONNE • 1970
QUANDO LE DONNE SI CHIAMAVONO MADONNE • 1972
AMANTI MIEI • CINDY'S LOVE GAMES ○ TIGHT FIT • 1979

GRIMALDI ANGELO – ITL
REPUBBLICA DI MUSSOLINI (R.S.I.), LA • 1976

GRIMALDI GIANNI – ITL – 1917–
GRIMALDI GIOVANNI
QUESTO PAZZO, PAZZO MONDO DELLA CANZONE • 1964
ALL'OMBRA DI UNA COLT • IN A COLT'S SHADOW (UKN) ○ IN THE SHADOW OF A COLT • 1965
JAMES TONT, OPERAZIONE U.N.O. • 1965
STARBLACK • 1966
BELLO, IL BRUTO, IL CRETINO, IL • HANDSOME, THE UGLY, THE STUPID, THE • 1967
BRUTTI DI NOTTE • UGLY ONES BY NIGHT • 1968
DON CHISCIOTTE E SANCHO PANZA • DON QUIXOTE AND SANCHO PANZA • 1968
DUE DEPUTATI, I • 1968
PURO SICCOME UN ANGELO PAPA MI FECE MONACO • 1969
CASO DI COSCIENZA, UN • 1970
PRIMA NOTTE DEL DR. DANIELI, INDUSTRIALE COL COMPLESSO DEL GIOCATTOLO • 1970
PRINCIPE CORONATO CERCASI PER RICCA EREDITIERA • 1970
BELVE, LE • 1971
INIBIZIONI DEL DOTTOR GAUDENZI VEDOVA COL COMPLESSO DELLA BUONANIMA • 1971
LOVEMAKERS, THE • 1973
MAGNATE, THE • 1973
GOVERNANTE, LA • 1974
FIDANZAMENTO, IL • 1975
FROU FROU DEL TABARIN • 1976

GRIMALDI GIOVANNI see **GRIMALDI GIANNI**

GRIMALDI HUGO – USA
GOJIRA NO GYAKUSHYU • GIGANTIS, THE FIRE MONSTER (USA) ○ GODZILLA NO GYAKUSHYU ○ VOLCANO MONSTER, THE ○ RETURN OF GODZILLA, THE ○ GODZILLA RAIDS AGAIN ○ GODZILLA'S COUNTER ATTACK • 1955
HUMAN DUPLICATORS, THE • SPAZIALE K.1 • 1965
MUTINY IN OUTER SPACE • AMMUTINAMENTO NELLO SPAZIO (ITL) ○ INVASION FROM THE MOON ○ SPACE STATION X-14 ○ ATTACK FROM OUTER SPACE • 1965

GRIMAS JONAS – SWD
ARTIST, THE • 1989 • SHT

GRIMAULT PAUL – Animator – FRN – 1905–
PHENOMENES ELECTRIQUES • 1937 • ANS
MESSAGER DE LA LUMIERE, LE • 1938 • ANS
GO CHEZ LES OISEAUX • 1939 • ANS
PASSAGERS DE LA GRANDE OURSE, LES • 1939 • ANS
LAMPES MAZDA, LES • MAZDA LAMPS, THE • 1940 • ANS
MARCHAND DES NOTES, LE • 1942 • ANS
EPOUVANTAIL, L' • SCARECROW, THE (USA) • 1943 • ANS
FLUTE MAGIQUE, LA • MAGIC FLUTE, THE • 1946 • ANS

VOLEUR DE PARATONNERRES, LE • LIGHTNING-ROD THIEF, THE ○ CHIMNEY THIEF, THE • 1946 • ANS
PETIT SOLDAT, LE • LITTLE SOLDIER, THE • 1947 • ANS
PIERRES OUBLIEES • 1952 • ANS
BERGERE ET LE RAMONEUR, LA • CURIOUS ADVENTURES OF MR. WONDERBIRD (USA) ○ ADVENTURES OF MR. WONDERBIRD ○ SHEPHERDESS AND THE CHIMNEY SWEEP, THE ○ MR. WONDERBIRD • 1953 • ANM
ENRICO CUISINIER • ENRICO • 1955 • SHT
FAIM DU MONDE, LA • HUNGER OF THE WORLD, THE ○ MONDE EN RACCOURCI, LE • 1958 • ANS
ROI ET L'OISEAU, LE • 1967 • ANM
DIAMANT, LE • 1970 • ANS
CHIEN MELOMANE, LE • 1973 • ANM
ROI ET L'OISEAU, LE • KING AND THE BIRD, THE ○ KING AND MISTER BIRD, THE • 1979 • ANM
TABLE TOURNANT, LA • 1988 • ANM

GRIMBERT C. – FRN
LEGITIME DEFENSE

GRIMBLAT PIERRE – FRN – 1926–
ME FAIRE CA A MOI.. • IT MEANS THAT TO ME (USA) • 1961
EMPIRE DE LA NUIT, L' • 1962
AMOUREUX DU FRANCE, LES • GIOCO DEGLI INNAMORATI, IL (ITL) • 1963
CENT BRIQUES ET DES TUILES • HOW NOT TO ROB A DEPARTMENT STORE (USA) ○ COLPO GROSSO A PARIGI (ITL) • 1965
SLOGAN • 1969
DITES-LE AVEC DES FLEURS • 1974
EMMENEZ-MOI AU RITZ • 1977 • MTV

GRIMM HANS – GRM
FANFAREN DER EHE • 1953
KLEINER MANN, GANZ GROSS • 1957
SCHWARZE BLITZ, DER • 1958
SKI CHAMP, THE • 1958
JA, SO EIN MADCHEN MIT SECHZEHN • 1959
SCHICK DEINE FRAU NICHT NACH ITALIEN • 1960
ISOLA BELLA • 1961
FERIEN VOM ICH • 1963

GRIMOND PHILIPPE – Animator – GRM
ASTERIX -THE BIG FIGHT • 1989 • ANM

GRINAN JORGE – SPN – 1916–1961
PATIO ANDALUZ • 1952
MIGUITAS Y EL CARBONERO • 1957
DIFERENTE • 1961

GRINDE HARRY A. see **GRINDE NICK**

GRINDE NICK – USA – 1893–1979
GRINDE HARRY A.
EXCUSE ME • 1925
BEYOND THE SIERRAS • 1928
RIDERS OF THE DARK • 1928
BISHOP MURDER CASE, THE • 1929
DESERT RIDER, THE • 1929
MORGAN'S LAST RAID • 1929
BITS OF BROADWAY • 1930 • SHT
GENERAL, THE • 1930 • SHT
GOOD NEWS • 1930
REMOTE CONTROL • 1930
WU LI CHANG • 1930
AMBITIOUS PEOPLE • 1931 • SHT
DEVIL'S CABARET, THE • 1931 • SHT
GEOGRAPHY LESSON, THE • 1931 • SHT
THIS MODERN AGE • 1931
SHOPWORN • 1932
VANITY STREET • 1932
MENU • 1933 • SHT
BUM VOYAGE • 1934 • SHT
NO MORE WEST • 1934 • SHT
VITAL VITUALS • 1934 • SHT
BORDER BRIGANDS • 1935
GREAT AMERICAN PIE COMPANY, THE • 1935 • SHT
HOW TO SLEEP • 1935 • SHT
LADIES CRAVE EXCITEMENT • 1935
STONE OF SILVER CREEK • 1935
JAILBREAK • MURDER IN THE BIG HOUSE (UKN) • 1936
LUCKY FUGITIVES • 1936
PUBLIC ENEMY'S WIFE, THE • G-MAN'S WIFE (UKN) • 1936
CAPTAIN'S KID, THE • 1937
EXILED TO SHANGHAI • 1937
FUGITIVE IN THE SKY • 1937
LOVE IS ON THE AIR • RADIO MURDER MYSTERY, THE (UKN) • 1937
PUBLIC WEDDING • 1937
UNDER SOUTHERN STARS • 1937 • SHT
WHITE BONDAGE • 1937
DOWN IN ARKANSAS • 1938
FEDERAL MAN-HUNT • FLIGHT FROM JUSTICE (UKN) • 1939
KING OF CHINATOWN • 1939
MAN THEY COULD NOT HANG, THE • 1939
MILLION DOLLAR LEGS • 1939
SUDDEN MONEY • 1939
WOMAN IS THE JUDGE, A • 1939
BEFORE I HANG • WIZARD OF DEATH • 1940
CONVICTED WOMAN • 1940
GIRLS OF THE ROAD • 1940
MAN WITH NINE LIVES, THE • BEHIND THE DOOR (UKN) • 1940
MEN WITHOUT SOULS • 1940
SCANDAL SHEET • 1940
FRIENDLY NEIGHBORS • 1941
MOUNTAIN MOONLIGHT • MOVING INTO SOCIETY (UKN) • 1941
GIRL FROM ALASKA, THE • 1942
HITLER -DEAD OR ALIVE • 1943
ROAD TO ALCATRAZ • 1945

GRINDELL-MATTHEWS H. – USA
DEATH RAY, THE • 1924 • SHT

GRINELLA JUAN CARLO – SPN
MUJER DEL GATO, LA • FEMALE ANIMAL (USA) • 1970

GRINT ALAN – UKN
SECRET GARDEN, THE • 1987 • TVM
MAN IN THE BROWN SUIT, THE • 1988

GRINTER BRAD F. – USA
FLESH FEAST • 1970

GRISOLLI PAULO ALFONSO – BRZ
ORPHANS OF THE EARTH • 1984 • MTV

GRISSELL WALLACE see **GRISSELL WALLACE A.**

GRISSELL WALLACE A. – UKN – 1904–
GRISSELL WALLACE
HAUNTED HARBOR • 1944 • SRL
JUNGLE GOLD • PERILS OF THE DARKEST JUNGLE • 1944
MARSHAL OF RENO • 1944
TIGER WOMAN, THE • 1944 • SRL
VIGILANTES OF DODGE CITY • 1944
ZORRO'S BLACK WHIP • 1944 • SRL
CAPTAIN MEPHISTO AND THE TRANSFORMATION MACHINE • 1945
CORPUS CHRISTI BANDITS • 1945
FBI 99 • 1945
FEDERAL OPERATOR 99 • 1945 • SRL
MANHUNT OF MYSTERY ISLAND • 1945 • SRL
WANDERER OF THE WASTELAND • 1945
WHO'S GUILTY? • 1945 • SRL
MOTOR MANIACS • 1946 • SHT
LET'S MAKE RHYTHM • 1947 • SHT
WILD HORSE MESA • 1947
WESTERN HERITAGE • 1948
CAPTAIN VIDEO • 1951 • SRL
KING OF THE KONGO • MIGHTY THUNDA, THE ○ KING OF THE CONGO • 1952 • SRL
YANK IN INDO-CHINA, A • HIDDEN SECRET (UKN) • 1952

GRISSMER JOHN – USA
SCALPEL • FALSE FACE • 1976
NIGHTMARE AT SHADOW WOODS • COMPLEX • 1987

GRITTI ROLAND – FRN
ALBUM DE FAMILLE DE JEAN RENOIR, L' • 1956 • DOC

GRIVIKAS V. – USS
ELGE, QUEEN OF SNAKES • 1965

GRLIC RAJKO – YGS – 1947–
KUD PUKLO DA PUKLO • WHICHEVER WAY THE BALL BOUNCES • 1975
BRAVO MAESTRO • 1978
SAMO JEDNOM SE LJUBI • MELODY HAUNTS MY MEMORY, THE (USA) ○ YOU ONLY LIVE ONCE ○ MELODY HAUNTS MY REVERIE, THE • 1981
THREE'S HAPPINESS • 1986
DAVOLJI RAJ • THAT SUMMER OF WHITE ROSES • 1989
CARUGA • CHARUGA • 1990

GROBE PETER – UKN
SCHNITTE • 1966

GROBLER MIRKO – YGS
DOBRO MORJE • GOOD SEA • 1958

GROCE IVAN – VNZ
ANA Y GABRIEL • ANNA AND GABRIEL • 1978

GROD ROGER – UKN
ROD STEWART AND FACES AND KEITH RICHARDS • 1977 • DOC

GROFE FERDE see **GROFE FERDE JR.**

GROFE FERDE JR. – USA
GROFE FERDE
WARKILL • 1968
DAY OF THE WOLVES • 1973 • TVM
PROUD AND THE DAMNED, THE • PROUD, DAMNED AND DEAD • 1973 • TVM
BYRD IN THE ANDES -A JAZZ ODYSSEY • 1976 • SHT

GROLEAU – FRN
PETITES SOEURS, LES • 1988 • SHT

GRONBERG AKE – Actor – SWD – 1914–1969
91:AN KARLSSON MUCKAR (TROR HAN) • PRIVATE 91 KARLSSON IS DEMOBBED OR SO HE THINKS • 1960

GRONLYKKE LENE – DNM
BALLADEN OM CARL-HENNING • BALLAD OF CARL-HENNING ○ WINDMILLS, THE • 1969
THORVALD OG LINDA • BALLAD OF LINDA, THE • 1982

GRONLYKKE SVEN – Producer – DNM
THOMAS ER FREDLOS • THOMAS IS AN OUTLAW ○ THOMAS ON THE RUN ○ THOMAS THE RESTLESS ONE • 1967
BALLADEN OM CARL-HENNING • BALLAD OF CARL-HENNING ○ WINDMILLS, THE • 1969
THORVALD OG LINDA • BALLAD OF LINDA, THE • 1982

GRONQUIST DON – USA
UNHINGED • 1983

GRONROOS ANDERS – SWD
ATTONDE DAGEN, DET • EIGHTH DAY, THE • 1979
AGNES CECILIA • 1990

GROOMS RED – USA
UNWELCOME GUESTS, THE • 1961 • SHT
SHOOT THE MOON • 1962 • SHT
MAN OR MOUSE • 1964 • SHT
FAT FEET • 1966 • SHT
WASHINGTON'S WIG WHAM • 1966
TAPPY TOES • 1968 • SHT
RED GROOMS' TARGET DISCOUNT STORE • 1970 • SHT

GROOPER CEHETT see **PAROLINI GIANFRANCO**

GROOT RENS – NTH
IN A MIST • 1959 • ANS
SYSTEEMBOUW • 1966

GROS-DUBOIS CONSTANT – FRN – 1940–
O MADIANA • 1978

GROS F. A. – GRM
WEG DES ANTON SCHUBART, DER • 1916

GROSBARD ULU – BLG – 1929–
SUBJECT WAS ROSES, THE • 1968
WHO IS HARRY KELLERMAN AND WHY IS HE SAYING THOSE TERRIBLE THINGS ABOUT ME? • 1971
STRAIGHT TIME • NO BEAST SO FIERCE • 1978
TRUE CONFESSIONS • 1981
FALLING IN LOVE • 1985
LIKELY STORY, A • 1988

GROSCHOPP RICHARD – GRM
MODELL BIANKA • 1951
SIE KANNTEN SICH ALLE • EHRLICHE NAME, DER • 1958
BEVOR DER BLITZ EINSCHLAGT • 1959
WARE FUR KATALONIEN • 1959
LIEBE UND DER CO-PILOT, DIE • 1961
FREISPRUCH MANGELS BEWEISEN • 1962
GLATZKOPFBANDE, DIE • 1963
ENTLASSEN AUF BEWAHRUNG • 1965
CHINGACHGOCK -DIE GROSSE SCHLANGE • CHINGACHGOCK -THE BIG SNAKE • 1967

GROSDARD JEAN-LOUP – LXM
MASSACRE POUR UNE ORGIE • MASSACRE FOR AN ORGY (USA) ○ MASSACRE OF PLEASURE (UKN) ○ MASSACRE DE PLAISIR • 1966

GROSPIERRE LOUIS – FRN – 1927–
TRAVAIL C'EST LA LIBERTE, LE • 1959
ETUDIANTS, LES • 1960 • SHT
MON AMI PIERROT • 1960 • SHT
CHEVAUX DE VAUGIRARD, LES • 1961 • SHT
CHEVRE, LA • 1961 • SHT
PETIT CHASSEUR, LE • 1961 • SHT
SIMON • 1962 • SHT
ETUDES • 1963 • SHT
OUEST • 1963 • DCS
DEUX TUEURS • DUE KILLERS IN FUGA (ITL) ○ DU MOU DANS LA GACHETTE • 1966
BRUNO, L'ENFANT DU DIMANCHE • BRUNO -SUNDAY'S CHILD (UKN) ○ BRUNO OU LES ENFANTS DU DIMANCHE • 1968
DECAMERON '69 • 1969

GROSS ALINE – ISR
CHANSONS SANS PAROLES • SONGS WITHOUT WORDS • 1958 • ANS
AND THE EARTH WAS WITHOUT FORM AND VOID • 1959 • SHT
JOSEPH AND HIS BRETHREN • 1962 • ANM

GROSS ANTHONY – Animator – FRN – 1905–
JOURNEE EN AFRIQUE, UNE • 1933 • ANS
FUNERAILLES, LES • 1934 • ANS
JOIE DE VIVRE • 1934 • ANS
FOX HUNT • 1936 • ANS
INDIAN FANTASY • INDIAN PHANTASY • 1957 • ANM

GROSS JERRY – Producer – USA – 1941–
GIRL ON A CHAIN GANG • 1966
TEENAGE MOTHER • 1968

GROSS LARRY – USA
3.15 • 3.15: MOMENT OF TRUTH ○ MOMENT OF TRUTH • 1985

GROSS MARTY – CND
...AS WE ARE • 1973
LOVER'S EXILE, THE • 1981 • DOC

GROSS MILT – USA
JITTERBUG FOLLIES • 1939 • ANS
WANTED: NO MASTER • 1939 • ANS

GROSS YORAM – Animator – PLN – 1926–
CHANSONS SANS PAROLES • SONGS WITHOUT WORDS • 1958 • ANS
AND THE EARTH WAS WITHOUT FORM AND VOID • 1959 • SHT
BAAL CHACHALOMOT • JOSEPH THE DREAMER • 1959
JOSEPH AND HIS BRETHREN • 1962 • ANM
ONE POUND ONLY • 1962
BON APPETIT • 1969 • ANS
POLITICIANS • 1970 • ANS
TO NEFERTITI • 1971 • ANS
$24,000 MILLION FOR THE MOON • 1971 • ANS
GOOD BUY • 1975 • ANS
FIRST ANIMATED STEP, THE • 1976 • ANS
DOT AND THE KANGAROO • 1977 • ANM
LITTLE CONVICT, THE • 1979 • ANM
DOT AND SANTA CLAUS • AROUND THE WORLD WITH DOT ○ DOT AROUND THE WORLD • 1982 • ANM
SEVENTH MATCH, THE • 1982 • ANM
DOT AND THE BUNNY • 1983 • ANM
CAMEL BOY • 1984 • ANM
EPIC • 1984 • ANM
DOT AND THE KOALA • 1986 • ANM

GROSSE NINA – GRM
GLASERNE HIMMEL, DER • GLASS SKY, THE ○ GLASS HEAVEN, THE • 1988

GROSSMAN DOUGLAS – USA
REAL TROUBLE • RAGING FURY • 1988

GROSSMAN HARRY – USA
FACE TO FACE • 1920
WITS VS. WITS • 1920

GROSSMAN J. – UKN
HEADS YOU LOSE • 1974

GROSSMAN KARL – YGS
ODHOD OD MASE V LJUTOMERA • 1905

GROSSMAN SAM – USA
VAN, THE • 1976

von GROTE ALEXANDRA – GRM
NOVEMBERMOND • NOVEMBERMOON • 1984
REISE OHNE WIEDERKEHR • JOURNEY WITHOUT RETURN • 1990

GROTTESI MARCELLO – ITL – 1939–
TIME • 1970
GESTO, IL • 1973
BORROMINI • 1974

GROTTINI ARMANDO – ITL
...E NAPOLI CANTA • 1953
RIMORSO • 1953

GROTTOLI PIER FABIO – ITL
DONNA PER SETTE BASTARDI, UNA • 1974

GROULX GILLES – CND – 1931–
RAQUETTEURS, LES • SNOWSHOERS, THE • 1958 • DCS
NORMETAL • 1959 • DCS
FRANCE SUR UN CAILLOU, LA • 1960 • DCS
GOLDEN GLOVES • 1961 • DCS
VOIR MIAMI • 1962
CHAT DANS LE SAC, LE • CAT IN THE SACK, THE (USA) ○ CAT IN THE BAG, THE • 1964
JEU SI SIMPLE, UN • 1964 • DCS
QUEBEC? • 1966 • DCS
OU ETES-VOUS DONC..? • 1968
ENTRE TU ET VOUS • 1969
VINGT-QUATRE HEURES OU PLUS • 1972 • DOC
PLACE DE L'EQUATION • 1973 • DCS
PREMIERE QUESTION SUR LE BONHEUR • PRIMERA PREGUNTA SOBRE LA FELICIDAD (MXC) • 1977
AU PAYS DE ZOM • 1983

GROULX SYLVIE – CND – 1953–
GRAND REMUE-MENAGE, LE • 1978
ENTRE DEUX VAGUES • 1985
CHRONIQUE D'UN TEMPS FLOU • 1988 • DOC

GROUND ROBERT – USA
WEIRD WORLD OF L S D, THE • 1967

GROUSSET DIDIER – FRN
KAMIKAZE • 1986
RENDEZ-VOUS AU TAS DE SABLE • 1990

GROWCOTT FRANK R. – UKN
BARGEE'S REVENGE, THE • 1912
LIFE OF SHAKESPEARE, THE • LOVES AND ADVENTURES IN THE LIFE OF SHAKESPEARE ○ LOVES, ADVENTURES AND LIFE OF WILLIAM SHAKESPEARE ○ LIFE OF SHAKESPEARE: HIS INTRIGUES AND ROMANCES • 1914

GRUBCHEVA IVANKA – BUL
MOB, THE • 1971
IZPITI PO NIKOYE VREME • EXAMS AT AN IN APPROPRIATE TIME ○ EXAMS AT ANY OLD TIME • 1974
WITH NOBODY • 1975
SURGEONS • 1977
ADVENT • 1980
HEDGEHOG'S WAR, THE • 1980
GOLDEN RIVER, THE • 1983
EVE ON THE THIRD FLOOR • 1986
THIRTEENTH BRIDE OF THE PRINCE, THE • 1986
MARITAL JOKES • 1988 • ANT
CARNIVAL, THE • 1990

GRUBEN PATRICIA – CND
LOW VISIBILITY • 1985

GRUBER STEFF – SWT
MOON IN TAURUS • 1980
SMARA • 1982

GRUEL HENRI – Animator – FRN – 1923–
MARTIN ET GASTON • MARTIN AND GASTON • 1950 • SHT
GITANOS ET PAPILLONS • 1954 • ANS
VOYAGE DE BADABOU, LE • BABADOU'S VOYAGE • 1956 • SHT
VOYAGEUR, LE • 1956 • ANS
ILLUMINATIONS, LES • METROPOLITAIN • 1958 • ANS
JOCONDE, LA • 1958 • SHT
ATOME QUE VOUS VEUT DE BIEN, UN • 1959 • ANS
MONSIEUR TETE • MISTER HEAD • 1959 • ANS
PLUS BEAUX FRUITS DU MONDE, LES • 1959 • ANM
NOTRE DAME DE PARIS • 1961 • ANS
RENDEZ-VOUS D'ASNIERES, LE • 1962 • SHT
ROI DU VILLAGE, LE • MOISE ET L'AMOUR • 1962 • ANM
COUTES ZAGHAURA, LES • 1966 • ANM

GRUEN JAMES – USA
LET'S GO GALLAGHER • 1925

GRUEN VICTOR – USA
ARCHANGEL • 1966 • SHT

GRUENBERGER JOHN – USA
ONSET: VARIATION NO.1 • SHT
P.S.F. ONE • SHT
SUBLIMAL GRAPHICS • SHT

GRUNBERG S. – USS
DAESH RADIO! • GIVE US RADIO! ○ RADIO NOW! • 1924

GRUNDGENS GUSTAF – Actor – GRM – 1899–1963
STARKSTE TRIEB, DER • 1922
STADT STEHT KOPF, EINE • 1932
FINANZEN DES GROSSHERZOGS, DIE • GRAND DUKE'S FINANCES, THE • 1934
CAPRIOLEN • 1937
LIEBE IM GLEITFLUG • LOVE IN STUNT FLYING (USA) • 1938
SCHRITT VOM WEGE, DER • FALSE STEP, THE (USA) ○ EFFIE BRIEST • 1939
ZWEI WELTEN • 1940

GRUNE KARL – GRM – 1890–1962
AUS EINES MANNES MADCHENJAHREN • MAN'S GIRLHOOD • 1919
MADCHENHIRT, DER • 1919
MENSCHEN IN KETTEN • 1919
JAGD NACH WAHRHEIT, DIE • 1921
MANN UBER BORD • 1921
NACHBESUCH IN DER NORTHERNBANK • 1921
NACHT OHNE MORGEN, DIE • 1921
FRAUENOPFER • SACRIFICE OF A WOMAN • 1922
GRAF VON CHAROLAIS, DER • COUNT OF CHAROLAIS, THE • 1922
NACHT DER MEDICI, DIE • 1922
SCHLAGENDE WETTER • 1923
STRASSE, DIE • STREET, THE • 1923
ARABELLA • ROMAN EINES PFERDES, DER • 1924
KOMODIANTEN • 1924
EIFERSUCHT • JEALOUSY • 1925
BRUDER SCHELLENBERG, DIE • TWO BROTHERS • 1926
AM RANDE DER WELT • AT EDGE OF WORLD (USA) ○ AT THE EDGE OF THE WORLD • 1927
KONIGIN LUISE 1 • JUGEND DER KONIGIN LUISE, DIE ○ QUEEN LUISE • 1927
KONIGIN LUISE 2 • 1928
MARQUIS D'EON, DER SPION DER POMPADOUR • 1928
WATERLOO • 1928
KATHARINA KNIE • 1929
GELBE HAUS DES KING-FU, DAS • 1930
MAISON JAUNE DE RIO, LA • 1930
ABDUL THE DAMNED • 1935
MARRIAGE OF CORBAL, THE • PRISONER OF CORBAL (USA) • 1936
PAGLIACCI • CLOWN MUST LAUGH, A (USA) • 1936

GRUNEBAUM MARC – FRN – 1942–1985
ADOPTION, L' • 1978

GRUNEWALD ALLAN see **CAIANO MARIO**

GRUNSTEIN PIERRE – FRN – 1935–
GRANDE TROUILLE, LA • 1974
TENDRE DRACULA • TENDER DRACULA OR CONFESSIONS OF A BLOOD DRINKER (USA) • 1974

GRUNWALD WILLY – GRM
FRAU LENES SCHEIDUNG • 1917
FALSCHE DEMETRIUS, DER • 1918
HABEN SIE FRITZCHEN NICHT GESEHEN? • 1918
OPFER DER GESELLSCHAFT • 1918
SCHWARZE LOCK, DIE • 1918
ENDE VOM LIEDE, DAS • LUGE, DIE ○ GELOBNIS, DAS • 1919
GRAF SYLVAINS RACHE • 1919
NACH DEM GESETZ • 1919
SIEBENTE GROSSMACHT, DIE • 1919
MAX, DER VIELGEPRUFTE • 1920
NEULAND • GLUCKHAFT SCHIFF, DAS • 1924

GRUNWALSKY FERENC – HNG
ANYASAG • MOTHER, A • 1974 • SHT
VOROS REKVIEM • REQUIEM FOR A REVOLUTIONARY ○ RED REQUIEM • 1975
UTOLSO ELOTTI ITELET, AZ • LAST JUDGEMENT BUT ONE, THE • 1980
ESZMELES • REALISATION • 1985
TELJES NAP, EGY • FULL DAY, A • 1988
KICSI, DE NAGYON EROS • LITTLE, BUT VERY STRONG ○ LITTLE BUT TOUGH • 1989

GRUNWALT DAVID – USA
RUDE AWAKENING • 1989

GRUPO ZERO – PRT
LEI DA TERRA -ALENTEJO 76, A • 1976

GRUSCH WERNER – AUS
REVOLUTION IST GRUN, DIE • REVOLUTION IS GREEN, THE • 1981
BONJOUR CAPITALISTE.. • HELLO, CAPITALIST! • 1982 • DOC

GRUYAERT JAN – BLG
KAMER MET UITZICHT • 1966
IN KLUIS • ENCLOSURE, THE • 1978
VLASAKKER, DE • 1982
VLASCHAARD, DE • CHAMP DE LIN, LE • 1983

GRUZA JERZY – PLN
MISTRZ TANCA • 1969 • SHT
DZIECIOL • WOODPECKER, THE • 1970
ALICE • 1980

GRYCZELOWSKA KRYSTYNA – PLN – 1930–
WYPRAWA NA CZARNA WYSPE • EXPEDITION TO THE BLACK ISLAND, AN • 1955 • DOC
URODZAJ • HARVEST • 1959 • DOC
SIEDLISZCZE • SETTLEMENT • 1960 • DOC
PIERWSZE POKOLENIE • FIRST GENERATION, THE • 1963 • DOC
PRZED WYBORAMI • BEFORE THE ELECTION • 1963 • DOC
SLONECZNE WZGORZE • SUNNY HILL • 1963 • DOC
W KLUBIE NA WOLI • IN THE WOLA CLUB • 1963 • DOC
WTORKI, CZWARTKI, SOBOTY • TUESDAYS, THURSDAYS, SATURDAYS • 1965 • DOC
ROZNICA 1965-66 • DIFFERENCE 1965-66, A • 1966 • DOC
WOLA RAFALOWSKA • 1966 • DOC
DWADZIESCIA CZTERY GODZINY JADWIGI L. • JADWIGA L'S 24 HOURS • 1967 • DOC
90 DNI W ROKU • 90 DAYS A YEAR • 1968 • DOC
NAZYWA SIE BLAZEJ REJDAK, MIESZKA W ROZNICY, W JEDRZEJOWSKIM POWIECIE • HIS NAME IS BLAZEJ REJDAK • 1969 • DOC
ZAWSZE RODZI SIE CHLEB • BREAD IS ALWAYS BORN • 1969 • DOC
PEEGEROWCY • PEOPLE FROM STATE FARMS • 1970 • DOC
ZNAJOME Z LODZI • TEXTILE WORKERS • 1972 • DOC

GRYNBAUM MARC-ANDRE – FRN – 1948–
ROCK AND TORAH • PREFERE, LE • 1982

GRZIMEK BERNARD – GRM
KEIN PLATZ FUR WILDE TIERE • NO ROOM FOR WILD ANIMALS • 1956
SEREGETI DARF NICHT STERBEN • SERENGETI SHALL NOT DIE (USA) ○ THEY SHALL NOT DIE • 1959 • DOC

GRZIMEK MICHAEL – GRM
KEIN PLATZ FUR WILDE TIERE • NO ROOM FOR WILD ANIMALS • 1956
SEREGETI DARF NICHT STERBEN • SERENGETI SHALL NOT DIE (USA) ○ THEY SHALL NOT DIE • 1959 • DOC

GSCHOPF KITTY see **KINO KITTY**

GUAN JINPENG – HKG
KWAN STANLEY
NUREN XIN • WOMEN • 1985
DIXIA QING • LOVE UNTO WASTE • 1987
BAWANG BIE JI • 1988
YANZHI KOU • ROUGE • 1988
SANSUI YAU SEUNGFUNG • 1989
YAN TSOI NAU YEUK • FULL MOON IN NEW YORK • 1989

GUARDAMAGNA – ITL
DOTTOR JEKYLL • DOCTOR JEKYLL • 1964

GUARDONE GIANNETTO – ITL
AVVENTURE DI PINOCCHIO, LE • 1947

GUARESCHI GIOVANNI – Writer – ITL – 1908–1968
RABBIA, LA • 1963 • DOC

GUARINI ALFREDO – ITL – 1901–
SENZA CIELO • DEA BIANCA, LA • 1940
E CADUTA UNA DONNA • 1941
DOCUMENTO Z3 • 1942
SENZA UNA DONNA • 1943
ZIA DI CARLO, LA • 1943
SIAMO DONNE • WE, THE WOMEN • 1953

GUARINI GIUSEPPE – ITL
ADDIO, FIGLIO MIO! • 1954

GUARINO GIUSEPPE see **GUARINO JOSEPH**

GUARINO-GLAVANY see **GUARINO JOSEPH**

GUARINO JOSEPH – FRN – 1885–1963
GUARINO GIUSEPPE • GLAVANY JOSEPH • GLAVANY G. G. • GLAVANY GUARINO G. • GUARINO-GLAVANY
DAME AU RUBAN DE VELOURS, LA • 1923
COQUIN, UN • 1924
AUBE DE SANG, L' • 1926
DEUX MAMANS, LES • 1926
BRANCHE MORTE, LA • 1927
MARCHAND DE BONHEUR, LE • 1927
NAVIRE AVEUGLE, LE • 1927
DOWNSTREAM • 1929
JUAN JOSE • 1929
OBVIOUS SITUATION, AN • HOURS OF LONELINESS • 1930
COMPLICE, LA • ENTRE DEUX FORCES • 1932
PREMIER MOT D'AMOUR, LE • 1932
CHERI DE SA CONCIERGE, LE • 1934
IMPOSSIBLE AVEU, L' • 1935
BACIO A FIOR D'ACQUA, UN • AMORE AD ALTA VELOCITA • 1936
OSPITE DI UNA NOTTE, L' • 1939
LEGGENDA AZZURRA • 1941
SERENATA TRAGICA • GUAPPARIA • 1951
MAI TI SCORDERO • 1956

GUAZZONI ENRICO – ITL – 1876–1949
INVITO A PRANZO, UN • 1908
AGRIPPINA • 1910
BRUTUS • 1910
MACCABEI, I • 1910
MESSALINA • 1910
SACCO DI ROMA, IL • 1910
GERUSALEMME LIBERATA, LA • 1911
PINOCCHIO • 1911
QUO VADIS? • 1912
MARCANTONIO E CLEOPATRA • 1913
CAIUS JULIUS CAESAR • 1914
ALMA MATER • 1915
CRISTUS • 1915
IVAN IL TERRIBILE • 1915
ULTIMI GIORNI DI POMPEI, GLI • 1915
CALIGULA • 1916
MADAME TALLIEN • 1916
MALOMBRA • 1916
GERUSALEMME LIBERATA, LA • 1917
FABIOLA • 1918
LADY MACBETH • 1918
MARCANTONIO E CLEOPATRA • 1918
CAPITAN FRACASSA • 1919
SACCO DI ROMA E CLEMENTO VII, IL • 1920
MESSALINA • 1923
SPERDUTTA DI ALLAH, LA • 1928
MYRIAM • 1929
DONO DEL MATTINO, IL • 1932
SIGNORA PARADISO, LA • 1934
RE BURLONE • 1935
DUE SERGENTI, I • 1936
RE DI DENARI • RE DI DANARI • 1936
DOTTOR ANTONIO, IL • 1937
HO PERDUTO MIO MARITO! • 1937
SUO DESTINO, IL • 1939
ANTONIO MEUCCI • 1940
HO VISTO BRILLARE LE STELLE • HO VISTO BRILLARE UNA STELLA • 1940
FIGLIA DEL CORSARO VERDE, LA • 1941
PIRATI DELLA MALESIA, I • 1941
ORO NERO • 1942
FORNARINA, LA • 1944

GUBBELS LUK – BLG
CONGO EXPRESS • 1987

GUBENKO NIKOLAI – USS – 1941–
GUBYENKO NIKOLAI • GUBENKO NIKOLAY • GOUBENKO NIKOLAI
PRISHOL SOLDAT S FRONTA • THERE CAME A SOLDIER FROM THE FRONT ○ BACK FROM THE FRONT ○ SOLDIER CAME HOME FROM THE FRONT, A ○ SOLDIER FROM THE WAR RETURNING • 1972
YESLI KHOCHESH BYT SCHASTLIVYM • IF YOU WANT TO BE HAPPY • 1974
PODRANKI • ORPHANS ○ BROKEN WINGS ○ WOUNDED ONE, THE • 1977
IZ JIZNI OTDYKHAIOUCHTCHIKH • 1980
AWAY FROM IT ALL • 1981
I JIZN', I SLIOZY, I LYUBOV • AND LIFE AND TEARS AND LOVE • 1983

GUBENKO NIKOLAY see **GUBENKO NIKOLAI**

GUBERN RAMON – SPN
BRILLANTE PORVENIR • BRILLIANT FUTURE • 1964

GUBYENKO NIKOLAI see **GUBENKO NIKOLAI**

GUCCI LEON – USA
DEEP RUB
INSIDE DESIREE COUSTEAU • 1979

GUDMUNDSSON AGUST – ICL – 1947–
LIFELINE TO CATHY • 1977 • SHT
LAND OG SYNIR • LAND AND SONS • 1978
LITIL THUFA • MOLEHILL • 1979
UTLAGINN • OUTLAW, THE • 1982
MEN ALLT A HREINU • ON TOP • 1983
GOLDEN SANDS • 1984

GUDMUNDSSON LOFTUR – ICL – –1950
AEVINTYRI JONS OG GVENDAR • ADVENTURES OF JON AND GVENDUR • 1923
MILLI FJALLS OG FJORU • FROM MOUNTAIN TO SEASHORE ○ BETWEEN MOUNTAIN AND SHORE • 1948

GUEDDES ANN see **GUEDES ANN**

GUEDDES EDUARDO see **GUEDES EDUARDO**

GUEDES ANN – UKN
GUEDDES ANN
ROCINANTE • 1987
BEARSKIN, THE • BEARSKIN AN URBAN FAIRYTALE • 1989

GUEDES EDUARDO – UKN
GUEDDES EDUARDO
ROCINANTE • 1987
BEARSKIN, THE • BEARSKIN AN URBAN FAIRYTALE • 1989

GUEDEZ JESUS ENRIQUE – VNZ
GUEDEZ JESUS HENRIQUE
BARBARO RIVAS
IMAGEN DE VENEZUELA • IMAGES OF VENEZUELA • 1968
DIA SANTO DE TIATIRA, EL • SAINT DAY OF TIATIRA • 1970
PUEBLO DE LATA • PEOPLE OF THE SLUMS • 1973 • DOC
CIRCO MAGICO, EL • MAGIC CIRCUS, THE • 1977
TESTIMONIO DE UN OBRERO PETROLERO • TESTAMENT OF AN OIL WORKER • 1979
ILUMINADO, EL • 1982

GUEDEZ JESUS HENRIQUE see **GUEDEZ JESUS ENRIQUE**

GUEDIGUIAN ROBERT – FRN – 1953–
DERNIERE ETE • 1980
ROUGE MIDI • 1984

GUEDJ DENIS – FRN – 1940–
VIE, T'EN AS QU'UNE, LA • 1974

GUEGAN GERARD – FRN
"LIBERATION" • TOUTES LES HISTOIRES DE DRAGON ONT UN FOND DE VERITE • 1981

GUENDOV VASSIL see **GENDOV VASSIL**

GUENETTE ROBERT – USA – 1935–
TREE, THE • 1969
BIGFOOT, THE MYSTERIOUS MONSTERS • MYSTERIOUS MONSTERS, THE • 1975 • DOC
AMAZING WORLD OF PSYCHIC PHENOMENA • 1976
MAN WHO SAW TOMORROW, THE • 1981

GUERCIO JAMES WILLIAM – USA
ELECTRA GLIDE IN BLUE • LEGEND OF BIG JOHN, THE ○ BIG JOHN • 1973

GUERIN CLAUDIO – SPN – 1939–1973
GUERIN HILL CLAUDIO • GUERIN HILL C.
LUCIANO • 1964
DESAFIO, EL • 1970
CASA DE LAS PALOMAS, LA • HOUSE OF THE DOVES, THE • 1971
SOLO GRAND AMORE, UN • 1972
CAMPANA DEL INFIERNO, LA • CAMPANAS DEL INFIERNO, LAS ○ HELL'S BELLS ○ BELL FROM HELL (USA) ○ BELL OF HELL, THE • 1973

GUERIN GERARD – FRN – 1937–
LO PAIS • HOMELAND • 1974
DEHORS ET LE DEDANS, LE • 1978
GUERRE DE FEMMES • 1978
PARENTS ET ENFANTS • 1978
DOUCE ENQUETE SUR LA VIOLENCE • 1981
PAYSANNES • 1981 • DOC

GUERIN HILL C. see **GUERIN CLAUDIO**

GUERIN HILL CLAUDIO see **GUERIN CLAUDIO**

GUERIN JOSE LUIS – SPN
MOTIVOS DE BERTA, LOS • BERTA'S MOTIVES ○ BERTA'S REASONS • 1985
CITY LIFE • 1989
INNISFREE • INESFREE • 1989 • DOC

GUERIN M.
BEST, THE • 1979

GUERLAIS PIERRE – FRN
JOCELYN • 1933
PECHEUR D'ISLANDE • 1933

GUERMAN ALEXEI see **GHERMAN ALEXEI**

GUERMONTES ROGER – USA
DARK DREAMS • 1971

GUERRA – VNZ
CHUO GIL • 1974

GUERRA ARMAND – GRM
GESCHENKTE LOGE, DIE • 1928

GUERRA ROBERTO – FRN
LANGLOIS • 1972
75 YEARS OF CINEMA MUSEUM • 1972 • DOC

GUERRA RUY – MZM – 1931–
HOMMES ET LES AUTRES, LES • 1954 • SHT
OROS • 1960 • SHT
CAVALO DE OXUMAIRE, O • HORSE OF OXUMAIRE, THE • 1961
CAFAJESTES, OS • UNSCRUPULOUS ONES, THE ○ PLAGE DU DESIR, LA • 1962
FUZIS, OS • RIFLES, THE ○ GUNS, THE • 1964
SWEET HUNTERS • JAILBIRD ○ TENDRES CHASSEURS • 1969
DEUSES E OS MORTOS, OS • OF GODS AND THE UNDEAD (USA) ○ GODS AND THE DEAD, THE • 1970
QUEDA, A • FALL, THE • 1978
MUEDA, MEMORIA E MASSACRE • MUEDA, MEMORY AND MASSACRE • 1980
ERENDIRA • 1982
OPERA DO MALANDRO • MALANDRO (USA) • 1985
KUARUP • 1988

GUERRASI LEO – ITL
URLO DEI BOLIDI, L' • 1961

GUERRASIO GUIDO – ITL – 1920–
ITALIA IN PATAGONIA • 1958 • DOC
KANJUT SAR • MONTAGNA CHE HA IN VETTA UN LAGO, LA • 1961 • DOC
DAL SABATO AL LUNEDI • 1963
PIAVE MORMORO..., IL • 1964 • DOC
AFRICA SEGRETA • SECRET AFRICA • 1969 • DOC
AFRICA AMA • 1971 • DOC
MAGIA NUDA • 1975
ITALIA INPIGIAMA (COSTUMI SESSUALI DELLA TRIBU ITALIANE), L' • 1977

GUERRERO FRANCISCO – MXC
VALENTIN LAZANA • 1979
PULGA EN LA OREJA, LA • FLEA IN HER EAR, A • 1981

GUERRERO JUAN – MXC
AMELIA • 1965
MARIANA • 1968

GUERRERO ZAMORA JUAN – SPN – 1927–
FUENTEOVEJUNA • 1972

GUERREZ SERGIO – SWT
AFTER DARKNESS • NACH DER FINSTERNIS ○ AFTER DARK • 1985

GUERRIERI ROMOLO – ITL
GIROLAMI ROMOLO • GILBERT ROD
BELLEZZE SULLA SPIAGGIA • 1961
JOHNNY YUMA • 1966
SETTE MAGNIFIQUE PISTOLE, LE • 1966
DIECIMILA DOLLARI PER UN MASSACRO • TEN THOUSAND DOLLARS FOR A MASSACRE ○ 10,000 DOLLARS BLOOD MONEY • 1967
DOLCE CORPO DI DEBORAH, IL • ADORABLE CORPS DE DEBORAH, L' (FRN) ○ SOFT BODY OF DEBORAH, THE ○ SWEET BODY OF DEBORAH, THE (USA) ○ SWEET BODY, THE • 1968
DETECTIVE, UN • DETECTIVE BELLI (USA) ○ DETECTIVE, A ○ RING OF DEATH • 1969
DIVORZIO, IL • 1970
CONTROFIGURA, LA • 1971
POLIZIA E AL SERVIZIO DEL CITTADINO, LA • 1973
UOMO UNA CITTA, UN • 1974
SALVO D'ACQUISTO • 1975
LIBERI ARMATI PERICOLOSI • 1976
DI CHE SESSO SEI? • 1977
SONO STATO UN AGENTE C.I.A. • COVERT ACTION • 1978
IMPORTANTE E NON FARSI NOTARE, L' • IMPORTANCE OF NOT BEING NOTICED, THE • 1980
FINAL EXECUTIONER, THE • LAST WARRIOR, THE ○ FINAL EXECUTOR • 1983

GUERRINI – ITL
SCUOLA DI SEVERINO, LA • 1949 • SHT

GUERRINI MINO – ITL
WARREN JAMES
YA YA MON KOLONEL
AMORE IN 4 DIMENSIONI • AMOUR EN 4 DIMENSIONS, L' (FRN) ○ LOVE IN 4 DIMENSIONS (USA) ○ LOVE IN THE CITY • 1963
IDEA FISSA, L' • LOVE AND MARRIAGE (USA) • 1964
EXTRA CONIUGALE • 1965
SU E GIU • 1965
SICARIO 77 VIVO O MORTO • KILLER 77 ALIVE OR DEAD • 1966
TERZO OCCHIO, IL • KILLER WITH THE THIRD EYE, THE ○ THIRD EYE, THE • 1966
OMICIDIO PER APPUNTAMENTO • 1967
COLPO DI SOLE • SUNSTROKE • 1968
GANGSTER '70 • 1968
OH DOLCI BACI E LANGUIDE CAREZZE • 1970
RIUSCIRA L'AVVOCATO FRANCO BENENATO A SCONFIGGERE IL SUO ACERRIMO NEMICO IL PRETORE CICCIO DE INGRAS • 1971
...SCUSI, MA LEI LE PAGA LE TASSE? • 1971
ALTRI RACCONTI DI CANTERBURY, GLI • OTHER CANTERBURY TALES, THE (UKN) • 1972
DECAMERON N.2 • DECAMERON N.2 –LE ALTRE NOVELLE DEL BOCCACCIO ○ DECAMERON II (UKN) • 1972
COLONNELLO BUTTIGLIONE, IL • UFFICIALE NON SI ARRENDE MAI, NEMMENO DI FRONTE ALL'EVIDENZA: FIRMATA COLONNELLO BUTTIGLIONE, UN • 1973
FAVOLOSE NOTTI D'ORIENTE, LE • 1973
COLONNELLO BUTTIGLIONE DIVENTA GENERALE, IL • 1974
PROFESSORE VENGA ACCOMPAGNATO DAI SUOI GENITORI • 1974
BUTTIGLIONE DIVENTA CAPO DEL SERVIZIO SEGRETO • 1975
RAGAZZA ALLA PARI, LA • 1976
VINELLA E DON PEZZOTTA • 1976
VON BUTTIGLIONE STURMTRUPPENFUHRER • 1977
CUANDO CALIENTA EL SOL.. VAMOS ALLA PLAIA • 1984
MINES OF KILIMANJARO, THE • 1986

GUEST CHRISTOPHER – USA
BIG PICTURE, THE • 1989

GUEST REVEL – USA
BLACK, WHITE AND BLUES • 1971

GUEST ROBERT – USA
BLACK, WHITE AND BLUES • 1971

GUEST VAL – UKN – 1911–
NOSE HAS IT, THE • 1942
MISS LONDON LTD. • 1943
BEES IN PARADISE • 1944
GIVE US THE MOON • 1944
I'LL BE YOUR SWEETHEART • 1945
JUST WILLIAM'S LUCK • 1947
WILLIAM COMES TO TOWN • WILLIAM AT THE CIRCUS • 1948
MURDER AT THE WINDMILL • MURDER AT THE BURLESQUE (USA) • 1949
BODY SAID NO!, THE • 1950
MISS PILGRIM'S PROGRESS • 1950
MR. DRAKE'S DUCK • 1951
PENNY PRINCESS • 1952
ADVENTURES WITH THE LYONS • 1954 • SRL
DANCE LITTLE LADY • 1954
LIFE WITH THE LYONS • FAMILY AFFAIR (USA) • 1954
MEN OF SHERWOOD FOREST • 1954
RUNAWAY BUS, THE • 1954
BREAK IN THE CIRCLE • 1955
LYONS IN PARIS, THE • 1955
QUATERMASS EXPERIMENT, THE • CREEPING UNKNOWN, THE (USA) ○ SHOCK • 1955
THEY CAN'T HANG ME • 1955
IT'S A WONDERFUL WORLD • 1956
QUATERMASS II • ENEMY FROM SPACE (USA) • 1956
WEAPON, THE • 1956
ABOMINABLE SNOWMAN, THE • ABOMINABLE SNOWMAN OF THE HIMALAYAS, THE (USA) • 1957
CARRY ON ADMIRAL • SHIP WAS LOADED, THE (USA) • 1957
CAMP ON BLOOD ISLAND, THE • 1958
FURTHER UP THE CREEK • 1958
LIFE IS A CIRCUS • 1958
UP THE CREEK • 1958
EXPRESSO BONGO • 1959
YESTERDAY'S ENEMY • 1959
HELL IS A CITY • 1960
DAY THE EARTH CAUGHT FIRE, THE • 1961
FULL TREATMENT, THE • STOP ME BEFORE I KILL! (USA) ○ TREATMENT, THE • 1961
JIGSAW • 1962
80,000 SUSPECTS • 1963
BEAUTY JUNGLE, THE • CONTEST GIRL (USA) • 1964
WHERE THE SPIES ARE • PASSPORT TO OBLIVION ○ ONE SPY TOO MANY • 1966
ASSIGNMENT K • 1967
CASINO ROYALE • 1967
TOOMORROW • 1970
WHEN DINOSAURS RULED THE EARTH • 1970
PERSUADERS, THE • 1971
AU PAIR GIRLS • 1972
PERSUADERS: THE SWITCH, THE • SWITCH, THE • 1972 • MTV
CONFESSIONS OF A WINDOW CLEANER • 1974
DIAMOND MERCENARIES, THE • KILLER FORCE ○ SOELDNER, DIE ○ MERCENAIRES, LES • 1975
DANGEROUS DAVIES –THE LAST DETECTIVE • 1979 • TVM
SHILLINGBURY BLOWERS, THE • ...AND THE BAND PLAYED ON • 1979
BOYS IN BLUE, THE • 1983
MARK OF THE DEVIL • 1984
IN POSSESSION • 1985

GUEVARA DE SUAREZ ROSA
ENCUENTRO CON FREDDY REYNA • MEETING WITH FREDDY REYNA, A • 1979

GUEVARA ENRIQUE – CHL
JILL • 1977
LOCA EXTRAVAGANCIA SEXY, UNA • 1977
NO ES PECADO • 1978

GUEZ ROBERT – MRC – 1918–
FAUTE DES AUTRES, LA • 1953 • SHT
MON ONCLE DU TEXAS • 1962
TEMPS DES COPAINS, LE • 1962

GUGGENHEIM – USA
JANGADERO • 1961

GUGGENHEIM CHARLES – USA
GREAT ST. LOUIS BANK ROBBERY, THE • 1959

GUHA DULAL – IND
DUSHMAN • 1943

GUHATHAKURTA ARUP – IND
PANCHASHAR • CUPID • 1968

GUIDA ERNESTO – ITL
AMICO, UN • FRIEND, A • 1968
PERUGINA, LA • 1977

GUIDI G. see **GUIDI GUIDARINO**

GUIDI GUIDARINO – ITL
GUIDI G.
CRONACHE DEL '22 • 1962

GUIDI ROBERTO – ARG
MENTIR DE LOS DEMAS, EL • 1919

GUIDO FRANCESCO MAURIZIO see **GIBBA**

GUIGUET JEAN-CLAUDE – FRN – 1943–
BELLES MANIERES, LES • FINE MANNERS • 1978
FAUBOURG SAINT-MARTIN • 1986

GUILBAUD PIERRE – FRN
PRIMITIFS DU XIIIe, LES • 1960 • SHT

GUILBEAULT LUCE – CND – 1935–
DENYSE BENOIT, COMEDIENNE • 1975
SOME AMERICAN FEMINISTS • 1977
D'ABORD MENAGERES • 1978

GUILBERT – FRN
RIOM LE BEAU • 1966 • SHT

GUILFOYLE PAUL – Actor – USA – 1902–1961
CAPTAIN SCARFACE • 1953
KEY MAN • LIFE AT STAKE, A (UKN) • 1955
TESS OF THE STORM COUNTRY • 1961

GUILHERME PAULO – PRT
IRATAN IRACEMA • 1984

GUILLEMOT CLAUDE – FRN – 1935–
SEMAINE EN FRANCE, UNE • 1963 • SHT
JONQUE, LA • 1964 • SHT
RUES DE HONG KONG • 1964 • SHT
DIALECTIQUE • 1966 • SHT
NATURE MORTE • 1966 • SHT
TREVE, LA • TRUCE, THE (UKN) • 1969
GRAND MATIN, LE • 1975 • SHT

GUILLEMOT ROBERT – ASL
SOUTHERN CROSSING • 1980 • DOC

GUILLEN LAURICE – PHL
KUNG AKO'Y IIWAN MO • 1981
SALOME • 1981
INIT SA MAGDAMAG • PASSIONS IN THE NIGHT • 1983

GUILLEN NICOLAS – CUB
TALLER DE LINEA Y 18 • 1971 • DOC

GUILLERMIN JEAN-LOUIS – FRN
MESSE EN SI MINEUR, LA • 1990

GUILLERMIN JOHN – UKN – 1925–
TORMENT • PAPER GALLOWS • 1949
FOUR DAYS • 1951
SMART ALEC • 1951
TWO ON THE TILES • 1951
MISS ROBIN HOOD • 1952
SONG OF PARIS • BACHELOR IN PARIS (USA) ○ CLEMENTINE • 1952
OPERATION DIPLOMAT • 1953
STRANGE STORIES • 1953
ADVENTURE IN THE HOPFIELDS • 1954
CROWDED DAY, THE • SHOP SPOILED (USA) ○ SHOP SOILED ○ TOMORROW IS SUNDAY • 1954
DUST AND GOLD • 1955
TORMENTA • 1955
THUNDERSTORM • 1956
TOWN ON TRIAL • 1957
I WAS MONTY'S DOUBLE • MONTY'S DOUBLE • 1958
WHOLE TRUTH, THE • 1958
TARZAN'S GREATEST ADVENTURE • 1959
DAY THEY ROBBED THE BANK OF ENGLAND, THE • 1960
NEVER LET GO • MOMENT OF TRUTH • 1960
TARZAN GOES TO INDIA • 1962
WALTZ OF THE TOREADORS • AMOROUS GENERAL, THE • 1962
GUNS AT BATASI • 1964
RAPTURE • FLEUR DE L'AGE, LA (FRN) • 1965
BLUE MAX, THE • 1966
P.J. • NEW FACE IN HELL (UKN) ○ CRISS CROSS • 1967
BRIDGE AT REMAGEN, THE • 1969
HOUSE OF CARDS • 1969
EL CONDOR • 1970
SKYJACKED • SKY TERROR ○ AIRBORNE • 1972
SHAFT IN AFRICA • 1973
TOWERING INFERNO, THE • 1974
KING KONG • 1976
DEATH ON THE NILE • 1978
MR. PATMAN • MIDNIGHT MADNESS ○ CROSSOVER ○ PATMAN ○ SHADOWS OF DARKNESS • 1980
SHEENA, QUEEN OF THE JUNGLE • SHEENA (UKN) • 1984
KING KONG LIVES • 1986
DEAD OR ALIVE • 1988
TRACKER, THE • 1988 • TVM
FAVOURITE, THE • 1989

GUILLERMO SAURA – ARG
SENTIMIENTOS -MIRTA DE LINIERS A ESTAMBUL • FEELINGS -MIRTA FROM LINIERS TO ISTANBUL • 1987

GUILLERMOU JEAN-LOUIS – FRN – 1946–
DEUX CLOCHES A LA NEIGE • 1976
GRANDS MOMENTS DU MUNDIAL 78 • 1978 • DOC

GUILLON JACQUES – FRN
VEDETTES EN PANTOUFLES • 1953 • SHT
BONJOUR CINEMA • 1955 • SHT
ETOILES EN CROISETTE • 1955 • DCS
ELOQUENTS, LES • 1956 • DOC

GUILLON MADELAINE – FRN
IMAGES SUR LES MUSIQUES FRANCAISES
MONSIEUR RAMEAU
SOUVENIRS DE CINEMATOGRAPHIE • SER

GUILLOU BERNARD – FRN – 1933–
NUIT REVEE POUR UN POISSON BANAL, UNE • 1980
CHIEN DANS UN JEU DE QUILLES, UN • 1982

GUILMAIN CLAUDINE – FRN – 1944–
VERONIQUE OU L'ETE DE MES 13 ANS • 1974
FEMME INTEGRALE, LA • 1979

GUIMARAES DORDIO – PRT
CANTICO FINAL • LAST SONG, THE • 1976
SANTA ANTERO • 1980
VIAGENS NA MINHA TERRA • JOURNEYS IN MY LAND • 1980

GUIMARAES MANUEL – PRT – 1915–1975
DESTERRADO, O • 1949 • SHT
SALTIMBANCOS • 1951
NAZARE • 1952
VIDAS SEM RUMO • 1956
XX VOLTA A PORTUGAL EM BICICLETA • 1957 • SHT
COSTUREIRINHA DA SE, A • 1959
BARCELOS • 1961 • SHT
PORTO, CAPITAL DO TRABALHO • 1961 • SHT
VINHOS BI-SECULARES • 1961 • SHT
CRIME DA ALDEIA VELHA, O • 1964
TRIGO E O JOIO, O • 1965
TAPETES DE VIANA DO CASTELO • 1967 • SHT
TRAFEGO E ESTIVA • 1968 • SHT
ANTONIO DUARTE • 1969 • SHT
FERNANDO NAMORA • 1969 • SHT
RESENDE • 1969 • SHT
VIAGEM DO TER • 1969 • SHT
CARTA A MESTRE DORDIO GOMES • 1971 • SHT
AREIA MAR, MAR AREIA • 1972 • SHT
LOTACAO ESGOTADA • 1972
CANTICO FINAL • LAST SONG, THE • 1976

GUINAMENT MICHEL see **MARDORE MICHEL**

GUIOL FRED – USA – 1898–1964
GUIOL FRED M.
BATTLING ORIOLES, THE • HOW ARE ALL THE BOYS? • 1924
DON'T PARK THERE • 1924 • SHT
ALONG CAME AUNTIE • 1926 • SHT
FORTY-FIVE MINUTES FROM HOLLYWOOD • 1926 • SHT
DO DETECTIVES THINK • 1927
DUCK SOUP • 1927
FIGHTING FATHERS • 1927 • SHT
LOVE 'EM AND WEEP • 1927 • SHT
SAILORS BEWARE! • 1927 • SHT
SECOND HUNDRED YEARS, THE • 1927 • SHT
SLIPPING WIVES • 1927 • SHT
SUGAR DADDIES • 1927 • SHT
WHY GIRLS LOVE SAILORS • 1927
WITH LOVE AND HISSES • 1927 • SHT
ACHING YOUTH • 1928 • SHT
BOY FRIEND, THE • 1928 • SHT
FAMILY GROUP, THE • 1928 • SHT
FIGHT PEST, THE • 1928 • SHT
LIMOUSINE LOVE • 1928 • SHT
TELL IT TO THE JUDGE • 1928 • SHT
FEED 'EM AND WEEP • 1929 • SHT
FIGHTING PARSON, THE • 1930
HEAD GUY, THE • 1930 • SHT
TRAFFIC TANGLE • 1930
CAMPUS CHAMPS • 1931 • SHT
CHASING TROUBLE • 1931 • SHT
PARENTS WANTED • 1931
WHAT'S YOUR RACKET? • 1934
RAINMAKERS, THE • 1935
MUMMY'S BOYS • 1936
SILLY BILLIES • WILD WEST, THE • 1936
MISS POLLY • 1941
TANKS A MILLION • 1941
HAYFOOT • 1942
HERE COMES TROUBLE • 1948
LAFFTIME • 1948
AS YOU WERE • 1951

GUIOL FRED M. see **GUIOL FRED**

GUISSART RENE – FRN – 1888–1960
CHANCE, LA • 1931
COIFFEUR POUR DAMES • ARTIST WITH THE LADIES (USA) • 1931
HOMME EN HABIT, UN • 1931
RIEN QUE LA VERITE • 1931
TU SERAS DUCHESSE • 1931
AH! QUELLE GARE! • PETOUCHE ○ CA ROULE.. • 1932
FILS IMPROVISE, LE • 1932
MON CHAPEAU • 1932
MON COEUR BALANCE • 1932
PASSIONNEMENT • 1932
PERLE, LA • 1932
POULE, LA • 1932
JE TE CONFIE MA FEMME • 1933
PERE PREMATURE, LE • 1933
PRIMEROSE • 1933
DEDE • 1934
ECOLE DES CONTRIBUABLES, L' • 1934
PRINCE DE MINUIT • 1934
BOURRACHON • 1935
DORA NELSON • 1935
FILLE A PAPA, UNE • 1935
PARLEZ-MOI D'AMOUR • 1935
SOEURS HORTENSIAS, LES • 1935
A NOUS DEUX, MADAME LA VIE • C'EST LA VIE ○ GAGNANT, LE • 1936
MENILMONTANT • 1936
TOI C'EST MOI • 1936
SWEET DEVIL • 1938
VISAGES DE FEMMES • 1938

GUITRY SACHA – Writer/actor – FRN – 1885–1957
CEUX DE CHEZ NOUS • 1919 • DOC
BONNE CHANCE • 1935
PASTEUR • 1935
FAISONS UN REVE • 1936
MON PERE AVAIT RAISON • 1936
MOT DE CAMBRONNE, LE • 1936
NOUVEAU TESTAMENT, LE • 1936
ROMAN D'UN TRICHEUR, LE • STORY OF A CHEAT, THE (USA) ○ MEMOIRES D'UN TRICHEUR, LES ○ CHEAT, THE (UKN) • 1936
DESIRE • 1937
PERLES DE LA COURONNE, LES • PEARLS OF THE CROWN, THE (USA) ○ COLLIER DE PERLES, LE ○ SEPT PERLES DE LA COURONNE, LES • 1937
QUADRILLE • 1937
REMONTONS LES CHAMPS-ELYSEES • 1938
ILS ETAIENT NEUF CELIBATAIRES • NINE BACHELORS (USA) • 1939
DESTIN FABULEUX DE DESIREE CLARY, LE • MLLE. DESIREE • 1941
LOI DU 21 JUIN 1907, LA • 1942 • SHT
DONNE-MOI TES YEUX • GIVE ME YOUR EYES ○ NUIT BLANCHE, LA • 1943
MALIBRAN, LA • 1943
COMEDIEN, LE • PRIVATE LIFE OF AN ACTOR, THE (USA) ○ LUCIEN GUITRY • 1947
DIABLE BOITEUX, LE • 1948
AUX DEUX COLOMBES • 1949
TOA • 1949
TRESOR DE CANTENAC, LE • MIRACLE, UN • 1949
DEBURAU • 1950
TU M'AS SAUVE LA VIE • 1950
ADHEMAR OU LE JOUET DE LA FATALITE • 1951
POISON, LA • POISON (USA) • 1951
JE L'AI ETE TROIS FOIS • 1953
VIE D'UN HONNETE HOMME, LA • VIRTUOUS SCOUNDREL, THE (USA) • 1953
NAPOLEON • NAPOLEONE BONAPARTE (ITL) • 1954
SI PARIS NOUS ETAIT CONTE • 1955
SI VERSAILLES M'ETAIT CONTE • ROYAL AFFAIR IN VERSAILLES (USA) ○ VERSAILLES (UKN) ○ AFFAIR IN VERSAILLES • 1955
ASSASSINS ET VOLEURS • LOVERS AND THIEVES (USA) • 1957
TROIS FONT LA PAIRE, LE • 1957
VIE A DEUX, LA • LIFE TOGETHER • 1958

GUJER ELISABETH – SWT
CERTAIN JOSETTE BAUER, UNE • 1986 • DOC

GULAGER CLU – Actor – USA – 1935–
DAY WITH THE BOYS, A • 1969 • SHT

GULDBRANDSEN PEER – DNM
JEG -EN MARKI • JAG EN MARKIS -MED UPPDRAG ATT ALSKA (SWD) ○ I, A NOBLEMAN (USA) ○ I A MARQUIS ○ RELUCTANT SADIST, THE • 1967
DER KOM EN SOLDAT • TINDERBOX OR, THE STORY OF A LIGHTER, THE ○ SCANDAL IN DENMARK (USA) • 1969
DAUGHTER, THE • 1972
SONNEN FRA VINGARDEN • 1975

GULEA STERE – RMN
IARBA VERDE DE ACASA • GREEN GRASS OF HOME, THE • 1978
CASTLE IN THE CARPATHIANS, THE • 1981
OCHI DE URS • BEAR EYE'S CURSE, THE • 1983
MOROMETII • 1988

GULGEN MELIH – TRK
ASKLARIN EN GUZELI • BEST OF LOVES, THE • 1968

GULLAN CAMPBELL – UKN
CASTE • 1930
WEDDING GROUP • WRATH OF JEALOUSY (USA) • 1936

GULLETTE GEORGE – USA
GOOFYTONE NEWSREEL NO.1 • 1933 • SHT
GOOFYTONE NEWSREEL NO.2 • 1933 • SHT

GULLIVER CLIFFORD – UKN
LOVE UP THE POLE • 1936
MUSEUM MYSTERY • 1937

GULNAR – TRK
GONUL KUSU • 1965

GULPILIL DAVID – Actor – ASL – 1953–
BILLY WEST • 1982

GULTEKIN SIRRI – TRK
BIRAKIN YASIYALIM • LET US LIVE • 1967
MUHUR GOZLU KADIN • DARK-EYED WOMAN, THE • 1967
TRAFIK BELMA • TRAFFIC BELMA • 1967
UC SEVDALI KIZ • THREE GIRLS IN LOVE • 1967
YIKILAN GURUR • BROKEN PRIDE • 1967
ATLI KARINCA DONUYOR • MERRY-GO-ROUND, THE • 1968
ISTANBULDA CUMB US VAR • MERRY-MAKING IN ISTANBUL • 1968
KALBIMDEKI YABANCI • STRANGER IN MY HEART, THE • 1968
KARA GOZLUM EFKARLANMA • DON'T GET BLUE, MY DARK-EYED ONE • 1968
MENDERES KOPRUSU • MENDERES BRIDGE, THE • 1968

GULYAS GYULA – HNG
TORVENYSERTES NELKUL • IN KEEPING WITH THE LAW • 1988 • DOC

GULYAS JANOS – HNG
TORVENYSERTES NELKUL • IN KEEPING WITH THE LAW • 1988 • DOC

GULYUZ ARAM – TRK
ALLAH RAZI OLSUN OSMAN BEY • THANK GOD, OSMAN BEY • 1967
CANIM ANNEM • MY BELOVED MOTHER • 1967
DELI FISEK • CRAZY ONE, THE • 1967
DISI KILLING • SHE-KILLING, THE • 1967
GALATALI MUSTAFA • MUSTAFA FROM GALATA • 1967
KARIM BENI ALDATIRSA • IF MY WIFE CHEATS ME • 1967
BENIMLE EVLENIRMISIN? • WILL YOU MARRY ME? • 1968
INSAN IKI KERE YASAR • YOU ONLY LIVE TWICE • 1968
KANUN NAMINA • IN THE NAME OF THE LAW • 1968
YARATILAN KADIN • WOMAN IS BORN, A • 1968
YUBASININ KIZI • CAPTAIN'S DAUGHTER, THE • 1968
YUVANA DON BABA • COME BACK HOME, DADDY • 1968

GULZAR – IND
MIRA • 1977

GUNASINGHE SIRI - SLN
SATH SAMUDURU • SEVEN SEAS • 1967

GUNAY ENIS - GRM
VATANYOLU -THE JOURNEY HOME • 1989

GUNCHE - ARG
FAUSTO • 1924

GUNDERSEN IVAR AXEL - NRW
SAMMENSVERGELSEN • DEVIL TO PAY, THE • 1984

GUNDREY V. GARETH - UKN
DEVIL'S MAZE, THE • 1929
JUST FOR A SONG • 1930
SYMPHONY IN TWO FLATS • 1930
HOUND OF THE BASKERVILLES, THE • 1931
STRONGER SEX, THE • 1931

GUNER GORAN - SWD
JAG SKALL BLI SVERIGES REMBRANDT -ELLER DO! • I WANT TO BE SWEDEN'S REMBRANDT -OR DIE! • 1990

GUNEY YILMAZ - TRK - 1937-1984
AT AVRAT SILAH • HORSE, THE WOMAN AND THE GUN, THE • 1966
BENIM ADIM KERIM • MY NAME IS KERIM • 1967
PIRE NURI • NURI THE FLEA • 1968
SEYYIT KHAN • SEYYIT HAN "TOPRAGIN GELINI" ○ BRIDE OF THE EARTH ○ SEYIT HAN • 1968
AC KURTLAR • HUNGRY WOLVES, THE • 1969
BIR CIRKIN ADAM • UGLY MAN, AN • 1969
PIYADE OSMAN • OSMAN THE WANDERER • 1970
UMUT • HOPE • 1970
YEDI BELALILAR • SEVEN NO-GOODS, THE • 1970
ACI • PAIN • 1971
AGIT • ELEGY ○ COMPLAINT • 1971
BABA • FATHER, THE • 1971
IBRET • EXAMPLE, THE • 1971
KACAKLAR • FUGITIVES, THE • 1971
UMUTSUZLAR • HOPELESS ONES, THE • 1971
VURGUNCULAR • WRONGDOERS, THE • 1971
YARIN SON GUNDUR • TOMORROW IS MY FINAL DAY ○ TOMORROW IS THE FINAL DAY • 1971
ARKADAS • FRIEND • 1975
ZAVALLILAR • POOR ONES, THE ○ MISERABLE ONES, THE • 1975
YOL • 1982
MUR, LE • GUNEY'S THE WALL ○ WALL, THE ○ DUVAR • 1983

GUNJAL DADA - IND
ALAKH NIRANJAN • RAJA GOPICHAND • 1950
ISHWAR BHAKTI • DEVOTEE TO ISHWAR • 1951

GUNJAL V. M. - IND
BHAKTA-KE-BHAGWAN • DEVOTEE TO THE GOD • 1934

GUNN BILL - USA
STOP • 1970
GANJA AND HESS • DOUBLE POSSESSION: THE DOCTOR CANNOT DIE ○ BLOOD COUPLE ○ DOUBLE POSSESSION • 1973

GUNN GILBERT - UKN - 1919-
OWNER GOES ALOFT, THE • 1942
COUNTRY POLICEMAN • 1946 • DOC
MEN FROM THE SEA • 1946 • DOC
RETURN TO ACTION • 1946 • DOC
ROUTINE JOB • 1946 • DOC
STAR AND THE SAND, THE • 1946 • DOC
TYNESIDE STORY • 1946 • DOC
ELSTREE STORY • 1952
GOOD BEGINNING, THE • 1953
VALLEY OF SONG • MEN ARE CHILDREN TWICE (USA) ○ CHOIR PRACTICE • 1953
MY WIFE'S FAMILY • 1956
ACCUSED • MARK OF THE HAWK (USA) • 1957
GIRLS AT SEA • 1958
STRANGE WORLD OF PLANET X, THE • COSMIC MONSTER, THE (USA) ○ CREATURES FROM ANOTHER WORLD ○ COSMIC MONSTERS ○ CRAWLING TERROR, THE ○ STRANGE WORLD, THE • 1958
OPERATION BULLSHINE • GIRLS IN ARMS • 1959
WHAT A WHOPPER! • 1961
WINGS OF MYSTERY • 1963
YOUNG DETECTIVES, THE • 1963 • SRL

GUNNARSSON STURIO - CND
WHERE IS HERE? • 1988 • DOC

GUNNARSSON STURLA - ICL - 1951-
B LICENSE • 1978 • DOC
DAY MUCH LIKE THE OTHERS, A • 1978
COUNTRY MUSIC NITELY • 1979
AFTER THE AXE • 1981
TRUESTEEL AFFAIR, THE • 1983
CANADIANS, THE • 1986 • MTV
FINAL OFFER: BOB WHITE AND THE UNITED AUTO WORKERS FIGHT FOR INDEPENDENCE • FINAL OFFER • 1986

GUNNLAUGSSON HRAFN - ICL - 1948-
BLODRAUTT SOLARLAG • CRIMSON SUNSET • 1978 • MTV
LILJA • LILY • 1978 • SHT
SILFURTUNGLID • SILVER MOON • 1978 • MTV
ODAL FEDRANNA • ANCESTRAL ESTATE ○ FATHER'S ESTATE • 1980
VANDARHOGG • WHIPLASH, THE ○ WHIPPING • 1980 • MTV
OKKAR A MILLI • BETWEEN US ○ INTER NOS • 1982
HRAFNINN FLYGUR • REVENGE OF THE BARBARIANS ○ WHEN THE RAVEN FLIES ○ RAVEN FLIES, THE ○ RAVEN, THE • 1983
HVER ER..? • 1983
SHADOW OF THE RAVEN, THE • PASCE CORVOS • 1988

GUNSBURG ARTHUR - GRM
DES LEBENS RUTSCHBAHN • 1918
WEIB GEGEN WEIB • MORD AN DER NEWA ODER UNTER FALSCHEM PASS • 1918
ERSTE LIEBE • 1919
TRAGODIE EINES GROSSEN, DIE • REMBRANDT • 1920
VERKOMMEN • ZU DEN HOHEN DER MENSCHHEIT • 1920
ZU HILFE! • 1920
ES WAREN ZWEI KONIGSKINDER.. • 1921
GAUKLER VON PARIS, DER • 1922
STUMME VON PORTICI, DIE • 1922
WER WIRFT DEN ERSTEN STEIN! • 1922
KINDER VON HEUTE • 1923
SPANISCHE GLUTEN • 1924
UM EINE MILLION • PARIS-LONDON-BERLIN • 1924

von GUNTEN PETER - SWT
BANANERA LIBERTAD • 1970
AUSLIEFERUNG, DIE • EXTRADITION, THE ○ NJETSCHAJEV 1869-1972 ○ NECHAYEV 1869-1972 • 1974
LIGNE CONTINUE • 1974 • SHT
KLEINE FRIEREN AUCH IN SOMMER • 1977
GRITO DEL PUEBLO, EL • 1978 • DOC
XUNAN • LADY, THE • 1983 • DOC
PESTALOZZI'S BERG • PESTALOZZI'S MOUNTAIN • 1988
REISENS INS LANDESINNERE • JOURNEYS LAND (UKN) • 1988 • DOC

GUNTER GEORGE - USA
SADISTIC LOVER, THE • 1966
OLD MAN'S BRIDE, THE • BRIDE, THE • 1967
YOUNG MAN'S BRIDE, THE • 1968

GUNTHER EGON - Writer - GRM - 1927-
LOTS WEIB • LOT'S WIFE • 1965
ABSCHIED • ADIEU ○ FAREWELL • 1968
DRITTE, DER • THIRD ONE, THE ○ THIRD, THE • 1972
SCHLUSSEL, DIE • KEYS, THE • 1974
LOTTE IN WEIMAR • 1975
LEIDEN DES JUNGEN WERTHER, DIE • SORROWS OF YOUNG WERTHER, THE • 1976

GUNTHER HERBERT E. - GRM
LIEBE UND ALLTAG • 1930

GUNWALL PER - SWD - 1913-
KARLEK, SOLSKEN OCH SANG • MED KARLEK, SOLSKEN OCH SANG ○ LOVE, SUNSHINE AND SONG • 1948
PIPPI LANGSTRUMP • PIPPI LONG STOCKING • 1949
SJOSALAVAR • SPRING AT SJOSALA • 1949
LILLE FRIDOLF BLIR MORFAR • LITTLE FRIDOLF BECOMES A GRANDFATHER • 1957
MASTARNAS MATCH • INGO VS. FLOYD • 1959
TORGET • SQUARE, THE • 1959
RINGSIDE • 1960
MAXIMUM • 1962
SA VAXTE VAR VARLD • 1963
FLYGPLAN SAKNAS • AIRCRAFT MISSING • 1965

GUPTA BUDDHADEB DAS see **DASGUPTA BUDDHADEB**

GUPTA BULA DAS - IND
DAS GUPTA BULA
HATTOGOL VIJAY • HATTOGOL'S VICTORY

GUPTA CHIDAMANDA DAS - IND
RAKHTO • BLOOD • 1973

GUPTA HEMEN - IND
KABULIWALA • 1961

GUPTA MRINAL - IND
SONG OF GOLDEN GRAIN, THE • 1983

GUPTA PRAFULLA SEN - IND
ARUNDHUTI • 1967

GUPTA RAMESH - IND
RAM DARSHAN • 1950

GURDEV STEFAN - BUL
VSE OTLAGAM DA TE ZABRAVYA • I STILL PUT OFF FORGETTING YOU • 1990

GURI HAIM - ISR
81ST BLOW, THE • 1975 • DOC

GURIN I. see **GURIN ILYA**

GURIN ILYA - USS
GURIN I.
ZOLOTOI ESHELON • GOLDEN TRAIN, THE • 1961
BELIEVE IN ME, PEOPLE • 1965
DAY LAPU, DRUG! • GIVE ME YOUR PAW, FRIEND! ○ YOUR PAW, FRIEND! • 1967
OUR ACQUAINTANCES • 1969

GURNEY PHILIP - UKN - 1899-
FAR HORIZONS • DOC
MOSQUITO, THE • DOC
NO ALIBI • DOC
WE'LL FINISH THE JOB • DOC

GURNEY ROBERT see **GURNEY ROBERT JR.**

GURNEY ROBERT J. see **GURNEY ROBERT JR.**

GURNEY ROBERT JR. - Producer - USA - 1924-
GURNEY ROBERT J. • *GURNEY ROBERT*
PARISIENNE AND THE PRUDES, THE
EDGE OF FURY • 1958
TERROR FROM THE YEAR 5000 • CAGE OF DOOM (UKN) ○ GIRL FROM 5000 A.D., THE • 1958

GUROV S. - USS
VESENNIE GOLOSA • SPRING VOICES (USA) ○ VOICES OF SPRING • 1955

GURRIN GEOFFREY - UKN
BOY AND THE PELICAN, THE • 1964

GURROLA ALFREDO - MXC
DESCENSO AL PAIS DE LA NOCHE • DESCENT TO THE LAND OF NIGHT • 1974
SUCESION, LA • 1978
COSA FACIL • 1979
DIAS DE COMBATE • 1979
LLAMENME MIKE • 1979
FUGA DEL ROJO, LA • ESCAPE OF THE RED, THE • 1983
ESCUADRON DE LA MORTE • DEATH SQUAD • 1985

GURROLA JUAN JOSE - MXC
AMOR, AMOR, AMOR • 1965

GURSES MUHARREM - TRK
BIZANSI TITRETEN ADAM • MAN WHO MADE BYZANTIUM TREMBLE, THE • 1967
MALAZGIRT KAHRAMANI ALPASLAN • ALPASLAN, THE HERO OF MALAZGIRT • 1967

GURSU TEMEL - TRK
IZIN • LEAVE • 1975

GURVICH I. see **GURVICH IRINA**

GURVICH IRINA - Animator - USS
GURVICH I.
HARE AND HEDGEHOG • 1964 • ANS
GREEN BUTTON, THE • ANS
KIT THE WHALE AND KOT THE CAT • 1970 • ANS

GURVIN ABE - USA
JAZZ #1 • SHT

GURY PAUL - FRN - 1888-1974
LE GOURIADEC PAUL GURY
HOMME ET SON PECHE, UN • MAN AND HIS SIN, A • 1948
CURE DE VILLAGE, LE • 1949
SERAPHIN • 1949

GUSNER IRIS - GRM
I LOVE YOU JUST FOR FUN • 1988

GUSTAVSON ERIK see **GUSTAVSON ERIK F.**

GUSTAVSON ERIK F. - NRW
GUSTAVSON ERIK
KALTE HAM SKARVEN, DE • 1964
BLACKOUT • 1985
HERMAN • 1989

GUTER JOHANNES - GRM
DIAMANTENSTIFTUNG, DIE • 1917
EISENBAHNMARDER, DER • 1918
GEISTERJAGD, DIE • 1918
RATSELHAFTER BLICK, EIN • 1918
STIER VON SALANDA, DER • 1918
TEUFELSWALZER, DER • 1918
AUGEN IM WALDE, DIE • 1919
EWIGER STROM • 1919
FRAU IM KAFIG • 1919
KAMERADEN • 1919
DREIZEHN AUS STAHL, DIE • 1920
FRAU IM HIMMEL, DIE • 1920
HAUPT DES JUAREZ, DAS • 1920
TOPHAR-MUMIE, DIE • 1920
MORD IN DER GREENSTREET, DER • 1921
SCHWARZE PANTHERIN, DIE • 1921
ZIRKUS DES LEBENS • 1921
BARDAME • 1922
LEBENSHUNGER • 1922
RUF DES SCHICKSALS, DER • 1922
PRINZESSIN SUWARIN, DIE • 1923
SPRUNG INS LEBENS, DER • ROMAN EINES ZIRKUSKINDES, DER • 1924
BLITZZUG DER LIEBE • EXPRESS TRAIN OF LOVE • 1925
HERRN FILIP COLLINS ABENTEUER • 1925
TURM DES SCHWEIGENS, DER • 1925
BOXERBRAUT, DIE • BLONDES PREFER BOXERS • 1926
AM RUDESHEIMER SCHLOSS STEHT EINE LINDE • 1927
GRAND HOTEL..! • HOTEL BOULEVARD • 1927
KONIGIN DES VARIETES, DIE • 1927
RHEINISCHES MADCHEN BEIM RHEINISCHEN WEIN, EIN • 1927
ZWEI UNTERM HIMMELSZELT • 1927
BLAUE MAUS, DIE • BLUE MOUSE, THE • 1928
IHR DUNKLER PUNKT • 1928
TANZSTUDENT, DER • 1928
NARRISCHE GLUCK, DAS • 1929
WENN DU EINMAL DEIN HERZ VERSCHENKST • EQUATOR TRAMP, THE • 1929
FALSCHE EHEMANN, DER • 1931
UM EINE NASENLANGE • 1931
AMOUR EN VITESSE, L' • QUATRE DE L'EQUIPE, LES ○ EQUIPE 13, L' • 1932
TRIANGLE DE FEU, LE • 1932
VIER VOM BOB 13, DIE • 1932
FRAULEIN LISELOTT • 1934
12 MINUTEN NACH 12 • 1939
FROHLICHES HAUS, EIN • 1944

GUTHRIE TYRONE - Actor - UKN - 1900-
OEDIPUS REX • 1957

GUTIERREZ ARAGON MANUEL - SPN - 1942-
ARAGON MANUEL GUTIERREZ
HABLA, MUDITA • SPEAK, LITTLE MUTE ○ SPEAK, MUTE GIRL • 1973
CAMADA NEGRA • BLACK LITTER ○ BLACK BROOD • 1977
CORAZON DEL BOSQUE • IN THE HEART OF THE FOREST ○ HEART OF THE FOREST, THE • 1978
SONAMBULOS • SLEEPWALKERS ○ SOMNAMBULISTS • 1978
MARAVILLAS • MIRACLES • 1980
DEMONIOS EN EL JARDIN • DEVILS IN THE GARDEN ○ DEMONS IN THE GARDEN • 1982

FEROZ • FEROCIOUS ○ WILD • 1983
NOCHE MAS HERMOSA, LA • MOST BEAUTIFUL NIGHT, THE • 1984
MITAD DEL CIELO, LA • HALF OF HEAVEN • 1985
MALAVENTURA • MISFORTUNE ○ MISADVENTURE • 1988

GUTIERREZ MAESSO JOSE – SPN – 1920–
ALCALDA DE ZALAMEA, EL • 1953
SUCEDIO EN SEVILLA • 1954
GRAN CRUCERO, EL • 1970
CLAN DE LOS INMORALES, EL • ORDER TO KILL (USA) • 1973

GUTIERREZ SANTOS JOSE MARIA – SPN – 1933–
TRIUNFO DE LA MUERTE, EL • TRIUMPH OF DEATH, THE • 1969 • SHT
PANTALEON Y LAS VISTADORAS • 1976
ARRIBA HAZANA! • UP WITH HAZANA! • 1977

GUTMAN ILYA – USS
PARAD ALLE • 1969 • DOC

GUTMAN NATHANIEL – USA
WAR ZONE • WITNESS IN THE WAR ZONE ○ DEADLINE • 1987
TWICE UPON A TIME • 1989

GUTMAN WALTER – USA
STROLL, THE
MUSCLES AND FLOWERS • 1969 • DOC
GRAPE DEALER'S DAUGHTER, THE • 1970
MARCH ON PARIS 1914 (OF GENERAL ALEXANDER VON KLUCK) –AND HIS MEMORY OF JESSEE HOLLADAY, THE • 1977

GUTMANN LUIS – ARG
AGRESOR, EL • AGGRESSOR, THE • 1988

GUTSCHER RUDOLF – GRM
AUS DER HEIMAT DES FREISCHUTZ • 1934

GUTTFREUND ANDRE
BREACH OF CONTRACT • 1984

GUTTMAN AMOS – ISR
DRIFTING
NAGUA • 1983
BAR 51 • 1985
HIMMO KING OF JERUSALEM • 1988

GUY ALICE see **BLACHE ALICE**

GUY-BLACHE ALICE see **BLACHE ALICE**

GUY C. – Animator – FRN
ACTUALITES PREHISTORIQUES • 1947 • ANS

GUY-GRAND – FRN
PREMIER PRIX DU CONSERVATOIRE • 1942 • SHT

GUY JACK
THAT GIRL IS A TRAMP • THAT LADY IS A TRAMP ○ LADY IS A TRAMP, THE ○ THIS GIRL IS A TRAMP

GUYATT KIT – ASL
PHALLIC FOREST, THE • 1972

GUYLDER VAN – USA
RAMRODDER, THE • RAMRODDERS • 1969
BANG BANG GANG, THE • KISS KISS BANG BANG ○ BANG BANG GAME, THE • 1970

GUYMONT JACQUES – FRN – 1920–
BRAS DE LA NUIT, LES • 1961

GUYOT ALBERT – FRN – 1903–
MON PARIS • MY PARIS • 1928
EAU QUI COULE SOUS LES PONTS, L' • WATER WHICH FLOWS UNDER THE BRIDGES, THE • 1929
ENFANT DES NEIGES, L' • 1950

de GUZMAN ARMANDO – PHL
KAIBIGAN KONG STO. NINO • MY FRIEND, THE SAINT • 1967
LOVE AND DEVOTION • 1967
MARUJA • 1967
SOMEWHERE MY LOVE • 1967
ALIPIN NG BUSABOS • SLAVE OF SLAVE • 1968
BAKASIN MO SA GUNITA • REMINISCENCE • 1968
BANDANA • SCARF • 1968
KULAY ROSAS ANG PAG-IBIG • LOVE IS PINK • 1968
LANGIT AY PARA SA AKIN, ANG • HEAVEN IS FOR ME • 1968
SAPAGKA'T AKO'Y PANGIT LAMANG • BECAUSE I'M UGLY • 1968
TANGING IKAW • ONLY YOU • 1968
MAGIC MAKINILYA • MAGIC TYPEWRITER • 1970

GUZMAN CLAUDIO – USA
OPERATION W.E.I.R.D.
ANTONIO • 1973
LINDA LOVELACE FOR PRESIDENT • HOT NEON • 1975
WILLA • 1979 • TVM
HOSTAGE TOWER, THE • 1980 • TVM
FOR LOVERS ONLY • 1982 • TVM

GUZMAN PATRICIO – CHL
VIVA LA LIBERTAD • HAIL TO FREEDOM • 1965 • SHT
ARTESANIA POPULAR • POPULAR CRAFTS • 1966 • SHT
ELECTROSHOW • 1966 • SHT
CIEN METROS CON CHARLOT • 100 METERS WITH CHAPLIN • 1967 • SHT
ESCUELA DE SORDOMUDOS • SCHOOL FOR DEAFMUTES • 1967
IMPOSIBRANTE • 1968
TORTURA, LA • TORTURE • 1968
OPUS SEIS • OPUS 6 • 1969
PARAISO ORTOPEDICO • ORTHOPEDIC PARADISE • 1969
ELECCIONES MUNICIPALES • MUNICIPAL ELECTIONS • 1970 • DOC
COMANDOS COMUNALES • COMMUNAL ORGANIZATION • 1972
MANUEL RODRIGUEZ • 1972
PRIMER ANO, EL • FIRST YEAR, THE ○ PREMIERE ANNEE, LA • 1972 • DOC
REPUESTA DE OCTUBRE, LA • RESPONSE IN OCTOBER, THE • 1973 • DOC
BATALLA DE CHILE: PART 1 • INSURRECCION DE LA BURGUESIA, LA ○ INSURRECTION OF THE BOURGEOISE • 1974
BATALLA DE CHILE: LA LUCHA DE UN PUEBLO SIN ARMAS, LA • BATTLE OF CHILE, THE ○ BATTLE OF CHILE: THE STRUGGLE OF AN UNARMED PEOPLE, THE • 1974–79
BATALLA DE CHILE: PART 2 • GOLPE DE ESTADO, EL ○ COUP D'ETAT • 1976
BATALLA DE CHILE: PART 3, LA • PODER POPULAR, EL ○ POPULAR POWER, THE ○ POWER OF THE PEOPLE, THE • 1979
ROSA DE LOS VIENTOS, LA • ROSE OF THE WINDS ○ COMPASS ROSE, THE • 1981

GUZMAN RAFAEL – ITL
TRES PINTORES • THREE PAINTERS • DOC

GUZMAN ROBERTO – SPN
MONSIEUR LE FOX • 1930
ALMA NORTENA • 1938
POR UNA MUJER • 1940

de GUZMAN RUBEN – PHL
SUNJUKA MASTER, THE • 1967
GIGOLO – GIGOLET – NAGKAGULO – NAGKAGALIT • GIGOLO – GIGOLET – CLASH – QUARRELLING • 1968

de GUZMAN S. C. see **de GUZMAN SUSANA**

de GUZMAN SUSANA – PHL
de GUZMAN S. C.
VILLA MILAGROSA • 1958
SI MARITA AT ANG PITONG DUWENDE • 1960

GVOZDANOVIC RADIVOJ – YGS
MOLITVA • PRAYER, THE • ANS

GWENLAN GARETH – UKN
BUTTERFLIES • 1978 • MTV

GWISDEK MICHAEL – GRM
TREFFEN IN TRAVERS • RENDEZVOUS IN TRAVERS • 1988

GYARMATHY LIVIA – HNG – 1932–
58 MASODPERC • 58 SECONDS • 1966 • DCS
UZENET • MESSAGE • 1967 • DOC
ISMERI A SZANDI-MANDIT? • DO YOU KNOW "SUNDAY-MONDAY"? • 1969
KOPORTOS • 1980
MINDEN SZERDAN • EVERY WEDNESDAY • 1980
VAKVILAGBAN • BLIND ENDEAVOUR • 1986
FALUDY GYORGY KOLTO • POET GYORGY FALUDY, THE • 1988 • DOC
RECSK 1950–1953 THE HUNGARIAN GULAG • RECSK 1950–53: THE STORY OF A SECRET FORCED LABOUR CAMP • 1988 • DOC

GYLLENBERG CARL – SWD – 1924–
SOM I DROMMAR • AS IN DREAMS • 1954

GYLLENHAAL STEPHEN – USA – 1949–
GYLLENHALL STEPHEN R. • GYLLENHAAL STEVEN
EXIT 10 • 1978 • SHT
CERTAIN FURY • 1985
ABDUCTION OF KARI SWENSON, THE • 1987 • TVM
PROMISED A MIRACLE • 1988 • TVM

GYLLENHAAL STEVEN see **GYLLENHAAL STEPHEN**

GYLLENHALL STEPHEN R. see **GYLLENHAAL STEPHEN**

GYOERGY ISTAVAN – HNG
NAGYMAMA • GRANDMOTHER • 1935

GYONGYOSSY IMRE – HNG
FERFIARCKEP • PORTRAIT OF A MAN • 1964 • SHT
VIRAGVASARNAP • PALM SUNDAY • 1969
MEZTELEN VAGY • YOU'RE NUDE ○ LEGEND ABOUT THE DEATH AND RESURRECTION OF TWO YOUNG MEN • 1972
SZARVASSA VALT FIUK • SONGS OF FIRE, THE • 1974
VARAKOSOK • EXPECTANTS ○ EXPECTATIONS • 1975
KET ELHATAROZAS • QUITE ORDINARY LIFE, A ○ TWO DECISIONS • 1976
TOREDEK AZ ELETROL • GLIMPSES OF LIFE • 1981
JOB LAZADASA • REVOLT OF JOB, THE • 1983

GYSIN FRANCIS – UKN
BRITAIN CAN MAKE IT NO.1 • 1946 • DOC
CITY SPEAKS, A • 1947

HA MYEONG-SUNG – SKR
DDAENG BYEOT • BLAZING SUN, THE • 1985

HA WON CHOI – KOR
PEOPLE IN DARKNESS
DOK JITAUN NULGURI • OLD CRAFTSMAN OF THE JARS, THE • 1969
INVITED PEOPLE • 1981
WAR REPORTER'S DIARY • 1982

HAANSTRA BERT – NTH – 1916–
MUIDERKRINGHERLEEFT, DE • MUIDER CIRCLE LIVES AGAIN, THE • 1949 • SHT
SPIEGEL VAN HOLLAND • MIRROR OF HOLLAND • 1950
NEDERLANDSE BEELDHOUWKUNST TIJDENS DE LATE MIDDELEEUWEN • MEDIEVAL CHURCH SCULPTURE ○ DUTCH SCULPTURE • 1951 • DOC
PANTA RHEI • ALL THINGS FLOW (UKN) ○ EVERYTHING FLOWS • 1951 • DCS
DIJKBOUW • DIKE BUILDERS • 1952
AARDOLIE • CHANGING EARTH, THE ○ ONTSTAAN EN VERGAAN • 1953
VERKENNINGSBORING, DE • WILDCAT, THE • 1953 • DCS
OLIEVELD, HET • OILFIELD, THE • 1954 • DOC
OPSPORING VAN AARDOLIE, DE • SEARCH FOR OIL, THE • 1954 • DOC
STRIJD ZONDER EINDE • RIVAL WORLD, THE • 1954 • DOC
GOD SHIVA • 1955 • DCS
EN DE ZEE WAS NIET MEER • AND THERE WAS NO MORE SEA • 1956
REMBRANDT, SCHILDER VAN DER MENS • REMBRANDT, PAINTER OF MEN • 1956
OVER GLAS GESPROKEN • SPEAKING OF GLASS • 1957
FANFARE • 1958
GLAS • GLASS • 1958
ZAAK M.P., DE • M.P. CASE, THE ○ MANNEKEN PIS CASE, THE • 1960
DELTA PHASE 1 • 1962 • DCS
ZOO • 1962
ALLEMAN • HUMAN DUTCH, THE • 1963 • DOC
STEM VAN HET WATER, DE • VOICE OF THE WATER, THE • 1966 • DOC
BRIDGES OF HOLLAND • 1968 • DCS
RETOUR MADRID • RETURN TICKET TO MADRID • 1968 • SHT
BIJ DE BEESTEN AF • APE AND SUPERAPE • 1973 • DOC
DOKTER PULDER ZAAIT PAPAVERS • DOCTOR PULDER SOWS POPPIES ○ WHEN THE POPPIES BLOOM AGAIN • 1975
THOUSAND SOULS • 1976 • SHT
NATIONALE PARKEN.. NOODZAAK • NATIONAL PARKS OF THE NETHERLANDS ○ NATIONAL PARKS.. A NECESSITY • 1978 • DOC
EEN PAK SLAAG • MR. SLOTTER'S JUBILEE (UKN) • 1979
VROEGER KON JE LACHEN • IN THE OLD DAYS YOU COULD LAUGH ○ ONE COULD LAUGH IN FORMER DAYS ○ FORMERLY, YOU HAD A BIG TIME • 1982
NEDERLAND • NETHERLANDS, THE • 1983 • SHT

HAANSTRA REMCO see **HAANSTRA RIMKO**

HAANSTRA RIMKO – NTH
HAANSTRA REMCO
BLACK AND WHITE • 1971 • ANS

HAAS CHARLES – USA – 1913–
HAAS CHARLES F.
SCREAMING EAGLES • 1956
SHOWDOWN AT ABILENE • 1956
STAR IN THE DUST • 1956
SUMMER LOVE • 1958
WILD HERITAGE • DEATH RIDES THIS TRAIL • 1958
BEAT GENERATION, THE • THIS REBEL AGE • 1959
BIG OPERATOR, THE • ANATOMY OF A SYNDICATE • 1959
GIRLS' TOWN • INNOCENT AND THE DAMNED, THE • 1959
PLATINUM HIGH SCHOOL • RICH, YOUNG AND DEADLY (UKN) ○ TROUBLE AT 16 • 1960

HAAS CHARLES F. see **HAAS CHARLES**

HAAS EVA – SWT
INCLINATIONS • 1966 • SHT

HAAS GUIDO – SWT
INCLINATIONS • 1966 • SHT

HAAS HANS – GRM
RED SEA ADVENTURE • UNDER THE RED SEA • 1952

HAAS HUGO – Actor – CZC – 1901–1968
VELBLOUD UCHEM JEHLY • CAMEL THROUGH THE NEEDLE'S EYE • 1936
BILA NEMOC • SKELETON ON HORSEBACK ○ WHITE ILLNESS, THE ○ WHITE DISEASE, THE ○ WHITE SICKNESS, THE • 1937
DEVCATA, NEDEJTE SE! • 1937
CO SE SEPTA • 1938
OUR COMBAT • 1939
GIRL ON THE BRIDGE, THE • BRIDGE, THE • 1951
PICKUP • 1951
STRANGE FASCINATION • 1952
ONE GIRL'S CONFESSION • 1953
THY NEIGHBOR'S WIFE • 1953
BAIT • 1954
OTHER WOMAN, THE • 1954
HOLD BACK TOMORROW • 1955
EDGE OF HELL • TENDER HEARTS • 1956
HIT AND RUN • 1957
LIZZIE • 1957
BORN TO BE LOVED • 1959
NIGHT OF THE QUARTER MOON, THE • COLOR OF HER SKIN, THE ○ FLESH AND FLAME • 1959
PARADISE ALLEY • STARS IN THE BACK YARD • 1961
CRAZY ONES, THE • 1967

de HAAS MAX – NTH – 1903–
FAKKELGANG • TORCHLIGHT PROCESSION • 1932
BALLADE VAN DEN HOOGEN HOED, DE • BALLAD OF THE TOP HAT, THE ○ BALLET OF THE TOP HAT • 1936
LO-LKP • 1947
MEN AND MICROBES • 1951
MASKERAGE • 1952 • DOC
DAGEN MIJNER JAREN • DAYS OF MY YEARS • 1960
DROOM ZONDER EINDE • DREAM WITHOUT AN END ○ DREAM WITHOUT END • 1964

HAASE ARTHUR – GRM
GROSSTADTKINDER • ZWISCHEN SPREE UND PANKE • 1929

HAASE MAGNUS – GRM
BRUDERHERZEN • 1915
SCHONE ARTHUR, DER • 1915

HABARTA JAN – FRN
NO.00173 • 1966 • SHT

HABEEBULLAH SHYAMA – IND
NO TREE GROWS • DOC

HABIB RALPH – FRN – 1912–1969
RUE DES SAUSSAIES • 11, RUE DES SAUSSAIES • 1950
FORET DE L'ADIEU, LA • 1952
COMPAGNES DE LA NUIT, LES • COMPANIONS OF THE NIGHT • 1953
CRAINQUEBILLE • 1953
RAGE AU CORPS, LA • TEMPEST IN THE FLESH (USA) ○ FIRE IN THE BLOOD • 1953
SECRETS D'ALCOVE • LETTO, IL (ITL) ○ BED, THE (USA) • 1954
HOMMES EN BLANC, L' • DOCTORS, THE (USA) ○ MEN IN WHITE • 1955
LOI DES RUES, LA • LAW OF THE STREETS (USA) • 1956
CLUB DE FEMMES • CLUB DI RAGAZZE (ITL) • 1957
ESCAPADE • 1957
AU VOLEUR! • 1960
GEHEIMAKTION SCHWARZE KAPELLE • R.P.Z. APPELLE BERLIN (FRN) ○ SICARI DI HITLER, I (ITL) ○ BLACK CHAPEL, THE (USA) ○ SCHWARZE KAPELLE, DIE • 1960
PASSAGER CLANDESTIN, LE • STOWAWAY, THE • 1960
AFFARE NABOB • 1962
SOLITAIRE PASSE A L'ATTAQUE, LE • SOLITARIO PASA AL ATAQUE, EL (SPN) ○ SOLITARY GOES TO THE ATTACK, THE • 1966
PENSION CLAUSEWITZ • 1967

HACHLER HORST – GRM
RAUBFISCHER IN HELLAS • AS THE SEA RAGES (USA) • 1959

HACHUEL HERVE – USA
LAST OF PHILIP BANTER, THE • 1986

HACKENSCHMIED ALEXANDER see **HAMMID ALEXANDER**

HACKER GOTTFRIED – GRM
BESESSENE ODER DAS FRAULEIN VON SCUDERI, DER • 1920
LAUNE EINES LEBEMANNES, DIE • 1920
ORCHIDEEN • 1920

HACKETT JAMES K. – USA
WALLS OF JERICHO, THE • 1914

HACKFORD TAYLOR – USA
IDOLMAKER, THE • 1980
AGAINST ALL ODDS • 1984
OFFICER AND A GENTLEMAN, AN • 1984
WHITE NIGHTS • 1985
CHUCK BERRY HAIL! HAIL! ROCK 'N' ROLL • HAIL! HAIL! ROCK 'N' ROLL • 1987
EVERYBODY'S ALL-AMERICAN • 1988

HACKNEY W. DEVENPORT – UKN
SCHOONER GANG, THE • 1937

HACKNEY W. P. – USA
MOUNTAIN MUSIC • 1933 • SHT
NOT THE MARRYING KIND • 1933 • SHT
STUNG AGAIN • 1933 • SHT

HACQUARD – FRN
BROCELIANDE • 1969 • SHT

HADAD SAHEB – IRQ
HADDAD SAHIB
ANOTHER DAY • 1978
HUDUD AL MULTAHIBA, AL • FLAMING BORDERS • 1986

HADASCHIK JOACHIM – GRM
ALTER ENGEL, EIN • 1967 • DOC

HADDAD MARWAN – SYR
RETURN, THE • 1975 • DOC

HADDAD MOUSSA – ALG – 1937–
TROIS PISTOLETS CONTRE CESAR • 1967
GUERRE DES JEUNES, LA • 1969
FIDAYUN, AL- • 1970
MIN QURB AS-SAFSAF • AUPRES DU PEUPLIER ○ SOUS LE PEUPLIER • 1972
ENFANTS DE NOVEMBRE, LES • 1975
VACANCES DE L'INSPECTEUR TAHAR, LES • 1975

HADDAD SAHIB see **HADAD SAHEB**

HADDEN GEORGE – USA
CHARLIE CHAN'S COURAGE • 1934

HADDICK VICTOR – UKN
VOICE OF IRELAND, THE • 1936

HADDOCK W. F. see **HADDOCK WILLIAM F.**

HADDOCK WILLIAM see **HADDOCK WILLIAM F.**

HADDOCK WILLIAM F. – USA
HADDOCK WILLIAM • HADDOCK W. F.
GREASE PAINT INDIANS • 1913
BANKER'S DAUGHTER, THE • 1914
ACE OF DEATH, THE • 1915
DEVIL'S DARLING, THE • 1915
SUNSHINE AND TEMPEST • 1915
UNSUSPECTED ISLES, THE • 1915
AS A WOMAN SOWS • 1916
I ACCUSE • 1916
GIR WHO DIDN'T THINK, THE • 1917

de HADELN MORITZ – SWT
BURNING SHADOWS • 1967 • DOC

HADLEY JACK – USA
CHOCOLATE BUNNY, FROOTSIE & CONTENDER, THE • 1975

HADRICH ROLF – GRM
HAEDRICH ROLF
TRAIN DE BERLIN EST ARRETE • TRENO E FERMO A BERLINO, UN (ITL) ○ VERSPATUNG IN MARIENBORN (FRG) ○ STOP TRAIN 349 (USA) • 1964
ERINNERUNG AN EINEN SOMMER IN BERLIN • MEMORIES OF A SUMMER IN BERLIN • 1972
AMONG THE CINDERS • 1983

HADZIC FADIL – YGS – 1922–
LAST GYPSY TENT, THE • 1958
LAND OF FIVE CONTINENTS, THE • 1960
ABECEDA STAHA • ABC OF FEAR, THE • 1961
DESANT NA DRVAR • DESCENT ON DRVAR • 1963
SLUZBENI POLOZAJ • OFFICIAL POSITION, THE • 1964
DRUGA STRANA MEDALJE • OTHER SIDE OF THE MEDAL, THE • 1965
KONJUH PLANINOM • SONG FOR THE DEAD MINERS, A • 1966
PROTEST • 1967
SARAJEVSKI ATENTAT • ASSASSINATION OF CROWN PRINCE FERDINAND ○ ASSASSINATION AT SARAJEVO • 1968
TRI SATA ZA LJUBAV • THREE HOURS FOR LOVE • 1968
DIVLJI ANDELI • WILD ANGELS • 1970
IDU DANI • DAYS ARE PASSING • 1971
LOV NA JELENE • DEER HUNT, THE • 1972
NOVINAR • JOURNALIST, THE • 1979

HADZISMAJLOVIC VEFIK – YGS
AT MEALTIME • 1972 • SHT
LONG DAYS, THE • 1973 • SHT
DVIJE POLOVINE SRCA • TWO HALVES OF THE HEART, THE • 1983

HAECHLER HORST – GRM
LIEBE • 1956
URAGANO SUL PO • 1956

HAEDRICH ROLF see **HADRICH ROLF**

HAESAERTS LUC – BLG – 1899–
ENFANTS, HEUREUX ENFANTS • 1955 • DOC
DE SABLE ET DE FEU • 1958 • DOC
UNIVERS DU SILENCE OU L'ART DE PAUL DELVAUX, L' • 1960 • DCS
VIERGES ROMANES ET GOTHIQUES • 1960 • DCS
JEAN MILO OU LE VOYAGE DU FIGURATIF A L'ABSTRAIT • 1961 • DCS

HAESAERTS P. see **HAESAERTS PAUL**

HAESAERTS PAUL – Architect – BLG – 1901–1974
HAESAERTS P.
RUBENS • 1947
DE RENOIR A PICASSO • 1949
VISITE A PICASSO • VISIT WITH PICASSO ○ VISIT TO PICASSO • 1949
MASQUES ET VISAGES DE JAMES ENSOR • 1950
QUATRE PEINTRES BELGES AU TRAVAIL • 1951
CHASSEPIERE • 1953
SIECLE D'OR: L'ART DES PRIMITIFS FLAMANDS, UN • GOLDEN CENTURY ○ GOLDEN AGE, THE • 1953
VILLAGE MONDIALISTE • 1953
EMILE VERHAEREN, POETE DE LA FLANDRE ET DU MONDE • 1954
ARTISTES ANVERSOIS, LEURS MONUMENTS ET LEURS OEUVRES, LES • ARTISTS OF ANTWERP • 1955
REGINA COELI • 1955
VIE ET L'OEUVRE D'EMILE VERHAEREN, LA • 1955
HUMANISME, VICTOIRE DE L'ESPRIT, L' • HUMANISME, L' • 1956
ORDRE ET BEAUTE PAR L'URBANISME • 1957
BRUXELLES, RENDEZ-VOUS DES NATIONS • 1958
SOUS LE MASQUE NOIR • 1958
ECOLE DE LA LIBERTE • 1959
ARCHITECTURE, ART DE L'ESPACE • ART OF SPACE, THE • 1960
CRI ET CONNAISSANCE • 1963
CLE DES CHANTS SURREALISTES, LA • 1966
BRUEGEL • 1969
JAMES ENSOR • 1971

HAESELER JOHN A. – USA
JUNGLE JUVENILES • 1937 • SHT
JUNGLE JUVENILES NO.2 • 1938 • SHT
BUSY LITTLE BEARS • 1939 • ANS
TINY TERRORS OF THE TIMBERLAND • 1946 • SHT

HAFELA COURTNEY – USA
I'M SORRY • 1965

HAFEZ HASSAN – EGY
VIVA ZALATA • 1976
HE TAKES PATIENCE BUT DOESN'T NEGLECT • 1979

HAFEZ MAGDY – EGY
KAYFA TESRAK MILLIONAIRE • HOW TO STEAL A MILLION • 1968
MOUTARADA GHARAMIA • LOVE CHASE, THE • 1968

HAFEZ NAGDI – EGY
I WANT LOVE AND TENDERNESS • 1978

HAFFTER PETER – GRM
WAHNSINN, DAS GANZE LEBEN IS WAHNSINN • CRAZY, ALL LIFE'S CRAZY • 1980
KISS OF THE TIGER, THE • 1989

HAFSHAM see **HAFSHAM OTHMAN**

HAFSHAM OTHMAN – MLY
HAFSHAM
ADIK MANJA • BABY WOES • 1979
RAHSIA • HIDDEN, THE • 1987
UJANG • 1988
DRIVING SCHOOL • 1990

HAGBERG RUNE – SWD
...OCH EFTER SKYMNING KOMMER MORKER • 1947

HAGEGE CLAUDE – FRN
Y A TELLEMENT DE PAYS POUR ALLER • 1978

HAGELBACK JOSTA – SWD
KEJSAREN • EMPEROR, THE • 1978

HAGEN CARL – GRM
BERLINER RANGE, DIE • STREICH: LOTTE ALS SCHULSCHRECK • 1920

van der HAGEN CHARLES – BLG
JACQUES FEYDER ET SON CHEF D'OEUVRE • 1974 • DOC

HAGEN CLAIRE – USA
REEL HORROR • 1985

HAGEN PETER – GRM
FRIESENNOT • DORF IM ROTEN STURM • 1935
BALLADE • PRINZESSIN KEHRT HEIM, DIE • 1938

HAGEN RIEN – NTH
NEW YORK - BATAVIA • 1987 • DOC

HAGEN ROSS – USA
GLOVE, THE • 1978
REEL HORROR • 1985

HAGENS ERIC – DNM
NADVEREN • 1970

HAGERMAN HELGE – SWD – 1910–
ELDDONET • 1951

HAGG RUSSELL – ASL – 1938–
RAW DEAL • 1977
TAXI • 1979 • MTV

HAGGAR WILLIAM – UKN – 1851–1925
DUEL SCENE FROM "THE TWO ORPHANS" • 1902
MANIAC'S GUILLOTINE, THE • 1902
TRUE AS STEEL • 1902
WILD MAN OF BORNEO, THE • 1902
DASH FOR LIBERTY: OR, THE CONVICT'S ESCAPE AND CAPTURE, A • 1903
DESPERATE POACHING AFFRAY • 1903
MIRTHFUL MARY, A CASE FOR THE BLACK LIST • 1903
TRAMP AND THE BABY'S BOTTLE, THE • 1903
TRAMP AND THE WASHERWOMAN, THE • 1903
WEARY WILLIE AND TIRED TIM TURN BARBERS • 1903
BATHER'S REVENGE, THE • 1904
BITER BITTEN, THE • 1904
BRUTALITY REWARDED • 1904
FLYNN'S BIRTHDAY CELEBRATIONS • 1904
MEDDLING POLICEMAN, THE • 1904
MIRTHFUL MARY IN THE DOCK • 1904
SIGN OF THE CROSS, THE • 1904
SNOWBALLING • 1904
WHITE WASHING THE POLICEMAN • 1904
BATHING NOT ALLOWED • 1905
BOATING INCIDENT, A • 1905
CHARLES PEACE • LIFE OF CHARLES PEACE, THE • 1905
D.T'S: OR, THE EFFECT OF DRINK • 1905
FUN AT THE WAXWORKS • 1905
MARY IS DRY • 1905
MESSAGE FROM THE SEA, A • 1905
RIVAL PAINTERS, THE • 1905
SALMON POACHERS -A MIDNIGHT MELEE, THE • 1905
SQUIRE'S DAUGHTER, THE • 1905
TWO'S COMPANY, THREE'S NONE • 1905
DESPERATE FOOTPADS • 1907
DUMB MAN OF MANCHESTER, THE • 1908
MAID OF CEFN YDFA, THE • 1908

HAGGAR WILLIAM JR. – UKN
MAID OF CEFN YDFA, THE • 1914

HAGGARD MARK – USA
FIRST NUDIE MUSICAL, THE • DIRECTORS, THE ○ NYMPHO SUPERSTARS, THE • 1976

HAGGARD PIERS – UKN – 1939–
I CAN'T.. I CAN'T • WEDDING NIGHT (USA) • 1969
SATAN'S SKIN • BLOOD ON SATAN'S CLAW (USA) ○ DEVIL'S TOUCH, THE ○ SATAN'S CLAW • 1970
FIENDISH PLOT OF DR. FU MANCHU, THE • 1980
QUATERMASS CONCLUSION, THE • 1980 • TVM
VENOM • 1981
SUMMER STORY, A • 1988
BACK HOME • 1989 • TVM
CENTREPOINT • 1990

HAGGARTY JOHN – UKN
HAGGERTY JOHN
MYSTERY ON BIRD ISLAND • 1954
RAIDERS OF THE RIVER • 1956
CAUGHT IN THE NET • 1960

HAGGERTY JOHN see **HAGGARTY JOHN**

HAGGIS PAUL – USA
RED HOT • 1989

HAGIWARA RYO – JPN
HUGIWARA RYO
KOISURU TSUMA • WIFE IN LOVE, A • 1947
OEDO NO ONI • DEVIL OF EDO • 1947
MINAMOTO NO YOSHITSUNE • FUGITIVE HERO • 1955
SHISHIMARU IPPEI • 1955
UMI NO WAKADO • PEACEFUL SEA • 1955
YAKUZA WAKASHU • 1960

HAGIYAMA TERUO – JPN
KESSEN • DECISIVE BATTLE • 1944

HAGLUND BERTIL – SWD – 1908–
VILDMARKSSOMMAR • MATTY • 1957

HAGMAN LARRY – Actor – USA – 1939–
BEWARE! THE BLOB • SON OF BLOB • 1972

HAGMANN STUART – USA – 1942–
GOOD NIGHT SOCRATES • 1962
STRAWBERRY STATEMENT, THE • 1970
BELIEVE IN ME • SPEED IS OF THE ESSENCE • 1971
SHE LIVES! • 1973 • TVM
TARANTULAS: THE DEADLY CARGO • TARANTULA • 1977 • TVM

HAGMULLER GOTZ – AUS
DENKWURDIGE WALLFAHRT DES KAISERS KANGA MUSSA VON MALI NACH MEKKA • MEMORABLE PILGRIMAGE OF THE EMPEROR KANGA MUSSA FROM MALI TO MECCA • 1977

HAGON M. – UKN
POLO CHAMPION, THE • 1915

HAGOPIAN MICHAEL – USA
ALI AND HIS BABY CAMEL • 1953

HAGUET ANDRE – FRN – 1900–1973
FUSILLE A L'AUBE • SECRET DOCUMENT –VIENNA (USA) • 1950
PROCES AU VATICAN • 1951
IL EST MINUIT DR. SCHWEITZER • STORY OF DOCTOR SCHWEITZER, THE • 1952
PAR ORDRE DU TZAR • 1953
MILORD L'ARSOVILLE • 1955
ROUE, LA • WHEELS OF FATE • 1956
COLERE FROIDE • THUNDER IN THE BLOOD (USA) ○ WARM BODY, THE • 1960

HAHN MANNY NATHAN – USA
STRANGE AS IT SEEMS • 1931–37 • SHS

HAHN RICHARD – USA
GUNS DON'T ARGUE • 1955

HAHN STEVEN – USA
STARCHASER –THE LEGEND OF ORIN • 1986 • ANM

HAI FANG KWAN – CHN
RED SKELETON • 1921

HAI ZAFAR – IND
PERFECT MURDER, THE • 1988

HAIG DON – Producer – CND – 1933–
INDIVIDUALLY YOURS • 1974

HAIG ROUL – USA
OKEFENOKEE • 1960
WACKY WORLD OF DR. MORGUS, THE • 1962

HAIMS ERIC see **HAIMS ERIC JEFFREY**

HAIMS ERIC JEFFREY – USA
HAIMS ERIC
101 ACTS OF LOVE • 1970
JEKYLL AND HYDE PORTFOLIO, THE • 1971
MISLAYED GENIE, THE • 1972

HAINES FRED – USA
MOHAMED ALI • BADDEST DADDY IN THE WHOLE WORLD, THE • 1971
STEPPENWOLF • 1974

HAINES RANDA – USA
SOMETHING ABOUT AMELIA • 1984 • TVM
ALFRED HITCHCOCK PRESENTS • 1985 • TVM
CHILDREN OF A LESSER GOD • 1986

HAINES RICHARD W. – USA
SPLATTER UNIVERSITY • CAMPUS KILLINGS • 1985
CLASS OF NUKE 'EM HIGH • NUKE 'EM HIGH • 1986

HAINES RONALD – UKN – 1901–
LAWRENCE OF ARABIA • 1935
WEST END NIGHTS • 1938
THIRTEENTH INSTANT, THE • 1940 • SHT
MURDER IN MAYFAIR • 1942
SAFE BLOWER, THE • 1942
SOHO MURDERS, THE • 1942
VENDETTA • 1942
WHAT PRICE CRIME? • 1942 • SER
DEADLOCK • 1943
QUIZ CRIMES NOS.1–6 • 1943 • SHS
MAN FROM SCOTLAND YARD, THE • 1944
JUDGE JEFFERSON REMEMBERS • 1945
MAN WITH THE MAGNETIC EYES, THE • 1945
APPOINTMENT WITH FEAR • 1946 • SER
CLOCK STRIKES EIGHT, THE • 1946
GONG CRIED MURDER, THE • 1946
HAPPY FAMILY • 1946
HOUSE IN RUE RAPP, THE • 1946
MR. H.C. ANDERSEN • HAN CHRISTIAN ANDERSEN (USA) • 1950

HAINISCH LEOPOLD – GRM – 1890–1979
KLEINE NACHTMUSIK, EINE • 1939
FALSTAFF IN WIEN • 1940
MEINEIDBAUER, DER • 1941
LACHE BAJAZZO • 1943
PAGLIACCI, I • 1943
ROMANTISCHE BRAUTFAHRT • 1944
ULLI UND MAREI • WO DIE ALPENROSEN BLUH'N ○ BERGHOFBAUER, DER • 1945
ERDE • TROTZIGE HERZEN • 1947
WAS DAS HERZ BEFIELT • VERONIKA, DIE MAGD • 1951
VERSCHWENDER, DER • 1953

HAIRET MICHEL – FRN
CAMPAGNE DE CICERON, LA • 1989

HAIS JAI – USA
LET'S PLAY DOCTOR • 1964
GUESS WHO'S COMING? • 1969

HAITOV NIKOLAI – BUL
KRASSIMIRA POPOVA • END OF A SONG, THE • 1971

HAJEK PETER – GRM
SEI ZARTLICH, PINGUIN • BE GENTLE, PENGUIN • 1982

HAJI–MIRI SA'ID – IRN
ILLUSION, THE • 1985

HAJIME – JPN
ULTRAMAN • 1967

HAJJAR RAFIK – IRQ
HAJJAR RAFIQ
MAY.. THE PALESTINIANS • 1974 • SHT
LEBANON IN THE HEART • 1976
IRAQIAN WOMAN, THE • 1978
INFIJAR, EL • EXPLOSION, THE • 1986

HAJJAR RAFIQ see **HAJJAR RAFIK**

HAJOS ERNEST – FRN – –1943
GAIETES DE L'EXPOSITION, LES • 1938

HAJSKY MILOS – CZC
WERTHER • 1926

HAKANI HYSEN – ALB
DEBATIK • DISCUSSION, THE
OSHETIME NE BREGDET • ECHOES ON THE SHORE
TOKA JONE • OUR SOIL

HAKIM GASTON – FRN
HER BIKINI NEVER GOT WET • DRY BIKINI, THE • 1962
FRENCH HONEYMOON, A • 1964

HAKKI HAITHAM – SYR
CIRCUMSTANCES OF A VERY NORMAL EVENT • 1978 • MTV

HALAS JOHN – Animator – HNG – 1912–
MUSIC MAN, THE • 1938 • ANS
CARNIVAL IN THE CLOTHES CUPBOARD • 1940 • ANS
TRAIN TROUBLE • 1940 • ANS
FILLING THE GAP • 1941 • ANS
POCKET CARTOON, THE • 1941 • ANS
DIGGING FOR VICTORY • 1942 • ANS
DUSTBIN PARADE • 1942 • ANS
ABU'S POISONED WELL • 1943 • ANS
JUNGLE WARFARE • 1943 • ANS
HANDLING SHIPS • 1946 • ANM
MODERN GUIDE TO HEALTH • 1946 • ANS
OLD WIVES' TALE • 1946 • ANM
CHARLEY • 1946–47 • ASS
CHARLEY IN THE NEW MINES • 1946–47 • ANS
CHARLEY IN THE NEW SCHOOLS • 1946–47 • ANS
CHARLEY IN THE NEW TOWNS • NEW TOWN • 1946–47 • ANS
CHARLEY IN "YOUR VERY GOOD HEALTH" • YOUR VERY GOOD HEALTH • 1946–47 • ANS
CHARLEY JUNIOR'S SCHOOLDAYS • 1946–47 • ANS
CHARLEY'S MARCH OF TIME • 1946–47 • ANS
DOLLY PUT THE KETTLE ON • 1947 • ANS
FIRST LINE OF DEFENCE • 1947 • ANS
SO THIS IS THE AIRFORCE • 1947 • ANS
WHAT'S COOKING? • 1947 • ANS
HEAVE AWAY MY JOHNNY • 1948 • ANS
MAGIC CANVAS, THE • 1948 • ANS
OXO PARADE • 1948 • ANS
ROBINSON CHARLEY • 1948 • ANS
WATER FOR FIRE FIGHTING • 1948 • ANS
FARMER CHARLEY • 1949 • ANS
FLY ABOUT THE HOUSE • 1949 • ANS
SHOEMAKER AND THE HATTER, THE • 1949 • ANS
EARTH IN LABOUR • 1950 • ANS
CHECK TO SONG • 1951 • ANS
IN TIME OF PESTILENCE • 1951 • ANS
JOHN GILPIN • 1951 • ANS
POET AND PAINTER • PAINTER AND POET • 1951 • ASS
PYTHONESS, THE • 1951 • ANS
SAILOR'S CONSOLATION • 1951 • ANS
SPRING AND WINTER • 1951 • ANS
TWA CORBIES • 1951 • ANS
WINTER GARDEN • 1951 • ANS
LINEAR ACCELERATOR • 1952 • ANS
WE'VE COME A LONG WAY • 1952 • ANS
FIGUREHEAD • 1953 • ANS
OWL AND THE PUSSYCAT, THE • 1953 • ANS
ANIMAL FARM • 1955 • ANM
ANIMAL VEGETABLE MINERAL • 1955 • ANS
CANDLEMAKER, THE • 1956 • ANS
HISTORY OF THE CINEMA • 1956 • ANS
WORLD OF LITTLE IG, THE • 1956 • ANS
MIDSUMMER NIGHTMARE • 1957 • ANS
QUEEN OF HEARTS • 1957 • ANM
CHRISTMAS VISITOR, THE • 1958 • ANS
EARLY DAYS IN COMMUNICATION • 1958 • ANS
ENERGY PICTURE, THE • 1958
ALL LIT UP • 1959 • ANS
FOR BETTER FOR WORSE • 1959 • ANS
MAN IN SILENCE • 1959 • ANS
PIPING HOT • 1959 • ANS
BAGPIPES • 1960 • ANS
BIRTHDAY CAKE, THE • 1960 • ANS
CIRCUS STAR • 1960 • ANS
CULTURED APE, THE • 1960 • ANS
GOODWILL TO ALL DOGS • 1960 • ANS
GRAND CONCERT, THE • 1960 • ANS
HABATALES • 1960 • ASS
HAIRY HERCULES • 1960 • ANS
HUNGRY DOG, THE • 1960 • ANS
I WANNA MINK • 1960 • ANS
IN THE CELLAR • 1960 • ANS
IN THE JUNGLE • 1960 • ANS
INSOLENT MATADOR, THE • 1960 • ANS
LION TAMER, THE • 1960 • ANS
LONE WORLD SAIL • 1960 • ANS
MAGIC BOOK • 1960 • ANS
MOONSTRUCK • 1960 • ANS
SNAKES AND LADDERS • 1960 • ANS
SNAP AND THE BEANSTALK • 1960 • ANS
SNAP GOES EAST • 1960 • ANS
SNAP'S ROCKET • 1960 • ANS
SNIP AND SNAP • 1960 • ASS
SPRING SONG • 1960 • ANS
THIN ICE • 1960 • ANS
TOP DOGS • 1960 • ANS
TREASURE OF ICE CAKE ISLAND • 1960 • ANS
WIDOW AND THE PIG, THE • 1960 • ANS
WONDER OF WOOL • 1960 • ANS
HAMILTON IN THE MUSIC FESTIVAL • 1961 • ANS
HAMILTON THE MUSICAL ELEPHANT • 1961 • ANS
BARNABY –FATHER DEAR FATHER • 1962 • ANS
BARNABY –OVERDUE DUES BLUES • 1962 • ANS
AUTOMANIA 2000 • 1963 • ANS
AXE AND THE LAMP, THE • 1963 • ANS
AVENTURES DE LA FAMILLE CARRE, LES • 1964 • ASS
BIRDS BEES AND STORKS • 1964 • ANS
CARTERS OF GREENWOOD, THE • 1964 • ASS
DO DO • 1964 • ASS
MAESTRO, THE • 1964 • ANS
MARTIAN IN MOSCOW • 1964 • ASS
MIDSUMMER MADNESS • 1964 • ANS
MUSIC ACADEMY, THE • 1964 • ANS
PALM COURT ORCHESTRA, THE • 1964 • ANS
PROFESSOR YA–YA'S MEMOIRS • 1964 • ANS
ICOGRADA CONGRESS • 1966
QUESTION, THE • 1966
LONE RANGER • 1966–67 • ASS
FLURINA • 1968 • ANM
TO OUR CHILDREN'S CHILDREN • 1969 • ANS
SHORT TALL STORY • SHORT AND TALL STORY • 1970 • ANS
TOMFOOLERY • 1970 • ANS
CHILDREN AND CARS • 1971 • ANS
CONTACT • 1973 • ANS
CHRISTMAS FEAST • 1974 • ANS
GLORIOUS MUSKETEERS, THE • D'ARTAGNAN L'INTREPIDE (FRN) • 1974 • ANM
KITCHEN THINK • 1974 • ANS
HOW NOT TO SUCCEED IN BUSINESS • 1975 • ANS
SKYRIDER • 1976 • ANS
MAKING IT MOVE • 1977 • ANS
VIVA D'ARTAGNAN • 1977
MAX AND MORITZ • 1978 • ANS
AUTOBAHN • 1979 • ANS
TEN FOR SURVIVAL • 1979 • ANS

HALDANE BERT – UKN
ALL IS NOT GOLD THAT GLITTERS • 1910
BEHIND THE SCENES • 1910
CAST THY BREAD UPON THE WATERS • 1910
CHUM'S TRAGEDY, A • 1910
CIRCUMSTANTIAL EVIDENCE • 1910
COALS OF FIRE • 1910
DORA • 1910
FARMER'S TWO SONS, THE • 1910
FLOWERGIRL'S ROMANCE, A • 1910
HER DEBT OF HONOUR • 1910
HUNGER'S CURSE • 1910
LUST FOR GOLD • 1910
MISER'S LESSON, THE • 1910
PLUCKY KIDDIE, A • 1910
QUEEN OF THE MAY, THE • 1910
THIEVES' DECOY, THE • 1910
TRIED AND FOUND TRUE • 1910
VILLAGE LOVE STORY, A • 1910
WOMAN VS. WOMAN • 1910
ABBY AND THE BOMB, THE • 1911
AN' GOOD IN THE WORST OF US • 1911
BID FOR FORTUNE, A • 1911
BROAD ARROW, THE • 1911
BURGLAR FOR A NIGHT, A • 1911
CONVICT'S SISTERS, THE • 1911
ELSIE THE GAMEKEEPER'S DAUGHTER • 1911
FAITH HEALER, THE • 1911
FOOL AND HIS MONEY, A • 1911
FOR BETTER OR WORSE • 1911
FOREIGN SPY, THE • 1911
GIRL'S LOVE–LETTER, A • 1911
HILDA'S LOVERS • 1911
HIS SON • 1911
IMPEDIMENT, THE • 1911
JACK'S SISTER • 1911
KIDDIE • 1911
LOTTERY TICKET NO.66 • 1911
MAN WHO KEPT SILENCE, THE • 1911
NEPHEW'S ARTIFICE, A • 1911
PROUD CLARISSA • 1911
RECLAMATION OF SNARKY, THE • 1911
RIGHT IS MIGHT • 1911
ROAD TO RUIN, THE • 1911
SILVER LINING, THE • 1911
STRUGGLING AUTHOR, THE • 1911
TORN LETTER, THE • 1911
TOUCH OF NATURE, A • 1911
TRAIL OF SAND, THE • 1911
WEALTHY BROTHER JONATHAN • OUR WEALTHY NEPHEW JOHN (USA) • 1911
BILL'S REFORMATION • 1912
BILL'S TEMPTATION • 1912
BIRTHDAY THAT MATTERED, THE • 1912
BLIND HEROINE, THE • 1912
BROTHER'S SACRIFICE, A • 1912
CHILD DETECTIVE, THE • 1912
DECEPTION, THE • 1912
DISINHERITED NEPHEW, THE • 1912
DRAUGHTSMAN'S REVENGE, THE • 1912
DUMB MATCHMAKER, THE • 1912
ECCENTRIC UNCLE'S WILL, THE • 1912
ETHEL'S DANGER • 1912
FIGHT FOR LIFE, A • 1912
FIGHTING PARSON, THE • 1912
FOR BABY'S SAKE • 1912
GIRL ALONE, A • 1912
GIRL AT THE LODGE, THE • 1912
HER BETTER SELF • 1912
HER SACRIFICE • 1912
HIS ACTRESS DAUGHTER • 1912
HIS HONOUR AT STAKE • 1912
HOW MOLLY AND POLLY GO PA'S CONSENT • 1912
HOW VANDYCK WON HIS WIFE • 1912
IRONY OF FATE, THE • 1912
JEFF'S DOWNFALL • 1912
LIEUTENANT'S BRIDE, THE • 1912
LITTLE POACHER, THE • 1912
MURIEL'S DOUBLE • 1912
NEIGHBOURS • 1912
NIGHT OF PERIL, A • 1912
ONLY AN OUTCAST • 1912
OUR BESSIE • 1912
PETER PICKLES' WEDDING • 1912
PHOEBE OF THE INN • 1912
PIPPIN UP TO HIS PRANKS • 1912
POACHERS FIGHT FOR LIBERTY, THE • 1912
POACHER'S REFORM, THE • 1912
PRODIGAL WIFE, THE • 1912
REWARD OF PERSEVERANCE, THE • 1912
ROBERT'S LAST SUPPER • 1912
STAB OF DISGRACE, THE • 1912
TELL–TALE UMBRELLA, THE • 1912
TRAIL OF THE FATAL RUBY, THE • 1912
WAS HE JUSTIFIED? • 1912
WHEN GOLD IS DROSS • 1912
WON BY A SNAPSHOT • 1912
ALFRED HARDING'S WOOING • 1913
ALLAN FIELD'S WARNING • 1913
BINK'S WIFE'S UNCLE • 1913
DEBT OF GAMBLING • 1913
DOUBLE LIFE, A • 1913
EAST LYNNE • 1913
FISHERMAN'S LUCK • 1913
HUMANITY: OR, ONLY A JEW • 1913
IN THE SHADOW OF DARKNESS • 1913
INTERRUPTED HONEYMOON, THE • 1913
JUST LIKE A MOTHER • 1913
LITTLE ELSIE • 1913
LUCKY ESCAPE FOR DAD, A • 1913

LUGGAGE IN ADVANCE • 1913
MARY OF BRIARWOOD DELL • 1913
MOLLY'S BURGLAR • 1913
NEVER FORGET THE RING • 1913
NOW SHE LETS HIM GO OUT • 1913
PETER PENS POETRY • 1913
PETER TRIES SUICIDE • 1913
POLLY THE GIRL SCOUT AND GRANDPA'S MEDALS • 1913
POLLY THE GIRL SCOUT AND THE JEWEL THIEVES • 1913
POLLY THE GIRL SCOUT'S TIMELY AID • 1913
PRICE OF DECEPTION, THE • 1913
ROAD TO RUIN, THE • 1913
SIXTY YEARS A QUEEN • 1913
SUSPICIOUS MR. BROWN • 1913
TEST, THE • 1913
THAT AWFUL PIPE • 1913
UNCLE AS CUPID • 1913
VILLAGE SCANDAL, A • 1913
WAS HE A COWARD? • 1913
WHEN PATHS DIVERGE • 1913
YOUNITA -FROM GUTTER TO FOOTLIGHTS • 1913
ZAZA THE DANCER • 1913
AS A MAN SOWS: OR, AN ANGEL OF THE SLUMS • 1914
BROTHER'S ATONEMENT, A • 1914
BY HIS FATHER'S ORDERS • 1914
GERMAN SPY PERIL, THE • 1914
HIS SISTER'S HONOUR • 1914
JIM THE FIREMAN • 1914
LAST ENCAMPMENT, THE • 1914
LAST ROUND, THE • 1914
LIGHTS O' LONDON, THE • 1914
LURE OF LONDON, THE • 1914
THEIR ONLY SON • 1914
YOUR COUNTRY NEEDS YOU • 1914
BARNSTORMERS, THE • 1915
BENEATH THE MASK • 1915
BRIGADIER GERARD • 1915
BY THE SHORTEST OF HEADS • 1915
COWBOY CLEM • 1915
DARKEST LONDON: OR, THE DANCER'S ROMANCE • 1915
DO UNTO OTHERS • 1915
FIVE NIGHTS • 1915
JACK TAR • 1915
JANE SHORE • STRIFE ETERNAL, THE (USA) • 1915
KNUT AND THE KERNEL, THE • 1915
POOR CLEM • 1915
ROGUES OF LONDON • 1915
TOMMY ATKINS • 1915
LADY SLAVEY, THE • SLAVEY'S LEGACY, THE • 1916
SOME DETECTIVES • 1916
TRUTH AND JUSTICE • 1916
BIRMINGHAM GIRL'S LAST HOPE, A • LAST HOPE, THE • 1917
CHILD AND THE FIDDLER, THE • 1917
MEN WERE DECEIVERS EVER • 1917
TICKET-OF-LEAVE MAN, THE • 1918
ROMANCE OF LADY HAMILTON, THE • 1919
GRIP OF IRON, THE • 1920
MARY LATIMER, NUN • 1920
WINDING ROAD, THE • 1920
WOMAN AND OFFICER 26, THE • 1920
AFFECTED DETECTIVE, THE • 1922
AUNTIE'S WEDDING PRESENT • 1922
ELIZA'S ROMEO • 1922
GIPSY BLOOD • 1922

HALDANE DON – CND – 1914–

HALDANE DONALD

MY HOME TOWN • 1953
RAILROAD TOWN • 1955
SHIP IN HARBOUR • 1955
WIN, PLACE AND SHOW • 1955
COAL AT THE CROSSROADS • 1956
ELDER CITIZEN • 1956 • SHT
IS IT A WOMAN'S WORLD? • 1956 • SHT
SASKATCHEWAN TRAVELLER • 1956 • SHT
CROSSROADS • 1957 • SHT
EMBASSY • 1957
FIRES OF ENVY • 1957
HOWARD • 1957 • SHT
JOE AND ROXY • 1957 • SHT
WHO IS SYLVIA? • 1957 • SHT
WHOLE WORLD OVER, THE • 1957 • SHT
CASE OF CONSCIENCE, A • 1958
ETERNAL CHILDREN • 1959
GIFTED ONES, THE • 1959
R.C.M.P. • 1960 • SER
NIKKI, WILD DOG OF THE NORTH • 1961
POLITICAL DYNAMITE • 1962
DRYLANDERS • AUTRE PAYS, UN • 1963
FOREST RANGERS • 1965 • SER
RYE ON THE ROCKS • 1969
ON A CLEAR DAY YOU CAN COUNT FOREVER • 1971
REINCARNATE, THE • DARK SIDE, THE • 1971
CHECKPOINT • 1972
BEYOND ALL REASONABLE DOUBT • 1974
RAPE, THE REBELLION OF BERTHA MACKENZIE • 1975
HANK • 1977 • MTV
SOMEDAY SOON • 1977 • MTV
DYING HARD • 1978 • MTV
NUCLEAR FUEL WASTE MANAGEMENT • 1979 • DOC

HALDANE DONALD see **HALDANE DON**

HALDEN KARL – GRM

LABYRINTH DER LIEBE, DAS • 1920
SHAWL DER KAISERIN KATHERINA II, DER • 1920
FORTUNATO 1 • TANZENDE DAMON, DER • 1921
FORTUNATO 2 • TODESFAHRT IN DEN LUFTEN, DIE • 1921
FORTUNATO 3 • LETZTE ATEMZUG, DER • 1921
UNSCHULD OHNE KLEID, DIE • 1926

HALE (MR) see **HALE ALBERT W.**

HALE A. W. see **HALE ALBERT W.**

HALE ALAN – Actor – USA – 1892–1950

BRAVEHEART • 1925
SCARLET HONEYMOON, THE • 1925
WEDDING SONG, THE • 1925
FORBIDDEN WATERS • 1926
RISKY BUSINESS • 1926
SPORTING LOVER, THE • GOOD LUCK • 1926
RUBBER TIRES • 10,000 REWARD • 1927

HALE ALBERT W. – USA

HALE A. W. • HALE (MR)

FORTUNE IN THE TEA-CUP, THE • 1912
HER OLD SWEETHEART • 1912
LIGHT OF ST. BERNARD, THE • 1912
MISS TAQU OF TOKIO • 1912
PERSISTENT LOVER, A • 1912
THREE GIRLS AND A MAN • 1912
JONES' WEDDING DAY • 1914
NO-ACCOUNT COUNT, THE • 1914
PERCY PIMPERNICKEL -SOUBRETTE • PERCY PUMPERNICKEL, SOUBRETTE • 1914
WINKING ZULU, THE • 1914
WAS SHE A VAMPIRE? • 1915
TOAD ALLEN'S ELOPEMENT • 1919 • SHT
TRIALS OF TEXAS THOMPSON, THE • 1919 • SHT

HALE BILLY see **HALE WILLIAM**

HALE GEORGE – USA

DEVIL'S PARADE, THE • 1930 • SHT

HALE JEFFREY – Animator – CND

GREAT TOY ROBBERY, THE • 1963 • ANS
CHRISTMAS CRACKER • CAPRICE DE NOEL • 1964 • SHT
THANK YOU MASK MAN • 1968 • ANS
ALPHABET -UPPER CASE • 1973
LAST CARTOON MAN, THE • 1974
PINBALL • 1977

HALE REX – USA

RACING BLOOD • 1936

HALE SONNIE – Comedian – UKN – 1902–1959

GANGWAY • 1937
HEAD OVER HEELS • HEAD OVER HEELS IN LOVE (USA) • 1937
SAILING ALONG • 1938

HALE WALTER – USA

LIGHTNING CONDUCTOR, THE • 1914

HALE WILLIAM – USA – 1928–

HALE BILLY

NAKED HUNT, THE • 1959
LONNIE • 1963
GUNFIGHT IN ABILENE • 1967
HOW I SPENT MY SUMMER VACATION • DEADLY ROULETTE (UKN) • 1967 • TVM
JOURNEY TO SHILOH • 1968
NIGHTMARE • 1973 • TVM
GREAT NIAGARA, THE • 1974 • TVM
CROSSFIRE • 1975 • TVM
KILLER WHO WOULDN'T DIE, THE • OHANIAN • 1976 • TVM
STALK THE WILD CHILD • 1976 • TVM
RED ALERT • 1977 • TVM
S.O.S. TITANIC • 1979 • TVM
MURDER IN TEXAS • 1981 • TVM
ONE SHOE MAKES IT MURDER • 1982 • TVM
DEMON MURDER CASE, THE • RHODE ISLAND MURDERS, THE • 1983 • TVM
LACE • 1984 • TVM
LACE II • 1985 • TVM
HAREM • HAREM: THE LOSS OF INNOCENCE • 1986 • TVM
MURDER OF MARY PHAGAN, THE • 1988 • TVM

HALES GORDON – Editor – UKN – 1916–

EVIDENCE IN CONCRETE • 1960
RETURN TO SENDER • 1963
UNDESIRABLE NEIGHBOUR, THE • 1963
POET'S EYE -A TRIBUTE TO WILLIAM SHAKESPEARE, THE • 1964

HALEY EARL – USA

KING OF THE WILD HORSES • KING OF THE WILD (UKN) • 1933
GENTLEMAN FROM ARIZONA, THE • 1939

HALEY JACK JR. – USA – 1933–

NORWOOD • 1970
LOVE MACHINE, THE • 1971
THAT'S ENTERTAINMENT! • 1974 • CMP
THAT'S DANCING • 1984 • CMP

HALICKI H. B. – USA – –1989

GONE IN 60 SECONDS • 1974
GONE IN 60 SECONDS II -THE JUNKMAN • JUNKMAN, THE • 1977
DEADLINE AUTO THEFT • 1983

HALIL ABDUL KHALIQ – AFG

ANDARZI MUDAR • MOTHER'S ADVICE • 1972
RABHI BALKHIE • 1974

HALIM HELMY see **HALIM HILMY**

HALIM HILMY – EGY – 1916–1971

HALIM HELMY

AYYAMINA AL-HILWA • NOS BEAUX JOURS • 1955
QALB LAHU HUKM, AL- • COEUR A SES RAISONS, LE • 1956
SALAM ALA AL-HABAIB • BONJOUR A CELLE QUE J'AIME • 1958
HIKAYAT HUBB • HISTOIRE D'AMOUR, UNE • 1959
THALATHA RIJAL WA IMRA'A • TROIS HOMMES ET UNE FEMME • 1960
T'ARIQ AD-DUMU • CHEMIN DES LARMES, LE • 1961
HIKAYAT AL-UMR KULLUH • HISTOIRE D'UNE VIE • 1965
HAYAT HILWA, AL- • VIE EST DOUCE, LA • 1966
AYYAM EL HOB • DAYS OF LOVE ○ AYYAM HUBB • 1968
MERATI MAGNOUNA.. MAGNOUNA.. • MY WIFE IS MAD.. MAD.. MAD ○ IMRAATY MAJNUNA • 1968
HIKAYAT MIN BALADNA • RECIT DE NOTRE PAYS, UN • 1969
KANAT AYYAM • THERE WERE DAYS • 1970
GHARAM TALEB • AMOUR D'ETUDIANT, UN • 1971
UCHCHAQ AL-HAYAT • AMOUREUX DE LA VIE, LES • 1971

HALIMI ANDRE – FRN – 1938–

CHANTONS SOUS L'OCCUPATION • 1976 • DOC
PORTRAIT D'HENRI VERNEUIL • 1981 • DOC

HALL ALEXANDER – USA – 1894–1968

MADAME RACKETEER • SPORTING WIDOW, THE (UKN) • 1932
SINNERS IN THE SUN • 1932
GIRL IN 419, THE • DEAD ON ARRIVAL • 1933
MIDNIGHT CLUB • 1933
TORCH SINGER • BROADWAY SINGER (UKN) • 1933
LIMEHOUSE BLUES • EAST END CHANT ○ LIMEHOUSE NIGHTS • 1934
LITTLE MISS MARKER • GIRL IN PAWN, THE (UKN) • 1934
MISS FANE'S BABY IS STOLEN • KIDNAPPED (UKN) • 1934
PURSUIT OF HAPPINESS, THE • 1934
ANNAPOLIS FAREWELL • GENTLEMEN OF THE NAVY (UKN) • 1935
GOIN' TO TOWN • HOW AM I DOING? ○ NOW I'M A LADY • 1935
GIVE US THIS NIGHT • 1936
YOURS FOR THE ASKING • 1936
EXCLUSIVE • 1937
I AM THE LAW • OUTSIDE THE LAW • 1938
THERE'S ALWAYS A WOMAN • 1938
GOOD GIRLS GO TO PARIS • 1939
LADY'S FROM KENTUCKY, THE • 1939
THERE'S THAT WOMAN AGAIN • WHAT A WOMAN (UKN) • 1939
AMAZING MR. WILLIAMS • INCREDIBLE MR. WILLIAMS • 1940
DOCTOR TAKES A WIFE, THE • 1940
HE STAYED FOR BREAKFAST • 1940
THIS THING CALLED LOVE • MARRIED BUT SINGLE (UKN) • 1940
BEDTIME STORY • 1941
HERE COMES MR. JORDAN • MR. JORDAN COMES TO TOWN • 1941
MY SISTER EILEEN • 1942
THEY ALL KISSED THE BRIDE • HE KISSED THE BRIDE • 1942
HEAVENLY BODY, THE • 1943
ONCE UPON A TIME • YES SIR, THAT'S MY BABY! ○ CURLY • 1944
SHE WOULDN'T SAY YES • 1946
DOWN TO EARTH • 1947
GREAT LOVER, THE • 1949
LOUISA • 1950
LOVE THAT BRUTE • TURNED UP TOES • 1950
UP FRONT • 1951
BECAUSE YOU'RE MINE • 1952
LET'S DO IT AGAIN • LOVE SONG • 1953
FOREVER DARLING • 1955

HALL ARCH SR. – USA – 1908–

MERRIWETHER NICHOLAS

EEGAH! • 1962

HALL BERT – USA

BORDER SCOUTS, THE • 1922

HALL DAVID – UKN

TIMECHECK • 1972

HALL ED – USA

WOMAN'S URGE, A • NYMPHO • 1965

HALL EDWARD – USA

SECRET SERVICE SAM • 1913

HALL FRANKLIN – USA

TWO DOLLARS, PLEASE! • 1920

HALL GEORGE EDWARD see **HALL GEORGE EDWARDES**

HALL GEORGE EDWARDES – UKN

HALL GEORGE EDWARD • EDWARDES-HALL GEORGE

NOBODY'S CHILD • 1919
DESIRE • MAGIC SKIN, THE • 1920
DR. JEKYLL AND MR. HYDE • 1920
TEMPTRESS, THE • 1920
JUDGE HER NOT • 1921
PRAIRIE MYSTERY, THE • 1922

HALL GORTON – USA

GHOST OF A CHANCE, A • 1973

HALL IVAN – SAF

KRUGER MILLIONS, THE • KRUGER-MILJOENE, DIE • 1967
DOCTOR KALIE • 1968
AANSLAG OP KARIBA • 1973
FUNERAL FOR AN ASSASSIN • 1974
KILL AND KILL AGAIN • 1980
KILL OR BE KILLED • KARATE KILL • 1980
RIVERMAN, THE • 1983
BUSH SHRINK • 1988

HALL JON – USA – 1913–1979

BEACH GIRLS AND THE MONSTER, THE • MONSTER FROM THE SURF ○ SURF TERROR • 1965

HALL KEN see **HALL KEN G.**

HALL KEN G. – Producer – ASL – 1901–

HALL KEN

ON OUR SELECTION • 1930
SQUATTER'S DAUGHTER, THE • DOWN UNDER • 1933
CINESOUND VARIETIES • 1934 • SHT
SILENCE OF DEAN MAITLAND, THE • 1934
GRANDAD RUDD • 1935
ORPHAN OF THE WILDERNESS • CHUT, ORPHAN OF THE WILDERNESS ○ WILDERNESS ORPHAN • 1936
THOROUGHBRED • 1936
IT ISN'T DONE • 1937
LOVERS AND LUGGERS • 1937
TALL TIMBERS • 1937
BROKEN MELODY, THE • VAGABOND VIOLINIST, THE • 1938
DAD AND DAVE COME TO TOWN • RUDD FAMILY GOES TO TOWN, THE • 1938
LET GEORGE DO IT • IN THE NICK OF TIME • 1938
WILD INNOCENCE • 1938
MR. CHEDWORTH STEPS OUT • 1939
DAD RUDD, M.P. • 1940
GONE TO THE DOGS • 1940
IN THE NICK OF TIME • 1940
ANZACS IN OVERALLS • 1942 • DOC
100,000 COBBERS • 1942 • DOC
SOUTH WEST PACIFIC • 1943 • DOC
SMITHY • PACIFIC ADVENTURE (USA) ○ SOUTHERN CROSS (UKN) • 1946
BUSHLAND SYMPHONY • 1952 • DOC
MUSIC IN OUR SCHOOLS • 1953 • DOC
SOUTH PACIFIC PLAYGROUND • 1953 • DOC
KURNELL STORY, THE • 1957 • DOC

HALL KENNETH J. – USA
EVIL SPAWN • METAMORPHOSIS ○ ALIVE BY NIGHT ○ DEADLY STING • 1987

HALL MARK – Animator – UKN
WIND IN THE WILLOWS, THE • 1983 • ANM

HALL PETER – Stage director – UKN – 1930–
WORK IS A FOUR LETTER WORD • 1967
MIDSUMMER NIGHT'S DREAM, A • 1968
THREE INTO TWO WON'T GO • 1969
PERFECT FRIDAY • 1970
HOMECOMING, THE • 1973
AKENFIELD • 1975
SHE'S BEEN AWAY • 1989

HALL ROBERT – USA
WHAT A HEAD! • 1931

HALL RUSSELL – UKN
TRANS SIBERIAN EXPRESS, THE • 1974
IMPERIAL GUARD CAVALRY • COUNT PUSHKIN VODKA • 1976
SCHWARZER KATER: LOVERS • LOVERS • 1980

HALL SHERIDAN – USA
STEADFAST HEART, THE • 1923

HALL WALTER – USA
HALL WALTER RICHARD
HATE • 1917
DARING AND DYNAMITE • 1918 • SHT
DUKES AND DOLLARS • 1918 • SHT
HULA HULAS AND HOKUS POKUS • 1918 • SHT
STRIPES AND STARS • 1918 • SHT
WILD WOMEN AND WILD WAVES • 1918 • SHT
IM SCHATTEN DER MOSCHEE • 1923

HALL WALTER RICHARD see **HALL WALTER**

HALLADIN DANUTA – PLN – 1930–
SAMI NA SWIECIE • ALONE IN THE WORLD • 1958 • DOC
PIERWSZA KLASA • CLASS ONE ○ FIRST GRADE • 1959 • DOC
PLOCK 1960 • 1960 • DOC
WIEZA MALOWANA • PAINTED TOWER, THE • 1961 • DOC
NIEPOTRZEBNI • NOT NEEDED • 1962 • DOC
NIEOBECNI • ABSENT • 1963 • DOC
U "ROZY" OD 6-TEJ DO 11-TEJ • AT "ROZA" FROM 6 TO 11 • 1963 • DOC
DWIE NAPRAWY • TWO REPAIRS • 1964 • DOC
MOJA ULICA • MY STREET • 1965 • DOC
WIES NAD BUGIEM • VILLAGE ON THE BUG, A • 1965 • DOC
JUNACY • BRAVE FELLOWS • 1967 • DOC
BYLO WESELE.. • WEDDING TOOK PLACE.., A • 1968 • DOC
PIERWSZY BIALO-CAERWONY • FIRST WHITE AND RED, THE • 1969 • DOC
MLODZI Z BRZOZY • YOUNG PEOPLE FROM BRZOZA • 1970 • DOC
OBOZ NA PRZEMYSLOWEJ • CAMP AT PRZEMYSLOWA STREET, THE • 1970 • DOC
RODZINA • FAMILY, THE • 1971 • DOC
MATURZYSCI • SCHOOL LEAVERS, THE • 1972 • DOC

HALLAM PAUL – UKN
NIGHTHAWKS • 1978

HALLDOFF JAN – SWD – 1939–
HALLDOFF JANNE
MYTEN • MYTH, THE ○ DELIRIUM • 1965
NILSSON • 1965
LIVET AR STENKUL • LIFE'S JUST GREAT • 1967
OLA & JULIA • OLAF AND JULIA • 1967
KORRIDOREN • CORRIDOR, THE • 1968
STRAFF • DREAM OF FREEDOM, A ○ DROM OM FRIHET, EN • 1969
ROTMANAD • WHAT ARE YOU DOING AFTER THE ORGY? ○ DOG DAYS • 1970
FIRMAFESTEN • OFFICE PARTY, THE • 1973
STENANSIKTET • STONE FACE • 1973
WEDDING PARTY -SWEDISH STYLE • 1973
SISTA AVENTYRET, DEN • LAST ADVENTURE, THE • 1975
POLARE • BUDDIES • 1976
JACK • WHAT THE HELL, JACK! • 1977
CHEZ NOUS • 1978
KLIPPET • SHAM, THE • 1982

HALLDOFF JANNE see **HALLDOFF JAN**

HALLDORSDOTTIR GUDNY – ICL
BENEATH THE GLACIER • 1989

HALLE BARTHOLD – NRW
UNGEN • BABY, THE • 1974

HALLENBECK E. DARRELL – USA
ONE OF OUR SPIES IS MISSING • 1966 • MTV

HALLER DAN see **HALLER DANIEL**

HALLER DANIEL – USA – 1926–
HALLER DAN
MONSTER OF TERROR • DIE, MONSTER, DIE (USA) ○ HOUSE AT THE END OF THE WORLD • 1965
DEVIL'S ANGELS • 1967
WILD RACERS, THE • 1968
PADDY • GOODBYE TO THE HILL • 1969
DUNWICH HORROR, THE • 1970
PIECES OF DREAMS • 1970
DESPERATE MILES, THE • 1975 • TVM
KHAN • 1975 • TVM
MY SWEET LADY • 1975
SUNSHINE PART II • MY SWEET LADY (UKN) • 1975 • TVM
BLACK BEAUTY • 1978 • TVM
LITTLE MO • 1978 • TVM
SWORD OF JUSTICE • 1978 • TVM
BUCK ROGERS IN THE 25TH CENTURY • BUCK ROGERS • 1979
HIGH MIDNIGHT • 1979 • TVM
GEORGIA PEACHES, THE • 1980 • TVM
FOLLOW THAT CAR • 1981
KNIGHT RIDER • KNIGHT RIDER: THE ORIGINAL TV MOVIE • 1981 • TVM
MICKEY SPILLANE'S MARGIN FOR MURDER • MARGIN FOR MURDER (UKN) • 1981 • TVM

HALLER HERMANN – SWT – 1909–
FUSILIER WIPF • 1938
WEHRHAFTE SCHWEIZ • 1939
MIR LON NID LUGG • 1940
VERENA STADLER • 1940
HOTELPORTIER, DER • 1941

HALLERVORDEN DIDI – GRM
DIDI WIEDER VOLL IN FORM • DIDI IN FORM AGAIN • 1989

HALLET JEAN-PIERRE – FRN
PYGMIES • 1973 • DOC

HALLIG CHRISTIAN – GRM
GEHEIMNIS DES HOHEN FALKEN, DAS • STEINE GOTTIN, DIE • 1950

HALLIGAN GEORGE – USA
THOROBRED • 1922

HALLING DANIEL
COUNTERFEIT HERO

HALLIS RON – CND
TONY, RANDI AND MARIE • 1973 • DOC

HALLOWAY JACK – USA
MAN FROM MANHATTAN, THE • 1916
OVERALLS • 1916

HALLOWELL TODD – USA
LOVE OR MONEY • 1989

HALLSTROM DON – USA
RIDE, MISTER? • 1970

HALLSTROM LASSE – SWD – 1946–
KILLE OCH EN TJEJ, EN • BOY MEETS GIRL ○ LOVER AND HIS LASS, THE • 1974
IT WAS A LOVER AND HIS LASS • 1975
ABBA -THE MOVIE • 1977
JAG AR MED BARN • FATHER TO BE • 1979
TUPPEN • ROOSTER, THE • 1981
TVA KILLAR OCH EN TJEJ • HAPPY WE • 1983
ALLA VI BARN I BULLERBYN • CHILDREN OF BULLERBY VILLAGE, THE • 1986
MITT LIV SOM HUND • MY LIFE AS A DOG (UKN) • 1986
MER OM OSS BARN I BULLERBYN • MORE ABOUT THE CHILDREN OF BULLERBY VILLLAGE • 1988
ONCE AROUND • 1990

HALLSTROM ROLAND – FNL
NOITA PALAA ELAMAAN • WITCH, THE (USA) ○ WITCH RETURNS TO LIFE, THE • 1952
RYYSYRANNAN JOOSEPPI • JOSEPH OF RYYSYRANTA • 1955

HALLUM ALISTER – UKN
NEWS FROM NOWHERE • 1978

HALM ALFRED – GRM
FREDALL H.
AMOR IN QUARTIER • 1915
ECHT DEUTSCHER SIEG, EIN • 1915
IHR UNTER OFFIZIER • 1915
KLEINE HELDIN, DIE • 1915
MAJORATSERBE, DER • 1915
TEDDYS FRUHLINGSFAHRT • 1915
TEDDYS GEBURTSTAGSGESCHENK • 1915
FRAU MARIAS ERLEBNIS • 1917
GESCHLECHT DER SCHELME 1, DAS • 1917
RING DER GIUDITTA FOSCARI, DER • 1917
STURMFLUT • 1917
AM ANDERN UFER • 1918
AM SCHWEIDEWEGE • 1918
DREIZEHN, DIE • 1918
EUGEN ONEGIN • 1918
FRUHLINGSLIED, DAS • 1918
GESCHLECHT DER SCHELME 2, DAS • 1918
GRAF MICHAEL • 1918
HALKAS GELOBNIS • 1918
MAXIMUM • 1918
NONNE UND DER HARLEKIN, DIE • 1918
RAFAELA • 1918
ROSE VON DSCHIANDUR, DIE • 1918
SERENYI, DIE • 1918
VERLORENE PARADIES, DAS • 1918
VERLORENE SOHN, DER • LUKAS KAPITEL 15 • 1918
VERTEIDIGERIN, DIE • 1918
FIDELIO • 1919
GOLDENE KLUB, DER • 1919
JUNGE DAME VON WELT, EINE • 1919
MILLIONENMADEL, DAS • 1919
POGROM • 1919
PRINZESSCHEN • 1919
ROSE BERND • 1919
SUHNE DER MARTHA MARX, DIE • 1919
TOCHTER DES MEHAMED, DIE • 1919
WERKZEUG DES COSIMO, DAS • 1919
GALANTE KONIG, DER • AUGUST DER STARKE • 1920
GOLDENE KRONE, DIE • 1920
LETZTEN KOLCZAKS, DIE • POLENBLUT • 1920
MARCHESA D'ARMINIANI, DIE • 1920
MILLIONENERBSCHAFT, DIE • 1920
AUS DEM SCHWARZBUCH EINES POLIZEIKOMMISSARS 2 • VERBRECHEN AUS LEIDENSCHAFT • 1921
DAME UND DER LANDSTREICHER, DIE • 1921
KLEINE DAGMAR, DIE • 1921
SCHWARZE GOTT, DER • 1921
SCHWUR DES PETER HERGATZ, DER • 1921
ZWEITE LEBEN, DAS • 1921
GESCHLECHT DER GRAFEN VON GHEYN, DAS • 1922
MARQUISE VON POMPADOUR, DIE • 1922
WEIB AUF DEM PANTHER, DAS • 1922
FREUND RIPP • 1923
FAMILIE SCHIMEK • WIENER HERZEN • 1925
MANN AUF DEM KOMETEN, DER • MAN FROM THE COMET, THE • 1925

HALOR ANTONI – PLN
TESTAMENT • 1970
CZARNE ZIELONE • BLACK GREEN • 1971
JEDEN PLUS JEDEN • ONE PLUS ONE • 1971

HALOT GEORGES – FRN
MAGNETIC SQUIRT, THE • 1909

HALPERIN VICTOR see **HALPERIN VICTOR HUGO**

HALPERIN VICTOR HUGO – USA – 1895–
HALPERIN VICTOR
TEA -WITH A KICK • 1923
GREATER THAN MARRIAGE • 1924
WHEN A GIRL LOVES • 1924
SCHOOL FOR WIVES • 1925
UNKNOWN LOVER, THE • 1925
IN BORROWED PLUMES • BORROWED PLUMES (UKN) • 1926
DANCE MAGIC • 1927
EX-FLAME • MIXED DOUBLES • 1930
PARTY GIRL • DANGEROUS BUSINESS • 1930
WHITE ZOMBIE • 1932
SUPERNATURAL • 1933
I CONQUER THE SEA • 1936
REVOLT OF THE ZOMBIES • REVOLT OF THE DEMONS • 1936
NATION AFLAME, A • 1938
TORTURE SHIP • 1939
BURIED ALIVE • 1940
GIRLS TOWN • 1942

HALPERN DAVID M. – USA
I'M A STRANGER HERE MYSELF • 1974

HAMADA KHALID – SYR – 1930–
HAMADAH KHALID
SHUMUSUN SAGHIRA • PETITS SOLEILS, LES • 1968 • SHT
SIKKIN, AS- • KNIFE, THE • 1970
MUALLIM, AL- • INSTITUTEUR, L' • 1974
MUDANNASSA, AL- • 1974

HAMADAH KHALID see **HAMADA KHALID**

HAMBLEY GLENDA – ASL
FRAN • 1985

HAMBURGER – GRM
IRRFAHRT INS GLUCK • 1914

HAMBURGER LUDWIG – GRM
SCHWARZE HANNE, DIE • 1926

HAMEED A. – PKS
GULBADAN

HAMEIRI YAACOV – ISR
SHESHET HAYAMIM • SIX DAYS TO ETERNITY (USA) • 1968 • DOC

HAMEL PETER – GRM
HANS IM GLUCK • 1949
OH, DU LIEBER FRIDOLIN • 1952
MIT ROSEN FANGT DIE LIEBE AN • 1957
ZWEI MATROSEN AUF DER ALM • 1957
VERLIEBT IN HEIDELBERG • 1964

HAMELBERG ANDREAS – NTH
REIS DOOR HET ZAND • JOURNEY THROUGH SAND • 1982

HAMER ROBERT – UKN – 1911–1963
DEAD OF NIGHT • 1945
PINK STRING AND SEALING WAX • 1945
IT ALWAYS RAINS ON SUNDAYS • 1947
LOVES OF JOANNA GODDEN, THE • 1947
KIND HEARTS AND CORONETS • 1949
SPIDER AND THE FLY, THE • 1949
HIS EXCELLENCY • 1952
LONG MEMORY, THE • 1953
FATHER BROWN • DETECTIVE, THE (USA) • 1954
TO PARIS WITH LOVE • 1955
SCAPEGOAT, THE • 1959
SCHOOL FOR SCOUNDRELS OR HOW TO WIN WITHOUT ACTUALLY CHEATING • SCHOOL FOR SCOUNDRELS • 1960

HAMILTON DAVID – Photographer – UKN – 1933–
BILITIS • 1977
LAURA, LES OMBRES DE L'ETE • LAURA, SHADOWS OF A SUMMER ○ LAURA • 1979
TENDRES COUSINES • COUSINS IN LOVE • 1980
ETE A SAINT-TROPEZ, UN • SUMMER IN SAINT TROPEZ, A • 1981
PREMIERS DESIRS • 1983

HAMILTON G. P. – USA
HAMILTON GILBERT P.
CHIQUITA THE DANCER • 1912
GERONIMO'S LAST RAID • 1912
PERIL OF THE PLAINS, THE • 1912
IN THE MOUNTAINS OF VIRGINIA • 1913
RED SWEENEY'S DEFEAT • 1913
SINGLE-HANDED JIM • 1913
TALE OF DEATH VALLEY, A • 1913
TAMING A COWBOY • 1913
TRAIL OF CARDS, THE • 1913
TRAPPED IN A FOREST FIRE • 1913
TRAVELLERS OF THE ROAD • 1913
UNWRITTEN LAW OF THE WEST • 1913
CAPTAIN JUNIOR • 1914
COLONEL'S ORDERLY, THE • 1914
EVEN UNTO DEATH • 1914
FOREST VAMPIRES, THE • 1914
HIS HEART, HIS HAND AND HIS SWORD • 1914
IN TUNE • 1914
JAIL BIRDS • 1914
LEGEND OF BLACK ROCK, THE • 1914
LIMPING INTO HAPPINESS • 1914
LOST TREASURE, THE • 1914
LUST OF THE RED MAN, THE • 1914
NORTH OF 53 • 1914
"POTE LARIAT" OF THE FLYING A, THE • 1914
PRICE OF CRIME, THE • 1914
SAMSON • 1914
SILENT MESSENGER, THE • 1914
SOUL MATES • 1914
TIGHTWAD, THE • 1914
IN THE SAGE BRUSH COUNTRY • 1915
INHERITED PASSIONS • 1916
MATERNAL SPARK, THE • 1917
CAPTAIN OF HIS SOUL • 1918
EVERYWOMAN'S HUSBAND • 1918

FALSE AMBITION • 1918
GOLDEN FLEECE, THE • 1918
HIGH TIDE • 1918
LAST REBEL, THE • 1918
SOUL IN TRUST, A • 1918
VORTEX, THE • 1918
COAX ME • TANGLED ROMANCE, A • 1919
OPEN YOUR EYES • 1919
WOMAN OF LIES • 1919
TIGER BAND, THE • 1920 • SRL

HAMILTON GILBERT P. see **HAMILTON G. P.**

HAMILTON–GRANT DAVID see **GRANT DAVID**

HAMILTON GUY – FRN – 1922–
RINGER, THE • 1952
INTRUDER, THE • 1953
INSPECTOR CALLS, AN • 1954
COLDITZ STORY, THE • 1955
CHARLEY MOON • 1956
MANUELA • STOWAWAY GIRL (USA) • 1957
DEVIL'S DISCIPLE, THE • 1959
TOUCH OF LARCENY, A • 1959
DUE NEMICI, I • BEST OF ENEMIES, THE (UKN) • 1962
MAN IN THE MIDDLE • WINSTONE AFFAIR, THE • 1963
PARTY'S OVER, THE • 1963
GOLDFINGER • 1964
FUNERAL IN BERLIN • HARRY PALMER RETURNS • 1966
BATTLE OF BRITAIN • 1969
DIAMONDS ARE FOREVER • 1971
LIVE AND LET DIE • 1973
MAN WITH THE GOLDEN GUN, THE • 1974
FORCE 10 FROM NAVARONE • 1978
MIRROR CRACK'D, THE • 1980
EVIL UNDER THE SUN • 1982
REMO WILLIAMS: THE ADVENTURE BEGINS • REMO WILLIAMS ..UNARMED AND DANGEROUS ○ REMO: UNARMED AND DANGEROUS ○ REMO WILLIAMS: THE ADVENTURE CONTINUES • 1985
TRY THIS ONE FOR SIZE • 1989

HAMILTON LLOYD – USA – 1891–1935
HAMILTON LLOYD V.
RASKEY'S ROAD SHOW • 1915
DAY OUT OF JAIL, A • 1917 • SHT
GALLANT GHOST HOUNDS • 1918
WASTER'S WASTED LIFE, A • 1918

HAMILTON LLOYD V. see **HAMILTON LLOYD**

HAMILTON MICHAEL see **SCARDAMAGLIA ELIO**

HAMILTON ROLLIN – USA
GAY GAUCHO, THE • 1933 • ANS

HAMILTON STRATHFORD – USA
BLUEBERRY HILL • 1988

HAMILTON WILLIAM – USA
FRECKLES • 1935
SEVEN KEYS TO BALDPATE • 1935
BUNKER BEAN • HIS MAJESTY BUNKER BEAN (UKN) • 1936
MURDER ON A BRIDLE PATH • 1936
CALL OUT THE MARINES • 1942

HAMILTON WRAY – USA
SOFT PLACES • 1978

HAMINA MOHAMED LAKHDAR – ALG – 1934–
LAKHDAR–HAMINA MOHAMED
FOIS DE PLUS, UNE • 1963 • DCS
LUMIERE POUR TOUS • 1963 • DCS
PROMESSE DE JUILLET • 1963 • DCS
TU CHERCHES LA SCIENCE • 1963 • DCS
ASSIFAT AL–AOURAS • ORACLE WINDS, THE ○ WIND FROM AURES ○ VENT DES AURES, LE • 1967
HASSAN TERRO • "TERRORIST" HASSAN, THE ○ HASSAN–TERVO • 1967
DERNIER CREPUSCULE, LE • 1969
DECEMBRE • 1972
AHDAT SANAWOUACH EL–DJAMR • CHRONICLE OF THE HOT YEARS ○ CHRONIQUE DES ANNEES DE BRAISE ○ CHRONICLE OF THE YEARS OF THE BRAZIER ○ CHRONICLE OF THE YEARS OF EMBERS • 1975
VENT DE SABLE • 1982

HAMLIN JEROME – USA
INVASION OF THE LOVE DRONES • 1975

HAMMAN F. C. – SAF
SING VIR DIE HARLEKYN • SING FOR THE HARLEQUIN • 1979

HAMMAN JEAN see **HAMMAN JOE**

HAMMAN JOE – FRN – 1885–
HAMMAN JEAN
GARDIAN, LE • 1920
ETRANGE AVENTURE, L' • 1922
FILLE DE PACHAS, LA • 1926
GRANDE EPREUVE, LA • 1927
CAPRICE DE LA POMPADOUR, UN • 1930
GROCK • 1931
MONTS EN FLAMMES, LES • REBELLES, LES • 1931
AU PAYS DES ETANGS CLAIRS • 1950

HAMMER BARBARA – USA
ENDANGERED • 1989 • SHT

HAMMER ERICH – Animator – GRM
BIMBO • ANM
GHOST IN THE VILLAGE, THE • ANM

HAMMER ROBERT – USA
DON'T ANSWER THE PHONE! • HOLLYWOOD STRANGLER, THE • 1980

HAMMER WILL – Producer – UKN – 1887–
MUSICAL MERRYTONE NO.1 • 1936
POLLY'S TWO FATHERS • 1936

HAMMERICH RUMLE – DNM
OTTO ER ET NAESEHORN • OTTO THE RHINO ○ OTTO IS A RHINO • 1982

HAMMID ALEX see **HAMMID ALEXANDER**

HAMMID ALEXANDER – AUS – 1907–
HAMMID ALEX • HACKENSCHMIED ALEXANDER
BEZUCELNA PROCHAZKA • AIMLESS WALK • 1930 • SHT
NA PRAZSKEM HRADE • PRAGUE CASTLE ○ MUSIC OF ARCHITECTURE • 1932 • SHT
JACHYMOV • 1934 • DCS
KARLOVY VARY • 1934 • DCS
MESTO ZIVE VODY • CITY OF LIVE WATER • 1934 • DCS
MESHES OF THE AFTERNOON • 1943 • SHT
VALLEY OF THE TENNESSEE • 1944 • DOC
BETTER TOMORROW, A • 1945 • DOC
LIBRARY OF CONGRESS • 1945 • DOC
PRIVATE LIFE OF A CAT, THE • 1945
HYMN TO THE NATIONS • TOSCANINI: HYMN TO THE NATIONS ○ HYMN OF THE NATIONS • 1946 • DOC
TERRIBLY TALENTED • 1948 • DOC
MARRIAGE FOR MODERNS • 1949
ANGRY BOY • 1950
OF MEN AND MUSIC • 1950
GENTLEMEN IN ROOM 8 • 1951
MEDIUM, THE • 1951
SHRIMP FISHERMAN • 1953 • DOC
CONVERSATION WITH ARNOLD TOYNBEE • 1954
OPERATION HOURGLASS • 1954
WORKSHOP FOR PEACE • 1954 • SHT
KID BROTHER • 1956
ISRAEL, AN ADVENTURE • 1957
POWER AMONG MEN • 1958 • SHT
NIGHT JOURNEY • 1960
PABLO CASALS MASTER CLASS • 1960
COLLAGE • 1961
FAMILY CENTERED MATERNITY CARE • 1961 • DOC
RIVER MUSIC • 1961
JASCHA HEIFETZ MASTER CLASS • 1962
TO BE ALIVE • 1962 • SHT
TO THE FAIR! • 1965 • DOC
WE ARE YOUNG • 1967 • SHT
US • 1968
LIVING EARTH, THE • 1978

HAMMOND ARTHUR – CND
NEVER A BACKWARD STEP • PRESSE ET SON EMPIRE, LA • 1967
THIS LAND • 1970
AFTER MR. SAM • 1974 • DOC

HAMMOND JOHN JR. – USA
LARRY JOHNSON • 1970 • SHT

HAMMOND PETER – Actor – UKN – 1923–
SPRING AND PORT WINE • 1970

HAMMOND WILLIAM C. – Writer – UKN – 1898–
JEAN'S PLAN • 1946
SECRET TUNNEL, THE • 1947
FOOL AND THE PRINCESS, THE • 1948
LONE CLIMBER, THE • 1950
LOOKING FOR TROUBLE • 1951
FLYING EYE, THE • 1955
CARRINGFORD SCHOOL MYSTERY, THE • 1958 • SRL
ROCKETS IN THE DUNES • 1960

HAMPTON BENJAMIN B. – USA
MAN OF THE FOREST, THE • 1921
MYSTERIOUS RIDER • 1921
GOLDEN DREAMS • 1922
HEART'S HAVEN • 1922

HAMPTON JESSE D. – USA
DRIFTERS, THE • 1919
END OF THE GAME, THE • 1919
WHAT EVERY WOMAN WANTS • 1919

HAMPTON ROBERT see **FREDA RICCARDO**

HAMPTON WILLIAM J. – USA
METAMORPHOSIS • 1951

HAMRLIN KEN – USA
WINTER SOLDIER • 1972 • DOC

HAMUS PAULL see **BATZELLA LUIGI**

HAMZA D. A. – ITL
CANTORIA D'ANGELI • 1949 • SHT
PONTI E PORTE DE ROMA • 1949 • SHT
PRIMAVERA DEL PAPA, LA • 1949 • SHT
STRANO APPUNTAMENTO • STRANGE APPOINTMENT • 1951

HANAK DUSAN – CZC – 1938–
UCENIE • APPRENTICESHIP • 1965
322 • 1969
OBRAZY STAREHO SVETA • PICTURES OF THE OLD WORLD ○ IMAGES OF AN OLD WORLD • 1972 • DCS
RUZOVE SNY • ROSE–TINTED DREAMS ○ PINK DREAMS ○ ROSE DREAMS • 1976
JA MILUJEM, TY MILUJES • I LOVE, YOU LOVE • 1980
SILENT JOY • 1986

HANBURY VICTOR – Producer – UKN – 1897–1954
BEGGAR STUDENT, THE • 1931
WHERE IS THIS LADY? • 1932
DICK TURPIN • 1933
NO FUNNY BUSINESS • PROFESSIONAL CO–RESPONDENTS • 1933
SPRING IN THE AIR • 1934
THERE GOES SUSIE • SCANDALS OF PARIS (USA) • 1934
ADMIRALS ALL • 1935
CROUCHING BEAST, THE • 1935
AVENGING HAND, THE • 1936
BALL AT SAVOY • 1936
BELOVED IMPOSTOR • 1936
SECOND BUREAU • 1936
RETURN OF A STRANGER • FACE BEHIND THE SCAR, THE (USA) ○ RETURN OF THE STRANGER • 1937
SPRING HANDICAP • 1937

*HANBURY VICTOR** see **LOSEY JOSEPH**

HANCER NISAN – TRK
TILKI SELIM • CRAFTY SELIM • 1966
BENI KATIL ETTILER • THEY MADE ME A KILLER • 1967
DEMIR YUMRUKLU UCLER • STEEL–FISTED TRIO, THE • 1967
KARA KARTAL • BLACK EAGLE, THE • 1967
BIR MAHKUM KACTI • CONVICT HAS ESCAPED, A • 1968
INCILI CAVUS • PEARLED SERGEANT, THE • 1968
KARA ATMACANIN INTIKAMI • REVENGE OF THE BLACK HAWK, THE • 1968

HANCOCK BILL – USA
JAZZ HOOFER: THE LEGENDARY BABY LAURENCE • 1981

HANCOCK H. E. – USA
BEAUTY AND THE BEAST • 1916
IT'S NEVER TO LATE • 1916 • SHT
SHARKS IS SHARKS • 1917 • ANS

HANCOCK HERBERT – USA
LEECH, THE • 1921

HANCOCK JOHN – USA – 1939–
STICKY MY FINGERS -FLEET MY FEET • SHT
LET'S SCARE JESSICA TO DEATH • 1971
BANG THE DRUM SLOWLY • 1973
BABY BLUE MARINE • 1976
CALIFORNIA DREAMING • 1979
WEEDS • HONOUR AMONG THIEVES • 1987
PRANCER • 1989
STEAL THE SKY • 1989

HAND DAVID – Animator – USA – 1900–
UNNATURAL HISTORY • 1925–27 • ASS
TAIL OF THE MONKEY, THE • 1926 • ANS
TRADER MICKEY • 1932 • ANS
BUILDING A BUILDING • 1933 • ANS
MAD DOCTOR, THE • 1933 • ANS
MAIL PILOT, THE • 1933 • ANS
OLD KING COLE • 1933 • ANS
CAMPING OUT • 1934 • ANS
DOG NAPPER, THE • 1934 • ANS
FLYING MOUSE, THE • 1934 • ANS
MICKEY'S STEAMROLLER • 1934 • ANS
MICKEY'S KANGAROO • 1935 • ANS
MICKEY'S MAN FRIDAY • 1935 • ANS
PLUTO'S JUDGMENT DAY • 1935 • ANS
ROBBER KITTEN, THE • 1935 • ANS
THREE ORPHAN KITTENS • 1935 • ANS
WHO KILLED COCK ROBIN? • 1935 • ANS
ALPINE CLIMBERS • 1936 • ANS
COUNTRY COUSIN, THE • 1936 • ANS
MICKEY'S POLO TEAM • 1936 • ANS
MOTHER PLUTO • 1936 • ANS
THREE BLIND MOUSKETEERS • 1936 • ANS
THREE LITTLE WOLVES • 1936 • ANS
THRU THE MIRROR • 1936 • ANS
LITTLE HIAWATHA • 1937 • ANS
MAGICIAN MICKEY • 1937 • ANS
SNOW WHITE AND THE SEVEN DWARFS • 1937 • ANM
BAMBI • 1942 • ANM
VICTORY THROUGH AIR POWER • 1943
BIRDS IN THE SPRING • 1973 • ANS

HAND FLETCHER – USA
RAGINA'S SECRETS • DR. BYRD UNLOCKS RAGINA'S SECRETS ○ REGINA'S SECRETS ○ DR. BYRD • 1969

HAND HARRY E. see **HAND SLIM**

HAND SLIM – Prod. manager – UKN – 1902–
HAND HARRY E.
PENNY AND THE POWNALL CASE • 1948

HANDEL LEO see **HANDEL LEO A.**

HANDEL LEO A. – Producer – USA
HANDEL LEO
CASE OF PATTI SMITH, THE • SHAME OF PATTI SMITH, THE • 1962

HANDKE PETER – GRM – 1942–
LINKSHANDIGE FRAU, DIE • LEFT–HANDED WOMAN, THE • 1978

HANDLER KEN – USA
DELIVERY BOYS • 1984

HANDLER MARIO – VNZ
MEJOR EDUCACION, YA • BETTER EDUCATION, JUST NOW • 1974 • DOC
DOS PUERTOS Y UN CERRO • TWO PORTS AND A MOUNTAIN ○ TWO PORTS AND A MINE • 1977 • DOC
MEZTIZO, EL • MIXED BLOOD, THE ○ MIXED–BLOOD, THE • 1989

HANDLEY JIM – Animator – USA
FANTASIA • 1940 • ANM
RELUCTANT DRAGON, THE • 1941

HANDWERKER MARIAN – BLG
CAGE AUX OURS, LA • BEAR CAGE, THE • 1974
VOYAGE D'HIVER, LE • 1983

HANDWORTH HARRY – USA
TOLL OF MAMMON, THE • 1914
WHEN FATE LEADS TRUMPS • 1914
ANSELMO LEE • 1915
GYPSY TRAIL, THE • GONE TO THE DOGS • 1915
IN THE SHADOW • 1915
MY LOST ONE • 1915
YOUTH • 1915
ATRIE, THE MILLIONAIRE • 1916
QUESTION, THE • 1916

HANEDA SUMIKO – JPN

BALLAD OF HAYACHINE, THE • 1983 • DOC
HAYACHINE NO FU • TRADITIONAL DANCE AT HYACHINE VILLAGE • 1983
WORLD OF THE GERIATRICS, THE • 1985 • DOC

HANEKE MICHAEL – AUS

SIEBENTE KONTINENT, DER • SEVENTH CONTINENT, THE (UKN) • 1989

HANI SUSUMU – JPN – 1926–

SEIKATSU TO MIZU • WATER IN OUR LIFE • 1952 • DOC
MACHI TO GESUI • DRAINS IN THE CITY ◦ TOWN AND ITS DRAINS, THE • 1953 • DOC
YUKI MATSURI • SNOW FESTIVAL • 1953 • DOC
ANATA NO BIRU • YOUR BEER • 1954 • DOC
KYOSHITSU NO KODOMOTACHI • CHILDREN IN THE CLASSROOM • 1954 • DOC
EO KAKU KODOMOTACHI • CHILDREN WHO DRAW PICTURES • 1956 • DOC
GROUP NO SHIDO • GROUP GUIDANCE ◦ GROUP INSTRUCTION • 1956 • DOC
SOSEIJI GAKKYU • TWIN SISTERS • 1956 • DOC
DOBUTSUEN NIKKI • ZOO DIARY ◦ ZOO STORY • 1957
HORYU-JI • HORYUJI TEMPLE ◦ HORYU TEMPLE • 1958 • DOC
SHIGA NAOYA • 1958 • DOC
UMI WA IKITEIRU • LIVING SEA, THE • 1958 • DOC
COUNTERFEITING INVESTIGATION • 1959 • DOC
GYOJI • 1959 • DOC
ITAMAE • 1959 • DOC
LIFE IN THE MOUNTAINS, A • 1959 • DOC
NIHON NO BUYO • DANCES IN JAPAN • 1959
TEMPLE CARPENTER • 1959 • DOC
FURYO SHONEN • BAD BOYS (USA) • 1961
MITASARETA SEIKATSU • FULL LIFE, A (USA) • 1962
PARADISO DELL'UOMO, IL • GIAPPONE PROIBITO • 1962 • DOC
TE O TSUNAGU KORA • CHILDREN HAND IN HAND (USA) • 1962
KANOJO TO KARE • SHE AND HE ◦ HE AND SHE • 1963
BUWANA TOSHI NO UTA • BWANA TOSHI (USA) ◦ SONG OF BWANA TOSHI, THE • 1965
ANDESU NO HANAYOME • BRIDE OF THE ANDES (UKN) • 1966
BRAMBLE BUSH, THE • 1967
HATSUKOI JIGOKU-HEN • NANAMI: INFERNO OF FIRST LOVE ◦ INFERNO OF FIRST LOVE, THE • 1968
AIDO • AIDO -SLAVE OF LOVE • 1969
KOI NO DAIBOKEN • GREAT ADVENTURE OF LOVE • 1970
MIO • 1970
YOSEI NO UTA • 1971
GOZENCHO NO JIKANWARI • MIDMORNING SCHEDULE ◦ MORNING SCHEDULE ◦ TIMETABLE • 1972
AFURIKA MONOGATARI • GREEN HORIZON, THE ◦ TALE OF AFRICA, A ◦ AFRICA STORY ◦ AFRICA MONOGATARI ◦ GREEN HORIZONS • 1981
YOGEN • PROPHECY, THE • 1982
REKISHI, KAKU KYORAN NO JIDAI • HISTORY, AGE OF NUCLEAR MADNESS, THE • 1984 • DOC

HANIBAL JIRI – CZC – 1929–

VSUDE ZIJI LIDE • THERE ARE PEOPLE EVERYWHERE • 1960
LIFE WITHOUT A GUITAR • 1962
TALES ABOUT CHILDREN • 1963
SCHOOL FOR OFFENDERS • 1965
DUM ZTRACENYCH DUSI • HOUSE OF LOST SOULS, THE • 1967
MALE LETNI BLUES • LITTLE SUMMER BLUES • 1967
CERVENA KULNA • RED SHED, THE • 1968
HVEZDA • STAR, THE • 1969

HANIN ROGER – Actor – ALG – 1925–

PROTECTEUR, LE • 1974
FAUX-CUL, LE • FAUX CUL, LE ◦ PHONEY, THE • 1975
TRAIN D'ENFER • 1984

HANIN SERGE – FRN – 1929–

SCORPION, LE • SCORPIONE, LO (ITL) • 1964

HANKEY ANTHONY – UKN

TOO DANGEROUS TO LIVE • 1939

HANKINSON MICHAEL – Producer – UKN

CHICK • 1936
HOUSE BROKEN • 1936
SCARAB MURDER CASE, THE • 1936
TICKET OF LEAVE • 1936
DIG FOR VICTORY • 1941
LIFT YOUR HEAD, COMRADE • 1942

HANLEY J. – CND

CAMERA AND THE SONG, THE • 1975 • SER

HANMER CHARLES – UKN

BLACK DIAMONDS • 1932

HANNA BILL see **HANNA WILLIAM**

HANNA NANCY – UKN

MILDRED • 1960
BE CAREFUL BOYS • 1964

HANNA PAT – Actor/writer – NZL – 1888–1973

GEORGE RANDALL AND BABE SCOTT IN THE IMPOSTER • 1932 • SHT
JOE VALLI AND CHARLIE ALBERT IN LONG LOST SON • 1932 • SHT
LAVENDER AND LACE • 1932 • SHT
PAT HANNA IN THE GOSPEL ACCORDING TO CRICKET • 1932 • SHT
DIGGERS IN BLIGHTY • 1933
WALTZING MATILDA • 1933

HANNA WILLIAM – Animator – USA – 1910–

HANNA BILL

TO SPRING • 1936 • ANS
BLUE MONDAY • 1938 • ANS
WHAT A LION! • 1938 • ANS
GALLOPIN' GALS • 1940 • ANS
PUSS GETS THE BOOTS • 1940 • ANS
SWING SOCIAL • 1940 • ANS
GOOSE GOES SOUTH, THE • 1941 • ANS
MIDNIGHT SNACK, THE • 1941 • ANS
NIGHT BEFORE CHRISTMAS, THE • 1941 • ANS
OFFICER POOCH • 1941 • ANS
BOWLING ALLEY CAT, THE • 1942 • ANS
DOG TROUBLES • 1942 • ANS
FINE FEATHERED FRIEND • 1942 • ANS
FRAIDY CAT • 1942 • ANS
PUSS 'N' TOOTS • 1942 • ANS
BABY PUSS • 1943 • ANS
LONESOME MOUSE, THE • 1943 • ANS
SUFFERIN'S CATS • 1943 • ANS
WAR DOGS • 1943 • ANS
YANKEE DOODLE MOUSE, THE • 1943 • ANS
BODYGUARD, THE • 1944 • ANS
MILLION DOLLAR CAT • 1944 • ANS
MOUSE TROUBLE • 1944 • ANS
PUTTIN' ON THE DOG • 1944 • ANS
ZOOT CAT, THE • 1944 • ANS
FLIRTY BIRDY • 1945 • ANS
MOUSE COMES TO DINNER, THE • 1945 • ANS
MOUSE IN MANHATTAN • 1945 • ANS
QUIET PLEASE! • 1945 • ANS
TEE FOR TWO • 1945 • ANS
MILKY WAIF, THE • 1946 • ANS
SOLID SERENADE • 1946 • ANS
SPRINGTIME FOR THOMAS • 1946 • ANS
TRAP HAPPY • 1946 • ANS
CAT CONCERTO, THE • 1947 • ANS
CAT FISHIN' • 1947 • ANS
DR. JEKYLL AND MR. MOUSE • 1947 • ANS
INVISIBLE MOUSE, THE • 1947 • ANS
MOUSE IN THE HOUSE, A • 1947 • ANS
PART TIME PAL • 1947 • ANS
SALT WATER TABBY • 1947 • ANS
KITTY FOILED • 1948 • ANS
LITTLE ORPHAN, THE • 1948 • ANS
MOUSE CLEANING • 1948 • ANS
OLD ROCKIN' CHAIR TOM • 1948 • ANS
PROFESSOR TOM • 1948 • ANS
TRUCE HURTS, THE • 1948 • ANS
CAT AND MERMOUSE • CAT AND THE MERMOUSE, THE • 1949 • ANS
HATCH UP YOUR TROUBLES • 1949 • ANS
HEAVENLY PUSS • 1949 • ANS
JERRY'S DIARY • 1949 • ANS
LOVE THAT PUP • 1949 • ANS
POLKA DOT PUSS • 1949 • ANS
TENNIS CHUMPS • 1949 • ANS
CUEBALL CAT • 1950 • ANS
FRAMED CAT, THE • 1950 • ANS
JERRY AND THE LION • 1950 • ANS
LITTLE QUACKER • 1950 • ANS
SAFETY SECOND • 1950 • ANS
SATURDAY EVENING PUSS • 1950 • ANS
TEXAS TOM • 1950 • ANS
TOM AND JERRY IN THE HOLLYWOOD BOWL • 1950 • ANS
CAP NAPPING • 1951 • ANS
CASANOVA CAT • 1951 • ANS
HIS MOUSE FRIDAY • 1951 • ANS
JERRY AND THE GOLDFISH • 1951 • ANS
JERRY'S COUSIN • 1951 • ANS
NIT WITTY KITTY • 1951 • ANS
SLEEPY TIME TOM • 1951 • ANS
SLICKED-UP PUP • 1951 • ANS
TWO MOUSEKETEERS • 1951 • ANS
CRUISE CAT • 1952 • ANS
DOG HOUSE, THE • 1952 • ANS
DUCK DOCTOR • 1952 • ANS
FIT TO BE TIED • 1952 • ANS
FLYING CAT • 1952 • ANS
LITTLE RUNAWAY • 1952 • ANS
PUSH-BUTTON KITTY • 1952 • ANS
SMITTEN KITTEN • 1952 • ANS
TRIPLET TROUBLE • 1952 • ANS
JERRY AND JUMBO • 1953 • ANS
JOHANN MOUSE • 1953 • ANS
JUST DUCKY • 1953 • ANS
LIFE WITH TOM • 1953 • ANS
MISSING MOUSE, THE • 1953 • ANS
THAT'S MY PUP • 1953 • ANS
TWO LITTLE INDIANS • 1953 • ANS
BABY BUTCH • 1954 • ANS
DOWNHEARTED DUCKLING • 1954 • ANS
HIC-CUP PUP • 1954 • ANS
LITTLE SCHOOL MOUSE • 1954 • ANS
MICE FOLLIES • 1954 • ANS
NEOPOLITAN MOUSE • 1954 • ANS
PET PEEVE • 1954 • ANS
POSSE CAT • 1954 • ANS
PUPPY TALE • 1954 • ANS
TOUCHE, PUSSY CAT • 1954 • ANS
DESIGNS ON JERRY • 1955 • ANS
GOOD WILL TO MEN • 1955 • ANS
MOUSE FOR SALE • 1955 • ANS
PECOS PETE • 1955 • ANS
PUP ON A PICNIC • 1955 • ANS
SMARTY CAT • 1955 • ANS
SOUTHBOUND DUCKLING • 1955 • ANS
THAT'S MY MOMMY • 1955 • ANS
TOM AND CHERIE • 1955 • ANS
BARBECUE BRAWL • 1956 • ANS
BLUE CAT BLUES • 1956 • ANS
BUSY BUDDIES • 1956 • ANS
DOWNBEAT BEAR • 1956 • ANS
EGG AND JERRY, THE • 1956 • DCS
FLYING SORCERESS, THE • 1956 • ANS
MUSCLE BEACH TOM • 1956 • ANS
FEEDIN' THE KIDDIE • 1957 • ANS
GIVE AND TYKE • 1957 • ANS
MUCHO MOUSE • 1957 • ANS
SCAT CATS • 1957 • ANS
TIMID TABBY • 1957 • ANS
TOM'S PHOTO FINISH • 1957 • ANS
TOPS WITH POPS • 1957 • ANS
HAPPY GO DUCKY • 1958 • ANS
LITTLE BO BOPPED • 1958 • ANS
ROBIN HOODWINKED • 1958 • ANS
ROYAL CAT NAP • 1958 • ANS
TALE OF A WOLF • 1958 • ANS
TOT WATCHERS • 1958 • ANS
VANISHING DUCK • 1958 • ANS
WOLF HOUNDED • 1958 • ANS
LOOPY DE LOOP • 1959 • ASS
COUNT DOWN CLOWN • 1960 • ANS
CREEPY TIME PAL • 1960 • ANS
DO-GOOD WOLF, THE • 1960 • ANS
HAPPY GO LOOPY • 1960 • ANS
HERE KIDDIE KIDDIE • 1960 • ANS
LIFE WITH LOOPY • 1960 • ANS
NO BIZ LIKE SHOE BIZ • 1960 • ANS
SNOOPY LOOPY • 1960 • ANS
TWO-FACED WOLF • 1960 • ANS
BUNGLE UNCLE • 1961 • ANS
CATCH MEOW • 1961 • ANS
CHILD SOCK-OLOGY • 1961 • ANS
FEE FIE FOES • 1961 • ANS
KOOKY LOOPY • 1961 • ANS
LOOPY'S HARE-DO • 1961 • ANS
THIS IS MY DUCKY DAY • 1961 • ANS
TROUBLE BRUIN • 1961 • ANS
ZOO IS COMPANY • 1961 • ANS
BEARLY ABLE • 1962 • ANS
BEEF-FOR AND AFTER • 1962 • ANS
BUNNIES ABUNDANT • 1962 • ANS
CHICKEN FRACAS-SEE • 1962 • ANS
CHICKEN-HEARTED WOLF • 1962 • ANS
COMMON SCENTS • 1962 • ANS
DRUM-STICKED • 1962 • ANS
FALLIBLE FABLE, A • 1962 • ANS
JUST A WOLF AT HEART • 1962 • ANS
RANCID RANSOM • 1962 • ANS
SLIPPERY SLIPPERS • 1962 • ANS
SWASH BUCKLED • 1962 • ANS
WATCHA WATCHIN' • 1962 • ANS
BEAR HUG • 1963 • ANS
BEAR KNUCKLES • 1963 • ANS
BEAR UP • 1963 • ANS
BIG MOUSE-TAKE • 1963 • ANS
CROOK THAT CRIED WOLF, THE • 1963 • ANS
CROW'S FETE • 1963 • ANS
HABIT RABBIT • 1963 • ANS
NOT IN NOTTINGHAM • 1963 • ANS
PORK CHOP PHOOEY • 1963 • ANS
RAGGEDY RUG • 1963 • ANS
SHEEP STEALERS ANONYMOUS • 1963 • ANS
WOLF IN SHEEPDOG'S CLOTHING • 1963 • ANS
ELEPHANTASTIC • 1964 • ANS
HEY THERE, IT'S YOGI BEAR • 1964 • ANM
HORSE SHOO • 1964 • ANS
MAN CALLED FLINTSTONE, A • 1966 • ANM
TWENTY THOUSAND LEAGUES UNDER THE SEA • 20,000 LEAGUES UNDER THE SEA • 1973 • ANM
LUCKY LUKE, LES DALTONS EN CAVALE • DALTONS EN CAVALE, LES • 1983 • ANM
CHALLENGE OF THE GOBOTS: INVASION FROM THE 21ST LEVEL • 1985 • ANM
CHALLENGE OF THE GOBOTS: THE GOBOTRON SAGA • 1985 • ANM

HANNAH JACK – Animator – USA

DONALD'S DAY OFF • 1944 • ANS
EYES HAVE IT, THE • 1945 • ANS
NO SAIL • 1945 • ANS
DONALD'S DOUBLE TROUBLE • 1946 • ANS
DOUBLE DRIBBLE • 1946 • ANS
FRANK DUCK BRINGS 'EM BACK ALIVE • 1946 • ANS
KNIGHT FOR A DAY, A • 1946 • ANS
LIGHTHOUSE KEEPING • 1946 • ANS
SQUATTER'S RIGHTS • 1946 • ANS
BOOTLE BEETLE • 1947 • ANS
CHIP 'N' DALE • 1947 • ANS
CLOWN OF THE JUNGLE • 1947 • ANS
FOUL HUNTING • 1947 • ANS
STRAIGHT SHOOTERS • 1947 • ANS
DADDY DUCK • 1948 • ANS
INFERIOR DECORATOR • 1948 • ANS
TEA FOR TWO HUNDRED • 1948 • ANS
THEY'RE OFF • 1948 • ANS
THREE FOR BREAKFAST • 1948 • ANS
ALL IN A NUTSHELL • 1949 • ANS
DONALD'S HAPPY BIRTHDAY • 1949 • ANS
GREENER YARD, THE • 1949 • ANS
HONEY HARVESTER • 1949 • ANS
PUEBLO PLUTO • 1949 • ANS
SEA SALTS • 1949 • ANS
SLIDE DONALD SLIDE • 1949 • ANS
TOY TINKERS • 1949 • ANS
WINTER STORAGE • 1949 • ANS
BEE AT THE BEACH • 1950 • ANS
HOOK LION AND STINKER • 1950 • ANS
LION AROUND • 1950 • ANS
MORRIS, THE MIDGET MOOSE • 1950 • ANS
OUT ON A LIMB • 1950 • ANS
TRAILER HORN • 1950 • ANS
BEE ON GUARD • 1951 • ANS
CHICKEN IN THE ROUGH • 1951 • ANS
CORN CHIPS • 1951 • ANS
DUDE DUCK • 1951 • ANS
LUCKY NUMBER • 1951 • ANS
OUT OF SCALE • 1951 • ANS
TEST PILOT DONALD • 1951 • ANS
DONALD APPLECORE • 1952 • ANS
LAMBERT THE SHEEPISH LION • 1952 • ANS
LET'S STICK TOGETHER • 1952 • ANS
PLUTO'S CHRISTMAS TREE • 1952 • ANS
TRICK OR TREAT • 1952 • ANS
TWO CHIPS AND A MISS • 1952 • ANS
UNCLE DONALD'S ANTS • 1952 • ANS
CANVASBACK DUCK • 1953 • ANS
DON'S FOUNTAIN OF YOUTH • 1953 • ANS
FOOTBALL (NOW AND THEN) • 1953 • ANS
NEW NEIGHBOR, THE • 1953 • ANS
RUGGED BEAR • 1953 • ANS
WORKING FOR PEANUTS • 1953 • ANS
DRAGON AROUND • 1954 • ANS
FLYING SQUIRREL, THE • 1954 • ANS
GRIN AND BEAR IT • 1954 • ANS
SPARE THE ROD • 1954 • ANS
BEARLY ASLEEP • 1955 • ANS
BEEZY BEAR • 1955 • ANS
NO HUNTING • 1955 • ANS
UP A TREE • 1955 • ANS
HOOKED BEAR • 1956 • ANS
IN THE BAG • 1956 • ANS
BEE BOPPED • 1959 • ANS
FREELOADING FELINE • 1960 • ANS
HUNGER STRIFE • 1960 • ANS
SOUTHERN FRIED HOSPITALITY • 1960 • ANS
BEARS AND THE BEES • 1961 • ANS
BIRD WHO CAME TO DINNER, THE • 1961 • ANS
CLASH AND CARRY • 1961 • ANS
DOC'S LAST STAND • 1961 • ANS
EGGNAPPER • 1961 • ANS
FRANKENSTYMIED • 1961 • ANS
GABBY'S DINER • 1961 • ANS
POOP DECK PIRATE • 1961 • ANS
TIN CAN CONCERT • 1961 • ANS
WOODY'S KOOK-OUT • 1961 • ANS
CORNY CONCERTO, A • 1962 • ANS
FOWLED-UP BIRTHDAY • 1962 • ANS
MACKEREL MOOCHER • 1962 • ANS
PEST OF SHOW • 1962 • ANS
PUNCHY POOCH • 1962 • ANS
ROCK-A-BYE GATOR • 1962 • ANS
ROCKET RACKET • 1962 • ANS
VOODOO BOO-HOO • 1962 • ANS
FISH AND CHIPS • 1963 • ANS

HANNAM KEN – ASL – 1929–

CHARLES PERKINS • 1967 • DOC
OTHER SIDE OF PARADISE, THE • 1967 • DOC
RUPERT MURDOCH • 1967 • DOC
SUNDAY TOO FAR AWAY • 1974
BREAK OF DAY • 1976
SUMMERFIELD • 1977
DAWN! • 1979
MISMATCH • 1979 • MTV

ASSASSINATION RUN, THE • TREACHERY GAME, THE • 1984 • MTV
ROBBERY UNDER ARMS • 1985

HANNANT BRIAN – Writer – ASL – 1940–
THREE TO GO • 1970
FLASHPOINT • 1972
TIME GUARDIAN, THE • 1987

HANOOKA ITZHAK – USA
RED NIGHTS • 1987

HANOUN MARCEL – TNS – 1929–
GERARD DE LA NUIT • 1955 • SHT
HUITIEME JOUR, LE • 1959
SIMPLE HISTOIRE, UNE • SIMPLE STORY, A • 1959
AUTHENTIQUE PROCES DE CARL-EMMANUEL JUNG, L' • 1967
OCTOBRE A MADRID • 1967
ETE, L' • 1968
HIVER, L' • 1970
PRINTEMPS, LE • SPRING • 1971
AUTOMNE, L' • 1972
VERITE SUR L'IMAGINAIRE PASSION D'UN INCONNU • 1974
PROMENADE FLAMANDE • 1975 • SHT
REGARD, LE • EXTASE • 1976
VENTE SOUFFLE OU LE VENT, LE • 1976 • SHT
NUIT CLAIRE, LA • 1979
FILM, AUTOPORTRAIT, UN • 1982

HANSEL HOWARD see **HANSEL HOWELL**

HANSEL HOWELL – USA
HANSEL HOWARD
MILLION DOLLAR MYSTERY, THE • 1914 • SRL
ZUDORA • ZUDORA IN THE TWENTY MILLION DOLLAR MYSTERY ○ TWENTY MILLION DOLLAR MYSTERY, THE • 1914 • SRL
COLONEL CARTER OF CARTERSVILLE • 1915
HORRIBLE HYDE • 1915
LANGUAGE OF THE DUMB, THE • 1915
ROAD O'STRIFE • 1915 • SRL
SUCH THINGS REALLY HAPPEN • 1915
TILLIE'S TOMATO SURPRISE • 1915
BEYOND RECALL • 1916 • SHT
GOAD OF JEALOUSY, THE • 1916 • SHT
IRONY OF JUSTICE, THE • 1916 • SHT
LOST PARADISE, THE • BRANDING THE INNOCENT • 1916 • SHT
SILENT SHAME, THE • 1916 • SHT
SOLD OUT • 1916
TANGLED WEB, THE • 1916 • SHT
TIGHT REIN, THE • 1916 • SHT
TRIAL OF SOULS, A • 1916 • SHT
TRUTH CRASHED TO EARTH • 1916 • SHT
WEAKER STRAIN, THE • 1916 • SHT
WEIGHED IN THE BALANCE • 1916 • SHT
DEEMSTER, THE • 1917
LONG TRAIL, THE • 1917

HANSEL MARION – FRN – 1949–
LIT, LE • BED, THE • 1981
DUST • 1985
CRUEL EMBRACE, THE • 1987
NOCES BARBARES, LES • 1987
IL MAESTRO • MAESTRO • 1989

HANSEN BANG – NRW
SKRIFT I SNE • 1965

HANSEN DINO RAYMOND – DNM
SKAEVE DAGE I THY • 1970

HANSEN EDMOND – SWD
HAMNDEN AR LJUV • REVENGE IS SWEET • 1915
HJALTE MOT SIN VILJA • HERO IN SPITE OF HIMSELF, A • 1915
HOGSTA VINSTEN • FIRST PRIZE • 1915
KAMPEN OM EN REMBRANDT • FIGHT FOR THE REMBRANDT PAINTING, THE • 1915
ALDERDOM OCH DARSKAP • OLD AGE AND FOLLY • 1916
PA DETTA NUMERA VANLIGA SATT • IN THIS WAY WHICH IS SO USUAL NOWADAYS • 1916
SVARTSJUKANS FOLJDER • CONSEQUENCES OF JEALOUSY • 1916

HANSEN GUNNAR ROBERTSSON – ICL
HAFNARFJORDUR FYRR OG NU • HAFNARFJORDUR BEFORE AND NOW • 1968 • DOC

HANSEN KAI – USS
PIOTR VELIKY • PETER THE GREAT • 1910
L'KHAIM • 1911
1812 • 1912

HANSEN KARL – SWD
SEXUAL PRACTICES IN SWEDEN • 1970

HANSEN KENNETH – USA
FOUR ON THE FLOOR • 1970

HANSEN MARK – USA
ECSTASIES OF WOMEN, THE • 1969
LINDA AND ABILENE • 1969

HANSEN PAUL O. – USA
WILDERNESS CALLING • 1969 • DOC

HANSEN ROLF – GRM – 1904–
SCHONHEITSFLECKCHEN, DAS • 1936
GABRIELE, EINS, ZWEI, DREI • 1937
LEBEN KANN SO SCHON SEIN, DAS • ULTIMO ○ LIFE CAN BE SO BEAUTIFUL • 1938
SOMMER, SINNE, ERIKA • 1939
WEG INS FREIE, DER • WAY TO LIBERTY, THE • 1941
GROSSE LIEBE, DIE • GREAT LOVE, THE • 1942
DAMALS • 1943
ICH GLAUBE AN DICH • MATHILDE MOHRING • 1945
FOHN • WHITE HELL OF PITZ PALU, THE (USA) • 1950
VAGABUNDEN DER LIEBE • 1950
DOKTOR HOLL • ANGELIKA (USA) ○ AFFAIRS OF DR. HOLL • 1951
GROSSE VERSUCHUNG, DIE • 1952
LETZTE REZEPT, DAS • DESIRES (USA) • 1952
SAUERBRUCH • DAS WAR MEIN LEBEN • 1954
GELIEBTE FEINDIN • 1955
TEUFEL IN SEIDE • DEVIL IN SILK (USA) • 1956
LETZTEN WERDEN DIE ERSTEN SEIN, DIE • 1957
UND FUHRE UNS NICHT IN VERSUCHUNG • 1957
AUFERSTEHUNG • RESURRECTION ○ RESURREZIONE • 1958
GUSTAV ADOLF PAGE • 1960

HANSON CURTIS – USA
AROUSERS, THE • SWEET KILL (UKN) ○ KISS FROM EDDIE, A ○ SWEETKILL • 1971
LITTLE DRAGONS, THE • DRAGONS • 1980
LOSIN' IT • 1982
CHILDREN OF TIMES SQUARE, THE • 1986 • TVM
BEDROOM WINDOW, THE • 1987
BAD INFLUENCE • 1990

HANSON DAVID W. – USA
JUDY • 1970

HANSON ED – USA
TAKIN' IT OFF • 1984

HANSON JOHN – USA
NORTHERN LIGHTS • 1978
WILDROSE • 1984

HANSON MARK see **LEWIS HERSCHELL G.**

HANSON TOM – USA
ZODIAC KILLER, THE • 1971

HANUS EMERICH – GRM
GRUSS AUS DER TIEFE, EIN • 1915
IN DER NACHT.. • 1915
INDISCHE TOD, DER • 1915
AM AMBOSS DES GLUCKS • 1916
EINSIEDLER VON ST. GEORG, DER • 1916
FIEBERSONATE, DIE • 1916
GOLDENE FRIEDELCHEN, DAS • 1916
NACHT VON CORY LANE, DIE • 1916
SPIEL IM SPIEL • 1916
GEWISSEN DES ANDERN, DAS • 1917
SUHNE, DIE • 1917
UNHEILBAR • 1917
ARANKA UND ARAUKA • 1918
E, DER SCHARLACHROTE BUCHSTABE • SCHARLACHROTE BUCHSTABE, DER • 1918
FLUCH DER ALTEN MUHLE, DER • 1918
GEIGE DES THOMASO, DIE • 1918
GURTELSCHLOSS DER SENAHJA, DAS • 1918
LETZTE LIEBESDIENST, DER • 1918
LIEBE DER MARIA BONDE, DIE • 1918
RING DES HAUSES STILLFRIED, DER • 1918
FLUCHT VOR DER KRONE ODER DER SCHRECKEN VON SCHLOSS WOOD, DIE • 1919
NACHT DER PRUFUNG, DER • 1920
WILDES BLUT • 1920
AUS DEM SCHWARZBUCH EINES POLIZEIKOMMISSARS 1 • LOGE NR.11 • 1921
AUS DEM SCHWARZBUCH EINES POLIZEIKOMMISSARS 2 • VERBRECHEN AUS LEIDENSCHAFT • 1921
LETZTE MASKE, DIE • 1922
SCHUHE EINER SCHONEN FRAU, DIE • 1922
LIEBESBRIEFE EINER VERLASSENEN, DIE • 1924
DAS WAR IN HEIDELBERG IN BLAUER SOMMERNACHT • 1926
NACHT IN YOSHIWARA, EINE • 1928
GLUCKSMUHLE, DIE • 1949

HANUS HEINZ – AUS
GEVATTER TOD • GODFATHER DEATH ○ DEATH • 1921
FRAUEN AUS DER WIENER VORSTADT • 15 JAHRE SCHWEREN KERKER • 1925
RASTELBINDER, DIE • 1927

HANWRIGHT JOSEPH C. – USA
UNCLE JOE SHANNON • 1978

HANZEKOVIC F. see **HANZEKOVIC FEDOR**

HANZEKOVIC FEDOR – YGS – 1909–
HANZEKOVIC F.
BAKONJA FRA BRNE • 1951
STOJAN MUTIKAS • 1954
SVOGA TJELA GOSPODAR • MY OWN MASTER • 1957
ROMANCE OF A HORSETHIEF • ROMAN D'UN VOLEUR DE CHEVAUX, LE (FRN) ○ RUNNING BEAR ○ ROMANZO DI UN LADRO DI CAVALLO (ITL) • 1972

HARA KAZUO – JPN
YUKI YUKITE SHINGUN • FORWARD, ARMY OF GOD • DOC

HARA KENKICHI – JPN
OZUSHIO • STORMY WATERS • 1952

HARADA HASUO – JPN
GAMBARE! KENTA • 1957
HANAYOME RIKKOHO • 1957
JUNANASAI NO DANGAI • 1957
KANTA TO KUROSBI SENSEI • 1957
KOI A SUTTA ONNA • 1958
SUPPADAKA NO SEISHUN • 1958
ASU KARA OTANA DA • 1960
ORE NO NAMIDA WA AMAKUNAI • 1960

HARADA MASATO – JPN
GOODBYE, FLICKMANIA! • 1979
SARABA ITOSHIKI HITOYO • FAREWELL TO MY SWEETHEART • 1988
GUNHED • GUNHEAD • 1989

HARADA SUSUMU – JPN
ZEAMI • 1974

HARADA TAKASHI – JPN
GOKUAKU BOZU HITOKIRI KAZOE UTA • BALLAD OF MURDER • 1968

HARBAUGH CARL – USA
IRON WOMAN, THE • 1916
ALL FOR A HUSBAND • 1917
BROADWAY SPORT, THE • 1917
DERELICT, THE • 1917
RICH MAN'S PLAYTHING • 1917
SCARLET LETTER, THE • 1917
WHEN FALSE TONGUES SPEAK • 1917
BRAVE AND BOLD • 1918
JACK SPURLOCK, PRODIGAL • 1918
MARRIAGES ARE MADE • 1918
OTHER MEN'S DAUGHTERS • 1918
OTHER MAN'S WIFE, THE • 1919
CHANG AND THE LAW • 1920
FAKERS, THE • 1920 • SHT
FIVE DOLLAR PLATE, THE • 1920 • SHT
KALDA RUBY, THE • 1920 • SHT
NORTH WIND'S MALICE, THE • 1920
PHANTOM BUTLER, THE • 1920 • SHT
PHANTOM FATE • 1920 • SHT
POPPY TRAIL, THE • 1920
SILKLESS BANK NOTE, THE • 1920 • SHT
BIG TOWN IDEAS • 1921
BUCKING THE LINE • 1921
HICKVILLE TO BROADWAY • 1921
LITTLE MISS HAWKSHAW • 1921
TOMBOY, THE • 1921

HARBER DICK – USA
VOYAGE OPTIQUE • SHT

HARBERGER EMIL – USA
FOR THE LOVE OF LUDWIG • 1932 • SHT

HARBICH MILO – GRM
KRIMINALKOMMISSAR EYCK • 1940
WIE KONNTEST DU, VERONIKA? • 1940
FREIES LAND • 1946

HARBINGER RICHARD – USA
T-BIRD GANG • PAY-OFF, THE • 1958

von HARBOU THEA – Screenwriter – GRM – 1888–1954
ELISABETH UND IHR NARR • ELISABETH, DIE WEISSE SCHWESTER VON ST. VEITH ○ WEISSE SCHWESTER • 1933
HANNELES HIMMELFAHRT • 1934

HARBUTT SANDY – Actor – ASL – 1941–
STONE • 1974

HARCOURT HAROLD A. – CND
FATAL FLOWER, THE • 1930

HARDAWAY BEN – Animator – USA
BUDDY OF THE APES • 1934 • ANS
BUDDY IN AFRICA • 1935 • ANS
BUDDY OF THE LEGION • 1935 • ANS
BUDDY THE DENTIST • 1935 • ANS
BUDDY'S ADVENTURES • 1935 • ANS
BUDDY'S PONY EXPRESS • 1935 • ANS
BUDDY'S THEATRE • 1935 • ANS
RHYTHM IN THE BOW • 1935 • ANS
COUNT ME OUT • 1938 • ANS
KATNIP COLLEGE • 1938 • ANS
LAD IN BAGDAD, A • 1938 • ANS
LOVE AND CURSES • 1938 • ANS
PORKY THE GOB • 1938 • ANS
PORKY'S HARE HUNT • 1938 • ANS
BARS AND STRIPES FOREVER • 1939 • ANS
FAGIN'S FRESHMEN • 1939 • ANS
GOLD RUSH DAZE • 1939 • ANS
HARE-UM SCARE-UM • 1939 • ANS
HOBO GADGET BAND • 1939 • ANS
IT'S AN ILL WIND • 1939 • ANS
PORKY AND TEABISCUIT • 1939 • ANS
SIOUX ME • 1939 • ANS
BUSY BAKERS • 1940 • ANS
EGG CRACKER SUITE • 1943 • ANS

HARDER EMIL
WILLIAM TELL • 1925

HARDER M. – GRM
LOCHBUCHHALTER KREMKE • 1930

HARDING CLIVE – SAF
SHAMWARI • 1979

HARDMAN GALE – UKN
EDUCATING JULIE • 1985

HARDWICKE CEDRIC – Actor – UKN – 1893–1964
FOREVER AND A DAY • 1943

HARDY BORIS H. – ARG
SOY UN INFELIZ • 1946
QUE RECIBE LAS BOFETADAS, EL • 1947
EXTRANO CASO DE LA MUJER ASESINADA, EL • 1949

HARDY JOE see **HARDY JOSEPH**

HARDY JONATHAN – ASL
BACKSTAGE • 1986

HARDY JOSEPH – USA
HARDY JOE
TREE GROWS IN BROOKLYN, A • 1974 • TVM
GREAT EXPECTATIONS • 1975 • TVM
LAST HOURS BEFORE MORNING • 1975 • TVM
SILENCE, THE • 1975 • TVM
JAMES AT 15 • 1977 • TVM
RETURN ENGAGEMENT • 1978 • TVM
USERS, THE • 1978 • TVM
LOVE'S SAVAGE FURY • 1979 • TVM
SEDUCTION OF MISS LEONA, THE • 1980 • TVM
DREAM HOUSE • 1981 • TVM
DAY THE BUBBLE BURST, THE • 1982 • TVM
NOT IN FRONT OF THE CHILDREN • 1982 • TVM

HARDY KEN – UKN
LATITUDE AND LONGITUDE • 1947

HARDY ROBIN – UKN
WICKER MAN, THE • 1973
BULLDANCE, THE • 1981
FANTASIST, THE • 1986

HARDY ROD - ASL - 1949-
THIRST • 1979
SARA DANE • 1982 • MTV
UNDER CAPRICORN • 1982 • MTV
EUREKA STOCKADE • 1984 • MTV

HARE BILL - USA
FINNEY • 1969

HARE DAVID - Playwright - UKN - 1947-
WETHERBY • VIOLENT STRANGERS: WETHERBY • 1985
PARIS BY NIGHT • 1989
STRAPLESS • 1989
GOING HOME • 1990 • TVM

HAREL P. see **HAREL PIERRE**

HAREL PIERRE - CND
HAREL P.
ACTUALITES PREHISTORIQUES • 1947 • ANS
BULLDOZER • 1973

HARGRAVE DENIS - USA
NAKED PEACOCK, THE • 1974

HARGROVE DEAN - USA - 1938-
BIG RIP-OFF, THE • SHOT, THE • 1975 • TVM
MANCHU EAGLE MURDER CAPER MYSTERY, THE • 1975
RETURN OF THE WORLD'S GREATEST DETECTIVE, THE • 1976 • TVM
DEAR DETECTIVE • 1979 • TVM

HARISH TARA - IND
NACHE NAGIN BAJE BEEN • DANCE OF COBRA TO PLAYING OF VEENA • 1960

HARITASH KHOSROW - IRN
ADAMAK • 1971
MALAKOOT • DIVINE ONE, THE • 1975
SERAYDAR • GUARDIAN, THE • 1975

HARLAN MARTIN - ARG
PAPA SOLTERO • BACHELOR FATHER (USA) • 1939

HARLAN RICHARD - PRU - 1900-
ODIO • 1935
RADIO TROUBADOR • 1938
DE MEXICO LLEGO EL AMOR • 1940
MERCY PLANE • WONDER PLANE (UKN) • 1940
SUSTO QUE PEREZ SE LLEVO • 1940
CUANDO CANTA EL CORAZON • 1941
MAMA GLORIA • 1941

HARLAN VEIT - Actor - GRM - 1899-1964
KRACH IM HINTERHAUS • TROUBLE BACK STAIRS (USA) • 1935
POMPADOUR, DIE • 1935
ALLES FUR VERONIKA • 1936
KATER LAMPE • 1936
MARIA, DIE MAGD • 1936
MUDE THEODOR, DER • 1936
HERRSCHER, DER • RULER, THE (USA) • 1937
KREUTZERSONATE, DIE • KREUTZER SONATA, THE (USA) • 1937
MEIN SOHN, DER HERR MINISTER • 1937
JUGEND • YOUTH (USA) • 1938
VERWEHTE SPUREN • FOOTPRINTS BLOW AWAY, THE • 1938
REISE NACH TILSIT, DIE • SUN IS RISING, THE • 1939
UNSTERBLICHE HERZ, DAS • 1939
JUD SUSS • JEW SUSS • 1940
PEDRO SOLL HANGEN • 1941
GOLDENE STADT, DIE • 1942
GROSSE KONIG, DER • GREAT KING, THE • 1942
IMMENSEE • CARNIVAL • 1943
KOLBERG • 1944
OPFERGANG • GREAT SACRIFICE, THE (UKN) • 1944
PUPPENSPIELER, DER • POLE POPPENSPALER • 1945
HANNA AMON • 1951
UNSTERBLICHE GELIEBTE • 1951
BLAUE STUNDE, DIE • 1953
STERNE UBER COLOMBO • 1953
GEFANGENE DES MAHARADSCHA, DIE • 1954
VERRAT AN DEUTSCHLAND • 1955
ANDERS ALS DU UND ICH • THIRD SEX, THE (USA) ○ DRITTE GESCHLECHT, DAS • 1957
ICH WERDE DICH AUF HANDEN TRAGEN • 1958
LIEBE KANN WIE GIFT SEIN • GIRL OF SHAME • 1958
BLONDE FRAU DES MAHARADSCHA, DIE • 1962

HARLIN RENNY - USA
ARCTIC HEAT • BORN AMERICAN • 1985
PRISON • 1988
NIGHTMARE ON ELM STREET 4: THE DREAM MASTER, A • 1989
ADVENTURES OF FORD FAIRLANE, THE • 1990
DIE HARD 2 -DIE HARDER • DIE HARD 2 • 1990

HARLING DONN - USA
FALLGUY • FALL GUY, THE • 1962

HARLOW JOHN - UKN - 1896-
PHOTOTONE REELS NOS.1-16 • 1928 • SER
MY LUCKY STAR • 1933
SONG BIRDS • 1933
BAGGED • 1934
MASTER AND MAN • 1934
SPELLBOUND • SPELL OF AMY NUGENT, THE (USA) ○ PASSING CLOUDS • 1941
THIS WAS PARIS • 1942
DARK TOWER, THE • 1943
HEADLINE • 1943
ONE COMPANY • 1943 • SHT
CANDLES AT NINE • 1944
MEET SEXTON BLAKE • 1944
AGITATOR, THE • 1945
ECHO MURDERS, THE • 1945
APPOINTMENT WITH CRIME • 1946
GREEN FINGERS • 1947
WHILE I LIVE • DREAM OF OLWEN • 1947
OLD MOTHER RILEY'S NEW VENTURE • MOTHER RILEY'S NEW VENTURE ○ OLD MOTHER RILEY'S NEW LOOK • 1949
OLD MOTHER RILEY, HEADMISTRESS • 1950
BLUE PARROT, THE • 1953
THOSE PEOPLE NEXT DOOR • 1953
DANGEROUS CARGO • 1954
DELAYED ACTION • 1954

HARMAN BOBBY - UKN
BIG SHOW, THE • 1929
HOO-RAY KIDS, THE • 1929 • SER
HOUSE WARMERS • 1929
JACKIE AND THE BEANSTALK • 1929
JACKIE'S NIGHTMARE • 1929
KOLLEGE KAPERS • 1929
RUNAWAY HOLIDAY, A • 1929

HARMAN HUGH - Animator - USA - 1903-1982
AIN'T NATURE GRAND • 1930 • ANS
BIG MAN FROM THE NORTH • 1930 • ANS
BOOZE HANGS HIGH, THE • 1930 • ANS
BOSKO SHIPWRECKED • 1930 • ANS
BOSKO'S HOLIDAY • 1930 • ANS
BOX CAR BLUES • 1930 • ANS
CONGO JAZZ • 1930 • ANS
DUM PATROL, THE • 1930 • ANS
HOLD ANYTHING • 1930 • ANS
SINKING IN THE BATHTUB • 1930 • ANS
TREE'S KNEES, THE • 1930 • ANS
UP'S N' DOWN'S • 1930 • ANS
YODELING YOKELS • 1930 • ANS
BATTLING BOSKO • 1931-32 • ANS
BIG HEARTED BOSKO • 1931-32 • ANS
BOSKO AND BRUNO • 1931-32 • ANS
BOSKO AND HONEY • 1931-32 • ANS
BOSKO AT THE BEACH • 1931-32 • ANS
BOSKO THE DOUGHBOY • 1931-32 • ANS
BOSKO THE LUMBERJACK • 1931-32 • ANS
BOSKO'S DOG RACE • 1931-32 • ANS
BOSKO'S FOX HUNT • 1931-32 • ANS
BOSKO'S PARTY • 1931-32 • ANS
BOSKO'S SODA FOUNTAIN • 1931-32 • ANS
BOSKO'S STORE • 1931-32 • ANS
BOSKO'S ZOO • 1931-32 • ANS
BOSKO THE DRAWBACK • 1933 • ANS
BOSKO THE MUSKETEER • 1933 • ANS
BOSKO THE SHEPHERDER • 1933 • ANS
BOSKO THE SPEED KING • 1933 • ANS
BOSKO'S DIZZY DATE • 1933 • ANS
BOSKO'S KNIGHT-MARE • 1933 • ANS
BOSKO'S MECHANICAL MAN • 1933 • ANS
BOSKO'S WOODLAND DAZE • 1933 • ANS
CUBBY'S WORLD FLIGHT • 1933 • ANS
RIDE HIM, BOSKO • 1933 • ANS
BOSKO'S PARLOR PRANKS • 1934 • ANS
TALE OF THE VIENNA WOODS, A • 1934 • ANS
GOOD LITTLE MONKEYS, THE • 1935 • ANS
HEY, HEY FEVER • 1935 • ANS
LOST CHICK, THE • 1935 • ANS
POOR LITTLE ME • 1935 • ANS
RUN, SHEEP, RUN • 1935 • ANS
BOTTLES • 1936 • ANS
OLD HOUSE, THE • 1936 • ANS
OLD MILL POND, THE • 1936 • ANS
BOSKO AND THE CANNIBALS • 1937 • ANS
BOSKO AND THE PIRATES • 1937 • ANS
BOSKO'S EASTER EGGS • 1937 • ANS
CIRCUS DAZE • 1937 • ANS
SWING WEDDING • MINNIE THE MOOCHER'S WEDDING DAY • 1937 • ANS
BOSKO IN BAGDAD • 1938 • ANS
PIPE DREAM • 1938 • ANS
ART GALLERY • 1939 • ANS
BLUE DANUBE, THE • 1939 • ANS
GOLDILOCKS AND THE THREE BEARS • 1939 • ANS
MAD MAESTRO, THE • 1939 • ANS
PEACE ON EARTH • 1939 • ANS
LONESOME STRANGER • 1940 • ANS
PAPA GETS THE BIRD • 1940 • ANS
RAINY DAY, A • 1940 • ANS
TOM TURKEY AND HIS HARMONICA HUMDINGERS • 1940 • ANS
ABDUL THE BULBUL AMEER • 1941 • ANS
ALLEY CAT, THE • 1941 • ANS
FIELD MOUSE, THE • 1941 • ANS
LITTLE MOLE, THE • 1941 • ANS
HUNGRY WOLF, THE • 1942 • ANS

HARMON BILL - Producer - USA - 1915-1981
IF THESE WALLS COULD SPEAK • 1965 • SER

HARMON PAUL - USA - 1951-
I LIVE HERE • 1973 • SHT
DARK ROOM, THE • DARKROOM, THE • 1982

HARMON ROBERT - USA
HITCHER, THE • 1985
TENDER, THE • 1989

HARNACK FALK - GRM - 1913-
BEIL VON WANDSBEK, DAS • AXE OF WANDSBEK, THE • 1951
ROMAN EINES FRAUENARZTES • 1954
20 JULI, DER • PLOT TO ASSASSINATE HITLER, THE (USA) • 1955
ANASTASIA -DIE LETZTE ZARENTOCHTER • ANASTASIA, THE CZAR'S LAST DAUGHTER ○ IS ANNA ANDERSON ANASTASIA? ○ ANASTASIA • 1956
NACHT DER ENTSCHEIDUNG • 1956
WIE DER STURMWIND • NIGHT OF THE STORM, THE (UKN) ○ TEMPESTUOUS LOVE (USA) ○ WIE EIN STURMWIND • 1957
UNRUHIGE NACHT • RESTLESS NIGHT, THE (USA) ○ ALL NIGHT THROUGH • 1958
ARZT OHNE GEWISSEN • DOCTOR WITHOUT SCRUPLES (USA) ○ PRIVAT KLINIK PROFESSOR LUND ○ LETZTE GEHEIMNIS, DAS ○ ARZT -DOCTOR WITHOUT A CONSCIENCE ○ PRIVATE CLINIC OF PROFESSOR LUND, THE • 1959
FRAUENARZT KLAGT AN, EIN • 1964

HARO FELIPE DE JESUS - MXC
GRITO DE DOLORES, EL • SHOUT OF DOLORES, THE • 1908

HARPER ALAN - UKN
CLEAN FARMING • 1946 • DOC

HARPER CAMPBELL - UKN
ABERDEEN ANGUS • 1947

HARPER MAX - USA
CORPSES NEVER LIE • 1989

HARPER STANLEY - KMP
SITUATION ZERO • 1988 • DOC

HARRIES ANDY - UKN
LENNY LIVE AND UNLEASHED • 1989

HARRILD ANTHONY - UKN
LINA BROOKE • 1980

HARRINGTON CURTIS - USA - 1928-
SEBASTIAN JOHN
RENAISSANCE • 1933 • SHT
FALL OF THE HOUSE OF USHER, THE • 1942 • SHT
CRESCENDO • 1943 • SHT
FRAGMENT OF SEEKING • SYMBOL OF DECADENCE • 1946 • SHT
PICNIC • 1948 • SHT
ON THE EDGE • 1949 • SHT
DANGEROUS HOUSES • 1952 • SHT
ASSIGNATION, THE • 1953 • SHT
WORMWOOD STAR, THE • 1955 • SHT
NIGHT TIDE • 1963
IMAGES OF PRODUCTIVITY • 1964 • SHT
VOYAGE TO THE PREHISTORIC PLANET • VOYAGE TO A PREHISTORIC PLANET ○ PREHISTORIC PLANET • 1965
FOUR ELEMENTS, THE • 1966 • SHT
PLANET OF BLOOD • QUEEN OF BLOOD • 1966
GAMES • 1967
GILL WOMEN OF VENUS • VOYAGE TO THE PLANET OF PREHISTORIC WOMEN ○ GILL WOMEN, THE ○ GILL WOMAN • 1967
HOW AWFUL ABOUT ALLAN • 1970 • TVM
WHAT'S THE MATTER WITH HELEN? • BEST OF FRIENDS • 1971
WHOEVER SLEW AUNTIE ROO? • GINGERBREAD HOUSE ○ WHO SLEW AUNTIE ROO? • 1971
CAT CREATURE, THE • 1973 • TVM
KILLING KIND, THE • PSYCHOPATH, THE • 1973
DEAD DON'T DIE, THE • 1974 • TVM
KILLER BEES • 1974 • TVM
RUBY • 1977
DEVIL DOG: THE HOUND OF HELL • 1978 • TVM
MATA-HARI • MATA HARI • 1984

HARRIS ANDRE - FRN - 1933-
FRANCAIS, SI VOUS SAVIEZ! • 1972 • DOC
PONT DE SINGES, LE • 1976 • DOC
ENRACINES, LES • 1981

HARRIS BOB - USA
BLOOD CIRCUS • 1985

HARRIS BUDDY - UKN
CHINESE CABARET • 1936
INTERNATIONAL REVUE • 1936

HARRIS CLARENCE J. - USA
BARBARA FRIETCHIE • 1915

HARRIS CLAUDE - UKN
SANCTUARY • 1916

HARRIS DAMIAN - UKN - 1958-
RACHEL PAPERS, THE • 1989

HARRIS DENNY - USA
SILENT SCREAM • 1979

HARRIS FRANK - USA
KILL POINT • KILLPOINT • 1984
LOW BLOW • SAVAGE SUNDAY • 1986
PATRIOT, THE • 1986
AFTERSHOCK • IF WE KNEW THEN • 1989

HARRIS HARRY - USA
BLADE RIDER: ATTACK OF THE INDIAN NATION • RIDE TO GLORY ○ CALL TO GLORY • 1965 • MTV
RUNAWAYS, THE • 1975 • TVM
SWISS FAMILY ROBINSON • 1975 • TVM
HOME FRONT, THE • 1980 • TVM
RIVKIN: BOUNTY HUNTER • 1981 • TVM
DAY FOR THANKS ON WALTON MOUNTAIN, A • 1982 • TVM
ALICE IN WONDERLAND • 1986 • TVM
EIGHT IS ENOUGH: A FAMILY REUNION • 1987 • TVM

HARRIS HARRY B. - USA
RISKY BUSINESS • 1920
DESPERATE YOUTH • 1921
MAN TAMER, THE • 1921
RICH GIRL, POOR GIRL • 1921
SHORT SKIRTS • 1921
TROUPER, THE • 1922

HARRIS HARRY T. - UKN
SURGEON'S CHILD, THE • 1912

HARRIS HILARY - USA
GENERATION • 1956

HARRIS JACK - UKN
CALLED BACK • 1933

HARRIS JACK C. - HKG
JAWS OF THE DRAGON • 1976

HARRIS JACK H. - USA
MOTHER GOOSE A GO-GO • UNKISSED BRIDE • 1966

HARRIS JAMES see **CIORCIOLINI MARCELLO**

HARRIS JAMES B. - Producer - USA - 1928-
BEDFORD INCIDENT, THE • 1965
SOME CALL IT LOVING • DREAM CASTLES ○ DREAM CASTLE • 1973
FAST-WALKING • 1981
COP • BLOOD ON THE MOON • 1987

HARRIS KEN - USA
HARE-ABIAN NIGHTS • 1959 • ANS

HARRIS KEVIN - SAF
THIS WE CAN DO FOR JUSTICE AND FOR PEACE • 1981 • DOC

HARRIS LAWSON – ASL
CIRCUMSTANCE • 1922
DAUGHTER OF AUSTRALIA, A • 1922
SUNSHINE SALLY • 1923
LAW OR LOYALTY • 1926

HARRIS LIONEL – UKN
GUILTY PARTY, THE • 1962
DOUBLE, THE • 1963
POSITION OF TRUST • 1963

HARRIS MARTIN D. – UKN
PRINCE FOR WALES, A • 1969 • DOC

HARRIS MAXINE – USA
SIGNAL THROUGH THE FLAMES • 1984 • DOC

HARRIS RICHARD – Actor – UKN – 1932–
BLOOMFIELD • HERO, THE • 1969

HARRIS ROY – UKN – 1920–
MEN AND OIL • 1948–51 • DOC
SMOOTH RUNNING • 1948–51 • DOC
TALL ORDER • 1948–51 • DOC
FELL LOCOMOTIVE, THE • 1952

HARRIS STEVE – USA
CHRISTY • 1975

HARRIS VERNON – UKN
JOHNNY ON THE RUN • 1953

HARRISON BEN – Animator – USA
ANIMAL CRACKER CIRCUS • 1938 • ANS
KANGAROO KID, THE • 1938 • ANS
POOR LITTLE BUTTERFLY • 1938 • ANS
HAPPY TOTS, THE • 1939 • ANS
HOLLYWOOD SWEEPSTAKES • 1939 • ANS
LUCKY PIGS • 1939 • ANS
BOY, A GUN AND BIRDS, A • 1940 • ANS
HAPPY TOTS' EXPEDITION, THE • 1940 • ANS
TIMID PUP, THE • 1940 • ANS

HARRISON BERTRAM – USA
$5,000,000 COUNTERFEITING PLOT, THE • 1914

HARRISON ED N. – USA
SONG OF THE LAND • 1953 • DOC

HARRISON ERIC – UKN
MANY A SLIP • 1920
WORLDLINGS, THE • 1920

HARRISON JACK – UKN
DIMPLES AND TEARS • CAMERA COCKTALES NO.3 • 1929 • SHT
FIGHTING FOOL, THE • 1929
LITTLE PEOPLE BURLESQUES • 1930 • SER
HOLIDAY LOVERS • 1932

HARRISON JOHN – USA
TALES FROM THE DARKSIDE: THE MOVIE • 1990

HARRISON JOHN KENT – CND
BEAUTIFUL DREAMERS • 1990

HARRISON JULES – SPN
EXTERMINATORS OF THE YEAR 3000 • 1984

HARRISON KEN – USA – 1942–
1918 • 1984
ON VALENTINE'S DAY • 1986 • TVM

HARRISON MARCUS – USA
WOMAN, WAKE UP! • 1922

HARRISON MARGUERITE – USA
GRASS: A NATION'S BATTLE FOR LIFE • GRASS: THE EPIC OF A LOST TRIBE • 1925

HARRISON NORMAN – UKN
LOCKER 69 • 1962
CALCULATED RISK • 1963
INCIDENT AT MIDNIGHT • 1963
INVISIBLE ASSET, THE • 1963

HARRISON PAUL – USA
HOUSE OF THE SEVEN CORPSES, THE • HOUSE OF SEVEN CORPSES, THE ○ SEVEN TIMES DEATH • 1973

HARRISON R. – ITL
A... COME ASSASSINO • 1966

HARRISON S. B. – USA
AERONAUTICS • 1941 • SHT

HARRISON SAUL – USA
HARRISON SAUL E.
CUSTOMARY TWO WEEKS, THE • 1917
ONE KIND OF WIRELESS • 1917 • SHT
SALT OF THE EARTH • 1917
DUDE OPERATOR, THE • SHT
INDEPENDENCE B'GOSH • 1918 • SHT
PERFECTLY FIENDISH FLANAGAN OR THE HART OF THE DREADFUL WEST • HART OF THE DREADFUL WEST, THE • 1918 • SHT
TELL THAT TO THE MARINES • 1918 • SHT
BERESFORD OF THE BABOONS • 1919 • SHT
IMPROPAGANDA • 1919 • SHT
LAST BOTTLE, THE • 1919 • SHT
ONE EVERY MINUTE • 1919 • SHT

HARRISON SAUL E. see **HARRISON SAUL**

HARRITON CHUCK – Animator – USA
BRIDGE GROWS IN BROOKLYN, A • 1967 • ANS
CLEAN SWEEP • 1967 • ANS
KEEP THE COOL BABY • 1967 • ANS

HARRY LEE – USA
SILENT NIGHT, DEADLY NIGHT PART II • 1987

HARRYHAUSEN RAY – USA – c1920–
MOTHER GOOSE PRESENTS • MOTHER GOOSE STORIES • 1946 • ASS
MOTHER GOOSE PRESENTS THE QUEEN OF HEARTS • QUEEN OF HEARTS, THE • 1946 • ANS
STORY OF LITTLE RED RIDING HOOD, THE • 1949 • ANS
STORY OF HANSEL AND GRETEL, THE • 1951 • ANS
STORY OF RAPUNZEL, THE • RAPUNZEL • 1951 • ANS
STORY OF KING MIDAS, THE • 1953 • ANS

HARSHAW JUBEL – USA
RESCUE ME • 1988

HART BEN R. – Cinematographer – UKN – 1904–
FROZEN FATE • 1929
BIRDS OF A FEATHER • 1931
CRIME REPORTER • 1947
RIVER PATROL • 1948
DANGEROUS ASSIGNMENT • LONDON ASSIGNMENT • 1950

HART BRUCE – USA
SOONER OR LATER • 1978 • TVM

HART CHRISTOPHER – USA
EAT AND RUN • MANGIA ○ MANIA • 1986

HART DAVID – UKN
GAME CALLED SCRUGGS, A • SCRUGGS • 1965
I LOVE YOU, I HATE YOU • OTHER PEOPLE, THE ○ SLEEP IS LOVELY • 1968

HART DEREK – USA
BACKSTAGE AT THE KIROV • 1983

HART HARVEY – CND – 1928–
CRUCIBLE, THE • 1959 • MTV
LUCK OF GINGER COFFEY, THE • 1959 • MTV
DYBBUK, THE • 1960 • MTV
ENEMY OF THE PEOPLE • 1960 • MTV
HOME OF THE BRAVE • 1960 • MTV
BUS RILEY'S BACK IN TOWN • 1965
DARK INTRUDER, THE • SOMETHING WITH CLAWS ○ BLACK CLOAK, THE • 1965 • MTV
DAVID CHAPTER II • 1967 • MTV
QUARE FELLOW, THE • 1967 • MTV
SULLIVAN'S EMPIRE • 1967
DAVID CHAPTER III • 1968 • MTV
SWEET RIDE, THE • 1968
YOUNG LAWYERS, THE • 1969 • TVM
JUDD FOR THE DEFENSE • 1970 • TVM
LETTING GO • 1970
FORTUNE AND MEN'S EYES • AUX YEUX DU SORT ET DES HUMAINS • 1971
PYX, THE • 1973
CAN ELLEN BE SAVED? • 1974 • TVM
MURDER OR MERCY • 1974 • TVM
PANIC ON THE 5:22 • 1974 • TVM
MAHONEY'S LAST STAND • MAHONEY'S ESTATE • 1975
SHOOT • 1976
STREET KILLING • 1976 • TVM
CAPTAINS COURAGEOUS • 1977 • TVM
CITY, THE • 1977 • TVM
GOLDENROD • 1977 • TVM
PRINCE OF CENTRAL PARK, THE • 1977 • TVM
STANDING TALL • 1978 • TVM
W.E.B. • 1978 • TVM
LIKE NORMAL PEOPLE • 1979 • TVM
MAD TRAPPER, THE • 1979
ALIENS ARE COMING, THE • 1980 • TVM
GETTING EVEN • UTILITIES • 1981
HIGH COUNTRY, THE • FIRST HELLO, THE • 1981
BORN BEAUTIFUL • 1982 • TVM
EAST OF EDEN • JOHN STEINBECK'S EAST OF EDEN • 1982 • TVM
MASSARATI AND THE BRAIN • 1982 • TVM
THIS IS KATE BENNETT.. • 1982 • TVM
YELLOW ROSE, THE • 1982 • TVM
PARTY ANIMAL • 1983
MASTER OF THE GAME • 1984 • MTV
DIVIDED LOYALTIES • 1985
RECKLESS DISREGARD • JUDGEMENT, THE • 1985 • TVM
BEVERLY HILLS MADAM • 1986 • TVM
STONE FOX • 1987 • TVM

HART NEAL – Actor – USA
WHEN THE DESERT SMILES • 1919
HELL'S OASIS • 1920
SKYFIRE • 1920
BUTTERFLY RANGE • BUTTERFLY RANCH • 1922
LURE OF GOLD • 1922
RANGELAND • 1922
SOUTH OF NORTHERN LIGHTS • 1922
WEST OF THE PECOS • 1922
BELOW THE RIO GRANDE • 1923
DEVIL'S BOWL, THE • IN THE DEVIL'S BOWL • 1923
FIGHTING STRAIN, THE • BILL BARLOW'S CLAIM • 1923
FORBIDDEN RANGE, THE • 1923
SALTY SAUNDERS • 1923
SECRET OF THE PUEBLO, THE • 1923
BRANDED A THIEF • 1924
LAWLESS MEN • 1924
LEFT HAND BRAND, THE • 1924
TRUCKER'S TOP HAND • 1924
VALLEY OF VANISHING MEN, THE • 1924
VERDICT OF THE DESERT, THE • 1925
HIS DESTINY • NORTH OF 49 DEGREES (USA) • 1928

HART ROGER – CND – 1934–
ENCOUNTER ON URBAN ENVIRONMENT • 1971 • DOC

HART WALTER – USA
EASY LIFE • 1944 • SHT
GRANDPA CALLED IT ART • 1944 • SHT
LAST INSTALLMENT, THE • 1945
MOLLY • GOLDBERGS, THE • 1950

HART WILLIAM S. – Actor – USA – 1870–1946
GRINGO, THE • 1914
JIM CAMERON'S WIFE • 1914
PASSING OF TWO-GUN HICKS, THE • TWO-GUN HICKS • 1914
BAD BUCK OF SANTA YNEZ, THE • 1915
CASH PARRISH'S PAL • DOUBLE CROSSED • 1915
CONVERSION OF FROSTY BLAKE, THE • GENTLEMAN FROM BLUE GULCH, THE • 1915
DARKENING TRAIL, THE • 1915
DISCIPLE, THE • 1915
GRUDGE, THE • 1915
KENO BATES, LIAR • 1915
KNIGHT OF THE TRAILS, A • PROWLERS OF THE PLAINS • 1915
MR. SILENT HASKINS • 1915
PINTO BEN • 1915
ROUGHNECK, THE • CONVERT, THE • 1915
RUSE, THE • 1915
SCOURGE OF THE DESERT, THE • 1915
TAKING OF LUKE MCVANE, THE • FUGITIVE, THE • 1915
APOSTLE OF VENGEANCE, THE • 1916
ARYAN, THE • 1916
BETWEEN MEN • 1916
DAWN MAKER, THE • 1916
DEVIL'S DOUBLE, THE • 1916
HELL'S HINGES • 1916
PATRIOT, THE • 1916
PRIMAL LURE, THE • PRIMAL LAW, THE • 1916
RETURN OF "DRAW" EGAN, THE • 1916
COLD DECK, THE • 1917
DESERT MAN, THE • 1917
GUNFIGHTER, THE • 1917
NARROW TRAIL, THE • 1917
SILENT MAN, THE • 1917
SQUARE DEAL MAN, THE • 1917
TRUTHFUL TULLIVER • 1917
WOLF LOWRY • 1917
BLUE BLAZES RAWDEN • 1918
BORDER WIRELESS, THE • 1918
BRANDING BROADWAY • 1918
BULLET FOR BERLIN, A • 1918 • SHT
RIDDLE GAWNE • 1918
SELFISH YATES • 1918
SHARK MONROE • 1918
TIGER MAN, THE • 1918
WOLVES OF THE RAIL • 1918
BREED OF MEN • 1919
MONEY CORRAL, THE • MONEY CORPORAL, THE • 1919
POPPY GIRL'S HUSBAND, THE • POPPY GIRL (UKN) • 1919
SQUARE DEAL SANDERSON • 1919

HART WOLF – GRM
ERWACHSEN SEIN.. • 1956
ABSEITS • 1957
HUTET EURE TOCHTER • GELBE WAGEN, DER ○ ZEHNTAUSEND • 1962
BAUHUTTE '63 • CATHEDRAL OPERATION 1963 • 1963

HARTAI LASZLO – HNG
SZEPLEANYOK • PRETTY GIRLS • 1987 • DOC

HARTENSTEIN PAUL – GRM
FILMBANDITEN • 1921

HARTFORD DAVID see **HARTFORD DAVID M.**

HARTFORD DAVID M. – USA – 1876–
HARTFORD DAVID
UNJUSTLY ACCUSED • 1914
INSIDE THE LINES • 1918
MAN OF BRONZE, THE • 1918
BACK TO GOD'S COUNTRY • 1919
IT HAPPENED IN PARIS • 1919
NOMADS OF THE NORTH • 1920
GOLDEN SNARE, THE • 1921
RAPIDS, THE • 1923
JACK O' HEARTS • 1926
MAN IN THE SHADOW, THE • 1926
THEN CAME THE WOMAN • 1926
GOD'S GREAT WILDERNESS • 1927

HARTFORD-DAVIS ROBERT – UKN – 1923–1977
DAVIS ROBERT H. • *BURROWES MICHAEL*
CITY OF CONTRAST • 1952 • DOC
DOLLARS FOR SALE • 1955
MAN ON THE CLIFF • 1955 • DCS
CHRISTMAS CAROL, A • 1960
STRANGER IN THE CITY • 1961 • DCS
CROSSTRAP • 1962
YELLOW TEDDYBEARS, THE • GUTTER GIRLS (USA) ○ THRILL SEEKERS, THE • 1963
BLACK TORMENT, THE • ESTATE OF INSANITY • 1964
SATURDAY NIGHT OUT • 1964
GONKS GO BEAT • 1965
SANDWICH MAN, THE • 1966
CORRUPTION • 1968
SMASHING BIRD I USED TO KNOW, THE • SCHOOL FOR UNCLAIMED GIRLS (USA) ○ HOUSE OF UNCLAIMED WOMEN • 1969
INCENSE FOR THE DAMNED • BLOODSUCKERS (USA) ○ DOCTORS WEAR SCARLET ○ BLOODSUCKER • 1970
FIEND, THE • BEWARE OF THE BRETHREN ○ BEWARE MY BRETHREN (USA) • 1971
NOBODY ORDERED LOVE • 1971
BLACK GUNN • 1972
TAKE, THE • 1974

HARTFORD KEN – USA
MONSTER • IT CAME FROM THE LAKE ○ MONSTROID • 1979
HELL SQUAD • 1984

HARTIGAN P. C. – USA – 1881–
HARTIGAN PAT
TWELFTH NIGHT
CHANCE SHOT, A • 1911
I LOVE THE NURSES • 1914
ANY OLD DUKE'LL DO • 1916
BURGLAR, THE • 1916 • SHT
LOVE'S BOOMERANG • 1916
OIL SMELLER, THE • 1916 • SHT
SPEEDING • 1916 • SHT
DAMAGED GOODNESS • 1917 • SHT
FLOPPING UPLIFTER, THE • 1917 • SHT
WHO SAID CHICKEN? • 1917 • SHT
WOODS ARE FULL OF 'EM, THE • 1917 • SHT
LIZZIE'S WATERLOO • 1919 • SHT
ADVENTURER, THE • 1920

HARTIGAN PAT see **HARTIGAN P. C.**

HARTING P. C. – USA
BILL'S FLUTE • 1911

HARTKOPP CHRISTIAN – DNM – 1940–1980
SKJULT VIDEN • HIDDEN KNOWLEDGE • 1978 • DOC
SORTEPER • BLACK MAN • 1979 • DOC

HARTL KARL – AUS – 1899–1978
BURSCHENLIED AUS HEIDELBERG, EIN • 1930
BERG IN FLAMMEN • DOOMED BATTALION • 1931
F.P.1 • SECRETS OF F.P.1 • 1932
F.P.1 ANTWORTET NICHT • F.P.1. DOES NOT ANSWER ○ NO ANSWER FROM F.P.1 • 1932
GRAFIN VON MONTE CHRISTO, DIE • COUNTESS OF MONTE CRISTO, THE • 1932
I.F.1 NE REPOND PLUS • 1932
PRINZ VON ARKADIEN, DER • 1932
CAPRICE DE PRINCESSE • 1933
IHRE DURCHLAUCHT, DIE VERKAUFERIN • 1933
GOLD • 1934
OR, L' • 1934
SO ENDETE EINE LIEBE • SO ENDED A GREAT LOVE • 1934
BARON TZIGANE, LE • 1935
ZIGEUNERBARON • 1935
LEUCHTER DES KAISERS, DIE • EMPEROR'S CANDLESTICKS, THE • 1936
RITT IN DIE FREIHEIT • 1936
MANN, DER SHERLOCK HOLMES, DER • 1937
GASTSPIEL IM PARADIES • 1938
ZWEI LUSTIGE ABENTEUER • TWO MERRY ADVENTURES (USA) • 1938
WEN DIE GOTTER LIEBEN • MOZART STORY, THE (USA) ○ MOZART • 1942
ENGEL MIT DER POSAUNE, DER • ANGEL WITH THE TRUMPET, THE (UKN) • 1948
EROICA (THE BEETHOVEN STORY) • 1951
SCHWEIGENDE MUND, DER • 1951
WONDER KID, THE • 1951
HAUS DES LEBENS • 1952
ALLES FUR PAPA • 1953
LIEBESKRIEG NACH NOTEN • 1953
WEG IN DIE VERGANGENHEIT, DER • 1954
REICH MIR DIE HAND, MEIN LEBEN • LIFE AND LOVES OF MOZART, THE (USA) • 1955
ROT IST DIE LIEBE • 1957

HARTLEB RAINER – SWD
HEMLIGHETEN • SECRETS • 1983

HARTLEY – USA
UNBELIEVABLE TRUTH, THE • 1989

HARTMAN DON – Screenwriter – USA – 1900–1958
IT HAD TO BE YOU • 1947
EVERY GIRL SHOULD BE MARRIED • 1948
HOLIDAY AFFAIR • 1949
IT'S A BIG COUNTRY • 1951
MR. IMPERIUM • YOU BELONG TO MY HEART ○ ALWAYS IN MY HEART • 1951

HARTMAN F. G. – USA
FOREST KING, THE • 1922

HARTMAN FERRIS – USA
WAITERS' BALL, THE • 1916
DANGERS OF A BRIDE • 1917 • SHT
GRAB BAG BRIDE, A • 1917
PHANTOM HUSBAND, A • 1917
ROYAL ROGUE, A • 1917 • SHT
STONE AGE, THE • HER CAVE MAN • 1917
FRAMING FRAMERS • 1918
SIMP, THE • 1920 • SHT

HARTMAN RIVKA – Actress – ASL
FANTASY SEQUENCE • 1975 • SHT
BATTLE OF MICE AND FROGS, THE • 1978 • SHT
CONSOLATION PRIZE • 1979 • SHT
MOST ATTRACTIVE MAN, A • 1981 • SHT
ONCE UPON A WEEKEND • 1987

HARTMANN-CLAUSSET MADELEINE – FRN – 1931–
HARTMANN MADELEINE
VILLA "LES DUNES" • 1972
DU COTE DES TENNIS • 1976
JE PARLE D'AMOUR • 1978

HARTMANN MADELEINE see **HARTMANN-CLAUSSET MADELEINE**

HARTMANN SIEGFRIED – GRM
FEUERZEUG, DAS • TINDER BOX, THE (USA) • 1959
HATIFA • 1960
VERHEXTE FISCHERDORF, DAS • 1962
12 UHR MITTAGS KOMMT DER BOSS • BOSS ARRIVES AT MIDDAY, THE • 1968

HARTOG SIMON – UKN
MAKIN' IT • 1970

HARTS – FRN
VILLAGE DANS PARIS: MONTMARTRE • 1940 • SHT

HARTT HANNS HEINZ – GRM
ZEICHEN DER DREI, DAS • PLANE DER KALIFORNISCHEN GOLDMINEN ODER DAS ZEICHEN DER DREI KREUZE, DIE • 1919
CLUB DER HAZARDEURE, DER • 1920
SCHRECKENSNACHT IM HAUSE CLARQUE, DIE • 1920
UBERFALL AUF DEN EUROPA-EXPRESS, DER • 1920

HARTT HEINZ S. – GRM
WAHRSAGERIN VON PARIS, DIE • 1920

HARTWIG JANIA – PLN
ADVENTURES OF AN ALARM-CLOCK • 1962 • ANM
KIDS ON A BELFRY • 1965 • ANM
NIGHT FULL OF SURPRISES • NIGHT OF SURPRISES, A • 1967 • ANS

HARTWIG MARTIN – GRM
TOD AUS DEM OSTEN, DER • 1919
BRIGANTENLIEBE • 1920
COLOMBINE • 1920
LIEBESTAUMEL • 1920
EBBE UND FLUT • 1921
GEWISSEN DER WELT 1, DAS • TOTE HOTEL, DAS • 1921
GEWISSEN DER WELT 2, DAS • RAZZIA DER GERECHTIGKEIT • 1921
HANDICAP DER LIEBE, DAS • 1921
KASCHEMMENADEL • 1921
WANDERNDE KOFFER, DER • 1921
FINSTERNIS UND IHR EIGENTUM, DIE • 1922
FUNFTE STRASSE, DIE • SPIEL AUS DEM LEBEN DER ERSTEN VIERHUNDERT, EIN • 1923
OPFER DER LIEBE • 1923

HARTZELL PAIVI – FNL
KUNINGAS JOLLA EI OLLUT SYNDANTA • SATU KUNINKAASTA JOLLA EI OLLUT SYNDANTA ○ KING WHO HAD NO HEART, THE • 1983
LUMIKUNINGATAR • SNOW QUEEN, THE • 1987

HARVARD EMILE – USA
FUGITIVE KILLER • 1975

HARVEL JOHN – UKN
BEGGAR STUDENT, THE • 1931
CAPTIVATION • 1931

HARVEY ANTHONY – UKN – 1931–
DUTCHMAN • 1967
LION IN WINTER, THE • 1968
THEY MIGHT BE GIANTS • 1971
GLASS MENAGERIE, THE • 1973 • TVM
ABDICATION, THE • 1974
DISAPPEARANCE OF AIMEE, THE • 1976 • TVM
EAGLE'S WING • 1979
ON GIANT'S SHOULDERS • 1979 • TVM
PLAYERS • 1979
RICHARD'S THINGS • 1980
PATRICIA NEAL STORY, THE • 1981 • TVM
JOHNNY BELINDA • 1982 • TVM
SVENGALI • 1982 • TVM
GRACE QUIGLEY • ULTIMATE SOLUTION OF GRACE QUIGLEY, THE • 1985

HARVEY FRANCIS – UKN
TALE OF A TOWER • 1971

HARVEY FRANK – Actor – ASL – 1885–1965
WITHIN OUR GATES • DEEDS THAT WON GALLIPOLI • 1915
WEDGE-TAILED EAGLE, THE • 1934 • SHT

HARVEY HARRY – USA
LIGHT IN A WOMAN'S EYES, THE • 1914
LOVE LIER, THE • 1915
GRIP OF EVIL, THE • 1916 • SRL
TWIN TRIANGLE, THE • 1916
BRAND'S DAUGHTER • 1917
CLEAN GUN, THE • 1917
DEVIL'S BAIT, THE • 1917
FEET OF CLAY • 1917
PHANTOM SHOTGUN, THE • 1917
STOLEN PLAY, THE • 1917
YELLOW BULLET, THE • 1917
CAPTURED ALIVE • 1918 • SHT
DEAD SHOT, THE • 1918 • SHT
LION'S CLAWS, THE • 1918 • SRL
MYSTERY SHIP, THE • 1918 • SRL
ROBBER, THE • 1918 • SHT
SILENT SENTINEL, THE • 1918 • SHT
TRAIL OF NO RETURN, THE • 1918 • SHT
WOLVES OF THE RANGE • 1918 • SHT
BLACK HORSE BANDIT, THE • 1919 • SHT
BORDER TERROR, THE • 1919 • SHT
CANYON MYSTERY, THE • 1919 • SHT
RIDING WILD • 1919 • SHT
CORAZON DE LA GLORIA, EL • 1926

HARVEY HERK – USA
CARNIVAL OF SOULS • 1962

HARVEY JACK see **HARVEY JOHN**

HARVEY JOAN – USA
WE ARE THE GUINEA PIGS • 1980

HARVEY JOHN – USA
HARVEY JACK
BARRIER OF FLAMES, THE • 1914
FAIRY FERN SEED • 1915
GETTING HIS GOAT • 1915
NEWSPAPER NEMESIS, A • 1915
UNNECESSARY SEX, THE • 1915
WOLF OF DEBT, THE • 1915
CARMA • 1916
DOLL DOCTOR, THE • 1916 • SHT
HELD FOR DAMAGES • 1916 • SHT
LORDS OF HIGH DECISION, THE • 1916
WHEN THIEVES FALL OUT • 1917 • SHT
WOMAN WHO BELIEVED, THE • 1922
RIGHT MAN, THE • 1925
KEEP GOING • 1926
NO BABIES WANTED • BABY MOTHER, THE ○ PATSY'S IRISH JOHN • 1928

HARVEY JOHN JOSEPH – USA
KAISER'S FINISH, THE • 1918
COMPANY • 1919 • SHT
NEW FOLKS IN TOWN • 1919 • SHT
SECRET S'CIETY • 1919 • SHT
SKINNY, SCHOOL AND SCANDAL • 1919 • SHT
S'PRISE PARTY 'N' EVER'THING, A • 1919 • SHT
NIGHT OF THE DUB, THE • NIGHT OF THE PUB, THE • 1920 • SHT
IS CONAN DOYLE RIGHT? • 1923 • SHT

HARVEY LAURENCE – Actor – LTH – 1928–1973
CEREMONY, THE • CEREMONIA, LA (SPN) • 1963
DANDY IN ASPIC, A • 1968
WELCOME TO ARROW BEACH • AND NO-ONE WOULD BELIEVE HER ○ NO ONE WOULD BELIEVE HER ○ TENDER FLESH ○ DERANGED • 1973

HARVEY MAURICE – Producer – UKN – 1911–
COPPER WEB • 1937 • DOC
ISLANDERS, THE • 1939 • DOC
HOUSE ON A HILL, THE • 1949 • DOC
NEST EGG • 1949 • DOC
VOICES UNDER THE SEA • 1951 • DOC

HARVEY RUSS – USA
NO MAN'S LAND • 1964

HARVEY WILLIAM M. – USA
NEAL OF THE NAVY • 1915 • SRL

HARWOOD A. R. – Producer – ASL – 1897–
HARWOOD DICK
MAN WHO FORGOT, THE • 1927
ISLE OF INTRIGUE • 1931 • SHT
OUT OF THE SHADOWS • 1931 • SHT
SPUR OF THE MOMENT • 1931 • SHT
SECRET OF THE SKIES • 1934
PEARL LUST • 1936
AVENGER, THE • 1938
NIGHT CLUB • 1952

HARWOOD DICK see **HARWOOD A. R.**

HARZALLAH AHMED – TNS – 1938–
TAZERKA
PUR-SANG ARABE, LE • 1962 • DCS
GAMOUDI • 1965 • SHT
FOUAD, EL- • 1966 • SHT
SOGICOT • 1966 • DCS

HAS WOJCIECH see **HAS WOJCIECH J.**

HAS WOJCIECH J. – PLN – 1925–
HAS WOJCIECH
HARMONIA • HARMONY • 1947 • DCS
MOJE MIASTO • MY TOWN • 1947 • DCS
ULICA BRZOZOWA • BIRCH STREET • 1947 • DCS
PUCHAR TATR • TATRA CUP, THE • 1948 • DCS
JEDEN DZIEN W POLSCE • ONE DAY IN POLAND • 1949 • DCS
PAROWOZ PF-47 • LOCOMOTIVE PF-47 • 1949 • DCS
PIERWSZY PLON • FIRST HARVEST, THE • 1950 • DCS
MECHANIZACJA ROBOT ZIEMNYCH • MECHANIZATION OF FIELD WORK • 1951 • DCS
SCENTRALIZOWANA KONTROLA PRZEBIEGU PRODUKCJI • CENTRALISED CONTROL OF FLOW OF PRODUCTION • 1951 • DCS
KARMNIK JANKOWY • JANEK'S FEEDING TROUGH • 1952 • SHT
PRZEGLAD KULTURALNY 2/53 • CULTURAL REVIEW NO.2/53 • 1952 • DCS
ZIELARZE Z KAMIENNEJ DOLINY • FLOWERS OF THE VALLEY • 1952
HARCERZE NA ZLOCIE • SCOUTS AT A RALLY • 1953 • DCS
NASZ ZESPOL • OUR GROUP • 1955
PETLA • NOOSE, THE (USA) • 1957
POZEGNANIA • PARTINGS (USA) ○ LYDIA ATE THE APPLE ○ FAREWELLS • 1958
WSPOLNY POKOJ • ONE ROOM TENANTS (USA) ○ SHARED ROOM • 1959
ROZSTANIE • GOODBYE TO THE PAST ○ PARTING • 1960
ZLOTO • GOLDEN DREAMS ○ GOLD • 1961
JAK BYC KOCHANA • HOW TO BE LOVED (USA) • 1962
REKOPIS ZNALEZIONY W SARAGOSSIE • SARAGOSSA MANUSCRIPT, THE (USA) ○ ADVENTURES OF A NOBLEMAN ○ MANUSCRIPT FOUND IN SARAGOSSA ○ DIARY FOR IN SARAGOSSA, A • 1965
SZYFRY • CODE, THE • 1966
LALKA • DOLL, THE • 1968
SANATORIUM POD KLEPSYDRA • HOURGLASS SANATORIUM, THE (USA) ○ SANATORIUM ○ SANATORIUM BENEATH THE OBITUARY, A ○ SANDGLASS, THE • 1973
BALTAZARA KOBERA PRZYPADKI MILOSNE • BALTHAZAR KOBER'S LOVE ACCIDENTS • 1988

HASA PAVEL – CZC
EVIDENCE: PART 1: BETRAYAL • 1961 • DOC
EVIDENCE: PART 2: VICTORY • 1961 • DOC
SVEDECTVI • EVIDENCE • 1961

HASE KAZUO – JPN
NICHIBOTSUMAE NI AISHITE • LOVE ME BEFORE DARK • 1967
YORU NON HITODE • TEMPTATION BY NIGHT • 1967
ARASHI NI TATSU • MAN IN THE STORM • 1968
KAIDAN ZANKOKU MONOGATARI • CURSE OF THE BLOOD ○ CRUEL GHOST LEGEND • 1968
SHINJUKU SODACHI • YOUNG REBELS OF SHINJUKU • 1968

HASEBE TOSHIAKI – JPN
GOKUDO SHAIN YUKYO DEN • ON GUARD FOR NONSENSE • 1968
MAPPIRA SHAIN YUKYODEN • STATUS SEEKERS • 1968
SHOWA GENROKU HARENCHI BUSHI • NEVER SAY DIE • 1968

HASEBE YASUHARU – JPN
ORENI SAWARUTO ABUNAINE • IF YOU TOUCH ME ○ DANGER
BAKUDAN-OTOKO TO IWARERU AITSU • SINGING GUNMAN, THE • 1967
MINAGOROSHI NO KENJU • MASSACRE GUN, THE • 1967
SHIMA WA MORATTA • RETALIATION • 1968

HASEGAWA KAZUHIKO – JPN
SEISHUN NO SATSUJIN-SHA • KILLER OF YOUTH, A ○ KILLER YOUTH, THE ○ MURDERER OF YOUTH ○ YOUTH KILLER, THE • 1976
TAIYO O NUSUNDA OTOKO • MAN WHO STOLE THE SUN, THE • 1979

HASHEMI ASGHAR – IRN
DATE OF EXPECTATION • 1987
UNDER THE ROOFS OF THE CITY • 1989

HASHIM ANWAR – SDN – 1946–
LUTTE DE GENERATIONS • 1972

HASHIMOTO KOHJI – JPN
GODZILLA 1985 • GODZILLA: THE LEGEND IS REBORN ○ GOJIRO • 1985

HASHIMOTO S. – JPN
WATASHI WA KAI NI NARITAI • I WANT TO BE A SHELLFISH ○ LIPS FORBIDDEN TO TALK • 1959
MINAMI NO KAZE TO NAMI • SOUTH WIND AND WAVES • 1961
MABOROSHI NO MIZUUMI • LAKE OF ILLUSION • 1982

HASHIMOTO TADANORI – JPN
ZOKU JOROHZUMA • WHORE FOR A WIFE, A • 1968

HASHIURA MASATO – JPN
KAICHO-ON • SOUND OF THE TIDE, THE • 1981
MITSUGETSU • HONEYMOON • 1984

HASKIN BYRON – Cinematographer – USA – 1899-1984
GINSBERG THE GREAT • BROADWAY KID, THE (UKN) • 1927
IRISH HEARTS • 1927
MATINEE LADIES • 1927
SIREN, THE • 1927
ROOKERY NOOK • ONE EMBARRASSING NIGHT (USA) • 1930
I WALK ALONE • 1948
MANEATER OF KUMAON • 1948
TOO LATE FOR TEARS • 1949
TREASURE ISLAND • 1950
SILVER CITY • HIGH VERMILION (UKN) • 1951
TARZAN'S PERIL • TARZAN AND THE JUNGLE GODDESS (UKN) • 1951
WARPATH • 1951
DENVER AND RIO GRANDE, THE • 1952
WAR OF THE WORLDS, THE • 1953
HIS MAJESTY O'KEEFE • 1954
LONG JOHN SILVER • LONG JOHN SILVER RETURNS TO TREASURE ISLAND • 1954
NAKED JUNGLE, THE • 1954
CONQUEST OF SPACE • 1955
BOSS, THE • 1956
FIRST TEXAN, THE • 1956
FROM THE EARTH TO THE MOON • 1958
LITTLE SAVAGE, THE • 1959
JET OVER THE ATLANTIC • 1960
SEPTEMBER STORM • 1960
ARMORED COMMAND • 1961
CAPTAIN SINDBAD • CAPTAIN SINBAD • 1963
ROBINSON CRUSOE ON MARS • 1964
POWER, THE • 1967

HASLER – CZC
SRDCE ZA PISNICKU • HEART FOR A SONG, THE • 1933

HASLER JO see **HASLER JOACHIM**

HASLER JOACHIM – GRM
HASLER JO
GEJAGT BIS ZUM MORGEN • 1957
WO DER ZUG NICHT LANGE HALT • NEUER TAG BRICHT AN, EIN • 1960
TOD HAT EIN GESICHT, DER • 1961
NEBEL • 1963
CHRONIK EINES MORDES • 1965
REISE INS EHEBETT • 1966
HEISSER SOMMER • HOT SUMMER • 1968
MEINE STUNDE NULL • MY ZERO HOUR • 1969
NICHT SCHUMMELN, LIEBLING! • 1973

HASS HANS – GRM
MENSCHEN UNTER HAIEN • 1945
UNTERNEHMEN XARIFA • UNDER THE CARIBBEAN • 1954

HASSAN ABDEL FATTAH – EGY
GHABA NUS EL LAIL • MIDNIGHT GHOST, THE • 1947

HASSAN HUSSEIN ABU – MLY
BUNGA PADI BERDAUN LALANG • 1974
PANGLIMA BADUL • 1978

HASSAN MAMOUN – UKN
MEETING, THE • 1964
SOME OF THE PALESTINIANS • 1976

HASSAN SANDY SUWARDI – INN
RATAPAN ANAK TIRI • WOES OF A STEP-DAUGHTER • 1974
RATAPAN RINTIHAN • CRIES OF DESPAIR • 1974
TIADA WAKTU BICARA • NO TIME FOR TALK • 1974

HASSANI KAMERAN see **HUSNI KAMERAN**

HASSE CHARLES – Editor – ALG – 1904-
CHRISTMAS UNDER FIRE • 1942 • DOC
GREEK TESTAMENT • SHRINE OF VICTORY, THE • 1942 • DOC
WAR AND ORDER • 1942 • DOC

HASSE PAUL – USA
METROPOLIS II • 1969 • SHT

HASSELBALCH HAGEN – DNM
DENMARK GROWS UP • 1947 • DOC
HVOR VEJENE MODES • 1948
PANIK I PARADIS • PANIC IN PARADISE • 1960
HURRA FOR OS • MEET THE DANES • 1963
YOGA -EN VEJ TIL LYKKEN • YOGA -ROAD TO HAPPINESS ○ YOGA • 1973 • DOC

HASSLER JURG – SWT
WELCHE BILDER -KLEINE ENGEL -WANDERN DURCH DEIN ANGESICHT? • DOC
JOSEPHSONN • 1977 • DOC

HASSLER URSULA – SWT
WELCHE BILDER -KLEINE ENGEL -WANDERN DURCH DEIN ANGESICHT? • DOC

HASSNER RUNE – SWD – 1928-
MYGLAREN • 1966

HASSO HARRY – ITL – 1904-
PENGAR FRAN SKYN • MONEY FROM THE SKY • 1939
DONNA DEL PECCATO, LA • 1942
USURAIO, L' • 1943
GRENZSTATION • 1951

HASTINGS SEYMOUR – USA
GIRL IN THE TENEMENT, THE • 1914

HASTRUP JANNIK – Animator – DNM – 1941-
CONCERTO EROTICA • 1964
GENERALEN • GENERAL, THE • 1966
SLAMBERT • 1966 • ANS
HISTORY BOOK • ANM
BENNYS BADEKAR • BENNY'S BATHTUB • 1971 • ANM
THRALL'S REVOLT, THE • 1978 • ANM
THRALLS, THE • 1978 • ANM
TRAELLENE • 1978
TRAELLENES OPROR • 1979
HVORDAN DET VIDERE GIK DEN GRIMME AELLING • FURTHER ADVENTURES OF THE UGLY DUCKLING, THE • 1981 • ANM
HAVALERNES SANG • SONG OF THE WHALES • 1984
SAMSON AND SALLY • 1984 • ANM
SUBWAY TO PARADISE • 1987 • ANM

HATA MASAMI – JPN
SIRIUS NO DENSETSU • LEGEND OF SIRIUS, A • 1982

HATA MASANORI – JPN
KONEKO MONOGATARI • ADVENTURES OF A KITTY • 1987

HATAMI ALI – IRN
HATEMI ALI • HATAMI ALISHAH
SATAR KHAN • 1973
SOUTAH-DECAN • 1977
SUTCH-DELAN • BROKEN HEARTS • 1978
MOTHER • 1989
CHASING THE SHADOWS • 1990

HATAMI ALISHAH see **HATAMI ALI**

HATAMIKIA EBRAHIM – IRN – 1961-
IDENTITY, THE • 1986
SCOUT, THE • 1989
IMMIGRANT, THE • 1990

HATCHCOCK BOB – Animator – USA
DUCK TALES -THE MOVIE: THE TREASURE OF THE LOST LAMP • 1990 • ANM

HATCHCOCK JEFF – USA
NIGHT RIPPER • 1986

HATEMI ALI see **HATAMI ALI**

HATHAWAY HENRY – USA – 1898-1985
HERITAGE OF THE DESERT • 1933
MAN OF THE FOREST • CHALLENGE OF THE FRONTIER • 1933
SUNSET PASS • 1933
THUNDERING HERD, THE • BUFFALO STAMPEDE • 1933
TO THE LAST MAN • LAW OF VENGEANCE • 1933
UNDER THE TONTO RIM • 1933
WILD HORSE MESA • 1933
COME ON MARINES • 1934
LAST ROUND-UP, THE • BORDER LEGION, THE • 1934
NOW AND FOREVER • YOU BELONG TO ME • 1934
WITCHING HOUR, THE • 1934
LIVES OF A BENGAL LANCER, THE • 1935
PETER IBBETSON • 1935
GO WEST, YOUNG MAN • 1936
I LOVED A SOLDIER • 1936
TRAIL OF THE LONESOME PINE • 1936
SOULS AT SEA • 1937
SPAWN OF THE NORTH • 1938
REAL GLORY, THE • 1939
BRIGHAM YOUNG -FRONTIERSMAN • BRIGHAM YOUNG (UKN) • 1940
JOHNNY APOLLO • DANCE WITH THE DEVIL • 1940
SHEPHERD OF THE HILLS • 1941
SUNDOWN • 1941
CHINA GIRL • 1942
10 GENTLEMEN FROM WEST POINT • 1942
LADY TAKES A CHANCE, THE • COWBOY AND THE GIRL, THE • 1943
HOME IN INDIANA • 1944
WING AND A PRAYER • 1944
HOUSE ON 92ND STREET, THE • NOW IT CAN BE TOLD • 1945
NOB HILL • 1945
DARK CORNER, THE • 1946
KISS OF DEATH • 1947
13 RUE MADELEINE • 1947
CALL NORTHSIDE 777 • CALLING NORTHSIDE 777 • 1948
DOWN TO THE SEA IN SHIPS • 1949
BLACK ROSE, THE • 1950
DESERT FOX, THE • ROMMEL -DESERT FOX (UKN) • 1951
FOURTEEN HOURS • 1951
RAWHIDE • DESPERATE SIEGE • 1951
YOU'RE IN THE NAVY NOW • U.S.S. TEAKETTLE • 1951
DIPLOMATIC COURIER • 1952
O. HENRY'S FULL HOUSE • BAGDAD ON THE SUBWAY • 1952
RED SKIES OF MONTANA • SMOKE JUMPERS • 1952
CORONATION PARADE, THE • 1953 • SHT
NIAGARA • 1953
WHITE WITCH DOCTOR • 1953
GARDEN OF EVIL • 1954
PRINCE VALIANT • 1954
RACERS, THE • SUCH MEN ARE DANGEROUS (UKN) • 1955
BOTTOM OF THE BOTTLE, THE • BEYOND THE RIVER (UKN) • 1956
TWENTY THREE PACES TO BAKER STREET • 23 PACES TO BAKER STREET • 1956
LEGEND OF THE LOST • TIMBUCTU (ITL) • 1957
FROM HELL TO TEXAS • MANHUNT (UKN) • 1958
WOMAN OBSESSED • 1959
NORTH TO ALASKA • 1960
SEVEN THIEVES • 1960
HOW THE WEST WAS WON • 1962
CIRCUS WORLD • MAGNIFICENT SHOWMAN, THE (UKN) • 1963
RAMPAGE • JUNGLE RAMPAGE • 1963
OF HUMAN BONDAGE • 1964
SONS OF KATIE ELDER, THE • 1965
NEVADA SMITH • 1966
LAST SAFARI, THE • 1967
FIVE CARD STUD • 1968
TRUE GRIT • 1969
AIRPORT • 1970
RAID ON ROMMEL • 1971
SHOOT OUT • 1971
HANGUP • SUPER DUDE • 1974

HATHAWAY TERENCE see **GRIECO SERGIO**

HATOT GEORGES – FRN
VIE DU CHRIST, LA • PASSION (USA) ○ LIFE OF CHRIST, THE • 1906
LOUPIOTE, LA • 1922

HATTON DICK see **HATTON RICHARD**

HATTON MAURICE – Producer – UKN – 1938-
SCENE NUN, TAKE ONE • 1964 • SHT
PRAISE MARX AND PASS THE AMMUNITION • 1970
LONG SHOT • 1978
NELLY'S VERSION • 1983 • TVM
REWARDS OF VIRTUE, THE • 1983
AMERICAN ROULETTE • 1988

HATTON RICHARD – USA
HATTON DICK
SEVENTH SHERIFF, THE • 1923
STING OF THE SCORPION, THE • 1923
UNBLAZED TRAIL • 1923
SAGEBRUSH GOSPEL • 1924
TWO FISTED JUSTICE • 1924
WHIRLWIND RANGER, THE • 1924
HE-MAN'S COUNTRY, A • 1926
TEMPORARY SHERIFF • 1926

HATWIG HANS – SWD
GRONA GUBBAR FRAN Y.R. • GREEN MEN FROM OUTER SPACE • 1987

HATZOPOULOS DIMITRIS – GRC
GAZOROS SERRON • 1974

HAU CHING – HKG
DRAGON ZOMBIES RETURN • 1983

von HAU HERBERT – SWD
MARODORER • MARAUDERS • 1934

HAUDEPIN DIDIER – FRN – 1951-
PACO L'INFAILLABLE • 1979

HAUDIQUET PHILIPPE – FRN – 1937-
LARZAC • GARDAREM LOU LARZAC • 1973 • DOC
BATISSEURS, LES • LARZAC 75-77 • 1977 • DOC

HAUDUROY JEAN-FRANCOIS – FRN – 1928-
BAISERS, LES • VOGLIA MATTA DI DONNA (ITL) • 1964

HAUFF EBERHARD – GRM
HUTET EURE TOCHTER • GELBE WAGEN, DER ○ ZEHNTAUSEND • 1962

HAUFF REINHARD – GRM – 1939-
AUSWEG LOS • 1969 • DOC
REVOLTE, DIE • 1969
UNTERMANN-OBERMANN • 1969 • DOC
OFFENER HASS GEGEN UNBEKANNT • 1970
MATHIAS KNEISSL • 1971
HAUS AM MEER, DAS • 1972
DESASTER • 1973
ZUND SCHNURE • 1974
PAULE PAULAENDER • 1975
VERROHUNG DES FRANZ BLUM, DIE • BRUTALISATION OF FRANK BLUM, THE • 1975
HAUPTDARSTELLER, DER • MAIN ACTOR, THE (UKN) ○ LEADING MAN, THE • 1978
MESSER IM KOPF • KNIFE IN THE HEAD • 1978
GIBBI-WESTGERMANY • 1979
LINIE 1
ENDSTATION FREIHEIT • SLOW ATTACK • 1981
MANN AUF DER MAUER, DER • MAN ON THE WALL, THE • 1983
STAMMHEIM -DER PROZESS • STAMMHEIM • 1986
BLAUAUGIG • BLUE-EYED • 1988

HAUFLER MAX – SWT – 1910-
OR DANS LA MONTAGNE, L' • FARINET, ODER DAS FALSCHE GELD ○ FARINET, OU LA FAUSSE MONNAIE ○ FAUX MONNAYEURS • 1938
MENSCHEN DIE VORUBERZIEHN • 1941

HAUGE ALAN – USA
FORCE OF DARKNESS • 1985

HAUGE KNUD – DNM
SORTE VEJ, DEN • BLACK ROAD, THE • 1987 • DOC

HAUGH DIETRICH see **HAUGK DIETRICH**

HAUGK DIETRICH – GRM
HAUGH DIETRICH
AGATHA, LASS DAS MORDEN SEIN • 1960
HELDINNEN • 1960

HAUPE WLODZIMIERZ – PLN – 1924-
RASCAL SNAIL, THE • 1951 • ANM
LAWRENCE'S ORCHARD • ORCHARD OF PERE LAURENT, THE • 1952 • ANM
JANOSIK • 1953
CYRK • CIRCUS, THE • 1954
NIEZWYKLA PODROZ • WHAT THE MOON SAW ○ MOON'S TALE, A ○ MOON'S STORY, THE • 1955 • ANM

ZMIANA WARTY • CHANGING OF THE GUARD • 1958 • ANS
BUT • 1959
SZCZESCIARZ ANTONI • LUCKY TONY • 1961
TEA-POT, THE • 1962 • ANM
UBRANIE PRAWIE NOWE • HAND-ME-DOWN SUIT, A ◦ SUIT ALMOST NEW, THE ◦ NEW CLOTHES • 1963
GLEBAE ADSCRIPTI • 1964
BARREL-ORGAN, THE • 1965 • ANM
PROKURATOR MA GLOS • COUNSEL FOR THE PROSECUTION HAS THE FLOOR, THE • 1965
PORADNIK MATRYMONIALNY • MATRIMONIAL ADVICE COLUMN ◦ GUIDEBOOK TO MATRIMONY • 1968
PEJZAZ Z BOHATEREM • LANDSCAPE WITH A HERO, THE ◦ LANDSCAPE WITH HERO • 1970
DOKTOR JUDYM • DOCTOR JUDYM • 1975

HAUSEMER MAISY – LXM
KLIBBERKLEESCHEN • 1987 • DOC

HAUSER CRISTINA – PRT
JUNQUEIRA • 1983 • SHT

HAUSER PETER – GRM
VULKAN DER HOLLISCHEN TRIEBE • VOLCANO OF HELLISH DESIRES • 1968

HAUSSERMANN ERNST – AUS
PEPI COLUMBUS • 1954

HAUSSLER JOHANNES – GRM
VATI MACHT DUMMHEITEN • 1953

HAUSSLER RICHARD – Actor – GRM
MARTINSKLAUSE • 1951
SCHONE TOLZERIN, DIE • 1952
DEIN HERZ IST MEINE HEIMAT • 1953
DORF UNTERM HIMMEL • 1953
ERBIN VOM BERGHOF, DIE • 1954
WENN DIE ALPENROSEN BLUH'N • 1955
ADLER VON VELSATAL, DER • 1956
GLOCKENGIESSER VON TIROL, DER • 1956

HAVAERI SEYFI – TRK
222 NO. LU DOSYA • FILE 222 • 1967
KARA SEVDA • DARK LOVE • 1968
KARA YAZIM • MY DARK FATE • 1968

HAVELOCK-ALLAN ANTHONY – Producer – UKN – 1905–
FROM THE FOUR CORNERS • 1941 • DOC
EVENING WITH THE ROYAL BALLET, AN • 1963

HAVETTA ELO – CZC
SLAVNOST V BOTANICKEJ ZAHRADE • FETE IN THE BOTANICAL GARDENS, THE ◦ PARTY IN THE BOTANICAL GARDEN, THE • 1969
SLNKO, DAZD, LALIE POLNE • SUN, RAIN AND FIELD LILY ◦ LILIES OF THE FIELD • 1972

HAVETTOVA JAROSLAVA – CZC
STATUE • ANS

HAVEZ JEAN – USA
BETTER LATE THAN NEVER • 1916 • SHT

HAVINGA NICK – USA
DESPERATE INTRUDER • 1983 • TVM

HAWAL KASIM – IRQ
AHWAR, AL • 1976 • DOC
HOUSES IN THAT ALLEY • 1978

HAWES MICHAEL – USA
FAMILY REUNION • 1988

HAWES STANLEY – UKN – 1905–
CHAPTER AND VERSE • 1936
DRY DOCK • 1936
HERE IS THE LAND • 1937 • DOC
SPEED THE PLOW • 1939
HOME FRONT, THE • 1940 • DCS
MONKEY INTO MAN • 1940
SALUTE TO VICTORY • 1945 • DCS
SCHOOL IN THE MAILBOX • 1946 • DOC
FLIGHT PLAN • 1949
CHILDREN'S THEATRE • 1961

HAWK OLIVER – FNL
TOHINAA HAMEESSA • SOUND AND FURY IN HAME • 1977

HAWKES STEVE – USA
STEVE, SAMSON AND DELILAH • 1975

HAWKESWORTH JOHN – UKN
ROWLANDSON'S ENGLAND • 1955 • SHT

HAWKINS EMERY – USA
RATION BORED • 1943 • ANS

HAWKINS JOHN H. – USA
LSD WALL • 1965 • SHT
VALENTINE FOR MARIE, A • 1965 • SHT
FLOWERPOT • 1969 • SHT

HAWKINS ROBERT – UKN
MAN OF CERTAIN GLORY, A • 1960

HAWKINS WILLIAM see **CAIANO MARIO**

HAWKS DON – USA
BEASTS • 1983
HUSH LITTLE BABY DON'T YOU CRY • 1984

HAWKS HOWARD – Producer/writer – USA – 1896–1977
LITTLE PRINCESS, A • 1917
FIG LEAVES • 1926
ROAD TO GLORY, THE • 1926
CRADLE SNATCHERS, THE • 1927
PAID TO LOVE • GABY • 1927
AIR CIRCUS, THE • 1928
FAZIL • 1928
GIRL IN EVERY PORT, A • 1928
TRENT'S LAST CASE • 1929
DAWN PATROL • FLIGHT COMMANDER • 1930
CRIMINAL CODE, THE • 1931
CROWD ROARS, THE • 1932
FOULE HURLE, LA • 1932
SCARFACE • SHAME OF A NATION, THE (UKN) ◦ SCARFACE, SHAME OF A NATION • 1932
TIGER SHARK • 1932
TODAY WE LIVE • 1932
PRIZEFIGHTER AND THE LADY, THE • EVERY WOMAN'S MAN (UKN) • 1933
TWENTIETH CENTURY • 1934
VIVA VILLA! • 1934
BARBARY COAST • PORT OF WICKEDNESS • 1935
CEILING ZERO • 1936
COME AND GET IT! • ROARING TIMBER • 1936
ROAD TO GLORY, THE • WOODEN CROSSES ◦ ZERO HOUR • 1936
BRINGING UP BABY • 1938
ONLY ANGELS HAVE WINGS • PLANE NUMBER FOUR • 1939
HIS GIRL FRIDAY • 1940
BALL OF FIRE • 1941
SERGEANT YORK • 1941
AIR FORCE • 1943
CORVETTE K-225 • NELSON TOUCH, THE (UKN) • 1943
OUTLAW, THE • 1943
TO HAVE AND HAVE NOT • 1944
BIG SLEEP, THE • 1946
RED RIVER • 1948
SONG IS BORN, A • 1948
I WAS A MALE WAR BRIDE • YOU CAN'T SLEEP HERE (UKN) • 1949
THING, THE • THING FROM ANOTHER WORLD, THE (UKN) • 1951
BIG SKY, THE • 1952
MONKEY BUSINESS • BE YOUR AGE • 1952
O. HENRY'S FULL HOUSE • BAGDAD ON THE SUBWAY • 1952
GENTLEMEN PREFER BLONDES • 1953
LAND OF THE PHARAOHS • 1955
RIO BRAVO • 1959
HATARI! • 1962
MAN'S FAVORITE SPORT? • 1964
RED LINE 7000 • 1965
EL DORADO • 1967
RIO LOBO • 1970

HAWKS KENNETH – USA – –1930
BIG TIME • 1929
MASKED EMOTIONS • 1929
SUCH MEN ARE DANGEROUS • MASK OF LOVE, THE • 1930

HAWLEY JIM – USA
JUNIOR • HOT WATER • 1985

HAWTREY CHARLES – Actor – UKN – 1914–
DUMB DORA DISCOVERS TOBACCO • FAG END • 1945
WHAT DO WE DO NOW? • 1945

HAXTHAUSEN TORK – DNM
STED AT VAERE, ET • SOMEWHERE TO GO • 1960

HAY HARRY – USA
EVEN AS YOU AND I • 1937 • SHT

HAY ROD – ASL
BREAKING LOOSE • 1988

HAY WILL – Actor – UKN – 1888–1949
BLACK SHEEP OF WHITEHALL • 1941
GOOSE STEPS OUT, THE • 1942
MY LEARNED FRIEND • 1943

HAYAKAWA MASAMI – JPN
HIROSHIMA NAGASAKI • WHAT THE ATOMIC BOMB BROUGHT • 1983

HAYASAKA HIROKIYO – JPN
ONNA NO HIEZU • SECRET ILLUSTRATION OF WOMAN • 1968

HAYASAKA HIROSHI – JPN
SHITANAMEZURI • APPETITE • 1968
ZERO NO INJU • OBSCENE ANIMAL OF ZERO • 1968

HAYASHI KAIZO – JPN
YUME MIRUYONI NEMURITAI • TO SLEEP SO AS TO DREAM • 1985

HAYDEN JEFFREY – USA
VINTAGE, THE • HARVEST THUNDER ◦ PURPLE HARVEST, THE • 1957
AMY PRENTISS: BAPTISM OF FIRE • PRIME SUSPECT • 1974 • TVM

HAYDEN RUSSELL – Actor – USA – 1912–
WHEN THE GIRLS TAKE OVER • 1962

HAYDEN TOM – USA
VIETNAM JOURNEY • VIETNAM JOURNEY: INTRODUCTION TO THE ENEMY ◦ INTRODUCTION TO THE ENEMY • 1974

HAYDN RICHARD – Actor – UKN – 1905–1985
MISS TATLOCK'S MILLIONS • 1948
DEAR WIFE • 1949
MR. MUSIC • 1950

HAYDON CHARLES J. see **HAYDON J. CHARLES**

HAYDON GEOFF – UKN
L.A., MY HOME TOWN • 1977

HAYDON J. CHARLES – USA
HAYDON CHARLES J.
ALSTER CASE, THE • 1915
DESPAIR • 1915
FAMILY DIVIDED, THE • 1915
SCAPEGOAT, THE • 1915
FINAL FRAUD, THE • 1916 • SHT
PHANTOM BUCCANEER, THE • 1916
STING OF VICTORY, THE • LITTLE MUSKETEER, THE • 1916
STRANGE CASE OF MARY PAGE, THE • 1916 • SRL
WHAT I SAID GOES • 1916 • SHT
NIGHT WORKERS, THE • 1917
SATAN'S PRIVATE DOOR • 1917
YELLOW UMBRELLA, THE • 1917 • SHT
HEARTS OF LOVE • 1918

HAYDON TOM – Producer – ASL
TALGAI SKULL, THE • 1968 • DOC
DIG A MILLION: MAKE A MILLION • 1969 • DOC
CASEY • 1970 • DOC
LAST TASMANIAN, THE • 1978

HAYEEM BEN see **HAYEEM BENJAMIN**

HAYEEM BENJAMIN – USA
HAYEEM BEN
FLORA • 1964 • SHT
EXTREME UNCTION • 1967 • SHT
PAPILLOTE • 1969 • SHT

HAYERS SIDNEY – UKN – 1921–
HAYERS SIDNEY A.
VIOLENT MOMENT • 1959
WHITE TRAP, THE • 1959
CIRCUS OF HORROR • 1960
MALPAS MYSTERY, THE • 1960
ECHO OF BARBARA • 1961
PAYROLL • I PROMISE TO PAY • 1961
NIGHT OF THE EAGLE • BURN, WITCH, BURN (USA) ◦ CONJURE WIFE • 1962
THIS IS MY STREET • 1963
THREE HATS FOR LISA • 1965
FINDERS KEEPERS • 1966
TRAP, THE • AVENTURE SAUVAGE, L' • 1966
MISTER JERICO • 1969 • MTV
SOUTHERN STAR, THE • ETOILE DU SUD, L' (FRN) • 1969
FIRECHASERS, THE • CAUSE FOR ALARM • 1970 • TVM
ALL COPPERS ARE... • 1971
ASSAULT • IN THE DEVIL'S GARDEN (USA) ◦ TOWER OF TERROR • 1971
REVENGE • INN OF THE FRIGHTENED PEOPLE (USA) ◦ TERROR FROM UNDER THE HOUSE • 1971
DEADLY STRANGERS • 1974
DIAGNOSIS MURDER • 1974
WHAT CHANGED CHARLEY FARTHING • BANANAS BOAT, THE (USA) • 1974
KING ARTHUR, THE YOUNG WARLORD • KING ARTHUR, THE YOUNG WARRIOR • 1975
GITANOS: ESCAPE FROM APARTHEID • ESCAPE FROM APARTHEID ◦ ONE AWAY • 1976
SEEKERS, THE • 1979 • MTV
CONQUEST OF THE EARTH • GALACTICA 3: CONQUEST OF THE EARTH • 1980 • MTV
JACK FLASH • 1981 • MTV
TERROR AT ALCATRAZ • 1982 • TVM

HAYERS SIDNEY A. see **HAYERS SIDNEY**

HAYES ALFRED – USA
SMUGGLERS, THE • 1968 • TVM

HAYES BEV – USA
ALASKAN SAFARI • 1968

HAYES FRANK – Animator – USA
HE-MAN AND SHE-RA: A CHRISTMAS SPECIAL • 1986 • ANM

HAYES JOHN – USA
ROTTEN APPLE, THE • 5 MINUTES TO LOVE ◦ IT ONLY TAKES 5 MINUTES • 1963
SHELL SHOCK • 1964
FARMER'S OTHER DAUGHTER, THE • FARM GIRL • 1965
HANG-UP, THE • 1969
ALL THE LOVIN' KINFOLK • CLOSEST OF KIN, THE ◦ KINFOLK ◦ KIN FOLK • 1970
FANDANGO • 1970
SWEET TRASH • 1970
GARDEN OF THE DEAD • TOMB OF THE UNDEAD • 1972
GRAVE OF THE VAMPIRE • SEED OF TERROR • 1972
DREAM OF EVIL • 1974
MAMA'S DIRTY GIRLS • 1974
END OF THE WORLD • 1977
UP YOUR LADDER • UP YOURS.. A ROCKIN' COMEDY ◦ UP YOURS • 1979

HAYES JOHN J. – USA
FATAL 30, THE • 1921

HAYES MAX E. – USA
UNEMPLOYED GHOST, THE • 1931 • SHT

HAYES MICHAEL – UKN
PROMISE, THE • 1969

HAYES ROBERT – USA
PHOENIX THE WARRIOR • 1988

HAYES RON – USA
ARCTIC SAFARI • 1964
SAFARI IN ALASKA • 1965 • DOC
ALASKAN SAFARI • 1968
NORTH COUNTRY • 1973 • DOC

HAYES W. see **HAYES WARD**

HAYES WARD – USA
HAYES W.
HAY FEVER • 1920 • SHT
RAGGED ROAD TO ROMANCE, THE • 1920 • SHT
SCRAMBLED ROMANCE, A • 1920 • SHT
SHORTY'S LONG SUIT • 1920 • SHT
SOCIETY BUG, THE • 1920 • SHT
COME ON COWBOYS! • HIS GLORIOUS ROMANCE (UKN) • 1924
HORSE SENSE • 1924
SELL 'EM COWBOY • ALIAS TEXAS PETE OWENS (UKN) • 1924
CACTUS CURE, THE • 1925
MY PAL • 1925
RANGE JUSTICE • 1925
RIDIN' EASY • 1925
RIP SNORTER, THE • 1925
SECRET OF BLACK CANYON, THE • 1925
STRANGE RIDER, THE • 1925
TWO-FISTED SHERIFF, A • 1925
WHERE ROMANCE RIDES • 1925
WOLVES OF THE ROAD • 1925

HAYLE GERALD M. – ASL
ENVIRONMENT • 1927
RUSHING TIDE, THE • 1928
TRAMP, THE • 1929 • SHT
TIGER ISLAND • 1930

HAYMAN DAVID – UKN
SILENT SCREAM • 1990

HAYMEEN BENJAMIN – USA
DREAM OF LOVE • 1967

HAYNES MANNING – UKN
MONTY WORKS THE WIRES • 1921
HEAD OF THE FAMILY, THE • 1922
SAM'S BOY • 1922
SKIPPER'S WOOING, THE • 1922
WILL AND A WAY, A • 1922
CONSTABLE'S MOVE, THE • 1923
CONVERT, THE • 1923
MONKEY'S PAW, THE • 1923
ODD FREAK, AN • 1923
BOATSWAIN'S MATE, THE • 1924
DIXON'S RETURN • 1924
LAWYER QUINCE • 1924
LONDON LOVE • WHIRLPOOL, THE • 1926
PASSION ISLAND • 1927
WARE CASE, THE • 1928
THOSE WHO LOVE • MARY WAS LOVE • 1929
SHOULD A DOCTOR TELL? • 1930
OFFICER'S MESS, THE • 1931
OLD MAN, THE • 1931
TO OBLIGE A LADY • 1931
LOVE'S OLD SWEET SONG • MISSING WITNESS, THE • 1933
PERFECT FLAW, THE • 1934
SMITH'S WIVES • 1935
HIGHLAND FLING • 1936
TOMORROW WE LIVE • 1936
EAST OF LUDGATE HILL • 1937
PEARLS BRING TEARS • 1937
CLAYDON TREASURE MYSTERY, THE • 1938
COMING OF AGE • 1938

HAYNES STANLEY – Producer – UKN – 1906–
CARNIVAL • 1946
CARNATION FRANK • 1961

HAYS BILL – USA
TIME AFTER TIME • 1985

HAYS JACK – USA
GIMME MY QUARTERBACK • 1934

HAYWARD FREDERICK – UKN
LEND ME YOUR HUSBAND • 1935
ELDER BROTHER, THE • 1937

HAYWARD LOUIS – Actor – SAF – 1909–
WITH THE MARINES AT TARAWA • 1944 • DOC

HAYWARD RUDALL see **HAYWARD RUDALL C.**

HAYWARD RUDALL C. – UKN
HAYWARD RUDALL
REWI'S LAST STAND • 1939
GOODWIN SANDS, THE • 1948
TO LOVE A MAORI • 1972

HAYWARD STAN – UKN
MATHEMATICIAN, THE • 1976

HAZAN JACK – UKN
BIGGER SPLASH, A • 1974 • DOC
RUDE BOY • 1980

HAZANAVICIUS CLAUDE – CND
ENFANT FRAGILE, L' • 1980

HDENG TSU – HKG
EAGLE SHADOW FIST

HE PING – CHN
YOSHIKO KAWASHIMA • 1989

HEAD JOHN – USA
JIMI HENDRIX • 1973 • DOC

HEALE PATRICK K. – UKN
HANGING RAIN • 1935
JUST FOR TONIGHT • 1935
MURDER AT TEN • 1935
OUR HUSBAND • 1935

HEALEY BARRY – CND – 1945–
OUTTAKES • 1977 • SHT
NIGHT BEFORE THE MORNING AFTER, THE • 1979
MAGGIE • 1981 • MTV
BIG DEAL • 1985 • MTV

HEALY MIKE – UKN
COALVILLE STORY, THE • 1965 • SHT

HEARD HOWARD – USA
SHADOWS RUN BLACK • 1984

HEARD PAUL F. – USA
HONG KONG AFFAIR • 1958

HEARN J. VAN – USA
ETERNAL SUMMER • 1961
HANGING OF JAKE ELLIS, THE • CALICO QUEEN, THE • 1969
HOUSE NEAR THE PRADO, THE • 1969
LOVE ME LIKE I DO • 1970

HEATH ARCH see **HEATH ARCH B.**

HEATH ARCH B. – USA – 1890–
HEATH ARCH
CRIMSON FLASH, THE • 1927 • SRL
MASKED MENACE, THE • 1927 • SRL
ON GUARD • 1927 • SRL
CAME THE DAWN • 1928 • SHT
DO GENTLEMEN SNORE? • 1928 • SHT
MARK OF THE FROG • 1928 • SRL
MELODY OF LOVE, THE • MADELON • 1928
THAT NIGHT • 1928 • SHT
MODERN LOVE • 1929
DANGEROUS YOUTH, THE • 1930
DOCTOR'S ORDERS • 1930 • SHT
AGAINST THE RULES • 1931
WHAT A TIME • 1931

HEATH HAROLD – UKN
MYSTERY OF THE £500,000 PEARL NECKLACE, THE • $1,000,000 PEARL MYSTERY (USA) • 1913
NOBODY'S CHILD • 1913
£1000 REWARD • 1913

HEATH SIMON – ASL
BULLAMAKANKA • 1983
CHARLEY'S WEB • 1986

HEATHER DAVE – UKN
TREASURE ISLAND • TREASURE ISLAND: THE MUSICAL • 1982

HEAVEN SIMON – UKN
HOME FROM HOME • 1982 • DOC

HEAVENER DAVID – USA
OUTLAW FORCE • 1988
KILL CRAZY • 1989
REACTOR, THE • DEADLY REACTOR • 1989

HEBERT MARC – CND
SHEER SPORT • 1972
AMESHKUATAN –LES SORTIES DU CASTOR • 1978 • DOC

HEBERT PIERRE – Animator – CND – 1944–
HISTOIRE D'UNE BIBITE • 1963 • ANS
HISTOIRE EN GRIS • 1963 • ANS
OPUS 1 • 1964 • ANS
OPUS 2 • 1964 • ANS
HISTOIRE DE LA COMMUNICATION, UNE • 1965 • ANS
JEU DES PROPOSITIONS, LE • 1966 • ANS
OP HOP –HOP OP • OPHOP • 1966 • ANS
OPUS 3 • 1966 • ANS
POSTEZ TOT • 1966 • ANS
EXPLOSION DEMOGRAPHIQUE • POPULATION EXPLOSION • 1967 • ANS
AUTOUR DE LA PERCEPTION • AROUND PERCEPTION • 1968 • ANS
CORBEAU ET LE RENARD, LE • 1969 • ANS
NOTIONS ELEMENTAIRES DE GENETIQUE • 1970 • ANS
MENDELISM • 1971 • ANS
DU COQ A L'ANE • 1973 • ANS
C'EST PAS CHINOIS • PIECE OF CAKE, A • 1974 • DCS
PERE NOEL, PERE NOEL • 1974 • ANS
CONTES DE L'AMERE LOI, LES • 1975 • ANM
ENTRE CHIEN ET LOUP • 1978
SOUVENIRS DE GUERRE • 1982 • ANS
ETIENNE ET SARA • 1984
LOVE ADDICT • 1984
O PICASSO –TABLEAUX D'UNE SUREXPOSITION • 1985
SONGS AND DANCES OF THE INANIMATE WORLD –THE SUBWAY • CHANTS ET DANSES DU MONDE ANIME –LE METRO • 1986 • ANS

HEBERT Y. – CND
ETOCK • 1974 • DOC

HECHT BEN – Producer/writer – USA – 1893–1964
CRIME WITHOUT PASSION • 1934
ONCE IN A BLUE MOON • LAUGH LITTLE CLOWN • 1935
SCOUNDREL, THE • MIRACLE ON 49TH STREET • 1935
SOAK THE RICH • 1936
ANGELS OVER BROADWAY • 1940
UNTIL I DIE • 1940
SPECTER OF THE ROSE • SPECTRE OF THE ROSE (UKN) • 1946
ACTORS AND SIN • 1952

HECHT DINA – UKN
TRIP ROUND JENNY • 1975

HECHT HAROLD – USA
GYPSY NIGHT • OLD MILL STREAM, THE • 1935

HECKEL SALLY – USA
JURY OF HER PEERS, A • 1981 • SHT

HECKER WALDEMAR – GRM
GEISTERSEHER, DER • 1915
MIEZE STREMPELS WERDEGANG • STREMPELS MIEZE • 1915

HECKERLING AMY – USA – 1954–
FAST TIMES AT RIDGEMONT HIGH • 1982
JOHNNY DANGEROUSLY • 1984
NATIONAL LAMPOON'S EUROPEAN VACATION • EUROPEAN VACATION • 1985
DADDY'S HOME • 1989
LOOK WHO'S TALKING • 1989

HECKFORD MICHAEL – UKN
PRESERVING THE WASA • 1965

HEDAYAT HASSAN – IRN
PRIVATE PARTY, THE • 1987
GRAND CINEMA • 1988
CITY OF ASHES • 1990

HEDDEN ROB see **HEDDON ROB**

HEDDON ROB – USA
HEDDEN ROB
FRIDAY'S CURSE 5: THE EXECUTIONER/ FAITH HEALER • 1988 • MTV
FRIDAY THE 13TH PART VIII: JASON TAKES MANHATTAN • 1989

HEDEGAARD TOM – DNM
SHALL WE PLAY HIDE AND SEEK • 1970
SKA' VI LEGE SKJUL? • 1970
AFFAEREN I MOLLEBY • 1976
SKYTTEN • 1977

HEDERBERG HANS – SWD
OPERATION LEO • 1980

HEDLUND GUY – USA
HUNGRY'S HAPPY DREAM • 1916 • SHT

HEDMAN TRINE – DNM
HEDMANN TRINE
FEM OG SPIONERNE, DE • FIVE GO ADVENTURING • 1969
REVYKOBING KALDER • 1973
KYSKE LEVEMAND, DEN • 1974

HEDMAN WERNER – DNM
HEDMANN WERNER
REVYKOBING KALDER • 1973
I TYRENS TEGN • 1974
KYSKE LEVEMAND, DEN • 1974
I TVILLINGERNES TEGN • IN THE SIGN OF GEMINI ○ SEXUAL FANTASIES • 1975
I LOVENS TEGN • 1976
AGENT 69 JENSEN –I SKORPIONENS TEGN • 1977
I SKYTTENS TEGN • AGENT 69 JENSEN I SKYTTENS TEGN ○ EMMANUELLE IN DENMARK ○ AGENT 69 • 1978

HEDMANN TRINE see **HEDMAN TRINE**

HEDMANN WERNER see **HEDMAN WERNER**

HEDQVIST IVAN – Actor – SWD – 1880–1935
DUNUNGEN • DOWNY GIRL, THE (USA) ○ QUEST OF HAPPINESS, THE • 1919
CAROLINA REDIVIVA • 1920
VALLFARTEN TILL KEVLAAR • PILGRIMAGE TO KEVLAAR (USA) • 1921
LIVET PA LANDET • LIFE IN THE COUNTRY • 1924

HEE T. – Animator – USA
FANTASIA • 1940 • ANM

HEED ERIC – NRW
TOYA • 1956

HEERMAN VICTOR – UKN – 1893–
POLICE CHIEF, THE • STARS AND BARS • 1916
SHE LOVED A SAILOR • 1916
ARE WAITRESSES SAFE? • 1917
STARS AND BARS • 1917 • SHT
TWO CROOKS • NOBLE CROOK, A • 1917 • SHT
WATCH YOUR NEIGHBOR • 1918 • SHT
HIS NAUGHTY WIFE • 1919 • SHT
CHICKEN A LA CABARET • 1920 • SHT
DON'T EVER MARRY • 1920
POOR SIMP, THE • 1920
RIVER'S END • 1920
CHICKEN IN THE CASE, THE • LEND ME YOUR WIFE • 1921
MY BOY • 1921
JOHN SMITH • ON PROBATION • 1922
LOVE IS AN AWFUL THING • 1922
DANGEROUS MAID, THE • 1923
MODERN MATRIMONY • MODERN MARRIAGE ○ LOVE NEST, THE • 1923
RUPERT OF HENTZAU • 1923
CONFIDENCE MAN, THE • 1924
IRISH LUCK • 1925
OLD HOME WEEK • 1925
FOR WIVES ONLY • 1926
LADIES MUST DRESS • 1927
RUBBER HEELS • 1927
LOVE HUNGRY • 1928
ANIMAL CRACKERS • 1930
PARAMOUNT ON PARADE • 1930
PERSONALITY • 1930
SEA LEGS • OAKIE NAVY STORY • 1930

HEFFNER AVRAHAM see **HEFFNER AVRAM**

HEFFNER AVRAM – ISR – 1935–
HEFFNER AVRAHAM
SLOW DOWN • 1967 • SHT
SEANCE • 1970 • SHT
LE'AM NE'ELAN DANIEL WAKS • BUT WHERE IS DANIEL VAX? (USA) • 1972
AUNT CLARA • 1977
LORD WINCHELL'S KILLING • 1979
LAST LOVE OF LAURA ADLER, THE • 1989

HEFFRON DICK see **HEFFRON RICHARD T.**

HEFFRON RICHARD see **HEFFRON RICHARD T.**

HEFFRON RICHARD T. – USA – 1930–
HEFFRON RICHARD • HEFFRON DICK
DO YOU TAKE THIS STRANGER? • KNOCK AT THE WRONG DOOR, A ○ STRANGERS AND LOVERS • 1970 • TVM
BANACEK: PROJECT PHOENIX • 1972 • TVM
FILLMORE • 1972 • DOC
BANACEK: NO STONE UNTURNED • 1973 • TVM
BANACEK: THE TWO MILLION CLAMS OF CAP'N JACK • 1973 • TVM
OUTRAGE • 1973 • TVM
TOMA • 1973 • TVM
CALIFORNIA KID, THE • 1974 • TVM
LOCUSTS • 1974 • TVM
MORNING AFTER, THE • 1974 • TVM
NEWMAN'S LAW • 1974
ROCKFORD FILES, THE • 1974 • TVM
DEATH SCREAM • WOMAN WHO CRIED MURDER, THE ○ HOMICIDE • 1975 • TVM
I WILL FIGHT NO MORE FOREVER • 1975 • TVM
FUTUREWORLD • 1976
TRACKDOWN • 1976
OUTLAW BLUES • 1977
YOUNG JOE, THE FORGOTTEN KENNEDY • 1977 • TVM
SEE HOW SHE RUNS • 1978 • TVM
TRUE GRIT • 1978 • TVM
FOOLIN' AROUND • 1980
RUMOR OF WAR, A • 1980 • TVM
WHALE FOR THE KILLING, A • 1980 • TVM
I, THE JURY • 1982
KILLER IN THE FAMILY, A • 1983 • TVM
ANATOMY OF AN ILLNESS • 1984 • TVM

MYSTIC WARRIOR, THE • 1984 • TVM
SAMARITAN: THE MITCH SNYDER STORY • 1986 • TVM
CONVICTED: A MOTHER'S STORY • 1987 • TVM
GUILTY OF INNOCENCE: THE LENELL GETER STORY • 1987 • TVM
NAPOLEON AND JOSEPHINE: A LOVE STORY • 1987 • MTV
BROKEN ANGEL • 1988 • TVM
REVOLUTION FRANCAISE, LA • FRENCH REVOLUTION, THE • 1989

HEFFRON T. N. see **HEFFRON THOMAS N.**

HEFFRON THOMAS see **HEFFRON THOMAS N.**

HEFFRON THOMAS N. – USA – 1872–
HEFFRON THOMAS • HEFFRON T. N.
MISSING WITNESS, THE • 1913
ARISTOCRACY • 1914
MAN FROM MEXICO, THE • 1914
ONE OF OUR GIRLS • 1914
ONLY SON, THE • 1914
SCALES OF JUSTICE, THE • 1914
ARE YOU A MASON? • 1915
BLACK SHEEP, A • 1915
GRETNA GREEN • 1915
HOUSE OF A THOUSAND CANDLES, THE • 1915
BADGERED • 1916
BLACK ORCHID, THE • 1916 • SHT
HARD WAY, THE • 1916 • SHT
IN THE HOUSE OF THE CHIEF • 1916 • SHT
INTO THE PRIMITIVE • 1916
LONESOME TOWN • 1916
MILK WHITE FLAG, A • 1916 • SHT
OLD MAN WHO TRIED TO GROW YOUNG, THE • 1916 • SHT
PECK O' PICKLES • 1916
RETURN, THE • 1916 • SHT
SOCIAL DECEPTION, A • 1916 • SHT
STRANGER IN NEW YORK, A • 1916 • SHT
TEMPERANCE TOWN, A • 1916 • SHT
VALIANTS OF VIRGINIA, THE • 1916
WIVES OF THE RICH • 1916 • SHT
BLISSFUL CALAMITY, A • 1917 • SHT
CAUGHT IN THE ACT • 1917 • SHT
EIGHT CYLINDER ROMANCE, AN • 1917 • SHT
PLANTER, THE • 1917
STAINLESS BARRIER, THE • 1917
SUDDEN GENTLEMAN, THE • 1917
DEUCE DUNCAN • 1918
HOPPER, THE • 1918
LONELY WOMAN, THE • 1918
MADAME SPHINX • 1918
MASK, THE • MASK OF RICHES • 1918
MOUNTAIN DEW • 1918
OLD HARTWELL'S CUB • 1918
PAINTED LILY, THE • 1918
PRICE OF APPLAUSE, THE • 1918
SEA PANTHER, THE • 1918
TONY AMERICA • 1918
WHO KILLED WALTON? • 1918
BEST MAN, THE • 1919
LIFE'S A FUNNY PROPOSITION • 1919
MAN'S FIGHT, A • 1919
PRODIGAL LIAR, THE • 1919
CITY OF MASKS, THE • 1920
FIREBRAND TREVISION • 1920
SUNSET SPRAGUE • 1920
THOU ART THE MAN • 1920
TRUANT HUSBAND, THE • 1920
HER FACE VALUE • 1921
HER STURDY OAK • 1921
KISS IN TIME, A • 1921
LITTLE CLOWN, THE • 1921
LOVE CHARM, THE • 1921
SHAM • 1921
BOBBED HAIR • 1922
TOO MUCH WIFE • 1922
TRUTHFUL LIAR, THE • 1922
WIFE'S ROMANCE, A • OLD MADRID • 1923

HEFIN JOHN – UKN
GRAND SLAM • 1978 • MTV

HEGEDUS CHRIS – USA
TOWN BLOODY HALL • 1979

HEID GRAHAM – USA
WYNKEN, BLYNKEN AND NOD • 1938 • ANS

HEIDEMANN PAUL – GRM
DORRIT BEKOMMT 'NE LEBENSSTELLUNG • 1916
DORRITCHENS VERGNUGUNGSREISE • 1916
GESTORTE HOCHZEITSNACHT, DIE • 1916
NETTES PFLANZCHEN, EIN • 1916
HERR ASSESSOR, DER • 1917
JAGDAUSFLUG NACH BERLIN, EIN • 1917
LOS VOM WEIBE • 1919
RAFFINIERTE FRAUEN 1 • SEKTMIEZE • 1923
RAFFINIERTE FRAUEN 2 • 1923
SPITZEN DER GESELLSCHAFT, DIE • 1923
KLEINE FREUNDIN BRAUCHT EIN JEDER MANN, EINE • 1927
KRACH IM VORDERHAUS • 1941
WEISSE WASCHE • 1942
FLOH IM OHR • 1943
MEIN MANN DARF ES NICHT WISSEN • SABINE UND DER ZUFALL • 1944

HEIFITS JOSEPH see **HEIFITZ JOSIF**

HEIFITZ JOSEF see **HEIFITZ JOSIF**

HEIFITZ JOSIF – USS – 1905–
HEIFITS JOSEPH • KHEYFITS IOSIF • HEIFITZ JOSEF • HEIFITZ YOSIF
PESNJ O METALLE • SONG OF STEEL, A • 1928
VETER V LITSO • FACING THE WIND ○ WIND IN THE FACE ○ HEAD WIND, A • 1929
POLDIEN • NOON (USA) ○ MIDDAY • 1931
MOI RODINA • MY FATHERLAND ○ MY HOMELAND ○ MY COUNTRY • 1932
GORJACE D ENEKI • RED ARMY DAYS ○ THOSE WERE THE DAYS! ○ HECTIC DAYS • 1935
DEPUTAT BALTIKI • BALTIC DEPUTY (USA) • 1937
CHLEN PRAVITELSTAVA • MEMBER OF THE GOVERNMENT ○ GREAT BEGINNING, THE • 1940
YEVO ZOVUT SUKHE–BATOR • HIS NAME IS SUKHE–BATOR • 1942
MALACHEV KIRGAN • MALAKHOV BURIAL–MOUND, THE ○ LAST HILL, THE • 1944
DEFEAT OF JAPAN, THE • 1946 • DOC
VO IMYA ZHIZNI • IN THE NAME OF LIFE ○ FOR THE LIVING • 1947
DRAGOTZENNYE ZERNA • PRECIOUS SEEDS, THE ○ PRECIOUS GRAIN • 1948
OGNI BAKU • FIRES OF BAKU ○ FLAMES OF BAKU ○ LIGHTS OF BAKU, THE • 1950
SOVIET MORDOVIA • 1951
VESNA V MOSKVE • SPRING IN MOSCOW • 1953
BOLSHAYA SEMYA • BOLCHAIA SEMIA ○ BIG FAMILY, THE • 1954
DELO RUMYANTSEVA • RUMIANTSEV CASE, THE • 1955
DOROGOI MOI CHELOVEK • MY BELOVED ○ MY DEAR MAN • 1958
DAMA S SOBACHKOI • LADY WITH THE DOG, THE (USA) ○ LADY WITH THE LITTLE DOG, THE ○ LADY WITH A LITTLE DOG • 1960
GORIZONT • HORIZON • 1961
DEN SCHASTYA • DAY OF HAPPINESS, A ○ DEN STCHASTIA • 1963
V GORODE "S" • IN THE TOWN OF "S" • 1966
SALIUT, MARIA! • SALUTE MARYA ○ MARIA ○ SALUTE, MARIA! • 1970
PLOKHOY KHOROSHYI CHELOVEK • GOOD BAD MAN, THE ○ DUEL, THE ○ BAD GOODY, A • 1974
YEDINSTVENNAYA • ONLY ONE, THE ○ EDINSTVENNAIA ○ ONE AND ONLY, THE • 1976
ASYA • 1978

HEIFITZ YOSIF see **HEIFITZ JOSIF**

van der HEIJDEN JEF – NTH
ONGEWIJDE AARDE • UNCONSECRATED EARTH • 1967

van der HEIJDEN MAARTJE – NTH
HANNE • 1975 • SHT

HEIL HEINZ – GRM
CARRIERE • 1921

HEILAND HEINZ KARL – GRM
DEWADASI, DIE • 1915
ARCANUM • 1916
SPION, DER • 1916
ALCHIMIST, DER • 1918
UM DIE LIEBE DES DOMPTEURS • 1918
EINSAME WRACK, DAS • 1919
IM REICHE DER FLAMMEN • 1919
REBELLENLIEBE • 1919
TEMPELRAUBER, DER • 1919
WUSTENGRAB, DAS • 1920
HAPURA, DIE TOTE STADT 1 • KAMPF UM DAS MILLIONENTESTAMENT, DER • 1921
HAPURA, DIE TOTE STADT 2 • STREIT UM DIE RUINEN, DER • 1921
SCHATZ DER AZTEKEN, DER • 1921
JAPANISCHE MASKE 1, DIE • BANDITENNEST AUF DEM ADLERSTEIN, DAS • 1922
JAPANISCHE MASKE 2, DIE • 1923
SEETEUFEL 1, DER • 1923
SEETEUFEL 2, DER • 1923
BUSHIDO, DAS EISERNE GESETZ • 1926
RATSEL DES BORODUR, DAS • 1926
WEISSE GEISHA, DIE • 1926

HEILIG MORT – USA
ONCE • 1973

HEILNER VAN CAMPEL – MXC
ANGRY GOD, THE • 1948

HEIN BIRGIT – GRM
ROHFILM • 1968
625 • 1969
WORK IN PROGRESS PARTS I & II • 1970
AUSDATIERTES MATERIAL • 1973

HEIN WILHELM – GRM
S & W • 1967
ROHFILM • 1968
625 • 1969
WORK IN PROGRESS PARTS I & II • 1970
AUSDATIERTES MATERIAL • 1973

HEINE ALBERT – GRM
DON JUAN • 1922

HEINIC CHRISTIAN – FRN
MANQUE, LE • 1941 • DOC

HEINO NIILO – FNL
KIISKIMARKKINAT • 1959
TERVA • 1976

HEINRICH – FRN
EL GASSI • 1960 • SHT
HOMMES DU PETROLE, LES • 1961 • SHT

HEINRICH ANDRE – FRN
TERREUR EN OKLAHOMA • 1950 • SHT
MYSTERE DE L'ATELIER 15, LE • 1957 • SHT

HEINRICH HANS see **HINRICH HANS**

HEINRICH MARGARETA – AUS
TRAUM DES SANDINO, DER • DREAM OF GENERAL SANDINO, THE • 1981 • DOC

HEINZ JOHN – USA
EZEKIEL • SHT
MINIONS • SHT
RODNEY'S BOX • ANS
DISCOVERY OF THE BODY, THE • 1968 • SHT
HOTEL FOR MEN • 1969 • SHT

HEINZ RAY – USA
HEINZ RUSSELL RAY
BLAZING GUNS • 1935
BORDER VENGEANCE • 1935
JUST MY LUCK • 1936

HEINZ RUSSELL RAY see **HEINZ RAY**

HEISLER STUART – USA – 1894–1979
POPPY • 1936
STRAIGHT FROM THE SHOULDER • JOHNNY GETS HIS GUN • 1936
HURRICANE, THE • 1937
THEY SHALL HAVE MUSIC • MELODY OF YOUTH (UKN) • 1939
BISCUIT EATER, THE • GOD GAVE HIM A DOG (UKN) • 1940
AMONG THE LIVING • 1941
MONSTER AND THE GIRL • D.O.A. • 1941
GLASS KEY, THE • 1942
REMARKABLE ANDREW, THE • 1942
NEGRO SOLDIER, THE • 1944 • DOC
ALONG CAME JONES • 1945
BLUE SKIES • 1946
SMASH–UP • WOMAN DESTROYED, A (UKN) ○ SMASH–UP, THE STORY OF A WOMAN • 1947
TOKYO JOE • 1949
TULSA • 1949
CHAIN LIGHTNING • 1950
DALLAS • 1950
STORM WARNING • 1950
VENDETTA • 1950
JOURNEY INTO LIGHT • 1951
SATURDAY ISLAND • ISLAND OF DESIRE (USA) • 1951
STAR, THE • 1953
BEACHHEAD • 1954
THIS IS MY LOVE • 1954
I DIED A THOUSAND TIMES • JAGGED EDGE • 1955
BURNING HILLS, THE • 1956
LONE RANGER, THE • 1956
HITLER • WOMEN OF NAZI GERMANY • 1962

HEISS WILLIAM – USA
EXECUTION OF MARY, QUEEN OF SCOTS, THE • 1895

HEITAU HEINZ – GRM
ILLUSION ZU DRITT • 1927

HEKIMOGLU YUCEL – TRK
CESUR YABANCI • BRAVE STRANGER, THE • 1968

HEKRDLA JOSEF – CZC
CO JSME UDELALI SLEPICIM • WHAT HAVE WE DONE TO THE HENS ○ WHAT DID WE DO TO HENS • 1977

HELBIG HEINZ – GRM
SEINE TOCHTER IST DER PETER • HIS DAUGHTER IS PETER (USA) • 1936
LIEBE KANN LUGEN • 1937
MONIKA • MUTTER KAMPFT UM IHR KIND, EINE • 1937
GELD FALLT VOM HIMMEL • 1938
LEINEN AUS IRLAND • 1939
HERR IM HAUS, DER • GENTLEMAN IN THE HOUSE, THE • 1940

HELD RAUL – VNZ
INICIACION DE UN SHAMAN • 1979 • DOC

HELFRITZ HANS – GRM
IM LANDE DER KONIGIN VON SABA • IN THE LAND OF THE QUEEN OF SHEBA • 1935

HELGE LADISLAV – CZC – 1927–
SKOLA OTCU • SCHOOL OF FATHERS ○ SCHOOL FOR FATHERS • 1957
VELKA SAMOTA • GREAT SECLUSION ○ GREAT SOLITUDE • 1959
SPRING BREEZE • 1961
PRVNI DEN MEHO SYNA • CHANCE MEETING • 1964
OSAMELY JEZDEC • LONELY HORSEMAN, THE • 1966
STUD • SHAME • 1967

HELGE MATS see **OLSSON MATS HELGE**

HELICZER PIERO – USA
DIRT
JOAN OF ARC

HELLA PATRICK – BLG
CAMELEONS, LES • 1967
TETE FROIDE, LA • 1968
LEGENDES ET CHATEAUX • 1971
HOMME A LA MER, UN • 1973

HELLANDER OLLE – SWD
ONSKEDROMMEN • 1950 • SHT

HELLBERG MARTIN – GRM – 1905–
VERURTEILTE DORF, DAS • CONDEMNED VILLAGE, THE • 1951
GEHEIMAKTEN SOLVAY • SOLVAY DOSSIER, THE ○ SECRET SOLVAY FILE, THE • 1952
KLEINE UND DAS GROSSE GLUCK, DAS • LITTLE AND THE BIG HAPPINESS, THE • 1953
OCHSE VON KULM, DER • OX OF KULM, THE • 1955
RICHTER VON ZALAMEA, DER • JUDGE OF ZALAMEA, THE • 1955
MILLIONEN DER YVETTE, DIE • YVETTE'S MILLIONS • 1956
THOMAS MUNTZER • 1956
WO DU HINGEHST • WHEREVER YOU GO • 1957
EMILIA GALOTTI • 1958
KABALE UND LIEBE • INTRIGUE AND LOVE • 1959
KAPITANE BLEIBEN AN BORD • CAPTAINS DO NOT LEAVE THE SHIP • 1959
SENTA AUF ABWEGEN • SENTA GOES ASTRAY • 1959
MINNA VON BARNHELM • 1962
SCHWARZE GALEERE, DIE • BLACK GALLEON, THE • 1962
VIEL LARM UM NICHTS • MUCH ADO ABOUT NOTHING • 1964

HELLBOM OLLE – SWD – 1925–1982
MASTERDETEKTIVEN LEVER FARLIGT • MASTER DETECTIVE LEADS A DANGEROUS LIFE, THE • 1957
RAGGARE • BLACKJACKETS • 1959
ALLA VI BARN I BULLERBYN • ALL WE CHILDREN FROM BULLERBYN • 1960
BARA ROLIGT I BULLERBYN • ONLY FUN AT BULLERBYN • 1961
TJORVEN, BATSMAN OCH MOSES • TJORVEN, BOATSWAIN AND MOSES • 1964
EREMITKRAFTEN • HERMIT CRAB, THE • 1965
TJORVEN OCH SKRALLAN • TJORVEN AND SKRALLAN • 1965
LITTLE GIRL, THE DOG AND THE SEAL, THE
TJORVEN OCH MYSAK • TJORVEN AND MYSAK • 1966

SKRALLAN, RUSKPRICK OCH KNORRHANE • SKRALLAN, RUSKPRICK AND KNORRHANE • 1967
VI PA SALTKRAKAN • WE ON THE ISLAND OF SALTKRAKAN • 1968
PIPPI LANGSTRUMP • PIPPI LONGSTOCKING (USA) • 1969
PA RYMMEN MED PIPPI LANGSTRUMP • PIPPI AUSSER RAND UND BAND • 1970
PIPPI GOES ON BOARD • 1970
PIPPI LANGSTRUMP PA DE SJU HAVEN • PIPPI IN THE SOUTH SEAS (USA) ○ PIPPI ON THE SEVEN SEAS • 1970
PIPPI ON THE RUN • 1970
EMIL I LONNEBERGA • 1971
HAR KOMMER PIPPI LANGSTRUMP • 1972
NYA HYSS AV EMIL I LONNEBERGA • 1972
EMIL OCH GRISEKNOEN • 1973
VARLDENS BASTA KARLSSON • 1974
KARLSSON ON THE ROOF • 1975
BRODERNA LEJONHJARTA • BROTHERS LIONHEART, THE • 1977
RASMUS PA LUFFEN • 1982

von HELLEN M. C. – USA
SEXUAL FREEDOM IN DENMARK • DANSK SEXUALITET • 1970
SEX FREAKS • 1974

HELLER ANTHONY – UKN
CRY IN THE WIND • 1966

HELLER GORDON – USA
FREE LOVE CONFIDENTIAL • 1967

HELLINGS SARAH – USA
ZERO OPTION • 1988

HELLMAN JEROME – USA – 1928–
PROMISES IN THE DARK • 1979

HELLMAN MONTE – USA – 1931–
BEAST FROM HAUNTED CAVE, THE • 1959
TERROR, THE • LADY IN THE SHADOWS ○ NIGHT OF THE TERROR • 1963
BACK DOOR TO HELL • 1965
FLIGHT TO FURY • CORDILLERA • 1966
RIDE IN THE WHIRLWIND • RIDE THE WHIRLWIND • 1966
SHOOTING, THE • 1967
TWO-LANE BLACKTOP • 1971
COCKFIGHTER • BORN TO KILL ○ WILD DRIFTER ○ GAMBLIN' MAN • 1974
CALL HIM MR. SHATTER • MISTER SHATTER ○ SHATTER • 1975
CHINA 9 LIBERTY 37 • CLAYTON AND CATHERINE (USA) ○ AMORE, PIOMBO E FURORE • 1978
AVALANCHE EXPRESS • 1979
TYPHOON SHIPMENTS, THE • 1987
DAY OF THE IGUANA, THE • 1988

HELLMAN OLIVER – ITL
ASSONITIS OVIDIO • ASSONITIS SONIA
CHI SEI? • DEVIL WITHIN HER, THE (UKN) ○ BEYOND THE DOOR (USA) ○ BEHIND THE DOOR • 1974
TENTACOLI • TENTACLES (USA) • 1977
MADHOUSE • 1983

HELLNER INGEGERD – SWD
STORTJUVEN • MASTER-THIEF, THE ○ BIG THIEF, THE • 1979

HELLSTROM GOSTA – SWD – 1908–1932
STEN STENSSON STEEN FRAN ESLOV PA NYA AVENTYR • STEN STENSSON STEEN FROM ELSOV ON NEW ADVENTURES • 1932
TANGO • 1932

HELLSTROM GUNNAR – Actor – SWD – 1928–
SIMON SYNDAREN • SIMON THE SINNER • 1955
NATTBARN • CHILDREN OF THE NIGHT • 1956
SYNNOVE SOLBAKKEN • 1957
CHANS • JUST ONCE MORE ○ CHANCE • 1962
NAME OF THE GAME IS KILL, THE • FEMALE TRAP • 1968
MARK I LOVE YOU • 1980 • TVM
RASKENSTAM • CASANOVA OF SWEDEN • 1983

HELLWIG HILDA – SWD
DOCKPOJKEN • BOY-DOLL • 1990

HELLWIG JOACHIM – GRM
ERZAHLUNGEN AUS DER NEUEN WELT • TALES FROM THE NEW WORLD • 1968

HELM SAMMY – USA
NAUGHTY SHUTTER, THE • 1963

HELMAN HENRI – FRN – 1947–
COEUR FROID, LE • COLD HEART, THE • 1977

HELMICK PAUL – USA
THUNDER IN CAROLINA • 1960

HELMINEN LIISA – FNL
KUNINGAS JOLLA EI OLLUT SYNDANTA • SATU KUNINKAASTA JOLLA EI OLLUT SYNDANTA ○ KING WHO HAD NO HEART, THE • 1983

HELMY HUSSEIN – EGY
HAWAA ALAL TARIK • EVE AT THE CROSSROADS • 1968

HELPERN DAVID JR. – USA
HOLLYWOOD ON TRIAL • 1976 • DOC
SOMETHING SHORT OF PARADISE • 1979

HELPMANN ROBERT – Dancer/ actor – ASL – 1909–
DON QUIXOTE • 1973

HELU ANTONIO – MXC
ALMA JAROCHA • 1937
OBLIGACION DE ASESINAR, LA • OBLIGATION TO ASSASSINATE, THE (USA) • 1937
HOTEL DE LOS CHIFLADOS, EL • 1938
HIPNOTIZADOR, EL • 1939
INDIA BONITA, LA • PRETTY INDIAN GIRL, THE (USA) • 1939
CUANDO LA TIERRA TEMBLO • 1940

HEMARD JEAN – FRN – 1908–
CENDRILLON DE PARIS • 1930
FORTUNE, LA • 1931
AUX URNES, CITOYENS! • 1932
PARIS-SOLEIL • 1932

van HEMERT RUND see **van HEMERT RUUD**

van HEMERT RUUD – NTH
van HEMERT RUND
FLINKEVLEUGEL • 1969 • SHT
SCHATJES • DARLINGS ○ SWEETHEARTS • 1983
ARMY BRATS • 1984
MAMA IS MAD • 1985
HONNEPONNETJE • HONEYBUN ○ HONEYBUNCH • 1988

van HEMERT WILLY – NTH
JENNY • 1958

HEMING ANTONIA – GRM
CORINNA • 1978

HEMMER EDWARD see **HEMMER EDWARD L.**

HEMMER EDWARD L. – USA
HEMMER EDWARD
BIRTHRIGHT • 1920
ORPHAN SALLY • 1922
SUNSHINE HARBOR • 1922

HEMMINGS DAVID – Actor – UKN – 1941–
RUNNING SCARED • 1972
14, THE • WILD LITTLE BUNCH, THE ○ EXISTENCE ○ FOURTEEN, THE • 1973
SCHONER GIGOLO -ARMER GIGOLO • JUST A GIGOLO (USA) • 1978
SURVIVOR, THE • 1980
RACE TO THE YANKEE ZEPHYR • TREASURE OF THE YANKEE ZEPHYR (USA) ○ RACE FOR THE YANKEE ZEPHYR • 1981
A-TEAM: THE JUDGEMENT DAY, THE • 1985 • TVM
KEY TO REBECCA, THE • 1985 • TVM
WEREWOLF • 1987 • TVM

HEMPEL JOHANNES – Animator – GRM
FALSE ALARM, THE • ANM
FIPS THE TROUBLEMAKER • ANM
FORGOTTEN DOLL, THE • ANM
HAUNTED STUDIO, THE • ANM
HOLD-UP, THE • ANM
JORINDE AND JORINGEL • ANM
LITTLE HARE AND THE WELL, THE • ANM
MISTRESS HOLLE • ANM
PEASANT CARELESS • ANM
STORY OF THE MATCHES, THE • ANM
STRANGE HISTORY OF THE CITIZENS OF SCHILT, THE • ANM
TALES AND YARNS • ANM
TILL EULENSPIEGEL AND THE BAKER OF BRUNSWICK • ANM
TILL EULENSPIEGEL AS WATCHMAN • ANM

HEMSLEY NORMAN – UKN
SUSSEX FORTNIGHT • 1950

HENABERY JOSEPH – USA – 1888–1976
HENABERY JOSEPH E.
CHILDREN OF THE FEUD • 1916
HER OFFICIAL FATHERS • 1917
MAN FROM PAINTED POST, THE • 1917
SAY! YOUNG FELLOW • 1918
HIS MAJESTY THE AMERICAN • 1919
FOURTEENTH MAN, THE • MAN FROM BLANKLEYS, THE • 1920
INFERIOR SEX, THE • 1920
LIFE OF THE PARTY, THE • 1920
LOVE MADNESS • 1920
BREWSTER'S MILLIONS • 1921
CALL OF THE NORTH, THE • CONJUROR'S HOUSE, THE (UKN) • 1921
DON'T CALL ME A LITTLE GIRL • 1921
HER WINNING WAY • 1921
MOONLIGHT AND HONEYSUCKLE • 1921
TRAVELING SALESMAN, THE • 1921
HER OWN MONEY • 1922
MAKING A MAN • 1922
MAN UNCONQUERABLE, THE • 1922
MISSING MILLIONS • 1922
NORTH OF THE RIO GRANDE • 1922
WHILE SATAN SLEEPS • 1922
GENTLEMAN OF LEISURE, A • 1923
SIXTY CENTS AN HOUR • SEVENTY FIVE CENTS AN HOUR • 1923
STEPHEN STEPS OUT • 1923
TIGER'S CLAW, THE • 1923
GUILTY ONE, THE • 1924
SAINTED DEVIL, A • 1924
STRANGER, THE • 1924
TONGUES OF FLAME • 1924
COBRA • 1925
PINCH HITTER, THE • 1925
BROADWAY BOOB, THE • 1926
MEET THE PRINCE • 1926
SHIPWRECKED • 1926
LONESOME LADIES • 1927
PLAY SAFE • 1927
SEE YOU IN JAIL • 1927
HELLSHIP BRONSON • 1928
RIVER WOMAN, THE • 1928
SAILOR'S WIVES • 1928
UNITED STATES SMITH • FIGHTING MARINE, THE (UKN) • 1928
CLEAR THE DECKS • 1929
LIGHT FINGERS • 1929
QUITTER, THE • 1929
RED HOT SPEED • 1929
LOVE TRADER, THE • ISLAND OF DESIRE (UKN) • 1930
BARBER SHOP BLUES • 1933 • SHT
CRASHING THE GATE • 1933 • SHT
WAY OF ALL FRESHMEN, THE • 1933 • SHT
BEN POLLACK AND HIS ORCHESTRA • 1934 • SHT
DON REDMAN AND HIS ORCHESTRA • 1934 • SHT
RIMACS RHUMBA ORCHESTRA, THE • 1935 • SHT
JIMMIE LUNCEFORD AND HIS DANCE ORCHESTRA • 1936 • SHT
RED NICHOLS AND HIS WORLD FAMOUS PENNIES • 1936 • SHT
ARTIE SHAW AND HIS ORCHESTRA IN SYMPHONY OF SWING • 1939 • SHT
HAUNTED HOUSE • 1939 • SHT
VOODOO FIRES • 1939 • SHT
LEATHER BURNERS, THE • 1943

HENABERY JOSEPH E. see **HENABERY JOSEPH**

HENAUT DOROTHY see **HENAUT DOROTHY TODD**

HENAUT DOROTHY TODD – Producer – CND – 1935–
HENAUT DOROTHY
VTR ST-JACQUES • VTR ST. JACQUES • 1969 • DOC
DO YOUR THING • 1973 • DOC
NEW ALCHEMISTS, THE • ALCHIMIE NOUVELLE • 1974 • DOC
SUN, WIND, WOOD • SUN, WIND AND WOOD • 1978 • DOC
HORSE DRAWN MAGIC • HORSE-DRAWN MAGIC • 1979 • DOC
TERRIBLES VIVANTES, LES • FIREWORDS • 1986

HENCKELS PAUL – Actor – GRM – 1885–1967
SCHNEIDER WIBBEL • 1931

HENCO JESS – FRN
JUSQU'AU FOND DU PETIT TROU

HENDEL GUNTER – GRM
...SO VIEL NACKTE ZARLICHKEIT • ...SO MUCH NAKED TENDERNESS • 1968

HENDERICKX GUIDO – BLG
LITTLE RED RIDING HOOD AND THE TIME BOMB • 1968 • SHT
S.O.S. FONSKA • 1968
LAATSTE ORDEEL, HET • LAST JUDGMENT, THE • 1970
PSYCHOFARMACA • 1970 • DOC
DOOD VAN EEN SANDWICHMAN, DE • DEATH OF A SANDWICHMAN • 1972
PONT BRULE • 1975
VERBRANDE BRUG • BURNT BRIDGE ○ BURNED BRIDGE • 1975
PROEFKONIJNEN, DE • GUINEA-PIGS, THE • 1980
SKIN • 1987

HENDERSON CLARK – USA
SAIGON COMMANDOS • 1987
WARLORDS FROM HELL • 1987

HENDERSON DEL see **HENDERSON DELL**

HENDERSON DELL – Actor – CND – 1883–1956
HENDERSON DEL
BARON, THE • 1911
DAVE'S LOVE AFFAIR • 1911
HER PET • 1911
LUCKY HORSESHOE, THE • 1911
MR. BRAGG, A FUGITIVE • 1911
MR. PECK GOES CALLING • 1911
WHEN WIFEY HOLDS THE PURSE STRINGS • 1911
WON THROUGH A MEDIUM • 1911
ABSENT-MINDED BURGLAR, AN • 1912
AFTER THE HONEYMOON • 1912
AT THE BASKET PICNIC • 1912
BILL BOGGS' WINDFALL • 1912
CLUB-MAN AND THE CROOK, THE • 1912
DISAPPOINTED MAMA, A • 1912
DIVORCEE, THE • 1912
FICKLE SPANIARD, THE • 1912
GETTING RID OF TROUBLE • 1912
HE MUST HAVE A WIFE • 1912
HELEN'S MARRIAGE • 1912
HELP! HELP! • 1912
HIS AUTO'S MAIDEN TRIP • 1912
HOIST ON HIS OWN PETARD • 1912
JINX'S BIRTHDAY PARTY • 1912
LIMITED DIVORCE, A • 1912
LOVE'S MESSENGER • 1912
MESSAGE FROM THE MOON, A • 1912
MIXED AFFAIR, A • 1912
MR. GROUCH AT THE SEASHORE • 1912
PAPERING THE DEN • 1912
REAL ESTATE DEAL, A • 1912
SHE IS A PIPPIN • 1912
THEIR IDOLS • 1912
THROUGH DUMB LUCK • 1912
ALL HAIL TO THE KING • 1913
ALMOST A WILD MAN • 1913
AMONG CLUB FELLOWS • 1913
BABY INDISPOSED • 1913
BEST MAN WINS, THE • 1913
BITE OF A SNAKE, THE • 1913
CHINESE PUZZLE, A • 1913
CINDERELLA AND THE BOOB • 1913
CLUB CURE, THE • 1913
COME SEBEN, LEBEN • 1913
COMPROMISING COMPLICATION, A • 1913
COVETED PRIZE, THE • 1913
CUPID AND THE COOK • 1913
CURE, THE • 1913
DANGEROUS FOE, A • 1913
EDWIN MASQUERADES • 1913
EDWIN'S BADGE OF HONOR • 1913
FATHER'S LESSON, A • 1913
FAUST AND THE LILY • 1913
FOR THE SON OF THE HOUSE • 1913
FRAPPE LOVE • 1913
HE HAD A GUESS COMING • 1913
HICKSVILLE EPICURE, THE • 1913
HIGH COST OF REDUCTION, THE • 1913
HIGHBROW LOVE • 1913
HORSE ON BILL, A • 1913
JENKS BECOMES A DESPERATE CHARACTER • 1913
JUST KIDS • 1913
KISSING KATE • 1913
LESSON TO MASHERS, A • 1913
LOOK NOT UPON THE WINE • 1913
MASHER COP, THE • 1913
MISTER JEFFERSON GREEN • 1913
MODEST HERO, A • 1913
MOTORCYCLE ELOPEMENT, A • 1913
MR. SPRIGGS BUYS A DOG • 1913
NOISY SUITORS, THE • 1913
OBJECTIONS OVERRULED • 1913
OH, WHAT A BOOB! • 1913
OLD GRAY MARE, THE • 1913
OLD MAID'S DECEPTION, AN • 1913

PA SAYS • 1913
PAPA'S BABY • 1913
PRESS GANG, THE • 1913
QUEER ELOPEMENT, A • 1913
RAGTIME ROMANCE, A • 1913
RAINY DAY, A • 1913
RED HICKS DEFIES THE WORLD • 1913
RISE AND FALL OF MCDOO, THE • 1913
SEA DOG'S LOVE, A • 1913
SLIPPERY SLIM REPENTS • 1913
SUFFRAGETTE MINSTRELS, THE • 1913
SWEAT-BOX, THE • 1913
THEIR ONE GOOD SUIT • 1913
THERE WERE HOBOES THREE • 1913
TIGHTWAD'S PREDICAMENT • 1913
TRIMMERS TRIMMED, THE • 1913
"UNCLE TOM'S CABIN" TROUPE, AN • 1913
WHAT IS THE USE OF REPINING? • 1913
WHILE THE COUNT GOES BATHING • 1913
WIDOW'S KIDS, THE • 1913
WOMAN IN THE ULTIMATE, A • 1913
AMBROSE'S FIRST FALSEHOOD • 1914
AMONG THE MOURNERS • 1914
AS IT MIGHT HAVE BEEN • 1914
BERTHA, THE BUTTON-HOLE MAKER • 1914
BUNCH OF FLOWERS, A • 1914
CAUGHT IN TIGHTS • 1914
CURSED BY HIS BEAUTY • 1914
CURSES! THEY REMARKED • 1914
DASH, LOVE AND SPLASH • 1914
DIOGENES WEEKLY NO.13 • 1914
EAVESDROPPER, THE • 1914
FALL OF MUSCLE-BOUND HICKS, THE • 1914
FATAL HIGH C • 1914
FIRE CHIEF'S BRIDE, THE • 1914
FIRST CLASS COOK, A • 1914
FOWL DEED, A • 1914
GAMBLING RUBE, A • 1914
GAME OF FREEZE-OUT, A • 1914
GENIUS, THE • 1914
GENTLEMAN OR THIEF • 1914
GETTING THE SACK • 1914
GIPSY TALISMAN, THE • 1914
GUSSLE, THE GOLFER • 1914
HENPECK GETS A NIGHT OFF • 1914
HIS LOVING SPOUSE • 1914
HIS WIFE'S PET • 1914
HOW THEY STRUCK OIL • 1914
IF IT WERE NOT FOR POLLY • 1914
LIBERTY BELLES • 1914
LOVE AND BULLETS • 1914
LOVE AND GASOLINE • 1914
LOVE, LOOT AND LIQUOR • 1914
MAKING THEM COUGH UP • 1914
MAN HUNTERS, THE • 1914
MATTER OF COURT, A • 1914
MEETING MR. JONES • 1914
MURPHY AND THE MERMAIDS • 1914
NATURAL MISTAKE, A • 1914
OTHER PEOPLE'S BUSINESS • 1914
OUR COUNTRY COUSIN • 1914
OUT OF SIGHT, OUT OF MIND • 1914
PLUMBER, THE • 1914
RED DYE • 1914
REGULAR RIP, A • 1914
ROAD TO PLAINDALE, THE • 1914
ROBUST ROMEO, A • 1914
SEVEN DAYS • 1914
SHOT IN THE EXCITEMENT • 1914
SOLDIERS OF MISFORTUNE • 1914
SQUASHVILLE SCHOOL, THE • 1914
UNDER-SHERIFF, THE • 1914
WHEN RUBEN FOOLED THE BANDITS • 1914
WHEN VILLAINS WAIT • 1914
WHERE HAZEL MET THE VILLAIN • 1914
DIOGENES WEEKLY NO.23 • 1915
DIVORCONS • 1915
DROPPINGTON'S DEVILISH DREAM • 1915
DROPPINGTON'S FAMILY TREE • 1915
FAVORITE FOOL, A • 1915
GUSSLE RIVALS JONAH • 1915
GUSSLE'S DAY OF REST • 1915
HIS LUCKLESS LOVE • 1915
HIS OWN HERO • 1915
HONOR OF THE ORMSBYS, THE • 1915
HUSHING THE SCANDAL • 1915
JANITOR'S WIFE'S TEMPTATION, A • 1915
LOVE, SPEED AND THRILLS • 1915
SAVED FROM THE VAMPIRE • 1915
STOP-OFF IN NEW MEXICO, A • 1915
THAT SPRINGTIME FEELING • 1915
YE OLDEN GRAFTER • 1915
BATH HOUSE BLONDE, A • 1916
BATHHOUSE BLUNDER, A • 1916 • SHT
BECAUSE HE LOVED HER • 1916 • SHT
CONEY ISLAND PRINCESS, A • 1916
GREAT PEARL TANGLE, THE • 1916 • SHT
KISS, THE • 1916
LIBERTY BELLES • 1916 • SHT
PERILS OF THE PARK • 1916 • SHT
REJUVENATION OF AUNT MARY, THE • 1916 • SHT
ROLLING STONES • 1916
SPRING CHICKEN, A • 1916 • SHT
WIFE AND AUTO TROUBLE • 1916 • SHT
BEAUTIFUL ADVENTURE, A • 1917
GIRL LIKE THAT, A • 1917
OUTCAST • 1917
PLEASE HELP EMILY • 1917
RUNAWAY, THE • 1917
BELOVED BLACKMAILER, THE • 1918
BY HOOK OR CROOK • 1918
GOLDEN WALL, THE • 1918
HER SECOND HUSBAND • 1918
HITTING THE TRAIL • 1918
IMPOSTOR, THE • IMPOSTER, THE • 1918
MY WIFE • 1918
ROAD TO FRANCE, THE • 1918
WHO LOVED HIM BEST? • 1918
COURAGE FOR TWO • 1919
HIT OR MISS • 1919
LOVE IN A HURRY • ALLIES • 1919
SOCIAL PIRATE, THE • 1919
THREE GREEN EYES • SCRAP OF PAPER, A • 1919
DEAD LINE, THE • 1920
PLUNGER, THE • 1920
SERVANT QUESTION, THE • 1920
SHARK, THE • 1920
DEAD OR ALIVE • 1921
DYNAMITE ALLEN • 1921
GIRL FROM PORCUPINE, THE • 1921
BROKEN SILENCE, THE • 1922
SURE FIRE FLINT • 1922
JACQUELINE, OR BLAZING BARRIERS • BLAZING BARRIERS • 1923
BATTLING BREWSTER • 1924 • SRL
GAMBLING WIVES • 1924
LOVE BANDIT, THE • 1924
ONE LAW FOR THE WOMAN • 1924
ACCUSED • 1925
BAD LANDS, THE • 1925
DEFEND YOURSELF • RETRIBUTION • 1925
PURSUED • 1925
QUICK CHANGE • 1925
ROUGH STUFF • 1925
PAY OFF • 1926
RAMBLING RANGER, THE • 1927

HENDERSON DON – USA

BABYSITTER, THE • 1969
WEEKEND WITH THE BABYSITTER • WEEKEND BABYSITTER ○ TAKE SOME GIRLS • 1970
CURSE OF MELISSA, THE • TOUCH OF MELISSA, THE ○ TOUCH OF SATAN, A ○ NIGHT OF THE DEMON • 1971

HENDERSON L. J. see **HENDERSON LUCIUS**

HENDERSON LUCIUS – USA

HENDERSON LUCIUS J. • HENDERSON L. J.

DR. JEKYLL AND MR. HYDE • 1912 • SHT
RUY BLAS • 1914
BLANK PAGE, THE • 1915
BROKEN TOY, THE • 1915
CIRCUS MARY • 1915
DAUGHTER OF THE NILE, A • 1915
GIRL WHO HAD A SOUL, THE • 1915
JEANNE OF THE WOODS • 1915
LI'L NOR'WESTER • 1915
LITTLE WHITE VIOLET, THE • 1915
MARY'S DUKE • 1915
ON DANGEROUS GROUND • 1915
SUPREME IMPULSE, THE • 1915
TALE OF THE C, THE • 1915
TAMING OF MARY, THE • 1915
UNDER SOUTHERN SKIES • 1915
WITCH OF SALEM TOWN, A • 1915
WOMAN WHO LIED, THE • 1915
ARTISTIC INTERFERENCE • 1916 • SHT
BEHIND THE VEIL • 1916 • SHT
CHEATERS • 1916 • SHT
GARDEN OF SHADOWS, THE • 1916 • SHT
GIRL WHO FEARED DAYLIGHT, THE • 1916 • SHT
HEART OF A MERMAID, THE • 1916 • SHT
HUNTRESS OF MEN, THE • 1916
LIMOUSINE MYSTERY, THE • 1916 • SHT
LITTLE FRAUD, THE • 1916 • SHT
LOVE'S MASQUERADE • 1916 • SHT
MADAME CUBIST • 1916 • SHT
SCARLET MARK, THE • 1916 • SHT
SPLASH OF LOCAL COLOR, A • 1916 • SHT
STRENGTH OF THE WEAK, THE • 1916
THREE WISHES, THE • 1916 • SHT
THROWN TO THE LIONS • 1916
TRAIL OF CHANCE, THE • 1916 • SHT
BEAUTIFUL IMPOSTOR, THE • 1917 • SHT
TO THE HIGHEST BIDDER • 1917 • SHT
UNTAMED, THE • 1917 • SHT

HENDERSON LUCIUS J. see **HENDERSON LUCIUS**

HENDRICKSON ROBERT – USA

MANSON • MANSON FAMILY, THE • 1972 • DOC
CLOSE SHAVE • 1981

HENDRIE – UKN

WORK EXPERIENCE • 1989 • SHT

HENENLOTTER FRANK – USA

BASKET CASE • 1982
BRAIN DAMAGE • 1988
BASKET CASE II • 1989
FRANKENHOOKER • 1989

HENGGE PAUL – ISR

DEATH OF A STRANGER • 1971

HENKEL PETER – SAF

SCOTTIE SMITH • 1970
THREE BULLETS FOR A LONG GUN • 1973

HENLEY GAIL – CND

PARABLE OF THE LEAVEN • 1990 • SHT

HENLEY HOBART – USA – 1886-1964

CHILD OF MYSTERY, A • 1916
PARTNERS • MY LADY'S MILLIONS • 1916 • SHT
SOMEWHERE ON THE BATTLEFIELD • 1916 • SHT
DOUBLE-ROOM MYSTERY, THE • 1917
JUNE MADNESS • 1917 • SHT
ALL WOMAN • 1918
FACE IN THE DARK, THE • 1918
GLORIOUS ADVENTURE, THE • 1918
LAUGHING BILL HYDE • 1918
MONEY MAD • 1918
MRS. SLACKER • 1918
PARENTAGE • 1918
TOO FAT TO FIGHT • 1918
GAY OLD DOG, THE • 1919
ONE WEEK OF LIFE • 1919
PEACE OF ROARING RIVER, THE • 1919
WOMAN ON THE INDEX, THE • 1919
MIRACLE OF MONEY, THE • 1920
SIN THAT WAS HIS, THE • 1920
CHEATED HEARTS • 1921
SOCIETY SNOBS • 1921
STARDUST • 1921
FLIRT, THE • 1922
HER NIGHT OF NIGHTS • 1922
PARENTAGE • 1922
SCRAPPER, THE • 1922
ABYSMAL BRUTE, THE • 1923
FLAME OF LIFE, THE • THAT LASS O' LOWRIE'S • 1923
LADY OF QUALITY, A • 1924
SINNERS IN SILK • FREE LOVE • 1924
SO THIS IS MARRIAGE • 1924
TURMOIL, THE • 1924
AUCTION BLOCK, THE • 1925
DENIAL, THE • SQUARE PEG, THE • 1925
EXCHANGE OF WIVES, AN • 1925
HIS SECRETARY • 1925
SLAVE OF FASHION, A • NOTHING TO WEAR • 1925
CERTAIN YOUNG MAN, A • BELLAMY THE MAGNIFICENT • 1926
TILLIE THE TOILER • 1927
WICKEDNESS PREFERRED • MIXED MARRIAGES • 1927
HIS TIGER LADY • NIGHT OF MYSTERY, A • 1928
LADY LIES, THE • 1929
BIG POND, THE • 1930
FREE LOVE • BLIND WIVES ○ MODERN WIFE, THE • 1930
GRANDE MARE, LA • 1930
MOTHERS CRY • 1930
ROADHOUSE NIGHTS • RIVER INN, THE • 1930
BAD SISTER • 1931
CAPTAIN APPLEJACK • 1931
EXPENSIVE WOMEN • 1931
NIGHT WORLD • 1932
UNKNOWN BLONDE • MAN WHO PAWNED HIS SOUL, THE (UKN) • 1934

HENNECKE – USA

YES, YES, NANETTE • 1925 • SHT

HENNER TED – GRM

GEWISSE UNTERSCHIED ODER DIE LINKE HAND DES JOSEF KONIG, DER • 1969

HENNIGAR WILLIAM K. – USA

MR. MARI'S GIRLS • 1967
SURFSIDE SEX • SURFSIDE LOVE • 1967
THIGH SPY • HIGH SPY • 1967
ANGLE OF LOVE, AN • ANGEL OF LOVE, AN • 1968
SEE HOW THEY COME • SEE HOW THEY COME AND GO ○ SEE HOW THEY GO • 1968
WICKED DIE SLOW, THE • 1968
SEVEN DAYS TO LONG • 1970

HENNING HANNA – GRM

UNVERSTANDEN • 1915
IM BANNE DES SCHWEIGENS • 1916
MUTTER • 1917
BUBI, DER TAUSENSASSA • 1918
UNTER DER PEITSCHE DES GESCHICKS • 1918
WENN DIE ROTE HEIDE BLUHT • 1918
SIEBZEHNJAHRIGEN, DIE • 1919
DAMON VON KOLNO, DER • 1920
GROSSE LICHT, DAS • 1920
MITTERNACHTSGOTTIN, DIE • 1920
AM ROTEN KLIFF • 1921
FURCHT VOR DEM WEIBE, DIE • 1921

HENNING-JENSEN ASTRID – DNM – 1914-

SMAHL ASTRID

DANSK POLITI I SVERIGE • 1945 • DOC
FOLKETINGSVALG 1945 • 1945
SKIBET ER LADET MED • 1945 • DOC
DENMARK GROWS UP • 1947 • DOC
POKKERS UNGER, DE • THOSE BLASTED KIDS • 1947
STEMMING I APRIL • IMPRESSIONS OF APRIL • 1947
KRISTINUS BERGMANN • 1948
PALLE ALLENE I VERDEN • PALLE ALONE IN THE WORLD (USA) • 1949
KRANES KONDITORI • KRANE'S BAKERY SHOP • 1950
VESTERHAVSDRENGE • BOYS FROM THE WEST COAST • 1950
UKJENT MANN • UNKNOWN MAN ○ STRANGER, THE • 1951
SOLSTIK • 1953
TIVOLIGARDEN SPILLER • TIVOLI GARDEN GAMES • 1954
BALLETBORN • BALLETTENS BORN ○ BALLET GIRL • 1955 • DOC
KAERLIGHED PA KREDIT • LOVE ON CREDIT • 1955
NYE VENNER • 1956 • SHT
HEST PA SOMMERFERIE • 1959
PAW • LURE OF THE JUNGLE, THE ○ BOY OF THE WORLD ○ BOY OF TWO WORLDS • 1959
EEN BLANDT MANGE • ONE AMONG MANY • 1961
BLA UNDULATER, DE • 1965
UTRO • UNFAITHFUL • 1966
MIN BEDSTEFAR ER EN STOK • MY GRANDFATHER IS A STICK • 1967
KALD MIG MIRIAM • 1968
NILLE • 1968
MIG OG DIG • MEJ OCH DEJ ○ ME AND YOU • 1969
VINTERBORN • WINTER CHILDREN ○ WINTER-BORN ○ WINTERCHILDREN • 1978
OJEBLIKKET • MOMENT, THE • 1981
BARNDOMMENS GADE • STREET OF MY CHILDHOOD ○ EARLY SPRING • 1987

HENNING-JENSEN BJARNE – SWD – 1908-

CYKLEDRENGENE: TORVEGRAVEN • 1940 • SHT
ARBEJDET KALDER • 1941 • DOC
CHRISTIAN IV SOM BYGMESTER • CHRISTIAN IV: MASTER BUILDER ○ CHR.IV SOM BYGHERRE • 1941
HESTEN PAA KONGENS NYTORV • 1941 • DOC
SUKKER • SUGAR • 1942
BRUNKEL • 1943
DRENGENE I TORVEMOSSEN • 1943
FOLLET • 1943
HESTEN • HORSES • 1943
KORN • CORN • 1943
NAAR MAN KUN ER UNG • TO BE YOUNG • 1943
PAPIR • PAPER • 1943
S.O.S. KINDTAND • S.O.S. MOLARS • 1943
DANSKE SYDHAVSOER, DE • DANISH ISLAND • 1944
BRIGADEN I SVERIGE • DANISH BRIGADE IN SWEDEN • 1945
FLYKTINGER FINNER EN HAMN • FUGITIVES FIND SHELTER • 1945 • DOC
FOLKETINGSVALG 1945 • 1945
FRIHEDSFONDEN • FREEDOM COMMITTEE • 1945
DITTE MENNESKEBARN • DITTE: CHILD OF MAN • 1946
POKKERS UNGER, DE • THOSE BLASTED KIDS • 1947
STEMMING I APRIL • IMPRESSIONS OF APRIL • 1947
KRISTINUS BERGMANN • 1948
PALLE ALLENE I VERDEN • PALLE ALONE IN THE WORLD (USA) • 1949
VESTERHAVSDRENGE • BOYS FROM THE WEST COAST • 1950
UKJENT MANN • UNKNOWN MAN ○ STRANGER, THE • 1951
SOLSTIK • 1953
HVOR BJERGENE SEJLER • IN THE COUNTRY OF ICEBERGS ○ WHERE MOUNTAINS FLOAT ○ GRONLANDSFILMEN • 1954 • DOC
TIVOLIGARDEN SPILLER • TIVOLI GARDEN GAMES • 1954
SAELFANGST I NORDGRONLAND, EN • 1955
KORT AR SOMMAREN • SHORT IS THE SUMMER (USA) ○ PAN • 1962
SHIP AND THE ISLAND, THE • 1973
SKIPPER OG CO. • SKIPPER & CO • 1974
SHIP AND THE STARS, THE • 1975

HENNINGSEN POUL – DNM

DANMARKSFILMEN • 1935 • DOC

HENNION ROBERT – FRN – 1898–
PLOUM PLOUM TRA LA LA • DE PORTE EN PORTE • 1946
ET DIX DE DER • 1947
SOUVENIRS NE SONT PAS A VENDRE, LES • 1948
ATOMIQUE MONSIEUR PLACIDO, L' • DEMOISELLE DES FOLIES, LA ○ TROUS DE BALLES • 1949

HENREID PAUL – Actor – AUS – 1907–
TALL LIE, THE • FOR MEN ONLY • 1952
WOMAN'S DEVOTION, A • WAR SHOCK (UKN) ○ BATTLE SHOCK ○ WAR HUNT • 1956
GIRLS ON THE LOOSE • 1958
LIVE FAST, DIE YOUNG • 1958
BALLAD IN BLUE • BLUES FOR LOVERS (USA) • 1964
DEAD RINGER • DEAD IMAGE (UKN) • 1964

HENRICHON LEO – CND
UNGAVA, TERRE LOINTAINE • 1974 • DOC

HENRICKSON JENS – DNM
HVAD VIL DE HA? • 1956

HENRIKSEN FINN – DNM
FORELSKET I KOBENHAVN • IN LOVE WITH COPENHAGEN • 1960
TRO, HAB OG TROLDDOM • FAITH, HOPE AND WITCHCRAFT • 1960
FLADENS FRISKE FYRE • 1965
FAR LAVER SOVSEN • LIFE WITH DADDY • 1967
HELLE FOR LYKKE • BRIDEGROOM OF HAPPINESS • 1969
PIGEN OG DROMMESLOTTET • 1974
PIGER I TROJEN • 1975
JULEFROKOSTEN • WHAT A CHRISTMAS PARTY • 1976
PIGER I TROJEN 2 • 1976
PIGER TIL SOS • 1977
FAENGSLENDE FERIEDAGE • 1978

HENRIKSEN MORTEN – DNM
SKJULTE VIRKELIGHED, DEN • HIDDEN REALITY, THE • 1987

HENRIKSEN R. LASSE – NRW
LASSE RAGNAR
DREAMS OF YOU • 1969
LOVE IS WAR • 1969

HENRIKSON ANDERS – Actor – SWD – 1896–1965
FLICKAN FRAN VARUHUSET • GIRL FROM THE DEPARTMENT STORE, THE • 1933
ANNONSERA • IT PAYS TO ADVERTISE • 1936
HAN, HON OCH PENGARNA • HE, SHE AND THE MONEY • 1936
SLAKTEN AR VARST • YOUR RELATIVES ARE WORST • 1936
65, 66 OCH JAG • PRIVATES 65, 66 AND I • 1936
O, EN SA'N NATT • A, EN SA'N NATT ○ OH, WHAT A NIGHT • 1937
BARA EN TRUMPETARE • ONLY A TRUMPETER • 1938
BLIXT OCH DUNDER • THUNDER AND LIGHTNING • 1938
STORA KARLEKEN, DEN • GREAT LOVE, THE • 1938
VALFANGARE • WHALERS • 1939
ALLE MAN PA POST • EVERYBODY AT HIS STATION • 1940
BROTT, ETT • CRIME, A • 1940
FAMILJEN BJORCK • VILLE, ALLA TIDERS KILLE ○ BJORCK FAMILY, THE • 1940
BARA EN KVINNA • ONLY A WOMAN • 1941
LIVET GAR VIDARE • KAMRATHUSTRU ○ LIFE GOES ON • 1941
FALLET INGEGERD BREMSSEN • INGEGERD BREMSSEN CASE, THE • 1942
FARLIGA VAGAR • DANGEROUS ROADS ○ FLYKTINGAR • 1942
UNGDOM I BOJOR • YOUTH IN CHAINS • 1942
HERR COLLINS AVENTYR • MR. COLLINS' ADVENTURES • 1943
JAG AR ELD OCH LUFT • I AM FIRE AND ICE • 1944
TAG 56 • TRAIN 56 • 1944
BLOD OCH ELD • BLOOD AND FIRE • 1945
IDEL ADEL ADEL • NOTHING BUT OLD NOBILITY • 1945
TROTTE TEODOR • TIRED TEODOR • 1945
ASA-HANNA • 1946
NYCKELN OCH RINGEN • KEY AND THE RING, THE • 1947
VACKRASTE PA JORDEN, DET • MOST BEAUTIFUL THING ON EARTH, THE • 1947
FLICKAN FRAN FJALLBYN • GIRL FROM THE MOUNTAIN VILLAGE, THE • 1948
DOCKHEM, ETT • 1955
GIFTAS • OF LOVE AND LUST (USA) ○ MARRIED LIFE • 1957

HENRIQUEZ ANA CRISTINA – VNZ
TURAS, LAS • 1979 • DOC

HENRIQUEZ LEONARDO – VNZ
TIERNA ES LA NOCHE • TENDER IS THE NIGHT • 1990

HENRY BUCK – Actor/writer – USA – 1930–
HEAVEN CAN WAIT • 1978
FIRST FAMILY • 1980

HENRY CLARISSA – FRN
AU NOM DE LA RACE • 1975 • DOC

HENRY-JACQUES – FRN – 1920–
JACQUES HENRY • JACQUES HENRI
ARCHE DE NOE, L' • NOAH'S ARK (USA) • 1946
MEDECIN MALGRE LUI, LE • 1955
SEXY GANG • MICHELLE (USA) ○ ADORABLES CANAILLES • 1967

HENRYSON ROBERT – UKN
QUEEN STEPS OUT, THE • 1951
BLUE TUNES • 1960 • SHT
DILL JONES AND HIS ALL STARS • 1960 • SHT
ERIC DELANEY AND HIS NEW BAND • 1960 • SHT
FREE AND EASY • 1960
MAKING MUSIC • 1960 • SHT
RAY ELLINGTON AND HIS QUARTET • 1960
SIXTEEN FLYING FINGERS • 1960
CUBAN MELODY • 1961 • SHT
CUBAN RHYTHM • 1961 • SHT
LISTEN TO MY MUSIC • 1961 • SHT
SMALL BAND JAZZ • 1961 • SHT
TED HEATH AND HIS MUSIC • 1961 • SHT
TONY KINSEY QUARTET, THE • 1961 • SHT
MODERN RHYTHM • 1963 • SHT

HENSON JIM – USA – 1936–
TIME PIECE • TIMEPIECE • 1965 • SHT
MUPPETS: HEY CINDERELLA • 1970 • ANM
TALE OF THE BUNNY PARK, THE • TALE OF THE BUNNY PICNIC, THE ○ BUNNY PICNIC, THE • ANM
GREAT MUPPET CAPER, THE • 1981
DARK CRYSTAL, THE • 1982 • ANM
LABYRINTH • 1986

HENSON JOAN – CND
BING BANG BOOM • 1970 • SHT

HENSON LAURENCE – UKN
FALLS THE SHADOW • 1958 • SHT
SONGS OF SCOTLAND • 1966
FLASH THE SHEEPDOG • 1967
BIG CATCH, THE • 1968
DUNA BULL, THE • 1971
MAURO THE GYPSY • 1972
GET THERE SAFELY • 1973 • SHT
AT A STONE IN THE HEATHER • 1975 • DOC
BOAT, THE • 1975
SEA CITY -GREENOCK • 1975 • DOC

HENSON LESLIE – Comedian – UKN – 1891–1957
BROKEN BOTTLES • 1920

HENSZELMAN STEFAN – DNM
VENNER FOR ALTID • FRIENDS FOREVER ○ VENNER FOREVER • 1986 • SHT
DAGENS DONNA • MODERN WOMAN, A ○ DONNA OF THE DAY • 1989

HENZELL PERRY – JMC
HARDER THEY COME, THE • 1973

HEPBURN TONY see **AMENDOLA TONI**

HEPER ALP ZEKI – TRK
ESKIYA HALIL • HALIL THE BRIGAND ○ HAYDUT • 1968
KARA BATTALIN ACISI • PAIN OF KARA BATTAL, THE • 1968

HEPWORTH CECIL see **HEPWORTH CECIL M.**

HEPWORTH CECIL M. – UKN – 1874–1953
HEPWORTH CECIL
EGG AND SPOON RACE FOR LADY CYCLISTS • 1898
EXCHANGE IS NO ROBBERY • 1898
EXPRESS TRAIN A RAILWAY CUTTING • 1898
HENLEY REGATTA • 1898
IMMATURE PUNTER • 1898
INTERRUPTED PICNIC, AN • 1898
OXFORD AND CAMBRIDGE BOAT RACE, THE • 1898
QUARRELSOME ANGLERS, THE • STOLEN DRINK, THE • 1898
TWO FOOLS IN A CANOE • TWO COCKNEYS IN A CANOE • 1898
KISS, THE • 1899
MACARONI EATING COMPETITION • 1899
MUD LARKS • 1899
ARRIVAL OF H.M.S. POWERFUL • 1900
BATHERS, THE • 1900
BEGGAR'S DECEIT, THE • 1900
BRITISH ARMY, THE • 1900
BRITISH NAVY, THE • 1900
BURNING STABLE, THE • 1900
C.I.V'S MARCHING ABOARD S.S. GARTH CASTLE • 1900
CLOWN AND POLICEMAN • 1900
CONJURER AND THE BEER, THE • 1900
ECCENTRIC DANCER, THE • 1900
EGG-LAYING MAN, THE • 1900
ELECTRICITY CURE, THE • 1900
EXPLOSION OF A MOTOR CAR, THE • DELIGHTS OF AUTOMOBILING, THE (USA) • 1900
FILMS OF THE PARIS EXHIBITION • 1900
GUNPOWDER PLOT, THE • 1900
HOW IT FEELS TO BE RUN OVER • 1900
LEAPFROG AS SEEN BY THE FROG • 1900
PUNTER'S MISHAP, THE • 1900
QUEEN VICTORIA'S VISIT TO DUBLIN • 1900
SLUGGARD'S SURPRISE, THE • 1900
TOPSY-TURVY VILLA • 1900
TROOPS GOING TO SOUTH AFRICA • 1900
WIPING SOMETHING OFF THE SLATE • 1900
BREAKING WAVES • 1901
COMIC GRIMACER, THE • 1901
CORONATION OF KING EDWARD VII • 1901
DEPARTURE OF A STEAMER • 1901
DISAPPOINTED LONDON • 1901
FUNERAL OF QUEEN VICTORIA • 1901
HOW THE BURGLAR TRICKED THE BOBBY • 1901
INDIAN CHIEF AND THE SIEDLITZ POWDER, THE • 1901
INTERIOR OF A RAILWAY CARRIAGE -BANK HOLIDAY, THE • 1901
PHANTOM RIDES, THE • 1901
CALL TO ARMS, THE • 1902
PEACE WITH HONOR • 1902
STATE CARRIAGES AND PRINCE OF WALE'S PROCESSION IN WHITEHALL • 1902
ABSENT-MINDED BOOTBLACK, THE • 1903
ALICE IN WONDERLAND • 1903
DAY WITH THE HOP PICKERS, A • 1903
FIREMEN TO THE RESCUE • 1903
PROGRESS OF THE RACE • 1903
SATURDAY SHOPPING • SATURDAY'S SHOPPING (USA) • 1903
SNAPSHOTS AT THE SEASIDE • 1903
SUBURBAN-BUNKUM-MICROBE-GUYOSCOPE, THE • 1903
UNCLEAN WORLD, THE • 1903
UNEXPECTED BATH, THE • 1903
COALING A BATTLESHIP AT NAGASAKI • 1904
JONAH MAN: OR, THE TRAVELLER BEWITCHED, THE • BEWITCHED TRAVELER, THE (USA) • 1904
STORY OF A PIECE OF SLATE, THE • 1904
DERBY, THE • 1905
KING OF SPAIN'S REVIEW, THE • 1905
ROYAL WEDDING AT WINDSOR, THE • 1905
MOONLIGHT ON THE NILE • 1906
ROVER DRIVES A CAR
INVISIBILITY • 1909
EMBROIDERY EXTRAORDINARY • 1910
FAUST • 1911
BASILISK, THE • 1914
BLIND FATE • 1914
CALL, THE • HIS COUNTRY'S BIDDING • 1914
HILLS ARE CALLING, THE • 1914
MORPHIA THE DEATH DRUG • 1914
OH MY AUNT! • 1914
QUARRY MYSTERY, THE • 1914
TIME THE GREAT HEALER • 1914
UNFIT: OR, THE STRENGTH OF THE WEAK • 1914
BABY ON THE BARGE, THE • 1915
BE SURE YOUR SINS • CANKER OF JEALOUSY, THE • 1915
BOTTLE, THE • 1915
GOLDEN PAVEMENT, THE • 1915
IRIS • 1915
MAN WHO STAYED AT HOME • 1915
MOMENT OF DARKNESS, A • 1915
OUTRAGE, THE • 1915
PASSING OF A SOUL, THE • 1915
SWEET LAVENDER • 1915
TRAITOR, THE • COURT-MARTIALLED • 1915
ANNIE LAURIE • 1916
COMIN' THRO' THE RYE • 1916
FALLEN STAR, A • 1916
LOVE IN A MIST • 1916
MARRIAGE OF WILLIAM ASHE, THE • 1916
MOLLY BAWN • 1916
SOWING THE WIND • 1916
TRELAWNEY OF THE WELLS • 1916
AMERICAN HEIRESS, THE • 1917
COBWEB, THE • 1917
NEARER MY GOD TO THEE • 1917
BOUNDARY HOUSE • 1918
LEOPARD'S SPOTS, THE • 1918
NEW VERSION, A • 1918
REFUGEE, THE • 1918
TARES • 1918
TOUCH OF A CHILD, THE • 1918
W.L.A. GIRL, THE • 1918
BROKEN IN THE WARS • 1919
FOREST ON THE HILL, THE • 1919
NATURE OF THE BEAST, THE • 1919
SHEBA • 1919
SUNKEN ROCKS • 1919
ALF'S BUTTON • 1920
ANNA THE ADVENTURESS • 1920
HELEN OF FOUR GATES • 1920
MRS. ERRICKER'S REPUTATION • 1920
MANUFACTURE OF ART PAPER, THE • MAKING OF ART PAPER, THE • 1921 • DOC
NARROW VALLEY, THE • 1921
TANSY • 1921
TINTED VENUS, THE • 1921
WILD HEATHER • 1921
COMIN' THRO' THE RYE • 1923
MIST IN THE VALLEY • 1923
PIPES OF PAN, THE • 1923
STRANGLING THREADS • 1923
FILM FAVOURITES • 1924
HOUSE OF MARNEY, THE • 1926
ROYAL REMEMBRANCES • 1929

de HERAIN PIERRE – FRN – 1904–1972
MONSIEUR DES LOURDINES • 1942
PAMELA • PAMELA OU L'ENIGMA DU TEMPLE • 1944
AMOUR AUTOUR DE LA MAISON, L' • 1946
MANNEQUIN ASSASSINE, LE • 1947
MARLENE • PORTE D'OR, LA • 1948

HERALD HEINZ – GRM
BRENNENDES LAND • 1921
PERLEN DER LADY HARRISON, DIE • 1922
POLITISCHE TEPPICH, DER • 1922
SCHWARZE SCHACHDAME, DIE • 1922

HERBERT ANDREW – USA
SONG OF THE LOON • 1970

HERBERT BILL see **HERBERT WILLIAM**

HERBERT C. D. – USA
MY WIFE'S BONNET • 1912

HERBERT F. HUGH – Screenwriter – USA – 1897–1958
HERBERT HUGH
HE KNEW WOMEN • 1930
SCUDDHA-HOO, SCUDDA HAY • SUMMER LIGHTNING (UKN) • 1948
GIRLS OF PLEASURE ISLAND, THE • 1953

HERBERT HANS – AUS
WIENER SCHNITZEL • VIENNA SCHNITZEL • 1967

HERBERT HENRY – UKN – 1939–
MALACHI'S COVE • SEAWEED CHILDREN, THE • 1974
EMILY • AWAKENING OF EMILY, THE • 1976

HERBERT HUGH see **HERBERT F. HUGH**

HERBERT JOHN – UKN
WORLD THINKS TOMORROW, THE • 1968

HERBERT MARTIN see **DE MARTINO ALBERTO**

HERBERT MARTIN see **MARTIN EUGENIO**

HERBERT WILLIAM – USA
HERBERT BILL
WARLOCK MOON • 1973

HERBIG PAUL – GRM
ROLLENDE KORRIDOR, DER • 1920
SCHREIN DER MEDICI, DER • 1920

HERBISON BOB – CND
KNOWPLACE • 1967

HERBLOT R. – NTH
STOET VAN REUZEN, EEN • 1966 • SHT

HERBST HELMUT – GRM
UBERWINDUNG EINES VERLUSTES • VICTORY CELEBRATION OF A WAR CASUALTY • 1964 • ANS
HUT, DER • 1965

HERBST ITZHAK - ISR

SHESHET HAYAMIM • SIX DAYS TO ETERNITY (USA) • 1968 • DOC

HERECK STEPHEN - USA

CRITTERS • 1986
BILL AND TED'S EXCELLENT ADVENTURE • 1987

HERGE - BLG - 1907-

REMI GEORGES

TINTIN ET LE TEMPLE DU SOLEIL • TINTIN AND THE TEMPLE OF THE SUN • 1969 • ANM
TINTIN ET LE LAC AUX REQUINS • ADVENTURES OF TINTIN: THE LAKE OF SHARKS, THE ○ TINTIN: THE LAKE OF SHARKS ○ LAKE OF SHARKS, THE ○ TINTIN AND THE LAKE OF SHARKS • 1972 • ANM

von HERKOMER HUBERT - UKN

HIS CHOICE • 1913
LOVE IN A TEASHOP • 1913
OLD WOOD CARVER, THE • 1913
WHITE WITCH, THE • 1913
GRIT OF A DANDY, THE • 1914

von HERKOMER SIEGFRIED - UKN

HIGHWAYMAN'S HONOUR, A • 1914

HERLTH ROBERT - Set designer - GRM - 1893-1962

HANS IM GLUCK • 1936

HERMAN A. see **HERMAN AL**

HERMAN AL - USA - 1894-

HERMAN ALBERT • HERMAN A.

SPOOKY ROMANCE, A • 1915 • SHT
KICK IN HIGH LIFE, THE • 1920 • SHT
BACK TO EARTH • 1923 • SHT
BEYOND THE TRAIL • 1926
SPORTING CHANCE • 1931
EXPOSED • STRANGE ROADS (UKN) • 1932
BIG CHANCE, THE • 1933
WHISPERING SHADOW, THE • WHISPERING SHADOWS • 1933 • SRL
BIG BOY RIDES AGAIN • 1935
COWBOY AND THE BANDIT, THE • 1935
DANGER AHEAD • 1935
DRUNKARD, THE • 1935
GUN PLAY • INVISIBLE MESSAGE, THE (UKN) ○ LUCKY BOOTS • 1935
HOT OFF THE PRESS • 1935
TRAIL'S END, THE • 1935
TWISTED RAILS • 1935
WESTERN FRONTIER • 1935
WHAT PRICE CRIME? • 1935
BARS OF HATE • 1936
BLACK COIN, THE • 1936 • SRL
BLAZING JUSTICE • 1936
CLUTCHING HAND, THE • 1936 • SRL
OUTLAWS OF THE RANGE • CALL OF JUSTICE, THE (UKN) • 1936
RENFREW OF THE ROYAL MOUNTED • 1937
VALLEY OF TERROR • 1937
RENFREW ON THE GREAT WHITE TRAIL • ON THE GREAT WHITE TRAIL (UKN) • 1938
ROLLIN' PLAINS • 1938
STARLIGHT OVER TEXAS • 1938
UTAH TRAIL • 1938
WHERE THE BUFFALO ROAM • 1938
DOWN THE WYOMING TRAIL • 1939
MAN FROM TEXAS • 1939
ROLLIN' WESTWARD • 1939
SONG OF THE BUCKAROO • 1939
SUNDOWN ON THE PRAIRIE • 1939
ARIZONA FRONTIER • 1940
GOLDEN TRAIL, THE • 1940
PALS OF THE SILVER SAGE • 1940
RAINBOW OVER THE RANGE • 1940
RHYTHM OF THE RIO GRANDE • 1940
ROLL, WAGONS, ROLL • 1940
ROLLING HOME TO TEXAS • 1940
TAKE ME BACK TO OKLAHOMA • 1940
PIONEERS, THE • 1941
GENTLEMAN FROM DIXIE • 1942
NAZI SPY RING • 1942
RANGERS TAKE OVER, THE • 1942
YANK IN LIBYA, A • 1942
BAD MEN OF THUNDER GAP • 1943
MISS V FROM MOSCOW • INTRIGUE IN PARIS • 1943
DELINQUENT DAUGHTERS • ACCENT ON CRIME (UKN) • 1944
SHAKE HANDS WITH MURDER • 1944
MISSING CORPSE, THE • 1945
PHANTOM OF 42ND STREET, THE • 1945
ROGUES' GALLERY • 1945

HERMAN ALBERT see **HERMAN AL**

HERMAN JEAN - FRN - 1933-

COUP DE MAIN, LE • 1958
VOYAGE EN BOSCAVIE • JOURNEY IN BOSCAVIA • 1958
REGGAE A L'HEURE H. • 1959
SURVIE EN BROUSSE • 1959
ACTUA-TILT • 1960
MATERIELS ARMEES DE SURVIE • 1960
FUSILS, LES • 1961
PREMIERS JOURS, LES • 1961
QUILLE, LA • 1961
CHEMINS DE LA MAUVAISE ROUTE, LES • BON POUR LA VIE CIVILE • 1962 • DOC
CINEMATHEQUE FRANCAISE, LA • 1962
TWIST PARADE • 1962
PIF LE CHIEN • 1964
DIMANCHE DE LA VIE, LE • SUNDAY OF LIFE, THE (USA) • 1967
ADIEU L'AMI • DUE SPORCHE CAROGNE (ITL) ○ FAREWELL FRIEND (USA) ○ HONOR AMONG THIEVES ○ SO LONG FRIEND ○ CODE, THE • 1968
JEFF • ADDIO JEFF (ITL) • 1968
DECAMERON '69 • 1969
POPSY POP • FUORI IL MALLOPPO (ITL) ○ BUTTERFLY AFFAIR, THE (USA) ○ 21 CARAT SNATCH, THE • 1970
OEUF, L' • 1971

HERMAN NORMAN - USA

TOKYO AFTER DARK • 1959
MONDO TEENO • REVOLTA DEI TEENAGERS, LA (ITL) ○ TEENAGE REBELLION • 1967 • DOC

HERMAN VILLI - SWT

HERMANN VILLI

SAN GOTTARDO EINE SZENISCHE DOKUMENTATION • SAN GOTTARDO • 1977
HITLER -ATTENTATER MAURICE B • 1979
MATLOSA • 1982
BANKOMATT • 1988
EN VOYAGE AVEC JEAN MOHR • 1989 • DOC

HERMANN HANS H. - GRM

TECHNIK -3 STUNDEN IN JAZZ • 1961 • SHT

HERMANN OTTO - GRM

LEIDENSWEG DER KLEINEN LI-LO, DER • 1925

HERMANN THEO - AUS

IX OLYMPISCHE WINTERSPIELE 1964 IN INNSBRUCK • NINTH WINTER OLYMPIC GAMES 1964, THE • 1964

HERMANN VILLI see **HERMAN VILLI**

HERMANSEN HUGO - NRW

PERILS OF A FISHERMAN, THE • 1907

HERMANSSON BO - NRW

MANNEN SOM IKKE KUNNE LE • MAN WHO COULD NOT LAUGH, THE • 1968
SISTE FLEKSNES, DEN • SIDSTE FLEKSNES, DEN • 1974
SKRAPHANDLERE • 1976
PASTIGENDE KURS • SUCCESS • 1986

HERMANTIER R. - FRN

AVARE, L' • 1960

HERMOSILLO JAIME HUMBERTO - MXC

VERDADERA VOCACION DE MAGDALENA, LA • MAGDALENA'S TRUE VOCATION • 1971
PASION SEGUN BERENICE, LA • PASSION ACCORDING TO BERENICE, THE • 1975
MATINEE • 1976
AMOR LIBRE, EL • FREE LOVE • 1977
NAUFRAGIO • SHIPWRECK • 1977
APARIENCIAS ENGANAN, LAS • THINGS AREN'T ALWAYS WHAT THEY SEEM • 1978
MARIA DE MI CORAZON • MY DEAREST MARIA • 1980
CONFIDENCIAS • SECRETS • 1982
CORAZON DE LA NOCHE, EL • HEART OF THE NIGHT, THE • 1983
DONA HERLINDA Y SU HIJO • DONA HERLINDA AND HER SON • 1986
CLANDESTINO DESTINO • CLANDESTINE DESTINATION • 1987
INTIMIDADES EN UN CUARTO DE BANO • INTIMACY IN A BATHROOM • 1989

HERMOSO MIGUEL - SPN

TRUHANES • ROGUES • 1984
LOCO VENENO • CRAZY POISON ○ MAD POISON • 1988

HERNANDEZ ANTONIO - SPN

F.E.N. • FORMATION OF THE NATIONAL SPIRIT • 1980
APAGA Y VAMONOS • WE HAD BETTER CALL IT A DAY • 1981

HERNANDEZ BERNABE - CUB

COLOR DE CUBA • 1968
SALON DE MAYO • 1970
CHE, COMANDANTE AMIGO • CHE, FRIEND COMMANDER • 1979 • DOC

HERNANDEZ MARIO - MXC

MEXICANO, EL • 1976
MI CABALLO EL CANTADOR • 1977
MUERTE DE UN GALLERO, LA • 1977
SABOR A SANGRE • 1977
SOY EL HIJO DEL GALLERO • 1977
QUE VIVA TEPITO! • UP WITH TEPITO! • 1980
TONTO QUE HACIA MILAGROS, EL • FOOL WHO MADE MIRACLES, THE • 1983

HERNANDEZ TEO see **HERNANDEZ THEO**

HERNANDEZ THEO - MXC - 1939-

HERNANDEZ TEO

MAYA • 1979

HEROUX DENIS - CND - 1941-

SEUL OU AVEC D'AUTRES • 1962
JUSQU'AU COU • 1964
PAS DE VACANCES POUR LES IDOLES • 1965
CENT ANS DEJA • 1967 • DCS
MAIS OU SONT LES ANGLAIS D'ANTAN • 1967 • DCS
VILLE DE VIVRE, UNE • 1967 • DOC
VALERIE • 1968
INITIATION, L' • INITIATION, THE • 1969
AMOUR HUMAIN, L' • 1970
ACADIENS, LES • 1971
FILLE DU ROY, LA • 1971
SEPT FOIS PAR JOUR.. • SEVEN TIMES A DAY • 1971
ENFANT COMME LES AUTRES, UN • 1972
QUELQUES ARPENTS DE NEIGE • REBELS, THE • 1972
VIRGIN LOVERS • 1972
QUAND C'EST PARTI, C'EST PARTI • J'AI MON VOYAGE • 1973
Y'A TOUJOURS MOYEN DE MOYENNER • 1973
JACQUES BREL IS ALIVE AND WELL AND LIVING IN PARIS • 1974
POUSSE MAIS POUSSE EGAL • 1974
VALLEE-JARDIN, LA • 1974 • SHT
STRIKEBREAKER, THE • 1975
NE POUR L'ENFER • BORN FOR HELL • 1976
UNCANNY, THE • BRRR.. • 1977

HERRALDE GONZALO - SPN - 1949-

MUERTE DEL ESCORPION, LA • 1975
RAZA, EL ESPIRITU DE FRANCO • RACE, THE SPIRIT OF FRANCO • 1977
ASESINO DE PEDRALBES, EL • MURDERER OF PEDRALBES, THE • 1978
VERTIGO IN MANHATTAN • JET LAG (USA) • 1980
LAURA • 1987

HERRENDORFER CHRISTIAN - GRM

HITLER, EINE KARRIERE • HITLER, A CAREER (USA) • 1977

HERRERA ARMANDO see **HERRERA ARMANDO A.**

HERRERA ARMANDO A. - PHL

HERRERA ARMANDO

ALAMAT NG KILABOT • LEGEND OF THE TERROR • 1967
DUGO SA BUHANGIN • BLOOD ON SAND • 1967
MGA ALABOK SA LUPA • DUSTS OF THE EARTH • 1967
ROMAN MONTALBAN • 1967
BATTLE OF CHAMPIONS • 1968
KARATE COMMANDOS • 1968

HERRERA ENRIQUE - MXC

APUROS DE NARCISO, LOS • 1939

HERRERA LUIS BAYON

JETTATORE • 1940

HERRERA MANUEL - CUB

LLAMADO DE LA HORA, EL • CALL OF THE HOUR, THE • 1970
GIRON • 1973
NO HAY SABADO • NO SUNLESS SEA • 1979

HERRERA R.

ORO ENTRE BARRO • GOLD IN CLAY (USA) • 1940

HERRERA S. - PHL

JOURNEY TO HELL -THE LUCKY 9 COMMANDOS • 1968

HERRERO MIGUEL - SPN - 1922-

MARA • 1958

HERRERO PEDRO MARIO - SPN - 1929-

BARRERA, LA • 1965
ADIOS, CORDERA • 1966
CLUB DE SOLTEROS • BACHELOR CLUB • 1967
NO DISPONIBLE • 1968
SI ESTAS MUERTO POR QUE BAILAS • 1970
CAO-XA • 1972

HERRICK F. see **HERRICK F. HERRICK**

HERRICK F. HERRICK - USA

HERRICK F.

IT MIGHT HAPPEN TO YOU • 1925
GOOFYTONE NEWSREEL NO.7 • 1934 • SHT
OBEAH • MYSTERY SHIP, THE (UKN) • 1934
NORWAY REPLIES! • 1944

HERRICK HUBERT - UKN

ALL THE SAD WORLD NEEDS • 1918
I WILL • 1919

HERRIMAN GEORGE - Animator - USA - 1880-1944

KRAZY KAT AND IGNATZ MOUSE • 1916 • ANS
KRAZY KAT BUGOLOGIST • 1916 • ANS

HERRINGTON RAMSEY - UKN

COMPELLED • 1960
NUDIST STORY, THE • 1960

HERRINGTON ROWDY - USA

JACK'S BACK • RED RAIN • 1988
ROAD HOUSE • 1989

HERRMANN GABRIELE - GRM

WER EIN PAAR HOLZLATSCHEN ABGELAUFEN HAT • 1977

HERSCHENSOHN BRUCE - Writer - USA - 1932-

JOHN F. KENNEDY: YEARS OF LIGHTNING, DAYS OF DRUMS • YEARS OF LIGHTNING, DAYS OF DRUMS • 1966

HERSHEY B. - USA

MOMENTS OF LOVE • 1975

HERSHOLT JEAN - DNM - 1886-1956

DECEIVER, THE • 1920
GOLDEN TRAIL, THE • 1920
WHEN ROMANCE RIDES • 1922

HERSHON EILA - FRN

LANGLOIS • 1972
75 YEARS OF CINEMA MUSEUM • 1972 • DOC

HERSKO ANNA - HNG

KEZENFOGVA • HAND IN HAND • 1963
MIERT? • WHY? • 1966

HERSKO JANOS - HNG - 1926-

VAROS ALATT, A • UNDER THE CITY • 1953
VASVIRAG • IRON FLOWER, THE • 1957
KET EMELET BOLDOGSAG • HOUSE FULL OF HAPPINESS, A ○ HOUSEFUL OF BLISS, A • 1960
PARBESZED • DIALOGUE • 1963
JUST ONE OF THOSE WEDNESDAYS • 1964
SZEVASZ, VERA • HELLO, VERA • 1967
N.N. A HALAL ANGYALA • REQUIEM IN THE HUNGARIAN MANNER • 1970

de HERT ROBBE - BLG

DEUX FOIS DEUX YEUX • 1964
BOMBE, LA • 1966
OLD STORY, AN • 1966
FUNNY THING HAPPENED ON MY WAY TO GOLGOTHA, A • 1967
S.O.S. FONSKA • 1968
GREAT TEMPTATION OF THE PINK ELEPHANT, THE • 1969
DOOD VAN EEN SANDWICHMAN, DE • DEATH OF A SANDWICHMAN • 1972

CAMERA SUTRA OF DE BLEEKGEZICHTEN • 1973
FILET AMERICAIN, LE • 1977
WITTE VAN SICHEM, DE • FILASSE (FRN) ○ TOW • 1980
ZWARE JONGENS • ROUGH DIAMONDS • 1983
LEVEN DAT WE DROOMDEN, HET • LIFE OF OUR DREAMS, THE • 1984
BLUEBERRY HILL • 1988
HENRI STORCK, EYEWITNESS • 1988 • DOC
TROUBLE IN PARADISE • 1989

HERTS KENNETH – USA – 1922–
DAUGHTER OF THE SUN GOD • 1967

HERTZ ALEKSANDER – PLN – 1879–1928
MARRIED ONES, THE • 1913
MEIR EZOFEWICZ • 1914
BEAST, THE • 1915
ARABELLA • 1916
HIS SECRET • 1916
MYSTERIES OF WARSAW, THE • 1916
RIVAL, THE • 1916
STUDENTS • 1916
DAUGHTER OF MADAME X, THE • 1917
I WANT A HUSBAND • 1919
CZAR'S FAVORITE, THE • 1920
PROMISED LAND, THE • 1928

HERTZ LONE – DNM
TOMAS –ET BARN DU IKKE KAN NA • TOMAS –A CHILD OUT OF REACH • 1981

HERTZ NATHAN see **JURAN NATHAN**

HERVE JEAN – Actor – FRN – 1884–
TEMOIN DANS L'OMBRE, LE • 1922
DEUX SOLDATS, LES • 1923
PAUVRE VILLAGE, LE • 1923
ETRANGE AVENTURE DU DOCTEUR WORK, L' • 1924

HERVIL RENE – Actor – FRN – 1883–1960
SUZANNE • 1916
MERES FRANCAISES • 1917
OH! CE BAISER • 1917
P'TITE DU SIXIEME, LA • 1917
BOUCLETTE • 1918
ROMAN D'AMOUR ET D'AVENTURES • 1918
TORRENT, LE • 1918
AMI FRITZ, L' • 1919
SIMPLETTE • 1919
SON AVENTURE • 1919
EPAVE, L' • 1920
GOSSE DE RICHE • 1920
BLANCHETTE • 1921
CRIME DE LORD ARTHUR SAVILLE, LE • LORD ARTHUR SAVILLE'S CRIME (USA) • 1921
AUX JARDINS DE MURCIE • 1923
SARATI LE TERRIBLE • 1923
SECRET DE POLICHINELLE, LE • 1923
PARIS • 1924
FLAMME, LA • 1925
KNOCK, OU LE TRIOMPHE DE LA MEDECINE • KNOCK • 1925
BOUIF ERRANT, LE • 1926
PETITE CHOCOLATIERE, LA • 1927
MINUIT, PLACE PIGALLE • 1928
PRINCE JEAN, LE • 1928
MEILLEURE MAITRESSE, LA • 1929
MYSTERE DE LA VILLA ROSE, LE • MYSTERY OF THE VILLA ROSE, THE • 1929
RUISSEAU, LE • 1929
DOUCEUR D'AIMER, LA • MON COUSIN ALBERT • 1930
AZAIS • 1931
NICOLE ET SA VERTU • 1931
VIGNES DU SEIGNEUR, LES • 1932
MANNEQUINS • 1933
TRAIN DANS LA NUIT, UN • 1934
DEUX GAMINES, LES • 1936

HERWIG HANS – AUS – 1909–1967
HISTOIRE D'UN FILM • 1954 • SHT
PASSION DE FEMMES • 1954
PROMENADE SUR LES ONDES • 1956 • SHT
RADIO–BALLADE • 1956 • SHT
FILLE DU TORRENT, LA • 1960

HERZ JOACHIM – GRM
FLIEGENDE HOLLANDER, DER • FLYING DUTCHMAN, THE (UKN) • 1965

HERZ JURAJ – CZC – 1934–
SBERNE SUROVOSTI • JUNK SHOP, THE • 1965
ZNAMENI RAKA • SIGN OF THE CRAB, THE ○ SIGN OF CANCER, THE ○ MARK OF CANCER, THE • 1967
KULHAVY DABEL • LIMPING DEVIL, THE ○ LAME DEVIL, THE • 1968
SPALOVAC MRTVOL • CREMATOR, THE (USA) ○ CREMATOR OF CORPSES, THE ○ INCINERATOR OF CADAVERS ○ CARNIVAL OF HERETICS • 1968
SLADKE HRY MINULEHO LETA • SWEET GAMES OF LAST SUMMER (UKN) ○ SLADKE HRY JEDNOHO LETA • 1969
MORGIANA • 1972
PETROLEJOVE LAMPY • OIL LAMPS • 1972
HOLKA NA ZABITI • GIRL TO BE KILLED • 1975
DEN PRO MOU LASKU • DAY FOR MY LOVE, A • 1976
DEVATE SRDCE • NINTH HEART, THE • 1978
PANNA A NETVOR • BEAUTY AND THE BEAST (USA) ○ MAIDEN AND THE BEAST, THE • 1978
BULDOCI A TRESNE • BULLDOGS AND CHERRIES • 1981
ZAVODYSE SMERTI • RACING AGAINST DEATH • 1981
UPIR Z FERATU • FERAT VAMPIRE • 1982
GALOSE STASTIA • OVERSHOES OF HAPPINESS • 1985
SLADKE STAROSTI • SWEET WORRIES • 1985
ZASIHLA ME NOC • CAUGHT BY THE NIGHT • 1985

HERZ MICHAEL – USA – 1949–
SQUEEZE PLAY • 1979
WAITRESS! • 1982
STUCK ON YOU! • 1983
FIRST TURN ON!, THE • 1984
TOXIC AVENGER, THE • HEALTH CLUB • 1985
SUGAR COOKIES • 1988
TROMA'S WAR! • 1988
TOXIC AVENGER II, THE • 1989

HERZFELD JOHN – USA
TWO OF A KIND • 1984
DADDY • 1987 • TVM
FATHER'S REVENGE, A • FATHER'S REVENGER: THE TERRORISTS ○ TERRORISTS, THE • 1988 • TVM
RYAN WHITE STORY, THE • 1988 • TVM

HERZKA JULIUS – AUS
GRINSENDE GESICHT, DAS • MAN WHO LAUGHS, THE (USA) ○ GRINNING FACE, THE • 1921

HERZOG ULRICH – GRM
FILM 2 TEIL 1 • 1966

HERZOG WERNER – GRM – 1942–
HERAKLES • 1962 • SHT
SPIEL IM SAND • PLAYING IN THE SAND • 1964 • SHT
BEISPIELLOSE VERTEIDIGUNG DER FESTUNG DEUTSCHKREUTZ, DIE • UNPRECEDENTED DEFENCE OF THE FORTRESS DEUTSCHKREUTZ, THE • 1966 • SHT
LEBENSZEICHEN • SIGNS OF LIFE (USA) ○ FEUERZEICHEN • 1967
LETZTE WORTE • LAST WORDS • 1967 • SHT
MASSNAHMEN GEGEN FANATIKER • MEASURES AGAINST FANATICS • 1968 • DCS
PLIEGENDEN ARZTE VON OSTAFRIKA, DIE • FLYING DOCTORS OF EAST AFRICA, THE (UKN) • 1969
AUCH ZWERGE HABEN KLEIN ANGEFANGEN • EVEN DWARFS STARTED SMALL (UKN) • 1970
FATA MORGANA • 1970
BEHINDERTE ZUKUNFT • HANDICAPPED FUTURE ○ FRUSTRATED FUTURE • 1971 • DOC
LAND DES SCHWEIGENS UND DER DUNKELKEIT • LAND OF SILENCE AND DARKNESS • 1971
AGUIRRE, DER ZORN GOTTES • AGUIRRE, WRATH OF GOD (UKN) • 1972
JEDER FUR SICH UND GOTT GEGEN ALLE • ENIGMA OF KASPER HAUSER, THE (UKN) ○ LEGEND OF KASPER HAUSER, THE ○ MYSTERY OF KASPER HAUSER, THE (USA) ○ EVERY MAN FOR HIMSELF AND GOD AGAINST ALL ○ KASPER HAUSER • 1974
GROSSE EKSTASE DES BILDSCHNITZERS STEINER, DIE • GREAT ECSTASY OF WOODCARVER STEINER, THE (UKN) ○ GREAT ECSTASY OF THE SCULPTOR STEINER, THE • 1975
HERZ AUS GLAS • HEART OF GLASS (USA) • 1976
HOW MUCH WOOD WOULD A WOODCHUCK CHUCK? • 1976
MIT MIR WILL KEINER SPIELEN • NO ONE WILL PLAY WITH ME • 1976 • SHT
SOUFRIERE, LA • 1976 • SHT
STROSZEK • 1977
NOSFERATU –PHANTOM DER NACHT • NOSFERATU, THE VAMPYRE (USA) • 1979
WOZZECK • WOYZECK • 1979
FITZCARRALDO • 1981
WO DIE GRUNEN AMEISEN TRAUMEN • WHERE THE GREEN ANTS DREAM (UKN) • 1984
COBRA VERDE • 1987

HESERA SIMON – ISR
DAY AT THE BEACH, A • 1970
BENGURION REMEMBERS • B.G. REMEMBERS (UKN) • 1972 • DOC

HESKIA ZACCO see **HESKIYA ZAKO**

HESKIYA ZAKO – BUL – 1922–
HESKIA ZACCO
GORECHTO PLADNE • TORRID NOON ○ HOT NOON ○ HIGH NOON • 1965
NACIALOTO NA EDNA VACANZIA • HOLIDAY WITH SURPRISES ○ BEGINNING OF A HOLIDAY, THE • 1966
EIGHTH, THE • 1969
THREE IN THE RESERVE
DAWN OVER THE DRAVA • 1974
LAST BATTLE, THE • 1976

HESS DAVID – USA
TO ALL A GOOD NIGHT • 1983

HESS ERNST – GRM
SCHICKSAL AM BERG • 1950

HESS GORDON – USA
FREE LOVE CONFIDENTIAL • 1967

HESS JOACHIM – GRM
WER WILL UNTER DIE SOLDATEN? • WHO WANTS TO BE A SOLDIER? • 1960
IN EINER FREMDEN STADT • 1963 • MTV
ZUM TEE BEI DE. BORSIG • 1963 • MTV
FIDELIO • 1968 • MTV
FREISCHUTZ, DER • FREE–SHOOTER, THE ○ MARKSMAN, THE • 1968 • MTV
HOCHZEIT DES FIGARO, DIE • MARRIAGE OF FIGARO, THE (USA) ○ FIGAROS HOCHZEIT • 1968 • MTV
ZAR UND ZIMMERMANN • 1970 • MTV
ZAUBERFLOTE, DIE • MAGIC FLUTE, THE • 1976

HESS JOHN see **HESS JON**

HESS JON – CND
HESS JOHN
LAWLESS LAND, THE • 1988
WATCHERS • 1988

HESSAMI HOOSHANG – IRN
GHIAMAT ESHGHE • RESURRECTION OF LOVE • 1974

HESSE ISA – GRM
ABOUT A TAPESTRY

de HESSELLE ARMAND – BLG
CONGO EXPRESS • 1987

HESSENS ROBERT – FRN – 1915–
GUERNICA • 1949
MALFRAY • 1949 • DCS
TOULOUSE–LAUTREC • 1950
CUBISTES • 1953
CHAGALL • 1955
MALRIF AIGLE ROYAL • 1959

HESSER EDWIN BOWER – USA
TRIUMPH OF VENUS, THE • 1918

HESSLER GORDON – GRM – 1930–
CATACOMBS • WOMAN WHO WOULDN'T DIE, THE (USA) • 1964
DE SADE • AUSSCHWEIFENDE LEBEN DES MARQUIS DE SADE, DAS ○ MARQUIS DE SADE, DER (FRG) • 1969
LAST SHOT YOU HEAR, THE • 1969
OBLONG BOX, THE • EDGAR ALLAN POE'S THE OBLONG BOX ○ DANCE, MEPHISTO • 1969
SCREAM AND SCREAM AGAIN • SCREAMER • 1969
CRY OF THE BANSHEE • 1970
MURDERS IN THE RUE MORGUE • 1971
EMBASSY • 1972
GOLDEN VOYAGE OF SINBAD, THE • SINBAD'S GOLDEN VOYAGE • 1973
MEDUSA • 1973
SCREAM, PRETTY PEGGY • 1973 • TVM
BETRAYAL • 1974 • TVM
CRY IN THE WILDERNESS, A • 1974 • TVM
HITCHHIKE! • CRISSCROSS • 1974 • TVM
SKYWAY TO DEATH • 1974 • TVM
CALL HIM MR. SHATTER • MISTER SHATTER ○ SHATTER • 1975
PROFILE IN EVIL • 1975 • TVM
STRANGE POSSESSION OF MRS. OLIVER, THE • 1977 • TVM
KISS MEETS THE PHANTOM • KISS MEETS THE PHANTOM OF THE PARK ○ ATTACK OF THE PHANTOMS ○ PHANTOM OF THE PARK, THE ○ KISS: THE PHANTOM OF THE PARK • 1978 • TVM
PUZZLE • 1978 • TVM
SECRETS OF THREE HUNGRY WIVES • 1978 • TVM
SECRET WAR OF JACKIE'S GIRLS, THE • 1980 • TVM
ESCAPE FROM EL DIABLO • 1983
PRAY FOR DEATH • 1985
RAGE OF HONOR • WAY OF THE NINJA • 1986
WHEELS OF TERROR • MISFIT BRIGADE, THE • 1987
GIRL ON THE SWING, THE • 1989
RETALIATOR II: OUT ON BAIL • 1989

HESTON CHARLTON – Actor – USA – 1923–
ANTONY AND CLEOPATRA • 1973
MOTHER LODE • LAST GREAT TREASURE, THE ○ SEARCH FOR THE MOTHER LODE: THE LAST GREAT TREASURE • 1980
MAN FOR ALL SEASONS, A • 1988

HETHERINGTON NEIL – SAF
THOSE NAUGHTY ANGELS • 1974

HETTIARACHCHI WIJEPALA – SLN
OKKOMA HARI • EVERYTHING'S ALL RIGHT • 1967

HETTIARACHI P. – SLN – c1928–
ART AND ARCHITECTURE OF CEYLON • DOC
DR. SENERATH PARANAVITANE • DOC
IN THE STEPS OF THE BUDDHA • DCS
MIGRANT FISHERMEN • DOC
NEW REPUBLIC, THE • DCS
MAKERS, MOTIFS AND MATERIALS • 1959 • DOC
RHYTHM OF THE PEOPLE • 1962 • DOC
CENTURY OF CEYLON TEA ,A • 1969 • DOC

HEUBERGER EDMUND – GRM
SCHIROKKO • 1918
SONNE ASIENS, DIE • SPRINGFLUT DES HASSES, DIE ○ FLAMMENZEICHEN ○ ASIAN SUN, THE • 1920
DIEBE • 1928
AUF LEBEN UND TOD • 1929
BESONDERE KENNZEICHEN • 1929
GEHEIMPOLIZISTEN • KRIMINALPOLIZEI –ABTEILUNG MORD • 1929
HALBWUCHSIGEN, DIE • 1929
JA, JA, DIE FRAUN SIND MEINE SCHWACHE SEITE • 1929
LUX, DER KONIG DER VERBRECHER • 1929
GRUNE LATERNE, DIE • 1930
MANN IM DUNKEL, DER • 1930
PARISER UNTERWELT • 1930
ZEUGEN GESUCHT • 1930
ZWEIMAL LUX • 1930
ARME, KLEINE EVA • 1931
K 1 GREIFT EIN! • 1933
ZIMMERMADCHEN.. DREIMAL KLINGELN • 1933
VERLORENE TAL, DAS • 1934

de HEUSCH LUC – BLG – 1927–
PERSEPHONE • 1951
FETE CHEZ LES HAMBA • 1955
RUANDA–URANDI • 1955
JEUDI ON CHANTERA COMME DIMANCHE • SONGS ON THURSDAY AS WELL AS ON SUNDAY • 1968
ALECHINSKY D'APRES NATURE • 1970 • DCS

HEUSCH PAOLO – ITL – 1924–
BENSON RICHARD
ISOLA DELLA SALUTE, L' • 1954 • DOC
BRERA MUSEO VIVENTE • 1955 • DOC
ISCHIA L'ISOLA FIORITA • 1956 • DOC
CURE TERMALI A LACCO AMENO • 1957 • DOC
MORTE VIENE DALLO SPAZIO, LA • DANGER VIENT DE L'ESPACE, LE ○ DAY THE SKY EXPLODED, THE(USA) ○ DEATH FROM OUTER SPACE ○ DEATH COMES FROM OUTER SPACE • 1958
UOMO FACILE, UN • EASY MAN, THE • 1959
LYCANTHROPUS • WEREWOLF IN A GIRLS' DORMITORY (USA) ○ BEI VOLLMOND MORD (AUS) ○ I MARRIED A WEREWOLF (UKN) ○ GHOUL IN SCHOOL, THE • 1962
VITA VIOLENTA, UNA • VIOLENT LIFE, A • 1962
COMANDANTE, IL • 1963
CHE FINE HA FATTO TOTO BABY? • 1964

RAFFICA DI PIOMBO • 1965
GOLPE DE MIL MILLONES, UN • COLPO DA MILLE MILIARDI, UN (ITL) ○ STROKE OF A THOUSAND MILLIONS, A • 1966
CHE GUEVARA, EL • REBEL WITH A CAUSE (UKN) ○ MUERTE DEL CHE GUEVARA, LA ○ BLOODY CHE CONTRA • 1968

HEUZE ANDRE – FRN – 1880–1942
BOIREAU DEMENAGE • 1905
COURSES DES SERGENTS DE VILLE, LA • 1905
DIX FEMMES POUR UN MARI • 1905
VOLEUR DE BICYCLETTES, LE • 1905
APACHES DE PARIS, LES • 1905–10
APPRENTISSAGES DE BOIREAU, LES • 1905–10
AU BAGNE • 1905–10
BOIREAU • 1905–10 • SER
COURSE DES BELLES–MERES, LA • 1905–10
LUTTE POUR LA VIE, LA • 1905–10
MORTELLE IDYLLE • 1905–10
MUERT–LA–FAIM, LES • 1905–10
VENGEANCE DU FORGERON, LA • 1905–10
VOIX DE LA CONSCIENCE, LA • 1905–10
A BIRIBI • 1906
AGE DU COEUR, L' • 1906
BILLET DE FAVEUR, LE • 1906
CHIENS CONTREBANDIERS, LES • 1906
COURSE A LA PERRUQUE, LA • 1906
DESERTEUR, LE • 1906
DESSOUS DE PARIS, LES • 1906
LOI DU PARDON, LA • 1906
TOTO GATE–SAUCE • 1906
DEBUTS D'UN CHAUFFEUR, LES • 1907
AVENTURES DE LAGARDERE, LES • 1911
BOSSU, LE • 1914
PARIS PENDANT LA GUERRE • 1916
DEBOUT LES MORTS • 1917
ILS Y VIENNENT TOUS, AU CINEMA • 1917

HEVENER (MR) see **HEVENER JEROLD T.**

HEVENER J. T. see **HEVENER JEROLD T.**

HEVENER JEROLD see **HEVENER JEROLD T.**

HEVENER JEROLD T. – USA
HEVENER JERROLD T. • HEVENER J. T. • HEVENER JERRY • HEVENER JEROLD • HEVENER (MR)
FEMALE COP, THE • 1914
HE WAS BAD • 1914
HIS SUICIDE • 1914
ONLY SKIN DEEP • 1914
SMUGGLER'S DAUGHTER, THE • 1914
WHAT HE FORGOT • 1914
CUPID'S TARGET • 1915
PRIZE BABY, THE • 1915
EDISON BUGG'S INVENTION • 1916 • SHT
IT HAPPENED IN PIKERSVILLE • 1916 • SHT
TERRIBLE TRAGEDY, A • 1916 • SHT
RIVALS AND REVENGE • 1917

HEVENER JERROLD T. see **HEVENER JEROLD T.**

HEVENER JERRY see **HEVENER JEROLD T.**

HEWER H. R. – UKN
HYDRA • 1936
OBELIA • 1936

HEWETT GRAHAM – UKN
HEARTS OF OAK • 1933

HEWITSON WALFORD – CND
POLLUTION FRONT–LINE • 1972

HEWITT DAVID L. – USA
WIZARD OF MARS • ALIEN MASSACRE, HORRORS OF THE RED PLANET ○ HORROR OF THE RED PLANET • 1964
GIRLS FROM THUNDER STRIP, THE • 1966
JOURNEY TO THE CENTER OF TIME • TIME WARP • 1967
RETURN FROM THE PAST • DR. TERROR'S GALLERY OF HORRORS ○ GALLERY OF HORRORS ○ BLOOD SUCKERS, THE • 1967
HELL'S CHOSEN FEW • 1968
MIGHTY GORGA, THE • 1969
LUCIFER COMPLEX, THE • 1978

HEWITT G. FLETCHER – UKN
GOLFING • COMIC GOLF • 1913
WAS IT HE? • 1914
POTTERY GIRL'S ROMANCE, A • 1918

HEWITT ROD – USA
GANGLAND: THE VERNE MILLER STORY • VERNE MILLER • 1987

HEYDE FRIEDHELM – GRM
BERLINFRESSER, DER • 1971 • SHT

van der HEYDE NIKOLAI – NTH – 1935–
BOWLING ALLEY, THE • SKITTLE ALLEY, THE • 1963 • SHT
BOOGSCHUTTER, EEN • 1966 • SHT
OCHTEND VAN ZES WEKEN, EEN • PRINTEMPS EN HOLLANDE, UN ○ MORNING OF SIX WEEKS, A ○ SPRING IN HOLLAND, A • 1966
TO GRAB THE RING • 1968
11:50 FROM ZURICH • 1970 • SHT
LOVE COMES QUIETLY • ANGELA • 1973
HELP, DE DOKTER VERZUIPT! • HELP, THE DOCTOR'S DROWNING! • 1974
LEGE HUIS, HET • EMPTY HOUSE, THE • 1975
SHERLOCK JONES • 1975
NITWITS • 1987

van der HEYDEN JEF – NTH – 1926–
BRANDENDE VRAAG, EEN
FIETSEN NAAR DE MAAN • CYCLING TO THE MOON • 1962
BLAUW LICHT • 1966
NIET VOOR INGEBEELDE ZIEKEN • 1966
KASPER IN DE ONDERWERELD • 1979

HEYER JOHN – ASL – 1916–
SILVER SOIL • 1939 • DOC
2000 BELOW • 1939 • DOC
NEW PASTURES • 1940 • DOC
JUNGLE CONQUEST • 1943 • DOC
NATIVE EARTH • 1945 • DOC
BORN IN THE SUN • 1946 • DOC
TURN OF THE SOIL • 1946 • DOC
CANECUTTERS, THE • 1947 • DOC
MEN AND MOBS • 1947 • DOC
VALLEY IS OURS, THE • 1948 • DOC
DEALER PLAN, THE • 1951 • DOC
BACK OF BEYOND, THE • 1954 • DOC
PLAYING WITH WATER • 1954 • DOC
FORERUNNER, THE • 1957 • DOC
DREAM SOUND • 1958 • SHT
MAN'S HEAD • 1958 • DCS
PAYING BAY, THE • 1959 • DOC
PROFESSER, THE • 1959 • SHT
CHAMELEON • 1960 • SHT
DUEL • 1960 • SHT
JACK • 1960 • SHT
HANDS • 1961 • SHT
TUMULT POND • TUMUT POND • 1962 • DOC
WASTE LAND, THE • 1962 • DOC
TMO 135 • 1965 • DOC
SOUTH SEAS, THE • 1971 • DOC
REEF, THE • 1976 • DOC

HEYERDAHL THOR – NRW – 1914–
AKU AKU • 1959 • DOC

HEYES DOUG see **HEYES DOUGLAS**

HEYES DOUGLAS – USA – 1923–
HEYES DOUG
KITTEN WITH A WHIP • 1964
BEAU GESTE • 1966
DRIVE HARD, DRIVE FAST • 1969 • TVM
LONELY PROFESSION, THE • SAVARONA SYNDROME, THE • 1969 • TVM
POWDERKEG • 1970
CAPTAINS AND THE KINGS • 1976 • TVM
ASPEN • INNOCENT AND THE DAMNED, THE ○ ASPEN MURDER, THE • 1977 • TVM
HIGHWAYMAN, THE • 1987 • TVM

HEYMANN CLAUDE – FRN – 1907–
AMOUR A L'AMERICAINE, L' • 1931
A MOI LE JOUR, A TOI LA NUIT • LIT DE MME LEDOUX, LE • 1932
AMOUR EN VITESSE, L' • QUATRE DE L'EQUIPE, LES ○ EQUIPE 13, L' • 1932
IDYLLE AU CAIRE • 1933
DEUX BALLES AU COEUR • 1934
JEUNESSE D'ABORD • EMPEREUR DES VACHES, L' ○ CETTE PETITE EST PARFAITE • 1935
ILE DES VEUVES, L' • 1936
JUMEAUX DE BRIGHTON, LES • 1936
BELLE IMAGE, LA • BEAUTIFUL IMAGE, THE • 1950
ANATOLE CHERI • 1951
VICTOR • 1951
ADIEU PARIS • 1952

HEYMANN KARL–HEINZ – GRM
MAY I CALL YOU PETRUSHKA? • 1980
...SCHWIERIG SICH ZU VERLOBEN • DIFFICULT TO GET ENGAGED • 1983

HEYMANN ROBERT – GRM
AUS DEM JENSEITS KAM..., DIE • 1916
FRAU IM SPIEGEL, DIE • 1916
LETZTE SPIEL, DAS • 1916
SCHWEIGEPFLICHT • 1916
DR. MORS • 1917
FANATIKER DES LEBENS • 1917
FLUCHBELADENE, DER • 1917
MEMOIREN DES SATANS, DIE • MEMOIRS OF SATAN, THE • 1917
STURZ DER MENSCHHEIT, DER • 1917
LOLA MONTEZ • 1918

HEYNEMANN LAURENT – FRN – 1948–
QUESTION, LA • 1976
MORS AUX DENTS, LE • 1979
IL FAUT TUER BIRGITT HAAS • BIRGIT HAAS MUST BE KILLED (USA) • 1981
STELLA • 1983
MOIS D'AVRIL SONT MEURTRIERS, LES • 1986
FAUX ET USAGE DE FAUX • 1990

van HEYNINGEN MATTHIJS – NTH
RIBBON, THE • 1972 • SHT

HEYNOWSKI WALTER – GRM – 1921–
HEYNOWSKY WALTER
WITH OUR OWN STRENGTH • 1948 • DOC
AKTION J • 1961
MURDER IN LVOV • 1962 • DOC
ACTION J • 1963 • DOC
BROTHERS AND SISTERS • 1963 • DOC
GLOBKE TODAY • 1963 • DOC
HERE AND THERE • 1964 • DOC
O.K. • 1964
COMMANDO 52 • 1965 • DOC
EHRENMANNER • 1966
FOUR HUNDRED CUBIC CENTIMETRES • 400 cm3 • 1966
LACHENDEN MANN, DER • LAUGHING MAN, THE • 1966
LOVE LETTERS • 1966 • DOC
P.S. ZUM LACHENDEN MANN • P.S. TO THE LAUGHING MAN • 1966
FALL BERND K., DER • 1967
GEITERSTUNDE • 1967
HEIMWEH NACH DER ZUKUNFT • 1967
MIT VORZUGLICHER HOCHACHTUNG • WITH SPECIAL PRAISE • 1967 • DOC
ZEUGE, DER • WITNESS, THE • 1967
PILOTEN IM PYJAMA • PILOTS IN PYJAMAS ○ HILTON HANOI • 1968
PRASIDENT IM EXIL, DER • 1969
REMINGTON CALIBRE 12 • 1972
CONCITOYENS • 1974
GUERRE DES MOMIES, LA • 1974
J'ETAIS, JE SUIS, JE SERAI • 1974
KAMPUCHEA, MORT ET RESURRECTION • 1980

HEYNOWSKY WALTER see **HEYNOWSKI WALTER**

HEYNS KATINKA – SAF
FJELA'S CHILD • 1989

HIATT ALBERT – USA
COMBAT • ISLE OF MYSTERY, THE (UKN) • 1927

HIATT FREDERICK – USA
MONTMARTRE ROSE • 1929

HIBBARD FRED – USA
OH TEACHER • 1924

HIBBS JESSE – USA – 1906–1985
ALL AMERICAN, THE • WINNING WAY, THE (UKN) • 1953
WORLD'S MOST BEAUTIFUL GIRLS, THE • 1953 • SHT
BLACK HORSE CANYON • 1954
RAILS INTO LARAMIE • 1954
RIDE CLEAR OF DIABLO • 1954
YELLOW MOUNTAIN, THE • 1954
SPOILERS, THE • 1955
TO HELL AND BACK • 1955
WALK THE PROUD LAND • 1956
WORLD IN MY CORNER • 1956
JOE BUTTERFLY • 1957
RIDE A CROOKED TRAIL • 1958

HIBLER CHRISTOPHER – USA
FATAL CONFESSION: A FATHER DOWLING MYSTERY • 1987 • TVM

HIBLER WINSTON – Producer – USA – 1910–1976
MEN AGAINST THE ARCTIC • 1956 • DOC
CHARLIE, THE LONESOME COUGAR • 1967

HICKEY AIDAN – IRL
HICKEY AIDEN
DOG'S TALE, A • 1983
INSIDE JOB, AN • 1988 • SHT

HICKEY AIDEN see **HICKEY AIDAN**

HICKEY BRUCE – USA
NECROPOLIS • 1987

HICKEY KIERAN – IRL – 1936–
LIGHT OF OTHER DAYS, THE
STRANGE IRISHMAN • DOC
FAITHFUL DEPARTED • 1969 • DOC
BOY OF IRELAND • 1971 • DOC
CHILD'S VOICE, A • 1978 • SHT
EXPOSURE • 1978
CRIMINAL CONVERSATION
ATTRACTA • 1983
ROCKINGHAM SHOOT, THE • 1988

HICKLING PETER – UKN
GENERATION GAP • 1973

HICKMAN HOWARD – Actor – USA – 1880–1949
HICKMAN HOWARD C.
HEART OF RACHEL, THE • 1918
TWO–GUN BETTY • 1918
WHITE LIE, THE • 1918
ALL OF A SUDDEN NORMA • 1919
HEARTS ASLEEP • 1919
HER PURCHASE PRICE • 1919
JOSSELYN'S WIFE • 1919
KITTY KELLY, M.D. • 1919
TANGLED THREADS • 1919
TRICK OF FATE, A • 1919
BECKONING ROADS • 1920
JUST A WIFE • 1920
CERTAIN RICH MAN, A • 1921
KILLER, THE • 1921
LURE OF EGYPT, THE • 1921
NOBODY'S KID • LITTLE MISS SOMEBODY ○ MARY CARY • 1921

HICKMAN HOWARD C. see **HICKMAN HOWARD**

HICKOX ANTHONY – USA
WAXWORK • 1988
SUNDOWN • 1989

HICKOX DOUGLAS – UKN – 1929–1988
BEHEMOTH, THE SEA MONSTER • GIANT BEHEMOTH, THE (USA) • 1959
FOUR HITS AND A MISTER • 1962 • SHT
IT'S ALL OVER TOWN • 1963
TAKE SIX • 1963
TELEBOX • 1963 • SHS
JUST FOR YOU • DISK–O–TEK HOLIDAY (USA) • 1964
BICYCLETTES DE BELSIZE, LES • 1968
ENTERTAINING MR. SLOANE • 1970
SITTING TARGET • 1971
THEATRE OF BLOOD • MUCH ADO ABOUT MURDER • 1973
BRANNIGAN • JOE BATTLE • 1975
SKY RIDERS • 1976
ZULU DAWN • 1979
PHOENIX, THE • 1981 • TVM
HOUND OF THE BASKERVILLES, THE • 1983
MASTER OF BALLANTRAE, THE • 1984 • TVM
MISTRAL'S DAUGHTER • 1984 • MTV
BLACKOUT • 1985 • TVM
SINS • 1985 • MTV
I'LL TAKE MANHATTAN • 1987 • MTV

HICKS SCOTT – UGN – 1953–
WANDERER, THE • 1974
DOWN THE WIND • 1975
BET FLUGELMAN: PUBLIC SCULPTOR • 1979 • SHT
YOU CAN'T ALWAYS TELL • 1979 • SHT
ATTITUDINAL BEHAVIOUR • 1980 • DOC
FIRST NINETY DAYS, THE • 1980 • SHT
WOMEN ARTISTS OF AUSTRALIA • 1980 • DOC
NO GOING BACK • 1981 • DOC
FREEDOM • 1982
HALL OF MIRRORS, THE • 1982 • DOC
ONE LAST CHANCE • 1983 • SHT
SEBASTIAN AND THE SPARROW • 1988

HICKS SEYMOUR – Actor – UKN – 1871–1949
SLEEPING PARTNERS • 1930
GLAMOUR • 1931

HIDAKA SHIGEAKI – JPN
OABARE JIROCHO IKKA • 1957
ORENI MAKASERO • 1958
DAI SANJI SEKAI TAISEN–YONJI–ICHI JIKAN NO KYOFU • FINAL WAR, THE (USA) ○ WORLD WAR III BREAKS OUT ○ 41 JIKAN NO KYOFU ○ JIKAN NO KYOFU • 1960

HIDARI SACHIKO – Actress – JPN – 1930–
TOI IPPONNO MICHI • FAR ROAD, THE • 1977

HIDDING H. – NTH
MAN EN PAARD • 1966

HIEKI MIOJI – JPN – 1911–
GEKIRYU • 1944
TOMOSHIBI • 1954
SHIMAI • 1955

HIENG ANDREJ – YGS
KALA • 1958

HIERONYMOUS RICHARD – USA
POLICE GIRLS ACADEMY • 1987

HIGASHI YOICHI – JPN
SATORI • JAPANESE DEMON, A • 1973
SADO • BOY CALLED THIRD BASE, THE ○ THIRD BASE • 1977
MO HOHOZUE WA TSUKANAI • NO MORE EASY GOING • 1979
SHIKI NATSUKO • NATSUKO, HER SEASON • 1981
LOVE LETTER • 1982
RAPE, THE • 1982
KESHIN • GHOST • 1987

HIGASHIMOTO KAORU – JPN
SUHADA NO WANA • TRAP OF BARE SKIN, THE • 1967
ANAJIGOKU • INFERNO OF A PIT • 1968
CHI NO BOHKOH • BLOODY VIOLATION • 1968
NIKUZEME • FLESH TORTURE • 1968
SHIN JINSEI YONJUHATTE URAMOMOTE • ALL THE TRICKS IN LIFE • 1968

HIGGIN HOWARD – USA – 1893–1937
RENT FREE • 1922
IN THE NAME OF LOVE • 1925
NEW COMMANDMENT, THE • 1925
GREAT DECEPTION, THE • 1926
RECKLESS LADY, THE • 1926
WILDERNESS WOMAN, THE • 1926
PERFECT SAP, THE • 1927
POWER • 1928
SKYSCRAPER • 1928
HIGH VOLTAGE • WANTED (UKN) • 1929
LEATHERNECK, THE • 1929
RACKETEER, THE • LOVE'S CONQUEST (UKN) • 1929
SAL OF SINGAPORE • 1929
PAINTED DESERT, THE • 1931
FINAL EDITION, THE • DETERMINATION (UKN) • 1932
HELL'S HOUSE • 1932
LAST MAN, THE • 1932
WALPURGIS NIGHT • 1932
CARNIVAL LADY • 1933
MARRIAGE ON APPROVAL • MARRIED IN HASTE (UKN) • 1933
LINE-UP, THE • IDENTITY PARADE (UKN) • 1934
BATTLE OF GREED • 1937

HIGGINS ARTHUR – ASL – 1891–1963
ODDS ON • 1928
FELLERS • 1930

HIGGINS COLIN – USA – 1941–
FOUL PLAY • 1978
9 TO 5 • NINE TO FIVE • 1980
BEST LITTLE WHOREHOUSE IN TEXAS, THE • 1982

HIGGINS DICK – USA
FLAMING CITY, THE • 1965
HANK AND MARY WITHOUT APOLOGIES • 1970 • SHT

HIGGINS DON – UKN
RIG MOVE • 1964 • DCS
PRESENT, THE • 1971 • DOC
ALL IN A DAY'S WORK • 1977

HIGGINS WILLIAM – USA
KIP NOLL SUPERSTAR
REAR DELIVERIES
PACIFIC COAST HIGHWAY • 1981

HIGUCHI HIROMI – JPN
MUSUME NO KISETSU • SEASON FOR GIRLS, A • 1968

HIKEN NAT – USA
LOVE GOD?, THE • 1969

HILBARD JOHN – DNM
MIN KONES FERIE • MY WIFE'S HOLIDAY • 1967
MAZURKA • 1970
MAZURKA PA SENGEKANTEN • BEDROOM MAZURKA (UKN) • 1970
TANDLAEGE PA SENGEKANTEN • DANISH DENTIST ON THE JOB (UKN) ○ DENTIST ON THE JOB ○ BEDSIDE DENTIST • 1971
MOTORVEJ PA SENGEKANTEN • 1972
REKTOR PA SENGEKANTEN • DANISH BED AND BOARD (UKN) ○ BEDSIDE HEAD • 1972
ROMANTIK PA SENGEKANTEN • DANISH PILLOW TALK (USA) ○ BEDSIDE ROMANCE ○ PILLOW TALK • 1973
DER MA VAERE EN SENGEKANT • 1974
HOPLA PA SENGEKANTEN • DANISH ESCORT GIRLS ○ JUMPIN' AT THE BEDSIDE ○ ESCORT GIRLS • 1976
SOMAEND PA SENGEKANTEN • 1976
FIRMASKOVTUREN • 1978
SUZANNE & LEONARD • 1984
YES, DET ER FAR • YES, IT IS DAD • 1986

HILBER RICHARD CLEMENT – GRM
ZWEI KINDER • 1924

HILBERMAN DAVE see **HILBERMAN DAVID**

HILBERMAN DAVID – USA
HILBERMAN DAVE
LITTLE BLUE AND LITTLE YELLOW • ANS
QUEST FOR FREEDOM • 1966 • SHT

HILDALGO JOAQUIN – SPN
HOMBRE.. UNA CIUDAD, UN • MAN.. A CITY, A • 1980

HILDEBRAND WEYLER – SWD
KRONANS RALLARE • 1932
MUNTRA MUSIKANTER • GAY MUSICIANS • 1932
SODERKAKAR • RAMSHACKLED OF SODER • 1932
FARLIGA LEKEN, DEN • 1933
FRIDOLF I LEJONKULAN • RIDOLF IN THE LION'S CAGE • 1933
LUFTENS VAGABOND • 1933
PENSIONAT PARADISET • SKARGARDSKAVALJERER ○ "PARADISE" BOARDING HOUSE • 1937
GODA VANNER OCH TROGNA GRANNAR • GOOD FRIENDS AND FAITHFUL NEIGHBOURS • 1938
KADETTKAMRATER • FELLOW CADETS • 1939
LANDSTORMENS LILLA LOTTA • LITTLE WRAC OF THE VETERAN RESERVES • 1939
RENA RAMA SANNINGEN • NOTHING BUT THE TRUTH • 1939
KYSS HENNE! • KISS HER • 1940
LILLEBROR OCH JAG • MY LITTLE BROTHER AND I • 1940
DUNUNGEN • DOWNY GIRL • 1941
FROKEN VILDKATT • MISS WILDCAT • 1941
GENTLEMANNAGANGSTERN • GENTLEMAN GANGSTER • 1941
GORANSSONS POJKE • GORANSSON'S BOY • 1941
LIVET PA EN PINNE • LIFE ON A PERCH • 1942
LOJNANTSHJARTAN • HEARTS OF LIEUTENANTS • 1942
HANS MAJESTATS RIVAL • HIS MAJESTY'S RIVAL • 1943
MELODI OM VAREN, EN • HANDLAR OM KARLEK, DET ○ SWING I HJARTER • 1943
LILLA HELGONET • LITTLE SAINT • 1944
MITT FOLK AR ICKE DITT • MY PEOPLE ARE NOT YOURS • 1944
NYORDNING PA SJOGARDA • NEW ORDER AT SJOGARDA • 1944

HILDEBRANDT DIETER – GRM
GELBE STERN, DER • YELLOW STAR, THE • 1981

HILL BOB see **HILL ROBERT F.**

HILL COLIN – IRL
DARK MOON HOLLOW • 1971 • SHT
DUHALLOW HOME • 1973 • SHT

HILL EUGENE – USA
PEOPLE OF THE CUMBERLANDS, THE • 1937 • DCS

HILL GEORGE ROY – USA – 1922–
JUDGMENT AT NUREMBERG • 1959 • MTV
PERIOD OF ADJUSTMENT • 1962
TOYS IN THE ATTIC • 1963
WORLD OF HENRY ORIENT, THE • 1964
HAWAII • 1966
THOROUGHLY MODERN MILLIE • 1967
BUTCH CASSIDY AND THE SUNDANCE KID • 1969
SLAUGHTERHOUSE FIVE • 1972
STING, THE • 1973
GREAT WALDO PEPPER, THE • 1975
SLAP SHOT • 1977
LITTLE ROMANCE, A • 1979
WORLD ACCORDING TO GARP, THE • 1982
LITTLE DRUMMER GIRL, THE • 1985
FUNNY FARM • 1988

HILL GEORGE W. – USA – 1888–1934
GET YOUR MAN • 1921
WHILE THE DEVIL LAUGHS • 1921
FOOLISH VIRGIN, THE • 1924
HILL BILLY, THE • VALLEY OF THE WOLF • 1924
MIDNIGHT EXPRESS, THE • 1924
THROUGH THE DARK • 1924
LIMITED MAIL, THE • 1925
ZANDER THE GREAT • 1925
BARRIER, THE • 1926
TELL IT TO THE MARINES • 1926
BUTTONS • 1927
CALLAHANS AND THE MURPHYS, THE • 1927
COSSACKS, THE • 1928
FLYING FLEET, THE • GOLD BRAID • 1928
BIG HOUSE • 1930
BIG HOUSE, THE • 1930
MIN AND BILL • DARK STAR • 1930
HELL DIVERS • 1931
SECRET SIX, THE • 1931
CLEAR ALL WIRES • 1933

HILL HOWARD – USA
TEMBO • 1951 • DOC

HILL JACK – USA – 1933–
SPIDER BABY • SPIDER BABY, OR THE MADDEST STORY EVER TOLD ○ LIVER EATERS, THE ○ CANNIBAL ORGY, OR THE MADDEST STORY EVER TOLD • 1964
BLOOD BATH • TRACK OF THE VAMPIRE • 1966
FEAR CHAMBER, THE • CHAMBER OF FEAR ○ CAMERA DEL TERROR, LA ○ TORTURE ZONE, THE • 1968
HOUSE OF EVIL, THE • MACABRE SERENADE ○ DANCE OF DEATH • 1968
INVASION SINIESTRA • INCREDIBLE INVASION, THE ○ SINISTER INVASION ○ ALIEN TERROR • 1968
SNAKE PEOPLE • MUERTE VIVIENTE, LA (MXC) ○ ISLE OF THE SNAKE PEOPLE ○ ISLA DE LOS MUERTOS, LA ○ ISLAND OF THE SNAKE PEOPLE ○ CULT OF THE DEAD ○ MXC ○ LIVING DEATH, THE • 1968
PIT STOP • 1969
BIG DOLL HOUSE, THE • 1971
BIG BIRD CAGE, THE • 1972
COFFY • 1973
FOXY BROWN • 1974
SWINGING CHEERLEADERS, THE • 1974
JEZEBELS, THE • SWITCHBLADE SISTERS ○ PLAYGIRL GANG • 1975

HILL JAMES – UKN – 1919–
BRITAIN CAN MAKE IT NO.7 • 1946 • DOC
SCIENCE JOINS AN INDUSTRY • 1946 • DCS
FRIEND OF THE FAMILY • 1949 • SHT
JOURNEY FOR JEREMY • 1949
BRITAIN'S COMET • 1952 • DCS
DISTRICT NURSE • 1952
STOLEN PLANS, THE • 1952
GIBRALTAR ADVENTURE • CLUE OF THE MISSING APE, THE • 1953
PERIL FOR THE GUY • 1956
COLD COMFORT • 1957
SKYHOOK • 1958
MYSTERY IN THE MINE • 1959 • SRL
DAVID AND GOLIGHTLY • 1961 • SHT
GIUSEPPINA • 1961 • SHT
KITCHEN, THE • 1961
DOCK BRIEF, THE • TRIAL AND ERROR (USA) ○ CASE FOR THE JURY, A • 1962
LUNCH HOUR • 1962
EVERY DAY'S A HOLIDAY • SEASIDE SWINGERS (USA) • 1964
HOME-MADE CAR, THE • 1964 • SHT
BORN FREE • 1965
STUDY IN TERROR, A • SHERLOCK HOLMES GROSSTER FALL (FRG) ○ FOG • 1965
SIGILLO DI PECHINO, IL • HOLLE VON MACAO, DIE (FRG) ○ PEKING MEDALLION, THE (UKN) ○ CORRUPT ONES, THE (USA) ○ CORROMPUS, LES ○ HELL TO MACAO • 1966
SPECIALIST, THE • 1966 • SHT
LIONS ARE FREE, THE • 1967 • MTV
CAPTAIN NEMO AND THE UNDERWATER CITY • CAPTAIN NEMO AND THE FLOATING CITY • 1969
JOURNEY INTO DARKNESS • 1969 • ANT
PAPER DOLLS • 1969 • MTV
ELEPHANT CALLED SLOWLY, AN • 1970
BLACK BEAUTY • 1971
LION AT WORLD'S END, THE • 1971
BELSTONE FOX, THE • FREE SPIRIT (USA) • 1973
MAN FROM NOWHERE, THE • 1975
CHRISTIAN THE LION • 1976
PERSUADERS: LONDON CONSPIRACY, THE • LONDON CONSPIRACY, THE • 1976 • MTV
WILD AND THE FREE, THE • 1980 • TVM
WORZEL GUMMIDGE DOWN UNDER • 1981
YOUNG VISITORS, THE • 1984 • TVM

HILL JAMES A. – USA
MAN FROM O.R.G.Y., THE • REAL GONE GIRLS, THE • 1970

HILL JEROME – USA
GRANDMA MOSES • 1950
ALBERT SCHWEITZER • 1957 • DOC
OPEN THE DOOR AND SEE ALL THE PEOPLE • PEACOCK FEATHERS • 1964
DEATH IN THE FORENOON • WHO'S AFRAID OF ERNEST HEMINGWAY? • SHT
SAND CASTLE, THE • 1969

HILL LEE – NZL
DOWN ON THE FARM • 1935

HILL ROBERT – Art director – ASL – 1947–
BOX • 1971 • SHT
BLESSING OF THE FLEET, THE • 1980 • DOC

HILL ROBERT F. – CND – 1886–1985
HILL ROBERT • HILL BOB*
ASHES • 1916 • SHT
CINDERS • 1916 • SHT
CLAUDIA • 1916 • SHT
CRYSTAL'S WARNING, THE • 1916 • SHT
DOCTOR OF THE AFTERNOON ARM, THE • 1916 • SHT
GIRL WHO DIDN'T TELL, THE • 1916 • SHT
HIGHWAY OF FATE, THE • 1916 • SHT
IT DIDN'T WORK OUT RIGHT • 1916 • SHT
JUST KITTY • 1916 • SHT
KNIGHT OF THE NIGHT, A • 1916 • SHT
MANTLE OF DECEIT, THE • 1916 • SHT
ROGUE WITH A HEART, THE • 1916 • SHT
TEMPTATION AND THE MAN • 1916
TRAIL OF THE WILD WOLF, THE • 1916 • SHT
UNCONVENTIONAL GIRL, THE • 1916 • SHT
WON BY VALOR • 1916 • SHT
DANGEROUS DOUBLE, A • 1917 • SHT
SEEDS OF REDEMPTION • 1917 • SHT
GREAT RADIUM MYSTERY, THE • RADIUM MYSTERY, THE • 1919 • SRL
ADVENTURES OF TARZAN • 1921
FLAMING DISC, THE • FLAMING DISK, THE • 1921 • SRL
RADIO KING, THE • 1922 • SRL
ROBINSON CRUSOE • ADVENTURES OF ROBINSON CRUSOE • 1922 • SRL
AROUND THE WOLRD IN EIGHTEEN DAYS • 1923 • SRL
CROOKED ALLEY • DAUGHTER OF CROOKED ALLEY, THE • 1923
HIS MYSTERY GIRL • ALL FOR THE LOVE OF GLORIA ○ NO QUESTIONS ASKED • 1923
PHANTOM FORTUNE, THE • 1923 • SRL
SHADOWS OF THE NORTH • SKYLINE OF SPRUCE, THE • 1923
SOCIAL BUCCANEER, THE • 1923 • SRL
BREATHLESS MOMENT, THE • SENTENCED TO SOFT LABOR • 1924
DANGEROUS BLONDE, THE • 1924
DARK STAIRWAYS • 1924
EXCITEMENT • THRILL GIRL, THE • 1924
JACK O' CLUBS • 1924
YOUNG IDEAS • RELATIVITY • 1924
IDAHO • 1925 • SRL
WILD WEST, THE • 1925 • SRL
BAR-C MYSTERY, THE • 1926 • SRL
BLAKE OF SCOTLAND YARD • 1927 • SRL
RETURN OF THE RIDDLE MAN • 1927 • SRL
HAUNTED ISLAND • 1928 • SRL
LIFE'S MOCKERY • REFORM • 1928
MILLION FOR LOVE, A • 1928
COLLEGIANS, THE • 1929
MELODY LANE • 1929
SILKS AND SADDLES • THOROUGHBREDS (UKN) ○ FROG, THE • 1929
HEROES OF THE FLAMES • 1931 • SRL
SPELL OF THE CIRCUS • 1931 • SRL
SUNDOWN TRAIL • 1931
COME ON DANGER • 1932
LOVE BOUND • 1932
CHEYENNE KID • 1933
TARZAN THE FEARLESS • 1933
TARZAN THE FEARLESS • TARZAN THE INVINCIBLE • 1933 • SRL
COWBOY HOLIDAY • 1934
DEMON FOR TROUBLE, A • 1934
FRONTIER DAYS • 1934
INSIDE INFORMATION • 1934
OUTLAWS' HIGHWAY • KAZAN, THE FEARLESS (UKN) ○ FIGHTING FURY • 1934
CYCLONE RANGER, THE • 1935
DANGER TRAILS • 1935
QUEEN OF THE JUNGLE • 1935 • SRL
SIX GUN JUSTICE • 1935
TEXAS RAMBLER, THE • 1935
VANISHING RIDERS, THE • 1935

YELLOW PHANTOM • 1935
FACE IN THE FOG, A • 1936
IDAHO KID, THE • 1936
KELLY OF THE SECRET SERVICE • 1936
LAW AND LEAD • 1936
MEN OF THE PLAINS • 1936
PHANTOM OF THE RANGE, THE • 1936
PRISON SHADOWS • 1936
RIO GRANDE ROMANCE • FRAMED (UKN) ○ PUT ON THE SPOT • 1936
RIP ROARIN' BUCKAROO • 1936
ROGUE'S TAVERN, THE • 1936
SHADOW OF CHINATOWN • SHADOWS OF CHINATOWN • 1936 • SRL
SILKS AND SADDLES • COLLEGE RACEHORSE (UKN) • 1936
TAMING THE WILD • MADCAP (UKN) • 1936
TOO MUCH BEEF • 1936
WEST OF NEVADA • 1936
BLAKE OF SCOTLAND YARD • 1937 • SRL
CHEYENNE RIDES AGAIN • 1937
FEUD OF THE TRAIL, THE • 1937
MILLION DOLLAR RACKET • 1937
MYSTERY RANGE • 1937
ROAMING COWBOY, THE • 1937
TWO MINUTES TO PLAY • 1937
DEADLY RAY FROM MARS • 1938
FLASH GORDON'S TRIP TO MARS • 1938 • SRL
FLYING FISTS • 1938
MAN'S COUNTRY • 1938
MARS ATTACKS THE WORLD • ROCKET SHIP (UKN) ○ DEADLY RAY FROM MARS, THE • 1938
PAINTED TRAIL, THE • 1938
WHIRLWIND HORSEMAN • 1938
WILD HORSE CANYON • 1938
DRIFTING WESTWARDS • 1939
OVERLAND MAIL • 1939
EAST SIDE KIDS • 1940
WANDERERS OF THE WEST • 1941
ROCKETSHIP • 1944

HILL ROBERT J. see **HILL ROBERT JORDAN**

HILL ROBERT JORDAN – UKN

HILL ROBERT J.

BLESS 'EM ALL • 1949
HIGH JINKS IN SOCIETY • 1949
MELODY IN THE DARK • 1949
NITWITS ON PARADE, THE • 1949
KILTIES ARE COMING, THE • LADS AND LASSIES ON PARADE • 1951

*HILL ROBERT** see **HILL ROBERT F.**

HILL SINCLAIR – UKN – 1894–1945

TIDAL WAVE, THE • 1920
MYSTERY OF MR. BERNARD BROWN, THE • 1921
ONE WEEK TO LIVE • 1921
PLACE OF HONOUR, THE • 1921
EXPERIMENT, THE • 1922
EXPIATION • 1922
HALF A TRUTH • 1922
LONELY LADY OF GROSVENOR SQUARE, THE • 1922
NONENTITY, THE • 1922
OPEN COUNTRY • 1922
TRUANTS, THE • 1922
INDIAN LOVE LYRICS, THE • 1923
WIDOW TWAN-KEE • ONE ARABIAN NIGHT • 1923
ACID TEST, THE • 1924
CONSPIRATORS, THE • BARNET MURDER CASE, THE • 1924
DRUM, THE • 1924
HOLLOWAY'S TREASURE • 1924
WHITE SLIPPERS • PORT OF LOST SOULS, THE • 1924
HONOURABLE MEMBER FOR OUTSIDE LEFT, THE • 1925
PRESUMPTION OF STANLEY HAY, M.P., THE • 1925
QUALIFIED ADVENTURER, THE • 1925
SECRET KINGDOM, THE • BEYOND THE VEIL • 1925
SQUIRE OF LONG HADLEY, THE • ROMANCE OF RICHES, A • 1925
BOADICEA • 1926
CHINESE BUNGALOW, THE • 1926
SAHARA LOVE • 1926
KING'S HIGHWAY, THE • 1927
WOMAN REDEEMED, A • 1927
GUNS OF LOOS, THE • 1928
PRICE OF DIVORCE, THE • 1928
DARK RED ROSES • 1929
MR. SMITH WAKES UP • 1929
PEACE AND QUIET • 1929
UNWRITTEN LAW, THE • 1929
GREEK STREET • LATIN LOVE (USA) • 1930
SUCH IS THE LAW • 1930
GENTLEMAN OF PARIS, A • 1931
GREAT GAY ROAD, THE • 1931
OTHER PEOPLE'S SINS • 1931
FIRST MRS. FRASER, THE • 1932
BRITANNIA OF BILLINGSGATE • 1933
MAN FROM TORONTO, THE • 1933
MY OLD DUTCH • 1934
HYDE PARK CORNER • 1935
CARDINAL, THE • 1936
GAY ADVENTURE, THE • 1936
COMMAND PERFORMANCE • 1937
MIDNIGHT MENACE • BOMBS OVER LONDON (USA) ○ MIDNIGHT SPECIAL • 1937
TAKE A CHANCE • 1937
FOLLOW YOUR STAR • 1938

HILL TERENCE – Actor – ITL – 1941–

GIROTTI MARIO

DON CAMILLO • 1983

HILL WALTER – Screenwriter – USA – 1942–

HARD TIMES • STREETFIGHTER, THE (UKN) • 1975
DRIVER, THE • 1978
WARRIORS, THE • 1979
LONG RIDERS, THE • 1980
SOUTHERN COMFORT • 1981
48 HOURS • 1982
STREETS OF FIRE • 1983
BREWSTER'S MILLIONS • 1985
CROSSROADS • 1986
EXTREME PREJUDICE • 1987
RED HEAT • 1988
JOHNNY HANDSOME • 1989
ANOTHER 24 HOURS • 1990

HILLCOAT JOHN – ASL

GHOSTS.. OF THE CIVIL DEAD • GHOSTS • 1988

HILLE HEINZ – GRM

FRECHDACHS, DER • 1932
...UND ES LEUCHTET DIE PUSZTA • 1933
LIEBESTRAUME • 1935
AUTOBUS S/MANN KAM NICHT NACH HAUSE, EIN • 1937
SZERELMI ALMOK • 1937

HILLEL MARC – FRN

AU NOM DE LA RACE • 1975 • DOC

HILLER ARTHUR – CND – 1923–

MASSACRE AT SAND CREEK • 1956 • MTV
CARELESS YEARS, THE • 1957
HOMEWARD BORNE • 1957 • MTV
MIRACLE OF THE WHITE STALLIONS, THE • FLIGHT OF THE WHITE STALLIONS, THE (UKN) • 1962
THIS RUGGED LAND • 1962 • TVM
WHEELER DEALERS, THE • SEPARATE BEDS (UKN) • 1963
AMERICANIZATION OF EMILY, THE • EMILY • 1964
PROMISE HER ANYTHING • 1965
PENELOPE • 1966
TOBRUK • CLIFFS OF MERSA, THE • 1966
TIGER MAKES OUT, THE • TIGER, THE • 1968
POPI • 1969
CONFRONTATION • 1970 • SHT
LOVE STORY • 1970
OUT-OF-TOWNERS, THE • 1970
HOSPITAL, THE • 1971
PLAZA SUITE • 1971
MAN OF LA MANCHA • UOMO DELLA MANCHA, L' (ITL) • 1972
CRAZY WORLD OF JULIUS VROODER, THE • VROODER'S HOOCH • 1974
MAN IN THE GLASS BOOTH, THE • 1975
SILVER STREAK • 1976
W.C. FIELDS AND ME • 1976
IN-LAWS, THE • 1979
NIGHTWING • 1979
AUTHOR! AUTHOR! • 1982
MAKING LOVE • 1982
ROMANTIC COMEDY • 1983
LONELY GUY, THE • 1984
TEACHERS • 1984
OUTRAGEOUS FORTUNE • 1987
SEE NO EVIL, HEAR NO EVIL • 1988
TAKING CARE OF BUSINESS • 1990

HILLER FRED see **HILLER FREDERICK W.**

HILLER FREDERICK W. – USA

HILLER FRED

FAIR FARE, THE • 1916 • SHT
VAGABOND, THE • 1917 • SHT

HILLER LEJAREN see **A'HILLER LEJAREN**

HILLGRUBER HANS-GERT – GRM

MAL WALDRON • 1971 • SHT

HILLIARD RICHARD – USA – 1928–

HILLIARD RICHARD L.

SUMMONING OF EVERYONE, THE • 1956
VIOLENT MIDNIGHT • PSYCHOMANIA • 1963
WILD IS MY LOVE • 1963
PLAYGROUND, THE • TAKE ME WHILE I'M WARM • 1965
I, MARQUIS DE SADE • I, THE MARQUIS • 1967
SECRET FILES OF DETECTIVE "X", THE • FILES OF DETECTIVE X • 1968

HILLIARD RICHARD L. see **HILLIARD RICHARD**

HILLMAN DAVID MICHAEL – USA

BROTHERS OF THE WILDERNESS • 1984
STRANGENESS, THE • 1985

HILLMAN WILLIAM – USA

MAN FROM CLOVER GROVE, THE • 1977

HILLMAN WILLIAM BYRON – USA

BETTA, BETTA • 1971
TRAIL RIDE, THE • 1973
PHOTOGRAPHER, THE • 1974
THETUS • 1979
DOUBLE EXPOSURE • 1982
MASTER, THE • 1984

HILLS DAVID see **D'AMATO JOE**

HILLYER LAMBERT – USA – 1889–1969

EVEN BREAK, AN • 1917
NARROW TRAIL, THE • 1917
RIDDLE GAWNE • 1918
BREED OF MEN • 1919
JOHN PETTICOATS • 1919
MONEY CORRAL, THE • MONEY CORPORAL, THE • 1919
POPPY GIRL'S HUSBAND, THE • POPPY GIRL (UKN) • 1919
SQUARE DEAL SANDERSON • 1919
WAGON TRACKS • 1919
CRADLE OF COURAGE, THE • 1920
SAND • 1920
TESTING BLOCK, THE • 1920
TOLL GATE, THE • 1920
O'MALLEY OF THE MOUNTED • 1921
THREE WORD BRAND • THREE-WORD BRAND, THE • 1921
WHISTLE, THE • 1921
WHITE OAK • 1921
ALTAR STAIR, THE • 1922
CAUGHT BLUFFING • 1922
SKIN DEEP • 1922
SUPER-SEX, THE • 1922
TRAVELIN' ON • 1922
WHITE HANDS • 1922
EYES OF THE FOREST • 1923
LONE STAR RANGER, THE • 1923
MILE-A-MINUTE ROMEO • 1923
SCARS OF JEALOUSY • 1923
SHOCK, THE • BITTERSWEET • 1923
SPOILERS, THE • 1923
TEMPORARY MARRIAGE • 1923
BARBARA FRIETCHIE • LOVE OF A PATRIOT • 1924
IDLE TONGUES • DOCTOR NYE • 1924
THOSE WHO DANCE • 1924
I WANT MY MAN • 1925
KNOCKOUT, THE • 1925
MAKING OF O'MALLEY, THE • 1925
UNGUARDED HOUR, THE • 1925
HER SECOND CHANCE • 1926
MISS NOBODY • 1926
30 BELOW ZERO • 1926
CHAIN LIGHTNING • 1927
HILLS OF PERIL • 1927
WARHORSE, THE • 1927
BRANDED SOMBRERO, THE • 1928
FLEETWING • 1928
BEAU BANDIT • 1930
DEADLINE, THE • 1931
ONE MAN LAW • 1931
BORN TO TROUBLE • 1932
FIGHTING FOOL, THE • 1932
FORBIDDEN TRAIL, THE • 1932
HELLO TROUBLE • 1932
SOUTH OF THE RIO GRANDE • 1932
SUNDOWN RIDER, THE • 1932
WHITE EAGLE • 1932
BEFORE MIDNIGHT • 1933
CALIFORNIA TRAIL, THE • 1933
DANGEROUS CROSSROADS • 1933
FIGHTING CODE, THE • 1933
MASTER OF MEN • 1933
POLICE CAR 17 • 1933
UNKNOWN VALLEY • 1933
AGAINST THE LAW • URGENT CALL (UKN) ○ POLICE AMBULANCE • 1934
BEHIND THE EVIDENCE • 1934
DEFENSE RESTS, THE • 1934
HIDDEN EVIDENCE • 1934 • SHT
MAN TRAILER, THE • 1934
MEN OF THE NIGHT • STAKE OUT, THE • 1934
MOST PRECIOUS THING IN LIFE • 1934
ONCE TO EVERY WOMAN • 1934
ONE IS GUILTY • 1934
ONE WAY OUT • 1934 • SHT
PROFESSOR GIVES A LESSON, THE • 1934 • SHT
AWAKENING OF JIM BURKE, THE • IRON FIST (UKN) • 1935
GUARD THE GIRL! • GUARD THAT GIRL! ○ LADY BEWARE • 1935
IN SPITE OF DANGER • DEVIL'S CARGO • 1935
MEN OF THE HOUR • 1935
SUPERSPEED • 1935
DANGEROUS WATERS • 1936
DRACULA'S DAUGHTER • 1936
INVISIBLE RAY, THE • 1936
ALL-AMERICAN SWEETHEART • 1937
GIRLS CAN PLAY • 1937
SPEED TO SPARE • 1937
EXTORTION • 1938
GANG BULLETS • CROOKED WAY, THE (UKN) • 1938
MY OLD KENTUCKY HOME • 1938
WOMEN IN PRISON • 1938
CONVICT'S CODE • 1939
GIRL FROM RIO • 1939
SHOULD A GIRL MARRY? • GIRL FROM NOWHERE, THE • 1939
BEYOND THE SACRAMENTO • POWER OF JUSTICE (UKN) • 1940
DURANGO KID, THE • MASKED STRANGER, THE (UKN) • 1940
WILDCAT OF TUCSON • PROMISE FULFILLED (UKN) • 1940
HANDS ACROSS THE ROCKIES • 1941
KING OF DODGE CITY • 1941
MEDICO OF PAINTED SPRINGS, THE • DOCTOR'S ALIBI, THE (UKN) • 1941
NORTH FROM THE LONE STAR • 1941
PINTO KID, THE • ALL SQUARE (UKN) • 1941
PRAIRIE STRANGER • MARKED BULLET, THE (UKN) • 1941
RETURN OF DANIEL BOONE, THE • MAYOR'S NEST, THE (UKN) • 1941
ROARING FRONTIERS • 1941
ROYAL MOUNTED PATROL, THE • GIANTS A'FIRE (UKN) • 1941
THUNDER OVER THE PRAIRIE • 1941
DEVIL'S TRAIL, THE • ROGUES' GALLERY (UKN) • 1942
NORTH OF THE ROCKIES • FALSE CLUES (UKN) • 1942
PRAIRIE GUNSMOKE • 1942
SON OF DAVY CROCKETT, THE • BLUE CLAY (UKN) • 1942
VENGEANCE OF THE WEST • BLACK SHADOW, THE (UKN) • 1942
BATMAN, THE • BATMAN • 1943 • SRL
FIGHTING FRONTIER • 1943
GEM JAMS • 1943 • SHT
RADIO RUNAROUND • 1943 • SHT
SIX GUN GOSPEL • 1943
STRANGER FROM PECOS, THE • 1943
TEXAS KID, THE • 1943
GHOST GUNS • 1944
LAND OF THE OUTLAWS • 1944
LAW MEN • 1944
PARTNERS OF THE TRAIL • 1944
RANGE LAW • 1944
SMART GUY • YOU CAN'T BEAT THE LAW • 1944
WEST OF THE RIO GRANDE • 1944
BEYOND THE PECOS • BEYOND THE SEVEN SEAS (UKN) • 1945
FLAME OF THE WEST • 1945
FRONTIER FEUD, A • 1945
LOST TRAIL, THE • 1945
SOUTH OF THE RIO GRANDE • 1945
STRANGER FROM SANTA FE • 1945
BORDER BANDITS • 1946
GENTLEMAN FROM TEXAS, THE • 1946
SHADOWS ON THE RANGE • 1946
SILVER RANGE • 1946
TRIGGER FINGERS • 1946
UNDER ARIZONA SKIES • 1946
CASE OF THE BABYSITTER, THE • 1947
FLASHING GUNS • 1947
GUN TALK • 1947
HAT BOX MYSTERY, THE • 1947
LAND OF THE LAWLESS • 1947
LAW COMES TO GUNSIGHT, THE • BACKFIRE (UKN) • 1947
PRAIRIE EXPRESS • 1947
RAIDERS OF THE SOUTH • SOUTH RAIDERS • 1947
TRAILING DANGER • 1947
VALLEY OF FEAR • 1947
CROSSED TRAILS • 1948
FIGHTING RANGER, THE • 1948
FRONTIER AGENT • 1948
OKLAHOMA BLUES • 1948
OUTLAW BRAND • 1948
OVERLAND TRAILS • 1948
PARTNERS OF THE SUNSET • 1948
RANGE RENEGADES • 1948
SHERIFF OF MEDICINE BOW, THE • 1948
SONG OF THE DRIFTER • 1948
SUNDOWN RIDERS • 1948
GUN LAW JUSTICE • 1949
GUN RUNNER • 1949
HAUNTED TRAILS • 1949
RANGE LAND • 1949
RIDERS OF THE DUSK • 1949
TRAIL'S END • 1949
EVENING WITH BATMAN AND ROBIN, AN • 1966

HILMY IBRAHIM HASSAN – EGY
KHAIR WA ASH–SHARR, AL– • BIEN ET LE MAL, LE • 1946
AHDAB, EL • HUNCHBACK, THE • 1947

HILPERT HEINZ – GRM
DREI TAGE LIEBE • THREE DAYS OF LOVE (USA) • 1931
HOMME QUI NE SAIT PAS DIRE NON, L' • 1932
ICH WILL DICH LIEBE LEHREN • 1932
LIEBE, TOD UND TEUFEL • DEVIL IN A BOTTLE, THE ○ IMP IN THE BOTTLE, THE ○ LOVE, DEATH AND THE DEVIL • 1934
DIABLE EN BOUTEILLE, LE • 1935
LADY WINDERMERES FACHER • 1935
UNHEIMLICHEN WUNSCHE, DIE • UNHOLY WISH, THE ○ SINISTER WISH, THE • 1939
HERR VOM ANDERN STERN, DER • MAN FROM ANOTHER STAR, THE • 1948

HILTON ARTHUR – Editor – UKN – 1897–
RETURN OF JESSE JAMES, THE • 1950
GORILLA STORY, THE
CAT WOMEN OF THE MOON • ROCKET TO THE MOON ○ MISSILE TO THE MOON • 1953
MISADVENTURES OF BUSTER KEATON, THE • 1955

HILTZIK ROBERT – USA
SLEEPAWAY CAMP • NIGHTMARE VACATION • 1983

HILYARD DENE – USA
VENGEANCE • 1964

HIN JAN – NTH
KENTERING • TURN OF THE TIDE • 1932

HIN KEES – NTH
ONDERAARDS • 1966 • SHT
LAATSTE REIS, DE • LAST JOURNEY, THE • 1987

HINDLE WILL – USA
WATERSMITH
PASTORALE D'ETE • 1958 • SHT
CHINESE FIREDRILL • 1964 • SHT
BILLABONG • 1968 • SHT

HINES CHARLES – USA
CONDUCTOR 1492 • 1924
SPEED SPOOK, THE • 1924
CRACKERJACK, THE • 1925
EARLY BIRD, THE • 1925
LIVE WIRE, THE • 1925
BROWN DERBY, THE • 1926
RAINBOW RILEY • 1926
STEPPING ALONG • 1926
ALL ABOARD • 1927
HOME MADE • 1927
WHITE PANTS WILLIE • 1927
CHINATOWN CHARLIE • 1928
WRIGHT IDEA, THE • 1928

HINES GORDON – USA
TRAIL DUST • 1924

HINES JOHN see **HINES JOHNNY**

HINES JOHNNY – Actor – USA – 1895–
HINES JOHN
BURN 'EM UP BARNES • 1921
LITTLE JOHNNY JONES • 1923
DOMINEERING MALE, THE • 1940
SOCIAL SEA LIONS • 1940 • SHT
SPOTS BEFORE YOUR EYES • 1940 • SHT
HOW TO HOLD YOUR HUSBAND –BACK • 1941 • SHT

HINES WILLIAM EVERETT – USA
RUNNING FOR SHERIFF • 1954

HINKLE ROBERT – Producer/actor – USA – 1930–
OLE REX • 1961
COUNTRY MUSIC • 1972
GUNS OF A STRANGER • 1973

HINN MICHAEL – USA
NIGHT RIDER • 1962 • SHT

HINRICH HANS – GRM
HEINRICH HANS
SIEGER, DER • VICTOR, THE • 1932
VAINQUEUR, LE • VEINARD, LE • 1932
MEER RUFT, DAS • 1933
FREMDENHEIM FILODA • 1937
LIEBLING DER MATROSEN • 1937
DREIKLANG • 1938
FRACHT VON BALTIMORE • 1938
ZWISCHEN DEN ELTERN • 1938
LUCREZIA BORGIA • 1940
RE DEK CIRCO, IL • 1941
TENTAZIONE • FOLLIA DEL GIUDICE PASSMANN, LA • 1942
VETTURALE DEL SAN GOTTARDO, IL • 1942
KAHN DER FROHLICHEN LEUTE, DER • 1950
K –DAS HAUS DES SCHWEIGENS • 1951
SPATE MADCHEN, DAS • 1951
LIEBERSWACHEN • 1953
CONCHITA • 1954
ALTER KAHN UND JUNGE LIEBE • 1957
MEINE FRAU MACHT MUSIK • MY WIFE MAKES MUSIC ○ SOLO ZU VIERT • 1958
UNSER WUNDERLAND BEI NACHT • MAINLY FOR MEN • 1959
RUF DER WILDGANSE, DER • 1961
HEINTJE –EINMAL WIRD DIE SONNE WIEDER SCHEINEN • 1970

HINTER CORNELIUS – AUS
OSEMBER, AZ • PREHISTORIC MAN, THE • 1917

HINTON DAVID – USA
MAKING OF A LEGEND –GONE WITH THE WIND • 1989 • DOC

HINTSCH GYORGY – HNG
HORROR • 1965
ABHORRENCE • 1966
KARTYAVAR • HOUSE OF CARDS • 1968

HINZMAN BILL – USA
ONE BY ONE • MAJORETTES, THE • 1986
FLESH EATER • 1989

HIPLEH–WALT GEORGES – SWT
MONTREUX FETE DES NARCISSES • 1901
ZURCHER SECHSELAUTEN–UMZAG • 1901

HIRAYAMA MITSUNOBU – JPN
OATSUI KYUKA • HOT VACATION • 1968

HIRD HENRY E. – USA
MOTION • 1947

HIRD ROBERT – UKN
MR. HORATIO KNIBBLES • 1971

HIROTSU MITSUO see **HIROZU MITSUO**

HIROZU MITSUO – JPN
HIROTSU MITSUO
JINANBO KARASU • JINANBOU GARASU ○ SECOND SON CROW • 1955
ONIBI KAGO • 1957
HAKU JA KOMACHI • 1958
TOMEI TENGU • 1958
YOKI NA NAKAMA • 1958
UMIHEBI DAIMYO • 1960

HIRSCH BETTINA – USA
MUNCHIES • 1987

HIRSCH EDITH – AUS
REFLEXION • 1971
PROTOKOLL EINER MONTAGE • PROTOCOL FOR A MONTAGE • 1974

HIRSCH HY – USA
HIRSH HY
MAD NEST • SHT
EVEN AS YOU AND I • 1937 • SHT
HORROR DREAM • 1947 • SHT
DJINN
RECHERCHE • SHT
DIVERTISSEMENT ROCOCCO • 1952 • SHT
COME CLOSER • 1953 • SHT
ENERI • 1953 • SHT
AUTUMN SPECTRUM • AUTUMNUM SPECTRUM • 1958 • SHT
DEFENSE D'AFFICHER • 1958 • SHT
DOUBLE JAM • 1958 • SHT
GYROMORPHOSIS • CYROMORPHOSIS • 1958 • SHT
CHASSE DES TOUCHES • 1959 • SHT
EXPERIMENT • SHT
SCRATCH PAD • 1960 • SHT
COULEUR DE LA FORME, LA • COLOR OF THE FORM, THE • 1961 • SHT
ETUDE ANATOMIQUE DU PHOTOGRAPHE • 1961

HIRSCH JOHN – USA
EYE OF THE SPIDER • 1987

HIRSCHFIELD LENNY – USA
STEPS • 1972

HIRSCHMAN RAY – USA
PLUTONIUM BABY • 1987

HIRSH HY see **HIRSCH HY**

HIRSHORN MARIAN – DNM
HANOSHRIM • 1984 • DOC

HIRSZMAN LEON – BRZ – 1937–1987
DEAD WOMAN, THE
GAROTA DE IPANEMA • GIRL FROM IPANEMA • 1967
AMERICA DO SEXO • 1970
SAO BERNARDO • SAINT BERNARD ○ S BERNARDO • 1972
ELES NAO USAM BLACK TIE • THEY DON'T WEAR BLACK TIE • 1981
ABC DA GREVE • STRIKE'S ABC • 1989 • DOC

HISAMATSU SEIJI – JPN
ASAKUSA KURENAI DAN • RED GROUP OF ASAKUSA • 1952
HIMITSU • HER SECRET • 1953
HAHA NO HATSUKOI • MOTHER'S FIRST LOVE • 1954
HOROKI • FORSAKEN • 1954
ONNA NO KOYOMI • FIVE SISTERS ○ CALENDAR OF WOMEN • 1954
KEISATSU NIKKI • POLICE DIARY • 1955
TSUKIYO NO KASA • UMBRELLA IN MOONLIGHT • 1955
WATARIDORI ITSUKAERU • STREET OF WANDERING PIGEONS • 1956
JOSHU TO TOMONI • WOMEN IN PRISON • 1957
HAHA SANNIN • BOY AND THREE MOTHERS, A • 1958
MIMIZUKO SEPPO • OWL LECTURE • 1958
TSUZURIKATA KYODAI • CHILD WRITERS • 1958
AISAIKI • ACCOUNT OF MY BELOVED WIFE • 1959
TOBITCHO KANTARO • 1959
CHINOHATE NI IKIRU MONO • ANGRY SEA • 1960
ROBO NO ISHI • WAYSIDE PEBBLE • 1960
SHIN ONNA DAIGAKU • 1960
ESKIMAE DANCHI • URBAN AFFAIR, AN • 1961
MINAMI NO SHIMA NI YUKI GA FURA • SNOW IN THE SOUTH SEAS (USA) • 1961
ONNA KAZOKU • MOONLIGHT IN THE RAIN (USA) • 1961

HISCOTT LESLIE – UKN – 1894–1968
FRIEND OF CUPID, A • 1924
BILLETS • 1925
CATS • 1925
FOWL PROCEEDING, A • 1925
MRS. MAY COMEDIES • 1925 • SER
RAISING THE WIND • 1925
SPOTS • 1925
THIS MARRIAGE BUSINESS • 1927
PASSING OF MR. QUIN, THE • 1928
S.O.S. • 1928
AT THE VILLA ROSE • MYSTERY AT THE VILLA ROSE (USA) • 1929
FEATHER, THE • 1929
RINGING THE CHANGES • 1929
CALL OF THE SEA, THE • 1930
HOUSE OF THE ARROW, THE • 1930
ALIBI • 1931
BLACK COFFEE • 1931
BROWN SUGAR • 1931
NIGHT IN MONTMARTRE, A • 1931
SLEEPING CARDINAL, THE • SHERLOCK HOLMES' FATAL HOUR (USA) ○ SHERLOCK HOLMES' FINAL HOUR • 1931
CROOKED LADY, THE • 1932
DOUBLE DEALING • 1932
FACE AT THE WINDOW, THE • 1932
MISSING REMBRANDT, THE • SHERLOCK HOLMES AND THE MISSING REMBRANDT (USA) ○ STRANGE CASE OF THE MISSING REMBRANDT, THE • 1932
MURDER AT CONVENT GARDEN • 1932
ONCE BITTEN • 1932
SAFE PROPOSITION, A • 1932
TIGHT CORNER, A • 1932
WHEN LONDON SLEEPS • 1932
CLEANING UP • 1933
GREAT STUFF • 1933
I'LL STICK TO YOU • 1933
IRON STAIR, THE • 1933
MAROONED • 1933
MELODY MAKER, THE • 1933
OUT OF THE PAST • 1933
STICKPIN, THE • 1933
STOLEN NECKLACE, THE • 1933
STRIKE IT RICH • 1933
THAT'S MY WIFE • 1933
YES, MADAM • 1933
CRAZY PEOPLE • 1934
FLAT NO.3 • 1934
GAY LOVE • 1934
KEEP IT QUIET • 1934
MAN I WANT, THE • DIGGING DEEP • 1934
PASSING SHADOWS • 1934
ANNIE, LEAVE THE ROOM! • 1935
BARGAIN BASEMENT • DEPARTMENT STORE • 1935
BIG SPLASH, THE • 1935
DEATH ON THE SET • MURDER ON THE SET • 1935
FIRE HAS BEEN ARRANGED, A • 1935
INSIDE THE ROOM • 1935
SHE SHALL HAVE MUSIC • 1935
THREE WITNESSES • 1935
TRIUMPH OF SHERLOCK HOLMES, THE • 1935
FAME • 1936
INTERRUPTED HONEYMOON, THE • 1936
MILLIONS • KING OF CLOVES, THE • 1936
FINE FEATHERS • 1937
SHIP'S CONCERT • 1937
TAKE COVER • 1938
TILLY OF BLOOMSBURY • 1940
SEVENTH SURVIVOR, THE • 1941
LADY FROM LISBON • 1942
SABOTAGE AT SEA • 1942
BUTLER'S DILEMMA, THE • 1943
WELCOME MR. WASHINGTON • 1944
TIME OF HIS LIFE, THE • 1955
TONS OF TROUBLE • 1956

HITCHCOCK ALFRED – UKN – 1899–1980
NUMBER THIRTEEN • MRS PEABODY • 1922
ALWAYS TELL YOUR WIFE • 1923
LODGER: A STORY OF THE LONDON FOG, THE • CASE OF JONATHAN DREW, THE (USA) ○ LODGER, THE • 1926
MOUNTAIN EAGLE, THE • BERGADLER, DER (FRG) ○ FEAR O' GOD (USA) • 1926
PLEASURE GARDEN, THE • IRRGARTEN DER LEIDENSCHAFT (FRG) ○ GARTEN DER LUST, DER • 1926
DOWNHILL • WHEN BOYS LEAVE HOME (USA) • 1927
EASY VIRTUE • 1927
RING, THE • 1927
CHAMPAGNE • 1928
FARMER'S WIFE, THE • 1928
BLACKMAIL • 1929
HARMONY HEAVEN • 1929
JUNO AND THE PAYCOCK • SHAME OF MARY BOYLE, THE (USA) • 1929
MANXMAN, THE • 1929
ELASTIC AFFAIR, AN • 1930
ELSTREE CALLING • 1930
MURDER • MARY • 1930
MARY • SIR JOHN GREIFT EIN! • 1931
RICH AND STRANGE • EAST OF SHANGHAI • 1931
SKIN GAME, THE • 1931
NUMBER SEVENTEEN • 1932
WALTZES FROM VIENNA • STRAUSS' GREAT WALTZ (USA) • 1933
MAN WHO KNEW TOO MUCH, THE • 1934
39 STEPS, THE • 1935
SABOTAGE • WOMAN ALONE, A (USA) ○ WOMAN ALONE, THE • 1936
SECRET AGENT, THE • 1936
YOUNG AND INNOCENT • GIRL WAS YOUNG, THE (USA) ○ SHILLING FOR CANDLES, A • 1937
LADY VANISHES, THE • LOST LADY • 1938
JAMAICA INN • 1939
FOREIGN CORRESPONDENT • 1940
REBECCA • 1940
MR. AND MRS. SMITH • 1941
SUSPICION • BEFORE THE FACT • 1941
SABOTEUR • 1942
SHADOW OF A DOUBT • 1943
AVENTURE MALGACHE • MALAGACHE ADVENTURE, THE • 1944 • DCS
BON VOYAGE • 1944 • DOC
LIFEBOAT • 1944
CONCENTRATION • 1945 • DOC
SPELLBOUND • HOUSE OF DR. EDWARDES, THE • 1945
NOTORIOUS • 1946
PARADINE CASE, THE • 1948
ROPE • 1948
UNDER CAPRICORN • 1949
STAGE FRIGHT • 1950
STRANGERS ON A TRAIN • 1951
I CONFESS • 1953
DIAL M FOR MURDER • 1954
REAR WINDOW • 1954
TO CATCH A THIEF • 1955
TROUBLE WITH HARRY, THE • 1955
MAN WHO KNEW TOO MUCH, THE • 1956
WRONG MAN, THE • 1957
VERTIGO • 1958
NORTH BY NORTHWEST • 1959
PSYCHO • 1960
BIRDS, THE • 1963
MARNIE • 1964
TORN CURTAIN • 1966
TOPAZ • 1969
FRENZY • 1972
FAMILY PLOT • 1976

HITCHENS GORDON – USA
SUNDAY ON THE RIVER • 1960

HITCHINS HITCH – UKN
DREAM CLOUD • 1971

HITRUCK FEDOR – USS – 1917–
KHITRUCK FEDOR • CHITRUK FIODOR
STORY OF A CRIME • 1962 • ANM
TEDDY–BEAR • 1964 • ANM
BONIFACE'S HOLIDAY • 1965 • ANM
LION'S HOLIDAY, THE • 1966 • ANS
MAN IN A FRAME, A • 1966 • ANM
OTHELLO –67 • 1967 • ANM
FILM, FILM, FILM • 1968
YOUNG MAN NAMED ENGELS, A • 1970 • ANM
STORY OF ONE CRIME • 1971 • ANS
OSTROV • 1973

HITTELMAN CARL K. – USA
HITTELMAN KARL K.
KENTUCKY RIFLE • 1956
BUCKSKIN LADY, THE • 1957
GUN BATTLE AT MONTEREY • 1957
PARADISE ROAD • 1965

HITTELMAN KARL K. see **HITTELMAN CARL K.**

HITZIG ROBERT – USA
NIGHT VISITOR • 1989

HIVELY JACK – USA – 1910–
HIVELY JACK B. • HIVELY JOHN B.
PANAMA LADY • SECOND SHOT, THE • 1939
SPELLBINDER, THE • 1939
THEY MADE HER A SPY • 1939
THREE SONS • 1939
TWO THOROUGHBREDS • SUNSET • 1939
ANNE OF WINDY POPLARS • ANNE OF WINDY WILLOWS (UKN) • 1940
LADDIE • 1940
SAINT TAKES OVER, THE • 1940
SAINT'S DOUBLE TROUBLE, THE • 1940
FATHER TAKES A WIFE • 1941
FOUR JACKS AND A JILL • FOUR JACKS AND A QUEEN • 1941
SAINT IN PALM SPRINGS, THE • 1941
THEY MET IN ARGENTINA • 1941
STREET OF CHANCE • BLACK CURTAIN, THE • 1942
APPOINTMENT IN TOKYO • 1945
ARE YOU WITH IT? • 1948
LASSIE, THE VOYAGER • 1966
WELL OF LOVE
STARBIRD AND SWEET WILLIAM • 1975
FLIGHT OF THE COUGAR • 1976
ONCE UPON A STARRY NIGHT • 1978 • TVM
ABRAHAM'S SACRIFICE • 1979 • MTV
JOSEPH AND HIS BROTHERS • 1979 • MTV
ADVENTURES OF HUCKLEBERY FINN, THE • 1981 • TVM
CALIFORNIA GOLD RUSH • 1981 • TVM

HIVELY JACK B. see **HIVELY JACK**

HIVELY JOHN B. see **HIVELY JACK**

HJULSTROM LENNART – SWD
BERGET PA MANENS BAKSIDA • HILL ON THE DARK SIDE OF THE MOON, A • 1983

HLADNIK BOSTJAN – YGS – 1924–
FANTASTICNA BALADA • FANTASTIC BALLAD, A • 1954
LIFE IS NOT A SIN • 1956 • SHT
PLES NA KISI • DANCING IN THE RAIN ○ DANCE IN THE RAIN ○ DANCE IN RAIN ○ PLES V DESJU • 1961
PESCENI GRAD • CASTLE IN THE SAND ○ SANDCASTLE • 1962
EROTIKON –KARUSSELL DER LEIDENSCHAFTEN • 1963
MAIBRITT • 1964
SONCNI KRIK • SUNNY WHIRLPOOL, THE ○ SUNNY CRY ○ SUNCANI KRIK • 1968
MASKARADA • MASQUERADE • 1971
KAD DODJE LAV • WHEN THE LION COMES ○ KO PRIDE LEV • 1973
BELE TRAVE • WHITE GRASS • 1977
UBIJ ME NEZNO • KILL ME GENTLY • 1981
MASKARADA • MASQUERADE • 1984

HLAVAC ROMAN – CZC
SVEDECTVI • EVIDENCE • 1961

HLAVSA STANISLAV – CZC
FAUST • 1912

HLEDIK PETER – CZC
THIRD DRAGON • 1985

HO CHIH–CHIANG – HKG
DRAGON ON FIRE
DUEL OF THE TOUGH • 1982

HO FAN – TWN
GIRL WITH THE LONG HAIR, THE
T'AI–PEI, WU AI • TAIPEI MY LOVE • 1982

HO GEORGE – HKG
EDGE OF FURY • 1981

HO GODFREY – HKG
DRAGON, THE YOUNG MASTER, THE
DYNAMITE SHAOLIN HEROES
EAGLE VERSUS SILVER FOX
FIVE PATTERN DRAGON CLAWS
GOLDEN DRAGON, SILVER SNAKE
LEOPOLD FIST NINJA, THE
SCORPION THUNDERBOLT
FURY IN SHAOLIN TEMPLE
MAGNIFICENT NATURAL FIST
REVENGE OF THE DRUNKEN MASTER
SECRET NINJA, ROARING TIGER
DRAGON, THE HERO, THE • 1981
ENTER THREE DRAGONS • 1981
MARTIAL MONKS OF SHAOLIN • MARTIAL MONKS OF SHAOLIN TEMPLE • 1983
BLAZING NINJA, THE • 1985
MAJESTIC THUNDERBOLT • 1985
NINJA TERMINATOR • 1985
NINJA THUNDERBOLT • 1985
CHALLENGE THE NINJA • 1986
DIAMOND NINJA FORCE • 1986
INFERNO THUNDERBOLT • 1986
NINJA DESTROYER • 1986
NINJA DRAGON • 1986
ULTIMATE NINJA, THE • 1986

HO JOSEPHINE see **HO KANGQIAO**

HO KANGQIAO – HKG
HO JOSEPHINE
½–DUAN QING • INFATUATION • 1985

HO MENG HUA see **HO MENG–HUA**

HO MENG–HUA – HKG
GAUGH HOMER • HO MENG HUA
AMBUSH
DEATH KICK • MASTER OF KUNG FU, THE • 1974
HSUEH TI TZU • FLYING GUILLOTINE, THE • 1975
KOU–HUN CHIANG T'OU • SOUL CATCHING BLACK MAGIC, THE • 1976
MIGHTY PEKING MAN, THE • 1977

HO P'ING – TWN
YIN–CHIEN HSIANG MA • 1988

HOAAS SOLRUN – ASL
AYA • 1990

HOBAN W. C. – Animator – USA
JERRY SHIPS A CIRCUS • 1916 • ANS
JERRY ON THE JOB • 1916–17 • ASS

HOBBIT GREGORY see **HOLBIT GREGORY**

HOBBS C. F. – USA
ROSELAND • 1971

HOBBS FREDRIC – USA
TROIKA • 1969
ALABAMA'S GHOST • 1973

HOBBS LYNDALL – UKN
STEPPIN' OUT • 1979 • DCS
BACK TO THE BEACH • 1987

HOBIN PAIK – SKR
POKPOONGEA UHUNDUCK • WUTHERING HEIGHTS ○ ON THE STORMY HILL • 1960

HOBL PAVEL – CZC – 1935–
MAGICIAN, THE • ANS
FANTAZIE PRO LEVOU RUKU A LIDSKE SVENDOMI • FANTASY FOR LEFT HAND AND THE HUMAN CONSCIENCE • 1961
ANTIGONE • 1964
MATE DOMA IVA? • DO YOU KEEP A LION AT HOME? • 1964
ZTRACENA TVAR • LOST FACE, THE ○ BORROWED FACE, THE • 1965
VELKA NEZNAMA • GREAT UNKNOWN, THE • 1971

HOBLIT GREGORY see **HOLBIT GREGORY**

HOCHBAUM WERNER – GRM – 1899–1947
BRUDER • BROTHERS • 1929
ZWEI WELTEN • 1929
RAZZIA IN ST. PAULI • 1932
MORGEN BEGINNT DAS LEBEN • LIFE BEGINS TOMORROW • 1933
VORSTADTVARIETE • AMSEL VON LICHTENTAL, DIE • 1934
CAVALERIE LEGERE • 1935
EWIGE MASKE, DIE • ETERNAL MASK, THE (USA) • 1935
HANNERL UND IHRE LIEBHABER • 1935
LEICHTE KAVALLERIE • 1935
MENSCHEN IM STURM • 1935
FAVORIT DER KAISERIN, DER • TSARINA'S FAVOURITE, THE • 1936
SCHATTEN DER VERGANGENHEIT • SHADOWS OF THE PAST (USA) • 1936
MAN SPRICHT UBER JACQUELINE • 1937
MADCHEN GEHT AN LAND, EIN • GIRL GOES ON SHORE, A • 1938
WIR SIND VOM K UND K INFANTERIE–REGIMENT
DREI UNTEROFFIZIERE • THREE NON–COMS (USA) • 1939

HOCHMAN SANDRA – USA
YEAR OF THE WOMAN • 1973

HOCK RICHARD – NTH
VINCENT • 1977 • SHT

HOCKENHULL OLIVER – CND
DETERMINATIONS • 1988 • DOC

HOCKMAN NED – USA
STARK FEAR • 1963

HODATYEV N. see **KHODATEYEV NIKOLAI**

HODATYEV O. – USS
LITTLE MUCK • 1938

HODGE REX – USA
JUNGLE TREACHERY • 1917 • SHT

HODGES MICHAEL see **HODGES MIKE**

HODGES MIKE – UKN – 1932–
HODGES MICHAEL
SUSPECT • 1969 • MTV
GET CARTER • 1970
RUMOUR • 1970 • TVM
PULP • 1972
TERMINAL MAN, THE • 1973
FLASH GORDON • 1980
MISSING PIECES • PRIVATE INVESTIGATION, A • 1983 • TVM
SQUARING THE CIRCLE • 1984
MORONS FROM OUTER SPACE • 1985
FLORIDA STRAITS • 1986 • TVM
PRAYER FOR THE DYING, A • 1987
BLACK RAINBOW • 1989

HODGSON DANA – USA
FIDDLERS GROVE

HODI JENO – USA
DEADLY OBSESSION • 1988
BLOODY MARY • 1989

HODOTAEVA O. – USS
THREE SACKS OF CUNNING • 1955 • ANS

HODSON CHRISTOPHER – UKN
BEST PAIR OF LEGS IN THE BUSINESS, THE • 1972
CHOCKY • 1984 • MTV

HOEDEMAN CO – Animator – NTH – 1940–
CONTINENTAL DRIFT • DERIVE DES CONTINENTS, LES • 1968 • ANS
MABOULE • ODDBALL • 1969 • ANS
MATRIOSKA • 1970 • ANS
HIBOU ET LE LEMMING, LE • OWL AND THE LEMMING –AN ESKIMO LEGEND, THE • 1971 • ANS
TCHOU–TCHOU • 1972 • ANS
HIBOU ET LE CORBEAU, LE • OWL AND THE RAVEN –AN ESKIMO LEGEND, THE • 1973 • ANS
HOMME ET LE GEANT –UNE LEGENDE ESQUIMO, L' • MAN AND THE GIANT –AN ESKIMO LEGEND, THE • 1975 • ANS
LUMAAQ –UNE LEGENDE ESQUIMO • LUMAAQ –AN ESKIMO LEGEND • 1975 • ANS
CHATEAU DE SABLE, LE • SAND CASTLE, THE • 1977 • ANS
LEGENDES ET REALITES INUIT • LEGENDS AND LIFE OF THE INUIT • 1978 • CMP
TRESOR DES GROTOCEANS, LE • TREASURE OF THE GROTECEANS, THE • 1980 • ANS
MASCARADE • MASQUERADE • 1980–84 • ANS
CHARLES AND FRANCOIS • 1987 • ANM

HOEFLER PAUL L. – USA
AFRICA SPEAKS • 1930 • DOC

HOEGER MARK – USA
LITTLE MATCH GIRL, THE • 1983

HOELLERING GEORGE – Producer – AUS – c1900–
HOLLERING GEORG
HORTOBAGY • 1936
MESSAGE FROM CANTERBURY • 1944
GLASGOW ORPHEUS CHOIR • 1951
MURDER IN THE CATHEDRAL • 1952

HOENACK JEREMY see **HOENAK JEREMY**

HOENAK JEREMY – USA
HOENACK JEREMY
KILLER'S DELIGHT • 1980
DARK RIDE, THE • 1982

HOERL ARTHUR – USA
BIG TOWN • 1932
BEFORE MORNING • 1933
SHADOW LAUGHS, THE • 1933
DRUMS O' VOODOO • 1934

HOESCH EDUARD – AUS
SCHICKSAL IN KETTEN • WEITE WEG, DER • 1946

HOETER EILEEN – CND
DYING TO BE PERFECT • 1988 • DCS

van der HOEVEN JAN – NTH
ZON OP ZONDAG • SUNDAY SUN • 1964 • DOC
'S NACHTS ALS ALLE KINDEREN SLAPEN • 1966 • SHT

HOEY MICHAEL – USA
NAVY VS. THE NIGHT MONSTERS, THE • MONSTERS OF THE NIGHT (UKN) ○ NIGHT CRAWLERS, THE • 1966

HOFBAUER ERNST – GRM
GOODMAN ERNEST
WIENER LUFT • 1958
SCHWARZEN ADLER VON SANTA FE, DIE • BLACK EAGLE OF SANTA FE (UKN) ○ BLACK EAGLES OF SANTA FE • 1962
TIM FRAZER JAGT DEN GEHEIMNISVOLLEN MR. K. • 1964
GEHEIMNIS DER DREI DSCHUNKEN, DAS • A–009 MISSIONE HONG KONG (ITL) ○ RED DRAGON (USA) ○ MISSION TO HONG KONG ○ SECRET OF THE THREE JUNKS, THE • 1965
LIEBESQUELLE, DIE • FOUNTAIN OF LOVE, THE (USA) ○ SEX IN THE GRASS (UKN) • 1965
HEISSES PFLASTER KOLN • WALK THE HOT STREETS (UKN) ○ HOT PAVEMENTS OF COLOGNE • 1967
SCHULMADCHEN–REPORT • 1970
SCHULMADCHEN–REPORT 2 • 1970
EROTIK IM BERUF • SEX IN THE OFFICE (UKN) • 1971
MADCHEN BEIM FRAUENARTZ • 1971
NEUE HEISSE REPORT –WAS MANNER NICHT FUR MOGLICH HALTEN, DER • SWINGING WIVES (UKN) • 1971
NEUE SCHULMADCHEN–REPORT 2 • 1971
SCHULMADCHEN–REPORT 3 –WAS ELTERN NICHT MAL AHNEN • 1971
URLAUBSREPORT –WORUBER REISELEITER NICHT SPRECHEN DURFEN • 1971
DRESSIERTE FRAU, DIE • 1972
LEHRMADCHEN–SEX • 1972
SCHULMADCHEN–REPORT 4 • 1972
WAS MANNER NICHT FUR MOGLICH HALTEN • 1972
DSCHUNGELMADCHEN FUR ZWEI HALUNKEN • 1973
FRUHREIFEN–REPORT • 1974
SCHULMADCHEN–REPORT 5 • 1974
SCHULMADCHEN–REPORT 6 • 1974
SCHULMADCHEN–REPORT 7 • 1974
SCHULMADCHEN–REPORT 8 • 1974
CONFESSIONS OF A TEENAGE VIRGIN • 1975
ENTER THE SEVEN VIRGINS • 1975
SCHULMADCHEN–REPORT 10 • SCHULMADCHEN–REPORT 10 –IRGENDWANN FANGT JEDE AN ○ YOUNG BEDMATES • 1976
SCHULMADCHEN–REPORT 11 • CONFESSIONS OF A NAKED VIRGIN ○ SCHULMADCHEN–REPORT 11 TEIL: PROBIEREN GEHT UBER STUDIEREN • 1976

HOFER FRANZ – GRM
FRAULEIN PICCOLO • 1914
EREMIT, DER • 1915
FRAULEIN HOCHMUT • 1915
JAHRESZEITEN DES LIEBENS, DIE • 1915
VERLIEBTER RACKER, EIN • 1915

WEISSE ROSE, DIE • 1915
WIR HABEN'S GESCHAFFT • 1916
GLOCKE 1, DIE • 1917
LUXUSBAD, DAS • 1917
SELTSAME MENSCHEN • 1917
THEATERPRINZ, DER • 1917
ZWEITE ICH, DAS • 1917
BETTLER VON SAVERN, DER • 1918
FRAULEIN PFIFFIKUS • 1918
PATSCHULI-MAUSCHEN, DAS • 1918
SEINER HOHEIT BRAUTFAHRT • 1919
BEGIERDE • ABENTEUER DER KATJA NASTJENKO, DAS • 1920
FERREOL • 1920
RATSELHAFTE TOD, DER • 1920
RIESENSCHMUGGEL, DER • 1920
AUS DEN AKTEN EINER ANSTANDIGEN FRAU • 1921
BEICHTE EINER GEFALLEN, DIE • 1921
GEBIETERIN VON ST. TROPEZ, DIE • 1921
GLOCKE 2, DIE • 1921
WEGE DES LASTERS • 1921
ZWISCHEN NACHT UND SUNDE • 1922
SCHWARZE ERDE • 1923
ELTERNLOS • 1927
NOTSCHREI HINTER GITTERN • 1927
ROSA PANTOFFELCHEN, DAS • 1927
VOM LEBEN GETOTET • 1927
MADAME X, DIE FRAU FUR DISKRETE BERATUNG • 1929
DREI KAISERJAGER • 1933

HOFFENBERG ESTHER – BLG

COMME SI C'ETAIT HIER • AS IF IT WERE YESTERDAY • 1980 • DOC

HOFFLICH ALBERT – USA

SUITE NO.2 • 1947 • SHT

HOFFMAN DAVID – USA

KING, MURRAY • 1969
SING SING THANKSGIVING • 1973 • DOC

HOFFMAN HAROLD – USA

BLACK CAT, THE • 1966

HOFFMAN HERMAN – USA

MGM STORY, THE • 1951
IT'S A DOG'S LIFE • BAR SINISTER, THE ○ WILDFIRE • 1955
GREAT AMERICAN PASTIME, THE • 1956
INVISIBLE BOY, THE • 1957

HOFFMAN JERZY – PLN – 1932–

CZY JESTES WSROD NICH? • ARE YOU AMONGST THEM? ○ ARE YOU AMONG THEM? • 1954 • DOC
UWAGA CHULIGANI! • LOOK OUT, HOOLIGANS! ○ ATTENTION HOOLIGANS • 1955 • DOC
DZIECI OSKARZAJA • CHILDREN ACCUSE • 1956 • DOC
NA DROGACH ARMENII • ON THE ROADS OF ARMENIA • 1957 • DCS
KARUZELA LOWICKA • LOWICZ MERRY-GO-ROUND, THE ○ CARNIVAL OF LOWICZ, THE • 1958 • DCS
PAMIATKA Z KALWARII • SOUVENIR FROM CALVARY, A ○ SOUVENIR OF CALVARY ○ CALVARY ○ KALWARIA • 1958 • DCS
GAUDEAMUS • 1959 • DOC
JAS I MALGOSIA • HANSEL AND GRETEL • 1959 • SHT
KRYPTONIM "OKTAN" • CRYPTONYM "OKTAN" • 1959 • DCS
PODGRODZIE • BOROUGH, THE • 1959 • DCS
RAIL, THE • 1959
TYPY NA DZIS • TIPS FOR TODAY ○ TYPY NA BZIS • 1959 • DCS
ZIEMIA OPOLSKA • OPOLE REGION, THE • 1959 • DCS
DWA OBLICZA BOGA • TWO FACES OF GOD • 1960 • DCS
POCZTOWKA Z ZAKOPANEGO • POSTCARD FROM ZAKOPANE, A ○ POSTCARDS FROM ZAKOPANE • 1960 • DCS
REPORTAZ PROSTO Z PATELNI • REPORT STRAIGHT FROM THE FRYING PAN, A • 1960 • DCS
DZIEWCZYNA, PRZYGODA I.. • GIRL, AN ADVENTURE AND.. • 1961 • DCS
HAWANA 61 • HAVANA 61 • 1961 • DCS
PATRIA O MUERTE • 1961 • DOC
ABY KWILO ZYCIE • THAT LIFE MAY FLOURISH • 1962 • DOC
ALKOHOLOMIERZ • ALCOHOL-GAUGE • 1962
GANGSTERZY I FILANTROPI • GANGSTERS AND PHILANTHROPISTS • 1962
SPOTKALI SIE W HAWANIE • THEY MET IN HAVANA • 1962 • DCS
VISITEZ ZAKOPANE • VISIT ZAKOPANE • 1963 • DCS
CHWILA WSPOMNIEN: ROK 1956/57 • MOMENT OF REMINISCENCE 1956/57, A • 1964 • DCS
PRAWO I PIESC • LAW AND THE FIST, THE • 1964
TRZY KROKI PO ZIEMI • THREE STEPS ON EARTH ○ THREE STEPS IN LIFE • 1965
JARMAK CUDOW • MARKET OF MIRACLES • 1966 • DOC
OJCIEC • FATHER, THE • 1967 • MTV
PAN WOLODYJOWSKI • COLONEL WOLODYJOWSKI (UKN) ○ LITTLE KNIGHT, THE ○ PAN MICHAEL • 1969
POTOP • DELUGE, THE (USA) ○ FLOOD, THE • 1974
LEPER • 1976
DO KRWI OSTATNIEJ • STEFAN STARZYNSKI, MAYOR OF WARSAW ○ TO THE LAST DROP OF BLOOD • 1978
ZNACHOR • WITCH DOCTOR, THE • 1981

HOFFMAN JOHN – HNG – 1905–

PRELUDE TO SPRING • 1931
CRIMSON CANARY, THE • HEAR THAT TRUMPET TALK • 1945
STRANGE CONFESSION • MISSING HEAD, THE • 1945
WRECK OF THE HESPERUS, THE • 1948
LONE WOLF AND HIS LADY, THE • 1949
I KILLED GERONIMO • 1950

HOFFMAN MICHAEL – UKN

PRIVILEGED • 1982
RESTLESS NATIVES • 1986
PROMISED LAND • 1988
SOME GIRLS • SISTERS • 1988

HOFFMAN OTTO – Actor – USA – 1879–

SECRET OF BLACK MOUNTAIN, THE • 1917

HOFFMAN PETER – USA

VALENTINO RETURNS • 1987

HOFFMAN PHILIP – CND

?O ZOO! • 1987 • DCS
PASSING THROUGH • TORN FORMATIONS • 1988 • DOC

HOFFMAN RENAUD – USA – 1900–

LEGEND OF HOLLYWOOD, THE • 1924
WHICH SHALL IT BE? • NOT ONE TO SPARE • 1924
HIS MASTER'S VOICE • 1925
ON THE THRESHOLD • 1925
PRIVATE AFFAIRS • 1925
UNKNOWN SOLDIER, THE • 1926
HARP IN HOCK, A • SAMARITAN, THE • 1927
STOOL PIGEON • DECOY, THE (UKN) • 1928
BLAZE O' GLORY • 1929
CLIMAX, THE • 1930

HOFFMAN RONI – USA

GUMBY'S ADVENTURES ON THE MOON • 1969 • SHT

HOFFMAN SONIA – Actress – CZC – 1950–

JOURNEY TO NO END • 1977 • SHT
LETTER TO A FRIEND • 1977 • SHT
BOTTOMS UP • 1978 • SHT
FLAMINGO PARK • 1978 • SHT
JUNGLE LINE • 1978 • DOC
MORRIS LOVES JACK • 1979 • SHT

HOFFMAN-UDDGREN ANNA – SWD

BLOTT EN DROM • ONLY A DREAM • 1911
STOCKHOLMSDAMERNAS ALSKLING • DARLING OF THE STOCKHOLM LADIES • 1911
STOCKHOLMSFRESTELSER • TEMPTATIONS OF STOCKHOLM • 1911
FADREN • 1912
FROKEN JULIE • MISS JULIE • 1912
SYSTRARNA • SISTERS • 1912

HOFFMANN BERND – GRM

IRRTUM DES HERZENS • 1939
ALLES SCHWINDEL • 1940
FAHRT INS LEBEN • 1940

HOFFMANN CARL – Dir. photo – GRM – 1881–1947

HOFFMANN KARL

GEHEIMNISVOLLE SPIEGEL, DER • MYSTIC MIRROR, THE (USA) • 1928
EINMALEINS DER LIEBE, DAS • 1935
LUSTIGEN WEIBER, DIE • 1935
VIKTORIA • 1935
LEUTE MIT DEM SONNENSTICH, DIE • 1936
AB MITTERNACHT • 1938

HOFFMANN FRANK – LXM

REISE DAS LAND, DIE • 1987

HOFFMANN-HARNISCH WOLFGANG – GRM

FRAUENGASSE VON ALGIER, DIE • 1927
FUNDVOGEL • 1930

HOFFMANN KARL see **HOFFMANN CARL**

HOFFMANN KURT – GRM – 1910–

HURRA! ICH BIN PAPA • HURRAH! I'M A PAPA (USA) • 1939
PARADIES DER JUNGGESELLEN • BACHELOR'S PARADISE (USA) • 1939
QUAX, DER BRUCHPILOT • 1941
ICH VERTRAUE DIR MEINE FRAU AN • 1943
ICH WERDE DICH AUF HANDEN TRAGEN • 1943
KOHLHIESELS TOCHTER • KOHLHIESEL'S DAUGHTERS • 1943
VERLORENE GESICHT, DAS • 1948
HEIMLICHES RENDEZVOUS • 1949
FALL RABANSER, DER • 1950
FUNF UNTER VERDACHT • MORD IN BELGESUND ○ STADT IM NEBEL • 1950
TAXI-KITTY • 1950
SECRETS OF A SOUL
FANFAREN DER LIEBE • 1951
KONIGIN EINER NACHT • 1951
KLETTERMAXE • 1952
LIEBE IM FINANZAMT • WOCHENEND IM PARADIES • 1952
HOKUSPOKUS • 1953
MOSELFAHRT AUS LIEBESKUMMER • 1953
MUSIK BEI NACHT • 1953
FLIEGENDE KLASSENZIMMER, DAS • FLYING CLASSROOM, THE (USA) • 1954
RAUB DER SABINERINNEN, DER • 1954
DREI MANNER IM SCHNEE • 1955
ICH DENKE OFT AN PIROSCHKA • 1955
HEUTE HEIRATET MEIN MANN • 1956
BEKENNTNISSE DES HOCHSTAPLERS FELIX KRULL, DIE • CONFESSIONS OF FELIX KRULL (USA) • 1957
SALZBURGER GESCHICHTEN • 1957
WIR WUNDERKINDER • AREN'T WE WONDERFUL? • 1958
WIRTSHAUS IM SPESSART, DAS • SPESSART INN, THE (USA) ○ INN AT SPESSART, THE • 1958
ENGEL, DER SEINE HARFE VERSETZTE, DER • 1959
FEUERWERK • OH! MY PAPA • 1959
SCHONE ABENTEUER, DAS • BEAUTIFUL ADVENTURE, THE • 1959
SPUKSCHLOSS IM SPESSART, DAS • SPOOK-CASTLE IN SPESSART, THE ○ HAUNTED CASTLE, THE • 1959
LAMPENFIEBER • 1960
EHE DES HERRN MISSISSIPPI, DIE • 1961
SCHNEEWITTCHEN UND DIE SIEBEN GAUKLER • SNOW WHITE AND THE SEVEN JUGGLERS • 1962
LIEBE WILL GELERNT SEIN • 1963
SCHLOSS GRIPSHOLM • 1963
HAUS IN DER KARPFENGASSE, DAS • 1964
DR. MED HIOB PRATORIUS • 1965
HOKUSPOKUS -ODER WIE LASSE ICH MEINEN MANN VERSCHWINDEN • 1966
LISELOTTE VON DER PFALZ • 1966
HERRLICHE ZEITEN IM SPESSART • GLORIOUS TIMES IN THE SPESSART ○ SPESSART ROCKETS • 1967
RHEINSBERG • 1967
MORGENS UM 7 IST DIE WELT NOCH IN ORDUNG • WORLD IS STILL IN ORDER AT SEVEN IN THE MORNING, THE • 1968
TAG IST SCHONER ALS DER ANDERE, EIN • 1969
KAPITAN, DER • 1971

HOFFMANN NICO – GRM

LAND OF THE FATHERS, LAND OF THE SONS • 1989

HOFFS TAMAR SIMON – USA

ALLNIGHTER, THE • CUTTING LOOSE • 1987

HOFHERR JULIUS – GRM

TANJA, DIE NACKTE VON DER TEUFELINSEL • TANJA, THE NUDE OF DEVIL'S ISLAND • 1967

HOFMAN EDUARD – Animator – CZC – 1914–

HOTOVO, JEDEM • WE'RE OFF! ○ ALL ABOARD • 1947 • ANS
ANDELSKY KABAT • COAT FROM HEAVEN (USA) ○ ANGEL'S COAT, THE • 1948
PROC SEDAJI PTACI NA TELEGRAFNI DRATY • WHY BIRDS SIT ON TELEGRAPH POLES • 1948 • ANS
ANIMATED POSTERS • 1949 • ANS
FORMULAS • 1949 • ANS
LENORA • LAZYBONES • 1949 • ANS
PAPIROVE NOKTURNO • PAPER NOCTURNE • 1949 • ANS
RIKADLA • NURSERY RHYMES • 1949 • ANS
A B C • 1950 • ANS
JAK PEJSEK A KOLICKA MYLI PODLAHU • PUPPY AND THE KITTEN WASH THE FLOOR, THE • 1950 • ANS
O PYSNE NOCNI KOSILCE • PROUD NIGHTGOWN, THE • 1950 • ANS
CAT AND DOG • STORIES ABOUT A DOGGY AND A PUSSY • 1950–54 • ASS
JAK PEJSEK S KOCICKOU DELALI DORT • PUPPY AND THE KITTEN MAKE A CAKE, THE • 1951 • ANS
JAK SI PEJSEK ROZTRHL KALHOTY • HOW THE PUPPY TORE HIS TROUSERS • 1951 • ANS
JABLUNKA SE ZLATYMI JABLKY • APPLE TREE WITH GOLDEN APPLES, THE ○ GOLDEN APPLES • 1952 • ANS
JAK PEJSEK A KOCICKOU PSALI PSANI • PUPPY AND KITTEN WRITE A LETTER, THE • 1954 • ANS
KDE JE MISA? • WHERE IS MISHA? ○ WHERE'S MISHA? • 1954 • ANS
KDO SETRI, TEN JEDE • 1954 • ANS
LISKA BYSTROUSKA • CUNNING LITTLE VIXEN, THE ○ FOX, THE • 1954 • ANS
O PANENCE, KTERA PLAKALA • DOLLY WHO SHED REAL TEARS, THE • 1954 • ANS
STORY ABOUT CAT AND DOG • 1954 • CMP
MOJE ZENA PENELOPA • 1955 • ANS
PROVIDANI O PEJSKOVI A KOCICCE • OVER THE LITTLE DOG AND THE LITTLE CAT • 1955 • ANS
JAK JE SVET ZARIZEN • HOW THE WORLD WORKS • 1956 • ANS
UZ JE RANO • IT'S MORNING • 1956 • ANS
HRAJEME SI • LET'S PLAY • 1957 • ANS
SOPOT 57 • 1957 • DOC
STVORENI SVETA • CREATION OF THE WORLD, THE (USA) • 1958 • ANM
BAJKA KNOMPRMISNI • COMPROMISING FABLE • 1959 • ANS
PSI POHADKA • TALE OF THE DOG ○ DOG'S TALE, A • 1959 • ANS
CERVENA AEROVKA • OLD RED CAR, THE • 1960 • ANS
O DVANACTI MESICKACH • TWELVE MONTHS, THE • 1960 • ANS
TUCET MYCH TATINKU • MY TWELVE PAPAS ○ DOZEN DADDIES, A • 1960 • ANS
HRNEC NAFOUKANEC • 1961 • ANS
LIDE BDETE • PEOPLE, WATCH OUT! • 1961 • ANS
POSTACKA POHADKA • POSTMAN'S TALE, THE • 1961 • ANS
ETUDA • 1962 • ANS
MODRE Z NEBE • BLUE FROM HEAVEN • 1962 • ANS
DOKTORKA POHADKA • DOCTOR'S TALE, THE • 1963 • ANS
KYBERNETICKY DEDECEK • 1964 • ANS
LOUPEZNICKA POHADKA • ROBBER'S TALE, THE • 1964 • ANS
MOJE LASKA • 1964 • ANS
SCHODY • LADDER, THE ○ STEPS, THE • 1964 • ANS
TRIO • 1965 • ANS
TULACKA POHADKA • VAGRANT'S TALE, THE • 1972 • ANS
VODNICKA PODHADKA • WATER-SPRITE'S TALE, THE • 1973 • ANS

HOFMEYR GRAY – SAF

SCHWEITZER • 1989

HOFSISS JACK – USA – 1950–

ELEPHANT MAN, THE • 1981 • TVM
I'M DANCING AS FAST AS I CAN • 1982
OLDEST LIVING GRADUATE, THE • 1983 • MTV
FAMILY SECRETS • 1984 • TVM
CAT ON A HOT TIN ROOF • 1985

HOGAN JAMES see **HOGAN JAMES P.**

HOGAN JAMES P. – USA – 1891–1943

HOGAN JAMES

LITTLE GREY MOUSE, THE • 1920
SKYWAYMAN, THE • DAREDEVIL, THE (UKN) • 1920
BARE KNUCKLES • 1921
WHERE IS MY WANDERING BOY TONIGHT? • 1922
BLACK LIGHTNING • 1924
UNMARRIED WIVES • 1924
BANDIT'S BABY, THE • 1925
CAPITAL PUNISHMENT • 1925
JIMMIE'S MILLIONS • JIMMY'S MILLIONS • 1925
MANSION OF ACHING HEARTS, THE • 1925
MY LADY'S LIPS • 1925
S.O.S. PERILS OF THE SEA • 1925
WOMEN AND GOLD • 1925
FLAMING FURY • 1926
ISLE OF RETRIBUTION, THE • 1926
KING OF THE TURF, THE • AGES OF LOVE, THE • 1926
STEEL PREFERRED • ENDURING FLAME, THE • 1926
FINAL EXTRA, THE • 1927
FINNEGAN'S BALL • 1927
MOUNTAINS OF MANHATTAN • 1927
SILENT AVENGER, THE • 1927
BORDER PATROL, THE • 1928
BROKEN MASK, THE • 1928

BURNING BRIDGES • 1928
CODE OF THE AIR • 1928
HEARTS OF MEN • 1928
TOP SERGEANT MULLIGAN • 1928
ECHO OF THE 45 • 1931
SHERIFF'S SECRET, THE • 1931
SIX SHOOTERS IN LARIAT • 1931
ACCUSING FINGER, THE • 1936
ARIZONA RAIDERS • BAD MEN OF ARIZONA • 1936
DESERT GOLD • 1936
ARIZONA MAHONEY • ARIZONA THUNDERBOLT • 1937
BULLDOG DRUMMOND ESCAPES • 1937
EBB TIDE • 1937
LAST TRAIN FROM MADRID, THE • 1937
BULLDOG DRUMMOND'S PERIL • 1938
SCANDAL STREET • 1938
SONS OF THE LEGION • 1938
TEXANS, THE • 1938
ARREST BULLDOG DRUMMOND • 1939
BULLDOG DRUMMOND'S BRIDE • 1939
BULLDOG DRUMMOND'S SECRET POLICE • 1939
GRAND JURY SECRETS • 1939
$1000 A TOUCHDOWN • 1939
FARMER'S DAUGHTER, THE • 1940
QUEEN OF THE MOB • 1940
ELLERY QUEEN AND THE MURDER RING • MURDER RING, THE (UKN) • 1941
ELLERY QUEEN AND THE PERFECT CRIME • PERFECT CRIME, THE (UKN) • 1941
ELLERY QUEEN'S PENTHOUSE MYSTERY • 1941
POWER DIVE • 1941
TEXAS RANGERS RIDE AGAIN • 1941
CLOSE CALL FOR ELLERY QUEEN • CLOSE CALL, A (UKN) • 1942
DESPERATE CHANCE FOR ELLERY QUEEN • DESPERATE CHANCE, A (UKN) • 1942
ENEMY AGENTS MEET ELLERY QUEEN • LIDO MYSTERY, THE (UKN) • 1942
MAD GHOUL, THE • 1943
NO PLACE FOR A LADY • 1943
STRANGE DEATH OF ADOLF HITLER, THE • 1943

HOGAN TOM – USA

SANTA'S TOY SHOP • 1929 • SHT

HOGG JOANNA – USA

CAPRICE • 1987

HOGLUND GUNNAR – SWD – 1923–

FERRUM • DCS
UPPDRAG I KOREA • 1951
SUSS GOTT • SLEEP WELL • 1956
KUNGSLEDEN • OBSESSION (USA) ◦ MY LOVE AND I (UKN) ◦ ROYAL TRACK, THE • 1964
FAIRE L'AMOUR: DE LA PILULE A L'ORDINATEUR • AMOUR AU FEMININ, L' • 1968
SOM HAVETS NAKNA VIND • ONE SWEDISH SUMMER (USA) ◦ AS THE NAKED WIND FROM THE SEA ◦ NAKED WINDS OF THE SEA, THE ◦ NAKED AS THE WIND FROM THE SEA • 1968
SOM HON BADDAR FAR HAN LIGGA • NACH STOCKHOLM DER LIEBE WEGEN ◦ DO YOU BELIEVE IN SWEDISH SIN • 1970

HOHENVEST JOHN – USA

LAST NIP, THE • 1920 • SHT

HOHERMUTH HAROLD – CHL – 1950–

MINA DE ORO • GOLDMINE • 1974 • DOC
MODERN CARACAS • 1974 • DOC

HOHLFELD HORANT – GRM

CARMEN ON ICE • 1989

HOHN AUSTIN O. – USA

CLOUDED NAME, A • CLOUDED MIND, A • 1923

HOLBA HERBERT – AUS

ERSTEN TAGE, DIE • FIRST DAYS, THE • 1971

HOLBIT GREGORY – USA

HOBBIT GREGORY • HOBLIT GREGORY

L.A. LAW • 1986 • TVM

HOLBROOK J. K. see **HOLBROOK JOHN K.**

HOLBROOK JOHN K. – USA

HOLBROOK J. K.

APRIL FOOL • 1918
KUTE KIDS VS. KUPID • 1918
COMMERCIAL PIRATES • 1919
PROFITEER, THE • 1919

HOLCOMB ROD – USA

CAPTAIN AMERICA • 1979 • TVM
GREATEST AMERICAN HERO, THE • 1981 • TVM
MIDNIGHT OFFERINGS • 1981 • TVM
A TEAM, THE • 1982 • TVM
MOONLIGHT • MOONLIGHT: MURDER TO GO • 1982 • TVM
QUEST, THE • 1982 • TVM
CARTIER AFFAIR, THE • 1984 • TVM
NO MAN'S LAND • 1984 • TVM
RED LIGHT STING, THE • RED-LIGHT STING, THE • 1984 • TVM
CHASE • 1985 • TVM
STARK • 1985 • TVM
STITCHES • 1985
TWO FATHERS' JUSTICE • 1985 • TVM
BLIND JUSTICE • 1986 • TVM
LONG JOURNEY HOME, THE • 1987 • TVM
STILLWATCH • 1987 • TVM
WISEGUY • 1987
CHAINS OF GOLD • 1990

HOLCOMB THEODORE – USA

RUSSIA • 1972 • DOC

HOLD JOHN see **BAVA MARIO**

HOLDEN ANTON – USA

AROUSED • 1966
CARGO OF LOVE • BED AND THE BEAUTIFUL, THE • 1968

HOLDEN LANSING C. – USA

SHE • 1935

HOLDER ERICH – GRM

FRISCHER WIND AUS KANADA • 1935

HOLE WILLIAM J. JR. see **HOLE WILLIAM JR.**

HOLE WILLIAM JR. – USA

HOLE WILLIAM J. JR.

HELL BOUND • 1957
FOUR FAST GUNS • 1959
GHOST OF DRAGSTRIP HOLLOW, THE • HAUNTED HOTROD, THE • 1959
NAKED GODDESS, THE • DEVIL'S HAND, THE ◦ WITCHCRAFT ◦ DEVIL'S DOLL ◦ LIVE TO LOVE • 1959
SPEED CRAZY • 1959
CARA DEL TERROR, LA • FACE OF TERROR (USA) ◦ FACE OF FEAR • 1962
TWIST ALL NIGHT • YOUNG AND THE COOL, THE (UKN) ◦ CONTINENTAL TWIST, THE • 1962

HOLENDER ADAM – USA

TWISTED • 1985

HOLENDER JACQUES – ZMB – 1953–

ECHOES • 1982 • SHT
TRACES • 1983 • SHT
KODO • 1984 • DCS

HOLENSTEIN ROMAN – SWT

JE KA MI ODER DEIN GLUCK IST GANZ VON DIESER WELT • 1979 • DOC

HOLGER-MADSEN – DNM – 1878–1943

MADSEN HOLGER

KUN EN TIGGER • 1912
BALLETTENS DATTER • UNJUSTLY ACCUSED ◦ DANSERINDEN • 1913
ELSKOVMAGT • 1913
ELSKOVSLEG • LIEBELEI ◦ LOVE'S DEVOTEE • 1913
FRA FYRSTE TIL KNEJPEVAERT • GAMBLER'S WIFE, THE • 1913
GULDET OG VORT HJERTE • VANSKELIGT VALG, ET ◦ HEART'S VOICE, THE • 1913
HVIDE DAME, DEN • WHITE GHOST, THE • 1913
MENS PESTEN RASER • DURING THE PLAGUE ◦ LAEGENS HUSTRU ◦ UNDER PESTEN • 1913
MORKE PUNKT, DET • STEEL KING'S LAST WISH, THE ◦ STAALKONGENS VILJE • 1913
NED MED MILLIONAERDRENGEN • ADVENTURES OF A MILLIONAIRE'S SON, THE ◦ MILLIONAERDRENGEN • 1913
PRINSESSE ELENA • PRINCESS'S DILEMMA, THE • 1913
SKAEBNES VEJE • UNDER KAERLIGHEDENS AAG ◦ IN THE BONDS OF PASSION • 1913
UNDER MINDERNES TRAE • GAMLE BAENK, DEN ◦ LEFT ALONE • 1913
UNDER SAVKLINGENS TAENDER • MECHANICAL SAW, THE ◦ USURER'S SON, THE • 1913
AERESOPREJSNING, EN • MISUNDERSTOOD • 1914
BARNETS MAGT • BARNET ◦ CHILD, THE • 1914
BORNEVENNERNE • MARRIAGE OF CONVENIENCE, A • 1914
EN OPSTANDELSE • GENOPSTANDELSEN ◦ RESURRECTION, A • 1914
ENDELIG ALENE • ALONE AT LAST • 1914
EVANGELIEMANDENS LIV • LIFE OF THE LAY PREACHER, THE ◦ EVANGELIST PREACHER, THE ◦ CANDLE AND THE MOTH, THE • 1914
FORVISTE, DE • UDEN FAEDRELAND ◦ WITHOUT A COUNTRY • 1914
HAREMSEVENTYR, ET • ADVENTURE IN A HAREM, AN • 1914
HUSASSISTENTEN • NAAR FRUEN SKIFTER PIGE • 1914
HUSKORS, ET • LYSTENSTYRET ◦ ENOUGH OF IT • 1914
KAERLIGHEDENS TRIUMF • ROMANCE OF A WILL, THE ◦ TESTAMENTET • 1914
KYS OG KAERLIGHED • LOVE AND WAR • 1914
MIN VEN LEVY • MY FRIEND LEVY • 1914
MYSTIKE FREMMEDE, DEN • DEAL WITH THE DEVIL, A • 1914
NED MED VAABNENE • DOWN WITH WEAPONS (USA) ◦ SURRENDER ARMS ◦ LAY DOWN YOUR ARMS • 1914
OPIUMS DROMMEN • OPIUM DREAMS ◦ OPIUM SMOKER'S DREAM, THE • 1914
SOVNGAENGERSKEN • SONAMBULIST, THE • 1914
SPIRITISTEN • SPIRITUALIST, THE ◦ SPIRITS, THE ◦ GHOSTS, THE ◦ VOICE FROM THE PAST, A • 1914
STJAALNE ANSIGT, DET • MISSING ADMIRALTY PLANS, THE ◦ ANSIGTET • 1914
TEMPELDANSERINDENS ELSKOV • BAYADERE'S REVENGE, THE ◦ BAJADERENS HAEVN • 1914
TROLD KAN TAEMMES • TAMING OF THE SHREW, THE • 1914
CIGARETPIGEN • CIGARETTE MAKER, THE • 1915
DANSERINDENS HAEVN • DANCER'S REVENGE, THE ◦ CIRCUS ARRIVES • 1915
DANSERINDENS KAERLIGHEDSDROM • DANCER'S STRANGE DREAM, A ◦ DODSDOMTE, DEN ◦ CONDEMNED, THE • 1915
FRELSENDE FILM, DEN • WOMAN TEMPTED ME, THE • 1915
GREVINDE HJERTELOS • BEGGAR PRINCESS, THE • 1915
HVEM ER GENTLEMANTYVEN • STRAKOFF THE ADVENTURER • 1915
HVO SOM ELSKER SIN FADER • WHO SO LOVETH HIS FATHER'S HONOR ◦ FAKLEN • 1915
I LIVETS BRANDING • CROSSROADS OF LIFE, THE • 1915
ILDPROVE, EN • TERRIBLE ORDEAL, A • 1915
KORNSPEKULANTENDATTER • 1915
KRIGENS FJENDE • ACOSTATES FOSTE OFFER ◦ MUNITION CONSPIRACY, THE • 1915
KUNSTNERS GENNEMBRUD, EN • SOUND OF THE VIOLIN, THE ◦ DODES SJAEL, DEN • 1915
MANDEN UDEN FREMTID • MAN WITHOUT A FUTURE, THE • 1915
OMSTRIDTE JORD, DEN • JORDENS HAEVN ◦ EARTH'S REVENGE, THE • 1915
SJAELETYVEN • UNWILLING SINNER, THE ◦ SJAELENS VEN ◦ HIS INNOCENT DUPE • 1915
UNGE BLOD, DET • BURIED SECRET, THE • 1915
AERELOSE, DEN • PRISON TAINT, THE ◦ INFAMOUS, THE • 1916
BORNENES SYND • SINS OF THE CHILDREN, THE • 1916
FOR SIN FADERS SKYLD • VEILED LADY, THE ◦ FALSE EVIDENCE • 1916
GULDETS GIFT • POISON OF GOLD, THE ◦ LERHJERTET ◦ CLAY HEART, THE ◦ TEMPTING OF MRS CHESTNEY, THE • 1916
HENDES MODERS LOFTE • DODENS KONTRAKT ◦ SUPER SHYLOCK, A • 1916
HITTEBARNET • FOUNDLING OF FATE, THE • 1916
HVIDE DJOEVEL, DEN • DJOEVELENS PROTEGE ◦ DEVIL'S PROTEGE, THE ◦ WHITE DEVIL, THE ◦ CAUGHT IN THE TOILS • 1916
HVOR SORGERNE GLEMMES • SOSTER CECILIES OFFER ◦ SISTER CECILIA • 1916
LIVETS GOGLESPIL • IMPOSSIBLE MARRIAGE, AN • 1916
LYKKEN • ROAD TO HAPPINESS, THE ◦ GUIDING CONSCIENCE • 1916
MAANEPRINSESSEN • MYSTERIOUS LADY, THE ◦ KAMAELEONEN ◦ MAY FLY, THE • 1916
MANDEN UDEN SMIL • 1916
NATTENS MYSTERIUM • WHO KILLED BARNO O'NEAL ◦ KLUBVENNEN • 1916
PAX AETERNA • ETERNAL PEACE • 1916
PRAESTENS DATTER • PASTOR'S DAUGHTER, THE • 1916
SMIL • BEGGAR MAN OF PARIS, THE ◦ FATHER SORROW ◦ FARS SORG • 1916
TESTAMENTETS HEMMELIGHED • VOICE OF THE DEAD, THE ◦ DODES ROST, DEN ◦ NANCY KEITH • 1916
FANGE NR.113 • PRISONER NO.113 ◦ CONVICT NO.113 • 1917
HANS RIGTIGE KONE • HIS REAL WIFE ◦ WHICH IS WHICH • 1917
HAR JEG RET TIL AT TAGE MIT EGET LIV • FLUGTEN FRA LIVET ◦ FLIGHT FROM LIFE, THE ◦ CAN WE ESCAPE ◦ BEYOND THE BARRICADE • 1917
HENDES HELT • VOGT DIG FOR DINE VENNER • 1917
HIMMELSKIBET • FOURTEEN MILLION LEAGUES FROM EARTH ◦ 400 MILLION MILES FROM EARTH ◦ TRIP TO MARS, A ◦ SHIP TO HEAVEN, A ◦ AIRSHIP, THE ◦ SKY SHIP ◦ SHIP OF HEAVEN, THE ◦ HEAVEN SHIP • 1917
MANDEN, DER SEJREDE • MAN WHO TAMED THE VICTORS, THE ◦ FIGHTING INSTINCT • 1917
NATTEVANDREREN • EDISON MAES DAGBOG ◦ OUT OF THE UNDERWORLD • 1917
RETTEN SEJRER • JUSTICE VICTORIOUS • 1917
SKOVENS BORN • 1917
FACKELTRAGER, DER • 1918
FOLKETS VEN • FRIEND OF THE PEOPLE, A • 1918
LYDIA • MUSIC HALL STAR, THE • 1918
GUDERNES YNDLING • DIGTERKONGEN ◦ TRIALS OF CELEBRITY ◦ PENALTY OF FAME, THE • 1919
MOD LYSET • TOWARDS THE LIGHT • 1919
STORSTE I VERDEN, DET • JANES GODE VEN ◦ GREATEST IN THE WORLD, THE ◦ LOVE THAT LIVES, THE • 1919
AM WEBSTUHL DER ZEIT • LABOREMUS • 1921
TOBIAS BUNTSCHUH • 1921
POMPERLEYS KAMPF MIT DEM SCHNEESCHUH • 1922
DARSKAB, DYD OD DRIVERT • 1923
EVANGELIMANN, DER • 1923
ZAIDA, DIE TRAGODIE EINES MODELLS • 1923
MANN UM MITTERNACHT, DER • 1924
MIDNATGAESTEN • MIDNIGHT HOSTS • 1924
OLE OPFINDERS OFFER • 1924
LEBENSKUNSTLER, EIN • 1925
SPITZEN • EID DES FURSTEN ULRICH • 1926
SPORCKSCHEN JAGER, DIE • 1926
HEILIGE LUGE, DIE • 1927
VESTER VOV VOV • 1927
FREIWILD • 1928
SELTSAME NACHT DER HELGA WANGEN, DIE • 1928
WAS IST LOS MIT NANETTE • 1928
VASK, VIDENSKAB OG VELVAERE • 1933
KOBENHAVN, KALUNDBORG OG-? • 1934
SOL OVER DANMARK • SUN OVER DENMARK • 1935
ALENS LIVSMYSTERIUM • 1940

HOLL FRITZ – GRM

NANU, SIE KENNEN KORFF NOCH NICHT? • SO, YOU DON'T KNOW KORFF YET? (USA) • 1938

HOLLAENDER FRIEDRICH see **HOLLANDER FRIEDRICH**

HOLLAND A. see **HOLLAND AGNIESZKA**

HOLLAND AGNIESZKA – PLN – 1948–

HOLLAND A.

NIEDZIELNE DZIECI • SUNDAY CHILDREN • 1977
ZDJECIA PROBNE • FILM TEST, THE ◦ SCREEN TESTS • 1978
AKTORZY PROWINCJONALNI • PROVINCIAL ACTORS • 1979
GORACZKA • FEVER • 1980
WOMAN ON HER OWN • 1981
ANGRY HARVEST • 1985
TO KILL A PRIEST • 1988
LION'S DEN, THE • 1989

HOLLAND FRANK – UKN

COLOUR CAPERS • 1957 • ANS

HOLLAND MARTIN – UKN

SUPERHERO • 1983

HOLLAND PATRICIA – UKN

HORNSEY FILM, THE • 1969
WHAT ARE SCHOOLS FOR? • 1982

HOLLAND PETER – ITL
ALFABETO NOTTURNO • 1953 • SHT

HOLLAND RODNEY – UKN
DETOUR, THE • 1979

HOLLAND SAVAGE STEVE – USA
BETTER OFF DEAD • 1985
ONE CRAZY SUMMER • SUMMER VACATION • 1986
HOW I GOT INTO COLLEGE • 1989

HOLLAND TODD – USA
WAR STORY 2 • VIETNAM WAR STORY 2 ○ VIETNAM WAR STORY • 1989

HOLLAND TOM – USA
FRIGHT NIGHT • 1985
FATAL BEAUTY • 1987
CHILD'S PLAY • 1988

HOLLANDER ELI – USA
OUT • 1982

HOLLANDER FREDERICK see **HOLLANDER FRIEDRICH**

HOLLANDER FRIEDRICH – Composer – UKN – 1896–1976
HOLLANDER FREDERICK • HOLLAENDER FRIEDRICH
ICH UND DIE KAISERIN • 1932
MOI ET L'IMPERATRICE • IMPERATRICE ET MOI, L' • 1932
ONLY GIRL, THE • HEART SONG (USA) • 1932

HOLLANDER PETER – UKN
LION, THE GRIFFIN AND THE KANGAROO, THE • 1951

HOLLDACK CLAUDIA – GRM
TAUSEND LIEDER OHNE TON • THOUSAND SONGS WITHOUT A SOUND, A • 1977

HOLLEB ALAN – USA
HOLLEB ALLAN
HEAVENLY STAR • 1972 • SHT
CANDY STRIPE NURSES • 1975
SCHOOL SPIRIT • 1985

HOLLEB ALLAN see **HOLLEB ALAN**

HOLLERING GEORG see **HOELLERING GEORGE**

HOLLINGSWORTH A. see **HOLLINGSWORTH ALFRED**

HOLLINGSWORTH ALFRED – USA
HOLLINGSWORTH A.
DREAMER, THE • 1916 • SHT
KEY, THE • 1916 • SHT
LOVE'S BITTER STRENGTH • 1916 • SHT
RUTH RIDLEY RETURNS • 1916 • SHT

HOLLMANN FRANK see **FRANCO JESUS**

HOLLMANN HANS – GRM
HAPPY-END AM WORTHERSEE • HAPPY-END AM ATTERSEE • 1964
DAS IST MEIN WIEN • ...EWIGES WIENERLIED • 1965

HOLLOWAY B. J. – USA
VOYAGE TO ARCTURUS, A • 1971

HOLLOWAY DOUGLAS – USA
FAST MONEY • 1962

HOLLOWAY GEORGE see **CAPITANI GIORGIO**

HOLLOWAY JOHN – USA
ACROSS THE DIVIDE • ACROSS THE GREAT DIVIDE • 1921

HOLLY MARTIN – CZC
AS THE CROW FLIES • 1962
CASE FOR THE BARRISTER, A • 1964
ONE DAY FOR AN OLD LADY • 1966
MEDENA VEZA • COPPER TOWER, THE • 1970
ORLIE PIERKO • EAGLE'S FEATHERS • 1972
SIN OF KATARINA PADYCHOVA, THE • 1974
KTO ODZHDZA V DAZDI • HE WHO LEAVES IN THE RAIN • 1977
SIGNUM LAUDIS • 1979
NOCNI JEZDCI • NIGHT RIDERS • 1981
SOL NAD ZLATO • SALT IS MORE PRECIOUS THAN GOLD ○ SALT IS WORTH MORE THAN GOLD • 1982
...NEBO BYT • ...OR TO BE KILLED • 1985

HOLLYWOOD EDWIN L. – USA
ONE HOUR • 1917
POLLY OF THE CIRCUS • 1917
CHALLENGE ACCEPTED, THE • 1918
IMMIGRANT, THE • 1919
BIRTH OF A SOUL, THE • 1920
FLAMING CLUE, THE • 1920
GAUNTLET, THE • 1920
SEA RIDER, THE • 1920
FRENCH HEELS • 1922
NO TRESPASSING • RISE OF ROSCOE PAYNE, THE • 1922
COLUMBUS • 1923
JAMESTOWN • 1923

HOLMAN – CZC
TRINACTY REVIR • GUARD 13 ○ BEAT 13 ○ 13 REVIR • 1945
VLAST VITA • WELCOME HOME • 1945

HOLMAN J. ALFRED – CZC
DEVCATA, NEDEJTE SE! • 1937
ZBOROV • 1938

HOLMAN L. BRUCE – Animator – USA
STUDY IN PAPER • 1965 • ANM

HOLMANN J. A. – GRM
ZWEI HERZEN VOLLER SELIGKEIT • 1957
BILDERBUCH GOTTES • 1960

HOLMBERG TAGE – SWD
OLYCKSFAGELN NR.13 • UNLUCKY FELLOW NO.13 • 1942
TRE SKOJIGA SKOJARE • THREE FUNNY RASCALS • 1942
FATTIGA RIDDARE • 1944

HOLMES ANDREW – UKN
EXTRAVAGANZA OF GOLGOTHA SMUTS, THE • SHT
HALLMARKING • 1969

HOLMES BEN – USA
COLLEGIANS, THE • 1929
SPORTING YOUTH • 1930
SNUG IN A JUG • 1933 • SHT
BEDLAM OF BEARDS • 1934
EVERYTHING'S DUCKY • 1934 • SHT
HEY NANNY NANNY • 1934
IN A PIG'S EYE • 1934
IN THE DEVIL'S DOGHOUSE • 1934 • SHT
LIGHTNING STRIKES TWICE • 1934
ODOR IN THE COURT • 1934 • SHT
ALIBI BYE BYE • 1935 • SHT
HIT AND RUM • 1935 • SHT
SOCK ME TO SLEEP • 1935 • SHT
FARMER IN THE DELL, THE • 1936
PLOT THICKENS, THE • SWINGING PEARL MYSTERY, THE (UKN) • 1936
THERE GOES MY GIRL • 1937
TOO MANY WIVES • 1937
WE'RE ON THE JURY • 1937
I'M FROM THE CITY • 1938
LITTLE ORPHAN ANNIE • 1938
MAID'S NIGHT OUT • 1938 • SHT
SAINT IN NEW YORK, THE • 1938
DEAR! DEER! • 1942 • SHT
DUCK SOUP • 1942 • SHT
PRETTY DOLLY • 1942 • SHT
ROUGH ON RENTS • 1942 • SHT
CUTIE ON DUTY • 1943 • SHT
DOUBLE UP • 1943 • SHT
HOT FOOT • 1943 • SHT
PETTICOAT LARCENY • 1943
SEEING NELLIE HOME • 1943 • SHT
UNLUCKY DOG • 1943 • SHT
WEDTIME STORIES • 1943 • SHT
POPPA KNOWS WORST • 1944 • SHT
PRUNES AND POLITICS • 1944 • SHT
SAY UNCLE • 1944

HOLMES CECIL – NZL – 1921–
COASTER, THE • 1947 • DOC
POWER FROM THE RIVER • 1948 • DOC
FIGHTING BACK • 1949 • DOC
FOOD MACHINE, THE • 1950 • DOC
SAFARI • 1951 • ANM
CAREERS FOR THE YOUNG AUSTRALIANS • 1952 • DOC
TERRIFIC THE GIANT • 1952 • ANM
CAPTAIN THUNDERBOLT • 1953
THREE IN ONE • 1957
HOW SHALL THEY HEAR? • 1959 • DOC
WORDS FOR FREEDOM • 1959 • DOC
AIRMAN REMEMBERS, AN • 1960 • DOC
LOTU • 1960 • DOC
DJALAMBU • 1961 • DOC
FACES IN THE SUN • 1961 • DOC
I THE ABORIGINAL • 1961 • DOC
LORRKUN, THE • 1964 • DOC
YUBADARAWA • 1964 • DOC
UBAR, THE • 1965 • DOC
ISLANDERS, THE • 1967 • DOC
RONAN'S COUNTRY • 1967 • DOC
WHITE MEN IN BLACK SKINS • 1967 • DOC
MATTER OF CARE, A • 1969 • DOC
SELECTION INTERVIEW, A • 1970 • SHT
STYLE OF CHAMPIONS • 1970 • DOC
GENTLE STRANGERS • 1972
RETURN TO THE DREAMING • 1973 • DOC
GOLD ON BLUE • 1978 • SHT

HOLMES F. W. RATCLIFFE – UKN
PEACE ON THE WESTERN FRONT • 1930
ON SAFARI • 1932

HOLMES FENWICKE L. – USA
OFFENDERS, THE • 1924

HOLMES-GORE ARTHUR – UKN
HIS REFORMATION • 1914
NAN GOOD-FOR-NOTHING • 1914
TURTLE DOVES • 1916 • SHT

HOLMES J. B. – UKN – 1901–
ISLANDERS, THE • DOC
WAY TO THE SEA, THE • DOC
CATHODE RAY OSCILLOGRAPH, THE • 1934 • DOC
SHAKESPEARE • 1934
PHYSICAL EDUCATION: GIRLS AGED 11 • 1935 • DOC
MEDIAEVAL VILLAGE • 1936 • DOC
MINE, THE • COAL • 1936 • DOC
WAKE UP AND FEED • 1936
MERCHANT SEAMAN • MERCHANT CONVOY • 1941 • DOC
COASTAL COMMAND • 1942 • DOC
ORDINARY PEOPLE • 1942 • DOC
KENT OIL REFINERY, THE • 1954 • DOC

HOLMES MARY – CND
ELLE-VIS • 1990 • SHT

HOLMGREN GOSTA see **HOLMGREN PER GOSTA**

HOLMGREN P. G. see **HOLMGREN PER GOSTA**

HOLMGREN PER GOSTA – SWD – 1909–
HOLMGREN GOSTA • HOLMGREN P. G.
SE OPP FOR SPIONER! • WATCH OUT FOR SPIES! ○ SABOTAGE • 1944
UNGDOM I FARA • YOUTH IN DANGER • 1947
KVARTERETS OLYCKSFAGEL • UNLUCKY FELLOW OF THE BLOCK • 1948
MALARPIRATER • PIRATES ON LAKE MALAR • 1959
MORDVAPEN TILL SALU • MURDER WEAPONS FOR SALE ○ HOKEN • 1963

HOLMSEN EGIL – SWD – 1917–
FARLIG KURVA • DANGEROUS CURVES • 1952
FARTFEBER • POSSESSED BY SPEED • 1953
MARIANNE • 1953
HASTHANDLARENS FLICKOR • TIME OF DESIRE (USA) • 1954

HOLOUBEK GUSTAW – Actor – PLN – 1923–
SPOZNIENI PRZECHODNIE • PASSENGERS WHO ARE LATE ○ THOSE WHO ARE LATE • 1962
MAZEPA • MAZEPPA • 1975

HOLSBOER WILLEM – GRM
LACHKABINETT • 1953

HOLST PER – DNM
HVERT SYVENDE SEKUND • 1948
AFSKEDENS TIME • SACKED! • 1973
JEPPE OF THE HILL • 1981
OP PA FARS HAT • UP ON DADDY'S HAT • 1985

HOLSTEIN EUGEN – GRM
FRAU SCHLANGE • 1923

HOLT GEORGE – USA
ACE HIGH • 1919 • SHT
FOUR-GUN BANDIT, THE • 1919 • SHT
GUN MAGIC • 1919 • SHT
HIDDEN BADGE, THE • 1919 • SHT
JAWS OF JUSTICE, THE • 1919 • SHT
KINGDOM COME • 1919 • SHT
LONE HAND, THE • 1919 • SHT
NECK AND NOOSE • 1919 • SHT
PISTOL POINT PROPOSAL, A • 1919 • SHT
TEMPEST CODY BUCKS THE TRUST • 1919 • SHT
TEMPEST CODY GETS HER MAN • 1919 • SHT
TEMPEST CODY PLAYS DETECTIVE • 1919 • SHT
TEMPEST CODY TURNS THE TABLES • 1919 • SHT
TRAIL OF THE HOLDUP MAN, THE • 1919 • SHT
WESTERN WOOING, A • 1919 • SHT
WILD WESTERNER, THE • 1919 • SHT
WHITE MASKS, THE • 1921
BOSS OF THE FLYING H • 1922
PHANTOM DESPERADO • 1922
IN THE WEST • 1923
TROUBLE TRAIL • 1924
WESTERN FATE • 1924

HOLT JOEL – USA
KARATE, THE HAND OF DEATH • KARATE • 1961

HOLT NIELS – DNM
FUTURE ONE • 1963 • SHT
PORTRAIT OF A BUSHMAN • 1966 • SHT

HOLT SETH – Editor – UKN – 1923–1971
NOWHERE TO GO • 1958
TASTE OF FEAR • SCREAM OF FEAR (USA) • 1961
ENDSTATION DREIZEHN SAHARA • STATION SIX SAHARA (UKN) • 1962
WILDLIFE IN DANGER • 1964 • DCS
NANNY, THE • 1965
DANGER ROUTE • ELIMINATOR, THE • 1967
MONSIEUR LECOQ • 1968
BLOOD FROM THE MUMMY'S TOMB • CURSE OF THE MUMMY • 1972

HOLUBAR ALLEN – USA – 1889–1925
HOLUBAR ALLEN J.
ANY YOUTH • 1916 • SHT
ASHES OF REMEMBRANCE • 1916 • SHT
BEHIND LIFE'S STAGE • 1916 • SHT
HEALTH ROAD, THE • 1916 • SHT
PHONE MESSAGE, THE • 1916 • SHT
PRODIGAL DAUGHTER, THE • 1916 • SHT
SHADOW, THE • 1916 • SHT
STRONGER THAN STEEL • 1916 • SHT
TAINT OF FEAR, THE • 1916 • SHT
DOUBLE-TOPPED TRUNK, THE • 1917 • SHT
FEAR NOT • 1917
FIELD OF HONOR, THE • 1917
GRIP OF LOVE, THE • 1917 • SHT
HEART STRINGS • 1917
MIDNIGHT • 1917 • SHT
OLD TOYMAKER, THE • 1917 • SHT
REED CASE, THE • 1917
SIRENS OF THE SEA • DARLINGS OF THE GODS (UKN) • 1917
TREASON • 1917
WAR WAIF, THE • 1917 • SHT
WHERE GLORY WAITS • 1917 • SHT
MORTGAGED WIFE, THE • 1918
SOUL FOR SALE, A • 1918
TALK OF THE TOWN • 1918
HEART OF HUMANITY • 1919
PAID IN ADVANCE • GIRL WHO DARED, THE • 1919
RIGHT TO HAPPINESS, THE • 1919
ONCE TO EVERY WOMAN • 1920
MAN -WOMAN -MARRIAGE • 1921
BROKEN CHAINS • 1922
HURRICANE'S GAL • 1922
SLANDER THE WOMAN • WHITE FRONTIER, THE • 1923

HOLUBAR ALLEN J. see **HOLUBAR ALLEN**

HOLWILL DONALD – UKN
SISYPHUS • 1971 • ANS
ADVENTURES OF FLUTTERGUY, THE • 1976

HOLZ ARTHUR see **HOLZ ARTUR**

HOLZ ARTUR – GRM
HOLZ ARTHUR
GEHEIMNIS VON BOMBAY, DAS • ABENTEUER EINER NACHT, DAS • 1920
MAULWURFE • 1920
TOTENDES SCHWEIGEN • 1920
VIOLET • 1921

HOLZBERG ROGER – USA
MIDNIGHT CROSSING • 1988

HOLZINGER ELIZBETH – AUS
KUCHENGESPRACHE MIT REBELLINEN • KITCHEN DISCOURSES WITH REBEL WOMEN • 1985

HOLZMAN ALLAN – USA
FORBIDDEN WORLD • MUTANT • 1982
GRUNT! THE WRESTLING MOVIE • 1985
OUT OF CONTROL • CROSSWINDS • 1985
RETALIATOR • PROGRAMMED TO KILL • 1987

HOM JESPER – DNM
OH ME, OH MY • 1969
SMIL EMIL • SMILE, EMIL! • 1969
TAKE IT EASY • 1985

HOMOKI NAGY ISTVAN see **HOMOKI-NAGY ISTVAN**

HOMOKI-NAGY ISTVAN – HNG – 1914–1980
HOMOKI NAGY ISTVAN • NAGY ISTVAN HOMOKI
AFTERNOON FULL OF ADVENTURES, AN
MOMENTS IN THE FOREST • DOC
NAUGHTY BIRD, THE
PALS • DOC
PALS OVER MOUNTS AND DALES • DOC
SILENT RUINS • DOC
WOODLAND POND, A • DOC
YOUNG EAGLE, THE • DOC
VADVIZORSZAG • KINGDOM ON THE WATERS, A • 1952 • DOC
GYONGYVIRAGTOL LOMBHULLASIG • FROM BLOSSOM TIME TO AUTUMN LEAVES ◦ FIGHT FOR LIFE ◦ FROM BLOSSOM TIME TO AUTUMN FROST • 1954 • DOC
KEKVERCSEK ERDEJEBEN, A • FOREST OF THE FALCONS • 1954

HONARMAND MOHAMMAD-REZA – IRN
TELEPHONE CALLS, THE • 1985
FOOTSTEPS ON THE SAND • 1988
DOLLS' THIEF • 1989

HONARO RENE – FRN
INFIRMIERES PERVERSES • 1978

HONDA INOSHIRO – JPN – 1911–
HONDA ISHIRO
BLUE PEARL, THE
TAIHEIYO NO WASHI • EAGLE OF THE PACIFIC • 1953
JUJIN YUKI-OTOKO • HALF HUMAN (USA) ◦ MONSTER SNOWMAN ◦ SNOWMAN ◦ ABOMINABLE SNOWMAN, THE • 1955
KOI GESHO • LOVE TIDE • 1955
OYEN-SAN • MOTHER AND SON • 1955
GODZILLA, KING OF THE MONSTERS • GODZILLA (UKN) ◦ GOJIRA (JPN) • 1956
SORANO DAIKAIJYU • RODAN ◦ RADON • 1956
CHIKYU BOEIGUN • MYSTERIANS, THE (USA) ◦ EARTH DEFENCE FORCE ◦ EARTH DEFENSE FORCES • 1957
BIYO TO EKITAININGEN • H-MAN, THE (USA) ◦ BIJO TO EKITAI NINGEN ◦ BEAUTIFUL WOMAN AND THE HYDROGEN MAN, THE • 1958
DAIKAIJU BARAN • VARAN THE UNBELIEVABLE ◦ MONSTER BARAN, THE • 1958
HANAYOME SANJUSO • 1958
KODAMA WA YONDEIRU • 1959
TETSUWAN TOSHO INAO MONOGATARI • 1959
UCHU DAISENSO • BATTLE IN OUTER SPACE (USA) ◦ WORLD OF SPACE, THE • 1959
UWAYAKU SHITAYAKU GODOYAKU • SENIORS, JUNIORS, COLLEAGUES • 1959
GASU NINGEN DAIICHIGO • HUMAN VAPOUR, THE • 1960
MOSURA • MOTHRA (USA) • 1961
KINGO KONGO TAI GOJIRA • KING KONG VS. GODZILLA (USA) ◦ KING KONG TAI GODZILLA • 1962
YOSEI GORASU • YOSEI GORATH ◦ GORATH • 1962
KAITEI GUNKAN • ATORAGON, THE FLYING SUPERSUB ◦ ATRAGON THE FLYING SUB ◦ ATROGON (USA) ◦ ATORAGON ◦ UNDERWATER WARSHIP • 1963
MATANGO • ATTACK OF THE MUSHROOM PEOPLE (USA) ◦ MATANGO -FUNGUS OF TERROR • 1963
FURANKENSHUTAIN TAI BARAGON • FRANKENSTEIN CONQUERS THE WORLD (UKN) ◦ FRANKENSTEIN VS. THE GIANT DEVILFISH ◦ FRANKENSTEIN AND THE GIANT LIZARD • 1964
MOSURA TAI GOJIRA • GODZILLA FIGHTS THE GIANT MOTH ◦ GODZILLA VS. THE THING (USA) ◦ GODZILLA TAI MOTHRA ◦ GODZILLA VERSUS THE GIANT MOTH ◦ GOJIRA TAI MOSURA ◦ GODZILLA VERSUS MOTHRA • 1964
UCHU DAIKAIJU DOGORA • DAGORA THE SPACE MONSTER (USA) ◦ UCHUDAI DOGORA ◦ DOGORA ◦ SPACE MONSTER DOGORA ◦ DAGORA • 1964
KAIJU DAISENSO • INVASION OF THE ASTRO-MONSTER(S) ◦ GODZILLA RADON KINGGIDORAH ◦ INVASION OF PLANET X ◦ MONSTER ZERO (USA) ◦ BATTLE OF THE ASTROS ◦ INVASION OF THE ASTROS • 1965
SANDAI KAIJU CHIKYU SAIDAI NO KESSEN • GHIDRAH -THE THREE-HEADED MONSTER (USA) ◦ GREATEST BATTLE ON EARTH, THE ◦ MONSTER OF MONSTERS GHIDORAH ◦ GHIDORAH ◦ GODZILLA VS. MONSTER ZERO ◦ BIGGEST FIGHT ON EARTH, THE • 1965
FURANKENSHUTAIN NO KAIJU -SANDA TAI GAILAH • WAR OF THE GARGANTUAS, THE ◦ DUEL OF THE GARGANTUAS ◦ SANDA TAI GAILA ◦ SANDA VS. GAILA • 1966
OYOME IN OIDE • COME MARRY ME • 1966
KINGO KONGO NO GYAKUSHU • KING KONG ESCAPES (USA) ◦ KING KONG'S COUNTERATTACK ◦ REVENGE OF KING KONG, THE ◦ KING KONG'S REVENGE • 1967
KAIJU SOSHINGEKI • DESTROY ALL MONSTERS (USA) ◦ OPERATION MONSTERLAND ◦ MARCH OF THE MONSTERS, THE ◦ ATTACK OF THE MARCHING MONSTERS • 1968
IDO ZERO DAISAKUSEN • LATITUDE ZERO • 1969
ORU KAIJU DAISHINGEKI • GODZILLA'S REVENGE (USA) • 1969
KESSEN NANKAI NO DAIKAIJU • YOG -MONSTER FROM SPACE (USA) ◦ NANKAI NO DAIKAIJU ◦ SPACE AMOEBA • 1970
MEKAGOJIRA NO GYAKUSHU • MONSTERS FROM AN UNKNOWN PLANET ◦ TERROR OF MECHAGODZILLA ◦ ESCAPE OF MEGAGODZILLA, THE ◦ TERROR OF GODZILLA, THE • 1975

HONDA ISHIRO see **HONDA INOSHIRO**

HONDO ABIB MED – MRT – 1936–
HONDO ABID MED • HONDO MED
BALLAD AUX SOURCES • 1965 • DCS
PARTOUT PEUT-ETRE OU NULLE PART • 1967 • SHT
SOLEIL O • OH, SUN • 1969
"BISCOTS-NEGRES" VOS COUSINS, LES • 1974
NOUS AURONS TOUTE LA MORT POUR DORMIR • 1977 • DOC
FAIM DU MONDE, LA • 1978 • DOC
WEST INDIES OU LES NEGRES MARRONS DE LA LIBERTE • NEGRES MARRONS DE LA LIBERTE, LES ◦ WEST INDIES • 1979
SARRAOUNIA • 1986

HONDO ABID MED see **HONDO ABIB MED**

HONDO MED see **HONDO ABIB MED**

HONEY JOHN – ASL – 1944–
MANGANINNIE • 1980

HONG ELLIOT – USA
KILL THE GOLDEN GOOSE • 1979
HOT AND DEADLY • RETRIEVERS, THE • 1981
THEY CALL ME BRUCE? • FISTFUL OF CHOPSTICKS, A • 1983

HONG JAMES – USA
GIRLS NEXT DOOR, THE • 1979
VINEYARD, THE • 1989

HONG JINBAO – HKG
HUNG SAMO • HUNG SAMMO • HUNG CHIN-PAO
FIRST MISSION, THE • HEART OF DRAGON
TWINKLE TWINKLE LUCKY STARS
CH'I-MOU-MIAO CHI WU FU-HSING • WINNERS AND SINNERS • 1984
WHEELS ON MEALS • 1984
FUXING GAOZHAO • MY LUCKY STARS • 1985
DRAGONS FOREVER • 1988

HONIGMANN HEDY – NTH
MIND SHADOWS • HORSENSCHIMMEN ◦ HERSENSCHIMMEN ◦ OUT OF MIND • 1988

HONKASALO PIRJO – FNL
IKALUOKKA • THEIR AGE • 1976 • DOC
KAINUU 39 • TWO FORCES • 1978
TULIPAA • FIREBRAND ◦ FLAME-TOP • 1980
250 GRAMMAA • 250 GRAMMES -A RADIOACTIVE TESTAMENT • 1984
DA CAPO • 1985

HONRI BAYNHAM – UKN – 1903–
BANK HOLIDAY LUCK • 1947

HONTHANER RON – USA
HOUSE ON SKULL MOUNTAIN, THE • 1974

HONZL JINDRICH – CZC
PUDR A BENZIN • POWDER AND PETROL • 1931
PENIZE NEBO ZIVOT • YOUR MONEY OR YOUR LIFE ◦ MONEY OR YOUR LIFE • 1932

HOOD RANDALL – USA
TWO LITTLE BEARS, THE • 1961
DIE SISTER DIE • 1974
WALK IN THE FOREST, A • 1975 • SHT
COMPANION, THE • 1976

HOOGENSTEIJN SOLVEIG – VNZ
MACU, LA MUJER DEL POLICIA • MACU, THE POLICEMAN'S WIFE • 1986

HOOK HARRY – UKN
SINS OF THE FATHER • 1983
KITCHEN TOTO, THE • 1987
LORD OF THE FLIES • 1989

HOOKER TED – UKN
CRUCIBLE OF TERROR • 1971

HOOKS KEVIN – USA
ROOTS: KUNTA KINTE'S GIFT • KUNTE KINTE'S GIFT ◦ ROOTS: THE GIFT • 1988 • TVM

HOOL LANCE – MXC – 1948–
MISSING IN ACTION 2: THE BEGINNING • BATTLE RAGE • 1985
DESERT WARRIOR • 1987
STEEL DAWN • 1987
DARK RAIN • 1990

HOOPER TOBE – USA – 1943–
HEIRESS, THE • 1965 • SHT
DOWN FRIDAY STREET • 1966 • SHT
WAY OF LEARNING, A • 1967 • SHT
HEISTERS, THE • 1970 • SHT
EGGSHELLS • 1972
TEXAS CHAINSAW MASSACRE, THE • 1974
EATEN ALIVE • DEATH TRAP (UKN) ◦ STARLIGHT SLAUGHTER ◦ SLAUGHTER HOTEL ◦ LEGEND OF THE BAYOU • 1976
SALEM'S LOT • SALEM'S LOT: THE MOVIE • 1979 • TVM
FUNHOUSE, THE • CARNIVAL OF TERROR • 1981
POLTERGEIST • 1982
RETURN OF THE LIVING DEAD, THE • 1983
INVADERS FROM MARS • 1985
LIFEFORCE • SPACE VAMPIRES • 1985
TEXAS CHAINSAW MASSACRE 2, THE • 1986
ENTANGLED • 1988
FREDDIE'S NIGHTMARES: A NIGHTMARE ON ELM STREET • 1988 • TVM

HOOVER MIKE – USA
SOLO • 1972

HOP SIN SU – HKG
BRUCE LEE STORY, THE • 1974

HOPE ANTHONY – HKG
AI-JEN NU-SHENG • MY DARLING, MY GODDESS • 1983

HOPE CARLOS NORIEGA see **NORIEGA HOPE CARLOS**

HOPKIN ROB – UKN
KALAMAZOO • 1975 • SHT

HOPKINS A. E. C. – Producer – UKN – 1905–
RAILROAD RHYTHM • 1936

HOPKINS ALBERT – UKN
FAUST • 1936

HOPKINS ARTHUR – USA – 1878–1950
ETERNAL MAGDALENE, THE • 1919
HIS DOUBLE LIFE • 1933

HOPKINS JOHN – USA
TORMENT • 1986

HOPKINS JOHN* – CND
PORTFOLIO • 1990 • SHT

HOPKINS OMAR see **ZEGLIO PRIMO**

HOPKINS STEVE – ASL
DANGEROUS GAME • 1988

HOPKINS WILLIE – USA
MIRACLES IN MUD • ANS

HOPKINSON PETER – UKN – 1920–
SMITHS OF LONDON, THE • 1952
BANDWAGON • 1958 • SHT
AFRICAN AWAKENING • 1962
ASIAN CRESCENT • 1964
NATURALLY, IT'S RUBBER • 1964 • DCS

HOPPER DENNIS – Actor – USA – 1936–
EASY RIDER • 1969
LAST MOVIE, THE • CHINCHERO • 1971
OUT OF THE BLUE • 1980
COLORS • 1988
BACKTRACK • 1989
HOT SPOT • 1990

HOPPER E. MASON – USA – 1885–1966
MR. WISE, INVESTIGATOR • 1911
LOVE TEST, THE • 1912
ALKALI IKE IN JAYVILLE • 1913
BILL • 1913
BOUND TO OCCUR • 1913
CAPTURE, THE • 1913
ACTOR FINNEY'S FINISH • 1914
LOVE AND SODA • 1914
SLIM SLAM'EM SLAMMED • 1914
LABYRINTH, THE • 1915
SWEEDIE GOES TO COLLEGE • 1915
BIRTH OF CHARACTER, THE • 1916
GLORIANA • 1916
LITTLE CHURCH AROUND THE CORNER, THE • 1916
RIGHT DIRECTION, THE • 1916
SELFISH WOMAN, THE • 1916
TANGLED SKEINS • 1916 • SHT
ANSWER, THE • 1917
AS MEN LOVE • 1917
FIREFLY OF TOUGH LUCK • 1917
HIDDEN SPRING, THE • 1917
PRISON WITHOUT BARS, THE • 1917
RED WOMAN, THE • 1917
REGENERATES, THE • 1917
SPIRIT OF ROMANCE, THE • 1917
TAR HEEL WARRIOR, THE • 1917
WAX MODEL, THE • 1917
ANOTHER FOOLISH VIRGIN • 1918
AS THE SUN WENT DOWN • 1918
BOSTON BLACKIE'S LITTLE PAL • 1918
HER AMERICAN HUSBAND • 1918
LOVE BROKERS, THE • 1918
LOVE'S PAY DAY • 1918
RENEGADES • 1918
UNEXPECTED PLACES • 1918
WITHOUT HONOR • 1918
COME AGAIN SMITH • 1919
MYSTIC FACE • MYSTIC FACES • 1919
WIFE OR COUNTRY • 1919
EDGAR AND THE TEACHER'S PET • 1920 • SHT
EDGAR CAMPS OUT • 1920 • SHT
EDGAR'S HAMLET • 1920 • SHT
EDGAR'S JONAH DAY • 1920 • SHT
EDGAR'S SUNDAY COURTSHIP • DAVID AND GOLIATH • 1920 • SHT
IT'S A GREAT LIFE • EMPIRE BUILDERS • 1920
ALL'S FAIR IN LOVE • BRIDAL PATH, THE ◦ LOOK BEFORE YOU LEAP • 1921
DANGEROUS CURVE AHEAD • MR. AND MISERABLE JONES • 1921
FROM THE GROUND UP • 1921
HOLD YOUR HORSES • 1921
BROTHERS UNDER THE SKIN • 1922
GLORIOUS FOOL, THE • 1922
HUNGRY HEARTS • 1922
DADDY • 1923
LOVE PIKER, THE • LOVE SNOB, THE • 1923
GREAT WHITE WAY, THE • CAIN AND MABEL • 1924
JANICE MEREDITH • BEAUTIFUL REBEL, THE • 1924
CROWDED HOUR, THE • 1925
ALMOST A LADY • 1926
PARIS AT MIDNIGHT • 1926
UP IN MABEL'S ROOM • 1926
GETTING GERTIE'S GARTER • 1927
MY FRIEND FROM INDIA • 1927
NIGHT BRIDE, THE • 1927
RUSH HOUR, THE • 1927
WISE WIFE, THE • 1927
BLONDE FOR A NIGHT, A • 1928
CARNATION KID, THE • 1929
SQUARE SHOULDERS • 1929
THEIR OWN DESIRE • 1929
WISE GIRLS • KEMPY • 1929
TEMPTATION • SO LIKE A WOMAN (UKN) • 1930
ALIAS MARY SMITH • 1932

HER MAD NIGHT • HELD FOR MURDER (UKN) • 1932
MALAY NIGHTS • SHADOWS OF SINGAPORE (UKN) • 1932
MIDNIGHT MORALS • 1932
NO LIVING WITNESS • 1932
SHOP ANGEL • 1932
ONE YEAR LATER • 1933
SISTER TO JUDAS • 1933
CURTAIN AT EIGHT • 1934
HONG KONG NIGHTS • 1935

HOPPER JERRY – USA – 1907–
JINGLE JANGLE JINGLE • 1947 • SHT
ATOMIC CITY, THE • 1952
HURRICANE SMITH • 1952
PONY EXPRESS • 1953
ALASKA SEAS • 1954
NAKED ALIBI • 1954
SECRET OF THE INCAS • 1954
ONE DESIRE • 1955
PRIVATE WAR OF MAJOR BENSON, THE • 1955
SMOKE SIGNAL • 1955
SQUARE JUNGLE, THE • 1955
EVERYTHING BUT THE TRUTH • 1956
NEVER SAY GOODBYE • 1956
SHARKFIGHTERS, THE • 1956
TOY TIGER • 1956
MISSOURI TRAVELER, THE • 1958
BLUEPRINT FOR ROBBERY • 1961
MADRON • HIS NAME WAS MADRON (UKN) • 1970
WILD BULL OF THE WEST • 1970
BULL OF THE WEST, THE • 1971 • MTV

HOPPIN HECTOR – FRN
JOIE DE VIVRE • 1934 • ANS
INDIAN FANTASY • INDIAN PHANTASY • 1957 • ANM

HOPTON RUSSELL – USA
SONG OF THE TRAIL • 1936

HOPWOOD R. A. – UKN
BOTTLE PARTY • 1936
DIGGING FOR GOLD • 1936
FULL STEAM • 1936
CONCERT PARTY • 1937
FOOTLIGHTS • 1937
SONG IN SOHO • 1937
UPTOWN REVUE • 1937
WEST END FROLICS • 1937
WINDMILL REVELS • 1937
BEHIND THE TABS • 1938
INTERRUPTED REHEARSAL, THE • 1938
REVUE PARADE • 1938
SPOTLIGHT • 1938
SWING • 1938
TWO MEN IN A BOX • 1938

HORA JON – USA
IMAGES OF LIGHT AND CURVE • 1958

HORAN CHARLES – USA
HORAN CHARLES THOMAS • HORAN CHARLES T.
TABLES TURNED • 1915
BLINDNESS OF LOVE, THE • 1916
QUITTER, THE • 1916
ROSE OF THE ALLEY • 1916
UPHEAVAL, THE • 1916
POLLY OF THE CIRCUS • 1917
THREE BLACK EYES • BLACK EYES • 1919
MAN'S PLAYTHING • 1920
LOVE, HATE AND A WOMAN • 1921
YOU FIND IT EVERYWHERE • GIBSON UPRIGHT, THE • 1921
SPLENDID LIE, THE • 1922
DOES IT PAY? • 1923
NO MOTHER TO GUIDE HER • 1923
CONVERT TO REVENGE, A • 1924

HORAN CHARLES T. see **HORAN CHARLES**

HORAN CHARLES THOMAS see **HORAN CHARLES**

HORAN DON – USA
MY CHILDHOOD: JAMES BALDWIN'S HARLEM AND HUBERT HUMPHREY'S SOUTH DAKOTA • 1964

HORATIO EDWARD JONES – NGR
TWO MEN AND A GOAT • 1966

HORIAN RICHARD – USA
STUDENT CONFIDENTIAL • COUNSELLOR, THE • 1987

HORIBA NOBUYO – JPN
KARAKORUM • 1956
HANAYOME NO MINE, CHOGOLISA • CHOGOLISA, THE BRIDE'S PEAK • 1959

HORIGUCHI M. see **HORIUCHI MANAO**

HORIIKI KIYOSHI – JPN
KIKEN NA NENREI • 1957
KINJIRARETA KUCHIBIRU • FORBIDDEN LIPS • 1957
AKUMA TO TENSHI NO KISETSU • 1958
YO GIRI NO MAGARIKADO • 1959
BOKU WA NAICHICHI • 1960
OJOSAN NO SAMPOMICHI • 1960
UETA KIBA • 1960

HORIKAWA HIROMICHI – JPN – 1916–
ASUNARI MONOGATARI • STORY OF FAST-GROWING WEEDS, THE • 1955
NISSHOKU NO NATSU • SUMMER THE SUN WAS LOST, THE • 1956
KOTO NO TSUME • 1957
HADAKA NO TAISHO • NAKED GENERAL • 1958
ONNA GOROSHI ABURA JIGOKU • PRODIGAL SON, THE • 1958
SUZUKAKE NO SANPOMICHI • PATH UNDER THE PLANE-TREES, THE • 1959
AOI YAJU • BLUE BEAST, THE • 1960
KUROI GOSHO • LOST ALIBI, THE ○ BLACK BOOK, THE ○ KUROI GASHU • 1960
NEKO TO KATSUOBUSHI • CAT AND DRIED BONITO • 1961
WAKARATE IKIRU TOKI MO • ETERNITY OF LOVE • 1961
MUSUME TO WATASHI • MY DAUGHTER AND I • 1962
PLUS BELLES ESCROQUERIES DU MONDE, LES • TRUFFE PIU BELLE DEL MONDO, LE (ITL) ○ WORLD'S GREATEST SWINDLES ○ BEAUTIFUL SWINDLERS, THE ○ SEKAI SAGI MONOGATARI ○ PIU BELLE TRUFFE DEL MONDO, LE • 1963
SHIRO TO KURO • PRESSURE OF GUILT ○ WHITE AND BLACK • 1963
AKU NO MONSHO • MARK OF EVIL, THE ○ BRAND OF EVIL • 1964
ORE NI TSUITE-KOI • YOU CAN IF YOU TRY • 1965
SAIGO NO SHINPAN • LAST JUDGEMENT • 1965
SARABA MOSUKUWA GURENTAI • GOODBYE MOSCOW • 1968
SOGEKI • SUN ABOVE, DEATH BELOW • 1968
OSHO • MASTER HAND (USA) • 1973
ALASKA MONOGATARI • ALASKA STORY, THE • 1976
MUTCHAN NO UTA • SONG OF MUTSUKO • 1985

HORIUCHI MANAO – JPN
HORIGUCHI M.
KINDAN NO SUNA • UNDERWATER ROMANCE ○ BLACK NETS • 1957
SHICHININ NO ONNASURI • 1958
WAKAI HIROBA • 1958
ZOKU KINDAN NO SUNA • 1958
KAIRYU • 1959
SEISEI DODO • 1959
UMI NO CHIZU • MAP OF THE OCEAN • 1959
WATASHIWA WASURENAI • 1960
YOMMANNIN NO MOKUGEKISHA • HOT CORNER MURDER • 1960
AOI KAIRYU • BLUE CURRENT • 1961
SHIROI HADA TO KIIROI TAICHO • INTERNEES OF KAMPALI ○ WOMEN BEHIND BARBED WIRE • 1961

HORIUCHI MASARU – JPN
HAKUCHO MONOGATARI • STORY OF THE SWAN, THE • 1956

HORKHEIMER E. D. – USA
FAITH'S REWARD • 1916 • SHT
FLIRTING BRIDE, THE • 1916 • SHT
HAUNTED AND HOUNDED • 1916 • SHT
HEAD OF THE HOUSE, THE • 1916 • SHT
MILLIONAIRE'S SON, THE • 1916 • SHT
POWER OF EVIL, THE • 1916
SAND LARK, THE • 1916 • SHT
SIBYL'S SCENARIO • 1916 • SHT
SPELLBOUND • 1916

HORKHEIMER H. M. – USA
PRICE OF FAME, THE • 1915
FAITH'S REWARD • 1916 • SHT
FLIRTING BRIDE, THE • 1916 • SHT
HAUNTED AND HOUNDED • 1916 • SHT
HEAD OF THE HOUSE, THE • 1916 • SHT
MILLIONAIRE'S SON, THE • 1916 • SHT
POWER OF EVIL, THE • 1916
SAND LARK, THE • 1916 • SHT
SIBYL'S SCENARIO • 1916 • SHT
SPELLBOUND • 1916

HORLIVY FRANTISEK – CZC
JANOSIK • 1921

HORMANN GUNTHER – GRM
VULKANWERFT IM METALLERSTREIK 1974, DIE • 1975

HORMASJI HOMI – IND
SMOTHERED VOICES • 1977

von HORN ANDREAS – GRM
WEG ZUM GUTEN, DER • 1915

HORN LEONARD – USA – 1926–1975
HORN LEONARD J.
ROGUE'S GALLERY • 1968
SPLIT SECOND TO AN EPITAPH • 1968
LOST FLIGHT • 1969
MAGIC GARDEN OF STANLEY SWEETHEART, THE • 1970
CORKY • GOING ALL OUT ○ LOOKIN' GOOD • 1971
HUNTER • 1971 • TVM
CLIMB AN ANGRY MOUNTAIN • 1972 • TVM
BAIT, THE • 1973 • TVM
HIJACK • 1973 • TVM
NAKIA • 1974 • TVM
NEW ORIGINAL WONDER WOMAN, THE • 1975 • TVM

HORN LEONARD J. see **HORN LEONARD**

HORN REBECCA – GRM
EINTANZER, DER • GIGOLO, THE • 1978

HORNAK MIRO see **HORNAK MIROSLAV**

HORNAK MIROSLAV – CZC
HORNAK MIRO
UDOLIE VECNYCH KARAVAN • VALLEY OF ETERNAL CARAVANS, THE • 1968
NIGHT WITH A CAT, A • 1970

HORNBY CLIFFORD – Cinematographer – UKN – 1907–
CEYLON, LAND SHORT OF PEOPLE • 1945 • DOC
FLOURISH OF TUBES, A • 1961

HORNBY FRED – USA
CALL OF THE HILLS, THE • 1923

HORNE DIONISIO – ITL
CATTIVI VANNO IN PARADISO, I • BAD GO TO HEAVEN, THE • 1958

HORNE J. W. see **HORNE JAMES W.**

HORNE JAMES see **HORNE JAMES W.**

HORNE JAMES W. – USA – 1880–1942
HORNE JAMES • HORNE J. W.
ACCOMPLICE, THE • 1915
BARNSTORMERS, THE • 1915
DISAPPEARING NECKLACE, THE • 1915
DOUBLE IDENTITY, A • 1915
DREAM SEEKERS, THE • 1915
GIRL DETECTIVE, THE • 1915
GIRL FROM FRISCO, THE • 1915
MAN IN IRONS, THE • 1915
MAN ON WATCH, THE • 1915
MYSTERIES OF THE GRAND HOTEL • 1915
MYSTERY OF THE TEA DANSANT, THE • 1915
PITFALL, THE • 1915
RIDDLE OF THE RINGS, THE • 1915
STINGAREE • 1915 • SRL
STRAIGHT AND NARROW PATH, THE • 1915
THUMB PRINTS ON THE SAFE, THE • 1915
UNDER OATH • 1915
VIVISECTIONIST, THE • 1915
BLACK MAGIC • 1916 • SHT
BORDER WOLVES • 1916 • SHT
CORSICAN SISTERS, THE • 1916
DISAPPEARANCE OF HELEN MINTERN, THE • 1916 • SHT
FANGS OF THE TATLER, THE • 1916 • SHT
FIGHT FOR PARADISE VALLEY, THE • 1916 • SHT
FIGHTING HEIRESS, THE • 1916 • SHT
GUN RUNNERS, THE • 1916 • SHT
HARVEST OF GOLD, THE • 1916 • SHT
IN THE SERVICE OF THE STATE • 1916 • SHT
LITTLE MONTE CARLO, THE • 1916 • SHT
MASTER SWINDLERS, THE • 1916 • SHT
MILLIONAIRE PLUNGER, THE • 1916 • SHT
MISSING MILLIONAIRE, THE • 1916 • SHT
MUSIC SWINDLERS, THE • 1916 • SHT
MYSTERY OF THE BRASS BOUND CHEST, THE • 1916 • SHT
MYSTERY OF THE GRAND HOTEL, THE • 1916
OIL FIELD PLOT, THE • 1916 • SHT
ON THE BRINK OF WAR • 1916 • SHT
ORE PLUNDERERS, THE • 1916 • SHT
PARASITE, THE • 1916 • SHT
POISONED DART, THE • 1916 • SHT
REFORMATION OF DOG HOLE, THE • 1916 • SHT
ROGUE'S NEMESIS • 1916 • SHT
SAUCE FOR THE GANDER • 1916 • SHT
SOCIAL PIRATES • 1916
SON OF CAIN, THE • 1916 • SHT
STAR OF CHUCKAWALLA, THE • 1916 • SHT
TIGERS UNCHAINED • 1916 • SHT
TREASURE OF CIBOLA, THE • 1916 • SHT
TURQUOISE MINE CONSPIRACY, THE • 1916 • SHT
UNMASKING A RASCAL • 1916 • SHT
WAR OF WITS, THE • 1916 • SHT
WEB OF GUILT, THE • 1916 • SHT
WITCH OF THE DARK HOUSE, THE • 1916 • SHT
YELLOW HAND, THE • 1916 • SHT
BLACK RIDER OF TASAJARA, THE • 1917 • SHT
DOMINION OF FERNANDEZ, THE • 1917 • SHT
DOOR IN THE MOUNTAIN, THE • 1917
FALSE PROPHET, THE • 1917 • SHT
GHOST OF THE DESERT, THE • 1917 • SHT
GOLDEN EAGLE TRAIL, THE • 1917 • SHT
HOMESTEADERS' FEUD, THE • 1917 • SHT
LOST LEGION OF THE BORDER, THE • 1917 • SHT
MAN FROM TIAJUANA, THE • 1917 • SHT
MAN HUNT AT SAN REMO, THE • 1917 • SHT
PHANTOM MINE, THE • 1917 • SHT
RESURRECTION OF GOLD BAR, THE • 1917 • SHT
SAGE BRUSH LAW • 1917 • SHT
SECRET OF THE LOST VALLEY, THE • 1917 • SHT
SKELETON CANYON RAID, THE • 1917 • SHT
TRAPPING OF TWO-BIT TUTTLE, THE • 1917
VANISHED LINE RIDER, THE • 1917 • SHT
VULTURE OF SKULL MOUNTAIN, THE • 1917 • SHT
WOLF OF LOS ALAMOS • 1917 • SHT
BULL'S EYE, THE • 1918 • SRL
HANDS UP • 1918 • SRL
MIDNIGHT MAN, THE • 1920 • SRL
OCCASIONALLY YOURS • 1920
THIRD EYE, THE • 1920 • SRL
WAIT FOR ME • 1920
BRONZE BELL, THE • 1921
DANGEROUS PASTIME • 1922
DON'T DOUBT YOUR WIFE • 1922
FORGOTTEN LAW, THE • 1922
HOTTENTOT, THE • 1922
BLOW YOUR OWN HORN • 1923
CAN A WOMAN LOVE TWICE? • 1923
ITCHING PALMS • 1923
MAN OF ACTION, A • 1923
SUNSHINE TRAIL, THE • 1923
ALIMONY • WHEN THE CRASH CAME (UKN) • 1924
AMERICAN MANNERS • 1924
HAIL THE HERO • 1924
IN FAST COMPANY • 1924
LAUGHING AT DANGER • 1924
STEPPING LIVELY • 1924
YANKEE CONSUL, THE • 1924
YOUTH AND ADVENTURE • 1925
CRUISE OF THE JASPER B, THE • 1926
KOSHER KITTY KELLY • 1926
SCARED STIFF • 1926 • SHT
COLLEGE • 1927
BIG HOP, THE • 1928
BLACK BUTTERFLIES • BUTTLERFLIES (UKN) • 1928
GOING GA-GA • 1928 • SHT
ACE OF SCOTLAND YARD, THE • 1929 • SRL
BIG BUSINESS • 1929 • SHT
THIN TWINS • 1929 • SHT
DOLLAR DIZZY • 1930 • SHT
FAST WORK • 1930 • SHT
FIFTY MILLION HUSBANDS • 1930 • SHT
GIRL SHOCK • 1930 • SHT
HIGH C'S • 1930 • SHT
KING, THE • 1930 • SHT
LOOSER THAN LOOSE • 1930 • SHT
WHEN THE WIND BLOWS • 1930 • SHT
WHISPERING WHOOPEE • 1930 • SHT
BEAU HUNKS • BEAU CHUMPS (UKN) • 1931 • SHT
CHICKENS COME HOME • 1931 • SHT
COME CLEAN • 1931 • SHT
LAUGHING GRAVY • 1931 • SHT
ONE GOOD TURN • 1931 • SHT
OUR WIFE • 1931 • SHT
THUNDERING TENORS • 1931 • SHT
ANY OLD PORT • 1932 • SHT
HESITATING LOVE • 1932 • SHT
LIGHTS OUT • 1932 • SHT
LOVE PAINS • 1932 • SHT
OH! MY OPERATION • 1932 • SHT
RED NOSES • 1932
TABASCO KID, THE • 1932 • SHT
UNION WAGES • 1932 • SHT
YOO-HOO • 1932 • SHT
ALIAS THE PROFESSOR • 1933 • SHT
GLEASON'S NEW DEAL • 1933 • SHT
HIS FIRST CASE • 1933 • SHT
HUNTING TROUBLE • 1933 • SHT
MEETING MAZIE • 1933 • SHT
MISTER MUGG • 1933 • SHT
OPEN SESAME • 1933 • SHT
OUT OF GAS • 1933 • SHT

PICK ME UP • 1933 • SHT
PIE FOR TWO • 1933 • SHT
QUIET NIGHT, A • 1933 • SHT
TRAIL OF VINCE BARRETT, THE • 1933 • SHT
TRIFLE BACKWARD, A • 1933 • SHT
WARREN DOANE'S BREVITIES • 1933 • SHT
BEAU BASHFUL • 1934 • SHT
BORN APRIL FIRST • 1934 • SHT
CEILING WHACKS • 1934 • SHT
FINANCIAL JITTERS • 1934 • SHT
FULL COVERAGE • 1934 • SHT
GOOD TIME HENRY • 1934 • SHT
HEARTBURN • 1934 • SHT
HENRY'S SOCIAL SPLASH • 1934 • SHT
I'M A FATHER • 1934 • SHT
JUST WE TWO • 1934 • SHT
PALSIE WALSIE • 1934 • SHT
PERFECTLY MISMATED • 1934 • SHT
PICNIC PERILS • 1934 • SHT
PLEASING GRANDPA • 1934 • SHT
STERLING'S RIVAL ROMEO • 1934 • SHT
THERE AIN'T NO JUSTICE • 1934 • SHT
WHERE'S ELMER? • 1934 • SHT
BONNIE SCOTLAND • HEROES OF THE REGIMENT • 1935
FATHER KNOWS BEST • 1935 • SHT
HOT MONEY • 1935 • SHT
OLD AGE PENSION • 1935 • SHT
THICKER THAN WATER • 1935 • SHT
BOHEMIAN GIRL, THE • 1936
ALL OVER TOWN • 1937
WAY OUT WEST • 1937
SPIDER'S WEB, THE • SPIDER -MASTER OF MEN, THE • 1938 • SRL
FLYING G-MEN • 1939 • SRL
DEADWOOD DICK • 1940 • SRL
GREEN ARCHER, THE • 1940 • SRL
SHADOW, THE • 1940 • SRL
TERRY AND THE PIRATES • 1940 • SRL
HOLT OF THE SECRET SERVICE • 1941 • SRL
IRON CLAW, THE • 1941 • SRL
SPIDER RETURNS, THE • 1941 • SRL
WHITE EAGLE • 1941 • SRL
CAPTAIN MIDNIGHT • 1942 • SRL
PERILS OF THE ROYAL MOUNTED • 1942 • SRL

HORNER HARRY – Art director – CZC – 1910–
BEWARE MY LOVELY • DAY WITHOUT END • 1952
RED PLANET MARS • MIRACLE FROM MARS • 1952
VICKI • 1953
NEW FACES • 1954
LIFE IN THE BALANCE, A • MATTER OF LIVE AND DEATH, A • 1955
MAN FROM DEL RIO, THE • 1956
WILD PARTY, THE • 1956

HORNER ROBERT J. – USA
DEFYING THE LAW • 1922
VIRGINIAN OUTCAST • 1924
COWBOY COURAGE • 1925
HIS GREATEST BATTLE • 1925
MILLIONAIRE ORPHAN, THE • 1926
PONY EXPRESS RIDER • 1926
TWIN SIX O'BRIEN • 1926
WALLOPING KID • 1926
MANSION OF MYSTERY • 1927 • SRL
ACROSS THE PLAINS • 1928
ARIZONA SPEED • 1928
CHEYENNE TRAILS • 1928
FORBIDDEN TRAILS • 1928
MYSTERY RIDER • 1928
RANGER'S OATH • 1928
RIDERS OF VENGEANCE • 1928
RIP ROARING LOGAN • 1928
SECRETS OF THE RANGE • 1928
TEXAS FLASH • 1928
THRILL CHASER, THE • 1928
THROWING LEAD • 1928
TRAILS OF TREACHERY • 1928
TWO GUN O'BRIEN • 1928
WHERE THE WEST BEGINS • 1928
FAR WESTERN TRAILS • 1929
MIDNIGHT ON THE BARBARY COAST • 1929
WHITE OUTLAW, THE • 1929
APACHE KID'S ESCAPE, THE • 1930
KID FROM ARIZONA, THE • 1931
WILD WEST WHOOPEE • 1931
DEFYING THE LAW • 1935
PHANTOM COWBOY, THE • 1935
WESTERN RACKETEERS • 1935
WHIRLWIND RIDER, THE • 1935

HORNEZ ANDRE – FRN
DEUX FAVORIS, LES • MARIKA • 1936

HORNICEK MIROSLAV – CZC
SATAN'S STORIES

HORNICK JAY – USA
SCANTY PANTIES • 1961

HORNICKA LIDIA – PLN
UPIOR W PALACU • GHOST CAN'T TAKE IT, THE ○ GHOSTS IN THE CASTLE • 1960 • ANM
ABOUT JOHNNY WHO MADE SHOES FOR DOGS • 1962 • ANM
DZIECI Z RAMPY • CHILDREN IN THE LIMELIGHT • 1963
ENCHANTED WAMPUM, THE • 1965 • ANM
FOR PETE'S SAKE • 1966 • ANM
KUNDELEK • BASTARD, THE (USA) • 1969 • ANS

HORNING BEN – USA
PRICE ON HIS HEAD, A • 1916
LIGHT OF LOVE, THE • 1917 • SHT

HORNISHER CHRISTINA – USA
4 x 8 + 16

HOROWITZ IRVING – USA
SLAPSHOTS • 1974

HOROWITZ MARK – USA
LOTTE EISNER IN GERMANY • 1980

van der HORST HERMAN – NTH – 1911–1976
METAMORPHOSE • METAMORPHOSIS • 1945 • SHT
ONTLUISTERD LAND • TARNISHED LAND • 1946
BIJSTERE LAND VAN VELUWEN, HET • RAPE OF A COUNTRY • 1948
LANGS ONGEBAENDE KLINGEN • ALONG UNTRODDEN DUNES • 1948
ZEE ONTRUKT, DER • WRESTED FROM THE SEA • 1949
SCHOT IS TE BOORD, HET • SHOOT THE NETS • 1952 • DOC
HOUEN ZO • STEADY NOW ○ STEADY! • 1953 • DOC
VIEREN MARR • LEKKO • 1954
PRIJS DE MAAR • PRAISE THE SEA ○ PRIJS DE ZEE • 1958
FAJA LOBBI • SYMPHONY OF THE TROPICS ○ FIERY LOVE • 1960
PAN • 1962
AMSTERDAM • 1964 • DOC
TOCCATA • 1968

HORST RITA – NTH
ROMEO • 1989

HORTHY JALO MIKLOS – USA
HOOKERS, THE • 1967

HORTON HAROLD H. – USA
BALI THE UNKNOWN: OR APE MAN ISLAND • APE MAN ISLAND • 1921

HORTON PETER – USA
AMAZON WOMEN ON THE MOON • 1987

HORULU KEMAL – USA
SOME LIKE IT VIOLENT • 1968

HORVATH ADAM – HNG
EVENING AT THE CLUB "FESZEK"

HORVATH PETER – HNG
SZERELEM ELSO VERIG • LOVE TILL FIRST BLOOD • 1985

HORWITZ JAMES – UKN
SUSPENDED FORTH • 1969

HOSAKA NOBUHIKO – JPN
CHICHI TO KO • FATHER AND SON • 1983

HOSKINS BOB – Actor – UKN – 1942–
RAGGEDY RAWNEY, THE • 1988

HOSKINS STEPHEN – USA
PREDATOR 2 • 1990

HOSKINS WIN – USA
IT'S A LIVING • 1958 • ANS

HOSOYA K. – JPN
KACHUSHA • KATUSHA • 1914

HOSOYAMA K. – JPN
MACHI NO MONOGATARI • STORY OF THE STREETS, A • 1924

HOSSAIN AMJAD – BNG
GOLAPI EKHON TRENE • GOLAPI'S NOW ON A TRAIN ○ ENDLESS TRAIL • 1977
NAYANMONI • 1977
SUNDARI • 1979
KOSHAI • BUTCHER, THE • 1980
VAT DE • GIVE ME FOOD • 1985

HOSSEIN ROBERT – Actor – FRN – 1927–
SALAUDS VONT EN ENFER, LES • WICKED GO TO HELL, THE • 1955
PARDONNEZ NOS OFFENCES • FORGIVE US OUR TRESPASSES • 1956
TOI LE VENIN • NIGHT IS NOT FOR SLEEP (UKN) ○ NUDE IN A WHITE CAR (USA) ○ BLONDE IN A WHITE CAR • 1958
NUIT DES ESPIONS, LA • NOTTE DELLE SPIE, LA (ITL) ○ NIGHT ENCOUNTER (USA) ○ DOUBLE AGENTS, THE ○ NIGHT OF THE SPIES, THE • 1959
GOUT DE LA VIOLENCE, LE • HAUT FUR HAUT (FRG) • 1960
SCELERATS, LES • TORMENT • 1960
JEU DE LA VERITE, LE • 1961
MORT D'UN TUEUR, LA • 1963
YEUX CERNES, LES • WEB OF FEAR (USA) • 1964
VAMPIRE DE DUSSELDORF, LE • 1965
J'AI TUE RASPOUTINE • TONNERRE SUR SAINT-PETERSBURG ○ I KILLED RASPUTIN (UKN) ○ RASPUTIN (USA) ○ THUNDER OVER ST. PETERSBURG • 1967
CORDE.. UN COLT, UNE • CIMITERO SENZA CROCI (ITL) • 1968
POINT DE CHUTE • 1970
MISERABLES, LES • 1982
CAVIAR ROUGE, LE • 1985

HOSSEINI ALI SAJJADI – IRN
SILENCE • 1990

HOSSFELD H. J. – GRM
SONNTAG DER ANDEREN, DER • SUNDAY OF THE OTHERS, THE • 1959

HOST PER – NRW – –1972
SAME-JAKKI • LAPLANDERS, THE ○ LAST OF THE NOMADS • 1957
SAME AELLIN • LAPPLANDER'S LIFE, THE • 1972

HOSTENKO ANDRZEJ – PLN
SAM NA SAM • SUPERIMPOSITION • 1977

HOTALING A. see **HOTALING ARTHUR D.**

HOTALING A. D. see **HOTALING ARTHUR D.**

HOTALING ARTHUR see **HOTALING ARTHUR D.**

HOTALING ARTHUR D. – USA
HOTALING ARTHUR • HOTALING A. D. • HOTALING A.
HONEYMOON THROUGH SNOW TO SUNSHINE ,A • 1910
RASTUS IN ZULULAND • 1910
NEARSIGHTED CHAPERONE, THE • 1911
SHE WAS THE OTHER • 1911
SMUGGLER, THE • 1912
ALL ON ACCOUNT OF DAISY • 1913
BUILDING A TRUST • 1913
COLLECTING THE BILL • 1913
DETECTIVE DOT • 1913
FATHER'S CHOICE • 1913
FIXING AUNTIE UP • 1913
HER WOODEN LEG • 1913
HIS FIRST EXPERIENCE • 1913
HIS WIDOW • 1913
JIM, THE BURGLAR • 1913
KATE THE COP • 1913
LUCKY COHEN • 1913
MASKED MIX-UP, A • 1913
MINNIE, THE WIDOW • 1913
MISSING JEWELS, THE • 1913
RASTUS AMONG THE ZULUS • 1913
REST CURE, THE • 1913
SHE MUST BE UGLY • 1913
SHE MUST ELOPE • 1913
SIXES AND NINES • 1913
STAGE STRUCK SALLY • 1913
SUNSHINE SUE • 1913
SURPRISE FOR FOUR • 1913
TEN ACRE GOLD BRICK, A • 1913
THIS ISN'T JOHN • 1913
WIDOW'S WILES, THE • 1913
WILL WILLIE WIN? • 1913
ZEB, ZACK AND THE ZULUS • 1913
ZULU KING, THE • 1913
ALL IN THE AIR • 1914
ANTIDOTE FOR SUICIDE • 1914
BEST MAN, THE • 1914
BULLY'S DOOM, THE • 1914
BUSINESS AND LOVE • 1914
BUTT-ING IN • 1914
CARD OF MYSTERY, THE • 1914
FOR A WIDOW'S LOVE • 1914
GETTING EVEN • 1914
HE SAID HE COULD ACT • 1914
INNOCENT VICTIM, AN • 1914
JUST A NOTE • 1914
PAT'S REVENGE • 1914
PEACEMAKER'S PAY, THE • 1914
SAM AND THE BULLY • 1914
SERVANT GIRL'S LEGACY, THE • 1914
SMILES OF FORTUNE • 1914
SOUBRETTE AND THE SIMP, THE • 1914
TAMING TERRIBLE TED • 1914
THAT TERRIBLE KID • 1914
WHEN DOLLY PASSED AWAY • 1914
ARTFUL ARTIST, AN • 1915
AVENGING BILL • 1915
BILLIE JOINS THE NAVY • 1915
CAPTAIN KIDD AND DITTO • 1915
CELLAR SPY • 1915
CELLO CHAMPION, THE • 1915
CLOTHES COUNT • 1915
CLUB MAN, THE • 1915
DAY ON THE FORCE, A • 1915
GOLDEN OYSTER • 1915
HE COULDN'T EXPLAIN • 1915
HER ROMEO • 1915
HE'S BEAR • 1915
HIS BODY GUARD • 1915
IT HAPPENED ON WASH DAY • 1915
JUST LIKE KIDS • 1915
LIFE GUARD, THE • 1915
LUCKY STRIKE, A • 1915
MATILDA'S LEGACY • 1915
NEW BUTLER, THE • 1915
NEW VALET, THE • 1915
OUT FOR A STROLL • 1915
PERCIVAL'S AWAKENING • 1915
PLAYING HORSE • 1915
PRICE OF PIES, THE • 1915
QUEENIE OF THE NILE • 1915
SAFE INVESTMENT, A • 1915
SI AND SUE, ACROBATS • 1915
SUBSTITUTE, THE • 1915
SUSIE'S SUITORS • 1915
THEY LOOKED ALIKE • 1915
THINK OF THE MONEY • 1915
TWIN SISTER, THE • 1915
WHEN MOTHER VISITED NELLIE • 1915
WHEN WIFIE SLEEPS • 1915
WIFIE'S MA COMES BACK • 1915
DEPOT ROMEO, A • 1917 • SHT
GENERAL, THE • 1917
HARD LUCK • 1917 • SHT
LUNCH • 1917 • SHT
MAKE YOUR EYES BEHAVE • 1917 • SHT
ALL STUCK UP • 1918 • SHT
CHECK YOUR HAT, SIR? • 1918 • SHT
GEEZER OF BERLIN, THE • 1918 • SHT
HE LOVED HER SO • 1918 • SHT
JAZBO SHERIFF, THE • 1918 • SHT
NEXT • 1918 • SHT
NUT STUFF • 1918 • SHT
ONE NIGHT • 1918 • SHT
SOUP AND FISH BALL, THE • 1918 • SHT
TOUGH KNIGHT, A • 1918 • SHT
WILD ALGY OF PICCADILLY • 1918 • SHT
GENTLEMAN PREFERRED, A • 1928

HOU CHIN – HKG
KUNG FU-GIRL FIGHTER • 1971

HOU HSIAO-HSIEN – TWN – 1947–
AN-AN-TE CHIA-CH'I • 1983
ERH-TZU-TE TA WAN-OU • SANDWICH MAN, THE • 1983
FENG-KUEI-LAI-TE JEN • BOYS FROM FENGKUEI, THE ○ ALL THE YOUTHFUL DAYS • 1983
DONGDONG DE JIAQUI • SUMMER AT GRANDPA'S, A • 1984
T'UNG-NIEN WANG-SHIH • TIME TO LIVE AND THE TIME TO DIE, THE ○ TONGNIAN WANGSHI • 1985
NI-LO-HO NU-ERH • DAUGHTER OF THE NILE ○ NILOUE, NUER ○ NILUOHE NUER • 1988
PEI-CH'ING CH'ENG-SHIH • CITY OF SADNESS, A (UKN) • 1989

HOUCK JOY JR. see **HOUCK JOY N. JR.**

HOUCK JOY N. JR. – USA
HOUCK JOY JR.
NIGHT OF BLOODY HORROR • 1969
HIS WIFE'S HABIT • WOMEN AND BLOODY TERROR • 1970
BRAIN MACHINE, THE • GRAY MATTER ○ MIND MACHINE ○ MIND WARP ○ GREY MATTER • 1972
NIGHT OF THE STRANGLER • VENGEANCE IS MINE • 1975
CREATURE FROM BLACK LAKE, THE • CREATURE FROM THE BLACK LAKE, THE • 1976

HOUDINI HARRY – Escapologist – USA – 1874–1926
HALDANE OF THE SECRET SERVICE • 1923

HOUGH HAROLD – UKN
BOMBARDMENT OF PORT ARTHUR, THE • 1904
GARROTTING A MOTOR CAR • 1904
MAN THE LIFEBOAT • 1904
STORY OF A COLLIERY DISASTER, THE • 1904
AMOROUS POLICEMAN, THE • 1906
ATTACK IN THE REAR • 1906
CHASER CHASED, THE • 1906
DENTIST'S REVENGE, THE • 1906
DOG DETECTIVE, THE • 1906
GREAT TEMPTATION, A • 1906
HOW ISAACS WON THE CUP • 1906
INQUISITIVE BERTIE • BERTIE AT THE GYMNASIUM • 1906
NAVAL ENGAGEMENT, A • 1906
SLAVERY DAYS –THE NEW MASTER • 1906
TURNING THE TABLES • 1906
BET THAT DIDN'T COME OFF, THE • 1907
CHILD ACCUSER, THE • 1907
GAMEKEEPER'S DOG, THE • 1907
GETTING HIS CHANGE • 1907
HUSBAND AND HOW TO TRAIN "IT", A • 1907
HUSBANDS BEWARE • 1907
JONES' BIRTHDAY • 1907
RENT DAY • 1907
TOMMY'S BOX OF TOOLS • 1907
UNLUCKY HORSESHOE, THE • 1907

HOUGH JOHN – UKN – 1941–
WOLFSHEAD: THE LEGEND OF ROBIN HOOD • 1969 • MTV
EYEWITNESS • SUDDEN TERROR • 1970
PRACTICE, THE • 1971
TREASURE ISLAND • ISLA DEL TESORO, LA • 1972
TWINS OF EVIL • TWINS OF DRACULA ○ GEMINI TWINS, THE ○ VIRGIN VAMPIRES • 1972
LEGEND OF HELL HOUSE, THE • 1973
DIRTY MARY, CRAZY LARRY • 1974
ESCAPE TO WITCH MOUNTAIN • 1975
BRASS TARGET • 1978
RETURN FROM WITCH MOUNTAIN • 1978
WATCHER IN THE WOODS, THE • 1980
INCUBUS • 1981
TRIUMPHS OF A MAN CALLED HORSE • 1983
BLACK CARRION • 1984
CZECH MATE • 1984
BIGGLES • BIGGLES: ADVENTURES IN TIME (USA) ○ BIGGLES GETS OF THE GROUND • 1985
BLACK ARROW • 1985 • TVM
DISTANT SCREAM, A • 1985
HAZARD OF HEARTS, A • 1987 • TVM
AMERICAN GOTHIC • HIDE AND SHRIEK • 1988
HOWLING IV: THE ORIGINAL NIGHTMARE • 1988
LADY AND THE HIGHWAYMAN, THE • 1988 • TVM
SAY ANYTHING • 1989

HOUGH R. L. see **HOUGH R. LEE**

HOUGH R. LEE – USA
HOUGH R. L.
GIRL-SHY COWBOY, THE • 1928
WILD WEST ROMANCE • 1928
SILENT WITNESS • 1932

HOURY HENRI – USA
HOURY HENRY
CLUTCH OF CIRCUMSTANCE, THE • 1918
LOVE WATCHES • 1918
MISS AMBITION • 1918
DARING HEARTS • 1919
GUARDIAN OF THE ACCOLADE, THE • 1919 • SHT
SHOCKS OF DOOM • 1919 • SHT

HOURY HENRY see **HOURY HENRI**

HOUSSIN JACQUES – FRN – 1902–
PLEIN AUX AS • 1933
ODETTE • DECHEANCE • 1934
DEUX COMBINARDS, LES • 1937
RENDEZ-VOUS CHAMPS-ELYSEES • CONTROLEUR DES CHAMPS-ELYSEES, LE ○ RENDEZ-VOUS AUX CHAMPS-ELYSEES • 1937
FEUX DE JOIE • 1938
PRINCE BABOULE • BUSINESS • 1938
MISTRAL, LE • 1942
FEU NICOLAS • 1943
MERLE BLANC, LE • 1944
EN ETES-VOUS BIEN SUR? • 1946
SECRET DU FLORIDA, LE • AVENTURE SUR LA COTE ○ LARGUEZ LES VOILES • 1946
VIENT DE PARAITRE • 1949

HOUSTON BOBBY – CND
BAD MANNERS • GROWING PAINS • 1984

HOUSTON CLYDE – USA
FOX STYLE • 1986

HOUSTON ROBERT – USA
SHOGUN ASSASSIN • SANZU NO KAWA NO UBAGURAMA ○ BABY CART AT THE RIVER STYX ○ KOSURE OOKAMI ○ KOSURE OOKAMI N.2 • 1980
TRUST ME • 1989

HOUSTON TONY – USA
OUTLAW RIDERS • 1971

HOUWER ROB – Producer – NTH – 1937–
HUNDSTAGE • DOG DAYS • 1958 • SHT
BEGRABNIS, DAS • 1960
FERIEN • 1961
GEBT EUCH NICHT DER TRAUER HIN • 1961
MISSISSIPPI-ILLUSION • 1961
NACHMITTAG FUR UNS • 1961
HUTET EURE TOCHTER • GELBE WAGEN, DER ○ ZEHNTAUSEND • 1962
SLEUTEL, DE • SCHLUSSEL, DER ○ KEY, THE • 1963 • SHT
AANMELDING • APPLICATION ○ ANMELDUNG • 1964 • SHT
KONFERENZ-DALMETSCHER • 1964
VIERUNDZWANZIG BILDER • 1965
MEISJES • 1966
VIJFDE ELEMENT, HET • FUNFTE ELEMENT, DAS • 1966
ZIRKUS KOMMT, DER • 1966

HOVDE ELLEN – USA
GREY GARDENS • 1975 • DOC
ENORMOUS CHANGES AT THE LAST MINUTE • 1983

HOVEN A. see **HOVEN ADRIAN**

HOVEN ADRIAN – Actor – GRM – 1923–
HOVEN A. • PARKER PERCY G.
IM SCHLOSS DER BLUTIGEN BEGIERDE • IN THE CASTLE OF BLOODY DESIRES ○ CASTLE OF LUST (USA) ○ IN THE CASTLE OF BLOODY LUST • 1968
BRENN, HEXE, BRENN • BURN, WITCH, BURN (UKN) ○ MARK OF THE DEVIL (USA) ○ HEXEN BIS AUFS BLUT GEQUALT ○ MARK OF THE WITCH ○ SATAN ○ AUSTRIA 1700 • 1969
SIEGFRIED UND DAS SAGENHAFTE LIEBESLEBEN DER NIBELUNGEN • LONG SWIFT SWORD OF SIEGFRIED, THE (USA) ○ MAIDEN QUEST ○ EROTIC ADVENTURES OF SIEGFRIED, THE (UKN) ○ TERRIBLE QUICK SWORD OF SIEGFRIED, THE • 1971
HEXEN: GESCHANDET UND ZU TODE GEQUALT • WITCHES: VIOLATED AND TORTURED TO DEATH (USA) ○ MARK OF THE DEVIL, PART II • 1972
STREGHE NERE, LE • 1975

HOVING HATTUM – NTH – 1918–1976
GO OUT INTO THE WORLD • 1950
OS MUNDI • 1960
ZEILEN • SAILING • 1962 • SHT
INTERLUDIUM ELECTRONICUM • 1964 • SHT
MIXUMMERDAYDREAM • 1968
OCEAN OF AIR, THE • 1970 • SHT
LIGHT • 1971

HOVMAND ANNELISE – DNM
INGEN TID TIL KOERTERN • NO TIME FOR TENDERNESS • 1957
KRUDT OG KLUNKER • POWDER AND SHOT • 1959
FRIDEHENS PRIS • PRICE OF LIBERTY, THE • 1960
GONGEHOVDINGEN • GOINGE, THE AKVAVIT CHAMPION • 1961
SEKSTET • SEXTET • 1964
UP HE GOES • 1967
ET DOGN MED ILSE • PRIVATE PARTY • 1971

HOWARD ANTHONY – USA
BAKHTIARI MIGRATION, THE • PEOPLE OF THE WIND • 1975 • DOC

HOWARD CAL – Animator – USA
PORKY'S PHONEY EXPRESS • 1938 • ANS

HOWARD CECIL – USA
OCTOBER SILK
NEON NIGHTS • 1982

HOWARD CY – Screenwriter – USA – 1915–
LOVERS AND OTHER STRANGERS • 1970
EVERY LITTLE CROOK AND NANNY • 1972
IT COULDN'T HAPPEN TO A NICER GUY • 1974 • TVM

HOWARD DAVID – USA – 1896–1941
DEL MISMO BARRO • 1930
ESCLAVAS DE LA MODA • 1930
LADRON DE AMOR • 1930
ULTIMO DE LOS VARGAS, EL • 1930
CONOCESA YU MUJER • 1931
HORIZONTES NUEVOS • 1931
ERAN TRECE • 1932
GOLDEN WEST, THE • 1932
MARIDO Y MUJER • 1932
MYSTERY RANCH • KILLER, THE • 1932
RAINBOW TRAIL, THE • 1932
CUANDO EL AMOR RIE • WHEN LOVE LAUGHS • 1933
MYSTERY SQUADRON • 1933 • SRL
SMOKE LIGHTNING • 1933
CRIMSON ROMANCE • 1934
IN OLD SANTA FE • 1934
LOST JUNGLE, THE • 1934 • SRL
HARD ROCK HARRIGAN • 1935
MARINES ARE COMING, THE • 1935
THUNDER MOUNTAIN • 1935
WHISPERING SMITH SPEAKS • 1935
BORDER PATROLMAN, THE • 1936
CONFLICT • 1936
DANIEL BOONE • ADVENTURES OF DANIEL BOONE • 1936
MINE WITH THE IRON DOOR, THE • 1936
O'MALLEY OF THE MOUNTED • 1936
PARK AVENUE LOGGER • MILLIONAIRE PLAYBOY (UKN) ○ TALL TIMBER • 1937
BORDER G-MAN • 1938
GUN LAW • 1938
HOLLYWOOD STADIUM MYSTERY • STADIUM MURDERS, THE • 1938
LAWLESS VALLEY • 1938
PAINTED DESERT, THE • 1938
RENEGADE RANGER, THE • RANGER CODE • 1938
ARIZONA LEGION • 1939
FIGHTING GRINGO, THE • 1939
MARSHAL OF MESA CITY, THE • 1939
ROOKIE COP, THE • SWIFT VENGEANCE (UKN) ○ G-DOG • 1939
TIMBER STAMPEDE • 1939
TROUBLE IN SUNDOWN • KNIGHT IN GHOST TOWN, A • 1939
BULLET CODE • 1940
LEGION OF THE LAWLESS • 1940
PRAIRIE LAW • 1940
TRIPLE JUSTICE • 1940
DUDE COWBOY • 1941
SIX GUN GOLD • 1942

HOWARD GEORGE BRONSON – USA
CLASH OF STEEL • 1917 • SHT
CRIMSON BLADE, THE • 1917 • SHT
DREADED TUBE, THE • 1917 • SHT
INTERNATIONAL SPY, THE • 1917 • SHT
LAST CIGARETTE, THE • 1917 • SHT
MAN IN THE TRUNK, THE • 1917 • SHT
SIGNET RING, THE • 1917

HOWARD GODFREY – Writer – UKN – 1921–
LIFE TO BE LIVED

HOWARD HOWARD A. – USA
EROTIC WORLD OF ANGEL CASH • 1982

HOWARD JAMES – USA
WELCOME HOME JOHNNY • 1974

HOWARD JOHN – ASL – 1945–
EUROPEAN GRASS SKI • 1975 • DOC
RIO VEREO 77 • 1976 • DOC
VOLKSWAGENN WAY AHEAD • 1976 • DOC

HOWARD KENNETH – GRM
SCHOOL GIRLS • 1977

HOWARD LESLIE – Actor – UKN – 1893–1943
PYGMALION • 1938
PIMPERNEL SMITH • FIGHTING PIMPERNEL, THE (USA) ○ MISTER V ○ MR. V • 1941
FIRST OF THE FEW, THE • SPITFIRE (USA) ○ SPITFIRE: THE FIRST OF THE FEW • 1942
GENTLE SEX, THE • 1943

HOWARD NICK see **IQUINO IGNACIO F.**

HOWARD NOEL – FRN – 1920–1987
D'OU VIENS-TU, JOHNNY? • 1963
FABULEUSE AVENTURE DE MARCO POLO, LA • MERAVIGLIOSE AVVENTURE DI MARCO POLO, LE (ITL) ○ MARKO POLO (YGS) ○ ECHIQUER DE DIEU, L' ○ FABULOUS ADVENTURES OF MARCO POLO, THE ○ MARCO THE MAGNIFICENT (USA) • 1965
NO OYES LADRAR A LOS PERROS? • CAN'T YOU HEAR THE DOGS BARKING? ○ DON'T YOU HEAR THE DOGS BARK? ○ ENTENDS-TU LES CHIENS BOYER? ○ DO YOU HEAR THE DOGS BARKING? • 1974

HOWARD ROBERT – USA
META • 1947 • SHT

HOWARD RON – Actor – USA – 1954–
GRAND THEFT AUTO • 1977
COTTON CANDY • 1978 • TVM
SKYWARD • 1980 • TVM
THROUGH THE MAGIC PYRAMID • TIME CRYSTAL, THE • 1981 • TVM
NIGHT SHIFT • NIGHTSHIFT • 1982
SPLASH • 1984
COCOON • 1985
GUNG HO • 1985
WILLOW • 1988
PARENTHOOD • 1989

HOWARD SANDY – USA
DIARY OF A BACHELOR • 1964
ONE STEP TO HELL • CACCIA AI VIOLENTI (ITL) ○ REY DE AFRICA (SPN) ○ KING OF AFRICA • 1968
ANGEL • 1984

HOWARD SIMON – UKN
REMORSE • 1989 • SHT

HOWARD WILLIAM K. – USA – 1899–1954
GET YOUR MAN • 1921
PLAY SQUARE • 1921
WHAT LOVE WILL DO • 1921
CAPTAIN FLY-BY-NIGHT • 1922
CRUSADER, THE • 1922
DESERTED AT THE ALTAR • 1922
EXTRA! EXTRA! • 1922
LUCKY DAN • 1922
TROOPER O'NEILL • 1922
DANGER AHEAD • 1923
FOURTH MUSKETEER, THE • 1923
LET'S GO • 1923
BORDER LEGION, THE • 1924
EAST OF BROADWAY • 1924
CODE OF THE WEST • 1925
LIGHT OF WESTERN STARS, THE • 1925
THUNDERING HERD, THE • 1925
BACHELOR BRIDES • BACHELOR'S BRIDES • 1926
GIGOLO • 1926
RED DICE • 1926
VOLCANO • 1926
MAIN EVENT, THE • 1927
WHITE GOLD • 1927
RIVER PIRATE, THE • 1928
SHIP COMES IN, A • HIS COUNTRY (UKN) • 1928
CHRISTINA • 1929
LOVE, LIVE AND LAUGH • 1929
VALIANT, THE • 1929
GOOD INTENTIONS • 1930
SCOTLAND YARD • "DETECTIVE CLIVE", BART. (UKN) • 1930
DON'T BET ON WOMEN • MORE THAN A KISS (UKN) • 1931
SURRENDER, THE • 1931
TRANSATLANTIC • 1931
FIRST YEAR • 1932
SHERLOCK HOLMES • 1932
THIS SIDE OF HEAVEN • IT HAPPENED ONE DAY • 1932
TRIAL OF VIVIENNE WARE, THE • 1932
CAT AND THE FIDDLE, THE • 1933
POWER AND THE GLORY, THE • POWER AND GLORY (UKN) • 1933
EVELYN PRENTICE • 1934
MARY BURNS, FUGITIVE • 1935
RENDEZVOUS • BLACK CHAMBER • 1935
VANESSA, HER LOVE STORY • VANESSA (UKN) • 1935
PRINCESS COMES ACROSS, THE • 1936
FIRE OVER ENGLAND • 1937
FOUR DARK HOURS • GREEN COCKATOO, THE ○ RACE GANG • 1937
OVER THE MOON • 1937
SQUEAKER, THE • MURDER IN DIAMOND ROW (USA) • 1937
BACK DOOR TO HEAVEN • 1939
KNUTE ROCKNE –ALL AMERICAN • MODERN HERO, A (UKN) • 1940
MONEY AND THE WOMAN • 1940
BULLETS FOR O'HARA • 1941
KLONDIKE FURY • 1942
JOHNNY COME LATELY • JOHNNY VAGABOND (UKN) • 1943
WHEN THE LIGHTS GO ON AGAIN • 1944
GUY COULD CHANGE, A • 1946

HOWE ELIOT – USA
BLUE BLOOD • 1918
WITH HOOPS OF STEEL • 1918
SILVER GIRL, THE • 1919
TODD OF THE TIMES • 1919
GRAY DAWN, THE • GREY DAWN, THE • 1922
WHEN ROMANCE RIDES • 1922

HOWE J. A. – USA
HOWE JAMES A. • HOWE JAY A.
AFTER THE BALLED-UP BALL • 1917 • SHT
DAMAGED -NO GOODS • 1917 • SHT
DEFECTIVE DETECTIVES • 1917 • SHT
FAKING FAKERS • 1917 • SHT
LIMBURGER CYCLONE, A • 1917 • SHT
NABBING A NOBLE • 1917 • SHT
STOWAWAYS AND STRATEGY • 1917 • SHT
SUDS OF LOVE • 1917 • SHT
TOM'S TRAMPING TROUPE • 1917 • SHT
BONDS AND BANNERS • 1918 • SHT
CAPERS AND CROOKS • 1918 • SHT
CHUMPS AND COPS • 1918 • SHT
COUNTS AND NO ACCOUNTS • 1918 • SHT
COURTS AND CONVICTS • 1918 • SHT
FLAPPERS AND FRISKIES • 1918 • SHT
FLIRTS AND FAKERS • 1918 • SHT
JUMBLES AND JOKERS • 1918 • SHT
JUMPING JACKS AND JAIL BIRDS • 1918 • SHT
LAME BRAINS AND LUNATICS • 1918 • SHT
LAWS AND OUTLAWS • 1918 • SHT
LOVE AND LAVALLIERES • 1918 • SHT
MISFITS AND MATRIMONY • 1918 • SHT
PEANUTS AND POLITICS • 1918 • SHT
SHINES AND MONKEYSHINES • 1918 • SHT
SKIPPERS AND SCHEMERS • 1918 • SHT
SLEUTHS AND SLICKERS • 1918 • SHT
SNEAKERS AND SNOOZERS • 1918 • SHT
TELEPHONES AND TROUBLES • 1918 • SHT
TRAMPS AND TRAITORS • 1918 • SHT
WOUNDED HEARTS AND WEDDING BELLS • 1918 • SHT
BEAUTY AND BOOTY • 1919 • SHT
FOOTBALLS AND FRAUDS • 1919 • SHT
JAZZ AND JAILBIRDS • 1919 • SHT
MULES AND MORTGAGES • 1919 • SHT
OH! YOU EAST LYNN! • 1919 • SHT
SOAPSUDS AND SAPHEADS • 1919 • SHT
ALL FOR THE DOUGH BAG • 1920 • SHT
BROWNIE'S BUSY DAY • BROWNIE'S TAKING WAYS • 1920 • SHT
BULL THROWER, THE • 1920 • SHT
MOONSHINES AND JAILBIRDS • 1920 • SHT
OFF HIS TROLLEY • 1920 • SHT
RESTAURANT RIOT, A • 1920 • SHT
VILLAIN'S BROKEN HEART, A • 1920 • SHT
BIG MOMENTS FROM LITTLE PICTURES • 1924 • SHT
CAKE EATER, THE • 1924 • SHT
COWBOY SHEIK, THE • 1924 • SHT
GEE WHIZ GENEVIEVE! • 1924 • SHT

HOWE JAMES A. see **HOWE J. A.**

HOWE JAMES WONG – Dir. photo – CHN – 1899–1976
WORLD OF DONG KINGMAN, THE • 1953
GO, MAN, GO! • 1954
INVISIBLE AVENGER • BOURBON STREET SHADOWS • 1958

HOWE JAY A. see **HOWE J. A.**

HOWE JOHN – CND – 1926–
INVASION FROM THE SOUTH • 1956 • DOC
NORTH OF 60° • 1956 • DOC
OUR NORTHERN CITIZEN • 1956 • DOC
SCEPTRE AND THE MACE, THE • 1957
ST. LAWRENCE SEAWAY, THE • 1958 • DOC
CANADA ON STAGE • 1960 • DOC
LORD DURHAM • 1960
ROBERT BALDWIN • 1960
MATHEMATICS AT YOUR FINGERTIPS • 1961 • DOC
TEST, THE • 1961
YUKON OLD, YUKON NEW • 1961 • DOC
GEORGES-ETIENNE CARTIER • 1962
VOTE FOR MICHALSKI • 1962
DAVID AND HAZEL • 1963
GONE CURLING • 1963
HEAD MEN, THE • 1963
JAMIE • 1963
PORTRAIT OF THE ARTIST • 1963
THREE APPRENTICES • 1963
THREE GRANDMOTHERS • 1963
WEDDING DAY • 1963
LONG WAY'S TO GO, A • 1966
CANADIANS CAN DANCE • 1967 • DOC
DO NOT FOLD, STAPLE, SPINDLE OR MUTILATE • 1967
PLEASANT DUTY, A • 1971
WHY I SING • 1972
STAR IS LOST!, A • STAR • 1974
WHY ROCK THE BOAT? • 1974
STRANGER AT THE DOOR • 1977
CHOICE OF TWO, A • 1981
EXCUSE ME, BUT THERE'S A COMPUTER ASKING FOR YOU • 1983

HOWE KIT – USA
POPULAR VILLAIN, A • 1919 • SHT

HOWELLS BARRIE – CND
SMALL IS BEAUTIFUL -IMPRESSIONS OF FRITZ SCHUMACHER • 1978 • DOC
NOT FAR FROM BOLGATANGA • 1982

HOWELLS JACK – Writer – UKN – 1915–
HERE'S TO THE MEMORY • 1947 • DOC

HOWES OLIVER – ASL – 1940–
SUGGEST A BETTER WAY • 1970 • DOC
THREE TO GO • 1970
AUSTRALIA'S NORTH WEST • 1972 • DOC
TIMBER TOWN • 1972 • DOC
UNKNOWN LAND • 1972 • DOC
IRRIGATION: THE ORD RIVER SCHEME AND THE M.I.A. • 1973 • DOC
WOKABOUT BILONG TONTEN • 1974
SAY IN YOUR COMMUNITY WITH THE AUSTRALIAN ASSISTANCE PLAN, A • 1975 • DOC
CHORUS AND PRINCIPALS ON STAGE PLEASE • 1976 • SHT
LET THE BALLOON GO • 1976
SAY YOU WANT ME • 1977 • SHT
THINGS WE WANT TO KEEP, THE • 1979 • DOC
ON SACRED GROUND • 1980 • DOC
HUMAN FACE OF JAPAN, THE • 1982 • DOC
HUMAN FACE OF THE PACIFIC, THE • 1984 • DOC

HOWSON FRANK – ASL
HUNTING • 1989

HOYLAND MARGARET – UKN
LITTLE PAPER PEOPLE • 1935

HOYT ARTHUR – Actor – USA
HIGH STAKES • 1918
STATION CONTENT • 1918

HOYT GEORGE – USA
CAPTIVE BRIDE, THE • 1919 • SHT

HOYT HARRY O. – USA – 1891–1961
BROADWAY SAINT, A • 1919
FOREST RIVALS • 1919
HAND INVISIBLE, THE • 1919
THROUGH THE TOILS • 1919
RIDER OF THE KING LOG, THE • 1921
CURSE OF DRINK, THE • 1922
THAT WOMAN • 1922
FANGS OF THE WOLF • 1924
FATAL PLUNGE, THE • 1924
LAW DEMANDS, THE • 1924
RADIO FLYER, THE • 1924
SUNDOWN • 1924
WOMAN ON THE JURY, THE • 1924
LOST WORLD, THE • 1925
PRIMROSE PATH, THE • 1925
UNNAMED WOMAN, THE • 1925
WHEN LOVE GROWS COLD • 1925
BELLE OF BROADWAY, THE • DARLING OF PARIS, THE • 1926
BITTER APPLES • 1927
RETURN OF BOSTON BLACKIE, THE • 1927
PASSION SONG, THE • 1928
JUNGLE BRIDE • 1933

HOYT ROBERT – USA
RACKETEER ROUND-UP • 1934
GUNNERS AND GUNS • GUNS AND GUNNERS (UKN) • 1935

HOZUMI TOSHIMASA – JPN
MUSUME SAMBA GARASU • 1957
DORONKO TENGOKU • 1958
TOSHIGORO • 1958
MAYONAKA NO SHOJO • 1959

HRISTIAN YAN – GRC
EPISTROFI TIS MIDIAS, I • MEDEA'S RETURN • 1968

HRISTOFIS HRISTOFOROS – GRC
WANDERING • 1980

HRISTOV HRISTO – BUL – 1926–
CHRISTOV CHRISTO • KHRISTOV KHRISTO
IKONOSTASAT • ICONOSTASIS • 1968
NAKOVAINA ILLI TCHOUK • ANVIL OR HAMMER ◦ NAKOVALNYA ILI CHUK ◦ HAMMER OR ANVIL • 1972
VEREISTE BRUCKE, DIE • 1973
POSLEDNO LYATO • LAST SUMMER, THE • 1974
TREE WITHOUT ROOTS, A • 1974
ZIKLOPAT • CYCLOPS, THE ◦ TSIKLOPUT • 1976
BARIERATA • BARRIER, THE • 1979
KAMIONAT • LORRY, THE • 1980
QUESTION TIME • 1984
REFERENCE • 1986
TEST 88 • 1988

HRS VLADIMIR – YGS
QUO VADIS? • 1974

HRUBY MILOSLAV – CZC
NESMRTELNA LASKA • IMMORTAL LOVE • 1961

HRUSINSKY RUDOLF – Actor – CZC – 1920–
PANCHO SE ZENI • PANCHO TAKES A WIFE • 1946

HSIEH TIEN – CHN
LITTLE BELL • 1964

HSIEH TSIN see **XIE JIN**

HSIUNG TING-WU – HKG
RIDER OF REVENGE • 1971

HSO KUAN-WEN see **HUI MICHAEL**

HSU AN-HUA – CHN – 1947–
HUI ANN
FENG CHIEH • SECRET, THE • 1980
CHUANG TAO CHENG • SPOOKY BUNCH, THE • 1981
HU-YUEH-TE KU-SHIH • STORY OF WOO-VIET, THE ◦ STORY OF WU-VIET, THE • 1982
T'OU-PEN NU-HAI • BOAT PEOPLE • 1983
CH'ING-CH'ENG-CHIH LIEN • REIGNING BEAUTY, THE • 1984
LOVE IN A FALLEN CITY • 1984
JINYE XINGGUANG CANLAN • 1988
SHU JIAN EN CHOU LU • ROMANCE OF BOOK & SWORD, THE ◦ BOOK AND THE SWORD, THE • 1988
HAKTOU TSAUHAN • 1989
SONG OF THE EXILE • 1989

HSU K'O – HKG
TI-YU WU-MEN • WE'RE GOING TO EAT YOU • 1980
TIEH PIEN • BUTTERFLY MURDERS • 1980
KUEI-MA CHIH-TO HSING • FOR THE RIGHT SOLUTION ◦ ALL THE WRONG CLUES • 1981
TI-YI-LEI-HSING WEI-HSIEN • ENCOUNTERS OF THE FIRST KIND • 1981
SHU SHAN • ZU WARRIORS FROM THE MAGIC MOUNTAIN • 1983

HSU T'AO see **XU TAO**

HSU TYRONE – HKG
SIX DIRECTIONS OF BOXING, THE • 1979

HSU V. V. – IND
LIGHT THAT FAILED, THE • 1980

HU BINGLIU – CHN
XIANGYIN • COUNTRY PEOPLE • 1983

HU CHIEH – TWN
KWOK SU YUEH BEARS A CHILD IN THE COFFIN

HU CHIN-CHUAN see **HU KING**

HU HSIAO-FENG – HKG
WAN HU CH'IEN CHIA • FAMILY IN THOUSANDS, A • 1976
YI P'ANG JOU • POUND OF FLESH • 1976

HU JINQUAN see **HU KING**

HU KING – CHN – 1931–
HU WU KING • KING HU • HU CHIN-CHUAN • HU JINQUAN
STORY OF SUE SAN, THE • 1962
LIANG SHAN-PO YU CHU YING-T'AI • ETERNAL LOVE ◦ LOVE ETERNE, THE • 1963
TING YI-SHAN • 1964
LUNG-MEN K'E-CHEN • DRAGON GATE INN (USA) ◦ LUNG-MEN K'O-CHAN ◦ DRAGON INN • 1966
TA TSUI HSIA • COME DRINK WITH ME ◦ BIG DRUNKEN HERO • 1966
TA-TI NU-ERH • SONS OF THE GOOD EARTH ◦ CHILDREN OF THE GOOD EARTH • 1967
HSIA NU • TOUCH OF ZEN, A ◦ GALLANT GIRL, THE • 1968
HSI, NOU, AI, LUEH • FOUR MOODS (USA) ◦ HSI NU AI LE • 1970
YING CH'UN KO CHIH FENG-PO • FATE OF LEE KHAN, THE ◦ TROUBLE AT SPRING INN • 1973
CHUNG LIEH T'U • PATRIOTS, THE ◦ VALIANT ONES, THE ◦ PORTRAIT OF THE PATRIOTIC HEROES • 1975
KUNG SHAN LING YU • RAINING IN THE MOUNTAINS ◦ RAINING ON THE MOUNTAIN • 1978
SHAN-CHUNG CH'UAN-CHI • LEGEND OF THE MOUNTAIN (USA) • 1978
CHUNG-SHEN TA SHIH • JUVENIZER, THE ◦ REJUVENATOR, THE • 1981
TA LUN HUI • WHEEL OF LIFE, THE • 1983
T'IEN-HSIA TI-YI • ALL THE KING'S MEN • 1983
WORLD'S BEST MEN, THE • 1984
SIU NGOU GONGWU • SWORDSMAN • 1990

HU MEI – CHN
YUANLIZHANZHENGDE NIANDAI • FAR FROM WAR • 1988

HU SIN YUE – HKG
FIGHT FOR GLORY

HU WU KING see **HU KING**

HUA-SHAN – CHN
HOMICIDES PART II
SUPER INFRAMAN, THE • INFRA SUPERMAN, THE • 1975
INFRA-MAN • 1976
HSUEH YING-WU • BLOODY PARROT • 1980
SHUI-CHING JEN • CRYSTALMAN • 1981

HUA YI-HUNG – HKG
CH'UNG P'O SZU-WANG HSIEN • STRUGGLE TO SURVIVE ◦ CH'UNG P'O • 1981

HUANG FENG – HKG
ANGRY RIVER • 1970
LADY KUNG FU • 1971
DEADLY CHINA DOLL • OPIUM TRAIL, THE • 1973
HAP-KI-DO • 1973
STONER • 1974
WHEN TAEKWONDO STRIKES • 1974

HUANG HUA-CHI – HKG
LIN YA-CHEN LAO-HU YU HSIEH HSIA • LAM AH CHUN BLUNDERS AGAIN • 1980

HUANG JIANXIN – CHN
HEI PAO SHIJIAN • BLACK CANNON AFFAIR, THE ◦ BLACK CANNON INCIDENT, THE ◦ HEIPAO SHIJIAN • 1985
CUOWEI • STAND-IN, THE ◦ DISLOCATION • 1987
LUNHUI • SAMSARA • 1988

HUANG JIANZHONG – CHN
RUYI • AS-YOU-WISH • 1983
LIANGJIA FUNU • GIRL OF A GOOD FAMILY ◦ WOMANKIND, THE ◦ GOOD WOMAN, A • 1985
YIGE SIZHE DUI SHENGZHE DE FANGWEN • QUESTIONS FOR THE LIVING • 1987
ZHEN NU • TWO VIRTUOUS WOMEN • 1988

HUANG KIN LUNG – HKG
LE BRUCE
BRUCE THE KING OF KUNG FU • 1984
BRUCE THE SUPERHERO • 1984

HUANG LUNG – HKG
DEADLY STRIKE, THE • 1979

HUANG SHA – HKG
LIANG SHAN-PO AND CHU YING-TAI • LIANG SHANBO AND ZHU YINGTAI • 1953

HUANG YU-SHAN – TWN
LO-SHAN FENG • CAVE OF DESIRE, THE • 1988
SHUANG CHO • 1990

HUBACEK MIROSLAV – CZC – 1921–
TALES FROM THE OLD MONARCHY • 1952
CAFE IN THE MAIN STREETS • 1953
OSKLIVA SLECNA • PLAIN OLD MAID, THE ◦ UGLY SPINSTER, THE • 1959
FLAM • NIGHT ON THE TOWN, A • 1966

HUBBARD BERNARD R. – USA
ANIAKCHAK, THE STORY OF HELL ON EARTH • 1933

HUBBARD LUCIEN – Screenwriter – USA – 1888–1971
ROSE MARIE • 1927
MYSTERIOUS ISLAND, THE • 1929
MIDNIGHT MARY • 1932

HUBENBECHER DANIEL – USA
WARDOG • 1986

HUBER LARRY – USA
HODAG • ANS

HUBER LEOPOLD – AUS
HIRNBRENNEN • BRAIN-STORM • 1982
VAGABUND • VAGABOND • 1990

HUBERT JEAN-LOUP – FRN – 1949–
ANNEE PROCHRAINE SI TOUT VA BIEN • 1981
SMALA, LA • 1984
GRAND CHEMIN, LE • GRAND HIGHWAY, THE (USA) • 1986
APRES LA GUERRE • 1989

HUBINET JACQUES – FRN – 1945–
POUR QUELQUE CHOSE DE PLUS • 1976 • DOC

HUBLER-KAHLA J. A. – GRM
SCHUSSE AN DER GRENZE • 1933
WENN ICH KONIG WAR! • IF I WERE KING (USA) • 1934
BLUTSBRUDER • BOSNIAKEN • 1935
LARM UM WEIDEMANN • 1935
TANZMUSIK • 1935
WALZER UM DEN STEPHANSTURM, EIN • SYLVIA UND IHR CHAUFFEUR • 1935
DURCH WIE WUSTE • 1936
GEHEIMNISVOLLE MISTER X, DER • MYSTERIOUS MR. X, THE (USA) • 1936
VEILCHEN VOM POTSDAMER PLATZ, DAS • VIOLET OF POTSDAM SQUARE, THE (USA) • 1936
FREUHLING IM WIEN
WELT DREHT SICH VERKEHRT, DIE • 1947
FUNF-MINUTEN-VATER, DER • 1951
HOLLANDMADEL • 1953

HUBLEY FAITH – Animator – USA
TENDER GAME, THE • 1958 • ANS
HOLE, THE • 1962 • ANS
HAT, THE • 1964 • ANS
HERB ALPERT AND THE TIJUANA BRASS BAND DOUBLE FEATURE • 1966 • ANS
CRUISE, THE • 1967 • ANS
URBANISSIMO • 1967 • ANS
WINDY DAY • 1968 • ANS
ZUCKERKANDL • 1968 • ANS
OF MEN AND DEMONS • 1969 • ANS
EGGS • 1970 • ANS
DIG • 1972 • ANS
SECOND CHANCE SEA • 1976 • ANS
COSMIC EYE, THE • 1985 • ANM

HUBLEY JOHN – Animator – USA – 1914–1977
DUMB CONSCIOUS MIND, THE • 1942 • ANS
KING MIDAS JUNIOR • 1942 • ANS
OLD BLACKOUT JOE • 1942 • ANS
HE CAN'T MAKE IT STICK • 1943 • ANS
PROFESSOR SMALL AND MISTER TALL • 1943 • ANS
VITAMIN G MAN, THE • 1943 • ANS
OPERATION OF THE K-13 GUNSIGHT • 1944 • ANS
POSITION FIRING • 1944 • ANS
FLAT HATTING • 1946 • ANS
ROBIN HOODLUM • 1946 • ANS
MAGIC FLUKE, THE • 1949 • ANS
MISTER MAGOO • 1949 • ANS
RAGTIME BEAR, THE • 1949 • ANS
PUNCHY DE LEON • 1950 • ANS
SPELLBOUND HOUND • 1950 • ANS
FUDDY DUDDY BUDDY • 1951 • ANS
ROOTY TOOT TOOT • 1952 • ANS
DATE WITH DIZZY • 1956 • SHT
ADVENTURES OF AN ASTERISK • ADVENTURES OF , THE • 1957 • ANS
HARLEM WEDNESDAY • 1958 • ANS
TENDER GAME, THE • 1958 • ANS
MOONBIRD • 1959 • ANS
SEVEN LIVELY ARTS • 1959 • ANS
CHILDREN OF THE SUN • 1960 • ANS
HOLE, THE • 1962 • ANS
HORSES AND THEIR ANCESTORS • 1962 • ANS
MAN AND HIS TOOLS • 1962 • ANS
HAT, THE • 1964 • ANS
OF STARS AND MEN • 1964 • ANM
HERB ALPERT AND THE TIJUANA BRASS BAND DOUBLE FEATURE • 1966 • ANS
CRUISE, THE • 1967 • ANS
GULLIVER'S TROUBLES • 1967 • ANS
URBANISSIMO • 1967 • ANS
WINDY DAY • 1968 • ANS
ZUCKERKANDL • 1968 • ANS
OF MEN AND DEMONS • 1969 • ANS
EGGS • 1970 • ANS
DIG • 1972 • ANS
COCKABOODY • 1973 • ANS
UPKEEP • 1973 • ANM
VOYAGE TO NEXT • 1974 • ANM
EVERYBODY RIDES THE CAROUSEL • 1975 • ANM
PEOPLE PEOPLE PEOPLE • 1975 • ANS
WOW • WOMEN OF THE WORLD • 1975 • ANM

HUBNER ZYGMUNT – PLN
SEKSOLATKI • 1971
SEXAGERS • 1972

de HUBSCH – FRN
MER CARAIBE • 1955 • SHT

HUBSCHMID EDI – SWT
LIEBESERKLARUNG • EXPLANATION OF LOVE, AN • 1988 • CMP

HUCKABEE TOM – USA – 1955–
TAKING TIGER MOUNTAIN • 1983

HUCKERT JOHN W. – USA
ERNIE AND ROSE • 1982
PASSING, THE • 1983

HUDIBERG PETER – USA
REVAMP • SHT

HUDLIN REGINALD – USA
HOUSE PARTY • 1990

HUDSON ARCH – USA
LOVE -MY WAY • 1966
MALE SERVICE • 1966

HUDSON CLAUD – UKN – 1922–
ARTIFICIAL PNEUMOTHORAX • 1945 • DOC
BRONCHOGRAPHY • 1945 • DOC
WILLOW TREE • 1945 • DOC

HUDSON FRED – USA
LEAF • 1962 • SHT

HUDSON GARY – USA
THUNDER RUN • 1986

HUDSON HUGH – UKN – 1936–
A.. IS FOR APPLE • 1963 • SHT
FOOD PRESERVATION • 1965 • DCS
TORTOISE AND THE HARE, THE • 1968
CHARIOTS OF FIRE • 1981
GREYSTOKE: THE LEGEND OF TARZAN, LORD OF THE APES • GREYSTOKE • 1983
REVOLUTION • 1985
LOST ANGELS • WALL TIME • 1989

HUEMER DICK – Animator – USA
HALLOWEEN • 1931 • ANS
WHALERS, THE • 1938 • ANS
GOOFY AND WILBUR • 1939 • ANS

HUERGA MANUEL – SPN
GAUDI • 1988

HUFF THEODORE – USA
MR. MOTORBOAT'S LAST STAND • 1933

HUGGERT E. – SWT
POUR TOI MON AMOUR • 1971 • ANM

HUGGINS ROY – Screenwriter – USA – 1914–
HANGMAN'S KNOT • 1952
YOUNG COUNTRY, THE • 1970 • TVM

HUGH R. JOHN – USA
FURY OF THE SEMINOLES
YELLOWNECK • 1955
NAKED IN THE SUN • 1957
LISETTE • CROWD FOR LISETTE, A ○ FALL GIRL • 1961
MEAL, THE • 1975
DEADLY ENCOUNTER • 1979

HUGHAM OXLEY – UKN
QUEEN'S ROYAL TOUR, A • 1954 • DOC

HUGHE ROBERT see **de NESLE ROBERT**

HUGHES – BLG
BELGIAN GRAND PRIX • 1955 • DOC

HUGHES BILL – ASL – 1944–
CRISIS • 1972 • MTV
SPOILER, THE • 1972 • MTV
LOST ISLANDS, THE • 1975
PARADISE • 1976 • MTV
QUIETLY SHOUTING • 1979 • DOC
HIGH COUNTRY • MAN FROM THE HIGH COUNTRY, THE • 1984 • MTV

HUGHES CAROL – USA
MISSING LINK • 1988

HUGHES DAVID – UKN
EMMANUELLE IN SOHO • 1982
MISSING LINK • 1988

HUGHES GEOFFREY – UKN
BRITISH AIRCRAFT REVIEW 1948 • 1948 • DOC
ISLE OF MAN T.T. 1950 • 1950 • DOC
HANDLE WITH CARE • 1952

HUGHES HARRY – UKN
ADAM'S FILM REVIEW • 1924
UNNATURAL LIFE STUDIES • 1924
WET NIGHT, A • 1926
DAUGHTER IN REVOLT, A • 1927
HELLCAT, THE • WILD CAT HETTY • 1928
TROUBLESOME WIVES • SUMMER LIGHTNING • 1928
VIRGINIA'S HUSBAND • 1928
LITTLE MISS LONDON • 1929
STAR IMPERSONATIONS • 1930
WE TAKE OFF OUR HATS! • 1930
GLAMOUR • 1931
MAN AT SIX, THE • GABLES MYSTERY, THE (USA) • 1931
BACHELOR'S BABY • 1932
HIS WIFE'S MOTHER • 1932
FACING THE MUSIC • JEWEL SONG, THE • 1933
SOUTHERN MAID, A • 1933
THEIR NIGHT OUT • HIS NIGHT OUT • 1933
BROKEN ROSARY, THE • 1934
SONG AT EVENTIDE • 1934
WOMANHOOD • 1934
BARNACLE BILL • 1935
JOY RIDE • 1935
PLAY UP THE BAND • 1935
IMPROPER DUCHESS, THE • 1936
TROPICAL TROUBLE • 1936
GABLES MYSTERY, THE • 1938
MOUNTAINS O' MOURNE • 1938
IN THE DRINK • 1943
ALL'S FAIR • 1946
GHOSTESSES • 1946
LAUNDRY, THE • LOST IN THE WASH • 1946
SMASHING JOB, A • 1946
SOLDIER'S COTTAGE, THE • COTTAGE PIE • 1946
STAMP RAMP • 1946
VOYAGE OF PETER JOE, THE • 1946 • SER
STAGE FRIGHTS • 1947

HUGHES HARRY* – SAF
BABY GAME, THE • 1973

HUGHES HOWARD – Producer – USA – 1905–1976
HELL'S ANGELS • 1930
OUTLAW, THE • 1943
VENDETTA • 1950
JET PILOT • 1957

HUGHES JOHN – USA
BREAKFAST CLUB, THE • 1984
SIXTEEN CANDLES • 1984
WEIRD SCIENCE • 1985
FERRIS BUELLER'S DAY OFF • 1986
PLANES, TRAINS AND AUTOMOBILES • 1987
SHE'S HAVING A BABY • 1988
UNCLE BUCK • 1989

HUGHES JOHN E. – Animator – ASL
CRUST • 1987 • ANM

HUGHES KEN – UKN – 1922–1987
SOHO • 1944 • DCS
BURNING QUESTION, THE • 1945 • DCS
BEACH RECOVERY • 1946 • DCS
THOSE NUISANCES • 1946 • DCS
IF THE CAP FITS • 1947 • DCS
MAN ON THE FLYING TRAPEZE, THE • 1947 • SHT
MYSTERY OF THE WHITE HANDKERCHIEF, THE • 1947 • SHT
WIDE BOY • 1952
BLACK 13 • 1953
CANDLELIGHT MURDER, THE • 1953
DRAYTON CASE, THE • 1953
LITTLE RED MONKEY • CASE OF THE RED MONKEY, THE (USA) • 1953
MISSING MAN, THE • 1953
BLAZING CARAVAN, THE • 1954
DARK STAIRWAY, THE • 1954
HOUSE ACROSS THE LAKE, THE • HEATWAVE (USA) • 1954
PASSENGER TO TOKYO • 1954
STRANGE CASE OF BLONDIE, THE • 1954
BRAIN MACHINE, THE • 1955
CONFESSION • DEADLIEST SIN, THE (USA) • 1955
JOE MACBETH • 1955
MURDER ANONYMOUS • 1955
NIGHT PLANE TO AMSTERDAM • 1955
TIMESLIP • ATOMIC MAN, THE (USA) • 1955
WICKED AS THEY COME • PORTRAIT IN SMOKE (USA) • 1956
LONG HAUL, THE • 1957
IN THE NICK • 1960
JAZZBOAT • 1960
TRIALS OF OSCAR WILDE, THE • MAN WITH THE GREEN CARNATION, THE (USA) ○ GREEN CARNATION, THE • 1960
SMALL WORLD OF SAMMY LEE, THE • 1963
OF HUMAN BONDAGE • 1964
DROP DEAD, DARLING • ARRIVEDERCI, BABY (USA) ○ MY LAST DUCHESS • 1966
CASINO ROYALE • 1967
CHITTY CHITTY BANG BANG • 1968
CROMWELL • 1970
INTERNECINE PROJECT, THE • MANIPULATOR, THE • 1974
ALFIE DARLING • OH! ALFIE (USA) • 1975
SEXTETTE • 1978
TERROR EYES • NIGHT SCHOOL • 1980

HUGHES REG – UKN
FRONTIER INTERLUDE • NEW LIFE FOR GHAZI, A • 1951

HUGHES ROBERT – USA
ARTHUR PENN, 1922– : THEMES AND VARIANTS • 1970 • DOC

HUGHES ROBERT C. – USA
HUNTER'S BLOOD • 1986

HUGHES ROY M. – USA
FIGHTIN' THRU • 1924

HUGHES RUPERT – USA – 1872–1956
REMEMBRANCE • 1922
WALL FLOWER, THE • 1922
GIMME • 1923
LOOK YOUR BEST • BITTERNESS OF SWEETS, THE • 1923
RENO • LAW AGAINST LAW • 1923
SOULS FOR SALE • 1923
TRUE AS STEEL • 1924

HUGHES STEVE – UKN
ALL SORTS OF HEROES • 1976

HUGHES TERRY – UKN
MONTY PYTHON LIVE AT THE HOLLYWOOD BOWL • 1982
SUNSET LIMOUSINE • 1983 • TVM
FOR LOVE OR MONEY • 1984 • TVM

HUGHES VIC – UKN
CHOCKY • 1984 • MTV

HUGHES WILLIAM – USA
DANGEROUS HOUR • 1923

HUGIWARA RYO see **HAGIWARA RYO**

HUGO IAN – USA
AI-YE • MANKIND • 1950 • SHT
BELLS OF ATLANTIS • 1952 • SHT
JAZZ OF LIGHTS • 1954 • SHT
MELODIC INVERSION • 1958 • SHT
VENICE ETUDE NO.1 • 1962 • SHT
GONDOLA EYE, THE • 1963 • SHT

HUGO PER – SWD
JAG GIFTA MIG -ALDRIG • 1932

HUGON ANDRE – FRN – 1886–1960
COUSINE • 1915
MISTINGUETT DETECTIVE • 1917
SOUS LA MENACE • 1917
SOUS LES PHARES • 1917
ANGOISSE, L' • 1918
FUGITIVE, LA • 1918
MARIAGE D'AMOUR • 1918
JACQUES LANDAUZE • 1919
JOHANNES FILS DE JOHANNES • 1919
CHERES IMAGES, LES • 1920
FILLE DE RIEN • 1921
ROI DE CAMARGUE, LE • 1921
DEUX PIGEONS, LES • 1922
DIAMANT NOIR • 1922
NOTRE-DAME D'AMOUR • 1922
GITANELLA, LA • 1923
PETIT CHOSE, LE • 1923
RUE DU PAVE D'AMOUR, LA • 1923
ARRIVISTE, L' • 1924

PRINCESSE AUX CLOWNS, LA • 1924
YASMINA • 1926
VESTALE DU GANGE, LA • TEMPLE OF SHADOWS, THE • 1927
MARCHE NUPTIALE, LA • 1928
GRANDE PASSION, LA • 1929
TROIS MASQUES, LES • 1929
FEMME ET LE ROSSIGNOL, LA • 1930
LEVY ET CIE • 1930
TENDRESSE, LA • 1930
CROIX DU SUD, LA • 1931
GALERIES LEVY ET CIE, LES • GALERIES WASHINGTON, LES • 1931
MARCHAND DE SABLE, LE • EL GUELMOUNA, MARCHAND DE SABLE • 1931
MAURIN DES MAURES • 1932
SI TU VEUX • EXCURSIONS DANS LA VILLE ○ ROMAN D'AMOUR ○ QUATRE COEURS • 1932
CHOURINETTE • JEUNE HOMME QUI SE TUE, UN • 1933
FESTIVAL COURTELINE • 1933
ILLUSTRE MAURIN, L' • 1933
VINGT-HUIT JOURS DE CLAIRETTE, LES • 1933
FAMILLE NOMBREUSE • 1934
GANGSTER MAIGRE LUI • 1935
GASPARD DE BESSE • DAWN OVER FRANCE (USA) • 1935
MOISE ET SALOMON PARFUMEURS • 1935
FAISEUR, LE • 1936
MARIAGES DE MLLE LEVY, LES • 1936
ROMARIN • 1936
MONSIEUR BEGONIA • 1937
SARATI LE TERRIBLE • 1937
HEROS DE LA MARNE, LE • JEAN LEFRANCOIS, HEROS DE LA MARNE ○ HEROES OF THE MARNE (USA) • 1938
RUE SANS JOIE, LA • 1938
MOULIN ROUGE • 1939
CHAMBRE 13 • 1940
TROIS ARGENTINS A MONTMARTRE • 1940
SEVILLANE, LA • 1941
CHANT DE L'EXILE, LE • 1942
AFFAIRE DU GRAND-HOTEL, L' • 1945
FIACRE 13 • 1947
SOUVENIRS DE MAURIN DES MAURES, LES • 1950
QUATRE SERGENTS DU FORT-CARRE, LES • 1952

HUGON P. D. – USA

CHEAP VACATION, A • 1916 • SHT

HUGUES ROBERT – FRN

THEATRES EROTIQUES DE PARIS, LES
PRENDS-MOI PARTOUT • 1977

HUI ANN see **HSU AN-HUA**

HUI MICHAEL – HKG

HSO KUAN-WEN • XI GUANWEN

KUEI MAH SUENG SING • GAMES GAMBLERS PLAY • 1975
TIEN CHYE EE PIE CHU • LAST MESSAGE, THE • 1975
PAN-CHIN PA-LIANG • PRIVATE EYES, THE • 1977
MAI-SHEN CH'I • CONTRACT, THE • 1978
MO-TENG PAO-PIAO • SECURITY UNLIMITED • 1981
T'IEH-PAN-SHAO • TEPPANYAKI • 1984
HUANLE DINGDANG • HAPPY DIN DON • 1985

HUILLET DANIELE – Producer – FRN – 1936–

EINLEITUNG ZU ARNOLD SCHOENBERG BEGLEIT MUSIK EINER LICHTSPIELSCENE • INTRODUCTION TO ARNOLD SCHOENBERG'S ACCOMPANIMENT FOR A CINEMATOGRAPHIC SCENE • 1969 • MTV
YEUX NE PEUVENT PAS EN TOUT TEMPS SE FERMER OU PEUT-ETRE QU'UN JOUR ROME SE PERMETTRA DE CHOISIR A.. • OTHON (UKN) ○ EYES DO NOT WANT TO CLOSE AT ALL TIMES OR PERHAPS ONE DAY ROME WILL PERMIT HERSELF TO CHOOSE IN H... • 1970
GESCHICHTSUNTERRICHT • HISTORY LESSONS • 1973
MOSES UND ARON • MOSES AND AARON • 1975
CANI • CANI DEL SINAI, I (ITL) ○ FORTINI • 1976
TOUTE REVOLUTION EST UN COUP DE DES • EVERY REVOLUTION IS A THROW OF THE DICE • 1977
DELLA NUBE ALLA RESISTENZA • FROM THE CLOUD TO THE RESISTANCE (UKN) • 1979
TROP TOT, TROP TARD • 1981
AMERIKA -RAPPORTS DE CLASSE • 1983
KLASSENVERHALTNISSE • CLASS CONDITIONS ○ CLASS RELATIONS • 1984
BLACK SIN • 1989

HUISKEN JOOP – GRM – 1901–

POTSDAM REBUILDS • 1946 • DOC
STEEL • 1950 • DOC
MY ZA MIR • WORLD FESTIVAL OF SONG AND DANCE ○ FRIENDSHIP TRIUMPHS (USA) ○ FREUNDSCHAFT SIEGT (GDR) ○ NAPROZOD MLOZIEZY SWIATA ○ WE ARE FOR PEACE ○ WE ARE ALL FOR PEACE • 1951
AFTER NINE HUNDRED DAYS • 1953 • DOC
CHINA -BETWEEN TODAY AND TOMORROW • 1956 • DOC
LIVING TRADITION • 1960 • DOC
ARNOLD ZWEIG • 1962 • DOC
FREE PEASANTS • 1965 • DOC
ALLIES, THE • 1966 • DOC
CREATION, THE • 1966 • DOC

HUISMAN JEAN-CLAUDE – FRN – 1921–

BIELLES DES SABLES • 1952 • SHT

HUISMAN MICHAEL see **HUISMAN MICHEL**

HUISMAN MICHEL – BLG

HUISMAN MICHAEL • HUYSMAN MICHAEL

RAS LE BOL
OVER • 1971
INCIDENT INDEPENDANT DE NOTRE VOLONTE, UN • 1977

HULBERT JACK – Actor – UKN – 1892–1978

ELSTREE CALLING • 1930
FALLING FOR YOU • 1933
JACK OF ALL TRADES • TWO OF US, THE (USA) • 1936

HULCUP JACK – UKN

GIFT, THE • KISSING CUP • 1913

HULETTE DON see **HULETTE DONALD**

HULETTE DONALD – USA – 1937–

HULETTE DON

BREAKER! BREAKER! • 1977
GREAT RIDE, A • NIGHTMARE TRACKS ○ GREAT RIDE, THE • 1977
TENNESSEE STALLION • 1978
EAGLE, THE • 1986
S.W.A.T. • 1988

HULIN – FRN

NAISSANCE DU PLUTONIUM • 1960 • SHT

HULL NORMAN – UKN

LADDER OF SWORDS • 1989

HULSKER JAN – NTH

VINCENT VAN GOGH • 1952 • DOC
ERASMUS, DE STEMM VAN DE REDE • ERASMUS: THE VOICE OF REASON • 1961 • DOC

HULTEN PONTUS – USA

MIRACLE, A • MIRACLE, UN • 1954 • SHT

HUMALOJA TIMO – FNL – 1947–

MONOLOGUE • 1985 • MTV
8TH DAY • 1985 • MTV
WHITE DWARF, THE • 1986

HUMBERSTONE BRUCE see **HUMBERSTONE H. BRUCE**

HUMBERSTONE H. BRUCE – USA – 1903–1984

HUMBERSTONE BRUCE

CROOKED CIRCLE • 1932
IF I HAD A MILLION • 1932
STRANGERS OF THE EVENING • 1932
GOODBYE LOVE • 1933
KING OF THE JUNGLE • 1933
DRAGON MURDER CASE, THE • 1934
MERRY WIVES OF RENO • 1934
LADIES LOVE DANGER • 1935
SILK HAT KID • 1935
THREE LIVE GHOSTS • 1935
CHARLIE CHAN AT THE OPERA • 1936
CHARLIE CHAN AT THE RACE TRACK • 1936
CHARLIE CHAN AT THE OLYMPICS • 1937
CHECKERS • 1937
CHARLIE CHAN IN HONOLULU • 1938
IN OLD CHICAGO • 1938
RASCALS • 1938
TIME OUT FOR MURDER • MERIDIAN 7-1212 • 1938
WHILE NEW YORK SLEEPS • 1938
PACK UP YOUR TROUBLES • WE'RE IN THE ARMY NOW (UKN) • 1939
PARDON OUR NERVE • 1939
LUCKY CISCO KID • ROGUE OF THE RIO GRANDE • 1940
QUARTERBACK, THE • 1940
I WAKE UP SCREAMING • HOT SPOT (UKN) • 1941
SUN VALLEY SERENADE • SUN VALLEY • 1941
TALL, DARK AND HANDSOME • 1941
ICELAND • KATINA (UKN) • 1942
TO THE SHORES OF TRIPOLI • 1942
HELLO, FRISCO, HELLO • 1943
PIN-UP GIRL • 1944
WITHIN THESE WALLS • 1945
WONDER MAN • 1945
THREE LITTLE GIRLS IN BLUE • 1946
HOMESTRETCH, THE • 1947
FURY AT FURNACE CREEK • BALLAD OF FURNACE CREEK, THE • 1948
SOUTH SEA SINNER • EAST OF JAVA (UKN) • 1949
HAPPY-GO-LOVELY • 1951
SHE'S WORKING HER WAY THROUGH COLLEGE • 1952
DESERT SONG, THE • 1953
PURPLE MASK, THE • 1955
TEN WANTED MEN • 1955
TARZAN AND THE LOST SAFARI • 1957
TARZAN AND THE TRAPPERS • 1958 • MTV
TARZAN'S FIGHT FOR LIFE • 1958
MADISON AVENUE • 1962

HUMBERT HUMPHREY see **LENZI UMBERTO**

HUMBERT NICOLAS – SWT

STEP ACROSS THE BORDER • 1989 • DOC

HUME KENNETH – Producer – UKN – 1926–1967

CHEER THE BRAVE • 1951
HOT ICE • 1952
AVENTURERO, EL • 1957
BULLET FROM THE PAST • 1957
SAIL INTO DANGER • 1957
MODS AND ROCKERS • GO GO BIG BEAT (USA) • 1964
I'VE GOTTA HORSE • WONDERFUL DAY • 1965

HUMFRESS PAUL – UKN

SEBASTIANE • 1976

HUMPHREY ORRAL – USA

BOOMERANG GOLD BRICK, A • 1916
DAY'S WORK, THE • 1916
DEACON'S CARD, THE • 1916
IN A PROHIBITION TOWN • 1916
JUST AS HE THOUGHT • 1916 • SHT
LAIRD O'KNEES, THE • 1916 • SHT
PEDIGREES, PUPS AND PUSSIES • 1916
PERKINS' MYSTIC MANOR • 1916
PORK PLOTTERS, THE • 1916
RUMMY ACT OF OMAR K.M., THE • 1916
STUDIO SATIRE, A • 1916
TOO BAD, EDDIE • 1916 • SHT
TWENTY MINUTES IN MAGIC • 1916 • SHT
TWO OF A KIND • 1916 • SHT

HUMPHREY WILLIAM – Actor – USA – 1874–1942

HUMPHRIES WILLIAM

IN NEIGHBORING KINGDOMS • 1910
AEROPLANE ELOPEMENT, AN • 1911
MILITARY AIR-SCOUT, THE • 1911
SELECTING HIS HEIRESS • 1911
SLIGHT MISTAKE, A • 1911
TALE OF TWO CITIES, A • 1911
BOGUS NAPOLEON, THE • 1912
DANDY OR MR. DAWSON TURNS THE TABLES, THE • 1912
EVERY INCH A MAN • 1912
NONE BUT THE BRAVE DESERVE THE FAIR • 1912
NOTHING TO WEAR • 1912
PLANTING THE SPRING GARDEN • 1912
BUTLER'S SECRET, THE • 1913
FLIRT, THE • 1913
HIS LIFE FOR HIS EMPEROR • 1913
HUSBAND'S TRICKS, A • 1913
INFERNAL TRIANGLE, AN • 1913
LINE-UP, THE • 1913
MIXED IDENTITIES • 1913
MY LADY OF IDLENESS • 1913
PENALTIES OF REPUTATION, THE • 1913
PLAYING THE PIPERS • 1913
SNARE OF FATE, THE • 1913
SPIRIT OF CHRISTMAS, THE • 1913
THAT COLLEGE LIFE • 1913
TRAP, THE • 1913
AFFAIR FOR THE POLICE, AN • 1914
FINE FEATHERS MAKE FINE BIRDS • 1914
HEARTS OF WOMEN • 1914
HIS WEDDED WIFE • 1914
MAN THAT MIGHT HAVE BEEN, THE • 1914
MAN WHO KNEW, THE • 1914
MARIA'S SACRIFICE • 1914
SENATOR'S BROTHER, THE • 1914
SONG OF THE GHETTO, THE • 1914
UPPER HAND, THE • 1914
BUTTERFLY'S LESSON, THE • 1915
FLOWER OF THE HILLS, THE • 1915
FOR ANOTHER'S CRIME • 1915
GOOD IN THE WORST OF US, THE • 1915
HEARTS TO LET • 1915
HEREDITY • 1915
KIDNAPPED STOCKBROKER, THE • 1915
MILLIONAIRE'S HUNDRED DOLLAR BILL, THE • 1915
ON HER WEDDING NIGHT • 1915
ON THE TURN OF A CARD • 1915
RADIUM THIEVES, THE • 1915
RETURN OF MARTIN DONNELLY, THE • 1915
SAM'S SWEETHEART • 1915
SCAR, THE • 1915
SHADOW OF FEAR, THE • 1915
SLIGHTLY WORN GOWN, THE • 1915
TO CHERISH AND PROTECT • 1915
WAY OF THE TRANSGRESSOR, THE • 1915
FATHERS OF MEN • 1916
FOOTLIGHTS OF FATE, THE • 1916
FROM OUT OF THE PAST • 1916 • SHT
HUSKS • 1916 • SHT
SECRET SEVEN, THE • 1916 • SHT
BABBLING TONGUES • 1917
TWO MEN AND A WOMAN • 1917
JOAN OF PLATTSBURG • 1918
UNCHASTENED WOMAN, THE • TWO MEN AND A WOMAN(?) • 1918
ATONEMENT • 1920
FOOLISH MONTE CARLO • 1922

HUMPHREY WILLIAM J. – UKN

BLACK SPIDER, THE • 1920
MIDNIGHT BRIDE, THE • 1920
WIFE WHOM GOD FORGOT, THE • TANGLED HEARTS • 1920

HUMPHRIES WILLIAM see **HUMPHREY WILLIAM**

HUMPHRIS ERIC – Producer – UKN – 1903–

HUMPHRISS ERIC

SHOOTING STARS • 1937
STARLIGHT PARADE • 1937
TAKE OFF THAT HAT • 1938

HUMPHRISS ERIC see **HUMPHRIS ERIC**

HUNDERTE ALBERTO – GRM

BRAUN LUSSE

BODY LOVE • 1977

HUNDT CHARLES J. – USA

SIN OF MONA KENT, THE • SINS OF MONA KENT, THE ○ MONA KENT • 1961

HUNEBELLE ANDRE – FRN – 1896–1985

METIER DE FOUS • 1948
MILLIONNAIRES D'UN JOUR • SIMPLE CASE OF MONEY, A (USA) ○ MILLIONAIRES FOR A DAY • 1949
MISSION A TANGIER • JE TIRE MA REVERENCE ○ MISSION A TANGER • 1949
MEFIEZ-VOUS DES BLONDES • 1950
MA FEMME EST FORMIDABLE • 1951
MASSACRE EN DENTELLES • 1951
MON MARI EST MERVEILLEUX • 1952
MONSIEUR TAXI • 1952
TROIS MOUSQUETAIRES, LES • FATE LARGO AI MOSCHETTIERI! (ITL) ○ THREE MUSKETEERS, THE (USA) • 1953
CADET-ROUSSELLE • CADET ROUSSELLE • 1954
IMPOSSIBLE MONSIEUR PIPELET, L' • MONSIEUR PIPELET • 1955
TREIZE A TABLE • 1955
MANNEQUINS DE PARIS • 1956
CASINO DE PARIS • 1957
COLLEGIENNES, LES • TWILIGHT GIRLS, THE (USA) ○ TWILITE GIRLS • 1957
FEMMES SONT MARRANTES, LES • WOMEN ARE TALKATIVE (USA) • 1958
TAXI, ROULOTTE ET CORRIDA • TAXI • 1958
ARRETEZ LE MASSACRE! • 1959
BOSSU, LE • 1959
CAPITAN, LE • CAPITANO DEL RE, IL (ITL) ○ CAPTAIN BLOOD (USA) • 1960
MIRACLE DES LOUPS, LE • BLOOD ON HIS SWORD (USA) ○ MIRACLE OF THE WOLVES, THE • 1961
MYSTERES DE PARIS, LES • MYSTERIES OF PARIS • 1962
MEFIEZ-VOUS, MESDAMES! • CHI VUOL DORMIRE NEL MIO LETTO? (ITL) • 1963
O.S.S. 117 SE DECHAINE • 1963
BANCO A BANGKOK • OSS 117 MINACCIA BANGKOK (ITL) ○ SHADOW OF EVIL (USA) ○ BANCO A BANGKOK POUR OSS 117 ○ JACKPOT IN BANGKOK FOR OSS 117 • 1964
FANTOMAS • 1964

FANTOMAS REVIENT • VENGEANCE OF FANTOMAS (USA) • 1965
FANTOMAS SE DECHAINE • FANTOMAS MINACCIA IL MONDO (ITL) ○ PHANTOM, THE ○ FANTOMAS STRIKES BACK • 1965
FURIA A BAHIA POUR OSS 117 • OSS 117 -MISSION FOR A KILLER (USA) ○ OSS 117 FURIA A BAHIA (ITL) ○ MISSION FOR A KILLER ○ TROUBLE IN BAHIA FOR OSS 117 • 1965
FANTOMAS CONTRE SCOTLAND YARD • FANTOMAS CONTRO SCOTLAND YARD (ITL) ○ FANTOMAS VS. SCOTLAND YARD • 1967
NIENTE ROSE PER OSS 117 • OSS 117 MURDER FOR SALE (UKN) ○ OSS 117 -DOUBLE AGENT (USA) ○ NO ROSES FOR OSS 117 ○ PAS DE ROSES POUR OSS117 • 1968
SOUS LE SIGNE DE MONTE-CRISTO • MONTECRISTO '70 (ITL) • 1968
A NOUS QUATRE, CARDINAL! • 1973
QUATRE CHARLOTS MOUSEQUETAIRES, LES • 1973
TERRIFICANTE NOTTE DEL DEMONIO, LA • 1973
CA FAIT TILT • BARATINEUR, LE • 1977

HUNG CHIN-PAO see **HONG JINBAO**

HUNG SAMMO see **HONG JINBAO**

HUNG SAMO see **HONG JINBAO**

HUNSICKER JACKSON - USA

FROG PRINCE, THE • 1987

HUNT CHARLES see **HUNT CHARLES J.**

HUNT CHARLES J. - USA

HUNT CHARLES

DIXIE FLYER, THE • 1926
WARNING SIGNAL, THE • 1926
BOY OF THE STREETS, A • 1927
CASEY JONES • 1927
MIDNIGHT WATCH, THE • 1927
MILLION DOLLAR MYSTERY • 1927
MODERN DAUGHTERS • 1927
ON THE STROKE OF TWELVE • 1927
PROMISE, THE • 1927
SHOW GIRL, THE • 1927
OBEY YOUR HUSBAND • 1928
QUEEN OF THE CHORUS • 1928
SOUTH OF PANAMA • 1928
THUNDERGOD • 1928
YOU CAN'T BEAT THE LAW • 1928

HUNT ED - USA

HUNT EDWARD

SEX CANNIBAL, THE • 1969
DIARY OF A SINNER • 1973
PLEASURE PALACE • 1973
STARSHIP INVASIONS • WAR OF THE ALIENS ○ WINGED SERPENT ○ ALIEN ENCOUNTER ○ PROJECT GENOCIDE • 1977
PLAGUE • M3: THE GEMINI STRAIN ○ PLAGUE M3: THE GEMINI STRAIN ○ INDUCED SYNDROME ○ MUTATION • 1978
UFOS ARE REAL • ALIEN ENCOUNTERS • 1979
BLOODY BIRTHDAY • BLOODY SUNDAY • 1980
ALIEN WARRIOR • KING OF THE STREETS • 1985
BRAIN, THE • 1988

HUNT EDWARD see **HUNT ED**

HUNT J. see **HUNT JAY**

HUNT JAY - USA

HUNT J.

CABIN BOY, THE • 1911
MILITARY JUDAS, A • 1913
FOR HER BROTHER'S SAKE • 1914
FORTUNES OF WAR • 1914
MILLS OF THE GODS, THE • 1914
LAST OF THE LINE, THE • 1915
POLAR ROMANCE, A • 1915
PROTEST, THE • 1915
SPIRIT OF THE BELL, THE • 1915
BETTER MAN, THE • 1916 • SHT
BLACK SHEEP OF THE FAMILY, THE • 1916
GHOST OF THE JUNGLE, THE • 1916 • SHT
HIRED, TIRED AND FIRED • 1916 • SHT
JUNGLE HERO, THE • 1916 • SHT
LIFE'S MAELSTROM • 1916 • SHT
MAN'S HARDEST FIGHT, A • 1916 • SHT
MUTINY • 1916 • SHT
NARROW CREED, THE • 1916 • SHT
REDWOOD LANE • 1916
STRANGE CONFESSION, A • 1916 • SHT
UNDER THE LION'S PAW • 1916 • SHT
WHAT LOVE CAN DO • 1916
X-3 • 1916 • SHT
PROMISE, THE • 1917

HUNT JOHN - UKN

WHITE ENSIGN • 1934
OUR ISLAND NATION • ISLAND NATION, AN • 1937
FULL SPEED AHEAD • 1939

HUNT LILLIAN - USA

KISS ME, BABY • 1961

HUNT PAUL - USA

"YOU" • 1968
HAREM BUNCH, OR WAR AND PIECE, THE • HAREM BUNCH, OR WAR AND PEACE, THE ○ DESERT ODYSSEY • 1969
MACHISMO -40 GRAVES FOR 40 GUNS • FORTY GRAVES FOR FORTY GUNS ○ GREAT GUNDOWN, THE ○ EL SALVEJO ○ MACHISMO ○ SAVAGE, THE • 1970
MIND-SWEEPERS
CLONES, THE • 1973
SAVAGE RED -OUTLAW WHITE • 1974
GREAT GUNDOWN, THE • 1977
TWISTED NIGHTMARE • 1988

HUNT PETER - UKN - 1928-

ON HER MAJESTY'S SECRET SERVICE • 1969
GOLD • 1974
SHOUT AT THE DEVIL • 1976
BEASTS ARE IN THE STREETS, THE • 1977 • TVM
GULLIVER'S TRAVELS • 1977
FLYING HIGH • 1978 • TVM
RENDEZVOUS HOTEL • 1979 • TVM
LIFE ON THE MISSISSIPPI • 1980 • MTV
DEATH HUNT • 1981
PRIVATE HISTORY OF A CAMPAIGN THAT FAILED, THE • 1981 • TVM
LAST DAYS OF POMPEII, THE • 1984
WILD GEESE II • 1985
HYPER SAPIEN: PEOPLE FROM ANOTHER STAR • 1986
ASSASSINATION • PRESIDENT'S WIFE, THE • 1987

HUNT PETER H. - USA - 1938-

1776 • 1972
GIVE 'EM HELL, HARRY! • 1975
BULLY • 1978
WHEN SHE WAS BAD.. • 1979 • TVM
MYSTERIOUS STRANGER, THE • 1982 • TVM
SKEEZER • 1982 • TVM
IT CAME UPON A MIDNIGHT CLEAR • 1984 • TVM
PARADE, THE • 1984 • TVM
SINS OF THE PAST • 1984 • TVM
ADVENTURES OF HUCKLEBERRY FINN • 1985 • TVM
CHARLEY HANNAH • CHARLEY HANNAH'S WAR • 1986 • TVM

HUNT RAY - USA

UNCLE TOM WITHOUT THE CABIN • 1919 • SHT

HUNTER A. C. - UKN

DECEPTION • 1918
GOLDEN PIPPIN GIRL, THE • WHY MEN LEAVE HOME • 1920
HOLIDAY HUSBAND, THE • 1920
MARZIPAN OF THE SHAPES • 1920

HUNTER BILL - Actor - ASL - 1941-

RATE OF EXCHANGE • 1975 • SHT

HUNTER MAX see **PUPILLO MASSIMO**

HUNTER RICHARD - USA

HOUSE OF USHER • 1969 • SHT

HUNTER ROBERT - USA

WESTERN BLOOD • 1923

HUNTER T. HAYES - USA - 1881-1944

HUNTER THOMAS HAYES • HUNTER THOMAS H.

IN THE POWER OF A HYPNOTIST • IN THE POWER OF THE HYPNOTIST • 1913
VAMPIRE, THE • 1913
WHILE FATHER TELEPHONED • 1913
FIRE AND SWORD • 1914
SEATS OF THE MIGHTY, THE • 1914
COMRADE JOHN • 1915
JUDY FORGOT • 1915
TIP-OFF, THE • 1915
CRIMSON STAIN MYSTERY, THE • 1916 • SRL
LOVE, LUCK AND LOOT • 1917 • SHT
MIXED COLOR SCHEME, A • 1917 • SHT
NEARLY A HUSBAND • 1917 • SHT
SOME STATUE • 1917 • SHT
DESERT GOLD • 1919
OH, JUDGE, HOW COULD YOU • 1919 • SHT
ONCE TO EVERY MAN • 1919
CUP OF FURY, THE • 1920
EARTHBOUND • 1920
LIGHT IN THE CLEARING, THE • 1921
DAMAGED HEARTS • 1924
RECOIL, THE • 1924
TROUPING WITH ELLEN • PITY THE CHORUS GIRL • 1924
SKY RAIDER, THE • 1925
WILDFIRE • 1925
ONE OF THE BEST • 1927
SOUTH SEA BUBBLE, A • 1928
TRIUMPH OF THE SCARLET PIMPERNEL, THE • SCARLET DAREDEVIL, THE (USA) • 1928
SILVER KING, THE • 1929
CALENDAR, THE • BACHELOR'S FOLLY (USA) • 1931
MAN THEY COULD NOT ARREST, THE • MAN THEY COULDN'T ARREST, THE (USA) • 1931
SPORT OF KINGS, THE • 1931
FRIGHTENED LADY, THE • CRIMINAL AT LARGE (USA) • 1932
SALLY BISHOP • 1932
WHITE FACE • 1932
GHOUL, THE • 1933
GREEN PACK, THE • 1934
JOSSER ON THE FARM • 1934
WARN LONDON • 1934

HUNTER THOMAS H. see **HUNTER T. HAYES**

HUNTER THOMAS HAYES see **HUNTER T. HAYES**

HUNTER TIM - USA

TEX • 1982
SYLVESTER • 1985
RIVER'S EDGE • 1987
PAINT IT BLACK • 1989

HUNTINGTON LAWRENCE - UKN - 1900-1968

AFTER MANY YEARS • 1930
ROMANCE IN RHYTHM • NIGHT CLUB MURDER • 1934
BANK MESSENGER MYSTERY, THE • 1936
CAFE MASCOT • 1936
FULL SPEED AHEAD • 1936
STRANGE CARGO • 1936
TWO ON A DOORSTEP • 1936
PASSENGER TO LONDON • BLACK TRUNK, THE • 1937
SCREEN STRUCK • 1937
TWIN FACES • 1937
BAD BOY • BRANDED • 1938
DIAL 999 • 1938
FLICKERS • 1940 • DOC
THIS MAN IS DANGEROUS • PATIENT VANISHES, THE • 1941
TOWER OF TERROR, THE • 1941
SUSPECTED PERSON • 1942
WOMEN AREN'T ANGELS • 1942
WARN THAT MAN • 1943
NIGHT BOAT TO DUBLIN • 1946
WANTED FOR MURDER • VOICE IN THE NIGHT, A • 1946
UPTURNED GLASS, THE • 1947
WHEN THE BOUGH BREAKS • 1947
MR. PERRIN AND MR. TRAILL • 1948
MAN ON THE RUN • 1949
FRANCHISE AFFAIR, THE • 1951
THERE WAS A YOUNG LADY • 1953
THOUGHT TO KILL • 1953
CONTRABAND SPAIN • CONTRABANDO (SPN) ○ BLACKOUT • 1955
DEADLY RECORD • 1959
FUR COLLAR, THE • 1962
STRANGLEHOLD • 1962
DEATH DRUMS ALONG THE RIVER • 1963
VULTURE, THE • MANUTARA • 1967

HUNTLEY FRED see **HUNTLEY FRED W.**

HUNTLEY FRED W. - USA

HUNTLEY FRED • HUNTLY FRED W. • HUNTLY FRED

MESSENGER TO KEARNEY, A • 1912
AS A FATHER SPARETH HIS SON • 1913
BRIDGE OF SHADOWS, THE • 1913
BUCK RICHARDS' BRIDE • 1913
BUMPS AND WILLIE • ELOPEMENT, THE • 1913
DREAM OF DAN MCGUIRE, THE • 1913
FATE FASHIONS A LETTER • 1913
FLAG OF TWO WARS, A • 1913
IN THE DAYS OF WITCHCRAFT • 1913
LONELY HEART, THE • 1913
NAN OF THE WOODS • 1913
PROBATIONER, THE • 1913
RANCHER'S FAILING, THE • 1913
SEEDS OF SILVER • 1913
UNSEEN DEFENCE, THE • 1913
WOODMAN'S DAUGHTER, THE • 1913
CHARMED ARROW, THE • 1914
ELIZABETH'S PRAYER • 1914
MIDNIGHT CALL, THE • 1914
SQUATTERS, THE • 1914
THROUGH THE CENTURIES • 1914
WHEN THIEVES FALL OUT • 1914
WHILE WIFEY IS AWAY • 1914
CROOKED ROAD, THE • 1916 • SHT
STAINED PEARL, THE • 1916 • SHT

HUNTLEY G. P. - UKN

G.P. AS BASIL THE BRAINLESS • 1915
LITTLE PIPPIN • 1915

HUNTLY FRED see **HUNTLEY FRED W.**

HUNTLY FRED W. see **HUNTLEY FRED W.**

HUO ZHUANG - CHN

YUEYAER • CRESCENT MOON • 1988

HUOPAINEN HEIKKI - FNL

SAAT EL TAHRIR DAKKAT BARRA YA ISTI'MAR • HEURE DE LA LIBERATION A SONNE, L' ○ HOUR OF THE LIBERATION HAS SOUNDED, THE ○ TIME OF LIBERATION HAS COME, THE ○ DAMNED RADICALS • 1974

HUOT ROBERT - USA

SPRAY • 1967 • SHT

HUPPERT CAROLINE - FRN

SINCERELY CHARLOTTE • 1986

HUPPERTZ TONI - GRM

SOLDATEN-KAMERADEN • 1936
EHESANATORIUM, DAS • 1938

HURBAN ROLAND - FRN - 1939-

MALHEURS D'OCTAVIE, LES • 1979

HURD - FRN

PASSION, LA • OBERAMMERGAU PASSION PLAY (USA) • 1897

HURD EARL - Animator - USA

ON HIS GOATMOBILE • 1916 • ANS

HURDALEK GEORG - GRM - 1906-

ZEIT MIR DIR, DIE • 1948
GROSSE ZAPFENSTREICH, DER • 1952
EISERNE GUSTAV, DER • 1958

HURLEY FRANK - Photographer - ASL - 1885-1962

DR. MAWSON IN THE ANTARCTIC • LIFE IN THE ANTARCTIC ○ HOME OF THE BLIZZARD • 1913
INTO AUSTRALIA'S UNKNOWN • 1915 • DOC
IN THE GRIP OF POLAR ICE • ENDURANCE • 1917 • DOC
AUSTRALIANS IN PALESTINE • 1919 • DOC
ROSS SMITH FLIGHT, THE • 1920 • DOC
PEARLS AND SAVAGES • 1921 • DOC
SOUTHWARD ON THE 'QUEST' • SHACKLETON'S EXPEDITION TO THE ANTARCTIC ○ ENDURANCE • 1923
WITH THE HEADHUNTERS IN PAPUA • WITH THE HEADHUNTERS OF UNKNOWN PAPUA ○ PARADISE OF PAPUA, THE ○ IN THE PARADISE OF UNKNOWN PAPUA • 1923 • DOC
HOUND OF THE DEEP • PEARLS OF THE SOUTH SEAS • 1926
JUNGLE WOMAN • 1926
PEARL OF THE SOUTH SEAS • 1927
SOUTHWARD HO WITH MAWSON • 1929 • DOC
SIEGE OF THE SOUTH • WITH MAWSON TO THE FROZEN SOUTH • 1931 • DOC
JEWEL OF THE PACIFIC • 1932 • DOC
SYMPHONY IN STEEL • 1932 • DOC
OASIS • 1933 • DOC
HERE IS PARADISE • 1934 • DOC
TREASURES OF KATOOMBA • 1934 • DOC
NATION IS BUILT, A • 1937 • DOC
ADVANCE INTO LIBYA • 1941 • DOC
ROAD TO RUSSIA • 1944
MID EAST • 1945 • DOC

HURLEY MAURY - USA

IT AIN'T EASY • 1972
ISIS • 1973

HURLEY RUSSELL - Editor - ASL

VINTAGE MURRUMBIDGEE • 1979 • DOC

HURME JUHANI - FNL

KILLER SECONDS • 1986

HURN PHILIP - USA

FRAMING FRAMERS • 1918

HURRIE WILLIAM - UKN

HOW TO MAKE A LINO-CUT • 1938

HURST BRIAN D. see **HURST BRIAN DESMOND**

HURST BRIAN DESMOND – UKN – 1900–1986
HURST BRIAN D.
IRISH HEARTS • NORAH O'NEALE (USA) • 1934
TELL-TALE HEART, THE • BUCKET OF BLOOD (USA) • 1934
RIDERS TO THE SEA • 1935
OURSELVES ALONE • RIVER OF UNREST • 1936
TENTH MAN, THE • 1936
GLAMOROUS NIGHT • 1937
SENSATION • 1937
PRISON WITHOUT BARS • 1938
LION HAS WINGS, THE • 1939
ON THE NIGHT OF THE FIRE • FUGITIVE, THE (USA) • 1939
CALL FOR ARMS, A • 1940
MISS GRANT GOES TO THE DOOR • 1940
DANGEROUS MOONLIGHT • SUICIDE SQUADRON (USA) • 1941
ALIBI • 1942
LETTER FROM ULSTER, A • 1942 • DOC
HUNDRED POUND WINDOW, THE • 1943
MEN OF ARNHEIM • 1945 • DOC
THEIRS IS THE GLORY • 1945 • DOC
CAESAR AND CLEOPATRA • 1946
HUNGRY HILL • 1947
MARK OF CAIN, THE • 1948
TROTTIE TRUE • GAY LADY, THE (USA) • 1948
SCROOGE • CHRISTMAS CAROL, A (USA) • 1951
MALTA STORY • 1953
SIMBA • 1955
BLACK TENT, THE • 1956
DANGEROUS EXILE • 1957
BEHIND THE MASK • PACK, THE • 1958
HIS AND HERS • 1961
PLAYBOY OF THE WESTERN WORLD, THE • 1962

HURST PAUL see **HURST PAUL C.**

HURST PAUL C. – USA – 1889–1953
HURST PAUL
BIG HORN MASSACRE • 1913
LASS OF THE LUMBERLANDS, A • 1916 • SRL
ARRAYED WITH THE ENEMY • 1917 • SHT
AT THE SIGN OF THE KANGAROO • 1917 • SHT
BUSHRANGER'S STRATEGY, A • 1917 • SHT
JACKAROO, THE • 1917 • SHT
ORDER OF THE COURT, AN • 1917 • SHT
POISONED CUP, THE • 1917 • SHT
STRANGER AT DUMCRIEFF, THE • 1917 • SHT
THROUGH FIRE AND WATER • 1917 • SHT
PLAY STRAIGHT OR FIGHT • 1918
WOMAN IN THE WEB, THE • 1918 • SRL
FRUSTRATED HOLDUP • 1919
IRON TEST, THE • HEARTS AND THE CIRCUS • 1919 • SRL
LIGHTNING BRYCE • 1919 • SRL
TIGER'S TRAIL, THE • 1919 • SRL
SHADOWS OF THE WEST • 1920
BLACK SHEEP • 1921
CROW'S NEST, THE • 1922
HEART OF A TEXAN, THE • 1922
KINGFISHER'S ROOST, THE • 1922
TABLE TOP RANCH • 1922
GOLDEN SILENCE • 1923
BRANDED A BANDIT • 1924
COURAGEOUS COWARD, THE • 1924
PASSING OF WOLF MACLEAN, THE • 1924
BATTLING BUNYON • 1925
DEMON RIDER, THE • 1925
FIGHTING CUB, THE • SON O' MINE • 1925
GOLD HUNTERS, THE • 1925
RATTLER, THE • 1925
SON OF SONTAG, THE • 1925
WESTERN ENGAGEMENT, A • 1925
BATTLING KID • 1926
BLUE STREAK O'NEIL • 1926
FIGHTING RANGER • 1926
HAUNTED RANGE, THE • HAUNTED RANCH, THE • 1926
LAW OF THE SNOW COUNTRY • 1926
MIDNIGHT MESSAGE, THE • FOILED • 1926
ROARING ROAD • 1926
SHADOWS OF CHINATOWN • 1926
SON OF A GUN • 1926
RANGE RAIDERS, THE • 1927
RIDER OF THE LAW • 1927

HURTADO ALFREDO – SPN – 1917–1965
COMO LA TIERRA • 1953
CANCHA VASCA • 1954
ABRIGO A CUADROS, UN • 1956

HURTADO ANGEL – USA
VIBRATIONS • SHT
METAMORPHOSIS • 1962

HURTZ WILLIAM – Animator – USA
HURTZ WILLIAM J.
HOTSY FOOTSY • 1952 • ANS
UNICORN IN THE GARDEN, A • 1953 • ANS
BRINGING UP MOTHER • 1954 • ANS
LOOK WHO'S DRIVING • 1954
UNCHAINED GODDESS, THE • 1957 • DOC

HURTZ WILLIAM J. see **HURTZ WILLIAM**

HURWITZ HARRY – USA
TAMPA HARRY
PENNY ARCADE • 1965 • SHT
PROJECTIONIST, THE • 1971
CHAPLINESQUE, MY LIFE AND HARD TIMES • 1972
RICHARD • 1972
COMEBACK TRAIL, THE • 1974
FAIRY TALES • ADULT FAIRY TALES (UKN) • 1978
NOCTURNA • GRANDDAUGHTER OF DRACULA • 1979
SAFARI 3000 • TWO IN THE BUSH ○ RALLY • 1982
ROSEBUD BEACH HOTEL, THE • BIG LOBBY, THE • 1985
THAT'S ADEQUATE • 1987

HURWITZ LEO see **HURWITZ LEO T.**

HURWITZ LEO T. – USA – 1909–
HURWITZ LEO
HUNGER • 1932 • DOC
SCOTTSBORO • 1934 • DOC
PAY DAY • 1938 • DOC
NATIVE LAND • 1942 • DOC
STRANGE VICTORY • 1948 • DOC
MUSEUM AND THE FURY, THE • 1956 • DOC
HERE AT THE WATER'S EDGE • 1960 • DOC
VERDICT FOR TOMORROW • 1961 • DOC
DIALOGUE WITH A WOMAN DEPARTED • 1980

HUSAIN NASIR – IND
BAHARON KE SAPNE • DREAMS OF SPRING • 1967

HUSBERG ROLF – SWD – 1908–
KARLEK EFTER NOTER • LOVE FROM MUSIC • 1935
MIDNATTSSOLENS SON • 1939
KAN DOKTORN KOMMA? • CAN YOU COME DOCTOR? • 1942
KAJAN GAR TILL SJOSS • KAJAN GOES TO SEA • 1943
PA LIV OCH DOD • MATTER OF LIFE AND DEATH, A ○ JAGARPLUTONEN • 1943
BARNEN FRAN FROSTMOFJALLET • CHILDREN FROM FROSTMA MOUNTAIN • 1945
BLAJACKOR • BLUE-JACKETS • 1945
TRE SONER GICK TILL FLYGET • THREE SONS WENT TO THE AIRFORCE • 1945
KARLEK OCH STORTLOPP • LOVE AND DOWNHILL SKIING • 1946
DJURGARDSKVALLAR • EVENINGS AT DJURGARDEN • 1947
MASTERDETEKTIVEN BLOMKVIST • BLOMKVIST THE MASTER DETECTIVE • 1947
HJALTAR MOT SIN VILJA • CALLE OG PALLE • 1948
HAVETS SON • SON OF THE SEA • 1949
SAMPO LAPPELILL • SAMPO THE LITTLE LAPP • 1949
ANDERSSONSKANS KALLE • MRS. ANDERSSON'S CHARLIE • 1950
BIFFEN OCH BANANEN • BEEF AND THE BANANA, THE ○ BIFFEN AND THE BANANA • 1951
69:AN, SERGEANTEN OCH JAG • PRIVATE 69, THE SERGEANT AND I • 1952
ALL JORDENS FROJD • ALL THE JOY OF EARTH • 1953
MASTERDETEKTIVEN OCH RASMUS • MASTER DETECTIVE AND RASMUS • 1953
FLOTTANS GLADA GOSSAR • MERRY BOYS OF THE NAVY • 1954
KARL I KOKET, EN • MAN IN THE KITCHEN, A • 1954
TVA SKONA JUVELER • TWO RASCALS • 1954
LUFAREN OCH RASMUS • RASMUS AND THE TRAMP • 1955
FRAMLINGEN FRAN SKYN • STRANGER FROM THE SKY • 1956
MOLN OVER HELLESTA • CLOUDS OVER HELLESTA • 1956
RAKNA MED BRAK • COUNT ON TROUBLE • 1957
KOSTERVALSEN • KOSTER WALTZ • 1958
LAILA • LAILA -LIEBE UNTER DER MITTERNACHTSSONNE (FRG) ○ MAKE WAY FOR LILA (USA) ○ LILA • 1958
AV HJARTANS LUST • TO ONE'S HEART'S CONTENT • 1960
TARNINGEN AR KASTAD • DIE IS CAST, THE • 1960
ARKEN • 1965

HUSNI KAMERAN – IRQ – 1927–
HASSANI KAMERAN
SAID EFFENDI • 1959

HUSSAIN ALTAF see **HUSSAIN ILTAF**

HUSSAIN ILTAF – PKS
HUSSAIN ALTAF
NOORI • 1988
ACHOO 302 • 1989

HUSSAIN MOHAMMED – IND
DO DUSHMAN • TWO ENEMIES • 1968

HUSSAIN MOHD – IND
ROOP LEHKA • 1962

HUSSAIN ZAIN – MLY
TIMELESS TEMIARS • 1956

HUSSEIN MOHAMED – IND
MALIKI SALOMI • 1953

HUSSEIN WARIS – IND – 1938–
TOUCH OF LOVE, A • THANK YOU ALL VERY MUCH ○ MILLSTONE, THE • 1969
QUACKSER FORTUNE HAS A COUSIN IN THE BRONX • FUN LOVING • 1970
MELODY • S.W.A.L.K. ○ LOVE, MELODY ○ TO LOVE SOMEBODY • 1971
HENRY VIII AND HIS SIX WIVES • 1972
POSSESSION OF JOEL DELANEY, THE • 1972
DIVORCE HIS -DIVORCE HERS • 1973 • TVM
AND BABY MAKES SIX • 1979 • TVM
EDWARD AND MRS. SIMPSON • 1979 • MTV
BABY COMES HOME • 1980 • TVM
DEATH PENALTY • 1980 • TVM
HENDERSON MONSTER, THE • 1980 • TVM
STAYING ON • 1980 • TVM
CALLIE & SON • 1981 • TVM
COMING OUT OF THE ICE • 1982 • TVM
LITTLE GLORIA.. HAPPY AT LAST • 1982 • TVM
PRINCESS DAISY • 1983 • TVM
WINTER OF OUR DISCONTENT, THE • 1983 • TVM
ARCH OF TRIUMPH • 1985 • TVM
COPACABANA • 1985 • TVM
SURVIVING • 1985 • TVM
WHEN THE BOUGH BREAKS • 1986 • TVM
DOWNPAYMENT ON MURDER • 1987 • TVM
INTIMATE CONTACT • 1987 • TVM
BRINDAMORE ISLAND CONSPIRACY, THE • 1988

HUSSENOT YVES – FRN – 1947–
ERIC TABARLY ET LES AUTRES • 1976 • DOC
CAP HORN • 1977

HUSSNAIN – PKS
AASMAN • SKY • 1990
ENEMY • 1990

HUSTAIX LUCIEN – FRN – 1924–1975
AMOR JOHN
MAISONS CLOSES
EDITH • 1970
CARESSEUSES, LES • 1974
JOUISSEUSES, LES • 1974
SUCETTE MAGIQUE, LA • 1975
TRIPOTEUSES, LES • 1975
CARESSES PERVERSES • 1976
IL ETAIT UNE FOIS LA CHATTE MOUILLEE • 1976

HUSTON DANNY – UKN
BIGFOOT • 1987 • TVM
MR. CORBETT'S GHOST • 1987
MR. NORTH • 1988

HUSTON JIMMY – USA
RIVER DEATH • 1977
BUCKSKIN COUNTY PRISON • 1978
DARK SUNDAY • 1978
SEABO • 1978
DEATH DRIVER • HELL RACERS ○ HELL RACER • 1979
FINAL EXAM • 1981
SLEUTH SLAYER, THE • 1984
MY BEST FRIEND IS A VAMPIRE • I WAS A TEENAGE VAMPIRE • 1988

HUSTON JOHN – Actor – USA – 1906–1987
MALTESE FALCON, THE • 1941
ACROSS THE PACIFIC • 1942
IN THIS OUR LIFE • 1942
REPORT FROM THE ALEUTIANS • 1942 • DOC
BATTLE OF SAN PIETRO, THE • SAN PIETRO • 1944 • DOC
LET THERE BE LIGHT • 1945 • DOC
KEY LARGO • 1948
TREASURE OF THE SIERRA MADRE, THE • TREASURE OF SIERRA MADRE, THE • 1948
WE WERE STRANGERS • ROUGH SKETCH • 1949
ASPHALT JUNGLE, THE • 1950
RED BADGE OF COURAGE, THE • 1951
AFRICAN QUEEN, THE • 1952
BEAT THE DEVIL • TESORO DELL'AFRICA, IL (ITL) • 1953
MOULIN ROUGE • 1953
MOBY DICK • 1956
HEAVEN KNOWS, MR. ALLISON • 1957
BARBARIAN AND THE GEISHA, THE • 1958
ROOTS OF HEAVEN, THE • 1958
UNFORGIVEN, THE • 1960
MISFITS, THE • 1961
FREUD • FREUD -THE SECRET PASSION ○ SECRET PASSION, THE • 1963
LIST OF ADRIAN MESSENGER, THE • 1963
NIGHT OF THE IGUANA, THE • 1964
BIBBIA, LA • BIBLE.. IN THE BEGINNING, THE (USA) • 1966
CASINO ROYALE • 1967
REFLECTIONS IN A GOLDEN EYE • 1967
MADWOMAN OF CHAILLOT, THE • 1969
SINFUL DAVEY • 1969
WALK WITH LOVE AND DEATH, A • 1969
KREMLIN LETTER, THE • 1970
FAT CITY • 1972
LIFE AND TIMES OF JUDGE ROY BEAN, THE • HANGING JUDGE, THE • 1972
MACKINTOSH MAN, THE • 1973
MAN WHO WOULD BE KING, THE • 1975
INDEPENDENCE • 1976 • DCS
WISE BLOOD • 1979
ESCAPE TO VICTORY • VICTORY (USA) • 1980
PHOBIA • 1980
LET THERE BE LIGHT • 1981 • DOC
ANNIE • 1982
UNDER THE VOLCANO • 1983
PRIZZI'S HONOR • 1985
DEAD, THE • 1988

HUSZARIK ZOLTAN – HNG – 1932–1981
AMERIGO TOT • SHT
CAPRICCIO • SHT
ELEGIA • ELEGY • 1966 • SHT
SZINDBAD • SINBAD ○ SINDBAD • 1971
CSONTVARY • 1980

HUTCHENS ROSS – ASL
RENTMAN, THE • 1986 • SHT

HUTCHINSON CHARLES see **HUTCHISON CHARLES**

HUTCHINSON CRAIG – USA
IT CAN'T BE TRUE • 1916 • SHT
JUST YET BUT NOT QUITE • 1916 • SHT
MURDERED BY MISTAKE • 1916 • SHT
PERILS OF A PLUMBER • 1916 • SHT
TWICE AT ONCE • 1916 • SHT
BATTLE OF 'LET'S GO', THE • 1917 • SHT
BULLETS OR BONEHEADS • 1917 • SHT
CABARET SCRATCH, THE • 1917 • SHT
CURSE OF A FLIRTING HEART, THE • 1917 • SHT
DEVIL WITH THE WIMMIN, THE • 1917 • SHT
IN THE CLUTCHES OF MILK • 1917 • SHT
KICKED IN THE KITCHEN • 1917 • SHT
MARATHON MANIACS • 1917 • SHT
RAINSTORMS AND BRAINSTORMS • 1917 • SHT
ROPED INTO SCANDAL • 1917 • SHT
SCANDAL EVERYWHERE • 1917 • SHT
SPIKE'S BIZZY BIKE • 1917 • SHT
STRIKE ONE • 1917 • SHT
WISE DUMMY, A • 1917 • SHT
FOOLS AND FIRES • 1918 • SHT
GREAT SEA SCANDAL, THE • 1918 • SHT
GUY AND GEYSER, THE • 1918 • SHT
MAIMED IN THE HOSPITAL • 1918 • SHT
PULLMAN BLUNDER, A • 1918 • SHT
WHOSE ZOO? • 1918 • SHT
WORK OR FIGHT • 1918 • SHT
DROPPED INTO SCANDAL • 1919
HIS WICKED EYES • 1919 • SHT
MOVIE RIOT, A • 1919 • SHT
SAMBO'S WEDDING DAY • 1919 • SHT
SAPHEAD'S SACRIFICE, A • 1920
HIS PREHISTORIC BLUNDER • 1922
GUMPS, THE • 1928

HUTCHINSON JAMES C. – USA
RED BLOOD AND BLUE • 1925

HUTCHINSON SAMUEL – USA
ENGLISH WALNUT INDUSTRY, THE • 1913

HUTCHISON CHARLES – USA
HUTCHINSON CHARLES
CAUGHT IN THE DRAFT • 1917 • SHT
HURRICANE HUTCH IN MANY ADVENTURES • 1924

ON PROBATION • 1924
HIDDEN MENACE, THE • 1925
WAS IT BIGAMY? • 1925
FLYING HIGH • 1926
LIGHTNING HUTCH • 1926 • SRL
SMOKE EATERS, THE • 1926
WINNING WALLOP, THE • 1926
CATCH-AS-CATCH-CAN • 1927
DOWN GRADE • 1927
LITTLE FIREBRAND, THE • 1927
WHEN DANGER CALLS • 1927
BITTER SWEETS • SECOND SHOT, THE (UKN) • 1928
OUT WITH THE TIDE • SILENT EVIDENCE (UKN) • 1928
PRIVATE SCANDAL • 1931
WOMEN MEN MARRY • 1931
BACHELOR MOTHER • 1932
OUT OF SINGAPORE • 1932
FOUND ALIVE • 1934
HOUSE OF DANGER • 1934
PALS OF THE PRAIRIE • 1934 • SHT
CIRCUS SHADOWS • 1935
JUDGEMENT BOOK, THE • 1935
ON PROBATION • 1935
BORN TO FIGHT • 1936
DESERT GUNS • 1936
NIGHT CARGO • 1936
PHANTOM PATROL • 1936
RIDDLE RANCH • 1936
TOPA TOPA • CHILDREN OF THE WILD (UKN) • 1938
KILLERS OF THE WILD • 1940

HUTECKA K. – CZC
BLUE APRON • ANS

HUTH HAROLD – Actor – UKN – 1892-1967
EAST OF PICCADILLY • STRANGLER, THE (USA) • 1939
HELL'S CARGO • DANGEROUS CARGO (USA) • 1939
BULLDOG SEES IT THROUGH • 1940
BREACH OF PROMISE • ADVENTURE IN BLACKMAIL (USA) • 1941
LOOK BEFORE YOU LOVE • I KNOW YOU • 1948
MY SISTER AND I • HIGH PAVEMENT • 1948
NIGHT BEAT • 1948
HOSTAGE, THE • 1956

HUTT DAVID – UKN
NEARLY WIDE AWAKE • 1977

HUTT PETER – NZL
ROTORUA LOOKABOUT • 1969 • DOC

HUTTEN PONTUS – SWD
DAG I STADEN, EN • DAY IN THE CITY, A • 1956

HUTTER HANS – GRM
WEGEN REICHTEN GESCHLOSSEN • CLOSED BECAUSE OF WEALTH • 1968

HUTTON BRIAN see **HUTTON BRIAN G.**

HUTTON BRIAN G. – USA – 1935-
HUTTON BRIAN
WILD SEED, THE • REBELLIOUS ONE, THE ○ FARGO ○ DAFFY • 1965
PAD (AND HOW TO USE IT), THE • 1966
HEROIN GANG, THE • SOL MADRID • 1968
WHERE EAGLES DARE • 1968
KELLY'S HEROES • WARRIORS, THE • 1970
ZEE AND CO • X, Y AND ZEE (USA) • 1972
NIGHT WATCH • 1973
FIRST DEADLY SIN, THE • 1980
HIGH ROAD TO CHINA • 1982
PUSHOVERS, THE • 1989

HUTTON CLAYTON – UKN
HER LANDLORD LOVER • 1929
HEAVILY MARRIED • 1937
INTIMATE RELATIONS • 1937

HUTTON LARRY
TOUGH NINJA: THE SHADOW WARRIOR

HUTTON LUCILLE – USA
POUND FOOLISH • 1926

HUTTON ROBERT – Actor – USA – 1920-
SLIME PEOPLE, THE • 1962

HUUNONEN SEPPO – FNL – 1939-
LAMPAANSYOJAT • MUTTON EATERS, THE ○ SHEEP EATERS, THE • 1972
KARVAT • HAIRS, THE ○ OBSESSION • 1974
PIILOPIRTTI • HIDEAWAY • 1978

HUXLEY JOHN see **PAOLINELLI BRUNO**

HUXLEY JULIAN – UKN
PRIVATE LIFE OF THE GANNETS, THE • 1934

HUYCK WILLARD – USA
MESSIAH OF EVIL • REVENGE OF THE SCREAMING DEAD ○ RETURN OF THE LIVING DEAD ○ DEAD PEOPLE ○ SECOND COMING, THE • 1975
FRENCH POSTCARDS • AMERICAN FRENCH POSTCARDS • 1979
BEST DEFENSE • 1984
HOWARD THE DUCK • HOWARD: A NEW BREED OF HERO • 1986

HUYSMAN MICHAEL see **HUISMAN MICHEL**

HWA I HUNG – HKG
TIGER STRIKES AGAIN, THE
JADE CLAW • CRYSTAL FIST • 1979
DYNAMO • 1981
KUNG FU ZOMBIE • 1981

HYAMS NESSA – USA
LEADER OF THE BAND • 1987

HYAMS PETER – Screenwriter – USA – 1943-
GOODNIGHT, MY LOVE • 1972 • TVM
ROLLING MAN • 1972 • TVM
BUSTING • 1973
OUR TIME • DEATH OF HER INNOCENCE, THE • 1974
PEEPER • FAT CHANCE • 1975
CAPRICORN ONE • 1978
HANOVER STREET • 1979
OUTLAND • 1981
STAR CHAMBER, THE • 1983
2010 • 2010: THE YEAR WE MAKE CONTACT • 1984
RUNNING SCARED • 1986
PRESIDIO, THE • PRESIDIO: THE SCENE OF THE CRIME, THE (UKN) • 1988
NARROW MARGIN • 1990

HYAN HANS – GRM
ONKEL AUS AMERIKA, DER • 1915

HYATT GORDON – USA
SADAT'S ETERNAL EGYPT • 1980 • DOC

HYATT ROBERT – USA
EVERY GIRL SHOULD HAVE ONE • 1975

HYLAND PEGGY – UKN
WITH FATHER'S HELP • 1922

HYLKEMA HANS – NTH
PAYING FOR PLAYING • 1977 • SHT
MANNETJESMAKER, DE ○ KINGMAKER CONNECTION, THE • 1983

HYLTEN-CAVALLIUS RAGNAR – SWD – 1885-
FLICKORNA GYURKOVICS • SIEBEN TOCHTER DER FRAU GYURKOVICS, DIE (FRG) ○ SISTER OF SIX, A • 1926
HANS KLUNGE • 1928
HOGHET SINGLAR • 1928
MAJESTAT SCHNEIDET BUBIKOPFE • 1928
AKTENSKAPSLEKEN • MARRIAGE GAME, THE • 1935
KUNGEN KOMMER • KING IS COMING, THE • 1936
VINGAR KRING FYREN • WINGS AROUND THE LIGHTHOUSE • 1937
KLOCKORNA I GAMLA STAN • BELLS OF THE OLD TOWN • 1946

HYMAN BERNARD – USA
MORALS FOR MEN • 1925

HYND JOHN – USA
SCORE, THE • 1973 • DOC

HYTONEN HUGY – FNL
MIEHEN TIE • WAY OF A MAN, THE ○ ONE MAN'S FATE • 1940

HYUKIN KWON – SKR
WANGMAGWI • MONSTER WANGMAGWI • 1967

HYYTIAINEN PEKKA – FNL
KIRJE • LETTER, THE • 1978
i + i • 1981
I'M SCARED • 1981

I DU-YONG – SKR
BBONG • MULBERRY LEAVES ○ MULBERRY TREE ○ BHONG • 1985
JANGAM • FIRST SON • 1985
ROCK BOY • 1985
NAESI • EUNUCH • 1986
KARMA • UP • 1988

I HWANG-LIM – SKR
DALBICH MERRODI • MOONLIGHT MELODY • 1985

I JANG-HO – SKR
EO U-DONG • ER WOO-DONG, THE ENTERTAINER • 1985
MAN WITH THREE COFFINS, THE • 1988

I JONG-SUN – NKR
STAR OF KOREA

IACOB MIHAI – RMN
BLANCA • 1955
DARCLEE • 1961
CEREBRUL 702 • FAMOUS 702, THE • 1962
STRAINUL • STRANGER, THE • 1964
DE TREI ORI BUCHAREST • THREE TIMES BUCHAREST • 1967
MOARTEA LUI JOE INDIANUL • DEATH OF JOE THE INDIAN, THE • 1968
CASTLE OF THE DOOMED, THE • 1969
BECAUSE THEY ARE IN LOVE • 1972

IANZELO TONY – CND – 1935-
ANTONIO • 1966 • DOC
DON'T KNOCK THE OX • 1970 • DOC
HERE IS CANADA • 1972 • DOC
GOODBYE SOUSA • 1973 • DOC
BATE'S CAR • 1974 • DOC
CREE HUNTERS OF MISTASSINI • CHASSEURS CRIS DE MISTASSINI • 1974 • DOC
OUR LAND IS OUR LIFE • 1974 • DOC
MUSICANADA • 1975 • DOC
WHALES ARE WAITING, THE • 1975 • DOC
BLACKWOOD • 1976 • DOC
CREE WAY • 1977 • DOC
CHINA HISTORY • 1978 • DOC
HIGH GRASS CIRCUS • 1978 • DOC
MIGHTY STEAM CALLIOPE, THE • 1978 • DOC
NORTH CHINA COMMUNE • 1979 • DOC
VIKING VISITORS TO NORTH AMERICA • 1979 • DOC
CHINA: A LAND TRANSFORMED • 1980 • DOC
NORTH CHINA FACTORY • 1980 • DOC
WUXING PEOPLE'S COMMUNE • 1980 • DOC
CONCERT MAN, THE • 1982 • DOC
LEARNING RINGETTE • 1982 • DOC
SINGING: A JOY IN ANY LANGUAGE • 1982 • DOC
MAKING TRANSITIONS • 1986 • MTV
SUTHERLAND • 1986 • MTV
TRANSITION • 1986 • SHT

IBANEZ JOSE LUIS – MXC
AMOR, AMOR, AMOR • 1965

IBANEZ JUAN – MXC
AMOR, AMOR, AMOR • 1965
CAIFANES, LOS • 1966
FEAR CHAMBER, THE • CHAMBER OF FEAR ○ CAMERA DEL TERROR, LA ○ TORTURE ZONE, THE • 1968
HOUSE OF EVIL, THE • MACABRE SERENADE ○ DANCE OF DEATH • 1968
INVASION SINIESTRA • INCREDIBLE INVASION, THE ○ SINISTER INVASION ○ ALIEN TERROR • 1968
SNAKE PEOPLE • MUERTE VIVIENTE, LA (MXC) ○ ISLE OF THE SNAKE PEOPLE ○ ISLA DE LOS MUERTOS, LA ○ ISLAND OF THE SNAKE PEOPLE ○ CULT OF THE DEAD ○ MXC ○ LIVING DEATH, THE • 1968
A FUEGO LENTO • 1977
DIVINAS PALABRAS • 1977

IBANEZ SERRADOR NARCISO – SPN – 1935-
PENAFIEL LUIS
RESIDENCIA, LA • HOUSE THAT SCREAMED, THE (USA) ○ BOARDING SCHOOL, THE • 1969
QUIEN PUEDE MATAR A UN NINO? • ISLAND OF THE DAMNED (USA) ○ WOULD YOU KILL A CHILD? ○ WHO CAN KILL A CHILD? ○ ISLAND OF DEATH ○ DEATH IS CHILD'S PLAY • 1975

IBRAGIMOV A. see **IBRAGIMOV AZHDAR**

IBRAGIMOV AZHDAR – USS – 1919-
IBRAGIMOV A.
AFFAIRES DU COEUR • 1924

IBSEN TANCRED – SWD – 1893-
SYNNOVE SOLBAKKEN • 1934
KANSKE EN GENTLEMAN • GENTLEMAN MAYBE, A • 1935
A VI GIFTA? • NASTAN GIFTA ○ ARE WE MARRIED? • 1936
SPOKET PA BRAGEHUS • GHOST OF BRAGEHUS • 1936
STACKARS MILJONARER • POOR MILLIONAIRES • 1936
FANT • 1937
TO LEVENDE OG EN DOD • 1937
EN NORSK LASSE MAJA • 1940
TORRES SNORTEVOLD • JACOB • 1940
KARUSELLEN • 1942
ET SPOKELSE FORELSKER SEG • GHOST IN LOVE, A (USA) ○ AMOROUS GHOST, AN • 1947
VILDANDEN • 1963

ICHAC MARCEL – FRN – 1906-
KARAKORAM • 1936 • DOC
MISSIONS DE FRANCE • 1939 • DCS
PELERINS DE LA MECQUE • PELERINAGE A LA MECQUE • 1940 • DCS
A L'ASSAUT DES AIGUILLES DU DIABLE • 1942 • DCS
MEDECIN DES NEIGES, LE • 1942 • DCS
SONDEURS D'ABIME • 1943 • DCS
TEMPETE SUR LES ALPES • 1945 • DCS
SKIS DE FRANCE • 1947 • DCS
PADIRAC RIVIERE DE LA NUIT • 1948 • DCS
GROENLAND • 1949 • DCS
TECHNIQUE DE L'ALIMINIUM • 1949 • DCS
HIMALAYA • 1950 • DCS
ALIMINIUM • 1952 • DCS
NOUVEAUX HORIZONS • 1953 • DCS
VICTOIRE SUR L'ANNAPURNA • ANNAPURNA (USA) • 1953 • DOC
VIA POLE NORD • 1954 • DCS
TOUR DU MONDE EXPRESS • 1955 • DCS
DANSES DE TAMI, LES • 1956 • DCS
ETOILES DE MIDI, LES • 1958 • DOC
CONQUERANT DE L'INUTILE, LE • 1967 • DCS
TRENTE ANS DE LA VIE D'UN SKIEUR • 1972 • DCS

ICHASO LEON – USA
EL SUPER • 1979
SUPER, EL • 1979
CROSSOVER DREAMS • 1985

ICHIKAWA JUN – JPN
BU-SU • 1988

ICHIKAWA KIICHI – JPN
TIGER CHILD • 1970

ICHIKAWA KON – JPN – 1915-
MUSUME DOJIJI • GIRL AT DOJO TEMPLE, A • 1945
TOHO SEN-ICHIYA • THOUSAND AND ONE NIGHTS WITH TOHO, A • 1947
HANA HIRAKU • FLOWER BLOOMS, A • 1948
SANBAYAKU ROKUJUGO-YA • THREE HUNDRED AND SIXTY FIVE NIGHTS • 1948
HATESHINAKI JONETSU • PASSION WITHOUT LIMITS, THE ○ ENDLESS PASSION, THE ○ PASSION WITHOUT END • 1949
NINGEN MOYO • DESIGN OF A HUMAN BEING ○ HUMAN PATTERNS • 1949
AKATSUKI NO TSUISEKI • PURSUIT AT DAWN • 1950
GINZA SANSHIRO • SANSHIRO AT GINZA ○ SANSHIRO OF GINZA • 1950
NETSUDEICHI • HOT MARSHLAND, THE ○ HEAT AND MUD • 1950
BUGAWAN SOLO • RIVER SOLO FLOWS • 1951
KEKKON KOSHINKYOKU • WEDDING MARCH • 1951
KOIBITO • SWEETHEART, THE ○ LOVER • 1951
MUKOKUSEKI-MONO • MAN WITHOUT NATIONALITY, THE ○ MAN WITHOUT A COUNTRY • 1951
NUSUMARETA KOI • STOLEN LOVE • 1951
YEI RAI SHAN • NIGHTSHADE FLOWER ○ IERAISHAN • 1951
ANOTE KONOTE • THIS WAY THAT WAY • 1952
ASHI NI SAWATTA ONNA • WOMAN WHO TOUCHED THE LEGS, THE • 1952
RAKKI-SAN • MR. LUCKY ○ LUCKY SAN • 1952
WAKAI HITO • YOUNG GENERATION ○ YOUNG PEOPLE • 1952
AIJIN • LOVER, THE ○ LOVERS • 1953
AOIRO KAKUMEI • BLUE REVOLUTION, THE • 1953
PUSAN • MR. POO ○ MR. PU • 1953
SEISHUN ZENIGATA HEIJI • YOUTH OF HEIJI ZENIGATA, THE • 1953
JOSEI NI KANSURU JUNISHO • TWELVE CHAPTERS ABOUT WOMEN ○ TWELVE CHAPTERS ON WOMEN • 1954

OKUMAN CHOJA • BILLIONAIRE, A • 1954
WATASHI NO SUBETE-O • ALL OF MYSELF • 1954
KOKORO • HEART, THE • 1955
SEISHUN KAIDAN • YOUTH'S GHOST STORY, THE ○ GHOST STORY OF YOUTH • 1955
BIRUMA NO TATEGOTO • BURMESE HARP, THE (UKN) ○ HARP OF BURMA, THE • 1956
NIHONBASHI • BRIDGE OF JAPAN • 1956
SHOKEI NO HEYA • PUNISHMENT ROOM • 1956
ANA • LADY HAS NO ALIBI, THE ○ HOLE, THE ○ PIT, THE • 1957
MANIN DENSHA • CROWDED TRAIN, THE ○ CROWDED STREETCAR, THE • 1957
TOHOKU NO ZUNMUTACHI • MEN OF TOHOKU, THE ○ MAN OF THE NORTH • 1957
ENJO • CONFLAGRATION (USA) ○ FLAME OF TORMENT (UKN) • 1958
GENNAMA TO BIJO TO SAN-AKUNIN • MONEY AND THREE BAD MEN • 1958
KAGI • ODD OBSESSIONS (UKN) ○ KEY, THE (USA) • 1959
KANKON SOSAI • EARTHLY RITUALS • 1959
KEISATSU-KAN TO BORYOKU-DAN • POLICE AND SMALL GANGSTERS • 1959
NOBI • FIRES ON THE PLAIN • 1959
SAYONARA KONNICHIWA • GOODBYE AND GOOD DAY! ○ GOODBYE, GOOD DAY • 1959
BONCHI • YOUNG LORD ○ SON, THE • 1960
GINZA NO MOSA • GINZA VETERAN, A • 1960
JOKYO • WOMAN'S TESTAMENT, A ○ CODE OF WOMEN ○ JOKEI ○ WOMEN'S SCROLL • 1960
OTOTO • YOUNGER BROTHER ○ HER BROTHER • 1960
HAKAI • OUTCAST, THE (UKN) ○ SIN, THE (USA) ○ OUTCASTS ○ BROKEN COMMANDMENT, THE • 1961
KUROI JUNIN NO ONNA • TEN BLACK WOMEN ○ TEN DARK WOMEN • 1961
WATASHI WA NISAI • BEING TWO ISN'T EASY (UKN) ○ I AM TWO YEARS OLD ○ WATAKUSHI WA NISAI • 1962
TAIHEIYO HITORIBOTCHI • ALONE ON THE PACIFIC (USA) ○ ALONE IN THE PACIFIC ○ MY ENEMY THE SEA ○ ENEMY, THE SEA, THE ○ TAIHEIYO HITORI BOCHI • 1963
YUKINOJO HENGE • REVENGE OF YUKINOJO, THE ○ ACTOR'S REVENGE, AN • 1963
DOKONJO MONOGATARI -ZENI NO ODORI • ZENI NO ODORI ○ MONEY TALKS ○ MONEY DANCE, THE • 1964
TOKYO ORINPIKKU • TOKYO OLYMPIAD • 1965
AIBO • HEY, BUDDY! • 1966
GENJI MONOGATARI • TALE OF GENJI, THE • 1966
TOPPO JIJO NO BOTAN SENSO • TOPO GIGIO: LA GUERRE DEL MISSILE ○ TOPO GIGIO E I SEI LADRI ○ TOPO GIGIO AND THE MISSILE WAR • 1967
KYO • KYOTO • 1968
SEISHUN • TOURNAMENT ○ YOUTH • 1968 • DCS
AI FUTATABI • TO LOVE AGAIN • 1972
MATATABI • WANDERERS, THE ○ TRAMPS, THE • 1973
VISIONS OF EIGHT • 1973
WAGAHAI WA NEKO DEARU • I AM A CAT • 1974
INUGAMI-KE NO ICHIZOKU • INUGAMI FAMILY, THE • 1976
TSUMA TO ONNA NO AIDA • BETWEEN WOMEN AND WIVES (USA) ○ BETWEEN WIFE AND LADY (USA) • 1976
AKUMA NO TEMARI-UTA • DEVIL'S BOUNCING-BALL SONG, THE ○ DEVIL'S SONG OF BALL, THE ○ DEVIL'S SONG, THE ○ RHYME OF VENGEANCE, A • 1977
GOKUMON-TO • ISLAND OF HORRORS (UKN) ○ DEVIL'S ISLAND, THE (USA) • 1977
JOOBACHI • QUEEN BEE ○ JOH-OU BACHI • 1978
HI NO TORI • PHOENIX, THE ○ FIREBIRD • 1979
HOUSE OF HANGING • 1980
KOTO • ANCIENT CITY ○ ANCIENT CITY OF KOTO, THE • 1980
KOFUKU • LONELY HEARTS (USA) ○ HAPPINESS • 1982
MAKIOKA SISTERS, THE • 1983
SASAME YUKI • FINE SNOW • 1983
BURMESE HARP, THE • 1985 • MTV
ROKUMEIKAN • ROKUMEIKAN, HIGH SOCIETY OF MEIJI • 1985
EIGA JOYUH • FILM ACTRESS, A • 1987
TAKETORI MONOGATARI • LEGEND OF PRINCESS MOON ○ PRINCESS FROM THE MOON • 1988
TSURU • CRANE • 1988

ICHIKAWA SEIICHIRO – JPN

JOKYO ICHIDAI • UNDEFEATED WOMAN • 1958

ICHIMURA HIROKAZU – JPN

KONO KOE NAKI SAKEBI • SOUNDLESS CRY • 1965
HARU ICHIBAN • SPRING BREEZE • 1966
GIN NO BOOTS • SILVER BOOTS • 1967
HANA NO UTAGE • FALLING BLOSSOMS • 1967
HITOZUMATSUBAKI • WIFE CAMELIA • 1967
KOKO LEMON MUSUME • LEMON GIRLS ON THE GO • 1967
SINGAPORE NO YOWA FUKETE • UNDER THE STAR OF SINGAPORE • 1967
AKUTO SHAIN YUKYO-DEN • CODE OF THE RUTHLESS • 1968
DAISHOGEKI • HOTSPRING'S HOTSHOP • 1968
ONNA MEKURA HANA TO KIBA • FANGS OF A FEMALE • 1968
ONSEN GERIRA DAI SHOGEKI • HOTSPRINGS HOLIDAY (USA) ○ KIGEKI DAI SHOGEKI • 1968
EIKO ENO KUROHYO • FIGHT FOR THE GLORY (USA) • 1969

ICHIMURA YASUKAZU – JPN

KOWASHIYA JINROKU • REALTIONSHIP WRECKER • 1968
SHOWA GENROKU HARENCHI BUSHI • NEVER SAY DIE • 1968

ICHMOUKAMEDOV E see **ISHMUKHAMEDOV ELYOR**

IDA TAN – JPN

TIGER OF THE SEA • SEA FIGHTERS, THE • 1964
BAKUHA SANBYO MAE • THREE SECONDS TO ZERO HOUR • 1967
CHICHIBU SUIKODEN: KAGE O KIRU KEN • LIVING BY THE SWORD • 1967
WAKAOYABUN TANJO • BIRTH OF A YOUNG HERO • 1967
ONNA UKIYO BURO • HOUSE OF STRANGE LOVES, THE (USA) ○ TOKYO BATH HAREM • 1968
ONNA UKIYOZOSHI • UKIYOE ARTIST • 1968
ZANKYO MUJO • HEART OF STONE • 1968

IDLE ERIC – Writer – UKN

RUTLES, THE • RUTLES (A.K.A. ALL YOU NEED IS CASH), THE ○ ALL YOU NEED IS CASH • 1978 • TVM
TALE OF THE FROG PRINCE • 1982 • MTV

IDREES M. – PKS

ROTI • 1988

IDRIZOVIC MIRZA – YGS

FRAME FOR MY LOVE • 1969
ZIVOT JE MASOVNA POJAVA • LIFE IS A MASS PHENOMENON • 1971
SCENT OF QUINCE, THE • 1982

IDZIAK SLAWOMIR – PLN

PAPIEROWY PTAK • PAPER BIRD • 1971
LEKCJA LATANIA • FLYING LESSONS • 1978
NAUKA LATANIA • LEARNING TO FLY • 1978

IEKI MIYOJI – JPN

KUMO NAGARURU HATENI • BEYOND THE FLOATING CLOUD • 1953
KYODAI • SISTERS • 1955
HADAKA NO TAIYO • NAKED SUN • 1958
SUBARISHIKI MUSUMETACHI • THOSE WONDERFUL GIRLS • 1959
DANGAN TAISHO • BRASS PICKERS, THE • 1960
WAKAMONO TACHI NO YORU TO HIRU • INJURED BOY • 1963

van IEPEREN AB – NTH

PAIR OF WRITERS, A • 1979 • SHT
BEHIND GLASS • 1981

IFTICENE MOHAMED – ALG – 1943–

INSTITUT AGRONOMIQUE • 1967 • SHT
HISTOIRE D'UN GRAND PEUPLE • 1968
SOURIS, LA • 1969
SANG DE L'EXIL, LE • 1970
GORINE • 1971
JOURNAL D'UN JEUNE TRAVAILLEUR • 1973
PLUS GRANDE RICHESSE, LA • 1974
MARCHAND DE REVES, LES • 1976

IGAYAMA MASAMITSU – JPN

KAIBYO RANBU • PHANTOM CAT, THE ○ MANY GHOST-CATS • 1956

de la IGLESIA ELOY – SPN – 1944–

FANTASIA...3 • FANTASY...3 • 1966
ALGO AMARGO EN LA BOCA • 1967
CUADRILATERO • 1969
TECHO DE CRISTAL, EL • 1970
NADIE OYO GRITAR • 1972
SEMANA DEL ASESINO, LA • CANNIBAL MAN, THE ○ APARTMENT ON THE 13TH FLOOR ○ WEEK OF THE ASSASSIN, THE • 1972
GOTA DE SANGRE PARA MORIR AMANDO, UNA • 1973
JUEGO DE AMOR PROHIBIDO • 1975
OTRA ALCOBA, LA • 1976
CRIATURA, LA • 1977
PLACERES OCULTOS, LOS • SECRET PLEASURES, THE ○ HIDDEN PLEASURES • 1977
DIPUTADO, EL • DEPUTY, THE • 1978
SACERDOTE, EL • PRIEST, THE • 1978
NAVAJEROS, LOS • KNIFERS, THE ○ KNIFE FIGHTERS • 1980
MUJER DEL MINISTO, LA • MINISTER'S WIFE, THE • 1981
COLEGAS • PALS ○ MATES • 1983
PICO, EL • FIX, THE ○ SHOOT UP, THE • 1984
OTRA VUELTA DE TUERCA • TURN OF THE SCREW, THE • 1985

IGLESIAS MIGUEL – SPN – 1915–

BONNS M. I.

SU EXCELENCIA EL MAYORDOMO • 1942
ADVERSIDAD • 1944
TINIEBLAS QUEDAN ATRAS, LAS • 1947
LEY DEL MAR, LA • 1950
FUGITIVO DE AMBERES, EL • 1954
CERCO, EL • 1955
VERANEO EN ESPANA • 1955
HEREDERO EN APUROS • 1956
NO ESTAMOS SOLOS • 1956
OJOS EN TUS MANOS, LOS • 1956
TESORO EN EL CIELO, UN • 1956
SU DESCONSALADO ESPOSA • 1957
TU MARIDO NOS ENGANA • 1958
CARTA A UNA MUJER • 1961
SPADA DEL CID, LA • HIJAS DEL CID, LA ○ SWORD OF EL CID, THE (USA) ○ ESPADA DEL CID, LA • 1962
NOCHES DEL UNIVERSO • 1963
DESPUES DEL GRAN ROBO • 1964
MUERTE EN PRIMAVERA • 1965
COMO TE AMO! • DIO COME TI AMO! (ITL) • 1966
DESTINO: ESTAMBUL 68 • 1967
OCCHIO PER OCCHIO, DENTE PER DENTE • EYE FOR AN EYE, A TOOTH FOR A TOOTH, AN • 1967
PRESAGIO • PRESAGE • 1970
PRIMAVERA MORTAL • 1970
TARZAN Y EL MISTERIO DE LA SELVA • MYSTERY OF THE JUNGLE, THE • 1973
DIOSA SALVAJE, LA • 1974
SAMRTNO PROLJECE • PRIMAVERA IMMORTAL ○ MORIBUND SPRING • 1974
KILMA, REINA DE LAS AMAZONAS • 1975
MALDICION DE LA BESTIA, LA • WEREWOLF AND THE YETI, THE ○ NIGHT OF THE HOWLING BEAST • 1975
RETORNO DE LAS TINIEBLAS, EL • 1976
DESNUDA INQUIETUD • 1977
VIRGENES ARDIENTES, LAS • 1977

IGNATOV AVRAM – BUL

CARROUSSEL • 1968 • SHT

IGOUX JEAN-PIERRE – FRN – 1943–

DERELITTA, LA • 1981

IHNAT STEVE – Actor – USA – 1934–1972

HONKERS, THE • 1972

IHO ARVO – USS

GAMES FOR CHILDREN OF SCHOOL AGE • 1986

IIMURA TAKAHIKO – JPN

IRO • 1962 • SHT
ONAN • 1963 • SHT
I SAW THE SHADOW • 1966 • SHT
WHITE CALLIGRAPHY • 1967 • SHT

IIZUKA MASUICHI – JPN

SAIGO NO NIHONHEI • LAST OF THE IMPERIAL ARMY, THE ○ LAST JAPANESE SOLDIER, THE ○ SAIGO NO NIPPONHEI • 1960
YUMINGAI NO JUDAN • OPERATION DIAMOND • 1963

IJAS MATTI – FNL

COMEDIAN, THE • 1983
RAPSY JA DOLLY • RAPSY AND DOLLY ○ DOLLY AND HER LOVER • 1989

IKEDA GISHUN – JPN

SENDO KOUTA • SONG OF THE BOATMAN, THE • 1923

IKEDA HIROSHI – JPN

SORATOBU YUREISEN • FLYING PHANTOM SHIP • 1969
DOBUTSU TAKARAJIMA • TREASURE ISLAND • 1971

IKEDA MASUO – JPN

EGE KAI NI SASAGU • DEDICATED TO THE AEGEAN SEA • 1978

IKEDA TOMIYASU – JPN

JIRAIKA GUMI • 1928
MEIKEN KOTETSU TO KONDO ISAMU • 1959

IKEDA TOSHIHARU – JPN

LEGEND OF A MERMAID • 1984

IKEDA YOSHINOBU – JPN

OHIME GUSA • PRINCESS GRASS • 1924

IKEHIRO KAZUO – JPN

KODACHI O TSUKAU ONNA • WOMAN USING A SHORT SWORD • 1961
ZAHYO MONOGATARI • RABBLE TACTICS • 1963
ZOUHEI MONOGATARI • LOW-RANK SOLDIERS • 1963
ZATO ICHI SENRYO KUBI • ZATOICHI: A THOUSAND DOLLAR PRICE ON HIS HEAD ○ ZATO ICHI AND A CHEST OF GOLD • 1964
DATSUGOKUSHA • BREAKOUT, THE • 1967
NEMURI KYOSHIRO BURAIHIKAE: MASHO NO HADA • TRAIL OF TRAPS, THE ○ MASHO NO HADA • 1967
WAKAOYABUN SENRYOHADA • TORPEDO-X • 1967
AMAKUZURE • DARING NUN, THE • 1968
HITORI OKAMI • LONE STALKER, THE • 1968
ZOKU YAKUZA BOZU • PRIEST AND THE GOLD MINT • 1968
HIKEN YABURI • BROKEN SWORDS • 1969
KOROSHIYA O BARASE • KILL THE KILLER ○ KILL THE KILLERS • 1969
MUSHUKUNIN MIKOSHIN NO JOUKICHI • OUTLAW JOUKICHI OF MIKOSHIN • 1972

IKOLI TUNDE – UKN

TUNDE'S FILM • 1973
SMACK AND THISTLE • 1989

IKOMA CHISATO – JPN

DAIGAN JOJU • FINE FELLOW • 1959
TOKYO ODORI • SHOCHIKU FOLLIES • 1959

IKONOMOU NIKOS – GRC

ERASTE TOU MESEOU TIHOU, I • LOVERS BEHIND TWO WALLS • 1968
KOUKLOS, O • OUR AUNT FROM AFRICA ○ MALE DOLL, THE • 1968
PRO-PO KE TA BOUZOUKIA, TO • FOOTBALL POOLS AND THE BOUZOUKI, THE • 1968

IKONOMOV VLADISLAV – BUL

MALCHALIVITE PATEKI • SILENT PATHS, THE • 1967
GIBELTA NA ALEKASANDAR VILIKI • FALL OF ALEXANDER THE GREAT, THE • 1968
24 HOURS OF RAIN • 1983
DAY OF THE RULERS, THE • 1984

ILERI SELIM – TRK

HICBIR GECE • 1989

ILIADIS FRIXOS – GRC

NEKRI POLITIA • CITE MORTE, LA • 1951

ILIC ALEKSANDAR – YGS

OWL, THE • 1973 • SHT
ZAMKA • TRAP, THE • 1974

ILIC BRONKO – USA

LARGO • 1970 • ANS

ILIC DRAGOSLAV – YGS

GREAT DAY, THE • 1969
VAGON LI • SLEEPING CAR, THE • 1977

ILIC MIHAILO – YGS

PRIRODNA GRANICA • NATURAL BOUNDARY, THE • 1971

ILIESU MIREL – RMN – 1923–

SNOW STORM, THE • 1953 • DOC
WINTER IN THE DELTA • 1957 • DOC
BICAZ, THE 563 LEVEL • 1959 • DOC
LIGHT AND STONE • 1960 • DOC
TANNERS, THE • 1962 • DOC
RHYTHMS • 1963 • DOC
ROOTS • 1963 • DOC
CONCERTO GROSSO • 1964 • DOC
ROADS • 1964 • DOC

ROAD, THE • 1965 • DOC
DYESTUFFS • 1968 • DOC
PLOT OF ROAD, A • 1968 • DOC
PORTRAIT OF COWARDICE • 1968 • DOC
RENAISSANCE SONGS • 1969 • SHT

ILINCHEV KIRIL – BUL

CIRCLES OF LOVE • 1971

ILIOPOULOU VASSILIKI – GRC

PARANMA, TO • PASSAGE, THE ◦ CROSSING, THE • 1989

ILIU VICTOR – RMN – 1912-1968

ION MARIN'S LETTER TO SCINTEIA • 1949
IN SAT LA NOI • OUR VILLAGE • 1951
MITREA COCOR • 1952
MOARA CU NOROC • MILL OF LUCK AND PLENTY, THE • 1956
O SCRISOARE PIERDUTA • LAST LETTER, A • 1956
COMOARA DE CA VADIL VECHI • TREASURE AT VADUL VECHI, THE • 1963

ILLES EUGEN – GRM

SEELEN, DIE SICH NACHTS BEGEGNEN • 1915
MONNA VANNA • 1917
SEIN LETZTER BERICHT: AUS DEM VATERHAUS VERSTOSSEN • 1917
ALRAUNE • MANDRAKE • 1918
ALRAUNE, DIE HENKERSTOCHTER, GENNANT DIE ROTE HANNE • 1918
GELBE SCHEIN, DER • 1918
MANIA • 1918
RINGENDE SEELEN • 1918
VERWORRENE WEGE • 1918
FOLGEN EINER UNGLUCKLICHEN EHE, DIE • GEFLUSTER DES TEUFELS • 1919
FRAU OHNE HERZ, DIE • 1919
FRAUEN, DIE NICHT HEIRATEN SOLLTEN • 1919
ICH KLAGE AN • 1919
LEBEN UND LUGE • 1919
SCHREI DES GEWISSENS, DER • 1919
VON DER LIEBE LEBEN, DIE • 1919
VON STUFE ZU STUFE BIS IN DEN TOD • 1919
IHR GLUCK VERKENNEN, DIE • 1920
KOMODIE DES LEBENS • 1920
LIEBE DER SKLAVIN, DIE • 1920
MANEGERAUSCH • 1920
MORAL • 1920
SEELEN IM STURM • 1920
SILBERNE FESSEL, DIE • 1920
WENN COLOMBINE WINKT • 1920
EISENBAHNKONIG 1, DER • MENSCH UND MAMMON • 1921
EISENBAHNKONIG 2, DER • LAUERNDER TOD • 1921
SPIELZEUG EINER DIRNE, DAS • 1922
TODGEWEIHTEN • 1924
GEFAHRLICHE ALTER, DAS • 1927

ILLING WERNER – GRM

UNSER MITTWOCH ABEND • 1948

ILLUMINATI IVO – ITL

VETTURALE DEL SAN GOTTARDO, IL • 1942

ILMARI WILHO – FNL

KURITON SUKUPOLVI • 1937
SEITSEMAN VELJESTA • 1939

ILYENKO V. – USS

SOUTH CROSS ABOVE US, THE • 1965

ILYENKO YURI see **ILYENKO YURY**

ILYENKO YURY – Cameraman – USS – 1936-

ILYENKO YURI

SPRING FOR THE THIRSTY, THE • SPRING FOR THIRSTY PEOPLE, A • 1965
IVAN KUPALA'S EVE • ON THE EVE OF IVAN KUPALA'S DAY • 1968
BYELAYA PTITSA S CHORNOY OTMYETINOY • WHITE BIRD WITH THE BLACK MARK, THE ◦ WHITE BIRD WITH A BLACK SPOT, THE ◦ WHITE BIRD WITH A BLACK MARKING, A • 1972
ZIVJETI ZA INAT • TO LIVE OUT OF SPITE • 1973
NA POKLONY • WITH REGARDS • 1974
TO DREAM AND TO LIVE • 1974
BAKED POTATO FESTIVAL, THE • 1977
STRAW BELLS • 1987

ILYINSKI N. – USS

K SVYETU • TOWARDS THE LIGHT • 1968

IM GWEON-TAEK see **LIM KWON-TAEK**

IM KWON-TEEK see **LIM KWON-TAEK**

IMAGE JEAN – Animator – HNG – 1911-

AVENTURES D'ARLEQUIN, LES • ANM
HISTOIRES E CLOWN • ANM
JOE ET LA SORCIERE TSETSEBOSSE • ANM
ON A VOLE LA TOUR EIFFEL • ANM
NOIRS JOUENT ET GAGNENT, LES • 1944 • ANS
PRINCESSE CLE DE SOL • 1945 • ANS
RHAPSODIE DE SATURNE • 1947 • ANS
BALLADE ATOMIQUE • ATOMIC BALLAD • 1948 • ANS
JEANNOT L'INTREPIDE • JOHNNY THE GIANT KILLER (USA) ◦ JOHNNY AND THE WICKED GIANT • 1950 • ANM
BONJOUR PARIS • GOOD MORNING PARIS • 1953 • ANM
CIGALE ET LA FOURMI, LA • GRASSHOPPER AND THE ANT, THE • 1955 • ANS
LOUP ET L'AGNEAU, LE • WOLF AND THE LAMB, THE • 1955 • ANS
MACHINE A RETROUVER LE TEMPS, LA • MISTER WISTER THE TIME TWISTER (USA) • 1956 • ANS
AVENTURE DU PERE NOEL, L' • ADVENTURE OF FATHER CHRISTMAS, THE • 1957 • ANS
MONSIEUR VICTOR OU LA MACHINE A RETROUVER LE TEMPS • MONSIEUR VICTOR ◦ MR. VICTOR • 1957 • ANS
PETIT PEINTRE ET LA SIRENE, LE • LITTLE PAINTER AND THE MERMAID, THE • 1958 • ANS
PETITE REINE, LA • LITTLE QUEEN, THE • 1958 • ANS
FRANCOIS S'EVADE • 1959 • ANS
MAGIE MODERNE • 1959 • ANS
AVENTURES DE JOE, LES • 1960 • ANS
PICOLO ET PICOLETTE • 1963-64 • ASS
FABULEUSES AVENTURES DU LEGENDAIRE BARON DE MUNCHHAUSEN, LES • FABULOUS ADVENTURES OF BARON VON MUNCHAUSEN, THE ◦ FABULEUSES AVENTURES DU BARON DE MUNCHAUSEN, LES • 1965 • ANM
KIRI THE CLOWN • 1966-69 • ASS
ALADIN ET LA LAMPE MERVEILLEUSE, UN CONTE DES MILLE ET UNE NUITS • ALADIN ET LA LAMPE MERVEILLEUSE ◦ ALADDIN AND HIS MAGIC LAMP ◦ ALADDIN AND THE WONDERFUL LAMP • 1969 • ANM
LITTLE ORBIT THE ASTRODOG • ANM
PATATOMANIE • 1970 • ANS
AU CLAIR DE LA LUNE • 1971-72 • ASS
JOE PETIT BOUM-BOUM • 1972 • ANM
ARAGO X001 • 1972-73 • ASS
PLUK NAUFRAGE DE L'ESPACE • 1974 • ANM
SECRET DES SELENITES, LE • MOON MADNESS ◦ MOONTREK • 1981 • ANM

IMAI TADASHI – JPN – 1912-

NUMAZU HEIGAKKU • NUMAZU MILITARY ACADEMY • 1939
WARAREGA KYOKAN • OUR INSTRUCTOR ◦ OUR TEACHER • 1939
KAKKA • GENERAL, THE ◦ YOUR HIGHNESS • 1940
ONNA NO MACHI • WOMEN'S TOWN ◦ WOMEN'S STREET • 1940
TAISHO • 1940
TAJINKO MURA • VILLAGE OF TAJINKO, THE ◦ TAJINKO VILLAGE • 1940
KEKKON NO SEITAI • MARRIED LIFE ◦ SITUATION OF MARRIAGE, THE • 1941
BORO NO KESSHITAI • SUICIDE TROOPS OF THE WATCH TOWER ◦ DEATH COMMAND OF THE TOWER • 1943
IKARI NO UMI • CRUEL SEA, THE ◦ ANGRY SEA, THE • 1944
AI TO CHIKAI • LOVE AND PLEDGE • 1945
JINSEI TOMBOGAERI • LIFE IS LIKE A SOMERSAULT ◦ SOMERSAULT OF LIFE • 1946
MINSHU NO TEKI • ENEMY OF THE PEOPLE, AN ◦ PEOPLE'S ENEMY, THE • 1946
CHIKAGAI NIJUYO-JIKAN • TWENTY FOUR HOURS OF A SECRET LIFE ◦ TWENTY FOUR HOURS OF THE UNDERGROUND STREET ◦ 24 HOURS IN AN UNDERGROUND MARKET ◦ CHAIKAGAI 24-JIKAN • 1947
AOI SANMYAKU • BLUE MOUNTAINS ◦ GREEN MOUNTAINS • 1949
ONNA NO KAO • WOMAN'S FACE, A • 1949
MATA AU HI MADE • UNTIL THE DAY WE MEET AGAIN ◦ UNTIL WE MEET AGAIN • 1950
DOKKOI IKITEIRU • AND YET WE LIVE ◦ STILL WE LIVE • 1951
GEMBAKO NO ZU • PICTURES OF THE ATOM BOMB • 1952
YAMABIKO GAKKO • ECHO SCHOOL ◦ SCHOOL OF ECHOES • 1952
HIMEYURI NO TO • YOUNG GIRLS OF OKINAWA, THE ◦ TOWER OF LILIES, THE ◦ HIMEYURI LILY TOWER • 1953
NIGORIE • MUDDY WATERS ◦ MUDDY WATER • 1953
AISUREBAKOSO • BECAUSE I LOVE ◦ IF YOU LOVE ME • 1955
KOKO NI IZUMI ARI • HERE IS A SPRING ◦ HERE IS A FOUNTAIN • 1955
YUKIKO • 1955
MAHIRU NO ANKOKU • DARKNESS AT NOON ◦ SHADOWS IN SUNLIGHT • 1956
JUN-AI MONOGATARI • STORY OF PURE LOVE, A • 1957
KOME • MEN OF THE RICE FIELDS ◦ PEOPLE OF THE RICE-FIELD ◦ RICE • 1957
YORU NO TSUZUMI • ADULTERESS, THE ◦ NIGHT DRUM ◦ YORU NO TSUTSUMI • 1958
KIKU TO ISAMU • KIKU AND ISAMU • 1959
SHIROI GAKE • WHITE CLIFF, THE ◦ CLIFF, THE • 1960
ARE GA MINATO NO HIKARI DA • PAN CHOPALI ◦ THAT IS THE PORT LIGHT • 1961
NIPPON NO OBACHAN • OLD WOMEN OF JAPAN, THE ◦ JAPANESE GRANDMOTHERS • 1962
BUSHIDO ZANKOKU MONOGATARI • CRUEL STORY OF THE SAMURAI'S WAY ◦ CRUEL TALES OF BUSHIDO ◦ BUSHIDO-SAMURAI SAGA ◦ OATH OF OBEDIENCE, THE ◦ BUSHIDO • 1963
ADAUCHI • REVENGE, THE • 1964
ECHIGO TSUTSUISHI OYASHIRAZU • OYASHIRAZU IN THE ECHIGO REGIME ◦ STORY FROM ECHIGO, A ◦ STORY OF ECHIGO, A ◦ STORY FOR ECHIGO, A ◦ DEATH IN THE SNOW • 1964
SATOGASHI GA KOWARERU TOKI • WHEN THE SUGAR COOKIE CRUMBLES ◦ SATOSHI GA KOWARERU TOKI ◦ WHEN THE SUGAR CAKE BREAKS ◦ WHEN THE COOKIE CRUMBLES ◦ WHEN SUGAR COOKIES ARE BROKEN • 1967
FUSHIN NO TOKI • TIME OF RECKONING, THE ◦ TIME OF LOSING FAITH • 1968
HASHI NO NAI KAWA • RIVER WITHOUT A BRIDGE PARTS 1 & 2, THE ◦ BRIDGE ACROSS NO RIVER ◦ RIVER WITHOUT BRIDGES • 1969
EN TO IU ONNA • GIRL NAMED EN, A ◦ WOMAN NAMED EN, A • 1971
AA KOE NAKI TOMO • AH! MY FRIENDS WITHOUT VOICE • 1972
KAIGUN TOKUBETSU SHONEN HEI • SPECIAL BOY SOLDIERS OF THE NAVY ◦ ETERNAL CAUSE ◦ NAVY'S SPECIAL BOY SAILORS • 1972
TAKIJI KOBAYASHI • LIFE OF A COMMUNIST WRITER, THE ◦ KOBAYASHI TAKIJI • 1974
YOBA • OLD WOMAN GHOST, THE • 1976
ANI IMOTO • OLDER BROTHER AND YOUNGER SISTER ◦ MON AND INO ◦ HIS YOUNGER SISTER • 1977
KOSODATE GOKKO • BRINGING UP THE CHILDREN • 1978
HIMEYURI NO TO • HIMEYURI LILY TOWER • 1982

IMAIZUMI – JPN

KIKANSHA C-57 • STEAM LOCOMOTIVE C-57 • 1940

IMAIZUMI KENJYU – JPN

RIKO NA OYOME-SAN • IMAGE WIFE • 1958

IMAIZUMI YOSHIJI – JPN

MURA HACHIBU • EIGHTY PERCENT OF THE VILLAGE • 1953

IMAM HASSAN AL- see **AL IMAM HASSAN**

el IMAM HASSAN – EGY

el EMAM HASSAN

ZAMAN EL AJAB • TIME OF MIRACLES, THE • 1952
MUAGEZA, EL • MIRACLE, THE • 1963
ELIF LAILA WA LAILA • THOUSAND AND ONE NIGHTS, A • 1964
EDRAB AL SHAHATIN • BEGGARS' STRIKE, THE • 1967
KASR EL SHAWK • 1967
BAMBER KASHER • 1974
MY STORY WITH TIMES • 1974
TORTURE OF SMILING LIPS • 1974
ABADIA MASSABNI • 1975
AMIRA MY LOVE • 1975
AND LOVE HAS ENDED • 1975
DON'T LEAVE ME ALONE • 1975
THIS I LOVE AND THAT I WANT • 1975
APPEAL FROM THE OPPRESSED • 1977

IMAMURA SHOHEI – JPN – 1926-

HATESHINAKI YOKUBO • ENDLESS DESIRE, THE • 1958
NISHI GINZA EKIMAE • LIGHTS OF NIGHT ◦ NISHI GINZA STATION • 1958
NUSUMARETA YOKUJO • STOLEN DESIRE, THE • 1958
NIANCHAN • MY SECOND BROTHER ◦ DIARY OF SUEKO • 1959
BUTA TO GUNKAN • FLESH IS HOT, THE (USA) ◦ HOGS AND WARSHIPS ◦ PIGS AND BATTLESHIPS ◦ DIRTY GIRLS, THE • 1961
NIPPON KONCHUKI • INSECT WOMAN, THE (USA) ◦ INSECT, THE ◦ JAPANESE INSECT STORY • 1963
AKAI SATSUI • INTENTIONS OF MURDER ◦ UNHOLY DESIRE • 1964
JINRUIGAKU NYUMON • PORNOGRAPHERS: INTRODUCTION TO ANTHROPOLY, THE ◦ AMORISTS, THE ◦ PORNOGRAPHER, THE • 1966
NINGEN JOHATSU • MAN VANISHES, A • 1967
KAMIGAMI NO FUKAKI YOKUBO • KURAGEJIMA -LEGENDS FROM A SOUTHERN ISLAND ◦ DEEP DESIRE OF GODS ◦ PROFOUND DESIRE OF THE GODS, THE ◦ KURAGEJIMA: TALES FROM A SOUTHERN ISLAND ◦ KURAGEJIMA • 1968
NIPPON SENGOSHI -MADAMU ONBORO NO SEIKATSU • HISTORY OF POSTWAR JAPAN AS TOLD BY A BAR HOSTESS ◦ POSTWAR JAPANESE HISTORY • 1970
KARAYUKI-SAN • KARAYUKI-SAN, THE MAKING OF A PROSTITUTE • 1975
FUKUSHU SURUWA WARE NI ARI • MY ROLE IS REVENGE ◦ VENGEANCE IS MINE • 1978
EJA NAIKA • IT'S NICE ISN'T IT? ◦ EIJANAIKA ◦ WHY NOT? • 1981
NARAYAMA-BUSHI KO • BALLAD OF NARAYAMA, THE • 1983
LORD OF THE BORDELLO • 1987
ZEGEN • GO-BETWEEN, A • 1988
KUROI AME • BLACK RAIN • 1989

IMANOVIC AHMET ADI – YGS

NEMIR • UNREST • 1983

IMBACH THOMAS – SWT

ZURICH – BERN – BASEL • 1989

IMBAULT THOMAS-LOUIS – CND

CENTENAIRE DU SAGUENAY, LE • 1938 • DOC
FETES DU LAC-SAINT-JEAN, LES • 1947 • DOC

IMBERMAN SAMUEL – ISR

IMBERMAN SHMUEL

TWO HEART BEATS • 1971
FIVE FIVE • 1979
DON'T GIVE A DAMN • I DON'T GIVE A DAMN • 1987

IMBERMAN SHMUEL see **IMBERMAN SAMUEL**

IMBERT-VIER HUGUETTE – GRC

VISAGES -MICHAEL CACOYANNIS • 1976 • DOC

IMBODEN MARKUS – SWT

BINGO • 1989

IMBROHORIS JEAN-PIERRE – FRN

FRANCE INTERDITE, LA • 1983

IMESON A. B. – UKN

DISCIPLINE • 1935

IMHOOF MARKUS – SWT

FLUCHTGEFAHR • 1975
TAUWETTER • 1977
BOOT IST VOLL, DAS • BOAT IS FULL, THE (USA) ◦ BARQUE EST PLEINE, LA ◦ FULL HOUSE • 1981
REISE, DIE • 1986
BERG, DER • MOUNTAIN, THE • 1989

IMPEROLI MARIO – ITL – 1931-1977

MIA MOGLIE UN CORPO PER L'AMORE • SIMONA UN CORPO PER TUTTI • 1972
RAGAZZINA, LA • 1974
BLUE JEANS • 1975
COME CANO ARRABBIATI • 1976
CANNE MOZZE • 1977
QUELLA STRANA VOGLIA DI AMARE • 1978

IMRAY ROBIN – UKN

NORTH KENSINGTON LAUNDRY BLUES • 1974 • SHT

IMRE ISTVAN – Animator – HNG

BILL HAS A HUNDRED FACES • 1969 • ANM

INAGAKI HIROSHI – JPN – 1905–1980

ADAUCHI SOMATO • CHANGEFUL REVENGE • 1927
GENJI KOZO • 1928
GINNEKO SAMON • 1928
HORO ZANMAI • WANDERING GAMBLER, THE • 1928
TENKA TAIHEIKI • PEACE OF THE WORLD ○ PEACE ON EARTH • 1928
EHON MUSHASHUGYO • SWORDSMAN'S PICTURE BOOK, A • 1929
KOROSHITA HITA • 1929
MEKURA–GUMO • 1929
OSHIDORI TABI NIKKI • DUCK JOURNEY DIARY • 1929
SOMA DAISAKU • GREAT PALISADE, THE • 1929
ZOKU BANKA JIGOKU • ELEGY OF HELL II–III • 1929
ISSHIN TASUKE • PERSONAL AID • 1930
KAIGYAKU SAN ROSHI • THREE JESTING RONIN • 1930
ON–AI GOJU–RYO • 1930
SAMEZAYA • 1930
UZUSHIO • 1930
DATE–BAYARI • 1931
GENROKU JUSANNEN • 1931
IPPON GATANA DOHYOIRI • SWORD AND THE SUMO RING, A • 1931
MABUTA NO HAHA • IMAGE OF A MOTHER, THE • 1931
MIKAZUKI SASAHO–GIRI • 1931
JIDAI NO KYOJI • INSTRUCTION PERIOD • 1932
TABI WA AOZORA • TRAVELS UNDER THE BLUE SKY ○ TRAMP UNDER THE BLUE SKY, THE • 1932
YATARO–GASA • YATARO'S SEDGE HAT ○ SEDGE HAT, THE • 1932
CHUJI KUNISADA • KUNISADA CHUJI • 1933
FUUN • BAD LUCK • 1934
NAOHACHI KODOMO TABI • JOURNEY OF EIGHT CHILDREN • 1934
SHINSENGUMI • 1934
TENPO CHUSHINGURA • 1934
TONE NO KAWAGIRI • 1934
DAIBOSATSU TOGE • GREAT BODHISATTVA PASS, THE ○ DAIBOSATSU PASS • 1935
FUJI NO SHIRAYUKI • WHITE SNOW OF FUJI • 1935
KAITO SHIRO ZUKEN • WHITE HOOD • 1935
SEKI NO YATAPPE • 1935
SENRYO KOISHI • 1935
KOICHI TANBEI • 1936
MATATABI SEN ICHIYA • JOURNEY OF A THOUSAND AND ONE NIGHTS • 1936
HIRYU NO KEN • MATCHLESS SWORD ○ SWORD OF FLYING DRAGON • 1937
KOYA NO TAMASHII • SPIRIT OF WILDERNESS • 1937
MOHOMONO GINPEI • MUHOUMONO GINPEI ○ GINPEI THE OUTLAW • 1937
JIGOKU NO MUSHI • HELL'S WORM • 1938
SHUSSE TAIKOKI • GREAT POWER RISING IN THE WORLD, A ○ TOYOTOMI'S RECORD OF PROMOTION • 1938
YAMI NO KAGEBOSHI • SHADOW OF DARKNESS • 1938
IBARAGI UKON • 1939
KESA TO MORITO • KESA AND MORITO • 1939
MAZO • MAGIC STATUE ○ MAZOU • 1939
SONNO SONJUKO • VILLAGE SCHOOL OF EMPEROR SUPPORTERS • 1939
MIYAMOTO MUSASHI • MUSASHI MIYAMOTO • 1940
EDO SAIGO NO HI • LAST DAYS OF EDO, THE ○ EDO NO SAIGO NO HI • 1941
ICHIJOJI NO KETTO • DUEL AT ICHIJOJI TEMPLE • 1941
UMI O WATARU SAIREI • FESTIVAL ACROSS THE SEA • 1941
DOKUGANRYU MASAMUNE • ONE–EYED DRAGON • 1942
MUHOMATSU NO ISSHO • LIFE OF MATSU THE UNTAMED, THE ○ RICKSHAW MAN, THE ○ RICKSHAW MAN, OR THE LIFE OF RECKLESS MATSU • 1943
NOROSHI WA SHANGHAI NI AGARU • SIGNAL FIRES IN SHANGHAI • 1944
SAIGO NO JOITO • LAST PARTY OF CHAUVINISTS, THE ○ LAST ABDICATION • 1945
TOKAI SUIKODEN • TOKAI'S SUIKO STORY • 1945
OKAGURA KYODAI • 1946
KOKORO TSUKI NO GOTOKU • 1947
SOSHI GEKIJO • POLITICAL THEATRE • 1947
TE O TSUNAGU KORA • CHILDREN HAND IN HAND • 1947
KUROUMA NO DANSHICHI • BOY WITH THE BLACK HORSE, THE • 1948
WASURERARETA KORA • FORGOTTEN CHILDREN • 1949
GUNTO NANBANSEN • 1950
ORE WA JOYIMBO • 1950
KAIZUKOSEN • PIRATES • 1951
SASAKI KOJIRO • KOJIRO SASAKI • 1951
FUUN SENRYOBUNE • 1952
INAZUMA–ZOSHI • LIGHTNING ADVANCE • 1952
SENGOKU BURAI • SWORD FOR HIRE ○ MERCENARIES, THE • 1952
SHANHAI NO ONNA • LADY FROM SHANGHAI ○ WOMAN OF SHANGHAI • 1952
OMATSURI HANJIRO • 1953
TABI WA SOYOKKAZE • TRAVELLING WITH A BREEZE • 1953
MIYAMOTO MUSASHI • LEGEND OF MUSASHI, THE ○ SAMURAI • 1954
ICHIJOJI NO KETTO • DUEL AT ICHIJOJI TEMPLE ○ SAMURAI (PART II)(USA) • 1955
KETTO GANRYU JIMA • SAMURAI (PART III) (USA) ○ DUEL AT GANRYU ISLAND ○ MUSASHI AND KOJIRO • 1955
TABIJI • LONE JOURNEY, THE • 1955
ARASHI • STORM, THE • 1956
SHUJINSAN • REBELS ON THE HIGH SEA • 1956
JOTAI WA KANASHIKU • GEISHA IN THE OLD CITY, A • 1957
YAGYU BUGEICHO • SECRET SCROLLS (PART I) (USA) ○ YAGYU SECRET SCROLLS ○ YAGYU CONFIDENTIAL • 1957
KAIZOKU RONINGAI • 1958
MUHOMATSU NO ISSHO • RIKISHA MAN, THE (USA) ○ RICKSHAW MAN, THE • 1958
TABISUGATA NEZUMIKOZO • RAT KID ON JOURNEY • 1958
YAGYU BUGEICHO –SORYU HIKEN • SECRET SCROLLS (PART II) ○ NINJUTSU • 1958
ARU KENGO NO SHOGAI • LIFE STORY OF A CERTAIN SWORDSMAN, THE ○ SAMURAI SAGA • 1959
NIPPON TANJO • THREE TREASURES, THE ○ AGE OF THE GODS ○ BIRTH OF JAPAN • 1959
FUNDOSHI ISHA • LIFE OF THE COUNTRY DOCTOR ○ LIFE OF A COUNTRY DOCTOR ○ COUNTRY DOCTOR, THE • 1960
OSAKA–JO MONOGATARI • STORY OF THE CASTLE OF OSAKA, THE ○ DAREDEVIL IN THE CASTLE (USA) ○ DEVIL IN THE CASTLE • 1961
YATO KAZE NO NAKA O HASHIRU • BANDITS ON THE WIND (USA) • 1961
CHUSHINGURA • LOYAL FORTY–SEVEN RONIN, THE ○ FAITHFUL 47, THE ○ 47 RONIN, THE ○ 47 SAMURAI • 1962
DOBUROKU NO TATSU • TATSU • 1962
GEN TO FUDO MYOO • YOUTH AND HIS AMULET, THE (USA) • 1962
HIKEN • YOUNG SWORDSMAN • 1963
DAI TATSUMAKI • WHIRLWIND • 1964
GARAKUTA • RABBLE, THE • 1964
ABARE GOEMON • RISE AGAINST THE SWORD • 1966
SASAKI KOJIRO • KOJIRO • 1967
FURIN KAZAN • UNDER THE BANNER OF SAMURAI (USA) ○ SAMURAI BANNERS • 1969
MACHI–BUSE • AMBUSH, THE • 1970

INANC CETIN – TRK

CELIK BILEK • STEEL–WRIST • 1967
KILLING CANILER KRALI • KILLING, KING OF CRIMINALS • 1967
KIZIL MASKE • RED MASK • 1968
KRAL KIM? • WHO IS THE KING? • 1968

INANOGLU TURKER – TRK

AGIR SUC • PENALTY, THE • 1967
BEKAR ODASI • BACHELOR'S ROOM • 1967
EVLAT UGRUNA • FOR MY SON • 1967
KADER BAGI • LINK OF FATE, THE • 1967
KARDES KAVGASI • BROTHERLY FEUD • 1967
NAMUS BORCU • DEBT OF HONOUR • 1967
OSMANLI KABADAYISI • OTTOMAN BRAVE, THE • 1967
OSMANOGLU • 1967
PARMAKLILAR ARKASINDA • BEHIND THE BARS • 1967
PASA KIZI • GENERAL'S DAUGHTER, THE • 1967
PASAZADE • GENERAL'S SON, THE ○ SILAHLI PAZAZADE • 1967
RINGO KAZIM • 1967
ZEHIRLI HAYAT • POISONED LIFE • 1967
ARKADASIMIN ASKI • YOU BELONG TO MY FRIEND • 1968
ASKA TOVBE • LOVE NO MORE • 1968
BENIMDE KALBIM VAR • I TOO HAVE A HEART • 1968
EFKARLI SOSYETEDE • BLUE–ONE IN HIGH SOCIETY, THE • 1968
HIRSIZ KIZ • THIEF, THE • 1968
ISTANBUL TATILI • HOLIDAY IN ISTANBUL • 1968
SABAH YILDIZI • MORNING STAR, THE • 1968
TAHRAN MACERASI • ADVENTURE IN TEHRAN • 1968

INCE JOHN – USA – 1879–1947

INCE JOHN E.

HILLS OF STRIFE, THE • 1913
PRICE OF VICTORY, THE • 1913
TAKING OF RATTLESNAKE BILL, THE • 1913
BATTLE OF SHILOH, THE • 1914
BELOVED ADVENTURER, THE • 1914 • SRL
CRUEL REVENGE, A • 1914
ERRING, THE • 1914
HER MOTHER WAS A LADY • 1914
HIS BROTHER BILL • 1914
HOUSE OF FEAR, THE • 1914
IN OLD VIRGINIA • 1914
MAN FROM THE SEA, THE • 1914
MANSION OF SOBS, THE • 1914
OFFICER JIM • 1914
PURITAN, THE • 1914
RECENT CONFEDERATE VICTORY, A • 1914
SERVANT OF THE RICH, A • 1914
SOLDIER OF PEACE, A • 1914
TWIN BROTHERS VAN ZANDT, THE • 1914
CORNET, THE • 1915
COWARDLY WAY, THE • 1915
GREATER LOVE, THE • 1915
HER WEAKLING BROTHER • 1915
IN LOVE'S OWN WAY • 1915
POLLY–OF–THE–POTS–AND–PANS • 1915
ROAD O'STRIFE • 1915 • SRL
SEALED LIPS • 1915
TONY AND MARIE • 1915
UNMARRIED HUSBAND, THE • 1915
URCHIN, THE • 1915
WINNING WINSOME WINNIE • 1915
CRUCIAL TEST, THE • 1916
HER MATERNAL RIGHT • 1916
STRUGGLE, THE • 1916
SECRET STRINGS • 1918
BLACKIE'S REDEMPTION • 1919
BLIND MAN'S EYES • 1919
FAVOR TO A FRIEND, A • 1919
ONE–THING–AT–A–TIME O'DAY • 1919
PLEASE GET MARRIED • 1919
HELD IN TRUST • 1920
OLD LADY 31 • 1920
SHOULD A WOMAN TELL? • 1920
SOMEONE IN THE HOUSE • 1920
PASSION FRUIT • 1921
CHEAP KISSES • 1924
GREAT JEWEL ROBBERY, THE • 1925
IF MARRIAGE FAILS • 1925
HER BIG ADVENTURE • 1926
HOUR OF RECKONING, THE • 1927
WAGES OF CONSCIENCE • 1927
BLACK FEATHER • 1928

INCE JOHN E. see **INCE JOHN**

INCE RALPH – USA – 1887–1937

COUNTS, THE • 1912
CURIO HUNTERS, THE • 1912
GODMOTHER, THE • 1912
HER CHOICE • 1912
MILLS OF THE GODS, THE • 1912
PROFESSOR AND THE LADY, THE • 1912
SERPENTS, THE • 1912
SONG OF THE SHELL, THE • 1912
SUE SIMPKINS' AMBITION • 1912
UNA OF THE SIERRAS • 1912
WOOD VIOLET, THE • 1912
BINGLES' NIGHTMARE • 1913
CALL, THE • 1913
CLASSMATE'S FROLIC, THE • 1913
DELAYED LETTER, THE • 1913
FATTY'S AFFAIR OF HONOR • 1913
FIGHTING CHANCE, A • 1913
FORGOTTEN LATCHKEY, THE • 1913
HEART OF THE FOREST, A • 1913
HIS LAST FIGHT • 1913
HIS SECOND WIFE • 1913
LOST MILLIONAIRE, THE • 1913
LOVE LAUGHS AT LOCKSMITHS • 1913
MASTER FIXIT • 1913
MOULDING, THE • 1913
OFF THE ROAD • 1913
PAPA PUTS ONE OVER • 1913
PEGGY'S BURGLAR • 1913
PRINCE OF EVIL, A • 1913
RED AND WHITE ROSES • 1913
REGIMENT OF TWO, A • 1913
SONG BIRD OF THE NORTH, THE • 1913
SWAN GIRL, THE • 1913
SWEET DECEPTION • 1913
TIGER LILY, THE • 1913
TREASURE OF DESERT ISLE, THE • 1913
TWO'S COMPANY, THREE'S A CROWD • 1913
WEB, THE • 1913
WHY I AM HERE • 1913
WRECK, THE • 1913
BACK TO BROADWAY • 1914
DIANA'S DRESS REFORM • 1914
FATTY ON THE JOB • 1914
FATTY'S SWEETHEART • 1914
GIRL FROM PROSPERITY, THE • 1914
HE DANCED HIMSELF TO DEATH • 1914
HE NEVER KNEW • 1914
LINCOLN, THE LOVER • 1914
LUCKY ELOPEMENT, THE • 1914
'MIDST WOODLAND SHADOWS • 1914
MILLION BID, A • 1914
PAINTED WORLD, THE • 1914
RIGHT AND WRONG OF IT, THE • 1914
SHADOWS OF THE PAST • 1914
UNCLE BILL • 1914
WIFE WANTED • TOO MUCH UNCLE • 1914
413 • 1914
AWAKENING, THE • 1915
COUNT 'EM • 1915
COUNTS, THE • 1915
FROM HEADQUARTERS • 1915
GODDESS, THE • 1915 • SRL
HIS PHANTOM SWEETHEART • 1915
JUGGERNAUT, THE • 1915
RIGHT GIRL?, THE • 1915
SINS OF THE MOTHERS • 1915
SOME WHITE HOPE? • 1915
SORT–OF–GIRL–WHO–CAME–FROM–HEAVEN, THE • 1915
TWO WOMEN • 1915
COMBAT, THE • 1916
CONFLICT, THE • 1916
DESTROYERS, THE • 1916
HIS WIFE'S GOOD NAME • 1916
MY LADY'S SLIPPER • MY LADY'S SLIPPERS • 1916
NINETY AND NINE, THE • 1916
ARGYLE CASE, THE • 1917
CO–RESPONDENT, THE • 1917
TODAY • 1917
ELEVENTH COMMANDMENT, THE • 1918
FIELDS OF HONOR • FIELD OF HONOR • 1918
FIVE THOUSAND AN HOUR • 1918
HER MAN • 1918
OUR MRS. CHESNEY • 1918
TEMPERED STEEL • 1918
WOMAN ETERNAL, THE • 1918
FROM HEADQUARTERS • 1919
PAINTED WORLD, THE • 1919
PANTHER WOMAN, THE • 1919
PERFECT LOVER, THE • NAKED TRUTH, THE ○ PERFECT LOVE, THE • 1919
SEALED HEARTS • 1919
SHADOWS OF THE PAST • 1919
SINS OF THE MOTHERS, THE • 1919
STITCH IN TIME, A • 1919
TOO MANY CROOKS • 1919
TWO WOMEN • 1919
VIRTUOUS MEN • BOB STOKES –THE COURAGEOUS • 1919
WRECK, THE • 1919
HIS WIFE'S MONEY • 1920
LAND OF OPPORTUNITY, THE • 1920 • SHT
LAW BRINGERS, THE • 1920
OUT OF THE SNOWS • OUT OF THE SNOW • 1920
OUT YONDER • 1920
RED FOAM • 1920
AFTER MIDNIGHT • 1921
HIGHEST LAW, THE • 1921
LAST DOOR, THE • 1921
MAN'S HOME, A • 1921
REMORSELESS LOVE • 1921
TROPICAL LOVE • 1921
WET GOLD • SUBMARINE GOLD • 1921
CHANNING OF THE NORTHWEST • 1922
RECKLESS YOUTH • 1922
REFEREE, THE • 1922
WIDE–OPEN TOWN, A • 1922
COUNTERFEIT LOVE • 1923
HOMEWARD BOUND • LIGHT TO LEEWARD, THE • 1923
LOVE TRAP, THE • 1923
SUCCESS • 1923
CHORUS LADY, THE • 1924
DYNAMITE SMITH • 1924
HOUSE OF YOUTH, THE • 1924
MORAL SINNER, THE • 1924
UNINVITED GUEST, THE • INNOCENT SINNER, THE • 1924
ALIAS MARY FLYNN • 1925
GIRL OF GOLD, THE • 1925
LADY ROBINHOOD • 1925
PLAYING WITH SOULS • 1925
SMOOTH AS SATIN • 1925
BETTER WAY, THE • 1926
BIGGER THAN BARNUM'S • 1926
BREED OF THE SEA • 1926
LONE WOLF RETURNS, THE • RETURN OF THE LONE WOLF • 1926
SEA WOLF, THE • 1926
HOME STRUCK • 1927
MOULDERS OF MEN • ENEMIES OF SOCIETY • 1927
NOT FOR PUBLICATION • 1927
SHANGHAIED • 1927
SOUTH SEA LOVE • 1927
WANDERING GIRLS • 1927
CHICAGO AFTER MIDNIGHT • 1928
CONEY ISLAND • 1928
DANGER STREET • 1928
HIT OF THE SHOW • 1928
SINGAPORE MUTINY, THE • WRECK OF THE SINGAPORE, THE (UKN) • 1928
HARDBOILED • REAL GIRL, A (UKN) • 1929
FUERZA DEL QUERER, LA • 1930
HURRICANE • 1930
MEN OF AMERICA • GREAT DECISION (UKN) • 1932
LUCKY DEVILS • 1933
FLAMING GOLD • 1934
GLIMPSE OF PARADISE, A • 1934
NO ESCAPE • 1934
WHAT'S IN A NAME? • 1934
BLACK MASK • 1935

BLUE SMOKE • 1935
CRIME UNLIMITED • 1935
MR. WHAT'S-HIS-NAME • 1935
MURDER AT MONTECARLO • 1935
FAIR EXCHANGE • 1936
GAOL BREAK • BILL AND SON • 1936
HAIL AND FAREWELL • 1936
IT'S YOU I WANT • 1936
JURY'S EVIDENCE • 1936
TWELVE GOOD MEN • 1936
IT'S NOT CRICKET • 1937
MAN WHO MADE DIAMONDS, THE • 1937
PERFECT CRIME, THE • COPPER PROOF • 1937
SIDE STREET ANGEL • 1937
VULTURE, THE • 1937
ROLLING HOME • 1938

INCE THOMAS see **INCE THOMAS H.**

INCE THOMAS H. – USA – 1882–1924
INCE THOMAS HARPER • INCE THOMAS
LITTLE NELL'S TOBACCO • 1910
AGGRESSOR, THE • 1911
ARTFUL KATE • 1911
BEHIND THE STOCKADE • 1911
DREAM, THE • 1911
EMPTY SHELL, THE • 1911
FISHER-MAID, THE • 1911
FOR HER BROTHER'S SAKE • 1911
GETTING HIS MAN • 1911
HER DARKEST HOUR • 1911
IN OLD MADRID • 1911
LITTLE DOVE'S ROMANCE • 1911
MAID OR MAN • 1911
MANLY MAN, A • 1911
MESSAGE IN THE BOTTLE, A • 1911
PORTRAIT, THE • 1911
SWEET MEMORIES • 1911
THEIR FIRST MISUNDERSTANDING • 1911
BATTLE OF THE RED MEN, THE • 1912
COLONEL'S PERIL, THE • 1912
COLONEL'S WARD, THE • 1912
CRISIS, THE • 1912
CUSTER'S LAST RAID • 1912
DESERTER, THE • 1912
DOUBLE REWARD, A • 1912
HIDDEN TRAIL, THE • 1912
HIS MESSAGE • 1912
INDIAN MASSACRE, THE • 1912
INVADERS, THE • 1912
LAW OF THE WEST, THE • 1912
LIEUTENANT'S LAST FIGHT • CUSTER'S LAST FIGHT • 1912
ON THE FIRING LINE • 1912
PROSPECTOR'S DAUGHTER, THE • 1912
WAR ON THE PLAINS • ACROSS THE PLAINS • 1912
WHEN LEE SURRENDERS • 1912
BOOMERANG, THE • 1913
BREAD CAST UPON THE WATERS • 1913
DAYS OF '49 • 1913
DRUMMER OF THE EIGHTH, THE • 1913
MOSAIC LAW, THE • 1913
PAYMASTER'S SON, THE • 1913
SEAL OF SILENCE, THE • 1913
SHADOW OF THE PAST, A • 1913
WITH LEE IN VIRGINIA • 1913
BATTLE OF GETTYSBURG, THE • 1914
GOLDEN GOOSE, THE • 1914
IN OLD ITALY • 1914
IN THE NORTHLAND • 1914
JIMMY • 1914
LOVE'S SACRIFICE • 1914
ONE OF THE DISCARD • 1914
OUT OF THE NIGHT • 1914
POLITICAL FEUD, A • 1914
RELIC OF OLD JAPAN, A • 1914
SHORTY AND THE FORTUNE TELLER • 1914
ALIEN, THE • 1915
DEVIL, THE • 1915
LAST OF THE LINE, THE • 1915
POWER OF THE ANGELUS, THE • 1915
SIGN OF THE ROSE, THE • 1915
SPARK FROM THE EMBERS, THE • 1915
CIVILIZATION • 1916
BORDER WIRELESS, THE • 1918
BRANDING BROADWAY • 1918
CLAWS OF THE HUN, THE • 1918
MIDNIGHT PATROL, THE • 1918
GALLOPING FISH • 1924

INCE THOMAS HARPER see **INCE THOMAS H.**

INCH KEVIN – USA
CARLY'S WEB • 1987 • TVM
ONCE A HERO • 1987
MISFITS • 1988

INCI KEMAL – TRK
SILAHA YEMINLIYDIM • 1965
AH BU KADINLAR • AH, THOSE WOMEN • 1967

INDOVINA FRANCO – ITL – 1932–1972
MENAGE ALL'ITALIANA • 1965
TRE VOLTI, I • 1965
PLUS VIEUX METIER DU MONDE, LE • AMORE ATTRAVERSO I SECOLO, L' (ITL) ○ AMOUR A TRAVERS LES AGES, L' ○ ALTESTE GEWERBE DER WELT, DAS ○ LOVE THROUGH THE CENTURIES ○ OLDEST PROFESSION IN THE WORLD, THE ○ OLDEST PROFESSION, THE (USA) • 1967
SCATENATO, LO • CATCH AS CATCH CAN (USA) ○ UNCHAINED, THE ○ TUTTI FRUTTI • 1967
GIOCHI PARTICOLARI • SPECIAL GAMES ○ VOYEUR, LE • 1970
TRE NEL MILLE • 1971

INDRIDASON ANDRES – ICL
VEIDIFERDIN • FISHING TRIP, THE • 1980

INFANTE JORGE – SPN
SALGA DE LA COCINA • 1931

INFASCELLI CARLO – ITL – 1913–
CANZONI, BULLI E PUPE • 1964
DUE MATTACCHIONI AL MOULIN ROUGE • 1964
DECAMERONE PROIBITO • FORBIDDEN DECAMERON (UKN) • 1972
MILLE E UNA NOTTE ALL'ITALIANA • 1972
BACIO DI UNA MORTA, IL • 1974

INFASCELLI FIORELLA – ITL
MASCHERA, LA • MASK, THE • 1988

INFASCELLI ROBERTO – ITL
RAYMOND BOB
LUANA, LA FIGLIA DELLA FORESTA VERGINE • LUANA, DAUGHTER OF THE VIRGIN FOREST ○ JUNGLE GODDESS (USA) ○ LUANA, VIRGIN OF THE JUNGLE • 1968
POLIZIA STA A GUARDARE, LA • GREAT KIDNAPPING, THE • 1973

INGEGNERO ARMANDO – ITL
FIGLIA DEL PECCATO, LA • VOCE 'E NOTTE • 1949

INGHRAM FRANK L. – USA
BIFF BANG BUDDY • 1924

INGLETON E. MAGNUS – USA
BIRTH OF PATRIOTISM, THE • 1917

INGRAHAM HARRISH – USA
BLOOD OF HIS FATHERS • 1917
EYE OF ENVY, THE • 1917
UNTO THE END • 1919

INGRAHAM LLOYD – USA – 1885–1956
THIS IS THE LIFE • 1914
AT THE POSTERN GATE • 1915
COURAGE • 1915
EMERALD BROOCH, THE • 1915
FOX WOMAN, THE • 1915
GRIM MESSENGER, THE • 1915
HIRED GIRL, THE • 1915
HOUSE OF BENTLEY, THE • 1915
LAST CARD, THE • 1915
MISSING LINKS, THE • MISSING BANK NOTE, THE • 1915
SABLE LORCHA, THE • 1915
AMERICAN ARISTOCRACY • 1916
CASEY AT THE BAT • 1916
CHILD OF THE PARIS STREETS, A • CHILD OF PARIS • 1916
CHILDREN PAY, THE • 1916
HOODOO ANN • 1916
LITTLE LIAR, THE • 1916
STRANDED • 1916
CHARITY CASTLE • 1917
DAUGHTER OF JOAN, A • 1917
HER COUNTRY'S CALL • 1917
MISS JACKIE OF THE ARMY • 1917
NINA, THE FLOWER GIRL • 1917
PEGGY LEADS THE WAY • 1917
ANN'S FINISH • 1918
EYES OF JULIA DEEP, THE • 1918
IMPOSSIBLE SUSAN • 1918
JILTED JANET • 1918
MOLLY, GO GET 'EM • 1918
PRIMITIVE WOMAN, THE • 1918
SQUARE DEAL, A • 1918
AMAZING IMPOSTOR, THE • 1919
CHILD OF M'SIEU, THE • 1919
HOUSE OF INTRIGUE, THE • 1919
INTRUSION OF ISABEL, THE • 1919
MAN'S DESIRE • 1919
ROSEMARY CLIMBS THE HEIGHTS • 1919
WHAT'S YOUR HUSBAND DOING? • 1919
WIVES AND OTHER WIVES • 1919
JAILBIRD, THE • JAILBIRDS • 1920
LET'S BE FASHIONABLE • 1920
MARY'S ANKLE • 1920
OUR DAD • 1920
TWIN BEDS • 1920
GIRL IN THE TAXI, THE • 1921
KEEPNG UP WITH LIZZIE • 1921
LAVENDER AND OLD LACE • 1921
MARRY THE POOR GIRL • 1921
MY LADY FRIENDS • 1921
AT THE SIGN OF THE JACK O'LANTERN • 1922
DANGER POINT, THE • 1922
SECOND HAND ROSE • 1922
VEILED WOMAN, THE • 1922
GOING UP • 1923
BEAUTY PRIZE, THE • BEAUTY CONTEST • 1924
LIGHTNING RAIDER, THE • 1924
NO MORE WOMEN • 1924
WISE VIRGIN, THE • 1924
MIDNIGHT MOLLY • 1925
SOFT SHOES • 1925
HEARTS AND FISTS • 1926
NUTCRACKER, THE • YOU CAN'T FOOL YOUR WIFE • 1926
OH, WHAT A NIGHT! • 1926
ARIZONA NIGHTS • 1927
DON MIKE • 1927
JESSE JAMES • OUTLAW RIDER, THE (UKN) • 1927
SILVER COMES THROUGH • SILVER KING COMES THRU ○ SILVER COMES THRU • 1927
KIT CARSON • 1928
PIONEER SCOUT, THE • 1928
SUNSET LEGION • 1928
TAKE THE HEIR • 1930

INGRAM JOHN – UKN
TOWER, THE • 1953
KENT OIL REFINERY, THE • 1954 • DOC
MIKHALI • 1960

INGRAM REX – IRL – 1892–1950
BLACK ORCHIDS • FATAL ORCHIDS, THE (UKN) • 1916
BROKEN FETTERS • 1916
CHALICE OF SORROW, THE • CHALICE OF REMORSE, THE (UKN) • 1916
GREAT PROBLEM, THE • 1916
FLOWER OF DOOM, THE • 1917
LITTLE TERROR, THE • 1917
PULSE OF LIFE, THE • 1917
REWARD OF THE FAITHLESS, THE • 1917
HIS ROBE OF HONOR • 1918
HUMDRUM BROWN • 1918
DAY SHE PAID, THE • 1919
HEARTS ARE TRUMPS • 1920
SHORE ACRES • 1920
UNDER CRIMSON SKIES • BEACH COMBER, THE • 1920
CONQUERING POWER, THE • 1921
FOUR HORSEMEN OF THE APOCALYPSE, THE • 1921
PRISONER OF ZENDA, THE • 1922
TRIFLING WOMEN • 1922
TURN TO THE RIGHT • 1922
SCARAMOUCHE • 1923
WHERE THE PAVEMENT ENDS • 1923
ARAB, THE • 1924
MARE NOSTRUM • OUR SEA • 1925
MAGICIAN, THE • 1926
GARDEN OF ALLAH, THE • 1927
THREE PASSIONS, THE • TROIS PASSIONS, LES • 1928
BAROUD • HOMMES BLEUS, LES • 1931
BAROUD • LOVE IN MOROCCO (USA) • 1931

INGRAMS JONATHAN – Writer – UKN – 1939–
HEADLINE HUNTERS • 1968
BOY WITH TWO HEADS, THE • 1974
FIREFIGHTERS, THE • 1974

INGRAMS MICHAEL – UKN
PALACES OF A QUEEN • 1966 • DOC

INGRASSIA CICCIO – ITL – 1923–
PAOLO IL FREDDO • 1974
ESORCICCIO, L' • EXORCIST –ITALIAN STYLE, THE (USA) • 1975

INGRASSIA JAMES – USA
HOT SPLASH • 1987

INGRIA ROBERT see **INGRIA ROBERT MICHAEL**

INGRIA ROBERT MICHAEL – USA
INGRIA ROBERT
HAMMERHEAD JONES: DEATH MATCH
HAMMERHEAD JONES • 1987

INGSTER BORIS – Screenwriter – USA – 1913–1978
STRANGER ON THE THIRD FLOOR BACK, THE • 1940
JUDGE STEPS OUT, THE • INDIAN SUMMER (UKN) • 1949
SOUTHSIDE 1-1000 • FORGERY (UKN) • 1950

INGVORDSEN J. CHRISTIAN – USA
FIREHOUSE • 1987
HANGMEN • 1987
COVERT ACTION • 1988
MOB WAR • 1988
SEARCH AND DESTROY • 1988
SHOCK TROOP • 1988

INKPEN RON – Producer – UKN – 1934–
REMEMBER ME THIS WAY • 1975

INMAN JEFF – UKN
JUST ROUTINE • 1967 • SHT
CUSTOMER AND YOU NO.4: DEALING WITH OBJECTIONS, THE • 1968
CUSTOMER AND YOU NO.6: THE INTERVIEW, THE • 1968
CANTAGALLO • 1969 • DCS

INNEMANN S. see **INNEMANN SVATOPLUK**

INNEMANN SVATOPLUK – CZC
INNEMANN S.
JOSEF KAJETAN TYL • 1925
SVEJK V RUSKEM ZAJETI • SCHWEIK IN RUSSIAN CAPTIVITY • 1927
VE DVOU SE TO LEPE TAHNE • IT'S BETTER TO PULL AT THE SAME END • 1928
NEVINATKA • INNOCENTS, THE • 1929
PLUKOVNIK SVEC • COLONEL SVEC • 1929
Z CESKYCH MYLYNU • FROM THE CZECH MILLS • 1929
FIDLOVACKA • VILLAGE FESTIVAL, THE • 1931
KAREL HAVLICEK BOROVSKY • 1931
MUZI V OFFSIDU • MEN OFF-SIDE ○ MEN IN THE OFFSIDE ○ MEN IN OFFSIDE, THE • 1931
POSLEDNI BOHEM • LAST BOHEMIAN, THE • 1931
TRETI ROTA • THIRD SQUAD, THE • 1931 • SHT
MALOSTRANSTI MUSKETYRI • MUSKETEERS OF LITTLE SIDE, THE • 1932
PISNICKAR • SONGSTER, THE • 1932
PRED MATURITOU • BEFORE THE MATRICULATION ○ ON THE EVE OF MATRICULATION • 1932
SENKYRKA U DIVOKE KRASY • RAVISHING BARMAID, THE • 1932
SEXTANKA • 1932
PRODANA NEVESTA • BARTERED BRIDE, THE • 1933
SKRIVANCI PISEN • SONG OF THE LARK ○ LARK'S SONG, THE • 1933
U SVETEHO ANTONICKA • BY ST. ANTHONY • 1933
VRAZDA V OSTROVNI ULICI • MURDER IN ISLAND STREET • 1933
HUDBA SRDCI • HEART'S MUSIC, THE • 1934
Z BLATA DO LOUZE • OUT OF THE FRYING PAN INTO THE FIRE • 1934
SEXTANERIN, DIE • ERSTE LIEBE ○ FIRST LOVE

INNES GEOFFREY – UKN
VITAMINS • 1937
POLIO –DIAGNOSIS AND MANAGEMENT • 1948 • DOC

INOUE AKIRA – JPN
INOUE IKIRA
ZATO ICHI NIDAN-GIRI • 1965
KANGOKU ENO SHOTAI • INVITATION TO JAIL, AN • 1967
RIKUGUN NAKANO GAKKO: MITSUMEI • SECRET ASSIGNMENT • 1967
WAKAI TOKEIDAI • WHIMSY OF CUPID, THE • 1967
HIROKU ONNA RO • WOMEN'S PRISON • 1968
KANTO ONNA YAKUZA • DUEL AT THE QUARRY • 1968
KODOKAN HAMONJO • VIOLENT JUDOIST, THE ○ JUDO SCHOOL EXPULSION LETTER • 1968
RIKUGUN NAKANO GOKKO KAISEN ZENYA • NIGHT BEFORE PEARL HARBOR, THE • 1968

INOUE IKIRA see **INOUE AKIRA**

INOUE KAZUO – JPN

AKATSUKI NO CHIHEISEN • SHOWDOWN AT DAWN • 1959
KONPEKI NO SORA TOKU • GOODBYE TO GLORY • 1960
NETSUAISHA • DEVOTEE • 1960
MUSHUKU NINBETSUCHU • ESCAPE FROM HELL • 1963
KIGEKI KAKUEKITEISHA • RETIREMENT OF MR. NAPOLEON, THE • 1965
KIGEKI EKIMAE GAKUEN • CAMPUS IN FRONT OF A STATION • 1967
KIGEKI EKIMAE TANKEN • EXPLORATION IN FRONT OF THE STATION • 1967
IKITEWA MITAKEREDO • I DID LIVE BUT.. • 1984

INOUE MASAO – JPN

KANTSUBAKI • WINTER CAMELLIA • 1921

INOUE UMEJI – JPN

ARASHI O YOBU OTOKO • STORMY MAN • 1957
SHORISHA • CHAMPION • 1957
WASHI TO TAKA • EAGLE AND THE HAWK, THE • 1957
ASHITA WA ASHITA NO KAZE GA FUKU • TOMORROW IS ANOTHER DAY • 1958
SUBARASHIKI DANSEI • THAT WONDERFUL GUY • 1958
YORU NO KIBA • FANGS OF THE NIGHT • 1958
DAIROKU NO YOGISHA • SIX SUSPECTS (USA) • 1960
SANNIN NO KAOYAKU • LAST BETRAYAL, THE • 1960
SHORI TO HAIBOKU • VICTORY OR DEFEAT • 1960
GINZAKKO MONOGATARI • THREE GINZA BOYS • 1961
GONIN NO TOTSUGEKITAI • FIVE CHARGING SOLDIERS ○ LAST DITCH GLORY • 1961
HIGASHI KARA KITA OTOKO • MAN FROM THE EAST, THE (USA) • 1961
NYOBO GAKKO • REFRESHER COURSE FOR WIVES • 1961
ONNA WA YORU KESHOSURU • NOCTURNE OF A WOMAN • 1961
TSUMAARI KOARI TOMOARITE • TOKYO DETECTIVE SAGA • 1961
ANKOKUGAI SAIGO NO HI • HELL'S KITCHEN • 1962
MODAE • NIGHT OF THE HONEYMOON • 1964
YORU NO NETTAIGYO • BGS OF GINZA • 1965
GEKIRYU • STREAM OF LIFE • 1967
MESU GA OSU KUIKOROSO: KAMAKIRI • TENDER LUST • 1967
MESU GA OSU O KUIKOROSU: SANBIKI NO KAMAKIRI • STRONGER SEX, THE • 1967
KUSHIRO NO YORU • SHADOW IN THE MIST • 1968
HANA TO NAMIDA TO HONOO • PERFORMERS, THE (USA) • 1970

INOUE YOSHIO – JPN

SHOBUINU • SILENT GUN, THE • 1967
JUDAI NO AOI SEI • GREEN SEX • 1968
KANTO ONNA TOBAKUSHI • WOMAN CHAMPION, THE • 1968
ONNA TOBAKUSHI OKUNOIN KAICHO • WOMAN GAMBLER'S REVENGE, THE • 1968
ONNA TOBAKUSHI TEKKABA YABURI • WOMAN DICE PLAYER, THE • 1968

INTRATOR JERALD – USA

SATAN IN HIGH HEELS • 1962

INUZUKA MINORU – JPN

KAIDAN FUKAGAWA JOWA • TRAGIC GHOST STORY OF FUKAGAWA • 1952

IOANNIDIS GIANNIS B. – GRC

POTHI STON KATARAMENO VALTO • LUST IN THE SWAMPS (UKN) • 1967

IOGANSON EDWARD

SON OF THE LAND, A • 1931

ION TRUICA – RMN

PE UN PERETE • ON A WALL • 1969 • ANS

IONESCU GRIGORE – RMN

VALURILE DUNARI • RIVER AFLAME • 1959

IORI BRUNO – ITL

VERDE ETA, LA • 1957

IOSELIANI OTAR – USS – 1934–

YOSELIANI OTAR • IOSSELIANI OTAR

WATERCOLOUR • 1958 • SHT
SONG ABOUT FLOWERS, THE • SONG ABOUT A FLOWER • 1959 • SHT
APRIL • APRIL (STORIES ABOUT THINGS) • 1961 • SHT
CAST-IRON • CAST IRON • 1964 • SHT
LISTOPAD • WHEN LEAVES FALL ○ FALLING LEAVES ○ VENDEMIAIRE ○ GIORGOBISTVE ○ WHEN THE LEAVES FALL • 1968
DAY AFTER DAY • 1971
ZIL PEVCIJ DROZD • THERE WAS A SINGING BLACKBIRD ○ ONCE THERE WAS A THRUSH ○ SINGING THRUSH, THE ○ THERE LIVED A THRUSH ○ ZHIL PEVCHI DROZD ○ ONCE A BLACKBIRD SANG • 1972
PASTORALE • SUMMER IN THE COUNTRY, THE • 1976
FAVORIS DE LA LUNE, LES • FAVOURITES OF THE MOON • 1984
ET LA LUMIERE FUT • AND THEN THERE WAS LIGHT (UKN) • 1989

IOSSELIANI OTAR see **IOSELIANI OTAR**

IPPOLITO CIRO – ITL

ASSUNTA SPINA • 1979
LACRIME NAPULITANE • NEAPOLITAN TEARS • 1984

IPSEN BODIL – Actress – DNM – 1889–1964

AFSPORET • 1942
EN HERRE I KJOLE OG HVIDT • 1942
DRAMA PA SLOTTET • 1943
BASAETTELSE • 1944
RODE ENGE, DE • RED MEADOWS (USA) ○ RED EARTH, THE • 1945
BROLLOPSNATTEN • WEDDING NIGHT • 1947
STOT STAR DEN DANSKE SOMAND • PERILOUS EXPEDITION • 1948
CAFE PARADIS • 1950
SANDE ANSIGT, DET • 1951

IQUINO I. F. see **IQUINO IGNACIO F.**

IQUINO IGNACIO F. – SPN – 1910–

IQUINO I. F. • WOOD JOHN • HOWARD NICK • NOSTRO NICK

AL MARGEN DE LA LEY • CRIMEN DEL EXPRESO DE ANDALUCIA, EL • 1935
DIEGO CORRIENTES • 1936
PAQUETE, EL FOTOGRAFO PUBLICO NUMERO UNO • 1938
QUIEN ME COMPRA UN LIO? • 1940
ALMO DE DIOS: EL DIFUNTO ES UN VIVO • 1941
BODA ACCIDENTADA • 1942
CULPA DEL OTRO, LA • 1942
LADRONES SOMOS GENTE HONRADA, LOS • 1942
POBRE RICO, EL • 1942
ENREDO DE FAMILIA, UN • 1943
FIN DE CURSO • 1943
HOMBRE DE LOS MUNECOS, EL • 1943
TURBANTE BLANCO • 1943
VIVIENDO AL REVES • 1943
CABEZA DE HIERRO • 1944
HOMBRE SIN HONOR • 1944
SOMBRA EN LA VENTANA, UNA • 1944
CULPABLE! • 1945
NI POBRE NI RICO, SINO TODO LO CONTRARIO • 1945
OBSTACULO, EL • 1945
AQUEL VIEJO MOLINO • 1946
BORRASCA DE CELOS • 1946
ANGEL GRIS, EL • 1947
NOCHES SIN CIELO • 1947
SINFONIA DEL HAGAR • 1947
CANCION MORTAL • 1948
TAMBOR DEL BRUCH, EL • 1948
FAMILIA VILA, LA • 1949
BRIGADA CRIMINAL • 1950
HISTORIA DE UNA ESCALERA • 1950
DANZA DEL CORAZON, LA • 1951
SISTEMA PELEGRIN, EL • 1951
TARDE DE FUTBOL • 1951
JUDAS, EL • 1952
FUEGO EN LA SANGRE • 1953
GOLFO QUE VIO UNA ESTRELLA, EL • 1953
PECADORA, LA • 1954
CAMINO CORTADO • 1955
GOOD BYE, SEVILLA • 1955
QUIEREME CON MUSICA • 1956
ANGELES DEL VOLANTE, LOS • 1957
NINO DE LAS MONJAS, EL • 1958
SECRETARIA PARA TODO • 1958
BUON VIAJE, PABLO • 1959
JUVENTUD A LA INTEMPERIE • UNSATISFIED, THE (USA) • 1961
CARMEN BOOM • 1962
SANGUE E LA SFIDA, IL • BLOOD AND DEFIANCE (USA) • 1962
TRAVESURAS DE MORUCHA, LAS • 1962
RINCON PARA QUERERNOS, UN • 1964
SPARTACUS E I DIECI GLADIATORI • TRIUNFO DE LOS DIEZ GLADIADORES, EL (SPN) ○ TRIONFO DEI DIECI GLADIATORI ○ SPARTACUS AND THE TEN GLADIATORS (USA) ○ SPARTACUS ET LES DIX GLADIATEURS (FRN) • 1964
CIECA DI SORRENTO, LA • VENDETTA DEL CAVALIERE NERO, LA • 1965
DOLAR DE FUEGO, UN • DOLLARE DI FUOCO, UN (ITL) • 1965
INVINCIBILI DIECI GLADIATORI, GLI • 1965
OESTE NEVADA JOE • SFIDA DEGLI IMPLACABILI, LA (ITL) ○ JOE DEXTER • 1965
OPERAZIONE CONTROSPIONAGGIO • OPERACION CONTROESPIONAJE (SPN) ○ ASSO DI PICHE ○ ACE OF SPADES ○ AS DE PIC ○ OPERATION COUNTERSPY ○ ASSO DI PICCHE OPERAZIONE CONTROSPIONAGGIO • 1965
CINQUE DOLLARI PER RINGO • 1966
PISTOLEROS EN GOLDEN HILL • 1966
PRIMER CUARTEL, EL • 1966
SUPERARGO CONTRO DIABOLIKUS • SUPERARGO VS. DIABOLICUS (USA) ○ SUPERARGO CONTRA DIABOLICUS ○ SUPERARGO EL HOMBRE ENMASCARADO (SPN) • 1966
TRE NOTTI VIOLENTE • TRES NOCHES VIOLENTAS (SPN) ○ WEB OF VIOLENCE (USA) • 1966
07 CON EL 2 ADELANTE • 1966
MINITA, LA • 1967
TRIGO LIMPIO • PURE WHEAT • 1967
DE PICOS PARDOS A LA CIUDAD • 1968
DOLLARO DI FUOCO, UN • DOLLAR OF FIRE, A • 1968
UNO DOPO L'ALTRO • ONE AFTER THE OTHER • 1968
BANDA DE LOS TRES CRISANTEMOS, LA • 1969
PRIMA TI PERDONO.. POI TI AMMAZZO • 1970
COLT POR CUATRO CIRIOS, UN • 1971
CORVI, TI SCAVERANNO LA FOSSA, I • 1971
GRAZIE ZIO CI PROVO ANCH'IO • 1971
SEI GIA CADAVERE AMIGO.. TI CERCA GARRINGO • 1971
BUSCO TONTA PARA FIN DE SEMANA • 1972
DIO IN CIELO.. ARIZONA IN TERRA • 1972
DOMANI PASSERO A SALUTARE LA TUA VEDOVA.. PAROLA DI EPIDEMIA • 1972
FABULOSOS DE TRINIDAD, LA • 1972
LIGA NO ES COSA DE HOMBRES, LA • 1972
ABORTO CRIMINAL • CRIMINAL ABORTION • 1973
CHICAS DE ALQUILER • GIRLS FOR HIRE • 1973
MARGINADAS, LAS • 1974
ZORRITA EN BIKINI, LA • 1975
FRAUDE MATRIMONIAL • 1976
MASCARA, LA • 1977
OTRA CARA DEL PLACER, LA • 1978
VIOLADORES AL AMANECER, LOS • 1978

IRANI ASPI – IND

GORAKHNATH • MAYA MACHINDRA • 1951

IRELAND FREDERICK J. – USA

TOM AND JERRY -BACHELORS • 1916 • SHT
HER BARGAIN DAY • 1920 • SHT

IRELAND JOHN – Actor – CND – 1914–

OUTLAW TERRITORY • HANNAH LEE • 1953
FAST AND THE FURIOUS, THE • 1954

IRELAND O'DALE – USA

DATE BAIT • 1960
HIGH SCHOOL CAESAR • 1960

IRIBE MARIE-LOUISE – FRN – 1900–1930

JRIBE MARIE-LOUISE

HARA-KIRI • 1928
ROI DES AULNES, LE • ERL KING, THE • 1930
ERLKONIG, DER • 1931

IRIBE PAUL – USA

CHANGING HUSBANDS • 1924
FORTY WINKS • 1925
NIGHT CLUB, THE • 1925

IRIGOYEN JULIO – ARG

PLEGARIA GAUCHA • 1938
SIERRA CHICA • 1938
CIEGUITA DE LA AVENIDA ALVEAR, LA • 1939
HIJA DEL VIEJITO GUARDAFARO, LA • 1939
MODELO DE LA CALLE FLORIDA, LA • 1939
SOMBRAS DE BUENOS AIRES • 1939
CANTOR DE BUENOS AIRES, EL • 1940
GALLEGUITA • 1940
SU NOMBRE ES MUJER • 1940
MUJER DEL ZAPATERO, LA • 1941
GRAN PENSION LA ALEGRIA • 1942
MUCHACHO DE BUENOS AIRES, UN • 1944
ALMA EN UN TANGO, EL • 1945

IRVIN JOHN – UKN – 1940–

GALA DAY • 1963
INHERITANCE • 1964 • DCS
CAROUSELLA • 1965 • DCS
EXILE • 1965
BEDTIME • 1968 • SHT
DOGS OF WAR, THE • 1980
GHOST STORY • 1981
CHAMPIONS • 1983
TURTLE DIARY • 1985
HAUNTED: THE FERRYMAN • 1986
RAW DEAL • 1986
HAMBURGER HILL • 1987
NEXT OF KIN • 1989
SIGNS OF CONQUEST • 1989
EMINENT DOMAIN • 1990

IRVIN SAM – USA

STIFF • 1988

IRVINE KEVIN – USA

GREENSTONE, THE • 1985

IRVINE LOUVA – USA

THREE LIVES • 1972

IRVINE ROYDEN – ASL

SHADOWS • 1982

IRVING – USA

PAL, FUGITIVE DOG • 1950 • SHT
PAL'S GALLANT JOURNEY • 1950 • SHT

IRVING DAVID – USA

GOODBYE CRUEL WORLD • UP THE WORLD • 1982
EMPEROR'S NEW CLOTHES, THE • CANNON MOVIE TALES: THE EMPEROR'S NEW CLOTHES • 1987
RUMPELSTILTSKIN • RUMPLESTILTSKIN • 1987
SLEEPING BEAUTY • CANNON MOVIE TALES: SLEEPING BEAUTY • 1987
YOUNG ROBINSON CRUSOE • 1987
B.U.D. • C.H.U.D. II ○ C.H.U.D. 2: BUD THE CHUD • 1988

IRVING GEORGE – Actor – USA – 1874–1961

FAIRY AND THE WAIF, THE • 1915
BALLET GIRL, THE • 1916
JAFFERY • 1916
THEN I'LL COME BACK TO YOU • 1916
WHAT HAPPENED AT 22 • 1916
WITCHING HOUR, THE • 1916
WOMAN IN 47, THE • 1916
DAUGHTER OF DESTINY • 1917
GOD'S MAN • 1917
RAFFLES, THE AMATEUR CRACKSMAN • 1917
BACK TO THE WOODS • 1918
HER BOY • 1918
HIDDEN FIRES • 1918
LANDLOPER, THE • 1918
TO HELL WITH THE KAISER • 1918
AS A MAN THINKS • 1919
GLORIOUS LADY, THE • GLORIOUS YOUTH • 1919
SILVER KING, THE • 1919
VOLCANO, THE • 1919
BLUE PEARL, THE • 1920
CAPITOL, THE • 1920
CHILDREN OF DESTINY • 1920
JUST OUTSIDE THE DOOR • 1920
MISLEADING LADY, THE • 1920
WAKEFIELD CASE, THE • 1921
HER MAJESTY • 1922
LOST IN A BIG CITY • 1923
FLOODGATES • 1924

IRVING HENRY GEORGE – USA

BUILDER OF BRIDGES • 1915
JOHN GLAYDE'S HONOR • 1915
JUST OUT OF COLLEGE • 1915
MORALS OF MARCUS, THE • 1915
WHITE PEARL, THE • 1915

IRVING I. W. – USA

SKY'S THE LIMIT • 1925

IRVING JULES – USA

JORDAN CHANCE, THE • 1978 • TVM

IRVING LIMP – USA

FLESH HUSTLER, THE • 1970

IRVING RICHARD – USA

PRESCRIPTION: MURDER • 1967 • TVM
ISTANBUL EXPRESS • 1968 • TVM
BREAKOUT • 1970 • TVM
RANSOM FOR A DEAD MAN • 1971 • TVM
CUTTER • 1972 • TVM
SIX MILLION DOLLAR MAN, THE • CYBORG • 1973 • TVM
ART OF CRIME, THE • 1975 • TVM

EXO-MAN • 1977 • TVM
JESSE OWENS STORY, THE • 1984 • TVM

IRVING STANLEY – UKN – 1908–
FORGET-ME-NOT • FOREVER YOURS (USA) ○ LULLABY • 1936

IRWIN BUD – USA
ROOM 11 • 1970

IRWIN JACK – USA
LIGHTNIN' SMITH RETURNS • VALLEY OF THE BADMEN (UKN) • 1931
WHITE RENEGADE, THE • FOOL'S GOLD (UKN) ○ EMPIRE BUILDERS, THE • 1931

IRWIN JOHN – UKN
PIECE OF CAKE, A • 1948
BADGER'S GREEN • 1949
FIVE O'CLOCK FINISH • 1954
BLACK IN THE FACE • 1955
PLAYGROUND EXPRESS • 1955
THAT'S AN ORDER • 1955

ISAAC ALBERTO – MXC
EN ESTE PUEBLO NO HAY LADRONES • IN THIS TOWN THERE ARE NO THIEVES • 1965
OLIMPIADA EN MEXICO • OLYMPICS IN MEXICO, THE (USA) • 1968
VISITACIONES DEL DIABLO, LAS • VISITATIONS OF THE DEVIL, THE ○ DEVIL'S VISITATIONS, THE • 1968
DIAS DEL AMOR, LOS • DAYS OF LOVE • 1971
WORLD AT THEIR FEET, THE • WORLD CUP MEXICO 1970 • 1971 • DOC
RINCON DE LAS VIRGENES, EL • NEST OF VIRGINS, THE ○ DELL OF THE VIRGINS, THE ○ CORNER OF THE VIRGINS, THE • 1972
TIVOLI • 1974
CUARTELAZO • COUP D'ETAT • 1976
NOCHES DE PALOMA, LAS • PALOMA'S NIGHTS • 1977
TIEMPO DE LOBOS • WOLF SEASON • 1982
BATALLAS EN EL DESIERTO, LAS • BATTLES IN THE DESERT • 1986
MARIANA, MARIANA • 1987
MATEN A CHINTO • KILL CHINTO • 1990

ISAAC CLAUDIO – MXC
CRONICA INTIMA • INTIMATE CHRONICLE • 1978

ISAAC JAMES – USA
ISAAC JIM
HOUSE 3: THE HORROR SHOW • HORROR SHOW • 1989

ISAAC JIM see **ISAAC JAMES**

ISAAC TONY – NZL
IRIS • 1985

ISAACS RONNIE – SAF
RHINO • 1989

ISAKOV VALERI – USS
TIKHAYA ODYESSA • QUIET ODESSA • 1968

ISAKSEN EVA – NRW
BRENNENDE BLOMSTER • BURNING FLOWERS • 1985
DODEN PA OSLO S • DEATH AT OSLO C • 1990

ISASI ANTONIO – SPN – 1927–
ISASMENDI ANTONIO ISASI
RELATO POLICIACO • 1954
HUIDA, LA • 1955
PASION BAJO EL SOL • 1956
RAPSODIA DE SANGRE • RHAPSODY IN BLOOD • 1957
DIEGO CORRIENTES • 1959
MENTIRA TIENE CABELLOS ROJOS, LA • 1960
SENTENCIA CONTRA UNA MUJER • 1960
TIERRA DE TODOS • 1961
VAMOS A CONTAR MENTIRAS • 1962
SCARAMOUCHE • MASCARA DE SCARAMOUCHE, LA (SPN) ○ ADVENTURES OF SCARAMOUCHE,THE ○ AVVENTURE DI SCARAMOUCHE, LE (ITL) • 1963
COLPO GROSSO A GALATA BRIDGE • HOMME D'ISTAMBUL, L' (FRN) ○ THAT MAN IN ISTANBUL (USA) ○ ESTAMBUL 65 (SPN) ○ MAN FROM ISTANBUL, THE ○ ISTANBUL 65 • 1965
LAS VEGAS, 500 MILLONES • AN EINEM FREITAG IN LAS VEGAS (FRG) ○ HOMMES DE LAS VEGAS, LES (FRN) ○ RADIOGRAFIA D'UN COLPO D'ORO (ITL) ○ THEY CAME TO ROB LAS VEGAS (USA) • 1968
VERANO PARA MATAR, UN • RICATTO ALLA MALA (ITL) ○ MEURTRES AU SOLEIL (FRN) ○ SUMMERTIME KILLER, THE (USA) ○ TARGET REMOVED • 1973
RAFAEL EN RAPHAEL • 1974
PERRO, EL • VENGEANCE • 1977
AIRE DE UN CRIMEN, EL • AIR OF A KILLING, THE • 1988

ISASMENDI ANTONIO ISASI see **ISASI ANTONIO**

ISCOVE ROBERT – CND
LITTLE MERMAID, THE • 1984 • TVM
PUSS IN BOOTS • 1984 • TVM

ISCOVE RON – CND
LOVE AND LARCENY • 1985

ISELI CHRISTIAN – SWT
TERRORISTE SUISSE, LE • 1988 • DOC

ISENBERG GERALD I. – USA
SEIZURE: THE STORY OF KATHY MORRIS • 1980 • TVM

ISGRO EMILIO – ITL
JENA PIU NE HA NE VUOLE, LA • 1970

ISHARA B. R. – IND
CHETNA • 1971
MAN JAIYE • LISTEN! • 1972

ISHENOV SAGVNBEK – Animator – USS
TOLUBAI -CONNOISSEUR OF RACE-HORSES • ANM

ISHIBASHI SEIICHI – JPN
ITTORYU SHINAN • TEACHING OF THE ITTOU STYLE, THE ○ FIRST CLASS TEACHING • 1936

ISHIDA – JPN
COURAGE! JAPANESE HE-MEN

ISHIDA KENJI – JPN
MOSKVA, LYUBOV MOYA • MOSKVA, WAGA AI (JPN) ○ MOSCOW, MY LOVE • 1975

ISHIHARA SHINTARO – JPN
AMOUR A VINGT ANS, L' • HATACHI NO KOI (JPN) ○ AMORE A VENT'ANNI ○ LOVE AT TWENTY (USA) ○ MILOSC DWUDZIESTOLATKOW ○ LIEBE MIT ZWANZIG (FRG) • 1962

ISHII CHRIS – USA
TERROR FACES MAGOO • 1959 • ANS

ISHII SOGO – JPN – 1957–
PANIC IN HIGH SCHOOL • 1978
CRAZY THUNDERROAD • 1980
SHUFFLE • 1981
BURST CITY • 1982
REVENGE OF ASIA • 1983
GYAKUFUNSHA KAZOKU • CRAZY FAMILY, THE • 1984

ISHII TERUO – JPN
SUPAH JAIYANTO • SUPER GIANT 1 (USA) ○ STEELMAN FROM OUTER SPACE, THE • 1956
KOTETSU NO KYOJIN -CHIKYU METZUBO SUNZEN • SUPER GIANT 4 (USA) • 1957
KOTETSU NO KYOJIN -KAISEIJIN NO MAJYO • INVADERS FROM THE PLANETS ○ DEVILS FROM THE PLANETS ○ SUPER GIANT 3 • 1957
SUPAH JAIYANTO 2 • SUPER GIANT 2 ○ RESCUE FROM OUTER SPACE • 1957 • ANM
JINKO EISEN TO JINRUI NO HAMETSU • SPACESHIP OF HUMAN DESTRUCTION ○ SUPER GIANT 5 (USA) • 1958
UCHUTEI TO JINKO EISEN NO GEKITOTSU • DESTRUCTION OF THE SPACE FLEET, THE ○ SUPER GIANT 6 (USA) • 1958
GONIN NO HANZAISHA • 1959
JOTAI SAMBASHI • RED PIERS • 1959
HANA TO ARASHI TO GANG • FLOWER, STORM AND GANG • 1961
GANG TAI GANG • GANG VERSUS GANG • 1962
KOI TO TAIYO TO GANG • ALL RASCALS • 1962
ATOMIC RULERS OF THE WORLD • ATTACK OF THE FLYING SAUCERS ○ INVADERS FROM SPACE ○ INVINCIBLE SPACEMAN ○ EARTH IN DANGER, THE • 1964
ATTACK FROM SPACE • SUPER GIANT AGAINST THE SATELLITES ○ INVADERS FROM SPACE • 1964
ABASHIRI BANGAICHI: AKU ENO CHOSEN • ABASHIRI PRISON: CHALLENGE TO THE EVIL • 1967
ABASHIRI BANGAICHI: FUBUKI NO TOSO • ABASHIRI PRISON: DUEL IN SNOW STORM ○ STORY FROM ABASHIRI, A • 1967
ABASHIRI BANGAICHI: KETTO REIKA SANJU DO • ABASHIRI PRISON: DUEL IN HOKKAIDO • 1967
OTOSHIMAE • THREE GAMBLERS, THE • 1967
ONSEN ANMA GEISHA • GEISHA MASSEUSES • 1968
TOKUGAWA ONNA KEIBATSUSHI • JOYS OF TORTURE, THE • 1968
TOKUGAWA ONNA KEIZU • SHOGUN AND THREE THOUSAND WOMEN, THE • 1968
ZOKU OTOSHIMAE • FINAL DECISION, THE • 1968
KYOFU NIKEI NINGEN • HORROR OF A DEFORMED MAN ○ HORROR OF MALFORMED MEN • 1969
NOBORIRYU TEKKAHADA • FRIENDLY KILLER, THE (USA) • 1969
KAIDAN NOBORIRYU • BLIND WOMAN'S CURSE, THE (USA) ○ TATTOOED SWORDSWOMAN ○ HAUNTED LIFE OF A DRAGON-TATTOOED LASS, THE • 1970
TOKUGAWA IREZUMISHI: SEME JIGOKU • HELL'S TATTOOERS • 1970

ISHIKAWA YOSHIHIRO – JPN
OHYAKU THE FEMALE DEMON
KAIBYO OTAMA-GA-IKE • GHOST-CAT OF OTAMA-GA-IKE • 1960
KAIBYO NOROI NO NUMA • CURSED POND, THE ○ GHOST-CAT SWAMP OF HATRED • 1968
YOEN DOKUFU-DEN HANNYA NO OHYAKU • STORY OF A VAMPIRE • 1968

ISHIYAMA M. – JPN
KIMURA NAGATONOKAMI • NAGATONOKAMI KIMURA • 1918

ISHMUKHAMEDOV ELIER see **ISHMUKHAMEDOV ELYOR**

ISHMUKHAMEDOV ELYOR – USS – 1942–
ISHMUKHAMEDOV ELIER • ICHMOUKAMEDOV E • ISHUKHAMEDOV ELIER
SVIDANIE • RENDEZVOUS • 1963
NIEJNOSTI • TENDERNESS ○ NYEZHNOST • 1968
V LYUBLENNYE • IN LOVE ○ LOVERS, THE ○ VLUBLIONYE ○ SWEETHEARTS ○ VLIUBLYONNIE • 1970
MEETINGS AND PARTINGS • 1974
BIRDS OF OUR HOPES, THE • 1977

ISHUKHAMEDOV ELIER see **ISHMUKHAMEDOV ELYOR**

ISHWARLA – IND
JAI SHANKAR • SHANKAR'S VICTORY • 1951

ISIDRO MAR B. – PHL
KAMPON NI SATANAS • DISCIPLE OF SATAN • 1970

ISING RUDOLF – Animator – USA – 1903–
AIN'T NATURE GRAND • 1930 • ANS
BIG MAN FROM THE NORTH • 1930 • ANS
BOOZE HANGS HIGH, THE • 1930 • ANS
BOSKO SHIPWRECKED • 1930 • ANS
BOSKO'S HOLIDAY • 1930 • ANS
BOX CAR BLUES • 1930 • ANS
CONGO JAZZ • 1930 • ANS
DUM PATROL, THE • 1930 • ANS
HOLD ANYTHING • 1930 • ANS
SINKING IN THE BATHTUB • 1930 • ANS
TREE'S KNEES, THE • 1930 • ANS
UP'S N' DOWN'S • 1930 • ANS
YODELING YOKELS • 1930 • ANS
IT'S GOT ME AGAIN • 1931 • ANS
CROSBY – COLUMBO – VALLEE • 1931–32 • ANS
FREDDIE THE FRESHMAN • 1931–32 • ANS
GOOPY GEAR • 1931–32 • ANS
HITTING THE TRAIL TO HALLELUJAH LAND • 1931–32 • ANS
LADY PLAY YOUR MANDOLIN • 1931–32 • ANS
MOONLIGHT FOR TWO • 1931–32 • ANS
ONE MORE TIME • 1931–32 • ANS
PAGAN MOON • 1931–32 • ANS
QUEEN WAS IN THE PARLOR, THE • 1931–32 • ANS
RED-HEADED BABY • 1931–32 • ANS
SMILE DARN YA SMILE • 1931–32 • ANS
YOU DON'T KNOW WHAT YOU'RE DOING • 1931–32 • ANS
CUBBY'S WORLD FLIGHT • 1933 • ANS
DISH RAN AWAY WITH THE SPOON, THE • 1933 • ANS
GREAT BIG BUNCH OF YOU, A • 1933 • ANS
I LIKE MOUNTAIN MUSIC • 1933 • ANS
I LOVE A PARADE • 1933 • ANS
I WISH I HAD WINGS • 1933 • ANS
ONE STEP AHEAD OF MY SHADOW • 1933 • ANS
ORGAN GRINDER, THE • 1933 • ANS
SHANTY WHERE OLD SANTA CLAUS LIVES, THE • 1933 • ANS
THREE'S A CROWD • 1933 • ANS
WAKE UP THE GYPSY IN ME • 1933 • ANS
WE'RE IN THE MONEY • 1933 • ANS
YOUNG AND HEALTHY • 1933 • ANS
YOU'RE TOO CARELESS WITH YOUR KISSES • 1933 • ANS
DISCONTENTED CANARY, THE • 1934 • ANS
OLD PIONEER, THE • 1934 • ANS
TOYLAND BROADCAST • 1934 • ANS
ALIAS ST. NICK • 1935 • ANS
BARNYARD BABIES • 1935 • ANS
CALICO DRAGON, THE • 1935 • ANS
CHINESE NIGHTINGALE, THE • 1935 • ANS
HONEYLAND • 1935 • ANS
OLD PLANTATION, THE • 1935 • ANS
WHEN THE CAT'S AWAY • 1935 • ANS
EARLY BIRD AND THE WORM, THE • 1936 • ANS
LITTLE CHEEZER • 1936 • ANS
PUPS' CHRISTMAS, THE • 1936 • ANS
PUPS' PICNIC • 1936 • ANS
TWO LITTLE PUPS • 1936 • ANS
HOUND AND THE RABBIT, THE • 1937 • ANS
LITTLE BUCK CHEEZER • 1937 • ANS
WAYWARD PUPS • 1937 • ANS
LITTLE BANTAMWEIGHT • 1938 • ANS
BEAR THAT COULDN'T SLEEP, THE • 1939 • ANS
LITTLE GOLDFISH, THE • 1939 • ANS
ONE MOTHER'S FAMILY • 1939 • ANS
BARNEY BEAR • 1939–54 • ASS
FISHING BEAR, THE • 1940 • ANS
HOME ON THE RANGE • 1940 • ANS
HOMELESS FLEA, THE • 1940 • ANS
MILKY WAY, THE • 1940 • ANS
MRS. LADYBUG • 1940 • ANS
ROMEO IN RHYTHM • 1940 • ANS
DANCE OF THE WEED • 1941 • ANS
FLYING BEAR, THE • 1941 • ANS
PROSPECTING BEAR, THE • 1941 • ANS
ROOKIE BEAR • 1941 • ANS
BARNEY BEAR'S VICTORY GARDEN • 1942 • ANS
BEAR AND THE BEAVERS, THE • 1942 • ANS
LITTLE GRAVEL VOICE • 1942 • ANS
WILD HONEY • 1942 • ANS
BAH WILDERNESS • 1943 • ANS
BOY AND THE WOLF, THE • 1943 • ANS
UNINVITED PEST, THE • 1943 • ANS

ISLA SINESIO – SPN – 1925–
SENOR ESTA SERVIDO, EL • 1975

ISLAM BABY – BNG
MEHERJAN • 1977
NOYONER ALO • LIGHT OF EYES • 1985

ISLAM CHASHI NAZRUL – BNG
ORA EGAROJON • THOSE ELEVEN MEN • 1972

ISLAM MORSHEDUL – BNG
AGAMI • 1984 • SHT

ISLAM NAZARAL – PKS
ISLAM NAZRUL
AINA
BANDISH
NAHI ABHI NAHI
SHAKKAR • CIRCLES ○ FRAUD • 1988
AANDHI • STORM • 1989
BAROOD KI CHAON MEY • BENEATH THE ANGER • 1989
MADAM BAVRI • MADAME BAVRI • 1989
LAILA • LOVE • 1990

ISLAM NAZRUL see **ISLAM NAZARAL**

ISMAI OSMAN – INN
EMBUN • 1956

ISMAIL MAHMUD – EGY
SAMARA • 1956

ISMAIL RAJA – MLY
SIKIT PUNYA GILA • 1982

ISOMI TADAHIKO – JPN
NEON TAIHEIKI-KEIEIGAKU NYUMON • NEON JUNGLE ○ NEON TAIHEIKI • 1967
HIGASHI SHINAKI • EAST CHINA SEA, THE • 1968
AFRICA NO TORI • BIRD FROM AFRICA, THE • 1975

ISON CHARLES – USA
NEW GIRL • 1985

ISOPPO DANIEL – FRN
RETOUR DE LA FILLE DU DRAGON, LE • RETURN OF THE DRAGON'S DAUGHTER, THE ○ RETURN OF THE DRAGON GIRL, THE

ISOU ISIDORE – Writer – RMN – 1925–
ISOU JEAN-ISIDORE
TRAITE DE BAVE ET D'ETERNITE • 1951

ISOU JEAN-ISIDORE see **ISOU ISIDORE**

ISRAEL NEAL – USA
ISRAEL NEIL
TUNNELVISION • 1976
AMERICATHON • 1979
BACHELOR PARTY • 1984
MOVING VIOLATIONS • 1985
COMBAT HIGH • COMBAT ACADEMY • 1986 • TVM
BEAUTY AND DENISE • 1988
SKETCHES • 1990

ISRAEL NEIL see **ISRAEL NEAL**

ISSA SAYYED – EGY – 1935–
ISSA SAYYID
ZEZET • 1961
MARED, EL • GIANT, THE ○ MARD, AL- • 1964
KAMSISH • 1965 • SHT
GAFAT AL-AMTAR • PLUIES ONT TARI, LES • 1966
MGHANNAWATI, AL- • 1978

ISSA SAYYID see **ISSA SAYYED**

ISSARTEL MARIELLE – FRN – 1944–
HISTOIRES D'A • 1973 • DOC

ISSERMANN ALINE – FRN – 1948–
DESTIN DE JULIETTE, LE • 1982
AMANT MAGNIFIQUE, L' • 1986

ITAMI JUZO – JPN – 1933–
OSOSHIKI • FUNERAL, THE • 1984
TAMPOPO • DANDELION • 1985
MARUSA NO ONNA • WOMAN PROSECUTED FOR TAX EVASION, A ○ TAXING WOMAN, A • 1987
MARUSA NO ONNA 2 • TAXING WOMAN PART II, A • 1988
AGEMAN • 1990

ITAMI M. see **ITAMI MANSAKU**

ITAMI MANSAKU – JPN
ITAMI M.
KOKASHI MUSO • PEERLESS PATRIOT • 1932
AKANISHI KAKITA • KAKITA AKANISHI • 1936
ATARASHIKI TSUCHI • DAUGHTER OF THE SAMURAI, A ○ NEW EARTH, THE • 1937

ITAYA NORIJUKI – JPN
BOKURA NO KASAN • 1959

ITKONEN JUSSI – FNL
KUUMAT KUNDIT • HOT WHEELS • 1976

ITO CHISEI – JPN
GONDOLA • 1988

ITO DAISUKE – JPN – 1898–1981
CHI DE CHI O ARAU • 1924
HOSHI WA MIDARE TOBU • 1924
JOGASHIMA • 1924
KEN WA SABAKU • 1924
RUTSUBO NA NAKKA NI • 1924
SHUCHU NIKKI • DIARY OF A DRUNKARD, THE • 1924
KEMURI • SMOKE • 1925
CHOKON • 1926
DOHATSU • FIRST SHRINE • 1926
KYOKO TO SHIZUKO • PANIC AND CALM • 1926
NICHIRIN • SUN, THE • 1926
CHUJI TABINIKKI • DIARY OF CHUJI'S TRAVELS, A • 1927
GERO • SERVANT, THE • 1927
IDATEN KICHIJI • 1927
IKIRYO • EVIL SPIRIT • 1927
RUTEN • WANDERING • 1927
CHIKEMURI TAKADA NO BABA • 1928
SHINPAN OOKA SEIDAN • OOKA'S TRIAL ○ OOKA SEIDAN • 1928
SHINPAN YOTSUYA KAIDAN • YOTSUYA GHOST STORY NEW EDITION • 1928
ISSATSU TASHO KEN • 1929
ZANJIN ZANBA KEN • MAN-SLASHING HORSE-PIERCING SWORD ○ SWORD OF ENCHANTMENT, THE • 1929
KOBO SHINSENGUMI • RISE AND FALL OF SHINSENGUMI, THE • 1930
SURONIN CHUYA • 1930
TABISUGATA JOSHU NAMARI • 1930
NEZUMI KOZO TABIMAKURA • 1931
OATSURAE JIROKICHI GOSHI • 1931
SUMURAI NIPPON • 1931
MEIJI GANNEN • FIRST YEAR OF THE MEIJI ERA, THE • 1932
OROKU-GUISHI • 1932
SATSUMA HIKYAKU-TOKAI HEN • MESSENGER TO SATSUMA • 1932
HOTTA HAYATO • 1933
NYONIN MANDARA • 1933
TSUKIGATA HANPEITA • 1933
CHUSHINGURA • LOYAL FORTY-SEVEN RONIN, THE • 1934
TANGE SAZEN • SAZEN TANGE • 1934
UTAMATSURI SANDOGASA • 1934
KENSETSU NO HITOBITO • PEOPLE'S BUILDING • 1935
NIINO TSURUCHIYO • 1935
ASAGIRI TOGE • PASS OF MORNING MIST • 1936
EDO MIYAGE KOMORI UTA • 1936
YONJUHAICHI-NIN-ME NO DOSHI • FORTY-EIGHTH COMRADE, THE • 1936
IHEN KUROTE-GUMI • 1937
KENGO ARAKI MATAEMON • SWORDSMAN MATAEMON ARAKI • 1938
SATSUMA HIKYAKU • SAD TUNE • 1938
WASHI-NO-O TOGE • PASS OF EAGLE'S TAIL • 1941
KURAMA TENGU YOKOHAMA NI ARAWARU • KURAMA TENGU APPEARS IN YOKOHAMA • 1942
KETTO HANNYA-ZAKA • DUEL AT HANNYA-ZAKA • 1943
NITORYU KAIGEN • 1943
KOKUSAI MITSUYUDAN • INTERNATIONAL SMUGGLING GANG • 1944
TOKAI SUIKODEN • TOKAI'S SUIKO STORY • 1945
SURONIN MAKARITORU • 1947
OOSHO • CHESS KING, THE ○ KING OF CHESS ○ OSHO ○ CHESS MASTER, THE • 1948
YAMA O TOBU HANAGASA • 1949
HARUKANARI HAHA NO KUNI • MOTHERLAND FAR FAR AWAY, THE • 1950
RE MIZERABURU • LES MISERABLES • 1950
WARE MABOROSHI NO UO O MITARI • 1950
JIROKICHI GOSHI • 1951
OBORO KAGO • MYSTERIOUS PALANQUIN, THE • 1951
OEDO GONIN OTOKO • FIVE MEN OF EDO • 1951
SHISHI NO ZA • LION'S DANCE • 1953
BANCHO SARA YASHIKI -OKIKU TO HARIMA • SAMURAI'S LOVE • 1954
SHUNKIN MONOGATARI • STORY OF SHUNKIN • 1954
GENROKU BISHONEN-KI • GENROKU'S HANDSOME YOUTH • 1955
GERO NO KUBI • SERVANT'S NECK, THE • 1955
MEIJI ICHIDAI ONNA • LIFE OF A WOMAN IN THE MEIJI ERA, THE • 1955
OOSHO ICHIDAI • LIFE OF A CHESS-PLAYER, THE • 1955
ITOHAN MONOGATARI • 1957
JIGOKUBANA • FLOWERS OF HELL • 1957
BENTEN KOZO • GAY MASQUERADE ○ BENTEN BOY • 1958
JAN ARIMA NO SHUGEKI • 1959
ONNA TO KAIZOKU • WOMAN AND THE PIRATES, THE ○ WOMAN AND PIRATES • 1959
KIRARE YOSABURO • SLASHED YOSABURO • 1960
TSUKI NO DE NO KETTO • 1960
HANGYAKUJI • CONSPIRATOR, THE • 1961
HIKEN AGEHA NO CHO • 1962
KONO KUBI ICHIMAN-GOKU • 1963
TOKUGAWA IEYASU • 1965
GION MATSURI • DAY THE SUN ROSE, THE (USA) ○ GION FESTIVAL • 1968
BAKUMATSU • AMBITIOUS, THE • 1970

ITO FUMIHIRO – JPN
GENDAI NO KYOGU • CONTEMPORARY HORROR • 1967

ITO TOSHIYA – JPN
INUGAMIKE NO TATARI • CURSE OF INAGAMI, THE • 1977
YUKAI HODO • KIDNAP NEWS • 1983
HAKUJA-SHO • LEGEND OF THE WHITE SNAKE • 1984
HANA ICHIMOMME • LIFE WITH SENILITY • 1985

ITZENPILZ EBERHARD – GRM
HOTEL DER TOTEN GASTE • 1965

IVALDI MAURO O. – ITL
BRIGITTE, LAURA, URSULA...E SOFIA LE CHIAMO TUTTE.. ANIMA MIA • 1974
AMICA DI MIA MADRE, L' • 1975
ECCO LINGUA D'ARGENTO • EMMANUELLE'S SILVER TONGUE ○ LINGUA D'ARGENTO • 1976
GRAZIE TANTE ARRIVEDERCI • 1977
ANELLO MATRIMONIALE, L' • 1979

IVANDA BRANKO – YGS – 1941–
GRAVITACIJA, ILI FANTASTICNA MLADOST CINOVNIKA BORISA HORVATA • GRAVITATION, OR THE FANTASTIC YOUTH OF BORIS HORVAT, THE CLERK • 1968
PRIJEKI SUD • COURT MARTIAL • 1979
NOC POSLIJE SMRTI • NIGHT AFTER DEATH • 1984

IVANOV A. – Animator – USS
SOVIET TOYS • 1923 • ANS
COCKROACH, THE • 1927
TIP-TOP • 1928 • SHS
QUARTET • 1935 • ANS
GRANDPA IVAN • 1939 • ANS
FOX AND THE THRUSH • 1945 • ANS
COLORED FOX, THE • ANS

IVANOV ALEXANDER – USS
MOON ON THE LEFT • 1929
TRANSPORT OF FIRE • FIERY TRANSPORT, THE • 1929
THREE SOLDIERS • 1932
WEDDING OF IAN KNUCK, THE • 1935
SOVIET BORDER • ON THE BORDER • 1938
PASSAGE, THE • 1940
SUBMARINE T-9 • 1943
SYNI • ROAD HOME, THE ○ SONS, THE • 1946
STAR, THE • 1953
MIKHAILO LOMONOSSOV • 1955
SOLDATY • FOUR SOLDIERS FROM STALINGRAD ○ SOLDIERS • 1956
VIRGIN SOIL UPTURNED • 1961
IF A COMRADE CALLS • 1963
FIRST RUSSIANS • 1967
PERVOROSSIYANYE • RUSSIA'S FIRST COMMUNE • 1968

IVANOV B. – USS
LAW OF LIFE, THE • 1940
PAREN IZ NASHEGO GORODA • LAD FROM OUR TOWN (USA) ○ FELLOW FROM OUR TOWN, A • 1942
WAIT FOR ME • 1943
SONG AND DANCE OVER THE VISTULA

IVANOV-BARKOV EUGENE see **IVANOV-BARKOV YEVGENI**

IVANOV-BARKOV YEVGENI – USS – 1892–1965
IVANOV-BARKOV EUGENE
MABUL • FLOOD • 1927
JUDAS • 1930
DALYOKAYA NEVESTA • FAR-AWAY BRIDE, THE • 1948
UNDER SUNNY SKIES

IVANOV-GAJ A. – USS
SKAZKA O RYBAKE I RYBKE • FABLE OF THE FISHERMAN AND THE FISH, THE • 1913

IVANOV-GAPO BRANKO – YGS
TIME WITHOUT WAR • 1969

IVANOV V. – USS
ZA DVUMYA ZAYTSAMI • KIEV COMEDY: OR, CHASING TWO HARES ○ KIEV COMEDY, A • 1961

IVANOV-VANO IVAN – Animator – USS – 1900–1987
SEN'KA AFRIKANEC • SENKA THE AFRICAN • 1927 • ANS
SKATING RINK • 1927 • ANS
ADVENTURES OF BARON MUNCHAUSEN, THE • 1929 • ANM
BLACK AND WHITE • 1932 • ANM
SKAZKA O CARE DURANDAE • TALES OF TSAR DURANDAI ○ CZAR DURANDAI, THE • 1934 • ANS
STREKOZA I MURAVEJ • 1935 • ANS
KOTOFEI KOTOFEITCH • 1937 • ANS
TRI MUSKETERA • THREE MUSKETEERS, THE • 1938 • ANS
MOJDODYR • 1939 • ANS
IVAS • 1940 • ANS
WINTER'S TALE, A • 1945 • ANS
KONEK-GORBUNOK • LITTLE HUMPBACKED HORSE, THE ○ HUNCHBACK PONY, THE ○ MAGIC HORSE, THE • 1947 • ANS
SNEGUROTCHKA • SNOW MAIDEN, THE (USA) • 1953 • ANM
TALE OF A DEAD PRINCESS, THE • 1953 • ANM
WOODLAND CONCERT • 1953 • ANS
BRAVE HARE, THE • 1955 • ANM
ONCE UPON A TIME • 1957 • ANM
PRIKLJUCENIJA BURATINO • ADVENTURES OF PINOCCHIO, THE • 1959 • ANM
LEFT-HANDED SMITH, THE • LEFT HANDER, THE • 1964 • ANM
LEYCHA • 1964 • ANM
MECHANICAL FLEA, THE • 1964 • ANM
GO TO NOWHERE • 1966 • ANM
HOW ONE PEASANT SUPPORTED TWO GENERALS • HOW ONE PEASANT KEPT TWO GENERALS • 1966 • ANS
LEGEND OF A CRUEL GIANT • 1968 • ANM
FOUR SEASONS • SEASONS, THE • 1970 • ANS
BATTLE UNDER THE WALLS OF KERCHENETZ • 1971 • ANM
HUMPBACKED HORSE, THE • 1976 • ANM

IVANOV VIKTOR – USS
NEPOSYEDY • RESTLESS ONES, THE • 1968

IVANOVSKY ALEXANDER – USS
I SHALL NOT YIELD • 1918
THREE PORTRAITS • 1919
KHVESKA • 1920
ACTRESS, THE • 1923
DVORETS I KREPOST • PALACE AND FORTRESS • 1925
STEPAN KHALTURIN • 1925
DECEMBRISTS • 1927
ASIA • 1928
CAUCASIAN PRISONER • 1930
DOM ZHDANOSTI • 1934
JOUDOUCHKA GOLOVLEF • 1934
DUBROVSKY • 1936
ENEMIES, THE • 1938
MUSICAL STORY, A • 1940
ANTON IVANOVIC SERDITSYA • ANTON IVANOVICH IS ANGRY ○ ANTON IVANOVICH GETS MAD • 1941
SYLVA • 1945
BALERINA • RUSSIAN BALLERINA ○ BALLERINA • 1947
CONCERT OF STARS • SONG AND DANCE CONCERT • 1952
TIGER GIRL • 1955

IVARSSON HARRY – NRW
TILL SATERS • 1924

IVCHENKO BORIS – USS
OLESYA • 1972

IVCHENKO V. see **IVCHENKO VIKTOR**

IVCHENKO VIKTOR – USS
IVCHENKO V.
MARINE'S FATE • 1953
FATE OF MARINA, THE • 1954
NAZAR STODOLYA • NAZAR SRODOLIA • 1954
EXTRAORDINARY EVENT, AN • 1959
IVANNA • 1960
LESNAYA PESNYA • SONG OF THE FOREST (USA) • 1961
DESYATY SHAG • TENTH STEP, THE • 1967

IVEBERG HANS – SWD
GOTA KANALEN • WHO PULLED THE PLUG? • 1982

IVENS JORIS – NTH – 1898–1989
BRANDENDE STRAAL, DE • FLAMING ARROW, THE (USA) ○ WIGWAM, DE • 1911 • SHT
ZEEDIJK FILM STUDIE • ZEEDYK FILM STUDY ○ FILMSTUDY -ZEEDIJK • 1927
BRUG, DE • BRIDGE, THE • 1928
ETUDES DE MOUVEMENTS • STUDIES IN MOVEMENT (USA) • 1928 • SHT
ARME DRENTHE • 1929 • SHT
BRANDING • BREAKERS • 1929 • SHT
CAISSONBOUW ROTTERDAM • 1929 • SHT
IK-FILM • "I" FILM • 1929
JEUGDDAG • DAY OF YOUTH (USA) ○ DAYS OF YOUTH • 1929 • SHT
NIEUWE ARCHITECTUUR • NEW ARCHITECTURE (USA) • 1929 • SHT
NVV CONGRES • CONGRESS DER VAKVEREEINIGINGEN • 1929 • SHT
REGEN • RAIN (USA) • 1929
SCHAATSENRIJDEN • SKATING ○ SKATERS, THE • 1929

SPOORWEGBOUW IN LIMBURG • ZUID LIMBURG ○ SOUTH LIMBURG • 1929 • SHT
VVVC JOURNAL • 1929 • SHT
DEMONSTRATIE VAN PROLETARISCHE SOLIDARITEIT • DEMONSTRATION OF PROLETARIAN SOLIDARITY • 1930 • SHT
FILM NOTITIES UIT DE SOVJET-UNIE • NEWS FROM THE SOVIET UNION • 1930 • SHT
HEIEN • PILE DRIVING • 1930
TRIBUNE FILM: BREKEN EN BOUWEN, DE • TRIBUNE FILM: BREAK AND BUILD, THE • 1930 • SHT
WIJ BOUWEN • WE ARE BUILDING • 1930
CREOSOOT • CREOSOTE • 1931
PHILIPS RADIO • INDUSTRIAL SYMPHONY ○ SYMPHONIE INDUSTRIELLE • 1931 • DOC
KOMSOMOL • PESN O GEROJACH ○ SONG OF HEROES (UKN) ○ YOUTH SPEAKS • 1932
BORINAGE • MISERE AU BORINAGE • 1933 • SHT
ZUIDERZEE • ZUYDERZEE • 1933
NIEUWE GRONDEN • NEW EARTH • 1934
SPANISH EARTH, THE • 1937 • DOC
400 MILLION, THE • CHINA'S FOUR HUNDRED MILLION • 1939
NEW FRONTIERS • 1940
POWER AND THE LAND, THE • 1940 • SHT
BIP GOES TO TOWN • 1941
OIL FOR ALADDIN'S LAMP • 1942 • SHT
OUR RUSSIAN FRONT • REPORT FROM RUSSIA • 1942 • DCS
ACTION STATIONS! • BRANLE-BAS DE COMBAT ○ ALARME! • 1943
CORVETTE PORT ARTHUR • 1943 • DOC
KNOW YOUR ENEMY: JAPAN • 1945 • DOC
INDONESIA CALLING • 1946 • SHT
PIERWSZE LATA • FIRST YEARS, THE • 1949
MY ZA MIR • WORLD FESTIVAL OF SONG AND DANCE ○ FRIENDSHIP TRIUMPHS (USA) ○ FREUNDSCHAFT SIEGT (GDR) ○ NAPROZOD MLOZIEZY SWIATA ○ WE ARE FOR PEACE ○ WE ARE ALL FOR PEACE • 1951
POKOJ ZDOBEDZIE SWIAT • PEACE WILL CONQUER THE WORLD ○ POKOJ ZWYCIEZY SWIAT ○ PEACE CONQUERS THE WORLD ○ PEACE WILL WIN • 1951 • DOC
FRIEDENSFAHRT • WYSCIG POKOJU WARSZAWA – BERLIN – PRAGA ○ PEACE TOUR (USA) ○ FRIENDSHIP TOUR 1952 • 1952 • SHT
LIED DER STROME, DAS • SONG OF THE RIVERS, THE • 1954
AVENTURES DE TILL L'ESPIEGLE, LES • BOLD ADVENTURE, THE (USA) ○ THYL L'ESPIEGLE ○ TILL EULENSPIEGEL (FRG) ○ ADVENTURES OF TILL EULENSPIEGEL, THE ○ ABENTEUER DES TIL ULENSPIEGEL, DIE • 1956
WINDROSE, DIE • WIND ROSE, THE ○ LEBEN DER FRAUEN, DAS • 1956
SEINE A RENCONTRE PARIS, LA • SEINE MEETS PARIS, THE • 1957
BEFORE SPRING • LETTERS FROM CHINA ○ EARLY SPRING • 1958 • SHT
600 MILLION PEOPLE ARE WITH YOU • WAR OF 600 MILLION PEOPLE, THE • 1958
DEMAIN A NANGUILA • NANGUILA TOMORROW • 1960
ITALIA NON E UN PAESA POVERE, L' • ITALY IS NOT A POOR COUNTRY • 1960
CARNET DE VIAJE • TRAVEL NOTEBOOK (USA) • 1961 • SHT
PUEBLOS EN ARMAS • ARMED PEOPLE, AN (USA) ○ CUBA, PUEBLO ARMADO ○ PUEBLO ARMADO ○ ARMED NATION, AN • 1961 • SHT
A VALPARAISO • 1963 • SHT
CIRCO MAS PEQUENO DEL MUNDO, EL • LITTLE CIRCUS, THE • 1963
PETIT CHAPITEAU, LE • 1963 • SHT
TREN DE LA VICTORIA, EL • TRAIN DE LA VICTOIRE, LE • 1964 • SHT
CIEL, LA TERRE, LE • THREATENING SKY, THE (UKN) ○ SKY, THE EARTH, THE • 1965
POUR LE MISTRAL • 1966 • SHT
ROTTERDAM -EUROPOORT • ROTTERDAM -EUROPORT ○ FLYING DUTCHMAN, THE • 1966 • SHT
LOIN DU VIETNAM • FAR FROM VIETNAM • 1967
AGGRIPPES A LA TERRE • 1968
17e PARALLELE: LE VIETNAM EN GUERRE, LE • 17TH PARALLEL: VIETNAM IN WAR (USA) ○ VIETNAM EN GUERRE, LE ○ 17TH PARALLEL ○ 17e PARALLELE • 1968 • DOC
ARMEE POPULAIRE ARME LE PEUPLE, L' • 1969 • DOC
DETERMINES A VAINCRE • 1969
GUERRE POPULAIRE AU LAOS, LA • 1969 • DOC
PEUPLE EST INVINCIBLE, LE • 1969 • DOC
PEUPLE NE PEUT RIEN SANS SES FUSILS, LE • 1969 • DOC
PEUPLE PEUT TOUT, LE • 1969 • DOC
QUI COMMANDE AUS FUSILS • 1969 • DOC
PEUPLE ET SES FUSILS, LE • PEOPLE AND THEIR GUNS, THE (USA) • 1970 • DOC
RENCONTRES AVEC LE PRESIDENT HO CHI MINH • 1970 • SHT
COMMENT YUKONG DEPLACA LES MONTAGNES • HOW YUKONG MOVED THE MOUNTAINS (UKN) ○ JORIS IVEN'S CHINA • 1976
KAZAKS -MINORITE NATIONALE -SINKIANG, LES • 1977 • SHT
OUIGOURS -MINORITE NATIONALE -SINKIANG, LES • 1977 • SHT
HISTOIRE DE VENT, UNE • TALE OF THE WIND • 1988

IVERNEL VICKY – FRN – 1921–1962

CHARCUTIER DE MACHONVILLE, LE • 1946
KENZI • MON TRESOR • 1947
PENDULE, A SALOMON, LA • 1961

IVERS JULIA CRAWFORD – USA

MAJESTY OF THE LAW, THE • 1915
CALL OF THE CUMBERLANDS, THE • 1916
SON OF ERIN, A • 1916
WHITE FLOWER, THE • 1923

IVERSEN JON – DNM

KLOGE MAND, DEN • 1956

IVES KENNETH – UKN

DONKEYS' YEARS • 1979

IVKOV DRAGOLJUB – YGS

POSALJI COVEKA U POLA DVA • SEND A MAN AT HALF-PAST ONE • 1967
SIROMA SAM AL' SAM BESAN • I'M POOR BUT ANGRY ○ I'M POOR BUT STUPID • 1971

IVORY JAMES – USA – 1928–

FOUR IN THE MORNING • 1953 • SHT
VENICE: THEMES AND VARIATIONS • 1957 • SHT
SWORD AND THE FLUTE, THE • 1959 • SHT
GHARBAR • HOUSEHOLDER, THE (USA) • 1963
DELHI WAY, THE • 1964
SHAKESPEARE WALLAH • 1966
GURU, THE • 1969
BOMBAY TALKIE • 1970
ADVENTURES OF A BROWN MAN IN SEARCH OF CIVILIZATION • 1971 • MTV
MAHATMA AND THE MAD BOY • 1972
SAVAGES • 1972
HELEN, QUEEN OF THE NAUTCH GIRLS • 1973 • DOC
AUTOBIOGRAPHY OF A PRINCESS • 1975
WILD PARTY, THE • 1975
SWEET SOUNDS • 1976
ROSELAND • 1977
HULLABALOO OVER GEORGIE AND BONNIE'S PICTURES • 1978
EUROPEANS, THE • 1979
5:48, THE • 1979 • TVM
JANE AUSTEN IN MANHATTAN • 1980 • TVM
QUARTET • 1980
HEAT AND DUST • 1982
BOSTONIANS, THE • 1983
ROOM WITH A VIEW, A • 1986
MAURICE • 1987
SLAVES OF NEW YORK • 1989
MR. & MRS. BRIDGE • 1990

IWAKI – JPN

TSUKIMISO • 1959

IWAMA T. see **IWAMA TSURUO**

IWAMA TSURUO – JPN

IWAMA T.

ORE WA SHINANAI • 1957
AKAI PANTI • RED PANTIES • 1959

IWASU VICHISA – JPN

HOKKAIDO NO DAISHIZEN • NATURE OF HOKKAIDO, THE • 1957

IWAUCHI KATSUMI – JPN

EREKI NO WAKADAISHO • CAMPUS A GO-GO (USA) • 1966
GO GO WAKADAISHO • SKIING ON THE SUMMIT • 1967
LET'S GO! WAKADAISHO • LET'S GO, YOUNG GUY! (USA) • 1967
RIO NO WAKADAISHO • YOUNG GUY IN RIO • 1968
SUNA NO KAORI • NIGHT OF THE SEAGULL, THE (USA) • 1968
BURABO! YANGU GAI • BRAVO, YOUNG GUY (USA) • 1970

IWERKS UB – Animator – USA – 1901–1971

IWERKS UBE

BARN DANCE, THE • 1928 • ANS
BARNYARD BATTLE, THE • 1928 • ANS
EL TERRIBLE TOREADOR • 1928 • ANS
GALLOPIN' GAUCHO • 1928 • ANS
HAUNTED HOUSE, THE • 1928 • ANS
JAZZ FOOL, THE • 1928 • ANS
JUNGLE RHYTHM • 1928 • ANS
KARNIVAL KID, THE • 1928 • ANS
MICKEY'S CHOO-CHOO • 1928 • ANS
OPRY HOUSE, THE • 1928 • ANS
PLANE CRAZY • 1928 • ANS
PLOW BOY, THE • 1928 • ANS
SKELETON DANCE, THE • 1928 • ANS
SPRINGTIME • 1928 • ANS
STEAMBOAT WILLIE • 1928 • ANS
WHEN THE CAT'S AWAY • 1928 • ANS
HAUNTED HOUSE, THE • 1929 • ANS
ARCTIC ANTICS • 1930 • ANS
AUTUMN • 1930 • ANS
SUMMER • 1930 • ANS
FLYING FISTS • 1931 • ANS
SPOOKS • 1932 • ANS
COMI-COLOR CARTOONS • 1933-34 • ASS
WILLIE WHOPPER • 1933-34 • ASS
ALADDIN AND HIS WONDERFUL LAMP • 1934 • ANS
BRAVE TIN SOLDIER, THE • 1934 • ANS
DON QUIXOTE • 1934 • ANS
HEADLESS HORSEMAN, THE • 1934 • ANS
HELL'S FIRE • VULCAN ENTERTAINS • 1934 • ANS
MERRY MANNEQUINS • 1937 • ANS
PORKY AND GABBY • 1937 • ANS
PORKY'S SUPER SERVICE • 1937 • ANS
SKELETON FROLIC • 1937 • ANS
FROG POND, THE • 1938 • ANS
HORSE ON THE MERRY-GO-ROUND, THE • 1938 • ANS
MIDNIGHT FROLICS • 1938 • ANS
SHOWTIME • SNOWTIME • 1938 • ANS
CROP CHASERS • 1939 • ANS
GORILLA HUNT, THE • 1939 • ANS
NELL'S YELLS • 1939 • ANS
BLACKBOARD REVUE • 1940 • ANS
EGG HUNT, THE • 1940 • ANS
WISE OWL • 1940 • ANS
YE OLDE SWAP SHOPPE • 1940 • ANS
STOP THAT TANK • 1941 • ANS

IWERKS UBE see **IWERKS UB**

IYER C. S. V. – IND

KAUSALYA PARINAYAM • 1937

IYER G. V. – IND

MYSORE TONGA • HORSE CARRIAGE FROM MYSORE • 1968
NANE BHAGYAVATHI • I AM FORTUNATE • 1968
KUDREMOTTE • HORSE'S EGG • 1977
ADI SHANKARACHARYA • PHILOSOPHER, THE • 1983

IYODA SEIKPH – JPN

WHEN WE ARE OLD • 1983 • MTV

IZZARD BRYAN – UKN

HOLIDAY ON THE BUSES • 1973

JAACOVI JAACOV – USA

HEAVENLY DESIRE • 1979
TAXI GIRLS • 1979

JAAFAR AZIZ – MLY

SUMBER ILHAMKU • 1978
PENENTUAN • 1982

JAAP MAX – GRM

LUDWIG VAN BEETHOVEN • 1954
FRIEDRICH SCHILLER • 1955

JABARA JAD-ALLAH – SDN – 1921–

MABRUK ALIK • 1974

JABBAR JAVED – PKS

BEYOND THE LAST MOUNTAIN

JABBOUR SOUHEIL – SYR – 1946–

CHOSEN ONE, THE • 1974

JABELY JEAN – FRN – 1921–

NAPOLEON RACONTE PAR UN VIEUX SOLDAT • 1955 • ANM
TEUF-TEUF • 1955 • ANM
BALLADE CHROMO • 1957 • ANS
ELLE ET LUI • 1959 • ANM
MISS SHUMWAY JETTE UN SORT • BLONDE COMME CA!, UNE ○ MISS SHUMWAY CASTS A SPELL • 1962
PETIT ZIZI, LE • LITTLE ZIZI, THE • 1971 • ANS
IMAGES POUR BACH • 1972 • ANS

JABOR ARNALDO – BRZ – 1940–

CIRCO, O • 1965 • SHT
OPINIAO PUBLICA, A • PUBLIC OPINION • 1967 • DOC
PINDORAMA • 1970
TODA NUDEZ SERA CASTIGADA • ALL NUDITY SHALL BE PUNISHED (USA) ○ ALL NUDITY WILL BE PUNISHED • 1973
CASAMENTO, O • 1975
TUDO BEM • ALL'S WELL • 1979
EU TE AMO • I LOVE YOU • 1981
EU SEI QUE VOU TE AMAR • I KNOW I'M GOING TO LOVE YOU • 1986

JACCARD JACQUES – USA – 1885–

AWAKENING OF PATSY, THE • 1915
DIAMOND FROM THE SKY, THE • 1915 • SRL
GUARDIANS OF THE FLOCKS, THE • 1915
KENTUCKY IDYL, A • 1915
LEARNING TO BE A FATHER • 1915
LIFE AT STAKE, A • 1915
PROMISSORY NOTES • 1915
SHRIEK IN THE NIGHT, A • 1915 • SHT
STORM, THE • 1915
WEIRD NEMESIS, THE • 1915
ACROSS THE LINE • 1916 • SHT
ACROSS THE RIO GRANDE • 1916 • SHT
ADVENTURES OF PEG O' THE RING, THE • PEG O' THE RING • 1916 • SRL
CAGE MAN, THE • 1916 • SHT
CODE OF THE MOUNTED • 1916 • SHT
FIGHT FOR LOVE, A • 1916 • SHT
IS ANY GIRL SAFE? • 1916
KNIGHT OF THE RANGE, A • 1916
LIBERTY, A DAUGHTER OF THE U.S.A. • LIBERTY • 1916 • SRL
NIGHT RIDERS, THE • 1916 • SHT
OTHER HALF, THE • 1916 • SHT
PANEL GAME, THE • 1916 • SHT
PASSING OF HELL'S CROWN, THE • 1916 • SHT
SOCIAL SLAVE, A • 1916 • SHT
SON O' THE STARS • 1916 • SHT
STAMPEDE IN THE NIGHT, THE • 1916 • SHT
WEDDING GUEST, THE • 1916 • SHT
PATRIA • 1917 • SRL
LION'S CLAWS, THE • 1918 • SRL
RED ACE, THE • 1918 • SRL
CYCLONE SMITH PLAYS TRUMPS • 1919 • SHT
CYCLONE SMITH'S COMEBACK • 1919 • SHT
CYCLONE SMITH'S PARTNER • 1919 • SHT
DOWN BUT NOT OUT • 1919 • SHT
FOR LIFE • 1919 • SHT
PHANTOM FUGITIVE, A • 1919 • SHT
TEMPEST CODY FLIRTS WITH DEATH • 1919 • SHT
TEMPEST CODY HITS THE TRAIL • 1919 • SHT
TEMPEST CODY RIDES WILD • TEMPEST CODY, SHERIFF • 1919 • SHT
TEMPEST CODY'S MAN HUNT • 1919 • SHT
WILD RIDER, THE • 1919 • SHT
BIG STAKES • 1920 • SHT
DEATH TRAP, THE • 1920 • SHT
DESERT LOVE • 1920
FOREST RUNNERS, THE • 1920 • SHT
GIRL AND THE LAW, THE • 1920 • SHT
GREAT AIR ROBBERY, THE • 1920
HONOR BOUND • 1920
SCARLET RIDER, THE • 1920 • SHT
SON OF THE NORTH, A • 1920 • SHT
TERROR, THE • 1920
TIMBER WOLF, THE • 1920 • SHT
UNDER NORTHERN LIGHTS • 1920
WHEN THE DEVIL LAUGHED • 1920 • SHT
"IF ONLY" JIM • 1921
RIDING WITH DEATH • 1921
GREAT ALONE, THE • 1922
CALIFORNIA IN '49 • 1924
DAYS OF '49 • 1924 • SRL
HIS MAJESTY THE OUTLAW • 1924
RIDERS OF THE PLAINS • 1924 • SRL
RIDIN' MAD • 1924
UNSEEN HANDS • 1924
SAND BLIND • 1925
VIC DYSON PAYS • 1925
DESERT GREED • GREED OF GOLD • 1926
FIGHTING FIGHTERS, THE • 1927 • SRL
CHEYENNE KID, THE • FIGHTING TEST, THE (UKN) • 1930
SENOR JIM • MURDER IN THE DARK (UKN) • 1936
PHANTOM OF SANTE FE, THE • 1937

JACK DEL – USA

COMMITTEE, THE • SESSION WITH THE COMMITTEE, A • 1968

JACKMAN FRED – USA – 1881–
JACKMAN FREDERICK Q.
TREATING 'EM ROUGH • 1919 • SHT
BOW WOW • 1922 • SHT
TIMBER QUEEN • 1922 • SRL
WHITE EAGLE • 1922 • SRL
CALL OF THE WILD, THE • 1923
KING OF WILD HORSES, THE • 1924
BLACK CYCLONE • 1925
DEVIL HORSE, THE • 1926
HONORABLE MR. BUGGS, THE • 1927 • SHT
NO MAN'S LAW • MAN'S LAW (UKN) ○ NO MAN'S LAND • 1927

JACKMAN FREDERICK Q. see **JACKMAN FRED**

JACKSON BABS – USA
THRESHOLD • 1969 • SHT

JACKSON BEN – USA
LIFE LINE IN SPACE • ANS
COSMOS, THE FANTASTIC JOURNEY! • 1964 • ANS

JACKSON DAVID E. – USA
MYSTERY MANSION • 1983
DREAM CHASERS • 1984

JACKSON DIANNE – Animator – UKN
SNOWMAN, THE • 1983 • ANM

JACKSON DONALD see **JACKSON DONALD G.**

JACKSON DONALD G. – USA
JACKSON DONALD
DEMON LOVER, THE • 1976
ROLLERBLADE • ROLLER BLADE • 1986
HELL COMES TO FROGTOWN • 1988

JACKSON DOUGH see **JACKSON DOUGLAS**

JACKSON DOUGLAS – CND – 1938–
JACKSON DOUGH
ECLIPSE AT GRAND'MERE • 1963
CONTROL OF INMATES • 1964 • DOC
CRAFTS OF MY PROVINCE • 1964 • DOC
BENOIT • 1965
LEARNING LACROSSE • LACROSSE • 1965 • DOC
RECEPTION • 1967
DANNY AND NICKY • 1970
HUNTSMAN, THE • 1972
NORMAN JEWISON: FILM MAKER • 1972 • DOC
SLOANE AFFAIR, THE • 1972
GASTRONOMIE, LA • 1973 • DOC
HEATWAVE LASTED FOUR DAYS, THE • 1975
ART OF EATING, THE • 1976 • DOC
WHY MEN RAPE • 1979 • DOC
TYCOON • EMPIRE, INC. • 1982 • MTV
RAY BRADBURY'S NIGHTMARES VOLUME 2 • 1985

JACKSON FREDERICK – UKN
PERFECT LADY, THE • LOVELORN LADY, THE • 1931

JACKSON G. PHILIP – CND – 1954–
RITES OF PASSAGE • 1980 • MTV
SORCERER'S EYE, THE • 1980 • MTV
MUSIC OF THE SPHERES • 1983
PEDESTALS • 1985 • MTV
RAIL YARD • 1985 • MTV
REFLECTIVE • 1985 • MTV
TRAVELLING SHOT • 1985 • MTV
WINTERS PAST • 1985 • MTV

JACKSON HARRY – USA
JACKSON HARRY E. • JACKSON HARVEY
BOMBARDED • 1914
CLOCK WENT WRONG, THE • 1914
HOUSE THAT WENT CRAZY, THE • 1914
KNIGHT OF TROUBLE, A • 1914
MAKING GOOD WITH HER FAMILY • 1914
MUSIC HATH CHARMS –NOT • 1914
PETER'S RELATIONS • 1914
LOCKED OUT • 1915
YORK STATE FOLKS • 1915
BEST MAN, THE • 1916 • SHT
IN SOCIETY AND OUT • 1916 • SHT
BALLADS AND BOLOGNA • 1917 • SHT
BUNGALOWING • 1917 • SHT
COMMUTING • 1917 • SHT
DID IT EVER HAPPEN TO YOU? • 1917 • SHT
EGGED ON • 1917 • SHT
FLIVVERING • 1917 • SHT
HE GOT THERE AFTER ALL • 1917 • SHT
HE MENT WELL • 1917 • SHT
HIS MILITARY FIGURE • 1917 • SHT
HONEYLESS HONEYMOON, THE • 1917 • SHT
INVITED OUT • 1917 • SHT
MOVING • 1917 • SHT
OH, POP! • 1917 • SHT
ROUGH AND READY REGGIE • 1917 • SHT
SEEING THINGS • 1917 • SHT
SLEEPWALKER, THE • 1917 • SHT
SOME DOCTOR • 1917 • SHT
WRONG MR. FOX, THE • 1917 • SHT
HE GOT HIS • 1918 • SHT
SOME PROFESSOR • 1918 • SHT

JACKSON HARRY E. see **JACKSON HARRY**

JACKSON HARVEY see **JACKSON HARRY**

JACKSON HORACE – USA
LIVING BETWEEN TWO WORLDS • 1963
TOUGH • 1974

JACKSON JANE – UKN
ANGEL IN THE HOUSE • 1979

JACKSON JAY – USA
FEMALE CHAUVINISTS • 1977

JACKSON JERRY – USA
BACHELOR TOM PEEPING • BACHELOR TOM AND HIS BIKINI PLAYMATES ○ BIKINI PLAYMATES • 1962

JACKSON LARRY – USA
BUGS BUNNY, SUPERSTAR • 1975 • ANM

JACKSON LARRY E. – USA
COTTONPICKIN' CHICKENPICKERS • 1967
ROAD HUSTLERS, THE • 1968

JACKSON LEWIS – USA
CHRISTMAS EVIL • YOU BETTER WATCH OUT ○ TERROR IN TOYLAND • 1980

JACKSON MICHAEL – SWD
JACKSON MIKE • OLSSON MATS
SEARCH FOR SOLUTIONS, THE • 1979 • DOC
BLOOD TRACKS • 1986

JACKSON MICK – UKN
THREADS • 1984 • TVM
YURI NOSENKO, KGB • 1986 • TVM

JACKSON MIKE see **JACKSON MICHAEL**

JACKSON PAT – UKN – 1916–
BIG MONEY • 1936 • DCS
BOOK BARGAIN • 1936 • DCS
HAPPY IN THE MORNING • 1938 • DCS
MEN IN DANGER • 1938 • DCS
FIRST DAYS, THE • CITY PREPARES, A • 1939 • DCS
HEALTH IN WAR • 1940 • DCS
WELFARE OF THE WORKERS • 1940 • DOC
FERRY PILOT • 1941 • DCS
BUILDERS • 1942 • DCS
WESTERN APPROACHES • RAIDER, THE (USA) • 1944
PATENT DUCTUS ARTERIOSUS • 1947 • DOC
SHADOW ON THE WALL • DEATH IN THE DOLL'S HOUSE • 1949
ENCORE • 1951
WHITE CORRIDORS • 1951
SOMETHING MONEY CAN'T BUY • 1952
FEMININE TOUCH, THE • GENTLE TOUCH, THE (USA) • 1956
BIRTHDAY PRESENT, THE • 1957
VIRGIN ISLAND • OUR VIRGIN ISLAND • 1958
SNOWBALL • 1960
WHAT A CARVE UP • NO PLACE LIKE HOMICIDE (USA) • 1961
DON'T TALK TO STRANGE MEN • 1962
SEVEN KEYS • 1962
DEAD END CREEK • 1964 • SRL
SEVEN DEADLY PILLS • 1964
STABLE DOOR, THE • 1966
ON THE RUN • 1969
KING ARTHUR, THE YOUNG WARLORD • KING ARTHUR, THE YOUNG WARRIOR • 1975

JACKSON PETER – NZL – 1961–
BAD TASTE • 1988
BRAIN DEAD • 1989
MEET THE FEEBLES • 1989 • ANM

JACKSON RICHARD see **del AMO ANTONIO**

JACKSON STANLEY see **JACKSON STANLEY R.**

JACKSON STANLEY R. – CND – 1914–1981
JACKSON STANLEY
MENTAL MECHANISMS • 1947–49 • DSS
SUMMER IS FOR KIDS • 1948 • DCS
WHO WILL TEACH YOUR CHILD? • 1948 • DOC
FEELINGS OF DEPRESSION • DEPRESSION • 1950 • DCS
SHYNESS • 1953 • DOC
PROFILE OF A PROBLEM DRINKER • 1957 • DOC
DAYS BEFORE CHRISTMAS, THE • BIENTOT NOEL • 1958 • DCS
QUEST, THE • 1958 • DOC
STIGMA • 1958 • DOC
CHILDREN LEARN FROM FILMSTRIPS • 1963 • DOC
CORNET AT NIGHT • 1963 • DOC

JACKSON STELIOS – GRC
VIASMOS MIAS PATHENOU, O • RAPE OF A VIRGIN, THE • 1967
ERASTE TOU MESEOU TIHOU, I • LOVERS BEHIND TWO WALLS • 1968
KOUKLOS, O • OUR AUNT FROM AFRICA ○ MALE DOLL, THE • 1968
PRO-PO KE TA BOUZOUKIA, TO • FOOTBALL POOLS AND THE BOUZOUKI, THE • 1968

JACKSON TRAVIS – UKN – 1894–
JACKSON W. TRAVIS
MOUNTAIN, THE • 1935

JACKSON W. TRAVIS see **JACKSON TRAVIS**

JACKSON WILFRED – Animator – USA
MICKEY'S FOLLIES • 1928 • ANS
MIDNITE IN A TOY SHOP • MIDNIGHT IN A TOY SHOP • 1930 • ANS
BUSY BEAVERS, THE • 1931 • ANS
CASTAWAY, THE • 1931 • ANS
CAT'S OUT, THE • CAT'S NIGHTMARE, THE • 1931 • ANS
CHINA PLATE, THE • 1931 • ANS
CLOCK STORE, THE • IN A CLOCK STORE • 1931 • ANS
EGYPTIAN MELODIES • 1931 • ANS
FOX HUNT, THE • 1931 • ANS
SPIDER AND THE FLY, THE • 1931 • ANS
UGLY DUCKLING, THE • 1931 • ANS
BARNYARD OLYMPICS • 1932 • ANS
BEARS AND THE BEES, THE • 1932 • ANS
BIRD STORE, THE • 1932 • ANS
GROCERY BOY, THE • 1932 • ANS
KLONDIKE KID, THE • 1932 • ANS
MICKEY IN ARABIA • 1932 • ANS
MICKEY'S REVUE • 1932 • ANS
MUSICAL FARMER • 1932 • ANS
SANTA'S WORKSHOP • 1932 • ANS
TOUCHDOWN MICKEY • 1932 • ANS
WHOOPEE PARTY, THE • 1932 • ANS
FATHER NOAH'S ARK • 1933 • ANS
LULLABY LAND • 1933 • ANS
MICKEY'S MECHANICAL MAN • 1933 • ANS
MICKEY'S MELLERDRAMMER • 1933 • ANS
NIGHT BEFORE CHRISTMAS, THE • 1933 • ANS
PET STORE, THE • 1933 • ANS
PIED PIPER, THE • 1933 • ANS
PUPPY LOVE • 1933 • ANS
CHINA SHOP, THE • 1934 • ANS
FUNNY LITTLE BUNNIES • 1934 • ANS
GODDESS OF SPRING, THE • 1934 • ANS
GRASSHOPPER AND THE ANTS, THE • 1934 • ANS
PECULIAR PENGUINS • 1934 • ANS
WISE LITTLE HEN, THE • 1934 • ANS
BAND CONCERT, THE • 1935 • ANS
MICKEY'S GARDEN • 1935 • ANS
MUSIC LAND • 1935 • ANS
TORTOISE AND THE HARE, THE • 1935 • ANS
WATER BABIES • 1935 • ANS
ELMER ELEPHANT • 1936 • ANS
MICKEY'S GRAND OPERA • 1936 • ANS
MORE KITTENS • 1936 • ANS
TOBY TORTOISE RETURNS • 1936 • ANS
OLD MILL, THE • 1937 • ANS
WOODLAND CAFE • 1937 • ANS
MOTHER GOOSE GOES HOLLYWOOD • 1938 • ANS
FANTASIA • 1940 • ANM
GOLDEN EGGS, THE • 1941 • ANS
SALUDOS AMIGOS • GREETINGS, FRIENDS • 1942 • ANM
SONG OF THE SOUTH • 1946
JOHNNY APPLESEED • 1948 • ANS
MELODY TIME • 1948 • ANM
CINDERELLA • 1949 • ANM
ALICE IN WONDERLAND • 1951 • ANM
LITTLE HOUSE, THE • 1952 • ANS
PETER PAN • 1953 • ANM
LADY AND THE TRAMP • 1955 • ANM
MICKEY'S REVIVAL • 1976 • ANS

JACKSON WILLIAM J. – ASL
IN NEW GUINEA WILDS • 1929

JACOB PETER – GRM
KUSSE, DIE TOTEN • KISS THE DEAD (USA) • 1958

JACOBI JOSEPH MAX – GRM
WENN DIE LIEBE NICHT WAR'.. • 1920

JACOBI RUGGERO – BRZ
PRESENCA DE ANITA • 1951

JACOBOVICI SIMCHA – CND
FALASHA: EXILE OF THE BLACK JEWS • 1983 • DOC

JACOBS IRVING see **AMENDOLA MARIO**

JACOBS JIM – USA
A.K.A. CASSIUS CLAY • AKA CASSIUS CLAY • 1970 • DOC
KNOCKOUT • 1977 • CMP

JACOBS JOS – BLG
GODEN MOETEN HUN GETAL HEBBEN • 1971
MADONNA VAN NEDERMUNSTER, DE • MADONNA OF NEDERMUNSTER, THE • 1973

JACOBS KEN – USA – 1933–
ARTIE AND MARTY ROSENBLATT'S BABY PICTURES • 1941 • SHT
ORCHARD STREET • 1956
SATURDAY AFTERNOON BLOOD SACRIFICE: TV PLUG: LITTLE COBRA DANCE • 1957 • SHT
STAR SPANGLED TO DEATH • 1957
LITTLE STABS AT HAPPINESS • 1959
BLONDE COBRA • 1959–62 • SHT
DEATH OF P'TOWN, THE • 1961 • SHT
BAUDELERIAN CAPERS • BAUDELARIAN CAPERS • 1962 • SHT
WE STOLE AWAY • 1964
WINDOW • 1964
WINTER FOOTAGE, THE • 1964
LISA AND JOEY IN CONNECTICUT • 1965
NAOMI IS A VISION OF LOVELINESS • 1965
SKY SOCIALIST, THE • 1965
YOU'VE COME BACK, YOU'RE STILL HERE! • 1965
AIRSHAFT • 1967
SOFT RAIN • 1968
NISSAU ARIANA WINDOW • 1969
TOM, TOM, THE PIPER'S SON • 1969

JACOBS LEWIS – USA – 1906–
MOBILE COMPOSITION • 1930
FOOTNOTE TO FACE • 1932
COMMERCIAL MEDLEY • 1933
SYNCHRONIZATION • 1934 • ANS
SUNDAY BEACH • 1947
TREE TRUNK TO HEAD • 1947
RAVEN, THE • 1954 • SHT

JACOBS MATTHEW – UKN
HALLELUJAH ANYHOW • 1990

JACOBS PAUL – USA
JAIL, THE • 1972 • DOC

JACOBS RAYMOND – USA
MINX, THE • 1969

JACOBS WERNER – GRM – 1909–
WEISSEBLAUE LOWE, DER • 1952
GITARREN DER LIEBE • GUITARS OF LOVE (USA) • 1954
ANDRE UND URSULA • 1955
BETTELSTUDENT, DER • BEGGAR STUDENT, THE (USA) • 1956
SAN SALVATORE • 1956
SANTA LUCIA • 1956
EINFACHE MADCHEN, DAS • 1957
GRAF VON LUXEMBURG, DER • 1957
MUNCHHAUSEN IN AFRIKA • 1958
STERN VON SANTA CLARA, DER • 1958
HIER BIN ICH, HIER BLEIB ICH • 1959
SOMMER, DEN MAN NIE VERGISST, EIN • TRANEN IN DEINEN AUGEN • 1959
CONNY UND PETER MACHEN MUSIK • 1960
IM WEISSEN ROSSL • WHITE HORSE INN, THE (USA) • 1960
DREI LIEBESBRIEFE AUS TIROL • 1962
FREDDY UND DAS LIED DER SUDSEE • 1962
LUSTIGE WITWE, DIE • 1962
DENN DIE MUSIK UND DIE LIEBE IN TIROL • 1963
MUSTERKNABE, DER • 1963
HEIDI • 1965
TANTE FRIEDA –NEUE LAUSBUBENGESCHICHTEN • 1965

...UND SO WAS MUSS UM ACHT INS BETT • 1965
ONKEL FILSER –ALLERNEUESTE LAUSBUBENGESCHICHTEN • 1966
HEIDEN VON KUMMEROW UND IHRE LUSTIGEN STREICHE, DIE • HEATHENS OF KUMMEROW AND THEIR MERRY PRANKS, THE • 1967
MORDERCLUB VON BROOKLYN, DER • MURDER CLUB OF BROOKLYN, THE • 1967
WENN LUDWIG INS MANOVER ZIEHT • WHEN LUDWIG GOES ON MANOEUVRES • 1967
LUMMEL VON DER ERSTEN BANK I. ZUR HOLLE MIT DEN PAUKERN, DIE • RASCALS OF THE FRONT BENCH I. TO HELL WITH TEACHERS, THE • 1968
LUMMEL VON DER ERSTEN BANK II: ZUM TEUFEL MIT PER PENNE, DIE • ZUM TEUFEL MIT PER PENNE, DIE ○ RASCALS OF THE FRONT BENCH II: TO THE DEVIL WITH SCHOOL, THE • 1968
CHARLEY'S ONKEL • CHARLEY'S UNCLE • 1969
HEINTJE –EIN HERZ GEHT AUF REISEN • 1969
HEINTJE, MIN BESTE VEN • 1970
HURRA, DIE SCHULE BRENNT • 1970
ZWANZIG MADCHEN UND DIE PAUKER • 1970
MORGEN FALLT DIE SCHULE AUS • 1971
WILLI WIRD DAS KIND SCHON SCHAUKELN • 1972

JACOBSEN JEROME – USA

VERY NAKED CANVAS, THE • 1965

JACOBSEN JOHAN – DNM – 1912–

LILLE TILFAELDIGHED, EN • 1939
USYNLIGE HAER, DEN • INVISIBLE ARMADA, THE • 1945
INVISIBLE ARMY, THE
KVINNAN BAKOM ALLT • NELJA RAKKAUTTA –FYRA GANGER KARLEK ○ ALT DETTE –OG ISLAND MED ○ ALT DETTE –OG ISLAND OGSA ○ WOMAN BEHIND EVERYTHING • 1951
FREMMED BANKER PA, EN • STRANGER KNOCKS, A (USA) • 1959

JACOBSEN SOREN KRAGH see **KRAGH–JACOBSEN SOREN**

JACOBSON ALAN – USA

E PLURIBUS UNUM • ONE OUT OF MANY • 1969 • SHT

JACOBSON ARTHUR – USA

HOME ON THE RANGE • CODE OF THE WEST • 1935

JACOBSON ERIK – USA

FURY TO FREEDOM • 1985

JACOBSON MIKE – USA

DRACULA'S WEDDING DAY • 1967 • SHT

JACOBSON STEVEN – USA

TEAM–MATES • 1978

JACOBY – USA

REMEMBER THE POKER PLAYING MONKEYS • 1977

JACOBY GEORG – GRM – 1890–1964

JACOBY GEORGE

KONIG MOTOR • 1915
LETZTE FLUG, DER • 1915
TANZERIN, DIE • 1915
BOGDAN STIMOFF • 1916
BRAUT DES RESERVELEUTNANTS ODER DIE MISSION DER GRAFIN CERUTTI, DIE • 1916
FELDGRAUE GROSCHEN, DER • 1916
GOLD • 1917
KEIMENDES LEBEN 1 • 1918
KEIMENDES LEBEN 2 • 1918
ABERGLAUBE • 1919
COMPTESSE DODDY • 1919
DE PROFUNDIS • 1919
KARUSSEL DES LEBENS • LAST PAYMENT (USA) • 1919
KREUZIGET SIE! • FRAU AM SCHEIDEWEGE, DIE • 1919
MORAL UND SINNLICHKEIT • KEIMENDES LEBEN 3 • 1919
VENDETTA • BLUTRACHE • 1919
INDISCHE RACHE • 1920
MANN OHNE NAMEN 1, DER • MILLIONENDIEB, DER ○ MAN WITHOUT A NAME • 1920–21
MANN OHNE NAMEN 2, DER • KAISER DER SAHARA, DER • 1920–21
MANN OHNE NAMEN 3, DER • GELBE BESTIEN • 1920–21
MANN OHNE NAMEN 4, DER • GOLDENE FLUT, DIE • 1920–21
MANN OHNE NAMEN 5, DER • MANN MIT DEN EISERNENNERVEN, DER • 1920–21
MANN OHNE NAMEN 6, DER • SPRUNG UBER DEN SCHATTEN, DER • 1920–21
MADCHEN AUS DER FREMDE, DAS • 1921
SEINE EXZELLENZ VON MADAGASKAR 1 • MADCHEN AUS DER FREMDE, DAS • 1921
SEINE EXZELLENZ VON MADAGASKAR 2 • STUBBS, DER DETEKTIV • 1921
SO SIND DIE MANNER • NAPOLEONS KLEINER BRUDER ○ KLEINE NAPOLEON, DER • 1922
PARADIES IM SCHNEE, DAS • 1923
QUO VADIS? • 1923
KOMODIANTEN DES LEBENS • 1924
PARAGRAPH 144 • MUSS DIE FRAU MUTTER WERDEN? • 1924
HAHN IM KORB, DER • 1925
HUSARENFIEBER • 1925
PERLE DES REGIMENTS, DIE • STOLZ DER KOMPAGNIE, DER • 1925
DUMME AUGUST DES ZIRKUS ROMANELLI, DER • 1926
GASTHAUS ZUR EHE, DAS • MARRIAGE HOTEL, THE • 1926
INSEL DER VERBOTENEN KUSSE, DIE • 1926
RITT IN DIE SONNE, DER • 1926
COLONIALSKANDAL • LIEBE IM RAUSCH ○ KOLONIALSKANDAL • 1927
FAKE, THE • 1927
FRAU OHNE NAMEN 1, DIE • UNDER EASTERN SKIES • 1927
FRAU OHNE NAMEN 2, DIE • 1927
JAGD NACH DER BRAUT, DIE • 1927
FASCHINGSKONIG, DER • 1928
INDIZIENBEWEIS • 1928
JOKEREN • SPIEL GLUCKSRITTERN UND SCHONEN FRAUEN, EIN ○ JOKER, THE • 1928
KUSSE, DIE MAN NICHT VERGISST • 1928
PHYSICIAN, THE • 1928
WOCHENENDBRAUT • 1928
FRAUEN AM ABGRUND • 1929
MEINEID • 1929
MUTTERLIEBE • MOTHER LOVE (USA) • 1929
GELD AUF DER STRASSE • 1930
KEUSCHE JOSEF, DER • 1930
LINDENWIRTIN, DIE • 1930
PENSION SCHOLLER • 1930
WITWENBALL, DER • 1930
1000 WORTE DEUTSCH • 1930
BLUMENFRAU VON LINDENAU, DIE • STURM IM WASSERGLAS • 1931
HURRA –EIN JUNGE! • 1931
KADETTEN • HINTER DEN ROTEN MAUERN VON LICHTERFELDE ○ BOYS IN UNIFORM • 1931
SPANISCHE FLIEGE, DIE • 1931
STROHWITWER • 1931
VERJUNGTE ADOLAR, DER • 1931
JA, TREU IST DIE SOLDATENLIEBE • 1932
LIEBE IN UNIFORM • 1932
MELODIE DER LIEBE • RIGHT TO HAPPINESS • 1932
GROSSE BLUFF, DER • SCHUSSE IN DER NACHT ○ BIG BLUFF, THE (USA) • 1933
IST MEIN MAN NICHT FABELHAFT? • 1933
MORAL UND LIEBE • 1933
SAG' MIR, WER DU BIST • 1933
ZWEI IM SONNENSCHEIN • 1933
BESUCH AM ABEND • 1934
CZARDASFURSTIN, DIE • 1934
G'SCHICHTEN AUS DEM WIENERWALD • TALES FROM THE VIENNA WOODS (USA) • 1934
KUHNE SCHWIMMER, DER • 1934
LETZTE WALZER, DER • LAST WALTZ, THE • 1934
MADEL WIRBELT DURCH DIE WELT, EIN • 1934
POLIZEIBERICHT MELDET, DER • 1934
PRINCESSE CZARDAS • SERENADE • 1934
EHESTREIK • 1935
HERBSTMANOVER • FALL MANOEUVRES (USA) • 1935
TEUFELSKERL, EIN • DEVIL OF A FELLOW, A (USA) • 1935
WARUM LUGT FRAULEIN KATHE? • 1935
BETTELSTUDENT, DER • BEGGAR STUDENT, THE • 1936
DEUX FAVORIS, LES • MARIKA • 1936
HEISSES BLUT • 1936
UND DU, MEIN SCHATZ, FAHRST MIT • 1936
MADONNA, WO BIST DU?
GASPARONE • 1937
HUSAREN, HERAUS • 1937
KRONZEUGIN, DIE • 1937
SPIEL AUF DER TENNE • 1937
DRAMA ON THE THRESHING FLOOR
GROSSALARM • 1938
NACHT IM MAI • NIGHT IN MAY, A (USA) • 1938
VORHANG FALLT, DER • 1939
KORA TERRY • 1940
FRAUEN SIND DOCH BESSERE DIPLOMAT • 1941
TANZ MIT DEM KAISER • 1941
BUNTER REIGEN • 1942
GATTIN, DIE • 1943
FRAU MEINER TRAUME, DIE • 1944
KIND DER DONAU, DAS • 1950
CZARDASFURSTIN, DIE • 1951
SENSATION IN SAN REMO • 1951
PENSION SCHOLLER • 1952
GESCHIEDENE FRAU, DIE • 1953
MASKE IN BLAU • MARIKA • 1953
STRASSENSERENADE • 1953
DREI MADELS VOM RHEIN • 1955
DREI TAGE MITTELARREST • THREE DAYS IN THE GUARDHOUSE • 1955
GESTATTEN, MEIN NAME IST COX • 1955
FAMILIE SCHIMEK • 1956
ICH UND MEINE SCHWEIGERSOHNE • 1956
WILDE AUGUSTE, DIE • 1956
ZU BEFEHL, FRAU FELDWEBEL • 1956
NACHTS IM GRUNEN KAKADU • 1957
BUHNE FREI FUR MARIKA • STAGE IS CLEARED FOR MARIKA, THE • 1958
NACHT VOR DER PREMIERE, DIE • NIGHT BEFORE THE PREMIERE, THE • 1959
BOMBEN AUF MONTE CARLO • 1960
PENSION SCHOLLER • 1960

JACOBY GEORGE see **JACOBY GEORG**

JACOBY IRVING – USA

HIGH OVER THE BORDERS • 1942 • DCS
PHOTOGRAPHER, THE • 1948 • DOC
LONELY NIGHT, THE • 1952 • DOC
FAMILY AFFAIR, A • 1955 • SHT
SKYSCRAPER, THE • 1958
HOME AGAIN • 1959 • SHT
BOLD NEW APPROACH • 1966 • DOC
SNOW TREASURE • 1968

JACOBY JOSEPH – USA – 1942–

SHAME, SHAME, EVERYBODY KNOWS HER NAME • 1969
HURRY UP OR I'LL BE 30 • FRIEND, THE • 1973
SHENANIGANS • GREAT GEORGIA BANK HOAX, THE ○ GREAT BANK HOAX, THE • 1977

JACOPETTI GUALTIERO – ITL – 1919–

MONDO CANE • DOG'S LIFE, A • 1962 • DOC
DONNA NEL MONDO, LA • WOMEN OF THE WORLD (USA) ○ EVA SCONOSCIUTA • 1963 • DOC
MONDO CANE N.2 • MONDO PAZZO (USA) ○ CRAZY WORLD, INSANE WORLD ○ MONDO INSANITY • 1963
AFRICA ADDIO • AFRICA, BLOOD AND GUTS • 1966
ZIO TOM • FAREWELL UNCLE TOM (USA) ○ UNCLE TOM (UKN) ○ ADDIO ZIO TOM • 1971
MONDO CANDIDA • 1975

JACOPETTI ROLAND – USA

MARIJUANA HELL • 1970

JACOT MICHAEL – CND

LAST ACT OF MARTIN WESTON, THE • 1971

JACOVES FELIX – USA – 1907–

EMBRACEABLE YOU • 1948
HOMICIDE • 1948

JACOVONI ALESSANDRO – ITL

UNIVERSO DI NOTTE • 1962 • DOC

JACQUES HENRI see **HENRY–JACQUES**

JACQUES HENRY see **HENRY–JACQUES**

JACQUIN ABEL – Actor – FRN – 1893–

DEUX "MONSIEUR" DE MADAME, LES • 1933

JACQUOT BENOIT – FRN – 1947–

ASSASSIN MUSICIEN, L' • 1976
ENFANTS DU PLACARD, LES • CLOSET CHILDREN, THE (UKN) • 1977
AILES DE LA COLOMBE, LES • 1981
VILLA AUX ENVIRONS DE NEW YORK, UNE • 1982
MENDIANTS, LES • 1986
DESENCHANTEE, LA • 1989

JACULEWICZ BERNARD – PRT

BESTIARIO • 1970

JACUSSO NINO – SWT

SCHULERFILM • 1982

JAECKIN JUST – FRN – 1940–

ENERGIC DANCE OU UN CERTAIN ART DE VIVRE, L'
EMMANUELLE • 1974
COLLECTIONS PRIVEES • PRIVATE COLLECTIONS (USA) • 1975
HISTOIRE D'O, L' • STORY OF O, THE (USA) • 1975
DERNIER AMANT ROMANTIQUE, LE • LAST ROMANTIC LOVER, THE • 1978
MADAME CLAUDE • FRENCH WOMAN, THE (USA) • 1978
GIRLS • 1979
LADY CHATTERLEY'S LOVER • AMANT DE LADY CHATTERLEY, L' (FRN) • 1981
GWENDOLINE • PERILS OF GWENDOLINE IN THE LAND OF THE YIK YAK (USA) ○ PERILS OF GWENDOLINE, THE • 1984

JAEGER CLAUDE – FRN

FEU • 1970 • SHT

JAEGER KOBI – GRM

SHISHIM SHA'OT LE'SUEZ • SIXTY HOURS TO SUEZ • 1967
KAMASUTRA –VOLLENDUNG DER LIEBE • KAMA SUTRA (USA) ○ KAMASUTRA (UKN) ○ KAMASUTRA –PERFECTION OF LOVE • 1969 • DOC

JAEGER–SCHMIDT ANDRE – FRN

FUMEES • 1930
VIRAGES • 1930
BAROUD • HOMMES BLEUS, LES • 1931
VOULOIR • 1931

JAEGGI DANIELE see **JAEGGI DANIELLE**

JAEGGI DANIELLE – SWT – 1945–

JAEGGI DANIELE

PAVES ROUGES DE MAI 68, LES • DOC
FILLE DE PRAGUE AVEC UN SAC TRES LOURD, LA • 1978
BERNARD FRANK EST INSUPPORTABLE • 1981

de JAEN ANTONIO – SPN – 1925–

PRISIONEROS EN LA CIUDAD • 1968

JAENZON JULIUS – SWD – 1885–1961

OPIUMHALEN • OPIUM DEN, THE • 1911
AGATON OCH FINA • AGATON AND FINA • 1912
FARBROR JOHANNES ANKOMST TILL STOCKHOLM • UNCLE JOHN'S ARRIVAL IN STOCKHOLM • 1912
KOLINGENS GALOSCHER • VAGABOND'S GALOSHES, THE • 1912
SAMHALLETS DOM • CONDEMNED BY SOCIETY ○ JUSTICE OF SOCIETY, THE • 1912
TVA SVENSKA EMIGRANTERS AVENTYR I AMERIKA • ADVENTURES OF TWO SWEDISH EMIGRANTS IN AMERICA, THE • 1912
DUNUNGEN • DOWNY GIRL, THE (USA) ○ QUEST OF HAPPINESS, THE • 1919
SAG DET I TONER • SAY IT WITH MUSIC ○ DREAM WALTZ, THE • 1929
ULLA MIN ULLA • ULLA MY ULLA • 1930

JAESCHKE A. – USA

BOMBS AND BANDITS • 1917 • SHT

JAFELIFE RAYMOND – CND

CARE BEARS –ADVENTURES IN WONDERLAND, THE • 1988 • ANM

JAFFE GEORGES – FRN – 1907–

GAMIN DE PARIS • 1953
EVEIL DE L'AMOUR, L' • 1955
NUITS DE PIGALLE • 1958

JAFFE PATRICIA LEWIS – USA

WHO DOES SHE THINK SHE IS? • 1974

JAFFE STANLEY – USA – 1940–

WITHOUT A TRACE • 1983

JAFFE STEPHEN–CHARLES – USA

SCARAB • 1983

JAGIRDAR GAJANAN – IND

SINHASAN • 1934

JAGLOM HENRY – UKN – 1941–

SAFE PLACE, A • 1971
TRACKS • 1976
SITTING DUCKS • 1980
NATIONAL LAMPOON GOES TO THE MOVIES • NATIONAL LAMPOON'S MOVIE MADNESS • 1981
CAN SHE BAKE A CHERRY PIE? • 1983
ALWAYS • 1987
IS IT YOU? • 1987

SOMEONE TO LOVE • 1987
NEW YEAR'S DAY • 1989
EATING • 1990
VENICE, VENICE • 1990

JAHN JIRI – GRM
CHRISTINE UND DIE STORCHE • 1962

JAHN SEPP – AUS
REFLEXION • 1971
PROTOKOLL EINER MONTAGE • PROTOCOL FOR A MONTAGE • 1974

JAHODA MIECZYSLAW – PLN
MILOSC AZPICBRODKI • LOVE OF THE POINTED BEARD MAN, THE • 1978

JAHR ADOLF – Actor – SWD – 1893–1964
KVICK SOM BLIXTEN • QUICK AS LIGHTNING • 1927
ADOLF KLARAR SKIVAN • ADOLF MAKES IT • 1938
EBBERODS BANK • 1947

JAKOB DENNIS – USA
IMAGES OF LIGHT AND CURVE • 1958

JAKOB ERNST OTTO – GRM
ERZIEHUNGSZIEL KLASSENKAMPFER • EDUCATIONAL AIM: CLASS-FIGHTER • 1967

JAKOBS HARRY – USA
REBEL HIGH • 1987

JAKUBISKO JURAJ – CZC – 1938–
EMIGRANT, THE • 1965
RAIN • 1965
CEKANI NA GODOTA • WAITING FOR GODOT • 1966 • SHT
KRISTOVE ROKY • CRUCIAL YEARS ○ INDECISIVE YEARS • 1967
ZBEHOVIA A PUTNICI • DESERTER AND THE NOMADS, THE (USA) ○ DISERTORE E I NOMADI, IL (ITL) ○ DESERTERS AND PILGRIMS ○ POUTNICI ○ ZBEHOVIA A TULACI ○ WANDERERS • 1968
VTACKOVIA, SIROTY A BLAZNI • LITTLE BIRDS, ORPHANS AND FOOLS ○ BIRDS, ORPHANS AND FOOLS • 1969
DO VIDENIA V PEKLE, PRIATELIA • SEE YOU IN HELL, FELLOWS! ○ SEE YOU IN HELL, FRIENDS • 1970
CONSTRUCTION, THE • 1974
DOM JOZEF MATUSA • HOUSE OF JOZEF MATUS, THE • 1978
TISICROCNA VCELA • THOUSAND-YEAR-OLD BEE, THE ○ BEE MILLENIUM, THE • 1983
FRAU HOLLE • 1985
PEHAVY MAX A STRASIDLA • MAX AND THE GHOSTS • 1987
SEDIM NA KONARI, A JE MI DOBRE • SITTING ON A BRANCH, ENJOYING MYSELF ○ SITTING ON A BRANCH AND I FEEL FINE • 1989

JAKUBOWSKA WANDA – PLN – 1907–
REPORTAZ NR.1 • REPORT NO.1 • 1930 • DOC
REPORTAZ NR.2 • REPORT II • 1930 • DOC
IMPRESSIONS • 1932 • DOC
SEA, THE • 1932 • DOC
BUDUJEMY • WE ARE BUILDING ○ WE BUILD • 1934 • DCS
NAD NIEMNEM • ON THE NIEMEN RIVER • 1939
BUDUJEMY NOWE WSIE • WE ARE BUILDERS OF THE COUNTRY ○ WE ARE BUILDING NEW VILLAGES • 1946 • DCS
OSTATNI ETAP • LAST STOP, THE (USA) ○ LAST STAGE, THE (UKN) • 1948
ZOLNIERZ ZWYCIESTWA • PUPPET OF WARSAW, THE ○ SOLDIER OF VICTORY • 1953
OPOWIESC ATLANTYCKA • ATLANTIC STORY, AN • 1954
CONFIDENCES • 1955
POZEGNANIE Z DIABLEM • FAREWELL TO THE DEVIL ○ GOODBYE TO THE DEVIL • 1956
KROL MACIUS I • KING MATHIAS I ○ KING MATTHEW I ○ KING MATT I • 1957
SPOTKANIA W MROKU • ENCOUNTERS IN THE SHADOWS ○ ENCOUNTERS IN THE DARK ○ MEETING AT DUSK ○ BEGEGNUNG IM ZWIELICHT • 1960
HISTORIA WSPOLCZESNA • IT HAPPENED YESTERDAY ○ CONTEMPORARY HISTORY ○ CONTEMPORARY STORY • 1961
KONIEC NASZEGO SWIATA • END OF OUR WORLD, THE • 1964
GORACA LINIA • HOT LINE, THE • 1965
BIG WOOD, THE • 1966
STO PIECDZIESIAT NA GODZINE • AT HUNDRED MILES PER HOUR • 1971
LUDWIK WARYNSKI • 1978

JALLAUD PIERRE – FRN – 1922–
INFINIE TENDRESSE, UNE • 1969
CHAISE VIDE, LA • EMPTY CHAIR, THE • 1975

JALLAUD SYLVIA – FRN
DES MAISONS DES HOMMES • 1953 • SHT
47 RUE VIEILLE-DU-TEMPLE • 1960 • SHT
COMME UN REFLET D'OISEAU • 1961 • SHT

JALLILI ABOLFAZL – IRN
LA GALE • SCABIES • 1989

JALOVEC ALOIS – CZC – 1867–1932
CHOLERA V PRAZE • CHOLERA IN PRAGUE • 1913

JAMAIN PATRICK – FRN – 1944–
AFFAIRE CRAZY CAPO, L' • 1944
LUNE DE MIEL • HONEYMOON • 1986

JAMAL AHMAD A. – UKN
HOTEL LONDON • 1989

JAMAL SAMIR ALDIN – SWT
MORLOVE -EINE ODE FUR HEISENBERG • 1986

JAMAN C. B. – BNG
PUROSKAR • PRIZE, THE • 1984

JAMBU – IND
SABASH THAMBI • BRAVO -MY BROTHER • 1967
NALUM THERINDAVAN • ONE WHO KNOWS ALL, THE • 1968
PANNAKARAI PILLAI • RICH BOY, THE • 1968

JAMEAL M. SHUKRI see **JAMIL MOHAMMED SHOUKRY**

JAMES ALAN – USA
COME ON, TARZAN • 1932
DESTRY RIDES AGAIN • 1932
FARGO EXPRESS • 1932
TOMBSTONE CANYON • 1932
GUN JUSTICE • 1933
KING OF THE ARENA • 1933
LONE AVENGER, THE • 1933
PHANTOM THUNDERBOLT, THE • 1933
STRAWBERRY ROAN, THE • FLYING FURY (UKN) • 1933
TRAIL DRIVE, THE • 1933
HONOR OF THE RANGE • 1934
SMOKING GUNS • DOOMED TO DIE (UKN) • 1934
WHEELS OF DESTINY • FLYING FURY • 1934
WHEN A MAN SEES RED • 1934
ARIZONA TRAILS • 1935
DESERT MESA • 1935
MEN OF ACTION • 1935
VALLEY OF WANTED MEN • WANTED MEN (UKN) • 1935
LUCKY TERROR • 1936
SWIFTY • 1936
DICK TRACY • 1937 • SRL
S.O.S. COASTGUARD • 1937 • SRL
CALL OF THE ROCKIES • 1938
FLAMING FRONTIERS • 1938 • SRL
LAND OF FIGHTING MEN • 1938
RED BARRY • 1938 • SRL
TWO-GUN JUSTICE • 1938
WEST OF RAINBOW'S END • 1938
SCOUTS TO THE RESCUE • 1939 • SRL
TRIGGER SMITH • 1939
S.O.S. COASTGUARD • 1942
LAW RIDES AGAIN, THE • 1943
WILD HORSE STAMPEDE • 1943

JAMES GERALD – UKN
GREAT SNAKES • 1920

JAMES HENRY – USA
COOKS AND CROOKS • 1942 • SHT
WEDDED BLITZ • 1942 • SHT

JAMES HENRY C. – UKN
SWISS HONEYMOON • 1947

JAMES J. FRANK – USA
SWEET CREEK COUNTY WAR, THE • 1979

JAMES RIAN – USA
BEST OF ENEMIES, THE • FIVE CENTS A GLASS • 1933

JAMES SHAW FUNG – HKG
FROM BANGKOK WITH ORDERS TO KILL • YELLOW KILLER, THE • 1972

JAMES THORA – UKN
NITROGEN CYCLE, THE • 1952

JAMES WHARTON – USA
CALL FROM THE WILD, THE • 1921

JAMESON JERRY – USA
DEATHGAME • DEATH GAME
BRUTE CORPS • 1971
DIRT GANG, THE • 1972
BAT PEOPLE, THE • IT LIVES BY NIGHT • 1974
ELEVATOR, THE • 1974 • TVM
HEAT WAVE • 1974 • TVM
HURRICANE • 1974 • TVM
TERROR ON THE 40TH FLOOR • 1974 • TVM
DEADLY TOWER, THE • 1975 • TVM
LIVES OF JENNY DOLAN, THE • 1975 • TVM
SECRET NIGHT CALLER, THE • 1975 • TVM
CALL OF THE WILD • 1976 • TVM
INVASION OF JOHNSON COUNTY, THE • 1976 • TVM
AIRPORT '77 • 1977
FIRE IN THE SKY, A • 1978 • TVM
SUPERDOME • 1978 • TVM
HIGH NOON, PART TWO: THE RETURN OF WILL KANE • 1980 • TVM
RAISE THE TITANIC • 1980
KILLING AT HELL'S GATE • HELL AND HIGH WATER • 1981 • TVM
STAND BY YOUR MAN • 1981 • TVM
COWBOY • 1982 • TVM
HOTLINE • REACHOUT • 1982 • TVM
STARFLIGHT: THE PLANE THAT COULDN'T LAND • STARFLIGHT ONE • 1982 • TVM
LAST OF THE GREAT SURVIVORS, THE • 1983 • TVM
THIS GIRL FOR HIRE • 1983 • TVM
COWBOY AND THE BALLERINA, THE • 1984 • TVM
STORMIN' HOME • 1985 • TVM
ONE POLICE PLAZA • 1986 • TVM
CAPITOL HELL • 1987
RED SPIDER, THE • 1988 • TVM
TERROR ON HIGHWAY 91 • 1988 • TVM

JAMI HOSSEIN GHASEMI – IRN
UP TO THE VISIT • 1989

JAMIESON BUD – Actor – USA – 1894–1943
THEIR FIRST TINTYPE • 1920 • SHT

JAMIESON RICHARD N. – USA
MIRACLE IN MINNESOTA • 1964

JAMIL ANWARDI – MLY
TUAH • 1989

JAMIL M. SHUKRY see **JAMIL MOHAMMED SHOUKRY**

JAMIL MOHAMMED SHOUKRY – IRQ – 1936–
JAMEAL M. SHUKRI • JAMIL M. SHUKRY • JAMIL SHOUKRI • SHUKRY JAMIL MUHAMMAD • CHUKRI JAMIL M.
CHAYF KHIR • CELUI QUI ESPERE LA PROSPERITE • 1964
HANIN AL-ARD • NOSTALGIE DE LA TERRE ○ AMOUR DE LA TERRE • 1971 • SHT
RIJALUM YAH'FURUNA A'MAKIN FI AL-ARD • CEUX QUI FOUILLENT LES ENTRAILLES DU SOL • 1971
THIRSTY PEOPLE, THE • 1971
D'AMI'UM, AD- • ASSOIFFES, LES • 1972
ASWAR, AL- • WALLS, THE • 1979
GREAT QUESTION, THE • 1982
MAS'ALA AL KUBRA, AL • CLASHING LOYALTIES • 1983

JAMIL ROSENANI – MLY
ANTARA DUA HATI • 1988

JAMIL SHOUKRI see **JAMIL MOHAMMED SHOUKRY**

JAMPANA – IND
SOWBHAGYAVATHI • 1957

JANABI MOHAMMED YUSEF AL – IRQ
AL JANABI MOHAMMED YUSEF
OIL 1972 • 1972

JANCHEV VLADIMIR see **YANCHEV VLADIMIR**

JANCSO MIKLOS – HNG – 1921–
KEZUNKBE VETTUK A BEKE UGYET • WE TOOK OVER THE CAUSE OF PEACE • 1951 • SHT
SZOVJET MEZOGAZDASAGI KULDOTTEK TANITASAI • TEACHINGS OF A SOVIET AGRICULTURAL DEPUTATION, THE • 1951 • SHT
NYOCADIK SZABAD MAJUS 1, A • EZERKILENCSZAZOTVENKETTO ○ EIGHTH FREE MAY DAY, THE • 1952 • SHT
ARAT AZ OROSHAZI DOZSA • HARVEST IN THE COOPERATIVE DOSZA • 1953 • SHT
KOZOS UTON • ON A COMMON PATH ○ ORDINARY WAYS • 1953 • SHT
VALASZTAS ELOTT • BEFORE ELECTION • 1953 • SHT
ELTETO TISZA-VIZ • HEALTH-GIVING WATERS OF TISZA, THE ○ LIFE-BRINGING WATER • 1954 • SHT
EMBEREK! NE ENGEDJETEK! • COMRADES! DON'T PUT UP WITH IT, DON'T ALLOW IT! • 1954 • SHT
GALGA MENTEN • ALONG THE GALGU RIVER ○ AT THE RIVER GALGA • 1954 • SHT
KIALLITAS KEPEI, EGY • PICTURES AT AN EXHIBITION • 1954 • SHT
OSZ BADACSONYBAN • AUTUMN IN BADACSONY • 1954 • SHT
ANGYALFOLDI FIATALOK • YOUTH OF "THE LAND OF ANGELS", THE ○ CHILDREN OF ANGYALFOLD • 1955 • SHT
DELUTAN KOPPANYMONOSTORBAN, EGY • ONE AFTERNOON IN KOPPANYMONOSTOR ○ AFTERNOON IN THE VILLAGE, AN • 1955 • SHT
EMLEKEZZ, IFJUSAG! • YOUNG PEOPLE, REMEMBER • 1955 • SHT
VARSOI VIT I-II-III • VARSOI VILAGIFJUSAGI TALAKOZO I-III ○ WARSAW WORLD YOUTH MEETING ○ WORLD YOUTH FESTIVAL IN WARSAW • 1955 • SHT
MORICZ ZSIGMOND 1879-1942 • ZSIGMOND MORICZ 1879-1942 • 1956 • SHT
DEL-KINA TAJAIN • LANDSCAPES OF SOUTHERN CHINA, THE ○ IN THE SOUTH CHINA COUNTRYSIDE • 1957 • SHT
KINA VENDEGEI VOLTUNK • WE HAVE BEEN THE GUESTS OF CHINA ○ OUR VISIT TO CHINA • 1957 • SHT
PEKING PALOTAI • PALACES OF PEKING • 1957 • SHT
SZINFOLTOK KINABOL • COLORFUL CHINA ○ COLORS OF CHINA • 1957 • SHT
VAROS PEREMEN, A • IN THE OUTSKIRTS OF THE CITY • 1957 • SHT
DERKOVITZ GYULA 1894-1934 • 1958 • SHT
HARANGOK ROMABA MENTEK, A • BELLS HAVE GONE TO ROME, THE • 1958
HALHATATLANSAG • IMMORTALITY • 1959
IZOTOPOK A GYOGYASZATBAN • ISOTOPES IN MEDICAL SCIENCE • 1959 • SHT
ELADAS MUVESZETE, AZ • ART OF SALESMANSHIP, THE ○ ART OF REVIVAL, THE ○ SALESMANSHIP • 1960 • DCS
HAROM CSILLAG • THREE STARS (USA) • 1960
SZERKEZETTERVEZES • CONSTRUCTION DESIGN • 1960 • SHT
ALKONYOK ES HAJNALOK • TWILIGHT AND DAWN ○ DUSKS AND DAWNS • 1961 • SHT
IDO KEREKE, AZ • WHEELS OF TIME, THE • 1961 • SHT
INDIAN TORTENET • INDIAN ADVENTURE ○ INDIAN STORY • 1961 • SHT
HEJ TE ELEVEN FA.. • LIVING TREE ○ OLD FOLK SONG, AN • 1963 • SHT
OLDAS ES KOTES • CANTATA (UKN) • 1963
IGY JOTTEM • MY WAY HOME (UKN) • 1964
JELENLET • PRESENCE, THE • 1965 • SHT
SZEGENYLEGENYEK (NEHEZELETUEK) • HOPELESS ONES, THE (USA) ○ ROUND-UP, THE ○ OUTLAWS ○ POOR OUTLAWS • 1965
KOZELROL: A VER • CLOSE UP: THE BLOOD • 1966 • SHT
CSILLAGOSOK, KATONAK • ZVYOZDY I SOLDATY (USS) ○ RED AND THE WHITE, THE (USA) • 1967
CSEND ES KIALTAS • SILENCE AND CRY (USA) • 1968
FENYES SZELEK • CONFRONTATION, THE (UKN) ○ SPARKLING WINDS • 1968
VOROS MAJUS • RED MAY • 1968 • SHT
SIROKKO • WINTER WIND (USA) ○ SIROCCO D'HIVER ○ TELI SIROKKO ○ SIROCCO ○ WINTER SIROCCO • 1969
EGI BARANY • AGNUS DEI (UKN) • 1970
FUST • SMOKE • 1970 • SHT
PACIFISTA, LA • PACIFIST, THE (USA) • 1970
MEG KER A NEP • RED PSALM (UKN) ○ AND THE PEOPLE STILL ASK ○ PEOPLE STILL ASK ○ RED SONG • 1971
TECNICA E IL RITO, LA • GIOVANE ATTILA, IL ○ TECHNIQUE AND RITE ○ TECHNIQUE AND THE RITE, THE • 1971 • MTV
ROMA RIVUOLE CESARE • ROME WANTS ANOTHER CAESAR (USA) • 1973

SZERELMEM ELEKTRA • MY LOVE ELECTRA ○ ELEKTREIA ○ ELECTRA, MY LOVE ○ ELEKTRA • 1974
VIZI PRIVATI -PUBBLICHE VIRTU • PRIVATE VICES AND PUBLIC VIRTUES (UKN) ○ VICES AND PLEASURES ○ PRIVATE VICES, PUBLIC VIRTUES (USA) • 1976
MAGYAR RAPSZODIA • HUNGARIAN RHAPSODY (USA) • 1978
ALLEGRO BARBARO • 1979
ZSARNOK SZIVE AVAGY BOCCACCIO MAGYARORSZAGON, A • TYRANT'S HEART, OR BOCCACCIO IN HUNGARY, THE ○ CUORE DEL TIRRANO, IL (ITL) ○ ZSARNOK SZIVE ○ HEART OF A TYRANT • 1981
DAWN • 1986
SZORNYEK EVADJA • SEASON OF MONSTERS • 1987
JEZUS KRISZTUS HOROSZKOPJA • HOROSCOPE OF JESUS CHRIST, THE ○ JESUS CHRIST'S HOROSCOPE • 1988

JANDA GERHARD – AUS
DUETT ZU DRITT • A DUO-TRIO • 1977

JANDOV ZACCHARIE see **ZHANDOV ZAHARI**

JANEVSKI SLAVKO – YGS
STRAV • 1960 • SHT

JANG GIL-SU – SKR
CHANG GIL-SU
BAMEUI YEOLGI SOGEURO • STREET REVENGE • 1985
ALL THAT FALLS HAS WINGS • 1989

JANG YEONG-IL – SKR
WAEBULLEO • 1985

JANI PRANBHAI – IND
SITA VANVAS • 1949

JANIC TOMO – YGS
CRNI BISERI • BLACK PEARLS • 1958
GLINENI GOLUB • CLAY PIGEON, THE • 1966

JANIK STEFAN – Animator – PLN
UWAGA! • ATTENTION! ○ WARNING • 1958
TRZY PO TRZY • THREE TIMES THREE ○ FIDDLE-FADDLE • 1965 • ANM
W MATNI • IN A TRAP • 1965 • SHT
ENEMY IN THE BOTTLE, THE • 1966 • ANS

JANIKOVA-PAKASLATHI EVA – FNL
SYNTYMAPAIVA • BIRTHDAY • 1973 • SHT

JANISCH ATTILA – HNG
ARNYEK A HAVON • SHADOW ON THE SNOW • 1990

JANKEL ANNABEL – USA
MAX HEADROOM • MAX HEADROOM: THE ORIGINAL STORY ○ MAX HEADROOM FILM, THE ○ MAX HEADROOM STORY, THE • 1985
D.O.A. • DEAD ON ARRIVAL • 1988

JANKOVIC BRANIMIR TORI – YGS
JANKOVIC TORI
KRVAVA BAJKA • FAIRY TALE OF BLOOD ○ BLOODY TALE • 1971
DAN DUZI OD GODINE • DAY LONGER THAN A YEAR, A • 1973
ZVEZDE SU OCI RATNIKA • STARS ARE THE EYES OF THE WARRIORS, THE • 1973
MIRKO I SLAVKO • MIRKO AND SLAVKO • 1974
CRVENA ZEMLJA • RED EARTH, THE • 1976

JANKOVIC STOLE – YGS
YANKOVIC S.
KROZ GRANJE NEBO • SKY THROUGH THE LEAVES, THE ○ SKY THROUGH THE TREES, THE • 1958
PARTIZANSKE PRICE • PARTIZAN STORIES ○ POVRATAK ○ CRVENI SAL • 1960
VISNJA NA TASMAJDANU • CHERRY IN A PARK, A ○ GIRL IN THE PARK • 1968
PARTIZAN • PARTISAN ○ PARTIZANI ○ HELL RIVER • 1974
MOMENT, A • 1978

JANKOVIC TORI see **JANKOVIC BRANIMIR TORI**

JANKOVICS MARCELL – Animator – HNG – 1941–
DREAM OF WINGS, A • ANS
GUSZTAV-SOROZAJ • GUSTAVUS (UKN) • 1960 • ASS
GUSZTAV ES A SZERETET UNNEPE • GUSTAVUS AND THE HOLIDAY OF GOODWILL • 1966
TENDENCIAR • TRENDS • 1967 • ANS
HIDAVATAS • INAUGURATION • 1969
ELET VIZE, AZ • WATER OF LIFE, THE • 1970 • ANM
JOHN, THE HERO • 1972 • ANM
ADD TOVABB, SZAMAR A VEGALLOMAS • 1973 • ANM
JANOS VITEZ • JOHNNIE CORNCOB ○ CHILDE JOHN • 1973 • ANM
SISYPHUS • 1974 • ANM
MEZES TANCOS • 1975 • ANM
S.O.S. • 1976 • ANM
KUZDOK • FIGHT, THE • 1977 • ANS
FEHERLOFIA • SON OF THE WHITE MARE ○ WHITE MARE'S SON, THE • 1982 • ANM

JANKOWSKI LUCJAN – PLN
ZIEMIA I WEGIEL • EARTH AND COAL • 1961
STARZYKI • OLD MINERS, THE ○ OLD MEN, THE • 1968

JANNES MARTTI – Animator – FNL
EQUALITY • 1983 • ANS

JANOVICH TOM – USA
SMALL TOWN GIRLS • ECSTASY GIRLS • 1979

JANOVICS JENO – HNG
DOLOVAI NABOB LEANYA, A • 1916

JANSACK ANDY – USA
TERROR IN THE JUNGLE • 1968

JANSON LEN – USA
VICIOUS CYCLES • 1969 • SHT

JANSON VICTOR – GRM
GELBE SCHEIN, DER • 1918
MADCHEN MIT DEM GOLDHELM, DAS • 1919
MANN DER TAT, DER • 1919
DAME IN SCHWARZ, DIE • 1920
SKELETT DES HERRN MARKUTIUS, DAS • 1920
AMOR AM STEUER • 1921
GEHEIMNIS DER MUMIE, DAS • 1921
BLINDE PASSAGIER, DER • 1922
DAME IM GLASHAUS, DIE • 1922
MADEL MIT DER MASKE, DAS • 1922
MILLIARDENSOUPER, DAS • 1923
COLIBRI • KOLIBRI • 1924
NINICHE • 1925
TRODLER VON AMSTERDAM, DER • 1925
DA UNTEN, DIE • 1926
GESCHIEDENE FRAU, DIE • 1926
ZOPF UND SCHWERT • 1926
BRAUTIGAME DER BABETTE BOMBERLING • 1927
EHEFERIEN • MATRIMONIAL HOLIDAYS • 1927
DU SOLLST NICHT STEHLEN • LOVE COMMANDMENT, THE (USA) • 1928
KONIGIN SEINES HERZENS, DIE • WIEN, DU STADT MEINER TRAUME ○ QUEEN OF MY HEART • 1928
MADEL MIT TEMPERAMENT, EIN • 1928
SPIEL MIT DER LIEBE, DAS • 1928
ZIRKUSPRINZESSIN, DIE • 1928
ES FLUSTERT DIE NACHT.. • 1929
SCHWARZE DOMINO, DER • 1929
SCHWARZWALDMADEL • 1929
DONAUWALZER • 1930
HUNGARIAN NIGHTS
BETTELSTUDENT, DER • 1931
FRAU, VON DER MAN SPRICHT, DIE • 1931
LUGEN AUF RUGEN • 1931
BLAUE VOM HIMMEL, DAS • 1932
ES WAR EINMAL EIN WALZER • 1932
HOLZAPEL WEISSE ALLES • 1932
PAGE VOM DALMASSE-HOTEL, DER • 1933
SON ALTESSE IMPERIALE • TZAREWITCH, LE • 1933
STIMME DER LIEBE, DIE • 1933
ZARESWITCH, DER • 1933
FRAU, DIE WEISS, WAS SIE WILL, EINE • 1934
GROSSE CHANCE, DIE • EINMAL MOCHT ICH NOCH SO JUNG SEIN • 1934
BLONDE CARMEN, DIE • 1935
HILDE PETERSEN POSTLAGERND • 1935
SIE UND DIE DREI • SHE AND THE THREE (USA) • 1935
MADCHEN IN WEISS • ICH BIN AUF DER WELT, UM GLUCKLICH ZU SEIN • 1936
RENDEZ-VOUS IN WIEN • 1936
HEIRATSINSTITUT IDA & CO. • 1937
KORALLENPRINZESSEN, DIE • AN DER BLAUEN ADRIA • 1937
WER KUSST MADELEINE? • 1939
UBER ALLES DIE TREUE

JANSSEN U. – NTH
REMBRANDT ALS ETSER • 1966 • SHT

JANSSEN WALTER – GRM
ROSEN AUS DEM SUDEN • ROSES FROM THE SOUTH (USA) • 1934
SCHON IST ES, VERLIEBT ZU SEIN! • 1934
ALLE TAGE IST KEIN SONNTAG • 1935
WER WAGT -GEWINNT! • BEZAUBERNDES FRAULEIN • 1935
LEIDENSCHAFT • PASSION (USA) • 1940
ALM AN DER GRENZE, DIE • 1951
HANSEL UND GRETEL • HANSEL AND GRETEL (USA) • 1954

JANSSENS JEAN – BLG
GRAPHIC SOUND • SHT

JANZON BENGT – SWD – 1913–
VI MOTTE STORMEN • WE MET THE STORM • 1943
JENS MANSSON I AMERIKA • JENS MANSSON IN AMERICA • 1947

JAPRISOT SEBASTIEN see **ROSSI JEAN-BAPTISTE**

JAQUELUX – FRN
SALTIMBANQUES, LES • SALTIMBANCHI, I (ITL) ○ GAUKLER (FRG) • 1930
PICADOR, LE • 1932
MALADE IMAGINAIRE, LE • 1934

JARA JOSE – SPN
NIEBLA • CUATRO NOVIAS DE AUGUSTO PEREZ, LAS • 1975
TRANSEXUAL, EL • 1977

JARACZEWSKI JERZY – PLN
FUNDAMENTY • BASIS, THE • 1972

JARAHZADE SIROUS – IRN
MARDE-SAHRA • MAN OF THE SAHARA • 1968

JARL STEFAN – SWD – 1941–
DOM KALLAR OSS MODS • THEY CALL US MISFITS (USA) • 1967
WE'VE GOT OUR OWN SONG • 1976
ANSTANDIGT LIV, ETT • RESPECTABLE LIFE, A ○ DECENT LIFE, A • 1979
NATURENS HAMND • NATURE'S REVENGE • 1983
SOUL IS GREATER THAN THE WORLD, THE • 1985
UHKKADUS • THREAT • 1987 • DOC

JARLEMAN AGNETA ELERS – SWD
PETER OCH PETRA • PETER AND PETRA • 1989

JARMAN DEREK – UKN – 1942–
BURNING PYRAMIDS • 1973
ART OF MIRRORS, THE • 1974 • SER
SEBASTIANE • 1976
JUBILEE • 1978
TEMPEST, THE • 1979
BROKEN ENGLISH: THREE SONGS BY MARIANNE FAITHFULL • 1980 • SHT
IN THE SHADOW OF THE SUN • 1981
TG: PSYCHIC RALLY IN HEAVEN • 1981
ANGELIC CONVERSATION, THE • 1985
CARAVAGGIO • 1986
ARIA • 1987
LAST OF ENGLAND, THE • 1987
WAR REQUIEM • 1988
GARDEN, THE • 1990

JARMUSCH JIM – USA – 1953–
PERMANENT VACATION • 1981
STRANGER THAN PARADISE • 1984
DOWN BY LAW • 1986
MYSTERY TRAIN • 1989

JARREL BENGT – SWD – 1922–
REGEMENTETS ROS • ROSE OF THE REGIMENT • 1952
BRUDAR OCH BOLLAR • DOLLS AND BALLS • 1955
DAR MOLLARNA GA • WHERE WINDMILLS RUN • 1956
JOHAN PA SNIPPEN TAR HEM SPELET • JOHAN AT SNIPPEN WINS THE GAME • 1957
GULDGRAVARNA • GOLD-DIGGERS • 1959

JARREL STIG – Actor – SWD – 1910–
ONDA OGON • NAR BLODET SJUDER ○ EVIL EYES • 1947
SJATTE BUDET • SIXTH COMMANDMENT • 1947

JARROTT CHARLES – UKN – 1927–
TIME TO REMEMBER • 1962
CASE OF LIBEL • 1967 • MTV
SILENT SONG • 1967 • MTV
STRANGE CASE OF DR. JEKYLL AND MR. HYDE, THE • DR. JEKYLL AND MR. HYDE • 1967 • TVM
MALE OF THE SPECIES • 1968 • MTV
ANNE OF THE THOUSAND DAYS • 1970
MARY, QUEEN OF SCOTS • 1971
LOST HORIZON • 1973
DOVE, THE • 1974
ESCAPE FROM THE DARK • LITTLEST HORSE THIEVES, THE (USA) • 1976
OTHER SIDE OF MIDNIGHT, THE • 1977
LAST FLIGHT OF NOAH'S ARK, THE • 1980
CONDORMAN • 1981
AMATEUR, THE • 1982
MARRIED MAN, A • 1982 • MTV
BOY IN BLUE, THE • 1985
IKE IN GETTYSBURG • 1986 • MTV
WINSTON CHURCHILL • 1986 • MTV
POOR LITTLE RICH GIRL: THE BARBARA HUTTON STORY • POOR LITTLE RICH GIRL • 1987 • TVM
WOMAN HE LOVED, THE • 1988 • TVM

JARVA RISTO – FNL – 1934–1977
YO VAI PAIVA • NIGHT OR DAY ○ DAY OR NIGHT • 1962
X-PARONI • X BARON, THE ○ BARON X • 1964
ONNENPELI • GAME OF CHANCE ○ GAME OF LUCK • 1965
ASUMINEN JA LUONTO • HOUSING AND NATURE • 1966 • SHT
KAUPUNGISSA ON TULEVAISUUS • TOWN IS OUR FUTURE, THE • 1967 • SHT
TYOMIEHEN PAIVAKIRJA • NOT BY BREAD ALONE (UKN) ○ WORKER'S DIARY, A ○ DIARY OF A WORKER • 1967
RUUSUJEN AIKA • TIME OF ROSES (USA) ○ TIME OF THE ROSES • 1969
MAASEUDUN TELEVAISUUS? • WHAT IS THE FUTURE OF RURAL SETTLEMENTS? • 1970 • SHT
BENSAA SUONISSA • GAS IN THE VEINS ○ RALLY • 1971
KUN TAIVAS PUTOAA • WHEN THE SKIES FALL ○ WHEN THE HEAVENS FALL • 1972
YHDEN MIEHEN SOTA • ONE MAN'S WAR • 1973
MIES JOKA EI OSANNUT SANOA EI • MAN WHO COULDN'T SAY NO, A • 1975
LOMA • OLYMPIAN HOLIDAY ○ HOLIDAY, THE • 1976
JANIKSEN VUOSI • YEAR OF THE HARE, THE • 1977

JARVI-LATURI ILKKA – FNL
KOTIA PAIN • HOMEBOUND ESCAPE FROM THE PAST ○ HOMEBOUND • 1989

JARVIS RICHARD – CND
FORBIDDEN JOURNEY • 1949

JASKOLSKA ALEKSANDRA – PLN
MOLANNA Z PIASKOWEGO DOMKU • 1959

JASNY VOJTECH – CZC – 1925–
NENI STALE ZAMRACENO • CLOUDS WILL ROLL AWAY, THE • 1950
VEDELI SI RADY • THEY KNOW WHAT TO DO • 1950
ZA ZIVOT RADOSTNY • FOR A JOYFUL LIFE • 1951
NEOBYCEJNA LETA • EXTRAORDINARY YEARS ○ UNUSUAL YEARS • 1952
LIDE JEDNOHO SRDCE • PEOPLE OF ONE HEART • 1953 • DOC
DNES VECER VSECHNO SKONCI • EVERYTHING ENDS TONIGHT ○ IT WILL ALL BE OVER TONIGHT • 1954
STARA CINSKA OPERA • OLD CHINESE OPERA • 1954
Z CINSKEO ZAPISNIKU • FROM A CHINESE NOTEBOOK • 1954
ZARIJOVE NOCI • SEPTEMBER NIGHTS • 1957
TOUHA • DESIRE • 1958
PREZIL JSEM SVOU SMRT • I SURVIVED MY DEATH ○ I SURVIVED CERTAIN DEATH • 1960
PROCESI K PANENCE • PILGRIMAGE TO THE VIRGIN • 1961
AZ PRIJDE KOCOUR • WHEN THE CAT COMES (USA) ○ ONE DAY A CAT.. ○ THAT CAT ○ CASSANDRA CAT • 1963
DYMKY • PFEIFEN, BETTEN, TURTELTAUBEN (USA) ○ PIPES ○ DIMKY ○ PFEIFEN • 1966
VSICHNI DOBRI RODACI • EVERYONE A GOOD FELLOW-COUNTRYMAN ○ ALL GOOD FELLOW COUNTRYMEN ○ ALL GOOD CITIZENS ○ OUR COUNTRYMEN ○ ALL THOSE GOOD COUNTRYMEN ○ ALL MY GOOD COUNTRYMEN • 1968
ANSICHTEN EINES CLOWNS • CLOWN, THE (USA) • 1975

ERNST FUCHS • 1976 • SHT
FLUCHTVERSUCH • ATTEMPT AT FLIGHT ○ ATTEMPTED ESCAPE ○ IVO • 1976
RUCKKEHR • RETURN, THE • 1977
C'EST PAS PARCE QU'ON EST PETIT QU'ON PEUT PAS ETRE GRAND • GREAT LAND OF SMALL, THE • 1987

JASON LEIGH – USA – 1904–1979

PRICE OF FEAR, THE • 1928
BODY PUNCH, THE • 1929
EYES OF THE UNDERWORLD • 1929
TIP-OFF, THE • UNDERWORLD LOVE (UKN) ○ STOOL PIGEON, THE • 1929
WOLVES OF THE CITY • 1929
HUMANETTES • 1930–31 • ASS
APPLES TO YOU • 1932 • SHT
BUBBLING OVER • 1932 • SHT
HIGH GEAR • BIG THRILL, THE (UKN) • 1933
PREFERRED LIST, A • 1933 • SHT
EVERYBODY LIKES MUSIC • 1934 • SHT
IF THIS ISN'T LOVE • 1934 • SHT
KNIFE OF THE PARTY, THE • 1934 • SHT
NIFTY NURSES • 1934 • SHT
ROAMIN' VANDALS • 1934 • SHT
SPIRIT OF 1976, THE • 1934 • SHT
SUPER STUPID • 1934 • SHT
HAIL BROTHER • 1935 • SHT
METROPOLITAN NOCTURNE • 1935 • SHT
RETURNED ENGAGEMENT, A • 1935 • SHT
BRIDE WALKS OUT, THE • 1936
LOVE ON A BET • DON'T BET ON LOVE • 1936
THAT GIRL FROM PARIS • 1936
NEW FACES OF 1937 • 1937
WISE GIRL • WOMEN HAVE A WAY • 1937
MAD MISS MANTON, THE • 1938
CAREER • 1939
FLYING IRISHMAN, THE • 1939
LADY FOR A NIGHT • 1941
MODEL WIFE • 1941
THREE GIRLS ABOUT TOWN • 1941
DANGEROUS BLONDES • 1943
CAROLINA BLUES • 1944
NINE GIRLS • 1944
MEET ME ON BROADWAY • 1946
LOST HONEYMOON • 1947
OUT OF THE BLUE • 1947
MAN FROM TEXAS, THE • 1948
OKINAWA • 1952
GO-GETTER, THE • 1955
CHOPPERS, THE • 1961
FESTIVAL GIRLS, THE • 1962

JASON WILL – USA – 1899–1970

ANESTHESIA • 1938 • SHT
PENNY'S PICNIC • 1938 • SHT
CUBAN RHYTHM • 1941
MEMORY TRICKS • 1941 • SHT
PENNY TO THE RESCUE • 1941 • SHT
QUIZ BIZ • 1941 • SHT
WATER BUGS • 1941 • SHT
BARBEE-CUES • 1942 • SHT
CALLING ALL PAS • 1942 • SHT
VICTORY QUIZ • 1942 • SHT
VICTORY VITTLES • 1942 • SHT
WHAT ABOUT DADDY? • 1942 • SHT
FIRST AID • 1943 • SHT
FIXIN' TRICKS • 1943 • SHT
MY TOMATO • 1943 • SHT
NO NEWS IS GOOD NEWS • 1943 • SHT
SCRAP HAPPY • 1943 • SHT
SEVENTH COLUMN • 1943 • SHT
SKY SCIENCE • 1943 • SHT
TIPS ON TRIPS • 1943 • SHT
GROOVIE MOVIE • 1944 • SHT
HOME MAID • 1944 • SHT
IMPORTANT BUSINESS • 1944 • SHT
MOVIE PESTS • 1944 • SHT
PRACTICAL JOKER • 1944 • SHT
SAFETY SLEUTH • 1944 • SHT
SOUL OF A MONSTER, THE • SOUL MONSTER, THE ○ DEATH WALKS ALONE • 1944
WHY, DADDY? • 1944 • SHT
EVE KNEW HER APPLES • 1945
GUEST PESTS • 1945 • SHT
TAHITI NIGHTS • 1945
TEN CENTS A DANCE • DANCING LADIES (UKN) • 1945
BLONDE ALIBI • 1946
DARK HORSE, THE • KELLY IS MY NAME • 1946
IDEA GIRL • 1946
SLIGHTLY SCANDALOUS • OH SAY YOU CAN SING • 1946
SARGE GOES TO COLLEGE • 1947
CAMPUS SLEUTH • 1948
MUSIC MAN, THE • 1948
RUSTY LEADS THE WAY • 1948
SMART POLITICS • OLD GRAY MAYOR, THE • 1948
KAZAN • 1949
CHAIN OF CIRCUMSTANCE • 1951
DISC JOCKEY • 1951
HARLEM GLOBETROTTERS, THE • 1951
MEALTIME MAGIC • 1952 • SHT
THIEF OF DAMASCUS • 1952

JASPARD ALAIN – FRN – 1940–

FRISEE AUX LARDONS, LA • 1978
GIVRES, LES • 1979

JASSET VICTORIN – FRN – 1862–1913

JASSET VICTORIN-HIPPOLYTE

ESMERALDA, LA • 1905
AME CORSE • 1906
NICK CARTER • 1906 • SRL
REVES D'UN FUMEUR D'OPIUM • DREAMS OF AN OPIUM SMOKER • 1906 • SHT
VIE DU CHRIST, LA • PASSION (USA) ○ LIFE OF CHRIST, THE • 1906
PARTIE D'ECHECS DE NAPOLEON, LA • 1907
CURE DU NEURASTHENIQUE, LA • 1908
ETREINTE DE LA STATUE, L' • 1908
FIANCEE DU GLADIATEUR, LA • 1908
FILLE DE LA SORCIERE, LA • 1908
HONNEUR DU CORSAIRE, L' • 1908
NICK CARTER, LE ROI DES DETECTIVES • 1908 • SRL
REVE DE FETARD • 1908
REVENANT, LE • 1908
RIFLE BILL, -LE ROI DE LA PRAIRIE • 1908
SANS MERE • 1908
BOITEUSE, LA • 1909
BOUFFON, LE • 1909
CAPITAINE FRACASSE, LE • 1909
CLUB DES SUICIDES, LE • 1909
COLIS MYSTERIEUX, LE • 1909
DOCTEUR PHANTOM • 1909
DRAGONNADES SOUS LOUIS XIV, LES • 1909 • SRL
FLEUR EMPOISONNEE, LA • 1909
JOURNEE DE GREVE • 1909
JUSTICIER, LE • 1909
LEGENDE DU JUIF ERRANT, LA • 1909
MERE DE NANA, LA • 1909
MESKAL LE CONTREBANDIER • 1909
MORGAN LE PIRATE • 1909
NOUVEAUX EXPLOITS DE NICK CARTER, LES • 1909 • SRL
REDEMPTION • 1909
SOUBRETTE ET LE LUTIN, LA • 1909
SOULIERS DU FACTEUR, LES • 1909
VAUTOUR DE LA SIERRA, LE • 1909 • SRL
CAGE, LA • 1910
DANS LES RUINES DE CARTHAGE • 1910
HERODIADE • 1910
PHILIPPE LE BEL ET LES TEMPLIERS • 1910
AU BORD DU GOUFFRE • 1911
FIN DE DON JUAN, LA • 1911
FUMEUR D'OPIUM • 1911
MYSTERE DU LIT BLANC, LE • 1911
NUIT D'EPOUVANTE, UNE • 1911
PASSANTE, LA • 1911
ZIGOMAR • 1911 • SRL
AU PAYS DES TENEBRES • 1912 • SRL
BANDE DE L'AUTO GRISE, LA • 1912
BANDITS EN AUTOMOBILE, LES • 1912
BATAILLES DE LA VIE, LES • 1912 • SRL
CERCUEIL DE VERRE, LE • 1912
CRI DANS LA NUIT, UN • 1912
REDEMPTION • 1912
TOM BUTLER • 1912
ZIGOMAR CONTRE NICK CARTER • 1912
ZIGOMAR, PEAU D'ANGUILLE • ZIGOMAR EELSKIN (UKN) • 1912 • SRL
POISON DE L'HUMANITE, LE • 1912–13
ASSAUT DE LA TERRE, L' • 1913
BALAOO OU DES PAS AU PLAFOND • BALAOO (USA) • 1913 • SRL
BOUQUETIERE DE MONTMARTRE, LA • 1913
CHEMIN DU COEUR, LE • 1913
DANS LA FOURNAISE • 1913
DESTIN TRAGIQUE • 1913
FOYER PERDU, LE • 1913
FRAGILE BONHEUR • 1913
INCONNUE, L' • 1913
IVRAIE, L' • 1913
JUSTICIERE, LA • 1913
PROTEA • 1913 • SRL
SACRIFICE • 1913
SEMEUR DE RUINES, LE • 1913
TRESOR DE BAUX, LE • 1913
VAL D'ENFER, LE • 1913
VOILE DU PASSE, LE • 1913

JASSET VICTORIN-HIPPOLYTE see **JASSET VICTORIN**

JASSIM LINDA – USA

CYCLES • 1971 • SHT

JATLA V. N. – IND

PRATVUSHA • DAWN • 1979

JAULIN ROBERT – FRN

NOUS PARLONS, VOUS ECOUTEZ • 1975 • DOC

JAULMES PHILIPPE – FRN

LABYRINTHE • 1981

JAUNIAUX M. – FRN

DES AMANTS SUR L'HERBE

JAUVERT CLAUDE – FRN

ETRE LIBRE • ETRE LIBRE -AVIGNON 68 • 1968

JAVANMARD MAJID – IRN

WAGE, THE • 1989

JAWAD MUHAMMAD ABDEL – EGY

AWDET TAKIET EL EKHFAA • RETURN OF THE MAGIC HAT • 1946

JAWORSKI TADEUSZ – PLN – 1926–

GNIEZNO PORTAL, THE • 1957 • DOC
STRZELNO • 1957 • DOC
KODEKS PULTUSKI • PULTUSK CODE, THE • 1958 • DOC
WAR, THE • 1958 • DOC
W KRAINIE SMUJNEJ BAJKI • IN THE LAND OF THE SAD FAIRY TALE • 1959
BASSARI • 1960 • DOC
FERRYMAN FROM ACCRA, THE • 1960 • DOC
N'FUMA • 1960 • DOC
WARSZAWSKIE LAZIENKI • LAZIENKI PARK IN WARSAW, THE ○ WARSAW LAZIENKI, THE • 1960 • DOC
PLACE FOR THE SCHOOL, A • 1963 • DOC
ZRODLO • SOURCE, THE ○ SPRING, THE ○ WATER • 1963 • DOC
BYLEM KAPO • I WAS A KAPO ○ I WAS KAPO • 1965 • DOC
DECLINE OF THE WIZARDS • 1965 • DOC
SECRETARY, THE • 1966 • DOC
MANUFACTURES • 1967 • DOC
OKUDZAWA • 1967 • DOC
SCORE FOR WOODWIND • 1969
SELLING OUT • 1972 • DOC

JAY JOHN – USA

GOLD • 1972

JAYA SYUMAN – INN – 1933–

SI MAMAD • 1974
SI DOEL ANAK MODERN • 1976
BUKAN SANDIWARA • 1981

JAYAGOPAL R. N. – IND

DHOOMA KETHU • METEOR • 1968

JAYAKODY ROHINI – SLN

HANGI HORA • HIDE AND SEEK • 1968

JAYAMANNE B. A. W. – SLN

MAGUL PORUWA • WEDDING, THE • 1967

JAYAMANNE IRWIN – SLN

RAHAS DUPATHA • SECRET ISLAND, THE • 1967

JAYASINGHE H. E. – SLN

EVASANA DANA • PATIENT MASSES, THE • 1967

JAYASINGHE NIHAL – SLN

AMATHIKAMA • CABINET MINISTER, A • 1968

JAYATILAKA AMARNATH – SLN

ADARAWANTHAYO • LOVERS • 1968
PRIYANGA • 1970
THAWATH DAVASAK • 1970 • SHT
THILAKA AND THILAKAA • 1974
NIVENNA GINNA • 1976
SIRIPALA AND RANMENIKA • 1977
ARUNATA PERA • BEFORE THE DAWN • 1981

JAYAWARDENA DOMMIE – SLN

DARU DUKA • PARENT'S LOVE, A • 1967

JAYET RENE – FRN – 1906–1952

RETOUR DE BONHEUR • RETURN OF HAPPINESS • 1930
COUTURIER DE MON COEUR • C'T'AMOUR DE COUTURIER ○ ROI DE LA COUTURE, LE • 1935
PASSEURS D'HOMMES • 1937
DEUXIEME BUREAU CONTRE KOMMANDANTUR • TERRE D'ANGOISSE • 1939
RETOUR A BONHEUR • ENFANT DANS LA TOURMENTE, L' ○ VOIX DU BONHEUR, LA ○ OMBRES NOIRES • 1940
ICI L'ON PECHE • 1941
VINGT-CINQ ANS DE BONHEUR • 1943
CABARET DU GRAND LARGE, LE • 1946
HOMME DE LA NUIT, L' • 1946
BICHON • 1947
MANDRIN • 1947
MA TANTE D'HONFLEUR • 1948
NUIT DE NOCES • UNE NUIT DE NOCES ○ WEDDING NIGHT • 1949
AVENTURIERS DE L'AIR, LES • 1950
CHERI DE SA CONCIERGE, LE • 1951
MOUMOU • 1951
DES QUINTUPLES AU PENSIONNAT • 1952

JEAN JACQUES – CND – 1948–

BALLAD OF ESKIMO NELL • 1975
CONSTRUCTION DU COMPLEXE OLYMPIQUE • 1976 • DOC
MARIAGE ROYAL, UN • 1983 • MTV

JEANNOT LEON – PLN

CZLOWIEK Z M-3 • LOOKING FOR A WIFE • 1968

JEANSON HENRI – Screenwriter – FRN – 1900–1970

LADY PANAME • 1949

JEAPES HAROLD – UKN

INCIDENTS IN THE LIFE OF LORD NELSON • 1905
PHOTOGRAPHIC EXPRESSIONS ILLUSTRATED • 1905
RACING SAYINGS ILLUSTRATED • 1905
EARLY BIRDS • 1906
END OF THE TROUBLE, THE • 1906
HE WASN'T ENGAGED AT THE OFFICE • 1906
LITTLE BIT OF SUGAR FOR THE BIRDS, A • ADVENTURES OF MAUD, THE • 1906
OH THAT HAT! • 1906
QUIT YE LIKE MEN • 1906
SOME OF OUR RELATIONS • 1906
STOLEN FRUIT • 1906
WOMAN SUPREME • 1906
RIDE OF THE VALKYRIES, THE • 1907
WHO WINKED AT THE SOLDIER • 1907
WOODLAND TRAGEDY, A • 1907

JEDRYKA STANISLAW – PLN

STADION • 1958
DOM BEZ OKIEN • HOUSE WITHOUT WINDOWS ○ PROVINCIAL CIRCUS • 1962
POWROT NA ZIEMIE • RETURN TO EARTH • 1967

de JEER OTT – GRM

RIFFPIRATEN • 1920

JEET AMAR – IND

HUM DONO • 1962

JEFFERIES PETER – UKN

PLACE TO DIE, A • 1973 • TVM

JEFFERSON L. V. – USA

PARTNERS OF THE TIDE • 1921

JEFFERSON WILLIAM – USA

ROAD TO PLAINDALE, THE • 1914

JEFFREY JIM – UKN

BUNGALA BOYS • 1961
WATER DWELLERS, THE • 1967 • DOC

JEFFREY R. E. – UKN

ALPINE MELODIES • 1929
ARABIAN NIGHT, AN • 1929
BLACK AND WHITE • 1929
CHELSEA NIGHTS • 1929
JAZZTIME • 1929
MEMORIES • 1929
MUSICAL MEDLEY • 1929
MUSICAL MOMENTS • 1929
NOTES AND NOTIONS • 1929
ODD NUMBERS • 1929
OLD WORLD GARDEN, AN • 1929
POT-POURRI • 1929
SONG OR TWO, A • 1929
SONG-COPATION • 1929
UP THE POLL • 1929
CHORAL CAMEO • 1930
CLAUDE DEPUTISES • 1930
FEAST OF HARMONY, A • 1930
GOODBYE TO ALL THAT • 1930
JOLLY FARMERS, THE • 1930
TAM O'SHANTER • 1930
TELL TALES • 1930
DOUBLE BLUFF • 1933
FLASHBACKS • 1938

JEFFREY TOM – ASL – 1938–

DEVLIN • 1971 • MTV
REMOVALISTS, THE • 1975
WEEKEND OF SHADOWS • 1978
ODD ANGRY SHOT, THE • 1979

JEFFREYS ARTHUR – USA

DEMENTED • 1980

JEFFRIES HERB – USA

MUNDO DEPRAVADOS • WORLD OF THE DEPRAVED ○ MONDO DEPRAVADOS • 1967

JEFFRIES LIONEL – Actor – UKN – 1926–
RAILWAY CHILDREN, THE • 1970
AMAZING MR. BLUNDEN, THE • 1972
BAXTER! • 1973
WOMBLING FREE • 1978
WATER BABIES, THE • 1979

JEFFRIES RICHARD – USA
BLOODTIDE • BLOOD TIDE ○ RED TIDE, THE • 1984

JEGERSBERG OTTO – GRM
EMPOR • 1973

JEGOROV JURIJ see **YEGOROV YURI**

JEKAN ALI – IRN
MARE, THE • 1985

JELES ANDRAS – HNG
MEGHALLGATAS • 1969 • SHT
KIS VALENTINO, A • LITTLE VALENTINO, THE • 1979
ALOMBRIGAD • DREAM–BRIGADE • 1983
ANGYALI UDVOZLET • ANGELIC GREETING • 1985

JELIABUJSKI YURI – USS
PAPIROSNITSA OT MOSSELPROMA • CIGARETTE–GIRL FROM MOSSELPROM, THE • 1924
KOLLEJSKII REGISTRATOR • POSTMASTER, THE • 1925

JELIC MILAN – YGS
BUBASINTER • BUG KILLER • 1972
TIGAR • TIGER • 1979
RAD NA ODREDJENO VREME • TEMPORARY WORK • 1981
NEDELJNI RUCAK • SUNDAY LUNCH • 1983
MOJ TATA NA ODREDJENO VREME • MY TEMPORARY FATHER • 1984
TEMPORARY DIVORCE • 1986
SPIJUN NA STIKLAMA • SPY WORE HIGH HEELS, THE • 1989

JELLY CHRIS – UKN
HERB THE VERB • 1974

JELOT–BLANC JEAN–JACQUES – FRN – 1948–
BLANC JEAN–JACQUES JELOT
ARRETE TON CINEMA
IL ETAIT UNE FOIS LES ANNEES 60 • 1971

JENKINS C. – UKN
PAPER PEOPLE LAND • 1939

JENKINS CHARLES – Producer – UKN – 1941–
CAMBRIDGE STEAM ENGINE • 1968 • ANS

JENKINS MICHAEL – ASL – 1946–
REBEL • 1985
SHARK'S PARADISE • 1986
EMERALD CITY • 1988
CONFIDENCE • 1989

JENKINS PAT – UKN – 1915–
JENKINS PATRICK
GAMBLER AND THE LADY, THE • 1952

JENKINS PATRICK see **JENKINS PAT**

JENNINGS HUMPHREY – UKN – 1907–1950
BIRTH OF A ROBOT • BIRTH OF THE ROBOT, THE • 1934 • ANS
LOCOMOTIVES • 1934 • DCS
POST HASTE • 1934 • DCS
STORY OF THE WHEEL, THE • 1935 • DCS
PENNY JOURNEY: THE STORY OF A POST CARD FROM MANCHESTER TO GRAFFHAM • PENNY JOURNEY • 1938 • DCS
FIRST DAYS, THE • CITY PREPARES, A • 1939 • DCS
HER LAST TRIP • S.S. IONIAN • 1939 • DCS
SPARE TIME • 1939 • DCS
SPEAKING FROM AMERICA • 1939 • DCS
SPRING OFFENSIVE • UNRECORDED VICTORY, AN • 1939 • DCS
LONDON CAN TAKE IT • 1940 • DCS
WELFARE OF THE WORKERS • 1940 • DOC
HEART OF BRITAIN, THE • THIS IS ENGLAND (USA) • 1941 • DOC
LISTEN TO BRITAIN • 1941 • DCS
WORDS FOR BATTLE • 1941 • DCS
FIRES WERE STARTED • I WAS A FIREMAN • 1943 • DOC
SILENT VILLAGE, THE • 1943
TRUE STORY OF LILLI MARLENE, THE • 1944
EIGHTY DAYS, THE • 1945 • DCS
DEFEATED PEOPLE, A • 1946 • DOC
DIARY FOR TIMOTHY, A • 1946 • DOC
CUMBERLAND STORY, THE • 1947 • DOC
DIM LITTLE ISLAND • 1949 • DOC
FAMILY PORTRAIT • 1950 • DOC

JENNINGS ROSS – UKN
MAD DOG GANG, THE • 1983 • TVM

JENSEN FREDERICK S. – UKN
HER SECRET • 1919

JENSEN HELLE TOFT – DNM
REVOLUTIONENS BORN • CHILDREN OF THE REVOLUTION, THE • 1981 • DOC

JENSEN INGRID OUSTRUP – DNM
OVER MY DEAD BODY • 1982
MODRE I FREMMED FAEDRELAND • MOTHERS IN A FOREIGN MOTHERLAND • 1986 • DOC

JENSEN PETER LOUIS – DNM
NADVEREN • 1970

JENT LOUIS – SWT
MAGD, DIE • MAID, THE • 1976 • MTV

JEONG JIN–U – SKR
JANYEONMON • MA–NIM, THE • 1985

JEPPESEN – DNM
KVINNLIG SPION 503 • FEMALE SPY 503 • 1959

JEPSON SELWYN – UKN
TOILERS OF THE SEA • 1936

JERABEK JIRI – CZC
JAK SI DETI MALUJI • CHARM OF CHILDREN'S DRAWINGS, THE ○ HOW CHILDREN PAINT • 1958
VYTVARNA VYCHOVA DETI NA MATERSKYCH SKOLACH • 1958

JEREMY JOHN – UKN – 1940–
ON THE ROAD WITH DUKE ELLINGTON • 1967 • DOC
LAST CHORUS
BLUES LIKE SHOWERS OF RAIN • 1970 • SHT
JAZZ IS OUR RELIGION • 1972
BORN TO SWING • 1973
ON THE ROAD WITH DUKE ELLINGTON • 1974 • DOC
TO THE COUNT OF BASIE • 1979

JEREMY RON – USA
YEAR OF THE SEX DRAGON, THE

JERGER BURR – BLG
GENERAL MASSACRE • 1971

JERRING NILS – SWD – 1903–1966
VI MASTHUGGSPOJKAR • 1940
LANDSTORMENS LILLA ARGBIGGA • LITTLE SHREW OF THE VETERAN RESERVES • 1941
STACKARS FERDINAND • POOR FERDINAND • 1941
FLICKAN I FONSTRET MITTEMOT • GIRL IN THE WINDOW OPPOSITE • 1942
STORA SKRALLEN • BIG CRASH • 1943
HANS OFFICIELLA FASTMO • HIS OFFICIAL FIANCEE • 1944

JERSEY WILLIAM see **JERSEY WILLIAM C.**

JERSEY WILLIAM C. – USA
JERSEY WILLIAM
BLACK CAT, THE • 1956 • SHT
TIME FOR BURNING, A • 1966 • DOC

JERVEN WALTER – GRM
KARL VALENTIN, DER SONDERLING • 1929

JERZY WOJCIECH – PLN
NIECIEKAWA HISTORIA • UNEVENTFUL STORY, AN • 1983

JESKE GEORGE – USA
GET YOUR MAN • 1923 • SHT
GOOD RIDDANCE • 1923 • SHT
SMILE WINS, THE • 1923 • SHT
UNDER TWO JAGS • 1923 • SHT
POSTAGE DUE • 1924 • SHT
SHORT KILTS • 1924 • SHT
SMITHY • 1924 • SHT
WIDE OPEN SPACES • 1924 • SHT
FLAMING SIGNAL • 1933

von JESS GABRIEL – GRM
LIEBESCHULE BLUTJUNGER MADCHEN • 1973

JESSNER LEOPOLD – Stage director – GRM – 1878–1945
HINTERTREPPE, DIE • BACKSTAIRS • 1921
ERDGEIST • EARTH SPIRIT • 1923
CHILDREN OF THE FOG • 1935

JESSOP – UKN
COLLOIDS • 1969

JESSOP CLYTIE – USA
EMMA'S WAR • 1987

JESSOP PETER – UKN
WIND ON THE HEATH, THE • 1963

JESSUA ALAIN – FRN – 1932–
LEON LA LUNE • 1957 • SHT
VIE A L'ENVERS, LA • LIFE UPSIDE–DOWN (USA) ○ INSIDE OUT ○ LIFE IN HELL • 1964
JEU DE MASSACRE • KILLING GAME, THE (USA) ○ COMIC STRIP HERO ○ ALL WEEKEND LOVERS • 1967
PANTHERES BLANCHES, LES • 1971
TRAITEMENT DE CHOC • UOMO CHE UCCIDEVA A SANGUE FREDDO, L' (ITL) ○ DOCTOR IN THE NUDE (UKN) ○ SHOCK (USA) ○ SHOCK TREATMENT • 1972
ARMAGUEDON • ARMAGEDDON (USA) • 1977
CHIENS, LES • DOGS, THE (USA) • 1979
PARADIS POUR TOUS • 1982
FRANKENSTEIN 90 • 1984
EN TOUT INNOCENCE • 1988

de JESUS DING see **de JESUS DING M.**

de JESUS DING M. – PHL
de JESUS DING
BATO SA BATO • STONE ON STONE • 1967
HONEY HONEYMOON • 1967
JOE DOMINO • 1968
LUHA SA KARIMLAN • TEARS IN THE DARK • 1968
SINO ANG MAY KARAPATAN • WHO HAS THE RIGHT? • 1968

JEVNE JACK – USA
TOP FLAT • 1935 • SHT

JEWELL AUSTEN – USA
HOLD THAT HYPNOTIST • OUT OF THIS WORLD • 1957
LOOKING FOR DANGER • 1957

JEWISON NORMAN – Producer – CND – 1926–
FORTY POUNDS OF TROUBLE • 1962
THRILL OF IT ALL, THE • 1963
SEND ME NO FLOWERS • 1964
ART OF LOVE, THE • 1965
CINCINNATI KID, THE • 1965
RUSSIANS ARE COMING, THE RUSSIANS ARE COMING, THE • 1966
IN THE HEAT OF THE NIGHT • 1967
THOMAS CROWN AFFAIR, THE • CROWN CAPER, THE • 1968
GAILY, GAILY • CHICAGO, CHICAGO (UKN) • 1969
FIDDLER ON THE ROOF • 1971
JESUS CHRIST, SUPERSTAR • 1973
ROLLERBALL • 1975
F.I.S.T. • FIST • 1978
...AND JUSTICE FOR ALL • 1979
BEST FRIENDS • 1982
SOLDIER'S STORY, A • 1984
AGNES OF GOD • 1985
MOONSTRUCK • 1987
IN COUNTRY • 1989

JHA PRAKASH see **JHA PRAKESH**

JHA PRAKESH – IND
JHA PRAKASH
FACES AFTER THE STORM • 1983
ANAADI ANANT • END WITHOUT END • 1986
ABHISHAPT • 1988

JI–SHUN DUAN – JPN
MIKAN NO TAIKYOKU • UNFINISHED CHESS MATCH ○ GO MASTERS, THE • 1982

JIANG DAWEI – HKG
CHIANG JOHN • CHIANG DAVID
TINGBUDAODE SHUOHUA • SILENT LOVE • 1985

JIMENEZ MARY – BLG
JIMINEZ MARY
PAYSAGES DE FLORENCE • CINEMA DE L'AMOUR, LE • 1981
21:12 PIANO BAR • 1981
MOITIE DE L'AMOUR, LA • 1985
AIR DE RIEN, L' • EASY IN MIND (UKN) • 1989

JIMENO EDUARDO – SPN
SALIDA DE MISA DE DOCE EN LA IGLESIA DEL PILAR EN ZARAGOZA • 1896

JIMINEZ – BLV
HACIA LA GLORIA • TOWARDS GLORY • 1931

JIMINEZ CARLOS – MXC
THAT ALL MAY LEARN • 1949

JIMINEZ–LEAL ORLANDO – USA – 1941–
EL SUPER • 1979
SUPER, EL • 1979
MAUVAISE CONDUITE • IMPROPER CONDUCT (USA) • 1984

JIMINEZ MARY see **JIMENEZ MARY**

JIN SHAN – CHN
SONGHUA JIAN SHANG • ALONG THE SUNGARI RIVER • 1947
FENGBAO • STORM • 1959
STORM • 1959

JIRANEK VLADIMIR – CZC
CO JSME UDELALI SLEPICIM • WHAT HAVE WE DONE TO THE HENS ○ WHAT DID WE DO TO HENS • 1977

JIRAS ROBERT – USA
I AM THE CHEESE • 1983

JIRES JAROMIL – CZC – 1935–
HORECKA • FEVER • 1958 • SHT
SAL ZTRACENYCH KROKU • HALL OF LOST FOOTSTEPS, THE • 1958 • SHT
STREJDA • UNCLE • 1959 • SHT
POLYEKRAN PRO BVV • POLYECRAN FOR THE BRNO INDUSTRIAL FAIR • 1960 • DCS
STOPY • FOOTPRINTS • 1960
POLYEKRAN PRO MEZINARODNI VYSTAVU PRACE TURIN • POLYECRAN FOR INTERNATIONAL EXPOSITION OF LABOR TURIN • 1961 • DCS
HOUSLOVY KONCERT • VIOLIN CONCERT, THE • 1962 • SHT
KRIK • CRY, THE (UKN) ○ FIRST CRY, THE • 1963
PERLICKY NA DNE • PEARLS OF THE DEEP (UKN) • 1965
SRUB • LOG CABIN, THE • 1965
OBCAN KAREL HAVLICEK • CITIZEN KAREL HAVLICEK • 1966
HRA NA KRALE • KING GAME, THE • 1967
DEDACEK • GRANPA • 1968
DON JUAN 68 • 1968
ZERT • JOKE, THE • 1968
CESTA DO PRAHY VINCENCE MOSTEK A SIMONA PESLA Z VLCNOZA L.P.1969 • JOURNEY OF VINCENC MOSTEK AND SIMON PESL OF VLCNOV TO PRAGUE 1969 A.D., THE • 1969
VALERIE A TYDEN DIVU • VALERIE AND HER WEEK OF WONDERS (UKN) ○ VALERIE AND A WEEK OF WONDERS ○ VALERIE AND THE WEEK OF MIRACLES • 1970
A POZDRAVUJTE VLASTOVKY • ...AND REMEMBER ME TO THE SWALLOWS ○ MY LOVE TO THE SWALLOWS ○ GREETINGS TO THE SWALLOWS • 1972
KASAR • SAFE–CRACKER, THE • 1974 • SHT
LEOS JANACEK • 1974 • DOC
LIDE Z METRA • PEOPLE OF THE METRO ○ PEOPLE FROM THE METRO ○ PEOPLE IN THE SUBWAY ○ PEOPLE FROM THE UNDERGROUND • 1974
DIVINO BOEMO, IL • 1975 • DOC
OSTROV STRIBRNYCH VOLAVEK • ISLAND OF THE SILVER HERONS ○ ISLAND OF SILVER HERONS, THE ○ INSEL DER SILBERREIHER, DIE • 1976
TALIRE NAD VELKYM MALIKOVEM • FLYING SAUCERS COMING! ○ FLYING SAUCERS OVER THE TOWN • 1977
MLADY MUZ A BILA VELRYBA • YOUNG MAN AND THE WHITE WHALE, THE ○ YOUNG MAN AND MOBY DICK, THE • 1978
ZAPISNIK ZMIZELEHO • DIARY OF ONE WHO DISAPPEARED, THE ○ NOTEBOOK OF THINGS GONE • 1978 • DOC
CAUSA KRALIK • RABBIT CASE, THE • 1979
BOHUSLAV MARTINU • 1980 • MTV
SVET ALFONSO MUCHY • WORLD OF ALPHONSE MUCHA, THE • 1980 • DOC

UTEKY DOMU • ESCAPES HOME • 1980
MIKULECKE POLE • MIKULEK MEADOW • 1981
OPERA VE VINICI • OPERA IN THE VINEYARD • 1981
KOUZELNA PRAHA RUDOLFA II • ENCHANTING PRAGUE OF RUDOLF II, THE ○ MAGIC PRAGUE OF RUDOLF II, THE • 1982 • DOC
NEUPLNE ZATMENI • PARTIAL ECLIPSE • 1982
O LABUTI • ON THE SWAN • 1982 • MTV
PRODLOUZENY CAS • PROLONGED TIME • 1984
LEV S BILOU HRIVOU • LION WITH THE WHITE MANE • 1987
LABYRINT • 1990

JISSOJI AKIO – JPN – 1937–
YOIYAMI SEMAREBA • 1969
MUJO • ALL IS VANITY ○ THIS PASSING LIFE ○ THIS TRANSIENT LIFE • 1970
MADARA • 1972
UTA • POEM • 1972
ASAKI YUMEMISHI • IT WAS A FAINT DREAM • 1974
UTAMARO, YUMETO SHIRISEBA • UTAMARO, THE UKIYOE PAINTER • 1976

JITTLOV MIKE – USA
GOOD GRIEF • 1972 • ANS
SPEED • 1972 • SHT
WIZARD OF SPEED AND TIME, THE • 1988

JIUNE JI BOUNG – USA
OBJECT OF DESIRE • 1983

JOANAS GEORGE – BRZ
*JONAS GEORGE**
COMPADECIDA, A • OUR LADY OF COMPASSION ○ ROGUE'S TRIAL, THE • 1969

JOANNIDES EVANGELOS – UKN
APHROUSA • 1971 • SHT

JOANNON LEO – FRN – 1904–1969
ADIEU LES COPAINS • 1930
DOUAUMONT • 1930
DURAND CONTRE DURAND • 1931
SUR LA VOIE DU BONHEUR • 1931
IL A ETE PERDU UNE MARIEE • 1932
SUZANNE • 1932
SIX CENT MILLE FRANCS PAR MOIS • 1933
ADIEU LES COPAINS • 1934
BIBI LA PUREE • 1934
ON A TROUVE UNE FEMME NUE • ON A PERDU UNE FEMME NUE • 1934
QUELLE DROLE DE GOSSE! • SACREE GOSSE, UNE • 1935
TRAIN DE PLAISIR • 1935
HOMME SANS COEUR, L' • 1936
KLOKSLAG TWAALF • 1936
MAIS NE TE PROMENE DONC PAS TOUTE NUE • 1936
QUAND MINUIT SONNERA • 1936
VOUS N'AVEZ RIEN A DECLARER? • 1936
CHANTEUR DE MINUIT, LE • 1937
MAN ZONDER HART, DE • 1937
ALERTE EN MEDITERRANEE • S.O.S MEDITERRANEAN ○ HELL'S CARGO • 1938
EMIGRANTE, L' • 1939
DOCUMENTS SECRETS • MER EN FLAMMES, LA ○ MISSIONS SECRETES • 1940
CAPRICES • 1941
CAMION BLANC, LE • WHITE WAGON, THE • 1942
CARREFOUR DES ENFANTS PERDUS, LE • CHILDREN OF CHAOS (USA) • 1943
COLLECTION MENARD, LA • 1943
LUCRECE • 1943
84 PREND DES VACANCES, LE • 1949
ATOLL K • ROBINSON CRUSOELAND (UKN) ○ UTOPIA (USA) ○ ESCAPADE ○ ATOLLO K • 1952
DROLE DE NOCE • 1952
DEFROQUE, LE • RENEGADE PRIEST, THE • 1953
HOMME AUX CLEFS D'OR, L' • MAN WITH THE GOLDEN KEYS (USA) • 1956
SECRET DE SOEUR ANGELE, LE • SEGRETO DI SUOR ANGELA, IL ○ SISTER ANGELE'S SECRET (USA) • 1956
DESERT DE PIGALLE, LE • INFERNO DI PIGALLE, L' (ITL) ○ PRIEST IN PIGALLE, A • 1957
TANT D'AMOUR PERDU • INSAZIABILI, LE (ITL) • 1958
ASSASSIN EST DANS L'ANNUAIRE, L' • 1961
FORT–DU–FOU • OUTPOST IN INDO–CHINA (USA) ○ FORT DU FOU • 1962
TROIS ENFANTS DANS LE DESORDRE • 1966
ARNAUD, LES • VOGLIO VIVERE LA MIA VITA (ITL) • 1967

JOANOU PHIL – USA
THREE O'CLOCK HIGH • 1987
STATE OF GRACE • 1990

JOASSIN PIERRE – BLG
MINITRIP • 1983

JOB GUY – FRN – 1945–
5 + 1 • 1969 • DOC
BIENVENUE A.. DUKE ELLINGTON • 1973 • DOC

JOBSON DICKIE – USA
COUNTRYMAN • 1982

JOCIC LJUBISA – YGS
PIONIR I DVOJKA • TRUANT, THE • 1949

JOCIC P. – GRM
X + YY –FORMEL DES BOSEN • NACKT SIND SEINE OPFER ○ X + YY –FORMULA FOR EVIL • 1969

JOCIC VERA – YGS
PIONIR I DVOJKA • TRUANT, THE • 1949

JODOIN RENE – CND – 1920–
ALOUETTE • 1944 • ANS
SQUARE DANCE • DANCE SQUARED ○ LET'S ALL SING TOGETHER • 1944 • ANS
CARRY ON • 1944–45 • ANS
FRERE JACQUES • 1944–45 • ANS
HOME ON THE RANGE • 1944–45 • ANS
MORE WE ARE TOGETHER, THE • 1944–45 • ANS
PACK UP YOUR TROUBLES • 1944–45 • ANS
PUT ON YOUR OLD GREY BONNET • 1944–45 • ANS
RADIO NAVIGATION • 1955–57 • ASS
INTRODUCTION TO JET ENGINE, AN • COMMENT FONCTIONNE LE MOTEUR A JET • 1959 • ANS
BANDWIDTH • 1960 • ANS
DIRECTIVITY • 1960 • ANS
PROPAGATION • 1960 • ANS
DANCE SQUARED • 1961 • ANS
RONDE CARREE • 1961 • ANS
NOTE SUR UN TRIANGLE • NOTES ON A TRIANGLE (USA) • 1966 • ANS
SPHERES • 1969 • ANS
VENT, LE • WIND, THE • 1972 • ANS

JODOROWSKY ALEJANDRO – CHL – 1930–
JODOROWSKY ALEXANDRO
FANDO Y LIS • FANDO AND LIS (USA) ○ TAR BABIES (UKN) ○ FANDO Y LYS • 1968
EL TOPO • 1971
TOPO, EL • MOLE, THE ○ GOPHER, THE • 1971
MONTANA SAGRADA, LA • SACRED MOUNTAIN, THE (USA) ○ HOLY MOUNTAIN, THE • 1972
DUNE • 1975
TUSK • 1979
SANTA SANGRE • 1989

JODOROWSKY ALEXANDRO see **JODOROWSKY ALEJANDRO**

JODRELL STEVE – ASL
SHAME • 1987

JOENS MICHAEL – USA
MY LITTLE PONY: THE MOVIE • 1986 • ANM

JOFFE ALEX – EGY – 1918–
JOFFE ALEXANDRE
SIX HEURES A PERDRE • 1946
LETTRE OUVERTE A UN MARI • LETTRE OUVERTE • 1953
HUSSARDS, LES • 1955
ASSASSINS DU DIMANCHE, LES • EVERY SECOND COUNTS (USA) ○ CHAQUE MINUTE COMPTE ○ EVERY MINUTE COUNTS • 1956
FANATIQUES, LES • BOMB FOR THE DICTATOR, A (USA) ○ FANATICS, THE (UKN) • 1957
DU RIFIFI CHEZ LES FEMMES • RIFIFI FRA LE DONNE (ITL) ○ RIFF RAFF GIRLS (USA) ○ RIFIFI FOR GIRLS • 1959
FORTUNAT • 1960
TRACASSIN OU LES PLAISIRS DE LA VILLE, LE • 1961
CULOTTES ROUGES, LES • RED CULOTTES, THE (USA) • 1963
PAS QUESTION LE SAMEDI • RAQ LO B'SHABBAT (ISR) ○ IMPOSSIBLE ON SATURDAY (USA) ○ NO QUESTION ON SATURDAY • 1965
GROSSE CAISSE, LA • 1966
CRACKS, LES • CORSA DEL SECOLO, LA (ITL) • 1968

JOFFE ALEXANDRE see **JOFFE ALEX**

JOFFE ARTHUR – FRN – 1953–
HAREM • D'ARDENELLE • 1985
ALBERTO EXPRESS • 1989

JOFFE MARK – ASL
GREAT BOOKIE ROBBERY, THE • 1985 • MTV
GRIEVOUS BODILY HARM • GBH: GREVIOUS BODILY HARM • 1987
WATCH THE SHADOWS DANCE • 1988
SHADOW OF THE COBRA • 1989 • TVM

JOFFE ROLAND – UKN
KILLING FIELDS, THE • 1983
MISSION, THE • 1986
FATMAN AND LITTLE BOY • 1989

JOGLEKAR VASANT – IND
NAND KISHORE • 1951

JOHANNESDOTTIR KRISTIN – ICL
A HJARA VERALDAR • RAINBOW'S END • 1983

JOHANSEN ERNST – DNM
LA' OS VAERE • LEAVE US ALONE • 1974
DU ER IKKE ALENE • YOU'RE NOT ALONE ○ YOU ARE NOT ALONE • 1978
KRIGERNES BORN • WARRIOR CHILDREN • 1979

JOHANSEN SVEND – DNM
TOWER IN THE FOREST, THE • 1987
RODTOTTERNE OG TYRANNOS • REDTOPS AND TYRANNOS, THE • 1988

JOHANSON EDUARD – USS
DETI BURI • CHILDREN OF THE STORM • 1926
KATKA BUMAZHNYR ANYOT • KATKA'S REINETTE APPLES ○ KATKA BUMAZHNYI RANET • 1926

JOHANSSON ERLING – SWD
ANIMA MUNDI • 1969 • SHT

JOHANSSON IVAR – SWD – 1889–1963
RAGENS RIKE • LAND OF RYE • 1929
SKEPPARKARLEK • SKIPPER LOVE • 1931
LYCKANS GULLGOSSAR • DARLINGS OF FORTUNE • 1932
BOMANS POJKE • BOMAN'S BOY • 1933
HALSINGAR • PEOPLE OF HALSINGLAND • 1933
SANGEN TILL HENNE • SONG TO HER, THE (USA) • 1934
UPPSAGD • UNDER NOTICE TO LEAVE • 1934
BRANNINGAR • BREAKERS • 1935
GRABBARNA I 57:AN • URCHINS IN NO.57 • 1935
FROKEN BLIR PIGA • LADY BECOMES A MAID • 1936
MAMMA GIFTER SAG • MOTHER MARRIES • 1937
I NOD OCH LUST • 1938
STORM OVER SKAREN • STORM OVER THE SKERRIES • 1938
AH, EN SA'N GRABB • OH, WHAT A BOY • 1939
OSS BARONER EMELLAN • BETWEEN US BARONS • 1940
SNURRIGA FAMILJEN • SPINNING FAMILY • 1940
SPRINGPOJKAR AR VI ALLIHOPA • WE ARE ALL ERRAND BOYS • 1941
TAGET GAR KLOCKAN 9 • 1941
TANK, OM JAG GIFTER MIG MED PRASTEN • SUPPOSE I WERE TO MARRY THE CLERGYMAN • 1941
GULA KLINIKEN • YELLOW WARD • 1942
TA HAND OM ULLA • TAKE CARE OF ULLA • 1942
FANGAD AV EN ROST • CAPTIVATED BY A VOICE • 1943
UNGT BLOD • YOUNG BLOOD • 1943
ORNUNGAR • 1944
SKOGEN AR VAR ARVIDEL • FOREST IS OUR INHERITANCE, THE • 1944
BRODERNA OSTERMANS HUSKORS • 1945
MODERSKAPETS KVAL OCH LYCKA • SUFFERING AND HAPPINESS OF MOTHERHOOD • 1945
BROLLOPET PA SOLO • WEDDING AT SOLO • 1946
LIVET I FINNSKOGARNA • LIFE IN THE DEPTHS OF THE FOREST • 1947
ADALENS POESI • 1948
MARKNADSAFTON • EVENING OF THE FAIR • 1948
HIN OCH SMALANNINGEN • 1949
LANG–LASSE I DELSBO • TALL LASSE FROM DELSBO • 1949
SURF, THE
RAGENS RIKE • LAND OF RYE • 1951
KALLE KARLSSON FRAN JULARBO • KALLE KARLSSON FROM JULARBO • 1952
NAR SYRENERNA BLOOMAR • WHEN LILACS BLOSSOM • 1952
URSULA –FLICKAN FRAN FINNSKOGARNA • URSULA –THE GIRL FROM THE FOREST DEPTHS • 1953
RODA HASTARNA, DE • 1954
FINNSKOGENS FOLK • PEOPLE FROM THE DEPTHS OF THE FOREST • 1955

JOHANSSON LARS – DNM
ANHOLT –THE PLACE, THE JOURNEY • 1988 • DOC

JOHN ARTHUR – USA
UNHOLY MATRIMONY • 1966

JOHNSEN ALLAN – DNM
FYRTOJET • MAGIC LIGHTER (USA) • 1946 • ANM

JOHNSEN S. N. – USA
JOHNSEN SANDE N. • *JOHNSEN SANDE*
BEAUTIFUL, THE BLOODY, AND THE BARE, THE • BEAUTIFUL AND THE BLOODY, THE ○ BLOODY, BARE, AND BEAUTIFUL • 1964
SECRET SOCIETY, THE • 1965
TEENAGE GANG DEBS • 1966
GAME PEOPLE PLAY, THE • SEX IS THE GAME PEOPLE PLAY ○ SEX IS GAMES, PEOPLE PLAY • 1967
INFIDELITY AMERICAN STYLE • 1967
JUSTINE • JUSTINE: THE EROTIC EXCESS OF EVIL • 1967
SINGLES, THE • SINGLES ONLY • 1967

JOHNSEN SANDE see **JOHNSEN S. N.**

JOHNSEN SANDE N. see **JOHNSEN S. N.**

JOHNSON ALAN – USA
TO BE OR NOT TO BE • 1983
SOLARBABIES • SOLARWARRIORS • 1986

JOHNSON ARTHUR – Actor – USA – 1876–1916
JOHNSON ARTHUR V.
HUSBAND'S AWAKENING, A • 1912
ANNIE ROWLEY'S FORTUNE • 1913
ARTIST'S ROMANCE, THE • 1913
BURDEN BEARER, THE • 1913
DISTRICT ATTORNEY'S CONSCIENCE, THE • 1913
DOCTOR MAXWELL'S EXPERIMENT • 1913
FRIEND JOHN • 1913
HER HUSBAND'S WIFE • 1913
HIS BETTER SELF • 1913
HIS NIECE FROM IRELAND • 1913
INSURANCE AGENT, THE • 1913
JEALOUS HUSBAND, A • 1913
JUST CISSY'S LITTLE WAY • 1913
PAWNED BRACELET, THE • 1913
POWER OF THE CROSS, THE • 1913
SCHOOL PRINCIPAL, THE • 1913
SEA ETERNAL, THE • 1913
TIMELY RESCUE, A • 1913
WHEN JOHN BROUGHT HOME HIS WIFE • 1913
BLINDED HEART, THE • 1914
SHADOW OF TRAGEDY, THE • 1914
COUNTRY BLOOD • 1915
HOUR OF FREEDOM, AN • 1915
LAST ROSE, THE • 1915
LIFE LINE, THE • 1915

JOHNSON ARTHUR V. see **JOHNSON ARTHUR**

JOHNSON B. S. – UKN
YOU'RE HUMAN LIKE THE REST OF US • 1967

JOHNSON EMORY – USA
IN THE NAME OF THE LAW • MIDNIGHT CALL • 1922
THIRD ALARM, THE • 1922
MAILMAN, THE • SENTINELS OF THE SEA • 1923
WESTBOUND LIMITED, THE • WESTBOUND NINETY–NINE • 1923
LIFE'S GREATEST GAME • 1924
SPIRIT OF THE U.S.A., THE • SWORDS AND PLOWSHARES ○ OLD HOME, THE • 1924
LAST EDITION, THE • 1925
NON–STOP FLIGHT, THE • 1926
FOURTH COMMANDMENT, THE • 1927
LONE EAGLE, THE • AMERICAN EAGLE, THE ○ WAR EAGLES ○ WAR HAWKS • 1927
SHIELD OF HONOR, THE • ARM OF THE LAW, THE • 1927
THIRD ALARM, THE • 1930
PHANTOM EXPRESS, THE • 1932

JOHNSON EYVIND – SWD
GAMLA STAN • SYMPHONY OF THE STREETS ○ OLD CITY, THE • 1931

JOHNSON FLOCH – USA
MAID IN SWEDEN • 1971

JOHNSON FRED – USA
EDEN CRIED • IN THE FALL OF '55 EDEN CRIED • 1967

JOHNSON HENRY – USA
GRAND BABY, THE • 1983

JOHNSON J. P. – SPN
EROTIKILL • 1975

JOHNSON JAMES P. see **FRANCO JESUS**

JOHNSON JED – USA
ANDY WARHOL'S BAD • BAD • 1977

JOHNSON JIM – USA
JOHNSTON JIM
BLUE DEVILLE • BLUE DE VILLE • 1986 • TVM

JOHNSON KENNETH – USA
INCREDIBLE HULK, THE • 1978 • TVM
WORLD OF DRACULA • 1979 • MTV
SENIOR TRIP • 1981 • TVM
V • 1982 • TVM
SHADOW CHASERS • 1985 • TVM
LIBERATORS, THE • 1987 • TVM
SHORT CIRCUIT 2 • 1988

JOHNSON LAMONT – USA – 1920–
THIN ICE • 1961
COVENANT WITH DEATH, A • 1966
KONA COAST • 1968
DEADLOCK • 1969 • TVM
MCKENZIE BREAK, THE • 1970
MY SWEET CHARLIE • 1970 • TVM
GUNFIGHT, A • 1971
GROUNDSTAR CONSPIRACY, THE • 1972
THAT CERTAIN SUMMER • 1972 • TVM
YOU'LL LIKE MY MOTHER • 1972
LAST AMERICAN HERO, THE • HARD DRIVER ○ I GOT A NAME • 1973
EXECUTION OF PRIVATE SLOVIK, THE • 1974 • TVM
VISIT TO A CHIEF'S SON • 1974
FEAR ON TRIAL • 1975 • TVM
LIPSTICK • 1976
ONE ON ONE • 1977
SOMEBODY KILLED HER HUSBAND • 1978
CATTLE ANNIE AND LITTLE BRITCHES • 1979
OFF THE MINNESOTA STRIP • 1980 • TVM
CRISIS AT CENTRAL HIGH • 1981 • TVM
DANGEROUS COMPANY • 1982 • TVM
ESCAPE FROM IRAN • ESCAPE FROM IRAN: THE CANADIAN CAPER ○ CANADIAN CAPER, THE • 1982 • TVM
JACK AND THE BEANSTALK • 1982 • MTV
LIFE OF THE PARTY: THE STORY OF BEATRICE • 1982 • TVM
SPACEHUNTER: ADVENTURES IN THE FORBIDDEN ZONE • ADVENTURES IN THE CREEP ZONE ○ ROAD GANGS ○ SPACE HUNTER • 1983
ERNIE KOVACS: BETWEEN THE LAUGHTER • 1984 • TVM
WALLENBERG: A HERO'S STORY • 1985 • TVM
UNNATURAL CAUSES • 1986 • TVM
GORE VIDAL'S LINCOLN • LINCOLN • 1988 • TVM
SHATTERED • VOICES WITHIN • 1990

JOHNSON LORIMER see **JOHNSTON LORIMER**

JOHNSON MALCOLM – UKN
ONE IS ONE • 1969

JOHNSON MARTIN see **JOHNSON MARTIN E.**

JOHNSON MARTIN E. – Explorer – USA – 1884–1937
JOHNSON MARTIN
CANNIBALS OF THE SOUTH SEAS • HEAD HUNTERS OF MALEKULA • 1912
ON THE BORDERLAND OF CIVILIZATION
AMONG THE CANNIBAL ISLES OF THE SOUTH PACIFIC • 1918 • DOC
HEAD HUNTERS OF THE SOUTH SEAS • 1922 • DOC
TRAILING BIG GAME IN AFRICA • TRAILING AFRICAN WILD ANIMALS ○ HUNTING AFRICAN ANIMALS • 1923
EAST OF SUEZ • 1925 • DOC
CIMBO • 1927
SIMBA, THE KING OF BEASTS: A SAGA OF THE AFRICAN VELDT • SIMBA, THE KING OF BEASTS • 1928 • DOC
WONDERS OF THE CONGO • 1931 • DOC
CONGORILLA • 1932 • DOC
WINGS OVER AFRICA • 1932
BABOONA • 1935 • DOC
BORNEO • 1937 • DOC

JOHNSON MICK – USA
CHATTAHOOCHEE • 1989

JOHNSON NUNNALLY – Producer/ writer – USA – 1897–1977
BLACK WIDOW • 1954
NIGHT PEOPLE • 1954
HOW TO BE VERY, VERY POPULAR • 1955
MAN IN THE GRAY FLANNEL SUIT, THE • 1956
OH, MEN! OH, WOMEN! • 1957
THREE FACES OF EVE, THE • 1957
MAN WHO UNDERSTOOD WOMEN, THE • 1959
ANGEL WORE RED, THE • SPOSA BELLA, LA (ITL) • 1960

JOHNSON OSA – USA – 1894–1953
TRAILING BIG GAME IN AFRICA • TRAILING AFRICAN WILD ANIMALS ○ HUNTING AFRICAN ANIMALS • 1923

JOHNSON PATRICK READ – USA
MARTIANS • 1989

JOHNSON RAYMOND K. see **JOHNSTON RAYMOND K.**

JOHNSON ROBERT see **MAURI ROBERTO**

JOHNSON RULE ROYCE – USA
RECESS • 1969

JOHNSON S. H. – UKN
CHARLESTON DANCE • 1927
LOVE'S OLD SWEET SONG • 1927 • SHT

JOHNSON TEFFT – USA
CHRISTMAS STORY, A • 1913
SPIRIT OF CHRISTMAS, THE • 1913
'BEAR' FACTS, THE • 1914
BUDDY'S DOWNFALL • 1914
BUDDY'S FIRST CALL • 1914
CAUSE FOR THANKSGIVING • 1914
CAVE DWELLERS, THE • 1914
CIRCUS AND THE BOY, THE • 1914
DRUDGE, THE • 1914
EASTER LILY, AN • 1914
'FRAID CAT • 1914
HALL-ROOM RIVALS, THE • 1914
HEART OF SONNY JIM, THE • 1914
HEARTS OF WOMEN • 1914
HIS LAST CALL • 1914
HOUSE ON THE HILL, THE • 1914
IDLER, THE • 1914
KNIGHT BEFORE CHRISTMAS, THE • 1914
LITTLE CAPTAIN, THE • 1914
LOCKED DOOR, THE • 1914
MARRYING SUE • 1914
REWARD OF THRIFT, THE • 1914
SONNY JIM AT THE NORTH POLE • 1914
BLACK AND WHITE SNOWBALL, THE • WHITE AND BLACK SNOWBALL, THE • 1915
C.O.D. • 1915
CHIEFLY CONCERNING MALES • 1915
FAITH OF SONNY JIM, THE • 1915
ONE PLUS ONE EQUALS ONE • 1915
PARK HONEYMOONERS, THE • 1915
PRINCE IN DISGUISE, THE • 1915
SONNY JIM AND THE AMUSEMENT COMPANY LTD. • 1915
SONNY JIM AND THE FAMILY PARTY • 1915
SONNY JIM AND THE GREAT AMERICAN GAME • 1915
SONNY JIM AND THE VALENTINE • 1915
SONNY JIM AT THE MARDI GRAS • 1915
SONNY JIM'S FIRST LOVE AFFAIR • 1915
TURN OF THE ROAD, THE • 1915
WHEN A FELLER'S NOSE IS OUT OF JOINT • 1915
WHO KILLED JOE MERRION? • 1915
BETTY, THE BOY AND THE BIRD • 1916 • SHT
NEW YORK RAPID TRANSIT • 1916 • SHT
SONNY BOY • 1916
SONNY BOY AND THE DOG SHOW • 1916
SONNY BOY AT THE BAT • 1916
SONNY BOY IN SCHOOL DAYS • 1916
WRITING ON THE WALL, THE • 1916
LOVE'S LAW • 1917
LOVE NET, THE • LOVE NEST • 1918
HOME WANTED • 1919
LOVE AND THE WOMAN • 1919
LOVE DEFENDER, THE • 1919

JOHNSON TERRY – USA
WAY UPSTREAM • 1989

JOHNSON TOM – USA
WORLD OF TOMORROW, THE • 1983 • DOC

JOHNSON WILLIAM – CND
DREAM NEVER DIES, THE • 1981 • DOC

JOHNSON WILLIAM R. – USA
JOHN LAIR'S RENFRO VALLEY BARN DANCE • RENFREW VALLEY BARN DANCE • 1966
COUNTRY WESTERN HOEDOWN • PEE WEE KING'S COUNTRY WESTERN HOEDOWN • 1967

JOHNSTON AARON KIM – CND
LAST WINTER, THE • 1990

JOHNSTON GEORGE F. – USA
MARK • 1962 • SHT

JOHNSTON JIM see **JOHNSON JIM**

JOHNSTON JOE – USA
HONEY, I SHRUNK THE KIDS • 1989

JOHNSTON LORIMER – USA
JOHNSON LORIMER
ADVENTURES OF JACQUES, THE • 1913
FOOD CHOPPER WAR, THE • 1913
FOR THE CROWN • 1913
FOR THE FLAG • 1913
IN THE DAYS OF THE TRAJAN • 1913
LOVE, THE WINNER • 1913
LUCKY MISTAKE, A • 1913
SANDS OF TIME, THE • 1913
SCAPEGOAT, THE • 1913
TRUTH IN THE WILDERNESS • 1913
UNDERSTUDY, THE • 1913
CALL OF THE TRAUMEREL, THE • 1914
CRICKET ON THE HEARTH, THE • 1914
CRUCIBLE, THE • 1914
DESTINIES FULFILLED • 1914
ENVOY EXTRAORDINARY, THE • 1914
HIS HEART, HIS HAND AND HIS SWORD • 1914
LAST SUPPER, THE • 1914
POWER OF LIGHT, THE • 1914
SAMSON • 1914
STORY OF LITTLE ITALY, A • 1914
TURNING POINT, THE • 1914
CITY TIGRESS, THE • 1915 • SHT
ESTERBROOK CASE, THE • 1915
HEART BREAKER, THE • 1915
HEARTS ABLAZE • 1915
LIFE'S YESTERDAYS • 1915
MEMORY TREE, THE • 1915
TIGRESS, THE • 1915
UNFORGIVEN, THE • 1915
UNHIDDEN TREASURE, THE • 1915
LIFE'S HARMONY • 1916 • SHT
BREEZY JIM • 1919
DEVIL MCCARE • 1919
CRICKET ON THE HEARTH, THE • 1923

JOHNSTON RAY see **JOHNSTON RAYMOND K.**

JOHNSTON RAYMOND see **JOHNSTON RAYMOND K.**

JOHNSTON RAYMOND K. – USA
JOHNSTON RAYMOND • JOHNSTON RAY • JOHNSON RAYMOND K.
NORTH OF NOME • 1925
CALL OF THE ROCKIES • 1931
KENTUCKY BLUE STREAK • BLUE STREAK, THE (UKN) • 1935
SKYBOUND • 1935
I'LL NAME THE MURDERER • 1936
SUICIDE SQUAD • 1936
CODE OF THE FEARLESS • 1939
DAUGHTER OF THE TONG • 1939
IN OLD MONTANA • 1939
TWO-GUN TROUBADOUR • LONE TROUBADOUR, THE (UKN) • 1939
CHEYENNE KID, THE • 1940
COVERED WAGON TRAILS • 1940
KID FROM SANTA FE, THE • 1940
LAND OF THE SIX GUNS • 1940
PINTO CANYON • 1940
RIDERS FROM NOWHERE • 1940
RIDIN' THE TRAIL • 1940
WILD HORSE RANGE • 1940
LAW OF THE WOLF • 1941

JOHNSTON S. – UKN
FLAT 15 • 1973

JOHNSTON WILLIAM – CND
LONG ROAD HOME • 1990

JOJIC LJILJANA – YGS
PRIKO SINJEG MORA • ACROSS THE BLUE SEA ○ ON THE OTHER SIDE OF THE SEA • 1980

JOKEL LANA
ANDY WARHOL AND HIS WORK • DOC

JOKIC MIROSLAV – YGS
CETIRI DANA DO SMRTI • FOUR DAYS TILL DEATH ○ LAST FOUR DAYS, THE • 1977

JOLIVET MARC – FRN – 1951–
OTE-TOI DE MON SOLEIL • DIOGENE • 1982

JOLIVET PIERRE – FRN – 1952–
FORCE MAJEURE • 1989

JOLIVET PIERRE-ALAIN – FRN – 1935–
BERENICE • 1967
GRAND CEREMONIAL, LE • WEIRD WEIRDO (UKN) • 1968
PUNITION, LA • 1972
BLACK MIRROR • 1981

JOLIVET RENE – FRN – 1898–1975
PEAU D'UN HOMME, LA • 1950
DIX-HUIT HEURES D'ESCALE • 1954
AVENTURES DE GIL BLAS DE SANTILLANE, LES • ADVENTURES OF GIL BLAS (USA) ○ GIL BLAS DE SANTILLANE • 1955
CERTAIN MONSIEUR JO, UN • 1957
MORDUS, LES • ONCE BITTEN (USA) • 1960

JOLLY SARA – UKN
FAREWELL TO MUMBO • 1978

JOLY MAX – FRN – 1905–
AUX JARDINS DE MURCIE • 1935
COCKTAIL • 1938
ETERNEL ESPOIR • 1951

JONAS GEORGE – Author – HNG – 1935–
PRINCESS OF TAMBOSO, THE • 1976 • MTV
HOUSE ON FRONT STREET, THE • 1977

*JONAS GEORGE** see **JOANAS GEORGE**

JONASSON OSKAR – ICL
SQUAD TEAM, THE • 1989 • SHT

JONES – USA
NICKEL HOPPER, THE • 1926 • SHT

JONES AMY – USA
MY LOVE LETTERS • LOVE LETTERS • 1983
SLUMBER PARTY MASSACRE • SLUMBER PARTY MURDERS • 1984
MAID TO ORDER • 1987

JONES ANDREW MILLER – UKN
DEVELOPMENT OF THE ENGLISH RAILWAYS • 1936 • DOC
EXPANSION OF GERMANY 1870–1914, THE • 1936 • DOC
RED ARMY, THE • 1936
RURAL SCHOOL: CHILDREN, 8–11 • 1936
CHANGES IN THE FRANCHISE • 1937

JONES ANDY – CND
ADVENTURE OF FAUSTUS BIDGOOD, THE • 1987

JONES ARTHUR A. – USA
SAVAGE! • MISSION TO HELL • 1962

JONES BRIAN THOMAS – USA
ESCAPE FROM SAFEHAVEN • 1988
REJUVENATOR, THE • JUVENATRIX: A CLASSIC TALE OF HORROR ○ SKINDEEP • 1988
BLOODSCAPE • INFERNO IN SAFEHAVEN • 1989

JONES BUCK – Actor – USA – 1889–1942
FOR THE SERVICE • 1936
BLACK ACES • 1937
LAW FOR TOMBSTONE • 1937

JONES CHARLES M. – Animator – USA – 1912–
JONES CHUCK
NIGHT WATCHMAN, THE • 1938 • ANS
CURIOUS PUPPY, THE • 1939 • ANS

DAFFY DUCK AND THE DINOSAUR • 1939 • ANS
DOG GONE MODERN • 1939 • ANS
GOOD EGG, THE • 1939 • ANS
LITTLE BROTHER RAT • 1939 • ANS
LITTLE LION HUNTER • 1939 • ANS
NAUGHTY BUT MICE • 1939 • ANS
OLD GLORY • 1939 • ANS
PREST-O, CHANGE-O • 1939 • ANS
ROBIN HOOD MAKES GOOD • 1939 • ANS
SNIFFLES AND THE BOOKWORM • 1939 • ANS
SNOW MAN'S LAND • 1939 • ANS
BEDTIME FOR SNIFFLES • 1940 • ANS
EGG COLLECTOR, THE • 1940 • ANS
ELMER'S CANDID CAMERA • 1940 • ANS
GHOST WANTED • 1940 • ANS
GOOD NIGHT ELMER • 1940 • ANS
MIGHTY HUNTERS • 1940 • ANS
SNIFFLES TAKES A TRIP • 1940 • ANS
STAGE FRIGHT • 1940 • ANS
TOM THUMB IN TROUBLE • 1940 • ANS
BRAVE LITTLE BAT, THE • 1941 • ANS
ELMER'S PET RABBIT • 1941 • ANS
INKI AND THE LION • 1941 • ANS
JOE GLOW, THE FIREFLY • 1941 • ANS
PORKY'S ANT • 1941 • ANS
PORKY'S MIDNIGHT MATINEE • 1941 • ANS
PORKY'S PRIZE PONY • 1941 • ANS
SADDLE SILLY • 1941 • ANS
SNIFFLES BELLS THE CAT • 1941 • ANS
SNOW TIME FOR COMEDY • 1941 • ANS
TOY TROUBLE • 1941 • ANS
INKI • ASS
BIRD CAME C.O.D., THE • 1942 • ANS
CASE OF THE MISSING HARE • 1942 • ANS
CONRAD THE SAILOR • 1942 • ANS
DOG TIRED • 1942 • ANS
DOVER BOYS, THE • 1942 • ANS
DRAFT HORSE, THE • 1942 • ANS
FOX POP • 1942 • ANS
HOLD THE LION, PLEASE • 1942 • ANS
INKI AND THE MYNAH BIRD • 1942 • ANS
MY FAVORITE DUCK • 1942 • ANS
PORKY'S CAFE • 1942 • ANS
SQUAWKIN' HAWK, THE • 1942 • ANS
ARISTO CAT, THE • 1943 • ANS
FIN' 'N CATTY • 1943 • ANS
FLOP GOES THE WEASEL • 1943 • ANS
HELL-BENT FOR ELECTION • 1943 • ANS
SUPER RABBIT • 1943 • ANS
TO DUCK OR NOT TO DUCK • 1943 • ANS
UNBEARABLE BEAR, THE • 1943 • ANS
WAIKIKI WABBIT • WACKIKI WABBIT • 1943 • ANS
ANGEL PUSS • 1944 • ANS
BUGS BUNNY AND THE THREE BEARS • 1944 • ANS
FROM HAND TO MOUSE • 1944 • ANS
LOST AND FOUNDLING • 1944 • ANS
TOM TURK AND DAFFY • 1944 • ANS
WEAKLY REPORTER, THE • 1944 • ANS
FRESH AIREDALE • 1945 • ANS
HAIR RAISING HARE • 1945 • ANS
HARE CONDITIONED • 1945 • ANS
HARE TONIC • 1945 • ANS
ODOR-ABLE KITTY • 1945 • ANS
TRAP HAPPY PORKY • 1945 • ANS
EAGER BEAVER, THE • 1946 • ANS
FAIR AND WORMER • 1946 • ANS
HUSH MY MOUSE • 1946 • ANS
QUENTIN QUAIL • 1946 • ANS
ROUGHLY SQUEAKING • 1946 • ANS
INKI AT THE CIRCUS • 1947 • ANS
LITTLE ORPHAN AIREDALE • 1947 • ANS
PEST IN THE HOUSE, A • 1947 • ANS
SCENT-IMENTAL OVER YOU • 1947 • ANS
PEPE LE PEW • 1947-56 • ASS
DAFFY DILLY • 1948 • ANS
FEATHER IN HIS HARE, A • 1948 • ANS
HAREDEVIL HARE • 1948 • ANS
HOUSE HUNTING MICE • 1948 • ANS
MISSISSIPPI HARE • 1948 • ANS
MY BUNNY LIES OVER THE SEA • 1948 • ANS
RABBIT PUNCH • 1948 • ANS
ROAD RUNNER AND COYOTE • 1948 • ASS
SCAREDY CAT • 1948 • ANS
WHAT'S BREWIN', BRUIN? • 1948 • ANS
YOU WERE NEVER DUCKIER • 1948 • ANS
AWFUL ORPHAN • 1949 • ANS
BEAR FEAT • 1949 • ANS
BEE-DEVILED BRUIN, THE • 1949 • ANS
FAST AND FURRY-OUS • 1949 • ANS
FOR SCENT-IMENTAL REASONS • 1949 • ANS
LONG-HAIRED HARE • 1949 • ANS
MOUSE WRECKERS • 1949 • ANS
OFTEN AN ORPHAN • 1949 • ANS
RABBIT HOOD • 1949 • ANS
CAVEMAN INKI • 1950 • ANS
DOG GONE SOUTH • 1950 • ANS
DUCKSTERS, THE • 1950 • ANS
FRIGID-HARE • 1950 • ANS
HOMELESS HARE • 1950 • ANS
HYPO-CHONDRI-CAT • 1950 • ANS
RABBIT OF SEVILLE • 1950 • ANS
SCARLET PUMPERNICKEL, THE • 1950 • ANS
SCENT-IMENTAL ROMEO • 1950 • ANS
TWO'S A CROWD • 1950 • ANS
8 BALL BUNNY • 1950 • ANS
BEAR FOR PUNISHMENT, A • 1951 • ANS
BUNNY HUGGED • 1951 • ANS
CHEESE CHASERS • 1951 • ANS
CHOW HOUND • 1951 • ANS
DRIP-ALONG DAFFY • 1951 • ANS
HOUND FOR TROUBLE, A • 1951 • ANS
RABBIT FIRE • 1951 • ANS
WEARING OF THE GRIN • 1951 • ANS
BEEP BEEP • 1952 • ANS
DON'T GIVE UP THE SHEEP • 1952 • ANS
FEED THE KITTY • 1952 • ANS
GOING, GOING, GOSH! • 1952 • ANS
HASTY HARE, THE • 1952 • ANS
LITTLE BEAU PEPE • 1952 • ANS
MOUSE WARMING • 1952 • ANS
OPERATION: RABBIT • 1952 • ANS
RABBIT SEASONING • 1952 • ANS
TERRIER STRICKEN • 1952 • ANS
WATER, WATER, EVERY HARE • 1952 • ANS
BEWITCHED BUNNY • 1953 • ANS
BULLY FOR BUGS • 1953 • ANS
DUCK AMUCK • 1953 • ANS
DUCK DODGERS OF THE 24½TH CENTURY • 1953 • ANS
DUCK, RABBIT, DUCK • 1953 • ANS
FORWARD MARCH HARE • 1953 • ANS
KISS ME CAT • 1953 • ANS
MUCH ADO ABOUT NUTTING • 1953 • ANS
PUNCH TRUNK • 1953 • ANS
WILD OVER YOU • 1953 • ANS
ZIPPING ALONG • 1953 • ANS
BABY BUGGY BUNNY • 1954 • ANS
CAT'S BAH, THE • 1954 • ANS
CLAWS FOR ALARM • 1954 • ANS
FELINE FRAME-UP • 1954 • ANS
FROM A TO Z-Z-Z-Z • 1954 • ANS
LUMBER JACK-RABBIT • 1954 • ANS
MY LITTLE DUCKAROO • 1954 • ANS
NO BARKING • 1954 • ANS
SHEEP AHOY • 1954 • ANS
STOP, LOOK AND HASTEN! • 1954 • ANS
BEANSTALK BUNNY • 1955 • ANS
DOUBLE OR MUTTON • 1955 • ANS
GUIDED MUSCLE • 1955 • ANS
JUMPIN' JUPITER • 1955 • ANS
KNIGHT-MARE HARE • 1955 • ANS
ONE FROGGY EVENING • 1955 • ANS
PAST PERFORMANCE • 1955 • ANS
RABBIT RAMPAGE • 1955 • ANS
READY, SET, ZOOM • 1955 • ANS
TWO SCENTS' WORTH • 1955 • ANS
ALI BABA BUNNY • 1956 • ANS
BARBARY COAST BUNNY • 1956 • ANS
BROOMSTICK BUNNY • 1956 • ANS
BUGS BONNET • 1956 • ANS
DEDUCE YOU SAY • 1956 • ANS
FASTER AND FASTER • 1956 • ANS
GEE WHIZ-Z-Z-Z-Z-Z! • 1956 • ANS
HEAVEN SCENT • 1956 • ANS
ROCKET BYE BABY • 1956 • ANS
ROCKET SQUAD • 1956 • ANS
THERE THEY GO-GO-GO! • 1956 • ANS
TO HARE IS HUMAN • 1956 • ANS
BOYHOOD DAZE • 1957 • ANS
GO FLY A KITE • 1957 • ANS
SCRAMBLED ARCHES • SCRAMBLED ACHES • 1957 • ANS
STEAL WOOL • 1957 • ANS
TOUCHE AND GO • 1957 • ANS
WHAT'S OPERA, DOC? • 1957 • ANS
ZOOM AND BORED • 1957 • ANS
CAT FEUD • 1958 • ANS
HARE-WAY TO THE STARS • 1958 • ANS
HIP, HIP-HURRY! • 1958 • ANS
HOOK, LINE AND STINKER • 1958 • ANS
ROBIN HOOD DAFFY • 1958 • ANS
TO ITCH HIS OWN • 1958 • ANS
WHOA, BE GONE • 1958 • ANS
BATON BUNNY • 1959 • ANS
HOT ROD AND REEL • 1959 • ANS
REALLY SCENT • 1959 • ANS
WILD ABOUT HURRY • 1959 • ANS
FASTEST WITH THE MOSTEST • 1960 • ANS
HIGH NOTE • 1960 • ANS
HOPALONG CASUALTY • 1960 • ANS
RABBIT'S FEAT • 1960 • ANS
READY WOOLEN AND ABLE • 1960 • ANS
WHO SCENT YOU? • 1960 • ANS
ZIP 'N' SNORT • 1960 • ANS
ABOMINABLE SNOW RABBIT, THE • 1961 • ANS
BEEP PREPARED • 1961 • ANS
COMPRESSED HARE • 1961 • ANS
LICKETY SPLAT • 1961 • ANS
MOUSE ON 57TH STREET, THE • 1961 • ANS
NELLY'S FOLLY • 1961 • ANS
SCENT OF THE MATTERHORN, THE • 1961 • ANS
LOUVRE COME BACK TO ME • 1962 • ANS
MARTIAN THRU GEORGIA • 1962 • ANS
SHEEP IN THE DEEP, A • 1962 • ANS
ZOOM AT THE TOP • 1962 • ANS
HARE-BREADTH HURRY • 1963 • ANS
I WAS A TEENAGE THUMB • 1963 • ANS
MAD AS A MARS HARE • 1963 • ANS
NOW HEAR THIS • 1963 • ANS
PENTHOUSE MOUSE • 1963 • ANS
TO BEEP OR NOT TO BEEP • 1963 • ANS
TRANSYLVANIA 6-5000 • 1963 • ANS
WOOLEN UNDER WHERE • 1963 • ANS
CAT ABOVE, THE MOUSE BELOW, THE • 1964 • ANS
IS THERE A DOCTOR IN THE MOUSE? • 1964 • ANS
MUCH ADO ABOUT MOUSING • 1964 • ANS
SNOWBODY LOVES ME • 1964 • ANS
UNSHRINKABLE JERRY MOUSE • 1964 • ANS
WAR AND PIECES • 1964 • ANS
AH -SWEET MOUSE STORY OF LIFE • 1965 • ANS
BAD DAY AT CAT ROCK • 1965 • ANS
CAT'S ME-OUCH, THE • 1965 • ANS
DOT AND THE LINE, THE • 1965 • ANS
HAUNTED MOUSE • 1965 • ANS
I'M JUST WILD ABOUT JERRY • 1965 • ANS
OF FELINE BONDAGE • 1965 • ANS
TOM THUMP • 1965 • ANS
TOM-IC ENERGY • 1965 • ANS
YEAR OF THE MOUSE, THE • 1965 • ANS
DUEL PERSONALITY • 1966 • ANS
HOW THE GRINCH STOLE CHRISTMAS • 1966 • ANS
JERRY JERRY QUITE CONTRARY • 1966 • ANS
LOVE ME, LOVE MY MOUSE • 1966 • ANS
BEAR THAT WASN'T, THE • 1967 • ANS
CANNERY RODENT • 1967 • ANS
CAT AND DUPLICAT • 1967 • ANS
PHANTOM TOLLBOOTH, THE • 1969 • ANM
CRICKET IN TIMES SQUARE, THE • 1971 • ANS
HORTON HEARS A WHO • 1971 • ANS
POGO SPECIAL BIRTHDAY SPECIAL • 1971 • ANM
VERY MERRY CRICKET, A • 1971 • ANS
YANKEE DOODLE CRICKET • 1974 • ANS
RIKI-TIKI-TAVY • 1975 • ANM
BUGS BUNNY / ROAD RUNNER MOVIE, THE • 1979 • ANM
1001 RABBIT TALES • 1982 • ANM

JONES CHRIS – UKN

RUNNER, THE • 1990

JONES CHUCK see **JONES CHARLES M.**

JONES DALU – USA

DOG TAGS • 1986

JONES DAVID – UKN – 1934–

BETRAYAL • 1983
84 CHARING CROSS ROAD • 1987
JACKNIFE • 1988

JONES DAVID* – ASL

YAKETTY YAK • 1974

JONES DON – USA

SWEATER GIRLS • 1978
FOREST, THE • TERROR IN THE FOREST • 1983
LOVE BUTCHER, THE • 1983
LETHAL PURSUIT • 1988
MURDERLUST • MASS MURDERER • 1988

JONES EDGAR – USA

BEFORE THE LAST LEAVES FALL • 1913
MAN OF HIM, THE • 1913
WAIF OF THE DESERT, A • 1913
AGGRESSOR, THE • 1914
BETWEEN TWO FIRES • 1914
COUNTRY GIRL, A • 1914
GIRL AT THE LOCK, THE • 1914
GREATER LOVE, THE • 1914
IN THE GAMBLER'S WEB • 1914
IN THE HILLS OF KENTUCKY • 1914
INSCRIPTION, THE • 1914
LOVE'S LONG LANE • 1914
STONEWALL JACKSON'S WAY • 1914
STRUGGLE EVERLASTING, THE • 1914
WEAKER BROTHER, THE • 1914
BEAST, THE • 1915
COURAGE AND THE MAN • 1915
ENEMY TO SOCIETY, AN • 1915
INDISCRETION • 1915
MEN OF THE MOUNTAINS • 1915
ON BITTER CREEK • 1915
PRINCE OF PEACE, A • 1915
UNDER THE FIDDLER'S ELM • 1915
WHERE THE ROAD DIVIDED • 1915
WHO BEARS MALICE • 1915
WOMAN PAYS, THE • 1915
DIMPLES • 1916
HALF MILLION BRIBE, THE • 1916
LOVELY MARY • 1916
TURMOIL, THE • 1916
GIRL ANGLE, THE • 1917
LADY IN THE LIBRARY, THE • 1917
MENTIONED IN CONFIDENCE • 1917
ZOLLENSTEIN • 1917
GIR WHO WOULDN'T QUIT, THE • 1918
RICH MAN'S DARLING, A • 1918
LONESOME CORNERS • 1922

JONES EUGENE S. – USA

FACE OF WAR, A • 1968 • DOC
TWO MEN OF KARAMOJA • WILD AND THE BRAVE, THE • 1974 • DOC
HIGH ICE • S.O.S. AVALANCHE • 1980 • TVM

JONES F. RICHARD – USA – c1890–

CROSSED LOVE AND SWORDS • 1915
GAME OLD KNIGHT, A • 1915
GREAT VACUUM ROBBERY, THE • 1915
HER PAINTED HERO • 1915
ONLY A FARMER'S DAUGHTER • 1915
RASCAL'S WOLFISH WAY, A • 1915
THOSE BITTER SWEETS • 1915
HER MARBLE HEART • 1916 • SHT
HIS HEREAFTER • 1916 • SHT
LOVE RIOT, A • 1916 • SHT
PILLS OF PERIL • 1916 • SHT
HIS UNCLE DUDLEY • 1917 • SHT
ARE MARRIED POLICEMAN SAFE? • 1918 • SHT
BATTLE ROYAL • 1918 • SHT
IT PAYS TO EXERCISE • 1918 • SHT
SAUCY MADELINE • 1918 • SHT
SHE LOVED HIM PLENTY • 1918 • SHT
SLEUTHS • 1918 • SHT
SON OF A GUN • 1918 • SHT
TWO TOUGH TENDER FEET • 1918 • SHT
DENTIST, THE • 1919 • SHT
FOOLISH AGE, THE • 1919 • SHT
HIS LAST FALSE STEP • 1919 • SHT
LOVE'S FALSE FACES • 1919 • SHT
MICKEY • 1919
NEVER TOO OLD • 1919 • SHT
REILLY'S WASH DAY • 1919 • SHT
TRYING TO GET ALONG • 1919 • SHT
UP IN ALF'S PLACE • 1919 • SHT
VILLAGE SMITHY, THE • 1919 • SHT
YANKEE DOODLE IN BERLIN • KAISER'S LAST SQUEAL, THE • 1919 • SHT
FLYING PAT • 1920
GEE WHIZ! • 1920 • SHT
LOVE, HONOR AND BEHAVE • 1920
SPEAKEASY, THE • 1920 • SHT
GHOST IN THE GARRET, THE • 1921
MOLLY O' • 1921
OH, JO! • OLD JO • 1921
COUNTRY FLAPPER, THE • CYNIC EFFECT, A • 1922
CROSSROADS OF NEW YORK, THE • FOR LOVE OR MONEY ○ HEARTBALM • 1922
SUZANNA • 1922
EXTRA GIRL, THE • 1923
SHRIEK OF ARABY, THE • 1923
FIRST 100 YEARS, THE • 1924 • SHT
LITTLE ROBINSON CORKSCREW • 1924 • SHT
BIG KILLING, THE • 1928
GAUCHO, THE • 1928
SOMEONE TO LOVE • 1928
WATER HOLE, THE • 1928
BULLDOG DRUMMOND • 1929

JONES FRED – CND

WORKING TITLE • 1986 • SHT
GIBBONS: CANADA'S FIGHTING ELITE • 1987 • SHT

JONES GARETH WYN – UKN

CURIOUS JOURNEY • 1979

JONES GARY W. – USA

STAY TUNED FOR MURDER • 1988

JONES GEOFFREY – UKN

SNOW • 1964 • SHT
TRINIDAD AND TOBAGO • 1964
RAIL • 1967

JONES GLYN – UKN

HAPPY ENDING • 1968

JONES GROVER – Producer/writer – USA

FOOTPRINTS • 1920 • SHT
NYMPHS AND NUISANCES • 1920 • SHT
UNKNOWN, THE • 1921
PUTTING IT OVER • 1922
TAKING CHANCES • 1922
SLOW AS LIGHTNING • 1923
SPEED KING • 1923
GENTLEMAN ROUGHNECK, A • 1925
HEIR-LOONS • 1925
THRILLING YOUTH • 1926
UNKNOWN DANGERS • 1926
GOD OF MANKIND • 1928
HELL AND HIGH WATER • CAP'N JERICHO (UKN) • 1933

JONES HARDY – UKN

DOLPHIN • 1979 • DOC

JONES HARMON – CND – 1911–1972

JONES HARMON C.

AS YOUNG AS YOU FEEL • 1951
BLOODHOUNDS OF BROADWAY • 1952
PRIDE OF ST. LOUIS, THE • 1952
CITY OF BADMEN • 1953
KID FROM LEFT FIELD, THE • 1953
SILVER WHIP, THE • 1953
GORILLA AT LARGE • 1954
PRINCESS OF THE NILE • 1954
TARGET ZERO • 1955

CANYON RIVER • 1956
DAY OF FURY, A • 1956
BEAST OF BUDAPEST, THE • 1958
BULLWHIP • 1958
WOLF LARSEN • 1958
DON'T WORRY, WE'LL THINK OF A TITLE • 1966
MOUNTAINS OF THE MOON • 1967 • MTV

JONES HARMON C. see **JONES HARMON**

JONES IAN – UKN
IT'S NOT ALL PAINTING AND DRAWING, YOU KNOW • 1971

JONES JAMES CELLAN – UKN – 1931–
CELLAN-JONES JAMES
FORTSYTE SAGA, THE • 1967 • MTV
BEQUEST TO THE NATION, A • NELSON AFFAIR, THE • 1973
DAY CHRIST DIED, THE • 1980 • TVM
PERFECT HERO, A • 1990

JONES JOHN MARTIN see **MARTIN-JONES JOHN**

JONES KIRK – Animator – CND
LISTENER, THE • 1986 • ANS

JONES L. Q. – Actor – USA – 1927–
DEVIL'S BEDROOM, THE • 1964
BOY AND HIS DOG, A • 1975
APOCALYPSE 2024 • 1983

JONES MICHAEL – CND
ADVENTURE OF FAUSTUS BIDGOOD, THE • 1987

JONES PETER – Producer – CND – 1923–
NEW CHANNELS FOR SOCKEYE • 1973 • DOC

JONES PETER FRAZER see **FRAZER-JONES PETER**

JONES PHILLIP – USA
SECRETS • 1973

JONES ROBERT – USA – 1942–
MISSION HILL • NEIGHBOURHOOD: MISSION HILL, THE ○ NEIGHBOURHOOD, THE • 1982

JONES ROBERT C. – USA
CARRY IT ON • JOAN (UKN) • 1970

JONES STUART WYNN – UKN
RAVING WAVING • ANS
SPARK, THE • SHT
OPTIC TICKLERS • 1966 • ANS

JONES TERRY – Writer – UKN – 1942–
MONTY PYTHON AND THE HOLY GRAIL • 1974
LIFE OF BRIAN • MONTY PYTHON'S LIFE OF BRIAN • 1979
MONTY PYTHON'S THE MEANING OF LIFE • 1983
PERSONAL SERVICES • 1987
ERIK THE VIKING • 1989
PLAYBOYS, THE • 1989

JONES WINSTON – USA
U.F.O. (UNIDENTIFIED FLYING OBJECTS) • UNIDENTIFIED FLYING OBJECTS • 1956 • DOC
WINK OF AN EYE • 1958

de JONG ATE – NTH – c1956–
ALLE DAGEN FEEST • PARTY EVERY DAY, A • 1975
BLINDGANGERS • BLINDSPOT ○ BLIND SPOT • 1976
DAG DOKTER • INHERITANCE, THE • 1978
FAMILIAR FACES AND MIXED FEELINGS • 1981
FLIGHT OF RAINBIRDS, A • 1981
BRANDENDE LIEFDE • BURNING LOVE • 1983
HIGHWAY TO HELL • 1990

de JONGE FREEK – NTH
KOMEDIANT, DE • PERFORMER, THE • 1986

JONGERIUS OTTO – NTH
ALLE DAGEN FEEST • PARTY EVERY DAY, A • 1975
MENEER KLOMP • MR. KLOMP • 1978
TWO QUEENS AND A KING • 1981

JONOUCHI MOTOHARU – JPN
POU POU • 1960 • SHT

JONSSON BO – SWD
PACKAGE HOLIDAY, THE • 1981

JONSSON ERIC – SWD
SABOTAGE • 1952

JONSSON THORSTEINN – ICL – 1946–
HARBOUR, THE • 1966 • SHT
JUMP • 1968 • SHT
BONDI • FARMER • 1978 • DOC
FISH BENEATH THE STONE, THE • 1978 • SHT
PUNKTUR, PUNKTUR, COMMA, STRIK • DOT, DOT, COMMA, DASH • 1980
ATOMSTODIN • ATOMIC STATION, THE • 1983

JONTURK REMZI see **CONTURK REMZI**

JOOS THERDO – USA
GIRL OF THE RANCHO • 1920 • SHT
MOONSHINER • 1920 • SHT
NIGHT RIDER, THE • 1920 • SHT
WHITE SQUAW, THE • 1920 • SHT
WILD CAT, THE • 1920 • SHT

JORAY NIGGI – SWT
SKARABEUS • 1976

JORDA JOAQUIN – SPN – 1935–
DANTE NO ES UNICAMENTE SEVERO • DANTE IS NOT ONLY SEVERE • 1967

JORDAN DAVID – NZL
THROUGH THE FIRE • 1969 • DOC

JORDAN GLENN – USA – 1936–
FRANKENSTEIN • 1973 • TVM
PICTURE OF DORIAN GRAY, THE • 1973 • TVM
SHELL GAME • 1975 • TVM
SONG OF THE SUCCUBUS • 1975 • TVM
ONE OF MY WIVES IS MISSING • 1976 • TVM
DELTA COUNTY, U.S.A. • 1977 • TVM
SUNSHINE CHRISTMAS • 1977
COURT MARTIAL OF GENERAL GEORGE ARMSTRONG CUSTER, THE • 1978 • TVM
LES MISERABLES • 1978 • TVM
FAMILY MAN, THE • 1979 • TVM
SON RISE: A MIRACLE OF LOVE • SON-RISE: A MIRACLE OF LOVE ○ MIRACLE OF LOVE • 1979 • TVM
WOMEN'S ROOM, THE • 1980 • TVM
ONLY WHEN I LAUGH • IT HURTS ONLY WHEN I LAUGH (UKN) • 1981
PRINCESS AND THE CABBIE, THE • 1981 • TVM
LOIS GIBBS AND THE LOVE CANAL • CRUSADE FOR LIFE • 1982 • TVM
BUDDY SYSTEM, THE • 1984
HEARTSOUNDS • 1984 • TVM
MASS APPEAL • 1984
TOUGHLOVE • SUBSTITUTE, THE • 1985 • TVM
DRESS GRAY • 1986 • TVM
PROMISE • 1986 • TVM
SOMETHING IN COMMON • 1986 • TVM
ECHOES IN THE DARKNESS • 1987 • TVM
JESSE • 1988

JORDAN HAL – USA
IN THE MATTER OF KAREN ANN QUINLAN • 1977 • TVM

JORDAN JOSEFINA – VNZ
SI PODEMOS • WE CAN • 1973 • DOC
JUEGO Y LA VIDA, EL • PLAY AND LIFE • 1977 • DOC

JORDAN LARRY – USA – 1934–
OUR LADY OF THE SPHERE • ANM
CHILD'S HAND, THE • 1954
MAN IS IN PAIN • 1955 • SHT
ONE ROMANTIC ADVENTURE OF EDWARD, THE • 1955 • SHT
UNTITLED FILM OF GEOFFERY HOLDER'S WEDDING • 1955
TRUMPIT • 1955-56 • SHT
3 • 1955-56 • SHT
THOUSAND YEAR MAN, THE • 1956 • SHT
UNDERTOW • 1956 • SHT
WATER LIGHT • 1957 • SHT
TRYPTYCH • 1958 • SHT
FINDS OF THE FORTNIGHT • 1960 • ANM
HEAVY WATER • 1960 • SHT
HYMN IN PRAISE OF THE SUN • 1960 • SHT
MINERVA LOOKS OUT INTO THE ZODIAC • 1960 • SHT
CIRCUS SAVAGE, THE • 1961
MONKEY, THE • 1961 • ANS
MOVIE CRITIC, THE • 1961
PETITE SUITE • 1961 • SHT
PATRICIA GIVES BIRTH TO A DREAM BY THE DOORWAY • 1962-64
FORTY AND ONE NIGHTS, THE • JESS'S DIDACTIC NICKELODEON • 1963
CENTENNIAL EXPOSITION • 1964 • SHT
DREAM MERCHANT • 1964 • SHT
DUO CONCERTANTES • 1964 • ANS
PINK SWINE • 1964 • SHT
TRAUM DE LIEBENDEN, EIN • DREAM OF LOVERS, A • 1964 • ANS
ENID'S IDYLL • SHT
HAMFAT ASAR • 1965 • ANS
OLD HOUSE PASSING, THE • 1965 • SHT
HILDUR AND THE MAGICIAN • 1969

JORDAN MILDRED – USA
SHAKESPEARE'S THEATER: THE GLOBE PLAYHOUSE • 1953 • DOC

JORDAN NEIL – IRL – 1950–
ANGEL • DANNY BOY (USA) • 1983
COMPANY OF WOLVES, THE • 1984
MONA LISA • 1986
HIGH SPIRITS • 1988
WE'RE NO ANGELS • 1989
MIRACLE, THE • 1990

JORDAN RICHARD – FRN
CAT'S SOUP • 1974

JORDAN WILLIAM – USA
SHAKESPEARE'S THEATER: THE GLOBE PLAYHOUSE • 1953 • DOC

JORFALD KNUT W. – NRW
SIGURD DRAKEDREPER • SIGURD THE DRAGONSLAYER • 1988

JORGE JEAN-LOUIS – FRN – 1947–
SERPIENTE DE LA LUNA DE LOS PIRATAS, LA • 1972
MELODRAME • 1976

JORGENSEN HANS-HENRIK – DNM
HISTORIEN OM KIM SKOV • STORY OF KIM SKOV, THE • 1981

JORGENSEN TEIJ – DNM
SKAEVE DAGE I THY • 1970

JORI BRUNO – GRM
BAGNOLO -DORF ZWISCHEN SCHWARZ UND ROT • BAGNOLO (UKN) • 1964 • DOC

JORON PAUL – CND
CENTENAIRE DU SAGUENAY, LE • 1938 • DOC

JORRE GUY – FRN
PELERIN PERDU, LE • LOST PILGRIM, THE • 1962

JOSCOWICZ ALFREDO – MXC
JOSKOWICZ ALFREDO
CAMBIO, EL • CHANGE, THE • 1971
MERIDIANO 100 • MERIDIAN 100 • 1974
CONSTELACIONES • CONSTELLATIONS • 1980
CABALLITO VOLADOR, EL • LITTLE FLYING HORSE, THE • 1982

JOSE EDWARD – BLG – c1880–
BELOVED VAGABOND, THE • 1912
CORSAIR, THE • 1914
CLOSING NET, THE • 1915
NEDRA • 1915
SIMON THE JESTER • 1915
IRON CLAW, THE • LAUGHING MASK, THE • 1916 • SRL
LIGHT THAT FAILED, THE • 1916
PEARL OF THE ARMY • 1916 • SRL
HER SILENT SACRIFICE • 1917
MAYBLOSSOM • MAY BLOSSOM • 1917
MOTH, THE • 1917
POPPY • 1917
FEDORA • 1918
LOVE'S CONQUEST • GISMONDA • 1918
MY COUSIN • 1918
PRIVATE PEAT • 1918
RESURRECTION • 1918
SPLENDID ROMANCE, THE • 1918
TOSCA, LA • 1918
WOMAN AND WIFE • 1918
WOMAN OF IMPULSE, A • 1918
FIRES OF FAITH • FIRES OF FATE • 1919
ISLE OF CONQUEST, THE • BROKEN BARRIER, THE ○ BY RIGHT OF CONQUEST • 1919
TWO BRIDES, THE • 1919
FIGHTING SHEPHERDESS, THE • 1920
MOTHERS OF MEN • 1920
RIDDLE: WOMAN, THE • 1920
YELLOW TAIFUN, THE • YELLOW TYPHOON • 1920
HER LORD AND MASTER • 1921
INNER CHAMBER, THE • 1921
MATRIMONIAL WEB, THE • 1921
RAINBOW • 1921
SCARAB RING, THE • 1921
WHAT WOMEN WILL DO • 1921
GIRL IN HIS ROOM, THE • LOCKED OUT • 1922
MAN FROM DOWNING STREET, THE • 1922
PRODIGAL JUDGE, THE • 1922
GOD'S PRODIGAL • 1923
TERREUR • PERILS OF PARIS, THE (USA) ○ TERROR • 1924
PUITS DE JACOB, LES • DAUGHTER OF ISRAEL (USA) • 1926

JOSEPH ERICH – GRM
UNBEDEUTENDE FRAU, EINE • 1919
WENN EIN MADCHEN HUBSCH IST • 1919

JOSEPH EUGENIE – USA
SPOOKIES • TWISTED SOULS • 1986

JOSEPH PETER – GRM
RICHTHOFEN, DER ROTE RITTER DER LUFT • RICHTHOFEN: THE RED KNIGHT OF THE AIR (USA) • 1927

JOSEPH STANLEY – UKN – 1923–
ELEPHANTS HAVE RIGHT OF WAY • 1962 • DCS
BIRDS, THE • 1963 • DCS
LAST STRONGHOLD, THE • 1963 • DCS
NEW ARK, THE • 1963 • DOC
CLOUD OVER PARADISE • 1964 • SHT
PEARL IN THE DESERT, THE • 1964 • DCS
STRIPED HORSE IN A RED COLLAR • 1970 • DCS
WHERE HIM OF THE HAIRY HANDS LIVES • 1972 • DCS

JOSEPHSON ERLAND – Actor – SWD – 1923–
RESAN • TWO • 1977
SERVES HIM RIGHT • 1977
VALBRYTNING • 1977 • MTV
EN OCH EN • ONE AND ONE (UKN) • 1978
HOUNDS OF SPRING, THE • 1979
MARMELADUPPRORET • MARMALADE REVOLUTION (USA) • 1980

JOSEPHSON H. M. – NTH
ZES JAREN • SIX YEARS • 1946

JOSIPOVICI JEAN – FRN – 1914–
CHAIR ET LE DIABLE, LA • FUOCO NELLE VENE, IL (ITL) ○ FLESH AND DESIRE (USA) • 1953
INSPECTEUR CONNAIT LA MUSIQUE, L' • BLUES • 1955
PITIE POUR LES VAMPS • 1956
DELITTO ALLO SPECCHIO • DEATH ON THE FOUR-POSTER (USA) ○ SEXY PARTY (UKN) ○ CRIME IN THE MIRROR • 1964

JOSKOWICZ ALFREDO see **JOSCOWICZ ALFREDO**

JOSLYN DON – USA
UP YOUR TEDDY BEAR • TOY GRABBERS, THE • 1970

JOST JON – USA
SPEAKING DIRECTLY • 1973
ANGEL CITY • 1977
CHAMELEON • 1978
LAST CHANTS FOR A SLOW DANCE • 1980

JOUANNET IRENE – FRN – 1945–
INTRUS, L' • 1983

JOUFFA FRANCOIS – FRN – 1943–
BONZESSE, LA • 1975

JOULIA PHILIPPE – FRN – 1931–
SIX CHEVAUX BLEUS • ZOSSIA • 1967

JOULOT JEAN – FRN
NEGRE BLANC, LE • 1912

JOURAK FEREYDOUN – IRN
KHOSHGELE GHAHRAMAN • BEAUTIFUL HERO, THE • 1967
DOKHTARE ESHVEGAR • COQUETTE, THE • 1968
TOHFE HEND • GIFT FROM INDIA, A • 1968

JOURALIAV V. see **ZHURAVLEV VASILI**

JOURDAIN PIERRE see **JOURDAN PIERRE**

JOURDAN ERVEN – USA
MONEY IN MY POCKET • 1962

JOURDAN PIERRE – FRN – 1907–
JOURDAIN PIERRE
PHEDRE • 1968
DANSEUR: RUDOLPH NUREYEV, UN • I AM A DANCER (UKN) • 1972
AIDA • 1976
BEETHOVEN FIDELIO • FIDELIO • 1977

JOUVET LOUIS – FRN – 1887–1951
KNOCK, OU LE TRIOMPHE DE LA MEDECINE • 1933

JOVANOVIC – YGS
PUK OKO SVIJETA • TRIP AROUND THE WORLD • 1964

JOVANOVIC DRAGOVAN – YGS
DEVOJKA SA KOSMAJA • NINA THE GIRL FROM KOSMAJ ○ GIRL FROM THE MOUNTAINS • 1972
PROTIV KINGA • AGAINST KING • 1975
MIRIS ZEMLJE • SCENT OF THE EARTH, THE • 1979
SABLAZAN • SCANDAL • 1984

JOVANOVIC JOVAN – YGS
IZRAZI JA • EXPRESSIVE I, THE • 1969
KOLT 15 GAP • 1971 • SHT
MLAD I ZVRAV KAO RUZA • YOUNG AND HEALTHY AS A ROSE • 1972

JOVANOVIC SOJA – YGS
SUMNJIVO LICE • SUSPICIOUS CHARACTER, A • 1954
DILIZANSA SNOVA • COACH OF DREAMS, THE • 1960
DR. • 1962
POP CIRA I POP SPIRA • PARSON CIRA AND PARSON SPIRA ○ IT'S NOT EASY TO GET MARRIED • 1965
ORLOVI RANO LETE • EAGLES FLY EARLY, THE • 1966
PUSTI SNOVI • NOTHING BUT DREAMS ○ BARREN DREAMS ○ VAIN DREAMS • 1968
SILOM OTAC • FATHER BY FORCE • 1970

JOVANOVIC ZORAN – YGS
ZASTAVE • FLAGS • 1973
ANTIDOGMIN • 1976 • SHT

JOVER CARLOS – SPN
SERENATA A LA LUZ DE LA LUNA • SERENADE BY MOONLIGHT • 1979

JOVICIC SLOBODAN – YGS
OMLADINSKA PRUGA SAMAC–SARAJEVO • 1947

JOY RON – USA
ANIMALS, THE • FIVE SAVAGE MEN • 1971

JOYCE CAROLINE see **PIERSON CLAUDE**

JOYCE CAROLYNE see **PIERSON CLAUDE**

JOYCE MICHAEL – UKN
NICE TRY • 1974

JOYCE PAUL – UKN
ENGAGEMENT, THE • 1970

JOYEUX PHILIPPE – FRN
ARCHIVES SECRETES DE MAISONS CLOSES, LES • 1976

JOZANI MASSOUD JAFARI – IRN
FROSTY ROADS • 1985
STONY LION • 1987
IN THE WIND'S EYE • 1989

JRIBE MARIE-LOUISE see **IRIBE MARIE-LOUISE**

JUBENVILL KEN – CND – 1937–
FIRST HARVEST, THE • 1973 • MTV
VITAL 2/3RDS, THE • 1973 • MTV
TIME OF THE TAR SANDS • 1974 • MTV
BREAK IN THE ICE, A • 1975 • MTV
SAND BARRIER, THE • 1978 • SHT
TAKE A GIANT STEP • 1982 • MTV
LET MUSIC BE THE MESSAGE • 1983 • SHT
GIFT, THE • 1984 • MTV
TRANSIT GOIN' TO TOWN • 1984 • MTV
B.C. AT EXPO 85 • 1985J • SHT
AIRWOLF: THE STAVOGRAD INCIDENT • 1986 • TVM

JUDGE JOEL see **BIBERMAN ABNER**

JUGERT RUDOLF – GRM – 1907–
JUGERT RUDOLPH
FILM OHNE TITEL • FILM WITHOUT A NAME (USA) ○ FILM WITHOUT TITLE • 1949
HALLO, FRAULEIN! • 1949
1 X 1 DER EHE • 1949
ES KOMMT EIN TAG • 1950
FRAU MIT HERZ, EINE • 1951
ICH HEISSE NIKI • 1952
ILLUSION IN MOLL • 1952
NACHTS AUF DEN STRASSEN • NIGHT ON THE AUTOBAHN, A • 1952
HERZ SPIELT FALSCH, EIN • 1953
JONNY RETTET NEBRADOR • 1953
GEFANGENE DER LIEBE • 1954
IHRE GROSSE PRUFUNG • 1954
LIEBESGESCHICHTE, EINE • 1954
ROSEN IM HERBST • EFFI BRIEST • 1955
KRONPRINZ RUDOLFS LETZTE LIEBE • 1956
MEINEIDBAUER, DER • 1956
NINA • 1956
STUDENTIN HELEN WILLFUER • 1956
KEINE ZEIT FUR SCHWACHE STUNDEN • 1957
STUCK VON HIMMEL, EIN • 1957
EVA KUSST NUR DIKTATOREN • 1958
FRAUENSEE • 1958
FEUERROTE BARONESSE, DIE • SCARLET BARONESS, THE (USA) • 1959
WAHRHEIT UBER ROSEMARIE, DIE • LOVE NOW, PAY LATER • 1959
ENDSTATION "ROTE LATERNE" • 1960
JUNGE SUNDERIN, DIE • 1960
SATAN LOCKT MIT LIEBE, DER • 1960
STUNDE, DIE DU GLUCKLICH BIST, DIE • 1961
AXEL MUNTHE, DER ARZT VON SAN MICHELE • DONNE SENZA PARADISO (ITL) ○ STORIA DI SAN MICHELE, LA • 1962
FRAUENARZT DR. SIBELIUS • 1962
KENNWORT: REIHER • 1964

JUGERT RUDOLPH see **JUGERT RUDOLF**

JUGNOT GERARD – FRN – 1951–
PINOT SIMPLE FLIC • 1984

JUGO WILLIAM J. – USA
BALLAD OF GAVILAN • 1968

JUHASZ FERENC – HNG
RAGE OF THE SUN AND THE MOON, THE • ANS

JULIAN PAUL – USA
BABY BOOGIE • 1955 • ANS
HANGMAN • 1964 • ANS

JULIAN RUPERT – NZL – 1889–1943
EVIL OF SUSPICION, THE • 1915
FERRET, THE • 1915
GILDED YOUTH • 1915
WATER CLUE, THE • 1915
WHITE FEATHER VOLUNTEER, A • 1915
ARTHUR'S LAST FLING • 1916 • SHT
AS FATE DECIDES • 1916 • SHT
BETTINA LOVED A SOLDIER • ABBE CONSTANTIN, L' • 1916
BLACKMAILER, THE • 1916 • SHT
BUGLER OF ALGIERS, THE • COMRADES (UKN) ○ WE ARE FRENCH • 1916
DESPERADO, THE • 1916 • SHT
EVIL WOMEN DO, THE • CLIQUE OF GOLD, THE • 1916
EYES OF FEAR, THE • 1916 • SHT
FALSE GEMS, THE • 1916 • SHT
FUR TRIMMED COAT, THE • 1916 • SHT
HUMAN CACTUS, THE • 1916 • SHT
JOHN PELLET'S DREAM • 1916 • SHT
LITTLE BOY BLUE • 1916
MARRIAGE OF ARTHUR, THE • 1916
NAKED HEARTS • MAUD (UKN) • 1916
RED LIE, THE • 1916 • SHT
RIGHT TO BE HAPPY, THE • SCROOGE THE SKINFLINT (UKN) ○ CHRISTMAS CAROL, A • 1916
UNDERWORLD, THE • 1916 • SHT
WE FRENCH • 1916
CIRCUS OF LIFE, THE • 1917
DESIRE OF THE MOTH, THE • 1917
DOOR BETWEEN, THE • 1917
GIFT GIRL, THE • 1917
KENTUCKY CINDERELLA, A • 1917
MOTHER O' MINE • MOTHER LOVE (UKN) ○ MOTHER OF MINE • 1917
MYSTERIOUS MR. TILLER, THE • MYSTERIOUS MR. MILLER, THE • 1917
SAVAGE, THE • 1917
FIRES OF YOUTH • 1918
HANDS DOWN • 1918
HUNGRY EYES • 1918
KAISER, BEAST OF BERLIN, THE • KAISER, THE • 1918
MIDNIGHT MADNESS • 1918
CREAKING STAIRS • 1919
FIRE FLINGERS, THE • 1919
MILLIONAIRE PIRATE, THE • 1919
SLEEPING LION, THE • 1919
HONEY BEE, THE • 1920
GIRL WHO RAN WILD, THE • 1922
MERRY-GO-ROUND • 1923
LOVE AND GLORY • 1924
HELL'S HIGHROAD • 1925
PHANTOM OF THE OPERA, THE • 1925
SILENCE • 1926
THREE FACES EAST • 1926
COUNTRY DOCTOR, THE • 1927
YANKEE CLIPPER, THE • WHITE WINGS • 1927
LEOPARD LADY, THE • 1928
WALKING BACK • 1928
PHANTOM OF THE OPERA, THE • 1929
CAT CREEPS, THE • 1930
LOVE COMES ALONG • 1930

JULIANI JOHN – CND
LATITUDE 55 • 1981

JULICH HERTA – GRM
MYSTERIUM DES LEBENS, DAS • 1938

JULIEN ISAAC – UKN
PASSION OF REMEMBRANCE, THE • 1987
LOOKING FOR LANGSTON • 1990
YOUNG SOUL REBELS • 1990

JULLIAN MARCEL – FRN – 1922–
ETE DE NOS QUINZE ANS, L' • 1982
PARENTS NE SONT PAS SIMPLES CETTE ANNEE!, LES • 1983

JULY SERGE – FRN
VIVA PORTUGAL • 1975 • DOC

JUNA RAO MALLIKAR see **RAO MALLIKARJUNA**

JUNAK TADEUSZ – PLN
PALAC • 1980

JUNAR – PHL
TIGRE GITANO • TIGER GYPSY • 1968

JUNARKAR R. S. – IND
MINING COAL • 1968

JUNG-ALSEN KURT – GRM
LETZTES FACH UNTEN • 1955
BETROGEN BIS ZUM JUNGSTEN TAG • DUPED TILL DOOMSDAY • 1957
POLONIA-EXPRESS • 1957
KLEINE KUNO, DER • 1959
HEUTE UBER 40 SIND, DIE • 1960
HOCHMUT KOMMT VOR DEM KNALL • PRIDE COMES BEFORE THE FALL • 1960
SCHWUR DES SOLDATEN POOLEY, DER • STORY OF PRIVATE POOLEY, THE (UKN) ○ SURVIVOR, THE (USA) • 1962
GEHEIMARCHIV AN DER ELBE • 1963
AUF DEN BERGEN ROTER MOHN • FOUR SOLDIERS • 1966

JUNGE WINIFRIED – GRM – 1935–
LEBENSLAUFE • DOC
UNTIL MAN CAME • 1960 • DOC
APE TERROR, THE • 1961 • DOC
WAIT UNTIL I GO TO SCHOOL • 1961 • DOC
HOLIDAYS • 1963 • DOC
NACH EINEM JAHR • AFTER ONE YEAR • 1963
GIRL STUDENTS -IMPRESSIONS OF A TECHNICAL COLLEGE • 1965 • DOC
ELEVEN YEARS OLD • 1966 • DOC
TAPFERE SCHULSCHWANZER, DER • BRAVE SCHOOL TRUANT, THE ○ BRAVE TRUANTS, THE • 1967
WITH BOTH LEGS IN THE SKY • 1968 • DOC

JUNGHANS CARL see **JUNGHANS KARL**

JUNGHANS KARL – GRM – 1897–
JUNGHANS CARL
BEINE MAJA • 1926
TAKOVY JE ZIVOT • SO IST DAS LEBEN (FRG) ○ THAT'S LIFE ○ SUCH IS LIFE • 1929
A ZIVOT JDE DAL.. • UND DAS LEBEN GEHT WEITER (FRG) ○ LIFE GOES ON ○ LIFE CONTINUES • 1935

JUNGHANS WOLFRAM – GRM
BIENE MAJA UND IHRE ABENTEUER, DIE • 1926

JUNIOR BRANCATO – BRZ
INCRIVEIS NESTE MUNDO LOUCO, OS • INCRIVEIS IN THIS CRAZY WORLD • 1967

JUNIOR JOSE BENAVIDES see **BENAVIDES JOSE JR.**

JUNO VICTOR – USA
LAST HOUSE ON DEAD END STREET • FUN HOUSE, THE • 1981

JUNOD BLAISE – SWT
PAYSAGES DU SILENCE • 1986 • DOC

JUNOD JEAN-BLAISE – SWT
DUENDE • 1989

JURACEK PAVEL – CZC
POSTAVA K PODPIRANI • JOSEPH KILIAN (USA) ○ FIGURE TO SUPPORT, A ○ JOSEF KILLIAN ○ ORDER AND DISORDER ○ STATUE TO BE PROPPED, A ○ HUMAN CONDITION, THE • 1963
KAZDY MLADY MUZ • EVERY YOUNG MAN • 1965
PRIPAD PRO ZACINAJICIHO KATA • CASE FOR THE NEW HANGMAN, A ○ CASE FOR A YOUNG HANGMAN, A • 1969

JURAN NATHAN – AUS – 1907–
HERTZ NATHAN
BLACK CASTLE, THE • 1952
GOLDEN BLADE, THE • 1953
GUNSMOKE • 1953
LAW AND ORDER • 1953
TUMBLEWEED • 1953
CROOKED WEB, THE • 1954
DRUMS ACROSS THE RIVER • 1954
HIGHWAY DRAGNET • 1954
DEADLY MANTIS, THE • INCREDIBLE PRAYING MANTIS, THE • 1957
HELLCATS OF THE NAVY • 1957
IMPRESE DI UNA SPADA LEGGENDARIA, LE • 1957
20 MILLION MILES TO EARTH • GIANT YMIR, THE • 1957
ATTACK OF THE 50 FOOT WOMAN • 1958
BRAIN FROM PLANET AROUS, THE • 1958
GOOD DAY FOR A HANGING • 1958
SEVENTH VOYAGE OF SINBAD, THE • 1958
MANTELLI E SPADE INSANGUINATE • 1960
FLIGHT OF THE LOST BALLOON • 1961
JACK THE GIANT KILLER • 1962
SIEGE OF THE SAXONS, THE • 1963
EAST OF SUDAN • 1964
FIRST MEN IN THE MOON • 1964
LAND RAIDERS • DAY OF THE LAND GRABBER • 1970
BOY WHO CRIED WEREWOLF, THE • 1973

JURDI HISHAM – LBN
HAYAT AL NAHEL • LIFE OF THE BEES • 1985

JURGA ANDRZEJ – PLN
PLAY 54321 • 1967

JURGENS – USA
AND THE EARTH SHALL GIVE BACK LIFE • 1953 • SHT

JURGENS CURD – Actor – GRM – 1915–
PRAMIEN AUF DEN TOD • 1950
GANGSTERPREMIERE • 1951
OHNE DICH WIRD ES NACHT • WITHOUT YOU IT IS NIGHT • 1956
BANKRAUB IN DER RUE LATOUR • 1961

JURGENS RAY – CND
PARALYSIS • 1972 • ANS

JURI JORGE ZUHAIR – ARG
JURI ZUHAIR
FANTASTICO MUNDO DE LA MARIA MONTIEL, EL • FANTASTIC WORLD OF MARIA MONTIEL, THE • 1977
NO VA MAS • NO MORE BETS • 1982

JURI ZUHAIR see **JURI JORGE ZUHAIR**

JURJASEVIC BORIS – YGS
LJUBAVI BLANKE KOLAK • LOVES OF BLANKA KOLAK, THE • 1987

JURWICH DON – USA
ONCE UPON A GIRL
G.I. JOE: THE MOVIE • 1987 • ANM

JUSID JUAN JOSE – ARG
TUTE CABRERO • 1968
GAUCHOS JUDIOS, LOS • JEWISH GAUCHOS, THE • 1975
NO TOQUEN A LA NEVA • DON'T TOUCH THE LITTLE GIRL • 1976
ESPERAME MUCHO • KEEP WAITING FOR ME • 1982
ASESINATO EN EL SENADO DE LA NACION • MURDER IN THE SENATE • 1984
MADE IN ARGENTINA • 1987

JUST ERIKA – GRM
CINDERELLA • 1963
SLEEPING BEAUTY • 1963

JUSTICE BILL – Animator – USA
COWBOY NEEDS A HORSE, A • 1956 • ANS
JACK AND OLD MAC • 1956 • ANS
TRUTH ABOUT MOTHER GOOSE, THE • 1957 • ANS
NOAH'S ARK • 1959 • ANS
SYMPOSIUM ON POPULAR SONGS, A • 1962 • ANS

JUSTICE MARTIN – USA
BLIND MAN'S HOLIDAY • 1917
COMING OUT OF MAGGIE, THE • 1917 • SHT
DEPARTMENTAL CASE, A • 1917 • SHT
DISCOUNTERS OF MONEY • 1917 • SHT
INDIAN SUMMER OF DRY VALLEY JOHNSON, THE • 1917
LITTLE SPECK IN GARNERED FRUIT, A • 1917 • SHT
SKYLIGHT ROOM, THE • 1917
COUNT AND THE WEDDING GUEST, THE • 1918 • SHT
ENCHANTED PROFILE, THE • 1918 • SHT
HICK MANHATTAN • 1918
LOST ON DRESS PARADE • 1918 • SHT
PURPLE DRESS, THE • 1918
ROMANCE AND BRASS TACKS • 1918 • SHT
RUBAIYAT OF A SCOTCH HIGH BALL, THE • 1918 • SHT
SCHOOLS AND SCHOOLS • 1918 • SHT
SOAP GIRL, THE • 1918
THEY SHALL PAY • 1921
ENCHANTED FOREST, THE • 1930 • SHT

JUSTINIANO GONZALO – CHL
SUSSI • 1988

JUSTITZ EMIL – GRM – 1871-1920
LETZTE EINES ALTEN GESCHLECHTES, DER • 1916
RICHTERIN VON SOLVIGSHOLM, DIE • 1916
MARTHYRER SEINES HERZENS • BEETHOVENS LEBENSROMAN • 1918
FALSCHE SCHEIN, DER • 1919
JOHANNISTRAUM • 1919
MARIA PAWLOWNA • 1919
VERRAT DER GRAFIN LEONIE, DER • 1919
FALSCHSPIELER • 1920
ROTE PLAKAT, DAS • 1920
TASCHENDIEBE • 1920
EISERNE ACHT, DIE • 1921
GOUVERNEUR DES TODES, DER • 1922
KRAWATTENMACHER • WUCHERER VON BERLIN, DER • 1922
DAMON ZIRKUS • TODESSEIL DER BLANDIN-TRUPPE, DAS • 1923
GESTOHLENE PROFESSOR, DER • VITUS THAVONS GENERALCOUP • 1924

JUSTMAN PAUL – USA
GIMME AN "F" • 1984

JUTE ALEX – SWD – 1914-
UNDER SVALLANDE SEGEL • 1952
VI VAR NAGRA MAN • 1953

JUTRA CLAUDE – CND – 1930-1987
DEMENT DU LAC JEAN JEUNE, LE • 1947 • SHT
MOVEMENT PERPETUEL • 1949
PIERROT DES BOIS • 1954 • SHT
CHANTONS MAINTENANT • 1956 • DCS
JEUNESSES MUSICALES • 1956 • DOC
CHAIRY TALE, A • HISTOIRE D'UNE CHAISE ○ IL ETAIT UN CHAISE • 1957 • ANS
MAINS NETTES, LES • 1958
FELIX LECLERC -TROUBADOUR • 1959 • DCS
FRED BARRY, COMEDIEN • FRED BARRY • 1959 • DCS
NIGER -JEUNE REPUBLIQUE, LE • NIGER '60 • 1960 • DOC
LUTTE, LA • WRESTLING • 1961 • DCS
QUEBEC USA • VISIT TO A FOREIGN COUNTRY ○ INVASION PACIFIQUE, L' • 1962 • DCS
A TOUT PRENDRE • TAKE IT ALL (USA) ○ WAY IT GOES, THE • 1963
ANNA LA BONNE • 1963 • SHT
PETIT DISCOURS DE LA METHODE • 1963 • DCS
SEVEN SURPRISES • 1963 • ANT
CINE-BOUM • 1964
ENFANTS DU SILENCE, LES • 1964 • DCS
COMMENT SAVOIR • KNOWING TO LEARN • 1966 • DOC
ROULI-ROULANT • DEVIL'S TOY, THE • 1966 • DCS
AU COEUR DE LA VILLE • 1969 • DCS
QUEBEC VU PAR CARTIER-BRESSON, LE • 1969
WOW! • 1969 • DOC
MARIE-CHRISTINE • 1970 • SHT
MON ONCLE ANTOINE • MY UNCLE ANTOINE (USA) • 1971
KAMOURASKA • 1973
POUR LE MEILLEUR ET POUR LE PIRE • 1975
QUEBEC-FETE JUIN 1975 • 1976 • DOC
ADA • 1977 • MTV
ARTS CUBA • 1977
DREAMSPEAKER • 1977
PATRIARCH #1 & #2, THE • 1977 • SHT
SEER WAS HERE • 1978 • MTV
WORDSMITH, THE • 1978
SURFACING • 1980
BY DESIGN • 1981
DAME EN COLEURS, LA • WOMAN OF COLOURS, A ○ OUR LADY OF THE PAINTS • 1984
MY FATHER, MY RIVAL • 1986

JUTRISA VLADIMIR – YGS – 1922-1984
PROLJETNI ZVUCI • SPRING SONGS ○ SPRING TUNES • 1960 • ANS
CRITICUS • 1961
WHITE AVENGER, THE • 1962
METAMORFOZA • METAMORPHOSIS (USA) • 1964 • ANS
MODERNA BASNA • MODERN FABLE, A • 1965 • ANS
MRAV DOBRA SRCA • KIND-HEARTED ANT, THE (USA) ○ GOOD-HEARTED ANT, THE • 1965
MUHA • FLY, THE (USA) • 1967 • ANS
SIZIF • SISYPHUS (USA) ○ SISIPHUS • 1967 • ANS
MALA SIRENA • LITTLE SIREN ○ SMALL MERMAID, A • 1968 • ANS
WEG ZUM NACHBARN 1968 • 1968
PAUK • SPIDER • 1969 • ANS
ECCE HOMO • 1972
FATA MORGANA • 1982 • ANM
OBSESSION • 1983 • ANS

JUTT H. – HKG
WARRIOR AND THE NINJA, THE

JUTTKE HERBERT – GRM
KITTY SCHWINDELT SICH INS GLUCK • AUSGERECHNET 13 • 1932

JUTZI PHIL – Dir. photo – GRM – 1894-1945
JUTZI PIEL
BLINKENDE FENSTER, DAS • 1919
MASKIERTE SCHRECKEN, DER • 1919
RACHE DES BANDITEN, DIE • 1919
DAS LICHT SCHEUEN..!, DIE • 1920
RED BULL, DER LETZTE APACHE • 1920
KLADD UND DATSCH, DIE PECHVOGEL • 1926
KINDERTRAGODIE • 1927
MACHNOWER SCHLEUSEN, DIE • 1927
MUTTER KRAUSENS FAHRT INS GLUCK • MOTHER KRAUSEN'S JOURNEY TO HAPPINESS • 1929
UNSER TAGLICHES BROT • HUNGER IN WALDENBURG ○ OUR DAILY BREAD • 1929
BERLIN-ALEXANDERPLATZ • 1931
KOSAK UND DIE NACHTIGALL, DER • 1935
LOCKSPITZEL ASEW • 1935

JUTZI PIEL see **JUTZI PHIL**

KAARRESALO-KASARI EILA – FNL
KOTIMAANI OMPI SUOMI • FINLAND, MY SWEET HOME • SHT
SALLIIKO AITI • WOULD MOMMA ALLOW? • SHT
AMPUMARATA • FINNISH FRUSTRATIONS • 1970 • SHT

KAAS PREBEN – DNM
CIRKUSREVYEN • CIRCUS REVUE, THE • 1967
HVOR ER LIGET, MOLLER? • 1970
PA' EN IGEN AMALIE • 1973

KABA ALKALY – MLI
WANDYALANKAS, LES • 1973
WAMBA "ENTRE L'EAU ET LE FEU" • 1976 • DOC

KABAY BARNA – HNG
LEGENDA A NYULPAPRIKASROL • LEGEND ABOUT THE STEWED HARE ○ RABBIT STEW, THE • 1975
KET ELHATAROZAS • QUITE ORDINARY LIFE, A ○ TWO DECISIONS • 1976
TOREDEK AZ ELETROL • GLIMPSES OF LIFE • 1981
JOB LAZADASA • REVOLT OF JOB, THE • 1983

von KABDEBO LORAND – GRM
DAME AUS BERLIN, DIE • 1925
GROSSE GELEGENHEIT, DIE • RAUB IN DER ZENTRALBANK • 1925

KABELIK VLADIMIR – CND
GLASS FROM THE ATTIC • 1988 • DCS

KABIERSKE HENRY – USA
ARGONAUTS OF CALIFORNIA • 1916
DAUGHTER OF THE DON, THE • 1917

KABIR ALAMGIR – BNG
DHIREY BAHE MEGHNA • MEGHNA, MEGHNA • 1973
QUIET FLOWS THE MEGHNA • 1973
RUPALI SHAIKATEY • ON A SILVERY BEACH ○ LONER, THE • 1977
SURJOKANNYA • DAUGHTER OF THE SUN • 1977
TAINYYABI • 1977
SHIMANA PERIYE • BEYOND THE FRINGE ○ ACROSS THE FRINGE • 1978
MOHNA • CONFLUENCE • 1980

KABORE GASTON – BRK
WEND KUUNI • GOD'S GIFT ○ GIFT OF GOD, THE • 1983
ZAN BOKO • 1988

KABRT JOSEF – Animator – CZC
VODNIKOVA TRAGEDIE • TRAGEDY OF THE WATERSPRITE, THE • 1958 • ANS
CLOVEK JE TVOR SPOLECENSKY • MAN IS A SOCIAL BEING • 1960 • ANS
ZELEZNY KLOBOUK • IRON HELMET, THE (USA) ○ TIN HAT, THE • 1960 • ANS
NIGHTINGALE AND THE ROSE, THE • 1967 • ANS
DEMON'S TALE, THE • ANS
ROZMARY LASKY • CAPRICES OF LOVE, THE • 1970

KABULI A. R. – IND
KAMLATA • 1935

KABULOV ANATOLI – USS
VOYDI V MOY DOM • ENTER MY HOUSE • 1968

KACHANOV R. – USS
HARD FEELINGS • 1962 • ANS
HOW A HOUSE WAS BUILT FOR A KITTEN • 1963 • ANS

KACHIVAS LOU – Animator – USA
MIGHTY MOUSE: THE GREAT SPACE CHASE • MIGHTY MOUSE IN THE GREAT SPACE RACE • 1983 • ANM
HE-MAN AND SHE-RA: THE SECRET OF THE SWORD • SECRET OF THE SWORD, THE • 1985 • ANM

KACHLIK ANTONIN – CZC – 1923-
FIRES AND BURNT OUT PLACES
JOY TILL MORNING
JUNE DAYS • 1961
BYLO NAS DESET • THERE WERE TEN OF US ○ WE WERE TEN • 1963
RAINING HAPPINESS • 1964
THIRTY-THREE SILVER QUAILS • 1964
JA TRUCHLIVY BUH • I THE DOLEFUL GOD ○ I THE SAD GOD • 1969
JEZDEC FORMULE RISK • DRIVER OF THE RISK CATEGORY ○ RISKY DRIVER, THE • 1973
ZLOCIN V MODRE HVEZDE • CRIME OF THE BLUE STAR • 1973
NA KOHO TO SLOVO PADNE • WHOSE TURN IS IT • 1980
KOUZELNE DOBRODRUZSTVI • ENCHANTING ADVENTURE, AN ○ EXCITING ADVENTURE, AN • 1983
KOUZELNIKUV NAVRAT • CONJURER'S RETURN • 1985

KACHYNA KAREL – CZC – 1924-
NENI STALE ZAMRACENO • CLOUDS WILL ROLL AWAY, THE • 1950
VEDELI SI RADY • THEY KNOW WHAT TO DO • 1950
ZA ZIVOT RADOSTNY • FOR A JOYFUL LIFE • 1951
NEOBYCEJNA LETA • EXTRAORDINARY YEARS ○ UNUSUAL YEARS • 1952
LIDE JEDNOHO SRDCE • PEOPLE OF ONE HEART • 1953 • DOC
DNES VECER VSECHNO SKONCI • EVERYTHING ENDS TONIGHT ○ IT WILL ALL BE OVER TONIGHT • 1954
STARA CINSKA OPERA • OLD CHINESE OPERA • 1954
Z CINSKEO ZAPISNIKU • FROM A CHINESE NOTEBOOK • 1954
KRIVE ZRCADLO • CROOKED MIRROR • 1956
ZTRACENA STOPA • LOST TRAIL, THE ○ LOST TRACK, THE • 1956
MISTROVSTVI SVETA LETECKYCH MODELARU • WORLD CHAMPIONSHIP OF AIR MODELS • 1957 • DOC
POKUSENI • TEMPTATION • 1957
CTYRIKRAT O BULHARSKU • FOUR TIMES ABOUT BULGARIA • 1958
MESTOMA SVOU TVAR • CITY HAS YOUR FACE, THE • 1958
TENKRAT O VANOCICH • THAT CHRISTMAS • 1958
KRAL SUMAVY • SMUGGLERS OF DEATH ○ KING OF THE SUMAVA, THE • 1959
PRACE • SLINGER, THE • 1960
POUTA • COUNTRY DOCTOR, THE ○ FETTERS • 1961
TRAPENI • STRESS OF YOUTH ○ WORRIES ○ PIEBALD ○ LENKA AND PRIM ○ TRIALS OF YOUTH ○ PROUD STALLION, THE • 1961
ZAVRAT • VERTIGO • 1962
NADEJE • HOPE • 1963
VYSOKA ZED • HIGH WALL, THE • 1964
AT ZIJE REPUBLIKA! • LONG LIVE THE REPUBLIC! • 1965
KOCAR DO VIDNE • COACH TO VIENNA, THE ○ UNWILLING SAMARITAN, THE ○ CARRIAGE TO VIENNA • 1966
NOC NEVESTY • NIGHT OF THE BRIDE, THE ○ NUN'S NIGHT, THE • 1967
VANOCE S ALZBETOU • CHRISTMAS WITH ELIZABETH • 1968
SMESNY PAN • MAN OF THE STREET ○ FUNNY MAN, THE ○ FUNNY OLD MAN, THE • 1969
LASKY ALEXANDRA DUMASE ST. • LOVES OF ALEXANDER DUMAS SR., THE • 1970 • MTV
UCHO • EAR, THE • 1970
UZ ZASE SKACU PRES KALUZE • I'M JUMPING OVER PUDDLES AGAIN (UKN) ○ JUMPING OVER PUDDLES AGAIN ○ JUMPING THE PUDDLES AGAIN • 1970
HORKA ZIMA • HOT WINTER • 1972
LASKA • LOVE • 1972
TAJEMSTVI VELIKEHO VYPRAVECE • SECRETS OF A GREAT NARRATOR, THE ○ SECRET OF THE BIG NARRATOR • 1972
VLAK DO STANICE NEBE • TRAIN TO HEAVEN • 1972
PAVLINKA • 1974
ROBINSONKA • ROBINSON GIRL • 1974
SKAREDA DEDINA • UGLY VILLAGE, THE • 1975
SMRT MOUCHY • DEATH OF THE FLY, THE • 1975
MAL MORSKA VILA • LITTLE MERMAID, THE ○ LITTLE SEA NYMPH, THE • 1976
SETKANI V CERVENI • ENCOUNTER IN JULY, AN ○ MEETING IN JULY • 1977
CEKANI NA DEST • WAITING FOR THE RAIN ○ WAITING FOR RAIN • 1978
LASKA MEZI KAPKAMI DESTE • LOVE BETWEEN THE RAINDROPS ○ LOVE AMONG RAINDROPS • 1978
CUKROVA BOUDA • LITTLE SUGAR HOUSE, THE ○ SUGAR COTTAGE ○ SUGAR SHACK • 1980
POZOR, VIZITA • WATCH OUT, THE DOCTORS' ROUNDS ○ VIZITA ○ DOCTOR'S ROUND • 1981
COUNTING SHEEP • 1982 • MTV
FANDY O FANDY • FANDY • 1983
SESTRICKY • NURSING SISTERS ○ NURSES • 1983
DOBRE SVETIO • AMATEUR PHOTOGRAPHER • 1985
SMRT KRASNYCH SRNCU • FORBIDDEN DREAMS • 1987
OZNAMUJE SE RASKAM VASUIM • LET ALL YOUR LOVES KNOW • 1988

KACZENDER GEORGE – HNG – 1933–
KACZENDER GEORGES
BALLERINA • 1963
CITY SCENE • 1963
GAME, THE • 1963
PHOEBE • 1964 • SHT
YOU'RE NO GOOD • 1966 • SHT
LITTLE WHITE CRIMES • 1967
TO TRACK A SHADOW • 1967
WORLD OF THREE, THE • 1967
DON'T LET THE ANGELS FALL • SEULS LES ENFANTS ETAIENT PRESENTS • 1968
FREUD: THE HIDDEN NATURE OF MAN • 1968 • DOC
MARXISM • 1969 • DOC
SABRE AND FOIL • 1969 • SHT
NEWTON: THE MIND THAT FOUND THE FUTURE • 1970 • DOC
BROWN WOLF • 1971
U-TURN • GIRL IN BLUE, THE • 1973
WOMEN WANT.. • 1975
THAT'S WHAT WE'RE HERE FOR? • 1976 • DOC
IN PRAISE OF OLDER WOMEN • 1978
AGENCY • 1979
YOUR TICKET IS NO LONGER VALID • FINISHING TOUCH ○ SLOW DESCENT INTO HELL, A ○ AU-DELA DE CETTE LIMITE VOTRE TICKET N'EST PLUS VALABLE • 1980
CHANEL SOLITAIRE • 1981
PRETTY KILL • PRETTYKILL ○ TOMORROW'S A KILLER • 1986
LAST ISLAND, THE • 1988

KACZENDER GEORGES see **KACZENDER GEORGE**

KADAR JAN – HNG – 1918–1979
LIFE IS RISING FROM THE RUINS • 1945
NA TROSKACH VRASTA ZIVOT • 1946
SU OSOBNE ZODPOVEDNI • 1946
KATKA • CATHY ○ KATYA ○ KITTY • 1949
UNOS • KIDNAPPED ○ KIDNAP, THE • 1952
HUDBA Z MARSU • MUSIC FROM MARS ○ MUSIC ON MARS • 1954
YOUNG DAYS • 1955
TAM NA KONECNE • HOUSE AT THE TERMINUS, THE ○ AT THE TERMINAL STATION • 1957
TRETI PRANI • THREE WISHES ○ THIRD WISH, THE ○ TRI PRANI • 1958
MAGIC LANTERN II • 1960
MLADI • TIME OF YOUTH ○ YOUTH • 1960 • DOC
SPARTAKIADE, THE • 1960 • DOC
SMRT SI RIKA ENGELCHEN • DEATH CALLS ITSELF ENGELCHEN ○ DEATH IS CALLED ENGELCHEN • 1963
OBZALOVANY • DEFENDANT, THE ○ ACCUSED, THE • 1964
OBCHOD NA KORSE • SHOP ON THE HIGH STREET, THE ○ SHOP ON MAIN STREET • 1965
ANGEL LEVINE, THE • 1970
HRST VODY • SOMETHING IS DRIFTING ON THE WATER ○ NECO NESE VODA ○ ZMITANA ○ ADRIFT ○ HRST PLNA VODY ○ TOUHA ZVANA ANADA ○ ANADA • 1971
LIES MY FATHER TOLD ME • MENSONGES QUE MON PERE ME CONTAIT, LES • 1975
OTHER SIDE OF HELL, THE • 1978 • TVM
FREEDOM ROAD • 1979 • TVM

KADARISMAN S. – MLY
KEMBANG LAYU • WITHERED • 1970
KUDRAT • POWER OF GOD, THE • 1970
PANCHA INDERA HARIMAU BERANTAI • CHAINED TIGER • 1970
DANG LENGGANG • WOMAN PATRIOT • 1971
DARAH PENGLIMA • BLOOD OF A WARRIOR • 1971
DARMA KESUMA • PATRIOT, THE • 1971
HUTANG DARAH • BLOOD DEBT • 1971
PENDEKAR SAKTI • AVENGER, THE • 1971
KELANA • 1972
TERBABAS • SINNERS, THE • 1972

KADEN DANNY – GRM
ONKELCHENS LIEBLING • 1917
WALZERNACHT, EIN • 1917
WASCHERMADEL SEINER DURCHLAUCHT, DAS • 1917
BLONDE VERGNUGEN, DAS • 1918

el KADI ISMAIL – EGY
DIVORCED, THE • 1975

KADIJEVIC DJORDJE – YGS – 1933–
KADIJEVIC DORDE
PRAZNIK • FEAST, THE • 1967
POHOD • EXPEDITION ○ TREK, THE • 1968
ZARKI • 1971
PUKOVNIKOVICA • COLONEL'S WIFE, THE • 1973

KADIJEVIC DORDE see **KADIJEVIC DJORDJE**

KADISON ELLIS see **KADISON ELLISON**

KADISON ELLISON – Producer – USA – 1928–
KADISON ELLIS
GIT! • 1965
CAT! • 1966
YOU'VE GOT TO BE SMART • 1967

KADLECEK LUDVIK – CZC
WHY DOES THE GIRAFFE CRY? • ANS

KADO BIN see **KATO BIN**

KADO SATOSHI – JPN
SEKI NO YATAPPE • 1959

KADOCHNIKOV A. – USS
KADOTCHNIKOV A.
MUSICIANS FROM THE SAME REGIMENT • 1965

KADOCHNIKOV V. – USS
KADOTCHNIKOV V.
VOLSHEBNOYE ZERNO • MAGIC SEED, THE • 1942

KADOKAWA HARUKI – JPN
HEAVEN AND EARTH • 1990

KADOTA RYUTARO – JPN
CHECHEMENI-GO NO BOKEN • ADVENTURE OF CHECHEMENI • 1976
SHIROKI HYOGA NO HATENI • BEYOND THE WHITE GLACIER • 1978 • DOC

KADOTCHNIKOV A. see **KADOCHNIKOV A.**

KADOTCHNIKOV PAVEL – USS
SNEGUROTCHKA • SNOW BEAUTY • 1969

KADOTCHNIKOV V. see **KADOCHNIKOV V.**

KADUWARA HARUKI – JPN
LEGEND OF THE EIGHT SAMURAI • 1984

KAGAN JEREMY see **KAGAN JEREMY PAUL**

KAGAN JEREMY PAUL – USA – 1945–
KAGAN JEREMY
JUDGE DEE • JUDGE DEE IN THE MONASTERY MURDERS • 1974 • TVM
UNWED FATHER • 1974 • TVM
KATHERINE • 1975 • TVM
HEROES • 1977
SCOTT JOPLIN • 1977
BIG FIX, THE • 1978
CHASER, THE • 1980
CHOSEN, THE • 1981
SLEEPING BEAUTY • 1983 • MTV
STING II, THE • 1983
JOURNEY OF NATTY GANN, THE • NATTY GANN • 1985
COURAGE • 1986 • TVM
CONSPIRACY: THE TRIAL OF THE CHICAGO 8 • 1987 • TVM
HONOR BRIGHT • 1988
BIG MAN ON CAMPUS • HUNCHBACK OF UCLA, THE • 1989

KAGAN NORMAN – USA
TOM BRILL STORY, THE • SHT

KAGE IVAR – SWD
DAR FYREN BLINKAR • WHERE THE LIGHTHOUSE FLASHES • 1924

KAHANE PETER – GRM
ETE AND ALI
PREPARED FOR LIFE • 1987
PROBATION • 1987

KAHANE ROGER – FRN – 1932–
SORTIE DE SECOURS • 1970
MADLY • MADLY, IL PIACERE DELL'UOMO (ITL) • 1971

KAHL MILT – USA
SLEEPING BEAUTY • 1959 • ANM

KAHN DAVID – SWT
HISTOIRE D'Q • STORY OF Q, THE • 1975

KAHN JEFF – USA
ASTONISHED • 1988

KAHN R. C. see **KAHN RICHARD C.**

KAHN RICHARD see **KAHN RICHARD C.**

KAHN RICHARD C. – USA
KAHN RICHARD • KAHN R. C.
SECRET MENACE • 1931
CHILDREN OF LONELINESS • 1934
HOMBRE PELIGROSO, UN • DANGEROUS MAN, A (USA) • 1935
TWO-GUN MAN FROM HARLEM • 1938
BRONZE BUCKAROO, THE • 1939
HARLEM RIDES THE RANGE • 1939
SON OF INGAGI • 1939
BUZZY RIDES THE RANGE • WESTERN TERROR • 1940
BUZZY AND THE PHANTOM PINTO • 1941

KAHN WILLIAM – GRM
TAT VON DAMALS, DIE • 1915
FALL GREHN...!, DER • 1916
FALL HOOP, DER • 1916
FALL KLERK, DER • 1916
FALL ROUTT...!, DER • 1916
FALL CLIFFORD, DER • GETUPFTE KRAWATTE, DIE • 1917
FALL DOMBRONOWSKA...!, DER • FALL DOMBRONOSKA-CLEMENCEAU, DER • 1917
UNSICHTBARE HANDE • 1917
GRUNE VAMPYR, DER • 1918
LACHENDE TOD, DER • 1918
SCHATTEN DER NACHT • FALL DUIF, DER • 1918
TOTE GAST, DER • 1918
VERLORENE TOCHTER 1 • LOST DAUGHTERS • 1918
PIERETTES GOLDENE TASCHE • 1919
VERLORENE TOCHTER 2 • OPFER DER SCHMACH • 1919
VERLORENE TOCHTER 3 • MENSCHEN NENNEN ES LIEBE, DIE • 1919
WIE ER STARB • 1919
FRAUEN.. • 1920
GEFAHRLICHE FAHRT, EINE • 1920
GEHEIMNIS DER SECHS SPIELKARTEN 1, DAS • KARO 10 • 1920
GOLDENE MAUER, DIE • 1920
UNHEIMLICHE SCHLOSS, DAS • 1920
GEHEIMNIS DER SECHS SPIELKARTEN 2, DAS • PIQUE BUBE • 1921
GEHEIMNIS DER SECHS SPIELKARTEN 3, DAS • TREFF AS • 1921
GEHEIMNIS DER SECHS SPIELKARTEN 5, DAS • HERZ KONIG • 1921
GEHEIMNIS DER SECHS SPIELKARTEN 6, DAS • HERZ DAME • 1921
MADCHEN OHNE GEWISSEN, DAS • 1922
VOM ZIRKUS, DIE • 1922
SCHECK AUFS LEBEN, DER • 1924
ZIRKUSDIVA, DIE • 1924
MADCHEN VON DER HEILSARMEE, DAS • 1927

KAI JOHANNES – GRM
FLITTERWOCHEN IN DER HOLLE • ISLE OF SIN (USA) • 1960

KAIFI – PKS
BILAWAL • 1989

KAISER ALFRED – AUS
KAISERSCHNITT -EINE OPERETTE • CAESARIAN -AN OPERETTA • 1978
ZETTELDAMMERUNG • PAMPHLET TWILIGHT • 1979 • DOC

KAISER CHARLES W. – GRM
IM TROMMELFEUER DER WESTFRONT • 1936

KAISERMAN CONNIE – USA
KAISERMAN CONSTANCE
MY LITTLE GIRL • 1986

KAISERMAN CONSTANCE see **KAISERMAN CONNIE**

KAJI NOBORU – JPN
FUTARI NO GINZA • GINZA FOR TWO OF US • 1967
TOKYO KNIGHT • 1967
KINDAN NO KAJITSU • FORBIDDEN FRUIT, THE • 1968

KAKEI MASANORI – JPN
JUYAKU NO ISU • POST AS DIRECTOR, THE • 1958
TOIRETTO BUCHOU • TOILET SECTION CHIEF • 1961

KAKO ZAMNU – GRM
BUSHIDO, DAS EISERNE GESETZ • 1926

KAL F. – NTH
HAAG, DEN • 1936

KALANTAR L. – USS
MEXICAN DIPLOMATS, THE • 1932

KALATOZISHVILI GEORGI – Cameraman – USS – 1937–
DEATH OF A PHILATELIST • 1971
I AM A DETECTIVE • 1972

KALATOZOV MIKHAIL – USS – 1903–1973
THEIR KINGDOM • 1928 • DOC
BLIND • 1930
SOL SVANETII • SALT FOR SVANETIA ○ JIM SHVANTE -SVANETIS MARILI ○ DJIM CHUANTE • 1930
NAIL IN THE BOOT • 1932
MUT • MANHOOD ○ COURAGE • 1939
VALERI CHKALOV • WINGS OF VICTORY (USA) ○ RED FLYER, THE (UKN) • 1941
NEPOBEDIMYIE • UNCONQUERABLE, THE ○ INVINCIBLE • 1942
KINOKONCERT K25 LETIJU KRASNOJ ARMII • FILM CONCERT FOR THE RED ARMY'S 25TH ANNIVERSARY ○ MOSCOW MUSIC HALL • 1943
ZAGOVOR OBRECHENNYKH • CONSPIRACY OF THE DOOMED • 1950
VERNYE DRUZYA • FAITHFUL FRIENDS ○ CLOSE FRIENDS ○ TRUE FRIENDS ○ LOYAL FRIENDS • 1954
HOSTILE WIND, THE • 1956
PERVYI ESHELON • FIRST ECHELON, THE ○ FIRST TRAIN, THE • 1956
WOMAN FROM WARSAW, THE • 1956
FELIX DZERJINSKY • 1957
LETYAT ZHURAVLI • CRANES ARE FLYING, THE ○ LETIAT JOURAVLY • 1957
NEOTPRAVLENNOE PISMO • LETTER THAT WAS NEVER SENT, THE (USA) ○ LETTER THAT WASN'T SENT, THE ○ UNPOSTED LETTER, THE ○ UNSENT LETTER, THE • 1960
YA -KUBA • I AM CUBA ○ HERE IS CUBA ○ SOY CUBA • 1962
KRASNAYA PALATKA • TENDA ROSSA, LA (ITL) ○ RED TENT, THE • 1969

KALCHEVA STANISLAVA – BUL
ANTRAX • ANTHRAX • 1990

KALDEN HANS – GRM
SCHATTEN AUS DEM TOTENREICH • 1920
TOLLES MADEL, EIN • 1921
VERLORENE SEELEN • 1921

KALE D. K. – IND
KALKOOT • KISMAT-KI-BHUL-SUDHA • 1935
DHRUVA • 1937
SATI PINGALA • 1937

KALE K. NARAYAN – IND
VAHAN • BEYOND THE HORIZON (USA) • 1937

KALEYA TANA – FRN – 1939–
FEMMES • 1983

KALFON JEAN-PIERRE – FRN – 1938–
COUP DE SINGE, LE • 1978

KALFON PIERRE – TNS – 1934–
O.S.S. 117 PREND DES VACANCES • OSS 117 TAKES A VACATION • 1969
CRAVACHE, LA • 1971
VIEUX LOUPS BENISSENT LA MORT, LES • 1971
FEU AUX LEVRES, LE • 1972
TRIANGLE ECORCHE, LE • 1974

KALIA ANDREAS – GRC
LUST FOR REVENGE • 1975

KALIFA MAX – FRN – 1924–
ENGRENAGE, L' • 1960

KALIK MICHAEL – ISR
THREE AND ONE • 1974

KALIK MIKHAIL – USS
CHIEFTAIN KODR • 1958
KOLYBELNAYA • LULLABY (USA) ○ CRADLE SONG • 1960
CHELOVEK IDYOT ZA SOLNTSEM • SANDU FOLLOWS THE SUN (USA) ○ MAN FOLLOWING THE SUN ○ FOLLOWING THE SUN • 1962

KALIK MOISEI – USS – 1927–
YUNOST NASHIKH OTSOV • YOUTH OF OUR FATHERS ○ OUR FATHER'S YOUTH • 1958
DO SVIDANIYA, MALCHIKI • GOODBYE, BOYS • 1965

KALININ NIKOLAI – USS
RUDOBELSKAYA RESPUBLIKA • RUDOBELSKAYA REPUBLIC • 1971

KALLA S. P. – IND
ASTIC • 1956

KALLIFATIDES THEODOR – SWD
KARLEKEN • LOVE • 1980

KALLWEJT TADEUSZ – PLN
HEJ, BYSTRA WODA • HI, CLEAR WATER • 1959

KALMANOWICZ MAX – USA
CHILDREN, THE • CHILDREN OF RAVENSBACK • 1980
DREAMS COME TRUE • 1985

KALMAR EDITH – NRW
FJOLLS TIL FJELLS • 1957
UNG FLUKT • WAYWARD GIRL, THE (USA) • 1959

KALMAR LASZLO – HNG
SUT A NAP • SUN SHINES, THE (USA)
DANKO PISTA • 1941
LANGOK • 1941
HALALOS TAVSL • 1942
DERYNE • MRS. DERY • 1951
MISS WINDBAG • 1963

KALNINS ROLANDS – USS
TEMPEST, THE • 1960
YA VSYE POMNYU, RICHARD • I REMEMBER ALL, RICARDS • 1967

KALO STEN – DNM
DESERTOREN • DESERTER, THE • 1971

KALUZA LES – USA
POTPOURRI • 1972

KALYANASUNDARAM A. N. – IND
RAMANJANEYA YUDDHA • 1939

van de KAM JAN – NTH
WADDENZEE –BIRD PARADISE • 1972 • DCS

KAMAL ABBAS see **KAMEL ABBAS**

KAMAL HUSAYN see **KAMAL HUSSEIN**

KAMAL HUSSEIN – EGY – 1932–
KAMAL HUSAYN • KAMEL HUSSEIN
MUSTAHIL, AL– • IMPOSSIBLE, L' ○ MOSTAHIL, AL • 1964
BOUSTAGUY, AL • POSTMAN, THE ○ BUST'AGI, AL– • 1968
ABI FAWQA ASH-SHAGARA • MON PERE LA-HAUT SUR L'ARBRE • 1969
SHAI'UN MINA AL-KHAWF • SOUPCON DE PEUR, UN • 1969
NAH'NU LA NAZRA ASH-SHUK • NOUS NE FAISONS DE MAL A PERSONNE ○ CHEMIN DE RONCES, UN • 1970
THARTHARA ALA AN-NIL • PALABRES SUR LE NIL • 1971
ANFUN WA THALATH UYUN • NEZ ET TROIS YEUX, UN • 1972
IMBRAT'URIYYAT MIN • EMPIRE DE M., L' • 1972
DAMI, WA DUMUI WA-BTISAMATI • MON SANG, MES LARMES ET MON SOURIRE • 1973
SHAIA YUHIM, LA • RIEN N'A D'IMPORTANCE • 1973
ALA WARAQU SILUFAN • COMME UNE FEUILLE DE CELLOPHANE • 1974
NADAHA, EL • NADDAHA, AN– ○ SIRENE, LA • 1974
HUBBUN TAHTA AL-MAT'AR • LOVE IN THE RAIN • 1975
MAWLID YA DUNIA • MONDE EST UNE FETE, LE • 1975
ON CELLOPHANE PAPER • 1975
MOULED YA DUNIA • 1976
HAREM'S CAGE • 1986

KAMAROF A.
ROAD NORTH, THE

KAMBA SEBASTIEN – CNG
APEA • SHT
GRANDE DATE ,LA • SHT
KAKA YO • KAYAKO • SHT
MWANA KEBA • SHT
PEUPLE DE CONGO –LEO VAINCRA, LE • DOC
RANCON D'UNE ALLIANCE, LA • 1973
DE L'ESPRIT ET DU CORPS • 1976 • DOC

KAMBAN GUDMUNDUR – DNM
HADDA PADDA • 1922

KAMBANELIS GIORGOS – GRC
KANONI KE T' AIDHONI, TO • GUNS AND THE NIGHTINGALE • 1968

KAMBANELIS IAKOVOS – GRC
KANONI KE T' AIDHONI, TO • GUNS AND THE NIGHTINGALE • 1968

KAMBAR CHANDRASHEKHAR – IND
KAADU KUDRE • WILD HORSE, THE • 1978

KAMECKE THEO – USA
MOONWALK ONE • MOONWALK NO.1 • 1972 • DOC

KAMEI FUMIO – JPN – 1908–
NANKING • 1938
PEKING • 1938
SHANGHAI • 1938
INA-BUSHI • INA SONG, THE • 1940
TATAKAI HETTAI • 1940
SHINANO FUDOK • 1941
NIHON NO HIGEKI • JAPANESE TRAGEDY, A • 1945
NIKON NOKI • 1946 • DOC
SENSO TO HEIWA • WAR AND PEACE • 1947
ONNA NO ISSHO • WOMAN'S LIFE, A • 1949
ONNA HITORI DAICHI O YUKU • WOMAN WALKING ALONE ON THE EARTH ○ ONNA HITORI DAICHI O IKU ○ WOMAN WALKS THE EARTH ALONE, A • 1953
TO BE A MOTHER, TO BE A WIFE • 1953
LIVING IS BETTER • IT IS BETTER TO LIVE • 1956

KAMEI TAKEHIKO – JPN
MAKE LOVE • ANS
SIGNAL • 1971 • ANS

KAMEL ABBAS – EGY
KAMAL ABBAS
AROUSSET EL BAHR • MERMAID, THE • 1947
FAIRUZ HANIN • MADAME FAIRUZ • 1951
ANA AL DOCTOR • I.. THE DOCTOR • 1968

KAMEL HUSSEIN see **KAMAL HUSSEIN**

KAMEL MAHIDA – EGY
LET ME REVENGE • 1979

KAMEL MORSI AHMAD – EGY – 1909–
KAMIL MURSI AHMED • MORSI AHMED KAMAL
AWDA ILA AR-RIF, AL • RETOUR A LA TERRE, LE • 1939
AMEL, EL • WORKER, THE • 1943
NAEB EL AM, EL • PUBLIC PROSECUTOR, THE ○ NAIB AL-AM, AN • 1945
EDDINI AKHLAK • IT IS UNBELIEVABLE • 1953
MIAD, AL– • RENDEZ-VOUS, LE • 1955

KAMEN JAY – USA
TRANSFORMATIONS • 1988

KAMENETSKY M. – USS
NO MIRACLE AT ALL • HERE ARE SOME MIRACLES • 1965 • ANS

KAMERLING NORMAN – USA
TOO BAZOOKA • 1964 • SHT

KAMESWAR RAO D. K. – IND
RAO D. K. KAMESWAR
SRI KRISHNA THULABHARAM

KAMESWARA RAO K. – IND
RAO K. KAMESWARA • RAO KAMESWARA
NARTHANASALA • 1963
VEERANJANEYA • STORY OF HANUMAN AND THE MONKEY-GOD, THE • 1968

KAMFFER RAUL – MXC
MICTLAND • 1970

KAMIEL FRED – USA
COMMUTER GAME • 1969

KAMIL MURSI AHMED see **KAMEL MORSI AHMAD**

KAMIN BEBE – ARG
ADIOS SUI GENERIS • BYE BYE SUI GENERIS • 1976
CHICOS DE LA GUERRA, LOS • WAR KIDS, THE • 1984

KAMIN BERNARDO – ARG
BUHO, EL • OWL, THE • 1974

KAMINKA DIDIER – FRN – 1943–
TROP, C'EST TROP! • 1975
CIGOGNES N'EN FONT QU'A LEUR TETE • 1989

KAMINKER ALAIN – FRN
MER ET LES JOURS, LA • SEA AND THE DAYS, THE • 1959 • SHT

KAMINSKI ANDRZEJ – PLN
FREDERIC CHOPIN –VALSE MINUTE • 1967

KAMINSKI ZBIGNIEW – PLN
PANI BOVARY TO JA • MADAME BOVARY, IT'S ME ○ MADAME BOVARY THAT'S ME • 1977

KAMINSKI ZYGMUNT – PLN
ASTRONAUT, THE

KAMINSKY S. – USS
LIVING FOREST, THE • 1958

KAMLER PIOTR – Animator – PLN – 1936–
ETUDE • 1961 • ANS
HIVER • 1964
MEURTRE • MURDER • 1964 • SHT
GALAXIE • 1965 • ANS
PLANETE VERTE, LA • GREEN PLANET, THE • 1965 • ANS
ARAIGNELEPHANT • 1969 • ANS
CHRONOPOLIS • 1982 • ANM

KAMNITZER PETER – USA
CITYSCAPE • 1969 • ANS

KAMP FRITZ – EGY
LASHEEN • 1938

KAMPERS FRITZ – Actor – GRM – 1891–1950
ALMENRAUSCH UND EDELWEISS • 1918
ICH SING' MICH IN DEIN HERZ HINEIN • 1934
KONJUNKTURRITTER • 1934

KAMPMANN STEVEN – USA
STEALING HOME • 1988

KAMRAN – IND
WATAN SE DOOR • FAR FROM THE SOIL • 1968

KAMWA DANIEL – CND
BOUBOU-CRAVATE • 1973 • SHT

KAMYAR SAEID – IRN
ASHIYANE KHORSHID • SUN'S HOME, THE • 1967

KAN KEMAL – TRK
DAGLAR ASLANI • LION OF THE MOUNTAINS, THE • 1967
KARA ATMACA • BLACK HAWK, THE • 1967
NAMUS BELASI • TROUBLED HONOUR • 1967
AZIZE • 1968
BAGDAT YOLU • ROAD TO BAGDAD, THE • 1968
KARA GUNES • DARK SUN • 1968
YEDI KOYUN ZEYNEBI • ZEYNEP OF THE SEVEN VILLAGES • 1968

KANAGA MINORU – JPN
STAR FORCE • STAR FORCE: FUGITIVE ALIEN 2

KANAI KATSU – JPN – 1936–
MUJIN RETTO • DESERT ARCHIPELAGO, THE • 1970
GOODBYE • 1971

KANAKIS NIKOS – GRC
NECKLACE, THE • 1985

KANAPA JEROME – FRN – 1946–
HISTOIRE D'ALLER PLUS LOIN • 1974 • DOC
REPUBLIQUE EST MORTE A DIEN-BIEN-PHU, LA • 1975 • DOC
EN L'AUTRE BORD • 1978

KANDELAKI GELA – USS – 1940–
RED SQUARE • 1964 • SHT
TODAY • 1965
QUIET LONG MELODY • 1966 • DCS

KANE ART – CND
TIME TO PLAY, A • 1967 • SHT

KANE DENNIS – USA
FRENCH QUARTER • 1978

KANE DUDDY – USA
WET RAINBOW • 1974

KANE JOE see **KANE JOSEPH**

KANE JOSEPH – USA – 1894–1975
KANE JOE
FIGHTING MARINES • 1935 • SRL
MELODY TRAIL • 1935
SAGEBRUSH TROUBADOUR, THE • 1935
TUMBLING TUMBLEWEEDS • 1935
BATMEN OF AFRICA • 1936
DARKEST AFRICA • HIDDEN CITY (UKN) ○ KING OF THE JUNGLELAND • 1936
GHOST TOWN GOLD • 1936
GUNS AND GUITARS • 1936
KING OF THE PECOS • 1936
LAWLESS NINETIES, THE • 1936
LONELY TRAIL, THE • 1936
OH SUSANNAH • OH SUSANNA! • 1936
OLD CORRAL, THE • TEXAS SERENADE (UKN) • 1936
RIDE, RANGER, RIDE • 1936
SHARAD OF ATLANTIS • 1936
UNDERSEA KINGDOM • 1936 • SRL
BOOTS AND SADDLES • 1937
COME ON, COWBOYS! • 1937
GIT ALONG, LITTLE DOGIES • SERENADE OF THE WEST (UKN) • 1937
GUNSMOKE RANCH • 1937
HEART OF THE ROCKIES • 1937
PARADISE EXPRESS • 1937
PUBLIC COWBOY NO.1 • 1937
ROUND-UP TIME IN TEXAS • 1937
SPRINGTIME IN THE ROCKIES • 1937
YODELIN' KID FROM PINE RIDGE • HERO OF PINE RIDGE, THE (UKN) • 1937
ARSON GANG BUSTERS • 1938
ARSON RACKET SQUAD • FIRE FIGHTERS (UKN) • 1938
BILLY THE KID RETURNS • 1938
BORN TO BE WILD • 1938
COME ON, RANGERS! • 1938
GOLD MINE IN THE SKY • 1938
MAN FROM MUSIC MOUNTAIN • 1938
OLD BARN DANCE, THE • 1938
SHINE ON, HARVEST MOON • 1938
UNDER WESTERN STARS • 1938
ARIZONA KID, THE • 1939
DAYS OF JESSE JAMES • 1939
FRONTIER PONY EXPRESS • 1939
IN OLD CALIENTE • 1939
IN OLD MONTEREY • 1939
ROUGH RIDERS' ROUNDUP • 1939
SAGA OF DEATH VALLEY • 1939
SOUTHWARD HO! • 1939
WALL ST. COWBOY • 1939
BORDER LEGION, THE • 1940
CARSON CITY KID, THE • 1940
COLORADO • 1940
RANGER AND THE LADY, THE • 1940
YOUNG BILL HICKOK • 1940
YOUNG BUFFALO BILL • 1940
BAD MAN OF DEADWOOD • 1941
GREAT TRAIN ROBBERY, THE • 1941
IN OLD CHEYENNE • 1941
JESSE JAMES AT BAY • 1941
NEVADA CITY • 1941
RAGS TO RICHES • 1941
RED RIVER VALLEY • 1941
ROBIN HOOD OF THE PECOS • 1941
SHERIFF OF TOMBSTONE • 1941
HEART OF THE GOLDEN WEST • 1942
IDAHO • 1942
MAN FROM CHEYENNE • 1942
RIDIN' DOWN THE CANYON • 1942
ROMANCE ON THE RANGE • 1942
SONS OF THE PIONEERS • 1942
SOUTH OF SANTA FE • 1942
SUNSET ON THE DESERT • 1942
SUNSET SERENADE • 1942
KING OF THE COWBOYS • 1943
MAN FROM MUSIC MOUNTAIN • 1943
SILVER SPURS • 1943
SONG OF TEXAS • 1943
COWBOY AND THE SENORITA, THE • 1944
HANDS ACROSS THE BORDER • 1944
SONG OF NEVADA • 1944
YELLOW ROSE OF TEXAS • 1944
CHEATERS, THE • CASTAWAY, THE • 1945
DAKOTA • 1945
FLAME OF THE BARBARY COAST • 1945
IN OLD SACRAMENTO • FLAME OF SACRAMENTO • 1946
PLAINSMAN AND THE LADY, THE • 1946
WYOMING • 1947
GALLANT LEGION, THE • 1948

OLD LOS ANGELES • CALIFORNIA OUTPOST • 1948
PLUNDERERS, THE • 1948
BRIMSTONE • 1949
LAST BANDIT, THE • 1949
CALIFORNIA PASSAGE • 1950
ROCK ISLAND TRAIL • TRANSCONTINENT EXPRESS (UKN) • 1950
SAVAGE HORDE, THE • 1950
FIGHTING COASTGUARD • 1951
SEA HORNET, THE • 1951
HOODLUM EMPIRE • 1952
OH SUSANNA • 1952
RIDE THE MAN DOWN • 1952
SAN ANTONE • 1952
WOMAN OF THE NORTH COUNTRY • WOMAN IN THE WILDERNESS • 1952
FAIR WIND TO JAVA • 1953
SEA OF LOST SHIPS • 1953
HELL'S OUTPOST • 1954
JUBILEE TRAIL • 1954
ROAD TO DENVER, THE • 1955
TIMBERJACK • 1955
VANISHING AMERICAN, THE • 1955
ACCUSED OF MURDER • 1956
MAVERICK QUEEN, THE • 1956
THUNDER OVER ARIZONA • 1956
CROOKED CIRCLE, THE • 1957
DUEL AT APACHE WELLS • 1957
GUNFIGHT AT INDIAN GAP • 1957
LAST STAGECOACH WEST • 1957
LAWLESS EIGHTIES, THE • 1957
SPOILERS OF THE FOREST • 1957
GUNFIRE AT INDIAN GAP • 1958
MAN WHO DIED TWICE, THE • 1958
NOTORIOUS MR. MONKS, THE • 1958
HERE COMES THE NASHVILLE SOUND • COUNTRY BOY • 1966
SEARCH FOR THE EVIL ONE • 1967
TRACK OF THUNDER • 1968
SMOKE IN THE WIND • 1971

KANE PASCAL – FRN – 1946–

DORA ET LA LANTERNE MAGIQUE • 1977
LIBERTY BELLE • 1982
JEU D'ENFANT, UN • 1990

KANE RAYMOND – USA

DEAR VIVIAN • 1929

KANEKO – JPN

1999–NEN NO NATSU YASUMI • SUMMER VACATION 1999 (UKN) • 1988

KANELLOPOULOS TAKIS – GRC – 1935–

OURANOS • CIEL, LE ○ HEAVEN • 1963
EKDROMI, I • EXCURSION, THE • 1967
PARENTHESIS • 1969
HRONIKO TIS KIRIAKIS • SUNDAY CHRONICLE, A • 1974

KANEW JEFF – USA

BLACK RODEO • 1972 • DOC
NATURAL ENEMIES • HIDDEN THOUGHTS • 1979
EDDIE MACON'S RUN • 1983
REVENGE OF THE NERDS • 1984
GOTCHA! • 1985
TOUGH GUYS • 1987
TROOP BEVERLY HILLS • BE PREPARED • 1989

KANIEVSKA MAREK – UKN

ANOTHER COUNTRY • 1984
LESS THAN ZERO • 1987

KANIEWSKA MARIA – PLN

KANIEWSKA MARIE

NOT FAR FROM WARSAW • 1954
AWANTURA O BASIE • MUCH ADO ABOUT LITTLE BARBARA ○ MUCH ADO ABOUT LITTLE BASIA • 1960
KOMEDIANTY • COMEDIANS, THE ○ ON THE THRESHOLD OF ART • 1961
PANIENKA Z OKIENKA • 1964
BICZ BOZY • SCOURGE OF GOD, THE ○ SCOURGE, THE • 1967

KANIEWSKA MARIE see **KANIEWSKA MARIA**

KANIN GARSON – Screenwriter – USA – 1912–

MAN TO REMEMBER, A • 1938
NEXT TIME I MARRY, THE • TRAILER ROMANCE • 1938
BACHELOR MOTHER • LITTLE MOTHER • 1939
GREAT MAN VOTES, THE • 1939
MY FAVORITE WIFE • 1940
THEY KNEW WHAT THEY WANTED • 1940
NIGHT SHIFT • 1941 • DOC
TOM, DICK AND HARRY • 1941
FELLOW AMERICANS • 1942 • DOC
RING OF STEEL • 1942 • DOC
GERMAN MANPOWER • 1943 • DOC
NIGHT STRIPES • 1944 • DOC
SALUTE TO FRANCE • SALUT A LA FRANCE • 1944
TRUE GLORY • 1945
SOME KIND OF A NUT • ONE WITH THE FUZZ, THE • 1969
WHERE IT'S AT • 1969

KANIN MICHAEL – Screenwriter – USA – 1910–

WHEN I GROW UP • 1951

KANIZSAY JOZSEF

PILLANATNYI PEZZAVAR • TEMPORARILY BROKE (USA) • 1939

KANN MICHAEL – GRM

STIELKE, HEINZ AGED FIFTEEN • 1987

KANNER ALEXIS – Actor – UKN – 1942–

KINGS AND DESPERATE MEN • KINGS AND DESPERATE MEN: A HOSTAGE INCIDENT • 1981

KANSKI TADEUSZ – PLN

CZARCI ZLEB • DEVIL'S POWER, THE ○ DEVIL'S PASS, THE • 1949

KANTER HAL – Screenwriter – USA – 1918–

LOVING YOU • 1957
I MARRIED A WOMAN • 1958
ONCE UPON A HORSE • HOT HORSE • 1958
FOR THE LOVE OF IT • 1980 • TVM

KANTER RICHARD – USA

RIBALD TALES OF ROBIN HOOD, THE • ROBIN HOOD • 1969
STARLET • 1969
THAR SHE BLOWS • THAR SHE GOES • 1969
WILD RIDERS • IMPURE, THE ○ HEAD • 1971
AFFAIRS OF ROBIN HOOD, THE • 1981

KANTOR OSCAR I. – ARG

TIERRA SECA • DRY EARTH • 1962

KANTOR RON – USA

EMERSON, LAKE & PALMER IN CONCERT • 1981

KANTUREK – CZC

V TOM DOMECKU POD EMAUZY • IN THE LITTLE HOUSE UNDER EMAUZY • 1933

KANTUREK OTTO – UKN

STUDENT'S ROMANCE, THE • I LOST MY HEART IN HEIDELBERG ○ OLD HEIDELBERG • 1935

KAO LI – HKG

MERMAID, THE • 1966

KAO PAO SHU – CHN

KAO PAOSHU

WIN THEM ALL
PURSUING SPEAR, THE • 1971
DESPERATE CHASE, THE • BLOOD OF THE DRAGON • 1974
HSIA–LIU SHE–HUI • LOW SOCIETY • 1977

KAO PAOSHU see **KAO PAO SHU**

KAPADIA J. – IND

AJAMIL • 1948

KAPLAN A. – USS

ON THE RAILS • 1940

KAPLAN BILL – USA

BANG BANG • 1970

KAPLAN HENRY – UKN

GIRL ON THE BOAT, THE • 1961
HAUNTING OF PENTHOUSE D, THE • 1974

KAPLAN HOWARD S. – USA

THANKS A LOT • 1963

KAPLAN JONATHAN – FRN – 1947–

SLAMS, THE • 1973
STUDENT TEACHERS, THE • 1973
NIGHT CALL NURSES • 1974
TRUCK TURNER • 1974
WHITE LINE FEVER • 1975
MR. BILLION • SCRAMBLE • 1977
ELEVENTH VICTIM, THE • 1979 • TVM
OVER THE EDGE • 1979
HUSTLER OF MUSCLE BEACH, THE • 1980 • TVM
GENTLEMAN BANDIT, THE • 1981 • TVM
BORN TO WIN • HEART LIKE A WHEEL • 1983
GIRLS OF THE WHITE ORCHID • DEATH RIDES TO OSAKA • 1983 • TVM
PROJECT X • 1987
ACCUSED, THE • 1988
RECKLESS ENDANGERMENT • 1988
IMMEDIATE FAMILY • 1989
LOVE FIELD • 1990

KAPLAN NELLY – ARG – 1934–

MAGIRAMA • 1956
DESSINS ET MERVEILLES • DRAWINGS AND WONDERS • 1961 • SHT
GUSTAVE MOREAU • 1961
RODOLPHE BRESDIN • 1962
ABEL GANCE, HIER ET DEMAIN • ABEL GANCE, YESTERDAY AND TOMORROW • 1963
A LA SOURCE, LA FEMME AIMEE • 1966
ANNEES 25, LES • 1966
REGARD PICASSO, LE • PICASSO LOOK, THE • 1967
FIANCEE DU PIRATE, LA • VERY CURIOUS GIRL, A (USA) ○ DIRTY MARY (UKN) ○ PIRATE'S FIANCEE • 1969
PAPA, LES PETITS BATEAUX • 1971
NEA • NEA (A YOUNG EMMANUELLE) (USA) ○ YOUNG EMMANUELLE, A • 1976
SATELLITE DE VENUS, LE • 1977
AU BONHEUR DES DAMES • 1979
CHARLES ET LUCIE • CHARLES AND LUCIE (USA) • 1979
ABEL GANCE ET SON NAPOLEON • 1984 • DOC

KAPLAN RICHARD – USA

ELEANOR ROOSEVELT STORY, THE • 1965
LOOK AT LIV, A • 1977 • DOC

KAPLAN TED see **BALDI FERDINANDO**

KAPLUNOVSKY V. see **KAPLUNOVSKY VLADIMIR**

KAPLUNOVSKY VLADIMIR – USS

KAPLUNOVSKY V.

MEKSIKANETS • MEXICAN, THE (USA) • 1957
KAPITANSKAIA DOTSHKA • CAPTAIN'S DAUGHTER, THE • 1958
LUBUSHKA • 1961

KAPOOR KEDAR – IND

EK PHOOL, EK BHOOL • FLOWER, A MISTAKE, A • 1968

KAPOOR PREM – IND

BADNAM BASTI

KAPOOR PRITHVIRAJ – Actor – IND

ALAM ARA • BEAUTY OF THE WORLD • 1931
SHAKUNTALA • 1931
RAJ RAM MEERA • 1933
SEETA • 1934
MANJIL • 1936
VIDYAPATI • 1937
OUSHMAN • 1939
SIKANDAR • ALEXANDER THE GREAT • 1941
MUGHAL–E–ATAM • 1960
AASMAN MAHAL • 1965
KAL AAJ AUR KAL • 1971

KAPOOR RAJ – Producer/actor – IND – 1924–1988

KAPUR RAJ

AAG • FIRE • 1945
BARSAAT • 1947
AWARA • TRAMP, THE (USA) ○ VAGABOND, THE • 1953
SHRI 420 • MISTER 420 • 1955
SANGAM • UNION • 1964
MERA NAAM JOKER • MY NAME IS JOKER • 1972
BOBBY • 1974
SATYAM, SHIVAM, SUNDARAM • 1977
PREM ROG • 1982
RAM TERI GANGA MAILI • 1985

KAPOOR SHEKHAR – IND

MR. INDIA • 1988

KAPPELER FRIEDRICH – SWT

PRIDE • 1980 • MTV

KAPPS WALTER – FRN – 1908–

AILES QUI S'OUVRENT, LES • 1936
BOUTON D'OR • 1936
GAIETES DU PALACE, LES • 1936
JOSEPT TU M'ENERVES • 1936
PANTINS D'AMOUR • 1936
FORTICHES, LES • 1937
SURPRISE PARTY • 1937
N'ETRE QUE DEUX • 1938
CAS DE CONSCIENCE • CREANCIER, LE • 1939
VIE PRIVEE • 1941
MAHLIA LA METISSE • 1942
PLUME LA POULE • 1946
HOMME TRAHI, L' • 1953
MADEMOISELLE DE PARIS • MADEMOISELLE FROM PARIS (USA) • 1955
PARIS CLANDESTIN • 1957
DETOURNEMENT DE MINEURES • PRICE OF FLESH, THE (USA) ○ GIRLS LED ASTRAY • 1959
AMOUR, AUTOCAR ET BOITES DE NUIT • 1960

KAPS ARTURO – SPN

CITA CON MARILIN • DATE WITH MARILIN • 1968 • ANS

KAPSAKIS D. – GRC

YOU CAME TOO LATE • 1962

KAPSASKIS SOKRATES – GRC

LISA, TOSCA OF ATHENS • LISA, THE GREEK TOSCA • 1961
ZESTOS MENAS AUGOUSTOS, HO • HOT MONTH OF AUGUST, THE (USA) • 1966

KAPUR RAJ see **KAPOOR RAJ**

KARA JURO – JPN

GENKAI–NADA • SEA OF GENKAI, THE • 1975

KARA YURI – USS

PIRY VALTASARA ILI NOCH SO STALINIM • BALTHASSAR'S FEAST OR MY NIGHT WITH STALIN • 1989

KARABASZ KAZIMIERZ – PLN – 1930–

GDZIE DIABEL MOWI DOBRANOC • WHERE THE DEVIL SAYS GOODNIGHT • 1956 • DCS
LUDZIE Z PUSTEGO OBSZARU • PEOPLE FROM THE EMPTY AREA ○ PEOPLE FROM EMPTY PLACES • 1957 • DCS
FROM THE RIVER BANK OF THE VISTULA • 1958 • DCS
DZIEN BEZ SLONCA • DAY WITHOUT SUN • 1959 • DCS
TROCHE INNY SWIAT • SLIGHTLY DIFFERENT WORLD, A • 1959 • DCS
LUDZIE W DRODZE • PEOPLE ON THE ROAD ○ PEOPLE ON THE MOVE • 1960 • DCS
MUZYKANCI • MUSICIANS, THE • 1960 • DCS
DOKAD IDZIECIE • WHERE ARE YOU GOING? ○ WHERE DO YOU GO? • 1961 • DCS
LUDZIE Z DROGI • 1961
RAILWAY JUNCTION • 1961
WEZEL • KNOT, THE • 1961 • DCS
JUBILEUSZ • JUBILEE, THE • 1962 • DCS
PIERWSZY KROK • FIRST STEPS, THE ○ FIRST STEP, THE • 1962 • DCS
TU GDZIE ZYJEMY • HERE, WHERE WE LIVE • 1962 • DCS
WARSZAWIANKI • WARSAW WOMEN • 1962 • DCS
PTAKI • BIRDS, THE • 1963 • DCS
W KLUBIE • IN THE CLUB ○ AT THE CLUB • 1963 • DCS
NA PROGU • ON THE THRESHOLD • 1965 • DCS
URODZENI W 44 • BORN 1944 ○ BORN IN 44 • 1965 • DCS
ROK FRANKA W. • YEAR OF FRANEK W., A ○ FRANK W'S YEAR ○ YEAR IN FRANK'S LIFE, A • 1967 • DOC
SOBOTA GRAZYNY A. I JERZEGO T. • SATURDAY IN THE LIFE OF GRAZYNA A. AND JERZY T., A • 1969 • DOC
PRZYPIS • FOOTNOTE, THE • 1970 • DCS
ZGODNIE Z ROZKAZEM • ACCORDING TO ORDERS • 1970 • DCS
SIERPEN –KRONIKA MIESIACA JERZEGO T. • AUGUST –A MONTH IN THE LIFE OF JERZY T. • 1972 • DOC
CIEN JUZ NIEDALCKO • LOOMING SHADOW, A • 1984

von KARAJAN HERBERT – SWT – 1909–1989

CARMEN • 1967
BAJAZZO, DER • 1968
PAGLIACCI, I • 1970

KARAKLAJIC DEJAN – YGS

LJUBAVNI ZIVOT BUDIMIRA TRAJKOVICA • LOVELY LIFE OF BUDIMIR TRAJKOVIC, THE ○ BELOVED LOVE ○ LOVE–LIFE OF BUDIMIR TRAJKOVIC, THE • 1978
EROGENA ZONA • EROGENOUS ZONE • 1981

KARAMA ESSA see **KARAMA ISSA**

KARAMA ISSA - EGY
KARAMA ESSA
HARAM ALEK • SHAME ON YOU • 1953
HAMATI MALAK • 1960
HEKAYET NUS EL LAIL • TALE OF MIDNIGHT, A • 1964
RAGOL DA HAI GANINI, EL • MY HUSBAND IS IMPOSSIBLE • 1967
HELWA WA CHAKIA • PRETTY AND TERRIBLE • 1968

KARAMAGGIO MENELAOS - GRC
ROM • 1989 • DOC

KARAMANBEY CETIN - TRK
ICLI KIZ FUNDA • FUNDA, THE SENSIBLE GIRL • 1967
ZEHIRLI DUDAKLAR • POISONED LIPS • 1967
MEARIM MERMERDEN OLSUN • LET MY GRAVE BE OF MARBLE • 1968
YASAMAK HARAM OLDU • LIFE HAS BECOME A SIN • 1968

KARAMATI MASUD - IRN
SMALL WISHES • 1989

KARAMUSTAFA GULSUN - TRK
BENIM SINEMALARIM • 1989

KARAMYAN E. - USS
TWELVE COMPANIONS • 1962

KARAN BILL see **KARN BILL**

KARANOVIC SRDJAN - YGS
DRUSTVENA IGRA • SOCIAL GAME • 1973
MIRIS POLJSKOG CVECA • FRAGRANCE OF WILD FLOWERS, THE ○ SCENT OF WILD FLOWERS, THE ○ FIELD-FLOWERS SMELL • 1977
PETRIJIN VENAC • PETRIJA'S WREATH ○ PETRIA'S WREATH • 1981
NESTO ISMEDJU • SOMETHING IN BETWEEN • 1983
JAGODE U GRLU • HARD TO SWALLOW • 1985
ZA SADA BEZ DOBROG NASLOVA • FILM WITHOUT A NAME • 1987

KARANOVICH A. see **KARANOVICH ANATOLI**

KARANOVICH ANATOLI - USS
KARANOVICH A.
BENJA • BATH HOUSE, THE ○ BANYA ○ BATH • 1962 • ANM
ORCHESTRA LAND • 1964 • ANS
MAYAKOVSKY SMEYOTSYA • MAYAKOVSKY LAUGHS • 1976

KARANTH B. V. - IND
CHOMANA DHUDI • CHOMANA'S DRUM • 1975
GODHULI • BOY WHO BECOMES AN ORPHAN, THE ○ TWILIGHT OF THE GODS • 1978

KARANTH PREMA - IND
PHANIYAMMA • 1981

KARAPIDIS GEORGE see **KARAPIDIS GIORGOS**

KARAPIDIS GIORGOS - GRC
KARAPIDIS GEORGE
IN THE SHADOW OF FEAR • 1988

KARASIK YULI - USS - 1923-
ZHDITE PISEM • WAITING FOR LETTERS • 1960
DINKAYA SOBAKA DINGO • WILD DOG DINGO ○ DIKAYA SOBAKA DINGO • 1963
CHELOVEK KOTOROGO YA LYUBLYU • MAN I LOVE, THE • 1966
SHESTOYE IYULYA • SIXTH OF JULY, THE (UKN) ○ SHESTOE IULYA • 1968
CHAIKA • SEAGULL, THE (UKN) • 1971
SOBSTVENNOYE MNYENIYE • PERSONAL OPINION • 1977
FOG OVER THE RIVER BANKS • 1986

KARAYANNIS COSTAS see **KARAYANNIS KOSTAS**

KARAYANNIS KOSTAS - GRC - 1932-
KARAYANNIS COSTAS
ANAMESA SE DHIO YINEKES • BETWEEN TWO WOMEN • 1967
DIMITRI MOU, DIMITRI MOU • MY DIMITRI, MY DIMITRI ○ DIMITRI, MY DARLING • 1967
DROPIASMENI (SAPILA KE ARISTOKRATIA) • DISGRACED (CORRUPTION AND ARISTOCRACY), THE • 1967
EXIPNAKIAS, O • QUICK-WIT, THE • 1967
GOISSA • CHARMER, THE • 1967
HARTORRIHTRA, I • FORTUNE-TELLER, THE • 1967
KOROIDARA, I • LAUGHING-STOCK, THE • 1967
PATERA KATSE FRONIMA • BE A GOOD BOY, FATHER • 1967
PIO LAMBRO ASTERI, TO • BRIGHTEST STAR, THE • 1967
SPANGORAMENOS, O • MISER, THE • 1967
VIVA RENA • 1967
AGAPI MAS, I • OUR LOVE • 1968
GIGAS TIS KIPSELIS, O • GIANT OF KYPSELA, THE • 1968
KRITSI TOU LOUNA PARK, TO • GIRL AT LUNA PARK, THE ○ GIRL AT THE FAIR, THE • 1968
PALIATSOS, O • CLOWNS, THE • 1968
PIO LAMBRO BOUZOUKI, TO • BEST BOUZOUKI-PLAYER, THE • 1968
TRELLOS TAHI TETRAKOSIS, O • CRAZY MAN WITH FOUR HUNDRED, THE ○ CRAZY MAN WITH BRAINS, A • 1968
ZILIARA, I • JEALOUS WIFE, THE • 1968
ANATOMIA MIAS LISTIAS • GANGSTERS, THE • 1973
ENGLIMA STO KAVOURI • HE MURDERED HIS WIFE ○ WIFE KILLER, THE • 1973
HTHES, SIMERA, AVRIO • YESTERDAY, TODAY, TOMORROW • 1979

KARDAR A. J. see **KARDAR AJAY**

KARDAR A. R. - Producer - IND - 1904-
MANDIR • 1937
PAGAL • 1941

KARDAR AAEJAY see **KARDAR AJAY**

KARDAR AJAY - PKS
KARDAR AAEJAY • KARDAR A. J.
JAGO HUA SAVERA • DAY SHALL DAWN • 1958
QASUM US WAQT KI • NO GREATER GLORY • 1976

KARDASH VIRLANA - CND - 1959-
FUNTOWN • 1981
GRACE • 1982
JIMMY • 1984

KARDISH LARRY - USA
SLOW RUN • 1968

KARDOS FERENC - HNG - 1937-
LETTERS TO JULIA • SHT
WORLD BELONGS TO US, THE • SHT
GYERMEKBETEGSEGEK • GRIMACES • 1965
UNNEPNAPOK • RED-LETTER DAYS ○ HOLIDAYS • 1967
PETOFI '73 • 1973
HAJDUK • 1974
EKEZET • ACCENT, THE • 1977
EGYSZEREGY • PETER AND PAUL ○ ONCE ONE • 1978
MENNYEI SEREGEK • HEAVENLY HOSTS • 1984
ISKOLAKERULOK • TRUANTS • 1989

KARDOS LASZLO see **KARDOS LESLIE**

KARDOS LESLIE - USA
KARDOS LASZLO
4½ MUSKETIERE • 1935
120 KILOMETERS AN HOUR
SPORTSZERELEM • LOVE OF SPORT (USA) • 1938
DARK STREETS OF CAIRO • 1940
TO MY UNBORN SON • 1943 • SHT
STRIP, THE • 1951
SMALL TOWN GIRL • 1952
MAN WHO TURNED TO STONE, THE • PETRIFIED MAN, THE • 1957
TIJUANA STORY, THE • 1957

KAREL RUSS - USA
ALMONDS AND RAISINS • 1983 • DOC

KARELOV E. see **KARELOV YEVGYENI**

KARELOV YE see **KARELOV YEVGYENI**

KARELOV YEVGYENI - USS
KARELOV YE • KARELOV E.
YASHA TOPORKOV • 1960
LET IT SHINE • 1962
TRETIU TAYM • LAST GAME, THE (USA) ○ THIRD TIME, THE • 1963
DETI DON QUIXOTE • CHILDREN OF DON QUIXOTE, THE • 1966
SLUZHILI DVA TOVARISHCHA • TWO FRIENDS IN THE ARMY ○ THERE SERVED TWO COMRADES ○ TWO COMRADES-IN-ARMS ○ SOLDIER FRIENDS • 1968
VYSOKOYE ZVANIYE • HIGH RANK • 1973
HIGH HONOUR, A • 1974

KARES PETER J. - USA
NIGHT THEY ROBBED BIG BERTHA'S, THE • 1978

KAREVSKY B.
PRIVATE IVAN

KARFIOL WILLIAM - GRM
DURCHLAUCHT DER REISENDE • 1915
KAPITAL UND LIEBE • 1915
SCHIPP SCHIPP HURRAH! • 1915
SO'N RACKERCHEN • 1915
LIEBESBRUCKE, DIE • 1916
TOLLES MADEL, EIN • 1916
EHESCHULE, DIE • 1917
NASSES ABENTEUER, EIN • 1917
TELEFONKATZCHEN, DAS • 1917
TOT ODER SCHEINTOT • 1919
STURZ IN DIE FLAMMEN, DER • 1920
ENTGLEIST • 1921
BRAUT AUF 24 STUNDEN, DIE • 1922
FIRNENRAUSCH • 1922
TODESREIGEN, DER • 1922
BACCHANTIN, DIE • 1924

KARGER MAXWELL - USA
HOLE IN THE WALL, THE • 1921
IDLE RICH, THE • JUNK • 1921
MAN WHO, THE • 1921
MESSAGE FROM MARS, A • 1921
TRIP TO PARADISE, A • 1921
GOLDEN GIFT, THE • 1922
HATE • 1922
KISSES • 1922

KARGL GERALD - AUS
ANGST • FEAR • 1983

KARIAT RAMU - IND
DWEEP • 1976

KARIATT R. - IND
NEELAKKUYIL • 1954

KARIM ALAA - EGY
SUSPICION • 1989

KARIM MUHAMMED - EGY
AWLAD EL ZAWAT • SPOILED CHILDREN • 1931

KARIM SALAH - EGY
ZAWAG ALLA TARIKA EL HADISSA • MARRIAGE IN THE MODERN MANNER • 1968

KARIMI NOSRAT see **KARIMI NOSRATTOLAH**

KARIMI NOSRATTOLAH - IRN
KARIMI NOSRAT
ZENDEGUI • LIFE • 1969 • ANS
KHANE-KHARAB • RUINED • 1975

KARINA ANNA - Actress - DNM - 1940-
VIVRE ENSEMBLE • 1973

KARKA G. - USS
NOCHI BYEZ NOCHLYEGA • NIGHTS WITHOUT SHELTER ○ NIGHTS WITHOUT LODGING, THE • 1967

KARLSEN FINN see **KARLSSON FINN**

KARLSON PHIL - USA - 1908-1986
KARLSTEIN PHIL
WAVE, A WAC AND A MARINE, A • 1944
G.I. HONEYMOON • 1945
SHANGHAI COBRA, THE • CHARLIE CHAN IN THE SHANGHAI COBRA • 1945
THERE GOES KELLY • 1945
BEHIND THE MASK • 1946
BOWERY BOMBSHELL • 1946
DARK ALIBI • FATAL FINGERPRINTS • 1946
LIVE WIRES • 1946
MISSING LADY, THE • 1946
SWING PARADE OF 1946 • 1946
WIFE WANTED • SHADOW OF BLACKMAIL (UKN) • 1946
BLACK GOLD • 1947
KILROY WAS HERE • 1947
LOUISIANA • 1947
ADVENTURES IN SILVERADO • ABOVE ALL LAWS (UKN) • 1948
LADIES OF THE CHORUS • 1948
ROCKY • 1948
THUNDERHOOF • FURY (UKN) • 1948
BIG CAT, THE • 1949
DOWN MEMORY LANE • 1949
IROQUOIS TRAIL, THE • TOMAHAWK TRAIL, THE (UKN) • 1950
LORNA DOONE • 1951
MASK OF THE AVENGER • 1951
TEXAS RANGERS, THE • 1951
BRIGAND, THE • 1952
SCANDAL SHEET • DARK PAGE, THE (UKN) • 1952
KANSAS CITY CONFIDENTIAL • SECRET FOUR, THE (UKN) • 1953
99 RIVER STREET • 1953
THEY RODE WEST • WHITE FEATHER ○ WOODHAWK, THE • 1954
FIVE AGAINST THE HOUSE • 1955
HELL'S ISLAND • SOUTH SEAS FURY ○ LOVE IS A WEAPON • 1955
PHENIX CITY STORY, THE • PHOENIX CITY STORY, THE • 1955
TIGHT SPOT • 1955
BROTHERS RICO, THE • 1956
GUNMAN'S WALK • 1958
HELL TO ETERNITY • 1960
KEY WITNESS • 1960
SECRET WAYS, THE • 1961
YOUNG DOCTORS, THE • 1961
KID GALAHAD • 1962
SCARFACE MOB, THE • UNTOUCHABLES: THE SCARFACE MOB • 1962 • MTV
RAMPAGE • JUNGLE RAMPAGE • 1963
SILENCERS, THE • 1966
TIME FOR KILLING, A • LONG RIDE HOME, THE (UKN) ○ SOUTHERN BLADE • 1967
WRECKING CREW, THE • HOUSE OF SEVEN JOYS • 1968
HORNET'S NEST • VALOR OF WAR, THE • 1970
BEN • 1972
WALKING TALL • 1973
FRAMED • 1975

KARLSSON FINN - DNM - 1937-
KARLSEN FINN
STINE OG DRENGENE • DIARY OF A TEENAGER • 1969
FOR DODEN OS SKILLER • TILL DEATH DO US PART • 1970
GULD TIL PRAERIENS SKRAPPE DRENGE • 1971
I MORGEN MIN ELSKEDE • TOMORROW MY LOVE • 1971
I JOMFRUENS TEGN • 1973

KARLSTEIN PHIL see **KARLSON PHIL**

KARMAN JANICE - Animator - USA
CHIPMUNK ADVENTURE, THE • 1987 • ANM

KARMAZINSKI N.
IF WAR COMES TOMORROW • 1938

KARMEL PIP - ASL
SEX RULES • 1988 • SHT

KARMEN ROMAN - USS - 1906-1978
MOSKVA • MOSCOW • 1932
MOSCOW - KARA KUM - MOSCOW • 1933 • DOC
PARADE IN RED SQUARE MOSCOW • 1933 • DOC
AT HOME • 1934 • DOC
SALUTE TO THE SPANISH PIONEERS • 1936 • DOC
SPAIN • 1937 • DOC
CHINA DEFENDS HERSELF • 1939 • DOC
DEN NOVOGO MIRA • ONE DAY IN THE NEW WORLD ○ DAY IN THE NEW WORLD, A ○ DAY IN A NEW WORLD ○ ONE DAY IN SOVIET RUSSIA • 1940
SEDOVCHY • SEDOV EXPEDITION ○ SEDOVITES, THE • 1940
V KITAI • IN CHINA • 1941
LENINGRAD V BORBYE • DAYS AND NIGHTS IN LENINGRAD ○ DEFENCE OF LENINGRAD, THE ○ LENINGRAD IN COMBAT ○ LENINGRAD FIGHTS! • 1942
ALBANIA • 1945 • DOC
JUDGMENT OF THE PEOPLE • NUREMBERG • 1947
SOVIET TURKMENISTAN • 1950 • DOC
SOVIET GEORGIA • 1951 • DOC
POVEST O NEFTYANIKAKH KASPIYA • OIL WORKERS OF THE CASPIAN SEA ○ STORY OF THE CASPIAN OIL MEN ○ CASPIAN STORY ○ CASPIAN OIL WORKERS • 1953

VIETNAM • 1954 • DOC
VISIT TO INDIA
HOW BROAD IS OUR COUNTRY • GREAT IS MY COUNTRY • 1958 • DOC
POKORITELI MORYA • CONQUERED SEAS • 1959
UTRO INDIA • INDIAN MORNING ○ DAWN OF INDIA • 1959
CUBA SEGODNYA • CUBA, ISLAND OF FLAMES ○ ISLAND OF FLAME, THE ○ CUBA TODAY • 1960
DEN NASHEY ZHIZNI • SEPTEMBER 16 • 1960
OUR INDONESIAN FRIEND • 1960 • DOC
DAY WITH THE RUSSIANS, A • ONE DAY WITH THE RUSSIANS • 1961 • ANT
U.R.S.S. A COEUR OUVERT, L' • 1961 • DOC
GOST O OSTROVA SVOBODY • GUEST FROM THE ISLAND OF FREEDOM, A ○ GUEST ON FREEDOM ISLAND • 1963 • DOC
VELIKAYA OTECHESTVENNAYA • GREAT PATRIOTIC WAR, THE • 1965
DEATH OF A COMMISSAR • 1966 • DOC
GRANADA, GRANADA, MY GRANADA • GRANADA, MY GRANADA • 1967 • DOC
CHILE -HAPPENINGS • 1973
CONTINENT IN FLAMES • 1973 • DOC

KARMITZ MARIN – RMN – 1938–
COMEDIE • SHT
IDOLES, LES • 1963 • SHT
NUIT NOIRE A CALCUTTA • NUIT NOIRE, CALCUTTA • 1964 • SHT
SEPT JOURS AILLEURS • SEVEN DAYS SOMEWHERE ELSE • 1968
CAMARADES • 1970
COUP POUR COUP • BLOW FOR BLOW • 1971

KARN BILL – USA
KARAN BILL
GANGBUSTERS • 1955
GUNS DON'T ARGUE • 1955
MA BARKER'S KILLER BROOD • 1960
FIVE MINUTES TO LIVE • DOOR TO-DOOR MANIAC • 1961

KARNAD GIRISH – IND
SHANTATA, COURT CHALU AHE • 1970
KAADU • FOREST, THE • 1974
ONDANONDU KALADALLI • ONCE UPON A TIME • 1977
GODHULI • BOY WHO BECOMES AN ORPHAN, THE ○ TWILIGHT OF THE GODS • 1978
UTSAV • FESTIVALS • 1983

KARNER ANDI – Animator – AUS
ROCOCO COMES TO THE ISLAND OF THE HUZZIS • ANM

KARNICK HANNES – GRM
DU SOLLST DICH NIE VOR EINEM LEBENDEN MENSCHEN BUCKEN • NEVER BE HUMBLE BEFORE ANY LIVING PERSON ○ NEVER BOW DOWN BEFORE A LIVING PERSON! • 1978 • DOC

KARP SHARON – USA
CHICAGO MATERNITY CENTER STORY, THE • 1977

KARPAS JAN – Animator – CZC
STORY OF THE GHOST BEAR, THE • 1955 • ANS
LISKA A VLK • FOX AND THE WOLF, THE • 1956
KAMMENA TETKA • STONE AUNTIE, THE • 1960 • ANS
STUPID DEVIL, THE • 1960 • ANS
ENCHANTED ROCK, THE • ANS
VEZLA DAMA ZAVAZADLA • LADY AND HER LUGGAGE, THE • 1965 • ANS

KARPATI GYORGY – HNG
MESE • FAIRY TALE • 1963

KARPOV A. see **KARPOV ALEXANDER**

KARPOV ALEXANDER – USS
KARPOV A.
DOROGA V TYSYACHU VYERST • THOUSAND-MILE ROAD, A • 1968
TOMORROW WILL BE TOO LATE • 1974

KARSAKBAEV ABDULLA – USS – 1940–
KARSAKBAYEV ABDULLA
MY NAME IS KOZHA • 1964
TREVOZHNOYE UTRO • ANXIOUS MORNING, THE ○ ALARMING MORNING • 1967
JOURNEY INTO CHILDHOOD • 1970

KARSAKBAYEV ABDULLA see **KARSAKBAEV ABDULLA**

KARSON ERIC – USA
DIRT • 1979
OCTAGON, THE • 1980
OPPOSING FORCE • HELLCAMP ○ HELL CAMP • 1986
BLACK EAGLE • 1988
ANGEL TOWN • 1989

KARSON RAMSAY see **KARSON RAMSEY**

KARSON RAMSEY
KARSON RAMSAY
DESIRES WITHIN YOUNG GIRLS • 1977

KARU ERKKI – FNL – 1887–1935
FORSFARARENSBRUD • 1922
KOSKENLASKIJAN MORSIAN • LOG-ROLLER'S BRIDE, THE • 1922
NUORI LUOTSI • 1922
KUN ISALLA ON HAMMASSARKY • WHEN FATHER HAS TOOTHACHE • 1923 • SHT
NUMMISUUTARIT • VILLAGE SHOEMAKERS, THE • 1923
SUVINEN SATU • 1925
MUURMANNIN PAKOLAISET • 1926
MYRSKYLUODON KALASTAJA • 1926
MEIDAN POIKAMME • OUR BOYS • 1929
TUKKIPOJAN MORSIAN • BRIDE OF THE LUMBERJACK, THE ○ LOG-DRIVER'S BRIDE, THE • 1931
MEIDAN POIKAMME MERELLA • OUR BOYS AT SEA • 1933
SYNTIPUKKI • SCAPEGOAT, THE • 1935

KARYA TEGUH – INN – 1937–
WAJAH SEORANG LAKI-LAKI • BALLAD OF A MAN • 1971
CINTA PERTAMA • FIRST LOVE • 1973
RANJANG PENGANTIN • WEDDING, THE • 1974
KAWIN LARI • ELOPEMENT, THE • 1975
PERKAWINAN DALAM SEMUSIN • WOLVES, THE • 1976
BADAI-PASTI BERLALU • WHEN THE STORM IS OVER • 1977
NOPEMBER 1828 • NOVEMBER 1828 • 1978
USIA 18 • AGE OF 18, THE ○ AGE 18 • 1980
KIPAS AKAR WANGI • FAN, THE • 1981
DIBALIK KELAMBU • BEHIND THE MOSQUITO NET • 1983
DOEA TANDA MATA • MEMENTOS • 1985
SECANGKIR KOPI PAHIT • MEROBEK ANGAN-ANGAN ○ BITTER COFFEE ○ TORN DREAM • 1985
IBUNDA • MOTHER • 1986
PACAR KETINGGALAN KERETA • 1988

KARYUKOV M. see **KARYUKOV MIKHAIL**

KARYUKOV MIKHAIL – USS
KARYUKOV M.
NEBO ZOVYOT • BATTLE BEYOND THE SUN ○ HEAVENS CALL, THE ○ NIEBO ZOWIET ○ SKY CALLS, THE ○ NEBO ZOWET • 1959
MESHTE NASTRESHU • DREAM COME TRUE, A • 1963

KASAI OSAMU – JPN
TATSUNOKO TARO • TARO, BABY DRAGON ○ TARO, THE DRAGON BOY • 1978 • ANM

KASARAVALLI GIRISH – IND
KASERAHALLI GIRISH • KASARVALLI GIRISH
GHATASHRADDHA • RITUAL, A • 1977
AKRAMANA • CONQUEST • 1978
TABARANAKATHE • STORY OF TABARANA, THE ○ STORY OF TABARA, THE • 1986

KASARVALLI GIRISH see **KASARAVALLI GIRISH**

KASDAN LAWRENCE – USA – 1949–
BODY HEAT • 1981
BIG CHILL, THE • 1983
SILVERADO • 1985
ACCIDENTAL TOURIST, THE • 1988
I LOVE YOU TO DEATH • 1989

KASEBI MOHAMMAD – IRN
SWIMMING IN WINTER • 1989

KASERAHALLI GIRISH see **KASARAVALLI GIRISH**

KASESALU R. – USS
FRIEND OF THE SONG, THE • 1961

KASHEVEROVA NADEZHDA – USS
CHEREVICHKI • CHRISTMAS SLIPPERS (USA) ○ SILVER SLIPPERS • 1945

KASHILINGAM G. – IND
MARUTHANAD ELAVARSEE • 1950

KASHMIRI IQBAL – PKS
MUKRA • FACE • 1988
RANGILEY JASOOS • 1989
ZAKHMI AURAT • 1989

KASHYAP DHARM DEV – IND
DULHAN EK RAAT KI • BRIDE FOR A SINGLE NIGHT • 1967

KASHYAP KEVAL P. – IND
PARIVAR • FAMILY • 1968

KASILINGAM A. – IND
PANDHAYAM • GAMBLING • 1967
CHAKKARAM • WHEEL • 1968

KASLIK VACLAV – CZC
KASLIKI VACLAV
HOFFMANOVY POVIDKY • TALES OF HOFFMANN, THE • 1962
RUSALKA • 1962
COSI FAN TUTTE • 1970
HOFFMANNS ERZAHLUNGEN • 1970

KASLIKI VACLAV see **KASLIK VACLAV**

KASMA JACQUES – CND
TROIS HOMMES AU MILLE CARRE • 1966 • DCS
GHOSTS OF A RIVER • 1968

KASPER V. see **KASPER VELJO**

KASPER VELJO – USS
KASPER V.
LYOGKAYA RUKA • HE BRINGS LUCK ○ HAND OF LUCK • 1967
DYEVUSHKA V CHYORNOM • GIRL IN BLACK, THE • 1968
VYENSKAYA POCHTOVAYA MARKA • VIENNESE POSTAGE STAMP, THE • 1968
TUISU TAAVI'S SEVEN DAYS • 1971

KASS PETER – USA
TIME OF THE HEATHEN • 1962

KASSAEI ABAS – IRN
FARARI • FUGITIVE, THE • 1967
GHOMAR BAZ • GAMBLER, THE • 1968
SANGE SABOUR • ADAMANT, THE • 1968

KASSILA MATTI – FNL – 1924–
HEAD OF THE HOUSE PLAYS ACCORDION, THE • 1949
RADIO TEKEE MURRON • RADIO COMMITS A BURGLARY, THE • 1951
TYTTO KUUNSILLALTA • GIRL FROM THE MOON'S BRIDGE, THE • 1953
HILMANPAIVAT • HILMA'S BIRTHDAY • 1954
SININEN VIIKKO • BLUE WEEK • 1954
PASTORI JUSSILAINEN • PASTOR JUSSILAINEN • 1955
ELOKUU • AUGUST ○ HARVEST MONTH • 1956
KURITON SUKUPOLVI • UNRULY GENERATION, THE • 1957
PUNAINEN VIIVA • RED LINE, THE • 1959
KOMISARIO PALMU • POLICE INSPECTOR PALMU • 1960–69 • SRL
TULIPUNAINEN KYYHKYNEN • SCARLET DOVE, THE • 1961
AL' YLI PAASTA PERHANAA • LET NOT ONE DEVIL CROSS THE BRIDGE • 1968
TUNTEMATON SOTILAS • UNKNOWN SOLDIER • 1969
VODKAA KOMISARIO PALMU • VODKA, MR. PALMU • 1969
PAAMAJASSA • AT HEADQUARTERS • 1970
AATAMIN PUVUSSA JA VAHAN EEVANKIN • IN ADAM'S DRESS AND A LITTLE IN EVE'S TOO ○ IN ADAM'S CLOTHES AND A LITTLE IN EVE'S TOO • 1971
VOI, PETER, PETER • OH, PETER, PETER! • 1972
HALVAN RAKASTAA, PETER • I WANT TO LOVE, PETER • 1973
MEILTAHAN TAMA KAY • YES, THAT WE CAN ○ EASY DOES IT • 1974
NATALIA • 1979
NISKAVUORI • FAMILY NISKAVUORI, THE • 1984
JAAHYVAISET PRESIDENTILLE • FAREWELL TO THE PRESIDENT • 1987
IMMISELON IHANUUS JA KURJUUS • GLORY AND MISERY OF HUMAN LIFE, THE • 1988

KASSILA TAAVI – FNL – 1953–
JOUSIAMPUJA • ARCHER, THE • 1983
PETOS • BETRAYAL, THE • 1988

KASSISSOGLOU VASSILIS – GRC
KESSISSOGLOU VASSILIS
WEDDING ON THE FRINGE, THE • 1989

KASSNER JOE – USA
DOWNTOWN • SHT

KASSNER JOHN – USA
TRIP TO MARS • ANS

KASSOVITZ PETER – FRN – 1938–
AU BOUT DU BOUT DU BANC • 1978

KAST PIERRE – FRN – 1920–1984
CHARMES DE L'EXISTENCE, LES • CHARMS OF LIFE, THE (UKN) • 1949 • SHT
ARITHMETIQUE, L' • 1951 • SHT
DESASTRES DE LA GUERRE, LES • 1951 • SHT
FEMMES DU LOUVRES, LES • 1951
GUERRE EN DENTELLES • JACQUES CALLOT, CORRESPONDANT DU GUERRE • 1952
JE SEME A TOUT VENT • I SEED THE WINDS • 1952
A NOUS DEUX PARIS • 1953 • SHT
CHASSE A L'HOMME, LA • 1953 • SHT
CLAUDE-NICHOLAS LEDOUX, ARCHITECTE MAUDIT • 1954 • SHT
NOS ANCETRES LES EXPLORATEURS • 1954 • SHT
CORBUSIER, L'ARCHITECTE DU BONHEUR • 1956 • SHT
AMOUR DE POCHE, UN • NUDE IN HIS POCKET (USA) ○ GIRL IN HIS POCKET ○ POCKET LOVE, A • 1957
BEL AGE, LE • LOVE IS WHEN YOU MAKE IT ○ GOOD AGE, THE • 1958
DES RUINES ET DES HOMMES • 1958 • SHT
IMAGES POUR BAUDELAIRE • 1958 • SHT
JAPAN D'HIER ET D'AUJOURD'HUI • 1959 • SHT
PROMENADE QUOTIDIENNE AUX INDES • 1959 • SHT
QUESTION D'ASSURANCE, UNE • 1959 • SHT
REGARDS SUR LE PAKISTAN • 1959 • SHT
MERCI NATERCIA • NATERCIA • 1960
MORTE-SAISON DES AMOURS, LA • SEASON FOR LOVE, THE (USA) ○ LIAISONS AMOUREUSES, LES ○ SEASON OF LOVE, THE • 1961
MONSIEUR ROBIDA, PROPHETE ET EXPLORATEUR DU TEMPS • MR. ROBIDA, PROPHET AND EXPLORER OF TIME • 1963 • SHT
VACANCES PORTUGAISES, LES • SOURIRES DE LA DESTINEE, LES ○ EGAREMENTS, LES • 1963
VAMPIRES D'ALFAMA • 1963 • ANS
BRULERE DE MILLE SOLEILS, LA • RADIANCE OF A THOUSAND SUNS, THE ○ FIRE OF A THOUSAND SUNS, THE ○ BURNING OF A THOUSAND SUNS, THE • 1964
GRAIN DE SABLE, LE • TRIANGOLO CIRCOLARE, IL (ITL) ○ UNMORALISCHEN, DIE (FRG) ○ CIRCULAR TRIANGLE, THE (USA) ○ TRIANGLE CIRCULAIRE, LE ○ TRIANGLE, LE • 1964
NAISSANCE DE L'EMPIRE ROMAIN, LA • 1965 • MTV
CROQUIS BRESILIENS • 1966 • SHT
CHUTE DE L'EMPIRE ROMAIN, LA • 1967 • MTV
DROLE DE JEU • MOST DANGEROUS GAME, THE • 1968
DRAPEAU BLANC D'OXALA, LE • CANDOMBLE ET MACUMBA ○ MACUMBA • 1969
SOLEILS DE L'ILE DE PAQUES, LES • SOIS DA ILHA DE PASCOA, OS (BRZ) ○ SUNS OF EASTER ISLAND, THE • 1971
ANIMAL DOUE DE DERAISON, UN • 1976
SOLEIL EN FACE, LE • 1979
GUERILLERA, LA • 1981

KASTLE LEONARD – USA – 1929–
HONEYMOON KILLERS, THE • 1970

KASTNER JOHN – CND
LIFER AND THE LADY, THE • 1986 • DOC

KASYANOV VLADIMIR – USS
DRAMA IN THE FUTURIST'S CABARET NO.13 • 1914
SONKA ZOLOTAYA RUCHKA • SONKA, THE GOLDEN HAND • 1916 • SRL

KASYMOVA MARGARITA – USS
LYETO 43-VO GODA • SUMMER OF '43, THE • 1968

KASZUBOWSKI JERZY
ROAD HOME, THE • 1987

KATAINEN ELINA – FNL
JALMARI JA HULDA • 1971

KATAJISTO HEIKKO - FNL
JUHO VESAINEN • 1974

KATAKOUZINOS GEORGE - GRC
NIGHTS • 1976 • SHT
ANGELOS • ANGEL • 1982
ABSENCES • 1988

KATANYAN VASILI - USS
MAYA PLISETSKAYA • PLISTSKAYA DANCES (USA) ○ MAYYA PLISETSKAYA • 1964 • DOC
ARKADI RAYKIN • 1968

KATAOKA HITOSHI - JPN
GEKIJO NO CHIBUSA • PASSIONATE BREASTS • 1967
IROWANA • TRAP OF LUST • 1967
NEMONOGATARI • BED STORY • 1967
ONNA NO TORIHIKI • TRAFFIC IN WOMEN • 1967
RYOSHOKU • DEBAUCHERY • 1967
WAKAZUMA NO NIOI • FRAGRANT YOUNG WIFE • 1967
MAHIRU NO HOYO • MIDDAY HUG, A • 1968
SHIKIJO SHINDAN • DIAGNOSIS OF SEXUAL DESIRE • 1968
SHOJO NO JYAKUTEN • VIRGIN'S WEAK POINT, THE • 1968

KATARI NASSIR see **AL-KTARI NACEUR**

KATCHER ARAM - USA
RIGHT HAND OF THE DEVIL, THE • 1963

KATHANSKY IVAN see **SOLVAY PAOLO**

KATHNER RUPERT - ASL - 1903-1954
PHANTOM GOLD • 1937
BELOW THE SURFACE • 1938
AUSTRALIA TODAY • 1938-39 • SER
ALBURY PYJAMA GIRL MYSTERY, THE • 1939 • SHT
WINGS OF DESTINY • 1940
RACING LUCK • 1941
KELLYS OF TOBRUK, THE • 1942
GLENROWAN AFFAIR • 1951

KATMOR JACQUES MORRY - ISR
MIKREH ISHA • WOMAN'S CASE, A • 1969

KATO AKIRA - JPN
TOKYO EMMANUELLE FUJIN • EMMANUELLE IN TOKYO • 1975

KATO BIN - JPN
KADO BIN
KENRANTARU SATSUJIN • BRILLIANT MURDER • 1951
KAIBYO OKAZAKI SODO • TERRIBLE GHOST-CAT OF OKAZAKI • 1954
KAIBYO OMA-GA-TSUJI • GHOST-CAT OF OMA-GA-TSUJI • 1954
KAIBYO GOJUSAN-TSUGI • GHOST-CAT OF GOJUSAN-TSUGI • 1956
INOCHI O KAKERU OTOKO • MAN WHO STAKES HIS LIFE, A • 1958
ONIBI TORO • WILL O' THE WISP ○ ONIBI • 1958
OJA NO KEN • GAIJIN • 1959
YUKIONNA NO ASHIATO • FOOTMARK OF A SNOW FAIRY • 1959
KAIDAN ONIBI NO NUMA • GHOST STORY OF DEVIL'S FIRE SWAMP • 1963

KATO TAI - JPN
BYAKKO NITORYU • SWORDS OF MYSTERY • 1958
KAZE TO ONNA TO TABIGARASU • WIND WOMAN AND WANDERER • 1958
KOGAN NO MISSHI • MISSION TO HELL • 1959
KING OF THE MONGOLS • GENGHIS KHAN AND HIS MONGOLS • 1960
KAIDAN OIWA NO BOREI • GHOST OF YOTSUYA, THE ○ GHOST OF OIWA • 1961
SANADA FUUNROKU • SASUKE AND HIS COMEDIANS • 1963
CHOEKI JUHACHINEN • EIGHTEEN YEARS' IMPRISONMENT • 1967
INJU • OBSESSION • 1977

KATO YASU see **KATO YASUSHI**

KATO YASUSHI - JPN
KATO YASU
MINAGOROSHI NO REIKA • I, THE EXECUTIONER • 1968
HIBOTAN BAKUTO -ORYU SANJO • WOMAN GAMBLER: ORYU COMES • 1970
HIBOTANBAKUTO -OINICHI ITADAKIMASU • WOMAN GAMBLER -DEATH FOR THE WICKED • 1971

KATONO GORO - JPN
KAIDAN HONJO NANFUSHIGI • GHOST STORY OF WANDERER AT HONJO ○ SEVEN MYSTERIES • 1957
KAIDAN CHIBUSA ENOKI • GHOST OF CHIBUSA ENOKI • 1958
KAIDAN AMA YUREI • GHOST OF THE GIRL DIVER • 1960

KATSAROS STATHIS - GRC
PETROCHIMIKA, I KATHEDRIKES TIS ERIMOU • PETROCHEMICALS, THE CATHEDRALS OF THE DESERT • 1981 • DOC

KATSCHER RUDOLF - GRM
TEILNEHMER ANTWORTET NICHT • 1932
REQUINS DU PETROLE, LES • 1933
UNSICHTBARE GEGNER • 1933

KATSELAS MILTON - USA - 1933-
BUTTERFLIES ARE FREE • 1972
FORTY CARATS • 1973
REPORT TO THE COMMISSIONER • OPERATION UNDERCOVER (UKN) • 1975
STRANGERS: THE STORY OF A MOTHER AND DAUGHTER • 1979 • TVM
WHEN YOU COMIN' BACK, RED RYDER? • 1979
RULES OF MARRIAGE, THE • 1982 • TVM

KATSIMITSOULIAS ANDREAS - GRC
DHEN POULAO TIN KARDIA MOU • I DON'T SELL MY HEART • 1967
ORA TIS DHIKEOSINIS, I • HOUR OF JUSTICE, THE • 1967
DROSO I ARHONTOPOULA • DROSO, THE RICH MAN'S DAUGHTER ○ BACK TO MY VILLAGE • 1968
KATIGOROUMENI, APOLOYISOU • ACCUSED PLEADS NOT GUILTY, THE • 1968
LYGERI, I • 1968

KATSOURIDIS DINOS - GRC - 1927-
ENAS VENGOD GIA OLES TIS DOULIES • JACK OF ALL TRADES • 1969
THANASSIS STI HORA TIS SFALIARAS, O • EVENTS HIT THANASSIS SMACK ON THE NOSE ○ THANASSIS IN THE LAND OF SLAPS • 1975
PALAVOS KOSMOS TOU THANASI, O • THANASIS'S CRAZY WORLD • 1979
LEFTIST NIGHT'S DREAM, THE • 1988

KATSOURIDIS NICOS - GRC
TI EKANES STO POLEMO THANASSI • WHAT DID YOU DO IN THE WAR, THANASSI? • 1970

KATSUMADA TOMOHARU - JPN
NINGYO HIME • PRINCESS MERMAID ○ LITTLE MERMAID, THE • 1974

KATZ GILLES - FRN - 1937-
LETTRES DE STALINGRAD • 1969

KATZ GLORIA - USA
MESSIAH OF EVIL • REVENGE OF THE SCREAMING DEAD ○ RETURN OF THE LIVING DEAD ○ DEAD PEOPLE ○ SECOND COMING, THE • 1975

KATZ JAMES C. - USA - 1940-
RISE AND FALL OF IVOR DICKIE, THE • 1977

KATZ MAX - USA
JIM THE MAN • 1967

KATZ MICHEL - VNZ
MUERTE EN EL PARAISO • MURDER IN PARADISE • 1979

KATZIN LEE see **KATZIN LEE H.**

KATZIN LEE H. - USA - 1935-
KATZIN LEE
HONDO AND THE APACHES • 1967 • MTV
ALONG CAME A SPIDER • 1969 • TVM
HEAVEN WITH A GUN • 1969
WHAT EVER HAPPENED TO AUNT ALICE? • 1969
PHYNX, THE • 1970
LE MANS • 1971
SALZBURG CONNECTION, THE • 1972
VISIONS.. • VISIONS OF DEATH • 1972 • TVM
VOYAGE OF THE YES, THE • 1972 • TVM
ORDEAL • 1973 • TVM
STRANGER, THE • STRANDED • 1973 • TVM
SAVAGES • 1974 • TVM
STRANGE HOMECOMING • 1974 • TVM
JOURNEY THROUGH THE BLACK SUN • SPACE 1999: JOURNEY THROUGH THE BLACK SUN • 1975 • MTV
LAST SURVIVOR, THE • 1975 • TVM
QUEST, THE • 1976 • TVM
SKY HEI$T • 1976 • TVM
ALIEN ATTACK • SPACE 1999: ALIEN ATTACK • 1977 • MTV
MAN FROM ATLANTIS, THE • 1977 • TVM
RELENTLESS • 1977 • TVM
BASTARD, THE • KENT CHRONICLES, THE • 1978 • TVM
BROKEN BADGE, THE • 1978 • TVM
TERROR OUT OF THE SKY • TERROR FROM THE SKY • 1978 • TVM
ZUMA BEACH • 1978 • TVM
SAMURAI • 1979 • TVM
DEATH RAY 2000 • 1981 • TVM
NEIGHBORHOOD, THE • 1982 • TVM
EMERGENCY ROOM • 1983 • TVM
DIRTY DOZEN: THE DEADLY MISSION, THE • 1987
CONFESSIONS OF A LADY COP • POLICE IN ACTION: CONFESSIONS OF A LADY COP • 1988 • TVM
DIRTY DOZEN: THE FATAL MISSION, THE • 1988 • TVM
WORLD GONE WILD • 1988

KATZMAN LEONARD - USA
SPACE MONSTER • FIRST WOMAN INTO SPACE ○ FLIGHT BEYOND THE SUN ○ VOYAGE BEYOND THE SUN • 1965

KATZMAN SAM - Producer - USA - 1901-1973
BROTHERS OF THE WEST • 1937
LOST RANCH • 1937
ORPHAN OF THE PECOS • 1937

KAUFER JONATHAN - USA - 1955-
SOUP FOR ONE • 1982

KAUFMAN CHARLES - USA
SECRET DREAMS OF MONA Q, THE • 1977
MOTHER'S DAY • 1980
WHEN NATURE CALLS • OUTDOORSTERS, THE • 1985
JAKARTA • TRIANGLE INVASION • 1988

KAUFMAN GEORGE S. - Playwright - USA - 1889-1961
SENATOR WAS INDISCREET, THE • MR. ASHTON WAS INDISCREET (UKN) • 1947

KAUFMAN JACK - USA
RISE AND FALL OF THE THIRD REICH, THE • 1967 • DOC

KAUFMAN JOSEPH - USA
DAY OF HAVOC, A • 1915
DECEPTION, THE • 1915
HEARTACHES • 1915
IN SPITE OF HIM • 1915
IT WAS TO BE • 1915
MIRROR, THE • 1915
MONEY! MONEY! MONEY! • 1915
ORGY, THE • 1915
SILENT ACCUSER, THE • 1915
THINK MOTHERS • 1915
WHEN THE LIGHT CAME IN • 1915
WHEN YOUTH IS AMBITIOUS • 1915
WOMAN WENT FORTH, A • 1915
ASHES OF EMBERS • 1916
DOLLARS AND THE WOMAN • 1916
NANETTE OF THE WILDS • 1916
OPHELIA • 1916 • SHT
TRAVELING SALESMAN, THE • 1916
WORLD'S GREAT SNARE, THE • 1916
AMAZONS, THE • 1917
ARMS AND THE GIRL • 1917
BROADWAY JONES • 1917
GREAT EXPECTATIONS • 1917
LAND OF PROMISE, THE • 1917
SHIRLEY KAYE • 1917
SONG OF SONGS, THE • 1918

KAUFMAN LLOYD - USA
SU LOUIS
BATTLE OF LOVE'S RETURN, THE • 1971
NEWCOMERS, THE • 1973
DIVINE OBSESSION, THE • 1976

KAUFMAN MIKHAIL - Cameraman - PLN - 1897-1980
MOSKVA • MOSCOW • 1927
VESNOY • SPRINGTIME ○ SPRING • 1929
VELIKAYA POBEDA • GREAT VICTORY, THE • 1933
AVIO-MARS • AIR MARCH ○ AVIO MARCH • 1934
FOLK DANCES OF THE U.S.S.R. • 1939 • DOC
OUR MOSCOW • 1939 • DOC
TRETYAKOV GALLERY, THE • 1956 • DOC

KAUFMAN MILLARD - Screenwriter - USA - 1917-
CONVICTS FOUR • REPRIEVE • 1962

KAUFMAN NATHAN - USA
FIRST MAN ON THE SUN • 1970 • ANS

KAUFMAN PETUS - USA
WE SEE THEM THROUGH • 1948

KAUFMAN PHIL see **KAUFMAN PHILIP**

KAUFMAN PHILIP - USA - 1936-
KAUFMAN PHIL
GOLDSTEIN • 1965
FEARLESS FRANK • FRANK'S GREATEST ADVENTURE • 1969
GREAT NORTHFIELD MINNESOTA RAID, THE • 1972
WHITE DAWN, THE • 1974
INVASION OF THE BODY SNATCHERS • 1978
UP YOUR LADDER • 1979
WANDERERS, THE • 1979
RIGHT STUFF, THE • 1983
UNBEARABLE LIGHTNESS OF BEING, THE • 1987
HENRY AND JUNE • 1990

KAUFMAN S. JAY - USA
AFTER SEBEN • 1929 • SHT

KAUFMANN FRITZ - GRM
SCHMINKE • 1922
GROSSINDUSTRIELLE, DER • 1923
HAUS AM MEER, DAS • 1924
FRAU OHNE GELD, DIE • 1925
HEIRATSANNONCEN • 1925
REVEILLE, DAS GROSSE WECKEN • 1925
FRAUEN UND BANKNOTEN • 1926
LIEBE GEHT SELTSAME WEGE • 1927

KAUFMANN MANFRED - AUS
GEFISCHTE GEFUUHLE • FISHED FEELINGS • 1979
WEHT DIE ANGST, SO WEHT DER WIND • WIND OF FEAR, THE • 1983

KAUFMANN NICHOLAS - GRM - 1893-
STEINACHS FORSCHUNGEN, WISSENSCHAFTLICHE FASSUNG • 1920
STEINACH-FILM, POPULARE FASSUNG, DER • 1922

von KAUFMANN WILHELM
GRETEL AND LIESEL • 1931

KAUKA ROLF - GRM
MARIA D'ORO UND BELLO BLUE • ONCE UPON A TIME (USA) • 1976 • ANM

KAUL AWTAR see **KAUL AWTAR KRISHAN**

KAUL AWTAR KRISHAN - IND
KAUL AWTAR
SATTAWIS DOWN • TWENTY-SEVEN DOWN -VARANASI EXPRESS ○ 27 DOWN • 1973

KAUL MAHESH - IND
DIWANA • LOVER • 1968

KAUL MANI - IND - 1942-
USKI ROTI
ASHAD KA EK DIN • 1972
DUVIDHA • DILEMMA • 1973
DHRUPAD • INDIAN CLASSICAL SCHOOL OF MUSIC, AN • 1983
BEFORE MY EYES • 1988 • DOC
SIDDHESHWARI • 1989 • DOC
NAZAR • EYE • 1990

KAULEN PATRICIO - CHL
LARGO VIAJE • LONG JOURNEY • 1967

KAURISMAKI AKI - FNL - 1957-
SAIMAA-ILMIO • SAIMAA GESTURE, THE • 1982
RIKOS JA RANGAISTUS • CRIME AND PUNISHMENT • 1983
CALAMARI UNION • 1985
SHADOWS IN PARADISE • 1986
HAMLET • 1987
ARIEL • 1988
HAMLET LIIKEMAAILMASSA • HAMLET GOES BUSINESS • 1988
LENINGRAD COWBOYS GO AMERICA • 1988
TULITIKKUTEHTANN TYTTO • GIRL FROM THE MATCH FACTORY • 1989
I HIRED A CONTRACT KILLER • 1990

KAURISMAKI MIKA - FNL - 1955-
VALEHTELIJA • LIAR, THE • 1980
ARVOTTOMAT • WORTHLESS, THE • 1982
JACKPOT 2 • 1982

SAIMAA-ILMIO • SAIMAA GESTURE, THE • 1982
CLAN, THE • 1984
ROSSO • 1985
HELSINKI - NAPOLI - ALL NIGHT LONG • 1987
CHA CHA CHA • 1989
PAPERITAHIT • PAPER STAR • 1989
AMAZON • 1990

KAUTNER HELMUT - Actor/writer - GRM - 1908-1981
ACHT ENTFESSELTEN, DIE • 1939
KITTY UND DIE WELTKONFERENZ • KITTY AND THE WORLD CONFERENCE • 1939
FRAU NACH MASS • 1940
KLEIDER MACHEN LEUTE • CLOTHES MAKE THE MAN ○ CLOTHES MAKE PEOPLE • 1940
AUF WIEDERSEHEN, FRANZISKA • ADIEU FRANCISKA • 1941
ANUSCHKA • 1942
WIR MACHEN MUSIK • 1942
ROMANZE IN MOLL • ROMANCE IN A MINOR KEY • 1943
GROSSE FREIHEIT NMR 7, DIE • PORT OF FREEDOM (UKN) ○ PALOMA, LA • 1944
UNTER DEN BRUCKEN • 1945
IN JENEN TAGEN • SEVEN JOURNEYS (USA) ○ IN FORMER DAYS • 1947
APFEL IST AB, DER • ORIGINAL SIN, THE (USA) ○ APPLE HAS BEEN EATEN, THE ○ FALLEN APPLE • 1948
EPILOG • 1950
KONIGSKINDER • 1950
KAPT'N BAY-BAY • 1953
BILDNIS EINER UNBEKANNTEN • PORTRAIT OF AN UNKNOWN WOMAN (USA) • 1954
LETZTE BRUCKE, DIE • LAST BRIDGE, THE • 1954
DES TEUFELS GENERAL • DEVIL'S GENERAL, THE • 1955
HIMMEL OHNE STERNE • SKY WITHOUT STARS (USA) • 1955
LUDWIG II • GLANZ UND ENDE EINES KONIGS • 1955
HAUPTMANN VON KOPENICK, ER • CAPTAIN FROM KOPENICK, THE (USA) • 1956
MADCHEN AUS FLANDERN, EIN • GIRL FROM FLANDERS, THE (USA) • 1956
MONTPI • LOVE FROM PARIS ○ MON PETIT • 1957
WEISSE SCHATTEN • 1957
ZURCHER VERLOBUNG, DIE • AFFAIRS OF JULIE, THE (USA) • 1957
RESTLESS YEARS, THE • WONDERFUL YEARS, THE (UKN) • 1958
SCHINDERHANNES, DER • DUEL IN THE FOREST (USA) • 1958
GANS VON SEDAN, DIE • SANS TAMBOUR NI TROMPETTE (FRN) • 1959
REST IST SCHWEIGEN, DER • REST IS SILENCE, THE (UKN) • 1959
STRANGER IN MY ARMS • AND RIDE A TIGER • 1959
GLAS WASSER, DAS • GLASS OF WATER, A • 1960
SCHWARZER KIES • BLACK GRAVEL • 1961
TRAUM VOM LIESCHEN MULLER, DER • 1961
ROTE, DIE • ROSSA, LA (ITL) ○ REDHEAD, THE (USA) • 1962
HAUS IN MONTEVIDEO, DAS • 1963
LAUSBUBENGESCHICHTEN • 1964
FEUERZANGENBOWLE, DIE • 1970

KAUTZNER DIETER - GRM
TOMASA • 1969

KAVALERIDZE I. see **KAVALERIDZE IVAN**

KAVALERIDZE IVAN - USS
KAVALERIDZE I.
LIVEN • DOWNPOUR ○ FLOOD, THE • 1929
PEREKOP • 1930
KOLIVCHTCHINA • 1933
MASS STRUGGLE
PROMETHEE • 1935
NATALKA POLTAVKA • 1936

KAVANAGH BRIAN - ASL - 1935-
JOYFUL AND TRIUMPHANT • 1965 • DOC
CITY'S CHILD, A • 1971
DOUBLE DEAL • 1982
DEPARTURE • 1986
FLYNN • 1990

KAVANAGH DENIS - IRL - 1906-
CONFIDENCE TRICKSTERS • 1938
CRIMINALS ALWAYS BLUNDER • 1938
KITE MOB, THE • 1938
MURDERED CONSTABLE, THE • 1938
ON TOP OF THE UNDERWORLD • 1938 • SER
RECEIVERS • 1938
SINK OR SWIM • 1938 • SHT
STARLIGHT SERENADE • 1944
NIGHT COMES TOO SOON • GHOST OF RASHMON HALL, THE • 1948
DOLLARS FOR SALE • 1955
FLIGHT FROM VIENNA • 1956
THEY NEVER LEARN • 1956
FIGHTING MAD • 1957
ROCK YOU SINNERS • 1957

KAVCIAK VLADIMIR - CZC
KARLINE MANZELSTVA • KARLA'S MARRIAGES • 1981

KAVCIC JANE - YGS
TRI ZGODBE • 1955
AKCIJA • ATTACK • 1960
MINUTA ZA UMOR • MINUTE FOR MURDER, A • 1962
NEVIDNI BATALJON • INVISIBLE BATTALION, THE • 1968
BEGUNEC • FUGITIVE, A • 1974
SRECA NO VRVICI • 1976
TECI, TECI, KUZA MOJ • HANG ON, DOGGY • 1977

KAVIA MOHAN - IND
MAHANANDA • 1984

KAVOSH HABIB - IRN
HIDDEN FIRE, THE • 1990

KAVTARADZE YURI - USS
IGRA BYEZ NICHYEY • GAME WITHOUT A DRAW • 1967

KAVUR OMER - TRK - 1944-
YATIK EMINE • EMINE • 1975
YUSUF ILE KENA • YUSUF AND KENAN • 1980
AH GUZEL ISTANBUL • OH, LOVELY ISTANBUL • 1982
GOL • LAKE, THE • 1982
KIRIK BIR ASK HIKAYESI • BROKEN HEARTED LOVE STORY, A • 1982
AMANSIZ OUL • DESPERATE ROAD, THE • 1985
ANAYURT OTELI • MOTHERLAND HOTEL • 1987
GECE YOLCULUGU • NIGHT VOYAGE • 1988

KAWABE K. - JPN
HIKO SHONEN • JUVENILE DELINQUENTS ○ CLASSROOM JUNGLE • 1964

KAWADRI ANWAR - SYR - 1953-
PAULINA • 1977
SEX WITH THE STARS • CONFESSIONS OF THE NAUGHTY NYMPHOS ○ SECRETS OF A GIRL FRIDAY • 1980
WAITING ROOM • 1980
NUTCRACKER • NUTCRACKER SWEET (USA) • 1982
CLAUDIA • CLAUDIA'S STORY ○ DINNER DATE • 1985
SEBAK MAA EL ZAMAN • OUT OF TIME (UKN) • 1988

KAWALEROWICZ JERZY - PLN - 1922-
GROMADA • VILLAGE MILL, THE ○ RURAL COMMUNITY ○ COMMUNITY, THE ○ COMMUNE • 1950
CELULOZA • NIGHT OF REMEMBRANCE, A ○ CELLULOSE • 1953
POD GWIAZDA FRYGIJSKA • UNDER THE PHRYGIAN STAR • 1954
CIEN • SHADOW, THE • 1956
PRAWDZIWY KONIEC WIELKIEJ WOJNY • REAL END OF THE GREAT WAR, THE ○ TRUE END OF THE GREAT WAR, THE • 1957
POCIAG • NIGHT TRAIN (USA) ○ BALTIC EXPRESS • 1959
MATKA JOANNA OD ANIOLOW • DEVIL AND THE NUN, THE (UKN) ○ JOAN OF THE ANGELS (USA) ○ MOTHER JOAN OF THE ANGELS ○ MOTHER JOAN AND ANGELS • 1961
FARAON • PHARAOH, THE • 1965
GRA • GAME, THE ○ PLAY • 1968
MADDALENA • MAGDALENA • 1972
SMIERC PREZYDENTA • DEATH OF A PRESIDENT, THE ○ DEATH OF THE PRESIDENT ○ PRESIDENT'S DEATH, THE • 1977
SPOTKANIE NA ATLANTYKU • MEETING ON THE ATLANTIC • 1980
AUSTERIA • 1983
BRONSTEINS KINDER • BRONSTEIN'S CHILDREN • 1990

KAWAMOTO - JPN
KATAKU • THIS WORLD • 1979

KAWAMOTO KIHACHIRO - Animator - JPN - 1924-
HISTORY OF BEER • 1956 • ANS
LITTLE BLACK SAMBO, A • 1957-59 • ANS
MAGIC DRAM, A • 1957-59 • ANS
HANAORI • BREAKING OF BRANCHES IS FORBIDDEN ○ BREAKING BRANCHES IS FORBIDDEN ○ TEARING OF BRANCHES PROHIBITED • 1968 • ANS
ANTHROPO-CYNICAL FARCE • 1970 • ANM
ONI • DEMON ○ WITCH, THE • 1972 • ANM
TRAVEL • 1973 • ANM
POET'S LIFE, A • 1974 • ANS
DOJOJI • DOJOJI TEMPLE • 1976 • ANS
HOUSE OF FLAME • 1979 • ANS
REN-NYO: A PRIEST AND HIS MOTHER • 1981 • ANM

KAWASAKI YOSHISUKE - JPN
BANKA • ELEGY • 1975

KAWASHIMA SATOMI - JPN
CHIBUSA NO KAORI • FRAGRANCE OF BREASTS • 1967

KAWASHIMA Y. see **KAWASHIMA YUZO**

KAWASHIMA YUZO - JPN
KAWASHIMA Y.
OJOSAN SHACHO • YOUNG LADY AS PRESIDENT, A • 1954
WAGA MACHI • OUR TOWN • 1955
AI NO NIMOTSU • BUNDLE OF LOVE • 1956
FUSEN • BALLOON, THE • 1956
BAKUMATSU TAIYODEN • SUN LEGEND OF THE SHOGUNATE'S LAST DAYS ○ SAHEIJI FINDS A WAY ○ BAKUMATSU • 1958
ONNA DE ARU KOTO • WOMAN UNVEILED • 1958
DANGEROUS KISS, THE • 1960
YORU NO HADA • SOFT TOUCH OF NIGHT (USA) • 1960
ONNA WA NIDO UMARERU • GEISHA'S DIARY • 1961
TOKKYU NIPPON • ROMANCE EXPRESS (USA) • 1961
GAN NO TERA • TEMPLE OF THE WILD GEESE • 1962
SHITOYAKANA KEDAMONO • ELEGANT BEAST • 1963
SHITOYAKANA KEMONO • SOFT BEAST • 1963
AOBEKA MONOGATARI • THIS MADDING CROWD (USA) • 1964

KAWAZU YOSHIRO - JPN
NAMIDA • TEARS ○ BLISS ON EARTH, A • 1957
IZU NO ODORIKO • DANCING GIRLS OF IZU • 1960
KAASAN NAGAIKI SHITENE • MAMA I NEED YOU • 1962
KAZE NO SHISEN • HIDDEN PROFILE • 1963

KAY ANTHONY - CND
KAY TONY
MONDO NUDE • 1979 • DOC
MONDO STRIP • 1980

KAY GILBERT see **KAY GILBERT L.**

KAY GILBERT L. - USA
KAY GILBERT
THREE BAD SISTERS • 1956
SECRET DOOR, THE • NOW IT CAN BE TOLD • 1962

KAY GILBERT LEE see **BRIZ JOSE**

KAY JAMES H. III - USA
GARDENER, THE • SEEDS OF EVIL ○ GARDEN OF DEATH • 1974

KAY JONATHON - CND
WALKING AFTER MIDNIGHT • 1988 • DOC

KAY ROGER - USA
RAWHIDE HALO, THE • BARB WIRE (THE RAWHIDE HALO) ○ SHOOT OUT AT BIG SAG • 1960
CABINET OF CALIGARI, THE • 1962

KAY ROGER* - FRN - 1921-
PUCE ET LE PRIVE, LA • 1981

KAY TONY see **KAY ANTHONY**

KAYE RICHARD - USA
BLACK FIST • BLACK STREETFIGHTER, THE ○ FIST • 1976

KAYE STANTON - USA - 1943-
GOLD
GEORG • 1964
BRANDY IN THE WILDERNESS • 1969

KAYERIYAMA NORIMASA - JPN
MIYAMA NO OTOME • 1919

KAYGUN SAHIN - TRK
AFIFE JALE • 1987
DOLUNAY • FULL MOON • 1988

KAYLOR ROBERT - USA
MAX-OUT • 1970
DERBY • ROLLER DERBY (UKN) • 1971 • DOC
CARNY • 1980
NOBODY'S PERFECT • 1990

KAYSER CHARLES WILLY - GRM
AUTOFAHRT UNTER DER ERDE, DER • 1920
IM FASCHING DER SINNE • FASCHING DER SINNE • 1920
TSCHETSCHENSEN-RACHE • 1920
TANZ DER LEIDENSCHAFTEN • 1921

KAYSER ULRICH - GRM
ARMES KLEINES MADCHEN • MADCHEN MIT DEN SCHWEFELHOLZCHEN, DAS • 1924
KLEINER WAGEN -GROSSE LIEBE • 1949

KAZAKOV S. - USS
RAINS, THE • 1959

KAZAKOV VARNA VELISLAV - Animator - BUL
KAZAKOV VELISLAV
CUCKOO • 1984 • ANM
LIBIDO • 1988 • ANM

KAZAKOV VELISLAV see **KAZAKOV VARNA VELISLAV**

KAZAN ELIA - TRK - 1909-
PIE IN THE SKY • 1933 • SHT
PEOPLE OF THE CUMBERLANDS, THE • 1937 • DCS
IT'S UP TO YOU • 1941 • DOC
TREE GROWS IN BROOKLYN, A • 1945
SEA OF GRASS, THE • 1946
BOOMERANG! • 1947
GENTLEMAN'S AGREEMENT • 1947
PINKY • 1949
PANIC IN THE STREETS • 1950
STREETCAR NAMED DESIRE, A • 1951
VIVA ZAPATA! • 1952
MAN ON A TIGHTROPE • 1953
ON THE WATERFRONT • 1954
EAST OF EDEN • 1955
BABY DOLL • 1956
FACE IN THE CROWD, A • 1957
WILD RIVER • WOMAN AND THE WILD RIVER, THE • 1960
SPLENDOR IN THE GRASS • SPLENDOUR IN THE GRASS (UKN) • 1961
AMERICA, AMERICA • ANATOLIAN SMILE, THE • 1963
ARRANGEMENT, THE • 1969
VISITORS, THE • HOME FREE • 1972
LAST TYCOON, THE • 1976
BEYOND THE AEGEAN • 1989

KAZAN LAKIS - GRC
KE I PENTE ISAN KOLASMENES • AND THE FIVE WERE PUNISHED ○ DAMNED, THE • 1968

KAZANJIAN HOWARD - USA
DREAM MACHINE • 1987

KAZANKAYA HASAN - TRK
DAVUDO • 1965
HARACIMA DOKUNMA • 1965
SAYILI KABADAYILAR • 1965
TEHLIKELI ADAM • 1965
AT AVRAT SILAH • HORSE, THE WOMAN AND THE GUN, THE • 1966
ISTANBUL 44 • 1967
SOYLEYIN GENC KIZLARA • TELL IT TO THE GIRLS • 1967

KAZANSKY GENNADI - USS
GAZANSKI GENNADI • GAZANS G.
GOLDEN TAIGA, THE • 1937
AFFAIRE, L' • 1955
FRIENDS ARE BETTER THAN MONEY • 1959
GRAND-PERE MIRACLE • 1959
ET DE NOVEAU LE MATIN • 1961
CHELOVEK AMPHIBIA • AMPHIBIAN MAN, THE (USA) ○ HUMAN AMPHIBIAN, THE ○ CELOVEK ANFIBJAN ○ AMPHIBIOUS MAN, THE • 1962
SINFUL ANGEL • 1963
MUSICIANS FROM THE SAME REGIMENT • 1965
SNYEZHNAYA KOROLYEVA • SNOW QUEEN, THE ○ SNEZHNAYA KOROLEVA • 1967
IZHORSK BATTALION, THE • 1972

KAZIMIERCZAK WACLAW - PLN
REQUIEM DLA 500,000 • REQUIEM FOR 500, 000 • 1963 • DOC

KEACH JAMES - USA
FORGOTTEN, THE • 1989

KEACH STACY - Actor - USA - 1941-
REPEATER, THE • 1972 • SHT

KEADY GARY L. - ASL
SONS OF STEEL • 1988

KEAN RICHARD see **CIVIRANI OSVALDO**

KEANE JAMES - USA
MONEY • 1915
SPREADING EVIL, THE • 1919
WHISPERING WOMEN • 1921

KEANE LAURENCE - UKN - 1950-
SAMUEL LOUNT • 1985

KEARTON ADA - UKN
DASSAN -AN ADVENTURE IN SEARCH OF LAUGHTER AND FEATURING NATURE'S GREATEST LITTLE COMEDIANS • 1930

KEARTON CHERRY - UKN
PRIMITIVE MAN'S CAREER TO CIVILIZATION, A • 1911
TEMBI • 1929
DASSAN -AN ADVENTURE IN SEARCH OF LAUGHTER AND FEATURING NATURE'S GREATEST LITTLE COMEDIANS • 1930
MOTOTO • FIRE-BABY, THE • 1932
BIG GAME OF LIFE, THE • 1935

KEATERING MICHAEL - UKN
TRAVELLING LIGHT • 1959
SUNSWEPT • 1962
EVES ON SKIS • 1963
NYMPHS, THE • 1967

KEATING KELVIN - USA
HELL'S ANGELS FOREVER • 1982

KEATING LULU - CND
MIDDAY SUN • 1990

KEATLEY PHILIP - CND - 1929-
TIDEWATER TRAMP • 1959 • SER
ONE MAN CROWD, THE • 1960
WORD GAMES • 1961
LISTEN WITH YOUR EYES • 1962
EDUCATION OF PHYLLISTINE, THE • 1963
CARIBOO COUNTRY • 1963-65 • SER
HOW TO BREAK A QUARTERHORSE • 1965
WHERE THE ACTION WAS • 1967 • SER
SISTER BALONIKA • 1968
BEACHCOMBERS, THE • 1971-75 • SER
GLORIOUS MUD • 1983
TOUCH WOOD • 1983

KEATON BUSTER - Actor - USA - 1895-1966
CONVICT 13 • 1920 • SHT
NEIGHBORS • 1920 • SHT
ONE WEEK • 1920 • SHT
SCARECROW • 1920 • SHT
BOAT, THE • 1921 • SHT
GOAT, THE • 1921 • SHT
HARD LUCK • 1921 • SHT
HAUNTED HOUSE, THE • 1921 • SHT
HIGH SIGN, THE • 1921 • SHT
PALEFACE, THE • 1921 • SHT
PLAYHOUSE, THE • 1921 • SHT
BLACKSMITH, THE • 1922 • SHT
COPS • 1922 • SHT
DAY DREAMS • 1922 • SHT
ELECTRIC HOUSE, THE • 1922 • SHT
FROZEN NORTH, THE • 1922 • SHT
MY WIFE'S RELATION • 1922 • SHT
BALLOONATIC, THE • BALLOONATICS • 1923 • SHT
LOVE NEST, THE • 1923 • SHT
OUR HOSPITALITY • 1923
THREE AGES • 1923
NAVIGATOR, THE • 1924
SHERLOCK JR. • 1924
GO WEST • 1925
SEVEN CHANCES • 1925
BATTLING BUTLER • 1926
COLLEGE • 1927
GENERAL, THE • 1927
CAMERAMAN, THE • 1928
STEAMBOAT BILL, JR. • 1928
SPITE MARRIAGE • 1929
HOLLYWOOD HANDICAP • 1938 • SHT
LIFE IN SOMETOWN U.S.A. • 1938 • SHT
STREAMLINED SWING • 1938 • SHT

KEATON DIANE - Actress - USA - 1946-
HEAVEN • 1987

KEAYS VERNON - USA
ARIZONA TRAIL • 1943
STRICTLY IN THE GROOVE • 1943
SWEET JAN • 1943 • SHT
AL DONAHUE AND HIS ORCHESTRA IN HARMONY HIGHWAY • 1944 • SHT
FELLOW ON A FURLOUGH • 1944 • SHT
MARSHAL OF GUNSMOKE • 1944
MELODY GARDEN • 1944 • SHT
STARS AND VIOLINS • 1944 • SHT
TRAIL TO GUNSIGHT • 1944
TRIGGER LAW • 1944
UTAH KID, THE • 1944
BLAZING THE WESTERN TRAIL • WHO KILLED WARING? (UKN) • 1945
DANGEROUS INTRUDER • 1945
LAWLESS EMPIRE • POWER OF POSSESSION (UKN) • 1945
RHYTHM ROUND-UP • HONEST JOHN (UKN) • 1945
ROCKIN' IN THE ROCKIES • PARTNERS IN FORTUNE (UKN) • 1945
SING ME A SONG OF TEXAS • FORTUNE HUNTER (UKN) • 1945
LANDRUSH • CLAW STRIKES, THE (UKN) • 1946
MYSTERIOUS MR. M., THE • 1946 • SRL
WHIRLWIND RAIDERS • STATE POLICE (UKN) • 1948

KECHINE AHMED AL- see **AL-KECHINE AHMED**

KEDZIERSKI PAWEL - PLN
ZDJECIA PROBNE • FILM TEST, THE ○ SCREEN TESTS • 1978

KEDZIERZAWSKA JADWIGA - PLN
MURZYNEK • LITTLE NIGGER BOY, THE ○ LITTLE NEGRO, THE • 1960 • ANM

KEEFE DANIEL - USA
FAILURE • 1925

KEEFE W. E. - USA
PAUL'S PERIL • 1920

KEELE LATIF - JPN
CIDADE DO NOME DE DEUS, O • OMOON OR THE CITY IN THE NAME OF GOD (USA) ○ CITY OF THE NAME OF GOD, THE • 1969

KEEN CHUCK D. - USA
TIMBER TRAMP • BIG PUSH, THE • 1973

KEEN JEFF - USA
MARVO MOVIE • 1968
MEATDAZE • 1968
WHITE LITE • 1968

KEEN LESLEY H. - UKN
ONDRA • 1974

KEENAN FRANK - Actor - USA - 1869-1929
BROTHERS DIVIDED • 1919
SILVER GIRL, THE • 1919
DOLLAR FOR DOLLAR • 1920
SMOLDERING EMBERS • 1920

KEENAN HAYDN - Producer - ASL - 1951-
ONE MAN BIKE • 1970 • SHT
STEPHANY • 1972 • SHT
HANDFUL OF DUST • 1973 • SHT
MOTION PICTURE, A • 1973 • SHT
CELLO • 1977 • DOC
GOING DOWN • 1982
RUNNING GAME, THE • ROOM TO MOVE • 1982
MINISTER OF INTELLIGENCE, THE • 1984 • DOC
PANDEMONIUM • 1987

KEENE RALPH - IND - 1902-1963
JOURNEY INTO SPRING • DOC
WINTER QUARTERS • DOC
ROOFTOPS OF LONDON • 1936
AIR OUTPOST • 1937 • DOC
STATUE PARADE • 1937
GREEN GIRDLE • 1941 • DCS
SPRING ON THE FARM • 1942
CROFTERS • 1944 • DOC
CYPRUS IS AN ISLAND • 1946 • DOC
PROUD CITY • 1946 • DOC
UNITED HARVEST • 1946 • DOC
PERSIAN STORY • 1952
BETWEEN THE TIDES • 1958 • DOC
UNDER NIGHT STREETS • 1958 • DOC

KEES WELDON - USA
HOTEL APEX • 1952 • SHT

KEESHEN JIM - USA
JUMP • 1972 • ANS

KEESLAR DON - USA
BOG • 1978

KEESOM PETER - NTH
ENZOVOORT • 1972 • SHT

KEETER WORTH - USA
LADY GREY • 1980
LIVING LEGEND • 1980
WOLFMAN • WOLFMAN -A LYCANTHROPE • 1980
DOGS OF HELL • ROTTWEILER: THE DOGS OF HELL ○ ROTTWEILER • 1982
CHAIN GANG • 1984
UNMASKING THE IDOL • 1986
ORDER OF THE BLACK EAGLE • 1987
L.A. BOUNTY • 1988
TRAPPER COUNTY WAR, THE • 1988

KEGLEVIC PETER - AUS
BULLE UND DAS MADCHEN, DER • COP AND THE GIRL, THE • 1985
MAGIC STICKS • 1987
SKIPPER, THE • 1989

KEHLMANN MICHAEL - GRM
BRUDER, DIE • 1917
JACK MORTIMER • 1962 • MTV
LEBEN BEGINNT UM ACHT, DAS • 1962
KURZER PROZESS • SHORT WORK • 1967

KEIGEL LEONARD - UKN - 1929-
DECHAINES, LES • SURBOUM • 1950 • SHT
VIE ET L'OEUVRE D'ANDRE MALRAUX, LA • 1957
PAYSANNE PERVERTIE, LA • 1959
DAME DE PIQUE, LA • QUEEN OF SPADES, THE • 1965
JAZZ A PARIS, LE • 1965 • SHT
LEVIATHAN • FOOTBRIDGE, THE • 1966
QUI? • CADAVERE DAGLI ARTIGLI D'ACCIAIO, IL (ITL) ○ SENSUOUS ASSASSIN, THE (USA) ○ WHO ARE YOU? ○ WHO? • 1970
FEMME, UN JOUR, UNE • WOMAN, ONE DAY, A • 1977

KEIGHLEY WILLIAM - USA - 1893-1984
CABIN IN THE COTTON • 1932
MATCH KING, THE • 1932
LADIES THEY TALK ABOUT • 1933
BABBITT • 1934
BIG-HEARTED HERBERT • 1934
DR. MONICA • 1934
EASY TO LOVE • 1934
JOURNAL OF A CRIME • 1934
KANSAS CITY PRINCESS • 1934
G-MEN • 1935
MARY JANE'S PA • WANDERLUST (UKN) • 1935
RIGHT TO LIVE, THE • SACRED FLAME, THE (UKN) • 1935
SPECIAL AGENT • 1935
STARS OVER BROADWAY • 1935
BULLETS OR BALLOTS • 1936
GREEN PASTURES, THE • 1936
SINGING KID, THE • 1936
GOD'S COUNTRY AND THE WOMAN • 1937
PRINCE AND THE PAUPER, THE • 1937
VARSITY SHOW • 1937
ADVENTURES OF ROBIN HOOD, THE • 1938
BROTHER RAT • 1938
SECRETS OF AN ACTRESS • 1938
VALLEY OF THE GIANTS • 1938
EACH DAWN I DIE • 1939
YES, MY DARLING DAUGHTER • 1939
FIGHTING 69TH, THE • 1940
NO TIME FOR COMEDY • 1940
TORRID ZONE • 1940
BRIDE CAME C.O.D., THE • 1941
FOUR MOTHERS • 1941
MAN WHO CAME TO DINNER, THE • 1941
GEORGE WASHINGTON SLEPT HERE • 1942
TARGET FOR TODAY • 1944 • DOC
HONEYMOON • TWO MEN AND A GIRL (UKN) • 1947
STREET WITH NO NAME, THE • 1948
ROCKY MOUNTAIN • 1950
CLOSE TO MY HEART • AS TIME GOES BY • 1951
MASTER OF BALLANTRAE, THE • 1953

KEIL GEORGE - AUS
KEIL H. G.
STOSSTRUPP VENUS -5 MADCHEN BLASEN ZUM ANGRIFF • VENUS RAIDERS -5 GIRLS TRUMPET THE ATTACK ○ 2069: A SEX ODYSSEY (USA) • 1974

KEIL H. G. see **KEIL GEORGE**

KEIL-MOLLER CARLO - SWD - 1890-1958
FLICKA KOMMER TILL STAN, EN • GIRL COMES TO TOWN, A • 1937

KEIR JOHN - NZL
MT. EREBUS DISASTER
APHRODISIAC TRAIL, THE • 1983

KEITA GEORGES - IVC
KOROGO • 1964

KEITH ANTHONY - UKN
ISLAND OF WISDOM, THE • 1920

KEITH DAVID - Actor - USA - 1954-
FARM, THE • CURSE, THE • 1987
FURTHER ADVENTURES OF TENNESSEE BUCK • TENNESSEE BUCK ○ SACRIFICE • 1987

KEITH HARVEY - USA
MONDO NEW YORK • 1988

KEITH MARTYN - ASL
SEA DOGS OF AUSTRALIA • 1913
IN THE LAST STRIDE • 1916

KEJA JAN - NTH
P • 1964 • SHT

KEKO ENDRI - ALB
FIRST SHOCK BRIGADE, THE • DOC
LETTER FROM A KUCI DOCTOR • DOC
MOUNTAIN VILLAGE SCHOOL • DOC
THEY CARVE A NEW WAY FORWARD • DOC
IN THE FLAMES OF THE REVOLUTION • 1967 • DOC

KELADA ASAAD - USA
FACTS OF LIFE GO TO PARIS, THE • 1982 • TVM

KELBER GEO - FRN
FRERES CORSES • 1938

KELETI MARTON - HNG - 1905-1973
VIKI • 1937
TE CSAK PIPALJ LADANYI • KEEP ON SMOKING, LADANYI • 1938
TOROCKOI MENYASSZONY • TOROCKOI BRIDE (USA) • 1938
BORCSA AMERIKABEN • BARBARA IN AMERICA (USA) • 1939
FEHERVARI HUSZAROK • HUSSARS OF FEHERVARI (USA) • 1939
HARAPOS FERJ • BITING HUSBAND (USA) • 1939
TANITONO • SCHOOLMISTRESS, THE • 1945
BESZTERCE OSTROMA • SIEGE OF BESZTERCZE, THE • 1948
MAGNAS MISKA • MICKEY MAGNATE • 1949
DALOLVA SZEP AZ ELET • SINGING MAKES LIFE BEAUTIFUL • 1950
KULONOS HAZASSAG • STRANGE MARRIAGE • 1951
ERKEL • 1952
KISKRACAR • PENNY • 1954
ESODACSATAR, A • FOOTBALL STAR, THE • 1956
BELLE ET LE TZIGANE, LA • 1957
KET VALLOMAS • TWO CONFESSIONS • 1957
DON JUAN UTOLSO KAIANDJA • DON JUAN'S LAST ADVENTURE • 1958
FEKETE SZEM EJSZAKAJA • LADY AND THE GYPSY, THE • 1958
PAR LEPES A HATAR • FEW STEPS TO THE FRONTIER, A • 1959
TEGNAP • YESTERDAY • 1959
ESOS VASARNAP • RAINY SUNDAY, A • 1962
HATTYUDAL • VILLA NEGRA • 1964
TIZEDES MEG A TOBRIEK, A • CORPORAL AND THE OTHERS, THE • 1965
BUTASAGOM TORTENETE • STORY OF MY STUPIDITY, THE • 1966
VALTOZO FELHOZET • CHANGING CLOUDS • 1967
ARANYKESZTYU LOVAGJAI, AZ • KNIGHTS OF GOLDEN GLOVE, THE • 1968
ELSIETETT HAZASSAG • HASTY MARRIAGE • 1968
TANULMANY A NOKROL • STUDY OF WOMEN, A • 1968
SZERELMI ALMOK -LISZT • LOVES OF LISZT, THE • 1970
FUSS, HOGY UTOLERJENEK • RUN TO BE CAUGHT • 1972

KELIN GEORGE - USA
TELL-TALE HEART, THE • 1928 • SHT

KELLER DAN - USA
LOVEJOY'S NUCLEAR WAR • 1975 • DOC

KELLER EDGAR - USA
YELLOW GIRL, THE • 1916 • SHT

KELLER FREDERICK KING - USA
TUCK EVERLASTING • 1980
EYES OF THE AMARYLLIS, THE • 1982
MY DARK LADY • 1984
VAMPING • 1984

KELLER HARRY - Producer - USA - 1913-1987
BLONDE BANDIT, THE • 1950
TARNISHED • 1950
DESERT OF LOST MEN • 1951
FORT DODGE STAMPEDE • 1951
BLACK HILLS AMBUSH • 1952
LEADVILLE GUNSLINGER • 1952
ROSE OF CIMARRON • 1952
THUNDERING CARAVANS • 1952
BANDITS OF THE WEST • 1953
COMMANDO CODY, SKY MARSHAL OF THE UNIVERSE • 1953 • SRL
EL PASO STAMPEDE • 1953
MARSHAL OF CEDAR ROCK • 1953
RED RIVER SHORE • 1953
SAVAGE FRONTIER • 1953
PHANTOM STALLION • 1954
UNGUARDED MOMENT, THE • 1956
MAN AFRAID • 1957
QUANTEZ • 1957
DAY OF THE BAD MAN • 1958
FEMALE ANIMAL, THE • 1958
STEP DOWN TO TERROR • SILENT STRANGER, THE (UKN) • 1958
VOICE IN THE MIRROR • 1958
SEVEN WAYS FROM SUNDOWN • 1960
TEXAS JOHN SLAUGHTER • 1960 • MTV
GUNFIGHT AT SANDOVAL • 1961 • MTV
TAMMY TELL ME TRUE • 1961
GERONIMO'S REVENGE • 1962 • MTV
SIX BLACK HORSES • 1962
TEXAS JOHN SLAUGHTER: STAMPEDE AT BITTER CREEK • STAMPEDE AT BITTER CREEK • 1962 • MTV
TEXAS JOHN SLAUGHTER: WILD TIMES • 1962 • MTV
TAMMY AND THE DOCTOR • 1963
BRASS BOTTLE, THE • 1964
IN ENEMY COUNTRY • 1968

KELLER LEW - Animator - USA
SAILING AND VILLAGE BAND • 1958 • ANS
SPRING AND SAGANAKI • 1958 • ANS
TREES AND JAMAICA DADDY • 1958 • ANS
PICNICS ARE FUN AND DINO'S SERENADE • 1959 • ANS

KELLER MARGRIT - SWT
XUNAN • LADY, THE • 1983 • DOC

KELLETT BOB - Producer - UKN - 1927-
KELLETT ROBERT
WITH THINNERS ON TAP • 1961
FUTTOCKS END • 1970
GIRL STROKE BOY • GIRL/BOY • 1971
UP POMPEII • 1971
UP THE CHASTITY BELT • 1971
ALF GARNETT SAGA, THE • 1972
OUR MISS FRED • 1972
UP THE FRONT • 1972
DON'T JUST LIE THERE, SAY SOMETHING! • 1973
SPANISH FLY • 1975
ARE YOU BEING SERVED? • 1977
TIGHTROPE TO TERROR • 1982

KELLETT ROBERT see **KELLETT BOB**

KELLETTE JOHN WILLIAM - USA
KELLETTE JOHN WM.
AFTER THE CIRCUS • 1919 • SHT
BEFORE THE CIRCUS • 1919 • SHT
BURGLARS • 1919 • SHT
CIRCUS DAYS • 1919 • SHT
HOUSECLEANING • 1919 • SHT
SATURDAY • 1919 • SHT
THOSE DISTANT COUSINS • 1919 • SHT

KELLETTE JOHN WM. see **KELLETTE JOHN WILLIAM**

KELLEY AL see **KELLEY ALBERT**

KELLEY ALBERT - USA
KELLY ALBERT • KELLEY AL
HOME STUFF • 1921
DESERTED AT THE ALTAR • 1922
DANCING DAYS • 1926
HIS NEW YORK WIFE • 1926
SHAMEFUL BEHAVIOR? • 1926
STAGE KISSES • 1927
CHARGE OF THE GAUCHOS, THE • BEAUTIFUL SPY, THE (UKN) • 1928
CONFESSIONS OF A WIFE • 1928
CAMPUS KNIGHTS • 1929
WOMAN RACKET, THE • LIGHTS AND SHADOWS (UKN) • 1929
LEATHER PUSHERS, THE • 1930 • SRL
BACKFIELD PAY • 1931 • SHT
BASKETBALL TACTICS AND PLAYS • 1931 • SHT
CARRY ON • 1931 • SHT
DEFENSIVE PLAY • 1931 • SHT
DEVELOPING A FOOTBALL TEAM • 1931 • SHT
FAMOUS PLAYS • 1931 • SHT
FOOTBALL FORTY YEARS AGO • 1931 • SHT
FUNDAMENTALS OF OFFENSE • 1931 • SHT
OFFENSIVE SYSTEM • 1931 • SHT
ONE DAY TO LIVE • 1931 • SHT
SHIFTS • 1931 • SHT
SOCCER • 1931 • SHT
STAY OUT • 1931 • SHT
TRICK PLAYS • 1931 • SHT
JUNGLE BRIDE • 1933
DOUBLE CROSS • 1941
SUBMARINE BASE • 1943
SLIPPY MCGEE • SLIPPERY MCGEE • 1948
STREET CORNER • 1948

KELLEY J. WINTHROP - USA
KELLEY WINTHROP
COLLEGE BOOMERANG, A • 1916 • SHT
CRIMSON TRAIL, THE • 1916 • SHT
HER WONDERFUL SECRET • ANGEL UNAWARES, AN • 1916 • SHT
LITTLE GRAY MOUSE, THE • 1916 • SHT
MIDWINTER MADNESS • 1916 • SHT
MIGNONETTE • 1916 • SHT
SUBMARINE EYE, THE • 1917
LOVE CRAZE, THE • 1918 • SHT
GIRL OF THE SEA • 1920

KELLEY WINTHROP see **KELLEY J. WINTHROP**

KELLINO ROY - Cinematographer - UKN - 1912-1956
CATCH AS CATCH CAN • ATLANTIC EPISODE • 1937
CONCERNING MR. MARTIN • 1937
LAST ADVENTURERS, THE • DOWN TO THE SEA IN SHIPS • 1937
FATHER O' NINE • 1938
I MET A MURDERER • 1939
GUILT IS MY SHADOW • INTRUDER, THE • 1950
CHARADE • 1952
LADY POSSESSED • 1952
SILKEN AFFAIR, THE • 1956

KELLINO W. P. - Actor - UKN - 1873-1958
KELLINO WILL P.
COSTER'S HONEYMOON, THE • 1912
GRAND HARLEQUINADE • 1912
PIMPLE AND THE SNAKE • 1912
PIMPLE DOES THE TURKEY TROT • 1912
TAMING OF BIG BEN, THE • 1912
WHISTLING BET, THE • 1912
YIDDLE ON MY FIDDLE • 1912
BABY'S PHOTOGRAPH • 1913
BUMBLES AND THE BASS • 1913
BUMBLES BECOMES A CROOK • 1913
BUMBLES' DIMINISHER • 1913
BUMBLES' ELECTRIC BELT • 1913
BUMBLES' GOOSE • 1913
BUMBLES' HOLIDAY • 1913
BUMBLES, PHOTOGRAPHER • 1913
BUMBLES' RADIUM MINSTRELS • 1913
BUMBLES' WALK TO BRIGHTON • 1913
DUSTMAN'S HOLIDAY, THE • 1913
EVERYBODY'S DOING IT • 1913
FLIGHT OF WEALTH, THE • 1913
HAPPY DUSTMEN, THE • 1913
HE DID IT FOR THE BEST • 1913
HOW WILLY JOINED BARNUM BILL • 1913
JOVIAL FLUID, THE • 1913
JUGGLING MAD • 1913
KNIFE TO GRIND, A • 1913
MONEY-MAKING COATS • 1913
MRS. LE TARE LETS APARTMENTS • 1913
NOBBY AND THE PEARL MYSTERY • 1913
NOBBY THE NEW WAITER • 1913
NOSEY PARKER • 1913
OH THAT WOOLLEN UNDERVEST! • 1913
ON THE HOP • 1913
PARCELS OR THE BABY • 1913
RIVAL MUSICIANS, THE • 1913
STOGGLES' CHRISTMAS DINNER • 1913
AFTER THE BALL WAS OVER • 1914
BERTIE'S BABY • 1914
BETTY'S BIRTHDAY • 1914
BUMBLES' APPETITE • 1914
BUMBLES GOES BUTTERFLYING • 1914
CHUMS • 1914
CONSPICUOUS BRAVERY • 1914
DIP 'EM AND DO 'EM LTD. • 1914
DR. DOSEM'S DEPUTY • 1914
DOMESTIC GAME HUNT, THE • 1914
FIDGETT'S SUPERSTITIONS • 1914
GINGER SEEKS A SOLUTION • 1914
GRAND CHRISTMAS HARLEQUINADE • 1914
GYPSY'S CURSE, THE • 1914
HAPPY DUSTMAN PLAY GOLF, THE • 1914
HAPPY DUSTMEN'S CHRISTMAS, THE • 1914
HOW SPOTTED DUFF SAVED THE SQUIRE • 1914
LOVE AND A TUB • 1914
MYSTERY OF THE LANDLADY'S CAT, THE • 1914
NOBBY THE NUT • 1914
NOBBY WINS THE CUP • 1914
NOBBY'S JU-JITSU EXPERIMENTS • 1914
NOBBY'S STUD • 1914
NOBBY'S TANGO TEAS • 1914
PET HEN, THE • 1914
PICTURE PALACE PIECANS • 1914
POINTED JOKE, A • 1914
POSTMAN'S DILEMMA, THE • 1914
POTTED PANTOMIMES • 1914
SNOOKS AS A FIREMAN • 1914
SPY CATCHERS, THE • 1914
STUDENT'S NIGHT OUT, THE • 1914
TROMBONER'S STRONG NOTE, THE • 1914
WHITE STOCKING, THE • 1914
WHO WAS TO BLAME? • 1914
YOU'RE WANTED ON THE PHONE, SIR • 1914
BILL'S MONICKER • 1915
BILLY'S SPANISH LOVE SPASM • 1915
CAUGHT IN A KILT • 1915
DUSTMAN'S NIGHTMARE, THE • 1915
EGGS • 1915
EXTRAVAGANT MOLLY • 1915
FIGHT FOR LIFE, A • 1915
FIGHTING BILLY • 1915
HAMLET • 1915
HE WOULD ACT • 1915
HIS FATHER'S SIN • 1915
INVENTING TROUBLE • 1915
MAN IN POSSESSION, THE • 1915
NONE BUT THE BRAVE • 1915
OH! THAT FACE! • 1915
ONLY MAN, THE • 1915
ORDER OF THE BATH, THE • 1915
PAYING HIM OUT • 1915
PLAYING THE DEUCE • 1915
POTE'S POEM • 1915
ROMEO AND JULIET • 1915
SOME ACTORS • 1915
SPOOF! • 1915
WHAT A BOUNDER • 1915
WHO KISSED HER? • 1915
WRONG HOUSE, THE • 1915
BILLY'S STORMY COURTSHIP • 1916
DUMMY, THE • 1916
DUSTMAN'S OUTING, THE • 1916
DUSTMAN'S WEDDING, THE • 1916
PARKER'S WEEKEND • 1916
PATRIOTIC MRS. BROWN • 1916
PERILS OF PORK PIE, THE • 1916
TALE OF A SHIRT, THE • 1916
WIFE IN A HURRY, A • 1916
BILLY STRIKES OIL • 1917
BILLY THE TRUTHFUL • 1917
ECONOMY • 1917
HOW'S YOUR POOR WIFE? • 1917
HULLO! WHO'S YOUR LADY FRIEND? • 1917
MISSING LINK, THE • 1917
SPLASH ME NICELY • 1917
ANGEL ESQUIRE • 1919
GREEN TERROR, THE • 1919
BROKEN CONTRACT, A • 1920
COUSIN EBENEEZER • 1920
CUPID'S CARNIVAL • 1920
FALL OF A SAINT, THE • 1920
FORDINGTON TWINS, THE • 1920
LIGHTNING LIVER CURE, THE • 1920
ON THE RESERVE • 1920
RUN! RUN! • 1920
SAVED FROM THE SEA • 1920
SOUVENIRS • 1920
SWEEP • 1920
WILL O' THE WISP COMEDIES NOS.9-16 • 1920 • SHS
AUTUMN OF PRIDE • 1921
CLASS AND NO CLASS • 1921
FORTUNE OF CHRISTINA MCNAB • CHRISTINA MCNAB • 1921
ROB ROY • 1922
SOUL'S AWAKENING, A • 1922
YOUNG LOCHINVAR • 1923
COLLEEN BAWN, THE • LOVES OF COLLEEN BAWN, THE • 1924
HIS GRACE GIVES NOTICE • 1924
MATING OF MARCUS, THE • 1924
NOT FOR SALE • 1924
ART OF LOVE, THE • 1925 • SER
CONFESSIONS • CONFESSION CORNER • 1925
GOLD CURE, THE • 1925
WE WOMEN • 1925
FURTHER ADVENTURES OF THE FLAG LIEUTENANT, THE • 1927
SAILORS DON'T CARE • 1928
SMASHING THROUGH • 1928
ALF'S CARPET • 1929
ALF'S BUTTON • 1930
AROMA OF THE SOUTH SEAS • 1931
BULL RUSHES • 1931
HOT HEIR • 1931
MY OLD CHINA • 1931
WHO KILLED DOC ROBIN? • 1931
POISONED DIAMOND, THE • 1934
SOMETIMES GOOD • 1934
WISHES • 1934
LEND ME YOUR WIFE • 1935
ROYAL CAVALCADE • REGAL CAVALCADE (USA) • 1935
HOT NEWS • 1936
PLAYBOX ADVENTURE • 1936

KELLINO WILL P. see **KELLINO W. P.**

KELLJAN BOB - USA - 1930-1982
KELLJCHIAN ROBERT • KELLJAN ROBERT
FLESH OF MY FLESH • LITTLE SISTER • 1969
COUNT YORGA, VAMPIRE • LOVES OF COUNT IORGA -VAMPIRE, THE ○ VAMPYRE • 1970
RETURN OF COUNT YORGA • ABOMINABLE COUNT YORGA, THE • 1971
SCREAM BLACULA SCREAM • BLACULA II • 1973
ACT OF VENGEANCE • VIOLATOR, THE (UKN) • 1974
BLACK OAK CONSPIRACY • CONSPIRACY • 1977
DOG AND CAT • 1977 • TVM
ANGELS IN VEGAS • 1978
CRY FOR JUSTICE, A • 1978 • TVM
BEACH PATROL • 1979 • TVM

KELLJAN ROBERT see **KELLJAN BOB**

KELLJCHIAN ROBERT see **KELLJAN BOB**

KELLMAN BARNET - USA - 1947-
KEY EXCHANGE • 1985

KELLOGG RAY - USA - 1900-1976
GIANT GILA MONSTER, THE • 1959
KILLER SHREWS, THE • 1959
MY DOG BUDDY • 1960
GREEN BERETS, THE • 1968

KELLY ALBERT see **KELLEY ALBERT**

KELLY DEXTER - USA
METAMORPHOSIS U.S.A. OR THE SOUL OF WHITE FOLK: A RACIAL FANTASY • SHT

KELLY DUKE - USA
MY NAME IS LEGEND • 1975

KELLY GENE - Actor/dancer - USA - 1912-
ON THE TOWN • 1949
SINGIN' IN THE RAIN • 1952
IT'S ALWAYS FAIR WEATHER • 1955
HAPPY ROAD, THE • 1956
INVITATION TO THE DANCE • 1956
TUNNEL OF LOVE, THE • 1958
GIGOT • 1962
GUIDE FOR THE MARRIED MAN, A • 1967
HELLO, DOLLY! • 1969
CHEYENNE SOCIAL CLUB, THE • 1970
THAT'S ENTERTAINMENT PART 2 • HOLLYWOOD! HOLLYWOOD! • 1976 • CMP

KELLY IVAN - USA
GOLD • 1972

KELLY JAMES - UKN - 1931-1978
BEAST IN THE CELLAR, THE • ARE YOU DYING, YOUNG MAN? • 1970
NIGHT HAIR CHILD • WHAT THE PEEPER SAW (USA) ○ CHILD OF THE NIGHT ○ NIGHT CHILD • 1971

KELLY JOHN - Animator - UKN
STINGRAY: INVADERS FROM THE DEEP • INVADERS FROM THE DEEP • 1964 • ANM
INCREDIBLE VOYAGE OF STINGRAY, THE • 1965 • ANM

KELLY PATRICK - USA
BEER • SELLING OF AMERICA, THE • 1985

KELLY PETER - CND
DAWSON PATROL: DEATH IN ALASKA, THE • DEATH IN ALASKA ○ DAWSON PATROL, THE

KELLY ROBERT - USA
RANGER AND THE LAW, THE • 1921
BLUE BLAZES • 1922

KELLY RON - CND - 1929-
QUALITY OF THE ACT, THE • 1956
AVIGNON • 1957 • DOC
SPANISH VILLAGE • 1957 • DOC
DARK GODS • 1958
LACONDONNES, THE • 1958
BIT OF BARK, A • 1959
BRITISH WORKERS, THE • 1959 • DOC

OBJECT MATRIMONY • 1959
ST. IVES • 1959
SEEDS, THE • 1959
BACK OF THE SUN • 1960
ULSTER • 1960 • DOC
WALES • 1960 • DOC
PELLY BAY • 1961 • DOC
TEARAWAYS, THE • 1961
MONTREAL • 1962 • DOC
BOY'S VILLAGE • 1963
CIAO MARIA • 1963
SUCH IS LIFE • 1963
FRASER, THE • 1964
OPEN GRAVE, THE • 1964
THIRTIES: GLIMPSE OF AN ARCADE, THE • 1964 • DOC
GIFT, THE • 1965
QUO VADIS, MRS. LUMB? • 1965
YOUTH TRAVEL • 1965
CENTENNIAL TRAVELLERS • 1966
LAST MAN IN THE WORLD, THE • 1966
PORTRAIT OF ALANIS • 1966
VALLEY IN A RIVER • 1966
BIRTHPLACE OF A NATION • 1967
LONG DREAM, THE • 1967
WAITING FOR CAROLINE • 1967 • MTV
KING OF THE GRIZZLIES • 1970
MEGANTIC OUTLAW • 1970
SPRINGHILL • 1971
ATLANTIC, THE • 1972
SHIELD, THE • 1972
PRAIRIES, THE • 1973 • DOC
IRELAND • 1975 • DOC
JAPAN • 1975 • DOC

KELMAN ALFRED R. – USA

BODY HUMAN, THE • 1979 • SER

KELSEY F. A. see **KELSEY FRED A.**

KELSEY FRED see **KELSEY FRED A.**

KELSEY FRED A. – USA – 1884–1961

KELSEY F. A. • *KELSEY FRED*

EXPOSURE, THE • 1914
FOR THE LAST EDITION • 1914
REVENUE OFFICER'S DEPUTY, THE • 1914
BOBBY'S BANDIT • 1915
BOLD IMPERSONATION, A • 1915
HEADLINERS, THE • 1915
HER BURIED PAST • 1915
MOTOR BOAT BANDITS, THE • 1915
PRETENDER, THE • 1915
STATION CONTENT • 1915
CIRCUMSTANTIAL JUSTICE • 1916 • SHT
EYES OF LOVE, THE • 1916 • SHT
HIS MOTHER'S BOY • 1916 • SHT
SCRATCHED • 1916 • SHT
ALMOST GOOD MAN, THE • 1917 • SHT
BAD MAN FROM CHEYENNE, THE • 1917 • SHT
BLOOD MONEY • 1917 • SHT
DRIFTER, THE • 1917 • SHT
FIGHTING GRINGO, THE • RED SAUNDERS PLAYS CUPID • 1917
FUGITIVE, THE • 1917 • SHT
GIRL REPORTER'S SCOOP, THE • 1917 • SHT
GOIN' STRAIGHT • 1917 • SHT
GOLDEN BULLET, THE • 1917 • SHT
HAIR TRIGGER BURK • 1917 • SHT
HONOR OF AN OUTLAW, THE • 1917 • SHT
HONORABLY DISCHARGED • 1917 • SHT
HOW TO BE HAPPY THOUGH MARRIED • 1917 • SHT
MYSTERIOUS OUTLAW, THE • 1917 • SHT
OUTLAW AND THE LADY, THE • 1917 • SHT
SIX-SHOOTER JUSTICE • 1917 • SHT
SLAVE OF FEAR, A • 1917 • SHT
TEXAS SPHINX, THE • 1917 • SHT
WRONG MAN, THE • 1917 • SHT
44-CALIBRE MYSTERY, THE • 1917 • SHT
ONE-WAY TRAIL, THE • 1920

KELSEY O. C. – USA

HER VANISHED YOUTH • 1916 • SHT

KELSON GEORGE – USA

TENTH CASE, THE • 1917
PURPLE LILY, THE • DEVIL'S DICE, THE • 1918
STOLEN ORDERS • 1918
STRONG WAY, THE • WAY OF THE STRONG, THE • 1918
WAY OUT, THE • 1918

KEMEMY ADALBERT – BRZ

SAO PAULO: SINFONIA DE UNA METROPOLI • 1929

KEMM JEAN – FRN – 1874–1939

HONNEUR D'ARTISTE • 1917
ANDRE CORNELIS • 1918
OBSTACLE, L' • 1918
ENIGME, L' • 1921
FERME DU CHOQUART, LA • 1921
MICHELINE • 1921
ABSOLUTION, L' • 1922
VIDOCQ • 1923
CE PAUVRE CHERI • 1924
ENFANT ROI, L' • 1924
BOSSU, LE • 1925
SON PREMIER FILM • 1926
ANDRE CORNELIS • SINS OF DESIRE • 1927
ATLANTIS • 1930
HAI-TANG • 1930
AMOUR ET DISCIPLINE • FUITE A L'ANGLAISE, LA • 1931
JUIF POLONAIS, LE • 1931
AMOUR MAITRE DES CHOSES, L'
COFFRET DE LAQUE, LE • 1932
BARBIER DE SEVILLE, LE • 1933
HERITIER DU BAL TABARIN, L' • 1933
MISS HELYETT • 1933
SURPRISES DU DIVORCE, LES • 1933
LOUPIOTE, LA • 1936
POCHARDE, LA • 1936
LIBERTE • GRANDE PASSION, LA • 1937

KEMP JACK – USA

MIRACLE IN HARLEM • 1949

KEMP MATTY – Actor – USA – 1907–

SING AND BE HAPPY • 1946 • SHT
BIRTH OF A LEGEND • 1973 • DOC

KEMP-WELCH JOAN – Actress – UKN – 1906–

MIDSUMMER NIGHT'S DREAM, A • 1968 • MTV

KEMPEL JOHANNES – GRM

TILL EULENSPIEGEL UND DER BACKER VON BRAUNSCHWEIG • 1954 • ANS

KEMPENEER H. – BLG

GROTE VERZOEKING VAN ST. ANTONIUS, DE • 1972

KEMPLEN RALPH – Editor – UKN – 1912–

SPANIARD'S CURSE, THE • 1958

KENDALL DAVID – USA

LUGGAGE OF THE GODS! • 1983

KENDALL PRESTON – USA

COUNTERFEITERS, THE • 1914
FUGITIVE FROM JUSTICE, A • 1914
HEARTS OF THE FOREST • 1914
LOST -A PAIR OF SHOES • 1914
MODERN SAMSON, A • 1914
POISONED BIT, THE • 1914
REAL HELPMATE, A • 1914
TREACHEROUS RIVAL, A • 1914
UNOPENED LETTER, THE • 1914
HEADS WIN • 1919

KENDRICK TONY – USA

HOT DALLAS NIGHTS • 1981
NURSES OF THE 407TH • 1982

KENEMY JOHN – CND

THREE COUNTRY BOYS • 1964

KENEPP ERRETT LEROY – USA

MAN NOBODY KNOWS, THE • 1925

KENER PAUL W. – USA

STREAK CAR COMPANY, THE
SAVAGE WATER • 1982

KENJIRO KOMURI – JPN

MOTHER ON THE QUAY • 1976

KENLO JOHN see **WEINSTEIN JULIUS**

KENNEDY ANTHEA – UKN

AT THE FOUNTAINHEAD • 1980

KENNEDY AUBREY M. – USA

RUSTY KATE, THE FARMER'S DAUGHTER • 1916 • SHT
HELL-BENT HARRY • 1919
HELL'S HALF ACRE • 1919
LIQUID GOLD • 1919
MASKED RIDER, THE • 1919 • SRL
REVENGE OR? • 1919
SNAKE, THE • 1919
TRIPLE SHOT, THE • 1919
WESTERN MELODY, THE • 1919
WHEN COWBOY WAS KING • 1919
SKY-EYE • 1920

KENNEDY BURT – USA – 1923–

CANADIANS, THE • 1961
MAIL ORDER BRIDE • WEST OF MONTANA (UKN) • 1963
ROUNDERS, THE • 1964
MONEY TRAP, THE • 1965
RETURN OF THE SEVEN • REGRESO DE LOS SIETE MAGNIFICOS, EL (SPN) • 1966
CHICA DEL LUNES, LA • MONDAY'S CHILD (USA) • 1967
WAR WAGON, THE • 1967
WELCOME TO HARD TIMES • KILLER ON A HORSE (UKN) • 1967
GOOD GUYS AND THE BAD GUYS, THE • 1969
SUPPORT YOUR LOCAL SHERIFF! • 1969
YOUNG BILLY YOUNG • WHO RIDES WITH KANE? • 1969
DIRTY DINGUS MCGEE • 1970
SPINA DORSALE DEL DIAVOLO, LA • DESERTER, THE (USA) ○ PRELAZ PREKO DJAVOLJE KICME ○ DJAVOLJA KICMA ○ DISERTORE, IL ○ S.O.B.'S, THE • 1970
HANNIE CAULDER • 1971
SUPPORT YOUR LOCAL GUNFIGHTER • LATIGO • 1971
SHOOTOUT IN A ONE DOG TOWN • 1973 • TVM
TRAIN ROBBERS, THE • ROBO DEL TREN, EL (MXC) • 1973
ALL THE KIND STRANGERS • 1974 • TVM
SIDEKICKS • 1974 • TVM
KILLER INSIDE ME, THE • 1976
RHINEMANN EXCHANGE, THE • 1977 • TVM
KATE BLISS AND THE TICKER TAPE KID • 1978 • TVM
WOLF LAKE • HONOUR GUARD, THE • 1978
CONCRETE COWBOYS, THE • 1979 • TVM
WILD WILD WEST REVISITED, THE • 1979 • TVM
MORE WILD WILD WEST • 1980 • TVM
DOWN THE LONG HILLS • LOUIS L'AMOUR'S DOWN THE LONG HILLS • 1987 • TVM
TROUBLE WITH SPIES, THE • 1987
ONCE UPON A TEXAS TRAIN • 1988 • TVM
BIG BAD JOHN • 1989

KENNEDY CHRIS – ASL

GLASS • 1989

KENNEDY E. LIVINGSTONE see **KENNEDY EDGAR**

KENNEDY EDGAR – Actor – USA – 1890–1948

KENNEDY E. LIVINGSTONE

CUPID'S BOOTS • 1925 • SHT
MARRIAGE CIRCUS, THE • 1925 • SHT
FROM SOUP TO NUTS • 1928 • SHT
YOU'RE DARN TOOTIN' • MUSIC BLASTERS, THE • 1928 • SHT
ALL TEED UP • 1930 • SHT
BIGGER AND BETTER • 1930 • SHT
FIFTY MILLION HUSBANDS • 1930 • SHT

KENNEDY J. RAYMOND – USA

BOBBY, BOY SCOUT • 1917 • SHT

KENNEDY KEN – USA

SILENT WITNESS, THE • 1962
IRON ANGEL • 1964
VELVET TRAP, THE • 1966
AGGIE -THE DIARY OF A NYMPH • DIARY OF A NYMPH ○ AGGIE • 1969
KINO, THE PADRE ON HORSEBACK • 1977
MISSION TO GLORY • 1979

KENNEDY LEM F. – USA

POWER WITHIN, THE • 1921
DOWN UPON THE SUWANEE RIVER • 1925

KENNEDY MICHAEL – CND – 1954–

VERITE • 1977
JIM AND MUGGINS TOUR TORONTO! • 1978
PARABLE, THE • 1978
PEOPLE HAVE THEIR STRIFE NOW AND THEN.. • 1978
SURFACE TENSION • 1982
VOLUNTEER, THE • 1983
AGING OF NORTH AMERICA, THE • 1985 • DOC
SEARCH FOR INTIMACY, THE • 1987 • DCS
CARIBE • 1988
ERIK • ONE MAN OUT • 1990

KENNEDY TOM – Actor – USA – 1885–1965

TIME WALKER • 1982

KENNER ELLY – USA

BLACK ROOM, THE • 1981

KENNEY WES – USA

DISTANT EARLY WARNING • 1975 • TVM

KENNY – USA

ANIMAL LOVE • 1969

KENOVIC ADEMIR – YGS

KUDUZ • 1988
PRAZNIK U SARAJEVU • FESTIVE DAY IN SARAJEVO, A • 1990

KENT ANTHONY – CND

VIKING VISITORS TO NORTH AMERICA • 1979 • DOC

KENT CHARLES – Actor – USA – 1852–1923

ANTONY AND CLEOPATRA • 1908
MIDSUMMER NIGHT'S DREAM, A • 1909
TWELFTH NIGHT • 1910
BARNABY RUDGE • 1911
CHRISTMAS CAROL, A • 1911
MADGE OF THE MOUNTAINS • 1911
VANITY FAIR • 1911
AWAKENING OF BIANCA, THE • 1912
FORTUNES OF A COMPOSER • 1912
OFFICIAL APPOINTMENT, AN • 1912
RIP VAN WINKLE • 1912
WILD PATH • 1912
WOMAN, A • 1912
BIRTHDAY GIFT, THE • 1913
TABLES TURNED, THE • 1913

KENT GARY – USA

DEVIL WOLF OF SHADOW MOUNTAIN • 1964
RAINY DAY FRIENDS • 1986

KENT LARRY – SAF – 1937–

KENT LAURENCE L.

BITTER ASH • 1963
SWEET SUBSTITUTE • CARESSED • 1964
WHEN TOMORROW DIES • 1966
FACADE • 1968
HIGH • IN (USA) • 1968
SASKATCHEWAN -45° BELOW • 1969
FLEUR BLEUE • APPRENTICE, THE • 1970
TRIPLE BILL • 1970
COLD PIZZA • 1972 • MTV
KEEP IT IN THE FAMILY • 1973
CRIMINAL CONVERSATIONS • 1974 • MTV
CHOCOLATES IN THE SUN • 1975 • MTV
SLAVERS, THE • 1977
WINTER KILL • 1977
YESTERDAY • THIS TIME FOREVER ○ SCORING ○ GABRIELLE ○ VICTORY, THE • 1980
MEN FROM ZIMBABOUE • 1982 • MTV
HIGH STAKES • 1987

KENT LAURENCE L. see **KENT LARRY**

KENT LEON see **KENT LEON D.**

KENT LEON D. – USA

KENT LEON

GIRL OF THE CAFES, A • 1914
WOLF'S DAUGHTER, THE • 1914
DEATH WEB, THE • 1915
DEFICIT, THE • 1915
DREAM DANCE, THE • 1915
EAGLE, THE • 1915
GIRL OF THE DANCE HALL, THE • 1915
HOUSE OF CARDS, A • 1915
MAN IN THE CHAIR, THE • 1915
OTHER SELF, THE • 1915
POWER OF PRAYER, THE • 1915
RED VIRGIN, THE • 1915
SILENT BATTLE, THE • 1915
SILENT MAN, THE • 1915
TENOR, THE • 1915
VACUUM TEST, THE • 1915
WEB OF HATE, THE • 1915
AT THE DOORS OF DOOM • 1916 • SHT
AVENGER, THE • 1916 • SHT
BLIND FURY • 1916
BUCK SIMMONS, PUNCHER • 1916 • SHT
BY RIGHT OF LOVE • 1916 • SHT
CANDLE, THE • 1916 • SHT
CHANGE OF HEART, A • 1916 • SHT
FINAL PAYMENT, THE • 1916 • SHT
INNER SOUL, THE • 1916 • SHT
LIVING LIE, THE • 1916 • SHT
OLD WATCHMAN, THE • 1916 • SHT
ONE OF THE PACK • 1916 • SHT
PUBLIC APPROVAL • 1916 • SHT
QUARTER BREED, THE • 1916 • SHT
REPENTANT, THE • 1916
STUMBLING • 1916 • SHT
THEIR MOTHER • 1916 • SHT

KENT WILLIS – USA

MAD YOUTH • 1940

KENTER HEINZ – GRM

FRISCHER WIND AUS KANADA • 1935

KENTON ERLE see **KENTON ERLE C.**

KENTON ERLE C. – USA – 1896–1980
KENTON ERLE
AMONG THOSE PRESENT • 1919 • SHT
DETECTIVE, THE • 1919 • SHT
ESKIMO, THE • 1919 • SHT
GUIDE, THE • 1919 • SHT
JOCKEY, THE • 1919
LADY'S TAILOR, A • 1919 • SHT
NO MOTHER TO GUIDE HIM • 1919 • SHT
SAILOR, THE • 1919 • SHT
SALOME VS. SHENANDOAH • 1919 • SHT
SHIRTS • 1919 • SHT
TOREADOR, THE • 1919 • SHT
DABBLING IN ART • 1920 • SHT
DOWN ON THE FARM • 1920
FICKLE FANCY • 1920 • SHT
HIS YOUTHFUL FANCY • 1920 • SHT
LOVE, HONOR AND BEHAVE • 1920
MARRIED LIFE • 1920
MOVIE FANS • 1920 • SHT
SMALL TOWN IDOL, A • 1920
YOU WOULDN'T BELIEVE IT • 1920 • SHT
BUSINESS IS BUSINESS • 1921 • SHT
LAUGHING GAS • 1921 • SHT
PERFECT VILLAIN, A • 1921 • SHT
SHE SIGHED BY THE SEASIDE • 1921 • SHT
FALSE ALARM • 1922 • SHT
HAUNTED HOUSE, THE • 1922 • SHT
LANDLORD, THE • 1922 • SHT
LEATHER PUSHERS, THE • 1922
PIPER, THE • 1922 • SHT
POOR FISH, A • 1922 • SHT
SPLITTING HAIRS • 1922 • SHT
DANCE OR DIE • 1923 • SHT
HELLO PARDNERS • 1923 • SHT
INCOME TAX COLLECTORS, THE • 1923 • SHT
ROARING LION, THE • 1923 • SHT
TEA -WITH A KICK • 1923
THREE GUN MAN, THE • 1923 • SHT
WISE CRACKER, THE • 1923 • SHT
FIGHT AND WIN • 1924 • SHS
PICKING PEACHES • 1924 • SHT
DANGER SIGNAL, THE • 1925
FOOL AND HIS MONEY, A • 1925
RED HOT TIRES • 1925
LOVE TOY, THE • 1926
OTHER WOMEN'S HUSBANDS • 1926
PALM BEACH GIRL, THE • 1926
SAP, THE • 1926
GIRL IN THE PULLMAN, THE • GIRL ON THE TRAIN, THE (UKN) • 1927
REJUVENATION OF AUNT MARY, THE • 1927
WEDDING BILL$ • 1927
BARE KNEES • SHORT SKIRTS (UKN) • 1928
COMPANIONATE MARRIAGE, THE • JAZZ BRIDE, THE (UKN) • 1928
GOLF WIDOWS • 1928
GUMPS, THE • 1928
NAME THE WOMAN • 1928
NOTHING TO WEAR • 1928
SIDESHOW, THE • 1928
SPORTING AGE, THE • STRONGER LOVE, THE (UKN) • 1928
STREET OF ILLUSION, THE • 1928
FATHER AND SON • 1929
MEXICALI ROSE • GIRL FROM MEXICO, THE (UKN) • 1929
SONG OF LOVE, THE • 1929
TRIAL MARRIAGE • 1929
ROYAL ROMANCE, A • 1930
LAST PARADE, THE • 1931
LEFTOVER LADIES • BROKEN LINKS (UKN) • 1931
LOVER COME BACK • 1931
X MARKS THE SPOT • 1931
GUILTY AS HELL • GUILTY AS CHARGED (UKN) ○ RIDDLE ME THIS • 1932
STRANGER IN TOWN • 1932
WITHOUT CONSENT • 1932
BIG EXECUTIVE • 1933
DISGRACED! • 1933
FROM HELL TO HEAVEN • 1933
ISLAND OF LOST SOULS • ISLAND OF DR. MOREAU, THE • 1933
SEARCH FOR BEAUTY • 1934
YOU'RE TELLING ME • 1934
BEST MAN WINS, THE • 1935
GRAND EXIT • 1935
PARTY WIRE • 1935
PUBLIC MENACE, THE • 1935
COUNTERFEIT • 1936
DEVIL'S SQUADRON • 1936
END OF THE TRAIL • REVENGE! (UKN) • 1936
DEVIL'S PLAYGROUND • DEPTHS BELOW, THE • 1937
RACKETEERS IN EXILE • 1937
SHE ASKED FOR IT • 1937
LADY OBJECTS, THE • 1938
LITTLE TOUGH GUYS IN SOCIETY • 1938
ESCAPE TO PARADISE • 1939
EVERYTHING'S ON ICE • 1939
REMEDY FOR RICHES • 1940
FLYING CADETS • 1941
MELODY FOR THREE • 1941
NAVAL ACADEMY • 1941
PETTICOAT POLITICS • 1941
THEY MEET AGAIN • 1941
ALWAYS A BRIDESMAID • 1942
FRISCO LIL • 1942
GHOST OF FRANKENSTEIN, THE • 1942
NORTH TO THE KLONDIKE • 1942
PARDON MY SARONG • 1942
WHO DONE IT? • 1942
HIT THE ICE • OH, DOCTOR ○ PARDON MY SKI • 1943
HOW'S ABOUT IT? • SOLID SENDERS • 1943
IT AIN'T HAY • MONEY FOR JAM (UKN) • 1943
WHAT ARE WE FIGHTING FOR? • 1943 • SHT
HOUSE OF DRACULA • 1945
HOUSE OF FRANKENSTEIN • DEVIL'S BROOD, THE ○ DOOM OF DRACULA ○ DESTINY ○ CHAMBER OF HORRORS • 1945
SHE GETS HER MAN • 1945
CAT CREEPS, THE • 1946
LITTLE MISS BIG • BAXTER MILLIONS, THE (UKN) • 1946
STORY OF BOB AND SALLY, THE • BOB AND SALLY ○ SHOULD PARENTS TELL? • 1948
ONE TOO MANY • KILLER WITH A LABEL (UKN) • 1950

KENWARD ALLAN – USA
FOR THE COMMON DEFENSE • 1942

KENWORTHY N. PAUL – USA
PERRI • 1957

KENYERES GABOR – HNG
DRAGAM • DARLING • 1969
VEGRE, HETFO • IT'S MONDAY, AT LAST • 1971

KENYON JACK – USA
LAST STAND OF THE DALTON BOYS, THE • 1912 • SHT

KEOSAYAN E. see **KEOSAYAN EDMOND**

KEOSAYAN EDMOND – USS
KEOSAYAN E.
WHERE ARE YOU NOW, MAXIM? • 1965
COOK, THE • 1966
NEULOVIMYYE MSTITELI • ELUSIVE AVENGERS, THE • 1967
NEW ADVENTURES OF THE ELUSIVE • 1969
KORONA RUSSKOI IMPERII • RETURN OF THE ELUSIVE AVENGERS, THE ○ CROWN OF THE RUSSIAN EMPIRE, THE • 1971
MEN • 1973
GORGE OF FORGOTTEN STORIES, THE • 1975
KOGDA NASTUPAYET SENTYABR.. • WHEN SEPTEMBER COMES • 1977
ZVEZDA NADYEZHDY • STAR OF HOPE, THE • 1980

KEPPY MARTIN – NTH
FIRE • 1989

KERBOSCH ROELAND – NTH
KERBOSCH ROLAND
RONDOM HET OUDEKERKSPLEIN.. • ROUND ABOUT THE OLD CHURCH SQUARE • 1968 • DOC
VANDAAG OF MORGEN • TODAY OR TOMORROW • 1976
HOLY FAMILY, THE • 1981 • DOC

KERBOSCH ROLAND see **KERBOSCH ROELAND**

KERCHBRON JEAN – FRN – 1924–
VACANCES EN ENFER • CAPTIVE, THE • 1960
GOLEM, LE • GOLEM, THE (USA) ○ MASK OF THE GOLEM • 1966

KERCHNER JEAN – FRN – 1929–
DRAGEE HAUTE, LA • 1959

de KERMADEC LILIANE – PLN – 1928–
HOME SWEET HOME • 1972
ALOISE • 1975

KERN ANDRAS – HNG
MI LESZ? • WHAT NOW? • 1966

KERN AUGUST – GRM
GOLDENE GLETSCHER, DER • HERRGOTTSGRENADIERE, DIE ○ GOLDFIEBER • 1932

KERN GEORGE – USA
UNFOLDMENT, THE • 1922

KERN JAMES V. – USA – 1909–1966
DOUGHGIRLS, THE • 1944
NEVER SAY GOODBYE • 1946
STALLION ROAD • 1947
APRIL SHOWERS • 1948
SECOND WOMAN, THE • ELLEN (UKN) • 1949
TWO TICKETS TO BROADWAY • 1951

KERN RUSSELL S. – USA
SPITTIN' IMAGE • 1983

KERNAN HENRY – USA
GOING TO THE DOGS • 1916 • SHT
PASTE AND POLITICS • 1916 • SHT
ROLLING TO RUIN • 1916 • SHT
DUMMIES AND DECEPTIONS • 1917 • SHT
FRAUDS AND FREE LUNCH • 1917 • SHT
HUSTLE AND HARMONY • 1917 • SHT
WILES AND WEDLOCK • 1917 • SHT
SLEUTHS AND SURPRISES • 1918 • SHT

KERNOCHAN SARAH – USA
MARJOE • 1972 • DOC

KEROUL MAURICE – FRN – 1885–1976
DOUBLE EXISTENCE DE LORD SAMSEY, LA • 1924
ALTEMER LE CYNIQUE • 1925
AUTOUR D'UN BERCEAU • 1925
IRONIE DU SORT, L' • 1925
SANS FAMILLE • NO RELATIONS • 1925
CHEMINEAU, LE • 1926
MISS HELETT • 1926
GRAINE AU VENT • 1928
NUIT DE NOCES • 1935
TROIS JOURS DE PERM' • 1936
CHOC EN RETOUR • 1937

KERR BARRY – USA
FLASHER, THE • 1975

KERR FRANK – USA
TRUE BLOOD • EDGE OF DARKNESS ○ TRUEBLOOD • 1989

KERR RICHARD – CND
LAST DAYS OF CONTRITION, THE • 1990 • DOC

KERR ROBERT – USA
KERR ROBERT P.
DANGERS OF A BRIDE • 1917 • SHT
HERO FOR A MINUTE, A • 1917 • SHT
ROYAL ROGUE, A • 1917 • SHT
BARBAROUS PLOTS • 1918 • SHT
FLYER IN FOLLY, A • 1918 • SHT
HER MOVIE MADNESS • 1918 • SHT
SPOOKS • 1922 • SHT
HANDY MAN, THE • 1923
CONTROL YOURSELF • 1925
TRIP TO CHINATOWN, A • 1926
30 BELOW ZERO • 1926
FIGHTING FANNY • 1928
GUMPS, THE • 1928

KERR ROBERT P. see **KERR ROBERT**

KERRIGAN GEORGE – USA
L.A.B.C. • 1988

KERRIGAN J. M. – Actor – IRL – 1887–1964
KERRIGAN JOSEPH M.
FOOD OF LOVE, THE • 1916
MISER'S GIFT, THE • 1916
O'NEIL OF THE GLEN • 1916
ROMANCE OF PUCK FAIR, A • 1916
UNFAIR LOVE AFFAIR, AN • 1916
WIDOW MALONE • 1916
WOMAN'S WIT • 1916
BLARNEY • 1917
BYEWAYS OF FATE, THE • 1917
IRISH GIRL, THE • 1917
UPSTART, THE • 1917
GIRL OF GLENBEIGH, A • 1918
RAFFERTY'S RISE • 1918

KERRIGAN J. WARREN – Actor – USA – 1880–1947
WIDOW'S SECRET, THE • 1915
MELODY OF LOVE, THE • 1916 • SHT

KERRIGAN JOSEPH M. see **KERRIGAN J. M.**

KERSHNER GLENN – USA
ISLAND CAPTIVES • 1937

KERSHNER IRVIN – USA – 1923–
STAKEOUT ON DOPE STREET • 1958
YOUNG CAPTIVES, THE • 1959
HOODLUM PRIEST, THE • 1961
FACE IN THE RAIN, A • 1963
LUCK OF GINGER COFFEY, THE • 1964
FINE MADNESS, A • 1966
FLIM-FLAM MAN, THE • ONE BORN EVERY MINUTE (UKN) • 1967
LOVING • 1970
UP THE SANDBOX • 1972
SPYS • SPYS ○ WET STUFF • 1974
RAID ON ENTEBBE • 1976 • TVM
RETURN OF A MAN CALLED HORSE • 1976
EYES OF LAURA MARS, THE • 1978
EMPIRE STRIKES BACK -STAR WARS II, THE • 1980
NEVER SAY NEVER AGAIN • 1983
IN DUBIOUS BATTLE • 1988
PUCCINI • 1988
WHITE CROW, THE • 1988
ROBOCOP II • 1990

KERTESZ DESIDER – AUS
WENN DU NOCH EINE MUTTER HAST • ZIRKUS BROWN • 1924
RICHTHOFEN, DER ROTE RITTER DER LUFT • RICHTHOFEN: THE RED KNIGHT OF THE AIR (USA) • 1927

KERTESZ MICHAEL see **CURTIZ MICHAEL**

KERTESZ MIHALY see **CURTIZ MICHAEL**

KERTTULA VEIKKO – FNL
ISO VAALEE • BOMBSHELL, THE ○ BIG BLOND • 1983

KERWIN HARRY see **KERWIN HARRY E.**

KERWIN HARRY E. – USA
KERWIN HARRY
GETTING EVEN
MY THIRD WIFE GEORGE • MY THIRD WIFE BY GEORGE • 1968
SWEET BIRD OF AQUARIUS • 1970
GOD'S BLOODY ACRE • 1975
CRAZY CAMPUS • CHEERING SECTION • 1977
BARRACUDA • LUCIFER PROJECT, THE • 1978 • TVM

KERZABI AHMED – ALG – 1932–
ARCHITECTURE DU M'ZAB
SOUF, LE
MOUGGAT DE TINDOUF, LE • 1967
VOILES DANS LE DESERT • 1968 • SHT
POUR QUE VIVE L'ALGERIE! • 1972

KESAYANTS DMITRY – USS
TROYE IZ NAS • THREE OF US • 1989

KESHEV DATTA – IND
BAI MOTHI BHAGYACHI • 1968

KESLER HENRY see **KESLER HENRY S.**

KESLER HENRY S. – Producer – USA – 1907–
KESLER HENRY
THREE RUSSIAN GIRLS • SHE WHO DARES (UKN) • 1943
SONG OF THE LAND • 1953 • DOC
FIVE STEPS TO DANGER • 1957

KESO LASSE – FNL
SCORPION'S DANCE • 1986

KESSELS HENRI – BLG
AUTRE MONDE, UN • 1958

KESSISSOGLOU VASSILIS see **KASSISSOGLOU VASSILIS**

KESSLER BRUCE – USA – 1936–
ANGELS FROM HELL • 1968
KILLERS THREE • 1968
GAY DECEIVERS, THE • 1969
SIMON, KING OF THE WITCHES • 1971
MURDER IN PEYTON PLACE • 1977 • TVM
CRUISE INTO TERROR • VOYAGE INTO EVIL • 1978 • TVM
DEATH MOON • 1978 • TVM
TWO-FIVE, THE • 1978 • TVM

KESSLER CHESTER – USA
PLAGUE SUMMER • 1951 • SHT

KESSLER CHRISTIAN – FRN
HOTEL DU PLAISIR

KETTANI – MRC
JOUR DU FORAIN, LE • DAY OF THE HAWKER • 1987

van der KEUKEN JOHAN – NTH – 1938–
LUCEBERT, DICTER–SCHILDER • 1962 • SHT
BLIND KIND • BLIND CHILD • 1964 • DOC
BEPPIE • 1965
BLIND KIND 2 • HERMAN SLOBBE • 1966 • DOC
EVEN STILTE • 1966 • SHT
VIER MUREN • 1966
BIG BEN • BEN WEBSTER IN EUROPE • 1967
FILM VOOR LUCEBERT • FILM FOR LUCEBERT, A • 1967 • DOC
TIJDGEEST, DE • SPIRIT OF THE TIME • 1968 • DOC
BEAUTY • 1970
DIARY • 1972
LEESPLANKJE, HET • READING LESSON, THE • 1973 • DOC
NIEUWE IJSTIJD, DE • NEW ICE–AGE, THE • 1974 • DOC
PALESTINIANS, THE • PALESTINES, THE • 1975 • DOC
FLAT JUNGLE, THE • 1978 • DOC
ROAD TO THE SOUTH, THE • 1981 • DOC
TIJD, DE • TIME • 1983
I LOVE DOLLAR • 1985 • DOC
UNANSWERED QUESTION, THE • 1987
EYE ABOVE THE WELL, THE • 1988 • DOC

KEURIS MAX – NTH
PHILIPS CAVALCADE • 1966

KEUSCH ERWIN – GRM
BROT DES BACKERS, DAS • BAKER'S BREAD • 1977
WAS ICH BIN SIND MEINE FILME • 1978 • DOC
HUNGER, DER KOCH UND DAS PARADIES, DER • HUNGER, THE COOK AND PARADISE • 1982
FLIEGER, DER • AVIATOR, THE • 1987

KEVORKOV S. – USS
KAMO'S LAST FEAT • 1974

KEY NAM NAM – HKG
KING MICHAEL
DRAGON FORCE • 1982
DOUBLE DRAGON IN LAST DUEL • 1985

KEYNES GEOFFREY – UKN
CARCINOMA OF THE BREAST TREATED WITH RADIUM • 1929

KEYS GARY – USA
MEXICAN SUITE • 1972 • DOC
MEMORIES OF DUKE • 1980 • DOC

KEYS RICHARD – ASL
TIME OF CRISIS • 1953 • SHT

KEZDI–KOVACS ZSOLT – HNG – 1936–
KOVACS ZSOLT KEZDI
MERSEKELT EGOV • TEMPERATE ZONE • 1970
ROMANTIKA • ROMANTICISM • 1972
LOCSOLOKOCSI • ORANGE WATERING TRUCK, THE • 1974
HA MEGJON JOZSEF • WHEN JOSEPH RETURNS.. • 1975
KEDVES SZOMSZED, A • GOOD NEIGHBOUR, THE • 1979
RIGHT TO HOPE, THE • 1981
REMENY JOGA, A • RIGHT TO HOPE, THE • 1982
VISSZAESOK • FORBIDDEN RELATIONS • 1983
REJTOZKODO, A • ABSENTEE, THE • 1985
KIALTAS ES KIALTAS • CRY AND CRY AGAIN • 1988

KHACHATUROV ALBERT – USS
NAVSTRYECHU SOVESTI • TO SATISFY ONE'S CONSCIENCE ◦ MEETING ONE'S CONSCIENCE • 1967
PODVIG FARKHADA • FARHAD'S ACHIEVEMENT ◦ FARKHAD'S FEAT • 1968

KHACHATUROV EDUARD – USS
PUSTYNYA • DESERT • 1967

KHACHEKIAN SAMOUEL see **KHACHIKIAN SAMOUEL**

KHACHIKIAN SAMOUEL – IRN
KHACHEKIAN SAMOUEL
KHODAHAFEZ TEHRAN • GOODBYE TEHRAN • 1967
BABR MAZANDARAN • TIGER OF MAZANDARAN, THE • 1968
HENGAMEH • 1968
MAN HAM GERYE KARDAM • I CRIED TOO • 1968

KHALEK ALI ABDEL see **KHALIK ALI ABDEL**

KHALIFA OMAR – TNS – 1934–
KHLIFI OMAR
PAGE DE NOTRE HISTOIRE, UNE • 1961
J'AI RENCONTRE DEUX JEUNE FILLES • 1962 • SHT
ONCLE MOSBAH A LA VILLE • 1962 • SHT
PELERINAGE 1963 • 1963
AMOUR ET JALOUSIE • 1964 • SHT
ANTAR, MOUTON DE L'AID • 1964 • SHT
CONGRES UGET 1964 • 1964 • DCS
KHEMAIS TARNAN • 1964 • DCS
DRAME BEDOUIN • 1965 • SHT
FAJR, AL • AUBE, L' ◦ DAWN • 1967
MOUTAMARRED, AL • REBELLE, LE ◦ MUTAMARRID, AL– ◦ REBEL, THE • 1968
FELLAGHAS • REBELS ◦ FALLAGA • 1970
SURAKH • HURLEMENTS ◦ SHOUT, A • 1973

KHALIK ALI ABDEL – EGY
KHALEK ALI ABDEL
BEDA WA ELHAGAR, EL • SWINDLER, THE • 1989

KHALZANOV B. – USS
REVELATION, THE • 1974

KHAMDAMOV RUSTAM – USS
MY HEART IS IN THE MOUNTAINS
SLAVE OF LOVE
ANNA KARAMOZOV • 1990

KHAMRAEV A. see **KHAMRAEV ALI**

KHAMRAEV ALI – USS – 1937–
KHAMRAYEV ALI • KHAMRAYEV A. • KHAMRAEV A.
I REMEMBER
IN THE SUNSHINE • 1958
STORY OF MIRAB, THE • 1959
SHORT STORIES ABOUT CHILDREN, WHICH.. • 1961
STAROZHIL • OLD INHABITANT • 1962
SALOM, BAKHOR • 1963 • SHT
SHE LOVES ME, SHE LOVES ME NOT.. • 1964
WHERE ARE YOU, MY ZULFIJA? • 1964
BYELYYE, BYELYYE AISTY • WHITE, WHITE STORKS • 1967
DILOROM • 1969
RED SANDS, THE • 1969
CHREZVICHAINI KOMMISSAR • COMMISSAR EXTRAORDINARY ◦ CHEKA COMMISSAR, THE • 1971
SEVENTH BULLET • 1972
ZHENSHCHINA IZ MEVAZARA • WOMAN FROM MEVAZAR, THE • 1977
TRIPTYCH • TRIPTIKH ◦ MEVAZAR PORTRAIT • 1978
BODYGUARD, THE • 1981
GARDEN OF DESIRE, THE • 1987

KHAMRAYEV A. see **KHAMRAEV ALI**

KHAMRAYEV ALI see **KHAMRAEV ALI**

KHAN A. M. – IND
TILASMI TALWAR • NOOR–E–ARAB • 1935
BHEDI TRISHUL • 1938
PAHADI HEERA • KULDIPAK • 1938
ANAR–BALA • POMEGRANATE GIRL • 1940
GAIBI TALWAR • 1946
HAVAI KHATAULA • 1946
TILASMI HEERA • 1946
TOOFANI TAKKAR • TYPHOON TAKKAR • 1946
HUNTER BAJ
JADUI–ANGOOTHI • MAGIC RING • 1948

KHAN FEROZ – IND
DHARMATMA • GODFATHER • 1974

KHAN JABBAR – BNG
MUKH O MUKHOSH • 1956

KHAN MEHBOOB – IND – 1907–1964
MEHBOOB
AL HILAL • 1935
ALI BABA • ALIBABA • 1939
AURAT • WOMAN • 1939
EKHI ROSTA • ONLY LIFE, THE • 1941
ROTI • BREAD • 1941
BAHEN • 1942
TAQDEER • FATE (UKN) • 1943
AMAR • IMMORTAL • 1948
ANDAZ • 1949
AAN • SAVAGE PRINCESS (UKN) ◦ PRIDE • 1952
BHARAT MATA • MOTHER INDIA (UKN) • 1957
HANDFUL OF GRAIN • 1959
SON OF INDIA • 1966

KHAN MOHAMED – EGY
BATIKHA, EL • WATERMELON, THE • 1972 • SHT
DARBET CHAMS • CHAM'S BLOW • 1978
HARRIF, EL • STREET PLAYER • 1983
WENT AWAY BUT DIDN'T RETURN • 1985
MESHWAR OMAR • OMAR'S JOURNEY • 1986
ALHAN HIND WA CAMILIA • DREAMS OF HIND AND CAMILIA • 1987
AWDAT MOWATINE • RETURN OF A CITIZEN • 1987
ZAWGAT RAGOL MOHIM • WIFE OF AN IMPORTANT MAN, THE • 1987

KHAN MUMTAZ ALI – PKS
ONE NIGHT BRIDE • 1975
HELL TO HELL • 1989
QIAMAT SEY QIAMAT TAK • 1989

KHAN SADEK – BNG
NADI–O–NARI • RIVER AND WOMAN • 1965

KHANI – IRN
CHARKH–E–BAZIGAR • DESTINY • 1968

KHANNA RAJBANA – IND
GOTAMAH, THE BUDDHA • 1956

KHANZHONKOV ALEXANDER – USS
V POLNOCH NA KLADBISCHE • AT MIDNIGHT IN THE GRAVEYARD (USA) ◦ FATAL WAGER, THE ◦ MIDNIGHT IN THE GRAVEYARD • 1909
OKORANA SEVASTOPOLVA • DEFENCE OF SEBASTOPOL, THE • 1911

KHEMIR NACER – TNS
HAIMOUNE, EL • BALISEURS DU DESERT, LES (FRN) • 1984

KHEYFITS IOSIF see **HEIFITZ JOSIF**

KHIN SOE – BRM
PAYIN YAUNG • 1969
LEND ME YOUR HEART • 1978
SIDE–CAR THAMAR BA KHET • TRISHAW–MAN BA KHET • 1978

KHINTIBDZE A. – USS
KORBUDA • 1965 • ANS

KHITRUCK FEDOR see **HITRUCK FEDOR**

KHITTL FERDINAND – GRM
PARALLELSTRASSE, DIE • 1961

KHLEIFI MICHEL – PLS – 1950–
MEMOIRE FERTILE, LA • 1981
NOCE EN GALILEE • WEDDING IN GALILEE • 1988
CANTIQUE DES PIERRES • 1989

KHLIFI OMAR see **KHALIFA OMAR**

KHMADAMOV ALISHER – USS
ZOLOTAYA GOLOVA MSTITELYA • GOLDEN HEAD OF THE AVENGER, THE • 1989

KHMELNITSKY V. – USS
FROGMAN–2 • 1975

KHODATAYEVA O. – USS
LITTLE ROOM, THE
TOM THUMB

KHODATEYEV NIKOLAI – Animator – USS – 1892–1979
HODATYEV N. • CHODATAIEV NICOLAS
ORGANCHIK • MUSIC BOX, THE • 1933
ORGANCHIK • CANNONBALL, THE • 1946

KHOJIKOV SULTAN – USS
CHINARA NA SKALYE • PLANE TREE ON A ROCK • 1967

KHOKHLOVA – USS
SLUCHAI V VULKANYE • INCIDENT ON A VOLCANO • 1941

KHOSLA DWARKA – IND
MAGIC WAND, THE • 1935
SAWAN • 1945

KHOSLA RAJ – IND
KHOSLA RAJAN
ANITA • 1967
RODH VRIKSHA • 1985 • SHT

KHOSLA RAJAN see **KHOSLA RAJ**

KHOTSCHIKIAN SAMUEL – IRN
SCHAB NESHINI DOR DJAHANNAM • NIGHT IN HELL, A • 1957

KHOURI WALTER HUGO – BRZ – 1929–
GIGANTE DE PEDRA, O • 1953
ESTRANHO ENCONTRO • 1958
FRONTEIRAS DO INFERNO • LONESOME WOMEN (USA) • 1959
NA GARGANTA DO DIABLO • IN THE DEVIL'S THROAT (USA) • 1960
NOITE VAZIA • MEN AND WOMEN (UKN) ◦ EROS (USA) ◦ EROS.. THE BIZARRE ◦ NIGHT GAMES • 1965
CORPO ARDENTE, O • BURNING BODY, THE • 1967
AMOROSAS, AS • LOVING ONES, THE • 1968
PALACIO DOS ANJOS, O • 1970
ANJO DA NOITE, O • NIGHT ANGEL, THE • 1974
FILHAS DO FOGO, AS • DAUGHTERS OF FIRE • 1979
FOREVER • 1988

KHOURY SAMIR – LBN
LADY OF THE SEVEN MOONS
WOLVES DON'T EAT MEAT

KHRABROVITSKY D. see **KHRABROVITSKY DANIIL**

KHRABROVITSKY DANIIL – Screenwriter – USS – 1923–
KHRABROVITSKY D.
PEREKLICHKA • ROLL–CALL • 1965
RELAY • 1967
UKROSCHENIE OGNIA • TAMING OF FIRE ◦ TAMING OF THE FIRE ◦ TAMING THE FIRE • 1972
CHETVERTAYA KOMNATA • FOURTH ROOM, THE • 1974
STORY OF A HEART, THE • 1975

KHRINYUK E. see **KHRINYUK YEVGYENI**

KHRINYUK YEVGYENI – USS
KHRINYUK E.
POYISK • SEARCH • 1968
YOUR ADDRESS • 1973
ANNA AND COMMANDORE • 1974

KHRISTOV KHRISTO see **HRISTOV HRISTO**

KHRZHANOVSKY ANDREI – Animator – USS
AND AGAIN I AM WITH YOU • ANM
AUTUMN • ANM
IN MY THOUGHTS, I'M YEARNING FOR YOU • ANM

KHUBOV NIKITA – USS
ROKOVAYA OSHIBKA • FATEFUL MISTAKE • 1989

KHUNG TOMMY – MLY
TAKTIK • 1989

KHUNNE DAVID see **FRANCO JESUS**

KHUTSIEV MARLEN – USS – 1925–
KHUTSIYEV MARLEN • KHUTSIYEV
VESNA NA ZARECHNOI ULITSE • SPRING ON ZARECHNAYA STREET ◦ SPRING IN ZARECHNAYA STREET • 1956
DVA FEDORA • TWO FYODORS ◦ TWO FEDORS • 1958
MNE DVADTSAT LET • I AM TWENTY YEARS OLD ◦ I AM TWENTY ◦ ILYITCH SQUARE ◦ ILYICH ZASTAVA • 1961–63
LYULSKI DOZHD • JULY SHOWER, A ◦ YULSKII DOZHD ◦ JULY RAIN ◦ RAIN IN JULY • 1967
IN THE MONTH OF MAY • 1970
SCARLET SAIL OF PARIS, THE • 1973 • DOC
POSLESLOVIYI • POSTFACE • 1983

KHUTSIYEV see **KHUTSIEV MARLEN**

KHUTSIYEV MARLEN see **KHUTSIEV MARLEN**

KIA-ROSTAMI ABBAS – IRN
KIAROSTAMI ABBAS
MOSSAFER • PASSENGER, THE • 1975
TAJROBE • EXPERIENCE, THE • 1975
GOZARESH • REPORT, THE • 1977
TASFIE-KHANEH • REFINERY, THE • 1978
WHERE IS THE FRIEND'S HOME? • 1988
CLOSE-UP • 1989
GOOD KIDS, BAD KIDS • 1989
HOMEWORK • 1989
JOURNEY, THE • 1989

KIAROSTAMI ABBAS see **KIA-ROSTAMI ABBAS**

KIBBEE ROLAND – Screenwriter – USA – 1914–
MIDNIGHT MAN, THE • 1974

KICHAROEN KIAT – THL
KHO CHUE SUTHEE SAM SEE CHAT • 1990

KIDAWA JANUSZ – PLN – 1931–
ROLL CALL FOR THE INSURGENTS • 1961 • DOC
COAL PILES • 1962 • DOC
FIRST SHIFT, THE • 1962 • DOC
COMPETITION • 1963 • DOC
HALDY • WASTE HEAPS • 1963 • DOC
SALT AND SWEET • 1963 • DOC
HEART, THE • 1964 • DOC
EVIDENCE • 1965 • DOC
IN SILENCE • 1965 • DOC
WIZJA LOKALNA • INSPECTION • 1965 • DOC
HORIZON, THE • 1966 • DOC
ONE OF SIX THOUSAND • 1966 • DOC
ANATOMY OF A TOWN • 1967 • DOC
CHOPIN'S BIRTH PLACE • 1967 • DOC
GORA ZWANA KUBA • HILL CALLED KUBA, THE • 1967 • DOC
SAND AND STONE • 1967 • DOC
WALK IN THE CLOUDS, A • 1967 • DOC
JUST, THE • 1969 • DOC
ANNA I WAMPIR • ANN AND THE VAMPIRE • 1981

KIDD MICHAEL – Choreographer – USA – 1919–
MERRY ANDREW • 1958

KIDDER MARGOT – Actress – CND – 1948–
AGAIN • 1975

KIDDER MILES – USA
LUST IN SPACE • LUST IN SPACE: CONTACT IS MADE
GETTING L.A.'D • 1981
WPINK TV: PART 2 • 1986

KIDRON BEEBAN – UKN
CARRY GREENHAM HOME • 1984
VROOM • 1988
ORANGES ARE NOT THE ONLY FRUIT • 1989

KIDUCK KIM – SKR
DAI KOESU YONGKARI • YONGARY, MONSTER FROM THE DEEP (USA) ○ GREAT MONSTER YONGARY ○ MONSTER YONGARY • 1967

KIEFER DOUGLAS – CND – 1938–
SMALL IS BEAUTIFUL -IMPRESSIONS OF FRITZ SCHUMACHER • 1978 • DOC

KIEFER WARREN see **SABATINI LORENZO**

KIEFFER PAUL – LXM
REISE DAS LAND, DIE • 1987
SCHACKO KLAK • 1989

KIEKEBUSCH-BRENKEN ARTUR – GRM
FRAU IM DELPHIN ODER 30 TAGE AUF DEM MEERESGRUND, DIE • 1920

KIELY CHRIS – ASL
FUTURE SCHLOCK • 1984

KIEN LUN – HKG
WANG YU OF KING BOXER • 1972
TEN FINGERS OF STEEL • WANG YU -TEN FINGERS OF STEEL • 1973

KIENER WILMA – AUS
DECKNAME SCHLIER • ASSUMED NAME: SCHLIER • 1985

KIER H. W. – USA
BORDER FENCE • 1951

KIERSCH FRITZ – USA
CHILDREN OF THE CORN • 1984
TUFF TURF • LOVE FIGHTERS ○ TOUGH TURF • 1984
GOR • 1987
WINNERS TAKE ALL • SUPERCROSS • 1987
UNDER THE BOARDWALK • WIPEOUT • 1988

KIESLOWSKI KRZYSZTOF – PLN – 1941–
FROM THE CITY OF LODZ • 1969 • MTV
FACTORY • 1970 • MTV
UNDERGROUND PASSAGE, THE • 1973 • MTV
FIRST LOVE • 1974 • MTV
ZYCIORYS • LIFE-STORY • 1974
CALM • 1975 • MTV
NASZ CZLOWIEK • OUR MAN • 1975
PERSONEL • PERSONNEL • 1975 • MTV
BLIZNA • SCAR, A • 1976
SPOKOJI • 1976
AMATOR • CAMERA BUFF ○ AMATEUR • 1979
KROTKI DZIEN PRACI • SHORT DAY'S WORK, A • 1982
PRZYPADEK • CHANCE, THE ○ BLIND CHANCE • 1982
BEZ KONVA • NO END ○ BEZ KONCA • 1984
KROTKI FILM O MILOSCI • SHORT FILM ABOUT LOVE, A (UKN) • 1988
KROTKI FILM O ZABIJANIU • SHORT FILM ABOUT KILLING, A (UKN) ○ THOU SHALT NOT KILL • 1988
CITY LIFE • 1989

KIISK KALIU – USS
KIISK KALJO • KIYSK KALYE
LOOK BACK • 1963
POLUDENNY PAROM • NOON FERRY, THE • 1967
INSANITY • 1968
LANDING • 1974
RED VIOLIN, THE • 1975
TSENU SMERTI SPROSI U MYORTVYKH • ASK THE DEAD THE PRICE OF DEATH • 1980
NIPERNAADI • 1983

KIISK KALJO see **KIISK KALIU**

KIJOWICZ MIROSLAW – Animator – USS – 1929–
ARLEKIN • HARLEQUIN, THE • 1960 • ANS
OD RZEMYCZKA.. • HE THAT WILL STEAL A PIN.. ○ FLIGHT, THE • 1961 • ANS
BAJKA O SMOKU • STORY OF A DRAGON, THE ○ DRAGON, THE ○ TALES OF A DRAGON • 1962 • ANS
MIASTO • TOWN, THE • 1963 • ANS
KABARET • CABARET • 1964 • ANS
PORTRETY • PORTRAITS • 1964 • ANS
SZTANDAR • BANNER, THE ○ FLAG, THE • 1965 • ANS
US MIECH • SMILE, THE • 1965 • ANS
RONDO • ROUNDABOUT, THE • 1966 • ANS
KLATKI • CAGES • 1967 • SHT
LATERNA MAGICA • 1967 • ANS
WIKLINOWY KOSZ • WICKER BASKET, THE • 1967 • ANS
MINIATURY • MINIATURES • 1968 • ANS
NIEBIESKA KULA • BLUE BALL, THE • 1968 • ANS
ARLEKIN • HARLEQUIN, THE • 1969 • ANS
ORDER • 1969 • ANS
PANOPTIKUM • PANOPTICON • 1969 • ANS
SCIENCE FICTION • 1970 • ANS
WARIANTY • VARIATIONS • 1970 • ANS
DROGA • ROAD, THE • 1971 • ANS
MLYN • MILL, THE • 1971 • ANS

KIJOWSKI JANUSZ – PLN – 1948–
ZAKALEC • SLACK-BAKED BREAD • 1977
INDEKS • INDEX • 1978
KUNG-FU • 1979
GLOSY • VOICES • 1980
MASKERADA • MASQUERADE • 1986
STATE OF TERROR • 1989

KIKOINE GERARD – FRN – 1946–
BOURGEOISE ET.. PUTE!
JOURNAL D'UNE JEUNE FILLE
TOSSING
AMOUR A LA BOUCHE, L' • 1974
PARTIES FINES • 1977
ENTRECHATTES • 1978
JOUIR! • 1978
PRIVATE NURSE • 1978
TOUT POUR JOUIR • 1978
GROOM PARTIE • 1979
BORDEL POUR FEMMES • 1980
CHAUDES ADOLESCENTES • 1980
TALE OF TIFFANY LUST, THE • BODY LUST • 1981
LADY LIBERTINE • FRANK AND I • 1983
LOVE CIRCLES • 1984
DRAGONARD • MASTER OF DRAGONARD HILL • 1987
TREASURE ISLAND • 1987
DR. JEKYLL AND MR. HYDE -A JOURNEY INTO FEAR • EDGE OF SANITY • 1988
EDGAR ALLAN POE'S BURIED ALIVE • 1989

KILDEA GARY – ASL
CELSO AND CORA • 1982 • DOC

KILEY TIM – USA
THEOLOGY AND JAZZ • 1960 • SHT

KILGORE AL – USA
WORLD OF HANS CHRISTIAN ANDERSEN, THE • 1971 • ANM

KILLIAM PAUL – Producer – USA – 1916–
VALENTINO MYSTIQUE, THE • 1973

KILLY EDWARD – USA
FRECKLES • 1935
SEVEN KEYS TO BALDPATE • 1935
BUNKER BEAN • HIS MAJESTY BUNKER BEAN (UKN) • 1936
MURDER ON A BRIDLE PATH • 1936
SECOND WIFE • 1936
WANTED: JANE TURNER • 1936
BIG SHOT, THE • 1937
CHINA PASSAGE • 1937
QUICK MONEY • TAKING THE TOWN • 1937
SATURDAY'S HEROES • 1937
FARGO KID, THE • 1940
STAGE TO CHINO • 1940
WAGON TRAIN • 1940
ALONG THE RIO GRANDE • 1941
BANDIT TRAIL, THE • 1941
CYCLONE ON HORSEBACK • 1941
ROBBERS OF THE RANGE • 1941
COME ON, DANGER! • 1942
LAND OF THE OPEN RANGE • 1942
RIDING THE WIND • 1942
NEVADA • 1944
WANDERER OF THE WASTELAND • 1945
WEST OF THE PECOS • 1945

KILLY ROD – USA
DOCTOR, I'M COMING • 1970

KILROY MARK – IRL
HARD SHOULDER • 1989

KIM DO-SAN – KOR
RIGHTEOUS REVENGE, THE • 1919

KIM GI – SKR
HWA NYEO CHON • FIRE WOMAN VILLAGE • 1985

KIM HO-SUN – SKR – c1936–
THREE TIMES SHORT, THREE TIMES LONG
WINTER WOMAN • 1983
RAINBOW OVER SEOUL • 1988

KIM HYEONG-MYEONG – SKR
AGADA • AGATHA • 1985
YEOJAEUI BANRAN • FEMALE REBELLION • 1985

KIM HYO-CHON – SKR
HUMAN MARKET • 1983
MEMO OF A TWENTY-ONE-YEAR-OLD • 1983

KIM KEY YONG – SKR
FIRE WOMAN

KIM SOO-HYOUNG see **KIM SOO-YONG**

KIM SOO-YONG – SKR – 1929–
KIM SOO-HYOUNG
ROOT, THE • 1963
SEASIDE VILLAGE • 1965
MOUNTAIN FREE • 1973
CHEERS! BYUNG TAE • 1981
HAUGHTY PRETTY GIRL, THE • 1981
WOMAN HAS TWO FACES • 1981
MAN I ABANDONED, THE • 1982
MAN CHU • AFFAIR IN LATE AUTUMN, AN ○ END OF AUTUMN, THE • 1983

KIMATA AKIHIRO – JPN
KIRETSU • CREVICE • 1968

KIMATA AKITAKA – JPN
JOKYOSHI NO HIMITSU • SECRET OF A WOMAN TEACHER • 1967
JUTAI • IMPREGNATION • 1967
SEISHUN NO ETSURAKU • PLEASURE OF YOUTH • 1967
KOSHOKUMA • EROTIC DEVIL • 1968

KIMBALL JOHN – USA
RAPID TRANSIT • 1971 • ANS

KIMBALL WARD – USA
MELODY • 1953 • ANS
TOOT, WHISTLE, PLUNK AND BOOM • 1953 • ANS
MAN AND THE MOON • 1955 • SHT
MAN IN SPACE • 1955
EYES IN OUTER SPACE • 1959 • SHT
ESCALATION • 1968 • ANS
MICKEY MOUSE ANNIVERSARY SHOW, THE • 1968
IT'S TOUGH TO BE A BIRD • 1969 • ANS
DAD, CAN I BORROW THE CAR? • 1970

KIMBERLIN BILL – USA
AMERICAN NITRO • 1979

KIMBLE ROBERT L. – USA
FORBID THEM NOT • 1962

KIMBRO CLINTON – USA
YOUNG NURSES, THE • SECRETS OF YOUNG NURSES ○ GAMES THAT NURSES PLAY • 1973

KIMIAEI MASSOUD see **KIMIYAEI MASSOUD**

KIMIAI MASSOUD see **KIMIYAEI MASSOUD**

KIMIA'IE MASSOUD see **KIMIYAEI MASSOUD**

KIMIAVI PARVIZ – IRN – 1939–
KIMIYAVI PARVIZ
MOGHOLHA • MONGOLS, THE • 1974
BAGHE SANGUI • STONE GARDEN, THE ○ GARDEN OF STONES • 1975
CINDERELLA • 1977
O.K. MISTER • 1978

KIMIYAEI MASSOUD – IRN
KIMIAEI MASSOUD • KIMIAI MASSOUD • KIMIA'IE MASSOUD
BIGANE BIYA • COME STRANGER • 1968
GHEYSAR • 1970
BALUCH • 1972
DASHAKOL • 1972
KHAK • EARTH, THE • 1973
GAVAZNHA • DEERS, THE • 1974
TIRBARAN • EXECUTION, THE • 1974
GHAZAL • 1975
IBIS • 1975
SAFARE SANG • JOURNEY OF A STONE ○ TRAVEL OF THE STONE, THE ○ SAFAREH SANGUE • 1977
THORN AND THE SILK, THE • 1987
PLUMB • 1988
LEAD, THE • 1989
SNAKE FANG • 1989
SERGEANT, THE • 1990

KIMIYAVI PARVIZ see **KIMIAVI PARVIZ**

KIMMEL BRUCE – USA – 1947–
FIRST NUDIE MUSICAL, THE • DIRECTORS, THE ○ NYMPHO SUPERSTARS, THE • 1976
CREATURE WASN'T NICE, THE • SPACESHIP • 1981

KIMMICH M. W. see **KIMMICH MAX W.**

KIMMICH MAX W. – GRM
KIMMICH M. W.
VIERTE KOMMT NICHT, DER • 1939
FUCHS VON GLENARVON, DER • 1940
MEIN LEBEN FUR IRLAND • IRISCHE TRAGODIE • 1941
GERMANIN • 1943

KIMMINS ANTHONY – UKN – 1901–1964
BY-PASS TO HAPPINESS • 1934
HOW'S CHANCES • DIPLOMATIC LOVER, THE • 1934
ALL AT SEA • 1935
HIS MAJESTY AND CO • 1935
ONCE IN A NEW MOON • 1935
KEEP FIT • 1937
I SEE ICE • 1938
IT'S IN THE AIR • GEORGE TAKES THE AIR (USA) • 1938
COME ON GEORGE • 1939
TROUBLE BREWING • 1939
MINE OWN EXECUTIONER • 1947
BONNIE PRINCE CHARLIE • 1948
FLESH AND BLOOD • 1951
MR. DENNING DRIVES NORTH • 1951

WHO GOES THERE? • PASSIONATE SENTRY, THE (USA) • 1952
CAPTAIN'S PARADISE, THE • GOLDEN KEY, THE ○ PARADISE • 1953
AUNT CLARA • 1954
SMILEY • 1956
SMILEY GETS A GUN • 1958
AMOROUS PRAWN, THE • PLAYGIRL AND THE MINISTER, THE (USA) ○ AMOROUS MR. PRAWN, THE • 1962

KIMURA KEIGO – JPN

KAIGUN BAKUGEKITAI • NAVAL BOMBER FLEET, THE ○ NAVY BOMBERS • 1940 • DOC
TOBIRA O HIRAKU ONNA • WOMAN OPENS THE DOOR, A ○ WOMAN OPENING THE DOOR, THE • 1946
CHIJIN NO AI • FOOL'S LOVE • 1949
HEBIHIME DOUCHUH • PRINCESS SNAKE'S TRAVELS ○ SNAKE PRINCESS • 1949
ASAKUSA NO HADA • SONG OF ASAKUSA • 1950
BAKURO ICHIDAI • LIFE OF A HORSE TRADER ○ LIFE OF A HORSE DEALER • 1951
MESU INU • ENCHANTRESS • 1951
NESSA NO BYAKURAN • WHITE ORCHID OF THE HEATING DESERT • 1951
BIJO TO TOZOKU • BEAUTY AND THE BEAST • 1952
SAIKAI • REUNION ○ MEETING AGAIN • 1953
AIZEN KATSURA • DOCTOR AND THE NURSE • 1954
SENHIME • PRINCESS SEN • 1954
SONO YO NO HIMEGOTO • NIGHT HOLDS A SECRET • 1957
NORA NEKO • STRAY CAT • 1958
HATSUHARA TANUKI GOTEN • ENCHANTED PRINCESS, THE • 1959
UTAMARO O MEGURU GONIN NO ONNA • UTAMARO PAINTER OF WOMAN • 1959
CHIJIN NO AI • IDIOT IN LOVE, AN • 1960
ODEN JIGOKU • ASSAULT FROM HELL • 1960
FUTEN ROJIN NIKKI • DIARY OF A MAD OLD MAN • 1962

KIMURA SOTOJI – JPN

SENBAZURU • PAPER CRANES, THE • 1958

KIMYAGAROV BORIS – USS

RUSTAM AND SUHRAB
TALE OF RUSTAM
KHASAN-ARBAKESH • 1967
KAK VELIT SYERDTSYE • AS THE HEART COMMANDS ○ HEART'S COMMAND, THE • 1968

KINAUX HENRI – FRN

VICIEUSE ET INSATISFAITE • 1977

KINCADE JOHN – USA

TERMINAL ENTRY • 1987
BACK TO BACK • 1989

KINCAID TIM – USA

FEMALE RESPONSE, THE • EVERYBODY'S AT IT (UKN) • 1972
BAD GIRLS' DORMITORY • 1985
ESCAPE FROM BAD GIRLS' DORMITORY • 1985
ROBOT HOLOCAUST • 1985
BREEDERS • 1986
MUTANT HUNT • MATT RYKER: MUTANT HUNT • 1986
MAXIMUM THRUST • 1987
RIOT ON 42ND STREET • 1988
SHE'S BACK • DEAD AND MARRIED • 1989

KINDER STUART – UKN

ALAS, POOR BUNNY • 1911
BARGEE'S DAUGHTER, THE • 1911
CAUGHT IN HER OWN TRAP • 1911
DEJECTED LOVER, THE • 1911
MERRY CHRISTMAS TO ALL OUR FRIENDS, A • 1911
PARSON PUTS HIS FOOT IN IT, THE • WITH THE BEST INTENTIONS • 1911
SLOPER'S NEW HAT • 1911
CANINE SHERLOCK HOLMES, A • 1912
CHAPERONE, THE • 1912
COUNTRY HOLIDAY, A • 1912
DANCER'S DREAM, THE • 1912
FLYING DESPATCH, THE • 1912
JACK AND THE FAIRIES • 1912
JAPANESE MAGIC • 1912
MIRTH AND MYSTERY • 1912
MISCHIEVOUS MARGERY • 1912
PALACE OF MYSTERY, THE • 1912
SPOT AS CUPID • 1912
STOLEN AIRSHIP PLANS, THE • REGIMENTAL PET, THE • 1912
BELINDA'S DREAM • 1913
BLACK AND WHITE • 1913
BUTTERCUP P.C. • 1913
BUTTERCUP P.C., DETECTIVE • 1913
CRIME AT THE MILL • 1913
DAN BACKS A WINNER • 1913
FIVE POUNDS REWARD • 1913
ONLY A WEDDING • 1913
PONKY'S BURGLAR • 1913
PONKY'S HOUSEBOAT • 1913
REJUVENATION OF DAN, THE • 1913
RIVERSIDE ROMANCE, A • 1913
ADVENTURES OF A FOOTBALL, THE • 1914
BETTER LATE THAN NEVER • 1914
BY THE SAD SEA WAVES • 1914
CAPTURED BY CONSENT • 1914
KISS OF CLAY, THE • 1914
MARJORY'S GOLDFISH • 1914
NATION'S PERIL, THE • 1914
OPIUM CIGARETTES, THE • 1914
POPPIES • 1914
RIP VAN WINKLE • FORGOTTEN • 1914
SPORTS IN TOYLAND • 1914
THIRD GOD, THE • 1914
BRITONS AWAKE! • 1915
MIZPAH: OR, LOVE'S SACRIFICE • 1915
IF • 1916

KING ALLAN – CND – 1930–

KING ALLAN WINTON

SKID ROW • 1956 • DOC
YUKONERS, THE • 1956
GYPPO LOGGERS • 1957
PEMBERTON VALLEY, THE • 1957
PORTRAIT OF A HARBOR • 1957
MOROCCO • 1958
WHERE WILL THEY GO? • 1958
BULL FIGHT • 1959
SAIGON • 1959
INDIA -14 YEARS AFTER • 1960
JOSEF DRENTERS • 1960
RICKSHAW • 1960
MATTER OF PRIDE, A • 1961
THREE YUGOSLAVIAN PORTRAITS • 1961
JOSHUA, A NIGERIAN PORTRAIT • 1962
PURSUIT OF HAPPINESS, THE • 1962
FIELD DAY, THE • 1963
PEACEMAKERS, THE • 1963
BJORN'S INFERNO • 1964
CHRISTOPHER PLUMMER • 1964
LYNN SEYMOUR • 1964
RUNNING AWAY BACKWARDS • COMING OF AGE IN IBIZA • 1964
MOST UNLIKELY MILLIONAIRE, THE • 1965
GROUP THERAPY • 1966
CHILDREN IN CONFLICT • 1967 • SER
WARRENDALE • 1967 • DOC
WHO IS.. JAMES JONES • 1967
I WAS BORN GREEK • 1968
NEW WOMAN, THE • 1968
MARRIED COUPLE, A • COUPLE MARIE, UN • 1970
MORTIMER GRIFFEN, SHALINSKY AND HOW THEY SETTLED THE JEWISH QUESTION • 1971
CAN I COUNT YOU IN? • 1972
DELILAH • 1972
BIRD IN THE HOUSE • 1973
COME ON CHILDREN • 1973
PITY THE POOR PIPER • 1974
BAPTIZING • 1975
SIX WAR YEARS • 1975
RED EMMA • 1976
MARIA • 1977 • MTV
WHO HAS SEEN THE WIND • MAIS QUI A VU LE VENT • 1977
ONE-NIGHT STAND • 1979
SILENCE OF THE NORTH • SILENCE IN THE NORTH ○ COMES A TIME • 1981
HOME FIRES • 1983 • SER
READY FOR SLAUGHTER • 1983 • TVM
WHO'S IN CHARGE • 1983
TERMINI STATION • 1990

KING ALLAN WINTON see **KING ALLAN**

KING BURTON see **KING BURTON L.**

KING BURTON L. – USA – 1887–

KING BURTON

BORROWED GOLD • 1913
GREY SENTINEL, THE • 1913
PRIDE OF THE SOUTH, THE • 1913
SOUTHERN CINDERELLA, A • 1913
AUNTIE • 1914
GINGER'S REIGN • 1914
HOW GOD CAME TO SONNY BOY • 1914
MASKED DANCER, THE • 1914
TAINTED MONEY • 1914
ACROSS THE DESERT • 1915
ACROSS THE FOOTLIGHTS • 1915
ADVISOR, THE • 1915
ALICE OF THE LAKE • 1915
BURDEN BEARER, THE • 1915
COCKSURE JONES, DETECTIVE • 1915
DOUGHNUT VENDOR, THE • 1915
EAGLE AND THE SPARROW, THE • 1915
FOR PROFESSIONAL REASONS • 1915
HER CAREER • 1915
HER OWN BLOOD • 1915
HONOR OF THE CAMP, THE • 1915
HUT ON SYCAMORE GAP, THE • 1915
IN THE HEART OF THE HILLS • 1915
IN THE SUNSET COUNTRY • 1915
INTO THE DARK • 1915
IOLE THE CHRISTIAN • 1915
LAST OF THE STILLS • 1915
LITTLE GIRL IN A BIG CITY • 1915
LOVE OF MARY WEST, THE • 1915
MARKSWOMAN, THE • 1915
MODERN ENOCH ARDEN, A • 1915
MOTHER'S BIRTHDAY • 1915
ODD SLIPPER, THE • 1915
OPENING NIGHT, THE • 1915
OUT OF THE FLAMES • 1915
PARSON WHO FLED THE WEST, THE • 1915
POLISHING UP POLLY • 1915
PUP THE PEACEMAKER • 1915
REAPING, THE • 1915
ROBERT THORNE FORECLOSES • 1915
ROSES AND THORNS • 1915
SCARS • 1915
SECOND BEGINNING, THE • 1915
SHOO FLY • 1915
TWO BROTHERS AND A GIRL • 1915
UNDER THE CRESCENT • 1915 • SRL
VALLEY OF REGENERATION, THE • 1915
VOICE OF EVA, THE • 1915
WHEN JEALOUSY TUMBLED • 1915
WHERE HAPPINESS DWELLS • 1915
YELLOW STREAK, THE • 1915
BLACK BUTTERFLY, THE • 1916
CONVERGING PATHS • 1916
DEVIL AT HIS ELBOW, THE • 1916
ETERNAL QUESTION, THE • 1916
EXTRAVAGANCE • 1916
FLOWER OF FAITH, THE • 1916
GIRL DETECTIVE, THE • 1916 • SHT
HEDGE OF HEART'S DESIRE • 1916 • SHT
MAN AND HIS ANGEL • 1916
MAN HE MIGHT HAVE BEEN, THE • 1916 • SHT
MANICURE GIRL, THE • 1916 • SHT
ONLY A ROSE • 1916 • SHT
OUT OF THE SHADOWS • 1916 • SHT
POWER OF THE CROSS • 1916 • SHT
PURCHASE PRICE, THE • 1916 • SHT
REAPERS, THE • 1916
ROAD TO FAME, THE • 1916 • SHT
SO SHALL YE REAP • AS YE SOW • 1916 • SHT
SPELL OF THE YUKON, THE • 1916
THREE CHRISTMASES • 1916 • SHT
FONT OF COURAGE, THE • 1917
FRAMED MINATURE, THE • 1917 • SHT
GLORY • 1917
GODDESS OF CHANCE, THE • 1917 • SHT
IN PAYMENT OF THE PAST • 1917 • SHT
L.X. CLUE, THE • 1917
LAST OF HER CLAN, THE • 1917 • SHT
LOVE VICTORY • 1917 • SHT
MAKING OF BOB MASON'S WIFE, THE • 1917 • SHT
MORE TRUTH THAN POETRY • 1917
PUBLIC DEFENDER • 1917
RETURN OF "SOAPWEED SCOTTY", THE • 1917 • SHT
RIGHT HAND PATH, THE • 1917 • SHT
SILENCE SELLERS, THE • 1917
SOUL OF MAGDALEN, THE • SOUL OF A MAGDALENE • 1917
TO THE DEATH • 1917
WAITING SOUL, THE • 1917
WON IN THE STRETCH • 1917
HER HUSBAND'S HONOR • 1918
TREASON • 1918
LOST BATTALION, THE • 1919
MASTER MYSTERY, THE • HOUDINI • 1919 • SRL
RECKONING DAY • 1919
SCREAM IN THE NIGHT, A • 1919
COMMON LEVEL, A • 1920
COMMON SIN, THE • 1920
DISCARDED WOMAN, THE • 1920
LOVE OR MONEY • LOVE IS MONEY • 1920
LURKING PERIL, THE • 1920 • SRL
NEGLECTED WIVES • 1920
WHY WOMEN SIN • 1920
WIT WINS • 1920
EVERYMAN'S PRICE • 1921
MAN FROM BEYOND, THE • 1922
ROAD TO ARCADY, THE • 1922
STREETS OF NEW YORK, THE • 1922
EMPTY CRADLE, THE • 1923
FAIR CHEAT, THE • 1923
NONE SO BLIND • SHYLOCK OF WALL STREET • 1923
MAN WITHOUT A HEART, THE • 1924
MASKED DANCER, THE • 1924
PLAYTHINGS OF DESIRE • 1924
THOSE WHO JUDGE • 1924
TRUTH ABOUT WOMEN, THE • 1924
COUNSEL FOR THE DEFENSE • 1925
ERMINE AND RHINESTONES • 1925
MAD DANCER, THE • 1925
POLICE PATROL, THE • 1925
BOWERY CINDERELLA, A • BOWERY ROSE (UKN) • 1927
BROADWAY MADNESS • 1927
ADORABLE CHEAT, THE • 1928
BROKEN BARRIERS • 1928
HOUSE OF SHAME, THE • 1928
MANHATTAN KNIGHTS • 1928
SATAN AND THE WOMAN • 1928
WOMEN WHO DARE • 1928
DAUGHTERS OF DESIRE • RECKLESS YOUTH (UKN) • 1929
DREAM MELODY, THE • 1929
IN OLD CALIFORNIA • 1929
ONE SPLENDID HOUR • HER MAD ADVENTURE (UKN) • 1929

KING CARLETON see **KING CARLETON S.**

KING CARLETON S. – USA

KING CARLTON S. • KING CARLETON • KING CARLTON

BREAKING THE SHACKLES • 1915
BROTH OF A BOY • 1915
CHILD IN JUDGEMENT, A • 1915
WAY BACK, THE • 1915
TEMPEST AND SUNSHINE • 1916
JUST A SONG AT TWILIGHT • 1917
JUST A SONG AT TWILIGHT • 1922

KING CARLTON see **KING CARLETON S.**

KING CARLTON S. see **KING CARLETON S.**

KING CHRISTOPHER – USA

MANAGERESS, THE • 1989

KING DEL – NZL

BURIALS IN BAN NADI • 1982

KING F. A. see **PICCIONI FABIO**

KING FRED – USA

GUNSMOKE • GUNSMOKE KILLERS • 1947

KING GEORGE – UKN – 1899–1966

LEAVE IT TO ME • 1930
TOO MANY CROOKS • 1930
DEADLOCK • 1931
MIDNIGHT • 1931
NUMBER PLEASE • 1931
PROFESSIONAL GUEST, THE • 1931
TWO WAY STREET • 1931
MEN OF STEEL • 1932
SELF-MADE LADY • 1932
BEWARE OF WOMEN • 1933
ENEMY OF THE POLICE • 1933
HER IMAGINARY LOVER • 1933
HIGH FINANCE • 1933
I ADORE YOU • 1933
MATINEE IDOL • 1933
MAYFAIR GIRL • SOCIETY GIRL • 1933
SMITHY • 1933
TO BRIGHTON WITH GLADYS • TO BRIGHTON WITH A BIRD • 1933
TOO MANY WIVES • 1933
ADVENTURE LIMITED • 1934
BLUE SQUADRON, THE • 1934
GET YOUR MAN • 1934
GUEST OF HONOUR • 1934
LITTLE STRANGER • 1934
MURDER AT THE INN • 1934
NINE FORTY-FIVE • 1934
OFFICE WIFE, THE • 1934
OH NO DOCTOR! • 1934
SILVER SPOON, THE • 1934
TO BE A LADY • 1934
FULL CIRCLE • 1935
GAY OLD DOG • 1935
MAN WITHOUT A FACE, THE • 1935
WINDFALL • 1935
CRIMES OF STEPHEN HAWKE, THE • STRANGLER'S MORGUE • 1936
REASONABLE DOUBT • 1936
SWEENEY TODD, THE DEMON BARBER OF FLEET STREET • DEMON BARBER OF FLEET STREET, THE (USA) • 1936
MERRY COMES TO TOWN • 1937
TICKET OF LEAVE MAN, THE • 1937
UNDER A CLOUD • 1937
WANTED • 1937
JOHN HALIFAX, GENTLEMAN • 1938
SEXTON BLAKE AND THE HOODED TERROR • 1938
SILVER TOP • 1938
FACE AT THE WINDOW, THE • 1939
CASE OF THE FRIGHTENED LADY, THE • FRIGHTENED LADY, THE (USA) • 1940
CHINESE BUNGALOW, THE • CHINESE DEN, THE (USA) • 1940
CRIMES AT THE DARK HOUSE • 1940
GEORGE AND MARGARET • 1940
TWO FOR DANGER • 1940
TOMORROW WE LIVE • AT DAWN WE DIE (USA) • 1942
CANDLELIGHT IN ALGERIA • 1943
GAIETY GEORGE • SHOWTIME (USA) • 1945
SHOP AT SLY CORNER, THE • CODE OF SCOTLAND YARD, THE (USA) • 1947
FORBIDDEN • LADY WAS TO DIE, A ○ SCARLET HEAVEN • 1949

KING GEORGE* – UKN

TALACRE SCHOOL • 1976

KING HENRY – USA – 1888–1982

NEMESIS, THE • BRAND OF MAN, THE • 1915 • SHT
WHO PAYS? • PRICE OF FOLLY • 1915 • SRL
JOY AND THE DRAGON • 1916
LITTLE MARY SUNSHINE • 1916
OATH OF HATE, THE • 1916 • SHT
ONCE UPON A TIME • 1916
PAY DIRT • 1916
SHADOWS AND SUNSHINE • 1916
WHEN MIGHT WAS RIGHT • 1916 • SHT
BRIDE'S SILENCE, THE • 1917
CHILD OF M'SIEU, THE • 1917
CLIMBER, THE • 1917
GAME OF WITS, A • 1917
MAINSPRING, THE • 1917
MATE OF THE SALLY ANN, THE • PEGGY REBELS • 1917
SCEPTER OF SUSPICION • 1917
SOULS IN PAWN • 1917
SOUTHERN PRIDE • 1917
SUNSHINE AND GOLD • 1917
TOLD AT THE TWILIGHT • TOLD AT TWILIGHT • 1917
TWIN KIDDIES • 1917
UNAFRAID, THE • 1917
VENGEANCE OF THE DEAD • 1917
BEAUTY AND THE ROGUE • 1918
HEARTS OR DIAMONDS? • HEARTS AND DIAMONDS • 1918
HOBBS IN A HURRY • 1918
LOCKED HEART, THE • 1918
MADEMOISELLE TIPTOES • 1918
POWERS THAT PREY • 1918
SOCIAL BRIARS • 1918
UP ROMANCE ROAD • 1918
ALL THE WORLD TO NOTHING • 1919
BRASS BUTTONS • 1919
FUGITIVE FROM MATRIMONY • 1919
SIX FEET FOUR • 1919
SOME LIAR • 1919
SPORTING CHANCE, A • SIGNET OF SHEBA, THE • 1919
THIS HERO STUFF • 1919
WHEN A MAN RIDES ALONE • 1919
WHERE THE WEST BEGINS • 1919
23½ HOURS LEAVE • 1919
DICE OF DESTINY • 1920
HAUNTING SHADOWS • HOUSE OF A THOUSAND CANDLES, THE • 1920
HELP WANTED –MALE! • LEONA GOES A-HUNTING • 1920
LIVE WIRE HICK, A • 1920
ONE HOUR BEFORE DAWN • BEHIND RED CURTAINS • 1920
UNCHARTED CHANNELS • 1920
WHITE DOVE, THE • 1920
MISTRESS OF SHENSTONE, THE • 1921
SALVAGE • 1921
STING OF THE LASH, THE • GREATER LOVE, THE • 1921
TOL'ABLE DAVID • 1921
WHEN WE WERE TWENTY-ONE • 1921
BOND BOY, THE • 1922
SEVENTH DAY, THE • 1922
SONNY • 1922
FURY • 1923
WHITE SISTER, THE • 1923
ANY WOMAN • 1925
ROMOLA • 1925
SACKCLOTH AND SCARLET • 1925
STELLA DALLAS • 1925
PARTNERS AGAIN • 1926
WINNING OF BARBARA WORTH, THE • 1926
MAGIC FLAME, THE • 1927
WOMAN DISPUTED, THE • 1928
SHE GOES TO WAR • 1929
EYES OF THE WORLD, THE • 1930
HELL HARBOR • 1930
LIGHTNIN' • 1930
MERELY MARY ANN • 1931
OVER THE HILL • 1931
WOMAN IN ROOM 13 • 1932
I LOVED YOU WEDNESDAY • 1933
STATE FAIR • 1933
CAROLINA • HOUSE OF CONNELLY, THE (UKN) • 1934
MARIE GALANTE • 1934
ONE MORE SPRING • 1935
WAY DOWN EAST • 1935
COUNTRY DOCTOR, THE • 1936
LLOYDS OF LONDON • 1936
RAMONA • 1936
SEVENTH HEAVEN • 1937
ALEXANDER'S RAGTIME BAND • 1938
IN OLD CHICAGO • 1938
JESSE JAMES • 1939
STANLEY AND LIVINGSTONE • 1939
CHAD HANNA • 1940
LITTLE OLD NEW YORK • 1940
MARYLAND • 1940
REMEMBER THE DAY • 1941
YANK IN THE R.A.F., A • 1941
BLACK SWAN, THE • 1942
SONG OF BERNADETTE, THE • 1943
WILSON • 1944
BELL FOR ADANO, A • 1945
MARGIE • 1946
CAPTAIN FROM CASTILE • 1947
DEEP WATERS • 1948
PRINCE OF FOXES • 1949
TWELVE O'CLOCK HIGH • 1949
GUNFIGHTER, THE • 1950
DAVID AND BATHSHEBA • 1951
I'D CLIMB THE HIGHEST MOUNTAIN • 1951
O. HENRY'S FULL HOUSE • BAGDAD ON THE SUBWAY • 1952
SNOWS OF KILIMANJARO, THE • 1952
WAIT 'TIL THE SUN SHINES NELLIE • 1952
KING OF THE KHYBER RIFLES • 1953
LOVE IS A MANY-SPLENDORED THING • MANY-SPLENDORED THING, A • 1955
UNTAMED • 1955
CAROUSEL • 1956
SUN ALSO RISES, THE • 1957
BRAVADOS, THE • 1958
OLD MAN AND THE SEA, THE • 1958
BELOVED INFIDEL • 1959
THIS EARTH IS MINE • 1959
TENDER IS THE NIGHT • 1962

KING HORACE – USS

GAYANE • 1979

KING HU see **HU KING**

KING JACK – Animator – USA

BUDDY'S DAY OUT • 1933 • ANS
BUDDY'S SHOWBOAT • 1933 • ANS
BUDDY THE DETECTIVE • 1934 • ANS
BUDDY THE WOODSMAN • 1934 • ANS
BUDDY'S BEARCATS • 1934 • ANS
BUDDY'S CIRCUS • 1934 • ANS
VIVA BUDDY • 1934 • ANS
BUDDY STEPS OUT • 1935 • ANS
BUDDY THE GEE MAN • 1935 • ANS
BUDDY'S BIG HUNT • 1935 • ANS
BUDDY'S LOST WORLD • 1935 • ANS
CARTOONIST'S NIGHTMARE, A • 1935 • ANS
HOLLYWOOD CAPERS • 1935 • ANS
ALPINE ANTICS • 1936 • ANS
BOOM, BOOM • 1936 • ANS
FIRE ALARM, THE • 1936 • ANS
FISH TALES • 1936 • ANS
PHANTOM SHIP, THE • 1936 • ANS
PORKY'S MOVING DAY • 1936 • ANS
PORKY'S PET • 1936 • ANS
SHANGHAIED SHIPMATES • 1936 • ANS
WESTWARD WHOA! • 1936 • ANS
DONALD'S OSTRICH • 1937 • ANS
MODERN INVENTIONS • 1937 • ANS
DONALD'S BETTER SELF • 1938 • ANS
DONALD'S GOLF GAME • 1938 • ANS
DONALD'S NEPHEWS • 1938 • ANS
GOOD SCOUTS • 1938 • ANS
SELF CONTROL • 1938 • ANS
AUTOGRAPH HOUND, THE • 1939 • ANS
DONALD'S COUSIN GUS • 1939 • ANS
DONALD'S LUCKY DAY • 1939 • ANS
DONALD'S PENGUIN • 1939 • ANS
HOCKEY CHAMP, THE • 1939 • ANS
DONALD'S DOG LAUNDRY • 1940 • ANS
DONALD'S VACATION • 1940 • ANS
FIRE CHIEF • 1940 • ANS
MR. DUCK STEPS OUT • 1940 • ANS
WINDOW CLEANERS • 1940 • ANS
CHEF DONALD • 1941 • ANS
EARLY TO BED • 1941 • ANS
OLD MACDONALD DUCK • 1941 • ANS
TIMBER • 1941 • ANS
TRUANT OFFICER DONALD • 1941 • ANS
BELLBOY DONALD • 1942 • ANS
DONALD GETS DRAFTED • 1942 • ANS
DONALD'S SNOW FIGHT • 1942 • ANS
SKY TROOPER • 1942 • ANS
VANISHING PRIVATE, THE • 1942 • ANS
FALL OUT –FALL IN • 1943 • ANS
HOME DEFENSE • 1943 • ANS
OLD ARMY GAME, THE • 1943 • ANS
COMMANDO DUCK • 1944 • ANS
CONTRARY CONDOR • 1944 • ANS
DONALD DUCK AND THE GORILLA • 1944 • ANS
PLASTICS INVENTOR, THE • 1944 • ANS
TROMBONE TROUBLE • 1944 • ANS
CLOCK WATCHER, THE • 1945 • ANS
CURED DUCK • 1945 • ANS
DONALD'S CRIME • 1945 • ANS
OLD SEQUOIA • 1945 • ANS
DUMBBELL OF THE YUKON • 1946 • ANS
WET PAINT • 1946 • ANS
DONALD'S DILEMMA • 1947 • ANS
SLEEPY TIME DONALD • 1947 • ANS
WIDE OPEN SPACES • 1947 • ANS
DONALD'S DREAM VOICE • 1948 • ANS
DRIP DIPPY DONALD • 1948 • ANS
TRIAL OF DONALD DUCK, THE • 1948 • ANS

KING JOE – USA

HER BITTER CUP • 1916

KING JOHN – NZL

IT HELPS TO BE MADE • 1966 • DOC
COLONIAL DOLL'S HOUSE, A • 1974
INVINCIBLE OBSESSED FIGHTER

KING LEWIS see **CAPUANO LUIGI**

KING LEWIS see **KING LOUIS**

KING LOUIS – USA – 1898–1962

KING LEWIS

PEACEFUL PETERS • 1922
SHERIFF OF SUN-DOG, THE • 1922
DEVIL'S DOORYARD, THE • 1923
LAW RUSTLERS, THE • BEYOND THE LAW (UKN) ○ LAW HUSTLERS, THE • 1923
SPAWN OF THE DESERT • 1923
SUN DOG TRAILS • 1923
BOY RIDER, THE • 1927
IS YOUR DAUGHTER SAFE? • 1927
SLINGSHOT KID, THE • 1927
BANTAM COWBOY, THE • 1928
FIGHTIN' REDHEAD, THE • 1928
LITTLE BUCKAROO, THE • 1928
ORPHAN OF THE SAGE • 1928
PINTO KID, THE • 1928
ROUGH RIDIN' RED • 1928
TERROR • 1928
TERROR MOUNTAIN • TOM'S VACATION (UKN) ○ TERROR • 1928
YOUNG WHIRLWIND, THE • 1928
FRECKLED RASCAL, THE • 1929
LITTLE SAVAGE, THE • 1929
PALS OF THE PRAIRIE • 1929
VAGABOND CUB, THE • 1929
LONE RIDER, THE • 1930
MEN WITHOUT LAW • 1930
SHADOW RANCH • 1930
BORDER LAW • 1931
DECEIVER, THE • 1931
DESERT VENGEANCE • 1931
FIGHTING SHERIFF, THE • 1931
ARM OF THE LAW • 1932
COUNTY FAIR, THE • 1932
DRIFTING SOULS • 1932
FAME STREET • 1932
POLICE COURT • SON OF MINE (UKN) • 1932
LIFE IN THE RAW • 1933
ROBBERS' ROOST • 1933
BACHELOR OF ARTS • 1934
CIUDAD DE CARTON, LA • CARDBOARD CITY • 1934
MURDER IN TRINIDAD • 1934
PURSUED • 1934
ANGELITA • LITTLE ANGEL • 1935
CHARLIE CHAN IN EGYPT • 1935
JULIETA COMPRA UN HIJO • JULIET BUYS A BABY ○ JULIET BUYS A SON • 1935
BENGAL TIGER • 1936
ROAD GANG • INJUSTICE (UKN) • 1936
SONG OF THE SADDLE • 1936
SPECIAL INVESTIGATOR • 1936
BULLDOG DRUMMOND COMES BACK • 1937
BULLDOG DRUMMOND'S REVENGE • 1937
DRAEGERMAN COURAGE • CAVE-IN, THE (UKN) • 1937
MELODY FOR TWO • 1937
THAT MAN'S HERE AGAIN • 1937
WILD MONEY • 1937
WINE WOMEN AND HORSES • 1937
BULLDOG DRUMMOND IN AFRICA • 1938
HUNTED MEN • 1938
ILLEGAL TRAFFIC • 1938
PRISON FARM • 1938
TIP-OFF GIRLS • HIGHWAY RACKETEERS • 1938
TOM SAWYER, DETECTIVE • 1938
PERSONS IN HIDING • 1939
UNDERCOVER DOCTOR • FEDERAL OFFENSE • 1939
MOON OVER BURMA • 1940
SEVENTEEN • 1940
TYPHOON • 1940
WAY OF ALL FLESH, THE • 1940
YOUNG AMERICA • 1942
CHETNIKS! • CHETNICKS THE FIGHTING GUERRILLAS ○ UNDERGROUND GUERILLAS (UKN) • 1943
LADIES OF WASHINGTON • 1944
THUNDERHEAD, SON OF FLICKA • THUNDERHEAD • 1945
SMOKY • 1946
THUNDER IN THE VALLEY • BOB, SON OF BATTLE (UKN) • 1947
GREEN GRASS OF WYOMING • 1948
MRS. MIKE • 1949
WILL JAMES' SAND • SAND (UKN) • 1949
FRENCHIE • 1950
LION AND THE HORSE, THE • 1952
POWDER RIVER • 1953
SABRE JET • 1953
DANGEROUS MISSION • 1954
MASSACRE • 1956

KING LYNWOOD – USA

SUBJECT IS JAZZ, THE • 1958 • SHS

KING MICHAEL see **KEY NAM NAM**

KING PATRICIA see **WATSON PATRICIA**

KING PETER – UKN

THIRTEEN CANTOS OF HELL • 1957 • ANS

KING PHILIP – UKN

GUNDOWN • 1973

KING RICK – USA

OFF THE WALL • 1977
HARD CHOICES • 1986
HOTSHOT • HANG TOUGH ○ STRIKING CHANCE • 1987
KILLING TIME, THE • 1987
FORCED MARCH • 1989
WAR STORY 2 • VIETNAM WAR STORY 2 ○ VIETNAM WAR STORY • 1989

KING STEPHEN – Novelist – USA – 1947–

MAXIMUM OVERDRIVE • 1986

KING TIM – UKN

BECAUSE THAT ROAD IS TRODDEN • 1969
ECHO OF THE BADLANDS • 1976

KING WOODIE – USA

LONG NIGHT, THE • 1976

KING ZALMAN – USA

TWO-MOON JUNCTION • 1988
WILDFIRE • 1988
WILD ORCHID • 1989

KINGSBURY R. – ASL

COUNTRY JAZZ • 1971 • SHT

KINGSLEY PIERCE – USA

AFTER THE BALL • 1914
HOUSE OF BONDAGE, THE • 1914
S.K. TWINS IN WHO'S WHO, THE • 1914
SILVER THREADS AMONG THE GOLD • 1915
HARD-BOILED EGG, THE • 1916

KINNET A. – BLG

TEDDY • 1969

KINNEY JACK – Animator – USA

BONE TROUBLE • 1940 • ANS
GOOFY'S GLIDER • 1940 • ANS
ART OF SELF DEFENSE, THE • 1941 • ANS
ART OF SKIING, THE • 1941 • ANS
BAGGAGE BUSTER • 1941 • ANS
HOW TO FISH • 1942 • ANS
HOW TO PLAY BASEBALL • 1942 • ANS
HOW TO SWIM • 1942 • ANS
OLYMPIC CHAMP, THE • 1942 • ANS
SALUDOS AMIGOS • GREETINGS, FRIENDS • 1942 • ANM
DER FUEHRER'S FACE • 1943 • ANS
FIGARO AND CLEO • 1943 • ANS
VICTORY VEHICLES • 1943 • ANS
HOW TO BE A SAILOR • 1944 • ANS
HOW TO PLAY FOOTBALL • 1944 • ANS
HOW TO PLAY GOLF • 1944 • ANS
AFRICAN DIARY • 1945 • ANS
CALIFORNY 'ER BUST • 1945 • ANS
DUCK PIMPLES • 1945 • ANS
FLYING GAUCHITO, THE • 1945 • ANS
HOCKEY HOMICIDE • 1945 • ANS
MAKE MINE MUSIC • SWING STREET • 1945 • ANM
TIGER TROUBLE • 1945 • ANS
JOHNNY FEDORA AND ALICE BLUE BONNET • 1946 • ANS
MARTINS AND THE COYS, THE • 1946 • ANS
BONGO • 1947 • ANS
FUN AND FANCY FREE • 1947 • ANM
CONTRASTS IN RHYTHM • 1948 • ANS
MELODY TIME • 1948 • ANM
GOOFY GYMNASTICS • 1949 • ANS
ICHABOD AND MR. TOAD • ADVENTURES OF ICHABOD AND MR. TOAD, THE • 1949 • ANM
MADCAP ADVENTURES OF MR. TOAD, THE • 1949 • ANM
TENNIS RACQUET • 1949 • ANS
WIND IN THE WILLOWS • 1949 • ANM
HOLD THAT POSE • 1950 • ANS
MOTOR MANIA • 1950 • ANS
COLD STORAGE • 1951 • ANS
COLD WAR • 1951 • ANS
FATHERS ARE PEOPLE • 1951 • ANS
GET RICH QUICK • 1951 • ANS
HOME MADE HOME • 1951 • ANS
LION DOWN • 1951 • ANS
NO SMOKING • 1951 • ANS
TOMORROW WE DIET • 1951 • ANS
FATHER'S LION • 1952 • ANS
HELLO ALOHA • 1952 • ANS
HOW TO BE A DETECTIVE • 1952 • ANS
MAN'S BEST FRIEND • 1952 • ANS
TEACHERS ARE PEOPLE • 1952 • ANS
TWO GUN GOOFY • 1952 • ANS
TWO WEEKS' VACATION • 1952 • ANS
FATHER'S DAY OFF • 1953 • ANS
FATHER'S WEEKEND • 1953 • ANS
FOR WHOM THE BULLS TOIL • 1953 • ANS
HOW TO DANCE • 1953 • ANS
HOW TO SLEEP • 1953 • ANS
CASEY BATS AGAIN • 1954 • ANS
DONALD'S DIARY • 1954 • ANS
LONE CHIPMUNKS, THE • 1954 • ANS
PIGS IS PIGS • 1954 • ANS
SOCIAL LION • 1954 • ANS

CHIPS AHOY • 1956 • ANS
1001 ARABIAN NIGHTS • 1959 • ANM

KINNOCH RONALD – Producer – UKN – 1910–
SECRET MAN, THE • 1958

KINO KITTY – USA
GSCHOPF KITTY
KARAMBOLAGE • CANNON • 1983
NACHTMEERFAHRT, DIE • VOYAGE BY NIGHT N • 1986
WAHRE LIEBE • TRUE LOVE • 1989

KINON RICHARD – USA
LOVE BOAT, THE • 1976 • TVM

KINOSHITA KEISUKE – JPN – 1912–
HANA SAKU MINATO • BLOSSOMING PORT, THE • 1943
IKITEIRU MAGOROKU • MAGOROKU IS STILL ALIVE ○ LIVING MAGOROKU, THE • 1943
KANKO NO MACHI • JUBILATION STREET ○ CHEERING TOWN • 1944
RIKUGUN • ARMY, THE • 1944
OSONE-KE NO ASA • MORNING WITH THE OSONE FAMILY, A ○ MORNING FOR THE OSONE FAMILY • 1946
WAGA KOISESHI OTOME • GIRL I LOVED, THE ○ GIRL THAT I LOVE, THE • 1946
FUJICHO • PHOENIX • 1947
KEKKON • MARRIAGE • 1947
HAKAI • APOSTASY • 1948
ONNA • WOMAN • 1948
SHOZO • PORTRAIT, A • 1948
OJOSAN KANPAI • HERE'S TO THE GIRLS ○ TOAST TO THE YOUNG MISS, A ○ TOAST TO A YOUNG MISS • 1949
YABURE-DAIKO • BROKEN DRUM, THE ○ BROKEN WING, THE • 1949
YOTSUYA KAIDAN • YOTSUYA GHOST STORY, THE ○ GHOST OF YOTSUYA, THE • 1949
KONYAKU YUBIWA • ENGAGEMENT RING ○ ENGEIJI RINGU • 1950
KARUMEN KOKYO NI KAERU • CARMEN COMES HOME • 1951
SHONEN-KI • RECORD OF YOUTH, A ○ YOUTH • 1951
UMI NO HANABI • SEA OF FIREWORKS ○ FIREWORKS OVER THE SEA • 1951
ZENMA • GOOD FAIRY, THE ○ ZEMMA • 1951
KARUMEN JUNJOSU • CARMEN'S PURE LOVE • 1952
NIHON NO HIGEKI • JAPANESE TRAGEDY, A • 1953
NIJUSHI NO HITOMI • TWENTY-FOUR EYES ○ TWENTY-FOUR HOURS • 1954
ONNA NO SONO • GARDEN OF WOMEN, THE ○ ETERNAL GENERATION, THE • 1954
NOGIKU NO GOTOKI KIMI NARIKI • SHE WAS LIKE A WILD CHRYSANTHEMUM ○ YOU ARE LIKE A DAISY ○ YOU WERE LIKE A WILD CHRYSANTHEMUM • 1955
TOI KUMO • DISTANT CLOUDS • 1955
TAIYO TO BARA • ROSE ON HIS ARM, THE ○ SUN AND ROSE • 1956
YUYAKE-KUMO • CLOUDS AT TWILIGHT • 1956
FUZEN NO TOMOSHIBI • CANDLE IN THE WIND, A ○ DANGER STALKS NEAR • 1957
YOROKOBI MO KANASHIMI MO IKUTOSHITSUKI • TIMES OF JOY AND SORROW ○ LIGHTHOUSE, THE • 1957
KONO TEN NO NIJI • ETERNAL RAINBOW, THE ○ RAINBOW OF THIS SKY, THE • 1958
NARAYAMA BUSHI-KO • BALLAD OF NARAYAMA (USA) ○ LEGEND OF THE NARAYAMA ○ BALLAD OF THE NARAYAMA, THE ○ SONG OF THE NARAYAMA • 1958
KAZAHANA • SNOW FLURRY • 1959
KYO MO MATA KAKUTE ARINAN • THUS ANOTHER DAY • 1959
SEKISHUN-CHO • BIRD OF SPRINGS PAST, THE ○ BIRD MISSING SPRING, THE • 1959
FUEFUKI-GAWA • RIVER FUEFUKI, THE • 1960
HARU NO YUME • SPRING DREAMS • 1960
EIEN NO HITO • IMMORTAL LOVE ○ BITTER SPIRIT ○ ETERNAL LOVE • 1961
FUTARI DE ARUITA IKU-HARU-AKI • SEASONS WE WALKED TOGETHER, THE • 1962
FUTARI DE ARUITA IKUSHUNJU • BALLAD OF A WORKMAN • 1962
KOTOSHI NO KOI • NEW YEAR'S LOVE ○ THIS YEAR'S LOVE • 1962
SHITO NO DENSETSU • LEGEND OR WAS IT?, A ○ LEGEND OF A DUEL TO THE DEATH • 1963
UTAE WAKODOTACHI • SING YOUNG PEOPLE • 1963
KOGE • SCENT OF INCENSE, THE • 1964
NATSUKASHIKI FUE YA TAIKO • EYES THE SEA AND A BALL, THE ○ LOVELY FLUTE AND DRUM • 1967
SURI-LANKA, NO AI TO WAKARE • SRI LANKA, LOVE AND FAREWELL ○ LOVE AND PARTING IN SRI LANKA ○ LOVE AND SEPARATION IN SRI LANKA • 1976
FITFUL MURDER • 1978
SHODO SATSUJIN, MUSUKO YO • IMPULSIVE KILLER ○ MY SON • 1979
KONO KO O NOKOSHITE • LEAVING THOSE CHILDREN ○ LEAVING THIS CHILD • 1984
SHIN YOROKOBI MO KANASHIMA MO IKUTOSHITSUKI • LIGHTHOUSE KEEPER'S FAMILY • 1985
CHICHI • FATHER • 1988

KINOSHITA REN-ZO – JPN
MADE IN JAPAN • 1972 • ANS

KINOSHITA RYO – JPN
NIKUTAI NO GAKKO • SCHOOL OF LOVE ○ SCHOOL OF SEX ○ SCHOOL FOR SEX • 1965
KOZOU MONOGATARI • BABY ELEPHANT STORY • 1987

KINROSS FELICITY – UKN
MEDIAEVAL CASTLES • 1950

KINSELLA E. P. – UKN
GEORGE ROBEY'S DAY OFF • 1918

KINSEY NICHOLAS – CND – 1948–
ARCHIPEL DE MINGAN, L' • 1978 • DOC
FAITES LE SAUT AVEC S.L.M. • 1981 • DOC
P.M.E., VOTRE CLIENT, LA • 1981 • DOC
ON REGARDAIT TOUJOURS VERS LA MER • WE ALWAYS LOOKED OUT TO SEA • 1982 • DOC
PASSAGER, LE • 1983 • MTV
ENTREVUE DE SELECTION, L' • 1984 • DOC
JE ME SOUVIENS • 1984 • MTV
QUEBEC FORESTIER, LE • FORESTS OF QUEBEC, THE • 1984 • DOC
RISTIGOUCHE 1760 • 1984 • DOC
POUR UNE FORET NOUVELLE • FOREST RENEWAL NOW • 1985 • DOC
PORT DE QUEBEC, LE • 1986 • DOC

KINUGASA TEINOSUKE – JPN – 1896–1982
IMOTO NO SHI • DEATH OF MY SISTER, THE • 1921
HIBANA • SPARK • 1922
NIWA NO KOTORI • TWO LITTLE BIRDS • 1922
CHORAKU NO KANATA • BEYOND DECAY • 1923
HANASAKA JIJII • 1923
JINSEI O MITSUMETE • 1923
KONJIKI YASHA • GOLDEN DEMON, THE • 1923
MA NO IKE • SPIRIT OF THE POND, THE • 1923
ONNA-YO AYAMARU NAKARE • 1923
JASHUMON NO ONNA • WOMAN'S HERESY, A • 1924
KANOJO NO UNMEI • SHE HAS LIVED HER DESTINY ○ KANOJO TO UNMEI • 1924
KIRI NO AME • FOG AND RAIN • 1924
KISHIN YURI KEIJI • 1924
KOI • LOVE • 1924
KOI TOWA NARINA • 1924
KYOREN NO BUTO • DANCE TRAINING • 1924
MIRSU • LOVE • 1924
SABISHIKI MURA • LONELY VILLAGE ○ SABISHI MURA • 1924
SHOHIN-SHUSOKU • 1924
SHOHIN-SHUTO • 1924
TSUMA NO HIMITSU • SECRET OF A WIFE • 1924
KOI TO BUSHI • LOVE AND A WARRIOR • 1925
NICHIRIN • SUN, THE • 1925
SHINJU YOIMACHIGUSA • 1925
TSUKIGATA HANPEITA • 1925
WAKAKI HI NO CHUJI • 1925
KIRINJI • 1926
TENICHIBO TO IGANOSUKE • 1926
TERU HI KUMORU HI • SHINING SUN BECOMES CLOUDED, THE • 1926
AKATSUKI NO YUSHI • BRAVE SOLDIER AT DAWN, A • 1927
DOCHU SUGOROKU BUNE • 1927
DOCHU SUGOROKU KAGO • PALANQUIN, THE • 1927
GEKKA NO KYOJIN • MOONLIGHT MADNESS • 1927
GOYOSEN • 1927
HIKUIDORI • CASSOWARY • 1927
KINNO JIDAI • EPOCH OF LOYALTY • 1927
KURUTTA IPPEIJI • PAGE OF MADNESS, A (UKN) ○ PAGE OUT OF ORDER, A ○ CRAZY PAGE, A • 1927
MEOTO BOSHI • STAR OF MARRIED COUPLES • 1927
OJO KICHIZA • 1927
ONI AZAMI • 1927
BENTEN KOZO • GAY MASQUERADE • 1928
CHOKON YASHA • FEMALE DEMON • 1928
JUJIRO • SHADOWS OF THE YOSHIWARA ○ SHADOWS OF YOSHIWARA ○ CROSSWAYS ○ CROSSROADS • 1928
KAIKOKUKI • TALES FROM A COUNTRY BY THE SEA • 1928
KEIRAKU HICHO • 1928
REIMEI IZEN • BEFORE DAWN • 1931
TOJIN OKICHI • OKICHI, MISTRESS OF A FOREIGNER ○ OKICHI THE STRANGER • 1931
CHUSHINGURA • VENGEANCE OF THE FORTY-SEVEN RONIN, THE ○ LOYAL FORTY-SEVEN RONIN, THE • 1932
IKINOKOTTA SHINSENGUMI • SURVIVING SHINSENGUMI, THE • 1932
FUTATSU DORO • TWO STONE LANTERNS • 1933
KOINA NO GINPEI • GIMPEI FROM KOINA • 1933
TENICHIBO TO IGANOSUKE • 1933
FUYUKI SHINJU • 1934
IPPON GATANA DOHYOIRI • SWORD AND THE SUMO RING, A • 1934
KUTSUKATE TOKIJIRO • TOJIJIRO OF KUTSUKATE • 1934
NAGURARETA KOCHIYAMA • 1934
KURAYAMI NO USHIMATSU • 1935
YUKINOJO HENGE • YUKINOJO'S DISGUISE ○ REVENGE OF YUKINOJO, THE ○ YUKINOJO'S REVENGE • 1935
HITO HADA KANNON • SACRED PROTECTOR, THE • 1937
OSAKA NATSU NO JIN • SUMMER BATTLE OF OSAKA, THE • 1937
KURODA SEICHUROKU • 1938
HEBI HIME-SAMA • SERPENT PRINCESS, THE ○ MISS SNAKE PRINCESS ○ SNAKE PRINCESS, THE • 1940
KAWANAKAJIMA KASSEN • BATTLE AT KAWANAKAJIMA ○ BATTLE OF KAWANAKAJIMA, THE • 1941
SUSUME DOKURITSUKI • FORWARD FLAG OF INDEPENDENCE • 1943
UMI NO BARA • ROSE OF THE SEA • 1945
ARU YO NO TONOSAMA • LORD FOR A NIGHT • 1946
JOYU • ACTRESS • 1947
YOTTSU NO KOI NO MONOGATARI • FOUR LOVE STORIES ○ FIRST LOVE ○ YOTSU • 1947
KOBANZAME • 1949
KOGA YASHIKI • KOGA MANSION • 1949
NICHIRIN • SUN, THE • 1950
SATSUJINSHA NO KAO • FACE OF A MURDERER, THE • 1950
BENI KOMORI • 1951
MEIGATSU SOMATO • LANTERN UNDER A FULL MOON • 1951
TSUKI NO WATARIDORI • MIGRATORY BIRDS UNDER THE MOON • 1951
DAIBUTSU KAIGEN • DEDICATION OF THE GREAT BUDDHA ○ SAGA OF THE GREAT BUDDHA • 1952
SHURAJO HIBUN • 1952
JIGOKUMON • GATE OF HELL (USA) ○ HELL'S GATE • 1953
HANA NO NAGADOSU • END OF A PROLONGED JOURNEY • 1954
TEKKA BUGYO • 1954
YUKI NO YO NO KETTO • DUEL OF A SNOWY NIGHT, THE • 1954
BARA IKUTABI • GIRL ISN'T ALLOWED TO LOVE, A • 1955
KAWA NO ARU SHITAMACHI NO HANASHI • IT HAPPENED IN TOKYO ○ STORY OF A RIVER DOWNTOWN, THE • 1955
YUSHIMA NO SHIRAUME • ROMANCE OF YUSHIMA, THE ○ WHITE SEA OF YUSHIMA • 1955
HIBANA • SPARK • 1956
TSUKIGATA HANPEITA • 1956
YOSHINAKA O MEGURU NO ONNA • THREE WOMEN AROUND YOSHINAKA • 1956
NARUTO HICHO • FANTASTIC TALE OF NARUTO, A ○ NARUTO FANTASY • 1957
UKIFUNE • FLOATING VESSEL • 1957
HARU KORO NO HANA NO EN • SYMPHONY OF LOVE ○ SPRING BOUQUET, A ○ SPRING BANQUET, A • 1958
OSAKA NO ONNA • WOMAN OF OSAKA, A • 1958
JOEN • TORMENTED FLAME ○ AFFAIR, THE • 1959
KAGERO EZU • STOP THE OLD FOX • 1959
SHIRASAGI • WHITE HERON, THE ○ SNOWY HERON • 1959
UTA ANDON • LANTERN, THE • 1960
MIDARE-GAMI • DISHEVELLED HAIR • 1961
OKOTO TO SASUKE • OTOKO AND SASUKE • 1961
USO • WHEN WOMEN LIE ○ LIES • 1963
YOSO • BONZE MAGICIAN, THE ○ SORCERER, THE ○ PRIEST AND EMPRESS • 1963
CHIISANA TOBOSHA • LITTLE RUNAWAY, THE • 1967
MALENKI BEGLYETS • CHISAI TOBASHA (JPN) ○ LITTLE RUNAWAY, THE • 1967

KIRAL ERDEN – TRK – 1942–
KANAL • CANAL, THE • 1979
AYNA • MIRROR, THE
BEREKETLI TOPRAKLAR UZERINDE • ON FERTILE LANDS • 1980
AV ZAMANI • HUNTING TIME • 1987
DILAN • 1987
HAKKARI'DE BIR MEVSIM • SEASON IN HAKKARI, A • 1987

KIRALFY A. – UKN
ARAB'S CURSE, THE • 1915

KIRAN ADNAN – TRK
SAH ISMAIL • SHAH ISMAIL • 1968

KIRBY FRANK GORDON – USA
PRICE OF INNOCENCE, THE • 1919

KIRBY JOHN MASON – USA
SAVAGE WEEKEND • 1979

KIRCHHEIMER MANNY – USA
BRIDGE HIGH • 1979 • SHT
STATIONS OF THE ELEVATED • 1980 • DOC

KIRCHHOFF FRIEDRICH – GRM
IN LETZTE MINUTE • 1939

KIRCHHOFF FRITZ – Producer/ writer – GRM – 1901–
MEINE FREUNDIN BARBARA • MY FRIEND BARBARA • 1937
TANGO NOTTURNO • 1937
WENN FRAUEN SCHWEIGEN • WHEN WOMEN KEEP SILENT • 1937
MAJA ZWISCHEN ZWEI EHEN • 1938
SCHATTEN UBER ST. PAULI • HAFENDROSCHKE "JUNGE LIEBE" • 1938
DREI WUNDERSCHONE TAGE • 1939
EWIGE QUELL, DER • 1939
ANSCHLAG AUF BAKU • 1942
5 JUNI, DER • EINER UNTER MILLIONEN • 1942
WENN DER JUNGE WEIN BLUHT • 1943
FRAU FUR 3 TAGE, EINE • 1944
WARUM LUGST DU, ELISABETH? • 1944
TAGES, EINES • 1945
SCHULD ALLEIN IST DER WEIN • 1949
VERFUHRTE HANDE • 1949
NUR EINE NACHT • 1950

KIRCHNER BRUNO-MARIO – FRN – 1943–
SOLEIL QUI RIT ROUGE, LE • 1973

KIRIAKOPOULOS HRISTOS – GRC
ENAS APENTAROS LEFTAS • RICH MAN WITHOUT A PENNY, A • 1967
METHISTAKAS TOU LIMANIOU, O • DRUNK OF THE PORT, THE • 1967
PEHNIDHIARA, I • GAMES • 1967
MNISTIRES TIS PINELOPIS, I • PENELOPE'S LOVERS • 1968
PETHEROPLIKTOS • MY MOTHER-IN-LAW IS A GAMBLER ○ HEN-PECKED • 1968

KIRK ROBERT – USA
DESTROYER • SHADOW OF DEATH ○ EDISON EFFECT • 1988

KIRKEBY PER – DNM
NORMANNERNE • 1975

KIRKLAND DAVID – USA
CHANGE IN ADMINISTRATION, A • 1913
CHILDREN OF THE FOREST • 1913
AT THREE O'CLOCK • 1914
CRIPPLED HAND, THE • 1916
SHOOTING HIS 'ART OUT • 1916 • SHT
WINNING OF MISS CONSTRUE, THE • 1916 • SHT
WOMAN WHO FOLLOWED ME, THE • 1916 • SHT
HOUSE OF TERRIBLE SCANDALS, THE • 1917 • SHT
MILK-FED VAMP, A • 1917 • SHT
SELF-MADE LADY, A • 1918 • SHT
TEMPERAMENTAL WIFE, A • 1919
VIRTUOUS VAMP, A • 1919
IN SEARCH OF A SINNER • 1920
LOVE EXPERT, THE • 1920
NOTHING BUT THE TRUTH • 1920
PERFECT WOMAN, THE • 1920
ROWDY, THE • 1921
BAREFOOT BOY, THE • 1923
FOR ANOTHER WOMAN • 1924
TOMBOY, THE • 1924
ALL AROUND FRYING PAN • OUT OF THE FRYING PAN • 1925
WHO CARES • 1925
HANDS ACROSS THE BORDER • 1926
REGULAR SCOUT, A • 1926
TOUGH GUY, THE • HIS BIG PAL • 1926

TWO–GUN MAN, THE • 1926
GINGHAM GIRL, THE • 1927
UNEASY PAYMENTS • 1927
YOURS TO COMMAND • 1927
CANDY KID, THE • 1928
GUMPS, THE • 1928
RIDERS OF THE CACTUS • 1931
SOUL OF MEXICO • 1932
PECADOS DE AMOR • 1933
IMPOSTOR, EL • 1936

KIRKLAND HARDEE – USA
HER BITTER LESSON • 1912
ADVENTURES OF A WATCH, THE • 1913
BROKEN VASE, THE • 1913
BROWN'S NEW MONETARY STANDARD • 1913
CLUE, THE • 1913
DAUGHTER OF THE CONFEDERACY, A • 1913
DEVIL AND TOM WALKER, THE • 1913
DIXIELAND • 1913
EMPTY STUDIO, THE • 1913
EX–CONVICT'S PLUNGE, THE • 1913
FATE OF ELIZABETH, THE • 1913
GOD'S WAY • 1913
GOLDEN CLOUD, THE • 1913
GRANNY'S OLD ARMCHAIR • 1913
HER HUSBAND'S FRIEND • 1913
HER WAY • 1913
PENDULUM OF FATE, THE • 1913
POLICEMAN AND THE BABY, THE • 1913
POST–IMPRESSIONISTS, THE • 1913
PRICE OF THE FREE, THE • 1913
PUT TO THE TEST • 1913
ROSE OF MAY, THE • 1913
ROSES OF YESTERDAY • 1913
SACRIFICE • 1913
SUWANEE RIVER, THE • 1913
TEN THOUSAND DOLLAR TOE, THE • 1913
THROUGH ANOTHER MAN'S EYES • 1913
TOMMY'S ATONEMENT • 1913
UPRAISING OF ANN, THE • 1913
WAY OF LIFE, THE • 1913
BRUTE, THE • 1914
SPEEDWAY OF DESPAIR, THE • 1914

KIRKLAND JOHN – USA
CURSE OF THE HEADLESS HORSEMAN • VALLEY OF THE HEADLESS HORSEMAN • 1971

KIRKOV LYUDMIL – BUL
BOY TURNS MAN, THE
SHVEDSKI KRALE • STEEL KINGS • 1968
NE SE OBRUSHTAI NAZAD • DON'T TURN BACK • 1971
SHAPKA NA TOYAGA • ON TOP OF THE WORLD ○ HAT ON A STICK • 1972
SELYANINUT S KOLELOTO • PEASANT ON A BICYCLE ○ PEASANT WITH THE BICYCLE, THE • 1974
MAN LIKE US, A • 1975
DON'T GO AWAY • 1976
MATRIARCHATE • 1977
BALANCE • 1983
FRIDAY NIGHT • 1986

KIRKWOOD JAMES – USA – 1883–1963
COURTING OF MARY, THE • 1911
LITTLE RED RIDING HOOD • 1911
DISTRICT ATTORNEY'S CONSCIENCE, THE • 1912
HIS LOVE OF CHILDREN • 1912
PARSON AND THE MOONSHINER, THE • 1912
PRINCE CHARMING • 1912
CURE FOR SUFFRAGETTES, A • 1913
GOOD FOR EVIL • 1913
HER WEDDING BELL • 1913
HIS DAUGHTER • 1913
HOUSE OF DISCORD, THE • 1913
IN AFTER YEARS • 1913
LITTLE DORRIT • 1913
MAROONED • 1913
PLAYTHING, THE • 1913
THOSE LITTLE FLOWERS • 1913
UNKNOWN, THE • 1913
WEDDING GOWN, THE • 1913
ASHES OF THE PAST • 1914
BEHIND THE SCENES • 1914
BILLIONAIRE, THE • 1914
CLASSMATES • 1914
EAGLE'S MATE, THE • 1914
FAIR REBEL, A • 1914
FLOOR ABOVE, THE • 1914
GREEN–EYED DEVIL, THE • 1914
LIBERTY BELLES • 1914
LORD CHUMLEY • 1914
MEN AND WOMEN • 1914
MOUNTAIN RAT, THE • 1914
MYSTERIOUS SHOT, THE • 1914
SENTIMENTAL SISTER, THE • 1914
SILENT SANDY • 1914
SOUL OF HONOR, THE • 1914
STRONGHEART • 1914
WIFE, THE • 1914
CINDERELLA • 1915
DAWN OF A TOMORROW, THE • 1915
ESMERALDA • 1915
FANCHON THE CRICKET • 1915
FATAL CARD, THE • 1915
HEART OF JENNIFER, THE • 1915
LITTLE PAL • 1915
MASQUERADERS, THE • 1915
MISTRESS NELL • 1915
MOUNTAIN GIRL, THE • 1915
RAGS • 1915
DREAM OR TWO AGO, A • 1916
DULCIE'S ADVENTURE • 1916
FAITH • 1916
LOST BRIDEGROOM, THE • 1916
OLD HOMESTEAD, THE • 1916
SAINTS AND SINNERS • 1916
SUSIE SNOWFLAKE • 1916
YOUTH ENDURING CHARM • 1916
ANNIE–FOR–SPITE • 1917
ENVIRONMENT • 1917
GENTLE INTRUDER, THE • 1917
INNOCENCE • 1917
INNOCENCE OF LIZETTE, THE • 1917
MELISSA OF THE HILLS • 1917
OVER THERE • 1917
PERIWINKLE • 1917
EVE'S DAUGHTER • 1918
I WANT TO FORGET • 1918
MARRIAGE • 1918
OUT OF THE NIGHT • 1918
ROMANCE OF THE UNDERWORLD, A • 1918
STRUGGLE EVERLASTING, THE • 1918
UPHILL PATH, THE • 1918
BILL APPERTON'S BOY • BILL APPERTON'S SON • 1919
IN WRONG • 1919

KIRSANOFF DIMITRI – FRN – 1899–1957
KIRSANOV DIMITRI
IRONIE DU DESTIN, L' • IRONY OF FATE, THE • 1924
MENILMONTANT • 1926
SABLES • SAND • 1927
SYLVIE DESTIN • DESTINS • 1927
BRUMES D'AUTOMNE • MISTS OF AUTUMN • 1929 • SHT
RAPT • MYSTIC MOUNTAIN, THE (USA) ○ SEPARATION DES RACES, LA ○ RACES ○ FRAUENRAUB • 1934
BERCEAUX, LES • 1935 • SHT
VISAGES DE FRANCE • 1935 • DOC
FONTAINE D'ARETHUSE, LA • 1936 • SHT
JEUNE FILLE AU JARDIN • 1936 • SHT
FRANCO DE PORT • VIA BUENOS AIRES • 1937
PLUS BELLE FILLE DU MONDE, LA • PLUS BELLE FILLE DU MONDE NE PEUT DONNER QUE CE QU'ELLE A, LA • 1937
AVION DE MINUIT, L' • 1938
QUARTIER SANS SOLEIL • QUARTIER INTERLOPE • 1939
DEUX AMIS • 1946 • SHT
FAITS DIVERS A PARIS • 1949
ARRIERE SAISON • 1950 • SHT
CHASSE A COURRE, UNE • MORT DU CERF, LA ○ MORT D'UN CERF • 1951 • SHT
TEMOIN DE MINUIT, LE • 1952
MOIRES: DALI/OSTER NEWSREEL • 1954 • SHT
CRANEUR, LE • VALLEE DU PARADIS, LA • 1955
CE SOIR LES JUPONS VOLENT • 1956
MISS CATASTROPHE • 1956

KIRSANOV DIMITRI see **KIRSANOFF DIMITRI**

KIRSCH JOHN B. – GRM
HALBE UNSCHULD • 1920

KIRSCH RICHARD – GRM
KORD KAMPHUES, DER RICHTER VON COESFELD • 1919
RUF AUS DEM JENSEITS, DER • 1920

KIRSCHNER KLAUS – GRM
MOHAMMEDANISCHE BAUKUNST • 1958
MOZART –AUFZEICHNUNGEN EINER JUGEND • 1976

KIRSTEN RALF – GRM
BARENBURGER SCHNURRE • 1957
STEINZEITBALLADE • 1961
AUF DER SONNENSEITE • 1962
BESCHREIBUNG EINES SOMMERS • 1963
MIR NACH. CANAILLEN! • 1964
FRAU VENUS UND IHR TEUFEL • FRAU VENUS AND HER DEVIL ○ VENUS AND HER DEVIL • 1967
ELIXIERE DES TEUFELS, DIE • 1973
UNTERM BIRNBAUM • 1974
I FORCE YOU TO LIVE • 1977
KATHE KOLLWITZ –PICTURES OF A LIFE • 1987

KIRTMAN LEONARD – USA
CARNIVAL OF BLOOD • DEATH RIDES A CAROUSEL • 1971

KISELYOV FYODOR – USS
VELIKAYA POBEDA SOVETSKOGO NARODA • GREAT BATTLE OF EUROPE, THE (USA) • 1961 • DOC

KISH ALBERT – HNG – 1937–
LOUISBOURG • 1969 • DOC
TIME PIECE • TIMEPIECE • 1969 • DOC
THIS IS A PHOTOGRAPH • 1971 • DOC
OUR STREET WAS PAVED WITH GOLD • 1973 • DOC
CANADIENSES, LOS • 1975 • DOC
BEKEVAR JUBILEE • 1977 • DOC
HOLD THE KETCHUP • 1977 • DOC
IMAGE MAKERS, THE • 1979 • DOC
PAPER WHEAT • 1979 • DOC
BREAD • 1983 • DOC
AGE OF INVENTION, THE • 1984 • DOC

KISH LADISLAO – ITL – 1904–
KISH LAZLO • KISH LASLO
SOGNO DI TUTTI, IL • 1941
NOTTE DI FIAMMA • 1942
SETTE PECCATI, I • 1942
SIGNORINA, LA • 1942
FINALMENTE SI • FELICITA SOTTO LA PIOGGIA • 1943
OPERATION MAGALI • 1952
CAVALIERE DALLA SPADA NERA, IL • 1958

KISH LASLO see **KISH LADISLAO**

KISH LAZLO see **KISH LADISLAO**

KISHAN EPHRAIM see **KISHON EPHRAIM**

KISHI SHINTARO – JPN
DOUBLE KNOCKING • 1967
DOUBLE SHOJO • DOUBLE VIRGINITY • 1967
LYNCH TO SHIBARI • LYNCH AND ROPE • 1967
MUCHI TO HADA • WHIP AND SKIN • 1967
NAWA TO CHUBASA • ROPE AND BREASTS • 1967
NIKU NO SHIIKU • BREEDING OF THE FLESH • 1968

KISHON EPHRAIM – ISR
KISHAN EPHRAIM
SALLAH SHABATI • SALLAH (USA) • 1964
ERVINKA • 1967
BIG DIG, THE • 1969
HASHOTER AZULAI • POLICEMAN, THE (USA) ○ COP, THE • 1971
FOX IN THE CHICKEN COOP • 1978

KISHORE JUGAL – IND
FAREB • DECEIT • 1968

KISSLING WERNER – UKN
ERISKAY • 1935

KITA MORIO – JPN
SHINDOBADDO NO BOKEN • ADVENTURES OF SINDBAD, THE • 1968

KITAMI ICHIROH – JPN
SEI NO AKUTOKU • VICE OF SEX • 1968

KITAUSOV GANI – Animator – USS
ALPAMYS–BATYR • ANM

KITIPARAPORN LEK
ANGKOR • KAMPUCHEA EXPRESS • 1982

KITTOU THEKLA – GRC
KYPROS • CYPRUS • 1976 • DOC

KITTS ROBERT – UKN
IMPASSE • 1962

KIVIKOSKI ERKKO – FNL – 1936–
TORI • MARKET PLACE • 1962 • SHT
KESALLA KELLO 5 • IN SUMMER AT FIVE O'CLOCK ○ THIS SUMMER AT 5 • 1963
KAYNTIKORTTINI • VISITING CARD, THE ○ MY CALLING CARD • 1964
KUUMA KISSA? • HOT CAT? • 1968
KESYTTOMAT VELJEKSET • BROTHERS, THE ○ VELJEKSET • 1970
LAUKAUS TEEHTAALLA • SHOT IN THE FACTORY, THE ○ GUNSHOT IN THE FACTORY • 1972
YO MEREN RANNAULA • NIGHT AT THE SEASHORE ○ NIGHT BY THE SEASHORE • 1980

KIYSK KALYE see **KIISK KALIU**

KIZER R. J. – JPN
GODZILLA 1985 • GODZILLA: THE LEGEND IS REBORN ○ GOJIRO • 1985
HELL COMES TO FROGTOWN • 1988

KJAERULFF–SCHMIDT PALLE – DNM – 1931–
BUNDFALD • SIN ALLEY (USA) ○ GENTLE SEX, THE ○ DREGS • 1957
SJOVE AR, DE • FUNNY YEARS, THE • 1959
TO • TWO PEOPLE • 1964
WEEKEND • 1964
FYRA GANGER FYRA • 4 X 4 ○ NORDISK KVADRILLE ○ UPPEHALLE I MYRLANDET ○ PIKE MED HVIT BALL • 1965
SOMMERKRIG • SUMMER WAR • 1965
DER VAR ENGANG EN KRIG • ONCE THERE WAS A WAR ○ ONCE UPON A WAR • 1966
HISTORIEN OM BARBARA • STORY OF BARBARA, THE • 1967
I DEN GRONNE SKOV • IN A GREEN FOREST ○ IN A GREEN WOOD • 1968
TAENK PA ET TAL • THINK OF A NUMBER • 1969
TUKUMA • 1984
PETER VON SCHOLTEN • 1986

KJELLGREN LARS–ERIC – SWD – 1918–
PENGAR • 1945
TAPPA INTE SUGEN • DON'T GIVE UP • 1947
SOLDAT BOM • PRIVATE BOM • 1948
GREVEN FRAN GRANDEN • COUNT FROM THE LANE, THE • 1949
MEDAN STADEN SOVER • WHILE THE CITY SLEEPS • 1950
PAPPA BOM • 1950
TULL–BOM • BOM –THE CUSTOMS OFFICER • 1951
BLONDIE BIFFEN OCH BANANEN • BLONDIE, THE BEEF AND THE BANANA • 1952
FLYG–BOM • FLYING–BOMB • 1952
SAG DET MED BLOMMAR • SAY IT WITH FLOWERS • 1952
I DIMMA DOLD • HIDDEN IN THE FOG • 1953
INGEN MANS KVINNA • NO MAN'S WOMAN • 1953
VALD • VIOLENCE • 1955
HARDA LEKEN, DEN • TOUGH GAME, THE • 1956
NATTENS LJUS • LIGHTS AT NIGHT • 1957
FAR TILL SOL OCH VAR • TRAVEL TO SUN AND SPRING • 1958
LEK PA REGNBAGEN • PLAYING ON THE RAINBOW ○ RAINBOW GAME, THE • 1958
BROTT I PARADISET • CRIME IN PARADISE • 1959

KJELLIN ALF – Actor – SWD – 1920–1988
FLICKAN I REGNET • GIRL IN THE RAIN, THE • 1955
MOTEN I SKYMNINGEN • ENCOUNTERS AT DUSK ○ TWILIGHT MEETING • 1957
SJUTTON AR • SEVENTEEN YEARS OLD • 1957
DET SVANGER PA SLOTTET • SWINGING AT THE CASTLE • 1959
BARA EN KYPARE • ONLY A WAITER • 1960
LUSTGARDEN • PLEASURE GARDEN • 1961
SISKA • 1962
MIDAS RUN • RUN ON GOLD, A (UKN) • 1969
MCMASTERS, THE • MCMASTERS.. TOUGHER THAN THE WEST ITSELF!, THE ○ BLOOD CROWD, THE • 1970
DEADLY DREAM • 1971
GIRLS OF HUNTINGTON HOUSE, THE • 1973 • TVM

KLADAKIS F. – GRC
SYMI, THE ISLAND OF NIREUS

KLAGEMANN EBERHARD – GRM
TRAUM' NICHT, ANNETTE • 1949

KLANE ROBERT – USA
THANK GOD IT'S FRIDAY • 1978

KLAREN GEORG C. – Screenwriter – GRM – 1900–
KINDER VON GERICHT • SACHE AUGUST SCHULZE, DIE • 1931
BALLHAUS GOLDENER ENGEL • 1932
WOZZECK • 1947
SEMMELWEISS –REITER DER MUTTER • STUNDE DER ENTSCHEIDUNG ○ DR. SEMMELWEISS • 1950
KARRIERE IN PARIS • 1951
RUF AUS DEM AETHER • 1951
SONNENBRUCKS, DIE • 1951

KLARER ALAIN – SWT
AIR DU CRIME, L' • 1984

KLAUSNER DREW – USA
JUDE • 1983

KLAW DR.
LIFE AND WORKS OF RICHARD WAGNER, THE • 1913

KLECHNER SUSAN – USA
THREE LIVES • 1972

KLEIN BONNIE – USA – 1941–
KLEIN BONNIE SHERR
ENCOUNTER AT KWACHA HOUSE • 1967 • DOC
ENCOUNTER WITH SAUL ALINSKY • 1967 • DOC
POW POW AT DUCK LAKE • 1967 • DOC
LITTLE BURGUNDY • PETITE BOURGOGNE, LA • 1968
ORGANISING FOR POWER: THE ALINSKY APPROACH • 1968 • SER
VTR ST-JACQUES • VTR ST. JACQUES • 1969 • DOC
CITIZEN'S MEDICINE • CLINIQUE DES CITOYENS • 1970 • DOC
WORKING CHANCE, A • DU COEUR A L'OUVRAGE • 1976 • DOC
HARMONIE • 1977 • DOC
PATRICIA'S MOVING PICTURE • 1978 • DOC
RIGHT CANDIDATE FOR ROSEDALE, THE • 1979 • DOC
NOT A LOVE STORY: A FILM ABOUT PORNOGRAPHY • C'EST SURTOUT PAS DE L'AMOUR ○ NOT A LOVE STORY • 1981 • DOC
SPEAKING OUR PEACE • 1985 • DOC

KLEIN BONNIE SHERR see **KLEIN BONNIE**

KLEIN CHARLES – GRM – 1898–
KLEIN CHARLES F.
TELL-TALE HEART, THE • 1927 • SHT
BLINDFOLD • 1928
WHITE SILENCE • 1928
PLEASURE CRAZED • MASQUERADE • 1929
SIN SISTER, THE • 1929
WENN AM SONNTAGABEND DIE DORFMUSIK SPIELT • 1933
ZIGEUNERBLUT • UNGARMADEL • 1934
IHR PRIVATSEKRETAR • 1940

KLEIN CHARLES F. see **KLEIN CHARLES**

KLEIN DENNIS – USA
ONE MORE SATURDAY NIGHT • DATENIGHT • 1986

KLEIN DUSAN – CZC
JAK BASNIKUN CHUTNA ZIVOT • HOW POETS ENJOY LIFE • 1987

KLEIN ERWIN – GRM
DORNWITTCHEN UND SCHNEEROSCHEN • SLEEPING BEAUTY AND SNOW WHITE • 1970

KLEIN GERHARD – GRM – 1920–
ALARM IM ZIRKUS • 1954
BERLINER ROMANZE • BERLIN ROMANCE • 1956
BERLIN -ECKE SCHONHAUSER • BERLIN SCHOENHAUSER CORNER • 1957
GESCHICHTE VOM ARMEN HASSAN, DIE • STORY OF POOR HASSAN, THE • 1958
EIN SOMMERTAG MACHT KEINE LIEBE • ONE SUMMER DAY DOES NOT MEAN LOVE • 1960
FALL GLEIWITZ, DER • GLEIWITZ CASE, THE • 1961
SONTAGSFAHRER • SUNDAY EXCURSION • 1963
GESCHICHTEN JENER NACHT • STORIES OF THAT NIGHT ○ TALES OF THAT NIGHT • 1967

KLEIN JAMES – USA
UNION MAIDS • 1976
SEEING REDS: STORIES OF AMERICAN COMMUNISTS • 1983 • DOC
LETTER TO THE NEXT GENERATION • 1990 • DOC

KLEIN JESPER – DNM
KAPTAJN KLYDE OG HANS VENNER VENDER TILBAGE • RETURN OF CAPTAIN KLYDE, THE • 1981

KLEIN JUDITH – CND
CATUOR • 1970 • SHT
MODULATIONS • 1972 • ANS

KLEIN LARRY – USA
ADVERSARY, THE • 1970

KLEIN-ROHDEN RUDOLF – GRM
WELT DES SCHEINS, DIE • 1920
WER WAR ES? • TRAGODIE DER GRAFEN ZU SCHONSTADT, DIE ○ SELTSAMES ERLIBNIS, EIN • 1920

KLEIN ROLANDO – MXC
CHAC • 1974

KLEIN WILLIAM – USA – 1926–
BROADWAY BY LIGHT • 1958 • SHT
CASSIUS LE GRAND • 1964
QUI ETES-VOUS, POLLY MAGGOO? • WHO ARE YOU POLLY MAGGOO? • 1965
LOIN DU VIETNAM • FAR FROM VIETNAM • 1967
ELDRIDGE CLEAVER, BLACK PANTHER • ELDRIDGE CLEAVER ○ BLACK PANTHER • 1969
FLOAT LIKE A BUTTERFLY, STING LIKE A BEE • 1969
MISTER FREEDOM • 1969
FESTIVAL PAN AFRICAN D'ALGER • FESTIVAL PANAFRICAN ○ PAN-AFRICAN FESTIVAL • 1970 • DOC
MUHAMMED ALI, THE GREATEST • MUHAMAD ALI THE GREATEST • 1974 • DOC
COUPLE TEMOIN, LE • 1977
FRENCH, THE • 1982 • DOC

KLEINDL GERHARD – AUS
NEON • 1980

KLEINE GEORGE – USA
DUBARRY • 1915

KLEINERT E. H. – USA
ALL AT SEA • 1933 • SHT

KLEINMAN EDGARDO – ARG
REPITAN CON NOSOTROS EL SIGUIENTE EJERCICIO • REPEAT WITH US THE FOLLOWING EXERCISE • 1972

KLEINMANN HENK – GRM
DIE VOM SCHICKSAL VERFOLGTEN • 1927

KLEINSCHMIDT FRANK E. – USA
PRIMITIVE LOVE • 1927

KLEISER RANDAL see **KLEISER RANDALL**

KLEISER RANDALL – USA – 1948–
KLEISER RANDAL
ALL TOGETHER NOW • 1975 • TVM
BOY IN THE PLASTIC BUBBLE, THE • 1976 • TVM
DAWN: PORTRAIT OF A TEENAGE RUNAWAY • 1976 • TVM
GATHERING, THE • 1977 • TVM
GREASE • 1978
BLUE LAGOON, THE • 1980
SUMMER LOVERS • 1982
GRANDVIEW U.S.A. • 1984
FLIGHT OF THE NAVIGATOR • 1986
BIG TOP PEE-WEE • 1988
GETTING IT RIGHT • 1989

KLERCKER GEORG – SWD – 1877–1951
KLERCKER GEORGE
DODSRITTEN UNDER CIRKUSKUPOLEN • DEATH-RIDE UNDER THE BIG TOP, THE ○ DODSHOPPET FRAN CIRKUSKUPOLEN • 1912
TVENNE BRODER • 1912
UNDER CIRKUSKUPOLEN • 1912
FOR FADERNESLANDET • FOR YOUR COUNTRY • 1913
MED VAPEN I HAND • ARMS IN YOUR HANDS • 1913
MUSIKENS MAKT • POWER OF MUSIC, THE • 1913
RINGVALL PA AVENTYR • RINGVALL ON ADVENTURES • 1913
SKANDALEN • SCANDAL, THE • 1913
SKARSLIPAREN • KNIFE GRINDER • 1913
I KRONANS KLADER • IN UNIFORM • 1915
ROSEN PA TISTELON • ROSE OF THISTLE ISLAND, THE • 1915
AKTIEBOLAGET HALSANS GAVA • "GIFT OF HEALTH" LTD. • 1916
BENGTS NYA KARLEK • BENGT'S NEW LOVE • 1916
CALLE SOM MILJONAR • CHARLIE AS A MILLIONAIRE • 1916
CALLES NYA (UNDER)KLADER • CHARLIE'S NEW UNDERWEAR • 1916
FANGEN PA KARLSTENS FASTNING • PRISONER AT KARLSTEN FORT, THE • 1916
HOGSTA VINSTEN • FIRST PRIZE, THE • 1916
I MINNENAS BAND • TIED TO ONE'S MEMORIES • 1916
KARLEKEN SEGRAR • LOVE WILL CONQUER • 1916
MINISTERPRESIDENTEN • MINISTERIAL PRESIDENT, THE • 1916
NATTENS BARN • CHILDREN OF THE NIGHT • 1916
SVARMOR PA VIFT • MOTHER-IN-LAW ON THE SPREE • 1916
TRAGEN VINNER • PERSEVERANCE DOES IT • 1916
VAGEN UTFOR • WAY DOWNHILL, THE • 1916
BROTTMALSDOMAREN • CRIMINAL COURT JUDGE, THE • 1917
DET FINNS INGA GUDAR PA JORDEN • THERE ARE NO GODS ON EARTH • 1917
FOORSTADSPRASTEN • CLERGYMAN FROM THE SUBURBS, THE • 1917
FOR HEM OCH HARD • FOR HOME AND HEARTH • 1917
I MORKRETS BOJOR • IN THE CHAINS OF DARKNESS • 1917
LOJNANT GALENPENNA • LIEUTENANT MADCAP • 1917
MELLAN LIV OCH DOD • BETWEEN LIFE AND DEATH • 1917
MYSTERIET NATTEN TILL DEN 25:E • MYSTERY OF THE NIGHT OF THE 25TH, THE • 1917
NOBELPRISTAGAREN • NOBEL PRIZE WINNER, THE • 1917
REVELJ • REVEILLE • 1917
FYRVAKTARENS DOTTER • DAUGHTER OF THE LIGHTHOUSE KEEPER, THE • 1918
NATTLIGA TONER • NIGHTLY MUSIC • 1918
FLICKORNA PA SOLVIK • GIRLS OF SOLVIK, THE • 1926

KLERCKER GEORGE see **KLERCKER GEORG**

KLETT WERNER – GRM
MAKE LOVE NOT WAR -DIE LIEBESGESCHICHTE UNSERER ZEIT • MAKE LOVE NOT WAR -THE LOVE STORY OF OUR TIME • 1968
WERWOLFE, DER • 1973

KLEVEN MAX – USA
RUCKUS • LONER, THE • 1980
NIGHT STALKER, THE • 1987
DEADLY STRANGER • MIXTEC • 1988
W.B. BLUE AND THE BEANER • 1988

KLICK ROLAND – GRM
WEIHNACHT • 1963 • SHT
LUDWIG • 1964
ZWEI • 1965
BUBCHEN • KLEINE VAMPIR, DER ○ LITTLE VAMPIRE, THE ○ LADDIE ○ LITTLE BOY LOST • 1968
DEADLOCK • 1970
STADT, DIE • TOWN, THE • 1973
SUPERMARKT • 1974
LIEB VATERLAND MAGST RUHIG SEIN • 1976
LET IT ROCK • WHITE STAR • 1988

KLIMOV E. see **KLIMOV ELEM**

KLIMOV ELEM – USS – 1933–
KLIMOV E.
CAREFUL -BANALITY! • SHT
LOOK, THE SKY! • SHT
FIANCEE, THE • SUITOR, THE
DOBRO POZHALOVAT • NO HOLIDAY FOR INOCHKIN (UKN) ○ WELCOME KOSTYA! (USA) ○ DOBRO POZHALOVAT ILI POSTORONNIM VKHOD VOSPRESHCHEN • 1964
ADVENTURES OF A DENTIST, THE • 1967
SPORT, SPORT, SPORT • 1971
AND NONETHELESS I BELIEVE • 1974
AGONIYA • AGONY ○ AGONIA ○ RASPUTIN ○ DEATH THROES • 1976
PROSCANIE • FAREWELL TO MATJORA ○ FAREWELL ○ PROSHCHANIE • 1983
IDI I SMOTRI • COME AND SEE (UKN) • 1986

KLIMOVSKY LEON – ARG – 1906–
KLIMOWSKY LEON • KLIMOWSKY L. • MANKIEWICZ HENRY
JUGADOR, EL • 1947
GUITARRA DE GARDEL, LA • 1949
MARIHUANA • 1950
PENDIENTE, EL • 1951
SUBURBIO • 1951
VIDA COLOR DE ROSA, LA • 1951
PARDA FLORA, LA • 1952
CONDE DE MONTECRISTO, EL • 1953
JURAMENTO DE LAGARDERE, EL • 1954
MALEFICIO • TRES CITAS CON EL DESTINO (SPN) ○ WITCHCRAFT ○ THREE DATES WITH DESTINY • 1954
TRENO EXPRESO, EL • 1954
PICARA MOLINERA, LA • 1955
MIEDO • 1956
VIAJE DE NOVIOS • 1956
AMANTES DEL DESIERTO, LOS • AMANTI DEL DESERTO (SPN) ○ FIGLIA DELLO SCEICCO, LA ○ DESERT WARRIOR • 1958
HOMBRE QUE PERDIO EL TREN, EL • 1958
S.O.S. ABUELITA • 1958
LLEGARON LOS FRANCESES • 1959
SALTO A LA GLORIA • JUMP TO GLORY • 1959
AMA ROSA • 1960
BRUTO PARA PARTICIA, UN • 1960
DANZA DE LA FORTUNA, LA • 1960
HORIZONTES DE LUZ • 1960
PAZ EMPIEZA NUNCA, LA • 1960
Y EL CUERPO SIGUE AGUANTANDO • 1960
ESCUELA DE SEDUCTORAS • 1962
FUERA DE LA LEY • BILLY THE KID • 1962
TODOS ERAN CULPABLES • 1962
TORREJON CITY • 1962
COLINA DE LOS PEQUENOS DIABLOS, LA • 1964
EDGE OF FEAR • NIGHT OF FEAR • 1964
ESCALA EN TENERIFE • 1964
AQUELLA JOVEN DE BLANCO • THAT GIRL IN WHITE • 1965
CHICA PARA DOS, UNA • 1965
ALAMBRADAS DE VIOLENCIA • 1966
BORDON Y LA ESTRELLA, EL • 1966
POCHI DOLLARI PER DJANGO • FEW DOLLARS FOR DJANGO, A (UKN) • 1966
A GHENTAR SI MUORE FACILE • EN GHENTAR SE MUERE FACIL (SPN) ○ YOU DIE EASILY AT GHENTAR • 1967
DOS MIL DOLARES POR COYOTE • TWO THOUSAND DOLLARS FOR COYOTE • 1967
...E INTORNO A LUI FU MORTE • ...AND AROUND HIM WAS DEATH • 1967
PAGO CARA SU MUERTE • 1967
ELLA Y EL MIEDO • SHE AND FEAR • 1968
GIUGNO '44 SBARCHEREMO IN NORMANDIA • JUNE '44 LANDING IN NORMANDY • 1968
HOMBRE VINO A MATAR, UN • UOMO VENUTO PER UCCIDERE, L' (ITL) ○ MAN CAME TO KILL, A ○ RATTLER KID • 1968
HORA CERO: OPERACION ROMMEL • ZERO HOUR: OPERATION ROMMEL ○ BULLET FOR ROMMEL, A ○ OPERACION ROMMEL ○ URLO DEI GIGANTI, L' • 1968
JUNIO 44, DESEMBARCAREMOS EN NORMANDIA • 1968
QUEL MALEDETTO PONTE SULL'ELBA • PUENTE SOBRE EL ELBA, EL (SPN) ○ LEGION OF NO RETURN, THE (UKN) • 1968
SIETE BRAVISIMOS, LOS • SEVEN VERY BRAVE MEN • 1968
VALOR DE UN COBARDE • 1968
NO IMPORTA MORIR • 1969
QUINTO NON AMMAZZARE • 1969
TIERRA BRAVA • 1969
DEVIL'S POSSESSED, THE
DOLAR Y UNA TUMBA, UN • 1970
HOMBRE QUE VINO DEL ODIO, EL • 1970
HOMBRES LAS PREFIEREN VIUDAS, LOS • 1970
NACHT DER VAMPIRE • WEREWOLF VS. THE VAMPIRE WOMAN, THE (USA) ○ NOCHE DE WALPURGIS, LA (SPN) ○ SHADOW OF THE WEREWOLF (UKN) ○ WEREWOLF'S SHADOW, THE ○ BLACK HARVEST OF COUNTESS DRACULA, THE ○ SPN ○ MESSE NERE DELLA CONTESSA DRACULA, LE • 1970
REVEREND COLT • 1970
SFIDA DEI MACKENNA, LA • CHALLENGE OF THE MCKENNAS, THE • 1970
CASA DE LA CHICAS, LA • 1971
DOLAR PARA SARTANA, UN • 1971
QUELLO SPORCO DISERTORE • 1971
DR. JEKYLL Y EL HOMBRE LOBO, EL • DR. JEKYLL AND THE WOLFMAN (USA) ○ DR. JEKYLL AND THE WEREWOLF • 1972
ESPECTROS DE TOLNIA, LOS • 1972
MANOS ARRIBA, CADAVER, ESTAS DETENIDO • 1972
ORGIA NOCTURNA DE LOS VAMPIROS, LA • VAMPIRES' NIGHT ORGY, THE (USA) • 1972
REBELION DE LAS MUERTAS, LA • VENGEANCE OF THE ZOMBIES (USA) ○ REVOLT OF THE DEAD ONES, THE ○ VENDETTA DEI MORTI VIVENTI, LA ○ REBELLION OF THE DEAD WOMEN, THE • 1972
SAGA DE LOS DRACULA, LA • SAGA OF DRACULA (USA) ○ DRACULA'S SAGA ○ DRACULA SAGA, THE ○ DRACULA: THE BLOODLINE CONTINUES ○ SAGA OF THE DRACULAS, THE • 1972
LIBELULA PARA CADA MUERTO, UNA • 1973
ODIO MI CUERPO • I HATE MY BABY • 1973
MARISCAL DEL INFIERNO, EL • 1974
EXTRANO AMOR DE LOS VAMPIROS, EL • 1975
MUERTE DE UN QUINQUI, LA • 1975

PEOPLE WHO OWN THE DARK, THE • 1975
PLANETA CIEGO, EL • BLIND PLANET, THE • 1975
GRITOS A MEDIANOCHE • 1976
SECUESTRO • 1976
TALON DE AQUILES, EL • 1976
TRES DIAS DE NOVEMBRE • 1976
ULTIMO DESEO, EL • 1976
TRANSEXUAL, EL • 1977
TRAUMO, EL • 1977
Y AHORA QUE, SENOR FISCAL • 1977
DOBLE HISTORIA DEL DR. VALMY, LA • 1978
LAVERNA • 1978
HELL'S BRIGADE • HELL'S BRIGADE: THE FINAL ASSAULT ○ ATTACK FORCE NORMANDY • 1980

KLIMOWSKY L. see **KLIMOVSKY LEON**

KLIMOWSKY LEON see **KLIMOVSKY LEON**

KLINE BEN see **KLINE BENJAMIN**

KLINE BENJAMIN – USA
KLINE BEN
LIGHTNING WARRIOR, THE • 1931 • SRL
COWBOY IN THE CLOUDS • 1943
COWBOY FROM LONESOME RIVER, THE • SIGNED JUDGEMENT (UKN) • 1944
CYCLONE PRAIRIE RANGERS • 1944
SADDLE LEATHER LAW • POISONER, THE (UKN) • 1944
SUNDOWN VALLEY • 1944
SAGEBRUSH HEROES • 1945

KLINE HERBERT – USA – 1909–
HEART OF SPAIN • 1937 • DOC
CRISIS: A FILM OF "THE NAZI WAY" • CRISIS • 1938 • DOC
RETURN TO LIFE • 1938
LIGHTS OUT IN EUROPE • 1940 • DOC
FORGOTTEN VILLAGE, THE • 1941 • DOC
CINCO FUERON ESCOGIDOS • 1942
BOY, A GIRL AND A DOG, A • LUCKY (UKN) • 1946
MY FATHER'S HOUSE • 1947
KID FROM CLEVELAND, THE • 1949
FIGHTER, THE • 1952
WALLS OF FIRE • 1973 • DOC
CHALLENGE.. A TRIBUTE TO MODERN ART, THE • CHALLENGE OF GREATNESS, THE • 1974 • DOC
ACTING: LEE STRASBERG AND THE ACTORS STUDIO • 1981 • DOC

KLINE LESTER – Animator – USA
DISOBEDIENT MOUSE • 1938 • ANS
GHOST TOWN FROLICS • 1938 • ANS
QUEEN'S KITTENS • 1938 • ANS
RABBIT HUNT, THE • 1938 • ANS
SILLY SEALS • 1938 • ANS
TAIL END • 1938 • ANS
MAGIC BEANS, THE • 1939 • ANS
SOUP TO MUTTS • 1939 • ANS

KLING GEORGE – USA
SOWER, THE • 1964 • SHT

KLINGENBERG GERHARD – GRM
GUTEN TAG, LIEBER TAG • 1960
WAS WARE, WENN..? • 1960
GHOST OF SUNSHINE MANSION, THE

KLINGER TONY – Producer – UKN – 1950–
FESTIVAL GAME, THE • 1969 • DOC
EXTREMES • 1971 • DOC
BUTTERFLY BALL • 1976 • ANS

KLINGER WERNER – GRM – 1900–
LETZTEN VIER VON SANTA CRUZ, DIE • 1936
STANDSCHUTZE BRUGGLER • 1936
BARMHERZIGE LUGE, DIE • 1939
LETZTE RUNDE, DIE • 1940
WETTERLEUCHTEN UM BARBARA • 1941
TITANIC • 1943
DEGENHARDTS, DIE • 1944
SOLISTIN ANNA ALT • WENN DIE MUSIK NICHT WAR.. • 1944
VERTEIDIGER HAT DAS WORT, DER • 1944
DR. PHIL. DODERLEIN • 1945
RAZZIA • RAID (UKN) • 1947
ARCHE NORA • 1948
SPION FUR DEUTSCHLAND • 1956
BANKTRESOR 713 • 1957
FRAUENARZT DR. BERTRAM • 1957
BLITZMADELS AN DIE FRONT • 1958
HOPPLA -JETZT KOMMT EDDIE • 1958
ARZT AUS LEIDENSCHAFT • 1959
AUS DEM TAGEBUCH EINES FRAUENARZTES • 1959
STUDENT GING VORBEI, EIN • 1960
LEBENSBORN • ORDERED TO LOVE (USA) • 1961
GEHEIMNIS DER SCHWARZEN KOFFER, DAS • SECRET OF THE BLACK TRUNK, THE (USA) ○ SCHLOSS DES SCHRECKENS, DAS ○ CASTLE OF THE TERRIFIED • 1962
TESTAMENT DES DR. MABUSE, DAS • TERROR OF DR. MABUSE, THE (USA) ○ TERROR OF THE MAD DOCTOR, THE ○ LAST WILL OF DR. MABUSE, THE ○ TESTAMENT OF DR. MABUSE, THE • 1962
NACHT AM SEE, DIE • 1963
GUERRE SECRETE • SPIONE UNTER SICH (FRG) ○ DIRTY GAME, THE (UKN) ○ GUERRA SEGRETA, LA • 1965
STRASSENBEKANNTSCHAFTEN AUF ST. PAULI • STREET-ACQUAINTANCES OF ST. PAULI • 1968

KLINGMAN LARRY – USA
DREAMS AND NIGHTMARES • 1975 • DOC

KLITSCH EDGAR – GRM
EXZELLENZ UNTERROCK • 1920

KLJAKOVIC VANCA – YGS
JEDANAESTA ZAPOVEST • ELEVENTH COMMANDMENT, THE • 1970
KUZIS STARI MOJ • GET IT MAN • 1974
USPORENO KRETANJE • SLOW MOTION • 1980
MARJUCA ILI SMRT • MARJUCA OR DEATH • 1987

KLODAWSKY HELEN – CND
SHOOT AND CRY • 1988 • DOC

von KLODNICKI OCTAV – GRM
HOMO SUM • 1919

KLOPCIC MATJAZ – YGS – 1934–
ON THE SUNNY SIDE OF THE STREET • 1959 • SHT
TEARFUL ROMANCE • 1961 • SHT
LAST LESSON, THE • 1962 • SHT
LET'S SHAKE HANDS • I REACH FOR YOUR HAND • 1963 • SHT
LJUBLJANA IS BELOVED • 1965 • SHT
PICTURES OF AN ANGUISHED YOUTH • 1966 • SHT
NA PAPIRNATIH AVIONIH • IN PAPER PLANES ○ ON WINGS OF PAPER ○ PAPER PLANES • 1967
ZGODBA KI JE NI • NON-EXISTENT STORY, A ○ ON THE RUN • 1967
SEDMINA • GREETINGS TO MARIA ○ FUNERAL FEAST • 1969
OKSIGEN • OXYGEN • 1970
CVIJECE U JESEN • BLOSSOMS IN AUTUMN • 1974
STRAH • FEAR • 1975
VDOVSTVO KAROLINE ZASLER • WIDOWHOOD OF KAROLINA ZASLER, THE • 1977
ISKANJA • TRAZANJA ○ SEARCH • 1980
DEDISCINA • HERITAGE ○ NASLEDJE • 1985

KLOPFENSTEIN CLEMENS – SWT
GESCHICHTE DER NACHT • STORY OF THE NIGHT • 1979 • DOC
E ANCHTLANG FUURLAND • TIERRA DEL FUEGO, A WHOLE NIGHT LONG • 1982
TRANSES • 1982
SCHLESISCHE TOR, DAS • 1983 • DOC
RUF DER SIBYLLA, DER • 1984
MACAO • 1988
CITY LIFE • 1989

KLOPFER EUGEN – Actor – GRM – 1886–1950
GEHEIMNIS DER SPIELHOLLE VON SEBASTOPOL, DAS • 1920

KLOS ELMAR – CZC – 1910–
CHUDI LIDE • POOR PEOPLE • 1939
REKA ZIVOTA A SMRTI • RIVER OF LIFE AND DEATH, THE • 1939–40
VZPOMINKA NA RAJ • SOUVENIR OF PARADISE • 1939–40
UNOS • KIDNAPPED ○ KIDNAP, THE • 1952
HUDBA Z MARSU • MUSIC FROM MARS ○ MUSIC ON MARS • 1954
YOUNG DAYS • 1955
TAM NA KONECNE • HOUSE AT THE TERMINUS, THE ○ AT THE TERMINAL STATION • 1957
TRETI PRANI • THREE WISHES ○ THIRD WISH, THE ○ TRI PRANI • 1958
MAGIC LANTERN II • 1960
MLADI • TIME OF YOUTH ○ YOUTH • 1960 • DOC
SPARTAKIADE, THE • 1960 • DOC
SMRT SI RIKA ENGELCHEN • DEATH CALLS ITSELF ENGELCHEN ○ DEATH IS CALLED ENGELCHEN • 1963
OBZALOVANY • DEFENDANT, THE ○ ACCUSED, THE • 1964
OBCHOD NA KORSE • SHOP ON THE HIGH STREET, THE ○ SHOP ON MAIN STREET • 1965
HRST VODY • SOMETHING IS DRIFTING ON THE WATER ○ NECO NESE VODA ○ ZMITANA ○ ADRIFT ○ HRST PLNA VODY ○ TOUHA ZVANA ANADA ○ ANADA • 1971

KLOTZ NICOLAS – IND
NUIT BENGALI, LA • 1987

KLOTZEL ANDRE – BRZ
MARVADA CARNE • STRONG MEAT • 1986

KLOVES STEVE – USA
FABULOUS BAKER BOYS, THE • 1989

KLUBA HENRYK – PLN – 1931–
OCALENIE • 1959 • SHT
SALVATION • 1959
CHDY I INNI • THIN AND THE OTHERS, THE ○ SLIM AND THE OTHERS ○ SKINNY AND OTHERS • 1967
SLONCE WSCHODZI RAZ NA DZIEN • SUN RISES ONCE A DAY, THE • 1967
WARSZAWIACY • SZKICE WARSZAWSKIE ○ VARSOVIANS, THE ○ WARSAW PEOPLE • 1969
PIEC I POL BLADEGO JOZKA • FIVE AND A HALF OF PALE JOE • 1970
OPOWIESC W CZERWIENI • WRITTEN IN BLOOD • 1974
SOWIZDRZAL SWIETOKRZYSKI • SCAMP FROM SWIETYKRZYZ MOUNTAINS, THE ○ SCAMP, THE • 1977
GWIAZDA PIOLUN • WORMWOOD STAR, THE • 1988

KLUGE ALEXANDER – GRM – 1932–
BRUTALITAT IN STEIN • EWIGKEIT VON GESTERN ○ BRUTALITY IN STONE ○ YESTERDAY GOES ON FOR EVER • 1960 • SHT
RENNEN • RACING • 1961 • SHT
RENNFAHRER • 1961 • SHT
THEMA AMORE • 1961 • SHT
LEHRER IM WANDEL • TEACHERS IN TRANSFORMATION • 1963 • SHT
PORTRAIT EINER BEWAHRUNG • PORTRAIT OF ONE WHO PROVED HIS METTLE • 1965 • SHT
ABSCHIED VON GESTERN • YESTERDAY GIRL • 1966
POKERSPIEL • 1966 • SHT
FRAU BLACKBURN, GEB. 5 JAN. 1872, WIRD GEFILMT • FRAU BLACKBURN, BORN 5 JAN. 1872, IS FILMED ○ FRAU BLACKBURN WIRD GEFILMT • 1967 • SHT
ARTISTEN IN DER ZIRKUSKUPPEL, RATLOS, DIE • ARTISTES AT THE TOP OF THE BIG TOP: DISORIENTATED ○ ARTISTS UNDER THE BIG TOP: PERPLEXED • 1968
FEUERLOSCHER E.A. WINTERSTEIN • FIREMAN E.A. WINTERSTEIN • 1968 • SHT
ARZT AUS HALBERSTADT, EIN • DOCTOR FROM HALBERSTADT, A • 1969 • SHT
UNBEZAHMBARE LENI PEICKERT, DIE • INDOMITABLE LENI PEICKERT, THE • 1969
GROSSE VERHAU, DER • GREAT ENTANGLEMENT, THE ○ BIG MESS, THE ○ BIG DUST-UP, THE • 1970
ZU BOSER SCHLACHT SCHLEICH' ICH HEUT NACHT SO BANG • IN SUCH TREPIDATION I SHALL CREEP OFF TONIGHT TO THE EVIL BATTLE • 1970
KRANKHEITSBILD DES SCHLACHTENER-PROBLEM UNTEROFFIZIERS IN DER ENDSELACHT, DAS • 1971
WILLI TOBLER UND DER UNTERGANG DER SECHSTEN FLOTTE • WILLY TOBLER UND DER UNTERGANG DER 6 FLOTTE ○ WILLI TOBLER AND THE FALL OF THE 6TH FLEET ○ WILLI TOBLER AND THE SINKING OF THE SIXTH FLEET • 1971
BESITZ BURGERIN, JAHRGANG 1908 • WOMAN FROM THE PROPERTY-OWNING MIDDLE CLASS, BORN 1908 • 1973 • SHT
GELEGENHEITSARBEIT EINER SKLAVIN • OCCASIONAL WORK OF A FEMALE SLAVE (UKN) ○ PART-TIME WORK OF A DOMESTIC SLAVE (USA) • 1974
AUGEN AUS EINEM ANDEREN LAND • EYES FROM ANOTHER COUNTRY • 1975
IN GEFAHR UND GROSSTER NOT BRINGT DER MITTELWEG DEN TOD • IN DANGER AND DISTRESS, COMPROMISE MEANS DEATH ○ IN DANGER AND GREATEST DISTRESS, THE MIDDLE COURSE BRINGS DEATH ○ BLIND ALLEY • 1975
STARKE FERDINAND, DIE • STRONGMAN FERDINAND • 1976
DEUTSCHLAND IM HERBST • GERMANY IN AUTUMN • 1978
MENSCHEN, DIE DAS STAUFERJAHR VORBEREITEN, DIE • PEOPLE PREPARING THE STAUFER ANNIVERSARY, THE ○ MENSCHEN, DIE STAUFER-AUSSTELLUNG VORBEREITEN, DIE • 1978 • DOC
KANDIDAT, DER • CANDIDATE, THE • 1980 • DOC
PATRIOTIN, DIE • PATRIOT, THE ○ PATRIOTIC WOMAN, THE • 1980
KRIEG UND FRIEDEN • 1983
MACHT DER GEFUHLE, DIE • 1983

KLUGE JOSEF – Animator – CZC
PRATELE NA SIRKACH • FRIENDS ON MATCHSTICKS ○ MATCHSTICK PALS, THE • 1960
STATECNE KURATKO • BRAVE CHICKEN, THE • 1960 • ANS
WHY WE HAVE NO LEGS • 1967 • ANS
HOW THE EGG WENT ON A RAMBLE • 1969 • ANS
EAST, WEST, HOME IS BEST • ANS

KLUGMAN DON B. – USA
YOU'RE PUTTING ME ON • 1969

KLUSHANTSEV P. see **KLUSHANTSEV PAVEL**

KLUSHANTSEV PAVEL – USS
KLUSHANTSEV P.
GREAT UNIVERSE, THE • 1955
DOROGA K ZVEZDAM • BLAZING A TRAIL TO THE STARS ○ RUSSIAN ROCKET TO THE MOON ○ ROAD TO THE STARS • 1957
PLANETA BURG • PLANET OF STORMS (USA) ○ COSMONAUTS ON VENUS ○ STORM PLANET ○ STORM ON THE PLANET ○ PLANET OF TEMPESTS ○ STORM CLOUDS OF VENUS • 1962

KLYVARE BERNDT – SWD
RESAN • JOURNEY, THE • 1967

KMINEK – CZC
ZA RODNOU HROUDU • FOR NATIVE SOIL • 1930
ZLATE PTACE • LITTLE GOLD BIRD, THE • 1932

KNAAKE MAX – GRM
DURCHS BRANDENBURGER TOR • 1929

KNAPP – FRN
ROUGE EST MIS, LE • 1952 • SHT

KNAUER MATHIAS – SWT
UNTERBROCHENE SPUR, DIE • INTERRUPTED TRACKS • 1982

KNAUF THOMAS – GRM
PREPARED FOR LIFE • 1987

KNAUS DAVID – ASL
CONTRADICTIONS • 1988 • DOC

KNAUT LUIS – ITL
AMORE SENZA FINE, UN • 1959

KNEELAND TED – USA
FANTASTICO MUNDO DEL DR. COPPELIUS, EL • DR. COPPELIUS (USA) ○ MYSTERIOUS HOUSE OF DR. C, THE ○ COPPELIA ○ FANTASTIC WORLD OF DR. COPPELIUS, THE • 1966
SALVARE LA FACCIA • DADDY SAID THE WORLD WAS LOVELY ○ PSYCHOUT FOR MURDER (USA) ○ SAVE YOUR FACE • 1969

KNEITEL SEYMOUR – Animator – USA
JAPOTEURS • 1942 • ANS
ME MUSICAL NEPHEWS • 1942 • ANS
SCRAP THE JAPS • 1942 • ANS
CARTOONS AIN'T HUMAN • 1943 • ANS
MARRY-GO-ROUND • 1943 • ANS
RATION FER THE DURATION • 1943 • ANS
SECRET AGENT • 1943 • ANS
UNDERGROUND WORLD • 1943 • ANS
CILLY GOOSE • 1944 • ANS
GABRIEL CHURCH KITTEN • 1944 • ANS
HENPECKED ROOSTER • 1944 • ANS
HULLABA-LULU • 1944 • ANS
I'M JUST CURIOUS • 1944 • ANS
IT'S NIFTY TO BE THRIFTY • 1944 • ANS
LUCKY LULU • 1944 • ANS
PUPPET LOVE • 1944 • ANS
SHE-SICK SAILORS • 1944 • ANS

SUDDENLY IT'S SPRING! • 1944 • ANS
BEAU TIES • 1945 • ANS
DAFFYDILLY DADDY • 1945 • ANS
MAGICALULU • 1945 • ANS
MAN'S PEST FRIEND • 1945 • ANS
MESS PRODUCTION • 1945 • ANS
OLD MACDONALD HAD A FARM • 1945 • ANS
SCRAPPILY MARRIED • 1945 • ANS
WHEN G.I. JOHNNY COMES HOME • 1945 • ANS
CHICK AND DOUBLE CHICK • 1946 • ANS
FISTIC MYSTIC, A • 1946 • ANS
HOUSE TRICKS • 1946 • ANS
PEEP IN THE DEEP • 1946 • ANS
SPREE FOR ALL • 1946 • ANS
ALL'S FAIR AT THE FAIR • 1947 • ANS
BABY SITTER, THE • 1947 • ANS
ENCHANTED SQUARE, THE • 1947 • ANS
LOOSE IN THE CABOOSE • 1947 • ANS
MADHATTAN ISLAND • 1947 • ANS
MILD WEST, THE • 1947 • ANS
NAUGHTY BUT MICE • 1947 • ANS
POPEYE AND THE PIRATES • 1947 • ANS
ROYAL FOUR FLUSHER • 1947 • ANS
SANTA'S SURPRISE • 1947 • ANS
STUPIDSTITIOUS CAT • 1947 • ANS
CAMPTOWN RACES • 1948 • ANS
CAT O'NINE TAILS • 1948 • ANS
DOG SHOW-OFF, THE • 1948 • ANS
LITTLE BROWN JUG • 1948 • ANS
OLD SHELL GAME, THE • 1948 • ANS
PRE-HYSTERICAL MAN • 1948 • ANS
READIN', RITIN' AND RHYTHMETIC • 1948 • ANS
ROBIN HOOD WINKED • 1948 • ANS
SING OR SWIM • 1948 • ANS
SNOW PLACE LIKE HOME • 1948 • ANS
SPINACH VS. HAMBURGERS • 1948 • ANS
SYMPHONY IN SPINACH • 1948 • ANS
A-HAUNTING WE WILL GO • 1949 • ANS
EMERALD ISLE, THE • 1949 • ANS
FARM FOOLERY • 1949 • ANS
FLY'S LAST FLIGHT, THE • 1949 • ANS
FUNSHINE STATE, THE • 1949 • ANS
HEP CAT SYMPHONY • 1949 • ANS
LUMBER JACK AND JILL • 1949 • ANS
OUR FUNNY FINNY FRIENDS • 1949 • ANS
STORK MARKET, THE • 1949 • ANS
STROLLING THRU THE PARK • 1949 • ANS
TOYS WILL BE TOYS • 1949 • ANS
BABY WANTS SPINACH • 1950 • ANS
BEACH PEACH • 1950 • ANS
BLUE HAWAII • 1950 • ANS
DETOURING THRU MAINE • 1950 • ANS
FARMER AND THE BELLE • 1950 • ANS
FIESTA TIME • 1950 • ANS
FRESH YEGGS • 1950 • ANS
HELTER SWELTER • 1950 • ANS
HOW GREEN IS MY SPINACH • 1950 • ANS
NICE MEETING YOU • 1950 • ANS
POPEYE MAKES A MOVIE • 1950 • ANS
QUICK ON THE VIGOR • 1950 • ANS
RIOT IN RHYTHM • 1950 • ANS
SAVED BY THE BELL • 1950 • ANS
SOCK-A-BYE KITTY • 1950 • ANS
UPS AND DOWNS DERBY • 1950 • ANS
AS THE CROW LIES • 1951 • ANS
BOO-HOO BABY • 1951 • ANS
CAT TAMALE • 1951 • ANS
CAT-CHOO • 1951 • ANS
DOUBLE CROSS COUNTRY RACE • 1951 • ANS
DRIPPY MISSISSIPPI • 1951 • ANS
LAND OF LOST WATCHES • 1951 • ANS
LET'S TALK SPINACH • 1951 • ANS
PARTY SMARTY • 1951 • ANS
SCOUT FELLOW • 1951 • ANS
SLIP UP SOME REDSKIN • 1951 • ANS
SNOOZE REEL • 1951 • ANS
THRILL OF FAIR • 1951 • ANS
AWFUL TOOTH, THE • 1952 • ANS
BIG BAD SINBAD • 1952 • ANS
CAGE FRIGHT • 1952 • ANS
CASE OF THE COCKEYED CANARY, THE • 1952 • ANS
CAT CARSON RIDES AGAIN • 1952 • ANS
CLOWN ON THE FARM • 1952 • ANS
DEEP BOO SEA • 1952 • ANS
DIZZY DINOSAURS • 1952 • ANS
FOREST FANTASY • 1952 • ANS
MICE-CAPADES • 1952 • ANS
POPALONG POPEYE • 1952 • ANS
POPEYE'S PAPPY • 1952 • ANS
SWIMMER TAKE ALL • 1952 • ANS
TOTS OF FUN • 1952 • ANS
AERO-NUTICS • 1953 • ANS
ANCIENT FISTORY • 1953 • ANS
BABY WANTS A BATTLE • 1953 • ANS
BETTER BAIT THAN NEVER • 1953 • ANS
BY THE OLD MILL SCREAM • 1953 • ANS
HYSTERICAL HISTORY • 1953 • ANS
LITTLE BOO PEEP • 1953 • ANS
NORTHWEST MOUSIE • 1953 • ANS
PHILHARMANIACS • 1953 • ANS
POPEYE, THE ACE OF SPACE • 1953 • ANS
POPEYE'S MIRTHDAY • 1953 • ANS
SHAVING MUGS • 1953 • ANS
SPOOK NO EVIL • 1953 • ANS
STARTING FROM HATCH • 1953 • ANS
TOREDORABLE • 1953 • ANS
BOO MOON • 1954 • ANS
BOOS AND ARROWS • 1954 • ANS
CASPER GENIE • 1954 • ANS
FRIGHT TO THE FINISH • 1954 • ANS
GOPHER SPINACH • 1954 • ANS
GREEK MIRTHOLOGY • 1954 • ANS
HAIR TODAY, GONE TOMORROW • 1954 • ANS
OF MICE AND MENACE • 1954 • ANS
PRIVATE-EYE POPEYE • 1954 • ANS
PUSS 'N' BOOS • 1954 • ANS
SEAPREME COURT, THE • 1954 • ANS
TAXI-TURVY • 1954 • ANS
ZERO THE HERO • 1954 • ANS
BICEP BUILT FOR TWO, A • 1955 • ANS
BULL FRIGHT • 1955 • ANS
CAR-RAZY DRIVERS • 1955 • ANS
GIFT OF GAG • 1955 • ANS
HIDE AND SHRIEK • 1955 • ANS
JOB FOR A GOB, A • 1955 • ANS
LITTLE AUDRY RIDING HOOD • 1955 • ANS
PENNY ANTICS • 1955 • ANS
SPOOKING WITH A BROGUE • 1955 • ANS
FLIGHT FROM WRONG • 1956 • ANS
GROUND HOG PLAY • 1956 • ANS
HILLBILLING AND COOING • 1956 • ANS
LINE OF SCREAMMAGE • 1956 • ANS
LION IN THE ROAR • 1956 • ANS
MOUSEUM • 1956 • ANS
OUT TO PUNCH • 1956 • ANS
PARLEZ-VOUS WOO • 1956 • ANS
PENGUIN FOR YOUR THOUGHTS • 1956 • ANS
POPEYE FOR PRESIDENT • 1956 • ANS
SIR IRVING AND JEAMES • 1956 • ANS
WILL DO MOUSEWORK • 1956 • ANS
BOO BOP • 1957 • ANS
CRYSTAL BRAWL, THE • 1957 • ANS
FROM MAD TO WORSE • 1957 • ANS
HOOKY SPOOKY • 1957 • ANS
ICE SCREAM • 1957 • ANS
JOLLY THE CLOWN • 1957 • ANS
L'AMOUR THE MERRIER • 1957 • ANS
NEARLY WEDS • 1957 • ANS
PATRIOTIC POPEYE • 1957 • ANS
PEEKABOO • 1957 • ANS
PETIT PARADE, LA • 1957 • ANS
POSSUM PEARL • 1957 • ANS
SPOOKING ABOUT AFRICA • 1957 • ANS
SPREE LUNCH • 1957 • ANS
DAWG GAWN • 1958 • ANS
GHOST WRITERS • 1958 • ANS
RIGHT OFF THE BAT • 1958 • ANS
SPOOK AND SPAN • 1958 • ANS
SPORTICLES • 1958 • ANS
STORK RAVING MAD • 1958 • ANS
WHICH IS WITCH • 1958 • ANS
YOU SAID A MOUSEFUL • 1958 • ANS
ANIMAL FAIR, THE • 1959 • ANS
CASPER'S BIRTHDAY PARTY • 1959 • ANS
DOING WHAT'S FRIGHT • 1959 • ANS
DOWN TO MIRTH • 1959 • ANS
FELINEOUS ASSAULT • 1959 • ANS
FIT TO BE TOYED • 1959 • ANS
FUN ON FURLOUGH • 1959 • ANS
HOUNDABOUT • 1959 • ANS
HUEY'S FATHER'S DAY • 1959 • ANS
KATNIP'S BIG DAY • 1959 • ANS
NOT GHOULTY • 1959 • ANS
OUT OF THIS WHIRL • 1959 • ANS
OWLY TO BED • 1959 • ANS
SPOOKING OF GHOSTS • 1959 • ANS
T.V. FUDDLEHEAD • 1959 • ANS
TALKING HORSE SENSE • 1959 • ANS
BOSS IS ALWAYS RIGHT, THE • 1960 • ANS
BOUNCING BUNNY • 1960 • ANS
BUZY BUDDIES • 1960 • ANS
COUNTER ATTACK • 1960 • ANS
DISGUISE THE LIMIT • 1960 • ANS
ELECTRONICA • 1960 • ANS
FIDDLE FADDLE • 1960 • ANS
FINE-FEATHERED FIEND • 1960 • ANS
FROM DIME TO DIME • 1960 • ANS
GALAXIA • 1960 • ANS
MICENIKS • 1960 • ANS
MIKE THE MASQUERADER • 1960 • ANS
MONKEY DOODLES • 1960 • ANS
NORTHERN MITES • 1960 • ANS
PECK YOUR OWN HOME • 1960 • ANS
PLANET MOUSEOLA • 1960 • ANS
SCOUTING FOR TROUBLE • 1960 • ANS
SHOE MUST GO ON, THE • 1960 • ANS
SHOOTIN' STARS • 1960 • ANS
SILLY SCIENCE • 1960 • ANS
TERRY THE TERROR • 1960 • ANS
TOPCAT • 1960 • ANS
TRIGGER TREAT • 1960 • ANS
TROUBLE DATE • 1960 • ANS
TURNING THE FABLES • 1960 • ANS
ABNER, THE BASEBALL • 1961 • ANS
ALVIN'S SOLO FLIGHT • 1961 • ANS
BOPIN' HOOD • 1961 • ANS
CANE AND ABLE • 1961 • ANS
CAPE KIDNAVERAL • 1961 • ANS
COOL CAT BLUES • 1961 • ANS
GOODIE THE GREMLIN • 1961 • ANS
HOUND ABOUT THAT • 1961 • ANS
IN THE NICOTINE • 1961 • ANS
INQUISIT VISIT, THE • 1961 • ANS
KID FROM MARS, THE • 1961 • ANS
KOZMO GOES TO SCHOOL • 1961 • ANS
LION'S BUSY, THE • 1961 • ANS
MIGHTY THERMITE, THE • 1961 • ANS
PHANTOM MOUSTACHE • 1961 • ANS
PLOT SICKENS, THE • 1961 • ANS
TRICK OR TREE • 1961 • ANS
TURTLE SCOOP • 1961 • ANS
CRUMLEY COGWELL • 1962 • ANS
ET TU OTTO • 1962 • ANS
FIDDLIN' AROUND • 1962 • ANS
FROG'S LEGS • 1962 • ANS
FUNDERFUL SUBURBIA • 1962 • ANS
GIDDY GADGETS • 1962 • ANS
GOOD AND GUILTY • 1962 • ANS
HAT, THE • 1962 • ANS
HERO'S REWARD • 1962 • ANS
HI-FI JINX • 1962 • ANS
HOME SWEET SWAMPY • 1962 • ANS
IT'S FOR THE BIRDIES • 1962 • ANS
METHOD AND MAW, THE • 1962 • ANS
ONE OF THE FAMILY • 1962 • ANS
PENNY PALS • 1962 • ANS
PERRY POPGUN • 1962 • ANS
POPCORN AND POLITICS • 1962 • ANS
PSYCHOLOGICAL TESTING • 1962 • ANS
ROBOT RINGER • 1962 • ANS
SNUFFY'S SONG • 1962 • ANS
T.V. OR NOT T.V. • 1962 • ANS
TAKE ME TO YOUR GEN'RUL • 1962 • ANS
TREE IS A TREE IS A TREE?, A • 1962 • ANS
WITHOUT TIME OR REASON • 1962 • ANS
YULE LAFF • 1962 • ANS
DRUM UP A TENANT • 1963 • ANS
GOOD SNOOZE TONIGHT • 1963 • ANS
GOODIE'S GOOD DEED • 1963 • ANS
GRAMPS TO THE RESCUE • 1963 • ANS
HARRY HAPPY • 1963 • ANS
HICCUP HOUND • 1963 • ANS
HOBO'S HOLIDAY • 1963 • ANS
HOUND FOR POUND • 1963 • ANS
MUGGY-DOO BOYCAT • 1963 • ANS
OLLIE THE OWL • 1963 • ANS
ONE WEAK VACATION • 1963 • ANS
PIG'S FEAT, THE • 1963 • ANS
RINGADING KID • 1963 • ANS
SHEEPISH WOLF, THE • 1963 • ANS
SIGHT FOR SQUAW EYES, A • 1963 • ANS
SOUR GRIPES • 1963 • ANS
TELL ME A BADTIME STORY • 1963 • ANS
TRASH PROGRAM • 1963 • ANS
ACCIDENTS WILL HAPPEN • 1964 • ANS
AND SO TIBET • 1964 • ANS
BUS WAY TO TRAVEL, THE • 1964 • ANS
CALL ME A TAXI • 1964 • ANS
FIX THAT CLOCK • 1964 • ANS
FIZZICLE FIZZLE • 1964 • ANS
FRIEND IN TWEED, A • 1964 • ANS
HIGHWAY SNOBBERY • 1964 • ANS
HIP HIP OLE • 1964 • ANS
LADDY AND HIS LAMP • 1964 • ANS
NEAR SIGHTED AND FAR OUT • 1964 • ANS
ONCE-OVER, THE • 1964 • ANS
PANHANDLING ON MADISON AVENUE • 1964 • ANS
READIN', WRITHING AND 'RITHMETIC • 1964 • ANS
ROBOT RIVAL • 1964 • ANS
SAILING ZERO • 1964 • ANS
SERVICE WITH A SMILE • 1964 • ANS
TIGER'S TAIL, A • 1964 • ANS
WHIZ QUIZ KID • 1964 • ANS

KNEZEVIC MILAN – YGS

UROS BLESAVI • UROS THE FOOL • 1989

KNIGHT ARTHUR – UKN

MY BARE LADY • MY SEVEN LITTLE BARES ○ BARE LADY, BARE WORLD ○ IT'S A BARE WORLD • 1962
AROUND THE WORLD WITH NOTHING ON • SEARCH FOR VENUS AROUND THE WORLD ○ SEARCHING FOR VENUS ○ TRIP AROUND THE WORLD, A • 1963
WILD, WILD WORLD OF JAYNE MANSFIELD, THE • 1968 • DOC

KNIGHT C. PATTINSON – UKN

ESCAPE TO JUSTICE • 1942

KNIGHT CASTLETON – UKN – 1894–1972

PRELUDE • 1927
FLYING SCOTSMAN, THE • 1929
LADY FROM THE SEA, THE • GOODWIN SANDS, THE • 1929
PLAYTHING, THE • 1929
ALL RIOT ON THE WESTERN FRONT • 1930
COCKNEY SPIRIT IN THE WAR NO.2, THE • 1930 • SHT
COCKNEY SPIRIT IN THE WAR NO.3, THE • 1930 • SHT
COCKNEY SPIRIT IN THE WAR, THE • TOMMY ATKINS ○ COCKNEY WAR STORIES • 1930 • SHT
KISSING CUP'S RACE • 1930
SONS OF THE AIR • 1944
XIVTH OLYMPIAD -THE GLORY OF SPORT, THE • OLYMPIC GAMES OF 1948, THE • 1948
QUEEN IS CROWNED, A • 1953 • DOC

KNIGHT CHRISTOPHER – USA

CARRY IT ON • JOAN (UKN) • 1970

KNIGHT DERRICK – UKN

TIME TO HEAL • 1963
FACES OF HARLOW • 1964
GREAT STEAM FAIR, THE • 1964
REACHING OUT • 1968 • DCS

KNIGHT JOHN – UKN

MAIL VAN MURDER, THE • 1957
MOMENT OF DECISION • 1962
MAIN CHANCE, THE • 1964

KNIGHT PETER – USA

PANTHER SQUAD • 1986

*KNIGHT PETER** see **CHEVALIER PIERRE**

KNIGHT ROBERT see **KNIGHTS ROBERT**

KNIGHT SIDNEY – USA

GIRLS THAT DO, THE • 1967
LOVE IS WHERE IT'S AT • 1968
I FEEL IT COMING • SOLDIER'S WIFE • 1969
DEBAUCHERS, THE • 1970
LOVEMAKERS.. CARNAL STYLE, THE • LOVE MAKERS, THE • 1970
MORNING AFTER, THE • 1970

KNIGHTS ROBERT – UKN

KNIGHT ROBERT

HISTORY MAN, THE • 1981 • MTV
TENDER IS THE NIGHT • 1985 • MTV
EBONY TOWER, THE • 1987 • TVM
DAWNING, THE • 1988

KNILLI MARIA – AUS

LIEBER KARL • DEAR CHARLES • 1985
FOLLOW ME • 1989

KNITTEL JOHANNES – GRM

FACKELTRAGER, DER • 1957
MUSTERKNABEN • 1959
ARZT VON BOTHENOW, DER • 1961
ENTDECKUNG DES JULIAN BOLL, DIE • 1962

KNOBLER ALBERT – FRN – 1932–1973

MUR A JERUSALEM, UN • WALL IN JERUSALEM, A (USA) • 1968
BONHEUR DANS 20 ANS, LE • HAPPINESS IN TWENTY YEARS (UKN) • 1971 • DOC

KNOLES HARLEY – USA

ANTIQUE DEALER, THE • 1915
GREATER WILL, THE • 1915
MASTER HAND, THE • 1915
BOUGHT AND PAID FOR • FAUN, THE (UKN) • 1916
DEVIL'S TOY, THE • 1916
GILDED CAGE, THE • 1916
HIS BROTHER'S WIFE • 1916
MISS PETTICOATS • 1916
SUPREME SACRIFICE, THE • 1916
ADVENTURES OF CAROL, THE • 1917
BURGLAR, THE • 1917
LITTLE DUCHESS, THE • JERRY FOR SHORT • 1917
PAGE MYSTERY, THE • 1917
PRICE OF PRIDE, THE • 1917
SOCIAL LEPER, THE • 1917
SOULS ADRIFT • 1917
SQUARE DEAL, A • 1917
STOLEN PARADISE, THE • 1917
CABARET, THE • 1918
GATES OF GLADNESS • 1918
OLDEST LAW, THE • 1918
STOLEN ORDERS • 1918
VOLUNTEER, THE • 1918
WANTED -A MOTHER • 1918
BOLSHEVISM ON TRIAL • 1919
LITTLE WOMEN • 1919
COST, THE • 1920
GREAT SHADOW, THE • 1920
GUILTY OF LOVE • THIS WOMAN -THIS MAN • 1920
HALF AN HOUR • 1920
ROMANTIC ADVENTURESS, A • 1920
CARNIVAL • 1921
BOHEMIAN GIRL, THE • 1922
LEW TYLER'S WIFE • 1926
OH, BABY! • 1926
LAND OF HOPE AND GLORY • 1927
RISING GENERATION, THE • 1928
WHITE SHEIK, THE • 1928

KNOOP JOHN – USA

PENUMBRA • SHT

KNOPF EDWIN see **KNOPF EDWIN H.**

KNOPF EDWIN H. – Producer/writer – USA – 1899-1981
KNOPF EDWIN
BORDER LEGION, THE • 1930
LIGHT OF WESTERN STARS, THE • WINNING THE WEST • 1930
ONLY SAPS WORK • SOCIAL ERRORS • 1930
PARAMOUNT ON PARADE • 1930
SANTA FE TRAIL, THE • LAW RIDES WEST, THE (UKN) ○ SPANISH ACRES • 1930
SLIGHTLY SCARLET • 1930
NICE WOMEN • 1932
REBEL, THE • 1933
LAW AND THE LADY, THE • LAW AND LADY LOVERLY, THE • 1951

KNORRE F. – USS
AFTER THE STORM • 1956

KNOWLES BERNARD – Cinematographer – UKN – 1900–
PLACE OF ONE'S OWN, A • 1945
MAGIC BOW, THE • 1946
JASSY • 1947
MAN WITHIN, THE • SMUGGLERS, THE (USA) • 1947
WHITE UNICORN, THE • BAD SISTER (USA) • 1947
EASY MONEY • 1948
LOST PEOPLE, THE • 1949
PERFECT WOMAN, THE • 1949
RELUCTANT WIDOW, THE • 1950
PARK PLAZA 605 • NORMAN CONQUEST (USA) • 1953
THOUGHT TO KILL • 1953
BARBADOS QUEST • MURDER ON APPROVAL (USA) • 1955
FALL X701, DER • FROZEN ALIVE (UKN) • 1964
SPACEFLIGHT IC-1 • 1965
HELL IS EMPTY • 1967

KNOWLES DOROTHY – USA
RABBITS ARE THE FRIENDS OF TOADS • 1960

KNOWLTON KEN see **KNOWLTON KENNETH**

KNOWLTON KENNETH – Animator – USA
KNOWLTON KEN
COLLIDE-OSCOPE • 1966 • ANS
POEM FIELDS NOS.1-8 • 1968 • ASS
OLYMPIAD • 1971 • ANS
PIXILLATIONS • 1971 • ANS
GOOGOLPLEX • 1972 • ANS
MIS-TAKES • 1972 • ANS
MUTATIONS • 1972 • ANS
U.F.O'S • ANS

KNOX ALAN – UKN
PRIVILEGE, THE • 1983

KNOYER BILL – Animator – USA
TECHNOLOGICAL THREAT • 1988 • ANM

KNUDSEN ERIK R. – DNM
KALSOMMERFUGLEN • 1948

KNUDSEN METTE – DNM
TAG DET SOM EN MAND, FRUE • TAKE IT LIKE A MAN, MA'AM ○ TA' DET SOM EN MAND, FRUE • 1974

KNUDSEN OSVALDUR – ICL
SURTUR DER SUNNAN • 1965 • DOC
MED SVIGA LOEVI • 1967 • DOC
ELDUR I HEIMAEY • FIRE ON HEIMAEY • 1975

KNUDSEN VILHJALMUR – ICL
SEA HARVEST • 1973 • DCS
ELDUR I HEIMAEY • FIRE ON HEIMAEY • 1975

KNUTZEN JAN – NRW
STA PA • 1976 • DOC

K'O CHUN-HSIUNG see **K'O CHUN-LIANG**

K'O CHUN-LIANG – TWN
K'O CHUN-HSIUNG
WO-TE YEH-YEH • MY GRANDPA • 1981

KO CLIFTON see **GAO ZHIZEN**

KO HSIN – CHN
SENTINELS UNDER THE NEON LIGHTS • 1963

KO PHILIP – USA
PLATOON WARRIORS • PLATOON THE WARRIORS • 1987

KO SHIH HAO – HKG
INVINCIBLE SHAOLIN KUNG FU • SECRET SHAOLIN KUNG FU, THE
SHAOLIN IRON CLAWS

K'O YI-CHENG – TWN
KUANG-YIN-TE KUSHIH • IN OUR TIME • 1983
REUNION • 1986

KO YOUNG-NAM – SKR
TILL THE STARS DO NOT TWINKLE • 1983

KOBAKHIDZE MIKHAIL – USS – 1939–
MERRY-GO-ROUND, THE • 1962 • SHT
SVADBA • WEDDING, THE • 1964 • SHT
YOUNG LOVE • 1964 • SHT
ZONTIK • UMBRELLA, THE • 1967 • SHT
MUSICIANS, THE • 1970 • SHT

KOBAYASHI AKIRA – JPN
HARU KURU ONI • DEMONS IN SPRING • 1989

KOBAYASHI MASAKI – JPN – 1915–
MUSUKO NO SEISHUN • MY SON'S YOUTH • 1952
KABE ATSUKI HEYA • THICK WALLED ROOM, THE ○ ROOM WITH THICK WALLS • 1953
MAGOKORO • SINCERE HEART ○ SINCERITY • 1953
KONO HIROI SORA NO DOTOKA NI • SOMEWHERE BENEATH THE WIDE SKY ○ SOMEWHERE UNDER THE BROAD SKY • 1954
MITTSU NO AI • THREE LOVES • 1954
URUWASHIKI SAIGETSU • BEAUTIFUL YEARS, THE ○ BEAUTIFUL DAYS • 1955
ANATA KAIMASU • I'LL BUY YOU • 1956
IZUMI • FOUNTAINHEAD, THE ○ FOUNTAIN, THE ○ SPRING, THE • 1956
KUROI KAWA • BLACK RIVER • 1957
NINGEN NO JOKEN I • NO GREATER LOVE ○ WAR AND A MAN, THE • 1959
NINGEN NO JOKEN II • ROAD TO ETERNITY • 1959
NINGEN NO JOKEN III • SOLDIER'S PRAYER, A • 1961
KARAMI-AI • INHERITANCE, THE ○ ENTANGLEMENT, THE ○ HERITAGE • 1962
SEPPUKU • HARAKIRI • 1962
KWAIDAN • WEIRD TALES ○ KAIDAN ○ GHOST STORIES • 1964
YUKI-ONNA • WOMAN OF THE SNOW, THE (UKN) • 1964
JOIUCHI -HAIRYOZUMA SHIMATSU • SAMURAI REBELLION ○ REBELLION ○ JOI-UCHI • 1967
NIHON NO SEISHUN • DIARY OF A TIRED MAN ○ HYMN TO A TIRED MAN ○ YOUTH OF JAPAN, THE ○ NIPPON NO SEISHUN ○ JAPANESE YOUTH • 1968
INOCHI BONIFURO • AT THE RISK OF MY LIFE ○ INN OF EVIL • 1970
KASEKI • FOSSILS • 1975
MOERU AKI • GLOWING AUTUMN ○ BURNING AUTUMN • 1978
TOKYO SAIBAN • FAR EAST MARTIAL COURT, THE ○ TOKYO INTERNATIONAL TRIAL ○ TOKYO TRIAL, THE ○ TOKYO TRIAL OF WAR CRIMINALS • 1983
SHOKUTAKU NO NAI IE • FAMILY WITHOUT A DINNER TABLE ○ EMPTY TABLE, THE • 1985

KOBAYASHI SATORU – JPN
KAIDAN IJIN YUREI • CAUCASIAN GHOST • 1963
ABAZURE NO KARAKU • PLEASURE OF A BITCH, THE • 1967
FUNOSHA • IMPOTENT, THE • 1967
MIDAREGAMI • DISHEVELLED HAIR • 1967

KOBAYASHI SHUNICHI – JPN
SHIN OTOKO WA TSURAIYO • TORA-SAN'S GRAND SCHEME • 1970

KOBAYASHI TSUNEO – JPN
GEKKO KAMEN • MAN IN THE MOONLIGHT MASK, THE ○ MOONBEAM MAN, THE • 1958
TEN TO SEN • DEAD END • 1958
TOMEI KAIJIN • INVISIBLE MAN • 1958
KAIDAN KATAME OTOKO • CURSE OF THE ONE-EYED CORPSE ○ GHOST OF THE ONE-EYED MAN • 1965
RIKUGUN CHOHO 33 • ARMY INTELLIGENCE 33 • 1968

KOBE HANNS – GRM
KOBE HANS
ROTE REDOUTE, DIE • 1920
TORGUS • TOTENKLAUS • 1920
RATTEN, DIE • 1921
VERLOGENE MORAL • BRANDHERD • 1921
AM RANDE DER GROSSTADT • 1922
MAUSEFALLE, DIE • 1922
NACHTSTURME • 1923
WEIB, EIN TIER, EIN DIAMANT, EIN • FUNF KAPITEL AUS EINEM ALTEN BUCH • 1923
DR. WISLIZENUS • 1924

KOBE HANS see **KOBE HANNS**

KOBER ERICH – GRM
LILITH UND LY • LILITH AND LY (USA) • 1919
SUNDE UND MORAL • 1929
WASSERTEUFEL VON HIEFLAU, DIE • 1932

KOBLER ERICH – GRM
KRACH IM HINTERHAUS • 1949
NACH DEM REGEN SCHEINT SONNE • 1949
EVA UND DER FRAUENARZT • 1951
SKANDAL IM MADCHENPENSIONAT • 1953
BEGEGNUNG IN ROM • 1954
SCHNEEWITTCHEN UND ROSENROT • SNOW WHITE AND ROSE RED (USA) • 1955
HEINZELMANNCHEN • SHOEMAKER AND THE ELVES, THE (USA) ○ BROWNIE • 1956
SCHNEEWITTCHEN UND DIE SIEBEN ZWERGE • SNOW WHITE AND THE SEVEN DWARFS ○ SNOW WHITE (USA) • 1956
RUBEZAHL, HERR DER BERGE • 1957

KOCA BOGDAN – ASL
SHALL WE DANCE • 1989 • SHT

KOCELA PAUL – USA
END OF ONE, THE • 1973 • SHT

KOCH CARL – GRM – 1892-1963
KOCH CARLO
ABENTEUER DES PRINZEN ACHMED, DIE • ADVENTURES OF PRINCE ACHMED (USA) ○ WAK-WAK, EIN MARCHENZAUBER ○ GESCHICHTE DES PRINZEN ACHMED, DIE • 1926
TOSCA, LA • 1940
TOSCA • STORY OF TOSCA, THE (USA) • 1941
SIGNORA DELL'OVEST, UNA • CAROVANE ○ CAROVANA • 1942
BELLE HELENE, LA • HELENE LA BELLE • 1957 • ANS

KOCH CARLO see **KOCH CARL**

KOCH HOWARD see **KOCH HOWARD W.**

KOCH HOWARD W. – Producer – USA – 1916–
KOCH HOWARD
SHIELD FOR MURDER • 1954
BIG HOUSE U.S.A. • 1955
BOP GIRL GOES CALYPSO • BOP GIRL • 1957
GIRL IN BLACK STOCKINGS, THE • 1957
JUNGLE HEAT • 1957
UNTAMED YOUTH • 1957
ANDY HARDY COMES HOME • 1958
FORT BOWIE • 1958
FRANKENSTEIN -1970 • 1958
VIOLENT ROAD • HELL'S HIGHWAY ○ STEEL JUNGLE, THE • 1958
BORN RECKLESS • 1959
LAST MILE, THE • 1959
BADGE 373 • 1973

KOCH PHILIP – USA
PINK NIGHTS • 1985

KOCH VOLKER – GRM
S.P.Q.R. • 1971

KOCH WALTER – GRM
MAYA • 1957

KOCHETOV V. – USS
PAGES FROM THE PAST • 1958

KOCHYANOV R. – USS
YOUNG FROG LOOKS FOR HIS FATHER • 1964 • ANS

KODICEK – CZC
LOUPEZNIK • BRIGAND, THE • 1931
OBRACENI FERDYSE PISTORY • CONVERSION OF FERDYS PISTORA, THE • 1931

KOEBNER FRANZ W. – GRM
ROTE REITER, DER • 1923
MANN OHNE HERZ, DER • 1924
ROMAN DER LILIAN HAWLEY, DER • 1924

KOECHER J. – PLN
KARIERA • CAREER, THE • 1955

KOENIG JOSEPH – CND
CHANGING WHEATBELT, THE • 1968
IMPERIAL SUNSET • 1969 • SHT

KOENIG WOLF – Animator – GRM – 1927–
ROMANCE OF TRANSPORTATION IN CANADA, THE • SPORTS ET TRANSPORTS • 1952
STRUCTURE OF UNIONS, THE • 1955
CITY OF GOLD • CAPITALE DE L'OR • 1957 • DCS
IT'S A CRIME • C'EST CRIMINAL • 1957 • ANS
COUNTRY THRESHING • 1958
DAYS BEFORE CHRISTMAS, THE • BIENTOT NOEL • 1958 • DCS
I WAS A NINETY-POUND WEAKLING • 1959 • DCS
GLENN GOULD -OFF THE RECORD • 1960
GLENN GOULD -ON THE RECORD • 1960
FESTIVAL IN PUERTO RICO • 1961
LIVING MACHINE, THE • 1961
LONELY BOY • PAUL ANKA • 1961 • DCS
CANADIAN BUSINESSMAN, THE • CANADIAN BUSINESSMEN • 1963
STRAVINSKY • 1965 • DOC
DRAG, THE • 1966 • ANS
STEELTOWN • 1967
YOU'RE UNDER ARREST • 1979 • ANS
COMING BACK ALIVE • 1980
JOHN CAT • 1984

KOEPP VOLKER – GRM
MADCHEN IN WITTSTOCK • 1976

KOERFER THOMAS – SWT
TOD DES FLOHZIRKUSDIREKTORS ODER OTTOCARO WEISS REFORMIERT SEINE FIRMA, DER • PESTTHEATER • 1973
MORT DU DIRECTEUR DE CIRQUE DE PUCES, LA • OTTOCARO WEISS REFORME SON ENTREPRISE ○ TOD DES FLOHZIRKUSDIREKTORS ○ DEATH OF THE FLEA CIRCUS DIRECTOR, THE • 1974
GEHULFE, DER • ASSISTANT, THE • 1976
ALZIRE ODER DER NEUE KONTINENT • 1977
GLUT IM HERZEN • GLOWING HEARTS ○ GLUT • 1983
DOLLARFALLE, DIE • DOLLAR TRAP, THE • 1988
EXIT GENUA • GENOA EXIT, THE • 1989

KOERPEL JACQUES
WAR IS A RACKET • 1934

KOETTER BERT – GRM
ANDY WARHOL AND HIS CLAN • 1971 • DOC

KOFF DAVID – USA
BLACKS BRITANNICA • 1978 • DOC

KOGAN MARCIO – BRZ
FOGO E PAIXAO • FIRE AND PASSION • 1988

KOHANYI JULIUS – CND – 1936–
REQUIEM FOR A CITY BLOCK • 1960
SOFTNESS OF CONCRETE, THE • 1961
ARTISTS' WORKSHOP, THE • 1964
HERRING BELT, THE • 1964
LITTLE MONDAY • 1965 • SHT
TEDDY • 1967 • SHT
HENRY MOORE • 1968 • SHT
TEVYE • 1969 • DCS
IMAGES • 1970
RODIN • 1970
GATES OF HELL • 1972
GAMES • 1974
ORGANIVERSE • 1974
PEASANT'S WEDDING, THE • 1974
SKATERS ON THE AMSTEL • 1974 • MTV
H-A • 1975
I'M ALIVE • 1977
IMPRESSION AND PRE-IMPRESSION IN FRANCE • 1979 • MTV
SUMMER'S CHILDREN • 1979
JANOS • 1980
ROMANTIC LANDSCAPE IN ENGLAND • 1980 • MTV
MUSKOKA, A LOOK BACK • 1983

KOHLER KLAUS – GRM
FUR AUSLANDISCHE UND DEUTSCHE ARBEITER • FOR FOREIGN AND GERMAN WORKERS • 1973

KOHLER M. R. see **KOHLER MANFRED R.**

KOHLER MANFRED see **KOHLER MANFRED R.**

KOHLER MANFRED R. – GRM
KOHLER MANFRED • KOHLER M. R.
SARG AUS HONGKONG, EIN • COFFIN FROM HONG KONG, A (USA) • 1964
AGENT 505 -TODESFALLE BEIRUT • AGENT 505 (UKN) ○ AGENT FIVEOFIVE • 1965
FLUCH DES SCHWARZEN RUBINS, DER • 1965
AGENT S3S OPERAZIONE URANIO • 1966
GEHEIMNIS DER GELBEN MONCHE, DAS • SEGRETO DEI FRATI GIALLI, IL (ITL) ○ TARGET FOR KILLING (USA) ○ WIE TOTET MAN EINE DAME? ○ TIRO A SEGNO PER UCCIDERE ○ COME SI UCCIDE UNA SIGNORA? ○ HOW TO KILL A LADY ○ AUS ○ SECRET OF THE YELLOW MONKS, THE • 1966
TRAPPOLA SCATTA A BEYRUT, LA • TRAP CLOSES AT BEIRUT, THE • 1966

KOHLER MICHAEL – UKN
EXPERIENCER, THE • 1977

KOHLER WILL – USA
SO LOVELY, SO DEADLY • 1957

KOHLERT LUTZ – GRM
AERZTE • 1961
LYUDI I ZVERI • MENSCHEN UND TIERE (GDR) ○ MEN AND BEASTS ○ PEOPLE AND BEASTS • 1962
TIEFE FURCHEN • 1965

KOHLHAAS ANTON – NTH
JULIANA IN ZEVENTIG BEWOGEN JAREN • JULIANA IN SEVENTY TURBULENT YEARS • 1979

KOHLHAASE WOLFGANG – GRM
SOLO SUNNY • 1979

KOHLMAR LEE – USA
TOTO OF THE BYWAYS • 1916 • SHT
HIGH HEELS • CHRISTINE OF THE YOUNG HEART • 1921

KOHN JOSEPH – USA
BASIN STREET REVUE • 1955
HARLEM JAZZ FESTIVAL • 1955
ROCK 'N' ROLL REVUE • HARLEM ROCK 'N' ROLL (UKN) ○ ROCK 'N' ROLL JAMBOREE • 1956

KOHNE FRIEDEL – GRM
MEDAILLON DER LADY SINGTON, DAS • 1920

KOHNER PANCHO – USA – 1939–
BRIDGE IN THE JUNGLE, THE • 1970
MR. SYCAMORE • 1975

KOHON DAVID JOSE – ARG
PRISIONEROS DE UNA NOCHE • PRISONERS OF ONE NIGHT ○ PRISONERS OF A NIGHT • 1960
TRES VECES ANA • THREE TIMES ANA • 1961
QUE ES EL OTONO? • WHAT IS AUTUMN? • 1977
AGUJERO EN LA PARED, EL • HOLE IN THE WALL, THE • 1982

KOHOUT PAVEL – CZC – 1928–
WEDDING WITH STRINGS • 1965
SEVEN DAYS A WEEK • 1967

KOISHI EIICHI – JPN
AI NO SANGA • THIRD FLOOR LOVE ○ MOUNTAIN AND RIVER OF LOVE • 1950
KAIDAN CHIDORI-GA-FUCHI • GHOST OF CHIDORI-GA-FUCHI ○ SWAMP, THE • 1956

KOK MARJA – NTH
OPNAME • IN FOR TREATMENT • 1979

KOK THEO – NTH
RESTORATION OF THE "NIGHT WATCH", THE • 1977 • SHT

KOKEISL – CZC
KASPAREK KOUZELNIKEM • PUNCH THE MAGICIAN • 1927
PERNIKOVA CHALOUPKA • BABES IN THE WOOD • 1927
PRAMEN LASKY • SOURCE OF LOVE, THE • 1928
STIN VE SVETLE • SHADOW IN LIGHT • 1928
U SV. MATEJE • BY ST. MATTHIAS • 1928
V BLOUZNENI • IN A FANTASTIC VISION • 1928

KOKESZ STANISLAW – PLN
PODWOJNE ZYCIE WAZKI • DOUBLE LIFE OF A DRAGONFLY • 1958 • DOC

KOKHAN G. – USS
BREAD AND SALT • 1970

KOKKINOPOULOS PANOS – GRC
SIGNS OF NIGHT • SCARS OF THE NIGHT • 1988

KOKKONEN ERE – FNL – 1938–
MILLIPILLERI • MILLIPILL, THE ○ MILL PILL ○ DOLLARO PER 7 VIGLIACCHI, UN ○ TESTAMENTO DE MADIGAN, EL ○ MADIGAN'S MILLIONS • 1966
POHJAN TAHTEET • SCRAPS AT THE BOTTOM • 1969
SPEEDY GONZALES, NOIN SEITSEMAN VELJEKSEN POIKA • SPEEDY GONZALES, SON OF ABOUT SEVEN BROTHERS • 1970
UUNO TURHAPURO • DOPEY NUMBSKULL USELESS-BROOK • 1974
VIU-HAH HAH-TAJA • WHIZZER, THE • 1975
LOTTOVOITTAJA UKK TURHAPURO • LOTTERY-WINNER U.K.K. EMPTYBROOK • 1976
PROFESSORI UUNO D. G. TURHAPURO • UUNO TURHAPURO II ○ PROFESSOR NUMBSKULL D.(FOR DAVID) G.(FOR GOLIATH) EMPTYBROOK • 1976
HAY ENDKO? ELI KUINKA UUNO TURHAPURO SAI NIIN KAUNIIN JA RIKKAAN VAIMON • HAPLESS END? OR HOW NUMBSKULL EMPTYBROOK WON THE HAND OF SUCH A BEAUTIFUL AND RICH LADY • 1977
RAUTAKAUPPIAS UUNO TURHAPURO • NUMBSKULL EMPTYBROOK, IRONMONGER • 1978
MARITAL CRISIS OF NUMBSKULL EMPTYBROOK, THE • 1981
UUNO TURHAPURON AVIOKRIISI • NUMBSKULL EMPTYBROOK'S MARITAL CRISIS • 1981
UUNO TURHAPURO MENETTAA MUISTINSA • NUMBSKULL EMPTYBROOK LOSES HIS MEMORY • 1982
UUNO TURHAPURON MUISTI PALAILEE PATKITTAIN • NUMBSKULL EMPTYBROOK'S MEMORY SLOWLY COMES BACK • 1983
UUNO TURHAPURO ARMEIJAN LEIVISSA • NUMBSKULL EMPTYBROOK IN THE ARMY • 1984
UUNO TURHAPURO ESPANJASSA • NUMBSKULL EMPTYBROOK IN SPAIN • 1985
UUNO TURHAPURO MUUTTAA MAALLE • NUMBSKULL EMPTYBROOK MOVES BACK TO THE COUNTRYSIDE • 1986
LITTLE BOYS • 1987
TOO BIG • 1987

KOKOCHASHVILI MERAB – USS – 1935–
OLD BEECH, THE • 1957 • SHT
FROM HOUSE TO HOUSE • 1961 • SHT
PAGES OF THE PAST • 1964
BOLSHAYA ZELYONAYA DOLINA • WIDE GREEN VALLEY, THE ○ BIG GREEN VALLEY • 1968

KOKOCHASHVILI MIKHAIL – USS
SCHOOL HOLIDAYS, THE • 1963

KOLA DJIM MAMADOU – BRK
KOLLA DJIM
SANG DES PARIAS, LE • BLOOD OF THE PARIAS, THE • 1973
CISSIN.. 5 ANS PLUS TARD • 1982 • DOC

KOLAR BORIS – Animator – YGS – 1933–
INSPECTOR MASK • 1950-56 • ASS
RETURN TO THE LAND OF OZ • ANM
DJECAK I LOPTA • BOY AND THE BALL ○ BOY AND A BALL, A • 1960 • ANS
BUMERANG • BOOMERANG • 1962 • ANM
GRADANIM IM5 • CITIZEN IM5 • 1962 • ANS
NEMAN I VI • MONSTER AND I, THE (USA) ○ MONSTER AND YOU, THE • 1964 • ANS
VAU-VAU • WOW-WOW ○ WOOF! WOOF! ○ BOW WOW • 1964
DISCOVERER, THE • 1965 • ANS
SERENDIPITY • ANS
PROFESSOR BALTHASAR • 1967-69 • ASS
LETECI FABIJAN • FLYING FABIAN • 1968 • ANS
OBSESSION • 1968 • ANM
VJETROVITA PRICA • WINDY STORY • 1968 • ANS
HANIBALOVE ALPE • LIGHTHOUSE KEEPING • 1969 • ANS
HORACIJEV USPON I PAD • RISE AND FALL OF HORATIO, THE • 1969 • ANS
MAESTRO KOKO • NESTANAK MAESTRA KOKO • 1969 • ANS
O MISU I SATOVIMA • OF MICE AND MEN ○ OF MICE AND BEN • 1969 • ANS
RODENDANSKA PRICA • ARTS AND FLOWERS • 1969 • ANS
SRECA U DVOJE • HAPPINESS FOR TWO • 1969 • ANS
STRUCNJACI • SPECIALISTS ○ SPECIJALIST • 1969 • ANS
TETKE PLETKE • KNITTING PRETTY • 1969 • ANS
VIKTOROV JAJOMAT • VICTOR'S EGG-O-MAT • 1969 • ANS
UTOPIA • 1973

KOLAR J. S. – CZC – 1896–
KOLAR JAN STANISLAV
POLYKARP APROVIZUJE • POLYKARP ON THE BLACK MARKET • 1917
POLYKARPOVO ZIMNI DOBRODRUZSTVI • POLYKARP'S WINTER ADVENTURE • 1917
UCITEL ORIENTALNICH JAZYKU • TEACHER OF ORIENTAL LANGUAGES, THE • 1918
AKORD SMRTI • CHORD OF DEATH ○ DEATH PACT • 1919
DAMA S MALOU NOZKOU • LADY WITH THE SMALL FOOT, THE ○ LADY WITH SHORT LEGS, THE • 1919
TEDDY BY KOURIL • TEDDY'D LIKE A SMOKE ○ TEDDY WANTS TO SMOKE • 1919
ZPEV ZLATA • SONG OF GOLD, THE • 1920
KRIZ U POTOKA • CROSS AT THE BROOK, THE • 1921
PRICHOZI Z TEMNOT • SPECTRE OF DARKNESS • 1921
MRTVI ZIJI • DEAD ARE ALIVE, THE • 1922
SVATY VACLAV • SAINT WENCELAUS • 1929

KOLAR JAN STANISLAV see **KOLAR J. S.**

KOLAROV KERAN – BUL
KOLAROV KIRAN
PROFESSION -ORDERLY • 1979
AIR MAN, THE • 1980
CASE NO.205/1913 • 1983

KOLAROV KIRAN see **KOLAROV KERAN**

KOLBE WINRICH see **COLBY RICK**

KOLDITZ GOTTFRIED – GRM
JUNGE ENGLANDER, DER • 1958
WEISSES BLUT • WHITE BLOOD • 1959
SCHONE LURETTE, DIE • 1960
GOLDENE JURTE, DIE • 1961
GELIEBTE WEISS MAUS • 1964
MISTRESS HOLLE • 1965
TAL DER SIEBEN MONDE, DAS • VALLEY OF THE SEVEN MOONS, THE • 1967
SPUR DES FALKEN • TRAIL OF THE FALCON • 1968
SIGNALE -EIN WELTRAUMABENTEUER • SIGNALS -AN ADVENTURE IN SPACE ○ SIGNALS -A SPACE ADVENTURE ○ SIGNALS -A WORLD-DREAM ADVENTURE • 1970
SNOW WHITE • 1972
APACHEN • 1973
ULZANA (APACHEN, PART 2) • 1974

KOLEVA MARIA – BUL – 1940–
FETE AUJOURD'HUI, LA FETE DEMAIN, LA • 1972 • DOC
FRAGMENTS POUR UN DISCOURS THEATRAL-VITEZ-LE CONSERVATOIRE • 1976 • DOC
ANDROMAQUE OU L'IRREPARABLE • 1977 • DCS
BARBOUILLE OU LA MORT GAIE, LE • 1977 • DOC
CINQ LECONS DE THEATRE D'ANTOINE VITEZ • 1977 • SER
MARTINE ET LE CID • 1977 • DCS
NOCES DE SANG OU LE CREATION DE L'OBSTACLE • 1977 • DOC
OURS OU TCHEKHOV EST-IL MISOGYNE? • 1977 • DCS
ETAT DE BONHEUR.. PERMANENT!, L' • 1981
VOITURE, LA • 1981

KOLIATIS DIMITRIS – GRC
EKINI POU XEROUN N'AGAPOUN • THOSE WHO KNOW HOW TO LOVE • 1968

KOLIJAMOV L.
LADIES • 1955

KOLINE NICOLAS – Actor – USS
SIX CENT MILLE FRANCS PAR MOIS • 1925

KOLKER HENRY – Actor – USA – 1874–1947
MAN'S COUNTRY, A • 1919
WOMAN MICHAEL MARRIED, THE • 1919
BRIGHT SKIES • 1920
GREATEST LOVE, THE • 1920
HEART OF TWENTY, THE • 1920
PALACE OF THE DARKENED WINDOWS, THE • 1920
THIRD GENERATION, THE • 1920
BUCKING THE TIGER • 1921
DISRAELI • 1921
FIGHTER, THE • 1921
WHO AM I? • 1921
I WILL REPAY • SWORDS AND THE WOMAN (USA) • 1923
LEOPARDESS, THE • 1923
PURPLE HIGHWAY, THE • 1923
SNOW BRIDE, THE • 1923
GREAT WELL, THE • NEGLECTED WOMEN (USA) • 1924

KOLLA DJIM see **KOLA DJIM MAMADOU**

KOLLANYI AGOSTON – HNG – 1913–
STRUCTURE OF MATTER, THE • 1951
BESZELNEK A SZINEK • COLOURS SPEAK, THE • 1953
AQUARIUM • 1954
KATI AND THE WILD CAT • 1955
TWO THOUSAND-YEAR ANNIVERSARY OF PECS • 1955
CRADLES • 1957
ISTVAN SZONYI • 1959
MONGUZOK SZIGETEN, A • OSTRVO MUNGOSA ○ ISLAND OF THE MONGOOSES, THE ○ ISLAND OF MONGOOSES, THE • 1959
STORY OF A SECOND, THE • 1959
LIVING TRAPS • 1961
SILVER THREADS • 1961
LIKE A DROP IN THE SEA • 1962
JUMPING LEGS, SWINGING WINGS • 1963
SONG ABOUT IRON • 1963
WHAT YOU GAVE IS LIFE ITSELF • 1963
ETERNAL RENAISSANCE • 1966
NOE BARKAI • NOAH'S ARKS • 1983

KOLLATOS DIMITRI see **KOLLATOS DIMITRIS**

KOLLATOS DIMITRIS – GRC – 1937–
KOLLATOS DIMITRI • COLLATOS DIMITRI
THANATOS TOU ALEXANDROU, O • DEATH OF ALEXANDER, THE ○ MORT D'ALEXANDRE, LA • 1967
SYMPOSIUM • 1970
BANQUET, LE • 1972
FRANCE DE GISCARD, LA • 1977
LIFE WITH ALKIS • 1988

KOLLEK AMOS – ISR
WORLDS APART • 1980
GOODBYE NEW YORK • 1984
FROM NEW YORK WITH LOVE • 1985
FOREVER, LULU • 1987
MELANIE ROSE • 1988

KOLLER XAVIER – SWT
HANNIBAL • 1973
GALGENSTEIGER, DER • GALLOWS MAN • 1979 • MTV
GEFRORENE HERZ, DAS • FROZEN HEART, THE • 1979 • MTV
SCHWARZE TANNER, DER • 1986
REISE DER HOFFNUNG • JOURNEY OF HOPE • 1989

KOLLNER H. F. – GRM
SEE RUFT, THE • 1942

KOLLO SANOU – BRK
PAWEOGO • EMMIGRANT, THE • 1983

KOLM ANTON – AUS
HOFFMANNS ERZAHLUNGEN • TALES OF HOFFMANN • 1911
TRILBY • THREE TALES OF TERROR ○ TRILOGY OF TERROR • 1912

KOLM LUISE see **FLECK LUISE**

KOLM-VELTEE H. W. see **KOLM-VELTEE H. WALTER**

KOLM-VELTEE H. WALTER – AUS
KOLM-VELTEE WALTER • KOLM-VELTEE H. W.
EROICA • 1949
DON JUAN • DON JUAN'S FAREWELL • 1956
AUCH MANNER SIND KEINE ENGEL • 1958
PANOPTICUM 59 • 1959

KOLM-VELTEE WALTER see **KOLM-VELTEE H. WALTER**

KOLM WALTER – AUS
MEIN LIEBSTER IST EIN JAGERSMANN • LIEBE BEI HOF • 1933
CSARDAS, IHRE TOLLSTE NACHT • 1937

KOLOSOV S. see **KOLOSOV SERGEI**

KOLOSOV SERGEI – USS
KOLOSOV S.
I'M DRAWING THEIR FIRE ON MYSELF • 1964
POMNI IMJA SVOE
MAT' MARIJA • MOTHER MARIA • 1983

KOLOWRAT SASCHA – AUS
JUNGE MEDARDUS, DER • 1923

KOLSKI JAN JAKUB – PLN
POGRZEB KARTOFLA • BURYING THE POTATO • 1990

KOLSTAD MORTEN – NRW
PIRATENE • PIRATES, THE • 1983
NOE HELT ANNET • SOMETHING ELSE -ENTIRELY • 1985

KOLSTO EGIL – DNM
ELSK.. DIN NAESTE • LOVE.. THY NEIGHBOUR • 1967
VERGISS NICHT DEINE FRAU ZU KUSSEN • DON'T FORGET TO KISS YOUR WIFE • 1967
DAGER FRA 1000 AR • DAYS FROM 1000 YEARS • 1969
FRIHETEN NA • FREEDOM NOW • 1973
ARME SYNDIGE MENNESKE • POOR WRETCHED SINNER • 1978
GALSKAPENS STILLHET • SILENCE OF MADNESS, THE • 1984
BIBBI, ELIN AND CHRISTINA • 1985
FENGSLENDE DAGER FOR CHRISTINA BERG • 1988

KOLTAY GABOR – HNG
KONCERT, A • CONCERT, THE • 1982
ISTVAN, A KIRALY • STEPHEN, THE KING • 1984

KOLTSATY ARKADI – USS
NYET I DA • NO AND YES • 1967
TAYINSTVENNY MONAKH • MYSTERIOUS MONK, THE • 1968
S.O.S. OVER THE TAYGA • 1976

KOLTSOV VITALI – USS
V LASUREVOI STEPI • SKY-BLUE STEPPE, THE • 1971
INTO THE LIGHT • 1975

KOLTUNOV G. – USS
BLACK SEAGULL, THE • 1962

KOMACK JAMES – USA – 1930–
PORKY'S REVENGE • 1985

KOMAREVTSEV N. – USS
LENINGRAD V BORBYE • DAYS AND NIGHTS IN LENINGRAD ○ DEFENCE OF LENINGRAD, THE ○ LENINGRAD IN COMBAT ○ LENINGRAD FIGHTS! • 1942

KOMAROV SERGEI – USS
POTSELUI MERI PIKFORD • KISS OF MARY PICKFORD, THE ○ MARY PICKFORD'S KISS • 1927
KUKLA S MILLIONAMI • DOLL WITH MILLIONS, THE • 1928

KOMAROVSKI GLEB – USS
DYEVOCHKA NA SHARYE • GIRL ON A BALL, A • 1967

KOMATSUBARA KAZUO – Animator – JPN
WARRIORS OF THE WIND • 1985 • ANM

KOMISARJEVSKY JAMES – UKN
KOMISSARJEVSKY J.
WAY OF THE WORLD, THE • 1947
VOLSHEVNOYE ZERKALO • ENCHANTED MIRROR, THE (USA) • 1958

KOMISARJEVSKY THEODOR – UKN
YELLOW STOCKINGS • 1928

KOMISSARJEVSKY J. see **KOMISARJEVSKY JAMES**

KOMISSAROV K. – USS
WILD CAPTAIN, THE • 1973

KOMOR SERGE – FRN – 1929–
QUI OSE NOUS ACCUSER? • 1962

KOMORI HAKU – JPN
AKUDOMA JUNEN • TEN YEARS OF EVIL • 1967
BIJO GOMON • BEAUTY'S TORTURE, A • 1967
JAIN • SNAKY ADULTERY • 1967
NIKUKEI • CARNAL PUNISHMENT • 1967
SHOJO SEITAI • ECOLOGY OF A VIRGIN • 1967
ZANKI: SEITAIJIKKEN • EXPERIMENTS ON THE HUMAN BODY • 1967
ZANNIN • CRUELTY • 1967
GOKUHI ONNA GOMON • TOP SECRET OF TORTURING WOMEN • 1968
IROGOKUDOH • LUSTFUL BRUTE • 1968
RAJO JIGOKU • INFERNO OF NAKED WOMEN • 1968
RASHOKU SAPPOH NUKIMI • NAKED KILLING • 1968
SEIEN, SHISHOGIRI • ATTACK POINT OF WOMEN • 1968

KOMORI KIYOSHI – JPN
DAITOWA SENSO TO KOKUSAI SAIBAN • GREAT ASIA WAR AND THE INTERNATIONAL TRIBUNAL, THE ○ PACIFIC WAR AND THE INTERNATIONAL MILITARY TRIBUNE, THE • 1959
TAIHEIYO SENSO TO HIMEYURI BUTAI • PACIFIC WAR AND HIMEYURI CORPS • 1962

KOMORO JIRO – JPN
NIKU NO HOKOROBI • RIP OF THE FLESH, A • 1968

KOMOROWSKI see **KOMOROWSKI PAWEL**

KOMOROWSKI P. see **KOMOROWSKI PAWEL**

KOMOROWSKI PAWEL – PLN
KOMOROWSKI P. • KOMOROWSKI
GODZINA BEZ SLONCA • HOUR WITHOUT SUN, THE • 1954
KONIEC NOCY • END OF THE NIGHT, THE ○ END OF NIGHT • 1957
SZKLANA GORA • GLASS MOUNTAIN, THE • 1961
FIVE MEN, THE • 1964
SCIANA CZAROWNIC • WALL OF WITCHES, THE ○ WITCHES' WALL, THE • 1967
STAJNIA NA SALWATORZE • STABLE IN SALVATOR, A ○ SALVATOR STABLE, THE ○ STABLE ON SALWATOR, THE • 1967
OSTATNI PO BOGU • LAST AFTER GOD, THE • 1968
SZARADA • CHARADE • 1977

KONCHALOVSKY ANDREI – USS – 1937–
MIKHALKOV-KONCHALOVSKY A
MALCHIK I GOLUB • BOY AND A PIGEON, A ○ BOY AND THE PIGEON, THE • 1958
SKATING RINK AND THE VIOLIN, THE • 1959
PERVYI UCHITEL • FIRST TEACHER, THE • 1965
ISTORIA ASI KHYACHINOI, KOTORAYA LYUBILA, DANE VYSHLA ZAMUKH • STORY OF ASI, WHO LOVED BUT DID NOT MARRY, THE ○ ASYA'S HAPPINESS ○ HAPPINESS OF ASYA, THE ○ HAPPY ASYA • 1966
DVORIANSKOE GNEZDO • NEST OF GENTLEFOLK, A (UKN) ○ NEST OF THE GENTRY, A • 1969
DYADYA VANYA • UNCLE VANYA ○ DIADIA VANYA • 1971
LJUTYJ • 1974
MATERIK GIGANTOV • LAND OF GIANTS, THE • 1975
ROMANS O VLYUBLYONNYKH • LOVERS' ROMANCE, A ○ ROMANCE OF LOVERS, THE • 1975
SIBIRIADA • SIBERIAD, THE ○ SIBERIADE ○ SIBERIANA • 1979
SHY PEOPLE • 1981
SPLIT CHERRY TREE • 1982 • SHT
MARIA'S LOVERS • 1984
RUNAWAY TRAIN, THE • 1985
DUET FOR ONE • 1986
HOMER AND EDDIE • 1989

KONDEK WACLAW – Animator – PLN
ONDRASZEK • 1959
THIEVES, THE • 1960 • ANM
LARGHETTO • 1967

KONDLER MOISES – BRZ
MARGINAIS, OS • DELINQUENTS, THE ○ MARGIN, THE • 1968

KONDOUROS NIKOS see **KOUNDOUROS NIKOS**

KONDRATIUK ANDRZEJ – PLN
CHCIALBYM SIE OGOLIC • I'D LIKE TO SHAVE ○ I'D LIKE A SHAVE ○ SHAVE, PLEASE • 1967
DZIURA W ZIEMI • HOLE IN THE GROUND, A ○ HOLE IN THE EARTH • 1970
SKORPION, PANNA I LUCZNIK • SAINT FAMILY • 1972

KONERMANN LUTZ – GRM
BLACK WITHOUT SUGAR • 1985

KONETZKY E. – GRM
WO MENSHCEN FRIEDEN FINDEN • 1924

KONG DON – HKG
SILVER DRAGON NINJA

KONG EDWIN – HKG
TS'AN-TUNG-TE CHAN-CHENG • RISING SUN • 1980 • DOC

KONG HUNG – HKG
SUPERIOR YOUNGSTERS • 1973
BRUCE LEE STORY, THE • 1974

KONG JACKIE – USA
BEING, THE • EASTER SUNDAY • 1983
NIGHT PATROL • 1985
BLOOD DINER • 1987
NIGHTSCHOOL • UNDERACHIEVERS • 1987

KONG JOSEPH – HKG
BRUCE AND THE SHAOLIN BRONZEMEN • BRUCE AND THE SHAOLIN BRONZEMEN MASTER
KING BOXER 2
DRAGON'S CLAWS • DRAGON'S CLAW • 1974
BRUCE'S FINGERS • BRUCE'S DEADLY FINGERS
ENTER THREE DRAGONS • 1981

KONIC ANDRZEJ – PLN
DROGA NA FRONT • WAY TO THE FRONT, THE • 1975

KONIG GERHARD – AUS
UNTER DEM EINFLUSS EINER KRAFT • UNDER THE INFLUENCE OF A CERTAIN POWER • 1987

KONIG HANS H. – GRM
EINGEBILDETE KRANKE, DER • 1952
ROSEN BLUHEN AUF DEM HEIDEGRAB • 1952
GELIEBTES FRAULEIN DOKTOR • LIEBESBRIEFE AUS MITTENWALD • 1954
HOCHSTAPLERIN DER LIEBE • 1954
KLEINE STADT WILL SCHLAFEN GEHEN, DIE • 1954
FISCHER VOM HEILIGENSEE, DER • 1955
ERBE VOM PRUGGERHOF, DAS • 1956
HEISSE ERNTE • 1956
SCHUTZE LIESCHEN MULLER • 1956
VERGISS, WENN DU KANNST • 1956
ZWEI BAYERN IN ST. PAULI • 1956
WINZERIN VON LANGENLOIS, DIE • UND SOWAS WILL ERWACHSEN SEIN • 1957
RAPE ON THE MOOR

KONIG LEO – GRM
HERMANNSSCHLACHT, DIE • 1924

KONIGSBERG FRANKLIN – USA
CONVERSATIONS WITH SHAKEY JAKE • 1972 • SHT

KONIGSTEIN HORST – GRM
HARD DAYS -HARD NIGHTS • 1990

KONISHI MICHIO – JPN
SAKARIBA BLUES • BLUE NEON • 1968

KONO HISASHI – JPN
ODA NOBUNAGA • 1955
SATOMI HAKKEN DEN • 1955

KONO JUICHI – JPN
SHINSENGUMI ONITAICHO • LAST OF THE SAMURAI • 1954
HARESUGATA ICHIBAN MATOI • 1956
HIMALAYA NO MAO • 1956
KAIDAN BANCHO SARAYASHIKI • GHOST STORY OF BROKEN DISHES AT BANCHO MANSION ○ GHOST OF YOTSUYA, THE • 1957
ASAMA NO ABARENBO • THUNDER KID • 1958
DOKUGANRYU MASAMUNE • HAWK OF THE NORTH • 1959
FUUNJI ODA NOBUNAGA • YOUNG FURY • 1959

KONSKI JOSI – SPN
FREDDY OF THE JUNGLE • 1981

KONSTANTINOU PANAYOTIS – GRC
ARGIRO, I PRODHOMENI TSELIGOPOULA • ARGIRO, THE BETRAYED • 1968
MEGALES AGAPES • GREAT LOVES • 1968
TOSA ONIRA STOUS DROMOUS • DREAMS IN THE STREET • 1968

KONSTANTINOU PANOS – GRC
OREA EGIOTISA • BEAUTIFUL GIRL FROM EGION, A • 1968

KONTAXIS VASILIS – GRC
SAKAFLIAS, O • BANDIT, THE • 1967

KONTELLIS PANOS – GRC
DARK ALLEYS • 1968

KONWICKI TADEUSZ – Screenwriter – PLN – 1926–
OSTATNI DZIEN LATA • LAST DAY OF SUMMER, THE • 1958
ZADNUSZKI • HALLOWE'EN ○ ALL HALLOWS EVE ○ ALL SOULS DAY • 1961
CHWILA POKOJU • AUGENBLICK DES FRIEDENS (FRG) ○ MOMENT OF PEACE, A • 1965 • MTV
MATURA • ENTRANCE EXAMINATION • 1965
SALTO • 1965
JAK DALEKA STAD, JAK BLISKO • HOW FAR FROM HERE, HOW NEAR ○ SO NEAR AND YET SO FAR ○ SO FAR, SO NEAR ○ HOW FAR AND YET HOW NEAR • 1971
DOLINA ISSY • ISSA VALLEY, THE • 1983
LAWA • LAVA OR A TALE OF ADAM MICKIEWICZ'S FOREFATHERS ○ LAVA • 1989

KONYAR RASIM – GRM
VATANYOLU -THE JOURNEY HOME • 1989

KOOB ANDRE – FRN – 1946–
BRUCE CONTRE-ATTAQUE • 1982

van der KOOJI FRED – SWT
ZUKUNFTIGEN GLUCKSELIGKEITEN, DIE • FUTURE FELICITIES • 1989

KOOL ALLEN – CND – 1940–
BUTTERFLIES WITH WINGS • 1985
SHARK REEF • 1985
GREAT WHALES • 1986 • MTV
GREAT WHITE SHARK • 1986
VIDEO QUEEN • 1986
WILD AFRICA • 1986

KOOLHAAS ANTON – NTH
DIJK IS DICHT, DE • DIKE IS SEALED, THE • 1959

KOOP ANNEROSE – GRM
VULKANWERFT IM METALLERSTREIK 1974, DIE • 1975

KOORIS RICHARD – USA
JIVEASP • 1975 • DOC

KOPALIN I. see **KOPALIN ILYA**

KOPALIN ILYA – USS – 1900–1976
KOPALIN I.
RAZGROM NEMETZKIKHY VOISK POD MOSKVOI • DEFEAT OF THE GERMAN ARMIES NEAR MOSCOW, THE ○ MOSCOW STRIKES BACK (USA) • 1942
BERLIN CONFERENCE, THE • 1945
DAY OF THE VICTORIOUS COUNTRY, THE • 1947 • DOC
UNFORGETTABLE YEARS, THE • 1957 • DOC
CITY OF GREAT DESTINY • 1960 • DOC
GOROD BOLSHOY SUDBY • MOSCOW STORY • 1961
PERVI REJS V ZVEZDAM • WITH GAGARIN TO THE STARS ○ FIRST TRIP TO THE STARS • 1961 • DOC
PAGES OF IMMORTALITY • 1965 • DOC

KOPEL HAL – USA
BOOKS AND PEOPLE: THE WEALTH WITHIN • 1947

KOPETSKY SAM – USA

2069 A.D.: A SENSATION ODYSSEY • 2069 A. D. –A SEX ODDITY ○ 2069 A.D. • 1969

KOPIETZ FRED – USA

HAPPY SCOUTS • 1938 • ANS

KOPJIT CHERD – THL

BAAN • HOUSE • 1986

KOPPLE BARBARA – USA – 1946–

HARLAN COUNTY, U.S.A. • 1976 • DOC
KEEPING ON • 1982 • TVM

KOPRIVA ANTONIN – CZC

AZ DO OKONCE • TILL THE VERY END • 1985

KOPROWICZ JACEK – PLN

MEDIUM, THE • 1985

KORABOV NICOLAI – BUL – 1928–

KORABOV NIKOLA

DIMITROVGRADTSI • PEOPLE OF DIMITROVGRAD ○ MEN OF DIMITROVGRAD • 1956
MALKATA • LITTLE GIRL, THE ○ LASSIE, THE • 1959
LIBERTY OR DEATH
ANGRY JOURNEY • 1961
TYUTYUN • TOBACCO ○ TIUTIUN ○ TUTUNE • 1962
WRATHFUL JOURNEY • 1971
IVAN KONDAREN • 1973
LOYALTY FOR LOYALTY • 1976
YULIYA VREVSKAYA • JULIA VREVSKAYA ○ YULIA VREVSKA • 1978
GHIAUROV 50 • 1980
NIKOLAI GHIAUROV • 1980
DESTINY • 1983
RELIEF IN THE WHITE WIND • 1988

KORABOV NIKOLA see **KORABOV NICOLAI**

KORALNIK PIERRE – FRN – 1938–

ANNA • 1967
CANNABIS • 1969
PRINCE BARBARE, LE • 1988

KORBELAR OTOMAR – CZC

SKALNI PLEMENO • ROCKPEOPLE, THE • 1944

KORBER SERGE – FRN – 1936–

THOMAS JOHN

DAME A LA LONGUE-VUE, LA • 1962 • SHT
DELPHICA • 1962 • SHT
ONE DAY IN PARIS
PAGE D'AMOUR, UNE • 1965
17e CIEL, LE • 1965
IDIOT A PARIS, UN • IDIOT IN PARIS • 1967
PETITE VERTU, LA • 1968
DECAMERON '69 • 1969
HOMME-ORCHESTRE, L' • BEATO FRA LE DONNE (ITL) ○ HOMME ORCHESTRE, L' • 1969
TEL PERE, TEL FLIC • 1969
CAILLES SUR CANAPE
MELISSA
TROIS FILLES FACILES
SUR UN ARBRE PECHE • UP A TREE • 1970
FEUX DE LA CHANDELEUR, LES • DIVORZIATA, LA (ITL) • 1972
URSULE ET GRELU • 1973
ET VIVE LA LIBERTE • 1977
LOVE PLAY • 1977
PORNOTISSIMO • 1977
JE VOUS FERAI AIMER LA VIE • 1978
CHERCHEZ L'ERREUR • 1980
DUR, DUR • 1981

KORBSCHMITT HANS-ERICH – GRM

WENN DU ZU MIR HALST.. • GRUNE MAPPE, DIE ○ IF YOU STAND BY ME • 1962

KORCHAGIN M. – USS

SKOLA MUZESTVA • SCHOOL OF COURAGE • 1957

KORDA ALEXANDER – HNG – 1893–1956

KORDA SANDOR • NEUMANN JOZSEF

BECSAPOTT UJSAPIRO, A • DUPED JOURNALIST, THE • 1914
ORHAZ A KARPATOKBAN • WATCH-TOWER IN THE CARPATHIANS • 1914
LYON LEA • LEA LYON • 1915
TISZTI KARDBOJT, A • OFFICER'S SWORD, THE ○ OFFICER'S SWORDKNOT, THE • 1915
TUTYU ES TOTYO • TUTYU AND TOTYO • 1915
CIKLAMEN • CYCLAMEN • 1916
DOLOVAI NABOB LEANYA, A • 1916
EGYMILLIO FONTOS BANKO, AS • MILLION POUND NOTE, THE ○ ONE MILLION POUND NOTE, THE • 1916
FEHER EJSZAKAK • WHITE NIGHTS ○ WHITE NIGHT ○ FEDORA • 1916
KETSZIVU FERFI, A • MAN WITH TWO HEARTS, THE ○ DOUBLE-HEARTED MAN, A • 1916
MAGNAS MISKA • MISKA THE MAGNATE ○ MISKA THE GREAT • 1916
MESEK AZ IROGEPROL • TYPEWRITER'S TALE, A ○ TYPEWRITER TALES ○ TALES OF THE TYPEWRITER • 1916
NAGYMAMA, A • GRANDMOTHER, THE • 1916
NEVETO SZASZKIA, A • LAUGHING SASKIA, THE • 1916
VERGODO SZIVEK • FIGHTING HEARTS ○ BATTLING HEARTS ○ STRUGGLING HEARTS • 1916
ARANYEMBER, AZ • MAN WITH THE GOLDEN TOUCH, THE ○ GOLDEN MAN • 1917
FAUN, THE • 1917
GOLYAKALIFA, A • STORK CALIPH, THE • 1917
HARRISON ES HARRISON • HARRISON AND HARRISON • 1917
KETLELKU ASSZORY, A • WOMAN WITH TWO SOULS, THE • 1917
MAGIA • MAGIC • 1917
SZENT PETER ESERNYOJE • ST. PETER'S UMBRELLA • 1917
MARY ANN • 1918
SE KI, SE BE • NEITHER AT HOME OR ABROAD ○ NOT IN –OR OUT ○ NEITHER IN NOR OUT • 1918
AVE CAESAR! • 1919
III-ES, A • NUMBER III ○ IN ROOM III ○ IN NO. III ○ THIRD, THE • 1919
YAMATA • 1919
FEHER ROZSA • WHITE ROSE • 1920
SEINE MAJESTAT DAS BETTLEKIND • PRINCE AND THE PAUPER, THE ○ PRINZ UND BETTELKNABE • 1920
DIETRO LA MASCHERA • 1921
HERREN DER MEERE • MASTERS OF THE SEA • 1922
SAMSON UND DELILA • SAMSON AND DELILAH (USA) • 1922
VERSUNKENE WELT, EINE • TRAGODIE EINES VERSCHOLLENEN FURSTENSOHNES, DIE ○ VANISHED WORLD • 1922
UNBEKANNTE MORGEN, DAS • UNKNOWN TOMORROW, THE (UKN) • 1923
JEDERMANNS FRAU • EVERYBODY'S WOMAN ○ JEDERMANNS WEIB • 1924
TRAGODIE IM HAUSE HABSBURG • MAYERLING (USA) ○ DRAMA VON MAYERLING, DAS ○ PRINZ DER LEGENDE, DER • 1924
TANZER MEINER FRAU, DER • DANCING MAD (UKN) ○ DANCE FEVER • 1925
DUBARRY VON HEUTE, EINE • MODERN DUBARRY, A • 1926
MADAME WUNSCHT KEINE KINDER • MADAME WANTS NO CHILDREN • 1926
PRIVATE LIFE OF HELEN OF TROY, THE • HELEN OF TROY • 1927
STOLEN BRIDE, THE • 1927
NIGHT WATCH, THE • HIS WIFE'S AFFAIR • 1928
YELLOW LILY, THE • 1928
HER PRIVATE LIFE • 1929
LOVE AND THE DEVIL • 1929
SQUALL, THE • 1929
LILIES OF THE FIELD • 1930
PRINCESS AND THE PLUMBER, THE • 1930
WOMEN EVERYWHERE • HELL'S BELLES • 1930
MANNER UM LUCIE, DIE • 1931
MARIUS • 1931
RIVE GAUCHE • 1931
ZUM GOLDENEN ANKER • 1931
DAME DE CHEZ MAXIM'S, LA • DAME DE CHEZ MAXIM, LA • 1932
GIRL FROM MAXIM'S, THE • 1932
SERVICE FOR LADIES • RESERVED FOR LADIES (USA) • 1932
WEDDING REHEARSAL • 1932
PRIVATE LIFE OF HENRY VIII, THE • 1933
PRIVATE LIFE OF DON JUAN, THE • 1934
REMBRANDT • 1936
THIEF OF BAGDAD, THE • 1940
THAT HAMILTON WOMAN • LADY HAMILTON (UKN) • 1941
PERFECT STRANGERS • VACATION FROM MARRIAGE (USA) • 1945
IDEAL HUSBAND, AN • 1948

KORDA SANDOR see **KORDA ALEXANDER**

KORDA ZOLTAN – HNG – 1895–1961

KAROLY-BAKAK • 1918
ELF TEUFEL, DIE • 1927
MEN OF TOMORROW • YOUNG APOLLO • 1932
CASH • FOR LOVE OR MONEY (USA) • 1933
SANDERS OF THE RIVER • BOSAMBO (USA) • 1935
CONQUEST OF THE AIR • 1936
FORGET-ME-NOT • FOREVER YOURS (USA) ○ LULLABY • 1936
DRUM, THE • DRUMS (USA) • 1937
ELEPHANT BOY • 1937
REVOLT IN THE DESERT • 1937
FOUR FEATHERS, THE • 1939
THIEF OF BAGDAD, THE • 1940
RUDYARD KIPLING'S JUNGLE BOOK • JUNGLE BOOK, THE (UKN) • 1942
SAHARA • SOMEWHERE IN SAHARA • 1943
COUNTER-ATTACK • ONE AGAINST SEVEN (UKN) • 1945
MACOMBER AFFAIR, THE • WITHOUT HONOR • 1947
WOMAN'S VENGEANCE, A • MORTAL COILS • 1947
CRY, THE BELOVED COUNTRY • AFRICAN FURY (USA) • 1952
STORM OVER THE NILE • 1955

KORDE BAL – IND

PREET SHIKWA MALA • 1968

KORENEV A. – USS

LITERATURE LESSON • 1968

KORICAN MICHAEL – CND

RECORDED LIVE • 1982

KORMAN HARVEY – USA

EUNICE • 1984 • TVM

KORMON ROY – FRN

HALLUCINATIONS SADIQUES • 1969

KORMOS GYULA – HNG

NEM VAROK HOLNAPIG • I WON'T WAIT TILL TOMORROW • 1967

KORNAI PETER – HNG

DA CAPO • 1989

KORNBLUM HANNS WALTER – GRM

WUNDER DER SCHOPFUNG • OUR HEAVENLY BODIES (USA) ○ MIRACLES OF CREATION ○ WONDERS OF CREATION • 1925

KORNER VLADIMIR – CZC

KUKACKA V TEMNEM LESE • CUCKOO IN A DARK WOOD, A • 1985

KOROLEVITCH VLADIMIR

KILLING TO LIVE • 1931

KOROMOITSEF PAUL

SUNNY YOUTH • 1935

KOROMPAI MARTON – HNG

VIGYAZAT, MAZOLVA • ATTENTION, WET PAINT • 1961

KORPACHEV GEORGI – USS

KORPATCHOV GUERGUI

VII • VAMPIRES ○ VIJ • 1967

KORPATCHOV GUERGUI see **KORPACHEV GEORGI**

KORPORAAL GIOVANNI – MXC

BRAZO FUERTE, EL • 1958
DIABOLICO, EL • 1976

KORPORAAL JOHN – NTH

RIFIFI IN AMSTERDAM • 1962
VERGETEN MEDEMINNAAR, DE • 1964

KORRAS GEORGE see **KORRAS GIORGOS**

KORRAS GIORGOS – GRC

KORRAS GEORGE

CHRONOS CHILDREN, THE • 1985
DESERTER • 1988
KINGDOM OF DOVES, THE • 1988

KORRES E. – GRC

SYMI, THE ISLAND OF NIREUS

KORSH-SABLIN VLADIMIR – USS – 1900–

KORSH VLADIMIR

KRASNAYA DEREVNYA • 1935
GREATER PROMISE, A • 1936
ZAPOMNIM ETOT DYEN • WE SHALL REMEMBER THIS DAY • 1967

KORSH VLADIMIR see **KORSH-SABLIN VLADIMIR**

KORST STINE – DNM

HANDICAPBILLEDER • HANDICAP PICTURES • 1986 • DCS
VELKOMMEN TIL LIVET • WELCOME TO LIFE • 1987 • SHT

KORTNER FRITZ – Actor – AUS – 1892–1970

GREGOR MAROLD • 1918
ELSE VOM ERLENHOF • 1919
BRAVE SUNDER, DER • UPRIGHT SINNER, THE (USA) • 1931
SO EIN MADEL VERGISST MANNICHT • 1932
SARAJEVO • UM THRON UND LIEBE • 1955
STADT IST VOLLER GEHEIMNISSE, DIE • CITY OF SECRETS (USA) ○ SECRETS OF THE CITY • 1955
SENDING DER LYSISTRATA, DIE • 1961

KORTWICH WERNER – GRM

FRIESENNOT • DORF IM ROTEN STURM • 1935

KORTY JOHN – USA – 1936–

LANGUAGE OF FACES • 1963 • DCS
BREAKING THE HABIT • 1964 • ANM
SCRAP OF PAPER AND A PIECE OF STRING, A • 1964 • ANM
CRAZY QUILT • 1966
FUNNYMAN • NATURALLY FUNNY MAN, A • 1967
IMOGEN CUNNINGHAM -PHOTOGRAPHER • 1970 • DCS
RIVERRUN • 1970
PEOPLE, THE • 1971 • TVM
GO ASK ALICE • 1972 • TVM
CLASS OF '63 • 1973 • TVM
AUTOBIOGRAPHY OF MISS JANE PITTMAN, THE • FIGHT FOR FREEDOM • 1974 • TVM
SILENCE • CRAZY JACK AND THE BOY ○ CRY SILENCE • 1974
ALEX AND THE GYPSY • LOVE AND OTHER CRIMES • 1976
FAREWELL TO MANZANAR • 1976 • TVM
WHO ARE THE DEBOLTS? AND WHERE DID THEY GET 19 KIDS? • 1977 • DOC
FOREVER • 1978
OLIVER'S STORY • 1978
CHRISTMAS WITHOUT SNOW, A • 1980 • TVM
HAUNTING PASSION, THE • 1983 • TVM
TWICE UPON A TIME • 1983 • ANM
CARAVAN OF COURAGE: AN EWOK ADVENTURE • EWOK ADVENTURE, AN ○ CARAVAN OF COURAGE • 1984
SECOND SIGHT: A LOVE STORY • 1984 • TVM
DEADLY BUSINESS • 1986 • TVM
RESTING PLACE • HALLMARK HALL OF FAME • 1986 • TVM
BABY GIRL SCOTT • 1987 • TVM
EYE ON THE SPARROW • 1987 • TVM

KORVENHEIMO SUJI-MARJA see **MANTTARI ANSSI**

KORVER PIM – NTH

VAN UUR O TOT 24 • 1968 • SHT

KORZENIOWSKY WALDEMAR – USA

CHAIR, THE • 1987

KOS HELGA – Animator – NTH

WELTERUSTEN SCHAT • GOODNIGHT DARLING • 1987 • ANS

KOSA FERENC – HNG – 1937–

STUDY OF A WORKING DAY • ETUDE ABOUT A WORKING DAY • 1961
LIGHT • 1962
NOTES ON THE HISTORY OF A LAKE • 1962 • SHT
TIZEZER NAP • TEN THOUSAND SUNS, THE (UKN) ○ TEN THOUSAND DAYS • 1967
SUICIDE • 1968 • SHT
ITELET • JUDGEMENT • 1970
NINCS IDO • NO TIME ○ BEYOND TIME • 1973
HOSZAKADAS • SNOW-FALL • 1974
KULDETES • PORTRAIT OF A CHAMPION • 1979
MERKOZES, A • MATCH, THE • 1981
GUERNICA • 1983

KOSANOVIC BOSKO – YGS

KUCA NA OBALI • 1954

KOSAREV ALEXANDR – USS

NAT OVER CILI • 1977

KOSHELEV N. – USS

ARE YOU JOKING? • 1973

KOSHEVEROVA N. see **KOSHEVEROVA NADEZHDA**

KOSHEVEROVA NADEZHDA – USS
KOSHEVEROVA N.
CINDERELLA • 1947
TIGER GIRL • 1955
HONEYMOON, THE • 1956
OLD, OLD TALE, THE
LOOK OUT FOR GRANNY • 1960
CAIN 18TH • 1963
SEVODNYA –NOVYI ATTRAKSION • LOVE AND TIGERS • 1964
TODAY IS A NEW NUMBER • 1966
SHADOW, THE • 1972

KOSINSKI BOHDAN – PLN
ZAWODNICY • COMPETITORS, THE • 1964 • DOC
BIEG • RELAY EVENT, A • 1971
NA TORACH • ON THE TRACK • 1972 • DOC

KOSMAC FRANCE – YGS
OTON ZUPANCIC • 1951
TRI ZGODBE • 1955
GRAFIKA CLOVEKU • OUTLINE OF MAN • 1957
OBLACAK I OBLACI • 1962 • SHT
FIFTH AMBUSH, THE • 1969

KOSOVAC MILAN – YGS
SUNCE TUDEG NEGA • SUN FROM ANOTHER SKY, THE • 1968

KOSOVAC MILUTIN – FRN
TRAITRE, LE
DEVETNAEST DEVOJAKA I MORNA • NINETEEN GIRLS AND A SAILOR • 1971
ADA • 1985

KOSOVALIC SLOBODAN – YGS
DIM • SMOKE • 1967

KOSOWER HERB see **KOSOWER HERBERT**

KOSOWER HERBERT – Animator – USA
KOSOWER HERB
EXTINCTION OF A SOUL • 1956 • SHT
FACE, THE • 1967 • ANS
OMBRO CINEMA: LA DANSE • 1968 • ANS
DESIGN IN MOTION / STUDY ONE • ANS

KOSSOKO YAYA – NGR
REUSSITE DE MEI-THEBRE • 1972 • SHT

KOSTELAC NICOLA see **KOSTELAC NIKOLA**

KOSTELAC NIKOLA
KOSTELAC NICOLA
INSPECTOR MASK • 1950-56 • ASS
DREAM ENCOUNTER • MEETING IN A DREAM • 1957 • ANS
NA LIVADI • ON A MEADOW ○ MEETING IN A MEADOW • 1957 • ANS
PREMIJERA • OPENING NIGHT • 1957 • ANS
SUSRET U SNU • 1957 • ANS
NOCTURNO • NOCTURNE (USA) • 1958 • ANS
BOXING RING, THE • RING, THE • 1959 • ANM
LUDO SRCE • CRAZY HEART, A • 1959 • ANS
CUPIDO • CUPID • 1961 • ANS

KOSTELETOS ODISSEAS – GRC
AFTI POU DHEN LIYISE • WOMAN'S VICTORY, A ○ SHE WHO DID NOT BEND • 1967
AN MILOUSE TO PARELTHON • SPEAK OF THE PAST • 1967
HRIMA ITAN VROMIKO, TO • MONEY WAS DIRTY, THE ○ DIRTY MONEY • 1967
KATARAMENI AGAPI • CURSED LOVE • 1968
PIRE O ANEMOS TA ONIRA MOU • DREAMS GONE WITH THE WIND • 1968

KOSTENKO ANDRZEJ – PLN
TETE-A-TETE • 1977
CONFESSIONS OF A BLUE MOVIE STAR • BLUE MOVIE STAR • 1982

KOSTER HENRY – GRM – 1905-1988
KOSTERLITZ HERMANN
ABENTEUER DER THEA ROLAND, DAS • THEA ROLAND (UKN) ○ STORCH HAT UNS GETRAUT, DER ○ ABENTEUER EINER SCHONEN FRAU, DAS • 1932
HASSLICHE MADCHEN, DAS • 1933
KLEINE MUTTI • LITTLE MOTHER ○ KISMAMA • 1934
KATHARINA DIE LETZTE • KATHERINE THE LAST ○ CATHERINE THE LAST • 1935
PETER • 1935
DIARIO DI UNA DONNA AMATA, IL • 1936
HOMELY GIRL • 1936
KRIBBEBIJTER, DE • CROSS-PATCH, THE • 1936
PRIVATSEKRETARIN HEIRAT, DIE • 1936
TAGEBUCH DER GELIEBTEN, DAS • MARIE BASCHKIRTZEFF • 1936
THREE SMART GIRLS • 1936
100 MEN AND A GIRL • 1937
AFFAIRS OF MAUPASSANT, THE • 1938
RAGE OF PARIS, THE • 1938
FIRST LOVE • 1939
THREE SMART GIRLS GROW UP • 1939
SPRING PARADE • 1940
IT STARTED WITH EVE • ALMOST AN ANGEL ○ IT STARTED WITH ADAM • 1941
BETWEEN US GIRLS • BOY MEETS BABY ○ LOVE AND KISSES, CAROLINE ○ WHAT HAPPENED, CAROLINE? • 1942
MUSIC FOR MILLIONS • 1944
TWO SISTERS FROM BOSTON • 1946
BISHOP'S WIFE, THE • CARY AND THE BISHOP'S WIFE • 1947
UNFINISHED DANCE, THE • 1947
LUCK OF THE IRISH, THE • THAT SHAMROCK TOUCH ○ SHAMROCK TOUCH, THE ○ FEAR OF LITTLE MEN, THE ○ LEAVE IT TO THE IRISH • 1948
COME TO THE STABLE • 1949
INSPECTOR GENERAL, THE • HAPPY TIMES • 1949
HARVEY • 1950
MY BLUE HEAVEN • 1950
WABASH AVENUE • 1950
ELOPEMENT • 1951
MR. BELVEDERE RINGS THE BELL • 1951
NO HIGHWAY • NO HIGHWAY IN THE SKY (USA) • 1951
MY COUSIN RACHEL • 1952
O. HENRY'S FULL HOUSE • BAGDAD ON THE SUBWAY • 1952
STARS AND STRIPES FOREVER • MARCHING ALONG (UKN) • 1952
ROBE, THE • 1953
DESIREE • 1954
GOOD MORNING, MISS DOVE • 1955
MAN CALLED PETER, A • 1955
VIRGIN QUEEN, THE • 1955
D-DAY THE SIXTH OF JUNE • 1956
POWER AND THE PRIZE, THE • 1956
MY MAN GODFREY • 1957
FRAULEIN • 1958
NAKED MAJA, THE • MAJA DESNUDA, LA (ITL) • 1959
STORY OF RUTH, THE • 1960
FLOWER DRUM SONG • 1961
MR. HOBBS TAKES A VACATION • 1962
TAKE HER, SHE'S MINE • 1963
DEAR BRIGITTE • ERASMUS WITH FRECKLES • 1965
SINGING NUN, THE • 1966

KOSTERLITZ HERMANN see **KOSTER HENRY**

KOSTLIN KARL – GRM
KRAMBAMBULI • GESCHICHTE EINES HUNDES, DIE • 1940

KOSUGI ISAMU – JPN
JIRUBA TETSU • TETSU JIRUBA • 1950

KOTANI H. – JPN
SHIMA NO ONNA • ISLAND WOMAN • 1920

KOTANI TOM – USA
LAST DINOSAUR, THE • 1977
BERMUDA DEPTHS, THE • 1978 • TVM
BUSHIDO BLADE, THE • BLOODY BUSHIDO BLADE, THE • 1979
IVORY APE, THE • 1980 • TVM

KOTCHEFF TED – CND – 1931–
KOTCHEFF WILLIAM T.
TIARA TAHITI • 1962
LIFE AT THE TOP • 1965
TWO GENTLEMEN SHARING • 1970
EDNA, THE INEBRIATE WOMAN • 1971 • MTV
OUTBACK • WAKE IN FRIGHT • 1971
APPRENTICESHIP OF DUDDY KRAVITZ, THE • APPRENTISSAGE DE DUDDY KRAVITZ, L' • 1974
BILLY TWO HATS • LADY AND THE OUTLAW, THE • 1974
FUN WITH DICK AND JANE • 1977
WHO IS KILLING THE GREAT CHEFS OF EUROPE? • TOO MANY CHEFS (UKN) ○ SCHLEMMERORGIE, DIE • 1978
NORTH DALLAS FORTY • 1979
CAPTURED • SPLIT IMAGE • 1981
FIRST BLOOD • 1982
AIN'T NO HEROES • 1983
UNCOMMON VALOR • 1983
JOSHUA THEN AND NOW • 1985
SWITCHING CHANNELS • 1988
WINTER PEOPLE, THE • 1988
HOT AND COLD • HEATWAVE • 1989

KOTCHEFF WILLIAM T. see **KOTCHEFF TED**

KOTERSKI MAREK – PLN
ZYCIE WENETRZNE • INNER LIFE • 1988
PORNO • 1990

KOTETISHVILI TATO – USS
ANEMIC • 1987
CITY LIFE • 1989

KOTHUYS ANTON – NTH
SHE IS LIKE A RAINBOW

KOTKOWSKI ANDRZEJ – PLN
OBYWATEL PISZCYK • CITIZEN P. • 1988

KOTLARCZYK TERESA – PLN
ZAKIAD • REFORMATORY • 1990

KOTLER ODED – ISR
AGAIN FOREVER • 1985

KOTOWSKI JERZY – Animator – PLN
BARREL-ORGAN, THE • 1960 • ANM
MR. LENS AND THE WILDERNESS • 1960 • ANM
ABSTRACT ART EXHIBITION • 1962 • ANS
BLACK KING, THE • 1962 • ANM
NIEBEZPIECZENSTWO • DANGER • 1963 • ANS
SHADOW OF TIME • SHADOWS OF TIME • 1964 • ANS
HONEY COMB, A • 1965 • ANM
MUSICAL BOX, THE • 1969 • ANM
WORLD IN OPERA, THE • 1969 • ANM

KOTTO YAPHET – Actor – USA – 1937–
LIMIT, THE • SPEED LIMIT 65 ○ TIME LIMIT • 1972

KOTTOW HANS – AUS
WEGWEISER, DER • 1920

KOTULLA THEODOR – GRM
KOTULLA THEODORE
MARION BROWN • SEE THE MUSIC • 1970 • SHT
OHNE NACHSICHT • 1972
AUS EINEM DEUTSCHEN LEBEN • FROM A GERMAN LIFE ○ DEATH IS MY TRADE • 1978

KOTULLA THEODORE see **KOTULLA THEODOR**

KOUF JIM – USA
MIRACLES • 1986
DISORGANISED CRIME • WAITING FOR SALAZAR ○ BANK JOB • 1989

KOULA JEAN-LOUIS – IVC
ADJA TIO • 1980

KOULECHOV LEV VLADIMIR see **KULESHOV LEV**

KOULEV HENRI – BUL
WHO SEES FARTHER • 1984 • ANM
I AM DREAMING OF MUSIC • 1986 • DOC
LABYRINTHS • 1986 • DOC
TALE ABOUT THE ROAD, A • 1986 • ANM
JOLLY FELLOW, THE • 1988 • ANM
BASHTATA NA YAITSETO • FATHER OF THE EGG, THE • 1990

KOULISH SAVVA – USS
TRAGEDY IN THE ROCK STYLE • 1988

KOULMASIS TIMON – FRN
WASTE LAND, THE • 1988

KOUNAVUDHI VICHIT – THL – 1922–
PA REESOR • 1954
KHON PHUU KAOW • MOUNTAIN PEOPLE, THE ○ KHON POO KHAO • 1979
SON OF THE NORTHEAST II
LOOK ESARN • SON OF THE NORTHEAST • 1982
MIA LUANG • PRINCIPAL WIFE • 1986
RUEN PAE • RIVER HOUSE • 1989

KOUNDOUROS NIKOS – GRC – 1926–
KONDOUROS NIKOS
MAYIKI POLIS, I • MAGIC CITY ○ CITE MAGIQUE, LA ○ MAGIKI POLIS, I • 1955
DRACOS • OGRE OF ATHENS, THE ○ OGRE IN ATHENS, THE • 1956
PARANOMI, I • LAWLESS, THE ○ OUTLAWS, THE ○ HUNTED, THE • 1958
POTAMI, TO • RIVER, THE ○ RIVIERE, LA • 1960
MIKRES APHRODITES • YOUNG APHRODITES (UKN) ○ PETITES APHRODITES • 1962
FLOWERS, THE • 1964
PROSOPO TES MEDOUSAS, TO • FACE OF THE MEDUSA ○ FACE OF MEDUSA, THE • 1967
TRAGOUDIA TIS FOTIAS • SONGS OF FIRE • 1974 • DOC
NOUMERO, TO • NUMBER, THE ○ 1922 • 1978
BORDELLO • 1985

KOUP BO – USA
PORTRAITS OF PLEASURE • 1974

KOURI ROBERTO – URG
DEL PINGO AL VOLANTE • 1928

KOUSHAN ESMAEIL – IRN
GOHAR-E-SHABCHERAGH • BRIGHT GEM AT NIGHT • 1967
NASSIM-E-AYAR • 1967
GHOROUBE BOTPARASTAN • FAILURE OF IDOLATERS, THE • 1968

KOUSHAN MAHMOUD – IRN
MARDE-NAMAREI • INVISIBLE MAN • 1967

KOUTELIDAKIS NIKOS – GRC
LAST REHEARSAL, THE • 1973 • SHT

KOUTSKY PAVEL – Animator – CZC
CURRICULUM VITAE • 1986 • ANM
CO OKO NEVIDI • WHAT THE EYE DOES NOT SEE • 1987 • ANM

KOUYATE DJIBRIL – MLI
KOYATE DJIBRIL
RETOUR DE TIEMAN, LE • RETURN OF TIEMAN, THE • 1970 • SHT
MALI TODAY • 1978 • DCS
FALATO • ORPHAN, THE • 1988

KOUZEL AL – Animator – USA
FOTODEATH • SHT
JUGGLER OF OUR LADY, THE • 1957 • ANS
DUSTCAP DOORMAT • 1958 • ANS
ANOTHER DAY, ANOTHER DOORMAT • 1959 • ANS
FABULOUS FIREWORK FAMILY, THE • 1959 • ANS

KOVAC CTIBOR – CZC
SAHIN • 1967

KOVACH JUNE – SWT
SIAMO DONNE • WE, THE WOMEN • 1953
WER EINMAL LUGT ODER VIKTOR UND DIE ERZIEHUNG • 1975 • DOC
LUST • 1980 • MTV
HONEYLAND • 1986

KOVACHEV HRISTO – BUL – 1929–
STEEL MADE IN BULGARIA • 1954 • DOC
LIGHTS AND PEOPLE • 1960 • DOC
PEOPLE AND STORMS • 1963 • DOC
LIME • 1965 • DOC
FROM ONE TO EIGHT • 1966 • DOC
PARADE OF DISGRACE • 1966 • DOC
DAY WITHOUT LAND • 1968 • DOC
KHILYADA ZHERAVI • THOUSAND CRANES, A • 1968 • DOC
THREADS OF THE RAINBOW • 1968 • DOC
AGRONOMISTS • 1978 • DOC

KOVACHEV OLEG – BUL
WATER FOUNTAINS • 1986 • DOC
RUN FOR YOUR LIFE • 1990

KOVACKS STEVEN – USA
'68 • SIXTY-EIGHT ○ 68 • 1988

KOVACS ANDRAS – HNG – 1925–
ZAPOR • SUMMER RAIN, A • 1960
PESTI HAZTETOK • ON THE ROOFS OF BUDAPEST • 1961
ISTEN OSZI CSILLAGA • AUTUMN STAR • 1962
SUCCESS • 1963
NEHEZ EMBEREK • DIFFICULT PEOPLE • 1964
KET ARCKEP • TWO PORTRAITS • 1965 • DCS
MA VAGY HOLNAP • TODAY OR TOMORROW • 1965 • DCS
HIDEG NAPOK • COLD DAYS (UKN) • 1966
FALAK • LOST GENERATION ○ WALLS • 1968
EXTAZIS 7-TOL 10-IG • ECSTASY FROM 7 TO 10 • 1969 • DOC
STAFETA • RELAY RACE ○ RELAY, THE • 1969

OROKOSOK • HEIRS • 1970 • DOC
TALALKOZAS LUKACS GYORGGYEL • MEETING GYORGY LUKACS • 1972 • MTV
EGYUTT KAROLYI MIHALLYAL -BESZELGETES KAROLYI MIHALYNEVAL • MY LIFE WITH MIHALY KAROLYI • 1973
MAGYAR UGARAON, A • FALLOW LAND • 1973
BEKOTOTT SZEMMEL • BLINDFOLD • 1974
HAZAFELE • HOMEWARD • 1974
KIE A MUVESZET • PEOPLE AND ART • 1975 • DOC
LABIRINTUS • LABYRINTH • 1976
MENESGAZDA • CHIEF OF THE HORSE FARM, THE ○ STUD-FARM, THE • 1978
OKTOBERI VASARNAP • SUNDAY IN OCTOBER, A • 1980
IDEIGLENES PARADICSOM • TEMPORARY PARADISE • 1981
KOZELKEP • 1983
SZERETOK • AFTERNOON AFFAIR, AN • 1984
VOROS GROFNO, A • RED COUNTESS, THE • 1984
VALAHOL MAGYARORSZAGON • REARGUARD • 1988

KOVACS ISTVAN – HNG
VALTOZO IDOK • CHANGING TIME • 1978

KOVACS ZSOLT KEZDI see **KEZDI-KOVACS ZSOLT**

KOVACSI JANOS – HNG
CHA-CHA-CHA • 1983

KOVAL OTA – CZC
DRUZINA CERNEHO PERA • COMPANY OF THE BLACK FEATHER, THE • 1973
JAKUB • 1976
NECHNI NIC STYSET • I DON'T WANT TO HEAR ANYTHING • 1978
KANKA DO POHADKY • BLOT IN THE FAIRY-TALE, A • 1981
MODRE Z NEBE • BLUE FROM HEAVEN • 1983

KOVALEVSKAIA I. – USS
BREMENSKIE MUSIKANTI • BREMEN TOWN MUSICIANS, THE (USA) • 1969 • ANS

KOVALYOV MARK – USS
WORK OF ART, THE • 1960
U KAZHDOVO SVOYA DOROGA • TO EACH HIS OWN ROAD • 1967
ZVYOZDNYI INSPECTOR • STAR INSPECTOR, THE • 1980

KOVAR KAREL – CZC
TIM PADEM • THAT'S WHY • 1980

KOVASZNAI GABOR GYORGY see **KOVASZNAI GYORGY**

KOVASZNAI GYORGY – HNG
KOVASZNAI GABOR GYORGY
ATVALTOZASOK • DOUBLE PORTRAIT • 1964 • ANS
DIARY • 1967 • ANS
SOMETHING DIFFERENT • ANS
GLORIA MUNDI • 1969 • ANS

KOVNER HAROLD – USA
POSTGRADUATE, THE • 1970

de KOWA VIKTOR – Actor – GRM – 1908–
SCHNEIDER WIBBEL • 1939
CASANOVA HEIRATAT • 1940
KOPF HOCH, JOHANNES • 1941

KOWALEWICH LEN – CND
COLUMBIA CONNECTION, THE • DEAD WRONG ○ ENTRAPMENT • 1982

KOWALSKI BERNARD – USA – 1929–
KOWALSKI BERNARD L.
ATTACK OF THE GIANT LEECHES • DEMONS OF THE SWAMP (UKN) ○ ATTACK OF THE BLOOD-LEECHES ○ GIANT LEECHES, THE • 1958
HOT CAR GIRL • 1958
NIGHT OF THE BLOOD BEAST • CREATURE FROM GALAXY 27, THE ○ MONSTER FROM GALAXY 27, THE • 1958
BLOOD AND STEEL • 1959
KRAKATOA, EAST OF JAVA • VOLCANO • 1969
STILETTO • 1969
HUNTERS ARE FOR KILLING • 1970 • TVM
MACHO CALLAHAN • 1970
BLACK NOON • 1971 • TVM
COLUMBO: DEATH LENDS A HAND • 1971 • TVM
TERROR IN THE SKY • 1971 • TVM
TWO FOR THE MONEY • 1971 • TVM
WOMEN IN CHAINS • 1971 • TVM
NEW HEALERS, THE • 1972 • TVM
WOMAN HUNTER, THE • 1972 • TVM
SSSSSSSS • SSSSNAKE (UKN) • 1973
BANACEK: THE VANISHING CHALICE • 1974 • TVM
COLUMBO: AN EXERCISE IN FATALITY • 1974 • TVM
IN TANDEM • MOVIN' ON • 1974 • TVM
FLIGHT TO HOLOCAUST • 1977 • TVM
NATIVITY, THE • 1978 • TVM
MARCIANO • 1979 • TVM
B.A.D. CATS, THE • 1980 • TVM
NIGHTSIDE • 1980 • TVM
TURNOVER SMITH • 1980 • TVM

KOWALSKI BERNARD L. see **KOWALSKI BERNARD**

KOWALSKI LECH – USA
D.O.A. • 1981
GRINGO • 1985
STORY OF A JUNKIE • 1987

KOWENSTEIN HANS O. – AUS
BEETHOVEN • STUDENT LOVE • 1927

KOYAMA SEIJIRO – JPN
FURUSATO • HOMETOWN • 1984
HARUKOMA NO UTA • BALLAD OF PONY • 1985
TABIJI • JOURNEY • 1987
HACHIKO MONOGATARI • STORY OF THE DOG HACHI, A • 1988

KOYATE DJIBRIL see **KOUYATE DJIBRIL**

KOZA – HNG
MAKSIMENKO BRIGAD, A • MAXIMENKO BRIGADE, THE • 1950

KOZANSKY GRIGORI – USS
RIMSKII-KORSAKOV • RIMSKY-KORSAKOV • 1953
STARI KHOTTABYCH • FLYING CARPET, THE (USA) ○ OLD KHOTTABYCH • 1956

KOZANTSEV N. – USS
NOT YET DARK • 1974

KOZINTSEV GRIGORI – USS – 1905–1973
KOZINTZEV GRIGORI
POKHOZDENIYA OKTYABRINI • ADVENTURES OF AN OCTOBERITE, THE (USA) ○ ADVENTURES OF OCTYABRINI, THE • 1924
MISHKI PROTIV YUDENICHA • MISHKA AGAINST YUDENICH ○ MISKA VERSUS YUDENICH ○ BEARS VERSUS YUDENICH, THE • 1925
BRATISHKA • BUDDY ○ LITTLE BROTHER • 1926
CHYORTOVO KOLESO • DEVIL'S WHEEL, THE • 1926
SHINEL • OVERCOAT, THE (USA) ○ CLOAK, THE • 1926
S.V.D. • CLUB OF THE BIG IDEAS, THE ○ CLUB OF THE BIG DEED, THE ○ SOYUZ VELIKOGO DELA • 1927
NOVYI BABILON • NEW BABYLON ○ NOVYI VAVILON • 1929
ODNA • ALONE • 1931
TRILOGIYA O MAXIME • MAXIM TRILOGY, THE • 1932-38
YUNOST MAKSIMA • YOUTH OF MAXIM, THE • 1935
VOZVRASHCHENIYE MAKSIMA • RETURN OF MAXIM, THE • 1937
VYBORGSKAYA STORONA • NEW HORIZONS ○ VYBORG SIDE, THE • 1939
INCIDENT AT THE TELEGRAPH OFFICE • 1941 • SHT
PROSTYE LYUDI • ORDINARY PEOPLE ○ PLAIN PEOPLE ○ SIMPLE PEOPLE, PLAIN PEOPLE • 1945
PIROGOV • 1947
BELINSKI • 1953
DON KIKHOT • DON QUIXOTE (USA) • 1957
GAMLET • HAMLET • 1964
KAROL LIR • KING LEAR ○ KORAL LIR • 1969

KOZINTZEV GRIGORI see **KOZINTSEV GRIGORI**

KOZLOV G. – USS
PICTURE, THE

KOZOLE DAMJAN – YGS
USODNI TELEFON • FATAL TELEPHONE, THE ○ KOBNI TELEFON • 1987
REMINGTON • 1989

KOZOMORA LJUBISA – YGS – 1935–
VRANE • CROWS, THE • 1969

KOZYR ALEKSANDER – USS
NEBO ZOVYOT • BATTLE BEYOND THE SUN ○ HEAVENS CALL, THE ○ NIEBO ZOWIET ○ SKY CALLS, THE ○ NEBO ZOWET • 1959

KRAANEN JOOST – NTH
SMART • 1985 • DOC

KRACHT FRITZ ANDRE – GRM
MEXICO • 1970

KRAEMER F. W. – GRM
DREYFUS • DREYFUS CASE, THE (USA) • 1931
FLYING SQUAD, THE • 1932
TIN GODS • 1932
DAUGHTERS OF TODAY • 1933

KRAEV VLADIMIR – BUL
EIGHT PER CENT OF LOVE • 1988

KRAFFT UWE JENS – GRM
FUNF MINUTEN ZU SPAT • 1918
ALBERT HAT PROKURA • 1919
AMONENHOF, DER • 1919
BUCH ESTHER, DAS • 1919
HERRIN DER WELT, DIE • MISTRESS OF THE WORLD • 1919 • SER
HERRIN DER WELT 4, DIE • KONIG MAKOMBE • 1919
HERRIN DER WELT 5, DIE • OPHIR, DIE STADT DER VERGANGENHEIT • 1919
OKARINA, DIE • 1919
SCHWARZE MARION, DIE • 1919
SUNDENLUST • 1919
JUNGE MAMA • 1921
NACHT DER EINBRUCHER, DIE • SPLEEN • 1921
TROMMELN ASIENS, DIE • 1921
MAN SOLL ES NICHT FUR MOGLICH HALTEN ODER MACISTE UND DIE JAVANERIN • 1922
LETZTE SENSATION DES ZIRKUS FARINI, DIE • TIGER DES ZIRKUS FARINI, DER • 1923
SCHNEESCHUHBANDITEN • 1928

KRAGH-JACOBSEN SOREN – DNM – 1947–
JACOBSEN SOREN KRAGH
VIL DU SE MIN SMUKKE NAVLE? • WANNA SEE MY BEAUTIFUL NAVEL? • 1978
GUMMI TARZAN • RUBBER TARZAN • 1981
ISFUGLE • ICEBIRDS ○ THUNDERBIRDS • 1983
SKYGGEN AF EMMA • EMMA'S SHADOW • 1987
GULDREGN • SHOWER OF GOLD • 1988

KRAGH THOMAS – DNM
DESERTOREN • DESERTER, THE • 1971

KRAKONJAC KOKAN – YGS
GRAD • TOWN, THE • 1963

KRAL IVAN – USA
BLANK GENERATION, THE • 1976

KRALOVA DRAHOMIRA – CZC
MRKACEK CIKO • CIKO THE BLINKER ○ BLINKER CIKO • 1982

KRALOVA DRAHUSE – CZC
TONY, TOBE PRESKOCILO • YOU HAVE A BEE IN YOUR BONNET, TONY ○ TONY YOU ARE NUTS • 1968
VYHRAVAT POTICHU • WINNING DISCREETLY • 1985

KRAMARENCO NAUM – CHL
REGRESO AL SILENCIO • RETURN TO SILENCE • 1967

KRAMARSKY DAVID – USA
BEAST WITH A MILLION EYES, THE • 1956

KRAMER ALBERT – GRM
ELENDEN DER STRASSE, DIE • 1926

KRAMER FRANK see **PAROLINI GIANFRANCO**

KRAMER HARRY – GRM
SCHLEUSE, DIE • 1962 • SHT

KRAMER JERRY – USA
MODERN GIRLS • 1986
MOONWALKER • 1988

KRAMER JOHN – CND
HAS ANYBODY HERE SEEN CANADA? • 1979 • DOC

KRAMER JOSEPH – USA
LIQUID JAZZ • 1962 • SHT
SMOKE • 1962

KRAMER PIETER – NTH
THEO & THEA • 1989
THEO & THEO EN DE ONTMASKERING VAN HET TENENKAAS IMPERIUM • THEO & THEO AND THE SEVEN DWARFS • 1990

KRAMER REMI – USA
HIGH VELOCITY • 1977

KRAMER ROBERT – USA – 1940–
FALN • 1965
IN THE COUNTRY • 1967
EDGE, THE • 1968
PEOPLE'S WAR • 1969
ICE • 1970
MILESTONES • 1975
PORTUGAL • 1976
SCENES FROM THE PORTUGUESE CLASS STRUGGLE • 1977
GUNS • 1980
A TOUTE ALLURE • 1982
NAISSANCE • BIRTH • 1982
DIESEL • 1986
DOC'S KINGDOM • 1989

KRAMER STANLEY – Producer – USA – 1913–
NOT AS A STRANGER • 1955
PRIDE AND THE PASSION, THE • 1957
DEFIANT ONES, THE • 1958
ON THE BEACH • 1959
INHERIT THE WIND • 1960
JUDGEMENT AT NUREMBERG • 1961
IT'S A MAD, MAD, MAD, MAD WORLD • 1963
SHIP OF FOOLS • 1965
GUESS WHO'S COMING TO DINNER • 1967
SECRET OF SANTA VITTORIA, THE • 1969
R.P.M. • R.P.M. REVOLUTIONS PER MINUTE ○ REVOLUTIONS PER MINUTE • 1970
BLESS THE BEASTS AND CHILDREN • 1972
OKLAHOMA CRUDE • 1973
DOMINO PRINCIPLE, THE • DOMINO KILLINGS, THE (UKN) ○ DOMINO PRINCIPE, EL (MXC) • 1977
RUNNER STUMBLES, THE • 1979

KRAMO-LANCINE FADIKA – IVC
DJELI • 1981

KRAMREITHER ANTHONY – AUS
MONDO I • 1979
MONDO II • 1979
SOME DO IT FOR MONEY, SOME DO IT FOR FUN • 1979
ALL IN GOOD TASTE • 1981
FOR LADIES ONLY • 1982
THRILLKILL • 1984

KRANCER BERT – UKN
LIFT, THE • 1965

KRANICZ MIECZYSLAW – PLN
SLUBY ULANSKIE • LOVE IN THE ARMY • 1935

KRANING AL – USA
RED GROOMS' TARGET DISCOUNT STORE • 1970 • SHT

KRANTZ LEIF – SWD
MODIGA MINDRE MAN • BRAVE LITTLE MAN • 1968
KRAKGULDET • FOOL'S GOLD • 1969 • MTV

KRASILOVSKY ALEXIS – USA
BEALE STREET • 1979

KRASNA NORMAN – Producer/ writer – USA – 1909–1984
PRINCESS O'ROURKE • 1943
BIG HANGOVER, THE • 1950
AMBASSADOR'S DAUGHTER, THE • 1956

KRASNOPOLSKY V. see **KRASNOPOLSKY VLADIMIR**

KRASNOPOLSKY VLADIMIR – USS
KRASNOPOLSKY V.
SAMII MEDLENNII POEZD • SLOWEST TRAIN, THE • 1963
STEWARDESS, THE • 1968
INELIGIBLE FOR TRIAL • 1969

KRASNY PAUL – USA – 1935–
ADVENTURES OF NICK CARTER, THE • 1972 • TVM
LETTERS, THE • 1973
BIG ROSE • BIG ROSE: DOUBLE TROUBLE • 1974 • TVM
CHRISTINA • 1974
JOE PANTHER • 1976
ISLANDER, THE • 1978 • TVM
WHEN HELL WAS IN SESSION • 1979 • TVM
240–ROBERT • 1979 • TVM
ALCATRAZ: THE WHOLE SHOCKING STORY • 1980 • TVM
FUGITIVE FAMILY • 1980 • TVM
FLY AWAY HOME • 1981 • TVM
TERROR AMONG US • 1981 • TVM
TIME BOMB • 1984 • TVM
STILL CRAZY LIKE A FOX • 1987 • TVM

KRATISCH INGO – GRM
LOHN UND LIEBE • 1973
WOLLANDS, DIE • 1973
FAMILIENGLUCK • HAPPY FAMILY LIFE • 1975

KRATZ KATHE – AUS
MARLENE –DER AMERIKANISCHE TRAUM • MARLENE –THE AMERICAN DREAM • 1987

KRATZERT HANS – GRM
MORD AM MONTAG • MURDER ON MONDAY • 1968
TECUMSEH • 1972
WUSTENKONIG VON BRANDENBURG, DER • 1973
HANS ROCKLE UND DER TEUFEL • 1975
OTTOKAR, THE WORLD REFORMER • 1976

KRAUS ROBERT – USA
MONSTER IN THE BASEMENT, THE • 1962 • SHT

KRAUSE GEORG – Dir. photo – GRM
UNSER MITTWOCH ABEND • 1948

KRAUSE KARL OTTO – GRM
WER NICHT IN DER JUGEND KUSST • 1918
ALTE LIED, DAS • 1919
ZIGEUNERBLUT • 1920
SPIELMANN, DER • 1921
ES KOMMT DER TAG • 1922
GEIGERKONIG, DER • 1923
WEISST DU NOCH? • 1924
KUNSTLERLIEBE • 1925
ICH HAB DICH LIEB • 1926
WIR ARMEN, KLEINEN MADCHEN • 1926
EINMAL UM MITTERNACHT • 1929

KRAUSE WILLI – GRM
BALLADE • PRINZESSIN KEHRT HEIM, DIE • 1938

KRAUSNE CHARLES – USA
MAGICIAN, THE • 1972 • SHT

KRAUSS CHARLES – FRN
VAUTRIN • 1915

KRAUSS HENRI see **KRAUSS HENRY**

KRAUSS HENRY – Actor – FRN
KRAUSS HENRI
CHEMINEAU, LE • 1917
MARION DELORME • 1918
FROMONT JEUNE ET RISLER AINE • 1921
PAPA HULIN • 1921
TROIS MASQUES, LES • 1921

KRAUSS MARIAN – GRM
WUNDERFENSTER, DAS • MIRACLE WINDOW, THE (USA) • 1952

KRAUSS UWE – GRM
ZUNDHOLZER • MATCHES • 1960

KRAUSSE EDITH – FRN – 1929–
CHRONIQUE ALBANAISE, UNE • 1977

KRAUSSE WERNER – GRM
BOATSMAN ON AN ICE–FLOE • 1964 • ANM
WER BIST DU? • WHO ARE YOU? (USA) • 1969 • ANS

KRAUSSER DIETRICH – GRM
TECHNIK DER KORPERLICHEN LIEBE • TECHNIQUE OF PHYSICAL LOVE, THE (UKN) • 1968
ATEMLOS VOR LIEBE • YEARNING FOR LOVE • 1970

KRAUZE ANTONI – PLN
PALEC BOZY • FINGER OF GOD, THE • 1972
STRACH • FEAR • 1975

KRAUZE KRZYSZTOF – PLN
NOWY JORK, CZWARTA RANO • NEW YORK, 4 A.M. • 1988

KRAWCZYK GERARD – FRN – 1953–
ETE EN PENTE DOUCE, L' • 1986
JE HAIS LES ACTEURS • I HATE ACTORS (USA) • 1986

KRAWICZ M. see **KRAWICZ MECISLAS**

KRAWICZ MECISLAS – PLN
KRAWICZ M.
DYPLOMATYCZNA ZONA
KAZDEMU WOLNO KOCHAC • 1933
LOVE ONLY ME • 1935
JEGO WIELKA MILOSC • 1936
MILOSC WSZYSTKO ZWYCIEZA • 1936
NIEDORAJDA • GOOD FOR NOTHING • 1937

KREBBES SEEMORE – SWT
MOHAMED ALI • BADDEST DADDY IN THE WHOLE WORLD, THE • 1971

KRECK JOACHIM – GRM
NO.1 • 1974 • DCS
BIG CLUBS, THE • 1977 • DCS

KREIHSL MICHAEL – AUS
IDOMENEO • 1990

KREISLER OTTO – Producer – AUS – 1894–
MISS HOBBS • TOLLE MISS, DIE ○ LOS VOM MANN • 1921
WALZER VON STRAUSS, DER • 1925

KREJCIK JIRI – CZC – 1918–
TYDEN V TICHEM DOME • WEEK IN THE QUIET HOUSE • 1947
VES V POHRANICI • VILLAGE ON THE FRONTIER, THE • 1948
SVEDOMI • CONSCIENCE • 1949
NAD NAMI SVITA • DAWN ABOVE US ○ DAWN, THE • 1952
FRONA • SISTERS, THE • 1954
MORALSKA PANI DULSKE • MRS. DULSKA'S MORALS • 1958
O VECECH NADPRIROZENYCH • ON MIRACULOUS HAPPENINGS ○ GLORIE ○ HALO, THE ○ MIRACULOUS HAPPENINGS • 1958
PROBUZENI • AWAKENING • 1959
VYSSI PRINCIP • HIGHER PRINCIPLE, A • 1960
LABYRINT SRDCE • LABYRINTH OF THE HEART, THE • 1961
POLNOCNA OMSA • MIDNIGHT MASS • 1962
CINTAMANI A PODVODNIK • CHINTAMANS AND MARRIAGE SWINDLER ○ ORIENTAL CARPET, THE ○ CHINTAMANS • 1965
POVIDKY Z PRVNI REPUBLIKY • TALES FROM THE FIRST REPUBLIC • 1965
PENSION PRO SVOBODNE PANY • BOARDING HOUSE FOR SINGLE GENTLEMEN ○ BOARDING HOUSE FOR BACHELORS ○ BOARDING HOUSE FOR GENTLEMEN • 1967
SVATBA JAKO REMEN • UNFORTUNATE BRIDEGROOM ○ HARD AND FAST MARRIAGE, A ○ WEDDING UNDER SUPERVISION • 1967
SUSPICION • 1971
LASKY HRY SALIVE • TRICKS OF DECEPTIVE LOVE • 1972
BOZSKA EMA • DIVINE EMMA, THE (USA) • 1983

KRELJA PETAR – YGS
GODISNJA DOBA • FOUR SEASONS, THE ○ SEASONS, THE • 1980
VLAKOM PREMA JUGU • SOUTHBOUND TRAIN • 1981
STELA • STELLA • 1990

KREMNEV V. – USS
LAST HOLIDAYS, THE • 1970

KREMNYOV VALERI – USS
PASSING TRAINS • 1967

KRENCER DRAGUTIN – YGS
HAMBURG ALTONA • 1989

KREPS BONNIE – DNM – 1937–
AFTER THE VOTE • 1969
NEW PEOPLE FOR OLD • 1969
PORTRAIT OF MY MOTHER • 1973
MOUNTAIN DANCE • 1975
THIS FILM IS ABOUT RAPE • 1978
LIFE FOR A WOMAN • 1979

KRESEL LEE – ITL
CALTIKI IL MOSTRO IMMORTALE • CALTIKI, THE IMMORTAL MONSTER (USA) ○ IMMORTAL MONSTER, THE • 1959
TERRORE DEI MARI, IL • TERREUR DES MERS, LA (FRN) ○ GUNS OF THE BLACK WITCH (USA) • 1961
SERAFINO • SERAFINO OU L'AMOUR AUX CHAMPS (FRN) • 1968

KRESOJA DRAGAN – YGS
JOS OVAJ PUT • JUST ONCE MORE • 1984
KRAJ RATA • END OF THE WAR, THE • 1985
OKTOBERFEST • 1987

KRESS HAROLD see **KRESS HAROLD F.**

KRESS HAROLD F. – Editor – USA – 1913–
KRESS HAROLD
WARDCARE OF PSYCHOTIC PATIENTS • 1941 • DOC
PURITY SQUAD • 1945 • SHT
NO QUESTIONS ASKED • 1951
PAINTED HILLS, THE • SHEP OF THE PAINTED HILLS • 1951
APACHE WAR SMOKE • 1952

KRESSIN M. – USS
SERDCE SOLOMONA • HEART OF SOLOMON, THE ○ SOLOMON'S HEART • 1932

KREYEZIU EKREM – YGS
KUR PRANVERA VONOHET • WHEN SPRING IS LATE ○ KAD PROJECE KASNI • 1980
GJURME TE BARDHA • BIJELI TRAGOVI ○ WHITE TRAIL, THE • 1981

KRIEG H. – GRM
TIERGARTEN SUDAMERIKA • 1940

KRIEG PETER
SEPTEMBER WHEAT • 1981 • DOC

KRIESBERG IRVING – USA
PASTORAL • ANS

KRIMS MILTON – Writer – ITL – 1907–
MAESTRO DI DON GIOVANNI, IL • CROSSED SWORDS (USA) • 1952

KRIMSKY JERROLD – UKN
NINE HUNDRED, THE • 1945

KRINBERN I. – USS
PINES IN THE RYE • 1973

KRISH JOHN – UKN – 1923–
WHAT'S IN A NUMBER • 1948 • SHT
CASE OF THE BOGUS COUNT, THE • 1954
SALVAGE GANG, THE • 1958
COUNTERPOINT • 1959
I WANT TO GO TO SCHOOL • 1959
RETURN TO LIFE • 1960
LET MY PEOPLE GO • 1961 • SHT
MR. MARSH COMES TO SCHOOL • 1961
OUR SCHOOL • 1962
UNEARTHLY STRANGER • BEYOND THE STARS • 1963
WILD AFFAIR, THE • 1963
DECLINE AND FALL.. OF A BIRDWATCHER! • DECLINE AND FALL • 1968
MAN WHO HAD POWER OVER WOMEN, THE • 1970
JESUS • STORY OF JESUS, THE • 1979
FRIEND OR FOE • 1982
OUT OF THE DARKNESS • 1985

KRISHEN PRADIP – IND
MASSAY SAHIB • MASSEY SAHIB • 1983
IN WHICH ANNIE GIVES IT THOSE ONES • 1989
ELECTRIC MOON • 1990

KRISHNAMMA – UKN
WATER'S EDGE • 1988

KRISHNAN L. – MLY
HANTU RIMAU • 1959

KRISHNAN M. – IND
AGNI PUTHRI • PURIFIED BY FIRE • 1967
MUTHU CHIPPI • OYSTER SHELL, THE • 1968

KRISHNAN NAIR M. see **NAIR M. KRISHNAN**

KRISHNAN–PANJU – IND
UYARNTHA MANITHAN • HIGH–MINDED • 1968

KRISHNAN S. V. – IND
AARAVALLI • 1957

KRISHNASAMY R. M. – IND
DIAL DOUBLE TWO DOUBLE FOUR • 1968

KRISHNASWAMI S. – IND
VATSALA KALYANAM • COTTON CHICKEN ○ COTTON CHICKEN • 1950

KRISTEK VACLAV – CZC
ZVIRATA VE MESTE • ANIMALS IN THE CITY • 1988

KRISTENSEN HANS – DNM – 1943–
KRISTIANSEN HANS
PORTRAIT • SHT
GITTE IN APRIL • 1969 • SHT
FLUGTEN • 1972
PER • 1973
BLIND MAKKER • BLIND BUDDY ○ BLIND IS BEAUTIFUL ○ DUMMY PARTNER • 1976
UNDSKYLD VIER HER • PARDON US FOR LIVING • 1981
KURT OG VALDE • KURT AND VALDE • 1983
KAERLIGHED UDEN STOP • LOVE WITHOUT END ○ LOVE ON A NON–STOP • 1988

KRISTI LEONID – USS
KRISTY L.
CIRCUS STARS • 1958 • DOC
VOLSHEVNOYE ZERKALO • ENCHANTED MIRROR, THE (USA) • 1958

KRISTIANSEN HANS see **KRISTENSEN HANS**

KRISTIANSEN HENNING – DNM
MIG OG CHARLY • ME AND CHARLEY • 1978
CHARLY OG STEFFEN • CHARLY AND STEFFEN • 1979

KRISTIANSEN TERJE – NRW
HOVDINGEN • CHIEFTAIN, THE ○ HEADMAN, THE • 1984

KRISTL VLADIMIR see **KRISTL VLADO**

KRISTL VLADO – Actor – YGS – 1923–
KRISTL VLADIMIR
SAGRENSKA KOZA • PEAU DE CHAGRIN, LA ○ SKIN OF SORROW, THE • 1960 • ANS
DON KIHOT • DON QUIXOTE (USA) • 1961 • ANS
EARNEST MAN, THE • 1962 • ANM
ARME LEUTE • 1963
MADELEINE –MADELEINE • 1963
TOPF, DER • 1963 • SHT
AUTORENNEN • 1964
DAMM, DER • 1964
PROMETHEUS • 1965 • ANS
BRIEF, DER • 1966

KRISTO ARILD – NRW
AUTOSTRADA • 1969
EDDIE OG SUZANNE • EDDIE AND SUZANNE • 1976

KRISTY L. see **KRISTI LEONID**

KRISTYE ANTHONY see **BOCCACCI ANTONIO**

KRIVANEK OTTO – CZC
DEN NAS KAZDODENNY • OUR DAILY DAY • 1969

KRIZENECKY JAN – CZC – 1868–1921
DOSTAVENICKO VE MLYNICI • RENDEZ–VOUS AT THE GRINDING ROOM ○ APPOINTMENT AT THE MILL • 1898
PLAC A SMICH • LAUGHING AND CRYING ○ TEARS AND LAUGHTER • 1898
VYSTAVNI PARKAR A LEPIC PLAKATU • BILL–STICKER AND THE SAUSAGE VENDOR, THE ○ EXHIBITION SAUSAGE VENDOR, THE • 1898
SEN STAREHO MLADENCE • OLD BACHELOR'S DREAM, THE ○ BACHELOR'S DREAM, THE • 1910

KRNANSKY M. J. – Actor – CZC – 1898–1961
KRNANSKY MIROSLAV JOSEF
PISEN ZIVOTA • SONG OF LIFE, THE • 1924
VDAVKY NANYNKY KULICHOVE • NANYNKA KULICHOVA'S MARRIAGE • 1925
BAHNO PRAHY • BOG OF PRAGUE, THE • 1927
POHORSKA VESNICE • MOUNTAIN VILLAGE, THE • 1928
CERNY PLAMEN • BLACK FLAME, THE • 1930
KARIERA PAVLA CAMRDY • PAVEL CAMRDA'S CAREER • 1931
ZE SVETA LESNICH SAMOT • FROM THE WORLD OF WOOD COTTAGES ◦ FOR FOREST LONELINESS • 1933
OTEC KONDELIK A ZENICH VEJVARA • FATHER KONDELIK AND BRIDEGROOM VEJVARA • 1937
POD JEDNOU STRECHOU • UNDER ONE ROOF ◦ SAFE HOME • 1938
ZIZNIVE MLADI • THIRSTY YOUTH, THE • 1943
NIKOLA SUHAJ • 1946

KRNANSKY MIROSLAV JOSEF see **KRNANSKY M. J.**

KROEKER ALLAN – CND – 1951–
HOW MUCH LAND DOES A MAN NEED • 1979
TUDOR KING • 1979
CAPITAL • 1980
CATCH, THE • 1980
GOD IS NOT A FISH INSPECTOR • 1980
WAITING FOR MORNING • 1980
HUNTING SEASON • HAUNTING SEASON • 1982
PEDLAR, THE • 1982
REUNION, THE • 1982
IN THE FALLS • IN THE FALL • 1983
PRODIGAL, THE • 1984
RED SHOES • 1985 • MTV
HEAVEN ON EARTH • 1986
TRAMP AT THE DOOR • 1987

KROITOR ROMAN – CND – 1926–
RESCUE PARTY • 1952
PAUL TOMKOWICZ: STREET RAILWAY SWITCHMAN • PAUL TOMKOWICZ: NETTOYEUR D'AIGUILLAGES • 1954 • DCS
FARM CALENDAR • 1955
GREAT PLAINS, THE • 1957
UNIVERSE • NOTRE UNIVERS • 1959 • ANS
GLENN GOULD –OFF THE RECORD • 1960
GLENN GOULD –ON THE RECORD • 1960
FESTIVAL IN PUERTO RICO • 1961
LIVING MACHINE, THE • 1961
LONELY BOY • PAUL ANKA • 1961 • DCS
CANADIAN BUSINESSMAN, THE • CANADIAN BUSINESSMEN • 1963
STRAVINSKY • 1965 • DOC
ABOVE THE HORIZONS • 1966
LABYRINTHE • LABYRINTH • 1967
IBM CLOSE-UP • 1968
TIGER CHILD • 1970
CODE NAME RUNNING JUMP • 1972
EXERCISE RUNNING JUMP II • 1972
CIRCUS WORLD • 1974

KROL G. – USS
MY BROTHER • 1929

KROL MAURICE – GRM
ZWEITE SCHUSS, DER • 1923

KROLIKIEWICZ GRZEGORZ – PLN – 1939–
BOSS • 1970 • DOC
BROTHERS • 1971 • DOC
DON'T CRY • 1972 • DOC
NA WYLOT • THROUGH AND THROUGH • 1973
ENDLESS PRETENSIONS • 1975
THIRD OF MAY, THE • 1976 • MTV
TANCZACY JASTRZAB • DANCING GOSHAWK ◦ DANCING HAWK • 1977

KROLL GEORG – GRM
SPIEL MIT DEM FEUER, DAS • 1921

KROLL NATHAN – USA
GUNS OF AUGUST, THE • 1964 • DOC

KROMANOV GRIGORI – USS
SHTO SLUCHILOS S ANDRESOM LAPETEUSOM? • WHAT'S THE MATTER WITH ANDRES LAPETEUS? ◦ WHAT HAPPENED WITH ANDRES LAPETEUS • 1967
POSLEDNAYA RELIKVIYA • LAST RELIC, THE ◦ LAST RELICS • 1971
DIAMONDS FOR THE DICTATORSHIP OF THE PROLETARIAT • 1975
OTEL 'U POGIBSHCHEGO ALPINISTA • DEAD MOUNTAINEER HOTEL, THE • 1979

KRONHAUSEN DR. – DNM
PORNO POP • 1971

KRONHAUSEN EBERHARD – GRM
PSYCHOMONTAGE NO.1 • 1963 • SHT
NOW CINEMA! (PYSCHOMONTAGE) • PSYCHOMONTAGE (NOW CINEMA!) • 1968
FREIHEIT FUR DIE LIEBE • FREEDOM TO LOVE (USA) • 1969
HVORFOR GOR DE DET? • 1970
HOTTEST SHOW IN TOWN, THE • 1974

KRONHAUSEN PHYLLIS – GRM
PSYCHOMONTAGE NO.1 • 1963 • SHT
FREIHEIT FUR DIE LIEBE • FREEDOM TO LOVE (USA) • 1969
HVORFOR GOR DE DET? • 1970
HOTTEST SHOW IN TOWN, THE • 1974

KRONIK WILLIAM – Writer – USA – 1934–
500 POUND JERK, THE • 1972
STRONG MAN, THE • 1973 • TVM

KRONSBERG JEREMY JOE – USA
GOING APE! • 1981

KROUMOV KRASSIMIR – BUL
EXITUS • 1988

KRSKA KAROL – CZC
QUADRILLE • 1955

KRSKA VACLAV – CZC – 1900–
OHNIVE LETO • FIERY SUMMER • 1939
REKA CARUJE • SPELL OF THE RIVER, THE ◦ MAGIC OF THE RIVER • 1945
HOUSLE A SEN • VIOLIN AND THE DREAM, THE • 1947
BOHEMIAN RAPTURE • 1948
REVOLUCNI ROK 1848 • REVOLUTIONARY YEAR 1848, THE • 1948
POSEL USVITU • MESSENGER OF DAWN ◦ MESSENGER AT DAWN • 1949
MIKOLAS ALES • 1951
MLADA LETA • EARLY YEARS, THE ◦ YOUTHFUL YEARS • 1952
MESIC NAD REKOU • MOON OVER THE RIVER • 1953
STRIBRNY VITR • SILVER WIND, THE ◦ SILVERY WIND, THE • 1954
Z MEHO ZIVOTA • FROM MY LIFE • 1955
DALIBOR • 1956
LABAKAN • 1956
LEGENDA O LASCE • LEGEND OF LOVE • 1957
CESTA ZPATKY • ROAD BACK, THE ◦ WAY BACK, THE • 1958
ZDE JSOU LVI • SCARS OF THE PAST ◦ HIC SUNT LEONES ◦ HERE ARE LIONS • 1958
GREEN CORN • 1960
KDE REKY MAJI SLUNCE • DAY THE TREES WILL BLOOM, THE • 1961
KOMEDIE S KLIKOU • COMEDY AROUND A DOOR HANDLE • 1964
MISTO V HOUFU • PLACE IN THE CROWD, A • 1964
POSLEDNI RUZE OD CASANOVY • CASANOVA'S LAST ROSE ◦ LAST ROSE FROM CASANOVA, THE • 1966
DIVKA SE TREMI VELBLOUDY • GIRL WITH THE THREE CAMELS, THE ◦ GIRL WITH THREE CAMELS, A • 1967
JARNI VODY • SPRING WATERS ◦ SPRING FLOODS • 1968

KRUEGER MICHAEL – USA
MIND KILLER • BRAIN CREATURE ◦ MINDKILLER • 1987
NIGHT VISION • 1988

KRUGER G. – INN
LOETOENG KASAROENG • 1927

KRUGER M. – Animator – PLN
LAJKONIK • 1960 • ANM

KRUK N. – PLN
W RAJU • IN PARADISE • 1962 • ANS

KRUKOWSKI WACLAW – Animator – PLN
SMALL BANKNOTE • 1966 • ANM

KRUMBACHOVA ESTER – CZC – 1923–
MUZ SE PSEM • MAN WITH A DOG, A • 1968
VRAZDA INZENYRA CERTA • MURDER OF ENGINEER DEVIL, THE ◦ MURDER OF MR. DEVIL, THE ◦ KILLING THE DEVIL • 1968

KRUMEN V. – USS
TEMPEST, THE • 1960

KRUMGOLD JOSEPH – Writer – ISR – 1908–
DREAM NO MORE • 1950
OUT OF EVIL
NEW AGE OF ARCHITECTURE, THE • 1958

KRUMIN VARIS – USS – 1931–
HEIR OF THE MILITARY ROAD, THE

KRUNTORAD PAUL – GRM
RENNEN • RACING • 1961 • SHT

KRUSE JOHN – UKN
OCTOBER MOTH • 1960

KRUSE PETER – SWD
ENARMADE BANDITEN, DEN • ONE ARMED BANDIT • 1974

KRUTTNER WALTER – GRM
HUTET EURE TOCHTER • GELBE WAGEN, DER ◦ ZEHNTAUSEND • 1962

KRUUSEMENT ARVO – USS
SPRING • 1969

KRVAVAC HAJRUDIN – YGS
KRVAVAC-SIBA HAJRUDIN • *CRAWFORD HAROLD*
DIVERZANTI • DEMOLITION SQUAD • 1967
BRIDGE • 1969
MOST • 1969
VALTER BRANI SARAJEVO • WALTER DEFENDS SARAJEVO • 1972
PARTIZANSKA SKADRILA • PARTISANS' ESCADRILLE, THE ◦ PARTISAN SQUADRON, THE • 1980

KRVAVAC-SIBA HAJRUDIN see **KRVAVAC HAJRUDIN**

KRZYSTEK WALDEMAR – PLN
W ZAWIESZENIU • SUSPENDED • 1988
LAST FERRY, THE • 1989

KSHIRSAGAR SHRIDAR – IND
KANNAKAMBARA • 1976

KTARI NACEUR AL- see **AL-KTARI NACEUR**

KUBAL VIKTOR – Animator – CZC
KRVAVA PANI • BLOOD-STAINED LADY, THE • ANM
ZBOJNIK JURKO • JURKO THE OUTLAW • ANM

KUBASEK VACLAV – CZC – 1897–1964
DEVCE Z HOR • GIRL FROM THE MOUNTAINS • 1924
DVOJI ZIVOT • TWO LIVES • 1924
JEDENACTE PRIKAZANI • ELEVENTH COMMANDMENT, THE • 1925
VALECNE TAJNOSTI PRAZSKE • PRAGUE WAR SECRECY • 1926
NEMODLENIC • MAN WHO WENT OUT OF FASHION, THE • 1927
SVITANI • DAWN, THE • 1933
LASKA A LIDE • LOVE AND PEOPLE • 1937
NASI FURIANTI • SWAGGERERS, THE ◦ OUR DEFIANT ONES • 1937
IDEAL SEPTIMY • SEPTIMA'S IDEAL • 1938
V HORACH DUNI • THUNDER OVER THE MOUNTAINS ◦ THUNDER IN THE HILLS • 1946
VELKY PRIPAD • GREAT INCIDENT • 1946
PORTASI • 1948
DVA OHNE • 1949
ZIZEN • 1949
YOUNG HEARTS • 1952

KUBAT EDUARD – GRM
JACKE WIE HOSE • 1953

KUBELKA ALEXANDER – USA
BELLA • 1974

KUBELKA PETER – AUS
MOSAIK IM VERTRAUEN • MOSAIC IN CONFIDENCE • 1955 • SHT
ADEBAR • 1957 • SHT
ARNULF RAINER • 1958 • SHT
SCHWECHATER • 1958 • SHT
UNSERE AFRIKAREISE • 1967 • SHT
PAUSE • 1976 • SHT

KUBIK JANUSZ – PLN
GDZIE JESTES LUIZO? • WHERE ARE YOU, LUIZO? ◦ WHERE ARE YOU, LOUISA? • 1964
PUSTYNIA • 1966

KUBO AKIYUKI – Animator – JPN
RETURN OF THE KING.. A STORY OF THE HOBBITS, THE • 18980 • ANM

KUBRICK STANLEY – USA – 1928–
DAY OF THE FIGHT • 1950 • DCS
FLYING PADRE • 1951 • DCS
SEAFARERS, THE • 1953 • DCS
FEAR AND DESIRE • 1954
KILLER'S KISS • 1955
KILLING, THE • CLEAN BREAK • 1956
PATHS OF GLORY • 1957
SPARTACUS • 1960
LOLITA • 1962
DR. STRANGLOVE: OR, HOW I LEARNED TO STOP WORRYING AND LOVE THE BOMB • DR. STRANGELOVE • 1963
2001: A SPACE ODYSSEY • JOURNEY BEYOND THE STARS • 1968
CLOCKWORK ORANGE, A • 1971
BARRY LYNDON • LUCK OF BARRY LYNDON, THE • 1975
SHINING, THE • 1980
FULL METAL JACKET • 1987

KUCHAR GEORGE – USA – 1942–
WET DESTRUCTION OF THE ATLANTIC EMPIRE, THE • 1954
NAKED AND THE NUDE, THE • 1957
SCREWBALL • 1957 • SHT
SLASHER, THE • 1958 • SHT
THIEF AND THE STRIPPER, THE • 1959 • SHT
I WAS A TEENAGE RUMPOT • 1960 • SHT
TUB NAMED DESIRE, A • 1960
BORN OF THE WIND • 1961 • SHT
PUSSY ON A HOT TIN ROOF • 1961 • SHT
TOWN CALLED TEMPEST, A • 1961 • SHT
WOMAN DISTRESSED, A • 1962 • SHT
ANITA NEEDS ME • 1963 • SHT
LOVERS OF ETERNITY, THE • 1964 • SHT
LUST FOR ECSTASY • 1964
CORRUPTION OF THE DAMNED • 1965
HOLD ME WHILE I'M NAKED • 1966 • SHT
LEISURE • 1966
ECLIPSE OF THE SUN VIRGIN • 1967
MOSHOW HOLIDAY • 1967
UNSTRAP ME • 1968
KNOCTURNE • 1972

KUCHAR MIKE – USA – 1942–
VARIATIONS
WET DESTRUCTION OF THE ATLANTIC EMPIRE, THE • 1954
NAKED AND THE NUDE, THE • 1957
SCREWBALL • 1957 • SHT
SLASHER, THE • 1958 • SHT
THIEF AND THE STRIPPER, THE • 1959 • SHT
I WAS A TEENAGE RUMPOT • 1960 • SHT
TUB NAMED DESIRE, A • 1960
BORN OF THE WIND • 1961 • SHT
PUSSY ON A HOT TIN ROOF • 1961 • SHT
PERVERT, THE • 1963 • SHT
LUST FOR ECSTASY • 1964
GREEN DESIRE • 1965 • SHT
SINS OF THE FLESHAPOIDS • 1965
SECRET OF WENDELL SAMPSON, THE • SECRET OF WENDEL SAMSON, THE • 1966
MADONNA • 1967 • SHT
KNOCTURNE • 1972

KUCIA JERZY – PLN
POWROT • RETURN, THE • 1972
LIFT, THE • 1974 • ANS

KUCKELMANN NORBERT – GRM
SACHVERSTANDIGEN, DIE • EXPERTS, THE • 1974
SCHIESSUBUNG, DIE • SHOOTING EXERCISE, THE • 1975
LETZTEN JAHRE DER KINDHEIT, DIE • LAST YEARS OF CHILDHOOD, THE • 1980
MAN UNDER SUSPICION • 1984
MORGEN IN ALABAMA • TOMORROW IN ALABAMA • 1984
CASH –POLITICAL FAIRY TALE • 1989

KUDELKA LADISLAV – CZC
KAM NECHODI INSPEKTOR • WHERE THE INSPECTOR DOES NOT GO • 1964
PREMENY • CHANGES • 1966 • SHT

KUDLA ZDZISLAW – PLN
NA STOKACH KILIMANDZARO • ON THE SLOPES OF KILIMANJARO • 1970
BRUK • PAVEMENT, THE • 1971

KUDLAC FRANTISEK – CZC
MISTR TREBONSKY • CZECH GOTHIC PAINTING ◦ CZECHOSLOVAK GOTHIC • 1950
POSLEDNY NAVRAT • 1958

KUDO EIICHI – JPN
JUICHININ NO SAMURAI • ELEVEN SAMURAI • 1967
NIHON ANKOKUSHI: CHI NO KOSO • DARK HISTORY OF JAPAN: STRUGGLE OF BLOOD • 1967
NIPPON ANKOKUSHI: NASAKE MUYO • HISTORY OF THE JAPANESE UNDERWORLD, A • 1968
SANGYO SUPAI • INDUSTRIAL SPY • 1968

KUDRYAVTSEVA A. – USS
RAZBUDITE LENOCHKY • WAKE UP LENOCHKA • 1933
LENA AND THE GRAPES • 1936

KUEHL KLIFF – USA
MURDER RAP • 1987

KUEHN ANDREW see **KUEHN ANDREW J.**

KUEHN ANDREW J. – USA
KUEHN ANDREW
FLUSH • 1981
TERROR IN THE AISLES • 1984 • CMP

KUEI CHIH HUNG see **KUEI CHIH-HUNG**

KUEI CHIH-HUNG – HKG
KUEI CHIH HUNG
BIG BROTHER CHENG
HOMICIDES PART II
GOURD FAIRY, THE
BAMBOO HOUSE OF DOLLS, THE • 1973
DELINQUENT, THE • 1973
ENTER THE SEVEN VIRGINS • 1975
WAN-JEN-CHAN • KILLER CONSTABLE • 1980

KUENSTLER FRANK – USA
COLOR IDIOMS • 1968 • SHT

KUERT BEAT – SWT
SCHILTEN • 1980
NESTBRUCH • 1981
ZEIT IST BOSE, DIE • EVIL TIMES • 1982
PI-EROTISCHE BEZIEHUNGEN • 1983
MARTHA DUBRONSKY • 1984
DESHIMA -INSEL DER FREMDEN • 1987
LUKAS LASST GRUSSEN • LUKAS SENDS HIS REGARDS • 1988
ASSASSINA, L' • 1989
FRAU FUR ALFIE, EINE • WIFE FOR ALFIE, A • 1989

KUGELSTADT HERMANN – GRM
HEIMATGLOCKEN • 1952
MUHLE IM SCHWARZWALDERTAL, DIE • 1953
KREUZ AM JAGERSTEIG, DAS • 1954
DUNKLE STERN, DER • 1955
FORSTHAUS IM TIROL, DAS • 1955
JAGER VOM ROTECK, DER • 1955
HEIDEMARIE • 1956
HENST MAESTOSO AUSTRIA • 1956
FIDELEN DETEKTIVE, DIE • 1957
JUNGFRAUENKRIEG • 1957
HALLO TAXI • 1958
HEIRATSKANDIDATEN • 1958
STRASSE, DIE • STREET, THE • 1958
HERRN JOSEFS LETZTE LIEBE • 1959
HUBERTUSJAGD • 1959
SFIDA NELLA CITTA DELL'ORO • 1960

KUHN CHRISTIAN – GRM
STRAWBERRY FIELDS • 1985 • TVM

KUHN CHRISTOPH – SWT
SCHUSS -GEGENSCHUSS • 1984

KUHN EDMUND – USA
WASH DAY TROUBLES • 1895

KUHN RODOLFO – ARG
JOVENES VIEJOS, LOS • SAD YOUNG MEN, THE • 1961
PARAJITO GOMEZ -UNA VIDA FELIZ • 1965
ABC DEL AMOR, EL • ABC DO AMOR, EL (BRZ) ○ ABC OF LOVE, THE • 1967
NOCHE TERRIBLE • TERRIBLE NIGHT, THE • 1967
TURISMO DE CARRETERA • HIGHWAY TOURING • 1968
HORA DEL SOL, LA • HOUR OF THE SUN • 1975

KUHN SIEGFRIED – GRM
THEY SHALL NOT PASS • 1964
ZWEITE LEBEN DES FRIEDRICH WILHELM GEORG PLATOW, DAS • 1974
WAHLVERWANDTSCHAFTEN, DIE • ELECTIVE AFFINITIES • 1975
CHILDHOOD • 1987
ACTRESS, THE • 1988

KUIK VALENTIN – USS
SEMEINYE FOTOGRAFI • FAMILY ALBUM • 1989

KUKAZAMA KIYOSUMI – JPN
STAR FORCE • STAR FORCE: FUGITIVE ALIEN 2

KULB K. G. see **KULB KARL G.**

KULB KARL G. – GRM
KULB K. G.
STAMMBAUM DES DR. PISTORIUS, DER • 1939
LIEBESSCHULE • 1940
MIT DEN AUGEN EINER FRAU • 1942
NACHT OHNE SUNDE, DIE • 1950
PERLENKETTE, DIE • 1951
TANTE JUTTA AUS KALKUTTA • 1953
VERTAGTE HOCHZEITSNACHT, DIE • 1953
MANOVERBALL • 1956

KULESHOV LEV – USS – 1899-1970
KOULECHOV LEV VLADIMIR
PROYEKT INZHENERA PRAITA • PROJECT OF ENGINEER PRITE, THE ○ ENGINEER PRITE'S PROJECT • 1918
PESN LYUBVI NEDOPETAYA • UNFINISHED LOVE SONG, THE • 1919
NA KRASNOM FRONTE • ON THE RED FRONT • 1920
NEOBYCHAINIYE PRIKLUCHENIYA MISTERA VESTA V STRANYE BOLSHEVIKOV • EXTRAORDINARY ADVENTURES OF MR. WEST IN THE LAND OF THE BOLSHEVIKS • 1924
LUCH SMERTI • DEATH RAY, THE ○ LOUTCH SMERTI • 1925
PO ZAKONU • UNEXPECTED, THE ○ BY THE LAW ○ EXPIATION ○ DURA LEX • 1926
PAROVOZ NO.B-100 • LOCOMOTIVE NO. B-100 • 1927
VASHA ZNAKOMAYA • YOUR ACQUAINTANCE ○ JOURNALIST, THE ○ ZHURNALISTA • 1927
VESELAYA KANAREIKA • HAPPY CANARY, THE ○ GAY CANARY, THE • 1929
DVA, BOULDEJ, DVA • TWO, BULDI, TWO ○ GREAT BULDIS, THE ○ 2-BOULDY-2 ○ 2-BULDI-2 • 1930
SOROK SERDETS • FORTY HEARTS • 1931
120,000 V GOD • 1931
GORIZONT • HORIZON -THE WANDERING JEW ○ HORIZON • 1933
VELIKII UTESHITEL • GREAT CONSOLER, THE • 1933
SIBIRYAKI • SIBERIANS, THE • 1940
SLUCHAI V VULKANYE • INCIDENT ON A VOLCANO • 1941
KLYATVA TIMURA • OATH OF TIMUR, THE ○ TIMUR'S OATH • 1942
MY S URALA • WE ARE FROM THE URALS ○ WE OF THE URALS • 1944

KULIDJANOV LEV – USS – 1924-
KULIDZHANOV LEV
DAMY • LADIES • 1954
ETO NACHINADOS TAK.. • THIS IS HOW IT BEGAN.. ○ IT STARTED LIKE THIS • 1956
DOM, V KOTOROM YA ZHIVU • HOUSE WHERE I LIVE, THE ○ HOUSE I LIVE IN, THE • 1957
OTCHII DOM • HOME FOR TANYA, A (USA) ○ OUR FATHER'S HOUSE ○ PATERNAL HOME, THE ○ NATIVE HOUSE, THE • 1959
POTERYANNAYA FOTOGRAFIYA • LOST PHOTOGRAPH, THE • 1959
KOGDA DEREVYA BYLI BOLSHIMI • WHEN THE TREES WERE TALL (USA) ○ WHEN THE TREES GREW TALL • 1962
SINYAYA TETRAD • BLUE NOTEBOOK, THE • 1963
PRESTUPLENIE I NAKAZANIE • CRIME AND PUNISHMENT • 1970
MOMENT IN THE STARS, THE • 1975

KULIDZHANOV LEV see **KULIDJANOV LEV**

KULIEV ELDAR – USS
KULIYEV ELDAR
VETRNE MORE • WINDY SEA, THE • 1973
DIVERSIA • SUBVERSIVE ACTION • 1989

KULIEV YE. – USS
SYERDTSE.. SYERDTSE • HEART.. THE HEART, THE • 1977

KULIK BUZZ – USA – 1923-
EXPLOSIVE GENERATION, THE • 1961
YELLOW CANARY, THE • EVIL COME, EVIL GO • 1963
READY FOR THE PEOPLE • 1964
SERGEANT RYKER • COURT MARTIAL OF SGT. RYKER, THE ○ CASE AGAINST PAUL RYKER, THE ○ TORN BETWEEN TWO VALUES • 1967
WARNING SHOT • 1967
VILLA RIDES • 1968
RIOT • 1969
BRIAN'S SONG • 1970 • TVM
OWEN MARSHALL, COUNSELLOR AT LAW • 1971 • TVM
VANISHED • 1971 • TVM
INCIDENT ON A DARK STREET • 1972 • TVM
TO FIND A MAN • SEX AND THE TEENAGER ○ BOY NEXT DOOR, THE • 1972
PIONEER WOMAN • 1973 • TVM
SHAMUS • 1973
REMEMBER WHEN? • 1974 • TVM
BABE • 1975 • TVM
CAGE WITHOUT A KEY • 1975 • TVM
MATT HELM • 1975 • TVM
LINDBERGH KIDNAPPING CASE, THE • 1976 • TVM
CARYL CHESSMAN STORY, THE • KILL ME IF YOU CAN (UKN) • 1977 • TVM
COREY: FOR THE PEOPLE • 1977 • TVM
FEATHER AND FATHER • FEATHER AND FATHER GANG, THE • 1977 • TVM
FROM HERE TO ETERNITY • 1978 • TVM
ZIEGFELD, THE MAN AND HIS WOMEN • 1978 • TVM
HUNTER, THE • 1979
PURSUIT OF D.B. COOPER, THE • IN PURSUIT OF D.B. COOPER ○ PURSUIT • 1981
RAGE OF ANGELS • 1982 • TVM
KANE AND ABEL • 1985 • TVM
WOMEN OF VALOR • 1986 • TVM
HER SECRET LIFE • CODENAME: DANCER • 1987 • TVM
AROUND THE WORLD IN EIGHTY DAYS • 1988 • TVM
TOO YOUNG THE HERO • 1988 • TVM

KULISH SAVVA – USS
MIERTVY SEZON • DEAD SEASON • 1969
KOMITET DEVYATNADTSATI • COMMITTEE OF THE NINETEEN ○ COMMITTEE OF NINETEEN • 1972

KULIYEV ELDAR see **KULIEV ELDAR**

KULL EDWARD – USA
AT THE POINT OF A GUN • 1919 • SHT
BEST BAD MAN, THE • 1919 • SHT
DYNAMITE • 1919 • SHT
FACE IN THE WATCH, THE • 1919 • SHT
FIGHTING SHERIFF, THE • 1919 • SHT
POINTING FINGER, THE • NO EXPERIENCE REQUIRED • 1919
BLIND CHANCE • 1920 • SHT
COUNTERFEIT TRAIL, THE • 1920 • SHT
VANISHING DAGGER, THE • 1920 • SRL
DIAMOND QUEEN, THE • 1921 • SRL
MAN TRACKERS, THE • 1921
BARRIERS OF FOLLY • 1922
BULLDOG COURAGE • 1922
WITH STANLEY IN AFRICA • 1922 • SRL
TERROR TRAIL, THE • 1925
MAN'S BEST FRIEND • 1935
NEW ADVENTURES OF TARZAN, THE • TARZAN AND THE LOST GODDESS ○ TARZAN IN GUATEMALA • 1935 • SRL
NEW ADVENTURES OF TARZAN, THE • TARZAN AND THE GREEN GODDESS (UKN) • 1935

KULLE JARL – Actor – SWD – 1927-
PIGEN OG PRESSEFOTOGRAFEN • GIRL AND THE PRESS PHOTOGRAPHER, THE • 1962
BOKHANDLAREN SOM SLUTADE BARA • BOOKSELLER WHO GAVE UP BATHING, THE • 1969
MINISTERN • HOME SECRETARY, THE • 1971

KUMAGAI H. see **KUMAGAI HISATORA**

KUMAGAI HISATORA – JPN
KUMAGAI H.
GYONETSU NO SHIJIN TAKUBOKU • TAKUBOKU, THE PASSIONATE POET ○ JONETSU NO SHIJIN • 1936
SOBO • MANY PEOPLE • 1937
ABE ICHIZOKU • ABE CLAN, THE • 1938
SHIDO MONOGATARI • INSTRUCTIVE STORY • 1941
CHIEKO-SHO • CHIEKO STORY • 1957

KUMAGAI ISAO – JPN
ITOHABU NO AKAI YANE • RED ROOF OF EATOHARB, THE • 1977

KUMAI KEI – JPN
KUROBE NO TAIYO • TUNNEL TO THE SUN (USA) ○ SUN OVER THE KUROBE GORGE ○ SAND OF KUROBE, THE • 1968
NIPPON RETTO • 1969
CHI NO MURE • THRONGS OF THE EARTH, THE • 1970
SHINOBU-GAWA • LONG DARKNESS, THE • 1972
ASAYAKE NO UTA • RISE, FAIR SUN • 1973
KITA NO MISAKI • CAPE OF THE NORTH • 1975
SANDAKAN HACHIBAN SHOKAN, BOHKYO • SANDAKAN NO.8 ○ BROTHEL NO.8 ○ BOKYO • 1975
OGIN SAMA • LOVE AND FAITH (USA) ○ LADY OGIN ○ OGINSAMA • 1977
TEMPYO NO IRAKA • ROOF-TILE OF THE TEMPYO ERA, A ○ SLATES OF THE TENPYO PERIOD ○ TENPYO NO IRAKA • 1979
BOSATSU, SHIMOYAMA JIKEN • MURDER CASE SHIMOYAMA • 1982
UMI TO DOKUYAKU • SEA AND POISON • 1987
SEN NO RIKYU • 1989

KUMAR AMAR – IND
GARM COAT • CLERK AND THE COAT, THE • 1955
MERE HUMDUM MERE DOST • MY DEAREST FRIEND • 1968

KUMAR DHARAM – IND
EK SAAL PABLE • 1965

KUMAR HARBANCE – T&T
RIGHT AND WRONG, THE • RIGHT AND THE WRONG, THE • 1970

KUMAR KUNDAN – IND
AULAD • SON • 1968

KUMAR MANOJ – IND
UPKAR • GOOD DEED • 1967

KUMAR MOHAN – IND
AMAN • PEACE • 1967
AVTAAR • 1983

KUMAR NARESH – IND
AAG • FIRE • 1968

KUMAR PRADEEP – IND
DO DILON KI DASTAN • MEETING OF TWO HEARTS • 1967

KUMAR RAJENDRA – IND
HARIA • 1959
GURU BHAKTI • 1961

KUMAR SHANTI – IND
BHAKTA DHRUV • DHRUV, DEVOTEE TO THE GOD • 1947
USHA HARAN • 1949

KUMAR SHIV – IND
RAAT ANDHERI THI • NIGHT WAS DARK, THE • 1967
ANJAM • 1968

KUMAR VINOD – IND
MERE HUZOOR • MY LORD • 1968

KUMASHIRO TATSUMI – JPN
KABURITSUKI JINSEI • FRONT ROW • 1968
NURETA YOKUJO • DRENCHED PASSION • 1972
AKUSEN TAMANOI -NUKERAREMASU • STREET OF JOY • 1974
KAGI • KEY • 1974
MR., MRS. AND MISS LONELY • 1981
KOIBUMI • LOVE LETTER • 1985

KUMEL HARRY – BLG – 1940-
ANNA LA BONNE • 1958 • SHT
PANDORA • 1960 • SHT
THAMAR ET AMON • 1961 • SHT
TOUS LES PARFUMS DE L'ARABIE • 1961 • SHT
ERASMUS • 1963
HENDRIK CONSCIENCE • 1964
GRAFBEWAKER, DE • 1965
WATERLOO • 1965
MONSIEUR HAWARDEN • MISTER HAWARDEN • 1968
ROUGE AUX LEVRES, LE • DAUGHTERS OF DARKNESS (USA) ○ LEVRES ROUGES, LES ○ PROMISE OF RED LIPS, THE ○ ERZEBETH ○ RED LIPS, THE ○ BLUT AN DEN LIPPEN ○ REDNESS OF THE LIPS, THE ○ FRN ○ BLOOD ON HER LIPS • 1970
MALPERTIUS • MALPERTIUS: HISTOIRE D'UNE MAISON MAUDITE ○ LEGEND OF DOOM HOUSE, THE ○ MAUDITE: LEGEND OF DOOM HOUSE • 1972

KOMST VAN JOACHIM STILLER, DE • RETURN OF JOACHIM STILLER, THE • 1976
VERLOREN PARADIJS, HET • PARADIS PERDU, LE ○ LOST PARADISE, THE • 1978
SECRETS OF LOVE • 1987

KUNCHAKO – IND
SAKUNTHALAI • SHAKUNTALA • 1967
PUNNAPRA VAYALAR • 1968

KUNDERT GEORG – AUS
FRAUENEHRE • 1918
OHNE ZEUGEN • 1919

KUNERT JOACHIM – GRM – 1929–
BESONDERE KENNZEICHEN: KEINE • SPECIAL PECULIARITIES –NONE ○ SPECIAL MARKS –NONE • 1956
TATORT BERLIN • IT HAPPENED IN BERLIN • 1957
LOTTERIESCHWEDE, DER • LOTTERY SWEDE, THE • 1958
EHESACHE LORENZ • LORENZ V. LORENZ • 1959
SEILERGASSE 8 • NO.8 SEILER STREET ○ DREI, DIE • 1960
LETZTE NACHT, DIE • LAST NIGHT, THE • 1961
ZWEITE GLEIS, DAS • SECOND TRACK, THE • 1962
ABENTEUER DES WERNER HOLT, DIE • ADVENTURES OF WERNER HOLT, THE (UKN) • 1963
TOTEN BLEIBEN JUNG, DIE • DEAD REMAIN YOUNG, THE ○ DEAD STAY YOUNG, THE • 1968

KUNG MIN – TWN
CHIN CHIH YU YEH • 1980

KUNZ WERNER – SWT
LUST FOR THE SUN • AROUND THE WORLD WITH NOTHING ON • 1958
HAVE BIKINI WILL TRAVEL • LET'S GO NATIVE • 1962
MIDSUMMER'S NIGHT IN SWEDEN • 1967 • SHT
PLEASURES OF THE BATH • 1968 • DOC

KUO JOSEPH – HKG
NINJA KIDS: KISS OF DEATH • NINJA KISS OF DEATH KIDS
SHAOLIN TEMPLE 2 • SHAOLIN TEMPLE STRIKES BACK
EIGHT MASTERS, THE • 1974
SHAOLIN DEATH SQUAD • SHAOLIN KIDS, THE • 1977

KUO NANHUNG – HKG
SHAOLIN SZU SHIH-PA T'UNG JEN • 18 BRONZEMEN, THE • 1976

KUORTTI MATTI – FNL
KILJUSEN HERRASVAKI • THAT KILJUNEN FAMILY ○ KILJUNEN FAMILY, THE • 1982

KUPISSONOFF JACQUES – BLG
PRINCE BELGE DE L'EUROPE: CHARLES–JOSEPH DE LIGNE • PRINCE DE LIGNE • 1962 • SHT
APPARENCES • APPEARANCES (USA) • 1964 • SHT
ALCHIMIE, UNE • 1966 • SHT
VIOLIN DE CREMONE, LE • 1968 • SHT
LAUTREAMONT • 1971 • SHT
AMOUR EN LIBERTE, L' • 1976

KURAHARA KOREYOSHI – JPN – 1927–
ORE WA MATTERU–ZE • I'LL BE WAITING • 1957
ARASHI NO NAKA O TSUPPASHIRE • SHOWDOWN IN THE STORM • 1958
FUSOKU YONJU METORU • MAN WHO RODE THE TYPHOON, THE • 1958
KIRI NO NAKA NO OTOKO • MAN IN THE FOG, A • 1958
DAINAMAITO NI HI O TSUKERO • DYNAMITE • 1959
DAISAN NO SHIKAKU • THIRD ASSASSIN, THE • 1959
JIGOKU NO MAGARIKADO • TURNING IN HELL, A • 1959
KAITEI KARA KITA ONNA • WOMEN FROM THE BOTTOM OF THE SEA • 1959
WARERU NO JIDAI • OUR OWN AGE • 1959
ARU KYOHAKU • BLACKMAIL • 1960
KYONETSU NO KISETSU • WEIRD LOVE MAKERS, THE (USA) ○ WILD LOVE–MAKERS, THE ○ WARPED ONES, THE • 1960
ARASHI O TSUKKIRU JETTOKI • BREAKING THE STORM BARRIER • 1961
KONO WAKASA ARU KAGIRI • THAT YOUTH MAY BE ETERNAL • 1961
UMI NO SHOBUSHI • GAMBLER IN THE SEA • 1961
YABURE KABURE • DESPERATION • 1961
GINZA NO KOI NO MONOGATARI • LOVE IN GINZA • 1962
MEKISHIKO MUSHUKU • CALL OF MEXICO, THE • 1962
NIKUI ANCHIKUSHO • I HATE BUT LOVE • 1962
YAJU NO YONI MIETE • LIKE A WILD BEAST • 1962
NANIKA OMOROI KOTO NAIKA • I FLY FOR KICKS • 1963
KUROI TAIYO • BLACK SUN, THE • 1964
SHUEN • FLAME OF DEVOTION, THE • 1964
YOAKE NO UTA • AWAKENING, THE • 1965
AI TO SHI NO KIROKU • HEART OF HIROSHIMA, THE • 1966
AI NO KAWAKI • LONGING FOR LOVE ○ THIRST FOR LOVE, THE • 1967
EIKO ENO GOSEN–KIRO • EIKO'S 5,000 KILOGRAMS • 1969
HI WA SHIZUMI, HI WA NOBORU • SUNSET, SUNRISE • 1972
KITAKITSUNE MONGATARI • GLACIER FOX, THE ○ FOX STORY • 1978
SEISHUN NO MON, JIRITSU HEN • GATE OF YOUTH II, THE • 1982
NANKYOKU MONOGATARI • ANTARCTICA (USA) ○ ANTARCTIC STORY • 1984
HARU NO KANE • SPRING BELL • 1985

KURAHASHI RYOSUKE – JPN
KAIDAN IRO–ZANGE–KYOREN ONNA SHISHO • DANCING MISTRESS • 1957

KURAHOSA – JPN
FLAMES OF DEVOTION • 1968

KURAMOTO SO – JPN
TOKEI • ADIEU L'HIVER • 1987

KURATA FUMINDO – JPN
KIBO NO AOZORA • HOPE OF BLUE SKY • 1960

KURATA JUNJI – JPN
MABOROSHI KUROZUKIN: YAMI NI TOBU KAGE • BLACK NINJA • 1967

KURC STEPHANE – USS – 1945–
OEIL DU MAITRE, L' • 1979

KURCENLI YUSUF – TRK
OLMEZ AGACI • ETERNAL TREE • 1985
GRAMAFON AVRAT • GRAMOPHONE, THE • 1987
BLACKOUT NIGHTS • 1989

KURCHEVSKY V. – USS
HE WANTED TO BE BRAVE • 1963 • ANS

KURELEC TOMISLAV – YGS
PLAVI SVIJET • 1969 • SHT

KURGANOV S. – USS
SOLDIERS OF FREEDOM, THE • 1976

KURI YOJI – Animator – JPN – 1928–
KITTE–NO GENSO • FANTASIA OF STAMPS ○ STAMP FANTASIA • 1959 • ANS
NIHIKI–NO SAMA • TWO SAURIES • 1959 • ANS
FASSHON • FASHION • 1960 • ANS
WARAI–NO NINGEN • PEOPLE • 1960
NINGEN DOBUTSUEN • CLAP VOCALISM ○ HUMAN ZOO • 1961 • ANS
ATCHI WA KOTCHI • HERE AND THERE • 1962 • ANS
ISU • CHAIR, THE • 1962 • ANS
AI • LOVE • 1963 • ANS
BOTAN • BUTTON, THE • 1963 • ANS
KISEKI • LOCUST • 1963 • ANS
ZERO NO HAKKEN • DISCOVERY OF ZERO, THE • 1963 • ANS
AOS • A.O.S. • 1964 • ANS
CHIISANA KUKAN • SMALL SPACE • 1964 • ANS
OTOKO TO ONNA TO INU • MAN, WOMAN AND DOG • 1964 • ANS
RING–RING BOI • RING RING BOY • 1964 • ANS
KAO • FACE, THE • 1965 • ANS
MADO • WINDOW, THE • 1965 • ANS
SAMURAI • 1965 • ANS
TONARI–NO YARO • MAN NEXT DOOR, THE • 1965 • ANS
CHIISANA SASAYAKI • LITTLE MURMUR • 1966 • ANS
SADO–NO TAMAGO • EGGS, THE (USA) • 1966 • ANS
SATSUJINKYO SHIDAI • AU FOU! • 1966 • ANS
ANATA WA NANI O KANGAETE IRU KA? • WHAT DO YOU THINK? • 1967 • ANS
HANA • FLOWER, THE • 1967 • ANS
HEYA • ROOM, THE • 1967 • ANS
CONCERTO IN X MINOR • 1968 • ANS
CRAZY WORLD • 1968 • ANS
FUTATSO–NO YAKIZAKANA • TWO GRILLED FISH (USA) ○ NI YAKI ZAKANA ○ NIHIKINO SAMNA • 1968 • ANS
MISS KEMEKO • 1968 • ANS
IMAGINATION • 1969 • ANS
LITTLE ISLAND • 1969 • ANS
BATHROOM, THE • 1970 • ANS
POP • 1970 • ANS
FANTASY FOR PIANO • 1972 • ANS
MIDNIGHT PARASITES, THE • 1972 • ANS
IMUS • 1973 • ANS
PARODY OF THE PAINTER BRUEGHEL • 1974 • ANS
MANGA • MONGA • 1977 • ANS
SHOMETSU • 1978 • ANS
VANISH • 1978 • ANS

KURIHARA KISABURO – JPN
KURIHARA THOMAS
AMACHUA KURABU • AMATEUR CLUB • 1920
JASEI NO IN • LASCIVIOUSNESS OF THE VIPER, THE ○ OBSCENITY OF THE VIPER ○ MALICIOUSNESS OF THE SNAKE'S EVIL, THE • 1920

KURIHARA THOMAS see **KURIHARA KISABURO**

KURIKHIN N. see **KURIKHIN NIKITA**

KURIKHIN NIKITA – USS
KURIKHIN N.
LAST INCH, THE • 1959
MOST PEREYTI NELIEYA • BRIDGE CANNOT BE CROSSED, THE ○ DEATH OF A SALESMAN ○ NO CROSSING THE BRIDGE • 1960
T–34 • 1964
NYE ZABUD.. STANTSIYA LUGOVAYA • DON'T FORGET.. THE LUGOVAYA STATION ○ NE ZABUD.. STANTZIYA LUGOVAGA • 1967

KURISAKI – JPN
SONEZAKI SHINJUH • DOUBLE SUICIDE AT SONEZAKI • 1981

KURIYAMA TOMIO – JPN
SHUKUJI • CONGRATULATORY SPEECH • 1985

KURKVAARA MAUNU – FNL – 1926–
ONNEN SAARI • ISLAND OF HAPPINESS • 1955
RAKAS • BELOVED ○ DARLING • 1961
YKSITYISALUE • PRIVATE PROPERTY • 1962
MEREN JUHLAT • FESTIVALS OF THE SEA ○ FEAST OUT AT SEA, THE ○ FEAST AT SEA ○ FEAST BY THE SEA • 1963
RAPORTTI ELI BALLADI LAIVATYTOISTA • REPORT OR BALLAD ABOUT SAILORS' GIRLFRIENDS • 1964
FYRA GANGER FYRA • 4 X 4 ○ NORDISK KVADRILLE ○ UPPEHALLE I MYRLANDET ○ PIKE MED HVIT BALL • 1965
TANAAN OLET TAALLA • TODAY YOU'RE HERE • 1966
MILJOONALIIGA • MILLION GANG • 1968
ROTTASOTA • RAT WAR • 1968
TUTU • 1969
PUNATUKKA • REDHEAD • 1970
KUJANJUOKSU • GAUNTLET, THE • 1971
KAKSI • TWO • 1972
MENESTYKSENMAKU • TASTE OF SUCCESS, A • 1983
BUTTERFLY'S DREAM • 1986

KURLAN STANLEY – USA
ERUPTION • 1978

KURODA MASAO – JPN
SHINDOBADDO NO BOKEN • ADVENTURES OF SINDBAD, THE • 1968

KURODA YOSHIO – JPN
GARIBAH NO UCHU RYOKO • GULLIVER'S TRAVELS BEYOND THE MOON (UKN) ○ GULLIVER NO UCHU RYOKO • 1966 • ANM

KURODA YOSHIYUKI – JPN
KURODA YOSHIYUKO
DAIMAJIN • MAJIN, THE MONSTER OF TERROR ○ VENGEANCE OF A MONSTER, THE ○ MAJIN (USA) ○ MAJIN, THE HIDEOUS IDOL ○ DEVIL GOT ANGRY, THE • 1966
DAIMAJIN GUAKUSHU • MAJIN STRIKES AGAIN (USA) • 1966
DAIMAJIN IKARU • RETURN OF GIANT MAJIN, THE (USA) ○ RETURN OF MAJIN, THE • 1966
YOKAI DAISENSO • GHOSTS ON PARADE ○ SPOOK WARFARE • 1968
TOMEI KENSHI • INVISIBLE SWORDSMAN • 1970

KURODA YOSHIYUKO see **KURODA YOSHIYUKI**

KUROIWA MATSUTARO – JPN
HIZUNDA JOYOKU • DISTORTED DESIRE • 1967

KUROKI KAZUO – JPN
TOBENAI CHINMOKU • SILENCE HAS NO WINGS (USA) • 1966
CUBA NO KOIBITO • MAS CERCA DE TI • 1970
RYOMA ANSATSU • ASSASSINATION OF RYOMA • 1974
MATSURI NO JUNBI • PREPARE FOR THE FAIR • 1975
YUGURE MADE • TILL THE SUN DOWN • 1981

KUROSAWA AKIRA – JPN – 1910–
ICHIBAN UTSUKUSHIKU • MOST BEAUTIFUL, THE ○ MOST BEAUTIFULLY • 1944
SUGATA SANSHIRO • SANSHIRO SUGATA ○ LEGEND OF JUDO, THE ○ JUDO SAGA • 1945
TORA NO OO FUMA OTOKOTACHI • MEN WHO TREAD ON THE TIGER'S TAIL, THE ○ WALKERS ON THE TIGER'S TAIL ○ THEY WHO STEP ON THE TIGER'S TAIL • 1945
ZOKU SUGATA SANSHIRO • SUGATA SANSHIRO PART II ○ JUDO SAGA II • 1945
ASU O TSUKURU HITOBITO • THOSE WHO MAKE TOMORROW • 1946
WAGA SEISHUN NI KUINASHI • NO REGRETS FOR MY YOUTH ○ NO REGRETS FOR OUR YOUTH ○ NO REGRETS FOR LOST YOUTH • 1946
SUBARASHIKI NICHIYOBI • ONE WONDERFUL SUNDAY ○ WONDERFUL SUNDAY • 1947
YOIDORE TENSHI • DRUNKEN ANGEL • 1948
NORA INU • STRAY DOG • 1949
SHIZUKANARU KETTO • SILENT DUEL, THE ○ QUIET DUEL, THE ○ QUIET FIGHT, THE • 1949
RASHOMON • IN THE WOODS • 1950
SKYANDURU • SCANDAL ○ SHUBUN • 1950
HAKUCHI • IDIOT, THE • 1951
IKIRU • LIVING ○ TO LIVE ○ DOOMED • 1952
SHICHININ NO SAMURAI • SEVEN SAMURAI, THE (USA) ○ MAGNIFICENT SEVEN, THE • 1954
IKIMONO NO KIROKU • I LIVE IN FEAR (USA) ○ RECORDING OF A LIVING BEING ○ RECORD OF A LIVING BEING ○ WHAT THE BIRDS KNEW • 1955
DONZOKO • LOWER DEPTHS, THE • 1957
KUMONOSU–JO • CASTLE OF THE SPIDER'S WEB, THE ○ THRONE OF BLOOD ○ COBWEB CASTLE • 1957
KAKUSHI TORIDE NO SAN–AKUNIN • THREE BAD MEN IN A HIDDEN FORTRESS ○ HIDDEN FORTRESS, THE • 1958
WARUI YATSU HODO YOKU NEMURU • WORSE YOU ARE THE BETTER YOU SLEEP, THE ○ BAD SLEEP WELL, THE (USA) ○ ROSE IN THE MUD, A • 1960
YOJIMBO • BODYGUARD, THE • 1961
TSUBAKI SANJURO • SANJURO • 1962
TENGOKU TO JIGOKU • HIGH AND LOW ○ HEAVEN AND HELL ○ RANSOM, THE • 1963
AKAHIGE • RED BEARD • 1965
DODESKA DEN • SOUNDS OF STREET CARS ○ DODESUKADEN • 1970
DERZU UZALA • DERSU UZALA • 1975
KAGEMUSHA • SHADOW WARRIOR, THE • 1980
RAN • 1983
DREAMS • 1990
RHAPSODY IN AUGUST • 1990

KUROSAWA KIYOSHI – JPN
SWEET HOME • 1989

KURSON JANE
PYROMANIAC

KURTCHEVSKY VADIM – USS
YOUNG MAN NAMED ENGELS, A • 1970 • ANM

KURTHAN NAZIF – TRK
AANASI YIGIT DOGURMUS • 1966
BOMBA KEMAL • KEMAL THE BOMB • 1967

KURTIZ TUNCEL – TRK
GUL HASAN • HASAN THE ROSE • 1982

KURTZ BOB – USA
MY SON THE KING • 1970

KURYS DIANE – FRN – 1948–
DIABOLO MENTHE • PEPPERMINT SODA • 1977
COCKTAIL MOLOTOV • 1981
COUP DE FOUDRE • AT FIRST SIGHT (UKN) ○ ENTRE NOUS (USA) ○ BETWEEN US • 1983
HOMME AMOUREUX, UN • MAN IN LOVE, A • 1986
BAULE LES PINS, LA • 1990

KURZ ACHIM – GRM
GRANDISON • 1979

KURZ RUDI – GRM
AUS DER 12B, DIE • 1962

KUSMANICH DUNAV – CLM
AJUSTE DE CUENTAS • RENDERING ACCOUNTS

KUSTER DIETHARD – GRM
BLINDE, DER • BLIND ONE, THE • 1989

KUSTURICA EMIR – YGS – 1955–
DA LI ZNATE DOLLY BELL? • DO YOU KNOW DOLLY BELL? • 1981
SJECAS LI SE DOLLY BELL? • DO YOU REMEMBER DOLLY BELL? • 1981
OTAC NA SLUZBENOM PUTU • WHEN FATHER WAS AWAY ON BUSINESS • 1985
DOM ZA VESANJE • HOME FROM HANGING, A ○ GYPSY CARAVAN ○ TIME OF GIPSIES, THE • 1987

KUSUDA – JPN
INOCHI ARU KAGIRI • AS LONG AS WE LIVE • 1947

KUTTER ANTON – GRM
WEISSE MAJESTAT, DIE • WHITE MAJESTY • 1933
WELTRAUMSCHIFF I STARTET • 1940
GEH' MACH DEIN FENSTERL AUF • 1953
WETTERLEUCHTEN AM DACHSTEIN • HERRIN VOM SALZERHOF, DIE • 1953
WENN ICH EINMAL DER HERR GOTT WAR • 1954
LIED VON KAPRUN, DAS • LIED DER HOHEN TAUERN, DAS • 1955

KUTZ KAZIMIERZ – PLN – 1929–
KRZYZ WALECZNYCH • CROSS OF VALOUR, THE • 1959
NIKT NIE WOLA • NO-ONE CALLING ○ NO ONE CRIES OUT.. • 1960
LUDZIE Z POCIAGU • PEOPLE ON A TRAIN ○ PANIC ON A TRAIN • 1961
TARPANY • WILD HORSES ○ TARPANS • 1961
MILCZENIE • SILENCE, THE (UKN) • 1963
UPAL • HEAT, THE • 1964
GIRL HAS DISAPPEARED, A • 1966
KTOKOLWIEK WIE.. • WHOEVER MAY KNOW.. • 1966
SKOK • START, THE ○ LEAP, THE • 1968
JESIENNY DZIEN • AUTUMN DAY, AN • 1969 • MTV
SOL ZIEMI CZARNEJ • SALT OF THE BLACK COUNTRY ○ SALT OF THE BLACK EARTH ○ TASTE OF THE BLACK EARTH, THE • 1969
PERLA W KORONIE • PEARL IN THE CROWN • 1972
OKRAGLY TYDZIEN • WHOLE WEEK, A • 1977
PACIORKI JEDNEGO ROZANCA • GLASS-BEAD ROSARY, A ○ BEADS OF ONE ROSARY, THE • 1979

KUUSI JANNE – FNL
APINAN VUONNA • IN THE YEAR OF THE APE • 1983
SONG • 1986 • DOC
GONE WITH THE MIND • 1987

KUUSISTO JANNE – FNL
BREAKTHROUGH • 1981

KUWAHARA BOB – Animator – USA
HASHIMOTO SAN • 1959 • ANS
WHERE THERE'S SMOKE • 1961 • ANS
BIG CHIEF, NO TREATY • 1962 • ANS
HONORABLE FAMILY PROBLEM • 1962 • ANS
LOYAL ROYALTY • 1962 • ANS
BELL FOR PHILADELPHIA, A • 1963 • ANS
CHERRY BLOSSOM FESTIVAL • 1963 • ANS
PEARL CRAZY • 1963 • ANS
SPOOKY-YAKI • 1963 • ANS
TEA HOUSE MOUSE • 1963 • ANS
SEARCH FOR MISERY • 1964 • ANS
CHAMPION CHUMP • 1966 • ANS
COWARDLY WATCHDOG, THE • 1966 • ANS

de KUYPER ERIC – NTH
CASTA DIVA • 1983
NAUGHTY BOYS • 1983
STRANGE LOVE AFFAIR, A • 1986
PINK ULYSSES • 1989

KUYPERS R. see **KUYPERS RIK**

KUYPERS RIK – BLG
KUYPERS R.
JILLALI 1 • 1965
ADIEU FILIPPI • 1968

KUYULULU AYTEN – TRK – 1930–
OUTSIDERS, THE • 1969 • MTV
HANDFUL OF DUST • 1973 • SHT
GOLDEN CAGE, THE • 1975

KUZIEMSKI RYSZARD – PLN
BAJKA • FAIRY STORY, THE ○ TALE, A • 1970 • ANS

KUZMINSKI ZBIGNIEW – PLN – 1921–
MILCZACE SLADY • SILENT CLUES • 1961
DRUGI BRZEG • OTHER BANK, THE ○ ANOTHER SHORE • 1962
MOJ DRUGI OZENEK • MY SECOND MARRIAGE • 1964
BANDA • GANG, THE • 1965
ZEJSCIE DO PIEKLA • DESCENT TO HELL • 1966
ZWARIOWANA NOC • CRAZY NIGHT ○ MAD NIGHT, A • 1967
RAJ NA ZIEMI • PARADISE ON EARTH • 1970
AGENT NR.1 • 1971
STO KONI DO STU BRZEGOW • HUNDRED HORSES TOWARDS A HUNDRED BANKS, A • 1978
DESPERACJA • IN DESPERATION • 1989

KUZUI FRAN RUBEL see **KUZUI FRANNIE**

KUZUI FRANNIE – USA
KUZUI FRAN RUBEL
TOKYO POP • 1987

KVAPIL JAROSLAV – CZC – 1868–1950
AHASVER • 1915
ZLATY KLICEK • LITTLE GOLD KEY, THE • 1922
PRODANA NEVESTA • BARTERED BRIDE, THE • 1933

KVINIKHIDZE LEONID – USS
FIRST VISITOR, THE • 1966
MOABITSKAYA TETRAD • MOABIT NOTEBOOK, THE • 1968
MISSION TO KABUL • 1971

KVIRIKADZE IRAKLI – USS
GORODOK ANARA • ANARA QUARTER • 1976
PLOVEC • SWIMMER, THE • 1981

KWAN CHEN-LIANG – HKG
THUNDERSTORM SWORD • 1972

KWAN STANLEY see **GUAN JINPENG**

KWAN TEDDY ROBIN – HKG
LEGEND OF THE GOLDEN PEARL, THE • 1987

KWAPIS KEN – USA
FOLLOW THAT BIRD • (SESAME STREET PRESENTS) FOLLOW THAT BIRD • 1985
VIBES • 1988

KWIATOWSKA M. – PLN
PRZED PODROZA • BEFORE THE GREAT TRIP • 1960 • SHT

KWOK NAN-HUNG – HKG
I-TAI CHIEN-WANG • KING OF SWORDSMEN (USA) ○ SWORDSMAN OF ALL SWORDSMAN • 1969
KING OF THE SWORDSMEN KINGS • 1970

KWON TAEK-LIM see **LIM KWON-TAEK**

KYBARTAS – USA
3 CARS • 1988 • SHT

KYLBERG PETER – SWD – 1938–
JAG • I • 1966

KYLE GORDON – Editor – UKN
WHO KILLED VAN LOON? • 1948

KYODO ICHIRO – JPN
AIJO KAIGAN • AWAKENING FOR LOVE • 1967

KYRIAKOPOLOS C. – GRC
LOVES OF A GREEK PARIS • 1960

KYRIAKYS WILLIAM – USA
DARK ODYSSEY • PASSIONATE SUNDAY • 1961

KYRIAZI PAUL – USA
DEATH MACHINES • NINJA MURDERS • 1976
WARRIORS OF DEATH • WEAPONS OF DEATH • 1981
ONE WAY OUT • 1987

KYRONSEPPA KARI – FNL
TOGETHER AT LAST • 1987

KYROU ADO – GRC – 1923–1985
DEROUTE, LA • 1957 • SHT
PALAIS IDEAL, LE • 1958 • SHT
LE HAVRE • 1959 • SHT
CHEVELURE, LA • 1960 • SHT
COMBAT DE COQS • 1962
PAIX ET LA VIE, LA • 1962
HONNETE HOMME, UN • HONORABLE MAN, AN • 1963 • ANS
IMMORTELLES, LES • 1963
BLOKO • BLOCKADE, THE • 1965
MOINE, LE • MONACA, IL (ITL) ○ MONK, THE • 1972

KYSER HANS – GRM
LUTHER • 1927

KYSON CHARLES H. – USA
BRUTE MASTER, THE • 1920

KYULUMOV IGOR – BUL
TRAVELLING MUSICIANS • 1984

LA CAVA GREGORY – USA – 1892–1952
JERRY ON THE JOB • 1916-17 • ASS
DER KAPTAIN DISCOVERS THE NORTH POLE • 1917 • ANS
DER KAPTAIN IS EXAMINED FOR INSURANCE • 1917 • ANS
DER KAPTAIN'S VALET • 1917 • ANS
SILK HAT HARRY • 1918 • ASS
HOW COULD WILLIAM TELL? • JERRY ON THE JOB • 1919 • ANS
BURIED TREASURE • ANS
JUDGE RUMMY IN BEAR FACTS • 1920 • ANS
KATS IS KATS • 1920 • ANS
SMOKEY SMOKES • 1920 • ANS
SMOKEY SMOKES (AND) LAMPOONS • 1920 • ANS
HIS NIBS • 1921
FAINT HEART • 1922 • SHT
SOCIAL ERROR, A • 1922 • SHT
BEWARE OF THE DOG • 1923 • SHT
BUSYBODY, THE • 1923 • SHT
FIDDLING FOOL, THE • 1923 • SHT
FOUR ORPHANS, THE • 1923 • SHT
HELPFUL HOGAN • 1923 • SHT
LIFE OF REILLY, THE • 1923 • SHT
PILL POUNDER, THE • 1923 • SHT
SO THIS IS HAMLET? • 1923 • SHT
WILD AND WICKED • 1923 • SHT
NEW SCHOOL TEACHER, THE • 1924
RESTLESS WIVES • 1924
WOMANHANDLED • 1925
LET'S GET MARRIED • 1926
SAY IT AGAIN • 1926
SO'S YOUR OLD MAN • 1926
GAY DEFENDER, THE • 1927
PARADISE FOR TWO • 1927
RUNNING WILD • 1927
TELL IT TO SWEENEY • 1927
FEEL MY PULSE • 1928
HALF A BRIDE • 1928
BIG NEWS • 1929
HIS FIRST COMMAND • 1929
SATURDAY'S CHILDREN • 1929
LAUGH AND GET RICH • BOARD AND ROOM • 1931
SMART WOMAN • NANCY'S PRIVATE AFFAIR • 1931
AGE OF CONSENT • ARE THESE OUR CHILDREN? (UKN) ○ FRATERNITY HOUSE • 1932
HALF-NAKED TRUTH, THE • 1932
SYMPHONY OF SIX MILLION • MELODY OF LIFE (UKN) • 1932
BED OF ROSES • 1933
GABRIEL OVER THE WHITE HOUSE • 1933
GALLANT LADY • 1933
AFFAIRS OF CELLINI, THE • FIREBRAND • 1934
WHAT EVERY WOMAN KNOWS • 1934
PRIVATE WORLDS • 1935
SHE MARRIED HER BOSS • 1935
MY MAN GODFREY • 1936
STAGE DOOR • 1937
FIFTH AVENUE GIRL • 1939
PRIMROSE PATH • 1940
UNFINISHED BUSINESS • 1941
LADY IN A JAM • SHELTERED LADY, THE • 1942
LIVING IN A BIG WAY • 1947

de LA COUR JEAN – FRN
COUPS DE ROULIS • 1931

de LA FALAISE HENRI – FRN
CHACUN SA VIE • 1931
ECHEC AU ROI • MARI DE LA REINE, LA ○ ROI S'ENNUIE, LE • 1931
FILS DE L'AUTRE, LE • FEMME LIBRE, UNE ○ MADAME JULIE • 1931
NUIT D'ESPAGNE • 1931

de LA FALANIE MARQUIS – USA
KLIOU THE TIGER • KLIOU THE KILLER • 1936

LA FRENAIS IAN – UKN – 1938–
TO RUSSIA.. WITH ELTON • 1979 • DOC

LA FRENIERE KATHY – USA
WITCHCRAFT • 1965 • SHT

LA LOGGIA FRANK – USA
LALOGGIA FRANK
FEAR NO EVIL • 1981
LADY IN WHITE • 1988

LA MAIE ELSIER – USA
PEGGY WISE • 1920
UNFORTUNATE SEX, THE • 1920

de LA PATELLIERE DENYS – FRN – 1921–
ARISTOCRATES, LES • ARISTOCRATS, THE • 1955
SALAIRE DU PECHE, LE • 1956
OEUFS DE L'AUTRUCHE, LES • OSTRICH HAS TWO EGGS, THE • 1957
RETOUR DE MANIVELLE • THERE'S ALWAY'S A PRICE TAG (USA) • 1957
THERESE ETIENNE • TERESA ETIENNE (ITL) • 1957
GRANDES FAMILLES, LES • POSSESSORS, THE (USA) • 1959
RUE DES PRAIRIES • MIO FIGIO (ITL) ○ RUE DE PARIS (USA) ○ STREETS OF PARIS • 1959
YEUX DE L'AMOUR, LES • 1960
TAXI POUR TOBROUK, UN • TAXI PARA TOBROUK, UN (SPN) ○ TAXI NACH TOBRUK (FRG) ○ TAXI FOR TOBRUK (USA) ○ TAXI TO TOBRUK • 1961
BATEAU D'EMILE, LE • 1962
POURQUOI PARIS? • 1962
TEMPO DI ROMA • 1964
FABULEUSE AVENTURE DE MARCO POLO, LA • MERAVIGLIOSE AVVENTURE DI MARCO POLO, LE (ITL) ○ MARKO POLO (YGS) ○ ECHIQUER DE DIEU, L' ○ FABULOUS ADVENTURES OF MARCO POLO, THE ○ MARCO THE MAGNIFICENT (USA) • 1965
TONNERRE DE DIEU, LE • MATRIMONIO ALLA FRANCESE (ITL) ○ HERR AUF SCHLOSS BRASSAC (FRG) ○ GOD'S THUNDER (UKN) • 1965
DU RIFIFI A PANAMA • RIFIFI INTERNACIONALE (ITL) ○ RIFIFI IN PARIS (UKN) ○ UPPER HAND, THE (USA) • 1966
SOLEIL NOIR • ANGELICA AVVENTURIERA (ITL) ○ DARK SUNLIGHT ○ BLACK SUN • 1966
VOYAGE DU PERE, LE • DESTINAZIONE MARCIAPIEDE (ITL) • 1966
CAROLINE CHERIE • SCHON WIE DIE SUNDE (FRG) • 1967
TATOUE, LE • NEMICI PER LA PELLE -IL TATUATO (ITL) ○ MILLION DOLLAR TATTOO • 1968
SABRA • DEATH OF A JEW (USA) • 1970
TUEUR, LE • COMMISSARIO LE GUEN E IL CASO GRASSOT, IL (ITL) • 1972
PRETRES INTERDITS • 1973
COMTE DE MONTE-CRISTO, LE • 1979 • MTV

LA ROSA UGO - ITL
ZANZARONI, I • BIG MOSQUITOES, THE • 1967

LABARTHE ANDRE S. - Film critic - FRN - 1931-
DEUX MARSEILLAISES, LES • 1968 • DOC

LABONTE FRANCOIS - CND - 1949-
BABIOLE • 1975 • MTV
SAMEDI SOIR • 1977
CHATEAU DE CARTES • 1980
EN PASSANT PAR MASCOUCHE • 1981 • DOC
REVEILLON • 1982
HENRI • 1985
NOUVELLE TELEVISION, LA • 1985 • DOC
GASPARD ET FILS • 1988
LIGHT BRIGADE, THE • 1990 • SHT
MANUEL • MANUEL LE FILS EMPRUNTE • 1990

LABRECQUE JEAN-CLAUDE - CND - 1938-
LABREQUE JEAN-CLAUDE
PREVOYANT DU CANADA, LES • 1958 • DCS
60 CYCLES • SIXTY CYCLES • 1964 • DCS
GUERRE DES PIANOS, LA • 1965 • DCS
INTERMEDE • 1965 • DCS
VISITE DU GENERAL DE GAULLE AU QUEBEC, LA • 1967 • DCS
PAYS VASTE • CANADA -PAYS VASTE • 1968 • DCS
VIE, LA • 1968 • DOC
CANOTS DE GLACE, LES • 1969 • DCS
HIVER EN FROID MINEUR, L' • 1969 • DCS
ESSAI A LA MILLE • 1970 • DCS
NUIT DE LA POESIE, LA • 1970 • DOC
HOCHELAGA • 1972 • DCS
IMAGES DE LA GASPESIE • 1972 • DCS
SMATTES, LES • SMART GUYS, THE • 1972
UNIVERSITE DU QUEBEC • 1972 • DCS
ENTREPRISE DE TOUTE UNE VIE, L' • 1973 • DCS
NOTES DE LA VIE, LES • 1973 • DCS
RELATION PEDAGOGIQUE • 1973 • SER
CLAUDE GAVREAU POETE • 1974 • DOC
VAUTOURS, LES • VULTURES, THE • 1975
JEUX DE LA XXI OLYMPIADE • 1976
ON S'PRATIQUE.. C'EST POUR LES OLYMPIQUES • 1976 • DOC
QUEBEC-FETE JUIN 1975 • 1976 • DOC
PIERRE A COTON • 1978
DERNIER DES COUREURS DES BOIS, LE • 1979
MONTAGNAIS, LES • 1979
AFFAIRE COFFIN, L' • COFFIN AFFAIR, THE • 1980
NUIT DE LA POESIE 28 MARS 1980 • 1980
PAROLES DU QUEBEC • 1980
ANNEES DE REVES, LES • YEARS OF DREAMS AND REVOLTS • 1982
DESTINATION RIVIERE LA GRANDE • 1982
MARIE UGUAY • 1982
FRERE ANDRE, LE • BROTHER ANDRE • 1988

LABREQUE JEAN-CLAUDE see **LABRECQUE JEAN-CLAUDE**

LABRO MAURICE - FRN - 1910-
GOSSES MENENT L'ENQUETE, LES • ETRANGE MORT DE MONSIEUR CRAUQUAL, L' ○ CRIMINEL A PEUR DES GOSSES, LE ○ DRAME AU COLLEGE • 1946
TROIS GARCONS, UNE FILLE • 1948
HEROIQUE MONSIEUR BONIFACE, L' • SYMPATHETIQUE MONSIEUR BONIFACE, LE • 1949
BONIFACE SOMNAMBULE • SLEEPWALKER, THE • 1950
ROI DU BLA-BLA-BLA, LE • 1950
TAMPON DU CAPISTON, LE • 1950
MONSIEUR LEGUIGNON LAMPISTE • 1951
PAS DE VACANCES POUR MONSIEUR LE MAIRE • 1951
DEUX DE L'ESCADRILLE • 1952
ROUTE DU BONHEUR, LA • SALUTI E BACI (ITL) ○ AMICAL SOUVENIR • 1952
J'Y SUIS, J'Y RESTE • 1953
MA PETITE FOLIE • 1953
MONSIEUR LEGUIGNON, GUERISSEUR • LEGUIGNON, GERISSEUR ○ MR. LEGUIGNON, HEALER • 1953
ON DEMANDE LE COLONEL • 1955
VILLA SANS-SOUCI, LA • 1955
ACTION IMMEDIATE • TO CATCH A SPY (USA) • 1956
COLONEL EST DE LA REVUE, LE • 1956
CAPTIF, LE • ESCAPE FROM SAIGON (USA) ○ HOMME A VENDRE, UN • 1957
FAUVE EST LACHE, LE • 1958
CANAILLES, LES • CANAGLIE, LE (ITL) ○ TAKE ME AS I AM (UKN) ○ RIFF-RAFF (USA) ○ RUFFIANS, THE • 1959
JUSQU'A PLUS SOIF • 1961
GORILLE A MORDU L'ARCHEVEQUE, LE • DEADLY DECOY, THE (USA) ○ BITE OF THE GORILLA, THE • 1962
BLAGUE DANS LE COIN • 1963
COPLAN PREND DES RISQUES • AGENTE COPLAN: MISSIONE SPIONAGGIO (ITL) ○ SPY I LOVE, THE (USA) • 1963
CORRIDA POUR UN ESPION • SPION, DER IN DIE HOLLE GING, DER (FRG) ○ SPY WHO WENT INTO HELL, THE ○ PERSECUCION A UN ESPIA (SPN) • 1965
CASSE-TETE CHINOIS POUR LE JUDOKA • CHINESE PUZZLE FOR JUDOKA • 1968
ORE VIOLENTE • 1968

LABRO PHILIPPE - FRN - 1936-
TOUT PEUT ARRIVER • DON'T BE BLUE • 1969
4 FOIS 2 • 1969 • SHT
SANS MOBILE APPARENT • WITHOUT APPARENT MOTIVE (USA) ○ SENZA MOVENTE (ITL) • 1971
HERITIER, L' • EREDE, L' (ITL) ○ INHERITOR, THE • 1973
HASARD ET LA VIOLENCE, LE • 1974
ALPAGUEUR, L' • PREDATOR, THE • 1976
CRIME, LA • 1983
RIVE DROITE, RIVE GAUCHE • 1984

LABROUSSE ANDRE - FRN - 1900-
PASSEPORT DIPLOMATIQUE, AGENT K8 • OPERATION DIPLOMAT PASSPORT (USA) • 1965

LABROUSSE GEORGES - FRN
VIOLONS D'INGRES • 1937 • SHT
HOBBIES • 1941 • SHT

LACAM HENRI - Animator - FRN
DEUX PLUMES, LES • TWO FEATHERS, THE • 1958 • ANS
JEUX DE CARTES • GAME OF CARDS • 1959 • ANS
NUAGES FOUS, LES • MAD CLOUDS, THE • 1962 • ANS
OISEAU DE LA SAGESSE, L' • BIRD OF WISDOM (USA) • 1966 • ANS

LACERDA AUGUSTO - BRZ - 1864-1926
TEMPESTADES DA VIDA • 1922

LACERTE JACQUES - USA
LOVE ME DEADLY • SECRETS OF THE DEATH ROOM • 1972

LACEY BRUCE - UKN
LACEY RITUALS, THE • 1973

LACEY GILLIAN - UKN
WANDERINGS OF ULICK JOYCE, THE • 1968
UP • 1970

de LACEY JOSEPH see **ELORRIETA JOSE MARIA**

LACHENAY - FRN
VOIX D'ORLY, LES • 1965 • SHT

LACHINE HANI - EGY
ARAGOUZE, EL • PUPPET PLAYER, THE • 1988

LACHMAN HARRY - UKN - 1886-1975
LACHMANN HARRY
WEEKEND WIVES • MY WIFE'S HUSBAND • 1928
UNDER THE GREENWOOD TREE • 1929
COMPULSORY HUSBAND, THE • 1930
LOVE HABIT, THE • 1930
SONG OF SOHO • 1930
YELLOW MASK, THE • 1930
COUTURIERE DE LUNEVILLE, LA • 1931
MISTIGRI • 1931
MONSIEUR DE MINUIT, LE • 1931
OUTSIDER, THE • 1931
AREN'T WE ALL? • 1932
BELLE MARINIERE, LA • 1932
DOWN OUR STREET • 1932
INSULT • 1932
FACE IN THE SKY • 1933
PADDY THE NEXT BEST THING • 1933
BABY, TAKE A BOW • 1934
GEORGE WHITE'S SCANDALS OF 1934 • 1934
I LIKE IT THAT WAY • 1934
NADA MAS QUE UNA MUJER • ONLY A WOMAN • 1934
DANTE'S INFERNO • 1935
DRESSED TO THRILL • DRESSMAKER, THE • 1935
CHARLIE CHAN AT THE CIRCUS • 1936
MAN WHO LIVED TWICE, THE • 1936
OUR RELATIONS • 1936
DEVIL IS DRIVING, THE • 1937
IT HAPPENED IN HOLLYWOOD • ONCE A HERO (UKN) • 1937
NO TIME TO MARRY • 1938
MURDER OVER NEW YORK • CHARLIE CHAN IN MURDER OVER NEW YORK • 1940
THEY CAME BY NIGHT • 1940
CHARLIE CHAN IN RIO • 1941
DEAD MEN TELL • 1941
CASTLE IN THE DESERT • 1942
DR. RENAULT'S SECRET • BURIED ALIVE • 1942
LOVES OF EDGAR ALLAN POE, THE • 1942

LACHMAN MORT - USA
BOB HOPE VIETNAM CHRISTMAS SHOW, THE • 1966 • DOC

LACHMANN HARRY see **LACHMAN HARRY**

LACIS E. see **LACIS ERIKS**

LACIS ERIKS - USS
LACIS E.
CHASY KAPITANA ENRIKO • CAPTAIN ENRICO'S WATCH • 1968
PRESENT FOR A SINGLE WOMAN • 1974

LACKAYE JAMES - USA
CUTEY'S WATERLOO • 1913
IN THE SHADOW • 1913
OUR WIVES • 1913
WHICH? • 1913

LACKEY W. T. - USA
ROARING FIRES • 1927

LACKNER HELENE - GRM
O ALTE BURSCHENHERRLICHKEIT • 1925
AUS DES RHEINLANDS SCHICKSALSTAGEN • WACHT AM RHEIN, DIE • 1926
WACHT AM RHEIN • 1926

LACKO JAN - CZC - 1925-
OPICI CISAR • EMPEROR OF MONKEYS • 1955
FORTUNE COMES ON SUNDAY • 1958
GALLANT THIEF, THE • 1958
IT'S NEVER TOO LATE TO START AGAIN • 1961
EVASION • 1963

LACOMBE GEORGES - FRN - 1902-
ZONE, LA • 1928
BOULE DE GOMME • 1931
COUP DE TELEPHONE, UN • 1931
CE COCHON DE MORIN • 1932
FEMME INVISIBLE, LA • INVISIBLE WOMAN, THE • 1933
JOUR D'ETE, UN • 1933
JEUNESSE • 1934
EPOUX SCANDALEUX, LES • JEAN ET LOULOU ○ EPOUSEZ MA FEMME • 1935
ROUTE HEUREUSE, LA • 1935
COEUR DISPOSE, LE • 1936
CAFE DE PARIS • 1938
DERRIERE LA FACADE • 32, RUE DE MONTMARTRE • 1939
MUSICIENS DU CIEL, LES • 1939
ELLES ETAIENT DOUZE FEMMES • 1940
DERNIER DES SIX, LE • 1941
MONTMARTRE-SUR-SEINE • 1941
JOURNAL TOMBE A CINQ HEURES, LE • 1942
MONSIEUR LA SOURIS • MIDNIGHT IN PARIS (USA) ○ MR. MOUSE • 1942
ESCALIER SANS FIN, L' • 1943
FLORENCE EST FOLLE • MONSIEUR BENOIT PERD LA TETE ○ CURIEUSE HISTOIRE • 1944
PAYS SANS ETOILES, LE • COUNTRY WITHOUT STARS, THE • 1945
MARTIN ROUMAGNAC • ROOM UPSTAIRS, THE (USA) • 1946
CONDAMNES, LES • TU M'APPARTIENDRAS TOUJOURS • 1947
PRELUDE A LA GLOIRE • SYMPHONIE PASSIONNEE ○ ROBERTO • 1949
NUIT EST MON ROYAUME, LA • NIGHT IS MY KINGDOM • 1951
SEPT PECHES CAPITAUX, LES • SETTE PECCATI CAPITALI, I (ITL) ○ SEVEN CAPITAL SINS, THE ○ SETTE PECCATI CAPITALI, I ○ SEVEN DEADLY SINS, THE ○ SEVEN DEADLY SINS ○ SEVEN CAPITAL SINS • 1951
APPEL DU DESTIN, L' • 1952
LEUR DERNIERE NUIT • THEIR LAST NIGHT (USA) • 1953
LUMIERE D'EN FACE, LA • LIGHT ACROSS THE STREET, THE (USA) ○ FEMALE AND THE FLESH • 1955
SIGNAUX DANS L'OMBRE • 1955
TEMPS DE L'AMOUR, LE • 1956
CARGAISON BLANCHE • ILLEGAL CARGO (USA) • 1957
MON COQUIN DE PERE • 1958

LACOSTE - FRN
MYSTERE DU QUAI CONTI, LE • 1950 • SHT
ARAIGNEES ROUGES, LES • 1955 • SHT
CARPOCAPSE DES POMMES, LE • 1955 • SHT
DEBROUSSAILLAGE CHIMIQUE, LE • 1955 • SHT
PUCERONS, LES • 1955 • SHT
TAVELURE DU POMMIER ET DU POIRIER, LA • 1955 • SHT
TORDEUSE ORIENTALE, LA • 1955 • SHT
VERS DE LA GRAPPE, LES • 1955 • SHT

LACOUR JOSE-ANDRE - FRN - 1919-
ANNEE DU BAC, L' • 1963

LACOURT GUY - Producer - FRN - 1910-
COUSTAUD DES BATIGNOLLES, LE • 1951
MON FRANGIN DU SENEGAL • 1953

LACY J. see **ELORRIETA JOSE MARIA**

LACY JOE see **ELORRIETA JOSE MARIA**

LADO ALDO - ITL
LEWIS GEORGE B.
CORTA NOTTE DELLE BAMBOLE DI VETRO, LA • 1971
CHI L'HA VISTA MORIRE? • 1972
COSA BUFFA, LA • 1972
SEPOLTA VIVA, LA • 1973
CUGINA, LA • 1974
ULTIMO TRENO DELLA NOTTE, L' • 1975
ULTIMA VOLTA, L' • SCIPPATORI, GLI • 1976
UMANOIDE, L' • HUMANOID, THE (USA) • 1979
DESOBEISSANCE, LA • 1981

LADOIRE OSCAR - SPN
A CONTRATIEMPO • ON THE OFFBEAT • 1981

LADOUCEUR JEAN-PAUL - CND - 1921-
I GOT A ROBE • 1944-45 • ANS
I'VE GOT SIXPENCE • 1944-45 • ANS
MEN OF THE SOIL • 1944-45 • ANS
WALTZING MATHILDA • 1944-45 • ANS
ENVOYONS D'L'AVANT NOS GENS • 1944-46 • ANS
MORE WE ARE TOGETHER NO.4, THE • 1947 • ANS
CHANTONS NOEL • 1948 • ANS
SING A LITTLE • 1951 • ANS
SUR LE PONT D'AVIGNON • 1952 • ANS

LADOWICZ B. - PLN
JEWS IN POLAND • 1957

LAEMMLE EDWARD - USA - 1887-
CINDERS • 1920 • SHT
MAN WITH THE PUNCH, THE • 1920 • SHT
SADDLE KING, THE • 1920 • SHT
SUPERSTITION • 1920 • SHT
TWO FISTED LOVER, THE • 1920 • SHT
IN THE DAYS OF BUFFALO BILL • DAYS OF BUFFALO BILL, THE • 1922
TOP O' THE MORNING, THE • 1922
VICTOR, THE • 1923
MAN IN BLUE, THE • 1925
SPOOK RANCH • 1925
WOMAN'S FAITH, A • MIRACLE • 1925
STILL ALARM, THE • 1926
WHOLE TOWN'S TALKING, THE • 1926
CHEATING CHEATERS • LAW'S THE LAW, THE • 1927
HELD BY THE LAW • 1927
THIRTEENTH JUROR, THE • 1927
DRAKE CASE, THE • 1929
MAN, WOMAN AND WIFE • FALLEN ANGELS • 1929
LASCA OF THE RIO GRANDE • 1931
TEXAS BAD MAN, THE • DEFIANCE (UKN) ○ MARKED MEN • 1932
EMBARRASSING MOMENTS • 1934
NOTORIOUS GENTLEMAN, THE • I MURDERED A MAN • 1935

LAEMMLE ERNST - USA - 1900-
POWERFUL EYE, THE • 1924 • SHT
SUNSET TRAIL, THE • 1924
PROWLERS OF THE NIGHT • 1926
BRONCHO BUSTER, THE • 1927
HANDS OFF • 1927
ONE MAN GAME, A • 1927
RANGE COURAGE • 1927
RED CLAY • 1927
GRIP OF THE YUKON, THE • 1928
PHYLLIS OF THE FOLLIES • 1928
PHANTOM OF THE OPERA, THE • 1929
TEUFELSREPORTER, DER • 1929
WHAT MEN WANT • 1930

LAENDER PAULO – BRZ
TOSTAO, A FERO DE OURO • 1970

LAFERRERE ANDRE – CND
QUAND HURLENT LES LOUPS • 1970

LAFIA JOHN – USA
BLUE IGUANA, THE • 1987
CHILD'S PLAY II • 1990

LAFLEUR JEAN – CND
POURSUITE MYSTERIEUSE, LA
MYSTERY OF THE MILLION DOLLAR HOCKEY PUCK, THE • 1975
ILSA, LA TIGRESSE DU GOULAG • TIGRESS OF SIBERIA, THE ○ ISLA, THE TIGRESS OF SIBERIA • 1977

LAFOND JEAN-DANIEL – FRN – 1944–
TRACES DU REVE, LES • 1986 • DOC

LAFORCE JEAN-YVES – CND
COEUR DECOUVERT, LE • HEART EXPOSED, THE • 1988

LAGANA G. – ITL
PREGHIERA DELLA NOTTE • PRAYER IN THE NIGHT ○ NIGHT PRAYER • SHT

de LAGARNE M. – FRN
DANS LES RUES D'ALEXANDRIE • 1912

LAGERKVIST BENGT – SWD – 1926–
PRINS HATT UNDER JORDEN • PRINCE HAT BELOW GROUND • 1963

LAGERKVIST HANS – SWD – 1923–
LJUSET FRAN LUND • SHINING LIGHT FROM LUND • 1955
STAMPEN • PAWN SHOP • 1955
SKORPAN • RUSK • 1957

LAGERWALL STURE – SWD – 1908–1964
ONSDAGSVANINNAN • 1946
HAR KOMMER VI • HERE WE COME • 1947

LAGRANGE JEAN-JACQUES – SWT
MERETTE • 1982 • MTV
BOUT DU LAC, LE • 1984

LAGRANGE YVAN – FRN – 1950–
SOURIRE BLEU, LE • BLUE SMILE, THE • 1968
DIX SOLEILS D'AUDERGHERN, LES • 1969
FAMILLE, LA • 1970
RENAISSANCE • 1970
TRISTAN ET ISEULT • 1972
IDOLE DES JEUNES, L' • 1974
KILI WATCH • 1974
SURPRISE PARTIE • 1974
HEROINE DE L'ENFANCE, L' • 1975

LAGUIONIE JEAN-FRANCOIS – Animator – FRN – 1939–
DEMOISELLE ET LE VIOLONCELLISTE, LA • YOUNG LADY AND THE CELLIST, THE ○ GIRL AND THE CELLIST, THE • 1964 • ANS
ARCHE DE NOE, L' • NOAH'S ARK • 1966 • ANS
BOMBE PAR HASARD, UNE • BOMB AT RANDOM, A ○ ACCIDENTAL BOMB, AN ○ BOMB BY ACCIDENT, A • 1969 • ANS
PLAGE PRIVEE • 1971 • ANS
HELENE, OU LE MALENTENDU • 1972 • ANS
POTR' ET LA FILLE DES EAUX • 1974 • ANS
ACTEUR, L' • 1976 • ANS
MASQUE DU DIABLE, LE • 1976 • ANS
TRAVERSEE DE L'ATLANTIQUE A LA RAME • ROLLING ACROSS THE ATLANTIC • 1978 • ANS
IMAGE-IMAGE • 1981 • ANS
PUCES DE SABLE, LES • 1981 • ANS
GWEN, OU LE LIVRE DE SABLE • GWEN • 1984 • ANM

LAH MICHAEL – USA
BEAR AND THE BEAN, THE • 1948 • ANS
BEAR AND THE HARE, THE • 1948 • ANS
GOGGLE FISHING BEAR • 1949 • ANS
CELLBOUND • 1955 • ANS
DEPUTY DROOPY • 1955 • ANS
BLACKBOARD JUMBLE • 1957 • ANS
GRIN AND SHARE IT • 1957 • ANS
ONE DROOPY KNIGHT • 1957 • ANS
DROOPY LEPRECHAUN • 1958 • ANS
MUTTS ABOUT RACING • 1958 • ANS
SHEEP WRECKED • 1958 • ANS

LAHALOLO LATIF – MRC
FOURRAGE • 1966
SIN AGAFAYE • 1967 • SHT
DU COTE DE LA TASSAOUT • 1968 • SHT
SHAMS AL-RABIH • SPRING SUN, THE • 1968
COMPROMISSION, LA • COMPROMISE • 1986

LAHAM DOREID – SYR
LAHUM DOREID
HUDUD • BORDERS • 1984
TAQRIR, AL • REPORT, THE • 1986

LAHARDI IKSAN – HNG
FISTFUL OF DRAGONS, A • 1977

LAHDENSUO JALMARI – FNL
POHJALAISIA • NORTHERNERS, THE • 1925

LAHIFF CRAIG – ASL
CODA • SYMPHONY OF EVIL • 1987
FEVER • 1988
STRANGERS • 1989

LAHIRI AJIT – IND
GAR NASIMPUR • FORT OF NASIMPUR • 1968

LAHIRI TULSI – IND
MAYA KAJAL • 1937

LAHOLA LEOPOLD – GRM
TEUFEL SPIELTE BALALAIKA, DER • UNTIL HELL IS FROZEN • 1961
DUELL VOR SONNENUNTERGANG • 1965
SUSSE ZEIT MIT KALIMAGDORA, DIE • DELECTABLE TIME OF KALIMAGDORA, THE ○ SWEET TIME OF KALIMAGDORA, THE ○ SLADKY CAS KALIMAGDORY • 1968

LAHUM DOREID see **LAHAM DOREID**

LAI JOSEPH – HKG
COBRA AGAINST NINJA
NINJA SHOWDOWN, THE
GOLDEN NINJA WARRIOR • GOLDEN NINJA WARRIORS • 1986
NINJA CHAMPION • 1986
NINJA HUNT • 1986
NINJA COMMANDMENTS • 1987
NINJA OPERATION: KNIGHT AND WARRIOR • KNIGHT AND WARRIOR • 1987
NINJA OPERATION 2: WAY OF CHALLENGE • WAY OF CHALLENGE • 1987
NINJA OPERATION 3: LICENSED TO TERMINATE • LICENSED TO TERMINATE • 1987
NINJA OPERATION 4: THUNDERBOLT ANGELS • THUNDERBOLT ANGELS • 1988
NINJA OPERATION 5: GODFATHER THE MASTER • GODFATHER THE MASTER • 1988
NINJA OPERATION 8: CHAMPION ON FIRE • CHAMPION ON FIRE • 1988

LAIDMAN HARVEY – USA
STEEL COWBOY, THE • 1978 • TVM
AIRWOLF 2 • AIRWOLF 2: THE SEARCH ○ AIRWOLF 2: DEADLY MISSION • 1984 • MTV

LAIHANEN VEIKKO – FNL
KOKO KANSAN MIES • MAN FOR THE WHOLE NATION, A • 1973 • DOC

LAINE EDVIN – Actor – FNL – 1905–
LAINE EDWIN
RISTIKON VARJOSSA • IN THE SHADOW OF PRISON BARS • 1945
PRINSESSA RUUSUNEN • SLEEPING BEAUTY • 1949
NISKAVUOREN HETA • HETA OF NISKAVUORI FARM ○ HETA FROM NISKAVUORI • 1952
PAIN DE LA PASSION, LE • 1952
YHDEN YON HINTA • PRICE OF ONE NIGHT, THE • 1952
JALKEEN SYNTIINLANKEEMUKSEN • AFTER THE FALL OF MAN • 1953
WITH RESPECT • 1954
TUNTEMATON SOTILAS • UNKNOWN SOLDIER, THE • 1955
MUSTA RAKKAUS • BLACK LOVE • 1957
NISKAVUORI TAISTELEE • NISKAVUORI FIGHTS • 1957
SVEN TUUVA • 1958
TAALLA POHJANTAHDEN ALLA • HERE, BENEATH THE NORTH STAR • 1968
AKSELI JA ELINA POHJANTAHDEN • AKSELI AND ELINA UNDER THE NORTH SEA ○ AKSELI AND ELINA • 1970
LUOTTAMUS, ELI LENIN JA SUOMI • CONFIDENCE, OR LENIN IN FINLAND ○ LENIN SUOMESSA ○ TRUST ○ LUOTTAMUS • 1975
VIIMEINEN SAVOTTA • LAST LUMBER CAMP, THE • 1977
RUSKAN JALKEEN • AFTER THE AUTUMN LEAVES ○ WINTER OF BLACK SNOW • 1979
AKATON MIES • HOW TO FIND A WIFE FOR A FARMER ○ MAN WITHOUT A WIFE • 1983
FARMER HAD A WIFE, THE • 1987

LAINE EDWIN see **LAINE EDVIN**

LAINE TARJA – FNL
RAKASTUNUT RAMPA • CRIPPLE IN LOVE • 1974

LAING JOHN – NZL
BEYOND REASONABLE DOUBT • 1980
LOST TRIBE, THE • 1983
DANGEROUS ORPHANS • 1985
OTHER HALVES • 1985

LAIRD – T&T
CROSSING OVER • 1989

LAIRD LAURENCE – UKN
FAIRY DOLL, THE • 1912

LAIRD MARLENA – USA – 1949–
FRIENDSHIPS, SECRETS AMD LIES • 1979 • TVM

LAITER SALOMON – MXC
VIENTO DISTANTE • NINOS, LOS • 1965

LAIUS L. see **LAIUS LEIDA**

LAIUS LEIDA – USS
LAIUS L.
TILL EARLY MORNING • 1963
MILKMAN FROM MAEKULA • 1966
LEGEND OF THE FOREST, THE • 1969
SPRING IN THE WOODS, THE • 1974
GAMES FOR CHILDREN OF SCHOOL AGE • 1986

LAJMI KALPANA – IND
EK PAL • 1985

LAJOURNADE JEAN-PIERRE – FRN – 1937–1976
JOUEUR DE QUILLES, LE • 1968
FIN DES PYRENEES, LA • 1970

LAJTHAM KAROLY – HNG
DRAKULA • 1921

LAKATOS IVAN – HNG
MOLNAR A CSERNA REKAN • MILLER ON THE BLACK RIVER, THE • 1974 • SHT

LAKATOS VINCE – HNG
MOLNAR A CSERNA REKAN • MILLER ON THE BLACK RIVER, THE • 1974 • SHT

LAKHDAR-HAMINA MOHAMED see **HAMINA MOHAMED LAKHDAR**

LAKOVIC MILORAD – YGS
POZORISNA VEZA • STAGE CONNECTION • 1981

LAKSHMANAN M. – IND
RAJATHI • 1967

LAKSHMI BHARAT – IND
RUKMANI HARAN • 1937

LAKSHMINARAYAN N. – IND
ABACHURINA POST-OFFICE • POST OFFICE AT ABACHURINA • 1973

LAL S. D. – IND
NENE MONAGANNI • I AM THE COMPETENT • 1968

LALANDE CLAUDE – FRN – 1925–
JUNGLE EN FOLIE, LA • MONSIEUR DUPONT HOMME BLANC ○ SORCIER BLANC, LE ○ TOUBAB, LE • 1952

LALEMAN STAN – USA
ALMOS' A MAN • 1977 • MTV

LALIBERTE ROGER – CND – 1933–
DIAMANT BLEU, LE • 1956
AVENTURES DE TI-KEN, LES • 1960
CRITIQUE EST AISEE, LA • 1960 • DCS
PLANS MYSTERIEUX, LES • TI-KEN A MOSOU • 1965
AU BOUTT' • 1973

LALL K. B. – IND
SAMRAT ASHOK • 1948

LALLEM AHMED – ALG – 1940–
ELLES • WOMEN ○ SHE • 1966
FAIZA, AL- • ZONE INTERDITE • 1975

LALLEMAND CLAUDE – FRN – 1949–
CRI DU COEUR, LE • 1974

LALLIER – FRN
HOMME EN MARCHE, L' • 1952 • SHT

LALOGGIA FRANK see **LA LOGGIA FRANK**

LALOUX DANIEL – FRN – 1937–
BRUIT QUI COURT, UN • 1983

LALOUX RENE – Animator – FRN – 1929–
DENTS DU SINGE, LES • MONKEY'S TEETH, THE • 1960 • ANS
TEMPS MORTS, LES • DEAD TIMES, THE • 1964 • ANS
ESCARGOTS, LES • SNAILS, THE (UKN) • 1965 • ANS
SUR LE PLANETE YGAM • ANS
PLANETE SAUVAGE, LA • FANTASTIC PLANET (USA) ○ SAVAGE PLANET, THE • 1973 • ANM
DENTS DU SINGE, LES • 1980 • ANM
MAITRES DU TEMPS, LES • 1982 • ANM

LAM CHI KAM – HKG
KUNG FU HALLOWEEN • 1981

LAM-LE see **LE LAM**

LAM RINGO – HKG
LIN LINGDONG
MAD MISSION 4 • 1986
LONGHU FENGYUN • PRISON ON FIRE ○ CITY ON FIRE • 1987
BUN NGO TSONG TINNGAI • WILD SEARCH • 1989

LAM YORK – HKG
NINJA IN THE KILLING FIELDS • NINJA CONNECTION

LAMA HEM B. – NPL
AADARSHA NAARI • IDEAL WOMAN • 1983

LAMA IBRAHIM – EGY
KOUBLA FIL SAHARA'A • 1927
HALAKA EL SAFKUDA, EL • MISSING LINK, THE • 1949

LAMAC CARL – CZC – 1897–1952
LAMAC KARL • LAMAC KAREL
AKORD SMRTI • CHORD OF DEATH ○ DEATH PACT • 1919
BILY RAJ • WHITE PARADISE, THE • 1924
CRYSTAL PRINCESS, THE • 1925
KAREL HAVLICEK BOROVSKY • 1925
LUCERNA • LANTERN, THE • 1925
DOBRY VOJAK SVEJK • GOOD SOLDIER SCHWEIK • 1926
PANTATA BEZOUSEK • 1926
SVEJK NA FRONTE • SCHWEIK AT THE FRONT • 1926
VELBLOUD UCHEM JEHLY • CAMEL THROUGH THE NEEDLE'S EYE • 1926
VORSTADTGRAFIN • 1926
DCERY EVINY • 1928
ERSTE KUSS, DER • 1928
EVAS TOCHTER • 1928
SAXOPHON-SUSI • SUZY SAXOPHONE • 1928
CHUDA HOLKA • POOR GIRL • 1929
HRICHY LASKY • 1929
KAVIARPRINZESSIN, DIE • 1929
MADEL MIT DER PEITSCHE, DAS • 1929
SUNDIG UND SUSS • 1929
C. A. K. POLNI MARSALEK • HIS MAJESTY'S FIELD MARSHALL • 1930
DIE VOM RUMMELPLATZ • 1930
FALSCHE FELDMARSCHALL, DER • K. UND K. FELDMARSCHALL, DER ○ FIELD MARSHALL, THE • 1930
FREUNDIN SO GOLDIG WIE DU, EINE • 1930
MADEL AUS U.S.A., DAS • 1930
VERSUCHEN SIE MEINE SCHWESTER • 1930
CHAUVE-SOURIS, LA • 1931

ER UND SEIN SCHWESTER • 1931
FLEDERMAUS, DIE • 1931
MAMSELL NITOUCHE • 1931
MONSIEUR LE MARECHAL • FELD MARECHAL • 1931
NACHT IM PARADIES, EINE • 1931
NUIT AU PARADIS, UNE • 1931
ON A JEHO SESTRA • HE AND HIS SISTER • 1931
TO NEZNATE HADIMRSKU • HADIMRSKU DOESN'T KNOW • 1931
ZINKER, DER • 1931
BABY • 1932
BABY • 1932
FAUT-ILS LES MARIER? • 1932
FUNEBRAK • 1932
GRAUSAME FREUDIN, DIE • 1932
HEXER, DER • 1932
KIKI • 1932
LELICEK VE SLUZBACH SHERLOCKA HOLMESA • LELICHEK IN SHERLOCK HOLMES'S SERVICE • 1932
WEHE, WENN ER LOSGELASSEN • UNTER GESCHAFTSAUFSICHT • 1932
FILLE DU REGIMENT, LA • 1933
FRAULEIN HOFFMANNS ERZAHLUNGEN • 1933
ORCHESTERPROBE • 1933
TOCHTER DES REGIMENTS, DIE • REGIMENTSTOCHTER, DIE • 1933
VERLIEBTE HOTEL, DAS • 1933
AMOUR EN CAGE, L' • 1934
FALL BENKEN, DER • UBERFALL IM HOTEL • 1934
FRASQUITA • 1934
KARNEVAL UND LIEBE • 1934
KLEIN DORRIT • 1934
POLENBLUT • POLSKA KREV (CZC) ○ POLISH BLOOD (USA) • 1934
VERTAUSCHTE BRAUT, DIE • 1934
GROSSREINEMACHEN • GENERAL HOUSECLEANING (USA) • 1935
ICH LIEBE ALLE FRAUEN • 1935
IM WEISSEN ROSSL • 1935
J'AIME TOUTES LES FEMMES • 1935
JUNGE FRAU, DER • 1935
KNOCK OUT • JUNGES MADCHEN -EINE JUNGER MANN, EIN • 1935
FLITTERWOCHEN • 1936
HUND VON BASKERVILLE, DER • HOUND OF THE BASKERVILLES, THE (USA) • 1936
MADEL VOM BALLETT, EIN • 1936
POSTILLON VON LONJUMEAU, DER • KONIG LACHELT -PARIS LACHT, DER • 1936
SCHUCHTERNE CASANOVA, DER • 1936
WO DIE LERCHE SINGT • 1936
FLORENTINE • WIR FAHREN GEGEN DEN WIND • 1937
LANDSTREICHER, DIE • HOBOES, THE • 1937
PAT UND PATACHON IM PARADIES • 1937
PETER IM SCHNEE • 1937
SCHEIDUNGSGRUND, DER • 1937
VOR LIEBE WIRD GEWARNT • 1937
FRUHLINGSLUFT • 1938
PLACE DE LA CONCORDE • 1938
WALZERLANGE • IMMER WENN ICH GLUCKLICH BIN ○ WALTZ MELODIES (USA) • 1938
SPOOKTREIN, DE • GHOST TRAIN, THE • 1939
U POKLADNY STAL • STANDING BY THE TREASURY • 1939
SCHWEIK'S NEW ADVENTURES • IT STARTED AT MIDNIGHT • 1943
THEY MET IN THE DARK • 1943
IT HAPPENED ONE SUNDAY • 1944
COLERE DES DIEUX, LA • 1946
NUIT A TABARIN, UNE • 1947
DIEBIN VON BAGDAD, DIE • 1952

LAMAC KAREL see **LAMAC CARL**

LAMAC KARL see **LAMAC CARL**

LAMADRID ALFREDO – CHL

TODO POR NADA • ALL FOR NOTHING • 1989

LAMARRE LOUISE – CND

ALTER EGO • 1990 • SHT

LAMAS FERNANDO – Actor – ARG – 1915–1982

MAGIC FOUNTAIN, THE • FUENTE MAGICA, LA (SPN) • 1962
VIOLENT ONES, THE • 1967

LAMATA LUIS ALBERTO – VNZ

TIERRA DE GRACIA • LAND OF GRACE • 1988

LAMB ANDE – USA

TEXAN MEETS CALAMITY JANE, THE • 1950

LAMB CARL – GRM

MAX ERNST -ENTDECKUNGSFAHRTEN INS UNBEWUSSTE • MAX ERNST -JOURNEYS OF DISCOVERY INTO THE UNCONSCIOUS • 1962 • SHT

LAMB DANA – USA

QUEST FOR THE LOST CITY • 1955 • DOC

LAMB DEREK – Producer/writer – UKN – 1936–

HORS-D'OEUVRE • 1960 • ANS
I KNOW AN OLD LADY WHO SWALLOWED A FLY • 1962 • ANS
POT-POURRI • 1962 • ANS
LAST CARTOON MAN, THE • 1974
WHY ME? • 1978 • ANS
THIS IS AN EMERGENCY • 1979
WHAT THE HELL'S GOING ON UP THERE? • 1979 • ANS

LAMB GINGER – USA

QUEST FOR THE LOST CITY • 1955 • DOC

LAMB JOHN – USA

MERMAIDS OF TIBERON, THE • AQUA SEX, THE ○ VIRGIN AQUA SEX, THE • 1962
RAW ONES, THE • RARE ONES, THE • 1965 • DOC
WORST CRIME OF ALL!, THE • WORST CRIME OF ALL, RAPE!, THE ○ MONDO KEYHOLE ○ R—! ○ MONDO KEY ○ TARTS, THE • 1966

LAMBART EVELYN – CND – 1914–
LAMBERT EVELYN

MAPS IN ACTION • 1945 • ANS
IMPOSSIBLE MAP, THE • 1947 • ANS
BEGONE DULL CARE • CAPRICE EN COULEURS • 1949 • ANS
FAMILY TREE • 1950 • ANS
O CANADA • 1952 • ANS
RHYTHMETIC • RYTHMETIC • 1956 • ANS
MERLE, LE • BLACKBIRD, THE • 1958 • ANS
LINES VERTICAL • LIGNES VERTICALES ○ VERTICAL LINES • 1960 • ANS
LIGNES HORIZONTALES • LINES HORIZONTAL (USA) • 1962 • ANS
MOSAIQUES • MOSAIC (USA) • 1964 • ANS
LEVER, THE • 1966 • ANS
FINE FEATHER • 1968 • ANS
HOARDER, THE • 1969 • ANS
PARADISE LOST • 1970 • ANS
STORY OF CHRISTMAS, THE • 1973 • ANS
MR. FROG WENT A-COURTING • 1974 • ANS
LION AND THE MOUSE, THE • 1976 • ANS
TOWN MOUSE AND THE COUNTRY MOUSE, THE • 1980 • ANS

LAMBART HARRY – UKN
LAMBERT HARRY

ACCORDING TO SENIORITY • 1913
ANCIENT ORDER OF GOOD FELLOWS, THE • 1913
DIVER, THE • 1913
LESSON IN JEALOUSY, A • 1913
TEST, THE • 1913
AGELESS SEX, THE • 1914
CRUCIBLE OF FATE, THE • 1914
CUTEY'S VACATION • 1914
FIRST ENDORSEMENT, THE • 1914
FISHERMAN KATE • 1914
HIS UNKNOWN GIRL • 1914
HOW BURKE AND BURKE MADE GOOD • 1914
KILL OR CURE • 1914
MEMORIES THAT HAUNT • 1914
OFFICER AND A GENTLEMAN, AN • 1914
ON THE STROKE OF FIVE • 1914
PRICE OF VANITY, THE • 1914
PRIVATE DENNIS HOGAN • 1914
ROSE AND THE THORN, THE • 1914
SCOTLAND FOREVER • 1914
SPIRIT AND THE CLAY, THE • 1914
STUDY IN FEET, A • 1914
TANGLE, THE • 1914
TIMING CUPID • 1914
TWO LITTLE VAGABONDS • 1914
WRONG FLAT, THE • 1914
HAND OF GOD, THE • 1915
HEIGHTS OF HAZARDS, THE • 1915
LADY OF THE LIGHTHOUSE, THE • 1915
MYSTERY OF MARY, THE • 1915
ROSELYN • 1915
HUMAN CAULDRON, THE • 1916 • SHT
SILENT WITNESS • 1917
CRUCIBLE OF LIFE, THE • 1918
ROMANCE AND REALITY • 1921
DOWN UNDER DONOVAN • 1922

LAMBERSON GREGORY – USA

SLIME CITY • 1988

LAMBERT BRUCE

NINJA AND THE WARRIORS OF FIRE • 1973

LAMBERT EVELYN see **LAMBART EVELYN**

LAMBERT GAVIN – Screenwriter – UKN – 1924–

ANOTHER SKY • 1960

LAMBERT GLEN – USA

HEARTBOUND • 1925

LAMBERT HARRY see **LAMBART HARRY**

LAMBERT JEAN-MARIE – BLG

TROIS MINUTES • 1967

LAMBERT LARS – SWD

DESERTER U.S.A. • 1969

LAMBERT MARY – USA

SIESTA • 1988
PET SEMATARY • 1989

LAMBERT NORMAN – USA

GOLD • 1972

LAMBERT PAUL – FRN – 1918–

FASCINANTE AMAZONIE • FRATERNELLE AMAZONIE • 1965 • DOC

LAMBERT PETER – UKN

CHURCHILL THE MAN • 1973

LAMBERT PIERRE – FRN – 1938–

BEAU MILITAIRE, LE • 1968 • SHT
COUPS POUR RIN, LES • 1970

LAMBERT ROGER – UKN

SPLIT • 1974

LAMBRINOS ANDREAS – GRC

KORITSI ME TA PARAMYTHIA • JEUNE FILLE AUX CONTES, LA • 1957
MATOMENA HELIOVASILEMA • BLOODY TWILIGHT • 1959

LAMBRINOS FOTOS – GRC

ARIS VELOUCHIOTIS -DILIMA • ARIS VELOUCHIOTIS -DILEMMA • 1981
DOXOBUS • 1988

LAMM STEFFAN – UKN

STRIP • 1966

LAMMERS JEAN-OLF – NTH

VINCENT THE FOWLER • 1979 • SHT

LAMOND JOHN – ASL – 1947–

AUSTRALIA AFTER DARK • 1975
ABC OF LOVE AND SEX - AUSTRALIA STYLE • 1978
FELICITY • 1979
NIGHTMARES • 1980
PACIFIC BANANA • 1980
BREAKFAST IN PARADISE • BREAKFAST IN PARIS • 1982
SLICE OF LIFE • SEVEN UP • 1982

LAMONT CHARLES – USA – 1898–

HOLLYWOOD BOUND • 1923 • SHT
ALMOST A HUSBAND • 1924 • SHT
BIG GAME • 1924 • SHT
BUILT ON A BLUFF • 1924 • SHT
CLEAR THE WAY • 1924 • SHT
DIVING FOOL, A • 1924 • SHT
MAKE IT SNAPPY • 1924 • SHT
MIDNIGHT WATCH, THE • 1924 • SHT
RAISING CAIN • 1924 • SHT
SAILING ALONG • 1924 • SHT
TIN CAN ALLEY • 1924 • SHT
TOURISTS DE LUXE • 1924 • SHT
ACCIDENTS CAN HAPPEN • 1925 • SHT
AL'S TROUBLES • 1925 • SHT
BABY BE GOOD • 1925 • SHT
CUPID'S VICTORY • 1925 • SHT
DOG DAZE • 1925 • SHT
EDUCATING BUSTER • 1925 • SHT
HELPFUL AL • 1925 • SHT
IN DEEP • 1925 • SHT
LOVE SICK • 1925 • SHT
MAID IN MOROCCO • 1925 • SHT
MARRIED NEIGHBORS • 1925 • SHT
PAGING A WIFE • 1925 • SHT
PIPING HOT • 1925 • SHT
PUZZLED BY CROSSWORDS • 1925 • SHT
ROUGH PARTY, A • 1925 • SHT
WINNING PAIR, A • 1925
BACHELOR BABIES • 1926 • SHT
BEAR CATS • 1926 • SHT
CLOSE SHAVES • 1926 • SHT
EXCESS BAGGAGE • 1926 • SHT
GOING CRAZY • 1926 • SHT
HER AMBITION • 1926 • SHT
JANE'S HONEYMOONS • 1926 • SHT
MY KID • 1926 • SHT
OPEN HOUSE • 1926 • SHT
OPEN SPACES • 1926 • SHT
SEA SCAMPS • 1926 • SHT
THANKS FOR THE BOAT RIDE • 1926 • SHT
WHY GEORGE! • 1926 • SHT
YANKEE DOODLE DUKE, A • 1926 • SHT
ATTA BABY • 1927 • SHT
BRUNETTES PREFER GENTLEMEN • 1927 • SHT
FUNNY FACE • 1927 • SHT
GRANDPA'S BOY • 1927 • SHT
HALF-PINT HERO, A • 1927 • SHT
KID TRICKS • 1927 • SHT
LIVE NEWS • 1927 • SHT
MONTY OF THE MOUNTIES • 1927 • SHT
NAUGHTY BOY • 1927 • SHT
SCARED SILLY • 1927 • SHT
SHAMROCK ALLEY • 1927 • SHT
SHE'S A BOY • 1927 • SHT
WEDDING YELLS • 1927 • SHT
WHO'S AFRAID? • 1927 • SHT
ANGEL EYES • 1928 • SHT
CHILLY DAYS • 1928 • SHT
CIRCUS BLUES • 1928 • SHT
COME TO PAPA • 1928 • SHT
COMPANIONATE SERVICE • 1928 • SHT
FOLLOW TEACHER • 1928 • SHT
GIRLIES BEHAVE • 1928 • SHT
GLOOM CHASER, THE • 1928 • SHT
HOT LUCK • 1928 • SHT
KID HAYSEED • 1928 • SHT
LADIES PREFERRED • 1928 • SHT
MAKING WHOOPEE • 1928 • SHT
MISPLACED HUSBANDS • 1928 • SHT
NAVY BEANS • 1928 • SHT
NO FARE • 1928 • SHT
QUIET WORKER, THE • 1928 • SHT
WILDCAT VALLEY • 1928 • SHT
AUNTIE'S MISTAKE • 1929 • SHT
CRAZY NUT, THE • 1929 • SHT
FIRE PROOF • 1929 • SHT
FIXER, THE • 1929 • SHT
GINGER SNAPS • 1929 • SHT
HELTER SKELTER • 1929 • SHT
JOY TONIC • 1929 • SHT
ONLY HER HUSBAND • 1929 • SHT
SOLE SUPPORT • 1929 • SHT
TOP SPEED • 1929 • SHT
ALL EXCITED • 1931 • SHT
DIVORCE A LA CARTE • 1931 • SHT
FAST AND FURIOUS • 1931 • SHT
GOSSIPY PLUMBER, THE • 1931 • SHT
HOLLYWOOD HALFBACKS • 1931 • SHT
HOT AND BOTHERED • 1931 • SHT
MODELS AND WIVES • 1931 • SHT
ONE HUNDRED DOLLARS • 1931 • SHT
OUT-STEPPING • 1931 • SHT
FOILED AGAIN • 1932 • SHT
HOLLYWOOD HANDICAP, THE • 1932 • SHT
HOLLYWOOD KIDS • 1932 • SHT
HOLLYWOOD RUNAROUND • 1932 • SHT
MARRIAGE VOW, THE • 1932 • SHT
MARRIAGE WAR, THE • 1932 • SHT
PIE-COVERED WAGON, THE • 1932 • SHT
RUNNING HOLLYWOOD • 1932 • SHT
WAR BABIES • 1932 • SHT
BIG SQUEAL • 1933 • SHT
BLUE BLACKBIRDS • 1933 • SHT
GIT ALONG, LITTLE WIFIE • 1933 • SHT
GLAD RAGS TO RICHES • 1933 • SHT
KEYHOLE KATIE • 1933 • SHT
KID 'N HOLLYWOOD • KID'N' HOLLYWOOD • 1933 • SHT
KID'S LAST FIGHT, THE • 1933 • SHT
MERRILY YOURS • 1933 • SHT
PAIR OF SOCKS, A • 1933 • SHT
POLLY-TIX IN WASHINGTON • POLLY TIX IN WASHINGTON • 1933 • SHT
TECHNO-CRAZY • 1933 • SHT
TRIMMED IN FURS • 1933 • SHT
TWO BLACK CROWS IN AFRICA • 1933 • SHT
ALLEZ OOP • 1934 • SHT
CURTAIN FALLS, THE • 1934
EDUCATING PAPA • 1934 • SHT
GOLD GHOST, THE • 1934 • SHT
HALF-BAKED RELATIONS • 1934 • SHT
HELLO, PROSPERITY • 1934 • SHT
MANAGED MONEY • 1934 • SHT
NO SLEEP ON THE DEEP • 1934 • SHT
PALOOKA FROM PADUCAH • 1934 • SHT
PARDON MY PUPS • 1934 • SHT
PLUMBING FOR GOLD • 1934 • SHT
ALIMONY ACHES • 1935 • SHT
CAPTAIN HITS THE CEILING, THE • 1935 • SHT
CHOOSE YOUR PARTNERS • 1935 • SHT
CIRCUMSTANTIAL EVIDENCE • 1935
E FLAT MAN, THE • 1935 • SHT
FALSE PRETENCES • 1935
GIGOLETTE • NIGHT CLUB (UKN) • 1935
GIRL WHO CAME BACK, THE • 1935
HAPPINESS C.O.D. • 1935
HAYSEED ROMANCE • 1935 • SHT
HIS LAST FLING • 1935 • SHT
KNOCKOUT DROPS • 1935 • SHT
LADY IN SCARLET, THE • 1935
LAST TRAP, THE • 1935
ONE RUN ELMER • 1935 • SHT
RESTLESS KNIGHTS • 1935 • SHT
SHOT IN THE DARK, A • 1935
SON OF STEEL • 1935
TARS AND STRIPES • 1935 • SHT
TOMORROW'S YOUTH • 1935
TRAMP TRAMP TRAMP • 1935 • SHT
WORLD ACCUSES, THE • 1935
AUGUST WEEK-END • WEEK-END MADNESS (UKN) • 1936

BELOW THE DEADLINE • 1936
BULLDOG EDITION • LADY REPORTER (UKN) • 1936
DARK HOUR, THE • 1936
GRAND SLAM OPERA • 1936 • SHT
LADY LUCK • 1936
LITTLE RED SCHOOLHOUSE, THE • SCHOOLBOY PENITENTIARY (UKN) • 1936
LUCKY CORRIGAN • 1936
OH, DUCHESS! • 1936 • SHT
RING AROUND THE MOON • 1936
THREE ON A LIMB • 1936 • SHT
CALLING ALL DOCTORS • 1937 • SHT
DITTO • 1937 • SHT
HE DONE HIS DUTY • 1937 • SHT
JAIL BAIT • 1937 • SHT
KNEE ACTION • 1937 • SHT
LOVE NEST ON WHEELS • 1937 • SHT
MY LITTLE FELLER • 1937 • SHT
PLAYING THE PONIES • 1937 • SHT
SAILOR MAID • 1937 • SHT
WALLABY JIM OF THE ISLANDS • 1937
WRONG MISS WRIGHT, THE • 1937 • SHT
CIPHER BUREAU • 1938
COMMUNITY SING • 1938 • SHS
DOGGONE MIXUP, A • 1938 • SHT
FIDDLING AROUND • 1938 • SHT
INTERNATIONAL CRIME • 1938
LONG SHOT, THE • 1938
NEW NEWS • 1938 • SHT
SHADOWS OVER SHANGHAI • 1938
SLANDER HOUSE • 1938
INSIDE INFORMATION • 1939
LITTLE ACCIDENT • 1939
PANAMA PATROL • 1939
PRIDE OF THE NAVY • 1939
UNEXPECTED FATHER • SANDY TAKES A BOW (UKN) • 1939
VERBENA TRAGICA • TRAGIC FESTIVAL, THE ◦ TRAGIC FESTIVITY • 1939
GIVE US WINGS • 1940
LOVE, HONOR AND OH-BABY! • 1940
OH, JOHNNY, HOW YOU CAN LOVE! • 1940
SANDY IS A LADY • 1940
MELODY LANE • 1941
MOONLIGHT IN HAWAII • 1941
ROAD AGENT • TEXAS ROAD AGENT • 1941
SAN ANTONIO ROSE • 1941
SING ANOTHER CHORUS • 1941
ALMOST MARRIED • 1942
DON'T GET PERSONAL • 1942
GET HEP TO LOVE • SHE'S MY LOVELY (UKN) • 1942
HI, NEIGHBOR • 1942
WHEN JOHNNY COMES MARCHING HOME • 1942
YOU'RE TELLING ME • TEMPORARILY YOURS • 1942
FIRED WIFE • 1943
HIT THE ICE • OH, DOCTOR ◦ PARDON MY SKI • 1943
IT COMES UP LOVE • DATE WITH AN ANGEL, A (UKN) ◦ ON THE BEAM • 1943
MR. BIG • SCHOOL FOR JIVE • 1943
TOP MAN • MAN OF THE FAMILY (UKN) • 1943
BOWERY TO BROADWAY • 1944
CHIP OFF THE OLD BLOCK • 1944
HER PRIMITIVE MAN • 1944
MERRY MONAHANS, THE • 1944
FRONTIER GAL • BRIDE WASN'T WILLING, THE (UKN) • 1945
SALOME, WHERE SHE DANCED • 1945
THAT'S THE SPIRIT • 1945
RUNAROUND, THE • 1946
SHE WROTE THE BOOK • LOVE TAKES A HOLIDAY • 1946
SLAVE GIRL • FLAME OF TRIPOLI • 1947
UNTAMED BREED, THE • 1948
BAGDAD • 1949
MA AND PA KETTLE • 1949
ABBOTT AND COSTELLO IN THE FOREIGN LEGION • 1950
CURTAIN CALL AT CACTUS CREEK • TAKE THE STAGE (UKN) • 1950
I WAS A SHOPLIFTER • SHOPLIFTER • 1950
MA AND PA KETTLE GO TO TOWN • GOING TO TOWN (UKN) • 1950
ABBOTT AND COSTELLO MEET THE INVISIBLE MAN • 1951
COMIN' ROUND THE MOUNTAIN • 1951
FLAME OF ARABY • 1951
ABBOTT AND COSTELLO MEET CAPTAIN KIDD • 1952
ABBOTT AND COSTELLO GO TO MARS • ON TO MARS • 1953
ABBOTT AND COSTELLO MEET DR. JEKYLL AND MR. HYDE • 1953
MA AND PA KETTLE ON VACATION • MA AND PA KETTLE GO TO PARIS (UKN) • 1953
MA AND PA KETTLE AT HOME • 1954
RICOCHET ROMANCE • 1954
UNTAMED HEIRESS • 1954
ABBOTT AND COSTELLO MEET THE KEYSTONE KOPS • 1955
ABBOTT AND COSTELLO MEET THE MUMMY • 1955
CAROLINA CANNONBALL • 1955
LAY THAT RIFLE DOWN • 1955
FRANCIS IN THE HAUNTED HOUSE • 1956
KETTLES IN THE OZARKS, THE • 1956

LAMORE MARSH – Animator – USA
HE-MAN AND SHE-RA: THE SECRET OF THE SWORD • SECRET OF THE SWORD, THE • 1985 • ANM

LAMORISSE ALBERT – FRN – 1922–1970
DJERBA • 1947 • SHT
BIM • BIM, LE PETIT ANE • 1949
CRIN BLANC • WHITE MANE (USA) ◦ WILD STALLION ◦ CHEVAL SAUVAGE • 1953
BALLON ROUGE, LE • RED BALLOON, THE • 1956
VOYAGE EN BALLON, LE • STOWAWAY IN THE SKY ◦ TRIP IN A BALLOON ◦ BALLOON VOYAGE, THE • 1960
FIFI LA PLUME • FIFI THE FEATHER • 1964
VERSAILLES • 1966 • DOC
PARIS JAMAIS VU • PARIS REDISCOVERED (UKN) • 1968
VENTE DES AMOUREUX, LE • 1971

LAMOTHE ARTHUR – FRN – 1928–
ACTUALITES PREHISTORIQUES • 1947 • ANS
BUCHERONS DE LA MANOUANE • MANOUANE RIVER LUMBERJACKS • 1962 • DCS
DE MONTREAL A MANICOUAGAN • 1963 • DCS
NEIGE A FONDU SUR LA MANICOUAGAN • 1965
POUSSIERE SUR LA VILLE • 1965
MOISSON, LA • 1966 • DCS
CE SOIR-LA GILLES VIGNEAULT • 1967 • DOC
TRAIN DE LABRADOR, LE • 1967 • DCS
AU-DELA DES MURS • 1968 • DCS
CONDITIONS DE L'ENSEIGNEMENT A L'ELEMENTAIRE, LES • 1969 • DCS
CONDITIONS DE L'ENSEIGNEMENT AU SECONDAIRE • 1969 • SHT
ELOIGNEMENT, L' • 1969 • DCS
PARTICIPATION DES ENSEIGNANTS, LA • 1969 • DCS
PERFECTIONNEMENT DES ENSEIGNANTS, LE • 1969 • DCS
POUR UNE EDUCATION DE QUALITE • 1969 • SER
RECYCLAGE, LE • 1969 • DCS
HOMME ET SON BOSS, UN • 1970
MACHINE A VAPEUR, PHYSIQUE ET RATIONALITE, LA • 1970 • DCS
MEPRIS N'AURA QU'UN TEMPS, LE • HELL NO LONGER • 1970 • DOC
MONDE DE L'ENFANCE, LE • 1970 • DCS
REVOLUTION INDUSTRIELLE • 1970
TECHNIQUES MINIERES: LE TECHNICIEN EN ARPENTAGE MINIER • 1970 • DCS
MISTACHIPU • GRANDE RIVIERE, LA • 1971 • DOC
CARCAJOU ET LE PERIL BLANC • KAUAPISHIT MIAM KUAKUATSHEU ETENTAKUESS • 1971–77 • SER
KUESTET-SHESKAMIT • AUTRE MONDE, L' • 1971–77 • DOC
PAKUASHIPU • RIVIERE SECHE, LA • 1971–77 • DOC
PATSHIANTSHIUAPA MAK MISTIKUSSIUPAPA • PASSAGE DES TENTES AUX MAISONS, LE • 1971–77 • DOC
APPRENTISSAGE DU SENS DES MOTS, L' • 1972 • DCS
GARS DE LAPALME, LES • 1972 • DCS
GREAT CANADIAN SHOE-OFF, THE • A BON PIED, BON OEIL • 1972 • DCS
HISTOIRE DE CIVILISATION OCCIDENTALE • 1972 • DOC
LANGUE DU QUEBEC, LA • 1972 • DCS
LANGUE PARLEE ET LANGUE ECRITE • 1972 • DCS
NIVEAUX DE LANGUE ET SOCIETE • 1972 • DCS
NORME ET USAGE • 1972 • DCS
PHRASE, LA • 1972 • DCS
ROUTE DU FER, LA • 1972 • DCS
SPECIAL DELIVERY • 1972 • DCS
SYNONYMIE SYNTAXIQUE ET NUANCES DE LA LOGIQUE • 1972 • DCS
SYSTEME DE LA LANGUE FRANCAISE, LE • 1972 • SER
A PROPOS DE METHODES • 1973
CROQUEZ.. ET VOUS TROUVEREZ • 1973 • DCS
QUI? QUOI? POURQUOI? • 1973 • DCS
QUOI DE NEUF.. A PIE-IX? • 1973 • DCS
TI-LOUIS MIJOTE UN PLAN • 1973 • DCS
VOYAGE SANS DETOUR • 1973 • DCS
CHASSE AUX MONTAGNAIS, LA • 1974 • DCS
OMISTASHIPU • 1974 • DOC
TE PROMENES-TU SOUVENT SUR UN LAPIN.. • 1974 • DCS
NTESI NANA SHEPEN (1) • ON DISAIT QUE C'ETAIT NOTRE TERRE • 1975 • DOC
NTESI NANA SHEPEN (2) • 1975 • DOC
MATERNELLE D'ACCUEIL • 1976 • DCS
NTESI NANA SHEPEN (3) • 1977 • DOC
NTESI NANA SHEPEN (4) • 1977 • DOC
C'EST DANGEREUX ICI • 1978 • DOC
TERRE DE L'HOMME • INNU-ASI ◦ INNU ASI • 1980 • SER
MEMOIRE BATTANTE • 1983 • DOC
EQUINOXE • 1987

LAMOUR MARIANNE – FRN – 1938–
HEROINE DU TRIANGLE D'OR, L' • GOOD LUCK TO YOU • 1975 • DOC
NOUVELLE ROUTE DE L'OPIUM, LA • 1975 • DOC

LAMOUREUX ROBERT – Actor – FRN – 1920–
BRUNE QUI VOILA, LA • 1960
RAVISSANTE • MOGLI DEGLI ALTRI, LE (ITL) • 1961
MAIS OU EST DONC PASSE LA 7e COMPAGNIE? • DOV'E FINITA LA 7a COMPAGNIA? (ITL) • 1973
IMPOSSIBLE PAS FRANCAIS • 1974
OPERATION LADY MARLENE • 1975
ON A RETROUVE LA 7e COMPAGNIE • 1976
7e COMPAGNIE AU CLAIR DE LUNE, LA • 1978

LAMPADIUS HANNS – GRM
LEIDENDES LAND • 1922
SPIEL MIT MENSCHEN • 1922

LAMPEL ALFRED – AUS
DR. HALLIN • 1921

LAMPERTI PIERO – ITL
CHIRURGO OPERA, IL • 1964 • DOC

LAMPIN GEORGE see **LAMPIN GEORGES**

LAMPIN GEORGES – USS – 1895–1979
LAMPIN GEORGE
IDIOT, L' • 1945
ETERNEL CONFLIT • LILI • 1947
PARADIS DES PILOTES PERDUS, LE • HELL OF LOST PILOTS, THE (USA) • 1948
RETOUR A LA VIE • RETURN TO LIFE • 1948
ANCIENS DE SAINT-LOUP, LES • 1950
PASSION • 1950
MAISON DANS LA DUNE, LA • 1952
SUIVEZ CET HOMME! • 1953
CRIME ET CHATIMENT • MOST DANGEROUS SIN, THE (USA) ◦ CRIME AND PUNISHMENT • 1956
RENCONTRE A PARIS • 1956
TOUR, PRENDS GARDE!, LA • AGLI ORDINI DEL RE (ITL) ◦ KING ON HORSEBACK (USA) • 1958
MATHIAS SANDORFF • GRANDE RIBELLE, IL (ITL) ◦ MATHIAS SANDORF • 1962

LAMPRECHT GERHARD – GRM – 1897–1974
AUS DEN ERINNERUNGEN EINES FRAUENARZTES 1 • AUS DEN GEHEIMAKTEN EINES FRAUENARZTES ◦ FLIEHENDE SCHATTEN • 1921
ERLEBNISSE EINER KAMMERZOFF, DIE • 1921
FRAUENBEICHTE 1 • BEICHTE DER AUSGESTOSSENEN, DIE • 1921
FRAUENBEICHTE 2 • BEICHTE DER MORDERIN, DIE • 1921
FRAUENBEICHTE 3 • BEICHTE DER KRANKENSCHWESTER, DIE • 1921
FRIEDHOF DER LEBENDEN, DER • 1921
BUDDENBROOKS, DIE • 1923
HAUS OHNE LACHEN, DAS • 1923
UND DENNOCH KAM DAS GLUCK • SCHWERE TAGE • 1923
ANDERE, DIE • OTHER, THE • 1924
HANSEATEN • 1925
VERRUFENEN, DIE • FUNFTE STAND, DER ◦ SLUMS OF BERLIN • 1925
MENSCHEN UNTEREINANDER • 1926
SCHWESTER VERONIKA • 1926
UNEHELICHEN, DIE • CHILDREN OF NO IMPORTANCE (USA) • 1926
ALTE FRITZ 1, DER • FRIEDE • 1927
ALTE FRITZ 2, DER • AUSKLANG • 1927
KATZENSTEG, DER • BETRAYAL • 1927
MANN MIT DEM LAUBFROSCH, DER • 1928
UNTER DER LATERNE • 1928
ZWEIERLEI MORAL • 1930
EMIL UND DIE DETEKTIVE • EMIL AND THE DETECTIVES • 1931
ZWISCHEN NACHT UND MORGEN • DIRNENTRAGODIE • 1931
SCHWARZE HUSAR, DER • BLACK HUSSAR • 1932
CERTAIN M. GRANT, UN • 1933
EINMAL EINE GROSSE DAME SEIN • 1933
GEWISSER HERR GRAN, EIN • 1933
JOUR VIENDRA, UN • TOUT ARRIVE • 1933
SPIONE AM WERK • SPIES AT WORK • 1933
WAS WISSEN DENN MANNER • 1933
BACAROLE • 1934
PRINZESSIN TURANDOT • 1934
TURANDOT, PRINCESSE DE CHINE • 1934
BARCAROLLE • 1935
EINER ZUVIEL AN BORD • 1935
HOHERE BEFEHL, DER • 1935
HOMME DE TROP A BORD, UN • 1935
ZUVIEL AN BORD, EINER • 1935
SELTSAMER GAST, EIN • 1936
GELBE FLAGGE, DIE • 1937
MADAME BOVARY • 1937
JOUEUR, LE • 1938
SPIELER, DER • ROMAN EINES SPIELERS • 1938
FRAU IM STROM • 1939
GELIEBTE, DIE • 1939
MADCHEN IM VORZIMMER • 1940
CLARISSA • 1941
DIESEL • 1942
DU GEHORST ZU MIR • 1943
BRUDER NOLTENIUS, DIE • 1945
KAMERAD HEDWIG • 1945
IRGENDWO IN BERLIN • SOMEWHERE IN BERLIN (USA) • 1946
MADONNA IN KETTEN • 1949
QUARTETT ZU FUNFT • VIER MAL LIEBE • 1949
ENGEL MIT DEM FLAMMENSCHWERT, DER • 1954
MEINES VATERS PFERDE • 1954
OBERWACHTMEISTER BORCK • 1955
MENSCHEN IM WERK • 1958 • SHT

LAMPSON MARY – USA
UNDERGROUND • 1976 • DOC

van LAMSWEERDE PINO – Animator
RUMPELSTILTSKIN • 1986 • ANS

LAMY BENOIT – BLG
IL PLEUT DANS MA MAISON • 1969
HOME SWEET HOME • FETE A JULES, LA • 1973
JAMBON D'ARDENNES • 1977
VIE EST BELLE, LA • 1988

LAMY RAYMOND – FRN – 1903–
CLODOCHE • SOUS LES PONTS DE PARIS • 1938
MIROIR • 1946

LAN WU – CHN
XIANGNU XIAOXIAO • XIAO XIAO -A GIRL FROM HUNAN • 1987

LANCASTER BURT – Actor – USA – 1913–
KENTUCKIAN, THE • 1955
MIDNIGHT MAN, THE • 1974

LANCELOT MARTINE – FRN – 1948–
IMAGES A PROPOS DE "ENLUMINURES AUTOUR DES MINUTES DU PROCES DE GILLES DE RAIS" • ETRANGE HISTOIRE DE GILLES DE RAIS, L' • 1975
S'IL VOUS PLAIT.. LA MER? • 1979

LANCTOT MICHELINE – CND – 1947–
TOKEN GESTURE, A • 1976 • ANM
HOMME A TOUT FAIRE, L' • HANDYMAN, THE • 1980
SONATINE • 1983
POURSUITE DU BONHEUR, LA • 1988 • DOC

LAND DR. – GRM
VAGABUND, DER • 1923

LAND KURT – ARG
HOY CANTO PARA TI • 1950
QUE HERMANITA! • 1951
COMO YO NO HAY DOS • 1952
VUELVA EL PRIMERO • 1952
ASUNTO TERMINADO! • 1953
MERCADO NEGRO • 1953
PROBLEMAS DE PAPA, LAS • 1954
TELARANA, LA • 1954
ADIOS PROBLEMAS • 1955
BACARA • 1955
DELATORA, LA • 1955
ESTRELLAS DE BUENOS AIRES • 1956
SURCOS EN EL MAR • 1956
ALFONSINA • 1957
DOS BASURAS • 1958
EVANGELINA • 1959

LAND OWEN see **LANDOW GEORGE**

LAND ROBERT – GRM
LAND ROBERTO
DURCH DIE QUARTIERE DES ELENDS UND VERBRECHENS • 1920
FLUCH, DER • MEIN IST DER RACHE • 1925
FESCHE ERZHERZOG, DER • RIGHT TO LOVE, THE • 1926
ALPENTRAGODIE • 1927
PRIMANERLIEBE • 1927
VENUS IM FRACK • 1927
DAME CARE • 1928
FRAU SORGE • 1928
PRINZESSIN OLALA • ART OF LOVE, THE • 1928
RAUB DER SABINERINNEN, DER • 1928

ZWEI ROTE ROSEN • TWO RED ROSES • 1928
HELD ALLER MADCHENTRAUME, DER • 1929
ICH KUSSE IHRE HAND, MADAME • I KISS YOUR HAND, MADAME (USA) • 1929
LUSTIGE WITWER, DER • 1929
SPIEL UM DEN MANN • 1929
UNSCHULD • 1929
AMOURS VIENNOISES • 1930
BOYKOTT • PRIMANERENEHRE • 1930
LIEBE UND CHAMPAGNER • 1930
SALTIMBANQUES, LES • SALTIMBANCHI, I (ITL) ○ GAUKLER (FRG) • 1930
WIENER LIEBSCHAFTEN • GING DA NICHT EBEN DAS GLUCK VORBEI? • 1930
24 STUNDEN AUS DEM LEBEN EINER FRAU • 1931
WEEK-END IM PARADIES • 1932
DREI KAISERJAGER • 1933
MELODRAMMA • 1934
JANA, DAS MADCHEN AUS DEM BOHMERWALD • 1935

LAND ROBERTO see **LAND ROBERT**

LANDAU CONSTANTIN – FRN

MADAME NE VEUT PAS D'ENFANTS • 1932

LANDAU GERALD – Editor – UKN – 1926–

FIVE ON A TREASURE ISLAND • 1957 • SRL

LANDAU OLIVIER – FRN – 1948–

CHRONIQUE ALBANAISE, UNE • 1977

LANDAU SAUL – USA

FIDEL • 1970 • DOC
BRAZIL: A REPORT ON TORTURE • 1971 • DOC
JAIL, THE • 1972 • DOC
QUE HAZER • 1972

LANDE NATHANIEL – USA

DON'T PUSH, I'LL CHARGE WHEN I'M READY • 1969 • TVM

LANDECK EVA – ARG

GENTE EN BUENOS AIRES • PEOPLE IN BUENOS AIRES • 1974
ESE LOCO AMOR LOCO • THAT CRAZY, CRAZY LOVE • 1978
LUGAR DEL HUMO, EL • 1980

LANDER NED – ASL – 1956–

ROOM • 1974
WRONG SIDE OF THE ROAD • 1981
MOLLY • 1983

LANDER RALPH – USA

CARNAL GAMES

LANDERO HUMBERTO GOMEZ see **GOMEZ LANDERO HUMBERTO**

LANDERS LEW – USA – 1901–1962

FRIEDLANDER LOUIS

RED RIDER, THE • 1934 • SRL
TAILSPIN TOMMY • 1934 • SRL
VANISHING SHADOW, THE • 1934 • SRL
CALL OF THE SAVAGE, THE • 1935 • SRL
RAVEN, THE • 1935
RUSTLERS OF RED DOG • 1935 • SRL
STORMY • 1935
ADVENTURES OF FRANK MERRIWELL, THE • 1936 • SRL
NIGHT WAITRESS • 1936
PAROLE! • PAROLED • 1936
WITHOUT ORDERS • 1936
BORDER CAFE • MEXICAN QUARTER • 1937
DANGER PATROL • HIGHWAY TO HELL • 1937
FLIGHT FROM GLORY • 1937
LIVING ON LOVE • LOVE IN A BASEMENT • 1937
MAN WHO FOUND HIMSELF, THE • 1937
THEY WANTED TO MARRY • 1937
YOU CAN'T BUY LUCK • BORROWED TIME • 1937
ANNABEL TAKES A TOUR • 1938
BLIND ALIBI • 1938
CONDEMNED WOMEN • 1938
CRASHING HOLLYWOOD • LIGHTS OUT • 1938
DOUBLE DANGER • PERFECT ALIBI, THE • 1938
LAW OF THE UNDERWORLD • 1938
PACIFIC LINER • 1938
SKY GIANT • GROUND CREW ○ NORTHERN FLIGHT • 1938
SMASHING THE RACKETS • 1938
BAD LANDS • 1939
CONSPIRACY • 1939
FIXER DUGAN • DOUBLE DARING (UKN) • 1939
GIRL AND THE GAMBLER, THE • DOVE, THE • 1939
TWELVE CROWDED HOURS • 1939
ENEMY AGENT • SECRET ARMY (UKN) • 1940
GIRL FROM HAVANA • 1940
HONEYMOON DEFERRED • 1940
LA CONGA NIGHTS • 1940
SING, DANCE, PLENTY HOT • MELODY GIRL (UKN) • 1940
SKI PATROL • 1940
SLIGHTLY TEMPTED • 1940
WAGONS WESTWARD • 1940
BACK IN THE SADDLE • 1941
I WAS A PRISONER ON DEVIL'S ISLAND • 1941
LUCKY DEVILS • 1941
MYSTERY SHIP • 1941
RIDIN' ON A RAINBOW • 1941
SINGING HILL, THE • 1941
STORK PAYS OFF, THE • BACHELORS' BABIES • 1941
SPEAKING OF ANIMALS • 1941–49 • SHS
ALIAS BOSTON BLACKIE • 1942
ATLANTIC CONVOY • 1942
BOOGIE MAN WILL GET YOU, THE • 1942
CADETS ON PARADE • 1942
CANAL ZONE • 1942
HARVARD, HERE I COME • HERE I COME (UKN) • 1942
JUNIOR ARMY • CADETS ON PARADE (UKN) • 1942
MAN WHO RETURNED TO LIFE, THE • 1942
NOT A LADIES' MAN • 1942
SABOTAGE SQUAD • 1942
SMITH OF MINNESOTA • 1942
STAND BY ALL NETWORKS • 1942
SUBMARINE RAIDER • 1942
AFTER MIDNIGHT WITH BOSTON BLACKIE • AFTER MIDNIGHT (UKN) • 1943
DEERSLAYER, THE • 1943
DOUGHBOYS IN IRELAND • 1943
MURDER IN TIMES SQUARE • 1943
POWER OF THE PRESS • 1943
REDHEAD FROM MANHATTAN • 1943
RETURN OF THE VAMPIRE, THE • 1943
BLACK PARACHUTE, THE • 1944
COWBOY CANTEEN • CLOSE HARMONY (UKN) • 1944
GHOST THAT WALKS ALONE, THE • 1944
I'M FROM ARKANSAS • 1944
STARS IN UNIFORM • 1944
STARS ON PARADE • CALLING ALL STARS • 1944
SWING IN THE SADDLE • SWING AND SWAY (UKN) • 1944
TWO-MAN SUBMARINE • 1944
U-BOAT PRISONER • DANGEROUS MISTS (UKN) • 1944
ARSON SQUAD • 1945
CRIME INCORPORATED • 1945
ENCHANTED FOREST, THE • 1945
FOLLOW THAT WOMAN • 1945
POWER OF THE WHISTLER, THE • 1945
SHADOW OF TERROR • 1945
TOKYO ROSE • 1945
TROUBLE CHASERS • 1945
CLOSE CALL FOR BOSTON BLACKIE, A • LADY OF MYSTERY (UKN) • 1946
DEATH VALLEY • 1946
HOT CARGO • 1946
MASK OF DIJON, THE • 1946
SECRETS OF A SORORITY GIRL • SECRET OF LINDA HAMILTON (UKN) • 1946
TRUTH ABOUT MURDER, THE • LIE DETECTOR, THE (UKN) ○ ALL MEN ARE LIARS ○ MEN ARE SUCH LIARS • 1946
DANGER STREET • 1947
DEVIL SHIP • 1947
SEVEN KEYS TO BALDPATE • 1947
SON OF RUSTY, THE • 1947
THUNDER MOUNTAIN • 1947
UNDER THE TONTO RIM • 1947
ADVENTURES OF GALLANT BESS, THE • 1948
INNER SANCTUM • 1948
MY DOG RUSTY • 1948
AIR HOSTESS • 1949
BARBARY PIRATE • 1949
I FOUND A DOG • 1949 • SHT
LAW OF THE BARBARY COAST • 1949
STAGECOACH KID, THE • 1949
BEAUTY ON PARADE • 1950
CHAIN GANG • 1950
DAVY CROCKETT, INDIAN SCOUT • INDIAN SCOUT (UKN) • 1950
DYNAMITE PASS • 1950
GIRLS' SCHOOL • DANGEROUS INHERITANCE (UKN) • 1950
LAST OF THE BUCCANEERS • 1950
REVENUE AGENT • 1950
STATE PENITENIARY • 1950
TYRANT OF THE SEA • 1950
BIG GUSHER, THE • 1951
BLUE BLOOD • 1951
HURRICANE ISLAND • 1951
JUNGLE MANHUNT • 1951
MAGIC CARPET, THE • 1951
WHEN THE REDSKINS RODE • 1951
YANK IN KOREA, A • LETTER FROM KOREA (UKN) • 1951
ALADDIN AND HIS LAMP • 1952
ARCTIC FLIGHT • 1952
CALIFORNIA CONQUEST • 1952
JUNGLE JIM IN THE FORBIDDEN LAND • JUNGLE JIM IN THE LAND OF THE GIANTS ○ FORBIDDEN LAND, THE • 1952
CAPTAIN JOHN SMITH AND POCAHONTAS • BURNING ARROWS (UKN) • 1953
MAN IN THE DARK • MAN WHO LIVED TWICE, THE • 1953
RUN FOR THE HILLS • 1953
TANGIER INCIDENT • 1953
TORPEDO ALLEY • 1953
CAPTAIN KIDD AND THE SLAVE GIRL • SLAVE GIRL, THE • 1954
BAD MEN OF MARYSVILLE • 1955 • MTV
FURY AT RED GULCH • 1955 • MTV
LAW OF THE SIX GUN • 1955
MURANGO STORY, THE • 1955 • MTV
PRINCE OF PADUA HILLS, THE • 1955 • MTV
RANGE MASTER, THE • 1955 • MTV
RETURN OF TRIGGER DAWSON, THE • 1955 • MTV
RIDERS OF CAPISTRANO • 1955 • MTV
ROARING CHALLENGE • 1955 • MTV
TETON TORNADO, THE • 1955 • MTV
THUNDER OVER INYO • 1955 • MTV
TICKET TO MEXICO • 1955 • MTV
CRUEL TOWER, THE • 1956
CHALLENGE OF RIN TIN TIN, THE • 1958
HOT ROD GANG • FURY UNLEASHED (UKN) • 1958
TERRIFIED! • 1962

LANDETA MATILDE – MXC

LOLA CASANOVA • 1948
NEGRA ANGUSTIAS, LA • 1949
TROTA CALLES • 1951

LANDI MARIO – ITL – 1920–

CANZONI PER LE STRADE • 1951
SIAMO TUTTI MILANESI • 1954
GIACOBBE ED ESAU • 1963
MAIGRET A PIGALLE • 1966
IMPIEGATE STRADALI, L' • BATTON STORY • 1976

LANDIS JAMES – USA

SADKO • MAGIC VOYAGE OF SINBAD, THE (USA) ○ SONG OF INDIA • 1953
AIRBORNE • 1962
STAKEOUT! • 1962
SADIST, THE • PROFILE OF TERROR, THE ○ FACE OF TERROR, THE • 1963
SPIES A-GO-GO • NASTY RABBIT, THE • 1963
DEADWOOD '76 • 1965
JENNIE, WIFE/CHILD • TENDER GRASS • 1965
RAT FINK • MY SOUL RUNS NAKED ○ WILD AND WILLING ○ SWINGING FINK, THE • 1965

LANDIS JOHN – USA – 1950–

SCHLOCK • BANANA MONSTER, THE • 1972
KENTUCKY FRIED MOVIE, THE • 1977
NATIONAL LAMPOON'S ANIMAL HOUSE • ANIMAL HOUSE • 1978
BLUES BROTHERS, THE • 1980
AMERICAN WEREWOLF IN LONDON, AN • 1981
THRILLER • 1983
TRADING PLACES • 1983
TWILIGHT ZONE -THE MOVIE • TWILIGHT ZONE MOVIE, THE • 1983
INTO THE NIGHT • 1984
SPIES LIKE US • 1985
THREE AMIGOS! • 1986
AMAZON WOMEN ON THE MOON • 1987
COMING TO AMERICA • 1988

LANDO GEORGE see **LANDOW GEORGE**

LANDON MICHAEL – Actor – USA – 1937–1991

IT'S GOOD TO BE ALIVE • 1974 • TVM
LITTLE HOUSE ON THE PRAIRIE, THE • 1974 • TVM
LONELIEST RUNNER, THE • 1977 • TVM
KILLING STONE • 1978 • TVM
FATHER MURPHY • 1981 • TVM
LITTLE HOUSE; THE LAST FAREWELL • LAST FAREWELL, THE • 1984 • TVM
SAM'S SON • 1984

LANDOW GEORGE – USA – 1944–

LANDO GEORGE • LAND OWEN

FAULTY PRONOUN REFERENCE, COMPARISON AND PUNCTUATION OF THE PARTICIPLE PHRASE
STRINGENT PREDICTION AT THE EARLY HERMAPHRODITIC STAGE, A • 1961
TWO PIECES FOR THE PRECARIOUS LIFE • 1961
ARE ERA • 1962 • SHT
RICHARD KRAFT AT THE PLAYBOY CLUB • 1963
STUDIES AND SKETCHES • 1963–65
FLEMING FALOON • FLEMING FALOON SCREENING • 1964 • SHT
LEOPARD SKIN, THE • 1964–65
NOT A CASE OF LATERAL DISPLACEMENT • 1965
THIS FILM WILL BE INTERRUPTED AFTER 11 MINUTES BY A COMMERCIAL • 1965 • SHT
FILM IN WHICH THERE APPEAR SPROCKET HOLES, EDGE LETTERING, DIRT PARTICLES, ETC. • 1966 • SHT
BARBO FOLLIES • 1967
DIPLOTERATOLOGY OR BARDO FOLLY • 1967
FILM THAT RISES TO THE SURFACE OF CLARIFIED BUTTER, THE • 1968
INSTITUTIONAL QUALITY • 1969
REMEDIAL READING COMPREHENSION • 1970
WHAT'S WRONG WITH THE PICTURE? • 1971–72
THANK YOU JESUS FOR THE ETERNAL PRESENT 1 • 1973
FILM OF THEIR SPRING TOUR COMMISSIONED BY THE CHRISTIAN WORLD LIBERATION FRONT OF BERKELEY CALIFORNI • 1974
THANK YOU JESUS FOR THE ETERNAL PRESENT 2 • 1974
IN THE ENVIRONMENT OF LIQUIDS AND NASALS A PARASITIC VOWEL SOMETIMES DEVELOPS • 1975
NEW IMPROVED INSTITUTIONAL QUALITY • 1975
"NO SIR, ORISON" • 1975
WIDE ANGLE SAXON • 1975
ON THE MARRIAGE BROKER JOKE AS CITED BY CLEMENT FREUD IN WIT AND ITS RELATION TO THE UNCONSCIOUS • CAN THE AVANT-GARDE ARTIST BE WHOLED • 1979

LANDRES PAUL – USA – 1912–

GRAND CANYON • 1949
SQUARE DANCE JUBILEE • 1949
HOLLYWOOD VARIETIES • 1950
MODERN MARRIAGE, A • FRIGID WIFE • 1950
NAVY BOUND • 1951
RHYTHM INN • 1951
ARMY BOUND • 1952
EYES OF THE JUNGLE • DESTINATION DANGER (UKN) • 1953
CHAIN OF EVIDENCE • 1957
HELL CANYON OUTLAWS • TALL TROUBLE, THE (UKN) • 1957
LAST OF THE BADMEN • 1957
MARK OF THE VAMPIRE • VAMPIRE, THE • 1957
NEW DAY AT SUNDOWN • 1957
OREGON PASSAGE • 1957
DESTINATION NIGHTMARE • 1958 • MTV
FLAME BARRIER, THE • IT FELL FROM THE FLAME BARRIER • 1958
FRONTIER GUN • 1958
GO, JOHNNY, GO • 1958
JOHNNY ROCCO • 1958
MAN FROM GOD'S COUNTRY • 1958
RETURN OF DRACULA, THE • FANTASTIC DISAPPEARING MAN, THE (UKN) ○ CURSE OF DRACULA • 1958
LONE TEXAN, THE • 1959
MIRACLE OF THE HILLS, THE • 1959
SON OF A GUNFIGHTER • HIJO DEL PISTOLERO, EL (SPN) • 1965

LANDRIAN NICOLAS GUILLEN – CUB

OCIEL DEL TOA

LANDSBURG ALAN – USA

BLACK WATER GOLD • 1969 • TVM
IN SEARCH OF ANCIENT ASTRONAUTS • 1975 • DOC

LANDWEHR JOEL – USA

RHEWDNAL LEO J.

IN HOT BLOOD • 1968
FLUCTUATIONS • 1970

LANE ANDREW – USA

JAKE SPEED • 1986
MORTAL PASSIONS • 1990

LANE CHARLES – USA

SIDEWALK STORIES • 1990

LANE DAVE see **LANE DAVID**

LANE DAVID – UKN

LANE DAVE

THUNDERBIRDS ARE GO • THUNDERBIRDS ARE GO: THE MOVIE • 1966 • ANM
THUNDERBIRDS IN OUTER SPACE • 1966 • ANM
THUNDERBIRD 6 • THUNDERBIRD SIX: THE MOVIE ○ THUNDERBIRD SIX • 1968
INVASION UFO • U.F.O. -INVASION U.F.O. • 1980
THUNDERBIRDS: COUNTDOWN TO DISASTER • 1981 • ANM

LANE LUPINO - Actor - UKN - 1892-1959

LOVE LIES • 1931
LOVE RACE, THE • 1931
NEVER TROUBLE TROUBLE • 1931
NO LADY • 1931
INNOCENTS OF CHICAGO, THE • WHY SAPS LEAVE HOME (USA) ○ MILKY WAY, THE • 1932
MAID OF THE MOUNTAINS, THE • 1932
OLD SPANISH CUSTOMERS • TOREADORS DON'T CARE • 1932
LETTING IN THE SUNSHINE • 1933
MY OLD DUCHESS • OH WHAT A DUCHESS! ○ MUMMERS, THE • 1933

LANE MICHAEL J. - UKN

SPARE TYRES, THE • 1967 • SHT

LANEUVILLE ERIC - USA

GEORGE MCKENNA STORY, THE • 1986 • TVM

LANFIELD SIDNEY - USA - 1900-1972

EIGHT CYLINDER BULL • 1926 • SHT
BARBERO DE NAPOLEON, EL • 1930
CHEER UP AND SMILE • 1930
HUSH MONEY • 1931
THREE GIRLS LOST • 1931
DANCE TEAM • 1932
HAT CHECK GIRL • EMBASSY GIRL (UKN) • 1932
SOCIETY GIRL • 1932
BROADWAY BAD • HER REPUTATION (UKN) • 1933
LAST GENTLEMAN, THE • 1934
MOULIN ROUGE • 1934
HOLD 'EM, YALE • UNIFORM LOVERS (UKN) • 1935
KING OF BURLESQUE • 1935
RED SALUTE • ARMS AND THE GIRL (UKN) ○ HER ENLISTED MAN ○ RUNAWAY DAUGHTER • 1935
HALF ANGEL • 1936
ONE IN A MILLION • 1936
SING, BABY, SING • 1936
LOVE AND HISSES • 1937
THIN ICE • LOVELY TO LOOK AT (UKN) • 1937
WAKE UP AND LIVE • 1937
ALWAYS GOODBYE • 1938
HOUND OF THE BASKERVILLES, THE • 1939
SECOND FIDDLE • 1939
SWANEE RIVER • 1939
YOU'LL NEVER GET RICH • 1941
LADY HAS PLANS, THE • GIRL HAS PLANS, THE • 1942
MY FAVORITE BLONDE • 1942
LET'S FACE IT • 1943
MEANEST MAN IN THE WORLD, THE • 1943
STANDING ROOM ONLY • 1944
BRING ON THE GIRLS • 1946
WELL-GROOMED BRIDE, THE • 1946
TROUBLE WITH WOMEN, THE • 1947
WHERE THERE'S LIFE • 1947
STATION WEST • 1948
SORROWFUL JONES • 1949
FOLLOW THE SUN • 1951
LEMON DROP KID, THE • 1951
SKIRTS AHOY! • 1952

LANFRANCHI M. see **LANFRANCHI MARIO**

LANFRANCHI MARIO - ITL

LANFRANCHI M.

SENTENZA DI MORTE • DEATH SENTENCE (UKN) • 1967
TRAVIATA, LA • 1967
BACIO, IL • 1974
PADRONA E SERVITA, LA • HERRENREITERIN, DIE (FRG) ○ MISTRESS, THE • 1976
GENOVA A MANO ARMATA • 1977
VENEZIA, CARNEVALE, UN AMORE • 1981 • MTV

LANG ALEXANDER - GRM

DIE VON DER SCHOLLE SIND • 1928

LANG ELLIOTT - USA

CAGE, THE • 1989

LANG FRANZ M. - GRM

2 X ADAM -1 X EVE • 1959

LANG FRITZ - GRM - 1890-1976

HALBBLUT • HALF BREED, THE ○ HALF CASTE • 1919
HARAKIRI • 1919
HERR DER LIEBE, DER • MASTER OF LOVE, THE • 1919
SPINNEN, DIE • ABENTEUER DES KAY HOOG, DIE ○ SPIDERS, THE • 1919
SPINNEN PART 1, DIE • GOLDENE SEE, DER ○ GOLDEN SEA, THE ○ GOLDEN LAKE, THE • 1919
SPINNEN PART 2, DIE • BRILLIANTEN SCHIFF, DAS ○ DIAMOND SHIP, THE • 1920
WANDERNDE BILD, DAS • MADONNA IN SCHNEE ○ WANDERING IMAGE, THE ○ MADONNA IN THE SNOW • 1920
KAMPFENDE HERZEN • VIER UM DIE FRAU ○ FOUR AROUND A WOMAN • 1921
MUDE TOD, DER • DESTINY (USA) ○ THREE LIGHTS, THE ○ BEYOND THE WALL ○ WEARY DEATH, THE ○ BETWEEN WORLDS ○ BETWEEN TWO WORLDS • 1921
DR. MABUSE, DER SPIELER • FATAL PASSION OF DR. MABUSE ○ DR. MABUSE THE GAMBLER ○ DR. MABUSE ○ FATAL PASSIONS, THE • 1922
DR. MABUSE, DER SPIELER 1 • GROSSE SPIELER -EIN BILD DER ZEIT, DER ○ SPIELER AUS LEIDENSCHAFT ○ GREAT GAMBLER -AN IMAGE OF OUR TIME, THE • 1922
DR. MABUSE, DER SPIELER 2 • INFERNO -EIN SPIEL VON MENSCHEN UNSERER ZEIT ○ INFERNO -MENSCHEN DER ZEIT ○ INFERNO -MEN OF OUR TIME ○ INFERNO DES VERBRECHENS • 1922
KRIEMHILD'S DREAM OF HAWKS • 1923
NIBELUNGEN 1, DIE • SIEGFRIED ○ SIEGFRIEDS TOD ○ DEATH OF SIEGFRIED ○ SIEGFRIED'S DEATH • 1924
NIBELUNGEN 2, DIE • KRIEMHILDS RACHE ○ KRIEMHILDE'S REVENGE • 1924
METROPOLIS • 1926
SPIONE • SPY, THE (UKN) ○ SPIES (USA) • 1928
FRAU IM MOND, DIE • BY ROCKET TO THE MOON (UKN) ○ WOMAN IN THE MOON ○ GIRL IN THE MOON • 1929
M • MORDER UNTER UNS • 1931
TESTAMENT DES DR. MABUSE, DAS • TESTAMENT OF DR. MABUSE, THE (USA) ○ CRIMES OF DR. MABUSE (UKN) ○ LAST WILL OF DR. MABUSE, THE • 1932
TESTAMENT DU DOCTEUR MABUSE, LE • 1933
LILIOM • 1934
FURY • MOB RULE • 1936
YOU ONLY LIVE ONCE • 1937
YOU AND ME • 1938
RETURN OF FRANK JAMES, THE • 1940
CONFIRM OR DENY • 1941
MAN HUNT • 1941
WESTERN UNION • 1941
MOONTIDE • 1942
HANGMEN ALSO DIE • LEST WE FORGET • 1943
MINISTRY OF FEAR • 1944
WOMAN IN THE WINDOW, THE • 1944
SCARLET STREET • 1945
CLOAK AND DAGGER • 1946
SECRET BEYOND THE DOOR • 1947
AMERICAN GUERRILLA IN THE PHILIPPINES, AN • I SHALL RETURN (UKN) • 1950
HOUSE BY THE RIVER • 1950
CLASH BY NIGHT • 1952
RANCHO NOTORIOUS • 1952
BIG HEAT, THE • 1953
BLUE GARDENIA, THE • 1953
HUMAN DESIRE • HUMAN BEAST, THE • 1954
MOONFLEET • 1955
BEYOND A REASONABLE DOUBT • 1956
WHILE THE CITY SLEEPS • 1956
INDISCHE GRABMAL, DAS • SEPOLCRO INDIANO, IL (ITL) ○ TOMBEAU HINDOU, LE (FRN) ○ JOURNEY TO THE LOST CITY • 1959
TIGER VON ESCHNAPUR, DER • TIGRE DI ESCHNAPUR, LA (ITL) ○ TIGRE DU BENGALE, LE (FRN) ○ TIGRESS OF BENGAL ○ TIGER OF BENGAL • 1959
TAUSEND AUGEN DES DR. MABUSE, DIE • DIABOLIQUE DOCTEUR MABUSE, LE (FRN) ○ DIABOLICO DR. MABUSE, IL (ITL) ○ 1000 EYES OF DR. MABUSE, THE (USA) ○ EYE OF EVIL ○ SHADOW VS. THE 1000 EYES OF DR. MABUSE, THE • 1960
METROPOLIS • 1984

LANG GORDON - UKN

TRAWLER BOY • 1956

LANG MICHEL - FRN - 1939-

A NOUS LES PETITES ANGLAISES • LET'S GET THOSE ENGLISH GIRLS • 1975
FILLE COUSUE DE FIL BLANC, LA • STRAIT-LACED GIRL, A • 1976
HOTEL DE LA PLAGE, L' • HOLIDAY HOTEL (USA) • 1978
ON N'EST PAS DES ANGES.. ELLES NON PLUS • 1980
TOUS VEDETTES • 1980
CADEAU, LE • GIFT, THE • 1982
ETINCELLE, L' • 1983

LANG OTTO - Producer - USA

VESUVIUS EXPRESS • 1953 • SHT
SEARCH FOR PARADISE • 1957 • DOC
FURY RIVER • 1959 • MTV

LANG RICHARD - USA

FANTASY ISLAND • 1976 • TVM
HUNTED LADY, THE • 1977 • TVM
DR. SCORPION • 1978 • TVM
NIGHT CRIES • 1978 • TVM
NOWHERE TO RUN • 1978 • TVM
VEGA$ • 1978 • TVM
WORD, THE • 1978 • TVM
CHANGE OF SEASONS, A • 1980
MOUNTAIN MEN, THE • 1980
STRIKE FORCE • 1981 • TVM
DON'T GO TO SLEEP • 1982 • TVM
MATT HOUSTON • 1982 • TVM
SHOOTING STARS • 1983 • TVM
DARK MIRROR • 1984 • TVM
VELVET • 1984 • TVM
IN LIKE FLYNN • 1985 • TVM
OBSESSED WITH A MARRIED WOMAN • 1985 • TVM
KUNG FU -THE MOVIE • 1986 • TVM
CHRISTMAS COMES TO WILLOW CREEK • 1987 • TVM
PERRY MASON AND THE CASE OF THE SINISTER SPIRIT • 1987 • TVM
ROAD RAIDERS • 1989

LANG ROCKY - USA

ALL'S FAIR • SKIRMISH • 1989

LANG W. - UKN

IT'S A BARE BARE WORLD • 1964

LANG WALTER - USA - 1896-1972

RED KIMONO • 1925
EARTH WOMAN, THE • 1926
GOLDEN WEB, THE • 1926
MONEY TO BURN • 1926
BY WHOSE HAND? • 1927
COLLEGE HERO, THE • PLAYING STRAIGHT • 1927
LADYBIRD, THE • 1927
SALLY IN OUR ALLEY • 1927
SATIN WOMAN, THE • 1927
ALICE THROUGH A LOOKING GLASS • 1928
DESERT BRIDE, THE • 1928
NIGHT FLYER, THE • 1928
SHADOWS OF THE PAST • 1928
SPIRIT OF YOUTH, THE • 1929
BIG FIGHT, THE • 1930
BROTHERS • BLOOD BROTHERS (UKN) • 1930
COCK O' THE WALK • 1930
COSTELLO CASE, THE • COSTELLO MURDER CASE, THE (UKN) • 1930
HELLO SISTER • 1930
COMMAND PERFORMANCE • 1931
HELL BOUND • 1931
WOMEN GO ON FOREVER • 1931
MEET THE BARON • 1933
NO MORE ORCHIDS • 1933
WARRIOR'S HUSBAND, THE • 1933
MIGHTY BARNUM, THE • 1934
PARTY'S OVER, THE • 1934
WHOM THE GODS DESTROY • 1934
CARNIVAL • CARNIVAL NIGHTS (UKN) ○ WORLD'S FAIR • 1935
HOORAY FOR LOVE • 1935
LOVE BEFORE BREAKFAST • 1936
SECOND HONEYMOON • 1937
WIFE, DOCTOR AND NURSE • 1937
BARONESS AND THE BUTLER, THE • 1938
I'LL GIVE A MILLION • 1938
LITTLE PRINCESS, THE • 1939
BLUE BIRD, THE • 1940
GREAT PROFILE, THE • 1940
STAR DUST • 1940
TIN PAN ALLEY • 1940
MOON OVER MIAMI • MIAMI • 1941
WEEK-END IN HAVANA • 1941
MAGNIFICENT DOPE, THE • MAGNIFICENT JERK, THE • 1942
SONG OF THE ISLANDS • 1942
CONEY ISLAND • 1943
GREENWICH VILLAGE • 1944
STATE FAIR • IT HAPPENED ONE SUMMER • 1944
CLAUDIA AND DAVID • 1946
SENTIMENTAL JOURNEY • 1946
MOTHER WORE TIGHTS • 1947
SITTING PRETTY • 1948
WHEN MY BABY SMILES AT ME • BURLESQUE • 1948
YOU'RE MY EVERYTHING • 1949
CHEAPER BY THE DOZEN • 1950
JACKPOT, THE • 1950
ON THE RIVIERA • 1951
WITH A SONG IN MY HEART • 1952
CALL ME MADAM • 1953
THERE'S NO BUSINESS LIKE SHOW BUSINESS • 1954
KING AND I, THE • 1956
DESK SET, THE • HIS OTHER WOMAN (UKN) • 1957
BUT NOT FOR ME • 1959
CAN-CAN • 1960
MARRIAGE-GO-ROUND • 1961
SNOW WHITE AND THE THREE STOOGES • SNOW WHITE AND THE THREE CLOWNS (UKN) • 1961

LANGAN DECLAN - IRL

DA VINCI'S DREAM • 1978 • SHT

LANGBACKA RALF - FNL

HERRA PUNTILA JA HANEN RENKINSA MATTI • MR. PUNTILA AND HIS SERVANT MATTI • 1979

LANGBERG EBBE - DNM

DET ER IKKE APPELSINER -DET ER HESTE • IT IS NOT ORANGES -BUT HORSES • 1967
DET ER SA SYND FOR FARMAND • WHAT A PITY ABOUT DADDY • 1968
KASSEN STEMMER • 1976

LANGDON HARRY - Actor - USA - 1884-1944

THREE'S A CROWD • 1927
CHASER, THE • 1928
HEART TROUBLE • 1928
WISE GUYS • 1937

LANGE BRUNO - GRM

FRA DIAVOLO • 1922
SEIN IST DAS GERICHT • 1922

LANGE HENRI - FRN

ORDRE DES CHOSES OU MORT UN MATIN, L' • 1962 • SHT

LANGE JOHN C. - Animator - USA

JOSHUA IN A BOX • 1970 • ANS
YOLK, THE • 1971 • ANS
JOSHUA AND THE BLOB • 1972 • ANS

LANGER CAROLE - USA

JOE ALBANY.. A JAZZ LIFE • 1980 • DOC
RADIUM CITY • 1987 • DOC

LANGESTRAAT BOB - NTH - 1936-

ONDER DE BOMEN • UNDER THE TREES • 1965 • SHT
BEAT IT • 1966 • SHT
LET US MAKE MUSIC • 1966
ONTROUW IN DUPLO • INFIDELITY IN DUPLICATE • 1969

LANGINI OSVALDO - ITL - 1922-

RICHIAMO DEL GHIACCIAIO, IL • 1952
CIAO, PAIS.. • 1956

LANGJAHR ERICH - SWT

MORGARTEN FINDET STATT • 1979 • DOC
EX VOTO • 1986

LANGLEY NOEL - Playwright - SAF - 1911-

PICKWICK PAPERS, THE • 1952
OUR GIRL FRIDAY • ADVENTURES OF SADIE (USA) • 1953
SVENGALI • 1954
SEARCH FOR BRIDIE MURPHY, THE • 1956

LANGLOIS HENRI - Archivist - FRN - 1914-1977

METRO, LE • 1934 • DCS

LANGLOIS MICHEL - CND

SORTIE 234 • 1988 • SHT

LANGMAN CHRIS - ASL

REUNION • 1984
RUN, CHRISSIE, RUN • 1984

LANGTON SIMON - UKN - 1941-

SMILEY'S PEOPLE • 1982 • MTV
ACT OF PASSION • LOST HONOR OF KATHRYN BECK, THE • 1984 • TVM
ANNA KARENINA • 1985 • TVM
CASANOVA • 1987 • TVM
LAGUNA HEAT • 1987 • TVM
WHISTLE BLOWER, THE • 1987

LANGUEPIN JEAN-JACQUES - FRN - 1924-

GROENLAND • 1949 • DCS
TERRE DES GLACES • 1949 • SHT
DRAME A LA NANDA DEVI • ASSAUT DE HIMALAYA, L' ○ ASCENT DE HIMALAYA, L' ○ HIMALAYAN EPIC • 1951
HIMALAYA PASSION CRUELLE • 1952
DES HOMMES ET DES MONTAGNES • 1953 • SHT
NEIGES • 1955 • SHT
ROUTE DES CIMES, LA • 1957

ANTOINE DE SAINT-EXUPERY • 1958
CARAVELLE • 1959
DES HOMMES DANS LE CIEL • 1959 • DOC
CAPITAINE H, LE • 1960
VITESSE EST A VOUS, LA • 1961 • DOC
AUTOGRIMPEURS, LES • 1962 • SHT
FOOTBALL • 1962 • SHT
MARIONNETTISTE, LE • 1963 • SHT
REFUGES • 1963 • SHT

LANGUIRAND JACQUES – CND

MAN, INC. • 1970

LANITIS GEORGE – GRC

COMMUNICATION • 1970 • DCS

LANK BARRY – CND – 1946–

IT'S A HOBBY FOR HARVEY • 1980 • SHT
KELEKIS 50 YEARS IN THE CHIPS • 1982 • SHT
MUSCLE • 1984 • SHT

LANKESH P. – IND

PALLAVI • 1976
ANURDOPA • 1977

LANNES GEORGES – Actor – FRN – 1894–

PETIT JACQUES, LE • 1923
ORPHELIN DU CIRQUE, L' • 1926

LANOE HENRI – ALG – 1929–

ASPECTS MEDICAUX DE L'ARME ATOMIQUE • 1955 • SHT
SOINS AUX ASPHYXIES • 1955 • SHT
OR LIQUIDE, L' • 1958 • SHT
VISAGES DE LA COOPERATION OUVRIERE • 1958 • SHT
COMPLEXE D'ARTIX, LE • 1960 • SHT
GAZ DE LACQ, LE • 1960 • SHT
IL PLEUT BERGER • 1961 • SHT
NE JOUEZ PAS AVEC LES MARTIANS • COMME MARS EN CAREME ○ REGULAR AS CLOCKWORK ○ MARS EN CAREME ○ MARS AT EASTER ○ DON'T MESS WITH THE MARTIANS ○ DON'T PLAY WITH MARTIANS • 1967

LANSAC FREDERIC see **MULOT CLAUDE**

LANSBURGH LARRY – Producer – USA – 1911–

MYSTERY LAKE • 1953
STORMY, THE THOROUGHBRED WITH AN INFERIORITY COMPLEX • STORMY THE THOROUGHBRED • 1953 • SHT
ARIZONA SHEEPDOG • 1955
HORSE WITH THE FLYING TAIL, THE • 1961 • DOC
TATTOOED POLICE HORSE, THE • 1964
RUN, APPALOOSA, RUN • 1966
HANG YOUR HAT ON THE WIND • 1969

LANTZ WALTER – Animator – USA – 1900–

TAD'S LITTLE DAFFYDILLS • 1918 • ASS
AFRICAN JUNGLE • 1924 • ANS
COLONEL HEEZA LIAR'S ANCESTORS • 1924 • ANS
COLONEL HEEZA LIAR'S FORBIDDEN FRUIT • 1924 • ANS
COLONEL HEEZA LIAR'S KNIGHTHOOD • 1924 • ANS
COLONEL HEEZA LIAR'S VACATION • 1924 • ANS
GIANT KILLER, THE • 1924 • ANS
HORSE PLAY • 1924 • ANS
MAGIC LAMP, THE • 1924 • ANS
PIED PIPER, THE • 1924 • ANS
SKY PILOT • 1924 • ANS
DINKY DOODLE • 1924–26 • ASS
CINDERELLA • 1925 • ANS
DINKY DOODLE IN THE CIRCUS • 1925 • ANS
HOUSE THAT DINKY BUILT, THE • 1925 • ANS
HOW THE ELEPHANT GOT HIS TRUNK • 1925 • ANS
JUST SPOOKS • 1925 • ANS
LITTLE RED RIDING HOOD • 1925 • ANS
LYIN' TAMER • 1925 • ANS
MAGIC CARPET • 1925 • ANS
PETER PAN HANDLED • 1925 • ANS
ROBINSON CRUSOE • 1925 • ANS
THREE BEARS • 1925 • ANS
UNNATURAL HISTORY • 1925–27 • ASS
CAT'S WHISKERS • 1926 • ANS
DINKY DOODLE AND THE LITTLE ORPHAN • 1926 • ANS
DINKY DOODLE IN EGYPT • 1926 • ANS
DINKY DOODLE IN LOST AND FOUND • 1926 • ANS
DINKY DOODLE IN THE ARCTIC • 1926 • ANS
DINKY DOODLE IN THE ARMY • 1926 • ANS
DINKY DOODLE IN THE WILD WEST • 1926 • ANS
DINKY DOODLE IN UNCLE TOM'S CABIN • 1926 • ANS
DINKY DOODLE'S BEDTIME STORY • 1926 • ANS
FOR THE LOVE O' PETE • 1926 • ANS
MULE'S DISPOSITION, THE • 1926 • ANS
PELICAN'S BILL, THE • 1926 • ANS
PETE'S HAUNTED HOUSE • 1926 • ANS
PIG'S CURLY TAIL, THE • 1926 • ANS
TAIL OF THE MONKEY, THE • 1926 • ANS
HOT DOG CARTOONS • 1926–27 • ASS
CAT'S NINE LIVES • 1927 • ANS
DOG GONE IT • 1927 • ANS
HYENA'S LAUGH • 1927 • ANS
JINGLE BELLS • 1927 • ANS
LUNCH HOUND • 1927 • ANS
PETERING OUT • 1927 • ANS
PUPPY EXPRESS • 1927 • ANS
S'MATTER, PETE? • 1927 • ANS
AMATEUR NIGHT • AMATEUR NITE • 1929 • ANS
COLD TURKEY • 1929 • ANS
ICE MAN'S LUCK • 1929 • ANS
JUNGLE JINGLES • 1929 • ANS
KOUNTY FAIR • 1929 • ANS
NUTS AND JOLTS • 1929 • ANS
NUTTY NOTES • 1929 • ANS
OIL'S WELL • 1929 • ANS
OZZIE OF THE CIRCUS • 1929 • ANS
PERMANENT WAVE • 1929 • ANS
PUSSY WILLIE • 1929 • ANS
RACE RIOT • 1929 • ANS
SAUCY SAUSAGES • 1929 • ANS
SNOW USE • 1929 • ANS
STAGE STUNT • 1929 • ANS
STRIPES AND STARS • 1929 • ANS
WEARY WILLIES • 1929 • ANS
WICKED WEST • 1929 • ANS
AFRICA • 1930 • ANS
ALASKA • 1930 • ANS
BOWERY BIMBOS • 1930 • ANS
BROADWAY FOLLY • 1930 • ANS
CHILI CON CARMEN • 1930 • ANS
COLD FEET • 1930 • ANS
DETECTIVE • 1930 • ANS
FANNY THE MULE • 1930 • ANS
FOWL BALL, THE • 1930 • ANS
HASH SHOP, THE • 1930 • ANS
HELL'S HEELS • 1930 • ANS
HEN FRUIT • 1930 • ANS
HENPECKED • 1930 • ANS
HOT FOR HOLLYWOOD • 1930 • ANS
HURDY GURDY • 1930 • ANS
KISSES AND KURSES • 1930 • ANS
MEXICO • 1930 • ANS
MY PAL PAUL • 1930 • ANS
NAVY, THE • 1930 • ANS
NOT SO QUIET • 1930 • ANS
PRISON PANIC, THE • 1930 • ANS
SINGING SAP, THE • 1930 • ANS
SNAPPY SALESMAN • 1930 • ANS
SPOOKS • 1930 • ANS
STRANGE AS IT SEEMS • 1930 • ANS
TRAMPING TRAMPS • 1930 • ANS
BAND MASTER, THE • 1931 • ANS
COLLEGE • 1931 • ANS
COUNTRY SCHOOL • 1931 • ANS
FARMER, THE • 1931 • ANS
FIREMAN, THE • 1931 • ANS
FISHERMAN, THE • 1931 • ANS
HARE MAIL, THE • 1931 • ANS
HOT FEET • 1931 • ANS
HUNTER, THE • 1931 • ANS
IN WONDERLAND • 1931 • ANS
KENTUCKY BELLE • 1931 • ANS
MARS • 1931 • ANS
NORTH WOODS • 1931 • ANS
RADIO RHYTHM • 1931 • ANS
SHIPWRECK • 1931 • ANS
STONE AGE • 1931 • ANS
SUNNY SOUTH • 1931 • ANS
TROLLEY TROUBLES • 1931 • ANS
WONDERLAND • 1931 • ANS
ATHLETE, THE • 1932 • ANS
BEAU AND ARROWS • 1932 • ANS
BUSY BARBER, THE • 1932 • ANS
BUTCHER BOY, THE • 1932 • ANS
CAP NIPPED • 1932 • ANS
CARNIVAL CAPERS • 1932 • ANS
CATS AND DOGS • 1932 • ANS
CROWD SNORES, THE • 1932 • ANS
DAY NURSE • 1932 • ANS
GRANDMA'S PET • 1932 • ANS
GREAT GUNS • 1932 • ANS
JUNGLE JUMBLE • 1932 • ANS
LET'S EAT • 1932 • ANS
MAKING GOOD • 1932 • ANS
MECHANICAL COW • 1932 • ANS
MECHANICAL MAN, THE • 1932 • ANS
OH, TEACHER • 1932 • ANS
TEACHER'S PESTS • 1932 • ANS
TO THE RESCUE • 1932 • ANS
UNDERDOG, THE • 1932 • ANS
WET KNIGHT, A • 1932 • ANS
WILD AND WOOLLY • 1932 • ANS
WINGED HORSE, THE • 1932 • ANS
WINS OUT • 1932 • ANS
POOCH THE PUP • 1932–33 • ASS
BEAU BEST • 1933 • ANS
CHICKEN REEL • 1933 • ANS
CONFIDENCE • 1933 • ANS
FIVE AND DIME • 1933 • ANS
GOING TO BLAZES • 1933 • ANS
HAM AND EGGS • 1933 • ANS
HOT AND COLD • 1933 • ANS
IN THE ZOO • 1933 • ANS
KING KLUNK • 1933 • ANS
LUMBER CHAMP, THE • 1933 • ANS
MERRY DOG • 1933 • ANS
MERRY OLD SOUL, THE • 1933 • ANS
NATURE'S WORK SHOP • 1933 • ANS
NEW DEAL, A • 1933 • ANS
OSWALD THE PLUMBER • 1933 • ANS
PARKING SPACE • 1933 • SHT
PIN FEATHERS • 1933 • ANS
PLUMBER, THE • 1933 • ANS
S.O.S. ICICLE • 1933 • ANS
SHE DONE HIM WRONG • 1933 • ANS
SHRIEK, THE • 1933 • ANS
TERRIBLE TROUBADOUR • 1933 • ANS
ANNIE MOVED AWAY • 1934 • ANS
CANDY HOUSE, THE • 1934 • ANS
CHRIS COLUMBUS, JR. • 1934 • ANS
COUNTY FAIR, THE • 1934 • ANS
GINGER BREAD BOY, THE • 1934 • ANS
GOLDILOCKS AND THE THREE BEARS • 1934 • ANS
JOLLY LITTLE ELVES • 1934 • ANS
KINGS UP • 1934 • ANS
ROBINSON CRUSOE ISLE • 1934 • ANS
SKY LARKS • 1934 • ANS
SPRING IN THE PARK • 1934 • ANS
TOY SHOPPE • 1934 • ANS
WAX WORKS • 1934 • ANS
WILLIAM TELL • 1934 • ANS
WOLF! WOLF! • 1934 • ANS
YE HAPPY PILGRIMS • 1934 • ANS
CASE OF THE LOST SHEEP, THE • 1935 • ANS
FOX AND THE RABBIT, THE • 1935 • ANS
GOLD DUST OSWALD • 1935 • ANS
HILLBILLY, THE • 1935 • ANS
MONKEY WRETCHES • 1935 • ANS
QUAIL HUNT, THE • 1935 • ANS
BEAUTY SHOPPE • 1936 • ANS
GOPHER TROUBLE • 1936 • ANS
KNIGHTS FOR A DAY • 1936 • ANS
PUPPET SHOW • 1936 • ANS
SOFT BALL GAME • 1936 • ANS
FOOTBALL FEVER • 1937 • ANS
YOKEL BOY MAKES GOOD • 1938 • ANS
ANDY PANDA'S CRAZY HOUSE • 1940 • ANS
CRAZY HOUSE • 1940 • ANS
KNOCK KNOCK! • 1940 • ANS
SYNCOPATED SIOUX • 1940 • ANS
BOOGIE WOOGIE BUGLE BOY OF COMPANY B • 1941 • ANS
DIZZY KITTY • 1941 • ANS
FAIR TODAY • 1941
HYSTERICAL HIGHSPOTS IN AMERICAN HISTORY • 1941 • ANS
MAN'S BEST FRIEND • 1941 • ANS
SALT WATER DAFFY • 1941 • ANS
SCREWDRIVER, THE • 1941 • ANS
SCRUB ME, MAMA, WITH A BOOGIE BEAT • 1941 • ANS
WHAT'S COOKIN'? • PANTRY PANIC • 1941 • ANS
WOODY WOODPECKER • CRACKED NUT, THE • 1941 • ANS
WOODY WOODPECKER, THE SCREWDRIVER • 1941 • ANS
$21 A DAY (ONCE A MONTH) • 1941 • ANS
GOODBYE, MR. MOTH • 1942 • ANS
HAM THAT COULDN'T BE CURED, THE • 1942 • ANS
HOLLYWOOD MATADOR, THE • 1942 • ANS
MOTHER GOOSE ON THE LOOSE • 1942 • ANS
DESTINATION MEATBALLS • 1951 • ANS
PUNY EXPRESS • 1951 • ANS
REDWOOD SAP • 1951 • ANS
SLEEP HAPPY • 1951 • ANS
SLING SHOT 6 7/8 • 1951 • ANS
WICKET WACKY • 1951 • ANS
BORN TO PECK • 1952 • ANS
GREAT WHO DOOD IT, THE • 1952 • ANS
SCALP TREATMENT • 1952 • ANS
STAGE HOAX • 1952 • ANS
WOODPECKER IN THE ROUGH • 1952 • ANS

LANUZA RAFAEL – MXC

SUPERZAN Y EL NINO DEL ESPACIO • SUPERZAN AND THE SPACE BOY • 1972

LANYI ANDRAS – HNG

SEGESVAR • MYTH-MAKERS, THE • 1974
TIZ EV MULVA • TEN YEARS AFTER • 1979
UJ FOLDESURM, AZ • NEW LANDLORD, THE • 1988

LANZA ANTHONY M. – USA

GLORY STOMPERS, THE • 1967
INCREDIBLE TWO-HEADED TRANSPLANT, THE • INCREDIBLE TRANSPLANT, THE • 1971

LANZENBERG FRANCOIS – FRN

PIERRE MENDES-FRANCE: UN REPUBLIQUE, UN REGARD • 1978 • DOC

LANZMAN CLAUDE see **LANZMANN CLAUDE**

LANZMANN CLAUDE – FRN – 1925–

LANZMAN CLAUDE

POURQUOI ISRAEL? • ISRAEL WHY? • 1973 • DOC
SHOAH • 1985 • DOC

LAOGHAIRE COLM O. – IRL

BALLYMUN • 1969 • DOC

LAPAIRE LEO – GRM

ABENTEUER IN MAROKKO • FRAU UND DER TOD, DIE • 1939

LAPENIEKS VILIS – USA

GREAT ROCKY MOUNTAIN JAZZ PARTY, THE • 1977 • DOC

LAPEROUSAZ JEROME see **LAPERROUSAZ JEROME**

LAPERROUSAZ JEROME – FRN – 1948–

LAPEROUSAZ JEROME

AMOUGIES • EUROPEAN MUSIC REVOLUTION • 1970 • DOC
CONTINENTAL CIRCUS • 1972 • DOC
HU-MAN • PLEURS • 1975
TIERS MONDE: PRISONNIER DE LA RUE • THIRD WORLD: PRISONER OF THE STREET • 1980 • DOC

LAPICKI ANDRZEJ – Actor – PLN – 1924–

SPOZNIENI PRZECHODNIE • PASSENGERS WHO ARE LATE ○ THOSE WHO ARE LATE • 1962

LAPIERRE DOMINIQUE – FRN

EN LIBERTE SUR LES ROUTES D'U.R.S.S. • 1956 • DOC

LAPOKNYSH V. see **LAPOKNYSH VASIL**

LAPOKNYSH VASIL – USS

LAPOKNYSH V.

COSSACK BEYOND THE DANUBE, A • 1954
LILEIA • LILEYA • 1960
K SVYETU • TOWARDS THE LIGHT • 1968

LAPORTE CLAUDE – FRN

DEPARTMENT 66 • 1963 • DCS

LAPOUJADE ROBERT – Animator – FRN – 1921–

ENQUETE SUR UN CORPS • 1959 • ANS
FOULES • 1959 • ANS
CHASTEL • 1960 • ANS
NOIR ET BLANC • BLACK AND WHITE • 1961 • ANS
PRISON • 1962 • ANS
TROIS PORTRAITS D'UN OISEAU QUI N'EXISTE PAS • THREE PORTRAITS OF A NON-EXISTENT BIRD • 1963 • ANS
VELODRAME • 1963 • SHT
CATAPHOTE • 1964 • ANS
MISE A NU • 1965 • SHT
OMBRE DE LA POMME, L' • SHADOW OF THE APPLE, THE • 1967 • ANS
SOCRATE, LE • SOCRATES (UKN) • 1968
SOURIRE VERTICAL, LE • VERTICAL SMILE, THE • 1973
COMEDIEN SANS PARADOX, LE • 1975

LAPSHIN YA. – USS

PRIVALOV'S MILLIONS • 1973

de LARA ANTONIO – SPN – 1896–1978

BIGOTE PARA DOS, UN • 1940
CANCION DE MEDIANOCHE • 1947
HABITACION PARA TRES • 1951

LARA CHRISTIAN – FRN – 1939–

INFIDELES, LES • ADULTERESS, THE • 1972
AMOUR DE SABLE, UN • 1977
CHAP' LA • 1978
COCO LA FLEUR • CANDIDAT COCO LA FLEUR, LE • 1978
MAMITO • 1980
VIVRE LIBRE OU MOURIR • 1980
GLACE AVEC DEUX BOULES, UNE • 1982
ADIEU FOULARDS • 1983

LARA GERARDO – MXC

LILI • LILY • 1990

de LARA MARIA DE CARMEN – MXC
NO LES PEDIMOS UN VIAJE A LA LUNA • WE DON'T ASK FOR A TRIP TO THE MOON • 1988 • DOC

LARA PACO – SPN
CHRISTINA Y LA RECONVERSION SEXUAL • CHRISTINA AND SEXUAL RETRAINING • 1984
MONK, THE • 1990

LARA POLOP FRANCISCO – SPN – 1932–
MANSION DE LA NIEBLA, LLA • QUANDO MARTA URLO DALLA TOMBA (ITL) ◦ MURDER MANSION, THE (USA) • 1972
CEBO PARA UNA ADOLESCENTE • 1973
OBSESION • 1974
PERVERSION • 1974
DESARRAIGADAS, LAS • 1975
PROTEGIDAS, LAS • 1975
VICIO Y LA VIRTUD, EL • 1975
VIRILIDAD A LA ESPANOLA • 1975
SECRETOS DE ALCOBA • 1976
SIN ALIENTO, SIN RESPIRO, SIN VERGUENZA • 1976
CLIMAX • 1977
ASALTO AL CASTILLO DE LA MONCLOA, EL • 1978

LARADJI RABAH – ALG – 1943–
POUPEE, LA • 1966 • SHT
ENFANTS DU PEUPLE • 1967 • SHT
HISTOIRES DE LA REVOLUTION • 1970
POUR QUE VIVE L'ALGERIE! • 1972
DJEZAIR AR-RAIS, AL- • ALGER DES CORSAIRES • 1975 • SHT

LARCHER DAVID – UKN
MARE'S TAIL • 1969

von LARCHER DETLEF – GRM
VULKANWERFT IM METALLERSTREIK 1974, DIE • 1975

LARES LUIS – UKN
ZAPE • 1980

LARGE BRIAN – UKN
INSTRUMENTS OF THE ORCHESTRA • 1971 • SHT

LARIN NIKOLAI – GRM
DORNENWEG EINER FURSTIN • 1928
RASPUTIN • RASPUTIN, THE PRINCE OF SINNERS • 1929

LARIVIERE JEAN MARC – CND
DIVINE SOLITUDE • 1987 • DCS

LARKIN CHARLES – USA
LOVE-IN ARRANGEMENT, THE • 1980

LARKIN CHRISTOPHER – USA
VERY NATURAL THING, A • 1974

LARKIN JOHN – USA
QUIET PLEASE, MURDER • 1942
THREE SISTERS OF THE MOOR • 1944
CIRCUMSTANTIAL EVIDENCE • 1945

LARKIN RYAN – Animator – CND – 1943–
CITYSCAPE • 1965 • ANS
SYRINX • 1965 • ANS
ABC OF FIRST AID • 1966 • ANS
BURNING FOX • 1966 • ANS
WALKING • EN MARCHANT • 1968 • ANS
STREET MUSIC • STREET MUSIQUE • 1972 • SHT

LAROUCHE LAURENT – CND
RENE SIMARD AU JAPON • 1974 • DOC

LAROUCHE LEONIDAS – CND
FETES DU LAC-SAINT-JEAN, LES • 1947 • DOC

LAROUCHE PIERRE – Screenwriter – BLG – 1902–1963
IL PLEUT DANS MA MAISON • 1969

LARRATH J. R. see **LARRAZ JOSE R.**

LARRAZ JOSE R. – SPN – 1929–
LARRAZ JOSEPH R. • *LARRATH J. R.* • *LARRAZ JOSEPH*
WHIRLPOOL • SHE DIED WITH HER BOOTS ON • 1970
EMMA, PUERTAS OSCURAS • 1972
MUERTE INCIERTA, LA • 1972
SCREAM.. AND DIE! • HOUSE THAT VANISHED, THE (UKN) ◦ DON'T GO INTO THE BEDROOM ◦ PSYCHO SEX FIEND ◦ DON'T GO IN THE BEDROOM • 1973
GOLDEN LADY, THE • 1974
SYMPTOMS • SINTOMAS (SPN) ◦ BLOOD VIRGIN, THE ◦ WHEN THE BOUGH BREAKS • 1974
VAMPYRES • VAMPYRES.. MOST UNNATURAL LADIES ◦ VAMPYRES, DAUGHTERS OF DRACULA ◦ DAUGHTERS OF DRACULA ◦ VAMPYRES, DAUGHTERS OF DARKNESS ◦ VAMPYRE ORGY, THE • 1974
FIN DE LA INOCENCIA, EL • 1976
JUVENTUD, DIVINO TESORO • MENAGE A TROIS • 1977
LUTO RIGUROSO • 1977
MIRON, EL • 1977
JUGAR CON FUEGO • 1978
OCASION, LA • 1978
VISITA DEL VICIO, LA • VIOLATION OF THE BITCH ◦ SEX MANIAC • 1978

LARRAZ JOSEPH see **LARRAZ JOSE R.**

LARRAZ JOSEPH R. see **LARRAZ JOSE R.**

LARRETA ANTONIO – ARG
NUNCA ESTUVE EN VIENA • I NEVER WAS IN VIENNA • 1987

LARRIAGA JEAN – FRN – 1945–
PART DES LIONS, LA • 1971
OFFICIER DE POLICE SANS IMPORTANCE, UN • REQUIEM PER UN COMMISSARIO DI POLIZIA (ITL) • 1973

LARRIVA RUDY – Animator – USA
MAGOO'S MASQUERADE • 1957 • ANS
MAGOO'S PRIVATE WAR • 1957 • ANS
MAGOO'S CRUISE • 1958 • ANS
MAGOO'S LODGE BROTHER • 1959 • ANS
MERRY MINSTREL MAGOO • 1959 • ANS
BOULDER WHAM • 1965 • ANS
CHASER ON THE ROCKS • 1965 • ANS
HARRIED AND HURRIED • 1965 • ANS
HIGHWAY RUNNERY • 1965 • ANS
JUST PLANE BEEP • 1965 • ANS
RUN, RUN, SWEET ROAD RUNNER • 1965 • ANS
TIRED AND FEATHERED • 1965 • ANS
CLIPPETY CLOBBERED • 1966 • ANS
OUT AND OUT ROUT • 1966 • ANS
SHOT AND BOTHERED • 1966 • ANS
SOLID TIN COYOTE, THE • 1966 • ANS
MUSIC MICE-TRO, THE • 1967 • ANS
QUACKER TRACKER, THE • 1967 • ANS
SPY SWATTER, THE • 1967 • ANS

LARRUQUERT F. see **LARRUQUERT FERNANDO**

LARRUQUERT FERNANDO – SPN – 1934–
LARRUQUERT F.
OPERACION H • 1963 • SHT
PELOTARI • 1964 • SHT
ALQUEZAR • 1966 • SHT
AMA LUR • TIERRA MADRE • 1966

LARRY SHELDON – CND – 1948–
GORY HALLOWEEN, A • 1980 • MTV
ROCKING CHAIR REBELLION • 1981 • MTV
SECRET OF CHARLES DICKENS • 1981 • MTV
POPULAR NEUROTICS • 1984 • MTV
TERMINAL CHOICE • TRAUMA • 1984
BEHIND ENEMY LINES • 1985 • TVM
FIRST STEPS • 1985 • TVM
PONCE DE LEON AND THE FOUNTAIN OF YOUTH • 1986 • MTV
BOARDWALK • 1988
HOT PAINT • 1988 • TVM
OUR BOY BADENOV • 1988

LARSEN BIRGER – DNM
LAD ISBJORNENE DANSE • LET THE POLAR BEARS DANCE • 1989

LARSEN FREDERIK – GRM
MADCHEN, DAS WARTETE, DAS • 1921
UM DEN SOHN • 1921

LARSEN KEITH – Actor – USA – 1925–
BURT KEITH ERIK
MISSION BATANGAS • ...EXCEPT PEOPLE GET KILLED ◦ OPERATION PACIFIC ◦ BATANGAS • 1967
NIGHT OF THE WITCHES • NIGHT OF WITCHES • 1970
TRAP ON COUGAR MOUNTAIN • 1972
WHITEWATER SAM • RUN OR BURN • 1978
YOUNG AND FREE • 1978

LARSEN VIGGO – DNM – 1880–1957
BLACK MASK, THE • 1906
REVENGE • 1906
CAMILLE • 1907
HVIDE SLAVEHANDES, DET • 1907
LOVEJAGTEN • 1907
SIDSTOFFER • 1907
TINDER BOX, THE • 1907 • SHT
DOKTOR NIKOLA • HIDDEN TREASURE, THE ◦ DR. NIKOLA • 1909
DROSKE 519 • CAB NO.519 ◦ SHERLOCK HOLMES FIVE • 1909
ET BUDSKA TIL NAPOLEON PA ELBA • NAPOLEON ON THE ISLAND OF ELBA • 1909
ET REVOLUTIONS BRYLLUP • 1909
GRAA DAME, DEN • GRAY DAME, THE • 1909
HEKSEN OG CYKLISTEN • WITCH AND THE BICYCLIST, THE (USA) ◦ WITCH AND THE CYCLIST, THE ◦ WITCH AND THE BICYCLE, THE ◦ BICYCLE AND THE WITCH • 1909
MADAME SANS-GENE • 1909
SUMPFBLUME, DIE • 1912
EID DES STEPHAN HULLER, DER • 1913
EISERNE UND DAS ROTE KREUZ, DAS • 1915
ERBE VON WALKERAU, DER • 1915
GESCHWISTER LORRIS • DREI LORRIS, DIE • 1915
GRAUE HERR, DER • 1915
KARLAS TANTE • 1915
NACHTRATSEL, DAS • 1915
SCHEVEN CONTRA FECHTENBERG • 1915
SKLAVEN DER PFLICHT • 1915
TAG DR VERGELTUNG, DER • 1915
WACHT AM RHEIN • 1915
EHEMANNS URLAUB • 1916
HALT, NICHT KUSSEN! • 1916
KLEINE FURSTIN, DIE • 1916
PAUL BANNES SCHICKSAL • 1916
PETROLEUMQUELLE, DIE • 1916
FRANK HANSENS GLUCK • 1917
GESCHIEDENEN, DIE • 1917
KUNST ZU HEIRATEN, DIE • 1917
LEHRER MATTHIESEN • 1917
LOS VOM MANNE! • 1917
ABENTEUER EINER BALLNACHT, DAS • 1918
ARGUS X • 1918
BLAUE MARITIUS, DIE • 1918
BRAUTIGAM AUF AKTIEN • 1918
DIAMANTEN DES ZARENS, DIE • 1918
EDELSTEINSAMMLUNG, DIE • 1918
EINBRECHER WIDER WILLEN, DER • 1918
GLUCKSJUNGE • 1918
MANN MIT DEN SIEBEN MASKEN, DER • 1918
ROTTERDAM – AMSTERDAM • 1918
SEIN LETZTER SEITENSPRUNG • 1918
SOHN DES HANNIBAL, DER • 1918
FURST DER DIEBE UND SEINE LIEBE, DER • 1919
TODBRINGER, DER • 1919
GRAF STOCKELS BEKENNTNISSE • 1920
ROTE SPUREN • 1920
UBO THOMSENS HEIMKEHR • 1920

LARSON LARRY – USA
DEADLY PASSION • 1985

LARSSON BORJE – SWD – 1910–
SOM EN TJUV OM NATTEN • LIKE A THIEF IN THE NIGHT • 1940
LARARINNA PA VIFT • SCHOOLMISTRESS ON THE SPREE • 1941
DET AR MIN MUSIK • IT IS MY MUSIC • 1942
TRALLANDE JANTA, EN • SINGING LESSON • 1942
FLICKA FOR MEJ, EN • GIRL FOR ME, A • 1943
ORLOGSMAN • MEN-OF-WAR • 1943
GRONA HISSEN • GREEN LIFT, THE • 1944
NARKOS • NARCOSIS • 1944
13 STOLAR • 13 CHAIRS • 1945
BRODER EMALLAN • BETWEEN BROTHERS • 1946
FORSOK INTE MED MEJ • DON'T TRY IT WITH ME • 1946
FORTJUSANDE FROKEN, EN • LOVELY YOUNG LADY • 1946
FAR JAG LOV, MAGISTERN! • MAY I SIR? • 1947
KVINNAN GOR MEJ GALEN • THAT WOMAN DRIVES ME CRAZY • 1949
OPPAT MED GRONA HISSEN • UP WITH THE GREEN LIFT ◦ GRONA HISSEN • 1952
SKRATTBOMBEN • BOMB OF LAUGHTER • 1954
TAXI 13 • 1954
DANSSALONGEN • DANCE HALL • 1955
FLICKA I KASERN • GIRL IN THE BARRACKS • 1955
SISTA NATTEN • MORD I MARSTRAND ◦ LAST NIGHT • 1957
SOM MAN BADDAR • AS YOU MAKE YOUR BED • 1957
ASA-NISSE PA MALLORCA • ASA-NISSE ON MALLORCA • 1962
ASA-NISSE OCH TJOCKA SLAKTEN • 1963
STEN STENSSON KOMMER TILLBAKA • STEN STENSSON COMES BACK • 1963
ASA-NISSE I POPFORM • 1964
HEJ DU GLADA SOMMAR • SALTA GUBBAR OCH SEXTANTER ◦ SAILORS AND SEXTANTS • 1965

LARSSON STIG – SWD
ANGEL • 1990
KANINMANNEN • RABBIT MAN, THE • 1990

LARSSON WILLIAM – SWD
HALSINGAR • PEOPLE OF HALSINGLAND • 1923
BRODERNA OSTERMANS HUSKORS • VIRAGO OF THE OSTERMAN BROTHERS • 1925
FOR HEMMET OCH FLICKAN • FOR THE HOME AND THE GIRL • 1925

LARY PIERRE – FRN – 1928–
PIED DANS LE PLATRE, LES • 1964
DIABLE DANS LA BOITE, LE • DEVIL IN THE BOX, THE • 1977
REVANCHE, LA • 1981
INDISCRETION, L' • 1982

LASALLE JACQUES – FRN
TARTUFFE DE MOLIERE, LE • 1984

LASCELLE WARD – USA
IMA VAMP • 1920 • SHT
IMA VAMP, FAIRYLAND AND MEMORIES • 1920
MOTHER'S ANGEL • 1920 • SHT
UNEASY FEET • 1920 • SHT
RIP VAN WINKLE • 1921
AFFINITIES • 1922
MIND OVER MOTOR • 1923

LASCOS ORESTIS see **LASKOS ORESTIS**

LASFARGUES ALAIN – FRN – 1953–
OISEAUX DE NUIT, LES • 1977 • DOC

LASKO EDWARD J. – USA
SMASH-UP ALLEY • PETTY STORY, THE • 1973

LASKO LEO – GRM
DOLCH DES MALAYEN, DER • 1919
LUSTIGE EHEMANN, DER • 1919
PANTHERBRAUT, DIE • 1919
ROSA TRIKOT, DAS • 1919
SUNDERIN, DIE • 1919
TAMBURIN UND KASTAGNETTEN • 1919
AURI SACRA FAMES 1 • VERFLUCHTE HUNGER NACH GOLD 1, DER ◦ AN DER LIEBE NARRENSEIL • 1920
AURI SACRA FAMES 2 • VERFULCHTE HUNGER NACH GOLD 2, DER ◦ TESTAMENT EINES EXZENTRISCHEN, DAS • 1920
FRAU OHNE SEELE, DIE • 1920
INDISCHE RACHE • 1920
VA BANQUE • 1920
BEGRABENE ICH, DAS • 1921
PARISERINNEN • 1921
SATANSKETTEN • 1921
STRAFLING VON CAYENNE, DER • 1921
TOTENVOGEL, DER • 1921
MENSCHEN AM MEER • 1925
WELTKRIEG 1, DER • 1927
WELTKRIEG 2, DER • 1927
EDDY POLO IM WESPENNEST • 1928
GEFESSELTE POLO, DER • 1928
HANDE HOCH, HIER EDDY POLO • 1928
IST EDDY POLO SCHULDIG? • 1928
FRAU -DIE NACHTIGALL, DIE • PERLE DES SUDENS, DIE • 1930
SCAPA FLOW • 1930
NACHT DER VERSUCHUNG, DIE • FREMDENLEGIONAR NR.37 • 1932

LASKOS G.
GOLFO -GIRL OF THE MOUNTAINS • 1958

LASKOS ORESTIS – GRC – 1908–
LASCOS ORESTIS
DAFNIS KAI CHLOI • DAPHNIS ET CHLOE ◦ DAPHNIS AND CHLOE • 1930
MADAME X • 1960
GERONTOKOROS, O • OLD BACHELOR, THE • 1967
KORITSI TIS ORGIS, TO • ANGRY GIRL, THE • 1967
MODOSTROS, O • LADIES' TAILOR, THE • 1967
NIMFIOS ANIMFEFTOS • BRIDE IN DISTRESS, A ◦ UNMARRIED BRIDE • 1967
PLIO TIS HARAS, TO • SHIP OF JOY • 1967
BOUFOS, O • BOOBY, THE • 1968
HAZOBABAS, O • ADMIRING FATHER, AN ◦ SIMPLE FATHER, THE • 1968

TSAHPINIS, O • RASCAL, THE • 1968
YIA PION HTIPA I KOUDHOUNA • FOR WHOM THE BIG BELL TOLLS • 1968

LASKOWSKI JAN – Animator – PLN – 1928–

OSTATNI DZIEN LATA • LAST DAY OF SUMMER, THE • 1958
CHOCOLOWA BALLADA • CAPSHEAF BALLAD, A • 1961 • ANS
KIEDY SNIEG PADA TAK • WHEN THE SNOW FALLS THIS WAY • 1961 • ANS
MUZYCZKA • LITTLE MUSIC, A • 1961 • ANS
MEZCZYZNI NA WYSPIE • MEN ON AN ISLAND • 1962
SPOTKANIE W ZOO • MEETING AT THE ZOO, A • 1962 • ANS
AZA NA SPACERZE • AZA ON A WALK • 1963 • ANS
AZA NAD MORZEM • AZA BY THE SEA • 1963 • ANS
GROZNA PRZYGODA KAPITANA PUSZKINA • TERRIBLE ADVENTURE OF CAPTAIN PUSHKIN, THE • 1964 • ANS
NIE MAM JUZ ZEBA • I'VE LOST A TOOTH • 1964 • ANS
PAPUGA Z CASABLANKI • PARROT FROM CASABLANCA, THE • 1964 • ANS
ZAJACZEK • LITTLE RABBIT, THE • 1964 • ANS
BALLADA O DENTYSCIE • BALLAD ABOUT A DENTIST • 1965 • SRL
ZBYSZEK CYBULSKI • ZBYSZEK • 1969

LASKRI AMAR – ALG

PREMIERE JOURNEE • 1967
ENFER A DIX ANS, L' • HELL AT THE AGE OF TEN • 1968
COMMUNIQUE, LE • 1970 • SHT
PATROUILLE A L'EST • 1975
MUFID, AL– • VENONS–EN AU FAIT • 1976

LASOTA GRZEGORZ – PLN

TRYPTYK JAZZOWY • JAZZ TRIPTYCH • 1960 • SHT
GRY • PLAYS • 1970

LASRY PIERRE – FRN – 1938–

LAURETTE • 1969
MRS. CASE • 1969
WALLS CAME TUMBLING DOWN, THE • 1976
HEALING • 1977
NICARAGUA EARTHQUAKE • 1979 • DOC
UNEMPLOYMENT: VOICES FROM THE LINE • 1980 • DOC
CAPTIVE MINDS: HYPNOSIS AND BEYOND • PRISONS DE L'ESPRIT, LES • 1984
DIFFERENCE, THE • 1986 • MTV

LASSALLY WALTER – Cinematographer – GRM – 1926–

SMITH, OUR FRIEND • 1946 • SHT
CHILDREN'S CORNER • DAY NURSING • 1956 • SHT
HENRY MOORE AT THE TATE GALLERY • 1970 • SHT

LASSE RAGNAR see **HENRIKSEN R. LASSE**

LASSEBY STIG – SWD

AGATON SAX OCH BYKOPINGS GASTABUD • 1976
PELLE SVANSLOS • PETEY NO–TAIL ○ PETER–NO–TAIL • 1979 • ANM
PELLE SVANSLOS I AMERIKATT • PETER–NO–TAIL IN AMERICA • 1983 • ANM

LASSEE FRED – USA

FEELING ALL RIGHT • 1944
SCHOOL THAT LEARNED TO EAT, THE • 1948

LASSEN HANS – DNM

INDIGOFARVNING I GAMLE DAGE • 1949

LASSETTER JOHN – Animator – USA

TIN TOY • 1988 • ANM

LASSEYRE JACQUES – FRN

FLAMME CACHEE, LA • HIDDEN FLAME, THE • 1919
POUR DON CARLOS • 1921
SOLEIL ET SOMBRE • SUN AND SHADOW • 1922

LASTRICATI CARLO – ITL

ANNA DI BROOKLYN • FAST AND SEXY (USA) ○ ANNA OF BROOKLYN • 1958

LATAL STANISLAV – CZC

LISKA A DZABAN • FOX AND THE JUG, THE (USA) • 1947 • ANM
DOBRODRUZSTVI ROBINSONA CRUSOE, NAMORNIKA Z YORKU • ADVENTURES OF ROBINSON CRUSOE, THE SAILOR OF YORK ○ LIFE AND INCREDIBLE ADVENTURES OF ROBINSON CRUSOE, THE SAILOR FROM YORK, THE • 1982 • ANM
DESTINIES OF THE GOOD SOLDIER SCHWEIK, THE • 1987 • ANM

LATALLO KATARZYNA – Animator – PLN

KING'S SENTENCE, THE • 1962 • ANM
PAN PLASTYK • MR. ARTIST ○ MISTER DESIGNER • 1964 • ANM
KATHERINE AND THE HANGMAN • 1966 • ANM
TANGLE, THE • 1967 • ANM
SAM SOBIE STEREM • STEERING MY OWN DESTINY • 1971

LATEEF AHMED – USA

HELL HAS NO DOORS • SHT

LATELIN HUGO – USA

COLOR DESIGNS #1 • 1948 • SHT

LATESTE EDDIE – Animator – FRN

TINTIN ET LE TEMPLE DU SOLEIL • TINTIN AND THE TEMPLE OF THE SUN • 1969 • ANM

LATHAM JOHN – UKN

SPEAK • ANS

LATHAM PATRICIA – UKN

JOHNNY ON THE RUN • 1953

LATHAN STAN – USA

SAVE THE CHILDREN • BROTHERS AND SISTERS IN CONCERT • 1973 • DOC
AMAZING GRACE • 1974
BEAT STREET • 1984
GO TELL IT ON THE MOUNTAIN • 1985 • TVM
UNCLE TOM'S CABIN • 1987 • TVM
CHILD SAVER, THE • 1988 • TVM

LATIF ENGINEER – AFG

GUNAH • FAULTS • 1981

LATIF RESHID – IND

ISHQ WA DOSTI • LOVE AND FRIENDSHIP • 1946

LATIFI WALI – AFG

ROZHAI DUSHWAR • DIFFICULT DAYS • 1974

LATINI MARIO – BRZ

NA MIRA DO ASSASSINO • IN THE ASSASSIN'S SIGHTS • 1968

LATINOVIC PETAR – YGS

PARTIZANSKE SKOLE • SCHOOL FOR PARTISANS • 1981
SIROKO JE LISCE • LEAVES ARE WIDE, THE • 1981

LATOUCHE MICHEL – FRN

AVENTURES D'UN PHOTOGRAPHE, LES • 1960 • SHT

de LATOUR BERNARD – FRN – 1905–

DU GUESCLIN • 1948

LATTANZI FRANCO – ITL

SERENATA D'AMORE • 1965
GIUSTIZIERE DI DIO, IL • 1973

LATTUADA ALBERTO – ITL – 1914–

FRECCIA NEL FIANCO, LA • FRECCIA, LA ○ ARROW, THE • 1943
GIACOMO L'IDEALISTA • 1943
NOSTRA GUERRA, LA • 1943 • DOC
BANDITO, IL • BANDIT, THE • 1946
DELITTO DI GIOVANNI EPISCOPO, IL • FLESH WILL SURRENDER (USA) ○ GIOVANNI EPISCOPO • 1947
SENZA PIETA • WITHOUT PITY • 1948
MULINO DEL PO, IL • MILL ON THE PO, THE ○ MILL ON THE RIVER • 1949
LUCI DEL VARIETA • VARIETY LIGHTS (USA) ○ LIGHTS OF THE MUSIC HALL ○ LIGHTS OF VARIETY ○ FOOTLIGHTS • 1950
ANNA • 1951
CAPPOTTO, IL • OVERCOAT, THE • 1952
LUPA, LA • SHE–WOLF, THE ○ VIXEN, THE ○ DEVIL IS A WOMAN, THE • 1953
SPIAGGIA, LA • BEACH, THE ○ PENSIONNAIRE, LA • 1954
SCUOLA ELEMENTARE • 1955
GUENDALINA • 1957
TEMPESTA, LA • TEMPETE, LA (FRN) ○ TEMPEST, THE (UKN) • 1958
DOLCI INGANNI, I • ADOLESCENTES, LES (FRN) ○ SWEET DECEPTIONS (USA) • 1960
LETTERE DI UNA NOVIZIA • NOVICE, LA (FRN) ○ LETTER FROM A NOVICE ○ RITA (USA) ○ NOVICE, THE • 1960
IMPREVISTO, L' • IMPREVU, L' (FRN) ○ UNEXPECTED, THE • 1961
MAFIOSO • 1962
STEPPA, LA • STEPPE, LA (FRN) ○ STEPPE, THE • 1962
AMORE IN 4 DIMENSIONI • AMOUR EN 4 DIMENSIONS, L' (FRN) ○ LOVE IN 4 DIMENSIONS (USA) ○ LOVE IN THE CITY • 1963
MANDRAGOLA, LA • MANDRAGORE, LA (FRN) ○ MANDRAGOLA –THE LOVE ROOT ○ MANDRAKE, THE ○ LOVE ROOT, THE • 1965
DON GIOVANNI IN SICILIA • DON GIOVANNI IN SICILY • 1967
MATCHLESS • 1967
AMICA, L' • 1969
FRAULEIN DOKTOR • GOSPODIJICA DOKTOR –SPIJUNKA BEZ IMENA (YGS) ○ BETRAYAL, THE ○ NAMELESS • 1969
VENGA A PRENDERE IL CAFFE DA NOI • COME HAVE COFFEE WITH US (USA) • 1970
BIANCO, ROSSO E.. • BONNE PLANQUE, LA (FRN) ○ WHITE SISTER (USA) ○ SIN, THE • 1972
SONO STATO IO • 1973
FARO DA PADRE, LE • BAMBINA • 1974
CUORE DI CANE • DOG'S HEART • 1975
OH, SERAFINA! • 1976
COSI COME SEI • STAY AS YOU ARE (USA) • 1978
CICALA, LA • CRICKET, THE • 1980
NUDO DI DONNA • PORTRAIT OF A WOMAN, NUDE (USA) • 1982
CRISTOFORO COLOMBO • CHRISTOPHER COLUMBUS • 1984 • MTV
SPINA NEL CUORE, UNA • THORN IN THE HEART, A • 1985

LATZKE HORST – GRM

PIM, PAM, PUMMELCHEN • 1969

LAU KAR–LEUNG – HKG

ACES GO PLACES V: TERRACOTTA HIT, THE • 1989

LAU S. H. – HKG

WARRIORS THREE • HEROES THREE

LAUDADIO FRANCESCO – ITL

GROG • 1983

LAUDER AL – UKN

PAOLUZZI STORY, THE • 1981 • DOC

LAUGHLIN MICHAEL – NZL

DEAD KIDS • STRANGE BEHAVIOR (USA) ○ SMALL TOWN MASSACRE • 1981
STRANGE INVADERS • 1983
MESMERIZED • MESMERISED • 1984

LAUGHLIN SUSAN – Animator – UKN

GRAND NATIONAL • 1988 • ANM

LAUGHLIN TOM – Actor/writer – USA – 1938–

FRANK T. C.

PROPER TIME, THE • 1959
YOUNG SINNER, THE • LIKE FATHER, LIKE SON ○ AMONG THE THORNS ○ CHRISTOPHER WOTAN • 1965
BORN LOSERS • 1967
BILLY JACK • 1972
TRIAL OF BILLY JACK, THE • 1974
MASTER GUNFIGHTER, THE • 1975
BILLY JACK GOES TO WASHINGTON • 1977

LAUGHTON CHARLES – Actor – USA – 1899–1962

NIGHT OF THE HUNTER, THE • 1955

LAUMET – FRN

AGE TENDRE, L' • 1974 • MTV

de LAUNAY JACQUES – FRN

TEMPS DES DORYPHORES, LE • 1967 • CMP

LAUNDER BILL – UKN

WATERS OF TIME • 1950 • DOC

LAUNDER FRANK – UKN – 1907–

PARTNERS IN CRIME • 1942
MILLIONS LIKE US • WOMEN WITHOUT UNIFORM • 1943
2000 WOMEN • HOUSE OF 1000 WOMEN, THE • 1944
I SEE A DARK STRANGER • ADVENTURESS, THE (USA) • 1946
CAPTAIN BOYCOTT • 1947
BLUE LAGOON, THE • 1949
HAPPIEST DAYS OF YOUR LIFE, THE • 1950
LADY GODIVA RIDES AGAIN • BEAUTY QUEEN • 1951
FOLLY TO BE WISE • 1952
BELLES OF ST. TRINIANS, THE • 1954
GEORDIE • WEE GEORDIE (USA) • 1955
BLUE MURDER AT ST. TRINIANS • 1957
BRIDAL PATH, THE • 1959
PURE HELL OF ST. TRINIANS, THE • 1960
JOEY BOY • 1965
GREAT ST. TRINIAN'S TRAIN ROBBERY, THE • 1966
WILDCATS OF ST. TRINIANS, THE • 1980

LAUNOIS BERNARD – FRN – 1930–

LACHEZ LES CHIENNES • 1972
DEPRAVES DU PLAISIR, LES • 1974
MACHINES A SOUS, LES • 1976
SACRES GENDARMES • 1980
TOUCHE PAS A MON BINIOU • 1980

LAURA SHARON – ASL

MAKING BISCUIT • 1987 • DOC

LAURANCE LISTER – UKN

MR. SMITH CARRIES ON • 1937

LAUREL STAN – Actor – UKN – 1890–1965

YES, YES, NANETTE • 1925 • SHT
MADAME MYSTERY • 1926 • SHT

LAURENT – FRN

HEROS DE L'AIR, LES • 1962 • SHT
VERTIGES • 1984

LAURENT CHRISTINE – FRN – 1944–

ALICE CONSTANT • A. CONSTANT • 1976

de LAURENT EDOUARD see **DE LAURENT EDOUARD**

LAURENT GERMAINE – FRN

FILLE NOMMEE DESIR, UNE • 1973

LAURENT RAY – USA

SATANIS, THE DEVIL'S MASS • 1970 • DOC

LAURENTI MARIANO – ITL

VOSTRO SUPER AGENTE FLIT, IL • FLIT, IMBATTIBILE SUPREMO ○ FLIT, SUPREMELY UNBEATABLE ○ YOUR SUPER AGENT • 1966
RAGAZZA TUTTA D'ORO, UNA • 1967
RAGAZZI DI BANDIERA GIALLA, I • LADS OF THE YELLOW FLAG, THE • 1967
ZINGARA • 1969
CERCA DI CAPIRMI • 1970
DUE MAGHI DEL PALLONE, I • 1970
SATIRICOSISSIMO • 1970
DUE ASSI DEL GUANTONE, I • 1971
MA CHE MUSICA MAESTRO • 1971
MAZZABUBU.. QUANTE CORNA STANNO QUAGGIU • 1971
BELLA ANTONIA PRIMA MONICA E POI DIMONIA • NAUGHTY NUN (UKN) • 1972
CONTINUAVANO A CHIAMARLI I DUE PILOTI PIU MATTI DEL MONDO • 1972
QUEL GRAN PEZZO DELL'UBALDA TUTTA NUDA, TUTTA CALDA • 1972
FIGLIOCCIO DEL PADRINO, IL • 1973
FURTO DI SERA BEL COLPO SI SPERA • 1973
PATROCLO E IL SOLDATO CAMILLONE • PATROCLOOO! ..E IL SOLDATO CAMILLONE, GRAND GROSSO E FRESCONE • 1973
VEDOVA INCONSOLABILE RINGRAZIA QUANTI LA CONSOLARONO • 1973
SERGENTE ROMPIGLIONI DIVENTA.. CAPORALE, IL • 1975
VIZIO DI FAMIGLIA, IL • VICES IN THE FAMILY (UKN) ○ FAMILY VICES • 1975
AFFITTACAMERE, L' • 1976
CLASSE MISTA • 1976
SOGNO DI ZORRO, IL • 1976
COMPAGNA DI BANCO, LA • 1977
PER AMORE DI POPPEA • 1977
SEGRETARIA PRIVATA DI MIO PADRE, LA • 1977
INSEGNANTE VA IN COLLEGIO, L' • 1978
LICEALE NELLA CLASSE DEI REPETENTI, LA • 1978
INFERMIERA DI NOTTE, L' • 1979
LICEALE SEDUCE I PROFESSORI, LA • 1979
LYCEENNES REDOUBLENT, LES • 1979

RIPETENTE FA L'OCCHIETO AL PRESIDE, LA • 1980
SETTIMANA AL MARE, LA • WEEK AT SEA • 1980
SETTIMANA BIANCA, LA • 1980
DISCCOTECA, LA • DISCOTHEQUE, THE • 1984
JEANS E UNA MAGLIETTA, UN • JEANS AND T-SHIRT • 1984
CARABINIERI SI NASCE • BORN TO BE COPS • 1985
FOTOROMANZO • 1985

LAURENTI-ROSA SILVIO see **ROSA SILVIO LAURENTI**

LAUREUX JEAN-CLAUDE – FRN – 1939–

BIJOUX DE FAMILLE, LES • MEMBRES DE LA FAMILLE, LES ○ FAMILY JEWELS ○ FRENCH BLUE • 1974

LAURITZEN LAU (after '38) see **LAURITZEN LAU JR.**

LAURITZEN LAU – DNM – 1878–1938

TELEFONDAMEN • 1916
AGETES KABSHADERNE • 1917
HJERTEBETVINGEREN • 1917
KAERLIGHEDSPEKULANTEN • 1917
BYENS HERKULEN • 1918
GODSJEREN • 1918
MEKANIK-PIGEN • 1918
MESTERDETEKTIVERNE • 1918
NAAR MAN KEDER SIG PAA LANDET • 1919
FLICKORNA FRAN ARE • GIRLS FROM ARE • 1920
TYVEPAK • 1920
HUN, HAN OG HAMLET • 1921
DAARSKAB • 1923
DYD OG DRIVERTER • 1923
FLIRT OF FORLOVELSE • 1923
RASKE RIVIERA • 1923
REJSENDE • 1923
SOL, SOMMER OG STUDINER • 1923
VORE VENNERS VINTER • 1923
KAN KAERLIGHED KURERES? • 1924
OLE OPFINDERS OFFER • 1924
PROFESSOR PETERSENS PLEJEBORN • SMUGGLERS, THE • 1924
TAKT, TONE OG TOSSER • 1924
BLANDT BYENS BORN • 1925
GRONKOBING GLADE GAVTYVE • 1925
MELLEM MUNTRE MUSIKANTER • 1925
DON QUIXOTE • 1926
HR. TELL OG SON • 1930
HAN, HUN OG HAMLET • 1933

LAURITZEN LAU JR. – DNM – 1910–
LAURITZEN LAU (after '38)

BLAAVAND MELDER STORM • 1937
ALARM • 1938
JULIA JUBILERAR • 1938
MANDLIGE HUSASSISTENT • 1938
VASTKUSTENS HJALTAR • HEROES OF THE WEST COAST • 1940
AFSPORET • 1942
DET ENDER MED BRYLLUP • 1943
AFFAEREN BIRTE • 1944
FRIHED, LIGHED OG LOUISE • 1944
REJSEFEBER • 1944 • SHT
RODE ENGE, DE • RED MEADOWS (USA) ○ RED EARTH, THE • 1945
FAMILIEN SWEDENHJELM • 1947
JAG ALSKAR DIG, KARLSSON • 1947
NAR KATTEN ER UDE • 1947
STOT STAR DEN DANSKE SOMAND • PERILOUS EXPEDITION • 1948
VI VIL HA ET BARN • WE WANT A BABY ○ WE WANT A CHILD • 1949
CAFE PARADIS • 1950
SANDE ANSIGT, DET • 1951
VEJRHANEN • 1952
DANGEROUS YOUTH • 1953
TAXA K 1640 EFTERLYSES • 1956
VERDENS RIGESTE PIGE • RICHEST GIRL IN THE WORLD, THE (USA) • 1958
MIG OG MIN LILLEBROR • ME AND MY KID BROTHER • 1967
MIG OG MIN LILLEBROR -OG STORSMUGLERNE • ME AND MY KID BROTHER AND THE SMUGGLERS • 1968
MIG OG MIN LILLEBROR OG BOLLE • 1969

LAURITZEN LISBETH – DNM

MIG OG MIN LILLEBROR OG BOLLE • 1969

LAURO ISTVAN BACSKAI see **BACSKAI-LAURO ISTVAN**

LAUSCHER ERNST JOSEF – AUS

KOPFSTAND • HEADSTAND • 1981
ZEITGENOSSEN • CONTEMPORARIES • 1983

LAUTNER GEORGES – FRN – 1926–

MOME AUX BOUTONS, LA • 1958
MARCHE OU CREVE • 1960
ARRETEZ LES TAMBOURS • WOMEN AND WAR (USA) ○ WOMEN IN WAR • 1961
EN PLEIN CIRAGE • OPERATION GOLD INGOT (USA) • 1961
MONOCLE NOIR, LE • BLACK MONOCLE, THE (USA) • 1961
OEIL DU MONOCLE, L' • EYE OF THE MONOCLE, THE (USA) • 1962
SEPTIEME JURE, LE • SEVENTH JUROR, THE (USA) • 1962
DES PISSENLITS PAR LA RACINE • 1963
TONTONS FLINGEURS, LES • MEIN ONKEL, DER GANGSTER (ITL) ○ MONSIEUR GANGSTER (USA) ○ CROOKS IN CLOVER (UKN) • 1963
BARBOUZES, LES • IN FAMIGLIA SI SPARA (ITL) ○ GREAT SPY CHASE, THE (USA) • 1964
MONOCLE RIT JAUNE, LE • ISPETTORE SPARA A VISITA, L' (ITL) ○ MONOCLE, THE (USA) ○ MONOCLE GIVES A SICKLY SMILE, THE • 1964
NE NOUS FACHONS PAS • 1965
BONS VIVANTS, LES • HOW TO KEEP THE RED LAMP BURNING (USA) ○ GRAND SEIGNEUR, UN ○ PER FAVORE CHIUDETE LE PERSIANE (ITL) • 1966
GALIA • I, AND MY LOVERS ○ I AND MY LOVE • 1966
FLEUR D'OSEILLE • FRIC MET LES VOILES, LE • 1967
GRANDE SAUTERELLE, LA • MADCHEN WIE DAS MEER, EIN (FRG) ○ BIG GRASSHOPPER, THE ○ SAUTERELLE ○ FEMMINA (ITL) • 1967
MICHEL STROGOFF • 1968
PACHA, LE • FREDDA ALBA DEL COMMISSARIO JOSS, LA (ITL) ○ SHOWDOWN • 1968
SUR LA ROUTE DE SALINA • QUANDO IL SOLE SCOTTA (ITL) ○ ROAD TO SALINA (USA) ○ ROUTE DE SALINA, LA • 1969
LAISSE ALLER, C'EST UNE VALSE • TAKE IT EASY, IT'S A WALTZ (USA) ○ TROUBLESHOOTERS (UKN) • 1970
IL ETAIT UNE FOIS UN FLIC • C'ERA UNA VOLTA UN COMMISSARIO (ITL) ○ FLIC STORY (UKN) • 1972
QUELQUES MESSIEURS TROP TRANQUILLES • 1972
VALISE, LA • GIRL IN THE TRUNK, THE ○ MAN IN THE TRUNK, THE • 1973
SEINS DE GLACE, LES • ESECUTORE OLTRE LA LEGGE (ITL) ○ SOMEONE IS BLEEDING (UKN) ○ ICY BREASTS (USA) • 1974
PAS DE PROBLEME! • DOUX VOYAGE DE MONSIEUR MICHALON, LE • 1975
ON AURA TOUT VU • BOTTOM LINE, THE (USA) • 1976
MORT D'UN POURRI • 1977
IL SONT FOUS LES SORCIERS • 1978
ILS SONT FOUS CES SORCIERS • 1978
FLIC OU VOYOU? • 1979
GUIGNOLO, LE • 1980
EST-CE BIEN RAISSONNABLE? • 1981
PROFESSIONNEL, LE • PROFESSIONAL, THE (USA) • 1981
ATTENTION! UNE FEMME PEUT EN CACHER UNE AUTRE • MY OTHER HUSBAND (USA) • 1983
JOYEUSES PAQUES • 1984
CAGE AUX FOLLES III, LA • CAGE AUX FOLLES III: THE WEDDING, LA (USA) ○ CAGE AUX FOLLES 3: ELLE SE MARIENT • 1986
BELIEVED VIOLENT • 1989
INVITE SURPRISE, L' • 1989
MURDERED HOUSE, THE • 1989

LAUTREC LINDA – USA

MY BREAKFAST WITH BLASSIE • 1983

LAUZIER GERARD – FRN – 1932–

T'EMPECHES TOUT LE MONDE DE DORMIR! • 1982
P'TIT CON • PETIT CON • 1983
TETE DANS LE SAC, LA • 1984

LAUZON JEAN-CLAUDE – CND

ZOO LA NUIT, UN • ZOO, BY NIGHT, A ○ NIGHT ZOO • 1987

LAVA GABRIELE – ITL

SENSI • SENSES • 1987

LAVAGNINO FRANCESCO ANGELO – Composer – ITL – 1909–

CONTINENTE PERDUTO • LOST CONTINENT, THE (USA) • 1955 • DOC

LAVALLE ALAIN – FRN – 1937–

REVELATION, LA • SEX IS BEAUTIFUL (UKN) • 1971

LAVANIC ZLATKO – YGS

STRATEGIJA SVRAKE • MAGPIE STRATEGY, THE • 1987
ADAM LEDOLOMAC • ADAM THE ICEBREAKER • 1990

LAVEN ARNOLD – USA – 1922–

WITHOUT WARNING • 1952
VICE SQUAD • GIRL IN ROOM 17, THE (UKN) • 1953
DOWN THREE DARK STREETS • 1954
RACK, THE • 1956
MONSTER THAT CHALLENGED THE WORLD, THE • 1957
SLAUGHTER ON TENTH AVENUE • 1957
ANNA LUCASTA • 1958
GERONIMO • 1962
GLORY GUYS, THE • 1965
ROUGH NIGHT IN JERICHO • 1967
SAM WHISKEY • WHISKEY'S RENEGADES • 1969
REX HARRISON PRESENTS SHORT STORIES OF LOVE • THREE FACES OF LOVE (UKN) • 1971 • MTV
BACK TO THE PLANET OF THE APES • NEW PLANET OF THE APES • 1974 • TVM

LAVENDER SEMORE – USA

BIG BEAVER • 1970

LAVER JACK – USA

DARN THAT STOCKING! • 1920 • SHT

LAVERDE FERNANDO – CLM

PAIS DE BELLA FLOR, EL • LAND OF BEAUTIFUL FLOWERS, THE • 1975 • SHT
MARTIN FIERRO • 1989

LAVIA GABRIELE – ITL

PRINCIPE DI HOMBURG, IL • PRINCE OF HOMBURG, THE • 1984
SCANDALOSA GILDA • SCANDALOUS GILDA • 1985
EVIL SENSES • 1987

LAVINO ERMANNO – ITL

ISOLA DI SMERALDO, L' • 1957 • DOC

LAVIRON JEAN – FRN – 1915–

NUIT A SAINT-GERMAINE-DES-PRES, UNE • 1949 • SHT
DESCENDEZ, ON VOUS DEMANDE • 1951
AU DIABLE LA VERTU • 1952
LEGERE ET COURT VETUE • 1952
SOIRS DE PARIS • 1953
VOTRE DEVOUE BLAKE • 1954
MOTARDS, LES • 1958
HERITIERS, LES • 1959

LAVOIE HERMENEGILDE – CND – 1908–1973

CHARLEVOIX ROUTE DES SIECLES • DCS
DAME NATURE • DCS
DOWN THE MAJESTIC ST. LAWRENCE • DCS
EDIFICATION DU BONHEUR, L' • DCS
FLEURS ET FLEURS • DCS
GASPESIE, LA • DCS
ILE D'ORLEANS, L' • DCS
JOURNEE AVEC LES SCOUTS • DCS
SKI, LE • DCS
HISTOIRE D'UN PAIN, L' • 1947 • DCS
TADOUSSAC TERRE D'HISTOIRE ET DE BEAUTE • 1947 • DOC
HOMME ET LE SOL AU CANADA FRANCAIS, L' • DCS
HOMME ET L'HIVER AU CANADA FRANCAIS, L' • DCS
PARADE DES GATEAUX, LA • 1948 • DCS
FABRICATION D'UN ASCENSEUR • DOC
BON PASTEUR A QUEBEC, LE • 1949 • DOC
MOISSON D'UNE VIE, LA • 1949 • DOC
FRANCISCAINES MISSIONNAIRES DE MARIE • 1950
JUBILE D'ARGENT DES FRERES MARISTES D'ALMA • 1952 • DOC
SHERBROOKE LA REINE DES CANTONS DE L'EST • 1952 • DOC
S'IMMOLER DANS L'OMBRE • 1953 • DOC
STORY OF ZONE 2, THE • DCS
AME D'UNE GRANDE DAME, L' • 1954
HURONS DE LORETTE, LES • 1955 • DCS
OLD QUEBEC GATEWAY TO CANADA'S NEW WEALTH • DCS
PRODUITS DE SANTE • 1957 • DOC
STOP • 1957 • DCS
ISOLATION THERMIQUE, L' • 1958 • DOC
ANCILLAE DOMINI • 1959
FRANCISCAINES MISSIONNAIRES DE MARIE, LES • 1959 • DCS
DE L'ACADIE A SILLERY • 1961 • DCS

LAVOIE RICHARD – CND – 1937–

ONE HEART AND ONE SOUL • 1956 • DCS
OLD QUEBEC GATEWAY TO CANADA'S NEW WEALTH • DCS
PRODUITS DE SANTE • 1957 • DOC
STOP • 1957 • DCS
RENCONTRES DANS L'INVISIBLE • 1958 • DCS
ANCILLAE DOMINI • 1959
FRANCISCAINES MISSIONNAIRES DE MARIE, LES • 1959 • DCS
ITARNITAK • 1960 • DCS
OPERATION SURVIE • 1960 • DOC
DIALOGUE AVEC LA TERRE • 1962 • DCS
EXPOSITION PROVINCIALE DE QUEBEC, L' • 1962 • DCS
NOEL A L'ILE AUX GRUES • 1964 • SHT
CHAMP D'ACTION • 1965 • DCS
COBAYES, LES • 1965 • DCS
DIARY OF A QUEBECER • 1965 • DCS
MATERNELLE ESQUIMAUDE DE FORT-CHIMO, LA • 1965 • DCS
ILE AUX OIES, L' • 1966 • DCS
PRIX DE L'EAU, LE • 1966 • DCS
NEO-QUEBECOIS, LES • 1967 • DCS
POSTE-DE-LA-BALEINE • 1967 • DCS
POURQUOI C'EST FAIRE • 1967 • DCS
REPAS A L'ECOLE, LE • 1967 • DCS
TE RETROUVER QUEBEC • 1967 • DCS
AVALE-MOTS, L' • 1970 • SHT
CATAMARAN • 1970 • DCS
ON NE FERA PAS RIRE DE NOUS AUTRES.. LA COMMUNAUTE URBAINE DE QUEBEC • 1970 • DCS
PATHOLOGIE ET LINGUISTIQUE • 1970 • SHT
REVOLUTION MUNICIPALE, LA • 1970
ATELIER DE TRAVAIL SUR LA GESTION SCOLAIRE I • 1971 • SHT
ATELIER DE TRAVAIL SUR LA GESTION SCOLAIRE II • 1971 • SHT
KATAK ET KUTUK SE RACONTENT ET CHANTENT • 1971 • DCS
PLACE ROYALE -PREMIERE ETAPE • 1971 • DCS
AU GRAND THEATRE DE QUEBEC • 1972 • DCS
ENFER BLANC, L' • 1972 • DCS
CABANE, LA • 1973
CARTE DE CREDIT, LA • 1973 • SHT
CONTRAT, LE • 1973 • SHT
DOSSIER DE CREDIT, LE • 1973 • SHT
GUITARE • 1973
PUBLICITE DESTINEE AUX ENFANTS, LA • 1973 • SHT
VENDEUR ITINERANT, LE • 1973 • SHT
FRANC-JEU • 1974 • DOC
HERMENEGILDE • HERMENEGILDE, VISION D'UN PIONNIER DU CINEMA QUEBECOIS 1908-73 • 1976 • DOC
DROLE DE BALLADE, UNE • 1977
15 FACONS DE REGARDER L'HIVER ET D'EN RIRE • 1977 • SER
VOYAGE EN BRETAGNE INTERIEURE • 1978 • DOC
AVENTURE DE CURIOSITE, UNE • 1979
IMAGES DE LA VIE QUEBECOIS • 1979 • SER
ALBERTINE, L'ETERNELLE JEUNESSE • 1980
JEAN ST. GERMAIN.. ILLIMITE • 1981
TOUR DU DIABLE, LE • 1990 • DOC

LAVOREL HENRI – FRN

VOYAGE EN AMERIQUE • TRIP TO AMERICA (USA) ○ VOYAGE TO AMERICA • 1951
C'EST ARRIVE A PARIS • IT HAPPENED IN PARIS (USA) • 1952

LAVROVSKIY LEONID – USS
LAVROVSKY LEONID

ROMEO I DZULETTA • BALLET OF ROMEO AND JULIET, THE ○ ROMEO AND JULIET • 1955
SEKRET USPEKHA • SECRET OF SUCCESS, THE (UKN) ○ BOLSHOI BALLET 67 (USA) ○ SEKRET O SPEHA • 1965

LAVROVSKY LEONID see **LAVROVSKIY LEONID**

LAVUT MARTIN – CND – 1939–

LENI RIEFENSTAHL (HITLER'S CAMERA) • 1965 • DOC
MARSHALL MCLUHAN • 1965
AT HOME • 1968 • SHT
LIFE GAME, THE • 1970
WEEKEND • 1972 • SER
WITHOUT A HOBBY, IT'S NO LIFE • 1973 • DOC
MELONY • 1974 • DOC
MIDDLE GAME • 1974 • DOC
ORILLIA: OUR TOWN • 1974 • DOC
JOE AND ROSIE • 1975 • DOC
REQUIEM FOR PORK-CHOP • 1975 • DOC
TOGETHERNESS • 1975
WHISTLING DENTIST, THE • 1975
SAM, GRACE, DOUG AND THE DOG • 1976
SMITH SERIES, THE • 1976
THIS WILL DO FOR TODAY • 1977
CERTAIN PRACTICES • 1979 • MTV
NORTHERN LIGHTS • 1980
WAR BRIDES • 1980
WINNINGS OF FRANKIE WALLS, THE • 1980 • MTV
BECOMING LAURA • 1982 • MTV
JANIE CANUCK • 1982

LANDSCAPE OF GEOMETRY, THE • 1982 • SER
RUMOURS OF GLORY: BRUCE COCKBURN LIVE • 1982
MAGGIE AND PIERRE • 1983
CHARLIE GRANT'S WAR • 1984
RED RIVER • 1985 • MTV
MARRIAGE BED, THE • 1986 • MTV
PALAIS ROYALE • 1988

LAW ALEX see **LAW KAI-YUI**

LAW BERNARD – FRN
PARTOUZE FRANCO-SUEDOISE

LAW CLARA – HKG
NAU YEUK HAK • FAREWELL CHINA • 1990

LAW HAROLD – USA
MANHATTAN MONKEY BUSINESS • 1935 • SHT
PUBLIC GHOST NO.1 • 1935 • SHT
COUNT TAKES THE COUNT, THE • 1936 • SHT
LIFE HESITATES AT 40 • 1936 • SHT
NEIGHBORHOOD HOUSE • 1936 • SHT
ON THE WRONG TREK • 1936 • SHT
VAMP TILL READY • 1936 • SHT

LAW KAI-YUI – HKG
LAW ALEX
CHAT SIU FUK • PAINTED FACES • 1988

LAW MICHAEL – Screenwriter – UKN – 1917–
HOW TO USE THE TELEPHONE • 1948
WHAT A LIFE! • 1948
CURE, THE • 1950
FACTS AND FANCIES • 1950
SIX MEN, THE • 1951

LAWAETS GUDIE – FRN
LAWAETZ GUDIE
MAI 68 • 1975 • DOC

LAWAETZ GUDIE see **LAWAETS GUDIE**

LAWDER STANDISH D. – USA
HEADFILM • SHT
RUNAWAY • 1969 • ANS
CORRIDOR • 1970
ROADFILM • 1970 • ANS
DANGLING PARTICIPLE • 1971

LAWRENCE DENNY – Producer/writer – ASL – 1951–
OUTING, THE • 1978 • SHT
BODYLINE • 1984 • TVM
ARCHER'S ADVENTURE • ARCHER • 1987
HOUSE BROKEN • 1987
AFRAID TO DANCE • KICK START • 1988
ARMY WIVES • 1988

LAWRENCE DIARMID – UKN
OUR EXPLOITS AT WEST POLEY • 1987

LAWRENCE EDMUND – USA
COUNTERFEITER'S PLOT, THE • 1914
WARNING, THE • 1915
PRICE OF HAPPINESS, THE • 1916
RANSOM, THE • 1916
SCARLET WOMAN, THE • 1916
MARRIED IN NAME ONLY • 1917
DAUGHTER OF FRANCE, A • 1918
FIREBRAND, THE • 1918
HER PRICE • 1918
LIAR, THE • 1918
LIFE OR HONOR? • 1918
QUEEN OF HEARTS, THE • 1918
CHEATING HERSELF • 1919
LOST MONEY • 1919
LOVE AUCTION, THE • 1919
LURE OF AMBITION • 1919
MERRY-GO-ROUND • 1919
WINDOW OPPOSITE, THE • 1919
WHAT WOULD YOU DO? • 1920
HOUSE OF SECRETS, THE • 1929

LAWRENCE GERALD – UKN
CAPTAIN NIGHTHAWK • 1914
HER ONLY SON • WIDOW'S SON, A • 1914
HIS JUST DESERTS • 1914

LAWRENCE JAY O. – USA
SWINGIN' AFFAIR, A • 1963
REBEL IN THE RING • 1964

LAWRENCE JOHN S. – USA
SCARLET TRAIL, THE • 1919
FOR HIS SAKE • 1922

LAWRENCE MARC – Actor – USA – 1910–
NIGHTMARE IN THE SUN • 1965

LAWRENCE QUENTIN – UKN – 1920–1980
TROLLENBERG TERROR, THE • CRAWLING EYE, THE (USA) ○ CREATURE FROM ANOTHER WORLD • 1958
CASH ON DEMAND • 1961
MAN WHO FINALLY DIED, THE • 1962
PLAYBACK • 1962
SECRET OF BLOOD ISLAND, THE • P.O.W. -PRISONERS OF WAR ○ P.O.W. • 1964
WE SHALL SEE • 1964
MONTH IN THE COUNTRY, A • 1985

LAWRENCE RAY – ASL
BLISS • 1985

LAWRENCE TED see **LEVERSUCH TED**

LAWRENCE TONI – USA
DADDY'S DEADLY DARLING • STRANGE EXORCISM OF LYNN HART, THE ○ LOVE EXORCIST ○ PIGS ○ KILLER, THE ○ DADDY'S GIRL • 1972

LAWSON JOHN – UKN
HUMANITY: OR, ONLY A JEW • 1913

LAYTON DAVID – USA
DEMON HUNTERS • 1989

LAYTON JOE – USA
RICHARD PRYOR LIVE ON THE SUNSET STRIP • 1982

LAZAGA PEDRO – SPN – 1918–
ENCRUCIJADA • 1948
CAMPO BRAVO • 1949
HOMBRE ACOSADO • 1950
MARIA MORENA • VENDETTA • 1951
PATRULLA, LA • 1954
CUERDA DE PRESOS • 1955
VIDA ES MARAVILLOSA, LA • 1955
FRENTE INFINITO, EL • 1956
ROBERTO EL DIABLO • 1956
TORREPARTIDA • 1956
APRENDIZ DE MALO, EL • 1957
FOTOGENICO, EL • 1957
FRONTERA DEL MIEDO, LA • 1957
MUCHACHAS DE AZUL • 1957
ANA DICE SI • 1958
LUNA DE VERANO • 1958
FIEL INFANTERIA, LA • 1959
MISS CUPLE • 1959
TRAMPOSOS, LOS • 1959
ECONOMICAMENTE DEBILES, OS • 1960
TRIO DE DAMAS • 1960
MARTES Y TRECE • 1961
PANDILLA DE LOS ONCE, LA • 1961
TRAMPA PARA CATALINA • 1961
APRENDIENDO A MORIR • 1962
FIN DE SEMANA • 1962
SABIAN DEMASIADO • 1962
SETTE GLADIATORI, I • SIETE ESPARTANOS, LOS (SPN) ○ GLADIATORS SEVEN (USA) • 1962
CALIDO VERANO DEL SENOR RODRIGUEZ, EL • 1963
EVA 63 • 1963
DOS CHICOS LOCAS, LOCAS • 1964
TIMIDO, EL • 1964
POSICION AVANZADA • 1965
ROSTRO DEL ASESINO, EL • FACE OF THE MURDERER, THE • 1965
VAMPIRO PARA DOS, UN • VAMPIRE FOR TWO, A • 1965
CICATRICES, LAS • 1966
CIUDAD NO ES PARA MI, LA • 1966
NUEVO EN ESTA PLAZA • 1966
OPERACION PLUS ULTRA • 1966
VIUDAS, LAS • 1966
CHICOS DEL PREU, LOS • 1967
GUARDIAMARINAS, LOS • 1967
NOVIOS 68 • BRIDEGROOM 68 • 1967
QUE HACEMOS CON LOS HIJOS? • 1967
SOR CITROEN • SISTER CITROEN • 1967
CHICA DE LOS ANUNCIOS, LA • ADVERTISEMENT GIRL, THE • 1968
COMO SOIS LA MUJERES • HOW YOU WOMEN ARE • 1968
NO DESEARAS LA MUJER DE TU PROJIMO • THOU SHALT NOT COVET THY NEIGHBOUR'S WIFE • 1968
NO LE BUSQUES TRES PIES.. • DON'T SEARCH FOR THREE FEET.. • 1968
SECRETARIAS, LAS • 1968
TURISMO ES UN GRAN INVENTO, EL • TOURISM IS A GREAT INVENTION • 1968
A CUARENTA Y CINCO REVOLUCIONES POR MINUTO • 1969
ABOMINABLE HOMBRE DE LA COSTA DEL SOL, EL • 1969
ABUELA MADE IN SPAIN • 1969
AMIGAS, LAS • 1969
OTRO ARBOL DE GUERNICA, EL • 1969
VERANO 70 • 1969
DINERO TIENE MIEDO, EL • 1970
HAY QUE EDUCAR A PAPA • 1970
POR QUE PECAMOS A LOS CUARENTA? • 1970
SIETE VIDAS DEL GATO, LAS • SEVEN LIVES OF THE CAT, THE ○ CAT'S SEVEN LIVES, THE • 1970
VENTE A ALEMANIA, PEPE • 1970
BLACK STORY • 1971
BLANCA POR FUERA, ROSA POR DENTRO • 1971
VENTE A LIGAR AL OESTE • 1971
ABUELO TIENE UN PLAN • 1972
HOROSCOPO, EL • 1972
MIL MILLONES PARA UNA RUBIA • 1972
NO FIRMES MAS LETRAS, CIELO • 1972
PADRE DE LA CRIATURA, EL • 1972
PARIS BIEN VALE UNA MOZA • 1972
VIKINGO, EL • 1972
AMOR EMPIEZA A MEDIANOCHE, EL • 1973
CHULO, EL • 1973
CINCO ALMOHADAS PARA UNA NOCHE • 1973
ESTRELLAS ESTAN VERDE, LAS • 1973
EN LA CRESTA DE LA OLA • 1974
LARGO RETORNO, UN • LONG RETURNING, A ○ FOR THE LOVE OF ANNA • 1974
MUJER DE CABARET, UNA • 1974
ALEGRE DIVORCIADO, EL • 1975
ESTOY HECHO UN CHAVAL • 1975
TERAPIA AL DESNUDO • 1975
TRES SUECAS PARA TRES RODRIGUEZ • 1975
YO SOY FULANA DE TAL • 1975
AMANTE PERFECTA, LA • 1976
AMBICIOSA • 1976
FULANITA Y SUS MENGANOS • 1976
HASTA QUE EL MATRIMONIO NOS SEPARE • 1976
HOMBRE LLAMADO LOLA, UN • 1977
LADRIDO, EL • 1977
VAYA PAR DE GEMELOS! • 1977
VOTA A GUNDISALVO • 1977
ESTIMADO SENOR JUEZ • 1978

LAZAR DUMITRU – RMN
VARA CU ANA • SUMMER WITH ANNA • 1988

LAZAR LAJOS – HNG
KEK BALVANY, A • BLUE IDOL, THE • 1931

LAZARCHUK A. – USS
MISHKA AND MASHKA • 1964 • ANS

LAZARCHUK I. – USS
LIFE IN HALVES • 1966 • ANS

LAZARKIEWICZ MAGDALENA – PLN
LAST SCHOOLBELL, THE • 1989

LAZARKIEWICZ PIOTR – PLN
FALA • WAVE, THE • 1986 • DOC

LAZARO EMILIO MARTINEZ see **MARTINEZ LAZARO EMILIO**

LAZAROV VALERIO – RMN – 1935–
MUJER ES UN BUEN NEGOCIO, LA • 1976

LAZARUS ASHLEY – SAF
'E LOLLIPOP • FOREVER YOUNG, FOREVER FREE (USA) • 1975
GOLDEN RENDEZVOUS • NUCLEAR TERROR • 1977

LAZARUS FELIX – USA
EDUCATION FOR LIVING • 1947

LAZER J.-A. see **ROLLIN JEAN**

LAZIC DRAGOSLAV – YGS
ZADUSNICE • 1963
PARNICENJE • 1964
TOPLE GODINE • FEVERISH YEARS, THE ○ HOT YEARS, THE ○ WARM YEARS, THE • 1966
SIROTA MARIJA • POOR MARIJA ○ POOR MARIA • 1968
KOSAVA • THEY CALL THE WIND KOSAVA • 1975

LAZZARI UGO – ITL
QUESTO NOSTRO MONDO • QUESTO MONDO MERAVIGLIOSO • 1957 • DOC

LE BARGY CHARLES – Actor – FRN – 1858–1936
ASSASSINAT DU DUC DE GUISE, L' • ASSASSINATION OF THE DUKE DE GUISE • 1908
RETOUR D'ULYSSE, LE • RETURN OF ULYSSES, THE • 1908

LE BON E. – BLG
LOFWOORD, HET • 1970

LE BON P. see **LE BON PATRICK**

LE BON PATRICK – BLG – 1940–
LE BON P.
HUUH HUUH • 1965 • SHT
NA DE SLOTFASE • 1968 • SHT
S.O.S. FONSKA • 1968
PSYCHOFARMACA • 1970 • DOC
ZWARTE ZON, DER • 1970
BROOD EN SPELEN • 1971
JUGEMENT DERNIER, LE • 1971
BEST FRIENDS IN THE LAND OF PLENTY • 1972 • DOC
SALUUT EN DE KOST • GOODBYE AND THANK YOU ○ AU REVOIR ET MERCI • 1974
HELLEGAT • 1980
ZAMAN • 1983
PANIEKZAAIERS • SCAREMONGERS, THE • 1985

LE BON ROGER – FRN
FILLE ET LA GARCON, LA • GIRL AND THE BOY, THE • 1931
RONNY • 1931
BELLE AVENTURE, LA • 1932
HOMME SANS NOM, UN • 1932
STUPEFIANTS • 1932
CERTAIN M. GRANT, UN • 1933
GEORGES ET GEORGETTE • 1933
JEUNE FILLE D'UNE NUIT, LA • 1934
MIROIR AUX ALOUETTES, LE • 1934
BARCAROLLE • 1935
HOMME DE TROP A BORD, UN • 1935

LE BORG REGINALD – AUS – 1902–
LEBORG REGINALD
NO PLACE LIKE ROME • 1936 • SHT
SWING BANDITRY • 1936 • SHT
GIRL'S BEST YEARS, A • 1937 • SHT
CAMPUS CAPERS • 1941 • SHT
DIZZY DOINGS • 1941 • SHT
JINGLE BELLES • 1941 • SHT
MUSIC A LA KING • 1941 • SHT
ONCE UPON A SUMMERTIME • 1941 • SHT
RHUMBA RHYTHMS • 1941 • SHT
SHADOWS IN SWING • 1941 • SHT
SKYLINE SERENADE • 1941 • SHT
CHASING THE BLUES • 1942 • SHT
GAY NINETIES, THE • 1942 • SHT
HIT TUNE JAMBOREE • 1942 • SHT
JIVIN' JAM SESSION • 1942 • SHT
MERRY MADCAPS, THE • 1942 • SHT
RAINBOW RHYTHM • 1942 • SHT
SERENADE IN SWING • 1942 • SHT
SHUFFLE RHYTHM • 1942 • SHT
SWING'S THE THING • 1942 • SHT
SWINGTIME BLUES • 1942 • SHT
TRUMPET SERENADE • TRUE TO THE ARMY • 1942 • SHT
TUNE TIME • 1942 • SHT
CALLING DR. DEATH • 1943
HIT TUNE SERENADE • 1943 • SHT
RADIO MELODIES • 1943 • SHT
RUSSIAN REVELS • 1943 • SHT
SHE'S FOR ME • PROFESSOR GOES WILD, THE • 1943
SWING FROLIC • 1943 • SHT
ADVENTURE IN MUSIC • 1944
DEAD MAN'S EYES • 1944
DESTINY • FUGITIVE, THE • 1944
JUNGLE WOMAN • 1944
MUMMY'S GHOST, THE • 1944
SAN DIEGO, I LOVE YOU • 1944
WEIRD WOMAN • 1944
HONEYMOON AHEAD • ROMANCE, INCORPORATED • 1945
JOE PALOOKA, CHAMP • 1946
LITTLE IODINE • 1946
SUSIE STEPS OUT • MISS TELEVISION • 1946
ADVENTURES OF DON COYOTE, THE • 1947
FALL GUY • 1947
JOE PALOOKA IN THE KNOCKOUT • 1947
PHILO VANCE'S SECRET MISSION • 1947
FIGHTING MAD • JOE PALOOKA IN FIGHTING MAD • 1948
JOE PALOOKA IN WINNER TAKE ALL • WINNER TAKE ALL (UKN) • 1948
PORT SAID • 1948
TROUBLE MAKERS • 1948
FIGHTING FOOLS • 1949
HOLD THAT BABY • 1949
JOE PALOOKA IN THE COUNTERPUNCH • 1949
JOE PALOOKA IN THE SQUARED CIRCLE • SQUARED CIRCLE, THE (UKN) • 1950
WYOMING MAIL • 1950
YOUNG DANIEL BOONE • 1950
G.I. JANE • 1951
JOE PALOOKA IN TRIPLE CROSS • TRIPLE CROSS, THE (UKN) • 1951
MODELS INC. • THAT KIND OF GIRL (UKN) ○ CALL GIRL • 1952
FLANAGAN BOY, THE • BAD BLONDE (USA) • 1953
GREAT JESSE JAMES RAID, THE • 1953
SINS OF JEZEBEL • 1953

WHITE ORCHID, THE • 1954
BLACK SLEEP, THE • DR. CADMAN'S SECRET • 1956
DALTON GIRLS, THE • 1957
VOODOO ISLAND • SILENT DEATH • 1957
WAR DRUMS • 1957
FLIGHT THAT DISAPPEARED, THE • FLIGHT THAT VANISHED, THE • 1961
DEADLY DUO • 1962
DIARY OF A MADMAN • 1963
EYES OF ANNIE JONES, THE • 1963
SO EVIL MY SISTER • PSYCHO SISTERS • 1973

LE BRANDT JOSEPH – USA

AS THE CANDLE BURNED • 1916 • SHT
CALL THE COPS • 1919 • SHT
FRECKLED FISH, THE • 1919 • SHT

LE BRUCE see **HUANG KIN LUNG**

LE CHANOIS JEAN-PAUL – FRN – 1909–1985

DREYFUS JEAN-PAUL

VIE EST A NOUS, LA • PEOPLE OF FRANCE (USA) • 1936
TEMPS DES CERISES, LE • 1937
VIE D'UN HOMME, LA • 1938 • DOC
IRRESISTIBLE REBELLE, L' • IDEE A L'EAU, UNE • 1940
MESSIEURS LUDOVIC • LUDO • 1945
AU COEUR DE L'ORAGE • 1948
ECOLE BUISSONIERE, L' • I HAVE A NEW MASTER (UKN) ○ PASSION FOR LIFE • 1948
BELLE QUE VOILA, LA • 1949
SANS LAISSER D'ADRESSE • 1950
AGENCE MATRIMONIALE • 1952
PAPA, MAMAN, LA BONNE ET MOI • PAPA, MAMA, THE MAID AND I (USA) • 1954
EVADES, LES • 1955
VILLAGE MAGIQUE, LE • VACANZE D'AMORE (ITL) ○ MAGIC VILLAGE, THE • 1955
CAS DU DR. LAURENT, LE • CASE OF DR. LAURENT, THE • 1956
PAPA, MAMAN, MA FEMME ET MOI • 1956
MISERABLES, LES • 1957
FRANCAISE ET L'AMOUR, LA • LOVE AND THE FRENCHWOMAN (USA) • 1960
PAR-DESSUS LE MUR • 1961
MANDRIN • MANDRIN, BANDIT GENTILHOMME • 1963
MONSIEUR • INTRIGO A PARIGI (ITL) • 1964
JARDINIER D'ARGENTEUIL, LE • BLUTEN, GAUNER UND DIE NACHT VON NIZZA (FRG) • 1966

LE CHO KWAN – HKG

MARTIAL HERO, THE

LE CLERQ W. L. – NTH

LECLERQ W. L.

WIND IN THE SAILS • 1934

LE DERLE CHARLES – FRN

ENFANT DU DANUBE, L' • 1935

LE GARREC NICOLE – FRN – 1942–

FOLLE DE TOUJANE, LA • COMMENT ON DEVIENT UN ENNEMI DE L'INTERIEUR • 1975
QUAND TU DISAIS, VALERY • 1975
PLOGOFF, DES PIERRES CONTRE DES FUSILS • 1981 • DOC

LE GOURIADEC PAUL GURY see **GURY PAUL**

LE GRICE MALCOLM – UKN – 1940–

CASTLE 1 • 1966
CHINA TEA • 1966
BLIND WHITE DURATION • 1967
LITTLE DOG FOR ROGER • 1967
TALLA • 1967
YES NO MAYBE MAYBENOT • 1967
CASTLE 2 • 1968
GRASS • 1968
WHARF • 1968
BERLIN HORSE • 1970
HORROR FILM 1 • 1970
LUCKY PIGS • 1970
REIGN OF THE VAMPIRE • 1970
SPOT THE MICRODOT • 1970
YOUR LIPS NO.1 • 1970
LOVE STORY 1 • 1971
LOVE STORY 2 • 1971
YOUR LIPS 3 • 1971
1919, A RUSSIAN FUNERAL • 1971
BLUE FIELD DURATION • 1972
HORROR FILM 2 • 1972
LOVE STORY 3 • 1972
NEWPORT • 1972
THRESHOLD • 1972
WHITCHURCH DOWN • DURATION • 1972
WHITE FIELD DURATION • 1972
AFTER LEONARDO • 1973
AFTER LESLIE WHEELER • 1973
DON'T SAY • 1973
FOUR WALL DURATION • 1973
FRPS • 1973
GROSS FOG • 1973
MATAIX AND JOSEPH'S COAT • 1973
MBKS • 1973
PRE-PRODUCTION • 1973
PRINCIPLES OF CINEMATOGRAPHY • 1973
AFTER LUMIERE • 1974
ARROSEUR ARROSE, L' • 1974
SCREEN -ENTRANCE EXIT • 1974
AFTER GIORGIONE • 1975
AFTER MANET • 1975
DEJEUNER SUR L'HERBE, LE • 1975
ART WORKS 1: ACADEMIC STILL LIFE • CEZANNE • 1977
ART WORKS 2: TIME AND MOTION STUDY • 1977
BLACKBIRD DESCENDING • TENSE ALIGNMENT • 1977
EMILY • THIRD PARTY SPECULATION • 1979
FINNEGANS CHIN • 1982

LE HENAFF RENE – INC – 1903–

UN DE LA MONTAGNE • MAJESTE BLANCHE, LA • 1933
JOLI MONDE • 1935
EUSTAKI • 1936 • SHT
FORT-DOLORES • A L'OMBRE D'UNE FEMME • 1938
DESTIN FABULEUX DE DESIREE CLARY, LE • MLLE. DESIREE • 1941
AMANT DE BORNEO, L' • 1942
DES JEUNES FILLES DANS LA NUIT • 1942
COLONEL CHABERT, LE • 1943
COUP DE TETE • 1943
MYSTERE SAINT-VAL, LE • SAINT-VAL MYSTERY, THE • 1944
CHRISTINE SE MARIE • CA DEVAIT ARRIVER • 1945
GUEUX AU PARADIS, LES • HOBOES IN PARADISE (USA) • 1945
MONSIEUR DE FALINDOR • 1946
MARIS DE LEONTINE, LES • T'EN SOUVIENS-TU MON AMOUR? • 1947
SCANDALE • 1948
UNIFORMES ET GRANDES MANOEUVRES • FERNANDEL JOINS THE ARMY • 1950
FILLE AU FOUET, LA • 1951
FUGITIVO DE AMBERES, EL • 1954

LE HUNG ERIC – VTN – 1937–

DELPHINE • 1968
DROIT D'AIMER, LE • DIRITTO D'AMARE, IL (ITL) ○ RIGHT TO LOVE, THE ○ BRAINWASHED • 1972
ELLE LUI DIRAIT DANS L'ILE • 1972
RAGE AU POING, LA • 1974
MOI, FLEUR BLEUE • STOP CALLING ME BABY! • 1977

LE LAM – VTN – 1948–

LAM-LE

ENCOUNTER OF CLOUDS AND THE DRAGON • 1983
POUSSIERE D'EMPIRE • 1983

LE MASSON YANN – FRN – 1930–

KASHIMA PARADISE • 1973 • DOC
REGARDE, ELLE A LES YEUX GRANDS OUVERTS • 1979 • DOC

LE MAY ALAN – Novelist – USA – 1899–

HIGH LONESOME • 1950

LE MOIGN' JOEL – FRN – 1938–

LE MOIGNE JOEL

FILLES DE GRENOBLE, LES • 1980

LE MOIGNE JOEL see **LE MOIGN' JOEL**

LE PERON SERGE – FRN – 1946–

OLIVIER, L' • 1975 • DOC
LAISSE BETON • 1983

LE ROY MERVYN see **LeROY MERVYN**

LE SAINT E. J. see **LE SAINT EDWARD J.**

LE SAINT EDWARD J. – USA – 1870–

LESAINT EDWARD J. • LE SAINT E. J. • LESAINT E. J.

DANGLING NOOSE, THE • 1913
FALSE FRIEND, THE • 1913
SPELL OF THE PRIMEVAL • 1913
BABY SPY, THE • 1914
BLUE FLAME, THE • 1914
BROKEN "X", THE • 1914
C.D. • 1914
DAWN • 1914
FATES AND RYAN, THE • 1914
FOOTPRINTS • 1914
GIRL BEHIND THE BARRIER, THE • 1914
HEART OF MAGGIE MALONE, THE • 1914
HER SISTER • 1914
JUDGE DUNN'S DECISION • 1914
JUST PUNISHMENT, A • 1914
MAN IN BLACK, THE • 1914
MEMORIES • 1914
ONE TRAVELLER RETURNS • 1914
PEGGY OF PRIMROSE LANE • 1914
REPARATION, THE • 1914
REPORTER JIMMIE INTERVENES • 1914
REPORTER ON THE CASE, THE • 1914
RUMMAGE SALE, THE • 1914
SCHOOLING OF MARY ANN, THE • 1914
SEALED OASIS, THE • 1914
SPLENDID SACRIFICE, A • 1914
STRANGE CASE OF PRINCESS KAHN, THE • HOW LOVE CONQUERED HYPNOTISM • 1914
TYPOGRAPHICAL ERROR, A • 1914
UNTO THE THIRD AND FOURTH GENERATION • 1914
WASP, THE • 1914
WHAT BECAME OF JANE? • 1914
WHEN THE NIGHT CALL CAME • 1914
WHO KILLED GEORGE GRAVES? • 1914
ASHES OF GOLD • 1915
BLACK DIAMOND, THE • 1915
BLOOD YOKE, THE • 1915
CIRCULAR STAIRCASE, THE • 1915
CLAUSE IN THE CONSTITUTION, THE • 1915
HIS FATHER'S RIFLE • 1915
INGRATITUDE OF LIZ TAYLOR • 1915
LADY OF THE CYCLAMEN, THE • 1915
LITTLE UPSTART, THE • 1915
LONG CHANCE, THE • 1915
PASSER-BY, THE • 1915
POETIC JUSTICE OF OMAR KHAN • 1915
RETRIBUTION • 1915
RICHEST GIRL IN THE WORLD • 1915
SHADOW AND THE SHADE, THE • 1915
SPIRIT OF THE VIOLIN, THE • 1915
SUPREME TEST, THE • 1915
UNFINISHED PORTRAIT, THE • 1915
HONORABLE FRIEND, THE • 1916
JACKALS OF A GREAT CITY • 1916 • SHT
LORD JOHN'S JOURNAL • 1916 • SRL
PURPLE MAZE, THE • 1916 • SHT
SOUL OF KURA SAN, THE • 1916
THREE GODFATHERS, THE • 1916
VICTORIA CROSS, THE • 1916
VOICES OF THE TEMPTER, THE • 1916
CHECKMATE • 1917 • SHT
EACH TO HIS KIND • RAJAH'S AMULET, THE • 1917
FIGHTING MAD • 1917
GOLDEN FETTER, THE • 1917
HEIR OF THE AGES, THE • 1917
LONESOME CHAP, THE • 1917
SQUAW MAN'S SON, THE • 1917
THROUGH THE EYES OF THE WORLD • 1917
BIRD OF PREY, THE • 1918
CUPID'S ROUND-UP • 1918
DEVIL'S WHEEL, THE • 1918
HER ONE MISTAKE • 1918
KULTUR • 1918
NOBODY'S WIFE • 1918
PAINTED LIPS • 1918
SCARLET ROAD, THE • 1918
STRANGE WOMAN, THE • 1918
WOLF AND HIS MATE, THE • 1918
CALL OF THE SOUL, THE • 1919
DAREDEVIL, THE • 1919
FEUD, THE • 1919
FIGHTING FOR GOLD • 1919
HELL ROARIN' REFORM • 1919
SNEAK, THE • 1919
SPEED MANIAC, THE • 1919
WILDERNESS TRAIL, THE • 1919
FLAMES OF THE FLESH • 1920
GIRL OF MY HEART • 1920
MERELY MARY ANN • 1920
MOTHER OF HIS CHILDREN, THE • 1920
ROSE OF NOME • 1920
SISTER TO SALOME, A • 1920
TWO MOONS • 1920
WHITE LIES • 1920
MORE TO BE PITIED THAN SCORNED • 1922
ONLY A SHOP GIRL • 1922
SLEEPWALKER, THE • SLEEP WALKER, THE ○ LOVE COMPLEX, THE • 1922
INNOCENCE • 1923
MARRIAGE MARKET, THE • 1923
TEMPTATION • 1923
YESTERDAY'S WIFE • 1923
DISCONTENTED HUSBANDS • 1924
PAL O'MINE • 1924
LOVE GAMBLE, THE • 1925
SPEED • 1925
THREE KEYS • 1925
UNWRITTEN LAW, THE • 1925
BROODING EYES • 1926
MILLIONAIRE POLICEMAN, THE • 1926

LE SAUNIER DANIEL see **LESAUNIER DANIEL**

LE SOMPTIER RENE – FRN – 1884–1950

FORET QUI TUE, LA
EPAVES DE L'AMOUR, LES • 1918
SULTANE DE L'AMOUR, LA • 1918
BETE TRAQUEE, LA • 1921
CROISADE, LA • 1923
DAME DE MONTSOREAU, LA • 1923
MONTEE VERS L'ACROPOLE, LA • 1923
PORTEUSE DE PAIN, LA • 1923
FILS DU SOLEIL, LE • 1925
P'TIT PARIGOT, LE • 1926

LE STRANGE NORMAN – UKN

AMOROUS ADVENTURES OF BUX, THE • 1926

LE STRANGE RICHARD – USA

LESTRANGE RICHARD

HIDDEN CODE, THE • 1920

LE TOURNEUR GEORGETTE – FRN – 1908–

VISION SAHARIENNE • EMPIRE AU SERVICE DE LA FRANCE, L' • 1939 • DOC

LE VINESS CARL see **LE VINESS CARL M.**

LE VINESS CARL M. – USA

LEVINESS CARL M. • LEVINESS CARL • LEVINUS CARL M. • LEVINNUS CARL M. • LE VINESS CARL

AROUND THE CORNER • 1915
HAUNTING WINDS • 1915
SHOT, THE • 1915
TERROR • 1915
AS IN A DREAM • 1916 • SHT
BLINDNESS, THE • 1916 • SHT
COUNTERFEIT EARL, THE • 1916 • SHT
DANCER, THE • 1916 • SHT
ENCHANTMENT • ENCHANTED • 1916 • SHT
FOUR MONTHS • 1916 • SHT
GENTLE CONSPIRACY, THE • 1916 • SHT
JEALOUSY'S FIRST WIFE • 1916 • SHT
KILLED BY WHOM? • 1916 • SHT
LITTLE TROUBADOUR, THE • 1916 • SHT
PASTURES GREEN • 1916 • SHT
TOUCH ON THE KEY, THE • 1916 • SHT
WAYS OF THE WORLD • 1916

LE WITA FRANK – FRN

DERNIERE ETE • 1980

LEA HAROLD – USA

FAT BLACK PUSSYCAT, THE • 1964

LEA JACQUES DE LANE see **DE LANE LEA JACQUES**

LEA WILLIAM DE LANE see **DE LANE LEA WILLIAM**

LEACH WILFORD – USA

WEDDING PARTY, THE • 1969
PIRATES OF PENZANCE, THE • 1983

LEACOCK PHILIP – UKN – 1917–

OUT TO PLAY • 1936 • DCS
KEW GARDENS • 1937 • DCS
ISLAND PEOPLE • 1940 • DOC
LONDONERS, THE • 1940 • DOC
STORY OF WOOL, THE • 1940 • DOC
FOREST PONY • 1946
RIDERS OF THE NEW FOREST • 1946
PILLAR TO POST • 1947 • DOC
FESTIVAL IN BRITAIN • 1951 • DOC
LIFE IN HER HANDS • 1951
OUT OF TRUE • 1951
BRAVE DON'T CRY, THE • 1952
APPOINTMENT IN LONDON • 1953
KIDNAPPERS, THE • LITTLE KIDNAPPERS, THE (USA) • 1953
ESCAPADE • 1955
SPANISH GARDENER, THE • 1956
HIGH TIDE AT NOON • 1957
INNOCENT SINNERS • 1958
RABBIT TRAP, THE • 1959
TAKE A GIANT STEP • 1959
HAND IN HAND • STAR AND THE CROSS, THE • 1960
LET NO MAN WRITE MY EPITAPH • REACH FOR TOMORROW • 1960
REACH FOR GLORY • 1962
WAR LOVER, THE • 1962
13 WEST STREET • 13 EAST STREET ○ TIGER AMONG US, THE • 1962
TAMAHINE • 1963
ADAM'S WOMAN • RETURN OF THE BOOMERANG • 1970
BIRDMEN, THE • ESCAPE OF THE BIRDMEN ○ OPERATION BRAINDRAIN • 1971
GREAT MAN'S WHISKERS, THE • 1971 • TVM
WHEN MICHAEL CALLS • 1971 • TVM
BAFFLED • 1972 • TVM
DAUGHTERS OF JOSHUA CABE, THE • 1972 • TVM
KEY WEST • 1972 • TVM
DYING ROOM ONLY • 1973 • TVM
KILLER ON BOARD • 1977 • TVM
WILD AND WOOLLY • 1978 • TVM

ANGEL CITY • 1980 • TVM
CURSE OF KING TUTANKHAMEN'S TOMB, THE • CURSE OF KING TUT'S TOMB, THE (USA) • 1980 • TVM
TWO LIVES OF CAROL LETNER, THE • 1981 • TVM
WILD WOMEN OF CHASTITY GULCH, THE • 1982 • TVM
THREE SOVEREIGNS FOR SARAH • THREE SOVEREIGNS FOR SARAH: THE SALEM WITCH HUNT • 1985 • TVM

LEACOCK RICHARD – UKN – 1921–
CANARY ISLAND BANANAS • CANARY BANANAS • 1935 • DOC
GALAPAGOS ISLANDS • 1938 • DOC
PELILEO EARTHQUAKE • 1949 • DOC
LONELY BOAT, THE • 1952 • DOC
TOBY AND THE TALL CORN • 1954 • DOC
F-100 • HOW THE F-100 GOT ITS TAIL • 1956 • DOC
BERNSTEIN IN ISRAEL • 1958 • DOC
BERNSTEIN IN MOSCOW • 1959 • DOC
COULOMB'S LAW • 1959 • DOC
CRYSTALS • 1959 • DOC
MAGNET LABORATORY • 1959 • DOC
POINTS OF REFERENCE • 1959 • DOC
PRIMARY • 1960 • DOC
YANKI NO! • YANQUI NO • 1960 • DOC
CHILDREN WERE WATCHING, THE • 1961 • DOC
EDDIE SACHS AT INDIANAPOLIS • ON THE POLE ○ EDDIE • 1961
FOOTBALL • MOONEY VS. FOWLE • 1961 • DOC
PETEY AND JOHNNIE • PETE AND JOHNNIE • 1961 • DOC
X-15 • 1961 • DOC
CHAIR, THE • 1962 • DOC
DAVID • 1962 • DOC
KENYA • KENYA, SOUTH AFRICA • 1962 • DOC
NEHRU • LIVING CAMERA, THE • 1962 • DOC
CRISIS • 1963 • DOC
HAPPY BIRTHDAY BLACKIE • 1963 • DOC
QUINT CITY, U.S.A. • HAPPY MOTHER'S DAY, MRS. FISHER ○ HAPPY MOTHER'S DAY ○ QUINS • 1963
PORTRAIT OF GEZA ANDA • 1964 • DOC
PORTRAIT OF PAUL BURKHARD • 1964 • DOC
REPUBLICANS -THE NEW BREED • 1964 • DOC
ANATOMY OF CINDY FINK, THE • 1965 • DOC
KU KLUX KLAN -THE INVISIBLE EMPIRE • 1965 • DOC
OLD AGE -THE WASTED YEARS • 1966 • DOC
PORTRAIT OF VAN CLIBURN • 1966 • DOC
LULU • 1967 • DOC
HICKORY HILL • 1968 • DOC
STRAVINSKY PORTRAIT, A • 1968
WHO'S AFRAID OF THE AVANT-GARDE? • 1968 • DOC
CHIEFS • 1969 • DOC
MONTEREY POP • 1969
QUEEN OF APOLLO • 1970 • DOC

LEADER ANTON M. – USA – 1913–
CONFESSION • GRAFT AND CORRUPTION • 1957
CHILDREN OF THE DAMNED • HORROR! • 1963

LEADER TONY – USA
COCKEYED COWBOYS OF CALICO COUNTY, THE • WOMAN FOR CHARLIE, A • 1970

LEAF CAROLINE – Animator – USA – 1946–
BACH TO BACH • 1967 • SHT
PETER AND THE WOLF OR SAND • 1969 • ANS
ORFEO • 1971 • ANS
HOW BEAVER STOLE FIRE • 1972 • ANS
OWL WHO MARRIED A GOOSE, THE • MARIAGE DU HIBOU, LE ○ OWL WHO MARRIED THE GOOSE, THE • 1974 • ANS
STREET, THE • RUE, LA • 1976 • ANS
METAMORPHOSIS OF MR. SAMSA • 1977 • ANS
LEGENDES ET REALITES INUIT • LEGENDS AND LIFE OF THE INUIT • 1978 • CMP
INTERVIEW • 1979
KATE AND ANNA MCGARRIGLE • 1981
EQUAL OPPORTUNITY, AN • 1982

LEAF PAUL – USA
LAST MOHICAN, THE • 1966
SERGEANT MATLOVICH VS. THE U.S. AIR FORCE • 1978 • TVM
TOP SECRET • 1978 • TVM

LEAHY GILLIAN – ASL
MY LIFE WITHOUT STEVE • 1986 • SHT

LEAL ANTONIO – BRZ
ESTRANGULADORES, OS • 1906

LEAN BRUCE J. – FRN
ECOLIERES TRES POLISSONNES
PHOTOGRAPHE, LA

LEAN DAVID – UKN – 1908–1991
MAJOR BARBARA • 1941
IN WHICH WE SERVE • 1942
THIS HAPPY BREED • 1944
BLITHE SPIRIT • 1945
BRIEF ENCOUNTER • 1945
GREAT EXPECTATIONS • 1946
OLIVER TWIST • 1948
PASSIONATE FRIENDS, THE • ONE WOMAN'S STORY (USA) • 1948
MADELEINE • STRANGE CASE OF MADELEINE, THE • 1950
SOUND BARRIER, THE • BREAKING THE SOUND BARRIER (USA) ○ BREAKING THROUGH THE SOUND BARRIER • 1952
HOBSON'S CHOICE • 1954
SUMMERTIME • SUMMER MADNESS (UKN) • 1955
BRIDGE ON THE RIVER KWAI, THE • 1957
LAWRENCE OF ARABIA • 1962
DOCTOR ZHIVAGO • 1965
RYAN'S DAUGHTER • 1970
LOST AND FOUND -THE STORY OF COOK'S ANCHOR • 1979
PASSAGE TO INDIA, A • 1984
NOSTROMO • 1987

LEAN SIDNEY see **FAGO GIOVANNI**

LEAR NORMAN – Producer/writer – USA – 1922–
COLD TURKEY • 1971

LEARNER KEITH – UKN
WATCH THE BIRDIE • 1953 • ANS
NUTTIE COOKIES • 1960
BE CAREFUL BOYS • 1964
GOLDWHISKERS • 1964 • ANS

LEATHERBARROW JOY – UKN
DEATH OF HEROES, THE • 1979

LEAUD PIERRE – FRN
AUX FRAIS DE LA PRINCESSE

LEAVER DON – USA
WITCHING TIME • 1985 • TVM

LEBEDEV N. – USS
GIRL I KNEW, THE • 1962

LEBEL JEAN-PATRICK – MDG – 1942–
PLURIELLES • 1979

LEBER TITUS – AUS
FREMD BIN ICH EINGEZOGEN • I CAME A STRANGER • 1978
ANIMA -SYMPHONIE PHANTASTIQUE • 1981

LEBERECHT FRANK – GRM
NANGA PARBAT • 1936

LEBL JULIUS – CZC
TAJEMSTVI LEKAROVO • 1930
SVET BEZ HRANIC • 1931

LEBLANC MICHEL – FRN
WHITE HOT • ALPINE ROMANCE ○ WHITE HEAT • 1982
TAKE MY BODY • 1984
DESERT LOVERS • 1985
FORBIDDEN PLEASURES • 1986

LEBLANC RAYMOND – FRN
TINTIN ET LE LAC AUX REQUINS • ADVENTURES OF TINTIN: THE LAKE OF SHARKS, THE ○ TINTIN: THE LAKE OF SHARKS ○ LAKE OF SHARKS, THE ○ TINTIN AND THE LAKE OF SHARKS • 1972 • ANM
TINTIN: THE CALCULUS AFFAIR • ADVENTURES OF TINTIN: THE CALCULUS CASE, THE ○ CALCULUS AFFAIR, THE ○ ADVENTURES OF TINTIN: THE CALCULUS AFFAIR, THE • ANM
TINTIN: THE SEVEN CRYSTAL BALLS • ADVENTURES OF TINTIN: THE SEVEN CRYSTAL BALLS, THE ○ SEVEN CRYSTAL BALLS, THE • ANM
TINTIN ET LE CRABE AUX PINCES D'OR • TINTIN: THE CRAB WITH THE GOLDEN CLAWS ○ CRAB WITH THE GOLDEN CLAWS,THE ○ ADVENTURES OF TINTIN: THE CRAB WITH THE GOLDEN CLAWS • 1987 • ANM
TINTIN: RED RACKHAM'S TREASURE • ADVENTURES OF TINTIN: RED RACKHAM'S TREASURE, THE • 1987 • ANM
TINTIN: THE BLACK ISLAND • ADVENTURES OF TINTIN: THE BLACK ISLAND, THE ○ BLACK ISLAND, THE • 1987 • ANM
TINTIN: THE SECRET OF THE UNICORN • ADVENTURES OF TINTIN: THE SECRET OF THE UNICORN • 1987 • ANM
TINTIN: THE SHOOTING STAR • ADVENTURES OF TINTIN: THE SHOOTING STAR, THE ○ SHOOTING STAR, THE • 1987 • ANM

LEBLANC TONY – SPN – 1922–
PEDIGUENOS, LOS • 1961
POBRE GARCIA, EL • 1961
ISLA CON TOMATE, UNA • 1962

LEBORG REGINALD see **LE BORG REGINALD**

LEBOURSIER RAYMOND – FRN – 1917–
AVENTURE HAWAIENNE • 1936
PETITS RIENS, LES • 1941
NAIS • 1945
FURET, LE • CRIMES A VENDRE • 1949
MENACE DE MORT • AVENTURE A PIGALLE • 1949
VIE EST UN JEU, LA • 1950
FEMME A L'ORCHIDEE, LA • 1951
DUBOIS ET FILS • 1961
GROS MALINS, LES • 1968

LECA J.-P. – FRN
EXTERIEUR NUIT • 1979

LECAT & ESPAGNE – FRN
CHANSON DU JARDINIER FOU, LA • 1962 • ANS

LECKBAND M. – GRM
BARONCHEN AUF URLAUB • 1917

LECLERQ CHRISTIAN – FRN
METAMORPHOSE • 1975 • DOC

LECLERQ W. L. see **LE CLERQ W. L.**

LECOMPTE JACQUELINE – FRN – 1941–
TERRITOIRE DES AUTRES, LE • 1971 • DOC

LECOMTE DANIEL – FRN
QUAND LES FLEUVES CHANGENT DE CHEMIN • 1958 • SHT
PLAISIR DE PLAIRE • 1960 • SHT

LECONTE JEAN-LOUIS – FRN – 1948–
OMBRE DE LA NUIT, L' • 1977
TRENTE SECONDES POUR REVER • 1981 • DOC
PIERRE DANS LA BOUCHE, UNE • 1983
BIENVENUE A BORD • 1989

LECONTE PATRICE – FRN – 1947–
AUTOPORTRAIT • 1969
VECES ETAIENT FERMES DE L'INTERIEUR, LES • W.C. SONT FERMES DE L'INTERIEUR, LES ○ ASSASSIN N'EST PAS L'ANTIQUAIRE, L' • 1976
BRONZES, LES • 1978
BRONZES FONT DU SKI, LES • 1979
VIENS CHEZ MOI, J'HABITE CHEZ UNE COPINE • 1981
CIRCULEZ, Y'A RIEN A VOIR • 1982
MA FEMME S'APPELLE REVIENS • 1982
SPECIALISTES, LES • 1984
TANDEM • 1987
MONSIEUR HIRE • 1988
MONSIEUR HIRE'S ENGAGEMENT • 1989
MARIE DE LA COIFFEUSE, LE • 1990

van der LECQ BAS – NTH
DINSDAGAVOND • 1966
WEDNESDAY • 1972
ZWAAR MOEDIGE VERHALEN VOOR BIJ DE CENTRALE VERWARMING • MELANCHOLY FIRESIDE TALES ○ MELANCHOLY TALES • 1975
THINGS PAST • 1981
SPRONG NAAR DE LIEFDE • 1983

LEDASHEV A. – USS
TOLEDO • 1932

LEDDA ROMANO – ITL
VIETNAM SCENE DEL DOPOGUERRA • 1976

LEDER HERBERT J. – Producer/writer – USA – 1922–
PRETTY BOY FLOYD • 1960
9 MILES TO NOON • 1963
FROZEN DEAD, THE • 1966
IT! • CURSE OF THE GOLEM • 1966
CANDY MAN, THE • 1969

LEDER MAX – UKN
MISS MISCHIEF • 1919

LEDER PABLO – MXC
PUBERTINAJE • PUBERTINAGE • 1971

LEDER PAUL – USA
MARIGOLD MAN • 1970
I DISMEMBER MAMA • POOR ALBERT AND LITTLE ANNIE ○ CRAZED • 1972
APE • APE (NOT TO BE CONFUSED WITH KING KONG) ○ APE ○ ATTACK OF THE GIANT HORNY GORILLA • 1976
MY FRIENDS NEED KILLING • 1977
SKETCHES OF A STRANGLER • 1978
I'M GOING TO BE FAMOUS • 1982
VULTURE • 1985
EDUCATION OF ALLISON TATE, THE • 1987
JADE DRAGON CONNECTION • 1987
BODY COUNT • 1988
11TH COMMANDMENT, THE • 1988
TWENTY DOLLAR STAR • 1989

LEDERBERG DOV – USA
EARGOGH
MOTH-ERR • 1964 • SHT

LEDERER CHARLES – USA – 1910–1976
FINGERS AT THE WINDOW • 1942
ON THE LOOSE • 1951
NEVER STEAL ANYTHING SMALL • 1959

LEDERER GEORGE see **LEDERER GEORGE W.**

LEDERER GEORGE W. – USA
LEDERER GEORGE
FIGHT, THE • 1915
SUNDAY • 1915
DECOY, THE • 1916
RUNAWAY ROMANY • 1917
SIN WOMAN, THE • 1917

LEDERER OTTO – Actor – USA – 1886–
WASHERWOMAN'S WAR, THE • 1919 • SHT
STRUGGLE, THE • 1921

LEDERMAN D. ROSS – USA – 1895–1972
DOG OF THE REGIMENT, A • 1927
RACE FOR LIFE, A • 1928
RINTY OF THE DESERT • 1928
SHADOWS OF THE NIGHT • DEADLINE, THE • 1928
MILLION DOLLAR COLLAR, THE • 1929
MAN HUNTER, THE • 1930
BRANDED • 1931
PHANTOM OF THE WEST • 1931 • SRL
RANGE FEUD, THE • 1931
RIDIN' FOR JUSTICE • 1931
TEXAS RANGER, THE • 1931
DARING DANGER • 1932
END OF THE TRAIL • 1932
FIGHTING MARSHAL, THE • 1932
HIGH SPEED • 1932
MCKENNA OF THE MOUNTED • 1932
RIDING TORNADO, THE • 1932
TEXAS CYCLONE • 1932
TWO-FISTED LAW • 1932
RUSTY RIDES ALONE • 1933
SILENT MEN • 1933
SOLDIERS OF THE STORM • 1933
SPEED DEMON • 1933
STATE TROOPER, THE • 1933
WHIRLWIND, THE • 1933
BEYOND THE LAW • 1934
CRIME OF HELEN STANLEY, THE • MURDER IN THE STUDIO • 1934
GIRL IN DANGER • GIRL IN TROUBLE • 1934
HELL BENT FOR LOVE • NO SPEED LIMIT • 1934
MAN'S GAME, A • FIRE PATROL • 1934
MURDER IN THE CLOUDS • 1934
CASE OF THE MISSING MAN, THE • 1935
DINKY • 1935
RED HOT TIRES • RACING LUCK (UKN) • 1935
TOO TOUGH TO KILL • 1935
ALIBI FOR MURDER • 1936
COME CLOSER, FOLKS • 1936

FINAL HOUR, THE • 1936
HELL-SHIP MORGAN • HELL SHIP MORGAN • 1936
MOONLIGHT ON THE PRAIRIE • 1936
PANIC ON THE AIR • TRAPPED BY WIRELESS • 1936
PRIDE OF THE MARINES • 1936
COUNTERFEIT LADY • 1937
DANGEROUS ADVENTURE, A • 1937
FRAME-UP, THE • FRAME UP, THE • 1937
GAME THAT KILLS, THE • 1937
I PROMISE TO PAY • 1937
MOTOR MADNESS • SPEED MAD • 1937
ADVENTURE IN SAHARA • 1938
JUVENILE COURT • 1938
LITTLE ADVENTURESS, THE • 1938
TARZAN'S REVENGE • 1938
NORTH OF SHANGHAI • 1939
RACKETEERS OF THE RANGE • 1939
GLAMOR FOR SALE • GLAMOUR FOR SALE • 1940
THUNDERING FRONTIER • 1940
ACROSS THE SIERRAS • WELCOME STRANGER (UKN) • 1941
FATHER'S SON • 1941
HERE COMES THE CAVALRY • 1941 • SHT
PASSAGE FROM HONG KONG • 1941
SHADOWS ON THE STAIRS • 1941
STRANGE ALIBI • 1941
BODY DISAPPEARS, THE • BLACK WIDOW • 1942
BULLET SCARS • 1942
BUSSES ROAR • 1942
ESCAPE FROM CRIME • 1942
I WAS FRAMED • 1942
ADVENTURE IN IRAQ • 1943
FIND THE BLACKMAILER • 1943
GORILLA MAN, THE • 1943
THREE OF A KIND • 1943
GUN TO GUN • 1944 • SHT
LAST RIDE, THE • 1944
RACKET MAN, THE • 1944
BOSTON BLACKIE AND THE LAW • BLACKIE AND THE LAW (UKN) • 1946
DANGEROUS BUSINESS • 1946
NOTORIOUS LONE WOLF, THE • 1946
OUT OF THE DEPTHS • 1946
PHANTOM THIEF, THE • 1946
SING WHILE YOU DANCE • 1946
KEY WITNESS • 1947
LONE WOLF IN MEXICO, THE • 1947
RETURN OF THE WHISTLER, THE • 1948
MILITARY ACADEMY • 1950
MILITARY ACADEMY WITH THAT 10TH AVENUE GANG • SENTENCE SUSPENDED (UKN) • 1950
TANKS ARE COMING, THE • 1951

LEDGER CURT - USA
SHE CAME ON THE BUS • SHE CAME BY BUS ○ SICK ONES, THE • 1969

LEDIEU CHRISTIAN - FRN
A PROPOS D'UN MEURTRE • 1966 • SHT

LEDNICZKY MARTON - HNG
EN LEGIOM, AZ • MY LEGION • 1989

LEDOC JEAN - FRN
SOMMEIL D'ALBERTINE, LE • 1945 • SHT

LEDOUX PATRICK - BLG - 1934-
INTERNATIONAL JAZZ FESTIVAL • 1962 • SHT
ULTRA, JE T'AIME • 1967
NOCES DE PLUMES • MARRIAGE OF THE PENS • 1968 • SHT
DAME EN BLANC, LA • 1969
PERNELLE • 1969
ANALYSE • 1970
KLANN • 1970
FIN DE JEU • 1971
IDYLLE • 1972
ISABELLE ET LA LOCOMOTIVE • 1972
BERTHE • 1977

LEDUC - FRN
CONFIDENCES D'UN PIANO • 1957 • SHT
DE BOUCHE A OREILLE • 1957 • SHT
NEUF A TROIS, OU LA JOURNEE D'UNE VEDETTE • 1957 • SHT
PIANO, MON AMI • 1957 • SHT
VOIX DES ANCHES, LA • 1957 • SHT
BOIS ET CUIVRES • 1958 • SHT
CUIVRES A LA VOIX D'OR, LES • 1958 • SHT
IMAGES D'HIER ET D'AUJOURD'HUI • 1960 • SHT

LEDUC ANDRE - CND
CORBEAU ET LE RENARD, LE • 1969 • ANS
TOUT ECARTILLE • ALL SPACED OUT • 1972
MONSIEUR POINTU • 1975 • ANS
AFFAIRE BRONSWIK, L' • 1978 • SHT

LEDUC FRANCOIS - FRN
MAX ROACH • CINE JAZZ • 1967 • SHT
DAVE BRUBECK • 1970

LEDUC JACQUES - CND - 1941-
CHANTAL EN VRAC • 1967 • DOC
NOMININGUE DEPUIS QU'IL EXISTE • 1967 • DOC
LA OU AILLEURS • 1969 • SHT
TOTAL SERVICE • 1969
CA MARCHE • 1970 • DCS
CAP D'ESPOIR • 1970
ON EST LOIN DU SOLEIL • 1970
ALGERIA • 1973 • DCS
TENDRESSE ORDINAIRE • ORDINARY TENDERNESS • 1973
CHRONIQUE DE LA VIE QUOTIDIENNE • 1978 • SER
DIMANCHE-GRANIT • 1978 • DCS
JEUDI -A CHEVAL SUR L'ARGENT • 1978 • DCS
LUNDI -UNE CHAUMIERE, UN COEUR • 1978 • DOC
MARDI -UN JOUR ANONYME • 1978 • DCS
MERCREDI -PETITS SOULIERS, PETITS PAINS • 1978 • DOC
PLAN SENTIMENTAL, LE • 1978 • DCS
SAMEDI -LE VENTRE DE LA NUIT • 1978 • DOC
VENDREDI -LES CHARS • 1978 • DCS
ALBEDO • 1983
DERNIER GLACIER, LE • 1984
ATTENTES, LES • 1986 • MTV
CHARADE CHINOISE • 1986 • MTV
INQUIETUDES DE DIANE, LES • 1986 • MTV
TROIS POMMES A COTE DU SOMMEIL • 1990

LEDUC JEAN - FRN - 1922-
TRANSIT A SAIGON • INCIDENT IN SAIGON (USA) • 1962
VIA MACAO • 1965
CAPITAINE SINGRID • MERCENARI MUOIONO ALL'ALBA, I (ITL) ○ CAPTAIN SINGRID (UKN) • 1967
VERIDIQUEMENT VOTRE • 1968 • SHT

LEDUC PAUL - MXC - 1942-
REED, MEXICO INSURGENTE • REED MEXICO INSURGENT ○ JOHN REED • 1971
ETNOCIDIO • ETNOCIDIO: NOTAS SOBRE EL MEZQUITAL ○ ETHNOCIDE • 1976 • DOC
ESTUDIOS PARA UN RETRATO • 1978 • SHT
HISTORIAS PROHIBIDAS DE PULGARCITO • FORBIDDEN TALES OF TOM THUMB • 1979 • DOC
COMPLOT PETROLEO: LA CABEZA DE LA HIDRA • OIL CONSPIRACY, THE • 1980
FRIDA NATURALEZA VIVA • FRIDA KAHLO ○ FRIDA • 1985

LEDUC YVES - CND
TATTOO 67 • 1967 • DCS
PHILHARMONISTS, LES • 1972

LEE ALAN S. - USA
DESERT RAVEN, THE • 1965

LEE BRUCE - Actor - HKG - 1940-1973
MENG LUNG KUO CHIANG • RETURN OF THE DRAGON (USA) ○ WAY OF THE DRAGON • 1972
SZU-WAN YU-HSI • BRUCE LEE'S GAME OF DEATH (UKN) ○ GAME OF DEATH • 1978

LEE BYUNG - KOR
SHIJIP KANUN NAL • WEDDING DAY, THE • 1957

LEE CHANG-HO - SKR
FINE WINDY DAYS
LOVEMAKER • 1982
COME DOWN UNTO US • 1983
PINE BOUGHS • 1983

LEE CHARLES - USA
AMERICAN NINJA THE MAGNIFICENT • NINJA OF THE MAGNIFICENCE • 1988

LEE CHIH-SAN - HKG
CHENG-KWAN • TEMPTATION (USA) ○ OBSTACLE OF AFFECTION, AN • 1968

LEE D. YOUNG - HKG
KILL THE SHOGUN • 1981

LEE DAMIAN - CND
CIRCLE MAN • CIRCLEMAN • 1988
FOOD OF THE GODS II • GNAW: FOOD OF THE GODS II ○ AFTER FOOD OF THE GODS • 1988

LEE DEWITT - USA
RANSOM MONEY • 1970

LEE DOO-YONG - SKR - 1942-
DOCTOR AND THE WOMAN DOCTOR, THE
FORTY-NINE DAYS IN HELL
LAST EYEWITNESS, THE
OBSESSION
PEE-MAK • HOUSE OF DEATH
GRASS TOMB, THE • 1971
POLICEMAN • 1978
SWAMP OF PASSION • 1982
HISTORY OF BRUTALITY TO WOMEN, A • 1983
MOUL LE YA, MOUL LE YA • SPINNING WHEEL, THE ○ WHEEL, THE • 1983

LEE EVAN - USA
REVENGE OF THE DEAD • 1975
MEATCLEAVER MASSACRE • HOLLYWOOD MEATCLEAVER MASSACRE • 1977

LEE FRANCIS - USA
1941 • FILM 1941 • 1941 • SHT
BIJOU, LE • JEWEL, THE • 1947 • SHT
IDYLL, THE • IDYL, THE • 1948 • ANS

LEE JACK - UKN - 1913-
PILOT IS SAFE, THE • 1941 • DOC
ORDINARY PEOPLE • 1942 • DOC
CLOSE QUARTERS • UNDERSEA RAIDER • 1943 • DOC
BY SEA AND LAND • 1944 • DOC
EIGHTH PLAGUE, THE • 1945 • DOC
V-1 • 1945 • DOC
CHILDREN ON TRIAL • 1946 • DOC
WOMAN IN THE HALL, THE • 1947
ONCE A JOLLY SWAGMAN • MANIACS ON WHEELS (USA) • 1948
WOODEN HORSE, THE • 1950
SOUTH OF ALGIERS • GOLDEN MASK, THE (USA) ○ MASK OF PHARAOH • 1952
TURN THE KEY SOFTLY • 1953
TOWN LIKE ALICE, A • RAPE OF MALAYA, THE • 1956
ROBBERY UNDER ARMS • 1957
CAPTAIN'S TABLE, THE • 1959
CIRCLE OF DECEPTION • 1960
FROM THE TROPICS TO THE SNOW • 1964 • DOC

LEE JOANNA - USA
MIRROR, MIRROR • 1979 • TVM
CHILDREN OF DIVORCE • 1980 • TVM

LEE JOE - IRL
COURIER, THE • 1988

LEE JOSEPH - USA
GIRL ON THE RUN • 1961

LEE KOON-CHENG - HKG
CHIN-SE TAI YANG • BRUCE LEE, WE MISS YOU ○ DRAGON DIES HARD, THE • 1976

LEE KYU-HYONG - SKR
YOU, GROWN UP, DON'T KNOW • 1988

LEE LEON - USA
IS YOUR DAUGHTER SAFE? • 1927

LEE LO - HKG
GOLDEN TRIANGLE, THE • 1980

LEE MANLI - SKR
MARINE BATTLEGROUND • 1966

LEE MICHAEL - ASL
MYSTICAL ROSE • 1976

LEE NORMAN - UKN - 1898-
LURE OF THE ATLANTIC • 1929
NIGHT PATROL, THE • CITY OF SHADOWS • 1929
STREET OF LONDON, THE • 1929
DR. JOSSER K.C. • HOUSE FULL • 1931
JOSSER IN THE ARMY • 1932
JOSSER JOINS THE NAVY • 1932
JOSSER ON THE RIVER • 1932
MONEY TALKS • 1932
STRANGLER, THE • 1932
STRIP, STRIP, HOORAY! • LET'S GO NAKED • 1932
PRIDE OF THE FORCE, THE • 1933
DOCTOR'S ORDERS • MEDICINE MAN, THE • 1934
FORGOTTEN MEN, THE • 1934
OUTCAST, THE • 1934
POLITICAL PARTY, A • 1934
SPRING IN THE AIR • 1934
ROYAL CAVALCADE • REGAL CAVALCADE (USA) • 1935
DON'T RUSH ME • 1936
HAPPY DAYS ARE HERE AGAIN • HAPPY DAYS REVUE ○ STAGE FOLK • 1936
NO ESCAPE • NO EXIT • 1936
BULLDOG DRUMMOND AT BAY • 1937
DANGEROUS FINGERS • WANTED BY SCOTLAND YARD (USA) • 1937
FRENCH LEAVE • 1937
KATHLEEN MAVOURNEEN • KATHLEEN (USA) • 1937
KNIGHTS FOR A DAY • 1937
SATURDAY NIGHT REVUE • 1937
ALMOST A HONEYMOON • 1938
LUCK OF THE NAVY • NORTH SEA PATROL (USA) • 1938
MR. REEDER IN ROOM 13 • MYSTERY OF ROOM 13 (USA) • 1938
SAVE A LITTLE SUNSHINE • 1938
YES, MADAM? • 1938
MURDER IN SOHO • MURDER IN THE NIGHT (USA) • 1939
DOOR WITH SEVEN LOCKS, THE • CHAMBER OF HORROR (USA) • 1940
MEIN KAMPF, MY CRIMES • 1940
FARMER'S WIFE, THE • 1941
MONKEY'S PAW, THE • 1948
CASE OF CHARLES PEACE, THE • 1949
GIRL WHO COULDN'T QUITE, THE • 1950

LEE ROWLAND V. - USA - 1891-1975
THOUSAND TO ONE, A • 1920
BLIND HEARTS • 1921
CUP OF LIFE, THE • 1921
CUPID'S BRAND • 1921
SEA LION, THE • 1921
DUST FLOWER, THE • 1922
HIS BACK AGAINST THE WALL • 1922
MEN OF ZANZIBAR, THE • 1922
MIXED FACES • 1922
MONEY TO BURN • 1922
SELF-MADE MAN, A • 1922
SHIRLEY OF THE CIRCUS • 1922
WHIMS OF THE GODS • 1922
ALICE ADAMS • FOOLISH DAUGHTERS • 1923
DESIRE • 1923
GENTLE JULIA • 1923
YOU CAN'T GET AWAY WITH IT • ROAD TO NOWHERE, THE • 1923
IN LOVE WITH LOVE • 1924
HAVOC • 1925
MAN WITHOUT A COUNTRY, THE • AS NO MAN HAS LOVED • 1925
OUTSIDER, THE • DAYBREAK • 1926
SILVER TREASURE, THE • NOSTROMO • 1926
BARBED WIRE • 1927
WHIRLWIND OF YOUTH, THE • 1927
DOOMSDAY • 1928
FIRST KISS, THE • 1928
LOVES OF AN ACTRESS • 1928
SECRET HOUR, THE • BEGGARS OF LOVE • 1928
THREE SINNERS • 1928
DANGEROUS WOMAN, A • WOMAN WHO NEEDED KILLING, THE • 1929
MYSTERIOUS DR. FU MANCHU, THE • 1929
WOLF OF WALL STREET, THE • 1929
DERELICT • TYPHOON BILL • 1930
LADIES LOVE BRUTES • 1930
MAN FROM WYOMING, A • 1930
PARAMOUNT ON PARADE • 1930
RETURN OF DR. FU MANCHU, THE • NEW ADVENTURES OF DR. FU MANCHU, THE ○ INSIDIOUS DR. FU MANCHU, THE • 1930
GUILTY GENERATION, THE • 1931
RULING VOICE, THE • UPPER UNDERWORLD • 1931
SIGN OF FOUR, THE • 1932
THAT NIGHT IN LONDON • OVERNIGHT (USA) ○ BRIGHT LIGHTS OF LONDON • 1932
ZOO IN BUDAPEST • 1933
COUNT OF MONTE CRISTO, THE • 1934
GAMBLING • 1934
I AM SUZANNE • 1934
THREE MUSKETEERS, THE • 1935
CARDINAL RICHELIEU • 1936
ONE RAINY AFTERNOON • 1936
LOVE FROM A STRANGER • 1937
TOAST OF NEW YORK, THE • 1937
MOTHER CAREY'S CHICKENS • 1938
SERVICE DE LUXE • 1938
SON OF FRANKENSTEIN • 1939
SUN NEVER SETS, THE • 1939
TOWER OF LONDON, THE • 1939
SON OF MONTE CRISTO, THE • 1940
POWDER TOWN • 1942
BRIDGE OF SAN LUIS REY, THE • 1944
CAPTAIN KIDD • 1945

LEE SAM - UKN
LAST WISH, THE • 1949

LEE SAMMY - USA
DOLL SHOP, THE • 1929 • SHT
SONG WRITER'S REVUE, THE • 1930
ROMANCE OF THE POTATO • 1939 • SHT
HIDDEN MASTER, THE • 1940 • SHT
RODEO DOUGH • 1940 • SHT
SOAK THE OLD • 1940 • SHT
OUT OF DARKNESS • VOICE OF LIBERTY • 1941
STRANGE TESTAMENT • STRANGE WILL OF JULIAN POYDRAS, THE • 1941
FILM THAT WAS LOST, THE • 1942 • SHT
MADERO OF MEXICO • 1942
WOMAN IN THE HOUSE, THE • FEAR • 1942

FORGOTTEN TREASURE • 1943 • SHT
WHO'S SUPERSTITIOUS? • 1943 • SHT
IMMORTAL BLACKSMITH, THE • 1944 • SHT
STAIRWAY TO LIGHT • 1945

LEE SEAN – HKG
IRON FIST ADVENTURE, THE • 1986

LEE SHUCH – HKG
ADVENTURE, THE

LEE SO – HKG
MAGNIFICENT CHIVALRY, THE • 1973

LEE SPIKE – USA – 1957–
ANSWER, THE
JOE'S BED-STUDY BARBER SHOP: WE CUT HEADS • 1983
SHE'S GOTTA HAVE IT • 1986
SCHOOL DAZE • 1988
DO THE RIGHT THING • 1989
MO' BETTER BLUES • 1990

LEE SUNGKOO – SKR
CHANGGUN UI SUYUM • BEARDED GENERAL • 1968

LEE THOMPSON J. see **THOMPSON J. LEE**

LEE TOMMY – HKG
NINJA APOCALYPSE • 1985

LEE TSO-NAM see **LEE TSO NAM**

LEE TSO NAM
LEE TSO-NAM
SHAOLIN INVINCIBLE STICKS
CHING-WU MEN SU-TSI • FIST OF FURY, PART 2 ○ FISTS OF FURY 2 • 1976
EXIT THE DRAGON, ENTER THE TIGER • 1976
EDGE OF FURY • 1978
TATTOO CONNECTION, THE • 1979
LEG FIGHTERS, THE • INVINCIBLE KUNG FU LEGS, THE • 1980

LEE WILLIAM – USA
FALL OF BLACK HAWK, THE • 1912

LEE WON-SO – SKR
SMALL BALL TOSSED BY A DWARF, THE • 1981

LEE YONG-MIN – SKR
MAN FROM THE GRAVE, A • 1963

LEEDS DAVID – USA
SHOOT THE SUN DOWN • 1981

LEEDS HERBERT I. – USA – 1900–1954
ARIZONA WILDCAT • 1938
FIVE OF A KIND • 1938
ISLAND IN THE SKY • 1938
KEEP SMILING • MISS FIX-IT (UKN) • 1938
LOVE ON A BUDGET • 1938
CHARLIE CHAN IN CITY IN DARKNESS • CITY IN DARKNESS • 1939
CHICKEN WAGON FAMILY • 1939
MR. MOTO IN DANGER ISLAND • MR. MOTO ON DANGER ISLAND (UKN) ○ DANGER ISLAND • 1939
RETURN OF THE CISCO KID, THE • 1939
CISCO KID AND THE LADY, THE • 1940
YESTERDAY'S HEROES • 1940
BLUE, WHITE AND PERFECT • 1941
RIDE ON, VAQUERO! • 1941
ROMANCE OF THE RIO GRANDE • 1941
JUST OFF BROADWAY • TWELVE MEN IN A BOX • 1942
MAN WHO WOULDN'T DIE, THE • MILLION DOLLAR GHOST • 1942
MANILA CALLING • 1942
TIME TO KILL • 1942
IT SHOULDN'T HAPPEN TO A DOG • 1946
LET'S LIVE AGAIN • 1948
BUNCO SQUAD • 1950
FATHER'S WILD GAME • 1950

LEEDS ROBERT – USA
RETURN OF THE BEVERLY HILLBILLIES, THE • 1981 • TVM

LEEMAN DICKY – CHN – 1912–
DATE WITH A DREAM, A • 1948

LEENHARDT ROGER – FRN – 1903–1985
EN CRETE SANS LES DIEUX • 1934
ORIENT QUI VIENT, L' • 1934 • DCS
PAIN DE BARBARIE, LE • 1934 • DCS
PERE HUGO, LE • 1934 • DCS
VRAI JEU, LE • 1934 • DCS
TAPIS MOQUETTE, LE • 1935 • DCS
COURSE AU PETROLE, LA • 1938 • DCS
PAVAGE MODERNE • 1938 • DCS
R.N.37 • 1938 • DCS
REVETEMENTS ROUTIERS • 1938 • DCS
REZZOU, LE • 1938 • DCS
FETES DE FRANCE • 1940 • DCS
A LA POURSUITE DU VENT • 1943 • DCS
CHANT DES ONDES, LE • 1943 • DCS
CHANTIER EN RUINES, LE • 1945 • DCS
LETTRE DE PARIS • 1945 • DCS
BARRAGE DE L'AIGLE, LE • 1946 • DCS
DEPARTS POUR L'ALLEMAGNE • 1946 • DCS
NAISSANCE DU CINEMA • 1946 • DOC
DERNIERES VACANCES, LES • LAST VACATION, THE (USA) • 1947
COTE D'AZUR, LA • 1948 • DCS
ENTRE DANS LA DANSE • 1948 • DCS
PAIN DE BARBARIE, LE • 1948 • DCS
FUGUE DE MAHMOOD, LA • 1950 • DCS
HERITAGE DU CROISSANT, L' • 1950 • DCS
HOMMES DU CHAMPAGNE, LES • 1950 • DCS
METRO • 1950 • DCS
VICTOR HUGO • PERE HUGO, LE • 1951 • DCS
DU CHARBON ET DES HOMMES • 1952 • DCS
FRANCE EST UN JARDIN, LA • 1953 • DCS
FRANCOIS MAURIAC • 1954 • DCS
LOUIS CAPET • LOUIS XVI • 1954 • DCS
BRUIT, LE • 1955 • DCS
CONQUETE DE L'ANGLETERRE, LA • 1955 • DCS
NOTRE SANG • 1955 • DCS
ORDINATIONS • 1955 • DCS
TRANSMISSIONS HYDRAULIQUES, LES • 1955 • DCS
PARIS ET LE DESERT FRANCAIS • 1957 • DCS
BATIR A NOTRE AGE • 1958 • DCS
EN PLEIN MIDI • 1958 • DCS
JEAN-JACQUES ROUSSEAU • 1958 • DCS
DAUMIER • 1959 • DCS
ANIMATED CARTOONS: THE TOY THAT GREW UP
ENTRE SEINE ET MER • 1960 • DCS
MAITRE DE MONTPELIER, LE • 1960 • DCS
PAUL VALERY • 1960 • DCS
RENDEZ-VOUS DE MINUIT, LE • RENDEZVOUS AT MIDNIGHT • 1961
TRAVERSEE DE LA FRANCE, LA • 1961 • DCS
HOMME A LA PIPE, L' • 1962 • DCS
DES FEMMES ET DES FLEURS • 1963 • DCS
GEORGE • 1963 • DCS
MONSIEUR DE VOLTAIRE • 1963 • DCS
1989 • 1963 • DCS
DEMAIN PARIS • 1964 • DCS
EUROPE • 1964 • DCS
FILLE DANS LA MONTAGNE, UNE • 1964 • MTV
COROT • 1965 • DCS
NAISSANCE DE LA PHOTO • DAGUERRE OU LA NAISSANCE DE LA PHOTO • 1965 • DCS
COEUR DE LA FRANCE, LE • 1966 • DCS
BEATNIK ET LE MINET, LE • 1967 • DCS
MONSIEUR INGRES • 1967 • DCS
DOUZE MOIS EN FRANCE • 1970 • DCS
ABRAHAM BOSSE • 1972 • DCS
LANGUE DOCIENNE, LA • 1976 • DCS
PISSARRO • 1976 • DCS
VAR-MATIN • 1976 • DCS
ANJOU • 1977 • DCS
DU PLAISIR A LA JOIE • 1978 • DCS
MANET OU LE NOVATEUR MALGRE LUI • 1980

LEENHARDT YVONNE – FRN
JACQUES COPEAU • 1963 • SHT

LEERGAARD LARS – DNM
APPRENTICE, THE • 1973

LEETCH TOM – USA
MAGIC OF WALT DISNEY WORLD, THE • 1972 • DCS
RETURN OF THE BIG CAT • BIG CAT, THE • 1975
SKY'S THE LIMIT, THE • 1975

van LEEUWAARDEN MILDREN – NTH
CITY LIFE • 1989

van LEEUWEN WOUTER – NTH
KEEFMAN • 1977 • SHT

LEEWOOD JACK – Producer – USA
20,000 EYES • 1961
WE'LL BURY YOU • 1962 • DOC
THUNDER ISLAND • 1963

LEFEBVRE CATHERINE – FRN
ETRE LIBRE • ETRE LIBRE -AVIGNON 68 • 1968

LEFEBVRE JEAN-PIERRE – CND – 1941–
HOMOMAN, L' • 1964 • SHT
REVOLUTIONNAIRE, LE • 1965
MON OEIL • MY EYE • 1966
PATRICIA ET JEAN-BAPTISTE • 1966
MON AMIE PIERRETTE • 1967
IL NE FAUT PAS MOURIR • IL NE FAUT PAS MOURIR POUR CA ○ DON'T LET IT KILL YOU ○ NO GOOD TO DIE FOR THAT • 1968
JUSQU'AU COEUR • RIGHT TO THE HEART • 1968
CHAMBRE BLANCHE, LA • HOUSE OF LIGHT, THE • 1969
Q-BEC MY LOVE OU UN SUCCES COMMERCIAL • Q-BEC MY LOVE ○ SUCCES COMMERCIAL, UN • 1969
MAUDITS SAUVAGE, LES • THOSE DAMNED SAVAGES • 1971
DERNIERES FIANCAILLES, LES • LAST BETROTHAL, THE • 1973
ON N'ENGRAISSE PAS LES COCHONS A L'EAU CLAIRE • PIGS ARE SELDOM CLEAN • 1973
ULTIMATUM • 1973
AMOUR BLESSE, L' • CONFIDENCES DE LA NUIT ○ WOUNDED LOVE • 1975
GARS DES VUES, LE • 1976
VIEUX PAYS OU RIMBAUD EST MORT, LE • CE VIEUX PAYS OU RIMBAUD EST MORT ○ OLD COUNTRY WHERE RIMBAUD DIED, THE • 1977
AVOIR SEIZE ANS • TO BE 16 ○ AVOIR 16 ANS • 1979
FLEURS SAUVAGES, LES • WILD FLOWERS • 1982
AU RYTHME DE MON COEUR • TO THE RHYTHM OF MY HEART • 1984
JOUR "S..", LE • 1984
ALFRED LALIBERTE, SCULPTEUR • 1988 • DOC
BOITE A SOLEIL, LA • BOX OF SUN, THE • 1988

LEFEBVRE MARCEL – CND
MUSTANG • 1975

LEFEBVRE PHILIPPE – ALG – 1941–
JUGE, LE • 1983

LEFEVRE JEAN – FRN – 1921–
MINUTE PAPILLON • 1959

LEFEVRE RENE – FRN – 1898–
OPERA-MUSETTE • 1941

LEFFLER ROBERT – GRM
BEICHTE DES MONCHS, DIE • 1918
MANN IM MONDE, DER • 1918
TAKTSTOCK RICHARD WAGGNERS, DER • 1918
WENN DAS LEBEN RUFT • 1918
FLITTER-DORTJE • 1919
SCHRECKENSNACHT AUF SCHLOSS DRACHENEGG, DIE • 1920

LEFORT RENE – FRN – 1942–
PRISONS AUSSI, LES • 1971 • DOC

LEFRANC GUY – FRN – 1919–
KNOCK • DR. KNOCK (USA) • 1950
HISTOIRE D'AMOUR, UNE • YOUNG LOVE • 1951
HOMME DE MA VIE, L' • UOMO DELLA MIA VITA, L' (ITL) • 1951
ELLE EST MOI • 1952
CAPITAINE PANTOUFLE • 1953
BONJOUR LA CHANCE • 1954
FIL A LA PATTE, LE • 1954
BANDE A PAPA, LA • 1955
CHANTAGE • LOWEST CRIME, THE • 1955
FERNAND COW-BOY • 1956
MOUCHARDE, LA • WOMEN OF SIN (USA) • 1958
SUIVEZ-MOI, JEUNE HOMME! • 1958
CAUSE TOUJOURS, MON LAPIN! • 1961
CONDUITE A GAUCHE • 1961
KEEP TALKING, BABY • 1961
LAISSEZ TIRER LES TIREURS • LASCIATE SPARARE.. CHI CI SA FARE (ITL) • 1964
MALABARS SONT AU PARFUM, LES • 1965
COMMISSAIRE SAN ANTONIO • SALE TEMPS POUR LES MOUCHES ○ COMMISSARIO SAN ANTONIO -SALE TEMPS POUR LES MOUCHES • 1966
TOUGH GUYS ARE THERE, THE • 1966
AUVERGNAT ET L'AUTOBUS, L' • 1968
BERU AT CES DAMES • 1968
SALUT BERTHE! • 1968
ET QU'CA SAUTE! • 1970

LEFTWICH ED – USA
SQUAD CAR • 1960

LEGARDA JOHNNY – PHL
BLACK YOGA • 1967

LEGBAND PAUL – GRM
KONIG NICOLO ODER SO IST DAS LEBEN • KONIG NICOLO • 1919
NIXCHEN • 1919
KNABE EROS, DER • 1920
MARQUISE VON O., DIE • 1920
BLUT, DAS • 1921

LEGEND JOHNNY – USA
MY BREAKFAST WITH BLASSIE • 1983
DOPE MANIA • 1987 • DOC

LEGER FERNAND – Painter – FRN – 1881–1855
BALLET MECANIQUE, LE • MECHANICAL BALLET, THE • 1924 • SHT

LEGG STUART – UKN – 1910–
VARSITY • 1930
CAMBRIDGE • 1932 • DOC
NEW GENERATION, THE • 1932 • DOC
NEW OPERATOR, THE • 1932 • DOC
CABLE SHIP • 1933
COMING OF THE DIAL, THE • 1933 • DOC
TELEPHONE SHIP • 1933 • DOC
TELEPHONE WORKERS • 1933 • DOC
B.B.C. -THE VOICE OF BRITAIN • 1934 • DOC
CONQUERING SPACE -THE STORY OF MODERN COMMUNICATIONS • 1934 • DOC
ROADWAYS • 1937 • DOC
CASE OF CHARLIE GORDON, THE • 1939 • DCS
WINGS OVER EMPIRE • 1939
YOUTH IS TOMORROW • 1939 • DCS
ATLANTIC PATROL • 1940 • DCS
CHURCHILL'S ISLAND • FORTERESSE DE CHURCHILL, LA • 1941 • DCS
WAR CLOUDS IN THE PACIFIC • 1941 • DCS
WAR FOR MEN'S MINDS, THE • A LA CONQUETE DE L'ESPRIT HUMAIN • 1943 • SHT
POWERED FLIGHT -THE STORY OF THE CENTURY • 1953 • DOC
LOOK AT YOUR WORLD • 1954
FOOD FOR FAMINE • 1962

LEGGETT J. ALEXANDER – USA
ISLAND OF HAPPINESS, THE • 1916

LEGNAZZI REMO – SWT
CHRONIK VON PRUGIASCO • 1978 • DOC
E ANCHTLANG FUURLAND • TIERRA DEL FUEGO, A WHOLE NIGHT LONG • 1982
MY MOTHER IS IN SRI LANKA • 1986 • DOC

LEGOFF JEAN-PIERRE LOWF see **LOWF-LEGOFF JEAN-PIERRE**

LEGOSHIN VLADIMIR – USS – 1904–1955
LEGTOCHINE VLADIMIR
PESNYA O SHCHASTYE • SONG ABOUT HAPPINESS ○ SONG OF HAPPINESS • 1934
BYELEYET PARUS ODINOKY • LONE WHITE SAIL, THE ○ LONELY WHITE SAIL • 1937
MILITARY SECRET • 1945
POYEDINOK • DUEL • 1945
U NIKH EST RODINA • THEY HAVE A MOTHERLAND ○ THEY HAVE A HOMELAND • 1951

LEGRAND – FRN
ORGUEIL, L' • ARROGANCE ○ PRIDE • 1907

LEGRAND BERNARD – FRN
COUPLES DU BOIS DE BOULOGNE, LES • 1974

LEGRAND FRANCOIS see **ANTEL FRANZ**

LEGRAND JEAN-RENE – FRN
CHANT DU DESTIN, LE • 1933
JOUR AVEC VOUS, UN • 1951

LEGRAND MICHEL – FRN
MICHEL'S MIXED UP MUSICAL BIRD • 1978
BLIND LOVE • 1988
CINQ JOURS EN JUIN • 1989

LEGTOCHINE VLADIMIR see **LEGOSHIN VLADIMIR**

LEHERISSEY JEAN – Dir. photo – FRN – 1915–
SUR UN MARCHE NORMAND • 1934 • SHT
GRAND-SAINT-BERNARD, LE • 1935 • SHT
EL DJEZAIR • 1947 • SHT
CHERE MARTINIQUE • 1949 • SHT
MONTAGNE EST VERTE, LA • 1950

ENFANT AU CORAIL, L' • 1952 • SHT
HIPPONE-LA-ROYALE • 1952 • SHT
DEUX VISAGES DU SAHARA, LES • 1953 • SHT
SECRETS DU MAROC • 1953 • SHT
TRES RICHES HEURES DE L'AFRIQUE ROMAINE, LES • 1953 • SHT
NORMANDIE, LA • 1956 • SHT
VOICI LE PAYS D'ISRAEL • 1957 • SHT
FORET DES HOMMES ROUGES, THE • 1959 • SHT
FACADE SUR L'OCEAN • 1960 • SHT
ROUTE SECRETE, LA • 1960 • SHT
SUD-EXPRESS • 1963 • DCS

LEHKY VLADIMIR – Animator – CZC
ZUZANA LEARNS TO WRITE • ANS
GOAT AND THE LION, THE • 1957 • ANS
BLUE CAT, THE • 1959 • ANS
TRI MUZI • THREE MEN • 1959 • ANS
PARAZIT • PARASITE, THE • 1960 • ANS
STIN • SHADOW, THE • 1960 • ANS
COURSE FOR HUSBANDS • 1961 • ANM
COURSE FOR WIVES • 1962 • ANM
PTACI KOHACI • SAPIENT BIRDS, THE ○ STRANGE BIRDS ○ ODD BIRDS ○ FUNNY BIRDS • 1965 • ANS
DUET • 1968 • ANM

LEHMAN BORIS – BLG
NE PAS STAGNER • 1974
COUPLE, REGARDS, POSITIONS • 1983

LEHMAN ERNEST – Producer/writer – USA – 1920–
PORTNOY'S COMPLAINT • 1972

LEHMAN LEWIS – USA – 1933–
ALL TOGETHER NOW • 1974
SOUTH OF HELL MOUNTAIN • 1974
PIT, THE • TEDDY • 1981 • TVM
SUMMER SOUNDS • 1985 • MTV

LEHMAN ROBIN – USA
UNDERCURRENTS • 1973
MUGGER, THE • 1975 • SHT

LEHMANN MAURICE – FRN – 1895–1974
AFFAIRE DU COURRIER DE LYON, L' • COURIER OF LYON, THE (USA) ○ AFFAIRE LESURQUES, L' ○ COURRIER DE LYON, LE • 1937
RUISSEAU, LE • 1938
FRIC-FRAC • 1939
JEUNE FILLE SAVAIT, UNE • 1947

LEHMANN MICHAEL – USA
HEATHERS • LETHAL ATTRACTION • 1989
MEET THE APPLEGATES • 1989

LEHMANN SIEGFRIED
TOMORROW'S A WONDERFUL DAY • 1949

LEHMUSKALLIO JOUKO – FNL
ROKKIDIGGARI • ROCK 'N' ROLL DIGGER • 1982

LEHMUSKALLIO MARKKU – FNL – 1938–
KORPINPOLSKA • RAVEN'S DANCE, THE • 1979
MUUKALAINEN • STRANGER, A • 1982
SKIERRI -VAIVAISKOIVUJEN MAA • SKIERRI -LAND OF THE DWARF BIRCH • 1983
BLUE MAMMY • 1986
ARKTINEN VIIVA • ARCTIC LINE, THE • 1988 • DOC

LEHNER ALFRED – AUS
GROSSE SCHULD, DIE • 1953
WILDSCHUTZ, DER • 1953
MADCHEN VOM PFARRHOF, DAS • 1955
BADEMEISTER SPAGEL • 1956
MAGD VON HEILIGENBLUT, DIE • 1956
SINGENDEN ENGEL VON TIROL, DIE • SAG JA, MUTTI • 1958

LEHOVEC LAUR – CZC – 1909–
CONFESSION • 1950

LEHPAMER IVO – YGS
ANNO 3003 • 1962 • ANM

LEHR GEORGE – USA
PEDESTRIAN, THE • 1960 • SHT

LEHRMAN HENRY – USA – 1886–1946
LEHRMAN HENRY "PATHE"
BEARDED YOUTH • 1911
CURIOSITY • 1911
INTERRUPTED GAME, AN • 1911
JOSH'S SUICIDE • 1911
PRISCILLA AND THE UMBRELLA • 1911
PRISCILLA'S APRIL FOOL JOKE • 1911
VICTIM OF CIRCUMSTANCES, A • 1911
VILLAIN FOILED, THE • 1911
WHY HE GAVE UP • 1911
ALGY THE WATCHMAN • 1912
PRISCILLA'S CAPTURE • 1912
WITH A KODAK • 1912
BANDIT, A • 1913
CHAMPION, THE • 1913
CHIP OFF THE OLD BLOCK ,A • 1913
CUPID IN A DENTAL PARLOR • CUPID IN THE DENTAL PARLOR • 1913
DARK TOWN BELLE, THE • 1913
DEACON OUTWITTED, THE • 1913
DEAF BURGLAR, A • 1913
DOCTORED AFFAIR, A • 1913
DOLLAR DID IT, A • 1913
FATTY AT SAN DIEGO • 1913
FATTY JOINS THE FORCE • 1913
FATTY'S DAY OFF • 1913
GET RICH QUICK • 1913
HELP, HELP, HYDROPHOBIA! • 1913
HER BIRTHDAY PRESENT • 1913
HUBBY'S JOB • 1913
JEALOUS WAITER, THE • 1913
JENNY'S PEARLS • 1913
JUST KIDS • 1913
LAND SALESMAN, THE • 1913
LOVE AND PAIN • 1913
LOVE AND RUBBISH • 1913
MOTHER'S BOY • 1913
NEW BABY, THE • 1913
PASSIONS, HE HAD THREE • 1913
PEDDLER, THE • 1913
PROF. BEAN'S REMOVAL • 1913
PROTECTING SAN FRANCISCO FROM FIRE • 1913 • DOC
TANGLED AFFAIR, A • 1913
THEIR HUSBANDS • 1913
TWIXT LOVE AND FIRE • BETWIXT LOVE AND FIRE • 1913
WIFE WANTED, A • 1913
WOMAN HATERS, THE • 1913
BETWEEN SHOWERS • CHARLIE AND THE UMBRELLA ○ IN WRONG ○ FLIRTS, THE • 1914
CHICKEN CHASER • 1914
FLIRT'S MISTAKE, A • 1914
JANITOR, THE • 1914
KID AUTO RACES AT VENICE • 1914
LOVE AND VENGEANCE • 1914
MABEL'S STRANGE PREDICAMENT • HOTEL MIXUP • 1914
MAKING A LIVING • BUSTED JOHNNY, A ○ DOING HIS BEST ○ TROUBLES • 1914
MISSING BRIDE, A • 1914
PAPA'S BOY • 1914
RURAL DEMON, A • 1914
SUSPENDED ORDEAL, A • 1914
THIEF CATCHER, A • 1914
WATER DOG, THE • 1914
AFTER HER MILLIONS • 1915
BATH HOUSE TRAGEDY, THE • 1915
ROOM AND BOARD -A DOLLAR AND A HALF • 1915
SILK HOSE AND HIGH PRESSURE • 1915
UNDER NEW MANAGEMENT • 1915
LIZZIE'S LINGERING LOVE • 1916 • SHT
HOUSE OF TERRIBLE SCANDALS, THE • 1917 • SHT
SMASHED IN THE CAREER • 1917 • SHT
MY HUSBAND'S WIFE • 1918
NEIGHBOR'S KEYHOLE, A • 1918 • SHT
ROARING LIONS ON THE MIDNIGHT EXPRESS • 1918 • SHT
FOOLS AND DUELS • 1919 • SHT
OH, WHAT A KNIGHT • 1919 • SHT
WET AND WARMER • 1920 • SHT
REPORTED MISSING • 1922
DOUBLE DEALING • POOR WORM, THE ○ KNOCKER, THE • 1923
FIGHTING BLOOD • 1923 • SRL
ON TIME • 1924
FIGHTING EDGE, THE • 1926
FOR LADIES ONLY • 1927
HUSBANDS FOR RENT • 1927
SAILOR IZZY MURPHY • 1927
CHICKEN A LA KING • GAY DECEIVER, THE • 1928
HOMESICK • 1928
WHY SAILORS GO WRONG • ROBINSON AND CRUSOE • 1928
NEW YEAR'S EVE • 1929
BUTTER-IN-YEGGMAN, A • 1931 • SHT

LEHRMAN HENRY "PATHE" see **LEHRMAN HENRY**

LEHTINEN VIRKE – FNL
MUURAHAISPOLKU • SUMMER TRAIL • 1970
NAME OF THE GAME • 1976 • SHT
KILME MIESTA • THREE MEN • 1984
KAIKUJA ERAMAASSA • ECHOES OF THE WILDERNESS • 1986 • DOC

LEHTO PEKKA – FNL – 1948–
IKALUOKKA • THEIR AGE • 1976 • DOC
KAINUU 39 • TWO FORCES • 1978
TULIPAA • FIREBRAND ○ FLAME-TOP • 1980
250 GRAMMAA • 250 GRAMMES -A RADIOACTIVE TESTAMENT • 1984
DA CAPO • 1985
YKSINTEOIN • SINGLE-HANDED • 1989

LEIBOVIT ARNOLD – USA
FANTASY FILM WORLD OF GEORGE PAL, THE • 1986 • DOC

LEIBOWITZ LAWRENCE – USA
DARK TUNNEL, THE • 1965

LEIDENFROST ALEXANDER – AUS
JUNGER FRUHLING • YOUNG SPRING • 1986

LEIFER NEIL – UKN
YESTERDAY'S HERO • 1980
TRADING HEARTS • 1988

LEIGH J. L. V. – UKN
COWBOY VILLAGE, THE • 1915
FARMER SPUDD AND HIS MISSUS TAKE A TRIP TO TOWN • 1915
QUICKSANDS OF LIFE • 1915
'TWIXT CUP AND LIP • 1915
HE DIDN'T WANT TO DO IT • 1916
BEDS, BATHS AND BEDLAM • 1917
ADAM AS A SPECIAL CONSTABLE • 1918
ADVENTURES OF EVE, THE • 1918 • SER
EVE ADOPTS A LONELY SOLDIER • 1918 • SHT
EVE AND THE INTERNMENT QUESTION • 1918 • SHT
EVE AND THE NERVOUS CURATE • 1918 • SHT
EVE AS MRS. ADAM • 1918 • SHT
EVE ASSISTS THE CENSOR • 1918 • SHT
EVE GOES TO THE EAST COAST • 1918 • SHT
EVE IN THE COUNTRY • 1918 • SHT
EVE OUTWITS ARTFUL ADAM • 1918 • SHT
EVE RESOLVES TO DO WAR WORK • 1918 • SHT
EVE'S BURGLAR • 1918 • SHT
HOW EVE HELPED THE WAR FUND • 1918
KEY OF THE WORLD, THE • 1918
FIRST MEN IN THE MOON, THE • 1919
PALLARD THE PUNTER • 1919

LEIGH MALCOLM – UKN
WINDOW CLEANER, THE • 1968 • SHT
LEGEND OF THE WITCHES • 1969
GAMES THAT LOVERS PLAY • 1970
SWORD AND THE GEISHA, THE • 1971 • DCS
EROTIC FANTASIES • 1972

LEIGH MIKE – UKN – 1943–
BLEAK MOMENTS • 1971
NUTS IN MAY • 1976 • MTV
ABIGAIL'S PARTY • 1977 • MTV
MEANTIME • 1983
HIGH HOPES • WINTER • 1988

LEIJONBORG INGEMAR – SWD
NARA TILL HAVET • NEAR THE SEA • 1973
PERSPECTIV, ETT • FUTURE VISION, A • 1973

LEIMANIS LEONID see **LEIMANIS LEONIDIS**

LEIMANIS LEONIDIS – USS
LEIMANIS LEONID
EDGAR I KRISTINA • EDGAR AND KRISTINA ○ EDGARS AND KRISTINE • 1967
V DOME BOGATOI GOSPOZHI • AT A RICH LADY'S HOUSE • 1970

LEISEN MITCHELL – USA – 1897–1972
CRADLE SONG • 1933
EAGLE AND THE HAWK, THE • 1933
TONIGHT IS OURS • 1933
DEATH TAKES A HOLIDAY • STRANGE HOLIDAY • 1934
MURDER AT THE VANITIES • 1934
BEHOLD MY WIFE • 1935
FOUR HOURS TO KILL • 1935
HANDS ACROSS THE TABLE • 1935
BIG BROADCAST OF 1937, THE • 1936
THIRTEEN HOURS BY AIR • 1936
ARTISTS AND MODELS ABROAD • STRANDED IN PARIS (UKN) • 1937
EASY LIVING • 1937
SWING HIGH, SWING LOW • 1937
BIG BROADCAST OF 1938, THE • 1938
MIDNIGHT • 1939
ARISE MY LOVE • 1940
REMEMBER THE NIGHT • 1940
HOLD BACK THE DAWN • 1941
I WANTED WINGS • 1941
LADY IS WILLING, THE • 1942
TAKE A LETTER, DARLING • GREEN-EYED WOMAN, THE (UKN) • 1942
NO TIME FOR LOVE • 1943
FRENCHMAN'S CREEK • 1944
LADY IN THE DARK • 1944
PRACTICALLY YOURS • 1944
KITTY • 1945
MASQUERADE IN MEXICO • 1945
TO EACH HIS OWN • 1946
GOLDEN EARRINGS • 1947
SUDDENLY, IT'S SPRING • 1947
DREAM GIRL • 1948
BRIDE OF VENGEANCE • 1949
SONG OF SURRENDER • ABIGAIL DEAR HEART ○ NOW AND FOREVER ○ SIN OF ABBY HUNT • 1949
CAPTAIN CAREY, U.S.A. • AFTER MIDNIGHT (UKN) • 1950
NO MAN OF HER OWN • LIE, THE • 1950
DARLING, HOW COULD YOU? • RENDEZVOUS (UKN) • 1951
MATING SEASON, THE • 1951
YOUNG MAN WITH IDEAS • 1952
TONIGHT WE SING • 1953
BEDEVILLED • 1955
GIRL MOST LIKELY, THE • 1957
INCREDIBLE JEWEL ROBBERY, THE • 1959 • MTV
WORSE THAN MURDER • 1960 • MTV
SPREE • LAS VEGAS BY NIGHT ○ HERE'S LAS VEGAS • 1967 • DOC

LEISER ERWIN – GRM – 1923–
BLODIGA TIDEN, DEN • MEIN KAMPF (USA) • 1960
EICHMANN UND DAS DRITTE REICH • EICHMANN AND THE THIRD REICH ○ MURDER BY SIGNATURE • 1961
WAHLE DAS LEBEN • CHOOSE LIFE • 1962
DEUTSCHLAND ERWACHE! • 1966
ELLIS LARKINS • 1975 • SHT

LEITAO ANTONIO – PRT
CASTELA DAS BERLENGAS, A • 1930
VOZ DO OPERARIO, CATEDRAL DO BEM, A • 1930 • SHT

LEITCH CHRISTOPHER – USA
HITTER, THE • 1979
BORDER, THE • BORDER, USA, THE ○ BLOOD BARRIER • 1981
TEEN WOLF TOO • 1987
DEADLY NIGHTMARES • 1988
COURAGE MOUNTAIN • 1989

LEITE FERNANDO MENDEZ see **MENDEZ-LEITE FERNANDO**

LEITE RICARDO GOMES – BRZ
TOSTAO, A FERO DE OURO • 1970

LEITER KARL – AUS
SEINE HOHEIT, DER EINTANZER • ENTFESSELTE WIEN, DAS • 1927
FERIENKIND, DAS • 1943
ICH BITTE UM VOLLMACHT • 1944

LEITERMAN DOUGLAS – CND – 1927–
DOUKHOBORS, THE • 1958
AGE OF MACKENZIE KING, THE • 1959
U.N. IN PERIL • 1960 • DOC
40,000,000 SHOES • 1961
BALANCE OF TERROR • 1962 • DOC
DON'T LABEL ME • 1962
SERVANT OF ALL • 1962 • DOC
ONE MORE RIVER • 1963 • DOC
THREE ON A MATCH • 1963 • DOC
CHIEF, THE • 1964 • DOC
DEMOCRATS IN '66, THE • 1966 • DOC
FASTEN YOUR SEATBELTS: A REPORT ON AIRLINE SAFETY • 1968 • DOC

LEITERMAN RICHARD – Cinematographer – CND – 1935–
WINTERS SPORTS • 1971 • DOC
MEN OF THE FLEET • 1973 • DOC
WALRUS • 1973 • SER
GOOD NEWS, BAD NEWS • 1974 • DOC
CAN PRIMITIVE PEOPLE SURVIVE? • 1975 • DOC
THAT'S WHAT WE'RE HERE FOR? • 1976 • DOC
FOUR PORTRAITS • 1978 • DOC
JOSEPHINE • 1980 • DOC
GREAT ROCKY MOUNTAIN RELAY RACE, THE • 1982 • MTV
HEART OF AN ARTIST • 1982 • MTV
DORIS MCCARTHY: HEART OF A PAINTER • 1983 • DOC
TRIBUTE • 1985 • DOC

LEITNER HERMAN see **LEITNER HERMANN**

LEITNER HERMANN – GRM
LEITNER HERMAN
PULVERSCHNEE NACH UEBERSEE • 1956
FERIEN AUF IMMENHOF • 1957
LIANE, DIE WEISSE SKLAVIN • LIANA, LA SCHIVA BIANCA (ITL) ○ JUNGLE GIRL AND THE SLAVER • 1957
LILLI -EIN MADCHEN AUS DER GROSSTADT • 1958
FRAUEN IN TEUFELS HAND • 1960
GLUCK UND LIEBE IN MONACO • 1960
MEIN VATERHAUS STEHT IN DEN BERGEN • 1960
WEGEN VERFUHRUNG MINDERJAHRIGER • 1960
MORGEN BEGINNT DAS LEBEN • MORD IM CAFE CENTRAL • 1961
FLYING CLIPPER -TRAUMREISE UNTER WEISSEN SEGELN • MEDITERRANEAN HOLIDAY (USA) • 1962
WENN BEIDE SCHULDIG WERDEN • 1962

LEITNER KONRAD – GRM
RATSEL IM MENSCHEN, DAS • 1920

LEJTER HERMAN – VNZ
DIAS DE CENIZA • DAYS OF ASHES • 1970
REALITY AND FICTION • 1977

LEJTES JOSEPH – PLN
MLODY LAS • 1935
LOVE OF A KINGDOM • 1936
DZIEWCZETA Z NOWOLIPEK • GIRLS OF NOWOLIPEK • 1938
GRANICA • 1938
KOSCIUSZKI • 1938
GRAND PROMESSE, LA • 1950

LEKAIN TONY – FRN – 1888–1966
FAUTEUIL 47, LE • 1926
COLLIER DE LA REINE, LE • AFFAIRE DU COLLIER DE LA REINE, L' • 1929
MONSIEUR DE POUCEAUGNAC • 1932
FANATISME • SAVELLI, LA • 1934
ROSAIRE, LE • 1934

LEKIC MIROSLAV – YGS
DOGODILO SE NA DANASNJI DAN • IT HAPPENED ON THIS DAY • 1987

LELAND DAVID – UKN
WISH YOU WERE HERE • 1987
CHECKING OUT • 1988
BIG MAN, THE • 1990

LELLI LUCIANO – ITL
BANG BANG • BANG BANG KID, THE • 1968
RAGAN • 1968

LELOUCH CLAUDE – FRN – 1937–
MAL DU SIECLE, LE • 1950 • DCS
USA EN VRAC • 1956 • DCS
VILLE COMME LES AUTRES, UNE • 1956 • DCS
QUAND LE RIDEAU SE LEVE • 1957 • DCS
GUERRE DU SILENCE, LA • 1959 • DOC
MECANICIENS DE L'ARMEE DE L'AIR, LES • 1959 • DOC
S.O.S. HELICOPTERE • 1959 • DOC
PROPRE DE L'HOMME, LE • RIGHT OF MAN, THE • 1960
AMOUR AVEC DES SI.., L' • AVEC DES SI.. • 1963
FEMME SPECTACLE, LA • NIGHT WOMEN (USA) ○ PARIS IN THE RAW • 1964 • DOC
VINGT-QUATRE HEURES D'AMANTS • 1964 • DCS
FILLE ET DES FUSILS, UNE • TO BE A CROOK (USA) ○ DECADENT INFLUENCE, THE • 1965
GRANDS MOMENTS, LES • 1965
JEAN-PAUL BELMONDO • 1965 • DOC
POUR UN MAILLOT JAUNE • FOR A YELLOW JERSEY (UKN) • 1965 • DOC
HOMME ET UNE FEMME, UN • MAN AND A WOMAN, A (UKN) • 1966
LOIN DU VIETNAM • FAR FROM VIETNAM • 1967
VIVRE POUR VIVRE • VIVERE PER VIVERE (ITL) ○ LIVE FOR LIFE • 1967
VIE, L'AMOUR, LA MORT, LA • VITA, L'AMORE, LA MORTE, LA (ITL) ○ LIFE, LOVE, DEATH (UKN) • 1968
13 JOURS EN FRANCE • CHALLENGE IN THE SNOW (UKN) ○ GRENOBLE (USA) • 1968 • DOC
HOMME QUI ME PLAIT, L' • TIPO CHE MI PAICE, UN (ITL) ○ LOVE IS A FUNNY THING (USA) ○ MAN I LIKE, A (UKN) ○ HISTOIRE D'AIMER ○ AGAIN A LOVE STORY ○ MAN I LOVE, A • 1969
VOYOU, LE • SIMON THE SWISS (UKN) ○ CROOK, THE (USA) ○ CRIMINAL, THE ○ STORIA DI UNA CANAGLIA • 1970
IRAN • 1971 • DCS
SMIC SMAC SMOC • 1971
AVENTURE C'EST L'AVENTURE, L' • AVVENTURA E L'AVVENTURA, L' (ITL) ○ MONEY, MONEY, MONEY (USA) • 1972
BONNE ANNEE, LA • DONNA E UNA CANAGLIA, UNA (ITL) ○ HAPPY NEW YEAR (USA) ○ HAPPY NEW YEAR CAPER, THE • 1973
VISIONS OF EIGHT • 1973
TOUTE UNE VIE • TUTTA UNA VITA (ITL) ○ AND NOW MY LOVE (USA) • 1974
CHAT ET LA SOURIS, LE • SEVEN SUSPECTS FOR MURDER (UKN) ○ CAT AND MOUSE (USA) • 1975
MARIAGE • MARRIAGE • 1975
SI C'ETAIT A REFAIRE • IF I HAD TO DO IT ALL OVER AGAIN ○ SECOND CHANCE (UKN) • 1975
BON ET LES MECHANTS, LE • GOOD AND THE BAD, THE • 1976
ANOTHER MAN, ANOTHER CHANCE • AUTRE HOMME, UNE AUTRE CHANCE, UN (FRN) ○ ANOTHER MAN, ANOTHER WOMAN • 1977
ROBERT ET ROBERT • 1978
A NOUS DEUX • ADVENTURE FOR TWO, AN (USA) ○ US TWO • 1979
UNS ET LES AUTRES, LES • INS AND THE OUTS, THE (USA) ○ BOLERO ○ WITHIN MEMORY • 1981
EDITH ET MARCEL • EDITH AND MARCEL (USA) • 1983
VIVA LA VIE! • 1983
PARTIR, REVENIR • 1984
HOMME ET UNE FEMME: VINGT ANS DEJA, UN • MAN AND A WOMAN: 20 YEARS LATER, A (USA) • 1985
ATTENTION BANDIT • 1987
ITINERAIRE D'UN ENFANT GATE • 1988
IL Y A DES JOURS.. ET DES LUNES • 1990

LEM JACQUES see **LEMOINE JACQUES**

LEMAIRE JEAN – BLG
MUTATION, THE • 1967 • ANS

LEMAIRE YVAN – BLG – 1934–
COUP POUR RIEN, UN • 1958
HOMME, CETTE DUALITE, L' • MAN, THAT DUAL PERSONALITY • 1958 • SHT
DANSE DES SABRES, LA • SABER DANCE, THE • SHT
GENOCIDE • 1963
STRIP-TEASE • 1965
FAUX MUTANT, LE • 1967

LEMAITRE MAURICE – Writer – FRN – 1926–
FILM EST DEJA COMMENCE • 1951
SOIR AU CINEMA, UN • 1962
MOTEUR! • 1967
ECRIVISSE MATHEMATIQUE, L' • 1969
POSITIF-NEGATIF, NOTRE FILM • 1970
COPIE MUTILEE, UNE • 1973
IMAGE • 1974

LEMAN JUDA
LAND OF PROMISE, THE • 1935

LEMICK MICHAEL E see **PROSPERI FRANCO**

LEMIEUX HECTOR – CND
WEDDING DAY • 1963

LEMINEN HANNU – FNL
MORSIUSSEPPELE • BRIDAL GARLAND, THE • 1954

LEMKE KLAUS – GRM
NEGRESCO -EINE TODLICHE AFFAIRE • MY BED IS NOT FOR SLEEPING (UKN) ○ NEGRESCO • 1967
48 STUNDEN BIS ACAPULCO • 48 HOURS TO ACAPULCO • 1967
BRANDSTIFTER, DIE • 1969
DESTINATION PARADISE • 1971
LIEBE SO SCHON WIE LIEBE • 1971
SYLVIE • 1973

LEMKOW TUTTE – NRW
VILDANDEN • WILD DUCK, THE • 1974

LEMMEL DIETER H. – GRM
MARIONETTEN • MARIONETTES • 1958 • SHT
KINDER IM FRAGEALTER • 1965

LEMMER G. – GRM
PROTOKOLL EINER REVOLUTION • 1963 • SHT

LEMMO JAMES – USA
HEART • 1987

LEMMON JACK – Actor – USA – 1925–
KOTCH • 1971

LEMOINE CAMILLE – FRN
BLANC COMME NEIGE • SOURIS BLONDE, LA • 1931
PAX • 1932

LEMOINE JACQUES – CND
LEM JACQUES
LIT, LE • PLUMARD EN FOLIE, LE ○ BEDMANIA • 1974

LEMOINE MICHEL – FRN – 1929–
FROLEUSES, LES
SWEDISH PLAYBIRDS
CHIENNES, LES • 1972
DESAXEES, LES • I AM AVAILABLE (UKN) • 1972
CONFIDENCES EROTIQUES D'UN LIT TROP ACCUEILLANT, LES • 1973
PETITES SAINTES Y TOUCHENT, LES • 1973
WEEK-ENDS MALEFIQUES DU COMTE ZAROFF, LES • SEVEN WOMEN FOR SATAN • 1975
TIRE PAS SUR MON COLLANT • 1978
HONEYMOON IN PARADISE • 1985
JOUISSANCES A DOMICILE • JOUISSANCES ROULANTES ○ MOBILE-HOME GIRLS • 1985
MARILYN, MON AMOUR • MARILYN, MY LOVE • 1985

LEMON MAX – Editor – ASL – c1936–
80 CHANNELS UNDER THE SEA • 1962 • DOC
THINK THINK • 1969 • SHT

LEMONT JOHN – UKN – 1914–
GREEN BUDDHA, THE • 1954
MIRROR AND MARKHEIM, THE • 1954 • SHT
AND WOMEN SHALL WEEP • 1960
SHAKEDOWN, THE • NAKED MIRROR, THE • 1960
FRIGHTENED CITY, THE • 1961
KONGA • I WAS A TEENAGE GORILLA • 1961

LEMORANDE RUSTY – USA
JOURNEY TO THE CENTER OF THE EARTH • 1988

LEMOS CARLOS – ARG
SVART GRYNING • BLACK DAWN • 1988

LENARD ANDREW J. – HNG
CATACLYSM, THE • 1934 • SHT

LENARTAS L. – USS
ONITE AND IONELIS • 1931

LENARTOWICZ S. see **LENARTOWICZ STANISLAW**

LENARTOWICZ STANISLAW – PLN
LENARTOWICZ S.
MINIATURY KODEKSU BEHEMA • CRACOW IN THE YEAR 1500 • 1953
ZIMOVY ZMIERZCH • WINTER DUSK • 1957
PIGULKI DLA AURELII • PILLS FOR AURELIA • 1958
ZOBACZYMY SIE W NIEDZIELE • WE'LL MEET ON SUNDAY • 1959
PAMIETNIK PANI HANKI • LOST DAYS OF PEACE, THE ○ MRS. HANKA'S DIARY • 1963
ITALIAN IN WARSAW, AN • 1964
CALA NAPRZOD • FULL STEAM AHEAD ○ FULL AHEAD ○ FORWARD • 1967
POCZMISTRS • 1967 • MTV
ZABIJAKA • 1967 • MTV
UPIOR • VAMPIRE • 1968
CZERWONE I ZLOTE • RED AND GOLD • 1971
AKTORKA • ACTRESS, THE • 1972
OPETANIE • OBSESSION • 1973
ZA ROK • 1976

LENASZ ELIA – FRN
POUR QUI LES PRISONS? • 1977 • DOC

LENAUER JEAN – CND
COAL AT THE CROSSROADS • 1956
CEOUR NEUF POUR UN VIEUX, UN • 1956–57 • DCS

LENGYEL IVAN – ISR
SINAIA • CLOUDS OVER ISRAEL (USA) • 1962

LENI PAUL – Set designer – GRM – 1885–1929
LENI PAUL A.
TAGEBUCH DES DR. HART, DAS • FELDARZT, DER • 1916
DORNROSCHEN • SLEEPING BEAUTY • 1917
PRIMAVERA • 1917
RATSEL VON BANGALOR, DAS • 1917
PLATONISCHE EHE, DIE • 1918
PRINZ KUCKUCK • LEBEN UND HOLLENFAHRT EINES WOLLUSTLINGS ○ PRINCE CUCKOO • 1919
PATIENCE • 1920
VERSCHWORUNG ZU GENUA, DIE • FIESCO • 1920
GESPENSTERSCHIFF, DAS • 1921
HINTERTREPPE, DIE • BACKSTAIRS • 1921
KOMODIE DER LEIDENSCHAFTEN • 1921
WACHSFIGURENKABINETT, DAS • THREE WAX MEN (USA) ○ WAXWORKS (UKN) ○ WAX MEN, THE • 1924
CAT AND THE CANARY, THE • 1927
CHINESE PARROT, THE • 1927
MAN WHO LAUGHS, THE • 1927
LAST WARNING, THE • 1929
PUZZLES • 1929 • SHT

LENI PAUL A. see **LENI PAUL**

LENICA JAN – Animator – PLN – 1928–
BYL SOBIE RAZ • ONCE UPON A TIME (UKN) ○ ONCE THERE WAS (USA) • 1957 • ANS
STRIPTEASE • 1957 • ANS
DNI OSWIATY • EDUCATION DAYS • 1958 • ANS
DOM • HOUSE ○ HOME • 1958 • ANS
NAGRODZONE UCZUCIA • REQUITED FEELINGS (UKN) ○ REWARDED FEELINGS ○ NAGRODZONE UCZVTE ○ LOVE REWARDED ○ LOVE REQUITED • 1958 • ANS
MONSIEUR TETE • MISTER HEAD • 1959 • ANS
NOWY JANKO MUZYKANT • JOHNNY THE MUSICIAN ○ NEW JANKO THE MUSICIAN ○ JANKO THE MUSICIAN ○ IANKO THE MUSICIAN • 1960 • ANS
BOITE A MUSIQUE • 1961 • SHT
ITALIA 61 • ITALY 61 • 1961 • ANS
SOLITUDE • 1961
LABYRINT • LABYRINTH • 1963 • ANS
NASHORNER, DIE • RHINOCEROS (USA) ○ RHINOCEROSES • 1963 • ANS
A • 1964 • SHT
FEMININ FLEUR, LA • WOMAN IS A FLOWER (UKN) ○ FLOWER WOMAN, THE ○ FEMME-FLEUR, LA • 1965 • ANS
WEG ZUM NACHBARN • 1966 • ANS
ADAM 2 • 1969 • ANM
STILLEBEN • STILL LIFE • 1969 • ANS
AUTOMOBILE, THE • 1970 • ANS
NATURE MORTE • 1970 • ANS
HOLLE, DIE • HELL ○ ENFER, L' • 1971 • ANS
FANTORRO, LE DERNIER JUSTICIER • FANTORRO, THE LAST JUST MAN • 1973 • ANS
LANDSCAPE • 1974 • ANS
UBU ROI • KING UBU • 1977 • ANS
UBU ET LA GRANDE GIDOUILLE • UBU AND THE GREAT GIDOUILLE • 1979 • ANM

LENIHAN PATRICK – USA
LITTLE BLUE BLACKBIRD • 1938 • ANS

LENNICK MICHAEL – CND – 1952–
COMICON • 1976
SPACE MOVIE • 1983 • MTV

LENNON JOHN – Singer – UKN – 1940–1981
LEGS • UP YOUR LEGS FOREVER • 1970
IMAGINE • 1972

LENNY BILL – UKN
ALIEN ATTACK • SPACE 1999: ALIEN ATTACK • 1977 • MTV

LENOIR CLAUDINE – FRN
TERRUS CHARLETTE
BELLE AU BOIS DORMANT, LA • SLEEPING BEAUTY • SHT
PRISONNIERE, LA • CAPTIVE, THE • SHT
RENDEZ-VOUS SAUVAGE, LE • WILD RENDEZVOUS, THE • SHT

LENOIR R. – CND
TRICOFIL C'EST LA CLEF • 1976 • DOC

LENTE MIKLOS – HNG – 1930–
ODD BALLS • ALL SHOOK UP! ○ ODDBALLS • 1984

LENZ WERNER M. – DNM
OSWALT KOLLE: DEIN MANN, DAS UNBEKANNTE WESEN • DEIN MANN, DAS UNBEKANNTE WESEN • 1970
SADAN ER PORNO • 1971 • DOC

LENZER DON – USA
HAVE YOU HEARD OF THE SAN FRANCISCO MIME TROUPE? • 1968 • DOC

LENZI UMBERTO – ITL – 1931–
MILESTONE HANK • LONGAN HUMPHREY • HUMBERT HUMPHREY
AVVENTURE DI MARY READ, LE • QUEEN OF THE SEAS (USA) • 1961
CATERINA DI RUSSIA • CATHERINE DE RUSSIE (FRN) ○ CATHERINE OF RUSSIA (USA) • 1962
DUELLO NELLA SILA • DUEL OF FIRE (USA) • 1962
TRIONFO DI ROBIN HOOD • TRIUMPH OF ROBIN HOOD (USA) • 1962
INVINCIBILE CAVALIERE MASCHERATO, L' • INVINCIBLE MASKED RIDER, THE (USA) ○ TERROR OF THE BLACK MASK • 1964
PIRATI DELLA MALESIA, I • 1964
SANDOK, IL MACISTE DELLA GIUNGLA • SANDOK, THE GIANT OF THE JUNGLE ○ TEMPLE OF THE WHITE ELEPHANTS ○ TEMPIO DELL'ELEFANTE BIANCO, IL • 1964
SANDOKAN • SANDOKAN, LE TIGRE DE BORNEO (FRN) ○ SANDOKAN THE GREAT (USA) ○ SANDOKAN, LA TIGRE DI MOMPRACEM (ITL) • 1964
ZORRO CONTRO MACISTE • SAMSON AND THE SLAVE QUEEN (USA) ○ ZORRO VS. MACISTE • 1964
A 008 OPERAZIONE STERMINIO • A-008 OPERATION EXTERMINATE ○ SUSPENSE A CAIRO POUR AGENT 008 • 1965
MONTAGNA DI LUCE, LA • 1965
TRE SERGENTI DEL BENGALA, I • ADVENTURES OF THE BENGAL LANCERS • 1965
ULTIMO GLADIATORE, L' • MESSALINA AGAINST THE SON OF HERCULES (USA) ○ EMPRESS MESSALINA MEETS THE SON OF HERCULES • 1965
KRIMINAL • 1966
MILIONE DI DOLLARI PER SETTE ASSASSINI, UN • 1966
SPIE AMANO I FIORI, LE • SPY LOVES FLOWERS, THE • 1966
SUPERSEVEN CHIAMA CAIRO • SUPERSEVEN CALLING CAIRO • 1966
ATTENTATO AI TRE GRANDI • CHIENS VERTS DU DESERT, LES (FRN) ○ FUNF GEGEN CASABLANCA (FRG) ○ ATTEMPT ON THE THREE GREAT POWERS ○ FIVE FOR CASABLANCA ○ DESERT COMMAND • 1967
ORGASMO • FOLLE ENVIE D'AIMER, UNE (FRN) ○ PARANOIA (UKN) ○ ORGASM • 1968
PISTOLA PER CENTO BARE, UNA • PISTOL FOR A HUNDRED COFFINS, A • 1968
TUTTO PER TUTTO • ALL OUT • 1968
COSI DOLCE.. COSI PERVERSA • SI DOUCES, SI PERVERSES (FRN) ○ SO SWEET, SO PERVERSE • 1969
LEGIONE DEI DANNATI, LA • BATTLE OF THE COMMANDOS (USA) ○ LEGION OF THE DAMNED ○ LEGION OF NO RETURN, THE • 1969
PARANOIA • QUIET PLACE TO KILL, A (UKN) • 1969
POSTO IDEALE PER UCCIDERE, UN • 1971
COLTELLO DI GHIACCIO, IL • 1972
PAESE DEL SESSO SELVAGGIO, IL • LAST SURVIVOR, THE (USA) ○ MAN FROM DEEP RIVER, THE ○ DEEP RIVER SAVAGES ○ MONDO CANNIBALE • 1972
SACRIFICE! • 1972
SETTE ORCHIDEE MASCHIATE DI ROSSO • 1972
MILANO ROVENTE • 1973
MILANO ODIA: LA POLIZIA NO PUO SPARARE • ALMOST HUMAN (USA) ○ KIDNAP OF MARY LOU, THE • 1974
SPASMO • 1974
GATTI ROSSI IN UN LABIRINTO DI VETRO • 1975
GIUSTIZIERE SFIDA LA CITTA, IL • SYNDICATE SADISTS ○ ONE JUST MAN • 1975
UOMO DELLA STRADA FA GIUSTIZIA, L' • FLIC HORS LA LOI, UN (FRN) • 1975
NAPOLI VIOLENTA • DEATH DEALERS (UKN) • 1976
ROMA A MANO ARMATA • 1976
TRUCIDO E LO SBIRRO, IL • 1976
BANDA DEL GOBBO, LA • 1977
CINICO, L'INFAME, IL VIOLENTO, IL • CYNIC, THE RAT AND THE FIST, THE • 1977
EYEBALL • 1978
GRANDE ATTACCO, IL • BIGGEST BATTLE, THE ○ BATTLE OF THE MARETHLINE ○ GREAT BATTLE, THE ○ BATTLE FORCE ○ GREATEST BATTLE, THE • 1978
CONTRO QUATTRO BANDIERE • 1979
DA CORLEONE A BROOKLYN • FROM CORLEONE TO BROOKLYN • 1979
DE L'ENFER A LA VICTOIRE • FROM HELL TO VICTORY ○ DA DUNKERQUE ALLA VITTORIA ○ FORTRESS EUROPE • 1979
CANNIBAL FEROX • MAKE THEM DIE SLOWLY • 1980
MANGIATI VIVI DAI CANNIBALI • EATEN ALIVE BY THE CANNIBALS ○ DEFY TO THE LAST PARADISE ○ CANNIBALS ○ EATEN ALIVE ○ DOOMED TO DIE ○ MANGIATI VIVI • 1980
NIGHTMARE CITY • ATAQUE DE LOS ZOMBIES ATOMICOS ○ INCUBO SULLA CITTA CONTAMINATA ○ CITY OF THE WALKING DEAD ○ INVASION OF THE ATOMIC ZOMBIES ○ INVASION DE LOS ZOMBIES ATOMICAS, LA ○ SPN ○ INVASION BY THE ATOMIC ZOMBIES • 1980
GUERRA DEL FERRO, LA • DOMINATORE DEL FERRO, IL ○ PADRONE DEL FERRO, IL ○ GUERRE DU FER, LA ○ IRON MASTER, THE ○ IRONMASTER, THE • 1983
BRIDGE TO HELL • 1986
GHOSTHOUSE • 1987

LEO MALCOLM – USA
THIS IS ELVIS • 1981 • DOC
IT CAME FROM HOLLYWOOD • 1982
BEACH BOYS: AN AMERICAN BAND, THE • 1984

LEON JEAN – FRN – 1929–
AIMEZ-VOUS LES FEMMES? • TASTE FOR WOMEN, A (USA) ○ DO YOU LIKE WOMEN? • 1964

LEONARD ALBERT B. see **LEONARDI ALBERTO**

LEONARD ARTHUR – USA
POCOMANIA • DEVIL'S DAUGHTER, THE • 1939
STRAIGHT TO HEAVEN • 1939
BOY! WHAT A GIRL • 1947
SEPIA CINDERELLA • 1947

LEONARD BRETT – USA
DEAD PIT, THE • 1988

LEONARD GLORIA – USA
ALL ABOUT GLORIA LEONARD • 1978

LEONARD HERBERT see **LEONARD HERBERT B.**

LEONARD HERBERT B. – Producer – USA – 1922–
LEONARD HERBERT
PERILS OF PAULINE, THE • 1967
GOING HOME • 1971

LEONARD LEON – USA
OMOO OMOO • OMOO OMOO, THE SHARK GOD ○ SHARK GOD, THE (UKN) • 1949

LEONARD MARION – USA
TREASURE, THE • 1951

LEONARD ROBERT see **LEONARD ROBERT Z.**

LEONARD ROBERT Z. – USA – 1889–1968
LEONARD ROBERT
TURN OF THE TIDE, THE • 1913
BOOB'S HONEYMOON, THE • 1914
FROM FATHER TO SON • 1914
BETTY'S DREAM HERO • 1915
BOOB'S ROMANCE, A • 1915
BOTH SIDES OF LIFE • 1915
CHRISTMAS MEMORIES • 1915
HERITAGE • 1915
IDOLS OF CLAY • 1915
JUDGE NOT OR THE WOMAN OF MONA DIGGINGS • 1915
LITTLE BLONDE IN BLACK • 1915
MASTER KEY, THE • 1915 • SRL
MAVIS OF THE GLEN • 1915
SHATTERED MEMORIES • 1915
SILENT COMMAND, THE • 1915
THAT LASS O' LOWRIE'S • 1915
BOOB'S VICTORY, THE • 1916 • SHT
CRIPPLED HAND, THE • 1916
EAGLE'S WINGS, THE • 1916
EVIDENCE, THE • 1916 • SHT
LITTLE EVE EDGARTON • LITTLE EVA EGERTON • 1916
LOVE GIRL, THE • 1916
PLOW GIRL, THE • 1916
SECRET LOVE • 1916
SILENT MAN OF TIMBER GULCH, THE • 1916 • SHT
SILENT MEMBER, THE • 1916
WINNING OF MISS CONSTRUE, THE • 1916 • SHT
WOMAN WHO FOLLOWED ME, THE • 1916 • SHT
YUST FROM SWEDEN • 1916 • SHT
AT FIRST SIGHT • 1917
FOREST NYMPH, THE • 1917 • SHT
LIFE'S PENDULUM • 1917 • SHT
MORMON MAID, A • 1917
ON RECORD • 1917
PRIMROSE RING, THE • 1917
PRINCESS VIRTUE • 1917
BRIDE'S AWAKENING, THE • 1918
DANGER, GO SLOW • 1918
FACE VALUE • 1918
HER BODY IN BOND • HEART OF AN ACTRESS, THE (UKN) • 1918
MODERN LOVE • 1918
BIG LITTLE PERSON, THE • 1919
DELICIOUS LITTLE DEVIL, THE • 1919
SCARLET SHADOW, THE • 1919
WAY OF A WOMAN, THE • 1919
WHAT AM I BID? • 1919
APRIL FOLLY • 1920
MIRACLE OF LOVE, THE • 1920
RESTLESS SEX, THE • 1920
GILDED LILY, THE • 1921
HEADLESS MOTHS • 1921
BROADWAY ROSE • 1922
FASCINATION • 1922
PEACOCK ALLEY • 1922
FASHION ROW • 1923
FRENCH DOLL, THE • 1923
JAZZMANIA • 1923
CHEAPER TO MARRY • 1924
CIRCE THE ENCHANTRESS • 1924
LOVE'S WILDERNESS • WILDERNESS • 1924
MADEMOISELLE MIDNIGHT • 1924
BRIGHT LIGHTS • LITTLE BIT OF BROADWAY, A • 1925
DANCE MADNESS • 1925
TIME, THE COMEDIAN • 1925
DEMI-BRIDE, THE • 1926
LITTLE JOURNEY, A • 1926
MADEMOISELLE MODISTE • 1926
WANING SEX, THE • 1926
ADAM AND EVIL • HIS BROTHER FROM BRAZIL • 1927
BABY MINE • 1927
TEA FOR THREE • 1927
CARDBOARD LOVER, THE • HER CARDBOARD LOVER • 1928
LADY OF CHANCE, A • LITTLE ANGEL, THE • 1928
MARIANNE • 1929
DIVORCEE, THE • 1930
IN GAY MADRID • HOUSE OF TROY, THE • 1930
LET US BE GAY • 1930
BACHELOR FATHER, THE • 1931
FIVE AND TEN • DAUGHTER OF LUXURY (UKN) • 1931
IT'S A WISE CHILD • 1931
SUSAN LENOX, HER FALL AND RISE • RISE OF HELGA, THE (UKN) ○ SUSAN LENOX • 1931
LOVERS COURAGEOUS • COURAGE • 1932
STRANGE INTERLUDE • STRANGE INTERVAL (UKN) • 1932
DANCING LADY • 1933
PEG O' MY HEART • 1933
OUTCAST LADY • WOMAN OF THE WORLD, A (UKN) ○ GREEN HAT, THE • 1934
AFTER OFFICE HOURS • 1935
ESCAPADE • MASQUERADE • 1935
GREAT ZIEGFELD, THE • 1936
PICCADILLY JIM • 1936
FIREFLY, THE • 1937
MAYTIME • 1937
GIRL OF THE GOLDEN WEST, THE • 1938
BROADWAY SERENADE • SERENADE (UKN) • 1939
NEW MOON • 1940
PRIDE AND PREJUDICE • 1940
THIRD FINGER, LEFT HAND • 1940
WE WERE DANCING • 1941
WHEN LADIES MEET • 1941
ZIEGFELD GIRL • 1941
STAND BY FOR ACTION • CARGO OF INNOCENTS (UKN) ○ CLEAR FOR ACTION ○ COME HAIL OR HIGH WATER ○ THIS MAN'S NAVY • 1942
MAN FROM DOWN UNDER, THE • 1943
MARRIAGE IS A PRIVATE AFFAIR • 1944
WEEKEND AT THE WALDORF • 1945
SECRET HEART, THE • 1946
CYNTHIA • RICH FULL LIFE, THE (UKN) • 1947
B.F.'S DAUGHTER • POLLY FULTON (UKN) • 1948
BRIBE, THE • 1948
IN THE GOOD OLD SUMMERTIME • 1949
NANCY GOES TO RIO • 1949
DUCHESS OF IDAHO • 1950
GROUNDS FOR MARRIAGE • 1950
TOO YOUNG TO KISS • 1951
CLOWN, THE • 1952
EVERYTHING I HAVE IS YOURS • 1952
GREAT DIAMOND ROBBERY, THE • 1953
HER TWELVE MEN • 1954
BEAUTIFUL BUT DANGEROUS • 1955
DONNA PIU BELLA DEL MONDO, LA • BEAUTIFUL BUT DANGEROUS (USA) ○ BELLA DES BELLES, LA (FRN) • 1955
KING'S THIEF, THE • 1955
KELLY AND ME • 1957

LEONARD TERRY J. – USA
DEATH BEFORE DISHONOR • 1987

LEONARDI ALBERTO – ITL
LEONARD ALBERT B.
OPERAZIONE GOLDSEVEN • TECNICA DI UNA SPIA (ITL) ○ OPERATION GOLDSEVEN • 1966

LEONARDI ALFREDO – ITL – 1938–
AMORE, AMORE • MY LOVE, MY LOVE • 1968

LEONCINI LEONIDA – ITL
MALABESTIA • 1978

LEONDOPOULOS JORDAN – USA
SAM'S SONG • SWAP, THE • 1971

LEONE JOHN – USA
GREAT SMOKEY ROADBLOCK, THE • LAST OF THE COWBOYS, THE • 1976

LEONE SERGIO – ITL – 1921–1989
ROBERTSON BOB
COLOSSO DI RODI, IL • COLOSSE DE RHODES, LE (FRN) ○ COLOSSUS OF RHODES, THE (USA) ○ COLOSO DE RODAS, EL (SPN) • 1961
SODOM AND GOMORRAH • SODOMA E GOMORRA (ITL) ○ SODOME ET GOMORRHE (FRN) • 1961
PER UN PUGNO DI DOLLARI • FUR EINE HANDVOLL DOLLARS (FRG) ○ POR UN PUNADO DE DOLARES (SPN) ○ FOR A FISTFUL OF DOLLARS (USA) ○ FISTFUL OF DOLLARS, A • 1964
PER QUALCHE DOLLARI IN PIU • FUR EIN PAAR DOLLAR MEHR (FRG) ○ FOR A FEW DOLLARS MORE (USA) ○ MUERTE TENIA UN PRECIO, LA (SPN) • 1965
BUONO, IL BRUTO, IL CATTIVO • GOOD, THE BAD AND THE UGLY, THE (UKN) • 1967
C'ERA UNA VOLTA IL WEST • ONCE UPON A TIME IN THE WEST (UKN) • 1969
GIU LA TESTA • FISTFUL OF DYNAMITE, A (UKN) ○ DUCK, YOU SUCKER (USA) • 1971
GENIO, DUE COMPARI, UN POLLO, UN • GENIE, DEUX ASSOCIES, UNE CLOCHE, UN (FRN) ○ NOBODY'S THE GREATEST • 1976
ONCE UPON A TIME IN AMERICA • C'ERA UNA VOLTA IN AMERICA • 1983

LEONG PO-CHIH see **LIANG PUZHI**

LEONI GUIDO – ITL – 1920–
PINGUINI CI GUARDANO, I • 1956
RASCEL-FIFI • 1957
RASCEL MARINE • 1958
DI QUA DI LA DEL PIAVE • 1959
VACANZE IN ARGENTINA • 1961
COMMISSARIATO DI NOTTURNA • 1973
SUPPLENTE, LA • 1975
OH, MIA BELLA MATRIGNA • 1976
SEMINARISTE, LE • 1976
CASA SUL LAGO, LA • 1977

LEONIV A.
CHEKHOV • 1954

LEONVIOLA ANTONIO – ITL
RITA DA CASCIA • 1942
DUE VERITA, LE • 1952
SUL PONTE DEI SOSPIRI • 1953
NOI CANNIBALI • 1954
SILURI UMANI • 1955
SUO PIU GRANDE AMORE, IL • HER GREATEST LOVE • 1958
BALLERINA E BUON DIO • ANGEL IN A TAXI (USA) ○ BALLERINA AND THE GOOD GOD • 1959
MACISTE L'UOMO PIU FORTE DEL MONDO • MOLE MEN VS. THE SON OF HERCULES (USA) ○ MACISTE AND THE NIGHT QUEEN ○ STRONGEST MAN IN THE WORLD, THE (UKN) ○ MACISTE, THE STRONGEST MAN IN THE WORLD • 1961
MACISTE NELLA TERRA DEI CICLOPI • ATLAS AGAINST THE CYCLOPS (USA) ○ MONSTER FROM THE UNKNOWN WORLD ○ ATLAS IN THE LAND OF THE CYCLOPS ○ ATLAS VS. THE CYCLOPS • 1961

GLADIATRICI, LE • 1963
TAUR, IL RE DELLA FORZA BRUTA • TARZAN ROI DE LA FORCE BRUTALE (FRN) ○ TARZAN, KING OF BRUTE FORCE ○ THAUR, ROI DE LA FORCE BRUTALE ○ THOR AND THE AMAZON WOMEN ○ TAUR THE MIGHTY ○ TOR, MIGHTY WARRIOR ○ TOR • 1963
GIOVANI TIGRI, I • YOUNG TIGERS, THE • 1968

LEOPOLD GEORG – GRM
PAPAS NEUE FREUNDIN • 1961

LEPAGE HENRI – FRN – 1898–1970
MACHINE A REFAIRE LA VIE, LA • MACHINE FOR RECREATING LIFE, A (USA) • 1924
MACHINE A REFAIRE LA VIE, LA • 1933
EXTRAVAGANTE THEODORA, L' • 1949
MAITRES-NAGEURS, LES • MAITRES NAGEURS, LES • 1950
MON AMI LE CAMBRIOLEUR • 1950
DUPONT-BARBES • MALOU DE MONTMARTRE • 1951
ET TA SOEUR.. • 1951
FORTUNE DE MARSEILLE • 1951
ILE AUX FEMMES NUES, L' • NAKED IN THE WIND (USA) ○ NAKED IN THE MIND • 1952
RIRES DE PARIS • SINS OF PARIS (USA) • 1952
COLLEGE EN FOLIE, LE • 1953
PAS DE SOURIS DANS LE BIZENESS • 1954
A LA MANIERE DE SHERLOCK HOLMES • 1955
PAS DE PITIE POUR LES CAVES • 1956
C'EST UNE FILLE DE PANAME • 1957
SOUFFLE DU DESIR, LE • 1957

LEPAGE MARQUISE – CND
MARIE S'EN VA-T-EN VILLE • MARIE IN THE CITY • 1988

LEPARD ERNEST – UKN
DODGING THE LANDLORD • 1913
INKEY AND CO • 1913
INKEY AND CO -GLAD EYE • 1913
INKEY AND CO IN BUSINESS • 1913
TEMPERANCE LECTURE, THE • 1913

LEPENIOTIS ANTONIS – AUS
TOD DES DR. ANTONIO DURCH DIE RENAISSANCE DER GEISTIGE GESELLSCHAFT, DER • 1967
ALKESTE -DIE BEDEUTUNG PROTEKTION ZU HABEN • 1971
MANIFEST, DAS • MANIFEST, THE • 1974
FALL HARRER, DER • HARRER CASE, THE • 1986

LEPEUVE MONIQUE – FRN
CHANSON DU JARDINIER FOU, LA • MAD GARDENER'S SONG, THE • 1960 • ANM
CONCERTO POUR VIOLINCELLE • 1962 • ANM
EXEMPLE ETRETAT • 1962 • SHT
HAVRE SAC • 1963 • SHT

LEPINE CHARLES – FRN
FILS DU DIABLE, LE • SON OF THE DEVIL • 1906

LEPRE GIANNI – NRW
HENRYS BAKVAERELSE • HENRY'S BACK ROOM • 1981
HVITT LANDSKAP • LANDSCAPE IN WHITE • 1984

LEPRIEUR GASTON – FRN
ARRIVISTE, L' • 1914
BALCON DE LA MORT, LE • 1917
MURAILLE QUI PLEURE, LA • 1918
PETITE MOBILISEE, LA • 1918
POUR L'AMOUR DE WINNIE • 1919
REVOLTEE, LA • 1919
BALUCHET, ROI DES DETECTIVES • 1922
AFFAIRE DU TRAIN 24, L' • 1923
AVENTURES DE ROBINSON CRUSOE, LES • 1923
FLAMME, LA • 1923

LEPRINCE RENE – Actor – FRN – -1929
DUCHESSE DE BERRY, LA • 1910
FIEVRE DE L'OR, LA • 1911
OPIUM, L' • 1911
SCENES DE LA VIE CRUELLE • 1912-14
CALVAIRE D'UNE MERE, LE • 1913
PETIT PRINCE, LE • 1913
AOUT • 1914
MONTMARTRE • 1914
COEUR DE FRANCAISE • 1915
FACE A L'OCEAN • 1920
FORCE DE LA VIE, LA • 1920
EMPEREUR DES PAUVRES, L' • 1921
ETRE OU NE PAS ETRE • 1922
JEAN D'AGREVE • 1922
FOLIE DU DOUTE, LA • 1923
VENT DEBOUT • 1923
BON PETIT DIABLE, UN • 1924
ENFANT DES HALLES, L' • 1924
MON ONCLE BENJAMIN • 1924
PAX DOMINE • 1924
MYLORD ARSOUILLE • 1925
VERT GALANT, LE • 1925
FANFAN LA TULIPE • 1926
TITI ROI DES GOSSES • 1926
PRINCESSE MASHA, LA • 1927
REVANCHE DU MAUDIT, LA • GHOST SHIP, THE • 1929
TENTATION, LA • 1929

LEQUIM PIERRE – FRN
BREVET 95-75 • 1934

LERMAN JEANETTE – CND
ENEMY ALIEN • 1975

LERMAN RICHARD – USA
RING MASTERS, THE • 1969 • SHT
SAGITTARIUS V • 1969 • SHT

LERNER CARL – USA – 1905–1975
BLACK LIKE ME • NO MAN WALKS ALONE • 1964

LERNER IRVING – USA – 1909–1977
PIE IN THE SKY • 1933 • SHT
PLACE TO LIVE, A • 1941
TO HEAR YOUR BANJO PLAY • 1941 • DCS
MUSCLE BEACH • 1948 • DCS
C-MAN • 1949
SUICIDE ATTACK • 1951
MAN CRAZY • 1954
EDGE OF FURY • 1958
MURDER BY CONTRACT • 1958
CITY OF FEAR • 1959
STUDS LONIGAN • 1960
CRY OF BATTLE • TO BE A MAN • 1963
ROYAL HUNT OF THE SUN, THE • 1969

LERNER JOSEPH – Producer/writer – USA
FIGHT NEVER ENDS, THE • 1947
OLYMPIC CAVALCADE • 1948 • DOC
GUILTY BYSTANDER • 1950
MR. UNIVERSE • 1951
AVVENTURE DEI TRE MOSCHETTIERI, LE • 1957
SPARVIERI DEL RE, GLI • 1959

LERNER MURRAY – USA
SECRETS OF THE REEF • 1956 • DOC
FESTIVAL • NEWPORT FESTIVAL • 1967
FROM MAO TO MOZART: ISAAC STERN IN CHINA • 1980 • DOC

LERNER REMONT – Animator
ZOO ON REPAIR • 1987 • ANM

LERNER RICHARD – USA
HOT CIRCUIT • 1972
REVENGE OF THE CHEERLEADERS • HOTS 3 • 1976
WHAT HAPPENED TO KEROUAC? • 1986 • DOC

LEROI FRANCIS – FRN – 1946–
LEROY FRANCIS
POP GAME • JEU DE LA VIE, LE ○ POP'GAME • 1967
CINE-GIRL • 1968
POUPEE ROUGE, LA • RED DOLL, THE • 1968
ROSE ET LINE
MICHETONNEUSE, LA • 1971
PIEGE A PUCELLES • 1972
TENTATIONS DE MARIANNE, LES • I AM SEXY • 1972
PLAISIRS SOLITAIRES, LES • EROTIC PLEASURES: THE BODIES DESIRE ○ EROTIC PLEASURES ○ LONELY PLEASURES • 1976
JEUX DE LANGUE • 1977
LECHE-MOI PARTOUT • 1977
JE SUIS A PRENDRE! • 1978
PETITES FILLES, LES • 1978
JOUISSANCES PERVERSES • 1979
CHARLOTTE, MOVILLE TA CULOTTE • 1980
INFIRMIERE N'A PAS DE CULOTTE, L' • 1980
PETITES FILLES AU BORDEL • 1980
DEMON DANS L'ILE, LE • 1982
EMMANUELLE 4 • 1983

LEROUX JACQUES – FRN
MAITRE • MASTER • ANS
DEUX URANIUMS, LES • 1965 • SHT
NEUTRON ET LA FISSION, LE • 1965 • DCS
PIERROT • 1965 • ANS
REACTEUR NUCLEAIRE, LE • 1966 • SHT
TANT QU'IL Y AURA DE L'ANGOISSE • 1966 • ANS

LEROY ANNICK – BLG
BERLIN, DE L'AUBE A LA NUIT • 1981

LEROY FRANCIS see **LEROI FRANCIS**

LeROY MERVYN – USA – 1900–1987
LE ROY MERVYN
NO PLACE TO GO • HER PRIMITIVE MATE (UKN) • 1927
FLYING ROMEOS • 1928
HAROLD TEEN • 1928
NAUGHTY BABY • RECKLESS ROSIE (UKN) • 1928
OH, KAY! • 1928
BROADWAY BABIES • BROADWAY DADDIES (UKN) • 1929
HOT STUFF • 1929
LITTLE JOHNNY JONES • 1929
NUMBERED MEN • JAILBREAK • 1930
PLAYING AROUND • FURIES, THE • 1930
SHOW GIRL IN HOLLYWOOD • 1930
TOP SPEED • 1930
BROAD-MINDED • 1931
FIVE STAR FINAL • ONE FATAL HOUR • 1931
GENTLEMAN'S FATE • 1931
HIGH PRESSURE • 1931
LITTLE CAESAR • 1931
LOCAL BOY MAKES GOOD • 1931
TONIGHT OR NEVER • 1931
TOO YOUNG TO MARRY • BROKEN DISHES • 1931
BIG CITY BLUES • 1932
DARK HORSE, THE • 1932
HEART OF NEW YORK, THE • 1932
I AM A FUGITIVE FROM A CHAIN GANG • I AM A FUGITIVE • 1932
THREE ON A MATCH • 1932
TWO SECONDS • 1932
ELMER THE GREAT • 1933
GOLDDIGGERS OF 1933 • 1933
HARD TO HANDLE • 1933
TUGBOAT ANNIE • 1933
WORLD CHANGES, THE • 1933
HAPPINESS AHEAD • 1934
HEAT LIGHTNING • 1934
HI NELLIE! • 1934
I FOUND STELLA PARRISH • 1935
OIL FOR THE LAMPS OF CHINA • 1935
PAGE MISS GLORY • 1935
SWEET ADELINE • 1935
ANTHONY ADVERSE • 1936
THREE MEN ON A HORSE • 1936
KING AND THE CHORUS GIRL, THE • ROMANCE IS SACRED (UKN) ○ ROMANCE IN PARIS • 1937
THEY WON'T FORGET • DEEP SOUTH • 1937
FOOLS FOR SCANDAL • 1938
ESCAPE • WHEN THE DOOR OPENED • 1940
WATERLOO BRIDGE • 1940
BLOSSOMS IN THE DUST • 1941
JOHNNY EAGER • 1941
UNHOLY PARTNERS • NEW YORK STORY, THE • 1941
RANDOM HARVEST • 1942
MADAME CURIE • 1943
THIRTY SECONDS OVER TOKYO • 1944
WITHOUT RESERVATIONS • 1946
DESIRE ME • WOMAN OF MY OWN, A • 1947
HOMECOMING • 1948
LITTLE WOMEN • 1948
ANY NUMBER CAN PLAY • 1949
EAST SIDE, WEST SIDE • 1949
GREAT SINNER, THE • 1949
QUO VADIS? • 1951
LOVELY TO LOOK AT • 1952
LATIN LOVERS • 1953
MILLION DOLLAR MERMAID • ONE-PIECE BATHING SUIT, THE (UKN) • 1953
ROSE MARIE • 1954
MISTER ROBERTS • 1955
STRANGE LADY IN TOWN • 1955
BAD SEED, THE • 1956
TOWARD THE UNKNOWN • BRINK OF HELL (UKN) • 1956
HOME BEFORE DARK • 1958
NO TIME FOR SERGEANTS • 1958
F.B.I. STORY, THE • 1959
WAKE ME WHEN IT'S OVER • 1960
DEVIL AT 4 O'CLOCK, THE • 1961
MAJORITY OF ONE, A • 1961
GYPSY • 1962
MARY, MARY • 1963
MOMENT TO MOMENT • 1966
DOWNSTAIRS AT RAMSEY'S • 1969
13 CLOCKS, THE • 1970

LEROY SERGE – FRN – 1937–
ON L'APPELLE FRANCE • 1967
CIEL BLEU • 1971
MATAF, LE • 1972
TRE PER UNA GRANDE RAPINA • 1973
TRAQUE, LA • 1975
PASSAGERS, LES • SHATTERED • 1976
ATTENTION LES ENFANTS REGARDENT • CAREFUL, THE CHILDREN ARE WATCHING • 1977
LEGITIME VIOLENCE • 1982
INDIC, L' • 1983

LESAGE ROGER – FRN
QUATRE D'ENTRE ELLES • FOUR OF THEM ○ VIER FRAU ○ FOUR WOMEN • 1968

LESAINT E. J. see **LE SAINT EDWARD J.**

LESAINT EDWARD J. see **LE SAINT EDWARD J.**

LESAUNIER DANIEL – FRN – 1950–
LE SAUNIER DANIEL
DEUX POUCES EN HAUT DE LA CARTE • 1976 • DOC
J'ETAIS VENU POUR UN AN • 1977 • MTV
MONDE A RAPROCHER, UN • 1977 • MTV
VIVRE AU PRIMAIRE • 1977 • MTV
CE QUE TU VERRAS ICI TU NE LE VERRAS PAS AILLEURS • 1978 • MTV
CLARK CITY • 1978 • MTV
ENRACINEMENT, L' • 1978 • MTV
ARCHIPEL DE MINGAN, L' • 1981 • MTV
GASTON ISABEL HAUTERIVE • 1981 • MTV
LUCE DEMERS SHEFFERVILLE • 1981 • MTV
RADIO-QUEBEC COTE-NORD • 1981 • MTV
THERESE P.GAGNON BAIE COMEAU • 1981 • MTV
HABITANT GLORIEUX • 1982
TEMPS DE LA MANIC, LE • 1989 • MTV

LESCH W. – SWT
WIE D'WARRET WURKT • 1933
JASOO • 1935

LESCHENKO NESTOR – USS
GREAT UNIVERSE, THE • 1955

LESCOVICH NESTOR – ARG
MIS DIAS CON VERONICA • MY DAYS WITH VERONICA • 1980

LESIC JOSIP – YGS
SOME FARAWAY LIGHT • 1969

LESIEWICZ WITOLD – PLN – 1922–
SUMMER DAY, A
SZSZECIN -MY TOWN • DOC
WESOLA II • 1952 • SHT
GWIAZDY MUSZA PLONAC • STARS MUST SHINE, THE • 1953 • DCS
KONCERT NA EKRENIE SLASK • SILESIA IN BLACK AND GREEN ○ SONG OF SILESIA • 1956
DEZERTER • DESERTER, THE • 1958
PORTRET MEZCZYZNY Z MEDALONEM • PORTRAIT OF A MAN WITH A MEDALLION • 1959
ROK PIERWSWY • YEAR ONE ○ FIRST YEAR, THE • 1960
KWIECIEN • LAST BATTLE, THE • 1961
MIEDZY BRZEGAMI • BETWEEN TWO SHORES • 1962
MIEJSCE DLA JEDNEGO • ROOM FOR ONE • 1965
NIEZNANY • UNKNOWN, THE • 1965
ONE AND ONLY, THE • 1966
KLUB SZACHISTOW • CHESS CLUB • 1967
SWIAT GROZY • WORLD OF HORROR • 1968
BOLESLAW SMIALY • BOLESLAUS THE COURAGEOUS ○ KING BOLESLAUS THE BOLD • 1970

LESKI JANUSZ – PLN
NA PRZELAJ • POINT TO POINT ○ HARD TIMES ○ ROUGH LIFE ○ TO WALK ALONE • 1971

LESLIE ALFRED – USA
PULL MY DAISY • 1959 • SHT

LESLIE BILL – USA
NAILGUN MASSACRE • 1987

LESLIE DESMOND – UKN
STRANGER AT MY DOOR • 1950
MISSING PRINCESS, THE • 1954

LESOWSKY WOLFGANG – AUS
STERBEN WERD' ICH, UM ZU LEBEN (GUSTAV MAHLER) • I'LL DIE TO LIVE -GUSTAV MAHLER • 1987

LESS HENRY – USA
LONELY KNIGHTS

LESSEY GEORGE see **LESSEY GEORGE A.**

LESSEY GEORGE A. – USA
LESSEY GEORGE
APPLES OF SODOM • 1913
AWAKENING OF A MAN, THE • 1913
BELLS, THE • 1913

DOCTOR'S DUTY, THE • 1913
HIS GREATEST VICTORY • 1913
IN THE SHADOW OF THE MOUNTAINS • 1913
INVENTOR'S SKETCH, THE • 1913
MUTUAL UNDERSTANDING, A • 1913
MYSTERY OF THE AMSTERDAM DIAMONDS, THE • 1913
MYSTERY OF THE DOVER EXPRESS, THE • 1913
NEW PUPIL, THE • 1913
PHANTOM SIGNAL, THE • 1913
PHOTOGRAPH AND THE BLOTTER, THE • 1913
PIED PIPER OF HAMELIN, THE • 1913
SIGNAL, THE • 1913
TWELFTH JUROR, THE • 1913
VANISHING CRACKSMAN, THE • 1913
ALASKAN INTERLUDE, AN • 1914
AMERICAN KING, AN • 1914
BIRTH OF THE STAR-SPANGLED BANNER, THE • 1914
FACE VALUE • 1914
HER GRANDMOTHER'S WEDDING DRESS • 1914
HER SPANISH COUSINS • 1914
HERITAGE OF HAMILTON CLEEK, THE • 1914
LADDIE • 1914
MOLLY, THE DRUMMER BOY • 1914
MYSTERY OF THE FADELESS TINTS, THE • 1914
MYSTERY OF THE LADDER OF LIGHT, THE • 1914
MYSTERY OF THE LOST STRADIVARIUS, THE • 1914
MYSTERY OF THE OCTAGONAL ROOM, THE • 1914
MYSTERY OF THE SEALED ART GALLERY, THE • 1914
MYSTERY OF THE SILVER SNARE, THE • 1914
MYSTERY OF THE TALKING WIRE, THE • 1914
TURN OF THE TIDE, THE • 1914
TWO DOCTORS, THE • 1914
WITH THE EYES OF LOVE • 1914
WITNESS TO THE WILL, THE • 1914
ALL AROUND MISTAKE, AN • 1915
AT THE BANQUET TABLE • 1915
CAPTAIN ERI • 1915
CITY OF TERRIBLE NIGHT, THE • 1915
CORSICAN BROTHERS, THE • 1915
HIS HOME COMING • 1915
HIS NEW AUTOMOBILE • 1915
MILLIONAIRE ENGINEER, THE • 1915
MINISTER, THE • 1915
MISMATED • 1915
NEW JITNEY IN TOWN, THE • 1915
ONLY CHILD, THE • 1915
PARSON'S HORSE RACE, THE • 1915
PARTNERS OF THE TIDE • 1915
RIDDLE OF THE SILK STOCKINGS, THE • 1915
STORY THE SILK HATS TOLD, THE • 1915
STRANGE DISAPPEARANCE, A • 1915
STREETS OF MAKE BELIEVE, THE • 1915
SUBURBAN, THE • 1915
TONY • 1915
GRAFT • 1916 • SRL
HIS OWN STORY • 1916 • SHT
PURPLE LADY, THE • 1916
EAGLE'S EYE, THE • 1918 • SRL
$1,000,000 REWARD • 1920 • SRL

LESSING HANS – FRN
LIP 73-74: LE GOUT DU COLLECTIF • 1973 • DOC

LESTER DICK see **LESTER RICHARD**

LESTER HOWARD – USA
RANSOM NOTE • 1969 • ANS

LESTER MARK see **LESTER MARK L.**

LESTER MARK L. – USA – 1946–
LESTER MARK
TRICIA'S WEDDING • 1972
STEEL ARENA • 1973
TRUCK STOP WOMEN • 1974
BOBBIE JO AND THE OUTLAW • BOBBIE JOE AND THE OUTLAW ○ BOBBY JOE AND THE OUTLAW • 1976
STUNTS • WHO IS KILLING THE STUNTMEN? ○ STUNTS: THE DEADLY GAME ○ DEADLY GAME, THE • 1977
GOLD OF THE AMAZON WOMEN • QUEST FOR THE SEVEN CITIES • 1979 • TVM
ROLLER BOOGIE • 1979
CLASS OF 1984, THE • 1981
FIRESTARTER • 1984
COMMANDO • 1985
ARMED AND DANGEROUS • 1986
CLASS OF 1999 • 1989
PRIME DIRECTIVE • 1990

LESTER RICHARD – USA – 1932–
LESTER DICK
RUNNING, JUMPING AND STANDING STILL FILM, THE • 1960 • SHT
IT'S TRAD, DAD • RING-A-DING RHYTHM (USA) • 1962
MOUSE ON THE MOON, THE • ROCKET FROM FENWICK, A • 1963
HARD DAY'S NIGHT, A • BEATLES: A HARD DAY'S NIGHT • 1964
HELP! • 1965
KNACK.. AND HOW TO GET IT, THE • KNACK, THE • 1965
FUNNY THING HAPPENED ON THE WAY TO THE FORUM, A • 1966
HOW I WON THE WAR • 1967
PETULIA • 1968
BED SITTING ROOM, THE • 1969
FROM THE HIP • 1969
JUGGERNAUT • TERROR ON THE BRITANNIC • 1974
THREE MUSKETEERS, THE • QUEEN'S DIAMONDS, THE • 1974
FOUR MUSKETEERS, THE • FOUR MUSKETEERS: THE REVENGE OF MILADY ○ REVENGE OF MILADY, THE • 1975
ROYAL FLASH • 1975
RITZ, THE • 1976
ROBIN AND MARIAN • 1976
BUTCH AND SUNDANCE: THE EARLY DAYS • 1979
CUBA • 1979
SUPERMAN II • 1980
SUPERMAN III • 1983
FINDERS KEEPERS • 1984
RETURN OF THE MUSKETEERS, THE • 1989

L'ESTRANGE DICK – USA
TEEN AGE • 1944

LESTRANGE RICHARD see **LE STRANGE RICHARD**

LESZCZYNSKI WITOLD – PLN – 1933–
RONDO • ROUNDABOUT • 1958 • SHT
ZABAWA • GAME, A ○ PLAY • 1961
ZYWOT MATEUSZA • LIFE OF MATTHEW, THE ○ DAYS OF MATTHEW, THE • 1968
QU'EST-CE QUI FAIT COURIR JACKY? • 1969 • DOC
IN THE ROOM WOMEN COME AND GO TALKING TO MICHELANGELO • 1970
RECOLLECTIONS • 1977
SLAD MAGNETYCZNY • MAGNETIC TRACK • 1978
KO-NO-PIEL-KA • KONOPIELKA • 1981
SIEKIEREZADA • AXILIAD • 1986

LETERRIER FRANCOIS – FRN – 1929–
MAUVAIS COUPS, LES • NAKED AUTUMN (USA) • 1961
ROI SANS DIVERTISSEMENT, UN • POURSUITE, LA ○ PURSUIT, THE • 1962
CHASSE ROYALE, LA • KRALOVSKA POLOVACKA (CZC) ○ ROYAL HUNTING, THE • 1969
PROJECTION PRIVEE • PRIVATE SCREENING • 1973
MILADY • 1975
GOODBYE EMMANUELLE • 1977
VA VOIR MAMAN.. PAPA TRAVAILLE • GO SEE MOTHER.. FATHER IS WORKING ○ YOUR TURN, MY TURN (USA) • 1978
JE VAIS CRAQUER • 1980
QUAND TU SERAS DEBLOQUE, FAIS-MOI SIGNE! • 1981
GARDE DU CORPS, LE • 1983

LETH A. J. – DNM
STOPFORBUD • 1963 • SHT

LETH JORGEN – DNM – 1937–
PERFECT HUMAN BEING, A • 1967
IMPOSSIBLE HOUR, THE
LIVET I DANMARK • LIFE IN DENMARK • 1971
GODE OG DET ONDE, DET • GOOD AND EVIL ○ GOOD AND THE BAD, THE • 1974
STJERNERNE OG VANDBAERERNE • STARS AND WATER CARRIERS • 1974 • DOC
FORARSDAG I HELVEDE, EN • SUNDAY IN HELL, A • 1976
PETER MARTINS • 1978 • DOC
AT DANSE BOURNONVILLE • DANCING BOURNONVILLE • 1979 • DOC
66 SCENER FRA AMERIKA • 66 SCENES IN AMERICA • 1981
INTERFERENS • INTERFERENCE • 1982
HAITI EXPRESS • 1983
UDENRIGSKORRESPONDENTEN • HAITI EXPERIENCE • 1983
MOMENTS OF PLAY • 1987 • DOC
NOTEBOOK FROM CHINA • 1987 • DOC
CATALOGUE OF LOVE • 1988

LETHEM ROLAND – BLG – c1943–
GERDA FLOWERS POWERS • SHT
GRAPHITY • SHT
TETE D'UN FRERE, LA • SHT
THALAMUS LIVES • SHT
VICE ET LA VERTU, LE • SHT
DOUBLE INSOMNIE, LA • 1966
LILI AU LIT • 1966
BALLADE DES AMANTS MAUDITS, LE • SONG OF THE ACCURSED LOVERS, THE • 1967
SOUFFRANCES D'UN OEUF MEURTRI, LES • 1967 • SHT
FEE SANGUINAIRE, LA • BLOODTHIRSTY FAIRY, THE ○ BLOODY FAIRY, THE • 1968 • SHT
BANDE DE CONS! • 1970
SEXE ENRAGE, LE • RED CUNT, THE ○ ENRAGED SEX, THE • 1970 • SHT
VAMPIRE DE LA CINEMATHEQUE, LE • 1971 • SHT
SAIGNEUR EST AVEC NOUS, LE • 1975
SAGA DE MADIANA, LA • 1983

LETICIA MARIA – BRZ
1° DE ABRIL, BRASIL • APRIL 1ST, BRAZIL • 1988

LETO MARCO – ITL – 1931–
VILLEGGIATURA, LA • BLACK HOLIDAY (USA) ○ HOLIDAY, THE • 1973
AL PIACERE DI RIVEDERLA • 1976
RITRATTO DI PROVINCIA IN ROSSO • 1976
VECCHI E I GIOVANI, I • 1978

LETOURNEAU DIANE – CND – 1942–
OISEAUX BLANCS DE L'ILE D'ORLEANS, LES • 1977
SERVANTES DU BON DIEU, LES • SERVANTS OF THE GOOD LORD, THE ○ HANDMAIDENS OF GOD, THE • 1978
STATUES DE MONSIEUR BASILE, LES • 1978
VIE DE COUPLE, LA • 1980 • DOC
PLUS BEAU JOUR DE MA VIE.., LE • 1981
EN SCENE • 1982
PASSION DE DANSER, LA • 1982
C'EST PAS MOI, C'EST L'AUTRE • 1983
GUERRE DANS MON JARDIN, UNE • 1986 • DOC

LETTOW HANS H. – GRM
GEHEIMNIS TIBET • 1942

LETTRICH ANDREJ – CZC
CLEAN HANDS • 1955
V HO DINE DVANASTE • IN THE NICK OF TIME ○ TWELFTH HOUR • 1959
BROTHERS • 1961
VOLANIE DEMONOV • CALL OF THE DEMONS, THE • 1967
MURDERER FROM ANOTHER WORLD, THE • MURDERER FROM BEYOND THE GRAVE

LETTS BARRY – UKN
GULLIVER IN LILLIPUT • 1981 • MTV
PINOCCHIO • 1985 • MTV

LETTS DON – USA
PUNK ROCK MOVIE • 1978

LEUNG RAYMOND – HKG
DAIYAT GAN • FIRST TIME IS THE LAST TIME, THE • 1990

LEUNG WING CHAN – HKG
SHAOLIN: THE BLOOD MISSION • 1984

LEVANDOVSKY V. – USS
V KUROLNOI STRANE • IN THE LAND OF TOYS • 1940

LEVANIOS MICHAEL JR. – USA
UNCLE SCAM • 1981

LEVANON YAUD – ISR
OFF THE AIR • 1980

LEVATON JEAN-NOEL – FRN
MASSAI • 1976 • DOC

LEVCHUK G. – USS
GIRL FROM KIEV, THE • 1958

LEVCHUK T. see **LEVCHUK TIMOFEY**

LEVCHUK TIMOFEY – USS
LEVTCHOUK TIMOFEI • LEVCHUK T.
SNOW-BALL GROVE • 1953
IVAN FRANKO • 1956
HEIRS, THE • 1960
DVA GODA NAD PROPASTYU • TWO YEARS ON THE EDGE OF A PRECIPICE • 1967
LONG JOURNEY INTO A SHORT DAY • 1972
STORM • 1976

LEVEE SIDNEY – USA
WIZARD'S APPRENTICE, THE • 1930 • SHT

LEVENT ALAIN – FRN – 1934–
BAR DE LA FOURCHE, LE • 1972

LEVENTAKOS DIAMANTIS – GRC
CIVIL SPEECH • 1980 • DOC

LEVENTHAL J. F.
ARABIAN DUET • 1922

LEVERING JOSEPH – USA
WHAT WOULD YOU DO? • 1914
BACK TO THE FARM • 1915
CAPITAL PUNISHMENT • 1915
CUP OF CHANCE, THE • 1915
ROOM BETWEEN, THE • 1915
SHOP NUN, THE • 1915
SPENDER, THE • 1915
TIDES OF TIME, THE • 1915
TURNING POINT, THE • 1915
VIVISECTIONIST, THE • 1915
PAYING THE PRICE • 1916 • SHT
LITTLE MISS FORTUNE • 1917
LITTLE SAMARITAN, THE • 1917
ROAD BETWEEN, THE • 1917
VICTIM, THE • 1917
TRANSGRESSOR, THE • 1918
HIS TEMPORARY WIFE • 1920
HUSBANDS AND WIVES • 1920
LURING SHADOWS • 1920
DETERMINATION • 1922
FLESH AND SPIRIT • 1922
FINGER PRINTS • 1923
TIE THAT BINDS, THE • 1923
WHO'S CHEATING? • 1924
LILIES OF THE STREETS • LILIES OF THE CITY • 1925
UNRESTRAINED YOUTH • 1925
DEFENDERS OF THE LAW • 1931
SEA DEVILS • 1931
CHEATING BLONDES • HOUSE OF CHANCE (UKN) • 1933
FRONTIERS OF '49 • 1938
IN EARLY ARIZONA • UNWELCOME VISITORS (UKN) • 1938
PHANTOM GOLD • 1938
PIONEER TRAIL • 1938
ROLLING CARAVANS • 1938
STAGECOACH DAYS • 1938
LAW COMES TO TEXAS, THE • 1939
LONE STAR PIONEERS • UNWELCOME VISITORS (UKN) • 1939

LEVERSUCH TED – CND
LAWRENCE TED
TANGIER ASSIGNMENT • 1955
FRENCH WITHOUT DRESSING • 1965
ADULTEROUS AFFAIR • ROOM FOR A STRANGER ○ LOVE BLACKMAILER, THE • 1966

LEVESQUE MICHEL – USA
WEREWOLVES ON WHEELS • 1971
SWEET SUGAR • CHAINGANG GIRLS • 1972

LEVEY JAY – USA
COMPLEAT 'WEIRD AL' YANKOVIC, THE • 1985

LEVEY WILLIAM A. – USA
BLACKENSTEIN • BLACK FRANKENSTEIN, THE • 1973
TO BE A ROSE • 1974
WAM! BAM! THANK YOU SPACEMAN • 1975
SLUMBER PARTY '57 • TEENAGE SLUMBER PARTY • 1976
HAPPY HOOKER GOES TO WASHINGTON, THE • 1977
SKATETOWN U.S.A. • 1979
LIGHTNING, THE WHITE STALLION • 1986
COMMITTED • 1988
HELLGATE • 1989

LEVI ALAN see **LEVI ALAN J.**

LEVI ALAN J. – USA
LEVI ALAN
DREAMSLAYER • HUNTERS, THE ○ DREAM SLAYER • 1974
GEMINI MAN • CODE NAME: MINUS ONE • 1976 • TVM
RETURN OF THE HULK, THE • RETURN OF THE INCREDIBLE HULK, THE • 1977 • TVM
BATTLESTAR GALACTICA • STAR WORLDS • 1978
GO WEST, YOUNG GIRL • 1978 • TVM
IMMIGRANT, THE • 1978 • TVM
LEGEND OF THE GOLDEN GUN • 1979 • TVM
LAST SONG, THE • LADY IN DANGER • 1980 • TVM
BLOOD SONG • 1982
INVISIBLE WOMAN, THE • 1982 • TVM
ISLAND SONS • 1987 • TVM
STEPFORD CHILDREN, THE • 1987 • TVM

LEVI–ALVARES JEAN–LOUIS – FRN – 1913–1977
CAGE DE VERRE, LA • GLASS CAGE, THE (UKN) • 1964
TEMPS REDONNE, LE • 1967 • DOC

LEVI LUCIEN – FRN
EXTERIEUR NUIT • 1979

LEVI RICARDO – SPN
CIRCLES • 1967

LEVIANT MICHEL – FRN – 1947–
PIG, THE • 1970 • ANS
GUEULE DU LOUP, LA • 1981

LEVIATHAN AARON see **ROSATI GIUSEPPE**

LEVICK DAVID – USA
GOSPEL • 1982

LEVIE FRANCOISE – BLG
VOYAGEUR, LE • 1968

LEVIE MARC – BLG
PIED–BOY, UN • 1973

LEVIE PIERRE – BLG
GRANDE BARRIERE DE CORIL, LA • 1969

LEVIGARD JOSEF – USA
LEVIGARD JOSEPH
BORN TO THE SADDLE • 1929
GRIT WINS • 1929
SELTSAME VERGANGENHEIT DER THEA CARTER, DIE • 1929
SLIM FINGERS • 1929
SMILING TERROR, THE • 1929
BADGE OF BRAVERY, THE • 1930 • SHT
CRIMSON COURAGE • 1930 • SHT
CROOKED TRAILS • 1930 • SHT
LAW IN THE SADDLE • 1930 • SHT
REDCOAT'S ROMANCE, THE • 1930 • SHT
WOLF'S FANGS, THE • 1930 • SHT

LEVIGARD JOSEPH see **LEVIGARD JOSEF**

LEVIN ARNOLD – USA
CHOCOLATE BUNNY, FROOTSIE & CONTENDER, THE • 1975

LEVIN HENRY – USA – 1909–1980
CRY OF THE WEREWOLF • DAUGHTER OF THE WEREWOLF • 1944
DANCING IN MANHATTAN • TONIGHT WE DANCE • 1945
FIGHTING GUARDSMAN, THE • 1945
I LOVE A MYSTERY • 1945
NEGRO SAILOR, THE • 1945 • DOC
SERGEANT MIKE • 1945
BANDIT OF SHERWOOD FORST, THE • 1946
DEVIL'S MASK, THE • 1946
NIGHT EDITOR • TRESPASSER, THE (UKN) • 1946
RETURN OF MONTE CRISTO, THE • MONTE CRISTO'S REVENGE (UKN) • 1946
UNKNOWN, THE • 1946
CORPSE CAME C.O.D., THE • 1947
GUILT OF JANET AMES, THE • 1947
GALLANT BLADE, THE • 1948
MATING OF MILLIE, THE • 1948
AND BABY MAKES THREE • 1949
JOLSON SINGS AGAIN • 1949
MAN FROM COLORADO, THE • 1949
MR. SOFT TOUCH • HOUSE OF SETTLEMENT (UKN) • 1949
CONVICTED • 1950
FLYING MISSILE, THE • 1950
PETTY GIRL, THE • GIRL OF THE YEAR (UKN) • 1950
FAMILY SECRET, THE • 1951
TWO OF A KIND • LEFTY FARRELL • 1951
BELLES ON THEIR TOES • 1952
FARMER TAKES A WIFE, THE • 1953
MISTER SCOUTMASTER • MR. SCOUTMASTER • 1953
PRESIDENT'S LADY, THE • 1953
GAMBLER FROM NATCHEZ, THE • 1954
THREE YOUNG TEXANS • 1954
DARK AVENGER, THE • WARRIORS, THE (USA) • 1955
APRIL LOVE • 1957
BERNARDINE • 1957
LET'S BE HAPPY • 1957
LONELY MAN, THE • 1957
NICE LITTLE BANK THAT SHOULD BE ROBBED, A • HOW TO ROB A BANK (UKN) • 1958
HOLIDAY FOR LOVERS • 1959
JOURNEY TO THE CENTER OF THE EARTH • 1959
REMARKABLE MR. PENNYPACKER, THE • 1959
WHERE THE BOYS ARE • 1960
IF A MAN ANSWERS • 1962
MERAVIGLIE DI ALADINO, LE • WONDERS OF ALADDIN, THE (USA) ○ MILLE ET UNE NUITS, LES (FRN) • 1962
COME FLY WITH ME • 1963
WONDERFUL WORLD OF THE BROTHERS GRIMM, THE • 1963
HONEYMOON HOTEL • HIS AND HIS • 1964
GENGHIS KHAN • DSCHINGIS KHAN ○ DZINGIS–KAN • 1965
KISS THE GIRLS AND MAKE THEM DIE • SE TUTTE LE DONNE DEL MONDO (ITL) ○ OPERAZIONE PARADISO ○ OPERATION PARADISE ○ IF ALL THE WOMEN IN THE WORLD • 1966
MURDERERS' ROW • 1966
AMBUSHERS, THE • 1967
DESPERADOS, THE • 1969
THAT MAN BOLT • 1973
FORTY MILLION BUCKS • FORTY MILLION BUCKS ON A DEAD MAN'S CHEST ○ TREASURE SEEKERS, THE ○ CONTRABAND ○ GOLD ○ JAMAICAN GOLD ○ FORTY MILLION DOLLARS ○ TREASURE OF DEATH • 1978
RUN FOR THE ROSES • THOROUGHBREDS, THE ○ THOROUGHBRED • 1978
SCOUT'S HONOR • 1980 • TVM

LEVIN MEYER
ILLEGALS, THE • 1948

LEVIN PETER – USA
COMEBACK KID, THE • 1980 • TVM
RAPE AND MARRIAGE: THE RIDEOUT CASE • RIDEOUT CASE, THE • 1980 • TVM
MARVA COLLINS STORY, THE • 1981 • TVM
ROYAL ROMANCE OF CHARLES AND DIANA, THE • 1982 • TVM
WASHINGTON MISTRESS • BROKEN DREAMS • 1982 • TVM
DOCTOR'S STORY, A • 1984 • TVM
BETWEEN THE DARKNESS AND THE DAWN • 1985 • TVM
CALL TO GLORY: JFK • 1985 • TVM
NORTHSTAR • 1985 • TVM
REASON TO LIVE, A • 1985 • TVM
HOUSTON: THE LEGEND OF TEXAS • 1986 • TVM
POPEYE DOYLE • 1986 • TVM
SWORN TO SILENCE • 1987
HOSTAGE • 1988 • TVM

LEVIN SIDNEY – USA
LET THE GOOD TIMES ROLL • 1973 • DOC
GREAT BRAIN, THE • 1978

LEVINE CHARLES I. – USA
SIVA • 1968 • SHT
BESSIE SMITH • 1969 • SHT

LEVINE JACK – USA
GHOST RIDER, THE • 1935

LEVINE JOSEPH E. – Producer – USA – 1905–
GASLIGHT FOLLIES • 1955

LEVINE MOISSEJ – USS
POET AND TSAR • 1935
AMANGELDY • 1938
RAIKHAN • 1940

LEVINE NAOMI – USA
YES • 1964 • SHT
JEREMELU • 1965 • SHT

LEVINESS CARL see **LE VINESS CARL M.**

LEVINESS CARL M. see **LE VINESS CARL M.**

LEVINNUS CARL M. see **LE VINESS CARL M.**

LEVINSON BARRY – Producer – USA – 1932–
DINER • 1982
NATURAL, THE • 1984
YOUNG SHERLOCK HOLMES • YOUNG SHERLOCK HOLMES AND THE PYRAMID OF FEAR • 1985
GOOD MORNING, VIETNAM • 1987
TIN MEN • 1987
RAIN MAN • 1988
AVALON • 1990

LEVINSON FRED – USA
HAIL TO THE CHIEF • WASHINGTON, B.C. ○ HAIL • 1973

LEVINUS CARL M. see **LE VINESS CARL M.**

LEVIS BOB – USA
GOLD • 1972

LEVIS KEN – USA
JACKIE MCLEAN ON MARS • 1980 • DOC

LEVIS PAUL – USA
BOILING POINT • 1983

LEVITHAN NADAV – ISR
GIRLS • 1985
STALIN'S DISCIPLES • 1988

LEVITIN JACQUELINE – CND
EVA: GUERRILLERA • 1988

LEVITOW ABE – Animator – USA
UNNATURAL HISTORY • 1959 • ANS
WITCH'S TANGLED HARE, A • 1959 • ANS
GAY PURR–EE • 1963 • ANM
MISTER MAGOO –MAN OF MYSTERY • 1964 • ANM
MISTER MAGOO IN SHERWOOD FOREST • 1964 • ANM
MISTER MAGOO IN THE KING'S SERVICE • 1964 • ANM
MISTER MAGOO'S CHRISTMAS CAROL • 1964 • ANM
MISTER MAGOO'S FAVORITE HEROES • 1964 • ANM
MISTER MAGOO'S LITTLE SNOW WHITE • 1964 • ANM
MISTER MAGOO'S STORY BOOK • 1964 • ANM
JERRY–GO–ROUND • 1965 • ANS
A–TOMINABLE SNOWMAN • 1966 • ANS
CATTY CORNERED • 1966 • ANS
FILET MEOW • 1966 • ANS
PUSS 'N' BOATS • 1966 • ANS
GUIDED MOUSE–ILLE • 1967 • ANS
MOUSE FROM H.U.N.G.E.R., THE • 1967 • ANS
O SOLAR MEOW • 1967 • ANS
ROCK 'N' RODENT • 1967 • ANS
SURF BORED CAT • 1967 • ANS
PHANTOM TOLLBOOTH, THE • 1969 • ANM
MISTER MAGOO'S HOLIDAY FESTIVAL • 1970 • ANM

LEVITT GENE – USA – 1920–
ANY SECOND NOW • 1969 • TVM
RUN A CROOKED MILE • 1969 • TVM
ALIAS SMITH AND JONES • 1970 • TVM
FORTY–EIGHT HOUR MILE, THE • 1970 • TVM
COOL MILLION • MASK OF MARCELLA • 1972 • TVM
PHANTOM OF HOLLYWOOD, THE • 1974 • TVM
MAGEE AND THE LADY • SHE'LL BE SWEET ○ MAGEE • 1977 • TVM

LEVITTE JEAN – FRN – 1916–
SIX HEURES A PERDRE • 1946
KISS • 1970

LEVKOEV G. – USS
IVAN FYODOROV, THE FIRST PRINTER • 1941

LEVTCHOUK TIMOFEI see **LEVCHUK TIMOFEY**

LEVY BENN W. – Playwright – UKN – 1900–
LORD CAMBER'S LADIES • CASE OF LADY CAMBER, THE • 1932

LEVY BOB – USA
IF YOU DON'T STOP IT YOU'LL GO BLIND • YOU MUST BE JOKING • 1975

LEVY DANI – SWT
DU MICH AUCH • 1986
BERLINER KOMODIE • 1988
ROBBY KALLE PAUL • ROBBEKALLEPAUL • 1988

LEVY DON – UKN
TIME IS • 1963 • SHT
HEROSTRATUS • 1967

LEVY DONALD J. – USA
BELT AND SUSPENDERS MAN, THE • 1970

LEVY EDMOND – USA
MOM, THE WOLFMAN AND ME • 1980 • TVM

LEVY GERRY – UKN
WHERE HAS POOR MICKEY GONE? • 1964
BODY STEALERS, THE • INVASION OF THE BODY STEALERS (USA) ○ THIN AIR • 1969

LEVY I. ROBERT – USA
CAN I DO IT 'TIL I NEED GLASSES? • 1980

LEVY ISABELLE – FRN – 1950–
LARZAC • GARDAREM LOU LARZAC • 1973 • DOC

LEVY JACQUES – FRN – 1938–
FILET DE SOIE, LE • 1966
REVOLUTION FOR THE HELL OF IT • 1970

LEVY RALPH – Producer – USA – 1919–
CHRISTMAS CAROL, A • 1956
BEDTIME STORY • KING OF THE MOUNTAIN • 1964
DO NOT DISTURB • 1965

LEVY RAOUL see **LEVY RAOUL J.**

LEVY RAOUL J. – Producer – BLG – 1922–1966
LEVY RAOUL
JE VOUS SALUE, MAFIA • DA NEW YORK: MAFIA UCCIDE! (ITL) ○ HAIL! MAFIA (USA) • 1965
ESPION, L' • LAUTLOSE WAFFEN (FRG) ○ DEFECTOR, THE (USA) • 1966

LEVY RAPHAEL – CND
NOEL DE MADAME BEAUCHAMP, LE • 1980

LEWALD ERIC – USA
INCOMING FRESHMEN • INCOMING FRESHMAN • 1979

LEWICKI STEPHEN JON – USA
CERTAIN SACRIFICE, A • 1985

LEWIN ALBERT – Producer/writer – USA – 1894–1968
MOON AND SIXPENCE, THE • 1942
PICTURE OF DORIAN GRAY, THE • 1944
PRIVATE AFFAIRS OF BEL AMI, THE • 1947
PANDORA AND THE FLYING DUTCHMAN • 1951
SAADIA • 1953
LIVING IDOL, THE • 1957

LEWIN BEN – UKN
WELCOME TO BRITAIN • 1976 • DOC
DUNERA BOYS, THE • 1986 • MTV
DIFFICULT WOMAN, A • 1988
GEORGIA • 1988

LEWIN BORIS – USS – 1911–
LEWIN BORYS
TRAQUE, LE • TIME RUNNING OUT (USA) ○ GUNMAN IN THE STREETS (UKN) • 1950

LEWIN BORYS see **LEWIN BORIS**

LEWIN GOSTA – SWD – 1920–
91:AN KARLSSON SLAR KNOCKOUT • 1958
RESA I TONER • 1959

LEWIN RAYMOND – FRN – 1950–
SI VOUS N'AIMEZ PAS CELA, N'EN DEGOUTEZ PAS LES AUTRES • 1977

LEWIN ROBERT – USA
THIRD OF A MAN • 1962

LEWIS AL – Writer – USA
OUR MISS BROOKS • 1956
GENIE, THE • 1957 • SHT

LEWIS BOB see **LEWIS ROBERT MICHAEL**

LEWIS CECIL – UKN
GYPSY BLOOD • CARMEN (USA) ○ GIPSY BLOOD • 1931
HOW HE LIED TO HER HUSBAND • 1931
ARMS AND THE MAN • 1932
INDISCRETIONS OF EVE • NEW YEAR'S EVE • 1932

LEWIS CHRISTOPHER – USA
BLOOD CULT • 1985
RIPPER, THE • 1985
REVENGE • 1986

LEWIS CULLEN see **COLLINS LEWIS D.**

LEWIS DAVID – UKN
ACRE OF SUNDAY, AN • 1970 • DCS

LEWIS DAVID* – USA
BILL COSBY: 49 • 1987
DANGEROUS CURVES • 1988

LEWIS EDGAR – USA – 1872–
ASHES • 1913
HIS UNCLE'S HEIR • 1913
WALLINGFORD'S WALLET • 1913
CAPTAIN SWIFT • 1914
FAITH OF HER FATHER, THE • 1914
LITTLEST REBEL, THE • 1914
NORTHERN LIGHTS • 1914
OVER THE LEDGE • 1914
WIRELESS VOICE, THE • 1914
GILDED FOOL, THE • 1915
NIGGER, THE • 1915
PLUNDERER, THE • 1915
SAMSON • 1915
THIEF, THE • 1915
BONDMAN, THE • 1916
FLAMES OF JOHANNIS, THE • 1916
GREAT DIVIDE, THE • 1916
LIGHT AT DUSK, THE • 1916
SOULS IN BONDAGE • 1916
THOSE WHO TOIL • TOILERS, THE • 1916
BAR SINISTER, THE • 1917
BARRIER, THE • 1917
SIGN INVISIBLE, THE • SIGN INVINCIBLE, THE • 1918
CALIBRE 38 • 1919
LOVE AND THE LAW • TROOP TRAIN, THE • 1919
BEGGAR IN PURPLE, A • 1920
LAHOMA • 1920
OTHER MEN'S SHOES • 1920
SHERRY • 1920
SAGE HEN, THE • 1921
STRENGTH OF THE PINES • 1922
YOU ARE GUILTY • 1923
RIGHT OF THE STRONGEST, THE • 1924
RED LOVE • 1925
ONE GLORIOUS SCRAP • 1927
ARIZONA CYCLONE • 1928
FEARLESS RIDER, THE • 1928
GUN RUNNER, THE • 1928
LIFE'S CROSSROADS • SILKEN LADY, THE (UKN) • 1928
MADE-TO-ORDER HERO, A • 1928
PUT 'EM UP • 1928
STORMY WATERS • CAPTAIN OF THE HURRICANE, THE • 1928
UNMASKED • 1929
LADIES IN LOVE • WINGS OF SONG (UKN) • 1930
LOVE AT FIRST SIGHT • 1930

LEWIS GEORGE B. see **LADO ALDO**

LEWIS HARRY – USA
LADIES' NIGHT • PASSIONS NOCTURNES • 1980

LEWIS HENRY – UKN
TODAY'S TOMORROW • 1957

LEWIS HERSCHELL G. – Smith r. l. – USA – 1926–
LEWIS HERSCHELL GORDON • HANSON MARK • PAYS ARMAND • SEYMOUR SHELDON • GORDON LEWIS H.
LIVING VENUS • 1961
LUCKY PIERRE • ADVENTURES OF LUCKY PIERRE, THE • 1961
B-O-I-N-N-G! • 1962
DAUGHTERS OF THE SUN • 1962
NATURE'S PLAYMATES • 1962
BELL, BARE AND BEAUTIFUL • 1963
BLOOD FEAST • FEAST OF FLESH • 1963
GOLDILOCKS AND THE THREE BARES • (GOLDILOCKS) THREE CHICKS • 1963
SCUM OF THE EARTH! • DEVIL'S CAMERA • 1963
COLOR ME BLOOD RED • 1964
MOONSHINE MOUNTAIN • WHITE TRASH ON MOONSHINE MOUNTAIN • 1964
TWO THOUSAND MANIACS! • 2,000 MANIACS • 1964
ALLEY TRAMP • 1965
MONSTER A GO-GO! • TERROR AT HALFDAY • 1965
EYE FOR AN EYE, AN • 1966
JIMMY, THE BOY WONDER • 1966
MAGIC LAND OF MOTHER GOOSE, THE • SANTA CLAUS VISITS THE LAND OF MOTHER GOOSE ○ SANTA VISITS THE MAGIC LAND OF MOTHER GOOSE • 1966
SIN, SUFFER AND REPENT • 1966
BLAST-OFF GIRLS • 1967
GIRL, THE BODY AND THE PILL, THE • PILL, THE • 1967
GRUESOME TWOSOME, THE • 1967
HOW TO MAKE A DOLL • 1967
SUBURBAN ROULETTE • 1967
TASTE OF BLOOD, A • SECRET OF DR. ALUCARD, THE • 1967
JUST FOR THE HELL OF IT • 1968
SHE-DEVILS ON WHEELS • 1968
SOMETHING WEIRD • 1968
MISS NYMPHET'S ZAP-IN • ZAP-IN • 1970
WIZARD OF GORE, THE • 1970
THIS STUFF'LL KILL YA'! • 1971
BLACK LOVE • 1972
GORE-GORE GIRLS, THE • BLOOD ORGY • 1972
STICK IT IN YOUR EAR • 1972
YEAR OF THE YAHOO • 1972

LEWIS HERSCHELL GORDON see **LEWIS HERSCHELL G.**

LEWIS J. E. – UKN
BRINGING IT HOME • 1940

LEWIS J. P. – CND
HEARTLAND REGGAE • 1980 • DOC

LEWIS JACK – USA
MALAMONDO • 1964

LEWIS JAMES H. – FRN
BEATRICE ET CAROLINE
CHEMINEMENTS PERVERS
INSATIABLE, L'

LEWIS JAY – Producer – UKN – 1914–1969
LEWIS JAY G.
MAN'S AFFAIR, A • 1949
BABY AND THE BATTLESHIP, THE • 1956
INVASION QUARTET • 1961
LIVE NOW -PAY LATER • 1962
HOME OF YOUR OWN, A • 1964

LEWIS JAY G. see **LEWIS JAY**

LEWIS JERRY – Actor – USA – 1926–
COME BACK, LITTLE SHICKSA • 1949 • SHT
FAIRFAX AVENUE • 1949 • SHT
HOW TO SMUGGLE A HERNIA ACROSS THE BORDER • 1949
I SHOULD HAVE STOOD IN BEDLAM • 1949 • SHT
MELVIN'S REVENGE • 1949 • SHT
RE-INFORCER, THE • 1949 • SHT
SON OF LIFEBOAT • 1949 • SHT
SON OF SPELLBOUND • 1949 • SHT
SPOT IN THE SHADE, A • 1949 • SHT
STREETCAR NAMED REPULSIVE • 1949 • SHT
WATCH ON THE LIME • 1949 • SHT
WHISTLER, THE • 1949 • SHT
BELLBOY, THE • 1960
LADIES' MAN, THE • 1961
ERRAND BOY, THE • 1962
NUTTY PROFESSOR, THE • 1963
PATSY, THE • 1964
FAMILY JEWELS, THE • 1965
THREE ON A COUCH • 1966
BIG MOUTH, THE • 1967
ONE MORE TIME • 1970
WHICH WAY TO THE FRONT? • JA, JA, MEIN GENERAL! BUT WHICH WAY TO THE FRONT (UKN) • 1970
JOUR OU LE CLOWN PLEURA, LE • DAY THE CLOWN CRIED, THE • 1974
HARDLY WORKING • 1981
SMORGASORD • CRACKING UP • 1983

LEWIS JONATHAN – UKN – 1949–
BEFORE HINDSIGHT • 1977

LEWIS JOSEPH H. – USA – 1900–
COURAGE OF THE WEST • 1937
NAVY SPY • 1937
SINGING OUTLAW, THE • 1937
BORDER WOLVES • 1938
LAST STAND, THE • 1938
SPY RING • INTERNATIONAL SPY • 1938
BLAZING SIX SHOOTERS • STOLEN WEALTH (UKN) • 1940
BOYS OF THE CITY • GHOST CREEPS, THE • 1940
MAN FROM TUMBLEWEEDS, THE • 1940
PRIDE OF THE BOWERY • HERE WE GO AGAIN (UKN) • 1940
RETURN OF WILD BILL, THE • FALSE EVIDENCE (UKN) • 1940
TEXAS STAGECOACH • TWO ROADS (UKN) • 1940
THAT GANG OF MINE • 1940
TWO-FISTED RANGERS • FORESTALLED (UKN) • 1940
ARIZONA CYCLONE • 1941
CRIMINALS WITHIN • 1941
INVISIBLE GHOST, THE • PHANTOM KILLER, THE • 1941
BOMBS OVER BURMA • 1942
BOSS OF HANGTOWN MESA, THE • 1942
MAD DOCTOR OF MARKET STREET, THE • TERROR OF THE ISLANDS • 1942
SILVER BULLET, THE • 1942
SECRETS OF A CO-ED • SILENT WITNESS (UKN) • 1943
MINSTREL MAN • 1944
FALCON IN SAN FRANCISCO, THE • 1945
MY NAME IS JULIA ROSS • 1945
JOLSON STORY, THE • 1946
SO DARK THE NIGHT • 1946
SWORDSMAN, THE • 1947
RETURN OF OCTOBER, THE • DATE WITH DESTINY, A (UKN) • 1948
DEADLY IS THE FEMALE • GUN CRAZY • 1949
UNDERCOVER MAN, THE • 1949
LADY WITHOUT PASSPORT, A • VISA • 1950
DESPERATE SEARCH • 1952
RETREAT, HELL! • 1952
CRY OF THE HUNTED • 1953
BIG COMBO, THE • 1955
LAWLESS STREET, A • 1955
SEVENTH CAVALRY • 7TH CAVALRY • 1956
HALLIDAY BRAND, THE • 1957
TERROR IN A TEXAS TOWN • 1958

LEWIS LAURIE – USA
MATCHSELLER, THE • 1967 • SHT

LEWIS LOUIE – USA
LEWIS LOUIS
TRASHI • 1980
BRIEF AFFAIR, A • 1981
EIGHT TO FOUR • 8 TO 4 • 1981
NIGHTLIFE • 1983

LEWIS LOUIS see **LEWIS LOUIE**

LEWIS MARK – ASL
CANE TOADS • 1987 • DOC

LEWIS MILO – UKN
EGGHEAD'S ROBOT • 1970
TROUBLESOME DOUBLE, THE • 1971

LEWIS MORTON – Producer – USA – 1917–
PARTY AT KITTY AND STUDS • PARTY AT KITTY AND STUD'S PLACE ○ ITALIAN STALLION • 1970
WOMEN WOMEN WOMEN MOIRA • MOIRA • 1970

LEWIS MORTON M. – UKN
WALLET, THE • BLUEPRINT FOR MURDER • 1952
SECRETS OF A SUPER STUD • 1975

LEWIS ROBERT – USA
IF THINGS WERE DIFFERENT • 1980 • TVM
PRIVATE BATTLE, A • 1980 • TVM
SHE • 1980 • TVM
FALLEN ANGEL • 1981 • TVM
MIRACLE OF KATHY MILLER, THE • 1981 • TVM
BETWEEN TWO BROTHERS • 1982 • TVM
DESPERATE LIVES • 1982 • TVM
CARIBBEAN MYSTERY, A • AGATHA CHRISTIE'S A CARIBBEAN MYSTERY • 1983 • TVM
SPARKLING CYANIDE • AGATHA CHRISTIE'S SPARKLING CYANIDE • 1983 • TVM
CITY KILLER • 1984 • TVM
EMBASSY • 1985 • TVM
LOST IN LONDON • 1985 • TVM
SUMMER TO REMEMBER, A • 1985 • TVM
DEEP DARK SECRETS • 1987 • TVM
STRANGER WAITS, A • 1987 • TVM
LADYKILLERS • 1988

LEWIS ROBERT M. see **LEWIS ROBERT MICHAEL**

LEWIS ROBERT MICHAEL – USA
LEWIS ROBERT M. • LEWIS BOB
ASTRONAUT, THE • 1972 • TVM
LAPIN 360 • 1972
MCMILLAN AND WIFE: COP OF THE YEAR • 1972 • TVM
ALPHA CAPER, THE • INSIDE JOB (UKN) • 1973 • TVM
MESSAGE TO MY DAUGHTER, A • 1973 • TVM
MONEY TO BURN • MINT CONDITION • 1973 • TVM
DAY THE EARTH MOVED, THE • 1974 • TVM
PRAY FOR THE WILDCATS • 1974 • TVM
GUILTY OR INNOCENT: THE SAM SHEPPARD MURDER CASE • 1975 • TVM
INVISIBLE MAN, THE • 1975 • TVM
NIGHT THEY TOOK MISS BEAUTIFUL, THE • 1977 • TVM
NO ROOM TO RUN • 1978 • TVM
RING OF PASSION • 1978 • TVM
ESCAPE • 1980 • TVM
CHILD BRIDE AT SHORT CREEK • CHILD BRIDE OF SHORT CREEK, THE • 1981 • TVM
COMPUTERCIDE • FINAL EYE, THE • 1982 • TVM
SUMMER GIRL • 1983 • TVM
FLIGHT #90: DISASTER ON THE POTOMAC • 1984 • TVM
INTIMATE BETRAYAL • 1987

LEWIS ROBERT* – USA – 1909–
ANYTHING GOES • 1956

LEWIS S. see **RATTI FILIPPO M.**

LEWIS VANCE see **VANZI LUIGI**

LEWIS WILL – USA
LOVE AND TITLE • 1914

LEWISTON DENIS – NZL
LEWISTON DENNIS
HOT TARGET • 1985
RESTLESS • 1985

LEWISTON DENNIS see **LEWISTON DENIS**

LEWYN LOUIS – USA
FIESTA DE SANTA BARBARA, LA • 1935 • SHT
HOLLYWOOD GADABOUT • 1935 • SHT
ACRO-BATTY • 1942 • SHT
AQUA ANTICS • 1942 • SHT
HOLLYWOOD DAREDEVILS • 1943 • SHT

LEYDA JAY – Film historian – USA – 1910–
BRONX MORNING • 1932

LEYDE EMIL – AUS
SONNWENDHOF • 1918

LEYLAND MALCOLM – ASL
WHEELS ACROSS A WILDERNESS • 1967

LEYLAND MIKE – ASL
WHEELS ACROSS A WILDERNESS • 1967

LEYTES JOSEF see **LEYTES JOSEPH**

LEYTES JOSEPH – USA
LEYTES JOSEF
FAITHFUL CITY • 1952
MOVIE MAKER, THE • 1967 • TVM
VALLEY OF MYSTERY • STRANDED • 1967 • TVM
COUNTERFEIT KILLER, THE • CRACKSHOT • 1968

LEYTNER NIKOLAUS – AUS
PARADISE GES.M.B.H. • PARADISE LTD. • 1986

LEZAMA LUIS – MXC
TABARE • 1918
ALAS ABIERTAS • 1920
CEMETARIO DE LAS AGUILAS, EL • EAGLE'S CEMETERY, THE (USA) • 1938
VIEJO AMOR, UN • OLD LOVE, AN (USA) • 1938
TABARE • 1946

LGAWA KINYA – JPN
NAMAKUBI JOCHI JIKEN • LOVE FOOLERY CASE OF A FRESH SEVERED HEAD • 1967

L'HERBIER MARCEL – FRN – 1888–1979
PHANTASMES • 1917
BERCAIL, LE • 1919 • SHT
CARNAVAL DES VERITIES, LE • 1919
EX-VOTO, L' • 1919
ROSE FRANCE • 1919
HOMME DU LARGE, L' • MAN OF THE WIDE-OPEN SPACES, THE ○ MAN OF THE OPEN SEAS • 1920
ELDORADO • 1921
VILLA DESTIN • 1921
DON JUAN ET FAUST • 1922
PROMETHEE BANQUIER • 1922
INHUMAINE, L' • INHUMAN WOMAN, THE (UKN) ○ NEW ENCHANTMENT, THE ○ LIVING DEAD MAN, THE ○ FUTURISMO • 1923
RESURRECTION • 1923
FEU MATTHIAS PASCAL • LATE MATTHEW PASCAL, THE ○ LIVING DEAD MAN, THE (USA) • 1925
VERTIGE, LE • 1926

DIABLE AU COEUR, LE • LITTLE DEVIL-MAY-CARE • 1927
ARGENT, L' • MONEY • 1928
NUITS DE PRINCES • 1929
ENFANT DE L'AMOUR, L' • 1930
FEMME D'UNE NUIT, LA • 1930
MYSTERE DE LA CHAMBRE JAUNE, LE • MYSTERY OF THE YELLOW ROOM, THE • 1930
PARFUM DE LA DAME EN NOIR, LE • PERFUME OF THE LADY IN BLACK, THE • 1930
EPERVIER, L' • AMOUREUX, LES ○ BIRD OF PREY • 1933
AVENTURIER, L' • 1934
SCANDALE, LE • 1934
BONHEUR, LE • 1935
ROUTE IMPERIALE, LA • 1935
VEILLE D'ARMES • SACRIFICE D'HONNEUR ○ VIGIL, THE • 1935
HOMMES NOUVEAUX, LES • 1936
PORTE DU LARGE, LA • GREAT TEMPTATION, THE ○ DOOR TO THE OPEN SEA • 1936
CITADELLE DU SILENCE, LA • CITADEL OF SILENCE, THE (USA) • 1937
FORFAITURE • CHEAT, THE • 1937
NUITS DE FEU • LIVING CORPSE, THE (USA) ○ NIGHTS OF FIRE • 1937
TRAGEDIE IMPERIALE, LA • RASPUTIN (USA) ○ DIABLE DE SIBERIE, LE ○ RASPOUTINE ○ FIN DES ROMANOFF, LA • 1937
ADRIENNE LECOUVREUR • 1938
TERRA DI FUOCO • 1938
TERRE DE FEU • 1938
BRIGADE SAUVAGE, LA • 1939
CHILDREN'S CORNER • 1939 • SHT
ENTENTE CORDIALE • 1939
MODE REVEE, LA • 1939 • SHT
COMEDIE DU BONHEUR, LA • ECCO LA FELICITA! (ITL) ○ COMEDY OF HAPPINESS, THE • 1940
ECCO LA FELICITA • COMMEDIA DELLA FELICITA, LA • 1940
HISTOIRE DE RIRE • FOOLISH HUSBANDS (USA) • 1941
NUIT FANTASTIQUE, LA • FANTASTIC NIGHT (USA) ○ TOMBEAU DE MELIES, LE • 1941
HONORABLE CATHERINE, L' • SOLANGE • 1942
VIE DE BOHEME, LA • BOHEME, LA (ITL) • 1942
AFFAIRE DU COLLIER DE LA REINE, L' • QUEEN'S NECKLACE, THE (USA) • 1945
AU PETIT BONHEUR • 1945
REVOLTEE, LA • STOLEN AFFECTIONS (USA) • 1947
DERNIERS JOURS DE POMPEI, LES • ULTIMI GIORNI DI POMPEI, GLI (ITL) ○ LAST DAYS OF POMPEII, THE(USA) ○ SINS OF POMPEI • 1948
PERE DE MADEMOISELLE, LE • FATHER OF THE GIRL, THE • 1953
HOMMAGE A DEBUSSY • 1967 • SHT

LHEUREUX ALBERT ANDRE – BLG
POSSESSION DU CONDAMNE • 1967

LHOMME PIERRE – FRN – 1930–
JOLI MAI, LE • 1963 • DOC

LHOTAK K. – Animator – CZC
ON LIGHT • ANM

L'HOTE JEAN – FRN – 1929–1985
VACANCES AU PARADIS • 1959 • SHT
CLOCHE, LA • BELL, THE • 1964
COMMUNALE, LA • 1965
EDUCATION AMOUREUSE DE VALENTIN, L' • 1974

LHOTZKY GEORG – AUS
MOOS AUF DEN STEINEN • MOSS ON THE STONES • 1968
SCHATTEN UND LICHT • SHADOWS AND LIGHT • 1977

LI CHAO – HKG
CANTON IRON KUNG FU • IRON FIST OF KWANGTUNG ○ CANTONEN IRON KUNG FU ○ CANTONESE IRON KUNG FU
SHAOLIN WARRIOR

LI CH'EN-FENG – HKG
CH'UN • SPRING • 1953
SU HSIAO-HSIAO • SU SIU SIU • 1967

LI CHIH SHO – HKG
FURY OF SHAOLIN FIST • 1977

LI HAN-HSIANG – HKG – 1926–
LI HANXIANG
DAN FUNG STREET • 1956
MAIDEN IN DISTRESS, A • 1956
ANGEL, THE • 1957
HE HAS TAKEN HIM FOR ANOTHER • 1957
KISS FOR ME, A • 1957
MAGIC TOUCH, THE • 1958
ADVENTURE OF THE 13TH SISTER, THE • 1959
CH'IEN-NU YU-HUN • ENCHANTING SHADOW ○ CHIN NU YU HUN • 1959
DIABOLICAL QUEEN, THE • DIABOLIC QUEEN, THE • 1962
YANG KWEI FEI • MAGNIFICENT CONCUBINE, THE (USA) • 1962
LIANG SHAN-PO YU CHU YING-T'AI • ETERNAL LOVE ○ LOVE ETERNE, THE • 1963
SEVEN FAIRIES • 1964
WU-HOU • EMPRESS WU (USA) • 1964
HSI SHIH • 1966
BEYOND THE GREAT WALL • 1967
TUNG NUAN • WINTER • 1967
DREAM OF THE RED CHAMBER
SENSUAL PLEASURES, THE
WARLORD, THE
HSI, NOU, AI, LUEH • FOUR MOODS (USA) ○ HSI NU AI LE • 1970
FACETS OF LOVE • 1973
GOLDEN LOTUS • 1973
ILLICIT DESIRE • 1973
CH'ING KUO CH'ING CH'ENG • EMPRESS DOWAGER, THE • 1975
CH'OU WEN • SCANDAL • 1975
CHO-CHIEN CH'U-SHIH • THAT'S ADULTERY • 1976
NIEN HUA JE TS'AO • CRAZY SEX • 1976
YING T'AI CH'I HSUEH • LAST TEMPEST, THE • 1976
CH'IEN LUNG HUANG-TI • EMPEROR CHIEN LUNG PART II • 1977
FENG HUA HSUEH YUEH • MOODS OF LOVE • 1977
HSIUNG CHAI • HAUNTED HOUSE, THE • 1977
YU-LING • SPIRIT, THE • 1977
LU TING CHI • HISTORY OF LU TING, THE • 1979
CH'IEN LUNG HUANG YU KU-NIANG • EMPEROR CHIEN LUNG AND THE BEAUTY ○ KINGDOM AND THE BEAUTY, THE • 1980
HSU LAO-HU YU PAI KUA-FU • HSU LAO-HU AND THE WHITE WIDOW • 1980
CHUI LIAN TING ZHENG • REIGN BEHIND A CURTAIN • 1983
HUOSHAO YUANMINGYUAN • BURNING OF YUANMINGYUAN, THE ○ BURNING OF THE IMPERIAL PALACE • 1983
SHUI LIAN TING ZHENG • BEHIND THE SCREEN • 1983
WU SUNG • TIGER KILLER • 1983
HUO LONG • LAST EMPEROR, THE • 1985
BAQI ZIDI • SNUFF BOTTLE • 1988
DUNHUANG YE TAN • 1990

LI HANXIANG see **LI HAN-HSIANG**

LI HSING – HKG – 1930–
SILENT WIFE • 1965
ROAD, THE • 1967
HSI, NOU, AI, LUEH • FOUR MOODS (USA) ○ HSI NU AI LE • 1970
CH'IU CHUEH • EXECUTION IN AUTUMN • 1971
MARRIAGE, THE • 1973
WU T'U WU MIN • LAND OF THE UNDAUNTED • 1975
LANG-HUA • WAVES, THE • 1976
PI-YUN T'IEN • POSTERITY AND PERPLEXITY • 1976
PAI HUA P'IAO, HSUEH HUA P'IAO • MELODY FROM HEAVEN • 1977
HSIAO CHENG KU-SHIH • STORY OF A SMALL TOWN, THE • 1979
TSAO'AN, T'AI-PEI • GOOD MORNING, TAIPEI • 1979
LOVE RINGS A BELL • 1980
PAINTED WAVES OF LOVE • 1980
WANG-YANG-CHUNG-TE YI-T'IAO CH'UAN • HE NEVER GIVES UP • 1980
YUAN-HSIANG JEN • MY NATIVE LAND • 1980
CH'IEN CHIANG YU SHUI CH'IEN CHIANG MING • 1982

LI HSUN – HKG
FISTS OF SHAOLIN • FIST OF SHAOLIN • 1973

LI JINGMIN – CHN
DIEXUE HEIGU • SECRET DECREE • 1985

LI JUN see **LI TSUN**

LI LI-AN – TWN
MING-T'IEN CHIH YU WO • SAILING FOR TOMORROW • 1982

LI MEI-MI – TWN – 1946–
NU-TZU HSUEH-HSAIO • GIRLS' SCHOOL • 1983

LI TAN YEONG – HKG
HERO'S TEARS, A

LI TAO-MING – TWN
CH'UI KU-CH'UI • 1988

LI TSO-NAM see **LEE TSO NAM**

LI TSUN – CHN
LI JUN
NONGNU • SERFS • 1964

LI YALIN – CHN
BEI AIQING YIWANGDE JIAOLUO • LOVE-FORSAKEN CORNER, A • 1981
JING • WELL, THE • 1988

LI YU-NING – TWN
TWO OF US, THE
NEI-YI-NIEN WO-MEN CH'U KAN HSUEH • COLD • 1988

LIABEL ANDRE – FRN
CLOSERIE DES GENETS, LA • 1928

LIANG P'U-CHIH see **LIANG PUZHI**

LIANG PUZHI – HKG – 1939–
LEONG PO-CHIH • LIANG P'U-CHIH
FOXBAT • 1977
T'IAO HUI • JUMPING ASH • 1977
SHEN T'OU MIAO T'AN SHOU TUO-TUO • ITCHY FINGERS • 1980
YU NI MAO NI • NO BIG DEAL • 1980
SUPER FOOL • 1981
HE LIVES BY NIGHT • 1982
BANANA COP • 1984
BU HUO YINGXIONG • TIME TRAVELLER • 1985
HONG KONG 1941 • 1985
PING PONG • 1985
SHENGSI XIAN • LIFE AND DEATH (A STRUGGLE) ○ ISLAND, THE • 1985

LIANT FRANCOIS – CND
MOURIR POUR VIVRE • 1973

LIAO CH'ING-SUNG – TWN
CH'I-TAI NI CHANG-TA • BE MY LOVELY CHILD AGAIN • 1988
HAI-SHUI CHENG LAN • WHEN THE OCEAN IS BLUE • 1988

LIAPPA FRIDA see **LIAPPA FRIEDA**

LIAPPA FRIEDA – GRC
LIAPPA FRIDA
YOU ARE ALWAYS LEAVING ME • 1978
DROMI TIS AGAPIS INE NICHTERIN, I • LOVE WANDERS IN THE NIGHT ○ NIGHT ROADS OF LOVE, THE • 1981
ENAS ISICHOS THANATOS • QUIET DEATH, A • 1987

LIAROPOULOS LAMBROS – GRC
ALLO GRAMMA, TO • OTHER LETTER, THE • 1976

LIBERATORE U. see **LIBERATORE UGO**

LIBERATORE UGO – ITL – 1927–
LIBERATORE U.
BORA BORA • 1968
SESSO DEGLI ANGELI, IL • GESCHLECHT DER ENGEL, DAS (FRG) ○ SEX OF ANGELS, THE (USA) ○ SEX OF THE ANGELS • 1968
LOVEMAKER • LOVEMAKER (L'UOMO PER FAR L'AMORE) • 1969
BALI • 1970
DELITTO A OXFORD • MAY MORNING IN OXFORD ○ ALBA PAGANA • 1970
INCONTRO D'AMORE A BALI • 1970
NOA NOA • 1974
INCONTRO D'AMORE • 1975
NERO VENEZIANO • DAMNED IN VENICE • 1978

LIBERTI ENZO – ITL
PORTO DELLA SPERANZA, IL • 1955
PROCESSO ALL'AMORE • 1956

LIBRATTI GIOACCHINO – Animator – ITL
TERZI GIORGIO
NANO E LA STREGA, IL • LITTLE DICK THE MIGHTY MIDGET ○ KING DICK • 1975

LICHO ADOLF EDGAR – GRM
SCHICKSALSTAG, DER • 1921
KINDER DER ZEIT • 1922
SPIEL MIT DEM WEIBE, DAS • 1922
TIEFLAND • 1922
KADDISCH • TOTENGEBET, DAS • 1924
STURZ INS GLUCK, DER • 1924
SELIGE EXZELLENZ, DIE • HIS LATE EXCELLENCY • 1927
CHARLOTT ETWAS VERRUCKT • 1928

LICHTENBERG NICOLAI – DNM
POLENS BORN • POLAND'S CHILDREN • 1947
BONDESGARDEN • FARM, THE • 1949
ANDRE FOLKS BORN • OTHER PEOPLE'S CHILDREN • 1958

LICHTENFELD TED – USA
PERSONAL FOUL • 1987

LICHTNER MARVIN – UKN
SOME KIND OF HERO • 1972

LICHY ATAHUALPA – FRN
RIO NEGRO • BLACK RIVER • 1989

LICKE HANS – GRM
URLAUB OHNE DICH • 1961

LICONTI CARLO – CND
CONCRETE JUNGLE • 1988
BROWN BREAD SANDWICHES • 1990

LICOT LOUIS-S. – FRN
CHEMIN DE LA DROGUE, LE • 1951

LIDDLE RALPH R. – CND
SPIRIT OF THE WIND • 1979

LIEB TOM – USA
HOT ON ICE • 1938 • SHT

LIEBENAU MANFRED see **LUND ERIK**

LIEBENBERG J. A. – AUS
STEIG AUS DEINEM LUFTBALLON • GET OUT YOUR BALLOON • 1985

LIEBENEINER WOLFGANG – Actor/ writer – GRM – 1905–1987
MUSTERGATTE, DER • MODEL HUSBAND (USA) • 1937
VERSPRICH MIR NICHTS • PROMISE ME NOTHING (USA) • 1937
DU UND ICH • 1938
YVETTE • TOCHTER EINER KURTISANE, DIE • 1938
ZIEL IN DEN WOLKEN • GOAL IN THE CLOUDS (USA) • 1938
FLORENTINER HUT, DER • LEGHORN HAT, THE (USA) • 1939
BISMARCK • 1940
GUTE SIEBEN, DIE • 1940
WUNDERBAR KANN EINE SEIN • 1940
ANDERE ICH, DAS • OTHER SELF, THE • 1941
ICH KLAGE AN • I'M ACCUSING • 1941
ENTLASSUNG, DIE • BISMARCK'S DISMISSAL (UKN) • 1942
GROSSTADTMELODIE • 1943
LEBEN GEHT WEITER, DAS • 1945
LIEBE 47 • 1949
DES LEBENS UEBERFLUSS • 1950
MEINE NICHTE SUSANNE • 1950
MELODIE DES HERZENS • MELODY OF THE HEART • 1950
WENN EINE FRAU LIEBT • 1950
BLAUE STERN DES SUDENS, DER • 1951
HERR DER WELT • 1951
TOR ZUM FRIEDEN, DAS • 1951
WEIBSTEUFEL, DER • DEVIL WOMAN • 1951
1 APRIL 2000 • APRIL 1, 2000 (USA) • 1952
STARKERE, DIE • 1953
TANZENDE HERZ, DAS • DANCING HEART, THE (USA) • 1953
AUF DER REEPERBAHN NACHTS UM HALB EINS • 1954
SCHONE MULLERIN, DIE • 1954
...UND EWIG BLEIBT DIE LIEBE • 1954
HEILIGE LUGE, DIE • 1955
ICH WAR EIN HASSLICHES MADCHEN • 1955
URLAUB AUF EHRENWORT • 1955
TRAPP-FAMILIE, DIE • 1956
WALDWINTER • 1956
AUF WIEDERSEHN • 1957
FRANZISKA • AUF WIEDERSEHN, FRANZISKA • 1957
IMMER WENN DER TAG BEGINNT • 1957
KONIGIN LUISE • 1957
SEBASTIAN KNEIPP -EIN GROSSES LEBEN • WASSERDOKTOR, DER • 1958
TAIGA • 1958
TRAPP-FAMILIE IN AMERIKA, DIE • 1958
JACQUELINE • 1959
LICHT VON JENSIETS DER STRASSE • 1959
MEINE TOCHTER PATRICIA • 1959
FRAU FURS GANZE LEBEN, EINE • 1960
ICH HEIRATE HERRN DIREKTOR • 1960
INGEBORG • 1960
SCHLUSSAKKORD • 1960

LETZTE KAPITEL, DAS • 1961
TRAPP FAMILY, THE • 1961 • CMP
JETZT DREHT DIE WELT SICH NUR UM DICH • 1964
SCHWEIJKS FLEGELJAHRE • 1964
WENN SUSS DAS MONDLICHT AUF HUGELN SCHLAFT • 1969

LIEBERMAN ART – USA
SEX OR BUST • 1973
UP YOUR ALLEY • 1975
MELON AFFAIR, THE • 1979

LIEBERMAN JEFF – USA
BLUE SUNSHINE • 1976
SQUIRM • 1976
JUST BEFORE DAWN • 1981
REMOTE CONTROL • 1988

LIEBERMAN ROBERT – USA
FIGHTING BACK • 1980 • TVM
TABLE FOR FIVE • THESE CHILDREN ARE MINE! • 1982
WILL, G. GORDON LIDDY • 1982 • TVM
HONEYMOON • 1989

LIEBERMANN ROLF – USA
STRAVINSKY PORTRAIT, A • 1968

LIEBLING JEROME – USA
POW WOW • 1959

LIEBMAN MAX – Producer – USA
TEN FROM YOUR SHOW OF SHOWS • 1973 • CMP

LIEDHOLM LARS-ERIK – SWD – 1928–
JUNINATT • JUNE NIGHT • 1965

LIEN BJORN – NRW
BELONNINGEN • REWARD, THE • 1981

LIEPSKI SERGE – GRM
VERGELTUNG, DIE • 1923

van LIEROPL ROBERT – PRT
LUTA CONTINUA, LA • STRUGGLE CONTINUES, THE ○ FIGHT GOES ON, THE • 1971
POVO ORGANIZADO, O • 1976

LIESENDAHL HEINZ – GRM
NUSSKNACKER • NUTCRACKER, THE (UKN) • 1965

LIEVCIUK TIMODICI – USS
SPACE STATION K-9 • 1961

LIEVRE HERVE – FRN – 1950–
BANCALS, LES • 1982

LIFANOV B. – USS
SPONGER, THE • 1953

LIFCHITZ PHILIPPE – FRN
LIFSCHITZ PHILIPPE
IMAGES DES MONDES PERDUS • 1959 • SHT
X.Y.Z. • 1960
PRIMA DONNA, LA • 1963 • SHT

LIFSCHITZ PHILIPPE see **LIFCHITZ PHILIPPE**

LIGHT CHUCK – USA
LOVEJOY'S NUCLEAR WAR • 1975 • DOC

LIGHT MIKE – USA
FLESH GORDON • 1972

LIGHTFIELD WILLIAM – USA
MAN FOR HANGING, A • 1973

LIGHTFOOT MOREY – USA
SEAL SKINS • 1932 • SHT

LIGHTHILL BRIAN – UKN
PICKWICK PAPERS, THE • 1985 • MTV

LIGNINI FABIO – Animator – BRZ
WHEN THE BATS ARE QUIET • 1987 • ANM

LIGURE CLAUDE – FRN
VOYAGE A KHONOSTROV, LE • 1962 • SHT

LIHOSIT JURAJ – CZC
VLAKARI • JUNIOR COMMUTERS • 1988

LIIKALA BOB – USA
IN THE LABYRINTH • 1966

LIKAS PETROS – GRC
KORITSI TOU 17, TO • GIRL FROM WARD 17, THE • 1969

LILIENTHAL PETER – GRM – 1929–
JEDE STUNDE VERLETZT UND DIE LEUTE TOTET • 1963
MALATESTA • 1970
NOON IN TUNISIA • 1970 • DOC
ICAROS • 1973
VICTORIA, LA • VICTORY, THE • 1974
HAUPTLEHRER HOFER • SCHOOLMASTER HOFER • 1975
LEHRER HOFER • TEACHER HOFER • 1975
ES HERRSCHT RUHE IM LAND • COUNTRY IS CALM, THE • 1976
DAVID • 1979
AUFSTAND, DER • UPRISING, THE • 1981
DEAR MR. WONDERFUL • 1982
AUTOGRAPH, THE • 1984
SCHWIEGEN DES DICHTERS • 1987

LILLEY EDWARD – USA – 1896–1974
CROSS YOUR FINGERS • 1942
HONEYMOON LODGE • 1943
LARCENY WITH MUSIC • 1943
MOONLIGHT IN VERMONT • 1943
NEVER A DULL MOMENT • 1943
ALLERGIC TO LOVE • 1944
BABES IN SWING STREET • 1944
HI, GOOD LOOKIN' • HAS ANYBODY HERE SEEN KELLY? • 1944
MY GAL LOVES MUSIC • MY BABY LOVES MUSIC • 1944
SING A JINGLE • LUCKY DAYS (UKN) ○ SET TO MUSIC • 1944
HER LUCKY NIGHT • 1945
SWING OUT, SISTER • 1945

LILLY LOU – USA
SPEAKING OF ANIMALS • 1941–49 • SHS

LIM KWON-TAEK – SKR – 1936–
IM GWEON-TAEK • IM KWON-TEEK • KWON TAEK-LIM
FAREWELL TO THE DUMAN RIVER
WEEDS • 1973
GENEALOGY • 1978
MANDALA • TWO MONKS • 1981
TEARS OF HIGH SCHOOL LIFE • 1981
ANGEMAEUL • VILLAGE IN THE MIST ○ VILLAGE OF MIST, THE ○ MISTY VILLAGE • 1983
POLLUTED ONES, THE • 1983
GILSODDEUM • GILSODOM • 1985
SSIBOJI • SURROGATE MOTHER ○ SURROGATE WOMAN • 1987
ADADA • 1988
YONSAN ILGI • YONSAN'S DIARY • 1988
AJE, AJE, BARA AJE • COME, COME, COME UPWARD ○ COME, COME TO A HIGHER PLACE • 1989
SON OF THE GENERAL • 1990

LIMA VICTOR – BRZ
PAPAI TRAPLAHAO • CLUMSY PAPA • 1968
A UM PULO DA MORTE • AT THE SIDE OF DEATH • 1969

LIMA WALTER JR. – BRZ
MENINO DE ENGENHO • BOY FROM THE PLANTATIONS, THE • 1966
BRASIL ANNO 2000 • BRAZIL YEAR 2000 • 1969
ASSALTO, O • 1970
NA BOCA DA NOITE • IN THE DEPTHS OF THE NIGHT • 1971
LIRA DO DELIRIO, A • LYRE OF DELIRIUM • 1979
INOCENCIA • INNOCENCE • 1982
ELE, O BOTO • HE, THE DOLPHIN • 1988

LIMINANA EVA see **DUQUESA OLGA**

LIMOSIN JEAN-PIERRE – FRN – 1949–
FAUX-FUYANTS • FAUX FUYANTS • 1982
GARDIAN DE LA NUIT • 1985
AUTRE NUIT, L' • 1988

de LIMUR JEAN – FRN – 1887–1976
JEALOUSY • 1929
LETTER, THE • 1929
MON GOSSE DE PERE • 1930
MONSIEUR LE DUC • 1930
PARISIAN, THE • 1930
CIRCULEZ! • 1931
KING KONG • 1932
MARIAGE A RESPONSABILITE LIMITEE • 1933
MILLIONS DE MA TANTE, LES • 1933
PAPRIKA • 1933
AMOUR EN CAGE, L' • 1934
AUBERGE DU PETIT DRAGON, L' • 1934
VOYAGE IMPREVU, LE • 1934
COUP DE TROIS, LE • 1935
PETITE SAUVAGE, LA • CUPIDON AU PENSIONNAT • 1935
ROSIERE DES HALLES, LA • VIERGE DES HALLES, LA • 1935
RUNAWAY LADIES • 1935
BETE AUX SEPT MANTEAUX, LA • HOMME A LA CAGOULE NOIRE, L' • 1936
BRIGADE EN JUPONS, LA • BRIGADE EN DENTELLES, LA • 1936
GARCONNE, LA • 1936
CITE DES LUMIERES, LA • 1938
PERE LEBONNARD, LE • PAPA LEBONNARD (ITL) • 1938
PETITE PESTE • 1938
AGE D'OR, L' • 1940
HOMME QUI JOUE AVEC LE FEU, L' • 1942
APPARIZIONE • 1944
GRANDE MEUTE, LA • 1944

LIN BIN – HKG
SEVENTY-TWO DESPERATE REBELS, THE • 72 DESPERATE REBELS, THE

LIN CHAN WAI – HKG
LIN CHAN WEI
KUNG FU EXECUTIONER • 1981
SUPER POWER • SUPERPOWER • 1981

LIN CHAN WEI see **LIN CHAN WAI**

LIN CH'ING-CHIEH – TWN – 1944–
WEN-T'I HSUEH-SHENG • PROBLEM STUDENTS • 1979
HSUEH-SHENG-CHICH AI • STUDENT DAYS • 1982
PEI NAN HSI TUNG • NORTH SOUTH WEST EAST • 1984

LIN LINGDONG see **LAM RINGO**

LIN LUNG – CHN
FLAMES OF THE BORDER • 1958

LIN PIN see **LIN PING**

LIN PING – HKG
LIN PIN
GOODBYE, BRUCE LEE • GOOD BYE BRUCE LEE: HIS LAST GAME OF DEATH ○ HIS LAST GAME OF DEATH ○ LEGEND OF BRUCE LEE, THE • 1975

LIN TEN-LUN – CHN
TINGCHUN MOUNTAIN • 1908

LINCOLN FRED
SERENA

LINCOLN GEORGE see **FREDA RICCARDO**

LINCOLN W. J. – ASL – -1917
BELLS, THE • 1911
CALLED BACK • 1911
DOUBLE EVENT, THE • 1911
IT IS NEVER TOO LATE TO MEND • 1911
LOST CHORD • 1911
LUCK OF ROARING CAMP • 1911
MYSTERY OF A HANSOM CAB • 1911
BREAKING THE NEWS • 1912
RIP VAN WINKLE • 1912
CRISIS, THE • 1913
MOONDYNE • 1913
REMITTANCE MAN, THE • 1913
REPRIEVE, THE • 1913
ROAD TO RUIN, THE • 1913
SICK STOCKRIDER, THE • 1913
TRANSPORTED • 1913
WRECK, THE • 1913
EDITH CAVELL • 1916
LA REVANCHE • 1916
LIFE OF ADAM LINDSAY GORDON, THE • LIFE'S ROMANCE OF ADAM LINDSAY GORDON • 1916

LIND ALFRED – DNM
HVIDE SLAVEHANDES SIDSTOFFER, DEN • 1910
BJORNETAEMMEREN • 1912
EN REKRUT FRA '64 • 1912
FLIYVENDE CIRKUS, DEN • 1912
HEMMELIGHEDSFULDE TRAKTAT, DEN • 1912
AMERICA – EUROPA I LUFTSKIB • 1913
HAREMETS PERLE • 1915
CIRKUS WOLFONS SIDSTE GALLAFORESTILLING • 1916
CIRQUE DE LA MORT, LE • 1916
ALKOHOL • 1919
TRAGODIE IM ZIRKUS ROYAL • 1928

LIND CURT – GRM
CONFERENCE OF ANIMALS • ANM

LIND JOHN – UKN
MATUSHKA • 1973

LIND KLAUS – GRM
AFRIKA TANZT • AFRICA DANCES • 1967

LIND PETER – DNM
NADVEREN • 1970

LINDA BOGUSLAW – PLN
SESZELE • SEYCHELLES • 1990

LINDBERG CLAS – SWD
RAVEN • FOX, THE • 1987

LINDBERG LARS – Animator – SWD
OLE DOLE DOFF • ANS
SHADOW • ANS
SLEEP WELL • SLEEP DEEP • 1966 • ANS

LINDBERG PER – SWD – 1890–1944
ANNA-CLARA OCH HENNES BRODER • ANNA-CLARA AND HER BROTHERS • 1923
NORRTULLSLIGAN • NORTULL GANG, THE • 1923
GLAD DIG I DIN UNGDOM • REJOICE WHILE YOU ARE YOUNG • 1939
GUBBEN KOMMER • OLD MAN IS COMING, THE • 1939
HANS NADS TESTAMENTE • HIS GRACE'S WILL • 1940
JUNINATTEN • NIGHT IN JUNE, A • 1940
STAL • STEEL • 1940
I PARADIS.. • IN PARADISE • 1941
SAGS PA STAN, DET • TALK OF THE TOWN • 1941

LINDBERG SVEN – Actor – SWD – 1918–
HAN GLOMDE HENNEALDRIG • LONG SEARCH, THE (USA) ○ MEMORY OF LOVE • 1952
MUSIK OMBORD • MUSIC ON BOARD • 1958
LITA PA MEJ, ALSKLING! • TRUST ME DARLING • 1961

LINDBLAD JAN – SWD – 1932–
SUMMER DAY IN SWEDEN, A • DCS
VILDMARKSRIKE, ETT • KINGDOM IN THE WILDS • 1964

LINDBLOM GUNNEL – Actress – SWD – 1931–
PARADISTORG • SUMMER PARADISE (USA) ○ PARADISE SQUARE ○ PARADISE PLACE • 1977
SALLY AND FREEDOM • 1981
NAGRA SOMMARKVALLAR PA JORDEN • SUMMER NIGHTS ON THE PLANET EARTH • 1987

van der LINDEN CHARLES HUGUENOT – NTH – 1909–
WILD YEARS, THE
JONGE HARTEN • YOUNG HEARTS • 1936
ZES JAREN • SIX YEARS • 1946
DUTCH IN SEVEN LESSONS • 1948
TERUG NAAR HET EILAND • BACK TO THE ISLAND • 1950
ZWARTE ZAND, HET • VIEW OF MIDDELHARNIS ○ ZWARTE HAND, HET • 1954 • DOC
DIEP NEDERLAND • DEEP HOLLAND • 1956 • DOC
VAKMAN PARAAT • SKILLED HANDS READY • 1956 • DOC
GOUDEN ILSY, DE • GOLDEN ILSY, THE • 1957 • DOC
MORGENSTER, DE • MORNING STAR, THE • 1957 • SHT
TUSSENSPEL BIJ KAARSLICHT • INTERLUDE BY CANDLELIGHT • 1959 • SHT
JAZZ AUF BURG SCHWANECK • 1960 • SHT
BIG CITY BLUES • 1962 • SHT
BOUWSPELEMENT • BUILDING GAME, THE • 1963
...OF DURF JE NIET? • OR DON'T YOU DARE? • 1965 • SHT
OKTOBERVAART • 1965 • SHT
RESTLESS PORT, THE • 1966
SUMMER IN THE FIELDS • 1970
KLEINE WERELD, DIE • THIS TINY WORLD • 1973 • DOC

LINDEN EDDIE – USA
SCAR HANAN • 1925

LINDEN GUSTAF see **LINDEN GUSTAF M.**

LINDEN GUSTAF M. – SWD
LINDEN GUSTAF
REGINA VON EMMERITZ OCH GUSTAV II ADOLPH • REGINA VON EMMERITZ AND GUSTAVUS ADOLPHUS • 1910
AMULETTEN • TALISMAN • 1911
JARNBARAREN • IRON-CARRIER, THE • 1911

van der LINDEN H. J. – NTH
INDIANENOVERVAL IN DE DODENPAS • INDIAN ATTACK IN DEATH PASS • 1967
SJORS EN SJIMMIE IN HET LAND DER REUZEN • SJORS AND SJIMMIE IN THE LAND OF THE GIANTS • 1967

van der LINDEN RUPERT – NTH
FLOWERS, THE • 1965 • ANS
MISTER X • 1970 • ANS

LINDENMAIER PATRICK – SWT
ANDREAS • 1988 • DOC

LINDER CARL – USA
BLACK AND WHITE PEACOCK, THE • 1962 • SHT
TELEPHONIC DOLLS • SHT
DEVIL IS DEAD, THE • 1964 • SHT
SKIN • 1965 • SHT
WOMANCOCK • 1965 • SHT

LINDER JOHN LENNART – SWD – 1911–
PROFESSOR POPPES PRILLIGA PRILLERIER • PROFESSOR POPPE'S CRAZY ECCENTRICITIES ○ SOM FALLEN FRAN SKYARNA • 1944

LINDER MAUD – FRN – 1924–
MAX-LINDER MAUD
EN COMPAGNIE DE MAX LINDER • LAUGH WITH MAX LINDER (UKN) • 1964 • CMP
HOMME AU CHAPEAU DE SOIE, L' • 1983 • DOC

LINDER MAX – Actor – FRN – 1883–1925
PREMIERE SORTIE, LA • 1905
DEBUTS D'UN PATINEUR, LES • MAX'S ICE SCREAM • 1906
CONQUETE, UNE • 1908
MAX AERONAUTE • 1908
MARIAGE AMERICAIN, UN • 1909
MAX CHAMPION DE BOXE • 1910
MAX CHERCHE UNE FIANCEE • 1910
MAX PREND UN BAIN • 1910
MAX SE TROMPE D'ETAGE • 1910
QUEL EST L'ASSASSIN? • 1910
SOULIER TROP PETIT, LE • 1910
MAN MANQUE UN RICHE MARIAGE • 1911
MAX A UN DUEL • 1911
MAX CUISINIER PAR AMOUR • MAX ET JANE FONT DES CREPES • 1911
MAX DANS SA FAMILLE • 1911
MAX EN CONVALESCENCE • 1911
MAX EST CHARITABLE • 1911
MAX EST DISTRAIT • 1911
MAX ET JANE EN VOYAGE DE NOCES • VOYAGE DE NOCES, LE • 1911
MAX ET LE QUINQUINA • MAX VICTIME DU QUINQUINA • 1911
MAX ET SA BELLE-MERE • 1911
MAX ET SON ANE • MAX AND HIS DONKEY • 1911
MAX HYPNOTISE • MAX HYPNOTISED • 1911
MAX SE MARIE • 1911
MAX TROUVE UNE FIANCEE • 1911
VOISIN, VOISINE • 1911
AMOUR TENACE • 1912
ANE JALOUX, L' • 1912
BANDIT PAR AMOUR • 1912
ENLEVEMENT PAR HYDRO-AEROPLANE • 1912
FUITE DE GAZ, LA • 1912
IDYLLE A LA FERME • 1912
MAL DE MER, LE • 1912
MALLE DE MARIAGE, LA • 1912
MARIAGE AU TELEPHONE • 1912
MATCHE DE BOXE ENTRE PATINEURS A ROULETTES • 1912
MAX AMOUREUX DE LA TEINTURIERE • 1912
MAX BOXEUR PAR AMOUR • BOXEUR PAR AMOUR • 1912
MAX COCHER DE FIACRE • 1912
MAX EMULE DE TARTARIN • EMULE DE TARTARIN • 1912
MAX ET JANE VEULENT FAIRE DU THEATRE • 1912
MAX ET LA BONNE A TOUT FAIRE • 1912
MAX ET L'ENTENTE CORDIALE • ENTENTE CORDIALE • 1912
MAX ET LES FEMMES • OH! LES FEMMES! • 1912
MAX ET SON CHIEN DICK • 1912
MAX JOCKEY PAR AMOUR • JOCKEY PAR AMOUR • 1912
MAX LANCE LA MODE • 1912
MAX LINDER CONTRE NICK WINTER • 1912
MAX PEINTRE PAR AMOUR • PEINTRE PAR AMOUR • 1912
MAX, PROFESSEUR DE TANGO • MAX, TANGO TEACHER ○ TOO MUCH MUSTARD • 1912
MAX REPREND SA LIBERTE • 1912
MAX VEUT GRANDIR • 1912
NUIT AGITEE, UNE • 1912
PARI ORIGINAL, UN • 1912
PETIT ROMAN • 1912
QUE PEUT-IL AVOIR? • 1912
ROMAN DE MAX, LE • 1912
SUCCES DE LA PRESTIDIGITATION, LE • MAX ESCAMOTEUR • 1912
VENGEANCE DU DOMESTIQUE, LA • 1912
VOYAGES DE NOCES EN ESPAGNE • 1912
CHAPEAU DE MAX, LE • 1913
COMMENT MAX FAIT LE TOUR DU MONDE • 1913
DEBUTS D'UN YACHTMAN, LES • 1913
DUEL DE MAX, LE • 1913
ESCARPINS DE MAX, LES • 1913
HASARD ET L'AMOUR, LE • 1913
INAUGURATION DE LA STATUE, L' • MAX ET L'INAUGURATION DE LA STATUE • 1913
MARIAGE IMPREVU • 1913
MAX A MONACO • 1913
MAX ASTHMATIQUE • 1913
MAX AU CONVENT • 1913
MAX COLLECTIONNEUR DE CHAUSSURES • 1913
MAX ET LE BILLET DOUX • BILLET DOUX, LE • 1913
MAX ET LE COMMISSAIRE • 1913
MAX ET LE RENDEZ-VOUS • 1913
MAX ET LES CREPES • 1913
MAX FAIT DE LA PHOTO • 1913
MAX FAIT DES CONQUETES • 1913
MAX N'AIME PAS LES CHATS • 1913
MAX PART EN VACANCES • VACANCES DE MAX, LES ○ MAX EN VACANCES • 1913
MAX PRATIQUE TOUS LES SPORTS • 1913
MAX TOREADOR • 1913
MAX VIRTUOSE • 1913
PEUR DE L'EAU, LA • 1913
QUI A TUE MAX? • MAX ASSASSINE • 1913
RIVALITE DE MAX, LE • RIVALITE • 1913
ANGLAIS TEL QUE MAX LE PARLE • 1914
MAX DANS LES AIRES • 1914
MAX ET LA DOCTORESSE • MAX AND THE LADY DOCTOR • 1914
MAX ET LE BATON DE ROUGE • 1914
MAX ET LE MARI JALOUX • 1914
MAX ILLUSIONISTE • 1914
MAX JALOUX • 1914
MAX MAITRE D'HOTEL • 1914
MAX MEDECIN MALGRE LUI • 1914
MAX PEDICURE • PEDICURE, THE • 1914
MAX SAUVETEUR • 1914
MEDAILLE DE SAUVETAGE, LA • MAX DECORE • 1914
N'EMBRASSEZ PAS LA BONNE • 1914
2 AOUT 1914 • 1914
MAX DEVRAIT PORTER DES BRETELLES • 1915
MAX ENTRE DEUX FEUX • MAX ENTRE DEUX FEMMES • 1915
MAX ET LA MAIN QUI ETREINT • 1915
MAX ET LE SAXE • 1915
MAX ET L'ESPION • 1915
MAX COMES ACROSS • MAX GOES TO AMERICA (UKN) • 1917 • SHT
MAX IN A TAXI • 1917 • SHT
MAX WANTS A DIVORCE • 1917 • SHT
PETIT CAFE, LE • 1919
BE MY WIFE • 1921
SEVEN YEARS BAD LUCK • 1921
THREE MUST-GET-THERES, THE • 1922
ZIRKUSKONIG, DER • ROI DU CIRQUE, LE (FRN) ○ CIRCUSMANIA (UKN) ○ KING OF THE CIRCUS ○ CLOWN AUS LIEBE • 1924

LINDERS ANGELLA – NTH
MARA • 1985 • SHT

LINDGREN HANS – NRW
POBEL • HOOLIGANS • 1978
NEDTUR • IF MUSIC BE THE FOOD OF LOVE ○ DOWN TRIP • 1979

LINDGREN LARS M. see **LINDGREN LARS-MAGNUS**

LINDGREN LARS-MAGNUS – SWD – 1922–
LINDGREN LARS M.
KARLEK OCH STATISTIK • LOVE AND STATISTICS • SHT
PYRET SOKER PLATS • PYRET APPLIES FOR A JOB • SHT
SLANT AR EN SLANT, INTE SANT?, EN • COIN IS A COIN, A • SHT
DROMMARES VANDRING, EN • ENDONMARES VANDRING ○ DREAMER'S WALK, A ○ DREAM WALK • 1957
ANGLAR, FINNS DOM? • DO YOU BELIVE IN ANGELS? (UKN) ○ LOVE MATES (USA) • 1961
KURRAGOMMA • HIDE AND SEEK • 1963
KARE JOHN • DEAR JOHN • 1964
TRAFRACKEN • SADIST, THE (UKN) ○ CROWDED COFFIN, THE ○ COFFIN, THE • 1966
SVARTA PALMKRONOR • BLACK PALM TREES ○ BLACK PALM • 1968
LEJONET OCH JUNGFRUN • LION AND THE VIRGIN, THE • 1974

LINDH FREDERICK – SWD
TRADLOST OCH KARLEKSFULLT • 1931

LINDHOLM AXEL – SWD
STARKASTE, DEN • STRONGEST ONE, THE ○ STRONGEST, THE • 1929

LINDLOF JOHN – SWD – 1878–1954
ODETS • MAN OF DESTINY • 1924
MORDBRANNERSKAN • INCENDIARY • 1926
KARLEK OCH LANDSTORM • LOVE AND VETERAN RESERVES • 1931
MELODI OM VAREN, EN • SPRINGTIME TUNE • 1933
TVA MAN OM EN ANKA • TWO MEN AND A WIDOW • 1933
33.333 • 1936
ODYGDENS BELONING • 1937

LINDMAN – SWD
IS • ICE • 1970 • MTV

LINDNER WIM – NTH
BLOEDVERWANTEN • BLOOD RELATIONS • 1976

LINDON ANDRE – FRN – 1951–
ENFANT INVISIBLE, L' • 1978 • ANM

LINDQVIST JAN – SWD
DOM KALLAR OSS MODS • THEY CALL US MISFITS (USA) • 1967
TUPAMAROS • 1972 • DOC

LINDQVIST STAFFAN – SWD
HEMLIGHETEN • SECRETS • 1983

LINDSAY-HOGG MICHAEL – UKN – 1940–
ROLLING STONES ROCK AND ROLL CIRCUS, THE • 1968
LET IT BE • 1970 • DOC
NASTY HABITS • ABBESS, THE • 1976
BRIDESHEAD REVISITED • 1981 • MTV
DR. FISCHER OF GENEVA • 1983
THUMBELINA • 1983 • MTV
AS IS • 1986 • TVM
NAZI HUNTER: THE BEATE KLARSFELD STORY • 1986 • TVM
LITTLE MATCH GIRL, THE • 1987 • TVM
OBJECT OF BEAUTY, THE • 1990

LINDSAY JOHN – UKN
PORN-BROKERS, THE • 1973

LINDSAY LANCE – USA
STAR CRYSTAL • 1985

LINDSTROM JON – FNL
YON SYLISSA • HOMEWARD IN DARKNESS ○ HEMAT I NATTEN ○ HOMEWARD IN THE NIGHT ○ HOME AND REFUGE ○ HARRI! HARRI! • 1977
SISTA LEKEN, DEN • LAST GAME ○ LAST SUMMER, THE • 1983
KRONVITTNET • EXPERIMENT IN MURDER • 1989

LINDSTROM RUNE – SWD – 1916–
TANT GRON, TANT BRUN OCH TANT GREDELIN • AUNT GREEN, AUNT BROWN AND AUNT LILAC • 1945

LINDTBERG LEOPOLD – AUS – 1902–1984
WENN ZWEI SICH STREITEN • 1932 • SHT
JASOO • 1935
FUSILIER WIPF • 1938
SCHONSTE TAG MEINES LEBENS, DER • 1939 • DOC
WACHTMEISTER STUDER • 1939
MISSBRAUCHTEN LIEBESBRIEFE, DIE • 1940
LANDAMANN STAUFFACHER • 1941
SCHUSS VON DER KANZEL, DER • 1942
MARIE-LOUISE • 1944
LETZTE CHANCE, DIE • LAST CHANCE, THE (USA) • 1945
MATTO REGIERT • 1946
FOUR DAYS LEAVE • SWISS TOUR • 1950
VIER IM JEEP, DIE • FOUR IN A JEEP (USA) • 1951
UNSER DORF • VILLAGE, THE ○ PESTALOZZIDORF, DAS • 1953
DAUGHTER OF THE STORM • 1954
MEISTERSINGER VON NURNBERG, DIE • 1970 • MTV

LINDUS ALLAN – USA
CHANTAL • 1968
CINEMA VERITE • 1968
VICIOUS BLONDE • 1968

LING ZHIFENG – CHN
LING ZIFENG
ZHONGHUA NUER • DAUGHTERS OF CHINA • 1949
BIANCHENG • BORDER TOWN • 1985
CHUN TAO • 1988
SI SHUI WEI LAN • RIPPLES ON DEAD WATER • 1989

LING ZIFENG see **LING ZHIFENG**

LINGEN THEO – Actor – GRM – 1903–
MARGUERITE: 3 • FRAU FUR DREI, EINE • 1939
HERZ MODERN MOBLIERT • 1940
WAS WIRD HIER GESPIELT? • 1940
FRAU LUNA • 1941
HAUPTSACHE GLUCKLICH • 1941
WAS GESCHAH IN DIESER NACHT • 1941
LIEBESKOMODIE • 1942
LIED DER NACHTIGALL, DAS • 1943
TOLLE NACHT • 1943
ES FING SO HARMLOS AN • 1944
GELD MUSS MAN HABEN • ARME JONATHAN, DER • 1945
LIEBESHEIRAT • 1945
PHILINE • 1945
WIENER MELODIEN • 1947
HIN UND HER • 1950
DURCH DICK UND DUNN • 1951
WIE WERDE ICH FILMSTAR • 1955
WIRTIN ZUR GOLDENEN KRONE, DIE • 1955

LINGHEIM EMIL A. – SWD – 1898–
PEHRSSON EMIL A.
BALDEVINS BROLLOP • BALDWIN'S WEDDING (USA) ○ BALDEVIN'S WEDDING • 1938
KALLE PA SPANGEN • 1939
SKANOR-FALSTERBO • SMALL TOWNS OF SKANOR-FALSTERBO • 1939
BLYGE ANTON • SHY ANTON • 1940
SJOMAN TILL HAST, EN • SAILOR ON A HORSE • 1940
SOLIGA SOLBERG • SUNNY MR. SOLBERG • 1941
SOL OVER KLARA • SUN OVER KLARA (USA) ○ SUNSHINE OVER KLARA • 1942
STINSEN PA LYCKAS • STATION MASTER AT LYCKAS, THE • 1943
KARLEKSLIVETS OFFER • 1944
GLADA PARADEN • GAY PARADE • 1948
MED FOLKET FOR FOSTERLANDET • 1950
PIMPERNEL SVENSSON • 1950
GREVE SVENSSON • COUNT SVENSSON • 1951

LINK JOHN see **LINK JOHN F.**

LINK JOHN F. – USA
LINK JOHN
DEVIL'S CARGO, THE • 1948
CALL OF THE FOREST • 1949

LINK RON – USA
ZOMBIE HIGH • 1987

LINKA LESLIE – USA
WAR STORY 2 • VIETNAM WAR STORY 2 ○ VIETNAM WAR STORY • 1989

LINKE EDMUND – GRM
SZELAM ALEIKUM • 1919
DESTINEE • 1920
SATAN DIKTATOR • 1920
TEPPICHKNUPFERIN VON BAGDAD, DIE • 1920
ZOPF UND TURBAN • 1920
AUF DEN SPUREN DES WEISSEN SKLAVENHANDELS 1 • 1921
AUF DEN SPUREN DES WEISSEN SKLAVENHANDELS 2 • 1921
GEHEIMBUNDSKLAVEN 1 • DINGE ZWISCHEN HIMMEL UND ERDE • 1922
GEHEIMBUNDSKLAVEN 2 • MACHT DER VERSCHWORENEN • 1922
LILLY HUMBRECHT, DER LEIDENSWEG EINER STIEFTOCHTER • 1922
UND DENNOCH WARD ES MORGEN 1 • 1922
UND DENNOCH WARD ES MORGEN 2 • 1922
ORIENTFIEBER • 1923
"SAID" EIN VOLK IN KETTEN • 1923
SPITZENKLOPPERIN VON VALENCIENNES, DIE • 1923
EGOISTEN • 1924
GEDANKENSUNDEN • 1924
GIFT UND LIEBE • 1924

MISS MARY WELTREISE • 1924
VERKRACHTE EXISTENZEN • 1924
WELT WILL BETROGEN SEIN, DIE • 1925

LINKOV SERGEY – USS
TSEMYENT • CEMENT • 1975

LINNASALO TIMO – FNL
VILLAGE, THE • 1976 • DOC
VARTIOITU KYLA 1944 • GUARDED VILLAGE 1944, THE • 1978
AURINKOTUULI • SUN WIND ○ SUNWIND • 1980
PAIVAA, HERRA KIVI • HELLO MR. KIVI • 1983
AIKALAINEN • CONTEMPORARY, THE • 1984

LINNECAR VERA – Animator – UKN
WATCH THE BIRDIE • 1953 • ANS
MILDRED • 1960
BE CAREFUL BOYS • 1964
GOLDWHISKERS • 1964 • ANS
SPRINGTIME FOR SAMANTHA • 1965 • ANS
TRENDSETTER • 1969 • ANS

LINNEKOGEL OTTO – GRM
OBERST ROKSCHANIN • 1922
TALFAHRT DES SEVERIN HOYER, DIE • 1922
ICH VERWEIGERE DIE AUSSAGE • 1939
HERZ OHNE HEIMAT • 1940
UNTER DEN STERNEN VON CAPRI • 1953

LINS-MORSTADT OTTO – GRM
TOTENKOPFREITER • LEIBHUSAREN UND IHRE GESCHICHTE, DIE • 1917
MYSTERIUM DES KLEINODS ODER DER GEISTERSPUK AUF SCHLOSS DIESTERBERG, DAS • 1918

LINSCHOTEN BOB – NTH
DRECHT TUNNEL, THE • 1977 • SHT

LINSON ART – USA
WHERE THE BUFFALO ROAM • 1980
WILD LIFE, THE • 1984

LINTHOUT RONNY – BLG
ROBERT EN BERTRAND • 1983

LINTZERIS YANNIS – GRC
EXODOS • EXODUS • 1976

LION ROGER – FRN – –1934
JIM LA HOULETTE • 1926
CHASSEUR DE CHEZ MAXIM'S, LE • 1927
VENENOSA, LA • SUPERSTITION • 1928
MARIUS A PARIS • PETITE FEMME DU FLORIDA, LA • 1930
Y'EN A PAS DEUX COMME ANGELIQUE • 1931
DIRECT AU COEUR • 1932
COUCHE DE LA MARIEE, LE • 1933
TROIS BALLES DANS LA PEAU • 1933

LIONELLO ARMAND – ASL
RETRIBUTION • 1921

LIOZNOVA T. see **LIOZNOVA TATYANA**

LIOZNOVA TATYANA – USS
LIOZNOVA T.
PAMYAT SERDTSA • HEART'S MEMORIES, THE ○ MEMORY OF THE HEART • 1958
RANO UTROM • EARLY IN THE MORNING ○ EARLY MORNING • 1965
TRI TOPOLYA NA PLYUSHCHIKHYE • THREE POPLARS ON PLIUSHCHIKHA STREET ○ THREE POPLARS IN PLYUSHCHIKHA ○ CAFE IN PLIUSHIHA STREET • 1968
SEVENTEEN MOMENTS OF SPRING • 1974 • MTV

LIPARTITI GIUSEPPE – ITL
AVVENTURA A CAPRI • 1959
SCONTENTI, GLI • 1961
VIA VENETO • 1965

LIPINSKA CHRISTINE – ALG – 1951–
JE SUIS PIERRE RIVIERE • 1975

LIPMAN J. A. – Actor – ASL – 1882–
LIPMAN JOE
JUST PEGGY • 1918
MYSTERY ISLAND • 1937

LIPMAN JOE see **LIPMAN J. A.**

LIPMANN ERIC – FRN
ONZE MILLE VIERGES, LES • BISEXUAL (UKN) ○ 11,000 SEXES, THE • 1975

LIPP LEO – USA
ALCHEMIST'S HOURGLASS, THE • 1936

LIPPERT ROBERT L – USA – 1909–
LAST OF THE WILD HORSES • 1948

LIPPI ADOLFO – ITL
PRETORE DI PADANIA, IL • 1977

LIPPINCOTT CHARLES – USA
COMIC BOOK CONFIDENTIAL • 1988 • DOC

LIPPL ALOIS J. – GRM
SCHIMMELKRIEG IN DER HOLLEDAU, DER • 1937
GRENZFEUER • 1939
RHEINISCHE BRAUTFAHRT • 1939
IM SCHATTEN DES BERGES • 1940
ALARMSTUFE V • 1941
SIEBENTE JUNGE, DER • LIEBESURLAUB • 1941
ERBEFORSTER, DER • 1944

LIPSCOMB W. P. – Producer/writer – UKN – 1887–
COLONEL BLOOD • 1934

LIPSCOMBE JAMES see **LIPSCOMBE JIM**

LIPSCOMBE JIM – USA
LIPSCOMBE JAMES
CHAIR, THE • 1962 • DOC
CRISIS • 1963 • DOC
BLUE WATER, WHITE DEATH • 1971 • DOC

LIPSETT ARTHUR – CND – 1936–
VERY NICE VERY NICE • 1961 • SHT
21 – 87 • 1963 • SHT
FREE FALL • 1964 • ANS
TRIP DOWN MEMORY LANE, A • 1965
FLUXES • 1967
TIME CAPSULE • 1967
IMPERIAL SUNSET • 1969 • SHT
N-ZONE • 1970
BLUE AND ORANGE • 1977

LIPSEY ARNIE – Animator – CND
CROW AND THE CANARY, THE • 1988 • ANS

LIPSHITS G. – USS
SWALLOW, THE • 1958

LIPSKY OLDRICH – CZC – 1924–
CIRKUS BUDE • SHOW IS ON, THE • 1954
VZORNY KINEMATOGRAF JAROSLAVA HASKA • HASEK'S EXEMPLARY CINEMATOGRAPH • 1955
HVEZDA JEDE NA JIH • STAR GOES SOUTH, THE • 1957
CIRKUS JEDE • CIRCUS IS COMING, THE • 1960 • DOC
MUZ Z PRVNIHO STOLETI • MAN IN OUTER SPACE (USA) ○ MAN FROM THE FIRST CENTURY ○ ZAVINIL TO EINSTEIN ○ MAN FROM THE PAST, THE ○ ALL EINSTEIN'S FAULT • 1961
LIMONADOVY JOE • LEMONADE JOE (USA) ○ KONSKA OPERA • 1964
HAPPY END • STASTNY KONEC • 1966
ZABIL JSEM EINSTEINA, PANOVE • GENTLEMEN, I HAVE KILLED EINSTEIN ○ I KILLED EINSTEIN, GENTLEMEN ○ I KILLED EINSTEIN • 1969
CTYRI VRAZDY STACI, DRAHOUSKU • FOUR MURDERS ARE ENOUGH, DARLING • 1971
SEST MEDVEDU S CIBULKOU • SIX BEARS AND A CLOWN • 1972
SLAMENY KLOBOUK • STRAW HAT, THE • 1972
SOLO FOR ELEPHANT AND ORCHESTRA • 1975
AT ZIJI DUCHOVE • LONG LIVE THE GHOSTS! ○ LONG LIVE GHOSTS! • 1976
MARECKU, PODEJTE MI PERO! • MARACEK, PASS ME A PEN • 1976
ADELA JESTE NEVECERELA • DINNER FOR ADELE (USA) ○ ADELA HAS HAD NO SUPPER YET ○ NICK CARTER IN PRAGUE ○ ADELE HASN'T EATEN YET ○ ADELE HASN'T HAD HER SUPPER YET • 1977
CIRKUS V CIRKUSE • CIRCUS IN A CIRCUS • 1977
CIRKUS HUMBERTO • HUMBERTO CIRCUS, THE • 1978
TAJEMNY HRAD V KARPATECH • MYSTERY CASTLE IN THE CARPATHIANS ○ TAJEMSTVI HRADU V KARPATECH ○ MYSTERIOUS CASTLE IN THE CARPATHIANS, THE • 1981
SRDECNY POZDRAV ZE ZEMEKOULE • HEARTY GREETING FROM THE EARTH • 1983
TRI VETERANI • THREE VETERANS, THE • 1983

LIPSTADT AARON – USA – 1952–
ANDROID • 1982
CITY LIMITS • 1984

LIPSZYC DAVID – ARG
VOLVER • COMING BACK • 1982

LIPTON ALBERT – USA
KISS HER GOODBYE • 1959

LIPTON RICHARD – USA
BIG THUMBS • 1977

LIRKIN MARK – FRN
CA FREMIT DANS L'ENTRECUISSE • 1980

LISAKOVITCH VIKTOR – USS – 1937–
AUTUMN OF HOPE • 1962 • DOC
HALLO, NETTE • 1963 • DOC
HE MUST BE ACCUSED • 1963
HIS NAME WAS FEDOR • 1963 • DOC
KATYUSHA • 1964 • DOC
MEMORY OF THE PEOPLE • 1964 • DOC
PATH TO TOMORROW • 1964 • DOC
DREAMS WITHOUT END • 1965 • DOC
ONLY ONE LIFE • 1965 • DOC
CHRONICLE WITHOUT SENSATION • 1966 • DOC
MEET LEONID ENGIBAROV • 1966 • DOC
ROAD BEGINS AT MANGISHLAK, THE • 1966 • DOC
MEMORIES AT CHKALOV • 1967 • DOC
DIPLOMATS, THE • 1968 • DOC

LISBERGER STEVEN – USA – 1951–
ANIMALYMPICS • 1979 • ANM
TRON • 1982
HOT PURSUIT • 1987
SLIPSTREAM • 1989

LISBONA JOSEPH – EGY – 1932–
PANIER A CRABES, LE • 1960
CORDE AU COU, LA • 1964

LISIZIAN TAMARA – ITL
RUSSIA ON PARADE • 1946

LISS ABE – USA
SPARE THE CHILD • 1955 • ANS

LISSON HEINRICH – GRM
BARFUSSELE • 1924
HERZ AM RHEIN, DAS • 1925
IM KRUG ZUM GRUNEN KRANZE • 1925
FAHRT INS GLUCK, DIE • 1926
IRRWEGE DER LIEBE • 1927

LISSON HEINZ – GRM
DIE VON DER WATERKANT • 1926

LIST NIKI – AUS
MALARIA • 1982
MULLERS BURO • MULLER'S OFFICE • 1986
STERNBERG –SHOOTING STAR • 1988
ACH, BORIS • 1989

LISTER DAVID – SAF
KILLER INSTINCT • 1989

LISZIAK ELEK – HNG
KISZTIHAND BUDAPEST • HELLO BUDAPEST • 1975

LITSON MASON N. – USA
EDGAR TAKES THE CAKE • 1920 • SHT
EDGAR'S LITTLE SAW • LITTLE SAW, THE • 1920 • SHT
GET-RICH-QUICK EDGAR • FANS • 1920 • SHT
EDGAR'S COUNTRY COUSIN • 1921 • SHT
EDGAR'S FEAST DAY • DAY'S DIET, A • 1921 • SHT
MAKIN' MOVIES • 1922
WANTED –A STORY • 1922

LITTEN PETER – USA
APRIL FOOL'S DAY • SLAUGHTER HIGH • 1985
LIVING DOLL • 1989

LITTIN MIGUEL – CHL – 1942–
POR LA TIERRA AJENA • ON FOREIGN LAND
CHACAL DE NAHUELTORO, EL • JACKAL OF NAHUELTORO, THE (UKN) • 1969
COMPANERO PRESIDENTE • COMRADE PRESIDENT • 1971 • DOC
ACTAS DE MARUSIA • PROCEEDINGS IN MARUSIA ○ LETTERS FROM MARUSIA • 1974
TIERRA PROMETIDA, LA • PROMISED LAND, THE (USA) • 1974
RECURSO DEL METODO, EL • RESORT OF THE METHOD, THE ○ REASONS OF STATE ○ VIVA EL PRESIDENTE ○ RECOURS DE LA METHODE, LE ○ RECOURSE TO THE METHOD, THE • 1978
VIUDA DE MONTIEL, LA • MONTIEL'S WIDOW • 1979
ALSINO Y EL CONDOR • ALSINO AND THE CONDOR (USA) • 1982
SANDINO • 1988

LITTLE DWIGHT H. – USA
LETHAL • KGB –THE SECRET WAR • 1984
HOSTAGE: DALLAS • GETTING EVEN • 1986
NIGHT CRAWLER • 1987
BLOODSTONE • 1988
HALLOWEEN IV: THE RETURN OF MICHAEL MYERS • 1988
PHANTOM OF THE OPERA, THE • 1989
MARKED FOR DEATH • 1990

LITTLEWOOD JOAN – Stage director – UKN – 1916–
SPARROWS CAN'T SING • 1963

LITTLEWOOD MARK – UKN
EDINBURGH ON PARADE • 1970 • DCS
ONE DAY IN IRVINE • 1971 • DCS
ROYAL STIRLING • 1971 • DCS
QUIET COUNTRY, THE • 1972 • DCS
ST. ANDREWS BY THE NORTHERN SEA • 1973 • DOC

LITTMAN LYNNE – USA
TESTAMENT • 1983

LITVAK ANATOLE – USS – 1902–1974
LITWAK ANATOLE
TATIANA • HEARTS AND DOLLARS (USA) • 1924
DOLLY MACHT KARRIERE • DOLLY'S WAY TO STARDOM (USA) ○ DOLLY GETS AHEAD ○ DOLLY'S CAREER • 1930
CALAIS – DOUVRES • 1931
COEUR DE LILAS • LILAC (USA) • 1931
NIE WIEDER LIEBE • NO MORE LOVE (USA) • 1931
CHANSON D'UNE NUIT, LA • 1932
LIED EINER NACHT, DAS • 1932
TELL ME TONIGHT • BE MINE TONIGHT (USA) • 1932
CETTE VIEILLE CANAILLE • 1933
SLEEPING CAR • LOVE AND LET LOVE • 1933
EQUIPAGE, L' • 1935
MAYERLING • 1936
TOVARICH • 1937
WOMAN I LOVE, THE • WOMAN BETWEEN, THE (UKN) ○ ESCADRILLE • 1937
AMAZING DR. CLITTERHOUSE, THE • 1938
SISTERS, THE • 1938
CONFESSIONS OF A NAZI SPY • 1939
NUITS DE BAL • 1939
ROARING TWENTIES, THE • 1939
ALL THIS AND HEAVEN TOO • 1940
CASTLE ON THE HUDSON • YEARS WITHOUT DAYS (UKN) • 1940
CITY FOR CONQUEST • 1940
BLUES IN THE NIGHT • HOT NOCTURNE ○ NEW ORLEANS BLUES • 1941
OUT OF THE FOG • GENTLE PEOPLE, THE • 1941
BATTLE OF MIDWAY, THE • 1942 • DOC
PRELUDE TO WAR • WHY WE FIGHT (PART 1): PRELUDE TO WAR • 1942 • DOC
THIS ABOVE ALL • 1942
BATTLE OF RUSSIA, THE • WHY WE FIGHT (PART 5): THE BATTLE OF RUSSIA • 1943 • DOC
DIVIDE AND CONQUER • WHY WE FIGHT (PART 3): DIVIDE AND CONQUER • 1943 • DOC
NAZIS STRIKE, THE • WHY WE FIGHT (PART 2): NAZIS STRIKE, THE • 1943 • DOC
OPERATION TITANIC • 1943 • DOC
BATTLE OF CHINA, THE • WHY WE FIGHT (PART 6): THE BATTLE OF CHINA • 1944 • DOC
WAR COMES TO AMERICA • WHY WE FIGHT (PART 7): WAR COMES TO AMERICA • 1945 • DOC
LONG NIGHT, THE • 1947
SNAKE PIT, THE • 1948
SORRY, WRONG NUMBER • 1948
DECISION BEFORE DAWN • 1951
ACTE D'AMOUR, UN • ACT OF LOVE (USA) • 1953
DEEP BLUE SEA, THE • 1955
ANASTASIA • 1956
MAYERLING • 1957 • MTV
JOURNEY, THE • SOME OF US MAY DIE • 1958

GOODBYE AGAIN • AIMEZ-VOUS BRAHMS? • 1961
COUTEAU DANS LA PLAIE, LE • FIVE MILES TO MIDNIGHT (USA) ○ COLTELLO NELLA PIAGA, IL (ITL) ○ TERZA DIMENZIONE, LA ○ TROISIEME DIMENSION, LA • 1962
NIGHT OF THE GENERALS, THE • NUIT DES GENERAUX, LA (FRN) • 1966
DAME DANS L'AUTO AVEC DES LUNETTES ET UN FUSIL, LA • LADY IN THE CAR WITH GLASSES AND A GUN, THE (UKN) • 1970

LITVINOF – USS

TOMGOU • 1931 • DOC
DJOOU • 1933 • DOC

LITWAK ANATOLE see **LITVAK ANATOLE**

LIU CHAN-CHAN see **LIU CHIA-CH'ANG**

LIU CHENG-HAN – HKG

YU-HUO FEN CH'IN • HOUSE OF THE LUTE • 1980

LIU CHIA-CH'ANG – HKG

LIU CHAN-CHAN

MEI HUA • VICTORY • 1976
CHOU YEN LI CHUAN • LEGENDARY HEROES OF CHEN CHOW, THE • 1977
PEI-KUO-CH'I-TE JEN • FLAG, THE • 1981

LIU CHIA-LIAN see **LIU CHIA-LIANG**

LIU CHIA-LIANG – HKG

CHU CH'IEN-WAN • LIU CHIA-LIAN

SPIRITUAL BOXER, THE
KING BOXER • FIVE FINGERS OF DEATH ○ INVINCIBLE BOXER • 1971
HUNG HSI-KUAN • EXECUTIONERS FROM SHAOLIN • 1977
SHAO-LIN SAN-SHIH-LIU FANG • 36TH CHAMBER OF SHAOLIN, THE ○ MASTER KILLER • 1977
T'ANG-LANG • PRAYING MANTIS ○ SHAOLIN MANTIS • 1977
HUANG FEI-HUNG YU LU A-TS'AI • CHALLENGE OF THE MASTERS, THE ○ SHAOLIN CHALLENGES NINJA • 1978
INVINCIBLE POLE FIGHTER, THE • EIGHT DIAGRAM POLE FIGHTER, THE ○ INVINCIBLE POLE FIGHTERS, THE
SHAO-LIN TA-P'ENG HSIAO-TZU • RETURN TO THE 36TH CHAMBER • 1980
CHANG-PEI • MY YOUNG AUNTIE ○ MY AUNTIE • 1981
FEI TAO, YU CHIEN FEI TAO • RETURN OF THE DEADLY BLADE • 1981
SHIH-BA PAN WU-YI • LEGENDARY WEAPONS OF CHINA ○ LEGENDARY WEAPONS OF KUNG FU • 1981
CHANG-JEN MEN • LADY IS THE BOSS, THE • 1983

LIU CHING – HKG

CHINESE HERCULES • FROM CHINA WITH DEATH • 1973

LIU GUOCHANG – HKG

AH MON LAWRENCE

TONG DANG • GANGS • 1988
MIUGAI WONGHAU • QUEEN OF TEMPLE STREET • 1990

LIU LI-LI – HKG

YEN-ERH TSAI LIN-SHAO • WILD GOOSE ON THE WING, THE • 1980
YI-K'O HUNG TOU • LOVE SEED, A • 1980
TSO-YEH-CHIH TENG • LAST NIGHT'S LIGHT • 1983

LIU WEI-PIN – TWN

TAN-NI-ERH-TE KU-SHIH • ORDEALS OF DANIEL, THE • 1982

LIU YEH – HKG

FURY OF SHAOLIN FIST • 1977

LIVANELI ZULFU – TRK

LIVANELLI ZULFU

YER DEMIR, GOK BAKIR • IRON EARTH, COPPER SKY • 1987
SIS • MIST (UKN) ○ FOG • 1989

LIVANELLI ZULFU see **LIVANELI ZULFU**

LIVERANI MAURIZIO – ITL – 1928–

SAI COSA FACEVA STALIN ALLE DONNE? • DO YOU KNOW WHAT STALIN DID TO WOMEN? • 1969
SOLCO DI PESCA, IL • 1976

LIVI PIERO – ITL

PELLE DI BANDITO • 1969
DOVE VOLANO I CORVI D'ARGENTO • 1977

LIVINGSTON JACK – USA

STRONGER LOVE, THE • 1916

LIVINGSTONE LEONARD – USA

PITFALLS OF PASSION • 1927

LIVINGSTONE SAM see **BALDI FERDINANDO**

LIYANAGE TISSA – SLN

PUNCHI BABA • LITTLE ONE • 1968

LIZZANI CARLO – ITL – 1922–

BEAVER LEE W.

VIA EMILIA KM 147 • 1949 • DOC
VIAGGIO AL SUD • 1949 • DOC
MODENA, CITTA DEL EMILIA ROSSA • 1950 • DOC
NEL MEZZOGIORNO QUALCOSA E CAMBIATO • 1950 • DOC
ACHTUNG BANDITI • 1951
AI MARGINI DELLA METROPOLI • 1953
CRONACHE DI POVERI AMANTI • TRUE STORIES OF POOR LOVERS ○ CHRONICLE OF POOR LOVERS ○ STORIES OF POOR LOVERS • 1954
SVITATO, LO • 1956
MURAGLIA CINESE, LA • BEHIND THE GREAT WALL ○ FIUME GIALLO, IL ○ GREAT WALL, THE ○ CHINESE WALL, THE • 1958 • DOC
ESTERINA • 1959
GOBBO, IL • HUNCHBACK OF ROME, THE (USA) ○ BOSSU DE ROME, LE (FRN) • 1960
CARABINIERE A CAVALLO, IL • 1961
ORO DI ROMA, L' • ROME'S GOLD • 1961
PROCESSO DI VERONA, IL • VERONA TRIAL, THE • 1962
AMORE IN 4 DIMENSIONI • AMOUR EN 4 DIMENSIONS, L' (FRN) ○ LOVE IN 4 DIMENSIONS (USA) ○ LOVE IN THE CITY • 1963
AMORI PERICOLOSI • 1964
VITA AGRA, LA • 1964
CELESTINA P.. R.., LA • 1965
GUERRE SECRETE • SPIONE UNTER SICH (FRG) ○ DIRTY GAME, THE (UKN) ○ GUERRA SEGRETA, LA • 1965
THRILLING • 1965
SVEGLIATI E UCCIDI (LUTRING) • LUTRING.. REVEILLE-TOI ET MEURS (FRN) ○ WAKE UP AND DIE (USA) ○ TOO SOON TO DIE ○ LUTRING • 1966
FIUME DI DOLLARI, UN • HILLS RUN RED, THE (UKN) ○ RIVER OF DOLLARS, A • 1967
REQUIESCANT • MOGEN SIE IN FRIEDEN RUH'EN (FRG) ○ LET THEM REST • 1967
AMANTE DI GRAMIGNA, L' • GRAMINA'S LOVER ○ BANDIT, THE • 1968
BANDITI A MILANO • VIOLENT FOUR, THE (USA) ○ BANDITS IN MILAN • 1968
AMORE E RABBIA • CONTESTATION, LA (FRN) ○ VANGELO '70 ○ LOVE AND ANGER • 1969
BARBAGIA • BANDITS IN SARDINIA ○ SOCIETA DEL MALESSERE • 1969
ROMA BENE • 1971
FACCE DELL'ASIA CHE CAMBIA (L'ORBITA DELLA CINA) • 1972 • MTV
TORINO NERA • BLACK TURIN • 1972
CRAZY JOE • 1974
MUSSOLINI ULTIMO ATTO • MUSSOLINI: THE LAST FOUR DAYS ○ LAST FOUR DAYS, THE (USA) ○ LAST DAYS OF MUSSOLINI ○ MUSSOLINI, THE LAST ACT ○ MUSSOLINI • 1974
STORIE DI VITA E MALAVITA • PROSTITUTION RACKET, THE ○ PROSTITUTE, THE • 1975
DELITTO GRATUITO, UN • 1976
SAN BABILA ORE VENTI UN DELITTO INUTILE • 1976
UOMINI MERCE • 1976
AFRICA NERA AFRICA ROSSO • 1977 • MTV
KLEINHOFF HOTEL • PASSIONATE STRANGERS, THE • 1977
FONTAMARA • 1980
CASA DEL TAPPETO GIALLO, LA • HOUSE WITH THE YELLOW CARPET, THE • 1983
MAMMA EBE • 1985
CARLO GORBACIOV • DEAR GORBACHOV • 1988

LJUBIC MILAN – YGS – 1938–

ARTICLE 188 OF THE PENAL CODE • DOC
BREZJE • DOC
CASTAWAYS • ANS
PORTRAIT OF A MONK • 1971 • DCS
DIVOTA PRASINE • CUDOVITI PRAH ○ GLORIOUS DUST, THE • 1976

LJUBIC VESNA – YGS

PRKOSNA DELTA • DEFIANT DELTA, THE • 1981

LJUBOJEV PETAR – YGS

STANARSKO PRAVO LAGUMASA SAFERA • DYNAMITE-EXPERT SAFER'S RIGHT-TO-HOUSING • 1974 • SHT

LLADO JUAN – SPN – 1918–1956

CANCION DEL PENAL, LA • 1954
GAMBERROS, LOS • 1954
CENICIENTO, EL • 1955
DIFUNTO ES UN VIVO, EL • 1955

LLEDO JEAN-PIERRE – ALG

AHLAM • EMPIRE OF DREAMS • 1987

LLEDO JOAQUIN – SPN – 1945–

NOESSI JOAQUIN

SUJET OU LE SECRETAIRE AUX MILLE ET UN TIROIRS • 1974
VRAIE HISTOIRE DE GERARD LE CHOMEUR, LA • 1980

LLERANDI ANTONIO – CLM

SE MUEVE • IT MOVES • 1977 • DOC
PROFUNDO • DEEP • 1988

LLEWELLYN JOHN – UKN

EVENTS • 1969

LLEWELLYN RICHARD – UKN

BARBER'S SHOP, THE • 1939
EYE WITNESS • 1939
OH DEAR UNCLE! • 1939

LLORCA DENIS – FRN – 1949–

ORAGE EN COLERE BRISE LA VOIX DE LA CASCADE, L' • 1984

LLORENTE EDUARDO – BRZ

CORACAO DE LUTO • HEART IN MOURNING • 1968

LLOSA LUIS – PRU

HOUR OF THE ASSASSIN • 1987
CRIME ZONE • 1988

LLOYD EUAN – Producer – UKN – 1923–

INVITATION TO MONTE CARLO • 1959 • DOC

LLOYD FRANK – UKN – 1889–1960

AS THE WIND BLOWS • 1914
CHORUS GIRL'S THANKSGIVING, THE • 1914
LINK THAT BINDS, THE • 1914
PAGE FROM LIFE, A • 1914
PRINCE OF BAVARIA, A • 1914
SPITFIRE OF SEVILLE, THE • 1914
TRAFFIC IN BABIES • 1914
VAGABOND, THE • 1914
ACCORDING TO VALUE • 1915
ARRANGEMENT WITH FATE, AN • 1915
BAY OF SEVEN ISLES, THE • 1915
BILLIE'S BABY • 1915
CALL OF THE CUMBERLANDS, THE • 1915
CURE OF THE MOUNTAINS, THE • NATURE'S TRIUMPH • 1915
DR. MASON'S TEMPTATION • 1915
DOUBLE DEAL IN PORK, A • 1915
ELEVEN TO ONE • 1915
FATE'S ALIBI • 1915
FOR HIS SUPERIOR'S HONOR • 1915
FROM THE SHADOWS • 1915
GENTLEMAN FROM INDIANA, A • 1915
GOLDEN WEDDING, THE • THEIR GOLDEN WEDDING • 1915
HIS CAPTIVE • 1915
HIS LAST SERENADE • 1915
HIS LAST TRICK • 1915
IN THE GRASP OF THE LAW • 1915
JANE • 1915
LIFE'S FURROW • 1915
LITTLE GIRL IN THE ATTIC, THE • 1915
LITTLE MR. FIXER • BILLY'S CUPIDITY • 1915
MARTIN LOWE, FINANCIER • 1915
MARTIN LOWE, FIXER • 1915
PATERNAL LOVE • 1915
PAWNS OF FATE • 1915
PINCH, THE • 1915
PROPHET OF THE HILLS, A • 1915
REFORM CANDIDATE, THE • 1915
SOURCE OF HAPPINESS, THE • 1915
TEMPTATION OF EDWIN SWAYNE, THE • 1915
TO REDEEM AN OATH • 1915
TOLL OF YOUTH, THE • 1915
TRICKERY • 1915
WHEN THE SPIDER TORE LOOSE • 1915
WOLVES OF SOCIETY • 1915
$100,000 • 1915
CODE OF MARCIA GRAY • 1916
DAVID GARRICK • 1916
INTERNATIONAL MARRIAGE, AN • 1916
INTRIGUE • 1916
MADAME LA PRESIDENTE • MADAME PRESIDENTE • 1916
MAKING OF MADDALENA, THE • 1916
SINS OF HER PARENTS • 1916
STRONGER LOVE, THE • 1916
TONGUES OF MEN, THE • 1916
AMERICAN METHODS • 1917
PRICE OF SILENCE, THE • 1917
TALE OF TWO CITIES, A • 1917
WHEN A MAN SEES RED • 1917
BLINDNESS OF DIVORCE, THE • 1918
HEART OF A LION, THE • 1918
KINGDOM OF LOVE, THE • 1918
LES MISERABLES • 1918
MISERABLE, LES • 1918
RAINBOW TRAIL, THE • 1918
RIDERS OF THE PURPLE SAGE • 1918
TRUE BLUE • 1918
WILLIAM FARNUM IN A LIBERTY LOAN APPEAL • 1918 • SHT
FOR FREEDOM • 1919
MAN HUNTER, THE • MAN WHO REPAID, THE • 1919
PITFALLS OF A BIG CITY • 1919
WORLD AND ITS WOMAN, THE • 1919
GREAT LOVER, THE • 1920
LOVES OF LETTY, THE • 1920
MADAME X • 1920
SILVER HORDE, THE • 1920
WOMAN IN ROOM 13, THE • 1920
GRIM COMEDIAN, THE • 1921
INVISIBLE POWER, THE • ALIBI, THE • 1921
MAN FROM LOST RIVER, THE • 1921
ROADS OF DESTINY • 1921
TALE OF TWO WORLDS, A • WATER LILY, THE • 1921
VOICE IN THE DARK, A • OUT OF THE DARK • 1921
ETERNAL FLAME, THE • DUCHESS OF LANGEAIS, THE • 1922
OLIVER TWIST • 1922
SIN FLOOD, THE • 1922
ASHES OF VENGEANCE • PURPLE PRIDE • 1923
VOICE FROM THE MINARET, THE • 1923
WITHIN THE LAW • 1923
BLACK OXEN • 1924
SEA HAWK, THE • 1924
SILENT WATCHER, THE • 1924
HER HUSBAND'S SECRET • JUDGMENT • 1925
SPLENDID ROAD, THE • 1925
WINDS OF CHANCE • 1925
EAGLE OF THE SEA, THE • SEA EAGLE, THE • 1926
WISE GUY, THE • INTO THE NIGHT (UKN) ○ INTO THE LIGHT • 1926
CHILDREN OF DIVORCE • 1927
ADORATION • 1928
DARK STREETS • 1929
DIVINE LADY, THE • 1929
DRAG • PARASITES (UKN) • 1929
WEARY RIVER • 1929
YOUNG NOWHERES • 1929
LASH, THE • ADIOS (UKN) • 1930
SON OF THE GODS • THUNDER OF THE GODS (UKN) • 1930
WAY OF ALL MEN, THE • SIN FLOOD (UKN) • 1930
AGE FOR LOVE, THE • AGE OF LOVE • 1931
EAST LYNNE • 1931
RIGHT OF WAY, THE • 1931
PASSPORT TO HELL, A • BURNT OFFERING (UKN) • 1932
BERKELEY SQUARE • 1933
CAVALCADE • 1933
HOOP-LA • 1933
SERVANTS' ENTRANCE • 1934
MUTINY ON THE BOUNTY • 1935
UNDER TWO FLAGS • 1936
MAID OF SALEM • 1937
WELLS FARGO • 1937
IF I WERE KING • 1938
RULERS OF THE SEA • 1939
HOWARDS OF VIRGINIA, THE • TREE OF LIBERTY, THE (UKN) • 1940
LADY FROM CHEYENNE • 1941
THIS WOMAN IS MINE • I, JAMES LEWIS • 1941
FOREVER AND A DAY • 1943
BLOOD ON THE SUN • 1945
SHANGHAI STORY, THE • 1954
LAST COMMAND, THE • 1955

LLOYD GEORGE – UKN

LETTER FROM WALES, A • 1953

LLOYD IAN see **LLOYD IAN F. H.**

LLOYD IAN F. H. – UKN – 1951–

LLOYD IAN

OVERDUE TREATMENT, THE • 1973 • DOC
FACE OF DARKNESS, THE • 1976

LLOYD JOHN – USA

NINJA WARRIORS • 1985

LLOYD NORMAN – Actor – USA – 1914–

COMPANIONS IN NIGHTMARE • 1968 • TVM

LLOYD SAM – Animator – USA

PUZZLE CARTOONS • 1914 • ASS

LLOYD TED – USA
ALAN COURTNEY'S 1280 CLUB

LLUCH MIGUEL – SPN – 1922–
MONTANA SIN LEY, LA • 1953
SITIADOS EN LA CIUDAD • 1955
BOTON DE ANCLA EN COLOR • 1960
CLAVELES, LOS • 1960
ESTRELLAS, LAS • 1961
DEMONIO CON ANGEL, UN • 1962
TROMBONI DI FRA'DIAVOLI, I • FRA DIAVOLO (SPN) • 1962
PRECIO DE UN ASESINO, EL • 1963
TAXI • 1963
CHICA DEL AUTO-STOP, LA • 1964
CRIMEN • 1964
HALCON DEL DESIERTO, EL • 1965

LLUCH VICENTE – SPN – 1913–
ESPERA, LA • 1956
CONCIERTO EN EL PRADO • 1959
CERTIFICADO, EL • 1968
LAIA • 1970

LO BIANCO TONY – Actor – USA
TOO SCARED TO SCREAM • DOORMAN • 1982

LO CASCIO FRANCO – ITL
PIEDINO IL QUESTURINO • 1974
AH SI? ..E IO LO DICO A ZZZORRO! • 1975
EDUCANDA, L' • 1976

LO CHE – HKG
CRAZY SWORDSMAN, THE • 1968

LO CHEN – HKG
SHAN-KO LIEN • SHEPHERD GIRL, THE (USA) • 1964
SUN TAI SIL YEN YIN • BETWEEN TEARS AND SMILES (USA) • 1964
VERMILION DOOR • 1969

LO CHIA PO – HKG
YOUNG HERO • 1982

LO DUCA JOSEPH-MARIE – Writer – ITL – 1914–
LOUIS LUMIERE • 1949 • SHT
HENRI ROUSSEAU LE DOUANIER • 1950 • SHT

LO GIO – HKG
BLACK DRAGON, THE • 1974

LO KE – HKG
DRAGON, THE LIZARD AND THE BOXER, THE • DRAGON, THE LIZARD, THE BOXER, THE ○ DRAGON, LIZARD, BOXER

LO LIEH – HKG
LOO LIEH
DEVIL AND ANGEL • 1974
HUNG WEN-TING SAN P'O PAI LIEN CHIAO • CLAN OF THE WHITE LOTUS • 1980

LO MAR – HKG
BRUCE LEE AND I • 1976
FIVE SUPERFIGHTERS • 1979

LO MING-YAU – CHN
SONG OF CHINA • 1936

LO SAVIO GIROLAMO – ITL
RE LEAR • 1910

LO WEI – HKG
DRAGON SWAMP • 1971
T'ANG-SHAN TA-HSIUNG • FISTS OF FURY (USA) ○ BIG BOSS, THE • 1971
BACK ALLEY PRINCES • 1972
CHING-WU MEN • CHINESE CONNECTION, THE (USA) ○ FIST OF FURY • 1972
HAI-YUAN CH'I-HAO • WANG YU'S SEVEN MAGNIFICENT FIGHTS ○ SEVEN MAGNIFICENT FIGHTS ○ SEAMAN NUMBER SEVEN • 1972
CHIN FEN SHEN-HSIEN SHOU • GIRL WITH THE DEXTEROUS TOUCH, THE • 1975
HSIAO SHANTUNG TAO HSIANGKANG • SHANTUNG MAN IN HONGKONG • 1975
KUNG FU GIRL, THE • NONE BUT THE BRAVE • 1975
HSIN CHING-WU MEN • NEW FIST OF FURY, THE • 1976
KARATE GHOSTBUSTER
MAN CALLED TIGER, A • 1981
KILLER METEORS, THE • JACKIE CHAN VERSUS JIMMY WANG YU • 1984
MAGNIFICENT BODYGUARDS • 1984
TO KILL WITH INTRIGUE • 1984
DRAGON FIST • 1985

LOACH CHRIS – USA
13TH FLOOR, THE • THIRTEENTH FLOOR, THE • 1988

LOACH KEN see **LOACH KENNETH**

LOACH KENNETH – UKN – 1936–
LOACH KEN
CATHERINE • 1964 • MTV
PROFIT BY THEIR EXAMPLE • 1964 • MTV
WHOLE TRUTH, THE • 1964 • MTV
COMING OUT PARTY, THE • 1965 • MTV
END OF ARTHUR'S MARRIAGE, THE • 1965 • MTV
TAP ON THE SHOULDER • 1965 • MTV
THREE CLEAR SUNDAYS • 1965 • MTV
UP THE JUNCTION • 1965 • MTV
WEAR A VERY BIG HAT • 1965 • MTV
CATHY COMES HOME • 1966 • MTV
IN TWO MINDS • 1967 • MTV
POOR COW • 1967
GOLDEN VISION, THE • 1968 • MTV
BIG FLAME, THE • 1969 • MTV
KES • 1969
AFTER A LIFETIME • 1971
FAMILY LIFE • WEDNESDAY'S CHILD (USA) • 1971
RANK AND FILE, THE • 1971 • MTV
SAVE THE CHILDREN FUND FILM, THE • 1971 • SHT
MISFORTUNE, A • 1973 • MTV
DAYS OF HOPE • 1976 • MTV
PRICE OF COAL, THE • 1977 • MTV
AUDITIONS • 1980 • MTV
BLACK JACK • 1980
GAMEKEEPER, THE • 1980 • TVM
LOOKS AND SMILES • 1981
QUESTION OF LEADERSHIP, A • 1981
FATHERLAND • 1987
HIDDEN AGENDA • 1990

LOADER JAYNE – USA
ATOMIC CAFE, THE • 1982 • DOC

LOBATO EBAR – USA
SCREAM OF THE BUTTERFLY • FOUR CORNERED TRIANGLE ○ PASSION PIT, THE • 1965

LOBET MARC – BLG
PRUNE DES BOIS • 1980
HOTEL MEUBLE • 1981
MEURTRES A DOMICILE • 1981

LOBL VICTOR – USA
BRAKER • 1985 • TVM

LOBOGUERRERO CAMILA – CLM
MARIO CANO • 1989

LOCHEN ERIK – NRW
JAKTEN • HUNT, THE • 1959
FREM OG TILBAKE ER LIKE LANGT? • THERE AND BACK FOR NOTHING? • 1973
MOTFORESTILLING • REMONSTRANCES • 1973
FABEL • FABLE • 1979

LOCHER JENS – DNM
SORGLUSTIGA BARBERAREN, DEN • TRAGICOMIC BARBER • 1927

LOCKE PETER – USA
YOU'VE GOT TO WALK IT LIKE YOU TALK IT OR YOU'LL LOSE THAT BEAT • 1971
IT HAPPENED IN HOLLYWOOD • 1972
SEXTEEN • 1975
CARHOPS • CALIFORNIA DRIVE-IN GIRLS ○ KITTY CAN'T HELP IT • 1980

LOCKE RICK – USA
PETRONELLA • 1985 • SHT

LOCKE SONDRA – Actress – USA – 1947–
RATBOY • 1986
IMPULSE • 1989

LOCKE WENDY – USA
CRY FOR CINDY • 1975

LOCKER KENNETH – UKN
MEMORIES • 1973
PLEASANTVILLE • 1975

LOCKWOOD ROY – UKN
AIRPORT • 1934
MUTINY OF THE ELSINORE, THE • 1937
YOU'RE THE DOCTOR • 1938
JAMBOREE • DISC JOCKEY JAMBOREE (UKN) • 1957

LODEN BARBARA – Actress – USA – 1936–1980
WANDA • 1970

LODS JEAN – FRN – 1903–1974
CHAMPS-ELYSEES • 1928 • SHT
VINGT-QUATRE HEURES EN TRENTE MINUTES • 1928 • SHT
MILE DE JULES LADOUMEGUE, LE • MILE, LE • 1932 • DCS
VIE D'UN FLEUVE, LA SEINE, LA • 1933 • DCS
ARISTIDE MAILLOL, SCULPTEUR • 1943 • DCS
AUBUSSON ET JEAN LURCAT • 1946 • DCS
HOMMAGE A ALBERT EINSTEIN • 1955 • DCS
HENRI BARBUSSE • 1958 • DCS
JEAN JAURES • 1959 • DCS
STEPHANE MALLARME • 1960 • DCS

LOEB DAVID – USA
NO VIETNAMESE EVER CALLED ME NIGGER • 1968 • DOC

LOEW JACQUES – FRN – 1915–1976
DRAMES DU BOIS DE BOULOGNE, LES • 1947 • SHT
HOMME A LA MER, UN • 1948 • SHT
BON BAISERS DE DINARD • 1949 • SHT
PARE POUR ACCOSTER • 1950 • SHT
ANNEE SE MEURT, UNE • 1951 • SHT
SI CA VOUS CHANTE • 1951
AUX CONFINS D'UNE VILLE • 1952 • SHT
BEAU FIXE • 1953 • SHT

LOFTON TERRY – USA
NAILGUN MASSACRE • 1987

LOFVEN CHRIS – ASL – 1948–
HOME WITH A SECRET • 1963 • SHT
FORGOTTEN LONELINESS • 1965 • SHT
GIFT FROM A STRANGER • 1965 • SHT
WARNING, THE • 1966 • SHT
PART TWO: THE BEGINNING • 1971 • DCS
SPECTRUM: I'LL BE GONE • 1971 • SHT
806 / THE BEGINNING • 1972
CRUISIN' • 1973 • SHT
DADDY COOL: EAGLE ROCK • 1973 • SHT
SWEET FEED • 1974 • SHT
OZ • 1976
BEG STEAL OR BORROW • 1980 • DOC
SHAPER • 1981 • SHT
NEXT EXIT • 1983 • DOC

LOGAN BOB – FRN
GODEFINGER
UP YOUR ALLEY • 1988

LOGAN BRUCE – USA
ANGELS BEHIND BARS • VENDETTA • 1986

LOGAN JACQUELINE – Actress – UKN – 1901–
STRICTLY BUSINESS • 1932

LOGAN JOSHUA – USA – 1908–1988
I MET MY LOVE AGAIN • 1938
PICNIC • 1955
BUS STOP • WRONG KIND OF GIRL, THE • 1956
SAYONARA • 1957
SOUTH PACIFIC • 1958
TALL STORY • 1960
FANNY • 1961
ENSIGN PULVER • 1964
CAMELOT • 1967
PAINT YOUR WAGON • 1969

LOGAN STANLEY – Actor – USA
FIRST LADY • 1937
LOVE, HONOR AND BEHAVE • EVERYBODY WAS VERY NICE • 1938
WOMEN ARE LIKE THAT • RETURN FROM LIMBO • 1938
FALCON'S BROTHER, THE • 1942

LOGAR J. see **LOGAR JUAN**

LOGAR JUAN – SPN
LOGAR J.
PERFIL DE SATANAS, EL • PROFILE OF SATAN, THE • 1969
CRYSTALBRAIN L'UOMO DAL CERVELLO DI CRISTALLO • SEGRETO DEL DR. CHALMERS, IL (SPN) ○ UOMO CHE VISSE DUE VOLTE, L' ○ TRASPLANTE DE UN CEREBRO ○ SECRET OF DR. CHALMERS, THE ○ MAN WHO LIVED TWICE, THE ○ BRAIN TRANSPLANT • 1970
FIERAS SIN JAULA • 1971
DUE MASCHI PER ALEXIA • 1972
AUTOPSIA • 1973

LOGARDT BENGT – SWD – 1914–
STARKARE AN LAGEN • STRONGER THAN THE LAW • 1951
FOLKET I FALT • PEOPLE ON MANOEUVRES • 1953
OGIFT FADER SOKES • UNMARRIED MOTHERS • 1953
SKARGARDSNATT, EN • NIGHT IN THE ARCHIPELAGO, A • 1953
HET AR MIN LANGTAN • MY HOT DESIRE • 1956

LOGEREAU EDOUARD – FRN – 1925–
VOUS N'AVEZ RIEN CONTRE LA JEUNESSE • 1958 • SHT
MAL DES AUTRES, LE • 1959 • SHT
PARIS SECRET • PARIS SECRETS ○ SECRET PARIS • 1965 • DOC
LOUVE SOLITAIRE, LA • GATTA DAGLI ARTIGLI D'ORO, LA (ITL) • 1968

LOGGER ROY – NTH
THINGS PAST • 1981

LOGOTHETIS DIMITRI – USA
PRETTY SMART • BENTLEY ACADEMY, THE • 1987
SLAUGHTERHOUSE ROCK • HELL ISLAND • 1988

LOGUE CHARLES A. – USA
MAN AND WOMAN • 1920
WOMAN WHO FOOLED HERSELF, THE • 1922
TENTS OF ALLAH, THE • 1923

LOHANI FATEH – BNG
ASIYA • 1960

LOHMAN AXEL – SWD
FLICKAN FRAN BYN • GIRL FROM THE VILLAGE, THE • 1980

LOHNISKY VACLAV – CZC
VIRGINITY AND JAIL • 1969

LOIRI VESA-MATTI – FNL
HIRTTAMATTOMAT • UNHANGED, THE • 1972

LOIS GIORGOS – GRC
AFRODHITI • APHRODITE • 1968
DHEN EHO DHROMO NA DHIAVO • NO WAY OUT • 1968
JANE EYRE • 1968

LOKKEBERG PAL – NRW
LOKKEBERG PAUL
LIV • 1967
PRODUCTION 39 • 1969
EXIT • 1970

LOKKEBERG PAUL see **LOKKEBERG PAL**

LOKKEBERG VIBEKE – NRW – 1945–
REGN • RAIN • 1970 • SHT
APENBARINGEN • 1976 • SHT
APENBARINGEN • REVELATION, THE • 1977
KAMILLA • 1981
LOPERJENTEN • BETRAYAL ○ STORY OF CAMILLA, THE • 1983
HUD • SKIN ○ WILD ONE, THE • 1986
MAKER • SEAGULLS • 1989

LOKMAN Z. – MLY
LANGKAH SUMBANG • 1978
BADEK LANG BVANA • FIGHTER, THE • 1979
RAJA LAUT • 1980

LOLLI ALBERTO CARLO – ITL – 1876–
CAVALLINA BRETTONE, LA • 1908
FUOCO SACRO • 1909
GABBIA MALEDETTA, LA • 1909
COLPO FALLITO • 1910
OBBEDISCO • 1910
ALI CHE TRADISCONO, LE • 1912
GENIO DEL MALE, IL • 1912
LACRIMA D'ORO, LA • 1912
SPETTRO DI JAGO, LO • SPECTER OF JAGO, THE • 1912
SULL'ALTARE DEL SACRIFICIO • 1912
PREZZO DEL PERDONO, IL • 1913
SCIENZA FATALE • 1913
SULLE ROVINE DELL'AMORE • 1913
IMPERIAL REGIO CAPESTRO • 1915
NERINA • 1915
ANNA PETROVNA • 1916
CROCE DI SANGUE, LA • 1916
ORESTE • 1916
PETRUSKA • 1916
SUICIDO • 1916
MORTE CHE ASSOLVE • 1917

MARIAGE DE CHIFFON, LE • 1918
GLORIA DI SANGUE • 1919
VIA DOLOROSA, LA • 1919
CAPPELLA SISTINA, LA • 1920 • DOC
CARNEVALE DEI PAZZI, IL • 1920
ERMA BIFRONTE, L' • 1920
MADONNINA DELLA SEGGIOLA, LA • 1920 • DOC
MOSE DI MICHELANGELO, IL • 1920 • DOC
STRANI CASI DI COLLERICCIO, GLI • 1920
GOLA DEL LUPO, LA • 1923

LOLLOBRIGIDA GINA – Actress – ITL – 1927–
PORTRAIT OF FIDEL CASTRO • 1975 • DCS

LOMA ANTHONY see **de la LOMA JOSE ANTONIO**

de la LOMA JOSE ANTONIO – SPN – 1924–
LOMA ANTHONY
MANOS SUCIAS • 1957
MORTE HA VIAGGIATO CON ME, LA • 1957
FUGA DESESPERADA • 1959
MUNDO PARA MI, UN • TENTATIONS (FRN) ○ SOFT SKIN AND BLACK LACE ○ SOFT SKIN ON BLACK SILK • 1959
VIVIR UN LARGO INVIERNO • 1964
TOTO D'ARABIA • 1965
FEUER FREI AUF FRANKIE • OPEN FIRE ON FRANKIE • 1967
MISION EN GINEBRA • 1967
POR QUE SEGUIR MATANDO? • 1967
MAGNIFICO TONY CARRERAS, EL • CARRERA –DAS GEHEIMNIS DER BLONDEN KATZE (FRG) ○ MAGNIFICO TONY CARRERA, IL ○ CARRERA –THE SECRET OF THE BLONDE CAT ○ MAGNIFICENT TONY CARRERA, THE • 1968
PER 50,000 MALEDETTI DOLLARI • FOR 50, 000 DAMNED DOLLARS • 1968
GOLPE DE MANO • 1969
MAS FABULOSO GOLPE DE FAR–WEST, EL • BOLDEST JOB IN THE WEST, THE • 1971
TIMANFAYA • AMOR PROHIBIDO • 1971
RAZZIA • REDADA, LA • 1972
ULTIMO VIAJE, EL • 1973
METRALLETA STEIN • 1974
ALEGRES CHICAS DE EL MARINO, LAS • 1975
NUEVA MARILYN, LA • 1976
PERROS CALLEJEROS • 1977
NUNCA EN HORAS DE CLASE • 1978
TARGET EAGLE • JUGANDO CON LA MUERTE ○ PLAYING WITH DEATH • 1982
KILLING MACHINE • 1983
COUNTERFORCE • 1987
FINE GOLD • 1988
PASION DE HOMBRE • MAN OF PASSION, A • 1988

LOMAS RAOUL – USA
MINOR MIRACLE, A • 1983

LOMAZI – ITL
CARRARA • 1950 • SHT

LOMBAERTS ANDRE – BLG
PIERRE FABIEN ET CIE • 1980

LOMBAERTS ROBERT – CND
BINO FABULE • 1988

LOMBARDI CARLO – ITL – 1900–
AMORE E COME IL SOLE, L' • LOVE IS LIKE THE SUN • 1968

LOMBARDI DILLO – Actor – ITL – 1858–1935
ULTIMA PRIMAVERA, L' • 1919

LOMBARDI FRANCISCO – VNZ
LOMBARDI FRANCISCO JOSE
MUERTE AL AMANECER • DEATH AT DAYBREAK ○ DEATH AT DAWN • 1979
MARUJA EN EL INFIERNO • 1983
CIUDAD Y LOS PERROS, LA • 1985
BOCA DEL LOBO, LA • LION'S DEN, THE • 1988

LOMBARDI FRANCISCO JOSE see **LOMBARDI FRANCISCO**

LOMBARDI GIUSEPPE – ITL
CAMPANE DI POMPEI • BANDITO CALABRESE, IL • 1952

LOMBARDINI CARLO – FRN – 1924–
FUSIL CHARGE • 1970

LOMBARDO LOU – USA
RUSSIAN ROULETTE • 1975
P.K. AND THE KID • 1982

LOMBARDO PAOLO – ITL
AMANTE DEL DEMONIO, L' • DEVIL'S LOVER, THE (USA) • 1972
DAGLI ARCHIVI DELLA POLIZIA CRIMINALE • 1975

LOMI G. P. see **LOMI GIAN PAOLO**

LOMI GIAN PAOLO – ITL
LOMI G. P.
AL TROPICO DEL CANCRO • PEACOCK'S PLACE • 1972
BARONI, I • 1975

LOMMEL ULLI – GRM – 1944–
ZARTLICHKEIT DER WOLFE, DIE • TENDERNESS OF WOLVES, THE • 1973
JODELN IS KA SUND • 1974
WACHTMEISTER RAHN • 1974
ZWEITE FRUHLING, DER • SECOND SPRING, A • 1975
ADOLF UND MARLENE • MANN VON OBERZALBERG – ADOLF UND MARLENE, DER • 1977
BLACK GENERATION • 1979
COCAINE COWBOYS • 1979
BOOGEYMAN, THE • BOGEY MAN, THE • 1980
BRAINWAVES • SHADOW OF DEATH • 1982
DEVONSVILLE TERROR, THE • 1983
TASTE OF SIN, A • OLIVIA ○ DOUBLE JEOPARDY ○ BEYOND THE BRIDGE ○ FACES OF FEAR • 1983
REVENGE OF THE STOLEN STARS • 1985
I.F.O. • 1986
OVERKILL • 1986
STRANGERS IN PARADISE • 1986
WARBIRDS • 1988

LOMMER STIG – DNM
OP OG NED LANGS KYSTEN • 1950

LOMNICKI JAN – PLN – 1929–
ZIEMIA CZEKA • EARTH WAITS, THE • 1954 • DOC
KUKURYDZA • MAIZE • 1955 • DOC
SZARLEJKA • 1955 • DOC
DOM STARYCH KOBIET • HOUSE OF OLD WOMEN, THE • 1956 • DOC
MISTRZ NIKIFOR • MASTER PAINTER NIKIFOR ○ MASTER NIKIFOR • 1956 • DOC
WALCOWNIA • ROLLING MILL, THE • 1956 • DOC
DOBRZYNSKIEGO WITRAZE • DOBRZYNSKI'S STAINED GLASS WINDOWS • 1958 • DOC
END OF THE ROAD, THE • 1958 • DOC
PIJANSTWO • DRINKING • 1958 • DOC
TEN TRZECI • THIRD MAN, THE • 1958 • DOC
WARSZAWA GLOWNA • WARSAW CENTRAL STATION • 1958 • DOC
BIRTH OF A TOWN • 1959 • DOC
NIE MA KONCA WIELKIEJ WOJNY • NO END TO THE GREAT WAR • 1959 • DOC
STAL • STEEL • 1959 • DOC
KONCERT WAWEL • WAWEL CONCERT, THE • 1960 • DOC
MOSTOSTALOWCY • STEEL BRIDGE MEN, THE • 1960 • DOC
NA STRAZY GRANIC • ON GUARD AT THE BORDER • 1960 • DOC
PIOSENKAI DLA KRAKOWA • SONGS FOR CRACOW • 1960 • DOC
KOLOROWY SWIAT • COLOURFUL WORLD • 1961 • DOC
NARODZINY STATKU • BIRTH OF A SHIP, THE ○ SHIP IS BORN, A • 1961 • DOC
PIORO I KARABIN • PEN AND THE RIFLE, THE • 1961 • DOC
KOLOROWA KRONIKA • COLOURFUL CHRONICLE • 1962 • DOC
NADZIEJA I INNE WIERSZE: WLADYSLAW BRONIEWSKI • HOPE AND OTHER POEMS: WLADYSAW BRONIEWSKI • 1962 • DOC
NIEPOTRZEBNI • NOT NEEDED • 1962 • DOC
ROWIESNICY • CONTEMPORARIES • 1962 • DOC
RZECZ NIEPOSPOLITA • UNCOMMONWEALTH • 1962 • DOC
SUITA POLSKA • POLISH SUITE • 1963 • DOC
WIANO • DOWRY, THE • 1963
CHWILA WSPOMNIEN 1958–64 • MOMENT OF REMINISCENCE 1958–1964, A • 1965 • DOC
SPOTKANIA W WARSZAWIE • MEETINGS WITH WARSAW ○ MEETINGS IN WARSAW • 1965 • DOC
AD URBE CONDITA • 1966 • DOC
ZWIERZETA ARENY • ANIMALS OF THE ARENA, THE • 1966 • DOC
CYROGRAF DOJRZALOSCI • AFFIDAVIT OF MATURITY ○ COMPACT OF MATURITY • 1967 • MTV
KONTRYBUCJA • CONTRIBUTION • 1967
XX JUBILEUSZOWY • XX JUBILEE • 1967 • DOC
DZIECIOM • TO CHILDREN • 1968 • DOC
GIENEK • 1968 • DOC
ONDRASZKOWE OSTATKI • ONDRASZEK'S SHROVETIDE ○ SHROVE TUESDAY FOR A ROBBER • 1968 • DOC
OJCOWIE I DZIECI • FATHERS AND CHILDREN • 1969 • DOC
PAN DODEK • MISTER DODEK • 1969
TOAST • 1969 • DOC
PAWEL WROBEL • 1971
POSLIZG • SLIP–UP ○ SKID • 1971
NAGRODY I ODZNACZENIA • AWARDS AND DECORATIONS ○ PRIZES AND DECORATIONS • 1974
ROZKAZ: OCALIC MIASTO • 1976
AKCJA POD ARSENALEM • ACTION UNDER ARSENAL • 1977
OCALIC MIASTO • SAVE THE CITY • 1977

LONATI – Animator – FRN
BERTHE AUX GRANDS PIEDS • BIG FOOTED BERTHA (USA) • ANS

LONCRAINE RICHARD – UKN – 1946–
RADIO WONDERFUL • 1972
RENTADICK • 1972
FLAME • 1974
HAUNTING OF JULIA, THE • FULL CIRCLE • 1976
BRIMSTONE & TREACLE • 1981
MISSIONARY, THE • 1982
BELLMAN AND TRUE • 1988

LONDON JAMES see **GENTA RENZO**

LONDON JERRY – USA – 1937–
KILLDOZER • 1974 • TVM
MCNAUGHTON'S DAUGHTER • 1976 • TVM
COVER GIRLS • 1977 • TVM
EVENING IN BYZANTIUM • 1978 • TVM
FATHER FIGURE • 1980
SWAN SONG • 1980 • TVM
CHICAGO STORY, THE • 1981 • TVM
ORDEAL OF BILL CARNEY, THE • 1981 • TVM
SHOGUN • 1981 • TVM
GIFT OF LIFE, THE • 1982 • TVM
SCARLET AND THE BLACK, THE • 1982 • TVM
HOTEL • 1983 • TVM
ELLIS ISLAND • 1984 • MTV
CHIEFS • ONCE UPON A MURDER • 1985 • TVM
DARK MANSIONS • 1986 • TVM
IF TOMORROW COMES • 1986 • MTV
MANHUNT FOR CLAUDE DALLAS • 1986 • TVM
HARRY'S HONGKONG • 1987 • TVM
LONG WAY FROM HOME: DADAH IS DEATH, A • DADAH IS DEATH • 1988
RENT–A–COP • 1988

LONDON WOMEN'S FILM GROUP – UKN
WHOSE CHOICE • 1976

LONG DWIGHT
TANGA TIKA • 1953

LONG JACK – Cinematographer – CND – 1920–
HARTLEY FAMILY OF VANCOUVER, THE • 1972
BILL REID • 1979
IMAGES STONE B.C. • 1979
MAN WHO DIGS FOR FISH, THE • 1979

LONG JOAN – Producer/writer – ASL
PASSIONATE INDUSTRY, THE • 1972 • DOC

LONG PHILOMENE – USA
BEATS: AN EXISTENTIAL COMEDY, THE • 1976

LONG RICHARD – Actor – USA – 1927–1974
MAKE LIKE A THIEF • 1964

LONG STANLEY – Producer – UKN – 1933–
BREAD • 1971
NAUGHTY! • 1971 • DOC
SEX AND THE OTHER WOMAN • 1972
ON THE GAME • 1974
ADVENTURES OF A TAXI DRIVER • 1976
ADVENTURES OF A PRIVATE EYE • 1977
CINDERELLA • OTHER CINDERELLA, THE • 1977
ADVENTURES OF A PLUMBER'S MATE • 1978

LONGAN HUMPHREY see **LENZI UMBERTO**

LONGANESI LEO – ITL
DIECI MINUTI DI VITA • VIVERE ANCORA • 1943

LONGCHAMPS PATRICK – ITL
SIMONA • HISTOIRE DE L'OEIL, L' (BLG) ○ STORY OF THE EYE, THE • 1974

LONGDEN JOHN – Actor – WIN – 1900–
COME INTO MY PARLOUR • 1932

LONGEN – CZC
MILACEK PLUKU • FAVORITE OF THE REGIMENT, THE • 1931
SKALNI SEVCI • DIE–HARD SHOEMAKERS, THE • 1931

LONGEN EMIL ARTHUR – CZC
RUDI NA KRTINACH • RUDI THE GODFATHER • 1911
RUDI NA ZALATECH • RUDI THE SEDUCER OF WOMEN • 1911
RUDI SPORTSMANEM • RUDI THE SPORTSMAN • 1911

LONGFORD RAYMOND – ASL – 1878–1959
BURNS–JOHNSON FIGHT, THE • 1908 • DOC
FATAL WEDDING, THE • 1911
ROMANTIC STORY OF MARGARET CATCHPOLE • ROMANCE OF MARGARET CATCHPOLE • 1911
SWEET NELL OF OLD DRURY • 1911
MIDNIGHT WEDDING • 1912
SWAGMAN'S STORY • 1912
TIDE OF DEATH • 1912
AUSTRALIA CALLS • 1913
NAMING OF CANBERRA, THE • 1913 • DOC
'NEATH AUSTRAL SKIES • 1913
POMMY ARRIVES IN AUSTRALIA • POMMY THE FUNNY LITTLE NEW CHUM • 1913
SILENCE OF DEAN MAITLAND • 1914
TAKING HIS CHANCE • 1914 • SHT
TROOPER CAMPBELL • 1914
MA HOGAN'S NEW BOARDER • 1915
WE'LL TAKE HER CHILDREN IN AMONGST OUR OWN • 1915
MAORI MAID'S LOVE • 1916
MUTINY OF THE BOUNTY • 1916
CHURCH AND THE WOMAN, THE • 1917
WOMAN SUFFERS, THE • 1918
SENTIMENTAL BLOKE, THE • 1919
GINGER MICK • 1920
ON OUR SELECTION • 1920
RUDD'S NEW SELECTION • 1921
BLUE MOUNTAINS MYSTERY, THE • BLUE MOUNTAIN MYSTERY, THE • 1922
AUSTRALIA CALLS • 1923
AUSTRALIA: LAND OF SUNSHINE • 1923
AUSTRALIAN BY MARRIAGE • 1923
DINKUM BLOKE, THE • 1923
NEATH AUSTRALIAN SKIES • 1923
SWAGGIE'S STORY, THE • 1923
FISHER'S GHOST • 1924
GENTLEMAN IN MUFTI, A • 1924
BUSHWHACKERS, THE • 1925
HILLS OF HATE • 1926
PETER VERNON'S SILENCE • 1926
PIONEERS, THE • 1926
SUNRISE • 1926
TALL TIMBER • 1926
MAN THEY COULD NOT HANG, THE • 1934

LONGINOTTO KIM – UKN
THEATRE GIRLS • 1979 • DOC
CROSS AND PASSION • 1981

LONGO FRANCESCO – ITL
EMOZIONE IN PIU, UN' • 1979

LONGO TIZIANO – ITL
MICHELINO CUCCHIARELLA • 1964
SEDICIANNI • 1973
PROFANAZIONE, LA • 1974
PROVA D'AMORE • 1974
STALLONE, LO • 1976
PECCATORI DI PROVINCIA • 1977
ONORE E GUAPPARIA • 1978

LONGPRE BERNARD – Animator – CND – 1927–
FOUR–LINE CONICS • FAMILLE DE CONIQUES • 1962 • ANS
TEST 0558 • 1965 • ANS
DIMENSIONS • 1966 • ANS
FEVRIER • EN FEVRIER • 1967 • DCS
EVASION DES CARROUSELS, L' • CARROUSEL • 1968 • ANS
TETE EN FLEURS • MARIE • 1969 • ANS
NEBULE • 1973 • ANS
BRANCH ET BRANCH • 1974 • SHT
MONSIEUR POINTU • 1975 • ANS
NAUFRAGES DU QUARTIER, LES • ONE WAY STREET • 1980 • ANM

LONGUIN PAVEL – USS
LOUNGUINE PAVEL
TAXI BLUES • 1989

LONNBRO ANDERS – SWD
BARBARA DANES AMERIKA • 1983

LONSKI VALERI – USS
V LASUREVOI STEPI • SKY-BLUE STEPPE, THE • 1971

LOO CHUN see **LU CHUN**

LOO LIEH see **LO LIEH**

LOOMIS CHARLES BATTELL – USA
FRIDAY THE 13TH • 1911

LOON PE – BRM
BAMA THIT

LOON TI – KMP
SNAKE MAN, THE • 1972
MARVELLOUS SNAKE-MAN, THE • 1988

LOPASHINSKY FAUST
FALSE UNIFORMS • 1932

LOPATIN V. – USS
DRUGOI I STALIN • OTHERS AND STALIN • 1989

LOPATINSKY F. – USS
VASYA -REFORMATOR • VASYA THE REFORMER • 1926

LOPERT DAN see **MARTINO LUCIANO**

LOPES ANTONIO LUIS – PRT – 1893–1974
CAMPINOS • 1932

LOPES FERNANDO – PRT – 1935–
BOWLER HAT, THE • 1960 • SHT
AS PEDRAS E O TEMPO • 1961 • SHT
AS PALAVRAS E OS FIOS • 1962 • SHT
VOO DA AMIZADE, O • 1962 • SHT
BELARMINO • 1964
CRUZEIRO DO SUL • 1966 • SHT
VERMELHO, AMARELO E VERDE • 1966 • SHT
HOJE, ESTREIA • 1967 • SHT
ABELHA NA CHUVA, UMA • 1971
AVENTURA CALCULADA, A • 1971 • SHT
ERA UMA VEZ AMANHA • 1971 • SHT
PROFISSAO, PORTUGUES • 1972 • SHT
ENCOBERTO, O • 1975 • SHT
NOS POR CA TODOS BEM • WE ARE ALL GOOD HERE ○ EVERYTHING HERE IS FINE • 1977
CRONICA DOS BONS MALANDROS • 1984

LOPEZ ALBERT – FRN – 1921–
LOPEZ ALBERTO
CARMEN NUE • 1984

LOPEZ ALBERTO see **LOPEZ ALBERT**

LOPEZ DIEGO – MXC
NIEBLA • FOG • 1978
CRONICA DE FAMILIA • FAMILY CHRONICLE, A • 1985
GOITIA, UN DIOS PARA SI MISMO • GOITIA, A GOD UNTO HIMSELF • 1989

LOPEZ JOHN – USA
MISSION FROM MARS • 1968 • ANS
GOOD, THE BAD AND THE ANGEL, THE • 1969 • SHT

LOPEZ JOHN S. – USA
SINS OF THE CHILDREN • 1918
DEVIL'S CONFESSION, THE • 1921
WHY NOT MARRY? • 1922

LOPEZ JORGE – CHL
ULTIMO GRUMETE, EL • LAST CABIN BOY, THE • 1983

LOPEZ PACO – PRC
PLUMAS DEL MUCARO, LAS • PLUMAGE OF THE OWL, THE • 1989 • ANS

LOPEZ-PORTILLO JORGE – USA
FIVE BOLD WOMEN • 1960

LOPEZ RIGOBERTO – CUB
VISITACIONES DE JOSE LUCIANO, LAS • JOSE LUCIANO'S VISIT • 1982

LOPEZ TEMISTOCLES – USA
EXQUISITE CORPSES • 1989

LOPOUCHANSKI CONSTANTIN – USS
LOPUSHANSKY KONSTANTIN
PISMA MYORTVOVO CHELOVYEKA • LETTERS FROM A DEAD MAN • 1986

LOPRESTO STAN – USA
STICKS AND STONES • 1970

LOPUSHANSKY KONSTANTIN see **LOPOUCHANSKI CONSTANTIN**

LORCA – ISR
HOUSE OF BERNARDA ALBA

LORD ALFRED – UKN
SCALES OF JUSTICE, THE • BRITISH BULLDOG CONQUERS, A • 1914

LORD DEL – CND – 1895–1970
LORD DELMAR
HOLD ME TIGHT • 1920 • SHT
PALS AND PETTICOATS • 1920 • SHT
SUPER-HOOPER-DYNE LIZZIES • 1925 • SHT
ICE COLD COCOS • 1926 • SHT
LOST AT THE FRONT • 1927
TOPSY AND EVA • 1927
BARNUM WAS RIGHT • 1929
ALL-AMERICAN KICKBACK • 1931 • SHT
CANNONBALL, THE • 1931 • SHT
GREAT PIE MYSTERY, THE • 1931 • SHT
TAXI TROUBLES • 1931 • SHT
DANCING DADDIES • 1932 • SHT
HOT SPOT • 1932 • SHT
SPEED IN THE GAY '90'S • 1932 • SHT
WHAT PRICE TAXI • 1932 • SHT
BRING 'EM BACK A WIFE • 1933
RUMMY, THE • 1933 • SHT
THUNDERING TAXIS • 1933 • SHT
WRECKETY WRECKS • 1933 • SHT
HOI POLLOI • 1935 • SHT
HONEYMOON BRIDGE • 1935 • SHT
IT ALWAYS HAPPENS • 1935 • SHT
OLD SAWBONES • 1935 • SHT
PARDON MY SCOTCH • 1935 • SHT
POP GOES THE EASEL • 1935 • SHT
THREE LITTLE BEERS • 1935 • SHT
UNCIVIL WARRIORS • 1935 • SHT
CAUGHT IN THE ACT • 1936 • SHT
FALSE ALARMS • 1936 • SHT
FREE RENT • 1936 • SHT
MOVIE MANIACS • 1936 • SHT
PEPPERY SALT • 1936 • SHT
SHARE THE WEALTH • 1936 • SHT
TRAPPED BY TELEVISION • CAUGHT BY TELEVISION (UKN) • 1936
VENGEANCE • 1936
WHOOPS I'M AN INDIAN • 1936 • SHT
BIG SQUIRT, THE • 1937 • SHT
CASH AND CARRY • 1937 • SHT
DIZZY DOCTORS • 1937 • SHT
FROM BAD TO WORSE • 1937 • SHT
GOOFS AND SADDLES • 1937 • SHT
GRACIE AT THE BAT • 1937 • SHT
GRAND HOOTER, THE • 1937 • SHT
MAN BITES LOVEBUG • 1937 • SHT
SITTER-DOWNERS, THE • 1937 • SHT
THREE DUMB CLUCKS • 1937 • SHT
WHAT PRICE VENGEANCE? • VENGEANCE • 1937
HEALTHY, WEALTHY AND DUMB • 1938 • SHT
HOME ON THE RAGE • 1938 • SHT
JUMP, CHUMP, JUMP • 1938 • SHT
MANY SAPPY RETURNS • 1938 • SHT
MIND NEEDER, THE • 1938 • SHT
NOT GUILTY ENOUGH • 1938 • SHT
PIE A LA MAID • 1938 • SHT
SOUL OF A HEEL • 1938 • SHT
TERMITES OF 1938 • 1938 • SHT
TIME OUT FOR TROUBLE • 1938 • SHT
WEE WEE, MONSIEUR • 1938 • SHT
A-DUCKING THEY DID GO • 1939 • SHT
ALL-AMERICAN BLONDES • 1939 • SHT
AWFUL GOOF, THE • 1939 • SHT
CHUMP TAKES A BUMP, THE • 1939 • SHT
NOW IT CAN BE SOLD • 1939 • SHT
PEST FROM THE WEST • 1939 • SHT
RATTLING ROMEO • 1939 • SHT
SAP TAKES A WRAP, THE • 1939 • SHT
SKINNY THE MOOCHER • 1939 • SHT
TEACHER'S PEST • 1939 • SHT
THREE LITTLE SEW AND SEWS • THREE GOOFY GOBS • 1939
WE WANT OUR MUMMY • 1939 • SHT
YES, WE HAVE NO BONANZA • 1939 • SHT
A-PLUMBING WE WILL GO • 1940 • SHT
BOOBS IN THE WOODS • 1940 • SHT
COLD TURKEY • 1940 • SHT
FIREMAN, SAVE MY CHOO CHOO • 1940 • SHT
HECKLER, THE • 1940 • SHT
HIS BRIDAL FRIGHT • 1940 • SHT
HOW HIGH IS UP? • 1940 • SHT
MR. CLYDE GOES TO BROADWAY • 1940 • SHT
NO CENSUS, NO FEELING • 1940
SOUTH OF THE BOUDOIR • 1940 • SHT
ACHE IN EVERY STAKE, AN • 1941 • SHT
ALL THE WORLD'S A STOOGE • 1941 • SHT
DUTIFUL BUT DUMB • 1941 • SHT
HOST TO A GHOST • 1941 • SHT
LOVABLE TROUBLE • 1941 • SHT
RING AND THE BELLE • 1941 • SHT
SO YOU WON'T SQUAWK • 1941 • SHT
SOME MORE OF SAMOA • 1941 • SHT
WATCHMAN TAKES A WIFE, THE • 1941 • SHT
ALL WORK AND NO PAY • 1942 • SHT
CACTUS MAKES PERFECT • 1942 • SHT
EVEN AS I.O.U. • 1942 • SHT
GEM OF A JAM, A • 1943 • SHT
HIGHER THAN A KITE • 1943 • SHT
MAID MADE MAD, A • 1943 • SHT
PHONY EXPRESS • 1943 • SHT
SPOOK LOUDER • 1943 • SHT
THEY STOOGE TO CONGA • 1943 • SHT
BUSY BUDDIES • 1944 • SHT
IDLE ROOMERS • 1944 • SHT
KANSAS CITY KITTY • 1944
MOPEY DOPE • 1944 • SHT
BLONDE FROM BROOKLYN • 1945
BOOBY DUPES • 1945 • SHT
I LOVE A BAND LEADER • MEMORY FOR TWO (UKN) • 1945
LET'S GO STEADY • 1945
ROUGH, TOUGH AND READY • MEN OF THE DEEP (UKN) • 1945
SHE'S A SWEETHEART • HELLO MOM • 1945
THREE PESTS IN A MESS • 1945 • SHT
HIT THE HAY • 1946
IN FAST COMPANY • 1946
IT'S GREAT TO BE YOUNG • 1946
SINGIN' IN THE CORN • GIVE AND TAKE (UKN) • 1946
TALL, DARK AND GRUESOME • 1947 • SHT
PINCH IN TIME, A • 1948 • SHT
SHIVERING SHERLOCKS • 1948 • SHT

LORD DELMAR see **LORD DEL**

LORD JACK – Actor – USA – 1928–
M STATION: HAWAII • 1970 • TVM

LORD JEAN-CLAUDE – CND – 1943–
DELIVREZ-NOUS DU MAL • 1965
COLOMBES, LES • DOVES, THE • 1972
BINGO • 1973
PARLEZ-NOUS D'AMOUR • 1976
PANIQUE • 1978
ECLAIR AU CHOCOLAT • 1979
COVERGIRL • DREAMWORLD ○ COVERGIRLS • 1982
VISITING HOURS • FRIGHT • 1982
FRANKENSTEIN '88 • FRANKENSTEIN FACTOR, THE ○ VINDICATOR, THE • 1984
TOBY MCTEAGUE • 1986
LANCE ET COMPTE • HE SHOOTS, HE SCORES • 1987 • SER
TADPOLE AND THE WHALE • GRENOUILLE ET LA BALEINE, LA ○ FROG AND THE WHALE, THE • 1988
MINDFIELD • 1990

LOREK LESZEK – PLN
SCYZORYK • POCKETKNIFE, THE ○ PEN KNIFE, THE • 1962 • ANM
BIEDRONKA • LADYBUG, THE • 1964

LORENTE GERMAN – ITL – 1932–
LAS PALMAS
DONDE TU ESTES • 1963
NOCHES DEL UNIVERSO • 1963
PLAYA DE FORMENTOR • 1964
SU NOMBRE ES DAPHNE • 1966
COVER GIRL • 1967
VIVIT AL SOL • TO LIVE UNDER THE SUN • 1967
AMOR EN UN ESPEJO • LOVE IN A MIRROR • 1968
ANTES DE ANOCHECER • BEFORE EVENING • 1968
DIA DESPUES DE AGOSTO, UN • ONE DAY AFTER AUGUST • 1968
SHARON, VESTIDA DE ROJO • 1968
NENAS DEL MINI-MINI, LAS • 1969
CIEN MIL LADRONES • 1970
COQUELUCHE • 1970
CHICA CASI DECENTE, UNA • 1971
QUE COSAS TIENE EL AMOR • 1971
HOLD UP • 1972
ATRACO EN EL COSTA AZUL • 1973
CHICA DE VIA CONDOTTI, LA • RAGAZZA DI VIA CONDOTTI, LA (ITL) • 1973
SENSUALIDAD • 1973
"HOLT-HUP" ISTANTANEA DI UNA RAPINA • 1974
MEURTRES A ROME • 1976
STRIP-TEASE • STRIPTEASE ○ INSANITY • 1976
VIOLACION, LA • 1976

LORENTZ PARE – USA – 1905–
PLOW THAT BROKE THE PLAINS, THE • 1936 • DOC
RIVER, THE • 1938 • DOC
FIGHT FOR LIFE, THE • 1940 • DOC
NAME, AGE, OCCUPATION • 1942 • SHT
NUREMBURG TRIALS • 1946 • DOC
RURAL CO-OP • 1947 • SHT

LORENTZ SVEND AAGE – DNM
SE • EYE, THE ○ LOOK • 1948

LORENZE ANTON – USA
BACK PAGE • 1933

LORENZEN RUDOLF – GRM
MAUERBLUME IN BALLHAUS PARADOX • 1968

LORENZI STELLIO – FRN – 1921–
CLIMATS • CLIMATES OF LOVE (UKN) • 1962
ROSENBERGS MUST NOT DIE, THE • 1981

LORENZINI ENNIO – ITL – 1934–
ALGERIEN, LES • 1965
CRONACA DI UN GRUPPO • 1968
PARCHEGGIO ROSSO • 1972 • MTV
QUANTO E BELLO LU MURIRE ACCISO • 1976

LORIDAN MARCELINE – FRN – 1928–
PEUPLE ET SES FUSILS, LE • PEOPLE AND THEIR GUNS, THE (USA) • 1970 • DOC
COMMENT YUKONG DEPLACA LES MONTAGNES • HOW YUKONG MOVED THE MOUNTAINS (UKN) ○ JORIS IVEN'S CHINA • 1976

LORING KEN – PHL
COMBAT KILLERS • 1968

LORING THOMAS Z. – USA
THRU DIFFERENT EYES • THROUGH DIFFERENT EYES • 1942
WHO IS HOPE SCHUYLER? • 1942
HE HIRED THE BOSS • 1943

LORIOT – GRM
von BULOW VICCO
ODIPUSSI • 1988

LORIQUET – FRN
RUE CHINOISE, LA • 1956 • SHT

LORRAINE HARRY – UKN
WIRELESS • 1915
BIG MONEY • 1918
FURTHER EXPLOITS OF SEXTON BLAKE -THE MYSTERY OF THE S.S. OLYMPIC, THE • 1919
LADS OF THE VILLAGE, THE • 1919
WOMAN AND OFFICER 26, THE • 1920

LORRE PETER – GRM – 1904–1964
VERLORENE, DER • LOST ONE, THE (UKN) • 1951

LORRIMER VERE – UKN
BLAKE'S SEVEN: ORAC • 1978 • MTV

LORTAC – Animator – FRN
LORTAK • COLLARD ROBERT
MECANO'S VACUUM CLEANER
ANIMAUX DOMESTIQUES, LES • 1916–24 • ANS
BIGFELLON CRAINT LES AUTOS • 1916–24 • ANS
CIGALE ET LA FOURMI, LA • GRASSHOPPER AND THE ANT, THE • 1916–24 • ANS
HORRIBLE CAUCHEMAR, UN • 1916–24 • ANS
INVENTION DU PROFESSEUR MECANICAS • 1916–24 • ANS
JOKO LE SINGE • 1916–24 • ANS
MAISON AUTOMATIQUE, LA • 1916–24 • ANS
MONSIEUR VIEUX-BOIS • 1916–24 • ANS
NOEL DE TOTO, LE • 1916–24 • ANS
TOTO ACROBATE • 1916–24 • ANS
TOTO AVIATEUR • 1916–24 • ANS

LORTAK see **LORTAC**

LOSANSKY ROLF – GRM
MORITZ IN DER LITFASSAULE • MORITZ IN THE ADVERTISING PILLAR
WEISSE WOLKE CAROLIN • WHITE CLOUD CAROLINE
GEHEIMNIS DER 17 • 1963
SUCHE NACH DEM WUNDERBUNTEN VOGELCHEN, DIE • 1964
REVOLVER DES CORPORALS, DER • CORPORAL'S REVOLVER, THE ○ CORPORAL'S GUN, THE • 1967

IM HIMMEL IST DOCH JAHRMARKT • 1969
EUCH WERD' ICH'S ZEIGEN • 1972
HUT AB, WENN DU KUSST • 1972
BLUMEN FUR DEN MANN IM MOND • FLOWERS FOR THE MAN IN THE MOON • 1975
...VERDAMMT, ICH BIN ERWACHSEN.. • 1975
SNOWMAN FOR AFRICA, A • 1976

LOSCH SEAMAN – USA

ALL IN THE SEX FAMILY • 1975

LOSEE RICHARD – USA

GOLDRUNNER

LOSEY JOSEPH – USA – 1909–1984

*FORZANO ANDREA • WALTON JOSEPH • HANBURY VICTOR**

PETE ROLEUM AND HIS COUSINS • 1939 • ANS
CHILD WENT FORTH, A • 1941 • SHT
YOUTH GETS A BREAK • 1941 • SHT
GUN IN HIS HAND, A • 1945 • SHT
BOY WITH GREEN HAIR, THE • 1948
LAWLESS, THE • DIVIDING LINE, THE (UKN) • 1949
BIG NIGHT, THE • 1951
M • 1951
PROWLER, THE • COST OF LOVING • 1951
IMBARCO A MEZZANOTTE • STRANGER ON THE PROWL (USA) ○ ENCOUNTER • 1952
SLEEPING TIGER, THE • 1954
INTIMATE STRANGER, THE • GUILTY SECRET, THE (USA) ○ FINGER OF GUILT • 1956
MAN ON THE BEACH, A • 1956
TIME WITHOUT PITY • 1957
GYPSY AND THE GENTLEMAN, THE • 1958
BLIND DATE • CHANCE MEETING (USA) • 1959
CRIMINAL, THE • CONCRETE JUNGLE, THE (USA) • 1960
FIRST ON THE ROAD • 1960
DAMNED, THE • THESE ARE THE DAMNED (USA) ○ ON THE BRINK • 1962
EVA • EVA (THE DEVIL'S WOMAN) ○ EVE • 1962
SERVANT, THE • 1963
KING AND COUNTRY • 1964
MODESTY BLAISE • 1966
ACCIDENT • 1967
BOOM! • 1968
SECRET CEREMONY • 1968
FIGURES IN A LANDSCAPE • HUNTED, THE • 1970
GO-BETWEEN, THE • 1970
ASSASSINIO DI TROTSKY, L' • ASSASSINATION OF TROTSKY, THE (UKN) ○ ASSASSINAT DE TROTSKY, L'(FRN) • 1972
MAISON DE POUPEE • DOLL'S HOUSE, A (UKN) • 1972
ANGLAISE ROMANTIQUE, UNE • ROMANTIC ENGLISHWOMAN, THE (UKN) • 1974
GALILEO • 1975
MONSIEUR KLEIN • CHI E MR. KLEIN? (ITL) ○ MR. KLEIN • 1976
ROUTES DU SUD, LES • ROADS TO THE SOUTH, THE • 1978
DON GIOVANNI • 1979
TRUITE, LA • TROUT, THE • 1982
STEAMING • 1984

LOTAR ELI – Cameraman – FRN – 1905–1969

AUBERVILLIERS • 1945 • DOC

LOTEANU EMIL see **LOTYANU EMIL**

LOTHAR RALPH – GRM

TREIBJAGD AUF EIN LEBEN • 1961
HASS OHNE GNADE • 1962

LOTINGA R. W. – UKN

UNHOLY QUEST, THE • 1934
DREAM DOCTOR, THE • 1936

LOTTAZ BEAT – SWT

STILLE BETRUGER • SLEEPY BETRAYERS • 1989

LOTTERBY SYDNEY – UKN

OPEN ALL HOURS • 1984 • MTV

LOTYANU EMIL – USS – 1936–

LOTEANU EMIL

GREAT HORA, THE • 1958 • SHT
THERE LIVED A BOY • THERE WAS A BOY • 1959 • SHT
STONE, TIME, SONG • 1960 • SHT
WAIT FOR US AT DAWN • 1963
RED MEADOWS • RED GLADES, THE • 1966
FRESCOS ON THE WHITE • 1968
THIS INSTANT • THIS MOMENT • 1969
LEUTARY, THE • LAUTARY • 1971
MY WHITE CITY • 1973 • DOC
INTO THE SUNSET • 1976 • DOC
TABOR UHODIT V NEBO • GYPSY CAMP VANISHES INTO THE BLUE, THE • 1976
HUNTING ACCIDENT, THE • SHOOTING PARTY, THE (USA) • 1978
QUEEN OF THE GYPSIES • 1979
ANNA PAVLOVA: A WOMAN FOR ALL TIME • ANNA PAVLOVA • 1985

LOTZ – GRM

DICKE UND ICH, DER • FATTY AND ME, THE

LOUBARIES CLAUDE – FRN

TENEBRES • 1971 • SHT

LOUBIGNAC JEAN – FRN – 1898–

SOMMES-NOUS DEFENDUS? • 1938
VOLEUR SE PORTE BIEN, LE • 1946
BARBIER DE SEVILLE, LE • BARBER OF SEVILLE, THE (USA) • 1947
PIEGE A HOMMES • 1948
MARTYR DE BOUGIVAL, LE • 1949
GANG DES TRACTIONS-ARRIERE, LE • 1950
PIEDALU A PARIS • 1951
FOYER PERDU • 1952
PIEDALU FAIT DES MIRACLES • 1952
PIEDALU DEPUTE • 1953
AH! LES BELLES BACCHANTES • PEEK-A-BOO (USA) ○ FEMMES DE PARIS • 1954
COUP DUR CHEZ LES MOUS • 1955

LOUCKA ANDREAS A. – USA

THIN LINE, THE • 1988

LOUD HARRY – USA

CITY OF LITTLE MEN, THE • 1948 • SHT

LOUHICHI TAIE see **LOUHICHI TAIEB**

LOUHICHI TAIEB – TNS – 1948–

LOUHICHI TAIE • LOUHICHI TAYEB

ZAIRA, LA • 1971
QARIATY • MON VILLAGE, UN VILLAGE PARMI TANT D'AUTRES ○ MON VILLAGE • 1972 • SHT
METAYER, LE • 1975 • SHT
OMBRE DE LA TERRE, L' • 1982

LOUHICHI TAYEB see **LOUHICHI TAIEB**

LOUIS HERSHELL – USA

MOBILE COMPOSITION • 1930
STORY OF A NOBODY, THE • 1930

LOUIS PIERRE see **PIERRE-LOUIS**

LOUIS WILL – USA

DUMB WOOING, THE • 1912
BACK TO THE FARM • 1914
MAKING AUNTIE WELCOME • 1914
WHO'S WHO • 1914
BABE'S SCHOOL DAYS • 1915
BLACK EYES • 1915
CAPTURING BAD BILL • 1915
CHANGE FOR THE BETTER, A • 1915
CLEANING TIME • 1915
CLOTHES MAKE THE MAN • 1915
COOK'S MISTAKE, THE • 1915
COUNT MACARONI • 1915
DEAD LETTER, THE • 1915
EXPENSIVE VISIT, AN • 1915
FATHER SAID HE'D FIX IT • 1915
FOOD FOR KINGS AND RILEY • 1915
HAUNTED HAT, THE • 1915
HAZARDOUS COURTSHIP, A • 1915
HIS WIFE'S SWEETHEART • 1915
IN ZULULAND • 1915
IT MAY BE YOU • 1915
LUCKY LOSER, A • 1915
MATILDA'S FLING • 1915
MIXED FLATS • 1915
NOT MUCH FORCE • 1915
PARSON'S BUTTON MATCHER, THE • 1915
POOR BABY • 1915
SANTA CLAUS VERSUS CUPID • 1915
SEVENTH DAY, THE • 1915
SHODDY, THE TAILOR • 1915
SILENT TONGUE, THE • 1915
SIMP AND THE SOPHOMORE, THE • 1915
SLEEP, BEAUTIFUL SLEEP • 1915
SPAGHETTI AND LOTTERY • 1915
SPORT OF CIRCUMSTANCES • 1915
SUFFERIN' BABY, THE • 1915
UP IN THE AIR • 1915
WHAT A CINCH • 1915
WIDOW'S BREEZY SUIT, THE • 1915
MIX-UP IN BLACK, A • 1916 • SHT
REAL DR. KAY, THE • 1916 • SHT
RIVAL QUEENS, THE • 1916 • SHT
ROBBING THE FISHES • 1916 • SHT
UNDER A BARREL • 1916 • SHT

LOUKOV LEONID see **LUKOV LEONID**

LOUNGUINE PAVEL see **LONGUIN PAVEL**

LOUNSBERY JOHN – USA

WINNIE THE POOH AND TIGGER TOO • 1974 • ANS
RESCUERS, THE • 1977 • ANM

LOURIE DAVID – USA

PROJECT 1 • 1969 • SHT

LOURIE EUGENE – Designer – USS – 1905–

BEAST FROM 20,000 FATHOMS, THE • 1953
COLOSSUS OF NEW YORK, THE • 1958
BEHEMOTH, THE SEA MONSTER • GIANT BEHEMOTH, THE (USA) • 1959
GORGO • NIGHT THE WORLD SHOOK, THE • 1961

LOUSTEAU PIERRE ROGER – FRN

VIE DES CRIQUETS, LA • 1965 • SHT

LOUZIL ERIC – USA

LUST FOR FREEDOM • GEORGIA COUNTY LOCKUP • 1987

LOVE JOHN – FRN

AMOURS CACHES DE SYLVIE, LES
DELIRES SEUELS
LANGUES DE PETITES FILLES
MARIE SALOPE
PETITES FILLES POUR GRAND VICIEUX
PRENDS-MOI VITE
SOPHIE
5 A 7 TRES PARTICULIERS
FRENCH ERECTION • 1977
GOURMANDES DE SEXES, LES • 1978
VERONIQUE NIQUE NIQUE • 1978
ENFONCEUSES EXPERTES, LES • 1979
FAIS M'EN PLUS • 1979
ADOLESCENTES A DEPUCELER • 1980
CARMELA • 1981

LOVEJOY TIM – USA

JUST CRAZY ABOUT HORSES • 1978 • DOC

LOVELY LOUISE see **CARBASSE LOUISE**

LOVENTHAL CHARLES – USA

LOVENTHAL CHARLIE

FIRST TIME, THE • 1983
MY DEMON LOVER • 1987

LOVENTHAL CHARLIE see **LOVENTHAL CHARLES**

LOVER ANTHONY – USA

DOVE, THE • 1968 • SHT
DISTANCE • 1975

LOVERA JAVIER – VNZ

PROSPECCION MINERA EN TAMACURO • 1972 • DOC

LOVERA LESTER – VNZ

COMO SE HACE UNA MAPA • HOW A MAP IS MADE • 1978 • DOC
TRANSPORTE EN LAS CIUDADES, EL • TRANSPORT IN THE TOWNS • 1978 • DCS

LOVERA NESTOR – VNZ

HORRIPILANTES VECINOS, LOS • HORRIFYING NEIGHBOURS, THE • 1979

LOVERING OTHO – USA

LOVERING OTTO

WANDERER OF THE WASTELAND • 1934
BORDER FLIGHT • 1936
DRIFT FENCE • TEXAS DESPERADOES • 1936
SKY PARADE, THE • 1936

LOVERING OTTO see **LOVERING OTHO**

LOVINS JAY – USA

THRESHOLD • SHT

LOVITT BERT – USA

PRINCE JACK • 1984

LOVY ALEX – Animator – USA

BABY KITTENS • 1938 • ANS
BIG CAT AND THE LITTLE MOUSIE, THE • 1938 • ANS
CAT AND THE BELL, THE • 1938 • ANS
CHEESE NAPPERS • 1938 • ANS
FEED THE KITTY • 1938 • ANS
MOVIE PHONY NEWS • 1938 • ANS
NELLIE, THE SEWING MACHINE GIRL • 1938 • ANS
SAILOR MOUSE • 1938 • ANS
ARABS WITH DIRTY FEZZES • 1939 • ANS
BIRD ON NELLIE'S HAT, THE • 1939 • ANS
BOLO-MOLA LAND • 1939 • ANS
CRACKPOT CRUISE • 1939 • ANS
I'M JUST A JITTERBUG • 1939 • ANS
LIFE BEGINS FOR ANDY PANDA • 1939 • ANS
LITTLE TOUGH MICE • 1939 • ANS
NELLIE OF THE CIRCUS • 1939 • ANS
ONE-ARMED BANDIT, THE • 1939 • ANS
PETERKIN • 1939 • ASS
SCRAMBLED EGGS • 1939 • ANS
SLAPHAPPY VALLEY • 1939 • ANS
KITTENS' MITTENS • 1940 • ANS
RECRUITING DAZE • 1940 • ANS
100 PYGMIES AND ANDY PANDA • 1940 • ANS
ANDY PANDA'S POP • 1941 • ANS
MOUSE TRAPPERS • 1941 • ANS
UNDER THE SPREADING BLACKSMITH'S SHOP • 1941 • ANS
ACE IN THE HOLE • 1942 • ANS
ANDY PANDA'S VICTORY GARDEN • 1942 • ANS
BOOGIE WOOGIE SIOUX • 1942 • ANS
JUKE BOX JAMBOREE • 1942 • ANS
LOAN STRANGER, THE • 1942 • ANS
NUTTY PINE CANYON • 1942 • ANS
PIGEON PATROL • 1942 • ANS
YANKEE DOODLE SWINGSHIFT • 1942 • ANS
AIR RAID WARDEN • 1943 • ANS
CANINE COMMANDOS • 1943 • ANS
DIZZY ACROBAT, THE • 1943 • ANS
SCREWBALL, THE • 1943 • ANS
SWING YOUR PARTNER • 1943 • ANS
WACKY QUACKY • 1947 • ANS
FLORA • 1948 • ANS
LO, THE POOR BUFFAL • 1948 • ANS
SHORT SNORTS ON SPORTS • 1948 • ANS
GRAPE NUTTY • 1949 • ANS
CHILLY WILLY • 1953 • ANS
HOT AND COLD PENGUIN • 1955 • ANS
TREE MEDIC, THE • 1955 • ANS
HOLD THAT ROCK • 1956 • ANS
OSTRICH EGG AND I, THE • 1956 • ANS
PIGEON HOLED • 1956 • ANS
ROOM AND WRATH • 1956 • ANS
TALKING DOG • 1956 • ANS
WOODY MEETS DAVY CREWCUT • 1956 • ANS
BIG SNOOZE, THE • 1957 • ANS
BONGO PUNCH, THE • 1957 • ANS
FOWLED-UP PARTY • 1957 • ANS
GOOFY GARDENER • 1957 • ANS
OPERATION COLD FEET • 1957 • ANS
PLUMBER OF SEVILLE, THE • 1957 • ANS
SWISS MISS-FIT • 1957 • ANS
TO CATCH A WOODPECKER • 1957 • ANS
CHILLY RECEPTION, A • 1958 • ANS
LITTLE TELLEVILLAIN • 1958 • ANS
POLAR PESTS • 1958 • ANS
THREE-RING FLING • 1958 • ANS
WATCH THE BIRDIE • 1958 • ANS
YUKON HAVE IT • 1958 • ANS
MOUSE TRAPPED • 1959 • ANS
PANHANDLE SCANDAL • 1959 • ANS
SPACE MOUSE • 1959 • ANS
WOODPECKER IN THE MOON • 1959 • ANS
BALLYHOOEY • 1960 • ANS
BILLION-DOLLAR BONER • 1960 • ANS
WITTY KITTY • 1960 • ANS
COOL CAT • 1967 • ANS
FIESTA FIASCO • 1967 • ANS
GO AWAY STOWAWAY • 1967 • ANS
MERLIN THE MAGIC MOUSE • 1967 • ANS
RODENT TO STARDOM • 1967 • ANS
SPEEDY GHOST TO TOWN • 1967 • ANS
BIG GAME HAUNT • 1968 • ANS
CHIMP AND ZEE • 1968 • ANS
FEUD WITH A DUDE, A • 1968 • ANS
FLYING CIRCUS • 1968 • ANS
HIPPYDROME TIGER • 1968 • ANS
HOCUS POCUS POWWOW • 1968 • ANS
NORMAN NORMAL • 1968 • ANS
SEE YA LATER GLADIATOR • 1968 • ANS
SKYSCRAPER CAPER • 1968 • ANS
3-RING WING-DING • 1968 • ANS

LOW COLIN – Animator – CND – 1926–

CADET ROUSSELLE • 1947 • ANS
BARON MUNCHAUSEN • 1948 • ANS
TIME AND TERRAIN • 1948 • ANS
AGE OF THE BEAVER • AGE DU CASTOR, L' • 1951
ROMANCE OF TRANSPORTATION IN CANADA, THE • SPORTS ET TRANSPORTS • 1952
CORRAL • 1954 • DCS
GOLD • 1955
JOLIFOU INN • 1955 • ANS
CITY OF GOLD • CAPITALE DE L'OR • 1957 • DCS
IT'S A CRIME • C'EST CRIMINAL • 1957 • ANS
CITY OUT OF TIME • 1959 • DOC
UNIVERSE • NOTRE UNIVERS • 1959 • ANS
CIRCLE OF THE SUN • SOLEIL PERDU, LE • 1961 • DCS
DAYS OF WHISKY GAP • 1961 • DOC
HORS D'OEUVRES • 1961
HUTTERITES, THE • 1963 • DOC
LABYRINTHE • LABYRINTH • 1967

FOGO ISLAND • 1968 • SER
FARMERSVILLE • 1969 • DSS
WINDS OF FOGO, THE • 1970 • DOC
WHEN I GO.. THAT'S IT! • 1972
DO YOUR THING • 1973 • DOC
ATMOS • 1979
PINTO FOR THE PRINCE, A • 1979
PETE STANDING ALONE • 1982
CONTOUR CONNECTION, THE • 1983 • DOC
TRANSITIONS • 1985

LOWE GEORGE – UKN

ANTARCTIC CROSSING • 1958 • DOC

LOWE WALT – USA

GOOD MORNIN' BLUES • 1978

LOWE WILLIAM – HKG

SLAUGHTER IN SAN FRANCISCO • 1973

LOWELL OGDEN – USA

HOW TO SCORE WITH GIRLS • 1980

LOWENBEIN RICHARD – GRM

BOSEN BUBEN, DIE • 1915
GOLDFELDER VON JACKSONVILLE, DIE • 1915
MARIONETTEN • 1915
TICKY-TACKY I • LIEBESATHLET, DER • 1918
GESCHWISTER BARELLI • 1920
AMAZONE, DIE • 1921
ASPHALTROSE, DIE • 1921
TOTENKLAUS, DER • 1921
DIADEM DER ZARIN, DAS • 1922
FEUERSCHIFF, DAS • 1922
ZWEI WELTEN • 1922
WUNDERLICHEN GESCHICHTEN DES THEODOR HUBER, DIE • 1924
UM RECHT UND EHRE • 1925
JUNGLING AUS DER KONFEKTION, DER • 1926
KLEINE UND IHR KAVALIER, DIE • 1926
HOHERE TOCHTER • 1927
STOLZENFELS AM RHEIN • 1927
MADCHENSCHICKSALE • 1928
TOLLE KOMTESS, DIE • CRAZY COUNTESS, THE • 1928
DIEB IM SCHLAFCOUPE, DER • PRINZESSIN AUF URLAUB • 1929
OHNE GELD DURCH DIE WELT • 1929
VERIRRTE JUGEND • 1929
ZARTLICHKEIT • TENDERNESS (USA) • 1930

LOWENSTEIN HANS O. see **LOWENSTEIN HANS OTTO**

LOWENSTEIN HANS OTTO – GRM

LOWENSTEIN HANS O.

PARAGRAPH 144 • MUSS DIE FRAU MUTTER WERDEN? • 1924
FELDHERRENHUGEL, DER • 1926
IM HOTEL "ZUR SUSSEN NACHTIGALL" • MADAME WAGT EINEN SEITENSPRUNG • 1928
G'SCHICHTEN AUS DER STEIERMARK • 1929
WEM GEHORT MEINE FRAU? • 1929

LOWENSTEIN HAROLD – UKN

OUT TO PLAY • 1936 • DCS

LOWENSTEIN RICHARD – ASL

EVICTIONS • 1979 • DOC
STRIKEBOUND • 1984
PETE TOWNSEND: WHITE CITY, THE MUSIC MOVIE • WHITE CITY: PETE TOWNSEND ○ PETE TOWNSEND: WHITE CITY ○ WHITE CITY • 1985
DOGS IN SPACE • 1986

LOWENTHAL JOHN – USA

TRIALS OF ALGER HISS, THE • 1980

LOWERY WILLIAM – USA

CALL OF THE PAST, THE • 1916 • SHT

LOWF-LEGOFF JEAN-PIERRE – FRN – 1945–

LEGOFF JEAN-PIERRE LOWF

NEW GENERATION • 1978

LOWINGER PAUL – AUS

WIENER SCHNITZEL • VIENNA SCHNITZEL • 1967

LOWRY DICK – USA

JAYNE MANSFIELD STORY, THE • JAYNE MANSFIELD: A SYMBOL OF THE 50'S • 1980 • TVM
KENNY ROGERS AS THE GAMBLER • GAMBLER, THE • 1980
OHMS • 1980 • TVM
ANGEL DUSTED • 1981 • TVM
COWARD OF THE COUNTY • 1981 • TVM
FEW DAYS AT WEASEL CREEK, A • 1981 • TVM
LIVING PROOF: THE HANK WILLIAMS JR. STORY • LIVING PROOF • 1982 • TVM
MISSING CHILDREN: A MOTHER'S STORY • 1982 • TVM
RASCALS AND ROBBERS –THE SECRET ADVENTURES OF TOM SAWYER AND HUCK FINN • RASCALS AND ROBBERS • 1982 • TVM
KENNY ROGERS AS THE GAMBLER, PART II –THE ADVENTURE CONTINUES • 1983 • TVM
SMOKEY AND THE BANDIT III • 1983
OFF SIDES • PIGS VS. FREAKS ○ PIGS VERSUS THE FREAKS, THE • 1984 • TVM
TOUGHEST MAN IN THE WORLD, THE • 1984 • TVM
WET GOLD • 1984 • TVM
MURDER WITH MIRRORS • AGATHA CHRISTIE'S MURDER WITH MIRRORS • 1985 • TVM
WILD HORSES • 1985 • TVM
AMERICAN HARVEST • RACE AGAINST THE HARVEST • 1987 • TVM
KENNY ROGERS AS THE GAMBLER PART III: THE LEGEND CONTINUES • 1987 • TVM
CASE CLOSED • 1988 • TVM
FBI MURDERS, THE • 1988
UNCONQUERED, THE • 1988 • TVM

LOWRY IRA M. – USA

FOR THE FREEDOM OF THE WORLD • 1917
FOR THE FREEDOM OF THE EAST • 1918
HIGH POCKETS • 1919
MISFIT EARL, A • 1919
OH, JOHNNY! • 1919
ROAD CALLED STRAIGHT, THE • 1919
SANDY BURKE OF THE U-BAR-U • 1919
SPEEDY MEADE • 1919

LOXTON DAVID – USA

LATHE OF HEAVEN, THE • 1980 • TVM

LOY MINO – ITL

DONAN J. LEE

INCREDIBILE ATTESTA, L' • 1956
GENTE FELICE • BENVENUTO ONOREVOLE • 1957
BENITO MUSSOLINI: ANATOMIA DI UN DITTATORE • 1961 • DOC
DONNA DI NOTTE, LA • 1962
EUROPA IL MIO PAESE • 1962
MONDO SEXY DI NOTTE • 1962 • DOC
AMORE NEL MONDO, L' • 1963
NOTTE E DONNE PROIBITE • 1963 • DOC
SEXY MAGICO • 1963 • DOC
SUPERSEXY '64 • 1963 • DOC
90 NOTTI IN GIRO PER IL MONDO • 1963 • DOC
MILLE E UNA DONNA • THOUSAND AND ONE WOMEN, A • 1964 • DOC
VENERI PROIBITE • 1964 • DOC
FURIA A MARRAKESCH • 1966
FLASHMAN • FLASHMAN CONTRE LES HOMMES INVISIBLES (FRN) ○ FLASHMAN VS. THE INVISIBLE MEN • 1967
BATTAGLIA DEL DESERTO, LA • SEPT HOMMES POUR TOBROUK (FRN) ○ DESERT BATTLE (UKN) ○ DESERT ASSAULT • 1969
QUESTO SPORCO MONDO MERAVIGLIOSO • 1971

LOY NANNI – ITL – 1925–

PAROLA DI LADRO • 1957
MARITO, IL • MARIDO, EL (SPN) • 1958
AUDACE COLPI DEI SOLITI IGNOTI • HOLD-UP A LA MILANAISE (FRN) ○ FIASCO IN MILAN • 1959
GIORNO DA LEONI, UN • DAY FOR LION-HEARTS, A • 1961
QUATTRO GIORNATE DI NAPOLI, LE • BATTAGLIA DI NAPOLI, LA ○ FOUR DAYS OF NAPLES, THE • 1962
MADE IN ITALY • A L'ITALIENNE (FRN) • 1965
PADRE DI FAMIGLIA, IL • HEAD OF THE FAMILY, THE (USA) ○ JEUX D'ADULTES (FRN) • 1967
INFERNO DEL DESERTO, L' • 1969
ROSOLINO PATERNO SOLDATO • THERE'S NO BUSINESS LIKE WAR BUSINESS ○ OPERATION SNAFU (USA) • 1970
DETENUTO IN ATTESA DI GIUDIZIO • WHY? • 1971
SISTEMO L'AMERICA E TORNO • 1974
BASTA CHE NON SI SAPPIA IN GIRO • 1976
GODURIA, LA • 1976
QUELLE STRANE OCCASIONI • 1976
SIGNORE E SIGNORI BUONANOTTE • 1976
CAFFE ESPRESSO • CAFE EXPRESS (USA) ○ CAFFE E UN PIACERE.. SE NON E BUONO CHE PIACERE E?, IL • 1979
INSIEME • 1979
A PROPOSITO DI QUELLA STRANA RAGAZZA CHE E VENUTA AD ABITARE DA ME • 1981
TESTA O CROCE • 1983
MI MANDA PICONE • PICONE SENT ME • 1984
WHERE'S PICONE? • 1984
AMICI MIEI ATTO III • MY FRIENDS 3 • 1985
SCUGNIZZI • NEOPOLITAN BOYS • 1990

LOZINSKI MARCEL – PLN – 1940–

WIZYTA • VISIT, THE • 1975

LOZZI EDMONDO – ITL

SPOSA, LA • 1958

LU CHUN – HKG

CHUNG TOMMY LOO • LOO CHUN • CHUN TOMMY LOO • CHUNG TOMMY

STRANGER FROM SHAOLIN
BLACK DRAGON, THE • 1974
BLACK DRAGON AVENGES THE DEATH OF BRUCE LEE, THE • 1975
DEATH OF BRUCE LEE • 1977
MAGIC CURSE, THE • 1978
MAIN-MAIN HANTU • GHOST STORY • 1990

LU JIANMING – HKG

CUODIAN YUANYANG • LOVE WITH THE PROPER STRANGER • 1985

LU REN – CHN

LI SHUANGSHUANG • 1962

du LUART YOLANDE – FRN

ANGELA –PORTRAIT OF A REVOLUTIONARY • 1971 • DOC

LUBBERT JORGE – BLG

EXILIO Y ESPERANZA • EXILE AND HOPE

LUBBERT ORLANDO – GRM

LUBBERTS ORLANDO

PASO, EL • PASSAGE, THE
PUNOS FRENTE AL CANON • FISTS BEFORE THE CANNON • DOC
RESIDENCIA EN LA TIERRA • RESIDENCE ON EARTH • 1979 • DCS
CHILE, DONDE COMIENZA EL DOLOR • CHILE, WHERE PAIN BEGINS • 1982 • DOC

LUBBERTS ORLANDO see **LUBBERT ORLANDO**

LUBIMOV PAUL see **LYUBIMOV PAVEL**

LUBIN ARTHUR – USA – 1901–

SUCCESSFUL FAILURE, A • 1934
FRISCO WATERFRONT • WHEN WE LOOK BACK (UKN) • 1935
GREAT GOD GOLD • 1935
HONEYMOON LIMITED • 1935
TWO SINNERS • TWO BLACK SHEEP (UKN) • 1935
HOUSE OF A THOUSAND CANDLES • 1936
MYSTERIOUS CROSSING • MURDER ON THE MISSISSIPPI • 1936
YELLOWSTONE • 1936
ADVENTURE'S END • 1937
CALIFORNIA STRAIGHT AHEAD • 1937
I COVER THE WAR • 1937
IDOL OF THE CROWDS • 1937
MIDNIGHT INTRUDER • 1937
BELOVED BRAT, THE • DANGEROUS AGE, A (UKN) • 1938
PRISON BREAK • 1938
SECRETS OF A NURSE • 1938
BIG TOWN CZAR • 1939
CALL A MESSENGER • 1939
MICKEY THE KID • 1939
RISKY BUSINESS • 1939
BIG GUY, THE • 1940
BLACK FRIDAY • 1940
GANGS OF CHICAGO • 1940
I'M NOBODY'S SWEETHEART NOW • 1940
MEET THE WILDCAT • 1940
SAN FRANCISCO DOCKS • 1940
WHO KILLED AUNT MAGGIE? • 1940
ABBOTT AND COSTELLO IN THE NAVY • IN THE NAVY • 1941
BUCK PRIVATES • ROOKIES (UKN) • 1941
HOLD THAT GHOST • 1941
KEEP 'EM FLYING • 1941
RIDE 'EM COWBOY • 1941
WHERE DID YOU GET THAT GIRL? • 1941
EAGLE SQUADRON • 1942
KEEPING FIT • 1942 • SHT
ALI BABA AND THE FORTY THIEVES • 1943
PHANTOM OF THE OPERA, THE • 1943
WHITE SAVAGE • WHITE CAPTIVE (UKN) • 1943
DELIGHTFULLY DANGEROUS • 1945
NIGHT IN PARADISE, A • 1946
SPIDER WOMAN STRIKES BACK • 1946
NEW ORLEANS • 1947
FRANCIS • 1949
IMPACT • 1949
FRANCIS GOES TO THE RACES • 1951
QUEEN FOR A DAY • HORSIE • 1951
RHUBARB • 1951
FRANCIS GOES TO WEST POINT • 1952
IT GROWS ON TREES • 1952
FRANCIS COVERS THE BIG TOWN • 1953
SOUTH SEA WOMAN • MARINES HAVE A WORD FOR IT, THE • 1953
FRANCIS JOINS THE WACS • 1954
STAR OF INDIA • STELLA DELL'INDIA, LA (ITL) • 1954
FOOTSTEPS IN THE FOG • 1955
FRANCIS IN THE NAVY • 1955
LADY GODIVA • LADY GODIVA OF COVENTRY (UKN) • 1955
FIRST TRAVELING SALESLADY, THE • 1956
ESCAPADE IN JAPAN • 1957
NEW WORLD, A • 1958
LADRO DI BAGDAD, IL • VOLEUR DE BAGDAD, LE (FRN) ○ THIEF OF BAGDAD, THE (USA) • 1961
INCREDIBLE MR. LIMPET, THE • BE CAREFUL HOW YOU WISH ○ HENRY LIMPET ○ MR. LIMPET • 1964
HOLD ON! • THERE'S NO PLACE LIKE SPACE • 1966
RAIN FOR A DUSTY SUMMER • MIGUEL PRO (SPN) • 1971

LUBIN SIGMUND – USA

BOLD BANK ROBBERY • 1904

LUBINSKY IVAN – USS

CHUK I GEK • CHUK AND GEK • 1953

LUBITSCH ERNST – Actor – GRM – 1892–1947

BLINDE KUH • 1914
FRAULEIN SEIFENSCHAUM • 1914
AUFS EIS GEFUHRT • 1915
ZUCKER UND ZIMT • 1915
ALS ICH TOT WAR • 1916
ERSTE PATIENT, DER • 1916
G.m.b.H. TENOR, DER • TENOR, INC. • 1916
GEMISCHTE FRAUENCHOR, DER • 1916
KRAFTMEIER, DER • 1916
LEUTNANT AUF BEFEHL • 1916
SCHONSTE GESCHENK, DAS • 1916
SCHUHPALAST PINKUS • SHOE SALON PINKUS • 1916
WO IST MEIN SCHATZ? • 1916
BLUSENKONIG, DER • BLOUSE KING, THE • 1917
FIDELES GEFANGNIS, EIN • 1917
LETZTE ANZUG, DER • 1917
OSSIS TAGEBUCH • OSSI'S DIARY • 1917
PRINZ SAMI • 1917
SEINE NEUE NASE • 1917
WENN VIER DASSELBE TUN • 1917
AUGEN DER MUMIE MA, DIE • EYES OF THE MUMMY MA (USA) ○ EYES OF THE MUMMY, THE (UKN) • 1918
CARMEN • GYPSY BLOOD (USA) ○ GYPSY LOVE • 1918
FALL ROSENTOPF, DER • ROSENTOPF CASE, THE • 1918
FUHRMANN HENSCHEL • 1918
MADEL VOM BALLETT, DAS • 1918
MARIONETTEN • 1918
MEINE FRAU, DIE FILMSCHAUSPIELERIN • 1918
MEYER AUS BERLIN • 1918
RODELKAVALIER, DER • 1918
AUSTERNPRINZESSIN ,DIE • OYSTER PRINCESS, THE • 1919
ICH MOCHTE KEIN MANN SEIN • I DON'T WANT TO BE A MAN • 1919
MADAME DUBARRY • PASSION (USA) • 1919
PUPPE, DIE • DOLL, THE • 1919
RAUSCH • INTOXICATION • 1919
SCHWABEMADLE, DAS • 1919
KOHLHIESELS TOCHTER • KOHLHEISEL'S DAUGHTERS ○ HIS TWO DAUGHTERS • 1920
MEDEA • 1920
ROMEO UND JULIA IM SCHNEE • 1920
SUMURUN • ONE ARABIAN NIGHT (USA) • 1920
TOLLE RISCHKA, DIE • 1920
ANNA BOLEYN • DECEPTION (USA) ○ ANNE BOLEYN (UKN) • 1921
BERGKATZE, DIE • MOUNTAIN CAT, THE ○ WILDCAT, THE (USA) • 1921
VENDETTA • 1921
WEIB DES PHARAO, DAS • LOVES OF PHARAOH, THE ○ PHARAOH'S WIFE ○ WIFE OF PHARAOH, THE • 1921
FLAMME, DIE • MONTMARTRE • 1922
ROSITA • 1923
FORBIDDEN PARADISE • 1924
MARRIAGE CIRCLE, THE • 1924
THREE WOMEN • 1924
KISS ME AGAIN • 1925
LADY WINDERMERE'S FAN • 1925
SO THIS IS PARIS • 1926
STUDENT PRINCE IN OLD HEIDELBERG, THE • STUDENT PRINCE, THE (UKN) ○ OLD HEIDELBERG • 1927
PATRIOT, THE • 1928
ETERNAL LOVE • KING OF THE MOUNTAINS • 1929

LOVE PARADE, THE • PARADE D'AMOUR • 1929
MONTE CARLO • 1930
PARAMOUNT ON PARADE • 1930
SMILING LIEUTENANT, THE • 1931
BROKEN LULLABY • MAN I KILLED, THE (UKN) • 1932
HEURE PRES DE TOI, UNE • 1932
IF I HAD A MILLION • 1932
ONE HOUR WITH YOU • 1932
TROUBLE IN PARADISE • HONEST FINDER, THE • 1932
DESIGN FOR LIVING • 1933
MERRY WIDOW, THE • LADY DANCES, THE • 1934
VEUVE JOYEUSE, LA • 1934
ANGEL • 1937
BLUEBEARD'S EIGHTH WIFE • 1938
NINOTCHKA • 1939
SHOP AROUND THE CORNER, THE • 1939
THAT UNCERTAIN FEELING • 1941
TO BE OR NOT TO BE • 1942
HEAVEN CAN WAIT • 1943
ROYAL SCANDAL, A • CZARINA (UKN) • 1945
CLUNY BROWN • 1946
THAT LADY IN ERMINE • 1948

LUBOWSKI RUDOLF – GRM

SUNDE MIT RABATT • SIN WITH REBATE • 1968
IMMER BEI VOLLMUND • 1970
HE'S AT IT AGAIN • 1971

LUBTCHANSKY JEAN-CLAUDE – FRN

AUTO AUTO • AUTO • 1962 • SHT

LUBY S. ROY – USA

ARIZONA BAD MAN • 1935
LIGHTNING TRIGGERS • 1935
OUTLAW RULE • 1935
RANGE WARFARE • 1935
CROOKED TRAIL, THE • LEAD LAW (UKN) • 1936
DESERT PHANTOM, THE • 1936
ROGUE OF THE RANGE • 1936
BORDER PHANTOM • 1937
RACE SUICIDE • 1937
RED ROPE, THE • 1937
TOUGH TO HANDLE • 1937
RANGE BUSTERS, THE • 1940
TRAILING DOUBLE TROUBLE • 1940
WEST OF PINTO BASIN • TRIPLE THREAT • 1940
FUGITIVE VALLEY • 1941
KID'S LAST FIGHT, THE • 1941
SADDLE MOUNTAIN ROUNDUP • 1941
TONTO BASIN OUTLAWS • 1941
TRAIL OF THE SILVER SPURS • 1941
TUMBLEDOWN RANCH IN ARIZONA • 1941
UNDERGROUND RUSTLERS • 1941
WRANGLER'S ROOST • 1941
ARIZONA STAGECOACH • 1942
BOOT HILL BANDITS • 1942
ROCK RIVER RENEGADES • 1942
TEXAS TROUBLE SHOOTERS • 1942
THUNDER RIVER FEUD • 1942
WAR DOGS • PRIDE OF THE ARMY ○ UNSUNG HEROES • 1942
BLACK MARKET RUSTLERS • LAND AND THE LAW (UKN) • 1943
COWBOY COMMANDOS • 1943
LAND OF HUNTED MEN • 1943

LUCAS CAROLINE BYNG – UKN

CAVES OF PERIGORD, THE • 1939

LUCAS CELSO – BRZ

25 • 1976

LUCAS F. R. – UKN

WOODPIGEON PATROL, THE • 1930

LUCAS FRANK C. see **PANNACCIO ELO**

LUCAS GEORGE – USA – 1944–

LOOK AT LIFE FREIHEIT • SHT
1.42.08 • SHT
6.18.67 • SHT
HERBIE ANYONE LIVED IN A PRETTY HOMETOWN • 1965 • SHT
THX-1138-4EB • 1967 • SHT
EMPEROR, THE • 1968
THX 1138 • 1971
AMERICAN GRAFFITI • 1973
STAR WARS • 1977

LUCAS J. M. – USA

FAREWELL TO THE PLANET OF THE APES • 1974 • MTV

LUCAS STEPHEN – USA

SCHEHERAZADE • SCHEHERAZADE ONE THOUSAND AND ONE NIGHTS • 1982

LUCAS WILFRED – Actor – CND – 1871–1940

BLIND LOVE • 1912
CHIEF'S BLANKET, THE • 1912
SAILOR'S HEART, A • 1912
AT MIDNIGHT • 1913
BELOW STAIRS • 1913
BRED IN THE BONE • 1913
GOLD IS NOT ALL • 1913
HONOR OF THE REGIMENT, THE • 1913
HORSE THIEF, THE • 1913
ROGUES' GALLERY, THE • 1913
SMUGGLER'S DAUGHTER, THE • 1913
DESERT'S STING, THE • 1914
GLIMPSE OF LOS ANGELES, A • 1914 • DOC
LOVE VICTORIOUS, THE • 1914
QUIET DAY AT MURPHY'S, A • 1914
SEVERED HAND, THE • 1914
TREY O'HEARTS, THE • 1914 • SRL
HUMAN MENACE, THE • 1915
MOTHER INSTINCT, THE • 1915
SPANISH JADE, THE • 1915
JIM BLUDSO • 1917
LOVE SUBLIME, A • 1917
MORGAN'S RAIDERS • 1918
RED, RED HEART, THE • 1918
RETURN OF MARY, THE • 1918
ROMANCE OF TARZAN, THE • 1918
TESTING OF MILDRED VANE, THE • 1918
GIRL FROM NOWHERE, THE • 1919
JACKEROO OF COOLABONG, THE • 1920
MAN FROM KANGAROO, THE • 1920
SHADOW OF LIGHTNING RIDGE • 1920
BETTER MAN, THE • 1921
FIGHTING BREED, THE • 1921
HER SACRIFICE • 1926

LUCE RALPH – Animator – USA

NO CREDIT • 1947 • ANS

LUCE RALPH W. JR. – Animator – USA

PROEM • 1948 • ANS

de LUCENAY A. MARTIN see **de LUCENAY MARTIN**

de LUCENAY MARTIN – MXC

de LUCENAY A. MARTIN

VALENTINA, LA • 1938
A LO MACHO • IN ROUGH STYLE (USA) • 1939

LUCENTE FRANCESCO – USA

VIRGIN QUEEN OF ST. FRANCIS HIGH, THE • PARADISE BUNGALOWS • 1987

LUCHERINI ENRICO – ITL

SORRISO, UNO SCHIAFFO, UN BACIO IN BOCCA, UN • 1975

LUCHETTI DANIELE – ITL

DOMANI ACCADRA • IT WILL HAPPEN TOMORROW • 1988

LUCIA LUIS – SPN – 1914–

13-13, EL • 1943
HOMBRE DE NEGOCIOS, UN • 1945
DOS CUENTOS PARA DOS • 1947
NOCHE DE REYES • 1947
PRINCESA DE LOS URSINOS, LA • 1947
CURRITO DE LA CRUZ • 1948
DUQUESA DE BENAMEJI, LA • 1949
ANDALOUSIE • SUENO DE ANDALUCIA, EL (SPN) • 1950
DE MUJER A MUJER • 1950
LOLA LA PICONERA • 1951
CERCA DE LA CIUDAD • 1952
GLORIA MAIRENA • 1952
HERMANA SAN SULPICIO, LA • 1952
AEROPUERTO • 1953
JEROMIN • 1953
CABALLERO ANDALUZ, UN • 1954
HERMANA ALEGRIA, LA • 1954
MORENA CLARA • 1954
ESA VOZ ES UNA MINA • 1955
LUPA, LA • 1955
PIYAYO, EL • 1955
VIDA EN UN BLOC, LA • 1956
MARIDO DE IDA Y VUELTA • 1957
MURALLA, LA • 1958
ANGEL TUVO LA CULPA, UN • 1959
MOLOKAI • 1959
KING OF THE VIKINGS • 1960
PRINCIPE ENCADENADO, EL • PRINCE IN BONDAGE, THE • 1960
RAYO DE LUZ, UN • 1960
HA LLEGADO UN ANGEL • 1961
CANCION DE JUVENTUD • 1962
TOMBOLA • 1962
ROCIO DE LA MANCHA • 1963
CRUCERO DE VERANO • 1964
ZAMPO Y YO • 1965
CUATRO BODAS DE MARISOL, LAS • MARISOL'S FOUR WEDDINGS • 1967
GRANDES AMIGOS • GREAT FRIENDS • 1967
SOLO LOS DOS • BOTH ALONE • 1968
PEPA DONCEL • 1969
ORILLA, LA • 1970
NOVICIA REBELDE, LA • 1971
ENTRE DOS AMORES • 1973

LUCIDI MAURIZIO – ITL

BRIGHT MAURICE

SFIDA DEI GIGANTI, LA • CHALLENGE OF THE GIANT, THE • 1965
DUE ONCE DI PIOMBO • MIO NOME E PECOS, IL ○ MY NAME IS PECOS • 1966
PECOS E QUI: PREGA E MUORI • 1967
PIU GRANDE RAPINA DEL WEST, LA • GREATEST KIDNAPPING IN THE WEST, THE • 1967
BATTAGLIA DEL SINAI, LA • BATTLE OF SINAI, THE • 1968
PROBABILITA ZERO • PROBABILITY ZERO • 1969
VITTIMA DESIGNATA, LA • 1971
SI PUO FARE.. AMIGO • BIG AND THE BAD, THE (UKN) ○ CAN BE DONE AMIGO • 1972
ULTIMA CHANCE, L' • STATELINE MOTEL (UKN) ○ LAST CHANCE, THE • 1973
DUE CUORI UNA CAPELLA • 1975
ESECUTORI, GLI • SICILIAN CROSS, THE (UKN) ○ STREET PEOPLE (USA) ○ CROCE SICILIANA, LA ○ EXECUTORS, THE • 1976
MARITO IN COLLEGIO, IL • 1977
TUTTO SUO PADRE • 1978

LUCIGNANI LUCIANO – ITL – 1922–

AMORE DIFFICILE, L' • OF WAYWARD LOVE (USA) ○ SEX CAN BE DIFFICULT ○ EROTICA • 1962
PIACEVOLI NOTTI, LE • 1966
ALIBI, L' • ALIBI, THE • 1968
UNA SU TREDICI • TWELVE PLUS ONE (USA) ○ 12 + 1 (FRN) ○ LUCKY 13 ○ 13 CHAIRS • 1969

LUCISANO FULVIO – ITL – 1928–

PROCESSO A STALIN • 1963 • DOC

LUCKWELL MICHAEL – UKN

DELAYED FLIGHT • 1964

LUCOQUE H. LISLE – UKN

FAIRYLAND • 1916
SHE • 1916
TATTERLY • 1916
DAWN • 1917
KING SOLOMON'S MINES • 1918
CASTLES IN SPAIN • 1920
LORNA DOONE • 1920
WHERE THE RAINBOW ENDS • 1921

LUCOT RENE – FRN – 1908–

RODIN • 1942
LYAUTEY, BATISSEUR D'EMPIRE • 1947 • SHT
DIEUX DU DIMANCHE, LES • 1948
RENE LERICHE, CHIRURGIEN DE LA DOULEUR • 1948
BOURDELLE • 1950 • SHT
A L'AUBE D'UN MONDE • 1956 • SHT
PANTOMIMES • 1956 • SHT
RENDEZ-VOUS A MELBOURNE • MELBOURNE RENDEZVOUS (USA) • 1956
BONS AMIS, LES • 1958
CHEMINS DE LUMIERE • 1958 • DCS
AURORE BOREALE, UNE • 1981

LUDCKE MARIANNE – GRM

LOHN UND LIEBE • 1973
WOLLANDS, DIE • 1973
FAMILIENGLUCK • HAPPY FAMILY LIFE • 1975
FLUCHTIGE BEZIEHUNGEN • CASUAL RELATIONS • 1982

LUDDY EDWARD I. – Writer – USA – 1899–

MAN WHO WAITED, THE • 1922
WHAT AN EYE • 1924 • SHT
HER LUCKY LEAP • 1925
JAKE THE PLUMBER • 1927
JULIUS SIZZER • 1931 • SHT
MESSENGER BOY, THE • 1931 • SHT

LUDDY I. – USA

ROCKED TO SLEEP • 1920 • SHT

LUDERER WOLFGANG – GRM

RESERVEHELD, DER • 1965
LEBENDE WARE • 1966
MEINE FREUNDIN SYBILLE • MY GIRL-FRIEND SYBILLE ○ MY FRIEND SYBILLE • 1967
MORD, DER NIE VERJAHRT, DER • MURDER THAT WAS NEVER RECOGNISED, THE • 1968

LUDERS GUNTHER – GRM

WENN WIR ALLE ENGEL WAREN • 1956
VATER UNSER BESTES STUCK • 1957
IHR 106 GEBURTSTAG • 1958

LUDMAN LARRY see **DE ANGELIS FABRIZIO**

LUDUENA JULIO – ARG

ALIANZA PARA EL PROGESO • ALLIANCE FOR PROGRESS • 1971
CIVILIZACION ESTA HACIENDO MASA Y NO DEJA OIR, LA • 1973

LUDWIG EDWARD – USS – 1895–1982

STEADY COMPANY • COBBLESTONES • 1932
THEY JUST HAD TO GET MARRIED • HAPPY DOLLARS • 1933
FRIENDS OF MR. SWEENEY • 1934
LET'S BE RITZY • MILLIONAIRE FOR A DAY (UKN) • 1934
MAN WHO RECLAIMED HIS HEAD, THE • 1934
WOMAN'S MAN, A • 1934
AGE OF INDISCRETION • 1935
OLD MAN RHYTHM • 1935
THREE KIDS AND A QUEEN • BAXTER MILLIONS, THE (UKN) • 1935
ADVENTURE IN MANHATTAN • MANHATTAN MADNESS (UKN) • 1936
FATAL LADY • BRAZEN • 1936
HER HUSBAND LIES • LOVE TRAP, THE • 1937
LAST GANGSTER, THE • 1937
THAT CERTAIN AGE • 1938
COAST GUARD • 1939
SWISS FAMILY ROBINSON • 1940
BORN TO SING • 1941
MAN WHO LOST HIMSELF, THE • 1941
THEY CAME TO BLOW UP AMERICA • SCHOOL FOR SABOTAGE • 1943
FIGHTING SEABEES, THE • 1944
THREE IS A FAMILY • 1944
FABULOUS TEXAN, THE • 1947
WAKE OF THE RED WITCH • 1948
BIG WHEEL, THE • 1949
SMUGGLER'S ISLAND • 1951
BIG JIM MCLAIN • 1952
BLAZING FOREST, THE • 1952
CARIBBEAN • CARIBBEAN GOLD (UKN) • 1952
SANGAREE • 1953
VANQUISHED, THE • GALLANT REBEL • 1953
JIVARO • LOST TREASURE OF THE AMAZON (UKN) • 1954
FLAME OF THE ISLANDS • 1955
BLACK SCORPION, THE • 1957
GUN HAWK, THE • 1963

LUFF A. H. – UKN

GREASE • 1951

LUGEON ROBERT – FRN

CHEZ LES MANGEURS D'HOMMES • LAND OF THE CANNIBALS, THE • 1928

LUGINBUHL BERNHARD – SWT

KLEINER EMMENTALFILM • 1971

LUGO ALFREDO – VNZ – 1939–

UNCLE'S DEATH • 1967 • SHT
DIALOGUE • 1968 • SHT
HORA DEL TIGRE, LA
CLASE APARTE • SPECIAL QUALITY • 1971
MILIONARIO POR ILUSION • ILLUSION OF BEING A MILLIONAIRE, THE • 1973
MUERTOS SI SALEN, LOS • WHEN THE DEAD APPEAR • 1976
NICO EL TRACALERO • TRACALEROS, LOS ○ TRICKY NICO ○ TRICKY ONES, THE • 1977
MASACRE • MASSACRE • 1978

LUGO LEDITH – PRC

HUELLAS • IMPRINTS • 1988

LUGONES MARIO C. – ARG

SE RAMATAN ILUSIONES • 1944
LOCURA DE DON JUAN, LA • 1948
NOVIO, MARIDO Y AMANTE • 1948
HOMBRE SOLO NO VALE NADA, UN • 1949
MIGUITAS EN LA CAMA • 1949
PECADO POR MES, UN • 1949
ABUSO DE CONFIANZA • 1950
ZORRO PIERDE EL PELO, EL • 1950
CARTAS DE AMOR • 1951
MUJER DEL LEON, LA • 1951
QUE RICO EL MAMBO! • 1952
CUEVA DE ALI BABA, LA • CAVE OF ALI BABA, THE • 1954
ENSAYO FINAL • 1955
SIMULADORA, LA • 1955

LUGOSSY LASZLO – HNG – 1939–
AZONOSITAS • IDENTIFICATION ○ MAN WITHOUT A NAME • 1976
KOSZONOM, MEGVAGYUNK.. • WE'RE GETTING ALONG.. • 1981
SZIRMOK, VIRAGOK, KOSORUK • PETALS, FLOWERS, WREATHS • 1985

LUGUET ANDRE – Actor – FRN – 1892–
POUR REGNER • 1926
BLUFFEUR, LE • 1932

LUI SUN – HKG
KUNG FU HALLOWEEN • 1981

LUITZ-MORAT – FRN – –1928
MORAT LUITZ
SA MAJESTE LE CHAUFFEUR DE TAXI • 1919
CINQ GENTLEMEN MAUDITS, LES • FIVE ACCURSED GENTLEMEN, THE ○ FIVE DOOMED GENTLEMEN • 1920
MONSIEUR LE BUREAU • 1920
PETIT ANGE • 1920
RIEN A LOUER MONSIEUR LEBUREAU • 1920
TERRE DU DIABLE, LA • 1921
AU SEUIL DU HAREM • SANG D'ALLAH, LE • 1922
PETIT ANGE ET SON PANTIN • 1922
CITE FOUDROYEE, LA • CITY DESTROYED, THE ○ DESTROYED CITY, THE • 1923
COURSE AU FLAMBEAU, LA • 1925
JEAN CHOUAN • 1925
SURCOUF • 1925
JUIF ERRANT, LE • 1926
MEIN LEBEN FUR DAS DEINES • 1927
ODETTE • 1928
RONDE INFERNALE, LA • 1928
VIERGE FOLLE, LA • 1928

LUK JAMIE – HKG
SEI TSINGAM • FOUR LOVES • 1989

LUKASHEVICH TATYANA – USS
BRIDE WITH A DOWRY • 1954
PROBLEM CHILD • 1955
SLEPOY MUZYKANT • SOUND OF LIFE (USA) • 1961
KNIGHT'S MOVE • 1963

LUKE MICHAEL – UKN
TEN BRIDGES • 1957 • SHT

LUKE MONTY – ASL – 1885–1962
FOR AUSTRALIA • 1915
SEVEN KEYS TO BALDPATE • 1915
WITHIN THE LAW • 1916

LUKINE – FRN
ESCALE A PARIS • 1951 • SHT

LUKINSKY IVAN – USS
SOLDAT IVAN BROVKIN • PRIVATE IVAN BROVKIN • 1955
VZORVANNY AD • HELL BLOWN UP • 1967

LUKOV LEONID – USS – 1909–1963
LOUKOV LEONID
OCTOBER DRIVE, THE • 1931
CONVOY • 1933
YOUTH • 1935
YA LYUBLYU • I LOVE • 1936
BOLSHAYA ZHIZN • GREAT LIFE, A • 1940
MOTHER, A • 1941
ALEXANDER PARKHOMENKO • 1942
DVA BOITSA • TWO SOLDIERS • 1943
ETA BYLO V DONBASE • IT HAPPENED IN DONBAS • 1945
FATHERS AND SONS • 1945
RYADOVOI ALEXANDER MATROSOV • ALEXANDER MATROSOV • 1948
DONETSKY SHAKTERY • MINERS OF THE DON ○ MINERS OF DONETSK, THE ○ DONETS MINERS • 1950
BARBARIANS, THE • 1953
VASSA ZHELEZNOVA • MISTRESS, THE • 1953
OB ETOM ZABY VAT NELZYA • IT MUST NOT BE FORGOTTEN ○ LEST WE FORGET • 1954
K NOVOMU BEREGU • TOWARDS THE NEW BANK ○ TOWARD NEW SHORES • 1955
TWO WAYS • 1956
OLEKO DUNDICH • ALEKZA DUNDIC • 1958
TWO LIVES • 1961

LUKSCHY STEFAN – GRM
KRAWATTEN FUR OLYMPIA • TIES FOR THE OLYMPICS • 1976

LULLI FOLCO – ITL – 1912–1970
GENTE D'ONORE • PEOPLE OF HONOUR • 1968

LUMET SIDNEY – USA – 1924–
TWELVE ANGRY MEN • 1957
STAGE STRUCK • 1958
FUGITIVE KIND, THE • 1959
THAT KIND OF WOMAN • 1959
LONG DAY'S JOURNEY INTO NIGHT • 1962
VU DU PONT • SGUARDO DAL PONTE, UNO (ITL) ○ VIEW FROM THE BRIDGE, A (USA) • 1962
FAIL-SAFE • 1964
HILL, THE • 1965
PAWNBROKER, THE • 1965
DEADLY AFFAIR, THE • 1966
GROUP, THE • 1966
BYE BYE BRAVERMAN • 1968
APPOINTMENT, THE • 1969
SEA GULL, THE • 1969
KING: A FILMED RECORD.. MONTGOMERY TO MEMPHIS • 1970 • DOC
LAST OF THE MOBILE HOT-SHOTS, THE • BLOOD KIN • 1970
ANDERSON TAPES, THE • 1972
CHILD'S PLAY • 1972
LOVIN' MOLLY • MOLLY, GID AND JOHNNY • 1973
OFFENCE, THE • SOMETHING LIKE THE TRUTH • 1973
MURDER ON THE ORIENT EXPRESS • 1974
SERPICO • 1974
DOG DAY AFTERNOON • 1975
NETWORK • 1976
EQUUS • 1977
WIZ, THE • 1978
JUST TELL ME WHAT YOU WANT • 1979
PRINCE OF THE CITY • 1981
DEATHTRAP • 1982
VERDICT, THE • 1982
DANIEL • 1983
GARBO TALKS • 1984
POWER • 1986
MORNING AFTER, THE • 1987
RUNNING ON EMPTY • 1988
FAMILY BUSINESS • 1989
Q & A • 1990

LUMIERE LOUIS – FRN – 1864–1948
SORTIE DES USINES, LA • SORTIE DES OUVRIERS DE L'USINE LUMIERE • 1894
AQUARIUM • 1895
ARRIVEE D'UN TRAIN EN GARE DE LA CIOTAT, L' • 1895
ARROSEUR ARROSE, L' • JARDINIER ET LE PETIT ESPIEGLE, LE ○ GARDENER, THE ○ JARDINIER, LE ○ PRACTICAL JOKE ON THE GARDENER, A • 1895
ASSIETTES TOURNANTES • 1895
ATELIERS DE LA CIOTAT • 1895
BAIGNADE EN MER • 1895
BARQUE SORTANT DU PORT • SORTIE DU PORT, LA • 1895
BOCAL AUX POISSONS-ROUGES • 1895
CHAPEAUX A TRANSFORMATIONS • TREWEY: UNDER THE HAT • 1895
CHARCUTERIE MECANIQUE • MECHANICAL BUTCHER, THE • 1895
COURSE EN SAC • 1895
DEBARQUEMENT • ARRIVEE DES CONGRESSISTES A NEUVILLE-SUR-SAONE • 1895
DEBARQUEMENT DU CONGRES DE PHOTOGRAPHIE • CONGRES DES SOCIETES PHOTOGRAPHIQUES DE FRANCE • 1895
DEJEUNER DE BEBE, LE • REPAS DE BEBE, LE ○ BABY'S BREAKFAST • 1895
DEJEUNER DU CHAT, LE • 1895
DEMOLITION D'UN MUR • MUR, LE ○ PULLING DOWN A WALL • 1895
DEPART EN VOITURE • 1895
DISCUSSION • 1895
DISCUSSION DE M. JANSSEN ET DE M. LAGRANGE • 1895
ENFANTS AUX JOUETS • 1895
FORGERONS • 1895
LANCEMENT D'UN NAVIRE A LA CIOTAT • 1895
LYON, PLACE BELLECOUR • 1895
LYON, PLACE DES CORDELIERS • 1895
MARECHAL-FERRANT, LE • 1895
MER PAR GROS TEMPS, LA • 1895
PARTIE DE TRIC-TRAC • 1895
PARTIE D'ECARTE • CARD GAME, A ○ CARD PARTY • 1895
PECHE AUX POISSONS ROUGES • 1895
PHOTOGRAPHE • 1895
POMPIERS: ATTAQUE DU FEU • 1895
PROMENADE DES CONGRESSISTES SUR LE BORD DE LA SAONE • 1895
QUERELLE ENFANTINE • 1895
RECREATION A LA MARTINIERE • 1895
SAUT A LA COUVERTURE • BRIMADE DANS UNE CASERNE • 1895
VOLTIGE, LA • 1895
BAINS DE DIANE A MILAN, LES • 1896
GOUTER DE BEBE, LE • REPAS DE BEBE, LE • 1896
MAUVAISES HERBES • BRULURES D'HERBE, LES • 1896
PONT DE LA TOUR • TOWER BRIDGE • 1896
ARRIVEE D'UN BATEAU A VAPEUR • 1896–97
BAIGNADE EN MER • 1896–97
BAINS EN MER • BAIGNADE, LA ○ SEA BATHING • 1896–97
BAL D'ENFANTS • 1896–97
BARQUE EN MER • 1896–97
CONCOURS DE BOULES • 1896–97
DOUCHE APRES LE BAIN • 1896–97
EMBARQUEMENT POUR LE PROMENADE • 1896–97
ENFANT ET CHIEN • 1896–97
ENFANTS AU BORD DE LA MER • 1896–97
LAVEUSES • 1896–97
LECON DE BICYCLETTE • 1896–97
MARCHE • 1896–97
MENUISIERS • 1896–97
PETIT FRERE ET PETITE SOEUR • 1896–97
PREMIERS PAS DE BEBE • 1896–97
RADEAU AVEC BAIGNEURS • 1896–97
REPAS EN FAMILLE • 1896–97
RETOUR D'UNE PROMENADE EN MER • 1896–97
RONDE ENFANTINE • 1896–97
SCENES D'ENFANTS • 1896–97
TOURISTES REVENANT D'UNE EXCURSION • 1896–97
BARBE BLEUE • BLUE BEARD (USA) • 1898
LOURD CHARGEMENT, UN • HEAVY LOAD, A • 1898
LOURDES • 1898
PEINTURE A L'ENVERS • LIGHTNING ARTIST • 1898
VIE ET LA PASSION DE JESUS-CHRIST, LA • 1898
DANSES ESPAGNOLES • 1900
INAUGURATION DE L'EXPOSITION UNIVERSELLE • 1900
PONT D'IENA, LE • 1900
TOUR EIFFEL, LA • 1900
RING, LE • 1901

LUNA BIGAS – SPN – 1946–
BIGAS LUNA
MONA Y TEMBA • 1976 • SHT
TATUAJE • PRIMA AVENTURA DE PEPE CARVALHO, LA ○ TATTOO • 1976
BILBAO, UNA HISTORIA DE AMOR • BILBAO • 1978
CANICHE • POODLE • 1979
RENACER • REBORN ○ BLOODY MARY ○ RENACIDA • 1980
LOLA • 1985
ANGOIXA • ANGUISH • 1986

LUNA RICARDO – ARG
FERIA • FAIR • 1962
ORILLEROS, LOS • RIVERSIDE MEN • 1975

LUND BERT – USA
HAYSTACKS AND STEEPLES • 1916 • SHT

LUND ERIK – GRM
LIEBENAU MANFRED
SADJA • 1918
ALLERSEELEN • 1919
ARTISTENTREUE • 1919
BODEGA VON LOS CUERROS, DIE • 1919
BRAUT DES ENTMUNDIGTEN, DIE • 1919
FEE VON SAINT MENARD, DIE • 1919
GEBOT DER LIEBE, DAS • 1919
GOLDENE LUGE, DIE • 1919
HERZ DES CASANOVA, DAS • 1919
IM WIRBEL DES LEBENS • 1919
IRRLICHT • 1919
LETZTE SONNENSOHN, DER • 1919
MANNES WORT, EINES • 1919
NUR EIN DIENER • 1919
SCHLOSS EINOD • 1919
SCHWARZE PERLEN • 1919
SCHWUR, DER • 1919
STAATSANWALT JORDAN • 1919
STURME • 1919
TORICHTE HERZ, DAS • 1919
VERWUNDSCHENE PRINZESSIN, DIE • 1919
WELTMEISTER, DER • 1919
ALFRED VON INGELHEIMS LEBENSTRAUM • 1920
KONIG VON PARIS, DER • 1920
PRASIDENT BARRADA • 1920
VERBOTENE LIEBE • 1920
GESCHICHTE DES GRAUEN HAUSES 1, DIE • MORD AUS ERSCHMAHTER LIEBE, DER • 1921
GESCHICHTE DES GRAUEN HAUSES 2, DIE • GESCHICHTE DES BARAK JOHNSON, DIE ○ MORD AUS VERWORFENHEIT, DER • 1921
GESCHICHTE DES GRAUEN HAUSES 3, DIE • MORD AUS VERZWIEFLUNG, DER • 1921
GESCHICHTE DES GRAUEN HAUSES 4, DIE • MORD AUS HABSUCHT, DER • 1921
SILBERKONIG 1, DER • 13. MARZ, DER • 1921
SILBERKONIG 2, DER • MANN DER TAT, DER • 1921
SILBERKONIG 3, DER • CLAIM 36 • 1921
SILBERKONIG 4, DER • ROCHESTERSTREET 29 • 1921
LUGE EINES SOMMERS, DIE • 1922
WENN DIE MASKE FALLT • SPRINGENDE PFERD, DAS • 1922

LUND HELGE – SWD – 1900–
LUNDE HELGA
VILDMARKENS SANG • SONG OF THE WILDS ○ BASTARD • 1940
AITANGA • 1942

LUND HUGO – USA
MICROSCOPIC MYSTERIES • 1932 • SHT

LUND O. A. C. – USA
LUND OSCAR A. C. • *LUND OSCAR*
BEATEN PATH, THE • 1913
GREAT UNKNOWN, THE • 1913
GREATER CALL, THE • 1913
RETURN OF LADY LINDA, THE • 1913
TRAIL OF THE HANGING ROCK, THE • 1913
DEVIL FOX OF THE NORTH, THE • 1914
DOLLAR MARK, THE • 1914
HIS SERVANT • 1914
LINK IN THE CHAIN, THE • 1914
MARKED WOMAN, THE • 1914
WHEN BROADWAY WAS A TRAIL • 1914
WHEN GOD WILLS • 1914
JUST JIM • 1915
M'LISS • 1915
AUTUMN • 1916
DORIAN'S DIVORCE • 1916
PRICE OF MALICE, THE • 1916
HER NEW YORK • 1917
PAINTED MADONNA, THE • 1917
DEBT OF HONOR, THE • 1918
HEART'S REVENGE, A • 1918
PEG O' THE PIRATES • 1918
TOGETHER • 1918
NATURE GIRL, THE • 1919
LOVE'S OLD SWEET SONG • 1923
FOR WOMAN'S FAVOR • 1924
KARLEK OCH DYNAMIT • SOMMARNATTER I SKARGARDEN ○ LOVE AND DYNAMITE • 1933

LUND OSCAR see **LUND O. A. C.**

LUND OSCAR A. C. see **LUND O. A. C.**

LUND-SORENSEN SUNE – DNM
HIMMELEKSPRESSEN • 1964
SKRAMMELLEGEPLADSEN • JUNK PLAYGROUND, THE • 1966
MORD I MORKET • MURDER IN THE DARK • 1986
MORD I PARADIS • MURDER IN PARADISE • 1988

LUNDBERG CLAES – SWD
SMEKMANAD • HONEYMOON • 1972

LUNDE HELGA see **LUND HELGE**

LUNDGREN TAPANI – FNL
VISIT • 1981 • SHT

LUNDKVIST ARTHUR – SWD
GAMLA STAN • SYMPHONY OF THE STREETS ○ OLD CITY, THE • 1931

LUNDQVIST JAGMASTARE ERIC – SWD – 1902–
BLOMMOR AT GUDARNA • FLOWERS FOR THE GODS • 1957

LUNDQVIST TORSTEN – SWD – 1894–1957
FLICKAN FRAN VARUHUSET • GIRL FROM THE DEPARTMENT STORE, THE • 1933
BROLLOPSNATT PA STJARNEHOV, EN • WEDDING NIGHT AT STJARNEHOV ○ AVENTYR PA STJARNEHOV, ETT • 1934
HALTA LOTTAS KROG • HALTA LOTTA TAVERN • 1943

LUNDY DICK – Animator – USA
SEA SCOUTS • 1939 • ANS
RIVETER, THE • 1940 • ANS
DONALD'S CAMERA • 1941 • ANS
GOOD TIME FOR A DIME, A • 1941 • ANS
DONALD'S GARDEN • 1942 • ANS
DONALD'S GOLD MINE • 1942 • ANS
VILLAGE SMITHY, THE • 1942 • ANS
COW COW BOOGIE • 1943 • ANS
DONALD'S TIRE TROUBLE • 1943 • ANS
FLYING JALOPY • 1943
ANDY PANDA IN CROW CRAZY • 1945 • ANS
CROW CRAZY • 1945 • ANS
POET AND PEASANT • 1945 • ANS
SLIPHORN KING OF POLAROO • 1945 • ANS
APPLE ANDY • 1946 • ANS
BATHING BUDDIES • 1946 • ANS
WACKY WEED, THE • 1946 • ANS
BAND MASTER, THE • 1947 • ANS
COO COO BIRD, THE • 1947 • ANS
MUSICAL MOMENTS FROM CHOPIN • 1947 • ANS

OVERTURE TO WILLIAM TELL, THE • 1947 • ANS
SMOKED HAMS • 1947 • ANS
SOLID IVORY • 1947 • ANS
WELL OILED • 1947 • ANS
BANQUET BUSTERS • 1948 • ANS
DOG TAX DODGERS • 1948 • ANS
KIDDIE KONCERT • 1948 • ANS
MAD HATTER, THE • 1948 • ANS
PIXIE PICNIC • 1948 • ANS
PLAYFUL PELICAN • 1948 • ANS
WACKY-BYE BABY • 1948 • ANS
WET BLANKET POLICY • 1948 • ANS
WILD AND WOODY • 1948 • ANS
WOODY, THE GIANT KILLER • 1948 • ANS
DROOLER'S DELIGHT • 1949 • ANS
SCRAPPY BIRTHDAY • 1949 • ANS
BUSYBODY BEAR • 1952 • ANS
CABALLERO DROOPY • 1952 • ANS
LITTLE WISE QUACKER • 1952 • ANS
BARNEY'S HUNGRY COUSIN • 1953 • ANS
COBS AND ROBBERS • 1953 • ANS
HALF-PINT PALOMINO • 1953 • ANS
HEIR BEAR • 1953 • ANS
WEE WILLIE WILDCAT • 1953 • ANS
BIRD-BRAIN DOG • 1954 • ANS
IMPOSSIBLE POSSUM • 1954 • ANS
SLEEPY-TIME SQUIRREL • 1954 • ANS

LUNEAU GEORGES – FRN – 1941–
MITHILA • 1974 • DOC

LUNG KANG – HKG
T'A • NINA • 1976

LUNG KONG – HKG
AILILA
CALL GIRLS, THE
HIROSHIMA 28

LUNNEY BRENDON – Producer – ASL – 1949–
READY MIX • 1980 • DOC

LUNTZ EDOUARD – FRN – 1931–
ENFANTS DES COURANTS D'AIR, LES • CHILDREN ADRIFT • 1959
COEURS VERTS, LES • NAKED HEARTS • 1966
GRABUGE, LE • HUNG UP • 1968
DERNIER SAUT, LE • INDAGINE SU UN PARA ACCUSATO DI OMICIDA (ITL) • 1969
HUMEUR VAGABONDE, L' • 1971

LUO TAI – CHN
XIAOZI BEI • BUS NUMBER THREE • 1980

LUO WEN – HKG
SHE-MAO-HO HUN-HSING CH'UAN • LACKEY AND THE LADY TIGER • 1980

LUPINO IDA – Actress – UKN – 1914–
YOUNG LOVERS, THE • 1949
NEVER FEAR • 1950
OUTRAGE • 1950
HARD, FAST AND BEAUTIFUL • 1951
BIGAMIST, THE • 1953
HITCH-HIKER, THE • DIFFERENCE, THE • 1953
TROUBLE WITH ANGELS, THE • MOTHER SUPERIOR • 1966

LUPO MICHELE – ITL
MACISTE IL GLADIATORE PIU FORTE DEL MONDO • DEATH IN THE ARENA (USA) ○ COLOSSUS OF THE ARENA ○ MACISTE, THE STRONGEST GLADIATOR IN THE WORLD • 1962
MACISTE, L'EROE PIU GRANDE DEL MONDO • GOLIATH AND THE SINS OF BABYLON (USA) ○ SINS OF BABYLON, THE ○ MACISTE, THE WORLD'S GREATEST HERO • 1963
SCHIAVI PIU FORTI DEL MONDO, GLI • SEVEN SLAVES AGAINST THE WORLD (USA) ○ SEVEN SLAVES AGAINST ROME • 1964
VENDETTA DI SPARTACUS, LA • REVENGE OF THE GLADIATORS (USA) ○ REVENGE OF SPARTACUS, THE • 1964
PER UN PUGNO NELL'OCCHIO • 1965
SETTE CONTRO TUTTI • 1965
ARIZONA COLT • MAN FROM NOWHERE, THE (USA) • 1966
COLPO MAESTRO AL SERVIZIO DI SUA MAESTA BRITANNICA • GREAT DIAMOND ROBBERY, THE ○ GRAN GOPLE AL SERVICIO DE SU MAJESTAD BRITANICA ○ SPN • 1967
TROPPO PER VIVERE.. POCO PER MORIRE • TOO MUCH FOR LIVING.. TOO LITTLE FOR DYING • 1967
7 VOLTE 7 • SEVEN TIMES SEVEN (USA) • 1968
STORIA D'AMORE, UNA • LOVE ME, BABY, LOVE ME (UKN) • 1969
CONCERTO PER PISTOLA SOLISTA • WEEKEND MURDERS, THE (USA) • 1970
STANZA 17-17 PALAZZO DELLE TASSE UFFICIO DELLE IMPOSTE • 1971
AMICO STAMMI LONTANO ALMENO UN PALMO • 1972
UOMO DA RISPETTARE, UN • MAN TO RESPECT, A (UKN) ○ MASTER TOUCH, THE (USA) ○ HEARTS AND MINDS • 1972
SUO NOME FACEVA TREMARE.. INTERPOL IN ALLARME, IL • HOMME AUX NERFS D'ACIER, L' (FRN) ○ MEAN FRANK AND CRAZY TONY ○ DIO, SEI PROPRIA UN PADRETERNO ○ GANGSTER STORY ○ GUN, THE • 1973
QUI ETES-VOUS INSPECTEUR CHANDLER? • 1974
AFRICAN EXPRESS • AFRICA EXPRESS ○ TROPICAL EXPRESS • 1975
CALIFORNIA • 1977
CALIFORNIA ADDIO • 1977
LO CHIAMAVANO BULLDOZER • THEY CALLED HIM BULLDOZER ○ BULLDOZER • 1978
SCERIFFO EXTRATERRESTRE.. POCO EXTRA E MOLTO TERRESTRE, UNO • SHERIFF AND THE SATELLITE KID, THE (USA) ○ SCERIFFO E L'EXTRATERRESTRE,LO ○ CHISSA PERSCHE.. CAPITANO TUTTO A ME • 1979
NUOVE AVVENTURE DEL SCERIFFO EXTRA-TERRESTRE, LE • CHISSA PERCHE CAPITANO TUTTO A ME ○ WHY DID YOU PICK ON ME? • 1980
OCCHIO ALLA PENNA • BUDDY GOES WEST • 1981
BOMBER • 1982

LUPOW CASAR – GRM
WENN VOLKER STREITEN • 1915

LUPU-PICK see **PICK LUPU**

LURASCHI TONY – USA
OUTSIDER, THE • 1979

LURET JEAN – FRN – 1942–
DAUGHTER OF EMMANUELLE • 1978
P'TITES TETES, LES • 1982
ADAM ET EVE • 1983
C'EST FACILE ET CA PEUT RAPPORTER.. VINGT ANS! • 1983

LUSK DON – Animator – USA
GOBOTS: BATTLE OF THE ROCK LORDS • 1986 • ANM
FLINTSTONES: THE JETSONS MEET THE FLINTSTONES • JETSONS MEET THE FLINTSTONES, THE • 1987 • ANM

LUSKE H. S. see **LUSKE HAMILTON**

LUSKE HAMILTON – Animator – USA
LUSKE HAMILTON S. • LUSKE H. S.
MICKEY'S ELEPHANT • 1936 • ANS
PINOCCHIO • 1939 • ANM
FANTASIA • 1940 • ANM
RELUCTANT DRAGON, THE • 1941
SALUDOS AMIGOS • GREETINGS, FRIENDS • 1942 • ANM
PELICAN AND THE SNIPE, THE • 1944 • ANS
MAKE MINE MUSIC • SWING STREET • 1945 • ANM
WILLIE THE OPERATIC WHALE • WHALE WHO WANTED TO SING AT THE MET, THE • 1946 • ANS
FUN AND FANCY FREE • 1947 • ANM
CONTRASTS IN RHYTHM • 1948 • ANS
MELODY TIME • 1948 • ANM
SO DEAR TO MY HEART • 1948
CINDERELLA • 1949 • ANM
ALICE IN WONDERLAND • 1951 • ANM
BEN AND ME • 1953 • ANS
PETER PAN • 1953 • ANM
LADY AND THE TRAMP • 1955 • ANM
OUR FRIEND, THE ATOM • 1956 • DOC
DONALD IN MATHMAGIC LAND • 1959 • ANS
DONALD AT THE WHEEL • 1961 • ANS
LITTERBUG, THE • 1961 • ANS
ONE HUNDRED AND ONE DALMATIONS • 1961 • ANM
DISNEYLAND AFTER DARK • 1962
VON DRAKE IN SPAIN • 1962
MUSIC FOR EVERYBODY • 1965
SCROOGE MCDUCK AND MONEY • 1967 • ANS

LUSKE HAMILTON S. see **LUSKE HAMILTON**

de LUSSANET PAUL see **de LUSSANETS PAUL**

de LUSSANETS PAUL – NTH
de LUSSANET PAUL
ALLE DAGEN FEEST • PARTY EVERY DAY, A • 1975
MYSTERIES • 1977
LIEVE JONGENS • DEAR BOYS • 1979

LUST GEORGES – BLG – 1909–1978
ACIERIES DANS UN PARC • DOC

LUSTGARDEN STEVEN – USA – 1951–
AMERICAN TABOO • 1983
AMERICAN HERO • 1986

LUSTIG WILLIAM – USA – 1955–
VIOLATION OF CLAUDIA, THE • 1977
MANIAC • 1980
STREET GANG • VIGILANTE ○ STREET GANGS • 1982
HIT LIST • 1988
MANIAC COP • 1988
RELENTLESS • 1989

LUTCZYNA EDWARD – Animator – PLN
DAWID I SANDY • DAVID AND SANDY • 1988 • ANM

LUTHER MIROSLAV – CZC
MAHULIENA, ZLATA PANNA • MAHULENA, THE GOLDEN MAIDEN • 1987

LUTTOR MARA – HNG
JELBESZED • RECOVERY • 1975

LUTZ ABE – USA
I CRAVE YOU BODY • I CRAVE YOUR.. • 1961

von LUTZELBURG HELMER – GRM
WAS HALTEN SIE VOM TOD DER WILMA MONTESI? • 1977

LUX GUY – FRN – 1920–
DROLES DE ZEBRES • 1977

LUX STEFAN – GRM
GERECHTIGKEIT • 1920

LUXARDO LIBERO – BRZ
MARAJO, BARREIRA DO MAR • MARAJO, BARRIER OF THE SEA • 1967

LUXEMBURGO MIGUEL G. – SPN – 1952–
PARAISO • 1952

LUYAT JEAN-CLAUDE – FRN
MASSAI • 1976 • DOC

LUZARDO see **LUZARDO JULIO**

LUZARDO JULIO – CLM
LUZARDO
RIVER OF TOMBS, THE
THREE COLOMBIAN STORIES
PRESTAME TU MARIDO • LEND ME YOUR HUSBAND • 1973
TARDE.. UN LUNES, UNA • ON A MONDAY AFTERNOON • 1973

LUZZATI EMMANUELE – ITL – 1911–
PALADINI DE FRANCIA, I • PALADINS OF FRANCE, THE • 1960 • ANS
CASTELLO DI CARTE • 1962 • ANM
GAZZA LADRA, LA • THIEVING MAGPIE, THE (USA) • 1964 • ANS
ITALIANA IN ALGERI, L' • 1968 • ANM
ALI BABA • 1970 • ANM
PULCINELLA • 1973 • ANM
AUGELLIN BEL VERDE, L' • 1975 • ANM
FLAUTO MAGICO, IL • 1978 • ANM

LVOFF JOHN – FRN
SALLE DE BAIN, LA • 1988

LYCOURESSIS TONY – GRC
EMA TON AGALMATON, TO • MUSEUM PIECES • 1981

LYE LEN – Animator – NZL – 1901–1980
TUSALAVA • 1929 • ANS
EXPERIMENTAL ANIMATION • PEANUT VENDOR • 1933 • SHT
BIRTH OF A ROBOT • BIRTH OF THE ROBOT, THE • 1934 • ANS
COLOUR BOX • COLOR BOX, A • 1935 • ANS
KALEIDOSCOPE • 1935 • ANS
RAINBOW DANCE • 1936 • ANS
TRADE TATTOO • IN TIME WITH INDUSTRY • 1937 • DCS
N. OR N.W. • NORTH OR NORTH WEST ○ N OR NW • 1938 • SHT
COLOUR FLIGHT • 1939 • ANS
MUSICAL POSTER NUMBER ONE • 1939 • ANS
SWINGING THE LAMBETH WALK • 1940 • ANS
NEWSPAPER TRAIN • 1941 • DCS
GERMAN CALLING • 1942 • DCS
WHEN THE PIE WAS OPENED • 1942 • ANS
WORK PARTY • 1942 • SHT
KILL OR BE KILLED • 1943 • SHT
PLANNED CROPS • 1943 • SHT
CAMERAMEN AT WAR • 1944 • DCS
COLOR CRY • 1952 • SHT
FOX CHASE • 1952 • SHT
RHYTHM • 1953 • ANS
FREE RADICALS • 1957 • SHT
PARTICLES IN SPACE • 1966 • SHT
TAL FARLOW • 1980 • SHT

LYELL LOTTIE – Actress – ASL – 1890–1925
BLUE MOUNTAINS MYSTERY, THE • BLUE MOUNTAIN MYSTERY, THE • 1922

LYFORD DICK – USA
7 WISE DWARFS • 1941

LYFORD RICHARD – SWT
MICHELANGELO • TITAN: THE STORY OF MICHELANGELO, THE ○ LEBEN EINES TITANEN, DAS ○ TITAN, THE (USA) • 1940

LYGOURIS NIKOS – GRC
FOG UNDER THE SUN • 1980

LYHNE JORGEN – USA
PORNOGRAPHY: COPENHAGEN 1970 • WIDE-OPEN COPENHAGEN 70 • 1970 • DOC

LYKAS PETROS – GRC
THEMA SINIDHISEOS • MATTER OF CONSCIENCE, A • 1972

LYKOURESIS TONIS – GRC
HRYSOMALLOUSA • GIRL WITH THE GOLDEN HAIR, THE • 1979
ALCESTES • 1987

LYMAN CHARLES – USA
NEW MOON, THE • 1970 • SHT

LYNCH DAVID – USA – 1946–
ALPHABET • 1966 • SHT
GRANDMOTHER, THE • 1970 • SHT
ERASERHEAD • 1977
ELEPHANT MAN, THE • 1980
DUNE • 1984
BLUE VELVET • 1986
ONE SALIVA BUBBLE • 1988
RUNNING ROCKET • 1988
TWIN PEAKS • 1989
WILD AT HEART • 1990

LYNCH PAUL – UKN – 1946–
TEENAGE MARRIAGE • 1968
CHARLIE • 1969
BIG BUS GOING TO NASHVILLE • 1971
LATE MAN, THE • 1972
HARD PART BEGINS, THE • 1973
PAINTED DOOR, THE • 1973
GUCCIONE • 1974
BLOOD AND GUTS • HEAVY THUNDER • 1978
PROM NIGHT • BAL DE L'HORREUR, LE • 1980
DARKROOM • 1981 • TVM
HUMONGOUS • 1982
CROSS COUNTRY • 1983
DREAM TO BELIEVE • 1985
BULLIES • 1986
FLYING • 1986
MANIA • 1987
BLINDSIDE • 1988
SHE KNEW TOO MUCH • 1988

LYND LAURIE – CND
TOGETHER AND APART • 1987 • SHT

LYNDHURST F. L. – UKN
BUILDING A CHICKEN HOUSE • 1914
JOCKEY, THE • 1914
MOVING A PIANO • 1914
SHOWMAN'S DREAM, THE • 1914
TINCTURE OF IRON • 1914
MAN AND A WOMAN, A • 1916

LYNE ADRIAN – USA
FOXES • TWENTIETH CENTURY FOXES • 1980
FLASHDANCE • 1983
9½ WEEKS • 1984
DIVERSION • 1987
FATAL ATTRACTION • 1987
JACOB'S LADDER • 1990

LYNN HENRY
SHIR HASHIRIM
YOUTH OF RUSSIA, THE • 1934
POWER OF LIFE • 1938
MOTHERS OF TODAY • 1939

LYNN JONATHAN – USA
CLUE • 1985
NUNS ON THE RUN • 1989

LYNN RALPH – Actor – UKN – 1882–1964
CHANCE OF A NIGHT TIME, THE • 1931

LYNN ROBERT – UKN – 1918–1982
INVITATION TO MURDER • 1959
INFORMATION RECEIVED • 1961
DR. CRIPPEN • 1962
POSTMAN'S KNOCK • 1962
TWO LETTER ALIBI • 1962
BLAZE OF GLORY • 1963
TAKE ME OVER • 1963
COAST OF SKELETONS • SANDERS • 1964
MOZAMBIQUE • 1964
VICTIM FIVE • CODE 7.. VICTIM 5 (USA) • 1964
CHANGE PARTNERS • 1965
GERN HAB' ICH DIE FRAUEN GEKILLT • CARNAVAL DES BARBOUZES, LE (FRN) ○ KILLER'S CARNIVAL (USA) ○ SPIE CONTRO IL MONDE • 1966
SANDY THE SEAL • 1969
REVENGE OF THE MYSTERONS FROM MARS • 1981 • ANM

LYNWOOD BURT – USA
FIRETRAP, THE • 1935
MOTIVE FOR REVENGE • 1935
RECKLESS ROADS • 1935
SHADOWS OF THE ORIENT • 1937

LYON FRANCIS see **LYON FRANCIS D.**

LYON FRANCIS D. – Editor – USA – 1905–
LYON FRANCIS
CRAZYLEGS • 1953
BOB MATHIAS STORY, THE • FLAMING TORCH, THE (UKN) • 1954
CULT OF THE COBRA, THE • 1955
GREAT LOCOMOTIVE CHASE, THE • ANDREW'S RAIDER • 1956
BAIL OUT AT 43.000 • BALE OUT AT 43.000 (UKN) ○ BAILOUT AT 43.000 • 1957
GUNSIGHT RIDGE • 1957
OKLAHOMAN, THE • 1957
CINERAMA -SOUTH SEAS ADVENTURE • SOUTH SEAS ADVENTURE • 1958
ESCORT WEST • 1958
TOMBOY AND THE CHAMP • 1961
YOUNG AND THE BRAVE, THE • ATTONG • 1963
CASTLE OF EVIL • HAUNTING OF CASTLE MONTEGO, THE • 1966
DESTINATION INNER SPACE • TERROR OF THE DEEP • 1966
DESTRUCTORS, THE • 1968
MONEY JUNGLE, THE • BILLION DOLLAR CAPER, THE • 1968
GIRL WHO KNEW TOO MUCH, THE • 1969

LYON NELSON – USA
TELEPHONE BOOK, THE • 1971

LYONS EDDIE – Actor – USA – 1886–
COAT'S A COAT, A • 1915
EDDIE'S LITTLE NIGHTMARE • 1915
HE FELL IN THE PARK • 1915
HER FRIEND, THE MILKMAN • 1915
HIS ONLY PANTS • 1915
IN A JACKPOT • 1915
LIZZY'S DIRTY CAREER • 1915
MIX-UP AT MAXIMS, THE • 1915
THEY WERE ON THEIR HONEYMOON • 1915
ALL BETS OFF • 1916 • SHT
ART FOR ART'S SAKE • 1916 • SHT
BEER MUST GO DOWN • 1916 • SHT
CAUGHT WITH THE GOODS • 1916
HE MAID ME • 1916
KILL THE UMPIRE • 1916 • SHT
NEWLYWEDS' MIX-UP, THE • 1916 • SHT
WHAT COULD THE POOR GIRL DO? • 1916 • SHT
ALMOST WELCOME • 1918
BERTH CONTROL • 1918 • SHT
CAMPING OUT • 1918 • SHT
DODGERS, THE • 1918 • SHT
DON'T SHOOT • 1918 • SHT
DON'T WEAKEN • 1918 • SHT
DUCK OUT OF WATER, A • 1918 • SHT
EXTRA BRIDEGROOM, THE • 1918 • SHT
GIVE HER GAS • 1918 • SHT
GUILTY • 1918 • SHT
GUILTY EGG, THE • 1918 • SHT
HEARTS AND LET US • 1918 • SHT
HOUSE-CLEANING HORRORS • 1918 • SHT
KNOCKOUT, THE • 1918 • SHT
MAID WANTED • 1918 • SHT
MUM'S THE WORD • 1918 • SHT
ONE HORSE SHOW, THE • 1918 • SHT
PIGSKIN HERO, A • 1918 • SHT
PLEASE HELP ME • 1918 • SHT
PRICE OF A ROTTEN TIME, THE • 1918 • SHT
RIPPING TIME, A • 1918 • SHT
SHOT IN THE DUMBWAITER • 1918 • SHT
STEPPING SOME • 1918 • SHT
TAIL OF A CAT, THE • 1918 • SHT
VAMP CURE, THE • 1918 • SHT
WHOSE BABY ARE YOU? • 1918 • SHT
ALL BOUND 'ROUND • 1919 • SHT
BULLSHEVIKS, THE • 1919 • SHT
DOG GONE SHAME, A • 1919 • SHT
EXPERT ELOPER, THE • 1919 • SHT
FUN IN A FLAT • 1919 • SHT
HALF AND HALF • 1919 • SHT
HIS BODY FOR RENT • 1919 • SHT
HIS FRIEND'S TIP • 1919 • SHT
HOW'S YOUR HUSBAND? • 1919 • SHT
IN THE GOOD OLD DAYS • 1919 • SHT
KITCHEN POLICE • 1919 • SHT
LAY OFF! • 1919 • SHT
MARRY MY WIFE • 1919 • SHT
MISSING HUSBAND • 1919 • SHT
MIXED TALES • 1919 • SHT
MODEL HUSBAND, A • 1919 • SHT
OH, OH NURSIE! • 1919 • SHT
PENNY ANTE • 1919 • SHT
SCARED STIFF • 1919 • SHT
SKIDDING THRONES • 1919 • SHT
SMELL OF THE YUKON, THE • 1919 • SHT
TEN NIGHTS IN A TEA ROOM • 1919 • SHT
THREE IN A CLOSET • 1919 • SHT
TICK TOCK MAN, THE • 1919 • SHT
UP THE FLUE • 1919 • SHT
WAITING AT THE CHURCH • 1919 • SHT
WHO'S HER HUSBAND • 1919 • SHT
WIFE BREAKERS, THE • 1919 • SHT
WISE WIVES • 1919 • SHT
WOES OF A WOMAN • 1919 • SHT
AIN'T NATURE WONDERFUL? • 1920 • SHT
BUNGLED BUNGALOWS • 1920 • SHT
BUTTING IN ON BABY • 1920 • SHT
CAUGHT IN THE END • CREEPING FLAMES • 1920
CONCRETE BISQUITS • 1920 • SHT
DOWNING AN UPRISING • 1920 • SHT
EVERYTHING BUT THE TRUTH • 1920
FIXED BY GEORGE • 1920
LA LA LUCILLE • 1920
LATEST IN PANTS, THE • 1920 • SHT
NON-SKID LOVE • 1920 • SHT
OFFICER, CALL A COP • 1920 • SHT
OILING UNCLE • 1920 • SHT
OLD CLOTHES FOR NEW • 1920 • SHT
ONCE A PLUMBER • 1920
PICK OUT YOUR HUSBAND • 1920 • SHT
SOME SHIMMIERS • 1920 • SHT
SOMEBODY LIED • 1920 • SHT
STOP THAT SHIMMIE • 1920 • SHT
STOP THAT WEDDING • 1920 • SHT
SWEET DRY AND DRY, THE • 1920 • SHT
SWEET PATOOTIE • 1920 • SHT
TOO MANY BURGLARS • 1920 • SHT
WHY LEE! • 1920 • SHT
WIVES AND OLD SWEETHEARTS • 1920 • SHT
SHOCKING NIGHT, A • 1921

LYONS GLEN – USA
FIRST WOMAN, THE • 1922
IS MONEY EVERTHING? • 1923

LYPSZYC RAUL – ARG
ROSALES, LA • 1984

LYSENKO V. see **LYSENKO VADIM**

LYSENKO VADIM – USS – 1937–
LYSENKO V.
AT THE OUTSKIRTS • 1961
WHEN STORKS FLY AWAY • 1964
GORKIYE ZYORNA • BITTER GRAINS ○ BITTER GRAIN • 1967
DISTANT AUGUST TRAIN, THE • 1972

LYSENKO Y. see **LYSENKO YURI**

LYSENKO YURI – USS
LYSENKO Y.
MI -DVOE MUZHCHIN • WE, TWO MEN • WE ARE TWO • 1963
LEITENANT BASIL • LIEUTENANT BASIL • 1970

LYSSY ROLF – SWT
EUGEN • 1968
EUGEN HEISST WOHLGEBOREN • EUGEN MEANS WELL-BORN • 1968
KONFRONTATION • ASSASSINATION IN DAVOS (UKN) • 1975
SCHWEIZERMACHER, DIE • FAISEURS DE SUISSES, LES ○ SWISSMAKERS, THE • 1979
KASSETTENLIEBE • CASSETTE LOVE AFFAIRS • 1982
TEDDY BAR • 1983
LEO SONNYBOY • 1989

LYTELL BERT – Actor – USA – 1885–1954
ALONG CAME LOVE • 1936

LYTTON L. ROGERS – USA
LYTTON ROGERS
BEAUTY UNADORNED • 1913
HEARTBROKEN SHEP • 1913
HEARTSEASE • 1913
LUELLA'S LOVE STORY • 1913
MASTER PAINTER, THE • 1913
NEXT GENERATION, THE • 1913
SAUCE FOR THE GOOSE • 1913

LYTTON MIKE – UKN
FESTIVAL GAME, THE • 1969 • DOC
EXTREMES • 1971 • DOC

LYTTON ROGERS see **LYTTON L. ROGERS**

LYUBIMOV L. – USS
FRIENDLY LAD, A • 1974

LYUBIMOV P. see **LYUBIMOV PAVEL**

LYUBIMOV PAVEL – USS – 1938–
LUBIMOV PAUL • LYUBIMOV P.
GUNSHOT, THE
TETKA S FILAKAMI • AUNT WITH VIOLETS, THE ○ AUNTIE WITH VIOLETS • 1963
ZHENSHCHINY • RUSSIAN WOMEN, THE ○ WOMEN, THE ○ ZHENSHCHINNI • 1965
BEGUSHCHAYA PO VOLNAM • SHIMMERING OVER THE WAVES ○ RUNNING ACROSS THE WAVES ○ HURRYING ON THE WAVES ○ RUNNING THROUGH THE WAVES • 1967
DAY AHEAD, A • 1969
NEW GIRL, THE • 1969
SHKOLNI VALS • SCHOOL WALTZ • 1978

el MAANOUNI AHMED – MRC
MANONI AHMAD
ALAYAM, ALAYAM • DAYS, DAYS ○ ALYAM, ALYAM ○ OH ,THESE DAYS • 1977
HAL, EL • TRANCES ○ TRANSES • 1981

MAAR GYULA – HNG
VEGUL • AT THE END OF THE ROAD • 1974
DERYNE, HOL VAN? • WHERE ARE YOU, MRS. DERY? ○ MRS. DERY, WHERE ARE YOU? ○ IN THE WINGS • 1975
TEKETORIA • FLARE AND FLICKER • 1977
FELHOLJATEK! • PASSING FANCY • 1984
ELSO KETSZAZ EVEM • MY FIRST TWO HUNDRED YEARS • 1985
ORDOGI KISERTETEK • TEMPTATIONS OF THE DEVIL • 1986
MALOM A POKOLBAN • MILLS OF HELL • 1987

MAAS DICK – NTH
RIGOR MORTIS • 1981
LIFT, DE • LIFT, THE ○ GOING UP • 1983
FLODDER • 1987
AMSTERDAMNED • 1988

MAAS WILLARD – USA
GEOGRAPHY OF THE BODY • 1943 • SHT
IMAGE IN THE SNOW • IMAGES IN THE SNOW • 1943–48 • SHT
MECHANICS OF LOVE, THE • 1955 • SHT
NARCISSUS • 1956
VALENTINE FOR MARIE, A • 1965 • SHT

MABE BYRON – USA
SHE FREAK • ALLEY OF NIGHTMARES ○ SHE-FREAK ○ FREAKS! • 1967
MYSTIC MOUNTAIN MASSACRE • 1971

MABEN ADRIAN see **MABEN D'ADRIANN**

MABEN ADRIEN see **MABEN D'ADRIANN**

MABEN D'ADRIANN – GRM – 1942–
MABEN ADRIEN • MABEN ADRIAN
MAGRITTE
PINK FLOYD A POMPEII, LES • PINK FLOYD AT POMPEII, THE ○ PINK FLOYD • 1971 • DOC
ECHOES -PINK FLOYD • 1972 • DOC

MABROOK HOSSEIN see **MANROK HOSSEIN**

MacADAMS LEWIS – USA
WHAT HAPPENED TO KEROUAC? • 1986 • DOC

MACAK JIRI – CZC
VERONIKA • 1985

McALLISTER PAUL – Actor – USA – 1875–
ONE HOUR • 1917

McALLISTER STEWART – UKN
HAND-PAINTED ABSTRACTION • 1933 • ANS
LISTEN TO BRITAIN • 1941 • DCS

McARDLE TOM – IRL
KINKISHA, THE • 1978
IT'S HANDY WHEN PEOPLE DON'T DIE • 1980

MACARIO MAURO – ITL
PERCHE SI UCCIDONO • 1976

MacARTHUR CHARLES – USA – 1895–1956
CRIME WITHOUT PASSION • 1934
ONCE IN A BLUE MOON • LAUGH LITTLE CLOWN • 1935
SCOUNDREL, THE • MIRACLE ON 49TH STREET • 1935
SOAK THE RICH • 1936

MACARTNEY-FILGATE TERENCE – UKN – 1924–
CANADIAN INFANTRYMAN, THE • 1956 • DOC
EMERGENCY RESCUE • 1956 • DOC
BLOOD AND FIRE • 1958 • DOC
DAYS BEFORE CHRISTMAS, THE • BIENTOT NOEL • 1958 • DCS
PILGRIMAGE • 1958 • DOC
POLICE • 1958 • DOC
BACK-BREAKING LEAF, THE • FEUILLE QUI BRISE LES REINS, LA • 1959 • DCS
END OF THE LINE • 1959 • DOC
ONE THIRD DOWN AND 24 MONTHS TO PAY • CARS IN YOUR LIFE, THE • 1959 • DOC
EMERGENCY IN MOROCCO • 1960 • DOC
PILOT X-15 • 1960 • DOC
ARTS IN CUBA • 1962 • DOC
ROBERT FROST: A LOVER'S QUARREL • 1962 • DOC
HUNDRETH SUMMER, THE • 1964 • DOC
SOUTH AFRICAN ESSAYS • 1964 • DOC
COMPOSERS U.S.A.: THE AVANT GARDE • 1966 • DOC
CHRISTOPHER PLUMMER • 1967 • DOC
MARSHALL MCLUHAN • 1967 • DOC
UP AGAINST THE SYSTEM • 1969 • DOC
YOUNG SOCIAL WORKER SPEAKS HER MIND, A • 1969 • DOC
A.Y. JACKSON: A PORTRAIT • 1970 • DOC
HENRY DAVID THOREAU: THE BEAT OF A DIFFERENT DRUMMER • 1972 • DOC
TIME MACHINE, THE • 1972
LUCY MAUD MONTGOMERY: THE ROAD TO GREEN GABLES • 1975 • DOC
GRENFELL OF LABRADOR • 1976
LABRADOR: LAND OUT OF TIME • 1977
FIELDS OF ENDLESS DAY • 1978
DIEPPE 1942 • 1979
THIS IS AN EMERGENCY • 1979

MACAULEY EUNICE – CND
SPECIAL DELIVERY • LIVRAISON SPECIALE • 1978 • ANS

MacBEAN L. C. – UKN
ADVENTURES OF DEADWOOD DICK, THE • 1915 • SER
ANGEL OF MONS, THE • 1915
ANSWER THE CALL • 1915
DEADWOOD DICK AND THE MORMONS • 1915 • SHT
DEADWOOD DICK SPOILS BRIGHAM YOUNG • 1915 • SHT
DEADWOOD DICK'S DETECTIVE PARD • 1915 • SHT
DEADWOOD DICK'S RED ALLY • 1915 • SHT
DEADWOOD DICK'S VENGEANCE • 1915 • SHT
DOP DOCTOR, THE • TERRIER AND THE CHILD, THE ○ LOVE TRAIL, THE • 1915
FACE AT THE TELEPHONE, THE • 1915

HOW RICHARD HARRIS BECAME KNOWN AS DEADWOOD DICK • 1915
INFELICE • 1915
WAYS OF THE WORLD, THE • 1915
EVE'S DAUGHTER • LOVE • 1916
REAL THING AT LAST, THE • 1916
TRAPPED BY THE LONDON SHARKS • 1916
BLADYS OF THE STEWPONY • 1919
FORGIVE US OUR TRESPASSES • 1919
DAWN OF TRUTH, THE • 1920

McBREARTY DON – CND

AMERICAN NIGHTMARE • 1982
BOYS AND GIRLS • 1983 • SHT
I LOVE A MAN IN UNIFORM • 1984 • MTV

McBREENY DON – CND

COMING OUT ALIVE • 1982

McBRIDE JIM – USA – 1941–

DAVID HOLZMAN'S DIARY • 1968
MY GIRLFRIEND'S WEDDING • 1969
GLEN AND RANDA • 1971
HOT TIMES • ADVENTURES OF ARCHIE, THE • 1974
BREATHLESS • 1983
HARD DAY FOR ARCHIE, A • 1983
BIG EASY, THE • NOTHING BUT THE TRUTH • 1987
GREAT BALLS OF FIRE • 1989

MacBRIDE TIERNAN – IRL

CHRISTMAS MORNING • 1978 • SHT

MACC JERZY – GRM

HEISSER SAND AUF SYLT • NEW LIFE STYLE, THE (USA) ◦ HOT SAND ON SYLT ◦ JUST TO BE LOVED • 1968

McCABE CHRISTY – USA

SUMMER IN HEAT • 1979
SUMMER HEAT • 1980

McCABE GENE – USA

FOLLOW ME • 1969 • DOC
HOT ROD ACTION • 1969 • DOC

McCABE NORMAN – Animator – USA

TIMID TOREADOR • 1940 • ANS
PORKY'S SNOOZE REEL • 1941 • ANS
ROBINSON CRUSOE JR. • 1941 • ANS
CONFUSIONS OF A NUTZY SPY • 1942 • ANS
DAFFY DUCKAROO, THE • 1942 • ANS
DAFFY'S SOUTHERN EXERCISE • 1942 • ANS
DUCKTATOR, THE • 1942 • ANS
GOPHER GOOFY • 1942 • ANS
HOBBY HORSE LAFFS • 1942 • ANS
IMPATIENT PATIENT, THE • 1942 • ANS
WHO'S WHO IN THE ZOO • 1942 • ANS
HOP AND GO • 1943 • ANS
TOKIO JOKIO • 1943 • ANS

McCAHON ROBERT – USA

RUNNING WILD • 1973
DELIVER US FROM EVIL • 1975

McCAHON WILLIAM see **BOLZONI ADRIANO**

MACCAIG ARTHUR – FRN – 1948–

PATRIOT GAME, THE • 1978 • DOC
EUSKADI HORS D'ETAT • 1984 • DOC

McCALL CHERYL – USA

STREETWISE • 1984

McCALLUM JOHN – Actor – ASL – 1917–

NICKEL QUEEN • 1971

McCALLUM ROBERT – USA

THREE A.M. • 3 A.M. • 1976
V: THE HOT ONE • 1978
ECSTASY GIRLS, THE • 1979
HOT RACKETS • 1979
TANGERINE • 1979
GARAGE GIRLS • 1980
INDECENT EXPOSURE • 1981
CENTRESPREAD GIRLS • 1982
PEACHES AND CREAM • 1982
SOCIETY AFFAIR • 1982
SUZIE SUPERSTAR • 1983
SHOWGIRLS • 1986
TEN AND A HALF WEEKS • 10½ WEEKS • 1986

McCALMONT JAMES – USA

UNDERGROUND TERROR • URBAN NIGHTMARE, AN • 1989

McCAMMON JIM – CND

FOUR PORTRAITS • 1978 • DOC

McCANN CHUCK – USA

WORLD OF HANS CHRISTIAN ANDERSEN, THE • 1971 • ANM

McCAREY LEO – USA – 1898–1969

SOCIETY SECRETS • 1921
ACCIDENTAL ACCIDENTS • 1924 • SHT
ALL WET • 1924 • SHT
BUNGALOW BOOBS • 1924 • SHT
HIS WOODEN WEDDING • 1924 • SHT
JEFFRIES JR. • 1924 • SHT
OUTDOOR PAJAMAS • 1924 • SHT
POOR FISH, THE • 1924 • SHT
PUBLICITY PAYS • 1924 • SHT
ROYAL RAZZ, THE • 1924 • SHT
SEEING NELLIE HOME • 1924 • SHT
SITTING PRETTY • 1924 • SHT
STOLEN GOODS • 1924 • SHT
SWEET DADDY • 1924 • SHT
TEN MINUTES EGG, A • TEN MINUTE EGG, A • 1924 • SHT
TOO MANY MAMAS • TOO MANY MAMMAS • 1924 • SHT
WHY HUSBANDS GO MAD • 1924 • SHT
WHY MEN WORK • 1924 • SHT
YOUNG OLDFIELD • 1924 • SHT
BAD BOY • 1925 • SHT
BIG RED RIDING HOOD • 1925 • SHT
CARETAKER'S DAUGHTER, THE • 1925 • SHT
FAMILY ENTRANCE, THE • 1925 • SHT
FIGHTING FLUID • 1925 • SHT
HARD BOILED • 1925 • SHT
HELLO BABY • 1925 • SHT
INNOCENT HUSBANDS • 1925 • SHT
IS MARRIAGE THE BUNK? • 1925 • SHT
ISN'T LIFE TERRIBLE? • 1925 • SHT
LOOKING FOR SALLY • 1925 • SHT
NO FATHER TO GUIDE HIM • 1925 • SHT
PLAIN AND FANCY GIRLS • 1925 • SHT
SHOULD HUSBANDS BE WATCHED • 1925 • SHT
UNEASY THREE, THE • 1925 • SHT
WHAT PRICE GOOFY? • 1925 • SHT
BE YOUR AGE • 1926 • SHT
BROMO AND JULIET • 1926 • SHT
CHARLEY MY BOY • 1926 • SHT
CRAZY LIKE A FOX • 1926 • SHT
DOG SHY • 1926 • SHT
LONG LIVE THE KING • 1926 • SHT
MAMA BEHAVE • 1926 • SHT
MIGHTY LIKE A MOOSE • 1926 • SHT
MUM'S THE WORD • 1926 • SHT
SHOULD MEN WALK HOME? • 1926 • SHT
TELL 'EM NOTHING • 1926 • SHT
WHY GIRLS SAY NO • 1927 • SHT
BLOW BY BLOW • 1928 • SHT
GOING GA-GA • 1928 • SHT
PASS THE GRAVY • LOVE 'EM AND BEAT 'EM • 1928 • SHT
WE FAW DOWN • WE SLIP UP • 1928 • SHT
DAD'S DAY • 1929 • SHT
FREED 'EM AND WEEP • 1929 • SHT
HURDY GURDY • 1929 • SHT
LIBERTY • 1929 • SHT
MADAME Q • 1929 • SHT
RED HOT RHYTHM • 1929
SKY BOY • 1929 • SHT
SOPHOMORE, THE • COMPROMISED (UKN) • 1929
UNKISSED MAN, THE • 1929 • SHT
WHEN MONEY COMES • 1929 • SHT
WHY IS A PLUMBER? • 1929 • SHT
WRONG AGAIN • 1929 • SHT
LET'S GO NATIVE • 1930
PART TIME WIFE • 1930
SHEPPER-NEWFOUNDER, THE • 1930
WILD COMPANY • ROADHOUSE • 1930
INDISCREET • 1931
KID FROM SPAIN, THE • 1932
DUCK SOUP • 1933
BELLE OF THE NINETIES • IT AIN'T NO SIN • 1934
SIX OF A KIND • 1934
RUGGLES OF RED GAP • 1935
MILKY WAY, THE • 1936
AWFUL TRUTH, THE • 1937
MAKE WAY FOR TOMORROW • YEARS ARE SO LONG, THE ◦ WHEN THE WIND BLOWS • 1937
LOVE AFFAIR • 1939
ONCE UPON A HONEYMOON • 1942
GOING MY WAY • 1944
BELLS OF ST. MARY'S, THE • 1945
GOOD SAM • 1948
MY SON JOHN • 1952
AFFAIR TO REMEMBER, AN • 1957
RALLY 'ROUND THE FLAG, BOYS! • 1958
SATAN NEVER SLEEPS • DEVIL NEVER SLEEPS, THE ◦ FLIGHT FROM TERROR ◦ CHINA STORY • 1962

McCAREY RAY – USA – 1904–1948

McCAREY RAYMOND B. • McCAREY RAYMOND

KID THE KIDDER • 1930
ATHLETIC DAZE • 1932 • SHT
DIVE IN • 1932 • SHT
FLYING SPIKES • 1932 • SHT
FREE EATS • 1932 • SHT
OLYMPIC EVENTS • 1932 • SHT
PACK UP YOUR TROUBLES • WE'RE IN THE ARMY NOW • 1932
PIGSKIN • 1932 • SHT
SCRAM • 1932 • SHT
TIMBER TOPPERS • 1932 • SHT
GIRL O' MY DREAMS • LOVE RACE, THE (UKN) • 1934
MEN IN BLACK • 1934 • SHT
PRO FOOTBALL • 1934 • SHT
RUGBY • 1934 • SHT
THREE LITTLE PIGSKINS • 1934 • SHT
BASKETBALL TECHNIQUE • 1935 • SHT
HOT TIP • LEANDER CLICKS • 1935
MILLIONS IN THE AIR • 1935
MYSTERY MAN, THE • 1935
SUNSET RANGE • 1935
WATER SPORTS • 1935 • SHT
THREE CHEERS FOR LOVE • 1936
LET'S MAKE A MILLION • ONE MAN'S BONUS • 1937
LIFE BEGINS WITH LOVE • 1937
LOVE IN A BUNGALOW • 1937
OH, DOCTOR! • 1937
DEVIL'S PARTY, THE • HELL'S KITCHEN ◦ RIOT PATROL • 1938
GOODBYE, BROADWAY • 1938
OUTSIDE THESE WALLS • 1939
TORCHY RUNS FOR MAYOR • 1939
LITTLE ORVIE • 1940
MILLIONAIRES IN PRISON • 1940
YOU CAN'T FOOL YOUR WIFE • ROMANTIC MR. HINKLIN, THE • 1940
ACCENT ON LOVE • 1941
CADET GIRL • 1941
COWBOY AND THE BLONDE, THE • 1941
MURDER AMONG FRIENDS • 1941
PERFECT SNOB, THE • 1941
GENTLEMAN AT HEART, A • HELIOTROPE HARRY • 1942
IT HAPPENED IN FLATBUSH • 1942
THAT OTHER WOMAN • 1942
PASSPORT TO DESTINY • MAGNIFICENT ADVENTURE ◦ PASSPORT TO ADVENTURE • 1943
SO THIS IS WASHINGTON • 1943
ATLANTIC CITY • ATLANTIC CITY HONEYMOON • 1944
DANGEROUS JOURNEY • 1944
FALCON'S ALIBI, THE • 1946
STRANGE TRIANGLE • STRANGE ALIBI • 1946
GAY INTRUDERS, THE • 1948

McCAREY RAYMOND see **McCAREY RAY**

McCAREY RAYMOND B. see **McCAREY RAY**

MACCARI see **MACCARI RUGGERO**

MACCARI RUGGERO – ITL – 1919–

MACCARI

TALLONE D'ACHILLE, IL • 1952
FINALMENTE LIBERO! • 1953
BERTOLDO, BERTOLDINO E CACASENNO • 1954
CAMPANA DI SAN GUSTO, LA • 1954

McCARTHY HENRY see **McCARTY HENRY**

McCARTHY J. P. see **McCARTHY JOHN P.**

McCARTHY JOHN K. – USA

RUINED BRUIN, THE • BARE AND THE SHAPELY, THE ◦ RIOTOUS BRUIN, THE • 1961
HANDLE WITH CARE • 1964
PARDON MY BRUSH • 1964

McCARTHY JOHN P. – USA – 1885–

McCARTHY J. P. • McCARTY J. P.

OUT OF THE DUST • 1920
SHADOWS OF CONSCIENCE • 1921
BRAND OF COWARDICE • 1925
PALS • 1925
BORDER WHIRLWIND, THE • 1926
VANISHING HOOFS • 1926
BECKY • 1927
DEVIL'S MASTERPIECE, THE • 1927
HIS FOREIGN WIFE • 1927
LOVELORN, THE • 1927
DIAMOND HANDCUFFS • 1928
ETERNAL WOMAN, THE • 1929
HEADIN' NORTH • 1930
LAND OF MISSING MEN, THE • 1930
OKLAHOMA CYCLONE • 1930
CAVALIER OF THE WEST • 1931
GOD'S COUNTRY AND THE MAN • ROSE OF THE RIO GRANDE • 1931
MOTHER AND SON • 1931
NEVADA BUCKAROO, THE • 1931
RIDER OF THE PLAINS • GREATER LOVE, THE (UKN) • 1931
RIDIN' FOOL, THE • 1931
SHIPS OF HATE • 1931
SUNRISE TRAIL • 1931
FORTY-NINERS, THE • 1932
LUCKY LARRIGAN • 1932
MAN FROM NEW MEXICO, THE • 1932
WESTERN CODE, THE • 1932
CRASHING BROADWAY • 1933
FIGHTING CHAMP, THE • 1933
RETURN OF CASEY JONES, THE • TRAIN 2419 • 1933
TRAILIN' NORTH • 1933
LAW OF THE 45'S • MYSTERIOUS MR. SHEFFIELD (UKN) • 1935
LAWLESS BORDERS • BORDER PATROL, THE (UKN) • 1935
LION MAN, THE • 1936
SONG OF THE GRINGO • OLD CORRAL, THE (UKN) • 1936
MARKED TRAILS • 1944
RAIDERS OF THE BORDER • 1944
CISCO KID RETURNS, THE • CISCO KID COMES THROUGH, THE ◦ CISCO KID AGAIN • 1945

McCARTHY MATT – UKN – 1933–

ZOO ROBBERY, THE • 1973
ROBIN HOOD JUNIOR • 1975

McCARTHY MICHAEL – UKN – 1917–1959

ASSASSIN FOR HIRE • 1951
MYSTERY JUNCTION • 1951
ROAD SENSE • 1951
CROW HOLLOW • 1952
JOHN OF THE FAIR • 1952
SHADOW OF A MAN • 1955
IT'S NEVER TOO LATE • 1956
TRAITORS, THE • ACCURSED, THE (USA) ◦ ACCUSED, THE ◦ TRAITOR, THE • 1957
OPERATION AMSTERDAM • 1959

McCARTHY MIKE* – USA

MAY THE BEST MAN WIN • 1989

McCARTY GREG – USA

APPOINTMENT REMINDER • 1971 • SHT

McCARTY HENRY – USA

McCARTHY HENRY

BLAZING ARROWS • SKYFIRE • 1922
SILVER SPURS • 1922
TRAPPED IN THE AIR • 1922
NIGHT SHIP, THE • 1925
PART TIME WIFE, THE • 1925
SHATTERED LIVES • 1925
SILENT PAL • 1925
FLASHING FANGS • 1926
LODGE IN THE WILDERNESS, THE • 1926
PHANTOM OF THE FOREST, THE • 1926

McCARTY J. P. see **McCARTHY JOHN P.**

McCARTY ROBERT – Producer/ writer – USA – 1933–

ROOFTOPS OF NEW YORK • 1960 • SHT
LIGHT FANTASTIC • 1962
I COULD NEVER HAVE SEX WITH ANY MAN WHO HAS SO LITTLE REGARD FOR MY HUSBAND • 1973
FOREPLAY • PRESIDENT'S WOMEN, THE • 1975

McCAULEY JOHN – USA

RATTLERS • 1976
DEADLY INTRUDER • 1985

McCAY ROBERT – Animator – USA

FLYING HOUSE, THE • 1916 • ANS

McCAY WINSOR – Animator – USA – 1871–1934

McKAY WINSOR

LITTLE NEMO • 1909 • ANS
HOW A MOSQUITO OPERATES • STORY OF A MOSQUITO, THE ◦ MOSQUITO, THE • 1910 • ANS
FLIP AND DOCTOR PILL • 1914 • ANS
GERTIE THE DINOSAUR • GERTIE THE TRAINED DINOSAUR • 1914
CENTAURS, THE • 1916 • ANS
FLYING HOUSE, THE • 1916 • ANS
WINSOR MCCAY AND HIS JERSEY SKEETERS • 1916 • SHT
BUG BAND, THE • 1917 • ANS
BUG VAUDEVILLE • 1917 • ANS
PET, THE • MONSTER DOG, THE • 1917 • ANS
SINKING OF THE LUSITANIA, THE • 1918 • ANM
DREAMS OF THE RAREBIT FIEND • ADVENTURES OF A RAREBIT EATER • 1921 • ASS

MACCHI FRANCO – ITL

SEXY CHE SCOTTA • 1963 • DOC

MACCHI GIULIO – ITL – 1918–
INDIA FAVOLOSA • 1955 • DOC
DIFENDO IL MIO AMORE • DEFEND MY LOVE (USA) ○ I'LL DEFEND YOU MY LOVE • 1956
MONTE CARLO STORY, THE • MONTECARLO (ITL) • 1957
ITALIANE E L'AMORE, LE • LATIN LOVERS (USA) ○ ITALIAN WOMEN AND LOVE • 1961
MISTERI DI ROMA, I • MYSTERIES OF ROME, THE ○ WONDERS OF ROME, THE • 1963 • DOC

McCLATCHY GREGORY – USA
VAMPIRE AT MIDNIGHT • 1988

McCLINTIC GUTHRIE – USA
ON YOUR BACK • CLOTHES AND THE WOMAN • 1930
ONCE A LADY • 1931
ONCE A SINNER • 1931

McCLORY KEVIN – Producer – UKN – 1926–
BOY AND THE BRIDGE, THE • 1959

McCLOSKEY JUSTIN H. – USA
FLAPPER WIVES • PERILOUS LOVE • 1924
ANYTHING ONCE • 1925

McCLUNG HUGH – USA
SMILING ALL THE WAY • 1920
JUST LIKE A WOMAN • 1923

McCOHY S. – ITL
TRE PER UCCIDERE • 1970

MACCOLL ANTHONY – USA
LINE DESCRIBING A CONE • 1975

McCOLLUM HUGH – USA
MARINATED MARINER • 1950 • SHT
SELF-MADE MAIDS • 1950 • SHT
SLAP HAPPY SLEUTHS • 1950 • SHT
HULA LA LA • 1951 • SHT

MacCONGHAIL MUIRIS – IRL
MORCHID CLOCH IS GANNCHUID CRE • ARAN, GREAT ROCK, LITTLE CLAY • 1988 • DOC

McCONNELL EDDIE see **McCONNELL EDWARD**

McCONNELL EDWARD – UKN
McCONNELL EDDIE
FALLS THE SHADOW • 1958 • SHT
SONGS OF SCOTLAND • 1966
ISLAND OF THE BIG CLOTH • 1969 • DCS
BIRTHDAY CLOCK, THE • 1970 • SHT
WHY SCOTLAND, WHY EAST KILBRIDE • 1970 • DOC
WALKABOUT EDINBURGH • 1971 • DCS
BENNO SCHOTZ • 1973 • DOC
GARDENS BY THE SEA • 1973 • DOC
LINE TO SKYE, THE • 1974 • DCS
CUMBERNAULD HIT, THE • 1976

McCONNELL GUY M. – USA
PENNY PHILANTHROPIST, THE • 1917

McCORD VERA – USA
GOOD-BAD WIFE, THE • 1920

McCORMICK F. J. – UKN
FUN AT A FINGLAS FAIR • 1916

McCORMICK HAL – USA
SUITE NO.2 • 1947 • SHT

McCORMICK JOE – NZL
FUNNY THINGS HAPPEN DOWN UNDER • 1965

McCORMICK MERRILL see **McCORMICK WILLIAM MERRILL**

McCORMICK WILLIAM MERRILL – USA
McCORMICK MERRILL
GOOD MEN AND BAD • 1923
SON OF THE DESERT, A • 1928

McCOWAN GEORGE – CND – 1931–
AFFAIR WITH A KILLER • 1965
CARTER'S ARMY • 1969 • TVM
MONK, THE • 1969 • TVM
CANNON • 1970 • TVM
LOVE HATE LOVE • 1970 • TVM
LOVE WAR, THE • SIX COLUMN • 1970 • TVM
OVER THE HILL GANG RIDES AGAIN, THE • 1970 • TVM
RUN, SIMON, RUN • 1970 • TVM
FACE OF FEAR, THE • 1971 • TVM
IF TOMORROW COMES • GLASS HAMMER, THE • 1971 • TVM
WELCOME HOME, JOHNNY BRISTOL • 1971 • TVM
FACE OFF • 1972
FROGS • 1972
MAGNIFICENT SEVEN RIDE, THE • 1972
BALLAD OF ANDY CROCKER, THE • 1973 • TVM
BANACEK: THE GREATEST COLLECTION OF THEM ALL • 1973 • TVM
MURDER ON FLIGHT 502 • 1975 • TVM
SHADOW OF THE HAWK • 1976
WINTER COMES EARLY • 1977
RETURN TO FANTASY ISLAND • 1978
H.G. WELLS' THE SHAPE OF THINGS TO COME • SHAPE OF THINGS TO COME, THE • 1979
RETURN OF THE MOD SQUAD, THE • 1979 • TVM
GOING FOR BROKE • NEVER TRUST AN HONEST THIEF • 1980

McCOY DENYS – USA
LAST REBEL, THE • 1971

McCOY HORACE – Writer – USA – 1903–
ONE NIGHT STAND, A • 1915

McCOY TIM – USA
SEX WISH • 1976

McCRACKEN HAROLD – USA
HEART OF ALASKA • 1924

McCRACKEN KEVIN – Animator – CND
FUTURE BLOCK • 1988 • ANS

McCRANN CHARLES see **McCRANN CHUCK**

McCRANN CHUCK – USA
McCRANN CHARLES
BLOODEATERS • TOXIC ZOMBIES ○ FOREST OF FEAR • 1980

McCRAY ROY – USA
McCRAY ROY H.
CY PERKINS IN THE CITY OF DELUSION • 1915
HEARTS AND CLUBS • 1915
NO SOUP • 1915
NOTHING EVER HAPPENS RIGHT • 1915
ROOFS AND RIOTS • 1918 • SHT
SUBMARINES AND SIMPS • 1918 • SHT

McCRAY ROY H. see **McCRAY ROY**

McCREADIE TOM O. – Producer – ASL
ALWAYS ANOTHER DAWN • 1947
INTO THE STRAIGHT • 1949

McCULLEY W. T. – USA
DUCHESS, THE • 1915

McCULLOUGH CHRIS – ASL
ROAD LORE • 1963 • SHT
SILENT BATTLE • 1963 • DOC
GERALDTON • 1965 • DOC
QUEST FOR OIL • 1967 • DOC
TRADITION IN WINE, A • 1968 • DOC
VISION FOR A NEW WORLD • 1968 • SHT
OR FOREVER HOLD YOUR PEACE • 1970 • DOC
PADDINGTON LACE • 1971 • SHT
AVENGERS OF THE REEF • 1973

MacCULLOUGH JACK – USA
DO THE DEAD TALK? • 1920
REEL O' LAFFS • 1920

McCULLOUGH JIM – USA
CHARGE OF THE MODEL Ts, THE • 1979
AURORA ENCOUNTER, THE • 1985
MOUNTAINTOP MOTEL MASSACRE • MOUNTAINTOP MOTEL • 1986
TEEN VAMP • 1989

McCULLOUGH PHILO – Actor – USA – 1893–
MAID OF THE WEST • WINGS OF LOVE • 1921

McCULLY WILLIAM – USA
ALONE IN THE CITY OF SIGHS AND TEARS • 1915

McCUNE HANK – USA
McCUNE HENRY R.
WETBACKS • 1956

McCUNE HENRY R. see **McCUNE HANK**

McCUTCHEON JOHN L. – USA
MAN AND WIFE • 1923
MESSAGE OF EMILE COUE, THE • 1923
LAW AND THE LADY, THE • 1924

McCUTCHEON WALLACE – USA
McCUTCHEON WALLACE JR.
RIP VAN WINKLE • 1896
X-RAY MIRROR, THE • 1899
LOVE MICROBE • 1907
AT THE CROSSROADS OF LIFE • 1908
AT THE FRENCH BALL • 1908
DECEIVED SLUMMING PARTY • 1908
ENERGIZER • 1908
FIGHT FOR FREEDOM, THE • 1908
INVISIBLE FLUID, THE • 1908
KENTUCKIAN, THE • 1908
MIXED BABIES • 1908
MONDAY MORNING IN A CONEY ISLAND POLICE COURT • 1908
'OSTLER JOE • 1908
OVER THE HILLS TO THE POORHOUSE • 1908
STAGE RUSTLER, THE • 1908

McCUTCHEON WALLACE JR. see **McCUTCHEON WALLACE**

MacDALLAND MARIA – Animator – DNM
JOURNEY TOWARDS BIRTH, A • 1988 • ANM

McDERMOTT GERALD – Animator – USA
SUNFLIGHT • SUN FLIGHT • 1964 • ANS
MAGIC TREE, THE • 1970 • ANS

McDERMOTT JOHN – Writer – USA – 1892–
BRICK TOP • 1916 • SHT
DIAMOND LURE, THE • 1916 • SHT
MARRIED A YEAR • 1916 • SHT
SHOULD SHE HAVE TOLD? • 1916 • SHT
WHEN HE CAME BACK • 1916 • SHT
BLACK EVIDENCE • 1917 • SHT
EVIL HANDS • 1917
FOLLY OF FANCHETTE, THE • 1917 • SHT
FOURTH WITNESS, THE • 1917 • SHT
HELEN GRAYSON'S STRATEGY • 1917 • SHT
HUNTED MAN, THE • 1917 • SHT
STAR WITNESS, THE • 1917 • SHT
BUM BOMB, A • 1918 • SHT
DINTY • 1920
PATSY • 1921
HER TEMPORARY HUSBAND • 1923
MARY OF THE MOVIES • 1923
SPIDER AND THE ROSE, THE • 1923
MANHATTAN MADNESS • 1925
WHERE THE WORST BEGINS • 1925
LOVE THIEF, THE • 1926

MacDONAGH JOHN – UKN
CASEY'S MILLIONS • 1922
CRUISKEEN LAWN • 1922

McDONAGH PAULETTE – ASL – –1978
THOSE WHO LOVE • 1926
FAR PARADISE, THE • 1928
CHEATERS, THE • 1930
TWO MINUTES SILENCE • 1933

MacDONALD ALEXANDER – ASL
TANAMI • 1928
UNSLEEPING EYE, THE • 1928
KINGDOM OF TWILIGHT, THE • 1929

MacDONALD BALLARD – USA
BIG CASINO, THE • 1933 • SHT

McDONALD BRUCE – CND
ROADKILL • 1990

McDONALD CHARLES – USA
TREE IN A TEST TUBE, THE • 1943 • SHT

MacDONALD DAVID – UKN – 1904–1983
DEATH CROONS THE BLUES • 1937
DOUBLE ALIBI • 1937
IT'S NEVER TOO LATE TO MEND • 1937
LAST CURTAIN, THE • 1937
REMEMBER WHEN • RIDING HIGH • 1937
WHEN THE POPPIES BLOOM AGAIN • 1937
DEAD MEN TELL NO TALES • 1938
MAKE IT THREE • 1938
MEET MR. PENNY • 1938
SPOT OF BOTHER, A • 1938
THIS MAN IS NEWS • 1938
MIDAS TOUCH, THE • 1939
SPIES OF THE AIR • OFFICIAL SECRET • 1939
THIS MAN IN PARIS • 1939
LAW AND DISORDER • 1940
LOFOTEN • 1940 • DCS
MEN OF THE LIGHTSHIP • 1940 • DOC
THIS ENGLAND • OUR HERITAGE • 1941
BURMA VICTORY • 1941–45 • DOC
LEFT OF THE LINE • 1941–45 • DOC
TOUGH TACTICS • 1941–45 • DOC
DESERT VICTORY • 1943 • DOC
BROTHERS, THE • 1947
GOOD TIME GIRL • 1948
SNOWBOUND • 1948
BAD LORD BYRON, THE • 1949
CHRISTOPHER COLUMBUS • 1949
DIAMOND CITY • 1949
CAIRO ROAD • POISON ROAD • 1950
ADVENTURERS, THE • FORTUNE IN DIAMONDS (USA) ○ GREAT ADVENTURE, THE • 1951
LOST HOURS, THE • BIG FRAME, THE (USA) • 1952
TREAD SOFTLY • 1952
OPERATION MALAYA • TERROR IN THE JUNGLE • 1953 • DOC
DEVIL GIRL FROM MARS • 1954
DEATH WALKS BY NIGHT • 1955
DIAMOND EXPERT, THE • 1955
DIPLOMATIC ERROR • 1955
FINAL COLUMN • 1955
MAN IN DEMAND, THE • PRICE OF VANITY, THE • 1955
MURDER OF A HAM • 1955
ONE JUST MAN • 1955
PRICE OF GREED, THE • BITTER CHANCE, THE ○ RATTAN TRUNK, THE ○ SERPENT BENEATH, THE • 1955
VERY SILENT TRAVELLER, THE • 1955
ALIAS JOHN PRESTON • 1956
SMALL HOTEL • 1957
LADY MISLAID, A • 1958
MOONRAKER, THE • 1958
BAALBEK FESTIVAL 1960, THE • 1960 • DOC
PETTICOAT PIRATES • 1961
GOLDEN RABBIT, THE • 1962

MacDONALD DONALD – USA
ALMOST A WHITE HOPE • 1914
TOO MANY COOKS • 1914
ADVENTURER, THE • 1915
BIGOT, THE • 1915
BOND OF FRIENDSHIP, THE • 1915
BREEZY BILL, OUTCAST • 1915
CRYSTAL GLOBE, THE • 1915
CURLY • 1915
FATE'S VENGEANCE • 1915
FRAME-UP, THE • 1915
MAN TO MAN • 1915
PLAYING FOR HIGH STAKES • 1915
SECRET FORMULA, THE • 1915
SKEIN OF LIFE, THE • 1915
TWO SPOT JOE • 1915
VOICE FROM THE SEA, A • 1915
WITNESS, THE • 1915
$500 REWARD • 1915
ABANDONMENT, THE • 1916
APRIL • 1916
HER CHANCE • 1916 • SHT
IN THE LAPS OF THE GODS • 1916 • SHT
IVY AND THE OAK, THE • 1916 • SHT
JUST HER LUCK • 1916 • SHT
MOVING FINGER, THE • 1916 • SHT
RELEASE OF DAN FORBES, THE • 1916 • SHT
SHADOWS OF SUSPICION • 1916 • SHT
SMUGGLERS OF SANTA CRUZ, THE • 1916 • SHT
TRUE NOBILITY • 1916
WHITE ROSETTE, THE • 1916
FLAMES OF TREACHERY • 1917 • SHT
HATTON OF HEADQUARTERS • ODD TRICK, THE • 1917 • SHT
HER GREAT DILEMMA • 1917 • SHT
ROGUE'S NEST, THE • 1917 • SHT
WHISPERED NAME, THE • 1917 • SHT

MacDONALD DONALD*
SEASON, THE • 1966

McDONALD FRANK – USA – 1899–1980
BROADWAY HOSTESS • 1935
BIG NOISE, THE • 1936
BOULDER DAM • 1936
ISLE OF FURY • 1936
LOVE BEGINS AT 20 • ALL ONE NIGHT (UKN) • 1936
MURDER BY AN ARISTOCRAT • 1936
MURDER OF DR. HARRIGAN, THE • 1936
TREACHERY RIDES THE RANGE • 1936

DANCE CHARLIE DANCE • 1937
FLY-AWAY BABY • CRIME IN THE CLOUDS (UKN) • 1937
HER HUSBAND'S SECRETARY • 1937
MIDNIGHT COURT • 1937
SMART BLONDE • 1937
TORCHY BLANE, THE AMOROUS BLONDE • ADVENTUROUS BLONDE • 1937
ADVENTUROUS BLONDE • 1938
BLONDES AT WORK • 1938
FLIRTING WITH FATE • 1938
FRESHMAN YEAR • 1938
OVER THE WALL • 1938
RECKLESS LIVING • 1938
DEATH GOES NORTH • 1939
FIRST OFFENDERS • 1939
JEEPERS CREEPERS • MONEY ISN'T EVERYTHING (UKN) • 1939
THEY ASKED FOR IT • 1939
BARNYARD FOLLIES • 1940
CAROLINA MOON • 1940
GAUCHO SERENADE • 1940
GRAND OLE OPRY • 1940
IN OLD MISSOURI • 1940
RANCHO GRANDE • 1940
RIDE, TENDERFOOT, RIDE • 1940
ARKANSAS JUDGE • FALSE WITNESS (UKN) • 1941
COUNTRY FAIR • 1941
FLYING BLIND • 1941
NO HANDS ON THE CLOCK • 1941
TUXEDO JUNCTION • GANG MADE GOOD, THE (UKN) • 1941
UNDER FIESTA STARS • 1941
MOUNTAIN RHYTHM • HARVEST DAYS (UKN) • 1942
OLD HOMESTEAD, THE • 1942
SHEPHERD OF THE OZARKS • SUSANNA (UKN) • 1942
TRAITOR WITHIN, THE • 1942
WILDCAT • 1942
WRECKING CREW • 1942
ALASKA HIGHWAY • 1943
HIGH EXPLOSIVE • 1943
HOOSIER HOLIDAY • FARMYARD FOLLIES (UKN) • 1943
O, MY DARLING CLEMENTINE • 1943
SUBMARINE ALERT • 1943
SWING YOUR PARTNER • 1943
TIMBER QUEEN • 1943
GAMBLER'S CHOICE • 1944
LIGHTS OF OLD SANTA FE • 1944
ONE BODY TOO MANY • 1944
SING, NEIGHBOR, SING • 1944
TAKE IT BIG • 1944
ALONG THE NAVAJO TRAIL • 1945
BELLS OF ROSARITA • 1945
CHICAGO KID, THE • 1945
MAN FROM OKLAHOMA, THE • 1945
SCARED STIFF • TREASURE OF FEAR • 1945
SUNSET IN EL DORADO • 1945
TELL IT TO A STAR • 1945
MY PAL TRIGGER • 1946
RAINBOW OVER TEXAS • 1946
SIOUX CITY SUE • 1946
SONG OF ARIZONA • 1946
UNDER NEVADA SKIES • 1946
BULLDOG DRUMMOND STRIKES BACK • 1947
HIT PARADE OF 1947 • HIGH AND HAPPY • 1947
LINDA BE GOOD • 1947
TWILIGHT ON THE RIO GRANDE • 1947
WHEN A GIRL'S BEAUTIFUL • 1947
FRENCH LEAVE • KILROY ON DECK (UKN) • 1948
GUN SMUGGLERS • 1948
MR. RECKLESS • 1948
13 LEAD SOLDIERS • 1948
APACHE CHIEF • 1949
BIG SOMBRERO, THE • 1949
RINGSIDE • 1949
CALL OF THE KLONDIKE • 1950
SNOW DOG • 1950
FATHER TAKES THE AIR • 1951
NORTHWEST TERRITORY • 1951
SIERRA PASSAGE • 1951
TEXANS NEVER CRY • 1951
YELLOW FIN • 1951
YUKON MANHUNT • 1951
SEA TIGER, THE • 1952
YELLOW HAIRED KID, THE • 1952 • MTV
YUKON GOLD • 1952
BORDER CITY RUSTLERS • 1953 • MTV
GHOST OF CROSSBONES CANYON, THE • 1953 • MTV
SECRET OF OUTLAW FLATS, THE • 1953 • MTV
SIX GUN DECISION • 1953 • MTV
SON OF BELLE STAR • 1953
TWO GUN MARSHAL • 1953 • MTV
MARSHALS IN DISGUISE • 1954 • MTV
OUTLAW'S SON • 1954
THUNDER PASS • 1954
TROUBLE ON THE TRAIL • 1954 • MTV
TWO GUN TEACHER, THE • 1954 • MTV
BIG TIP-OFF, THE • 1955
MATCH-MAKING MARSHAL, THE • 1955 • MTV
PHANTOM TRAILS • 1955 • MTV
TIMBER COUNTRY TROUBLE • 1955 • MTV
TITLED TENDERFOOT, THE • 1955 • MTV
TREASURE OF RUBY HILLS • 1955
IMPRESE DI UNA SPADA LEGGENDARIA, LE • 1957
MANTELLI E SPADE INSANGUINATE • 1960
PURPLE GANG, THE • 1960
RAYMIE • 1960
UNDERWATER CITY, THE • 1962
GUNFIGHT AT COMANCHE CREEK • 1963
MARA OF THE WILDERNESS • 1965

MacDONALD HUGH – NZL

THIS AUCKLAND • 1968 • DCS
THIS IS NEW ZEALAND • 1970 • DOC

MacDONALD J. F. see **MacDONALD J. FARRELL**

MacDONALD J. FARRELL – USA – 1875–1952

MacDONALD J. F.

WHEN SOUL MEETS SOUL • 1912 • SHT
JEPHTAH'S DAUGHTER • 1913
ON BURNING SANDS • 1913
RORY O'THE BOGS • 1913
BILL TELL, PAWNBROKER • 1914
HIS MAJESTY, THE SCARECROW OF OZ • NEW WIZARD OF OZ, THE • 1914
MAGIC CLOAK OF OZ, THE • 1914
PATCHWORK GIRL OF OZ, THE • RAGGEDY GIRL, THE • 1914
ASHES OF INSPIRATION • 1915
BLACK SHEEP, THE • 1915
CHIEF INSPECTOR, THE • 1915
DAUGHTER OF EARTH, A • 1915
HIS HAND AND SEAL • 1915
HIS WIFE'S STORY • 1915
LAUREL OF TEARS, THE • 1915
LAW OF LOVE, THE • 1915
LONESOME LUKE, SOCIAL GANGSTER • SOCIAL GANGSTER • 1915 • SHT
LORNA DOONE • 1915
REAPERS OF THE WHIRLWIND • 1915
REHEARSAL, THE • 1915
SMUGGLER'S WARD, THE • 1915
TIDES OF RETRIBUTION, THE • 1915
WIVES OF MEN, THE • 1915
WOMAN WITHOUT SOUL, A • 1915
BATTLE OF TRUTH, THE • 1916 • SHT
GUILT OF STEPHEN ELDRIDGE, THE • 1916 • SHT
IRON WILL, THE • 1916 • SHT
MYSTERY OF ORCIVAL, THE • 1916 • SHT
PATHS THAT CROSSED • 1916 • SHT
STRONGER THAN WOMAN'S WILL • 1916 • SHT
MAD STAMPEDE, THE • 1917 • SHT
BACK FIRE • 1920 • SHT

McDONALD J. K. – USA

FLAMING LOVE • 1925

MacDONALD JACK – USA

DO THE DEAD TALK? • 1920

MacDONALD MR. – USA

IN A ROMAN GARDEN • 1913
PELLEAS AND MELISANDE • 1913

MacDONALD NORMAN – UKN

CRY OF THE FIRSTBORN, THE • 1915
VAGABOND LOVE • 1915
GREAT GAY ROAD, THE • 1920
CHRISTIE JOHNSTONE • 1921
LOUDWATER MYSTERY, THE • 1921

MacDONALD PETER – USA

RAMBO III • 1988
COLOSSUS • 1989

McDONALD PHILIP – NZL

WATER CYCLE, THE • 1972

MacDONALD RAMUNA – CND

SPIRITS OF AN AMBER PAST • 1978 • MTV
GOD'S ISLAND • 1980
SARAH JACKSON • 1980 • MTV
NOBODY'S PERFECT • 1986 • MTV

MacDONALD SHERWOOD – USA

RED CIRCLE, THE • 1916 • SRL
BAB THE FIXER • 1917
BETTY BE GOOD • 1917
BIT OF KINDLING, A • STICKS • 1917
CHECKMATE • 1917
SOLD AT AUCTION • 1917
SUNNY JANE • 1917
WILDCAT, THE • 1917
LITTLE MISS GROWN-UP • 1918
MISS MISCHIEF MAKER • 1918
NO CHILDREN WANTED • 1918
MUGGSY • 1919
COLD STEEL • 1921

McDONALD TIM – USA

LUST ON THE ORIENT XPRESS • 1986

McDONALD TOM – USA

LOVE COMES TO MAGOO • 1958 • ANS
BWANA MAGOO • 1959 • ANS

MacDONALD WALLACE – Producer – CND – 1891–

GIRL FROM THE WEST • 1923
FREE LIPS • 1928
GUNMEN FROM LAREDO • 1959

McDONNEL FERGUS see **McDONNELL FERGUS**

McDONNELL FERGUS – UKN – 1910–1968

McDONNEL FERGUS

SMALL VOICE, THE • HIDEOUT, THE (USA) • 1948
PRELUDE TO FAME • 1950
PRIVATE INFORMATION • 1952
ONE THIRD DOWN AND 24 MONTHS TO PAY • CARS IN YOUR LIFE, THE • 1959 • DOC

McDONOUGH JOSEPH A. – USA

PIRATES OF THE SKIES • 1939

MacDOUGALL DAVID – USA

LORANG'S WAY • 1981 • DOC

MacDOUGALL DON see **McDOUGALL DON**

McDOUGALL DON

MacDOUGALL DON

HOT CARS • 1956
ESCAPE TO MINDINAO • 1968 • TVM
AQUARIANS, THE • 1970 • TVM
HEIST, THE • 1972 • TVM
FAREWELL TO THE PLANET OF THE APES • 1974 • MTV
MARK OF ZORRO, THE • 1974 • TVM
DEMON AND THE MUMMY • 1975 • MTV
MISSING ARE DEADLY, THE • 1975 • TVM
KIRKWOOD HAUNTING, THE • 1978 • MTV
DANGEROUS TRAFFIC • TOKE • 1979
SPIDERMAN: THE DRAGON'S CHALLENGE • SPIDERMAN AND THE DRAGON'S CHALLENGE ○ CHINESE WEB, THE • 1979

MacDOUGALL JUDITH – USA

LORANG'S WAY • 1981 • DOC

MacDOUGALL KENNETH – USA

BULLDOGS OF THE TRAIL, THE • 1915

MacDOUGALL RANALD – Screenwriter – USA – 1915–1973

WERTY QUENTIN

QUEEN BEE • 1955
MAN ON FIRE • 1957
WORLD, THE FLESH AND THE DEVIL, THE • END OF THE WORLD • 1959
GO NAKED IN THE WORLD • 1960
SUBTERRRANEANS, THE • 1960

McDOWALL RODDY – Actor – USA – 1928–

TAMLIN • DEVIL'S WIDOW, THE (USA) ○ DEVIL'S WOMAN, THE ○ BALLAD OF TAM-LIN, THE • 1972

McDOWELL CURT – USA

LUNCH • 1973
THUNDERCRACK! • 1976

McDOWELL J. B. – UKN

BREACH OF PROMISE CASE, A • 1908
CHEEKIEST MAN ON EARTH, THE • 1908
BABY'S REVENGE • 1909
DOMESTIC RIVALS • 1909
LIFE OF SHAKESPEARE, THE • LOVES AND ADVENTURES IN THE LIFE OF SHAKESPEARE ○ LOVES, ADVENTURES AND LIFE OF WILLIAM SHAKESPEARE ○ LIFE OF SHAKESPEARE: HIS INTRIGUES AND ROMANCES • 1914

McDUFFIE BRIAN – ASL

SOMETHING WICKED • EARLY FROST • 1982

MACE FRED – Actor – USA – 1872–1917

WITHOUT HOPE • 1914

MACE NICOLE – NRW

TRE • THREE • 1972
FORMYDERNE • GUARDIANS, THE ○ PROFESSOREN • 1978

de MACEDO ANTONIO – PRT – 1931–

VERAO COINCIDENTE • 1962 • SHT
NICOTIANA • 1963 • SHT
DOMINGO A TARDE • SUNDAY IN THE AFTERNOON ○ SUNDAY AFTERNOON • 1965
CRONICA DO ESFORCO PERDIDO • 1966 • SHT
ALTA VELOCIDADE • 1967 • SHT
SETE BALAS PARA SELMA • SEVEN BULLETS FOR SELMA • 1967
ALMADA NEGREIROS VIVO, HOJE • 1968 • SHT
FADO -LISBOA 68 • 1968 • SHT
NOJO AOS CAES • 1970
CINCO TEMAS PARA REFINARIA E QUARTETO • 1971 • SHT
LEITE, O • 1972 • SHT
CENAS DE CACA NO BAIXO ALENTEJO • 1973 • SHT
CRIADA E A JUSTICA, A • 1973 • SHT
PROMESSA, A • 1973
CANDIDINHA • 1975
FATIMA STORY • 1975 • MTV
OCUPACAO DE TERRAS NA BEIRA BAIXA • 1975
PRINCIPIO DA SABEDORIO, O • RICO O CAMELO E O REINO, O ○ BEGINNING OF WISDOM, THE • 1975
TEATRO POPULAR • 1975
HORAS DE MARIA, AS • MARIA'S HOURS • 1977
MALDICAO DE MARIALVA, A
PRINCIPE COM ORELHAS DE BURRO, O • PRINCE WITH A DONKEY'S EAR, THE • 1980
ABISMOS DA MEIA-NOTTE, OS • 1984

MACEDO GILBERTO – MXC

CUANDO PIZARRO, CORTEZ Y ORELLANA ERAN AMIGOS • WHEN PIZARRO, CORTEZ AND ORELLANA WERE FRIENDS • 1979

MACEIGNAC ROLAND – FRN

MARCEIGNAC ROLAND

KISS ME KILLER

MACEK CARL – Animator – USA

ROBOTECH: THE MOVIE • 1986 • ANM

McELRAVY ROBERT C. – USA

BIG BROTHER, THE • 1915

McELROY HAL – Producer – ASL – 1946–

BE ATTRACTIVE • 1971 • DOC

McELWEE ROSS – USA

SHERMAN'S MARCH • 1986

McEVEETY BERNARD – USA

BLADE RIDER: ATTACK OF THE INDIAN NATION • RIDE TO GLORY ○ CALL TO GLORY • 1965 • MTV
BROKEN SABER • 1965
RIDE BEYOND VENGEANCE • NIGHT OF THE TIGER, THE • 1966
BROTHERHOOD OF SATAN • COME IN, CHILDREN • 1970
STEP OUT OF LINE, A • 1970 • TVM
KILLER BY NIGHT • CITY BY NIGHT, THE • 1971 • TVM
NAPOLEON AND SAMANTHA • 1972
ONE LITTLE INDIAN • 1973
BANACEK: NOW YOU SEE ME -NOW YOU DON'T • 1974 • TVM
BEARS AND I, THE • 1974
LAST DAY, THE • 1975 • TVM
MACAHANS, THE • 1976 • TVM
HOSTAGE HEART, THE • 1977 • TVM
DONOVAN'S KID • 1978

McEVEETY BERNARD F. – USA

*McEVEETY BERNARD**

BACK TO LIBERTY • 1927
BROADWAY DRIFTER, THE • 1927
HIS RISE TO FAME • RISING TO FAME (UKN) • 1927
WINNING OAR, THE • 1927
INSPIRATION • LOVE'S TEST (UKN) • 1928
SOUTH OF PANAMA • 1928
STRONGER WILL, THE • 1928
CLEAN-UP, THE • 1929
MONTMARTRE ROSE • 1929

*McEVEETY BERNARD** see **McEVEETY BERNARD F.**

McEVEETY VINCENT – USA

MILLION DOLLAR COLLAR, THE • 1963
FIRECREEK • 1968
THIS SAVAGE LAND • SAVAGE LAND, THE • 1968 • TVM

CUTTER'S TRAIL • 1969 • TVM
SMOKE • 1970 • TVM
MILLION DOLLAR DUCK, THE • 1971
BISCUIT EATER, THE • 1972
HIGH FLYING SPY • 1972 • TVM
MENACE OF THE MOUNTAIN • MENACE ON THE MOUNTAIN • 1972
CHARLEY AND THE ANGEL • 1973
SUPERDAD • 1974
WONDER WOMAN • 1974 • TVM
CASTAWAY COWBOY, THE • 1975
STRONGEST MAN IN THE WORLD, THE • 1975
GUS • 1976
TREASURE OF MATECUMBE • 1976
GHOST OF CYPRESS SWAMP, THE • 1977 • TVM
HERBIE GOES TO MONTE CARLO • 1977
APPLE DUMPLING GANG RIDES AGAIN, THE • 1979
HERBIE GOES BANANAS • 1980
AMY • 1981
BLOOD SPORT • 1986 • TVM
GUNSMOKE: RETURN TO DODGE • 1987 • TVM

McEVOY CHARLES – UKN

MAN IN THE SHADOWS, THE • 1915

McEVOY EARL – USA

CARGO TO CAPETOWN • 1950
KILLER THAT STALKED NEW YORK, THE • FRIGHTENED CITY, THE (UKN) • 1950
BAREFOOT MAILMAN, THE • 1951

McEVOY TOM – USA

CASEY GOES SHOPPING • 1916 • SHT
CASEY IN MEXICO • 1916 • SHT
CASEY IN THE GRANDSTAND • 1916 • SHT
CASEY THE DETECTIVE • 1916 • SHT
CASEY THE MILLIONAIRE • 1916 • SHT
CASEY THE WIZARD • 1916 • SHT
CASEY'S DREAM • 1916 • SHT
CASEY'S KIDS • 1916 • SHT
CASEY'S SERVANTS • 1916 • SHT
CASEY THE BANDMASTER • 1917 • SHT
CASEY THE FIREMAN • 1917 • SHT

MacFADDEN BARNAR – USA

MacFADDEN BERNARR

ZONGAR • 1918
BASEBALL AND BLOOMERS • 1919 • SHT

MacFADDEN BERNARR see **MacFADDEN BARNAR**

MacFADDEN HAMILTON – USA – 1901–

ARE YOU THERE? • EXIT LAUGHING • 1930
CRAZY THAT WAY • 1930
HARMONY AT HOME • SHE STEPS OUT • 1930
OH, FOR A MAN! • 1930
BLACK CAMEL, THE • 1931
CHARLIE CHAN CARRIES ON • 1931
RIDERS OF THE PURPLE SAGE • 1931
THEIR MAD MOMENT • 1931
CHEATERS AT PLAY • 1932
FOURTH HORSEMAN, THE • PONY BOY • 1932
CHARLIE CHAN'S GREATEST CASE • 1933
MAN WHO DARED, THE • 1933
SECOND HAND WIFE • ILLEGAL DIVORCE, THE (UKN) • 1933
TRICK FOR TRICK • 1933
AS HUSBANDS GO • 1934
HOLD THAT GIRL • 1934
SHE WAS A LADY • 1934
STAND UP AND CHEER • 1934
ELINOR NORTON • STATE VERSUS ELINOR NORTON, THE • 1935
FIGHTING YOUTH • 1935
ESCAPE BY NIGHT • FOOLS IN PARADISE • 1937
IT CAN'T LAST FOREVER • 1937
LEGION OF MISSING MEN • 1937
SEA RACKETEERS • LOVE AHOY • 1937
THREE LEGIONNAIRES, THE • THREE CRAZY LEGIONNAIRES (UKN) • 1937
INSIDE THE LAW • 1942

MacFARLAND MICHAEL J. see **MacFARLAND MIKE**

MacFARLAND MIKE – USA

MacFARLAND MICHAEL J.

GOODBYE, FRANKLIN HIGH • 1978
PINK MOTEL • MOTEL • 1983

McFARLANE LESLIE – CND

BOY WHO STOPPED NIAGARA, THE • 1946

McGAHA WILLIAM – USA

BAD GIRLS FOR THE BOYS • 1966
SPEED LOVERS • 1968
J.C. • 1972

McGANN WILLIAM – USA – 1895–1977

McGANN WILLIAM H.

HOMBRE MAIO, EL • 1930
ON THE BORDER • 1930
I LIKE YOUR NERVE • 1931
STOLEN JOOLS, THE • SLIPPERY PEARLS, THE (UKN) • 1931
HER NIGHT OUT • 1932
ILLEGAL • 1932
IMPROMPTU • 1932
LITTLE FELLA • 1932
MURDER ON THE SECOND FLOOR • 1932
ON THE AIR • 1932
SILVER GREYHOUND, THE • 1932
VOICE SAID GOODNIGHT, A • 1932
LONG LIVE THE KING • 1933
BUENAVENTURA, LA • 1934
MAN OF IRON • 1935
MAYBE IT'S LOVE • HALFWAY TO HEAVEN • 1935
NIGHT AT THE RITZ, A • 1935
BRIDES ARE LIKE THAT • 1936
CASE OF THE BLACK CAT, THE • 1936
FISH • 1936
FRESHMAN LOVE • RHYTHM ON THE RIVER (UKN) • 1936
HOT MONEY • 1936
POLO JOE • 1936
TIMES SQUARE PLAYBOY • HIS BEST MAN (UKN) • 1936
TWO AGAINST THE WORLD • CASE OF MRS. PEMBROKE, THE (UKN) ◦ ONE FATAL HOUR • 1936
ALCATRAZ ISLAND • 1937
MARRY THE GIRL • 1937
PENROD AND SAM • 1937
SH! THE OCTOPUS • 1937
GIRLS ON PROBATION • 1938
PENROD AND HIS TWIN BROTHER • 1938
WHEN WERE YOU BORN? • 1938
BLACKWELL'S ISLAND • 1939
EVERYBODY'S HOBBY • HOBBY FAMILY, THE • 1939
LINCOLN IN THE WHITE HOUSE • 1939
PRIDE OF THE BLUEGRASS • GANTRY THE GREAT • 1939
SWEEPSTAKES WINNER • 1939
CINDERELLA'S FELLER • 1940 • SHT
DR. CHRISTIAN MEETS THE WOMEN • 1940
WOLF OF NEW YORK • 1940
HIGHWAY WEST • 1941
PARSON OF PANAMINT, THE • 1941
SHOT IN THE DARK, A • 1941
WE GO FAST • 1941
AMERICAN EMPIRE • MY SON ALONE (UKN) • 1942
IN OLD CALIFORNIA • 1942
TOMBSTONE, THE TOWN TO TOUGH TO DIE • 1942
FRONTIER BADMAN • FRONTIER BADMEN • 1943
AMERICA'S HIDDEN WEAPON • 1944 • DOC
TRIAL BY TRIGGER • 1944 • SHT

McGANN WILLIAM H. see **McGANN WILLIAM**

McGAUGH WILBUR – USA

McGAUGH WILBUR F.

WHISTLING JIM • 1925
OFFICER JIM • 1926
THREE PALS • 1926
NEW ADVENTURES OF TARZAN, THE • TARZAN AND THE GREEN GODDESS (UKN) • 1935
NEW ADVENTURES OF TARZAN, THE • TARZAN AND THE LOST GODDESS ◦ TARZAN IN GUATEMALA • 1935 • SRL

McGAUGH WILBUR F. see **McGAUGH WILBUR**

McGAVIN DARREN – Actor – USA – 1922–

HAPPY MOTHER'S DAY, LOVE GEORGE • RUN, STRANGER, RUN • 1973

McGEE DEBBIE – CND

MULTIPLE CHOICE • 1990 • SHT

McGEE MARK – USA

EQUINOX • 1967

McGILL BARNEY – USA

FOWL AFFAIR, A • 1931 • SHT

McGILL CHRIS – ASL

AFTER PROUST • 1970 • SHT
LINE, THE • 1970 • DOC
NO ROSES FOR MICHAEL • 1970 • SHT
CITY FAMILY, THE • 1972 • DOC
MAYBE TOMORROW • 1973 • SHT
HECTOR AND MILLIE SAVE UNCLE TOM • 1974 • SHT
LORD MAYOR, THE • 1975 • DOC
ABAKANOWICZ OF AUSTRALIA • 1976 • DOC
MAYBE THIS TIME • 1980

McGILL LAWRENCE – USA

McGILL LAWRENCE B.

ANNIE LAURIE • 1913
ARIZONA • 1913
CHILDREN OF ST. ANNE, THE • 1913
DICK'S TURNING • 1913
DREAM HOME, THE • 1913
LONDON ASSURANCE • 1913
MARIA ROMA • 1913
MOTE AND THE BEAM, THE • 1913
SHEP, THE HERO • 1913
WRONG MISS WRIGHT, THE • 1913
GREYHOUND, THE • 1914
PIERRE OF THE PLAINS • 1914
HOW MOLLY MADE GOOD • HOW MOLLY MALONE MADE GOOD • 1915
SEALED VALLEY • 1915
WHEN CAMERON PASSED BY • 1915
GOAD OF JEALOUSY, THE • 1916 • SHT
IRONY OF JUSTICE, THE • 1916 • SHT
LOST PARADISE, THE • BRANDING THE INNOCENT • 1916 • SHT
PUPPETS OF FATE • 1916 • SHT
SILENT SHAME, THE • 1916 • SHT
SOLD OUT • 1916
SOWING THE WIND • 1916 • SHT
TANGLED WEB, THE • 1916 • SHT
TRIAL OF SOULS, A • 1916 • SHT
TRUTH CRASHED TO EARTH • 1916 • SHT
WEAKER STRAIN, THE • 1916 • SHT
WEIGHED IN THE BALANCE • 1916 • SHT
WOMAN'S LAW, THE • 1916
ANGEL FACTORY, THE • 1917
CRIME AND PUNISHMENT • 1917
FIRST LAW, THE • 1918
GIRL FROM BOHEMIA, THE • 1918

McGILL LAWRENCE B. see **McGILL LAWRENCE**

MacGILLIVRAY ALAN – CND

SOUTH PACIFIC 1942 • TORPEDOED • 1980

MacGILLIVRAY GREG – USA

SUNSHINE SEA, THE • SHT
WAVES OF CHANGE • 1970 • DOC
FIVE SUMMER STORIES • 1973 • CMP

McGILLIVRAY MAXINE – CND

MONTREAL MAIN • BOULEVARD SAINT-LAURENT MONTREAL • 1973

MacGILLIVRAY WILLIAM see **MacGILLIVRAY WILLIAM D.**

MacGILLIVRAY WILLIAM D. – CND – 1946–

MacGILLIVRAY WILLIAM

TALKAUTOBANDEN • 1970
AERIAL VIEW • 1979
AUTHOR OF THESE WORDS, THE • 1980
STATIONS • 1982 • MTV
ALISTAIR MACLEOD • 1984 • MTV
ABRAHAM GESNER • 1985 • MTV
LINDA JOY • 1985
LIFE CLASSES • 1986 • MTV
I WILL MAKE NO MORE BORING ART • 1988 • DOC
VACANT LOT, THE • 1990

McGLYN FRANK see **McGLYNN FRANK**

McGLYNN FRANK – USA

McGLYN FRANK

BROKEN WORD, THE • 1915
FAITH AND FORTUNE • 1915
HER INSPIRATION • 1915
TRUTH ABOUT HELEN, THE • 1915
COWARD'S CODE, THE • 1916 • SHT

McGOOHAN PATRICK – Actor – USA – 1928–

CATCH MY SOUL • SANTA FE SATAN • 1974

McGOWAN BOB see **McGOWAN ROBERT**

McGOWAN DORRELL – Producer/writer – USA – 1899–

SHOWDOWN, THE • 1950
TOKYO FILE 212 • 1951
SNOWFIRE • 1958
BASHFUL ELEPHANT, THE • 1962

McGOWAN J. P. – Actor – ASL – 1880–1952

McGOWAN JOHN P.

BROUGHT TO BAY • 1913
CAR OF DEATH, THE • 1914
DEMON OF THE RAILS, THE • 1914
GROUCH, THE ENGINEER • 1914
HIS NEMESIS • 1914
IDENTIFICATION, THE • 1914
NEAR DEATH'S DOOR • 1914
OPERATOR AT BLACK ROCK, THE • 1914
RIVAL RAILROAD'S PLOT, THE • 1914
HAZARDS OF HELEN, THE • 1914–17 • SRL
DESPERATE LEAP, A • 1915
FIGHT TO A FINISH, A • 1915
METTLE OF JERRY MCGUIRE, THE • 1915
WHEN ROGUES FALL OUT • 1915
YELLOW STAR, THE • 1915
DIAMOND RUNNERS, THE • 1916
GIRL AND THE GAME, THE • 1916 • SRL
JUDITH OF THE CUMBERLANDS • 1916
LASS OF THE LUMBERLANDS, A • 1916 • SRL
MANAGER OF THE B. & A., THE • MAN FROM MEDICINE HAT, THE • 1916
MEDICINE BEND • 1916
WHISPERING SMITH • 1916
LOST EXPRESS, THE • 1917 • SRL
RAILROAD RAIDERS, THE • 1917 • SRL
LURE OF THE CIRCUS, THE • 1919 • SRL
MISSING BULLET, THE • 1919 • SHT
RED GLOVE, THE • 1919 • SRL
BELOW THE DEAD LINE • 1920
ELMO THE FEARLESS • 1920 • SRL
DISCONTENTED WIVES • 1921
DO OR DIE • 1921
KING OF THE CIRCUS • 1921 • SRL
MOONSHINE MENACE, THE • 1921
RUSE OF THE RATTLER, THE • 1921
TIGER TRUE • 1921
PERILS OF THE YUKON • 1922
RECKLESS CHANCES • 1922
ONE MILLION IN JEWELS • 1923
STORMY SEAS • 1923
BAFFLED • 1924
CALIBRE 45 • 1924
COURAGE • 1924
CROSSED TRAILS • 1924
DESPERATE ADVENTURE, A • 1924
TWO FISTED TENDERFOOT • 1924
WESTERN VENGEANCE • 1924
WHIPPING BOSS, THE • 1924
BARRIERS OF THE LAW • 1925
BLOOD AND STEEL • 1925
BORDER INTRIGUE • 1925
COLD NERVE • 1925
DUPED • 1925
FIGHTING SHERIFF, THE • 1925
GAMBLING FOOL, THE • 1925
OUTWITTED • 1925
PEGGY OF THE SECRET SERVICE • 1925
TRAIN WRECKERS, THE • 1925
WEBS OF STEEL • 1925
ACE OF CLUBS, THE • 1926
BURIED GOLD • 1926
CROSSED SIGNALS • 1926
CYCLONE BOB • 1926
DESPERATE CHANCE • 1926
FIGHTING LUCK • 1926
IRON FIST • 1926
LOST EXPRESS, THE • 1926
LOST TRAIL, THE • 1926
MISTAKEN ORDERS • GREAT RAILWAY ROBBERY, THE • 1926
OPEN SWITCH, THE • 1926
PERIL OF THE RAIL • 1926
RED BLOOD • 1926
RIDING FOR LIFE • 1926
RIDING ROMANCE • 1926
ROAD AGENT • 1926
SILVER FINGERS • 1926
UNSEEN ENEMIES • 1926
AFLAME IN THE SKY • 1927
LOST LIMITED, THE • 1927
OUTLAW DOG, THE • 1927
RED SIGNALS • 1927
TARZAN AND THE GOLDEN LION • 1927
THUNDERBOLT'S TRACKS • 1927
WHEN A DOG LOVES • 1927
ARIZONA DAYS • 1928
CHINATOWN MYSTERY, THE • 1928 • SRL
DEVIL'S TOWER • 1928
HEADIN' WESTWARD • 1928
LAW OF THE MOUNTED • 1928
LIGHTNIN' SHOT • 1928
MANHATTAN COWBOY • 1928
MYSTERY VALLEY • 1928
ON THE DIVIDE • 1928
PAINTED TRAIL • 1928
SILENT TRAIL • 1928
TEXAS TOMMY • 1928
TRAIL RIDERS • 1928
TRAILIN' BACK • 1928
WEST OF SANTA FE • 1928
BAD MEN'S MONEY • BAD MAN'S MONEY • 1929
BELOW THE DEADLINE • 1929
CAPTAIN COWBOY • 1929
CODE OF THE WEST • 1929
COWBOY AND THE OUTLAW, THE • 1929
FIGHTING TERROR, THE • 1929
INVADERS, THE • 1929
LAST ROUNDUP, THE • 1929
LONE HORSEMAN, THE • 1929
MAN FROM NEVADA, THE • 1929
'NEATH WESTERN SKIES • 1929
OKLAHOMA KID, THE • 1929
PHANTOM RIDER, THE • 1929
PIONEERS OF THE WEST • 1929

RIDERS OF THE RIO GRANDE • 1929
RIDERS OF THE STORM • 1929
BEYOND THE LAW • 1930
BREEZY BILL • 1930
CALL OF THE DESERT • 1930
CANYON OF MISSING MEN, THE • 1930
CODE OF HONOR • 1930
COVERED WAGON TRAILS • 1930
HUNTED MEN • 1930
MAN FROM NOWHERE, THE • WESTERN HONOR • 1930
NEAR THE RAINBOW'S END • 1930
OKLAHOMA SHERIFF, THE • 1930
O'MALLEY RIDES ALONE • 1930
PARTING OF THE TRAILS, THE • 1930
UNDER TEXAS SKIES • 1930
CYCLONE KID, THE • 1931
HEADIN' FOR TROUBLE • 1931
QUICK TRIGGER LEE • 1931
RIDERS OF THE NORTH • 1931
SHOTGUN PASS • 1931
HUMAN TARGETS • 1932
HURRICANE EXPRESS • 1932
HURRICANE EXPRESS, THE • 1932 • SRL
LAWLESS VALLEY • 1932
MARK OF THE SPUR • 1932
SCARLET BRAND • 1932
TANGLED FORTUNES • 1932
DEADWOOD PASS • 1933
DRUM TAPS • 1933
WAR ON THE RANGE • 1933
WHEN A MAN RIDES ALONE • 1933
LONE BANDIT, THE • 1934
OUTLAW TAMER, THE • 1934
ROARING SIX GUNS • 1937
ROUGH RIDING RHYTHM • 1937
WHERE THE WEST BEGINS • 1938

McGOWAN JOHN P. see **McGOWAN J. P.**

McGOWAN ROBERT – USA – 1901–
McGOWAN ROBERT A. • McGOWAN BOB
FORGET-ME-NOT • 1920 • SHT
CHAMPEEN, THE • 1922 • SHT
YOUNG SHERLOCKS • 1922 • SHT
BIG SHOW, THE • 1923 • SHT
GIANTS VS. YANKS • 1923 • SHT
OUR GANG • 1923 • SHT
PLEASANT JOURNEY, A • 1923 • SHT
BIG BUSINESS • 1924 • SHT
JUBILO, JR. • 1924 • SHT
BABY CLOTHES • 1926 • SHT
MONKEY BUSINESS • 1926 • SHT
THUNDERING FLEAS • 1926 • SHT
SPOOK SPOOFING • 1927 • SHT
BARNUM AND RINGLING, INC. • 1928 • SHT
CRAZY HOUSE • 1928 • SHT
OL' GRAY HOSS, THE • 1928 • SHT
BOUNCING BABIES • 1929 • SHT
BOXING GLOVES • 1929 • SHT
LAZY DAYS • 1929 • SHT
LITTLE MOTHER • 1929 • SHT
MOAN AND GROAN INC. • 1929 • SHT
NOISY NOISES • 1929 • SHT
RAILROADIN' • 1929 • SHT
SATURDAY'S LESSON • 1929 • SHT
SMALL TALK • 1929 • SHT
WIGGLE YOUR EARS • 1929 • SHT
BEAR SHOOTERS • 1930 • SHT
FIRST SEVEN YEARS, THE • 1930 • SHT
PUPS IS PUPS • 1930
SCHOOL'S OUT • 1930 • SHT
SHIVERING SHAKESPEARE • 1930 • SHT
TEACHER'S PET • 1930 • SHT
TOUGH WINTER, A • 1930 • SHT
BARGAIN DAYS • 1931 • SHT
BIG EARS • 1931 • SHT
DOGS IS DOGS • 1931 • SHT
FLY MY KITE • 1931 • SHT
HELPING GRANDMA • 1931 • SHT
LITTLE DADDY • 1931 • SHT
LOVE BUSINESS • 1931 • SHT
LOVE FEVER • 1931 • SHT
SHIVER MY TIMBERS • 1931 • SHT
BIRTHDAY BLUES • 1932 • SHT
CHOO CHOO • CHOO-CHOO • 1932 • SHT
FREE WHEELING • 1932 • SHT
HOOK AND LADDER • 1932 • SHT
LAD AN' A LAMP, A • 1932 • SHT
POOCH • 1932 • SHT
READIN' AND WRITIN' • 1932 • SHT
SPANKY • 1932 • SHT
BEDTIME WORRIES • 1933 • SHT
CROOK'S TOUR • 1933 • SHT
FISH HOOKY • 1933 • SHT
FORGOTTEN BABIES • 1933 • SHT
KID FROM BORNEO • 1933 • SHT
MUSH AND MILK • 1933 • SHT
WILD POSES • 1933 • SHT
ONE TOO MANY • 1934 • SHT
FRONTIER JUSTICE • 1935
DIVOT DIGGERS • 1936 • SHT
TOO MANY PARENTS • 1936
HAUNTED HOUSE • BLAKE MURDER MYSTERY, THE (UKN) • 1940
OLD SWIMMIN' HOLE, THE • WHEN YOUTH CONSPIRES (UKN) • 1940
TOMBOY • 1940

McGOWAN ROBERT A. see **McGOWAN ROBERT**

McGOWAN STUART see **McGOWAN STUART E.**

McGOWAN STUART E. – Producer/ writer – USA – 1904–
McGOWAN STUART
SHOWDOWN, THE • 1950
TOKYO FILE 212 • 1951
SNOWFIRE • 1958
BASHFUL ELEPHANT, THE • 1962
ICE HOUSE, THE • LOVE IN COLD BLOOD ○ PASSION PIT, THE • 1969
BILLION DOLLAR HOBO, THE • 1978
THEY WENT THAT-A-WAY AND THAT-A-WAY • UNDERCOVER CAPER, THE • 1978

McGOWAN TOM – USA
AMAZON TRADER, THE • 1956
MANHUNT IN THE JUNGLE • 1958
HOUND THAT THOUGHT HE WAS A RACCOON, THE • 1960
CASE OF THE 44'S, THE • 1964
CATACLYSM • NIGHTMARE NEVER ENDS, THE ○ SATAN'S SUPPER ○ CATALYSM • 1972
NIGHT TRAIN TO TERROR • 1985 • ANT

McGRATH CHARLES – USA
HER UNBORN CHILD • HER CHILD • 1930

McGRATH JOE see **McGRATH JOSEPH**

McGRATH JOSEPH – UKN – 1930–
McGRATH JOE • MEUBLES CROISETTE
CASINO ROYALE • 1967
30 IS A DANGEROUS AGE, CYNTHIA • 1967
BLISS OF MRS. BLOSSOM, THE • 1968
MAGIC CHRISTIAN, THE • 1969
DIGBY –THE BIGGEST DOG IN THE WORLD • 1973
GREAT MCGONAGALL, THE • 1974
GIRLS COME FIRST • 1975
I'M NOT FEELING MYSELF TONIGHT • 1976
RISING DAMP –THE MOVIE • RISING DAMP • 1980
MORECAMBE AND WISE: NIGHT TRAIN TO MURDER • NIGHT TRAIN TO MURDER • 1984 • TVM

McGREENEY P. S. – USA
GERM, THE • 1923

MacGREGOR EDGAR J. – USA
GOOD NEWS • 1930

MacGREGOR N. see **MacGREGOR NORVAL**

MacGREGOR NORVAL – USA
MacGREGOR N.
GRANDDADDY'S BOY • 1913
OPEN DOOR, THE • 1913
QUALITY OF MERCY • 1913
AT LAST WE ARE ALONE • 1914
AT THE TRANSFER CORNER • 1914
CARMELITA'S REVENGE • 1914
CASTLES IN THE AIR • 1914
CONSCIENCE AND THE TEMPTRESS • 1914
CUPID TURNS THE TABLES • 1914
DID SHE CURE HIM? • 1914
EMBARRASSING PREDICAMENT, AN • 1914
FAMILY RECORD, THE • 1914
HARBOR OF LOVE, THE • 1914
JIMMIE THE PORTER • 1914
JUNGLE SAMARITAN, THE • 1914
KING BABY'S BIRTHDAY • 1914
LOW FINANCIER, A • 1914
MOTHER OF SEVEN, THE • 1914
MUFF • 1914
MYSTERIOUS BEAUTY, THE • 1914
MYSTERIOUS BLACK BOX, THE • 1914
NEWS BOY TENOR, THE • 1914
NO WEDDING BELLS FOR HER • 1914
OH! LOOK WHO'S HERE! • 1914
OLD VS. THE NEW, THE • 1914
ONE KISS • 1914
RED HEAD INTRODUCES HERSELF • 1914
RIGHT TO HAPPINESS, THE • 1914
SECOND CHILDHOOD • 1914
STORY OF VENUS, THE • 1914
SURPRISE PARTY, A • 1914
TAIL OF A COAT, THE • 1914
TAINT OF MADNESS, THE • 1914
TEACHING FATHER A LESSON • 1914
TWO GIRLS • 1914
WHICH HAM IS SCHNAPPSMEIER'S? • 1914
WILLIE'S HAIRCUT • 1914
WOMAN LAUGHS, A • 1914
YOU NEVER CAN TELL • 1914
AND THEN IT HAPPENED • 1915
AT THE MASK BALL • 1915
AWFUL ADVENTURES OF AN AVIATOR, THE • 1915
CATS • 1915
CLAM-SHELL SUFFRAGETTES, THE • 1915
COLORADO • 1915
COME 'ROUND AN' TAKE Y'R ELEPHANT AWAY • 1915
HEART OF A TIGRESS, THE • 1915
IDOL OF FATE, THE • 1915
KIDNAPPED LOVER, THE • 1915
KISS OF DISHONOR, THE • 1915
LADY KILLER, THE • 1915
LION'S WARD, THE • 1915
MAN OVERBOARD • 1915
ONION PATCH, THE • 1915
PERFUMED WRESTLER, THE • 1915
RED WINS • 1915
SHE WANTED TO BE A WIDOW • 1915
SNAILBURG VOLUNTEERS, THE • 1915
STRATEGIST, THE • 1915
TWO WOMEN AND ONE HAT • 1915
VAGABOND LOVE • 1915
WHY BILLINGS WAS LATE • 1915
WIPE YER FEET • 1915
RECOILING VENGEANCE, A • 1916 • SHT
SMALL TOWN STUFF • 1916 • SHT
TARGET, THE • 1916
BASEBALL AT MUDVILLE • 1917 • SHT
BILL AND THE BEARDED LADY • 1917 • SHT
BUSH LEAGUER, THE • 1917 • SHT
EVERYBODY WAS SATISFIED • 1917 • SHT
HER WAYWARD PARENTS • 1917 • SHT
MISTER BINGO, THE BACHELOR • 1917 • SHT
NO PLACE LIKE HOME • 1917
OVER THE GARDEN WALL • 1917 • SHT
RESCUING UNCLE • 1917
ROMANCE AND ROSES • 1917 • SHT
CHILDREN OF BANISHMENT • 1919
JACQUES OF THE SILVER NORTH • 1919
IMPULSE • 1922
TONSORIAL LEOPARD TAMER, THE • 1924
COMPASSION • 1927

MacGREGOR SEAN – USA
NOVEMBER CHILDREN • 1971
PEOPLETOYS • HORRIBLE HOUSE ON THE HILL, THE ○ DEVIL TIMES FIVE ○ PEOPLE TOYS ○ TANTRUMS • 1974
NIGHTMARE COUNTY • 1977
GENTLE SAVAGE • 1978

McGUANE THOMAS – USA – 1939–
92° IN THE SHADE • NINETY-TWO IN THE SHADE • 1975

McGUINNESS JAMES KEVIN – Producer – USA – 1893–
ROAD HOUSE • 1928

McGUIRE DENNIS – USA
SHOOT IT: BLACK, SHOOT IT: BLUE • 1974

McGUIRE DON – Writer – USA – 1919–
BREAK TO FREEDOM • 1955
JOHNNY CONCHO • 1956
DELICATE DELINQUENT, THE • 1957
HEAR ME GOOD • 1957

McGUIRE PATRICK – NZL
WAR YEARS • 1984 • CMP

McGUIRK CHARLES J. – USA
FABLE OF THE TOILSOME ASCENT AND THE SHINING TABLE LAMP, THE • 1917 • SHT

MACH JAROSLAV – CZC
CO REKNE ZENA • WHAT WILL MY WIFE SAY • 1957
O VECECH NADPRIROZENYCH • ON MIRACULOUS HAPPENINGS ○ GLORIE ○ HALO, THE ○ MIRACULOUS HAPPENINGS • 1958
KLEC PRO DVA • CAGE FOR TWO, A • 1967
RAKEV VE SNU VIDETI.. • TO SEE A COFFIN IN ONE'S DREAM.. ○ TO SEE A COFFIN IN YOUR DREAM • 1968

MACH JOSEF – CZC – 1909–
VELKY PRIPAD • GREAT INCIDENT • 1946
NIKDO NIC NEVI • NOBODY KNOWS ANYTHING ○ NO-ONE KNOWS A THING • 1947
ON THE RIGHT TRACK • 1948
ZELENA KNIZKA • GREEN BOOK, THE • 1948
TROUBLES OF MR.TRISKA, THE • 1949
VZBOURENI NA VSI • VILLAGE REVOLT, THE • 1949
ACTION B • 1951
AKCE B • ACTION B • 1951
HRATKY S CERTEM • PLAYING WITH THE DEVIL • 1956
FLORENCE 13.30 • BUS TERMINAL • 1957
HORKA LASKA • LOST CANNON, THE • 1958
TAZNI PTACI • BIRDS OF PASSAGE • 1961
PLEASE DO NOT DISTURB • 1962
SCHWARZE PANTHER • 1966
SOHNE DER GROSSEN BARIN, DIE • 1966
OBJIZDKA • WAY ROUND, THE ○ DETOUR • 1968
PREHLIDCE VELIM JA • I COMMAND THE PARADE • 1969

McHALEY SCOTT – USA
FAST CARS, FAST WOMEN • FAST CARS • 1979

MACHALZ – GRM
MEIN KIND • MY CHILD • 1956

MACHALZ ALFONS – GRM
ROTE NOVEMBER, DER • RED NOVEMBER • 1968

MACHARD ALFRED – Novelist – FRN – 1887–1962
SON AUTRE AMOUR • DEDE, SON PERE ET L'AMOUR ○ PAPA • 1933
PETITS, LES • 1936

MACHATY GUSTAV – CZC – 1901–1963
TEDDY BY KOURIL • TEDDY'D LIKE A SMOKE ○ TEDDY WANTS TO SMOKE • 1919
KREUTZEROVA SONATA • KREUTZER SONATA • 1926
SVEJK V CIVILU • SCHWEIK IN CIVILIAN LIFE ○ SCHWEIK AS A CIVILIAN • 1927
EROTIKON • SEDUCTION • 1929
ZE SOBOTY NA NEDELI • FROM SATURDAY TO SUNDAY • 1931
EKSTASE • SYMPHONIE DER LIEBE • 1932
EXTASE • 1932
EXTASE • ECSTASY ○ MY LIFE • 1932
NACERADEC, KRAL KIBICU • NACERADEC, KING OF KIBITZER • 1932
NOCTURNO • ...UND ALLE DURSTEN NACH LIEBE • 1935
BALLERINE • FANNY, BALLERINA DELLA SCALA • 1936
BORN RECKLESS • 1937
MADAME X • 1937
WRONG WAY OUT, THE • 1938 • SHT
WITHIN THE LAW • 1939
JEALOUSY • 1945
SUCHKIND 312 • 1955

McHENRY JAMES – USA
ANYTHING ONCE • 1925

MACHERET A. see **MACHERET ALEXANDER**

MACHERET ALEXANDER – USS
MATCHERET A. • MACHERET A. • MASHERET A. V. • MARCHARET A.
DELA Y LYUDI • MEN AND JOBS ○ JOBS AND MEN ○ DELA I LYUDI • 1932
PETER VINOGRADOF • 1935
CALL TO ARMS • 1937
CONCENTRATION CAMP • 1939
I'M FROM THE BLACK SEA • 1944

MACHIN ALFRED – USA – 1877–1929
CHASSE A L'HIPPOPOTAME SUR LE NIL BLEU • 1908
CHASSE A LA PANTHERE • 1909
EN AFRIQUE CENTRALE, FACHODA • 1910
VOL EN AEROPLANE, UN • 1910
VOYAGE EN AFRIQUE • 1910 • SER
BABYLAS • 1911 • SER
BABYLAS HABITE UNE MAISON TRANQUILLE • 1911
CHERTE DES VIVRES, LA • 1911
FOUINARD N'EST PAS SYNDICALISTE • 1911
GRANDES CHASSES, LES • 1911 • SER
MADAME BABYLAS AIME LES ANIMAUX • 1911
NUIT DE NOEL, LA • 1911
AME DES MOULINS, L' • 1912
BABYLAS VA SE MARIER • 1912
CALVAIRE DU MOUSSE, LE • 1912
FILLE DE DELFT, LA • 1912
FLEUR SANGLANTE, LA • 1912
HUGO VAN GROOT • 1912
LITTLE MORITZ CHASSE LES GRANDS FAUVES • 1912
LITTLE MORITZ SOLDAT D'AFRIQUE • 1912
OBSEQUES SOLENNELLES DE LA COMTESSE DES FLANDRES, MERE DU ROI ALBERT 1er • 1912
OR QUI BRULE, L' • 1912
PEINTURE ET LES COCHONS, LA • 1912
REVOLTE DES GUEUX, LA • 1912
STRIJD DER GEUZEN, DE • 1912
AGENT RIGOLO ET SON CHIEN POLICIER, L' • 1913
AU RAVISSEMENT DES DAMES • 1913
BAISER DE L'EMPEREUR, LE • 1913
BATAILLE DE WATERLOO, LA • 1913
DIAMANT NOIR, LE • 1913
EPISODE DE WATERLOO, UN • 1913

GRANDES MANOEUVRES DE L'ARMEE BELGE, LES • 1913
HISTOIRE DE MINNA GLAESENS • 1913
MAUDITE SOIT LA GUERRE • MOULIN MAUDIT, LE ○ CURSED BE WAR • 1913
MONSIEUR BEULEMANS GARDE CIVIQUE • 1913
PIE NOIRE, LA • 1913
SAIDA A ENLEVE MANNEKEN PIS • 1913
SUPREME SACRIFICE • 1913
VOYAGE EN EGYPTE • 1913 • SER
NAPOLEON: DU SACRE A SAINTE-HELENE • 1914
VENGEANCE DU COIFFEUR, LA • 1914
ON ATTEND POLOCHON • 1920
PERVENCHE • 1921
ENIGME DU MONT AGEL, L' • 1923
MOI AUSSI, J'ACCUSE • 1923
HERITIERS DE L'ONCLE JAMES, LES • 1924
HOMME NOIR, L' • 1924
BETES COMME LES HOMMES • 1925
COEUR DES GUEUX, LE • 1925
FAKIRS, FUMISTES ET COMPAGNIE • 1927
MANOIR DE LA PEUR, LE • HOUSE OF FEAR, THE • 1927
RETOUR, LE • 1928
BLACK AND WHITE • 1929
DE LA JUNGLE A L'ECRAN • 1929
ROBINSON JUNIOR • BLACK AND WHITE • 1931

MACHNACZ LEONID – PLN
ZA WASZA I NASZA WOLNOSC • FOR YOUR FREEDOM AND OURS • 1968 • DOC
OCZAMI PRZYJACIOL • THROUGH THE EYES OF FRIENDS • 1970 • DOC

MACHOVER ROBERT – USA
TROUBLEMAKERS • 1966 • DOC

MACHULSKI JULIUSZ – PLN – 1955–
VABANK • VA BANQUE • 1981
SEKSMISJA • SEX MISSION • 1984
KINGSAJZ • KING SIZE ○ KINGSIZE • 1988

MACIAN FRANCISCO – SPN – 1929–1976
MAGO DE LOS SUENOS, EL • DREAM MAKER, THE ○ MAGICIAN OF DREAMS, THE • 1966
BESTIAS NO SE MIRAN AL ESPEJO, LAS • 1975
MEMORIA • 1976

MACINA MICHAEL – CND – 1950–
APPARTENANCE • 1984 • MTV
METALLO BLUES • 1985
MA VIE C'EST A MOI • 1986 • MTV
PEPINO • 1986 • MTV
SOLITUDES • 1986

McINNES GRAHAM – CND
WEST WIND: THE STORY OF TOM THOMPSON • BOURRASQUE • 1942 • DCS

McINNES LAURIE – ASL
PALLISADE • 1986 • SHT

McINTOSH ROGER – UKN
FROZEN PONDS • 1980

MacINTYRE HAROLD – NZL
PASSPORT TO PLEASURE • 1955

McINTYRE THOM – USA
RUTHERFORD COUNTY LINE • 1985

McISAAC NIGEL – UKN
SINGING STREET, THE • 1952
GREY METROPOLIS, THE • 1953

MACK ANTHONY – USA
OLYMPIC GAMES • 1927 • SHT
EDISON, MARCONI & CO. • 1928 • SHT
GROWING PAINS • 1928 • SHT
RAINY DAYS • 1928 • SHT
SCHOOL BEGINS • 1928 • SHT
SPOOFING • 1928 • SHT
BOXING GLOVES • 1929 • SHT
CAT, DOG & CO. • 1929 • SHT
DOG HEAVEN • 1929 • SHT
HOLY TERROR, THE • 1929 • SHT
SHIVERING SHAKESPEARE • 1930 • SHT
KNOCKOUT, THE • 1932 • SHT
TOO MANY WOMEN • 1932 • SHT
WILD BABIES • 1932 • SHT
YOU'RE TELLING ME • 1932 • SHT

MACK BRICE – USA
JENNIFER • JENNIFER (THE SNAKE GODDESS) • 1978
HALF A HOUSE • 1979
SWAP MEET • 1979
ROOSTER • ROOSTER: SPURS OF DEATH • 1983

MACK CHARLES W. – USA
CALL OF THE PAST, THE • 1916 • SHT
BLUE BLAZES • 1922

MACK H. S. – USA
FRAU VAN VINKLE'S CRULLERS • 1913

MACK MAX – GRM – 1884–
DIENER IHRES FREUNDES, DER
FALLE, DIE
FRAU DES ABGEORDNETEN, DIE
MUTTER AUGEN, DER
LAUNEN DES SCHICKSALS
MAHIRA
WENN DIE TOTEN ERWACHEN
BLAUE MAUS, DIE • 1912
ANDERE, DER • OTHER, THE • 1913
KONIG, DER • 1913
LETZTE TAG, DER • 1913
TANGO KONIGIN, DIE • 1913
WO IST COLETTI? • 1913
ARME MARIE • 1914
ACHTE GEBOT, DU SOLLST NICHT FALSCH ZEUGNIS REDEN WIDER DEINEN NACHSTEN • ACHTE GEBOT, DAS • 1915
BLAUE MAUS, DIE • 1915
HAND AM VORHANG, DIE • 1915
KATZENSTEG, DER • 1915
KEHRE ZURUCK! ALLES VERGEBEN! • 1915
NAHIRA • 1915
NUR EINE LUGE • COLOMBINE • 1915
PENSION LAMPEL • 1915
ROBERT UND BERTRAM • 1915
SCHUSS IM TRAUM, DER • 1915
WIEGENLIED, DAS • 1915
ZWEI GLUCKLICHE PAARE • 1915
FAKIR IM FRACK, DER • 1916
FRITZIS TOLLER EINFALL • 1916
GESTANDNIS DER GRUNEN MASKE, DAS • GRUNE DAMON, DER • 1916
SEKWETTE, DIE • 1916
SUMPF, DER • 1916
TANZENDE HERZ, DAS • 1916
ADAMANTS LETZTES RENNEN • 1917
DIEBE UND LIEBE • 1917
FALL HIRN, DER • 1917
NICHTE DES HERZOGS, DIE • 1917
SCHWARZE LO, DIE • 1917
OPFER UM OPFER • 1918
OTHELLO • 1918
SEIN WEIB • 1918
WANDERRATTEN • 1918
BRUDER • 1919
FLIMMERPRINZ, DER • 1919
FREIE LIEBE • 1919
LEBEN DIE TOTEN? • 1919
SUNDIGES BLUT • 1919
FIGAROS HOCHZEIT • MARRIAGE OF FIGARO, THE • 1920
LIEBLINGSFRAU DES MAHARADSCHA 3, DIE • 1920
SOHN DER MAGD, DER • 1920
GEHEIMNISSE VON BERLIN, DIE • 1921
GROSSE UND DIE KLEINE WELT, DIE • 1921
FRAUENPARADIES, DAS • 1922
O DU MEIN VATERLAND • 1922
SCHNEIDERKOMTESS, DIE • IST ARBEIT SCHANDE? • 1922
SCHONE MADEL, DAS • 1922
TRAGODIE IM HAUSE BANG, DIE • 1922
FLEDERMAUS, DIE • 1923
QUARANTANE • 1923
MADCHEN MIT SER PROTEKTION, DAS • 1925
UNGEBETENE GAST, DER • 1925
VATER VOSS • UM SEINES KINDES GLUCK • 1925
FAHRT IN ABENTEUER, DIE • 1926
STEH ICH IN FINSTERER MITTERNACHT • 1927
TAG DER ROSEN IM AUGUST.. DA HAT DIE GARDE FORTGEMUSST • 1927
ICH HATTE EINST EIN SCHONES VATERLAND • 1928
KAMPF DER TERTIA, DER • JUGEND VON MORGEN • 1928
AUTOBUS NR.2 • 1929
NUR AM RHEIN • 1930
TAUSEND FUR EINE NACHT • 1932
BE CAREFUL MR. SMITH • SINGING THROUGH • 1935

MACK ROY – USA
SKY HIGH • 1931 • SHT
PASSING THE BUCK • 1932 • SHT
PIE, PIE, BLACKBIRD • 1932 • SHT
MILLS BLUE RHYTHM BAND • 1933 • SHT
RUFUS JONES FOR PRESIDENT • 1933 • SHT
SMASH YOUR BAGGAGE • 1933 • SHT
THAT'S THE SPIRIT • 1933 • SHT
USE YOUR IMAGINATION • 1933 • SHT
GOOD MORNING, EVE! • 1934 • SHT
ISHAM JONES AND HIS ORCHESTRA • 1934 • SHT
MASKS AND MEMORIES • 1934 • SHT
SERVICE WITH A SMILE • 1934 • SHT
ALL COLORED VAUDEVILLE SHOW • 1935 • SHT
BY REQUEST • 1935 • SHT
IT'S A PANIC • 1935 • SHT
BLACK NETWORK, THE • 1936 • SHT
VITAPHONE VARIETE • 1936 • SHT
HI-DE-HO • 1937 • SHT
SWING CATS JAMBOREE • 1938 • SHT
ARTIE SHAW AND HIS ORCHESTRA • 1939 • SHT
WEDDING BILLS • 1940 • SHT
HILLBILLY BLITZKRIEG • 1942

MACK RUSSELL – USA – 1892–1972
BIG MONEY • EASY MONEY (UKN) • 1930
NIGHT WORK • 1930
SECOND WIFE • 1930
HEAVEN ON EARTH • 1931
LONELY WIVES • 1931
MISSISSIPPI • 1931
SPIRIT OF NOTRE DAME • VIGOUR OF YOUTH (UKN) • 1931
ALL-AMERICAN, THE • SPORT OF A NATION (UKN) • 1932
ONCE IN A LIFETIME • MERRY-GO-ROUND • 1932
SCANDAL FOR SALE • HOT NEWS ○ AMBITION ○ SCANDAL SHEET • 1932
PRIVATE JONES • 1933
BAND PLAYS ON, THE • BACK FIELD ○ KID FROM COLLEGE • 1934
MEANEST GAL IN TOWN, THE • ONCE OVER LIGHTLY • 1934

MACK WAYNE – USA
BUBBLES • 1920
NO MAN'S WOMAN • 1921
NINE POINTS OF THE LAW • GIRL'S DECISION, A • 1922

MACK WILLARD – Actor – USA – 1873–1934
VOICE OF THE CITY • 1929
BROADWAY TO HOLLYWOOD • RING UP THE CURTAIN (UKN) ○ MARCH OF TIME, THE ○ SHOW WORLD • 1933
WHAT PRICE INNOCENCE? • SHALL THE CHILDREN PAY (UKN) • 1933
TOGETHER WE LIVE • 1935

MacKANE DAVID – Producer – UKN – 1907–
SWINGING THE LEAD • 1935
MEN OF THE MINES • 1945
OTHELLO • 1946
GORBALS STORY, THE • 1950

MacKAY BRUCE – CND – 1945–
HALF-MASTED SCHOONER • 1969
PEARLY YEATS, THE • 1971
STILL IN ONE PIECE ANYWAY • 1975 • MTV
NORTHERN COMPOSITION • 1979 • MTV
SAIL AWAY • 1979 • MTV
GULF STREAM • 1981 • MTV
STARBREAKER • 1985

McKAY COLE – USA
GAME, THE • 1989

McKAY JAMES – UKN
QUEEN'S EVIDENCE • 1919
SINLESS SINNER, A • MIDNIGHT GAMBOLS (USA) • 1919

McKAY JAMES C. – USA
SOULS FOR SABLES • 1925
FOOLS OF FASHION • 1926
BROKEN GATE, THE • 1927
LIGHTNING • DESERT PRINCE, THE • 1927

MacKAY JIM – Animator – CND – 1917–
BID IT UP SUCKER • 1944 • DCS
EN ROULANT MA BOULE • 1944 • ANS
FILEZ, FILEZ, O MON NAVIRE • 1944 • ANS
JOE DOPE HELPS CAUSE INFLATION • 1944 • ANS
MEUNIER TU DORS • 1944 • ANS
ANDRE'S GRAND TOUR • ANM
STANLEY TAKES A TRIP • 1947 • ANS
TEN LITTLE FARMERS • 1947 • ANS
TEETH ARE TO KEEP • 1949 • ANS

MACKAY TANYA see **BALLANTYNE TANYA**

McKAY WINSOR see **McCAY WINSOR**

MACKAY YVONNE – NZL
SILENT ONE, THE • 1984

McKEE GRACE – USA
INGAGI • 1930

McKEE L. S. – USA
LONE HAND WILSON • 1920

MACKENDRICK ALEXANDER – UKN – 1912–
FABLE OF THE FABRICS • 1942
WHISKY GALORE • TIGHT LITTLE ISLAND (USA) ○ LIQUID TREASURE • 1948
MAN IN THE WHITE SUIT, THE • 1951
MANDY • CRASH OF SILENCE (USA) ○ STORY OF MANDY, THE • 1952
MAGGIE, THE • HIGH AND DRY (USA) • 1953
LADYKILLERS, THE • 1955
SWEET SMELL OF SUCCESS, THE • 1957
SAMMY GOING SOUTH • BOY TEN FEET TALL, A (USA) ○ BOY IS TEN FEET TALL, A • 1963
HIGH WIND IN JAMAICA, A • 1965
DON'T MAKE WAVES • 1967
OH DAD, POOR DAD, MAMA'S HUNG YOU IN THE CLOSET AND I'M FEELING SO SAD • 1967

McKENNA KENNETH see **MacKENNA KENNETH**

MacKENNA KENNETH – Actor – USA – 1899–1962
McKENNA KENNETH
ALWAYS GOODBYE • 1931
GOOD SPORT • 1931
SPIDER, THE • 1931
CARELESS LADY • 1932
WALLS OF GOLD • 1933
SLEEPERS EAST • 1934

McKENNIREY MIKE – CND
ATONEMENT • 1972
CONQUERED DREAM, THE • 1972

McKENZIE BRIAN – ASL
I'LL BE HOME FOR CHRISTMAS • 1984 • DOC

McKENZIE DONALD – USA
ALL LOVE EXCELLING • 1914
DETECTIVE CRAIG'S COUP • 1914
DETECTIVE SWIFT • 1914
HAND OF DESTINY, THE • 1914
LEAVES OF MEMORY • 1914
LION'S BRIDE, THE • 1914
PERILS OF PAULINE, THE • 1914 • SRL
TICKET-OF-LEAVE MAN, THE • 1914
TRAMP, THE • 1914
FORTUNES OF PIERRE, THE • 1915
GALLOPER, THE • 1915
MARY'S LAMB • 1915
PARDON, THE • 1915
SPENDER, OR THE FORTUNES OF PETER, THE • 1915
TALE OF A SHIRT, THE • 1915
WOOF, WOOF • 1915
CHALLENGE, THE • 1916
PRECIOUS PACKET, THE • 1916
SEVEN PEARLS, THE • 1917 • SRL
SHIELDING SHADOW, THE • 1917 • SRL
CARTER CASE, THE • 1919 • SRL
FATAL FORTUNE, THE • 1919 • SRL

MACKENZIE IAN – Animator – UKN
DAVID COPPERFIELD • 1984 • ANM

MACKENZIE JOHN – UKN – 1932–
ONE BRIEF SUMMER • 1970
UNMAN, WITTERING AND ZIGO • 1971
MADE • 1972
LONG GOOD FRIDAY, THE • 1980
SENSE OF FREEDOM, A • 1981
BEYOND THE LIMIT • HONORARY CONSUL, THE • 1983
INNOCENT, THE • 1985
ACT OF VENGEANCE • 1986 • TVM
FOURTH PROTOCOL, THE • 1987
STREET LEGAL • 1989

MacKENZIE KENT – USA
EXILES, THE • 1961
SATURDAY MORNING • 1971 • DOC

McKENZIE KIM – ASL
DOWN THE WIND • 1975

MACKENZIE MIDGE – UKN
WOMEN TALKING • 1970

MACKENZIE PETER – USA
MISSION MANILA • WEB • 1988
MERCHANTS OF WAR • 1989

McKENZIE ROBERT – USA
KNIGHT OF THE WEST, A • 1921
FIGHTIN' DEVIL • 1922
WESTERN DEMON, A • 1922

MACKENZIE WILL – USA
FAMILY TIES VACATION • 1985 • TVM
HOBO'S CHRISTMAS, A • 1987 • TVM
WORTH WINNING • 1989

McKEOWN BOB see **McKEOWN ROBERT**

McKEOWN DOUGLAS – USA
DEADLY SPAWN, THE • RETURN OF THE ALIEN'S DEADLY SPAWN • 1983

McKEOWN JACK – USA
HER FATHER SAID NO • 1927

McKEOWN ROBERT – CND
McKEOWN BOB
CANADIENS, LES • 1986 • DOC
STRANGERS IN A STRANGE LAND: THE ADVENTURES OF A FILM CREW IN THE HEART OF CHINA • 1988 • DOC

MACKEY CLARKE – CND
ONLY THING YOU KNOW, THE • 1972
TAKING CARE • PRESCRIPTION FOR MURDER • 1988

MACKEY EDWARD – USA
COMING POWER, THE • 1914
SPAN OF LIFE, THE • 1914

MACKEY JOHNNY – USA
SAD DOG'S STORY, A • 1915

McKIM EDWIN – USA
ACCIDENT POLICY, AN • 1915
CUTTING DOWN EXPENSES • 1915
GREAT DETECTIVE, THE • 1915
HALF A MILLION • 1915
LIMBURGER'S VICTORY • 1915
LOVE AND SWORDS • 1915
OTTO'S CABARET • 1915
PLAYING IN TOUGH LUCK • 1915
PLAYING THE SAFE GAME • 1915
ROMANCE OF A BEANERY • 1915
THIS ISN'T THE LIFE • 1915
UP AGAINST IT • 1915
WHICH IS WHICH? • 1915
BATHTUB MYSTERY, A • 1916 • SHT
BUCKSHOT FEUD, THE • 1916 • SHT
BUTLER, THE • 1916 • SHT
FATAL BEAN, THE • 1916 • SHT
FRILBY FRILLED • 1916 • SHT
FROCKS AND FRILLS • 1916 • SHT
GERMS AND MICROBES • 1916 • SHT
HIS LORDSHIP • 1916 • SHT
NEW JANITOR, THE • 1916 • SHT
NO PLACE LIKE JAIL • 1916 • SHT
OTTO THE ARTIST • 1916 • SHT
OTTO THE BELLBOY • 1916 • SHT
OTTO THE COBBLER • 1916 • SHT
OTTO THE GARDENER • 1916 • SHT
OTTO THE HERO • 1916 • SHT
OTTO THE REPORTER • 1916 • SHT
OTTO THE SALESMAN • 1916 • SHT
OTTO THE SLEUTH • 1916 • SHT
OTTO THE SOLDIER • 1916 • SHT
OTTO THE TRAFFIC COP • 1916 • SHT
OTTO'S LEGACY • 1916 • SHT
OTTO'S VACATION • 1916 • SHT
SKIRTS AND CINDERS • 1916 • SHT

McKIMMIE JACK – ASL
McKIMMIE JACKIE
STATIONS • 1984 • SHT
AUSTRALIAN DREAM • 1986
WAITING • 1990

McKIMMIE JACKIE see **McKIMMIE JACK**

McKIMSON BOB see **McKIMSON ROBERT**

McKIMSON ROBERT – Animator – USA – 1910–1976
McKIMSON BOB
ACROBATTY BUNNY • 1946 • ANS
DAFFY DOODLES • 1946 • ANS
HOLLYWOOD CANINE CANTEEN • 1946 • ANS
MOUSE–MERIZED CAT, THE • 1946 • ANS
WALKY TALKY HAWKY • 1946 • ANS
BIRTH OF A NOTION • 1947 • ANS
CROWING PAINS • 1947 • ANS
EASTER YEGGS • 1947 • ANS
HOBO BOBO • 1947 • ANS
ONE MEAT BRAWL • 1947 • ANS
PAYING THE PIPER • 1947 • ANS
UPSTANDING SITTER, THE • 1947 • ANS
DAFFY DUCK SLEPT HERE • 1948 • ANS
FOGHORN LEGHORN • 1948 • ANS
GORILLA MY DREAMS • 1948 • ANS
HORSEFLY FLEAS, A • 1948 • ANS
HOT CROSS BUNNY • 1948 • ANS
LAD IN HIS LAMP, A • 1948 • ANS
SHELL–SHOCKED EGG, THE • 1948 • ANS
DAFFY DUCK HUNT • 1949 • ANS
GRAY HOUNDED HARE, THE • 1949 • ANS
HAM IN A ROLE, A • 1949 • ANS
HENHOUSE HENERY • 1949 • ANS
HIPPETY HOPPER • 1949 • ANS
REBEL RABBIT • 1949 • ANS
SWALLOW THE LEADER • 1949 • ANS
WINDBLOWN HARE, THE • 1949 • ANS
BOOBS IN THE WOODS • 1950 • ANS
BUSHY HARE • 1950 • ANS
DOG COLLARED • 1950 • ANS
EGG SCAMBLE, AN • 1950 • ANS
FOX IN A FIX, A • 1950 • ANS
FRACTURED LEGHORN, A • 1950 • ANS
HILLBILLY HARE • 1950 • ANS
HURDY GURDY HARE • 1950 • ANS
IT'S HUMMER TIME • 1950 • ANS
LEGHORN BLOWS AT MIDNIGHT, THE • 1950 • ANS
POP 'IM POP • 1950 • ANS
STRIFE WITH FATHER • 1950 • ANS
WHAT'S UP, DOC? • 1950 • ANS
BIG TOP BUNNY • 1951 • ANS
CORN PLASTERED • 1951 • ANS
EARLY TO BET • 1951 • ANS
FRENCH RAREBIT • 1951 • ANS
LEGHORN SWOGGLED • 1951 • ANS
LOVELORN LEGHORN • 1951 • ANS
PRIZE PEST, THE • 1951 • ANS
SLEEPY TIME POSSUM • 1951 • ANS
EGG–CITED ROOSTER, THE • 1952 • ANS
FOOL COVERAGE • 1952 • ANS
HOPPY AND LUCKY • 1952 • ANS
KIDDIN' THE KITTEN • 1952 • ANS
OILY HARE • 1952 • ANS
RABBIT'S KIN • 1952 • ANS
SOCK–A–DOODLE–DO • 1952 • ANS
SUPER SNOOPER • 1952 • ANS
THUMB FUN • 1952 • ANS
TURN–TALE WOLF, THE • 1952 • ANS
WHO'S KITTEN WHO? • 1952 • ANS
CAT–TAILS FOR TWO • 1953 • ANS
CATS A–WEIGH • 1953 • ANS
EASY PECKIN'S • 1953 • ANS
MUSCLE TUSSLE • 1953 • ANS
OF RICE AND HEN • 1953 • ANS
PECK O' TROUBLE, A • 1953 • ANS
PLOP GOES THE WEASEL • 1953 • ANS
THERE AUTO BE A LAW • 1953 • ANS
UPSWEPT HARE • 1953 • ANS
BELL HOPPY • 1954 • ANS
DESIGN FOR LEAVING • 1954 • ANS
DEVIL MAY HARE • 1954 • ANS
GONE BATTY • 1954 • ANS
LITTLE BOY BOO • 1954 • ANS
NO PARKING HARE • 1954 • ANS
OILY AMERICAN, THE • 1954 • ANS
QUACK SHOT • 1954 • ANS
WILD WIFE • 1954 • ANS
ALL FOWLED UP • 1955 • ANS
DIME TO RETIRE • 1955 • ANS
FEATHER DUSTER • 1955 • ANS
HOLE IDEA, THE • 1955 • ANS
LIGHTHOUSE MOUSE • 1955 • ANS
HALF–FARE HARE • 1956 • ANS
HIGH AND THE FLIGHTY, THE • 1956 • ANS
HONEY–MOUSERS, THE • 1956 • ANS
MIXED MASTER • 1956 • ANS
RAW! RAW! ROOSTER • 1956 • ANS
SLAP–HAPPY MOUSE, THE • 1956 • ANS
STUPOR DUCK • 1956 • ANS
TOO HOP TO HANDLE • 1956 • ANS
UNEXPECTED PEST • 1956 • ANS
WEASEL STOP • 1956 • ANS
WIDEO WABBIT • 1956 • ANS
BEDEVILLED RABBIT • 1957 • ANS
BOSTON QUACKIE • 1957 • ANS
CHEESE IT, THE CAT • 1957 • ANS
DUCKING THE DEVIL • 1957 • ANS
FOX TERROR • 1957 • ANS
MOUSETAKEN IDENTITY • 1957 • ANS
RABBIT ROMEO • 1957 • ANS
TABASCO ROAD • 1957 • ANS
DOG TALES • 1958 • ANS
DON'T AXE ME • 1958 • ANS
FEATHER BLUSTER • 1958 • ANS
GOPHER BROKE • 1958 • ANS
MOUSE THAT JACK BUILT, THE • 1958 • ANS
NOW HARE THIS • 1958 • ANS
PREHYSTERICAL HARE • 1958 • ANS
WEASEL WHILE YOU WORK • 1958 • ANS
BACKWOODS BUNNY • 1959 • ANS
BONANZA BUNNY • 1959 • ANS
BROKEN LEGHORN, A • 1959 • ANS
CAT'S PAW • 1959 • ANS
CHINA JONES • 1959 • ANS
MOUSE PLACED KITTEN • 1959 • ANS
MUTT IN A RUT, A • 1959 • ANS
PEOPLE ARE BUNNY • 1959 • ANS
CROCKETT–DOODLE–DO • 1960 • ANS
DIXIE FRYER, THE • 1960 • ANS
DOGGONE PEOPLE • 1960 • ANS
MICE FOLLIES • 1960 • ANS
WILD WILD WORLD • 1960 • ANS
BIRDS OF A FATHER • 1961 • ANS
DAFFY'S INN TROUBLE • 1961 • ANS
HOPPY DAZE • 1961 • ANS
STRANGLED EGGS • 1961 • ANS
BILL OF HARE • 1962 • ANS
FISH AND SLIPS • 1962 • ANS
GOOD NOOSE • 1962 • ANS
MOTHER WAS A ROOSTER • 1962 • ANS
SLICK CHICK, THE • 1962 • ANS
WET HARE • 1962 • ANS
AQUA DUCK • 1963 • ANS
BANTY RAIDS • 1963 • ANS
CLAWS IN THE LEASE • 1963 • ANS
FAST BUCK DUCK • 1963 • ANS
MILLION–HARE, THE • 1963 • ANS
BARTHOLOMEW VERSUS THE WHEEL • 1964 • ANS
DR. DEVIL AND MR. HARE • 1964 • ANS
FALSE HARE • 1964 • ANS
FREUDY CAT • 1964 • ANS
MESSAGE TO GRACIAS, A • 1964 • ANS
ASSAULT AND PEPPERED • 1965 • ANS
CHILI CON CORNY • 1965 • ANS
GO GO AMIGO • 1965 • ANS
MOBY DUCK • 1965 • ANS
RUSHING ROULETTE • 1965 • ANS
SUPPRESSED DUCK • 1965 • ANS
TEASE FOR TWO • 1965 • ANS
WELL WORN DAFFY • 1965 • ANS
A–HAUNTING WE WILL GO • 1966 • ANS
ASTRODUCK • 1966 • ANS
DAFFY RENTS • 1966 • ANS
FEATHER FINGER • 1966 • ANS
MEXICAN MOUSEPIECE • 1966 • ANS
MUCHO LOCOS • 1966 • ANS
SNOW EXCUSE • 1966 • ANS
SQUEAK IN THE DEEP • 1966 • ANS
SUGAR AND SPIES • 1966 • ANS
SWING DING AMIGO • 1966 • ANS
TASTE OF CATNIP, A • 1966 • ANS
DAFFY'S DINER • 1967 • ANS
QUIET SQUAD, LE • 1967 • ANS
SACRE BLEU CROSS • 1967 • ANS
BUNNY AND CLAUDE • 1968 • ANS
BUGGED BY A BEE • 1969 • ANS
FISTIC MYSTIC • 1969 • ANS
GREAT CARROT TRAIN ROBBERY, THE • 1969 • ANS
INJUN TROUBLE • 1969 • ANS
RABBIT STEW AND RABBITS TOO • 1969 • ANS
SHAMROCK AND ROLL • 1969 • ANS
FOWL PLAY • 1973 • ANS
IT'S PINK BUT IS IT MINK? • 1975 • ANS
PINK DAVINCI • 1975 • ANS
MYSTIC PINK • 1976 • ANS
PINK PRO, THE • 1976 • ANS
SHERLOCK PINK • 1976 • ANS

McKIMSON TOM – Animator – USA
GAY GAUCHO, THE • 1933 • ANS

MACKIN JOHN E. – USA
SOCIETY SCHEMER, A • 1915
VENTURES OF MARGUERITE, THE • 1915 • SRL

MacKINNON GILES – UKN
CONQUEST OF THE SOUTH POLE • 1989

MacKINNON STEWART see **MacKINNON STUART**

MacKINNON STUART – UKN
MacKINNON STEWART
JUSTINE • 1976
BECAUSE I AM KING • 1982

MACKLEY ARTHUR – USA
NEW SHERIFF, THE • 1913
SHERIFF'S WIFE, THE • 1913
DEPUTY SHERIFF'S STAR • 1914
EVERY MAN HAS HIS PRICE • 1914
FOREST THIEVES, THE • 1914
JOKE ON YELLENTOWN, THE • 1914
LUCKY DISAPPOINTMENT, A • 1914
MINER'S PERIL, THE • 1914
OUT OF THE DEPUTY'S HANDS • 1914
SHERIFF'S CHOICE, THE • 1914
THEY NEVER KNEW • 1914
BANAKIE MAIDEN, A • 1915
BOUNDARY LINE, THE • 1915
BUBBLING WATER • 1915
DEPUTY'S CHANCE THAT WON, THE • 1915
EX–CONVICT 4287 • 1915
JOB AND THE JEWELS, THE • 1915
RACE LOVE, THE • 1915
TEN O'CLOCK BOAT, THE • 1915
YOUR BABY AND MINE • 1915

MACKLIN A. N. C. – UKN
DANGEROUS COMPANIONS • 1934

McLACHLAN DUNCAN – USA
SCAVENGERS • 1988

McLAGLEN ANDREW see **McLAGLEN ANDREW V.**

McLAGLEN ANDREW V. – USA – 1920–
McLAGLEN ANDREW
ABDUCTORS, THE • 1956
ARIZONA MISSION • GUN THE MAN DOWN • 1956
MAN IN THE VAULT • 1956
FRECKLES • 1960
LITTLE SHEPHERD OF KINGDOM COME, THE • 1961
MCLINTOCK! • 1963
SHENANDOAH • FIELDS OF HONOR • 1965
RARE BREED, THE • 1966
BALLAD OF JOSIE, THE • 1967
MONKEYS, GO HOME • 1967
WAY WEST, THE • 1967
BANDOLERO! • 1968
DEVIL'S BRIGADE, THE • 1968
HELLFIGHTERS • 1969
UNDEFEATED, THE • 1969
CHISUM • 1970
FOOL'S PARADE • DYNAMITE MAN FROM GLORY JAIL (UKN) • 1971
ONE MORE TRAIN TO ROB • HARK ○ H. FLEET, ROBBER • 1971
SOMETHING BIG • GUN THAT SHOOK THE WEST, THE • 1972
CAHILL –U.S. MARSHAL • CAHILL –UNITED STATES MARSHAL ○ CAHILL ○ WEDNESDAY MORNING • 1973
HEC RAMSEY: SCAR TISSUE • 1974 • TVM
LOG OF THE BLACK PEARL, THE • 1974 • TVM
MITCHELL • 1975
STOWAWAY TO THE MOON • 1975 • TVM
BANJO HACKETT • 1976 • TVM
BANJO HACKETT: ROAMIN' FREE • 1976 • TVM
LAST HARD MEN, THE • 1976
FANTASTIC JOURNEY • 1977
MURDER AT THE WORLD SERIES • 1977 • TVM
BREAKTHROUGH • SERGEANT STEINER ○ STEINER, DAS EISERNE KRUZ II ○ CROSS OF IRON II • 1978
WILD GEESE, THE • 1978
NORTH SEA HIJACK • FFOLKES (USA) ○ ASSAULT FORCE ○ ESTHER, RUTH & JENNIFER • 1980
SEA WOLVES, THE • 1980
BLUE AND THE GRAY, THE • 1982 • TVM
SHADOW RIDERS, THE • LOUIS L'AMOUR'S THE SHADOW RIDERS • 1982 • TVM
SAHARA • 1983
TRAVIS MCGEE • 1983 • TVM
DIRTY DOZEN: THE NEXT MISSION, THE • 1985 • TVM
ON WINGS OF EAGLES • 1986 • TVM
RETURN FROM THE RIVER KWAI • 1989

MacLAINE CHRISTOPHER – USA
BEAT • SHT
MAN WHO INVENTED GOLD, THE • SHT
SCOTCH HOP • SHT
END, THE • 1953

MacLAINE SHIRLEY – Actress – USA – 1934–
OTHER HALF OF THE SKY: A CHINA MEMOIR, THE • 1975 • DOC

McLAREN NORMAN – Animator – UKN – 1914–1987
GENTLE ART OF NORMAN MCLAREN, THE
HAND–PAINTED ABSTRACTION • 1933 • ANS
SEVEN TILL FIVE • 1933 • ANS
CAMERA MAKES WHOOPEE • 1935 • ANS
COLOUR COCKTAIL • 1935 • ANS
BOOK BARGAIN • 1936 • DCS
HELL UNLIMITED • 1936 • ANS
LOVE ON THE WING • 1937 • ANS
NEWS FOR THE NAVY • 1937 • DCS
MONEY A PICKLE • MONY A PICKLE • 1938 • ANS
ALLEGRO • 1939 • ANS
OBEDIENT FLAME, THE • 1939 • ANS
RUMBA • 1939 • ANS
BOOGIE DOODLE • 1939–41 • ANS
SCHERZO • 1939–41 • ANS
DOTS • POINTS • 1940 • ANS
LOOPS • BOUCLES • 1940 • ANS
STARS AND STRIPES • 1940 • ANS
MAIL EARLY FOR CHRISTMAS • MAIL EARLY • 1941 • ANS
V FOR VICTORY • 1941 • ANS
FIVE FOR FOUR • 1942 • ANS
HEN HOP • 1942 • ANS
DOLLAR DANCE • 1943 • ANS
ALOUETTE • 1944 • ANS
KEEP YOUR MOUTH SHUT • 1944 • ANS
HOME ON THE RANGE • 1944–45 • ANS
C'EST L'AVIRON • 1945 • ANS
HOPPITY POP • 1946 • ANS
LA–HAUT SUR CES MONTAGNES • 1946 • ANS
LITTLE PHANTASY ON A 19TH CENTURY PAINTING, A • LITTLE PHANTASY, A ○ ISLE OF THE DEAD • 1946 • ANS

FIDDLE DE DEE • 1947 • ANS
POULETTE GRISE, LA • LITTLE GREY HEN, THE • 1947 • ANS
BEGONE DULL CARE • CAPRICE EN COULEURS • 1949 • ANS
AROUND IS AROUND • 1951 • ANS
NOW IS THE TIME • 1951 • ANS
PEN POINT PERCUSSION • 1951 • SHT
NEIGHBOURS • VOISINS • 1952 • ANS
PHANTASY, A • 1952 • ANS
TWIRLIGIG • 1952 • ANS
TWO BAGATELLES • 1952 • ANS
BLINKITY BLANK • 1954 • ANS
NIGHT ENCOUNTER • 1954 • ANS
RHYTHMETIC • RYTHMETIC • 1956 • ANS
CHAIRY TALE, A • HISTOIRE D'UNE CHAISE ○ IL ETAIT UN CHAISE • 1957 • ANS
MERLE, LE • BLACKBIRD, THE • 1958 • ANS
MAIL EARLY FOR CHRISTMAS • 1959 • ANS
SERENAL • 1959 • ANS
SHORT AND SUITE • 1959 • ANS
LINES VERTICAL • LIGNES VERTICALES ○ VERTICAL LINES • 1960 • ANS
MESDAMES, MESSIEURS • DISCOURSE DE BIENVENUE DE NORMAN MCLAREN ○ OPENING SPEECH (USA) ○ NORMAN MCLAREN'S OPENING SPEECH • 1960 • ANS
NEW YORK LIGHTBOARD -WELCOME TO CANADA • 1961 • ANS
LIGNES HORIZONTALES • LINES HORIZONTAL (USA) • 1962 • ANS
CANON • 1964 • ANS
CHRISTMAS CRACKER • CAPRICE DE NOEL • 1964 • SHT
MOSAIQUES • MOSAIC (USA) • 1964 • ANS
PAS DE DEUX • DUO • 1968 • SHT
SPHERES • 1969 • ANS
EYE HEARS AND THE EAR SEES, THE • 1970 • ANS
STRIATIONS • 1970 • ANS
SYNCHROMY • SYNCHROMIE • 1971 • ANS
BALLET ADAGIO • 1972 • DCS
ECRAN D'EPINGLES, L' • 1973 • DCS
ANIMATED MOTION • MOUVEMENT IMAGE PAR IMAGE, LE • 1977 • ASS
NARCISSUS • 1983

McLARTY JAMES E. – USA
ADOLESCENT, THE • 1967

McLAUGHLIN DAN – USA
CLAUDE • 1965 • ANS
MICROSECOND • 1969 • ANS

McLAUGHLIN J. W. – USA
BEYOND THE SHADOWS • 1918
CLOSIN' IN • 1918
HELL'S END • 1918
MAN WHO WOKE UP, THE • 1918

McLAUGHLIN SHEILA – USA
COMMITTED • 1983
SHE MUST BE SEEING THINGS • 1988

McLEAN ALISON – NZL
KITCHEN SINK • KITCHEN SINK -A NIGHTMARE COME TRUE • 1989

McLEAN BARRY ANGUS – CND
GOLDEN APPLES OF THE SUN • EVER AFTER ALL • 1972

McLEAN GRAHAME – NZL
LIFE OF THE LAND, THE

McLEAN GRANT – Producer – CND – 1921–
PEOPLE BETWEEN, THE • 1947 • DCS
FAREWELL, OAK STREET • 1953 • DCS
HIGH TIDE IN NEWFOUNDLAND • 1953 • DOC
NO LONGER VANISHING • 1955 • DOC

McLEAN K. G. – USA
HEART SNATCHER, THE • 1920 • SHT

MACLEAN STEPHEN – ASL
AROUND THE WORLD IN 80 WAYS • 1986

McLENNAN DON – ASL – 1949–
POINT OF DEPARTURE • 1974 • SHT
HARD KNOCKS • 1980
FABULOUS FIFTIES • 1981 • DOC
FIND OUT TALK ABOUT • 1981 • DOC
ARTISTS IN THE COMMUNITY • 1983 • DOC
SLATE & WYN AND BLANCHE MCBRIDE • SLATE, WYN & ME (USA) ○ SLATE, WYN AND MCBRIDE • 1986
MULLAWAY • MULL • 1988
BREAKAWAY • 1990

McLEOD NORMAN see **McLEOD NORMAN Z.**

McLEOD NORMAN Z. – USA – 1898–1964
McLEOD NORMAN
TAKING A CHANCE • 1928
ALONG CAME YOUTH • 1930
FINN AND HATTIE • FINN AND HATTIE ABROAD • 1931
MONKEY BUSINESS • 1931
TOUCHDOWN • PLAYING THE GAME (UKN) • 1931
HORSE FEATHERS • 1932
MIRACLE MAN, THE • 1932
ALICE IN WONDERLAND • 1933
LADY'S PROFESSION, A • GOOD COMPANY • 1933
MAMA LOVE PAPA • MAMA LOVES PAPA • 1933
IT'S A GIFT • BACK PORCH • 1934
MANY HAPPY RETURNS • 1934
MELODY IN SPRING • 1934
CORONADO • 1935
HERE COMES COOKIE • PLOT THICKENS, THE (UKN) ○ SOUP TO NUTS • 1935
REDHEADS ON PARADE • 1935
EARLY TO BED • 1936
MIND YOUR OWN BUSINESS • 1936
PENNIES FROM HEAVEN • 1936
TOPPER • 1937
MERRILY WE LIVE • 1938
THERE GOES MY HEART • 1938
REMEMBER? • 1939
TOPPER TAKES A TRIP • 1939
LITTLE MEN • 1940
TRIAL OF MARY DUGAN, THE • CRIME OF MARY ANDREWS, THE • 1940
LADY BE GOOD • 1941
JACKASS MAIL • 1942
PANAMA HATTIE • 1942
POWERS GIRLS, THE • HELLO! BEAUTIFUL (UKN) • 1942
SWING SHIFT MAISIE • GIRL IN OVERALLS, THE (UKN) • 1943
KID FROM BROOKLYN, THE • 1946
ROAD TO RIO • 1947
SECRET LIFE OF WALTER MITTY, THE • 1947
ISN'T IT ROMANTIC? • 1948
PALEFACE, THE • 1948
LET'S DANCE • 1950
MY FAVORITE SPY • 1951
NEVER WAVE AT A WAC • PRIVATE WORE SKIRTS, THE (UKN) ○ NEWEST PROFESSION, THE • 1952
CASANOVA'S BIG NIGHT • 1954
PUBLIC PIGEON NO.1 • 1957
ALIAS JESSE JAMES • 1959

MacLEOD RICHARD – USA
KITTEN IN THE CAGE • 1968

McLEOD VICTOR – Animator – USA
CASE OF THE LOST SHEEP, THE • 1935 • ANS

McLOUGHLIN TOM – USA
REST IN PEACE • ONE DARK NIGHT ○ ENTITY FORCE, THE ○ NIGHT OF DARKNESS • 1982
FRIDAY THE 13TH PART VI: JASON LIVES • 1986
DATE WITH AN ANGEL • 1987
FREDDIE'S NIGHTMARES: A NIGHTMARE ON ELM STREET • 1988 • TVM

McLUHAN TERI – CND
SHADOW CATCHER, THE • 1974 • DOC
THIRD WALKER, THE • 1979

MacMACKIN A. see **MacMACKIN ARCHER**

MacMACKIN ARCHER – USA
MacMACKIN A.
LEMON, THE • 1912
TEACHING A LIAR A LESSON • 1912
FINAL JUDGEMENT, THE • 1913
RIGHT OF WAY, THE • 1913
WHIP HAND, THE • 1913
ALTAR OF AMBITION, THE • 1915
APPLIED ROMANCE • 1915
AT THE EDGE OF THINGS • 1915
BETTY'S FIRST SPONGE CAKE • 1915
BILLIE, THE HILL BILLY • 1915
BILLY VAN DEUSEN AND THE MERRY WIDOW • 1915
BILLY VAN DEUSEN'S CAMPAIGN • 1915
CUPID TAKES A TAXI • 1915
DIXIE'S DAY OFF • 1915
EVERYHEART • 1915
FARES, PLEASE! • 1915
GIRL, A GUARD AND A GARRET, A • 1915
GREEN APPLES • 1915
GUY UPSTAIRS, THE • 1915
HER ADOPTED FATHER • 1915
HIS COLLEGE WIFE • 1915
HIS MYSTERIOUS PROFESSION • 1915
HONEYMOONERS, THE • 1915
INCOGNITO • 1915
JIMMY ON THE JOB • 1915
LOVE, FIREWORKS AND THE JANITOR • 1915
LOVE, MUMPS AND BUMPS • 1915
MAKING OVER FATHER • 1915
MOTHER'S BUSY WEEK • 1915
ONE WOMAN'S WAY • 1915
PLOT AND COUNTERPLOT • 1915
PURPLE HILLS, THE • 1915
REFUGEES, THE • 1915
RIGHT TO HAPPINESS, THE • 1915
SETTLED OUT OF COURT • 1915
SHE WINKED • 1915
SKIPPER SIMPSON'S DAUGHTER • 1915
TOURING WITH TILLIE • 1915
WHEN EMPTY HEARTS ARE FILLED • 1915
ADJUSTING HIS CLAIM • 1916
BATTLE OF CUPIDOVICH, THE • 1916 • SHT
BILLY VAN DEUSEN AND THE VAMPIRE • 1916
BILLY VAN DEUSEN, MASQUERADER • 1916
BILLY VAN DEUSEN, THE CAVE MAN • 1916 • SHT
BILLY VAN DEUSEN'S ANCESTRY • 1916
BILLY VAN DEUSEN'S FIANCEE • 1916
BILLY VAN DEUSEN'S MUDDLE • 1916
BILLY VAN DEUSEN'S OPERATION • 1916
BILLY VAN DEUSEN'S SHADOW • 1916
BILLY VAN DEUSEN'S WEDDING EVE • 1916
BILY VAN DEUSEN'S EGG-SPENSIVE ADVENTURE • 1916
BUGS AND BUGLES • 1916
COMET'S COME-BACK, THE • 1916
CUPID AND COHEN'S • 1916 • SHT
DARE-DEVILS AND DANGER • 1916 • SHT
GAMBLERS IN GREENBACKS • 1916 • SHT
GAY BLADE'S LAST SCRAPE, A • 1916
HOUSE ON HOCUM HILL, THE • HOUSE ON HOKUM HILL, THE • 1916
IN THE LAND OF THE TORTILLA • 1916
JOHNNY'S JUMBLE • 1916 • SHT
MISCHIEF AND A MIRROR • 1916
NUMBER PLEASE? • 1916
PEANUTS AND POWDER • 1916
PLOTTERS AND PAPERS • 1916
SKELLY'S SKELETON • 1916
TRUNK AN' TROUBLE, A • 1916 • SHT
TWO SLIPS AND A MISS • 1916
WHEN ADAM HAD 'EM • 1916
WON BY ONE • 1916
THIS WAY OUT • 1919 • SHT

MacMAHON CHARLES – ASL – 1853–1917
ROBBERY UNDER ARMS • 1907
FOR THE TERM OF HIS NATURAL LIFE • 1908
LONDON BY DAY AND NIGHT • 1916 • DOC

McMAHON JOE – IRL
BEST MAN, THE • 1986

McMANUS J. J. – Animator – USA
HORSE COPS • 1931 • ANS

McMILLAN IAN – UKN
SUNFLOWERS • 1968
FESTIVAL OF FOOLS • 1973

MACMILLAN KEITH – UKN
BOB MARLEY AND THE WAILERS LIVE! • 1978

McMULLEN KEN – UKN
RESISTANCE • 1976
GHOSTDANCE • GHOST DANCE • 1984
ZINA • 1986

McMURRAY MARY – UKN
ASSAM GARDEN ,THE • 1985

McNAHON ROBERT – USA
NIGHT OF THE ASSASSIN, THE • 1972

McNAMARA RICHARD – ITL
COLOSSO DI ROMA, IL • HERO OF ROME (USA) ○ MUZIO SCEVOLA ○ ARM OF FIRE • 1964

McNAMARA TOM – USA
YOUNG SHERLOCKS • 1922 • SHT
BOYS TO BOARD • 1923 • SHT
COBBLER, THE • 1923 • SHT

MacNAMARA W. P. – USA
SUPREME TEST, THE • 1923

MacNAMARA WALTER – USA
STORY OF DAVID GREIG, THE • 1913
HEART OF NEW YORK, THE • 1916

McNAUGHT BOB – UKN – 1915–1976
GRAND NATIONAL NIGHT • WICKED WIFE (USA) • 1953
SEAWIFE • SEA WYF AND BISCUIT • 1957
STORY OF DAVID, A • DAVID THE OUTLAW • 1960

McNAUGHTON BRUCE – ASL
HOLE IN THE GROUND, A • 1963

MacNAUGHTON IAN – UKN – 1925–
AND NOW FOR SOMETHING COMPLETELY DIFFERENT • 1972

McNAUGHTON JOHN – USA
HENRY, PORTRAIT OF A SERIAL KILLER • 1987
BORROWER, THE • 1988

McNAUGHTON RICHARD Q. – UKN
MOMENT IN TIME, A • 1953
TANKER STORY • 1953
CIRCARC GEAR, THE • 1964 • SHT

McNEIL CHUCK – USA
ALIEN TERROR • 1977

McNEIL DAVID – BLG
WEEK END • 1967

McNEILL
BLUE VANGUARD • 1957

McNUTT WILLIAM SLAVENS – Writer – USA – 1885–
HELL AND HIGH WATER • CAP'N JERICHO (UKN) • 1933

MACO FLORO – CLM
TRIUMPH OF FAITH, THE • 1912

MACOUREK MILOS – CZC
HOW TO HAVE GOOD CHILDREN • 1966 • ANS
KDO CHCE ZABIT JESSI? • WHO WANTS TO KILL JESSIE? ○ WHO WOULD KILL JESSIE? ○ WHO KILLED JESSIE? ○ JESSIE AND SUPERMAN ○ WHO SAVES JESSIE? • 1966
COZ TAKHLE DAT SI SPENAT? • WHAT WOULD YOU SAY TO SOME SPINACH ○ NICE PLATE OF SPINACH, A ○ HAVE SOME SPINACH? • 1976
PIRATI • PIRATES • 1980

MACOVET S. – FRN
LOUVRE, LE
PARIS
VERSAILLES

MACPHERSON JEANIE – Screenwriter – USA – 1884–1946
TARANTULA, THE • 1913

MACPHERSON KENNETH – USA
MONKEY'S MOON
BORDERLINE • 1930

MacQUARRIE MURDOCK – USA
MacQUARRIE MURDOCK J.
OLD COBBLER, THE • 1914
BABBLING TONGUES • 1915
CLOSING CHAPTER, THE • 1915
COLONEL STEELE, MASTER GAMBLER • 1915
ETHEL'S BURGLAR • 1915
FINEST GOLD, THE • 1915
FLAG OF FORTUNE, THE • 1915
HIS BELOVED VIOLIN • 1915
MEIN FREUND SCHNEIDER • 1915
MYSTERY OF THE TAPESTRY ROOM, THE • 1915
OLD DOCTOR, THE • 1915
OLD GROUCH, THE • 1915
OLD TUTOR, THE • 1915
SACRIFICE OF JONATHAN GRAY, THE • 1915
SHERIFF OF RED ROCK GULCH, THE • 1915
SWINGING DOORS, THE • 1915
TAM O'SHANTER • 1915
TINKER OF STUBBINVILLE, THE • 1915
TRAP THAT FAILED, THE • 1915
TROUBADOR, THE • 1915
WHERE BRAINS ARE NEEDED • 1915
$50,000 JEWEL THEFT, THE • 1915
EL DIABLO • 1916 • SHT
FATAL INTRODUCTION, THE • 1916 • SHT
GAMBLER'S LOST LOVE, THE • 1916 • SHT
IN THE WEB OF THE GRAFTERS • 1916
NANCY'S BIRTHRIGHT • 1916
ON DANGEROUS GROUND • 1916 • SHT
SANDY, REFORMER • 1916 • SHT
SIGN OF THE SPADE, THE • 1916
STAIN IN THE BLOOD, THE • 1916
JOHN OSBORNE'S TRIUMPH • 1917 • SHT
HARD LUCK • 1918 • SHT
THUNDERBOLT JACK • 1920 • SRL
UNFOLDMENT, THE • 1922

MacQUARRIE MURDOCK J. see **MacQUARRIE MURDOCK**

MACRAE DUNCAN – UKN
JUNE FRIDAY • 1915
THROUGH TURBULENT WATERS • 1915
USURPER, THE • 1919
AUCTION MART, THE • 1920
BURNT IN • 1920
MONEY • 1921
LOVE AND A WHIRLWIND • 1922

MacRAE HENRY see **McRAE HENRY**

McRAE HENRY – USA – 1888–
MacRAE HENRY
GIRL OF THE MOUNTAINS, THE • 1912
HEART IN RAGS, A • 1912
ALTAR OF THE AZTECS, THE • 1913
IN THE SECRET SERVICE • 1913
IRON TRAIL, THE • 1913
MINOR'S JUSTICE, THE • 1913
OLD CLERK, THE • 1913
PIERRE OF THE NORTH • 1913
RETURN OF THUNDER CLOUD'S SPIRIT, THE • 1913
TWO TOO MANY • 1913
VENGEANCE OF THE SKY STONE, THE • 1913
WATER WAR, THE • 1913
WEREWOLF, THE • 1913
BRAND OF HIS TRIBE, THE • 1914
CAST ADRIFT IN THE SOUTH SEAS • 1914
DANGER LINE, THE • 1914
FROM THE LION'S JAWS • 1914
JUNGLE MASTER, THE • 1914
LAW OF THE RANGE, THE • 1914
MEXICAN SPY IN AMERICA, A • 1914
RESCUED BY WIRELESS • 1914
TRAIL BREAKERS, THE • 1914
TREY O'HEARTS, THE • 1914 • SRL
VAGABOND SOLDIER, THE • 1914
BLOOD OF HIS BROTHER, THE • 1915
BLOOD OF THE CHILDREN, THE • 1915
CHASING THE LIMITED • 1915
CIRCUS GIRL'S ROMANCE, THE • PATSY OF THE CIRCUS • 1915
CORAL • 1915
CUSTER'S LAST SCOUT • 1915
DAUGHTER OF THE JUNGLES, A • 1915
JUNGLE QUEEN, THE • 1915
MYSTERIOUS CONTRAGRAV, THE • 1915
OAKLAWN HANDICAP, THE • 1915
RIDGEWAY OF MONTANA • 1915
TEST OF A MAN, THE • 1915
TOLL OF THE SEA, THE • 1915
TORRENT, THE • 1915
WAR OF THE WILD, THE • 1915
BEHIND THE LINES • 1916
CONSPIRACY, THE • 1916
FOR LOVE AND GOLD • 1916 • SHT
GIANT POWDER • 1916 • SHT
GUILTY • 1916 • SHT
HUMAN PENDULUM, THE • 1916 • SHT
IRON RIVALS, THE • 1916 • SHT
LEAP, THE • 1916 • SHT
LIBERTY, A DAUGHTER OF THE U.S.A. • LIBERTY • 1916 • SRL
LOST LODE, THE • 1916 • SHT
MONEY LENDERS, THE • 1916 • SHT
MYSTERY SHIP, THE • 1916
ONDA OF THE ORIENT • 1916 • SHT
RAILROAD BANDIT, A • 1916 • SHT
RIVAL PILOTS, THE • 1916 • SHT
STATE WITNESS, THE • 1916 • SHT
TAMMANY'S TIGER • 1916 • SHT
TORRENT OF VENGEANCE, THE • 1916 • SHT
WHO PULLED THE TRIGGER? • 1916
BRONZE BRIDE, THE • 1917
CALL FOR HELP, THE • 1917 • SHT
DROPPED FROM THE CLOUDS • 1917 • SHT
HANDS IN THE DARK • 1917 • SHT
INDIAN'S LAMENT, THE • 1917 • SHT
KIDNAPPED BRIDE, THE • 1917 • SHT
LAST OF THE NIGHT RIDERS, THE • 1917 • SHT
LONE LARRY • 1917 • SHT
MAN AND BEAST • 1917
MONEY AND MYSTERY • 1917 • SHT
MONEY MADNESS • 1917
NO.10 WESTBOUND • 1917 • SHT
ONE WILD NIGHT • 1917 • SHT
RIGHT MAN, THE • 1917 • SHT
STEEL HEARTS • 1917 • SHT
PARTED FROM HIS BRIDE • 1918 • SHT
WHIRLWIND FINISH, THE • 1918 • SHT
ELMO THE MIGHTY • 1919 • SRL
TEMPEST CODY, KIDNAPPER • 1919 • SHT
DRAGON'S NET, THE • 1920 • SRL
GOD'S CRUCIBLE • FOREIGNER, THE • 1920
CAMERON OF THE ROYAL MOUNTED • 1922
GLENGARRY SCHOOLDAYS • CRITICAL AGE, THE (USA) ◦ GOOD-FOR-NOTHIN', THE • 1922
MAN FROM GLENGARRY, THE • 1922
FIGHT FOR HONOR, A • 1924
PRICE SHE PAID, THE • 1924
RACING FOR LIFE • 1924
TAINTED MONEY • 1924
ACE OF SPADES • 1925
DANGER RIDER, THE • 1925
FEARLESS LOVER, THE • 1925
SCARLET STREAK, THE • 1926 • SRL
TRAIL OF THE TIGER • 1927
WILD BEAUTY • 1927
GUARDIANS OF THE WILD • 1928
TWO OUTLAWS, THE • 1928
BURNING THE WIND • 1929
HARVEST OF HATE, THE • 1929
HOOFBEATS OF VENGEANCE • 1929
KING OF THE RODEO • 1929
PLUNGING HOOFS • 1929
SMILIN' GUNS • 1929
TARZAN THE TIGER • 1929 • SRL
WILD BLOOD • 1929
INDIANS ARE COMING, THE • 1930 • SRL
LIGHTNING EXPRESS, THE • 1930 • SRL
TERRY OF THE TIMES • 1930 • SRL
LLOYD OF THE C.I.D. • DETECTIVE LLOYD (USA) • 1931
LOST SPECIAL, THE • 1932 • SRL
RUSTLER'S ROUND-UP • 1933

McRAY HENRY – THL
MISS SUWAN • 1922

MACREADY MICHAEL – USA
FLESH OF MY FLESH • LITTLE SISTER • 1969

McROOTS GEORGE see **MARIUZZO GIORGIO**

MACSKASSY GYULA – Animator – HNG – 1912–1971
KISKAKAS GYEMANT FELKRAJCARJA, A • DIAMOND OF THE LITTLE COCKEREL, THE ◦ LITTLE COCK'S HALFPENNY, THE • 1950 • ANS
BRAVE DOG, THE • 1951 • ANS
ERDEI SPORTVERSENY • SPORTS COMPETITION IN THE FOREST ◦ RACES IN THE FOREST • 1951 • ANS
KET BORS OKROCSKE • TWO LITTLE MAGIC OXEN ◦ MAGIC OXEN ◦ TWO MAGIC BULLS, THE • 1955 • ANS
OKOS LANY • CLEVER GIRL • 1955 • ANS
EGER ES OROSZLAN • MOUSE AND THE LION, THE • 1957 • ANS
TELHETETLEN MEHECSKE • INSATIABLE BEE, THE ◦ GREEDY BEE, THE • 1958 • ANS
PARBAJ • DUEL • 1959 • ANS
CERUZA ES RADIR • CRAYON AND THE ERASER, THE ◦ PENCIL AND INDIA RUBBER ◦ PENCIL AND RUBBER • 1960 • ANS
SZAMOK TORTENETE, A • HISTORY OF NUMBERS, THE ◦ 1, 2, 3.. • 1962 • ANS
ES NALUNK LEHTETLEN • IT CAN'T HAPPEN HERE • 1965 • ANS
ROMANTIKUS TORTENET • ROMANTIC STORY, A • 1966 • ANS
KIS EMBER, NAGY VAROS • LITTLE MAN, BIG CITY • 1967 • ANS
TIZ DEKA HALHATATLANSAG • BIT OF IMMORTALITY, A (USA) ◦ 100 GRAMS OF IMMORTALITY • 1967 • ANS
NAGYEMBER, A • MR. BIGMAN • 1968 • ANS
OREG ES FIATAL • OLD AND YOUNG • 1969 • ANS
UHUKA, A KIS BAGOLY • NAUGHTY OWL, THE ◦ LITTLE OWL, THE ◦ UHUKA • 1969 • ANS
JOEMBER • ASSISTANCE • 1970 • ANS
KIVANCSISAG • CURIOSITY • 1970 • ANS
ONGYILKOS • DON'T KILL YOURSELF • 1970 • ANS
RACS • BEHIND THE BARS • 1970 • ANS
SEGITSEG • HELP • 1970 • ANS
SIKER: CIRKUSZ • SUCCESS: THE CIRCUS • 1970 • ANS
FEGYVER • WEAPONS • 1971 • ANS
OREG, AZ • OLD WOMAN, THE • 1971 • ANS
SZOBOR • STATUE, THE • 1971 • ANS

MacTAGGART JAMES – UKN – 1928–1975
ALL THE WAY UP • 1970
CANDIDE • 1973 • TVM
ROBINSON CRUSOE • 1974 • TVM

McTIERNAN JOHN – USA – 1951–
NOMADS • 1986
PREDATOR • 1987
DIE HARD • 1988
HUNT FOR RED OCTOBER, THE • 1989

McVEY LUCILLE see **DREW SIDNEY MRS.**

McWARRIOL J. – ITL
AMORI DI ANGELICA, GLI • 1966

McWHORTER TIM – USA
DARK SANITY • STRAIGHT JACKET • 1980

MACY W. H. – USA
LIP SERVICE • 1985

MADANAT ADNAN – LBN
NEWS ITEM ON TAL EL ZAATAR, A • 1976 • SHT

MADANES CLAUDIO – ARG
TIEMPO DEL DESPRECIO, EL • TIME OF SCORN, A • 1974

MADANES MARCOS – ARG
TRES HISTORIAS FANTASTICAS • THREE FANTASTIC STORIES • 1965
SOLUNA • 1967
SENOR PRESIDENTE, EL • 1970

MADANI HOSAIN – IRN
MADANI HOSSIN
SOGHAT-E-FARANG • FOREIGN GIFT • 1967
SETARE HAYE HAFTASEMOON • STARS IN THE SKY, THE • 1968

MADANI HOSSIN see **MADANI HOSAIN**

MADAVI MANSUR – AUS
EIN WENIG STERBEN • TO DIE A LITTLE • 1981

MADDEN JOHN – USA
GROWN-UPS • 1985

MADDEN LEE – USA
HELL'S ANGELS '69 • 1969
ANGEL UNCHAINED • 1970
MANHANDLERS, THE • 1973
NIGHTMARE HOUSE • NIGHT THAT GOD SCREAMED, THE ◦ SCREAM (UKN) ◦ NIGHT GOD SCREAMED, THE • 1973
NIGHT CREATURE • OUT OF THE DARKNESS • 1978
GHOST FEVER • BENNY AND BUFORD • 1984

MADDEN MR. – USA
DOWN ON THE FARM • 1914

MADDEN PAUL – USA
MEDIUM RARE • 1989
SUMMER JOB • 1989

MADDIN GUY – CND
TALES FROM THE GIMLI HOSPITAL • 1988
ARCHANGEL • 1990

MADDISON – USA
TANGLEWOOD STORY, THE • TANGLEWOOD, MUSIC SCHOOL AND MUSIC FESTIVAL • 1950 • SHT

MADDOW BEN – USA
WHITE FLOOD • 1940
BRIDGE, THE • 1942 • DOC
STEPS OF AGE, THE • 1951 • DOC
STAIRS, THE • 1953 • DOC
SAVAGE EYE, THE • 1960
AFFAIR OF THE SKIN, AN • LOVE AS DISORDER • 1963
STORM OF STRANGERS, A • 1972 • DCS

MADDOX JOHN – USA
SCARE THEIR PANTS OFF • HE SCARED THE GIRLS OFF ◦ SCARE THE GIRLS OFF ◦ SCARE THEM OFF • 1968

MADEJA GEORG – AUS
BEFRISTETER AUFENTHALT • 1987 • MTV

MADEUX PAUL – FRN
ON NE ROULE PAS ANTOINETTE • 1936

MADHAVAN P. – IND
MUHOORTHA NAAL • AUSPICIOUS DAY • 1967
KUZHANTHAIKKAGA • FOR THE CHILD'S SAKE • 1968

MADHAVAN SETHU – IND
NAADENA PENNU • VILLAGE MAID • 1967

MADHOK D. N. – IND
KHUBSURAT BALA • BEAUTIFUL GIRL • 1934
THIEF OF BAGDAD, THE • 1934
BILWAMANGAL • 1955

MADHUSUDAN – IND
MERA MUNNA • MY CHILD • 1967

MADHUSUDHAN RAO V. – IND
RAO V. MADHUSUDHAN
ADRUSHTA VANTHALU • FORTUNATE, THE • 1968

MADISON CLEO – Actress – USA – 1882–1964
LIQUID DYNAMITE • 1915
POWER OF FASCINATION, THE • 1915
RING OF DESTINY, THE • 1915
ALONG THE MALIBU • GUILTY ONE, THE • 1916 • SHT
CRIMSON YOKE, THE • 1916 • SHT
ELEANOR'S CATCH • 1916 • SHT
GIRL IN LOWER 9, THE • 1916 • SHT
HER BITTER CUP • 1916
HIS RETURN • 1916 • SHT
PRISCILLA'S PRISONER • 1916 • SHT
SOUL ENSLAVED, A • 1916
TILLIE, THE LITTLE SWEDE • 1916
TO ANOTHER WOMAN • 1916 • SHT
TRIUMPH OF TRUTH, THE • 1916 • SHT
VIRGINIA • 1916 • SHT
WHEN THE WOLF HOWLS • 1916 • SHT

MADISON LARRY – USA
CUMMINGTON STORY, THE • 1945

MADISON NOEL – USA
BOMBALERA • 1945
BOOGIE WOOGIE • 1945 • SHT

MADQUR GAMAL – EGY
AICHA • 1953

MADRAS – GRC
SORCERER OF ATHENS, THE • 1931

MADRID J. L. see **MADRID JOSE LUIS**

MADRID JOSE LUIS – SPN – 1933–
MADRID J. L.
ADIOS, NINON • 1960
GRAN COARTADA, LA • 1962
GUERRA HA TERMINADO, LA • 1963
MADEJA DE LANA AZUL CELESTE, UNA • 1964
MUERTE LLAMA OTRA VEZ, LA • 1964
TESTAMENTO DEL FRANKENSTEIN, EL • TESTAMENT OF FRANKENSTEIN, THE • 1964
VUELTA, LA • 1964
TUMBA PARA UN FORAJIDO • 1965
BALADA DE JOHNNY RINGO, LA • 5000 DOLLAR FUR DEN KOPF VON JONNY R. (FRG) • 1966
OTRA ORILLA, LA • FROM THE OTHER SIDE ◦ OTHER SHORE, THE • 1966
SPIETATA COLT DEL GRINGO, LA • 1966
O.K. YEVTUSHENKO • 1967
TUMBA PARA JOHNNY RINGO, UNA • TOMB FOR JOHNNY RINGO, A • 1967
BESOS A UN CADAVER • 1968
LARGA NOCHE DEL AMOR, LA • 1968
VENGANZA DE CLARK HARRISON, LA • CLARK HARRISON'S REVENGE • 1968
EXTRANO HOMBRE DE BERLIN, EL • 1969
VAMPIRO DE LA AUTOPISTA, EL • HORRIBLE SEXY VAMPIRE, THE (USA) ◦ VAMPIRE OF THE TURNPIKE, THE ◦ VAMPIR VON SCHLOSS FRANKENSTEIN, DER ◦ VAMPIRE OF CASTLE FRANKENSTEIN, THE • 1970
JACK, EL DESTRIPADOR DE LONDRES • SETTE CADAVERI PER SCOTLAND YARD (ITL) ◦ JACK THE RIPPER ◦ JACK, THE MANGLER OF LONDON • 1971
CRIMENES DE PETIOT, LOS • 1972
HIENA, LA • 1974
SIETE CHACALES • 1974
STRIP-TEASE A LA INGLESA • 1975
ULTIMO TANGO EN MADRID, EL • LAST TANGO IN MADRID, THE • 1975
LUCECITA • 1976
MUERTE DE UN PRESIDENTE • COMANDO TXIQUIA • 1977

MADRID LUIS – SPN
SOMEBODY'S STOLEN OUR RUSSIAN SPY • 1975

MADRID MIGUEL see **SKAIFE MICHAEL**

MADRUGA ESTEBAN – SPN – 1922–
CUPIDO CONTRABANDISTA • 1961
CARRUSEL NOCTURNO • 1963

MADSEN HOLGER see **HOLGER-MADSEN**

MADSEN OLGA – NTH
PUNISHMENT • 1974
GOING CRAZY • 1981

MADSEN PETER – Animator – DNM
VALHALLA • 1986 • ANM

MADZELEWSKI EUGENJUSZ – PLN
DUEL AMERICAIN, UN • 1922
PAYSANS, LES • 1922
JEUNESSE • 1923

MAEDA YOICHI – JPN
NURETA AIBIKI • ILLICIT RENDEZVOUS • 1967
SUSUME JAGUARS TEKIZEN JORIKU • MAY WAY FOR THE JAGUARS • 1968
NANATSU NO KAO NO ONNA • LADY WITH SEVEN FACES • 1969
KAMISAMA NO KURETA AKAMBO • BABY GIVEN BY GOD, A • 1979
TOSA NO IPPONZURI • FISHERMEN'S TOWN IN TOSA • 1981

MAEDER FRITZ – SWT
SWISS MADE • 1969

van MAELDER L. see **van MAELDER LOUIS**

van MAELDER LOUIS – BLG
van MAELDER L.
GEOMETRISCHE EEND, DE • 1966
TREE AND THE BIRD, THE • 1971 • ANS

von MAERTENS VALERIE – GRM
HAUS IN MONTEVIDEO, DAS • 1951

MAES J.-CL. – BLG
PORTRAIT OF MADAME CIANETTI, THE • 1970 • ANS

MAESSO JOSE – ITL
TESTA DEL SERPENTE, LA • ORDINE DI UCCIDERE • 1974

MAETZIG KURT – GRM – 1911–
EHE IM SCHATTEN • MATRIMONY IN THE SHADOWS ○ MARRIAGE IN THE SHADOW • 1947
BUNTKARIERTEN, DIE • 1949
FAMILIE BENTHIN • 1950
RAT DER GOTTER, DER • COUNCIL OF THE GODS ○ DIVINE COUNCILS • 1950
ROMAN EINER JUNGEN EHE • STORY OF A YOUNG COUPLE • 1952
ERNST THALMANN -SOHN SEINER KLASSE • ERNST THALMAN PT.1 • 1954
ERNST THALMANN -FUHRER SEINER KLASSE • ERNST THALMAN PT.2 • 1955
SCHLOSSER UND KATEN • CASTLES AND COTTAGES ○ PALACES AND HUTS • 1957
VERGESST MIR MEINE TRAUDEL NICHT • DON'T FORGET MY TRAUDEL ○ IHR LETZTER FEHLER • 1957
LIED DER MATROSEN, DAS • SAILOR'S SONG ○ SONG OF THE SAILORS, THE • 1958
SCHWEIGENDE STERN, DER • FIRST SPACESHIP ON VENUS (USA) ○ MILCZACA GWIAZDA (PLN) ○ SILENT PLANET, THE ○ SPACESHIP VENUS DOES NOT REPLY ○ SPACESHIP TO VENUS ○ SILENT PLANET, THE ○ PLN ○ PLANET DES TODES, DER • 1960
SEPTEMBERLIEBE • SEPTEMBER LOVE • 1961
TRAUM DES HAUPTMANN LOY, DER • CAPTAIN LOY'S DREAM • 1961
AN FRANZOSISCHEN KAMINEN • 1962
PRELUDIO 11 • PRELUDE ELEVEN • 1963
FAHNE VON KRIWOJ ROG, DIE • FLAG OF KRIVOY ROG, THE • 1967
MADCHEN AUF DEM BRETT, DAS • GIRL ON THE DIVING BOARD, THE ○ GIRL ON THE BOARD, THE • 1967
JANUSKOPF • 1972

MAFFEI MARIO – ITL
PROMESSI SPOSI, I • 1964
GRANDE NOTTE DI RINGO, LA • 1966
DA BERLINO L'APOCALISSE • HEISSES PFLASTER FUR SPIONE (FRG) ○ TIGRE SORT SANS SA MERE, LE ○ SPY PIT, THE • 1967

MAGALHAES SCHUBERT – BRZ
HOMEM DO CORPO FECHADO, O • 1972

MAGAR GUY – UKN
SOUP RUN • 1975 • SHT
RETRIBUTION • 1988

MAGATANI MOREHEI – JPN
MAGATANI MORIHEI
YOJASO NO MAWO • 1957
KINGORO NO NARIKIN WO • 1958
SOREN DASSHUTSU ONNA GUNI TO NISE KYOJIN • 1958
AMA NO BAKEMONO YASHIKI • GIRL DIVER OF SPOOK MANSION ○ HAUNTED CAVE • 1959
KYUJU KYUHOMME NO KIMOSUME • 1959
SHIN NIPPON CHIN DOCHU • 1959
BINAN KAIMASU • 1960
BINAN O NEGURU JUNIN NO ONNA • 1960
KINGORO NO KAIGUN TAISHO • 1960
MEJU • 1960
ONNA TO INOCHI O KAKETE BUTTOBASE • 1960
SENNIN BURAKU • INVITATION TO THE ENCHANTED TOWN • 1960

MAGATANI MORIHEI see **MAGATANI MOREHEI**

MAGDALENO MAURICIO – MXC
INTRUSO, EL • 1944
SU GRAN ILUSION • 1944
FUERZA DE LA SANGRE, LA • 1946
HERENCIA DE LA LLORONA, LA • HERITAGE OF THE CRYING WOMAN, THE • 1946

MAGDER MURRAY – USA
GALUCCI BROTHERS • BROTHERS SPAGHETTI, THE • 1988

MAGGI LUIGI – Actor – ITL – 1867–1946
ULTIMI GIORNI DI POMPEI, GLI • 1908
FIGLIO DELLE SELVE, IL • 1909
LUIGI XI RE DI FRANCIA • 1909
NERONE • 1909
SPERGIURA • 1909
ESTRELLITA • 1910
GARANTIERE ROLLAND, IL • 1910
DANARO DI GIUDA, IL • 1911
GIOCONDA, LA • 1911
NAVE, LA • 1911
NOZZE D'ORO • 1911
SATANA • SATAN OR THE DRAMA OF HUMANITY (USA) • 1911
THOMAS CHATTERTON • 1911
TIGRE, LA • 1911
VECCHIO NIDO, IL • 1911
BARBIERE DI SIVIGLIA, IL • 1912
PONTE DEI FANTASMI, IL • PHANTOM'S BRIDGE, THE • 1912
ROSA ROSSA, LA • 1912
LAMPADA DELLA NONNA, LA • 1913
MATRIMONIO DI FIGARO, IL • 1913
NOTTURNO DI CHOPIN • 1913
SAN MARCO • 1913
FORNARETTO DI VENEZIA, IL • 1914
PER UN'ORA D'AMORE • 1914
ROSE DELLA MADONNA, LE • 1914
MISTERO DEI BAULI NERI, IL • 1918
ALI SPEZZATE • 1920
CASTELLO DELL'URAGANO, IL • 1920
CONQUISTATORI, I • 1920
DANZA DELLE ORE, LA • 1920
FIGURETTA • 1920
UOMO NELL'OMBRA, L' • 1920
TEODORA • 1927

MAGITON I. see **MAGITON ISAAC**

MAGITON ISAAC – USS
MAGITON I.
JUNIOR ADVENTURERS
VESENNYAYA OLYMPIADA ILI NACHALNIK KHORA • SPRING OLYMPICS, OR THE CHOIR CHIEF, THE • 1980

MAGNATTA CONSTANTINO – USA
DARKSIDE, THE • 1987
FREAKSHOW • 1989

MAGNERON JEAN-LUC – FRN – 1935–
VAUDOU: ENTRE VIVANTS EN MORTS, LE SANG, LE • VOODOO: BLOOD BETWEEN LIVING AND DEAD • 1973 • DOC
KUNG-FU WU-SU • 1977 • DOC

MAGNI LUIGI – ITL – 1928–
FAUSTINA • 1968
NELL'ANNO DEL SIGNORE • 1969
SCIPIONE DETT ANCHE L'AFRICANO • 1971
TOSCA, LA • 1973
VIA DEI BABBUINI, LA • 1974
BASTA CHE NON SI SAPPIA IN GIRO • 1976
QUELLE STRANE OCCASIONI • 1976
SIGNORE E SIGNORI BUONANOTTE • 1976
IN NOME DEL PAPA RE • IN THE NAME OF THE POPE KING • 1977
STATE BUONI SE POTETE • 1983
O' RE • KING, THE • 1988
SECONDO PONZIO PILATO • ACCORDING TO PONTIUS PILATE • 1988

MAGNIER CLAUDE – FRN – 1920–
REVEILLE-TOI, CHERIE • 1960

MAGNIN WILLIAM – FRN – 1916–
JE N'AI QUE TOI AU MONDE • 1949

MAGNO CARLO – PHL
AYOS NA DARLING • ALRIGHT DARLING • 1968

MAGNOLI ALBERT – USA
PURPLE RAIN • 1984
AMERICAN ANTHEM • 1986

MAGNUSSEN FRITZ – SWD – 1878–1920
HANS FADERS BROTT • HIS FATHER'S CRIME • 1915
KARLEKENS IRRFARDER • 1915
ENSLIGENS HUSTRU • HERMIT'S WIFE • 1916
GULDSPINDELN • GOLD SPIDER, THE • 1916
HENNES KUNGLIG HOGHET • HER ROYAL HIGHNESS • 1916
I ELFTE TIMMEN • AT THE ELEVENTH HOUR • 1916
POLITIK OCH BROTT • 1916
DJUNGELDROTTNINGENS SMYCKE • JUNGLE QUEEN'S JEWELS, THE • 1917
HOMUNCULUS • 1917
LEVANDE MUMIEN, DEN • LIVING MUMMY, THE • 1917
VARDSHUSETS HEMLIGHET • SECRET OF THE INN • 1917
BAJADSER • 1918
DU SKAL AERE DIN HUSTRU • 1918
LIVETS STORMAGTER • 1918
PAILLASSE • 1918
TOSCA • 1919

MAGNUSSON CHARLES – Producer – SWD – 1878–1948
FISKARVALS FRAN BOHUSLAN • FISHERMEN'S WALTZ FROM BOHUSLAN • 1909
MINNEN FRAN BOSTONKLUBBEN • MEMORIES FROM THE BOSTON CLUB • 1909
NAR JAG VAR PRINS UTAV ARKADIEN • WHEN I WAS PRINCE OF ARCADIA • 1909
NATTMARSCHEN I SANCT ERIKS GRAND • NIGHT MARCH IN ST. ERIK'S LANE, THE • 1909
SJOROVAREN • PIRATE, THE • 1909
SPISKROKSVALSEN • WALTZ OF THE POKER • 1909
ENTRESANGEN UR DOLLARPRINSESSAN • ENTRY SONG FROM THE DOLLAR PRINCESS • 1910
FADERULLAN UR GOTEBORGSSYSTEMET I GRONKOPING • 1910
NU GAR JAG TILL MAXIM • GOING TO THE "MAXIM" • 1910
ORFEUS I UNDERJORDEN • ORPHEUS IN THE UNDERWORLD • 1910
PICK ME UP UR FLICKORNA JACKSON • PICK ME UP • 1910
SJOMANSDANSEN • SAILOR'S DANCE • 1911
GRONA HALSBANDET, DET • GREEN NECKLACE, THE • 1912
KOLINGENS GALOSCHER • VAGABOND'S GALOSHES, THE • 1912

MAGNUSSON LEIF – DNM
VERDEN TIL FORSKEL, EN • WORLD OF DIFFERENCE, A ○ ANOTHER WORLD • 1989

MAGON BARRY – SPN
SIEMPRE EN LA ARENA • 1957

MAGOWAN JOHN F. – USA
VANISHING DAGGER, THE • 1920 • SRL

MAGOWSKI KRZYSZTOF – PLN
SWINKA • PIG'S GATE • 1990

MAGRA – IRL
COMPLETELY POGUED • 1989 • DOC

MAGRO A. M. – ITL
DECADENZA • 1977

MAGROU ALAIN – FRN – 1938–
HOUAT • 1963 • SHT
YEUX D'ELSTIR, LES • 1967 • SHT
PENELOPE OU L'HIVER A KERMAREC • PENELOPE (UKN) • 1972
PENELOPE FOLLE DE SON CORPS • 1974

MAGWOOD PAUL – USA
CHANDLER • 1971

MAGYAR BALINT – HNG
DUNANAL, A • 1988 • DOC

MAGYAR DEZO see **MAGYAR DEZSO**

MAGYAR DEZSO – HNG
MAGYAR DEZO
PUNISHMENT EXPEDITION • 1971
KING OF AMERICA • 1982 • TVM
MY PALIKARI • SILENT REBELLION ○ BIG SHOT • 1982 • TVM

MAGYAR JOZSEF – HNG
MI KIS UGYEINK, A • OUR LITTLE AFFAIRS • 1988 • DOC

MAHAMANE BAKABE – NGR
SI LES CAVALIERS.. • IF THE HORSEMEN..

MAHARAJ ANTHONY – USA
MISSION TERMINATE • COOPER ○ MISSION: TERMINATE • 1987
NOT ANOTHER MISTAKE • 1987

MAHDY NUZRY – EGY
ALLO I AM THE CAT • 1975

MAHE HENRI – FRN
BLONDINE • 1943

MAHENDRA BALU – IND
KOKILA • 1977

MAHERAS ILIAS – GRC
HAIDHARI 3.30' APODRASATE • 3.30 ESCAPE FROM THE HAIDARI CAMP • 1967
PRODOTIS, O • TRAITOR, THE • 1967
GORGOPOTAMOS, O • RIVER, THE • 1968

MAHESH – IND
KARUTHA RATRIKAL • DARK NIGHTS • 1967

MAHESHWARI RAM – IND
NEEL KAMAL • BLUE LOTUS • 1968

MAHEU PIERRE – CND – 1939–
BONHOMME, LE • 1972 • DOC
INTERDIT, L' • 1976 • DOC

MAHLER RICHARD – USA
MAILER RICHARD
MIDNIGHT HEAT • 1983
TASTE OF MONEY, A • 1983

MAHMOUD MAHMOUD BEN – TNS
TRAVERSEES • 1983

MAHMUD AHMAD – MLY
MAMA OH MAMA • 1980

MAHOMO NANA – SAF
PHELA-NDABA • END OF THE DIALOGUE (UKN) • 1970
LAST GRAVE AT DIMBAZA • 1975

MAHON BARRY – Producer – USA
CUBAN REBEL GIRLS • ASSAULT OF THE REBEL GIRLS • 1959
ROCKET ATTACK, U.S.A. • 1960
DEAD ONE, THE • 1961
PAGAN ISLAND • 1961
BUNNY YEAGER'S NUDE CAMERA • NUDE CAMERA • 1963
HOLLYWOOD NUDES REPORT • HOLLYWOOD REPORT, OR HOW GIRLS MAKE NUDIE MOVIES ○ HOLLYWOOD NUDES • 1963
SHE SHOULD HAVE STAYED IN BED • SHE DIDN'T STAY IN BED • 1963
1000 SHAPES OF A FEMALE • 1000 FEMALE SHAPES • 1963
BUNNY YEAGER'S NUDE LAS VEGAS • NUDE LAS VEGAS • 1964
NUDES, INC. • BROADWAY PIN-UP HONEYS ○ PIN-UP FACTORY, THE ○ PIN-UP CAMERA • 1964
BEAST THAT KILLED WOMEN, THE • BEAST THAT MOLESTED WOMEN, THE ○ BEAST THAT RUINED WOMEN, THE • 1965
CENSORED • THIS PICTURE IS CENSORED • 1965 • CMP
CONFESSIONS OF A BAD GIRL • 1965
CRAZY WILD AND CRAZY • 1965
GIRL WITH THE MAGIC BOX, THE • MAGIC BOX, THE • 1965
HOT SKIN AND COLD CASH • HOT SKIN • 1965
INTERNATIONAL SMORGASBROAD • SMORGASBROAD • 1965
NUDE SCRAPBOOK • 1965
NUDES ON TIGER REEF • GIRLS ON TIGER REEF • 1965
STORY OF 8 GIRLS, THE • STORY OF 8 MODELS, THE • 1965
P.P.S. (PROSTITUTES' PROTECTIVE SOCIETY) • SECRET SOCIETY, THE • 1966

FANNY HILL MEETS DR. EROTICO • 1967
FANNY HILL MEETS LADY CHATTERLEY • 1967
GIRL SMUGGLERS • 1967
I WAS A MAN • 1967
RUN SWINGER RUN! • NUDES ON THE RUN • 1967
SEX CLUB INTERNATIONAL • LUCKY BANG BANG'S SEX CLUB INTERNATIONAL • 1967
FANNY HILL MEETS THE RED BARON • 1968
WARM, WARM BED, THE • WARM BED • 1968
WONDERFUL LAND OF OZ, THE • 1969
JACK AND THE BEANSTALK • 1970
LOVE PIRATE, THE • 1970
THUMBELINA • 1970

MAHOT JEAN-PIERRE – FRN
EMMA • 1977

MAI DANGXIONG see **MAK JOHNNY**

MAI LING-CHEH – HKG
MENG • I DO! • 1984

MAIBRAKOFF IVAN – USA
Y • 1963 • ANS

MAICON BORIS – MXC
ISLA MALDITA, LA • 1934
NOVILLERO • NOVICE BULLFIGHTER • 1936
OJOS TAPATIOS • 1937
INFIDELIDAD • 1938

MAIDEN CECIL – CND
FORBIDDEN JOURNEY • 1949

MAIELLO RAFFAELE – ITL – 1934–
NI SI SCRIVE SUI MURI A MILANO • 1975

MAIETTO R. see **MAIETTO RENZO**

MAIETTO RENZO – ITL
MAIETTO R. • FALLAY ALEX
ALTRE, L' • 1969

MAIEVSKAIA A. – USS
MAYEVSKAYA A.
PEDAGOGUTCHESKAIA POEMA • POEM OF YOUTH ○ PEDAGOGIC POEM • 1956

MAIEVSKAIA M. see **MAYEVSKAYA M.**

MAIGA DJINGAREYE see **DJINGAREYE MAIGA**

MAIGNE CHARLES – USA – 1881–
HER GREAT CHANCE • 1918
IN THE HOLLOW OF HER HAND • HOLLOW OF HER HAND, THE • 1918
FIRING LINE, THE • 1919
INDESTRUCTIBLE WIFE, THE • 1919
REDHEAD • 1919
WORLD TO LIVE IN, THE • 1919
COPPERHEAD, THE • 1920
CUMBERLAND ROMANCE, A • 1920
FIGHTING CHANCE, THE • 1920
INVISIBLE BOND, THE • SEE-SAW, THE • 1920
FRONTIER OF THE STARS, THE • 1921
HUSH MONEY • 1921
KENTUCKIANS, THE • 1921
COWBOY AND THE LADY, THE • 1922
RECEIVED PAYMENT • MILTON MYSTERY, THE • 1922
DRUMS OF FATE • DRUMS OF DESTINY • 1923
SILENT PARTNER, THE • 1923
TRAIL OF THE LONESOME PINE, THE • 1923

MAILER NORMAN – Novelist – USA – 1923–
BEYOND THE LAW • BEYOND THE LAW –BLUE • 1968
WILD 90 • 1969
MAIDSTONE • 1970
TOUGH GUYS DON'T DANCE • 1987

MAILER RICHARD see **MAHLER RICHARD**

MAILLET JEAN-CLAUDE – FRN
ANTHOLOGIE DU VICE • 1976

MAIMAN R.
RED TANKS • 1942

MAIN STEWART – NZL
DEATH IN THE FAMILY, A • 1987
MY FIRST SUIT • 1987 • SHT

MAINHALL HARRY – USA
BILL'S BOY • 1914
WAY OF HIS FATHER, THE • 1914

MAINKA MAXIMILLIANE – GRM
DEUTSCHLAND IM HERBST • GERMANY IN AUTUMN • 1978
KLAREM HIMMEL UND LACHENDEM HERRN IS NICHT ZU TRAUEN • 1980

MAINWARING BERNERD – UKN
O.K. CHIEF • 1930
REALITIES • 1930
CUPBOARD LOVE • 1931
LAME DUCK, THE • 1931
NEW HOTEL, THE • 1932
CRIMSON CANDLE, THE • 1934
LINE ENGAGED • 1935
OLD ROSES • 1935
PUBLIC LIFE OF HENRY THE NINTH, THE • 1935
SHOW FLAT • 1936
CROSS MY HEART • LOADED DICE • 1937
JENIFER HALE • 1937
MEMBER OF THE JURY • 1937
VILLIERS DIAMOND, THE • 1938

MAISCH HERBERT – GRM
KONIGSWALZER • ROYAL WALTZ, THE (USA) • 1935
BOCCACCIO • 1936
LIEBESERWACHEN • HERBST MELODIE • 1936
MENSCHEN OHNE VATERLAND • 1937
STARKE HERZEN • 1937
ANDALUSISCHE NACHTE • NIGHTS IN ANDALUSIA (USA) • 1938
FRAU SYVELIN • 1938
NANON • 1938
D III 88 • D III 88, DIE NEUE DEUTSCHE LUFTWAFFE GREIFT AN ○ D III 88, THE NEW GERMAN AIR FORCE ATTACKS • 1939
FRIEDRICH SCHILLER • TRIUMPH EINES GENIES, DER ○ TRIUMPH OF A GENIUS • 1940
ANDREAS SCHLUTER • 1942
MUSIK IM SALZBURG • 1944
ZAUBERGEIGE, DIE • 1944

MAITRA AMIT – IND
JAGTE RAHO • UNDER COVER OF NIGHT ○ KEEP AWAKE • 1956

MAITRA UMAPRASAD – IND
RAKTA REKHA • MARK OF BLOOD • 1968

MAITRE MAURICE – USS
L'KHAIM • 1911

MAIURI DINO – ITL – 1916–
KISS THE GIRLS AND MAKE THEM DIE • SE TUTTE LE DONNE DEL MONDO (ITL) ○ OPERAZIONE PARADISO ○ OPERATION PARADISE ○ IF ALL THE WOMEN IN THE WORLD • 1966

MAJANO ANTON G. see **MAJANO ANTON GIULIO**

MAJANO ANTON-GIULIO see **MAJANO ANTON GIULIO**

MAJANO ANTON GIULIO – ITL – 1909–
MAJANO ANTON-GIULIO • MAJANO ANTON G.
CARICA DEGLI EROI, LA • 1943
VENTO D'AFRICA • KANSIN • 1949
CENTO SERENATE • 1954
DOMENICA DELLA BUONA GENTE, LA • 1954
DONNA PREGA, UNA • 1954
ETERNA CATENA, L' • ETERNAL CHAINS (USA) ○ ETERNAL CHAIN, THE • 1956
GRANDI PECCATORI, I • 1956
RIVALE, LA • 1957
TERRORE SULLA CITTA • 1957
PADRONE DELLE FERRIERE, IL • 1959
FRATELLI CORSI, I • CORSICAN BROTHERS, THE (USA) ○ FRERES CORSES, LES (FRN) • 1961
LUI, LEI E IL NONNO • 1961
SEDDOK, L'EREDE DI SATANA • ATOM AGE VAMPIRE (USA) ○ SEDDOK, SON OF SATAN ○ SEDDOK BLOOD FIEND ○ BLOOD FIEND • 1961

MAJDAK NIKOLA – YGS
IZVOR ZIVOTA • SPRING OF LIFE, THE • 1969 • ANS
VRIJEME VAMPIRA • TIME OF VAMPIRES, THE (USA) ○ TIME OF THE VAMPIRE, THE • 1970 • ANS
ENCIKLOPEDIJA KRVNIKA • ENCYCLOPAEDIA OF THE EXECUTIONER • 1974

MAJDZADEH HASSAN – IRN
HOMECOMING • 1990

MAJER BRANKO – YGS
SUVISAN COVJEK • 1965

MAJER VLADIMIR – Actor – CZC
MAGDALENA • 1920

MAJEWSKI J. see **MAJEWSKI JANUSZ**

MAJEWSKI JANUSZ – PLN – 1931–
MAJEWSKI J.
ZABAWA • GAME, THE • 1961
KAPELUSZ • HAT, THE • 1962
ROZA • ROSE • 1962
SZPITAL • HOSPITAL (UKN) • 1962
ALBUM FLEISCHERA • HERR FLEISCHER'S ALBUM ○ FLEISCHER'S ALBUM • 1963
OPUS JAZZ • 1963 • SHT
DOCENT HAMLER • PROFESSOR HAMLER • 1964
JAZZ W POLSCE • MODERN POLISH JAZZ GROUPS ○ JAZZ IN POLAND • 1964 • SHS
PIERWSZY PAWILON • FIRST PAVILION, THE • 1964
POJEDYNEK • DUEL, THE • 1964
AWATAR • AVATAR • 1965
BLEKITNY POKOJ • BLUE ROOM • 1965
CZARNA SUKNIA • BLACK DRESS, THE • 1967 • SHT
JA GORE • I'M BURNING ○ I AM ON FIRE • 1967 • SHT
SUBLOKATOR • LODGER, THE ○ TENANT, THE • 1967
LOKIS • BEAR, THE (USA) • 1969
URZAD • OFFICE, THE • 1969
ZBRODNIARZ, KTORY UKRADL ZBRODNIC • CRIMINAL WHO STOLE THE CRIME, THE • 1969
OKNO ZABITE DESKAMI • BOARDED WINDOW, THE • 1972 • MTV
SYSTEM • 1972
DVOJI SVET V HOTELU PACIFIK • HOTEL PACIFIC ○ ZAKLETE REWIRY • 1975
SPRAWA GORGONIOWEJ • GORGONIOVA CASE ○ GORGON CASE, THE • 1977
KNIGHT, THE • 1980
LESSON IN A DEAD LANGUAGE • 1980
SLANA RUZE • SALTY ROSE • 1982

MAJEWSKI LECH – UKN
FLIGHT OF THE SPRUCE GOOSE, THE • 1986
PRISONER OF RIO • 1988

MAJKA CHRIS – UKN
DIALOGUE • 1974

MAJOR ANTHONY – USA
SUPER SPOOK • 1974

MAJUMDAR TARUN see **MAZUMDAR TARUN**

MAK JOHNNY – HKG – 1949–
MAI DANGXIONG
LONG ARM OF THE LAW • 1984
RED GUARDS IN HONG KONG • 1987
YITLEUNG, SINGSING, TAIYEUNG • MOON, STARS, SUN • 1988

MAK MICHAEL – TWN
TI-HSIA T'UNG-TAO • 1990

MAKARCZYNSKI TADEUSZ – PLN – 1918–
CHILD'S HANDS, A • 1945 • DOC
WARSAW SUITE • 1946 • DOC
CHOPIN RECITAL AT THE DUSZNIKI FESTIVAL • 1947 • DOC
CHOPIN MAZURKAS • 1949 • DOC
EVERYDAY • 1949 • DOC
NEW ART • 1950 • DOC
SIN, THE • 1951 • DOC
MAZOWSZE ENSEMBLE, THE • 1952 • DOC
MEDICAL CARE • 1953 • DOC
MAZOWSZE • MAZOVIA • 1955 • DOC
WARSZAWSKA SYRENA • WARSAW MERMAID, THE • 1956
LIVING STONES • 1957 • DOC
SINGING WOOD • 1958 • DOC
KRONIKA POD PSEM • DOG'S NEWSREEL, THE ○ DIARY OF A DOG • 1959 • DOC
ZYCIE JEST PIEKNE • LIFE IS BEAUTIFUL ○ LIFE IS MARVELOUS • 1959
NOC • NIGHT • 1961 • DOC
CZARODZIEJ • MAGICIAN, THE • 1962
VIVAT • 1968 • DOC

MAKARENKO M. – USS
BREAD AND SALT • 1970

MAKARENKO MR. – USA
HEART OF A COSSACK, THE • 1912

MAKARENKO NIKOLAI – USS
KROV LYUDSKAYA NE VODITSA • MAN'S BLOOD IS THICKER THAN WATER ○ LET THE BLOOD OF MAN NOT FLOW • 1960

MAKAROV GEORGI – USS
TILL SOON • 1930

MAKAROVIC BERISLAV – YGS
SNADJI SE DRUZE • FIND A WAY, COMRADE • 1982

MAKAVEJEV DUSAN – YGS – 1932–
JATAGAN MALA • 1953 • SHT
PECAT • SEAL, THE • 1955 • SHT
ANTONIJEVO RAZBIJENO OGLEDALO • ANTHONY'S BROKEN MIRROR • 1957 • SHT
BOJE SANJAJU • COLORS ARE DREAMING • 1958 • SHT
PROKLETI PRAZNIK • DAMNED HOLIDAY • 1958 • SHT
SLIKOVNICA PCELARA • BEEKEEPER'S SCRAPBOOK • 1958 • DOC
SPOMENICIMA NE TREBA VEROVATI • DON'T BELIEVE IN MONUMENTS • 1958 • SHT
STO JE RABNICKI SANJET? • WHAT IS A WORKER'S COUNCIL? • 1959 • DOC
ECI, PEC, PEC • ONE POTATO, TWO POTATO • 1961 • SHT
OSMJEH 61 • SMILE 61 • 1961 • SHT
PEDAGOSKA BAJKA • EDUCATIONAL FAIRY TALE • 1961 • SHT
DOLE PLOTOVI • DOWN WITH THE FENCES • 1962 • SHT
FILM O KNJIZI A.B.C. • FILM ABOUT THE BOOK • 1962 • SHT
LJEPOTICA 62 • MISS YUGOSLAVIA 62 • 1962 • DOC
PARADA • PARADE, THE • 1962
NOVA DOMACA ZIVOTINJA • NEW DOMESTIC ANIMAL • 1964 • SHT
NOVA IGRACKA • NEW TOY • 1964 • SHT
COVJEK NIJE TICA • MAN IS NOT A BIRD, A ○ COVEK NIJE TICA • 1965
LJUBAVNI SLUCAJ ILI TRAGEDIJA SLUZBENICE P.T.T. • SWITCHBOARD OPERATOR, THE (UKN) ○ TRAGEDIJA SLUZBENICE P.T.T. ○ LOVE AFFAIR OR THE CASE OF THE MISSING SWITCHBOARD OPERATOR ○ AFFAIR OF THE HEART ○ LOVE DOSSIER • 1967
NEVINOST BEZ ZASTITE • INNOCENCE UNPROTECTED • 1968
W R –MISTERIJE ORGANIZMA • W R –MYSTERIES OF THE ORGANISM (USA) ○ MYSTERY OF BODY • 1971
SWEET MOVIE • 1974
MONTENEGRO • MONTENEGRO –OR PIGS AND PEARLS • 1981
COCA COLA KID, THE • 1985
FOR A NIGHT OF LOVE • 1988
MANIFESTO • 1989

MAKEDON PETROS – GRC
VARIA KATARA O DIHASMOS • HEAVY CURSE OF A SPLIT, THE ○ GOOD AND THE BAD, THE • 1968

MAKELA VILLE – FNL
LAIN ULKOPUOLELLA • BEYOND THE LAW • 1988

MAKELA VISA – FNL
FUGITIVES OF ALL KINDS • 1981

MAKELIM HAL – USA
MAN OF CONFLICT • 1953

MAKETAKI TONIA – GRC
ANTHROPOS POU HATHIKE, O • LOST MAN, THE • 1976

MAKHMALBAF MOHSEN – IRN
PEDDLER, THE • 1987
BICYCLE RUN • CYCLIST, THE • 1988
MARRIAGE OF THE BLESSED • 1989
TIME OF LOVE • 1990

MAKHMUDOV M. – USS
SHORT STORIES ABOUT CHILDREN, WHICH.. • 1961

MAKHNACH LEONID – USS – 1933–
KOMSOMOL CELEBRATION • 1958 • DOC
TOWNS CHANGE THEIR FACE, THE • 1958 • DOC
GREATEST HOPE OF THE PEOPLE, THE • 1959 • DOC
U.S.S.R. – AMERICA • 1959 • DOC
MEETING WITH THE PAMIR MOUNTAINS • 1960 • DOC
MOST LIVE OF ALL LIVING, THE • 1960 • DOC

SHARIK AND SHURIK • 1960 • DOC
YOU ARE A CRIMINAL -OBERLANDER! • 1960 • DOC
SIBERIAN SINGING • 1961 • DOC
YOU AND I • 1961 • DOC
SUN, RAIN AND SMILES • 1962 • DOC
DROP OF POISON, A • 1965 • DOC
BRAVERY • 1966 • DOC
FREEDOM FOR YOU AND FOR US • 1968 • DOC

MAKICHUK JAMES – CND

GHOSTKEEPER • 1981

MAKINEN AITO – FNL – 1927–

BRIDGE, A • DOC
1896, OR THE MOVIES MOVE • DOC
KONSERTTI • CONCERT, A • 1963 • DOC
JUULIA • ONNELLISET LEIKIT • 1964
VAAKSA VAARAA • CLOSE TO DANGER • 1965
VAIN NELJA KERTAA • FOUR TIMES ONLY • 1968
MUURAHAISPOLKU • SUMMER TRAIL • 1970
MUOTOILIJAN MAAILMA TIMO SARPANEVA • PORTRAIT OF AN INDUSTRIAL DESIGNER • 1976 • DOC

MAKINEN VISA – FNL – c1945–

VOIJUKU, MIKA LAUANTAI • WOW! WHAT A SATURDAY! • 1979
MITAS ME SANKARIT • WE, THE HEROES • 1980
AGENT 000 AND THE CURVES OF DEATH • 1983
DIRTY HALF DOZEN, THE • 1983
VAPAA-DUUNARI VILLE-KALLE • FREE-MASON VILLE-KALLE • 1984

MAKINO M. see **MAKINO MASAHIRO**

MAKINO MASAHIRO – JPN

MAKINO M.

YAMI • DARKNESS • 1927
RONINGAI • STREET OF MASTERLESS SAMURAI, THE ○ JOBLESS SAMURAI • 1928
KUBI NO ZA • BEHEADING PLACE • 1929
KURAMA TENGU: KAKUBEI-JISHI NO MAKI • KURAMA TENGU: THE BOOK OF KAKUBEI'S LION CUB • 1938
ENO UTAGASSEN • 1939
GAOU UTAGGASEN • GEESE AND DUCK'S SINGING CONTEST, THE • 1939
KINO KIETA OTOKO • MAN WHO DISAPPEARED YESTERDAY, THE • 1941
HISSHOKA • SONG OF VICTORY ○ HISSYO KA ○ VICTORY SONG • 1945
MACHIBOKE NO ONNA • WOMAN WHO IS WAITING • 1946
TATESHI DAMPEI • FENCING MASTER • 1950
OTTOBI KAGO • CAGE FOR HUSBANDS • 1952
SUTTOBI KAGO • EXPRESS SEDAN • 1952
NAGURI KOMI KOSHUJI • JIROCHO'S TRAVELS • 1953
HAWAI NO YORU • 1954
HOYO • LAST EMBRACE • 1954
IPPON GATANA DOHYOIRI • 1957
ENSHO MORI NO ISHIMATSU • 1958
FUTEKINARU HANKO • FEARLESS OPPOSITION • 1958
HIJOSEN • 1958
OSHIDORI KAGO • BULLS-EYE FOR LOVE • 1958
EDO NO AKUTARO • 1959
KOI YAMABIKO • 1959
YUKINOJO HENGE • 1959
JOGOKU NO HANAMICHI • 1960
SHIMIZU MINATO NI KITA OTOKO • 1960
TOKAI NO KAOYAKU • COLLAPSE OF A BOSS • 1960
YATARO-GASA • YATARO'S SEDGE HAT • 1960
EDOICKO HANJOKI • 1961
TOKAI-ICHI NO WAKA-OYABUN • 1961
KYOKOTSU ICHIDAI • CHIVALROUS LIFE, THE • 1967
NIHON KYOKAKUDEN: SHIRAHA NON SAKAZUKI • CHRONICLE OF JAPANESE OUTLAWS: A TOAST TO SWORDS • 1967
NIPPON KYOKAKUDEN-KIRIKOMI • CHIVALROUS STORY IN JAPAN -THE STORM, A • 1967
SHOWA ZANKYODEN: CHIZOME NO KARAJISHI • DRAGON TATTOO: FULL OF BLOOD • 1967
GOROTSUKI • KICK-BOXER • 1968
KYOKAKU RETSUDEN • HISTORIES OF THE CHIVALROUS • 1968
NIHON KYOKYAKU DEN ZETSUENJO • CHIVALROUS STORY OF JAPAN • 1968
SHIN ABASHIRI BANGAICHI • MAN FROM ABASHIRI STRIKES AGAIN, THE • 1968

MAKK KAROLY – HNG – 1925–

UTTOROK • 1949
LILIOMFI • 1954
9-ES KORTEREM • WARD NO.9 ○ KILENCES KORTEREM, A • 1955
MESE A TIZENKET TALALATROL • TALE ON THE TWELVE POINTS ○ TALE OF 12 POINTS • 1956
HAZ A SZIKLAK ALATT • HOUSE UNDER THE ROCKS, THE • 1958
MEGSZALLOTTAK • FANATICS, THE ○ POSSESSED, THE • 1961
ELVESZETT PARADICSOM, AZ • LOST PARADISE, THE ○ PARADISE LOST • 1962
UTOLSO ELOTTI EMBER, AZ • LAST BUT ONE, THE • 1963
MIT CSINALT FELSEGED 3 – 5 – 19? • HIS MAJESTY'S DATES • 1964
BOLONDOS VAKACIO • CRAZY HOLIDAYS ○ SUMMER CLOUD • 1968
ISTEN ES EMBER ELOTT • BEFORE GOD AND MAN • 1968
SZERELEM • LOVE • 1970
MACSKAJATEK • CATSPLAY (USA) ○ CAT'S GAME • 1974
ERKOLCSOS EJSZAKA, EGY • VERY MORAL NIGHT, A • 1978
TEGLAFAL MOGOTT • BEHIND THE BRICK WALL • 1980
JAGER, DIE • 1982
OLELKEZO TEKINTETEK • CERTAIN KIND OF LOOK, A • 1982
EGYMASRA NEZVE • ANOTHER WAY • 1983
LILY IN LOVE • DOUBLE PLAY ○ JATSZANI KELL ○ FITZ AND LILY ○ LOVES OF LILY, THE ○ PLAYERS ○ PLAYING FOR KEEPS • 1985
UTOLSO KEZIRAT, AZ • LAST MANUSCRIPT, THE • 1986
HUNGARIAN REQUIEM • 1990

MAKMUDBEKOV SHAMIL – USS

CHYERNUSHKA • CHERNUSHKA • 1967

MAKOVEC MILOS – CZC – 1919–

CESTA ZPATKY • 1945 • DOC
VESNICE NA ROZCESTI • 1945 • DOC
CISARUV SLAVIK • 1948 • DOC
PRIPAD DR. KOVARE • CASE OF DR. KOVARE, THE • 1949
GREAT ADVENTURE, THE • 1952
VELKE DOBRO DU ZSTVI • 1952
NORTHERN HARBOUR • 1953
SEVERNI PRISTAV • 1953
NAVSTEVA Z OBLAK • 1954
STRACENA VARTA • LOST SENTRY, THE ○ GUARD, THE ○ ZTRACENA VARTA ○ LOST PATROL, THE • 1956 • ANM
SNAZDY ZIVOT • 1957
ZTRACENCI • THREE MEN MISSING • 1957
O VECECH NADPRIROZENYCH • ON MIRACULOUS HAPPENINGS ○ GLORIE ○ HALO, THE ○ MIRACULOUS HAPPENINGS • 1958
CHLAP JAKO HORA • 1960
JIRINA SEJBALOVA • 1961
DVA Z ONOHO SVETA • 1962
PRAHA, NULTA HODINA • PRAGUE AT ZERO HOUR • 1962
CTYRI V KRUHU • FOUR IN THE CIRCLE ○ CIRCLE OF FOUR, A • 1967
PRAZSKE NOCI • NIGHTS OF PRAGUE ○ PRAGUE NIGHTS ○ NIGHTS IN PRAGUE ○ PRAGUE NIGHTS • 1968

MAKOVSKI CLAUDE – FRN – 1936–

AU VERRE DE L'AMITIE • 1970 • SHT
IL FAUT VIVRE DANGEREUSEMENT • 1975

MAKRIS DIMITRIS – GRC

KANGELOPORTA, I • DOOR WITH BARS, THE • 1979

MALAK-MOTIEI NASSER – IRN

FARAR AZ HAGHIGHAT • ESCAPING FROM TRUTH • 1967

MALAKIAN ACHOD see **VERNEUIL HENRI**

MALAKOUTI – IRN

GHORBI-YE-SEVOM • THIRD VICTIM, THE • 1967

MALANCON ANDRE – FRN

FIERRO OU L'ETE DES SECRETS • SUMMER OF THE COLT • 1988

MALANGA GERARD – USA

ACADEMY LEADER • 1965
CAMBRIDGE DIARY • 1966
PRIVATE MOMENT, A • 1966
SON OF ACADEMY LEADER • 1966
IN SEARCH OF THE MIRACULOUS • 1967

MALAPARTE CURZIO – ITL – 1898–1957

SUCKERT CURZIO

CRISTO PROIBITO • STRANGE DECEPTION ○ FORBIDDEN CHRIST • 1951

MALASOMMA NUNZIO – ITL – 1894–1974

MISTER RADIO • 1924
EINE MINUTE VOR ZWOLF • ONE MINUTE TO TWELVE • 1925
KONIG UND DIE KLEINEN MADCHEN, DER • 1925
JAGD AUF MENSCHEN • 1926
EINER GEGEN ALLE • 1927
MANN OHNE KOPF, DER • 1927
KAMPF UMS MATTERHORN, DER • STRUGGLE FOR THE MATTERHORN • 1928
RUF DES NORDENS, DER • 1929
UOMO DALL'ARTIGLIO, L' • PRANKE, DIE (FRG) • 1931
CANTANTE DELL'OPERA, LA • 1932
TELEFONISTA, LA • 1932
CLEO, ROBES ET MANTEAUX • 1933
SETTE GIORNI CENTO LIRE • 1933
SIGNORINA DELL'AUTOBUS, LA • 1933
CIECA DI SORRENTO, LA • 1934
KAMPF UMS MATTERHORN, DER • STRUGGLE FOR THE MATTERHORN • 1934
LOHENGRIN • 1936
NON TI CONOSCO PIU • 1936
UN-ERHORTE FRAU, DIE • ICH KENNE DICH NICHT MEHR • 1936
NINA, NON FAR LA STUPIDA • 1937
ERAVAMO SETTE SORELLE • WE WERE SEVEN SISTERS • 1938
FROMME LUGE, DIE • 1938
NACHT DER ENTSCHEIDUNG, DIE • 1938
ROTE ORCHIDEEN • RED ORCHIDS (USA) • 1938
COSE DELL'ALTRO MONDO • 1939
FRAU OHNE VERGANGENHEIT, DIE • 1939
TRE INNAMORATI, I • 1939
DOPO DIVORZIEREMO • 1940
SCAMPOLO • 1941
ACQUE DI PRIMAVERA • 1942
GIOCO PERICOLOSO • 1942
GIUNGLA • 1942
VOM SCHICKSAL VERWEHT • 1942
IN DUE SI SOFFRE MEGLIO • 1943
INCONTRI DI NOTTE • 1943
SIGNORA IN NERO, LA • 1943
DIAVOLO BIANCO, IL • 1948
DIAVOLO IN CONVENTO, IL • 1951
QUATTRO ROSE ROSSE • 1952
ADORABILI E BUGIARDE • ASSASSINIO COL BOTTO ○ MAGNIFICHE TRE, LE ○ RAGAZZE BRIVIDO • 1959
RIVOLTA DEGLI SCHIAVI, LA • REBELION DE LOS ESCLAVOS, LA (SPN) ○ SKLAVEN ROMS, DIE (FRG) ○ REVOLT OF THE SLAVES, THE (USA) • 1961
QUINDICI FORCHE PER UN ASSASSINO • FIFTEEN SCAFFOLDS FOR A MURDERER • 1968

MALASPINA LUCIANO – ITL

RIVOLUZIONE A CUBA • 1965 • DOC

MALASS MOHAMED – SYR

MALLASS MOHAMED

AHLAM AL MADINA • DREAMS OF THE CITY • 1984

MALATESTA GUIDO – ITL – 1919–1970

REED JAMES

MILIARDARI, I • 1957
EL ALAMEIN • DESERTO DI GLORIA • 1958
VALERIA RAGAZZA POCO SERIA • 1958
AGOSTO DONNE MIE NON VI CONOSCO • 1960
FURIA DEI BARBARI, LA • FURY OF THE PAGANS (USA) • 1960
STRADA DEI GIGANTI, LA • VALLEY OF THE DOOMED (USA) ○ ROAD OF THE GIANTS, THE • 1960
GOLIATH CONTRO I GIGANTI • GOLIAT CONTRA LOS GIGANTES (SPN) ○ GOLIATH AND THE GIANTS ○ GOLIATH AGAINST THE GIANTS (USA) • 1961
MACISTE CONTRO I CACCIATORI DI TESTE • COLOSSUS AND THE HEADHUNTERS (UKN) ○ MACISTE CONTRO I TAGLIATORI DI TESTE • 1962
MACISTE CONTRO I MOSTRI • FIRE MONSTERS AGAINST THE SON OF HERCULES (USA) ○ COLOSSUS OF THE STONE AGE(UKN) ○ MACISTE VS. THE MONSTERS • 1962
INCENDARIO DI ROMA, L' • 1963
RIVOLTA DEI BARBARI, LA • REVOLT OF THE BARBARIANS (USA) • 1965
MISSIONE APOCALISSE • 087 MISION APOCALIPSIS (SPN) ○ 087 MISSION APOCALISSE ○ 087 MISSION APOCALYPSE • 1966
PREDONI DEL SAHARA, I • 1966
VENDICATORE DEI MAYAS, IL • 1966
COME RUBARE UN QUINTALE DI DIAMANTI IN RUSSIA • HOW TO STEAL A HUNDRED KILOS OF DIAMONDS IN RUSSIA • 1967
FIGLIO DI AQUILA NERA, IL • SON OF BLACK EAGLE, THE • 1968
SAMOA, REGINA DELLA GIUNGLA • SAMOA, QUEEN OF THE JUNGLE • 1968
CALDE NOTTI DI POPPEA, LE • 1969
TARZANA SESSO SELVAGGIO • TARZANA, THE WILD GIRL ○ TARZANA'S SAVAGE SEX • 1969
FORMULA UNO NELL'INFERNO DEL GRAND PRIX • 1970
RIUSCIRA IL NOSTRO EROE A RITROVARE IL PIU GRANDE DIAMANTE DE MONDO? • 1971
LAND OF THE MONSTERS • 1975

MALAUSSENA S. – FRN

SOUS-SOL • 1953 • SHT

MALAVE CARLOS – PRC

CAFETAL ADENTRO • INSIDE THE COFFEE PLANTATION • 1989

MALBERG JOELLE – FRN – 1955–

CARBONE, LA • 1982 • DOC

MALDEN KARL – Actor – USA – 1913–

TIME LIMIT • 1957

MALDONADO C. ENRIQUE – VNZ

SUPERFICIE Y FONDO • SURFACE AND BOTTOM • 1972

MALDONADO EDOUARDO see **MALDONADO EDUARDO**

MALDONADO EDUARDO – MXC

MALDONADO EDOUARDO

ATENCINGO • 1973
LAGUNA DE DOS TIEMPOS • LAKE IN TWO TEMPOS • 1982 • DOC

MALDOROR SARAH – ALG

POOR AND THE PROUD, THE • SHT
VIVA LA MUERTE • SHT
MONANGAMBEEE • 1969 • SHT
DES FUSILS POUR BANTA • 1970
SAMBIZANGA • 1972

MALEH NABIL – SYR – 1939–

MALIH NABIL AL- • AL-MALIH NABIL

COROUNNE D'EPINES, LA • 1969 • SHT
IQA • RYTHMES ○ RHYTHM, A • 1970 • SHT
NAPALM • 1970 • SHT
RIJALUN TAHTA ASH-SHAMS • DES HOMMES SOUS LE SOLEIL • 1970
JEU ETERNEL, LE • ECUME, L' • 1971
FAHD, AL- • LEOPARD, LE ○ PANTHER, THE • 1972
SAYYID AT-TAQADDUMI, AS- • MONSIEUR LE PROGRESSISTE • 1973

MALENOTTI ROBERTO – ITL

SCHIAVE ESISTONO ANCORA, LE • SLAVE TRADE IN THE WORLD TODAY (USA) ○ ESCLAVES EXISTENT TOUJOURS, LES (FRN) • 1964 • DOC
SORELLE, LE • SISTERS, THE (UKN) • 1969
CENERENTOLA 80 • CINDERELLA 80 • 1984

MALERBA LUIGI – ITL – 1927–

BONARDI LUIGI

DONNE E SOLDATI • 1955

MALETTE YVON see **MALLETTE YVON**

MALEY JEAN – FRN – 1933–

SEUL A CORPS PERDU • A CORPS PERDU • 1961
ASSASSIN VIENDRA CE SOIR, L' • 1962
SURSIS POUR UN ESPION • HORRIBLE PROFESSION, THE (UKN) • 1964
CINQUANTE BRIQUES POUR JO • HOLD-UP POUR LAURA • 1967
MALEDICTION DE BELPHEGOR, LA • S2S BASE MORTE CHIAMA SUNIPER (ITL) ○ CURSE OF BELPHEGOR, THE • 1967
TRAFIC DE FILLES • PUNITION, LA • 1967
FAITHFUL IN MY FASHION • 1969
QUAI DU DESIR • PORT OF DESIRE (UKN) • 1969

MALFATTI ALFREDO – ITL

SBANDATA, LA • 1974

MALHOTRA HARMESH – IND

SHERNI

MALHOTRA ROSHANLAL – IND

DHUAAN • 1953

MALIAN GENRIKH see **MALYAN GHENRIKH**

MALICK TERENCE – USA – 1943–
MALICK TERRENCE
BADLANDS • 1973
DAYS OF HEAVEN • 1978

MALICK TERRENCE see **MALICK TERENCE**

MALIH NABIL AL– see **MALEH NABIL**

MALIK PERVAIZ – PKS
ZANGIR • CHAIN, THE • 1986

MALIK YONUS – PKS
MAULA BUX • ROD, THE • 1988

MALIKOFF NIKOLAI – GRM
FRUHLINGSFLUTEN • 1924
APACHEN VON PARIS, DIE • APACHES OF PARIS (USA) • 1927

MALIKOV RASHID – USS
CLINIC • 1987

MALINE ALAIN – FRN
JEAN GALMOT, AVENTURIER • 1990

MALINS GEOFFREY see **MALINS GEOFFREY H.**

MALINS GEOFFREY H. – UKN – 1887–
MALINS GEOFFREY
ABIDE WITH ME • 1915 • SHT
CASTAWAYS, THE • 1915
HEARTS OF GOLD • 1915
ON THE BANKS OF ALLAN WATER • 1915 • SHT
ORPHEUS SONG FILMS • 1915 • SER
GIRL FROM DOWNING STREET, THE • 1918
PEEP BEHIND THE SCENES, A • 1918
EVERYBODY'S DOING IT • 1919
GREATER LOVE, THE • 1919
PATRICIA BRENT, SPINSTER • 1919
RAINBOW CHASERS, THE • 1919
ALL THE WINNERS • 1920
FILM PIE • 1920 • SER
GOLDEN WEB, THE • 1920
OUR GIRLS AND THEIR PHYSIQUE • 1920 • SER
SETTLED IN FULL • 1920
WATCH YOUR STEP • 1920
ALLY SLOPER GOES BATHING • 1921 • SHT
ALLY SLOPER GOES YACHTING • 1921 • SHT
ALLY SLOPER RUNS A REVUE • 1921 • SHT
ALLY SLOPER'S ADVENTURES • 1921 • SHS
ALLY SLOPER'S HAUNTED HOUSE • 1921 • SHT
ALLY SLOPER'S LOAN OFFICE • 1921 • SHT
ALLY SLOPER'S TEETOTAL ISLAND • 1921 • SHT
BLUFF • 1921
WATCHING EYES • 1921 • SER
RECOIL, THE • 1922
SCOURGE, THE • FORTUNE'S FOOLS • 1922
WONDERFUL WOOING, THE • WAY OF A WOMAN, THE • 1925
FIGHTING GLADIATOR, THE • 1926
FIND THE WOMAN • 1926
FOR A WOMAN'S EYES • 1926
FOR MY LADY'S HAPPINESS • 1926
GYPSY COURAGE • 1926 • SHT
PHANTOM FOE, THE • 1926
ROMANCES OF THE PRIZE RING • 1926 • SHS
WHEN GIANTS FOUGHT • 1926
BRAVO, THE • 1928
CHANGELING, THE • 1928
DOUBLE DEALING • 1928
IN BORROWED PLUMES • 1928
TWO OF A TRADE • 1928
W.W. JACOBS STORIES • 1928 • SHS
LONDON MELODY • 1930

MALISZEWSKA-KRUK ALINA – PLN
PRZYGODA W PASKI • ADVENTURE IN STRIPES • 1961 • ANS

MALKAMES DON – USA
GOOFYTONE NEWSREEL NO.3 • 1933 • SHT
GOOFYTONE NEWSREEL NO.4 • 1933 • SHT
GOOFYTONE NEWSREEL NO.5 • 1934 • SHT
GOOFYTONE NEWSREEL NO.6 • 1934 • SHT
HARLEM DYNAMITE • 1947 • SHT
HARLEM RHYTHM • 1947 • SHT
TAN AND TERRIFIC • 1947 • SHT

MALLASS MOHAMED see **MALASS MOHAMED**

MALLE LOUIS – FRN – 1932–
FONTAINE DE VAUCLUSE, LA • 1955 • DCS
STATION 307 • 1955 • DCS
MONDE DU SILENCE, LE • SILENT WORLD, THE • 1956
ASCENSEUR POUR L'ECHAFAUD, L' • LIFT TO THE SCAFFOLD (UKN) ○ FRANTIC (USA) ○ ELEVATOR TO THE GALLOWS • 1957
AMANTS, LES • LOVERS, THE • 1958
ZAZIE DANS LE METRO • ZAZIE (USA) ○ ZAZIE IN THE UNDERGROUND • 1960
VIE PRIVEE, LA • VERY PRIVATE AFFAIR, A (USA) ○ VITA PRIVATA (ITL) • 1962
VIVE LE TOUR • 1962 • DCS
FEU FOLLET, LE • TIME TO LIVE AND A TIME TO DIE, A (UKN) ○ FIRE WITHIN, THE (USA) ○ FOX FIRE ○ WILL O' THE WISP • 1963
BON BAISERS DE BANGKOK • 1964 • DOC
VIVA MARIA! • BANDIDA • 1966
VOLEUR, LE • THIEF OF PARIS, THE (USA) ○ THIEF, THE (UKN) • 1967
CALCUTTA • 1968
HISTOIRES EXTRAORDINAIRES • SPIRITS OF THE DEAD (USA) ○ TALES OF MYSTERY (UKN) ○ TROIS HISTOIRES EXTRAORDINAIRES D'EDGAR POE ○ THREE STRANGE STORIES OF EDGAR POE ○ STRANGE TALES ○ TRE PASSI NEL DELIRIO ○ STORIE STRAORDINARIE • 1968
INDE FANTOME, L' • PHANTOM INDIA (USA) ○ REFLEXION SUR UN VOYAGE ○ LOUIS MALLE'S INDIA ○ INDE 69, L' • 1969 • DOC
SOUFFLE AU COEUR, LE • SOFFIO AL CUORE (ITL) ○ MURMUR OF THE HEART (USA) ○ DEAREST LOVE (UKN) • 1971
HUMAIN, TROP HUMAIN • HUMAN CONDITION, A (UKN) ○ HUMAN, TOO HUMAN • 1972 • DOC
LACOMBE LUCIEN • NOME E COGNOME: LACOMBE LUCIEN (ITL) • 1973
PLACE DE LA REPUBLIQUE • 1973 • DOC
BLACK MOON • 1975
PRETTY BABY • PETITE, LA • 1978
ATLANTIC CITY U.S.A. • ATLANTIC CITY (UKN) • 1980
MY DINNER WITH ANDRE • 1981
CRACKERS • 1983
ALAMO BAY • 1985
GOD'S COUNTRY • 1985 • DOC
AU REVOIR LES ENFANTS • 1988
MILOU EN MAI • MILOU IN MAY (UKN) • 1989

MALLEON STEWART – USA
CURSE OF ALPHA STONE • 1985

MALLESON NICKY – UKN
DAWSON J. • 1980

MALLET MARILU – CHL – 1945–
IL N'Y PAS D'OUBLI • THERE IS NO FORGETTING • 1975
BORGES, LES • 1979
EVANGELIO A SOLENTINAME • GOSPEL OF SOLENTINAME, THE • 1979 • DCS
JOURNAL INACHEVE • UNFINISHED DIARY • 1982
MEMOIRES D'UNE ENFANT DES ANDES • ANDAHAYLILLAS • 1985

MALLETTE YVON – CND
MALETTE YVON
BOOMSVILLE • 1968 • ANS
FAMILY THAT DWELT APART, THE • 1973

MALLICK P. – IND
SHABASH • 1949 • ANM

MALLIN SIMON – UKN
ENVEROUNEN • 1973

MALLINSON JOHN – UKN
INVITATION TO PROSPERITY • 1960

MALLINSON MATTHEW – USA
FIST OF FEAR, TOUCH OF DEATH • 1980

MALLON JAMES – USA
BLOOD HOOK • 1986

MALLORY LAWRENCE – USA
WHITE BIRD • 1971 • SHT

MALMBERG ERIC – SWD – 1933–
BRANNINGAR, ELLER STULEN LYCKA • BREAKERS, OR STOLEN HAPPINESS • 1912
TYSTNADENS HUS • HOUSE OF SILENCE (USA) • 1933

MALMER LENNART – SWD
IN OUR LAND BULLETS ARE BEGINNING TO FLOWER • DOC

MALMQVIST BERTIL – SWD – 1926–
ODESDIGRA KLOCKAN, DEN • FATEFUL BELL • 1966

MALMROS NILS – DNM – 1944–
MALMROS NILS SIGURD
MAERKELIG KAERLIGHED, EN • ODD KIND OF LOVE, AN ○ STRANGE LOVE, A • 1968
LARS-OLE 5.C • LARS OLE 5C • 1973
DRENGE • BOYS IN THE DARK ○ BOYS • 1976
KUNDSKABENS TRAE • TREE OF KNOWLEDGE, THE • 1981
SKONHEDEN OG UDYRET • BEAUTY AND THE BEAST • 1983
ARHUS BY NIGHT • 1988

MALMROS NILS SIGURD see **MALMROS NILS**

MALMUTH BRUCE – USA – 1937–
FOREPLAY • PRESIDENT'S WOMEN, THE • 1975
NIGHTHAWKS • HAWKS • 1980
MAN WHO WASN'T THERE, THE • 1983
WHERE ARE THE CHILDREN? • 1986
DANCES AT MY WEDDINGS • 1989
HARD TO KILL • 1990

MALONE WILLIAM – USA
SCARED TO DEATH • TERROR FACTOR • 1980
TITAN FIND • CREATURE • 1985

MALONEY DAVID – UKN
DR. WHO: THE TALONS OF WENG-CHIANG • 1977 • MTV

MALONEY LEO – Actor – USA – 1888–1929
MALONEY LEO D.
BIG CATCH, THE • 1920 • SHT
GAMBLIN' FOOL, A • 1920 • SHT
GRINNING GRANGER, THE • 1920 • SHT
HONOR OF THE RANGE, THE • 1920 • SHT
ONE LAW FOR ALL • 1920 • SHT
NO MAN'S WOMAN • 1921
BORDER LAW • 1922
COME AND GET ME! • 1922
DRIFTER, THE • 1922
HERE'S YOUR MEN • 1922
HIS ENEMY'S FRIEND • 1922
DOUBLE CINCHED • 1923
KING'S CREEK LAW • 1923
SMOKED OUT • 1923
WHEN FIGHTING'S NECESSARY • 1923
HEADIN' THROUGH • 1924
HUNTIN' TROUBLE • 1924
NOT BUILT FOR RUNNIN' • 1924
PAYABLE ON DEMAND • 1924
RIDING DOUBLE • RIDIN' DOUBLE • 1924
ACROSS THE DEADLINE • 1925
FLASH O' LIGHTNING • 1925
LUCK AND SAND • 1925
SHIELD OF SILENCE, THE • 1925
TROUBLE BUSTER, THE • ROGUES OF THE WEST • 1925
WIN, LOSE OR DRAW • 1925
BLIND TRAIL • 1926
HIGH HAND, THE • 1926
OUTLAW EXPRESS, THE • 1926
WITHOUT ORDERS • 1926
BORDER BLACKBIRDS • 1927
DEVIL'S TWIN, THE • 1927
DON DESPERADO • 1927
LONG LOOP OF THE PECOS, THE • LONG LOOP, THE • 1927
MAN FROM HARDPAN, THE • 1927
TWO-GUN OF THE TUMBLEWEEDS • 1927
APACHE RAIDER, THE • 1928
BLACK ACE, THE • 1928
BOSS OF RUSTLER'S ROOST, THE • 1928
BRONC STOMPER, THE • 1928
YELLOW CONTRABAND • 1928
45 CALIBRE WAR • 1929
OVERLAND BOUND • 1930

MALONEY LEO D. see **MALONEY LEO**

MALONEY PAUL – ASL
I LIVE WITH ME DAD • 1987

MALOUF YUSUF – LBN
LAL AGHNIHAT ELMOUTAKASRA • BROKEN WINGS, THE • 1964

MALOUMIAN SERGE – FRN
DU CIEL PLEIN LE COEUR • 1971 • DOC

MALRAUX ANDRE – Writer – FRN – 1901–1976
ESPOIR • SIERRA DE TERUEL (SPN) ○ MAN'S HOPE (UKN) ○ DAYS OF HOPE • 1939

MALYAN GENRIKH see **MALYAN GHENRIKH**

MALYAN GHENRIKH – USS
MALYAN GENRIKH • MALIAN GENRIKH
TREUGOLNIK • TREYGOLNIK ○ TRIANGLE • 1967
NA'APET • NAHAPET • 1977
LIFE TRIUMPHS • 1979
POSHCHYOCHINA • SLAP IN THE FACE, A • 1980

MAMBETOV A. – USS
KRYLYA PYESNI • WINGS OF SONG • 1967

MAMET DAVID – USA
HOUSE OF GAMES • 1987
THINGS CHANGE • 1988

MAMIN UELI – SWT
MANIN UELI
SCHWARZE PERLE, DIE • 1986
JOHNNY STURMGEWEHR • 1989

MAMIN YURI – USS
FONTAN • FOUNTAIN, THE (UKN) • 1989

MAMOULIAN ROUBEN – USS – 1897–1987
APPLAUSE • 1929
CITY STREETS • 1931
DR. JEKYLL AND MR. HYDE • 1932
LOVE ME TONIGHT • 1932
QUEEN CHRISTINA • 1933
SONG OF SONGS, THE • 1933
WE LIVE AGAIN • RESURRECTION • 1934
BECKY SHARP • 1935
GAY DESPERADO, THE • 1936
HIGH, WIDE AND HANDSOME • 1937
GOLDEN BOY • 1939
MARK OF ZORRO, THE • 1940
BLOOD AND SAND • 1941
RINGS ON HER FINGERS • 1942
SUMMER HOLIDAY • 1948
SILK STOCKINGS • 1957
CLEOPATRA • 1963

MAMUN ABDULLAH AL – BNG
AL MAMUN ABDULLAH
SARENG BOU • SURVIVORS, THE ○ SAILOR'S WIFE • 1977

MAMY JEAN – FRN – 1902–1946
RICHE PAUL
BALEYDIER • 1931
CHEMIN DU BONHEUR, LE • 1933
FORCES OCCULTES • 1943

MAN HWA – HKG
HONGKONG EMMANUELLE

MANAGADZE NODA – USS
MANAGADZE NODAR
WARMTH OF YOUR HANDS, THE • 1972
HEY, MAESTRO! • 1987

MANAGADZE NODAR see **MANAGADZE NODA**

MANAGADZE S. see **MANAGADZE SHOTA**

MANAGADZE SHOTA – USS
MANAGADZE S.
BALLET TALES • 1956
POSLEDNY IZ SABUDARA • LAST FROM SABUDARA, THE • 1957
KHEVSURSKAYA BALLADA • KHEVSUR BALLAD ○ BALLAD OF KHEVSUR ○ HEVSUR BALLAD, THE ○ HEVSURSKAIA BALLADA ○ LAST VENGEANCE, THE ○ LAST VENDETTA, THE • 1965
WARMTH OF YOUR HANDS, THE • 1972

MANASAROVA see **MANASAROVA A.**

MANASAROVA A. – USS
MANASAROVA
SEEKING MY DESTINY • 1974

MANASTER BENJAMIN – USA
GOLDSTEIN • 1965

MANATIS JANINE – CND
OTTAWA VALLEY • 1976 • MTV
I, MAUREEN • 1978
IN A FAR COUNTRY • 1981 • MTV
BREAKING OUT • 1982
TEEN MOTHER: A STORY OF COPING • 1983

MANCHON CHARLEY – FRN
A TOUTE HEURE EN TOUTE SAISON • 1961 • SHT

MANCINI CESARE – ITL
SCHWARTZ NORMAN
NO, SONO VERGINE! • RELUCTANT VIRGIN, THE • 1971

MANCINI CLAUDIO – ITL
DANCING • 1975

MANCINI GINO – ITL
*WILSON HENRY**
JENA DI LONDRA, LA • HYENA OF LONDON, THE • 1964

MANCINI MARIO – ITL
FRANKENSTEIN '80 • FRANKENSTEIN 1980 • 1973

MANCORI ALVARO – Dir. photo – ITL – 1923–
WORLD AL
ERCOLE L'INVINCIBILE • HERCULES THE INVINCIBLE (USA) • 1963
LIT A DEUX PLACES, LE • RACCONTE A DUE PIAZZE (ITL) ○ DOUBLE BED, THE • 1965

MANCUSO FRANK – USA
FRIDAY'S CURSE 4: QUILT OF HATHOR/ THE AWAKENING • QUILT OF HATHOR • 1987 • MTV

MANCUSO KEVIN – ITL
2020 TEXAS GLADIATORS • 2020 TEXAS FREEDOM FIGHTERS ○ TEXAS GLADIATORS 2020 ○ SUDDEN DEATH • 1982

MANDAVI MANSUR – AUS
GLUCKLICHEN MINUTEN DES GEORG HAUSER, DIE • HAPPY MINUTES OF GEORG HAUSER, THE • 1974
BLINDE EULE, DIE • BLIND OWL, THE • 1979

MANDEL ROBERT – USA
INDEPENDENCE DAY • FOLLOW YOUR DREAMS ○ LOVE, HONOR AND OBEY • 1983
FX MURDER BY ILLUSION • F/X • 1985
TOUCH AND GO • 1986
BIG SHOTS • 1987

MANDELL HOWIE – USA
DELIVERY BOY, THE • 1987

MANDER KAY – UKN – 1915–
HIGHLAND DOCTOR • 1943
NEW BUILDERS • 1944
FAMILLE MARTIN, LA • 1948
MARDI AND THE MONKEY • 1953
KID FROM CANADA, THE • 1957

MANDER MILES – Actor – UKN – 1888–1946
FAIR MAID OF PERTH, THE • 1926
KNEE DEEP IN DAISIES • 1926
SHEIK OF ARABY, THE • 1926
WHISTLER, THE • 1926
AS WE LIE • LOST ONE WIFE • 1927
FALSE COLOURS • 1927
PACKING UP • 1927
SENTENCE OF DEATH, THE • HIS GREAT MOMENT • 1927
FIRST BORN, THE • 1928
LOOSE ENDS • 1930
FASCINATION • 1931
WOMAN BETWEEN, THE • WOMAN DECIDES, THE (USA) ○ CONFLICT • 1931
YOUTHFUL FOLLY • 1934
MORALS OF MARCUS, THE • 1935
FLYING DOCTOR, THE • 1936

MANDIC ALEKSANDAR – YGS
LICNE STVARI • PERSONAL AFFAIRS • 1980

MANDOKI LUIS – MXC
MEXICO MAGICO • 1980
MOTEL • 1982
GABY • GABY, A TRUE STORY • 1986
WHITE PALACE • 1990

MANDUKE JOE – USA
MANDUKE JOSEPH
JUMP • FURY ON WHEELS • 1971
CORNBREAD, EARL AND ME • 1975
KID VENGEANCE • 1977
VENDETTA • 1977
WOLF PACK • 1978 • MTV
BEATLEMANIA • BEATLEMANIA, THE MOVIE • 1981
OMEGA SYNDROME, THE • 1987

MANDUKE JOSEPH see **MANDUKE JOE**

MANE ANANT – IND
JAI BHIM • BHIM'S VICTORY • 1949
SANGOO KASHI MEE • 1967
EK GAON BARA BHANGADI • 1968

MANE DUTTA – IND
PATHACHA BHAOO • 1967
SUDARSHAN • 1967

MANERA GIANNI – ITL
LUNGA OMBRA DEL LUPO, LA • 1971
CAPPOTTO DI LEGNO • 1979

MANERA GUIDO – ITL
VATICANO • 1949 • DOC
SICILIA ELLENICA • 1955
ORDINE FIRMATO IN BIANCO • 1975

MANERA JESUS FRANCO see **FRANCO JESUS**

MANET EDUARDO – CUB
NEGRO, EL • 1960

MANFREDI MANFREDO – ITL
WOLFS AND THE SHEEP, THE • 1970 • ANS

MANFREDI NINO – Actor – ITL – 1921–
AMORE DIFFICILE, L' • OF WAYWARD LOVE (USA) ○ SEX CAN BE DIFFICULT ○ EROTICA • 1962
PER GRAZIA RICEVUTA • 1971
BETWEEN MIRACLES • 1979
NUDO DI DONNA • PORTRAIT OF A WOMAN, NUDE (USA) • 1982

MANGIAMELE GIORGIO – ITL – 1926–
CONTRACT, THE • 1953 • SHT
BROTHERS, THE • 1958 • SHT
SPAG, THE • 1961 • SHT
NINETY NINE PERCENT • 1963 • SHT
CLAY • 1965
BEYOND REASON • 1970

MANGINE JOE – USA
MANGINE JOSEPH
SMOKE AND FLESH • 1968
NEON MANIACS, THE • 1986
VOODOO DAWN • 1988

MANGINE JOSEPH see **MANGINE JOE**

MANGINI CECILIA – ITL – 1927–
ALL'ARMI SIAM FASCISTI • 1962 • DOC
ESSERE DONNE • TO BE WOMEN • 1964 • SHT

MANGINI GINO – ITL
DAGLI ZAR ALLA BANDIERA ROSSA • 1963 • DOC
DIAMANTI CHE NESSUNO VOLEVA RUBARE • 1967
BASTARDO.. VAMOS A MATAR • 1971
NEVADA KID • 1972
M TUTTI W TOI • 1975

MANGRANE DANIEL – SPN – 1910–
PARSIFAL • EVIL FOREST, THE • 1951
DUENDE DE JEREZ, EL • 1953

MANIATIS SAKIS – GRC
MANI • 1975
MEGARA • 1975

MANICKYAM P. V. – IND
AGNI PARIKSHA • FIRE TEST • 1951

MANIGOT JEAN-JACQUES – FRN
BATOUK • 1967 • DOC

MANIN UELI see **MAMIN UELI**

MANKER PAULUS – AUS
SCHMUTZ • MR. DIRT • 1986
WEINIGER'S LAST NIGHT • 1990

MANKIEWICZ FRANCIS – CHN – 1944–
TEMPS D'UNE CHASSE, LE • ONCE UPON A HUNT • 1972
CAUSE EN CIVIL, UN • CAUSE CIVIL, UN • 1973 • SHT
PROCES AU CRIMINEL, UN • PROCES CRIMINEL, UN • 1973 • SHT
VALENTIN • 1973 • SHT
ORIENTATION, L' • 1974 • SHT
EXPROPRIATION • 1976
POINTE PELEE • 1976
WHAT WE HAVE HERE IS A PEOPLE PROBLEM • 1976 • MTV
AMIE D'ENFANCE, UNE • 1977
I WAS DYING ANYWAY, SIGNS OF SUICIDE • 1977 • SHT
SUICIDE EN PRISON • 1977
MATTER OF CHOICE, A • 1978 • MTV
BONS DEBARRAS, LES • GOOD RIDDANCE (USA) • 1980
BEAUX SOUVENIRS, LES • OLD MEMORIES, THE • 1982
SIGHT, THE • 1985 • MTV
AND THEN YOU DIE • 1988
PORTES TOURNANTES, LES • REVOLVING DOORS, THE • 1988

MANKIEWICZ HENRY see **KLIMOVSKY LEON**

MANKIEWICZ JOSEPH L. – USA – 1909–
DRAGONWYCK • 1946
SOMEWHERE IN THE NIGHT • 1946
GHOST AND MRS. MUIR, THE • 1947
LATE GEORGE APLEY, THE • 1947
ESCAPE • 1948
LETTER TO THREE WIVES, A • THREE WIVES • 1948
HOUSE OF STRANGERS • 1949
ALL ABOUT EVE • 1950
NO WAY OUT • 1950
PEOPLE WILL TALK • DOCTOR PRAETORIUS • 1951
FIVE FINGERS • FINGERS • 1952
JULIUS CAESAR • 1953
BAREFOOT CONTESSA, THE • CONTESSA SCALZA, LA (ITL) • 1954
GUYS AND DOLLS • 1955
QUIET AMERICAN, THE • 1958
SUDDENLY, LAST SUMMER • 1959
CLEOPATRA • 1963
CAROL FOR ANOTHER CHRISTMAS • 1964 • TVM
HONEY POT, THE • IT COMES UP MURDER ○ ANYONE FOR VENICE? • 1967
KING: A FILMED RECORD.. MONTGOMERY TO MEMPHIS • 1970 • DOC
THERE WAS A CROOKED MAN.. • 1970
SLEUTH • 1972

MANKIEWICZ TOM – USA – 1942–
HART TO HART • 1979 • TVM
DRAGNET • 1987
DELIRIOUS • 1990

MANKOWITZ WOLF – Writer – UKN – 1924–
HEBREW LESSON, THE • 1973

MANMOHAN – IND
MARD • 1985

MANN ABBY – Screenwriter – USA – 1927–
KING • 1978 • TVM

MANN ALFRED THEODOR – GRM
HERR MEISTER UND FRAU MEISTERIN • 1928

MANN ANTHONY – USA – 1906–1967
DOCTOR BROADWAY • 1942
MOONLIGHT IN HAVANA • 1942
NOBODY'S DARLING • 1943
MY BEST GAL • 1944
STRANGERS IN THE NIGHT • 1944
GREAT FLAMARION, THE • 1945
SING YOUR WAY HOME • 1945
STRANGE IMPERSONATION • 1945
TWO O'CLOCK COURAGE • 1945
BAMBOO BLONDE, THE • 1946
DESPERATE • 1947
RAILROADED • 1947
T-MEN • 1947
HE WALKED BY NIGHT • 1948
RAW DEAL • 1948
BORDER INCIDENT • 1949
REIGN OF TERROR • BLACK BOOK, THE • 1949
SIDE STREET • 1949
DEVIL'S DOORWAY • 1950
FURIES, THE • 1950
WINCHESTER '73 • 1950
TALL TARGET, THE • 1951
BEND OF THE RIVER • WHERE THE RIVER BENDS (UKN) • 1952
NAKED SPUR, THE • 1952
THUNDER BAY • 1953
GLENN MILLER STORY, THE • 1954
FAR COUNTRY, THE • 1955
MAN FROM LARAMIE, THE • 1955
SAVAGE WILDERNESS • LAST FRONTIER, THE (UKN) • 1955
STRATEGIC AIR COMMAND • 1955
SERENADE • 1956
MEN IN WAR • 1957
TIN STAR, THE • 1957
GOD'S LITTLE ACRE • 1958
MAN OF THE WEST • 1958
CIMARRON • 1960
EL CID • 1961
FALL OF THE ROMAN EMPIRE, THE • 1964
HEROES OF TELEMARK, THE • UNKNOWN BATTLE, THE • 1965
DANDY IN ASPIC, A • 1968

MANN DANIEL – USA – 1912–
COME BACK, LITTLE SHEBA • 1952
ABOUT MRS. LESLIE • 1954
I'LL CRY TOMORROW • 1955
ROSE TATTOO, THE • 1955
TEAHOUSE OF THE AUGUST MOON, THE • 1956
HOT SPELL • 1958
LAST ANGRY MAN, THE • 1959
BUTTERFIELD 8 • 1960
MOUNTAIN ROAD, THE • 1960
ADA • 1961
FIVE FINGER EXERCISE • 1962
WHO'S GOT THE ACTION? • 1962
WHO'S BEEN SLEEPING IN MY BED? • 1963
JUDITH • CONFLICT • 1966
OUR MAN FLINT • 1966
FOR LOVE OF IVY • 1968
DREAM OF KINGS, A • 1969
WILLARD • 1971
INTERVAL • INTERVALO • 1972
REVENGERS, THE • 1972
MAURIE • BIG MO • 1973
LOST IN THE STARS • 1974
JOURNEY INTO FEAR • 1975
MATILDA • 1978
INCREDIBLE MR. CHADWICK, THE • 1980
PLAYING FOR TIME • 1980 • TVM
DAY THE LOVING STOPPED, THE • 1981 • TVM
MAN WHO BROKE 1,000 CHAINS, THE • UNCHAINED • 1987 • TVM

MANN DELBERT – USA – 1920–
MARTY • 1955
BACHELOR PARTY, THE • 1957
DESIRE UNDER THE ELMS • 1958
SEPARATE TABLES • 1958
MIDDLE OF THE NIGHT • 1959
DARK AT THE TOP OF THE STAIRS, THE • 1960
LOVER COME BACK • 1961
OUTSIDER, THE • SIXTH MAN, THE • 1961
THAT TOUCH OF MINK • 1962
GATHERING OF EAGLES, A • 1963
DEAR HEART • 1964
MISTER BUDDWING • WOMAN WITHOUT A FACE (UKN) • 1965
QUICK, BEFORE IT MELTS • 1965
FITZWILLY • FITZWILLY STRIKES BACK (UKN) • 1967
HEIDI KEHRT HEIM • HEIDI (USA) • 1967
PINK JUNGLE, THE • 1968
DAVID COPPERFIELD • 1969 • MTV
JANE EYRE • 1970 • TVM
KIDNAPPED • DAVID AND CATRIONA • 1971
SHE WAITS • NIGHT OF THE EXORCIST • 1971 • TVM
NO PLACE TO RUN • 1972
MAN WITHOUT A COUNTRY • 1973 • TVM
GIRL NAMED SOONER, A • 1975
FRANCIS GARY POWERS:THE TRUE STORY OF THE U-2 SPY INCIDENT • 1976 • TVM
BIRCH INTERVAL • 1977
TELL ME MY NAME • 1977 • TVM
BREAKING UP • 1978 • TVM
HOME TO STAY • 1978 • TVM
LOVE'S DARK RIDE • 1978 • TVM
THOU SHALT NOT COMMIT ADULTERY • 1978 • TVM
ALL QUIET ON THE WESTERN FRONT • 1979 • TVM
TORN BETWEEN TWO LOVERS • 1979 • TVM
TO FIND MY SON • 1980 • TVM
NIGHT CROSSING • 1981
BRONTE • 1983
GIFT OF LOVE: A CHRISTMAS STORY, THE • 1983 • TVM
LOVE LEADS THE WAY • 1984 • TVM
DEATH IN CALIFORNIA • 1986 • TVM
LAST DAYS OF PATTON, THE • 1986 • TVM
TED KENNEDY JR. STORY, THE • 1986 • TVM
APRIL MORNING • 1988 • TVM

MANN EDWARD – USA
SCANDAL INCORPORATED • SCANDAL INC. • 1956
HOTHEAD • 1963

HALLUCINATION GENERATION • HALLUCINATION • 1966
WHO SAYS I CAN'T RIDE A RAINBOW! • 1971
HOT PANTS HOLIDAY • 1972
HOOCH • 1976

*MANN EDWARD** see **ALCOCER SANTOS**

MANN FARHAD – USA
MIDNIGHT COP • 1989

MANN GERRY – USA
CODE NAME ACHILLES • 1967

MANN HANK – Actor – USA – 1887–1971
BEACH BIRDS • 1915
HIS BREAD AND BUTTER • 1916 • SHT
VILLAGE BLACKSMITH, THE • 1916 • SHT
BON-BON RIOT, A • 1917 • SHT
DOMESTIC HOUND, A • 1917 • SHT
HIS FINAL BLOW OUT • 1917 • SHT
HIS LOVE FIGHT • 1917 • SHT

MANN HARRY – USA
WHIZ AND WHISKERS • 1919 • SHT
PIPE DREAMS AND PRIZES • 1920 • SHT

MANN MICHAEL – USA
JERICHO MILE, THE • 1979 • TVM
THIEF • VIOLENT STREETS • 1981
KEEP, THE • 1983
MANHUNTER • RED DRAGON • 1986
HANNA • 1989

MANN MONTE – USA
TOUCHABLES, THE • NUDE HEAT WAVE • 1961

MANN ROCKY – HKG
BLOOD OF THE DRAGON PERIL

MANN RON – CND – 1958–
STRIP, THE • 1973 • DOC
FLAK • 1977 • DOC
DEPOT • 1978 • DOC
ONLY GAME IN TOWN, THE • 1979
FEELS SO GOOD • 1980
SSSHHH! • 1980
IMAGINE THE SOUND • 1981 • DOC
ECHOES WITHOUT SAYING • 1983
POETRY IN MOTION • 1983 • DOC
LISTEN TO THE CITY • 1985
MARCIA RESNICK'S BAD BOYS • 1985
COMIC BOOK CONFIDENTIAL • 1988 • DOC

MANNAS JAMES – GYN
AGGRO SEIZEMAN • 1975

MANNERING CECIL – UKN
GIDDY GOLIGHTLY • 1917
BITTEN BITER, THE • 1920
COMPLETE CHANGE, A • 1920
HOME INFLUENCE • 1920
HORATIO'S DECEPTION • 1920
LITTLE BET, A • 1920
OH! JEMIMAH! • 1920
OTHER DOG'S DAY, THE • 1920
PAIR OF GLOVES, A • 1920
WILL O' THE WISP COMEDIES NOS.1-8 • 1920 • SHS

MANNERS GIOVANNI S. see **SALVATORI JACK**

MANNERS KIM – USA
TWENTY-ONE JUMP STREET • 21 JUMP STREET • 1987 • TVM

MANNING BRUCE – USA
AMAZING MRS. HOLLIDAY, THE • FOREVER YOURS • 1943

MANNING MICHELLE – USA
BLUE CITY • 1986

MANNING MONROE – USA
TOUCHABLES, THE • NUDE HEAT WAVE • 1961

MANNINI GIORGIO – ITL
ZAGANELLA E IL CAVALIERE • 1932
SERVA PADRONA, LA • 1934

MANNL HARALD – GRM
FALL DR. WAGNER, DER • 1954
STAR MIT FREMDEN FEDERN • 1955

MANNSTAEDT PER – DNM
PANIK • PANIC • 1984 • DOC

MANONI AHMAD see **el MAANOUNI AHMED**

MANOOGIAN PETER – USA
DUNGEONMASTER, THE • DIGITAL KNIGHTS ◦ RAGEWAR • 1985
ELIMINATORS • 1986
ENEMY TERRITORY • 1987
ARENA • 1988

MANOUSAKIS MANOUSOS – GRC – c1950–
MANOUSSAKIS MANOUSSOS
VARTHOLOMEOS • 1972
ARHONTES • RULERS, THE ◦ POWER • 1976
SKIACHTRA, I • ENCHANTRESS, THE • 1985

MANOUSSAKIS COSTAS see **MANOUSSAKIS KOSTAS**

MANOUSSAKIS KOSTAS – GRC – 1929–
MANOUSSAKIS COSTAS
PRODOSSIA • TREACHERY • 1964
FOVOS, HO • FEAR, THE ◦ PEUR, LA • 1966

MANOUSSAKIS MANOUSSOS see **MANOUSAKIS MANOUSOS**

MANOUSSI JEAN – Writer – GRC – –1929
MALER UND SEIN MODELL, DER • 1925
FEDORA • 1926
FEDORA • 1928

MANROK HOSSEIN – SML
MABROOK HOSSEIN
LOVE THAT KNOWS NO BARRIERS, THE • 1961

MANSAROVA AIDA – USS
TRIAL, THE • 1962

MANSFIELD DUNCAN – USA
ALONG CAME LOVE • 1936
GIRL LOVES BOY • 1937
SWEETHEART OF THE NAVY • 1937

MANSFIELD SCOTT – USA
DEADLY GAMES • ELIMINATOR, THE • 1982

MANSOURI TOURAJ – IRN
FRESH AIR • 1987

MANSUROV BULAT – USS – 1937–
CONTEST, THE • 1964
SOSTYAZANIE • CONTROVERSY • 1964
UTOLYENIYE ZHAZHDY • QUENCHING OF THE THIRST ◦ QUENCHING THIRST ◦ QUENCHED THIRST • 1968
RABINYA • TAKYR, THE SLAVE-GIRL ◦ SLAVE-GIRL, THE ◦ SLAVE, THE • 1970
THERE IS NO DEATH, BOYS! • 1970
FUNERAL FEAST, THE • 1987

MANTHOULIS ROBERT – GRC – 1929–
EN REMONTANT LE MISSISSIPPI • OUT OF THE BLACKS, INTO THE BLUES • 1971
BLUES ENTRE LES DENTS, LE • BLUES UNDER THE SKIN (UKN) ◦ BLUES BETWEEN THE TEETH • 1972

MANTHOULIS ROVYROS – GRC
PROSSOPO ME PROSSOPO • FACE A FACE ◦ FACE TO FACE ◦ PROSOPO ME PROSOPO • 1966

MANTICI – ITL
LUNGA MANICA, LA • 1947 • SHT
QUIRINALE, IL • 1947 • SHT

MANTIS COSTA – USA
TIME OF TEARS • UNCLE • 1987

MANTTARI ANSSI – FNL – 1941–
KORVENHEIMO SUJI-MARJA
PYHA PERHE • HOLY FAMILY, THE ◦ FAMILY, THE ◦ PERHE • 1976
APRIL IS THE CRUELLEST MONTH • 1983
REGINA JA MIEHET • REGINA AND THE MEN • 1983
TOTO • 1983
KELLO • CLOCK, THE • 1984
NOTHING BUT LOVE • 1984
GOODBYE, FAREWELL • 1986
KING GOES FORTH TO FRANCE, THE • 1986
MORENA • 1986

RESURRECTION, THE • 1986
ANNI TAHTOO AIDIN • MOTHER WANTED • 1988

MANTZ PAUL – USA
SEVEN WONDERS OF THE WORLD • 1956

MANTZIUS – DNM
PAVILLONENS HEMMELIGHED • SECRET OF THE PAVILION, THE • 1916
PENGE • MONEY • 1916

MANUEL EUGENE – FRN
DRESS, THE • 1902

MANUEL JACQUES – FRN – 1897–1968
GRANDE FILLE TOUTE SIMPLE, UNE • JUST A BIG SIMPLE GIRL • 1947
JULIE DE CARNEILHAN • 1949

MANUEL PIERRE – BLG – 1930–
BATAILLE DES MAROULLES, LA • 1970
BONJOUR MONSIEUR LE MAITRE • 1971
PSYCHIATRE, SON ASILE ET SON FOU • 1972
WEEKEND • 1972
STRESS • 1973
BELLES MANIERES, LES • 1975
HOMME QUI AIMAIT LES TRAINS, L' • 1984

MANUEL VITOR – PRT – 1926–
LOUCO, O • 1945
JUSTICA DO CEU • 1952

MANULI GUIDO – ITL
DUE CASTELLI, I • TWO CASTLES, THE • 1963 • ANS
OPERA • 1973 • ANS
SOLO UN BACIO • 1983 • ANS

MANUPELLI GEORGE – USA
HOUSE, THE • 1962 • SHT
CRY DR. CHICAGO • 1971

MANZANOS EDUARDO – SPN – 1919–
BROCHERO EDUARDO M.
ANDEN, EL • 1952
CABARET • 1952
BUENAS NOTICIAS • 1953
SUSPENSO EN COMUNISMO • 1955
CARTA A SARA • 1956
RIO GUADALQUIVIR • DIMENTICA IL MIO PASSATO (ITL) ◦ CONSUELA • 1956
MAESTRO, IL • MAESTRO, EL (SPN) ◦ TEACHER AND THE MIRACLE, THE ◦ TEACHER, THE • 1957
AEROGUAPAS, LAS • 1958
PROCESO DE GIBRALTAR • TRIAL OF GIBRALTAR, THE • 1968
CANCIONES DE NUESTRA VIDA • SONGS OF OUR LIFE • 1975
ESPANA DEBE SABER • SPAIN OUGHT TO KNOW • 1976 • DOC
CHISTE, EL • 1977

MANZARI NICOLA – ITL
NOTTE DOPO L'OPERA, UNA • 1942
QUARTA PAGINA • 1943

MANZON JEAN – BRZ
DO BRASIL PARA O MUNDO • 1967 • DOC
PORTUGAL DO MEU AMOR • PORTUGAL DE MES AMOURS (FRN) ◦ PORTUGAL OF MY LOVE • 1968 • DOC

MANZONI CARLO – ITL – 1909–1975
HA FATTO TREDICI • HA FATTO 13 ◦ I MADE 13 • 1951

MAPLE JOHN E. – USA
BEFORE THE WHITE MAN CAME • 1920

MAPLESTON CHARLES – UKN
GOING PLACES • 1973 • DCS
MUSIC IN PROGRESS: MIKE WESTBROOK -JAZZ COMPOSER • 1978 • DOC

MAQUA JAVIER – SPN
TU ESTORS LOCO, BRIONES • BRIONES, YOU'RE MAD • 1980

MAQUIS DON – USA
BLOOD TEST • 1923

del MAR GLAUCO – MXC
LOVE AFTER DEATH • UNSATISFIED LOVE • 1968

MARADON PIERRE see **MARODON PIERRE**

MARAINI DACIA – ITL – 1936–
AMORE CONIUGALE, L' • 1970
ABORTO: PARLANO LE DONNE • 1975
RAGAZZE DI CAPO VERDE, LE • 1976
RITRATTI DI DONNE AFRICANE • 1977 • MTV
ELMOLO, GLI • 1979
MIO PADRE AMORE MIO • 1979

MARAN – IND
VALIBA VIRUNDHU • OPPORTUNITIES FOR THE YOUNG • 1967

MARAN-GOSOFF TZVETAN – GRM
WACKELKONTAKT • 1971

MARANGHOS THODOROS see **MARANGOS THODOROS**

MARANGOS THODOROS – GRC
MARANGHOS THODOROS
TSOUF • 1969 • ANS
CHUT • 1971 • ANS
LAVETE THESSIS • GET ON YOUR MARKS ◦ TA FILIATRA • 1973
STRUGGLE • 1975
APO POU PANE TIS HAVOUZA • WHICH WAY TO THE RUBBISH DUMP • 1979
MATHE PEDI MOU GRAMATA • GO TO SCHOOL, SON • 1981

MARASCU TODUR – RMN
MARASCU TUDOR
INVINGATORUL • WINNER, THE • 1981
MIRACOLUL • MIRACLE, THE • 1988

MARASCU TUDOR see **MARASCU TODUR**

MARBOEUF JEAN – FRN – 1942–
BEL ORDURE • 1973
MONSIEUR BALBOSS • 1976
GENRE MASCULIN • 1977
VILLE DES SILENCES, LA • 1979
T'ES HEUREUSE? MOI, TOUJOURS! • 1982
GRAND GUIGNOL • 1987

MARBRES RAJ – IND
TRISANDHYA

MARCA-ROSA YOULY – FRN
VOIX DU METAL, LA • APPEL DE LA NUIT, L' • 1933

MARCACCINI LUCIO – ITL
ROMA DROGATA LA POLIZIA NON PUO INTERVENIRE • 1976

MARCANO NORA – VNZ
PASARAS DE ESE CARACOL AL FRIO DE AFUERA • YOU'LL GO FROM THIS SHELL INTO THE COLD OUTSIDE • 1979 • ANS

MARCEIGNAC ROLAND see **MACEIGNAC ROLAND**

MARCEL TERENCE see **MARCEL TERRY**

MARCEL TERRY – UKN – 1942–
MARCEL TERENCE
WHY NOT STAY FOR BREAKFAST? • 1979
HAWK THE SLAYER • 1980
THERE GOES THE BRIDE • 1980
PRISONERS OF THE LOST UNIVERSE • 1983 • TVM
JANE AND THE LOST CITY • 1988

MARCELLI ELIA – ITL
GRANDE SAVANA, LA • 1956
SETTIMO PARALELLO • SETTIMO PARALELLO: TIERRA BRAVA ◦ SEPTIEMO PARALELO • 1962 • DOC

MARCELLINI ROMOLO – ITL – 1910–
SENTINELLE DI BRONZO • 1937
NOVIOS DE LA MUERTE, LOS • 1938
CONQUISTA DELL'ARIA, LA • 1940
PIRATI DEL GOLFO, I • 1940
UOMO DELLA LEGIONE, L' • HOMBRE DE LA LEGION, EL (SPN) ◦ RAGAZZA DI VENEZIA, LA • 1940
M.A.S. • 1942
PASTOR ANGELICUS • 1942
INVIATI SPECIALI • CORRISPONDENTI DE GUERRA ◦ AMANTI FRA DUE GUERRE • 1943
GUERRA ALLA GUERRA • 1946 • DOC
RUSSIA ON PARADE • 1946
STORIA DI CINQUE CITTA • 1949
TALE OF FIVE CITIES, A • STORIA DI CINQUE CITTA (ITL) ◦ TALE OF FIVE WOMEN, A • 1951

PASSAPORTO PER L'ORIENTE • 1952
DIECI ANNI DELLA NOSTRA VITA • 1953 • DOC
FIDANZATI DELLA MORTE, I • 1957
ORIENTALI, LE • WOMAN OF THE ORIENT ○ ORIENTALS, THE • 1960 • DOC
GRANDE OLYMPIADE, LA • GRAND OLYMPICS, THE (USA) • 1961 • DOC
TABU, I • TABOOS OF THE WORLD (USA) • 1963 • DOC
TABU N.2 • MACABRO (USA) ○ MONDO MACABRO ○ IT'S A SICK, SICK WORLD • 1965 • DOC
TESORO DI ROMMEL, IL • ROMMEL'S TREASURE (USA) • 1965
NELL'ANNO DELLA LUNA • 1970

MARCELLINI SIRO – ITL – 1921–
SIAMO RICCHI E POVERI • 1954
PALCO ALL'OPERA, UN • 1955
CI SPOSEREMO A CAPRI • 1956
MERAVIGLIOSA • DOS RIVALES, LOS (SPN) • 1958
CAVALIERI DEL DIAVOLO, I • DEVIL'S CAVALIERS, THE (USA) • 1959
BACIO DEL SOLE, IL • DON VESUVIO • 1961
SECRET DE D'ARTAGNAN, LE • COLPO SEGRETO DI D'ARTAGNAN, IL (ITL) ○ SECRET MARK OF D'ARTAGNAN, THE (USA) • 1962
EROE DI BABILONIA, L' • BEAST OF BABYLON AGAINST THE SON OF HERCULES, THE (USA) ○ HERO OF BABYLON, THE • 1963
LOLA COLT • LOLA COLT FACCIA A FACCIA CON EL DIABLO ○ FACCIA A FACCIA CON EL DIABLO ○ LOLA COLT FACE TO FACE WITH THE DEVIL • 1967
LEGGE DEI GANGSTERS, LA • GANGSTERS' LAW • 1969

MARCH ALEX – Producer/actor – USA – 1920–
DANGEROUS DAYS OF KIOWA JONES, THE • 1966 • MTV
PAPER LION • 1968
BIG BOUNCE, THE • 1969
MASTERMIND • 1969
MCCLOUD: TOP OF THE WORLD, MA! • 1971 • TVM
FIREHOUSE • NIGHT WATCH • 1972
MCMILLAN AND WIFE: THE DEVIL, YOU SAY • 1973 • TVM
MADIGAN: PARK AVENUE BEAT • 1973 • TVM
AMAZING CAPTAIN NEMO, THE • RETURN OF CAPTAIN NEMO, THE • 1978

MARCHAL JEAN – FRN
FEMME CHERCHE JEUNE HOMME SEUL • 1971

MARCHAND ANDREE see **PIERSON CLAUDE**

MARCHAND GILLES – CND
T-BONE STEAK DANS LES MANGEUSES D'HOMMES • 1968

MARCHAND PIERRE – CND – 1952–
QUEBEC SAUVAGE • 1973 • DOC
UNGAVA, TERRE LOINTAINE • 1974 • DOC

MARCHAND ROBERT – ASL
CELLIST, THE • 1985 • SHT

MARCHANT JAY – USA
PERILS OF THE YUKON • 1922
FALSE PLAY • 1923
IN THE DAYS OF DANIEL BOONE • DANIEL BOONE • 1923 • SRL
GHOST CITY, THE • 1924 • SRL
FIGHTING RANGER, THE • 1925
FIGHTING SMILE, THE • 1925
GREAT CIRCUS MYSTERY, THE • 1925
GREAT SENSATION, THE • 1925
SPEED MAD • 1925

MARCHARET A. see **MACHERET ALEXANDER**

MARCHENT J. R. see **ROMERO-MARCHENT JOAQUIN LUIS**

MARCHENT JOAQUIN L. R. see **ROMERO-MARCHENT JOAQUIN LUIS**

MARCHENT JOAQUIN ROMERO see **ROMERO-MARCHENT JOAQUIN LUIS**

MARCHENT R. R. see **ROMERO-MARCHENT RAFAEL**

MARCHENT RAFAEL R. see **ROMERO-MARCHENT RAFAEL**

MARCHESI MARCELLO – ITL – 1912–1978
ERA LUI, SI, SI.. • 1951
MILANO MILIARDARIA • 1951
SETTE ORE DI GUAI • 1951
LO SAI CHE I PAPAVERI.. • 1952
MAGO PER FORZA • COMPELLED TO BE A MAGICIAN • 1952
TIZIO, CAIO E SEMPRONIO • 1952
NOI DUE SOLI • 1953

MARCHI ANTONIO – ITL – 1922–
DONNE E SOLDATI • 1955

MARCHOU – FRN
SAINTE FAMILLE, LA • 1973

MARCIANO FRANCESCA – ITL
LONTANO DA DOVE • 1984

MARCILLY see **MARCILLY RODOLPHE**

MARCILLY RODOLPHE – FRN – 1898–
MARCILLY
COURRIER D'ASIE • 1939
VAISSEAU SUR LA COLLINE, LE • 1960 • SHT

MARCIN MAX – GRM – 1879–
SHADOW OF THE LAW • 1930
LAWYER'S SECRET, THE • 1931
SILENCE • 1931
STRANGE CASE OF CLARA DEANE, THE • CLARA DEANE • 1932
GAMBLING SHIP • 1933
KING OF THE JUNGLE • 1933
LOVE CAPTIVE, THE • HUMBUG, THE • 1934

MARC'O – FRN
IDOLES, LES • 1968

MARCOLINI FULVIO – ITL
AMICI DEGLIN AMICI HANNO SAPUTO, GLI • 1973

MARCONNIER GUY – FRN
PHOTOGRAPHE LASSINE, LE • 1972

MARCOS ARTURO – SPN – 1923–
ADULTERIO A LA ESPANOLA • 1975

MARCOS JULIAN – SPN – 1934–
CUARTA DIMENSION, LA • FOURTH DIMENSION, THE • 1970 • SHT
EXISTIO OTRA HUMANIDAD • 1976

MARCOUX PIERRE – CND
SOLITUDES • 1973

MARCUM GARY – USA
THROUGH THE FIRE • 1988

MARCUS JAMES – UKN
TANK MALLING • 1989

MARCUS LEE – Producer – USA – 1893–
FLYING DOWN TO ZERO • 1935
HOW TO BREAK 90 AT CROQUET • 1935 • SHT

MARCUS LOUIS – IRL
FLEA CEOIL • DOC
RHAPSODY OF A RIVER • DOC
CAPAILL • 1969 • DOC
DUBLIN • 1970 • DOC
POBAL • 1970 • DOC
PAISTI AG OBAIR • CHILDREN AT WORK • 1973 • DCS
CAPALLOLOGY • HORSE LAUGHS • 1974 • SHT
POC AR BUILE • WOES OF GOLF • 1974 • SHT
CONQUEST OF LIGHT • 1977

MARCUS MANOLE – RMN – 1928–
MERE, LA • PINCHING APPLES • 1953
VIATA NU IARTA • WHEN THE MIST IS LIFTING ○ LIFE DOESN'T SPARE • 1957
INTR-O DIMINEATA • ONE MORNING • 1960
NU VREAU SA MA INSOR • I DON'T WANT TO GET MARRIED • 1960
STRAZILE AU AMINTIRI • STREET REMEMBERS, THE • 1962
ZODIA FECIOAREI • VIRGO • 1966
SINGUR • ALL ALONE • 1968
PUTEREA SI ADEVARUL • POWER AND THE TRUTH, THE • 1972
CAPCANA • SINGLE-HANDED • 1973
ACTORUL SI SALBATICII • PLAYER AND THE SAVAGES, THE ○ ACTOR AND THE SAVAGES, THE • 1974

MARCUS PHILIP – USA
TERROR ON ALCATRAZ • 1987

MARCUS SID – Animator – USA
HAIR CARTOONS • 1915 • ANS
HALLOWEEN • 1931 • ANS
LITTLE MOTH'S BIG FLAME • 1938 • ANS
POOR ELMER • 1938 • ANS
WINDOW SHOPPING • 1938 • ANS
DREAMS ON ICE • 1939 • ANS
HOUSE THAT JACK BUILT, THE • 1939 • ANS
JITTERBUG KNIGHTS • 1939 • ANS
PEACEFUL NEIGHBORS • 1939 • ANS
MAD HATTER, THE • 1940 • ANS
TANGLED TELEVISION • 1940 • ANS
CUCKOO I.Q., THE • 1941 • ANS
HELPING PAW, A • 1941 • ANS
LAND OF FUN, THE • 1941 • ANS
RED RIDING HOOD RIDES AGAIN • 1941 • ANS
TOM THUMB'S BROTHER • 1941 • ANS
PEE-KOOL-YAR SIT-CHEE-AY-SHUN, A • 1944 • ANS
GOOFY NEWS VIEWS • 1945 • ANS
BOSTON BEANY • 1947 • ANS
KITTY CADDY • 1947 • ANS
SWISS TEASE • 1947 • ANS
UP'N ATOM • 1947 • ANS
TOPSY TURKEY • 1948 • ANS
CAT-TASTROPHY • 1949 • ANS
COO-COO BIRD DOG • 1949 • ANS
COY DECOY • 1963 • ANS
GREEDY GABBY GATOR • 1963 • ANS
HI-SEAS HI-JACKER • 1963 • ANS
PESKY PELICAN • 1963 • ANS
SALMON LOAFER • 1963 • ANS
SCIENCE FRICTION • 1963 • ANS
STOWAWAY WOODY • 1963 • ANS
TEEPEE FOR TWO • 1963 • ANS
TENANTS' RACKET, THE • 1963 • ANS
DUMB LIKE A FOX • 1964 • ANS
GET LOST! LITTLE DOGGY • 1964 • ANS
LIGHTHOUSE-KEEPING BLUES • 1964 • ANS
SKI-NAPPER • 1964 • ANS
SKINFOLKS • 1964 • ANS
WOODY'S CLIP JOINT • 1964 • ANS
BIRDS OF A FEATHER • 1965 • ANS
FRACTURED FRIENDSHIP • 1965 • ANS
HALF-BAKED ALASKA • 1965 • ANS
PESTY GUEST • 1965 • ANS
SIOUX ME • 1965 • ANS
THREE LITTLE WOODPECKERS • 1965 • ANS
LONESOME RANGER • 1966 • ANS
ROUGH RIDING HOOD • 1966 • ANS
TEENY WEENY MEANY • 1966 • ANS

MARCUSSEN LEIF – Animator – DNM
OFFENTLICHE ROST, DEN • PUBLIC VOICE, THE • 1988 • ANM

MARCZAK KAROL – PLN
MODLISZKA • MANTIS • 1960

MARCZAKOWI MARTA – HNG
GRZYBY • 1949

MARCZEWSKI WOJCIECH – PLN – 1944–
ZMORY • NIGHTMARES • 1979
DRESZCZE • SHIVERS (USA) ○ CREEPS • 1981

MARDONOV S. – USS
U SAMOVA SINEVO MORYA • BY THE BLUEST OF SEAS ○ RIGHT BY THE BLUE SEA • 1936

MARDORE MICHEL – FRN – 1935–
GUINAMENT MICHEL
SAVEUR, LE • SAVIOUR, THE (UKN) • 1970
MARIAGE A LA MODE, LE • 1973

MARDZHANISHVILI KOTE – USS
BEFORE THE STORM • 1925
STEP-MOTHER SAMANISHVILI • 1927
AMOK • 1928
GADFLY, THE • 1928
GOGI RATIANI • 1928

MAREK DUSAN – Art director – CZC – 1926–
ADAM AND EVE • 1962 • ANS
MOUNTAIN FESTIVAL IN NEW BRITAIN • 1962 • DOC
WINDMILLS • 1967 • ANS
COBWEB ON A PARACHUTE • 1969
AND THE WORLD WAS MADE OF FLESH • 1971

MARET – FRN
VIVE LA BALEINE • 1972

MARGARITIS GILLES – FRN – 1912–1965
HOMME, L' • 1945 • SHT
ACTUALITES • 1947 • SHT
QUATRE MOUSQUETAIRES, LES • 1953 • SHT

MARGHERITI ANTONIO – ITL – 1930–
DAISIES ANTHONY • DAWSON ANTHONY M. • DAWSON ANTHONY
SPACE MEN • ASSIGNMENT -OUTER SPACE • 1960
PIANETA DEGLI UOMINI SPENTI, IL • BATTLE OF THE WORLDS (USA) ○ PLANET OF THE LIFELESS MEN ○ GUERRE PLANETARI • 1961
CROLLO DI ROMA, IL • FALL OF ROME, THE (USA) • 1962
FRECCIA D'ORO, LA • ARCIERE DELLE MILLE E UNA NOTTE, L' ○ GOLDEN ARROW, THE (USA) • 1962
VERGINE DI NORIMBERGA, LA • CASTLE OF TERROR (UKN) ○ HORROR CASTLE (USA) ○ VIRGIN OF NUREMBURG, THE ○ TERROR CASTLE ○ HORROR CASTLE (WHERE THE BLOOD FLOWS) • 1963
DANZA MACABRA • EDGAR ALLAN POE'S CASTLE OF BLOOD ○ LUNGA NOTTE DEL TERRORE, LA ○ COFFIN OF TERROR ○ DANSE MACABRE, LA (FRN) ○ TOMBS OF TERROR ○ CASTLE OF BLOOD (USA) ○ TERRORE • 1964
GIGANTI DI ROMA, I • GIANTS OF ROME, THE • 1964
LUNGHI CAPELLI DELLA MORTE, I • LONG HAIR OF DEATH, THE (UKN) • 1964
PELO NEL MONDO, IL • GO, GO, GO WORLD! (USA) ○ WEIRD, WICKED WORLD ○ WICKED WORLD • 1964
URSUS IL TERRORE DEI KIGHISI • HERCULES, PRISONER OF EVIL (USA) ○ TERROR OF THE KIRGHIZ • 1964
A 077, SFIDA AI KILLERS • A 077 DEFIE LES TUEURS (FRN) ○ MISSION CASABLANCA • 1965
ANTHAR L'INVINCIBILE • DEVIL OF THE DESERT AGAINST THE SON OF HERCULES (USA) ○ MARCHANDS D'ESCLAVES (FRN) ○ MERCANTE DI SCHIAVE, IL ○ SLAVE MERCHANTS, THE • 1965
DIAFANOIDI PORTANO LA MORTE, I • WAR OF THE PLANETS (USA) ○ DEADLY DIAPHANOIDS, THE ○ DIAFANOIDI VENGONO DA MORTE ○ DIAPHANOIDS BRING DEATH, THE • 1965
DIAVOLI DELLO SPAZIO, I • SNOW DEVILS (USA) ○ DEVIL MEN FROM SPACE, THE ○ SPACE DEVILS ○ SNOW DEMONS ○ DEVILS FROM SPACE, THE • 1965
MISSIONE PIANETA ERRANTE • WAR BETWEEN THE PLANETS (USA) ○ PLANET ON THE PROWL ○ MISSION WANDERING PLANET • 1965
CRIMINALI DELLA GALASSIA, I • WILD, WILD PLANET, THE (USA) ○ GALAXY CRIMINALS, THE • 1966
OPERAZIONE GOLDMAN • OPERACION GOLDMAN (SPN) ○ LIGHTNING BOLT (USA) ○ OPERATION GOLDMAN • 1966
JOE L'IMPLACABILE • DINAMITE JOE • 1967
MORTE VIENE DAL PIANETA AYTIN, LA • 1967
IO TI AMO • I LOVE YOU • 1968
JOKO INVOCA DIO.. E MUORI • VENGEANCE (UKN) • 1968
NUDE.. SI MUORE • YOUNG, THE EVIL AND THE SAVAGE, THE (USA) ○ SETTE VERGINI PER IL DIAVOLO ○ NAKED SHE DIES ○ SEVEN VIRGINS FOR THE DEVIL • 1968
SCHREIE IN DER NACHT • 1968
CONTRONATURA • UNNATURAL, THE • 1969
E DIO DISSE A CAINO • 1969
INAFFERRABILE E INVINCIBILE MR. INVISIBILE, L' • INVENCIBLE HOMBRE INVISIBLE, EL (SPN) ○ INVINCIBLE INVISIBLE MAN, THE ○ SUPER INVISIBLE MAN ○ INVINCIBLE MR. INVISIBLE ○ MR. SUPER INVISIBLE ○ MR. INVISIBLE ○ MISTER UNSICHTBAR • 1970
NELLA STRETTA MORSA DEL RAGNO • DRACULA IM SCHLOSS DES SCHRECKENS (FRG) ○ WEB OF THE SPIDER (USA) ○ E VENNE L'ALBA.. MA TINTA DIROSSO ○ IN THE GRIP OF THE SPIDER ○ AND COMES THE DAWN.. BUT COLORED RED ○ FRN ○ FANTOMES DE HURLEVENT, LES • 1971
DECAMERON N.3 -LE PIU BELLE DONNE DEL BOCCACCIO • NOVELLE GALEOTTE D'AMORE DEL DECAMERONE ○ DECAMERON 3 (UKN) • 1972
DIABLESSES, LES • CORRINGA • 1972
FINALMENTE LE MILLE E UNA NOTTE • BED OF A THOUSAND PLEASURES ○ 1001 NIGHTS • 1972
MING RAGAZZI • 1973

MORTE NEGLI OCCHI DEL GATTO, LA • SEVEN DEAD IN THE CAT'S EYES ○ SEVEN DEATHS IN THE CAT'S EYE • 1973
ANDY WARHOL'S DRACULA • DRACULA VUOLE VIVERE: CERCA SANGUE DI VERGINE (ITL) ○ BLOOD FOR DRACULA (UKN) ○ DRACULA ○ DRACULA CERCA SANGUE DI VERGINE E.. MORI DI SETE! ○ YOUNG DRACULA • 1974
ANDY WARHOL'S FRANKENSTEIN • DE LA CHAIR POUR FRANKENSTEIN (FRN) ○ FLESH FOR FRANKENSTEIN (UKN) ○ FRANKENSTEIN EXPERIMENT, THE ○ CARNE PER FRANKENSTEIN (ITL) ○ MOSTRO E IN TAVOLA.. BARON FRANKENSTEIN • 1974
MANONE IL LADRONE • 1974
SCHIAFFONI E KARATI • HERCULES VS. KING FU (USA) ○ MR. HERCULES AGAINST KARATE • 1974
WHISKEY E FANTASMI • 1974
LA DOVE NON BATTE IL SOLE • STRANGER AND THE GUNFIGHTER, THE (USA) ○ BLOOD MONEY (UKN) • 1975
PAROLA DI UNA FUORILEGGE.. E LEGGE!, LA • TAKE A HARD RIDE (USA) • 1975
CON LA RABBIA AGLI OCCHI • ANGER IN HIS EYES (UKN) ○ DEATH RAGE ○ INDESIDERABILI, GLI ○ SHADOW OF A KILLER • 1976
HOUSE OF 1000 PLEASURES • 1977
GUERRE PLANETARI • 1978
CONTRORAPINA • HO TENTATO DI VIVERE ○ SQUEEZE, THE (USA) ○ RIP-OFF, THE • 1979
KILLER FISH • KILLER FISH AGGUATO SUL FUNDO ○ DEADLY TREASURE OF THE PIRANHA ○ KILLERFISH • 1979
APOCALISSE DOMANI • INVASION OF THE FLESH EATERS ○ CANNIBALS ARE IN THE STREETS ○ SLAUGHTERERS ○ CANNIBAL APOCALYPSE ○ LAST HUNTER ○ CANNIBAL APOCALIPSIS • 1980
CACCIATORE 2 • LAST HUNTER, THE • 1981
CAR CRASH • 1981
PREDATORI DEL COBRA D'ORO, I • RAIDERS OF THE GOLDEN COBRA, THE ○ CACCIATORI DEL COBRA D'ORO, I ○ HUNTERS OF THE GOLDEN COBRA • 1982
TIGER JOE • 1982
YOR: THE HUNTER FROM THE FUTURE • YOR • 1983
ARK OF THE SUN GOD.. TEMPLE OF HELL, THE • ARK OF THE SUN GOD, THE • 1984
CAPTAIN YANKEE AND THE JUNGLE RAIDERS • JUNGLE RAIDERS • 1984
SOPRAVVISSUTI DELLA CITTA' MORTA, I • SURVIVORS OF THE DEAD CITY, THE • 1984
TORNADO • TORNADO STRIKE FORCE • 1984
KOMMANDO LEOPARD • COMMANDO LEOPARD • 1985
LEGGENDA DEL RUBINO, LA • 1985
CODENAME: WILD GEESE • 1986
SPACE ISLAND • TREASURE ISLAND IN OUTER SPACE • 1987
COMMANDER, THE • 1988
INDIO • 1990

MARGINEANU NICOLAE – RMN

OMUL IN LODEN • MAN IN THE OVERCOAT, THE • 1979
STEFAN LUCHIAN • 1981
INTOARCEREA DIN IAD • RETURN FROM HELL • 1984
FLACARI PE COMORI • WILL O'THE WISP • 1988
PADUREANCA • FOREST MAIDEN, THE • 1988

MARGOLIN STUART – USA

SUDDENLY, LOVE • 1978 • TVM
SHINING SEASON, A • 1979 • TVM
LONG SUMMER OF GEORGE ADAMS, THE • 1982 • TVM
GLITTER DOME, THE • 1985
FACTS OF LIFE DOWN UNDER, THE • 1987 • TVM
ROOM UPSTAIRS, THE • 1987 • TVM
PARAMEDICS • 1988

MARGOLIS BARBARA – USA

ON THE LINE • 1976

MARGOLIS JEFF – USA

RICHARD PRYOR IS BACK LIVE IN CONCERT • 1979
RICHARD PRYOR LIVE IN CONCERT • 1979

de MARGUENAT JEAN – FRN – 1893–1956

DELPHINE • 1931
MICHE • 1931
BLEUS DE L'AMOUR, LES • 1932
ROBE ROUGE, LA • 1933
FLAMBEE, LA • 1934
MONDE OU L'ON S'ENNUIE, LE • 1934
PRINCE JEAN, LE • 1934
ADEMAI AU MOYEN-AGE • 1935
STREET SINGER, THE • INTERVAL FOR ROMANCE • 1937
JOURS HEUREUX, LES • 1941
BEATRICE DEVANT LE DESIR • 1943
GRANDE MARNIERE, LA • 1943
GARDIAN, LE • 1945
MADAME ET SON FLIRT • 1945
TOUTE LA FAMILLE ETAIT LA • SEDUCTEUR INGENU, LE ○ PORC-EPIC, LE • 1948
AUBERGE DU PECHE, L' • 1949

MARGULIES MARTIN – USA

TEENAGE CRUISERS • 1979

MARI FEBO – Actor – ITL – 1884–1939

CRITICO, IL • 1912
CENERE • 1916
FAUNO, IL • 1916
GLORIA, LA • 1916
ERCOLE • 1917
FLAGELLO DI DIO, IL • 1917
SFINGE DAGLI OCCHI VERDI, LA • 1918
ARENA,L' • 1919
AVVENTURE DI FRACASSA, LE • 1919
AVVENTURIERO • 1919
CASA DI BAMBOLA • 1919
EROICA, L' • 1919
FRACASSA E L'ALTRO • 1919
GUIDA • 1919
ORMA, L' • 1919
SETE DELL'ORO, LA • 1919
TORMENTO • 1919

MARIA GUY – FRN – 1928–

QUAND LES FILLES SE DECHAINENT • DECHAINEES, LES ○ HOT AND NAKED ○ THRILL SEEKERS • 1973
PORNOCHATTES • TOUCHEZ PAS A MA CHATTE • 1974
FILLES EXPERTES EN JEUX CLANDESTINS • MAID FOR PLEASURE • 1975

MARIANI DACIA – ITL

CONJUGAL LOVE • 1972

MARIANI FIORELLA – ITL

HOMO SAPIENS • 1978

MARIASSY FELIX – HNG – 1919–1975

KIS KATALIN HAZASSAGA • CATHERINE'S MARRIAGE • 1949
SZABONE • ANNA SZABO • 1949
TELJES GOZZEL • FULL STEAM AHEAD • 1951
ROKONOK • RELATIVES • 1954
BUDAPEST TAVASZ • SPRING IN BUDAPEST • 1955
PIKOLO VILAGOS, EGY • GLASS OF BEER, A ○ HALF A PINT • 1955
KULVAROSI LEGENDA • SUBURBAN LEGEND • 1957
CSEMPESZEK • SMUGGLERS • 1958
ALMATLAN EVEK • SLEEPLESS YEARS • 1959
FAPADOS SZERELEM • THIRD CLASS LOVE ○ SIMPLE LOVE, A • 1959
HOSSZU AZ UT HAZAIG • IT IS A LONG WAY HOME • 1960
PROBAUT • TEST TRIP • 1960
PIROSBETOS HETKOZNAPOK • EVERYDAY -SUNDAY • 1962
SMASH-UP • 1963
ALL BEGINNINGS ARE DIFFICULT • 1964
KARAMBOL • GOLIATH • 1964
FUGEFALEVEL • FIG-LEAF • 1966
KOTELEK • BONDAGE • 1968
IMPOSZTOROK • IMPOSTORS, THE • 1969

MARIAUD MAURICE – FRN

MOUETTES, LES • 1916
HOMME ET LA POUPEE, L' • MAN AND THE DOLL, THE • 1922
AVENTURIER, L' • 1923
GOUTTE DE SANG, LA • 1924

MARIAUD ROBERT – FRN

SAINT-PAUL-DE-VENCE • 1949 • SHT
TERRES ET FLAMMES • VALLAURIS • 1951 • SHT
ANTIPOLIS • RENDEZ-VOUS A ANTIBES-JUAN-LES-PINS • 1952 • SHT
INSTANTANES A JUAN-LES-PINS • 1953 • SHT
TERRE FLEURIE • 1956 • SHT

MARICHAL POLI – Animator – PRC

HISTORIA DE LOS REYES, UNA • STORY OF THE MAGI, A • 1988 • ANS

MARIN CHEECH – Actor – USA

MARIN RICHARD CHEECH

GET OUT OF MY ROOM • 1985
BORN IN EAST L.A. • 1987

MARIN EDWIN L. – USA – 1901–1951

AVENGER, THE • 1933
DEATH KISS, THE • 1933
STUDY IN SCARLET, A • 1933
SWEETHEART OF SIGMA CHI, THE • GIRL OF MY DREAMS (UKN) • 1933
AFFAIRS OF A GENTLEMAN • 1934
BOMBAY MAIL • 1934
CROSBY CASE, THE • CROSBY MURDER CASE, THE (UKN) • 1934
PARIS INTERLUDE • ALL GOOD AMERICANS • 1934
CASINO MURDER CASE, THE • 1935
PURSUIT • 1935
ALL-AMERICAN CHUMP • COUNTRY BUMPKIN (UKN) ○ WHERE'S ELMER? • 1936
GARDEN MURDER CASE, THE • 1936
I'D GIVE MY LIFE • NOOSE • 1936
MOONLIGHT MURDER • 1936
SPEED • 1936
SWORN ENEMY • 1936
EVERYBODY SING • 1937
MAN OF THE PEOPLE • TO THE VICTOR • 1937
MARRIED BEFORE BREAKFAST • YOU'LL BE MARRIED BY NOON • 1937
CHASER, THE • 1938
CHRISTMAS CAROL, A • 1938
HOLD THAT KISS • 1938
LISTEN, DARLING • 1938
FAST AND LOOSE • 1939
HENRY GOES ARIZONA • SPATS TO SPURS (UKN) • 1939
MAISIE • 1939
SOCIETY LAWYER • PENTHOUSE • 1939
FLORIAN • 1940
GOLD RUSH MAISIE • 1940
HULLABALOO • 1940
MAISIE WAS A LADY • 1940
PARIS CALLING • 1941
RINGSIDE MAISIE • CASH AND CARRY (UKN) • 1941
GENTLEMAN AFTER DARK • 1942
INVISIBLE AGENT • 1942
MISS ANNIE ROONEY • 1942
TWO TICKETS TO LONDON • 1943
SHOW BUSINESS • 1944
TALL IN THE SADDLE • 1944
JOHNNY ANGEL • 1945
ABILENE TOWN • 1946
LADY LUCK • 1946
MR. ACE • 1946
NOCTURNE • 1946
YOUNG WIDOW • 1946
CHRISTMAS EVE • SINNER'S HOLIDAY • 1947
INTRIGUE • 1947
RACE STREET • 1948
CANADIAN PACIFIC • 1949
FIGHTING MAN OF THE PLAINS • 1949
YOUNGER BROTHERS, THE • 1949
CARIBOO TRAIL, THE • 1950
THUNDERCLOUD • COLT '45 (UKN) • 1950
FORT WORTH • 1951
RATON PASS • CANYON PASS (UKN) • 1951
SUGARFOOT • SWIRL OF GLORY • 1951

MARIN JESUS – MXC

BRAVOS DE CALIFORNIA, LOS • 1962
EN LA VIEJA CALIFORNIA • 1962

MARIN MARIANO – NCR

ESBOZO DE DANIEL • SKETCH OF DANIEL • 1986

MARIN RICHARD CHEECH see **MARIN CHEECH**

MARINELLI LAWRENCE A. – USA

FROM THE UNKNOWN • SHT

MARINESCU SERBAN – RMN

DOMNISOARA AURICA • OLD MAID, THE CALIFAR'S MILL • 1985

MARINO FERNANDO – GRM

GELBE KOFFER, DER • 1970

MARINO JACK – USA

FORGOTTEN HEROES • 1989

MARINO NINO – ITL

SON OF A BITCH • UOMO AMERICANO, UN • 1979

MARINOS LEX – ASL – 1950–

BODYLINE • 1984 • TVM
INDECENT OBSESSION, AN • 1985
HARD KNUCKLE • 1987
BOUNDARIES OF THE HEART • 1988

MARINOVICH ANTON – BUL – 1907–

SHTE DOIDAT NOVI DNI • NEW DAYS WILL COME • 1945
UTRO NAD RODINATA • DAWN OVER THE HOMELAND • 1951
NASHA ZEMYA • LAND OF OURS, A • 1953
SNAHA • DAUGHTER-IN-LAW • 1954
REBRO ADAMOVO • RIB OF ADAM, A ○ ADAM'S RIB • 1956
GERATSITE • GERAKS, THE • 1958
SIROMASHKA RADOST • POOR MAN'S JOY • 1958
DRUGOTO SHTASTIE • OTHER HAPPINESS, THE • 1960
NOSHTA SRESHTU 13-I • ON THE EVE OF THE THIRTEENTH • 1961
ZLATNIAT ZAB • GOLDEN TOOTH, THE • 1962
PRIKLYUCHENI V POLUNOSHT • MIDNIGHT ADVENTURE • 1964
PO TROTOARA • ALONG THE PAVEMENT ○ ON THE PAVEMENT • 1967

MARINS JOSE MOJICA – BRZ

TRILBY • THREE TALES OF TERROR ○ TRILOGY OF TERROR • 1912
VOZ DO COVEIRO, A • VOICE OF THE GRAVEDIGGER, THE ○ GRAVEDIGGER'S VOICE, THE • 1943
ESTA NOITE ENCARNAREI SEU CADAVER • TONIGHT I WILL PAINT IN FLESH-COLOR ○ TONIGHT I WILL ENTER YOUR CORPSE • 1966
ESTA NOITE ENCARNAREI NO TEU CADAVER • THIS NIGHT WILL MAKE YOUR CORPSE INCARNATE • 1967
ESTRANHO MUNDO DE ZE DO CAIXAO, O • STRANGE WORLD OF ZE DO CAIXAO, THE • 1969
D'GAJAO MATA PARA VINGAR • 1972
QUANDO OS DEUSES ADORMECEM • WHEN THE GODS FALL ASLEEP • 1972

MARINUCCI VINICIO – ITL – 1916–

DOLCI NOTTI, LE • 1962 • DOC
PIACERI NEL MONDO, I • 1963

MARION DAVID

IN THE FAR EAST • 1937

MARION FRANCES – Screenwriter – USA – 1888–1973

JUST AROUND THE CORNER • 1921
LOVE LIGHT, THE • 1921
SONG OF LOVE, THE • DUST OF DESIRE • 1923

MARION GEORGE see **MARION GEORGE F.**

MARION GEORGE F. – Actor – USA – 1860–1945

MARION GEORGE

MADAME X • 1916
ROBINSON CRUSOE • 1916

MARIS PETER – USA

DELIRIUM • 1979
LAND OF DOOM • 1984
TERROR SQUAD • 1988
VIPER • 1988

MARISCAL ALBERTO – MXC

QUE HACER CON MIS HIJOS • 1962
DIVISION NARCOTICOS • 1963
MUNDO DE LAS DROGAS, EL • WORLD OF DRUGS, THE • 1963
DOS CUATREROS, LOS • 1964
HIJOS DEL CONDENADO, LOS • 1964
JINETES DE LA LLANURA • 1964
PICARO, EL • 1964
PISTOLEROS DE LA FRONTERA • 1964
CRISOL • 1965
CRUCES SOBRE EL YERMO • 1965
BROMAS, S.A. • 1966
SILENCIOSO, EL • 1966
CAUDILLO, EL • LEADER, THE • 1968
TASTE OF THE SAVAGE • 1974
MARCADOS, LOS • THEY CALL HIM MARCADO (UKN) • 1975
XOXONTLA • 1976

MARISCAL ANA – SPN – 1923–

SEGUNDO LOPEZ, AVENTURERO URBANO • 1952
CON LA VIDA HICIERON FUEGO • 1957
QUINIELA, LA • 1959
FERIA DE SEVILLA • 1960
HOLA, MUCHACHO! • 1961
OCCIDENTE Y SABOTAJE • 1962
CAMINO, EL • 1963
CANCION VA CONMIGO, LA • 1964
VESTIDA DE NOVIA • OJOS VERDES ○ DRESSED AS A BRIDE • 1966
DUENDES DE ANDALUCIA, LOS • ELVES OF ANDALUCIA, THE • 1968
PASEILLO, EL • 1968

MARISCHKA ERNST – GRM – 1893–1963
"HURONEN", DIE • 1921
ABENTEUER IM SUD EXPRESS • 1934
SIEBEN JAHR PECH • 1940
SETTE ANNI DI FELICITA • SIEBEN JAHRE GLUCK (FRG) • 1942
ABENTEUER IM GRANDHOTEL • VERGISS, WENN DU KANNST • 1943
MATTHAUS–PASSION • PASSIONE SECONDO SAN MATTEO, LA (ITL) ○ ST. MATTHEW PASSION (USA) • 1949
VERKLUNGENES WIEN • 1951
ZWEI IN EINEM AUTO • DU BIST DIE SCHONSTE FUR MICH! ○ ZWEI IN EINEM BLAUEN AUTO • 1951
HANNERL • ICH TANZE MIR DIR IN DEN HIMMEL HINEIN • 1952
SAISON IN SALZBURG • 1952
DU BIST DIE WELT FUR MICH • YOU ARE THE WORLD FOR ME (USA) ○ RICHARD TAUBER STORY, THE • 1953
FELDHERRENHUGEL, DER • 1953
HURRA –EIN JUNGE! • 1953
KONIG DER MANEGE • 1954
MADCHENJAHRE EINER KONIGIN • PURSUIT AND LOVES OF QUEEN VICTORIA, THE ○ STORY OF VICKIE, THE (USA) • 1954
DEUTSCHMEISTER, DIE • 1955
OPERNBALL • 1956
SISSI • FOREVER MY LOVE • 1956
SISSI, DIE JUNGE KAISERIN • FOREVER MY LOVE • 1956
SCHERBEN BRINGEN GLUCK • 7 JAHRE PECH • 1957
SISSI SCHICKSALJAHRE EINER KAISERIN • FOREVER MY LOVE • 1957
DREIMADERLHAUS, DAS • HOUSE OF THE THREE GIRLS, THE (USA) • 1958
VERUNTREUTE HIMMEL, DER • EMBEZZLED HEAVEN (USA) • 1958
ALT HEIDELBERG • 1959

MARISCHKA FRANZ – Actor – GRM – 1918–
RATSEL DER GRUNEN SPINNE, DAS • 1960
SCHLAGERPARADE 60 • 1960
AM SONNTAG WILL MEIN SUSSER MIT MIR SEGELN GEHN • LEBEN WIE IM PARADIES, EIN • 1961
GEHN SIE NICHT ALLEIN NACH HAUSE • 1961
SO LIEBT UND KUSST MAN IN TIROL • 1961
SO TOLL WIE ANNO DAZUMAL • 1962
ETRANGE AVENTURE DE ISABELLA, L'
MANN MIT DEM GOLDENEN PINSEL, DER • UOMO DAL PENNELLO D'ORO, L' (ITL) ○ LET IT ALL HANG OUT (USA) • 1971
LASS JUCKEN, KUMPEL • 1972
LIEBESGRUSSE AUS DER LEDERHOSE • 1973
Y'EN A PLEIN LES BOTTES • 1976

MARISCHKA G. see **MARISCHKA GEORG**

MARISCHKA GEORG – GRM – 1922–
MARISCHKA GEORGE • MARISCHKA G.
FIDELE BAUER, DER • 1951
EINMAL KEINE SORGEN HABEN • EINEN JUX WILL ER SICH MACHEN • 1953
HANUSSEN • 1955
SKLAVENKARAWANE, DIE • 1958
PETER VOSS, DER HELD DES TAGES • MEET PETER VOSS (USA) • 1959
MIT HIMBEERGEIST GEHT ALLES BESSER • 1960
AXEL MUNTHE DER ARZT VON SAN MICHELE • 1962
ALLOTRIA IN ZELL AM SEE • 1963
VIVA GRINGO • 1966
ULTIMO REY DE LOS INCAS, EL • LAST KING OF THE INCAS, THE • 1967

MARISCHKA GEORGE see **MARISCHKA GEORG**

MARISCHKA HUBERT – GRM – 1882–1959
KONFETTI • CONFETTI • 1936
IHR LEIBHUSAR • 1937
LIEBE IM DREIVIERTELTAKT • WIENER FIAKERLIED • 1937
DRUNTER UND DRUBER • 1939
FASCHING IN WIEN • 1939
GLUCK WOHNT NEBENAN, DAS • 1939
HOCHZEITSREISE ZU DRITT • 1939
HERZENSFREUD –HERZENSLIED • 1940
UNGETREUE ECKEHART • 1940
OH DIESE MANNER • 1941
WIR BITTEN ZUM TANZ • 1941
TRE RAGAZZE VIENNESI • DREI TOLLE MADELS (FRG) • 1942
ALLES AUS LIEBE • 1943
MANN FUR MEINE FRAU, EIN • 1943
WALZER MIT DIR, EIN • 1943
MEISTERDETEKTIV, DER • REIZENDE FAMILIE, EINE • 1944
MANN GEHORT INS HAUS, EIN • BANKERL UNTERM BIRNBAUM • 1945
KUSSEN IST KEINE SUND' • 1950
CZARDAS FURSTIN, DIE • 1951
DU BIST DIE ROSE VOM WORTHERSEE • 1952
KNALL UND FALL ALS HOCHSTAPLER • 1952
PERLE VON TOKAY, DIE • 1954
LASS DIE SONNE WIEDER SCHEINEN • 1955
LIEBE SOMMER UND MUSIK • 1956

MARISSEN LOE – Animator – FRN
TINTIN ET LE TEMPLE DU SOLEIL • TINTIN AND THE TEMPLE OF THE SUN • 1969 • ANM

MARIUZZO GIORGIO – ITL
McROOTS GEORGE
QUELLI BELLI SIAMO NOI • 1970
DONNA CHIAMATA APACHE, UNA • 1976
MONDO PORNO OGGI • 1976
ORAZI E CURIAZI TRE A DUE • 1977

MARJANOVIC BRANKO – YGS
ZASTAVA • 1949
OPSADA • SIEGE, THE • 1956

MARJANOVIC SIDA – YGS
OMLADINSKA PRUGA SAMAC–SARAJEVO • 1947

MARK MARY ELLEN – USA
STREETWISE • 1984

MARK ROBERT see **ZEHETGRUBER RUDOLF**

MARKAS GARY – USA
CURTIS AMY SEXTET • 1962 • SHT
GERALD WILSON ALL–STAR ORCHESTRA • 1962 • SHT
GUITARS –FROM FLAMENCO TO JAZZ • 1962 • SHT
JAZZ CRUSADERS, THE • 1962 • SHT
PAUL HORN QUINTET • 1962 • SHT
SAMMY DAVIS SHOW, THE • 1962 • SHT
SHELLY MANNE QUINTET • 1962 • SHT
SHORTY ROGERS AND HIS GIANTS • 1962 • SHT

MARKER CHRIS – FRN – 1921–
STATUES MEURENT AUSSI, LES • 1950 • SHT
OLYMPIA 52 • 1952 • DOC
DIMANCHE A PEKIN • 1955
LETTRE DE SIBERIE • LETTER FROM SIBERIA (USA) • 1958 • DOC
ASTRONAUTES, LES • ASTRONAUTS, THE • 1959 • ANS
DESCRIPTION D'UN COMBAT • 1960 • DOC
CUBA SI! • 1961 • DOC
JETEE, LA • PIER, THE ○ JETTY, THE ○ RUNWAY, THE • 1962
JOLI MAI, LE • 1963 • DOC
MYSTERE KOUMIKO, LE • KOUMIKO MYSTERY, THE (USA) • 1964 • DOC
SI J'AVAIS QUATRE DROMADAIRES • IF I HAD FOUR DROMEDARIES • 1966
VOLCAN INTERDIT, LE • 1966 • DOC
LOIN DU VIETNAM • FAR FROM VIETNAM • 1967
SIXIEME FACE DU PENTAGONE, LA • 1967
A BIENTOT, J'ESPERE • 1968 • DOC
MOTS ONT UN SENS, LES • 1968
BATAILLE DES DIX MILLIONS, LA • CUBA: BATTLE OF THE 10,000,000 (USA) ○ CUBA: LA BATAILLE DES DIX MILLIONS • 1969
DEUXIEME PROCES D'ARTHUR LONDON, LE • 1969
CARLOS MARIGHELA • 1970
TRAIN EN MARCHE, LE • TRAIN ROLLS ON, THE • 1971
VIVE LA BALEINE • 1972
GREVE DES TRAVAILLEURS DE LIP, LA • 1974
SOLITUDE DU CHANTEUR DE FOND, LA • 1975 • DOC
FOND DE L'AIR EST ROUGE, LE • 1977 • DOC
SANS SOLEIL • SUNLESS • 1982 • DOC
A.K. • 1985 • DOC
HERITAGE DE LA CHOUETTE, L' • OWL'S LEGACY, THE (UKN) • 1988

MARKER RUSS – USA
DEMON FROM DEVIL'S LAKE, THE • 1964
YESTERDAY MACHINE, THE • 1965

MARKETAKI TONIA – GRC
IOANNIS O VIEOS • BITTERNESS OF THE JEWISH SCAPEGOAT, THE ○ VIOLENT JOHN ○ IOANNIS OFVIEOS • 1972
TIMI TIS AGAPIS, I • PRICE OF LOVE, THE • 1984

MARKEY ALEXANDER – USA
HEI TIKI • PRIMITIVE PASSIONS (UKN) • 1935

MARKHAM KYRA
FOREST RING, THE • 1930

MARKHAM MANSFIELD – UKN
RETURN OF RAFFLES, THE • 1932
MAID HAPPY • 1933
WHITHER GERMANY? • 1933

MARKHAM MONTE – USA – 1935–
DEFENSE PLAY • 1988
TREE PEOPLE, THE • 1989

MARKIEWICZ ANDRZEJ – CND
DREAMS BEYOND MEMORY • 1988

MARKIN MARVIN – USA
NEW YORK INFERNAL

MARKIW GABRIEL – CND
MOB STORY • 1990

MARKIW JANCARLO – CND
MOB STORY • 1990

MARKLE FLETCHER – Producer/ writer – CND – 1921–
JIGSAW • GUN MOLL • 1949
MAN WITH A CLOAK, THE • 1951
NIGHT INTO MORNING • 1951
INCREDIBLE JOURNEY, THE • 1963

MARKLE PETER – USA
PERSONALS, THE • 1981
HOT DOG • HOT DOG.. THE MOVIE • 1983
YOUNGBLOOD • 1985
DESPERATE • 1987 • TVM
BAT 21 • BAT.21 • 1988
BREAKING POINT • 1989
NIGHTBREAKER • ADVANCE TO GROUND ZERO • 1989

MARKLUND INGER – SWD
BLUE COLLAR AMERICA • 1980

MARKOPOULOS GREGORY see **MARKOPOULOS GREGORY J.**

MARKOPOULOS GREGORY J. – USA – 1928–
MARKOPOULOS GREGORY
CHRISTMAS CAROL, A • 1940 • SHT
PSYCHE • 1947–48 • SHT
CHARMIDES • 1948 • SHT
DEAD ONES, THE • 1948
DU SANG DE LA VOLUPTE ET DE LA MORT • 1948
LYSIS • 1948 • SHT
ARBRES AUX CHAMPIGNONS • 1951
FLOWERS OF ASPHALT • 1951 • SHT
SWAIN • RAIN BLACK MY LOVE • 1951 • SHT
ELDORA • 1952 • SHT
SERENITY • 1962
TWICE A MAN • 1963
DEATH OF HEMINGWAY, THE • 1965 • SHT
GALAXIE • 1966
MING GREEN • 1966 • SHT
PROMETHEUS BOUND –THE ILLIAC PASSION • ILLIAC PASSION, THE ○ ILIAC PASSION, THE • 1966
THROUGH A LENS BRIGHTLY: MARK TURBYFILL • 1966
BLISS • 1967
DIVINE DAMNATION, THE • 1967
EROS, O BASILEUS • 1967
GAMMELION • 1967
HIMSELF AS HERSELF • 1967
MYSTERIES • 1968
INDEX HANS RICHTER • 1969
POLITICAL PORTRAITS • 1969
GENIUS • 1970
DOLDERTAL 7 • 1971
HAGIOGRAPHIA • 1971
35, BOULEVARD GENERAL KOENIG • 1971

MARKOS MIKLOS – HNG
DUNAI HAJOS • DANUBE PILOT, THE • 1975

MARKOVIC DARKO – YGS
STOP! • 1976 • SHT

MARKOVIC GORAN – YGS
NACIONALNA KLASA DO 785cm3 • NATIONAL CLASS UP TO 785cm3 ○ NATIONAL CLASS • 1978
SPECIJALNO VASPITANJE • SPECIAL EDUCATION ○ SPECIAL CORRECTION • 1978
MAJSTORI, MAJSTORI • WOULD YOU BELIEVE IT? • 1982
VARIOLA VERA • 1982
VEC VIDJENO • 1987
SABIRNI CENTAR • COLLECTING POINT, THE • 1989

MARKOVIC JIM – HKG
REAL BRUCE LEE, THE • 1979

MARKOWITZ MURRAY – CND – 1945–
ODE TO BLAKE • 1969 • SHT
ODE TO MOM AND DAD • 1969 • SHT
MORE THAN ONE • 1970 • DOC
AUGUST AND JULY • 1973 • DOC
RECOMMENDATION FOR MERCY • 1976
I MISS YOU, HUGS AND KISSES • DROP DEAD DEAREST ○ LEFT FOR DEAD • 1978

MARKOWITZ ROBERT – USA
DEADLIEST SEASON, THE • 1977 • TVM
STORYTELLER, THE • 1977 • TVM
VOICES • 1979
LONG WAY HOME, A • 1981 • TVM
PHANTOM OF THE OPERA, THE • 1982 • TVM
PRAY TV • 1982 • TVM
WALL, THE • 1982 • TVM
MY MOTHER'S SECRET LIFE • 1984 • TVM
CHILDREN OF THE NIGHT • 1985 • TVM
KOJAK: THE BELARUS FILE • BELARUS FILE, THE • 1985 • TVM
ADAM –HIS SONG CONTINUES • 1986 • TVM
ALEX: THE LIFE OF A CHILD • 1986 • TVM
BRIDGE TO INDONESIA, THE • 1988

MARKS ALEKSANDAR – Animator – YGS – 1922–
PROLJETNI ZVUCI • SPRING SONGS ○ SPRING TUNES • 1960 • ANS
CRITICUS • 1961
WHITE AVENGER, THE • 1962
METAMORFOZA • METAMORPHOSIS (USA) • 1964 • ANS
MODERNA BASNA • MODERN FABLE, A • 1965 • ANS
MRAV DOBRA SRCA • KIND–HEARTED ANT, THE (USA) ○ GOOD–HEARTED ANT, THE • 1965
MUHA • FLY, THE (USA) • 1967 • ANS
SIZIF • SISYPHUS (USA) ○ SISIPHUS • 1967 • ANS
MALA SIRENA • LITTLE SIREN ○ SMALL MERMAID, A • 1968 • ANS
WEG ZUM NACHBARN 1968 • 1968
PAUK • SPIDER • 1969 • ANS
ECCE HOMO • 1972

MARKS ARTHUR – USA – 1927–
TOGETHERNESS • 1970
ROOM MATES • 1971
CLASS OF '74 • GIRLS MOST LIKELY TO, THE (UKN) • 1972
BONNIE'S KIDS • 1973
BUCKTOWN • 1975
FRIDAY FOSTER • 1975
WOMAN FOR ALL MEN, A • 1975
J.D.'S REVENGE • 1976
MONKEY HUSTLE • 1976

MARKS GEORGE H. see **MARKS GEORGE HARRISON**

MARKS GEORGE HARRISON – UKN
MARKS HARRISON • MARKS GEORGE H.
NAKED AS NATURE INTENDED • AS NATURE INTENDED (USA) • 1961
NAKED WORLD OF HARRISON MARKS, THE • DREAM WORLD OF HARRISON MARKS, THE • 1967
NINE AGES OF NAKEDNESS, THE • 1969
FORNICON –PATTERN OF EVIL • F– PATTERN OF EVIL ○ PATTERN OF EVIL • 1970
COME PLAY WITH ME • 1977

MARKS HARRISON see **MARKS GEORGE HARRISON**

MARKS HARRY see **MARKS HARRY S.**

MARKS HARRY S. – UKN
MARKS HARRY
UNLUCKY JIM • 1936
SHADOW OF DEATH • 1939

MARKSON MORLEY – CND
EXPLORATION • 1967
KALEIDOSCOPE • MAN AND COLOUR –KALEIDOSCOPE • 1967 • SHT
AMERICA SIMULTANEOUS: THE ELECTRIC FAMILY • 1968
ELECTROCUTION OF THE WORD • 1968 • SHT
LIGHT YEAR • 1968
RETINAL CAPSULE • 1968
ZERO • 1968
TRAGIC DIARY OF ZERO THE FOOL, THE • ZERO THE FOOL • 1969
BREATHING TOGETHER: REVOLUTION OF THE ELECTRIC FAMILY • VIVRE ENSEMBLE: LA REVOLUTION DE LA FAMILLE ELECTRIQUE • 1971
MONKEYS IN THE ATTIC: A FILM OF EXPLODING DREAMS • DES SINGES DANS LE GRENIER • 1974

OFF YOUR ROCKER • 1980
LIVING TRADITION, THE • 1986 • MTV
GROWING UP IN AMERICA • 1988 • DOC

MARKSON SEAN – ITL
QUEI DANNATI GIORNI DELL'ODIO E DELL'INFERNO • 1971

MARKUS JINDRA – NTH
GIRL OF STONE • 1982
WILDE HARTEN • WILD HEARTS • 1989

MARKUS WILLIAM – FNL
MIRIAM • 1957

MARLO FRED – GRM
UNHEIMLICHE LICHT, DAS • 1920

MARMOL JULIO CESAR – VNZ
DIAS DUROS, LOS • THOSE HARD DAYS • 1970
BOMBA, LA • BOMB, THE • 1974
CIELOS DE LA MUERTE, LOS • SKIES OF DEATH, THE • 1977
INVASION, LA • INVASION, THE • 1977

MARMONT PERCY – Actor – UKN – 1883–1977
CAPTAIN'S TABLE, THE • 1936

MARMSTEDT LORENS – SWD – 1908–1966
KARLEKSEXPRESSEN • LOVE EXPRESS, THE • 1932
STULEN VALS, EN • STOLEN WALTZ, A • 1932
KANSKE EN DIKTARE • POET MAYBE, A • 1933
ATLANTAVENTYRET • ATLANTIC ADVENTURE, THE • 1934
EVA GAR OMBORD • EVA GOES ON BOARD • 1934
FLICKORNA PA UPPAKRA • GIRLS OF UPPAKRA, THE • 1936

MARNER EUGENE – USA
BEAUTY AND THE BEAST • 1987
PUSS IN BOOTS • 1987

MARNHAM CHRISTIAN – USA
MOST DANGEROUS WOMAN ALIVE, THE • 1988

MARNO ERWIN – GRM
SCHWARZE NYLONS -HEISSE NACHTE • INDECENT (USA) ○ WAYLAID WOMEN ○ ALL BAD • 1958

MARODON PIERRE – FRN
MARADON PIERRE
MASCAMOR • 1918
FEMME AUX DEUX VISAGES, LA • 1920
FEMME DES AUTRES, LA • 1920
CHATEAU DES FANTOMES, LE • 1923
DIAMANT VERT, LE • 1923
BURIDAN • 1924
SALAMMBO • KAMPF UM KARTHAGO, DER ○ SALAMBO • 1925
DIEUX ONT SOIF, LES • 1926
FRAU IN GOLD, DIE • 1926
GUTE RUF, DER • 1926
VOLEURS DE GLOIRE, LES • 1926
HONNEUR DE L'AUTRE, L' • 1927
MENSONGES, LES • 1927

MAROS BASIL – GRC
TRAGODIA TOU AEGAEOU • TRAGEDY OF THE AEGEAN SEA • AEGEAN TRAGEDY, THE • 1965 • DOC

MAROTO EDUARDO G. – SPN – 1905–
MAROTO EDUARDO GARCIA
HIJA DEL PENAL, LA • 1935
CUATRO ROBINSONES, LOS • 1939
ORO VIL • 1941
POR QUE VIVIR TRISTES? • 1941
CANELITA EN RAMA • 1942
SCHOTIS • 1942
MI FANTASTICA ESPOSA • 1943
MANTILHA DE BEATRIZ, A • MANTILLA DE BEATRIZ, LA • 1946
NAO A RAPAZES MAOS • 1947
OTRA SOMBRA, LA • 1948
TRUHANES DE HONOR • 1952
TRES ERAN TRES • TIAPACA (?) ○ THREE WERE THREE • 1954

MAROTO EDUARDO GARCIA see **MAROTO EDUARDO G.**

MARQUAND CHRISTIAN – Actor – FRN – 1927–
GRANDS CHEMINS, LES • OF FLESH AND BLOOD (USA) ○ BARO, IL (ITL) • 1963
CANDY • CANDY E IL SUO PAZZO MONDO (ITL) • 1968

MARQUAND RICHARD – UKN – 1937–1987
BIRTH OF THE BEATLES • 1979 • TVM
LEGACY, THE • LEGACY OF MAGGIE WALSH • 1979
EYE OF THE NEEDLE • 1981
RETURN OF THE JEDI • 1983
UNTIL SEPTEMBER • 1984
JAGGED EDGE • 1985
HEARTS OF FIRE • 1987

MARQUES CARLOS – PRT – 1920–
VINHOS DE PORTUGAL • 1949 • SHT
IDOLO DA BOLA, O • 1952 • SHT
ZE ANALFABETO • 1952 • SHS
CHIKWEMBO • 1953
AQUEDUTOS PORTUGUESES • 1976 • SHT
MALFALDA • 1981 • ANM

MARQUETTE JACQUES – USA
METEOR MONSTER • TEENAGE MONSTER • 1958

MARQUEZ ARTEMIO – PHL
WALIS NI TENTENG • 1965
ACCUSED, THE • 1967
AKO LABAN SA LIPUNAN • I, AGAINST SOCIETY • 1967
DEATH TRAP • 1967
D'SOUND BEATS -SOUL DISCOTHEQUE A-GO-GO • 1967
JAMES BATMAN • 1967
REYNA NG KARATE • KARATE QUEEN • 1967
SA LILIM NG WATAWAT • UNDER THE FLAG • 1967
12 GOLDEN COMMANDOS, THE • 1967
HARI NG YABANG • KING OF BOASTFULNESS • 1968
ISANG LIBONG MUKHA • ONE THOUSAND FACES • 1968
JOHNNY DO OR DIE • 1968
MAGNIFICENT BANDIDAS • MAGNIFICENT BANDITS • 1968
MAGNIFICENT ZORRO, THE • 1968
THAT MAN MR. IMPOSSIBLE • 1968
MEN OF ACTION MEET WOMEN OF DRAKULA • 1969
ZOOM-ZOOM APOLLO • 1969
I DREAM OF JEANNE • 1970
NORA IN WONDERLAND • 1970

MARQUEZ CARLITO – PHL
JOHNNY TIGRE • JOHNNY TIGER • 1967

MARQUINA LUIS – SPN – 1904–
DON QUINTIN EL AMARGAO • 1935
BAILARIN Y EL TRABAJADOR • 1936
ULTIMO HUSAR, EL • AMORE DI USSARO (ITL) ○ ULTIMO USSARO, L' • 1940
SU HERMANO Y EL • 1941
TORBELLINO • 1941
MALVALOCA • 1942
VIDAS CRUZADAS • 1942
NOCHE FANTASTICA • 1943
SANTANDER, LA CIUDAD EN LLAMAS • 1944
DONA MARIA LA BRAVA • 1947
FILIGRANA • 1949
CAPITAN VENENO, EL • 1950
MANCHAS DE SANGRE EN LA LUNA • 1951
QUEMA EL SUELO • 1951
AMAYA • 1952
ASI ES MADRID • 1953
ALTA COSTURA • 1954
ULTIMAS BANDERAS, LAS • 1954
SPANISH AFFAIR • AVENTURA PARA DOS (SPN) ○ FLAMENCA • 1958
ADIOS, MIMI POMPON • 1960
VENTOLERA • 1961
VIUDITA NAVIERA, LA • 1961
BATALLA DEL DOMINGO, LA • 1962
VALIENTE • 1964
TUSET STREET • 1968
CERCO DE TERROR • 1971

MARQUIS ERIC – UKN
SHAMUS • 1959
THEY CHOSE THE SEA • 1960
SEARCH AND RESEARCH • 1967 • DCS
TOMORROW'S MERSEYSIDERS • 1974

MARR HANS – GRM
UNSTERBLICHES LIED, DAS • 1934

MARR LEON see **MARR LEON G.**

MARR LEON G. – CND – 1948–
MARR LEON
CLAIRE'S WISH • 1979 • MTV
FLOWERS IN THE SAND • 1980 • MTV
DANCING IN THE DARK • 1986
CAPRICE • 1989

MARRACINI DANTE – ITL
SENSUALITA: E UN ATTIMO DI VITA, LA • 1975

MARRAS ALBERTO – ITL
AVVOCATO DELLA MALA, L' • 1978

MARRE JEREMY – UKN
UNEASY DREAMS -THE LIFE OF MR. PICKWICK • 1970
ROOTS, ROCK & REGGAE • 1978 • DOC

MARRET GEORGES – FRN
JEANNE • 1934

MARRET MARIO – FRN
APTENODYTES FORSTERI • EMPEROR PENGUINS, THE • 1953

MARS SEVERIN – Actor – FRN – 1873–1921
COEUR MAGNIFIQUE, LE • 1922

de MARSAN MAURICE – FRN
ROI DE PARIS, LE • 1922
SERGE PANINE • 1922

MARSDEN RALPH – ASL – 1944–
MARSDEN RALPH LAWRENCE
SABBAT OF THE BLACK CAT • 1973
BOYS AND GIRLS TOGETHER • 1979

MARSDEN RALPH LAWRENCE see **MARSDEN RALPH**

MARSH JANE see **BEVERIDGE JANE MARSH**

MARSH JULIAN see **FINDLAY MICHAEL**

MARSH RAY see **MARSH RAYMOND**

MARSH RAYMOND – USA
MARSH RAY
MAD, MAD MOVIE MAKERS, THE • LAST PORNO FLICK, THE • 1974
LORD SHANGO • SOULMATES OF SHANGO • 1975

MARSHAK PHILIP – CND
CATACLYSM • NIGHTMARE NEVER ENDS, THE ○ SATAN'S SUPPER ○ CATALYSM • 1972
DRACULA SUCKS • LUST AT FIRST BITE ○ DRACULA'S BRIDE • 1978
DANTE'S INFERNO • 1982
NIGHT TRAIN TO TERROR • 1985 • ANT

MARSHALL ANDREW – USA
HAPPY BIRTHDAY • 1988

MARSHALL ANTHONY – USA
BULLETS AND SADDLES • VENGEANCE IN THE SADDLE (UKN) • 1943

MARSHALL BILLY see **BALDI MARCELLO**

MARSHALL DON – USA
CYCLES SOUTH • 1971

MARSHALL FRANK – UKN
FEET OF CLAY • 1960
IDENTITY UNKNOWN • 1960
GANG WAR • 1962
GENTLE TERROR, THE • 1962
GUY CALLED CAESAR, A • 1962

MARSHALL FRANK* – USA
ARACHNOPHOBIA • 1990

MARSHALL FRED – UKN
POPDOWN • 1968

MARSHALL GARRY – USA – 1934–
YOUNG DOCTOR IN LOVE • DOCTORS IN LOVE • 1982
FLAMINGO KID, THE • 1984
NOTHING IN COMMON • 1986
OVERBOARD • 1987
BEACHES • FRIENDS • 1988
PRETTY WOMAN • 1990

MARSHALL GEORGE – USA – 1891–1975
MARSHALL GEORGE E.
DEVIL'S OWN, THE • 1916 • SHT
LOVE'S LARIAT • 1916
WOMAN'S EYES, A • 1916 • SHT
BILL BRENNAN'S CLAIM • 1917 • SHT
BORDER WOLVES • 1917 • SHT
CASEY'S BORDER RAID • 1917 • SHT
COMEBACK, THE • 1917 • SHT
DESERT GHOST, THE • 1917 • SHT
DOUBLE SUSPICION • 1917 • SHT
HONOR OF MEN, THE • 1917 • SHT
MAN FROM MONTANA, THE • 1917
MEET MY WIFE • 1917 • SHT
NINTH DAY, THE • 1917 • SHT
RAID, THE • 1917 • SHT
RIGHT-OF-WAY CASEY • 1917 • SHT
ROPED IN • 1917 • SHT
SQUARING IT • 1917 • SHT
SWEDE-HEARTS • 1917 • SHT
THEY WERE FOUR • 1917 • SHT
WON BY GRIT • 1917 • SHT
FAST MAIL, THE • 1918 • SHT
HUSBAND HUNTER • 1918 • SHT
GUN RUNNERS, THE • 1919 • SHT
ADVENTURES OF RUTH, THE • 1919–20 • SRL
PRAIRIE TRAILS • 1920
RUTH OF THE ROCKIES • 1920 • SRL
AFTER YOUR OWN HEART • 1921
HANDS OFF • 1921
JOLT, THE • 1921
LADY FROM LONGACRE, THE • 1921
RIDIN' ROMEO, A • 1921
WHY TRUST YOUR HUSBAND? • 1921
COMMITTEE ON CREDENTIALS, THE • 1922 • SHT
SMILES ARE TRUMPS • 1922
WEST IS WEST • 1922 • SHT
DON QUICKSHOT OF THE RIO GRANDE • 1923
HAUNTED VALLEY • 1923 • SRL
MEN IN THE RAW • 1923
WHERE IS THIS WEST? • 1923
BURGLAR, THE • 1924 • SHT
FIGHT, THE • 1924 • SHT
HUNT, THE • 1924 • SHT
PAUL JONES, JR. • 1924 • SHT
BIG GAME HUNTER, THE • 1925 • SHT
PARISIAN KNIGHT, A • 1925 • SHT
SKY JUMPER, THE • 1925 • SHT
SPANISH ROMEO, A • 1925 • SHT
IT'S A PIPE • 1926 • SHT
TRIP TO CHINATOWN, A • 1926
TWO LIPS IN HOLLAND • 1926 • SHT
ADVENTURES OF RUTH, THE • 1927
GAY RETREAT, THE • 1927
GENTLEMEN PREFER SCOTCH • 1927 • SHT
HE LOVED HER NOT • 1930 • SHT
HEY DIDDLE DIDDLE • 1930 • SHT
HOW I PLAY GOLF • 1931 • SHS
PRACTICE SHOTS • 1931 • SHT
PUTTER, THE • 1931 • SHT
ALUM AND EVE • 1932 • SHT
BIG DAME HUNTING • 1932 • SHT
FIREHOUSE HONEYMOON, A • 1932 • SHT
JUST A PAIN IN THE PARLOR • 1932 • SHT
OLD BILL, THE • OLD BULL, THE • 1932 • SHT
PACK UP YOUR TROUBLES • WE'RE IN THE ARMY NOW • 1932
SOILERS, THE • 1932 • SHT
STRICTLY UNRELIABLE • 1932 • SHT
THEIR FIRST MISTAKE • 1932 • SHT
BIG FIBBER, THE • 1933 • SHT
CALIENTE LOVE • 1933 • SHT
DOWN SWING • 1933 • SHT
EASY ON THE EYE • 1933 • SHT
FINE POINTS • 1933 • SHT
HIP ACTION • 1933 • SHT
HOW TO BREAK 90 • 1933 • SHS
HUSBANDS' REUNION • 1933 • SHT
IMPACT • 1933 • SHT
KNOCKOUT KISSES • 1933 • SHT
POSITION AND BLACK SWING • 1933 • SHT
SPOON, THE • 1933
SWEET COOKIE • 1933 • SHT
TOWED IN A HOLE • 1933 • SHT
EVER SINCE EVE • HEIR TO THE HOORAH • 1934
SHE LEARNED ABOUT SOLDIERS • 1934
WILD GOLD • 1934
365 NIGHTS IN HOLLYWOOD • 1934
IN OLD KENTUCKY • 1935
LIFE BEGINS AT FORTY • 1935
MUSIC IS MAGIC • 1935
SHOW THEM NO MERCY • TAINTED MONEY (UKN) ○ SNATCHED • 1935
$10 RAISE • MR. FAINTHEART (UKN) • 1935
CAN THIS BE DIXIE? • 1936
CRIME OF DOCTOR FORBES, THE • 1936
MESSAGE TO GARCIA, A • 1936
BATTLE OF BROADWAY • 1937
LOVE UNDER FIRE • 1937
NANCY STEELE IS MISSING! • 1937
GOLDWYN FOLLIES, THE • 1938
HOLD THAT CO-ED • HOLD THAT GIRL (UKN) • 1938
DESTRY RIDES AGAIN • 1939
YOU CAN'T CHEAT AN HONEST MAN • 1939
GHOST BREAKERS • 1940

WHEN THE DALTONS RODE • 1940
POT O' GOLD • GOLDEN HOUR, THE (UKN) ○ POT OF GOLD • 1941
TEXAS • 1941
FOREST RANGERS, THE • 1942
STAR SPANGLED RHYTHM • STAR-SPANGLED RHYTHM • 1942
VALLEY OF THE SUN • 1942
RIDING HIGH • MELODY INN (UKN) • 1943
TRUE TO LIFE • 1943
AND THE ANGELS SING • 1944
HOLD THAT BLONDE! • GOOD INTENTIONS • 1945
INCENDIARY BLONDE • 1945
MURDER, HE SAYS • 1945
BLUE DAHLIA, THE • 1946
MONSIEUR BEAUCAIRE • 1946
PERILS OF PAULINE, THE • 1947
VARIETY GIRL • 1947
HAZARD • 1948
TAP ROOTS • 1948
MY FRIEND IRMA • 1949
FANCY PANTS • 1950
NEVER A DULL MOMENT • COME SHARE MY LOVE • 1950
MILLIONAIRE FOR CHRISTY, A • NO ROOM FOR THE GROOM • 1951
OFF LIMITS • MILITARY POLICEMEN (UKN) • 1952
SAVAGE, THE • WARBONNET • 1952
HOUDINI • 1953
MONEY FROM HOME • 1953
SCARED STIFF • 1953
DESTRY • 1954
DUEL IN THE JUNGLE • 1954
RED GARTERS • 1954
SECOND GREATEST SEX, THE • 1955
BEYOND MOMBASA • 1956
PILLARS OF THE SKY • TOMAHAWK AND THE CROSS, THE (UKN) • 1956
GUNS OF FORT PETTICOAT, THE • 1957
SAD SACK, THE • 1957
IMITATION GENERAL • 1958
MATING GAME, THE • 1958
SHEEPMAN, THE • STRANGER WITH A GUN • 1958
GAZEBO, THE • 1959
IT STARTED WITH A KISS • 1959
CRY FOR HAPPY • 1961
HAPPY THIEVES, THE • OLDEST CONFESSION, THE ○ ONCE A THIEF • 1962
HOW THE WEST WAS WON • 1962
PAPA'S DELICATE CONDITION • 1963
ADVANCE TO THE REAR • COMPANY OF COWARDS • 1964
INTRIGO, L' • DARK PURPOSE (USA) • 1964
BOY, DID I GET A WRONG NUMBER! • 1966
EIGHT ON THE LAM • EIGHT ON THE RUN (UKN) • 1966
WICKED DREAMS OF PAULA SCHULTZ, THE • 1968
HOOK, LINE AND SINKER • 1969

MARSHALL GEORGE E. see **MARSHALL GEORGE**

MARSHALL HERBERT – Producer/ writer – UKN – 1900–
MARSHALL HERBERT P. J.
ONE DAY IN SOVIET RUSSIA • 1942 • DOC
OUR RUSSIAN ALLIES • 1942 • DOC
PRIMITIVE MONGOLIA AND CHINA • 1947 • DOC
TINKER • 1949
METHOD AND MADNESS • MR. PASTRY DOES THE LAUNDRY • 1950
WHAT'S COOKING? • 1951

MARSHALL HERBERT P. J. see **MARSHALL HERBERT**

MARSHALL MAURICE – USA
WIFE'S RELATIONS, THE • LOST HEIRESS, THE (UKN) • 1928

MARSHALL NOEL – USA
ROAR • 1981

MARSHALL PENNY – Actress – USA – 1942–
JUMPIN' JACK FLASH • 1986
BIG • 1988
AWAKENINGS • 1990

MARSHALL PETER – USA
IT'S HOT ON SIN ISLAND • HOT ON SIN ISLAND • 1964

MARSHALL TONIE – FRN
PENTIMENTO • 1990

MARSHALL VAUGHAN C. – ASL
ENVIRONMENT • 1927

MARSHALL WILLIAM – Actor – USA – 1917–
ADVENTURES OF CAPTAIN FABIAN • 1951
HELLO GOD • 1958
PHANTOM PLANET, THE • 1961

MARSILI EMILIO – ITL
GIORNO IN EUROPA, UN • 1959 • DOC
OPSTEEL • 1968 • SHT
RAGAZZO DAGLI OCCHI CHIARI, IL • DESERTO BIANCO • 1970

MARSILLACH ADOLFO – SPN – 1928–
FLOR DE SANTIDAD • DEVIL'S SAINT, THE • 1972

MARSOUDET L.-C. – FRN
PARADIS DES VOLEURS, LE • AVEC LES CHEVAUX DE BOIS ○ ESCAPADE • 1939

MARSTON A. C. – USA
ON THE HEIGHTS • 1914
MONEY • 1915

MARSTON LAWRENCE – USA
STAR OF BETHLEHEM, THE • 1912
CRICKET ON THE HEARTH, THE • 1914
FATAL WEDDING, THE • 1914
MASKS AND FACES • 1914
ON THE HEIGHTS • 1914
ROAD TO YESTERDAY, THE • 1914
UNDER THE GASLIGHT • 1914
DORA THORNE • 1915
MILLIONAIRE BABY, THE • 1915
MONEY • 1915
PRIMROSE PATH, THE • 1915
QUARRY, THE • 1915
LOVE'S PILGRIMAGE TO AMERICA • 1916
MARRIAGE BOND, THE • 1916
PIQUE • 1916 • SHT
WALL STREET TRAGEDY, A • 1916
WOMAN IN BLACK, THE • 1916

MARSTON THEODORE – USA
JANE EYRE • 1910
JOHN HALIFAX, GENTLEMAN • 1910
LOOKING FORWARD • 1910
RIP VAN WINKLE • 1910
THELMA • 1910
VICAR OF WAKEFIELD, THE • 1910
WINTER'S TALE, THE • 1910
CINDERELLA • 1911
DAVID COPPERFIELD • 1911
DECLARATION OF INDEPENDENCE, THE • 1911
LADY FROM THE SEA, THE • 1911
LAST OF THE MOHICANS, THE • 1911
LORNA DOONE • 1911
OLD CURIOSITY SHOP, THE • 1911
PIED PIPER OF HAMELIN, THE • 1911
ROMEO AND JULIET • 1911
SHE • 1911
SILAS MARNER • 1911
AURORA FLOYD • 1912
EAST LYNNE • 1912
FOREST ROSE, THE • 1912
LUCILE • 1912
MERCHANT OF VENICE, THE • 1912
PUT YOURSELF IN HIS PLACE • 1912
STAR OF BETHLEHEM, THE • 1912
UNDER TWO FLAGS • 1912
UNDINE • 1912
CARMEN • 1913
CYMBELINE • 1913
RIVALS, THE • 1913
ROBIN HOOD • 1913
WHEN THE STUDIO BURNED • 1913
ANTIQUE ENGAGEMENT RING, THE • 1914
APPLE, THE • 1914
BARTERED CROWN, THE • 1914
BATTLE OF THE WEAK, THE • 1914
CRIME OF CAIN, THE • 1914
DOROTHY DANESBRIDGE, MILITANT • 1914
DOUBLE ERROR, A • 1914
FALSE AND THE TRUE, THE • 1914
GREATER LOVE, THE • 1914
GREATER MOTIVE, THE • 1914
HER HUSBAND • 1914
IN FATE'S CYCLE • 1914
LOVE OF PIERRE LAROSSE, THE • 1914
MISS RAFFLES • 1914
MRS. MALONEY'S FORTUNE • 1914
NETTY OR LETTY • 1914
PAIR OF FRAUDS, A • 1914
PASSING OF DIANA, THE • 1914
REGAN'S DAUGHTER • 1914
SAVED FROM A LIFE OF CRIME • 1914
SILVER SNUFF BOX, THE • 1914
SOUL OF LUIGI, THE • 1914
TOLL, THE • 1914
TWO STEPCHILDREN • 1914
UNWRITTEN PLAY, THE • 1914
VANITY CASE, THE • 1914
WHEAT AND THE TARES, THE • 1914
WITHIN AN ACE • 1914
BATTLE OF FRENCHMAN'S RUN, THE • 1915
CAVE MAN, THE • 1915
FOUR GRAINS OF RICE • 1915
FROM OUT OF THE BIG SNOWS • 1915
HUNTER OF FORTUNES, A • FORTUNE HUNTER, A • 1915
IN THE DAYS OF FANNY • 1915
MADCAP ADVENTURE, A • 1915
MAN, THE MISSION AND THE MAID, THE • 1915
MORTMAIN • 1915
MOTHER'S ROSES • 1915
PAWNS OF MARS • 1915
PLAGUE SPOT, THE • 1915
STAGE MONEY • EASY MONEY • 1915
THIRD PARTY, THE • 1915
THIRTEENTH GIRL, THE • 1915
TWICE RESCUED • 1915
WARDROBE WOMAN, THE • 1915
WASTED LIVES • 1915
WHEELS OF JUSTICE, THE • 1915
WIRELESS RESCUE, A • 1915
BEANED BY A BEANSHOOTER • 1916 • SHT
DAWN OF FREEDOM, THE • 1916
MISS WARREN'S BROTHER • 1916
OUT OF THE QUAGMIRE • 1916 • SHT
SURPRISES OF AN EMPTY HOTEL, THE • 1916
GREED • 1917
RAGGEDY QUEEN, THE • 1917
SECRET KINGDOM, THE • 1917 • SRL
SEVENTH SIN, THE • 1917
SLOTH • 1917
WRATH • 1917
BEYOND THE LAW • 1918
GIRL BY THE ROADSIDE, THE • 1918
BLACK GATE, THE • 1919

MARSZALEK LECHOSLAW – Animator – PLN
KOZIOTOECZEK • STUBBORN LITTLE GOAT ○ LITTLE GOAT, THE • 1953 • ANS
PANI TWARDOWSKA • MRS. TWARDOWSKA • 1956
PIRACKI SKARB • PIRATE'S TREASURE ○ PIRATE TREASURE, THE ○ TREASURE OF THE PIRATES, THE • 1960 • ANS
ROMANTYCZNA PRZYGODA • ROMANTIC ADVENTURE, A • 1963
CORRIDA • 1964 • ANM
REXIE THE POLYGOT • 1967 • ANS
AWANTURA • ROW, THE • 1971 • ANM

MART PAUL – USA
BEAUTY AND THE BODY • BEAST AND THE BODY • 1963

MART ROY – USA
NAKED COMPLEX, THE • 1964

MARTEL GENE – UKN
BLACK FOREST, THE • 1954
DIPLOMATIC PASSPORT • 1954

MARTELL ALPHONSE – USA
GIGOLETTES OF PARIS • 1933

MARTEN LEO – FRN
HORSKE VOLANI SOS • SOS IN THE MOUNTAINS • 1929
JUNGLE D'UNE GRAND VILLE • BIG CITY JUNGLE ○ DZUNGLE VELKOMESTA • 1929
OPERENE STINY • FEATHERED SHADOWS, THE ○ FLEDGED SHADOWS • 1930
ROZOVE KONBINE • PINK SLIP, THE • 1932
DIAGNOZA X • X-DIAGNOSIS, THE • 1933

MARTENSSON BODIL – SWD
BARBARA DANES AMERIKA • 1983

MARTI ALEJANDRO see **GELABERT ALEJANDRO MARTI**

MARTI MAQUEDA ENRIQUE – SPN – 1935–
ME SIENTO EXTRANA • 1977

MARTI WALTER – SWT
FLEMENCO VIVO • DOC
URSULA ODER DAS UNWERTE LEBEN • 1967

MARTIMBEAU JEAN – CND
DOUZIEME HEURE, LA • 1966
DANGER POUR LA SOCIETE • 1969

MARTIN – USA
ANNA OBSESSED

MARTIN AL – USA
VICTORY PLAYS • 1932 • SHT

MARTIN ALEXANDER
WITHOUT A HOME • 1939

MARTIN ANDRE – Animator – FRN
MAIS OU SONT LES NEGRES D'ANTAN? • 1962 • ANM

MARTIN CHARLES – USA – 1916–1986
NO LEAVE, NO LOVE • 1946
MY DEAR SECRETARY • 1948
DEATH OF A SCOUNDREL • LOVES AND DEATH OF A SCOUNDREL, THE • 1956
IF HE HOLLERS, LET HIM GO • 1968
HOW TO SEDUCE A WOMAN • 1974
ONE MAN JURY • 1978
DEAD ON ARRIVAL • 1979

MARTIN D'URVILLE – USA
DOLEMITE • HUMAN TORNADO • 1975

MARTIN E. see **MARTIN EUGENIO**

MARTIN E. A. – USA
ACID TEST, THE • 1913
BEADED BUCKSKIN BAG, THE • 1913
FIGHTING LIEUTENANT, THE • 1913
FLIGHT OF THE CROW, THE • 1913
HILDA OF HERON COVE • 1913
IN GOD WE TRUST • 1913
JOHN BOUSALL OF THE U.S. SECRET SERVICE • 1913
MRS. HILTON'S JEWELS • 1913
REDEMPTION OF RAILROAD JACK, THE • 1913
THEIR STEPMOTHER • 1913
TRAIL OF CARDS, THE • 1913
WOODFIRE AT MARTIN'S, THE • 1913
CAPTAIN'S CHAIR, THE • 1914
CHAMPION BEAR SLAYER, THE • 1914
DECISION OF JIM O'FARRELL, THE • 1914
EVIL SHE DID, THE • 1914
FATAL NOTE, THE • 1914
FOR LOVE OF HIM • 1914
GRATE IMPEERYUL SIRCUS, THE • 1914
HER VICTORY ETERNAL • 1914
HIS GUIDING SPIRIT • 1914
HIS LAST APPEAL • 1914
IF AT FIRST YOU DON'T SUCCEED • 1914
IN TUNE WITH THE WILD • 1914
LION HUNTER, THE • 1914
LOYALTY OF JUMBO, THE • 1914
MAN HATER, THE • 1914
MELLER DRAMMER • 1914
MISSING PAGE, THE • 1914
MYSTERY OF THE SEVEN CHESTS, THE • 1914
ON THE MINUTE • 1914
PAWN TICKET 913 • 1914
RAJAH'S VACATION, THE • 1914
SKULL AND THE CROWN, THE • 1914
SOMEBODY'S SISTER • 1914
WHEN A WOMAN'S 40 • 1914
ADVENTURE HUNTER, THE • 1915
BEAUTIFUL BELINDA • 1915
BUGLE CALL, THE • 1915
GENTLEMAN BURGLAR, THE • 1915
HARTNEY MERWIN'S ADVENTURE • 1915
LEOPARD'S LAIR, THE • 1915
LONELY LOVERS • 1915
LOVE AND THE LEOPARD • 1915
MILLIONAIRE CABBY, THE • 1915
NIGHT IN THE JUNGLE, A • 1915
PERILS OF THE JUNGLE • 1915
PRIMA DONNA'S MOTHER, THE • 1915
STRENGTH OF A SAMSON, THE • 1915
WAR O' DREAMS, THE • 1915
DELAYED IN TRANSIT • 1917 • SHT
HEART OF TEXAS RYAN, THE • SINGLE SHOT PARKER • 1917
IN AFTER YEARS • 1917 • SHT
IN THE AFRICAN JUNGLE • 1917 • SHT
LOST CITY, THE • 1920 • SRL
MIRACLES OF THE JUNGLE • 1921 • SRL

MARTIN ERIC – USA
FLATLAND • 1965 • ANM

MARTIN EUGEN see **MARTIN EUGENIO**

MARTIN EUGENE see **MARTIN EUGENIO**

MARTIN EUGENIO – Martin jean – SPN – 1925–
MARTIN EUGENE • *MARTIN EUGEN* • *MARTIN E.* • *HERBERT MARTIN* • *MARTIN GENE*
DESPEDIDA DE SOLTERO • 1958
BUCANEROS DEL CARIBE, LOS • BOUCANIERS DES CARAIBES, LES • 1960
CONQUISTATORE DI MARACAIBO, IL • CONQUEROR OF MARACAIBO, THE (UKN) ○ CORSARIOS DEL CARIBE, LOS • 1961
NUR TOTE ZEUGEN SCHWEIGEN • IPNOSI (ITL) ○ DUMMY OF DEATH ○ HYPNOSIS (USA) ○ HIPNOSIS ○ ONLY THE DEAD ARE SILENT • 1963
DUELO EN EL AMAZONAS • 1964
GOLDENE GOTTIN VOM RIO BENI, DIE • GOLDEN GODDESS OF RIO BENI • 1964

SEPTIMO DE CABALLERIA, EL • 1965
HOMBRE DE TOLEDO, EL • UOMO DI TOLEDO, L' ◦ CAPTAIN FROM TOLEDO (UKN) • 1966
MUERTE SE LLAMA MYRIAM, LA • 1966
PRECIO DE UN HOMBRE, EL • UGLY ONES, THE (USA) ◦ BOUNTY KILLER, THE ◦ PRICE OF A MAN, THE • 1966
SENORA ESTUPENDA, UNA • AMAZING WOMAN, AN • 1968
LEANDRAS, LAS • 1969
VIDA SIGUE IGUAL, LA • 1969
ME FALTAS TU • 1970
NIGHTMARE HOTEL • 1970
ULTIMA SENORA ANDERSON, LA • 1970
...E CONTINUAVANO A FREGARSI IL MILIONE DI DOLLARI • HOMBRE DEL RIO MALO, EL (SPN) ◦ BAD MAN'S RIVER (USA) • 1971
...E LO CHIAMARONO SPIRITO SANTO! • 1971
IN FONDO ALLA PISCINA • 1971
PANCHO VILLA • DESAFIO DE PANCHO VILLA, EL (SPN) • 1972
PANICO EN EL TRANSIBERIANO • PANIC ON THE TRANSIBERIAN EXPRESS ◦ HORROR EXPRESS (USA) ◦ PANIC TRAIN • 1972
CHICA DEL MOLINO ROJO, LA • 1973
VELA PARA EL DIABLO, UNA • CANDLE FOR THE DEVIL, A ◦ ONE CANDLE FOR THE DEVIL • 1973
ESCLAVA TE DOY • 1975
NO QUIERO PERDER LA HONRA • 1975
CALL-GIRL • VIDA PRIVADA DE UNA SENORITA BIEN • 1976
ESCANDALO EN LA RESIDENCIA • 1976
TENGAMOS LA GUERRA EN PAZ • LET'S HAVE THE WAR IN PEACE • 1977
SOBRENATURAL • SUPERNATURAL • 1981

MARTIN FRANCIS – USA

TILLIE AND GUS • 1933

MARTIN FRANK – ITL

REGINA DEI CANNIBALI, LA • DR. BUTCHER M.D. (MEDICAL DEVIATE) ◦ QUEEN OF THE CANNIBALS ◦ MEDICAL DEVIATE ◦ ZOMBIE HOLOCAUST ◦ ISLAND OF THE LAST ZOMBIES, THE • 1979
SESSO PROFONDO • FLYING SEX • 1980

MARTIN FREDERIC – USA

MIDNIGHT CAFE, THE • SHT

MARTIN G. D. – ITL

FEMMINA INCATENATA • 1949
AMORE DI NORMA, L' • 1955
SULTANA SAFYE, LA • SULTAN'S WIFE, THE • 1955

MARTIN GENE see **MARTIN EUGENIO**

MARTIN GEORGE see **MARTINEZ CELEIRO FRANCISCO**

MARTIN GEORGE – USA

UNDER WESTERN SKIES • 1921
WINDING TRAIL, THE • 1921

MARTIN J. H. – UKN

ADVENTURES OF A £100 BANK NOTE, THE • 1905
CHRISTMAS CARD: OR, THE STORY OF THREE HOMES, A • 1905
DANCER'S DREAM, THE • 1905
FATAL NECKLACE, THE • 1905
FREAK BARBER, THE • 1905
HE LEARNED JU-JITSU -SO DID THE MISSUS • 1905
KING OF CLUBS, THE • 1905
MISGUIDED BOBBY, THE • 1905
PIERROT AND THE DEVIL'S DICE, THE • CONJURING CLOWN, THE • 1905
RACE FOR A BED, A • 1905
SHAVE BY INSTALMENTS ON THE UNEASY SYSTEM, A • 1905
SHORT-SIGHTED SAMMY • 1905
TRAMP AND THE TYPEWRITER, THE • 1905
TROUBLE BELOW STAIRS • 1905
VISIONS OF AN OPIUM SMOKER, THE • 1905
WHEN THE WIFE'S AWAY • 1905
WHILE THE HOUSEHOLD SLEEPS • 1905
BROWN'S FISHING(?) EXCURSION • 1906
CURATE'S DILEMMA, THE • 1906
DOCTORED BEER, THE • 1906
FAKIR AND THE FOOTPADS, THE • 1906
HE CANNOT GET A WORD IN EDGEWAYS • 1906
HOME WITHOUT MOTHER • 1906
HOUSE TO LET • 1906
HOW TO MAKE TIME FLY • GIRL THAT MADE THE TIME FLY, THE • 1906
INTRODUCTIONS EXTRAORDINARY • 1906
JIM THE SIGNALMAN • 1906
JUST A LITTLE PIECE OF CLOTH • 1906
LIVELY QUARTER DAY, A • 1906
LOVER'S PREDICAMENT, THE • 1906
MADMAN'S FATE, THE • 1906
MEDIUM EXPOSED, THE • 1906
MISTAKEN IDENTITY • 1906
OH THAT DOCTOR'S BOY! • 1906
OLD LIE AND THE NEW, THE • 1906
SEASIDE LODGINGS • 1906
SPOONING • 1906
VARIOUS POPULAR LIQUORS ILLUSTRATED • 1906
WOMAN SUPREME • 1906
WORLD'S WIZARD, THE • 1906
ADVENTURES OF A BROKER'S MAN, THE • 1907
AMATEUR PAPER HANGER, THE • 1907
BOOKMAKER, THE • 1907
BOTHERED BATHERS, THE • 1907
BURGLAR'S SURPRISE, THE • 1907
CHEATERS CHEATED, THE • 1907
CHEF'S REVENGE, THE • 1907
COOK'S DREAM, THE • 1907
FATAL HAND, THE • 1907
FIDGETY FLY, THE • 1907
HIS FIRST TOP HAT • 1907
HOW A BURGLAR FEELS • 1907
INHUMAN FATHER, AN • 1907
KNIGHT ERRANT, A • 1907
MOTHER'S SIN, A • 1907
MY LADY'S REVENGE • 1907
PITY THE POOR BLIND • 1907
TALE OF A MOUSE, THE • 1907
TRAGEDY OF THE ICE, A • 1907
PHANTOM SHIP, THE • 1908

MARTIN JACQUES – FRN

NA! • 1973

MARTIN JAY – USA

SHAMELESS, THE • NAKED SEARCH, THE ◦ BAREST HEIRESS, THE • 1962
ALL OF ME • 1963

MARTIN JON – USA

SWEET SICKNESS, A • 1968

MARTIN-JONES JOHN – Editor – BRM – 1913–

JONES JOHN MARTIN

AERIAL MILESTONES • 1948 • DOC
HISTORY OF WRITING, THE • 1948 • DOC

MARTIN JORGE see **MARTINEZ CELEIRO FRANCISCO**

MARTIN JORGE – ARG

PARED, LA • WALL, THE • 1962 • ANS

MARTIN KARL see **MARTIN KARL HEINZ**

MARTIN KARL H. see **MARTIN KARL HEINZ**

MARTIN KARL HEINZ – GRM

MARTIN KARL H. • MARTIN KARL

HAUS ZUM MOND, DAS • 1920
VERWANDLUNG, DIE • 1920
VON MORGENS BIS MITTERNACHTS • FROM MORN TO MIDNIGHT • 1920
PERLE DES ORIENTS, DIE • 1921
LA PALOMA • 1934
ANSCHLAG AUF SCHWEDA • 1935
PUNKS KOMMT AUS AMERIKA • 1935
ABENTEURER VON PARIS, DER • 1936
DU BIST MEIN GLUCK • THOU ART MY JOY (USA) • 1936
GLUCKLICHSTE EHE DER WELT, DIE • HAPPIEST MARRIED COUPLE IN VIENNA, THE (USA) • 1937
ICH MOCHT' SO GERN MIR DIR ALLEIN SEIN • MILLIONARE • 1937
STIMME DES HERZENS, DIE • SANGER IHRER HOHEIT, DER • 1937
ADRESSE UNBEKANNT • 1938
HAMPELMANN, DER • 1938
KONZERT IN TIROL • 1938
VERDACHT AUF URSULA • 1939

MARTIN KNUT – SWD – 1899–1959

PAPPAS POJKE • RICH MAN'S SON, A • 1937

MARTIN M. – CND

ALGERIE 62, CHRONIQUE D'UN CONFLIT • 1962 • DOC

MARTIN MARCEL – FRN – 1908–

TENNIS • 1941 • SHT
BALLET DES SANTONS, LE • 1946 • SHT
AUTOS VOLAGES, LES • 1947 • SHT
OMBRES SUR AFRIQUE, LES • 1948 • SHT
A POINGS FERMES • 1949 • SHT
PARIS CAPITALE DE LA DANSE • 1949 • SHT
PERFORMANCES FRANCAISES • 1953 • SHT
UNE, DEUX, TROIS ETOILES • 1956 • SHT
DIEUX DU PASSE, LES • 1958 • SHT
NUIT EST UNE SORCIERE, LA • NIGHT IS A SORCERESS, THE • 1959 • SHT
PAVILLON DE LA FRANCE A BRUXELLES • 1959 • SHT
GOSSE DE PARIS • 1960 • SHT
PASSION, LA • 1960 • SHT
DIALOGUE DES SOLDATSMORTS, LE • 1961 • SHT
GOLDEN OPHELIA • 1975

MARTIN MICHAEL – ASL

DAYDREAMER • 1967 • SHT

MARTIN MIGUEL – SPN

CUARTA CARABELA, LA • 1961

MARTIN MURRAY – UKN

IN FADING LIGHT • 1990

MARTIN PAUL see **PIERSON CLAUDE**

MARTIN PAUL – HNG – 1899–

BLONDER TRAUM, EIN • BLONDE'S DREAM, A (USA) ◦ BLOND DREAM, A • 1932
HAPPY EVER AFTER • 1932
LIEBE IST LIEBE • LOVE IS LOVE • 1932
MOI ET L'IMPERATRICE • IMPERATRICE ET MOI, L' • 1932
REVE BLOND, UN • 1932
SIEGER, DER • VICTOR, THE • 1932
VAINQUEUR, LE • VEINARD, LE • 1932
ORIENT EXPRESS • SEVEN LIVES WERE CHANGED • 1934
ROSES NOIRES • 1935
SCHWARZE ROSEN • 1935
DID I BETRAY? • BLACK ROSES • 1936
GAIS LURONS, LES • 1936
GLUCKSKINDER • 1936
FANNY EISSLER • 1937
SIEBEN OHRFEIGEN • SEVEN SLAPS (USA) • 1937
UNTITLED-DANCE • 1937
FORTSETZUNG FOLGT • 1938
PREUSSICHE LIEBESGESCHICHTE • LIEBESLEGENDE • 1938
FRAU AM STEUER • 1939
LIED DER WUSTE, DAS • DESERT SONG (USA) • 1939
WAS WILL BRIGITTE? • 1940
JENNY UND DER HERR IM FRACK • 1941
GELIEBTER SCHATZ • 1943
KARNEVAL DER LIEBE • 1943
DAS WAR MEIN LEBEN • THAT WAS MY LIFE • 1944
INTIMITATEN • DREIMAL KLINGELN • 1944
SELTSAME FRAULEIN SYLVIA, DAS • 1945
PRATERBUBEN • 1947
FRAUEN DES HERRN S., DIE • 1951
LIEBESTRAUM • DREAMS OF DEATH (USA) ◦ TODLICHEN TRAUME, DIE ◦ DEADLY DREAMS • 1951
SEHNSUCHT DES HERZENS • FRUHLINGSROMANZE • 1951
MEIN HERZ DARFST DU NICHT FRAGEN • 1952
WENN ABENDS DIE HEIDE TRAUMT • 1952
MIT SIEBZEHN BEGINNT DAS LEBEN • 1953
PRIVATSEKRETARIN, DIE • PRIVATE SECRETARY • 1953
ROTE ROSEN, ROTE LIPPEN, ROTER WEIN • 1953
GROSSE STAR-PARADE • 1954
LA PALOMA • 1954
MEINE SCHWESTER UND ICH • 1954
BALL IM SAVOY • 1955
LIEBE, TANZ UND 1000 SCHLAGER • 1955
BAD AUF DER TENNE, DAS • 1956
DU BIST MUSIK • 1956
EUROPA NEUE MUSIKPARADE • 1957
WENN FRAUEN SCHWINDELN • EUROPAS NEUE MUSIKPARADE • 1957
KLEINES BIEST MIT LANGEN HAAREN • 1958
MEINE SCHONE MAMA • 1958
PETERSBURGER NACHTE • SCHWARZE AUGEN • 1958
DU BIST WUNDERBAR • 1959
PALOMA, LA • 1959
ICH ZAHLE TAGLICH MEIN SORGEN • 1960
MARINA • 1960
O SOLE MIO • GROSSE SCHLAGERBUMMEL, DER • 1960
ADIEU, LEBWOHL, GOODBYE • BABYSITTER-BOOGIE • 1961
RAMONA • 1961
HOCHZEITSNACHT IM PARADIES • 1962
GOLDSUCHER VON ARKANSAS, DIE • ALLA CONQUISTA DELL'ARKANSAS (ITL) ◦ MASSACRE AT MARBLE CITY (UKN) ◦ CHERCHEURS D'OR DE L'ARKANSAS, LES (FRN) • 1964

MARTIN RICHARD – CND – 1938–

INFAMOUS CONDUCT • 1966
FINALEMENT.. • 1971
BENGAL TIGER, THE • 1972 • DOC
BEUX DIMANCHES, LES • 1974
LEGEND OF LOCH NESS • 1976
LOST CITY OF ATLANTIS, THE • 1978
MYSTERY OF THE GOLDEN EYE • 1978
UFO SYNDROME • 1981
MIDNIGHT MATINEE • 1989
MATINEE • 1990

MARTIN SOBEY – GRM – 1909–

CRICKET ON THE HEARTH, THE • 1949 • SHT
MUMMY'S FOOT, THE • 1949 • SHT
CUATRO NOCHES DE LA LUNA LLENA, LAS • FOUR NIGHTS OF THE FULL MOON, THE • 1964
FREDDY UND DAS LIED DER PRARIE • SHERIFF WAS A LADY, THE (USA) • 1964

MARTIN SUSAN – CND

WARNING: EARTHQUAKE • 1970 • MTV
BYPASS • 1975
POCO A POCO • 1975
BLOW JOB • 1978 • SHT

MARTIN VINCE – ASL

SHER MOUNTAIN KILLINGS MYSTERY, THE • 1989

MARTIN WILLIAM – USA

JACKTOWN • 1962
DOCTOR AND THE PLAYGIRL, THE • DR. WARD STORY, THE • 1963

MARTINEK H. O. – UKN

DROWSY DICK'S DREAM • 1909
EXPLOITS OF THREE-FINGERED KATE, THE • 1909
HER LOVER'S HONOUR • 1909
PROFESSOR'S TWIRLY-WHIRLY CIGARETTES, THE • 1909
SHIPMATES • 1909
THREE-FINGERED KATE -HER SECOND VICTIM, THE ART DEALER • 1909
ARTIST'S RUSE, THE • ARTIST'S HOAX, THE • 1910
BABY, THE BOY AND THE TEDDY-BEAR, THE • 1910
BUTLER'S REVENGE, THE • 1910
CHEAP REMOVAL, A • 1910
DEAL IN BROKEN CHINA, A • 1910
DROWSY DICK DREAMS HE'S A BURGLAR • 1910
HIS MASTER'S VOICE • 1910
KID'S KITE, THE • 1910
LOST, A MONKEY • 1910
MARIE'S JOKE WITH THE FLYPAPERS • 1910
ONLY TWO LITTLE SHOES • 1910
PLAYING TRUANT • 1910
PLUCKY LAD, A • 1910
TABLES TURNED, THE • 1910
THREE-FINGERED KATE -HER VICTIM THE BANKER • 1910
THREE-FINGERED KATE -THE EPISODE OF THE SACRED ELEPHANTS • 1910
TRUST THOSE YOU LOVE • 1910
WANTED A BATH CHAIR ATTENDANT • 1910
WHAT HAPPENED TO THE DOG'S MEDICINE • 1910
WHEN WOMEN JOINED THE FORCE • 1910
ACCIDENTS WILL HAPPEN • 1911
BILLY'S BOOK ON BOOKING • 1911
COMRADE'S TREACHERY, A • 1911
GILES' FIRST VISIT TO LONDON • 1911
HER FATHER'S PHOTOGRAPH • 1911
KING'S PERIL, THE • 1911
MISADVENTURES OF BILL THE PLUMBER, THE • 1911
NOBLE REVENGE, A • 1911
PLUM PUDDING STAKES, THE • 1911
PREHISTORIC MAN, THE • 1911
PURITAN MAID, THE • 1911
QUITS • 1911
SACRED(?) ELEPHANT, THE • 1911
SOLDIER'S HONOUR, A • 1911
WANTED, FIELD MARSHALS FOR THE GORGONZOLA ARMY • 1911
WEARY WILLIE AND TIRED TIM • 1911 • SER
WILD, WILD WESTERS, THE • 1911
AUTUMN ROSES • 1912
BATTALION SHOT, THE • 1912
BLIGGS FAMILY AT THE ZOO, THE • 1912
CHILD, A WAND AND A WISH, A • 1912
DEAL IN CROCKERY, A • 1912
DON Q -HOW HE OUTWITTED DON LUIS • 1912
DON Q -HOW HE TREATED THE PAROLE OF GEVIL HAY • 1912
DON Q AND THE ARTIST • 1912
DORA • 1912
FIRST CHRONICLES OF DON Q -THE DARK BROTHERS OF THE CIVIL GUARD • 1912
GENTLEMAN RANKER, THE • 1912
HER BACHELOR GUARDIAN • 1912
LIEUTENANT DARING AND THE PLANS OF THE MINEFIELDS • INTERNATIONAL SPIES, THE (USA) • 1912
LILY OF LETCHWORTH LOCK • 1912
OLD GARDENER, THE • 1912
THREE-FINGERED KATE -THE CASE OF THE CHEMICAL FUMES • 1912
THREE-FINGERED KATE -THE PSEUDO-QUARTETTE • 1912
THREE-FINGERED KATE -THE WEDDING PRESENTS • 1912
TWO BACHELOR GIRLS • 1912
YIDDLE AND HIS FIDDLE • 1912
ANTIQUE VASE, THE • 1913
CHAPLET OF PEARLS, THE • 1913
HIS MAIDEN AUNT • 1913

IN THE GRIP OF DEATH • 1913
JOBSON'S LUCK • 1913
NEST ON THE BLACK CLIFF, THE • 1913
REUB'S LITTLE GIRL • COASTGUARD'S HAUL, THE • 1913
SAGACITY VERSUS CRIME • 1913
SANCTIMONIOUS SPINSTERS' SOCIETY, THE • 1913
SIGNALS IN THE NIGHT • 1913
STOCK IS AS GOOD AS MONEY • 1913
WITH HUMAN INSTINCT • 1913
BLACK RODERICK THE POACHER • 1914
CORNER HOUSE BURGLARY, THE • 1914
DESPERATE STRATAGEM, A • 1914
FALSE WIRELESS, THE • 1914
FRIEND IN BLUE, THE • 1914
HIDDEN WITNESS, THE • 1914
IN THE GRIP OF SPIES • 1914
MYSTERY OF THE OLD MILL, THE • 1914
POWER TO KILL, THE • 1914
RAJAH'S TIARA, THE • 1914
STOLEN MASTERPIECE, THE • 1914
WARM RECEPTION, A • 1914
AT THE TORRENT'S MERCY • 1915
CLUE OF THE CIGAR BAND, THE • 1915
DEADLY MODEL • 1915
HARRY THE SWELL • 1915
INGRATE, THE • 1915
JIM THE SCORPION • 1915
OCTOPUS GANG, THE • 1915

MARTINELLI CARLO – ITL

QUELL'AMORE PARTICOLARE • 1970

MARTINELLI FRANCO see **GIROLAMI MARINO**

MARTINELLI MARCELLO – ITL

SEXY PROIBITISSIMO • MOST PROHIBITED SEX, THE ○ PROHIBITED SEX ○ PROIBITISSIMO ○ FORBIDDEN FEMININITY ○ SEXY SUPER INTERDIT • 1963

MARTINENGO ITALO – ITL

...E COSI DIVENNERO I TRE SUPERMEN DEL WEST • 1973

MARTINEZ – ARG

FAUSTO • 1924

MARTINEZ ARTURO – MXC

JUGANDOSE LA VIDA • 1959
SERVICIO SECRETO • 1959
HIJO DEL CHARRO NEGRO, EL • 1960
MUERTE EN LA FERIA • 1960
ALIAS EL ALACRAN • 1961
MUCHACHO DE DURANGO, EL • 1961
ASI ES MI MEXICO • 1962
BAILA MI AMOR • 1962
CHARRO NEGRO CONTRA LA BANDA DE LOS CUERVOS, EL • 1962
MASCARA DE JADE, LA • 1962
DOS CABALLEROS DE ESPADA • 1963
DUELO EN LA DESIERTO • 1963
DUQUESA DIABOLICA, LA • DIABOLIC DUCHESS, THE • 1963
ESPADACHIN, EL • 1963
SOLITARIO, EL • 1963
HOMBRE PELIGROSO, UN • 1964
ZURDO, EL • 1964
BASTARDO, EL • 1965
CACHORRO, EL • 1965
NUESTROS BUENOS VECINOS • 1965
RANCHO SOLO • 1965
TEMERARIO, EL • 1965
YUCATECO HONORIS CAUSA, UN • 1965
ACAPULCO A GO GO • 1966
HOMBRES DE LUPE ALVIREZ, LOS • 1966
MI CABALLO PRIETO REBELDE • 1966
MUERTE EN BIKINI, LA • 1966

MARTINEZ CELEIRO FRANCISCO – SPN – 1927–

MARTIN GEORGE • MARTIN JORGE

ESCALOFRIO DIABOLICO • DIABOLICAL SHUDDER • 1971
DEMASIADAS MUERTES PARA TEX • 1972
HIJOS DE SCARAMOUCHE, LA • 1974

MARTINEZ CHUCK – USA

NICE GIRLS DON'T EXPLODE • 1987

MARTINEZ GABRIEL – CLM

NIGHTWATCHMAN, THE
THERE IN THE SUGARMILL

MARTINEZ GONZALO see **ORTEGA GONZALO MARTINEZ**

MARTINEZ LAZARO EMILIO – SPN – 1945–

LAZARO EMILIO MARTINEZ

PASTEL DE SANGRE • BLOOD PUDDING ○ BLOOD PIE • 1971
PALABRAS DE MAX, LAS • WORDS OF MAX, THE ○ WHAT MAX SAID • 1977
SUS ANOS DORADOS • THEIR GOLDEN YEARS • 1980
LULU DE NOCHE • LULU BY NIGHT • 1985
JUEGO MAS DIVERTIDO, EL • FUNNIEST GAME, THE • 1988

MARTINEZ PAYVA CLAUDIO – ARG

YA TIENE COMISARIO EL PUEBLO • 1936

MARTINEZ SOLARES GILBERTO – MXC

SOLARES GILBERTO MARTINEZ • SOLAR GILBERTO

SENOR ALCALDE, EL • 1938
HOMBRES DEL AIRE • 1939
LOCURA DE DON JUAN, LA • 1939
CASA DEL RENCOR, LA • 1941
CINCO NOCHES DE ADAN, LAS • 1942
YO BAILE CON DON PORFIRIO • 1942
ASI SON ELLAS • 1943
GLOBO DE CANTOLLA, EL • 1943
INTERNADO PARA SENORAS • 1943
RESURRECCION • 1943
BESO EN LA NOCHE, UN • 1944
JAGUEY DE LAS RUINAS, EL • 1944
TREPADORA, LA • 1944
SENORA DE ENFRENTE, LA • 1945
BODAS TRAGICAS • 1946
CINCO ROSTROS DE MUJER • 1946
SU ULTIMA AVENTURA • 1946
CASADO CASA QUIERE, EL • 1947
EXTRANA CITA • 1947
NOVIA DEL MAR, LA • 1947
CALABACITAS TIERNAS • TENDER LITTLE PUMPKINS • 1948
CONOZCO A LOS DOS • 1948
FAMILIA PEREZ, LA • 1948
TUYA PARA SIEMPRE • 1948
NO ME DEFIENDAS COMPADRE • 1949
NOVIA A LA MEDIDA • 1949
REY DEL BARRIO, EL • KING OF THE NEIGHBORHOOD, THE • 1949
YO SOY CHARRO DE LEVITA • 1949
AY AMOR.. COMO ME HAS PUESTO! • 1950
MARCA DEL ZORRILLO, LA • 1950
MI QUERIDO CAPITAN • 1950
SIMBAD EL MAREADO • 1950
CENICIENTO, EL • 1951
CHUCHO EL REMENDADO • 1951
LOCURAS DE TIN TAN, LAS • 1951
REVOLTOSO, EL • 1951
AHI VIENEN LOS GORRONES • 1952
BELLO DURMIENTE, EL • BEAUTIFUL DREAMER, THE • 1952
ME TRAES DE UN ALA • 1952
RUMBA CALIENTE • 1952
DIOS LOS CRIA... • 1953
MARIACHI DESCONOCIDO, EL • 1953
MULATA • 1953
CONTIGO A LA DISTANCIA • 1954
HIJAS CASADERAS • 1954
LIOS DE BARBA AZUL, LOS • 1954
POBRE HUERFANITA • 1954
QUE LINDO CHA CHA CHA! • HOW PRETTY CHA CHA CHA! • 1954
SULTAN DESCALZO, EL • 1954
VIZCONDE DE MONTECRISTO, EL • 1954
CHISMOSO DE LA VENTANA, EL • 1955
CLUB DE SENORITAS • 1955
LO QUE LE PASO A SANSON • 1955
ORGANILLERO, EL • 1955
PURA VIDA!! • 1955
VIVIDOR, EL • 1955
VIVIR O TODO DAR • 1955
CIUDAD DE LOS NINOS, LA • 1956
ESCUELA PARA SUEGRAS • 1956
TRES MOSQUETAROS.. Y MEDIO, LOS • 1956
BESOS DE ARENA • 1957
CICLON, EL • 1957
FERIA DE SAN MARCOS, LA • 1957
PASO A LA JUVENTUD • 1957
SOMBRA DEL OTRO, LA • 1957
ESCUELA DE VERANO • 1958
KERMESSE • 1958
MIENTRAS EL CUERPO AGUANTE • 1958
CASA DEL TERROR, LA • FACE OF THE SCREAMING WEREWOLF (USA) ○ HOUSE OF TERROR, THE • 1959
ESTRELLA Y DOS ESTRALLADOS, UNA • 1959
TESORO DE CHUCHO EL ROTO, EL • 1959
VIVO O MUERTO • 1959
VUELTA AL PARAISO • 1959
DUENDE Y YO, EL • 1960
HIJAS DEL AMAPOLA, LAS • 1960
LEANDRAS, LAS • 1960
OJOS TAPATIOS • 1960
SUICIDATE MI AMOR! • 1960
VIOLETERO, EL • 1960
THREE & ONE-HALF MUSKETEERS • 1961
VALIENTES NO MUEREN, LOS • 1961
VIVA CHIHUAHUA • 1961
JOVEN DE 16 ANOS, UNA • 1962
ALAZAN Y ENAMORADO • 1963
DE COLOR MORENO • 1963
DILE QUE LA QUIERO • 1963
GITANA Y EL CHARRO, LA • GYPSY-GIRL AND THE CHURL, THE • 1963
NAPOLEONCITO • 1963
ALMA LLANERA • 1964
MARCELO Y MARIA • 1964
ME HA GUSTADO UN HOMBRE • 1964
MI HEROE • 1964
TALES POR CUALES, LOS • 1964
TINTANSON CRUSOE • 1964
CADA QUIEN SU LUCHA • 1965
CAMINO DE LOS ESPANTOS, EL • 1965
CRIADA MAL CRIADA, LA • 1965
DOS MESEROS MAJADEROS • 1965
JUVENTUD SIN LEY • REBELDES A GO GO • 1965
PERVERSOS, LOS • A GO GO • 1965
TRES SALVAJES, LOS • 1965
ANGEL Y YO, EL • 1966
GREGORIO Y SU ANGEL • GREGORIO AND HIS ANGEL • 1966
BLUE DEMON Y LAS SEDUCTORAS • BLUE DEMON AND THE SEDUCTRESSES • 1968
MISION CUMPLIDA • MISSION ACCOMPLISHED • 1968
MISTERIO DE LOS HONGOS ALUCINANTES, EL • MYSTERY OF THE HALLUCINATING MUSHROOMS, THE • 1968
SANTO Y BLUE DEMON CONTRA LOS MONSTRUOS • SANTO CONTRA LOS MONSTRUOS DE FRANKENSTEIN ○ SANTO AND THE BLUE DEMON VS. THE MONSTERS • 1968
SICODELICAS, LAS • PSYCHODELIC GIRLS, THE • 1968
SANTO Y BLUE DEMON EN EL MUNDO DE LOS MUERTOS • MUNDO DE LOS MUERTES, EL ○ WORLD OF THE DEAD, THE • 1969
CHANOC CONTRA EL TIGRE Y EL VAMPIRO • CHANOC VS. THE TIGER AND THE VAMPIRE • 1971
VERDULEROS II, LOS • GREENGROCERS II, THE • 1987

MARTINEZ SUAREZ JOSE A. see **SUAREZ JOSE MARTINEZ**

MARTINEZ TONY – MXC

BELLO AMANECER • 1964
BRICK DOLLHOUSE, THE • HOUSE OF THE BRICK DOLLS, THE ○ DOLL HOUSE, THE • 1967

MARTINEZ TONY BLADE – PHL

SEVEN FACES OF DR. SI BAGO, THE
ARNIS DE MANO AND JUDO KARATE • 1967

MARTINI RICHARD – USA

YOU CAN'T HURRY LOVE • GREETINGS FROM L.A. ○ LOVESTRUCK • 1988
LIMIT UP • 1989

de MARTINO INIGO – MXC

CHILAM BALAM • 1955
QUE NOCHE AQUELLA • 1957

MARTINO LUCIANO – ITL – 1933–

DONAN MARTIN • LOPERT DAN

SPIE UCCIDONO A BEIRUT, LE • ESPIONS MEURENT A BEYROUTH, LES (FRN) ○ SECRET AGENT FIREBALL (USA) ○ SPY KILLERS, THE (UKN) ○ FIREBALL ○ KILLERS ARE CHALLENGED ○ SPY KILLED AT BEIRUT, THE • 1965
ALTRA FACCIA DEL PECCATO, L' • 1968
SEGRETI DELLE CITTA PIU NUDE DEL MUNDO, I • 1971
VERGINE, IL TORO E IL CAPRICORNO, LA • 1977

MARTINO SERGIO – ITL – 1938–

MILLE PECCATI.. NESSUNA VIRTU • MONDO SEX (UKN) • 1969
AMERICA.. COSI NUDA COSI VIOLENTA • NAKED AND VIOLENT • 1970
ARIZONA SI SCATENO.. E LI FECE FUORI TUTTI • 1970
CODA DELLO SCORPIONE, LA • 1971
STRANO VIZIO DELLA SIGNORA WARDH, LO • PERVERSA SENORA WARD, LA (SPN) ○ NEXT! (USA) ○ NEXT VICTIM!, THE • 1971
TUO VIZIO E UNA STANZA CHIUSA E SOLO IO NE HO LE CHIAVI, IL • EXCITE ME (UKN) • 1972
TUTTI I COLORI DEL BUIO • TODOS LOS COLORES DE LA OSCURIDAD (SPN) ○ STRANA ORCHIDEE CON CINQUE GOCCE DI SANGUE, UNA ○ STRANGE ORCHID WITH FIVE DROPS OF BLOOD, A ○ SPN ○ THEY'RE COMING TO GET YOU • 1972
CORPI PRESENTANO TRACCE DI VIOLENZA CARNALE, I • BODIES BEAR TRACES OF CARNAL VIOLENCE, THE ○ TORSO (USA) • 1973
GIOVANNONA COSCIALUNGA DISONORATA CON ONORE • 1973
MILANO TREMA: LA POLIZIA VUOLE GIUSTIZIA • VIOLENT PROFESSIONALS, THE (UKN) ○ POLIZIA VUOLE GIUSTIZIA, LA • 1973
BELLISSIMA ESTATE, LA • 1974
CUGINI CARNALI • LOVING COUSINS (USA) ○ VISITOR, THE (UKN) • 1974
DEMONS OF THE DEAD • 1974
CITTA GIOCA D'AZZARDO, LA • 1975
MORTE SOSPETTA DI UNA MINORENNE • 1975
POLIZIA ACCUSA: IL SERVIZIO SEGRETO UCCIDE, LA • POLICE ACCUSE, THE ○ SILENT ACTION • 1975
MONTAGNA DEL DIO CANNIBALE, LA • PRISONER OF THE CANNIBAL GOD (UKN) ○ MOUNTAIN IN THE JUNGLE, THE ○ PRIMITIVE DESIRES (USA) ○ SLAVE OF THE CANNIBAL GOD • 1976
QUARANTA GRADI ALL'OMBRA DEL LENZUOLO • SEX WITH A SMILE ○ SEXYCON • 1976
MANNAJA • MAN CALLED BLADE, A • 1977
SPOGLIAMOCI COSI SENZA PUDOR.. • LOVE IN FOUR EASY LESSONS (UKN) • 1977
FIUME DEL GRANDE CAIMANO, IL • 1979
ISOLA DEGLI UOMINI PESCE, L' • ISLAND OF THE FISH MEN, THE ○ SOMETHING WAITS IN THE DARK ○ ISLAND OF THE FISHERMEN, THE ○ ISLAND OF MUTANTS ○ ISLAND OF MUTATIONS ○ SCREAMERS ○ FISH MEN, THE • 1979
SABATO, DOMENICA E VENERDI • 1979
SCREAMERS • ISLE OF THE FISH MEN • 1979
ALLIGATORS • GREAT ALLIGATOR, THE (USA) ○ BIG ALLIGATOR RIVER • 1980
MOGLIE IN VACANZA, L'AMANTE IN CITTA, LA • WIFE ON HOLIDAY.. THE MISTRESS IN TOWN, THE • 1980
ZUCCHERO, IL MIELE E IL PEPPERONCINO, LO • SUGAR, HONEY AND HOT PEPPERS • 1980
SPAGHETTI A MEZZANOTTE • 1981
ACAPULCO PRIMA SPIAGGIA.. A SINISTRA • ACAPULCO FIRST BEACH TO THE LEFT • 1983
OPPONENT, THE • BLOODFIGHT • 1987

MARTINS ICARO – BRZ

ESTRELA NULA, A • NAKED STAR, THE • 1984

MARTINS PAULO BASTOS – BRZ

ANNUNCIADOR -O HOMEM DAS TORMENTAS, O • 1971

MARTINS PEDRO – PRT

AQUI HA FANTASMAS • 1963
OPERACAO DINAMITE • OPERATION DYNAMITE • 1967
BONANZA & COMPANHIA • 1969

MARTINSEN POUL – DNM

CLARK • 1977

MARTINSON LESLIE see **MARTINSON LESLIE H.**

MARTINSON LESLIE H. – USA

MARTINSON LESLIE

ATOMIC KID, THE • 1954
HOT ROD GIRL • 1956
HOT ROD RUMBLE • 1957
TASTE OF ASHES, THE • 1959
LAD: A DOG • 1962
BLACK GOLD • 1963
PT 109 • 1963
F.B.I. CODE 98 • 1964
FOR THOSE WHO THINK YOUNG • 1964
BATMAN • 1966
FATHOM • 1967
CHALLENGERS, THE • 1969 • TVM
CHARLIE CHAN (HAPPINESS IS A WARM CLUE) • RETURN OF CHARLIE CHAN • 1971 • TVM
HOW TO STEAL AN AIRPLANE • ONLY ONE DAY LEFT BEFORE TOMORROW ○ ONE DAY BEFORE TOMORROW • 1971 • TVM
MRS. POLLIFAX -SPY • UNEXPECTED MRS. POLLIFAX, THE • 1971
AND MILLIONS WILL DIE • 1973
ESCAPE FROM ANGOLA • RETURN TO AFRICA • 1976
MISSILE X • MISSILE X: GEHEIMAUFTRAG NEUTRONENBOMBE (FRG) ○ CRUISE MISSILE ○ MISSILE X: THE NEUTRON BOMB INCIDENT • 1978
RESCUE FROM GILLIGAN'S ISLAND • 1978 • TVM
KID WITH THE BROKEN HALO, THE • 1982 • TVM
KID WITH THE 200 I.Q., THE • 1982 • TVM
FANTASTIC WORLD OF D.C. COLLINS, THE • 1984 • TVM

MARTINUS DEREK – UKN
DR. WHO: SPEARHEAD FROM SPACE • 1970 • MTV

MARTINY – FRN
JUSQU'A LA NUIT • 1984

MARTIROSYAN AMASI – USS – 1897–
MEXICAN DIPLOMATS, THE • 1932

MARTOGLIO NINO – ITL – 1870–1920
ROMANZO, IL • 1913
CAPITAN BIANCO • 1914
SPERDUTI NEL BUIO • LOST IN THE DARK • 1914
TERESA RAQUIN • 1915
ASSUNTA SPINA • 1916

MARTON ANDREW – HNG – 1904–
TWO O'CLOCK IN THE MORNING • HOUR OF FEAR, THE (UKN) • 1929
HIRSEKORN • 1931
NACHT OHNE PAUSE, DIE • 1931
NORDPOL -AHOI! • S.O.S. ICEBERG (UKN) • 1933
DAEMON DER BERGE, DER • DEMON OF THE HIMALAYAS, THE (USA) ○ BEAST OF THE HIMALAYAS (UKN) • 1934
ELNOEK KISASSZONY • 1935
MISS PROVIDENT • MISS PRESIDENT • 1935
SECRET OF STAMBOUL, THE • SPY IN WHITE, THE • 1936
WOLF'S CLOTHING • 1936
SCHOOL FOR HUSBANDS • 1937
LITTLE BIT OF HEAVEN, A • 1940
GENTLE ANNIE • 1944
GALLANT BESS • STAR FROM HEAVEN • 1946
KING SOLOMON'S MINES • 1950
WILD NORTH, THE • BIG NORTH, THE • 1951
DEVIL MAKES THREE, THE • 1952
STORM OVER TIBET • MASK OF THE HIMALAYAS • 1952
GYPSY COLT • 1953
GREEN FIRE • 1954
MEN OF THE FIGHTING LADY • 1954
PRISONER OF WAR • 1954
SEVEN WONDERS OF THE WORLD • 1956
UNDERWATER WARRIOR • 1958
IT HAPPENED IN ATHENS • 1962
LONGEST DAY, THE • 1962
SWORD OF ISLAM • 1962
THIN RED LINE, THE • 1964
CLARENCE, THE CROSS-EYED LION • 1965
CRACK IN THE WORLD • 1965
VALLE DE LOS CAIDOS, EL • 1965 • SHT
AROUND THE WORLD UNDER THE SEA • 1966
BIRDS DO IT • 1966
AFRICA -TEXAS STYLE • COWBOY IN AFRICA • 1967

MARTON THOMAS – SWT
DOPING • 1971 • DOC

MARTONFFY EMIL – HNG
VASEMBER • 1935
OKOS MAMA, AZ • 1936
EB URA FAKO • 1940
ROZMARING • ROSEMARY (USA) • 1940

MARTUCCI GIANNI ANTONIO – ITL
COLLEGIALE, LA • 1975
DOTTORESSA SOTTO IL LENZVOLO, LA • 1976
MILANO DIFENDERSI O MORIRE • 1977
TRAUMA • 1979

MARTY – FRN
CALLISTO • 1943 • SHT

MARUCCI SALVATORE L. – UKN
TALE, A • SHT

MARUNE SANTARO – JPN
DOHYOSAI • WRESTLING-RING FESTIVAL ○ DOHYOU MATSURI ○ SUMO FESTIVAL • 1944
KAKUTE KAMIKAZE WA FUKU • THUS BLOWS THE DIVINE WIND ○ THUS THE DIVINE WIND ARRIVES • 1944
KODACHI O TSUKAU ONNA • WOMAN USING A SHORT SWORD • 1944
AKUMA NO KANPAI • DEVIL'S DEFEAT ○ DEVIL'S TOAST • 1947
HEBIHIME DOUCHUH • PRINCESS SNAKE'S TRAVELS ○ SNAKE PRINCESS • 1949
TAKAMARU KIKUMARU • TAKAMARU AND KIKUMARU • 1959

MARUNI NOVI – DNM
HERNING • 1965

MARUSIC DANIEL – YGS
SERVANTES IZ MALOGA MISTA • CERVANTES FROM A SMALL TOWN • 1983

MARUSIC JOSKO – YGS
RIBLJE OKO • FISHEYE • 1979

MARUSZEWSKA WALENTYNA – PLN
DARY MAGOW • GIFTS OF THE MAGI, THE • 1972

MARUYAMA SEIJI – JPN
KIMI SHINITAMAU KOTO NAKARE • FOREVER BE MINE ○ YOU SHOULDN'T DIE • 1954
NIISAN NO AIJO • BROTHERLY LOVE • 1955
OTOKO ARITE • NO TIME FOR TEARS • 1955
GENDAI NO YOKUBO • AMBITION • 1956
HATSUKOI MONOGATARI • STORY OF FIRST LOVE, THE • 1957
FUTARI DAKE NO HASHI • 1958
AKUMA NO SEPPUN • 1959
ONNAGOKORO • WOMAN'S HEART • 1959
OTOKONO ICHIDAIJI • 1960
BOJO NO HITO • LOVE AND FASCINATION • 1961
TAIHEIYO KISEKI NO SAKUSEN KISUKA • RETREAT FROM KISKA • 1965
CHICHIKO GUSA • GREEN LIGHT TO JOY (USA) • 1966
ISHINAKA SENSEI GYOJOKI • BIG WIND FROM TOKYO (USA) • 1966
KIMI NI SHIAWASE O: SENTIMENTAL BOY • HAPPINESS FOR YOU: SENTIMENTAL BOY • 1967
OYAKOGUSA • GREEN LIGHT TO JOY • 1967
RENGO KANTAI SHIREICHOKAN YAMAMOTO ISOROKU • ADMIRAL YAMAMOTO ○ YAMAMOTO ISOROKU • 1968
NIHONKAI DAIKAISEN • BATTLE OF THE JAPAN SEA • 1969
OZORA NO SAMURAI • ZERO PILOT • 1976

MARVEL FRANK – USA
BLACK CAT, THE • 1960 • ANM

MARVI RENATO see **VICARIO MARCO**

MARVIN JOSEPH see **MERINO JOSE LUIS**

MARVIN MIKE – USA
HAMBURGER -THE MOTION PICTURE • HAMBURGER • 1986
WRAITH, THE • 1986

MARX ARTHUR – USA
DETROIT 9000 • CALL DETROIT 9000 (UKN) ○ MOTOWN 9000 ○ POLICE CALL 9000 • 1973

MARX FRANZ – SAF
FIGHTER PILOT • 1974
DIT WAS AAND EN DIT WAS MORE • IT WAS EVENING AND IT WAS MORNING • 1978
FORTY DAYS • 1979
WEERSKANT DIE NAG • 1979
NOMMER ASSEBLIEF • NUMBER PLEASE • 1981
GEEL TRUI VIR 'N WENNER • YELLOW JERSEY FOR A WINNER • 1983

MARX GERARD
FATALE • 1987

MARX IVAN – USA
LEGEND OF BIGFOOT, THE • 1976

MARX PATRICIA – USA
OBMARU • 1953 • SHT
THINGS TO COME • 1953 • ANS

MARYSE JEAN-PAUL – FRN
COURS DU SOIR POUR MESSIEURS SEULS • 1974

MARZANO JOE see **MARZANO JOSEPH**

MARZANO JOSEPH – USA
MARZANO JOE
WHEN THEY SLEEP • 1957 • SHT
EROSTRATUS • 1958 • SHT
FROM INNER SPACE • 1961 • ANS
MAN OUTSIDE • 1965
VENUS IN FURS • 1967

MARZANO MARINO – ITL
STREGONI IN TIGHT • AFRICA D'OGGI • 1965 • DOC
00/CIAK OPERAZIONE MONDO • 1967
PELLE DEGLI ALTRI, LA • NIGERIA IN FIAMME • 1972

MARZAROLI OSCAR – UKN
GLASGOW 1980 • 1971 • DCS
HIGHLANDS • 1971 • DCS
HIGHLAND HOLIDAY • 1972 • DCS
HUGH MACDIARMID: NO FELLOW TRAVELLERS • 1972 • DCS
INVERGORDON SMELTER, THE • 1972 • DCS
PRIDE OF ISLANDS, A • 1972 • DCS
GRAND MAGIC CIRCUS, THE • ONCE UPON A TIME • 1973
HIGHLAND CRAFTS • 1973 • DCS
LINDSAY KEMP CIRCUS, THE • 1973 • DOC
ERSKINE • 1974 • DOC
TAYSIDE • 1974 • DOC
TIREE • 1974 • DOC
ERSKINE NEW TOWN • 1975 • DOC

MARZOUK SAID – EGY – 1941–
MARZUQ SAID
HYMNE DE PAIX • HYMN OF PEACE, THE • 1966 • SHT
ENNEMIS DE LA LIBERTE, LES • ENEMIES OF FREEDOM, THE • 1967 • SHT
TAMBOURS • DRUMS • 1968 • SHT
LARMES DE PAIX • TEARS OF PEACE • 1970 • SHT
ZAWGATI WA AL-KALB • MA FEMME ET LE CHIEN ○ MY WIFE AND THE DOG ○ ZAWGATI WAL KALB • 1970
KHAWF, AL- • PEUR, LA • 1972
VOIE DE LA VICTOIRE, LA • WAY TO VICTORY, THE • 1972 • SHT
CHANSON DE LA MORT • SONG OF DEATH • 1973 • SHT
HAYATI AL-KHASSA • JE VEUX UNE SOLUTION ○ I WANT A SOLUTION • 1974
MUZNIBUN, AL • CULPRITS, THE ○ MUDHNIBUN, AL- • 1976
SAVE WHAT YOU CAN • 1985
MOGHTASIBOUN, EL • RAPISTS, THE • 1989

MARZUQ SAID see **MARZOUK SAID**

MARZYNSKI MARIAN – PLN
POWROT STATKU • RETURN OF A SHIP ○ RETURN BY BOAT • 1964 • DOC
PRZED TURNIEJEM • BEFORE THE TOURNAMENT • 1966 • DOC
BYC • TO BE • 1967 • DOC
FREDERIC CHOPIN -VALSE MINUTE • 1967

MASA ANTONIN – CZC – 1935–
BLOUDENI • WANDERING • 1965
HOTEL PRO CIZINCE • HOTEL FOR STRANGERS • 1966
OHLEDNUTI • LOOKING BACK • 1968
BYLI JSME TO MY? • WERE WE REALLY LIKE THIS? • 1990

MASATS RAMON – SPN
TOPICAL SPANISH • 1971

MASCELLI JOSEPH – USA
MONSTROSITY • ATOMIC BRAIN, THE • 1964

MASCHKE MAX – GRM
KONIG VON GOLCONDA 1, DER • 1921
KONIG VON GOLCONDA 2, DER • STURZENDE BERG, DER • 1921
KONIG VON GOLCONDA 3, DER • UM EIN KONIGREICH • 1921

MASEKELA MADENDA KIESSE – ZRE
SOEUR ANUARITE, UNE VIE POUR DIEU • 1983

MASELLI FRANCESCO – ITL – 1930–
BAGNAIA, PAESE ITALIANO • 1949 • DOC
FINESTRE • 1950 • DOC
ZONA PERICOLOSA • 1951 • DOC
SBANDATI, GLI • STRAGGLERS, THE • 1956
DONNA DEL GIORNO, LA • DOLL THAT TOOK THE TOWN, THE (USA) • 1957
DELFINI, I • DOLPHINS, THE • 1960
ITALIANE E L'AMORE, LE • LATIN LOVERS (USA) ○ ITALIAN WOMEN AND LOVE • 1961
AMORE IN 4 DIMENSIONI • AMOUR EN 4 DIMENSIONS, L' (FRN) ○ LOVE IN 4 DIMENSIONS (USA) ○ LOVE IN THE CITY • 1963
INDIFFERENTI, GLI • TIME OF INDIFFERENCE (USA) ○ DEUX RIVALES, LES (FRN) ○ TIME FOR INDIFFERENCE • 1964
FAI IN FRETTA AD UCCIDERMI.. HO FREDDO • KILL ME QUICK, I'M COLD • 1967
RUBA AL PROSSIMO TUO • FINE PAIR, A (USA) ○ COPPIA TRANQUILLA, UNA ○ ROB YOUR NEIGHBOUR • 1968
LETTERA APERTA A UN GIORNALE DELLA SERA • OPEN LETTER TO AN EVENING PAPER • 1970
SOSPETTO DI FRANCESCO MASELLI, IL • 1975
STORIA D'AMORE • 1987
CODICE PRIVATO • PRIVATE CODE • 1988
SEGRETO, IL • SECRET, THE • 1990

MASHCHENKO NIKOLAY – USS
VSYUDU YEST NYEBO • THERE IS SKY EVERYWHERE • 1968
ON MY WAY TO YOU • 1972

MASHERET A. V. see **MACHERET ALEXANDER**

MASHRAWI – ISR
MIKLAT, HA • SHELTER, THE (UKN) • 1989

MASI MARCO – ITL
CADAVERE A SPASSO • 1965
C'ERA UNA VOLTA UN GANGSTER • 1969
SEME DI CAINO, IL • 1972
INTENZIONE, L' • 1975
DEMONIO NEL CERVELLO, IL • 1977

MASI PHILIP W. – USA
CERTAIN RICH MAN, A • 1920 • SHT

MASIHI VARUZH KARIM – IRN
LAST ACT • 1990

MASINI GIUSEPPE – ITL
INGIUSTA CONDANNA, L' • QUELLI CHE NON MUOIONO ○ GUILT IS NOT MINE (USA) • 1952
MIA VITA E TUA, LA • 1953
CIELO BRUCIA, IL • 1958
ANTINEA, L'AMANTE DELLA CITTA SEPOLTA • JOURNEY BENEATH THE DESERT (USA) ○ ATLANTIS, THE LOST CONTINENT ○ ATLANTIDE, L' (FRN) ○ LOST KINGDOM, THE • 1961

MASIREVIC ZORAN – YGS
GRANICA • BORDER, THE • 1989

MASLANSKY PAUL – Producer – USA – 1933–
SUGAR HILL • VOODOO GIRL (UKN) ○ ZOMBIES OF SUGAR HILL, THE • 1974

MASLAROV PLAMEN – BUL
GREEN FIELDS • 1983
JUDGE, THE • 1986
MAYOR, MAYOR • 1989

MASLENNIKOV I. see **MASLENNIKOV IGOR**

MASLENNIKOV IGOR – USS
MASLENNIKOV I.
LICHNAYA ZHIZN KUZYAEVA VALENTINA • VALENTIN KUZYAEV'S PRIVATE LIFE • 1968
RACING DRIVERS • 1973
UNDER EN STEINHIMMEL • BENEATH A STONY SKY ○ OCTOBER '44 ○ UNDER A SKY OF STONE • 1974
SENTIMENTALNYI ROMAN • SENTIMENTAL STORY, A • 1976
YAROSLAVNA, KOROLYEVA FRANTSII • YAROSLAVNA, QUEEN OF FRANCE • 1979
LIKE A FROZEN CHERRY • 1986

MASLYUKOV A. see **MASLYUKOV ALEXEI**

MASLYUKOV ALEXEI – USS
MASLYUKOV A.
CHILDREN OF THE REVOLUTION • 1936
KOMANDA S NASIEJ ULICY • TEAM FROM OUR STREET • 1953
PEDAGOGUTCHESKAIA POEMA • POEM OF YOUTH ○ PEDAGOGIC POEM • 1956
ROAD TO LIFE, THE • 1956

MASO PEDRO – SPN – 1927–
IBERICAS F.C., LAS • 1971
COLOCADAS, LAS • 1972
EXPERIENCIA PREMATRIMONIAL • 1972
CHICA Y UN SENOR, UNA • 1973
HOMBRE COMO LOS DEMAS, UN • 1974
ADOLESCENTES, LAS • 1975
MENOR, LA • 1976
COQUITO, LA • 1977

MASON BILL – UKN – 1915–
APPROACH TO SCIENCE • 1946 • DOC
ATOMIZATION • 1948
GRAND PRIX • 1949
LE MANS, 1952 • 1952 • DOC
MILLE MIGLIA • 1953 • DOC
DUTCH T.T., THE • 1954 • DOC
ENGINE, THE • 1956
YOUR AUTOMATIC CHOICE • 1958

HEROIC DAYS, THE • 1960
FAIR ORIANA • 1961
HISTORY OF MOTOR RACING, A • 1964 • DOC
PROJECT SPEAR • 1964 • DOC
ROAD SENSE • 1969 • DOC
DAWN OF MOTORING • 1973 • DOC
VETERANS, THE • 1973 • DOC
THIRTIES, THE • 1975 • DOC
VINTAGE YEARS, THE • 1975 • DOC
CARS, CARS AND MORE CARS • 1976 • DOC

*MASON BILL** see **MASON WILLIAM**

MASON BILLY – USA

SUCCESSFUL FAILURE, A • 1913
BASEBALL BILL, PART 1 • 1916 • SHT
BASEBALL BILL, PART 2: FLIRTING WITH MARRIAGE • 1916 • SHT
BASEBALL MADNESS • 1917 • SHT
BLACK NINE, THE • 1917

MASON C. POST – ASL

MARTYRDOM OF NURSE CAVELL, THE • 1916

MASON CHRISTOPHER – UKN

FISH AND MILLIGAN • 1966
ALL THE ADVANTAGES • 1972

MASON DON – UKN

DAWSON J. • 1980

MASON HERBERT – UKN – 1891–1960

BAD BLOOD • 1935
EAST MEETS WEST • 1936
FIRST OFFENCE • BAD BLOOD • 1936
HIS LORDSHIP • MAN OF AFFAIRS (USA) ○ MAN OF AFFAIRES ○ NELSON TOUCH, THE • 1936
TAKE MY TIP • 1937
STRANGE BOARDERS • 1938
SILENT BATTLE, THE • CONTINENTAL EXPRESS (USA) • 1939
WINDOW IN LONDON, A • LADY IN DISTRESS (USA) • 1939
BRIGGS FAMILY, THE • 1940
DR. O'DOWD • 1940
FINGERS • 1940
MR. PROUDFOOT SHOWS A LIGHT • 1941
ONCE A CROOK • 1941
BACK ROOM BOY • 1942
IT'S IN THE BAG • 1943
NIGHT INVADER, THE • 1943
FLIGHT FROM FOLLY • 1945

MASON JAMES – Actor – UKN – 1909–1985

CHILD, THE • 1954 • SHT

MASON MARSHALL W. – USA

FIFTH OF JULY, THE • 1983 • TVM

MASON MICHAEL – USA

MONEY MADNESS • 1977 • DOC

MASON NOEL see **SMITH NOEL**

MASON RICHARD – Producer – ASL – 1926–

TRAINING CHAMPIONS • 1957 • DOC
JACKEROO, THE • 1961
FESTIVAL IN ADELAIDE • 1962
FROM THE TROPICS TO THE SNOW • 1964 • DOC
PORTRAIT OF A MINER • 1966 • DOC
MOVING ON • 1974
NO PALE GOTHIC SAINTS • 1979 • DOC
MEET A MIRACLE • 1980 • DOC

MASON WILLIAM – CND – 1929–

*MASON BILL**

WILDERNESS TREASURE • 1962 • DOC
PADDLE TO THE SEA • VOGUE-A-LA-MER • 1966 • DCS
BLAKE • 1969 • DCS
RISE AND FALL OF THE GREAT LAKES • 1970 • SHT
DEATH OF A LEGEND • 1971 • DCS
CRY OF THE WILD • CHANT DE LA FORET, LE • 1972 • DOC
IN SEARCH OF THE BOWHEAD WHALE • 1974 • DOC
FACE OF THE EARTH • 1975 • DOC
WOLF PACK • 1975 • DOC
PATH OF THE PADDLE • 1977 • SER
SONG OF THE PADDLE • 1978 • DCS
COMING BACK ALIVE • 1980
BREADALBANE • 1983 • DOC
WATER WALKER • WATERWALKER • 1984 • DOC

MASS VADIMS – USS

POSLYEDNI ZHULIK • LAST SWINDLER, THE • 1967

MASSA MARIO – ITL

VIETATO AI MINORENNI • 1944

MASSA MICHELE – ITL

GIUOCO DELLA VERITA, IL • 1974

MASSACCESI ARISTIDE see **D'AMATO JOE**

MASSARO FRANCESCO – ITL

GENERAL DORME IN PIEDI, IL • 1972
BANCA DI MONATE, LA • 1976
LUPO E L'AGNELLO, IL • COUCOU, LE (FRN) • 1980
QUITE BY CHANCE • 1987

MASSE FRANCIS – FRN

JUGEMENT DERNIER, LE • 1972

MASSE J.-P. – CND

NUIT DE LA POESIE, LA • 1970 • DOC

MASSI STELVIO – ITL

ROSTEL NEWMAN

ALA SOTTO IL PIEDE, L' • 1973
PARTIRONO PRETI E TORNARONO.. CURATI • 1973
SQUADRA VOLANTE • 1974
CINQUE DOLLARI PER L'ASSASSINO • 1975
MARK IL POLIZIOTTO • BLOOD, SWEAT AND FEAR (USA) • 1975
MARK IL POLIZIOTTO SPARA PER PRIMO • 1975
LEGGE VIOLENTA DELLA SQUADRA ANTICRIMINE, LA • CROSS SHOT (USA) • 1976
MACRO (GUIDA UCCIDE IL VENERDI) • 1976
BANDA DEL TRUCIDO, LA • 1977
CONTO E CHIUSO, IL • 1977
MARK COLPISCE ANCORA • 1977
POLIZIOTTO SPRINT • 1977
COMMISSARIO DI FERRO, IL • 1978
POLIZIOTTO SCOMODO, UN • CONVOY BUSTERS • 1978
POLIZIOTTO SENZA PAURA • FEARLESS FUZZ ○ FEARLESS • 1978
SBIRRO, LA TUA LEGGE E LENTA.. LA MIA NO! • 1979
SPEED DRIVER • 1982
BLACK COBRA, THE • 1987

MASSINGHAM RICHARD – UKN – 1898–1953

TELL ME IF IT HURTS • 1934
AND SO TO WORK • 1936
DAILY ROUND • 1937
COME FOR A STROLL • 1938
FEAR AND PETER BROWN • 1940
FIVE-INCH BATHER, THE • 1942
IN WHICH WE LIVE • 1943
YOUNG AND HEALTHY • 1943
CAMBRIDGE • 1944
FIRST AID IN ACTION • 1944
PICCADILLY ROUNDABOUT • 1944
SOME LIKE IT ROUGH • 1944
THEY TRAVEL BY AIR (FLIGHT OF FANCY) • FLIGHT OF FANCY • 1947
GREEDY BOY'S DREAM, THE • 1949
CURE, THE • 1950
BLAKES SLEPT HERE, THE • FAMILY ALBUM • 1954

MASSIP JOSE – CUB – 1927–

HISTORIA DE UN BALLET • HISTORY OF A BALLET, THE • 1960 • DOC
POR QUE NACIO EL EJERCITO REBELDE • 1960 • DOC
TIEMPOS DEL JOVEN MARTI, LOS • 1960 • DOC
PABLO • 1963
DECISION, LA • 1964
MADINA BOE • GUERRA OLVIDADO, LA • 1968 • DOC
NUESTRA OLIMPIADA EN LA HABANA • 1968 • DOC
PAGINAS DEL DIARIO DE JOSE MARTI • PAGES FROM JOSE MARTI'S DIARY • 1971

MASSOBRIO LIONELLO – ITL

RAPPORTO, IL • 1969

MASSON J. see **MASSON JEAN**

MASSON JEAN – FRN – 1900–

MASSON J.

HISTOIRE DE FRANCE • 1933 • SHS
VIENNE 1934 • 1934 • SHT
AVENTURE AUX SERENADES, L' • 1935 • SHT
JEUNESSES DU MONDE • 1936 • SHT
A COEUR JOIE • 1938 • SHT
SECRETS DE PARIS • 1939 • SHT
PARIS DES QUATRE SAISONS I-II • 1946-47 • SHT
SERENADE A DEUX • 1948 • SHT
HELICOPTERE S'EN CHARGERA, L' • 1951 • SHT
ATTENTION AU PINGOUIN • 1952 • SHT
AU FEU • 1953 • SHT
CRIS SANS ECHO • 1954 • SHT
ET ROULE LE MONDE • 1954 • SHT
CAMPAGNE DE FRANCE, UNE • 1955 • SHT
MARIAGE DE MONACO, LE • 1956 • SHT
ECOLES D'INFIRMIERES • 1957 • SHT
SOURIRES A LA VIE • 1957 • SHT
MUSEE GREVIN • 1958 • DCS
PLEINS FEUX • 1958 • SHT
PROMESSES AUX VINGT ANS • 1958 • SHT
MERE ET L'ENFANT, LA • 1959 • SHT
MESSAGER DE LA PRESSE • 1959 • SHT

MASSOT JOE – UKN

WONDERWALL • 1968
SONG REMAINS THE SAME, THE • 1976 • DOC
DANCE CRAZE • 1980 • DOC
SPACE RIDERS • 1984

MASSOUMI KAZEM – IRN

MASUMI KAZEM

THIEF AND THE WRITER, THE • 1987
KOKAB'S SECRET • 1990

MASSY JANE – UKN – 1920–

PENICILLIN FOR THE GENERAL PRACTITIONER • DOC
YOUR CHILDREN'S SLEEP • DOC
YOUR CHILDREN'S TEETH • DOC
PROBLEMS OF SLEEP • 1948

MASTAN M. – SLN

SURA CHOWRAYA • CLEVER BRIGAND, THE • 1967

MASTAN S. – SLN

ATAWENI PUDUMAYA • EIGHTH WONDER, THE • 1968

MASTERI HOMI – IND

GUL SANOVAR • FLOWER LAKE • 1934
KHWAB-E-HASTI • MAGIC FLUTE (USA) • 1934

MASTERS QUENTIN – ASL – 1945–

LIZA • 1966 • DOC
THUMB TRIPPING • 1972
STUD, THE • 1978
PSI FACTOR • 1981
DANGEROUS SUMMER • BURNING MAN, THE • 1982
MIDNITE SPARES • 1982

MASTERSON PETER – USA – 1934–

TRIP TO BOUNTIFUL, THE • 1986
BLOOD RED • 1987
FULL MOON IN BLUE WATER • 1988
CONVICTS • 1989
NIGHT GAME • 1989

MASTORAKIS NICO – GRC – 1941–

MASTORAKIS NIKO

PARAPSYCHICS • DEATH HAS BLUE EYES ○ BLUE EYES OF DEATH • 1974
ISLAND OF DEATH • CRAVING FOR LUST, A • 1975
BLIND DATE • 1983
NEXT ONE, THE • 1984
SKYHIGH • SKY HIGH • 1985
ZERO BOYS, THE • 1985
TERMINAL EXPOSURE • DOUBLE EXPOSURE • 1987
WIND, THE • EDGE OF TERROR, THE ○ TERROR'S EDGE • 1987
GLITCH! • 1988
NIGHTMARE AT NOON • 1988
NINJA ACADEMY • 1988
STRANGER ON A PLANE • 1989

MASTORAKIS NIKO see **MASTORAKIS NICO**

MASTROCINQUE CAMILLO – ITL – 1901–1969

MILLER THOMAS

REGINA DELLA SCALA • 1937
INVENTIAMO L'AMORE • 1938
OROLOGIA A CUCU, L' • 1938
VOGLIO VIVERE CON LETIZIA • 1938
BIONDA SOTTOCHIAVE • 1939
MATRIMONIO IDEALE, UN • 1939
DANZA DEI MILIONI, LA • QUADRANTE DELLA FORTUNA, IL • 1940
DON PASQUALE • 1940
VALIDITA GIORNI DIECI • 1940
MARITI -TEMPESTA D'AMORE, I • PARABOLA DEI MARITI, LA • 1941
RIDI PAGLIACCIO! • 1941
TURBINE • DONNA SENZA NOME, UNA • 1941
ULTIMO BALLO, L' • 1941
FEDORA • 1942
MASCHERA E IL VOLTO, LA • 1942
VIE DEL CUORE, LE • 1942
MATRIMONIO SEGRETO, IL • 1943
STATUA VIVENTE, LA • STATUA DI CARNE, LA • 1943
CAVALIERE DEL SOGNO, IL • LIFE OF DONIZETTI, THE (USA) ○ VITA DI DONIZETTI, LA ○ DONIZETTI • 1946
SEGRETO DI DON GIOVANNI, IL • 1947
SPERDUTI NEL BUIO • 1947
ARRIVEDERCI PAPA! • 1948
VENTO MI HA CANTATO UNA CANZONE, IL • 1948
WHEN LOVE CALLS
UOMO DAL GUANTO GRIGIO, L' • MAN WITH THE GREY GLOVE, THE (USA) • 1949
LOST IN THE DARK
CINTURA DI CASTITA • 1950
DUELLO SENZA ONORE • DUEL WITHOUT HONOR (USA) • 1950
QUEL FANTASMA DI MIO MARITO • 1950
AREJAO • 1951
INESORABILI, GLI • SICILIAN STORY • 1951
ATTANASIO, CAVALLO VANESIO • 1953
PECCATO DI ANNA, IL • SIN OF ANNA, THE ○ ANNA'S SIN • 1953
TARANTELLA NAPOLETANA • 1953
ALVARO PIUTTOSTO CORSARO • 1954
CAFE CHANTANT • 1954
TOTO ALL'INFERNO • TOTO IN HELL • 1954
VACANZE DI SOR CLEMENTE, LE • 1954
FIGARO, BARBIERE DI SIVIGLIA • 1955
SIAMO UOMINI O CAPORALI! • 1955
BANDA DEGLI ONESTI, LA • 1956
NAPOLI TERRA D'AMORE • 1956
TOTO LASCIA O RADDOPPIA? • 1956
TOTO, PEPPINO E I.. FUORILEGGE • 1956
TOTO, PEPPINO E LA MALAFEMMINA • 1956
PORTA UN BACIONE A FIRENZE • 1957
TOTO, VITTORIO E LA DOTTORESSA • MI MUJER ES DOCTOR (SPN) ○ DITES 33 (FRN) ○ LADY DOCTOR, THE (USA) • 1957
BELLISSIME GAMBE DI SABRINA, LE • SCHONEN BEINE DER SABRINA, DIE (FRG) ○ SABRINA'S WONDERFUL LEGS • 1958
DOMENICA E SEMPRE DOMENICA • 1958
E ARRIVATA LA PARIGINA • 1958
TOTO A PARIGI • PARISIEN MALGRE LUI (FRN) • 1958
CAMBIALE, LA • 1959
VACANZE D'INVERNO • WINTER HOLIDAYS • 1959
ANONIMA COCOTTES • CALL GIRL BUSINESS • 1960
CORAZZIERE, IL • 1960
GENITORI IN BLUE-JEANS • 1960
NOI DURI • 1960
TOTORUFFA '62 • 1961
DICIOTTENNI AL SOLE • EIGHTEEN IN THE SUN (USA) ○ BEACH PARTY ITALIAN STYLE • 1962
EROI DEL DOPPIO GIOCO, GLI • 1962
MOTORIZZATI, I • 1962
CRIPTA E L'INCUBO, LA • MALDICION DE LOS KARNSTEIN, LA (SPN) ○ TERROR IN THE CRYPT (USA) ○ CRYPT OF HORROR (UKN) ○ CURSE OF THE KARNSTEIN, THE ○ CRYPT AND THE NIGHTMARE, THE • 1964
VOLLES HERZ UND LEERE TASCHEN • FULL HEARTS AND EMPTY POCKETS (USA) • 1964
AVVENTURE DI LAURA STORM, LE • 1965 • MTV
ANGELO PER SATANA, UN • ANGEL FOR SATAN, AN (UKN) • 1966
TE LO LEGGO NEGLI OCCHI • 1966
PIU BELLA COPPIA DEL MONDO, LA • MOST BEAUTIFUL COUPLE IN THE WORLD, THE • 1968

MASTROIANNI ARMAND – USA

HE KNOWS YOU'RE ALONE • BLOOD WEDDING • 1981
KILLING HOUR, THE • CLAIRVOYANT, THE • 1984
SUPERNATURALS, THE • GHOST SOLDIERS • 1986
DISTORTIONS • 1987
CAMERON'S CLOSET • 1988
DOUBLE REVENGE • 1988
SKINS • 1989

MASUCCI JERRY – USA

SALSA • 1976 • DOC

MASUDA TEIJI – JPN

KURAMA TENGU: KAKUBEI-JISHI NO MAKI • KURAMA TENGU: THE BOOK OF KAKUBEI'S LION CUB • 1938

MASUDA TOSHIO – JPN

AKAI HATOBA • LEFT HAND OF JIRO • 1958
HANEDA HATSU 7H 50 • 1958
KOTORO TO NIKUTAI NO TABI • 1958
SABITA NAIFU • SABITA KNIFE ○ RUSTY KNIFE • 1958

YOGIRI NO DAINIKOKUDO • 1958
KYO NI IKIRU • WE LIVE TODAY • 1959
OTOKO GA BAKUHATSU SURU • EXPLOSION CAME • 1959
TEN TO CHI O KAKERU OTOKO • SKY IS MINE, THE • 1959
KENKA TARO • TOUGH GUY • 1960
SEINEN NO KI • DAY OF YOUTH • 1960
SEISHUN O FUKINARASE • 1960
TOGYU NI KAKERU OTOKO • MAN AT THE BULLFIGHT • 1960
YAKUTA NO UTA • 1960
IKITEITA NORAINU • 1961
HANA TO RYU • MAN WITH A DRAGON TATTOO • 1962
OTOKO TO OTOKO NO IKARU MACHI • CITY OF MEN • 1962
ZEROSEN KUROKUMO IKKA • ZERO FIGHTER • 1962
TAIYO E NO DASSHUTSU • ESCAPE INTO TERROR • 1963
AKAI HANKACHI • RED HANDKERCHIEF • 1964
SATSUJINSHA O KESE • RUB OUT THE KILLERS • 1964
AKAI TANIMA KETTO • DUEL AT RED VALLEY • 1965
SEISHUN TOWA NANDA • 1965
SHIROTORI • 1965
EIKO ENO CHOSEN • CHALLENGE FOR GLORY • 1966
YORU NO BARA O KESE • KILL THE NIGHT ROSE • 1966
ARASHI KITARI SARU • STORM CAME AND WENT • 1967
HOSHIYO NAGEKUNA: SHORI NO OTOKO • MAN OF VICTORY, THE • 1967
KETTO • ENDLESS DUEL, THE • 1967
KURENAI NO NAGAREBOSHI • WHISTLING KILLER, THE • 1967
TAIKETSU • FRIENDLY ENEMIES • 1967
AH HIMEYURI NO TO • MONUMENT OF MAIDENS LILY • 1968
DAI KANBU • GANGSTER V.I.P., THE (USA) ○ DAIKANBU • 1968
SHOWA NO INOCHI • STORMY ERA (USA) ○ MAN OF A STORMY ERA • 1968
WAGA INOCHI NO UTA ENKA • SONG OF LOVE • 1968
TORA! TORA! TORA! • 1970
NINGEN KAKUMEI • HUMAN REVOLUTION • 1973
NOSTRADAMUS NO DAIYOGEN • PROPHECIES OF NOSTRADAMUS: CATASTROPHE 1999 ○ LAST DAYS OF PLANET EARTH, THE ○ CATASTROPHE 1999 ○ NOSTRADAMUS'S GREAT PROPHECY ○ NOSUTORADAMUSU NO DAIYOGEN • 1974
ZOKU NINGEN KAKUMEI • HUMAN REVOLUTION, PART II ○ HUMAN REVOLUTION: SEQUEL • 1975
SPACE CRUISER YAMATO PART II • 1979 • ANM
NIHYAKUSAN KOCHI • HILL 203 • 1981
DAINIPPON TEIKOKU • IMPERIAL JAPANESE EMPIRE, THE ○ EMPIRE OF JAPAN • 1983
KATAYOKU DAKE NO TENSHI • ANGEL WITH ONE WING, AN • 1985
SHASO • COMPANY EXECUTIVES • 1989

MASUMI KAZEM see **MASSOUMI KAZEM**

MASUMURA YASUZO – JPN – 1924–

AOZURA MUSUME • CHEERFUL GIRL, A • 1957
DANRYU • WARM CURRENT, A • 1957
KUCHIZUKE • KISSES • 1957
FUTEKI NA OTOKO • LOWEST MAN, THE • 1958
HYOHEKI • PRECIPICE, THE • 1958
KYOJIN TO GANGU • BUILD-UP, THE • 1958
OYAFUKO DORI • DISOBEDIENCE • 1958
BIBO NI TSUMI ARI • SO BEAUTIFUL IT'S A SIN • 1959
HANRAN • CAST-OFF, THE • 1959
SAIKO SHUKON FUJIN • MOST VALUABLE MADAM, THE • 1959
YAMI O YOKOGIRE • ACROSS DARKNESS • 1959
ASHI NI SAWATTA ONNA • WOMAN WHO TOUCHED THE LEGS, THE • 1960
JOKYO • WOMAN'S TESTAMENT, A ○ CODE OF WOMEN ○ JOKEI ○ WOMEN'S SCROLL • 1960
KARAKKAZE YARO • AFRAID TO DIE • 1960
NISE DAIGAKUSEI • FALSE STUDENT, THE • 1960
NYOKO • 1960
YOKYO • 1960
KOI NO INOCHIO • LOVE AND LIFE • 1961
KOSHOKU ICHIDAI OTOKO • ALL FOR LOVE • 1961
TSUMA WA KOKUHAKU SURU • WIFE'S CONFESSION • 1961
URUSAI IMOTOTACHI • JUST FOR KICKS • 1961
KURO NO SHISOSHA • BLACK TEST CAR, THE • 1962
ONNA NO ISSHO • LIFE OF A WOMAN • 1962
TADARE • STOLEN PLEASURE ○ CORROSION • 1962
GURENTAI JUNJOHA • DELINQUENTS OF PURE HEART • 1963
KURO NO HOKOKUSHU • BLACK REPORT • 1963
GENDAI INCHIKI MONOGATARI • 1964
KURO NO CHOTOKKYU • SUPER-EXPRESS • 1964
MANJI • PASSION (UKN) ○ ALL MIXED UP • 1964
OTTA GA MITA • LOVE AND GREED • 1964
HEITAI YAKUZA • HOODLUM SOLDIER, THE • 1965
SEISAKU NO TSUMA • WIFE OF SEISAKU, THE • 1965
AKAI TENSHI • RED ANGEL, THE • 1966
IREZUMI • SPIDER GIRL ○ SPIDER TATTOO • 1966
RIKUGUN NAKANO GAKKO • SCHOOL OF SPIES, THE • 1966
ARU KOROSHIYA • CERTAIN KILLER, A ○ MURDERER, A • 1967
CHIJIN NO AI • IDIOT IN LOVE, AN • 1967
HANAOKA SEISHU NO TSUMA • WIFE OF SEISHU HANAOKA, THE ○ SEISHU HANAOKA'S WIFE • 1967
TSUMA FUTARI • TWO WIVES • 1967
DAIAKUTO • EVIL TRIO • 1968
NURETA FUTARI • ONE DAY AT SUMMER'S END • 1968
SECOND SEX, THE • 1968
SEKKUSU CHEKKU-DAINI NO SEI • SEX CHECK DAI-NI NO SEI ○ SEX CHECK, THE • 1968
TSUMIKI NO HAKO • HOUSE OF WOODEN BLOCKS, THE • 1968
JYOTAI • VIXEN • 1969
MOJU • BLIND BEAST, THE (USA) • 1969
SENBAZURU • THOUSAND CRANES • 1969
DENKI KURAGE • PLAY IT COOL (USA) • 1970
ONGAKU • MUSIC • 1972
SHIBIRE-KURAGE • HOT LITTLE GIRL, THE • 1972
GOYOUKIBA: KAMISORI HANZO JIGOKUZEME • POLICE FANG: RAZOR HANZO'S TORTURE IN HELL • 1973
KUNGFU HARAKIRI • 1973
AKUMYO NAWABARI ARASHI • BAD NAMES' BREAKING OF TERRITORIES • 1974
DAICHI NO KOMORI-UTA • CRADLESONG FROM THE EARTH, A • 1975
SWORD OF JUSTICE, PART II • 1975
SONEZAKI SINJU • LOVERS' SUICIDE IN SONEZAKI • 1977

MATACENA ORESTES – USA

TAINTED • 1985

MATALON EDDY – FRN – 1937–

GREENWOOD EDDY • ANGEL JACK

CHIEN FOU, LE • MAD DOG, THE ○ LOSER • 1966
SHOW BARDOT • SPECIAL BARDOT • 1968 • MTV
TROP PETIT MON AMI • 1969
ILE AUX COQUELICOTS, L' • 1970
REVELATION, LA • SEX IS BEAUTIFUL (UKN) • 1971
GARCES, LES • LOVE-HUNGRY GIRLS (UKN) ○ DEADLY WHEN AROUSED ○ SEX HUNGRY GIRLS • 1973
PENSION DU LIBRE AMOUR, LA • HOTEL OF FREE LOVE (UKN) • 1973
BETE A PLAISIR, LA • 1974
CHATTE SANS PUDEUR, LA • 1974
FILLES INSATIABLES • 1975
CATHY'S CURSE • CAUCHEMARS • 1976
NEW YORK NE REPOND PAS • ET LA TERREUR COMMENCE ○ NEW YORK BLACK OUT ○ BLACKOUT • 1977
UNE SI GENTILLE PETITE FILLE • 1977
BRIGADE MONDAINE: LA SECTE DE MARRAKECH • SECTE DE MARRAKECH, LA • 1979
T-INQUIETE PAS, CA CE SOIGNE • 1980
TEENAGE TEASERS • 1981
PRENDS TON PASSE-MONTAGNE, ON VA A LA PLAGE • 1982

MATALON VIVIAN – USA

PRIVATE CONTENTMENT • 1982 • TVM

MATANSKI LARRY – USA

NAKED FLAME, THE • 1970

MATARAZZO RAFFAELLO – ITL – 1909–1966

LITTORIA • 1932 • SHT
MUSSOLINIA DI SARDEGNA • 1933 • SHT
TRENO POPOLARE • 1933
KIKI • 1934
SERPENTE A SONAGLI, IL • 1935
ANONIMA ROYLOTT, L' • 1936
JOE IL RUSSO • 1936
LACRIME E SORRISI • 1936
E TORNATO CARNEVALE • 1937
SONO STATO IO! • IT WAS I (USA) ○ I DID IT! • 1937
ALBERG DEGLI ASSENTI, L' • 1939
MARCHESE DI RUVOLITO, IL • 1939
GIU IL SIPARIO • 1940
TRAPPOLA D'AMORE • PRODEZZE DI DICKY, LE ○ DICKY • 1940
AVVENTURIERA DEL PIANO DI SOPRA, L' • 1941
NOTTE DE FORTUNA • 1941
GIORNO DI NOZZE • 1942
BIRICHINO DI PAPA, IL • 1943
DORA, LA ESPIA • 1943
EMPEZO EN BUDA • 1944
FUMERIO D'OPPIO, LA • RITORNA ZA-LA MORT • 1947
SCIOPERO DEI MILIONI, LO • ABBASSO LA FORTUNA • 1948
CATENE • 1950
PAOLO E FRANCESCA • FRANCESCA DA RIMINI • 1950
FIGLI DI NESSUNO, I • 1951
TORMENTO • 1951
TENENTE GIORGIO, IL • 1952
CHI E SENZA PECCATO.. • 1953
GIUSEPPE VERDI • LIFE AND MUSIC OF GIUSEPPE VERDI, THE (USA) • 1953
NAVE DELLE DONNE MALEDETTE, LA • SHIP OF CONDEMNED WOMEN, THE (USA) • 1953
SCHIAVA DEL PECCATO • 1954
TORNA! • 1954
VORTICE • 1954
ANGELO BIANCO • 1955
GUAI AI VINTI! • 1955
INTRUSA, L' • 1955
DIFENDO IL MIO AMORE • SCANDALO A MILANO • 1956
RISAIA, LA • FILLE DE LA RIZIERE, LA (FRN) ○ RICE GIRL (USA) ○ RICE GIRLS • 1956
ULTIMA VIOLENZA, L' • 1957
MALINCONICO AUTUNNO • 1958
CERASELLA • 1960
ADULTERO LUI, ADULTERA LEI • 1963
AMORE MIO • 1964
TERRIBILI SETTE, I • CAGASOTTO, I • 1964

MATAS PERCY – FRN

TRANSPLANTES, LES • 1975

MATASSI VINCENZO see **DEGLI ESPINOSA FRANCESCO**

MATCHERET A. see **MACHERET ALEXANDER**

MATE RUDI see **MATE RUDOLPH**

MATE RUDOLPH – Cameraman – PLN – 1898–1964

MATE RUDI

COSTAUD DES P.T.T., LE • ROI DES FACTEURS, LE ○ P.T.T. • 1931
IT HAD TO BE YOU • 1947
DARK PAST, THE • 1948
D.O.A. • 1949
BRANDED • 1950
NO SAD SONGS FOR ME • 1950
UNION STATION • 1950
PRINCE WHO WAS A THIEF, THE • 1951
WHEN WORLDS COLLIDE • 1951
GREEN GLOVE, THE • GANTELET VERT, LE • 1952
PAULA • SILENT VOICE, THE (UKN) • 1952
SALLY AND SAINT ANNE • 1952
FORBIDDEN • DRIFTING • 1953
MISSISSIPPI GAMBLER • 1953
SECOND CHANCE • 1953
BLACK SHIELD OF FALWORTH, THE • 1954
SIEGE AT RED RIVER, THE • 1954
VIOLENT MEN, THE • ROUGH COMPANY (UKN) • 1954
FAR HORIZONS, THE • UNTAMED WEST • 1955
MIRACLE IN THE RAIN • 1956
PORT AFRIQUE • 1956
RAWHIDE YEARS, THE • 1956
THREE VIOLENT PEOPLE • 1956
DEEP SIX, THE • 1958
SERENADE EINER GROSSEN LIEBE • FOR THE FIRST TIME (USA) • 1959
IMMACULATE ROAD, THE • 1960
REVAK, LO SCHIAVO DI CARTAGINE • REVAK, SLAVE OF CARTHAGE ○ BARBARIANS, THE ○ REVAK THE REBEL ○ BARBARIAN, THE ○ FREEDOM FOR REBEL • 1960
DOMINATORE DEI SETTE MARI, IL • SEVEN SEAS TO CALAIS (USA) ○ SIR FRANCIS DRAKE ○ SIR FRANCIS DRAKE ,IL RE DEI SETTE MARI ○ RE DEI SETTE MARI, IL • 1962
300 SPARTANS, THE • LION OF SPARTA • 1962
ALIKI, MY LOVE • ALIKI • 1963

MATEJKA VACLAV – CZC

NAHOTA • NAKEDNESS • 1969
SVITALO CELOU NOC • DAWN ALL NIGHT • 1979
MA LASKA S JAKUBEM • MY LOVE WITH JAMES • 1982
ANDEL S DABLEM V TELE • ANGEL-DEVIL, THE • 1983

MATEUS DANIEL PIRES – ARG

PEQUENOS AVENTUREROS • LITTLE ADVENTURERS • 1978

MATHE EDOUARD – Actor – ASL – 1886–1934

TORPILLE AERIENNE, LA • AIR TORPEDO, THE • 1912

MATHER TED – USA

DANCE ACADEMY • SCUOLA DI BALLO (ITL) ○ BODY BEAT • 1988

MATHERS JAMES – USA

EVERYMAN • 1971

MATHERSON HARVEY G. – USA

END OF THE WORLD, THE • 1925

MATHEUS JIMMY see **MATTEI BRUNO**

MATHEW CANO

LAST OF THE MOHICANS

MATHEWS HARRY C. – USA

WELCOME CHILDREN • 1921

MATHIAS JOHN – UKN

LOBSTERS • 1936

MATHIESEN MATTIS – NRW

SUS OG DUS PA BY'N • RIOT AND REVEL ON ORDER • 1968

MATHIESON MUIR – Conductor – UKN – 1911–

INSTRUMENTS OF THE ORCHESTRA • 1946 • DOC
STEPS ON THE BALLET • 1948

MATHOT LEON – Actor – FRN – 1886–1968

DANS L'OMBRE DU HAREM • 1928
APPASSIONATA, L' • 1929
INSTINCT, L' • 1930
REFUGE, LE • 1930
BANDE A BOUBOULE, LA • 1931
PASSEPORT 13.444 • 1931
EMBRASSEZ-MOI • 1932
BOUBOULE 1ER, ROI NEGRE • 1933
NU COMME UN VER • HOMME NU, UN ○ TOUT VA BIEN • 1933
COMTE OBLIGADO, LE • 1934
MASCOTTE, LA • 1935
ANGE DU FOYER, L' • 1936
HOMME A ABATTRE, L' • MARKED MAN, THE • 1936
LOUPS ENTRE EUX, LES • 1936
ALOHA, LE CHANT DES ILES • 1937
CHERI-BIBI • 1937
REVOLTE, LE • 1938
BOIS SACRE, LE • 1939
RAPPEL IMMEDIAT • TANGO D'ADIEU • 1939
COLLIER DE CHANVRE, LE • MYSTERE DU BOIS BELLEAU, LE • 1940
THUNDER OVER PARIS
CARTACALHA, REINE DES GITANS • 1941
FROMONT JEUNE ET RISLER AINE • 1941
FORTE TETE • 1942
HOMME SANS NOM, L' • 1942
NUITS D'ALERTE • 1945
ROUTE DU BAGNE, LA • ROUTE DE NOUMEA, LA ○ FEMMES POUR NOUMEA ○ MANON 326 • 1945
DERNIERE CHEVAUCHEE, LA • CAID, LE • 1946
DOLMEN TRAGIQUE, LE • TROIS MORTS DANS UN DOLMEN • 1947
DANSEUSE DE MARRAKECH, LA • 1949
HOMME AUX MAINS D'AGILE, L' • 1949
MON GOSSE DE PERE • 1952

MATHOULIS ROBERT – GRC

FACE TO FACE • 1972

MATIC IVICA – YGS

ZENA S KRAJOLIKOM • WOMAN WITH LANDSCAPE • 1989

MATINSON BURNEY see **MATTINSON BURNEY**

MATRAS CHRISTIAN – Cinematographer – FRN – 1903–1977
DE BABORD A TRIBORD • 1926 • SHT
EPERON D'OR • 1930 • SHT
SOUS LA TERRE • 1931 • SHT
AU FIL DE L'EAU • 1932 • SHT

MATRAY ERNST – GRM
PHANTOM DER OPER, DAS • 1915
SPORTSMADEL, DAS • 1915
TEUFELCHEN • 1915
VERKAUFTE BRAUT, DIE • 1915
WILDE BLUME, DIE • 1915
ZUCKER UND ZIMT • 1915
ADVENTURE IN MUSIC • 1944
MUSIK, MUSIK –UND NUR MUSIK • 1955

MATSAS NESTOR – GRC
AN OLES IYINEKES TOU KOSMOU • IF ALL THE WOMEN IN THE WORLD • 1967

MATSUBARA JIRO – JPN
ISOGASHII NIKUTAI • BUSY BODY • 1967
JOEN NO SABAKU • DESERT OF DESIRE • 1967
MUKIDO JOSEI • LOOSE WOMEN • 1967
NIKUJIGOKU • INFERNO OF FLESH • 1967
NIKU NO KYOH–EN • BEWITCHING OF THE FLESH • 1968
NIKU NO SHIIKU • BREEDING OF THE FLESH • 1968
SEIGOKU • PRISON OF SEX • 1968

MATSUBARA SHINGO – JPN
NANTONAKU KRYSTAL • LIVING WITH CRYSTAL FEELING • 1981

MATSUBAYASHI SHUE – JPN
MATSUBAYASHI SHUKEI • MATSUBAYASHI SOKEI
NINGEN GYORAI KAITEN • 1955
TSUKI NI TOBU KARI • FAREWELL TO INNOCENCE • 1955
AOI SANMYAKU • BLUE MOUNTAINS • 1957
BIBOU NO MIYAKO • BEAUTY CAPITAL • 1957
SHACHO SANDAIKI • RECORD OF THREE GENERATIONS OF PRESIDENTS, THE ○ SHACHOU SANDAI–KI • 1958
TURYN ONSEN NIKKI • 1958
ZOKU SHACHO SANDAIKI • 1958
DOTEI SHACHO TO ONNA–HISHO • JOURNEY OF A PRESIDENT AND HIS SECRETARY • 1959
SENSUIKAN E–57 KOFUKUSEZU • SUBMARINE E–57 NEVER SURRENDERS • 1959
SHACHO DOCHUKI • PLAYBOY PRESIDENT (USA) • 1960
TAIHEIYO NO ARASHI • I BOMBED PEARL HARBOR (USA) ○ STORM OVER THE PACIFIC, THE • 1960
SEKAI DAI SENSO • LAST WAR, THE (USA) ○ FINAL WAR, THE • 1961
TAIHEIYO NO TSUBASA • ATTACK SQUADRON • 1963
SHACHO NINPOCHI • FIVE GENT'S TRICK BOOK • 1965
SHACHO GUOJOKI • FIVE GENTS AT SUNRISE • 1966
ZOKU SHACHO GYOJOKI • FIVE GENTS ON THE SPOT • 1966
RAKUGOYARO: ODOROBO • COMIC STORYTELLER: THE GREAT BURGLAR, A • 1967
SHACHO SEN–ICHIYA • DISCOVER JAPAN WITH FIVE GENTS ○ ZOKU SHACHO SENICHIYA ○ FIVE GENTS PREFER GEISHA • 1967
TENAMONYA YUREI DOCHU • GHOSTS OF TWO TRAVELERS AT TENAMONYA ○ TENAMONYA: GHOST JOURNEY • 1967
SHACHO HANJOKI • FIVE GENTS AND KARATE GRANDPA • 1968
ZOKU SHACHO HANJOKI • FIVE GENTS AND A CHINESE MERCHANT • 1968
RENGO KANTAI • COMBINED FLEET, THE • 1982
YAMASHITA SHONEN MONOGATARI • BOYHOOD OF THE JUDO CHAMPION • 1985

MATSUBAYASHI SHUKEI see **MATSUBAYASHI SHUE**

MATSUBAYASHI SOKEI see **MATSUBAYASHI SHUE**

MATSUDA – JPN
KUROUN KAIDOU • LINE OF BLACK CLOUDS, A • 1948

MATSUDA SADAJI – JPN
YOJA NO MADEN • PALACE OF SNAKES ○ CONFLICT OF MAGICIANS • 1956

MATSUDA SADATSUGO see **MATSUDA SADATSUGU**

MATSUDA SADATSUGU – JPN
MATSUDA SADATSUGO
HAYATOZUKO NO HANRAN • 1957
KOIKAZE DOCHU • BREEZE OF LOVE • 1957
OHTORI–JO HANAYOME • LORD TAKES A BRIDE, THE • 1957
YUREISEN • GHOST SHIP • 1957
NAZO NO YUREISEN • TRAITORS • 1958
ONMITSU SHICHISOKI • DESTINY OF A CREDENTIAL AGENT • 1958
YATSUNO KENJU WA JIGOKUDAZE • HIS HELL–REVOLVER • 1958
TENKA NO FUKU SHOGUN • SHOGUN TRAVELS INCOGNITO • 1959
FURISODE–ZUKIYO • 1960
MITO KOMON • 1960
NINKYO NAKASENDO • 1960

MATSUI GEORGE – USA
FANNY HILL MEETS LADY CHATTERLEY • 1967

MATSUMORI TAKASHI – JPN
MATSUMORI TAKESHI
BOCCHAN SHAIN SEISHUN DE TSUPPASHIRE! • YOUNG WHITE COLLAR: LET'S RUN • 1967
BOCCHAN SHAIN: SEISHUN WA ORE NO MONODA • YOUTH BELONGS TO US! • 1967
DEKKAI TAIYO • GOAL FOR THE YOUNG • 1967
MOERO TAIYO • BURNING SUN, THE • 1967
KUSO TENGOKU • IMAGINARY PARADISE • 1968
MOERO SEISHUN • FLAME OF YOUTH, THE • 1968

MATSUMORI TAKESHI see **MATSUMORI TAKASHI**

MATSUMOTO TOSHIO – JPN
BARA NO SORETSU • FUNERAL OF ROSES ○ FUNERAL PARADE OF ROSES • 1970
SHURA • DEMONS (USA) ○ PANDEMONIUM • 1970

MATSUMURA SHOJI – JPN
INAZUMA KOTENGU • SCROLL'S SECRET, THE (USA) • 1958
UGUSUJO NO HANAYOME • THREE PRINCESSES • 1959
OGON KUJYAKU–JO • ADVENTURES ON THE RYUKYUS ○ GOLDEN PEACOCK CASTLE ○ GOLDEN PEACOCK GARDEN • 1961

MATSUNO HIROKI – JPN
KYUKETSU DOKURO SEN • LIVING SKELETON • 1968

MATSUO AKINORI – JPN
OTOKO GA INOCHI O KAKERU TOKI • WHEN A MAN RISKS HIS LIFE • 1959
SHIMIZU NO ABAREMBO • WILD REPORTER • 1959
KNOCK DOWN • 1960
OTOKO NO IKARI O BUCHIMAKERO • 1960
YAKUSA SENSEI • REFORMER, THE • 1960
MACHI KARA MACHI E TSUMUJI–KAGE • FOR THIS WE FIGHT • 1961
KINMON–TO NI KAKERU HASHI • RAINBOW OVER THE KINMEN • 1962
YABUREZARU MONO • ETERNAL LIFE • 1964
YUHI NO OKA • SUNSET HILL • 1964
NAKASERUZE • MOVED TO TEARS • 1965
AJIA HIMITSU KEISATSU • ASIAPOL SECRET SERVICE • 1966
FUTARI NO SEKAI • COUPLE OF THE WORLD • 1966
YOGIRI NO BOJO • OUTLINE OF VIOLENCE • 1966
HANGYAKU • DEBT OF BLOOD, THE • 1967
INOCHISHIRAZU NO AITSU • RECKLESS ONE, THE • 1967
ARASHI NO HATASHIJO • DUEL IN THE STORM, THE • 1968
SANBIKI NO AKUTO • THREE ROGUES • 1968
TAKA TO OKAMI • EAGLE AND THE WOLF, THE • 1968
TEKKA NO HANAMICHI • SWORD GAMBLERS • 1968
WASURERU MONOKA • I SHALL NOT FORGET • 1968

MATSUYAMA ZENZO – JPN – 1925–
BURARI BURABURA MONOGATARI • MY HOBO • 1960
NAMONAKU MAZUSHIKU UTSUKUSHIKU • HAPPINESS OF US ALONE • 1961
SANGA–ARI • THERE ARE MOUNTAINS AND RIVERS ○ MOTHER COUNTRY • 1962
WARE HITOTSUBU NO MUGI NAREDO • COULD I BUT LIVE • 1964
ROKUJO YUKIYAMA TSUMUGI • DARK THE MOUNTAIN SNOW (USA) • 1965
SENJO NI NAGARERU UTA • WE WILL REMEMBER • 1965
SONO HITO WA MUKASHI • O LUNA MY PONY! • 1967
ZOKU NAMONAKU MAZUSHIKU UTSUKUSHIKU: CHICHI TO KO • OUR SILENT LOVE ○ CHICHI TO KO • 1967
FUTARI NO IDA • YUKO AND THE LIVING CHAIR • 1976
NORIKO WA, IMA • NOW, NOT HANDICAPPED NORIKO • 1982
HAHA • MOTHER • 1988

MATT ALLEN – USA
TALKY JONES • 1918 • SHT

MATT JON – USA
LYSISTRATA • 1968

MATTAR GHASSAN – LBN
FALASTINI AL SAER, AL • PALESTINIAN REVOLT • 1970

MATTEI BRUNO – ITL
MATHEUS JIMMY • OBLOWSKI STEFAN • MATTHEWS JORDAN B. • DAWN VINCENT
ARMIDA, IL DRAMMA DI UNA SPOSA • 1970
CASA PRIVATA PER LE S(CHULTZ) S (TAFFELN) • 1977
CUGINETTA AMORE MIO • 1977
NOTTI PORNO NEL MONDO, LE • 1977
EMANUELLE E LE PORNO NOTTI • 1978
KZ 9 LAGER DI STERMINIO • 1978
CICCIOLINA AMORE MIO • 1979
ALTRO INFERNO, L' • OTHER HELL, THE • 1981
INFERNO DEI MORTI–VIVENTI • ZOMBIE CREEPING FLESH • 1981
EMANUELLE REPORTAGE DA UN CARCERE FEMMINILE • EMMANUELLE REPORTS FROM A WOMEN'S PRISON ○ CAGED WOMEN • 1982
NIGHT OF THE ZOMBIES • 1983
RATS: NIGHT OF TERROR • RATS • 1983
SEVEN MAGNIFICENT GLADIATORS, THE • 1983
STRIKE COMMANDO • 1986
DOUBLE TARGET • 1987
APPOINTMENT IN TRIESTE • 1988

MATTEI VIRGILIO – ITL
SKERL PETER
BESTIALITA • 1977

MATTELART ARMAND – FRN – 1938–
SPIRALE, LA • 1976 • DOC

MATTER ALEX – USA
DRIFTER, THE • 1967
SCRATCH HARRY • EROTIC THREE, THE (UKN) • 1970

MATTHAU CHARLES – USA – 1960–
DOIN' TIME ON PLANET EARTH • 1987

MATTHAU WALTER – Actor – USA – 1920–
GANGSTER STORY • 1960

MATTHEW – SAF
SEGOPOTSO • 1989

MATTHEWS see **MATTHEWS H. C.**

MATTHEWS H. C. – USA
MATTHEWS
BEAUTY AND THE BEAST • 1913
CURATE'S OUTING, THE • 1913
FOR THE HEART OF A PRINCESS • 1913
CIRCUS, THE • 1915
EMMA JANE MAKES GOOD • 1915
KINGDOM OF NOSEY LAND, THE • 1915
ONE ON MOTHER • 1915
REFUGE • 1915
SUCH A PRINCESS • 1915
BOLD, BAD BURGLAR, THE • 1916 • SHT
IN THE HEART OF A SHELL • 1916 • SHT
WHEN THE MINSTRELS CAME TO TOWN • 1916 • SHT
WISHING LAMP, THE • 1916 • SHT

MATTHEWS J. E. – ASL
REBEL, THE • 1915

MATTHEWS JACK – USA
PROBALL CHEERLEADERS • 1979

MATTHEWS JESSIE – Actress – UKN – 1907–
VICTORY WEDDING • 1944

MATTHEWS JOHN – ASL
MURPHY OF ANZAC • 1916

MATTHEWS JORDAN B. see **MATTEI BRUNO**

MATTHEWS ROSS – Producer – ASL – 1944–
HIGH MOUNTAIN VENTURE • 1973
STRUGGLE FOR PEDDER • 1974 • DOC

MATTINSON BURNEY – Animator – USA
MATTISON BURNEY • MATINSON BURNEY
MICKEY'S CHRISTMAS CAROL • 1984 • ANS

MATTISON BURNEY see **MATTINSON BURNEY**

MATTISON FRANK S. – USA – 1890–
BETTER MAN WINS, THE • 1922
LONE WAGON, THE • 1923
SHELL SHOCKED SAMMY • 1923
CIRCUS LURE • 1924
LAST WHITE MAN, THE • 1924
MILE A MINUTE • 1924
NORTH OF ALASKA • 1924
RAGGED ROBIN • 1924
FLYING FOOL • 1925
KIT CARSON OVER THE GREAT DIVIDE • WITH KIT CARSON OVER THE GREAT DIVIDE • 1925
SLOW DYNAMITE • 1925
BUFFALO BILL ON THE U.P. TRAIL • WITH BUFFALO BILL ON THE U.P. TRAIL • 1926
CODE OF THE NORTHWEST • 1926
DANIEL BOONE THRU THE WILDERNESS • 1926
BETTER DAYS • 1927
KING OF THE HERD • 1927
LITTLE WILD GIRL, THE • FLAMING JUSTICE (UKN) • 1928
MUST WE MARRY? • ONE EMBARRASSING NIGHT (UKN) • 1928
OLD AGE HANDICAP • 1928
BROKEN HEARTED • 1929
BYE–BYE BUDDY • 1929
CHINA SLAVER • 1929
GIRLS WHO DARE • 1929

MATTOLI MARIO – ITL – 1898–
LUCKY FIVE, THE
MY HEART SINGS
SCARRED
SCHOOLGIRL DIARY
TEMPO MASSIMO • 1934
AMO TE SOLA • IDILLIO 1848 • 1935
DAMIGELLA DI BARD, LA • 1936
MUSICA IN PIAZZA • 1936
SETTE GIORNI ALL'ALTRO MONDO • 1936
UOMO CHE SORRIDE, L' • 1936
FELICITA COLOMBO • 1937
QUESTI RAGAZZI • 1937
ULTIMI GIORNI DI POMPEI, GLI • 1937
DAMA BIANCA, LA • LADY IN WHITE, THE (USA) • 1938
DESTINO, IL • 1938
HA FATTO UNA SIGNORA, L' • 1938
NONNA FELICITA • 1938
TRIONFO DELL'AMORE, IL • LOVE'S TRIUMPH (USA) • 1938
AI VOSTRI ORDINA, SIGNORA! • AT YOUR ORDERS, MADAME (USA) ○ ORGIA DI SOLE ○ AL VOSTRI ORDINA, SIGNORA! ○ GIOCHI DI SOCIETA • 1939
ERAVAMO SETTE VEDOVE • WE WERE SEVEN WIDOWS (USA) • 1939
IMPUTATO ALZATEVI! • 1939
VEDI COME SEI.. LO VEDI COME SEI?!, LO • 1939
ABBANDONO • 1940
NON ME LO DIRE! • 1940
PIRATA SONO IO!, IL • 1940
1000 CHILOMETRI AL MINUTO • MILLE AL MINUTO • 1940
LUCE NELLE TENEBRE • 1941
ORE 9 LEZIONE DI CHIMICA • ORA NOVE LEZIONE DI CHIMICA • 1941
CATENE INVISIBILI • 1942
DONNA E MOBILE, LA • LADY IS FICKLE, THE (USA) • 1942
LABBRA SERRATE • 1942
STASERA NIENTE DI NUOVO • 1942
TRE AQUILOTTI, I • 1942
VOGLIO VIVERE COSI • 1942
ULTIMA CARROZZELLA, L' • SIETE LIBERO? • 1943
VALLE DEL DIAVOLO, LA • 1943
CIRCO EQUESTRE ZA–BUM • 1944
HO TANTO VOGLIA DI CANTARE! • 1944
VISPA TERESA, LA • 1944
VITA RICOMINCIA, LA • LIFE BEGINS ANEW (USA) • 1945

DUE ORFANELLI, I • 1947
FIACRE N.13, IL • 1947
PARTENZA ORE 7 • 1947
ASSUNTA SPINA • 1948
FIFA E ARENA • 1948
TOTO AL GIRO D'ITALIA • 1948
POMPIERI DI VIGGIU, I • 1949
ADAMO ED EVA • ADAM AND EVE (USA) • 1950
CADETTI DI GUASCOGNA, I • 1950
INAFFERRABILE 12, L' • DOUBLE TROUBLE • 1950
SIGNORINELLA • 1950
TOTO SCEICCO • TOTO THE SHEIK ◦ TOTO SHEIK • 1950
TOTO TARZAN • 1950
VEDOVO ALLEGRO, IL • 1950
ACCIDENTI ALLE TASSE • 1951
ARRIVANO I NOSTRI • 1951
PADRONE DEL VAPORE, IL • 1951
TOTO TERZA UOMO • 1951
ANEMA E CORE • 1952
CINQUE POVERI IN AUTOMOBILE • 1952
VENDETTA.. SARDA • 1952
DUE NOTTI CON CLEOPATRA • TWO NIGHTS WITH CLEOPATRA • 1953
PIU COMICO SPETTACOLO DEL MONDO, IL • 1953
SIAMO TUTTI INQUILINI • 1953
TURCO NAPOLETANO, UN • 1953
MEDICO DEI PAZZI, IL • 1954
MISERIA E NOBILITA • POVERTY AND NOBILITY (USA) • 1954
TOTO CERCA PACE • 1954
DICIOTTENNI, LE • 1956
GIORNI PIU BELLI, I • 1956
ULTIMO AMANTE, L' • 1956
PEPPINO, LE MODELLE E "CHELLA LLA" • 1957
COME TE MOVI TE FULMINO • 1958
SEGRETI DELLA NOTTE, I • 1958
TOTO, PEPPINO E LE FANATICHE • 1958
GUARDATELE MA NON TOCCATELE • 1959
NON PERDIAMO LA TESTA • LET'S NOT LOSE OUR HEADS • 1959
PREPOTENTI PIU DI PRIMA • 1959
PROVINCIALI, I • 1959
TIPI DA SPIAGGIA • 1959
APPUNTAMENTO A ISCHIA • 1960
MANDARINO PER TEO, UN • 1960
SIGNORI DI NASCE • 1960
TOTO, FABRIZI E I GIOVANI D'OGGI • 1960
CINQUE MARINES PER CENTO RAGAZZE • 1961
SUA ECCELLENZA SI FERMO A MANGIARE • 1961
APPUNTAMENTO IN RIVIERA • 1962
MACISTE CONTRO ERCOLE NELLA VALLE DEI GUAI • HERCULES IN THE VALE OF WOE (USA) ◦ MACISTE AGAINST HERCULES IN THE VALE OF WOE • 1962
OBBIETTIVO RAGAZZE • 1963
CADAVERE PER SIGNORA • 1964
PER QUALCHE DOLLARO IN MENO • 1966

MATTON CHARLES – FRN – 1933–

POMME, LA • 1967 • SHT
ITALIEN DES ROSES, L' • 1972
SPERMULA • 1975

MATTOX WALT – USA

SCARED TO DEATH • 1947

MATTSSON ARNE – SWD – 1919–

INCORRIGIBLE
OCH ALLA DESSA KVINNOR • AND ALL THESE WOMEN • 1944
I SOM HAR INTRADEN.. • YOU WHO ARE ABOUT TO ENTER • 1945
MARIA PA KVARNGARDEN • MARIE IN THE WINDMILL • 1945
SUSSIE • 1945
PEGGY PA VIFT • PEGGY ON A SPREE • 1946
ROTAGG • BAD EGGS • 1946
DET KOM EN GAST • GUEST CAME, A ◦ UNEXPECTED VISITOR, THE • 1947
PAPPA SOKES • FATHER WANTED, A • 1947
RALLARE • NAVVIES ◦ RAILWAY WORKERS, THE • 1947
FARLIG VAR • DANGEROUS SPRING ◦ DODEN TAR STUDENTEN • 1948
KVINNA I VITT • WOMAN IN WHITE • 1949
KASTRULLRESAN • SAUCEPAN JOURNEY, THE • 1950
KYSSEN PA KRYSSEN • KISS ON THE CRUISE, THE • 1950
NAR KARLEKEN KOM TILL BYN • WHEN LOVE COMES TO THE VILLAGE • 1950
BARANDE HAV • ROLLING SEA • 1951
HON DANSADE EN SOMMAR • SHE ONLY DANCED ONE SUMMER ◦ ONE SUMMER OF HAPPINESS ◦ SOMMARDANSEN • 1951
FOR MIN HETA UNGDOMS SKULL • BECAUSE OF MY HOT YOUTH • 1952
HARD KLANG • DULL CLANG, A • 1952
KARLEKENS BROD • BREAD OF LOVE, THE • 1953
NATTENS VAV • 1953
FORTROLLAD VANDRING • ENCHANTED WALK • 1954
SALKA VALKA • 1954
STORM OVER TJURO • 1954
HEMSOBORNA • PEOPLE OF HEMSO, THE • 1955
MANNEN I MORKER • MEN IN DARKNESS • 1955
FLICKAN I FRACK • GIRL IN A DRESS-COAT • 1956
LITET BO • LITTLE PLACE OF ONE'S OWN, A • 1956
INGEN MORGONDAG • NO TOMORROW • 1957
LIVETS VAR • PRIMAVERA DE LA VIDA ◦ SPRING OF LIFE • 1957
DAMEN I SVART • LADY IN BLACK, THE • 1958
KORLALEN • PHANTOM CARRIAGE, THE ◦ PHANTOM CHARIOT, THE • 1958
LLEGARON DOS HOMBRES • 1958
MANNEKANG I ROTT • MODEL IN RED • 1958
FAR JAG LANA DIN FRU? • MAY I BORROW YOUR WIFE? • 1959
RYTTARE I BLATT • RIDER IN BLUE • 1959
NAR MORKRET FALLER • WHEN DARKNESS FALLS • 1960
SOMMAR OCH SYNDARE • SUMMER AND SINNERS • 1960
LJUVLIG AR SOMMARNATTEN • SUMMER NIGHT IS SWEET, THE • 1961
BILJETT TILL PARADISET • TICKET TO PARADISE • 1962
VAXDOCKAN • DOLL, THE ◦ WAX DOLL • 1962
VITA FRUN • LADY IN WHITE • 1962
DET AR HOS MIG HAN HAR VARIT • YES, HE HAS BEEN WITH ME • 1963
GULA BILEN, DEN • YELLOW CAR, THE • 1963
BLAJACKOR • BLUE BOYS • 1964
HAR KOMMER BARSARKARNA • TWO VIKINGS, THE • 1965
MORIANERNA • MORIANNA (I, THE BODY) (USA) ◦ MORIANNA ◦ I, THE BODY ◦ BLACKAMOORS • 1965
NATTMARA • NIGHTMARE • 1965
YNGSJOMORDET • WOMAN OF DARKNESS • 1966
MORDAREN –EN HELT VANLIG PERSON • MURDERER –AN ORDINARY PERSON, THE • 1967
ONDA CIRKELN, DEN • VICIOUS CIRCLE, THE • 1967
ANN OCH EVE –DE EROTISKA • ANYBODY'S (UKN) ◦ ANN AND EVE • 1969
BAMSE • MY FATHER'S MISTRESS ◦ TEDDY BEAR • 1969
SMUTSIGA FINGRAR • DIRTY FINGERS (USA) • 1972
LASTBILEN • LORRY, THE • 1977
SOLEIL NOIR • 1978
MASK OF MURDER • 1986
GIRL, THE • 1987

MATTUSCHKA MARA – Animator – AUS

LOADING LUDWIG • ANM

MATULA JULIUS – CZC

POSLEDNI VIAK • LAST TRAIN, THE • 1982
BLOUDENI ORIENTACNIHO BEZCE • GOING ASTRAY ON AN ORIENTATION COURSE • 1985
MUZ NA DRATE • MAN ON THE LINE, THE • 1985
HAURI • SHARPIES • 1987

MATULL CURT see **MATULL KURT**

MATULL KURT – GRM

MATULL CURT

ALS DIE SABBATLICHER ERLOSCHEN... • 1915
ES FIEL EIN REIF IN DER FRUHLINGSNACHT • 1915
KASPAR HAUSER • TRAGODIE DES KASPAR HAUSER, DIE • 1915
RAFFLES, DAS RATSEL DER GROSSTADT • 1915
ZEITUNGSRIESE, DER • 1915
ES WAR EINST EIN PRINZESSCHEN • 1916
"...UND WER KEIN KREUZ UND LEIDEN HAT.. " • 1916
HOCH KLINGT DAS LIED VOM U-BOOT-MANN • HELDENLEBEN DES ERFINDERS DER U-BOOTE WILHELM BAUER, DAS • 1917
NICHT LANGE TAUSCHTE MICH DAS GLUCK? • 1917
ROSEN, DIE DER STERM ENTBLATTERT • 1917
TOTEN AUGEN, DIE • 1917
FALSCHES GELD • 1918
GEHEIMNIS DER WETTERFAHNE, DAS • 1918
KUSSE, DIE MAN IM DUNKELN STIEHLT • KUSSE, DIE MAN STIEHLT IM DUNKELN • 1918
WENN DAS HERZ IN HASS ERGLUHT • 1918
HERBSTSTURME • 1919
LEIBEIGENE, DIE • 1919

MATVEYEV E. see **MATVEYEV YEVGENI**

MATVEYEV YEVGENI – USS

MATVEYEV E.

TSYGAN • GIPSY • 1967
POCHTOVY ROMAN • LOVE BY CORRESPONDENCE • 1969
SMERTELNI VRAG • DEADLY ENEMY ◦ SWORN ENEMIES • 1971
EARTHLY LOVE • 1976
SUDBA • DESTINY • 1978

MATZKA DIETER – AUS

DECKNAME SCHLIER • ASSUMED NAME: SCHLIER • 1985

MAUCH THOMAS – GRM

MARIA OF THE STARS • 1989

MAUDE ARTHUR – USA

THAIS • 1914
ALTERNATIVE, THE • 1915
BLOOD OF OUR BROTHERS, THE • 1915
WRAITH OF HADDON TOWERS, THE • 1915
COURTESAN, THE • 1916
EMBERS • 1916
LORD LOVELAND DISCOVERS AMERICA • 1916
POWDER • 1916
REVELATIONS • 1916
MONA LISA, THE • 1926
VISION, THE • 1926 • SHT
POPPIES OF FLANDERS • POPPIES IN FLANDERS • 1927
RINGER, THE • 1928
TONI • 1928
CLUE OF THE NEW PIN, THE • 1929
FLYING SQUAD, THE • 1929
LYONS MAIL, THE • 1931
WATCH BEVERLY • 1932
LURE, THE • 1933
SHE WAS ONLY A VILLAGE MAIDEN • PRISCILLA THE RAKE • 1933
WISHBONE, THE • 1933
BOOMERANG • 1934
BORROWED CLOTHES • 1934
LIVE AGAIN • 1936
ONE GOOD TURN • 1951

MAUDRU – FRN

FOURVIERE • 1948 • SHT
SUPER-PACIFIC • 1948 • SHT

MAUDRU CHARLES – FRN

BOURRASQUE, LA • 1920
DROIT DE TUER, LE • 1920
LYS ROUGE, LE • 1920
AMOUR DU MORT, L' • 1921
ASSOMMOIR, L' • 1921
AVENTURIER, UN • 1921
PRES DES CIMES • 1921
TALION, LE • 1921
ROI DE PARIS, LE • 1922
SERGE PANINE • 1922
CRIME D'UNE SAINTE, LE • 1923
HOMME DU TRAIN 117, L' • 1923
ROCAMBOLE • 1923
AMOURS DE ROCAMBOLE, LES • 1924
PREMIERES ARMES DE ROCAMBOLE, LES • 1924

MAUDRU PIERRE – FRN – 1892–

TREIZIEME ENQUETE DE GREY, LA • 1937
GREY CONTRE X • INSPECTEUR GREY CONTRE X • 1939

MAUGARD ADOLFO BEST – MXC

HUMANIDAD • 1933 • SHT
MANCHA DE SANGRE, LA • BLOOD STAIN, THE • 1937

MAUNDER PAUL – NZL

GONE UP NORTH FOR A WHILE • MTV
ROADS TO RESOURCES • 1973
BAD CASE OF MADNESS, A • 1974
LANDFALL • 1975
SONS FOR THE RETURN HOME • 1979

MAUNG TIN OO – BRM

THINGYAN MOE • 1986

MAURER NORMAN – USA

THREE STOOGES GO AROUND THE WORLD IN A DAZE, THE • 1963
OUTLAWS IS COMING!, THE • THREE STOOGES MEET THE GUNSLINGER (UKN) • 1965

MAURETTE MARC – FRN – 1916–

DERNIER REFUGE • 1946
ALICE AU PAYS DES MERVEILLES • 1948
CITADELA SFARIMATA • CRUMBLING CITADEL, THE • 1957

MAURI ROBERTO – ITL

JOHNSON ROBERT • MORRIS ROBERT

VITE PERDUTE • LOST SOULS (USA) ◦ LEGGE DEL MITRA, LA ◦ LOST LIVES • 1958
MAFIOSI, I • 1961
SEGNO DEL VENDICATORE, IL • 1962
STRAGE DEI VAMPIRI, LA • SLAUGHTER OF THE VAMPIRES, THE ◦ CURSE OF THE GHOULS ◦ CURSE OF THE BLOOD-GHOULS (USA) • 1962
PIRATA DEL DIAVOLO, IL • SARACENS, THE (USA) • 1963
ZORIKAN LO STERMINATORE • ZORIKAN THE BARBARIAN (USA) • 1964
INVINCIBILI FRATELLI MACISTE, GLI • INVINCIBLE BROTHERS MACISTE, THE (USA) ◦ MACISTE BROTHERS, THE • 1965
SPORCA FACCENDA, UNA • 1965
TRE CENTURIONI, I • 1965
COLORADO CHARLIE • 1966
NOTTI DELLA VIOLENZA, LE • NIGHT OF VIOLENCE (USA) • 1966
EVA, LA VENERE SELVAGGIA • EVE, THE SAVAGE VENUS ◦ EVE, THE WILD WOMAN • 1968
VENDETTA E IL MIO PERDONO, LA • 1968
SARTANA NELLA VALLE DEGLI AVVOLTOI • 1970
WANTED SABATA • 1970
...E LO CHIAMARONO SPIRITO SANTO! • 1971
SPADA NORMANNA, LA • ESPADA NORMANDA, LA (SPN) ◦ NORMAN SWORDSMAN (UKN) • 1971
ANIMALE CHIAMATO UOMO, UN • 1972
BADA ALLA TUA PELLE SPIRITO SANTO • 1972
SEMINO MORTE.. LO CHIAMAVANO CASTIGO DI DIO • 1972
SPIRITO SANTO E LE CINQUE MAGNIFICHE CANAGLIE • 1972
MADELAINE, ANATOMIA DI UN INCUBO • 1974
TORO DA MONTA, UN • 1976
FERRARESE, LA • 1977
KING OF KONG ISLAND • KONG ISLAND ◦ EVE OF THE WILD WOMAN • 1978

MAURICE ANDRE – FRN

HATHA YOGA • 1981 • DOC

MAURICE D. B. – FRN – 1910–

DIAMANT-BERGER MAURICE

MA TANTE D'HONFLEUR • 1931
ENFANT DU MIRACLE, L' • 1932
MIQUETTE ET SA MERE • 1933

MAURO HUMBERTO see **MAURO-HUMBERTO**

MAURO-HUMBERTO

MAURO HUMBERTO

VALADAO O CRATERA • VALADAO THE DISASTER • 1925
NA PRIMAVERA DA VIDA • IN THE SPRINGTIME OF LIFE • 1926
THESOURO PERDIDO • TESOURO PERDIDO ◦ LOST TREASURE • 1927
BRAZA DORMIDA • EXTINGUISHED CINDERS ◦ SLEEPING EMBER • 1928
SANGUE MINEIRO • MINAS BLOOD ◦ BLOOD OF MINAS • 1929
LABIOS SEM BEIJOS • LIPS WITHOUT KISSES • 1930
GANGA BRUTA • ROUGH DIAMOND • 1932
FAVELA DO MEUS AMORES • FAVELA OF MY LOVES • 1934
CIDADE MULHER • 1936
DESCOBRIMENTO DO BRASIL, O • 1937
APOLOGO, UM • 1939 • SHT
ARGILA • CLAY • 1940
BANDEIRANTES • 1940 • SHT
DESPERTAR DA REDENTORA, O • 1942 • SHT
SEGREDO DAS ASAS, O • 1944
ENGENHOS E USINAS • 1945-56 • SHT
MANHA NA ROCA • 1945-56 • SHT
MEUS OITO ANOS • 1945-56 • SHT
CANTO DA SAUDADE, O • SONG OF SADNESS, THE • 1952
J'AI HUIT ANS • 1958
VELHA A FIAR, A • 1964 • SHT

MAURO RALPH – USA

BLONDE ON A BUM TRIP • BLONDE ON A BUM RAP • 1968
GIRLS IN THE SADDLE • 1969

MAURSTAD ALFRED – NRW

FANT • 1937

MAURY MARIA D. – USA

CASE OF THE STRIPPING WIVES, THE • CASE OF THE EXCITING WIVES, THE ◦ STRIPPING WIVES ◦ EXCITING WIVES • 1966

MAVRIKIOS DIMITRIS – GRC

POLEMONTA • 1975
LAMORE • 1980

MAVRODINOVA BOIKA – BUL
TOY-BOOTY • ANS

MAVROGORDATO ANTHONY – UKN
BORN OF THE SEA • 1949

MAVROIDIS DINOS – GRC
SCENARIO • 1985

MAWRA JOSEPH P. – USA
OLGA'S GIRLS • 1964
OLGA'S HOUSE OF SHAME • 36 HOURS OF TERROR ○ HOUSE OF SHAME • 1964
WHITE SLAVES OF CHINATOWN • SLAVES OF CHINATOWN ○ WHITE SLAVES • 1964
ALL MEN ARE APES! • 1965
CHAINED GIRLS • 1965
MME OLGA'S MASSAGE PARLOR • OLGA'S MASSAGE PARLOR ○ OLGA'S PARLOR • 1965
MURDER IN MISSISSIPPI • MURDER MISSISSIPPI • 1965
MONDO OSCENITA • WORLD OF OBSCENITY • 1966

MAX-LINDER MAUD see **LINDER MAUD**

MAXWELL ALEXANDER see **DUFFY KEVIN**

MAXWELL JOSEPH – USA
FRIVOLOUS WIVES • 1920

MAXWELL PAUL see **BIANCHINI PAOLO**

MAXWELL PETER – AUS – 1924–
BLIND SPOT • 1958
DESPERATE MAN, THE • 1959
GHOST TRAIN MURDER, THE • 1959
LONG SHADOW, THE • 1961
SERENA • 1962
IMPACT • 1963
SWITCH, THE • 1963
COUNTRY TOWN • 1971
THREE WORKSHOP FILMS • 1975
IS THERE ANYBODY THERE? • 1976 • MTV
POLLY ME LOVE • 1976 • MTV
MAMA'S GONE A-HUNTING • 1977 • MTV
PLUNGE INTO DARKNESS • 1977 • MTV
TOUCH AND GO • 1980
FLUTEMAN • 1982
MYSTERY AT CATTLE HOUSE • 1982
RUN REBECCA RUN • 1982
PLATYPUS COVE • 1983
HIGHEST HONOUR: A TRUE STORY, THE • SOUTHERN CROSS ○ HIGHEST HONOUR • 1984

MAXWELL RONALD see **MAXWELL RONALD F.**

MAXWELL RONALD F. – USA – 1947–
MAXWELL RONALD
LITTLE DARLINGS • 1980
NIGHT THE LIGHTS WENT OUT IN GEORGIA, THE • 1981
KIDCO • 1984
PARENT TRAP II • 1986

MAY BRADFORD – USA
EQUALISER: THE MYSTERY OF MANON, THE • MYSTERY OF MANON, THE • 1988 • TVM

MAY DAVID – UKN
BRINGING IT ALL BACK HOME • 1972

MAY DEREK – UKN – 1932–
ANGEL • 1966 • SHT
MCBUS • 1969
NIAGARA FALLS • 1969 • SHT
FILM FOR MAX, A • 1971
PANDORA • 1971
SANANGUAGAT INUIT MASTERWORKS OF 1000 YEARS • 1974 • DOC
PICTURES FROM THE 1930'S • 1977 • DOC
MOTHER TONGUE • 1979
OFF THE WALL • 1981
BOULEVARD IN CANADA, THE • 1987 • DOC

MAY ELAINE – Actress/writer – USA – 1932–
NEW LEAF, A • 1971
HEARTBREAK KID, THE • 1972
MIKEY AND NICKY • 1976
ISHTAR • 1987

MAY JOE – Producer – GRM – 1880–1954
ER MUSS SIE HABEN
FILMABENTEUER
SAMI DER SEEFAHRER
IN DER TIEFE DES SCHACHTS • 1912
VORGHITEN DES BALKANBRANDES • 1912
AUSGESTOSSENER, EIN • 1913
ENTSAGUNGEN • 1913
HEIMAT UND FREMDE • 1913
UNHEILBRINGENDE PERLE, DIE • 1913
VERSCHLEIERTE BILD VON GROSZ-KLEINDORF, DER • 1913
GEHEIMNISVOLLE VILLA, DIE • 1914
GRANE ELSTER • 1914
MANN IM KELLAR, DER • 1914
PAGODE, DIE • 1914
PANZERGEWOLBE, DAS • ARMOURED VAULT, THE • 1914
SPUK IN HAUSE DES PROFESSORS, DER • 1914
CHARLY, DER WUNDERAFFE • 1915
GEHEIMSEKRETAR, DER • 1915
GESETZ DER MINE, DAS • 1915
GESPENSTERUHR, DIE • BLAUE WASSER • 1915
SEIN SCHWIERIGSTER FALL • 1915
ARME EVA MARIA • 1916
BLATT PAPIER, EIN • 1916
EINSAM GRAB, EIN • 1916
NEBEL UND SOHNE • 1916
RATSELHAFTE INSERAT, DAS • 1916
SUNDE DER HELGA ARNDT, DIE • 1916
WIE ICH DETEKTIV WURDE • 1916
DES VATERS LETZTER WILLE • 1917
GEHEIMNIS DER LEEREN WASSERFLASCHE, DAS • 1917
HILDE WARREN UND DER TOD • HILDA WARREN AND DEATH • 1917
HOCHZEIT IM EXCENTRICCLUB, DIE • WEDDING IN THE ECCENTRIC CLUB, THE • 1917
KRAHEN FLIEGEN UM DEN TURM • 1917
LICHTSTRAHL IM DUNKEL, EIN • 1917
LIEBE DER HETTY RAYMOND, DIE • 1917
ONYXKOPF, DER • 1917
SCHWARZE CHAUFFEUR, DER • 1917
SILHOUETTE DES TEUFELS, DIE • 1917
BETTELGRAFIN, DIE • 1918
IHR GROSSES GEHEIMNIS • 1918
KLIMA VON VANCOURT, DAS • 1918
OPFER, DAS • 1918
SEIN BESTER FREUND • 1918
WOGEN DES SCHICKSALS • 1918
FRAULEIN ZAHNARZT • 1919
GRAFIN VON MONTE CHRISTO, DIE • COUNTESS OF MONTE CRISTO, THE • 1919
HERRIN DER WELT, DIE • MISTRESS OF THE WORLD • 1919 • SER
HERRIN DER WELT 1, DIE • FREUNDIN DES GELBEN MANNES, DIE • 1919
HERRIN DER WELT 2, DIE • GESCHICHTE DER MAUD GREGAARDS, DIE • 1919
HERRIN DER WELT 3, DIE • RABBI VON KUANG-FU, DER • 1919
HERRIN DER WELT 6, DIE • FRAU MIT DEN MILLIARDEN, DIE • 1919
HERRIN DER WELT 7, DIE • WOHLTATERIN DER MENSCHHEIT, DIE • 1919
HERRIN DER WELT 8, DIE • RACHE DER MAUD FERGUSSON, DIE • 1919
VERITAS VINCIT • 1919
WAHRE LIEBE, DIE • 1919
LEGENDE VON DER HEILIGEN SIMPLICIA, DIE • HEILIGE SIMPLICIA, DIE • 1920
SCHULD DER LAVINIA MORLAND, DIE • 1920
SODOM UND GOMORRA • 1920
GREATEST TRUTH, THE • 1921
INDISCHE GRABMAL I, DAS • SENDUNG DES JOGHI, DIE • 1921
INDISCHE GRABMAL I-II, DAS • MYSTERIES OF INDIA, THE (USA) ○ INDIAN TOMBSTONE, THE (UKN) ○ INDIAN TOMB, THE ○ ABOVE THE LAW ○ HINDU TOMB, THE • 1921
INDISCHE GRABMAL II, DAS • TIGER VON ESCHNAPUR, DER • 1921
TOBIAS BUNTSCHUH • 1921
DRAGON'S CLAW, THE • 1922
TRAGODIE DER LIEBE • LOVE TRAGEDY ○ TRAGEDY OF LOVE • 1923
FARMER AUS TEXAS, DER • 1925
DAFGIN • 1926
HEIMKEHR • HOMECOMING • 1928
ASPHALT • TEMPTATION • 1929
IHRE MAJESTAT DIE LIEBE • 1930
PARIS-MEDITERRANEE • DEUX DANS UNE VOITURE ○ CHEMIN DU BONHEUR, LE • 1931
...UND DAS IST DIE HAUPTSACHE • BALLNICHT, EINE • 1931
ZWEI IN EINEM AUTO • REISE INS GLUCK, DIE • 1931
HOCHZEITSREISE ZU DRITT • WENN ICH EINMAL EINE DUMMHEIT MACHE.. • 1932
LIEBESNACHT, EINE • 1933
LIED FUR DICH, EIN • 1933
ON DEMANDE UN COMPAGNON • 1933
TOUT POUR L'AMOUR • CHANSON POUR TOI, UNE • 1933
BENGAL TIGER • 1934
DACTYLO SE MARIE • 1934
MUSIC IN THE AIR • 1934
TWO HEARTS IN WALTZ TIME • 1934
CONFESSION • ONE HOUR OF ROMANCE • 1937
HOUSE OF FEAR • 1939
SOCIETY SMUGGLERS • 1939
HOUSE OF THE SEVEN GABLES, THE • 1940
INVISIBLE MAN RETURNS, THE • 1940
YOU'RE NOT SO TOUGH • 1940
HIT THE ROAD • 1941
JOHNNY DOESN'T LIVE HERE ANY MORE • AND SO THEY WERE MARRIED • 1944

MAY NICK – UKN
INVADERS, THE • 1977

MAY PAUL – GRM – 1909–1976
OSTERMAYR PAUL
EDELWEISSKONIG, DER • 1938
VIOLANTA • 1939
WALDRAUSCH • 1939
BEATES FLITTERWOCHEN • 1940
LINKS DER ISAR -RECHTS DER SPREE • 1940
VIOLANTA • 1942
UNHEIMLICHE WANDLUNG DES ALEX ROSCHER, DIE • SPIEGEL DER HELENA, DER • 1943
DUELL MIT DEM TOD • AM RANDE DES LEBENS • 1949
ZWEI MENSCHEN • 1952
JUNGES HERZ VOLL LIEBE • 1953
PHANTOM DES GROSSEN ZELTES • 1954
08/15 I • 1954
OBERARZT DR. SOLM • 1955
08/15 II • 1955
08/15 IN DER HEIMAT • 1955
KONIG FUR EINE NACHT • 1956
WEIL DU ARM BIST, MUSST DU FRUHER STERBEN • 1956
FLUCHT IN DIE TROPENNACHT • 1957
FUCHS DE PARIS, DER • MISSION DIABOLIQUE • 1957
WEISSER HOLUNDER • 1957
LANDARZTIN, DIE • 1958
HEIMAT -DEINE LIEDER • 1959
HEISSE WARE • 1959
UND EWIG SINGEN DIE WALDER • DUEL WITH DEATH (USA) ○ VENGEANCE IN TIMBER VALLEY ○ BEYOND SING THE WOODS • 1959
SCHLEIER FIEL, DER • 1960
SOLDATENSENDER CALAIS • HEADQUARTERS STATE SECRET (USA) • 1960
FREDDY UND DER MILLIONAR • 1961
VIA MALA • 1961
WALDRAUSCH • 1962
BARRAS HEUTE • 1963
SCOTLAND YARD JAGT DOKTOR MABUSE • DR. MABUSE VS. SCOTLAND YARD (USA) ○ SCHARLACHROTE DSCHUNKE, DIE ○ SCOTLAND YARD VS. DR. MABUSE ○ SCOTLAND YARD HUNTS DR. MABUSE ○ SCARLET JUNGLE, THE • 1963
MITTSOMMERNACHT • MIDSUMMER NIGHT • 1967

MAY RENATO – ITL – 1909–1969
PATUCCHI RENATO MAY
NENNELLA • 1949
PROCESSO A STALIN • 1963 • DOC

MAY WILFRED – USA
SUBSTITUTE WIFE, THE • 1925

MAYBERRY RUSS – USA
MAYBERRY RUSSELL
JESUS TRIP, THE • 1971
MCCLOUD: FIFTH MAN IN A STRING QUARTET • 1972 • TVM
PROBE • SEARCH • 1972 • TVM
VERY MISSING PERSON, A • 1972 • TVM
FER-DE-LANCE • DEATH DIVE • 1974 • TVM
FLYING MISFITS • BAA BAA BLACKSHEEP • 1976
STONESTREET: WHO KILLED THE CENTERFOLD MODEL? • 1976 • TVM
3,000 MILE CHASE, THE • THREE-THOUSAND MILE CHASE, THE • 1977 • TVM
MILLION DOLLAR DIXIE DELIVERANCE, THE • 1978 • TVM
REBELS, THE • 1979 • TVM
UNIDENTIFIED FLYING ODDBALL • SPACEMAN AND KING ARTHUR, THE (UKN) • 1979
MARRIAGE IS ALIVE AND WELL • 1980 • TVM
REUNION • 1980 • TVM
$5.20 AN HOUR DREAM, THE • 1980 • TVM
MATTER OF LIFE AND DEATH, A • 1981 • TVM
MONKEY MISSION, THE • 1981 • TVM
SIDNEY SHORR: A GIRL'S BEST FRIEND • 1981 • TVM
ROOSTER • 1982 • TVM
SIDE BY SIDE: THE TRUE STORY OF THE OSMOND FAMILY • 1982 • TVM
CHALLENGE OF A LIFETIME • 1985 • TVM
PLACE TO CALL HOME, A • 1987 • TVM
DANGER DOWN UNDER • HARRIS DOWN UNDER • 1988 • TVM

MAYBERRY RUSSELL see **MAYBERRY RUSS**

von MAYDELL FR. – GRM
KAMPF UM DIE FRAU • TUNDRA, DIE • 1932

MAYER – ITL
ARTE E REALTA • 1950 • SHT

MAYER ERNO – GRM
ENGEL IM SEPAREE -MADCHEN IN GEFAHR • MADCHEN IN GEFAHR • 1929

MAYER GERALD – CND – 1919–
MR. WHITNEY HAD A NOTION • 1949
DIAL 1119 • VIOLENT HOUR, THE (UKN) • 1950
INSIDE STRAIGHT • 1951
SELLOUT, THE • COUNTY LINE • 1951
HOLIDAY FOR SINNERS • DAYS BEFORE LENT • 1952
BRIGHT ROAD • SEE HOW THEY RUN • 1953
MARAUDERS, THE • 1955
DIAMOND SAFARI • 1958

MAYER HAROLD – USA
INHERITANCE, THE • 1964 • DOC

MAYER HENRY – Animator – USA
MAYER HY
CARTOONS BY HY MAYER • 1913 • ANM

MAYER HY see **MAYER HENRY**

MAYER JOHN – USA
RADIO ROCKET BOY • 1973

MAYEROVITCH DAVID – CND
ORDEAL BY ICE • 1945 • DCS

MAYERS DOE – USA
THREE-WHEELED FAIRYTALE • 1970 • SHT

MAYERSBERG PAUL – UKN
CAPTIVE • HEROINE • 1985
NIGHTFALL • 1988
LAST SAMURAI • 1989

MAYEVSKAYA A. see **MAIEVSKAIA A.**

MAYEVSKAYA M. – USS
MAIEVSKAIA M.
ROAD TO LIFE, THE • 1956

MAYFLOWER Z.
ADA, TO NIE WYPADA • 1937

MAYLAM TONY – UKN – 1943–
CUP GLORY • 1971 • DOC
GENESIS -A BAND IN CONCERT • 1976 • DOC
WHITE ROCK • 1977 • DOC
RIDDLE OF THE SANDS, THE • 1978
BURNING, THE • 1981
SINS OF DORIAN GRAY, THE • 1983 • TVM
ACROSS THE LAKE • 1989

MAYNARD KEN – Actor – USA – 1895–1973
FIDDLIN' BUCKAROO, THE • 1933

MAYNE DEREK – UKN
ATOMIC PHYSICS, PART 1: THE ATOMIC THEORY • ATOMIC THEORY, THE • 1947 • DOC

MAYO ARCHIE – USA – 1891–1968
MAYO ARCHIE L.
DOUBLE DUKES • 1917 • SHT
KID SNATCHERS • 1917 • SHT
NURSE OF AN ACHING HEART, THE • 1917 • SHT
BEACHES AND PEACHES • 1918 • SHT
DON'T PLAY HOOKEY • 1923 • SHT
MAMA'S BABY BOY • 1923 • SHT
MAN OF POSITION, A • 1923 • SHT
SHORT CHANGE • 1923 • SHT
SPRING FEVER • 1923 • SHT
HIGH GEAR • 1924 • SHT
HUSBANDS WANTED • 1924 • SHT
GOOD SPIRITS • 1925 • SHT
IMPERFECT LOVER, THE • 1925 • SHT
OFF HIS BEAT • 1925 • SHT
OH BRIDGET • 1925 • SHT
RARIN' ROMEO, A • 1925 • SHT
TENDER FEET • 1925 • SHT
WHY HESITATE? • 1925 • SHT
CHRISTINE OF THE BIG TOPS • 1926
JOHNNY GET YOUR HAIR CUT • 1926
MONEY TALKS • 1926
UNKNOWN TREASURES • HOUSE BEHIND THE HEDGE, THE (UKN) • 1926
WEAK BUT WILLING • 1926 • SHT
COLLEGE WIDOW, THE • 1927

DEARIE • 1927
QUARANTINED RIVALS • 1927
SLIGHTLY USED • 1927
BEWARE OF MARRIED MEN • 1928
CHARLES ROGERS IN THE MOVIE MAN • 1928 • SHT
CRIMSON CITY, THE • 1928
FOREIGNER, THE • 1928 • SHT
HENRY B. WALTHALL IN RETRIBUTION • 1928 • SHT
MY MAN • 1928
ON TRIAL • 1928
STATE STREET SADIE • GIRL FROM STATE STREET, THE (UKN) • 1928
IS EVERYBODY HAPPY? • 1929
SACRED FLAME, THE • 1929
SAP, THE • 1929
SONNY BOY • 1929
COURAGE • 1930
DOORWAY TO HELL, THE • HANDFUL OF CLOUDS, A (UKN) • 1930
OH! SAILOR BEHAVE! • NANCY FROM NAPLES • 1930
VENGEANCE • 1930
WIDE OPEN • 1930
BOUGHT • 1931
ILLICIT • 1931
SVENGALI • 1931
UNDER EIGHTEEN • 1931
EXPERT, THE • OLD MAN MINICK • 1932
NIGHT AFTER NIGHT • 1932
STREET OF WOMEN • 1932
TWO AGAINST THE WORLD • 1932
CONVENTION CITY • 1933
EVER IN MY HEART • 1933
LIFE OF JIMMY NOLAN, THE • KID'S LAST FIGHT, THE (UKN) ○ SUCKER • 1933
MAYOR OF HELL, THE • 1933
DESIRABLE • 1934
GAMBLING LADY • 1934
MAN WITH TWO FACES, THE • MYSTERIOUS MR. CHAUTARD, THE ○ DARK TOWER • 1934
BORDER-TOWN • 1935
CASE OF THE LUCKY LEGS, THE • 1935
GO INTO YOUR DANCE • CASINO DE PAREE (UKN) • 1935
GIVE ME YOUR HEART • SWEET ALOES (UKN) ○ I GIVE MY HEART • 1936
I MARRIED A DOCTOR • 1936
PETRIFIED FOREST, THE • 1936
BLACK LEGION • 1937
CALL IT A DAY • 1937
IT'S LOVE I'M AFTER • GENTLEMAN AFTER MIDNIGHT • 1937
ADVENTURES OF MARCO POLO, THE • 1938
YOUTH TAKES A FLING • 1938
THEY SHALL HAVE MUSIC • MELODY OF YOUTH (UKN) • 1939
FOUR SONS • 1940
HOUSE ACROSS THE BAY, THE • 1940
CHARLEY'S AUNT • CHARLEY'S AMERICAN AUNT (UKN) • 1941
CONFIRM OR DENY • 1941
GREAT AMERICAN BROADCAST, THE • 1941
MOONTIDE • 1942
ORCHESTRA WIVES • 1942
CRASH DIVE • 1943
SWEET AND LOWDOWN • MOMENT FOR MUSIC • 1944
ANGEL ON MY SHOULDER • 1946
NIGHT IN CASABLANCA, A • 1946

MAYO ARCHIE L. see **MAYO ARCHIE**

MAYO MELVIN – USA
MEG OF THE CLIFFS • 1915
CODE OF THE HILLS, THE • 1916 • SHT
JACKSTRAWS • 1916 • SHT
LITTLE SISTER OF THE POOR, THE • 1916
LOST BRACELET, THE • 1916
LOVE'S LAW • LOVE IS LAW • 1916 • SHT
MODERN PAUL, A • 1916 • SHT
NONE SO BLIND • 1916 • SHT
PRISONERS OF CONSCIENCE • 1916 • SHT
REFORMATION DELAYED, A • 1916
ROUGH NECK, THE • 1916 • SHT
WHEAT AND THE CHAFF, THE • 1916 • SHT

MAYO NINE – FRN
ARBRE, L' • 1961
SIX JOURS DE LA CREATION, LES • 1961

MAYOLO CARLOS – CLM
MANSION DE ARAUCAIMA, LA • 1985

de MAYORA JAIME – SPN
SOTANO, EL • 1950
NOCHE DE TORMENTA • ANNETTE • 1952

MAYOUX VALERIE – FRN – 1936–
SPIRALE, LA • 1976 • DOC

MAYRARGUE LUCIEN – FRN
NEUF DE TREFLE • 1937

MAYRHOFER FRIEDRICH – GRM
NEST, DAS • 1967

MAYRING PHILIPP L. – GRM
MAYRING PHILIPP LOTHAR
GEHEIMNIS DES BUDDHA, DAS • 1920
GEHEIMNIS DER GRUNEN VILLA, DAS • 1921
SCHLACT VON BADEMUNDE, DIE • 1921
GESTOHLENE GESICHT, DAS • 1931
ALARM AUF STATION III • 1939
BLUTSBRUDERSCHAFT • 1940
5000 MARK BELOHNUNG • 1942
SCHONER TAG, EIN • 1943
MUNCHNERINNEN • UBER ALLES DIE LIEBE • 1944
WIR SEH'N UND WIEDER • 1945

MAYRING PHILIPP LOTHAR see **MAYRING PHILIPP L.**

MAYS PETER – USA
MAYS PETERS
DEATH OF THE GORILLA, THE • SHT
NIGHT OF THE VAMPIRE • SHT

MAYS PETERS see **MAYS PETER**

MAYSLES ALBERT – USA – 1926–
PSYCHIATRY IN RUSSIA • 1955 • DOC
YOUTH OF POLAND, THE • YOUTH IN POLAND • 1957 • DOC
SHOWMAN • 1962 • DOC
YEAH, YEAH, YEAH, NEW YORK MEETS THE BEATLES • WHAT'S HAPPENING –THE BEATLES IN THE U.S.A. ○ WHAT'S HAPPENING • 1964 • DOC
MEET MARLON BRANDO • 1966 • DOC
VISIT WITH TRUMAN CAPOTE, A • WITH LOVE FROM TRUMAN • 1966 • DOC
MONTEREY POP • 1969
SALESMAN • 1969 • DOC
GIMME SHELTER • 1970
CHRISTO'S VALLEY CURTAIN • 1972
GREY GARDENS • 1975 • DOC
RUNNING FENCE • 1978 • DOC

MAYSLES DAVID – USA – 1932–
YOUTH OF POLAND, THE • YOUTH IN POLAND • 1957 • DOC
SHOWMAN • 1962 • DOC
YEAH, YEAH, YEAH, NEW YORK MEETS THE BEATLES • WHAT'S HAPPENING –THE BEATLES IN THE U.S.A. ○ WHAT'S HAPPENING • 1964 • DOC
MEET MARLON BRANDO • 1966 • DOC
VISIT WITH TRUMAN CAPOTE, A • WITH LOVE FROM TRUMAN • 1966 • DOC
SALESMAN • 1969 • DOC
GIMME SHELTER • 1970
CHRISTO'S VALLEY CURTAIN • 1972
GREY GARDENS • 1975 • DOC
RUNNING FENCE • 1978 • DOC

de la MAZA ARMANDO VARGAS see **VARGAS de la MAZA ARMANDO**

MAZARI ALAIN – FRN
PRINTEMPS PERDU • 1989

MAZAURIC BERNARD – FRN
CHRONIQUE INDIENNE • 1981

MAZEAS JEAN – FRN
SWINGMEN IN EUROPE • 1977 • DOC

MAZHAR AHMAD see **MAZHAR AHMED**

MAZHAR AHMED – Actor – EGY
MAZHAR AHMAD
NOUFOUSS HAIRA • TORMENTED SOULS ○ AMES TOURMENTEES • 1968
HABIBAT RIHALY • AIMEE D'UN AUTRE, L' • 1975

MAZIERE FRANCIS
TEIVA • 1963 • SHT

MAZIF SID ALI see **MAZIF SID-ALI**

MAZIF SID-ALI – ALG – 1943–
MAZIF SID ALI
CUEILLETTE DES ORANGES, LA • 1967 • SHT
PALUDISME EN ALGERIE, LE • 1967 • SHT
ENFER A DIX ANS, L' • HELL AT THE AGE OF TEN • 1968
NIFTA • 1968 • SHT
SUCRE, LE • 1968 • SHT
HISTOIRES DE LA REVOLUTION • 1970
POUR QUE VIVE L'ALGERIE! • 1972
VOLONTARIAT, LE • 1973 • SHT
RUHHAL, AL- • NOMADES, LES • 1975
SUEURS NOIRES • SUEUR NOIRE • 1975
LEILA ET LES AUTRES • 1977

MAZO MICHAEL – USA
EMPIRE OF ASH • 1987

MAZOYER ROBERT – FRN – 1929–
SANTO MODICO • 1929

MAZUMDAR TARUN – IND
MAJUMDAR TARUN
BALIKA BADHU • CHILD BRIDE • 1967
NIMANTRAN • 1971

MAZURSKY PAUL – USA – 1930–
BOB & CAROL & TED & ALICE • 1969
ALEX IN WONDERLAND • 1970
BLUME IN LOVE • 1973
HARRY AND TONTO • 1974
NEXT STOP, GREENWICH VILLAGE • 1976
UNMARRIED WOMAN, AN • 1978
WILLIE AND PHIL • 1980
TEMPEST • 1983
MOSCOW ON THE HUDSON • 1984
DOWN AND OUT IN BEVERLY HILLS • 1986
MOON OVER PARADOR • 1988
ENEMIES, A LOVE STORY • 1989
SCENES FROM A MALL • 1990

MAZZACURATI CARLO – ITL
NOTTE ITALIANA • ITALIAN NIGHT • 1988
PRETE BELLO, IL • HANDSOME PRIEST, THE • 1990

MAZZAROPI AMACIO – BRZ
JECA E A FREIRA, O • RUSTIC AND THE NUN, THE • 1968
NO PARAISO DAS SOLTEIRONAS • IN THE PARADISE OF UNMARRIED WOMEN • 1969

MAZZEI FRANCESCO – ITL
ARMA, L'ORA, IL MOVENTE, L' • 1972

MAZZETTI LORENZA – ITL – 1928–
METAMORPHOSIS • 1953 • SHT
TOGETHER • 1956
CATTIVI VANNO IN PARADISO, I • BAD GO TO HEAVEN, THE • 1958
ITALIANE E L'AMORE, LE • LATIN LOVERS (USA) ○ ITALIAN WOMEN AND LOVE • 1961
MISTERI DI ROMA, I • MYSTERIES OF ROME, THE ○ WONDERS OF ROME, THE • 1963 • DOC

MAZZUCA JOSEPH A. – USA
MAN FOR HANGING, A • 1973
SISTERS OF DEATH • 1978

MAZZUCCO MASSIMO – ITL
ROMANCE • 1987

M'BALA GNOAN – IVC
GNOAN M'BALA ROGER
AMANIE • WHAT IS THE NEWS? • 1973
CHAPEAU, LE • 1975
ABLAKON • 1985
BOUKA • 1988

MBAYE OUSMANE WILLIAM – SNL – 1952–
WILLIAM OUSMANE
DOOMI NGACC • CHILD FROM NGATCH, THE • 1979
CITY LIFE • 1989

MCHEDLIDZE NANA – USS
VOZVRASHCHYENIYE ULYBKI • SMILE BROUGHT BACK, A ○ RETURN OF A SMILE ○ SMILE RETURNED, THE • 1968
PIRVELI MERTSKHALI • FIRST SWALLOW, THE ○ PYERVAYA LASTOCHKA ○ FIRST STEP, THE ○ PERVAYA LASTOCHKA • 1976

MEAD TAYLOR – USA
EUROPEAN DIARIES • 1966

MEAD THOMAS – Producer/editor – USA – 1904–
RURAL RHAPSODY • 1946 • SHT

MEADOR JOSHUA – Animator – USA
MAKE MINE MUSIC • SWING STREET • 1945 • ANM

MEALS A. R. – USA
UNKNOWN RIDER, THE • 1929

MEANO CESARE – ITL
FRONTIERE • 1934

MEBALE LOUIS – GBN
BONJOUR BALTHAZAR • 1972 • SHT

von MECHOW ULF – GRM
UBERWINTERUNG • 1970
WINTERMARCHEN • DAVID AND THE ICE AGE • 1971

MEDAK PETER – HNG
NEGATIVES • SLEEP IS LOVELY • 1968
DAY IN THE DEATH OF JOE EGG, A • JOE EGG • 1972
PERSUADERS: SPORTING CHANCE, THE • SPORTING CHANCE • 1972 • MTV
RULING CLASS, THE • 1972
GHOST IN THE NOONDAY SUN • 1973
THIRD GIRL FROM THE LEFT, THE • 1973 • TVM
COSMIC PRINCESS • SPACE 1999: COSMIC PRINCESS • 1976 • MTV
ODD JOB, THE • 1978
BABYSITTER, THE • 1980 • TVM
CHANGELING, THE • 1980
MISTRESS OF PARADISE • 1981 • TVM
ZORRO THE GAY BLADE • 1981
CRY FOR THE STRANGERS • CRY FOR STRANGERS • 1982 • TVM
PINOCCHIO • 1983 • MTV
SNOW QUEEN • 1983 • MTV
SNOW WHITE AND THE SEVEN DWARFS • 1983 • MTV
DANCING PRINCESSES, THE • 1984 • MTV
EMPEROR'S NEW CLOTHES, THE • 1984 • MTV
MEN'S CLUB, THE • 1986
SERVANTS' ENTRANCE • 1988
FATAL CHARM • 1989
KRAYS, THE • 1990

de MEDEIROS RICARDO BEBY – BNN
ROI ES MORT EN EXIL, LE • 1970
SILENCE ET FEUDE BROUSSE • 1973
NOUVEAU VENU, LE • NEWCOMER, THE • 1979

MEDEOLTI J.
GOTTES MUHLEN MAHLEN LANGSAM • MILLS OF THE GODS, THE • 1939

MEDEOTTI-BAHAC – CZC
DEVCATKO, NERIKEJ NE! • LITTLE GIRL, DON'T SAY NO! • 1932

MEDFORD DON – USA – 1917–
TO TRAP A SPY • VULCAN AFFAIR, THE • 1965 • TVM
FUGITIVE: THE JUDGEMENT, THE • 1966 • TVM
COSA NOSTRA –ARCH ENEMY OF THE F.B.I. • 1967
INCIDENT IN SAN FRANCISCO • 1970 • TVM
HUNTING PARTY, THE • 1971
ORGANIZATION, THE • 1971
NOVEMBER PLAN, THE • COVER KILL ○ CITY ON ANGELS • 1976
CLONE MASTER • 1978 • TVM
COACH OF THE YEAR • 1980 • TVM
SIZZLE • 1981 • TVM
FATHER OF HELL TOWN • 1985 • TVM
HELL TOWN • 1985 • TVM

MEDINA HECTOR – PHL
TATAK: SACRAMENTADOS • MARKED: SACRAMENTADOS • 1968

MEDINA JOSE – BRZ
FRAGMENTOS DE VIDA • 1929

MEDINA RAUL – SPN
BELLA LA SALVAJE • 1952

MEDIZ BOLIO ANTONIO – MXC
AMOR DE LOS AMORES, EL • 1944

MEDORI ALFREDO – ITL
REINGOLD FRED
RHYTHM OF INDIA • 1958
SFIDA NELLA CITTA DELL'ORO • 1960
F.B.I. OPERAZIONE VIPERA GIALLA • 1966
INFERNO NEL PACIFICO • 1967
MORTE SULL'ALTA COLLINA, LA • 1969

MEDOWAY CARY – USA – 1949–
HEAVENLY KID, THE • 1985
PARADISE MOTEL • NEW KID IN TOWN • 1985

MEDVECZKY DIOURKA – Sculptor – HNG – 1930–
MEDWECZY DIOURKA
MARIE ET LE CURE • 1969 • SHT
PAUL • 1969

MEDVED JOSEF see **MEDVED JOZEF**

MEDVED JOZEF – CZC – 1927–
MEDVED JOSEF
QUADRILLE • 1955
TESTING TIME FOR LOVE, A • 1956
JARGUS LAPIN • 1960
BLACK MINUTE, A • 1970

MEDVEDKIN ALEXANDER – USS – 1900–1989
DERJI VORA • 1930
POLECHKO • 1930
DOUREN, TY DOUREN • 1931
FROUKTY-OVOCHTCHI • 1931
DYRA • 1932
PRO LIOUBOV • ABOUT LOVE • 1932
ZAPADNIA • 1932
STCHASTIE • HAPPINESS ○ SCHASTE • 1934
TCHOUDESNITSA • CHUDESNITSA ○ MIRACLE GIRL, THE • 1936
NOVAIA MOSKVA • 1938
MY ZHDOM VAS S POBEDOI • WE EXPECT VICTORY THERE ○ COME BACK WITH A VICTORY • 1941
OSVOBOZHDENNAYA ZEMLYA • OSVOBO JDIENNAIA ZEMLIA • 1946
SLAVA TROVDOU • 1949
PIERVAIA VESNA • 1950
BIESPOKOINAIA • 1956
CINEPAMPHLET • 1958–71 • SER

MEDWECZY DIOURKA see **MEDVECZKY DIOURKA**

MEE CAPTAIN – UKN
MAN WHO CHANGED HIS MIND, THE • 1928

MEECH-BURKESTONE GRAHAM – USA
BURNOUT • 1979

MEEHAN J. LEO see **MEEHAN JAMES LEO**

MEEHAN JAMES LEO – USA
MEEHAN J. LEO • MEEHAN LEO
SILVER SPURS • 1922
TRAPPED IN THE AIR • 1922
MICHAEL O'HALLORAN • 1923
GIRL OF THE LIMBERLOST, A • 1924
KEEPER OF THE BEES, THE • 1925
LADDIE • 1926
HARVESTER, THE • 1927
JUDGMENT OF THE HILLS • 1927
LITTLE MICKEY GROGAN • MICKEY GROGAN, CONTRACTOR • 1927
MAGIC GARDEN, THE • 1927
MOTHER • WOMAN SEES IT THROUGH, THE • 1927
NAUGHTY NANETTE • 1927
DEVIL'S TRADEMARK, THE • 1928
FRECKLES • 1928
LITTLE YELLOW HOUSE, THE • 1928
WALLFLOWERS • 1928
HUNTING TIGERS IN INDIA • 1929 • DOC
ACROSS THE WORLD WITH MR. AND MRS. JOHNSON • 1930
JUNGLE HELL • 1932

MEEHAN LEO see **MEEHAN JAMES LEO**

MEERAPFEL JEANINE – GRM
MALOU • 1980
AMIGA, LA • 1987
DESEMBARCOS • WHEN MEMORY SPEAKS (UKN) • 1989

MEERY JULIUS – GRM
MENSCHEN ZWEITER GUTE • 1930

MEESTER OSKAR see **MESSTER OSKAR**

MEEWES HELMUT – GRM
AUCH MIMOSEN WOLLENBLUHEN • EVEN WALLFLOWERS WANT TO BLOOM • 1976

MEFFRE POMME – FRN – 1933–
GRAIN DE SABLE, LE • 1982

MEGAHY FRANCIS – UKN
JUST ONE MORE TIME • 1963
FREELANCE • 1970
FLASHPOINT AFRICA • REBELLEN, DIE (FRG) ○ ONE TAKE TWO • 1978
GREAT RIVIERA BANK ROBBERY, THE • SEWERS OF GOLD ○ DIRTY MONEY • 1979
CARPATHIAN EAGLE • 1982 • MTV
GROWING PAINS • 1982 • TVM
REAL LIFE • 1983
MURDER ON THE ORIENT EXPRESS • 1985 • TVM
TAFFIN • TAFFIN: A DIFFERENT KIND OF HERO • 1988

MEGGINSON R. T. – USA
PARTY, THE
PELVIS • 1977

MEGGINSON RICK – UKN
ALL SORTS OF HEROES • 1976

MEHBOOB see **KHAN MEHBOOB**

MEHDI AL RACHID – SDN
HOPES AND DREAMS • 1969

MEHLIG WILLY – GRM
PARADIESAPFEL, DER • 1922

MEHRINGER HANS – GRM
STRANGLER OF THE TOWER • 1966

MEHRJOUEI DARYOUSH see **MEHRJUI DARIUSH**

MEHRJUI DARIOUSH see **MEHRJUI DARIUSH**

MEHRJUI DARIUSH – IRN – 1941–
MEHRJOUEI DARYOUSH • MEHRJUI DARIOUSH
ALMAS-E-33 • DIAMOND 33 • 1968
GAV • COW, THE (UKN) • 1968
POSTCHI • POSTMAN, THE • 1972
ASHGHALDOUNI • JUNK HOUSE • 1973
DAYEREH MINA • MINA CYCLE ○ CYCLE, THE • 1974
HAPPY BIRTHDAY • 1975
BACKYARD, THE • 1980
TENANTS, THE • 1987
SHIRAK • 1988
HAMOON • 1989
PRAIRIE, THE • 1989

MEHTA DAKUBHAI – IND
MATSYA GANDHA OR BHISHMA PRATIGNYA • 1934

MEHTA KETAN – IND
BHAVNI BHAVAI • FOLK TALE, A • 1980
HOLI • FESTIVAL OF FIRE, THE • 1984
MIRCH MASALA • CHILLI BOUQUET • 1985
HERO HIRARAL • 1988
SARDAR PATEL • 1990

MEHTA VIJAYA – IND
SMRITICHITRE • REMINISCENCES ○ MEMORY EPISODES • 1983
RAO SAHEB • 1985
PESTONJI • 1987

MEIENBERG NIKLAUS – SWT
ERSCHIESSUNG DES LANDESVERRATERS ERNST S., DIE • EXECUTION OF TRAITOR ERNST S., THE ○ SHOOTING OF TRAITOR ERNST S., THE • 1976 • DOC
HITLER -ATTENTATER MAURICE B • 1979

MEIER HANS-PETER – GRM
GANZ FAIRE PROZESS DES MARCEL G., DER • 1978

MEIER ULI – GRM
TAG DER AFFEN • 1975 • MTV
CERTAIN JOSETTE BAUER, UNE • 1986 • DOC

MEIGNANT MICHEL – FRN – 1936–
OBJECTIF TEMPS • 1965 • DCS
SEXOLOGOS • LIBERTE, EGALITE, SEXUALITE • 1969 • DOC

MEIJER REINIER J. – NTH
SURPRISING AMSTERDAM • 1966

MEILI GADENZ see **MEILI GAUDENZ**

MEILI GAUDENZ – SWT
MEILI GADENZ
STUMME, DER • DUMB, THE • 1976 • MTV
KNEUSS • 1978
NEAPELFRIES, DAS • 1987 • DOC

MEILIJ EDUARDO – ARG
PERMISO PARA PENSAR • LICENCE TO THINK • 1988

MEINECHE ANNELISE – DNM
SYTTEN • ERIC SOYA'S "17" (USA) ○ SEVENTEEN • 1965
FLEDERMAUS, DIE • FLEGERMUSEN • 1966
RODE HESTE VINDER LOBET, DE • RED HORSES WIN THE RACE, THE • 1968
UDEN EN TRAEVL • WITHOUT A STITCH (USA) • 1968
DAMERNES VEN • 1969
SANGEN OM DEN RODE RUBIN • SONG OF THE RED RUBY, THE (UKN) ○ RODE RUBIN, DEN • 1970

MEINERT RUDOLF – GRM
HUND VON BASKERVILLE, DER • HOUND OF THE BASKERVILLES, THE (USA) • 1914
WILLIAM VOSS • 1915
GELBE ULSTER, DER • 1916
GLAUBENSKETTEN • 1916
JOHN ROOL • 1916
FUSSPUR, DIE • 1917
GESICHT AM FENSTER, DAS • 1917
GIOVANNIS RACHE • 1917
MEIN IST DIE RACHE • 1917
MYSTERIUM DES SCHLOSSES CLAUDEN, DAS • 1917
PAGODE, DIE • GEHEIMNIS DER PAGODE, DER • 1917
SEIN FUNFTER FALL • 1917
STERBENDEN PERLEN, DIE • 1917
AUS DER JUGENDZEIT KLINGT EIN LIED • 1918
FERDINAND LASSALLE • 1918
FLIEGER VON GOERZ, DER • 1918
FLUCH DES SPIELS, DER • 1918
GOLDENE POL, DER • 1918
HAUS GEGENUBER, DAS • 1918
NEUESTE ERLEBNIS, DAS • 1918
NUR UM TAUSEND DOLLAR • 1918
SARATOGA-KOFFER, DER • 1918
SCHONE JOLAN, DIE • 1918
WUSTENSDIAMANT, DER • 1918
ZIGEUNERWEISEN • 1918
KLOSTER VON SENDOMIR, DAS • 1919
NACHTASYL • 1919
SCHRITT VOM WEGE, EIN • 1919
SPIELZEUG DER ZARIN, DAS • 1919
TUNNEL, DER • 1919
MARIE ANTOINETTE • 1922
DUDU, EIN MENSCHENSCHICKSAL • GESCHICHTE EINES CLOWNS, DIE ○ MENSCHEN • 1924
ROSENMONTAG • OFFIZIERSTRAGODIE, EINE ○ ROSE MONDAY • 1924
ROTE MAUS, DIE • 1925
ELF SCHILLERSCHEN OFFIZIERE, DIE • 1926
LASTER DER MENSCHHEIT • LUSTS OF MANKIND ○ LASTER • 1927
VORBESTRAFTEN, DIE • 1927
FALL DES STAATSANWALTS M..., DER • STRANGE CASE OF DISTRICT ATTORNEY M., THE ○ WERA MIRZEWA • 1928
GRUNE MONOKEL, DAS • 1929
MASKEN • 1929
WEISSEN ROSEN VON RAVENSBERG, DIE • 1929
ELEVEN WHO WERE LOYAL
CHANSON DES NATIONS, LA • 1930
LIED DER NATIONEN, DAS • 1931
ELF SCHILLERSCHEN OFFIZIERE, DIE • 1932

MEINHARD-JUNGER RUDOLF – GRM
STRAFLINGSKAVALIER, DER • 1927

MEINS GUS – USA
HOMEMADE MOVIES • 1922 • SHT
GETTING THE AIR • 1930 • SHT
SOME SHOW • 1930 • SHT
STEP RIGHT UP • 1930 • SHT
STOP THAT NOISE • 1930 • SHT
SNEAK EASILY • 1932 • SHT
AIR FRIGHT • 1933 • SHT
ASLEEP IN THE FLEET • 1933 • SHT
BACKS TO NATURE • 1933 • SHT
BEAUTY AND THE BUS • 1933 • SHT
FALLEN ARCHES • 1933 • SHT
MAIDS A LA MODE • 1933 • SHT
ONE TRACK MINDS • 1933 • SHT
TAXI BARONS • 1933 • SHT
BABES IN THE GOODS • 1934 • SHT
BABES IN TOYLAND • MARCH OF THE WOODEN SOLDIERS ○ LAUREL AND HARDY IN TOYLAND ○ MARCH OF THE TOYS ○ REVENGE IS SWEET • 1934
DONE IN OIL • 1934 • SHT
FIRST ROUND-UP • 1934 • SHT
FOR PETE'S SAKE • 1934 • SHT
HI NEIGHBOR! • 1934 • SHT
HONKEY DONKEY • HONKY-DONKEY • 1934 • SHT
I'LL BE SUING YOU • 1934 • SHT
MAID IN HOLLYWOOD • 1934 • SHT
MAMA'S LITTLE PIRATES • 1934 • SHT
MIKE FRIGHT • 1934 • SHT
ONE HORSE FARMERS • 1934 • SHT
SHRIMPS FOR A DAY • 1934 • SHT
SOUP AND FISH • 1934 • SHT
THREE CHUMPS AHEAD • 1934 • SHT
ANNIVERSARY TROUBLE • 1935 • SHT
BEGINNER'S LUCK • 1935 • SHT
LITTLE PAPA • 1935 • SHT
LITTLE SINNER • 1935 • SHT
OUR GANG FOLLIES OF 1936 • 1935 • SHT
SPRUCIN' UP • 1935 • SHT
TEACHER'S BEAU • 1935 • SHT
ALL-AMERICAN TOOTHACHE • 1936 • SHT
HILL TILLIES • 1936 • SHT
KELLY THE SECOND • 1936
LUCKY CORNER, THE • 1936 • SHT
SECOND CHILDHOOD • 1936 • SHT
CALIFORNIANS, THE • BEYOND THE LAW (UKN) ○ GENTLEMAN FROM CALIFORNIA, THE ○ CALIFORNIAN, THE • 1937
HIT PARADE OF 1937 • I'LL REACH FOR A STAR ○ HIT PARADE, THE • 1937
NOBODY'S BABY • 1937 • SHT
HIGGINS FAMILY, THE • 1938
HIS EXCITING NIGHT • 1938
LADIES IN DISTRESS • 1938
ROLL ALONG, COWBOY • 1938
ROMANCE ON THE RUN • 1938
COVERED TRAILER, THE • 1939
MONEY TO BURN • 1939
MY WIFE'S RELATIVES • 1939
MYSTERIOUS MISS X, THE • 1939
SHOULD HUSBANDS WORK? • 1939
EARL OF PUDDLESTONE • JOLLY OLD HIGGINS (UKN) • 1940
GRANDPA GOES TO TOWN • 1940
SCATTERBRAIN • 1940

MEISEL KURT – Actor – GRM – 1912–
TRAGODIE EINER LEIDENSCHAFT • 1949
VERSPIELTES LEBEN • ULYSSA • 1949
LIEBE AUF EIS • 1950
DAMONISCHE LIEBE • 1951
TODESARENA, DIE • 1953
SONNTAGSKIND, DAS • 1956
DREI MANN AUF EINEM PFERD • 1957
VATER SEIN DAGEGEN SEHR • 1957
MADELEINE -TEL. 13 62 11 • MADELEINE (USA) • 1958
KRIEGSGERICHT • COURT MARTIAL (USA) • 1959
LIEBE VERBOTEN -HEIRATEN ERLAUBT • 1959
ROTE HAND, DIE • MANO ROSSO, LA (ITL) ○ RED HAND, THE (USA) • 1960
VERSCHWENDER, DER • 1964

MEISEL NORBERT – USA
ADULTERESS, THE • 1973
LOVE, LUST AND VIOLENCE • 1975
I REMEMBER LOVE • 1981
WALKING THE EDGE • 1983

MEITZOFF ROMAN – BUL
TSVETNITE NISCHKI • COLORED YARNS • 1969 • ANS

MEIYAPPAN A. V. – IND
DEMON LAND • 1948

MEJAT RAYMOND – FRN – 1910–
BAGNARDS DE CAYENNE, LES • 1939 • DOC
FRANCE EST UN EMPIRE, LA • 1939 • DOC

MEJIA ALBERTO – CLM
THREE COLOMBIAN STORIES
CARVALHO • 1969

MEJKAL RUDOLF – CZC
ZIVOT SEL KOLEM • LIFE PASSED BY • 1913

MEKAS ADOLFAS – LTH – 1925–
LET'S CRY • 1961
HALLELUJAH THE HILLS • 1963
BRIG, THE • 1965
DOUBLE-BARRELLED DETECTIVE STORY, THE • 1965
WINDFLOWERS: THE STORY OF A DRAFT DODGER • 1968
COMPANERAS AND COMPANEROS • 1970 • DOC
GOING HOME • 1972

MEKAS JONAS – LTH – 1922–
GUNS OF THE TREES • GUNS IN THE TREES • 1961
SECRET PASSION OF SALVADOR DALI, THE • 1961
100 GLIMPSES OF SALVADOR DALI • 1961
FILM MAGAZINE OF THE ARTS • 1963 • SHT
FOOL'S HAIKUS, A • 1963
AWARD PRESENTATION TO ANDY WARHOL • 1964 • SHT
CASSIS • 1964
BRIG, THE • 1965
HARE KRISHNA • 1966
NOTES ON THE CIRCUS • CIRCUS NOTEBOOK, THE • 1966
REPORT FROM MILLBROOK • MILLBROOK REPORT, THE • 1966
DIARIES, NOTES AND SKETCHES • WALDEN: REELS ONE TO FOUR • 1969
TIME & FORTUNE VIETNAM NEWSREEL • 1969
REMINISCENCES FROM A JOURNEY TO LITHUANIA • 1972
LOST, LOST, LOST • 1976
IN BETWEEN • 1978

PARADISE NOT YET LOST, OR OONA'S FIFTH YEAR • 1980
NOTES FOR JEROME • 1981

de MEL RUBY – SLN

PIPENA KUMUDU • FLOWERING LOTUS • 1967

MELANCON ANDRE – CND – 1942–

CHARLES GAGNON • 1970 • DOC
ENFANT ET LES MATHEMATIQUES, L' • 1971 • SHT
PROFESSEUR ET LES MATHEMATIQUES, LE • 1971 • SHT
DES ARMES ET LES HOMMES • 1973 • SHT
OREILLE MENE L'ENQUETE, LES • 1974 • SHT
TACOTS, LES • 1974 • SHT
VIOLON DE GASTON, LE • 1974 • SHT
JEU DANGEREUX, UN • 1976 • SHT
JOB A PLEIN TEMPS, UNE • 1977 • SHT
COMME LES DOIGTS DE LA MAIN • 1978
OBSERVATION I, II, III • 1978
VRAIS PERDANTS, LES • 1978 • DOC
PLANQUEZ-VOUS, LES LACASSES ARRIVENT.. • 1979
SEANCE DE LA RUE DU COUVENT, LA • 1979
ESPACE D'UN ETE, L' • 1980
PAROLE AUX ENFANTS, LA • 1980 • SER
PAS POSSIBLES, LES • 1982 • SER
ZIGZAGS • 1983
GUERRE DES TUQUES, LA • DOG WHO STOPPED THE WAR, THE ○ CHATEAU DE NEIGE, LE ○ DOG THAT STOPPED THE WAR, THE • 1985
BACH ET BOTTINE • BACH AND BROCCOLI • 1986
CECI EST MON CORPS • 1986 • MTV
LYS CASSE, LE • DEATH OF A SILENCE • 1988 • DOC

MELANDER CARL-OLOV – SWD

KRISTALLEN DEN FINA • 1954

MELANI M. – ITL

LEGENDA SINFONICA • 1947

MELCHIOR IB – Set designer – DNM – 1917–

ANGRY RED PLANET, THE • JOURNEY TO THE 4TH PLANET ○ INVASION OF MARS • 1959
TIME TRAVELERS, THE • TIME TRAP • 1964

MELEH MABIL – SYR

PROGRESSIVE GENTLEMAN, THE • 1974

MELENDEZ AGLIBERTO – DMN

PASAJE DE IDA • ONE-WAY TICKET • 1988

MELENDEZ BILL – Animator – USA

BABAR THE ELEPHANT • 1968 • ANM
BOY NAMED CHARLIE BROWN, A • BOY CALLED CHARLIE BROWN, A (UKN) • 1969 • ANM
RAINBOW BEAR, THE • 1970 • ANS
SNOOPY, COME HOME • 1972 • ANM
DICK DEADEYE • DICK DEADEYE, OR DUTY DONE • 1975 • ANM
RACE FOR YOUR LIFE, CHARLIE BROWN • 1977 • ANM
LION, THE WITCH AND THE WARDROBE, THE • 1978 • ANM
BON VOYAGE, CHARLIE BROWN • BON VOYAGE, CHARLIE BROWN (AND DON'T COME BACK!) • 1979 • ANM
IT'S AN ADVENTURE, CHARLIE BROWN • 1983 • ANM

MELENDEZ JERONIMO MELENDEZ – USA

HEROINA • 1965

MELENDEZ RAMIRO – CLM

DIOS Y YO • GOD AND I • 1973

MELFORD AUSTIN – Actor/writer – UKN – 1884–

CAR OF DREAMS • 1935
OH DADDY! • 1935
RADIO LOVER • 1936

MELFORD FRANK

LJUBAV I STRAST • 1932

MELFORD GEORGE – USA – 1889–1961

MELFORD GEORGE H.

ARIZONA BILL • 1911
BUGLER OF BATTERY B, THE • 1912
GRETNA GREEN • 1912
SAVED FROM COURT MARTIAL • 1912
SOLDIER BROTHERS OF SUSANNA, THE • 1912
ATTACK AT ROCKY PASS • 1913
BATTLE FOR FREEDOM, THE • 1913
BATTLE OF BLOODY FORD, THE • 1913
CHINESE DEATH THORN, THE • 1913
DAUGHTER OF THE CONFEDERACY, A • 1913
FIGHTING CHAPLAIN, THE • 1913
FIRE-FIGHTING ZOUAVES, THE • 1913
GRIM TOLL OF WAR, THE • 1913
INVADERS, THE • 1913
LAST BLOCKHOUSE, THE • 1913
PERILS OF THE SEA, THE • 1913
PRISONERS OF WAR • 1913
STRUGGLE, THE • 1913
WARTIME SIREN, THE • 1913
WOE OF BATTLE, THE • 1913
BOER WAR, THE • 1914
BOND ETERNAL, THE • 1914
CELEBRATED CASE, A • 1914
DERELICT, THE • 1914
DETECTIVE'S SISTER, THE • 1914
FATAL OPAL, THE • 1914
INVISIBLE POWER, THE • 1914
NINA OF THE THEATRE • 1914
POTTER AND THE CLAY, THE • 1914
PRIMITIVE INSTINCT, THE • 1914 • SHT
SHANNON OF THE SIXTH • 1914
ARMSTRONG'S WIFE • 1915
EXPLORER, THE • 1915
FIGHTING HOPE, THE • 1915
GENTLEMAN OF LEISURE, A • 1915
GOVERNOR'S LADY, THE • 1915
HONORABLE FRIEND • 1915
IMMIGRANTS, THE • 1915
MARRIAGE OF KITTY, THE • 1915
OUT OF DARKNESS • 1915
PUPPET CROWN, THE • 1915
STOLEN GOODS • 1915
UNKNOWN, THE • 1915
WOMAN, THE • 1915
YOUNG ROMANCE • 1915
EACH PEARL A TEAR • 1916
GUTTER MAGDALENE, THE • 1916
HOUSE OF THE GOLDEN WINDOWS, THE • HOUSE OF GOLDEN WINDOWS, THE • 1916
RACE, THE • 1916
TENNESSEE'S PARDNER • 1916
TO HAVE AND TO HOLD • 1916
VICTORY OF CONSCIENCE, THE • 1916
YEAR OF THE LOCUST, THE • 1916
YELLOW PAWN, THE • 1916
CALL OF THE EAST, THE • 1917
COST OF HATRED, THE • 1917
CRYSTAL GAZER, THE • 1917
EVIL EYE, THE • 1917
HER STRANGE WEDDING • 1917
NAN OF MUSIC MOUNTAIN • 1917
ON THE LEVEL • 1917
SCHOOL FOR HUSBANDS, A • 1917
SUNSET TRAIL • 1917
WINNING OF SALLY TEMPLE, THE • 1917
BRAVEST WAY, THE • 1918
CITY OF DIM FACES, THE • 1918
CRUISE OF THE MAKE-BELIEVES, THE • 1918
HIDDEN PEARLS • 1918
SANDY • 1918
SOURCE, THE • 1918
SUCH A LITTLE PIRATE • 1918
WILD YOUTH • 1918
EVERYWOMAN • 1919
GOOD GRACIOUS ANNABELLE • 1919
JANE GOES A'WOOING • 1919
MEN, WOMEN AND MONEY • 1919
PETTIGREW'S GIRL • PRIVATE PETTIGREW'S GIRL • 1919
SPORTING CHANCE, A • 1919
TOLD IN THE HILLS • 1919
BEHOLD MY WIFE! • TRANSLATION OF A SAVAGE, THE • 1920
JUCKLINS, THE • FIGHTING SCHOOLMASTER, THE (UKN) • 1920
ROUND UP, THE • ROUND-UP, THE • 1920
SEA WOLF, THE • 1920
FAITH HEALER, THE • GOODHEART • 1921
GREAT IMPERSONATION, THE • 1921
SHEIK, THE • 1921
WISE FOOL, A • MONEY MASTER, THE • 1921
BURNING SANDS • DWELLER IN THE DESERT, THE • 1922
EBB TIDE • 1922
MORAN OF THE LADY LETTY • 1922
WOMAN WHO WALKED ALONE, THE • 1922
JAVA HEAD • 1923
LIGHT THAT FAILED, THE • 1923
SALOMY JANE • LAW OF THE SIERRAS, THE • 1923
YOU CAN'T FOOL YOUR WIFE • 1923
DAWN OF A TOMORROW, THE • 1924
FLAMING BARRIERS • 1924
TIGER LOVE • 1924
FRIENDLY ENEMIES • 1925
SIMON THE JESTER • 1925
TOP OF THE WORLD, THE • 1925
WITHOUT MERCY • 1925
FLAME OF THE YUKON, THE • 1926
GOING CROOKED • 1926
ROCKING MOON • 1926
WHISPERING SMITH • OPEN SWITCH, THE • 1926
MAN'S PAST, A • 1927
FREEDOM OF THE PRESS • POWER OF THE PRESS ○ MUZZLE, THE ○ GRAFT ○ UNCONQUERED • 1928
LINGERIE • 1928
SINNERS IN LOVE • 1928
CHARLATAN, THE • 1929
LOVE IN THE DESERT • 1929
SEA FURY • 1929
WOMAN I LOVE, THE • 1929
GATO, EL • 1930
ORIENTE ES OCCIDENTE • 1930
POOR MILLIONAIRE, THE • 1930
DRACULA • 1931
EAST OF BORNEO • 1931
HOMICIDE SQUAD, THE • LOST MEN (UKN) • 1931
VIKING, THE • NORTHERN KNIGHT ○ WHITE THUNDER • 1931
BOILING POINT, THE • 1932
COWBOY COUNSELLOR, THE • 1932
SCARLET WEEKEND, A • 1932
DUDE BANDIT, THE • 1933
ELEVENTH COMMANDMENT, THE • 1933
MAN OF ACTION • 1933
OFFICER 13 • 1933
PENAL CODE, THE • 1933
HIRED WIFE • MARRIAGE OF CONVENIENCE (UKN) • 1934
EAST OF JAVA • JAVA SEAS (UKN) • 1935
JUNGLE MENACE • 1937 • SRL

MELFORD GEORGE H. see **MELFORD GEORGE**

MELFORD JAKIDAWDRA – UKN

INN ON THE HEATH, THE • 1914

MELFORD MARK – UKN

COURTIER CAUGHT, THE • 1912
DAY'S SPORT, A • 1912
HERNCRAKE WITCH, THE • 1912
HIS FIRST SOVEREIGN • 1912
LAND OF THE NURSERY RHYMES, THE • 1912
BOTTLED COURAGE • 1913
PAT'S IDEA • 1913

MELIAVA TAMAZ – USS – 1929–

AT THE QUIET PIER • 1959
BELYI KARAVAN • WHITE CARAVAN, THE ○ BELYI KARAVAN • 1964
LONDRE • 1966
KAK SOLDAT OT VOYSKA OTSTAL • HOW A SOLDIER DESERTED THE FORCES ○ HOW A SOLDIER REMAINED AT HOME • 1968

MELIES GASTON – FRN

COURSE DE YACHTS, UNE • YACHT RACE (RELIANCE-SHAMROCK III), THE ○ YACHT RACE, A • 1903
PRESIDENT ELECT ROOSEVELT, A • 1905
VICE-PRESIDENT ELECT FAIRBANKS • 1905
CATHOLIC CENTENNIAL CELEBRATION, THE • 1908
PAGEANT, DEDICATION, FESTIVAL • BOSTON NORMAL SCHOOL PAGEANT • 1908
FATAL BALL, THE • 1909
RED STAR INN, THE • 1909
STOLEN WIRELESS, THE • 1909
BIRTHDAY CIGARS • 1910
COWBOY AND THE BACHELOR GIRL, THE • 1910
CYCLONE PETE'S MATRIMONY • CYCLONE PETE IN MATRIMONY • 1910
GENEROUS CUSTOMERS • 1910
GOLDEN SECRET, THE • 1910
HIS SERGEANT'S STRIPES • 1910
IN THE MISSION SHADOWS • 1910
IN THE TALL GRASS COUNTRY • 1910
LITTLE PREACHER, THE • 1910
LOVERS' ORACLE, THE • 1910
LOVE'S C.Q.D. • 1910
MOUNTAIN WIFE, A • 1910
MRS. BARGAINDAY'S BABY • 1910
OLD NORRIS' GAL • 1910
OUT OF MISCHIEF • 1910
PADRE'S SECRET, THE • 1910
PALEFACE PRINCESS, THE • PALEFACED PRINCESS, THE • 1910
PALS • 1910
PLUCKY AMERICAN GIRL, A • 1910
POSTAL SUBSTITUTE, A • 1910
RACE FOR A BRIDE, A • 1910
RETURN TO TO-WA-WA, THE • 1910
RIVAL MINERS, THE • 1910
ROMANCE OF CIRCLE RANCH, THE • 1910
RULING PASSION, THE • 1910
SALT ON THE BIRD'S TAIL, THE • 1910
SEAL OF THE CHURCH, THE • 1910
SPEED VERSUS DEATH • 1910
TEXAS JOKE, A • 1910
UNCLE JIM • 1910
UNDER THE STARS AND BARS • 1910
WESTERN WELCOME, A • 1910
WHAT GREAT BEAR LEARNED • 1910
WHITE DOE'S LOVERS • 1910
WINNING WAY, THE • 1910
WOMAN IN THE CASE, THE • 1910
WON IN THE FIFTH • 1910
BRANDING THE THIEF • 1910-12
DEBT REPAID, THE • 1910-12
FIRST BORN, THE • 1910-12
INDIAN DRAMA • 1910-12
MAKING SHERRY WINES AT XERES • 1910-12
ROUGH NIGHT ON THE BRIDGE, A • 1910-12
STORY OF OLD MEXICO, THE • 1910-12
STRANDED ACTOR, THE • 1910-12
THRILLING RACE AGAINST TIME, A • 1910-12
TRAWLERS FISHING IN A HURRICANE • 1910-12
VOLCANIC ERUPTIONS • 1910-12
AT THE GRINGO MINE • 1911
BESSIE'S RIDE • 1911
BETTER MAN, THE • 1911
BILLY AND HIS PAL • 1911
CALL OF THE WILDERNESS • 1911
CHANGING COOKS • 1911
CRIMSON SCARS, THE • 1911
CROSS OF PEARLS, THE • 1911
GREAT HEART OF THE WEST, THE • 1911
GYPSY BRIDE, A • 1911
HER FAITHFUL HEART • 1911
HER SPOILED BOY • 1911
HIS TERRIBLE LESSON • 1911
HOBO COWBOY, THE • 1911
HONOR OF THE FLAG, THE • 1911
HOW MARY MET THE COWPUNCHERS • 1911
IMMORTAL ALAMO, THE • 1911
IN THE HOT LANDS • 1911
IN TIME FOR PRESS • 1911
JACK MASON'S LAST DEED • JACK WILSON'S LAST DEED • 1911
KISS OF MARY JANE, THE • 1911
LOCAL BULLY, THE • 1911
MARY'S STRATAGEM • 1911
MEXICAN AS IT IS SPOKEN • 1911
MISER MINER, THE • 1911
MISSION FATHER, THE • 1911
MISSION WAIF, THE • 1911
MY PRAIRIE FLOWER • 1911
OIL COUNTRY ROMANCE, AN • OIL COUNTY ROMANCE, AN • 1911
ONLY A SISTER • 1911
OWNER OF THE L.L. RANCH, THE • 1911
RANCHMAN'S DEBT OF HONOR, THE • 1911
REASON WHY, THE • 1911
RED CLOUD'S SECRET • 1911
REDEMPTION OF RAWHIDE, THE • 1911
REFORMATION OF JACK ROBBINS, THE • 1911
RIGHT OF WAY • 1911
RIGHT OR WRONG • 1911
ROPED IN • 1911
SCHOOL MARM OF COYOTE COUNTY, THE • 1911
SHATTERED DREAM, A • 1911
SIR PERCY AND THE PUNCHERS • 1911
SNAKE IN THE GRASS • 1911
SPANISH LOVE SONG, A • 1911
SPRING ROUND-UP, THE • 1911
SPUR OF NECESSITY, THE • 1911
STOLEN GREY, THE • 1911
STRIKE AT THE GRINGO, THE • 1911
TOMMY'S ROCKING HORSE • 1911
TONY THE GREASER • 1911
TWO FOOLS AND THEIR FOLLIES • 1911
UNWILLING COWBOY, AN • 1911
WARRANT FOR RED RUBE, THE • 1911
WESTERN GIRL, A • 1911
WHEN THE TABLES TURNED • 1911
WOMAN'S GRATITUDE, A • 1911
$200.00 • 1911
ALICE'S CHOICE • 1912
ALL IS FAIR • 1912
COWBOY KID, THE • 1912
COWBOY VS. TENDERFOOT • 1912
COWBOY'S PROPOSAL, A • 1912
DODGING THE SHERIFF • 1912
FINDING THE LAST CHANCE MINE • 1912
GHOST OF SULPHUR MOUNTAIN, THE • 1912
GHOSTS AT CIRCLE X CAMP • 1912
MAKING GOOD • 1912
MAN INSIDE, THE • 1912
MAN WORTH WHILE, A • 1912
MELITA'S RUSE • 1912
MORTGAGE, THE • 1912
OIL • 1912
OUTLAW AND THE BABY, THE • 1912
REMITTANCE MAN, THE • 1912
RUSTLER'S DAUGHTER, THE • 1912
SHERIFF'S DAUGHTER, THE • 1912
SMILING BOB • 1912
STRING OF BEADS, A • 1912
SWASTIKA, THE • 1912
TROUBLES OF THE XL OUTFIT • 1912
TWO LOVES • 1912
WANTED -A WIFE • 1912
WIDOWERS THREE • 1912
WOMAN'S WAY, A • 1912
BALLAD OF THE SOUTH SEAS, A • 1913
BLACK TRACKERS, THE • 1913
CAMBODIAN IDYL, A • 1913
CAPTURED BY BOOMERANG THROWERS • 1913
CHINESE FUNERAL, A • 1913 • DOC
FOSTER BROTHERS, THE • 1913
GOLD AND THE GILDED WAY • 1913
GOLDEN GULLEN, THE • 1913
HIS CHINESE FRIEND • 1913
HOW CHIEF PONGO WON HIS BRIDE • HOW CHIEF TE PONGO WON HIS BRIDE • 1913

IT HAPPENED IN JAVA • 1913
JAPANESE JUDO COMMONLY KNOWN AS JIU JITSU • 1913 • DOC
JAPANESE WEDDING, A • 1913 • DOC
JAVANESE DANCERS • 1913 • DOC
LOST IN CAMBODIA • 1913
LOVED BY A MAORI CHIEFTESS • LOVED BY A MAORI CHIEF • 1913
LURE OF THE SACRED PEARL, THE • 1913
MISFORTUNES OF MR. AND MRS. MOTT ON THEIR TRIP TO TAHITI, THE • 1913
NATIVE INDUSTRIES OF JAVA • 1913 • DOC
POISONED DARTS, THE • 1913
RICE INDUSTRY OF JAPAN, THE • 1913 • DOC
RIVER WANGANUI, THE • 1913 • DOC
ROBBER OF ANGKOR, THE • 1913
SNAPSHOTS OF JAVA • 1913 • DOC
STOLEN CLAIM, THE • 1913
TAHITIAN FISH DRIVE, A • 1913 • DOC
TALE OF OLD TAHITI, A • 1913
TEMPLES OF JAPAN • 1913 • DOC
UNMASKED BY A KANAKA • 1913
UPA UPA DANCE, THE • 1913 • DOC
VIEWS OF SAMARANG • 1913 • DOC
YELLOW SLAVE, THE • 1913
HIDDEN DEATH • 1914
SINEWS OF THE DEAD • 1914

MELIES GEORGES - FRN - 1861-1938

ALTERCATION AU CAFE, UNE • QUARREL IN A CAFE, A • 1896
ARRIVEE D'UN TRAIN (GARE DE JOINVILLE) • ARRIVAL OF A TRAIN (JOINVILLE STATION) • 1896
ARRIVEE D'UN TRAIN (GARE DE VICENNES) • ARRIVAL OF A TRAIN AT VICENNES STATION • 1896
ARROSEUR, L' • WATERING THE FLOWERS • 1896
BAIGNADE EN MER • SEA BATHING • 1896
BARQUE SORTANT DU PORT DE TROUVILLE • BOAT LEAVING THE HARBOUR OF TROUVILLE • 1896
BATEAU-MOUCHE SUR LA SEINE • STEAMBOATS ON RIVER SEINE • 1896
BATTEUSE A VAPEUR • THRESHING MACHINES WORKED BY POWER • 1896
BEBE ET FILLETTES • BABY AND YOUNG GIRLS • 1896
BIVOUAC, LE • BIVOUAC, THE • 1896
BLANCHISSEUSES, LES • WASHERWOMEN, THE • 1896
BOIS DE BOULOGNE (PORTE DE MADRID) • 1896
BOIS DE BOULOGNE (TOURING-CLUB) • 1896
BONNE FARCE, UNE • CHIFFONIER, LE ○ RAG-PICKER, THE ○ GOOD JOKE, A • 1896
BOULEVARD DES ITALIENS • 1896
CAMPEMENT DE BOHEMIENS • GIPSIES AT HOME • 1896
CHEVAUX DE BOIS, LES • MERRY-GO-ROUND, A • 1896
CHICOT, DENTISTE AMERICAIN • UP-TO-DATE DENTIST, AN ○ DENTISTE DIABOLIQUE, LA • 1896
CORTEGE DU TZAR ALLANT A VERSAILLES • CZAR AND HIS CORTEGE GOING TO VERSAILLES, THE • 1896
CORTEGE DU TZAR AU BOIS DE BOULOGNE • CZAR'S CORTEGE IN THE BOIS DE BOULOGNE, THE • 1896
COURONNEMENT DE LA ROSIERE • CORONATION OF A VILLAGE MAIDEN • 1896
DANSE SERPENTINE • SERPENTINE DANCE, A • 1896
DECHARGEMENT DE BATEAUX AU HAVRE • UNLOADING THE BOAT (HAVRE) • 1896
DEFENSE D'AFFICHER • POST NO BILLS • 1896
DEPART DES AUTOMOBILES • AUTOMOBILES STARTING A RACE • 1896
DEPART DES OFFICIERS • OFFICERS OF FRENCH ARMY LEAVING SERVICE • 1896
DESSINATEUR CHAMBERLAIN • LIGHTNING SKETCH: CHAMBERLAIN, A • 1896
DESSINATEUR EXPRESS • DESSINATEUR EXPRESS (M. THIERS) ○ LIGHTNING SKETCH (MR. THIERS) • 1896
DESSINATEUR (REINE VICTORIA) • LIGHTNING SKETCH (H.M. QUEEN VICTORIA) • 1896
DESSINATEUR VON BISMARCK • LIGHTNING SKETCH (VON BISMARCK), A • 1896
DIX CHAPEAUX EN 60 SECONDES • CONJURER MAKING TEN HATS IN SIXTY SECONDS (USA) • 1896
EFFET DE MER SUR LES ROCHERS • SEA BREAKING ON THE ROCKS • 1896
ENFANTS JOUANT SUR LA PLAGE • CHILDREN PLAYING ON THE BEACH • 1896
ESCAMOTAGE D'UNE DAME CHEZ ROBERT-HOUDIN • CONJURING A LADY AT ROBERT-HOUDIN'S ○ VANISHING LADY, THE • 1896
FAKIR, MYSTERE INDIEN, LE • FAKIR (A HINDOO MYSTERY), THE ○ FAKIR, LE • 1896
FORGERONS, LES • BLACKSMITH IN HIS WORKSHOP • 1896
GARE SAINT-LAZARE, LA • ST. LAZARE RAILROAD STATION • 1896
GRANDES MANOEUVRES • MANOEUVRES OF THE FRENCH ARMY • 1896
HALEURS DE BATEAUX, LES • TOWING A BOAT ON THE RIVER • 1896
INDISCRETS, LES • PEEPING TOMS, THE • 1896
IVROGNES, LES • DRUNKARDS, THE • 1896
JARDINIER BRULANT DES HERBES • GARDENER BURNING WEEDS • 1896
JETEE ET PLAGE DE TROUVILLE (2e PARTIE) • BEACH AND PIER AT TROUVILLE PART 2 • 1896
JETTE ET PLAGE DE TROUVILLE 1er PARTIE • BEACH AND PIER AT TROUVILLE PART ONE • 1896
JOUR DE MARCHE A TROUVILLE • MARKET DAY (TROUVILLE) • 1896
LIBERATION DES TERRITORIAUX • BREAKING UP OF THE TERRITORIAL ARMY • 1896
LYCEE DE JEUNES FILLES, UN • ACADEMY FOR YOUNG LADIES • 1896
MANOIR DU DIABLE, LE • HAUNTED CASTLE, THE (USA) ○ MANOR OF THE DEVIL, THE ○ DEVIL'S MANOR, THE ○ DEVIL'S CASTLE, THE • 1896
MAREE MONTANTE SUR BRISE-LAMES • TIDE RISING OVER THE BREAKWATER • 1896
MISS DE VERE (GIGUE ANGLAISE) • ENGLISH JIG • 1896
NUIT TERRIBLE, UNE • TERRIBLE NIGHT, A • 1896
PANORAMA DU HAVRE (PRIS D'UN BATEAU) • PANORAMA OF HAVRE TAKEN FROM A BOAT • 1896
PAPIER PROTEE, LE • MYSTERIOUS PAPER, THE (USA) • 1896
PARTIE DE CARTES, UNE • PLAYING CARDS • 1896
PETIT DIABLE, UN • LITTLE DEVIL, A • 1896
PLACE DE LA BASTILLE • 1896
PLACE DE LA CONCORDE • 1896
PLACE DE L'OPERA 1er ASPECT • PLACE DE L'OPERA 1ST VIEW • 1896
PLACE DE L'OPERA 2e ASPECT • PLACE DE L'OPERA 2ND VIEW • 1896
PLACE DU THEATRE-FRANCAIS • 1896
PLACE ST.-AUGUSTIN • 1896
PLAGE DE VILLIERS PAR GROS TEMPS, LA • BEACH AT VILLIERS IN A GALE, THE • 1896
PLUS FORT QUE SON MAITRE • SMARTER THAN THE TEACHER • 1896
QUAIS A MARSEILLES, LES • DOCKS AT MARSEILLES, THE • 1896
REGIMENT, LE • FRENCH REGIMENT GOING TO THE PARADE • 1896
RETOUR AU CANTONNEMENT • RETURN TO THE BARRACKS • 1896
REUNION D'OFFICIERS • FRENCH OFFICERS' MEETING • 1896
REVUE NAVAL A CHERBOURG • NAVAL REVIEW AT CHERBOURG, A • 1896
SAC AU DOS • SACKS UP! • 1896
SALUT MALENCONTREUX D'UN DESERTEUR • SOLDIER'S UNLUCKY SALUTATION, A ○ SALUT MALENCONTREUX • 1896
SAUVETAGE EN RIVIERE • RESCUE ON THE RIVER • 1896
SEANCE DE PRESTIDIGITATION • CONJURING (USA) • 1896
SORTIE DES ATELIERS VIBERT • CLOSING HOURS AT VIBERT'S PERFUME FACTORY • 1896
TEMPETE SUR LA JETEE DU TREPORT • PIER AT TREPORT DURING A STORM, THE • 1896
TOM OLD BOOT • TOM OLD BOOT, A GROTESQUE DWARF ○ TOM OLD BOOT, NAIN GROTESQUE • 1896
TRIBULATIONS D'UN CONCIERGE • JANITOR IN TROUBLE, A • 1896
VOITURE DU POTIER, LA • POTTER'S CART, THE • 1896
APPRENTIS MILITAIRES, LES • MILITARY APPRENTICES • 1897
APRES LE BAL • BAIN DE LA PARISIENNE, LE ○ TUB, LE ○ AFTER THE BALL • 1897
ARLEQUIN ET CHARBONNIER • CHARCOAL MAN'S RECEPTION, THE • 1897
ASCENSION D'UN BALLON, L' • BALLOON ASCENSION, A • 1897
ATTAQUE D'UN POSTE ANGLAIS • ATTACK ON AN ENGLISH BLOCKHOUSE • 1897
AUBERGE ENSORCELEE, L' • BEWITCHED INN, THE (USA) • 1897
AUGUSTE ET BIBB • AUGUSTE AND BIBB • 1897
BATAILLE DE CONFETTIS • BATTLE WITH CONFETTI • 1897
CABINET DE MEPHISTOPHELE, LE • LABORATORY OF MEPHISTOPHELES (USA) • 1897
CAUCHEMAR, LE • NIGHTMARE, A (USA) • 1897
CHATEAU HANTE, LE • DEVIL'S CASTLE, THE (USA) ○ HAUNTED CHATEAU, THE ○ HAUNTED CASTLE, THE • 1897
CHIRURGIEN AMERICAIN • TWENTIETH CENTURY SURGEON, A (USA) • 1897
CIGALE ET LA FOURMI, LA • GRASSHOPPER AND THE ANT (USA) • 1897
COMBAT DANS UNE RUE AUX INDES • FIGHTING IN THE STREETS IN INDIA • 1897
COMBAT NAVAL EN GRECE • SEA FIGHTING IN GREECE • 1897
CORTEGE DE LA MI-CAREME • MID-LENT PROCESSION IN PARIS • 1897
CORTEGE DU BOEUF GRAS BOULEVARD DES ITALIENS • 1897
CORTEGE DU BOEUF GRAS PASSANT PLACE DE LA CONCORDE • MARDI GRAS PROCESSION, THE ○ BOEUF GRAS • 1897
COUR DE FERME • FARM YARD, A • 1897
DANS LES COULISSES • BEHIND THE SCENES • 1897
DANSE AU SERAIL • DANCING IN A HAREM • 1897
DANSEUSES AU JARDIN DE PARIS • DANCING GIRLS (JARDIN DE PARIS) • 1897
DEFILE DE POMPIERS • FIREMEN ON PARADE • 1897
DERNIERES CARTOUCHES, LES • LAST CARTRIDGES, THE • 1897
ECOLE DES GENDRES, L' • SCHOOL FOR SONS-IN-LAW, THE • 1897
EN CABINET PARTICULIER • PRIVATE DINNER, A • 1897
ENTRE CALAIS ET DOUVRES • BETWEEN CALAIS AND DOVER • 1897
EPISODE DE GUERRE (GRECO-TURQUE) • WAR EPISODE • 1897
EXECUTION D'UN ESPION • EXECUTION OF A SPY • 1897
FAUST ET MARGUERITE • FAUST AND MARGUERITE (USA) • 1897
FIGARO ET L'AUVERGNAT • BARBER AND THE FARMER, THE • 1897
GUERRE AUX INDES • 1897
GUERRE EN GRECE, LA • 1897
GUGUSSE ET L'AUTOMATON • GUGUSSE AND THE AUTOMATON (USA) ○ CLOWN AND THE AUTOMATON • 1897
HALLUCINATION DE L'ALCHIMISTE, L' • HALLUCINATED ALCHEMIST, THE (USA) • 1897
HOTEL EMPOISONNE L' • BADLY MANAGED HOTEL, A • 1897
INDISCRET AUX BAINS DE MER, L' • PEEPING TOM AT THE SEASIDE • 1897
MAGNETISEUR, LE • WHILE UNDER A HYPNOTIST'S INFLUENCE (UKN) ○ HYPNOTIST AT WORK, A • 1897
MALADE IMAGINAIRE, LE • IMAGINARY PATIENT, AN • 1897
MASSACRES DE CRETE • MASSACRE IN CRETE • 1897
MATCH DE BOXE (ECOLE DE JOINVILLE) • BOXING MATCH • 1897
MI-CAREME A PARIS, LA • 1897
MODELE IRASCIBLE, UN • IRRITABLE MODEL, AN • 1897
MUSULMAN RIGOLO, LE • FUNNY MAHOMETAN, A • 1897
PASSAGE DANGEREUX AU MONT-BLANC • DANGEROUS PASS (MONT BLANC), A • 1897
PAULUS CHANTANT: COQUIN DE PRINTEMPS • COMEDIAN PAULUS SINGING "COQUIN DE PRINTEMPS" ○ COQUIN DE PRINTEMPS • 1897
PAULUS CHANTANT: DERRIERE L'OMNIBUS • COMEDIAN PAULUS SINGING "DERRIERE L'OMNIBUS" ○ DERRIERE L'OMNIBUS • 1897
PAULUS CHANTANT: DUELLISTE MARSEILLAIS • COMEDIAN PAULUS SINGING "DUELLISTE MARSEILLAIS" ○ DUELLISTE MARSEILLAIS • 1897
PAULUS CHANTANT: EN REVENANT D'LA REVUE • EN REVENNAT D'LA REVUE • 1897
PAULUS CHANTANT: PERE LA VICTOIRE • 1897
PERE LA VICTOIRE • 1897
PRESTIDIGITATEUR D. DEVANT, LE • D. DEVANT, PRESTIDIGITATEUR ○ D. DEVANT, CONJUROR • 1897
PRISE DE TOURNAVOS, LA • SURRENDER OF TOURNAVOS, THE • 1897
SUR LES TOITS • ON THE ROOFS • 1897
TOURNEUR EN POTERIE • POTTERYMAKER, A • 1897
VENTE D'ESCLAVES AU HAREM • SLAVE TRADING IN A HAREM • 1897
VISION D'IVROGNE • DRUNKARD'S DREAM, A (USA) • 1897
ASSAUT D'ESCRIME (ECOLE DE JOINVILLE) • FENCING AT THE JOINVILLE SCHOOL • 1898
ATELIER D'ARTISTE, FARCE DE MODELES • PAINTER'S STUDIO, THE • 1898
ATTENTION A LA PEINTURE • 1898
AVENTURES DE GUILLAUME TELL • GUILLAUME TELL ET LE CLOWN ○ ADVENTURES OF WILLIAM TELL • 1898
CARREFOUR DE L'OPERA • PLACE DE L'OPERA 3RD VIEW • 1898
CAVERNE MAUDITE, LA • CAVE OF THE DEMONS, THE (USA) • 1898
COLLISION ET NAUFRAGE EN MER • COLLISION AND SHIPWRECK AT SEA • 1898
COMBAT NAVAL DEVANT MANILLE • DEFENDING THE FORT AT MANILA • 1898
CORVEE DE QUARTIER ACCIDENTEE • SOLDIER'S TEDIOUS DUTY, A • 1898
CREATIONS SPONTANEES • FANTASTICAL ILLUSIONS (USA) ○ ILLUSIONS FANTASTIQUES • 1898
DAMNATION DE FAUST • DAMNATION OF FAUST (USA) • 1898
DEDOUBLEMENT CABALISTIQUE • TRIPLE LADY, THE (USA) • 1898 • SHT
DEGRADATION, LA • 1898
DEJEUNER IMPOSSIBLE, LE • 1898
FARCE DE MODELES • 1898
GROTTE DU DIABLE, LA • 1898
GUERRE DE CUBA ET L'EXPLOSION DU MAINE A LA HAVANE • BLOWING UP OF THE MAINE IN HAVANA HARBOUR, THE ○ QUAI DE LA HAVANE • 1898
GUILLAUME TELL ET LE CLOWN • ADVENTURES OF WILLIAM TELL (USA) ○ WILLIAM TELL AND THE CLOWN • 1898
HOMME DANS LA LUNE, L' • ASTRONOMER'S DREAM, THE (UKN) ○ TRIP TO THE MOON, A (USA) ○ LUNE A UN METRE, LA ○ MAN IN THE MOON, THE ○ REVE DE L'ASTRONOME, LE • 1898
HOMME DE TETES, UN • FOUR TROUBLESOME HEADS, THE (USA) ○ MANY-HEADED MAN • 1898
ILLUSIONS FANTASMAGORIQUES • FAMOUS BOX TRICK, THE (USA) ○ FANTASMAGORICAL ILLUSIONS • 1898
MACON MALADROIT, LE • CLUMSY MASON, A • 1898
MAGICIEN, LE • MAGICIAN, THE (USA) ○ BLACK MAGIC • 1898
MAGIE DIABOLIQUE • BLACK ART (USA) ○ DIABOLICAL MAGIC ○ DEVILISH MAGIC • 1898
MASQUE DIABOLIQUE G. MELIES • 1898
MONTAGNE RUSSES NAUTIQUES • SHOOTING THE CHUTES • 1898
PANORAMA PRIS D'UN TRAIN EN MARCHE • PANORAMA FROM TOP OF A MOVING TRAIN • 1898
PRENEZ GARDE A LA PEINTURE • FRESH PAINT • 1898
PYGMALION ET GALATEE • PYGMALION AND GALATEA • 1898
RAYONS ROENTGEN, LES • NOVICE AT X-RAYS, A (USA) ○ RAYON ROENTGEN, LE ○ RAYONS X, LES ○ X-RAYS, THE • 1898
REVE D'ARTISTE • ARTIST'S DREAM, THE (USA) • 1898
REVE DU PAUVRE • BEGGAR'S DREAM, THE (USA) • 1898
SALLE A MANGER FANTASTIQUE • DINNER UNDER DIFFICULTIES, A (USA) • 1898
SORTI SANS PERMISSION • SOLDIER'S FRENCH LEAVE, A • 1898
TENTATION DE SAINT ANTOINE • TEMPTATION OF ST. ANTHONY, THE (USA) • 1898 • SHT
VISITE DE L'EPAUVE DU MAINE • VIEW OF THE WRECK OF THE MAINE, A • 1898
VISITE SOUS-MARINE DU MAINE • DIVERS AT WORK ON THE WRECK OF THE MAINE ○ DIVERS AT WORK ON A WRECK UNDER SEA • 1898
AFFAIRE DREYFUS, L' • DREYFUS AFFAIR, THE ○ DREYFUS COURT MARTIAL • 1899
ATTENTAT CONTRE Me LABORE • 1899
AUTOMABOULISME ET AUTORITE • CLOWN AND THE AUTOMOBILE, THE (USA) ○ CLOWN AND MOTOR CAR, THE • 1899
BAGARRE ENTRE JOURNALISTES • 1899
BON LIT, UN • MIDNIGHT EPISODE, A (USA) ○ GOOD BED, A • 1899
CENDRILLON • CINDERELLA (USA) • 1899
CHARMANT VOYAGE DE NOCES • INTERRUPTED HONEYMOON, THE ○ CHARMING WEDDING TRIP, A • 1899
CHEVALIER MYSTERE, LE • MYSTERIOUS KNIGHT, THE (USA) • 1899
CHRIST MARCHANT SUR LES FLOTS, LE • CHRIST WALKING ON WATER (USA) • 1899
CLEOPATRE • ROBBING CLEOPATRA'S TOMB (USA) • 1899
COMBAT DE COQS • LIVELY COCK-FIGHT, A • 1899
CONFERENCIER DISTRAIT, LE • ABSENT-MINDED LECTURER (USA) • 1899
CONSEIL DE GUERRE EN SEANCE A RENNES • 1899

COUCHER DE LA MARIEE, LE • TRISTE NUIT DE NOCES ○ BRIDEGROOM'S DILEMMA, THE • 1899
CREMATION, LA • SPANISH INQUISITION, THE • 1899
DANSE DU FEU, LA • HAGGARD'S SHE -THE PILLAR OF FIRE (USA) ○ COLONNE DE FEU, LA ○ COLUMN OF FIRE, THE ○ DANCE OF FIRE, THE • 1899
DEBARQUEMENT A QUIBERON • 1899
DEBARQUEMENT DE VOYAGEURS PORT DE GRANVILLE • PASSENGERS LANDING AT HARBOUR OF GRANVILLE • 1899
DIABLE AU CONVENT, LE • DEVIL IN A CONVENT, THE (USA) ○ SIGN OF THE CROSS, THE • 1899
DICTEE DU BORDEREAU, LA • 1899
DREYFUS ALLANT DU LYCEE DE RENNES A LA PRISON • 1899
DUEL POLITIQUE • POLITICAL DUEL, A • 1899
ENTREE D'UN PAQUEBOT PORT DE JERSEY • STEAMER ENTERING THE HARBOUR OF JERSEY • 1899
ENTRETIEN DE DREYFUS ET DE SA FEMME A RENNES • 1899
EVOCATION SPIRITE • SUMMONING THE SPIRITS (USA) • 1899
FORCE DOIT RESTER A LA LOI • SLIPPERY BURGLAR, THE • 1899
FUNERAILLES DE FELIX FAURE • FUNERAL OF FELIX FAURE • 1899
HOMME PROTEE, L' • LIGHTNING CHANGE ARTIST (USA) ○ CHAMELEON MAN, THE • 1899
ILE DU DIABLE, L' • 1899
ILLUSIONNISTE FIN DE SIECLE, L' • IMPRESSIONNISTE FIN DE SIECLE, L' ○ UP-TO-DATE CONJUROR, AN • 1899
LUTTES EXTRAVAGANTES • EXTRAORDINARY WRESTLING MATCH, AN (USA) • 1899
MIROIR DE CAGLIOSTRO, LE • CAGLIOSTRO'S MIRROR (USA) ○ MIRROR OF CAGLIOSTRO, THE • 1899
MISE AUX FERS DE DREYFUS • 1899
NEPTUNE ET AMPHITRITE • NEPTUNE AND AMPHITRITE (USA) • 1899
OURS ET LA SENTINELLE, L' • SENTRY'S STRATAGEM, THE • 1899
PANORAMA DU PORT DE SAINT-HELIER • BIRD'S-EYE VIEW OF ST. HELIER (JERSEY) • 1899
PICK-POCKET ET POLICEMAN • DROP TO MUCH, A • 1899
PIERRE PHILOSOPHALE, LA • PHILOSOPHER'S STONE, THE • 1899
PORTRAIT MYSTERIEUX, LE • MYSTERIOUS PORTRAIT, A (USA) • 1899
PYRAMIDE DE TRIBOULET, LA • HUMAN PYRAMID, THE • 1899
RICHESSE ET MISERE; OU, LA CIGALE ET LA FOURMI • RICHES AND MISERY OR, THE GRASSHOPPER AND THE ANT ○ WANDERING MINSTREL, THE • 1899
SPECTRE, LE • MURDER WILL OUT (USA) • 1899
STATUE DE NEIGE, LA • SNOW MAN, THE (USA) ○ BONHOMME DE NEIGE, LE • 1899
SUICIDE DU COLONEL HENRY • 1899
SPIRIT OF THE CHIMES, THE
ARTISTE ET LE MANNEQUIN, L' • ARTIST AND THE MANNIKIN, THE (USA) • 1900
AVENUE DES CHAMPS-ELYSEES ET LE PETIT PALAIS, L' • 1900
COPPELIA: LA POUPEE ANIMEE • COPPELIA, THE ANIMATED DOLL (USA) • 1900
DESHABILLAGE IMPOSSIBLE, LE • GOING TO BED UNDER DIFFICULTIES (USA) ○ INCREASING WARDROBE, AN • 1900
DEUX AVEUGLES, LES • TWO BLIND MEN, THE (USA) • 1900
EXPOSITION DE PARIS, L' • PARIS EXPOSITION 1900 ○ EXPOSITION DE 1900, L' • 1900
FARCE DE MARMITON • SCULLION'S JOKE ON THE CHEF (USA) • 1900
FATALE MEPRISE • RAILROAD PICKPOCKET, THE (USA) ○ RAILWAY PICKPOCKET, THE • 1900
FOU ASSASSIN, LE • DANGEROUS LUNATIC, THE (USA) • 1900
GENS QUI PLEURENT ET GENS QUI RIENT • CRYING AND LAUGHING (USA) • 1900
HOMME-ORCHESTRE, L' • ONE-MAN BAND, THE (USA) • 1900
ILLUSIONNISTE DOUBLE ET LA TETE VIVANTE, L' • TRIPLE CONJURER AND THE LIVING HEAD, THE (USA) • 1900
INFORTUNES D'UN EXPLORATEUR, LES • MESAVENTURES D'UN EXPLORATEUR ○ MISFORTUNES OF AN EXPLORER • 1900
INTRUS DANS LA LOGE DES FIGURANTES, UN • INTRUDER BEHIND THE SCENES, AN • 1900
JEANNE D'ARC • JOAN OF ARC (USA) • 1900
LIVRE MAGIQUE, LE • MAGIC BOOK, THE (USA) • 1900
MALADE HYDROPHOPE, LE • MAN WITH WHEELS IN HIS HEAD, THE (USA) ○ GOUTY PATIENT, THE • 1900
MIRACLES DE BRAHMANE, LES • MIRACLES OF BRAHMIN, THE (USA) ○ MIRACLE DU BRAHMIN, LE • 1900
NE BOURGEONS PLUS • DON'T MOVE (USA) • 1900
NOUVELLES LUTTES EXTRAVAGANTES • FAT AND LEAN WRESTLING MATCH (USA) ○ WRESTLING SEXTETTE, THE • 1900
PALAIS ETRANGERS • 1900
PANORAMA CIRCULAIRE • 1900
PANORAMA PRIS DU TROTTOIR ROULANT CHAMP DE MARS • 1900
PAVILLON DES ARMEES DE TERRE ET DE MER • 1900
PORTE MONUMENTALE, LA • 1900
PRISONNIER RECALCITRANT, LE • TRICKY PRISONER, THE (USA) • 1900
REPAS FANTASTIQUE, LE • FANTASTICAL MEAL, A (USA) • 1900
REVE DE NOEL, LE • CHRISTMAS DREAM, THE (USA) • 1900
REVE DU RADJAH OU, LA FORET ENCHANTEE, LE • RAJAH'S DREAM OR THE BEWITCHED WOOD, THE (USA) • 1900
RUE DES NATIONS, LA • 1900
SAVANT ET LE CHIMPANZE, LE • DOCTOR AND THE MONKEY, THE (USA) • 1900
SEPT PECHES CAPITAUX, LES • SEVEN CAPITAL SINS, THE (USA) • 1900
SONGE D'OR DE L'AVARE, LE • MISER'S DREAM OF GOLD, THE (USA) ○ MISER OR THE GOLD COUNTRY, THE • 1900
SORCIER, LE PRINCE ET LE BON GENIE, LE • WIZARD, THE PRINCE AND THE GOOD FAIRY, THE (USA) ○ SORCERER, THE PRINCE AND THE GOOD FAIRY, THE • 1900
SPIRITISME ABRACADABRANT • UP-TO-DATE SPIRITUALISM (USA) ○ SPIRISTISME FIN DE SIECLE • 1900
TOM WHISKY OU L'ILLUSIONNISTE TOQUE • ADDITION AND SUBTRACTION (USA) ○ CRAZY MAGICIAN, THE • 1900
TONNEAU DES DANAIDES, LE • DAINAID'S BARREL, THE (USA) ○ EIGHT GIRLS IN A BARREL • 1900
TROIS BACCHANTES, LES • THREE BACCHANTS, THE • 1900
TROTTOIR ROULANT, LE • 1900
VENGEANCE DU GATE-SAUCE, LA • COOK'S REVENGE, THE (USA) • 1900
VIEUX PARIS • 1900
VISITEURS SUR LE TROTTOIR ROULANT, LES • 1900
VUE DE REMERCIEMENTS AU PUBLIC • THANKING THE AUDIENCE ○ REMERCIEMENTS AU PUBLIC • 1900
VUE PANORAMIQUE PRIS DU TRAIN ELECTRIQUE • 1900
VUE PANORAMIQUE PRISE DE LA SEINE • PANORAMA DE LA SEINE ○ PANORAMA OF RIVER SEINE • 1900
ANTRE DES ESPRITS, L' • MAGICIAN'S CAVERN, THE (USA) ○ DEN OF SPIRITS ○ HOUSE OF MYSTERY, THE • 1901
BARBE BLEUE • BLUE BEARD (USA) ○ BARBE-BLEUE • 1901
BOUQUET D'ILLUSIONS • TRIPLE-HEADED LADY, THE (USA) • 1901
CHAPEAU A SURPRISES, LE • HAT WITH MANY SURPRISES, THE (USA) • 1901
CHARLATAN, LE • PAINLESS DENTISTRY • 1901
CHEVALIER DEMONTABLE ET LE GENERAL BOUM, LE • FIERCE CHARGER AND THE KNIGHT, THE (UKN) ○ GOOD TRICK, A (USA) • 1901
CHEZ LA SORCIERE • BACHELOR'S PARADISE, THE (USA) • 1901
CHIMISTE REPOPULATEUR, LE • MAIDEN'S PARADISE, A (USA) ○ CHEMIST REPOPULATOR, THE • 1901
CHIRURGIE DE L'AVENIR, LA • TWENTIETH CENTURY SURGERY (USA) • 1901
CHRYSALIDE ET LE PAPILLON D'OR, LA • BRAHMIN AND THE BUTTERFLY, THE (USA) ○ BRAHMANE ET LE PAPILLON, LE • 1901
CONGRES DES NATIONS EN CHINE • CHINA VERSUS ALLIED POWERS • 1901
DISLOCATION MYSTERIEUSE • EXTRAORDINARY DISLOCATION, AN (USA) ○ DISLOCATIONS MYSTERIEUSES ○ EXTRAORDINARY ILLUSIONS ○ DISLOCATION EXTRAORDINARY • 1901
DOUCHE DE COLONEL, LA • PAINTER'S MISHAP IN THE BARRACKS, THE ○ COLONEL'S SHOWER BATH, THE • 1901
ECOLE INFERNALE, L' • TRIALS OF A SCHOOLMASTER, THE (USA) • 1901
EXCELSIOR! • PRINCE OF MAGICIANS, THE (UKN) • 1901
FONTAINE SACREE OU LA VENGEANCE DE BOUDHA, LA • SACRED FOUNTAIN, THE (USA) ○ VENGEANCE DU BOUDHA, LA • 1901
GUGUSTE ET BELZEBUTH • CLOWN VS. SATAN, THE (USA) • 1901
HOMME AUX CENT TRUCS, L' • CONJURER WITH A HUNDRED TRICKS, THE (USA) • 1901
LIBELLULE, LA • DRAGON FLY, THE (USA) • 1901
MAISON TRANQUILLE, LA • WHAT IS HOME WITHOUT THE BOARDER? • 1901 • SHT
MAIVAISE PLAISANTERIE • PRACTICAL JOKE IN A BAR ROOM • 1901
MESAVENTURES D'UN AERONAUTE • BALLOONIST'S MISHAP, THE (USA) • 1901
NOCE AU VILLAGE, UNE • FUN IN COURT (USA) ○ CONTEMPT OF COURT • 1901
OMNIBUS DES TOQUES BLANCS ET NOIRS, L' • OFF TO BLOOMINGDALE ASYLUM (USA) ○ OFF TO BEDLAM (UKN) ○ ECHAPPES DE CHARENTON • 1901
PETIT CHAPERON ROUGE, LE • RED RIDING HOOD (USA) • 1901
PHRENOLOGIE BURLESQUE, LA • PHRENOLOGIST AND THE LIVELY SKULL, THE (UKN) ○ PHRENOLOGICAL BURLESQUE, A • 1901 • SHT
PIQUEURS DE FUTS, LES • BURGLARS IN THE WINE CELLAR, THE ○ WINE CELLAR BURGLARS • 1901
REVEIL D'UN MONSIEUR PRESSE, LE • HOW HE MISSED HIS TRAIN (USA) • 1901
TEMPLE DE LA MAGIE, LE • TEMPLE OF THE SUN, THE (USA) • 1901
TOUR MAUDITE, LA • BEWITCHED DUNGEON (USA) ○ ACCURSED TOWER, THE • 1901
ARMOIRE DES FRERES DAVENPORT, L' • CABINET TRICK OF THE DAVENPORT BROTHERS (USA) ○ MYSTERIOUS CABINET, THE ○ FRERES DAVENPORT, LES • 1902
AVENTURES DE ROBINSON CRUSOE, LES • ROBINSON CRUSOE • 1902
BATAILLON ELASTIQUE, LE • ELASTIC BATTALION, THE (USA) • 1902
CATASTROPHE DU BALLON "LE PAX" • CATASTROPHE OF THE BALLOON "LE PAX", THE • 1902
CLOWNESSE FANTOME, LA • SHADOW GIRL, THE (USA) ○ TWENTIETH CENTURY CONJURING • 1902
CORONATION OF THEIR MAJESTIES KING EDWARD VII AND QUEEN ALEXANDRIA • 1902
DANSEUSE MICROSCOPIQUE, LA • DANCING MIDGET, THE (USA) ○ MARVELLOUS EGG PRODUCING WITH SURPRISING DEVELOPMENTS • 1902
DIABLE GEANT OU LE MIRACLE DE LA MADONNE, LE • DEVIL AND THE STATUE, THE (USA) ○ GIGANTIC DEVIL, THE • 1902
EQUILIBRE IMPOSSIBLE, L' • IMPOSSIBLE BALANCING FEAT, AN (USA) • 1902
ERUPTION VOLCANIQUE A LA MARTINIQUE • ERUPTION OF MOUNT PELEE, THE ○ ERUPTION DU MONT PELE, L' ○ TERRIBLE ERUPTION OF MOUNT PELEE AND DESTRUCTION OF ST. PIERRE, MARTINIQUE, THE • 1902
FEMME VOLANTE, LA • MARVELOUS SUSPENSION AND EVOLUTION (USA) • 1902
HOMME A LA TETE EN CAOUTCHOUC, L' • MAN WITH THE RUBBER HEAD, THE (USA) ○ INDIA RUBBER HEAD, THE ○ SWELLED HEAD, A • 1902
HOMME MOUCHE, L' • HUMAN FLY, THE (USA) • 1902
INDIGESTION: OU, CHIRURGIE FIN DE SIECLE, UNE • UP-TO-DATE SURGERY (USA) ○ SURE CURE FOR INDIGESTION • 1902
NAIN ET GEANT • DWARF AND THE GIANT, THE (USA) ○ LONG AND SHORT OF IT, THE • 1902
OEUF DU SORCIER OU L'OEUF MAGIQUE PROLIFIQUE, L' • PROLIFIC MAGICAL EGG, THE (USA) ○ EGG IN BLACK ART, THE • 1902
POCHARD ET L'INVENTEUR, LE • WHAT BEFELL THE INVENTOR'S VISITOR (UKN) ○ DRUNKARD AND INVENTOR (USA) • 1902
REVE DU PARIA, LE • DREAM OF A HINDU BEGGAR, THE (USA) • 1902
SACRE D'EDOUARD VII, LE • COURONNEMENT D'EDOUARD VII, LE ○ CORONATION OF EDWARD VII, THE • 1902
TRESORS DE SATAN, LES • TREASURES OF SATAN, THE (USA) ○ DEVIL'S MONEYBAGS, THE • 1902
VOYAGE DANS LA LUNE, LE • TRIP TO THE MOON, A ○ TRIP TO MARS, A ○ VOYAGE TO THE MOON, THE • 1902
VOYAGE DE GULLIVER A LILLIPUT ET CHEZ LES GEANTS, LE • GULLIVER'S TRAVELS (USA) ○ VOYAGES DE GULLIVER ○ GULLIVER'S TRAVELS AMONG THE LILLIPUTIANS AND THE GIANTS ○ GULLIVER • 1902
AUBERGE DU BON REPOS, L' • INN WHERE NO MAN RESTS, THE (USA) ○ INN OF "GOOD REST", THE • 1903
BOB KICK, L'ENFANT TERRIBLE • BOB KICK, THE MISCHEVIOUS KID (USA) • 1903
BOITE A MALICE, LA • MYSTERIOUS BOX, THE (USA) ○ SHALLOW BOX TRICK, THE • 1903
CAKE-WALK INFERNAL, LE • CAKE WALK INFERNAL, THE (USA) ○ INFERNAL CAKEWALK, THE • 1903
CHAUDRON INFERNAL, LE • INFERNAL CAULDRON AND THE PHANTASMAL VAPOURS, THE ○ INFERNAL CAULDRON, THE • 1903
CORBEILLE ENCHANTEE, LA • ENCHANTED BASKET, THE (USA) • 1903
ENCHANTEUR ALCOFRISBAS, L' • ALCOFRISBAS, THE MASTER MAGICIAN ○ MASTER MAGICIAN ALCOFRISBAS ○ ENCHANTER, THE • 1903
FANTAISIE EGYPTIENNE • 1903
FAUST AUX ENFERS • DAMNATION OF FAUST, THE (USA) ○ DAMNATION DE FAUST, LA ○ CONDEMNATION OF FAUST, THE • 1903
FILLES DU DIABLE, LES • BEELZEBUB'S DAUGHTERS (USA) ○ WOMEN OF FIRE, THE • 1903
FLAMME MERVEILLEUSE, LA • MYSTICAL FLAME, THE (USA) • 1903
GUIRLANDE MERVEILLEUSE, LA • MARVELLOUS WREATH, THE (USA) ○ MARVELLOUS HOOP, THE • 1903
ILLUSIONS FUNAMBULESQUES • 20TH CENTURY ILLUSTRATIONIST, THE (UKN) ○ EXTRAORDINARY ILLUSIONS (USA) • 1903
JACQUES ET JIM • JACK AND JIM (USA) ○ COMICAL CONJURING • 1903
LANTERNE MAGIQUE, LA • MAGIC LANTERN, THE (USA) • 1903
MALHEUR N'ARRIVE JAMAIS SEUL, UN • MISFORTUNE NEVER COMES ALONE (USA) ○ ACCIDENTS NEVER HAPPEN SINGLY • 1903
MELOMANE, LE • MELOMANIAC, THE (USA) ○ MAN WITH FIVE HEADS • 1903
MONSTRE, LE • MONSTER, THE (USA) • 1903
MOUSQUETAIRES DE LA REINE, LES • QUEEN'S MUSKETEERS, THE (USA) ○ MUSKETEERS OF THE QUEEN, THE • 1903
ORACLE DE DELPHES, L' • ORACLE OF DELPHI, THE (USA) • 1903
PARAPLUIE FANTASTIQUE, LE • TEN LADIES IN ONE UMBRELLA (USA) ○ GIRLS IN ONE UMBRELLA, THE • 1903
PORTRAIT SPIRITE, LE • SPIRITUALIST PHOTOGRAPHER, THE (USA) • 1903 • SHT
PUITS FANTASTIQUE, LE • ENCHANTED WELL, THE (USA) ○ PUITS ENCHANTE, LE • 1903
REVE DU MAITRE DE BALLET, LE • DREAM OF THE BALLET MASTER, THE (UKN) ○ BALLET MASTER'S DREAM, THE • 1903
REVENANT, LE • MR. JONES' COMICAL EXPERIENCE WITH A GHOST ○ APPARITION, THE (USA) ○ GHOST AND THE CANDLE, THE • 1903
ROYAUME DES FEES, LE • FAIRYLAND, THE (USA) ○ KINGDOM OF THE FAIRIES, THE ○ WONDERS OF THE DEEP ○ AU PAYS DES FEES • 1903
SORCIER, LE • WITCH'S REVENGE, THE (USA) ○ SORCERER'S REVENGE, THE • 1903
STATUE ANIMEE, LA • DRAWING LESSON, THE (USA) ○ LIVING STATUE, THE ○ LECON DE DESSIN, LA • 1903
TOM TIGHT ET DUM DUM • JACK JAGGS AND DUM DUM (USA) ○ RIVAL MUSIC HALL ARTISTES, THE • 1903
TONNERRE DE JUPITER, LE • JUPITER'S THUNDERBOLTS OR THE HOME OF THE MUSES • 1903
ANGE DE NOEL, L' • CHRISTMAS ANGEL, THE (USA) ○ DETRESSE ET CHARITE ○ BEGGAR MAIDEN, THE • 1904
APACHES, LES • BURLESQUE HIGHWAY ROBBERY IN "GAY PAREE", A • 1904
APPARITIONS FUGITIVES • FUGITIVE APPARITIONS, THE • 1904
AU CLAIR DE LA LUNE OU PIERROT MALHEUREUX • MOONLIGHT SERENADE OR THE MISER PUNISHED, A ○ AU CLAIR DE LA LUNE ○ PIERROT'S GRIEF ○ PIERROT MALHEUREUX • 1904
BARBIER DE SEVILLE, LE • BARBER OF SEVILLA, OR THE USELESS PRECAUTION, THE • 1904
BENVENUTO CELLINI OU UNE CURIEUSE EVASION • BENVENUTO CELLINI OR A CURIOUS EVASION ○ CURIEUSE EVASION, UNE ○ CURIOUS EVASION, A • 1904
BOURREAU TURC, LE • TERRIBLE TURKISH EXECUTIONER, THE (USA) ○ TURKISH EXECUTIONER, THE ○ TERRIBLE TURKISH EXECUTIONER, OR IT SERVED HIM RIGHT, THE • 1904
CADRE AUX SURPRISES, LE • ASTONISHING FRAME, THE (USA) • 1904
CASCADE DE FEU, LA • FIREFALL, THE (USA) • 1904
COFFRE ENCHANTE, LE • BEWITCHED TRUNK, THE (USA) • 1904

COSTUMES ANIMES, LES • ANIMATED COSTUMES, THE (USA) • 1904
DAME FANTOME, LA • SHADOW LADY, THE (USA) ○ PHANTOM LADY, THE • 1904
DAMNATION DU DOCTEUR FAUST • FAUST AND MARGUERITE (USA) ○ FAUST ET MARGUERITE ○ FAUST • 1904
DINER IMPOSSIBLE, LE • IMPOSSIBLE DINNER, THE (USA) • 1904
FETE AU PERE MATHIEU, LA • UNCLE RUBE'S BIRTHDAY (USA) • 1904
GROTTE AUX SURPRISES, LA • GROTTO OF SURPRISES, THE (USA) • 1904
INVITES DE M. LATOURTE, LES • SIMPLE SIMON'S SURPRISE PARTY (USA) ○ BONNE SURPRISE, UNE • 1904
JOYEUX FAUX PROPHETE RUSSE, LE • FAKE RUSSIAN PROPHET, THE (USA) • 1904
JUIF ERRANT, LE • WANDERING JEW, THE (USA) • 1904
MARIAGE PAR CORRESPONDANCE • WEDDING BY CORRESPONDENCE, A • 1904
MATCH DE PRESTIDIGITATION • WAGER BETWEEN TWO MAGICIANS: OR, JEALOUS OF MYSELF, A (USA) • 1904
MERVEILLEUX EVENTAIL VIVANT, LE • WONDERFUL LIVING FAN, THE (USA) ○ EVENTAIL MAGIQUE, L' • 1904 • SHT
MESAVENTURES DE M. BOIT-SANS-SAIF, LES • MISCHANCES OF A DRUNKARD, THE • 1904
MIRACLE SOUS L'INQUISITION, UN • MIRACLE UNDER THE INQUISITION, A (USA) • 1904
PEU DE FEU, S.V.P., UN • EVERY MAN HIS OWN CIGAR LIGHTER (USA) • 1904
PLANCHE DU DIABLE, LA • DEVILISH PLANK, THE (USA) • 1904
PRETE POUR UN RENDU: OU, UNE BONNE FARCE AVEC MA TETE, UN • TIT FOR TAT: OR, A GOOD JOKE ON MY HEAD (USA) ○ BONNE FARCE AVEC MA TETE, UNE • 1904
PROVIDENCE DE NOTRE-DAME DES FLOTS, LA • PROVIDENCE OF THE WAVES OR THE DREAM OF A POOR FISHERMAN, THE (USA) • 1904
REVE DE L'HOROLOGER, LE • CLOCK MAKER'S DREAM, THE (USA) • 1904
ROI DU MAQUILLAGE, LE • KING OF THE MACKEREL FISHERS, THE ○ UNTAMEABLE WHISKERS, THE (USA) • 1904
ROSIER MIRACULEUX, LE • WONDERFUL ROSE TREE, THE (USA) • 1904 • SHT
SIRENE, LA • MERMAID, THE (USA) • 1904
SIVA L'INVISIBLE • INVISIBLE SIVA, THE (USA) • 1904
SORCELLERIE CULINAIRE, LA • COOK IN TROUBLE, THE (USA) ○ CULINARY SORCERY • 1904
THAUMATURGE CHINOIS, LE • TCHIN-CHAO, THE CHINESE CONJURER (USA) • 1904
TRANSMUTATIONS IMPERCEPTIBLES • IMPERCEPTIBLE TRANSMUTATIONS (USA) • 1904
VOYAGE A TRAVERS L'IMPOSSIBLE, LE • VOYAGE ACROSS THE IMPOSSIBLE ○ IMPOSSIBLE VOYAGE, AN ○ WHIRLING THE WORLDS • 1904
BAQUET DE MESMER, LE • MESMERIAN EXPERIMENT, A (USA) • 1905
CARTES VIVANTES, LES • LIVING PLAYING CARDS, THE (USA) • 1905
CAUCHEMAR DU PECHEUR, LE • ANGLER'S NIGHTMARE, THE (USA) ○ POLICEMAN'S TROUBLES, A ○ ESCARPOLETTE FANTASTIQUE, L' • 1905
CHAISE A PORTEURS ENCHANTEE, LA • ENCHANTED SEDAN-CHAIR, THE (USA) • 1905
CHEVALIER DEMONTABLE, LE • COLLAPSIBLE KNIGHT, THE • 1905
CHEVALIERS DU CHLOROFORME, LES • CHLOROFORM FIENDS, THE (USA) • 1905
COMPOSITEUR TOQUE, LE • CRAZY COMPOSER, A (USA) • 1905
DIABLE NOIR, LE • BLACK IMP, THE (USA) • 1905
FEU D'ARTIFICE IMPROVISE, UN • UNEXPECTED FIREWORKS (USA) • 1905
FEU D'ARTIFICE INATTENDU • 1905
ILE DE CALYPSO: OU, ULYSSE ET LE GEANT POLYPHEME, L' • ULYSSES AND THE GIANT POLYPHEMUS (USA) ○ MYSTERIOUS ISLAND, THE • 1905
LEGENDE DE RIP VAN WINCKLE, LA • RIP VAN WINKLE (USA) ○ RIP'S DREAM ○ REVE DE RIP, LE • 1905
MENUET LILLIPUTIEN, LE • LILLIPUTIAN MINUET, THE (USA) • 1905
MIROIR DE VENISE, UNE MESAVENTURE DE SHYLOCK, LE • VENETIAN LOOKING-GLASS, THE (USA) ○ MESAVENTURE DE SHYLOCK, UNE • 1905
PALAIS DES MILLE ET UNE NUITS, LE • PALACE OF THE ARABIAN NIGHTS, THE (USA) • 1905
PEINTRE BARBOUILLARD ET TABLEAU DIABOLIQUE, LE • MR. DAUBER AND THE MYSTIFYING PICTURES (USA) • 1905
PHENIX OU LE COFFRET DE CRISTAL, LE • CRYSTAL CASKET, THE (USA) ○ COFFRET DE CRISTAL, LE • 1905
RAID PARIS - MONTE CARLO EN 2 HEURES, LE • ADVENTUROUS AUTOMOBILE TRIP, AN ○ AUTOMOBILE CHASE, THE (USA) ○ VOYAGE AUTOMOBILE PARIS - MONTECARLO EN DEUX HEURES, LE • 1905
ROI DES TIREURS, LE • KING OF THE SHARPSHOOTERS, THE (USA) • 1905
SYSTEME DU DOCTEUR SOUFLAMORT, LE • LIFE SAVING UP-TO-DATE (USA) • 1905
TOUR DE LONDRES: OU, LES DERNIER MOMENTS D'ANNE DE BOLEYN, LA • TOWER OF LONDON, THE (USA) ○ LAST MOMENTS OF ANNE BOLEYN ○ ANNA DE BOLEYN A LA TOUR DE LONDRES • 1905
TRIPOT CLANDESTIN, LE • SCHEMING GAMBLER'S PARADISE, THE (USA) • 1905 • SHT
AFFICHES EN GOGUETTE, LES • HILARIOUS POSTERS, THE (USA) • 1906
ALCHIMISTE PARAFARAGAMUS OU LA CORNUE INFERNALE, L' • MYSTERIOUS RETORT, THE (USA) ○ ALCHEMIST AND THE DEMON, THE • 1906
ANARCHIE CHEZ GUIGNOL, L' • PUNCH AND JUDY • 1906
BULLES DE SAVON ANIMEES, LES • SOAP BUBBLES (USA) • 1906
CADEUSE DE MATELAS, LA • TRAMP AND THE MATTRESS MAKER, THE (USA) • 1906
CHUTE DE CINQ ETAGES, UNE • MIX-UP IN THE GALLERY, A • 1906
DIRIGEABLE FANTASTIQUE OU LE CAUCHEMAR D'UN INVENTEUR, LE • INVENTOR CRAZYBRAINS AND HIS WONDERFUL AIRSHIP (USA) ○ FANTASTICAL AIRSHIP, THE • 1906
FANTOME D'ALGER, LE • SPIRITUALISTIC MEETING, A (USA) • 1906
FEE CARABOSSE: OU, LE POIGNARD FATAL, LA • WITCH, THE (USA) ○ POIGNARD FATAL, LE ○ PRINCESSE FATALE, LA • 1906
GALERIE SENS DESSUS-DESSOUS, LA • 1906
HOMME EST SATISFAIT, L' • WHO LOOKS, PAYS (USA) ○ MAN IS SATISFIED, THE ○ HONNEUR EST SATISFAIT, L' • 1906 • SHT
HOTEL DES VOYAGEURS DE COMMERCE, L' • ROADSIDE INN, A • 1906
INCENDAIRES, LES • HISTOIRE D'UN CRIME, L' ○ DESPERATE CRIME, A • 1906
JACK LE RAMONEUR • CHIMNEY SWEEP (USA) ○ PETIT RAMONEUR, LE • 1906
MAESTRO DO-MI-SOL-DO, IL • PROFESSOR DO-MI-SOL-DO • 1906
MAGIE A TRAVERS LES AGES, LA • OLDEN AND NEW STYLE CONJURING (USA) • 1906
RASTAQUOUERE RODRIGUEZ Y PAPANAGAZ, LE • SEASIDE FLIRTATION, A • 1906
ROBERT MACAIRE ET BERTRAND • ROBERT MACAIRE AND BERTRAND • 1906
400 FARCES DU DIABLE, LES • MERRY FROLICS OF SATAN, THE (USA) ○ 400 BLOWS OF THE DEVIL, THE ○ QUATRE CENT FARCES DU DIABLE, LES ○ PILLULES DU DIABLE, LES • 1906
ALI BARBOUYOU ET ALI BOUF A L'HUILE • DELIRIUM IN A STUDIO (USA) ○ DELIRE A L'ATELIER • 1907
BERNARD LE BUCHERON • FORESTER MADE KING, A (USA) ○ MIRACLE DE SAINT HUBERT, THE • 1907
BOULANGERIE MODELE, LA • BAKERS IN TROUBLE (USA) • 1907
CARTON FANTASTIQUE, LE • MISCHEVIOUS SKETCH, A (USA) • 1907
CIVILISATION A TRAVERS LES AGES, LA • HUMANITY THROUGH THE AGES (USA) ○ CIVILISATION ACROSS THE AGES • 1907
COLLE UNIVERSELLE, LA • GOOD GLUE STICKS (USA) • 1907
DELIRIUM TREMENS, LE • FIN D'UN ALCOOLIQUE, LA ○ DRINK! A GOOD TEMPERANCE STORY • 1907
DEUX CENT MILLE LIEUES SOUS LES MERS: OU, LE CAUCHEMAR D'UN PECHEUR • 200,000 LEAGUES UNDER THE SEA (USA) ○ UNDER THE SEAS • 1907
DOUCHE D'EAU BOUILLANTE, LA • ROGUES' TRICKS (USA) • 1907
ECLIPSE DE SOLEIL EN PLEINE LUNE, L' • ECLIPSE, THE (USA) • 1907
FROMAGES AUTOMOBILES, LES • SKIPPING CHEESES, THE • 1907
HAMLET • HAMLET, PRINCE OF DENMARK • 1907
MARCHE FUNEBRE DE CHOPIN, LA • CHOPIN'S FUNERAL MARCH BURLESQUED (USA) • 1907
MARIAGE DE VICTORINE, LE • HOW BRIDGET'S LOVER ESCAPED (USA) ○ MARIAGE DE VICTOIRE, LE • 1907
NOUVELLE PEINE DE MORT, LA • NEW DEATH PENALTY, A (USA) • 1907
PAUVRE JOHN OU LES AVENTURES D'UN BUVEUR DE WHISKY • SIGHTSEEING THROUGH WHISKY (USA) • 1907
PLACARD INFERNAL, LE • BEWILDERING CABINET, THE (USA) • 1907
REVE DE SHAKESPEARE, LE • SHAKESPEARE WRITING JULIUS CAESAR (USA) ○ MORT DU JULIUS CESAR, LA ○ SHAKESPEARE ECRIVANT LA MORT DE JULES CESAR ○ DREAM OF SHAKESPEARE, THE ○ DEATH OF JULIUS CAESAR, THE • 1907 • SHT
SATAN EN PRISON • SATAN IN PRISON (USA) • 1907
STORY OF EGGS, THE • 1907
TUNNEL SOUS LA MANCHE: OU, LE CAUCHEMAR FRANCO-ANGLAIS, LE • TUNNELING THE CHANNEL (USA) ○ TUNNELLING THE ENGLISH CHANNEL • 1907
ACTEUR EN RETARD, L' • WHY THE ACTOR WAS LATE ○ WHY THAT ACTOR WAS LATE ○ POURQUOI L'ACTEUR EN RETARD • 1908
ANAIC OU LE BALAFRE • 1908
ASCENSION DE LA ROSIERE, L' • ASCENSION OF THE ROSE-QUEEN, THE • 1908
AT THE HOTEL MIX-UP • 1908
AVARE, L' • MISER, THE (USA) • 1908
AVENTURES DE DON QUICHOTTE • INCIDENT FROM DON QUIXOTE ○ DON QUICHOTTE • 1908
BONNE BERGERE ET LA MECHANTE PRINCESSE, LA • GOOD SHEPHERDESS AND THE EVIL PRINCESS, THE ○ BONNE BERGERE ET LA MAUVAISE PRINCESSE, LA • 1908
BUNCOED STAGE JOHNNIE • 1908
CONSEIL DU PIPELET, LE • TOUR A LA FOIRE, UN ○ UP-TO-DATE CLOTHES CLEANING • 1908
CONTE DE LA GRAND'MERE ET REVE DE L'ENFANT OU AU PAYS DES JOUETS • GRANDMOTHER'S STORY OR TO THE LAND OF TOYS, A (USA) ○ AU PAYS DES JOUETS • 1908
CRAZY BUGS, THE • TWO CRAZY BUGS • 1908
CUISINE DE L'OGRE, LA • IN THE BOGIE MAN'S CAVE (USA) • 1908
CURIOSITE PUNIEE, LA • CRIME DE LA RUE DU CHERCHE-MIDI A 14 HEURES, LE ○ CURIOSITY PUNISHED • 1908
DUKE'S GOOD JOKE, THE • 1908
FABRICANT DE DIAMANTS, LE • HABIT NE FAIT PAS LE MOINE, L' ○ FAKE-DIAMOND SWINDLER, A • 1908
FAKIR DE SINGAPOUR, LE • INDIAN SORCERER, THE (USA) • 1908
FEE LIBELLULE, LA • LAC ENCHANTE, LE ○ FAIRY DRAGONFLY, THE ○ ENCHANTED LAKE, THE • 1908
FONTAINE MERVEILLEUSE, LA • MARVELOUS FOUNTAIN, THE • 1908
FRANCOIS 1er ET TRIBOULET • KING AND THE JESTER, THE (USA) • 1908
FRENCH INTERPRETER POLICEMAN • FRENCH COPS LEARNING ENGLISH • 1908
GENIE DE FEU, LE • GENII OF FIRE, THE (USA) • 1908
GENIE DES CLOCHES, LES • FETE DU SONNEUR, LA ○ SPIRIT OF THE BELLS, THE • 1908
HALLUCINATIONS PHARMACEUTIQUES OU LE TRUC DU POTARD • TRUC DU POTARD, LE ○ PHARMACEUTICAL HALLUCINATIONS OR THE TRICK OF POTARD • 1908
HIGH-LIFE TAYLOR • SIDESHOW WRESTLERS (?) • 1908
HIS FIRST JOB • 1908
IL Y A DIEU POUR LES IVROGNES • GOOD LUCK OF A "SOUSE", THE • 1908
JUGEMENT DU GARDE CHAMPETRE • FORESTER'S REMEDY, THE (?) • 1908
LOVE AND MOLASSES • 1908
LULLI OU LE VIOLON BRISE • BROKEN VIOLIN, THE ○ LULLY OU LE VIOLON BRISE • 1908
MAGIC OF CATCHY SONGS • 1908
MAIN SECOURABLE, LE • HELPING HAND • 1908
MARIAGE DE RAISON ET MARIAGE D'AMOUR • LOVER'S HAZING, A • 1908
MARIAGE DE THOMAS POIVROT • FUN WITH THE BRIDAL PARTY • 1908
MISCHANCES OF A PHOTOGRAPHER • 1908
MOITI DE POLKA • 1908
MYSTERY OF THE GARRISON, THE • 1908
NOT GUILTY • 1908
NOUVEAU SEIGNEUR DU VILLAGE, LE • NEW LORD OF THE VILLAGE, THE • 1908
NUIT DE CARNAVAL • NIGHT WITH MASQUERADERS IN PARIS, A (USA) • 1908
ON NE BADINE PAS AVEC L'AMOUR • NO TRIFLING WITH LOVE • 1908
ORIENTAL BLACK ART • 1908
PERLE DES SERVANTES, LA • ANGELIC SERVANT, AN (USA) • 1908
PHOTOGRAPHIE ELECTRIQUE A DISTANCE, LA • LONG DISTANCE WIRELESS PHOTOGRAPHY (USA) • 1908
POCHARDIANA OU LE REVEUR EVEILLE • WIDE-AWAKE DREAMER, THE • 1908
POUR LES P'TIOTS • 1908
POUR L'ETOILE S.V.P. • 1908
PROPHETESSE DE THEBES, LA • PROPHETESS OF THEBES, THE (USA) • 1908
QUIPROQUO • MISTAKEN IDENTITY, A (USA) • 1908
RAID PARIS NEW YORK EN AUTOMOBILE, LE • MISHAPS OF THE NEW YORK - PARIS RACE (USA) ○ NEW YORK PARIS EN AUTOMOBILE ○ ENDURANCE CONTEST PARIS-NEW YORK BY AUTOMOBILE, THE • 1908
REVE D'UN FUMEUR D'OPIUM, LE • DREAM OF AN OPIUM FIEND, THE (USA) • 1908
REVEUR EVEILLE, LE • 1908
RIVALITE D'AMOUR • TRAGEDY IN SPAIN, A • 1908
RUDE AWAKENING • 1908
SALON DE COIFFURE • IN THE BARBER SHOP (USA) • 1908
SEEK AND THOU SHALT FIND • 1908
SERPENT DE LA RUE DE LA LUNE, LE • SNAKE OF MOON STREET, THE ○ PRANK WITH A FAKE PYTHON • 1908
TAMBOURIN FANTASTIQUE ILLUSION FANTASTIQUE • KNIGHT OF BLACK ART, THE • 1908
TARTARIN DE TARASCON OU UNE CHASSE A L'OURS • HUNTING THE TEDDY BEAR • 1908
TOILE D'ARAIGNEE MERVEILLEUSE, LA • PAINTING OF A MIRACULOUS SPIDER, THE • 1908 • SHT
TORCHES HUMAINES • JUSTINIAN'S HUMAN TORCHES (USA) • 1908
TRAIT D'UNION, LE • LITTLE PEACEMAKER, THE • 1908
TRICKY PAINTER'S FATE • 1908
TROP VIEUX! • OLD FOOTLIGHT FAVOURITE (?) • 1908
TWO TALENTED VAGABONDS • 1908
VOYAGE DE NOCES EN BALLON • HONEYMOON IN A BALLOON • 1908
WOES OF ROLLER SKATERS, THE • 1908
WONDERFUL CHARM, THE • 1908
CINDERELLA UP-TO-DATE • 1909
CONTE DU VIEUX TALUTE, LE • 1909
COUNT'S WOOING, THE • 1909
FOR SALE, A BABY • 1909
FOR THE CAUSE OF SUFFRAGE • 1909
FORTUNE FAVORS THE BRAVE • 1909
GIGUE MERVEILLEUSE, LA • MARVELOUS HIND LEG, THE • 1909
HOMME COMME IL FAUT, UN • 1909
HYDROTHERAPIE FANTASTIQUE • DOCTOR'S SECRET, THE (USA) ○ SECRET DU MEDECIN, LE ○ SECRET DU DOCTEUR, LE • 1909
HYPNOTIST'S REVENGE, THE • 1909
ILLUSIONS FANTAISISTES, LES • WHIMSICAL ILLUSIONS • 1909
LOCATAIRE DIABOLIQUE, LE • DIABOLIC TENANT, THE • 1909
MOUSQUETAIRE DE LA REINE, LE • 1909
MR. AND MRS. DUFF • 1909
POUPEE VIVANTE, LA • LIVING DOLL, THE (USA) • 1909
SEEIN' THINGS • 1909
TUMULTUOUS ELOPEMENT, A • 1909
GALATEE • 1910 • SHT
HOMME AUX MILLE INVENTIONS, L' • MAN WITH A THOUSAND INVENTIONS, THE • 1910
PAPILLON FANTASTIQUE, LE • FANTASTIC BUTTERFLIES, THE • 1910
ROI DES MEDIUMS, LE • APPARITIONS FANTOMATIQUES • 1910
SEPT BARRES D'OR, LES • SEVEN INGOTS OF GOLD, THE • 1910
SI J'ETAIS ROI!!! • 1910
TRAITEMENT 706, LE • GUERISON DE L'OBESITE EN 5 MINUTES • 1910
HALLUCINATIONS DU BARON DE MUNCHAUSEN, LES • HALLUCINATIONS OF BARON MUNCHAUSEN, THE (USA) • 1911
VITRAIL DIABOLIQUE, LE • 1911
A LA CONQUETE DU POLE • CONQUEST OF THE POLE, THE ○ CONQUETE DU POLE, LA ○ VOYAGE AU POLE, LE • 1912
CENDRILLON • CINDERELLA OR THE GLASS SLIPPER (USA) ○ PANTOUFLE MYSTERIEUSE, LA ○ MAGIC SLIPPERS, THE • 1912
CHEVALIER DES NEIGES, LE • KNIGHT OF THE SNOWS, THE (USA) • 1912
VOYAGE DE LA FAMILLE BOURRICHON, LE • VOYAGE OF THE BOURRICHON FAMILY, THE • 1913
CABBY'S NIGHTMARE • 1914

MELIK-AVAKYAN see **MELIK-AVEKYAN G.**

MELIK-AVAKYAN G. see **MELIK-AVEKYAN G.**

MELIK-AVEKYAN G. – USS
MELIK-AVAKYAN G. • *MELIK-AVAKYAN*
HEART SINGS, THE • 1958
BEFORE DAWN • 1961
ECHOES FROM THE PAST • 1971
KAMO'S LAST FEAT • 1974

MELISSINOS VANGELIS – GRC
APO LAHTARA SE LAHTARA • MR. GOOSE GOES HUNTING ○ FROM WORRY TO WORRY • 1967
MANOLAKIS O TEDDYBOYS • MANOLAKIS THE TEDDYBOY • 1967
BAKALOGATOS, O • GROCERY BOY, THE • 1968
FIGOURATZIS, O • GIVE AWAY THE SHOW ○ EXTROVERT, THE • 1968

MELKONYAN GENNADY – USS
TROYE IZ NAS • THREE OF US • 1989

MELLEN PETER – CND
LIFE FORCE • 1974 • DOC

MELLO JORGE SILVA see **MELO JORGE SILVA**

MELLO VICTOR – CRC
TEMPORADA DE LANGOSTA • 1978 • DOC

MELLOR EDITH – UKN
LAUNDRY GIRL, THE • BECAUSE • 1919

MELNIKOV V. see **MELNIKOV VITALI**

MELNIKOV VITALI – USS
MELNIKOV V.
NACHALNIK CHUKOTKI • CHIEF OF CHUKOTKA • 1967
MAMA GOT MARRIED • 1969
SEVEN BRIDES OF CORPORAL ZBRUYEV, THE • 1971
HELLO AND GOODBYE • 1973

MELO JORGE SILVA – PRT
MELLO JORGE SILVA
PASSAGEM OU A MEIO CAMINHO • PASSAGE OR THE MIDDLE OF THE ROAD • 1982
NINGUEM DUAS VEZES • 1984
AGOSTA • 1986

MELSON SOREN – DNM
KOEN • COW, THE • 1944
DENMARK GROWS UP • 1947 • DOC
BIBLIOTEKET ER ABENT • LIBRARY IS OPEN, THE • 1948
PARALLELE LIG, DET • PARALLEL CORPSE, THE • 1982

MELTON SID – USA
BAD GIRLS DO CRY • 1963

MELVILLE JEAN-PIERRE – FRN – 1917–1973
VINGT-QUATRE HEURES DE LA VIE D'UN CLOWN • 1946 • SHT
SILENCE DE LA MER, LE • 1947
ENFANTS TERRIBLES, LES • STRANGE ONES, THE (UKN) • 1949
QUAND TU LIRAS CETTE LETTRE • LABBRA PROIBITE (ITL) • 1953
BOB LE FLAMBEUR • FEVER HEAT (USA) ○ BOB THE GAMBLER • 1955
DEUX HOMMES DANS MANHATTAN • TWO MEN IN MANHATTAN • 1959
LEON MORIN, PRETRE • FORGIVEN SINNER, THE (USA) ○ LEON MORIN, PRIEST • 1961
DOULOS, LE • DOULOS -THE FINGER MAN (USA) ○ SPIONE, LO (ITL) ○ FINGERMAN, THE • 1962
AINE DES FERCHAUX, L' • JEUNE HOMME HONORABLE, UN ○ MAGNET OF DOOM ○ JEUNE HOMME, UN • 1963
DEUXIEME SOUFFLE, LE • SECOND BREATH (UKN) ○ SECOND WIND • 1966
SAMOURAI, LE • FRANK COSTELLO FACCIA D'ANGELO (ITL) ○ GODSON, THE (USA) ○ SAMURAI, THE • 1967
ARMEE DES OMBRES, L' • ARMATA DEGLI EROI, L' (ITL) ○ ARMY IN THE SHADOWS, THE (UKN) ○ SHADOW ARMY ○ ARMY OF THE SHADOWS • 1969
CERCLE ROUGE, LE • SENZA NOME, I (ITL) ○ RED CIRCLE, THE (UKN) • 1970
FLIC, UN • NOTTE SULLA CITTA (ITL) ○ DIRTY MONEY (UKN) • 1972

MELVILLE WILBERT – USA
JUAN AND JUANITA • 1912
MEXICAN COURTSHIP, A • 1912
CAMERA'S TESTIMONY, THE • 1913
FALSE FRIEND, A • 1913
HER ATONEMENT • 1913
HER BOY • 1913
JIM'S REWARD • 1913
MELITA'S SACRIFICE • 1913
MESSAGE OF THE ROSE, THE • 1913
MEXICAN SPY, THE • 1913
PADRE'S STRATEGY, THE • 1913
PERILOUS RIDE, A • 1913
PLAYING WITH FIRE • 1913
PRICE OF JEALOUSY, THE • 1913
DOWNWARD PATH, THE • 1914
QUACK, THE • 1914
SEALED ORDERS • 1914
SECRET MARRIAGE, THE • 1914
AS THE TWIG IS BENT • 1915
EMERALD GOD, THE • 1915
INNER CHAMBER, THE • 1915
JEALOUSY • 1915
LONELY FISHERMAN, THE • 1915
MARGIE OF THE UNDERWORLD • 1915
MOMENT BEFORE DEATH, THE • 1915
NELL OF THE DANCE HALL • 1915
NIGHT IN OLD SPAIN, A • 1915
SACRED BRACELET, THE • 1915
SAVED FROM THE HAREM • 1915
SPARK AND THE FLAME, THE • 1915
STRANGE UNKNOWN, THE • 1915
TERRIBLE ONE, THE • 1915
WITH STOLEN MONEY • 1915
WONDER CLOTH, THE • 1915
BEGGAR KING, THE • 1916 • SHT
CRASH, THE • 1916 • SHT
DIAMOND THIEVES, THE • 1916
FINAL PAYMENT, THE • 1916 • SHT
HALF WIT, THE • 1916 • SHT
OUT OF THE FLOTSAM • 1916 • SHT
PLAYTHINGS OF THE GODS • 1916 • SHT
PRICE OF DISHONOR, THE • 1916 • SHT
SCARLET CHASTITY, THE • 1916 • SHT
SOLDIER'S SONS • 1916 • SHT

MEMBRIN – FRN
ANTIQUITES DE L'ASIE OCCIDENTALE, LES • 1943 • SHT

MEMON ISMAIL – IND
CHANDAN KA PALNA • SANDALWOOD CRADLE • 1967

MENACHEMI AYELETH – ISR
CROWS • 1988

MENAKER LEONID – USS
LENINGRAD MUSIC HALL • 1943
T-34 • 1964
NYE ZABUD.. STANTSIYA LUGOVAYA • DON'T FORGET.. THE LUGOVAYA STATION ○ NE ZABUD.. STANTZIYA LUGOVAGA • 1967

MENARD ROBERT – CND – 1947–
PORTRAITS DE FEMMES • 1975
BEAUX BECS DU QUEBEC • 1978 • MTV
JOURNEE EN TAXI, UNE • 1981
EXIT • 1987
CRUISING BAR • MEET MARKET • 1990

MENARDI LEO – ITL
LUISA SANFELICE • 1942
AVVENTURA DI ANNABELLA, L' • 1943
MOGLIE IN CASTIGO, LA • 1943
PAESE SENZA PACE, IL • BARUFFE CHIOZZOTTE, LE • 1943

MENCHOV VLADIMIR see **MENSHOV VLADIMIR**

MENDE ROGER – USA
OPEN FIRE • 1988

MENDEL GEORG VICTOR – GRM
SCHWERT UND HERD • 1916
TOD AUF ZECHE SILVA, DER • 1916
ANTIQUAR VON STRASSBURG, DER • 1917
EULENHAUS, DAS • 1917
FRAU MIT DEN KARFUNKELSTEINEN, DIE • 1917
GEHEIMNIS DER LATEN MAMSELL, DAS • 1917
IM HAUSE DES KOMMERZIENRATS • 1917
WILDE URSULA, DIE • 1917
ANGST, DIE • AUS ANGST • 1918
AUS DEM LEBEN MEINER ALTEN FREUNDIN • 1918
GOLDELSE • 1918
HEIDEPRINZESSCHEN, DAS • 1918
LUMPENMULLERS LIESCHEN • 1918
MAMSELL UNNUTZ • 1918
REICHSGRAFIN GISELA • 1918
WEISSES GOLD • 1918
FREIHEIT, GLEICHHEIT, BRUDERLICHKEIT! • 1919

MENDELSOHN JACK – Animator – USA
LEAK IN THE DYKE, A • 1965 • ANS
STORY OF GEORGE WASHINGTON, THE • 1965 • ANS

MENDELUK GEORGE – GRM – 1948–
CHRISTMAS TREE • 1973 • MTV
MIGUEL'S NAVIDAD • 1977 • MTV
CHRISTMAS LACE • 1978 • MTV
STONE COLD DEAD • SIN SNIPER, THE ○ POINT TWO TWO • 1979
KIDNAPPING OF THE PRESIDENT, THE • 1980
DOIN' TIME • BIG HOUSE, THE • 1984
LOVERBOY • 1984
MEATBALLS III • MEATBALLS III: SUMMER JOB • 1987

MENDES JOAO – PRT – 1910–
FEIRA POPULAR DE LISBOA • 1944 • SHT
PARQUES INFANTIS • 1945 • SHT
ASSIM E MATOSINHOS • 1948 • SHT
SINTRA • 1949 • SHT
HOMEM E UMA OBRA, UM • 1950 • SHT
MAR PORTUGUES • 1952 • SHT
PALACIO DE QUELUZ • 1952 • SHT
PORTUGUESES NO MUNDO • 1952 • SHT
LABIRINTO, O • 1953 • SHT
PENSAR NO FUTURO • 1953 • SHT
PESCA DA SARDINHA, A • 1953 • SHT
ALMA DE UMA CIDADE, A • 1954 • SHT
ARTE POPULAR PORTUGUESA • 1954 • SHT
ARTE SACRA • 1954 • SHT
CONSTRUCOES METALICOS • 1954 • SHT
COSTA DE AFRICA, O • 1954
ECONOMIA DO DINHEIRA • 1954 • SHT
FABRICACAO DE CARRUAGENS • 1954 • SHT
GORDURAS ALIMENTARES • 1954 • SHT
JARDIM ZOOLOGICO • 1954 • SHT
RADIOCOMUNICACAOES • 1954 • SHT
REGIME PRISIONAL PORTUGUES • 1954 • SHT
RODA PRESA, A • 1954 • SHT
TELEGRAMA, O • 1954 • SHT
DAR VIDA E DAR SANGUE • 1955 • SHT
EMIGRANTE, O • 1955 • SHT
SILHUETAS DA VIDA • 1955 • SHT
ACORES E A ALMA DO SEU POVO • 1956 • SHT
CENTENARIO DOS CAMINHOS DE FERRO • 1956 • SHT
FORCA AEREA, ESSA DESCONHECIDA • 1956 • SHT
ACORES • 1957 • SHT
MINHO • 1957 • SHT
RAPSODIA PORTUGUESA • 1958
SINTRA • 1958 • SHT
NEVE NA SERRA • 1959 • SHT
TRUTA, A • 1959 • SHT
ALGARVE • 1960 • SHT
CRIANDO FONTES DE RIQUEZA • 1960 • SHT
FROTA MERCANTE PORTUGUESA, A • 1960 • SHT
HENRIQUE, O NAVEGADOR • 1960
INDUSTRIA CHAVE • 1960 • SHT
TRABALHO DE UM POVO • 1960 • SHT
VINHO DE PORTUGAL, UM • 1960 • SHT
LISBOA • 1961 • SHT
PORTUGAL, ROTEIRO DO SOL • 1961 • SHT
RIBEIRA DA SAUDADE, A • 1962
CAFE DE ANGOLA • 1973 • SHT
HORIZONTE ANGOLANO • 1973 • SHT
MADEIRA DE CABINDA • 1973 • SHT

MENDES LOTHAR – HNG – 1894–1974
ABENTEURER, DER • 1921
GEHEIMNIS DER SANTA MARIA, DAS • SANTA MARIA. DAS GEHEIMNIS EINER BRIGG ○ SANTA MARIA • 1921
DEPORTIERT • 1922
FUHRMANN HENSCHEL • 1922
SCHEINE DES TODES • 1922
LIEBE MACHT BLIND • LOVE MAKES ONE BLIND ○ LOVE MAKES US BLIND ○ LOVE BLINDS US • 1923
S.O.S. DIE INSEL DER TRANEN • 1923
MONCH CON SANTAREM, DER • 1924
DREI KUCKUCKSUHREN, DIE • 1926
PRINCE OF TEMPTERS, THE • 1926
CONVOY • 1927
ADVENTURE MAD • 1928
NIGHT OF MYSTERY, A • CODE OF HONOUR, THE • 1928
DANGEROUS CURVES • 1929
FOUR FEATHERS, THE • 1929
ILLUSION • 1929
INTERFERENCE • 1929
MARRIAGE PLAYGROUND, THE • CHILDREN, THE • 1929
PARAMOUNT ON PARADE • 1930
LADIES' MAN • 1931
PERSONAL MAID • 1931
PAYMENT DEFERRED • 1932
STRANGERS IN LOVE • BLACK ROBE, THE • 1932
LUXURY LINER • 1933
JEW SUSS • POWER (USA) • 1934
MAN WHO COULD WORK MIRACLES, THE • 1936
MOONLIGHT SONATA • CHARMER, THE • 1937
INTERNATIONAL SQUADRON • FLIGHT PATROL • 1941
FLIGHT FOR FREEDOM • STAND BY TO DIE • 1943
TAMPICO • 1944
WALLS CAME TUMBLING DOWN, THE • 1946

MENDES NELSON TEIXEIRA – BRZ
DEU A LOUCA NO CANGACO • IT'S A MAD CANGACO • 1969
TRES JUSTICEIROS, OS • 1972

MENDES SANTOS – PRT
FEIRA POPULAR DE LISBOA • 1944 • SHT

MENDEZ FERNANDO – MXC
REINA DE MEXICO, LA • 1940
ALLA EN EL BAJIO • 1941
CONTRABANDO • 1941
LEYENDA DEL BANDIDO, LA • 1942
CALAVERAS DEL TERROR, LAS • 1943 • SRL
CRIOLLA, EL • 1944
MATRIMONIO Y MORTAJA • 1949
APUROS DE MI AHIJADA, LOS • 1950
BARRIO BAJO • 1950
FIERECILLA • 1950
SUAVECITO, EL • 1950
HIJA DEL MINISTRO, LA • 1951
MUJER DESNUDA, LA • 1951
GENIO Y FIGURA • 1952
HABIA UNA VEZ UN MARIDO • 1952
LUNAR DE LA FAMIGLIA, EL • 1952
SI.. MI VIDA • 1952
AS NEGRO • 1953
AVENTUREROS, LOS • 1954
TRES BRIBONES • 1954
TRES VILLALOBOS, LOS • 1954
VAYA TIPOS • 1954
VENGANZA DE LOS VILLALOBOS, LA • 1954
FUGITIVOS • PUEBLO DE PROSCRITOS • 1955
HAY ANGELES CON ESPUELAS • 1955
RAPTO AL SOL • 1955
LADRON DE CADAVERES • THIEF OF CORPSES ○ BODY SNATCHERS ○ GRAVE ROBBERS • 1956
LOCURA DEL ROCK'N ROLL, LA • 1956
ATAUD DEL VAMPIRO, EL • VAMPIRE'S COFFIN (USA) • 1957
ESQUINA DE MI BARRIO, LA • 1957
VAMPIRO, EL • VAMPIRE, THE (USA) • 1957
COFRE DEL PIRATA, EL • 1958
DIABLOS DEL TERROR, LOS • 1958
GRITO DE LA MUERTE, EL • LIVING COFFIN, THE (USA) ○ SCREAM OF DEATH ○ CRY OF DEATH • 1958
MISTERIOS DE ULTRATUMBA • BLACK PIT OF DR. M., THE (USA) ○ MYSTERIES FROM BEYOND THE TOMB • 1958
NIGHT RIDERS • 1958
SENORITAS • 1958
HERMANOS DIABLO, LOS • 1959
RENEGADO BLANCO, EL • 1959
VENGANZA APACHE • 1959
MUJERES ENGANADAS • 1960

MENDEZ JOSE BRIZ see **BRIZ JOSE**

MENDEZ-LEITE FERNANDO – SPN
LEITE FERNANDO MENDEZ
HOMBRA DE MODA, EL • FASHIONABLE MAN, THE ○ MAN IN VOGUE, THE • 1980

MENDOZA HECTOR – MXC
AMOR, AMOR, AMOR • 1965

MENDOZA JOE – Writer – UKN – 1921–
MYSTERY AT MONSTEIN • 1954
FIVE CLUES TO FORTUNE • 1957 • SRL
FIVE STEPS • 1968 • DCS
COMPETITORS, THE • 1970 • DCS

MENEGOZ-GENESTAL ROBERT see **MENEGOZ ROBERT**

MENEGOZ ROBERT – FRN – 1925–
MENEGOZ-GENESTAL ROBERT
VIVENT LES DOCKERS • 1950 • SHT
COMMUNE DE PARIS, LA • 1951 • SHT
MA JEANNETTE ET MES COPAINS • 1953 • SHT
DERRIERE LA GRANDE MURAILLE • 1956 • DOC
DES SOURIS ET DES HOMMES • 1958 • SHT
FIN D'UN DESERT • 1958 • SHT
PETIT COIN DE PARAPLUIE, UN • 1958 • SHT
MILLIEME FENETRE, LA • 1960 • DOC
CHEMIN DE LA TERRE, LE • 1962 • SHT
DIX GRAMMES D'ARC-EN-CIEL • 1962 • SHT
ROUTE DANS SILLAGE • 1963 • SHT
PIECE D'OR, LA • 1964
NUR DER NEBEL IST GRAU • ONLY FOG IS GREY • 1965
LAISSE-MOI REVER • DROLE DE DIAM'S • 1978 • DOC

MENENDEZ OSCAR – MXC
TODOS SOMOS HERMANOS • 1965
HISTORIA DE UN DOCUMENTO • 1971

MENENDEZ RAMON – USA
STAND AND DELIVER • WALKING ON WATER • 1988

MENENDEZ SANTIAGO – VNZ
SURCOS DE NIEBLA • RUTS OF FOG • 1978

MENESES PEDRO – SWT
POUR NE PAS OUBLIER • SO AS NOT TO FORGET • 1982

MENEZ BERNARD – FRN – 1944–
P'TITES TETES, LES • 1982

MENGA HORACE – HKG
REVENGE OF THE ZOMBIES • 1981

MENGES CHRIS – Cinematographer – UKN
WORLD APART, A • 1988

MENGON ROMANO – GRM
FELDMARSCHALL, DER • 1927
MANN MIT DER FALSCHEN BANKNOTE, DER • 1927
GESETZ DER SCHWARZEN BERGE, DAS • 1928
DON MANUEL, DER BANDIT • FARMER OF CORDOBA, THE ◦ JUAN CARIZZA • 1929
SEI GEGRUSST, DU MEIN SCHONES SORRENT • 1930
KAVALIERE VON KURFURSTENDAMM • 1932
STRASSE ZUR HEIMAT • 1952

MENKEN MARIE – USA – 1909–1970
IMAGE IN THE SNOW • IMAGES IN THE SNOW • 1943–48 • SHT
VISUAL VARIATIONS ON NOGUCHI • 1945 • SHT
GLIMPSE OF A GARDEN • GLIMPSE OF THE GARDEN • 1957 • SHT
HURRY! HURRY! • 1957 • SHT
DWIGHTANIA • 1959 • ANS
FAUCET • 1960
ARABESQUE FOR KENNETH ANGER • 1961 • SHT
EYE MUSIC IN RED MAJOR • 1961 • SHT
SIDEWALKS • 1961 • SHT
DRIPS AND STRIPS • 1961–65 • SHT
BAGATELLE FOR WILLARD MAAS • 1962 • SHT
MOONPLAY • 1962 • ANS
ZENSCAPES • 1962
NOTEBOOK • 1962–63 • SHT
GO GO GO • 1963 • SHT
MOOD MONDRIAN • 1963 • SHT
WRESTLING • 1964 • SHT
ANDY WARHOL • 1965 • SHT
LIGHTS • 1965

MENOTTI GIAN–CARLO – USA – 1911–
MEDIUM, THE • 1951

MENOUD JEAN–BERNARD – SWT
JOUR ET NUIT

MENSHOV VLADIMIR – USS
MENCHOV VLADIMIR
MOSKVA SLEZAM NYE VERIT • MOSCOW DOES NOT BELIEVE IN TEARS ◦ MOSCOW DISTRUSTS TEARS • 1980

MENTASTI MARTIN RODRIGUEZ – ARG
HOMBRE INVISIBLE ATACA, EL • INVISIBLE MAN ATTACKS, THE • 1967

MENVILLE CHUCK – USA
VICIOUS CYCLES • 1969 • SHT

MENZEL ERICH – GRM
WALPURGISNACHT • 1954

MENZEL GERHARD – Writer – GRM – 1894–
BLICK ZURUCK, EIN • AM VORABEND • 1944

MENZEL JIRI – CZC – 1938–
DEATH OF MR. FOERSTER, THE • 1963
PERLICKY NA DNE • PEARLS OF THE DEEP (UKN) • 1965
SMRT PANA BALTISBERGA • DEATH OF MR. BALTISBERGER, THE • 1965
ZLOCIN V DIVCI SKOLE • CRIME AT THE GIRLS' SCHOOL ◦ CRIME IN THE GIRLS' SCHOOL ◦ CRIME AT A GIRLS' SCHOOL • 1965
OSTRE SLEDOVANE VLAKY • CLOSELY OBSERVED TRAINS (UKN) ◦ WELL GUARDED TRAINS ◦ ON THE LOOKOUT FOR TRAINS ◦ CLOSELY WATCHED TRAINS (USA) ◦ SPECIAL PRIORITY TRAINS ◦ DIFFICULT LOVE, A • 1966
ROZMARNE LETO • CAPRICIOUS SUMMER • 1967
ZLOCIN V SANTANU • CRIME IN THE CAFE CHANTAN ◦ CRIME IN THE NIGHT CLUB ◦ CRIME AT THE NIGHT CLUB ◦ CRIME IN A NIGHT CLUB • 1968
SKRIVANCI NA NITICH • LARKS ON A THREAD ◦ LARKS ON A STRING ◦ SKYLARKS ON A STRING • 1969
KDO HLEDA ZLATE DNO • WHO SEEKS A HANDFUL OF GOLD ◦ WHO LOOKS FOR GOLD ◦ WHO SEEKS THE GOLD BOTTOM • 1975
NA SAMOTE U LESA • SECLUSION NEAR A FOREST • 1976
BAJECNI MUZI S KLIKOU • THOSE WONDERFUL MOVIE CRANKS (UKN) ◦ WONDERFUL MOVIE MEN ◦ THOSE WONDERFUL MOVIE MEN WITH A CRANK ◦ WONDERFUL MOVIE CRANKS ◦ MAGICIANS OF THE SILVER SCREEN • 1979
POSTRIZINY • CUTTING IT SHORT (UKN) ◦ SHORT CUT (USA) ◦ CLIPPINGS • 1980
SLAVNOSTI SNEZENEK • SNOWDROP FESTIVITIES, THE • 1983
VESNICKO MA STREDISKOVA • MY SWEET LITTLE VILLAGE ◦ MY SWEET VILLAGE • 1985
CHOCOLATE COPS, THE • 1986
KANEC STARYCH CASU • END OF OLD TIMES, THE (UKN) • 1989

MENZEL SIEGFRIED – GRM
KUTTEL • 1961

MENZER JOHN – DNM
KLODEN ROKKER • 1978

MENZIES WILLIAM C. see **MENZIES WILLIAM CAMERON**

MENZIES WILLIAM CAMERON – Art director – USA – 1896–1957
MENZIES WILLIAM C.
ALWAYS GOODBYE • 1931
SPIDER, THE • 1931
ALMOST MARRIED • 1932
CHANDU THE MAGICIAN • 1932
I LOVED YOU WEDNESDAY • 1933
WHARF ANGEL • MAN WHO BROKE HIS HEART, THE • 1934
THINGS TO COME • SHAPE OF THINGS TO COME, THE ◦ WHITHER MANKIND • 1936
FOUR DARK HOURS • GREEN COCKATOO, THE ◦ RACE GANG • 1937
ADDRESS UNKNOWN • 1944
HEARTBEAT • 1949 • SHT
DRUMS IN THE DEEP SOUTH • 1951
WHIP HAND, THE • MAN HE FOUND, THE • 1951
INVADERS FROM MARS • 1953
MAZE, THE • 1953
AUTUMN IN ROME • 1954 • SHT
STAR STUDDED RIDE • 1954 • SHT

MEOLA MICHAEL – USA
TEACH ME HOW TO DO IT! • TEACH ME • 1967
TUCK ME IN • KEEP ME IN • 1970

MEPPIEL JACQUELINE – FRN – 1928–
CINEMATOGRAPHIE • 1966 • SHT
SPIRALE, LA • 1976 • DOC

MERBAH LAMINE – ALG – 1946–
AVEUGLES, LES • 1969 • DCS
DE L'EAU POUR TOUS • 1969 • DCS
LOGEMENT ET HABITAT • 1969 • DCS
MOUNTASSAR, AL– • 1969
VICTIMES DE LA GUERRE • 1969 • DCS
MISSION, LA • 1971
YADES • 1971
SPOLIATEURS, LES • 1972
MEDAILLES, LES • 1973
BENI–HENDEL • DERACINES, LES • 1976

MERCANTI PINO – ITL – 1911–
SHERMAN HERBERT J. • *TRADER JOSEPH*
ALL'OMBRA DELLA GLORIA • 1943
MALACARNE • 1947
CAVALIERI DALLA MASCHERA NERA, I • BEATI PAOLI, I • 1948
PRINCIPE RIBELLE, IL • 1950
VENDETTA DI UNA PAZZA, LA • 1952
CAROVANA DEL PECCATO, LA • 1953
SERENATA AMARA • 1953
VOCE DEL SANGUE, LA • 1954
CINQUE DELL'ADAMELLO, I • 1955
AGGUATO SUL MARE • 1956
LACRIME D'AMORE • 1956
PRIMO APPLAUSO • 1957
RICORDATI DI NAPOLI • 1958
ULTIMA CANZONE, L' • 1958
CAVALIERE DAI CENTO VOLTI, IL • 1960
DUCA NERO, IL • DUQUE NEGRO, EL (SPN) ◦ BLACK DUKE, THE (USA) • 1963
VENDICATORE MASCHERATO, IL • PIOMBI DI VENEZIA, I ◦ GENTLEMEN OF THE NIGHT • 1964
TRES DOLARES DE PLOMO • TRE DOLLARI DI PIOMBO (ITL) • 1965
CIFRATO SPECIALE • CIFRADO ESPECIAL (SPN) ◦ SPECIAL CIPHER • 1966

MERCANTON LOUIS – SWT – 1879–1932
DAME AUX CAMELIAS, LA • 1908
AMOURS DE LA REINE ELISABETH, LES • QUEEN BESS –HER LOVE STORY ◦ REINE ELISABETH, LA ◦ ELISABETH REINE D'ANGLETERRE ◦ QUEEN ELISABETH • 1912
ADRIENNE LECOUVREUR • 1913
VENDETTA • 1914
JEANNE DORE • 1915
LOTUS D'OR, LE • 1916
SUZANNE • 1916
MERES FRANCAISES • 1917
BOUCLETTE • 1918
ROMAN D'AMOUR ET D'AVENTURES • 1918
TORRENT, LE • 1918
APPEL DU SANG, L' • CALL OF THE BLOOD • 1919
GOSSE DE RICHE • 1920
MIARKA, LA FILLE A L'OURSE • MIARKA, DAUGHTER OF THE BEAR (USA) ◦ GYPSY PASSION • 1920
PHROSO • 1922
AUX JARDINS DE MURCIE • 1923
SARATI LE TERRIBLE • 1923
VOYANTE, LA • CLAIRVOYANT, THE • 1923
DEUX GOSSES, LES • 1924
MONTE–CARLO • 1925
CINDERS • 1926
PETITE BONNE DU PALACE, LA • 1926
CROQUETTE • MONKEYNUTS • 1927
DEUX GOSSES, LES • TWO LITTLE VAGABONDS ◦ TWO ORPHANS, THE • 1928
MYSTERE DE LA VILLA ROSE, LE • MYSTERY OF THE VILLA ROSE, THE • 1929
VENUS • 1929
CHERIE • 1930
LETTRE, LA • 1930
NIPPER, THE • BRAT, THE • 1930
IL EST CHARMANT • PARIS, JE T'AIME • 1931
MAN OF MAYFAIR • 1931
MARIONS–NOUS • SA NUIT DE NOCES • 1931
STUDENTER I PARIS • 1931
SU NOCHE DE BODAS • 1931
THESE CHARMING PEOPLE • 1931
COGNASSE • 1932
PASSIONNEMENT • 1932

MERCERO ANTONIO – SPN – 1936–
SE NECESITA CHICO • 1963
MANCHAS DE SANGRE EN UN COCHE NUEVO • 1974
DELICIAS DE LOS VERDES ANOS, LAS • 1976
GUERRA DE PAPA, LA • DAD'S WAR ◦ FATHER'S WAR • 1977
TOBY • 1978
PROXIMA ESTACION, LA • NEXT SEASON, THE • 1981
ESPERAME EN EL CIELO • WAIT FOR ME IN HEAVEN • 1988

MERCIER – FRN
NICKY ET KITTY • 1959 • SHT

MERCIER MARIO – FRN – 1935–
GOULVE, LA • EROTIC WITCHCRAFT (UKN) ◦ GOLEM'S DAUGHTER ◦ HOMO VAMPIRE • 1971
PAPESSE, LA • 1974

MERE CHARLES – FRN – 1883–
SERGE PANINE • 1938
VENUS DE L'OR, LA • 1938

MERE PIERRE – FRN – 1912–
NUIT S'ACHEVE, LA • 1949
FORTUNE DE MARSEILLE • 1951
CRIME AU CONCERT MAYOL • PALACE OF NUDES (USA) ◦ PALACE OF SHAME • 1954
IMPASSE DES VERTUS • LOVE AT NIGHT (USA) ◦ SEX AT NIGHT • 1955

MEREDITH BURGESS – Actor – UKN – 1908–1981
WELCOME TO BRITAIN • 1943 • DOC
MAN ON THE EIFFEL TOWER, THE • HOMME DE LA TOUR EIFFEL, L' • 1949
YIN AND YANG OF MR. GO, THE • 1970

MEREDYTH BESS – Screenwriter – USA – 1890–1969
ROMANCE OF TARZAN, THE • 1918
GIRL FROM NOWHERE, THE • 1919
MAN FROM KANGAROO, THE • 1920

MEREGNY MATHIAS see **MEREGNY MATHIAS–R.**

MEREGNY MATHIAS–R. – FRN – 1934–
MEREGNY MATHIAS
GALAXIE • 1971

MERENDA MARC – FRN
MALADE IMAGINAIRE, LE • 1934

MERENDA VICTOR – FRN – 1923–
SURSIS POUR UN VIVANT • MYSTERE DE LA PENSION EDELWEISS, LE ◦ PENSIONE EDELWEISS (ITL) • 1958
NO CUELGUE POR FAVOR! • 1961

MERGL VACLAV – CZC
LAOKOON • 1970 • ANS

MERGLOVA JAN – CZC
MERGLOVA JANA
GENESIS • 1966
TAPESTRIES AND LACE • 1967 • ANS

MERGLOVA JANA see **MERGLOVA JAN**

MERHI JOSEPH – USA
FRESH KILL
EPITAPH • 1986
MAYHEM • 1986
KILLING GAME, THE • 1987
L.A. CRACKDOWN • 1988
L.A. CRACKDOWN II • 1988
L.A. HEAT • 1988
MIDNIGHT WARRIOR • 1989

MERIDA JOSE C. – SPN
SECRETO DE PAPA, EL • 1959

MERIGHI FERDINANDO – ITL
MORRIS F. L.
SOLE TORNERA, IL • 1957
CASA D'APPUNTAMENTO • 1972

MERINO F. see **MERINO FERNANDO**

MERINO FERNANDO – SPN – 1931–
MERINO F.
LOLA, ESPEJO OSCURO • 1965
AMOR A LA ESPANOLA • LOVE SPANISH STYLE • 1967
SUBDESARROLLADOS, LOS • UNDERDEVELOPED, THE • 1967
DINAMITA ESTA SERVIDA, LA • DYNAMITE IS READY, THE • 1968
SUECA ENTRE NOSOTROS, UNA • SWEDE AMONG US, A • 1968
CHALET DE LOS CHALADOS, EL • 1969
QUE ARMAN LAS MUJERES, LA • 1969
TURISTAS Y BRIBONES • 1969
CON LA MUSICA A OTRA PARTE • 1970
PRESTAME QUINCE DIAS • 1970
DIAS DE CABIRIO, LOS • 1971
NO DESEARAS LA MUJER DEL VECINO • 1971
PISITO DE SOLTERAS • 1972
QUE NOCHE DE BODAS, CHICAS! • 1972
STRANA LEGGE DEL DR. MENGA, LA • 1972
COMISARIO G. EN EL CASO DEL CABARET, EL • 1973
PADRINO Y SUS AHIJADAS, EL • 1973
DICK TURPIN • 1974
AMOR CASI LIBRE • 1975
EROTISMO Y LA INFORMATICA, EL • 1975
REQUIEM POR UN EMPLEADO • 1977

MERINO J. L. see **MERINO JOSE LUIS**

MERINO JOSE LUIS – SPN – 1927–
MERINO J. L. • *MARVIN JOSEPH*
AQUELLOS TIEMPOS DEL CUPLE • 1959
VAGABUNDO Y LA ESTRELLA, EL • 1960
CAMINO HACIA LAS ESTRELLAS • 1963
PUENTE SOBRE EL TIEMPO, UN • 1963
EUROPA CANTA • 1966
FRONTERA AL SUR • 1966
PER UN PUGNO DI CANZONI • 1966
KITOSCH, L'UOMO CHE VENIVA DAL LORD • KITOSCH, THE MAN WHO CAME FROM THE NORTH • 1967
BATALLA DEL ULTIMO PANZER, LA • BATTAGLIA DELL'ULTIMO PANZER, LA (ITL) ◦ BATTLE OF THE LAST PANZER, THE • 1968
COLPO SENSAZIONALE AL SERVIZIO DEL SIFAR • MASTER–STROKE IN THE SERVICE OF SIFAR • 1968
COMANDO AL INFIERNO • SETTE EROICHE CAROGNE (ITL) • 1968
REQUIEM PARA EL GRINGO • REQUIEM PER UN GRINGO (ITL) • 1968
S.I.D. CONTRA KOCESKY • 1968
SUICIDE MISSION • 1968

CINCO ADVERTENCIAS DE SATANAS, LAS • SATAN'S FIVE WARNINGS • 1969
ZORRO IL DOMINATORE • 1969
ANCORA DOLLARI PER I MCGREGOR • 1970
CASTELLO DALLE PORTE DI FUOCO, IL • CASTLE WITH THE FIREY GATES, THE (USA) • 1970
IVANNA • SCREAM OF THE DEMON LOVER ○ KILLERS OF THE CASTLE OF BLOOD ○ BLOOD CASTLE • 1970
SECRETO DEL ZORRO, EL • 1970
TIGRE DE KYBER, EL • FURIA DEI KYBER, LA (ITL) • 1970
ULTIMA AVENTURA DEL ZORRO, LA • 1970
ZORRO DE MONTERREY, EL • 1970
MUERTE BUSCA UN HOMBRE, LA • 1971
ROBIN HOOD EL ARQUERO INVENCIBLE • ROBIN HOOD L'INVINCIBILE ARCIERE (ITL) • 1971
ZORRO CABALLERO DE LA JUSTICIA, EL • ZORRO IL CAVALIERE DELLA VENDETTA (ITL) • 1971
CONSIGNA: MATAR AL COMDANDANTE EN JEFE • 1972
CORSARI DELL'ISOLA DEGLI SQUALI, I • PIRATES OF BLOOD ISLAND (UKN) • 1972
ORGIA DE LOS MUERTOS, LA • DRACULA THE TERROR OF THE LIVING DEAD ○ BEYOND THE LIVING DEAD ○ ORGIA DEI MORTI, LA ○ ORGY OF THE DEAD, THE • 1972
REBELION DE LOS BUCANEROS, LA • 1972
JUEGOS DE SOCIEDAD • SOCIETY'S GAMES • 1973
TARZAN EN LAS MINAS DEL REY SALOMON • 1973
COMANDO DES BRAVES, LE • 1976
SABADO, CHICA Y MOTEL... QUE LIO AQUEL! • 1976
MARCADA POR LOS HOMBRES • 1977

MERITZIS T.
CASTLE IN GREECE • 1960

MERK RON – USA
TURLIS ABENTEUER • PINOCCHIO (USA) • 1967
PINOCCHIO'S STORYBOOK ADVENTURES • 1979

MEROLLE SERGIO – ITL
QUANTO COSTA MORIRE • COST OF DYING, THE • 1968

MERRICK FRED V. – UKN
GONE TO THE DOGS • 1928

MERRICK GEORGE M. – USA
SECRETS OF HOLLYWOOD • 1933
ANGKOR • 1937
TODAY I HANG • 1942

MERRICK IAN – UKN
BLACK PANTHER, THE • 1977

MERRICK LAURENCE – USA
BLACK ANGELS • 1970
GUESS WHAT HAPPENED TO COUNT DRACULA? • 1970

MERRILL KEITH – USA – 1940–
MERRILL KIETH
GREAT AMERICAN COWBOY, THE • 1974 • DOC
GREAT AMERICAN RODEO, THE • 1974
THREE WARRIORS • 1977
TAKE DOWN • 1978
WINDWALKER • 1980
HARRY'S WAR • 1981

MERRILL KIETH see **MERRILL KEITH**

MERRIWETHER NICHOLAS see **HALL ARCH SR.**

MERTENS PIERRE – BLG
HISTOIRE D'UN OISEAU QUI N'ETAIT PAS POUR LE CHAT • 1975

MERTENS RENI – SWT
FLEMENCO VIVO • DOC
URSULA ODER DAS UNWERTE LEBEN • 1967

MERTZ ALBERT – DNM
FLUGTEN • FLIGHT, THE • 1942 • DOC
HJERTETYVEN • THIEF OF HEARTS, THE • 1943 • DOC
KAERLIGHED PA RULLERSKOJTER • 1943 • DOC
HISTORIEN OM EN MAND • STORY OF A MAN • 1944 • DOC
GODDAG DYR! • 1947 • DOC
PA BESOG HOS KONG TINGELING • 1947 • DOC
HVOR ER DE TYSKE STUDENTER? • 1960

MERTZ ARTHUR – UKN
OFF THE DOLE • 1935

MERUSI RENZO – ITL
FIGLIA DI MATA HARI, LA • MATA HARI'S DAUGHTER (USA) ○ FILLE DE MATA-HARI, LA (FRN) ○ DAUGHTER OF MATA-HARI • 1955
APOCALISSE SUL FIUME GIALLO • DAM ON THE YELLOW RIVER • 1960
DESERTO DI FUOCO • 1971

MERVALE GASTON – Actor – ASL
BEN HALL -THE NOTORIOUS BUSHRANGER • 1911
COLLEEN BAWN • 1911
ONE HUNDRED YEARS AGO • 1911
TALE OF THE AUSTRALIAN BUSH, A • 1911
TICKET IN TATTS, A • 1911
CONN THE SHAUGHRAUN • 1912
DAUGHTER OF AUSTRALIA • 1912
HANDS ACROSS THE SEA • 1912
TICKET OF LEAVE MAN, THE • 1912
WRECK OF THE DUNBAR • YEOMAN'S WEDDING, THE • 1912
STUBBORNNESS OF GERALDINE, THE • 1915

MERWANJI PERVEZ – IND
PERCY • 1989

van der MERWE TONIE
OPERATION: HIT SQUAD • 1987

MERWIN BANNISTER – USA
BRIDGE OF SIGHS, THE • 1908
NEW STENOGRAPHER, THE • 1908
HIS MASTERPIECE • 1909
MAN WITHOUT A COUNTRY, THE • 1909
ARMS AND THE WOMAN • 1910
CARMINELLA • 1910
LADY AND THE BURGLAR, THE • 1910
SISTERS • 1910
BETTY'S BUTTONS • 1911
CHILD AND THE TRAMP, THE • 1911
FATHER'S DRESS SUIT • 1911
HER WEDDING RING • 1911
HOME • 1911
MARY'S MASQUERADE • 1911
MIKE, THE MISER • 1911
MR. BUMPTIOUS, DETECTIVE • 1911
OLD SWEETHEART OF MINE, AN • 1911
PAPA'S SWEETHEART • 1911
PROFESSOR AND THE NEW HAT, THE • 1911
SILENT TONGUE, THE • 1911
STAGE ROMANCE, A • 1911
SUMMER GIRL, THE • 1911
TEST OF FRIENDSHIP, THE • 1911
TWO WHITE ROSES • 1911
YOUNGER BROTHER, THE • 1911
CHRISTMAS ACCIDENT, A • 1912
COWBOY'S STRATAGEM, A • 1912
FOG • 1912
FOR HER • 1912
FOR THE CAUSE OF THE SOUTH • 1912
RED MAN'S BURDEN, THE • 1912
STOLEN NICKEL, THE • 1912
TOTVILLE EYE, THE • 1912
UNDER FALSE COLORS • 1912
USURER'S GRIP, THE • 1912
AMBASSADOR'S DAUGHTER, THE • 1913
BREAD ON THE WATERS • 1913
CONFIDENCE • 1913
ELDER BROTHER, THE • 1913
GENTLEMAN'S GENTLEMAN, A • 1913
GOVERNESS, THE • 1913
GREAT PHYSICIAN, THE • 1913
LEONIE • 1913
MOUNTAINEERS, THE • 1913
OLD JIM • 1913
WHAT SHALL IT PROFIT A MAN • 1913
WHILE JOHN BOLT SLEPT • 1913
WILL OF THE PEOPLE, THE • 1913
YOUTHFUL KNIGHT, A • 1913
ALL FOR HIS SAKE • 1914
MESSAGE IN THE ROSE, THE • 1914
TREACHEROUS RIVAL, A • 1914
WARNING FROM THE PAST, A • 1914
ALTAR CHAINS • 1916
ROGUE IN LOVE, A • 1916
HER HERITAGE • 1919
SILVER GREYHOUND, THE • 1919
LADDIE • 1920
LOVE AT THE WHEEL • 1921
MAGISTRATE, THE • 1921
'ORACE • 1921

MERZBACH PAUL – GRM
KLABAUTERMANN, DER • HOBGOBLIN, THE • 1924
BANKKRACH UNTER DEN LINDEN, DER • 1925
GEHEIMNIS DER ALTEN MAMSELL, DAS • 1925
FLICKORNA GYURKOVICS • GYURKOVICS GIRLS • 1926
FOR HENNES SKULL • MACH MIR DIE WELT ZUM PARADIES (FRG) ○ FOR HER SAKE • 1930
DANTES MYSTERIER • DANTE'S MYSTERIES • 1931
FALSKA MILLIONAREN • FALSE MILLIONAIRE • 1931
SVARMOR KOMMER • MOTHER-IN-LAW IS COMING • 1932
LOVE AT SECOND SIGHT • GIRL THIEF, THE (USA) • 1934
INVITATION TO THE WALTZ • 1935
STAR FELL FROM HEAVEN, A • STAR FALLS FROM HEAVEN, A • 1936

MESAROS TITUS – RMN – 1925–
FOUR THOUSAND STEPS TO THE SKY • 1963 • DOC
OUR PEOPLE • 1963 • DOC
BEYOND HILLS AND MOUNTAINS • 1964 • DOC
TO THE SKY • 1965 • DOC
REED • 1966 • DOC
CRUDE OIL • 1967 • DOC
METAMORPHOSIS • 1968 • DOC

MESCHKE MICHAEL – SWD
FRAGMENT -DIVINA COMMEDIA • FRAGMENT -THE DIVINE COMEDY • 1973
SKARSELD • A DIVINE COMEDY -PURGATORY ○ PURGATORIO ○ PURGATORY • 1975

MESECK GERHARD – AUS
MERKEN SIESICH DIESES GESICHT • REMEMBER THAT FACE! • 1985

MESGHALI FARSHID – IRN
MR. MONSTER • 1969 • ANS
MISUNDERSTOOD • 1971 • ANS

MESGUICH FELIX – ALG
PRIERE DU MUEZZIN, LA • 1906
ALI BOUF A L'HUILE • 1907

MESNAOUI AHMED – MRC
HAYAT KHIFA, EL • VAINCRE POUR VIVRE ○ WIN TO LIVE • 1968

MESNIER PAUL – FRN – 1904–
SAINT-ANDRE PAUL
HEROS MODESTES, LES • 1935
CHEMIN DE LUMIERE, LE • 1937
BELLE REVANCHE, LA • 1938
VALET MAITRE, LE • 1941
FOU D'AMOUR • 1942
PATRICIA • 1942
KERMESSE ROUGE, LA • 1946
POIL DE CAROTTE • 1951
BEBES A GOGO • 1956
NUIT AUX BALEARES • 1956
SEPTIEME JOUR DE SAINT-MALO, LE • 1959

MESNIL CHRISTIAN – BLG
PYSCHEDELISSIMO • 1969
AMOUREUSE, L' • 1972
QUESTION ROYALE, LA • 1976 • DOC
DU ZAIRE AU CONGO • 1981 • DOC

MESSELL RUDOLF – UKN
NEXT GENTLEMAN PLEASE • 1927
BLOW BUGLES BLOW • 1936

MESSENGER FRANK – USA
IN THE DAYS OF DANIEL BOONE • DANIEL BOONE • 1923 • SRL

MESSERI GIAN MARIA – ITL
1895-1945 CINQUANT'ANNI DI SESSO • 1970

MESSINA PHILIP F. – USA
SKEZAG • 1971

MESSINGER FRANK – USA
DAYS OF DANIEL BOONE, THE • 1923

MESSMER OTTO – Animator – USA
SAMMIE JOHNSIN • SAMMY JOHNSIN • 1916 • ASS
SAMMIE JOHNSIN AND HIS WONDERFUL LAMP • 1916 • ANS
SAMMIE JOHNSIN, MAGICIAN • 1916 • ANS
WHO'S WHOOPEE • 1930 • ANS

MESSTER OSKAR – Producer – GRM – 1866–1943
MEESTER OSKAR
GESTARTES RENDEZ-VOUS • 1897
RAPUNZEL • 1897
GEMUTLICH BEIM KAFFEE • 1898
RUCKKEHR DER TRUPPEN VON DER FRUHJAHRSPARADE, DIE • 1900
SALOME • 1902
AUF DER RADRENNBAHN • 1903
VERKANNT • 1910

MESZAROJ G. see **MESZAROS G.**

MESZAROS G. – HNG
MESZAROJ G.
KALVARIA • CALVARY • 1960

MESZAROS MARTA – HNG – 1931–
UJRA MOSOLYOGNAK • THEY SMILE AGAIN ○ SMILING AGAIN • 1954 • SHT
ALBERTFALVAI TORTENET • HISTORY OF ALBERTFALVA, A • 1955 • DCS
MINDENNAPI TORTENETEK • EVERYDAY STORIES • 1955 • DCS
TUL A KALVIN-TEREN • BEYOND THE SQUARE • 1955 • DCS
ORSZAGUTAR • WANDERING THE HIGHWAYS • 1956 • DCS
SA ZIMBEASCA TOTI COPIII • 1957 • DCS
FEMEILE ZILELOR NOASTRE • 1958 • DCS
POPAS IN TABARA DE VARA • 1958 • DCS
ELET MEGY TOVABB, AZ • LIFE GOES ON • 1959 • DCS
SCHIMBUL DE MIINE • 1959 • DCS
ELADAS MUVESZETE, AZ • ART OF SALESMANSHIP, THE ○ ART OF REVIVAL, THE ○ SALESMANSHIP • 1960 • DCS
RAJTUNK IS MULIK • IT DEPENDS ON US TOO.. • 1960 • DCS
RIPORT EGY TSZ-ELNOKROL • REPORT ON THE CHAIRMAN OF A FARMER'S COOPERATIVE • 1960 • DCS
DANULON GYARTAS • DANULON PRODUCTION • 1961 • DCS
SZAR ES A GYOKER FEJLODESE, A • DEVELOPMENT OF THE STALK AND THE ROOT, THE • 1961 • DCS
SZIVDOBOGAS • HEART BEAT • 1961 • SHT
VASARHELYI SZINEK • COLOURS OF VASARHELY, THE • 1961 • SHT
GYERMEKEK, KONYVEK • CHILDREN, BOOKS • 1962 • DCS
JANOS TORNYAI • TORNYAI JANOS • 1962 • SHT
KAMASZVAROS • TOWN IN THE AWKWARD AGE, A • 1962 • DCS
LABDA VARASZA, A • SPELL OF THE BALL, THE • 1962 • DCS
NAGYUZEMI TOJASTERMELES • MASS PRODUCTION OF EGGS • 1962 • DCS
MUNKA VAGY HIVATAS? • WORK OR PROFESSION? • 1963 • DCS
SZERETET • CARE AND AFFECTION • 1963 • SHT
1963. JULIUS 27. SZOMBAT • SATURDAY, JULY 27, 1963 • 1963 • DCS
BOBITA • BLOW-BALL • 1964 • SHT
FESTOK VAROSA -SZENTENDRE, A • SZENTENDRE -TOWN OF PAINTERS ○ TOWN OF PAINTERS, THE • 1964 • SHT
KIALTO • PROCLAMATION • 1964 • DCS
15 PERC 15 EVROL • 15 MINUTES ON 15 YEARS • 1965 • DCS
BORSOS MIKLOS • MIKLOS BORSOS • 1966 • DCS
HARANGOK VAROSA -VESZPREM • VESZPREM -CITY OF BELLS ○ CITY OF BELLS, THE • 1966 • SHT
ELTAVOZOTT NAP • DAY HAS GONE, THE ○ GIRL, THE ○ CATI -THE GIRL • 1968
MESZAROS LASZLO EMLEKERE • IN MEMORIAM LASZLO MESZAROS • 1968 • DCS
HOLDUDVAR, A • BINDING SENTIMENTS ○ BINDING TIES • 1969
SZEP LANYOK, NE SIRJATOK • DON'T CRY, PRETTY GIRLS • 1970
LORINCI FONOBAN, A • AT THE LORINC SPINNERY ○ WOMEN IN THE SPINNERY • 1971 • DCS
SZABAD LELEGZET • GOOD RIDDANCE ○ RIDDANCE ○ FREE BREATHING • 1973
OROKBEFOGADAS • ADOPTION • 1975
KILENC HONAP • NINE MONTHS • 1976
OK KETTEN • MARY AND JULIE ○ TWO OF THEM, THE ○ TWO WOMEN • 1977
OLYAN, MINT OTTHON • JUST LIKE AT HOME • 1978
WOMEN • 1979
OROKSEG • HERITIERES, LES (FRN) ○ HEIRESSES, THE ○ HERITAGE, THE • 1980
UTKOZBEN • ON THE MOVE ○ EN COURS DE ROUTE • 1980
ANNA • 1981
ANYA ES LEANYA • MERE, UNE FILLE, UNE (FRN) ○ MOTHER AND DAUGHTER • 1981
NEMA KIALTAS • SILENT CRY • 1982
DELIBABOK ORSZAGA • LAND OF MIRAGES, THE • 1984
NAPLO GYERMEKEIMNEK • DIARY FOR MY CHILDREN • 1984
NAPLO SZERELMEIMNEK • DIARY FOR MY LOVES • 1987

PIROSKA ES A FARKAS 2000–BEN • PETIT CHAPERON ROUGE: L'AN 2000 ○ LITTLE RED RIDING HOOD IN 2000 ○ LITTLE RED RIDING HOOD: YEAR 2000 • 1987
BYE BYE CHAPERON ROUGE • PIROSKA ES A FARKAS (HNG) ○ BYE BYE RED RIDING HOOD • 1988
NAPLO APAMNAK, ANYAMNAK • DIARY FOR MY FATHER AND MOTHER • 1989

METALNIKOV B. see **METALNIKOV BUDIMIR**

METALNIKOV BUDIMIR – USS – 1925–
METALNIKOV B.
DOM I KHOZYAIN • HOUSE AND MASTER • 1967
MOLCHANIYE DOKTORA IVENSA • SILENCE OF DOCTOR IVENS, THE ○ SILENCE OF DR. EVANS, THE ○ DR. EVANS' SILENCE • 1973

METCALF EARL see **METCALFE EARL**

METCALFE EARL – USA – 1889–1928
METCALF EARL
AND THE PARROT SAID..? • 1915
BASHFUL BILLIE • 1915
BLAMING THE DUCK OR DUCKING THE BLAME • 1915
HIS THREE BRIDES • 1915
HIS WIFE'S NEW LID • 1915
NO SMOKING • 1915
READY MADE MAID, A • 1915
UNWILLING BURGLAR, AN • 1915
BILLIE'S DOUBLE • 1916 • SHT
BILLIE'S HEADACHE • 1916 • SHT
BILLIE'S LUCKY BILL • 1916 • SHT
BILLIE'S REVENGE • 1916 • SHT
CURED • 1916 • SHT
DARE DEVIL BILL • 1916 • SHT
ELECTION BET, THE • 1916 • SHT
HAMLET MADE OVER • 1916 • SHT
INSOMNIA • 1916 • SHT
LOVE ONE ANOTHER • 1916 • SHT
MR. HOUSEKEEPER • 1916 • SHT
SKATE FOR A BRIDE, A • 1916 • SHT
SOME BOXER • 1916 • SHT
TEMPORARY HUSBAND, A • 1916 • SHT
WISE WAITER, A • 1916 • SHT
WELCOME, LITTLE STRANGER • 1919 • SHT

METCALFE EDGAR – ASL
OLIVE TREE, THE • 1976

METFORD LEE – USA
FABLE OF THE BACK-TRACKERS FROM THE HOT SIDEWALKS, THE • 1917 • SHT

METHLING SVEN – DNM
METHLING SVEND
TINDERBOX • 1948 • ANM
FOR FRIHED OG RET • 1949
BALLADE PA BULLERBORG • 1959
SOLDATERKAMMERATER PA VAGT • OPERATION CAMEL (USA) • 1960
SOUTH OF TANA RIVER • 1964
SMUKKE-ARNE OG ROSA • HANDSOME ARNE AND ROSA • 1967
JEG ELSKER BLAT • I LOVE BLUE • 1968
VIRTUE RUNS WILD • 1968
NOGLEN TIL PARADIS • KEY TO PARADISE • 1970
TAKT OG TONE I HIMMELSENGEN • HOW TO CATCH A MAN (UKN) • 1971
FAMILIEN MED DE 100 BORN • 1972
KIDNAPPET • KIDNAPPING • 1982
TRE ENGLE OF FEM LOVER • THREE ANGELS AND FIVE LIONS • 1983

METHLING SVEND see **METHLING SVEN**

METTER ALAN – USA
GIRLS JUST WANT TO HAVE FUN: THE MOVIE • GIRLS JUST WANT TO HAVE FUN • 1985
BACK TO SCHOOL • 1986
MOVING • 1988
COLD DOG SOUP • 1989

METTLER PETER – CND – 1958–
SCISSERE • 1983
TOP OF HIS HEAD • 1988

METZ VITTORIO – ITL – 1904–
ERA LUI, SI, SI.. • 1951
MILANO MILIARDARIA • 1951
SETTE ORE DI GUAI • 1951
LO SAI CHE I PAPAVERI.. • 1952
MAGO PER FORZA • COMPELLED TO BE A MAGICIAN • 1952
TIZIO, CAIO E SEMPRONIO • 1952
NOI DUE SOLI • 1953

METZERTTI RICARDO see **TALMADGE RICHARD**

METZGER ALAN – USA
EQUALISER: BLOOD AND WINE, THE • BLOOD AND WINE • 1987 • TVM
KOJAK: THE PRICE OF JUSTICE • 1987 • TVM
TONGS • 1989 • TVM

METZGER RADLEY see **METZGER RADLEY H.**

METZGER RADLEY H. – USA – 1930–
METZGER RADLEY • *PARIS HENRY*
COLLEGIENNES, LES • TWILIGHT GIRLS, THE (USA) ○ TWILITE GIRLS • 1957
MUNDO PARA MI, UN • TENTATIONS (FRN) ○ SOFT SKIN AND BLACK LACE ○ SOFT SKIN ON BLACK SILK • 1959
DARK ODYSSEY • PASSIONATE SUNDAY • 1961
QUATRIEME SEXE, LE • FOURTH SEX, THE (USA) • 1962
DICTIONARY OF SEX • DICTIONARY OF LOVE • 1964 • CMP
DIRTY GIRLS, THE • 1965
ALLEY CATS, THE • 1966
CARMEN BABY • 1967
CAMILLE 2000 • 1969
THERESE AND ISABELLE • THERESE UND ISABELL (FRG) • 1969
LICKERISH QUARTET, THE • HIDE AND SEEK • 1970
LITTLE MOTHER • DON'T CRY FOR ME LITTLE MOTHER ○ BLOOD QUEEN • 1972
SCORE • 1973
PRIVATE AFTERNOONS OF PAMELA MANN, THE • 1974
ESOTIKA, EROTIKA, PSICOTIKA FAB • 1975
NAKED CAME THE STRANGER • 1975
PUNISHMENT OF ANNE, THE • 1975
IMAGE, THE • 1976
OPENING OF MISTY BEETHOVEN, THE • MISTY BEETHOVEN • 1976
BARBARA BROADCAST • 1977
MARASCHINO CHERRY • 1977
CAT AND THE CANARY, THE • 1978
TALE OF TIFFANY LUST, THE • BODY LUST • 1981
PRINCESS AND THE CALL GIRL, THE • 1984

METZINGER THEO – GRM
RAUMPATROUILLE • SPACE PATROL

METZNER ERNO – Set designer – GRM – 1892–
MAN STEIGT NACH • 1928
UBERFALL, DER • POLIZEIBERICHT UEBERFALL ○ ASSAULT AND BATTERY • 1928
ACHTUNG! LIEBE! LEBENSGEFAHR! • RIVALEN IM WELTREKORD • 1929

MEUBLES CROISETTE see **McGRATH JOSEPH**

van der MEULEN KARST – NTH
PETER EN DE VLIEGENDE AUTOBUS • PETER AND THE FLYING CAR • 1976
VLIEGEN ZONDER VLEUGELS • FLYING WITHOUT WINGS • 1977
THAT CROWD NEXT DOOR • 1981
KNOKKEN VOOR TWEE • THREE'S A CROWD • 1982
KUNST & VLIEGWERK • KUNST EN VLIEGWERK ○ AT STALLING SPEED • 1989

MEULMAN HENK – NTH
VIEILLE RUE ET SCENE PITTORESQUE • 1966

MEULMAN WIM – NTH
A.P.O. OF THE PRIMITIVE • 1977

MEUNIER see **MEUNIER JEAN-CHARLES**

MEUNIER JEAN-CHARLES – Animator – FRN
MEUNIER
ORPHEON • 1966 • ANS
HYPOTHEFE BETA • HYPOTHESIS BETA • 1967 • ANS

MEUNIER JEAN-HENRI – FRN – 1949–
ADIEU NU, L' • 1976
AURAIS DU FAIRE GAFFE, LE CHOC EST TERRIBLE • 1976
BANDE DU REX, LA • 1980

MEYER ANDREW – USA
POOR LITTLE MATCH GIRL, THE • 1965
EARLY CLUE TO A NEW DIRECTION, AN • 1966 • DCS
MATCH GIRL • 1966 • SHT
FLOWER CHILD • 1967 • SHT
SKY PIRATE, THE • 1970
NIGHT OF THE COBRA WOMAN • MOVINI'S VENOM • 1972
NIHON CHINBOTSU • TIDAL WAVE (USA) ○ SUBMERSION OF JAPAN, THE ○ NIPPON CHINBOTSU • 1973

MEYER DONALD – USA
MOONLIGHT SERENADE • ANS

MEYER HERBERT – USA
BAD BOY • PERILOUS JOURNEY (UKN) • 1939
SON OF INGAGI • 1939

MEYER HERBERT E. – SWT
UNTERNEHMEN TRANSPORT • 1969

MEYER INGRID – GRM
DANIEL UND DER WELTMEISTER • 1963

MEYER IRWIN – USA
HONEYMOON OF HORROR • ORGY OF THE GOLDEN NUDES ○ GOLDEN NYMPHS, THE • 1964

MEYER JEAN – FRN – 1914–
BOURGEOIS GENTILHOMME, LE • WOULD-BE GENTLEMAN, THE (USA) • 1958
MARIAGE DE FIGARO, LE • MARRIAGE OF FIGARO, THE (USA) • 1959
TARTUFFE • 1963
FEMMES SAVANTES, LES • 1965

MEYER JOHANNES – GRM
HORRIDO • 1924
WILDERER, DER • WEIDMANNSHELL • 1925
SCHULDIG • 1927
HOCHVERRAT • HIGH TREASON • 1929
ASCHERMITTWOCH • ASH WEDNESDAY (USA) • 1930
BLONDE NACHTIGALL, DIE • 1930
RHEINLANDMADEL, DAS • 1930
TIGER, DER • TIGER VON BERLIN, DER • 1930
HILFE! UEBERFALL! • 1931
ICH BLEIB' BEI DIR • MARYS START IN DIE EHE • 1931
ZWEI HIMMELBLAUE AUGEN • 1931
TRAUM VON SCHONBRUNN • 1932
UNTER FALSCHER FLAGGE • 1932
ADIEU LES BEAUX JOURS • BEAUX JOURS D'ARANJUEZ, LES • 1933
ES GIBT NUR EINE LIEBE • 1933
GILGI EINE VON UNS • 1933
KLEINE SCHWINDLERIN, DIE • 1933
SCHONEN TAGE VON ARANJUEZ • 1933
ERBE VON PRETORIA • 1934
FLUCHTLING AUS CHIKAGO, DER • 1934
IHR GROSSTER ERFOLG • THERESE KRONES • 1934
SCHWARZER JAGER JOHANNA • SPIONE DES KAISERS, DER • 1934
HENKER, FRAUEN UND SOLDATEN • HANGMEN, WOMEN AND SOLDIERS (USA) • 1935
FRIDERICUS • 1936
UNMOGLICHE FRAU, DIE • HERRIN VON CAMPINA, DIE • 1936
GROSSE ABENTEUER, DAS • 1937
DISKRETION-EHRENSACHE • DISCRETION WITH HONOR (USA) • 1938
DREIZEHN MANN UND EINE KANONE • 1938
RATSEL UM BEATE • 1938
DEIN LEBEN GEHORT MIR • 1939
EHE IN DOSEN • 1939
SINGENDE TOR, DER • 1939
CASA LONTANA • 1940
MANNERWIRTSCHAFT • 1941
STIMME DES HERZENS • 1942
ZUG FAHRT AB, EIN • 1942
WILDVOGEL • 1943
HEIMLICHEN BRAUTE, DIE • 1944
FREMDE LEBEN, DAS • 1945
BLOCKIERTE SIGNALE • 1948
DIESE NACHT VERGESS' ICH NIE • 1949
APPASSIONATA • 1950
OPFER DES HERZENS • 1950
13 UNTER EINEM HUT • 1950

MEYER JOHN – USA
DARLING, ARE YOU BORED WITH MEN? • ARE YOU BORED WITH MEN? ○ DO I BORE YOU DARLING? • 1968

MEYER MARC see **BAZZONI CAMILLO**

MEYER MUFFIE – USA
GREY GARDENS • 1975 • DOC

MEYER NICHOLAS – USA – 1945–
TIME AFTER TIME • 1979
STAR TREK II –THE WRATH OF KHAN • 1982
DAY AFTER, THE • 1983 • TVM
PIED PIPER OF HAMELIN, THE • PIED PIPER, THE • 1985 • MTV
VOLUNTEERS • 1985
DECEIVERS, THE • 1988

MEYER OTTO – GRM
SCHATTEN UBER DEN INSELN • 1952
FROSCHKONIG, DER • 1954
WILDERER VOM SILBERWALD, DER • 1957
INSEL DER AMAZONEN • SEVEN DARING GIRLS (USA) • 1960

MEYER PAUL – BLG – 1920–
KLINKAART • 1958
DEJA S'ENVOLE LA FLEUR MAIGRE • FRAIL FLOWERS ARE DISAPPEARING, THE ○ ENFANTS DU BORINAGE, LES ○ LANK FLOWER HAS ALREADY FLOWN, THE • 1960

MEYER R. – ITL
ORE DI TERRORE • 1971

MEYER ROLF – GRM
ZUGVOGEL • 1947
MENSCHEN IN GOTTES HAND • 1948
SOHNE DES HERRN GASPARY, DIE • IM TAL IST SCHON DER FRUHLING.. • 1948
WUNDERSCHONE GALATHEE, DIE • 1950
PROFESSOR NACHTFALTER • 1951
KONIGIN DER ARENA • 1952

MEYER RUSS – USA – 1923–
IMMORAL MR. TEAS, THE • 1958
EROTICA • EROTICON • 1961
EVE AND THE HANDYMAN • 1961
IMMORAL WEST –AND HOW IT WAS LOST, THE • IMMORAL GIRLS OF THE NAKED WEST ○ WILD GIRLS OF THE NAKED WEST ○ NAKED WEST –AND HOW IT WAS LOST, THE ○ NAKED GIRLS OF THE GOLDEN WEST ○ IMMORAL WEST, THE • 1962
EUROPE IN THE RAW • 1963
HEAVENLY BODIES • HEAVENLY ASSIGNMENT • 1963
STEAM HEAT • MR. TEASE AND HIS PLAYTHINGS • 1963
FANNY HILL • FANNY HILL: MEMOIRS OF A WOMAN OF PLEASURE (USA) ○ ROMP OF FANNY HILL • 1964
KISS ME QUICK! • DR. BREEDLOVE ○ DR. BREEDLOVE OR HOW I LEARNED TO STOP WORRYING AND LOVE • 1964
LORNA • 1964
FASTER, PUSSYCAT! KILL! KILL! • LEATHER GIRLS, THE ○ MANKILLERS, THE ○ PUSSYCAT • 1965
MOTOR PSYCHO! • 1965
ROPE OF FLESH • MUDHONEY! ○ MUD HONEY ○ ROPE • 1965
MONDO TOPLESS • 1966
GOOD MORNING AND GOODBYE! • LUST SEEKERS, THE • 1967
HOW MUCH LOVING DOES A NORMAL COUPLE NEED? • CONJUGAL CABIN ○ COMMON LAW CABIN! ○ COMMON-LAW CABIN • 1967
FINDERS KEEPERS, LOVERS WEEPERS • 1968
CHERRY, HARRY AND RAQUEL • THREE WAYS TO LOVE • 1969
RUSS MEYER'S VIXEN • VIXEN • 1969
BEYOND THE VALLEY OF THE DOLLS • 1970
SEVEN MINUTES, THE • 1971
BLACKSNAKE! • SLAVES (UKN) ○ SWEET SUZY • 1973
SUPERVIXENS, THE • 1975
UP • RUSS MEYER'S "UP" • 1976
BENEATH THE VALLEY OF THE ULTRAVIXENS • 1979
BREAST OF RUSS MEYER, THE • 1983

MEYER TOMMY – SAF
SPRINGBOK • 1976

MEYER WERNER – GRM
KINDER AUS NR.67 ODER HEIL HITLER, ICH HATT GERN 'N PAAR PFERDEAPPEL.. • CHILDREN FROM NUMBER 67, THE ○ KINDER AUS NR.67, DIE • 1980

MEYERHOLD VSEVOLOD – USS
PORTRET DORIANA GREYA • PICTURE OF DORIAN GRAY, THE (USA) • 1915

MEYERING KEES – NTH
WITHEET • 1966
ICE CREAM SODA • 1968 • SHT

MEYERING SAMUEL – NTH
RUFUS • 1974

MEYERS BYRON – USA
SWORD OF HEAVEN • 1985

MEYERS RAY – USA
ALIAS JANE JONES • 1916 • SHT

MEYERS SIDNEY – USA – 1906–1969
PEOPLE OF THE CUMBERLANDS, THE • 1937 • DCS
WHITE FLOOD • 1940
QUIET ONE, THE • 1948
SAVAGE EYE, THE • 1960

de MEYST E. G. – BLG – 1902–
de MEYST EMILE G.
GANGSTERS DE L'EXPOSITION, LES • 1937
BARAQUE No.1 • 1945
SOLDATS SANS UNIFORMES • 1945
ATOUTS DE M. WENS, LES • CINQ ATOUTS DE M. WENS, LES • 1946
COCU MAGNIFIQUE, LE • 1946
FORCATS D'HONNEUR • 1946
PASSEURS D'OR • 1948
JE N'AI QUE TOI AU MONDE • 1949
MAUDITE, LA • 1949
TRICHEUSE, LA • 1960
SMEKKELAARMEIDER • 1961

de MEYST EMILE G. see **de MEYST E. G.**

MEZZI DOMINGO – MXC
MUERTE CIVIL, LA • 1917

MGELADZE GEORGI – USS
SINATLE CHVENS PANJREBSHI • LIGHT IN OUR WINDOWS • 1969

MGELADZE GUGULI – USS
UTRENNIYE KOLOKOLA • MORNING BELLS • 1968

MI JIASHAN – CHN
WAN ZHU • TROUBLESHOOTERS, THE ○ THREE T COMPANY • 1988

MIA ROSA – PHL
LET'S DO THE PSYCHEDELLIC '68 • 1967
SUNNY • 1967
VALENTINE WEDDING • 1967
SUMMER LOVE • 1968

MICCICHE LINO – ITL – 1934–
ALL'ARMI SIAM FASCISTI • 1962 • DOC

MICH LUDO – BLG
ARTHUR IS FANTASTIC • 1971
DEUS EX MACHINA • 1971

MICHAEL GEORGE – SAF
SKABENGA • SKABENKA ○ AFRICAN FURY • 1953
DRUMS OF DESTINY • 1961
WHITE HUNTER • 1965

MICHAEL JAMES – USA
NAUGHTY NUDES • 1965

MICHAELS BILLY – USA
FALLING MAN, THE • 1971

MICHAELS RICHARD – USA – 1936–
HOW COME NOBODY'S ON OUR SIDE • CAPERS • 1975
DEATH IS NOT THE END • 1976
CHARLIE COBB: NICE NIGHT FOR A HANGING • 1977 • TVM
HAVING BABIES II • 1977 • TVM
LEAVE YESTERDAY BEHIND • 1978 • TVM
MY HUSBAND IS MISSING • 1978 • TVM
AND YOUR NAME IS JONAH • 1979 • TVM
HOMEWARD BOUND • 1980 • TVM
LADY DOCTOR • 1980 • TVM
ONCE UPON A FAMILY • 1980 • TVM
PLUTONIUM INCIDENT, THE • 1980 • TVM
SCARED STRAIGHT! ANOTHER STORY • SCARED STRAIGHT • 1980 • TVM
BERLIN TUNNEL 21 • 1981 • TVM
CHILDREN NOBODY WANTED, THE • 1981 • TVM
BLUE SKIES AGAIN • 1983
ONE COOKS, THE OTHER DOESN'T! • 1983 • TVM
SADAT • 1983 • TVM
SILENCE OF THE HEART • 1984 • TVM
HEART OF A CHAMPION: THE RAY MANCINI STORY • 1985 • TVM
ROCKABYE • 1986 • TVM
I'LL TAKE MANHATTAN • 1987 • MTV
RED RIVER • 1988 • TVM

MICHALAK RICHARD – ASL – 1954–
CANBERRA POLLUTION • 1970 • SHT
BLACKBOARD BUNGLE • 1972 • SHT
BROTHERS, THE • 1976 • SHT
PRINCE, THE • 1976 • SHT
HOLZ HACKEN • 1978 • SHT
GUIDO • 1979 • SHT
GARY'S STORY • 1981 • SHT

MICHAUD HENRI – CND
WATER • 1967 • SHT

MICHEAUX OSCAR – USA – –1951
CIRCUMSTANCIAL EVIDENCE • 1920
WITHIN OUR GATES • 1920
GUNSAULUS MYSTERY, THE • 1921
HYPOCRITE, THE • 1921
SHADOW, THE • 1921
SYMBOL OF THE UNCONQUERED • WILDERNESS TRAIL, THE • 1921
DUNGEON, THE • 1922
HOMESTEADER, THE • 1922
UNCLE JASPER'S WILL • JASPER LANDRY'S WILL • 1922
DECEIT • 1923
GHOST OF TOLSTON'S MANOR, THE • 1923
VIRGIN OF SEMINOLE, THE • 1923
BIRTHRIGHT • 1924
SON OF SATAN, A • 1924
BODY AND SOUL • 1925
BRUTE, THE • 1925
MARCUS GARLAND • 1925
CONJURE WOMAN, THE • 1926
DEVIL'S DISCIPLE, THE • 1926
BROKEN VIOLIN, THE • 1927
HOUSE BEHIND THE CEDARS, THE • 1927
MILLIONAIRE, THE • 1927
SPIDER'S WEB, THE • 1927
THIRTY YEARS LATER • 1928
WHEN MEN BETRAY • 1928
WAGES OF SIN • 1929
DAUGHTER OF THE CONGO • 1930
EASY STREET • 1930
DARKTOWN REVIEW • 1931
EXILE, THE • 1931
BLACK MAGIC • 1932
TEN MINUTES TO LIVE • 1932
VEILED ARISTOCRATS • 1932
GIRL FROM CHICAGO, THE • 1933
TEN MINUTES TO KILL • 1933
HARLEM AFTER MIDNIGHT • 1934
LEN HAWKIN'S CONFESSION • 1935
SWING • 1936
TEMPTATION • 1936
UNDERWORLD • 1936
MIRACLE IN HARLEM • 1937
GOD'S STEPCHILDREN • 1938
BIRTHRIGHT • 1939
LYING LIPS • 1939
NOTORIOUS ELINOR LEE, THE • 1940
BETRAYAL • 1948

MICHEL ANDRE – FRN – 1910–1989
ROSE ET LE RESEDA, LA • 1945 • SHT
TROIS FEMMES • THREE WOMEN (USA) ○ TROIS FEMMES, TROIS AMES • 1951
GESTANDNIS UNTER VIER AUGEN • 1954
HAXAN • SORCIERE, LA (FRN) ○ BLONDE WITCH ○ SORCERESS, THE ○ WITCH • 1955
SANS FAMILLE • SENZA FAMIGLIA (ITL) ○ ADVENTURES OF REMI, THE • 1957
COMME UN POISSON DANS L'EAU • 1961
TON OMBRE EST LA MIENNE • YOUR SHADOW IS MINE (USA) • 1962

MICHEL BERNARD T. see **TOUBLANC-MICHEL BERNARD**

MICHEL FRANZ – SWT
FORGET-ME-NOT • 1986

MICHEL MANUEL – MXC
VIENTO DISTANTE • NINOS, LOS • 1965

MICHEL MAX – GRM
IN HAMBURG SIND DIE NACHTE LANG • 1955
SCHMIED VON ST. BARTOLONA, DER • 1955

MICHEL THIERRY – BLG
CHRONIQUE DES SAISONS D'ACIER • 1981
HIVER 60 • 1983

MICHELEMS YVETTE – BLG
DES ANGES ET DES DEMONS • 1976 • MTV

MICHELENA QUIRINO – MXC
CAMINOS DE AYER • 1938

MICHENAUD GERALD – USA
MEANS AND ENDS • 1985

MICHENER DAVE – Animator – USA
GREAT MOUSE DETECTIVE, THE • 1986 • ANM

MICHEZ LUC – ZRE
NIECE CAPTIVE, LA • 1969

MICHIBAYASHI ICHIRO – JPN
TARO, THE SON OF DRAGON • 1968 • ANM

MICHIELI COCI – YGS
POD SENKOM HALEBARDE • UNDER THE SHADOW OF HALEBARDE • 1952

MICUCCI – ITL
LISZT • 1949 • SHT

MIDA MASSIMO – ITL – 1917–
MIDDLETON MIKE
AMORE IN 4 DIMENSIONI • AMOUR EN 4 DIMENSIONS, L' (FRN) ○ LOVE IN 4 DIMENSIONS (USA) ○ LOVE IN THE CITY • 1963
MISTERI DI ROMA, I • MYSTERIES OF ROME, THE ○ WONDERS OF ROME, THE • 1963 • DOC
BIANCO, ROSSO, GIALLO, ROSA • LOVE FACTORY (USA) ○ WHITE, RED, YELLOW AND PINK • 1965
LSD -INFERNO PER POCHI DOLLARI • LSD UN'ATOMICA NEL CERVELLO • 1967
ERZAHLUNGEN AUS DER NEUEN WELT • TALES FROM THE NEW WORLD • 1968
FRATELLO, IL • 1975

MIDDLETON E. see **MIDDLETON EDWIN**

MIDDLETON ED see **MIDDLETON EDWIN**

MIDDLETON EDWIN – USA
MIDDLETON ED • MIDDLETON E.
ONE ON ROMANCE • 1913
IN THE NICK OF TIME • 1914
RIP VAN WINKLE • 1914
CISSY'S INNOCENT WINK • 1915
CURING CISSY • 1915
ETHEL'S ROMEOS • 1915
FLAMING SWORD • 1915
POOL SHARKS, THE • 1915
REFORMER, THE • 1915
WIDOW WINS, THE • 1915
WILDFIRE • 1915
CRIMINAL'S THUMB, THE • 1916 • SHT
FLAMES OF VENGEANCE • 1916 • SHT
GATES OF DIVORCE • 1916 • SHT
HAUNTED MIRROR, THE • 1916
HIDDEN FACE, THE • 1916 • SHT
ISLE OF LOVE, THE • 1916
LEAVING IT TO CISSY • 1916
WHAT WOULD YOU DO IF – • 1916 • SHS

MIDDLETON GEORGE see **MIDDLETON GEORGE E.**

MIDDLETON GEORGE E. – USA
MIDDLETON GEORGE
LOVE AND HASH • 1914
WOMAN WHO DARED, THE • 1916
DEAD LINE, THE • 1917
HEART OF JUANITA, THE • 1919
JUST SQUAW • 1919
FLAME OF HELLGATE, THE • 1920

MIDDLETON JONAS – USA
THROUGH THE LOOKING GLASS • 1976

MIDDLETON JOSEPH – USA
CHERRY BLOSSOM • 1975

MIDDLETON MIKE see **MIDA MASSIMO**

MIDDLETON MR. – USA
CURING MR. GOODHEART • CHEERING MR. GOODHEART • 1914
SHOW BUSTERS, THE • 1914
THEY WOULD BANDITS BE • 1914
TIM, THE TERROR • 1914

MIDDLETON STEVE – ASL
CLOSER AND CLOSER APART • 1988

MIDE ROBIN – USA
THREE LIVES • 1972

MIDEKE MICHAEL – USA
ZONE 413 • SHT
SEARCH FOR ICARUS • 1963 • SHT
NIGHTRIDE • 1964 • SHT
KINETIC CATALOG • 1965–69 • SHT

MIEHE ULF – GRM
JOHN GLUECKESTADT • 1975

MIERENDORFF HANS – GRM
TEUFELSKIRCHE, DIE • 1919
EINSAME INSEL, DIE • 1920

MIESCH JEAN-LUC – FRN – 1952–
MADAME G • 1952
NESTOR BURMA DETECTIVE DE CHOC • NESTOR BURMA, SCHLOCK DETECTIVE (UKN) • 1981

MIESSEU V. – BLG
0, 1, 2, 3 • 1967 • ANS

MIEVILLE ANNE-MARIE – FRN – 1945–
NUMERO DEUX • 1975
COMMENT CA VA • 1976
ICI ET AILLEURS • 1977
MON CHER SUJET • 1986

MIFUNE TOSHIRO – Actor – JPN – 1920–
AIJO NO KESSAN • SETTLEMENT OF LOVE • 1956
GOJUMAN-NIN NO ISAN • LEGACY OF THE FIVE HUNDRED THOUSAND, THE ○ 500, 000 (USA) ○ HERITAGE OF FIVE HUNDRED THOUSAND PEOPLE, THE • 1963

MIGEAT FRANCOIS – FRN – 1940–
SANG DU FLAMBOYANT, LE • SANG DE L'ACONA, LE • 1980

MIGLIACCIO FLAVIO – BRZ
ADORAVEL TIO MANECO • 1970
GHOST HUNTER • 1975

MIGNAULT HUGUES – CND
CHOIX D'UN PEUPLE, LE • CHOICE OF THE PEOPLE, THE • 1986 • DOC

MIGNOGNA EDUARDO – ARG
EVITA -WUIEN QUIERE OIR QUE OIGA • EVITA -IF SOMEBODY WANTS TO LISTEN, LET HIM LISTEN • 1984
FLOP • 1990

MIHAIL JEAN – RMN
PRIMA DRAGOSTE • 1932
RIPA DRACULUI • DEVIL'S RAVINE, THE • 1957

MIHAILIDIS KOSTAS – GRC
MAVRO STAHI, TO • BLACK EAR OF CORN, THE • 1968

MIHAILOV EVGENIY – BUL
HOME FOR GENTLE SOULS, A • 1980

MIHALKA GEORGE – HNG – 1952–
PICK-UP SUMMER • PINBALL SUMMER ○ PINBALL PICK-UP • 1980
MY BLOODY VALENTINE • 1981
SCANDALE • SCANDALS • 1982
BLUE MAN, THE • ETERNAL EVIL • 1986
OFFICE PARTY • 1989

MIHALYFI IMRE – HNG
SELLO A PECSETGYURUN • WATER-NYMPH ON THE SIGNET RING • 1967
POKHALO • COBWEB • 1973

MIHELES AUREL – RMN
TELEGRAME • 1959
LEGEND OF THE SKYLARK, THE • 1967 • SHT
MATCH GIRL • 1968 • SHT
VIN CICLISTII • CYCLISTS ARE COMING, THE • 1968

el MIHI RAFAAT – EGY
LIL HOB KESSA AKHIRA • BROKEN IMAGES • 1986
GENTLEMEN, THE • 1987

MIHIC GORDAN – YGS – 1938–
VRANE • CROWS, THE • 1969
SRECNA PORODICA • HAPPY FAMILY • 1981

MIHLETIC VEDRAN – YGS
HAMBURG ALTONA • 1989

MIHLIC ZDRVKO – UKN
WHITE ROSES • 1989

MIHO KEITARO – JPN
DAREDEVIL DRIVERS • MACH 78 • 1978

MIHU IULIAN – RMN – 1926–
MERE, LA • PINCHING APPLES • 1953
VIATA NU IARTA • WHEN THE MIST IS LIFTING ○ LIFE DOESN'T SPARE • 1957
POVESTE SENTIMENTALA • SENTIMENTAL STORY, A • 1961

PROCESUL ALB • WHITE TRIAL, THE • 1965
FELIX SI OTILIA • FELIX AND OTILIA • 1972
LUMINA PALIDA A DURERII • PALE LIGHT OF SORROW, THE • 1980

MIHURA JERONIMO – SPN – 1902–

AVENTURA • 1942
CASTILLO DE NAIPES • 1943
CAMINO DE BABEL, EL • 1944
CUANDO LLEGUE LA NOCHE • 1946
CONFIDENCIAS • 1947
VIDAS CONFUSA • 1947
EN UN RINCON DE ESPANA • 1948
SIEMPRE VUELVEN DE MADRUGADA • 1948
DESPERTO SU CORAZON • 1949
MI ADORADO JUAN • 1949
SENORITO OCTAVIO, EL • 1950
ME QUIERO CASAR CONTIGO • 1951
BABES IN BAGDAD • MUCHACHAS DE BAGDAD (SPN) ○ BABES OF BAGDAD • 1952
MALDICION GITANA • 1953
MARIDOS NO CENAN EN CASA, LOS • 1956
COPLA ANDALUZA, LA • 1959

MIHURA MIGUEL – SPN

BIGOTE PARA DOS, UN • 1940

MIKABERIDZE KOTE – USS

CHEMI BEBIA • MY GRANDMOTHER • 1929

MIKAELYAN S. see **MIKAILYAN SERGEI**

MIKAELYAN SERGEI see **MIKAILYAN SERGEI**

MIKAILYAN S. see **MIKAILYAN SERGEI**

MIKAILYAN SERGEI – USS

MIKAELYAN SERGEI • MIKAELYAN S. • MIKAILYAN S.

IDU NA GROZU • INTO THE STORM • 1965
BARE ET LIV –HISTORIEN OM FRIDTJOF NANSEN • ONLY ONE LIFE –THE STORY OF FRIDTJOF NANSEN ○ IN JUST ONE LIFETIME ○ VSEGO ODNA ZHIZN ○ JUST ONE LIFE • 1968
PUTESHESTVIE V DRUGOI GOROD • JOURNEY TO ANOTHER CITY • 1968
RASSKAZHI MNYE O SEBYE • TELL ME ABOUT YOURSELF • 1972
PREMIA • BONUS, THE ○ PRIZE, THE • 1975
VLUBIEN PO SOBSTVENNOMU ZHELANIJU • LOVE BY REQUEST • 1983

MIKALOWSKUS V. – USS

INDYUKI • TURKEYS • 1958

MIKELS TED V. – USA

ONE SHOCKING MOMENT • 1965
BLACK KLANSMAN, THE • I CROSSED THE COLOR LINE • 1966
ASTRO-ZOMBIES, THE • ASTRO ZOMBIES ○ SPACE VAMPIRES • 1968
GIRL IN GOLD BOOTS • 1968
UP YOUR TEDDY BEAR • 1968
CORPSE GRINDERS, THE • 1971
BLOOD ORGY OF THE SHE-DEVILS • 1973
DOLL SQUAD, THE • HUSTLER SQUAD • 1973
WORM EATERS, THE • 1975
TEN VIOLENT WOMEN • 1982
ANGEL OF VENGEANCE • WAR CAT • 1987

MIKHAILOV V. – USS

AUGUST • 1972

MIKHALKOV-KONCHALOVSKY A see **KONCHALOVSKY ANDREI**

MIKHALKOV NIKITA – USS – 1945–

SVOI SREDI CHUZHIGH, CHUZHOI SREDI SVOIKH • STRANGER AMONG HIS OWN PEOPLE ○ AT HOME AMONG STRANGERS ○ FRIEND AMONG ENEMIES, ENEMY AMONG FRIENDS • 1974
NEOKONTCHENNIA PIESSA DLIA MEKANITCHESKOVO PIANINA • UNFINISHED WORK FOR MECHANICAL PIANO ○ MECHANICAL PIANO, THE ○ UNFINISHED PIECE FOR PLAYER-PIANO ○ UNFINISHED PIECE FOR MECHANICAL PIANO • 1977
RABA LIOUBVI • SLAVE OF LOVE, A ○ RABA LJUBVI ○ RABA LUBVI • 1977
PYAT VECHEROV • FIVE EVENINGS • 1979
NESKOLKO DNEI IZ ZHIZNI I.I. OBLOMOV • FEW DAYS IN THE LIFE OF I.I. OBLOMOV, A ○ OBLOMOV • 1980
BEZ SVIDETELEI • WITHOUT WITNESSES ○ WITHOUT WITNESS ○ BES SVIDETELEY • 1983
RODNIA • FAMILY RELATIONS ○ KIN • 1983
OCI CIORNIE • DARK EYES ○ BLACK EYES • 1988

MIKHIN B. A.

EAGLE OF THE CAUCASUS, THE • 1932

MIKI EISUKE – JPN

SHISSHUN NO TECHNIQUE • TECHNIQUE OF A FAINT • 1968

MIKI HIDEKI – JPN

DOUBLE SHOJO • DOUBLE VIRGINITY • 1967
ONNA NO SHIKIYOKU • WOMAN'S CARNAL DESIRE • 1968
SHIKIDO JINGI • MANNER AND JUSTICE OF SEX • 1968

MIKKELSEN LAILA – NRW

OSS • US • 1976
UKESLUTT • 1976 • SHT
LITEN IDA • GROWING UP ○ LITTLE IDA • 1981
SOSKEN PA GUDS JORD • CHILDREN OF THE EARTH • 1983
SNART 17 • SWEET SEVENTEEN • 1984

MIKULJAN MIROSLAV – YGS

HOCU ZIVJETI • I WANT TO LIVE • 1983
CRVENI I CRNI • RED AND BLACK • 1985

MIKUNI RENTARO – JPN

TAIFU • TYPHOON • 1966
SHIROI MICHI, SHINRAN • WHITE ROAD, AN ETERNAL PRIEST, SHINRAN • 1987

MIKUNSOOT CHAO – THL

WAI DIP • JUNKIE • 1990

MIL J. – BLG

LUC PEIRE'S ENVIRONMENT • 1972

MILADINOVICH VOJA – DNM

GAESTEARBEJDERE • GUEST WORKERS • 1973

MILAN EVE – USA

FLASH PANTS • 1984

MILAN PAUL – AUS

MADCHEN MIT DEM MINI, DAS • 1965

MILAN WILFRED – USA

ULTIMAX FORCE • 1986

MILANI MARIO – ITL

SIERO DELLA VERITA • 1951 • DOC

MILANI TAHMINEH – IRN

CHILDREN OF DIVORCE • 1989

MILAS NICK – GRC

EROTIC ODYSSEY • ROXANA • 1976

MILCHIN I. see **MILCHIN L.**

MILCHIN L. – USS

MILCHIN I.

MONEY-BOX PIG, A • 1964 • ANS
GREETINGS, ATOM! • ANS
BABUSKIN ZONTIK • GRANDMOTHER'S UMBRELLA (USA) • 1969 • ANS

MILCINSKI MATIJA – YGS

PRESTOP • CRIMINAL OFFENCE ○ PRIJESTRUP ○ OVER THE LINE • 1981
COPRNICA ZOFKA • SOPHIE THE WITCH • 1989 • ANM

MILER ZDENEK – Animator – CZC – 1929–

O MILIONARI, KTERY UKRADL SLUNCE • MILLIONAIRE WHO STOLE THE SUN, THE • 1948 • ANS
RED RIDING HOOD • ANS
WHO IS STRONGEST? • 1952 • ANS
MOLE, THE • 1955 • ASS
JAK KRTEK KE KALHOTKAM PRISEL • HOW THE MOLE GOT HIS OVERALLS ○ HOW THE MOLE GOT HIS TROUSERS • 1957 • ANS
POHADKA O NEJBOHATSIM VRABCI • STORY OF THE RICHEST SPARROW, THE • 1960 • ANS
PRIHODY MALEHO STENATKA • PUPPY'S ADVENTURES, THE • 1960 • ANS
MOLE AND THE MOTOR CAR, THE • 1963 • ANS
RUDA STOPA • RED STAIN ○ RED TRAIL • 1963 • ANS
SNEHULAK • SNOWMAN, THE • 1965 • ANS
SQUARE AND THE TRIANGLE, THE • ANS
SOFT CATERPILLAR, THE • VELVET CATERPILLAR, THE • 1967 • ANS
KRTEK A ZELENA HVEZDA • MOLE AND THE GREEN STAR, THE (USA) • 1969 • ANS
KRTEK A MEDICINA • MOLE AND MEDICINE • ANM
KRTEK VE MESTE • MOLE IN THE CITY • ANM
KRTEK VE SNU • MOLE IN DREAMLAND • ANM

MILES BERNARD – Actor – UKN – 1907–1991

TAWNY PIPIT • 1944
CHANCE OF A LIFETIME • 1950

MILES CHRISTOPHER – Writer – UKN – 1939–

A VOL D'OISEAU • VOL D'OISEAU ○ FLIGHT OF THE BIRD • 1962 • SHT
SIX-SIDED TRIANGLE, THE • 1963
RHYTHM 'N' GREENS • 1964
UP JUMPED A SWAGMAN • 1965
RUE LEPIC SLOW RACE, THE • 1968 • SHT
VIRGIN AND THE GYPSY, THE • 1970
TIME FOR LOVING • PARIS WAS MADE FOR LOVERS • 1971
MAIDS, THE • 1975
THAT LUCKY TOUCH • HEAVEN HELP US FROM OUR FRIENDS ○ WHO NEEDS FRIENDS • 1975
ALTERNATIVE 3 • 1978
PRIEST OF LOVE • 1980

MILES DAVID – UKN

INVENTOR'S SON, THE • 1911
DOGS • 1912
SCARLET LETTER, THE • 1913
INDIAN, THE • 1916 • SHT

MILES DEKES – CND

MELTING POT, THE • 1976

MILES IRVIN – GRM

PUSSYCAT SYNDROME • 1983

MILES MR. – USA

PUEBLOS AND APACHES • 1914
SOUL OF THE DESERT, THE • 1914

MILES WYNN – USA

PASSION HOLIDAY • MIAMI RENDEZVOUS • 1963

MILESTONE HANK see **LENZI UMBERTO**

MILESTONE LEWIS – USA – 1895–1980

SEVEN SINNERS • 1925
CAVEMAN, THE • 1926
NEW KLONDIKE, THE • 1926
TWO ARABIAN NIGHTS • 1927
GARDEN OF EDEN, THE • 1928
RACKET, THE • 1928
BETRAYAL • 1929
NEW YORK NIGHTS • TIN PAN ALLEY • 1929
ALL QUIET ON THE WESTERN FRONT • 1930
FRONT PAGE, THE • 1931
RAIN • 1932
HALLELUJAH, I'M A BUM • HALLELUJAH, I'M A TRAMP (UKN) ○ HEART OF NEW YORK ○ NEW YORK ○ LAZY BONES ○ HAPPY GO LUCKY ○ OPTIMIST, THE • 1933
CAPTAIN HATES THE SEA, THE • 1934
PARIS IN SPRING • PARIS LOVE SONG (UKN) ○ PARIS IN THE SPRING ○ TWO ON A TOWER • 1935
ANYTHING GOES • TOPS IS THE LIMIT • 1936
GENERAL DIED AT DAWN, THE • CHINESE GOLD • 1936
OF MICE AND MEN • 1939
LUCKY PARTNERS • 1940
NIGHT OF NIGHTS, THE • HAPPY ENDING ○ HEAVEN ON A SHOESTRING • 1940
MY LIFE WITH CAROLINE • 1941
OUR RUSSIAN FRONT • REPORT FROM RUSSIA • 1942 • DCS
EDGE OF DARKNESS • 1943
NORTH STAR • ARMOURED ATTACK • 1943
GUEST IN THE HOUSE, A • 1944
PURPLE HEART, THE • 1944
STRANGE LOVE OF MARTHA IVERS • STRANGE LOVE • 1946
WALK IN THE SUN, A • SALERNO BEACHHEAD • 1946
ARCH OF TRIUMPH • 1948
NO MINOR VICES • 1948
RED PONY, THE • 1949
HALLS OF MONTEZUMA • 1951
KANGAROO • 1952
LES MISERABLES • 1952
MELBA • 1953
THEY WHO DARE • 1954
VEDOVA X, LA • WIDOW, THE (USA) ○ VEUVE, LA • 1956
PORK CHOP HILL • 1959
OCEAN'S 11 • 1960
MUTINY ON THE BOUNTY • 1962

MILFORD GENE – USA

PUSHER, THE • 1959

MILI GJON – USA

JAMMIN' THE BLUES • 1944 • SHT
J.A.T.P. • 1950 • SHT
STOMPIN' FOR MILI • 1955 • SHT

MILICEVIC DJORDJE – CND

RECKLESS • RECKLESS AND IN LOVE • 1981
RIDING FAST • 1987

MILIKOFF NICOLAI – GRM

PSICHA, DIE TANZERIN KATHERINA DER GROSSEN • 1922

MILIONI ENZO – ITL

SORELLA DI URSULA, LA • 1978

MILIUS JOHN – Screenwriter – USA – 1945–

MARCELLO, I'M SO BORED • 1966 • ANS
DILLINGER • 1973
WIND AND THE LION, THE • 1975
BIG WEDNESDAY • 1978
CONAN THE BARBARIAN • 1982
RED DAWN • 1984
CAPONE • 1988
FAREWELL TO THE KING • 1988
FLIGHT OF THE INTRUDER • 1990

MILKANI PIRO – ALB

NGADHNJIM MBI VDEKJEN • VICTORY OVER DEATH
VICTORS, THE • 1968

MILKINA S. – USS

FORWARD, TIME! • 1966

MILLAIS WARREN – USA

HER SECRET • GIRL FROM GEORGIA, THE (UKN) • 1933

MILLAN DELGADO – VNZ

SURCOS DE NIEBLA • RUTS OF FOG • 1978

MILLAND RAY – Actor – IRL – 1905–1986

MAN ALONE, A • 1955
LISBON • 1956
SAFECRACKER, THE • 1957
PANIC IN YEAR ZERO • PANIC IN THE YEAR ZERO ○ END OF THE WORLD, THE ○ SURVIVAL • 1962
HOSTILE WITNESS • 1968

MILLAR ADELQUI – UKN – –1956

OORLOG EN VREDE –1914–1916–1918 • WAR AND PEACE –1914–1916–1918 • 1918
PAGES OF LIFE • 1922
APACHE • 1925
LIFE • JUAN JOSE • 1928
INSEPARABLES, THE • 1929
CARTA, LA • 1930
DONA MENTIRAS • 1930
FIESTA DEL DIABLO, LA • 1930
REBELLE, LE • GENERAL, LE • 1930
TODA UNA VIDA • 1930
SOMBRAS DE CIRCO • 1931
LUCI SOMMERSE • DON PABLO IL BANDITO • 1934
CEUX DE DEMAIN • ENFANT DE TROUPE, L' • 1938

MILLAR CATHERINE – ASL

EVERY MOVE SHE MAKES • 1984 • TVM
SWORD OF HONOUR • 1986 • MTV
DIFFICULT WOMAN, A • 1988
DARLINGS OF THE GODS • 1989 • TVM

MILLAR DAVID – CND

SEA GOT IN YOUR BLOOD, THE • 1968

MILLAR GAVIN – Producer/writer – UKN – 1938–

GENTLE ART OF NORMAN MCLAREN, THE
CREAM IN MY COFFEE • 1980 • TVM
SECRETS • 1983
MISTER AND MRS. EDGEHILL • 1985 • MTV
RUSSIAN SOLDIER, THE • 1985 • TVM
DREAMCHILD • DREAM CHILD • 1986
IRONS OF WRATH • 1987
SCOOP • 1987 • TVM
DANNY, CHAMPION OF THE WORLD • DANNY THE CHAMPION OF THE WORLD • 1989
TIDY ENDINGS • 1989 • MTV

MILLAR STUART – Producer – USA – 1929–
WHEN THE LEGENDS DIE • 1972
ROOSTER COGBURN • ROOSTER COGBURN AND THE LADY • 1975
VITAL SIGNS • 1986 • TVM
DREAM BREAKERS • 1989 • TVM

MILLARD NICHOLAS – USA
EROTIC MR. ROSE, THE • CONQUESTS OF MR. ROSE, THE • 1964
CANDY'S LUSTFUL NATURE • CANDY'S NATURE • 1967

MILLARDE HARRY – USA
NET OF DECEIT, THE • 1915
SIGN OF THE BROKEN SHACKLES, THE • 1915
ARTFUL DODGER, THE • 1916
BOGUS GHOST, THE • 1916 • SHT
EEL, THE • 1916 • SHT
IN CINDERELLA'S SHOES • 1916
LOTUS WOMAN, THE • 1916
MIX-UP IN ART, A • 1916
QUACK QUAKERS, THE • 1916 • SHT
SMOKEY ADVENTURE, A • 1916
THAT LONELY WIDOW • 1916 • SHT
WATERY WOOING, A • 1916
WHEN OPPORTUNITY KNOCKED • 1916 • SHT
WOMAN HE FEARED, THE • 1916 • SHT
EVERY GIRL'S DREAM • 1917
FORBIDDEN GAME, THE • 1917 • SHT
LITTLE MISS NOBODY • 1917
MISS U.S.A. • 1917
NOVEL ROMANCE, A • 1917 • SHT
UNKNOWN 274 • 1917
BLUE-EYED MARY • 1918
BONNIE ANNIE LAURIE • 1918
CAMOUFLAGE KISS, A • 1918
CAUGHT IN THE ACT • 1918
HEART OF ROMANCE, THE • 1918
MISS INNOCENCE • 1918
GAMBLING IN SOULS • 1919
GIRL WITH NO REGRETS, THE • 1919
LOVE THAT DARES, THE • 1919
ROSE OF THE WEST • 1919
SACRED SILENCE • 1919
WHEN FATE DECIDES • 1919
OVER THE HILL TO THE POORHOUSE • OVER THE HILL • 1920
WHITE MOLL, THE • 1920
PERJURY • 1921
MY FRIEND, THE DEVIL • 1922
TOWN THAT FORGOT GOD, THE • 1922
GOVERNOR'S LADY, THE • 1923
IF WINTER COMES • 1923
FOOL, THE • 1925
TAXI DANCER, THE • 1926
ON ZE BOULEVARD • 1927

MILLE GIORGIO – ITL
ATTENTI.. ARRIVANO LE COLLEGIALI! • 1975

MILLER ARNOLD see **MILLER ARNOLD LOUIS**

MILLER ARNOLD L. see **MILLER ARNOLD LOUIS**

MILLER ARNOLD LOUIS – UKN – 1922–
MILLER ARNOLD L. • *MILLER ARNOLD*
NUDES OF THE WORLD • SUN, THE PLACE AND THE GIRLS, THE ○ NUDES OF ALL NATIONS (USA) • 1961
WEST END JUNGLE • 1961 • DOC
TAKE OFF YOUR CLOTHES AND LIVE • 1963
KIL 1 • SKIN GAME, THE ○ SKIN GAMES • 1964
LONDON IN THE RAW • 1964
OUR LOVE IS SLIPPING AWAY • 1965
PRIMITIVE LONDON • SWINGING LONDON EXPOSED ○ PRIMITIVE LONDON EXPOSED ○ SWINGING LONDON EXPOSE ○ SWINGING LONDON ○ LONDON EXPOSED • 1965 • DOC
SECRETS OF A WINDMILL GIRL • 1966
UNDER THE TABLE YOU MUST GO • 1969 • DOC
TOUCH OF THE OTHER, A • 1970
TOP OF THE BILL • 1971
EAST SIDE, WEST SIDE • 1972 • DOC
SHOWCASE • 1972
TOP GEAR • 1972 • DOC
WAY OUT EAST • 1973 • DOC
SEX FARM • 1974

MILLER ASHLEY – USA
CHRISTMAS CAROL, A • 1910
AT THE MASQUERADE BALL • 1912
FOG • 1912
FOUNDLING, THE • 1912
GIRL AT THE KEY, THE • 1912
HOW THEY GOT THE VOTE • 1912
LADY CLARE, THE • 1912
LETTER TO THE PRINCESS, A • 1912
NEW SQUIRE, THE • 1912
NO PLACE FOR A MINISTER'S SON • 1912
NOBLE PROFESSION, A • 1912
OLD APPOINTMENT, AN • 1912
OLD REPORTER, THE • 1912
STREET BEAUTIFUL, THE • 1912
SUFFRAGETTE IN SPITE OF HIMSELF, A • 1912
ACTRESS, THE • 1913
AUNTY AND THE GIRLS • 1913
BARRY'S BREAKING IN • 1913
BY FIRE AND WATER • 1913
DANCER, THE • 1913
DREAM FAIRY, THE • 1913
FIRST CHRISTMAS, THE • 1913
GETTING A PATIENT • 1913
GIRL IN THE HOUSE-BOAT, THE • 1913
HE WOULD FIX THINGS • 1913
HEART OF VALESKA, THE • 1913
HER ROYAL HIGHNESS • 1913
HOW DID IT FINISH? • 1913
INNOCENT INFORMER, AN • 1913
INTERRUPTED WEDDING BELLS • 1913
ISLAND OF PERVERSITY, THE • 1913
JAN VEDDER'S DAUGHTER • 1913
JOHN MANLEY'S AWAKENING • 1913
JOYCE OF THE NORTH WOODS • 1913
MAN HE MIGHT HAVE BEEN, THE • 1913
NEW DAY'S DAWN, THE • 1913
ORPHAN, THE • 1913
PIOUS UNDERTAKING, A • 1913
ROYAL ROMANCE, A • 1913
SALLY'S ROMANCE • 1913
SERENADE BY PROXY, A • 1913
SEVEN YEARS BAD LUCK • 1913
SLANDER'S TONGUE • 1913
STARVED OUT • 1913
TOMMY'S STRATAGEM • 1913
TWICE RESCUED • 1913
UPWARD WAY, THE • 1913
ABSENT-MINDED CUPID, AN • 1914
BACK TO THE SIMPLE LIFE • 1914
BLUE COYOTE CHERRY CROP, THE • 1914
BOOTLE'S BABY • 1914
COWARD AND THE MAN, THE • 1914
DICK POTTER'S WIFE • 1914
DRAMA IN HEYVILLE, THE • 1914
EVER-GALLANT MARQUISE, THE • 1914
FOOLISH AGREEMENT, A • 1914
GRAND OPERA IN RUBEVILLE • 1914
HIS CHORUS GIRL WIFE • 1914
HIS GRANDCHILD • 1914
HOW THE EARTH WAS CARPETED • 1914
LAST SCENE OF ALL, THE • 1914
MARTHA'S REBELLION • 1914
MY FRIEND FROM INDIA • 1914
MYSTERY OF THE LAUGHING DEATH, THE • 1914
NEARLY A WIDOW • 1914
ON THE GREAT STEEL BEAM • 1914
ONE TOUCH OF NATURE • 1914
PINES OF LORY, THE • 1914
QUESTION OF HATS AND GOWNS, A • 1914
RESURRECTION OF CALEB WORTH, THE • 1914
SHORTY • 1914
SONG OF SOLOMON, THE • 1914
STENOGRAPHER, THE • 1914
TRANSPLANTED PRAIRIE FLOWER, A • 1914
TREASURE TROVE • 1914
'TWAS THE NIGHT BEFORE CHRISTMAS • 1914
UNCANNY MR. GUMBLE, THE • 1914
UNITED IN DANGER • 1914
WHO GOES THERE? • 1914
AFFAIR OF THREE NATIONS, AN • 1915
GIRL WHO KEPT BOOKS, THE • 1915
GLORY OF CLEMENTINA, THE • 1915
HOUSE OF FEAR, THE • 1915
IN SPITE OF ALL • 1915
KING OF THE WIRE, THE • 1915
MENACE OF THE MUTE, THE • 1915
NEWLY RICH, THE • 1915
ONLY THE MAID • 1915
OUT OF THE RUINS • 1915
TAILOR'S BILL, THE • 1915
WITH BRIDGES BURNED • 1915
WORKING OF A MIRACLE, THE • 1915
KING'S GAME, THE • 1916
QUEST OF LIFE, THE • 1916
INFIDELITY • 1917
LAST LEAF, THE • 1917 • SHT
MARRIAGE SPECULATION, THE • 1917
MORAL CODE, THE • 1917
PRINCESS OF PARK ROW, THE • 1917
BUYER FROM CACTUS CITY, THE • 1918 • SHT
CLARION CALL, THE • 1918 • SHT
COMPLIMENTS OF THE SEASON • 1918 • SHT
MADISON SQUARE ARABIAN NIGHT, A • 1918 • SHT
NEMESIS AND THE CANDY MAN • 1918 • SHT
MADE IN AFRICA • 1919 • SHS
HOMECOMING OF JIM, THE • 1920 • SHT
YANKS • 1920 • SHT
SKY SPLITTER, THE • 1922 • SHT

MILLER CHARLES – USA
MILLER CHARLES F.
HEART THROBS • 1913
LURE OF THE VIOLIN, THE • 1913
SMILING DAN • 1913
WAY OF A MOTHER, THE • 1913
WHEELS OF DESTINY, THE • 1913
ARROW MAKER'S DAUGHTER, THE • 1914
FRECKLES • 1914
ROMANCE OF SUNSHINE VALLEY • 1914
FLOWER IN THE DESERT, A • 1915
IN THE TENNESSEE HILLS • 1915
BAWBS O' BLUE RIDGE • 1916
CORNER IN COLLEENS, A • 1916
HOME • 1916
PLAIN JANE • 1916
DARK ROAD, THE • ROAD TO HONOUR, THE • 1917
FLAME OF THE YUKON, THE • 1917
HATER OF MEN • 1917
LITTLE BROTHER, THE • 1917
LITTLE REFORMER • 1917
POLLY ANN • PERNICKETY POLLY ANN • 1917
PRINCESS OF THE DARK, A • 1917
SAWDUST RING, THE • 1917
SECRET OF STORM COUNTRY, THE • 1917
WEE LADY BETTY • 1917
WILD WINSHIP'S WIDOW • 1917
AT THE MERCY OF MEN • 1918
BY RIGHT OF PURCHASE • 1918
FAIR PRETENDER, THE • 1918
GHOSTS OF YESTERDAY • TWO WOMEN • 1918
GREAT VICTORY, WILSON OR THE KAISER?, THE • WILSON OR THE KAISER? • 1918 • SHT
SERVICE STAR, THE • FLAG OF MOTHERS, THE • 1918
UNFAITHFUL • 1918 • SHT
DANGEROUS AFFAIR, A • 1919
HEART OF GIPSY, THE • 1919
LOVE, HONOR AND ? • 1919
WHY GERMANY MUST PAY • 1919
HIGH SPEED • 1920
LAW OF THE YUKON, THE • 1920
MAN SHE BROUGHT BACK, THE • 1922
SHIP OF SOULS • 1925

MILLER CHARLES F. see **MILLER CHARLES**

MILLER CLAUDE – FRN – 1942–
MEILLEURE FACON DE MARCHER, LA • BEST WAY TO WALK, THE ○ BEST WAY, THE • 1976
DITES-LUI QUE JE L'AIME • THIS SWEET SICKNESS (UKN) • 1977
GARDE A VUE • INQUISITOR, THE • 1982
MORTELLE RANDONNEE • DEADLY RUN (UKN) • 1983
EFFRONTEE, L' • IMPUDENT GIRL, AN (UKN) • 1985
PETITE VOLEUSE, LA • 1988

MILLER DAN T. – USA
SCREAMERS • ISLE OF THE FISH MEN • 1979

MILLER DAVID – Miller dave – USA – 1909–
CREW RACING • 1935 • SHT
TRAINED HOOFS • 1935 • SHT
AQUATIC ARTISTRY • 1936 • SHT
DARE-DEVILTRY • 1936 • SHT
HURLING • 1936 • SHT
LET'S DANCE • 1936 • SHT
RACING CANINES • 1936 • SHT
TABLE TENNIS • 1936 • SHT
DEXTERITY • 1937 • SHT
EQUESTRIAN ACROBATICS • 1937 • DOC
GILDING THE LILY • 1937 • SHT
PENNY WISDOM • 1937 • SHT
TENNIS TACTICS • 1937 • SHT
FISTICUFFS • 1938 • SHT
GREAT HEART, THE • FATHER DAMIEN • 1938 • SHT
IT'S IN THE STARS • 1938 • SHT
MODELING FOR MONEY • 1938 • SHT
PENNY'S PARTY • 1938 • SHT
SAVATE, LA • 1938 • SHT
DRUNK DRIVING • 1939 • SHT
ICE ANTICS • 1939 • SHT
FLAG SPEAKS, THE • 1940 • SHT
HAPPIEST MAN ON EARTH, THE • 1940 • SHT
BILLY THE KID • 1941
MORE ABOUT NOSTRADAMUS • 1941 • SHT
FLYING TIGERS • 1942
FURTHER PROPHECIES OF NOSTRADAMUS, THE • 1942 • SHT
SUNDAY PUNCH • 1942
LOVE HAPPY • KLEPTOMANIACS • 1949
TOP O' THE MORNING • 1949
OUR VERY OWN • 1950
SATURDAY'S HERO • IDOLS IN THE DUST (UKN) ○ HERO, THE • 1951
SUDDEN FEAR • 1952
BEAUTIFUL STRANGER, THE • TWIST OF FATE (USA) ○ LIFELINE • 1954
DIANE • 1955
OPPOSITE SEX, THE • 1956
STORY OF ESTHER COSTELLO, THE • GOLDEN VIRGIN, THE (USA) • 1957
HAPPY ANNIVERSARY • 1959
MIDNIGHT LACE • 1960
BACK STREET • 1961
LONELY ARE THE BRAVE • 1962
CAPTAIN NEWMAN M.D. • 1963
HAMMERHEAD • 1968
HAIL, HERO! • 1969
EXECUTIVE ACTION • 1973
BITTERSWEET LOVE • 1977
BEST PLACE TO BE, THE • 1979 • TVM
GOLDIE AND THE BOXER • 1979 • TVM
LOVE FOR RENT • LOVE FOR SALE • 1979 • TVM
GOLDIE AND THE BOXER GO TO HOLLYWOOD • 1981 • TVM

MILLER FRANK – UKN
MARKED MAN, A • 1916
ODD CHARGES • 1916
PERSECUTION OF BOB PRETTY, THE • 1916
SKIPPER OF THE OSPREY, THE • 1916
ARCADIA REVISITED • 1919 • SHT
AUCTION, THE • 1919 • SHT
DREAM THAT CAME TRUE, THE • 1919 • SHT
EENA DEENA DINAH DO • 1919 • SHT
KIFFER'S HIGH FINANCE • 1919 • SHT
LODGER WHO WASN'T EXACTLY A PAYING GUEST, THE • 1919 • SHT
MARCH HARE, THE • 1919
TILL OUR SHIP COMES IN • MARRIED BLISS • 1919
COAL SHORTAGE • 1920
CONTROL • 1920
GOLDEN BALLOT, THE • 1920
HOUSING • 1920
JOYOUS ADVENTURES OF ARISTIDE PUJOL, THE • 1920
STOP PRESS COMEDIES • 1920 • SER
STRIKE FEVER • 1920
TREASURE TROVE • 1922
LONDON OFF THE TRACK • 1924
GOOSE AND STUFFING • 1926
HAPPY RASCALS, THE • 1926 • SER
HAPPY RASCALS, THE • 1926
LITTLE SHOP IN FORE STREET, THE • 1926
MINED AND COUNTER-MINED • 1926
REGAINING THE WIND • 1926
MR. NOBODY • 1927
BAD SIR BRIAN BOTANY • 1928
HOUP-LA! • LION TAMER, THE • 1928
IN THE DARK • 1928
KING'S BREAKFAST, THE • 1928
KNIGHTS AND LADIES • 1928
MARKET SQUARE, THE • 1928
NURSERY CHAIRS • 1928
WHEN WE WERE VERY YOUNG • 1928 • SER
CUPID IN CLOVER • 1929
LET ME EXPLAIN DEAR • 1932
LUCKY GIRL • 1932
VERDICT OF THE SEA • 1932

MILLER GEORGE – ASL – 1945–
VIOLENCE IN THE CINEMA, PART ONE • 1971 • SHT
DEVIL IN EVENING DRESS, THE • 1973 • DOC
CHAIN REACTION • 1979
MAD MAX • 1979
MAD MAX 2 • ROAD WARRIOR, THE (USA) • 1981
TWILIGHT ZONE -THE MOVIE • TWILIGHT ZONE MOVIE, THE • 1983
MAD MAX: BEYOND THUNDERDOME • 1985
WITCHES OF EASTWICK, THE • 1987
NEVERENDING STORY II, THE • 1990

MILLER GEORGE* – UKN – 1943–
HIGH COUNTRY • 1979
MAN FROM SNOWY RIVER, THE • 1982
AVIATOR, THE • 1984
FIVE MILE CREEK • 1984 • MTV
COOL CHANGE • 1986
LES PATTERSON SAVES THE WORLD • 1986
BUSHFIRE MOON • CHRISTMAS VISITOR, THE (USA) • 1987 • TVM

MILLER GILBERT – UKN
LADY IS WILLING, THE • 1934

MILLER HARVEY – USA – 1935–
BAD MEDICINE • 1985

MILLER IRA – USA
LOOSE SHOES • COMING ATTRACTIONS • 1979

MILLER J. C. – USA
NO DEAD HEROES • 1987

MILLER JASON – Actor – USA – 1939–
THAT CHAMPIONSHIP SEASON • CHAMPIONSHIP SEASON, THE • 1982

MILLER JONATHAN – UKN – 1936–
ALICE IN WONDERLAND • 1967 • MTV
TAKE A GIRL LIKE YOU • 1969
TAMING OF THE SHREW, THE • 1980 • TVM
ANTHONY AND CLEOPATRA • 1981 • MTV

MILLER MAX B. – USA
YOUTHQUAKE • 1977 • DOC

MILLER MICHAEL – USA
STREET GIRLS • CRACKERS • 1973
JACKSON COUNTY JAIL • INNOCENT VICTIM • 1976
OUTSIDE CHANCE • RETURN TO JACKSON COUNTY JAIL • 1978 • TVM
NATIONAL LAMPOON'S CLASS REUNION • CLASS REUNION • 1982
SILENT RAGE • 1982
CRIME OF INNOCENCE • 1985 • TVM
SILENT WITNESS • 1985 • TVM
CAN YOU FEEL ME DANCING? • 1986 • TVM
CASE OF DEADLY FORCE, A • 1986 • TVM
ROSES ARE FOR THE RICH • 1987 • TVM
NECESSITY • 1988 • TVM

MILLER MOLLIE – USA
B.R.A.T. PATROL, THE • BRAT PATROL, THE • 1986
STUDENT EXCHANGE • 1987 • TVM

MILLER NEAL – USA
UNDER THE BILTMORE CLOCK • 1985 • TVM

MILLER PHILLIP – USA
SATAN'S BLACK WEDDING • 1976

MILLER RICK – ITL
NAKED WEREWOLF WOMAN • WEREWOLF WOMAN • 1983

MILLER ROBERT see **MILLER ROBERT ELLIS**

MILLER ROBERT E. see **MILLER ROBERT ELLIS**

MILLER ROBERT ELLIS – USA – 1927–
MILLER ROBERT E. • MILLER ROBERT
ANY WEDNESDAY • BACHELOR GIRL APARTMENT (UKN) • 1966
HEART IS A LONELY HUNTER, THE • 1968
SWEET NOVEMBER • 1968
BUTTERCUP CHAIN, THE • 1970
BIG TRUCK AND POOR CLARE • 1971
GIRL FROM PETROVKA, THE • 1974
JUST AN OLD SWEET SONG • 1976 • TVM
ISHI, THE LAST OF HIS TRIBE • 1978 • TVM
BALTIMORE BULLET, THE • 1980
MADAME X • 1981 • TVM
REUBEN, REUBEN • 1983
HER LIFE AS A MAN • 1984 • TVM
OTHER LOVER, THE • 1985 • TVM
INTIMATE STRANGERS • 1986 • TVM
BRENDA STARR • 1987
HAWKS • 1988

MILLER ROBERTO – BRZ
SOM ABSTRATO • SOUND ABSTRACT • 1958

MILLER RUBE – USA
DOUBLE-CROSSING MARMADUKE • 1915
QUEERING CUPID • 1915
WHITE WASHING WILLIAM • 1915
ALL BALLED UP • 1916
COUNTERFEIT LOVE • 1916
DEVILISH BUSINESS • 1916
DOCTORING A LEAK • 1916 • SHT
DUCKING A DISCORD • 1916 • SHT
FLOODED WITH TROUBLE • 1916
FOR TEN THOUSAND BUCKS • 1916 • SHT
GERMATIC LOVE • GERMANIC LOVE • 1916
HE DIED AND HE DIDN'T • 1916 • SHT
ISLAND OF NEVER WAS, THE • 1916
JEALOUSY A LA CARTE • 1916
LOST AND FOUND • 1916
LOVE BURGLARS AND A BULLDOG • 1916
LOVE, MUSIC AND CANNONBALLS • 1916
MAN WITH THE HOD, THE • 1916
ON A STILL HUNT • 1916
OUT FOR THE COUNT • 1916
PICTURE PIRATES • 1916 • SHT
PLANE STORY, A • 1916
POULTRY A LA MODE • 1916 • SHT
RIVAL ROGUES • 1916
RUBE'S HOTEL TANGLE • 1916
RUFFHOUSE • 1916
SAFE LOSS, A • 1916
SHOT IN THE FRACAS • 1916 • SHT
SHY THIRTY CENTS • 1916
SOME LIARS • 1916 • SHT
STOLEN BOOKING, THE • 1916 • SHT
STUNG BY GUM • 1916
TREED • 1916 • SHT
TROUBLED WATERS • 1916
UP THE FLUE • 1916 • SHT
CIRCUS CYCLONE, THE • 1917 • SHT
FLIRTING WITH DANGER • 1917 • SHT
JEALOUS JOLTS • 1917 • SHT
JOLTED JUSTICE • 1917 • SHT
PLASTER FEUD, A • 1917 • SHT
TAILOR'S TRIMMINGS • 1917 • SHT
VANQUISHED FLIRT, THE • 1917 • SHT

MILLER SHARRON – USA
ALIEN ZONE • HOUSE OF THE DEAD • 1975
PLEASURES • 1986 • TVM
CAGNEY & LACEY: TURN, TURN, TURN • 1987 • TVM
LITTLE GIRL LOST • 1988 • TVM

MILLER SIDNEY – USA
30-FOOT BRIDE OF CANDY ROCK, THE • LOU COSTELLO AND HIS 30-FOOT BRIDE • 1959
THREE STOOGES SCRAPBOOK • 1960
GET YOURSELF A COLLEGE GIRL • SWINGIN' SET, THE ○ WATUSI A GO-GO ○ GO-GO SET • 1964
TAMMY AND THE MILLIONAIRE • 1967 • TVM

MILLER THOMAS see **MASTROCINQUE CAMILLO**

MILLER WALTER C. – USA
BORROWERS, THE • 1973
FIFTY YEARS OF COUNTRY MUSIC • 1978 • MTV

MILLER WARREN – USA
SKI ON THE WILD SIDE • 1967 • DOC
WHITE WINTER HEAT • 1988

MILLER WILLIAM F. – USA
IN SEARCH OF BIG FOOT • 1976 • DOC

MILLET DANIEL – FRN – 1949–
GRAND OCEAN, LE • 1974 • DOC

MILLET J. K. RAYMOND – FRN
OCCITANIE • 1937

MILLET JEAN-PIERRE – FRN
GRAND OCEAN, LE • 1974 • DOC

MILLET PATRICK – FRN
ASPHALT WARRIORS • 1985

MILLETT KATE – USA
THREE LIVES • 1972

MILLHAUSER BERTRAM – Screenwriter – USA – 1892–1958
ROARING OAKS • 1919 • SRL
PHANTOM FOE, THE • 1921 • SRL

MILLIGAN ANDY – USA
NAKED WITCH, THE • NAKED TEMPTRESS, THE • 1964
DEGENERATES, THE • 1967
DEPRAVED! • 1967
KISS ME, KISS ME, KISS ME! • 1967
PROMISCUOUS SEX, THE • 1967
FILTHY FIVE, THE • F- FIVE, THE ○ DIRTY FIVE, THE • 1968
GHASTLY ONES, THE • 1968
SEEDS • 1968
TRICKS OF THE TRADE • TRICKS • 1968
GUTTER TRASH • MALE & FEMALE SEXUALIS • 1969
BLOODTHIRSTY BUTCHERS • 1970
BODY BENEATH, THE • 1970
GURU THE MAD MONK • GARU THE MAD MONK • 1970
TORTURE DUNGEON • 1970
MAN WITH TWO HEADS, THE • DR. JEKYLL AND MR. BLOOD • 1971
RATS ARE COMING! THE WEREWOLVES ARE HERE!, THE • 1972
BLOOD • 1973
LEGACY OF HORROR • LEGACY OF BLOOD • 1978
CARNAGE • 1984

MILLIGAN N. E. – USA
HEARTS UNITED • 1914

MILLIN DAVID – SAF
LAST OF THE FEW • 1960
SEVEN AGAINST THE SUN • 1964
RIDE THE HIGH WIND • 1965
SECOND SIN, THE • 1966
MAJUBA • 1968
BANANA BEACH • 1970
SHANGANI PATROL • 1971
VOORTREKKERS, DIE • 1973
SISTER TERESA • SUSTER THERESA • 1974

MILLING WILLIAM – USA
SPRING FEVER USA • 1988
WOLFPACK • 1988

MILLIONSHCHIKOV L. – USS
IN THE TALL WHEAT-FIELDS • 1971

MILLO JOSEPH – ISR
HOU HALACH BASADOT • HE WALKS THROUGH THE FIELDS • 1967

MILLS ALEC – ASL
BLOODMOON • 1989
DEAD SLEEP • 1990

MILLS BOB – USA
REPORT TO THE STOCKHOLDERS • SHT

MILLS IAN – ASL
SOLO FLIGHT • 1975

MILLS JOHN – Actor – UKN – 1908–
SKY WEST AND CROOKED • GYPSY GIRL (USA) ○ BATS WITH BABY FACES • 1965

MILLS MICHAEL – Animator – UKN – 1942–
MILLS MIKE
TAX IS NOT A FOUR-LETTER WORD • 1969 • SHT
EVOLUTION • 1971 • ANS
IN A NUTSHELL • 1971 • SHT
DYNAMITE • 1972 • ANS
MAN THE POLLUTER • 1973 • ANS
SNOMOBILE • IT'S ONLY A MACHINE • 1973
HAPPY PRINCE, THE • 1974
CANADA VIGNETTES: WESTERLIES ANTHEM • 1980
HISTORY OF THE WORLD IN THREE MINUTES FLAT, THE • 1980 • ANS
HOME SWEET HOME • 1980 • SER
S.P.L.A.S.H. • 1980
YELLOW PAGES: ROCK AND ROLL • 1980

MILLS MIKE see **MILLS MICHAEL**

MILLS PETER – UKN
JOURNEY AHEAD • 1947
R.A.C. INTERNATIONAL T.T. 1955 • 1955 • DOC
R.A.C. INTERNATIONAL RALLY OF GREAT BRITAIN, 1956 • 1956 • DOC
IN THE SIXTIES • 1964

MILLS REGINALD – Editor – UKN – 1912–
TALES OF BEATRIX POTTER • PETER RABBIT AND TALES OF BEATRIX POTTER (USA) • 1971
FRANCO ZEFFIRELLI: A FLORENTINE ARTIST • 1973 • DOC

MILLS THOMAS R. – USA
MILLS TOM R. • MILLS TOM
CANTRELL'S MADONNA • 1916 • SHT
MAN WHO WENT SANE, THE • 1916 • SHT
COP AND THE ANTHEM, THE • 1917 • SHT
DEFEAT OF THE CITY, THE • 1917
DUPLICITY OF HARGRAVES, THE • 1917
FRIENDS IN SAN ROSARIO • 1917 • SHT
FURNISHED ROOM, THE • 1917 • SHT
GOLD THAT GLITTERED, THE • 1917 • SHT
GREEN DOOR, THE • 1917 • SHT
GUILTY PARTY, THE • 1917
LOVE PHILTRE OF IKEY SCHOENSTEIN, THE • 1917 • SHT
MARIONETTES, THE • 1917 • SHT
NIGHT IN NEW ARABIA, A • 1917
NO STORY • 1917 • SHT
PAST ONE AT ROONEY'S • 1917 • SHT
RENAISSANCE AT CHARLEROI, THE • 1917
STRICTLY BUSINESS • 1917 • SHT
THIRD INGREDIENT, THE • 1917 • SHT
VENTURERS, THE • 1917 • SHT
AMERICAN LIVE WIRE, AN • 1918
GIRL IN HIS HOUSE, THE • 1918
MOTHER'S SIN, A • 1918
SEAL OF SILENCE, THE • 1918
GIRL AT BAY, A • 1919
GIRL WOMAN, THE • 1919
THIN ICE • 1919
UNKNOWN QUANTITY, THE • 1919
DUDS • 1920
FRIENDLY CALL, THE • 1920 • SHT
INVISIBLE DIVORCE, THE • 1920

MILLS TOM see **MILLS THOMAS R.**

MILLS TOM R. see **MILLS THOMAS R.**

MILMAN R. M.
RETURN OF NATHAN BECKER, THE • 1933

MILNER DAN – USA
PHANTOM FROM 10,000 LEAGUES, THE • 1955
FROM HELL IT CAME • 1957

MILNER RICHARD – USA
CENTERFOLD FEVER • 1981

MILONAKO ILIA see **MILONAKOS ILIAS**

MILONAKOS ILIAS – GRC
MILONAKO ILIA • MYLONAKOS ILIAS
CONFESSIONS OF A LESBOS HONEY
NATHALIE
EMMANUELLE: QUEEN OF THE SADOS • EMMANUELLE QUEEN BITCH ○ EMMANUELLE'S DAUGHTER • 1979
LOVE, LUST AND ECSTASY • 1983

MILOR NICHOLAS – USA
SLUT, THE • URSULA THE SLUT ○ URSULA THE HUSSY ○ URSULA • 1965

MILOSEVIC BRANKO – YGS
LEPA PARADA • QUITE A SHOW • 1970

MILOSEVIC MICA – YGS
MILOSEVIC MIKA
KOLT 15 GAP • 1971 • SHT
IT ISN'T BUT • 1978
NIJE NEGO • TIT FOR TAT • 1979
DRUGARCINE • PALS, THE • 1980
BERLIN KAPUTT • 1982
LAF U SRCU • GREAT GUY AT HEART, A • 1982
TESNA KOZA • TIGHT SPOT, A ○ THIN SKIN • 1984

MILOSEVIC MIKA see **MILOSEVIC MICA**

MILROY VIVIAN – UKN
NEVER SAY DIE • DON'T SAY DIE • 1950

MILSIN LEV – USS
BIRTHDAY TODAY • 1966 • ANS

MILSON JOHN – ASL
WILL THE GREAT BARRIER REEF CURE CLAUDE CLOUGH? • 1967 • SHT

MILTON JACK – USA
PLEASE STAND BY • 1972

MILTON JOANNE – USA
PLEASE STAND BY • 1972

MILTON MEYRICK – UKN
AULD ROBIN GRAY • 1917
PROFLIGATE, THE • 1917
MY SWEETHEART • 1918
RED POTTAGE • 1918
IMPOSSIBLE WOMAN, THE • 1919
POUPEE, LA • LA POUPEE • 1920
ADVENTURES OF CAPTAIN KETTLE, THE • 1922

MILTON ROBERT – USS – 1890–
CHARMING SINNERS • CONSTANT WIFE, THE (UKN) • 1929
DUMMY, THE • 1929
BEHIND THE MAKE-UP • 1930
OUTWARD BOUND • 1930
BARGAIN, THE • YOU AND I • 1931
DEVOTION • 1931
HUSBAND'S HOLIDAY • 1931
WESTWARD PASSAGE • 1932
DANCE OF WITCHES • DANCE OF THE WITCHES • 1933
STRANGE EVIDENCE • WIFE IN PAWN • 1933
BELLA DONNA • 1934
LUCK OF A SAILOR, THE • CONTRABAND • 1934

MILVA – FRN
PERROQUET VERT, LE • 1928

MIMET FRANCOIS – FRN – 1950–
MADAME CLAUDE 2 • INTIMATE MOMENTS • 1981

MIMICA VATROSLAV – Animator – YGS – 1923–
INSPECTOR MASK • 1950-56 • ASS
U OLUJI • IN THE STORM • 1952
JUBILEJ GOSPODINA IKLA • MR. IKL'S JUBILEE ○ JUBILEJ G. IKLA • 1955
COVJEK 12 MIRNE ULICE • MAN FROM THE QUIET STREETS, THE • 1957
STRASILO • SCARECROW • 1957 • ANS
HAPPY ENDING • HAPPY END • 1958 • ANS

SAMAC • ALONE ○ LONELY MAN, THE • 1958 • ANS
INSPEKTOR SE VRACA KUCI • INSPECTOR RETURNS HOME, THE ○ INSPECTOR GOES HOME, THE • 1959 • ANS
KOD FOTOGRAFA • AT THE PHOTOGRAPHER'S ○ IN THE PHOTOGRAPH • 1959 • ANS
JAJE • EGG, THE (USA) • 1960 • ANS
PERPETUUM AND MOBILE, LTD. • 1961 • ANS
SOLIMANO IL CONQUISTATORE • SOLIMANO IL CONQUISTATORE (YGS) ○ SULEIMAN THE CONQUEROR (USA) • 1961
MALA KRONIKA • EVERYDAY CHRONICLE (USA) ○ LITTLE CHRONICLE, A ○ LITTLE STORY, A • 1962 • ANS
TELEFON • TELEPHONE, THE • 1962 • SHT
TIFUSARI • TYPHOID SUFFERERS ○ TYPHOID ○ TYPHUS • 1963 • SHT
ZENIDBA GOSPODINA MARCIPANA • WEDDING OF MR. MARZIPAN ○ WEDDING OF MRS. MARZIPAN ○ MR. MARZIPAN'S MARRIAGE • 1963
PROMETEJ SA OTOKA VISEVICE • PROMETHEUS FROM THE ISLAND OF VISEVICA ○ PROMETHEUS FROM VISEVICA ISLAND • 1965
PONEDELJAK ILI UTORAK • MONDAY OR TUESDAY • 1966
KAJA, UBIT CU TE! • KAYA, I'LL KILL YOU ○ KAJA, I'LL KILL YOU ○ KAYA (USA) • 1967
DOGADJAJ • EVENT, AN • 1969
HRANJENIK • MAN ON OTHER PEOPLE'S CARE, THE ○ FOSTERLING, THE • 1970
VATROGASCI • 1970 • ANS
WELL-FED MAN, THE • 1970
CVOR • 1971 • ANS
MAKEDONSKIOT DEL OD PEKOLOT • 1971
NOURISHEE, THE • 1971
MAKEDONSKI DEO PAKLA • MACEDONIA'S PART OF HELL • 1972
SELJACKA BUNA 1573 • PEASANT UPRISING IN 1573, THE ○ PEASANTS' REVOLT 1573, THE ○ ANNO DOMINO 1573 • 1975
POSLEDNJI PODVIG DIVERZANTA OBLAKA • LAST MISSION OF THE SABOTEUR "CLOUD", THE • 1979
SOKO • FALCON, THE • 1981
BANOVIC STRAHINJA • 1983
FALKE, DER • 1983

MIMS WILLIAM – USA
DEATH DOLL • 1989

MIMURA AKIRA – JPN
TROOP HAS DISAPPEARED, THE • 1955

MIMURA HARUHIKO – JPN
AMAGI GOE • ON MOUNTAIN PASS AMAGI • 1983

MINAIEV IGOR – USS
COLD MARCH
GROUND FLOOR • 1989

MINARDI LOEL – USA
SINDERELLA AND THE GOLDEN BRA • CINDERELLA AND THE GOLDEN DRESS ○ CINDY AND HER GOLDEN DRESS ○ CINDERELLA AND THE GOLDEN — ○ SINDERELLA • 1964

MINCK BADY – AUS
MENSCH MIT DEN MODERNEN NERVEN, DER • 1988

MINDLIN MICHAEL JR. – USA – c1920–
JOURNEY TO JERUSALEM, A • 1968 • DOC

MINELLO GIANNI – ITL
NEL CERCHIO • 1977

MINER ALLEN see **MINER ALLEN H.**

MINER ALLEN H. – USA
MINER ALLEN
BLACK PIRATES, THE • 1954
PIRATA NEGRA, EL • BLACK PIRATE, THE (USA) • 1954
NAKED SEA • 1955 • DOC
GHOST TOWN • 1956
BLACK PATCH • 1957
RIDE BACK, THE • 1957
CHUBASCO • 1968
CATCHER, THE • 1971 • TVM

MINER MICHAEL – USA
DEADLY WEAPONS • 1988

MINER STEVE – USA – 1951–
FRIDAY THE 13TH PART 2 • 1981
FRIDAY THE 13TH PART 3 • 1982
HOUSE • 1986
SOUL MAN • 1986
WARLOCK • 1989
FUGITIVE, THE • 1990

MINER WORTHINGTON – Producer – USA
HAT, COAT AND GLOVE • 1934
LET'S TRY AGAIN • MARRIAGE SYMPHONY, THE (UKN) ○ SOUR GRAPES • 1934

MINERVIN A. – USS
UNDER THE KURDS • 1915

MINEUR JEAN – Producer – FRN – 1902–
TU SERAS VEDETTE • 1942 • SHT
MARSEILLE, PREMIER PORT DE FRANCE • 1945 • SHT
HOMMES ET BETES • 1946 • SHT
TROISIEME CHEMINEE A GAUCHE • 1947
MARRAKECH, CAPITAL DU SUD • 1948 • SHT
MELLAH DE MARRAKECH, LE • 1948 • SHT
SOUS LES PALMES DE MARRAKECH • 1948 • SHT

MINGAY DAVID – UKN
RUDE BOY • 1980

MINGOZZI GIANFRANCO – ITL – 1932–
ITALIANE E L'AMORE, LE • LATIN LOVERS (USA) ○ ITALIAN WOMEN AND LOVE • 1961
TARANTA, LA • 1961 • DCS
TRIO • 1967
SEQUESTRO DI PERSONA • ISLAND OF CRIME (UKN) ○ RANSOM IN SARDINIA ○ UNLAWFUL RESTRAINT • 1968
MORIRE A ROMA • VITA IN GIOCO, LA • 1973
FLAVIA LA MONACA MUSULMANA • REBEL NUN, THE (UKN) • 1974
ULTIMI GIORNI, GLI • 1977
ULTIMI TRE GIORNI, GLI • LAST THREE DAYS, THE • 1978 • MTV
TRENO PER ISTANBUL, IL • 1979
VELA INCANTALA, LA • 1982
INIZIAZIONE, L' • INITIATION, THE • 1987
APPASSIONATA, L' • 1988
FRULLO DEL PASSERO, IL • FLUTTERING OF A SPARROW, THE • 1988

MINGRONE MASSIMO – ITL
MILLE MOTS • THOUSAND WORDS, A • 1973

MINGUELL JOAN – SPN
BATALLA DEL PORRO, LA • JOINT'S BATTLE, THE • 1982

MINH DANG NHAT – VTN – 1948–
MINH DANG WHAT
BAO GIO CHO TOI • OCTOBER WON'T RETURN
BAO GIO CHO DEN THANG MUOI • WHEN THE TENTH MONTH COMES • 1984
GIRL FROM THE HUONG RIVER, THE • 1987

MINH DANG WHAT see **MINH DANG NHAT**

MINH-HA TRINH – USA
SURNAME VIET GIVEN NAME NAM • 1989

MINH HO QUONG – VTN – 1949–
KARMA • 1985
NHA QUE • PEASANT, THE • 1989

MINH RINH – VTN
RESEMBLANCE OF NAKED SPACES

MINION JOE – USA
DADDY'S BOYS • 1987

MINKIN ADOLPH – USS
CONQUERORS OF THE NIGHT • 1933
PROFESSOR MAMLOCK • 1938
LENINGRAD MUSIC HALL • 1943

MINNELLI VINCENTE – USA – 1910–1986
CABIN IN THE SKY • 1942
PANAMA HATTIE • 1942
I DOOD IT • BY HOOK OR BY CROOK (UKN) • 1943
THOUSANDS CHEER • AS THOUSANDS CHEER ○ PRIVATE MISS JONES • 1943
MEET ME IN ST. LOUIS • 1944
CLOCK, THE • UNDER THE CLOCK (UKN) • 1945
YOLANDA AND THE THIEF • 1945
ZIEGFELD FOLLIES • 1945
UNDERCURRENT • 1946
PIRATE, THE • 1948
MADAME BOVARY • 1949
FATHER OF THE BRIDE • 1950
FATHER'S LITTLE DIVIDEND • 1950
AMERICAN IN PARIS, AN • 1951
BAD AND THE BEAUTIFUL, THE • 1952
LOVELY TO LOOK AT • 1952
BAND WAGON, THE • 1953
LONG, LONG TRAILER, THE • 1953
STORY OF THREE LOVES, THE • 1953
BRIGADOON • 1954
COBWEB, THE • 1955
KISMET • 1955
LUST FOR LIFE • 1956
TEA AND SYMPATHY • 1956
DESIGNING WOMAN • 1957
SEVENTH SIN, THE • 1957
GIGI • 1958
RELUCTANT DEBUTANTE, THE • 1958
SOME CAME RUNNING • 1958
BELLS ARE RINGING, THE • 1960
HOME FROM THE HILL • 1960
FOUR HORSEMEN OF THE APOCALYPSE, THE • 1961
TWO WEEKS IN ANOTHER TOWN • 1962
COURTSHIP OF EDDIE'S FATHER, THE • 1963
GOODBYE CHARLIE • 1964
SANDPIPER, THE • FLIGHT OF THE SANDPIPER, THE • 1965
ON A CLEAR DAY YOU CAN SEE FOREVER • 1970
MATTER OF TIME, A • NINA • 1976

MINNIS JON – UKN – 1950–
CHARADE • 1983 • ANM

MINOT GILBERT – GUN
ANNIVERSAIRE, L' • 1972

MINOTTI FELICE – ITL
CONQUISTATORI D'ANIME • 1936

MINOUI MEHRZAD – IRN
MANUSCRIPTS • 1987

MINOW HANS-RUDIGER – GRM
ANSTALT, DIE • INSTITUTION, THE • 1978

MINTS KLIMENTI – USS
12 MOGIL KHODZHI NASREDDINA • 12 GRAVES OF THE KHOJA NASREDDIN, THE • 1967

MINTZ MURRAY – USA
CARDIAC ARREST • 1980

MINZENTY GUSTAVE – UKN
YEAR OF A NIGHT, A • 1932
ROYAL DEMAND, A • 1933

MIR EZRA – PKS
PAMPOSH • LOTUS FLOWER • 1953

MIR RAZA – PKS
LAKHON MEIN EIK • ONE IN A MILLION • 1967

MIRA CARLOS – SPN – 1947–
PORTENTOSA VIDA DE PADRE VICENTE, LA • PORTENTOUS LIFE OF SAINT VINCENT, THE • 1978
CON EL CULO AL AIRE • NAKED BOTTOM ○ BOTTOMS UP • 1980
JALEA REAL • ROYAL JELLY • 1981
DANIYA • DANIYA, GARDEN OF THE HAREM • 1988

MIRAGLIA EMILIO see **MIRAGLIA EMILIO PAOLO**

MIRAGLIA EMILIO PAOLO – ITL
MIRAGLIA EMILIO P. • *MIRAGLIA EMILIO* • *BRADY HAL*
ASSASSINATION • 1967
A QUALSIASI PREZZO • VATICAN AFFAIR, THE (USA) ○ VATICAN STORY ○ AT ANY PRICE • 1968
QUELLA CAROGNA DELL'ISPETTORE STERLING • THAT SWINE INSPECTOR STERLING • 1968
NOTTE CHE EVELYN USCI DALLA TOMBA, LA • NIGHT EVELYN CAME OUT OF THE GRAVE, THE (USA) ○ SWEET TO BE KISSED HARD TO DIE ○ NIGHT SHE AROSE FROM THE TOMB, THE (UKN) • 1971
DAMA ROSSA UCCIDE SETTE VOLTE, LA • CORPSE WHICH DIDN'T WANT TO DIE, THE (USA) • 1972
SPARA JOE.. E COSI SIA • 1972

MIRALGLIA EMILIO P. see **MIRAGLIA EMILIO PAOLO**

MIRAMS ROGER – NZL – 1918–
WHEN THE GANGSTERS CAME TO CHRISTCHURCH • 1933 • SHT
BROKEN BARRIER • 1952
WHAT A COUNTRY • 1962 • DOC

MIRANDA ARMANDO – PRT – 1904–1975
RAPSODIA HUNGARA • 1935 • SHT
PAO NOSSO • 1940
AVE DA ARRIBACAO • 1943
ALGARVE ENCANTADO • 1944 • SHT
MULHER, A SERRA E O MAR, A • 1944 • SHT
SERRA DA ESTRELA -GOUVEIA • 1944 • SHT
JOSE DO TELHADO • 1945
CAPAS NEGRAS • 1947
AQUI PORTUGAL • 1948
SERRA BRAVA • 1948
VIDA PARA DOIS, UMA • 1948
VOLTA DE JOSE DO TELHADO, A • 1949
MONTANHA DOS SETE ECOS, A • 1953
VIDA PARA DOIS, UMA • 1953
CANTOR E A BAILARINA, O • 1959

MIRANDA FERNANDO – SPN
VIOLENTAS, LAS • 1974

MIRANDA GERALDO – BRZ
BRASILEIRO CHAMADO ROSAFLEUR, UM • BRAZILIAN CALLED ROSAFLOR, A • 1980

MIRANDA JUAN – BLV
TINKU-EL ENCUENTRO • TINKU -THE MEETING • 1985

MIRANDA THOMAS N. – USA
MIRANDA TOM
HEARTS OF YOUTH • 1920

MIRANDA TOM see **MIRANDA THOMAS N.**

MIRANDE YVES – FRN – 1875–1957
MERVEILLEUSE JOURNEE, LA • 1932
BACCARA • 1935
A NOUS DEUX, MADAME LA VIE • C'EST LA VIE ○ GAGNANT, LE • 1936
GRAND REFRAIN, LE • 1936
MESSIEURS LES RONDS DE CUIR • 1936
SEPT HOMMES.. UNE FEMME • SEPT HOMMES • 1936
CAFE DE PARIS • 1938
DERRIERE LA FACADE • 32, RUE DE MONTMARTRE • 1939
AN 40, L' • 1940
PARIS-NEW YORK • 1940

MIRASI DADA – IND
NIRDOSHI • INNOCENT, THE • 1967
POOVUM POTTUM • FLOWERS AND VERMILION • 1968

MIRCEV VASSIL see **MIRCHEV VASSIL**

MIRCHEV VASSIL – BUL
MIRCEV VASSIL
ASINUS • DONKEY, THE • 1964
MUGE • YOUNG MEN, THE • 1966
TANGO • 1969
GOLYAMATA POBEDA • GREAT VICTORY, THE • 1972
WHITE ODYSSEY, THE • 1972

MIRMIRIDIS NASSOS – GRC
SWIMMER'S TALE, THE • 1985 • ANS

MIRO PILAR – SPN – 1940–
PETICION, LA • ENGAGEMENT, THE ○ DEMAND, THE • 1976
SABADO DE GLORIA • 1978
CRIMEN DE CUENCA, EL • MURDER OF CUENCA, THE ○ CUENCA CRIME, THE ○ CUENCA'S CRIME ○ CRIME OF CUENCA, THE • 1979
GARY COOPER QUE ESTES EN LOS CIELOS • GARY COOPER WHO ART IN HEAVEN • 1980
HABLAMAS ESTA NOCHE • LET'S TALK TONIGHT • 1981

MIRO SERGIO
CANCION DEL REGRESO, LA • HOME-COMING SONG (USA) • 1940

MIRONER FELIX – USS
VESNA NA ZARECHNOI ULITSE • SPRING ON ZARECHNAYA STREET ○ SPRING IN ZARECHNAYA STREET • 1956

MIROSHNICHENKO S. – USS
LADY TUNDRA • DOC

MIRSAMADZADEH – IRN

MOJEZE • MIRACLE, THE • 1968
PANJE–E–AHANIN • IRON FISTS • 1968

MIRSHEKARI AHMAD – IRN

WOLF • 1978

MIRSKI L. see **MIRSKY LEV**

MIRSKY L. see **MIRSKY LEV**

MIRSKY LEV – USS

MIRSKY L. • *MIRSKI L.*

DIMA GORINA • CAREER OF DIMA • 1961
MORNING TRAINS • 1963
LAST ROGUE, THE • 1964
TWO MIRACULOUS DAYS • 1972

MIRUS MICHAEL – CND

PRICE OF DAILY BREAD, THE • 1987 • DCS

MIRZA SAEED – IND

ARVIND DESAI KI AJEEB KAHANI • STRANGE FATE OF AJEEB KAHANI, THE • 1977
ALBERT PINTO KO GUSSA KYON AATA HAI • WHY SHOULD ALBERT PINTO BE ANGRY? • 1979
MOHAN JOSHI HAZIR HO • COURT SUMMONS JOSHI, THE • 1984
NUKKAD • 1987
SALIM LANGDA PE MAT RO • 1989

MISAGHYE MEHDI – IRN

MARD–E–HANJARE–TALAEI • SWEET–VOICED MAN, A • 1968

MISCHER DON – USA

EVENING WITH ROBIN WILLIAMS, AN • 1983

MISHIKU RICHARD – UKN

AT THE HAVANA • 1940

MISHIMA YUKIO – JPN

YUKOKU • RITES OF LOVE AND DEATH ○ PATRIOTISM • 1965
NOW CINEMA! • 1968 • ANT

MISHKIN LEE – UKN

KITCHEN THINK • 1974 • ANS

MISHRA SUDHIR – IND

YEH WOH MANZIL TO NAHIN • DESTINATIONS • 1987
MAIN ZINDA HOON • I AM LIVING (UKN) • 1988

MISHURIN ALEKSEY – USS

GODY MOLODYYE • AGE OF YOUTH (USA) ○ TRAIN GOES TO KIEV, THE • 1959

MISKELLY BILL – IRL

END OF THE WORLD MAN, THE • 1986

MISONNE CLAUDE – Animator – BLG

CONCERTO • ANM
ICI NAIT LA FANTAISIE • DOC
IL ETAIT UN VIEUX SAVANT • ANM
TINTIN ET LE CRABE AUX PINCES D'OR • 1946 • ANM
FORMULE X24 • 1964 • ANS
HUITIEME MERVEILLE, LA • 1964 • DOC
CAR JE SUIS L'EMPEREUR • BECAUSE I AM THE EMPEROR • ANS
DIX PETITS NEGRES • TEN LITTLE NIGGER BOYS • ANS

MISRAHI MOSHE see **MIZRAHI MOSHE**

MISSEN VIVIAN – BLG

GU • 1972 • ANS

MISSIAEN JEAN–CLAUDE – FRN – 1939–

RONDE DE NUIT • 1983
TIR GROUPE • 1983

MISSIMOFF RIKI SHELACH see **SHELAKH RIKI**

MISSIR HERVE – FRN – 1903–1978

FRANCE EST UN EMPIRE, LA • 1939 • DOC

MISSIROLI MARIO – ITL – 1934–

BELLA DI LODI, LA • BEAUTY OF LODI, THE • 1963

MISTLER ERIC – FRN – 1950–

AC/DC: LET THERE BE ROCK • AC/DC THE FILM: LET THERE BE ROCK • 1980

MISTRAL JORGE – MXC

FIEBRE DEL DESEO, LA • 1964
PIEL DESNUDA, LA • 1964

MISTRY BABHUBHAI – IND

MISTRY BABHUBHAI J.

CHANDRASENA • 1959
MAYA BAZAR • FANTASY BAZAAR • 1959
SAMPOORNA RAMAYANA • 1961
KING KONG • 1962

MISTRY BABHUBHAI J. see **MISTRY BABHUBHAI**

MISTRY FALI – IND

SAZAA • 1952

MISUMI KENJI – JPN – 1921–

KOKEZARU NO TSUBO • BASKET WITH LICHEN • 1954
MOMOTARO SAMURAI • FREELANCE SAMURAI • 1957
FURISODE MATOI • 1958
KAIBYO NOROI NO KABE • GHOST–CAT WALL OF HATRED • 1958
MITO KOMON MANYUKI • 1958
SYUNEN NO HEBI • 1958
KAGERO–GASA • HALO OF HEAT HAZE • 1959
SENBAZURU HICHO • THOUSAND CRANES FLYING, A • 1959
YOTSUYA KAIDAN • YOTSUYA GHOST STORY, THE ○ GHOST OF YOTSUYA, THE • 1959
BIJIN GUMO • PURLOINED MAP, THE • 1960
DAIBOSATSU TOGE • SATAN'S SWORD • 1960
JOYO • PATTERNS OF LOVE • 1960
SENHIME GOTEN • PRINCESS IN EDO • 1960
SHIROIKOYA KOMAKO • WHAT PRICE LOVE • 1960
ONNA KEIZU • HER HIDDEN PAST • 1961
KIRU • DESTINY'S SON • 1962
SHAKA • LIFE OF BUDDHA, THE ○ BUDDHA ○ SAKYA • 1962
ZATO ICHI MONOGATARI • LIFE AND OPINION OF MASSEUR ICHI, THE ○ BLIND SWORDSMAN • 1962
JOSEI KAZOKU • FEMININE FAMILY ○ WOMEN FAMILY • 1963
SHINSENGUMI SHIMATSUKI • NEW CLASS MANAGEMENT • 1963
KEN • SWORD, THE • 1964
DAIMAJIN IKARU • RETURN OF GIANT MAJIN, THE (USA) ○ RETURN OF MAJIN, THE • 1966
SHOJO GA MITA • VIRGIN WITNESS, THE • 1966
YOIDORE HAKASE • DYNAMITE DOCTOR • 1966
KOTO YUSHU: ANE IMOUTO • SISTERS AND I, THE ○ ANE IMOUTI • 1967
NAMIDA GAWA • HOMELY SISTERS, THE • 1967
YUKI NO MOSHO • SHROUD OF SNOW, THE • 1967
ZATO ICHI CHIKEMURI KAIDO • ZATOICHI CHALLENGED (USA) • 1967
ZATO ICHI JIGOKUTABI • SHOWDOWN FOR ZATOICHI (USA) • 1967
NIHIKI NO YOJINBO • TWO BODYGUARDS, THE • 1968
TOMURAISHI–TACHI • FUNERAL RACKET, THE ○ UNDERTAKERS • 1968
ZATO ICHI KENKA–DAIKO • BLIND SWORDSMAN SAMARITAN, THE • 1968
ONI NO SUMA YAKATA • DEVIL'S TEMPLE, THE • 1969
SHIRIBOE SONICHI • BARKING–DONKEY SONICHI • 1969
SHIRIKURAE MAGOICHI • MAGOICHI SAGA, THE • 1969
ZATOUICHI ABARE HIMATSURI • ZATOICHI: WILD FIRE FESTIVAL • 1970
SWORD OF VENGEANCE
KOZURE OHKAMI • LIGHTNING SWORDS OF DEATH (USA) ○ LIGHTNING SWORD OF DEATH (UKN) ○ SWORD OF VENGEANCE III ○ BABY CART IN HELL ○ BABY CART AT THE RIVER STYX • 1973
SHOGUN ASSASSIN • SANZU NO KAWA NO UBAGURAMA ○ BABY CART AT THE RIVER STYX ○ KOSURE OOKAMI ○ KOSURE OOKAMI N.2 • 1980

MITA MERATA – NZL

MAURI • 1987

MITCHEDIOZE NANA – USS

PIERVAIA LASTOTCHA • 1975

MITCHELL ARTIE – USA

BEHIND THE GREEN DOOR • 1972
RESURRECTION OF EVE • 1973
AUTOBIOGRAPHY OF A FLEA, THE • 1976

MITCHELL BRUCE – USA – 1882–

MITCHELL BRUCE M.

SHERLOCK BOOB, THE • BOOB DETECTIVE, THE • 1914
BILLY'S STRATAGEM • 1915
BOOB'S RACING CAREER, THE • 1915
CAPTIVATING MARY CARSTAIRS • 1915
DEVILISH DREAM, A • 1915
DIRTY DAN'S DEMISE • 1915
DISAPPOINTED SUITOR, A • 1915
HEART OF A VAGABOND, THE • 1915
SHERLOCK THE BOOB DETECTIVE • 1915
SORORITY SISTER, THE • 1915
STEVE'S STEADFAST STEED • 1915
WON BY A MOUSTACHE • 1915
STRANGER OF THE HILLS, THE • 1922
AIR HAWK, THE • 1924
ANOTHER MAN'S WIFE • 1924
DYNAMITE DAN • 1924
HELLION, THE • 1924
LOVE'S WHIRLPOOL • 1924
CLOUD RIDER, THE • 1925
FLYIN' THRU • 1925
SAVAGES OF THE SEA • 1925
SPEED MADNESS • 1925
TRICKS • 1925
CUPID'S KNOCKOUT • 1926
HOLLYWOOD REPORTER, THE • 1926
SKY–HIGH SAUNDERS • 1927
THREE MILES UP • 1927
AIR PATROL, THE • 1928
CLOUD DODGER, THE • 1928
LAST LAP • 1928
PHANTOM FLYER, THE • PHANTOM RANGER, THE • 1928
SPEED CLASSIC, THE • 1928
WON IN THE CLOUDS • 1928
SKY SKIDDER, THE • 1929
LONESOME TRAIL, THE • 1930
SHEER LUCK • 1931
TRAPPED • 1931
45 CALIBRE ECHO • MYSTERIOUS RIDER, THE (UKN) • 1932
RAWHIDE TERROR, THE • 1934

MITCHELL BRUCE M. see **MITCHELL BRUCE**

MITCHELL CLAUDE H. – USA

SEEING IT THROUGH • 1920

MITCHELL CRAIG – USA

STORY OF A TEENAGER • JIM THE WORLD'S GREATEST • 1976

MITCHELL DAVID – USA

CITY OF SHADOWS • CITY OF NIGHT ○ NIGHTMARE CITY • 1986
THUNDERGROUND • 1989

MITCHELL DENNIS – UKN

NIGHT IN THE CITY • 1957

MITCHELL DUKE – USA

EXECUTIONER, THE • 1978

MITCHELL EDMUND – USA

LONE STAR RUSH, THE • GOLD LURE, THE • 1915

MITCHELL ERIC – USA

UNDERGROUND U.S.A. • 1980
WAY IT IS, THE • 1986

MITCHELL FRANK – USA

BLOOD VOYAGE • NIGHTMARE VOYAGE • 1976

MITCHELL GEORGE – USA

WOLF BLOOD • 1925

MITCHELL H. M. see **MITCHELL HOWARD M.**

MITCHELL HOWARD see **MITCHELL HOWARD M.**

MITCHELL HOWARD M. – USA – 1883–

MITCHELL HOWARD • *MITCHELL H. M.*

BETRAYED! • 1916
FEAR • 1916 • SHT
OUTWITTED • 1916 • SHT
TRAFFIC COP, THE • 1916
WINDOW OF DREAMS, THE • 1916 • SHT
PETTICOATS AND POLITICS • 1918
GIRL IN BOHEMIA, A • 1919
LAW THAT DIVIDES, THE • 1919
SNARES OF PARIS • 1919
SPLENDID SIN, THE • 1919
BEWARE OF THE BRIDE • 1920
BLACK SHADOWS • 1920
FAITH • 1920
FLAME OF YOUTH • 1920
HUSBAND HUNTER, THE • MYRA MEETS HIS FAMILY • 1920
LITTLE WANDERER, A • 1920
LOVE'S HARVEST • 1920
MOLLY AND I • 1920
TATTLERS, THE • 1920
CINDERELLA OF THE HILLS • 1921
EVER SINCE EVE • 1921
LAMPLIGHTER, THE • 1921
LOVETIME • 1921
MOTHER HEART, THE • 1921
QUEENIE • 1921
WING TOY • 1921
CRUSADER, THE • 1922
GREAT NIGHT, THE • 1922
WINNING WITH WITS • 1922
FORGIVE AND FORGET • 1923
HIS LAST RACE • 1923
MAN'S SIZE • 1923
LONE CHANCE, THE • MARK OF CAIN, THE • 1924
ROMANCE RANCH • 1924
JAZZ GIRL, THE • 1926
ROAD TO BROADWAY, THE • 1926
BREED OF COURAGE • 1927
HIDDEN ACES • 1927

MITCHELL JIM – USA

BEHIND THE GREEN DOOR • 1972
RESURRECTION OF EVE • 1973
AUTOBIOGRAPHY OF A FLEA, THE • 1976
INSIDE MARILYN CHAMBERS • 1976 • DOC

MITCHELL M. M. – USA

FLESH GAME, THE • FRESH GAME, THE ○ FRESH GAMES • 1966

MITCHELL OSWALD – UKN – 1890–1949

DANNY BOY • 1934
COCK O' THE NORTH • 1935
SHIPMATES O' MINE • 1936
STARS ON PARADE • STAR PARADE • 1936
VARIETY PARADE • 1936
OLD MOTHER RILEY • ORIGINAL OLD MOTHER RILEY, THE ○ RETURN OF OLD MOTHER RILEY,THE • 1937
ROSE OF TRALEE • 1937
ALMOST A GENTLEMAN • 1938
LILY OF LAGUNA • 1938
NIGHT JOURNEY • 1938
OLD MOTHER RILEY IN PARIS • OLD MOTHER RILEY CATCHES A QUISLING • 1938
JAILBIRDS • 1939
MUSIC HALL PARADE • 1939
OLD MOTHER RILEY, M. P. • 1939
PACK UP YOUR TROUBLES • 1940
SAILORS DON'T CARE • 1940
BOB'S YOUR UNCLE • 1941
DANNY BOY • 1941
ASKING FOR TROUBLE • 1942
DUMMY TALKS, THE • 1943
OLD MOTHER RILEY OVERSEAS • 1943
OLD MOTHER RILEY AT HOME • 1945
LOYAL HEART • 1946
BLACK MEMORY • 1947
MYSTERIOUS MR. NICHOLSON, THE • 1947
GREED OF WILLIAM HART, THE • CRIMES OF THE BODY SNATCHERS ○ HORROR MANIACS (USA) • 1948
HOUSE OF DARKNESS • 1948
MAN FROM YESTERDAY, THE • 1949
TEMPTRESS, THE • 1949
LITTLE DOLLY DAYDREAM • 1978

MITCHELL ROBERT – Animator – USA

K–9000: A SPACE ODDITY • 1968 • ANS
FURTHER ADVENTURES OF UNCLE SAM, THE • 1970 • ANS

MITCHELL ROBERT A. – UKN

ADDERLEY STREET, CAPETOWN • 1898

MITCHELL SOLLACE – USA

CALL ME • 1988

MITCHELL STANLEY see **ALBERTINI BITTO**

MITRA B. – IND

SHABISTAN • 1951

MITRA C. R. – IND

SHREE JAGANNATH • 1950

MITRA NARESH – IND

SARMISTHA • 1939

MITRA RAJA – IND

EKTI JIBAN • PORTRAIT OF LIFE • 1988

MITRANI MICHEL – BUL – 1930–

NUIT BULGARE, LA • NUIT DES BULGARES, LA • 1970
CAVALE, LA • 1971
GUICHETS DU LOUVRE, LES • BLACK THURSDAY (USA) ○ GATES OF THE LOUVRE, THE • 1974
BALCON EN FORET, UN • 1979

MITRE SHANBHU – IND

JAGTE RAHO • UNDER COVER OF NIGHT ○ KEEP AWAKE • 1956

MITROTTI ELIO – VNZ

SANTOS ROTOS, LOS • BROKEN SAINTS, THE • 1971

MITROTTI MARIO – VNZ – 1944–

IMOLATION A HAMLET
PARALELO EN SIETE
AL PAREDON • TO THE WALL • 1970
SALTO DE TEQUENDAMA, EL • 1971
CORRALEJAS DE SINCELEJO • FEASTS OF SINCELEJO • 1975 • SHT
MUJER DE FUEGO • WOMAN OF FIRE • 1988

MITROTTI ROBERTO – USA

LITTLE GIRL, BIG TEASE • 1975

MITROVIC MLADEN – YGS

HAMBURG ALTONA • 1989

MITROVIC ZIKA – YGS – 1921–

NEW VICTORIES
ESALON DOKTORA M. • ECHELON OF DR. M., THE ○ ESALON DR. M. • 1955
POSLEDNJI KOLOSEK • LAST TRACK • 1956
POTRAZI VANDU KOS • LOOK FOR VANDA KOS • 1957
MIS STON • MISS STONE • 1958
KAPETAN LESI • CAPTAIN LESI • 1960
SIGNALI NAD GRADOM • SIGNALS OVER THE CITY • 1960
SOLUNSKI ATENTATORI • SOLANIKA TERRORISTS, THE • 1961
NEVESINJSKA PUSKA • GUN FROM NEVESINJE • 1963
OBRACUN • RECKONING, THE • 1963
MARS NA DRINU • MARCH TO THE DRINA • 1964
GORKE TRAVE • BITTEREKRAUTER (FRG) ○ BITTER GRASS, THE ○ BITTER HERBS • 1965
TO VICTORY AND BEYOND • 1966
ZEUGIN AUS DER HOLLE, DIE • 1966
NOZ • KNIFE, THE • 1967
BRAT DOKTORA HOMERA • DOCTOR HOMER'S BROTHER • 1968
OPERACIJA BEOGRAD • OPERATION BELGRADE • 1968
UBISTVO NA PODMUKAO I SVIREP NACIN I IZ NISKIH POBUBA • MURDER ○ MURDER COMMITTED IN A SLY AND CRUEL MANNER AND FROM A LOW MOTIVE • 1970
UZICKA REPUBLIKA • SIXTY-SEVEN DAYS ○ 67 DAYS • 1974
SAVAMALA • 1983

MITROVIC ZIVORAD – YGS

VENDETTA • 1962

MITRY JEAN – FRN – 1903–

PARIS CINEMA • 1929 • SHT
PACIFIC 231 • 1949 • SHT
PAQUEBOT LIBERTE, LE • 1950 • SHT
AUX PAYS DES GRANDS CAUSSES • 1951 • SHT
REVERIE POUR CLAUDE DEBUSSY • 1951 • SHT
REVERIES DE DEBUSSY • 1951 • SHT
EAUX VIVES, LES • FLEUVE: LE TARN, LA • 1952 • SHT
IMAGES POUR DEBUSSY • 1952 • SHT
HOMMES D'AUJOURD'HUI • 1953 • SHT
SYMPHONIE MECANIQUE • 1955 • SHT
ECOLES DE PILOTAGE • 1956 • SHT
MACHINE HUMAINE, LA • 1956 • SHT
MIRACLE DES AILES, LE • 1956 • SHT
CHOPIN • 1957 • SHT
ENIGME AUX FOLIES BERGERE • 1959
RENCONTRES • 1960 • SHT
HEROS DE L'AIR, LES • 1962 • SHT
MACHINE ET L'HOMME, LA • 1962 • SHT

MITSOTI KAZUHO – JPN

MIGHTY JACK

MITSUWA AKIRA – JPN

KOTETSU NO KYOJIN -KAISEIJIN NO MAJYO • INVADERS FROM THE PLANETS ○ DEVILS FROM THE PLANETS ○ SUPER GIANT 3 • 1957

MITTA ALEKSANDR see **MITTA ALEXANDER**

MITTA ALEXANDER – USS – 1933–

MITTA ALEKSANDR

DRUG MOI, KOLKA • MY FRIEND, KOLKA! ○ KOLKA • 1961
SUN, AIR AND WATER • 1961
BEZ STRAKHA UPREKA • WITHOUT FEAR OF REPROACH • 1963
ZVONYAT, OTKROYTE DVER • SOMEONE'S BUZZING, OPEN THE DOOR ○ GIRL AND THE BUGLER, THE (USA) ○ OPEN THE DOOR WHEN THE BELL RINGS • 1965
SHINE BRIGHT, MY STAR • SHINE, O SHINE, MY STAR • 1969
MAKE A FUNNY FACE • 1972
TOCHKA, TOCHKA, ZAPYATAYA.. • FULL STOP, FULL STOP, COMMA.. • 1973
MOSKVA, LYUBOV MOYA • MOSKVA, WAGA AI (JPN) ○ MOSCOW, MY LOVE • 1975
TALE OF HOW TSAR PETER MARRIED OFF HIS MOOR, THE • 1976
POHADKA O PUTOVANI • FAIRY-TALE OF PILGRIMAGE, THE • 1982
SKAZKA STRANSTVILI • STORY OF THE VOYAGES, THE • 1983

MITTERAND FREDERIC – FRN – 1947–

LETTRES D'AMOUR EN SOMALIE • 1981 • DOC
PARIS VU PAR.. 20 ANS APRES • SIX IN PARIS • 1984

MITTI RUGGERO – ITL

MASCHINO, FEMMINA, FIORE, FRUTTO • 1979

MITTLER LEO – GRM – 1893–1958

IN DER HEIMAT, DA GIBT'S EIN WIEDERSEHN! • 1926
SERENISSIMUS UND DIE LETZTE JUNGFRAU • 1928
JENSEITS DER STRASSE • HARBOUR DRIFT • 1929
ES GIBT EINE FRAU, DIE DICH NIEMALS VERGISST • 1930
INCORRIGIBLE, LA • 1930
JEDE FRAU HAT ETWAS • 1930
KONIG VON PARIS, DER • 1930
ROI DE PARIS, LE • 1930
SONTAG DES LEBENS • 1930
TROPENNACHTE • 1930
KONZERT, DAS • 1931
LEICHTSINNIGE JUGEND • 1931
NUIT A L'HOTEL, LA • 1931
NUITS DE PORT-SAID, LES • 1931
SPRUNG INS NICHTS, DER • 1931
VOIX SANS VISAGE, LA • VOIX DU CHATIMENT, LA • 1933
DERNIERE VALSE, LA • 1935
HONEYMOON FOR THREE • 1935
CHEER UP! • 1936
LAST WALTZ, THE • 1936

MIWA AKIRA – JPN

UCHU KAIJIN SHUTSUGEN • SUPER GIANT 7 (USA) ○ SPACEMEN APPEAR • 1958

MIX TOM – Actor – USA – 1880–1940

CACTUS JAKE, HEART-BREAKER • 1914
JIMMY HAYES AND MURIEL • 1914
MAN FROM THE EAST, THE • 1914
MEXICAN, THE • 1914
MOVING PICTURE COWBOY, THE • 1914
RANGER'S ROMANCE, THE • 1914
REAL THING IN COWBOYS, THE • 1914
RIVAL STAGE LINES, THE • 1914
SAVED BY A WATCH • 1914
SCAPEGOAT, THE • 1914
SHERIFF'S REWARD, THE • 1914
TELLTALE KNIFE, THE • 1914
WAY OF THE REDMAN, THE • 1914
WHY THE SHERIFF IS A BACHELOR • 1914
ARIZONA WOOING, AN • 1915
ATHLETIC AMBITIONS • 1915
AUCTION SALE OF RUN-DOWN RANCH, THE • 1915
BAD MAN BOBBS • 1915
BILL HAYWOOD, PRODUCER • 1915
BRAVE DESERVE THE FAIR, THE • 1915
CHEF AT CIRCLE G, THE • 1915
CHILD OF THE PRAIRIE, A • 1915
CHILD, THE DOG AND THE VILLAIN, THE • 1915
CONVERSION OF SMILING TOM, THE • 1915
FOREMAN OF THE BAR Z RANCH, THE • 1915
FOREMAN'S CHOICE, THE • 1915
FORKED TRAILS • 1915
GETTING A START IN LIFE • 1915
GIRL AND THE MAIL BAG, THE • 1915
GOLD DUST AND THE SQUAW, THE • 1915
GRIZZLY GULCH CHARIOT RACE, THE • 1915
HAROLD'S BAD MAN • 1915
HEART OF THE SHERIFF, THE • 1915
HER SLIGHT MISTAKE • 1915
IMPERSONATION OF TOM, THE • 1915
LEGAL LIGHT, THE • 1915
LUCKY DEAL, A • 1915
MAN FROM TEXAS, THE • 1915
MA'S GIRLS • 1915
MATRIMONIAL BOOMERANG, A • 1915
MILITANT SCHOOLMA'AM, A • 1915
MRS. MURPHY'S COOKS • 1915
NEVER AGAIN • 1915
ON THE EAGLE TRAIL • 1915
OUTLAW'S BRIDE, THE • 1915
PALS IN BLUE • 1915
RACE FOR A GOLD MINE, A • 1915
RANGE GIRL AND THE COWBOY, THE • 1915
ROPING A BRIDE • 1915
SAGE-BRUSH TOM • 1915
SAVED BY HER HORSE • 1915
SLIM HIGGINS • 1915
STAGE COACH DRIVER AND THE GIRL, THE • 1915
STAGECOACH GUARD, THE • 1915
TAKING OF MUSTANG PETE, THE • 1915
TENDERFOOT'S TRIUMPH, THE • 1915
WITH THE AID OF THE LAW • 1915
ALONG THE BORDER • 1916 • SHT
ANGELIC ATTITUDE, AN • 1916 • SHT
BEAR OF A STORY, A • 1916 • SHT
CANBYHILL OUTLAWS, THE • 1916 • SHT
CLOSE CALL, A • 1916 • SHT
CORNER IN WATER, A • 1916 • SHT
COWPUNCHER'S PERIL, THE • 1916 • SHT
CROOKED TRAILS • 1916 • SHT
DESERT CALLS ITS OWN, THE • 1916 • SHT
EVENTFUL EVENING, AN • 1916 • SHT
FIVE THOUSAND DOLLAR ELOPEMENT, A • 1916 • SHT
GIRL OF GOLD GULCH, THE • 1916 • SHT
GOING WEST TO MAKE GOOD • 1916 • SHT
LEGAL ADVICE • 1916 • SHT
LOCAL COLOR ON THE A-1 RANCH • 1916 • SHT
MAKING GOOD • 1916 • SHT
MAN WITHIN, THE • 1916 • SHT
MISTAKE IN RUSTLERS, A • 1916 • SHT
MISTAKES WILL HAPPEN • 1916 • SHT
MIX-UP IN MOVIES, A • 1916 • SHT
PASSING OF PETE, THE • 1916 • SHT
PONY EXPRESS RIDERS, THE • 1916 • SHT
RAIDERS, THE • 1916 • SHT
ROPING A SWEETHEART • 1916 • SHT
SHERIFF'S BLUNDER, THE • 1916 • SHT
SHERIFF'S DUTY, THE • 1916 • SHT
SHOOTING UP THE MOVIES • 1916 • SHT
SOME DUEL • 1916 • SHT
TAKING A CHANCE • 1916 • SHT
TAMING GROUCHY BILL • 1916 • SHT
TOM'S SACRIFICE • 1916 • SHT
TOM'S STRATEGY • 1916 • SHT
TOO MANY CHEFS • 1916 • SHT
TRILBY'S LOVE DISASTER • 1916 • SHT
TWISTED TRAILS • 1916 • SHT
WESTERN MASQUERADE, A • 1916 • SHT
GOLDEN THOUGHT, THE • 1917 • SHT
HEARTS AND SADDLES • 1917 • SHT
LUCK THAT JEALOUSY BROUGHT, THE • 1917 • SHT
ROMAN COWBOY, A • 1917 • SHT
SADDLE GIRTH, THE • 1917 • SHT
SIX CYLINDER LOVE • 1917 • SHT
SOFT TENDERFOOT, THE • 1917 • SHT
STARRING IN WESTERN STUFF • 1917 • SHT
TOM AND JERRY MIX • 1917 • SHT
WHO'S YOUR FATHER? • 1918 • SHT
DAREDEVIL, THE • 1920
CHILD OF THE PRAIRIE, A • 1925

MIYAGI MARIKO – JPN

NEMU NO KI NO UTA • BALLAD OF SILK TREE • 1973
NEMU NO KI NO UTA GA KIKOERU • BALLAD OF SILK TREE, PART 2 • 1976
HALLOW KIDS • 1987

MIYATA MITSUZO – JPN

KOMOIUTA BUSHUOROSHI • 1935

MIYAZAKI AKIRA – JPN

YUJO • FRIENDSHIP • 1975

MIYAZAKI HAYAO – Animator – JPN

MAJO NO TAKKYUBIN • KIKI'S DELIVERY SERVICE • 1989 • ANM

MIYAZAKI MAMORU – JPN

KOI O SHIPOYO: KARIBU NO HANA • LET US LOVE • 1967
MATA AU HIMADE: KOIBITO NO IZUMI • FOUNTAIN OF LOVE • 1967

MIZAN IBNE – BNG

LAILA MAJNU • 1979

MIZAYAKI HAYAO – JPN

TONARI NO TOTORO • TOTORO, THE NEIGHBOURHOOD GHOST • 1988 • ANM

von MIZENER DON – USA

WEST IS STILL WILD, THE • MULEFEATHERS • 1977

MIZOGUCHI KENJI – JPN – 1898–1956

AI NI YOMIGAERU HI • RESURRECTION OF LOVE, THE (USA) ○ DAY WHEN LOVE RETURNS, THE • 1922
CHI TO REI • BLOOD AND SOUL (USA) • 1922
FURUSATO • HOMETOWN (USA) • 1922
HAIZAN NO UTA WA KANASHI • FAILURE'S SONG IS SAD (USA) ○ SAD SONG OF THE DEFEATED, THE ○ SONG OF FAILURE, THE • 1922
JOEN NO CHIMATA • HARBOUR OF DESIRE ○ CITY OF DESIRE ○ TOWN OF FIRE • 1922
SEISHUN NO YUMEJI • DREAM PATH OF YOUTH, THE (USA) ○ DREAMS OF YOUTH • 1922
813: THE ADVENTURES OF ARSENE LUPIN • RUPIMONO ○ 813 • 1922
HAIKYO NO NAKA • IN THE RUINS (USA) ○ AMONG THE RUINS • 1923
KANTO • 1923 • DOC
KIRI NO MINATO • FOGGY HARBOR (USA) ○ ANNA CHRISTIE ○ HARBOUR IN THE FOG • 1923
KOKYO • NATIVE COUNTRY ○ FURUSATO • 1923
TOGE NO UTA • SONG OF THE MOUNTAIN PASS (USA) • 1923
YORU • NIGHT, THE (USA) • 1923
AKATSUKI NO SHI • DEATH AT DAWN (USA) ○ DEATH IN THE DAWN • 1924
GENDAI NO JOO • QUEEN OF MODERN TIMES, THE (USA) ○ GENDAI NO JOWO • 1924
JINKYO • THIS DUSTY WORLD (USA) ○ WORLD DOWN HERE, THE ○ DUSTY WORLD ○ DUSTY PLACE ○ WORLD DOWN THERE, THE • 1924
JOSEI WA TSUYOSHI • WOMEN ARE STRONG (USA) ○ STRONG IS THE FEMALE • 1924
KANASHIKI HAKUCHI • SONG OF THE SAD IDIOT (USA) ○ SAD IDIOT, THE • 1924
KANRAKU NO ONNA • WOMAN OF PLEASURE (USA) • 1924
MUSEN FUSEN • NO MONEY, NO FIGHT (USA) ○ NO FIGHT WITHOUT MONEY • 1924
SAMIDARE ZOSHI • CHRONICLE OF THE MAY RAIN (USA) ○ MAY RAIN AND SILK PAPER • 1924
SHICHIMENCHO NO YUKUE • TURKEYS: WHEREABOUTS UNKNOWN ○ TURKEYS IN A ROW ○ TRACE OF A TURKEY, THE • 1924
AKAI YUKI NO TERASARETE • SHINING IN THE RED SUNSET (USA) ○ UNDER THE CRIMSON SUNSET ○ IN THE RED RAYS OF THE SLEEPING SUN • 1925
DAICHI WA HOHOEMU • SMILING EARTH, THE (USA) ○ SMILE OF OUR EARTH, THE ○ EARTH SMILES, THE • 1925
FURUSATO NO UTA • SONG OF HOME, THE (USA) ○ SONG OF HOMETOWN, THE ○ SONG OF THE NATIVE COUNTRY, THE • 1925
GAIJO NO SUKECHI • STREET SKETCHES (USA) ○ SKETCH ON THE ROAD, A ○ STREET SCENES • 1925
GAKUSO O IDETE • AFTER YEARS OF STUDY ○ OUT OF COLLEGE • 1925
KYOKUBADAN NO JOO • QUEEN OF THE CIRCUS (USA) ○ QUEEN OF CIRCUS • 1925
NINGEN • MAN, THE (USA) ○ HUMAN BEING, THE • 1925
SHIRAYURI WA NAGEKU • WHITE LILY LAMENTS, THE (USA) ○ LAMENT OF A WHITE LILY • 1925
DOKA O • COPPER KING, THE ○ COPPER COIN KING, THE ○ KING OF A PENNY ○ DOKA-WO • 1926
KAIKOKO DANJI • CHILDREN OF THE SEA (USA) ○ BOYS FROM THE SEA, THE ○ BOY FROM THE NAVY, THE • 1926
KAMI NINGYO HARU NO SASAYAKI • PAPER DOLL'S WHISPER OF SPRING, A (USA) ○ KAMININGYO HARU NO SASAYAKI • 1926
KANE • MONEY (USA) ○ GOLD ○ KIN • 1926
KYOREN NO ONNA SHISHO • PASSION OF A WOMAN TEACHER, THE (USA) ○ LOVE-MAD TUTORESS, THE • 1926
NOGI TAISHO TO KUMA-SAN • GENERAL NOGI AND KUMA-SAN (USA) ○ NOGI SHOGUN TO KUMA-SAN • 1926
SHIN ONO GA TSUMI • MY FAULT (USA) ○ IT'S MY FAULT ○ MY FAULT CONTINUED ○ MY FAULT NEW VERSION • 1926
JIHI SHINCHO • LIKE THE CHANGING HEART OF A BIRD ○ CUCKOO (USA) • 1927
KO-ON • IMPERIAL GRACE, THE (USA) ○ GRATITUDE TO THE EMPEROR • 1927
HITO NO ISSHO, PARTS I, II & III • LIFE OF MAN, THE (USA) ○ LIFE OF A MAN ○ MAN'S LIFE, A • 1928
MUSUME KAWAIYA • MY LOVING DAUGHTER • 1928
ASAHI WA KAGAYAKU • MORNING SUN SHINES, THE (USA) ○ RISING SUN IS SHINING, THE • 1929
NIHONBASHI • NIHON BRIDGE • 1929

TOKAI KOKYOGAKU • METROPOLITAN SYMPHONY (USA) ○ SYMPHONY OF THE METROPOLIS ○ CITY SYMPHONY • 1929
TOKYO KOSHINKYOKU • TOKYO MARCH ○ TOKYO SYMPHONY • 1929
FURUSATO • HOMETOWN (USA) ○ HOME TOWN • 1930
TOJIN OKICHI • MISTRESS OF A FOREIGNER (USA) • 1930
SHIKAMO KARERA WA YUKU PART I & II • AND YET THEY GO ON (USA) ○ NEVERTHELESS THEY GO ON • 1931
MAMMO KENKOKU NO REIMEI • DAWN OF THE FOUNDATION OF MANCHUKUO AND MONGOLIA ○ DAWN OF MONGOLIA, THE (USA) ○ MANMO KENGOKU NO REIMEI ○ DAWN IN MANCHURIA ○ DAWN OF MANCHUKUO AND MONGOLIA, THE • 1932
TOKI NO UJIGAMI • MAN OF THE MOMENT (USA) ○ MAN OF THE RIGHT MOMENT, THE ○ TIMELY MEDIATOR • 1932
GION MATSURI • GION FESTIVAL • 1933
KAMIKAZE REN • GROUP KAMIKAZE ○ MEIJI SAMURAI ○ SHIMPU-REN ○ SHIMPU GROUP, THE ○ KAMIKAZE GROUP ○ JIMPUREN • 1933
TAKI NO SHIRAITO • WATER MAGICIAN, THE (UKN) ○ WHITE THREADS OF THE WATERFALL ○ WHITE THREADS OF THE CASCADES • 1933
AIZO TOGE • PASS OF LOVE AND HATE, THE (USA) ○ GORGE BETWEEN LOVE AND HATE ○ MOUNTAIN PASS OF LOVE AND HATE, THE • 1934
ORIZURU OSEN • DOWNFALL OF OSEN, THE (USA) ○ DOWNFALL, THE (UKN) ○ PAPER CRANES FROM OSEN • 1934
GUBIJINSO • FIELD POPPY, THE (UKN) ○ POPPIES (USA) ○ POPPY • 1935
MARIA NO OYUKI • OYUKI THE MADONNA (USA) ○ OYUKI THE VIRGIN (UKN) ○ VIRGIN FROM OYUKI, THE • 1935
GION NO SHIMAI • SISTERS OF THE GION (USA) • 1936
NANIWA EREJI • NANIWA ELEGY (UKN) ○ OSAKA ELEGY (USA) ○ NANIWA HIKA • 1936
AIENKYO • STRAITS OF LOVE AND HATE, THE (USA) ○ GORGE BETWEEN LOVE AND HATE • 1937
AA FURUSATO • AH, MY HOME TOWN (USA) • 1938
ROEI NO UTA • SONG OF THE CAMP (USA) • 1938
ZANGIKU MONOGATARI • STORY OF THE LAST CHRYSANTHEMUMS, THE (USA) ○ STORY OF THE LATE CHRYSANTHEMUMS, THE • 1939
GEIDO ICHIDAI OTOKO • LIFE OF AN ARTIST, THE (USA) ○ LIFE OF AN ACTOR, THE • 1940
NANIWA ONNA • WOMAN OF OSAKA, A (USA) ○ WOMAN OF NANIWA • 1940
GENROKU CHUSHINGURA PART I • LOYAL 47 OF THE GENROKU ERA, THE (UKN) ○ LOYAL 47, THE (USA) ○ 47 RONIN, THE • 1941
GENROKU CHUSHINGURA PART II • 1942
DANJURO SANDAI • THREE GENERATIONS OF DANJURO (USA) ○ THREE DANJUROS ○ THREE GENERATIONS OF THE DANJURO FAMILY • 1944
MIYAMOTO MUSASHI • SWORDSMAN, THE (UKN) ○ MUSASHI MIYAMOTO • 1944
HISSHOKA • SONG OF VICTORY ○ HISSYO KA ○ VICTORY SONG • 1945
MEITO BIJOMARU • FAMOUS SWORD BIJOMARU, THE (USA) ○ BIJOMARU, THE NOTED SWORD ○ SWORD, THE (UKN) ○ NOTED SWORD, THE ○ BIJOMARU SWORD, THE • 1945
JOSEI NO SHORI • VICTORY OF WOMEN, THE (UKN) ○ WOMEN'S VICTORY (USA) • 1946
UTAMARO O MEGURU GONIN NO ONNA • UTAMARO AND HIS FIVE WOMEN (USA) ○ FIVE WOMEN AROUND UTAMARO(UKN) • 1946
JOYU SUMAKO NO KOI • LOVES OF SUMAKO THE ACTRESS, THE (USA) ○ LOVES OF ACTRESS SUMAKO, THE ○ LOVE OF SUMAKO THE ACTRESS, THE • 1947
YORU NO ONNATACHI • WOMEN OF THE NIGHT (USA) • 1948
WAGA KOI WA MOENU • MY LOVE HAS BEEN BURNING (UKN) ○ FLAME OF MY LOVE (USA) ○ MY LOVE BURNS • 1949
YUKI FUJIN EZU • PICTURE OF MADAME YUKI, THE (USA) ○ PORTRAIT OF MADAME YUKI (UKN) ○ SKETCH OF MADAME YUKI • 1950
MUSASHINO FUJIN • LADY FROM MUSAHINO, THE (UKN) ○ LADY MUSASHINO (USA) ○ MADAMA MUSASHINO ○ WOMAN OF MUSASHINO ○ LADY OF MUSASHINO, THE • 1951
OYU-SAMA • MISS OYU (USA) • 1951
SAIKAKU ICHIDAI ONNA • LIFE OF OHARU, THE (USA) ○ LIFE OF A WOMAN BY SAIKAKU ○ OHARU ○ KOSHOKU ICHIDAI ONNA • 1952
GION BAYASHI • GION MUSIC FESTIVAL (UKN) ○ GION FESTIVAL MUSIC ○ GEISHA, A (USA) ○ GION MUSIC • 1953
UGETSU MONOGATARI • TALES OF THE PALE AND SILVERY MOON AFTER THE RAIN (UKN) ○ UGETSU (USA) ○ TALES AFTER THE RAIN • 1953
CHIKAMATSU MONOGATARI • STORY FROM CHIKAMATSU, A (USA) ○ CRUCIFIED LOVERS, THE • 1954
SANSHO DAYU • SANSHO THE BAILIFF (USA) ○ SUPERINTENDENT SANSHO, THE ○ BAILIFF, THE • 1954
UWASA NO ONNA • WOMAN IN THE RUMOR, THE (USA) ○ WOMAN OF RUMOUR, A (UKN) ○ CRUCIFIED WOMAN, A ○ WOMAN OF THE RUMOR, THE • 1954
SHIN HEIKE MONOGATARI • NEW TALES OF THE TAIRA CLAN (UKN) ○ TAIRA CLAN, THE (USA) ○ SACRILEGIOUS HERO, THE ○ SAGA OF THE TAIRA CLAN ○ SHIN-HEIKE MONOGATARI ○ TALES OF THE TAIRA CLAN • 1955
YOKIHI • EMPRESS YANG KWEI FEI, THE (UKN) ○ YANG KWEI FEI (USA) ○ PRINCESS YANG, THE ○ PRINCESS YANG KWEI FEI, THE • 1955
AKASEN CHITAI • STREET OF SHAME ○ RED-LIGHT DISTRICT • 1956
OSAKA MONOGATARI • OSAKA STORY, AN • 1957

MIZRACHI MOSHE see **MIZRAHI MOSHE**

MIZRAHI MOSHE – EGY – 1931–
MIZRACHI MOSHE • MISRAHI MOSHE
STANCES A SOPHIE, LES • 1970
ANI OHEV OTACH ROSA • I LOVE YOU ROSA (UKN) • 1971
ANOUL BANAT • ABOU EL BANAT ○ DAUGHTERS! DAUGHTERS! • 1973
HOUSE ON CHELOUCHE STREET, THE • 1973
ISH RACHAEL • RACHEL'S MAN • 1975
VIE DEVANT SOI, LA • MADAME ROSA (USA) • 1977
CHERE INCONNUE • I SENT A LETTER TO MY LOVE (USA) ○ JE T'AI ECRIT UNE LETTRE D'AMOUR • 1980
VIE CONTINUE, LA • LIFE GOES ON • 1981
JEUNESSE, UNE • YOUTH • 1983
WAR AND LOVE • CHILDREN'S WAR, THE ○ LOVE AND WAR • 1985
EVERY TIME WE SAY GOODBYE • 1986

MIZRAHI TOGA see **MIZRAHI TOGO**

MIZRAHI TOGO – EGY
MIZRAHI TOGA
DR. EPAMEINONDAS • 1938
OTAN O SYZYGOS TAXEIDEYEI • WHEN THE HUSBAND TRAVELS (USA) • 1939
ALI BABA WA AL ARBAIN HARAME • ALI BABA AND THE FORTY THIEVES • 1941
ALIF LAILA WA LEILA • THOUSAND AND ONE NIGHTS, A • 1941

MIZUKAWA JUNZO – JPN
SASORI • SCORPION • 1967
HORETA TSUYOMI • MAYOR'S SECRET, THE • 1968

MIZUKI – JPN
JODAI NO CHOKOKU • COMICAL SCULPTURE • 1950 • SHT

MIZUKI YOKO – JPN
IKARI NO KOTO • SEVEN FORGOTTEN MEN • 1958

MIZUKO HARUMI – JPN
BOTCHAN JUYAKU • BOY DIRECTOR • 1952
KANASHITI KOTABA • SAD SPEECH • 1952
WAKAOKUSAMA ICHIBAN SHOBU • FIRST STEP OF MARRIED LIFE • 1952
IRASHAIMASEN • 1954
OCHIBA NIKKI • DIARY OF FALLEN LEAVES • 1954
SHINKON TAKUAN FUFU • 1954
SEISHUN KORO • 1957
KANPAI MIAI KEKKON • TOAST TO MARRIAGE, A • 1958
KOI WA INAMONO AJINAMONO • 1958
ATSUI SUNA • 1960
BETSURINO UTA • 1960
CHINKASAI • SO LIKE THE FLOWERS • 1960
KUNO HANABIRA • 1960
NAMBEI KORO NO HANAYOME • 1960
SURESURE • 1960

MJOEN JON LENNART – NRW
STEVNEMOTE MED GLEMTE AR • RENDEZVOUS WITH FORGOTTEN YEARS • 1957

MKRTCHAN ALBERT – USS
MKRTCHYAN ALBERT • MKRTICIAN A.
ZEMLYA SANNIKOVA • ISLAND IN THE SNOW ○ SANNIKOV'S LAND • 1973
TANGO OF OUR CHILDHOOD, THE • 1986

MKRTCHYAN ALBERT see **MKRTCHAN ALBERT**

MKRTICIAN A. see **MKRTCHAN ALBERT**

MLAKAR ANDREJ – YGS
CHRISTOPHOROS • 1986

MNOUCHKINE ARIANE – FRN – 1939–
1789 • 1974
MOLIERE • 1975
MEPHISTO • 1980

MOATI SERGE – TNS – 1946–
MOATI SERGE-HENRI
NOUVELLES HISTOIRES DU FLEUVE NIGER • 1967
YAN DIGA • 1967
NUIT D'OR • 1976

MOATI SERGE-HENRI see **MOATI SERGE**

MOAZIN MARWAN AL – SYR
AL MOAZIN MARWAN
ONE DAY IN THE LIFE OF A SYRIAN VILLAGE • 1972

MOBERLY LUKE – Producer/writer – USA – 1925–
IN THE SKIN WITH ME
MOONLIGHT MANIAC
RIDE, ROXIE, RIDE
TOO SOON TO LAUGH, TOO LATE TO CRY
LITTLE LAURA AND BIG JOHN • 1974

MOCANU VIRGIL – RMN
FAIRY STORY • ANS

MOCCIA GIUSEPPE see **PIPOLO**

MOCHINAGA TADAHITO – JPN
CHIBIKURO SAMBO NO TORA TAIJI • LITTLE BLACK SAMBO HUNTS THE TIGER • 1957 • ANS

MOCK JOACHIM – GRM
ROCKYS MESSER • ROCKY'S KNIFE • 1967
INTIM-REPORT • INTIMATE REPORT (UKN) • 1968

MOCKY JEAN-PIERRE – Actor – FRN – 1929–
DRAGUEURS, LES • CHASERS, THE (USA) ○ YOUNG HAVE NO MORALS, THE • 1959
COUPLE, UN • LOVE TRAP, THE • 1960
SNOBS • 1961
VIERGES, LES • VIRGINS, THE (UKN) • 1962
DROLE DE PAROISSIEN, UN • THANK HEAVEN FOR SMALL FAVORS (USA) ○ FUNNY PARISHIONER, THE ○ HEAVEN SENT (UKN) ○ DEO GRATIS • 1963
GRANDE FROUSSE, LA • CITE DE L'INDICIBLE PEUR, LA ○ GREAT FEAR, THE • 1964
BOURSE ET LA VIE, LA • YOUR MONEY OR YOUR LIFE (UKN) ○ GELD ODER LEBEN (FRG) ○ MONEY OR YOUR LIFE • 1965
COMPAGNONS DE LA MARGUERITE, LES • ORDER OF THE DAISY (UKN) • 1967
GRANDE LESSIVE, LA • 1968
COME CAMBIARE MOGLIE • 1970
ETALON, L' • 1970
SOLO • MORAL LOVE (UKN) • 1970
ALBATROS, L' • ALBATROSS, THE ○ LOVE HATE • 1971
CHUT! • 1971
OMBRE D'UNE CHANCE, L' • 1974
IBIS ROUGE, L' • 1975
LINCEUL N'A PAS DE POCHES, UN • 1975
ROI DES BRICOLEURS, LE • 1977
TEMOIN, LE • TESTIMONE, IL (ITL) ○ WITNESS, THE • 1977
PIEGE A CONS, LE • 1979
LITAN • LITAN, LA CITE DES SPECTRES VERT • 1982
Y A-T-IL UN FRANCAIS DANS LA SALLE? • 1982
A MORT L'ARBITRE • 1984
PACTOLE, LE • 1985
MIRACULE, LE • 1986

MOCTEZUMA JUAN LOPEZ – MXC – 1939–
MANSION DE LA LOCURA, LA • MANSION OF MADNESS, THE ○ HOUSE OF MADNESS • 1971
SYSTEM OF DR. TARR AND PROFESSOR FEATHER • DR. TARR'S TORTURE DUNGEON (USA) • 1972
MARY BLOODY MARY • MARY, MARY, BLOODY MARY • 1973
ALUCARDA • ALUCARDA, HIJA DE LAS TINIEBLAS • 1975
TO KILL A STRANGER • 1985

MODEEN THOR – SWD – 1898–1950
AUGUSTAS LILLA FELSTEG • AUGUSTA'S LITTLE SHIP • 1933

MODER DICK – USA
LASSIE, THE VOYAGER • 1966
CARNIVAL OF THRILLS • 1980 • TVM

MODI RUSTOM – IND
GULBAKAVALI • 1947

MODI SOHRAB – IND
MODI SOHRAB M.
KHOON-KA-KHOON • HAMLET (USA) ○ KHUN KAKHUN ○ BLOOD FOR BLOOD • 1935
ATMA TARANG • 1937
SIKANDAR • ALEXANDER THE GREAT • 1941
JHANSI-KI-RANI • TIGER AND THE FLAME, THE ○ QUEEN OF JHANSI • 1953

MODI SOHRAB M. see **MODI SOHRAB**

MODICA PHILIPPE
PACIFIC INFERNO • 1981

MODOT GASTON – Actor – FRN – 1887–1970
TORTURE PAR L'ESPERANCE, LA • 1928 • SHT

MODUGNO DOMENICO – ITL – 1928–
TUTTO E MUSICA • 1963

MODUGNO MARCO – ITL
BAMBULE • 1979

MOELLER GERALD – USA
TAURUS • 1969 • SHT

MOELLER PHILIP – USA
AGE OF INNOCENCE, THE • 1934
BREAK OF HEARTS • 1935

van MOERKERKEN EMILE see **van MORKERKEN EMILE**

MOERMAN ERNST – BLG – 1897–1943
MONSIEUR FANTOMAS • 1937 • SHT

MOESSINGER DAVID – USA
MOBILE TWO • 1975 • TVM

MOEST HUBERT – GRM
DOCH DIE LIEBE FAND DEN WEG • 1915
MARIA NIEMAND UND IHRE ZWOLF VATER • 1915
ZOFENSTREICHE • 1915
ZOFIA • 1915
BETTELPRINZESSIN, DIE • 1916
BILD DER AHNFRAU, DAS • 1916
SEINE KOKETTE FRAU • 1916
DOCH DIE LIEBE FAND DEN WEG • 1917
HAMPELMANN, DER • 1917
NARBE AM KNIE, DIE • 1917
NOEMI, DIE BLONDE JUDIN • 1917
ROTEN SCHUHE, DIE • 1917
VERWORFENE, DIE • 1917
DREIZEHNTE KREUZ, DAS • 1918
FESSELN • 1918
MOUSCHY • 1918
PEITSCHENHIEB, DER • 1918
PUPPCHEN • 1918
TODESGEHEIMNIS, DAS • 1918
UBEL GROSSTES ABER IST DIE SCHULD, DER • 1918
WO EIN WILLE -IST EIN WEG • 1918
ALLES VERKEHRT • 1919
BLONDES GIFT • 1919
ERBIN, DIE • 1919
GALEOTTO, DER GROSSE KUPPLER • 1919
GROSSE WAGNIS, DAS • 1919
HEXE VON NORDEROOG, DIE • 1919
JUGENDLIEBE • 1919
MAITA • 1919
NACH LIEBE DURSTEN, DIE • 1919
SEINE BEICHTE • 1919
TAUMEL • 1919

TSCHERKESSENBLUT • 1919
FRAUENHAUS VON BRESCIA, DAS • 1920
LADY GODIVA • 1920
SCHIEBERKONIG, DER • 1920
UT MINE STROMTID • 1920
JUNGFRAU VOM KYNAST, DIE • 1921
REINE SUNDERIN, DIE • 1921
FRANKISCHE LIED, DAS • 1922
GRAF IM PFLUGE, DER • 1922
SON VON ST. MORITZ, DIE • 1923
GOTZ VON BERLICHINGEN ZUBENANNT MIT DER EISERNEN HAND • 1925

MOFFA PAOLO – ITL – 1915–
BYRD JOHN
VIAGGIO DEL SIGNOR PERRICHON, IL • 1944
ULTIMI GIORNI DI POMPEI, GLI • 1950
ALLEGRO SQUADRONE, L' • GAITES DE L'ESCADRON, LES ○ GIORNO IN CASERNA, UN • 1954
PRINCIPESSA DELLE CANARIE, LA • ISLAND PRINCESS, THE ○ ISOLA • 1956
ALL'ULTIMO SANGUE • BURY THEM DEEP (UKN) ○ TO THE LAST DROP OF BLOOD • 1968
SCEICCO LA VEDE COSI, LO • 1974
LULU LA SPOSA EROTICA • LOLA '77 • 1977

MOFFAT IVAN – UKN
W.R.N.S. • 1941
BALLOON SITE 568 • 1942
RUSSIAN LESSON • 1942

MOFFAT TRACEY – ASL
NIGHT CRIES: A RURAL TRAGEDY • 1989 • SHT

MOFFATT GRAHAM – Actor – UKN – 1919–1965
TILL THE BELLS RING • 1933

MOFFATT PETER – UKN
DR. WHO: THE FIVE DOCTORS • 1983 • MTV

MOFFITT JEFFERSON – USA
FIGHT NIGHT • FIGHT NITE • 1926 • SHT
HAYFOOT, STRAWFOOT • 1926 • SHT
NURSE TO YOU • 1935 • SHT

MOFFITT JOHN – USA
WEREWOLF OF WOODSTOCK • 1974
LOVE AT STAKE • BURNIN' LOVE • 1988

MOGENSEN MICHAEL – DNM
REVOLUTIONENS BORN • CHILDREN OF THE REVOLUTION, THE • 1981 • DOC

MOGHADAM DJALAL see **MOGHADAM JALAL**

MOGHADAM JALAL – IRN
MOGHADAM DJALAL
KHANEH-E-KHODA • GOD'S MANSION • 1967 • DOC
CE DIVANE • THREE STUPID MEN • 1968
SAMAD JA FOOLAD ZAREH DIV • SAMAD AND THE IRON CURTAIN GIANT • 1972

MOGHERINI FLAVIO – ITL – 1924–
ANCHE SE VOLESSI LAVORARE, CHE FACCIO? • 1972
PER AMARE OFELIA • 1974
PAOLO BARCA, MAESTRO ELEMENTARE PRACTICAMENTE NUDISTA • 1975
CULASTRISCE NOBILE VENEZIANO • 1976
BRAGHE DEL PADRONE, LE • 1978
PER VIVERE MEGLIO.. DIVERTITEVI CON NOI • 1978
RAGAZZA DAL PIGIAMA GIALLO, LA • 1978
PER FAVORE OCCUPATI DI AMELIA • 1980

MOGUBGUB FRED – USA
ENTER HAMLET • 1967 • ANS
ADAGIO • 1969 • ANS
UNKNOWN REASONS • SHT

MOGULESCU MILES – USA
UNION MAIDS • 1976

MOGUY LEONIDE – USS – 1899–1976
BACCARA • 1935
MIOCHE, LE • PAPA PROSPER • 1936
PRISON SANS BARREAUX • 1937
CONFLIT • SOEURS GARNIER, LES ○ AFFAIR LAFONT, THE • 1938
DESERTEUR, LE • JE T'ATTENDRAI • 1939
EMPREINTE DU DIEU, L' • 1940
FORTY LITTLE MOTHERS • 1940
TWO WOMEN
INTERNATIONAL ZONE • 1943
PARIS AFTER DARK • NIGHT IS ENDING, THE (UKN) • 1943
ACTION IN ARABIA • 1944
THREE HOURS
WHISTLE STOP • 1946
BETHSABEE • 1947
DOMANI E TROPPO TARDI • TOMORROW IS TOO LATE (UKN) • 1950
DOMANI E UN ALTRO GIORNO • 1951
ENFANTS DE L'AMOUR, LES • CHILDREN OF LOVE • 1953
LONG DES TROTTOIRS, LE • DIARY OF A BAD GIRL (USA) ○ WIDTH OF THE PAVEMENT, THE • 1956
DONNEZ-MOI UNE CHANCE • 1957
HOMMES VEULENT VIVRE!, LES • UOMINI VOGLIONO VIVERE, GLI (ITL) ○ CRIME DU DOCTEUR CHARDIN, LE ○ MAN WANTS TO LIVE! ○ MEN WANT TO LIVE • 1961

MOHAMMAD JAN – PKS
CHORON KA BADSHAH • THIEVES • 1988
MANILY KEY JANBAZ • 1989
INTERNATIONAL GORILLEY • 1990

MOHAMMADI BABAK – AUS
KINDER IM KRIEG • CHILDREN IN THE WAR • 1986

MOHAN – IND
DIL NE PUKARA • CALL OF THE HEART, THE • 1967

MOHANAN K. R. – IND
ASWATHAMA • WANDERING SOUL, THE • 1979
PURUSHARTHAM • 1987

MOHAPATRA MANMOHAN – IND
ANDHA DIGANTA • BLIND HORIZON • 1988

MOHAPATRA NIRAD M. – IND
MAYA MARIGA • MIRAGE, THE • 1984

MOHD SHAHROM – MLY
LANGIT PETANG • 1982

MOHOLY-NAGY LASZLO – UKN
LOBSTERS • 1936

MOHR HAL – Dir. photo – USA – 1894–1974
WHEN LOVE IS YOUNG • 1937

MOHR HANRO – USA
HOSTAGE • 1987

MOINET MONIQUE – BLG
AU BORD DE L'ETANG • SHT

MOISE MINA – USA
CRADLE SONG • 1933

MOISY JACQUES – FRN
AUTANT EN EMPORTE LE GANG • 1953

MOJTAHEDI HAMID – IRN
DARVAZE TAGHDEER • GATE OF DESTINY, THE • 1967
HAFT SHAHR-E-ESHGH • SEVEN CITIES OF LOVE • 1967

MOKY MICHEL – FRN
JOUR A PARIS, UN • 1957

MOLA-GHOLIPOUR RASOUL see **MOLLAGHOLIPOOR RASOUL**

MOLAND – GRM
FERNES JAMAICA • DISTANT JAMAICA • 1969

MOLANDER GUSTAF – FNL – 1888–1973
MOLANDER GUSTAV
BODAKUNGEN • KING OF BODA • 1920
AMATORFILMEN • AMATEUR FILM, THE • 1922
PARLORNA • 1922
THOMAS GRAALS MYNDLING • THOMAS GRAAL'S WARD • 1922
33.333 • 1924
INGMARSARVET • INGMAR INHERITANCE, THE • 1925
POLIS PAULUS PASKASMALL • CONSTABLE PAULUS'S EASTER BOMB • 1925
HON, DEN ENDA • SHE, THE ONLY ONE ○ SHE'S THE ONLY ONE • 1926
JERUSALEM • 1926
TILL OSTERLAND • TO THE ORIENT • 1926
FORSEGLADE LAPPAR • SEALED LIPS • 1927
HANS ENGELSKA FRU • HIS ENGLISH WIFE • 1927
DISCORD • 1928
DR. MONNIER UND DIE FRAUEN • DOCTOR'S WOMEN, THE ○ PARISERINNEN ○ PARISER EHEN • 1928
PARISISKOR • WOMEN OF PARIS • 1928
SYND • SIN • 1928
HJARTATS TRIUMF • TRIUMPH OF THE HEART • 1929
CHARLOTTE LOWENSKOLD • CHARLOTTE LOWENSKJOLD • 1930
FRIDAS VISOR • FRIDA'S SONGS • 1930
EN NATT • ONE NIGHT ○ SERMENTS ○ NATT, EN • 1931
KARLEK OCH KASSABRIST • LOVE AND DEFICIT • 1932
SVARTA ROSOR • BLACK ROSES • 1932
VI SOM GAR KOKSVAGEN • VI SOM GAR KOKKENVEIEN (NRW) ○ WE GO THROUGH THE KITCHEN • 1932
KARA SLAKTEN • DEAR RELATIVES • 1933
FASTERS MILLIONER • MY AUNT'S MILLIONS • 1934
STILLA FLIRT, EN • QUIET AFFAIR, A • 1934
UNGKARLSPAPPAN • BACHELOR FATHER • 1934
SWEDENHIELMS • 1935
UNDER FALSK FLAGG • UNDER FALSE COLOURS • 1935
BROLLOPSRESAN • HONEYMOON TRIP, THE • 1936
FAMILJENS HEMLIGHET • FAMILY SECRET, THE • 1936
INTERMEZZO • 1936
PA SOLSIDAN • ON THE SUNNY SIDE • 1936
SARA LAR SIG FOLKVETT • SARA LEARNS MANNERS • 1937
DOLLAR • 1938
EN ENDA NATT • ONE SINGLE NIGHT ○ ENDA NATT, EN • 1938
KVINNAS ANSIKTE, EN • WOMAN'S FACE, A • 1938
EMILIE HOGQUIST • 1939
OMBYTE FORNOJER • VARIETY IS THE SPICE OF LIFE • 1939
EN MET ETT LEJON • ONE BUT A LION • 1940
I NATT ELLER ALDRIG • TONIGHT OR NEVER • 1941
LJUSNANDE FRAMTID, DEN • BRIGHT PROSPECTS • 1941
STRIDEN GAR VIDARE • FIGHT GOES ON, THE • 1941
JACOBS STEGE • JACOB'S LADDER • 1942
RID I NATT! • RIDE TONIGHT! • 1942
ALSKLING, JAG GER MIG • DARLING I SURRENDER • 1943
DET BRINNER EN ELD • THERE BURNED A FLAME • 1943
ORDET • WORD, THE • 1943
TALISMAN, THE
KEJSARN AV PORTUGALLIEN • EMPEROR OF PORTUGAL, THE • 1944
OSYNLIGA MUREN, DEN • INVISIBLE WALL, THE ○ WALL, THE • 1944
GALGMANNEN • MANDRAGORA • 1945
DET AR MIN MODELL • IT'S MY MODEL • 1946
KVINNA UTAN ANSIKTE • WOMAN WITHOUT A FACE • 1947
EVA • 1948
NU BORGAR LIVET • LIFE BEGINS NOW • 1948
KARLEKEN SEGRAR • LOVE WILL CONQUER • 1949
KVARTETTEN SOM SPRANGDES • QUARTET THAT SPLIT UP, THE • 1950
FASTMO UTHYRES • FIANCEE FOR HIRE • 1951
FRANSKILD • DIVORCED • 1951
KARLEK • LOVE • 1952
TROTS • DEFIANCE • 1952
GLASBERGET • UNMARRIED • 1953
HERR ARNES PENNIGAR • SIR ARNE'S TREASURE • 1954
ENHORNINGEN • UNICORN, THE • 1955
SANGEN OM DEN ELDRODA BLOMMAN • SONG OF THE SCARLET FLOWER, THE • 1956
STIMULANTIA • 1965

MOLANDER GUSTAV see **MOLANDER GUSTAF**

MOLANDER JAN – SWD – 1920–
KVINNA I LEOPARD • WOMAN IN A LEOPARD-SKIN • 1958

MOLANDER OLOF – FNL – 1892–1966
DAMEN MED KAMELIORNA • LADY OF THE CAMELIAS, THE • 1925
GIFTAS • MARRIED LIFE • 1926
BARA EN DANSERSKA • ONLY A DANCING GIRL • 1927
GENERAL VON DOBELN • 1942
JAG DRAPTE • I KILLED • 1943
KVINNOR I FANGENSKAP • WOMEN IN PRISON • 1943
APPASSIONATA • 1944
OSS TJUVAR EMELLAN ELLER EN BURK ANANAS • BETWEEN US THIEVES • 1945
JOHANSSON OCH VESTMAN • JOHANSSON AND VESTMAN • 1946

MOLAPOOR DAVOUD – IRN
SHOHAR-E-AHOU RHANOM • MRS. AHOU'S HUSBAND • 1968

MOLAS ZET – CZC
ZAVET POD: VINOVA • 1923
OLD HOUSE, THE • 1927
MLYNAR A JEHO DITE • 1928
MILLER AND HIS SON, THE
KAREL HYNEK MACHA • 1937

MOLDOVAN DOMOKOS – HNG
HALOTTLATO, A • SEER OF THE DEAD, THE • 1978
RONTAS ES REMENYSEG • BEWITCHED BY HOPE • 1982

MOLDOVAN MIRCEA – RMN
BROTHERS, THE • 1970

MOLENAAR HILLIE – NTH
DAUGHTERS OF THE NILE • 1981 • DOC

MOLEON RAFAEL – SPN
BATON ROUGE • 1988

MOLIN LARS – SWD
BOMSALVA • MISFIRE • 1977
HOJDHOPPAR'N • HIGH JUMPER • 1980

MOLINA HECTOR C. – PHL
SIDESHOW '69 • 1968

MOLINA JACINTO – SPN – 1938–
MOLINA JACK • NASCHY PAUL • MOLVA DAVID
INQUISICION • INQUISITION (USA) • 1976
HUERTO DEL FRANCES, EL • 1977
TRES NOCHES EROTICAS DEL MARQUES DE SADE, LAS • 1977
RETORNO DEL HOMBRO LOBO, EL • 1980
CRAVING, THE • NIGHT OF THE WEREWOLF • 1985

MOLINA JACK see **MOLINA JACINTO**

MOLINA JOSEFINA – SPN – 1936–
REIG JOSEFINA MOLINA
VERA, UN CUENTRO CRUEL • VERA • 1973
FUNCION DE NOCHE • LATE PERFORMANCE • 1982
ESQUILACHE • 1988

MOLINA LUIS – PRC
CUENTOS DE ABELARDO • ABELARDO'S STORIES ○ ABELARDO'S SHORT STORIES • 1989

MOLINARD PATRICE – FRN
FANTASMAGORIE

MOLINARI ALDO – ITL
VENDETTA DI ZINGARA • SANGUE DI NOMAD • 1952

MOLINARI OSCAR – ITL – 1941–
OJO DE AGUA • 1972 • SHT
BICICLETA, LA • BICYCLE, THE • 1973

MOLINARO EDOUARD – FRN – 1928–
SEPT PECHES CAPITAUX, LES • SETTE PECCATI CAPITALI, I (ITL) ○ SEVEN CAPITAL SINS, THE ○ SETTE PECCATI CAPITALI, I ○ SEVEN DEADLY SINS, THE ○ SEVEN DEADLY SINS ○ SEVEN CAPITAL SINS • 1951
DOS AU MUR • EVIDENCE IN CONCRETE ○ BACK TO THE WALL • 1958
DES FEMMES DISPARAISSENT • ROAD TO SHAME, THE (USA) ○ GIRLS DISAPPEAR • 1959
TEMOIN DANS LA VILLE, UN • APPUNTAMENTO CON IL DELITTO (ITL) ○ WITNESS IN THE CITY • 1959
FILLE POUR L'ETE, UNE • MISTRESS FOR THE SUMMER, A (USA) ○ RAGAZZA PER L'ESTATE, UNA(ITL) ○ GIRLS FOR THE SUMMER (UKN) ○ LOVER FOR THE SUMMER, A ○ GIRL FOR THE SUMMER, A • 1960
ENNEMIS, LES • TOUCH OF TREASON, A (USA) • 1961

MORT DE BELLE, LA • PASSION OF SLOW FIRE, THE (USA) ○ END OF BELLE, THE • 1961
ARSENE LUPIN CONTRE ARSENE LUPIN • ARSENIO LUPIN CONTRO ARSENIO LUPIN (ITL) • 1962
CHASSE A L'HOMME, LA • CACCIA AL MASCHIIO (ITL) ○ GENTLE ART OF SEDUCTION, THE ○ MALE HUNT (USA) • 1964
RAVISSANTE IDIOTE, UNE • ADOROBILE IDIOTA (ITL) ○ RAVISHING IDIOT, A (USA) ○ AGENT 38-24-36 (THE WARM-BLOODED SPY) ○ RAVISHING IDIOTS, THE • 1964
QUAND PASSENT LES FAISANS • ESCROCS, LES • 1965
OSCAR • 1967
PEAU D'ESPION • CONGIURA DI SPIE (ITL) ○ TO COMMIT A MURDER (USA) ○ GRAUSAME JOB, DER (FRG) • 1967
HIBERNATUS • LOUIS DE FUNES E IL NONNO SURGELATO (ITL) • 1969
MON ONCLE BENJAMIN • AMOROUS ADVENTURES OF UNCLE BENJAMIN, THE (UKN) ○ MIO ZIO BENIAMINO (ITL) • 1969
AVEUX LES PLUS DOUX, LES • SWEET TORTURE ○ RICATTO DI UN COMMISSARIO DI POLIZIA A UN GIOVANE INDIZIAT DI REATO (ITL) • 1970
LIBERTE EN CROUPE, LA • 1970
MANDARINE, LA • MANDARINA, LA (ITL) • 1971
GANG DES OTAGES, LE • QUELLI DELLA BANDA BERETTA (ITL) ○ HOSTAGES, THE (USA) • 1972
EMMERDEUR, L' • ROMPIBALLE, IL (ITL) ○ PAIN IN THE A.., A (USA) ○ ALLEZ VOUS PENDRE AILLEURS • 1973
IRONIE DU SORT, L' • 1974
TELEPHONE ROSE, LE • PINK TELEPHONE, THE (UKN) • 1975
DRACULA PERE ET FILS • DRACULA AND SON • 1976
HOMME PRESSE, L' • MAN IN A HURRY (USA) ○ HURRIED MAN, THE (UKN) • 1976
CAGE AUX FOLLES, LA • CAGE AUX FOLLES -BIRDS OF A FEATHER, LA (USA) ○ BIRDS OF A FEATHER • 1978
CAUSE TOUJOURS, TU M'INTERESSES • 1978
CAGE AUX FOLLES II, LA • 1980
SUNDAY LOVERS • SEDUCTEURS, LES (FRN) • 1980
POUR CENT BRIQUES, T'AS PLUS RIEN! • 1982
AMOUR EN DOUCE, L' • 1984
JUST THE WAY YOU ARE • I WON'T DANCE • 1984
PALACE • 1984

MOLL BRUNO – SWT
HAMMER
GANZE LEBEN, DAS • WHOLE LIFE, THE • 1983
SCHUH DES PATRIARCHEN, DER • 1988

MOLL J. C. – NTH
KRISTALLEN • CRYSTALS • 1930

MOLLAGHOLIPOOR RASOUL – IRN
MOLA-GHOLIPOUR RASOUL
HORIZON, THE • 1989

MOLLBERG RAUNI – FNL – 1929–
KUOPIO • 1963 • DCS
LAPSUUTENI • MY CHILDHOOD • 1967 • MTV
TEHTAAN VARJOSSA • IN THE SHADOW OF THE FACTORY • 1969 • MTV
PAALUOTTAMUSMIES • SHOP STEWARD, THE • 1971 • SRL
SOTAERAKKO • WAR RECLUSE, THE • 1972 • MTV
MAA ON SYNTINEN LAULAU • EARTH IS A SINFUL SONG, THE (USA) ○ EARTH IS OUR SINFUL SONG ○ LAND IS A SINFUL SONG, THE • 1973
SIUNATTI HULLUUS • BLESSED MADNESS • 1975 • MTV
AIKA HYVA IHMISEKSI • PRETTY GOOD FOR A HUMAN BEING • 1977
KIVENPYORITTAJAN KULA • STONEROLLER'S VILLAGE, THE • 1979
MILKA -ELOKUVA TABUISTA • MILKA -A FILM ABOUT TABOOS ○ TABU • 1980
TUNTEMATON SOTILAS • UNKNOWN SOLDIER, THE • 1986
YSTAVAT, TOVERIT • FRIENDS, COMRADES • 1989

von MOLLENDORFF – PLN
SVATBA V KORALOVEM MORI • 1943

MOLLER FLEMING QUIST see **QUIST-MOLLER FLEMING**

MOLLER QUIST see **QUIST-MOLLER FLEMING**

MOLLET LUC – FRN
BRIGITTE ET BRIGITTE • 1967
AVENTURE DE BILLY THE KID, UNE • GIRL IS A GUN, A • 1971

MOLLICA NINO – ITL
MULLIGAN TONY
NATO PER UCCIDERE • BORN TO KILL • 1967
CORSARO, IL • CORSARIO, EL (SPN) • 1970
SARANDA • 1970

MOLLIN M. – ITL
GIORNI D'AMORE SUL FILO DI LAMA • 1973

MOLLO ANDREW – UKN – 1930–
IT HAPPENED HERE • 1964

MOLO UBERTO – BRZ
TORMENTA • TORMENT • 1982

MOLSNER TORBEN – DNM
JAZZ ON A BRIGHT SUMMER'S DAY • 1979 • SHT

MOLTE WILLIAM
AHORA SEREMOS FELICES • NOW WE SHALL BE HAPPY (USA) • 1940

MOLTENI AMBROGIO – FRN
DELITTO ALLO SPECCHIO • DEATH ON THE FOUR-POSTER (USA) ○ SEXY PARTY (UKN) ○ CRIME IN THE MIRROR • 1964

MOLTER ERNST – GRM
DEM TEUFEL VERSCHRIEBEN • 1919
FUNKEN UNTER DER ASCHE • 1919
MARY WOOD, DIE TOCHTER DES STRAFLINGS • 1919
GEHEIMNIS DER CHRYSANTHEMEN, DAS • 1920

MOLVA DAVID see **MOLINA JACINTO**

MOM ARTURO S.
MONTE CRIOLLO • 1937
LOCO LINDO • CRAZY DANDY (USA) • 1938
PALERMO • 1938
NUESTRA TIERRA DE PAZ • OUR LAND OF PEACE (USA) • 1940

MOMMARTZ LUTZ – GRM
EISENBAHN • 1966
GARTEN EDEN, DER • 1977

MOMPLET ANTONIO – SPN – 1899–
FARANDULA, LA • 1936
MILLONARIA, LA • 1937
TURBION • 1938
HERMANO JUAN, EL • 1941
NOVIOS PARA LAS MUCHACHAS • 1941
VIEJO BUENOS AIRES, EL • 1942
HIJOS ARTIFICIALES, LOS • 1943
AMOK • 1944
REMOLINO DE PASION • 1945
VERTIGO • 1945
A MEDIA LUZ • 1946
BEL AMI • BUEN MOZO, EL • 1946
CUMPARSITA, LA • 1947
OTRA Y YO, LA • 1949
YO NO ELEGI MI VIDA • 1949
TOSCANITO Y LOS DETECTIVES • 1950
CAFE CANTANTE • 1951
HIJA DEL MAR, LA • 1953
HOMBRES CONTRA HOMBRES • 1953
VIENTO DEL NORTE • 1954
DE CAIN, LAS • 1957
JULIA Y EL CELACANTO • 1959
GLADIADOR INVENCIBLE, EL • GLADIATORE INVINCIBILE, IL (ITL) ○ INVINCIBLE GLADIATOR, THE(USA) • 1961
DUE CONTRO TUTTI • 1962
SHERIFF TERRIBLE, EL • 1962

MONAHAN DAVID – Animator – USA
PHANTOM TOLLBOOTH, THE • 1969 • ANM

MONAKHOV VLADIMIR – Cameraman – USS – 1922–
NEPROSHENAYA LYUBOV • UNWILLING LOVE ○ UNINVITED LOVE • 1964
PRO CHUDESA CHELOVYECHSKIYE • ABOUT HUMAN MIRACLES ○ MIRACLES • 1968

MONAR LAZLO – Animator – FRN
TINTIN ET LE TEMPLE DU SOLEIL • TINTIN AND THE TEMPLE OF THE SUN • 1969 • ANM

MONAT DONALD – UKN
FIVE GUINEAS A WEEK • 1956
FRAUD • 1973
SNATCHERS, THE • 1974

MONCA GEORGES – FRN – 1888–1940
DEUX ORPHELINES, LES • 1910
GREVE DES FORGERONS, LA • 1910
BOUBOUROCHE • 1911
PRINCE EMBETE PAR RIGADIN • 1912
RIGADIN ET SES FILS • RIGADIN AND HIS SONS • 1912
RIGADIN PEINTRE CUBISTE • WHIFFLES CUBIST PAINTER • 1912
TERREURS DE RIGADIN, LES • TERRORS OF RIGADIN, THE • 1912
WHIFFLES' NIGHTMARE • 1912
RIGADIN • 1912-14 • SER
BONHOMME DE NEIGE • 1917
PROIE, LA • 1917
CHANSON DU FEU, LA • 1918
ROUTE DU DEVOIR, LA • 1918
LORSQU'UNE FEMME VEUT • 1919
MADAME ET SON FILLEUL • 1919
FEMMES COLLANTES, LES • 1920
PERDUE • 1920
PRINCE EMBETE • 1920
SI JAMAIS JE TE PINCE • 1920
CHOUQUETTE ET SON AS • 1921
CHALUMEAU SERRURIER PAR AMOUR • 1922
CHANTELOUVE • 1922
JUDITH • 1922
SANG DES FINOELS, LE • 1922
ESCLAVE • 1923
ROMAIN KALBRIS • 1923
DOUBLE EXISTENCE DE LORD SAMSEY, LA • 1924
LUCILE • 1924
ALTEMER LE CYNIQUE • 1925
AUTOUR D'UN BERCEAU • 1925
IRONIE DU SORT, L' • 1925
SANS FAMILLE • NO RELATIONS • 1925
CHEMINEAU, LE • 1926
MISS HELETT • 1926
FOURCHAMBAULT, LES • 1929
CHANSON DU LIN, LA • 1931
ROCHE AUX MOUETTES, LA • 1932
NUIT DE NOCES • 1935
TROIS JOURS DE PERM' • 1936
CHOC EN RETOUR • 1937

MONCK JOHN – UKN
HEALTH OF A NATION • HEALTH FOR THE NATION ○ FORTY MILLION PEOPLE • 1939 • DOC
WAVELL'S 30,000 • 1942 • DOC

MONDET MAURICE A. – AUS
AUGE DES BUDDHA, DAS • 1919
RASTELBINDER, DIE • 1927

MONDY PIERRE – FRN – 1925–
APPELEZ-MOI MATHILDE • 1970

MONES PAUL – USA
BEAT, THE • CONJUROR • 1987

MONEY M. S. – IND
THALIRUKAL • "BOKUL" FLOWER, THE • 1967

MONFA RAMON – SPN
SOLO • 1971 • SHT

MONG WILLIAM V. – USA – 1875–1940
CLAY BAKER, THE • 1910
ALIAS HOLLAND JINNY • 1915
ALONG THE MALIBU • GUILTY ONE, THE • 1916 • SHT
BIRDS OF A FEATHER • 1916 • SHT
CRIMSON YOKE, THE • 1916 • SHT
FIGHTING JOE • 1916 • SHT
GIRL IN LOWER 9, THE • 1916 • SHT
GOOD WOMAN, THE • 1916 • SHT
HUSKS OF LOVE • 1916 • SHT
LAST OF THE MORGANS, THE • 1916 • SHT
SON OF A REBEL CHIEF, THE • 1916 • SHT
SON OF NEPTUNE, A • 1916 • SHT
TILLIE, THE LITTLE SWEDE • 1916
TO ANOTHER WOMAN • 1916 • SHT
WHEN THE WOLF HOWLS • 1916 • SHT
WRATH OF CACTUS MOORE, THE • 1916 • SHT
BARTERED YOUTH • 1917 • SHT
CHUBBY TAKES A HAND • 1917 • SHT
DARING CHANCE, THE • 1917 • SHT
DARLING IN BUCKSKIN, A • 1917 • SHT
DRUDGE, THE • 1917 • SHT
GIRL AND THE CRISIS, THE • 1917
GOOD-FOR-NOTHING GALLAGHER • 1917 • SHT
GRUDGE, THE • 1917 • SHT
MIDNIGHT MYSTERY, A • 1917 • SHT
OLD SOLDIER'S ROMANCE, AN • 1917 • SHT
WILD SUMAC • 1917

MONGER CHRIS – UKN
REPEATER • 1982
VOICE OVER • 1982
WAITING FOR THE LIGHT • 1990

MONGREDIEN JEAN-MICHEL – FRN – 1950–
PETITES GALERES, LES • 1978
ROLE EFFACE DE MARIE, LE • 1978
ESPRIT DU TEMPS, L' • 1981

MONHEIM LUC – BLG
VERLOREN MAANDAG • GUEULE DE BOIS, LA ○ LUNDI PERDU • 1973
WAY OUT • 1975
DEUS LO VOLT • DIEU LE VENT • 1978
EXIT-EXIL • 1986

MONICELLI MARIO – ITL – 1915–
AL DIAVOLO LA CELEBRITA • FAME AND THE DEVIL (USA) ○ ONE NIGHT OF FAME ○ NIGHT OF FAME, A • 1949
TOTO CERCA CASA • TOTO WANTS A HOME • 1949
E ARRIVATO IL CAVALIERE • 1950
VITA DA CANI • IT'S A DOG'S LIFE • 1950
GUARDIE E LADRI • COPS AND ROBBERS • 1951
INFEDELI, LE • UNFAITHFULS, THE (USA) ○ UNFAITHFUL, THE • 1952
TOTO E I RE DI ROMA • 1952
TOTO E LE DONNE • 1952
EROE DEI NOSTRI TEMPI, UN • 1955
PROIBITO • FORBIDDEN ○ DU SANG DANS LE SOLEIL • 1955
TOTO E CAROLINA • 1955
DONATELLA • 1956
MEDICO E LO STREGONE, IL • DOCTOR AND THE WIZARD, THE ○ DOCTOR AND THE QUACK • 1957
PADRI E FIGLI • TAILOR'S MAID, THE (USA) ○ PERES ET FILS (FRN) ○ LIKE FATHER, LIKE SON • 1957
SOLITI IGNOTI, I • BIG DEAL OF MADONNA STREET, THE (USA) ○ PERSONS UNKNOWN ○ AS USUAL, UNKNOWN ○ BIG DEAL, THE ○ USUAL UNIDENTIFIED THIEVES, THE • 1958
GRANDE GUERRA, LA • GREAT WAR, THE • 1959
RISATE DI GIOIA • PASSIONATE THIEF, THE • 1960
BOCCACCIO '70 • BOCCACE 70 • 1962
COMPAGNI, I • CAMARADES, LES (FRN) ○ ORGANIZER, THE (USA) ○ STRIKERS, THE • 1963
ALTA INFEDELTA • HAUTE INFIDELITE (FRN) ○ SEX IN THE AFTERNOON ○ HIGH INFIDELITY • 1964
CASANOVA '70 • CASANOVA • 1965
ARMATA BRANCALEONE, L' • 1966
FATE, LE • OGRESSES, LES (FRN) ○ FAIRIES, THE ○ QUEENS, THE ○ SEX QUARTET • 1966
RAGAZZA CON LA PISTOLA, LA • GIRL WITH A PISTOL, THE (USA) ○ GIRL WITH THE PISTOL, THE • 1967
CAPRICCIO ALL'ITALIANA • CAPRICE ITALIAN STYLE • 1968
TOH, E MORTA LA NONNA! • OH, GRANDMOTHER'S DEAD! ○ WELL, GRANDMA'S DEAD • 1969
BRANCALEONE ALLE CROCIATE • BRANCALEONE AT THE CRUSADES ○ BRANCALEONE ALLA CRUSADA • 1970
COPPIE, LE • COUPLES, THE • 1970
MORTADELLA, LA • LADY LIBERTY (USA) • 1971
VOGLIAMO I COLONNELLI • 1973
ROMANZO POPOLARE • 1974
AMICI MIEI • MY FRIENDS • 1975
CARO MICHELE • DEAR MICHAEL • 1976
SIGNORE E SIGNORI BUONANOTTE • 1976
BORGHESE PICCOLO PICCOLO, UN • AVERAGE MAN, AN • 1977
NUOVI MOSTRI, I • VIVA ITALIA (USA) ○ NEW MONSTERS, THE • 1977
TEMPORALE ROSY • ROSY LA BOURRASQUE (FRN) ○ HURRICANE ROSY • 1979
VIAGGIO CON ANITA • LOVERS AND LIARS (USA) ○ TRAVELS WITH ANITA ○ TRIP WITH ANITA, A • 1979
CAMERA D'ALBERGO • CHAMBRE D'HOTEL (FRN) ○ HOTEL ROOM • 1980
MARCHESE DEL GRILLO, IL • MARQUIS S'AMUSE, LE (FRN) ○ MARQUIS DEL GRILLO, THE • 1981
AMICI MIEI ATTO II • MY FRIENDS ACT II ○ AMICI MIEI N.2 • 1983
BERTOLDO, BERTOLDINO E CACASENNO • 1984
SPERIAMO CHE SIA FEMMINA • LET'S HOPE IT'S A GIRL (USA) ○ LET'S HOPE IT WILL BE A GIRL • 1985
PICARI, I • ROGUES, THE • 1988
MALE OSCURO, IL • DARK ILLNESS, THE • 1990

MONICH LASZLO – HNG
EN VAROSOM, AZ • MY TOWN • 1959

MONKMAN JOHN – CND – 1916–
I'M A SNIPER • 1943-46 • DOC
PATROLS • 1943-46 • DOC
SIGNAL-MASTER • 1943-46 • DOC

MONKMAN NOEL – NZL – 1896–1969
LIFE HISTORY OF A MOSQUITO • 1922 • SHT
OCEAN ODDITIES • 1931 • DOC
TYPHOON TREASURE • 1938
POWER AND THE GLORY, THE • 1941
ALERT • 1943 • DOC
NESTS IN THE SUN • 1944 • DOC
MAKERS OF WINE • 1948 • DOC
EMPEROR OF THE EUCALYPTS • 1953 • DOC
DEEP DOWN UNDER • 1956 • DOC
CORAL KINGDOM • 1958 • DOC
ISLAND OF TURTLES • 1958 • DOC
INVISIBLE WONDERS OF THE GREAT BARRIER REEF • 1961 • DOC

MONKS JOHN JR. – Actor/writer – USA
NO MAN IS AN ISLAND • ISLAND ESCAPE (UKN) • 1962

MONNET JACQUES – FRN – 1934–
CLARA ET LES CHICS TYPES • 1981
SIGNES EXTERIEURS DE RICHESSE • 1983

MONNET MARC – FRN – 1941–
MEURTRE A IBIZA
LEA, L'HIVER • 1970
VOUS N'AUREZ PAS L'ALSACE ET LA LORRAINE • 1977

MONNIER PHILIPPE – FRN – 1939–
GUERRE D'ALGERIE, LA • 1970 • DOC
MONSIEUR PAPA • 1977
BRIGADE MONDAINE: VAUDOU AUX CARAIBES • 1980

MONOD JEAN – FRN
HISTOIRE DE WAHARI • 1971 • DOC

MONORY ANDRAS M. – HNG
METEO • 1989

MONROE PHIL – USA
ICEMAN DUCKETH, THE • 1964 • ANS
BUGS BUNNY / ROAD RUNNER MOVIE, THE • 1979 • ANM

MONSON CARL – USA
BLOOD LEGACY • LEGACY OF BLOOD ◦ WILL TO DIE • 1971
PLEASE DON'T EAT MY MOTHER! • PLEASE NOT MY MOTHER ◦ HUNGRY PETS • 1972
SCREAM IN THE STREETS, A • GIRLS IN THE STREETS • 1972
SAVAGE HARBOR • RAGGEDY ANNE • 1988

MONTAGNE EDWARD see **MONTAGNE EDWARD J.**

MONTAGNE EDWARD J. – Producer – USA
MONTAGNE EDWARD
CRIME LAB • 1948 • DOC
PROJECT X • 1949
TATTOOED STRANGER, THE • 1950
MAN WITH MY FACE, THE • 1951
MCHALE'S NAVY • 1964
MCHALE'S NAVY JOINS THE AIR FORCE • 1965
RELUCTANT ASTRONAUT, THE • 1967
THEY WENT THAT-A-WAY AND THAT-A-WAY • UNDERCOVER CAPER, THE • 1978

MONTAGNON PETER – UKN
CIVILISATION: GRANDEUR AND OBEDIENCE • 1969
CIVILISATION: PROTEST AND COMMUNICATION • 1969
CIVILISATION; THE GREAT THAW • 1969
CIVILISATION: THE PURSUIT OF HAPPINESS • 1969

MONTAGU BRIAN – USA
CALLALOO • DOC • 1937

MONTAGU IVOR – Producer – UKN – 1904–
BLUEBOTTLES • 1928
CURE, THE • 1928 • SHT
DAYDREAMS • 1928
H.G. WELLS COMEDIES • 1928 • SER
TONIC, THE • 1928
STURM UBER LA SARRAZ • KAMPF DES UNABHANGIGEN GEGEN DES KOMMERZIELLEN FILM • 1929 • SHT
WINGS OVER EVEREST • WINGS OVER THE EVEREST • 1933
DEFENCE OF MADRID, THE • IN DEFENCE OF MADRID • 1936 • DOC
MAN, ONE FAMILY • 1947 • DOC

MONTAGUDO ALBERTO – VNZ
CUATRO DE HOJALATA, EL • TIN-PLATE CUATRO, THE • 1979

MONTAGUT MAX see **GREVILLE EDMOND T.**

MONTALDO GIULIANO – ITL – 1930–
TIRO AL PICCIONE • 1961
BELLA GRINTA, UNA • 1965
EXTRA CONIUGALE • 1965
AD OGNI COSTO • DIAMANTES A GO-GO (SPN) ◦ TOP JOB (FRG) ◦ GRAND SLAM (USA) ◦ AT ANY COST • 1967
INTOCCABILI, GLI • MACHINE GUN MCCAIN (USA) ◦ UNTOUCHABLES, THE • 1969
GOTT MIT UNS • FIFTH DAY OF PEACE, THE (USA) ◦ DIO E CON NOI ◦ CRIME OF DEFEAT • 1970
SACCO E VANZETTI • SACCO AND VANZETTI (USA) • 1971
GIORDANO BRUNO • 1973
AGNESE VA A MORIRE, L' • 1976
CIRCUITO CHIUSO • CLOSED CIRCUIT • 1977 • MTV
GIOCATTOLO, IL • 1979
MARCO POLO • 1984 • MTV
CONTROL • 1987 • TVM
GIORNO PRIMA, IL • DAY BEFORE, THE • 1987
OCCHIALI D'ORO, GLI • GOLDEN GLASSES, THE ◦ GOLD-RIMMED GLASSES, THE • 1988
TEMPO DI UCCIDERE • TIME TO KILL • 1990

MONTANA ANTONIO – CLM
COSECHA INDIGENA, LA • 1976 • DOC

MONTANELLI INDRO – ITL – 1908–
SOGNI MUOIONO ALL'ALBA, I • 1961

MONTAZEL PIERRE – FRN – 1911–1975
CROISIERE PORU L'INCONNU • 1947
JE N'AIME QUE TOI • C'EST TOI QUE J'AIME • 1949
PAS DE WEEK-END POUR NOTRE AMOUR • 1949
PARIS CHANTE TOUJOURS • 1951
CA VA ETRE TA FETE • 1960
SAINTES NITOUCHES, LES • RAGAZZE DI BUONA FAMIGLIA, LE (ITL) ◦ YOUNG GIRLS OF GOOD FAMILIES ◦ JEUNES FILLES DE BONNE FAMILLE, LES ◦ WILD LIVING • 1962

MONTEIRO JOAO CESAR – PRT – 1939–
SOPHIA DE MELLO BREYNER ANDRESEN • 1969 • SHT
QUEM ESPERA POR SAPATOS DE DEFUNTO MORRE DESCALCO • WHOEVER WAITS FOR THE SHOES OF A DEAD MAN DIES WITHOUT SHOES • 1970
SAGRADA FAMILIA, A • 1972
QUE FAREI EU COM ESTA ESPADA? • 1975
AMOR DE MAE • MOTHER LOVE • 1977
VEREDAS • TRADITIONAL TALES • 1978
SILVESTRE • SYLVESTER • 1980
FLOR DO MAR, A • 1986
RECORDACOES DE CASA AMARELA • RECOLLECTIONS OF THE YELLOW HOUSE (UKN) • 1989

MONTEMURRI DAVIDE – ITL
LEZIONI DI VIOLONCELLO CON TOCCATA E FUGA • DOPO L'ADOLESCENZA • 1976

MONTEMURRO FRANCESCO – ITL
MONTY FRANCOIS
ODIO MORTALE • 1963
BATTAGLIA DEI MODS, LA • BATTLE OF THE MODS, THE (USA) ◦ SIEBZEHN JAHR, BLONDES HAAR ◦ SEVENTEEN AND FAIR OF HAIR ◦ CRAZY BABY • 1966
CORPO CALDO PER L'INFERNO, UN • WARM BODY FOR HELL, A • 1968
ZORRO ALLA CORTE D'INGHELTERRA • 1969
ZORRO MARCHESE DI NAVARRA • 1969

MONTER JOSE LUIS – SPN – 1925–
AMERICANO EN TOLEDO, UN • 1957
COMME S'IL EN PLEUVAIT • AS IF IT WERE RAINING (USA) • 1963
TELA DE ARANA • 1963
GATOS NEGROS, LOS • BLACK CATS, THE • 1964
SHERIFF NO DISPARA, EL • 1965
GENOVEVA DE BRABANTE • 1967

MONTERO RAFAEL – MXC
ADIOS DAVID • GOODBYE DAVID • 1978
COSTO DE LA VIDA, EL • COST OF LIVING, THE • 1989
CASAS GRANDES: UNA APROXIMACION A LA GRAN CHICHIMECA • CASAS GRANDES: AN APPROACH TO THE GREAT CHICHIMECA • 1990
VIAJEROS • TRAVELLERS • 1990

MONTERO ROBERTO B. see **MONTERO ROBERTO BIANCHI**

MONTERO ROBERTO BIANCHI – ITL – 1907–
MONTERO ROBERTO B. • WHITE ROBERT M. • BIANCHI ROBERTO
CONTREBANDIERI DEL MARE, I • 1949
FIGLIA DELLA MADONNA, LA • 1949
POSSESSO, IL • 1949
SONO IO L'ASSASSINO! • 1949
FADDIJA • LEGGE DELLA VENDETTA, LA ◦ LAW OF VENGEANCE, THE • 1950
SCOGLIERA DEL PECCATO, LA • 1951
AMANTE DEL MALE, L' • 1952
CLIFF OF SIN, THE
MADRE RITORNO, UNA • 1953
ADDIO NAPOLI! • 1954
MOSTRO DELL'ISOLA, IL • MONSTER OF THE ISLAND, THE • 1954
NESSUNO HA TRADITO • 1954
PICCOLA SANTA • 1954
GIURAMENTO D'AMORE • 1955
CANTATE CON NOI • 1956
DRAMMA NEL PORTO • ULTIMO ADDIO • 1956
ARRIVA LA ZIA D'AMERICA • 1957
ORIZZONTE INFUOCATO • 1957
DONNE, AMORE E MATRIMONI • 1958
GAGLIARDI E PUPE • 1958
ZIA D'AMERICA VA A SCIARE, LA • 1958
DUCHESSA DI SANTA LUCIA, LA • 1959
PICA SUL PACIFICO, LA • 1959
SCERIFFA, LA • 1959
TERRIBILE TEODORA, IL • 1961
ALIBI PER MORIRE, UN • 1962
COLOSSUS AND THE HUNS • 1962
NOTTI CALDE D'ORIENTE • ORIENT BY NIGHT (USA) • 1962 • DOC
SUPERSPETTACOLI NEL MUNDO • SUPERESPECTACULOS DEL MUNDO (SPN) • 1962
THARUS FIGLIO DI ATTILA • 1962
AFRICA SEXY • 1963 • DOC
MONDO INFAME • 1963 • DOC
RINNEGATI DI CAPTAIN KIDD, I • 1963
SEXY FOLLIE • 1963 • DOC
SEXY NEL MONDO • 1963 • DOC
SEXY NUDO • 1963
UNIVERSO PROIBITO • 1963 • DOC
BELVA DI SAIGON, LA • 1964
MONDO BALORDO • FOOLISH WORLD • 1964 • DOC
AGENTE Z55, MISSIONE DISPERATA • AGENTE Z-55, MISION HONG KONG (SPN) ◦ DESPERATE MISSION ◦ AGENT 255: DESPERATE MISSION (USA) • 1965
RANCH DEGLI SPIETATI, IL • MAN FROM OKLAHOMA, THE (USA) ◦ OKLAHOMA JOHN • 1965
DUE FACCE DEL DOLLARO, LE • TWO SIDES OF THE DOLLAR, THE • 1967
TECNICA PER UN MASSACRO • TECNICA PARA UN SABOTAGE (SPN) • 1967
POKER D'AS POUR DJANGO • 1968
QUELLA DANNATA PATTUGLIA • BATTLE OF THE DAMNED • 1969
36 ORE ALL'INFERNO • 1969
MAGNIFICO ROBIN HOOD, IL • NUEVAS AVENTURAS DE ROBIN DE LOS BOSQUES, LAS (SPN) • 1970
RANGERS ATTACCO ORA X • 1970
ARRIVA DURANGO, PAGA O MUORI • 1971
OCCHIO DEL RAGNO, L' • OJO DE LA ARANA, EL (SPN) ◦ AUGE DER SPINNE, DER (AUS) ◦ EYE OF THE SPIDER • 1971
RIVELAZIONI DI UN MANIACO SESSUALE AL CAPO DELLA SQUADRA MOBILE • CONFESSIONS OF A SEX MANIAC (USA) ◦ SO SWEET, SO DEAD • 1972
SENZA DIO, I • SIN DIOS, LOS (SPN) • 1972
TUA PRESENZA NUDA, LA • 1972
PROVACI ANCHE TU, LIONEL • 1973
YO LOS MATO, TU COBRAS LA RECOMPENSA • 1973
DONNE E MAGIA CON SATANASSO IN COMPAGNIA • 1974
CALORE IN PROVINCIA • 1975
CAMERIERA, LA • 1975
BRAVATA, LA • 1977
CALIGULA EROTICA • CALIGULA'S HOT NIGHTS • 1977
CASO SCORPIO: STERMINATE QUELLI DELLA CALIBRO 38 • 1978
FURORE NELLA SAVANA • 1979

MONTESANO ENRICO – ITL
A ME MI PLACE • I LIKE IT • 1985

MONTESI ELIO – ITL
NUDI PER VIVERE • 1964 • DOC

MONTESI JORGE – CND
BIRDS OF PREY • TRAPPED • 1984
SENTIMENTAL REASONS • 1984

MONTGOMERY see **MONTGOMERY FRANK E.**

MONTGOMERY FRANK see **MONTGOMERY FRANK E.**

MONTGOMERY FRANK E. – USA
MONTGOMERY FRANK • MONTGOMERY
BIG ROCK'S LAST STAND • 1912
MASSACRE OF SANTA FE TRAIL, THE • 1912
FOREST ROMANCE, A • 1913
INDIAN'S HONOR, AN • 1913
LONG PORTAGE, THE • 1913
STRUGGLE, THE • 1913
FUSE OF DEATH, THE • 1914
KIDNAPPED BY INDIANS • 1914
PRIEST OR MEDICINE MAN? • 1914
VANISHING TRIBE, THE • 1914
CRUMPLED LETTER, THE • 1915
MISER OF MONTEREY, THE • 1915
RAJAH'S SACRIFICE, THE • 1915
SPANISH MADONNA, A • 1915
STAGE OF LIFE, THE • 1915
STANLEY'S CLOSE CALL • 1915
STOLEN INVENTION, THE • 1915
WESTERN BORDER, THE • 1915

MONTGOMERY GEORGE – Actor – USA – 1916–
STEEL CLAW, THE • 1961
SAMAR • 1962
FROM HELL TO BORNEO • 1964
GUERRILLAS IN PINK LACE • GUERILLAS IN PINK LACE • 1964
SATAN'S HARVEST • 1970
RIDE THE TIGER • 1971

MONTGOMERY MONTY – USA
LOVELESS, THE • BREAKDOWN • 1983

MONTGOMERY PATRICK – UKN
COMPLEAT BEATLES, THE • 1982 • DOC

MONTGOMERY ROBERT – Actor – USA – 1904–1981
LADY IN THE LAKE • 1946
RIDE THE PINK HORSE • 1947
ONCE MORE MY DARLING • 1949
YOUR WITNESS • EYE WITNESS (USA) • 1950
GALLANT HOURS, THE • 1960

MONTGOMERY THOMAS – USA
KINGO KONGO TAI GOJIRA • KING KONG VS. GODZILLA (USA) ◦ KING KONG TAI GODZILLA • 1962

MONTILLO NATALE – ITL
ROSALBA, LA FANCIULLA DI POMPEI • 1952
BALOCCHI E PROFUMI • 1953

MONTOLIO FRANCISCO – SPN – 1935–
TINTO CON AMOR • 1967

MONTON VINCE see **MONTON VINCENT**

MONTON VINCENT – Dir. photo. – ASL – 1944–
MONTON VINCE
WINDRIDER • MAKING WAVES • 1986

MONTORO EDWARD L. – USA
GETTING INTO HEAVEN • 1970

MONTRESOR BENI – ITL
PILGRIMAGE • 1972
MESSE DOREE, LA • NELLA PROFONDA LUCE DEI SENSI (ITL) • 1975

MONTY FRANCOIS see **MONTEMURRO FRANCESCO**

MONTY GLORIA – USA
SCREAMING SKULL, THE • 1973 • TVM

MONTY PYTHON – UKN
MONTY PYTHON LIVE AT THE HOLLYWOOD BOWL • 1982

MOO-YOUNG IAN – UKN
PAVLOV/PAVLOVA • 1980

MOODY H. G. – USA
FLAMES OF PASSION • 1923
POWER DIVINE, THE • 1923
RANGE PATROL, THE • 1923
SCARS OF HATE • 1923
VOW OF VENGEANCE, THE • 1923
BEATEN • 1924

MOODY HARRY – USA
GIRL OF THE WEST, THE • 1920 • SHT
LONE HAND WILSON • 1920
CRASHING COURAGE • 1923
FRAME UP, THE • 1923

MOODY TITUS – USA
OUTLAW MOTORCYCLES • 1967
LAST OF THE AMERICAN HOBOES, THE • 1974

MOOMAW LEWIS H. – USA
DECEIVER, THE • 1920
GOLDEN TRAIL, THE • 1920
CHECHAHCOS, THE • 1924
UNDER THE ROUGE • 1925
FLAMES • 1926

MOONEN J. see **MOONEN JAN**

MOONEN JAN – NTH
MOONEN J.
MET MAN EN MACHT • 1966
MET SCHERM EN SCHILD • 1966
SILHOUETTEN AAN DE HORIZON • 1966
STAAL AAN ZEE • 1966 • SHT

MOORE ALBERT see **ZURLI GUIDO**

MOORE BEN – USA
NARCISSUS • 1956

MOORE BILLY see **MORANDI GUGLIELMO**

MOORE BOB – USA
MECHANICS OF LOVE, THE • 1955 • SHT

MOORE CHARLES – USA
TREACHERY RIDES THE TRAIL • 1949 • SHT

MOORE DENNIS EARL – USA
FLYERS • 1985

MOORE EMMETT – UKN
SWEET INNISCARRA • 1934

MOORE EUGENE see **MOORE W. EUGENE**

MOORE HAROLD JAMES – USA
BIT OF BLARNEY, A • 1946 • SHT
MERRILY WE SING • 1946 • SHT
SINGING BARBERS, THE • 1946 • SHT
LET'S SING A COLLEGE SONG • 1947 • SHT
LET'S SING A WESTERN SONG • 1947 • SHT
HARNESSED LIGHTNING • 1948 • SHT
KERNELS OF CORN • 1948 • SHT
LAMP POST FAVORITES • 1948 • SHT
LET'S GO LATIN • 1948 • SHT
MANHATTAN MEMORIES • 1948 • SHT
POWDER RIVER GUNFIRE • 1948 • SHT

MOORE IRVING J. – USA
MAKING OF A MALE MODEL • 1983 • TVM

MOORE J. STANLEY – CND
JAM AND JELLY SESSION • 1955

MOORE JAMES – USA
SECRET SEVEN, THE • MARCH OF CRIME • 1940

MOORE KEIRON – Actor – IRL – 1925–
DOLMETSCH STORY, THE • 1971
PROGRESS OF PEOPLES, THE • 1975
PARCHED LAND, THE • 1978 • DOC

MOORE LAWRENCE – UKN
MINIHOLIDAY • 1968 • SHT

MOORE LUCKY see **CROCCOLO CARLO**

MOORE MARSHALL – UKN
BRUTUS AND CASSIUS • 1918

MOORE MATT – USA – 1888–1960
LITTLE LADY ACROSS THE WAY, THE • 1915
ASHAMED OF THE OLD FOLKS • 1916 • SHT
BLIND MAN'S BLUFF • 1916 • SHT
COME-ON, THE • 1916 • SHT
DOUBLE FIRE DECEPTION, A • 1916 • SHT
HER INVISIBLE HUSBAND • 1916 • SHT
HIS LITTLE STORY • 1916 • SHT
JANE'S CHOICE • 1916 • SHT
POET'S PROGRESS, THE • 1916 • SHT
RIVER GODDESS, THE • 1916 • SHT
STRANGER IN HIS OWN HOME, A • 1916 • SHT
WHY MRS. KENTWORTH LIED • 1916 • SHT
BRASS GIRL, THE • 1917
BREAKING THE FAMILY STRIKE • 1917 • SHT
HOUR OF TERROR, AN • 1917 • SHT
ONE BRIDE TOO MANY • 1917 • SHT
POTS AND POEMS • 1917 • SHT
SHE MARRIED HER HUSBAND • 1917 • SHT

MOORE MICHAEL – USA
EYE FOR AN EYE, AN • 1966
PARADISE, HAWAIIAN STYLE • 1966
FASTEST GUITAR ALIVE, THE • 1967
KILL A DRAGON • 1967
BUCKSKIN • FRONTIERSMAN, THE • 1968
SHARPIES • 1978
MISTER DEATHMAN • 1983
ROGER AND ME • 1989 • DOC

MOORE MR. – USA
PICTURE OF DORIAN GRAY, THE • 1915

MOORE OWEN – Actor – IRL – 1886–
LOVE HEEDS NOT SHOWERS • 1911

MOORE RICHARD – USA – 1925–
WOODY HERMAN AND THE SWINGIN' HERD • 1963 • SHT
EARL "FATHA" HINES • 1964
JOHN COLTRANE QUARTET, THE • 1964 • SHT
LOUIS ARMSTRONG • 1964 • SHT
DUKE ELLINGTON –LOVE YOU MADLY • 1966 • DOC
CIRCLE OF IRON • SILENT FLUTE, THE (UKN) • 1978

MOORE ROBERT – USA – 1927–1984
THURSDAY'S GAME • NIGHT CAPER ○ BERK, THE • 1974 • TVM
MURDER BY DEATH • 1976
CHEAP DETECTIVE, THE • 1978
CHAPTER TWO • 1979

*MOORE ROBERT** see **BIANCHI MARIO**

MOORE RONALD W. – USA
FUTURE-KILL • FUTURE KILL ○ NIGHT OF THE ALIEN ○ SPLATTER • 1984

MOORE ROWLAND – UKN
BILLIE "BOW-WOW" • 1915

MOORE TARA – USA
FIRE IN EDEN • 1986
TUSKS • 1987

MOORE TOM – Actor – USA – 1885–1955
BLACK SHEEP, THE • 1914
GIRL AND THE EXPLORER, THE • 1914
MAD MOUNTAINEER, THE • 1914
CABARET SINGER, THE • 1915
FIRST COMMANDMENT, THE • 1915
IN DOUBLE HARNESS • 1915
PREJUDICE • 1915
SECRET ROOM, THE • 1915
THIRD COMMANDMENT, THE • 1915

MOORE TOM* – USA
MARK OF THE WITCH • 1970
RETURN TO BOGGY CREEK • 1977
'NIGHT, MOTHER • NIGHT, MOTHER • 1986

MOORE VIN – USA
BLACKBOARD AND BLACKMAIL • 1917 • SHT
CHICKEN CHASED AND HENPECKED • 1917 • SHT
DEEP SEAS AND DESPERATE DEEDS • 1917 • SHT
DRY GOODS AND DAMP DEEDS • 1917 • SHT
FAT AND FURIOUS • 1917 • SHT
GOOD LITTLE BAD BOY, A • 1917 • SHT
HER DARING, TEARING WAYS • 1917 • SHT
LITTLE FAT RASCAL, THE • 1917 • SHT
LOVE AND BLAZES • 1917 • SHT
PRAIRIE CHICKEN, A • 1917 • SHT
CANNIBALS AND CARNIVALS • CARNIVALS AND CANNIBALS • 1918 • SHT
CUPID VS. ART • 1918 • SHT
DONKEY DID IT, THE • 1918 • SHT
BROWNIE'S DOG GONE TRICKS • 1919 • SHT
FRISKY LIONS AND WICKED HUSBANDS • 1919 • SHT
HOWLING LIONS AND CIRCUS QUEENS • 1919 • SHT
LOONEY LION AND MONKEY BUSINESS • 1919 • SHT
SKATE AT SEA, A • 1919 • SHT
SOCIETY STUFF • 1919 • SHT
ELEPHANT'S NIGHTMARE, AN • 1920 • SHT
FORBIDDEN BREW • 1920 • SHT
HER SECRET STILL • 1920 • SHT
MAIDS A-COURTING • 1920 • SHT
MOVIE BUG, THE • 1920 • SHT
NEARLY WED • 1920 • SHT
ROMEO AND JULIET • 1920 • SHT
SCREAM IN SOCIETY, A • 1920 • SHT
SHAPES AND SCRAPES • 1920 • SHT
WAY DOWN NORTH • 1920 • SHT
COHENS AND KELLYS IN AFRICA, THE • 1930
EX-BAD BOY • HIS TEMPORARY AFFAIR (UKN) ○ WHOLE TOWN'S TALKING, THE • 1931
MANY A SLIP • 1931
VIRTUOUS HUSBAND, THE • WHAT WIVES DON'T WANT (UKN) • 1931
RACING YOUTH • BLUE BLAZES ○ SPEED • 1932
FLIRTING WITH DANGER • DAMES AND DYNAMITE ○ RECKLESS ROMEOS • 1934
LOVE PAST THIRTY • 1934
CHEERS OF THE CROWD • 1935
DRAGNET, THE • 1936
TOPA TOPA • CHILDREN OF THE WILD (UKN) • 1938
KILLERS OF THE WILD • 1940

MOORE W. EUGENE – USA
MOORE EUGENE
JOSEPH IN THE LAND OF EGYPT • 1914
MILL ON THE FLOSS, THE • 1915
HER FATHER'S GOLD • 1916
OVAL DIAMOND, THE • 1916
WOMAN IN POLITICS, THE • 1916
WORLD AND THE WOMAN, THE • 1916
CANDY GIRL, THE • 1917
CAPTAIN KIDDO • 1917
GIRL WHO WON OUT, THE • 1917
IMAGE MAKER, THE • 1917
MODERN MONTE CRISTO, A • 1917
POTS AND PANS PEGGIE • 1917
WHEN BABY FORGOT • 1917
SUE OF THE SOUTH • 1919

MOORSE GEORG – GRM
MOORSE GEORGE
ZERO IN THE UNIVERSE • 1966
KUCKUCKSJAHRE • YEARS OF THE CUCKOO • 1967
FINDLING, DER • 1968
GRILLER, DER • 1968
LIEBE UND SO WEITER • 1968
ROBINSON • 1969
LENZ • 1971
INKI • 1973
PAN
SCHATTENREITER • SHADOW RIDER • 1974

MOORSE GEORGE see **MOORSE GEORG**

MOOS A. I. – USA
EXPENDABLES, THE • 1988

MOOS KARL – GRM
GRETCHEN SCHUBERT • 1926

MOOSMANN DANIEL – FRN – 1936–
BIRIBI • 1970
BOUGNOUL, LE • LIGNE 12, LA • 1974
FAUSSES CONFIDENCES, LES • 1984

MORA MIGUEL – MXC
MANANA DE COBRE • BITTER TASTE IN THE MORNING • 1985

MORA PHILIPPE – Painter – FRN – 1949–
TROUBLE IN MOLOPOLIS • 1970
DOUBLE-HEADED EAGLE, THE • 1972 • DOC
TAMS-TAMS SE SONT TUS, LES • 1972
SWASTIKA • 1973 • DOC
BROTHER, CAN YOU SPARE A DIME? • 1975 • DOC
MAD DOG • MAD DOG MORGAN • 1976
BEAST WITHIN, THE • 1982
RETURN OF CAPTAIN INVINCIBLE • LEGEND IN LEOTARDS • 1982
BREED APART, A • 1984
HOWLING II.. YOUR SISTER IS A WEREWOLF • HOWLING 2, THE • 1984
DEATH OF A SOLDIER • LEONSKI • 1986
HOWLING III, THE • HOWLING 3: THE MARSUPIALS ○ MARSUPIALS: THE HOWLING 3, THE • 1987
COMMUNION • 1989

MORAES GERALDO – HNG
CIRCULO DE FOGO • CIRCLE OF FIRE • 1989

MORAES TETE – BRZ
TERRA PARA ROSE • LAND FOR ROSE • 1988

MORAHAN CHRISTOPHER – UKN – 1929–
ALL NEAT IN BLACK STOCKINGS • 1968
DIAMONDS FOR BREAKFAST • 1968
JEWEL IN THE CROWN, THE • 1984 • MTV
CLOCKWISE • 1985
IN THE SECRET STATE • 1985
AFTER PILKINGTON • 1988 • TVM
TROUBLE • 1988
OLD FLAMES • 1989
PAPER MASK • 1989

MORALES ANTONIO – SPN
CREACION, LA • CREATION, THE • 1968 • ANS

MORALES CARLOS – SPN – 1944–
GENTE DEL METRO • METRO PEOPLE • 1976
NOCHE DE CURAS • PRIESTS' NIGHT • 1978

MORALES HUMBERTO – VNZ
PLAYA LLAMADO DESEO, UNA • SPIAGGIA DEL DESIDERIO, LA (ITL) ○ BEACH CALLED DESIRE, A ○ TABOO ISLAND • 1977

MORALES JACOBO – PRC
NICOLAS Y LOS DEMAS • NICHOLAS AND THE OTHERS • 1986
LO QUE LE PASO A SANTIAGO • WHAT HAPPENED TO SANTIAGO • 1988

MORALES JOSE DIAZ see **DIAZ MORALES JOSE**

MORAN LEE – Actor – USA – 1890–1961
ALL BETS OFF • 1916 • SHT
ART FOR ART'S SAKE • 1916 • SHT
BEER MUST GO DOWN • 1916 • SHT
CAUGHT WITH THE GOODS • 1916
HE MAID ME • 1916
KILL THE UMPIRE • 1916 • SHT
ALMOST WELCOME • 1918
BERTH CONTROL • 1918 • SHT
CAMPING OUT • 1918 • SHT
DODGERS, THE • 1918 • SHT
DON'T SHOOT • 1918 • SHT
DON'T WEAKEN • 1918 • SHT
DUCK OUT OF WATER, A • 1918 • SHT
EXTRA BRIDEGROOM, THE • 1918 • SHT
GIVE HER GAS • 1918 • SHT
GUILTY • 1918 • SHT
GUILTY EGG, THE • 1918 • SHT
HEARTS AND LET US • 1918 • SHT
HOUSE-CLEANING HORRORS • 1918 • SHT
KNOCKOUT, THE • 1918 • SHT
MAID WANTED • 1918 • SHT
MUM'S THE WORD • 1918 • SHT
PIGSKIN HERO, A • 1918 • SHT
PLEASE HELP ME • 1918 • SHT
PRICE OF A ROTTEN TIME, THE • 1918 • SHT
RIPPING TIME, A • 1918 • SHT
SHOT IN THE DUMBWAITER • 1918 • SHT
STEPPING SOME • 1918 • SHT
TAIL OF A CAT, THE • 1918 • SHT
VAMP CURE, THE • 1918 • SHT
WHOSE BABY ARE YOU? • 1918 • SHT
ALL BOUND 'ROUND • 1919 • SHT
BULLSHEVIKS, THE • 1919 • SHT
DOG GONE SHAME, A • 1919 • SHT
EXPERT ELOPER, THE • 1919 • SHT
FUN IN A FLAT • 1919 • SHT
HALF AND HALF • 1919 • SHT
HIS BODY FOR RENT • 1919 • SHT
HIS FRIEND'S TIP • 1919 • SHT
HOW'S YOUR HUSBAND? • 1919 • SHT
IN THE GOOD OLD DAYS • 1919 • SHT
KITCHEN POLICE • 1919 • SHT
LAY OFF! • 1919 • SHT
MARRY MY WIFE • 1919 • SHT
MISSING HUSBAND • 1919 • SHT
MIXED TALES • 1919 • SHT
MODEL HUSBAND, A • 1919 • SHT
OH, OH NURSIE! • 1919 • SHT
PENNY ANTE • 1919 • SHT
SCARED STIFF • 1919 • SHT
SKIDDING THRONES • 1919 • SHT
SMELL OF THE YUKON, THE • 1919 • SHT
TEN NIGHTS IN A TEA ROOM • 1919 • SHT
THREE IN A CLOSET • 1919 • SHT
TICK TOCK MAN, THE • 1919 • SHT
UP THE FLUE • 1919 • SHT
WAITING AT THE CHURCH • 1919 • SHT
WHO'S HER HUSBAND • 1919 • SHT
WIFE BREAKERS, THE • 1919 • SHT
WISE WIVES • 1919 • SHT
WOES OF A WOMAN • 1919 • SHT
AIN'T NATURE WONDERFUL? • 1920 • SHT
BUNGLED BUNGALOWS • 1920 • SHT
BUTTING IN ON BABY • 1920 • SHT
CAUGHT IN THE END • CREEPING FLAMES • 1920

CONCRETE BISQUITS • 1920 • SHT
DOWNING AN UPRISING • 1920 • SHT
EVERYTHING BUT THE TRUTH • 1920
FIXED BY GEORGE • 1920
LA LA LUCILLE • 1920
LATEST IN PANTS, THE • 1920 • SHT
NON-SKID LOVE • 1920 • SHT
OFFICER, CALL A COP • 1920 • SHT
OILING UNCLE • 1920 • SHT
OLD CLOTHES FOR NEW • 1920 • SHT
ONCE A PLUMBER • 1920
PICK OUT YOUR HUSBAND • 1920 • SHT
SOME SHIMMIERS • 1920 • SHT
SOMEBODY LIED • 1920 • SHT
STOP THAT SHIMMIE • 1920 • SHT
STOP THAT WEDDING • 1920 • SHT
SWEET DRY AND DRY, THE • 1920 • SHT
SWEET PATOOTIE • 1920 • SHT
TOO MANY BURGLARS • 1920 • SHT
WHY LEE! • 1920 • SHT
WIVES AND OLD SWEETHEARTS • 1920 • SHT
SHOCKING NIGHT, A • 1921

MORAN PERCY – UKN
DARING JACK
LILY OF LETCHWORTH LOCK • 1912
OHMS –OUR HELPLESS MILLIONS SAVED • 1914
BRITAIN'S NAVAL SECRET • 1915
HOW MEN LOVE WOMEN • 1915
LONDON NIGHTHAWKS • 1915
NURSE AND MARTYR • 1915
PARTED BY THE SWORD • 1915
SLAVERS OF THE THAMES • 1915
LONDON'S ENEMIES • 1916
REDEMPTION OF HIS NAME, THE • 1918
JACK, SAM AND PETE • 1919
FIELD OF HONOUR, THE • 1922
LIEUTENANT DARING R.N. AND THE WATER RATS • 1924

MORANDI ARMANDO – ITL
PAZIENZA HA UN LIMITE.. NOI NO!, LA • 1975

MORANDI CARLO – ITL
GIRO DI BOA • 1975

MORANDI GUGLIELMO – ITL – 1913–
MOORE BILLY
ORO DI LONDRA, L' • GOLD OF LONDON, THE • 1967

MORANIS RICK – CND
STRANGE BREW • 1983

MORANTE MILBURN – Actor – USA – 1888–1964
MORANTI MILBURN
HENPECKED AND PECKED HENS • 1920
OPEN THE BARS • 1920
PRINCE OF DAFFYDIL • 1920 • SHT
SIMP AND SATIN • 1920 • SHT
SWEET DYNAMITE • 1920 • SHT
HEARTS O' THE RANGE • 1921
BLIND CIRCUMSTANCES • 1922
DIAMOND CARLISLE • SOLACE OF THE WOODS • 1922
HATE TRAIL, THE • 1922
BUCKING THE TRUTH • 1926
CHASING TROUBLE • 1926
ESCAPE, THE • 1926

MORANTES CARLOS GONZALEZ – MXC
DERROTA • DEFEAT • 1972
OTRO CRIMEN, EL • OTHER CRIME, THE • 1990

MORANTI MILBURN see **MORANTE MILBURN**

MORASSI MAURO – ITL – 1925–
COCCO DI MAMMA, IL • MUMMY'S DARLING • 1957
JUKE BOX, URLI D'AMORE • 1959
MARITI IN PERICOLO • 1961
SUCCESSO, IL • SUCCESS, THE (USA) • 1963

MORAT LUITZ see **LUITZ-MORAT**

MORAVEC JAN – CZC
MUZ, KTERY STOUPL V CENE • MAN WHOSE PRICE WENT UP, THE • 1967

MORAYTA MICHAEL see **MORAYTA MIGUEL**

MORAYTA MIGUEL – MXC
MORAYTA MICHAEL
CAMINITO ALEGRE • 1943
RECUERDOS DE MI VALLE • 1944
AMOR DI UNA VIDA • 1945
EL QUE MURIO DE AMOR • 1945
QUE MURIO DE AMOR, EL • HE WHO DIED OF LOVE • 1945
YO FUI UNA USURPADORA • 1945
PASAJERO DIEZ MIL, EL • 1946
SECRETO DE JUAN PALOMO, EL • 1946
SIETE NINOS DE ECIJA, LOS • 1946
CASA COLORADA, LA • 1947
HERMANA IMPURA, LA • 1947
CHARRO A LA FUERZA • 1948
MUJER DEL OTRO, LA • 1948
DAMA TORERA, LA • 1949
GRITO EN EL NOCHE, EL • 1949
HIPOCITA • 1949
VENENOSA, LA • 1949
VIRGEN DESNUDA, LA • 1949
AMOR PERDIDO • 1950
CAMINO DEL INFIERNO • 1950
VAGABUNDA • 1950
DANCING • SALON DE BAILE • 1951
DELIRIO TROPICAL • 1951
ESPECIALISTA EN SENORAS • 1951
ELLA, LUCIFER Y YO • SHE, LUCIFER AND I • 1952
MARTIR DEL CALVARIO, EL • 1952
INTRUSA, LA • 1953
FUERZA DE LOS HUMILDES, LA • STRENGTH OF THE HUMBLE, THE • 1954
MORIR PARA VIVIR • 1954
SECRETO DE UNA MUJER, EL • 1954
CARA DE ANGEL • 1955
MEDIAS DE SEDA, LA • 1955
MEDICO DE LAS LOCAS, EL • 1955
SOY UN GOLFO • 1955
TRES VALIENTES CAMARADAS • 1955
TU Y LAS NUBES • 1955
ALMA DE ACERO • 1956
QUE ME TOQUEN LAS GOLONDRINAS • 1956
TRES BOHEMIOS, LOS • 1956
AMOR SE DICE CANTANDO • 1957
MUJER MARCADA, LA • 1957
ROGACIANO EL HUAPANGUERO • 1957
SOCIOS PARA LA AVENTURA • 1957
VENENOSA, LA • 1957
VAGABUNDO Y MILLONARIO • 1958
VISTETE CRISTINA • 1958
ME IMPORTA POCO • 1959
VIVA QUIEN SABE QUERER! • 1959
DOS TONTOS Y UN LOCO • 1960
INVASION DE LOS VAMPIROS, LA • INVASION OF THE VAMPIRES, THE (USA) • 1961
SIEMPRE HAY UN MANANA • VIDA DEL PADRE LAMBERT, LA • 1961
DERECHOS DE LOS HIJOS, LOS • 1962
RUTILO EL FORASTERO • 1962
VAMPIRO SANGRIENTO, EL • BLOODY VAMPIRE, THE (USA) ○ CONDE FRANKENHAUSEN, EL ○ COUNT FRANKENHAUSEN • 1962
JUAN GUERRERO • 1963
AY, JALISCO, NO TE RAJES! • 1964
REYES DEL VOLANTE, LOS • 1964
JOSELITO VAGABUNDO • 1965
DESNUDARSE O MORIR • 1966
DETECTIVES O LADRONES • DOS AGENTES INOCENTES • 1966
DR. SATAN, EL • DR. SATAN AND THE BLACK MAGIC • 1966
TRES MOSQUETEROS DE DIOS, LOS • 1966
GUERRILLERA DE VILLA, LA • VILLA'S WOMAN GUERRILLA FIGHTER • 1967
SEGUIRE TUS PASOS • I'LL FOLLOW IN YOUR STEPS • 1968
VESTIDAS Y ALBOROTADAS • THEY WERE LEFT JUST BEFORE MARRIAGE • 1968

MORAZ PATRICIA – SWT
INDIENS SONT ENCORE LOIN, LES • INDIANS ARE STILL FAR AWAY, THE (UKN) • 1977
CHEMIN PERDU, LE • LOST WAY, THE • 1980

MORAZAIN JEANNE – CND
A QUI APPARTIENT CE GAGE? • 1973

MORDACQ PHILIPPE – FRN – 1943–
BLACKOUT • NAUFRAGEUR, LE • 1977

MORDAUNT RICHARD – UKN
VOICES • 1968

MORDENTE TONY – USA
MAVI • 1978
A-TEAM: THE COURT MARTIAL, THE • A-TEAM: TRIAL BY FIRE ○ LAST COURT MARTIAL, THE • 1985 • TVM

MORDER JOSEPH – T&T – 1949–
LAPIN A DEUX TETES, JOURNAL FILME NO.6, LE • 1981
AU PETIT SUISSE, JOURNAL FILME N.7 • 1982

MORDILLAT GERARD – FRN – 1949–
VOIX DE SON MAITRE, LA • 1977 • DOC
BATAILLE A COMMENCE A LANDEREAU, LA • 1978 • DOC
CONFIDENCES SUR L'OUVRIER • 1978 • DOC
PATRONS / TELEVISION • 1978 • SER
PEPIN DANS LA BOITE, UN • 1978 • DOC
VIVE LA SOCIALE! • 1982

MORE O'FERRALL GEORGE see **O'FERRALL GEORGE M.**

MOREAU GABRIEL – FRN
INVISIBLES, LES • INVISIBLE THIEF (USA) • 1905
POULE AUX OEUFS D'OR, LA • CHICKEN THAT LAID GOLDEN EGGS, THE • 1906
TRILOGIA DI MACISTE, LA • 1919

MOREAU JEANNE – Actress – FRN – 1928–
LUMIERE, LA • LUMIERE (USA) • 1976
ADOLESCENTE, L' • ADOLESCENT, THE ○ ADOLESCENT GIRL, THE • 1978

MOREAU MICHEL – FRN – 1931–
TROIS LECTEURS EN DIFFICULTE • 1968 • DOC
A SIX ANS.. UN MAGNETOPHONE • 1970 • DCS
ASSIETTES LOGIQUES, LES • 1970 • DCS
ASTRONAUTES ENSEMBLISTES, LES • 1970 • DCS
AUDIOVISION NO.17 • 1970 • DCS
BONJOUR MONSIEUR TURGEON • 1970 • DCS
COMMUNICATION A 13 ANS • 1970 • DCS
DIMENSIONS DE LA CLASSE • 1970 • DCS
GEOGRAPHIE ET CINQ MEDIA, LA • 1970 • DCS
JUMEAUX SYMETRIQUES, LES • 1970 • DCS
LAPINS VERSUS POISSONS • 1970 • DCS
LUCILLE • 1970 • DCS
MIROIRS ET PLIAGES • 1970 • DCS
OISEAUX CLASSIFIES, LES • 1970 • DCS
ROBOT ORDONNATEUR, LE • 1970 • DCS
SAFARI TOPOLOGIQUE, LE • 1970 • DCS
TEMPS DES EVENEMENTS, LE • 1970 • DCS
APPRENTISSAGE ET MOUVEMENTS • 1971 • DCS
CHRONIQUE D'UNE OBSERVATION • 1971 • DCS
MANIPULATION DE LA FERMETURE A GLISSIERE • 1971 • SHT
ADIEU, MONSIEUR LE PROFESSEUR • 1972 • DCS
AU SEUIL DE L'OPERATOIRE • 1972 • DOC
MAL DE PARLER, LE • 1972 • DCS
QUATRE JEUNES ET TROIS BOSS • 1972 • DOC
Y A DU COEUR AU PROGRAMME • 1972 • DCS
A L'AISE DANS MA JOB • 1973 • DCS
LECON DES MONGOLIENS, LA • 1973 • DOC
COMBAT DES SOURDS, LE • 1974 • DOC
DEBILES LEGERS, LES • 1974
BESOINS CACHES • 1975 • DCS
TROIS CENTS SOURDS EN VOIE D'INTEGRATION • 1975 • DOC
ABANDONS SUCCESSIFS, LES • 1975–77
AUTOPSIE D'UNE EXCLUSION • 1975–77 • DCS
ENFANTS DE L'EMOTION, LES • 1975–77 • DCS
FRAGILES ESPOIRS • 1975–77 • DCS
GESTES ABSURDES • 1975–77 • DCS
POIDS DE L'ETIQUETTE: L'EPILEPSIE • 1975–77 • DCS
REVEIL DES AVEUGLES, LE • 1975–77 • DCS
JULES LE MAGNIFIQUE • 1976 • DOC
CHAISES ROULANTES, LES • 1977 • DCS
ENFANTS DU QUEBEC, LES • 1979 • DOC
DUR METIER DE FRERE, LE • 1980 • MTV
MAISON APPRIVOISEE, UNE • 1980
NAISSANCE APPRIVOISEE, UNE • 1980
PREMIERES PAGES DU JOURNAL D'ISABELLE • 1980 • MTV
EN PASSANT PAR MASCOUCHE • 1981 • DOC
TRACES D'UN HOMME, LES • 1981 • MTV
MILLION TOUT-PUISSANT, LE • 1985

MOREAU ROLAND – ALG – 1941–
LIBIDO • 1973

MOREHEAD NED – USA
SEX-A-VISION • 1985
UNNATURAL ACT: PART 2, AN • 1986

MOREIRA JOAO – PRT
BOLA AO CENTRO • 1947

MOREL-MOLANDER OLOF – GRM
NUR EINE TANZERIN • 1926

MORELLI GIULIO – ITL – 1915–
ROCCIA INCANTATA, LA • 1950
CENTO PICCOLE MAMME • FIGLIO DI UN ALTRO, IL ○ CENTO PICCOLE MADRI • 1952
CAVALLINA STORNA, LA • 1956

MORENO ALBA RAFAEL – SPN
GALLOS DE PELEA • 1970
TRIANGULO • TRIANGLE • 1972
MELANCOLICAS, LAS • 1973
EXORCISM'S DAUGHTER • HOUSE OF INSANE WOMEN • 1974
PEPITA JIMENEZ • BRIDE TO BE • 1975

MORENO ANTONIO – Actor – USA – 1888–1967
SANTA • 1931
AGUILAS FRENTE AL SOL • 1932
REVOLUCION • SOMBRA DE PANCHO VILLA, LA • 1932
GARBANCITO DE LA MANCHA • LITTLE KNIGHT, THE ○ LITTLE BEAN OF LA MANCHA • 1946 • ANM

MORENO ARMANDO – SPN
MARIA ROSA • 1964

MORENO ARTURO – SPN
ALEGRES VACACIONES • 1948

MORENO GABRIEL GARCIA see **GARCIA MORENO GABRIEL**

MORENO JOSE ELIAS see **ELIAS MORENO JOSE**

MORERA EDUARDO
IDOLOS DE LA RADIO • 1935
BUEN CAMINO, POR • 1936

MORETTI NANNI – ITL – 1953–
COME PARLI, FRATE? • 1974
IO SONO UN AUTACHICO • 1977
ECCE BOMBO • 1978
SOGNI D'ORO • 1981
BIANCA • 1984
MESSA E' FINITA, LA • MASS IS OVER, THE • 1985
PALOMBELLA ROSCA • LITTLE RED DOVE • 1990

MORETTI PIERRE – CND – 1931–
ENFANT.. UN PAYS, UN • 1967
CERVEAU GELE • FROZEN BRAIN, THE (USA) • 1969 • ANS
BRONZE • 1970
N'AJUSTEZ PAS • 1970
HINDRANCE • ANS
MODULO: VARIATIONS SUR UN DESIGN • MODULO • 1974
VARIATIONS GRAPHIQUES SUR TELIDON • 1981
BIOSCOPE • 1983

MOREUIL FRANCOIS – FRN – 1934–
RECREATION, LA • PLAYTIME (USA) ○ LOVE PLAY • 1961

MORGAN CHARLES – FRN
OEIL ET FANTASMES SEXUELS, L'

MORGAN GEORGE – USA
MOTHER'S WAY, A • 1914
WAY HOME, THE • 1914
AMONG THOSE KILLED • 1915
ARLINE'S CHAUFFEUR • 1915
AT THE ROAD'S END • 1915
AVENGING SEA, THE • 1915
BARRIER BETWEEN, THE • 1915
BEHIND THE MASK • 1915
BROODING HEART, THE • 1915
DAWN OF COURAGE, THE • 1915
FATE'S HEALING HAND • 1915
HEART OF AN ACTRESS, THE • 1915
HEART'S HUNGER • 1915
HER RENUNCIATION • 1915
LOVE'S RESCUE • 1915
MAN FROM TOWN, THE • 1915
MASKED FATE • 1915
MYSTERY OF HENRI VILLARD, THE • 1915
OLD AND THE NEW, THE • 1915
ONE FORGOTTEN, THE • 1915
SHERIFF'S TRAP, THE • 1915
STRAY SHOT, THE • 1915
STRONGER THAN LOVE • 1915
SUMMONING SHOT, THE • 1915
TEAR ON THE PAGE, THE • 1915
TESS OF THE HILLS • 1915
THEIR VILLAGE FRIEND • 1915
TO HAVE AND TO LOSE • 1915
TRIPLE WINNING, A • 1915
WANDERER'S PLEDGE, THE • 1915
LURKING PERIL, THE • 1920 • SRL

MORGAN GLENN – USA
INCOMING FRESHMEN • INCOMING FRESHMAN • 1979

MORGAN GOULD – USA
PUSS IN BOOTS • 1917 • SHT

MORGAN HERBERT – USA
PEOPLE ON PAPER • 1945 • SHT

MORGAN HORACE – UKN
GEORGE ROBEY'S DAY OFF • 1918

MORGAN SIDNEY – UKN
BRASS BOTTLE, THE • 1914
DR. PAXTON'S LAST CRIME • 1914
GREAT SPY RAID, THE • 1914
HUNS OF THE NORTH SEA • 1914
ESTHER REDEEMED • 1915
IRON JUSTICE • 1915
LIGHT • 1915
LORD GAVE, THE • WORLD'S DESIRE, THE • 1915
OUR BOYS • 1915
CHARLATAN, THE • 1916
STOLEN SACRIFICE, THE • 1916
TEMPTATION HOURS • FRAILTY • 1916
WHAT'S BRED.. COMES OUT IN THE FLESH • 1916
AULD LANG SYNE • 1917
BID FOR FORTUNE, A • 1917
DERELICTS • 1917
DRINK • 1917
BECAUSE • 1918
DEMOCRACY • 1918
AFTER MANY DAYS • 1919
ALL MEN ARE LIARS • 1919
SWEET AND TWENTY • 1919
BLACK SHEEP, THE • 1920
BY BERWIN BANKS • 1920
CHILDREN OF GIBEON, THE • 1920
LADY NOGGS -PEERESS • 1920
LITTLE DORRIT • 1920
MAN'S SHADOW, A • 1920
SCARLET WOOING, THE • 1920
TWO LITTLE WOODEN SHOES • 1920
WOMAN OF THE IRON BRACELETS, THE • 1920
LOWLAND CINDERELLA, A • 1921
MAYOR OF CASTERBRIDGE, THE • 1921
MOTH AND RUST • 1921
FIRES OF INNOCENCE • 1922
LILAC SUNBONNET, THE • 1922
WOMAN WHO OBEYED, THE • SHALL A WOMAN OBEY • 1923
MIRIAM ROZELLA • 1924
SHADOW OF EGYPT, THE • SHADOW OF THE MOSQUE, THE • 1924
BULLDOG DRUMMOND'S THIRD ROUND • THIRD ROUND, THE • 1925
MORDSMADEL, EIN • 1927
THOROUGHBRED, THE • 1928
WINDOW IN PICCADILLY, A • 1928
CONTRABAND LOVE • 1931
HER REPUTATION • 1931
CHELSEA LIFE • 1933
MIXED DOUBLES • 1933
FACES • 1934
MINSTREL BOY, THE • 1937

MORGAN W. T. – USA
X: THE UNHEARD MUSIC • 1986

MORGAN WILLIAM – USA
BOWERY BOY • 1941
GAY VAGABOND, THE • 1941
MERCY ISLAND • 1941
MR. DISTRICT ATTORNEY • 1941
SIERRA SUE • 1941
SUNSET IN WYOMING • 1941
BELLS OF CAPISTRANO • 1942
COWBOY SERENADE • SERENADE OF THE WEST (UKN) • 1942
HEART OF THE RIO GRANDE, THE • 1942
HOME IN WYOMIN' • 1942
STARDUST ON THE SAGE • 1942
HEADIN' FOR GOD'S COUNTRY • 1943
SECRETS OF THE UNDERGROUND • 1943
FUN AND FANCY FREE • 1947 • ANM

MORGENSHTERN V. – USS
IZ GLUBINY STOLETIY • INSIDE THE KREMLIN • 1961

MORGENSTERN JANUSZ – PLN – 1922–
DO WIDZENIA DO JUTRA • SEE YOU TOMORROW (UKN) • 1960
PRZYGODA W TERENIE • ADVENTURE IN THE COUNTRY • 1960 • SHT
AMBULANS • AMBULANCE • 1962 • SHT
JUTRO PREMIERA • PREMIERE TOMORROW ○ OPENING TOMORROW • 1962
DWA ZEBRA ADAMA • ADAM'S TWO RIBS • 1964
LEON KRUCZKOWSKI • 1964 • DCS
TADEUSZ KULISIEWICZ • 1964 • DOC
ZYCIE RAL JESZCZE • LIFE ONCE AGAIN ○ LIFE ONCE MORE • 1964
POTEM NASTAPI CISZA • AND ALL WILL BE QUIET • 1966
JOWITA • YOVITA (USA) ○ JOVITA • 1967
STAWKA WIEKSZA NIZ ZYCIE • STAKE GREATER THAN LIFE, A • 1967–69 • SER
KOLUMBOWIE • COLUMBUSES, THE • 1970 • SER
TRZEBA ZABIC TE MILOSC • THIS LOVE MUST BE KILLED ○ KILL THAT LOVE ○ TO KILL THIS LOVE • 1972
GODZINA W • 1979

MORGER PIUS – SWT
AUS ALLEM RAUS UND MITTEN DRIN • 1988

MORI ISSEI – JPN
KETTO KAGIYA NO TSUJI • DUEL AT THE KEYMAKER'S CORNER ○ DUEL AT KAGIYA CORNER, THE • 1951
HANA NO KODOKAN • RISE OF KODOKAN, THE • 1953
INAZUMA KAIDO • 1957
SUJAKO MON • LOVE OF THE PRINCESS ○ SUJAKUMON • 1957
TEKICHU ODAN SANBYAKU RI • THREE HUNDRED MILES THROUGH ENEMY LINES • 1957
HITOHADA KUJAKU • 1958
MITSUME NO CHOJIN • 1958
SCHICHIBAN ME NO MISSHI • 1958
CHIFUBUKI SHIMODA-KAIDO • 1959
HAKUOKI • 1959
NUREGAMI KENKA TABI • 1960
SHIRANUI KENGYO • 1960
ZOKU JIROCHI FUJI • JIROCHI THE CHIVALROUS • 1960
KAIDAN KAKUIDORI • GHOST STORY OF KAKUI STREET • 1961
DAIMAJIN GUAKUSHU • MAJIN STRIKES AGAIN (USA) • 1966
ARU KOROSHIYA NO KAGI • KILLER'S KEY, A • 1967
WAKAOYABUN KYOJOTABI • CRIMINAL JOURNEY OF A YOUNG BOSS • 1967
HIROKU ONNAGURA • YOSHIWARA STORY, THE • 1968
TEPPO DENRAIKI • SAGA OF TANEGASHIMA • 1968
SHUTSUGOKU YONJUHACHI JIKAN • 48-HOUR PRISON BREAK • 1969
YOTSUYA KAIDAN -OIWA NO BOREI • CURSE OF THE NIGHT, THE ○ GHOST OF YOTSUYA, THE • 1969

MORI KAZUO – JPN
TEBUKURO O NUGASO ONNA • WOMAN TAKES OFF HER GLOVES, A • 1946
TEBUKURO O NUGASU OTOKO • MAN TAKING OFF HIS GLOVES, THE • 1946
YARIODORI GOJUSANTSUGI • SPEAR DANCE OF 53 STATIONS • 1946
KUROUN KAIDOU • LINE OF BLACK CLOUDS, A • 1948
OMAGATSUJI NO KETTO • OMAGATSUJI'S DUEL • 1951
BAKU WA TOUKICHIROH • I AM TOKICHIRO • 1955
NANATSU NO KAWO NO GUINJI • GUINJI WITH SEVEN FACES • 1955
ORE WA TOKICHIRO • 1955
AKADO SUZUNOSUKE • 1958
ANO SHISOSHA O NERAE • SPY ON THE MASKED CAR • 1967
AKUMYO JU-HACHI BAN • NOTORIOUS MAN RETURNS, THE • 1968

MORI KOTA – JPN
KAWA, ANO URAGIRI GA OMOKU • RIVER -POEM OF WRATH, THE • 1967

MORI MASAKI – JPN
YOTSUYA KAIDAN • GHOST OF YOTSUYA, THE • 1956
TENKA NO ONI YASHA HIME • 1957
AWADANUKI HENGE SODO • 1958
HIRYU TEKKAMEN • 1958
JUKU WA HANAZAKARI • 1958
KANHASSHU KENKAJIN • 1958
MABOROSHI GISTANE • 1958
MITO KROMON TO ABARE HIME • 1958
MUSUME • 1958
UKIYO BURO NO SHIBIJIN • 1958
HIJIRIMEN ONNA DAIMYO • 1959
KAIDAN KAGAMI-GA-FUCHI • GHOST OF KAGAMI-GA-FUCHI • 1959
DAI TENGU SHUTSUGEN • 1960

MORIKAWA TOKIHISA – JPN
WAKAMONO TACHI • LIVE YOUR OWN WAY (USA) ○ YOUNG ONES, THE ○ WAKAMONOTACHI • 1967
WAGA SEISHUN NO TOKI • DAYS OF MY YOUTH, THE • 1974
KIMI GA KAGAYAKU TOKI • GLITTERING YOU • 1985
JIRO MONOGATARI • STORY OF JIRO, THE • 1988

MORIN EDGAR – FRN – 1921–
CHRONIQUE D'UN ETE • CHRONICLE OF A SUMMER (USA) • 1961 • DOC

MORIN ROBERT – CND
TRISTESSE MODELE REDUIT • SADNESS REDUCED TO GO • 1988

MORINAGA KENJIRO – JPN
AI WA OSHIMINAKU • SINGING FOR LOVE • 1967
HANA TO KAIJITSU • SUNLIGHT AND SHADOWS • 1967
KOIBITO O SAGASO • FIVE BRIDGES, THE • 1967
YUHI GA NAITEIRU • EVENING SUN IS CRYING, THE • 1967
ARU SHOJO NO KOKUHAKU -JUNKETSU • CONFESSION OF A YOUNG GIRL -VIRGINITY • 1968
DARE NO ISU? • CHAIR FOR SOMEBODY, A • 1968
KOIBITO TO YONDE MITAI • PUPPY-LOVE SINGERS, THE • 1968
THE SPIDERS NO DAISODO • HERE COME THE SPIDERS • 1968

MORISAKI AZUMA – JPN
KIGEKI: ONNAWA DOKYO • WOMEN CAN'T BE BEATEN • 1970
KUROKI TARO NO BOKEN • ADVENTURE OF KUROKI TARO • 1977

MORISAKI HIGASHI – JPN
JIDAIYA NO NYOBO • WIFE IN THE ANTIQUE SHOP, A • 1983
HEI NO NAKA NO KORINAI MENMEN • STUBBORN GUYS BEHIND THE WALLS • 1988

MORITA YOSHIMITSU – JPN
KAZUKO GEEMU • FAMILY GAME ○ KAZUKO GAME • 1983
SOREKARA • AND THEN • 1985

MORITANI SHIRO – JPN
DAI KUSEN • ZERO FIGHTER • 1966
SODACHI-ZAKARI • SEVENTEEN • 1967
ZOKU IZUKOE • TOO MANY MOONS • 1967
ANIKI NO KOIBITO • MY BROTHER, MY LOVE • 1968
KUBI • JUDGE AND JEOPARDY • 1968
DANKON • BULLET WOUND • 1969
AKUZUKINCHAN KIOTSUKETE • BE CAREFUL RED RIDING HOOD • 1970
NIHON CHINBOTSU • TIDAL WAVE (USA) ○ SUBMERSION OF JAPAN, THE ○ NIPPON CHINBOTSU • 1973
HAKKODA-SAN • MT.HAKKODA • 1976
SEISHOKU NO ISHIZUE • FOUNDATION OF THE ORDINATION, THE • 1978
DORAN • UPHEAVAL • 1979
HYORYU • WRECKAGE • 1982
KAIKYO • TUNNEL BELOW THE STRAIT ○ STRAIT • 1983
SHOSETSU YOSHIDA GAKKO • NOVEL, POLITICIAN'S SCHOOL ○ NOVEL: YOSHIDA SCHOOL • 1983

van MORKERKEN E. see **van MORKERKEN EMILE**

van MORKERKEN EMILE – NTH
van MOERKERKEN EMILE • van MORKERKEN E.
CUCKOO WALTZ • 1953 • SHT
LIMEHOUSE BLUES • 1953 • SHT
WADLOPERS • WADERS, THE • 1959
VOLGEND JAAR IN HOLYSLOOT • NEXT YEAR IN HOLYSLOOT • 1983 • SHT

MORLAND JOHN – UKN
CHURCH PARADE FROM "THE CATCH OF THE SEASON" • 1907
CRIMINAL CRIED, THE • 1907
DOWN BY THE OLD BULL AND BUSH • 1907
FLOWERS THAT BLOOM IN THE SPRING, THE • 1907
FLY ANN • 1907
FOUR JOLLY SAILOR BOYS FROM "THE PRINCESS OF KENSINGTON" • 1907
GOOD EVENING • 1907
GREAT FINALE TO ACT 1 (THE YEOMAN OF THE GUARD) • 1907
HERE UPON WE'RE BOTH AGREED • 1907
HERE'S A FINE HOW D'YE DO • 1907
I WOULD LIKE TO MARRY YOU • 1907
IF YOU WANT TO KNOW WHO WE ARE • 1907
IT'S A DIFFERENT GIRL AGAIN • 1907
LORD HIGH EXECUTIONER, THE • 1907
MIYA SAMA • 1907
MORE HUMAN MIKADO, A • 1907
OLD FOLKS AT HOME, THE • 1907
OUR GREAT MIKADO • 1907
RIDING ON TOP OF A CAR • 1907
THEY CAN'T DIDDLE ME • 1907
THREE LITTLE MAIDS • 1907
TIT WILLOW • 1907
WAITING FOR HIM TONIGHT • 1907
WANDERING MINSTREL, A • 1907
WE ALL WALKED INTO THE SHOP • 1907
WERE I THY BRIDE • 1907
WERE YOU NOT TO KOKO PLIGHTED • 1907
WHAT D'YER WANT TO TALK ABOUT IT FOR? • 1907
WHERE OH WHERE HAS MY LITTLE DOG GONE? • 1907
ZUYDER ZEE • 1907

MORLEY PETER – UKN
25 YEARS • 25 YEARS -IMPRESSIONS • 1976 • DOC
KITTY: RETURN TO AUSCHWITZ • 1979 • DOC

MORLEY ROYSTON – UKN
ATTEMPT TO KILL • 1961

MORLHON – FRN
ELECTROCUTE, L' • 1911

de MORLHON CAMILLE – FRN – 1869–1952
MATER DOLOROSA • 1909
OLIVIER CROMWELL • 1909
SEMIRAMIS • 1909
MADAME DU BARRY • 1910
PETITE GOSSE • 1910
REINE MARGOT, LA • 1910
FOUQUET • 1911
MADAME TALLIEN • 1911
RODOGUNE • 1911
AFFAIRE DU COLLIER DE LA REINE, L' • 1912
AMBITIEUSE, L' • 1912
BRITANNICUS • 1912
EPISODE DE 1812 • 1912
MAINS D'YVONNE, LES • 1912
BROYEUSE DE COEUR, LA • 1913
CALOMNIEE • 1913
DON QUICHOTTE • 1913
ESCARPOLETTE TRAGIQUE, L' • 1913
SACRIFICE SURHUMAIN • 1913
USURIER, L' • 1913
BRUTE HUMAINE, UNE • 1914
INFAMIE D'UNE AUTRE, L' • 1914
VIEILLESSE DU PERE MOREUX, LA • 1914
EFFLUVES FUNESTES • 1916
SECRET DE GENEVIEVE, LE • 1916
MARYSE • 1917
MISERICORDE • 1917
ORAGE, L' • 1917
EXPIATION • 1918
SIMONE • 1918
IRIS BLEU, L' • 1919
FABIENNE • 1920
FILLE DU PEUPLE • 1920
FLEUR DANS LES LES RONCES, UNE • 1921
ROUMANIE, TERRE D'AMOUR • 1930

MORMONENKO GRIGORI see **ALEXANDROV GRIGORI**

MORN J. A. – HKG
MASSAGE GIRLS IN BANGKOK • MASSAGE GIRLS

MORO BORJA see **MORO FRANCESCO DE BORJA**

MORO FRANCESCO DE BORJA – SPN
MORO BORJA
ERETICO, L' • HEREJE, EL (SPN) • 1958
EJERCITO BLANCO • 1959
HOMBRE DEL EXPRESO DE ORIENTE, EL • 1961

MORO JOSE LUIS SANTIAGO – MXC
SANTIAGO MORO JOSE LUIS
KATY • KATY CATERPILLAR • 1983

MORO PIERRE – USA
CHRISTMAS MOUNTAIN • 1980

MORODER GIORGIO – USA
METROPOLIS • 1984

MORONI MARIO – ITL
MIO NOME E MALLORY: "M" COME MORTE, IL • 1971
CIAK SI MUORE! • 1974

MOROSCO WALTER – USA
SILKEN SHACKLES • 1926
WHILE LONDON SLEEPS • 1926

MOROZOV V. – USS
ARE YOU JOKING? • 1973

MORPHET CHRISTOPHER – UKN
PLAYING THE THING • 1972 • SHT

MORRA MARIO – ITL
SORRISO, UNO SCHIAFFO, UN BACIO IN BOCCA, UN • 1975
ULTIME GRIDA DALLA SAVANA • GRANDE CACCIA, LA ○ SAVAGE MAN, SAVAGE BEAST ○ ZUMBALAH • 1975
SAVANA VIOLENTA • 1976
FORMULA UNO FEBBRE DELLA VELOCITA • SPEED FEVER • 1978

MORRIS – Animator – BLG – 1923–
de BEVERE MAURICE
LUCKY LUKE • LUCKY LUKE: DAISY TOWN • 1971 • ANM
BALLADE DES DALTON, LA • LUCKY LUKE: BALLAD OF THE DALTONS ○ LUCKY LUKE AND THE DALTON GANG • 1978 • ANM
LUCKY LUKE, LES DALTONS EN CAVALE • DALTONS EN CAVALE, LES • 1983 • ANM

MORRIS BERNHARD – USA
MARY, MARY • 1976

MORRIS CHARLES – USA
REGULAR CUT-UPS • 1919 • SHT
HIS LUCKY BLUNDER • 1920 • SHT

MORRIS DAVID BURTON – USA – 1948–
LOOSE ENDS • 1975
PURPLE HAZE • 1983
PATTI ROCKS • 1988
WAR STORY 2 • VIETNAM WAR STORY 2 ○ VIETNAM WAR STORY • 1989

MORRIS EARL – USA
THIN BLUE LINE, THE • 1989 • DOC

MORRIS ERNEST – UKN – 1915–
OPERATION MURDER • 1957
SON OF A STRANGER • 1957
THREE SUNDAYS TO LIVE • 1957
BETRAYAL, THE • 1958
ON THE RUN • 1958
THREE CROOKED MEN • 1958
WOMAN OF MYSTERY, A • 1958
NIGHT TRAIN FOR INVERNESS • 1960
OPERATION STOGIE • 1960
TELL-TALE HEART, THE • HIDDEN ROOM OF 1000 HORRORS, THE • 1960
COURT MARTIAL OF MAJOR KELLER, THE • 1961
HIGHWAY TO BATTLE • 1961
STRIPTEASE MURDER • 1961
TARNISHED HEROES • 1961
TRANSATLANTIC • 1961
MASTERS OF VENUS • 1962 • SRL
NIGHT CARGOES • 1962 • SRL
SPANISH SWORD, THE • 1962
THREE SPARE WIVES • 1962
WHAT EVERY WOMAN WANTS • 1962
ECHO OF DIANA • 1963
SHADOW OF FEAR • 1963
FIVE HAVE A MYSTERY TO SOLVE • 1964 • SRL
SICILIANS, THE • 1964
RETURN OF MR. MOTO, THE • MR. MOTO AND THE PERSIAN OIL CASE • 1965

MORRIS ERROL – USA
GATES OF HEAVEN • 1978 • DOC

MORRIS F. L. see **MERIGHI FERDINANDO**

MORRIS HOWARD – Actor – USA – 1919–
WHO'S MINDING THE MINT? • 1967
WITH SIX YOU GET EGGROLL • 1968
DON'T DRINK THE WATER • 1969
GOIN' COCONUTS • 1978

MORRIS JOHN – ASL
CHILDREN'S THEATRE • 1961

MORRIS JUDY – ASL
LUIGI'S LADIES • 1988

MORRIS REGGIE – USA
MORRIS REGINALD
FALSE TO THE FINISH • 1917 • SHT
DID SHE DO WRONG? • 1918 • SHT
BACK TO THE KITCHEN • 1919 • SHT
DABBLING IN SOCIETY • 1919 • SHT
FATHER'S CLOSE SHAVE • 1920 • SHT
JIGGS AND THE SOCIAL LION • 1920 • SHT
JIGGS IN SOCIETY • 1920 • SHT
UP IN BETTY'S BEDROOM • 1920
WATCH YOUR HUSBAND • 1920 • SHT
MEDIUM SPIRITS • 1921 • SHT
MARRIAGE CIRCUS, THE • 1925 • SHT
WHEN WINTER WENT • 1925

MORRIS REGINALD see **MORRIS REGGIE**

MORRIS ROBERT see **MAURI ROBERTO**

MORRISEY ED see **MORRISEY EDWARD**

MORRISEY EDWARD – USA
MORRISSEY EDWARD • MORRISEY ED
BACKSLIDER, THE • 1914
BETTER UNDERSTANDING, A • 1914
COUNTERFEITER'S DAUGHTER, THE • 1914
JUST A BIT OF LIFE • 1914
PEG O' THE WILD-WOOD • 1914
SECRET NEST, THE • 1914
SUFFERING OF SUSAN, THE • 1914
THEIR LITTLE DRUDGE • 1914
WIFE'S STRATAGEM, THE • 1914
WORKING GIRL'S ROMANCE, A • 1914
BOBBY'S BARGAIN • 1915
FIXER, THE • 1915
GIRL HATER, THE • 1915
HIS LAST WISH • 1915
HIS POOR LITTLE GIRL • 1915
HIS WARD'S SCHEME • 1915
LADY OF DREAMS, A • 1915
LETTER TO DADDY, A • 1915
LITTLE RUNAWAYS, THE • 1915
LITTLE SCAPEGOAT, THE • 1915
LITTLE SLAVEY, THE • 1915
LOVE'S MELODY • 1915
NEED OF MONEY, THE • 1915
WHEN HEARTS ARE YOUNG • 1915
HOUSE BUILT UPON SAND, THE • 1917
STAGE STRUCK • 1917
POINTING FINGER, THE • NO EXPERIENCE REQUIRED • 1919

MORRISON BRUCE – NZL
CONSTANCE • 1984
QUEEN CITY ROCKER • 1985
SHAKER RUN • 1985

MORRISON GEORGE – IRL
MISE EIRE • 1958
SAOIRSE? • FREEDOM • 1961
ANCIENT SCULPTURE OF IRELAND • 1969 • DOC
THREE THOUSAND MILES OF DANGER • 1969 • DOC

MORRISON JACK – ISR
OPERATION BLACK SEPTEMBER • 1976

MORRISON JANE see **MORRISON JEANNE**

MORRISON JEANNE – USA
MORRISON JANE
DOS MUNDOS DE ANGELITA, LOS • TWO WORLDS OF ANGELITA, THE • 1982

MORRISON LEE – UKN
MILES AGAINST MINUTES • 1924
PEACETIME SPIES • 1924
PIXIE AT THE WHEEL • 1924 • SER
SPEEDING INTO TROUBLE • 1924

MORRISON PAUL – USA
LIKE OTHER PEOPLE • 1972

MORRISON R. – ITL
ASSASSINO SENZA VOLTO • 1968

MORRISSEY EDWARD see **MORRISEY EDWARD**

MORRISSEY GEORGE – USA
GIRL AND THE MATINEE IDOL, THE • 1915
TWO STRAY SOULS • 1915

MORRISSEY PAUL – USA – 1939–
TAYLOR MEAD DANCES • 1963 • SHT
CIVILIZATION AND ITS DISCONTENTS • 1964
SLEEP • 1964
FLESH • 1968
TRASH • 1970
ANDY WARHOL'S WOMEN • WOMEN IN REVOLT ○ SEX • 1971
WOMEN IN REVOLT • 1971
HEAT • 1972
AMOUR, L' • 1973
ANDY WARHOL'S DRACULA • DRACULA VUOLE VIVERE: CERCA SANGUE DI VERGINE (ITL) ○ BLOOD FOR DRACULA (UKN) ○ DRACULA ○ DRACULA CERCA SANGUE DI VERGINE E.. MORI DI SETE! ○ YOUNG DRACULA • 1974
ANDY WARHOL'S FRANKENSTEIN • DE LA CHAIR POUR FRANKENSTEIN (FRN) ○ FLESH FOR FRANKENSTEIN (UKN) ○ FRANKENSTEIN EXPERIMENT, THE ○ CARNE PER FRANKENSTEIN (ITL) ○ MOSTRO E IN TAVOLA.. BARON FRANKENSTEIN • 1974
HOUND OF THE BASKERVILLES, THE • 1978
FORTY DEUCE • 1981
MIXED BLOOD • NEW YORK, AVENUE O ○ COCAINE ○ DOWN TOWN ○ AVENUE O • 1984
NEUVEU DE BEETHOVEN, LE • BEETHOVEN'S NEPHEW (USA) • 1985
MAFIA KID • THROWBACK ○ SPIKE OF BENSONHURST • 1988

MORRONI ANTERO – ITL
SBANDATO! • 1956

MORROW DICK – ITL
PADRONE DEL MONDO, IL • MASTER OF THE WORLD • 1982

MORROW FRANK – USA
LET HIM BUCK • 1924
RECKLESS RIDING BILL • 1924

MORROW VIC – Actor – USA – 1932–1982
DEATHWATCH • 1965
SLEDGE • MAN CALLED SLEDGE, A (UKN) • 1970

MORRY SUSAN – CND
LEAH • 1987 • DCS

MORSE HOLLINGSWORTH – USA
ROCKY JONES, SPACE RANGER • 1952 • SER
INFERNO IN SPACE • 1954 • MTV
COLD SUN, THE • 1959
PUFNSTUF • H.R. PUFNSTUF • 1970
DAUGHTERS OF SATAN • 1972

MORSE TERRY see **MORSE TERRY O.**

MORSE TERRY O. – USA – 1905–1984
MORSE TERRY
ADVENTURES OF JANE ARDEN, THE • 1939
NO PLACE TO GO • 1939
ON TRIAL • 1939
SMASHING THE MONEY RING • 1939
WATERFRONT • 1939
BRITISH INTELLIGENCE • ENEMY AGENT (UKN) • 1940
FUGITIVE FROM JUSTICE, A • 1940
TEAR GAS SQUAD • 1940
FOG ISLAND • 1945
DANGEROUS MONEY • 1946
DANNY BOY • 1946
SHADOWS OVER CHINATOWN • 1946
BELLS OF SAN FERNANDO • 1947
UNKNOWN WORLD • TO THE CENTER OF THE EARTH • 1951
GODZILLA, KING OF THE MONSTERS • GODZILLA (UKN) ○ GOJIRA (JPN) • 1956
TAFFY AND THE JUNGLE HUNTER • 1965
YOUNG DILLINGER • 1965

MORSI AHMED KAMAL see **KAMEL MORSI AHMAD**

MORTIMER EDMUND – USA – 1883–
ROAD THROUGH THE DARK, THE • 1918
SAVAGE WOMAN, THE • 1918
ALIAS JIMMY VALENTINE • 1920
COUNTY FAIR, THE • 1920
HUSHED HOUR, THE • 1920
MISFIT WIFE, THE • 1920
BROAD ROAD, THE • 1923
EXILES, THE • 1923
RAILROADED • THICKER THAN WATER • 1923
AGAINST ALL ODDS • 1924
DESERT OUTLAW, THE • 1924
MAN'S MATE, A • APACHE, THE • 1924
STAR DUST TRAIL, THE • 1924
THAT FRENCH LADY • 1924
WOLF MAN, THE • BEAST, THE • 1924
ARIZONA ROMEO, THE • 1925
GOLD AND THE GIRL • 1925
MAN FROM RED GULCH, THE • 1925
PRAIRIE PIRATE, THE • YELLOW SEAL, THE • 1925
SCANDAL PROOF • 1925
SATAN TOWN • 1926
WOMAN'S WAY, A • 1928

MORTON CAVENDISH – UKN
BROKEN MELODY, THE • 1916

MORTON DEREK – NZL
WILD HORSES • 1983

MORTON GEORGE see **FRANK HUBERT**

MORTON JAMES – USA
DAUGHTER OF UNCLE SAM, A • 1918 • SRL

MORTON PAT – UKN
LOVE RACE, THE • 1931

MORTON ROCKY – USA
MAX HEADROOM • MAX HEADROOM: THE ORIGINAL STORY ○ MAX HEADROOM FILM, THE ○ MAX HEADROOM STORY, THE • 1985
D.O.A. • DEAD ON ARRIVAL • 1988

MORTON WALTER – USA
PERCY NEEDED A REST • 1914
CHOCOLATE SOLDIER, THE • 1915
THROUGH SOLID WALLS • 1916 • SHT
BORROWED ENGINE, THE • 1917
DAVID'S IDOL DREAM • 1917 • SHT
IN THE PATH OF PERIL • 1917
REGISTERED POUCH, THE • 1917

MORTY FRANK – USA
AT OLD FORT DEARBORN OR CHICAGO IN 1812 • 1912
MARY OF THE MINES • 1912
SHERIFF OF STONY BUTTE, THE • 1912
SHERIFF'S ADOPTED CHILD, THE • 1912
CLAIM JUMPER, THE • 1913
FLAME IN THE ASHES, THE • 1913
INDIAN'S GRATITUDE, AN • 1913
LAND OF DEAD THINGS, THE • 1913
MAELSTROM, THE • 1913
TRAP, THE • 1914

MOSCARDO JEAN-PIERRE – FRN – 1938–
MOUTON NOIR, LE • 1979

MOSCHINO RICCARDO – ITL
FATTACCIO, ER • 1954

MOSCOVINI CARLO – ITL
SE VINCESSI CENTO MILIONI! • 1954
CLEOPAZZA • 1964

MOSER CLEM
SPECIALISTS, THE • 1968

MOSER FRANK – Animator – USA
ADVENTURES OF MR. NOBODY HOLMES • 1916 • ANM
BRINGING UP FATHER • 1916 • ANM
PARCEL POST PETE'S NIGHTMARE • 1916 • ANS
LITTLE JIMMY • 1917 • ASS
RIP VAN WINKLE • 1934 • ANS

MOSER GIORGIO – ITL – 1923–
CONTINENTE PERDUTO • LOST CONTINENT, THE (USA) • 1955 • DOC
IMPERO DEL SOLE, L' • EMPIRE IN THE SUN (USA) • 1956 • DOC
PO' DI CIELO, UN • 1956
CALYPSO • 1958
VIOLENZA SEGRETA • 1968

MOSES GILBERT – USA – 1942–
WILLIE DYNAMITE • 1973
GREATEST THING THAT ALMOST HAPPENED, THE • 1977 • TVM
ROOTS • 1977 • TVM
FISH THAT SAVED PITTSBURGH, THE • 1979
FIGHT FOR JENNY, A • 1986 • TVM

MOSES HARRY – USA
THORNWELL • 1981 • TVM

MOSHENSOHN ILAN – ISR
WOODEN GUN, THE • 1979

MOSJOUKINE IVAN – Actor – FRN – 1889–1939
ENFANT DU CARNAVAL, L' • 1921
BRASIER ARDENT, LE • GLOWING BRASIER, THE ○ BURNING BRASIER, THE • 1922
SATAN TRIUMPHANT

MOSKALENKO N. – USS
ZHURAVUSHKA • 1969
NEWLY-WEDS • 1971
MOLODYYE • YOUNG PEOPLE • 1972
RUSSIAN FIELD • 1972

MOSKALYK ANTONIN – CZC
KONEC VELKE EPOCHY • END OF A GREAT ERA, THE • 1966
DITA SAXOVA • 1967
TRETI PRINC • THIRD PRINCE, THE • 1982

MOSKOV GEORGE – USA
MARRIED TOO YOUNG • I MARRIED TOO YOUNG • 1962

MOSKOWITZ STEWARD – USA
ADVENTURES OF AN AMERICAN RABBIT, THE • 1986 • ANM

MOSKVIN I. M.
STATION MASTER, THE • 1928

MOSS CARLTON – USA
HOUSE ON CEDAR HILL, THE • 1926

MOSS HOWARD S. – USA
DOLLY DOINGS • 1917 • ANM
DREAM DOLL, THE • 1917
DUNKLING OF THE CIRCUS • 1917 • ANM
GOLDILOCKS AND THE THREE BEARS • 1917 • ANS
IN THE JUNGLE • 1917 • ANM
JIMMY GETS THE PENNANT • 1917 • ANM
KITCHEN ROMANCE, A • 1917 • ANM
MAGIC PIG, THE • 1917 • ANM
MIDNIGHT FROLIC • 1917 • ANM
OUT IN THE RAIN • 1917 • ANM
SCHOOL DAYS • 1917 • ANM
TRIP TO THE MOON, A • 1917 • ANM

MOSS HUGH – UKN
BIOGRAPH DRAMATISED SONGS • 1902 • SER
DIVER'S STORY, THE • 1902
HERE'S HEALTH UNTO HIS MAJESTY • 1902
KING, THE • 1902
SIMON THE CELLARER • 1902 • SHT
TOMORROW WILL BE FRIDAY • 1902
JEWELS AND FINE CLOTHES • 1912
SEXTON BLAKE V. BARON KETTLER • 1912

MOSS JACK – Producer/actor – USA – 1906–
SNAFU • WELCOME HOME (UKN) • 1945

MOSS STEWART B. – UKN
KIDDIES ON PARADE • 1935

MOSSANEN MOZE – CND
DANCE FOR MODERN TIMES • 1988 • DOC

MOSSIN IB – DNM
BRODRENE PA UGLEGARDEN • BROTHERS OF THE "UGLEGARD", THE • 1967
STORMVARSEL • GALE-WARNING • 1968
FAR TIL FIRE I HOJT HUMOR • 1971
MANDEN PA SVANEGARDEN • 1972
FAETRENE PA TORNDAL • 1973
BRAND-BORGE RYKKER UD • 1975
SONNEN FRA VINGARDEN • 1975

MOSSY CARLO – BRZ
ODIO • HATRED • 1980

MOST JACOB – SPN
BACANALES ROMANAS • MY NIGHTS WITH MESSALINA ○ NIGHT WITH MESSALINA, A • 1982

MOSTAFA HUSSAM EDDIN see **MUSTAFA HASSAM EDDIN**

MOSTON JON – USA
BEVERLY HILLS BODY SNATCHERS • 1988

MOSZKOWICZ IMO – GRM
MAX, DER TASCHENDIEB • 1962
STRASSE DER VERHEISSUNG • STREET OF TEMPTATION (UKN) • 1962
ES WAR MIR EIN VERGNUGEN • 1963

MOTARD – FRN
SPORT DE LA VOILE • 1946 • SHT

MOTAVASSELANI MOHAMMAD see **MOTEVASELANI MOHAMAD**

MOTEVASELANI see **MOTEVASELANI MOHAMAD**

MOTEVASELANI MOHAMAD – IRN
MOTAVASSELANI MOHAMMAD • MOTEVASELANI
PESARAN-E-ALAEDIN • ALAEDIN'S SONS • 1967
HAFAT DOKHTAR BARYE HAFAT PESAR • SEVEN GIRLS FOR SEVEN BOYS • 1968
VELGARDHA • WANDERERS, THE • 1968
ZABIH • 1974
MIRZA NOROOZ' SHOES • 1985
SEARCHER, THE • SEEKER, THE • 1989

MOTII NASSER MALAK – IRN
JADE ZARINE SAMARGHAND • GOLDEN ROAD TO SAMARKAND, THE • 1968

MOTIL VLADIMIR see **MOTYL VLADIMIR**

MOTTERSHAW FRANK – UKN
CONVICT'S ESCAPE FROM PRISON, THE • 1903
DARING DAYLIGHT BURGLARY, A • 1903
ROBBERY OF THE MAIL COACH • COACH HOLDUP IN DICK TURPIN'S DAY, A ○ JACK SHEPPARD (USA) • 1903
ATTACK ON A JAPANESE CONVOY • 1904
BERTIE'S COURTSHIP • 1904
BOBBY'S DOWNFALL, THE • 1904
BOYS WILL BE BOYS • 1904
COINERS, THE • 1904
CYCLE TEACHER'S EXPERIENCES, A • 1904
DASH WITH THE DISPATCHES, A • 1904
FLY CATCHERS • 1904
LATE FOR WORK • 1904
MARKET WOMAN'S MISHAP, THE • 1904
PICNIC DISTURBED, A • 1904
SOLDIER'S ROMANCE, A • 1904
THAT DREADFUL DONKEY • 1904
TRAMPS AND THE WASHERWOMAN, THE • 1904
TRAMP'S DUCK HUNT, THE • 1904
TRIP TO THE PYRAMIDS, A • 1904
DEMON MOTORIST, THE • 1905
ECCENTRIC BURGLARY, AN • 1905
FIREMAN'S STORY, A • 1905
LAZY WORKMEN • 1905
LIFE OF CHARLES PEACE, THE • 1905
MAN ALTHOUGH A THIEF, A • 1905
MASHER AND THE NURSEMAID, THE • 1905
MIXED BABIES • 1905
SHOPLIFTER, THE • 1905
TWO YOUNG SCAMPS • 1905
WHEN FATHER LAID THE CARPET ON THE STAIRS • 1905
AFTER THE CLUB • 1906
ECCENTRIC THIEF, THE • 1906
HIS FIRST SILK HAT • 1906
IMPOSSIBLE LOVERS, THE • 1906
LOST IN THE SNOW • 1906
LUCKY HORSESHOE, THE • 1906
OUR BOYHOOD DAYS • 1906
OUR SEASIDE HOLIDAY • 1906
THAT TERRIBLE DOG • 1906
TROUBLES OF THE TWINS, THE • 1906
BLACKMAILER, THE • 1907
DODGERS DODGED, THE • 1907
HIS CHEAP WATCH • 1907
JOHNNY'S RIM • 1907
MY WORD IF YOU'RE NOT OFF • 1907
OH THAT LIMERICK! • 1907
ROMANY'S REVENGE, THE • 1907
SOLD AGAIN • 1907
WILLIE'S DREAM • 1907
ARTFUL TRAMPS • 1908
BANANA SKINS • 1908
FATHER'S FIRST BABY • 1908
FIGHTING CURATE, THE • LITTLE FLOWER GIRL, THE • 1908
INDIAN'S ROMANCE, AN • 1908
STOLEN DUCK, THE • 1908
THAT NASTY STICKY STUFF • 1908
WHAT WILLIE DID • 1908
WHEN BOYS ARE FORBIDDEN TO SMOKE • 1908
MAD MUSICIAN, THE • 1909

MOTTRAM RON – USA
DAVID, CAROL, DON, WILL: A PORTRAIT • PORTRAIT • 1966

MOTYL VLADIMIR – USS
MOTIL VLADIMIR
ZHENYA, ZHENECHKA I KATYUSHA • ZHENYA, ZHENECHKA AND THE KATYUSHA • 1967
BELOE SOLNTSE PUOSTINI • WHITE SUN OVER THE DESERT ○ WHITE SUN OF THE DESERT, THE ○ BYELOE SOLNTSE PUOSTINI • 1971
ZVEZDA PLENITELNOVO SCHASTYA • STAR OF CAPTIVE GOOD FORTUNE • 1974

MOTYLEF ILYA
CANTOR'S SON, THE • 1937

MOU TUN-FEI – HKG
LIEN-CH'ENG CHUEH • MYSTERY OF CONSECUTIVE CONNECTIONS, THE • 1979
SHA-JEN-CHE SZU • STING OF DEATH, THE • 1981
TA SHE • LOST SOULS • 1981
HAK TAIYEUNG 731 • MAN BEHIND THE SUN • 1988

el MOUGI IBRAHIM – EGY
MOURSHED, EL • INFORMER, THE • 1989

MOUHSSINN-BEY E. – GRM
TODESKARAWANE, DIE • CARAVAN OF DEATH (USA) • 1920

MOUL ALFRED – UKN
SOLDIER'S COURTSHIP, THE • 1896

MOULINS CLAUDE – FRN
VIVE LA COMPAGNIE • 1933

MOULLET LUC – FRN – 1937–
STEAK TROP CUIT, UN • OVERDONE STEAK • 1960 • SHT
CONTREBANDIERES, LES • SMUGGLERS, THE (USA) • 1968
ANATOMIE D'UN RAPPORT • 1976
GENESE D'UN REPAS • 1978 • DOC

MOULTON – USA
HOLLYWOOD EXTRA GIRL • 1935 • SHT

MOUNTFORD C. P. – ASL
NAMATJIRA THE PAINTER • 1946 • DOC

MOURADIAN SARKY – USA
TEARS OF HAPPINESS • 1974

MOURATOVA KIRA see **MURATOVA KIRA**

MOURIERAS CLAUDE – FRN
MONTALVO ET L'ENFANT • MONTALVO AND THE CHILD (UKN) • 1989

MOURIS CAROLINE AHLFORS – USA
BEGINNER'S LUCK • 1983

MOURIS FRANK – USA
FRANK FILM • 1973
BEGINNER'S LUCK • 1983

MOURLAN ALBERT – FRN
POTIRON • 1921-23 • ASS
GULLIVER CHEZ LES LILLIPUTIENS • GULLIVER IN LILLIPUT • 1923 • ANM

MOURRE ANTOINE – FRN
ROI DU CAMEMBERT, LE • 1931

MOUSSELLE JEAN – FRN – 1918–
PAIN VIVANT, LE • 1954

MOUSSY MARCEL – Screenwriter – FRN – 1924–
SAINT-TROPEZ BLUES • 1960
TROIS HOMMES SUR UN CHEVAL • 1969

MOUSTAFA NIAZI see **MUSTAFA NIAZI**

MOUYAL GUY – FRN
SILENCE D'AILLEURS, LE • 1990

MOWBRAY MALCOLM – UKN
PRIVATE FUNCTION, A • 1985
OUT COLD • STIFFS • 1988
DON'T TELL HER IT'S ME • 1990

MOXEY JOHN see **MOXEY JOHN LLEWELLYN**

MOXEY JOHN LLEWELLYN – UKN – 1920–
MOXEY JOHN
CITY OF THE DEAD • HORROR HOTEL (USA) • 1960
FOXHOLE IN CAIRO • 1960
DEATH TRAP • 1962
RICOCHET • 1963
£20.000 KISS, THE • 1963
DOWNFALL • 1964
FACE OF A STRANGER • 1964
STRANGLER'S WEB • 1965
CIRCUS OF FEAR • PSYCHO-CIRCUS (USA) • 1966
DIAL M FOR MURDER • 1967 • TVM
TORMENTOR, THE • 1967
HATFUL OF RAIN, A • 1968 • TVM
LAURA • 1968 • TVM
ESCAPE • 1970 • TVM
HOUSE THAT WOULD NOT DIE, THE • HOUSE THAT WOULDN'T DIE, THE ○ AMMIE, COME HOME • 1970 • TVM
SAN FRANCISCO INTERNATIONAL • SAN FRANCISCO INTERNATIONAL AIRPORT (UKN) • 1970 • TVM
DEATH OF ME YET, THE • 1971 • TVM
HARDCASE • 1971 • TVM
LAST CHILD, THE • 1971 • TVM
NIGHT STALKER • KOLCHACK TAPES, THE • 1971 • TVM
TASTE OF EVIL, A • 1971 • TVM
BOUNTY MAN, THE • 1972 • TVM
GHOST STORY • 1972 • TVM
HOME FOR THE HOLIDAYS • 1972 • TVM
ENTER HOROWITZ • 1973 • TVM
GENESIS II • 1973 • TVM
SMASH-UP IN INTERSTATE FIVE • 1973 • TVM
DAY THEY TOOK THE BABIES AWAY, THE • 1974 • TVM
STRANGE AND DEADLY OCCURRENCE, THE • 1974 • TVM
WHERE HAVE ALL THE PEOPLE GONE? • 1974 • TVM
CONSPIRACY OF TERROR • 1975 • TVM
FOSTER AND LAURIE • 1975 • TVM
CHARLIE'S ANGELS • 1976 • TVM
NIGHTMARE IN BADHAM COUNTY • NIGHTMARE VACATION ○ NIGHTMARE • 1976 • TVM
INTIMATE STRANGERS • BATTERED • 1977 • TVM
PANIC IN ECHO PARK • 1977 • TVM
TALES OF THE NUNUNDAGA • 1977 • TVM
COURAGE AND THE PASSION, THE • 1978 • TVM
PRESIDENT'S MISTRESS, THE • 1978 • TVM
EBONY, IVORY AND JADE • 1979 • TVM
POWER WITHIN, THE • POWER MAN • 1979 • TVM
SANCTUARY OF FEAR • GIRL IN THE PARK ○ FATHER BROWN, DETECTIVE ○ FATHER BROWN • 1979 • TVM
SOLITARY MAN, THE • 1979 • TVM
CHILDREN OF AN LAC, THE • 1980 • TVM
MATING SEASON, THE • 1980 • TVM
KILLJOY • 1981 • TVM
NO PLACE TO HIDE • 1981 • TVM
VIOLATION OF SARAH MCDAVID, THE • 1981 • TVM
I, DESIRE • 1982 • TVM
CRADLE WILL FALL, THE • 1983 • TVM
THROUGH NAKED EYES • 1983 • TVM
WHEN DREAMS COME TRUE • 1985 • TVM
DEADLY DECEPTION • DEADLY DECEPTIONS • 1987 • TVM
PERSONAL VENDETTA • 1987
SADIE AND SON • 1987 • TVM
OUTBACK BOUND • 1988 • TVM

MOYER LARRY – USA
MOVING FINGER, THE • 1964

MOYLAN WILLIAM – Producer – IRL – 1898–
BATANAGAR • 1936 • DOC

MOYLE ALAN see **MOYLE ALLAN**

MOYLE ALLAN – CND
MOYLE ALLAN BOZO • MOYLE ALAN
COUNTRY MUSIC • 1971
MONTREAL MAIN • BOULEVARD SAINT-LAURENT MONTREAL • 1973
RUBBER GUN, THE • 1976
TIMES SQUARE • 1980
LEAN ON ME • 1989
PUMP UP THE VOLUME • 1990

MOYLE ALLAN BOZO see **MOYLE ALLAN**

MOZART GEORGE – UKN
CONEY AS PEACEMAKER • 1913
CONEY GETS THE GLAD EYE • 1913
CONEY, RAGTIMER • 1913

MOZDZENSKI STANISLAW – PLN
ZUZANNA I CHLOPCY • SUSAN AND THE LADS • 1962

MOZISOVA BOZENA – CZC
TWO FIVES • 1967 • ANS

MOZO HUGO see **BUTLER HUGO**

MOZSKOWICZ FERNAND – FRN
PLACE DE LA REPUBLIQUE • 1973 • DOC

MUBAN – IND
ERATHA PEY • BLOODY GHOST • 1968

MUCHA KAZIMIERZ – PLN
PEJZAZ POTWOROWSKIEGO • POTWOROWSKI'S LANDSCAPE • 1966
CHIMERA NA POLNEJ DRODZE • ILLUSION ON THE FIELD ROAD, THE • 1970 • SHT

MUCHNA MILAN – CZC
UNOS MORAVANKY • HIJACKING A BRASS BAND • 1982
ZELENA LETA • GREEN YEARS • 1985
NINE CIRCLES OF HELL • 1988

MUDD VICTORIA – USA
BROKEN RAINBOW • 1985 • DOC

MUEHL OTTO – GRM
SCHEISSKERL • 1969

MUEL BRUNO – FRN – 1935–
SEPTEMBRE CHILIEN • 1973 • DOC
AVEC LE SANG DES AUTRES • 1974 • DOC

MUELLER GORDON – USA
TROIKA • 1969

MUELLER KATHY – ASL
EVERY DAY EVERY NIGHT • 1984 • SHT

MUELLER-SEHN WOLFGANG – AUS
TRAUMLAND DER SEHNSUCHT • DREAMLAND OF DESIRE • 1960
VERLIEBT IN OSTERRICH • IN LOVE IN AUSTRIA • 1967 • DOC

MUF M. – USS
QUARREL IN LUKASHI, A • 1959

MUFFATI STEVE – Animator – USA
CROON CRAZY • 1933 • ANS
CUBBY'S PICNIC • 1933 • ANS
GALLOPING FANNY • GALLOPING HOOVES • 1933 • ANS
ALONG CAME A DUCK • 1934 • ANS
PARROTVILLE FIRE DEPARTMENT, THE • 1934 • ANS
SINISTER STUFF • VILLAIN PURSUES HER • 1934 • ANS

MUGELI JEAN – FRN – 1890–1954
MUGELLI JEAN
FILLE DE LA MADELON, LA • 1937

MUGELLI JEAN see **MUGELI JEAN**

MUGGE ROBERT – USA
SUN RA: A JOYFUL NOISE • 1980 • DOC

MUHSSIN ERTUGRUL – TRK
ANKARA POSTASSI • COURIER OF ANGORA, THE (USA) • 1929

MUHTAR MEHMET – TRK
DRAKULA ISTANBULDA • DRACULA IN ISTANBUL • 1953

MUIR DALTON – CND
HIGH ARCTIC –LIFE IN THE LAND • 1958 • DOC

MUIR GRAEME – UKN
CHARLEY'S AUNT • 1977 • MTV

MUIR ROGER
RIP VAN WINKLE
TREASURE ISLAND

MUJICA FRANCISCO – ARG
ASI ES LA VIDA • SUCH IS LIFE (USA) • 1940
MI NOVIA ES UNA FANTASMA • MY BRIDE IS A GHOST • 1944

MUJICA RENE – ARG
CENTROFORWARD MUREO AL AMANECER, EL • CENTRE FORWARD DIED AT DAWN, THE • 1961
HOMBRE DE LA ESQUINA ROSADA • 1961
AMPHITHEATRE, THE • 1964
DEMONIO EN LA SANGRE, EL • DEMON IN THE BLOOD, THE

MUKDASANIT EUTHANA – THL
MUKDASANIT YUTHANA
NGERN NGERN NGERN • 1983
PEESUA LAE DOKMAI • BUTTERFLY AND FLOWERS • 1985
LANGKHA DEANG • RED ROOF, THE • 1987

MUKDASANIT YUTHANA see **MUKDASANIT EUTHANA**

MUKHERJEE – IND
ANURADHA • 1960

MUKHERJEE ARABINDA – IND
JEEVAN SANGEET • SONG OF LIFE, THE • 1968

MUKHERJEE CHITRA – IND
SHAKSHI GOPAL • 1949

MUKHERJEE FISHI – IND
ASHIRWAD • 1969

MUKHERJEE HRISHIKESH – IND
MAJHLI DIDI • SECOND SISTER • 1968
MILI • 1975
ALAAP • 1977

MUKHERJEE JYOTISH – IND
TULSIDAS • TOOLSIDAS • 1934

MUKHERJEE PINAKI – IND
CHOWRINGHEE • CROSSROADS • 1968

MUKOI HIROSHI – JPN
HAZUKASHII GIKO • SHAMEFUL TECHNIQUE • 1967
HIRUSAGARI NO AIBIKI • AFTERNOON RENDEZVOUS • 1967
IJO TAIKEN HAKUSHO: JOTAI SEIKEI • PLASTIC BODY SURGERY • 1967
IRO NO MICHIZURE • COMPANIONS OF LOVE • 1967
JOSHIRYO • GIRLS' DORMITORY • 1967
ONNA ASARI • SEEKING FOR WOMEN • 1967
SHOJO SHOMEISHO • CERTIFICATE OF VIRGINITY • 1967
YORU NO YOROKOBI • NIGHT PLEASURE • 1967
AOI FILM SHINASADAME • BLUE FILM –ESTIMATION • 1968
BOKO SHOJO NIKK–MESU • DIARY OF A VIOLATED VIRGIN –FEMALE • 1968
FUTEIZUMA • UNFAITHFUL WIFE • 1968
GENDAI KUNOICHI NIKU JIGOKU • INFERNO OF THE FLESH • 1968
INRAN • LEWD ONES, THE • 1968
KYUSHO ZEME • TOUCHED ON THE RAW • 1968
MIDARAZUMA • OBSCENE WIFE • 1968
NIHON SEI FUZOKUSHI MURISHINJA • JAPANESE HISTORY OF SEX CUSTOMS –DOUBLE SUICIDE • 1968
SEX JOYU ZANKOKUSHI • CRUEL STORY OFF SEX FILM ACTORS, A • 1968
ZOKU NIKU • FLESH, THE • 1968

MUKOI KAN – JPN
BITE, THE • 1965
ARU MITTSU • CERTAIN ADULTERY, A • 1967
INMON: SHOJO ZUMA KANTSU • OBSCENE FAMILY INSIGNIA • 1967
KOSHITSU NO TECHNIQUE • TECHNIQUE IN A PRIVATE ROOM • 1967
SHOJO MIREN • ATTACHMENT OF A VIRGIN • 1967

MUKOYAMA KATSUHITO – JPN
JOTAI NO DORONUMA • QUICKSAND OF THE FEMALE BODY, THE • 1968

MULARGIA EDOARDO – ITL
MULLER EDWARD G.
DUE LEGGI, LE • 1963
VAYAS CON DIOS, GRINGO • 1966
CJAMANGO • 1967
CORAGGIOSO, LO SPIETATO, IL TRADITORE, IL • VALIENTE, EL DESPIADADO, EL TRAIDOR, EL (SPN) ◦ BRAVE, THE RUTHLESS, THE TRAITOR, THE • 1967
PREGA DIO E SCAVATI LA FOSSA • 1968
LESBO • 1969
TAGLIA E TUA E.. L'UOMO L'AMMAZZO IO, LA • 1969
AMORE OGGI, UN • 1970
NIPOTI DELLA COLONNELLA, LE • 1970
SHANGO LA PISTOLA INFALLIBILE • 1970
RIMASE UNO SOLO E FU LA MORTE PER TUTTI • 1971
W DJANGO • 1971
AL TROPICO DEL CANCRO • PEACOCK'S PLACE • 1972
FIGLIASTRA (STORIA DI CORNA E PASSIONE) • 1977
SAVAGE ISLAND • ESCAPE FROM HELL • 1985

MULAY SUHASINI – IND
BEYOND GENOCIDE • 1987 • DOC

MULBEN EDWARD – ITL
NON ASPETTARE DJANGO, SPARA • 1967

MULCAHY RUSSELL – ASL – 1953–
RAZORBACK • 1983
HIGHLANDER • 1985
HELL DRIVERS • 1990

MULDERS JEAN – BLG
S/J FOSSILEA • 1973

MULFICAR MAHMOUD – EGY
KHOUROUG MIN EL GUANA, EL • DRIVEN OUT OF PARADISE • 1967
KOUBLA AL ALHIRA, AL • LAST KISS, THE • 1967

MULHAUSER OTTO – SPN
LUCHA POR LA HERENCIA • 1911

MULHOLLAND DONALD – USA – 1909–1960
FALLS • CHUTES, LES • 1946 • SHT
HANDLING • TRAVAIL MANUEL • 1946 • SHT
MACHINES • MACHINERIE, LA • 1946 • SHT
ORGANIZATION • ORGANISATION • 1946 • SHT
ACCIDENTS DON'T HAPPEN • PAS D'ACCIDENTS • 1946–54 • SHS
FILE 1365 –THE CONNORS CASE • 1947
SAFETY SUPERVISOR, THE • 1951 • SHT
EARLY HANDLING OF SPINAL INJURIES • 1954 • SHT

MULKERNS JIM – IRL – c1930–
AN TOILEANACH A DFHILL • RETURN OF THE ISLANDER, THE • 1971

MULLEN EUGENE see **MULLIN EUGENE**

MULLENS ALBERT – NTH
MUIS HAMEL BIJ DEN CRIFFEUR • 1904

MULLENS WILLY – NTH
MUIS HAMEL BIJ DEN CRIFFEUR • 1904
MESAVENTURE VAN EEN FRANSCH HEERTJE ZONDER PANTALON OP HET STRAND TE ZANDVOORT • ADVENTURE OF A FRENCH GENTLEMAN WITHOUT TROUSERS ◦ ADVENTURES OF A FRENCH GENTLEMAN WITHOUT HIS TROUSERS • 1905

MULLER BENI – SWT
MORGARTEN FINDET STATT • 1979 • DOC
LEVANTE • 1989 • DOC

MULLER DIETER – GRM
MERCENARIO, EL • GROSSE TREIBJAGD, DIE (FRG) ◦ ULTIMO MERCENARIO, L' (ITL) ◦ LAST MERCENARY, THE (USA) ◦ ULTIMO MERCENARIO, EL ◦ BIG HUNT, THE • 1968

MULLER EDWARD G. see **MULARGIA EDOARDO**

MULLER FRIEDRICH – GRM
WAFFEN DER JUGEND • 1912

MULLER GEOFFREY – UKN
UNSEEING EYE, THE • 1959
WITNESS, THE • 1959
LAST TRAIN, THE • 1960

MULLER H. CH. – GRM
KEHRAUS • CLEAN SWEEP • 1984

MULLER-HAGEN CARL – GRM
MULLER-HAGENS CARL
FRAULEIN BARONIN • 1919
FRUHLINGSTRAUM, EIN • 1919
INTERMEZZO • 1919
KRALLE, DIE • 1919
TEUFELCHEN • 1919
WAISE VON LOWOOD, DIE • 1919
WENN DAS LEBEN NEIN SAGT • 1919
BANDITEN VON ASNIERES, DIE • 1920
CHAMALEON, DAS • 1920
PENSION LAUTENSCHLAG • 1920
MADEL AUS GUTER FAMILIE, EIN • 1935

MULLER-HAGENS CARL see **MULLER-HAGEN CARL**

MULLER HANS – GRM
AUFRUHR DER HERZEN • 1944
UND FINDEN DEREINST WIR UNS WIEDER • 1947
EINS – ZWEI – DREI CORONA • 1948
HAFENMELODIE • 1949
BURGERMEISTER ANNA • 1950
MADCHEN AUS DER SUDSEE, DAS • 1950
GIFT IM ZOO • 1952
LOCKENDE STERNE • 1952
CAROLA LAMBERTI –EINE VOM ZIRKUS • WOMAN OF THE CIRCUS • 1954
MAZURKA DER LIEBE • BETTELSTUDENT, DER • 1957
DRILLINGE AN BORD • 1959

MULLER HANS CHRISTIAN – GRM
MAN SPRICHT DEUTSCH • 1988
LANGER SAMSTAG • LONG SATURDAY • 1989

MULLER HEINZ – GRM
IM BLICKPUNKT –LANDWIRTSCHAFT • CENTRE OF ATTENTION –FARMING • 1967

MULLER JOHN – NTH – 1942–
DOVE WITH CLIPPED WINGS, A • 1975 • MTV
SILENCE IS KILLING • 1976 • MTV
LIBERATION • 1980 • MTV
LIVING PROOF • 1981 • DOC
YOU DON'T SMOKE EH? • 1981 • DOC
GREENING OF THE NORTH, THE • 1982 • DOC
THANKS A LOT • 1982 • MTV
TAKING A LEAP • 1983 • DOC
VINCENT PRICE'S DRACULA • 1983 • MTV
CELLY AND FRIENDS • 1984 • MTV
STAR SONG • 1984 • MTV
FRAGILE TREE HAS ROOTS, THE • 1985 • MTV

MULLER NILS R. – NRW
KONTAKT! • 1956
TONNY • 1962
OTHER SEX, THE • 1967
UKJENTES MARKED, DE • UNKNOWN MARKET, THE • 1968
MIN MARION • 1975

MULLER ROBERTO – FRN – 1931–
HOMME LIBRE, UN • 1972

MULLER TITUS VIBE see **VIBE-MULLER TITUS**

MULLER TRAUGOTT – GRM
FRIEDEMANN BACH • 1941

MULLIGAN ROBERT – USA – 1925–
FEAR STRIKES OUT • JIM PIERSALL STORY, THE • 1957
GREAT IMPOSTOR, THE • 1960
RAT RACE, THE • 1960
COME SEPTEMBER • 1961
SPIRAL ROAD, THE • 1962
TO KILL A MOCKINGBIRD • 1962
LOVE WITH THE PROPER STRANGER • 1963
BABY, THE RAIN MUST FALL • 1965
INSIDE DAISY CLOVER • 1965
UP THE DOWN STAIRCASE • 1967
STALKING MOON, THE • ELITE KILLER, THE • 1969
PURSUIT OF HAPPINESS, THE • 1971
SUMMER OF '42 • 1971
OTHER, THE • 1972
NICKEL RIDE, THE • 1975
BLOODBROTHERS • BLOOD BROTHERS ◦ FATHER'S LOVE, A • 1978
SAME TIME, NEXT YEAR • 1978
KISS ME GOODBYE • 1982
CLARA'S HEART • 1988

MULLIGAN TONY see **MOLLICA NINO**

MULLIN EUGENE – USA
MULLEN EUGENE
ONE PERFORMANCE ONLY • 1915
MAN HE USED TO BE, THE • 1916 • SHT
OUR OTHER LIVES • 1916 • SHT
RUSE, THE • 1916 • SHT
STRANGE CASE, A • 1916 • SHT
WANDERING HORDE, THE • 1916 • SHT
ROAD TO LONDON, THE • 1921

MULLOY PHIL – UKN
IN THE FOREST • 1978

MULOT CLAUDE – FRN – 1942–
LANSAC FREDERIC
SEXYRELLA • BIEN FAIRE ET LES SEDUIRE • 1968
ROSE ECORCHEE, LA • RAVAGED (UKN) ◦ BLOOD ROSE, THE ◦ FLAYED ROSE, THE ◦ H COMME HORREUR • 1970
SAIGNEE, LA • A DENTI STRETTI (ITL) ◦ MANHUNT FOR MURDER (USA) ◦ CONTRACT, THE • 1971
PROFESSION AVENTURIERS • 1973
C'EST JEUNE ET CA SAIT TOUT! • EDUCATRICE, L' • 1974
Y A PAS D'MAL A SE FAIRE DU BIEN • 1974
CHARNELLES, LES • SEX WITHOUT LOVE (UKN) • 1975
SEXE QUI PARLE, LE • PUSSY TALK (UKN) ◦ PUSSY TALK: LE SEXE QUI PARLE • 1975
BLUE ECSTASY • 1976
ECHANGES DE PARTENAIRES • 1976
MES NUITS AVEC.. ALICE, PENELOPE, ARNOLD, MAUD ET RICHARD • GRANDE BAISE, LA ◦ WHAT A PERFORMER • 1976
SHOCKING • 1976
PERVERSIONS PORNO • 1977
SUPREMES JOUISSANCES • JOUISSANCES • 1977
TRIPLES INTRODUCTIONS • 1977
FEMME OBJET, LA • 1980
IMMORALE, L' • CONFESSIONS OF A PROSTITUTE • IMMORAL • 1980
PETITS ECOLIERES, LES • 1980
JOUR SE LEVE ET LES CONNERIES COMMENCENT, LE • 1981
BLACK VENUS • 1983

MULRYANS PETER – IRL
BALLROOM HEROES • 1986

MULVEY LAURA – UKN
PENTHESILEA • 1974
RIDDLES OF THE SPHINX • 1978
CRYSTAL GAZING • 1982

MUNARI BRUNO – ITL
MOIRE • SHT

MUNCHKIN RICHARD W. – USA
DANCE OR DIE • 1988

MUNDEN MAXWELL – Producer – UKN – 1912–
ONE MAN'S STORY • 1948
HOUSE IN THE WOODS, THE • 1957
BANK RAIDERS, THE • 1958

MUNDHRA JAG – USA
DEATH MASK • DAMNING, THE ○ HACK O'LANTERN ○ DEATHMASK • 1987
OPEN HOUSE • 1987
JIGSAW MURDERS • 1989

MUNDHRA JUGMOHAN – IND
NIGHT EYES • 1990

MUNDIE KEN – USA
DOOR, THE • 1968 • ANS

MUNDORF PAUL – GRM
GRUNE KAISER, DER • 1939

MUNDROV DUCHO see **MUNDROV DUTCHO**

MUNDROV DUTCHO – BUL – 1920–
MUNDROV DUCHO
DIMITROVGRADTSI • PEOPLE OF DIMITROVGRAD ○ MEN OF DIMITROVGRAD • 1956
KOMANDIRAT NA OTRIADA • COMMANDER OF THE DETACHMENT, THE • 1959
PLENENO YATO • CAPTURED SQUADRON • 1962
KRAYAT NA LYATOTO • END OF THE SUMMER, THE ○ KRAIAT NA LYATOTO ○ END OF SUMMER • 1967

MUNE IAN – NZL – 1941–
BRIDGE TO NOWHERE, THE • 1985
CAME A HOT FRIDAY • 1985
GRASSCUTTER, THE • 1989

MUNGER CHRIS – USA
KISS OF THE TARANTULA, THE • SHUDDERS • 1972
BLACK SCARLET • 1974

MUNK ANDRZEJ – PLN – 1921–1961
SZTUKA MLODYCH • ART OF YOUTH, THE ○ ART OF THE YOUNG • 1949 • DOC
ZACZELO SIE W HISZPANII • IT BEGAN IN SPAIN ○ IT STARTED IN SPAIN • 1950 • DOC
KIERUNEK NOWA HUTA • DIRECTION: NOWA HUTA • 1951 • DCS
NAUKA BLIZEJ ZYCIA • SCIENCES CLOSER TO LIFE, THE ○ SCIENCE CLOSER TO LIFE • 1951 • DCS
PAMIETNIKI CHLOPOW • DIARIES OF THE PEASANTS ○ PEASANT MEMOIRS • 1952 • DCS
POEMAT SYMFONICZNY "BAJKA" STANISLAWA MONIUSZKO • SYMPHONIC POEM FABLE OF STANISLAS MONIUSZKO, THE ○ BAJKA W URSUSIE ○ TALE OF URSUS, THE ○ URSUS ○ URSUSIE • 1952 • SHT
GWIAZDY MUSZA PLONAC • STARS MUST SHINE, THE • 1953 • DCS
KOLEJARSKI SLOWO • RAILWAYMAN'S PLEDGE, A ○ RAILWAYMAN'S WORD, A • 1953 • DCS
NIEDZIELNY PORANEC • ONE SUNDAY MORNING (UKN) ○ SUNDAY MORNING (USA) ○ ON A SUNDAY MORNING ○ SONNTAGMORGEN IN WARSCHAU, EIN • 1955 • DCS
BLEKITNY KRZYZ • MEN OF THE BLUE CROSS ○ MANNER VOM BLAUEN KREUZ, DIE ○ BLUE CROSS ○ HOMMES DE LA CROIX BLEUE, LES • 1956
CZLOWIEK NA TORZE • MAN ON THE TRACK ○ HOMME SUR LA VOIE, UN ○ MANN AUF DEN SCHIENEN, DER • 1956
EROICA • HEROISM ○ EROICA –POLEN 44 • 1958
SPACEREK STAROMIEJSKI • WALK IN THE OLD CITY OF WARSAW, A (USA) ○ WALK IN THE OLD TOWN, A • 1958
KRONIKA JUBILEUSZOWA • POLSKA KRONIKA FILMOVA NR 52 A–B ○ JUBILEE STORY ○ JUBILEE CHRONICLE • 1959 • DOC
ZEZOWATE SZCZESCIE • DE LA VEINE A REVENDRE ○ SCHIELENDE GLUCK, DAS ○ BAD LUCK • 1960
PASAZERKA • PASSENGER (UKN) ○ PASSAGERE, LA ○ PASSAGIERIN, DIE ○ VOYAGEURS • 1963

MUNOZ ALFONSO – MXC
EL ES DIOS • 1965

MUNOZ MANUEL – MXC
AVENTURAS DE CHUCHO EL ROTO • 1959
CAPTURA DE CHUCHO EL ROTO, LA • 1959
CHUCHO EL ROTO • 1959
ENTREGA DE CHUCHO EL ROJO, LA • 1959
EMBOSCADA MORTAL, LA • 1960
JINETE ENMASCARADO, EL • 1960
JUSTICIERO VENGADOR, EL • 1960
AHI VIENEN LOS ARGUMEDO • 1961
ASESINOS DE LA LUCHA LIBRE • 1961
VUELVEN LOS ARGUMEDO • 1961
CHIVAS RAYADOS, LAS • 1962
FENOMENOS DEL FUTBOL, LOS • 1962
NORTENO, EL • 1962
VUELVE EL NORTENO • 1962

MUNOZ RAMON – FRN – 1947–
CASSURE, LA • 1981

MUNOZ TOMAS – SPN
VALDEMAR • 1975

MUNRO DAVID – UKN – 1944–
KNOTS • 1975

MUNRO GRANT – CND – 1923–
ASHES OF DOOM
DARING YOUNG MAN ON THE FLYING TRAPEZE, THE • 1944 • ANS
MY DARLING CLEMENTINE • 1944 • ANS
OH NO, JOHN, NO • 1944 • ANS
ROW, ROW, ROW YOUR BOAT • 1944 • ANS
ANDRE'S GRAND TOUR • ANM
STANLEY TAKES A TRIP • 1947 • ANS
TEETH ARE TO KEEP • 1949 • ANS
NEIGHBOURS • VOISINS • 1952 • ANS
TWO BAGATELLES • 1952 • ANS
ONE LITTLE INDIAN • 1954
HUFF AND PUFF • 1956 • ANS
IT'S A CRIME • C'EST CRIMINAL • 1957 • ANS
MY FINANCIAL CAREER • MY CARRIERE FINANCIERE • 1962 • ANS
CHRISTMAS CRACKER • 1963 • ANS
SEVEN SURPRISES • 1963 • ANT
CANON • 1964 • ANS
ANIMAL MOVIE, THE • ANIMAUX EN MARCHE, LES • 1966 • ANS
TOYS • 1966 • SHT
BOO–HOO • 1974 • ANS
ANIMATED MOTION • MOUVEMENT IMAGE PAR IMAGE, LE • 1977 • ASS
SEE YOU IN THE FUNNY PAPERS • 1983

MUNROE CYNTHIA – USA
WEDDING PARTY, THE • 1969

van MUNSTER ANTON – NTH
TIME WILL SHOW • 1977 • DOC

MUNSTER REINHARD – GRM
ACHTE TAG, DER • EIGHTH DAY, THE • 1989

MUNTCHO MONIQUE – FRN
IL ETAIT UNE MONTAGNE
REALITES MALGACHES
TAMATAVE LA MARINE

MUNTEANU FRANCISC – RMN – 1924–
SOLDATI FARA UNIFORMA • SOLDIERS WITHOUT UNIFORM • 1960
CERUL N–ARE GRATII • SKY HAS NO BARS, THE • 1962
LA VIRSTA DRAGOSTEI • AT THE AGE OF LOVE • 1963
LA PATRU PASI DE INFINIT • FOUR STEPS TO THE INFINITE • 1964
CERUL INCEPE LA ETAJUL III • SKY BEGINS ON THE 3RD FLOOR, THE • 1967
TUNNYEL • TUNNEL, THE ○ TUNELUL • 1967
SONGS OF THE SEA, THE • 1970
PETEC DE CER, UN • PIECE OF SKY, A • 1984

MUNTEANU STEFAN – Animator – HNG – 1926–
MUNTEANU STEPHAN
ADVENTURE IN BLUE • ANM
ELECTRONICUS • ANM
HIDDEN LITTLE HOUSES • ANM
INTERIOR • ANM
LITTLE BOY AND THE CHARCOAL, THE • ANM
MEDIEVAL • ANM
SHIVER–FEVER • ANM
TERRA • ANM
PETRICA SI INCA CINEVA • PETRICA AND SOMEBODY ELSE ○ PETRICA AND THE PHANTOMS • 1964 • ANS
DIMENSIONS • ANS
PE UN PICIOR DE PLAI • RHAPSODY IN A MAJOR • 1969 • ANS

MUNTEANU STEPHAN see **MUNTEANU STEFAN**

MUR OTI – SPN – 1908–
MUR OTI MANUEL
HOMBRE VA POR EL CAMINO, UN • 1949
WOLFRAM • 1950
CIELO NEGRO • 1951
CONDENADOS • 1953
ORGULLO • 1955
BATAILLON DE LA SOMBRAS, EL • 1956
FEDRA • FEDRA, THE DEVIL'S DAUGHTER (USA) ○ STEPMOTHER, THE • 1956
GUERRA EMPIEZA EN CUBA, LA • 1957
CHICA DE CHICAGO, UNA • 1958
DUELO EN LA CANADA • 1959
PESCANDO MILLONES • 1960
MILAGRO A LOS COBARDES • MIRACLE FOR THE COWARDS ○ MIRACLE OF THE COWARDS • 1961
LOCA JUVENTUD • 1964
ESCUADRON DEL PANICO, EL • 1966
OUR REGIMENT • 1968
ENCADENADA, LA • 1972
MORIR, DORMIR.., TAL VEZ SONAR • 1976

MUR OTI MANUEL see **MUR OTI**

MURAKAMI JIMMY see **MURAKAMI JIMMY T.**

MURAKAMI JIMMY T. – UKN
MURAKAMI JIMMY TERU • MURAKAMI JIMMY • MURAKAMI TERU
POWER TRAIN • 1960
INSECTS, THE • 1963 • ANS
BIRD, THE • 1965 • ANS
CHARLEY • 1965 • ANS
TOP, THE • 1965 • ANS
BREATH • 1967
MAGIC PEAR TREE, THE • 1968 • ANS
GOOD FRIEND, THE • 1969 • ANS
BATTLE BEYOND THE STARS • 1980
WHEN THE WIND BLOWS • 1986 • ANS

MURAKAMI JIMMY TERU see **MURAKAMI JIMMY T.**

MURAKAMI NOBORU – JPN
ONNA NO TESABAKI • WOMAN'S MANOEUVRING • 1968

MURAKAMI RYU – JPN
KAGIRI NAKU TOMEI NI CHIKAI BLUE • INFINITELY TRANSPARENT BLUE • 1978

MURAKAMI TERU see **MURAKAMI JIMMY T.**

MURAKAWA TORU – JPN
HAKUCHO NO SHIKAKU • BLIND SPOT UNDER THE SUN • 1978

MURALI MUSTAFA – TNS
RICHE POUR UN JOUR • 1965 • SHT

MURANO TATSUTARO see **MURANO TETSUTARO**

MURANO TETSUTARO – JPN
MURANO TATSUTARO
TSUBASA • BLUE WINGS, THE
GOROTSUKI INO • DEDICATED GUNMAN, THE • 1964
HAYAUCHIINU • QUICK DRAW DOG • 1967
YORU NO NAWABARI • RULE OVER NIGHT • 1967
YAMI O SAKU IPPATSU • TRIGGER–HAPPY • 1968
ONI NO UTA • DEMON BALLAD • 1975
GASSAN • MT. GASSAN • 1979
TOHNO MONOGATARI • LEGEND OF TOHNO • 1983
TONO MONOGATARI • 1983

MURATA M. see **MURATA MINORU**

MURATA MINORU – JPN
MURATA M.
HIKARI NO TATSU ONNA • WOMAN STANDING IN THE LIGHT, A • 1920
ROJO NO REIKAN • SOULS ON THE ROAD • 1921
HOMMOKU YAWA • NIGHT TALES OF HOMMOKU • 1924
OSUMI TO SONO HAHA • OSUMI AND HER MOTHER • 1924
SEISAKU NO TSUMA • 1924
MACHI NO TEJINASHI • STREET JUGGLER • 1925
KAIJIN • ASHES ○ KAJIN • 1929
UMI NO NAI MINATO • 1931
SHOWA SHINSENGUMI • 1932

MURATOV A. see **MURATOV ALEXANDER**

MURATOV ALEXANDER – USS
MURATOV A.
U KRUTOGO YARA • SHE–WOLF, THE (USA) ○ ON THE STEEP CLIFF • 1962
AVDOTYA PAVLOVNA • 1967
BOLSHIYE KHLOPOTY IZ–ZA MALENKOVO MALCHIKA • MUCH WORRY ABOUT A LITTLE BOY • 1968
SCHEDRYI VECHER • GENEROUS EVENING • 1980

MURATOVA KIRA – RMN – 1934–
MOURATOVA KIRA
U KRUTOGO YARA • SHE–WOLF, THE (USA) ○ ON THE STEEP CLIFF • 1962
KOROTKIYE VSTRYECHI • SHORT ENCOUNTERS, LONG FAREWELLS ○ BRIEF ENCOUNTERS ○ SHORT ENCOUNTERS ○ SHORT MEETINGS ○ SHORT MEETINGS AND LONG FAREWELLS • 1968
CHANGE OF DESTINY • 1987
ASTENICHESKY SINDROM • ASTHENIC SYNDROME, THE • 1989

MURATTI JOSE E. – PRC
SIDA: ESPEJO DE LA SOLEDAD • AIDS: MIRROR OF LONELINESS • 1988 • DOC

MURAYAMA MITSUO – JPN
MEIDO NO KAOYAKU • UNDERWORLD BOSS ○ HELL'S BOSS • 1957
TOMEI–NINGEN TO HAI–OTOKO • TRANSPARENT MAN VS. THE FLY MAN, THE ○ MURDERING MITE, THE • 1957
YUKI NO WATARIDORI • MIGRATORY BIRDS OF SNOW • 1957
DOHYO MONOGATARI KAH CHAN WA HANNINJA NOI • 1958
AH! ETJIMA • 1959
HANZAI ROKUGOCHI • 1960
MACHI NO UWASA MO SANJU GO NICHI • 1960
AKUMA KARA NO KUNSHO • MEDAL FROM THE DEVIL ○ MEDAL FROM THE GENERAL • 1967
JET F–104 DASSYUTSU SEYO • F–104, BAIL OUT • 1968
AA KAIGUN • GATEWAY TO GLORY • 1969
AA RIKUGUN HAYABUSA SENTOTAI • FALCON FIGHTERS, THE (USA) • 1969

MURAYAMA SADAO – JPN
SASAYAKU SHIBIJIN • WHISPERING DEAD BEAUTY • 1963

MURAYAMA SHINJI – JPN – 1921–
AISHU NO RINGOEN • APPLEYARD ROMANCE • 1957
NINOMIYA SONTOKU NO SHONENJIDAI • BOYHOOD OF AN AGRICULTURAL PIONEER • 1957
OKASAN NON TOKYO KENBUTSU • MOTHER GOES SIGHTSEEING • 1957
IMA WA NAMONAI OTOKO DAGA • TRUMPET OF VICTORY • 1958
MANO DENGONBAN • TOKYO PATROL –TAXI–DRIVER MURDERS • 1958
SHICHININ NON TSUISEKI–SHA • TOKYO PATROL –SEVEN DETECTIVES • 1958
DAISAN NON ONNA • THIRD WOMAN, THE • 1959
IRYUHIN–NASHI • LOST ARTICLES • 1959
KAO NO NAI ONNA • DISMEMBERED CORPSE • 1959
NANATSU NO DANGAN • MURDERER MUST DIE, THE • 1959
SHINYA NO CHOSEN • CHALLENGE AT MIDNIGHT • 1959
108–GO–SHA • POLICE MURDERER • 1959
KIETA NIKKOSEN • SECRET PASSAGE • 1960
SHIROI KONA NO KYOFU • CHASE AFTER OPIUM DEALERS, THE • 1960
FUTARI NO TAIYO • 1961
KIRI NO MINATO NO AKAI HANA • LOVE AT THE FOGGY HARBOUR • 1962

TOKYO ANTATCHABURU • TOKYO UNTOUCHABLE • 1962
KAIGUN • NAVY, THE • 1963
MUHOMATSU NO ISSHO • LIFE OF A RICKSHAW MAN, THE • 1963
NIKUTAI NO SEISO • GORGEOUS GEISHA, THE • 1964
BOSU WA ORE NO KENJU DE • 1966
IRO • SPOILS OF THE NIGHT (USA) ◦ NIGHT HUNTER • 1966
YORU NO MESU-INU • CHEATING LOVE • 1966
TABIJI • JOURNEY • 1967
YANAGASE BURUSU • YANAGASE BLUES • 1967
AA YOKAREN • YOUNG EAGLES OF THE KAMIKAZE, THE • 1968
ISEZAKICHO BURUSU • ISEZAKICHO BLUES • 1968
MARUHI TORUKO BURO • SECRET TURKISH BATH • 1968
YORU NO TEHAISHI • NIGHT GUY • 1968

MURCH WALTER – USA

RETURN TO OZ • 1985

MURER FREDI see **MURER FREDI M.**

MURER FREDI M. – SWT

MURER FREDI • MURER FREDY

SWISS MADE • 1969
WIE BERGLER IN DEN BERGEN SIND EIGENTLICH NICHT SCHULD, DASS WIR DA SIND • IT'S NOT REALLY OUR FAULT THAT WE MOUNTAIN DWELLERS ARE WHERE WE ARE • 1975 • DOC
GRAUZONE, DIE • 1977
ZONE GRISE • 1979
HOHENFEUER • ALPINE FIRE • 1985
GRUNE BERG, DER • GREEN MOUNTAIN • 1989 • DOC

MURER FREDY see **MURER FREDI M.**

MURESAN GELU – RMN

GARDUL • FENCE, THE • 1969 • ANS

MURESAN MIRCEA – RMN – 1930–

CITIES OF CHEMISTRY, THE
PEDESTRIAN, THE
SILENCE
TOAMNA • AUTUMN • 1961
PARTEA TA DE VINA • YOU ARE GUILTY TOO • 1963
RASCOALA • BLAZING WINTER • 1965
K.O. • KNOCK-OUT • 1968
HATCHET, THE • 1969
SIEGE, THE • 1970
PORTILE ALBASTRE ALE ORASULUI • BLUE GATES OF THE CITY, THE • 1973

MURFIN JANE – Writer – USA

FLAPPER WIVES • PERILOUS LOVE • 1924
LOVE MASTER, THE • 1924

MURGIA PIERGIUSEPPE – ITL

MALADOLESCENZA • 1977

MURIEL EMILIO GOMEZ see **GOMEZ MURIEL EMILIO**

MURNAU F. W. – GRM – 1888–1931

MURNAU FRIEDRICH WILHELM

KNABE IN BLAU, DER • EMERALD OF DEATH (USA) ◦ TODESSMARAGD, DER ◦ BOY IN BLUE, THE • 1919
SATANAS • 1919
ABEND – NACHT – MORGEN • EVENING.. NIGHT.. MORNING • 1920
BUCKLIGE UND DIE TANZERIN, DER • HUNCHBACK AND THE DANCER, THE • 1920
GANG IN DIE NACHT, DER • JOURNEY INTO THE NIGHT • 1920
JANUSKOPF, DER • DR. JEKYLL AND MR. HYDE (UKN) ◦ HEAD OF JANUS, THE ◦ JANUS-FACED ◦ LOVE'S MOCKERY • 1920
MARIZZA, GENANNT DIE SCHMUGGLERMADONNA • SCHONE TIER, DAS ◦ SCHMUGGLERMADONNA, DIE ◦ MARIZZA, CALLED THE SMUGGLER'S MADONNA • 1920
SEHNSUCHT • BAJAZZO • 1920
NOSFERATU -EINE SYMPHONIE DES GRAUENS • NOSFERATU, A SYMPHONY OF HORROR ◦ NOSFERATU, THE VAMPIRE (USA) ◦ TERROR OF DRACULA, THE ◦ NOSFERATU ◦ DRACULA ◦ SYMPHONIE DES GRAUENS, EINE • 1921
SCHLOSS VOGELOD • HAUNTED CASTLE (USA) ◦ VOGELOD: THE HAUNTED CASTLE ◦ VOGELOD CASTLE ◦ CASTLE VOGELOD • 1921
BRENNENDE ACKER, DER • BURNING ACRE, THE ◦ BURNING SOIL ◦ BURNING EARTH, THE • 1922
PHANTOM • 1922
AUSTREIBUNG, DIE • DRIVEN FROM HOME ◦ EXPULSION • 1923
FINANZEN DES GROSSHERZOGS, DIE • FINANCES OF THE GRAND DUKE, THE ◦ GRAND DUKE'S FINANCES, THE • 1924
LETZTE MANN, DER • LAST LAUGH, THE (USA) ◦ LAST MAN, THE • 1924
TARTUFF • TARTUFFE (UKN) ◦ TARTUFFE THE HYPOCRITE ◦ HERR TARTUFF • 1925
FAUST • FAUST -EINE DEUTSCHE VOLKSSAGE • 1926
SUNRISE -A STORY OF TWO HUMANS • SUNRISE (UKN) ◦ SUNRISE -A SONG OF TWO HUMANS • 1927
FOUR DEVILS • 1929
CITY GIRL • OUR DAILY BREAD • 1930
ZWOLFTE STUNDE -EINE NACHTE DES GRAUENS, DIE • TWELFTH HOUR -NIGHT OF HORROR, THE ◦ NACHT DES GRAUENS, EINE • 1930 • SND
TABU • 1931

MURNAU FRIEDRICH WILHELM see **MURNAU F. W.**

MURO JIM – USA

STREET TRASH • 1986

MURPHY BRIANNA – USA

BLOOD SABBATH • 1972

MURPHY COLLEEN – CND

TERMINI STATION • 1990

MURPHY DUDLEY – USA – 1897–

FRANKIE AND JOHNNY • SHT
HIGH SPEED LEE • 1923
BALLET MECANIQUE, LE • MECHANICAL BALLET, THE • 1924 • SHT
ALEX THE GREAT • 1928
STOCKS AND BLONDES • BLONDES AND BONDS (UKN) • 1928
BLACK AND TAN • 1929 • SHT
ST. LOUIS BLUES • 1929 • SHT
CONFESSIONS OF A CO-ED • HER DILEMMA (UKN) • 1931
LESSON IN GOLF, A • FORE • 1932
SPORT PARADE, THE • SPORT PAGE • 1932
EMPEROR JONES, THE • 1933
NIGHT IS YOUNG, THE • 1934
DON'T GAMBLE WITH LOVE • 1936
MAIN STREET LAWYER • SMALL TOWN LAWYER (UKN) • 1939
ONE THIRD OF A NATION • 1939
YOLANDA • 1942
ALMA DE BRONCE • 1944

MURPHY EDDIE – Actor – USA – 1961–

HARLEM NIGHTS • 1989

MURPHY EDWARD – USA

RAW FORCE • 1982
JUNGLE, THE • HEATED VENGEANCE • 1985

MURPHY GEOFF – NZL – 1938–

MURPHY GEOFFREY

PERCY THE POLICEMAN • SER
VENUKU
TANKBUSTERS • 1975 • SHT
WILDMAN • WILD MAN • 1976
DAGG DAY AFTERNOON • 1977
GOODBYE PORK PIE • 1981
UTU • REVENGE • 1983
QUIET EARTH, THE • 1985
NEVER SAY DIE • 007 DOWN SHE GOES ◦ PARANOID MAN, THE • 1988
YOUNG GUNS 2 • 1990

MURPHY GEOFFREY see **MURPHY GEOFF**

MURPHY J. A. – USA

BARGAIN TABLE CLOTH, A • 1914
BRANNIGAN'S BAND • 1914
FLOSSIE'S DARING LOYALTY • 1914
HE MADE HIS MARK • 1914
JINKS AND THE BARBER • 1914
KIDNAPPING THE KID • 1914
MAGAZINE COOKING • 1914
NEVER TOO OLD • 1914
SHALL CURFEW RING TONIGHT • 1914
SOMETIMES IT WORKS • 1914
SUCH A MESS • 1914
SWAMI SAM • 1914
TALE OF A COAT, THE • 1914
WIDOW AND THE TWINS, THE • 1914
CARELESS ANARCHIST, THE • 1915
GUS AND THE ANARCHISTS • 1915
THAT BRUTE • 1915

MURPHY MARTIN – USA

BOUGHT AND FOUGHT FOR • 1920 • SHT
RANGER DAVE MORGAN • 1920 • SHT
SMOKE SIGNAL, THE • 1920 • SHT
TOUGH TENDERFOOT, THE • 1920 • SHT

MURPHY MARTIN* – Animator – AUS

BIENE MAJA, DIE • BEE CALLED MAJA, A • 1977 • ANM

MURPHY MAURICE – ASL – 1939–

FATTY FINN • 1981
GOOSE FLESH • 1981
HORROR MOVIE • 1981
DOCTORS AND NURSES • 1982

MURPHY MERVYN – Soundman – ASL – 1912–1971

HARVEST GOLD • 1945
MAN AND HIS DOG, A • 1952

MURPHY MICHAEL J. – USA

INVITATION TO HELL • 1982

MURPHY OWEN – USA

FUTURE FARMERS OF AMERICAN SILVER ANNIVERSARY • 1954

MURPHY PAT – UKN

MAEVE • 1982
ANNE DEVLIN • 1984

MURPHY PATRICK J. – USA

SQUARES • RIDING TALL • 1972

MURPHY RALPH – USA – 1895–1967

BIG SHOT, THE • OPTIMIST, THE (UKN) • 1931
TIP-OFF, THE • LOOKING FOR TROUBLE (UKN) ◦ EDDIE CUTS IN • 1931
PANAMA FLO • 1932
70,000 WITNESSES • 1932
GIRL WITHOUT A ROOM • 1933
GOLDEN HARVEST • 1933
SONG OF THE EAGLE • BEER BARON, THE • 1933
STRICTLY PERSONAL • 1933
GREAT FLIRTATION, THE • I MARRIED AN ACTRESS • 1934
MENACE • 1934
NOTORIOUS SOPHIE LANG, THE • 1934
PRIVATE SCANDAL • 1934
SHE MADE HER BED • BABY IN THE ICE BOX, THE • 1934
MCFADDEN'S FLATS • 1935
MEN WITHOUT NAMES • 1935
ONE HOUR LATE • ME WITHOUT YOU • 1935
COLLEGIATE • CHARM SCHOOL, THE (UKN) • 1936
FLORIDA SPECIAL • 1936
MAN I MARRY, THE • 1936
NIGHT CLUB SCANDAL • CITY HALL SCANDAL • 1937
PARTNERS IN CRIME • 1937
TOP OF THE TOWN • 1937
I WANT A DIVORCE • 1940
OUR NEIGHBORS -THE CARTERS • 1940
GLAMOUR BOY • HEARTS IN SPRINGTIME (UKN) • 1941
LAS VEGAS NIGHTS • GAY CITY, THE (UKN) • 1941
YOU'RE THE ONE • 1941
MRS. WIGGS OF THE CABBAGE PATCH • 1942
PACIFIC BLACKOUT • MIDNIGHT ANGEL • 1942
NIGHT PLANE FROM CHUNGKING • 1943
SALUTE FOR THREE • 1943
MAN IN HALF MOON STREET, THE • 1944
RAINBOW ISLAND • 1944
TOWN WENT WILD, THE • 1944
HOW DOOO YOU DO? • HOW DO YOU DOOO? (UKN) • 1945
SUNBONNET SUE • BELLE OF THE BOWERY • 1945
SPIRIT OF WEST POINT, THE • 1947
MICKEY • 1948
RED STALLION IN THE ROCKIES • 1949
LADY AND THE BANDIT, THE • DICK TURPIN'S RIDE (UKN) • 1951
NEVER TRUST A GAMBLER • 1951
STAGE TO TUCSON • LOST STAGE VALLEY (UKN) • 1951
CAPTAIN PIRATE • CAPTAIN BLOOD, FUGITIVE (UKN) • 1952
LADY IN THE IRON MASK • 1952
MISTERI DELLA GIUNGLA NERA, I • MYSTERY OF THE BLACK JUNGLE (USA) ◦ BLACK DEVILS OF KALI, THE • 1954
VENDETTA DEI TUGHS, LA • KILLERS OF THE EAST (USA) • 1955

MURPHY RICHARD – Screenwriter – USA – 1912–

THREE STRIPES IN THE SUN • GENTLE SERGEANT, THE (UKN) • 1955
WACKIEST SHIP IN THE ARMY, THE • 1960

MURPHY ROGER – USA

MONTEREY POP • 1969

MURRAY BILL – Actor – USA

QUICK CHANGE • 1990

MURRAY CHARLES – Actor – USA – 1872–1941

BY GOLLY • 1920 • SHT

MURRAY DON – Actor – USA – 1929–

CROSS AND THE SWITCHBLADE, THE • 1970
DAMIEN • 1977

MURRAY DON* – ASL

AFTER COOK • 1969

MURRAY DONALD see **VIVARELLI PIERO**

MURRAY GRACE MEL – USA

BELLIGERENT BETTIE • 1920

MURRAY GUILLERMO – MXC

PARA USTED JEFA • 1979

MURRAY HENRY – USA

ONE HE-MAN • 1920 • SHT

MURRAY JAMES – CND

NATIONAL DREAM, THE • 1974 • SER

MURRAY JOHN B. – Producer – ASL – 1931–

MOOMBA CONVENTION • 1966 • SHT
YOGA AND THE INDIVIDUAL • 1966 • DOC
ASSISTANCE: INDIA -PEOPLE TO PEOPLE • 1967 • DOC
BIRTH OF A MILL • 1968 • DOC
IT'S RICE -AUSTRALIAN • 1968 • DOC
NAKED BUNYIP, THE • 1970
LIBIDO • 1973

MURRAY KEN – USA

KEN MURRAY SHOOTING STARS • 1979

MURRAY MICHEL – Animator – CND

SYLVIA • 1986 • ANS

MURRAY PAUL – UKN

ELSTREE CALLING • 1930

MURRAY RUSSELL – UKN

DESTINATIONS: UNKNOWN • 1982

MURRAY SCOTT – ASL

DEVIL IN THE FLESH • 1986

MURRAY VIRGINIA – ASL

LEAD DRESS, THE • 1985

MURRAY WARREN – USA

AIN'T MISBEHAVIN' • 1941 • SHT
HONEYSUCKLE ROSE • 1941 • SHT
THIS JOINT IS JUMPIN' • 1941 • SHT

MURRAY WILLIAM – USA

HELL FIRE • PRIMAL SCREAM • 1986

MURTHY P. S. – IND

MISS BANGALORE • 1967
JEEVITHALU • LIVES • 1968

MURTI – IND

DASAVATAR • TENTH INCARNATION • 1936

MURUA LAUTARO – Actor – ARG – 1927–

SHUNKO • 1960
ALIAS GARDELITO • 1961
GUAPO DEL 1900, UN • TOUGH GUY FROM 1900, A • 1972
RAULITO, LA • 1975
CUARTELES DE INVIERNO • WINTER QUARTERS • 1984

MUSALLAM IZIDORE K. – CND

FOREIGN NIGHTS • 1990

MUSE CLARENCE – Actor – USA – 1899–

BROKEN EARTH • 1934

MUSIALOWICZ EDWARD – PLN

PSIE MIASTECZKO • 1959

MUSIDORA – Actress – FRN – 1889–1957
ROQUES JEANNE
VINCENTA • 1918
FLAMME CACHEE, LA • HIDDEN FLAME, THE • 1919
POUR DON CARLOS • 1921
SOLEIL ET SOMBRE • SUN AND SHADOW • 1922
TERRE DES TAUREAUX, LA • TERRE DES TOROS, LA • 1924
MAGIQUE IMAGE, LA • MAGIC IMAGE • 1951

MUSK CECIL – Producer/writer – UKN
QUEEN COTTON • 1941 • DCS
CAN WE BE RICH? • 1946 • DOC
CIRCUS BOY • 1947
TRAPPED BY THE TERROR • 1949
BLOW YOUR OWN TRUMPET • 1958

MUSKER JOHN – Animator – USA
GREAT MOUSE DETECTIVE, THE • 1986 • ANM
LITTLE MERMAID, THE • 1989 • ANM

MUSOLINO VINCENZO – ITL – 1930–1969
DAVIS GLENN VINCENT
CHIEDI PERDONO A DIO -NON A ME • ASK GOD FOR FORGIVENESS ..NOT ME • 1968
QUINTANA • 1969

MUSSETTA PIERO – ITL
FANCIULLE DI LUSSO • FINISHING SCHOOL (UKN) ○ LUXURY GIRLS (USA) • 1953

MUSSIO MAGDALO – ITL
REALE DISSOLUTO, IL • ROYAL DISSOLUTE, THE • ANS

MUSSO CARLO – ITL – 1911–
ITALIANE E L'AMORE, LE • LATIN LOVERS (USA) ○ ITALIAN WOMEN AND LOVE • 1961

MUSSO GIUSEPPE D. – ITL
GRAN PREMIO • 1944

MUSSO JEFF – FRN – 1907–
PURITAIN, LE • PURITAN, THE • 1937
DERNIERE JEUNESSE • ULTIMA GIOVINEZZA (ITL) ○ FIN D'UNE VIE, LA • 1939
VIVE LA LIBERTE • ON A TUE UN HOMME • 1944
ROBINSON CRUSOE • NAUFRAGE DU PACIFIQUE, LE • 1950

MUSTAFA HASSAM EDDIN – EGY – 1926–
MOSTAFA HUSSAM EDDIN • MUSTAFA HUSSAM AD-DIN
KIFAYA YA IN • ASSEZ DE TRISTESSE • 1955
SIRAUN FI AL-GABAL • BATAILLE SUR LA MONTAGNE • 1960
NADHDHARA AS-SAWDA', AN- • LUNETTES NOIRES, LES • 1962
SHAYATIN EL TALATA, EL • THREE DEVILS, THE • 1964
BINT SHAKIEH • LOVELY GIRL • 1967
CHATEI EL MARAH • FUN ON THE BEACH • 1967
GARIMA FIL HAY EL HADY • CRIME IN A PEACEFUL STREET, A • 1967
SAMAN WAL KARIF, EL • 1967
AALAM MODHEK GEDDAN • IT'S A MAD WORLD • 1968
MASSAGUIN EL THALATHA, EL • THREE PRISONERS, THE • 1968
SHANABO FIL MASSIADA • SHANABO IN A TRAP • 1968
BROTHERS.. BUT ENEMIES • 1974
BULLET IS STILL IN MY POCKET, THE • 1974
SABRINE • 1975
VICTIMS, THE • 1975
TAWHIDA • 1976
SONIA AND THE MADMAN • 1977

MUSTAFA HUSSAM AD-DIN see **MUSTAFA HASSAM EDDIN**

MUSTAFA NIAZI – EGY – 1911–1986
MOUSTAFA NIAZI • MUSTAFA NIAZY • MUSTAPHA NIYAZI
SALAMA FI KHAYR • SALAMA SAUVE • 1937
RABIHA -TAKIET EL EKHFAA • MAGIC HAT, THE ○ RABIYA • 1944
LEILA AL-AMIRA • 1947
SHAYATINE EL JAU • SKY-DEVILS, THE • 1955
ISMAIL YASSINE TARAZANE • ISMAIL YASSINE AS TARZAN • 1958
SIRR TAKIEET EL EKHFA • SECRET OF THE MAGIC HAT, THE • 1960
AKHTAR RAGOL FIL ALAM • MOST DANGEROUS MAN IN THE WORLD, THE • 1967
SHABAB MAGNOUN GEDDAN • MAD.. MAD.. YOUTHS • 1967
BABA AYEZ KEDA • DADDY WANTS IT THAT WAY • 1968
HAWAA WAL KERD • EVE AND THE MONKEY • 1968
VAHSI BIR ERKEK SEVDIM • I'VE LOVED A SAVAGE WOMAN • 1968
HEREDITARY FOOLS • 1975
SANA ULA HOB • FIRST-YEAR LOVE ○ SANA ULA HUBB • 1976

MUSTAFA NIAZY see **MUSTAFA NIAZI**

MUSTAFIEV VAGIF – USS
SCOUNDREL, THE • 1987

MUSTAPHA NIYAZI see **MUSTAFA NIAZI**

MUSTE PEDRO COSTA – SPN
CASO ALMERIA, EL • ALMERIA AFFAIR, THE • 1984

MUSU ANTONIO – ITL
PREZZO DELLA GLORIA, IL • 1956
TOTO E MARCELLINO • 1958

MUSY GLORI VITTORIO – ITL
OPERAZIONE RICCHEZZA • 1968

MUTAPCIC MIDHAT – YGS
DOKTOR MLADEN • DOCTOR MLADEN • 1974

MUTHIAH T. S. – IND
CHITRA MELA • EXHIBITION OF PAINTINGS • 1967

MUTO ANTHONY
HOLY YEAR 1950 • 1950

MUTRUX FLOYD – USA
DUSTY AND SWEETS MCGEE • 1971 • DOC
ALOHA, BOBBY AND ROSE • 1975
AMERICAN HOT WAX • ROCK'N ROLL HOT WAX • 1978
HOLLYWOOD KNIGHTS, THE • 1980

MUUR J. see **MUUR JURI**

MUUR JURI – USS
MUUR J.
NEW DEVIL FROM HELL, A • 1965
PISMA S OSTROVA CHUDAKOV • LETTERS FROM THE ISLE OF ECCENTRICS • 1967

MUZII ENZO – ITL – 1926–
MISTERI DI ROMA, I • MYSTERIES OF ROME, THE ○ WONDERS OF ROME, THE • 1963 • DOC
COME L'AMORE • LIKE LOVE • 1968
MACCHIA ROSA, UNA • 1970

MUZIKANT R. see **MUZYKANT R.**

MUZIKANT Y. see **MUZYKANT YU.**

MUZUMDAR NAGENDRA – IND
ALLAUDDIN THE SECOND • 1934

MUZYKANT R. – USS
MUZIKANT R.
FOR THE SOVIET MOTHERLAND • 1937
SKI BATTALION • 1938

MUZYKANT YU. – USS
MUZIKANT Y.
FOR THE SOVIET MOTHERLAND • 1937
SKI BATTALION • 1938
MOST PRECIOUS OF ALL • 1957
DOSTIGAEV AND OTHERS • 1959

MWEZE NGANGURA – ZRE
VIE EST BELLE, LA • 1988

MYASSAR REDA – LBN
FALASTINI AL SAER, AL • PALESTINIAN REVOLT • 1970

MYCROFT WALTER C. – UKN – 1891–1959
BANANA RIDGE • 1941
MY WIFE'S FAMILY • 1941
SPRING MEETING • 1941
COMIN' THRO' THE RYE • 1947

MYERS CLIVE – UKN
JUSTINE • 1976

MYERS FRANK – USA
LOST, LONELY AND VICIOUS • 1957

MYERS GORDON – Producer – UKN – 1923–
HANDS ACROSS THE OCEAN • 1946

MYERS HARRY – Actor – USA – 1882–1938
MYERS HARRY C.
PARTNERS IN CRIME • 1913
SMUGGLER'S DAUGHTER, THE • 1913
ACCUSATION, THE • 1914
ATTORNEY'S DECISION, THE • 1914
COMEDIENNE'S STRATEGY, THE • 1914
DOUBLE LIFE, THE • 1914
HOPELESS GAME, THE • 1914
LOVE TRIUMPHS • 1914
MATTER OF RECORD, A • 1914
PRICE OF A RUBY, THE • 1914
WEIGHT OF A CROWN • 1914
ARTIST AND THE VENGEFUL ONE, THE • 1915
BABY, THE • 1915
CHEVAL MYSTERY, THE • 1915
DANGER LINE, THE • 1915
EARL OF PAWTUCKET, THE • 1915
FATHER'S CHILD • 1915
HARD ROAD, THE • 1915
HE WAS ONLY A BATHING SUIT SALESMAN • 1915
HOUSE OF A THOUSAND RELATIONS, THE • 1915
LAW OF LOVE, THE • 1915
MAN OF SHAME, THE • 1915
MEN AT THEIR BEST • 1915
MY TOMBOY GIRL • 1915
PLAYING WITH FIRE • 1915
PRIZE STORY, THE • 1915
ROMANCE OF THE BACKWOODS, A • 1915
SAVED BY A DREAM • 1915
BABY'S TOOFS • 1916 • SHT
HIGH FLIERS • 1916 • SHT
IN THE NIGHT • 1916 • SHT
LATEST IN VAMPIRES, THE • 1916 • SHT
LATHERED TRUTH • 1916 • SHT
LOVE SPASMS • 1916 • SHT
MAN AND MORALITY • 1916 • SHT
MODEL HUSBAND, A • 1916 • SHT
OBJECT -MATRIMONY • 1916 • SHT
PERSISTENT WOOING, A • 1916
PIPE DREAM, THE • 1916 • SHT
HASH HOUSE MYSTERY, THE • 1917 • SHT

MYERS HARRY C. see **MYERS HARRY**

MYERS RAY – USA
LITTLE LUMBERJACK, THE • 1915
PENALTY, THE • 1915
QUEEN OF THE BAND, THE • 1915

MYERS RICHARD – USA
PATH, THE • SHT
FIRST TIME HERE • 1964 • SHT
AKRAN • 1971
FLOOR SHOW • 1978

MYERS ZION – USA – 1898–
DOGWAY MELODY • 1930 • SHT
DOGVILLE COMEDIES • 1930–31 • SHS
BIG DOG HOUSE, THE • 1931 • SHT
SIDEWALKS OF NEW YORK, THE • 1931
SPLASH! • 1931 • SHT
TRADER HOUND • TRADER AIREDALE • 1931 • SHT
TWO BARK BROTHERS, THE • 1931 • SHT
CHALK UP • 1932 • SHT
COLOR SCALES • 1932 • SHT
INFLATION • 1933 • SHT
LUCKY DOG • 1933 • SHT

MYERSON ALAN – USA
STEELYARD BLUES • FINAL CRASH, THE • 1973
PRIVATE LESSONS • 1981
POLICE ACADEMY 5: ASSIGNMENT MIAMI • 1988

MYGIND ANNIE – UKN
SPACEPLACE • 1974

MYHERS JOHN – USA
SATURDAY NIGHT BATH IN APPLE VALLEY • SATURDAY NIGHT IN APPLE VALLEY • 1965

MYKKANEN MARJAANA – FNL
SIRPPI JA KITARA • FROM RUSSIA WITH ROCK • 1988 • DOC

MYLER ELIAS – FRN
CALL GIRL

MYLES BRUCE – ASL
GROUND ZERO • 1988

MYLES NORBERT – USA
DAUGHTER OF DAWN, A • 1920
FAITHFUL WIVES • 1926

MYLL LOUIS – USA
ADOPTED BABY, THE • 1915
ACTIVE SERVICE • 1916 • SHT
BELLS AND BELLES • 1916 • SHT
BLOW YOUR HORN • 1916 • SHT
COMING DOWN • 1916 • SHT
CRUEL AND UNUSUAL • 1916 • SHT
FORE AND AFT • 1916 • SHT
GOING UP! • 1916 • SHT
HOLD FAST • 1916 • SHT
JUST IMAGINATION • 1916 • SHT
KEEP MOVING! • 1916 • SHT
LIGHTNING BELLHOP, THE • 1916 • SHT
LOCAL SHOWERS • 1916 • SHT
LOOK OUT BELOW • 1916 • SHT
OUT OF ORDER • 1916 • SHT
OUTS AND INS • 1916 • SHT
PARTLY CLOUDY • 1916 • SHT
PIRATE BOLD, A • 1916 • SHT
SHOWING SOME SPEED • 1916 • SHT
STRICTLY PRIVATE • 1916 • SHT
WHILE YOU WAIT • 1916 • SHT

MYLNE CHRISTOPHER – UKN
ISLE OF RHUM, THE • 1971 • DCS
RETURN OF THE REINDEER • 1973 • DOC
STRANGER ON THE BASS • 1973 • DOC
PRIDE OF PENGUINS, A • 1975 • DCS

MYLONAKOS ILIAS see **MILONAKOS ILIAS**

MYRDAL JAN – SWD – 1927–
MYGLAREN • 1966

MYRIAM – FRN
BORSOUTZKY MYRIAM
COURSE DE TAUREAUX, LA • BULLFIGHT • 1951 • CMP

MYZET RUDOLF – Actor – CZC
SACHTA POHRBENYCH IDEI • SHAFT OF BURIED HOPES, THE ○ MINE OF BURIED IDEALS • 1921

NABIH MOHAMED – EGY
THALASS KASSAS • THREE STORIES • 1968

NABILI MARVA – IRN
SEALED SOIL, THE • 1978
NIGHTSONGS • 1984 • TVM

NABUCO CAROLINE – BRZ
DAS TRIPAS CORACAO • HEARTS AND GUTS • 1982

NACHIKET – IND
22ND JUNE 1897 • 1979

NACHMANN KURT – AUS
LUSTIGEN VAGABUNDEN, DIE • DAS HABEN DIE MADCHEN GERN • 1963
MIT BESTEN EMPFEHLUNGEN • 1963
SING, ABER SPIEL NICHT MIT MIR • 1963
JOSEFINE MUTZENBACHER 2 TEIL: MEINE 365 LIEBHABER • DON'T GET YOUR KNICKERS IN A TWIST (UKN) ○ MEINE 365 LIEBHABER • 1971
MACHE ALLES • BED PARTNERS • 1971
NAKED COUNTESS, THE • 1971

NACIF ABDEL-HALIM – ALG – 1939–
CONFECTION • 1962 • DCS
SOURCIERS, LES • 1962 • DCS
TALEB, LE • 1962 • SHT
SOURCIERS DES AURES • 1970

NADASDY K. see **NADASDY KALMAN**

NADASDY KALMAN – HNG
NADASDY K.
GUL BABA • 1940
LUDAS MATYI • MATTIE, THE GOOSEBOY • 1949
GOOSE BOY, THE • 1951

NADASY LASZLO – HNG
EVA A 5116 • EVA IS CLEVER • 1963

NADEAU G. – FRN
SAL-A-MALLE-EK • 1965 • SHT

NADEJDINE SERGE – FRN
NAPLES AU BAISER DE FEU • 1925

NADEL ARTHUR see **NADEL ARTHUR H.**

NADEL ARTHUR H. – Producer/writer – USA
NADEL ARTHUR
CLAMBAKE • 1967
UNDERGROUND • RESISTANCE • 1970

NADEN DAVID – UKN
SLAG'S PLACE • 1965

NADERI AMIR – IRN
TANGSIR • 1974
SAKHTE IRAN • MADE IN IRAN • 1978

NADKARNI SUNDAR RAO see **NADKARNI SUNDARAO**

NADKARNI SUNDARAO – IND
NADKARNI SUNDAR RAO • NADKARNI SUNDERA RAO
BHOO KAILAS • 1938
KRISHNAVIJAYAM • KRISHNA'S VICTORY • 1949
SANT THUKARAM • 1963

NADKARNI SUNDERA RAO see **NADKARNI SUNDARAO**

NADLER HENRY – UKN
REVERON • 1951 • SHT
LAKE PIPELINE • 1958

NAG HIREN – IND
JIBAN MRITYU • MATTER OF LIFE AND DEATH, A • 1967
FILM HI FILM • 1983
TUNI BOU • 1987

NAG SHANKAR – IND
SWAMY • 1988

NAGAAT – EGY
TEARS DRIED, THE • 1975

NAGABHARANA T. S. – IND
ANVESHANE • SEARCH, THE • 1978
GRAHANA • ECLIPSE, THE • 1979

NAGAHAMA TADAO – Animator – JPN
STARBIRDS • 1982 • ANM

NAGARAJAN A. P. – IND
SARASWATHI SABATHAM • 1966
KANDHAN KARUNAI • KARTICK'S BLESSING • 1967
SEETHA • PRINCESS SEETA • 1967
THIRUVARUTCHELVAR • GOD KARTICKEYA • 1967
THIRUMAL PERUMAI • FAME OF LORD KRISHNA • 1968

NAGASHIRO RYOSUKE – JPN
SANTO-KACHO • THIRD CLASS THIEF • 1959

NAGATA DAVID – DNM
DAGE I MIN FARS HUS • DAYS IN MY FATHER'S HOUSE ◦ WHISTLE, THE • 1968

NAGEL CONRAD – Actor – USA – 1896–1970
LOVE TAKES FLIGHT • 1937

el NAGGAR MOHAMED – EGY
TIME OF HATEM ZAHRAN, THE • 1987

NAGHAICH RAVI – IND
FARZ • DUTY • 1967

NAGHI GHEORGHE – RMN
TELEGRAME • 1959
BADARINII • BOORS, THE • 1960
CINE VA DESCHIDE USA? • WHO IS GOING TO OPEN THE DOOR? • 1967

NAGLE HERBERT – USA
XMAS • CHRISTMAS • 1962 • SHT

NAGLE PAUL – MXC
ATAUD DEL VAMPIRO, EL • VAMPIRE'S COFFIN (USA) • 1957
VAMPIRO, EL • VAMPIRE, THE (USA) • 1957

NAGY GYULA – Animator – HNG
FINGER WAVE • 1987 • ANS

NAGY ISTVAN HOMOKI see **HOMOKI-NAGY ISTVAN**

NAGY IVAN – USA
CAPTAIN AMERICA II • CAPTAIN AMERICAN II: DEATH TOO SOON • 1970 • TVM
THEIR BREAKFAST MEANT LEAD • PUSHING UP DAISIES • 1972
BAD CHARLESTON CHARLIE • 1973
FIVE MINUTES TO FREEDOM • 1973
MONEY, MARBLES AND CHALK • 1973
DEADLY HERO • 1976
MIND OVER MURDER • ARE YOU ALONE TONIGHT? • 1979 • TVM
ONCE UPON A SPY • 1980 • TVM
GUN IN THE HOUSE, A • 1981 • TVM
MIDNIGHT LACE • 1981 • TVM
JANE DOE • 1982 • TVM
TOUCH OF SCANDAL, A • 1984 • TVM
PLAYING WITH FIRE • 1985 • TVM
INTIMATE ENCOUNTERS • ENCOUNTERS IN THE NIGHT • 1986 • TVM
DEAD-TIME STORIES: VOLUME 2 • SCREAM SHOW • 1987

NAGY PAL – HNG
NOI DOLGOK • ECCENTRICITIES OF WOMEN • 1963 • ANS

NAGY ZOLTAN – GRM
TREBENDE KRAFT • 1921

NAHAY MICHAEL – USA
THURSDAY MORNING MURDERS, THE • 1976

NAHHASS HASHIM AN- – EGY – 1937–
AN-NAHHASS HASHIM
MUNAMNAMAT TURKIYYA • MINIATURES TURQUES • 1969 • SHT
MUQABALA • INTERVIEW • 1972 • SHT
NIL ARZAQ, AN- • RICHESSES DU NIL ◦ SUR LE NIL • 1972 • SHT
IFTITAH'IYYATUN LI AL-BINA • OUVERTURE POUR LA CONSTRUCTION • 1974 • SHT
MABKA BILA HA'IT • LAMENTATIONS SANS MUR • 1974 • SHT
SIJILLUS AMAL • BILAN DE TRAVAIL • 1974 • SHT
AYADI ARABIYYA • MAINS ARABES • 1975 • SHT
KHAT'AWAT NAHWA AS-SALAM • PAS VERS LA PAIX • 1975 • SHT
NAKHLA, AN- • PALMIER, LE • 1976 • SHT

NAHOUM ISACCO – ITL
GIORNI DI FURORE • 1964 • DOC

NAHOUN PHILIPPE – FRN – 1949–
FILLE UNIQUE, UNE • 1976
FIL, FOND, FOSFOR • 1980

NAHUM JACQUES – EGY – 1921–
SAINT MENE LA DANSE, LE • DANCE OF DEATH, THE (USA) ◦ SAINT CONDUIT LE BAL, LE • 1960

NAIDU S. M. SREE RAMULU – IND
PAVALAKODI • 1949

NAIR M. KRISHNAN – IND
KRISHNAN NAIR M.
KUDUMBAM • FAMILY • 1967

NAIR M. P. SUKUMARAN – IND
APARANHAM • 1990

NAIR M. T. VASUDEVAN – IND
VASUDEVAN NAIR M. T. • VASUDEVAN M. T.
NIRMALAYAM • STALE FLOWERS • 1973
MANJA • MIST, THE • 1982
VARIKKUZHI • PITFALL, THE • 1983

NAIR MIRA – IND
CHAL, BOMBAY, CHAL • SALAAM, BOMBAY! • 1988

NAJAFI MOHAMMAD-ALI – IRN
NAJAFI MOHAMMADALI
REPORT ON A MURDER • 1987
NIGHT NURSE, THE • 1988

NAJAFI MOHAMMADALI see **NAJAFI MOHAMMAD-ALI**

NAJEEBZADEH AHMAD – IRN
AROUS-E-TEHRAN • BRIDE OF TEHRAN, THE • 1967
CHAHAR KHAHAR • FOUR SISTERS • 1967

de NAJERA CARLOS – MXC
PRIMO BASILIO, EL • 1934

NAKAGAWA NOBUO – JPN
GUBIJINSO • POPPY • 1941
TOBISUKE BOKEN RYOKO • TOBISUKE'S ADVENTURES • 1949
NIISAN NO AIJO • BROTHERLY LOVE • 1955
SANSHIRO • STRAY SHEEP • 1955
KAII UTSUNOMIYA TSURITENJO • WEIRD DEATH TRAP AT UTSUNOMIYA • 1956
KAIDAN KASANE-GA-FUCHI • GHOST OF KASANE-GA-FUCHI ◦ DEPTHS, THE • 1957
BOREI KAIBYO YASHIKI • BLACK CAT MANSION (USA) ◦ GHOST CAT MANSION • 1958
SEISHUN MUSEN RYOKO • JOURNEY OF YOUTH • 1958
JOTAI NO IZUMI • CONDITION OF A FOUNTAIN • 1959
ONNA KYUKETSUKI • 1959
TOKAIDO YOTSUYA KAIDAN • GHOST OF YOTSUYA, THE • 1959
HAYAKURYO SANDO GASA • 1960
JIGOKU • SINNERS TO HELL ◦ HELL • 1960
KAIDAN HEBIONNA • FEAR OF THE SNAKE WOMAN ◦ GHOST OF SNAKE-GIRL • 1968

NAKAHIRA KO – JPN – 1926–
GYUNYUYA FURANKI • 1956
KURUTTA KAJITSU • THIS SCORCHING SEA ◦ AFFAIR AT KAMAKURA ◦ CRAZED FRUIT ◦ JUVENILE PASSION • 1956
NATSU NO ARASHI • SUMMER STORM • 1956
NERAWARETA OTOKO • MAN SPIED ON, A • 1956
BITOKU NO YOROMEKI • FLESH IS WEAK, THE • 1957
GAITO • 1957
KOROSHITANO WA DAREDA • WHO IS THE MURDERER • 1957
YUWAKU • TEMPTATION • 1957
KURENAI NO TSUBASA • CRIMSON WINGS • 1958
SHIKI NO AIYOKU • FOUR SEASONS OF LOVE, THE • 1958
SAIJO KATAGI • TALENTED WOMAN, THE • 1959
SONO KABE O KUDARE • LET US DESTROY THIS WALL • 1959
ASHITA HARERUKA • WAIT FOR TOMORROW • 1960
CHIZU NO NAI MACHI • JUNGLE BLOCK • 1960
GAKUSEI YARO TO MUSUMETACHI • GIRLS AND THE STUDENTS, THE • 1960
MIKKAI • SECRET RENDEZVOUS, A ◦ ASSIGNATION, THE • 1960
AITSU TO WATASHI • THAT GUY AND I • 1961
ARABU NO ARASHI • STORM OVER ARABIA • 1961
ATARIYA TAISHO • CAPTAIN BY CHANCE • 1962
WAKAKUTE WARUKUTE SUGOI KOITSURA • THESE YOUNG PEOPLE BAD AND TERRIBLE • 1962
YABAIKITO NARA ZENI NI NARU • DANGER PAYS • 1962
DORODARAKE NO JUNJO • WHEN THE SNOWS FELL • 1963
HIKARU UMI • BRIGHT SEA • 1963
ORE NO SENAKA NI HI GA ATARU • I HAVE THE SUN IN MY BACK • 1963
GETSUYOBI NO YUKA • YUKA FROM MONDAY • 1964
ONNA NO UZU TO FUCHI TO NAGARE • WHIRLPOOL OF WOMEN (USA) ◦ WHIRLPOOL OF FLESH • 1964
RYOJIN NIKKI • HUNTER'S DIARY, THE • 1964
SUNANO UE NO SHOKUBUTSUGUN • JUNGLE INTERLUDE • 1964
GENDAI AKUTO JINGI • MORAL OF MODERN HOOLIGANS, THE • 1965
KEKKON SODAN • MARRIAGE CONSULTATION • 1965
KUROI TOBAKUSHI • BLACK GAMBLER, THE • 1965
YARO NI KOKKYO WA NAI • BLACK CHALLENGER, THE • 1965
AKAI GURASU • RED GLASS, A • 1966
AKUMA NO HIDARITE • DEVIL'S LEFT HAND, THE • 1966
KIGEKI-OBUROSHIKI • FREE ISLAND, THE ◦ OBUROSHIKI • 1967
SEISHUN TARO • YOUTHFUL TARO ◦ TARO'S YOUTH • 1967
SUPAIDASU NO DAISHINGEKI • SPIDERS A GO-GO • 1968
YAMI NO NAKA NO CHIMIMORYO • CHIMIMORYO -A SOUL OF DEMONS ◦ SOUL TO DEVILS, A • 1971

NAKAHIRA YASUSHI – JPN
HENSO-KYOKU • VARIATION • 1975

NAKAJIMA KOICHI – JPN
UCHU KARA NO KIKAN • BACK FROM SPACE • 1985

NAKAJIMA SADAO – JPN
AA DOKI NO SAKURA • DIARIES OF KAMIKAZE, THE • 1967
KYODAI JINGI: KANTO ANIKIBUN • DUTY OF BROTHERHOOD: KANTO AFFAIR • 1967
OOKU MARUHI MONOGATARI • ZOKU OOKU MARUHI MONOGATARI ◦ WOMEN AROUND THE SHOGUN, THE ◦ SHOGUN AND HIS MISTRESSES, THE ◦ SHOGUN AND HIS MISTRESS, THE • 1967
AMADERA MARUHI MONOGATARI • SECRET OF THE MONASTERY, THE • 1968
NIHON NO DON • BOSS OF JAPAN, A • 1976
INUBUE • DOGFLUTE • 1977
SEIHA • CONQUEST • 1983

NAKAJIMA TAKEHIRO – JPN
KYOSHU • HOMESICKNESS • 1988

NAKAMURA NOBORU – JPN – 1913–1981
AI NO SENKUSHA • PIONEER LOVE • 1946
OMITSU NO ENDAN • 1946
UTA NO HANAKOGO • SONG OF A FLOWER BASKET • 1946
MUSUME NO GYAKUSHU • COUNTER-ATTACK OF GIRLS • 1947
SHOJO WA SHINJI NO GOTOKU • 1947
HI NO BARA • SCARLET ROSE • 1948
RYOSO • TRAVELLING SPIRIT • 1948
KIMI MATEDOMO • 1949
RENAI SANBAGARASU • LOVE TRIO • 1949
SHUKAIDO • BEGONIA • 1949
EDEN NO UMI • 1950
EIKO EN MICHI • ROAD TO RISE AND FALL • 1950
HARU NO USHIO • SPRING TIDE • 1950
OKUSAMA NI GOYOSIN • 1950
KOIBUMI SAIBAN • LOVE LETTER TRIAL • 1951
WAGAYA WA TANOSHI • 1951
NAMI • WAVES, THE • 1952
YUME TO SHIRISEBA • 1952
GAMPEKI • CLIFF, THE • 1953
HARU NO KOTEKI • SPRING DREAM • 1953
NATSUKO NO BOKEN • NATSUKO'S VENTURE • 1953
TABIJI • JOURNEY, THE • 1953
YUME MIRU HITOBITO • 1953
EDO NO YUBAE • EDO SUNSET • 1954
HI WA SHIZUMAZU • SUN NEVER SETS, THE • 1954
KAZOKU KAIGI • FAMILY CONFERENCE • 1954
AKOGARE • YEARNING • 1955
ONNA NO ISSHO • ONE LOVE TOO MANY ◦ WOMAN'S LIFE, A • 1955
SHUZENJI MONOGATARI • MASK OF DESTINY, THE (USA) ◦ MASK AND DESTINY, THE • 1955
KIMI URUWASHIKU • BEAUTIFUL FEELING • 1956
SHIROI MAGYO • WHITE DEVIL-FISH • 1956
SHU TO MIDORI • MIDNIGHT VISITOR ◦ RED AND GREEN • 1956
TSUYU NO ATOSAKI • TOWARD THE RAINY SEASON • 1956
DOSHABURI • CLOUDBURST ◦ HARD RAIN • 1957
KAOYAKU • BOSS, THE • 1957
SHUKIN RYOKO • PAYOFF WITH LOVE • 1957
BOROYA NO SHUNJU • 1958
KAMITSUKARETA KAOYAKU • COUNTRY BOSS • 1958
NICHI-NICHI O HAISHIN • TRIPLE BETRAYAL • 1958
SONOKOI MATTA NASHI • 1958
ASU ENO SEISO • MARRY A MILLIONAIRE ◦ TOMORROW'S COSTUME • 1959
HARU O MATSU HITOBITO • WAITING FOR SPRING ◦ THOSE WHO WAIT FOR SPRING • 1959
ITAZURA • LOVE LETTERS ◦ JOKE, THE • 1959
KIKEN RYOKO • VAGABOND LOVERS ◦ DANGEROUS VOYAGE ◦ KIYEN RYOKO • 1959
I RO HA NI HO HE TU • OF MEN AND MONEY • 1960
KOIBITO • MY LOVE • 1960
NAMI NO TO • TRAPPED IN LOVE • 1960
HANNYO • WOMEN OF TOKYO ◦ HANJO • 1961
KAKO • ESTUARY, THE • 1961
ONNA NO HAISHO • LONELY GEISHA, A • 1961
AIZEN KATSURA • FLOWER IN A STORM • 1962
KYUJIN RYOKO • 1962
SENKYAKU BANRAI • 1962
KAGAMI NO NAKKA NO RAZO • 1963
KEKKON SHIKI KEKKON SHIKI • MARRIAGE CEREMONY • 1963
KOTO • TWIN SISTERS OF KYOTO ◦ OLD CAPITAL, THE • 1963

TSUMUJI KAZE • WHIRLWIND • 1963
NIJU-ISSAI NO CHICHI • OUR HAPPINESS ALONE ○ FATHER AT 21, A • 1964
YORU NO HENRIN • BEAUTIFUL PEOPLE, THE (UKN) ○ SHAPE OF NIGHT, THE • 1964
ZETTAI TASU • ABSOLUTE MAJORITY • 1965
DANSHUN • SPRINGTIME • 1966
KI NO KAWA • KII RIVER, THE ○ KI RIVER • 1966
CHIEKO-SHO • PORTRAIT OF CHIEKO • 1967
SEKISHUN • THREE FACES OF LOVE • 1967
SOSHUN • SPRING BREEZE • 1968
WAGA TOSO • MY DESTINY • 1968
HI MO TSUKI MO • THROUGH DAYS AND MONTHS • 1969
KEKKON SHIMASU • MARRIAGE JAPANESE STYLE • 1969
WAGA KOI WAGA UTA • SONG FROM MY HEART, THE (USA) • 1969
KAZE NO BOJO • JOURNEY OF LOVE • 1970
YOMIGAERU DAICHI • REBIRTH OF THE SOIL, THE • 1970
SHIOKARI TOGE • LOVE STOPPED THE RUNAWAY TRAIN • 1973
NICHIREN • PRIEST NICHIREN, THE • 1978

NAKAMURA TAKEO – USA

NUTCRACKER FANTASY • NUTCRACKER FANTASIES ○ NUTCRACKER • 1979 • ANM

NAKANISHI CHUZO – JPN

WAKAOYABUN O KESE • KILL THE YOUNG BOSS • 1967

NAKATANI CARLOS – MXC

PROXIMA LUNA, UNA • 1965

NAKHAPETOV R. see **NAKHAPETOV RODION**

NAKHAPETOV RODION – USS

NAKHAPETOV R.

WITH AND WITHOUT YOU • 1974
NA KRAY SVYETA.. • TO THE EDGE OF THE WORLD.. ○ END OF THE WORLD, THE ○ END OF THE EARTH, THE • 1976
AT THE CLOSE OF THE NIGHT • 1987

NAKHIMOFF EDWARD – UKN

HIKING WITH MADEMOISELLE • 1933
IMMORTAL SWAN, THE • 1935

NALDINI NICO – ITL – 1929–

FASCISTA • 1974

NALECKI KONRAD – PLN

DWOJE Z WIELKIEJ RZEKI • TWO FROM THE GREAT RIVER
DRUGI CZLOWIEK • OTHER MAN, THE ○ NEW MAN, THE • 1961
I TY ZOSTANIESZ INDIANINEM • 1962
CZTEREJ PANCERNI I PIES (I) • FOUR ARTILLERYMEN AND A DOG • 1968
CZTEREJ PANCERNI I PIES (II) • FOUR ARTILLERYMEN AND A DOG (II) • 1968
CZTEREJ PANCERNI I PIES (III) • FOUR ARTILLERYMEN AND A DOG (III) • 1968
CZTEREJ PANCERNI I PIES (IV) • FOUR ARTILLERYMEN AND A DOG (IV) • 1968

NALPAS – FRN

SIRENE DES TROPIQUES, LA • 1927

NAM JAMES – HKG

BRUCE AND SHAOLIN KUNG FU 1
BRUCE AND SHAOLIN KUNG FU 2

NAME HERNANDO – MXC

MUERTE CRUZO EL RIO BRACO, LA • DEATH CROSSED THE RIO BRAVO • 1985
PLACER DE LA VENGANZA, EL • SWEETNESS OF REVENGE, THE • 1987

NAMETH RONALD – USA

REQUIEM • SHT

NAMHAD G. see **DAMMANN GERHARD**

NAMIAND GILBERT – FRN

HEXAGONAL'S ROCKERS • NEW WAVE FRENCH CONNECTION • 1978

NAMIKI KYOTARO – JPN

GEKITO SANKAKU TOBI • 1958
KETTO KACHIDOKIBASHI • 1958
TONE NO CHISHIBUKI • FATAL ARMS • 1959

NAMURA YOSHITARO – JPN

HARIKOMI • CHASE, THE • 1958

NANKIN MICHAEL – USA

MIDNIGHT MADNESS • 1980

NANNI RODOLFO – BRZ

SACI, O • 1952

NANNUZZI ARMANDO – ITL – 1925–

ALBERO DALLE FOGLIE ROSA, L' • 1974
NATALE IN CASA D'APPUNTAMENTO • CHRISTMAS TIME IN A BROTHEL ○ CHRISTMAS AT THE BROTHEL ○ LOVE BY APPOINTMENT ○ HOLIDAY HOOKERS • 1976

NANOVIC VOISLAV see **NANOVIC VOJISLAV**

NANOVIC VOJISLAV – YGS

NANOVIC VOISLAV

BESMRTNA MLADOST • IMMORTAL YOUTH • 1948
CUDOTVORNI MAC • MAGIC SWORD, THE (USA) ○ LUDOT-VORNIMAC ○ MIRACULOUS SWORD, THE • 1949
SOLAJA • 1955

NANTHENCODE BABU – IND

DHAKAM • THIRST • 1972

NAON SEBASTIAN M.

NOBLEZA GAUCHA • GAUCHO CHIVALRY (USA) • 1938

NAOUMOV VLADIMIR see **NAUMOV VLADIMIR**

NAPIER-BELL J. B. – ASL – 1907–

GREAT CIRCLE • DOC
HOW AN AEROPLANE FLIES • DOC
RADIO IN BATTLE • DOC
BRISTOL TYPE 170 • 1945-52 • DOC
DEPTH CHARGES • 1945-52 • DOC
HISTORY OF THE ENGLISH WOOL TRADE • 1945-52 • DOC
MILK FROM GRANGE HILL FARM • 1945-52 • DOC
SOURING OF MILK • 1945-52 • DOC
FORWARD A CENTURY • 1951 • SHT
WHY BRI? • 1961 • SHT

NAPIER HENRY J. – USA

FAITHLESS SEX, THE • 1922

NAPOLEON ART – USA – 1923–

MAN ON THE PROWL • 1957
TOO MUCH, TOO SOON • 1958
ACTIVIST, THE • 1969

NAPOLITANO GIAN GASPARE – ITL – 1907-1966

MAGIA VERDE • GREEN MAGIC (USA) • 1953
TAM TAM MAYUMBE • TOM TOMS OF MAYUMBA (UKN) ○ NATIVE DRUMS (USA) • 1955

NAQVI NAJAM – IND

PRITHVIRAJ SANYUKTA • 1946

NARANJO LISANDRO DUQUE – CLM

DUQUE LISANDRO

FAVOR CORRESSE ATRAS • 1976 • DOC
VISA U.S.A. • 1985
MILAGRO EN ROMA • MIRACLE IN ROME • 1988

NARASIMMAMOORTHY A. C. – IND

RAJADURGADA RAHASYA • MYSTERY OF RAJA-DURGADA, THE • 1967

NARAYANAMOORTHY C. H. – IND

BHAKTA PRAHLADA • SAINT PRAHLADA • 1967

NARBEY LEON – NZL – 1947–

NARBY LEON

ILLUSTRIOUS ENERGY • 1987

NARBONI JEAN – FRN

OLIVIER, L' • 1975 • DOC

NARBY LEON see **NARBEY LEON**

NARDI – ITL

UOMINI NELLA NEBBIA • 1955 • SHT

NARES JAMES – USA

ROME '78 • 1978

NARISHIMA TOICHIRO – JPN

SEIGENKI • TIME WITHIN MEMORY (USA) ○ TIME WITHOUT MEMORY • 1973

NARIZZANO SILVIO – CND – 1927–

SOTTO DIECI BANDIERE • UNDER TEN FLAGS (UKN) • 1960
FANATIC • DIE! DIE! MY DARLING (USA) • 1965
GEORGY GIRL • 1966
BLUE • 1968
LOOT • LOOT.. GIVE ME MONEY, HONEY! • 1970
REDNECK • SENZA RAGIONE (ITL) • 1972
SKY IS FALLING, THE • BLOODBATH • 1973
PUBLIC'S RIGHT TO KNOW, THE • 1974
WHY SHOOT THE TEACHER? • PITIE POUR LE PROF! • 1976
CLASS OF MISS MACMICHAEL, THE • 1978
STAYING ON • 1980 • TVM
CHOICES • DILEMMA ○ TOUCHDOWN • 1981
MISS MARPLE: THE BODY IN THE LIBRARY • 1985 • TVM

NARLIEV KHODZHAKULI – USS – 1937–

NARLIYEV KHODZHAKULI

MY BROTHERS AND I • 1964
MAN OVERBOARD • 1972
NEVESTKA • DAUGHTER-IN-LAW, THE • 1972
WHEN A WOMAN SADDLES A HORSE • 1974
UMYEI SKAZAT -NYET • KNOW HOW TO SAY NO ○ DARE TO SAY NO • 1976

NARLIYEV KHODZHAKULI see **NARLIEV KHODZHAKULI**

NARODITSKI ARKADI – USS

NARODITSKY ARCADY

YOUNG PUSHKIN • 1937
NEPOSYEDY • RESTLESS ONES, THE • 1968

NARODITSKY ARCADY see **NARODITSKI ARKADI**

NARUSAWA MASASHIGE – JPN

RATAI • BODY, THE (USA) • 1962
HANAFUDA TOSEI • CARDS ARE MY LIFE • 1967

NARUSE MIKIO – JPN – 1905-1969

AI WA CHIKARA DA • STRENGTH OF LOVE ○ LOVE IS STRENGTH • 1930
CHANBARA FUFU • MR. AND MRS. SWORDPLAY • 1930
FUKEIKI JIDAI • DEPRESSION PERIOD ○ HARD TIMES • 1930
JUNJO • PURE LOVE • 1930
OSHIKIRI SHINKON KI • RECORD OF SHAMELESS NEWLYWEDS, A ○ RECORD OF NEWLYWEDS • 1930
AOZURA NI NAKU • WEEPING BLUE SKY ○ CRYING TO THE BLUE SKY • 1931
HIGE NO CHIKARA • BEARD OF STRENGTH ○ STRENGTH OF A MOUSTACHE, THE • 1931
KOSHIBEN GANBARE • HARDWORKING CLERK, THE ○ FLUNKY, WORK HARD! • 1931
NE KOFUN SHICHA IYAYO • NOW DON'T GET EXCITED • 1931
NIKAI NO HIMAI • SCREAMS FROM THE SECOND FLOOR • 1931
ONNA WA TOMOTO O GYOJIN • LADIES, BE CAREFUL OF YOUR SLEEVES • 1931
TONARI NO YANE NO SHITA • UNDER THE NEIGHBORS' ROOF • 1931
UWAKI WA KISHA NI NOTTE • FICKLENESS GETS ON THE TRAIN • 1931
CHOKOREITU GAARU • CHOCOLATE GIRL • 1932
ERAKU NARE • ERRONEOUS PRACTICE ○ BE GREAT! • 1932
KIMI TO WAKARETE • APART FROM YOU • 1932
MUSHIBAMERU HARU • LOST SPRING ○ MOTHEATEN SPRING • 1932
NASANU NAKA • NOT BLOOD RELATIONS ○ STEPCHILD • 1932
BOKU NO MARUMAGE • MAN WITH A MARRIED WOMAN'S HAIRDO, A • 1933
SOHO • CARELESS ○ SOBO ○ TWO EYES • 1933
YOGOTO NO YUME • EVERYNIGHT DREAMS • 1933
KAJIRINAKI HODO • STREET WITHOUT END • 1934
JOYU TO SHINJI • ACTRESS AND THE POET, THE ○ JOYU TO SHIJIN • 1935
OTOME-GOKORO SANNIN SHIMAI • THREE SISTERS WITH MAIDEN HEARTS • 1935
SAKASU GONINGUMI • FIVE MEN IN THE CIRCUS • 1935
TSUMA YO BARA NO YONI • WIFE BE LIKE A ROSE ○ FUTARIZUMA ○ QUEST, THE ○ TWO WIVES ○ KIMIKO • 1935
UWASA NO MUSUME • GIRL IN THE RUMOUR, THE • 1935
ASA NO NAMIKI-MICHI • DAWN IN THE BOULEVARD ○ MORNING'S TREE-LINED STREET • 1936
KIMI TO YUKU MICHI • ROAD I TRAVEL WITH YOU, THE ○ KIMI TO IKU MICHI • 1936
TOCHUKEN KUMOEMON • ON THE WAY TO SPIDER GATE ○ KUMOEMON TOCHUKEN • 1936
KAFUKU • LEARN FROM EXPERIENCE • 1937
NADARE • AVALANCHE • 1937
NYONIN AISHU • NEW GRIEF ○ WOMAN'S SORROWS, A • 1937
TSURUHACHI TSURUJIRO • TSURUHACHI AND TSURUJIRO • 1938
HATARAKU IKKA • WHOLE FAMILY WORKS, THE • 1939
MAGOKORO • SINCERITY • 1939
TABIYAKUSHA • ITINERANT ACTOR, AN ○ TRAVELLING ACTORS • 1940
HIDEKO NO SHASHO-SAN • HIDEKO THE BUS CONDUCTOR • 1941
NATSUKASHI NO KAO • DEARLY LOVED FACE, A ○ FACE FROM THE PAST, A • 1941
SHANGHAI NO TSUKI • MOON OVER SHANGHAI, THE ○ SHANGHAI MOON • 1941
HAHA WA SHINAZU • MOTHER NEVER DIES • 1942
UTA ANDON • SONG OF THE LANTERN ○ SONG LANTERN, THE • 1943
SHIBAIDO • THEATRE ○ WAY OF DRAMA, THE • 1944
TANOSHIKI KANA JINSEI • THIS HAPPY LIFE • 1944
SANJU -SANGENDO TOSHIYA MONOGATARI • TALE OF ARCHERY AT THE SANJUSANGENDO, A • 1945
SHORI NO HI MADE • VICTORY IN THE SUN ○ UNTIL VICTORY DAY • 1945
ORE MO OMAE MO • BOTH YOU AND I • 1946
URASHIMA TARO NO KOEI • DESCENDANTS OF TARO URASHIMA, THE • 1946
HARU NO MEZAME • SPRING AWAKENING ○ SPRING AWAKENS • 1947
YOTTSU NO KOI NO MONOGATARI • FOUR LOVE STORIES ○ FIRST LOVE ○ YOTSU • 1947
FURYO SHOJO • BAD DAUGHTER ○ BAD GIRL, THE ○ DELINQUENT GIRL • 1949
BARA-GASSEN • BATTLE OF ROSES, THE • 1950
IKARI NO MACHI • TOWN OF ANGER ○ ANGRY STREET, THE • 1950
ISHINAKA SENSEI GYOJOKI • CONDUCT REPORT OF PROFESSOR ISHINAKA ○ CONDUCT REPORT ON PROFESSOR ISHINAWA • 1950
SHIROI YAJU • WHITE BEAST • 1950
GINZA-GESHO • GINZA COSMETICS • 1951
MAIHIME • DANCING PRINCESS ○ DANCER, THE ○ DANCING GIRL • 1951
MESHI • MARRIED LIFE, A ○ REPAST ○ RICE, THE • 1951
INAZUMA • LIGHTNING • 1952
OKASAN • MOTHER • 1952
OKUNI TO GOHEI • OKUNI AND GOHEI • 1952
ANI IMOTO • OLDER BROTHER, YOUNGER SISTER • 1953
FUFU • HUSBAND AND WIFE • 1953
TSUMA • WIFE • 1953
BANGIKU • LATE CHRYSANTHEMUMS • 1954
YAMA NO OTO • SOUNDS FROM THE MOUNTAINS ○ ECHO, THE ○ SOUND OF THE MOUNTAIN • 1954
KUCHIZUKE III: ONNA DOSHI • KISS, PART III: WOMEN'S WAYS, THE ○ FIRST KISS, THE • 1955
UKIGUMO • FLOATING CLOUDS • 1955
NAGARERU • FLOWING • 1956
SHUU • SUDDEN RAIN • 1956
TSUMA NO KOKORO • WIFE'S HEART, A • 1956
ARAKURE • UNTAMED WOMAN ○ UNTAMED ○ BRAWNY • 1957
ANZUKKO • 1958
IWASHIGUMO • HERRINGBONE CLOUDS ○ SUMMER CLOUDS • 1958
KOTAN NO KUCHIBUE • WHISTLE IN MY HEART, A ○ WHISTLING IN KOTAN • 1959
AKI TACHINU • APPROACH OF AUTUMN, THE ○ AUTUMN IS BEGINNING • 1960
MUSUME TSUMA HAHA • DAUGHTERS, WIVES AND A MOTHER ○ HAHA, TSUMA, MUSUME ○ MOTHER, WIFE, DAUGHTER • 1960
ONNA GA KAIDAN O AGARU TOKI • WHEN A WOMAN ASCENDS THE STAIRS ○ WHEN A WOMAN CLIMBS THE STAIRS • 1960
YORU NO NAGARE • LOVELORN GEISHA, THE ○ FLOWING NIGHT ○ EVENING STREAM • 1960
TSUMA TOSHITE ONNA TOSHITE • LIKE A WIFE, LIKE A WOMAN ○ AS A WIFE, AS A WOMAN ○ OTHER WOMAN, THE • 1961
HOROKI • RECORDING OF WANDERING, A ○ WANDERER'S NOTEBOOK, A ○ LONELY LANE • 1962

ONNA NO ZA • WISER AGE, THE (USA) ○ WOMAN'S PLACE, A ○ WOMAN'S STATUS • 1962
ONNA NO REKISHI • WOMAN'S STORY, A ○ WOMAN'S LIFE, A • 1963
MIDARERU • YEARNING ○ DESIRE • 1964
HIKINIGE • MOMENT OF TERROR ○ HIT AND RUN • 1966
ONNA NO NAKA NI IRU TANIN • STRANGER WITHIN A WOMAN, THE ○ THIN LINE, THE • 1966
MIDARE-GUMO • TWO IN THE SHADOW ○ SCATTERED CLOUDS • 1967

NARUTSKAYA OLGA – USS

MUZH I DOCH TAMARI ALEXANDROVNY • TAMARA ALEXANDROVNA'S HUSBAND AND DAUGHTER • 1989

NARZISI GIANNI – ITL

DJURADO • 1966
JIM GOLDEN POKER • 1970
MASCHIO LATINO.. CERCASI • 1977

NASAN S. S. – IND

TEEN BAHURANIYAN • THREE DAUGHTERS-IN-LAW • 1968

NASCA SERGIO – ITL

SAPROFITA, IL • 1974
MALIA • VERGINE E DI NOME MARIA • 1976
STATO INTERESSANTE • 1977
D'ANNUNZIO • 1987

NASCHY PAUL see **MOLINA JACINTO**

NASCIMENTO VIRGILIO T. – BRZ

VERDADE VEM DO ALTO, A • TRUTH COMES FROM ABOVE, THE • 1967

NASFETER JANUSZ – PLN – 1920–

DWIE BRYGADY • TWO BRIGADES • 1950
NAPRZOD MLODZIEZY GORNICZA • FORWARD YOUNG MINERS • 1950 • SHT
WYCIECZKA DO WARSZAWY • TRIP TO WARSAW, A • 1950 • SHT
BRUDASEK • DIRTY LITTLE BOY, THE • 1951 • SHT
W FABRYCE • IN THE FACTORY • 1951 • SHT
ZYCIE LUDZKIE W TWOIM REKU • HUMAN LIFE IN YOUR HANDS • 1951 • SHT
STAS SPOZNIALSKI • STAS THE UNPUNCTUAL • 1952 • SHT
MIKOLAJ KOPERNIK • NICOLAUS COPERNICUS • 1954 • SHT
KOLEDZY • FRIENDS, THE • 1956 • SHT
KOLOROWE PONCZOCHY • COLOURED STOCKINGS • 1960
MALE DRAMATY • LITTLE DRAMAS • 1960
MOJ STARY • MY OLD MAN ○ MY DAD • 1962
ZBRODNIARZ I PANNA • CRIMINAL AND THE LADY, THE ○ MURDERER AND THE GIRL, THE • 1963
RANNY W LESIE • WOUNDED IN THE FOREST ○ WOUNDED IN A FOREST • 1964
NIEKOCHANA • NOT LOVED • 1966
NOC • NIGHT • 1967
WEEKEND Z DZIEWCZYNA • WEEKEND WITH A GIRL • 1968
ABEL -TWOJ BRAT • ABEL, YOUR BROTHER • 1970
MOTYLE • BUTTERFLIES • 1973
NIE BEDE CIE KOCHAC • I WON'T LOVE YOU • 1974
MOJA WOJNA, MOJA MILOSC • MY WAR -MY LOVE • 1975
KROLOWA PSZCZOL • QUEEN BEE, THE • 1977

NASH GENE – USA

WHAT AM I BID? • 1967
DINAH EAST • STORY OF DINAH EAST, THE ○ HOLLYWOOD SUPERSTAR • 1970
DIABOLIC WEDDING • 1972

NASH MARGOT – ASL

WE AIM TO PLEASE • 1977

NASH PERCY – UKN – c1880–

DAVID GARRICK • 1912
IN THE SHADOW OF THE ROPE • 1912
JACK SHEPPARD • 1912
BLACK-EYED SUSAN • 1913
BURGLAR'S CHILD, THE • 1913
GOLDEN CHANCE, THE • 1913
MONTY'S PROPOSAL • 1913
ALMOST HUMAN • 1914
BILL'S RISE IN THE WORLD • 1914
ENOCH ARDEN • 1914
HARBOUR LIGHTS, THE • 1914
IN THE RANKS • 1914
LITTLE MATCH GIRL, THE • 1914
OVER THE GARDEN WALL • 1914
STEEPLEJACKS, THE • 1914
TWIN TRUNKS • 1914
BUNTING'S BLINK • 1915
CHICKEN HEARTED • 1915
COAL KING, THE • 1915
DEVIL'S BONDMAN, THE • SCORPION'S STING, THE (USA) • 1915
DID HE? THE BRUTE! • 1915
FLYING FROM JUSTICE • 1915
HER FIRST HUSBAND • 1915
JUST IN TIME • 1915
LITTLE MINISTER, THE • 1915
LOVE OF THEIR LIVES, THE • 1915
MASTER AND MAN • 1915
MESMERIST, THE • 1915
MOTORIST'S DREAM, THE • 1915
ROGUE'S WIFE, A • 1915
ROMANY RYE, THE • 1915
ROSY RAPTURE • 1915
ROYAL LOVE • 1915
SISTERS • 1915
STRONG ARGUMENT, A • 1915
TAKING A FILM • 1915
TOUCH OF NATURE, A • 1915
TRUMPET CALL, THE • 1915
WAIFS, THE • 1915
DISRAELI • 1916
BOY SCOUTS BE PREPARED • BOY SCOUTS TO THE RESCUE (USA) • 1917
KING OF THE PEOPLE, A • 1917
MOTHERHOOD • 1917
BOYS OF THE OTTER PATROL • 1918
ELDER MISS BLOSSOM, THE • WANTED A WIFE (USA) • 1918
HERSELF • 1918
DARBY AND JOAN • 1919
FLAG LIEUTENANT, THE • 1919
HER LONELY SOLDIER • 1919
WESTWARD HO! • 1919
WOMEN WHO WIN • 1919
HOBSON'S CHOICE • 1920
OLD ARM CHAIR, THE • 1920
RODNEY STONE • 1920
STORY OF THE ROSARY, THE • 1920
WON BY A HEAD • 1920
CROXLEY MASTER, THE • 1921
HIS OTHER WIFE • 1921
HOW KITCHENER WAS BETRAYED • 1921
LIKENESS OF THE NIGHT, THE • 1921
SHIPS THAT PASS IN THE NIGHT • 1921

el NASR HISHAM ABOU – EGY

AKMAR, EL • 1978

NASRI SAMIR – EGY – 1937–

JEUNESSE AU SOLEIL • 1965
VICTOIRE DU VAINCU, LA • 1966
SUD ENTRE LES GRIFFES DE L'ENNEMI, LE • 1975

NASSENSTEIN HANS – NTH

ONCE AGAIN • 1982 • ANS

NASSER GEORGE – LBN – 1927–

IPC IN TRIPOLI • 1955 • SHT
CHAMPIONNAT DE SKI NAUTIQUE A BEYROUTH • 1956 • SHT
ILA AYN • WHERE TO? ○ WHITHER? ○ TOWARDS THE UNKNOWN • 1957
WORK IN PROGRESS • 1958 • SHT
CETTE ANCIENNE CITE, BYBLOS • 1962 • SHT
GHARIB AL SAGHIR, AL • LITTLE STRANGER, THE ○ SMALL STRANGER, THE ○ PETIT ETRANGER, LE • 1962
TAMING OF THE IRON • 1963 • SHT
ASSAUT ANTI-CHAR • 1968 • SHT
POUR QUE LA CHEVRE PAISSE EN PAIX • 1968 • SHT
WALADI, ANA FAKHURUN • 1968 • SHT
ECOLE MILITAIRE, L' • 1969 • SHT
VIGIE DU CIEL • 1970 • SHT
KIRAF AL-LUBNANYA, AL- • 1972 • SHT
VACANCES AU LIBAN • 1973 • SHT
MATLUB RAJULUN WAHID • ON DEMANDE UN HOMME ○ ONE MAN WANTED • 1974

NASSOUR EDWARD – USA

BEAST OF HOLLOW MOUNTAIN, THE • MONSTRUO DE LA MONTANA HUECA, EL (MXC) ○ BESTIA DE LA MONTANA, LA • 1956

NASSRALLAH YOUSRY – EGY

SARIKAT SAYFEYA • SOMERSAULT • 1987

NASTASE DORU – RMN – -1983

VLAD TEPES • 1979
YELLOW ROSE, THE • 1983

NATALE ROBERTO – ITL

MIO CORPO CON RABBIA, IL • 1972

NATAN EMILE – Producer – FRN – 1900–1962

MICHEL STROGOFF • 1956

NATANSON G. see **NATANSON GEORGI**

NATANSON GEORGI – USS

NATANSON G.

VSE OSTAETSIA LYUDYAM • ALL IS LEFT TO THE PEOPLE • 1963
STARSHAYA SESTRA • ELDER SISTER, THE • 1967
YESHCHYO RAZ PRO LYUBOV • ONCE AGAIN ABOUT LOVE ○ ONCE MORE ABOUT LOVE ○ ANOTHER LOVE STORY • 1968
POSOL SOVYETSKOVO SOIUZA • AMBASSADOR TO THE SOVIET UNION • 1970
OVERALL RESPONSIBILITY • 1973
WEDDING SECOND TIME AROUND • 1975
AELITA, NE PRISTAVAI K MUZHCHINAM • AELITA, DON'T MOLEST MEN • 1989

NATANSON JACQUES – Screenwriter – FRN – 1901–

NATANSON JEAN-JACQUES

FUSEE, LA • GRANDEUR ET DECADENCE • 1933
MAITRE BOLBEC ET SON MARI • 1934
CLOWN BUX, LE • 1935
GAIS LURONS, LES • 1936

NATANSON JEAN-JACQUES see **NATANSON JACQUES**

NATESAN M. – IND

ANBU VAZHI • WAY OF LOVE, THE • 1967

NATGE HANS – GRM

ES KOMMT ALLE TAGE VOR.. • 1930

NATH RAJ – IND

ET RAAT • ONE NIGHT • 1968

NATHAN G. R. – IND

THAI MEL AANAI • 1965

NATHANSON ALAN – SAF

TORN ALLEGIANCE • 1984

NATION TERRY – UKN

BLAKE'S SEVEN: THE BEGINNING • 1978 • MTV

NATOLI PIERO – ITL

CON.. FUSIONE • 1980

NATORP ARTHUR – SWD – 1890–1943

SOCKERSKRINET • SUGAR BOWL • 1938
DA LANKARNA SMIDDES • 1939

NATSIS COSTA – FRN

ECOLE SAUVAGE, L' • 1971 • DOC

NAUD BILL see **NAUD WILLIAM T.**

NAUD WILLIAM T. – USA

NAUD BILL

THUNDER IN DIXIE • THUNDERING WHEELS • 1965
HOT ROD HULLABALOO • 1966
WILD IN THE SKY • GOD BLESS THE BOMB ○ BLACK JACK • 1972
ISLAND OF BLOOD • WHODUNNIT? • 1986
RICKY 1 • HEART TO WIN • 1986

NAUG BIREN – IND

KOHRAA • 1964

NAUMBERG NANCY – USA

TAXI • 1932 • DOC

NAUMOV V. see **NAUMOV VLADIMIR**

NAUMOV VLADIMIR – USS – 1927–

NAUMOV V. • NAOUMOV VLADIMIR

TREVOZHNAYA MOLODOST • TURBULENT YOUTH ○ RESTLESS YOUTH • 1955
PAVEL KORCHAGIN • 1957
VETER • WIND, THE • 1959
MIR VKHODYASHCHEMU • PEACE TO HIM WHO ENTERS (USA) ○ PEACE TO THE NEWCOMER ○ PEACE TO HIM • 1961
MONETA • COIN, THE • 1963 • MTV
SKVENEI ANEKDOT • UGLY STORY, AN ○ BAD JOKE • 1965
BEG • FLIGHT, THE • 1971
LEGYENDA O TILYE ULENSHPIGELYE • LEGEND OF THYL UYLENSPIEGEL, THE ○ LEGEND OF TILL EULENSPIEGEL, THE • 1975
TEHERAN '43 • NID D'ESPIONS, LE ○ ELIMINATOR, THE • 1979
CHOICE, THE
RIVER BANK, THE
BEREG • BANK, THE • 1983
ZAKON • LAW, THE • 1989

NAUROY ALAIN see **NAUROY ALAIN C.**

NAUROY ALAIN C. – FRN – 1943–

NAUROY ALAIN

JEUX IMTIMES A DOMICILE
FEU AU VENTRE, LE • 1975
RALLYE DES JOYEUSES, LA • SEX RALLY • 1975
CRI DU DESIR, LE • 1976
FAUT S'LES FAIRE! ..CES LEGIONNAIRES • 1981

NAVA GREGORY – USA – 1949–

CONFESSIONS OF AMANS, THE • 1976
NORTE, EL • 1983
TIME OF DESTINY, A • 1988

NAVARRA – FRN

BORDELLE, SCULPTEUR MONUMENTAL • 1962 • SHT

NAVARRA AIMEE – BLG

COEURS BELGES

NAVARRE RENE – FRN

DOCUMENT SECRET, LE • 1913
HOMME AUX TROIS MASQUES, L' • 1921
REINE LUMIERE, LA • 1921
SEPT DE TREFLE, LE • 1921
TUE LA MORT • 1921

NAVARRO AGUSTIN – SPN – 1926–

QUINCE BAJO LA LONA • 1959
CERRO DE LOS LOCOS, EL • 1960
CIUDADO CON LAS PERSONAS FORMALES • 1961
JAULA SIN SECRETOS, LA • 1962
PROCESO A LA LEY • PROCESO DE CONCIENCIA • 1962
CUATRO BALAZOS • 1963
MISTERIOSO SENOR VAN EYCK, EL • MISTERIOSO SIGNOR VAN EYCK, IL (ITL) • 1964
VENDICATORE DI KANSAS CITY, IL • 1964
DIA DE MANANA, EL • 1965
SONARON CUATRO BALAZOS • FOUR SHOTS WERE HEARD • 1967
CAMINO DE LA VERDAD • 1968
SIERVO DE DIOS, EL • GOD'S SERVANT • 1968
ENSENAR A UN SINVERGUENZA • 1970
CASA DE LOS MARTINEZ, LA • 1971

NAVARRO BERTA – MXC

NICARAGUA: THOSE WHO WILL MAKE FREEDOM • 1978 • DOC

NAVARRO CARLOS – MXC

JANITZIO • 1934
AMOR CON AMOR SE PAGA • LOVE FOR LOVE (USA) • 1940

NAVARRO ISIDORO – ARG

VIEJO BARRIO • 1937
CASAMIENTO DE CHICHILO, EL • 1938
MANDINGA EN LA SIERRA • 1939
FRONTERAS DE LA LEY • 1941

NAVARRO JACQUES – FRN

PREMIERS PAS D'UNE MAMAN, LES • DOC

NAVARRO MARCELINO see **NAVARRO MARCELINO D.**

NAVARRO MARCELINO D. – PHL

NAVARRO MARCELINO • NAVARRO MARCELO

DARNA AT ANG PLANETMAN • DARNA AND THE PLANETMAN • 1967
POGI • HANDSOME • 1967
VALENTINE WEDDING • 1967
7 BULLETS FOR GRINGO • 1967
DEBORAH • 1968
ORDER NI OSANG • ORDER OF OSANG • 1968

NAVARRO MARCELO see **NAVARRO MARCELINO D.**

NAVARRO ROD – PHL

EDEN BOYS • 1967
PAMBRAUN • 1967

NAVARRO RUBEN C. – MXC

CORAZONES EN DERROTA • CORAZON HECHO GARRAS, EL • 1933

NAVROTSKY S. – USS

BOGATYR BOUND FOR MARTEAU, THE • 1954

NAWATHE RAJA – IND
PATTHAR KE SANAM • HEART THAT IS MADE OF STONE, THE • 1968

NAWROSKI ZYGMUNT
ZYGMUNT KOLOSOWSKI • 1947

NAYAK PRABHAKAR – IND
KHANDOBACHI AAN • 1968

NAYLOR CAL – USA
DIRT • 1979

NAYYAR SHARIF – PKS
JHOMAR CHOR • BRIDE'S THIEF • 1986

NAZAROV EDUARD – Animator – USS
ANT'S JOURNEY, THE • ANM
ONCE UPON A TIME THERE WAS A DOG • 1983 • ANS
ADVENTURES OF AN ANT • 1984 • ANS

NAZARRO RAY – USA – 1902–
RUNT PAGE • 1932 • SHT
SUPERSTITION OF THE BLACK CAT, THE • 1934 • SHT
SUPERSTITION OF THREE ON A MATCH, THE • 1934 • SHT
SUPERSTITION OF WALKING UNDER A LADDER, THE • 1934 • SHT
SUPERSTITION OF THE RABBIT'S FOOT, THE • 1935 • SHT
OUTLAWS OF THE ROCKIES • ROVING ROGUE, A (UKN) • 1945
SONG OF THE PRAIRIE • SENTIMENT AND SONG (UKN) • 1945
TEXAS PANHANDLE • 1945
COWBOY BLUES • BENEATH THE STARRY SKIES (UKN) • 1946
DESERT HORSEMAN, THE • CHECKMATE (UKN) • 1946
GALLOPING THUNDER • 1946
GUNNING FOR VENGEANCE • JAIL BREAK (UKN) ○ JAILBREAK • 1946
HEADIN' WEST • CHEAT'S LAST THROW, THE (UKN) • 1946
LONE STAR MOONLIGHT • AMONGST THE THIEVES (UKN) • 1946
ROARING RANGERS • FALSE HERO (UKN) • 1946
SINGING ON THE TRAIL • LOOKIN' FOR SOMEONE (UKN) • 1946
TERROR TRAIL • HANDS OF MENACE (UKN) • 1946
THAT TEXAS JAMBOREE • MEDICINE MAN (UKN) • 1946
THROW A SADDLE ON A STAR • 1946
TWO-FISTED STRANGER • HIGH STAKES (UKN) • 1946
BUCKAROO FROM POWDER RIVER • 1947
LAST DAYS OF BOOT HILL • ON BOOT HILL (UKN) • 1947
LAW OF THE CANYON • PRICE OF CRIME, THE (UKN) • 1947
LONE HAND TEXAN, THE • CHEAT, THE (UKN) • 1947
OVER THE SANTA FE TRAIL • NO ESCAPE (UKN) • 1947
WEST OF DODGE CITY • SEA WALL, THE (UKN) • 1947
ARKANSAS SWING, THE • WRONG NUMBER (UKN) • 1948
BLAZING ACROSS THE PECOS • UNDER ARREST (UKN) • 1948
EL DORADO PASS • DESPERATE MEN (UKN) • 1948
PHANTOM VALLEY • 1948
ROSE OF SANTA ROSA • 1948
SINGING SPURS • 1948
SIX GUN LAW • 1948
SIX-GUN GOSPEL • 1948
SMOKEY MOUNTAIN MELODY • 1948
TRAIL TO LAREDO • SIGN OF THE DAGGER (UKN) • 1948
WEST OF SONORA • 1948
BANDITS OF ELDORADO • TRICKED (UKN) • 1949
BLAZING TRAIL, THE • FORGED WILL, THE (UKN) • 1949
CHALLENGE OF THE RANGE • MOONLIGHT RAID (UKN) • 1949
HOME IN SAN ANTONE • HARMONY INN (UKN) • 1949
LARAMIE • 1949
QUICK ON THE TRIGGER • CONDEMNED IN ERROR (UKN) • 1949
RENEGADES OF THE SAGE • FORT, THE (UKN) • 1949
SONG OF IDAHO • 1949
SOUTH OF DEATH VALLEY • RIVER OF POISON (UKN) • 1949
DAVID HARDING, COUNTERSPY • 1950
FRONTIER OUTPOST • 1950
HOEDOWN • 1950
OUTCAST OF BLACK MESA • CLUE, THE (UKN) ○ OUTCASTS OF BLACK MESA • 1950
PALOMINO, THE • HILLS OF THE BRAVE (UKN) • 1950
STREETS OF GHOST TOWN • 1950
TEXAS DYNAMO • SUSPECTED (UKN) • 1950
TOUGHER THEY COME, THE • 1950
TRAIL OF THE RUSTLERS • LOST RIVER (UKN) • 1950
AL JENNINGS OF OKLAHOMA • 1951
CHINA CORSAIR • 1951
CYCLONE FURY • 1951
FLAME OF STAMBOUL • 1951
FORT SAVAGE RAIDERS • 1951
KID FROM AMARILLO, THE • SILVER CHAINS (UKN) • 1951
WAR CRY • 1951
CRIPPLE CREEK • 1952
INDIAN UPRISING • 1952
JUNCTION CITY • 1952
LARAMIE MOUNTAINS • MOUNTAIN DESPERADOES (UKN) • 1952
MONTANA TERRITORY • 1952
ROUGH, TOUGH WEST, THE • 1952
BANDITS OF CORSICA, THE • RETURN OF THE CORSICAN BROTHERS (UKN) • 1953
GUN BELT • 1953
KANSAS PACIFIC • 1953
BLACK DAKOTAS, THE • 1954
LONE GUN, THE • 1954
SOUTHWEST PASSAGE • CAMELS WEST (UKN) • 1954
TOG GUN • 1955
WHITE SQUAW, THE • 1956
DOMINO KID, THE • DOMINO • 1957
HIRED GUN, THE • 1957
PHANTOM STAGECOACH, THE • 1957
APACHE TERRITORY • 1958
RETURN TO WARBOW • 1958
EINER FRISST DEN ANDEREN • MORTE VESTITA DI DOLLARI, LA (ITL) ○ DOG EAT DOG (USA) ○ WHEN STRANGERS MEET • 1964
ARRIVEDERCI COWBOY • 1967

NAZIR MOHAMED – AFG
RABHI BALKHIE • 1974

NDABIAN VODIO ETIENNE see **VODIO N'DABIAN**

NDIAYE FELIX SAMBA – SNL – 1945–
GETTY TEY • 1979

N'DONG PIERRE see **DONG JEAN-MARIE**

NEAGU CONSTANTIN – RMN
BALLAD FOR MARIUCA, A • 1969

NEAL PETER – UKN
EXPERIENCE • 1969 • DOC
WAY OF CARING, A • 1969
BE GLAD FOR THE SONG HAS NO ENDING • BE GLAD.. (USA) • 1970 • DOC
GLASTONBURY FAYRE • 1973
YESSONGS • 1973 • DOC
AIN'T MISBEHAVIN' • 1974 • CMP

NEALL FRANK – UKN
ROUND RAINBOW CORNER • 1950

NEAME ELWIN – UKN
DREAM PAINTINGS • 1912
LADY OF SHALLOT, THE • 1912
LEGEND OF KING COPHETUA, THE • 1912
PYGMALION AND GALATEA • 1912
SLEEPING BEAUTY, THE • 1912
CIGALE, LA • 1913
MIFANWY –A TRAGEDY • 1913
GHOSTS • 1914
GIRL FROM THE SKY, THE • 1914
HON. WILLIAM'S DONAH, THE • 1914
IVY'S DEVELOPEMENT • 1914
TERRIBLE TWINS, THE • 1914
TWO ELDER CUPIDS • 1914
HAUNTING OF SILAS P. GOULD, THE • 1915

NEAME RONALD – UKN – 1911–
TAKE MY LIFE • 1947
GOLDEN SALAMANDER, THE • 1950
CARD, THE • PROMOTER, THE (USA) • 1952
MILLION POUND NOTE, THE • MAN WITH A MILLION (USA) • 1953
MAN WHO NEVER WAS, THE • 1956
SEVENTH SIN, THE • 1957
WINDOM'S WAY • 1957
HORSE'S MOUTH, THE • 1959
TUNES OF GLORY • 1960
ESCAPE FROM ZAHRAIN • 1962
I COULD GO ON SINGING • LONELY STAGE, THE • 1962
CHALK GARDEN, THE • 1963
MISTER MOSES • 1964
GAMBIT • 1966
MAN COULD GET KILLED, A • WELCOME, MR. BEDDOES • 1966
PRUDENCE AND THE PILL • 1968
PRIME OF MISS JEAN BRODIE, THE • 1969
SCROOGE • 1970
POSEIDON ADVENTURE, THE • 1972
ODESSA FILE, THE • 1974
METEOR • 1979
HOPSCOTCH • 1980
FIRST MONDAY IN OCTOBER • 1981
FOREIGN BODY • 1987

NEAT TIMOTHY – UKN
PLAY ME SOMETHING • 1989

NEBYLITSKI BORIS – USS
NARODA VYERNYYE SYNY • LOYAL SONS OF THE PEOPLE • 1968

NEDERGAARD JEFFREY – DNM
NADVEREN • 1970

NEDIANI ANTONIO – ITL
GRAN COMORA • 1955 • DOC

NEEDHAM HAL – Stuntman – USA – 1931–
SMOKEY AND THE BANDIT • 1977
HOOPER • 1978
DEATH CAR ON THE FREEWAY • DEATH ON THE FREEWAY ○ WHEELS OF DEATH ○ DEATH CAR ○ DEATH CARS • 1979 • TVM
VILLAIN, THE • CACTUS JACK (UKN) • 1979
SMOKEY AND THE BANDIT II • SMOKEY AND THE BANDIT RIDE AGAIN (UKN) • 1980
STUNTS UNLIMITED • 1980 • TVM
CANNONBALL RUN, THE • 1981
MEGAFORCE • 1982
STROKER ACE • 1983
CANNONBALL RUN II • 1984
RAD • 1986
BODY SLAM • 1987

NEELAKANTAN P. – IND
KAVALKARAN • WATCHMAN, THE • 1967
KANAVAN • HUSBAND • 1968
KANNAN EN KATHALAN • KANNAN MY LOVER • 1968

NE'EMAN YEHUDA – ISR
NE'EMAN YEHUDA "JUDD"
DRESS, THE • 1967 • SHT
BOYS AND GIRLS • 1969
DRESS, THE • 1969
LETTER, THE • 1969 • SHT
RETURN OF THOMAS, THE • 1969 • SHT
MASSA HA'ALUNKOT • JOURNEY OF STRETCHERS ○ MASSA ALUNKOT ○ PARATROOPERS • 1977
FELLOW TRAVELLERS • 1983 • MTV
MAGASH HAKESSEF • ON A GOLDEN PLATTER • 1983
STREETS OF YESTERDAY • 1989

NE'EMAN YEHUDA "JUDD" see **NE'EMAN YEHUDA**

NEERGAARD PREBEN – DNM
HVAD VIL DE HA? • 1956

NEFF THOMAS L. – USA
RUNNING MATES • 1986

NEFF WOLFGANG – GRM
TURNER MAURICE
...UND DIE GERECHTIGKEIT FAND DEN WEG • 1916
APACHENRACHE 3 • VERSCHWUNDENE MILLION, DIE • 1920
APACHENRACHE 4 • AFFENMENSCH, DER • 1920
FRAUENSCHONHEIT UNTER DEM SEZIERMESSER, EINE • IN DEN KRALLEN DES VAMPYRES • 1920
GEHEIMNIS DER MITTERNACHSSTUNDE, DAS • 1920
GRUNE PLAKAT, DAS • 1920
IN DEN GOLDFELDERN VON NEVADA • 1920
MANN IN DER FALLE, DER • 1920
PLAN DER DREI, DER • 1920
RAFAELLO, DAS RATSEL VON KOPENHAGEN 1 • MYSTERIUM VON KOPENHAGEN, DAS • 1920
RATTEN DER GROSSTADT 1 • GEHEIMNISVOLLE NACHT, DIE • 1920
SCHRECKEN DER MILLIONARE, DER • 1920
SCHWARZE GAST, DER • 1920
SPITZEL, DER • 1920
TODESMASKE, DIE • 1920
UNERKANNTE, DER • 1920
ACHTGROSCHENMADEL 1, DAS • JAGD AUF SCHURKEN 1 • 1921
ACHTGROSCHENMADEL 2, DAS • JAGD AUF SCHURKEN 2 • 1921
BRILLANTENMIEZE 1, DIE • 1921
BRILLANTENMIEZE 2, DIE • 1921
GELBSTERN • 1921
GROSSTADTMADELS 1 • 1921
GROSSTADTMADELS 2 • 1921
GROSSTADTMADELS 3 • 1921
HAFENLORE 1, DIE • 1921
HAFENLORE 2, DIE • 1921
HANDE HOCH 1 • 1921
HANDE HOCH 2 • 1921
KIND DER STRASSE 1, DAS • 1921
KIND DER STRASSE 2, DAS • 1921
KLEINE MIDINETTE, DIE • 1921
LOLA, DIE APACHENBRAUT 1 • 1921
LOLA, DIE APACHENBRAUT 2 • 1921
MORAST • 1921
RAZZIA • 1921
SOHN DES VERBRECHERS, DER • 1921
VERBRECHEN IN DER WALLSTREET 13 • 1921
BRUDERMORD • 1922
BUMMELLOTTE • 1922
DIVANKATZEN • 1922
FURSTIN DER OZEANWERFT, DIE • 1922
HEIRATSSCHWINDLER, DER • 1922
KASCHEMMENGRAFIN • 1922
LIEBESLAUBE, DIE • 1922
SCHAMLOSE SEELEN ODER EIN MADCHENSCHICKSAL • 1922
ZIGARETTEN GRAFIN, DIE • 1922
HERZ DER LILIAN THORLAND, DAS • 1924
LUFTFAHRT UBER DEN OZEAN, DIE • HARALDS KUHNSTE ABENTEUER • 1924
SABOTAGE • 1924
ALTE BALLHAUS, DAS • 1925
ASCHERMITTWOCH • 1925
KLEINE AUS DER KONFEKTION, DIE • GROSSTADTKAVALIERE ○ WARENHAUSMADCHEN • 1925
VOLK IN NOT • 1925
HERBSTMANOVER • 1926
KAVALIER VOM WEDDING, DER • 1926
WIE BLEIBE ICH JUNG UND SCHON • EHEGEHEIMNISSE • 1926
ZIRKUS RENZ • 1926
AENNCHEN VON THARAU • 1927
ES STEHT EIN WIRTSHAUS AN DER LAHN • 1927
HAFENBRAUT, DIE • 1927
ICH WAR ZU HEIDELBERG STUDENT • 1927
LORELEI, DIE • 1927
MADCHEN AUS FRISCO, DAS • 1927
WAISE VOM WEDDING, DIE • 1927
WIEN, WIEN, NUR DU ALLEIN • 1927
DEUTSCHE FRAUEN –DEUTSCHE TREUE • 1928
HANNERL VOM ROLANDSBOGEN, DAS • 1928
WER DAS SCHEIDEN HAT ERFUNDEN • 1928
MORGENROTE • 1929
STURM AUF DREI HERZEN • 1929
RATTEN DER GROSSTADT • 1930
TODESWEG AUF DIE BERNINA, DER • 1930

NEGISHI KICHITARO – JPN
ORETACHI NO WEDDING • OUR WEDDING • 1983
HITOHIRA NO YUKI • SNOWDROP, A • 1985
UHOHO TANKEN-TAI • UNSTABLE FAMILY, AN • 1987

NEGREANU DINU – RMN
VIATA INVINGE • LIFE TRIUMPHS • 1951
PASAREA FURTUNII • STORY PETREL • 1957

NEGRI ANGELO – ITL
QUESTO NOSTRO MONDO • QUESTO MONDO MERAVIGLIOSO • 1957 • DOC

NEGRI GIULIO GIUSEPPE – ITL
IN UN GIORNO PIENO DI SOLE • 1970

NEGRIN ALBERTO – ITL
ENIGMA ROSSO • RED RINGS OF FEAR • 1978
VOLONTARI PER DESTINAZIONE IGNOTA • VOLUNTEERS FOR DESTINATION UNKNOWN • 1978
PROMESSA, LA • 1979
MUSSOLINI AND I • MUSSOLINI: THE DECLINE AND FALL OF IL DUCE • 1985 • TVM
SECRET OF THE SAHARA • 1987

NEGRONI BALDASSARE – ITL – 1877–1948
GLORIA, LA • 1912
IDILLIO TRAGICO • 1912
LAGRIME E SORRISI • 1912
PAPPAGALLO DELLA ZIA BERTA, IL • 1912
ANIMA DEL DEMI-MONDE, L' • 1913
IN FACCIA AL DESTINO • 1913
STORIA DI UN PIERROT • STORY OF A PIERROT, THE • 1913
ULTIMA CARTA, L' • 1913
AMAZZONE MASCHERATA, L' • 1914
AMORE VEGLIA • 1914
EREDITIERA, L' • 1914
NEL NIDO STRANIERO • 1914
OSTACOLO, L' • 1914

SIGNORA DALLE CAMELIE, LA • 1914
TRAGEDIA ALLA CORTE DI SICILIA, UNA • 1914
IN AGGUATO • 1915
RETAGGIO D'ODIO • 1915
RUGIADA DI SANGUE • 1915
CUREE, LA • 1916
JOUJOU • 1916
MORSA, LA • 1916
POTERE TEMPORALE • 1916
PRINCIPESSA DI BAGDAD, LA • 1916
AIGRETTE, L' • 1917
DONNA ABANDONATA, LA • 1917
ETAU, L' • 1918
MADAME FLIRT • 1918
FIBRA DEL DOLORE, LA • 1919
SIGNORA SENZA PACE, LA • 1919
VERTIGINE • 1919
BIMBI LONTANI • 1920
CHIMERE • 1920
MADAME SANS-GENE • 1921
FIGLIO DI MADAME SANS-GENE, IL • LITTLE CORPORAL, THE • 1922
BEATRICE CENCI • TRAGIC HOUR, THE • 1926
ULTIMI ZAR, GLI • 1926
VETTURALE DEL MONCENISIO, IL • 1926
LITTLE CORPORAL, THE
GIUDITTA E OLOFERNE • 1929
SERENATA ZIGANA • 1929
DUE CUORI FELICI • 1932
AMBASCIATORE, L' • 1936

NEGULESCO JEAN – RMN – 1900–

THREE AND A DAY • 1939 • SHT
ALICE IN MOVIELAND • 1940 • SHT
DOG IN THE ORCHARD, A • 1940 • SHT
FLAG OF HUMANITY, THE • 1940 • SHT
HENRY BUSSE AND HIS ORCHESTRA • 1940 • SHT
JOE REICHMAN AND HIS ORCHESTRA • 1940 • SHT
AT THE STROKE OF TWELVE • 1941 • SHT
CARIOCA SERENADERS • 1941 • SHT
CLIFF EDWARDS AND HIS MUSICAL BUCKAROOS • 1941 • SHT
FREDDY MARTIN AND HIS ORCHESTRA • 1941 • SHT
HAL KEMP AND HIS ORCHESTRA • 1941 • SHT
JAN GARBER AND HIS ORCHESTRA • 1941 • SHT
MARIE GREEN AND HER MERRIE MEN • 1941 • SHT
SINGAPORE WOMAN • 1941
SKINNAY ENNIS AND HIS ORCHESTRA • 1941 • SHT
THOSE GOOD OLD DAYS • 1941 • SHT
USC BAND AND GLEE CLUB • 1941 • SHT
ARMY AIR FORCE BAND, THE • 1942 • SHT
CALIFORNIA JUNIOR SYMPHONY • 1942 • SHT
CARL HOFF AND HIS BAND • 1942 • SHT
DAUGHTER OF ROSIE O'GRADY, THE • 1942 • SHT
DON COSSACK ORCHESTRA, THE • 1942 • SHT
GAY PARISIAN, THE • 1942 • SHT
GLEN GRAY AND HIS BAND • 1942 • SHT
LEO REISMAN AND HIS ORCHESTRA • 1942 • SHT
PLAYGIRLS, THE • 1942 • SHT
RICHARD KIMBER AND HIS ORCHESTRA • 1942 • SHT
SHIP IS BORN, A • 1942 • SHT
SIX HITS AND A MISS • 1942 • SHT
SPANISH FIESTA • 1942 • SHT
SPIRIT OF ANNAPOLIS, THE • 1942 • SHT
SPIRIT OF WEST POINT, THE • 1942 • SHT
US MARINE BAND, THE • 1942 • SHT
ALL AMERICAN BANDS, THE • 1943 • SHT
ARMY SHOW, THE • 1943 • SHT
CAVALCADE OF THE DANCE • 1943 • SHT
CHILDHOOD DAYS • 1943 • SHT
OVER THE WALL • 1943 • SHT
OZZIE NELSON AND HIS ORCHESTRA • 1943 • SHT
SWEETHEART SERENADE • 1943 • SHT
U.S. ARMY BAND, THE • 1943 • SHT
US NAVY BAND, THE • 1943 • SHT
US SERVICE BONDS • 1943 • SHT
VOICE THAT THRILLED THE WORLD, THE • 1943 • SHT
WOMEN AT WAR • 1943 • SHT
CONSPIRATORS, THE • GIVE ME THIS WOMAN • 1944
GRANDFATHER'S FOLLIES • 1944 • SHT
MASK OF DIMITRIOS, THE • 1944
ROARING GUNS • 1944 • SHT
SOUTH AMERICAN SWAY • 1944 • SHT
ALL STAR MELODY MASTER(S) • 1945 • SHT
BORRAH MINEVITCH AND HIS HARMONICA SCHOOL • 1945 • SHT
LISTEN TO THE BANDS • 1945 • SHT
SERENADERS, THE • 1945 • SHT
HUMORESQUE • 1946
NOBODY LIVES FOREVER • 1946
THREE STRANGERS • 1946
DEEP VALLEY • 1947
BRITANNIA MEWS • FORBIDDEN STREET (USA) ○ AFFAIRS OF ADELAIDE, THE • 1948
JOHNNY BELINDA • 1948
ROAD HOUSE • 1948
MUDLARK, THE • 1950
THREE CAME HOME • 1950
UNDER MY SKIN • BIG FALL, THE ○ MY OLD MAN • 1950
TAKE CARE OF MY LITTLE GIRL • 1951
LURE OF THE WILDERNESS • CRY OF THE SWAMP • 1952
LYDIA BAILEY • 1952
O. HENRY'S FULL HOUSE • BAGDAD ON THE SUBWAY • 1952
PHONE CALL FROM A STRANGER, A • 1952
HOW TO MARRY A MILLIONAIRE • 1953
SCANDAL AT SCOURIE • 1953
TITANIC • 1953
THREE COINS IN THE FOUNTAIN • 1954
WOMAN'S WORLD, A • 1954
DADDY LONG LEGS • 1955
RAINS OF RANCHIPUR, THE • 1955
BOY ON A DOLPHIN • 1957
CERTAIN SMILE, A • 1958
GIFT OF LOVE, THE • 1958
BEST OF EVERYTHING, THE • 1959
COUNT YOUR BLESSINGS • 1959
JESSICA • SAGE-FEMME, LE CURE ET LE BON DIEU, LA (FRN) • 1962
PLEASURE SEEKERS, THE • 1964
HELLO -GOODBYE • 1970
INVINCIBLE SIX, THE • HEROES, THE • 1970

NEGUS-FANCEY O. – UKN

ROUND THE BEND • 1966

NEGUS OLIVE – UKN

CHILDREN'S CABARET • 1954
FAITHFUL TO THE RESCUE • 1956
FUN ON A WEEKEND • 1956
MAGIC RING, THE • 1956
WAS IT A DREAM? • 1956
JACK TRENT INVESTIGATES • 1957

NEHEMIAH J. – USA

ORGY AT LIL'S PLACE, THE • AT LIL'S PLACE • 1963
SEXPERTS -TOUCHED BY TEMPTATION • TOUCHED BY TEMPTATION ○ LOVE EXPERTS, THE • 1965
CAUGHT IN THE ACT! • CAUGHT IN THE ACT -NAKED • 1966

NEHER LOUIS – GRM

MANN OHNE KOPF, DER • 1916
PROFESSOR ERICHSONS RIVALE • 1916
NIXENKONIGIN, DIE • 1917

NEHREBECKI WLADYSLAW – Animator – PLN – 1923–

PROFESOR FILUTEK • PROFESSOR FILUTEK • ASS
AMONG THE BUSHES • ANS
OPOWIEDZIAL DZIECIOL SOWIE • WOODPECKER TOLD THE OWL, THE • 1952 • ANS
KIMSOBO PODROZNIK • KIMSOBO THE TRAVELLER • 1953 • ANS
PRZYGODY GUCIA PINGWINA • ADVENTURES OF GUCIO THE PENGUIN, THE ○ ADVENTURES OF GUSTAVE THE PENGUIN • 1953 • ANS
KACZKA-PLOTKA • GOSSIP DUCK, THE • 1954 • ANS
PROFESOR FILUTEK W PARKU • PROFESSOR FILUTEK IN THE PARK • 1955 • ANS
DZIWNY SEN PROFESORA FILUTEKA • STRANGE DREAM OF PROFESSOR FILUTEK, THE ○ PROFESSOR FILUTEK'S DREAM • 1956 • ANS
ZRYW NA SPLYW • DASH TO THE CANOE RALLY • 1956 • ANS
CONCEITED STEPHAN • 1957 • ANS
MYSZKA I KOTEK • MOUSE AND CAT (USA) ○ CAT AND THE MOUSE, THE ○ MOUSE AND KITTEN ○ MOUSE AND THE CAT, THE • 1958 • ANS
STEFEK BURCZYMUCHA • STEFEK THE GRUMBLER • 1958 • ANS
PAJACYK I PIKUS • CLOWN AND THE LITTLE DOG, THE ○ PUPPET AND PIKUS, THE ○ CLOWN AND HIS DOG, THE • 1959 • ANS
PAJACYK, PIESEK I PLOMIEN • CLOWN AND THE LITTLE DOG AND THE FLAME, THE ○ PUPPET, DOG AND FLAME, THE • 1959 • ANS
TURNIEJ • TOURNAMENT • 1959 • ANS
KOMINIARCZYK • LITTLE CHIMNEY BOY, THE ○ CHIMNEY-SWEEPER, THE • 1960 • ANS
PAJACYK, PIKUS I KSIEZYC • LITTLE CLOWN, THE PUP AND THE MOON, THE ○ PUPPET, PIKUS AND THE MOON, THE • 1960 • ANS
PUP'S JOKES • 1960 • ANS
WIELKI POLOW • SUCH A HUGE FISH ○ GREAT CATCH, THE • 1961 • ANS
ZA BOREM ZA LASEM • BEYOND THE FORESTS, BEYOND THE WOODS ○ BEYOND THE WOOD • 1961 • ANS
HELIKOPTER • HELICOPTER, THE • 1962 • ANS
KUSZA • CROSSBOW, THE • 1963 • ANS
O MALEJ KASI I DUZYM WILKU • STORY OF LITTLE KASIA AND THE BIG WOLF, THE ○ LITTLE KATE AND BIG WOLF • 1963 • ANS
CZARNOKSIEZNIK • MAGICIAN, THE • 1964 • ANS
DWAJ RYCERZE • TWO KNIGHTS ○ KNIGHTS, THE • 1964 • ANS
KARAWANA • CARAVAN, THE • 1964 • ANS
PIERWSZA WYPRAWA • FIRST EXPEDITION, THE • 1964 • ANS
PIOSENKA-WIOSENKA • SPRING SONG, THE ○ SPRING MELODY, A • 1964 • ANS
PIRACI RZECZNI • RIVER PIRATES, THE ○ PIRATES • 1965 • ANS
ZAZDROSNY TRZMIEL • JEALOUS BUMBLE BEE, THE • 1965 • ANS
PRZYGODY NA PUSTYNI • DESERT ADVENTURES • 1966 • ANS
SAMOLUB • EGOIST, THE • 1966 • ANS
STRZELBA I WEDKA • RIFLE AND THE FISHING ROD, THE • 1966 • ANS
VENDETTA • 1966 • ANS
ZYRAFA • GIRAFFE, THE • 1966 • ANS
JAK POLOWALEM NA LWA • HOW I HUNTED LIONS • 1967 • ANS
PRZYGODY WESOLEGO OBIEZYSWIATA • ADVENTURES OF THE JOLLY GLOBE TROTTER, THE • 1968 • ANS
BOLEK I LOLEK WYRUSZAJA W SWIAT • BOLEK AND LOLEK SET OUT TO SEE THE WORLD • 1969 • ASS
NA WYSPACH POLINEZJI • ON THE POLYNESIAN ISLANDS • 1969 • ANS
SMOK-XPEDITION • DRAGON EXPEDITION, THE • 1969 • ANS
W KRAINIE TYSIACA I JEDNEJ NOCY • IN THE LAND OF A THOUSAND AND ONE NIGHTS • 1969 • ANS
BOLEK AND LOLEK IN THE WILD WEST • 1970 • ANS
DWA SMYCZKI • TWO BOW STRINGS, THE • 1970 • ANS
LOWCY BIZONOW • BISON HUNTERS, THE • 1970 • ANS
NAD ORINOKO • ON THE ORINOCO RIVER • 1970 • ANS
AROUND THE WORLD WITH BOLEK AND LOLEK • 1977 • ANM

NEHRKE KURT – GRM

GESTRANDETE MENSCHEN • 1927

NEIDITCH ROSE – USA

YOU CAN • ANS

van NEIJENHOFF OTTO – NTH

HAAG, DEN • 1936
DIT IS NOORD-BRABANT • 1966

NEILAN MARSHALL – USA – 1891–1958

NEILAN MARSHALL A.

AMERICAN PRINCESS, THE • 1913
HARVEST OF FLAME, THE • 1913
BUD, BILL AND THE WAITER • 1914
ELOPEMENT IN ROME, AN • 1914
FLEEING FROM THE FLEAS • 1914
HAM, THE LINEMAN • 1914
HAM, THE PIANO MOVER • 1914
LIZZIE, THE LIFE SAVER • 1914
LOVE, OIL AND GREASE • 1914
PEACH AT THE BEACH, THE • 1914
REFORMATION OF HAM, THE • 1914
SHERLOCK BONEHEAD • 1914
SI'S WONDERFUL MINERAL SPRING • 1914
CHRONICLES OF BLOOM CENTER, THE • 1915 • SER
COME BACK OF PERCY, THE • 1915
LANDING OF THE HOSE REEL, THE • 1915
SPOOKS • CHRONICLES OF BLOOM CENTER, THE • 1915
THING OR TWO IN MOVIES, A • 1915
COUNTRY THAT GOD FORGOT, THE • 1916
CYCLE OF FATE, THE • 1916
PRINCE CHAP, THE • 1916
BOTTLE IMP, THE • 1917
FRECKLES • 1917
GIRL AT HOME, THE • 1917
JAGUAR'S CLAWS, THE • 1917
LITTLE PRINCESS, A • 1917
REBECCA OF SUNNYBROOK FARM • 1917
SILENT PARTNER, THE • 1917
STRANGE ADVENTURE, A • 1917 • SHT
THOSE WITHOUT SIN • 1917
TIDES OF BARNEGAT, THE • 1917
WAR RELIEF • 1917 • SHT
AMARILLY OF CLOTHES-LINE ALLEY • 1918
HEART OF THE WILDS • 1918
HIT-THE-TRAIL HOLLIDAY • 1918
M'LISS • 1918
OUT OF A CLEAR BLUE SKY • 1918
STELLA MARIS • 1918
DADDY LONG LEGS • 1919
HER KINGDOM OF DREAMS • 1919
THREE MEN AND A GIRL • 1919
UNPARDONABLE SIN, THE • 1919
DINTY • 1920
DON'T EVER MARRY • 1920
GO AND GET IT • 1920
IN OLD KENTUCKY • 1920
RIVER'S END, THE • 1920
BITS OF LIFE • 1921
BOB HAMPTON OF PLACER • CUSTER'S LAST STAND • 1921
LOTUS EATER, THE • 1921
FOOLS FIRST • 1922
MINNIE • 1922
PENROD • 1922
STRANGER'S BANQUET, THE • 1922
ETERNAL THREE, THE • 1923
RENDEZVOUS • 1923
DOROTHY VERNON OF HADDON HALL • 1924
TESS OF THE D'URBERVILLES • 1924
GREAT LOVE, THE • 1925
SPORTING VENUS, THE • HIS SUPREME MOMENT • 1925
DIPLOMACY • 1926
EVERYBODY'S ACTING • 1926
MIKE • 1926
SKYROCKET, THE • LOVE OR LIMELIGHT • 1926
WILD OATS LANE • 1926
HER WILD OAT • 1927
VENUS OF VENICE • NAUGHTY CARLOTTA ○ VAMP OF VENICE • 1927
HIS LAST HAUL • PIOUS CROOKS (UKN) ○ LAST HAUL, THE • 1928
TAKE ME HOME • 1928
TAXI 13 • 1928
THREE-RING MARRIAGE • DO IT AGAIN • 1928
AWFUL TRUTH, THE • 1929
BLACK WATERS • 1929
TANNED LEGS • 1929
VAGABOND LOVER, THE • 1929
SWEETHEARTS ON PARADE • 1930
CATCH AS CATCH CAN • CATCH-AS-CATCH-CAN • 1931 • SHT
EX-SWEETIES • 1931 • SHT
WAR MAMAS • 1931 • SHT
SECRETS • 1933
CHLOE • 1934
LEMON DROP KID, THE • 1934
LOVE IS CALLING YOU • 1934
SOCIAL REGISTER • 1934
THIS IS THE LIFE • MEAL TICKET • 1935
SING WHILE YOU'RE ABLE • 1937
SWING IT PROFESSOR • SWING IT, BUDDY (UKN) • 1937
THANKS FOR LISTENING • PARTLY CONFIDENTIAL (UKN) • 1937

NEILAN MARSHALL A. see **NEILAN MARSHALL**

NEILL HENRY see **CORMAN ROGER**

NEILL JAMES – USA

PASSERBY, THE • 1913
WHERE THE TRAIL DIVIDES • 1914
CLUE, THE • 1915

NEILL R. WILLIAM – IRL – 1886–1946

NEILL ROY WILLIAM • NEILL ROY W. • NEILL ROY

GIRL GLORY, THE • 1917
LOVE LETTERS • 1917
MOTHER INSTINCT, THE • 1917
PRICE MARK, THE • 1917
THEY'RE OFF • 1917
FLARE-UP SAL • 1918
GREEN EYES • 1918
KAISER'S SHADOW, THE • KAISER'S SHADOW OR THE TRIPLE CROSS, THE • 1918
LOVE ME • 1918
MATING OF MARCELLA, THE • 1918
TYRANT -FEAR, THE • 1918
VIVE LA FRANCE! • 1918
BANDBOX, THE • 1919
CAREER OF KATHERINE BUSH, THE • CAREER OF CATHERINE BUSH, THE • 1919
CHARGE IT TO ME • 1919
PUPPY LOVE • 1919
TRIXIE FROM BROADWAY • 1919
DANGEROUS BUSINESS • 1920
GOOD REFERENCES • 1920
INNER VOICE, THE • 1920
SOMETHING DIFFERENT • 1920
WOMAN GIVES, THE • 1920
YES OR NO? • 1920
CONQUEST OF CANAAN, THE • 1921
IDOL OF THE NORTH, THE • TEASER, THE • 1921
IRON TRAIL, THE • 1921
WHAT'S WRONG WITH THE WOMEN? • 1922
RADIO-MANIA • MAN FROM MARS, THE ○ MARS CALLING ○ M.A.R.S. • 1923
TOILERS OF THE SEA • 1923
BROKEN LAWS • 1924
BY DIVINE RIGHT • WAY MEN LOVE, THE • 1924

VANITY'S PRICE • THIS HOUSE OF VANITY • 1924
GREATER THAN A CROWN • 1925
KISS BARRIER, THE • 1925
MARRIAGE IN TRANSIT • 1925
PERCY • MOTHER'S BOY (UKN) • 1925
BLACK PARADISE • 1926
CITY, THE • 1926
COWBOY AND THE COUNTESS, THE • 1926
FIGHTING BUCKAROO, THE • 1926
MAN FOUR-SQUARE, A • 1926
ARIZONA WILDCAT, THE • 1927
MARRIAGE • 1927
CLEOPATRA • 1928 • SHT
CZARINA'S SECRET, THE • 1928 • SHT
HEART OF GENERAL ROBERT E. LEE, THE • 1928 • SHT
LADY OF VICTORIES, THE • 1928 • SHT
LADY RAFFLES • 1928
MADAME DUBARRY • 1928 • SHT
OLYMPIC HERO, THE • ALL AMERICAN • 1928
SAN FRANCISCO NIGHTS • DIVORCE (UKN) ○ FRUIT OF DIVORCE, THE • 1928
VIKING, THE • 1928
VIRGIN QUEEN, THE • 1928 • SHT
BEHIND CLOSED DOORS • 1929
WALL STREET • 1929
COCK O' THE WALK • 1930
JUST LIKE HEAVEN • 1930
MELODY MAN, THE • 1930
AVENGER, THE • 1931
FIFTY FATHOMS DEEP • 1931
GOOD BAD GIRL, THE • 1931
MENACE, THE • 1932
THAT'S MY BOY • 1932
ABOVE THE CLOUDS • WINGED DEVILS (UKN) • 1933
AS THE DEVIL COMMANDS • 1933
CIRCUS QUEEN MURDER, THE • 1933
WHIRLPOOL, THE • 1933
BLACK MOON • 1934
BLIND DATE • HER SACRIFICE (UKN) • 1934
FURY OF THE JUNGLE • JURY OF THE JUNGLE (UKN) • 1934
I'LL FIX IT • 1934
JEALOUSY • SPRING THREE THOUSAND ONE HUNDRED • 1934
NINTH GUEST, THE • 1934
BLACK ROOM, THE • BLACK ROOM MYSTERY, THE • 1935
EIGHT BELLS • 1935
LONE WOLF RETURNS, THE • 1935
MILLS OF THE GODS • 1935
DR. SYN • 1937
GYPSY • TZIGANE • 1937
DOUBLE OR QUITS • 1938
EVERYTHING HAPPENS TO ME • 1938
MANY TANKS MR. ATKINS • 1938
QUIET PLEASE • 1938
SIMPLY TERRIFIC • 1938
THANK EVANS • 1938
VIPER, THE • 1938
GENTLEMAN'S GENTLEMAN, A • 1939
GOOD OLD DAYS, THE • 1939
HIS BROTHER'S KEEPER • 1939
HOOTS MON! • 1939
MURDER WILL OUT • 1939
EYES OF THE UNDERWORLD • 1942
MADAME SPY • 1942
SHERLOCK HOLMES AND THE SECRET WEAPON • SHERLOCK HOLMES FIGHTS BACK ○ SECRET WEAPON • 1942
FRANKENSTEIN MEETS THE WOLF MAN • 1943
RHYTHM OF THE ISLANDS • 1943
SHERLOCK HOLMES FACES DEATH • 1943
SHERLOCK HOLMES IN WASHINGTON • 1943
GYPSY WILDCAT • 1944
PEARL OF DEATH, THE • SHERLOCK HOLMES AND THE PEARL OF DEATH • 1944
SCARLET CLAW, THE • SHERLOCK HOLMES AND THE SCARLET CLAW • 1944
SHERLOCK HOLMES AND SPIDER WOMAN • SHERLOCK HOLMES AND THE SPIDER WOMAN ○ SPIDER WOMAN (UKN) • 1944
HOUSE OF FEAR, THE • 1945
PURSUIT TO ALGIERS • SHERLOCK HOLMES IN PURSUIT TO ALGIERS • 1945
WOMAN IN GREEN, THE • SHERLOCK HOLMES AND THE WOMAN IN GREEN ○ INVITATION TO DEATH • 1945
BLACK ANGEL • 1946
DRESSED TO KILL • SHERLOCK HOLMES AND THE SECRET CODE (UKN) • 1946
TERROR BY NIGHT • SHERLOCK HOLMES IN TERROR BY NIGHT • 1946

NEILL ROY see **NEILL R. WILLIAM**

NEILL ROY W. see **NEILL R. WILLIAM**

NEILL ROY WILLIAM see **NEILL R. WILLIAM**

NEILL SAM – Actor – NZL – 1948–
ON THE ROAD WITH RED MOLE • 1977 • DOC

NEILSON-BAXTER R. K. – UKN
HOUSE OF SILENCE, THE • 1937

NEILSON JAMES – USA – 1918–1979
COUNTRY HUSBAND, THE • 1955 • MTV
BLACKWELL STORY, THE • 1957 • TVM
NIGHT PASSAGE • 1957
BON VOYAGE! • 1962
GERONIMO'S REVENGE • 1962 • MTV
MOON PILOT • 1962
MOONCUSSERS • 1962
DR. SYN -ALIAS THE SCARECROW • SCARECROW OF ROMNEY MARSH, THE • 1963
SUMMER MAGIC • 1963
MOONSPINNERS, THE • 1964
LEGEND OF YOUNG DICK TURPIN, THE • 1965
RETURN OF THE GUNFIGHTER • AS I RODE DOWN TO LAREDO • 1966 • TVM
ADVENTURES OF BULLWHIP GRIFFIN, THE • 1967
GENTLE GIANT • 1967
FIRST TIME, THE • YOU DON'T NEED PYJAMAS AT ROSIE'S ○ BEGINNERS THREE, THE ○ THEY DON'T WEAR PAJAMAS AT ROSIE'S • 1968
WHERE ANGELS GO, TROUBLE FOLLOWS • 1968
FLARE-UP • 1969
TOM SAWYER • 1973 • TVM

NEIMAN L. E. – USA
MORNING TERROR • 1987

NEISSER CARL see **NEISSER KARL**

NEISSER KARL – GRM
NEISSER CARL
VOM SCHICKSAL ERDROSSELT • 1919
GEHEIMNIS DES FABRIKANTEN HENDERSON, DAS • 1920

NEITZ ALVIN J. – USA – 1894–
TANGLED HEARTS • 1916
TRAP, THE • 1916 • SHT
SECRET PERIL, THE • 1919 • SHT
MIDNIGHT RAIDERS, THE • 1920
OUTLAWED • 1921
BACK FIRE • 1922
FIREBRAND, THE • 1922
GUN SHY • 1922
DANGEROUS TRAILS • DRAGON'S PREY, THE • 1923
WOLVES OF THE BORDER • 1923
BORDER WOMEN • 1924
CALL OF THE MATE • 1924
COWBOY AND THE FLAPPER, THE • SHERIFF'S LONE HAND, THE • 1924
CRASHIN' THROUGH • 1924
CYCLONE BUDDY • 1924
DOWN BY THE RIO GRANDE • 1924
FIGHTER'S PARADISE • 1924
MAN FROM GOD'S COUNTRY • 1924
THAT WILD WEST • 1924
VIRGIN, THE • 1924
WHITE PANTHER, THE • 1924
GIRL OF THE WEST • 1925
RECKLESS SEX, THE • 1925
WARRIOR GAP • 1925
BAD MAN'S BLUFF • 1926
BEYOND ALL ODDS • 1926
LURE OF THE WEST • 1926
THUNDERING SPEED • 1926
BORN TO BATTLE • 1927
HAZARDOUS VALLEY • 1927
CHEER LEADER, THE • PLAYING THE GAME (UKN) • 1928
SKY RIDER, THE • 1928
SILENT SENTINEL • 1929
BREED OF THE WEST • 1930
CANYON HAWKS • 1930
FIREBRAND JORDAN • 1930
TRAILS OF PERIL • TRAILS OF DANGER • 1930
FLYING LARIATS • 1931
HELL'S VALLEY • 1931
LARIATS AND SIX SHOOTERS • FEARLESS DEPUTY, THE (UKN) • 1931
PUEBLO TERROR • PARADISE VALLEY (UKN) • 1931
RED FORK RANGE • 1931
TEX TAKES A HOLIDAY • DOLORES THE BEAUTIFUL (UKN) • 1932

NEKES WERNER – GRM
SEMINAR, DER • 1967
DIWAN • 1973

NEL FRANS – SAF
FINAL CUT • 1989
IMPACT • 1989
LET THE MUSIC BE • 1989

NELIMARKKA RIITTA – FNL
SAMMON TARINA • TALE OF THE SAMPO, THE • 1974 • ANM
SEITSEMAN VELJESTA • SEVEN BROTHERS • 1976

NELLI PIERO – ITL – 1926–
PATTUGLIA SPERDUTA, LA • 1952
ITALIANE E L'AMORE, LE • LATIN LOVERS (USA) ○ ITALIAN WOMEN AND LOVE • 1961
MISTERI DI ROMA, I • MYSTERIES OF ROME, THE ○ WONDERS OF ROME, THE • 1963 • DOC

NELSON – USA
ROOSEVELT SYKES • 1972 • SHT

NELSON BARRIE – Animator – USA
NELSON BARRY
KEEP COOL • ANS

NELSON BARRIE* – CND
KILOS ARE COMING, THE • 1974 • ANS
PROPAGANDA MESSAGE • 1974

NELSON BARRY see **NELSON BARRIE**

NELSON DAVID – USA – 1936–
TALE OF THE COCK • CHILDISH THINGS ○ CONFESSIONS OF TOM HARRIS • 1966
DEATH SCREAMS • 1982
LAST PLANE OUT • 1983
RARE BREED, A • 1984

NELSON DUSTY – USA
MANIPULATOR, THE • 1980
WHITE PHANTOM • WHITE PHANTOM: ENEMY OF DARKNESS • 1987
NECROMANCER • NECROMANCER: SATAN'S SERVANT • 1988
RENEGADE KNIGHTS • 1988

NELSON GARY – USA – 1936–
SECRETS OF THE PIRATE'S INN • 1969 • MTV
MOLLY AND LAWLESS JOHN • 1972
SANTEE • TURN OF THE BADGE • 1973
GIRL ON THE LATE, LATE SHOW, THE • 1974 • TVM
BOY WHO TALKED TO BADGERS, THE • 1975 • TVM
MEDICAL STORY • 1975 • TVM
FREAKY FRIDAY • 1976
PANACHE • 1976 • TVM
TO KILL A COP • 1978 • TVM
BLACK HOLE, THE • 1979
PRIDE OF JESSIE HALLAM, THE • 1981 • TVM
MICKEY SPILLANE'S "MURDER ME, MURDER YOU" • 1982 • TVM
MURDER IN COWETA COUNTY • LAST BLOOD • 1982 • TVM
FOR LOVE AND HONOR • 1983 • TVM
JIMMY THE KID • 1983
MURDER ME, MURDER YOU • 1983 • TVM
BARON AND THE KID, THE • BARON, THE • 1984 • TVM
LADY BLUE • 1985 • TVM
AGATHA CHRISTIE'S MURDER IN THREE ACTS • 1986 • TVM
ALLAN QUARTERMAIN AND THE LOST CITY OF GOLD • 1986
SHOOTER • 1988 • TVM
GET SMART, AGAIN! • 1989 • TVM

NELSON GENE – Actor – USA – 1920–
HAND OF DEATH • FIVE FINGERS OF DEATH • 1962
HOOTENANNY HOOT • 1963
KISSIN' COUSINS • 1964
YOUR CHEATIN' HEART • YOUR CHEATIN' HEART (THE HANK WILLIAMS STORY) • 1964
HARUM SCARUM • HAREM HOLIDAY (UKN) • 1965
COOL ONES, THE • 1967
WAKE ME WHEN THE WAR IS OVER • 1969 • TVM
LETTERS, THE • 1973

NELSON GUNVOR – USA
SCHMEERGUNTZ • 1965 • SHT
FOG PUMAS • 1967 • SHT
TAKE OFF • 1973 • SHT

NELSON J. ARTHUR – USA
UNDER FIRE IN MEXICO • 1914

NELSON JACK – Actor – USA – 1882–
CHICKENS • 1921
HOME STRETCH, THE • 1921
I AM GUILTY • 1921
ONE A MINUTE • 1921
ROOKIE'S RETURN, THE • 1921
WATCH HIM STEP • 1922
THRU THE FLAMES • 1923
AFTER A MILLION • 1924
BATTLING MASON • 1924
CALIBRE 45 • 1924
COVERED TRAIL, THE • 1924
FIGHTING HEART, A • 1924
MIDNIGHT SECRETS • 1924
HE WHO LAUGHS LAST • 1925
ISLE OF HOPE, THE • 1925
MYSTERIOUS STRANGER, THE • 1925
PRINCE OF PEP, THE • BLACK FLASH, THE • 1925
WALL STREET WHIZ, THE • NEW BUTLER, THE • 1925
BEYOND THE ROCKIES • 1926
CALL OF THE WILDERNESS, THE • 1926
DEAD LINE, THE • 1926
DEVIL'S GULCH, THE • 1926
DUDE COWBOY, THE • 1926
FIGHTING BOOB, THE • 1926
HAIR TRIGGER BAXTER • 1926
MILE-A-MINUTE MAN, THE • 1926
MODERN YOUTH • 1926
SUNSHINE OF PARADISE ALLEY • 1926
VALLEY OF BRAVERY, THE • 1926
BULLDOG PLUCK • 1927
FIGHTING HOMBRE, THE • 1927
LIFE OF AN ACTRESS • ROMANCE OF AN ACTRESS • 1927
SAY IT WITH DIAMONDS • 1927
SHAMROCK AND THE ROSE, THE • 1927
THROUGH THICK AND THIN • 1927
MYSTERY RIDER, THE • 1928 • SRL
TARZAN THE MIGHTY • JUNGLE TALES OF TARZAN • 1928 • SRL
DIAMOND MASTER, THE • 1929 • SRL
ALIAS THE BANDIT • 1930 • SHT
BATTLING KID, THE • 1930 • SHT
DANGER CLAIM, THE • 1930 • SHT
LAST STAND, THE • 1930 • SHT
POST OF HONOR, THE • 1930 • SHT
SIX GUN JUSTICE • 1930 • SHT
SON OF COURAGE • 1930 • SHT
TWO GUN CABALLERO • 1931
BORDER GUNS • 1934
BORDER MENACE, THE • 1934

NELSON MERVYN – USA
SOME OF MY BEST FRIENDS ARE.. • BAR, THE • 1971

NELSON OZZIE – Bandleader – USA – 1906–1975
LOVE AND KISSES • 1965

NELSON RALPH – Producer – USA – 1916–1987
REQUIEM FOR A HEAVYWEIGHT • BLOOD MONEY (UKN) • 1962
LILIES OF THE FIELD • 1963
SOLDIER IN THE RAIN • 1963
FATE IS THE HUNTER • 1964
FATHER GOOSE • 1964
ONCE A THIEF • TUEURS DE SAN FRANCISCO, LES (FRN) • 1965
DUEL AT DIABLO • 1966
CHARLY • 1968
COUNTERPOINT • 1968
TICK.. TICK.. TICK.. TICK.. TICK.. TICK.. A TOWN TURNS INTO A TIME-BOMB • 1969
SOLDIER BLUE • 1970
FLIGHT OF THE DOVES • 1971
WRATH OF GOD, THE • 1972
WILBY CONSPIRACY, THE • 1975
EMBRYO • CREATED TO KILL • 1976
HERO AIN'T NOTHIN' BUT A SANDWICH, A • 1977
BECAUSE HE'S MY FRIEND • 1978 • TVM
LADY OF THE HOUSE • 1978 • TVM
CHRISTMAS LILIES OF THE FIELD • 1979 • TVM
YOU CAN'T GO HOME AGAIN • 1979 • TVM

NELSON ROBERT – USA – 1930–
PLASTIC HAIRCUT • 1963 • SHT
CONFESSIONS OF A BLACK MOTHER SUCCUBA • 1965 • SHT
OH DEM WATERMELONS • 1965 • SHT
OILEY PELOSO THE PUMPH MAN • 1965 • SHT
THICK PUCKER • 1965 • SHT
AWFUL BACKLASH • 1966-67 • SHT
HALF OPEN AND LUMPY • 1966-67 • SHT
HOT LEATHERETTE • 1966-67 • SHT
JIMMY WITHERSPOON & PENNY BRIGHT • 1966-67 • SHT
OFF-HANDED JAPE, THE • 1966-67 • SHT
GRATEFUL DEAD, THE • 1967 • SHT
GREAT BLONDINO, THE • 1967
SUPERSPREAD • SUPER SPREAD • 1967 • SHT
WAR IS HELL • 1968

NELSON ROGERS see **PRINCE**

NELSON SAM – USA
CATTLE RAIDERS • 1938
COLORADO TRAIL, THE • 1938
GREAT ADVENTURES OF WILD BILL HICKOK, THE • 1938 • SRL
LAW OF THE PLAINS • 1938
OUTLAWS OF THE PRAIRIE • 1938
RIO GRANDE • 1938
SOUTH OF ARIZONA • 1938

WEST OF CHEYENNE • 1938
WEST OF THE SANTA FE • 1938
MAN FROM SUNDOWN, THE • WOMAN'S VENGEANCE, A (UKN) • 1939
MANDRAKE THE MAGICIAN • 1939 • SRL
NORTH OF THE YUKON • 1939
OVERLAND WITH KIT CARSON • 1939 • SRL
PARENTS ON TRIAL • 1939
STRANGER FROM TEXAS, THE • STRANGER, THE (UKN) • 1939
TEXAS STAMPEDE • 1939
THUNDERING WEST, THE • 1939
WEST OF SANTA FE • 1939
WESTERN CARAVANS • SILVER SANDS (UKN) • 1939
BULLETS FOR RUSTLERS • ON SPECIAL DUTY (UKN) • 1940
KONGA, THE WILD STALLION • KONGA (UKN) • 1940
PIONEERS OF THE FRONTIER • ANCHOR, THE (UKN) • 1940
PRAIRIE SCHOONERS • THROUGH THE STORM (UKN) • 1940
OUTLAWS OF THE PANHANDLE • FARO JACK (UKN) • 1941
SAGEBRUSH LAW • 1942
AVENGING RIDER, THE • 1943

NEMCHENKO E. see **NEMCHENKO YEVGYENI**

NEMCHENKO YEVGYENI – USS
NEMCHENKO E.
GROZA NAD BYELOY • THUNDERSTORM OVER THE BELAYA ○ STORM OVER THE BELAYA RIVER • 1968

NEMEC JAN – CZC – 1936–
SOUSTO • PIECE OF BREAD, A (UKN) ○ LOAF OF BREAD, A ○ BITE TO EAT, A ○ LOAF, THE ○ MORSEL, THE • 1960
PAMET NASEHO DNE • MEMORY OF OUR DAY • 1963
DEMANTY NOCI • DIAMONDS OF THE NIGHT (USA) • 1964
LIFE AFTER NINETY MINUTES • 1965
PERLICKY NA DNE • PEARLS OF THE DEEP (UKN) • 1965
MUCEDNICI LASKY • MARTYRS OF LOVE • 1966
SLAVNOSTI A HOSTECH, O • REPORT ON THE PARTY AND THE GUESTS, A (USA) ○ PARTY AND THE GUESTS, THE ○ ON CELEBRATIONS AND GUESTS • 1966
MOTHER AND SON • 1967
ORATORIO FOR PRAGUE • ORATORIUM FOR PRAGUE • 1968 • DOC
TRI BRATRI A ZAZRACNY PRAMEN • THREE BROTHERS AND THE MIRACULOUS SPRING, THE • 1968
CZECHOSLOVAKIA 1918–1968 • 1969 • DOC
BETWEEN THREE AND FIVE MINUTES • 1972 • DOC
CZECH CONNECTION, THE • 1975 • DOC
METAMORPHOSIS • 1975 • SHT
RUCKENDEKOLLETE, DAS • DECOLLETE DANS LE DOS, LE (FRN) • 1975

NEMES CHARLES – FRN – 1950–
HEROS N'ONT PAS FROID AUX ORIELLES, LES • 1978
FIANCEE QUI VENAIT DU FROID, LA • 1983

NEMETH TED see **NEMETH TED J.**

NEMETH TED J. – USA
NEMETH TED
RHYTHM IN LIGHT • 1936 • SHT
SYNCHROMY NO.2 • 1936 • ANS
EVENING STAR • 1937 • SHT
PARABOLA • 1938 • SHT
ESCAPE • 1940 • ANS
TOCCATA AND FUGUE • 1940 • SHT
TARANTELLA • 1941 • ANS
POLKA-GRAPH • 1953 • ANS
MOOD CONTRAST • 1954 • ANS

NEMOLAYEV – Animator – USS
WOLF AND THE SEVEN CHILDREN, THE • ANM

NEMOLYAEV V. – USS
LUCKY FLIGHT • 1949
SEA-HUNTER, A • 1955

NENE RAJA – IND
PHIR BHI APNA HAI • 1935
SHREE VISHNU BHAGWAN • 1951
HANUMAN JANMAN • BIRTH OF HANUMAN • 1953

NEPOMUCENO JOSE – CHL
DALAGANG BUKID • 1919

NEPOMUCENO LUIS – Producer – PHL – 1920–
DAHIL SA ISANG BULAKLAK • BECAUSE OF A FLOWER • 1967
IGOROTA, THE LEGEND OF THE TREE OF LIFE • LEGEND OF THE TREE OF LIFE, THE ○ IGOROTA • 1967
LANGIT SA LUPA, ANG • HEAVEN ON EARTH • 1968

NEPP JOZSEF – Animator – HNG – 1934–
GUSZTAV-SOROZAJ • GUSTAVUS (UKN) • 1960 • ASS
SZENVEDELY • PASSION • 1961
WISH WHATEVER YOU WANT • 1962 • ANM
FROM TOMORROW ON • 1963 • ANM
TALE ABOUT A BEETLE, A • 1963 • ANM
FIVE MINUTE MURDER • 1966 • ANM
DON'T IRRITATE THE MOUSE • 1967 • ANM
FIVE MINUTE THRILL • ANS
CREATORS AND CREATIONS • 1968 • ANS
MESSAGE TO THE FUTURE • 1970 • SRL
PORTRE • PORTRAIT • 1971
JOHN, THE HERO • 1972 • ANM

NERETNIECE E. – USS
CAPTAIN JACK • 1973

NERETNIEK A. – USS
STRANGER IN THE VILLAGE, A • 1958

NERONI NICOLA F. see **NERONI NICOLA FAUSTO**

NERONI NICOLA FAUSTO – ITL
NERONI NICOLA F.
MIRACOLO DI SANT'ANTONIO, IL • MIRACLE OF ST. ANTHONY • 1931
VENERE • 1933
NOTTE DOPO L'OPERA, UNA • 1942

NERVAL MICHEL – FRN – 1945–
BORSALINI, LES • 1979
BAHUT VA CRAQUER, LE • 1981
SANDY • 1982

NERY JULIO – VNZ
ELECTOFRENIA • 1979 • DOC

NESBITT DERREN – Actor – UKN
AMOROUS MILKMAN, THE • AMOROUS ADVENTURES OF A MILKMAN, THE • 1975

NESBITT FRANK – UKN
SEARCH FOR OIL IN NIGERIA • 1960 • DOC
WALK A TIGHTROPE • 1963
DULCIMA • 1971

NESCI MICHELE – ITL
SANGUE SUL SAGRATO • 1952

NESHER AVI – ISR
DIZENGOFF 99 • 1979
SING YOUR HEART OUT • 1979
HALAHAKA • TROUPE, THE • 1981
SHE • 1983
RAGE AND GLORY • 1984
BREAKING • 1985

de NESLE ROBERT – FRN – 1906–
BROWN CLIFFORD • HUGHE ROBERT
APRES VOUS, DUCHESSE • 1954
HOMME LE PLUS SEXY DU MONDE, L'
MAISON DU VICE, LA
EBRANLEES, LES • 1972
JOURNAL INTIME D'UNE NYMPHOMANE, LE • DIARY OF A NYMPHOMANIAC (UKN) • 1972
DEMONS, LES • DEMONIOS, OS (PRT) ○ DEMONS DU SEXE, LES ○ DEMONS, THE ○ SEX DEMONS, THE ○ DEMONIOS, LOS • 1973
EXPLOITS EROTIQUES DE MACISTE DANS L'ATLANTIDE • 1973
MACISTE CONTRE LA REINE DES AMAZONS • LUSTFUL AMAZONS, THE (UKN) • 1974

NESTLER PETER – GRM
DURFEN SIE WIEDERKOMMEN? • 1971

NETHERCOTT GEOFFREY – Producer – UKN
ACCIDENTAL DEATH • 1963
WHO WAS MADDOX? • 1964
PERSONAL AND CONFIDENTIAL • 1965

NEUBACH ERNEST see **NEUBACH ERNST**

NEUBACH ERNST – GRM – 1900–
NEUBACH ERNEST • NEUVILLE ERNEST
TRENCK • 1932
SIGNAL ROUGE, LE • 1948
ON DEMANDE UN ASSASSIN • 1949
MEMOIRES DE LA VACHE YOLANDE, LES • 1950
ICH HAB' MEIN HERZ IN HEIDELBERG VERLOREN • 1952
MAN LEBT NUR EINMAL • 1952
KAISER UND DAS WASCHERMADEL, DER • 1957

NEUBAUER VERA – UKN
ANIMATION FOR LIVE ACTION • 1978

NEUBERGER BERND – AUS
JONATHANA UND DIE HEXE • JONATHANA AND THE WITCH • 1986
FERIEN MIT SYLVESTER • VACATION WITH SYLVESTER • 1990

NEUENFEL MAX – GRM
HEINRICH PENTHESILEA VON KLEIST • 1983

NEUENSCHWANDER JURG – SWT
MY MOTHER IS IN SRI LANKA • 1986 • DOC

NEUFELD MASSIMO see **NEUFELD MAX**

NEUFELD MAX – AUS – 1887–
NEUFELD MASSIMO
RASPUTIN • RASPUTIN, THE HOLY SINNER • 1917
LASSET DIE KLEINEN ZU MIR KOMMEN • 1920
FILME DER PRINZESSIN FANTOCHE, DIE • 1921
FRAU IN WEISS, DIE • 1921
GEHEIMNIS LORD PERCIVALS, DAS • 1921
KURTISANE VON VENEDIG, DIE • 1921
SEIN LEBENSLICHT • 1921
TOD HOCHZEITSGAST, DER • 1921
FAUSTRECHT • 1922
BLONDE GIFT, DAS • 1923
EISENKONIG, DER • 1923
HOFFMANNS ERZAHLUNGEN • TALES OF HOFFMANN • 1924
HOTEL POTEMKIN • 1924
LEUCHTER DES KAISERS, DIE • 1924
TOCHTER DER FRAU LARSAC, DIE • 1924
WALZER VON STRAUSS, DER • 1925
BRANDSTIFTER EUROPAS, DIE • OBERST REDLS ERBEN ○ COLONEL REDL'S LEGACY ○ INCENDIARY OF EUROPE, THE • 1926
K.U.K. BALLETTMADEL, DAS • ROYAL BALLET GIRL, THE (USA) ○ BALLETTERHERZOG, DER ○ VIRTUE • 1926
FAMILIE OHNE MORAL • 1927
KIRSCHEN IN NACHBARS GARTEN, DIE • 1927
STRECKE, DIE • GROSSE UN DIE KLEINE WELT, DIE • 1927
BEIDEN SEEHUNDE, DIE • 1928
NACHTLOKAL • 1929
BEFEHL ZUR EHE, DER • 1930
ERZHERZOG JOHANN • 1930
GELIEBTE SEINER FRAU, DER • 1930
HERZOG HANSL • 1930
MODELLHAUS CREVETTE • SOLD • 1930
SEINE HOHEIT, DER DIENSTMANN • 1930
NACHT IM GRANDHOTEL, EINE • 1931
OPERN-BALL, DER • OPERA BALL • 1931
OPERNREDOUTE • 1931
PURPUR UND WASCHBLAU • DURCHLAUT, DIE WASCHERIN • 1931
BISSCHEN LIEBE FUR DICH, EIN • ZWEI GLUCKLICHE HERZEN • 1932
DIAMANT DES ZARENS, DER • ORLOW, DER • 1932
DRUNTER UND DRUBER • 1932
GLUCK UBER NACHT • 1932
HASENKLEIN KANN NICHTS DAFUR • DRUNTER UND DRUBER? • 1932
JEUNE FILLE ET UN MILLION,UNE • DESIR 22 • 1932
MONSIEUR, MADAME ET BIBI • 1932
SEHNSUCHT 202 • 1932
CANZONE DEL SOLE, LA • 1933
LIED DER SONNE, DAS • 1933
RUND UM EINE MILLION • 1933
ANTONIA, ROMANCE HONGROISE • 1934
CSIBSI DER FRATZ • 1934
GELD REGIERT DIE WELT • 1934
STERN FALLT VOM HIMMEL, EIN • 1934
TEMPTATION • 1934
HOHEIT TANZT WALZER • 1935
TANECEK PANNY MARINKY • 1935
SINGENDE JUGEND • ORPHAN BOY OF VIENNA, AN • 1936
VALSE ETERNELLE • 1936
MIT MUSIK DURCHS LEBEN OU SINGENDE JUGEND • SINGENDE JUGEND • 1938
ASSENZA INGIUSTIFICATA • 1939
BALLO AL CASTELLO • 1939
CASA DEL PECCATO, LA • 1939
MILLE LIRE AL MESE • 1939
MOGLIE IN PERICOLO, UNA • WIFE IN DANGER, A (USA) • 1939
CENTO LETTERE D'AMORE • LETTERE D'AMORE DI SUA ECCELLENZA • 1940
FORTUNA • 1940
PRIMA DONNA CHE PASSA, LA • 1940
TAVERNA ROSSA • UNO +UNO + UNO ○ 1 + 1 + 1 • 1940
CANZONE RUBATA, LA • VALZER DELLA FELICITA, IL • 1941
IDILIO EN MALLORCA • 1942
MADRID DE MIS SUENOS • BUONGIORNO, MADRID! (ITL) • 1942
UOMO RITORNA, UN • 1946
TIRANNO DI PADOVA, IL • ANGELO, TYRANT OF PADUA • 1947
REVENGE
ANNIE • 1948
INCONNU D'UN SOIR, L' • 1948
VERLORENES RENNEN • 1948
ZYANKALI • 1948
LIEBLING DER WELT • HOHEIT DARF NICHT KUSSEN ○ ROSEN DER LIEBE • 1949
LICENZA PREMIO • 1951
ABRACADABRA • 1952
DEIN MUND VERSPRICHT MIR LIEBE • 1954
SCHONSTE TAG MEINES LEBENS, DER • 1957

NEUFELD SAMUEL see **NEWFIELD SAM**

NEUFELD SIGMUND JR. – USA
CONQUEST OF THE EARTH • GALACTICA 3: CONQUEST OF THE EARTH • 1980 • MTV

NEUGEBAUER NORBERT – Animator – YGS
VELIKI MITING • GREAT MEETING • 1951 • ANS

NEUGEBAUER WALTER – Animator – YGS
VELIKI MITING • GREAT MEETING • 1951 • ANS
VESELI DOZIVLJAJ • 1951

NEUKIRCHEN DOROTHEA – GRM
NATURLICHSTE SACH DER WELT, DIE • MOST NATURAL THING IN THE WORLD, THE • 1978

NEULAND OLAV see **NEULAND OLEV**

NEULAND OLEV – USS
NEULAND OLAV
GNEZDO NA VETRU • NEST IN THE WIND ○ NEST OF WIND • 1981
KORRIDA • CORRIDA, LA • 1983

NEUMAN LEWIS – USA
UBANGI • 1931

NEUMANN GUNTHER – Writer/ composer – GRM – 1913–
HERRLICHE ZEITEN • 50 JAHRE -HEITER BETRACHTET • 1950

NEUMANN HANS – GRM
FLIEGENDE HOLLANDER, DER • 1918
FLIMMERSTERNE • 1919
UNDINE • 1919
SOMMERNACHTSTRAUM, EIN • MIDSUMMER NIGHT'S DREAM, A (USA) ○ WOOD LOVE (UKN) • 1925

NEUMANN JOZSEF see **KORDA ALEXANDER**

NEUMANN KURT – GRM – 1906–1958
KING OF JAZZ, THE • 1930
HOUSE OF MYSTERY • 1931 • SHT
SEALED LIPS • 1931 • SHT
TRAPPED • 1931 • SHT
FAST COMPANIONS • INFORMATION KID • 1932
MY PAL THE KING • 1932
RED SHADOW, THE • 1932 • SHT
BIG CAGE, THE • 1933
KING FOR A NIGHT • 1933
SECRET OF THE BLUE ROOM • SECRETS OF THE BLUE ROOM • 1933
HALF A SINNER • ALIAS THE DEACON • 1934
LET'S TALK IT OVER • 1934
WAKE UP AND DREAM • 1934
AFFAIR OF SUSAN, THE • 1935
ALIAS MARY DOW • 1935
LET'S SING AGAIN • 1936
RAINBOW ON THE RIVER • 1936
VIOLETS IN SPRING • 1936 • SHT
ESPIONAGE • 1937
HOLD 'EM NAVY • THAT NAVY SPIRIT (UKN) • 1937
MAKE A WISH • 1937
TOUCHDOWN, ARMY! • GENERALS OF TOMORROW (UKN) • 1938

WIDE OPEN FACES • 1938
AMBUSH • 1939
ISLAND OF LOST MEN • 1939
UNMARRIED • NIGHT CLUB HOSTESS (UKN) ○ ME AND MY GAL • 1939
ALL WOMEN HAVE SECRETS • 1940
ELLERY QUEEN, MASTER DETECTIVE • 1940
NIGHT AT EARL CARROLL'S, A • 1940
ABOUT FACE • 1942
BROOKLYN ORCHID • 1942
FALL IN • 1942
MCGUERINS FROM BROOKLYN, THE • 1942
RETURN OF THE VAMPIRE, THE • 1943
TAXI, MISTER • 1943
UNKNOWN GUEST, THE • 1943
YANKS AHOY • 1943
TARZAN AND THE AMAZONS • 1945
TARZAN AND THE LEOPARD WOMAN • 1946
TARZAN AND THE HUNTRESS • 1947
DUDE GOES WEST, THE • 1948
BAD BOY • 1949
BAD MEN OF TOMBSTONE, THE • 1949
TWO KNIGHTS IN BROOKLYN • TWO MUGS FROM BROOKLYN • 1949
KID FROM TEXAS, THE • TEXAS KID, OUTLAW (UKN) • 1950
ROCKET SHIP X-M • EXPEDITION MOON ○ ROCKETSHIP X-M • 1950
CATTLE DRIVE • 1951
REUNION IN RENO • 1951
HIAWATHA • 1952
RING, THE • 1952
SON OF ALI BABA • 1952
TARZAN AND THE SHE-DEVIL • TARZAN MEETS THE VAMPIRE • 1953
CARNIVAL STORY • 1954
DREI VOM VARIETE • 1954
MANNEQUINS FUR RIO • 1954
REGINA AMSTETTEN • 1954
RUMMELPLATZ DER LIEBE • CIRCUS OF LOVE • 1954
STERN VON RIO • 1955
THEY WERE SO YOUNG • 1955
DESPERADOS ARE IN TOWN, THE • DESPERADOES ARE IN TOWN, THE • 1956
MOHAWK • 1956
DEERSLAYER, THE • 1957
KRONOS • 1957
SHE-DEVIL, THE • SHE DEVIL • 1957
FLY, THE • 1958
MACHETE • 1958
COUNTERPLOT • 1959
WATUSI • QUEST FOR KING SOLOMON'S MINES, THE ○ RETURN TO KING SOLOMON'S MINES • 1959

NEURISSE PIERRE – FRN
JAM SESSION • 1951 • SHT
AUTOUR D'UNE TROMPETTE • 1952 • DCS

NEUSS ALWIN – GRM
GEWISSEN, DAS • 1915
SCHREI IN DER NACHT, EIN • 1915
DYNAMIT • 1916
LICHT IM DUNKELN, DAS • 1916
LIED DES LEBENS, DAS • 1916
SPINNE, DIE • 1916
STIMME DES TOTEN, DIE • 1916
STREICHHOLZER, KAUFT STREICHHOLZER! • 1916
THUG, DER • IM DIENSTE DER TODESGOTTIN • 1916
WEG DER TRANEN, DER • 1916
DEFIZIT DAS • 1917
FAUST DES SCHICKSALS, DIE • 1917
JUBILAUMS-PREIS, DER • 1917
KLUB DER NEUN, DER • 1917
KRAFT DES MICHAEL ARGOBAST, DIE • 1917
SPIEL VOM TODE, DAS • 1917
BEMOOSTE HAUPT, DAS • 1918
CLOWN CHARLY • 1918
COWBOY, DER • 1918
LIED DER MUTTER, DAS • 1918
WILDERER, DER • 1918
BETTLER -G.M.B.H., DIE • 1919
RACHE IST MEIN, DIE • REVENGE IS MINE • 1919
VOLONTAR, DER • 1919
VERBRECHEN UND LIEBE • 1921
ZWEI UND DIE DAME, DIE • 1925

NEUSS WOLFGANG – Actor – GRM – 1923–
GENOSSE MUNCHHAUSEN • 1962

NEUTROF ILJA – GRM
PASSION HOTEL • HAPPY GIGOLO, THE

NEUVILLE ERNEST see **NEUBACH ERNST**

NEVARD PETER – USA
GROUPIES • ROCK '70 • 1970

NEVE ALEXIS – GRM
OSWALT KOLLE: DAS WUNDER DER LIEBE -SEXUELLE PARTNERSCHAFT • SEXUAL PARTNERSHIP (UKN) ○ WUNDER DER LIEBE, DAS ○ OSWALT KOLLE: THE WONDER OF LOVE -SEXUAL PARTNERSHIP • 1968
OSWALT KOLLE: DEINE FRAU, DAS UNBEKANNTE WESEN • DEINE FRAU, DAS UNBEKANNTE WESEN ○ FEMALE SEXUALITY ○ YOUR WIFE -THE UNKNOWN CREATURE • 1969
OSWALT KOLLE: ZUM BEISPIEL: EHEBRUCH • ZUM BEISPIEL: EHEBRUCH ○ ADULTERY • 1969
RAT MAL, WER HEUT BEI UNS SCHLAFT.. • GUESS WHO'S SLEEPING WITH US TONIGHT (UKN) • 1969

NEVES DAVID – BRZ
NEVES DAVID E.
LUCIA MCCARTNEY • 1970
MEMORIA DE HELENA, LA • MEMORIES OF HELENE • 1970
MUITO PRAZER • MUCH PLEASURES • 1980
FULANINHA • 1986
JARDIM DE ALAH • GARDEN OF ALLAH • 1988

NEVES DAVID E. see **NEVES DAVID**

NEVEUX GEORGES – FRN – 1900–1982
APPEL DE LA VIE, L' • 1937

NEVILLE EDGAR – SPN – 1899–1967
YO QUIERO QUE ME LLEVEN A HOLLYWOOD • 1931
MALVADO CARABEL, EL • 1934
SENORITA DE TREVELEZ, LA • 1935
CARMEN FRA I ROSSI • 1939
FRENTE DE MADRID • 1939
MUCHACHA DE MOSCU, LA • 1940
SANCTA MARIA • 1941
CORREO DE INDAS • 1942
CAFE DE PARIS • 1943
TORRE DE LOS SIETE JOROBADOS, LA • TOWER OF THE SEVEN HUNCHBACKS, THE • 1944
DOMINGO DE CARNAVAL • 1945
VIDA EN UN HILO, LA • 1945
CRIMEN DE LA CALLE DE BORDADORES, EL • 1946
TRAJE DE LUCES, EL • 1946
NADA • 1947
MARQUES DE SALAMANCA, EL • 1948
SENOR ESTEVE, EL • 1948
VORAGINE • 1948
CERCO DEL DIABLO, EL • 1950
ULTIMO CABALLO, EL • 1950
CUENTO DE HADAS • FAIRY TALE • 1951
DUENDE Y MISTERIO DEL FLAMENCO • FLAMENCO (USA) • 1952
IRONIA DEL DINERO, LA • 1954
BAILE, EL • 1959
MI CALLE • 1960

NEVIN ROBYN – ASL
MORE THINGS CHANGE, THE • 1986

NEVZOROV V. – USS
DOLGII PUT • LONG PATH, THE ○ LONG WAY, THE • 1956

NEWALL GUY – Actor – UKN – 1885–1937
TESTIMONY • 1920
BIGAMIST, THE • 1921
ROSARY, THE • 1921
BEAUTY AND THE BEAST • 1922
BOY WOODBURN • 1922
FOX FARM • 1922
MAID OF THE SILVER SEA, A • 1922
PERSISTENT LOVERS, THE • 1922
STARLIT GARDEN, THE • 1923
CHIN CHIN CHINAMAN • BOAT FROM SHANGHAI (USA) • 1931
OTHER MRS. PHIPPS, THE • 1931
RODNEY STEPS IN • 1931
CHINESE PUZZLE, THE • 1932
ADMIRAL'S SECRET, THE • 1934

NEWBROOK PETER – Cameraman – UKN – 1916–
ASPHYX, THE • SPIRIT OF THE DEAD (USA) ○ HORROR OF DEATH, THE • 1972

NEWELL MICHAEL see **NEWELL MIKE**

NEWELL MIKE – UKN – 1942–
NEWELL MICHAEL
MAN IN THE IRON MASK, THE • 1977 • TVM
READY WHEN YOU ARE, MR. MCGILL! • 1977
AWAKENING, THE • WAKING, THE • 1980
BAD BLOOD • GRAHAM MURDERS, THE ○ SHOOTING, THE • 1980
BLOOD FEUD • 1982 • TVM
DANCE WITH A STRANGER • 1985
GOOD FATHER, THE • 1986
AMAZING GRACE AND CHUCK • SILENT VOICE • 1987
SOUR SWEET • SOURSWEET • 1989

NEWELL WILLARD – USA
CONVERSION OF MR. ANTI, THE • 1913

NEWFIELD SAM – USA – 1899–1964
NEUFELD SAMUEL • NEWFIELD SAMUEL • SCOTT SHERMAN • STEWART PETER
JANE'S ENGAGEMENT PARTY • 1926 • SHT
JANE'S PREDICAMENT • 1926 • SHT
PLEASE EXCUSE ME • 1926 • SHT
WHAT'S YOUR HURRY? • 1926 • SHT
WHICH IS WHICH? • 1926 • SHT
ASK DAD • 1927 • SHT
AUNTIE'S ANTE • 1927 • SHT
BIG GAME GEORGE • 1927 • SHT
DISORDERLY ORDERLY, THE • 1927 • SHT
GEORGE'S SCHOOL DAZE • 1927 • SHT
GYM DANDY, A • 1927 • SHT
HIGH FLYIN' GEORGE • 1927 • SHT
JANE'S SLEUTH • 1927 • SHT
MAN OF LETTERS • 1927 • SHT
MY MISTAKE • 1927 • SHT
ON DECK • 1927 • SHT
ON FURLOUGH • 1927 • SHT
RUSHING BUSINESS • 1927 • SHT
WATCH, GEORGE! • 1927 • SHT
WHAT AN EXCUSE • 1927 • SHT
WHEN GEORGE HOPS • 1927 • SHT
BUSTER MINDS THE BABY • 1928 • SHT
BUSTER TRAINS UP • 1928 • SHT
BUSTER'S SPOOKS • 1928 • SHT
BUSTING BUSTER • 1928 • SHT
GEORGE'S FALSE ALARM • 1928 • SHT
GOOD SCOUT BUSTER • 1928 • SHT
HALF BACK BUSTER • 1928 • SHT
NEWLYWEDS' VISIT • 1928 • SHT
OUT AT HOME • 1928 • SHT
SAILOR GEORGE • 1928 • SHT
SHE'S MY GIRL! • 1928 • SHT
WATCH THE BIRDIE • 1928 • SHT
CHAPERONS • 1929 • SHT
NIGHT OWLS • 1929 • SHT
THIS WAY PLEASE • 1929 • SHT
TOO MANY WOMEN • 1929 • SHT
ALL WET • 1930 • SHT
BEAUTY PARADE, THE • 1930 • SHT
FELLOW STUDENTS • 1930 • SHT
FRENCH LEAVE • 1930 • SHT
HER BASHFUL BEAU • 1930 • SHT
PEEK-A-BOO • 1930 • SHT
SHE'S A HE • 1930 • SHT
SID'S LONG COUNT • 1930 • SHT
IMPORTANT WITNESS, THE • 1933
REFORM GIRL • 1933
UNDER SECRET ORDERS • 1933
BEGGAR'S HOLIDAY • 1934
BIG TIME OR BUST • HEAVEN BOUND (UKN) • 1934
MARRYING WIDOWS • 1934
BRANDED A COWARD • 1935
BULLDOG COURAGE • 1935
CODE OF THE MOUNTED • 1935
NORTHERN FRONTIER • 1935
RACING LUCK • 1935
TRAILS OF THE WILD • ARREST AT SUNDOWN (UKN) • 1935
UNDERCOVER MEN • 1935
YOU CAN BE HAD • 1935 • SHT
ACES AND EIGHTS • 1936
BORDER CABALLERO • 1936
BURNING GOLD • 1936
FEDERAL AGENT • 1936
GHOST PATROL • 1936
GO GET 'EM HAINES • 1936
LIGHTNIN' BILL CARSON • 1936
LION'S DEN, THE • SINGLE SHOT BARTON (UKN) • 1936
ROARIN' GUNS • 1936
ROARIN' LEAD • 1936
STORMY TRAILS • 1936
TIMBER WAR • 1936
TRAITOR, THE • 1936
ARIZONA GUNFIGHTER • 1937
BAR Z BAD MEN • 1937
BOOTHILL BRIGADE • 1937
COLORADO KID, THE • 1937
DOOMED AT SUNDOWN • 1937
FIGHTING DEPUTY, THE • 1937
GAMBLING TERROR, THE • 1937
GUN LORDS OF STIRRUP BASIN • 1937
GUNS IN THE DARK • 1937
LAWMAN IS BORN, A • 1937
LIGHTNIN' CRANDALL • 1937
MELODY OF THE PLAINS • 1937
MOONLIGHT ON THE RANGE • 1937
RIDIN' THE LONE TRAIL • 1937
TRAIL OF VENGEANCE • 1937
CODE OF THE RANGERS • 1938
CRASHIN' THRU DANGER • 1938
DESERT PATROL • 1938
DURANGO VALLEY RAIDERS • 1938
FEUD MAKER, THE • 1938
FRONTIER SCOUT • 1938
GUNSMOKE TRAIL • 1938
HARLEM ON THE PRAIRIE • 1938
KNIGHT OF THE PLAINS • 1938
LIGHTNING CARSON RIDES AGAIN • 1938
PAROLED -TO DIE • 1938
PHANTOM RANGER • 1938
RANGER'S ROUNDUP, THE • 1938
SIX-GUN TRAIL • 1938
SONGS AND BULLETS • 1938
TERROR OF TINY TOWN, THE • 1938
THUNDER IN THE DESERT • 1938
CODE OF THE CACTUS • 1939
FIGHTING MAD • RENFREW OF THE ROYAL MOUNTED IN FIGHTING MAD • 1939
FIGHTING RENEGADE, THE • 1939
FLAMING LEAD • 1939
GOOSE STEP • HITLER -BEAST OF BERLIN (UKN) ○ BEASTS OF BERLIN • 1939
INVISIBLE KILLER, THE • 1939
OUTLAW'S PARADISE • 1939
SIX-GUN RHYTHM • 1939
STRAIGHT SHOOTER • 1939
TEXAS WILDCATS • 1939
TRIGGER FINGERS • 1939
TRIGGER PALS • 1939
ARIZONA GANG BUSTERS • 1940
BILLY THE KID IN TEXAS • 1940
BILLY THE KID OUTLAWED • 1940
BILLY THE KID'S GUN JUSTICE • 1940
DEATH RIDES THE RANGE • 1940
FRONTIER CRUSADER • 1940
GUN CODE • 1940
HOLD THAT WOMAN! • 1940
I TAKE THIS OATH • 1940
MARKED MEN • 1940
RIDERS OF BLACK MOUNTAIN • 1940
SAGEBRUSH FAMILY TRAVELS WEST, THE • 1940
SECRETS OF A MODEL • 1940
TEXAS RENEGADES • 1940
BILLY THE KID IN SANTA FE • 1941
BILLY THE KID WANTED • 1941
BILLY THE KID'S FIGHTING PALS • 1941
BILLY THE KID'S RANGE WAR • 1941
BILLY THE KID'S ROUNDUP • 1941
LONE RIDER AMBUSHED, THE • 1941
LONE RIDER CROSSES THE RIO, THE • 1941
LONE RIDER FIGHTS BACK, THE • 1941
LONE RIDER IN FRONTIER FURY, THE • FRONTIER FURY (UKN) • 1941
LONE RIDER IN GHOST TOWN, THE • 1941
LONE RIDER IN TEXAS JUSTICE, THE • LONE RIDER, THE (UKN) ○ TEXAS JUSTICE • 1941
LONE RIDER RIDES ON, THE • 1941
OUTLAWS OF THE RIO GRANDE • 1941
TEXAS MARSHAL • 1941
BILLY THE KID TRAPPED • 1942
BILLY THE KID'S SMOKING GUNS • SMOKING GUNS (UKN) • 1942
JUNGLE SIREN • 1942
LAW AND ORDER • BILLY THE KID'S LAW AND ORDER ○ DOUBLE ALIBI, THE • 1942
LONE RIDER AND THE BANDIT, THE • 1942
LONE RIDER IN CHEYENNE, THE • 1942
MAD MONSTER • 1942
MYSTERIOUS RIDER, THE • 1942
OUTLAWS OF BOULDER PASS • 1942
OVERLAND STAGECOACH • 1942
QUEEN OF BROADWAY • 1942
RAIDERS OF THE WEST • 1942
ROLLING DOWN THE GREAT DIVIDE • 1942
SHERIFF OF SAGE VALLEY • BILLY THE KID, SHERIFF OF SAGE VALLEY • 1942
TEXAS MAN HUNT • 1942
TUMBLEWEED TRAIL • 1942
ALONG THE SUNDOWN TRAIL • 1943
BLACK RAVEN, THE • 1943
BLAZING FRONTIER • 1943
CATTLE STAMPEDE • 1943
DANGER! WOMEN AT WORK • 1943
DEAD MEN WALK • CREATURE OF THE DEVIL • 1943
DEATH RIDES THE PLAINS • 1943
DEVIL RIDERS • 1943
FUGITIVE OF THE PLAINS • RAIDERS OF RED ROCK • 1943
HARVEST MELODY • 1943
KID RIDES AGAIN, THE • 1943
LONE RIDER IN BORDER ROUNDUP • BORDER ROUNDUP (UKN) • 1943
PRAIRIE PALS • 1943
RAIDERS OF RED GAP • 1943
RENEGADE, THE • CODE OF THE PLAINS • 1943
TIGER FANGS • 1943
WESTERN CYCLONE • FRONTIER FIGHTERS • 1943
WILD HORSE RUSTLERS • 1943
WOLVES OF THE RANGE • 1943
CONTENDER, THE • 1944
DRIFTER, THE • 1944
FRONTIER OUTLAWS • 1944
FUZZY SETTLES DOWN • 1944
I ACCUSE MY PARENTS • 1944
MONSTER MAKER, THE • 1944
NABONGA • JUNGLE WOMAN, THE ○ GIRL AND THE GORILLA, THE ○ GORILLA • 1944
OATH OF VENGEANCE • 1944
RUSTLER'S HIDEOUT • 1944
SWING HOSTESS • 1944

THUNDERING GUN SLINGERS • 1944
VALLEY OF VENGEANCE • VENGEANCE (UKN) • 1944
WILD HORSE PHANTOM • 1944
APOLOGY FOR MURDER • 1945
BORDER BADMEN • 1945
FIGHTING BILL CARSON • 1945
GANGSTER'S DEN • 1945
HIS BROTHER'S GHOST • 1945
KID SISTER, THE • 1945
LADY CONFESSES, THE • 1945
LIGHTNING RAIDERS • 1945
PRAIRIE RUSTLERS • 1945
STAGECOACH OUTLAWS • 1945
WHITE PONGO • ADVENTURE UNLIMITED (UKN) ○ BLOND GORILLA • 1945
BLONDE FOR A DAY • 1946
FLYING SERPENT, THE • 1946
GAS HOUSE KIDS • 1946
GENTLEMAN WITH GUNS • 1946
GHOST OF HIDDEN VALLEY • 1946
LADY CHASERS • LADY CHASER • 1946
LARCENY IN HER HEART • 1946
MANTAN MESSES UP • 1946 • SHT
MURDER IS MY BUSINESS • 1946
OUTLAW OF THE PLAINS • 1946
OVERLAND RIDERS • 1946
PRAIRIE BADMEN • 1946
QUEEN OF BURLESQUE • 1946
TERRORS ON HORSEBACK • 1946
ADVENTURE ISLAND • 1947
JUNGLE FLIGHT • 1947
THREE ON A TICKET • 1947
COUNTERFEITERS, THE • 1948
LADY AT MIDNIGHT • 1948
MIRACULOUS JOURNEY • 1948
MONEY MADNESS • 1948
STRANGE MRS. CRANE, THE • 1948
STATE DEPARTMENT FILE -649 • ASSIGNMENT IN CHINA (UKN) • 1949
WILD WEED • DEVIL'S WEED, THE (UKN) • 1949
FINGERPRINTS DON'T LIE • 1950
HI-JACKED • 1950
MOTOR PATROL • 1950
RADAR SECRET SERVICE • RADAR PATROL • 1950
WESTERN PACIFIC AGENT • 1950
LEAVE IT TO THE MARINES • 1951
LOST CONTINENT, THE • 1951
MASK OF THE DRAGON • 1951
SKIPALONG ROSENBLOOM • SQUARE SHOOTER, THE • 1951
SKY HIGH • 1951
THREE DESPERATE MEN • 1951
GAMBLER AND THE LADY, THE • 1952
LADY IN THE FOG • SCOTLAND YARD INSPECTOR (USA) • 1952
OUTLAW WOMEN • 1952
DESERT OUTPOST • 1954
LAST OF THE DESPERADOS • LAST OF THE DESPERADOES • 1955
THUNDER OVER SANGOLAND • 1955
ALONG THE MOHAWK TRAIL • 1956
FRONTIER GAMBLER • 1956
LONG RIFLE AND THE TOMAHAWK, THE • 1956 • MTV
PATHFINDER AND THE MOHICAN, THE • 1956 • MTV
REDMAN AND THE RENEGADES, THE • REDMEN AND THE RENEGADES, THE • 1956 • MTV
THREE OUTLAWS, THE • 1956
WILD DAKOTAS • 1956
FLAMING FRONTIER • 1958
WOLF DOG • 1958
ADVENTURES OF HAWKEYE -INDIAN SCOUT, THE • 1963

NEWFIELD SAMUEL see **NEWFIELD SAM**

NEWINGTON PETER – UKN
PITCAIRN PEOPLE, THE • 1962

NEWLAND JOHN – Actor – USA – 1917–
THAT NIGHT • 1957
VIOLATORS, THE • 1957
SPY WITH MY FACE, THE • DOUBLE AFFAIR, THE • 1965 • MTV
MY LOVER, MY SON • DON'T YOU CRY ○ HUSH-A-BYE MURDER • 1970
CRAWLSPACE • 1971 • TVM
DEADLY HUNT, THE • 1971 • TVM
LEGEND OF HILLBILLY JOHN, THE • WHO FEARS THE DEVIL? ○ BALLAD OF HILLBILLY JOHN, THE • 1972
DON'T BE AFRAID OF THE DARK • 1973 • TVM
SENSITIVE, PASSIONATE MAN, A • 1977 • TVM
OVERBOARD • 1978 • TVM
SUICIDE'S WIFE, THE • NEW LIFE, A • 1979 • TVM

NEWLAND MARV see **NEWLAND MARVIN**

NEWLAND MARVIN – SKR – 1947–
NEWLAND MARV
BAMBI MEETS GODZILLA • 1969 • ANS
SING BEAST SING • 1980
HOORAY FOR SANDBOX LAND • 1985 • DOC
ANIJAM • 1986 • ANS

NEWLEY ANTHONY – Actor – UKN – 1931–
CAN HEIRONYMUS MERKIN EVER FORGET MERCY HUMPPE AND FIND TRUE HAPPINESS? • 1969
SUMMERTREE • 1971

NEWLIN MARTIN – ITL
GHOSTHOUSE 2 • WITCHCRAFT ○ WITCHERY • 1988

NEWMAN DAVID – FRN
FILLE D'AMERIQUE, LA • CRAZY AMERICAN GIRL (USA) • 1974

NEWMAN FRANK – UKN
FAKIR'S SPELL, THE • 1914
GREAT GERMAN NORTH SEA TUNNEL, THE • 1914

NEWMAN HARRY – ITL
LADY DESIRE • 1968

NEWMAN IRA J. – USA
TECHNICAL MOVIE • 1969

NEWMAN JOAN WIDGEY – UKN
GENTLEMEN GO BY, THE • 1948

NEWMAN JOE see **NEWMAN JOSEPH M.**

NEWMAN JOSEPH see **NEWMAN JOSEPH M.**

NEWMAN JOSEPH M. – USA – 1909–
NEWMAN JOSEPH • NEWMAN JOE
MAN'S GREATEST FRIEND • 1938 • SHT
MONEY TO LOAN • 1939 • SHT
STORY OF ALFRED NOBEL, THE • AM I TO BLAME? • 1939 • SHT
STORY THAT COULDN'T BE PRINTED, THE • 1939 • SHT
BUYER BEWARE • 1940 • SHT
CAT COLLEGE • 1940 • SHT
KNOW YOUR MONEY • 1940 • SHT
MAINTAIN THE RIGHT • 1940 • SHT
WOMEN IN HIDING • 1940 • SHT
COFFINS ON WHEELS • 1941 • SHT
RESPECT THE LAW • 1941 • SHT
TRIUMPHS WITHOUT DRUMS • 1941 • SHT
DON'T TALK • 1942 • SHT
NORTHWEST RANGERS • 1942
VENDETTA • 1942 • SHT
DIARY OF A SERGEANT • 1945 • DOC
AMAZING MR. NORDILL, THE • 1947 • SHT
LUCKIEST GUY IN THE WORLD • 1947 • SHT
JUNGLE PATROL • 1948
ABANDONED • 1949
GREAT DAN PATCH, THE • RIDE A RECKLESS MILE • 1949
711 OCEAN DRIVE • 1950
GUY WHO CAME BACK, THE • GUY WHO SANK THE NAVY, THE • 1951
LOVE NEST • 1951
LUCKY NICK CAIN • I'LL GET YOU FOR THIS (UKN) • 1951
SMOKE JUMPERS • 1951 • DCS
OUTCASTS OF POKER FLAT, THE • 1952
PONY SOLDIER • MACDONALD OF THE CANADIAN MOUNTIES (UKN) • 1952
RED SKIES OF MONTANA • SMOKE JUMPERS • 1952
DANGEROUS CROSSING • 1953
HUMAN JUNGLE, THE • 1954
KISS OF FIRE • 1955
THIS ISLAND EARTH • WAR OF THE PLANETS • 1955
FLIGHT TO HONG KONG • 1956
DEATH IN SMALL DOSES • 1957
FORT MASSACRE • 1958
BIG CIRCUS, THE • 1959
GUNFIGHT AT DODGE CITY, THE • 1959
TARZAN THE APE MAN • 1959
GEORGE RAFT STORY, THE • SPIN OF A COIN (UKN) • 1961
KING OF THE ROARING TWENTIES -THE STORY OF ARNOLD ROTHSTEIN • BIG BANKROLL, THE (UKN) • 1961
LAWBREAKERS, THE • 1961
THUNDER OF DRUMS, A • 1961
TWENTY PLUS TWO • IT STARTED IN TOKYO (UKN) ○ IT HAPPENED IN TOKYO • 1961

NEWMAN MICHAEL – UKN
ADVENTURES OF X, THE • 1967

NEWMAN PAUL – Actor – USA – 1925–
ON THE HARMFULNESS OF TOBACCO • 1959 • SHT
RACHEL, RACHEL • NOW I LAY ME DOWN ○ JEST OF GOD, A • 1968
SOMETIMES A GREAT NOTION • NEVER GIVE AN INCH (UKN) • 1971
EFFECT OF GAMMA RAYS ON MAN-IN-THE-MOON MARIGOLDS, THE • 1972
SHADOW BOX, THE • 1980 • TVM
HARRY AND SON • 1983
GLASS MENAGERIE, THE • 1987

NEWMAN ROBERT – USA
CROSSEYED BULL, THE • 1944
VIVA LA CAUSA • 1971

NEWMAN SYDNEY – Producer – CND – 1917–
TRAINBUSTERS • 1943 • DCS
TRANS-CANADA EXPRESS • 1944 • DCS
SUFFER LITTLE CHILDREN • 1945 • DCS

NEWMAN WIDGEY see **NEWMAN WIDGEY R.**

NEWMAN WIDGEY R. – UKN
NEWMAN WIDGEY
BROADCASTING • 1926
HOME CONSTRUCTION • 1926
HOW I BEGAN • 1926 • SHT
JOHN HENRY CALLING • 1926 • SER
LISTENING IN • 1926
LOUD SPEAKER, THE • 1926
NERVO AND KNOX • CAMERA COCKTALES • 1926
OSCILLATION • 1926
DAILY JESTERS • 1927 • SER
DILLY AND DALLY • 1927
DORA • 1927
DOT AND CARRIE • 1927
EDITH SITWELL • 1927
JOHN CITIZEN • 1927
MERCHANT OF VENICE, THE • 1927
POP • 1927
SAINT JOAN • 1927
MAN IN THE SADDLE, THE • RECKLESS COURAGE, A • 1928
CASTLE SINISTER • 1932
DANSE MACABRE • 1932
FUNERAL MARCH OF A MARIONETTE • 1932 • SHT
HEROES OF THE MINE • 1932
LIEBESTRAUM • 1932
LITTLE WAITRESS • 1932
MELODY IN F • 1932
MERRY MEN OF SHERWOOD, THE • 1932
MOONLIGHT SONATA, THE • 1932
MUSICAL MEMORIES • 1932 • SER
RACHMANINOV'S PRELUDE • 1932 • SHT
LUCKY BLAZE • 1933
OH FOR A PLUMBER! • 1933
HIS APOLOGIES • 1935
IMMORTAL GENTLEMAN • 1935
WHAT THE PARROT SAW • 1935
APRON FOOLS • 1936
PAL O' MINE • 1936
WHAT THE PUPPY SAID • 1936
FUNERAL MARCH OF A MARIONETTE • 1937 • SHT
INSPECTOR, THE • 1937
LULLABY • 1937
BE NOT AFRAID • 1938
GHOST TALES RETOLD • 1938
HORSE SENSE • 1938
LIGHT, THE • 1938
MISTLETOE BOUGH, THE • 1938 • SHT
ON VELVET • 1938
PROOF POSITIVE • 1938
SISTER TO ASSIST 'ER, A • 1938
STONE, THE • 1938
WOULD YOU BELIEVE IT! • 1938
MEN WITHOUT HONOUR • 1939
PANDEMONIUM • 1939
HENRY STEPS OUT • 1940
TWO SMART MEN • 1940
STRANGE TO RELATE • 1943

NEWMEYER FRED – USA – 1888–
SPRING FEVER • 1919 • SHT
ALL IN A DAY • 1920 • SHT
MONEY TO BURN • 1920 • SHT
NUMBER PLEASE! • 1920 • SHT
RAISE THE RENT • 1920 • SHT
SAND MAN, THE • SANDMAN, THE • 1920 • SHT
AMONG THOSE PRESENT • 1921 • SHT
I DO • 1921 • SHT
NEVER WEAKEN • 1921 • SHT
NOW OR NEVER • 1921 • SHT
SAILOR-MADE MAN, A • 1921
DOCTOR JACK • DOCTOR'S ORDERS • 1922
GRANDMA'S BOY • 1922
SAFETY LAST • 1923
WHY WORRY? • 1923
GIRL SHY • 1924
HOT WATER • 1924
FRESHMAN, THE • COLLEGE DAYS • 1925
PERFECT CLOWN, THE • 1925
SEVEN KEYS TO BALDPATE • 1925
QUARTERBACK, THE • 1926
SAVAGE, THE • 1926
LUNATIC AT LARGE, THE • 1927
ON YOUR TOES • 1927
POTTERS, THE • 1927
TOO MANY CROOKS • 1927
NIGHT BIRD, THE • 1928
THAT'S MY DADDY • 1928
WARMING UP • KNOCKING 'EM OVER • 1928
IT CAN BE DONE • 1929
RAINBOW MAN, THE • 1929
SAILOR'S HOLIDAY • 1929
FAST AND LOOSE • BEST PEOPLE, THE • 1930
GRAND PARADE, THE • 1930
QUEEN HIGH • 1930
SCAREHEADS • 1931
SUBWAY EXPRESS • 1931
DISCARDED LOVERS • 1932
FIGHTING GENTLEMAN, THE • 1932
GAMBLING SEX, THE • 1932
THEY NEVER CAME BACK • 1932
EASY MILLIONS • 1933
BIG RACE, THE • RAISING THE WIND • 1934
LOST IN THE LEGION • 1934
MOTH, THE • SEEING IT THROUGH (UKN) • 1934
NO RANSOM • BONDS OF HONOUR (UKN) • 1934
SECRETS OF CHINATOWN • BLACK ROBE, THE • 1934
ARBOR DAY • 1936 • SHT
GENERAL SPANKY • 1936
PINCH SINGER • 1936 • SHT
MAIL AND FEMALE • 1937 • SHT
RODEO RHYTHM • 1942

NEWOLIN BORIS see **NEWOLYN BORIS**

NEWOLYN BORIS – PLN
NEWOLIN BORIS
SSANIN • 1924
MORALS OF MADAME DULSKA, THE • 1930

NEWSREEL – USA
COLUMBIA REVOLT, THE • 1968 • DOC

NEWTON JOEL – USA
JENNIFER • 1953

NEWTON PETER – USA
ABSURD • 1981

van NEYENHOFF – NTH
ENSEMBLE EN ROUTE • 1946

NEYMAN MICHAEL – USA
BISPO LOUIS
FLIGHT • 1960

NG FEI CHIEN – HKG
BRAVE LION, THE

NG JOHN see **WU YUSEN**

NG SEE-YUAN see **NG SEE YUEN**

NG SEE YUEN – HKG
NG SZE YUEN • NG SEE-YUAN
DANG KOU-TAN • BLOODY FISTS, THE ○ BLOODY FIST, THE • 1969
ANTI-CORRUPTION
BRUCE LEE: THE MAN – THE MYTH • LI HSIAO-LUNG CH'UAN-CHI ○ BRUCE LEE: THE TRUE STORY • 1976
GAME OF DEATH 2 • NEW GAME OF DEATH, THE • 1981

NG SZE YUEN see **NG SEE YUEN**

NGAKANE LIONEL – UKN
JEMIMA AND JOHNNY • 1966
JAMAICANS IN LONDON • 1970 • SHT

N'GASSA JEAN-PAUL – CMR
AVENTURE EN FRANCE, L' • 1962

NGIEM PHU MY – VTN
SMALL VILLAGE BY THE RIVER, A

NIBLO FRED – USA – 1874–1948
GET-RICH-QUICK WALLINGFORD • 1916
OFFICER 666 • 1916
FUSS AND FEATHERS • 1918
MARRIAGE RING, THE • 1918
WHEN DO WE EAT? • 1918
HAPPY THOUGH MARRIED • 1919
HAUNTED BEDROOM, THE • 1919
LAW OF MEN, THE • 1919

PARTNERS THREE • 1919
STEPPING OUT • 1919
VIRTUOUS THIEF, THE • 1919
WHAT EVERY WOMAN LEARNS • 1919
DANGEROUS HOURS • 1920
FALSE ROAD, THE • 1920
HAIRPINS • 1920
HER HUSBAND'S FRIEND • 1920
MARK OF ZORRO, THE • 1920
SEX • 1920
WOMAN IN THE SUITCASE, THE • 1920
GREATER THAN LOVE • 1921
MOTHER O' MINE • 1921
SILK HOSIERY • 1921
THREE MUSKETEERS, THE • 1921
BLOOD AND SAND • 1922
ROSE O' THE SEA • 1922
WOMAN HE MARRIED, THE • 1922
FAMOUS MRS. FAIR, THE • 1923
STRANGERS OF THE NIGHT • CAPTAIN APPLEJACK ○ AMBROSE APPLEJOHN'S ADVENTURE • 1923
BEN-HUR • 1924
RED LILY, THE • 1924
THY NAME IS WOMAN • 1924
TEMPTRESS, THE • 1926
CAMILLE • 1927
DEVIL DANCER, THE • 1927
ENEMY, THE • 1927
DREAM OF LOVE • ANDRIENNE LECOUVREUR • 1928
MYSTERIOUS LADY, THE • WAR IN THE DARK • 1928
TWO LOVERS • PASSIONATE ADVENTURE, THE • 1928
REDEMPTION • 1930
WAY OUT WEST • EASY GOING • 1930
BIG GAMBLE, THE • 1931
YOUNG DONOVAN'S KID • DONOVAN'S KID (UKN) ○ BIG BROTHER • 1931
DIAMOND CUT DIAMOND • BLAME THE WOMAN (USA) • 1932
TWO WHITE ARMS • WIVES BEWARE (USA) • 1932
THREE SONS O' GUNS • 1941

NICART EDDIE – PHL
CALIBRE .357 • 1982

NICHETTI MAURIZIO – ITL – 1945–
RATATAPLAN • 1979
HO FATTO SPLASH • 1980
DOMANI SI BALLA • TOMORROW WE'LL DANCE • 1982
IL BI E IL BA • 1985
LADRI DI SAPONETTE • ICICLE THIEF (UKN) • 1989

NICHEV IVAN – BUL
MEMORY • 1974
ZVEZDI V KOSSITE, SULZI V OCHITE • STARS IN THE HAIR, TEARS IN THE EYES • 1978
BOOMERANG • 1979
IVAN AND ALEXANDRA • 1988

NICHOL ROBERT see **NICHOL ROBERT L.**

NICHOL ROBERT L. – CND – 1936–
NICHOL ROBERT
FISHERMAN'S FALL • 1968
MASK AND DRUM • 1974 • MTV
STRIKER • 1976 • MTV
WONDERLAND • 1980 • SHT
UNDERGROUND RIVER • 1981 • MTV
RETURN TO SYLVAN • 1986 • SHT

NICHOLAS ALEX – Animator – UKN
SHERLOCK HOLMES: THE BASKERVILLE CURSE • SHERLOCK HOLMES AND THE BASKERVILLE CURSE ○ BASKERVILLE CURSE, THE • 1983 • ANM
DAVID COPPERFIELD • 1984 • ANM

NICHOLAS CHARLES B. – Animator – USA
SCOOBY-DOO AND THE GHOUL SCHOOL • 1988 • ANM

NICHOLAS GREGOR – NZL
DANNY AND RAEWYN • 1987 • SHT
USER FRIENDLY • 1989

NICHOLAS PAUL see **NICOLAS PAUL**

NICHOLAS RICHARD – GRM
ANNA SUSANNA • 1952

NICHOLLS G. see **NICHOLLS GEORGE**

NICHOLLS GEORGE – Actor – USA – 1864–
NICHOLLS GEORGE O. • NICHOLLS G.
HIGHER LAW, THE • 1911
CELEBRATED CASE, THE • 1912
DEACON'S TROUBLES, THE • 1912
DESPERATE LOVER, A • 1912
EAST LYNNE • 1912
FLIRTING HUSBAND, THE • 1912
MABEL'S STRATAGEM • 1912
MIDNIGHT ELOPEMENT, A • 1912
NEW NEIGHBOR, THE • 1912
NICHOLAS NICKLEBY • 1912
UNDER TWO FLAGS • 1912
BOWLING MATCH, THE • 1913
CALL OF HER HEART, THE • 1913
CHIEF'S PREDICAMENT, THE • 1913
CURE THAT FAILED, THE • 1913
DOLORES DECISION • 1913
FATHER'S CHOICE • 1913
FATTY'S FLIRTATION • 1913
FIRST PRIZE, THE • 1913
FLORIDA ROMANCE, A • 1913
FORCED BRAVERY • 1913
HE WOULD A'HUNTING GO • 1913
HIDE AND SEEK • 1913
HIS CHUM, THE BARON • 1913
IN THE HAREM OF HASCHEM • 1913
IN THE SOUTHLAND • 1913
INTO THE LIGHT • 1913
IT MIGHT HAVE BEEN • 1913
LANDLORD'S TROUBLES, A • 1913
LITTLE HERO, A • 1913
LOVE AND COURAGE • 1913
MABEL'S DRAMATIC CAREER • 1913
MABEL'S HEROES • 1913
MOCK MARRIAGE, A • 1913
MUDDY ROMANCE • 1913
ON THE THRESHOLD • 1913
RIDE FOR A BRIDE, A • 1913
RURAL THIRD DEGREE, A • 1913
SMALL TIME ACT • 1913
SUPREME SACRIFICE, THE • 1913
TAMANDRA, THE GYPSY • 1913
TOPLITSKY & CO. • 1913
WHAT FATHER SAW • 1913
WHEN DREAMS COME TRUE • 1913
WOMEN OF THE DESERT • 1913
CRUEL, CRUEL LOVE • 1914
DOUBLE CROSSED • 1914
FILM JOHNNIE, A • MOVIE NUT ○ CHARLIE AT THE STUDIO ○ MILLION DOLLAR JOB • 1914
FINNEGAN'S BOMB • 1914
HIS FAVORITE PASTIME • BARE HEAD, THE • 1914
IN THE CLUTCHES OF THE GANG • 1914
MABEL'S BEAR ESCAPE • MABEL'S BARE ESCAPE • 1914
MABEL'S NERVE • 1914
MABEL'S NEW JOB • 1914
MABEL'S STORMY LOVE AFFAIR • 1914
MISPLACED FOOT, A • 1914
NEW YORK GIRL, A • 1914
PASSING OF IZZY, THE • 1914
STAR BOARDER, THE • HASH HOUSE HERO • 1914
'TWIXT LOVE AND FIRE • 1914
WHEN VILLAINS WAIT • 1914
WON IN A CLOSET • 1914
ETERNAL FEMININE, THE • 1915 • SHT
FORGED TESTAMENT, THE • 1915
GHOSTS • 1915
ISLE OF CONTENT, THE • 1915
LOCKED IN • 1915
LOST MESSENGER, THE • 1915
MAN AND HIS WORK, A • 1915
MAN WITH THE IRON HEART, THE • 1915
MAN'S PREROGATIVE • 1915
PRINT OF THE NAILS, THE • 1915
SCARLET LADY, THE • 1915
SCULPTOR'S MODEL, THE • 1915
WHEN LOVE IS MOCKED • 1915
GRINNING SKULL, THE • 1916 • SHT
TOM MARTIN –A MAN • 1916 • SHT
WHY LOVE IS BLIND • 1916 • SHT

NICHOLLS GEORGE JR. – USA – 1897–1940
NICHOLLS GEORGE O. JR.
ANNE OF GREEN GABLES • 1934
FINISHING SCHOOL • 1934
CHASING YESTERDAY • 1935
RETURN OF PETER GRIMM, THE • 1935
BIG GAME • 1936
CHATTERBOX • 1936
M'LISS • 1936
WITNESS CHAIR, THE • 1936
PORTIA ON TRIAL • TRIAL OF PORTIA MERRIMAN, THE (UKN) • 1937
SOLDIER AND THE LADY, THE • MICHAEL STROGOFF (UKN) ○ ADVENTURES OF MICHAEL STROGOFF • 1937
ARMY GIRL • 1938
MAN OF CONQUEST • 1939
HIGH SCHOOL • 1940
MARINES FLY HIGH, THE • 1940

NICHOLLS GEORGE O. see **NICHOLLS GEORGE**

NICHOLLS GEORGE O. JR. see **NICHOLLS GEORGE JR.**

NICHOLS ALLAN – USA
DEAD RINGER • 1982

NICHOLS C. AUGUST see **NICHOLS CHARLES**

NICHOLS CHARLES – Animator – USA
NICHOLS CHARLES AUGUST • NICHOLS C. AUGUST
FIRST AIDERS • 1944 • ANS
SPRINGTIME FOR PLUTO • 1944 • ANS
CANINE CASANOVA • 1945 • ANS
CANINE PATROL • 1945 • ANS
DOG WATCH • 1945 • ANS
LEGEND OF COYOTE ROCK, THE • 1945 • ANS
BATH DAY • 1946 • ANS
IN DUTCH • 1946 • ANS
PLUTO'S KID BROTHER • 1946 • ANS
PURLOINED PUP, THE • 1946 • ANS
FIGARO AND FRANKIE • 1947 • ANS
MAIL DOG • 1947 • ANS
MICKEY'S DELAYED DATE • 1947 • ANS
PLUTO'S BLUE NOTE • 1947 • ANS
PLUTO'S HOUSE WARMING • 1947 • ANS
RESCUE DOG • 1947 • ANS
BONE BANDIT • 1948 • ANS
CAT NAP PLUTO • 1948 • ANS
MICKEY AND THE SEAL • 1948 • ANS
MICKEY DOWN UNDER • 1948 • ANS
PLUTO'S FLEDGLING • 1948 • ANS
PLUTO'S PURCHASE • 1948 • ANS
SOUP'S ON • 1948 • ANS
BUBBLE BEE • 1949 • ANS
PLUTO'S SURPRISE PACKAGE • 1949 • ANS
PLUTO'S SWEATER • 1949 • ANS
SHEEP DOG, THE • 1949 • ANS
CAMP DOG • 1950 • ANS
FOOD FOR FEUDIN' • 1950 • ANS
PESTS OF THE WEST • 1950 • ANS
PLUTO'S HEART THROB • 1950 • ANS
PRIMITIVE PLUTO • 1950 • ANS
PUSS-CAFE, THE • 1950 • ANS
WONDER DOG, THE • 1950 • ANS
COLD TURKEY • 1951 • ANS
PLUTOPIA • 1951 • ANS
R'COON DAWG • 1951 • ANS
MELODY • 1953 • ANS
SIMPLE THINGS, THE • 1953 • ANS
TOOT, WHISTLE, PLUNK AND BOOM • 1953 • ANS
GRAND CANYONSCOPE • 1954 • ANS
HOW TO HAVE AN ACCIDENT IN THE HOME • 1956 • ANS
HOW TO HAVE AN ACCIDENT AT WORK • 1959 • ANS
SAGA OF WINDWAGON SMITH, THE • 1961 • ANS
CHARLOTTE'S WEB • E.B. WHITE'S CHARLOTTE'S WEB • 1973 • ANM
FLINTSTONES: A FLINTSTONE CHRISTMAS • FLINTSTONE CHRISTMAS, A • 1977 • ANM

NICHOLS CHARLES AUGUST see **NICHOLS CHARLES**

NICHOLS DUDLEY – Screenwriter – USA – 1895–1960
GOVERNMENT GIRL • 1943
SISTER KENNY • 1946
MOURNING BECOMES ELECTRA • 1947

NICHOLS MIKE – Actor – GRM – 1931–
WHO'S AFRAID OF VIRGINIA WOOLF? • 1966
GRADUATE, THE • 1967
CARNAL KNOWLEDGE • 1970
CATCH-22 • 1970
DAY OF THE DOLPHIN, THE • 1973
FORTUNE, THE • 1974
GILDA LIVE • 1980
SILKWOOD • CHAIN REACTION • 1983
HEARTBURN • 1986
BILOXI BLUES • 1987
WORKING GIRL • 1988
POSTCARDS FROM THE EDGE • 1990

NICHOLSON ARCH – ASL – 1941–
SHELTER • 1966 • DOC
IN ONE LIFETIME • 1968 • DOC
BY PASS • 1970 • SHT
OR FOREVER HOLD YOUR PEACE • 1970 • DOC
URBAN PATTERNS • 1970 • DOC
WHERE ARE WE HEADING? • 1971 • SHT
THIS IS PHILOSOPHY • 1973 • DOC
WHAT ABOUT I.F.C.? • 1973 • SHT
GOOD THING GOING, A • 1979 • TVM
GIRL WHO MET SIMONE DE BEAUVOIR IN PARIS, THE • 1980 • SHT
DEADLINE • 1981 • MTV
GREED • 1982 • DOC
BUDDIES • 1984
FORTRESS • 1985
DARK AGE • 1986
DEPTH OF FEELING • 1989
WEEKEND WITH KATE • 1989

NICHOLSON IRENE – USA
CALLALOO • DOC • 1937

NICHOLSON JACK – Actor – USA – 1937–
DRIVE, HE SAID • 1972
GOIN' SOUTH • 1978
TWO JAKES, THE • 1989

NICHOLSON NICK
RIP VAN WINKLE
TREASURE ISLAND

NICKEL GITTA – GRM – 1936–
FOR EXAMPLE –SILBITZ IN COMPETITION • DOC
PEASANTS IN MARCH • DOC
WALTER FELSENSTEIN • DOC
WE UNDERSTAND EACH OTHER • DOC
WOMEN, THE • DOC
SHE • 1970
TAY HO, THE VILLAGE IN THE FOURTH ZONE • 1973 • DOC

NICOARA RADU – RMN
IUBIRILE UNEI BLONDE • LOVES OF A BLONDE, THE • 1988

NICOL ALEX – Actor – USA – 1919–
SCREAMING SKULL, THE • 1958
THEN THERE WERE THREE • THREE CAME BACK • 1961
PERILS OF CHARITY JONES, THE • 1967 • MTV
POINT OF TERROR • SCREAM OF TERROR • 1971

NICOLA ALFREDO – USA
NYMPHO • 1965

NICOLAE CRISTIANA – RMN
NICOLAE CRISTINA
RETURN OF MAGELLAN, THE • MAGELLAN'S RETURN • 1974
DE DRAGUL TAU ANCA • FOR YOUR SAKE, ANCA • 1984
FOURTH FENCE ALONG THE WHARF • FOURTH FENCE ON THE WHARF, THE • 1985
RECITAL IN GRADINA CU PITICI • VIOLIN SOLO IN THE ELVES' GARDEN ○ RECITAL IN THE DWARFS' GARDEN • 1987
HANUL DINTRE DEALURI • INN AMONG THE HILLS, THE • 1988

NICOLAE CRISTINA see **NICOLAE CRISTIANA**

NICOLAESCU SERGIU – RMN – 1931–
LESSON TO THE INFINITE, A
HABITUAL SPRING, A • COMMON SPRING • 1962
MEMORIES OF A ROSE, THE • ROSE'S MEMORY, THE • 1962
DACII • DACIANS, THE • 1966
MIHAI VITEAZUL • LAST CRUSADE, THE ○ MICHAEL THE BRAVE • 1971
CU MIINILE CURATE • WITH CLEAN HANDS • 1972
MOARTEA LUI IPU • IPU'S DEATH • 1972
COMISAR ACUZA, UN • POLICE INSPECTOR ACCUSES, A • 1973
ULTIMUL CARTUS • LAST BULLET, THE • 1973
NEMURITORII • IMMORTALS, THE • 1974
OSINDA • PUNISHMENT, THE ○ DOOM, THE • 1976
ZILE FIERBINTI • HOT DAYS • 1976
REVANSA • REVENGE • 1978
UNCLE MARIN, THE MULTIMILLIONAIRE • 1979
DANGEROUS CURB • 1983
KIULEANDRA • 1985
LAST ASSAULT, THE • 1985
Z DAY, THE • 1985
FRANCOIS VILLON • 1988
MIRCEA • PROUD HERITAGE • 1989

NICOLAOU PANOS – UKN
CHOKE • 1974

NICOLAOU TED – USA
DUNGEONMASTER, THE • DIGITAL KNIGHTS ○ RAGEWAR • 1985
TERRORVISION • TERROR VISION • 1986
I EAT CANNIBALS • 1987

NICOLAS PAUL – GRM
NICHOLAS PAUL
JULIE DARLING • 1982
CHAINED HEAT • 1983
NAKED CAGE, THE • 1985

NICOLAS SERGE – BLG
CONCERTO POUR UN HOMME SEUL • 1981

NICOLAYSSEN HANS OTTO – NRW
SCENER TIL EN FILM • SCENES FOR A FILM • 1973 • SHT
STOY • NOISE • 1973 • SHT
STA PA • 1976 • DOC
KJAERLEIKENS FERJEREISER • COMMUTER KIND OF LOVE, A ○ ACROSS THE FJORD • 1979
KRYPSKYTERRE • POACHERS • 1981
PLASTIKKPOSEN • MAGIC BAG, THE • 1985
PLASTPOSEN • ANDERSEN'S RUN • 1987
BUICKEN OG REISVERKET • BUICK AND THE MONUMENT, THE • 1990

NICOLELLA JOHN – USA
FINISH LINE • 1988

NICOLLE DOUGLAS – CND – 1952–
NICOLLE DOUGLAS C.
SKI CROSS COUNTRY • 1983 • MTV
HYPOTHERMIA • 1984 • DOC
IMAGES B.C. • 1984 • MTV
SEE HOW WE RUN • 1984 • DOC
VANCOUVER: A PORTRAIT BY ARTHUR ERICKSON • 1984 • MTV
YOUNG OFFENDERS • 1984 • DOC
ALCOHOL, TOMORROW'S FUEL • 1986 • DOC
CANADIAN SOLUTIONS • 1986 • DOC
LADIES OF THE LOTUS • 1986
LAGOONS, THE • 1986 • DOC

NICOLLE DOUGLAS C. see **NICOLLE DOUGLAS**

NICOTRA GIAN CARLO – ITL
VAI COL LISCIO • 1976

NIDDAM IGAAL – SWT
TROISIEME CRI, LA • 1975
NOUS SOMMES DE JUIFS ARABES EN ISMAEL • WE ARE ARAB JEWS IN ISRAEL • 1977 • DOC

van NIE RENE – NTH – 1938–
FIVE ON THE FOUR DAYS' RACE
AT EYE LEVEL • 1965 • SHT
ZINKERS DOOR DE WESTERSCHELDE • 1966
HOLLAND • 1968 • DCS
WOMAN IN THE ARTS, A • 1968 • SHT
BRONBEEK BIJVOORBEELD • BRONBEEK FOR EXAMPLE • 1969
BLACKMAIL • 1971
VIJF VAN DE VIERDAAGSE, DE • 1974
KIND VAN DE ZON • ANNA, CHILD OF THE DAFFODILS ○ CHILD OF THE DAFFODILS • 1975
STILLE LIEFDE, EEN • SILENT LOVE, A • 1977
DOODZONDE • DEADLY SIN, A • 1979
SABINE • 1982

NIE XINRU – CHN
KUCANGDE LIANQING • LOVE HURTS • 1988

NIEBELING HUGO – GRM
ALVORADA -AUFBRUCH IN BRASILIEN • ALVORADA -BRAZIL'S CHANGING WORLD • 1961
GISELLE • 1968

NIEBUHR WALTER – UKN
MONEY HABIT, THE • 1924
STADT DER VERSUCHUNG, DIE • CITY OF TEMPTATION, THE • 1925

NIEHAUS INGO – CRC
PARQUES NACIONALES • 1978 • DOC

NIEHOFF SIDNEY – USA
RAW WEEKEND • 1964 • DOC

NIELSEN A. R. – DNM
TRILBY • 1908 • SHT

NIELSEN ERIK FROHN – DNM
ECHO OF A SHOT • 1970
WHITE SHADOWS • 1970

NIELSEN GREGERS – DNM
SKAEVE DAGE I THY • 1970

NIELSEN LASSE – DNM
LA' OS VAERE • LEAVE US ALONE • 1974
MASKE KU'VI • LET'S DO IT • 1976
DU ER IKKE ALENE • YOU'RE NOT ALONE ○ YOU ARE NOT ALONE • 1978

NIELSEN PER TONNES – Animator – DNM
FLASKEN • BOTTLE, THE • 1987 • ANS

NIER DR. – GRM
GALGENBRAUT, DIE • AUS DEUTSCHLANDS SCHWEREN TAGEN • 1924

NIERENBERG GEORGE T. – USA
HOLLOW, THE • 1975
NO MAPS ON MY TAPS • 1978 • DOC
SAY AMEN, SOMEBODY • SAY AMEN, SOMEONE • 1983 • DOC

NIERMANS EDOUARD – FRN – 1943–
SYNCOPE, LA • 1976 • SHT
ANTHRACITE • 1979
POUSSIERE D'ANGE • ANGEL DUST • 1986

NIETER HANS M. – UKN
WORLD WAR AND AFTER, THE • 1926
THUNDER IN THE AIR • 1935
BLOOD TRANSFUSION • 1941 • DOC
DEFEAT TUBERCULOSIS • 1943 • DOC
SCOTTISH MAZURKA • 1943 • DCS
SUBJECT FOR DISCUSSION • 1943
NECESSARY JOURNEY • 1945
PUDDLE, MUDDLE, RIDDLE • 1947
SEVEN YEARS IN TIBET • 1956
SONG FOR PRINCE CHARLIE, A • 1958 • SHT

NIETO JOSE LUIS – MXC
MURIERON A LA MITAD DEL RIO • THEY DIED IN THE MIDDLE OF THE RIVER • 1987

NIEVES CONDE JOSE ANTONIO – SPN – 1915–
CONDE J. NIEVES • NIEVES J. A. • CONDE A. NIEVES • CONDE JOSE NIEVES
SENDA IGNORADA • 1946
ANGUSTIA • 1947
BLACK JACK • CAPTAIN BLACK JACK (USA) ○ JACK EL NEGRO (SPN) • 1949
LLEGADA DE NOCHE • 1949
BALARRASA • 1950
CERCO DEL DIABLO, EL • 1950
SURCOS • 1951
REBELDIA • 1953
LEGION DEL SILENCIO, LA • 1955
PECES ROJOS, LOS • 1955
TODOS SOMOS NECESARIOS • SIAMO TUTTI NECESSARI (ITL) • 1956
ZWISCHEN ZEIT UND EWIGKEIT • ENTRE HOY Y LA ETERNIDAD (SPN) ○ BETWEEN TIME AND ETERNITY(USA) • 1956
RITORNO ALLA VITA • 1957
INQUILINO, EL • 1958
DON LUCIO Y EL HERMANO PIO • 1960
PROHIBIDO ENAMORARSE • 1961
DIABLO TAMBIEN LLORA, EL • 1963
COTOLAY • 1966
DELITTO DI ANNA SANDOVAL, IL • 1966
SONIDO DE LA MUERTE, EL • SOUND OF HORROR (USA) ○ SONIDA PREHISTORICO, EL ○ PREHISTORIC SOUND, THE ○ PRIGIONIERI DELL'ORRORE • 1966
...DOPO DI CHE UCCIDE IL MASCHIO E LO DIVORA • 1971
MARTA • BLOODBATH • 1971
HISTORIA DE UNA TRAICION • 1972
SENORITAS DE MALA COMPANIA, LAS • 1973
REVOLUCION MATRIMONIAL, LA • MATRIMONIAL REVOLUTION, THE • 1975
MAS ALLA DEL DESEO • 1976
VOLVORETA • 1976
MONICA, CORAZON DORMIDO • 1977

NIEVES J. A. see **NIEVES CONDE JOSE ANTONIO**

NIEVO STANIS – ITL – 1928–
MAL D'AFRICA • AFRICAN SICKNESS • 1967 • DOC
GERMANIA, SETTE DONNE A TESTA • 1970

NIFONTOV GLEB – USS
ZVEROLOVY • HUNTING IN SIBERIA (USA) • 1959

NIGH WILLIAM – USA – 1881–1955
ROYAL FAMILY, A • 1915
STORK'S NEST, THE • EMMY OF STORK'S NEST • 1915
YELLOW STREAK, A • 1915
CHILD OF DESTINY, THE • 1916
DEBT OF HONOR, A • HER DEBT OF HONOR • 1916
HIS GREAT TRIUMPH • NOTORIOUS GALLAGHER • 1916
KISS OF HATE, THE • 1916
LIFE'S SHADOWS • 1916
BLUE STREAK, THE • 1917
SLAVE, THE • 1917
THOU SHALT NOT STEAL • 1917
WIFE NUMBER TWO • 1917
MY FOUR YEARS IN GERMANY • 1918
BEWARE • 1919
FIGHTING ROOSEVELTS, THE • OUR TEDDY • 1919
DEMOCRACY • DEMOCRACY -THE VISION RESTORED • 1920
SCHOOL DAYS • 1921
SKINNING SKINNERS • 1921
SOUL OF A MAN, THE • 1921
WHY GIRLS LEAVE HOME • 1921
NOTORIETY • 1922
YOUR BEST FRIEND • 1922
MARRIAGE MORALS • 1923
BORN RICH • 1924
FEAR-BOUND • 1925
CASEY OF THE COAST GUARD • 1926 • SRL
FIRE BRIGADE, THE • FIRE! • 1926
LITTLE GIANT, THE • 1926
LAW OF THE RANGE, THE • TEXAS RANGER, THE • 1927
MR. WU • 1927
NEST, THE • 1927
ACROSS TO SINGAPORE • CHINA BOUND • 1928
FOUR WALLS • 1928
DESERT NIGHTS • THIRST • 1929
THUNDER • 1929
FIGHTING THRU: OR, CALIFORNIA IN 1878 • CALIFORNIA IN 1878 • 1930
LORD BYRON OF BROADWAY • WHAT PRICE MELODY? (UKN) • 1930
TODAY • 1930
LIGHTNING FLYER • 1931
SEA GHOST, THE • 1931
SINGLE SIN, THE • 1931
BORDER DEVILS • 1932
MEN ARE SUCH FOOLS • SECOND FIDDLE • 1932
NIGHT RIDER, THE • 1932
WITHOUT HONORS • 1932
HE COULDN'T TAKE IT • ONE OF THE MANY (UKN) ○ PROCESS SERVER, THE ○ BORN TOUGH • 1933
CITY LIMITS • 1934
HOUSE OF MYSTERY • 1934
MONTE CARLO NIGHTS • 1934
MYSTERY LINER • GHOST OF JOHN HOLLING, THE (UKN) • 1934
ONCE TO EVERY BACHELOR • 1934
SCHOOL FOR GIRLS • 1934
TWO HEADS ON A PILLOW • 1934
DIZZY DAMES • 1935
HEADLINE WOMAN, THE • WOMAN IN THE CASE, THE (UKN) • 1935
HIS NIGHT OUT • 1935
MYSTERIOUS MR. WONG, THE • 1935
OLD HOMESTEAD, THE • 1935
SHE GETS HER MAN • 1935
SWEEPSTAKE ANNIE • ANNIE DOESN'T LIVE HERE (UKN) • 1935
CRASH DONOVAN • 1936
DON'T GET PERSONAL • 1936
PENTHOUSE PARTY • WITHOUT CHILDREN (UKN) • 1936
STEEL • 1936
ATLANTIC FLIGHT • 1937
BILL CRACKS DOWN • MEN OF STEEL (UKN) • 1937
BRIDE FOR HENRY, A • 1937
HOOSIER SCHOOLBOY, THE • YESTERDAY'S HERO (UKN) • 1937
LAW COMMANDS, THE • 1937
NORTH OF NOME • 1937
RIGHT TO KILL, THE • 1937
THIRTEENTH MAN, THE • 13TH MAN, THE • 1937
BOY OF THE STREETS • 1938
FEMALE FUGITIVE • FUGITIVE LADY (UKN) • 1938
GANGSTER'S BOY • 1938
I AM A CRIMINAL • 1938
MR. WONG, DETECTIVE • 1938
ROMANCE OF THE LIMBERLOST • 1938
ROSE OF THE RIO GRANDE • 1938
STREETS OF NEW YORK • 1938
MR. WONG IN CHINATOWN • 1939
MUTINY IN THE BIG HOUSE • 1939
MYSTERY OF MR. WONG, THE • 1939
APE, THE • 1940
DOOMED TO DIE • MYSTERY OF THE WENTWORTH CASTLE, THE (UKN) • 1940
FATAL HOUR, THE • MR. WONG AT HEADQUARTERS (UKN) • 1940
SON OF THE NAVY • 1940
UNDERDOG, THE • 1940
KID FROM KANSAS, THE • 1941
MOB TOWN • 1941
NO GREATER SIN • SOCIAL ENEMY NO.1 (UKN) • 1941
SECRET EVIDENCE • 1941
ZIS BOOM BAH • JAZZ MAD • 1941
BLACK DRAGONS • 1942
CITY OF SILENT MEN • 1942
ESCAPE FROM HONG KONG • 1942
LADY FROM CHUNGKING • 1942
MR. WISE GUY • 1942
STRANGE CASE OF DR. RX • 1942
TOUGH AS THEY COME • 1942
CORREGIDOR • 1943
GHOST OF THE GUEST, THE • 1943
ARE THESE OUR PARENTS? • THEY ARE GUILY (UKN) • 1944
FOREVER YOURS • RIGHT TO LIVE, THE (UKN) ○ THEY SHALL HAVE FAITH • 1944
TROCADERO • 1944
WHERE ARE YOUR CHILDREN? • 1944
ALLOTMENT WIVES • WOMAN IN THE CASE (UKN) • 1945
DIVORCE • HILLSBORO STORY, THE • 1945
BEAUTY AND THE BANDIT, THE • 1946
GAY CAVALIER, THE • 1946
PARTNERS IN TIME • 1946
SOUTH OF MONTEREY • ROMANCE OF THE RANCHO • 1946
RIDING THE CALIFORNIA TRAIL • CISCO AND THE ANGEL • 1947
I WOULDN'T BE IN YOUR SHOES • 1948
STAGE STRUCK • 1948

NIHALANI DAYAL – IND
GURU DAKSHINA • DISCIPLES' OFFERINGS TO THE PRIEST • 1986

NIHALANI GOVIND – Cinematographer – PKS
AAKROSH • CRY OF THE WOUNDED ○ AKROSH • 1978
ARDH SATYA • HALF-TRUTH • 1983
VIJETA • CONQUEST • 1983
PARTY • 1984
AARGHAT • 1985
TAMAS • 1987
DRISHTI • VISION • 1990

NIHALSINGHA D. B. – SLN
WELIKATARA • 1971
RIDI NIMNAYA • 1978
MALDENIYE SIMION • 1986
KELI MANDALA • 1990

NIHONMATSU KAZUI – JPN
UCHU DAIKAIJU GUILALA • X FROM OUTER SPACE ○ BIG SPACE MONSTER GUILALA ○ GUIRARA ○ GIRARA ○ GUILALA • 1967
KONCHU DAISENSO • WAR OF INSECTS ○ GENOCIDE (USA) • 1968

NIJGH LENNAERT – NTH
ALICE IN WONDERLAND • SHT
VREEMDE VOGEL, EEN • OUTSIDER, AN • 1967

NIJSTEN MAURICE – NTH
GREY KITE, THE • 1972 • SHT

NIKOLA LOUIS – UKN
MAGIC SQUARES • 1914 • ANM

NIKOLAIDIS NIKOS – GRC
EVRIDIKI BA-2037 • EURIDICE BA-2037 • 1975
WRETCHES ARE STILL SINGING, THE • 1980
GLIKIA SIMORIA • SWEET BUNCH • 1983
MORNING PATROL • 1988

NIKOLAIS ALWIN – USA
TOTEM • 1963 • SHT
FUSION • 1967
CHRYSALIS • 1973

NIKOLAYEV IGOR – USS
PROBUZHDYENIYE • AWAKENING, THE • 1968

NIKOLAYEVSKI OLEG – USS
TREMBITA • 1968

NIKOLENKO S. – USS
BIRDS OVER THE CITY • 1974

NIKOLIC DRAGAN – YGS
CUBOK • LITTLE SOMETHING EXTRA, A • 1990

NIKOLIC ILIJA – YGS
NEBESKI ODRED • SKY BATTALION, THE • 1961

NIKOLIC ZIVKO – YGS
WINDOW, THE • 1976 • SHT
BESTIJE • BEAST, THE ○ BEASTS, THE • 1978
JOVANA LUKINA • 1980
SMRT GOSPODINA GOLUZE • DEATH OF MR. GOLUZA, THE • 1983
U IME NARODA • IN THE NAME OF THE PEOPLE • 1987
ISKUSAVANJE DAVOLA • TEMPTING THE DEVIL • 1989

NIKOLOV MARGARIT – BUL
DAYLIGHT • 1974
ON THE TRACKS OF THE MISSING • 1979

NIKOLOV MILEN – BUL
GOLA SUVEST • BARE CONSCIENCE • 1970
INDIAN SUMMER • 1973

FORTRESS WARDEN, THE • 1974
SOMEONE AT THE DOOR • 1986
REPORT, THE • 1988
THREAT, THE • 1988

NIKULIN G. – USS
DEATH OF PAZUKHIN, THE • 1959

NILSSON LEOPOLDO TORRE see **TORRE-NILSSON LEOPOLDO**

NILSSON ROB – USA
NORTHERN LIGHTS • 1978
SIGNAL 7 • 1983
ON THE EDGE • 1985
HEAT AND SUNLIGHT • 1986

NIMOY LEONARD – Actor – USA – 1931–
STAR TREK III -THE SEARCH FOR SPOCK • 1984
STAR TREK IV -THE VOYAGE HOME • 1987
THREE MEN AND A BABY • 1987
GOOD MOTHER, THE • PRICE OF PASSION, THE • 1988
FUNNY ABOUT LOVE • 1990

NINAGAWA YUKIO – JPN
MASHO NO NATSU • DEVIL'S SUMMER • 1981

NINAUS ALFRED – AUS
LAUF, HASE, LAUF • RUN, RABBIT, RUN • 1979
ICH WOLLTE LEBEN • I WANTED TO LIVE • 1982
SEIFENBLASEN • SOAP-BUBBLES • 1985

NINAUS RUTH – AUS
ICH WOLLTE LEBEN • I WANTED TO LIVE • 1982

NING HAI see **NINH NGUYEN HAI**

NINH NGUYEN HAI – VTN
NING HAI
RETURN OF THE BIRDS
FIRST LOVE • 1983

NIOGRET HUBERT – FRN
SOIREE DU BARON SWENBECK, LA • 1973

NISBET CHARLES – USA
GIRL WITH THE FABULOUS BOX, THE • 1969

NISCHWITZ-LISSON HEINRICH – GRM
AN'S VATERLAND, AN'S TEURE.. • 1915
BRANDUNG • 1915

NISHIHARA GIICHI – JPN
IJO NA HANNO: MONZETSU • FALLING UNCONSCIOUS • 1967
MIDARETA KANKEI • IMMORAL RELATIONSHIP • 1967
MOMOIRO DENWA • PINK TELEPHONE • 1967
NAKINURETA JOJI • WEEPING AFFAIR • 1967
NERUA • TO AIM AT.. • 1967
NIKUTAI NO YUWAKU • TEMPTATION OF THE FLESH • 1967
HIKISAKARETA SHOJO • TORN VIRGIN, A • 1968
SEI NO KAIDAN • STEPS IN SEX • 1968
URAGIRI NO IROGOTO • BETRAYAL OF AFFAIRS • 1968

NISHIKAWA KATSUMI – JPN
TOKYO NO HITO • 1956
KAZE NO ARU MICHI • 1959
SIENEN NO ISU • SEAT OF YOUTH • 1962
WAKAI HITO • FRESH LEAVES • 1962
IZU NO ODORIKO • DANCING GIRLS OF IZU • 1963
KIKYO • HOMECOMING • 1964
YOTTSU NO KOI NO MONOGATARI • FOUR LOVES • 1966
HI NO ATARU SAKAMICHI • SLOPE IN THE SUN, A • 1967
KITAGUNI NO RYOJO • JOURNEY TO THE NORTH • 1967
YUBUE • LOST LOVE • 1967
SPIDERS NO BARITO CHINDOCHU • FUNNY TOUR • 1968
ZANSETSU • ETERNAL LOVE • 1968
SHUNKIN-SHO • OTOKO AND SASUKE • 1976

NISHIMURA – JPN
KEIRIN SHONIN GYOJOKI • 1964

NISHIMURA KIYOSHI – JPN
JAGA WA HASHITTA • CREATURE CALLED MAN, THE • 1970

NISHIMURA LEO – JPN
SEI NO HARENCHI • SHAMELESS SEX • 1968

NISHIMURA SHOGORO – JPN
HANA O KUU MUSHI • BURNING NATURE • 1967
HATOBA NO TAKA • LONE HAWK OF THE WATER FRONT • 1967
SEISHUN NO UMI • BLACK SHEEP, THE • 1967
TOKYO SHIGAISEN • AFTERMATH OF WAR, THE • 1967
HOSHIKAGE NO HATOBA • STARDUST WHARF • 1968
MOERU TAIRIKU • BLAZING CONTINENT • 1968
SEISHUN NO KAZE • SOCIETY, THE • 1968

NISHIWAZA NOBUTAKA – Animator – USA
ADVENTURES OF THE AMERICAN RABBIT, THE • 1986 • ANM

NISHIYAMA MASAKI – JPN
SAKURADA-MON • CHERRY TREE GATE • 1961

NISHIYAMA MASATERU – JPN
YAWARA SEMPU DOTO NO TAIKETSU • JUDO SHOWDOWN (USA) • 1966

NISHIZAKI YOSHINOBU – JPN
UCHUSENKAN YAMATO • SPACE CRUISER: GUARDIAN OF THE GALAXY ○ UCHU SENKAN YAMATO ○ SPACE CRUISER ○ SPACE SHIP YAMATO • 1977 • ANM

NISIYAMA EULOGIO – PRU
KUKULI • 1961
BATALLA RITUAL • 1975 • DOC
YAWAR FIESTA • 1975 • DOC

NISKA ADOLF – SWD
STORMENS BARN • CHILDREN OF THE STORM • 1928

NISKANEN MIKKO – FNL – 1929–
POJAT • BOYS, THE • 1962
HOPEAA RAJAN TAKAA • SILVER FROM ACROSS THE BORDER • 1963
SISSIT • GUERILLAS ○ PARTISANS, THE • 1963
KAPY SELAN ALLA • SKIN SKIN (UKN) ○ UNDER YOUR SKIN • 1967
LAPUALAISMORSIAN • GIRL OF FINLAND • 1967
ASFALTTILAMPAAT • ASPHALT LAMBS, THE • 1968
LAULU TULIPUNAISESTA KUKASTA • SONG OF THE SCARLET FLOWER, THE ○ SONG OF THE BLOOD-RED FLOWER • 1971
KAHDEKSAN SURMANLUOTIA • EIGHT FATAL BULLETS ○ EIGHT DEADLY SHOTS • 1972 • MTV
KONIKAPINA • HACK REBELLION, THE • 1976
PULAKAPINA • HORSE REBELLION, THE • 1977
SYKSYLLA KAIKKI ON TOISIN • IN THE AUTUMN ALL WILL BE DIFFERENT ○ IN THE FALL EVERYTHING IS DIFFERENT • 1978
AJOLAHTO • GOTTA RUN! • 1981
VUOSI ELAMASTA • YEAR IN THE LIFE, A • 1982
MONA JA PALAVAN RAKKAUDEN AIKA • MONA AND THE TIME OF BURNING LOVE ○ MONA • 1983
LIFE'S HARDY MEN • 1987
NUORUUTENI SAVOTAT • LUMBERCAMP TALES • 1988

NISKANEN TUIJA-MAIJA – FNL
AVSKEDET • FAREWELL, THE ○ JAAHYVAISET • 1980
GRAND ILLUSION • 1986

NISKIN LIONEL – UKN
ROLANDA POLONKSY, SCULPTOR • 1971

NISSI TIMO – FNL
SAAT EL TAHRIR DAKKAT BARRA YA ISTI'MAR • HEURE DE LA LIBERATION A SONNE, L' ○ HOUR OF THE LIBERATION HAS SOUNDED, THE ○ TIME OF LIBERATION HAS COME, THE ○ DAMNED RADICALS • 1974

NITA ION – RMN
ZILE DE VARA • SUMMER DAYS • 1968

NITZSCHKE HELMUT – GRM
NEBELNACHT • 1969
LEICHENSACHE ZERNIK • 1972

NIVELLI MICKEY – USA
MESSING AROUND • 1988
JEALOUS • 1989

NIVOIX PAUL – FRN – 1889–1958
NOUVEAUX MAITRES, LES • 1949

NIZET CHARLES – USA
SLAVES OF LOVE • 1969
RAVAGER, THE • 1970
THREE-WAY SPLIT • 1970
VOODOO HEARTBEAT • 1972

NLANZA NDOMANUELE MAFUTA – ZRE
POUR UNE INFIDELITE • 1972

NOA MANFRED – GRM – 1893–1930
LIEBE • 1919
MADCHEN UND DIE MANNER, DAS • GIRL AND THE MEN, THE • 1919
MODERNE TOCHTER • DEMI-VIERGES • 1919
LADY FROM PARIS, THE
SURVIVAL
WRATH OF THE SEAS, THE
BERLIN W • 1920
GOTZENDAMMERUNG • OPFER DER KEUSCHHEIT • 1920
HASS • 1920
SCHIEBER • 1920
SCHNEIDER WIBBEL • 1920
HEILIGE HASS 1, DER • 1921
HEILIGE HASS 2, DER • FLUCHT VOR DEM TODE, DIE • 1921
SCHWERE JUNGE, DER • ZIRKUSMADEL, DAS • 1921
SOHNE DER NACHT 1 • VERBRECHER-GMBH, DIE • 1921
SOHNE DER NACHT 2 • MACHT DER LIEBE, DIE • 1921
NATHAN DER WEISE • 1922
SCHIFFBRUCHIGEN, DIE • 1922
HELENA 1 • RAUB DER HELENA, DER • 1924
HELENA 2 • UNTERGANG TROJAS, DER • 1924
SCHONE ABENTEUER, DAS • 1924
MANN AUS DEM JENSEITS, DER • 1925
MANN IM SATTEL, DER • 1925
SOLL MAN HEIRATEN? • INTERMEZZO EINER EHE IN SIEBEN TAGEN • 1925
TURANDOT • 1925
JUNGES BLUT • 1926
PROVINZONKEL, DER • 1926
SEESCHLACHT BEIM SKAGERRAK • 1926
SUSSE MADEL, DAS • 1926
VERSUNKENE FLOTTE, DIE • 1926
WARUM SICH SCHEIDEN LASSEN? • 1926
ACHTZEHNJAHRIGEN, DIE • 1927
GAUNER IM FRACK • 1927
GLANZ UND ELEND DER KURTISANEN • 1927
GROSSE UNBEKANNTE, DER • UNHEIMLICHE, DER • 1927
CASANOVAS ERBE • 1928
DAME UND IHR CHAUFFEUR, DIE • LADY AND THE CHAUFFEUR, THE • 1928
MODERNE PIRATEN • 1928
AUFRUHR IM JUNGGESELLENHEIM • 1929
FAUT-IL SE MARIER? • 1929
MEINE SCHWESTER UND ICH • 1929
LEUTNANT WARST DU EINST BEI DEN HUSAREN • 1930
MON COEUR INCOGNITO • 1930
WALZERKONIG, DER • 1930
WEG NACH RIO, DER • 1931

NOBEL JACK – USA
AT THE SIGN • 1934

NOBLE BARBARA – ISR
DON'T EVER ASK ME IF I LOVE • 1979

NOBLE GEORGE – Animator – UKN
JAZZ STRINGER, THE • 1928 • ANS

NOBLE J. W. see **NOBLE JOHN W.**

NOBLE JACK – USA
OUR MUTUAL GIRL NO.24 • 1914
OUR MUTUAL GIRL NO.36 • 1914
OUR MUTUAL GIRL NO.5 • 1914
RIGHT OF WAY, THE • 1915
AFTER DARK • HOODED MOB, THE ○ MEN IN MASKS ○ LAW AND ORDER • 1923
LIGHTNING REPORTER • 1926
BURNING GOLD • 1927

NOBLE JOE – Animator – UKN
JAZZ STRINGER, THE • 1928 • ANS

NOBLE JOHN W. – USA
NOBLE J. W.
BETTER MAN, THE • BIGGER MAN, THE • 1915
BLACK FEAR • 1915
FIGHTING BOB • 1915
HIGH ROAD, THE • 1915
ONE MILLION DOLLARS • 1915
SATAN SANDERSON • 1915
THREE OF US, THE • 1915
AWAKENING OF HELENA RICHIE, THE • 1916
BRAND OF COWARDICE, THE • 1916
MAN AND HIS SOUL • 1916
MILLION A MINUTE, A • 1916
ROMEO AND JULIET • 1916
WALL BETWEEN, THE • 1916
BEAUTIFUL LIE, THE • 1917
CALL OF HER PEOPLE, THE • 1917
MAGDALENE OF THE HILLS, A • 1917
POWER OF DECISION, THE • 1917
SUNSHINE ALLEY • 1917
MY OWN UNITED STATES • 1918
SHAME • 1918
BIRTH OF A RACE • 1919
GOLDEN SHOWER, THE • 1919
GRAY TOWERS MYSTERY, THE • GREY TOWERS MYSTERY, THE • 1919
FOOTLIGHTS AND SHADOWS • 1920
SONG OF THE SOUL, THE • 1920
CARDIGAN • 1922
HIS DARKER SELF • 1924

NOBLE NIGEL – USA
VOICES OF SARAFINA! • 1989 • DOC

NOBUCHI AKIRA – JPN
KOSHOKU GO-NIN ONNA • SAIKAKU'S FIVE WOMEN • 1948
ONNA GOROSHI ABURA JIGOKU • OIL HELL OF KILLING WOMEN • 1949
YUREI RESSHA • GHOST TRAIN • 1949
TAKI NO SHIRAITO • WHITE THREADS OF THE CASCADES ○ WATER MAGICIAN, OR THE WHITE THREAD OF THE WATERFALL, THE • 1952
BOTAN-DORO • PEONIES AND STONE LANTERNS • 1955

NOBURO ISHIGURO – Animator – JPN
ROBOTECH: THE MOVIE • 1986 • ANM

NOCITA SALVATORE – ITL
LIGABUE • 1978
VITA DI LIGABUE, LA • 1981

NODA – JPN
MONOKUROHMU NO GAKA: YVES KLINE • MONOCHROME PAINTER YVES KLINE • 1966

NODA SACHIO – JPN
CHINURARETA OJA • CHAMPION, THE • 1968 • DOC

NODA YUKIO – JPN
FURYO BANCHO • WOLVES OF THE CITY • 1968
BRONSON LEE, CHAMPION • 1978

NOE YVAN – FRN – 1895–1963
CHANTEUR DE SEVILLE, LE • SEVILLE DE MES AMOURS • 1930
GLORIA • 1931
AME DE CLOWN • 1933
MADEMOISELLE MOZART • MEET MISS MOZART (USA) • 1935
GIGOLETTE • 1936
MES TANTES ET MOI • 1936
CHATEAU DES QUATRE OBESES, LE • 1939
ETRANGE NUIT DE NOEL, L' • 1939
SATURNIN • SATURNIN DE MARSEILLE • 1939
CEUX DU CIEL • 1940
HOMMES SANS PEUR, LES • 1941
SIX PETITES FILLES EN BLANC • 1941
CAVALCADE DES HEURES, LA • 1943
FEMME COUPEE EN MORCEAUX, UNE • NOUS CHERCHONS UNE FEMME • 1945
MORT SANS IMPORTANCE, UNE • 1947
COUPABLE? • 1950
DOMINIQUE • 1950
ZIG ET PUCE SAUVENT NENETTE • 1952 • SHT
VACANCES FINISSENT DEMAIN, LES • 1953

NOEL GILLES – CND
PETITE FLEUR • 1986 • SHT

NOEL J. B. L. – UKN
EPIC OF EVEREST • 1924

NOEL JEAN-GUY – CND – 1945–
ZEUZERE DE ZEGOUZIE • 1970 • SHT
ELLE ETAIT UNE FOIS.. UNE AUTRE FOIS • ELLE ETAIT UNE FOIS • 1971 • SHT
TU BRULES.. TU BRULES • 1973
TI-CUL TOUGAS • 1976
FLEUR DE MAI • 1977
CONTRECOEUR • 1980
GRIEF 81 • 1981
LION EN CAGE, LE • 1983 • SER

CAMELEON • 1984
TINAMER • 1988

NOEL–NOEL – Actor – FRN – 1897–
VIE CHANTEE, LA • 1950

NOELTE RUDOLF – GRM
NOLTE RUDOLF
WOYZECK • 1967
SCHLOSS, DAS • CASTLE, THE (USA) • 1968

NOER ARIFIN see **NOER ARIFIN C.**

NOER ARIFIN C. – INN – 1941–
NOER ARIFIN
SUCI SANG PRIMADONA • SUCI THE PRIMADONNA • 1977
HARMONIKU • HARMONICA • 1978
PETUALANG–PETUALANG • 1979
YUYUN PASIEN RUMAH SAKIT JIWA • YUYUN, A PATIENT IN A MENTAL HOSPITAL • 1980
SERANGAN FAJAR • DAWN, THE • 1981

NOESSI JOAQUIN see **LLEDO JOAQUIN**

NOEVER HANS – GRM
ZAHLTAG • PAY–DAY • 1972
FRAU GEGENUBER, DIE • 1978
PREIS FURS UBERLEBEN, DER • PRICE OF SURVIVAL, THE • 1980
TOTAL VEREIST • 1981

NOFAL EMIL – Producer/writer – SAF – 1926–
RIP VAN WYK • 1957
KIMBERLEY JIM • 1963
WILDE SEISOEN • WILD SEASON (USA) • 1967
WINNERS, THE • MY WAY • 1972
YOU'RE IN THE MOVIES • 1985
YOU GOTTA BE CRAZY • 1987

NOGUCHI H. see **NOGUCHI HIROSHI**

NOGUCHI HARUYASU – JPN
DAIKYAJU GAPPA • MONSTER FROM A PREHISTORIC PLANET (USA) ○ GAPPA, TRIPHIBIAN MONSTER ○ GAPPA ○ GAPPA THE TRIFIBIAN MONSTER • 1967
KANTO MO HIROUGOZANSU • STORM OF KANTO, A • 1967
YUME NO YORU HIRAKU • DREAMS COME TRUE AT NIGHT • 1967

NOGUCHI HIROSHI – JPN
NOGUCHI H.
CHITEI NO UTA • 1956
NAKE, NIHON KOKUMIN –SAIGO NO SENTOKI • WEEP, PEOPLE OF JAPAN –THE LAST PURSUIT PLANE • 1956

NOGUEIRA HELENA – SAF
FUGARD'S PEOPLE • 1981 • DOC
QUEST FOR LOVE • FIRE IN THEIR HEARTS • 1987

NOICE HAROLD – USA
RED MAJESTY • 1929 • DOC
EXPLORERS OF THE WORLD • 1931

NOLAN BILL see **NOLAN WILLIAM**

NOLAN JAMIE see **BOTTGER FRITZ**

NOLAN WILLIAM – Animator – USA
NOLAN WILLIAM C. • *NOLAN BILL*
TWO'S COMPANY • ANS
TAD'S INDOOR SPORTS • 1918 • ASS
TAD'S LITTLE DAFFYDILLS • 1918 • ASS
DOITY DEED, A • 1920 • SHT
HAPPY HOOLIGAN IN DR. JEKYLL AND MR. ZIP • 1920 • ANS
KRAZY KAT • 1926–27 • ASS
AMATEUR NIGHT • AMATEUR NITE • 1929 • ANS
COLD TURKEY • 1929 • ANS
KOUNTY FAIR • 1929 • ANS
NUTTY NOTES • 1929 • ANS
OIL'S WELL • 1929 • ANS
PERMANENT WAVE • 1929 • ANS
PUSSY WILLIE • 1929 • ANS
RACE RIOT • 1929 • ANS
SAUCY SAUSAGES • 1929 • ANS
SNOW USE • 1929 • ANS
WEARY WILLIES • 1929 • ANS
AFRICA • 1930 • ANS
ALASKA • 1930 • ANS
BOWERY BIMBOS • 1930 • ANS
BROADWAY FOLLY • 1930 • ANS
CHILI CON CARMEN • 1930 • ANS
COLD FEET • 1930 • ANS
DETECTIVE • 1930 • ANS
FANNY THE MULE • 1930 • ANS
FOWL BALL, THE • 1930 • ANS
HASH SHOP, THE • 1930 • ANS
HELL'S HEELS • 1930 • ANS
HENPECKED • 1930 • ANS
HOT FOR HOLLYWOOD • 1930 • ANS
HURDY GURDY • 1930 • ANS
KISSES AND KURSES • 1930 • ANS
MEXICO • 1930 • ANS
MY PAL PAUL • 1930 • ANS
NAVY, THE • 1930 • ANS
NOT SO QUIET • 1930 • ANS
PRISON PANIC, THE • 1930 • ANS
SINGING SAP, THE • 1930 • ANS
SNAPPY SALESMAN • 1930 • ANS
STRANGE AS IT SEEMS • 1930 • ANS
TRAMPING TRAMPS • 1930 • ANS
BAND MASTER, THE • 1931 • ANS
COLLEGE • 1931 • ANS
COUNTRY SCHOOL • 1931 • ANS
FARMER, THE • 1931 • ANS
FIREMAN, THE • 1931 • ANS
FISHERMAN, THE • 1931 • ANS
HARE MAIL, THE • 1931 • ANS
HOT FEET • 1931 • ANS
HUNTER, THE • 1931 • ANS
IN WONDERLAND • 1931 • ANS
KENTUCKY BELLE • 1931 • ANS
MARS • 1931 • ANS
NORTH WOODS • 1931 • ANS
RADIO RHYTHM • 1931 • ANS
SHIPWRECK • 1931 • ANS
STONE AGE • 1931 • ANS
SUNNY SOUTH • 1931 • ANS
TROLLEY TROUBLES • 1931 • ANS
WONDERLAND • 1931 • ANS
ATHLETE, THE • 1932 • ANS
BEAU AND ARROWS • 1932 • ANS
BUSY BARBER, THE • 1932 • ANS
BUTCHER BOY, THE • 1932 • ANS
CAP NIPPED • 1932 • ANS
CARNIVAL CAPERS • 1932 • ANS
CATS AND DOGS • 1932 • ANS
CROWD SNORES, THE • 1932 • ANS
DAY NURSE • 1932 • ANS
GRANDMA'S PET • 1932 • ANS
GREAT GUNS • 1932 • ANS
JUNGLE JUMBLE • 1932 • ANS
LET'S EAT • 1932 • ANS
MAKING GOOD • 1932 • ANS
MECHANICAL COW • 1932 • ANS
MECHANICAL MAN, THE • 1932 • ANS
OH, TEACHER • 1932 • ANS
TEACHER'S PESTS • 1932 • ANS
TO THE RESCUE • 1932 • ANS
WET KNIGHT, A • 1932 • ANS
WILD AND WOOLLY • 1932 • ANS
WINGED HORSE, THE • 1932 • ANS
WINS OUT • 1932 • ANS
POOCH THE PUP • 1932–33 • ASS
BEAU BEST • 1933 • ANS
CHICKEN REEL • 1933 • ANS
CONFIDENCE • 1933 • ANS
FIVE AND DIME • 1933 • ANS
GOING TO BLAZES • 1933 • ANS
HAM AND EGGS • 1933 • ANS
HOT AND COLD • 1933 • ANS
IN THE ZOO • 1933 • ANS
KING KLUNK • 1933 • ANS
MERRY DOG • 1933 • ANS
MERRY OLD SOUL, THE • 1933 • ANS
NATURE'S WORK SHOP • 1933 • ANS
NEW DEAL, A • 1933 • ANS
OSWALD THE PLUMBER • 1933 • ANS
PARKING SPACE • 1933 • SHT
PIN FEATHERS • 1933 • ANS
PLUMBER, THE • 1933 • ANS
S.O.S. ICICLE • 1933 • ANS
SHE DONE HIM WRONG • 1933 • ANS
SHRIEK, THE • 1933 • ANS
TERRIBLE TROUBADOUR • 1933 • ANS
ANNIE MOVED AWAY • 1934 • ANS
CANDY HOUSE, THE • 1934 • ANS
COUNTY FAIR, THE • 1934 • ANS
DIZZY DWARF, THE • 1934 • ANS
GINGER BREAD BOY, THE • 1934 • ANS
GOLDILOCKS AND THE THREE BEARS • 1934 • ANS
JOLLY LITTLE ELVES • 1934 • ANS
KINGS UP • 1934 • ANS
ROBINSON CRUSOE ISLE • 1934 • ANS
SPRING IN THE PARK • 1934 • ANS
TOY SHOPPE • 1934 • ANS
WAX WORKS • 1934 • ANS
WILLIAM TELL • 1934 • ANS
WOLF! WOLF! • 1934 • ANS
GOLD DUST OSWALD • 1935 • ANS
QUAIL HUNT, THE • 1935 • ANS

NOLAN WILLIAM C. see **NOLAN WILLIAM**

NOLBANDOV SERGEI – Producer/writer – USS – 1895–1971
SHIPS WITH WINGS • 1941
UNDERCOVER • UNDERCOVER GUERILLAS (USA) • 1943

NOLD WERNER – Editor – SWT – 1933–
PREAMBULE • 1970 • SHT

NOLDAN SVEND – GRM
SIEG IM WESTEN • VICTORY IN THE WEST • 1941

NOLIN OLIVIER – FRN – 1947–
ECOLE EST FINIE, L' • 1979

NOLL MICHAEL – USA
COMPUTER GENERATED BALLET, A

NOLOT JACQUES – FRN
CAFE DES JULES, LE • 1988

NOLTE RUDOLF see **NOELTE RUDOLF**

NOLTE WILLIAM – USA
LIFE GOES ON • 1983

NOMAN THEO VAN HAREN – NTH – 1917–
SAINT NICHOLAS
BROWN GOLD • 1952 • DOC
LEGER VAN GEHOUWEN STEEN, EEN • ARMY OF HEWN STONE, AN • 1957 • DOC
GEWONDE, DE • INJURED MAN, THE • 1966
KRANT, DE • 1968 • SHT

NOMIKOS GEORGE – GRC
STO KATOFLI TIS MIRAS • ON THE THRESHOLD OF FATE • 1967

NOMIKOS MARIE–ANTOINETTE – FRN
AMEDEE • 1978

NOMURA – JPN
DONTO OKOZE • 1959

NOMURA H. – JPN
KARABOTAN • COLLAR BUTTON • 1926

NOMURA HOTARO – JPN
DAKARETA HANAYOME • EMBRACED BRIDE • 1957

NOMURA KOSHO – JPN
AIGEN KATSURA • TREE OF LOVE • 1937
HEILIGE ZIEL, DAS • 1942
ZEKKAI NO RAJO • WOMAN BY THE LONELY SEA, THE • 1958
SEPPUN NO TANIMA • 1959

NOMURA TAKESHI – JPN
YOGIRI NO BURUSU • FOGGY NIGHT BLUES • 1963
COLT WA ORE NO PASSPORT • COLT IS MY PASSPORT • 1967
MOERU KUMO • BURNING CLOUDS • 1967
SENKETSU NO TOBA • BROKEN VOW, THE • 1968

NOMURA YOSHITARO – JPN
IZU NO ODORIKO • DANCING GIRLS OF IZU • 1954
BOMEI KI • REFUGEE • 1955
TAIYO WA HIBI NI ARATANATI • NEW EVERY DAY • 1955
HANAYOME WA DOKONI IRU • LOOK FOR YOUR BRIDE • 1956
HANAYOME BOSHUCHU • 1957
TOKYO HONGKONG NITSUGETSU RYOKO • TOKYO HONGKONG HONEYMOON • 1958
HAITOKU NO MESU • DOCTORS CONDEMNED • 1960
SAIGO NO KIRIFUDA • GRAVE TELLS ALL, THE • 1960
TOKYO–WAN • TOKYO BAY • 1962
HAIKEI TENNOHEIKA–SAMA • DEAR EMPEROR • 1963
GOBEN NO TSUBAKI • SCARLET CAMELIA • 1965
OHANAHAN • MISS ONANAHAN • 1966
AA KIMI GA AI • BARREN LOVE • 1967
ONNA NO ISSHO • VIE, UN • 1967
ONNATACHI NO NIWA • AFFAIR OF THE HEART • 1967
OTOKO NARA FURIMUKUNA • PACE THAT THRILLS, THE • 1967
HAKUCHU DODO • THIEVES' HOLIDAY • 1968
KAMISAMA NO KOIBITO • ANGEL'S LOVER • 1968
YOAKE NO FUTARI • RAINBOW OVER THE PACIFIC • 1968
KAGE NO KURUMA • SHADOW WITHIN, THE • 1970
SHOWA KARESUSUKI • ELEGY FOR OUR TIME • 1974
SUNA NO UTSUWA • CASTLE OF SAND, THE ○ VESSEL OF SAND, A • 1974
JIKEN • ACCIDENT, THE • 1977
YATSUHAKA–MURA • YATSUHAKA VILLAGE • 1977
KICHIKU • POSSESSED • 1978
HAITATSU SARENAI SANTSU NO TEGAMI • THREE LETTERS UNDELIVERED • 1979
FURUERU SHITA • TREMBLING TANG • 1981
VILLAGE OF EIGHT GRAVESTONES • 1982
GIWAKU • SUSPICION • 1983

NONGUET LUCIEN – FRN
CHAT BOTTE • PUSS IN BOOTS (USA) • 1902 • SHT
PASSION, LA • VIE DE JESUS, LA • 1902
DON QUICHOTTE • 1903
GUILLAUME TELL • 1903
GUERRE RUSSO–JAPONAISE, LA • 1904
ROMAN D'AMOUR • 1904
AU PAYS NOIR • TO THE BLACK LAND • 1905
DIX FEMMES POUR UN MARI • 1905
EVENEMENTS D'ODESSA, LES • CUIRASSE POTEMKIN, LE ○ BATTLESHIP POTEMKIN, THE ○ REVOLUTION IN RUSSIA ○ REVOLTE DU CUIRASSE POTEMKINE, LA • 1905
PASSION DE NOTRE–SEIGNEUR JESUS–CHRIST, LA • VIE ET LA PASSION DE JESUS–CHRIST, LA ○ LIFE AND PASSION OF CHRIST • 1905
PETITS VAGABONDS, LES • 1905
TROUBLES DE SAINT–PETERSBOURG, LES • 1905
A BIRIBI • 1906
C'EST ROULANT • 1906
CONSPIRATION SOUS HENRI III, UNE • 1906
DESERTEUR, LE • 1906
DESSOUS DE PARIS, LES • 1906
OBSESSION DE L'OR, L' • 1906
AFFAIRE DREYFUS, L' • 1907
ASSOMMOIR, L' • 1908
HISTOIRE D'UN CRIME • 1908
VICTIME DE SA PROBITE • 1908
VICTIMES DE L'ALCOOLISME, LES • 1910
VIE D'UN JOUEUR, LA • 1910

NOONAN CHRIS – ASL – 1952–
COULD IT HAPPEN HERE? • 1969 • SHT
GARBO • 1972 • SHT
LOVE AT FIRST SIGHT • 1973 • SHT
WEST HEAD • 1973 • DOC
BULLS • 1974 • SHT
PLACE WHERE BOOKS ARE KEPT, A • 1974 • DSS
SCHOOL IS NOT AN ISLAND, THE • 1974 • DOC
CYCLONE TRACY • 1975 • DCS
EDUCATION • 1975 • DOC
INDIA • 1976 • DSS
CASS • 1979 • TVM
STEPPING OUT • 1980 • DOC
FAMILIES IN CRISIS • 1982 • DOC
CONTRACT WITH CUPID, A • 1983 • MTV
VIETNAM • 1987 • MTV

NOONAN TOMMY – Actor – USA – 1922–1968
THREE NUTS IN SEARCH OF A BOLT • 1964

NOOR ROOMAI see **NOOR S. ROOMAI**

NOOR S. ROOMAI – MLY
NOOR ROOMAI
BAWANG PUTEH, BAWANG MERAH • WHITE ONION, RED ONION • 1958
HANTU RIMAU • 1959
BADANG

NOOTBAAR ERNST – GRM
GOTTIN, DIRNE UND WEIB • 1919

NORCHTEIN YOURI see **NORSHTEIN YURI**

NORD VICTOR – ISR
HAGAN • GARDEN, THE • 1977

NORDEEN ARTHUR – SWD
JOHAN • 1921

NORDEMAR OLLE – SWT
KON–TIKI • 1951 • DOC

NORDEN FRANCISCO – CLM
CAMILO EL CURA GUERILLERO • CAMILO THE GUERILLA PRIEST • 1973
Y SE LLAMARIA COLOMBIA • IT WILL BE CALLED COLOMBIA • 1978 • SHT
CONDORES NO ENTIERRAN TODOS LOS DIAS • MAN OF PRINCIPLE, A • 1985
KANTUS, THE FINAL VOYAGE • 1989
QUE LINDO ES PARIS • PARIS IS SO LOVELY • 1989

NORDENSTROM HANS - SWD
DAG I STADEN, EN • DAY IN THE CITY, A • 1956
ENLIGT LAG • ACCORDING TO THE LAW ○ LIGT LAG, EN ○ ACCORDING TO LAW • 1957

NORDHAUS GOSTA - GRM
HINEIN! • 1936
HINUNTER • 1936
SPANISCHE INSELN IM MITTELMEER • SPANISH ISLANDS OF THE MEDITERRANEAN, THE • 1936

NORDIN VERA - SWD
PIANOLEKTIONEN • PIANO LESSON, THE • 1966

NORDLUND SOLVEIG - PRT
DINA E DJANGO • DINA AND DJANGO • 1982

NORDON VINCENT - FRN - 1950-
GUERRES CIVILES EN FRANCE • 1976
PARIS VU PAR.. 20 ANS APRES • SIX IN PARIS • 1984

NOREN ANDREW - USA
SAY NOTHING • SHT
UNCLEAN, THE • 1967
KODAK GHOST POEMS -PART 1: THE ADVENTURES OF THE EXQUISITE CORPSE • 1968

NORGAARD BJORN - DNM
NADVEREN • 1970

NORIEGA HOPE CARLOS - MXC
HOPE CARLOS NORIEGA
CHICOS DE LA PRENSA, LOS • 1921
GRAN NOTICIA, LA • 1921

NORIEGA MANUEL - SPN
MADRID EN EL ANO 2000 • MADRID IN THE YEAR 2000 • 1925
CRIMEN DEL EXPRESO, EL • 1938

NORLAND TOM M. - UKN
COMMUTER, THE • 1967

NORLING J. A. - USA
SKY SPLITTER, THE • 1922 • SHT

NORMAN BEN - ITL
ESCAPE FROM GALAXY 3 • 1986

NORMAN LESLIE - UKN - 1911-
TOO DANGEROUS TO LIVE • 1939
NIGHT MY NUMBER CAME UP, THE • 1955
X THE UNKNOWN • 1956
SHIRALEE, THE • 1957
DUNKIRK • 1958
SUMMER OF THE 17TH DOLL • SEASON OF PASSION (USA) • 1959
LONG AND THE SHORT AND THE TALL, THE • JUNGLE FIGHTERS (USA) • 1960
SPARE THE ROD • 1961
MIX ME A PERSON • 1962
LOST CONTINENT, THE • PEOPLE OF ABRIMES, THE • 1968
PERSUADERS: SPORTING CHANCE, THE • SPORTING CHANCE • 1972 • MTV

NORMAN ROBERT - USA
ANYONE BUT MY HUSBAND • 1975

von NORMAN ROGER - GRM
SPIEL IM SOMMERWIND • PLAY IN THE SUMMER BREEZES (USA) • 1938
FREMDE FRAU, DIE • 1939
HIMMELHUNDE • 1942
MOSELFAHRT MIT MONIKA • 1944
DERBY • 1949

NORMAN RON - USA - 1950-
DEATH, A • 1979
VT • 1980
RENNIE • 1982
HORIZONS • 1983

NORMAND MABEL - Actress - USA - 1894-1930
TOMBOY BESSIE • 1912
CAUGHT IN A CABARET • JAZZING WITH SOCIETY ○ JAZZ WAITER ○ WAITER, THE ○ FAKING WITH SOCIETY • 1914
HER FRIEND THE BANDIT • MABEL'S FLIRTATION ○ THIEF CATCHER, A • 1914
MABEL AT THE WHEEL • HIS DAREDEVIL QUEEN ○ HOT FINISH • 1914
MABEL'S BUSY DAY • CHARLIE AND THE SAUSAGES ○ LOVE AND LUNCH ○ HOT DOGS • 1914
MABEL'S MARRIED LIFE • WHEN YOU'RE MARRIED ○ SQUAREHEAD, THE • 1914
MABEL'S NEW JOB • 1914
FATTY AND MABEL VIEWING THE WORLD'S FAIR AT SAN FRANCISCO • 1915
MABEL, FATTY AND THE LAW • 1915
MABEL LOST AND WON • 1915
MABEL'S AND FATTY'S MARRIED LIFE • 1915
MABEL'S AND FATTY'S SIMPLE LIFE • FATTY AND MABEL'S SIMPLE LIFE ○ MABEL AND FATTY'S SIMPLE LIFE • 1915
MABEL'S AND FATTY'S WASH DAY • 1915
MABEL'S WILFUL WAY • 1915
WISHED ON MABEL • 1915

NORONHA JOSE ROBERTO - BRZ
ELAS • 1970

NORRIS AARON - USA
BRADDOCK: MISSING IN ACTION III • MISSING IN ACTION 3 • 1988
PLATOON LEADER • 1988
DELTA FORCE II: AMERICA'S RED ARMY • 1989

NORRIS ALEXANDER M. see **NOSSECK MAX**

NORSHSTEIN YURI see **NORSHTEIN YURI**

NORSHTEIN YURI - Animator - USS - 1942-
NORSHSTEIN YURI • NORCHTEIN YOURI
25 OCTOBER, FIRST DAY • 1968 • ANM
CRANE AND HERON • HERON AND THE CRANE, THE • ANM
HEDGEHOG IN THE FOG • HEDGEHOG IN THE MIST • ANM
BATTLE UNDER THE WALLS OF KERCHENETZ • 1971 • ANM
FOX AND HARE • VIXEN AND THE HARE, THE • 1973 • ANM
TALE OF TALES, THE • 1980 • ANM

NORTA YRJO - FNL
RYKMENTIN MURHEENKRYYNI • 1938

NORTH WILFRED - USA
BUNNY AS A REPORTER • 1913
BUNNY FOR THE CAUSE • 1913
BUNNY TAKES A DIP INTO SOCIETY OR BUNNY AND THE BUNNY HUG • 1913
BUNNY VERSUS CUTEY • 1913
BUNNY'S BIRTHDAY SURPRISE • 1913
BUNNY'S DILEMMA • 1913
BUNNY'S HONEYMOON • 1913
CARPENTER, THE • 1913
CAUGHT COURTING • 1913
CLOWN AND THE PRIMA DONNA, THE • 1913
CUPID'S HIRED MAN • 1913
DISCIPLING BABY • 1913
FEUDISTS, THE • 1913
FORTUNE, THE • 1913
FORTUNE'S TURN • 1913
HIS HOUSE IN ORDER OR THE WIDOW'S QUEST • 1913
HIS TIRED UNCLE • 1913
HUBBY'S TOOTHACHE • 1913
INTRUDER, THE • 1913
LIFE SAVER, THE • 1913
LOVE'S QUARANTINE • 1913
MATRIMONIAL MANOEUVRES • 1913
MILLINERY BOMB, A • 1913
MYSTERY OF THE SILVER SKULL, THE • 1913
ONE GOOD JOKE DESERVES ANOTHER • 1913
ONLY WAY, THE • 1913
OUT OF THE STORM • 1913
SEEING DOUBLE • 1913
STREET SINGERS, THE • 1913
WHEN SOCIETY CALLS • 1913
WHEN WOMEN GO ON THE WARPATH • 1913
ACCOMPLISHED MRS. THOMPSON, THE • 1914
ART FOR A HEART • 1914
ARTHUR TRUMAN'S WARD • 1914
AWAKENING OF BARBARA DARE, THE • 1914
BOYS OF I.O.U., THE • 1914
BREAD UPON THE WATERS • 1914
CHICKEN INSPECTOR, THE • 1914
CLOSE CALL, A • 1914
DOCTOR POLLY • 1914
EVE'S DAUGHTER • 1914
FANNY'S MELODRAMA • 1914
IN THE LAND OF ARCADIA • 1914
LADIES' WAR, THE • 1914
LILLIAN'S DILEMMA • 1914
LILY OF THE VALLEY • 1914
LOST CORD, THE • 1914
LOVE, LUCK AND GASOLINE • 1914
METHODS OF MARGARET, THE • 1914
MISS TOMBOY AND FRECKLES • 1914
PERSISTENT MR. PRINCE, THE • 1914
WINNING TRICK, THE • 1914
BATTLE CRY OF PEACE, THE • CALL TO ARMS AGAINST WAR, A • 1915
BREAKING IN • 1915
CAPITULATION OF THE MAJOR, THE • 1915
DIMPLES AND THE RING • 1915
DIMPLES, THE AUTO SALESMAN • 1915
GUTTERSNIPE, THE • 1915
HEARTS AND THE HIGHWAY • 1915
HONEYMOON PACT, THE • 1915
LIFTING THE BAN OF COVENTRY • 1915
LILLIAN'S HUSBANDS • 1915
LILY IN BOHEMIA, A • 1915
LITTLE DOLL'S DRESSMAKER, THE • 1915
LOVE WHIP, THE • 1915
"MODEL" WIFE, A • 1915
PEGGY OF FIFTH AVENUE • 1915
PHILANTHROPIC TOMMY • 1915
PLAYING THE GAME • 1915
SHABBIES, THE • 1915
SILENT W, THE • 1915
TO SAVE HIM FOR HIS WIFE • 1915
BLUE ENVELOPE MYSTERY, THE • 1916
DOLLAR AND THE LAW, THE • 1916
GREEN STOCKINGS • 1916
HESPER OF THE MOUNTAINS • 1916
KID, THE • 1916
LONELIES, THE • 1916 • SHT
MRS. DANE'S DANGER • 1916
ORDEAL OF ELIZABETH, THE • 1916
SALVATION JOAN • 1916
CLOVER'S REBELLION • 1917
DIMPLE'S BABY • 1917 • SHT
DIMPLES, THE DIPLOMAT • 1917 • SHT
INDISCRETION • 1917
KITTY MACKAY • 1917
SALLY IN A HURRY • 1917
OVER THE TOP • 1918
HUMAN DESIRE, THE • 1919
MIND-THE-PAINT GIRL, THE • MIND THE PAINT GIRL • 1919
UNDERCURRENT, THE • 1919
OIL • LIQUID GOLD • 1920
HIS BROTHER'S KEEPER • 1921
LUCKY CARSON • 1921
MILLIONAIRE FOR A DAY, A • 1921

NORTHCOTE SIDNEY - UKN
NORTHCOTE SIDNEY W. • NORTHCOTE SYDNEY
BELLE OF BETTWS-Y-COED, THE • BELLE OF NORTH WALES, THE (USA) • 1912
CORNISH ROMANCE, A • 1912
FISHERGIRL OF CORNWALL, THE • 1912
PEDLAR OF PENMAENMAWR, THE • 1912
SAVED BY FIRE • 1912
SMUGGLER'S DAUGHTER OF ANGLESEA, THE • 1912
THROUGH DEATH'S VALLEY • 1912
TRAGEDY OF THE CORNISH COAST, A • 1912
WITCH OF THE WELSH MOUNTAINS, THE • 1912
DETECTIVE DARING AND THE THAMES COINERS • 1914
KING OF CRIME, THE • 1914
MARY THE FISHERGIRL • 1914
TROUBLES OF AN HEIRESS, THE • 1914
MONKEY'S PAW, THE • 1915
VERDICT OF THE SEA • 1932

NORTHCOTE SIDNEY W. see **NORTHCOTE SIDNEY**

NORTHCOTE SYDNEY see **NORTHCOTE SIDNEY**

NORTON B. W. L. - USA - 1943-
NORTON BILL L.
CISCO PIKE • 1972
GARGOYLES • 1972 • TVM
MORE AMERICAN GRAFFITI • PURPLE HAZE (UKN) • 1979
BABY • BABY.. SECRET OF THE LOST LEGEND • 1984
NAM: TOUR OF DUTY • KILLZONE: TOUR OF DUTY, THE ○ TOUR OF DUTY • 1987
THREE FOR THE ROAD • 1987
TOUR OF DUTY 2: UNDER SIEGE • 1987
TOUR OF DUTY 3: THE HILL • 1987
TOUR OF DUTY 4: THE KILL ZONE • 1988

NORTON BILL L. see **NORTON B. W. L.**

NORTON C. GOODWIN - UKN
CHILDREN DANCING • 1897
COUNTRY CATTLE SHOW, A • AGRICULTURAL SHOW • 1897
COUNTRY SPORTS • SPORTS MEETING • 1897
FOUNDLING HOSPITAL SPORTS DAY • CHILDREN'S SPORTS • 1897
RAILWAY TRAFFIC ON THE L.N.W.R. • TRAIN ENTERING A STATION • 1897
VINOLIA SOAP • GIRLS PACKING SOAP • 1897
GOOD NIGHT • 1898
BILL POSTER, THE • 1899
DANCING NIGGERS • 1899
EXPRESSIONS • 1899
FIRE BRIGADE TURN-OUT IN THE COUNTRY • COUNTRY FIRE BRIGADE • 1899

NORTON CHARLES - USA
NO HARD FEELINGS • 1989

NOSLER LLOYD - USA
MAN FROM DEATH VALLEY, THE • 1931
GALLOPING THRU • 1932
SINGLE-HANDED SANDERS • WYOMING (UKN) • 1932
SON OF THE BORDER • 1933

NOSOV P. - USS
THREE SACKS OF CUNNING • 1955 • ANS
GURGLE, GURGLE, LITTLE BROOK • 1963 • ANS

van der NOSS RUDOLF - GRM
AUFFORDERUNG ZUM TANZ • INVITATION TO THE DANCE (USA) ○ WEG CARL MARIA VON WEBERS, DER • 1935
MANN MIT DER PRANKE, DER • 1935
GEHEIMNIS EINES ALTEN HAUSES • 1936
SEIN LETZTES MODELL • 1937
POLIZEIFUNK MELDET, DER • 1939
ZWIELICHT • 1940

NOSSECK MARTIN - GRM
...UND IMMER RUFT DAS HERZ • MOONWOLF (USA) ○ ZURUCK AUS DEM WELTALL ○ AVARUUSRAKETILLA RAKKAUTEEN • 1958
MOON WOLF • 1959

NOSSECK MAX - PLN - 1902-1972
NORRIS ALEXANDER M.
UM DIE WELT OHNE GELD • 1927
LIEBESKLEEBLATT • 1930
TANZ INS GLUCK, DER • 1930
SCHLEMIHL, DER • 1931
EINMAL MOCHT' ICH KEINE SORGEN HABEN • 1932
ES GEHT UM ALLES • 1932
ALEGRE VOY! • 1934
GADO BRAVO • 1934
ROI DES CHAMPS-ELYSEES, LE • 1934
PONDEROSO CABALLERO • 1935
SEMANA DE FELICIDAD, UNA • ONE WEEK OF HAPPINESS • 1935
GIRLS UNDER 21 • 1940
OVERTURE TO GLORY • 1940
GAMBLING DAUGHTERS • 1941
BRIGHTON STRANGLER, THE • 1945
DILLINGER • 1945
BLACK BEAUTY • 1946
RETURN OF TIN-TIN-TIN, THE • 1947
KILL OR BE KILLED • 1950
HOODLUM, THE • 1951
KOREA PATROL • 1951
BODY BEAUTIFUL • 1953
HAUPTMANN UND SEIN HELD, DER • 1955
LIEBESLEBEN DES SCHONEN FRANZ, DAS • 1956
SINGING IN THE DARK • 1956
...UND WER KUSST MICH? • HERZ UND EINE SEELE, EIN • 1956
GARDEN OF EDEN • 1957
GESCHMINKTE JUGEND • 1960

NOSSECK NOEL - USA
BEST FRIENDS • 1973
LAS VEGAS LADY • RAID ON CAESARS • 1976
YOUNGBLOOD • 1978
DREAMER • 1979
KING OF THE MOUNTAIN • 1981
RETURN OF THE REBELS • 1981 • TVM
FIRST TIME, THE • 1982 • TVM
NIGHT PARTNERS • 1983 • TVM
SUMMER FANTASY • 1984 • TVM
STARK: MIRROR IMAGE • 1986 • TVM
DIFFERENT AFFAIR, A • 1987 • TVM
ROMAN HOLIDAY • 1987 • TVM
SEX TAPES SCANDAL, THE • 1989

NOSSEN HERBERT - GRM
WIR HALTEN FEST UND TREU ZUSAMMEN • 1929

NOSTRO NICK see **IQUINO IGNACIO F.**

NOSYRYEV L. - USS
ANTONKA • 1969 • ANS

NOTZ THIERRY - USA
TERROR WITHIN, THE • 1989

NOUR NAZLI - UKN
ALONE WITH THE MONSTERS • 1958 • SHT

NOURSE ALAN - USA
BORN OF MAN AND WOMAN • 1954 • SHT

NOUSIAINEN HEIKKI – FNL
SAAT EL TAHRIR DAKKAT BARRA YA ISTI'MAR • HEURE DE LA LIBERATION A SONNE, L' ○ HOUR OF THE LIBERATION HAS SOUNDED, THE ○ TIME OF LIBERATION HAS COME, THE ○ DAMNED RADICALS • 1974

NOVAK BLAINE – USA
GOOD TO GO • SHORT FUSE • 1986

NOVAK HARRY – USA
SEXUAL LIFE OF FRANKENSTEIN, THE • 1970
DIRTY MIND OF YOUNG SALLY, THE • INNOCENT SALLY • 1972

NOVAK ILYA – Animator – CZC
JEHO EXCELENCE • HIS EXCELLENCY
VESELE VANOCE ANEB KARLIKOVO ZIMNI DOBRODRUZSTVI • MERRY CHRISTMAS OR KARLIK'S WINTER ADVENTURE • ANM
VIRTUOS • VIRTUOSO • ANM

NOVAK IVO – CZC – 1918–
STENATA • PUPPIES • 1957
MAIN PRIZE • 1958
ZALOBNICI • TELLTALES • 1960
ZELENE OBZORY • GREEN HORIZONS • 1962
NA LANE • ON THE TIGHTROPE ○ ON A TIGHTROPE • 1963
DRUMS • 1964
ZLOCIN V DIVCI SKOLE • CRIME AT THE GIRLS' SCHOOL ○ CRIME IN THE GIRLS' SCHOOL ○ CRIME AT A GIRLS' SCHOOL • 1965
BYZANTINE MERCHANT'S TREASURE, THE • 1967
MARATON • MARATHON, THE • 1968
PULNOCNI KOLONA • MIDNIGHT TRAIN • 1972
LETO S KOVBOJEM • SUMMER WITH A COWBOY • 1977

NOVAKOVIC RADOS – YGS
SOFKA • 1948
DECAK MITA • 1951
DALEKO JE SUNCE • SUN IS FAR AWAY, THE • 1953
KRVAVI PUT • BLOODY ROAD, THE ○ BLODVEIEN • 1955
PESMA • POEM, THE • 1961
OPERACIJA TICIJAN • OPERATION TITAN • 1963
BEKSTVA • ESCAPES • 1968

NOVARO ENRICO – ITL
ITALIANI ALL'INFERNO • 1960 • DOC

NOVARO MARIA – MXC
AZUL CELESTE • SKY BLUE • 1990
LOLA • 1990

NOVARO TITO – MXC
ROBO DE LAS MOMIAS DE GUANAJUATO, EL • THEFT OF THE MUMMIES OF GUANAJUATO, THE • 1972

NOVARRO RAMON – Actor – MXC – 1899–1968
CHANTEUR DE SEVILLE, LE • SEVILLE DE MES AMOURS • 1930
SEVILLA DE MIS AMORES • SINGER OF SEVILLE, THE ○ SEVILLANA, LA • 1930
CONTRA LA CORRIENTE • 1936

NOVELLI AMLETO – Actor – ITL – 1881–1924
ROSA DI TEBE • ROSE OF THEBES, THE • 1912

NOVELLI ENRICO – ITL – 1876–1943
YAMBO
PHEDRE • 1908
RHEA SYLVIA • 1908
SAPHO • 1908
CROCIFISSO DI OTTONE, IL • 1909
OTELLO • OTHELLO • 1909
MATRIMONIO INTERPLANETARIO, UN • MARRIAGE IN THE MOON, A ○ INTERPLANETARY WEDDING, AN • 1910
MILLE CHILOMETRI PER UNA LETTERA • 1910
HIC NAIR GENTLEMAN CAMBRIOLEUR • 1911

NOVELLO UGO – ITL
TESTA IN GIU.. GAMBE IN ARIA • 1973

NOVEMBRE ADRIEN – FRN
WEEK-ENDS DE CAROLINE, LES • 1980

NOVIK WILLIAM – TRK – 1922–
IMAGES MEDIEVALES • PICTURES OF THE MIDDLE AGES • 1949 • SHT
AGE DES MACHINES, L' • 1950 • SHT
ROUTE DES EPICES, LA • 1950 • SHT
A LA CONQUETE DE L'OR • 1952 • SHT
FIN ET LES MOYENS, LA • 1953 • SHT
SI VOUS CHERCHEZ UN LOGEMENT • 1953 • SHT
U 235 • 1954 • SHT
SUMMER • 1955 • SHT
ORIENTAL HERITAGE • 1956 • SHT
VISITE AU PARADIS • 1958 • SHT
FOURS FAIMBIERS • 1959 • SHT

NOVOTNY ANTONIN – CZC
STAVITEL CHRAMU • BUILDER OF THE CATHEDRAL, THE ○ CATHEDRAL BUILDER, THE • 1919

NOVOTNY FRANZ – AUS
EXIT –NUR KEINE PANIK! • EXIT –NO PANIC! ○ EXIT.. BUT DON'T PANIC! • 1980
AUSGESPERRTEN, DIE • EXCLUDED, THE • 1982
COCONUTS • 1985
SPITZEN DER GESELLSCHAFT, DIE • 1990

NOVY MILOS – CZC
YORICKOVA LEBKA • YORICK'S SKULL • 1919

NOWAK KRZYSZTOF – PLN
WHAT TIGERS LIKE BEST • 1989

NOWAK WOJCIECH – PLN
SMIERC DZIECIOROBA • DEATH OF A KIDMAKER • 1990

NOWICKI BOGDAN – Animator – PLN
SHAH'S MAGIC BEARD, THE • 1967 • ANM

NOWICKI MAREK – PLN
PROFESOR ZAZUL • 1962 • SHT
PRZYJACIEL • FRIEND, THE • 1963 • SHT
WIDZIADLO • APPEARANCE • 1984

NOWINA-PRZYBYLSKI JAN – PLN
PRZYBYLSKI JAN NOWINA
PRZYSIEGLAS • 1932
MARYJKA • 1934
MANEWRY MILOSNE • 1936
PURIMSPIELER, DER • 1937
YIDL MITN FIDL • JUDEL GRA NA SKRZYPKACH ○ YIDDLE WITH HIS FIDDLE • 1937

NOWLAND EUGENE – USA
ACCORDING TO THEIR LIGHTS • 1915
BOSTON TEA PARTY, THE • 1915
BRAND OF CAIN, THE • SCAR OF CONSCIENCE, THE • 1915
BREAKS OF THE GAME, THE • 1915
MCQUADE OF THE TRAFFIC SQUAD • 1915
VALKYRIE, THE • 1915
WON THROUGH MERIT • 1915
BIRD OF PREY, A • THIEF IN THE NIGHT, A • 1916
FLIGHT OF THE DUCHESS, THE • 1916
IN THE NAME OF THE LAW • 1916 • SHT
MISS DECEPTION • 1917
PEG O' THE SEA • 1917
THREADS OF FATE • 1917

NOWYTSKI SLAVKO – CND
HARVEST OF DESPAIR • 1986 • DOC

NOXON G. F. – UKN
CAMBRIDGE • 1932 • DOC

NOXON GERALD – CND
UN DU 22ieme • 1940 • DCS

NOXON NICOLAS – USA
BIRDS DO IT.. BEES DO IT.. • 1974 • DOC

NOY WILFRED – UKN
DADDY'S LITTLE DIDUMS DID IT • 1910
DR. BRIAN PELLIE, THIEF AND COINER • 1910
FATHER AND SON • 1910
JEALOUS CAVALIER, THE • 1910
PARTED TO MEET AGAIN • 1910
WOMAN'S FOLLY, A • 1910
COWARD, THE • 1911
DADDY'S DIDUMS AND THE TALE OF THE TAILOR • 1911
DADDY'S DIDUMS AND THE UMBRELLA • 1911
DADDY'S LITTLE DIDUMS AND THE NEW BABY • 1911
DIDUMS AND THE BATHING MACHINE • 1911
DIDUMS AND THE CHRISTMAS PUDDING • 1911
DIDUMS AND THE HADDOCK • 1911
DR. BRIAN PELLIE AND THE BANK ROBBERY • 1911
DR. BRIAN PELLIE AND THE BARONET'S BRIDE • 1911
FALSE FRIEND, A • 1911
FINGER OF FATE, THE • 1911
HER GUARDIAN • 1911
LADY LUCY RUNS AWAY • 1911
LURE OF LONDON, THE • 1911
MAUD • 1911
MIRACULOUS RECOVERY, A • 1911
SAILOR'S BRIDE, A • 1911
SERGEANT'S DAUGHTER, THE • 1911
SISTERS, THE • 1911
SOLDIER AND A MAN, A • 1911
SPORTING OFFER, A • 1911
STRIKE LEADER, THE • 1911
AFRIKANDER GIRL, AN • 1912
AT THE HOUR OF THREE • 1912
BUSINESS IS BUSINESS • 1912
DIDUMS AND A POLICEMAN • 1912
DIDUMS AND THE MONKEY • 1912
DIDUMS AS AN ARTIST • 1912
DIDUMS ON HIS HOLIDAYS • 1912
DR. BRIAN PELLIE AND THE SPANISH GRANDEES • 1912
DR. BRIAN PELLIE ESCAPES FROM PRISON • 1912
EYE OF THE IDOL, THE • 1912
FLOODED MINE, THE • 1912
FOR HER MOTHER'S SAKE • 1912
FORCED CONFESSION, THE • 1912
GAMEKEEPER'S REVENGE, THE • 1912
LORNA DOONE • 1912
NEW HOUSEKEEPER, THE • WANTED A HOUSEKEEPER • 1912
NORAH'S DEBT OF HONOUR • 1912
PARTNERS • 1912
ROUGH DIAMOND, A • 1912
SHARP PRACTICE • 1912
BEHIND THE SCENES • 1913
CLARENDON SPEAKING PICTURES • 1913 • SER
COMING HOME • 1913
CONVENT GATE, THE • 1913
DADDY'S DIDUMS AND THE BOX TRICK • 1913
DAGOBERT THE JESTER • 1913
FACE TO FACE • 1913
FREDA'S PHOTO • 1913
GARDENER'S DAUGHTER, THE • 1913
GIGANTIC MARIONETTES • 1913
HAND OF A CHILD, THE • 1913
HERE SHE GOES AND THERE SHE GOES • 1913
HOUSE OF MYSTERY, THE • 1913
KING CHARLES • 1913
LITTLE VULGAR BOY, A • 1913
MR. PICKWICK IN A DOUBLE BEDDED ROOM • 1913
MRS. CORNEY MAKES TEA • 1913
PHIL BLOOD'S LEAP • 1913
PICKWICK VERSUS BARDELL • 1913
PRIDE OF BATTERY B, THE • 1913
ROGUES OF THE TURF • 1913
STRONG MAN'S LOVE, A • 1913
FAMILY SOLICITOR, THE • 1914
GARDENER'S DAUGHTER, THE • 1914
HEROINE OF MONS, THE • 1914
IN PEACE AND WAR • 1914
LOVE OF AN ACTRESS, THE • 1914
OLD ST. PAULS • WHEN LONDON BURNED (USA) • 1914
PASSIONS OF MEN, THE • 1914
SECRET LIFE, A • 1914
SOUTHERN BLOOD • 1914
WRECK AND RUIN • 1914
GREAT BANK SENSATION, THE • 1915
GREAT MOTOR BUS OUTRAGE, THE • 1915
GUEST OF THE REGIMENT, THE • 1915
IN SEARCH OF A HUSBAND • 1915
IN THE BLOOD • 1915
IVORY HAND, THE • 1915
LOCKET, THE • 1915
MASTER OF MERRIPIT, THE • 1915
NIGHT AND MORNING • 1915
OUTPOST, THE • 1915
SEVENTH WORD, THE • 1915
UNDER THE GERMAN YOKE • 1915
UNDER THE RED ROBE • 1915
VERDICT OF THE HEART, THE • 1915
WHEN EAST MEETS WEST • 1915
WHEN PASSIONS RISE • 1915
ALL THROUGH BETTY • 1916
BETTY'S NIGHT OUT • 1916
FIVE WISHES, THE • 1916
HONOUR AMONG THIEVES • 1916
INTERRUPTED HONEYMOON, THE • 1916
IT'S ALWAYS THE WOMAN • 1916
LITTLE BREADWINNER, THE • 1916
LITTLE DAMOZEL, THE • 1916
MORE TO HIM THAN LIFE • 1916
NEW GIRL, THE • 1916
ON THE BANKS OF ALLAN WATER • 1916
PRINCESS OF THE BLOOD, A • 1916
QUEEN MOTHER, THE • 1916
ASTHORE • 1917
HOME SWEET HOME • 1917
LOST CHORD, THE • 1917
MASTER OF MEN, A • 1917
SISTER SUSIE'S SEWING SHIRTS FOR SOLDIERS • 1917
AVE MARIA • 1918
SPINNER OF DREAMS • 1918
WHAT WOULD A GENTLEMAN DO? • 1918
AS HE WAS BORN • 1919
CASTLE OF DREAMS • 1919
FACE AT THE WINDOW, THE • 1920
INHERITANCE • 1920
MARRIAGE LINES, THE • 1921
LITTLE MISS NOBDOY • 1923
TEMPTATION OF CARLTON EARLYE, THE • 1923
LOST CHORD, THE • 1925
MIDNIGHT GIRL, THE • 1925
EAGER LIPS • 1927
SPIDER WEBS • 1927
DEVIL'S CAGE, THE • GIRL IN THE RAIN, THE (UKN) • 1928
CIRCUMSTANTIAL EVIDENCE • 1929
FATHER O'FLYNN • 1935
MELODY OF MY HEART • 1936
WELL DONE, HENRY • 1937

NOYCE PHIL – ASL – 1950–
NOYCE PHILIP
BETTER REIGN IN HELL • 1968 • SHT
INTERSECTION • 1970 • SHT
JUST A LITTLE NOTE • 1970 • SHT
GOOD AFTERNOON • 1971 • DOC
MEMORIES • 1971 • SHT
SUN • 1971 • SHT
CARAVAN PARK • 1973 • SHT
THAT'S SHOWBIZ • 1973 • SHT
WHO ARE THESE PEOPLE AND WHAT ARE THESE FILMS? • 1973 • DOC
CASTOR AND POLLUX • 1974 • DOC
RENEGADES • 1974 • DOC
AMY • 1976 • DCS
GOD KNOWS WHY BUT IT WORKS • DR. K. • 1976 • SHT
GREG • 1976 • DCS
LET THE BALLOON GO SUPPORT PROGRAMME • 1976 • SHT
MICK • 1976 • DCS
BACKROADS • 1977
BRAD • 1977 • DCS
DISCO • 1977 • DCS
MICK REVISITED • 1978 • DCS
NEWSFRONT • 1978
TAPAK DEWATA • 1978 • DOC
TULAU DEWATA • 1978 • DOC
BALI • 1979 • DOC
FACT AND FICTION • 1980 • DOC
THREE VIETNAMESE STORIES • 1980 • DOC
HEATWAVE • 1981
UMBRELLA MAN, THE • 1982
SURVIVAL • 1983 • DOC
DEAD-TIME STORIES: VOLUME 1 • DEAD TIME STORIES • 1985
PROMISES TO KEEP • 1986
SHADOW OF THE PEACOCK • 1987
DEAD CALM • 1988
BLIND FURY • 1989
ECHOES OF PARADISE • 1989

NOYCE PHILIP see **NOYCE PHIL**

NOYES ELIOT – USA
NOYES ELIOT JR.
CLAY • ORIGIN OF THE SPECIES, THE • 1965 • ANS
ALPHABET • 1967 • ANS
IN A BOX • 1969 • ANS

NOYES ELIOT JR. see **NOYES ELIOT**

NUBBAR ALEX – FRN – 1940–
AMOUR A LA BOUCHE, L' • 1974

NUCCI FRANCO – ITL
GIUDICE E LA MINORENNE, IL • 1974

NUCHTERN SIMON – USA
GIRL GRABBERS, THE • 1968
TO HEX WITH SEX • HEX WITH SEX, THE • 1969
COWARDS • 1970
BROAD COALITION, THE • 1972
WHAT DO I TELL THE BOYS AT THE STATION? • 1972
BODYGUARD, THE • 1976
NEW YORK NIGHTS • 1984
SILENT MADNESS • NIGHT KILLER ○ OMEGA FACTOR • 1984
SAVAGE DAWN • 1985

NUDAMKO SACHA – FRN
PARTIES FINES • 1977

NUGENT ELLIOTT – USA – 1899–1980
LIFE BEGINS • DAWN OF LIFE, THE (UKN) • 1932
MOUTHPIECE, THE • 1932
WHISTLING IN THE DARK • SCARED! (UKN) • 1932
IF I WERE FREE • BEHOLD WE LIVE (UKN) • 1933

THREE-CORNERED MOON • 1933
SHE LOVES ME NOT • 1934
STRICTLY DYNAMITE • PHANTOM FAME • 1934
TWO ALONE • WILD BIRDS • 1934
COLLEGE SCANDAL • CLOCK STRIKES EIGHT, THE (UKN) • 1935
ENTER MADAME • 1935
LOVE IN BLOOM • WIN OR LOSE • 1935
SPLENDOR • 1935
AND SO THEY WERE MARRIED • 1936
WIVES NEVER KNOW • 1936
GIVE ME A SAILOR • 1938
IT'S ALL YOURS • 1938
PROFESSOR BEWARE • 1938
CAT AND THE CANARY, THE • 1939
NEVER SAY DIE • 1939
NOTHING BUT THE TRUTH • 1941
MALE ANIMAL, THE • 1942
CRYSTAL BALL, THE • 1943
UP IN ARMS • 1944
MY FAVORITE BRUNETTE • 1947
WELCOME STRANGER • 1947
MY GIRL TISA • 1948
GREAT GATSBY, THE • 1949
MR. BELVEDERE GOES TO COLLEGE • 1949
SKIPPER SURPRISED HIS WIFE, THE • 1950
MY OUTLAW BROTHER • MY BROTHER, THE OUTLAW • 1951
JUST FOR YOU • 1952

NUGENT JOHN CHARLES – Actor – USA – 1868–1947
ROUNDER, THE • 1930

NUNES JOSE MARIA – PRT – 1930–
MANANA • 1957
NO DISPARES CONTRA MI • 1961
ALTERNATIVA, LA • 1962
SILENCIO • 1962
SUPERSPETTACOLI NEL MUNDO • SUPERESPECTACULOS DEL MUNDO (SPN) • 1962
BIOTAXIA • 1967
NOCHE DE VINO TINTO • NIGHT OF THE RED WINE • 1968
SEXPERIENCIAS • 1968
ICONOCKAUT • 1975
AUTOPISTA A-2-7 • 1977

NUNEZ INAKI – SPN – 1953–
TOQUE DE QUEDA • CURFEW ○ HOUR OF CONFINEMENT • 1978

NUNEZ PABLO – SPN
MUSICOS • MUSICIANS • 1971 • ANS

NUNEZ RICARDO – SPN – 1906–
MADRE ALEGRIA • 1950
CHICA DEL BARRIO, LA • 1955
MALAGUENA • 1956
TREMOLINA • 1956
LO QUE CUESTA VIVIR • 1957
DETECTIVE CON FALDAS • 1961

NUNEZ SANTOS – SPN – 1918–
ASI ES GALICIA • 1964

NUNEZ SERGIO – CUB
16 ANOS DESPUES • SIXTEEN YEARS LATER • 1979 • DOC

NUNEZ VICTOR – USA
GAL YOUNG UN • 1979
FLASH OF GREEN, A • 1984

NUNN TREVOR – UKN – 1940–
HEDDA • 1975
LADY JANE • 1985

NUPEN CHRISTOPHER – UKN
ITZHAK PERLMAN, VIRTUOSO VIOLINIST • I KNOW I PLAYED EVERY NOTE • 1978

NUREYEV RUDOLPH – Dancer – USS
DON QUIXOTE • 1973

NURZYNSKI ANTONI – PLN
SOMNAMBULICY • SOMNAMBULISTS • 1957 • SHT

NUSSBAUM RAPHAEL – GRM
BLAZING SAND • 1960
VOM ZAREN BIS ZU STALIN • 1961
UNSICHTBARE, DER • INVISIBLE TERROR, THE (USA) ○ INVISIBLE MAN, THE • 1963
HA'MATARAH TIRAN • SINAI COMMANDOS (USA) ○ 6-TAGE-KRIEG, DER (FRG) ○ SCHATTEN UBER TIRAN-KOMMANDO SINAI ○ MISSION TIRAN • 1968
PETS • SUBMISSION (UKN) • 1973

AMOROUS ADVENTURES OF DON QUIXOTE & SANCHO PANZA, THE • WHEN SEX WAS A KNIGHTLY AFFAIR (UKN) ○ SUPERKNIGHTS ○ SUPERKNIGHT • 1976
PRIVATE ROAD • PRIVATE ROAD: NO TRESPASSING ○ NO TRESPASSING • 1987
W.A.R. WOMEN AGAINST RAPE • 1987
DEATHBLOW • 1988

NUSSGRUBER RUDOLF – AUS
SONNENSCHEIN UN WOLKENBRUCH • 1955
FLYING CLIPPER -TRAUMREISE UNTER WEISSEN SEGELN • MEDITERRANEAN HOLIDAY (USA) • 1962
HEUTE KUNDIGT MIR MEIN MANN • 1962

NUTI FRANCESCO – ITL
TUTTA COLPA DEL PARADISO • IT'S THE FAULT OF PARADISE • 1985
CARUSO PASCOSKI (DI PADRE POLACCO) • CARUSO PASCOSKI (SON OF A POLE) • 1988
WILLY SIGNORI E VENGO DA LONTANO • WILLY SIGNORI AND I COMING FROM AFAR • 1990

NUTI SERGIO – ITL
NON CONTATE SU DI NOI • 1978

NUTLEY COLIN – SWD
NIONDE KOMPANIET • NINTH COMPANY, THE • 1988

NUTTER DAVID – USA
CEASE FIRE • IN COUNTRY • 1985

NUYTTEN BRUNO – FRN
CAMILLE CLAUDEL • 1989

NUZZI PAOLO – ITL
MISTERI DI ROMA, I • MYSTERIES OF ROME, THE ○ WONDERS OF ROME, THE • 1963 • DOC
ECCO.. IL FINIMONDO • 1964 • DOC
PIATTO PIANGE, IL • 1974
GIOVANNINO • 1976

NYBERG BORJE – SWD – 1920–
SVENSKA FLOYD • SWEDISH FLOYD • 1961
EN NOLLA FOR MYCKET • ONE ZERO TOO MANY • 1962
WILD WEST STORY • 1964
JEG -EN ELSKER • JAG -EN ALSKARE (SWD) ○ I, A LOVER (USA) • 1966

NYBY CHRISTIAN – USA – 1919–
BREAKER, THE
THING, THE • THING FROM ANOTHER WORLD, THE (UKN) • 1951
HELL ON DEVIL'S ISLAND • 1957
ELFEGO BACA: SIX GUN LAW • SIX GUN LAW • 1962 • MTV
OPERATION C.I.A. • LAST MESSAGE FROM SAIGON • 1965
YOUNG FURY • 1965
FIRST TO FIGHT • 1967
EMERGENCY • 1971 • TVM

NYBY CHRISTIAN II – USA
NYBY CHRISTIAN JR.
RANGERS, THE • 1975 • TVM
PINE CANYON IS BURNING • 1977 • TVM
MISSION GALACTICA; THE CYCLON ATTACK • 1979 • TVM
PERRY MASON: THE CASE OF THE SCANDALOUS SCOUNDREL • 1987 • TVM
U.S. MARSHALS: WACO & RHINEHART • WACO AND RHINEHART ○ LINE OF DUTY • 1987 • TVM
PERRY MASON: THE CASE OF THE AVENGING ACE • 1988 • TVM
TO GOOD TO BE TRUE • 1988 • TVM
WHISPER KILL • WHISPER KILLS, A • 1988

NYBY CHRISTIAN JR. see **NYBY CHRISTIAN II**

NYCOP CARL ADAM – SWD – 1909–
GRE-NO-LI, NACKA & CO. • 1951

NYE WILLIAM – USA
FREE KISSES • WANTON KISSES • 1926
DANGEROUS DAZE • 1931 • SHT

NYGAARD PREBEN – DNM
NADVEREN • 1970

NYHOLM OVE – DNM
CHRISTIANIA • 1975
FREMTIDENS BORN • CHILDREN OF THE FUTURE • 1984

NYKVIST CARL-GUSTAF – SWD
KVINNORNA PA TAKET • WOMAN ON THE ROOF, THE (UKN) • 1989

NYKVIST SVEN – Dir. photo – SWD – 1922–
UNDER SODRA KORSET • UNDER THE SOUTHERN CROSS • 1952
GORILLA • 1956
LIANBRON • VINE BRIDGE, THE • 1965
KALLELSEN • VOCATION, THE • 1974
EN OCH EN • ONE AND ONE (UKN) • 1978

NYLANDER N. H. – SWD
SJOMANSDANSEN • SAILOR'S DANCE • 1911

NYRUP POUL – DNM
MELLEM VENNER • DAYS OF SIN AND NIGHTS OF NYMPHOMANIA (USA) ○ DAYS OF SIN, NIGHTS OF NYMPH.. ○ DAYS OF SHAME AND NIGHTS OF EXCESS ○ DAYS OF SIN AND NIGHTS OF MADNESS • 1963
VILLA VENNELY • VILLA VENNELY: HOME OF COPENHAGEN CALL GIRLS (USA) ○ CALL GIRLS OF COPENHAGEN ○ COPENHAGEN CALL GIRLS • 1964

NYS GUY J. – BLG
PANDORE • 1969
NAKED "D", THE • 1971

NYSWANER RON – USA
PRINCE OF PENNSYLVANIA • 1988

NYUNT WIN – BRM
CHIT THU WAING WAING LAI • ADMIRERS GALORE • 1982
DUANG DUANG MYEE TAI ATHAI • HEART THAT GOES DING DING, THE • 1982
HNOKE KHAN SU GA MU HMAR PIN • POUTING AND BEGUILING • 1982
PU-SOO-MA • 1983
SHITT SUTT KA JIN JIN LE • SHARPER THAN THE SHARPEST • 1983
TAAN TA YA DAI ATOO YE • MISSING YOU ATOO • 1983

NYVOLD EBBE – DNM
DRENGEN DER FORSVANT • BOY WHO DISAPPEARED, THE • 1984

NYZNIK BRUCE – CND
MAN WHO SKIED DOWN EVEREST, THE • SKIEUR DE L'EVEREST, LE • 1974

O. DORE – GRM
KASKARA • 1974

OAKMAN WHEELER – Actor – USA – 1890–1949
TRAGEDY IN PANAMA, A • 1915

OBA HIDEO – JPN
YUKIGUNI • SNOW COUNTRY (USA) ○ LOVE IN THE SNOW • 1965
HARUBIYORI • FORGIVING HEART, THE • 1967
INAZUMA • FLASH OF LIGHTNING, A • 1967
WAKARE • FAREWELL, MY BELOVED (USA) • 1969

OBADIAH GEORGE – ISR
ARIANNA • 1970
FISHKE GOES TO WAR • 1970

OBAL MAX – GRM
HERR DES TODES, DER • MASTER OF DEATH, THE • 1914
LETZTE DERER VON SKAGEN, DIE • 1916
BRUDER VON ST. PARASITUS, DIE • 1919
GEORGE BULLY • 1920
WEISSE ROSE, DIE • 1920
GROSSE CHEF, DER • 1921
RATTENLOCH, DAS • 1921
HEIMKEHR DES ODYSSEUS, DIE • 1922
MALAYISCHE DSCHONKE, DIE • 1924
PERLEN DES DR. TALMADGE, DIE • 1924
FLUCH DER BOSEN TAT, DER • GEHEIMNIS AUF SCHLOSS ELMSHOH, DAS • 1925
GEHEIMNIS EINER STUNDE, DAS • 1925
SCHUSS IM PAVILLON, DER • 1925
FRAUEN VON FOLIES BERGERES, DIE • 1926
GROSSTE GAUNER DES JAHRHUNDERTS, DER • 1927
RINALDO RINALDINI • 1927
LIEBE IM SCHNEE • 1928
MEIN FREUND HARRY • 1928
MODERNE CASANOVA, DER • 1928

UNUBERWINDLICHE, DER • 1928
KONKURRENZ PLATZT ,DIE • 1929
TEMPO! TEMPO! • 1929
JAGD NACH DER MILLION, DIE • CHASE FOR MILLIONS, THE • 1930
LUSTIGEN MUSIKANTEN, DIE • LAUBENKOLONIE • 1930
RESERVE HAT RUH • 1931
ABENTEUER IN ENGADIN • 1932
DIE VOM NIEDERRHEIN • 1933
FAHRT INS GRUNE, DIE • 1933
VOM NIEDERRHEIN, DIE • LOWER RHINE FOLKS (USA) • 1933
ZWEI GUTE KAMERADEN • 1933
ANNETTE IM PARADIES • KUSS NACH LADENSCHLUSS, EIN • 1934
JEDE FRAU HAT EIN GEHEIMNIS • 1934
KLOSTERJAGER, DER • 1935
SCHLOSS VOGELOD • VOGELOD CASTLE • 1936
SLALOM • 1936

O'BANNON DAN – USA – 1946–
RETURN OF THE LIVING DEAD • NIGHT OF THE LIVING DEAD • 1985

OBAYASHI NOBUHIKO – JPN
OHBAYASHI NOBUHIKO
COMPLEXE • 1964
HAUSU • HOUSE • 1977
NO YUKI, YAMA YUKI, UMIBE YUKI • ADOLESCENT DAYS • 1987
BEIJING • 1990

OBER ROBERT – USA
WOMAN RACKET, THE • LIGHTS AND SHADOWS (UKN) • 1929

OBERLANDER HANS – GRM
SCHULDIG • 1913
ABGRUNDE • 1915
ASCHENBRODEL • 1915
ERBFORSTER, DER • 1915
FURSTLICHES BLUT • 1915
LUMPENLIESEL • 1915
MUTTER EBENBILD, DER • 1916
PROBLEMATISCHE NATUREN • 1916
ROSA PANTOFFELCHEN, DAS • 1916
VERTAUSCHTE SEELEN • 1917
HERZ VOM HOCHLAND, DAS • 1920
FRAU VON MORGEN, DIE • 1921

OBESEKARA VASANTHA see **OBEYSEKARA VASANTHA**

OBEYSEKARA VASANTHA – SLN
OBESEKARA VASANTHA
VESGATHTHO • 1970
DIYAMANTHI • 1976
WALMATHVUVO • 1976
PALANGETIYO • 1980
DADAYAMA • 1984
KADAPATHAKA CHAYA • 1988

OBIMORI MICHIHIKO – JPN
KOKOSEI BANCHO • WAYOUT, WAY IN (USA) • 1970

OBIMORI YOSHIHIKO – JPN
ARU JOSHIKOKOI NO KIROKU HATSUTAIKEN • FIRST EXPERIENCE, THE • 1968

OBLOWSKI STEFAN see **MATTEI BRUNO**

OBOLENSKI – USS
KIRPITCHIKI • LITTLE BRICKS • 1925

OBOLER ARCH – Producer/writer – USA – 1907–1987
BEWITCHED • ALTER EGO • 1945
STRANGE HOLIDAY • DAY AFTER TOMORROW, THE (UKN) • 1945
ARNELO AFFAIR, THE • 1947
FIVE • 1951
BWANA DEVIL • 1952
TWONKY, THE • 1953
1 + 1 (EXPLORING THE KINSEY REPORTS) • 1961
BUBBLE, THE • FANTASTIC INVASION OF PLANET EARTH • 1967

OBOMSAWIN ALANIS – CND – 1932–
CHRISTMAS AT THE MOOSE FACTORY • 1971
MOTHER OF MANY CHILDREN • MERE DE TANT D'ENFANTS • 1976
AMISK • 1977
OLD CROW • 1977
GABRIEL GOES TO THE CITY • 1979
INCIDENT AT RESTIGOUCHE • EVENEMENTS DE RESTIGOUCHE, LES • 1984
POUNDMAKER'S LODGE -A HEALING PLACE • 1988 • DOC

OBON RAMON – MXC
CIEN GRITOS DE TERROR • 100 CRIES OF TERROR (USA) ○ ONE HUNDRED CRIES OF TERROR • 1964

OBORA G. – JPN
FUTARI SHIZUKA • QUIET TWO, THE • 1922

OBRATSA NATASON – Animator – USS
CELESTIAL CREATURE, THE • ANM

OBRATSOV – USS
LAND OF TOYS • 1940 • SHT

OBREGON ANTONIO – SPN – 1910–
MI VIDA EN TUS MANOS • 1934
TARJETA DE VISITA • 1944
CHANTAJE • 1945
REVELACION • 1947
ESFINGE MARAGATA, LA • 1948
HACE CIEN ANOS • 1950
NOCHE DE ESTRENO • 1950
MARIPOSA QUE VOLO SOBRE EL MAR • 1951

OBRESHKOV ALEXANDER – BUL
BE BLESSED • 1978

OBRESHKOV O. – BUL
THAT REAL MAN • 1975

O'BRIEN ALICE M. – USA
UP THE CONGO • 1929 • DOC

O'BRIEN DON – USA
HIS UNCLE DUDLEY • 1917 • SHT

O'BRIEN EDMOND – Actor – USA – 1915–1985
SHIELD FOR MURDER • 1954
MAN-TRAP • DEADLOCK ○ RESTLESS • 1961

O'BRIEN JACK – USA
O'BRIEN JACK G.
BACK TO THE KITCHEN • 1914
LEST WE FORGET • 1914
MOTHER'S INFLUENCE, A • 1914
SECOND MRS. ROEBUCK, THE • 1914
SIERRA JIM'S REFORMATION • 1914
THEIR FIRST ACQUAINTANCE • 1914
WHAT MIGHT HAVE BEEN • 1915
FLYING TORPEDO, THE • 1916
SOULS TRIUMPHANT • 1917

O'BRIEN JACK G. see **O'BRIEN JACK**

O'BRIEN JAMES – UKN
BLACK FUTURE • 1977

O'BRIEN JIM – UKN
JEWEL IN THE CROWN, THE • 1984 • MTV
DRESSMAKER, THE • 1988
PLAYBOYS, THE • 1989

O'BRIEN JOHN see **O'BRIEN JOHN B.**

O'BRIEN JOHN B. – USA
O'BRIEN JOHN
ANGEL OF CONTENTION, THE • 1914
BODY IN THE TRUNK, THE • 1914
FOLLY OF ANNE, THE • 1914
FOR HER FATHER'S SINS • 1914
LIFE'S LOTTERY • 1914
MINIATURE PORTRAIT, THE • 1914
OLD MAID, THE • 1914
TEAR THAT BURNED, THE • 1914
BIG JIM'S HEART • 1915
CAPTAIN MACKLIN • 1915
HER SHATTERED IDOL • 1915
OUTCAST, THE • 1915
BIG SISTER, THE • 1916
DESTINY'S TOY • 1916
ETERNAL GRIND, THE • 1916
FOUNDLING, THE • 1916
HULDA FROM HOLLAND • 1916
DAUGHTER OF MARYLAND, A • 1917
HER SISTER • 1917
MARY LAWSON'S SECRET • 1917
MATERNITY • 1917
QUEEN X • 1917
REPUTATION • 1917
UNFORESEEN, THE • 1917
VANITY • 1917
GIRL AND THE JUDGE, THE • 1918
INN OF THE BLUE MOON, THE • 1918
STREET OF SEVEN STARS, THE • 1918
BISHOP'S EMERALDS, THE • 1919
IMPOSSIBLE CATHERINE • 1919
WINGS OF PRIDE • 1920
FAMILY CLOSET, THE • 1921
FATHER TOM • 1921
LONELY HEART • 1921
THOSE WHO DARE • 1924
DARING DAYS • 1925
OUTLAW'S DAUGHTER, THE • 1925

O'BRIEN PATRICK see **BRUNNER PATRICK**

O'BRIEN WILLIS – USA – 1886–1962
O'BRIEN WILLIS H.
DINOSAUR AND THE MISSING LINK, THE • 1914 • ANS
BIRTH OF A FLIVVER • 1915 • ANS
CURIOUS PETS OF OUR ANCESTORS • 1917
IN THE VILLAIN'S POWER • 1917
MICKEY AND HIS GOAT • 1917
MICKEY'S NAUGHTY NIGHTMARES • 1917
MORPHEUS MIKE • 1917 • ANS
NIPPY'S NIGHTMARE • 1917
PREHISTORIC POULTRY: THE DINORNIS OR THE GREAT ROARING WHIFFENPOOF • 1917 • ANM
R.F.D. 10,000 B.C. • RURAL DELIVERY, TEN THOUSAND B.C. • 1917 • ANS
SAM LLOYD'S FAMOUS PUZZLES • 1917
GIRL AND THE DINOSAUR, THE • 1918 • ANS
GHOST OF SLUMBER MOUNTAIN, THE • 1919

O'BRIEN WILLIS H. see **O'BRIEN WILLIS**

OBROW JEFFREY – USA
POWER, THE • 1980
PRANKS • DORM THAT DRIPPED BLOOD, THE ○ DEATH DORM • 1981
KINDRED, THE • 1986

OCAMPO ANTHONY – PHL
LADY UNTOUCHABLE • 1968

OCAMPO GASTON – SWD
SILVIO • 1981 • DOC

OCELOT MICHEL – FRN
3 INVENTEURS, LES • THREE INVENTORS, THE • 1980

OCHIAI – JPN
NANSHIN JOSEI • SOUTH ADVANCING WOMEN ○ SOUTH ADVANCING GIRLS • 1939

OCHOA JOSE – SPN – 1917–
JUICIO FINAL • 1955
MESTIZA, LA • 1955
ANONIMO, EL • 1956
ALMA ARAGONESA • 1960
JURAME • 1961
RUMBO A BELEN • 1967
SONORA • 1968

OCKERSEN THIJS – NTH
JACHTTAFEREEL • HUNTING SCENE • 1971
SAMUEL FULLER AND THE BIG RED ONE • 1978 • DOC

OCKRENT MIKE – UKN
MRS. CAPPER'S BIRTHDAY • 1985 • MTV
DANCIN' THROUGH THE DARK • 1989

O'CONNELL JACK – USA
GREENWICH VILLAGE STORY • BIRTHPLACE OF THE HOOTENANNY ○ THEY LOVE AS THEY PLEASE ○ GREENWICH VILLAGE • 1963
REVOLUTION • 1968 • DOC
CHRISTA • SWEDISH FLY GIRLS • 1971

O'CONNELL MAURA – CND
DEF-CON 4 • GROUND ZERO ○ DEFENSE CONDITION FOUR • 1985

O'CONNOLLY JAMES see **O'CONNOLLY JIM**

O'CONNOLLY JIM – UKN – 1924–
O'CONNOLLY JAMES
HI-JACKERS, THE • 1963
SMOKESCREEN • 1964
LITTLE ONES, THE • 1965
BERSERK! • CIRCUS OF BLOOD • 1967
VENDETTA FOR THE SAINT • 1968 • MTV
CROOKS AND CORONETS • SOPHIE'S PLACE (USA) • 1969
VALLEY OF GWANGI, THE • VALLEY -WHERE TIME STOOD STILL, THE ○ LOST VALLEY, THE ○ GWANGI • 1969
TOWER OF EVIL • HORROR OF SNAPE ISLAND (USA) ○ BEYOND THE FOG ○ HORROR ON SNAPE ISLAND • 1972
MISTRESS PAMELA • 1973

O'CONNOR FRANK – USA – 1888–
EVERYTHING FOR SALE • 1921
VIRGINIA COURTSHIP, A • 1921
HOMESPUN VAMP, A • 1922
FREE TO LOVE • 1925
GO STRAIGHT • 1925
LAWFUL CHEATERS • 1925
ONE OF THE BRAVEST • 1925
BLOCK SIGNAL, THE • 1926
DEVIL'S ISLAND • 1926
EXCLUSIVE RIGHTS • 1926
FALSE ALARM, THE • 1926
HEARTS AND SPANGLES • 1926
SILENT POWER, THE • 1926
SPANGLES • 1926
SPEED LIMIT, THE • 1926
COLLEEN • 1927
HEROES OF THE NIGHT • 1927
SINEWS OF STEEL • 1927
YOUR WIFE AND MINE • 1927
MASKED ANGEL • HER LOVE COTTAGE (UKN) • 1928
JUST OFF BROADWAY • 1929
CALL OF THE CIRCUS, THE • 1930
MYSTIC CIRCLE MURDER, THE • RELIGIOUS RACKETEERS • 1939

O'CONNOR HUGH – CND
MAGIC MOLECULE, THE • 1964 • DOC
ABOVE THE HORIZONS • 1966

O'CONNOR JOHN – USA
DIVINA, LA
PRISONER IN THE MIDDLE • WARHEAD ○ LAST CONFLICT, THE • 1975

O'CONNOR PAT – UKN
BALLROOM OF ROMANCE, THE • 1983
CAL • 1984
ONE OF OURSELVES • 1984
MONTH IN THE COUNTRY, A • 1987
STARS AND BARS • 1988
FOOLS OF FORTUNE • 1989
JANUARY MAN, THE • 1989

O'CONNOR WILLIAM see **O'CONNOR WILLIAM A.**

O'CONNOR WILLIAM A. – USA
O'CONNOR WILLIAM
PACE THAT KILLS, THE • 1928
CHISELERS OF HOLLYWOOD • 1930
PLAYTHINGS OF HOLLYWOOD • LOVE'S MISTAKE (UKN) • 1931
PRIMROSE PATH • 1931
TEN NIGHTS IN A BAR ROOM • 1931
DRIFTER, THE • 1932
HER SPLENDID FOLLY • 1933
CHEYENNE TORNADO • 1935
COCAINE FIENDS, THE • PACE THAT THRILLS, THE • 1936

ODA MOTOYOSHI – JPN
JIGOKU NO KIFUJIN • LADY FROM HELL • 1949
TOMEI NINGEN • INVISIBLE MAN • 1954
GOJIRA NO GYAKUSHYU • GIGANTIS, THE FIRE MONSTER (USA) ○ GODZILLA NO GYAKUSHYU ○ VOLCANO MONSTER, THE ○ RETURN OF GODZILLA, THE ○ GODZILLA RAIDS AGAIN ○ GODZILLA'S COUNTER ATTACK • 1955
TOKYO NO TEKISASU-JIN • KNOCKOUT DROPS • 1957

ODDSSON HILMAR – ICL
EINS OG SKEPNAN DEYR • AS THE BEAST DIETH ○ BEAST, THE • 1986

ODDSSON REYNIR – ICL
HERNAMSARIN • OCCUPATION YEARS, THE ○ YEARS OF OCCUPATION • 1967 • DOC

ODE ERIK – Actor – GRM
HERRLICHE ZEITEN • 50 JAHRE -HEITER BETRACHTET • 1950
SKANDAL IN DER BOTSCHAFT • 1950
WONDERFUL TIMES • 1951
KAMPF DER TERTIA • 1953
SCHLAGERPARADE • 1953
SO EIN AFFENTHEATER • 1953
AN JEDEM FINGER ZEHN • 1954
ERSTE KUSS, DER • 1954
MUSIK IM BLUT • 1955
WUNSCHKONZERT • 1955
LUGEN HABEN HUBSCHE BEINE • 1956
MUSTERGATTE, DER • 1956
EINMAL EINE GROSSE DAME SEIN • 1957
LIEBE, JAZZ UND UEBERMUT • 1957
OHNE MUTTER GEHT ES NICHT • 1958
SCALA -TOTAL VERRUCKT • 1958
...UND ABENDS IN DIE SCALA • 1958
WAS EINE FRAU IM FRUHLING TRAUMT • 1959
WENN DAS MEIN GROSSER BRUDER WUSSTE • 1959
SCHLAGERRAKETEN • 1960

O'DELL DAVID – USA
MARTIANS GO HOME • 1988

ODERMATT URS – SWT
ROTLICHT! • 1987
GEKAUFTE GLUCK, DAS • HAPPINESS FOR SALE • 1989

ODETS CLIFFORD – Playwright – USA – 1906–1963
NONE BUT THE LONELY HEART • 1944
STORY OF PAGE ONE, THE • 1959

ODIN CHRISTOPHER – USA
BOOB TUBE, THE • 1974

O'DONALD BOBBY – USA
NIGHT HUSTLERS, THE • 1968

O'DONAVAN HARRY see **O'DONOVAN HARRY**

O'DONOGHUE MICHAEL – USA
MR. MIKE'S MONDO VIDEO • 1979

O'DONOVAN FRED – IRL
ELEVENTH HOUR, THE • 1918
KNOCKNAGOW • 1918
WHEN LOVE CAME TO GAVIN BURKE • 1918
WILLY REILLY AND HIS COLLEEN • 1918

O'DONOVAN HARRY – UKN
O'DONAVAN HARRY
BLARNEY • IRELAND'S BORDER LINE (USA) • 1938

ODORISIO LUCIANO – ITL
EDUCATORE AUTORIZZATO • 1979
DEAR MAESTRO • 1983
SCIOPEN • 1983
DEVILS OF MONZA • 1986

ODREMAN MAURICIO – VNZ – 1928–
E.F.P.E.U.M. • EFPEUM • 1970
HABITANTES DE LA PRIMAVERA, LOS • INHABITANTS OF SPRING, THE • 1971
LLEGARON LOS JI-JINS • JI-JINS ARRIVED, THE • 1971
CARGA, LA • CARGO, THE • 1972
INSOLITA Y ESPECTACULAR MARCHA DE CHUCHO EL ESENIO Y SU COMBO LATINO-AMERICANOS • CHUCHO AND THE LATIN-AMERICANS • 1972
MAS ALLA DEL CUYUNI • ON THE OTHER SIDE OF CUYUNI • 1977
ENCUENTRO EN LA PUERTO • ENCOUNTER AT THE HARBOUR • 1978

ODULF TOR-IVAN – SWD
STOCKHOLMSSOMMAR • SUMMER IN STOCKHOLM • 1969

ODZHAGOV R. see **ODZHAGOV RASIM**

ODZHAGOV RASIM – USS
ODZHAGOV R.
DYEN ROZHDYENIYA • BIRTHDAY • 1978
OTHER LIFE, THE

OEHME ROLAND – GRM
MIT MIR NICHT, MADAM! • 1969
MANN, DER NACH DER OMA KAM, DER • 1972
WIE FUTTERT MAN EINEN ESEL? • 1975
ASTA MEIN ENGELCHEN • ASTA MY ANGEL • 1980

OELSCHLAGEL GOTZ – GRM
MUSAWWARAT • 1967

OELSCHLEGEL GERD – GRM
PING PONG • SCHWEIN HIN -SCHWEIN HER • 1968

OELZE CHARLES – USA
FAIR AND MUDDY • 1928 • SHT

OERTEL CURT – Dir. photo – GRM – 1890–1960
GEHEIMNIS EINER SEELE • 1926
WUNDER IN NAUMBERG • 1932
JAHRTAUSENDE SEHEN AUF EUCH HERAB • 1933
SCHIMMELREITER, DER • RIDER OF THE WHITE HORSE, THE (USA) ○ RIDER ON THE WHITE HORSE, THE • 1934
GRABMAL DES UNBEKANNTEN SOLDATEN • 1935
POPE POPPENSPALER • 1935
MICHELANGELO • TITAN: THE STORY OF MICHELANGELO, THE ○ LEBEN EINES TITANEN, DAS ○ TITAN, THE (USA) • 1940
JAHR, DAS • 1948
ES WAR EIN MENSCH • 1950

LAND AM NIL • 1950
GEHORSAME REBELL, DER • 1952
JUNGBRUNNEN • 1952
NEUE WELT • 1954
IMPRESSIONEN AUS EINEM THEATER • 1957

von OERTZEN JASPAR – GRM
SOMMERLIEBE AM BODENSEE • 1957

O'FERRALL GEORGE M. – UKN – 1906–1982
MORE O'FERRALL GEORGE • O'FERRALL GEORGE MORE
WOMAN WITH NO NAME, THE • HER PANELLED DOOR (USA) • 1950
ANGELS ONE FIVE • 1952
HOLLY AND THE IVY, THE • 1952
HEART OF THE MATTER, THE • 1953
GREEN SCARF, THE • 1954
THREE CASES OF MURDER • 1955
WOMAN FOR JOE, THE • 1955
MARCH HARE, THE • 1956

O'FERRALL GEORGE MORE see **O'FERRALL GEORGE M.**

OFIELD JACK – USA
DIFFERENT SONS • 1971

O'FREDERICKS ALICE – SWD – 1900–
JULIA JUBILERAR • 1938
VASTKUSTENS HJALTAR • HEROES OF THE WEST COAST • 1940
BRAENDENDE SPORGSMAL, DET • 1943
ONSDAGSVANINNAN • 1946
NAR KATTEN ER UDE • 1947
DET GAELDER OS ALLE! • IT CONCERNS US ALL • 1949
VI VIL HA ET BARN • WE WANT A BABY ○ WE WANT A CHILD • 1949
CALVARY OF A CHILD • 1950
VERDENS RIGESTE PIGE • RICHEST GIRL IN THE WORLD, THE (USA) • 1958
BRODRENE PA UGLEGARDEN • BROTHERS OF THE "UGLEGARD", THE • 1967

OFUNA SHOKIKU – JPN
HEILIGE ZIEL, DAS • 1942

O'GALOP MARIUS – Animator – FRN
CIRCUIT DE L'ALCOOL, LE • 1912 • ANM
TAUDIS DOIT ETRE VAINCU, LE • 1912 • ANM
BECASSOTTE • 1920–24 • ASS
FABLES DE LA FONTAINE, LES • 1925 • ANM
GUERRE AUX MOUCHES, LA • 1928 • ANM

OGANESYAN GEORGI – USS
SPUTNIK SPEAKING • SPUTNIK SPEAKS, THE • 1959
TRI Y DVA • THREE PLUS TWO • 1963

OGANISYAN see **OGANISYAN GENRIKH**

OGANISYAN G. see **OGANISYAN GENRIKH**

OGANISYAN GENRIKH – USS
OGANISYAN G. • OGANISYAN
DEVICHYA VESNA • SPRINGTIME ON THE VOLGA (USA) ○ SPRING OF THE VIRGIN • 1960

OGATA JUZABURO – JPN
SENJIN • BATTLE DUST • 1935
GOKURAKU HANAYOMEJUKU • PARADISE OF NINETEEN BRIDES ○ PARADISE BRIDE'S SCHOOL, THE • 1936

OGATE TOMIO – JPN
SEN GIN • CHOICE SILVER • 1935

OGAWA KINYA – JPN
GENDAI JOI IGAKU • CONTEMPORARY MEDICAL SCIENCE ON WOMEN • 1967
HANANO IROMICHI • LOVE TECHNIQUE OF FLOWERS • 1967
JOSHIDAISEI NO KINJIRARETA HANAZONO • FORBIDDEN FLOWER GARDEN • 1967
KINDAN NO JOJI • FORBIDDEN AFFAIR • 1967
MESU-OSU NO HONNO • INSTINCT OF MALE AND FEMALE • 1967
NINSHIN TO SEIBYO • PREGNANCY AND V. D. • 1967
SEI NO SAN-AKU • THREE EVILS OF SEX • 1967
SEIHAN • SEX CRIMINAL • 1967
JOCHI NO SHIGEMI • BUSH OF LOVE FOOLERY, A • 1968
JOSHIGAKUSEI SEI NO MEIRO • LABYRINTH OF SEX, A • 1968
JUN SHOJO SHIRABE • RESEARCH INTO A TRUE VIRGIN • 1968
KAIDAN BARABARA YUREI • GHOST STORY –BARABARA PHANTOM, A ○ DISMEMBERED GHOST • 1968
KOSHOKU MANSION–SHITSU • LUSTFUL ROOM IN AN APARTMENT • 1968
KYORETSU NO JYOJI • DAZZLING AFFAIRS • 1968
OSAN TO BAIDOKU • SYPHILIS IN LABOUR • 1968
SEIRI TO NINSHIN • PHYSIOLOGY AND PREGNANCY • 1968
TAKUKU KANKEI • MULTIPLE AFFAIRS • 1968
TORUKOBORO YOGOTO NO JOHNETSU • DAILY PASSION AT THE TURKISH BATHS • 1968
WOKUJOH NO UZUMAKI • CONVOLUTION OF LUST, A • 1968

OGAWA SHINSUKE – JPN – 1933–
SEA OF YOUTH, THE • 1966
CRUSHED TO DEATH • 1967
REPORT FROM HANEDA • 1967
SANRIZUKA NO NATSU • SUMMER IN NARITA • 1968 • DOC
SANRIZUKA NO FUYU • WINTER IN NARITA • 1970
SANRIZUKA –DAINI TORIDE NO HITOBITO • SANRIZUKA –PEOPLE OF THE SECOND FORTRESS ○ PEASANTS OF THE SECOND FORTRESS, THE • 1971
SANRIZUKA, HETA BURAKU • SANRI–ZUKA SERIES NO.6 –THE COMMUNITY OF HETA • 1972
JAPAN –DAS DORFCHEN FURUYASHIKI • 1984 • DOC
GESCHICHTEN AUS DEM DORF MAGINO • 1987 • DOC

OGER JACQUES – FRN – 1937–
PARIS
EPOPEE DU RAMAYANA, L' • 1979 • DOC

OGILVIE GEORGE – ASL
MAD MAX: BEYOND THUNDERDOME • 1985
BEE–EATER, THE • 1986
SHORT CHANGED • 1986
PLACE AT THE COAST, THE • 1987
CROSSING, THE • 1989

OGORODNIKOV VALERY – USS
CHALLENGE TO THE LOGIC OF THINGS
VZLOMSHCHIK • BURGLAR • 1987
BUMAZHNIYE GLAZA PRISHVINA • PRISHVIN'S PAPER EYES • 1989

OGUCHI – JPN
NANAIRO YUBI WA • SEVEN COLORED RING, THE • 1918

OGURI KOHEI – JPN
DORO NO KAWA • MUDDY RIVER ○ MUD RIVER • 1981
STING OF DEATH • 1990

OGUZ ORHAN – TRK
HERSEYE RAGMEN • DESPITE EVERYTHING • 1987
UCUNCU GOZ • THIRD EYE, THE • 1988

OHANIAN – IRN
ABI AND RABI • 1932

O'HANLON GEORGE – Actor – USA – 1917–
ROOKIE, THE • 1959

O'HARA CHARLES C. – USA
SCENARIO BUG, THE • 1916 • SHT

O'HARA GERRY – UKN – 1924–
THAT KIND OF GIRL • TEEN AGE TRAMP (USA) ○ TEENAGE TRAMP • 1963
GAME FOR THREE LOSERS • 1965
PLEASURE GIRLS, THE • 1965
MAROC 7 • 1966
AMSTERDAM AFFAIR • 1968
ALL THE RIGHT NOISES • 1969
FIDELIA • 1970
SPY'S WIFE, THE • 1972 • SHT
PAGANINI STRIKES AGAIN • 1973
PROFESSOR POPPER'S PROBLEMS • 1974
BLIND MAN'S BLUFF • 1976
BRUTE, THE • 1976
LEOPARD IN THE SNOW • 1977
BITCH, THE • 1979
FANNY HILL • 1983
STRICTLY FOR CASH • 1984

O'HARA MARIO – PHL
TATLONG TAONG WALANG DIYOS • THREE YEARS WITHOUT GOD • 1977
BAKIT BUGHAW ANG LANGIT? • WHY IS THE SKY BLUE? • 1981
KASTILYONG BUHANGIN • SAND CASTLE • 1981
TATLONG INA • THREE MOTHERS • 1988

OHBA HIDEO – JPN
KIKYO • RETURN TO THE CAPITAL • 1950
IZUKO E • 1954
KIMI NO NAWA • WHAT IS YOUR NAME ○ WHAT'S YOUR NAME ○ ALWAYS IN MY HEART • 1954
NIIZUMA NO SEITEN • 1954
ANATA TO TOMO NI • YOU AND YOUR FRIEND • 1955
SHIROI HASHI • WHITE BRIDGE • 1956
KUROI KAFUN • TRUE LOVE • 1958
ME NO KABE • INVISIBLE WALL • 1958
ARU RAKUJITSU • SETTING SUN • 1959
RISHU • STUDY • 1960
SHU NO KAFUN • SCARLET FLOWER • 1960
ONNAMAI • ENRAPTURED • 1961

OHBAYASHI NOBUHIKO see **OBAYASHI NOBUHIKO**

OHBERG AKE – Actor – SWD – 1905–
ROMANS • ROMANCE • 1940
MAN GLOMMER INGENTING • NOTHING WILL BE FORGOTTEN • 1942
SNAPPHANAR • SCANIAN GUERRILLA • 1942
ELVIRA MADIGAN • 1943
SNOSTORMEN • 1944
STOPP! TANK PA NAGOT ANNAT • STOP! THINK OF SOMETHING ELSE • 1944
FLICKOR I HAMN • GIRLS IN THE HARBOUR • 1945
HAVSGAMAR • 1945
ROSEN PA TISTELON • ROSE OF THISTLE ISLAND • 1945
BRITA I GROSSHANDLARHUSET • BRITA IN THE WHOLESALER'S HOUSE • 1946
JAG ALSKAR DIG, ARGBIGGA • I LOVE YOU, YOU VIXEN • 1946
DYNAMIT • DYNAMITE • 1947
DIT VINDARNA BAR • JORUND SMED (NRW) ○ WHERE THE WINDS LEAD • 1948
FOLKET I SIMLANGSDALEN • PEOPLE OF SIMLANGEN VALLEY • 1948
VI FLYGER PA RIO • VI FLYR PA RIO (NRW) ○ DESTINATION RIO • 1949
SKEPPAR MUNTERS BRAVADER • YOUNG AND IN LOVE ○ UNG OCH KAR • 1950
GOINGEHOVDINGEN • CHIEF FROM GOINGE, THE • 1953
UTE BLASER SOMMARVIND • UTE BLASER SOMMERVIND (NRW) ○ WHERE THE SUMMER WIND BLOWS • 1955

O'HERLIHY MICHAEL – IRL – 1928–
FIGHTING PRINCE OF DONEGAL, THE • 1966
MOSBY'S MARAUDERS • WILLIE AND THE YANK • 1967
ONE AND ONLY, GENUINE, ORIGINAL FAMILY BAND, THE • 1968
SMITH! • 1969
DEADLY HARVEST • 1972 • TVM
KISS ME, KILL ME • 1976 • TVM
YOUNG PIONEER • 1976 • TVM
YOUNG PIONEERS' CHRISTMAS • 1976 • TVM
PETER LUNDY AND THE MEDICINE HAT STALLION • 1977 • TVM
FLAME IS LOVE, THE • 1979 • TVM
CRY OF THE INNOCENT • 1980 • TVM
DALLAS COWBOYS CHEERLEADERS II, THE • 1980 • TVM
DESPERATE VOYAGE • 1980 • TVM
GREAT CASH GIVEAWAY GETAWAY, THE • 1980 • TVM
TIME FOR MIRACLES, A • 1980 • TVM
MILLION DOLLAR FACE • 1981 • TVM
I MARRIED WYATT EARP • 1982 • TVM
A–TEAM: THE COURT MARTIAL, THE • A–TEAM: TRIAL BY FIRE ○ LAST COURT MARTIAL, THE • 1985 • TVM
HOOVER VS. THE KENNEDYS: THE SECOND CIVIL WAR • 1987 • TVM

OHLMARKS AKE – SWD – 1911–
SVARSKOTT PASTORAT, ETT • 1958

OHLSSON AKE – SWD
SARONS ROS OCH GUBBARNA I KNOHULT • ROSE OF SHARON AND THE OLD MEN OF KNOHULT, THE • 1968

OHLSSON TERRY – ASL – 1938–
AUSTRALIA –LAND WITH A FUTURE • 1960 • DOC
YEAR OF THE CORTINA, THE • CORTINA CONQUEST • 1964 • DCS
DAVID'S DAY • 1966 • SHT
CHOICE IS YOURS, THE • 1971 • DOC
SHE'S A LADY • 1973 • SHT
SCOBIE MALONE • 1975
GREEN MACHINE • 1976 • DOC
NEVER NEVER LAND, THE • 1980 • SHT
SEAWATCH • 1980 • SHT
BIG SPLASH • 1981 • SHT
NINTH LIFE, THE • 1981 • SHT
REEL BOAT • 1981 • SHT
EXERCISE GREEN • OPERATION CELLULOID • 1982 • DOC
CHILDREN OF TWO COUNTRIES • 1984 • DOC

OHMORI KENJIRO – JPN
JISHIN RETTO • EARTHQUAKE 7.9 ○ MEGAFORCE 7.9 • 1980

OHNUMA HIROSHI – JPN
KOKUHAKU • CONFESSION, A • 1968

O'HORGAN TOM – USA
BOXIGANGA • 1967
FUTZ • 1969
RHINOCEROS • 1973

OHRIMENKO L. – USS
IVAN THE TERRIBLE • 1979

OJEDA MANUEL R. – MXC
CRISTO DE ORO, EL • 1927
COLOSO DE MARMOL, EL • 1928
CONSPIRACION • 1928
AGUILAS DE AMERICA • 1933
JUDAS • 1936
CIRCO TRAGICO, EL • TRAGIC CIRCUS, THE (USA) • 1938
CANCION DEL HUERFANO, LA • 1939
ULTIMA AVENTURA DE CHAFLAN, LA • 1942
DE NUEVA YORK A HUIPANGUILLO • 1943
BAILANDO EN LAS NUBES • 1945

OKABE KAZUHIKO – JPN
HAKUJA DEN • PANDA AND THE MAGIC SERPENT (USA) ○ WHITE SNAKE ENCHANTRESS, THE ○ MAGIC WHITE SERPENT, THE • 1958

OKADA HIROSHI – JPN
NIITAKAYAMA NOBORE • SECOND WORLD WAR DOCUMENTARY • 1968 • DOC

OKAMOTO – JPN
ARUHI WATASHI WA • ONE DAY, I.. • 1959

OKAMOTO K. see **OKAMOTO KIHACHI**

OKAMOTO KIHACHI – JPN
OKAMOTO K.
ANKOKUGAI NO KAOYAKU • BIG BOSS • 1959
ANKOKUGAI NO TAIKETSU • LAST GUNFIGHT • 1960
ANKOKUGAI–NO DANKON • BLUEPRINT FOR MURDER • 1960
DOKURITSU GURENTAI NISHI–E • WESTWARD DESPERADO (USA) ○ DESPERADO OUTPOST • 1960
DOBUNEZUMI SAKUSEN • OPERATION X • 1962
SENGOKU YARO • WARRING CLANS (USA) • 1963
CHI TO SUNA • FORT GRAVEYARD • 1965
SAMURAI • SAMURAI ASSASSIN • 1965
DAIBOSATSU TOGE • 1966
NIHON NO ICHIBAN NAGAI HI • EMPEROR AND A GENERAL, THE ○ NIPPON NO ICHIBAN NAGAI HI • 1967
SATSUJINKYOJIDAI • EPOCH OF MURDER MADNESS ○ AGE OF ASSASSINS, THE • 1967
KIRU • KILL! • 1968
NIKUDAN • HUMAN BULLET, A • 1968
AKAGE • RED LION • 1969
ZATO ICHI TO YOJINBO • ZATOICHI MEETS YOJIMBO (USA) • 1970
WARRING CLANS
OKINAWA KESSEN • BATTLE OF OKINAWA ○ OKINAWA BATTLES • 1971
TOKKAN • GO FOR BROKE • 1974
BLUE CHRISTMAS • 1978
DYNAMITE DON DON • 1978
EIREI–TACHI NO OENKA • CHEERS ON THE UNKNOWN SOLDIERS • 1979
WHY CHARLSTON DAYS AGAIN? • 1982

OKAMOTO TADANARI – JPN
HANA TO MOGURA • FLOWERS AND MOLES • 1969 • ANS

OKAMOTO TADASHIGE – Animator – JPN
GOOD NIGHT ALIENS! • 1967 • ANS
STOLEN MEDICINE • 1967 • ANS
WOODPECKER OPERATION, THE • 1968 • ANS
SONGS FOR CHILDREN • 1972 • ANS

OKAN BAY see **OKAN TUNC**

OKAN TUNC – TRK
OKAN BAY
OTOBUS • BUS, THE • 1976
CUMARTESI CUMARTESI
SARI MERSEDES • FIKRIMIN INCE GULU ○ YELLOW MERCEDES, THE • 1987

OKAWA HIROSHI – JPN
DOGGIE MARCH, THE • 1964 • ANM

OKAZAKI STEVEN – USA
LIVING ON TOKYO TIME • 1987

OKCUGIL CEVAT – TRK
TORPIDO YILMAZ • 1965
KORKUNC YUMRUK • FRIGHTENING FIST, THE • 1967
RINGO GESTAPO'YA KARSI • RINGO VS. THE GESTAPO • 1967
EFELERIN OCU • REVENGE OF THE MASTERS, THE • 1968

OKCUGIL NECAT see **OKCUGIL NEJAT**

OKCUGIL NEJAT – TRK
OKCUGIL NECAT
ECELIN GELDI YAVRUM • YOUR TERM HAS COME, BABY • 1967
HESAP GUNU • JUDGMENT DAY, THE • 1967
BELALI BESLER • TROUBLESOME FIVE, THE • 1968
FEDAI KOMANDOLAR KIBRISTA • VOLUNTEER COMMANDOS IN CYPRUS, THE • 1968
KOMANDOLAR GELIYOR • COMMANDOS ARE COMING, THE • 1968

O'KEEFE DENNIS – Actor – USA – 1908–1968
ANGELA • 1954
DIAMOND, THE • DIAMOND WIZARD, THE (USA) ○ MILLION DOLLAR DIAMOND • 1954

OKEEV TOLOMUSH see **OKEYEV TOLOMUSH**

O'KELLY JEFFREY – UKN
BEFORE ME, YESTERDAY • 1971

OKEY JACK – USA
OUTLAWS OF THE SEA • 1923

OKEYEV TOLOMUSH – USS – 1934–
OKEEV TOLOMUSH
ETO LOSHADI • THESE ARE HORSES ○ HORSES • 1965
NEBO NASHEGO DETSTVA • SKY OF OUR CHILDHOOD, THE ○ PASTBISHCHE BAYAKA ○ BAKAI PASTURE ○ NEYEBO BASHEVO DYETSTVA • 1967
BOOM • 1968 • SHT
MOUNTAIN NECKLACE • 1969 • SHT
INHERITANCE, THE • HERITAGE, THE • 1970
PAY TRIBUTE TO THE FIRE • WORSHIP THE FIRE ○ BOW TO FIRE • 1972
LYUTY • GREY FIERCE ONE, THE ○ FIERCE ONE, THE ○ FEROCIOUS ONE, THE • 1974
KRASNOYE YABLOKO • RED APPLE, THE • 1975
ULAN • UHLAN • 1977

OKHLOPKOV NIKOLAI – USS – 1900–1967
MITYA • 1927
PRODANNYI APPETIT • SOLD APPETITE, THE • 1928
PUT ENTUZIASTOV • WAY OF THE ENTHUSIASTS • 1930

OKKING JENS – DNM
PAS PA RYGGEN, PROFESSOR! • WATCH YOUR BACK, PROFESSOR! • 1978

OKTEN ZEDI see **OKTEN ZEKI**

OKTEN ZEKI – TRK – 1941–
OKTEN ZEDI
SURU • HERD, THE • 1979
DUSMAN • ENEMY, THE • 1980
BEHLIVAN • WRESTLER, THE • 1985
FAIZE HUCUM • RAID ON THE INTERESTS • 1985
SES • VOICE, THE • 1986
DUTTURU DUNYA • QUEEN WORLD, THE • 1988

OKUNAGA ATSUO – JPN
TIME OF THE APES • 1987

OKUWAKI MAMORU – JPN
NIKUTAI NO KEIYAKUSHO • FLESH CONTRACT, THE • 1968

OKUWAKI TOSHIO – JPN
ANNA NO AJI • TASTE OF WOMEN • 1967
BED DANCE • 1967
CLIMAX • 1967
SHOJO ZAKURA • VIRGIN CHERRY • 1967
AMAI SHOYA • SWEET BRIDAL NIGHT, A • 1968
IJOH BOHKOHZAI • ABNORMAL VIOLATION • 1968
JYOTAI KAIKA • FLORESCENCE OF A WOMAN'S BODY • 1968
KOFUN • EXCITEMENT • 1968
SEI NO BOHRYOKU • VIOLENCE OF SEX • 1968

OLAFSSON GUDMUNDER P. – ICL
MORG ERU DAGS AUGU • MEN AND NATURE • 1980 • DOC

OLAH GABOR – HNG
HAZ, A • HOUSE, THE • 1963
MUMIA KOZBESZOL, A • MUMMY INTERFERES, THE ○ MUMMY INTERVENES, THE • 1967

OLARIA JUAN CARLOS – SPN
HOMBRE PERSEGUIDO POR UN OVNI, EL • 1975

OLCOTT SIDNEY – USA – 1873–1949
BEN-HUR • 1907
SCARLET LETTER, THE • 1907
SLEIGH BELLS, THE • 1907
DAVID AND GOLIATH • 1908
DR. JEKYLL AND MR. HYDE • 1908
FLORIDA CRACKERS • FLORIDA FEUD, A • 1908
HANNAH DUSTIN • 1908
WASHINGTON AT VALLEY FORGE • 1908
WOOING OF MILES STANDISH, THE • 1908
BROTHER'S WRONG, A • 1909
CARDBOARD BABY, THE • 1909
CATTLE THIEVES, THE • 1909
CONSPIRATORS, THE • 1909
DORA • 1909
ESCAPE FROM ANDERSONVILLE, THE • 1909
GEISHA WHO SAVED JAPAN, THE • 1909
GIRL SCOUT OR THE CANADIAN CONTINGENT IN THE BOER WAR, THE • GIRL SCOUT, THE • 1909
GIRL SPY, THE • 1909
GOVERNOR'S DAUGHTER, THE • 1909
HAND ORGAN MAN, THE • 1909
HIRAM'S BRIDE • 1909
JUDGEMENT • 1909
LAW OF THE MOUNTAINS, THE • 1909
MAN AND THE GIRL, THE • 1909
MYSTERY OF THE SLEEPER TRUNK, THE • 1909
OLD SOLDIER'S STORY, THE • 1909
OUT OF WORK • 1909
PAY CAR, THE • 1909
PRIEST OF THE WILDERNESS, A • PRIEST OF WILDERNESS, THE • 1909
QUEEN OF THE QUARRY, THE • 1909
RALLY ROUND THE FLAG • 1909
SEMINOLE'S VENGEANCE, OR THE SLAVE CATCHER'S OF FLORIDA, THE • 1909
TOMBOY, THE • 1909
WINNING BOAT, THE • 1909
AZTEC SACRIFICE, THE • 1910
BRAVEST GIRL IN THE SOUTH • 1910
CANADIAN MOONSHINERS, THE • 1910
CLIFF DWELLERS, THE • 1910
CONSPIRACY OF PONTIAC, THE • 1910
DEACON'S DAUGHTER, THE • 1910
EGRET HUNTER, THE • AIGRETTE HUNTER, THE ○ EGRET HUNT, THE • 1910
FEUD, THE • 1910
FOR A WOMAN'S HONOR • 1910
FORAGER, THE • 1910
FURTHER ADVENTURES OF A GIRL SPY, THE • 1910
GIRL SPY BEFORE VICKSBURG, THE • 1910
HER INDIAN MOTHER • INDIAN MOTHER, THE • 1910
HER SOLDIER SWEETHEART • 1910
INDIAN SCOUT'S VENGEANCE, THE • 1910
LAD FROM OLD IRELAND, THE • 1910
LITTLE SPREEWALD MAIDEN, THE • 1910
LOVE ROMANCE OF THE GIRL SPY, THE • 1910
MISER'S CHILD, THE • 1910
ROMANCE OF OLD ERIN, A • 1910
SACRED TURQUOIS OF THE ZUNI, THE • 1910
SEMINOLE HALF-BREEDS, THE • SEMINOLE HALF-BREED, THE • 1910
SETH'S TEMPTATION • 1910
STRANGER, THE • 1910
UP THE THAMES TO WESTMINSTER • 1910 • DOC
WANDERERS, THE • 1910
ARRAH-NA-POGUE • 1911
CARNIVAL, THE • 1911
COLLEEN BAWN, THE • 1911
DRIVING HOME THE COWS • 1911
FIDDLE'S REQUIEM, THE • 1911
FISHERMAID OF BALLYDAVID, THE • 1911
GIPSIES IN IRELAND • 1911
GRANDMOTHER'S WAR STORY • 1911
HER CHUM'S BROTHER • 1911
HUNTED THROUGH THE EVERGLADES • 1911
IN BLOSSOM TIME • 1911
IN OLD FLORIDA • 1911
IRISH HONEYMOON, THE • 1911
LITTLE SISTER • 1911
LITTLE SOLDIER OF '64, THE • 1911
MOLLY PITCHER • 1911
O'NEIL, THE • O'NEILL, THE • 1911
OPEN ROAD, THE • 1911
RORY O'MORE • RORY O'MOORE • 1911
SAILOR JACK'S REFORMATION • 1911
SISTER, THE • 1911
SPECIAL MESSENGER • 1911
TANGLED LIVES • 1911
TO THE AID OF STONEWALL JACKSON • 1911
WHEN THE DEAD RETURN • 1911
WHEN TWO HEARTS ARE WON • 1911
ALONG THE RIVER NILE • 1912 • DOC
ANCIENT TEMPLES OF EGYPT • 1912 • DOC
ARABIAN TRAGEDY, AN • 1912
CAPTURED BY BEDOUINS • 1912
CONWAY THE KERRY DANCER • 1912
DARLING OF C.S.A., THE • 1912
DAY IN JERUSALEM, A • 1912 • DOC
DOWN THROUGH THE AGES • 1912
EASTER CELEBRATION AT JERUSALEM • 1912 • DOC
EGYPT • 1912 • DOC
EGYPT THE MYSTERIOUS • 1912 • DOC
EGYPTIAN SPORTS • 1912 • DOC
FACTORY GIRL, THE • 1912
FAR FROM ERIN'S ISLE • 1912
FIGHTING DERVISHES OF THE DESERT, THE • 1912
FROM JERUSALEM TO THE DEAD SEA • 1912
FROM THE MANGER TO THE CROSS • JESUS OF NAZARETH • 1912
HIS MOTHER • 1912
IRELAND THE OPPRESSED • 1912
IRISH GIRL'S LOVE, AN • 1912
KALEMITES VISIT GIBRALTAR, THE • 1912 • DOC
KERRY GOW, THE • 1912
MAKING PHOTOPLAYS IN EGYPT • 1912 • DOC
MAYOR FROM IRELAND, THE • MAJOR FROM IRELAND, THE • 1912
MISSIONARIES IN DARKEST AFRICA • 1912 • DOC
O'KALEMS VISIT TO KILLARNEY, THE • 1912
PALESTINE • 1912 • DOC
POACHER'S PARDON, THE • 1912
PRISONER OF THE HAREM, A • 1912
SHAUGHRAUN, THE • 1912
TRAGEDY OF THE DESERT • 1912
VAGABONDS, THE • 1912
WINNING A WIDOW • 1912
YOU REMEMBER ELLEN • 1912
DAUGHTER OF THE CONFEDERACY, A • 1913
IN THE CLUTCHES OF THE KU KLUX KLAN • IN THE POWER OF THE KU KLUX KLAN • 1913
IN THE POWER OF A HYPNOTIST • IN THE POWER OF THE HYPNOTIST • 1913
LADY PEGGY'S ESCAPE • 1913
MYSTERY OF PINE CREEK CAMP, THE • 1913
PERILS OF THE SEA, THE • 1913
UNCLE TOM'S CABIN • 1913
VAMPIRE, THE • 1913
WHEN MEN HATE • 1913
WIVES OF JAMESTOWN, THE • 1913
BRUTE, THE • 1914
COME BACK TO ERIN • 1914
EYE OF THE GOVERNMENT, THE • 1914
FOR IRELAND'S SAKE • 1914
IN THE HANDS OF A BRUTE • 1914
MOTH AND THE FLAME, THE • 1914
MOTHER OF MEN, A • 1914
PASSOVER MIRACLE, A • 1914
TRICKING THE GOVERNMENT • 1914
WHEN MEN WOULD KILL • 1914
WOLFE OR THE CONQUEST OF QUEBEC • 1914
ALL FOR IRELAND • 1915
ALL FOR OLD IRELAND • 1915
BOLD EMMETT, IRELAND'S MARTYR • 1915
GHOST OF TWISTED OAKS, THE • GHOST OF THE TWISTED OAKS, THE • 1915
IRISH IN AMERICA, THE • 1915
LITTLE REBEL, THE • 1915
MADAME BUTTERFLY • 1915
MELTING POT, THE • 1915
NAN O' THE BACKWOODS • 1915
SENTIMENTAL LADY, THE • 1915
SEVEN SISTERS, THE • 1915
TAINT, THE • 1915
DAUGHTER OF MACGREGOR, A • 1916
DIPLOMACY • 1916
INNOCENT LIE, THE • 1916
JEAN O' THE HEATHER • 1916
MY LADY INCOG • MY LADY INCOGNITO • 1916
POOR LITTLE PEPPINA • 1916
SMUGGLERS, THE • 1916
BELGIAN, THE • 1917
MARRIAGE FOR CONVENIENCE • 1919
SCRATCH MY BACK • 1920
GOD'S COUNTRY AND THE LAW • 1921
PARDON MY FRENCH • 1921
RIGHT WAY, THE • WITHIN PRISON WALLS ○ MAKING GOOD • 1921
TIMOTHY'S QUEST • 1922
GREEN GODDESS, THE • 1923
LITTLE OLD NEW YORK • 1923
HUMMING BIRD, THE • 1924
MONSIEUR BEAUCAIRE • 1924
ONLY WOMAN, THE • SACRIFICE • 1924
BEST PEOPLE, THE • 1925
CHARMER, THE • 1925
NOT SO LONG AGO • 1925
SALOME OF THE TENEMENTS • 1925
AMATEUR GENTLEMAN, THE • 1926
RANSON'S FOLLY • 1926
WHITE BLACK SHEEP, THE • 1926
CLAW, THE • 1927

OLD JOHN JR. see **BAVA LAMBERTO**

OLD JOHN M. see **BAVA MARIO**

OLDEN JOHN – GRM
TOLLE NACHT • 1957
MELODIE UND RHYTHMUS • 1959
FRAU IRENE BESSER • 1960
IM 6 STOCK • 1961
GLUCKLICHEN JAHRE DER THORWALDS, DIE • 1962
AN DER SCHONEN BLAUEN DONAU • 1965
GENTLEMEN BITTEN ZUR KASSE, DIE • GREAT BRITISH TRAIN ROBBERY, THE (USA) ○ POSTZUG-UBERFALL, DER • 1965 • MTV

OLDOINI ENRICO – ITL
CUORI NELLA TORMENTA • HEARTS IN THE STORM • 1984
BOTTA DI VITA, UNA • TASTE OF LIFE, A • 1988
BYE BYE BABY • 1989

OLEA PEDRO – SPN – 1938–
PARQUE DE JUEGOS • PARK OF GAMES • 1963 • SHT
DIAS DE VIEJO COLOR • DAYS LIKE OLD TIMES • 1968
BOSQUE DE ANCINES, EL • WOLFMAN OF GALICIA, THE ○ BOSQUE DEL LOBO, EL ○ ANCINES WOODS, THE ○ WOLF FOREST, THE • 1969
JUAN Y JUNIOR EN UN MONDO DIFERENTE • JUAN AND JUNIOR IN A DIFFERENT WORLD • 1970
CASA SIN FRONTERAS, LA • HOUSE WITHOUT FRONTIERS, THE (USA) ○ HOUSE WITHOUT BOUNDARIES, THE • 1971
NO ES BUENO QUE EL HOMBRE ESTE SOLO • IT IS NOT GOOD THAT MAN SHOULD BE ALONE • 1972
TORMENTO • TORMENT ○ ANGUISH • 1974
PIM, PAM, PUM..., FUEGO! • ONE.. TWO.. THREE.. FIRE! • 1975
COREA, LA • 1976
HOMBRE LLAMADO FLOR DE OTONO, UN • FLOWER OF AUTUMN ○ FLOR DE OTONO • 1978
AKELARRE • SABBATH • 1984
BANDERA NEGRA • BLACK BANNER • 1985

OLEAN ELLEN – USA
Nth • 1970 • ANM

O'LEARY HANS NEITER – UKN
ABERDEEN -BY SEASIDE AND DEESIDE • 1969 • DCS

O'LEARY RONAN – IRL
FRAGMENTS OF ISABELLA • 1989

OLENIN A. – USS
DIAMONDS • 1947

OLEXOVA JANA – Animator – CZC
MEETING, THE • 1970 • ANM

OLGA DUQUESA see **DUQUESA OLGA**

OLGAC BILGE – TRK
KIRALLAR KIRALI • KING OF KINGS • 1965
UCUNUZU DE MIHLARIM • 1965
GARIBAN DERLER BIZE • THEY CALL US TRAMPS • 1967
KADINIM • MY WOMAN • 1967
KANUNSUZ TOPRAK • LAWLESS LAND • 1967
SILAHSIZ DOGUSELIM • LET US FIGHT WITHOUT ARMS • 1967
DERTLI GONLUM • MY SORROWFUL HEART • 1968
OKSUZ • ORPHAN, THE • 1968
BIR GUN MUTLAKA • ONE DAY SURELY ○ ONE DAY CERTAINLY • 1976

GULSUSAN • 1985
UC HALJA YIRMIBES • THREE RINGS TWENTY-FIVE • 1985
IPEKCE • 1987

OLGUIN CARLOS – ARG

VIDA ENTERA, LA • ENTIRE LIFE, THE • 1987

OLHOVICH SERGIO – MXC

MUNECA REINA • QUEEN DOLL (USA) • 1971
ENCUENTRO, EL • MEETING, THE • 1972
CASA DEL SUR, LA • HOUSE IN THE SOUTH, THE • 1974
CORONACION • 1975
LLOVIZNA • DRIZZLE • 1977
INFIERNO DE TODOS TAN TEMIDO, EL • HELL SO FEARED BY ALL • 1979
ESPERANZA • EXPECTATIONS • 1989

OLIANSKY JOEL – USA – 1935–

COMPETITION, THE • 1980
ALFRED HITCHCOCK PRESENTS • 1985 • TVM

OLIN STIG – Actor – SWD – 1920–

I DUR OCH SKUR • IN MAJOR AND SHOWERS • 1953
RESAN TILL DEJ • JOURNEY TO YOU, THE • 1953
GULA DIVISIONEN • YELLOW SQUADRON, THE • 1954
HOPPSAN! • MONSTRET • 1955
MORD LILLA VAN • MURDER MY LITTLE FRIEND • 1955
RASMUS, PONTUS OCH TOKER • RASMUS, PONTUS AND TOKER • 1956
SWING IT, FROKEN! • SWING IT, MISS! • 1956
GAST I EGET HUS • GUEST IN ONE'S HOME, A • 1957
DU AR MITT AVENTYR • YOU ARE MY ADVENTURE • 1958
FLOTTANS OVERMAN • OVERLORD OF THE NAVY • 1958

OLINGER MARC – LXM

DE BRECKER • TRAITOR, THE • 1988
FALSCHEN HOND, DE • TRAITOR, THE • 1990

OLIPHANT PIERRE – FRN

VIVA PORTUGAL • 1975 • DOC

OLIVEIRA ANDRE LUIZ – BRZ

METEORANGO KID -HEROI INTERGALATICO • METEORANGO KID -INTERGALACTIC HERO • 1969

de OLIVEIRA ANDRE LUIZ – BRZ

LENDA DE UBIRAJARA, A • 1975

de OLIVEIRA CARLOS – BRZ

CACADOR DE ESMERALDAS, O • EMERALD HUNTER, THE • 1980

de OLIVEIRA DENOY – BRZ

AMANTE MUITO LOUCA • VERY CRAZY LOVER, A • 1980
SETE DIAS DE AGONIA • SEVEN DAYS OF AGONY ○ ENCALHE, O ○ OBSTACLE, THE • 1982
BAIANO FANTASMA, O • PHANTOM BAIANO, THE • 1984

OLIVEIRA DOMINGOS – BRZ

DUAS FACES DA MOEDA, AS • 1970
CULPA, A • 1972

de OLIVEIRA DOMINGOS – BRZ

TODAS AS MULHERES DO MUNDO • ALL THE WORLD'S WOMEN • 1967
EDU CORACAO DE OURO • EDU HEART OF GOLD • 1968
TEU, TUA • YOURS, HERS ○ HIS, HERS • 1981

OLIVEIRA JOSE MARIA – SPN – 1934–

FLORES DEL MIEDO, LAS • 1972
MUERTOS, LA CARNE Y EL DIABLO, LOS • 1973

de OLIVEIRA MANOEL – PRT – 1908–

de OLIVEIRA MANUEL

DOURO, FAINA FLUVIAL • HARD LABOR ON THE RIVER DOURO • 1931 • SHT
ESTATUAS DE LISBOA • STATUES OF LISBON, THE • 1932
EM PORTUGAL JA SE FAZEM AUTOMOVEIS • JA SE FAZEM AUTOMOVEIS EM PORTUGAL • 1938 • SHT
MIRAMAR PRAIA DE ROSAS • 1938 • SHT
FAMALICAO • 1941 • SHT
ANIKI-BOBO • 1942
PINTORE A CIDADE, O • PAINTER AND THE TOWN, THE ○ PAINTER AND THE CITY, THE • 1956 • SHT
PAO, O • BREAD • 1959
CORACAO, O • 1960 • SHT
ACTO DA PRIMAVERA • PASSION OF JESUS, THE • 1963
CACA, A • HUNT, THE • 1963
PINTURAS DE MEU IRMAO JULIO, AS • 1967
PASSADO E O PRESENTE, O • PAST AND PRESENT • 1972
BENILDE OU A VIRGEM MAE • BENILDE OR THE VIRGIN MOTHER ○ BENILDE: VIRGIN AND MOTHER • 1975
AMOR DE PERDICAO • LOVE OF PERDITION ○ DOOMED LOVE ○ ILL-FATED LOVE • 1977
NEGRO E O PRETO, O • NEGRO AND THE BLACK, THE • 1980
FRANCISCA • FRANCESCA • 1981
MEMORIAS AND CONFISSOES • MEMORIES AND CONFESSIONS • 1982
A PROPOS DE JEAN VIGO • 1983 • SHT
LISBOA CULTURAL • CULTURAL LISBON • 1983 • SHT
SATIN SLIPPER, THE • 1985
CANIBAIS, OS • CANNIBALS, THE • 1988
NO, OR THE VAIN GLORY OF COMMAND • 1990

de OLIVEIRA MANUEL see **de OLIVEIRA MANOEL**

de OLIVEIRA OSWALDO – BRZ

CANGACEIRO SANGUINARIO, O • BLOODY KILLER, THE • 1969
BARE BEHIND BARS • 1987

de OLIVEIRA XAVIER – BRZ

MARCELO ZONA SUL • 1970
GARGALHADA FINAL • LAST LAUGH • 1980

OLIVER BILL – UKN – 1887–1954

HUNTING WITH A GUN • 1930 • DOC
BORDER TRAILS • 1931 • DOC
SHE CLIMBS TO CONQUER • 1932 • DOC
HOME OF THE BUFFALO • 1934 • DOC
SEA LIONS OF THE PACIFIC • 1935 • DOC
SUNSHINE AND POWDER SNOW • 1935 • DOC
IN THE SHADOW OF ASSINIBOINE • 1936 • DOC
WARRIORS OF THE DEEP • 1936 • DOC
BY-WAYS OF JASPER • 1937 • DOC
WHERE COHOES PLAY • 1938 • DOC
BANFF TO LAKE LOUISE • 1939 • DOC
SANCTUARY AND PLAYGROUND • 1939 • DOC

OLIVER DAVID – USA

CAVE GIRL • CAVEGIRL • 1985

OLIVER FELIX – URG

CARRERA DE CICLISMO EN EL VELODROME DE ARROYO SECO • 1898
OLIVER, JUNCAL 108 • 1900

OLIVER GUY – Actor – USA – 1875–

ANGEL OF SPRING, THE • 1915
AT THE FLOOD TIDE • 1915
COYOTE, THE • 1915
JIMMY • 1915

OLIVER RICHARD – USA

GIRL TO KILL FOR, A • 1989

OLIVER ROBERT H. – ITL

CASTELLO DELLE DONNE MALEDETTE, IL • DOCTOR FRANKENSTEIN'S CASTLE OF FREAKS ○ MONSTERS OF FRANKENSTEIN ○ DR. FRANKENSTEIN'S CASTLE OF FREAKS ○ HOUSE OF FREAKS ○ TERROR CASTLE ○ CASTELLO DELLA PAURA, IL ○ TERROR • 1973

OLIVER RON – CND

PROM NIGHT III: THE LAST KISS • 1990

OLIVERA HECTOR – ARG – 1931–

PSEXOANALISIS • 1968
ARGENTINISIMA • 1972
NEUROTICOS, LOS • SEXOANALIZADOS, LOS ○ NEUROTICS, THE ○ SEXANALYSED, THE • 1972
VENGANZAS DE BETO SANCHEZ, LAS • VENGEANCE OF BETO SANCHEZ, THE • 1973
PATAGONIA REBELDE, LA • REBELLION IN PATAGONIA (USA) ○ PATAGONIA IN ARMS • 1974
MUERTO, EL • DEAD ONE, THE • 1975
NONA, LA • GRANDMA • 1979
VIERNES DE LA ETERNIDAD, LOS • FRIDAYS OF ETERNITY • 1981
BUENOS AIRES ROCK 82 • 1982
WIZARDS OF THE LOST KINGDOM • GUERRA DE LOS MAGOS, LA (ARG) ○ WIZARD WARS • 1984
BARBARIAN QUEEN • REINA BARBARA, LA ○ QUEEN OF THE NAKED STEEL ○ REINA SALVAJE • 1985
COCAINE WARS • FINE WHITE LINE, THE ○ MUERTA BLANCA ○ COCAINA • 1985
NO HABRA MAS PENSAS NI OLVIDO • FUNNY DIRTY LITTLE WAR, A • 1985
MATAR ES MORIR UN POCO • TWO TO TANGO • 1987
NIGHT OF THE PENCILS, THE • 1987

OLIVIER LAURENCE – Actor – UKN – 1907–1989

HENRY V • KING HENRY V • 1945
HAMLET • 1948
RICHARD III • 1955
PRINCE AND THE SHOWGIRL, THE • 1957
THREE SISTERS, THE • 1970

d'OLIVIER MICHEL – FRN

NAKED ISLAND: "THE LAND OF 1001 NUDES" • 1961

OLIVIER RICHARD – BLG

KING SINGER • 1978

OLLEN OTZ – GRM

WENN MENSCHEN IRREN • SCHATTEN DER NACHT • 1926

OLLIVIER MARC see **GERARD MICHEL**

OLLSTEIN MARTY – USA

DANGEROUS LOVE • SINGLES • 1989

OLMER VIT – CZC

SO BYE-BYE • 1970
DRUHA TAH PESCEM • SECOND MOVE WITH A PAWN, THE • 1985
JAKO GIFT • LIKE POISON • 1985
ANTONYHO SANCE • ANTHONY'S CHANCE • 1987
BONY A KLID • EASY MONEY • 1987
PANI EDISONI • NEW EDISONS, THE • 1987

OLMI ERMANNO – ITL – 1931–

PENSIONATO, IL • DCS
DIGA DEL GHIACCIAIO, LA • 1954 • DCS
PATTUGLIA DE PASSO SAN GIACOMO, LA • 1954 • DOC
BUONGIORNO NATURA • 1955 • DOC
CANTIERE D'INVERNO • 1955 • DOC
MIA VALLE, LA • 1955 • DOC
ONDA, L' • 1955 • DOC
SAN MASSENZA • CIMEGO • 1955 • DOC
SOCIETA OVESTICINO-DINAMO • 1955 • DOC
TESATURA MECCANICA DELLA LINEA A 220, 000 VOLT • 1955 • DOC
CONSTRUZIONE MECCHANICHE RIVA • 1956 • DOC
FERTILIZZANTI COMPLESSI • 1956 • DOC
MICHELINO LA B • 1956 • DOC
PANTANO D'AVIO • 1956 • DOC
PERU -ISTITUTO DE VERANO • 1956 • DOC
CAMPI SPERIMENTALI • 1957 • DOC
FIBRE E CIVILTA • 1957 • DOC
PROGRESSO IN AGRICOLTURA • 1957 • DOC
BARIRI • 1958 • DOC
COLONIE SICEDISON • 1958 • DOC
FRUMENTO, IL • 1958 • DOC
GIOCHI DE COLONIA • 1958 • DOC
TRE FILI FINO A MILANO • THREE CABLES TO MILAN • 1958 • DOC
VENEZIA CITTA MINORE • 1958 • DOC
AUTO CHIESE • 1959 • DOC
CAVO OLIO FLUDIO 220,000 VOLT • 1959 • DOC
FERTILIZZANTI PRODUTTI DALLA SOCIETA DEL GRUPPA EDISON • 1959 • DOC
FRAYLE, EL • 1959 • DOC
NATURA E CHIMICA • 1959 • DOC
GRANDE PAESE D'ACCIAIO, IL • 1960 • DOC
TEMPO SI E FERMATO, IL • TIME STOOD STILL (USA) ○ GRAND BARRAGE, LE ○ TIME HAS STOPPED • 1960
METRO E LUNGO, UN • METRO LUNGO CINQUE, UN • 1961 • DCS
POMODORO, IL • 1961 • DOC
POSTO, IL • SOUND OF TRUMPETS, THE ○ JOB, THE • 1961
SACCO IN PLYPAC, IL • 1961 • DOC
FIDANZATI, I • ENGAGEMENT, THE (UKN) ○ FIANCES, THE (USA) • 1963
E VENNE UN UOMO • MAN NAMED JOHN, A (UKN) ○ AND THERE CAME A MAN • 1964
RACCONTI DI GIOVANI AMORI • 1967
CERTO GIORNO, UN • ONE FINE DAY (UKN) ○ CERTAIN DAY, A • 1968
RECUPERANTI, I • SCAVENGERS, THE • 1970
DURANTE L'ESTATE • DURING THE SUMMER (USA) ○ IN THE SUMMERTIME • 1971
CIRCOSTANZA, LA • CERTAIN CIRCUMSTANCE, A ○ CIRCUMSTANCE, THE • 1974
ALBERO DEGLI ZOCCOLI, L' • TREE WITH THE WOODEN CLOGS, THE (UKN) ○ TREE OF WOODEN CLOGS, THE • 1978
CAMMINACAMMINA • KEEP ON WALKING ○ KEEP WALKING ○ WALKING WALKING • 1983
LEGGENDA DEL SANTO BEVITORE, LA • LEGEND OF THE HOLY DRINKER, THE (UKN) • 1988
LUNGA VITA ALLA SIGNORA! • LONG LIVE THE LADY! • 1988

OLOFSON CHRISTINA see **OLOFSSON CHRISTINA**

OLOFSSON CHRISTINA – SWD

OLOFSON CHRISTINA

TENT -WHO OWNS THIS WORLD, THE • 1977
MALAREN • PAINTER, THE • 1981
JACOB SMITAREN • WHERE WERE YOU, JACOB? • 1983
HONUNGSVARGAR • HONEY WOLVES, THE • 1989

OLSEN ANNETTE – DNM

SKAL VI DANSE FORST? • SHALL WE DANCE FIRST? • 1979

OLSEN ROLF – GRM

HOCHZEIT AM NEUSIEDLER SEE • 1963
TURKISCHEN GURKEN, DIE • TURKISH CUCUMBER, THE (USA) ○ DADDY'S DELECTABLE DOZEN ○ WEDDING PRESENT • 1963
UNSERE TOLLEN NICHTEN • 1963
HEISS WEHT DER WIND • MEIN FREUND SHORTY • 1964
LETZTE RITT NACH SANTA CRUZ, DER • LAST RIDE TO SANTA CRUZ, THE (USA) • 1964
UNSERE TOLLEN TANTEN IN DER SUDSEE • 1964
SPUKSCHLOSS IM SALZKAMMERGUT • HAUNTING CASTLE IN SALZKAMMERGUT, THE ○ SPOOK-CASTLE IN SALZKAMMERGUT • 1965
IN FRANKFURT SIND DIE NACHTE HEISS • CALL GIRLS OF FRANKFURT (USA) ○ HOT NIGHTS IN FRANKFURT ○ PLAYGIRLS OF FRANKFURT • 1966
HEUBODENGEFLUSTER • WHISPERING IN THE HAYLOFT • 1967
RASTHAUS DER GRAUSAMEN PUPPEN, DAS • LOCANDA DELLE BAMBOLE CRUDELI, LA (ITL) ○ INN OF THE CRUEL DOLLS, THE • 1967
WENN ES NACHT WIRD AUF DER REEPERBAHN • WHEN NIGHT FALLS ON THE REEPERBAHN • 1967
ARZT VON ST. PAULI, DER • STREET OF SIN (UKN) ○ DOCTOR OF ST. PAULI, THE • 1968
PARADIES DER FLOTTEN SUNDER, DAS • PARADISE OF SMART SINNERS • 1968
AUF DER REEPERBAHN NACHTS UM HALB EINS • 1969
PFARRER VON ST. PAULI, DER • 1970
STUNDENHOTEL VON ST. PAULI, DAS • 1970
KAT'N RAUHBEIN AUS ST. PAULI • KAPT'N RAUHBEIN AUS ST. PAULI • 1971
BLUTIGER FREITAG • BLOODY FRIDAY • 1972
VIOLENZA CONTRO VIOLENZA • 1973
REISE IN JENSEITS -DIE WELT DES UBERNATURLICHEN • JOURNEY INTO THE BEYOND ○ JOURNEY INTO BEYOND ○ JOURNEY INTO THE UNKNOWN • 1975 • DOC

OLSEN WES – USA

DARK SIDE OF MIDNIGHT, THE • CREEPER, THE • 1986

OLSEN WILLIAM – USA

GETTING IT ON • AMERICAN VOYEUR • 1983
ROCKIN' ROAD TRIP • 1986
PRIVATE TUTOR • RETURN TO EDEN ○ BEFORE GOD ○ AFTER SCHOOL ○ QUEST FOR EDEN • 1988

OLSHAWANGER I. see **OLSHVANGER ILYA**

OLSHVANGER I. see **OLSHVANGER ILYA**

OLSHVANGER ILYA – USS

OLSHVANGER I. • OLSHAWANGER I.

NO ODNOI PLANETE • ON THE SAME PLANET ○ ONE PLANET • 1966
YEVO ZOVUT ROBERT • THEY CALL HIM ROBERT ○ HIS NAME IS ROBERT ○ CALL ME ROBERT ○ THEY CALL ME ROBERT ○ HE WAS CALLED ROBERT • 1967

OLSON PAUL – ASL
SUNDAY IN MELBOURNE • 1959

OLSSON CLAES – FNL
AMALIA, KARHU • AMALIA, THE BEAR • 1982
ON THE TRAIL OF ELVIS THE CAT • 1987

OLSSON GUNNAR – SWD – 1904–
JARNETS MAN • 1935
BERGSLAGSFOLKEN • PEOPLE OF BERGSLAGEN • 1937
DU GAMLA, DU FRIA • THOU OLD, THOU FREE (USA) ○ YOU FREE OLD COUNTRY • 1938
FRUN TILLHANDA • AT THE LADY'S SERVICE • 1939
VI PA SOLGLANTAN • WE AT SOLGLANTAN (USA) ○ WE FROM SUNNY GLADE • 1939
HANNA I SOCIETEN • HANNA IN SOCIETY • 1940
LASSE–MAJA • 1941
AVENTYRARE, EN • ADVENTURER • 1942
KVINNAN TAR BEFELAT • WOMAN TAKES COMMAND • 1942
NAR UNGDOMEN VAKNAR • AWAKENING OF YOUTH, THE • 1943
NAR SEKLET VAR UNGT • AT THE BEGINNING OF THE CENTURY • 1944
GLADE SKRADDAREN, DEN • GAY TAILOR, THE • 1945
JANNE VANGMANS BRAVADER • EXPLOITS OF JANNE VANGMAN • 1948
JANNE VANGMAN PA NYA AVENTYR • JANNE VANGMAN ON NEW ADVENTURES • 1949
SKEPPARE I BLASVADER • SKIPPER IN STORMY WEATHER • 1951
JANNE VANGMAN I FARTEN • JANNE VANGMAN IS BUSY • 1953

OLSSON JOHN – SWD
BLOMSTRANDE TIDER • PROSPEROUS TIMES • 1979

OLSSON LENNART – SWD
KARNEVAL • CARNIVAL • 1961
KARLEK 1–1000 • LOVE 1–1000 • 1967

OLSSON MATS see **JACKSON MICHAEL**

OLSSON MATS HELGE – SWD
HELGE MATS
SVERIGE AT SVENSKARNA • SWEDEN TO THE SWEDES ○ DRINKING MAN'S WAR, THE • 1980
NINJA MISSION, THE • 1984
EAGLE ISLAND • 1987

OLSSON STELLAN – SWD
OSS EMELLAN • CLOSE TO THE WIND (UKN) ○ IT'S UP TO YOU • 1969
DEADLINE • 1970
SVEN KLANGS KVINTETT • SVEN KLANG'S COMBO (UKN) ○ SMALL–TOWN QUINTET, THE • 1976
ENES DOED.., DEN • 1980

OLSZEWSKI WLODZIMIERZ – PLN
PROBA OGNIA I WODY • TRIAL BY FIRE AND WATER • 1978

OLUSOLA SEGUN – NGR
MY FATHER'S BURDEN • 1961

OM CHONG–SUN – SKR
CHAIRMAN, OUR CHAIRMAN • 1988

OM GIL–SON – NKR
STAR OF KOREA

O'MALLEY DAVID – USA
GUARDIAN OF THE WILDERNESS • MOUNTAIN MAN • 1976
KID COLTER • 1985
AWESOME LOTUS: MISTRESS OF THE MARTIAL ARTS • AWESOME LOTUS • 1986
EASY WHEELS • WOMEN ON WHEELS • 1989

O'MARA JOHN – IRL
BEYOND THE NORTH WIND • 1983

OMBRA CARLO – GRM
DRACULA BLOWS HIS COOL • 1979

OMDAL SKLJALG – NRW
STA PA • 1976 • DOC

OMEGNA ROBERTO – ITL
TORINO ARTISTICA • ARTISTIC AND PANORAMIC VIEWS OF TURIN • 1910

O'MOHONEY J. W.
RACE OF THE AGE, THE • 1920

O'MORDHA SEAN – IRL
IS THERE ONE WHO UNDERSTANDS ME? • 1981

OMORI KAZUKI – JPN
ORANGE ROAD EXPRESS • 1977
HIPPOCRATES TACHI • HIPPOCRATES • 1981
KOISURU ONNA TACHI • LOVING GIRLS • 1987
GODZILLA TAI BIOLLANTE • GODZILLA VS. BIOLLANTE • 1989

ONAL SAFA – TRK
UMUT DUNYASI • WORLD OF HOPE, A • 1974

ONAZAMA – JPN
INTRODUCTION TO VIOLENCE • 1971 • DOC

ONCHI HIDEO – JPN
KOUKOUSEI TO ONNA KYOUSHI: HIJOU NO SEI SHUN • HIGH SCHOOL STUDENT AND WOMAN TEACHER: MERCILESS YOUTH • 1962
SUBARASHII AKUJO • WONDERFUL BAD WOMAN • 1963
JOTAI • CALL OF FLESH, THE • 1964
AKOGARE • ONCE A RAINY DAY • 1966
IZU NO ODORIKO • IZU DANCER • 1967
MEGURI–AI • TWO HEARTS IN THE RAIN ○ MEETING, THE • 1968
SHOWA GENROKU TOKYO 196X–NEN • TOKYO 196X • 1968
OTOKO TO ONNO NO SHINWA • STAR OF ADAM • 1969
TAIYO NO KARYUDO • HUNTER OF THE SUN • 1970
SHIAWASE • HAPPINESS • 1974

ONDAATJE KIM – Painter – CND – 1928–
BLACK CREEK • 1972 • DCS
FACTORIES • 1973 • DCS
PATCHWORK QUILTS • 1974 • DCS
OLD HOUSES • 1978 • DCS
WHERE THE BITTERSWEET GROWS, PART 1 • 1980 • DOC

O'NEAL RON – USA – 1937–
SUPERFLY T.N.T. • 1973

O'NEANS DOUGLAS F. – USA
SNO–LINE • DEATHLINE • 1984

O'NEIL BARRY – USA
O'NEILL BARRY
ACTOR'S CHILDREN, THE • 1910
FOR THE LOVE OF A GIRL • 1912
AUNTIE'S AFFINITY • 1913
GRANNY • 1913
GUIDING LIGHT, THE • 1913
HEART BROKERS, THE • 1913
HIS BEST FRIEND • 1913
HIS CHILDREN • 1913
HOME SWEET HOME • 1913
INSPECTOR'S STORY, THE • 1913
LOST SON, THE • 1913
MARY'S TEMPTATION • 1913
MEMORIES OF HIS YOUTH • 1913
PETE, THE ARTIST • 1913
PETE TRIES THE STAGE • 1913
PETER'S PLEDGE • 1913
PRICE DEMANDED, THE • 1913
SEEDS OF WEALTH • 1913
DAUGHTER OF EVE, A • 1914
FORTUNE HUNTER, THE • 1914
GAMBLERS, THE • 1914
HOUSE NEXT DOOR, THE • 1914
LION AND THE MOUSE, THE • 1914
THIRD DEGREE, THE • 1914
WOLF, THE • 1914
BOUGHT • 1915
CLIMBERS, THE • 1915
COLLEGE WIDOW, THE • 1915
DISTRICT ATTORNEY, THE • 1915
GREAT RUBY, THE • 1915
IT ALL DEPENDS • 1915
SPORTING DUCHESS, THE • 1915
WAR BABY, A • 1915
WHEN HONOR WAKES • 1915
WITNESS, THE • 1915
EVANGELIST, THE • 1916
HIDDEN SCAR, THE • 1916
HUSBAND AND WIFE • 1916
LIFE'S WHIRLPOOL • 1916
REVOLT, THE • 1916
UNPARDONABLE SIN, THE • 1916
WEAKNESS OF MAN, THE • GREATER LOVE, THE • 1916
WOMAN'S WAY, A • 1916

O'NEIL ROBERT see **O'NEIL ROBERT VINCENT**

O'NEIL ROBERT V. see **O'NEIL ROBERT VINCENT**

O'NEIL ROBERT VINCENT – USA
O'NEIL ROBERT V. • *O'NEIL ROBERT*
LIKE MOTHER, LIKE DAUGHTER • KIND OF LOVE, A • 1969
BLOOD MANIA • 1970
PSYCHO LOVER, THE • PSYCHO KILLER (UKN) ○ LOVING TOUCH, THE ○ LOVELY TOUCH, THE • 1970
WONDER WOMEN • WOMEN OF TRANSPLANT ISLAND • 1973
PACO • 1975
ANGEL • 1983
AVENGING ANGEL • 1985

O'NEILL BARRY see **O'NEIL BARRY**

O'NEILL FRANK – USA
OVERLAND LIMITED, THE • 1925

O'NEILL FRED – NZL
GREAT FISH OF MAUI, THE • 1968 • ANS

O'NEILL MARIA DE MATER – PRC
M (METROPOLIS) • 1988 • SHT

O'NEILL MAURICE – USA
TENDERFOOT GOES WEST, A • 1937

O'NEILL PATRICK – USA
7362 • 1966 • SHT
RUNS GOOD • 1970 • SHT

O'NEILL SEAN see **SIMONELLI GIOVANNI**

ONISHI TAKANORI – JPN
HADAKA DE KONBANWA • NAKED GOOD EVENING • 1967
WAKKAI ONNA NI TE O DASUNA • DON'T TOUCH YOUNG GIRLS • 1967

ONIVAS BENJAMIN – USA
DEAN'S WIFE, THE • TALE OF THE DEAN'S WIFE, THE • 1970

ONO YOKO – USA
YOKO ONO FILM NO.4 • BOTTOMS ○ NO.4 • 1967
RAPE • 1969
LEGS • UP YOUR LEGS FOREVER • 1970
IMAGINE • 1972

ONORATO MARIA VIRGINIA – ITL
ULTIMO UOMO DI SARA, L' • 1974

OONK JAN – NTH – 1933–
KOKON • 1964 • SHT
STUITER, DE • MARBLE, THE • 1971 • SHT

OONO YUJI – JPN
NIKU NO TSUMEATO • NAIL MARK IN FLESH, A • 1967

van OOSTRUM HILDE – NTH
IRANY HOLLANDIA • TRAIN TO HOLLAND • 1986 • DOC

OPER STUART – USA
CHRISTMAS EVE • 1986 • TVM

OPFERMAN H. C. – GRM
MAYA • 1957

OPHULS MARCEL – GRM – 1927–
MATISSE OU LE TALENT DU BONHEUR • MATISSE OR THE TALENT FOR HAPPINESS • 1960 • SHT
AMOUR A VINGT ANS, L' • HATACHI NO KOI (JPN) ○ AMORE A VENT'ANNI ○ LOVE AT TWENTY (USA) ○ MILOSC DWUDZIESTOLATKOW ○ LIEBE MIT ZWANZIG (FRG) • 1962
PEAU DE BANANE • BANANA PEEL (USA) ○ BUCCIA DI BANANA • 1964
FEU A VOLONTE • FAITES VOS JEUX, MESDAMES ○ FIRE AT WILL • 1965
TILL EULENSPIEGEL • 1966 • MTV
MUNICH, OU LA PAIX POUR CENT ANS • MUNICH, OR PEACE IN OUR TIME • 1967 • DOC
CHAGRIN ET LA PITIE, LE • SORROW AND THE PITY, THE (USA) • 1970 • DOC
CLAVIGO • 1970 • MTV
HARVEST OF MY LAI, THE • 1970 • MTV
AMERICA REVISITED • 1971 • MTV
ZWEI GANZE TAGE • TWO WHOLE DAYS • 1971 • MTV
SENSE OF LOSS, A • 1972 • DOC
MEMORY OF JUSTICE, THE • 1976
KORTNERGESCHICHTE • 1980 • MTV
YORKSTOWN, LE SENS D'UNE BATAILLE • 1982 • MTV
HOTEL TERMINUS –THE LIFE AND TIMES OF KLAUS BARBIE • 1988 • DOC

OPHULS MAX – GRM – 1902–1957
DANN SCHON LIEBER LEBERTRAN • 1930
LIEBELEI • LIGHT LOVE (USA) • 1932
VERKAUFTE BRAUT, DIE • BARTERED BRIDE, THE • 1932
VERLIEBTE FIRMA, DIE • 1932
LACHENDE ERBEN • 1933
LIEBELEI • HISTOIRE D'AMOUR, UNE ○ YOUNG LOVE • 1933
ON A VOLE UN HOMME • 1933
SIGNORA DI TUTTI, LA • 1934
DIVINE • 1935
TENDRE ENNEMIE, LA • TENDER ENEMY, THE (USA) ○ ENNEMIE, L' • 1935
AVE MARIA DE SCHUBERT • 1936 • SHT
KOMEDIE OM GELD • TROUBLE WITH MONEY, THE ○ COMEDY ABOUT MONEY, A ○ COMEDY ON MONEY • 1936
VALSE BRILLANTE DE CHOPIN, LA • 1936 • SHT
YOSHIWARA • KOHANA • 1937
ROMAN DE WERTHER, LE • WERTHER • 1938
SANS LENDEMAIN • THERE'S NO TOMORROW (USA) ○ DUCHESSE DE TILSITT, LA ○ MAQUILLAGE ○ NO TOMORROW • 1939
DE MAYERLING A SARAJEVO • MAYERLING TO SARAJEVO (USA) ○ SARAJEVO (UKN) • 1940
ECOLE DES FEMMES, L' • 1940
EXILE, THE • 1947
LETTER FROM AN UNKNOWN WOMAN • 1948
CAUGHT • 1949
RECKLESS MOMENT, THE • BLANK WALL, THE • 1949
RONDE, LA • 1950
VENDETTA • 1950
PLAISIR, LE • HOUSE OF PLEASURE (USA) • 1951
MADAME DE.. • GIOIELLI DI MADAME DE..., I (ITL) ○ DIAMOND EARRINGS, THE ○ EARRINGS OF MADAME DE..., THE (USA) • 1953
LOLA MONTES • SINS OF LOLA MONTES, THE (USA) ○ FALL OF LOLA MONTES, THE (UKN) ○ LOLA MONTEZ • 1955

OPLIGER CURTIS – USA
PHANTASMAGORIA • SHT

OPPITZ MICHAEL – GRM
SCHAMANS OF THE BLIND COUNTRY • 1981

O'QUIGLEY ROBERTO – MXC
CIELITO LINDO • 1936
AVE SIN RUMBO • WANDERING BIRD (USA) • 1937
PADRE DE MAS DE CUATRO • FATHER OF MORE THAN FOUR (USA) • 1938
MADRE A LA FUERZA • 1939
LUCES DE BARRIADA • NEIGHBORHOOD LIGHTS (USA) • 1940
SOTA, CABALLO Y REY • 1943

ORACZEWSKA ZOFIA – PLN
W RAJU • IN PARADISE • 1962 • ANS
THIRTEENTH LAMB, THE • ANS

O'RAHILLY RONAN – USA
GOLD • 1972

ORBEY ERGIN – TRK
BIZIM AILE • OUR FAMILY • 1976

ORD CATHERINE – CND
DEAR JOHN • 1988

ORDELL TAD see **ORDELL TAL**

ORDELL TAL – Actor – ASL – –1948
ORDELL TAD
COWS AND CUDDLES • 1927 • SHT
KID STAKES, THE • 1927

ORDERS RON – UKN
MORGAN'S WALL • 1978

ORDONEZ CHARLES – USA
ORDONEZ CHARLIE
FORGOTTEN WARRIOR, THE • 1986
JUNGLE WOLF • 1986

ORDONEZ CHARLIE see **ORDONEZ CHARLES**

ORDOSGOITTI NAPOLEON – VNZ
TESTIGOS MUERTOS • DEAD WITNESSES • 1972
FE ENSU DESTINO • FAITH IN DESTINY • 1978
SOGA PENDE DEL CIELO, LA • ROPE HANGS FROM THE SKY, THE • 1979

de ORDUNA J. see **de ORDUNA JUAN**

de ORDUNA JUAN – SPN – 1907–1974
de ORDUNA J.
AVENTURA DEL CINE, UNA • 1927
PORQUE TE VI LLORAR • 1941
A MI LA LEGION! • 1942
FRENTE DE LOS SUSPIROS, EL • 1942
DELICIOSAMENTE TONTOS • 1943
ROSAS DE OTONO • 1943
TUVO LA CULPA ADAN • 1943
ELLA, EL Y SUS MILLONES • 1944
MI ENEMIGO EL DOCTOR • 1944
VIDA EMPIEZA A MEDIANOCHE, LA • 1944
YO NO ME CASO • 1944
LEYENDA DE FERIA • 1945
MISION BLANCA • 1945
DRAMA NUEVO, UN • 1946
LOLA SE VA A LOS PUERTOS, LA • 1947
SERENATA ESPANOLA • 1947
LOCURA DE AMOR • 1948
PEQUENECES • 1949
TEMPESTAD EN EL ALMA • 1949
VENDEVAL • 1949
AGUSTINA DE ARAGON • 1950
ALBA DE AMERICA • 1951
LEONA DE CASTILLA, LA • 1951
PALUDE TRAGICA • PALUDE DEL PECCATO, LA ○ AMORE E FANGO • 1953
CANAS Y BARRO • 1954
PADRE PITILLO, EL • 1954
ZALACAN, EL AVENTURERO • 1954
ULTIMO CUPLE, EL • 1957
TIRANA, LA • 1958
MUSICA DE AYER • 1959
AMOR DE LOS AMORES, EL • 1960
TERESA DE JESUS • 1961
BOCHORNO • 1962
ABAJO ESPERA LA MUERTE • 1964
ANONIMA DE ASESINATOS • 1965
NOBLEZA BATURRA • 1965
DELITTO D'AMORE • 1966
DESPEDIDA DE CASADA • 1966
WARTELISTE ZUR HOLLE • JERRY LAND CACCIATORE DI SPIE (ITL) ○ WAITING-LIST FOR HELL ○ JERRY LAND, SPY-HUNTER • 1967
TONTA DEL BOTE, LA • 1971
ME HAS HECHO PERDER EL JUICIO • 1973

ORDUNG WYOTT – Producer/writer – CHN – 1922–
MONSTER FROM THE OCEAN FLOOR • IT STALKED THE OCEAN FLOOR ○ MONSTER MAKER • 1954
WALK THE DARK STREET • 1956

ORDYNSKI RICHARD see **ORDYNSKI RYSZARD**

ORDYNSKI RYSZARD – PLN
ORDYNSKI RICHARD
NIEBEZPIECZNY RAJ • 1930
TAJEMNICA LEKARZA • 1930
GLOS SERCA • 1931
SWIAT BEZ GRANIC • 1931
DZIESIECIU Z PAWIAKA • 1932
ZYCIE J PILSUDSKIEGO • 1935

ORDYNSKI VASILI see **ORDYNSKY VASSILY**

ORDYNSKY VASSILY – USS – 1923–
ORDYNSKI VASILI
BEAUTY SECRET, THE • 1955
HULLABALOO • 1955
MAN IS BORN, A • 1956
CHETVERO • FOUR, THE • 1957
COEVALS • 1959
CLOUDS OVER BORSK • 1961
AT YOUR DOORSTEP • 1963
BOLSHAYA RUDA • GREAT ORE, THE ○ RICH VEIN • 1964
YESLI DOROG TEBYE TVOY DOM • IF YOUR HOME IS DEAR TO YOU • 1967
KRASNAYA PLOSHAD • RED SQUARE ○ KRASNAYA PLOSHCHAD • 1971
ORDEAL • 1977 • MTV

OREFICI OSCAR – ITL
FORMULA UNO FEBBRE DELLA VELOCITA • SPEED FEVER • 1978

O'REILLY – USA
AIR CREW • 1943 • SHT

ORELLANA CARLOS – MXC
DOS MEXICANOS EN SEVILLA • 1941
NOCHE DE RECIEN CASADOS • 1941
QUE TENGA UN AMOR, EL • 1942
SECRETO ETERNO • 1942
ARRIBA LAS MUJERES • 1943
CAPITAN MALACARA, EL • 1944
COMO MEXICO NO HAY DOS! • 1944
LOCO Y VAGABUNDO • 1945
CASATE Y VERAS • 1946
CASA DE LA TROYA, LA • 1947
MI ESPOSA BUSCA NOVIA • 1947
ENREDATE Y VERAS • 1948
FLOR DE CANA • 1948
GRAN PREMIO, EL • 1957
LLAMADA DE LA MUERTE, LA • 1959
TRIO DE TRES, UN • 1959

ORENTREICH CATHERINE – USA
WIZARD OF WAUKESHA, THE • 1981 • DOC

ORFINI MARIO – ITL
NOCCIOLINE • 1978
FAIR GAME • 1988
MAMBA • 1988

ORGAMBIDE CARLOS – ARG
QUERIDAS AMIGAS • DEAR FRIENDS • 1980
ACOMPANAMIENTO, EL • ACCOMPANIMENT, THE • 1988

ORIAN MONIC – PHL
BERTANG PALENGKE • BERTA OF THE MARKET • 1967

ORIOLI GIUSEPPE – ITL
BATTAGLIA, LA • QUATTRO DI BIR EL GOBI, I • 1942

ORION GEORGES – UKN
VOICE OF KURDISTAN, THE • 1982

O'RIORDAN SHAUN – UKN
DEVIL'S WEB • NURSE WILL MAKE IT BETTER • 1974 • TVM
SCREAMER • 1974 • TVM

ORKIN RUTH – USA
LITTLE FUGITIVE • 1953
LOVERS AND LOLLIPOPS • 1956

ORKO RISTO – FNL – 1899–
SILTALAN PEHTOORI • STEWARD OF SILTALA, THE • 1933
VMV 6 • 1936
TULINEN JARVI • 1938
AKTIVISTIT • ACTIVISTS, THE • 1939
JAAKARIN MORSIAN • SOLDIER'S BRIDE (USA) ○ INFANTRYMAN'S BRIDE, THE • 1939
TUISTELUN TIE • 1941
TULITIKKUJA LAINAAMASSA • OUT TO BORROW MATCHES • 1978

ORLANDINI GIUSEPPE – ITL
TUTTI INNAMORATI • EVERYBODY IN LOVE • 1959
CRONACHE DEL '22 • 1962
PUPA, LA • EVERY NIGHT OF THE WEEK (UKN) ○ DOLL, THE • 1963
RAGAZZOLA, LA • 1965
DUE VIGILI, I • TWO POLICEMEN, THE • 1967
DUE CROCIATA, I • TWO CRUSADERS, THE • 1968
INFERMIERI DELLA MUTUA, GLI • 1969
DUE MAGGIOLINI PIU MATTI DEL MONDO, I • 1970
CLAN DEI DUE BORSALINI, IL • 1971
CONTINUAVANO A CHIAMARLI.. ER PIU ER MENO • 1972

ORLANDO DOMINIC – USA
KNIGHTS OF THE CITY • 1985

ORLANDO TONY – USA
BLOCK, THE • 1964
LUST AND THE FLESH • 1965
HOT NIGHTS ON THE CAMPUS • NIGHTS ON THE CAMPUS • 1966

ORLEBECK LES see **ORLEBECK LESTER**

ORLEBECK LESTER – Editor – USA – 1907–
ORLEBECK LES
PIONEERS OF THE WEST • 1940
GAUCHOS OF ELDORADO • 1941
OUTLAWS OF THE CHEROKEE TRAIL • 1941
PALS OF THE PECOS • 1941
PRAIRIE PIONEERS • 1941
SADDLEMATES • 1941
WEST OF CIMARRON • 1941
SHADOWS ON THE SAGE • 1942

ORLICKY BORIS – CZC
UKRIZOVANA • CRUCIFIED GIRL, THE • 1921

ORLOV ALEXANDR – USS
ZHENSHCHINA, KOTORAY POYOT • WOMAN WHO SINGS, THE • 1979

ORLOV M. – USS
BONIVUR'S HEART • 1971

ORMAN FELIX – UKN
MOONBEAM MAGIC • 1924

ORME STUART – UKN
WOLVES OF WILLOUGHBY CHASE, THE • 1989

ORMEROD JAMES – UKN
TERROR FROM WITHIN • WON'T WRITE HOME, MOM –I'M DEAD • 1974 • TVM
KILLER EXPOSED • 1983 • MTV
FRANKENSTEIN • 1984
KILLER CONTRACTED • 1984 • MTV

d'ORMESSON ANTOINE – FRN – 1924–
TRAFICS DANS L'OMBRE • 1963
FAUX PAS, LE • 1964
ARRASTAO, LES AMANTS DE LA MER • 1967
GUERILLERO ET CELUI QUI N'Y CROYAIT PAS, LE • GUERRILLERO, EL • 1968
NUIT INFIDELE, LA • UNFAITHFUL NIGHT (UKN) • 1968

ORMOND RON – USA
KENTUCKY JUBILEE • 1951
KING OF THE BULLWHIP • 1951
THUNDERING TRAIL, THE • THUNDER ON THE TRAIL • 1951
VANISHING OUTPOST, THE • 1951
VARIETIES ON PARADE • 1951
YES SIR, MR. BONES • 1951
BLACK LASH, THE • 1952
FRONTIER PHANTOM, THE • 1952
OUTLAW WOMEN • 1952
MESA OF LOST WOMEN • LOST WOMEN (UKN) ○ LOST WOMEN OF ZARPA • 1953
FRONTIER WOMAN • 1956
UNTAMED MISTRESS • 1959
FORTY ACRE FEUD • 1965
GIRL FROM TOBACCO ROW, THE • 1966
WHITE LIGHTNIN' ROAD • 1967
EXOTIC ONES, THE • 1968

ORMONT JAMES – USA
MY HUSBAND'S FRIEND • 1918

ORMONT JESSE J. – USA
SHATTERED FAITH • 1923

ORMROD PETER – UKN
RACHEL AND THE BEELZEBUB BOMBARDIERS • 1977
EAT THE PEACH • 1987

ORMSBY ALAN – USA
DERANGED • 1974

ORMSTON FRANK – USA
FELIX GETS IN WRONG • 1916 • SHT

ORNBAK HENNING – DNM
DET ER NAT MED FRU KNUDSEN • IT'S ALL UP WITH AUNTIE • 1971
NU GAR DEN PA DAGMAR • 1972
MIG OG MAFIAEN • 1973
MAFIAEN –DET ER OSSE MIG • 1974
KUN SANDHEDEN • NOTHING BUT THE TRUTH • 1975

ORNITZ ARTHUR – USA
WANTED: A MASTER • 1936 • SHT

ORO JUAN BUSTILLO see **BUSTILLO ORO JUAN**

OROL JUAN – MXC – 1899–
MADRE QUERIDA • 1935
CALVARIO DE UNA ESPOSA, EL • 1936
HONRARAS A TUS PADRES • 1936
DERECHO Y EL DEBER, EL • 1937
ETERNA MARTIR • 1937
CRUEL DESTINO • 1943
MISTERIOS DEL HAMPA, LOS • 1944
EMBRUJO ANTILLANO • 1945
PASIONES TORMENTOSAS • 1945
AMOR DI MI BOHIO, EL • 1946
MUJER DE ORIENTE, UNA • 1946
GANGSTERS CONTRA CHARROS • 1947
REINO DE LOS GANGSTERS • 1947
TANIA LA BELLA SALVAJE • 1947
CHARRO DEL ARRABAL, EL • 1948
AMOR SALVAJE • PASION SALVAJE • 1949
CABARET SHANGHAI • CABARET SHANGAY • 1949
HOMBRES SIN ALMA • 1950
INFIERNO DE LOS POBRES, EL • 1950
MADRE QUERIDA • 1950
PERDICION DE MUJERES • 1950
QUE IDIOTAS SON LOS HOMBRES • 1950
DIOSA DE TAHITI, LA • CHACALES DE LA ISLA VERDE, LOS • 1952
SANDRA • MUJER DE FUEGO, LA • 1952
SINDICATO DE LA MUERTE, EL • ANTESALA DE LA MUERTE, LA • 1953
BAJO LA INFLUENCIA DEL MIEDO • 1954
MESERA DEL CAFE DEL PUERTO, LA • 1954
FAROL DE LA VENTANA, EL • 1955
SECRETARIA PELIGROSA • 1955
PLAZOS TRAICIONEROS • 1956
TE ODIO Y TE QUIERO • 1956
ZONGA EL ANGEL DIABOLICO • 1957
THAIMI, LA HIJA DEL PESCADOR • 1958
TORTOLA DEL AJUSCO, LA • 1960
BAJO EL MANTO DE LA NOCHE • DESTINO DE TRES VIDAS • 1962
SANGRE EN LA BARRACA • 1962
CRIMEN DE LA HACIENDA, EL • 1963
MALDICION DE MI RAZA, LA • CURSE OF MY RACE, THE • 1964
VIRGEN DE LA CALLE, LA • 1965
ANTESALA DE LA SILLA ELECTRICA • 1966
CONTRABANDISTAS DEL CARIBE • 1966
PASIONES INFERNALES • HIJA DEL SOL, LA • 1966

ORONA VICENTE – MXC
VIEJO NIDO • 1940
HIJO DE CRUZ DIABLO, EL • 1941
ROSA DE LAS NIEVES • 1944
TIERRA MUERTA • 1949
HIJA DE LA OTRA, LA • 1950
JUSTICIA DEL LOBO, LA • 1951
LOBO SOLITARIO, EL • 1951
VUELVE EL LOBO • 1951
JUGADOR, EL • 1952
TRAIGO MI 45 • 1952
FRONTERA NORTE • 1953
JINETE, EL • 1953
GAVILANES, LOS • 1954
SOMBRA DE CRUZ DIABLO, LA • 1954
TESORO DE LA ISLA DE PINOS, EL • 1955
Y SI ELLA VOLVIERA • 1956
LATIGO NEGRO CONTRA EL ANIMA DEL AHORCADO, EL • 1957
LATIGO NEGRO, EL • 1957
MISTERIO DEL LATIGO NEGRO, EL • 1957
BARU, EL HOMBRE DE LA SELVA • BARU, MAN OF THE JUNGLE • 1958
MUNDO SALVAJE DE BARU, EL • 1958
NIDO DE AGUILAS • 1963
JINETES DE LA BRUJA, LOS • EN EL VIEJO GUANAJUATO ○ RIDERS OF THE WITCH, THE ○ WITCH'S RIDERS, THE ○ BEWITCHED RIDERS, THE • 1965
TESORO DE ATAHUALPA, EL • ATAHUALPA'S TREASURE • 1966

OROPEZA DANIEL – VNZ – 1936–
ORIENTE Y SU ESPERANZA • EAST AND ITS HOPES, THE • 1970 • DOC
PARAISO AMAZONICO, EL • AMAZON PARADISE, THE • 1970 • DOC
DIAS DEL ORO NEGRO, LOS • BLACK GOLD-DAYS • 1971
AL ESTE DE MARACAIBO • EAST OF MARACAIBO • 1972
MARACAIBO PETROLEUM COMPANY • 1974
CABITO, EL • SMALL ONE, THE • 1977

OROSS EMERICH – HNG – 1940–
LAST CALL • 1985

O'ROURKE DENNIS – ASL
ILEKSEN • ELECTION • 1978
HALF LIFE • 1986
CANNIBAL TOURS • 1988 • DOC

OROZCO FERNANDO – MXC
HOMBRE DE LA FURIA, EL • MAS ALLA DE ORINOCO • 1965
REQUIEM POR UN CANALLA • 1966
SANTO FRENTE A LA MUERTE • SANTO IN FRONT OF DEATH

ORR JAMES – USA
BREAKING ALL THE RULES • BREAKING THE RULES ○ FUN PARK • 1985
THEY STILL CALL ME BRUCE • 1987
YOUNG HARRY HOUDINI • 1987 • TVM
MR. DESTINY • 1990

ORRICO CARMEN see **SAXON JOHN**

ORROM MICHAEL – UKN
TOTAL WAR IN BRITAIN • 1946 • DOC
TWO-STROKE ENGINE, THE • 1959
LIGHT IN NATURE, A • 1960 • SHT
PORTRAIT OF QUEENIE • 1964

ORSINI VALENTINO – ITL – 1926–
UOMO DA BRUCIARE, UN • MAN FOR BURNING, A ○ MAN TO BURN, A • 1962
FUORILEGGE DEL MATRIMONIO, I • OUTLAWS OF LOVE, THE • 1964
DANNATI DELLA TERRA, I • 1969
CORBARI • 1970
AMANTE DELL'ORSA MAGGIORE, L' • LOVER OF THE GREAT BEAR, THE ○ SMUGGLERS • 1971
UOMINI E NO • 1979
FIGLIO MIO INFINITAMENTE CARO • MY VERY BELOVED SON • 1985

ORSTED CLAUS – DNM – 1945–
VILDE ENGLE, DE • WILD ANGELS, THE • SHT
KONGENS ENGHAVE • KING'S MEADOW GARDENS • 1967 • SHT
NARKO –EN FILM OM KAERLIGHED • NARCO –A FILM ABOUT LOVE ○ NARCO ○ NARKO • 1971
PROESTEN I VEJLBY • WORKS OF THE DEVIL, THE • 1972

ORSTED OLE – DNM
SADAN GOR DE DET • 1972
ALVERDENS PORNO • 1973

ORTEGA GONZALO MARTINEZ – MXC
MARTINEZ GONZALO
PRINCIPIO, EL • BEGINNING, THE • 1972
LONGITUD DE GUERRA • DURATION OF THE WAR, THE • 1975
HOMBRE DE LA MANDOLINA, EL • MAN WITH THE MANDOLIN, THE • 1983

ORTEGA JUAN J. – MXC
SENDAS DEL DESTINO • 1939
FLOR DE FANGO • 1941
LO QUE SOLO EL HOMBRE PUEDE SUFRIR • 1942
RAZON DE LA CULPA, LA • 1942
HIJA DEL CIELO, LA • 1943
ROSARIO, EL • 1943
ABANICO DE LADY WINDERMERE, EL • 1944
TODA UNA VIDA • 1944
AMAR ES VIVIR • 1945
CASA DE LA ZORRO, LA • 1945
MUJER LEGITIMA, LA • 1945
INSACIABLE, LA • 1946
ANGEL CAIDO, EL • 1948
ZORINA • 1948
CUANDO EL ALBA LLEGUE • 1949
RITMOS DEL CARIBE • 1950
LODO Y ARMINO • 1951
MENTIRA, LA • 1952
ME GUSTANTODAS • 1953
PIEL CANELA • 1953
FRENTE AL PECADO DE AYER • 1954
YO NO CREO EN LOS HOMBRES • 1954
CORAZON SALVAJE • 1955
LECCION DE AMOR, UNA • 1955
NO ME OLVIDES NUNCA • 1956
TROPICANA • 1956
CUENTAN DE UNA MUJER • 1958
EN CARNE PROPIA • 1959
SU PRIMER AMOR • FERIA DE LA CANCION, LA • 1959
AY CHABELA..! • 1960
HORIZONTES DE SANGRE • 1960
MONDEA ROTA, LA • 1960
PANTERA DE MONTE ESCONDIDO, LA • 1960
BRAVUCONAS, LAS • 1962
ENTRE BALA Y BALA • 1962
FRENTE AL DESTINO • 1963
HERENCIA MALDITA • 1963
RIO DE LAS ANIMAS, EL • 1963
MURCIELAGOS, LOS • 1964
PRECIOSA • 1964
PACTO DE SANGRE • 1965
PUEBLO DE ODIOS • 1969

ORTEGA PASCAL – UKN
BAD HATS • 1982 • TVM
AMOUR FUGITIF, L' • 1983

ORTHEL ROLF – NTH – 1936–
SLOCHTEREN AAN DE LIJN • 1966 • SHT
RED CROSS ON WHITE FIELD • 1967 • DOC
DR. EDUARD WIRTHS, STANDORTARZT AUSCHWITZ • 1975 • DOC
SCHIJN VAN TWIJFEL, EEN • SHADOW OF A DOUBT ○ WESTERBORK • 1975 • DOC

ORTIZ ALEXIS – VNZ
YO HABLO A CARACAS • I'M SPEAKING TO CARACAS • 1978

ORTIZ LEON – USA
MOVIOLA BLUES • SHT

ORTIZ RAMOS JOSE – MXC
MARIACHI CANTA, EL • 1962

ORTON HAROLD – Producer – UKN
WRECK RAISERS • 1972
CHIMPMATES • 1975
CHIMPMATES –SERIES 2 • 1976 • SER
4D SPECIAL AGENTS • 1980

ORTON JOHN – UKN
CELESTIAL CITY, THE • 1929
WINDJAMMER, THE • 1930
BILL AND COO • 1931
CREEPING SHADOWS • LIMPING MAN, THE (USA) • 1931
OUT OF THE BLUE • 1931
BAD COMPANIONS, THE • 1932

ORTON WALLACE – UKN
SUNSHINE AHEAD • 1936
OVERCOAT SAM • 1937

ORVAL CLAUDE – FRN – 1897–1963
MEURTRE A ETE COMMIS, UN • 1937
CLODOCHE • SOUS LES PONTS DE PARIS • 1938
JAVA, UNE • JAVA BLEUE, LA • 1938
NADIA, LA FEMME TRAQUEE • A L'OMBRE DU DEUXIEME BUREAU ○ OMBRE DU DEUXIEME BUREAU, L' ○ NADIA, LA LUTTE SECRETE • 1939
TRIPLE ENQUETE • 1946
MUSIQUE EN TETE • 1951
DETECTIVES DU DIMANCHE, LES • 1952
DUEL A DAKAR • 1952

de ORZAL J. – SPN
CASTILLO DE LAS BOFETADAS, EL • CASTLE OF THE SLAPS IN THE FACE, THE • 1945

ORZECHOWSKI WITOLD – PLN
JEJ POWROT • HER RETURN • 1974

OSADCA MAREK – PLN
ASTRONAUT, THE

OSAWA SHIGEHIRO – JPN
RETURN OF THE STREETFIGHTER • 1976

OSBISTON ALAN – ASL – 1914–
CHANCE OF A LIFETIME • 1950

OSBORN GEORGE see **OSBORNE GEORGE**

OSBORNE GEORGE – USA
OSBORN GEORGE
EMBEZZLER, THE • 1914
VIGIL, THE • 1914

OSBORNE KENT – USA
RAW LOVE • 1965
WILD WHEELS • 1969
CAIN'S WAY • BLOOD SEEKERS, THE ○ CAIN'S CUTTHROATS • 1970
ESCAPE FROM CELL BLOCK 3 • 1978

OSCARSSON PER – Actor – SWD – 1927–
JAG HETER EBON LUNDIN • MY NAME IS EBON LUNDIN • 1972

OSCO BILL – USA
MONA • MONA THE VIRGIN NYMPH • 1970

OSEPIAN MARK see **OSEPYAN MARK**

OSEPYAN MARK – Cameraman – USS – 1927–
OSSEPYAN MARK • OSEPIAN MARK
TRI DNYA VIKTORA CHERNYSHYOVA • THREE DAYS IN THE LIFE OF VIKTOR CHERNYSHOV ○ VICTOR CHERNYSHOV'S THREE DAYS ○ THREE DAYS OF VICTOR CHERNYSHOV ○ THREE DAYS OF VICTOR TCHERNYCHEV, THE • 1968

OSER HANS see **OSER JEAN**

OSER JEAN – FRN – 1908–
OSER HANS
MONDE EN ARMES, LE • 1939
JOY OF LIVING: THE ART OF RENOIR • 1952

O'SHAUGHNESSEY JOHN – USA
SOUND OF LAUGHTER, THE • 1963

O'SHEA JOHN – NZL
BROKEN BARRIER • 1952
RUNAWAY • 1964
DON'T LET IT GET YOU • 1967
EQUATION • 1973 • DCS

OSHEROFF ABE – USA
DREAMS AND NIGHTMARES • 1975 • DOC

OSHIHARA KIYOHIKO see **USHIHARA KIYOHIKO**

OSHIMA NAGISA – JPN – 1932–
AI TO KIBO NO MACHI • TOWN OF LOVE AND HOPE, A • 1959
ASU NO TAIYO • 1959 • SHT
NIHON NO YORU TO KIRI • NIGHT AND FOG IN JAPAN ○ FOGGY NIGHT IN JAPAN, A ○ NIGHT AND FOG OVER JAPAN • 1960
SEISHUN ZANKOKU MONOGATARI • STORY OF CRUELTY OF YOUTH, A ○ CRUEL STORY OF YOUTH ○ CRUEL TALES OF YOUTH ○ NAKED YOUTH • 1960
TAIYO NO HAKABA • GRAVE OF THE SUN ○ SUN'S BURIAL, THE • 1960
SHIIKU • CATCH, THE ○ BREEDING • 1961
AMAKUSA SHIRO TOKISADA • REVOLUTIONARY, THE (USA) ○ REBEL, THE (UKN) ○ SHIRO TOKISADA FROM AMAKUSA • 1962
CHIISANA BOKEN RYOKO • SMALL CHILD'S FIRST ADVENTURE, A ○ CHILD'S FIRST ADVENTURE, A ○ SMALL ADVENTURE, A • 1963
WATASHII WA BELLETT • IT'S ME HERE, BELLETT ○ I'M HERE BELLETT • 1964
ETSURAKU • PLEASURES OF THE FLESH, THE • 1965
YUNBOGI NO NIKKI • YUNBOGI'S DIARY (UKN) ○ DIARY OF YUNBOGI, THE • 1965 • SHT
HAKUCHU NO TORIMA • VIOLENCE AT HIGH NOON ○ VIOLENCE AT NOON ○ PHANTOM KILLER • 1966
MURI SHINJU NIHON NO NATSU • JAPANESE SUMMER: DOUBLE SUICIDE ○ NIGHT OF THE KILLER • 1967
NIHON SHUNKAKU • TREATISE ON JAPANESE BAWDY SONGS, A ○ SING A SONG OF SEX ○ NIPPON SHUNKA KO ○ NIHON SHUNKA KO • 1967
NINJA BUGEICHO • TALES OF THE NINJA (USA) ○ BAND OF NINJA ○ NINJA BUGELIJO • 1967
DAITOA SENSO • PACIFIC WAR, THE (UKN) • 1968
KAETTE KITA YOPPARAI • THREE RESURRECTED DRUNKARDS ○ SINNER IN PARADISE ○ DRUNK THAT CAME BACK, THE • 1968
KOSHIKEI • DEATH BY HANGING (UKN) • 1968
MO TAKU–TO BUNKADAIKA–KUMEI • 1969
SHINJUKU DOROBO NIKKI • DIARY OF A SHINJUKU BURGLAR (USA) ○ DIARY OF A SHINJUKU THIEF(UKN) • 1969
SHONEN • BOY • 1969
TOKYO SENSO SENGO HIWA • MAN WHO LEFT HIS WILL ON FILM, THE (UKN) ○ HE DIED AFTER THE WAR (USA) ○ TOKYO SENSO SENGO HIWA –EIGADE ISHOO NOKOSHITE SHINDA OTOKONO MONOGATARI • 1970
GISHIKI • CEREMONY, THE • 1971
NATSU NO IMOTO • DEAR SUMMER SISTER (USA) ○ SUMMER SISTER • 1972
AI NO CORRIDA • IN THE REALM OF THE SENSES (USA) ○ EMPIRE DES SENS, L' (FRN) ○ EMPIRE OF THE SENSES • 1976
AI NO BOREI • EMPIRE DES PASSIONS, L' (FRN) ○ EMPIRE OF PASSION (UKN) ○ PHANTOM LOVE (USA) ○ PHANTOM OF LOVE, THE • 1977
MERRY CHRISTMAS, MR. LAWRENCE • 1982
MAX MON AMOUR • MAX MY LOVE • 1986

OSIECKI STEFAN – UKN
NO WAY BACK • 1949

OSKARSSON LARUS – SWD
OSKARSSON LARUS YMIR
ANDRA DANSEN • SECOND DANCE, THE • 1983
FRUSNA LEOPARDEN, DEN • FROZEN LEOPARD, THE • 1986
RYD • RUST • 1990

OSKARSSON LARUS YMIR see **OSKARSSON LARUS**

OSKOUEI MOSTAFA – IRN
ZAN–E–KHONASHAM • VAMPIRE WOMAN • 1967

de OSMA CARLOS SERRANO see **SERRANO de OSMA CARLOS**

OSMAN AZIZ M. – MLY – 1962–
MAWAS • 1985 • MTV
ALINA • 1985–89 • MTV
KAKI MONYET • 1985–89 • MTV
PRIMADONA • 1985–89 • MTV
TIME BOMB • 1985–89 • MTV
UBI • 1985–89 • MTV
FENOMENA • PHENOMENON • 1990

OSMAN M. – MLY
ANAK TUNGGAL • PRODIGAL SON, THE • 1979
PASUNG PUAKA • ACCURSED HANDCUFFS • 1979
HALIMUNAN HITAM • 1982

OSMANLI DIMITRI – YGS
MEMENTO • 1968
ZEDJ • THIRST • 1971

OSMERA ED – MLY
RIBUT DI HUJUNG SENJA • 1980

OSMOND CLIFF – USA
PENITENT, THE • 1988

OSMONT LOUIS – FRN
AFFAIRE BUREAU, L' • 1923

OSONE TATSUO – JPN
OSONE TATSUYASU
KEDAMONO NO YADO • DEN OF BEASTS • 1951
CHUSHINGURA • LOYAL FORTY–SEVEN RONIN, THE • 1954
NUREGAMI GONPACHI • 1954
IMPOSTER, THE • 1955
DAI CHUSHINGUSA • MATTER OF VALOUR, A • 1957
TAIKOKI • 1958

OSONE TATSUYASU see **OSONE TATSUO**

OSORIO C. P. see **OSORIO CONSUELO P.**

OSORIO CONSUELO P. – PHL
OSORIO C. P.
BANG–SHANG–A–LANG • 1968
ESKINITA 29 • INTERIOR 29 • 1968
NGITNGIT NG PITONG WHISTLE BOMB • SOUND OF 7 WHISTLE BOMBS • 1968

OSORIO JAIME – CLM
CONFESSION A LAURA • CONFESSION TO LAURA • 1990

OSSANLU PARVIZ – IRN
SHAHRFARANG • PEEP–SHOW • 1967

OSSEPYAN MARK see **OSEPYAN MARK**

OSSI LEWIS – USA
FISHING FOR FUN • 1949 • SHT

de OSSORIO AMANDO – SPN – 1925–
BANDERA NEGRA, LA • 1956
TUMBA DEL PISTOLERO, LA • 1963
ESCUELA DE ENFERMERAS • 1964
PASTO DE FIERAS • 1966
NINA DEL PATIO, LA • 1967
MALENKA, LA SOBRINA DEL VAMPIRO • MALENKA, LA NIPOTE DEL VAMPIRO (ITL) ○ MALENKA THE VAMPIRE ○ FANGS OF THE LIVING DEAD (USA) ○ NIECE OF THE VAMPIRE, THE ○ VAMPIRE'S NIECE, THE ○ MALENKA • 1968
REBELDES EN CANADA • REBELS IN CANADA • 1968
GARRAS DE LORELEI, LAS • LORELEI'S GRASP, THE (USA) ○ WHEN THE SCREAMING STOPS • 1972
NOCHE DEL TERROR CIEGO, LA • TOMBS OF THE BLIND DEAD (UKN) ○ NIGHT OF THE BLIND DEAD ○ BLIND DEAD, THE ○ NOCHE DE LA MUERTA CIEGA, LA ○ CRYPT OF THE BLIND DEATH ○ NOITE DO TERROR CEGA, A ○ PRT ○ NIGHT OF THE BLIND TERROR, THE • 1972
ATAUD DE LOS MUERTOS SIN OJOS, EL • RETURN OF THE BLIND DEAD (USA) ○ RETURN OF THE EVIL DEAD ○ ATAQUE DE LOS MUERTOS SIN OJOS, EL • 1973
NOCHE DE LOS BRUJOS, LA • NIGHT OF THE SORCERESS • 1973
BUQUE MALDITO, EL • HORROR OF THE ZOMBIES (USA) ○ SHIP OF ZOMBIES • 1974
CARAY, QUE PALIZAS • 1974
PODER DE LAS TINIEBLAS, EL • 1974
ENDEMONIADA, LA • DEMON WITCH CHILD (USA) ○ POSSESSED, THE • 1975
MALDICION DE LA BESTIA, LA • WEREWOLF AND THE YETI, THE ○ NIGHT OF THE HOWLING BEAST • 1975

NOCHE DE LAS GAVIOTAS, LA • NIGHT OF THE SEAGULLS (USA) ○ NIGHT OF THE DEATH CULT ○ BLOOD FEAST OF THE BLIND DEAD • 1975
PEOPLE WHO OWN THE DARK, THE • 1975
ALIMANAS, LAS • 1976

OSTASHENKO E. – USS
MALCHIK I GOLUB • BOY AND A PIGEON, A ○ BOY AND THE PIGEON, THE • 1958

O'STEEN SAM – USA – 1923–
STEEN SAM O.
BRAND NEW LIFE, A • 1972 • TVM
I LOVE YOU, GOODBYE • 1974 • TVM
QUEEN OF THE STARDUST BALLROOM • 1975 • TVM
HIGH RISK • 1976 • TVM
LOOK WHAT'S HAPPENED TO ROSEMARY'S BABY • ROSEMARY'S BABY II • 1976 • TVM
SPARKLE • 1976
BEST LITTLE GIRL IN THE WORLD, THE • 1981 • TVM
KIDS DON'T TELL • 1985 • TVM

OSTEN FRANZ – GRM
RUHM UND FRAUENGUNST • 1918
AUS LIEBE GESUNDIGT • 1919
GELBE GAUKLER, DER • 1919
NACHT DER ENTSCHEIDUNG, DIE • 1919
NICHT STERBEN DURFEN, DIE • 1919
TOD VON PHALERIA, DER • 1919
VOLLENDETE SCHICKSAL, DAS • 1919
KLOSTERJAGER, DER • 1920
KOPF DES GONZALEZ, DER • 1920
OCHSENKRIEG, DER • 1920
KETTE DER SCHULD, DIE • 1921
VERFLUCHTE, DER • 1921
ARM GOTTES, DER • 1922
SCHATTENKINDER DES GLUCKS • 1922
SCHWARZE GESICHT, DAS • 1922
UM LIEBE UND THRON • 1922
ROLLENDE SCHICKSAL, DAS • 1923
AUS DER JUGEND KLINGT EIN LIED... • 1924
SCHRECKEN DES MEERES, DER • 1924
TRAGODIE EINER LIEBESNACHT, DIE • 1924
LEUCHTE ASIENS, DIE • 1925
KLEINE INGE UND IHRE DREI VATER, DIE • 1926
SIEBENTE JUNGE, DER • 1926
VILLA IM TIERGARTEN, DIE • VILLA BY THE ZOO, A • 1926
EINBRUCH • 1927
RAFFINIERTESTE FRAU BERLINS, DIE • 1927
WAS KINDER DEN ELTERN VERSCHWEIGEN • 1927
DAME IN SCHWARZ, DIE • 1928
GRABMAL EINER GROSSEN LIEBE, DAS • 1928
SHIRAZ • 1928
SCHICKSALSWURFEL • THROW OF THE DICE ○ THROW OF DICE, A • 1929
IM BANNE DER BERGE • ALMENRAUSCH • 1931
FURST SEPPL • SKANDAL IM GRANDHOTEL • 1932
JUDAS VON TIROL, DER • EWIGE VERRAT, DER • 1933
SUNDIGE HOF, DER • LONA UND IHR KNECHT • 1933
LIGHT OF ASIA, THE • 1934
ZU STRASSBURG AUD DER SCHANZ • AT THE STRASSBURG (USA) • 1934
ACHHUT KANYA • 1937
SAVITRI • 1937
NAV-JEEVAN • 1939

OSTEN SUZANNE – SWD – 1949–
MAMMA • OUR LIFE IS NOW • 1982
BRODERNA MOZART • MOZART BROTHERS, THE • 1986
LIVSFARLIG FILM • LETHAL FILM • 1988
SKYDDSANGELN • GUARDIAN ANGEL, THE • 1990

OSTERFELT PREBEN – DNM
DANGEROUS GAME • 1990

OSTERMAYR OTTMAR – GRM
MANN AUF DER FLASCHE, DER • 1920
BRUNNEN DES WAHNSINNS, DER • 1921

OSTERMAYR PAUL see **MAY PAUL**

OSTERMAYR PETER – Producer/ writer – GRM – 1882–1967
HAUPTMANN-STELLVERTRETER, DER • 1915
SEIN SEITENSPRUNG • 1915
EDELWEISSKONIG, DER • 1919
KUNSTLERSPESEN • 1919
TRUTZE VON TRUTZBERG, DIE • 1921
YOUTH ASTRAY • 1928

OSTOJIC RADENKO – YGS
UDI, AKO HOCES • COME IN, IF YOU PLEASE • 1968

OSTROVSKI GRISHA – BUL
OTKLONENIE • SIDE TRACK • 1967
GERLOVSKA ISTORYA • GERLOVO EVENT ○ INCIDENT AT GUERLOVO • 1971
FARM ON THE FRONTIER, THE • 1973

OSTROW PHILIP
I AM THE WALRUS • SHT

O'SULLIVAN MR. – USA
ONE AGAINST ONE • 1912

O'SULLIVAN THADDEUS – IRL
ON A PAVING STONE MOUNTED • 1978
WOMAN WHO MARRIED CLARK GABLE, THE • 1986 • SHT
DECEMBER BRIDE, THE • 1989

O'SULLIVAN TONY – USA
ALL FOR SCIENCE • 1913
BEYOND ALL LAW • 1913
BLAME THE WIFE • 1913
CROOK AND THE GIRL, THE • 1913
DAYLIGHT BURGLAR, THE • 1913
DIVERSION • 1913
FOR HER GOVERNMENT • 1913
FRIGHTFUL BLUNDER, A • 1913
GAMBLE WITH DEATH, A • 1913
GAMBLER'S HONOR, A • 1913
HER WEDDING BELL • 1913
I WAS MEANT FOR YOU • 1913
IN DIPLOMATIC CIRCLES • 1913
KING AND THE COPPER, THE • 1913
LAW AND HIS SON, THE • 1913
MIRROR, THE • 1913
MONUMENT, THE • 1913
OLD COUPONS • 1913
RED AND PETE, PARTNERS • 1913
STOLEN BRIDE, THE • 1913
STOLEN LOAF, THE • 1913
STOLEN TREATY, THE • 1913
STOPPED CLOCK, THE • 1913 • SHT
STRONG MAN'S BURDEN, THE • 1913
SWITCH-TOWER, THE • 1913
TENDER-HEARTED CROOK, A • 1913
UNDER THE SHADOW OF THE LAW • 1913
VENGEANCE OF GALORA, THE • 1913
WELL, THE • 1913
WORK HABIT, THE • 1913
BOND SINISTER, THE • 1914
BY THE OLD DEAD TREE • 1914
CHILD THOU GAVEST ME, THE • 1914
CONCENTRATION • 1914
CRACKSMAN'S GRATITUDE, THE • 1914
DARING GETAWAY, A • 1914
DEATH'S WITNESS • 1914
DOCTOR'S TRUST, THE • 1914
DOLE OF DESTINY, THE • 1914
GOLD THIEF, THE • 1914
GUIDING FATE • 1914
HER HAND • 1914
HER MOTHER'S WEAKNESS • 1914
HER OLD TEACHER • 1914
HIS FIREMAN'S CONSCIENCE • 1914
JUST A KID • 1914
LITTLE WIDOW, THE • 1914
MAN AND THE MASTER, THE • 1914
MAN WHO PAID, THE • MAN WHO PAYED, THE • 1914
NEST UNFEATHERED, A • 1914
NEW REPORTER, THE • 1914
NEW ROAD MASCOT, THE • NEW ROAD'S MASCOT, THE • 1914
OPAL'S CURSE, THE • 1914
PEDDLER'S BAG, THE • 1914
RAGAMUFFIN, THE • 1914
SAVING PRESENCE, THE • 1914
SCAR, THE • 1914
SMUGGLER'S WIFE, THE • 1914
TERRIBLE LESSON, THE • 1914
THAT BOY FROM THE POORHOUSE • BOY FROM THE POORHOUSE, THE • 1914
THEIR SOLDIER BOY • 1914
THROWN OFF THE THRONE • 1914
TIDES OF SORROW, THE • 1914
WHEN A WOMAN GUIDES • 1914
AS IT HAPPENED • 1915
BORROWED NECKLACE, THE • 1915
BOX OF CHOCOLATES, A • 1915
CANCELLED MORTGAGE, THE • 1915
DANCER'S RUSE, THE • 1915
DAY'S ADVENTURE, A • 1915
FROM THE SHADOW • 1915
HEART OF A BANDIT, THE • 1915
HER CONVERT • 1915
HER DORMANT LOVE • 1915
HIS BROTHER'S KEEPER • 1915
HIS DESPERATE DEED • 1915
INEVITABLE RETRIBUTION, THE • 1915
LOVE TRANSCENDENT, THE • 1915
MISER'S LEGACY, THE • 1915
OLD OFFENDERS • 1915
SHERIFF'S DILEMMA, THE • 1915
TRUTH STRANGER THAN FICTION • 1915
WAIFS OF THE SEA • 1915
WAY OUT, THE • 1915

OSWALD – FRN
PAROLE EST AU FLEUVE, LA • 1961 • SHT

OSWALD GERD – GRM – 1916–
BRASS LEGEND, THE • 1956
KISS BEFORE DYING, A • 1956
OX-BOW INCIDENT, THE • 1956 • MTV
CRIME OF PASSION • 1957
FURY AT SHOWDOWN • 1957
VALERIE • 1957
PARIS HOLIDAY • A PARIS TOUS LES DEUX (FRN) • 1958
SCREAMING MIMI • 1958
AM TAG ALS DER REGEN KAM • DAY IT RAINED, THE (USA) ○ DAY THE RAINS CAME, THE • 1959
SCHACHNOVELLE, DIE • BRAINWASHED (USA) ○ THREE MOVES TO FREEDOM ○ ROYAL GAME, THE • 1960
LONGEST DAY, THE • 1962
TEMPESTA SU CEYLON • TODESAUGE VON CEYLON, DAS (FRG) ○ SCARLET EYE, THE (USA) ○ STORM OVER CEYLON • 1963
AGENT FOR H.A.R.M. • HARM MACHINE, THE • 1966
EIGHTY STEPS TO JONAH • 1969
BUNNY O'HARE • BUNNY O'HARE MOB, THE • 1972
BIS ZUR BITTEREN NEIGE • TO THE BITTER END (USA) • 1975

OSWALD RICHARD – AUS – 1880–1963
EISERNE KREUZ, DER • IRON CROSS, THE • 1914
GESCHICHTE DER STILLEN MUHLE, DIE • 1914
HUND VON BASKERVILLE 1, DER • 1914
HUND VON BASKERVILLE 2, DER • 1914
IWAN KOSCHULA • 1914
DAMON UND MENSCH • DEMON AND MAN • 1915
FUND IM NEUBAU 1, DER • FINGERNAGEL, DER • 1915
FUND IM NEUBAU 2, DER • BEKENNTNISSE • 1915
HAMPELS ABENTEUER • 1915
HUND VON BASKERVILLE 3, DER • HOUND OF THE BASKERVILLES, THE (USA) ○ UNHEIMLICHE ZIMMER, DAS • 1915
LASTER, DAS • 1915
SAGE VOM HUND VON BASKERVILLE, DIE • 1915
SCHLEMIHL • LEBENSBILD, EIN • 1915
SILBERNE KUGEL, DIE • 1915
UND WANDERN SOLLST DU RUHELOS.. • AND YOU WILL WANDER RESTLESS ○ SCHONE SUNDERIN, DIE ○ BEAUTIFUL SINNER, THE • 1915
VERSCHLEIERTE DAME, DIE • 1915
CHINESISCHE GOTZE, DER • UNHEIMLICHE HAUS 3, DAS • 1916
HOFFMANNS ERZAHLUNGEN • TALES OF HOFFMANN (USA) • 1916
PAGU • 1916
SEIN LETZTE MASKE • 1916
UNHEIMLICHE HAUS 1, DAS • 1916
UNHEIMLICHE HAUS 2, DAS • FREITAG, DER 13 • 1916
ZIRKUSBLUT • 1916
BILDNIS DES DORIAN GRAY, DAS • PICTURE OF DORIAN GRAY, THE (USA) • 1917
DES GOLDES FLUCH • 1917
ES WERDE LICHT! 2 • 1917
KONIGLICHE BETTLER • 1917
RACHE DER TOTEN, DIE • REVENGE OF THE DEAD • 1917
RENNFIEBER • 1917
SCHATTEN DER VERGANGENHEIT • 1917
SCHLOSSHERR VON HOHENSTEIN, DER • 1917
SEESCHLACHT, DIE • 1917
SINTFLUT, DIE • 1917
WEG INS FREIE, DER • 1917
ZWEITE FRAU, DIE • 1917
DREIMADERLHAUS, DAS • 1918
ES WERDE LICHT! 1 • LET THERE BE LIGHT • 1918
ES WERDE LICHT! 3 • 1918
HENRIETTE JACOBY • 1918
JETTCHEN GEBERT • 1918
LEBENDE LEICHNAM, DER • LIVING CORPSE, THE ○ LIVING DEAD, THE • 1918
PEER GYNT 1 • PEER GYNTS JUGEND • 1918
PEER GYNT 2 • PEER GYNTS WANDERJAHRE UND TOD • 1918
SELTSAME GESCHICHTE DES BARONS TORELLI, DIE • 1918
TAGEBUCH EINER VERLORENEN 1, DAS • TAGEBUCH EINER TOTEN, DAS • 1918
TAGEBUCH EINER VERLORENEN 2, DAS • DIDA IBSENS GESCHICHTE • 1918
ANDERS ALS DIE ANDERN • DIFFERENT FROM THE OTHERS ○ PARAGRAPH 175 • 1919
ARCHE, DIE • ARC, THE (USA) • 1919
FUNF UNHEIMLICHE GESCHICHTEN • FIVE TALES OF HORROR (USA) ○ FIVE SINISTER STORIES • 1919
KAINSZEICHEN, DAS • 1919
LACHE BAJAZZO! • LAUGH BAJAZZO! • 1919
LETZTEN MENSCHEN, DIE • 1919
PROSTITUTION, DIE • GELBE HAUS, DAS • 1919
REISE UM DIE ERDE IN 80 TAGEN, DIE • ROUND THE WORLD IN 80 DAYS • 1919
SCHWARZE KATZE, DIE • 1919
SICH VERKAUFEN, DIE • PROSTITUTION 2 • 1919
TOD DES ANDERN, DER • 1919
UNHEIMLICHE GESCHICHTEN • TALES OF THE UNCANNY • 1919
ANTISEMITEN • 1920
GEHEIMNISSE VON LONDON, DIE • SIEBENTE GEBOT, DAS ○ TRAGODIE EINES KINDES, DIE ○ OLIVER TWIST • 1920
GROSSE KRACH, DER • 1920
KURFURSTENDAMM • HOLLENSPUK IN 6 AKTEN, EIN • 1920
MANOLESCUS MEMOIREN • FURST LAHORY, DER KONIG DER DIEBE • 1920
NACHTGESTALTEN • ELEAGABAL KUPERUS • 1920
REIGEN, DER • WERDEGANG, EIN • 1920
SELBSTMORDERKLUB, DER • SUICIDE CLUB, THE • 1920
SPIELERIN, DIE • 1920
SYSTEM DES DOKTOR THER UND PROFESSOR FEDER, DAS • 1920
VIERTE GEBOT, DAS • 1920
HAUS IN DER DRAGONERGASSE, DAS • 1921
LADY HAMILTON • 1921
LEBENDES DES MENSCHEN, DAS • 1921
LIEBSCHAFTEN DES HEKTOR DALMORE, DIE • 1921
MACBETH • 1921
RUCKBLICK AUS DEM JAHRE 3000 • 1921
SUNDIGE MUTTER • 1921
TEUFELCHEN • 1921
KONIG RICHARD III • 1922
LUCREZIA BORGIA • LUKREZIA BORGIA • 1922
CARLOS UND ELISABETH • DON CARLOS AND ELIZABETH • 1924
LUMPEN UND SEIDE • 1924
FRAU VON VIERZIG JAHREN, DIE • 1925
HALBSEIDE • 1925
VORDERHAUS UND HINTERHAUS • 1925
ALS ICH WIEDERKAM • 1926
DURFEN WIR SCHWEIGEN? • 1926
IM WEISSEN ROSSL • 1926
TOLLE NACHT, EINE • 1926
WIR SIND VOM K UND K INFANTERIE-REGIMENT • 1926
DR. BESSELS VERWANDLUNG • 1927
FEME • 1927
FUNKZAUBER • 1927
GEHETZTE FRAUEN • LEBENDE WARE • 1927
LUTZOWS WILDE VERWEGENE JAGD • 1927
CAGLIOSTRO • 1928
ROTHAUSGASSE, DIE • 1928
VILLA FALCONIERI • AT THE VILLA FALCONER • 1928
EHE IN NOT • EHEN ZU DRITT • 1929
FRUHLINGS ERWACHEN • AWAKENING OF SPRING, THE • 1929
HERRIN UND IHR KNECHT, DIE • 1929
HUND VON BASKERVILLE, DER • HOUND OF THE BASKERVILLES, THE • 1929
ALRAUNE • DAUGHTER OF EVIL • 1930
DREYFUS • 1930
WIEN, DU STADT DER LIEDER • VIENNA, CITY OF SONG • 1930
ZARTLICHEN VERWANDTEN, DIE • 1930
ARME WIE EINE KIRCHENMAUS • 1931
HAUPTMANN VON KOPENICK, DER • CAPTAIN OF KOPENICK, THE • 1931
SCHUBERT'S FRUHLINGSTRAUM • 1931
VIKTORIA UND IHR HUSAR • VICTORIA AND HER HUSSAR • 1931
1914, DIE LETZTEN TAGE VOR DEM WELTBRAND • 1914: THE LAST DAYS BEFORE THE WAR (USA) • 1931
GRAFIN MARIZA • 1932
UNHEIMLICHE GESCHICHTEN • TALES OF THE UNCANNY • 1932
ABENTEUER AM LIDO • 1933
BLUME VON HAWAII, DIE • 1933
FUNF UNHEIMLICHE GESCHICHTEN • LIVING DEAD, THE (USA) ○ HISTOIRES EXTRAORDINAIRES ○ FIVE SINISTER STORIES • 1933
GANOVENEHRE • 1933
LIED GEHT UM DIE WELT, EIN • MY SONG GOES ROUND THE WORLD (UKN) ○ JOSEPH SCHMIDT STORY, THE • 1933
BLEEKE BET • PALE BETTY • 1934
HEUTE IST DER SCHONSTE TAG IN MEINEM LEBEN • 1936
TEMPETE SUR L'ASIE • 1938
CAPTAIN OF KOEPENICK • I WAS A CRIMINAL • 1942
ISLE OF MISSING MEN • 1942
LOVABLE CHEAT, THE • 1949
GESCHICHTE DER STILLEN MUHLE, DIE • 1951

OSYKA LEONID – USS
KAMENNY KRYEST • STONE CROSS, THE • 1968
KTO VERNYOTSYA, DOLYUBIT • LOVE COMES TO THOSE WHO RETURN • 1968
ZAKHAR BERKUT • 1972

OTA KOJI – JPN
UCHU KAISOKU-SEN • INVASION OF THE NEPTUNE MEN (USA) ◦ SPACE GREYHOUND ◦ INVASION FROM A PLANET • 1961

OTADUY CARLOS – ARG
MIENTRAS ME DURE LA VIDA • AS LONG AS I LIVE • 1981

OTERO MANUEL – FRN
MAITRE • MASTER • ANS
CONTREPIED • CONTRARY SHOES ◦ OUT OF STEP • 1965 • ANS
DEUX URANIUMS, LES • 1965 • SHT
NEUTRON ET LA FISSION, LE • 1965 • DCS
BALLADE D'EMILE, LA • 1966 • ANS
BOUGNATS, LES • 1966 • SHT
REACTEUR NUCLEAIRE, LE • 1966 • SHT
TANT QU'IL Y AURA DE L'ANGOISSE • 1966 • ANS
ARES CONTRE ATLAS • 1967 • ANS
UNIVERS • 1968 • ANM

OTEYZA CARLOS – VNZ
7 NOTAS • SEVEN NOTES • 1973
ESCANDALO, EL • SCANDAL, THE • 1986

OTHENIN-GIRAUD DOMINIQUE – SWT
AFTER DARKNESS • NACH DER FINSTERNIS ◦ AFTER DARK • 1985

OTHNIN-GIRARD CLAUDE – FRN
INSTINCT DE FEMME

O'TOOLE STANLEY – UKN
ON THE THIRD DAY • 1983

OTSEP FEDOR see **OZEP FEDOR**

OTSUKA – JPN
CHIGO NO KEMPO • CHILDISH SWORD MASTER ◦ SWORD OF THE CHILD • 1927
RANGUN • 1927

OTTARSDOTTIR KATRIN – DNM
ATLANTIC RHAPSODY • 1989

OTTAVIANO MATTEO see **CIMBER MATT**

OTTESEN – DNM
BRYGGERENS DATTER • BREWER'S DAUGHTER, THE • 1912

OTTESEN CARL – DNM
PRAERIEKAMMERATER • PALS ON THE PRAIRIE • 1970

OTTINGER ULRIKE – GRM
MADAME X EINE ABSOLUTE HERRSCHERIN • 1978
FREAK ORLANDO • 1980
DORIAN GRAY IM SPIEGEL DER BOULEVARD-PRESSE • 1984
JOAN OF ARC OF MONGOLIA • 1989

OTTINI PHILIP – USA
LAST TOUCH OF LOVE, THE • 1978

OTTO (MR) see **OTTO HENRY**

OTTO A. HENRY see **OTTO HENRY**

OTTO GERDA – GRM
WUNDERFENSTER, DAS • MIRACLE WINDOW, THE (USA) • 1952

OTTO GUNTER – GRM
LIEBESGRUSSE AUS DER LEDERHOSE • 1978

OTTO HANS – GRM
ONE WOMAN, THE • 1916 • SHT
MODERNE EHEN • 1924
MADAME MACHT EINEN SEITENSPRUNG • 1927
LIFE OF BEETHOVEN, THE • 1929

OTTO HEDWIG – GRM
WUNDERFENSTER, DAS • MIRACLE WINDOW, THE (USA) • 1952

OTTO HENRY – USA
OTTO A. HENRY • OTTO (MR)
BEPPO • 1914
REDEMPTION OF A PAL, THE • 1914
SILENT WAY, THE • 1914
SONG OF THE SEA SHELL, THE • 1914
THIS IS TH' LIFE • 1914
ANCESTRY • 1915
BIRTH OF EMOTION • 1915
BROKEN WINDOW, THE • 1915
BY WHOSE HAND • 1915
CALL OF THE SEA, THE • 1915
CASTLE RANCH, THE • 1915
COMRADES THREE • 1915
DECEPTION, THE • 1915
DECISION, THE • 1915
DERELICT, THE • 1915
DETECTIVE BLINN • 1915
DIVINE DECREE, THE • 1915
FORECAST, THE • 1915
GREATER STRENGTH, THE • 1915
GUIDING LIGHT, THE • 1915
HIS BROTHER'S DEBT • 1915
HIS MYSTERIOUS NEIGHBOR • 1915
IMITATIONS • 1915
IT WAS LIKE THIS • 1915
JILT, THE • 1915
JUSTIFIED • 1915
MANNA • 1915
MEASURE OF LEON DUBRAY, THE • 1915
MIXED WIRES • 1915
ONE SUMMER'S SEQUEL • 1915
PHANTOM FORTUNE, THE • 1915
REFORMATION • 1915
REPRISAL • 1915
RESTITUTION • 1915
SENOR'S SILVER BUCKLE, THE • 1915
TRUTH OF FICTION, THE • 1915
UNDINE • ANSWER OF THE SEA • 1915
WIFE WANTED • 1915
WISHING STONE, THE • 1915
ZACA LAKE MYSTERY, THE • 1915
BEHIND THE CURTAIN • 1916 • SHT
BIG TREMAINE • 1916
DAUGHTER OF PENANCE, A • 1916 • SHT
DEVIL'S IMAGE, THE • 1916 • SHT
HALF A ROGUE • 1916
HAUNTED BELL, THE • 1916 • SHT
LIE SUBLIME, THE • 1916 • SHT
MAN ACROSS THE STREET, THE • 1916 • SHT
MAN FROM NOWHERE, THE • 1916
MISTER 44 • 1916
RIVER OF ROMANCE, THE • 1916
WON WITH A MAKE-UP • 1916 • SHT
BUTTERFLY GIRL, THE • 1917
MODERN LORELEI, A • LORELEI OF THE SEA, THE • 1917
ANGEL CHILD • 1918
WILD LIFE • 1918
AMATEUR ADVENTURESS, THE • 1919
FAIR AND WARMER • 1919
GREAT ROMANCE, THE • 1919
ISLAND OF INTRIGUE, THE • 1919
MICROBE, THE • 1919
SOME BRIDE • 1919
CHEATER, THE • JUDAH • 1920
SLAVE OF VANITY, A • IRIS • 1920
WILLOW TREE, THE • 1920
LOVEBOUND • END OF THE ROAD, THE • 1923
TEMPLE OF VENUS, THE • 1923
DANTE'S INFERNO • 1924
FOLLY OF VANITY, THE • 1924
ANCIENT MARINER, THE • 1925
ALMA DE GAUCHO • 1930

OTTO PAUL – GRM
DORRITS CHAUFFEUR • 1915
GUIDO DER ERSTE ODER DER GETAUSCHTE WURSTFABRIKANT • 1915
GUIDO IM PARADIES • 1915
DORRITS EHEGLUCK • 1916
FLORIANS TANTE • 1916
MARIA • 1916
ZWILLINGSSCHWESTERN, DIE • 1916
MADEL VON NEBENAN, DAS • 1917
KATINKA • 1918
ERDGIFT • 1919
TOD UND DIE LIEBE, DER • 1919
STAATSANWALT, DER • 1920
TRADITION • 1921

OTTON MALCOLM – ASL
APPROACH TO ART TEACHING • 1961
FESTIVAL IN ADELAIDE • 1962

OTTON STEVE – ASL
HIGHWAY ONE • 1977

OTTONE ANTONIO – ARG
FLORED ROBADAS EN LOS JARDINES DE QUILMMES • FLOWERS STOLEN FROM A SUBURBAN GARDEN • 1984

OTTONI FILIPPO – ITL
GRANDE SCROFA NERA, LA • 1972
QUESTO SI CHE E AMORE • 1978
PRIVATE DETECTIVE • DETECTIVE SCHOOL DROPOUTS ◦ DUMB DICKS • 1986
STRAY DAYS • 1988

OTTOSEN CARL – DNM
ONKEL JOAKIMS HEMMELIGHED • UNCLE JOAKIM'S SECRET • 1967
DYRLAEGENS PLEJEBORN • VETERINARY SURGEON'S FOSTER-CHILD, THE • 1968
SOLDATERKAMMERATER PA BJORNETJENESTE • 1968
PIGEN FRA EGBORG • 1969
SJOV I GADEN • 1969
PRAERIENS SKRAPPE DRENGE • 1970

OTTOSON LARS HENRIK – SWD – 1922–
GORILLA • 1956

OTZENBERGER CLAUDE – FRN – 1935–
DEMAIN LA CHINE • 1965 • DOC

OU DINGPING – HKG
AU TONY
MENGZHONG REN • DREAM LOVERS • 1985
QUNYING LUANWU • PROFILES OF PLEASURE • 1988
SUTFONGDIK NUIYAN • I AM SORRY ◦ SITFONGDIK NUIYAN • 1989
HOYAT GWAN TSOI LEI • 1990

OUEDRAOGO IDRISSA – BRK – 1954–
POKO • 1981 • SHT
ECUELLES, LES • WOODEN BOWLS, THE • 1983 • SHT
ISSA LE TISSERAND • ISSA THE WEAVER • 1985 • SHT
YAM DAABO • CHOICE, THE • 1986
YAABA • GRANDMOTHER • 1988

OUIMET LEO – CND – 1877–1972
MES ESPERENCES EN 1908 • 1908
QUEBEC: THE TERCENTENARY CELEBRATIONS • 1908
EUCHARIST CONGRESS IN MONTREAL, THE • 1910

OUMANSKY ALEXANDER – UKN
AL FRESCO • 1930
BLACK AND WHITE • 1930
CLASSIC V JAZZ • 1930
DUSKY MELODIES • 1930
GAINSBOROUGH PICTURE SHOW, THE • 1930
GYPSY LAND • 1930
SUGAR AND SPICES • 1930 • SER
TOYLAND • 1930

OUROUSSEVSKY SERGE see **URUSEVSKY SERGEI**

OURT MICHEL – FRN
PIPES DE MADAME SAINT CLAUDE, LES

OURY GERARD – Actor – FRN – 1919–
MAIN CHAUDE, LA • MANO CALDA, LA (ITL) ◦ ETERNAL ECSTASY • 1959
MENACE, LA • MENACE, THE (USA) • 1960
CRIME NE PAIE PAS, LE • GENTLE ART OF MURDER, THE (UKN) ◦ DELITTO NON PAGA, IL (ITL) ◦ CRIME DOES NOT PAY (USA) • 1962
CORNIARD, LE • COLPO GROSSO MA NON TROPPO (ITL) ◦ SUCKER, THE (USA) ◦ SUCKER.. OR HOW TO BE GLAD WHEN YOU'VE BEEN HAD, THE • 1965
GRANDE VADROUILLE, LA • DON'T LOOK NOW.. WE'RE BEING SHOT AT! (UKN) ◦ DON'T LOOK NOW (USA) • 1966
CERVEAU, LE • CERVELLO, IL (ITL) ◦ BRAIN, THE • 1968
FOLIE DES GRANDEURS, LA • MANIA DI GRANDEZZA (ITL) ◦ DELUSIONS OF GRANDEUR (USA) • 1971
AVENTURES DE RABBI JACOB, LES • FOLLI AVVENTURE DI RABBI JACOB, LE (ITL) ◦ ADVENTURES OF RABBI JACOB, THE ◦ MAD ADVENTURES OF RABBI JACOB, THE (USA) • 1973
CARAPATE, LA • 1978
COUP DE PARAPLUIE, LE • 1980
AS DES AS, L' • 1982
VENGEANCE DU SERPENT A PLUMES, LA • 1984
LEVY ET GOLIATH • LEVY AND GOLIATH (USA) • 1987
VANILLE FRAISE • 1989

OUSSEINI INOUSSA – NGR
SANGSUE • 1973 • SHT

OVADIA GEORGE – ISR
DAY OF JUDGEMENT • 1974
SARAT • 1974

OVANESOVA ARSCIA – USS
IUNOST' MIRA • YOUTH OF THE WORLD, THE ◦ WORLD YOUTH FESTIVAL ◦ YUNOST MIRA • 1949

OVCHAROV SVETOSLAV – BUL
JUDAS' SILVER • 1988

OVE HORACE – UKN
REGGAE • 1971 • DOC
PRESSURE • 1974
PLAYING AWAY • 1987
WHEN LOVE DIES • 1990

OVERTON ALAN – CND
HAVE FIGURE, WILL TRAVEL • 1963

OVTCHAROV SERGEI – USS
INCREDIBLE ONE, THE

OWEN CLIFF – UKN – 1919–
OFFBEAT • DEVIL INSIDE, THE • 1961
PRIZE OF ARMS, A • 1962
WRONG ARM OF THE LAW, THE • 1962
MAN COULD GET KILLED, A • WELCOME, MR. BEDDOES • 1966
THAT RIVIERA TOUCH • 1966
MAGNIFICENT TWO, THE • WHAT HAPPENED AT CAMPO GRANDE? (USA) • 1967
VENGEANCE OF SHE, THE • 1968
OOH.. YOU ARE AWFUL • GET CHARLIE TULLY (USA) • 1972
STEPTOE AND SON • STEPTOE AND SON: THE FEATURE • 1972
NO SEX PLEASE –WE'RE BRITISH • 1973
BAWDY ADVENTURES OF TOM JONES, THE • ADVENTURES OF TOM JONES, THE ◦ BAWDY TALES OF TOM JONES, THE • 1975

OWEN DON – CND – 1935–
OWEN DONALD
RUNNER • COUREUR, LE • 1962 • SHT
NOBODY WAVED GOODBYE • DEPART SANS ADIEUX • 1964
TORONTO JAZZ • 1964 • SHT
HIGH STEEL • CHARPENTIER DU CIEL • 1965
LADIES AND GENTLEMEN: MR. LEONARD COHEN • 1965
MONIQUE LEYRAC IN CONCERT • 1965
YOU DON'T BACK DOWN • 1965
NOTES FOR A FILM ABOUT DONNA & GAIL • 1966
ERNIE GAME, THE • ERNIE • 1967
FURTHER GLIMPSE OF JOEY, A • 1967
GALLERY: A VIEW OF TIME, A • 1969 • DCS
SUBWAY OR SPAIN • 1970
CHANGES • 1971
GRAHAM COUGHTRY IN IBIZA • 1971 • DOC
RICHLER OF ST. URBAIN • 1971
SNOW IN VENICE • 1971 • DOC
COWBOY AND INDIAN • 1972 • DOC
FACES OF ONTARIO • ONTARIO TOWNS AND VILLAGES • 1972–73 • SER
NOT FAR FROM HOME • 1973
ST. LAWRENCE, THE • 1973 • DOC
PARTNERS • 1977
HOLSTEIN • 1978
SPREAD YOUR WINGS: TANYA'S PUPPETS • 1981
UNFINISHED BUSINESS • 1984
TURNABOUT • 1988

OWEN DONALD see **OWEN DON**

OWEN RUTH BRYAN – USA
ONCE UPON A TIME • 1922

OWENS EDWARD – USA
TOMORROW'S PROMISE • 1967

OWENS KIT – UKN
YEAR OF SIR IVOR, THE • 1969 • DOC

OWENS RICHARD see **CHENTRENS FEDERICO**

OWLES IAN – UKN
DEATH OF HEROES, THE • 1979

OWTRAM PHILIP – UKN
LAND MUST PROVIDE, THE • 1968

OXILIA NINO – ITL – 1889–1917
CAVALIERI, I • 1912
GIOVANNA D'ARCO • 1913
IN HOC SIGNO VINCES • 1913
VELO D'ISIDE, IL • 1913
FIOR DEL MALE • 1914
SANGUE BLEU • 1914
ADDIO GIOVINEZZA • 1915
PAPA • 1915
RAPSODIA SATANICA • SATAN'S RHAPSODY (USA) • 1915
VELI DI GIOVINEZZA • 1915

OYA SOICHI – JPN
KOREGA BETONAMU SENSODA • REPORT FROM THE VIETNAM WAR • 1968 • DOC

OYEN HENRY – USA
BEYOND THE LAW • 1916 • SHT

OYSERMAN BEN – ISR
HOUSE IN THE DESERT, THE • 1947

OZ FRANK – USA – 1944–
DARK CRYSTAL, THE • 1982 • ANM
MUPPETS TAKE MANHATTAN, THE • 1984
LITTLE SHOP OF HORRORS • 1986
DIRTY ROTTEN SCOUNDRELS • 1988

OZAKI JUN – JPN
OCHIYOGASA • OCHIYO'S UMBRELLA • 1935

OZAWA KEIICHI – JPN
BURAI HITOKIRI GORO • KILLER GORO • 1968
BURAI KURODOSU • BURAI –THE BLACK KNIFE • 1968
DAI KANBU BURAI • OUTLAW SWORD, THE ○ DAIKANBU–BURAI • 1968

OZAWA SHIGEHIRO – JPN
BAKUCHIUCHI • GAMBLER, THE • 1967
BAKUCHIUCHI: FUJIMI NO SHOBU • GAMBLERS: INVINCIBLE GAME • 1967
BAKUCHIUCHI IPPIKIRYU • DRAGON TATTOO, THE • 1967
NANIWA KYOKAKU: DOKYO SHICHININ GIRI • KILLER OF SEVEN MEN • 1967
SANNIN NO BAKUTO • THREE GAMBLERS • 1967
AH KAITEN TOKUBETSU KOGEKITAI • HUMAN TORPEDOES • 1968
BAKUCHIUCHI NAGURIKOMI • RAID, THE • 1968
BAKUTO RETSUDEN • GAMBLER BIOGRAPHY • 1968
BAZOKU YAKUZA • BANDITS, THE • 1968
IKASAMA BAKUCHI • FAKE GAME, THE • 1968
YOKOGAMI–YABURINO ZENKAMONO • DESPERATE HOODLUM • 1968
GEKITOTSU SATSUJINKEN • STREETFIGHTER, THE (USA) ○ KARATE, THE ○ ENTER THE STREETFIGHTER • 1973
SATSUJINKEN 2 • 1973

OZEP FEDOR – USS – 1895–1949
OTSEP FEDOR
MISS MEND • 1926
ZEMLYA V PLENU • YELLOW TICKET, THE (USA) ○ YELLOW PASS, THE ○ EARTH IN CHAINS • 1928
ZHIVOI TRUP • LEBENDE LEICHHAM, DER (FRG) ○ LIVING CORPSE, THE • 1929
FRERES KARAMAZOFF, LES • 1931
MORDER DIMITRI KARAMASOFF, DER • MURDERER DIMITRI KARAMASOFF, THE (USA) ○ KARAMAZOF ○ CRIME OF DIMITRI KARAMAZOV, THE ○ BROTHERS KARAMAZOV, THE • 1931
GROSSTADTNACHT • 1932
MIRAGES DE PARIS • NUITS DE PARIS • 1932
AMOK • 1934
PIQUE DAME • QUEEN OF SPADES (USA) ○ DAME DE PIQUE, LA • 1937
GIBRALTAR • IT HAPPENED IN GIBRALTAR • 1938
PRINCIPESSA TARAKANOVA, LA • 1938
TARAKANOWA • ORLOFF ET TARAKANOWA ○ BETRAYAL • 1938
PERE CHOPIN, LE • MUSIC MASTER, THE ○ ONCLE DU CANADA, L' • 1943
THREE RUSSIAN GIRLS • SHE WHO DARES (UKN) • 1943
FORTERESSE, LA • WHISPERING CITY ○ CRIME CITY • 1947

OZER MUAMMER – TRK
SPLITTRING
BIR AVUC CENNET • HANDFUL OF PARADISE, A • 1985
KARA SEVDALI BULUT • CLOUD IN LOVE, THE • 1987

OZER NAZMI – TRK
AGA DUSEN KADIN • WOMAN IN THE NET, THE • 1967
AFFEDILMEYEN SUC • UNFORGIVEN GUILT, THE • 1968
CIRKIN VE CESUR • 1971

OZEROV YURI see **OZEROV YURY**

OZEROV YURY – USS – 1921–
OZEROV YURI
IN THE NIKITSKY BOTANICAL GARDEN • 1952
CIRCUS DAREDEVILS • DARING CIRCUS YOUTH (USA) • 1953
HOLIDAY NIGHT • 1954
SYN • SON, THE • 1955
KOCHUBEI • 1958
FORTUNA • STORM • 1959
BOLSHAIA DOROGA • GREAT ROAD, THE ○ BIG ROAD, THE • 1963
BREAK–THROUGH, THE • 1968
BULGE OF FIRE, THE • 1968
DIRECTION OF MAIN STRIKE, THE • 1970
OSVOBOZHDENIE • LIBERATION ○ GREAT BATTLE, THE • 1970
BATTLE FOR BERLIN • BATTLE OF BERLIN • 1971
LAST ASSAULT, THE • 1971
VISIONS OF EIGHT • 1973
KOMMUNISTI • COMMUNISTS • 1975
SOLDIERS OF FREEDOM, THE • 1976
XXII OLYMPIAD: MOSCOW 1980 • 1981
BATTLE OF MOSCOW, THE • 1986

OZGENTURK ALI see **OZZENTURK ALI**

OZKAN YAVUZ – TRK
MADEN • MINE, THE • 1978
DEMIRYOLU • RAILROAD, THE • 1980
YAGMUR KACAKLARI • FUGITIVES OF RAIN • 1987
FILM BITTI • FILM IS OVER • 1988
GREAT SOLITUDE • 1989

OZONUK SINASI – TRK
BAYTEKIN FEZADA CARPISANLAR • FLASH GORDON'S BATTLE IN SPACE • 1967

OZORES MARIANO – SPN – 1926–
DOS Y MEDIA Y VENENO, LAS • 1959
SALTO MORTAL • 1961
SUSPENDIDO EN SINVERGUENZA • 1961
ALEGRE JUVENTUD • 1962
CHICA PARA TODO • 1962
SU ALTEZA LA NINA • 1962
HIJAS DE ELENA, LAS • 1963
HORA INCOGNITA, LA • DIOS ELIJIO SUS VIAJEROS ○ GOD SELECTED HIS TRAVELERS ○ UNKNOWN HOUR, THE • 1964
HISTORIAS DE LA FIESTA • 1965
HOY COMO AYER • 1965
MORIR EN ESPANA • 1965
OPERACION SECRETARIA • 1966
CRONICA DE NUEVE MESES • 1967
CUARENTA GRADOS A LA SOMBRA • FORTY DEGREES IN THE SHADE • 1967
OPERACION CABARETERA • OPERATION CABARETERA • 1967
COMO ESTA EL SERVICIO! • HOW THE SERVICE IS! • 1968
OBJETIVO BIKINI • 1968
OPERACION MATA–HARI • OPERATION MATA–HARI • 1968
CUATRO NOCHES DE BODA • 1969
MATRIMONIOS SEPERADOS • 1969
SUSANA • 1969
DESPUES DE LOS NUEVE MESES • 1970
EN LA LUGAR DE LA MANGA • 1970
TAXI DE LOS CONFLICTOS, EL • 1970
A MI LAS MUJERES, NI FU NI FA • 1971
EN LA RED DE MI CORAZON • 1971
GRADUADA, LA • 1971
SI FULANO FUESE MENGANO • 1971
DESCARRIADA, LA • 1972
DOS CHICAS DE REVISTA • 1972
MONJA Y UN DON JUAN, UNA • 1972
VENTA POR PISOS • 1972
LLAMABAN LA MADRINA, LA • 1973
MANOLO, LA NUIT • 1973
SENORA DOCTOR • 1973
CALZONAZOS, EL • 1974
DORMIR Y LIGAR, TODO ES EMPEZAR • 1974
JENARO, EL DE LOS CATORCE • 1974
REPRIMIDO, EL • 1974
BRUTO, EL CHULO Y LA CAMARERA, EL • 1975
MAYORDOMO PARA TODO • 1975
NOSOTROS LOS DECENTES • 1975
TIO, VERDAD VIENEN DE PARIS? • 1975
ALCALDE POR ELECCION • 1976
CELEDONIO Y YO SOMOS ASI • 1976
FIN DE SEMANA AL DESNUDO • UNCOVERED WEEKEND • 1976
PECADOS DE UNA CHICA CASI DECENTE, LOS • 1976
APOLITICO, EL • 1977
CUENTOS DE LAS SABANAS BLANCAS • 1977
ELLAS LOS PREFIEREN LOCAS • 1977
DONDE HAY PATRON.. • 1978
MUNDO, DEMONIO Y CARMEN • 1978

OZOUDE ADOLPH – NGR
SEARCH FOR OIL IN NIGERIA • 1960 • DOC

OZU YASUJIRO – JPN – 1903–1963
ZANGE NO YAIBA • SWORD OF PENITENCE • 1927
HIKKOSHI FUFU • COUPLE ON THE MOVE, A ○ TWO ON THE MOVE • 1928
KABOCHA • PUMPKIN • 1928
NIKUTAIBI • BODY BEAUTIFUL • 1928
NYOBO FUNSHITSU • WIFE LOST • 1928
WAKADO NO YUME • DREAMS OF YOUTH • 1928
DAIGAKU WA DETA KEREDA • I GRADUATED BUT.. ○ I PASSED BUT.. • 1929
TAKARA NO YAMA • TREASURE MOUNTAIN • 1929
WAKAKIHI • DAYS OF YOUTH • 1929
WASEI KENKA TOMODACHI • FIGHTING FRIENDS, JAPANESE STYLE • 1929
ASHI NI SAWATTA KOUN • LUCK TOUCHED MY LEGS ○ LOST LUCK • 1930
EROGAMI NO ONRYO • REVENGEFUL SPIRIT OF EROS, THE • 1930
HITORI MUSUKO • ONLY SON, THE • 1930
HOGARAKA NI AYUME • WALK CHEERFULLY • 1930
KAISHAIN SEIKATSU • LIFE OF AN OFFICE WORKER • 1930
KEKKON–GAKU NYUMON • INTRODUCTION TO MARRIAGE • 1930
OJOSAN • YOUNG MISS • 1930
RAKUDAI WA SHITA KEREDO • I FAILED BUT.. ○ I FLUNKED BUT.. • 1930
SONO YO NO TSUMA • THAT NIGHT'S WIFE • 1930
TOKKAN KOZO • STRAIGHTFORWARD BOY, A • 1930
BIJIN AISHU • BEAUTY'S SORROWS, THE • 1931
SHUKUJO TO HIJE • LADY AND HER FAVOURITES, THE ○ LADY AND THE BEARD, THE • 1931
TOKYO NO GASSHO • CHORUS OF TOKYO, THE ○ TOKYO CHORUS • 1931
HARU WA GOFUJIN KARA • SPRING COMES WITH THE LADIES ○ SPRING COMES FROM THE LADIES • 1932
MATA AU HI MADE • UNTIL THE DAY WE MEET AGAIN ○ TILL WE MEET AGAIN • 1932
SEISHUN NO YUME IMA IZUKO • WHERE NOW ARE THE DREAMS OF YOUTH ○ WHERE ARE THE DREAMS OF YOUTH • 1932
UMARETE WA MITA KEREDO • I WAS BORN BUT.. • 1932
DEKIGOKORO • PASSING FANCY • 1933
HIJOSEN NO ONNA • WOMEN ON THE FIRING LINE ○ DRAGNET GIRL • 1933
TOKYO NO ONNA • WOMAN OF TOKYO • 1933
HAHA O KOWAZUYA • MOTHER SHOULD BE LOVED, A ○ MOTHER OUGHT TO BE LOVED, A • 1934
UKIGUSA MONOGATARI • STORY OF FLOATING WEEDS, A • 1934
HAKOIRI MUSUME • INNOCENT MAID, AN ○ YOUNG VIRGIN, THE • 1935
TOKYO NO YADO • INN IN TOKYO, AN • 1935
TOKYO YOITOKO • TOKYO'S A NICE PLACE • 1935
DAIGAKU YOITOKO • COLLEGE IS SUCH A NICE PLACE ○ COLLEGE IS A NICE PLACE • 1936
SHUKUJO WA NANI O WASURETAKA • WHAT DID THE LADY FORGET? • 1937
TODA–KE NO KYODAI • BROTHERS AND SISTERS OF THE TODA FAMILY, THE ○ TODA BROTHERS AND SISTERS, THE ○ TODA BROTHERS, THE ○ TODA BROTHER AND HIS SISTERS, THE • 1941
CHICHI ARIKI • THERE WAS A FATHER ○ THERE IS A FATHER • 1942
KAZE NO NAKA NO MENDORI • HEN IN THE WIND, A • 1948
NAGAYA SHINSHI–ROKU • RECORD OF A TENEMENT GENTLEMAN ○ DIARY OF A TENEMENT GENTLEMAN • 1948
BANSHUN • LATE SPRING • 1949
MUNAKATA SHIMAI • MUNAKATA SISTERS, THE ○ MUNEKATA SHIMAI • 1950
BAKUSHU • EARLY SUMMER • 1951
OCHAZUKE NO AJI • FLAVOUR OF GREEN TEA OVER RICE, THE ○ TEA AND RICE (USA) ○ TASTE OF GREEN TEA AND RICE, THE • 1952
TOKYO MONOGATARI • THEIR FIRST TRIP TO TOKYO ○ TOKYO STORY • 1953
SOSHUN • EARLY SPRING • 1956
TOKYO BOSHOKU • TWILIGHT IN TOKYO ○ TOKYO TWILIGHT • 1957
HIGANBANA • EQUINOX FLOWER • 1958
OHAYO • TOO MUCH TALK ○ GOOD MORNING • 1959
UKIGUSA • FLOATING WEEDS (USA) ○ DRIFTING WEEDS • 1959
AKIBIYORI • LATE AUTUMN • 1960
KOHAYAGAWA–KE NO AKI • AUTUMN OF THE KOHAYAGAWA FAMILY, THE ○ EARLY AUTUMN ○ LAST OF SUMMER, THE ○ END OF SUMMER, THE • 1961
SAMMA NO AJI • AUTUMN AFTERNOON, AN ○ TASTE OF MACKEREL, THE ○ SAMA NO AJI ○ TASTE OF FISH, THE ○ WIDOWER, THE • 1962

OZZENTURK ALI – TRK – 1947–
OZGENTURK ALI
HAZEL • HAZAL • 1980
AT • HORSE, MY HORSE • 1982
BEKCI • GUARD, THE • 1985
SU DA YANAR • WATER ALSO BURNS • 1987

PAAKSPUU KALLI – CND – 1952–
SOLSTANZ • 1975
FIRST DAY OF SCHOOL • 1978 • DOC
OCTOBER ALMS • 1978
PASSAGE • 1978
CHILD'S CONCEPTION OF AGE, THE • 1979 • DOC
CEREMONIES OF INNOCENCE • 1980 • DOC
MAYPOLE CARVING • 1981 • DOC
SET IN MOTION • 1982
I NEED A MAN LIKE YOU TO MAKE MY DREAMS COME TRUE • 1987 • SHT

PAAL ALEXANDER – Producer – HNG – 1910–
COLUMBUS ENTDECKT KRAHWINKEL • 1954

PABIAN JIM – USA
BROTHERS CARRY–MOUSE–OFF, THE • 1965 • ANS

PABLO JULIAN – MXC
LEYENDA DE RODRIGO, LA • 1977

PABST G. W. – GRM – 1885–1867
PABST GEORG–WILHELM • PABST GEORGE WILHELM
SCHATZ, DER • ALTEE SPIEL UM GOLD UND LIEBE, EIN ○ TREASURE, THE • 1923
GRAFIN DONELLI • COUNTESS DONELLI • 1924
FREUDLOSE GASSE, DIE • STREET OF SORROW, THE (USA) ○ JOYLESS STREET, THE (UKN) ○ CHEERLESS LANE • 1925
GEHEIMNISSE EINER SEELE • SECRETS OF A SOUL • 1926
MAN SPIELT NICHT MIT DER LIEBE! • DON'T PLAY WITH LOVE ○ ONE DOES NOT PLAY WITH LOVE • 1926
LIEBE DER JEANNE NEY, DIE • LOVE OF JEANNE NEY, THE (USA) ○ LUSTS OF THE FLESH (UKN) ○ LOVES OF JEANNE NEY, THE • 1927
ABWEGE • CRISIS ○ BEGIERDE ○ DESIRE • 1928
BUCHSE DER PANDORA, DIE • PANDORA'S BOX ○ LULU • 1929
TAGEBUCH EINER VERLORENEN • DIARY OF A LOST GIRL (UKN) ○ DIARY OF A LOST ONE • 1929
WEISSE HOLLE VOM PIZ PALU, DIE • WHITE HELL OF PITZ PALU, THE • 1929
DREIGROSCHENOPER, DIE • THREEPENNY OPERA, THE ○ BEGGAR'S OPERA, THE • 1930
OPERA DE QUAT' SOUS, L' • THREEPENNY OPERA, THE • 1930
SKANDAL UM EVA • EVA SCANDAL, THE • 1930
WESTFRONT 1918 • VIER VON DER INFANTERIE ○ FOUR FROM THE INFANTRY ○ COMRADES OF 1918 • 1930
KAMERADSCHAFT • COMRADESHIP • 1931
TRAGEDIE DE LA MINE, LA • 1931
ATLANTIDE, L' • 1932
DON QUICHOTTE • ADVENTURES OF DON QUIXOTE ○ DON QUIXOTE • 1932
DON QUIXOTE • 1932
HERRIN VON ATLANTIS, DIE • MISTRESS OF ATLANTIS, THE ○ LOST ATLANTIS • 1932
DU HAUT EN BAS • HIGH AND LOW • 1933
MODERN HERO, A • 1934
WEISSE HOLLE VOM PIZ PALU, DIE • 1935
MADEMOISELLE DOCTEUR • SALONIQUE, NID D'ESPIONS ○ SPIES FROM SALONIKA • 1936
DRAME DE SHANGHAI, LE • SHANGHAI DRAMA, THE • 1938
JEUNES FILLES EN DETRESSE • LOI SACREE, LA • 1939
FEUERTAUFE • 1940 • DOC
KOMODIANTEN • PLAYERS, THE ○ ACTORS, THE • 1941
PARACELSUS • 1943
FALL MOLANDER, DER • 1945
PROZESS, DER • IN NAME DER MENSCHLICHKEIT ○ TRIAL, THE • 1948
GEHEIMNISVOLLE TIEFEN • 1951
RUF AUS DEM AETHER • 1951
VOCE DEL SILENZIO, LA • VOICE OF SILENCE, THE (USA) ○ HOUSE OF SILENCE, THE ○ MAISON DU SILENCE, LA • 1952
BEKENNTNIS DER INA KAHR, DAS • CONFESSIONS OF INA KAHR, THE (USA) ○ AFRAID TO LOVE ○ AFRAID TO LIVE • 1954

COSE DA PAZZI • DROLL STORIES • 1954
ES GESCHAH AM 20 JULI • JACKBOOT MUTINY • 1955
LETZTE AKT, DER • LAST TEN DAYS, THE (USA) ○ LAST TEN DAYS OF HITLER, THE ○ TEN DAYS TO DIE ○ LAST TEN DAYS OF ADOLF HITLER, THE ○ LAST ACT, THE • 1955
DURCH DIE WALDER, DURCH DIE AUEN • 1956
ROSEN FUR BETTINA • LICHT IN DER FINSTERNIS ○ BALLERINA • 1956

PABST GEORG-WILHELM see **PABST G. W.**

PABST GEORGE WILHELM see **PABST G. W.**

PACCHIONI ITALO – ITL
ARRIVO DEL TRENO STAZIONE DI MILANO • 1896

PACHARD HENRI – USA
GIRL'S BEST FRIEND, A • 1981
DEVIL IN MISS JONES II, THE • DEVIL IN MISS JONES PART 2 • 1982
SUNSEX BOULEVARD • 1982
MATINEE IDOL • 1986

PACHECO BRUNO-LAZARO – SPN – 1957–
HATE TO LOVE • 1982 • SHT
SENTENCING DILEMMA • 1985 • DOC
SWING SPAN • 1985 • MTV
TRAVELLER AND THE MASK, THE • 1986 • MTV
TRAVELLER, THE • 1990

PACHECO LAURO – PHL
SOMEBODY CARES • 1967
SONS OF THE LO'WAIST GANG • 1967
STRANGERS IN THE NIGHT • 1967
ANINO NI SISA • SHADOW OF SISA, THE • 1968
DEAR KUYA CESAR • DEAR BROTHER CESAR • 1968
POMPOSA ANG KABAYONG TSISMOSA • POMPOSA, THE GOSSIPING HORSE • 1968
TALENTS UNLIMITED • 1968
CLEOPAKWAK, THE DUCK THAT LAYS GOLDEN EGGS • 1969
TORE NG DIYABLO • TOWER OF THE DEVIL • 1969

PACHECO RICHARD – USA
PASSION SEKA

PACHI – IND
AROUND THE WORLD • 1967

PACHIN GALLARDO – SPN
ANGELITO ALMIRANTE • 1962

PACHIN LUCAS – SPN
ANGELITO ALMIRANTE • 1962

PACINI RAFFAELLO – ITL
MONACA DI MONZA, LA • 1947
LORENZACCIO • 1952
TRAGICA NOTTE DI ASSISI, LA • ANGELO DI ASSISI, L' • 1961

PACULL EMILIO – FRN
TERRE SACREE • 1988

PADAVIT CHALONG see **PAKDIVIJIT CHALONG**

PADGET CALVIN J see **FERRONI GIORGIO**

PADGET CALVIN JACKSON see **FERRONI GIORGIO**

PADGET KELVIN JACKSON see **FERRONI GIORGIO**

PADILLA FEDERICO – ARG
SOMOS LOS MEJORES! • WE ARE THE BEST • 1968

PADMANABHAN R. – IND
SETHU BANDHAN • 1937

PADOVANI GUIDO – BRZ
CONFLITO • 1951

PADRON ALEJANDRO – VNZ
BOMBARDEO • BOMBARDMENT • 1974 • SHT

PADRON JUAN – CUB
FILMINUTO • ANM
ELPIDIO VALDES • 1979 • ANM
VAMPIROS EN LA HABANA • VAMPIRES IN HAVANA • 1985 • ANM
QUINISCOPIO • 1987 • ANM

PADROS ANTONI – SPN
SHIRLEY TEMPLE STORY • 1976

PAGANI GIAN FRANCO – ITL
PORCI CON LA P38 • 1978

PAGE – FRN
ENEZ EUSSA • ILE D'OUESSANT, L' • 1961 • SHT

PAGE ANTHONY – IND – 1935–
INADMISSABLE EVIDENCE • 1968
ALPHA BETA • 1973
PUEBLO • 1973 • TVM
COLLISON COURSE • 1975 • TVM
F. SCOTT FITZGERALD IN HOLLYWOOD • 1976 • TVM
I NEVER PROMISED YOU A ROSE GARDEN • 1977
ABSOLUTION • 1978
LADY VANISHES, THE • 1979
F.D.R., THE LAST YEAR • 1980 • TVM
BILL • 1981 • TVM
PATRICIA NEAL STORY, THE • 1981 • TVM
BILL: ON HIS OWN • 1983 • TVM
GRACE KELLY • GRACE KELLY STORY, THE • 1983 • TVM
MURDER: BY REASON OF INSANITY • 1985 • TVM
FORBIDDEN • VERSTECKT (FRG) • 1986 • TVM
SECOND SERVE • 1986 • TVM
MONTE CARLO • 1987 • MTV
PACK OF LIES • 1987 • TVM
SCANDAL IN A SMALL TOWN • 1988 • TVM

PAGE J. HAMILTON – UKN
LEAD KINDLY LIGHT • PRODIGAL DAUGHTER, THE • 1916

PAGE JOHN – UKN
COUNTRYWOMEN, THE • 1942 • DOC
DISTRICT NURSE, THE • 1942
LAND GIRL • 1942
HELLO! WEST INDIES • 1943
VISITATION, THE • 1947

PAGE MARCY – Animator – USA
PARADISIA • 1987 • ANS

PAGE TEDDY – USA
FIREBACK • 1978
DEADRINGER • 1985
HUNTER'S CROSSING • 1985
CODENAME: BLACKFIRE • 1986

PAGE WILL – UKN
COURSE OF TRUE LOVE, THE • 1916
GENTLE ART OF FISHING, THE • 1916
SANDY AT HOME • 1916
SANDY'S SUSPICION • 1916
STRING OF PEARLS, A • 1916
WHEN FLIRTING DIDN'T PAY • 1916

PAGES JEAN – FRN – 1892–
STORY OF THE VATICAN, THE • 1941 • DOC

PAGET PAUL see **GARIAZZO MARIO**

PAGLIERO MARCEL see **PAGLIERO MARCELLO**

PAGLIERO MARCELLO – UKN – 1907–1980
PAGLIERO MARCEL
07.. TASSI • 07 TAXI • 1943
NEBBIE SUL MARE • 1944
DESIDERIO • 1946
ROMA, CITTA LIBERA • NOTTE PORTA CONSIGLIO, LA • 1948
HOMME MARCHE DANS LA VILLE, UN • 1949
AMANTS DE BRAS-MORT, LES • 1950
ROSE ROUGE, LA • 1950
WOMAN • 1950
P.. RESPECTUEUSE, LA • RESPECTABLE PROSTITUTE, THE (USA) ○ RESPECTFUL PROSTITUTE, THE ○ PUTAIN RESPECTUEUSE, LA • 1952
DESTINEES • DESTINI DI DONNE (ITL) ○ DAUGHTERS OF DESTINY (USA) ○ LOVE, SOLDIERS AND WOMEN • 1953
SAINT-GERMAIN-DES-PRES • 1953 • SHT
CHERI-BIBI • FORZATO DELLA GUIANA, IL (ITL) • 1954
VERGINE MODERNA • 1954
VESTIRE GLI IGNUDI • VETIR CEUX QUI SONT NUS • 1954
ODYSSEE DU CAPITAINE STEVE, L' • VALLEE DU PARADIS, LA • 1956
VINGT MILLE LIEUES SUR LA TERRE • 20,000 LEAGUES ACROSS THE LAND (USA) ○ LEON GARROS IS LOOKING FOR HIS FRIENDS • 1960
EXPOSITION FRANCAISE A MOSCOU • 1962 • SHT

PAGNOL MARCEL – FRN – 1895–1974
MARIUS • 1931
GENDRE DE MONSIEUR POIRIER, LE • 1933
JOFROI • WAYS OF LOVE (USA) • 1933
ANGELE • HEARTBEAT • 1934
ARTICLE 330, L' • 1934
CIGALON • 1935
MERLUSSE • 1935
CESAR • 1936
TOPAZE • 1936
REGAIN • HARVEST (USA) ○ ARSULE • 1937
SCHPOUNTZ, LE • HEARTBEAT (USA) • 1937
FEMME DU BOULANGER, LA • BAKER'S WIFE, THE (USA) • 1938
FILLE DU PUISATIER, LA • WELL-DIGGER'S DAUGHTER, THE (USA) • 1940
NAIS • 1945
BELLE MEUNIERE, LA • 1948
TOPAZE • 1950
MANON DES SOURCES • MANON OF THE SPRINGS • 1952
LETTRES DE MON MOULIN, LES • LETTERS FROM MY WINDMILL • 1954
CURE DE CUCUGNAN, LE • 1967

PAGOT NINO – ITL – 1908–1972
WHEEL, THE • ANM
SINFONIA MAGICA • 1946
LALLA E IL FUNGHETTO • 1948
FRATELLI DINAMITE, I • DYNAMITE BROTHERS, THE (USA) ○ BROTHERS DYNAMITE, THE • 1950 • ANM

PAGOT TONI see **PAGOT TONY**

PAGOT TONY – ITL
PAGOT TONI
WHEEL, THE • ANM
SINFONIA MAGICA • 1946
LALLA E IL FUNGHETTO • 1948
FRATELLI DINAMITE, I • DYNAMITE BROTHERS, THE (USA) ○ BROTHERS DYNAMITE, THE • 1950 • ANM

PAI CHING JUI – TWN
HSI, NOU, AI, LUEH • FOUR MOODS (USA) ○ HSI NU AI LE • 1970
TSAI-CHIEN, A-LANG • GOODBYE, DARLING • 1970
LIU HSUEH-SHENG • FOREIGN STUDENTS • 1977
YI-HSIANG MENG • THERE'S NO PLACE LIKE HOME • 1977
HUANG-T'IEN HOU-T'U • COLDEST WINTER IN PEKING, THE • 1981
NU-FAN T'IEN-T'AIO • OFFEND THE LAW OF GOD • 1982
TA LUN HUI • WHEEL OF LIFE, THE • 1983
CHIA TAO KUNG-LI-TE NAN-JEN • 1990

PAINLEVE JEAN – FRN – 1902–1989
EVOLUTION DE L'OEUF • 1925 • SHT
PIEUVRE, LA • OCTOPUS • 1926 • SHT
INCONNUE DES SIX JOURS, L' • 1927 • SHT
DAPHNIE, LA • 1929 • SHT
HYAS, LE • 1929 • SHT
OEUF D'EPINOCHE, L' • 1929 • SHT
OURSINS, LES • 1929 • SHT
REVIVISCENCE D'UN CHIEN • 1929 • SHT
SERUM DU DOCTEUR HORMET, LE • 1929 • SHT
BERNARD-L'HERMITE, LE • 1930 • SHT
CAPRELLES ET PANTOPODES • 1930 • SHT
CRABES, LES • 1930 • SHT
CREVETTES, LES • 1930 • SHT
MOUVEMENTS INTRAPROTOPLASMIQUES DE L'ELODEE CANADENSIS • 1931 • SHT
RUPTURES DE FIBRES • 1931 • SHT
ELECTROPHORESE DU NITRATE D'ARGENT • 1932 • SHT
HIPPOCAMPE GEOLOGIQUE, L' • SEA HORSE, THE (UKN) ○ HIPPOCAME, L' • 1933 • SHT
CORETHRE • 1935 • SHT
BARBE BLEUE • BLUEBEARD (USA) • 1936 • ANS
MICROSCOPIE A BORD D'UN BATEAU DE PECHE • 1936 • SHT
CULTURE DES TISSUS, LA • 1937 • SHT
IMAGES MATHEMATIQUES DE LA LUTTE POUR LA VIE • 1937 • SHT
IMAGES MATHEMATIQUES DE LA QUATRIEME DIMENSION • 1937 • SHT
VOYAGE DANS LE CIEL • 1937 • SHT
SOLUTIONS FRANCAISES • 1939 • SHT
VAMPIRE, LE • VAMPIRE, THE • 1945 • SHT
ASSASSINS D'EAU DOUCE • 1946 • SHT
JEUX D'ENFANTS • 1946 • SHT
NOTRE PLANETE LA TERRE • 1947 • SHT
PASTEUR • OEUVRE BIOLOGIQUE DE PASTEUR, L' • 1947 • DCS
ECRITURE DE LA DANSE • 1948 • SHT
VOYAGE AU CIEL, LE • VOYAGE TO THE SKY
OURSINS, LES • SEA URCHINS • 1953 • SHT
ALPES, LES • 1958 • SHT
ASTERIE, L' • 1958 • SHT
CHIRURGIE CORRECTRICE, LA • 1958 • SHT
HISTIRE GEOLOGIQUE DE LA CHAINE DES ALPES • 1958 • SHT
MICROELECTROLYSE DE L'ARGENT • 1958 • SHT
SANG DU SIPOULLE ET L'ELECTOPHORESE, LE • 1958 • SHT
SIMILTUDE DES LONGUEURS ET DES VITESSES • 1958 • SHT
COMMENT NAISSENT LES MEDUSES • 1960 • SHT
DANSEURS DE MER, LES • DANSEURS DE LA MER, LES • 1960 • SHT
AMOURS DE LA PIEUVRE • 1967 • SHT

PAINTER BABURAO – IND – 1892–1954
BABURAO PAINTER
SARAHANDRI • 1922
SATI PADMINI • 1923
SINHEGARH • 1923
SARKARI PRASER • 1926
SWAJARA DORAN • 1930
USHA • 1935
VISHWAMITRA • 1952

PAINTER VASANT – IND
PAINTER VASANT RAO
GOKUL • SHEPHERD • 1947
SATI AHALYA • 1949
BHISMA PRATIGYA • 1950
MURLIWALA • 1951
BARA VARSHE 6 MAHINE 3 DIWAS • 1967

PAINTER VASANT RAO see **PAINTER VASANT**

PAISZ JOHN – CND
DREAMER, THE • 1976

PAIZS JOHN – USA
CRIMEWAVE • 1987

PAJARILLO SIM – PHL
CARNAP • 1967

PAK HAK – NKR
FLOWER ON THE TOKNO RIVER, A
RED AGITATION

PAKARNYK ALAN – Animator – CND
ADAM'S DREAM • 1990 • ANS

PAKASLAHTI JUKKA – FNL
SUOMEN VIIMEINEN SUSI • FINLAND'S LAST WOLF • 1973

PAKAY SEDAT – USA
WALKER EVANS -HIS TIME, HIS PRESENCE, HIS SILENCE • 1970 • SHT

PAKDEVICHIT CHALONG see **PAKDIVIJIT CHALONG**

PAKDIEVICHIT CHALONG see **PAKDIVIJIT CHALONG**

PAKDIVIJIT CHALONG – THL
PAKDEVICHIT CHALONG • PADAVIT CHALONG • CHALONG P. • PAKDIEVICHIT CHALONG
GOLD
SPOILERS, THE • S.T.A.B. ○ THONG • 1976
H BOMB • H-BOMB • 1978
SEPTEMBER LOVE • 1979
PA PUEN • 1980
LA KAM LOK • CHASER, THE • 1983
PETCH SEAN TONG • DIAMONDS AND GOLD • 1986
LOST IDOL • 1989
IN GOLD WE TRUST • 1990

PAKDIVIJIT VINIT – THL
KILL FOR LOVE • 1979

PAKKASVIRTA JAAKKO – FNL – 1934–
YO VAI PAIVA • NIGHT OR DAY ◦ DAY OR NIGHT • 1962
X-PARONI • X BARON, THE ◦ BARON X • 1964
VIHREA LESKI • GREEN WIDOW • 1968
KESAKAPINA • SUMMER REBELLION • 1969
NIILON OPPIVUODET • NIILO'S SCHOOL YEARS ◦ NIILO'S APPRENTICESHIP • 1971
JOULUKSI KOTIIN • HOME FOR CHRISTMAS • 1974
RUNOILIJA JA MUUSA • ELAMAN KOREUS ◦ POET AND MUSE ◦ ELEGANCE OF LIFE, THE • 1978
PEDON MERKKI • SIGN OF THE BEAST • 1982
ULVOVA MYLLARI • HOWLING MILLER, THE ◦ OLVOVA MYLLARI • 1983
CASTLE, THE • 1987

PAKORN see **PROHMVITAKE PAKORN**

PAKULA ALAN J. – USA – 1928–
STERILE CUCKOO, THE • POOKIE (UKN) • 1969
KLUTE • 1971
LOVE AND PAIN (AND THE WHOLE DAMN THING) • WIDOWER, THE • 1972
PARALLAX VIEW, THE • 1974
ALL THE PRESIDENT'S MEN • 1976
COMES A HORSEMAN • COMES A HORSEMAN WILD AND FREE • 1978
STARTING OVER • 1979
ROLLOVER • 1981
SOPHIE'S CHOICE • 1982
DREAM LOVER • 1986
ORPHANS • 1988
SEE YOU IN THE MORNING • 1989
PRESUMED INNOCENT • 1990

PAL DEEP – IND
CAGES • 1983 • DOC

PAL GEORGE – Animator – HNG – 1908–1980
MIDNIGHT • 1932 • ANM
ATLAS MAGIQUE, L' • MAGIC ATLAS, THE • 1935 • ANS
FAITH OF A ROBOT • 1935 • ANS
IN LAMPLIGHT LAND • 1935 • ANS
SHIP OF THE ETHER • ETHER SHIP ◦ SHIP OF ETHER • 1935 • ANS
ALADDIN • 1936 • ANS
ON PARADE • 1936 • ANS
SINBAD • 1936 • ANS
ALI-BABA • 1937 • ANS
WHAT HO! SHE BUMPS • 1937 • ANS
SLEEPING BEAUTY • ANS
LOVE ON THE RANGE • 1938 • ANS
LOVERS IN THE SOUTH SEAS • 1938 • ANM
SKY PIRATES • 1938 • ANS
DIPSY GIPSY • 1941 • ANS
GAYE KNIGHTIES • 1941 • ANS
HOOLA BOOLA • 1941 • ANS
RHYTHM IN THE RANKS • 1941 • ANS
WESTERN DAZE • 1941 • ANS
JASPER AND THE HAUNTED HOUSE • 1942 • ANS
JASPER AND THE WATERMELONS • 1942 • ANS
SKY PRINCESS, THE • 1942 • ANS
TULIPS SHALL GROW • 1942 • ANS
BRAVO MR. STRAUSS • 1943 • ANS
GOOD NIGHT, RUSTY • 1943 • ANS
GOOSEBERRY PIE • 1943 • ANS
JASPER GOES FISHING • 1943 • ANS
JASPER GOES HUNTING • 1943 • ANS
JASPER'S MUSIC LESSON • 1943 • ANS
PACKAGE FOR JASPER, A • 1943 • ANS
TRUCK THAT FLEW, THE • 1943 • ANS
500 HATS OF BARTHOLOMEW CUBBINS, THE • 1943 • ANS
AND TO THINK THAT I SAW IT ON MULBERRY STREET • 1944 • ANS
HATFUL OF DREAMS, A • 1944 • ANS
HOTLIPS JASPER • 1944 • ANS
JASPER'S PARADISE • 1944 • ANS
LITTLE BLACK SAMBO • 1944 • ANM
MR. STRAUSS TAKES A WALK • 1944 • ANS
MY MAN JASPER • 1944 • ANS
SAY "AH!" JASPER • 1944 • ANS
TWO GUN RUSTY • 1944 • ANM
WILBUR THE LION • 1944 • ANM
JASPER AND THE BEANSTALK • 1945 • ANS
JASPER TELL • 1945 • ANS
JASPER'S BOOBY TRAP • 1945 • ANS
JASPER'S MINSTRELS • 1945 • ANS
TOGETHER IN THE WEATHER • 1945 • ANS
DATE WITH DUKE, A • 1946 • ANS
JASPER IN A JAM • 1946 • ANS
JASPER'S DERBY • 1946 • ANS
JOHN HENRY AND THE INKY-POO • 1946 • ANS
SHOESHINE JASPER • 1946 • ANS
RHAPSODY IN WOOD • 1947 • ANS
ROMEOW AND JULIECAT • 1947 • ANS
TUBBY THE TUBA • 1947 • ANS
TOM THUMB • 1958
TIME MACHINE, THE • 1960
ATLANTIS, THE LOST CONTINENT • 1961
WONDERFUL WORLD OF THE BROTHERS GRIMM, THE • 1963
SEVEN FACES OF DR. LAO, THE • 1964

PAL MING – HKG
JADE CLAW • CRYSTAL FIST • 1979

PALACIOS BERNARD – FRN
OISEAU DE NUIT • NIGHT BIRD • 1975

PALACIOS FERNANDO – SPN – 1916–1965
HAMBRE • 1938
CADETES DE LA NAVAL • 1944
AMANTS DE TOLEDE, LES • TIRANO DE TOLEDO, EL (SPN) ◦ AMANTI DI TOLEDO, GLI (ITL) ◦ LOVERS OF TOLEDO, THE (USA) • 1953
MARITO, IL • MARIDO, EL (SPN) • 1958
JUANITO • 1959
DIA DE LOS ENAMORADOS, EL • 1960
SIEMPRE ES DOMINGO • 1961
TRES DE LA CRUZ ROJA • 1962
VUELVE SAN VALENTIN • 1962
GRAN FAMILIA, LA • 1963
MARISOL, RUMBO A RIO • 1963
BUSQUEME A ESA CHICA • 1964
OPERACION EMBAJADA • 1964
FAMILIA Y UNO MAS, LA • 1965
WHISKY Y VODKA • 1965

PALAGOLLA CHULA – SLN
PINI BINDU • DEW DROPS • 1968

PALARDY CLAUDE – CND
AIEULE, L' • 1990 • SHT

PALARDY JEAN – USA – 1905–
IL ETAIT UN PETIT NAVIRE • 1943 • DCS
MOISSON DE LA MER, LA • 1944 • DCS
CAISSES POPULAIRES DESJARDINS, LES • 1945 • DCS
CHACUN POUR TOUS • 1945 • DCS
CHERCHEURS DE LA MER • 1945 • DCS
HISTOIRE DE PECHE • 1945 • DCS
MOISSON DE LA GLAISE, LA • 1945 • DCS
MUSIC IN THE WIND • 1945 • DCS
SIECLE S'EST ECOULE, UN • 1945 • DCS
VENT QUI CHANTE, LE • 1945 • DCS
LA-HAUT SUR CES MONTAGNES • UP THERE ON THOSE MOUNTAINS • 1946 • DCS
PEINTRES POPULAIRES DE CHARLEVOIX • PRIMITIVE PAINTERS OF CHARLEVOIX • 1946 • DCS
"BELLE" OUVRAGE, LA • 1947 • DCS
METROPOLE • 1947 • DCS
VIEUX METIERS, JEUNES GENS • 1947 • DCS
RISING TIDE, THE • MAREE MONTANTE • 1949 • DCS
OYSTER MAN, THE • 1950
ARTISANS DU FER • 1951 • DCS
HOMME AUX OISEAUX, L' • BIRD FANCIER, THE • 1952 • SHT
ILES DE LA MADELEINE • 1952 • DCS
TI-JEAN S'EN VA-T-AUX CHANTIERS • TI-JEAN GOES LUMBERING • 1953 • SHT
MEDECIN DU NORD, LE • 1954 • DCS
AGRONOME • 1955 • DCS
CHANTIER COOPERATIF • 1955 • DCS
DESIGNED FOR LIVING • FORMES VIVANTES ◦ FORMES UTILES • 1956 • DCS
CARNAVAL DE QUEBEC • 1957 • DCS
INGENIEURS ,LES • 1957 • DCS
CHARLES FOREST, CURE FONDATEUR • 1959 • DCS
CORRELIEU • 1959 • DCS

PALASTHY GYORGY – HNG
PALASZTY GYORGY
OZVEGY ES A SZAZADOS, AZ • WIDOW AND THE POLICE OFFICER, THE • 1967
VARAZSLO, A • CHILI-CHALA, THE MAGICIAN ◦ TCHILI TCHALA THE MAGICIAN • 1970
HAHO, OCSI! • HI, JUNIOR! ◦ TONY AND THE TICK-TOCK DRAGON • 1971
HAHO, A TENGER • JUNIOR JR. COMES • 1972
SZELEBURDI CSALAD • HARUM-SCARUM FAMILY, A • 1982
HAJONAPLO • SHIP'S REGISTER • 1987

PALASZTY GYORGY see **PALASTHY GYORGY**

PALAT MAREK – Animator – PLN
LEVIATHAN • 1988 • ANS

PALAU CARLOS – CLM
A LA SALIDA NOS VEMOS • SEE YOU OUTSIDE • 1985

PALAU FRANCISCO – DMN
EMBOSCADOS DE CUPIDO, LAS • 1924

PALAVANDISHVILI S. – USS – -1934
ZHUZHUNA'S DOWRY • 1930

PALAY ABDURRAHMAN – TRK
PALAY ABRUDDAHMAN
ACI TURKU • BITTER SONG • 1967
AH BU KADINLAR • AH, THOSE WOMEN • 1967
GARIPLER SOKAGI • STREET OF THE STRANGE ONES, THE • 1967

PALAY ABRUDDAHMAN see **PALAY ABDURRAHMAN**

PALAZZO TOM – USA
VENUS AND ADONIS • 1966 • SHT

PALCY EUZHAN – FRN – 1956–
RUE CASES-NEGRES • SUGAR CANE ALLEY ◦ BLACK SHACK ALLEY • 1983
DRY WHITE SEASON, A • 1988

PALEKAR AMOL – IND
AKRIET • ACT OF EVIL • 1980

PALELLA ORESTE – ITL
RITRO VARSI • 1947
CATERINA DA SIENA • 1948
RICHIAMO NELLA TEMPESTA, IL • AMANTI DELL'INFINITO, GLI • 1952
CRISTO E PASSATO SULL'AIA • 1953
NON VOGLIAMO MORIRE • 1954
IO, CATERINA • 1958
MAFIA ALLA SBARRA • 1963

PALERMI AMLETO – GRM – 1890–1941
COLEI CHE TUTTO SOFFRE • 1914
SOGNO DI DON CHISCIOTTE, IL • 1915
MADRE • 1916
BOHEME, LA • 1917
INCUBO, L' • 1917
CARNEVALESCA • 1918
TESORO DI ISACCO, IL • 1918
AGGUATO DELLA MORTE, L' • 1919
BIONDINA, LA • 1919
MALA-FEMMINA • 1919
ROMANZO DI UNA GIOVANE POVERO, IL • 1919
CUORE NEL MONDO, UN • 1920
STORIA DI UNA DONNA, LA • WOMAN'S STORY, A • 1920
ETA CRITICA, L' • 1921
SECONDA MOGLIE, LA • 1922
DAME DE CHEZ MAXIM'S, LA • 1923
FRECCIA NEL CUORE, LA • 1924
PARADISO, IL • 1924
VIA DEL PECCATO, LA • 1924
UOMO PIU ALLEGRO DI VIENNA, L' • 1925
ENRICO IV • 1926
FLUCHT IN DIE NACHT, DIE • 1926
ULTIMI GIORNI DI POMPEI, GLI • LAST DAYS OF POMPEII, THE • 1926
FLORETTE E PATAPON • 1927
MARGARETHE UND DER CHAUFFEUR • 1927
CONFESSIONI DI UNA DONNA, LE • 1928
DONNA DI UNA NOTTE, LA • 1930
NAPOLI CHE NON MUORE • NAPLES THAT NEVER DIES (USA) • 1930
PERCHE NO? • 1930
STRANIERA, LA • 1930
VECCHIA SIGNORA, LA • 1932
CREATURE DELLE NOTTE • CREATURA D'UNA NOTTE • 1933
FORTUNA DI ZANZE, LA • ZANZE • 1933
NINI FALPALA • FALPALA • 1933
NON C'E BISOGNO DI DENARO • MA NON C'E BISOGNO DI DENARO • 1933
PASSA L'AMORE • 1933
SEGRETARIA PER TUTTI, LA • 1933
TRENO DELLE 21.15, IL • 1933
EREDITA DELLO ZIO BUONANIMA, L' • 1934
PARANINFO, IL • MATCHMAKER, THE (USA) • 1934
"FIAT VOLUNTAS DEI" • 1935
PORTO • 1935
CORSARO NERO, IL • BLACK CORSAIR, THE (USA) • 1936
DUE MISANTROPI, I • 1937
AMORE IN QUARANTENA • LOVE IN QUARANTINE (USA) • 1938
DUE MADRI, I • TWO MOTHERS, THE (USA) • 1938
FIGLI DEL MARCHESE LUCERA, I • 1938
NAPOLI D'ALTRI TEMPI • NAPOLI MIA • 1938
PARTIRE • 1938
CAVALLERIA RUSTICANA • 1939
FOLLIE DEL SECOLO • 1939
ARRIVIAMO NOI! • AMICO PUBBLICO N.1, L' ◦ VITA DI LUNA-PARK • 1940
CUORE NAPOLETANO • NEAPOLITAN HEART (USA) • 1940
PECCATRICE, LA • 1940
SAN GIOVANNI DECOLLATO • 1940
SIGNORE DELLA TAVERNA, IL • 1940
ALLEGRO FANTASMA, L' • TOTO ALLEGRO FANTASMA • 1941
ELISIR D'AMORE, L' • ELIXIR OF LOVE, THE • 1941

PALITZSCH PETER – GRM
MUTTER COURAGE UND IHRE KINDER • MOTHER COURAGE AND HER CHILDREN • 1960

PALIYANNOPOULOS CHRISTOS – GRC
DEPOSITION • 1973 • SHT

PALL LARRY – CND
OFF YOUR ROCKER • 1980

PALLA RUDI – AUS
TRAUM DES SANDINO, DER • DREAM OF GENERAL SANDINO, THE • 1981 • DOC

PALLANT CLIVE – UKN
CASTAWAY • 1975

PALLARDY JEAN-MARIE – BLG – 1940–
KISS ME WITH LUST
INSATISFAITE, L' • UNSATISFIED, THE (UKN) • 1971
EROTISME A L'ETUDE, L' • 1972
JOURNAL EROTIQUE D'UN BUCHERON, LE • EROTIC DIARY • 1973
AMOUR AUX TROUSSES, L' • PIEGE POUR UN GARCE ◦ ADULTERESS IN LOVE ◦ HOT ACTS OF LOVE • 1974
MY BODY BURNS • 1974
DONNEUSE, LA • 1975
AMOUR CHEZ LES POIDS LOURDS, L' • GROSSI BESTONI, I (ITL) ◦ EROTIC ENCOUNTERS ◦ TRUCK STOP • 1978
RICAIN, LE • 1978
EMMANUELLE GOES TO CANNES • 1984
VIVRE POUR SURVIVRE • WHITE FIRE • 1984

PALLENBERG ROSPO – USA
CUTTING CLASS • 1989

PALLI VINCENZO GICCA see **GICCA ENZO**

PALLIS BYRON – GRC
THIELLA STO SPITI TON ANEMON • STORM IN THE HOUSE OF WINDS • 1967

PALLU GEORGES – FRN
TRAIN DE 8H.47, LE • 1925
ROSE EFFEUILLEE, LA • 1926
ETRANGE FIANCEE, L' • 1930
DEUX "MONSIEUR" DE MADAME, LES • 1933
VIERGE DU ROCHER, LA • DRAME DE LOURDES, LE • 1933
NE SIRJ EDESANYAM • 1936
ROSE EFFEUILLEE, LA • 1936
FILLE DE LA MADELON, LA • 1937
CEUX DE DEMAIN • ENFANT DE TROUPE, L' • 1938
GOSSE EN OR, UN • COEUR DE GOSSE • 1938

PALM BENGT – SWD – 1917–
JAGAD • HUNTED • 1945
BRUDEN KOM GENOM TAKET • BRIDE CAME THROUGH THE CEILING, THE • 1947
NATTVAKTENS HUSTRU • NIGHT WATCHMAN'S WIFE, THE • 1948
JANNE VANGMAN OCH DEN STORA KOMETEN • JANNE VANGMAN AND THE BIG COMET • 1955
ASA-NISSE SLAR TILL • 1965

PALMARI ROBERTO – BRZ
DIARIO DE PROVINCIA • DIARY OF A COUNTY • 1980

PALMEIRA FRANCIS – BRZ
PARAFERNALIA, O DIA DA CACA • 1970

PALMER ERIC – UKN
SEABIRDS OF SCOTLAND • 1973 • DOC

PALMER GAIL – USA
EROTIC ADVENTURES OF CANDY, THE • 1978
CANDY GOES TO HOLLYWOOD • 1979

PALMER JOHN – CND – 1943–
CIAO! MANHATTAN • 1973 • DOC
ME • 1976

PALMER TOM – Animator – USA
I'VE GOT TO SING A TORCH SONG • 1933 • ANS
BURT GILLETT'S RAINBOW PARADE • 1934–35 • ASS
PARROTVILLE FOLKS • 1934–35 • ASS
BIRD SCOUTS • 1935 • ANS
HUNTING SEASON, THE • 1935 • ANS
MOLLY MOO–COW AND RIP VAN WINKLE • 1935 • ANS
MOLLY MOO–COW AND THE BUTTERFLIES • 1935 • ANS
MOLLY MOO–COW AND THE INDIANS • 1935 • ANS
PARROTVILLE OLD FOLKS • 1935 • ANS
PARROTVILLE POST OFFICE • 1935 • ANS
PICNIC PANIC • 1935 • ANS
SPINNING MICE • 1935 • ANS
MOLLY MOO–COW • 1935–36 • ASS
RAINBOW PARADE • 1935–36 • ASS
CUPID GETS HIS MAN • 1936 • ANS
FELIX THE CAT AND THE GOOSE THAT LAID THE GOLDEN EGGS • 1936 • ANS
MOLLY MOO–COW AND ROBINSON CRUSOE • 1936 • ANS
NEPTUNE NONSENSE • 1936 • ANS
TOONERVILLE FOLKS • 1936 • ASS
TOONERVILLE TROLLEY • 1936 • ANS
WAIF'S WELCOME, A • 1936 • ANS

PALMER TONY – Producer – UKN
FAREWELL CONCERT OF CREAM, THE • CREAM'S FAREWELL CONCERT • 1969
ROPE LADDER TO THE MOON • 1969
COLOSSEUM AND JUICY LUCY • 1970
200 MOTELS • TWO HUNDRED MOTELS • 1971
SPACE MOVIE, THE • 1980 • DOC
WAGNER • 1982
GEORGE FREDERICK HANDEL 1685–1759 • 1985
TESTIMONY • 1988

PALMERO JAVIER – SPN
MANUEL Y CLEMENTE • MANUEL AND CLEMENTE • 1986

PALMIERI GAETANO – ITL
STRADA SENZA USCITA • DEAD END (USA) • 1970

PALMISANO CONRAD E. – USA
SPACE RAGE • BREAKOUT ON PRISON PLANET ○ DOLLAR A DAY, A ○ TRACKERS ○ SPACERAGE ○ TRACKERS: 2180 ○ LAST FRONTIER, THE • 1985
BUSTED UP • 1986

PALMISANO GINO – BRZ
DESFORRA, A • REDRESS, THE • 1967

PALOMARES LUIS – Animator – ARG
ESCUDO DEL CONDOR, EL • SHIELD OF THE CONDOR • 1988 • ANM

PALOMINO FELIPE – MXC
TIERNA INFANCIA, LA • 1965

PALOUS J. A. see **PALOUS JAN A.**

PALOUS JAN A. – CZC
PALOUS J. A.
NOCNI DES • NOCTURNAL HORROR (USA) ○ NIGHT HORROR • 1914
CESKE NEBE • CZECH HEAVEN • 1918
SESTNACTILETA • TEENAGER, THE • 1918

PALSBO OLE – DNM – 1899–1952
KARTOFLER • POTATO, THE • 1944
DISKRET OPHOLD • 1947
TA HVAD DY VIL HA • 1948
KAMPEN MOD URETTEN • 1949
FAMILLE SCHMIDT, LA • 1951

PALSDOTTIR KRISTIN – ICL
SKILABOD TIL SONDRU • NOTE FOR SANDRA, A ○ MESSAGE TO SANDRA • 1983

PALTENGHI DAVID – UKN
ORDERS ARE ORDERS • 1954
LOVE MATCH, THE • 1955
DICK TURPIN –HIGHWAYMAN • 1956
KEEP IT CLEAN • 1956
TYBURN CASE, THE • 1957

PALTROW BRUCE – USA – 1943–
LITTLE SEX, A • 1982

PALUD HERVE – FRN – 1953–
DU BLUES DANS LA TETE • 1981
JACQUES MESRINE • 1983

PAMPLONA CLEMENTE – SPN – 1917–
PASOS DE ANGUSTIA • 1957
FARMACIA DE GUARDIA • 1958
DON JOSE, PEPE Y PEPITO • 1959
HISTORIA DE UN HOMBRE • 1961
KILOMETRO 12 • 1961
CHICA DEL GATO, LA • 1962

PAN–ANDREAS GEORGE – USA
CRIME KILLER, THE • 1985

P'AN JUNG–MIN – TWN
YEH–CHIH CHI • 1980

PAN LEI – HKG
HUNG TU–TZU • RED BEARD • 1958
LOVERS' ROCK • 1966
SWORD, THE • 1971

PANAMA NORMAN – USA – 1914–
REFORMER AND THE REDHEAD, THE • 1950
CALLAWAY WENT THATAWAY • STAR SAID NO, THE (UKN) • 1951
STRICTLY DISHONORABLE • 1951
ABOVE AND BEYOND • 1952
KNOCK ON WOOD • 1954
COURT JESTER, THE • 1956
THAT CERTAIN FEELING • 1956
TRAP, THE • BAITED TRAP, THE (UKN) • 1958
ROAD TO HONG KONG, THE • ROAD TO THE MOON • 1962
NOT WITH MY WIFE YOU DON'T! • 1966
HOW TO COMMIT MARRIAGE • 1969
MALTESE BIPPY, THE • INCREDIBLE WEREWOLF MURDERS, THE ○ STRANGE CASE OF ..!#%?, THE ○ WHO KILLED COCK RUBIN? • 1969
COFFEE, TEA OR ME? • 1973
I WILL.. I WILL.. FOR NOW • 1976
BARNABY AND ME • 1977

PANAYOTATO DIMITRIS – GRC
NIGHT WITH SILENA, THE • 1987

PANAYOTOPOULOS NICOS see **PANAYOTOPOULOS NIKOS**

PANAYOTOPOULOS NIKOS – GRC – c1941–
PANAYOTOPOULOS NICOS
CHROMATA TIS IRIDOS, TA • COLOURS OF THE RAINBOW, THE ○ HROMATA TIS IRIDOS, TA ○ COLOURS OF IRIS, THE • 1973
BITTESCHON – DANKESCHON • 1975
TEMBELIDES TIS EFORIS KILADAS, I • LAZY MEN OF THE FERTILE VALLEY, THE ○ IDLERS OF THE FERTILE VALLEY • 1976
MELODRAMA? • 1981
WOMAN WHO SAW DREAMS, THE • 1988

PANAYOTOV PANAYOT – BUL
BLIND SATURDAY • 1987

PANDE VINOD – IND
PANDEY VINOD
EK BAAR PHIR • ONCE AGAIN (USA) • 1980

PANDEY VINOD see **PANDE VINOD**

PANDOLFI VITO – ITL – 1917–1974
ULTIMI, GLI • LAST, THE • 1963

PANFILOV GLEB – USS – 1933–
JOIN OUR RANKS • 1959 • DOC
KILLED AT WAR • 1962 • SHT
NINA MELOVIZINOVA • 1962 • SHT
CASE OF KURT CLAUSEWITZ, THE • 1963 • SHT
V OGNYE BRODA NYET • NO FORD IN THE FIRE ○ NO FORD THROUGH THE FIRE ○ V OGNE BRODA NET ○ THERE IS NO CROSSING UNDER FIRE ○ THERE'S NO FORD IN FIRE • 1968
NACHALO • GIRL FROM THE FACTORY, A ○ BEGINNING, THE ○ DEBUT, THE ○ NACALA • 1971
JEANNE D'ARC • 1972
ELIZAVETA UVAROVA • 1974
JA PRASU SLOVA • I WISH TO SPEAK ○ I ASK FOR THE FLOOR ○ MAY I TAKE THE FLOOR? ○ PROSHU SLOVA ○ I FORGIVE THE WORDS ○ MAY I HAVE THE FLOOR? • 1975
TEMA • THEME • 1979
VALENTINA • VALENTINA, VALENTINA • 1980
VASSA • 1982
MAT • MOTHER • 1989
JE VOUS AIME • 1990

PANGILINANA JOHNNY – PHL
HULING BARAHA • LAST CARD • 1968

PANGUA JOSE ANTONIO – SPN
CRONICA DE UN INSTANTE • STORY OF A MOMENT • 1980

PANICKAR T. K. G. – IND
VATSALA KALYANAM • COTTON CHICKEN ○ COTTON CHICKEN • 1950

PANIJEL JACQUES – Novelist – FRN – 1921–
PEAU ET LES OS, LA • MAZUR FILE, THE • 1960
OCTOBRE A PARIS • 1961

PANJU KRISHNAN – IND
DO KALIYAN • TWO BUDS • 1968

PANN ANGELO – ITL
STESSO MARE STESSA SPIAGGIA • 1984

PANNACCIO ELO – ITL
LUCAS FRANK C.
SESSO DELLA STREGA, IL • SEX OF THE WITCH (USA) ○ WITCH'S SEX, THE ○ POSSESSOR, THE ○ SEX OF A WITCH • 1972
URLO DALLE TENEBRE, UN • WHO ARE YOU SATAN? (USA) ○ NAKED EXORCISM (UKN) ○ EXORCIST 3: CRIES AND SHADOWS, THE ○ ESORCISTA N.2, L' • 1975
COMINCERA TUTTO UN MATTINO • IO DONNA, TU DONNA • 1979
SUBLIMINAL • 1979

PANNASIE CLAUDINE – FRN
AVENTURE DU JAZZ, L' • 1970

PANNASIE LOUIS – FRN
AVENTURE DU JAZZ, L' • 1970

PANOUSSOPOULOS GEORGE – GRC
PANOUSSOPOULOS GIORGOS
HONEYMOON • 1980
OI ATTEANTI • FOOLISH LOVE, A • 1981
MANIA • 1985
LOVE ME NOT? • 1988

PANOUSSOPOULOS GIORGOS see **PANOUSSOPOULOS GEORGE**

PANOV ASPAROUGH – BUL
PANOV ASPAROUH
UROK PO ZIGULKA • VIOLIN LESSON, THE • 1969 • ANS
SIX PENGUINS, THE • 1970 • ANS

PANOV ASPAROUH see **PANOV ASPAROUGH**

PANSARD–BESSON ROBERT – FRN – 1950–
ROSE ET LE BLANC, LE • AVENTURES DE HOLLY AND WOOD, LES • 1979

PANSINI ROSE – FRN
SANG DES FINOELS, LE • 1922

PANTANO JORGE – ARG
PARA QUE EL SOL NO SE APAGUE • LET NOT THE SUN BE PUT OUT • 1979
CRAPULAS, LOS • HEELS, THE • 1981

PANTAZIS ANDREAS – GRC
RAPE OF APHRODITE, THE • 1985

PANTHALU B. R. – IND
GANGE GOWRI • GANGA AND GOURI • 1967
AMMA • MOTHER • 1968
CHINNARI PUTTANNA • 1968
RAHASYA POLICE 115 • SECRET POLICE 115 • 1968

PANTULU B. R. – IND
THANGAMALAI RAHASYAM • SECRET OF THE GOLDEN HILL • 1957

PANTZER JERRY – USA
PRIMORDIUM • 1968 • ANS

PANVION A. H. – CND
ITARNITAK • 1960 • DCS

PANZER PAUL – Actor – GRM – 1872–1958
LIFE OF BUFFALO BILL, THE • 1911

PAO HOUEH–LI – HKG
PAO HSUEH–LI
BOXER FROM SHANTUNG, THE • 1972
CHUEH–TOU LAO–HU CHUANG • TOUGH GUYS ○ TOUGH GUY ○ KUNG FU –THE HEADCRUSHER • 1973
MAN OF IRON • 1973

PAO HSUEH–LI see **PAO HOUEH–LI**

PAO SHIUE–LI – HKG
KUNG FU EMPEROR

PAOLELLA DOMENICO – ITL – 1915–
DOMINICI PAOLO • FLEMING PAUL
ULTIMI DELLA STRADA, GLI • 1940
TRAGEDIA DELL'ETNA, LA • ERUPTION OF ETNA, THE • 1951
CANZONI DI MEZZO SECOLO • HALF A CENTURY OF SONGS (USA) • 1952
LADRO IN PARADISO, UN • 1952
CANZONI, CANZONI, CANZONI • CAVALCADE OF SONG (USA) • 1953
GRAN VARIETA • 1954
ROSSO E NERO • RED AND BLACK • 1954
CORAGGIO, IL • 1955
DESTINAZIONE PIOVAROLO • 1955
RIDERE, RIDERE, RIDERE • 1955
CANZONI DI TUTTI ITALIA • 1956
SAN REMO CANTA • 1956
NON SONO PIU GUAGLIONE • 1958
DESTINAZIONE SANREMO • 1959
MADRI PERICOLOSE • 1960
PIRATI DELLA COSTA, I • PIRATES DE LA COTE, LES (FRN) ○ PIRATES OF THE COAST (USA) • 1960
TEDDY BOYS DELLA CANZONE, I • 1960
SEGRETO DELLO SPARVIERO NERO, IL • 1961
TERRORE DEI MARI, IL • TERREUR DES MERS, LA (FRN) ○ GUNS OF THE BLACK WITCH (USA) • 1961
CANZONI DI IERI, CANZONI DI OGGI, CANZONI DI DOMANI • 1962
GIUSTIZIERE DEI MARE, IL • AVENGER OF THE SEVEN SEAS (USA) ○ EXECUTIONER ON THE SEAS, THE ○ EXECUTIONER ON THE HIGH SEAS, THE • 1962
MACISTE CONTRO LO SCEICCO • SAMSON AGAINST THE SHEIK (USA) • 1962
PRIGIONIERE DELL'ISOLA DEL DIAVOLO, LE • ILE AUX FILLES PERDUES, L' (FRN) ○ WOMEN OF DEVIL'S ISLAND ○ WOMEN PRISONERS OF DEVIL'S ISLAND, THE • 1962
URSUS GLADIATORE RIBELLE • REBEL GLADIATORS, THE (USA) ○ URSUS, IL GLADIATORE RIBELLE • 1963
ERCOLE CONTRO I TIRANNI DI BABILONIA • HERCULES AND THE TYRANTS OF BABYLON (USA) • 1964
GOLIA ALLA CONQUISTA DI BAGDAD • GOLIATH AT THE CONQUEST OF DAMASCUS (USA) ○ GOLIATH AT THE CONQUEST OF BAGDAD • 1964
MACISTE CONTRO I MONGOLI • HERCULES AGAINST THE MONGOLS (USA) • 1964
MACISTE NELL'INFERNO DII GENGHIS KHAN • HERCULES AGAINST THE BARBARIANS (USA) ○ MACISTE IN GENGIS KHAN'S HELL • 1964
AGENTE SO 3 OPERAZIONE ATLANTIDE • AGENT 003, OPERACION ATLANTIDA (SPN) ○ OPERATION ATLANTIS (USA) • 1965
GLADIATORE CHE SFIDO L'IMPERO • CHALLENGE OF THE GLADIATOR (USA) • 1965
ODIO PER ODIO • HATE FOR HATE (UKN) ○ HATRED FOR HATRED • 1967
EXECUTION • 1968
SOLE E DI TUTTI, IL • 1968
STUNT SQUAD
RAGAZZA DEL PRETE, LA • 1970
MONACHE DI SANT'ARCANGELO, LE • NUN AND THE DEVIL, THE (UKN) • 1973
STORIA DI UNA MONACA DI CLAUSURA • DIARY OF A CLOISTERED NUN (USA) • 1973
PREDA, LA • 1974
POLIZIA E SCONFITTA, LA • 1977
BELLI E BRUTI RIDONO TUTTI • 1979
GARDENIA • GIUSTIZIERE DELLA MALA, IL • 1979

PAOLINELLI BRUNO – ITL – 1923–
HUXLEY JOHN
PAPPAGALLI, I • 1956
TUNISI TOP SECRET • 1959
LEGGE DI GUERRA • KRIEGSGESETZ (FRG) ○ LIEBE FREIHEIT UND VERRAT • 1961
SUORA GIOVANE, LA • NOVICE, THE • 1965
BORMAN • 1966
OSS 77 OPERAZIONE FIORDILOTO • 1967
COLPACCIO, IL • BIG POT • 1976

PAOLONE FILIPPO – ITL
PIERINO SALVADANAIO • 1959

PAOLUCCI ALEX – ITL
CREPUSCOLO • 1961

PAOLUCCI GIOVANNI – ITL – 1912–1964
NAVE • SHIP, THE • 1940
PRELUDIO D'AMORE • SHAMED (USA) • 1946
ORIZZONTI DEL SOLE • 1956
TUA DONNA, LA • 1956
RELITTO, IL • WASTREL, THE (USA) • 1961

PAPACONSTANTIS DIMITRIS – GRC
OLOKAFTOMA • HOLOCAUST • 1970

PAPADAKIS LEONIDAS – GRC
MINUS FRAME • 1976 • SHT

PAPADATOS ALEKOS – Animator – GRC
GRASSHOPPER AND THE ANT, THE • 1988 • ANS

PAPADIMITRAKIS LAMBROS – GRC
SIGN HERE, PLEASE • 1973 • SHT
KYPROS • CYPRUS • 1976 • DOC

PAPADOPOULOS COSTAS – GRC
LADY AND THE COWBOY, THE • 1970 • SHT

PAPADOPOULOS JOHN – ASL – 1947–
DEAD END • 1972 • SHT
OFFERING, THE • 1973 • SHT
MATCHLESS • 1974
JOG'S TROT • 1976 • SHT

PAPAGEORGIOU THANASIS – GRC
EPI ESKHATI PRODHOSIA • HIGH TREASON • 1968

PAPAKOSTAS GEORGE see **PAPAKOSTAS GIORGOS**

PAPAKOSTAS GIORGOS – GRC
PAPAKOSTAS GEORGE
APO TA JEROSOLIMA ME AGAPI • FROM JERUSALEM WITH LOVE • 1967
PRAKTOR KITSOS KALI GASTOUNI • AGENT KITSOS CALLS GASTOUNI • 1967
EBENE KITSO • ALL THE DOORS FLEW OPEN FOR KITSOS • 1968
ENAS IPPOTIS ME TSAROUHIA • KNIGHT RUNNING WILD, A ○ KNIGHT IN SANDALS, A • 1968
KARDIA POU LIYISE TON PONO • HEART THAT BROKE FROM PAIN, THE ○ WOUNDED HEART, A • 1968
XENA HERIA INE PIKRA, TA • WITHOUT A LIFE OF MY OWN ○ STRANGE HANDS ARE HARSH • 1968
FLESH ON FIRE • 1973

PAPAKYRIAKOPOULOS PANOS – GRC
ANTISTRROPHI METRISI • WRONG TIMING • 1984

PAPALIOS MARIA – GRC
PAPALIOU MARY
STRUGGLE OF THE BLIND, THE • 1978 • DOC

PAPALIOU MARY see **PAPALIOS MARIA**

PAPAMALIS NIKOS – GRC
HORIS MARTYRES • WITHOUT WITNESSES • 1984

PAPANIKOLAOU KOSTA – GRC
STRUGGLE • 1975

PAPANIKOLAOU MIHALIS – GRC
SINEFIASMENOI ORIZONTES • CLOUDY SKIES • 1968

PAPAS MICHAEL – UKN
PRIVATE RIGHT, THE • 1967
LIFETAKER, THE • 1975
AVRIANOS POLEMISTIS • TOMORROW'S WARRIOR • 1981
TROUBLESHOOTER, THE • 1988

PAPASTATHIS LAKIS – GRC
TON KERO TON HELLINON • WHEN THE GREEKS • 1980

PAPATAKIS NICO – ETH – 1918–
PAPATAKIS NIKOS
ABYSSES, LES • 1963
PATRES DU DESORDRE, LES • THANOS AND DESPINA (USA) ○ SHEPHERDS OF CONFUSION, THE • 1968
GLORIA MUNDI • 1975
PHOTOGRAPHIA, H • PHOTOGRAPH, THE • 1987

PAPATAKIS NIKOS see **PAPATAKIS NICO**

PAPAYIANNIDES TAKIS see **PAPAYIANNIDIS TAKIS**

PAPAYIANNIDIS TAKIS – GRC
PAPAYIANNIDES TAKIS
TAVERN, THE • 1975 • SHT
ILIKIA TIS THALASSAS, I • AGE OF THE SEA, THE • 1979 • DOC
TAXIDI STIN PROTEVOUSA • VOYAGE TO ATHENS • 1981
BIRTHDAY TOWN • 1988

PAPIC KRSTO – YGS – 1933–
KLJUC • KEY, THE • 1965
ILUZIJA • ILLUSION • 1967
HELLO MUNICH • 1968 • SHT
WHEN MY KNIFE GETS YOU • 1969 • SHT
FOXES, THE • 1970
LISICE • HANDCUFFS • 1970
OUR VOICES SHOULD ALSO BE HEARD • 1971 • SHT
SPECIAL TRAINS • 1972 • SHT
PREDSTAVA HAMLETA U MRDUSI DONJOJ • VILLAGE PERFORMANCE OF HAMLET, A ○ HAMLET IM DORF MRDUSA DONJA • 1974
CHARTER FLIGHT NO... • 1976 • SHT
IZBAVITELJ • REDEEMER, THE ○ RAT SAVIOUR, THE • 1977
TAJNA NIKOLE TESLE • SECRET OF NIKOLA TESLA, THE • 1981

PAPIER RALPH – ARG
FESTIN DE SATANAS, EL • FEAST OF SATAN, THE

PAPNIKOLAS EVRIS – GRC
PERFECT CRIME, THE • 1987 • SHT

PAPOUSEK JAROSLAV – CZC
NEJKRASNEJSI VEK • MOST BEAUTIFUL AGE, THE (USA) ○ BEST AGE, THE • 1968
ECCE HOMO HOMOLKA • 1969
HOGO FOGO HOMOLKA • 1971
HOMOLKA A TOBOLKA • HOMOLKA AND TOBOLKA • 1972

PAPPAS ROBERT K. – USA
NOW I KNOW • 1989

PAPPE JULIEN – FRN
OISEAU EN PAPIER JOURNAL, UN • BIRD OF NEWSPAPER, A • 1962 • ANS
MARE AUX GARCONS, LA • 1963
SOPHIE ET LES GAMMES • SOPHIE AND THE SCALE • 1964 • SHT

PAPPE KARLHEINZ – GRM
SO WERDEN SOLDNER GEMACHT • THIS IS HOW MEMORIES ARE MADE • 1968

PAPUZINSKI ANDRZEJ – PLN
STRADIVARI • 1966 • DOC
SPOJRZENIE NA PLAKAT • LOOK AT POSTERS, A • 1970 • DOC
BYKOWI CHWALA • GLORY TO THE BULL • 1971 • SHT

PAQUETTE VINCENT – CND – 1915–
CITE DE NOTRE-DAME, LA • 1942 • DCS
MOTHER AND HER CHILD -MATERNITE • 1947 • DOC

PARADISE MICHAEL J. see **PARADISI GIULIO**

PARADISI GIULIO – ITL – 1934–
PARADISE MICHAEL J.
TERZO CANALE • AVVENTURA A MONTECARLO • 1970
RAGAZZO DI BORGATA • SLUM BOY • 1976
STRIDULUM • VISITOR, THE (USA) ○ VISITATORE, IL • 1979
TESORO MIO • MY DARLING ○ MY DEAREST TREASURE • 1979
SPAGHETTI HOUSE • 1983

PARADJANOV SERGEI – USS – 1924–
PARADZHANOV SERGEI
MOLDAVSKAIA SKAZKA • MOLDAVIAN FAIRY TALE • 1951 • SHT
ANDRIESH • 1954
GOLDEN HANDS • 1957 • DOC
NATALYA USHWVI • 1957 • DOC
PERVYI PAREN • FIRST LAD, THE • 1958
UKRAINSKAYA RAPSODIYA • UKRAINIAN RHAPSODY • 1961
TSVETOK NA KAMNE • FLOWER ON THE STONE, THE • 1962
DUMKA • BALLAD, THE • 1964
TINE ZABUTYKH PREDKIV • SHADOWS OF FORGOTTEN ANCESTORS (USA) ○ SHADOWS OF OUR ANCESTORS ○ SHADOWS OF OUR FORGOTTEN ANCESTORS ○ IN THE SHADOW OF THE PAST ○ TENI ZABYTYKH PREDKOV • 1965
SAYAT NOVA • COLOR OF THE POMEGRANATE (USA) ○ TSVET GRANATA • 1969
KIEV'S FRESCOES • 1971
ACHRAROUMES • RETURN TO LIFE ○ RETOUR A LA VIE • 1978 • SHT
ARABESQUES ON PIROSMANI • 1986 • SHT
LEGENDA SURAMSKOI KREPOSTI • LEGEND OF THE FORTRESS OF SURAM ○ LEGEND OF THE SURAM FORTRESS • 1986
ASHIK KERIB • HOARY LEGENDS OF THE CAUCASUS, THE • 1987

PARADOWSKI KONRAD – PLN
MARYSIA I KRASNOLUDKI • ORPHAN MARY AND THE DWARFS • 1961

PARADZHANOV SERGEI see **PARADJANOV SERGEI**

PARAMO JOSE ANTONIO – SPN
KING AND QUEEN, THE • 1985 • MTV

PARANJPE RAJA – IND
SRI KRISHNA SATYA BHAMA • PARIJATAK • 1951
KAKA MALA WACHAVA • 1967

PARANJPYE SAI – IND
SPARSH • TOUCH • 1978
CHASME BUDDHOOR • NO EVIL EYE! • 1981
DISHA • UPROOTED, THE • 1990

PARASHAKIS PAUL – GRC
WILD DAMNED GIRL, THE

PARASKHAKIS PAVLOS – GRC
NOMOS TIS ZOIS, O • LAW OF LIFE, THE • 1967
KITSOS KE T'ADHELFIA TOU, O • KITSOS AND HIS BROTHERS • 1968
ORKIZOME IME ATHOA • I PLEAD NOT GUILTY • 1968

PARBOT MICHEL – FRN – 1938–
OH! AMERICA • 1974 • DOC

PARDAVE JOAQUIN – MXC
BAISANO JALIL, EL • 1942
ADIOS JUVENTUD • 1943
HIJOS DE DON VENANCIO, LOS • 1944
BARCHANTE NEGUIB, EL • 1945
NIETOS DE DON VENANCIO, LOS • 1945
VIRGEN MODERNA, UNA • 1945
LAGRIMAS DE SANGRE • 1946
BARCA DE ORO, LA • 1947
SOY CHARRO DE RANCHO GRANDE • 1947
VIEJOS SOMOS ASI, LOS • 1948
DOS PESOS DEJADA • 1949
SANGRE TORERA • 1949
AMOR VENDIDO • 1950
ARRABALERA • 1950
GENDARME DE LA ESQUINA, EL • 1950
PRIMERO SOY MEXICANO • 1950
PASIONERIA • 1951
CASTO SUSANO, EL • 1952
DONA MARIQUITA DE MI CORAZON • 1952
DIOS NOS MANDA VIVIR • 1954
MAGDALENA • 1954
SECRETO PROFESIONAL • 1954

PARDO GERARDO – MXC
MAX DOMINO • 1979
DEVERAS ME ATRAPASTE • YOU'VE REALLY GOT ME • 1983

PARENT JACQUES – CND
ENTRETIEN SUR LA MECANOLOGIE I, UN • 1970 • DOC
ENTRETIEN SUR LA MECANOLOGIE II, UN • 1970 • DOC

PARENTI NERI – ITL
JOHN TRAVOLTA.. DA UN INSOLITO DESTINO • 1979
FANTOZZI CONTRA TUTTI • 1980
PAPPA E CICCIA • 1983
SOGNI MOSTRUOSAMENTE PROIBITI • MONSTROUSLY FORBIDDEN DREAMS • 1983
FANTOZZI SUBISCE ANCORA • FANTOZZI SUFFERS AGAIN • 1984
FRACCHIA CONTRO DRACULA • FRACCHIA AGAINST DRACULA • 1985
POMPIERI, I • FIREMAN, THE • 1985
FANTOZZI VA IN PENSIONE • FANTOZZI RETIRES • 1988
FRATELLI D'ITALIA • ITALIAN BROTHERS • 1990
HO VINTO LA LOTTERIA DI CAPODANNO • I WON THE NEW YEAR LOTTERY • 1990

PARETO WILLY see **FREDA RICCARDO**

PARFITT ERIC – UKN
NEW FRONTIERSMAN, THE • 1937
YOUTH MARCHES ON • 1938

PARIKKA PEKKA – FNL
POHJANMAA • PLAINLANDS • 1988
TALVISOTA • WINTER WAR, THE • 1989

PARINGER L. see **PARINGER LORENZ**

PARINGER LORENZ – GRM
PARINGER L.
MOTOR, LIEBE, LEIDENSCHAFT • 1925
HOHELIED DER KRAFT, DAS • 1930

PARIS DOMONIC – USA
LAST RITES • DRACULA'S LAST RITES • 1980
SPLITZ • 1984

PARIS HENRY see **METZGER RADLEY H.**

PARIS JERRY – Actor – USA – 1925–1986
DON'T RAISE THE BRIDGE, LOWER THE RIVER • 1968
HOW SWEET IT IS! • 1968
NEVER A DULL MOMENT • 1968
VIVA MAX! • 1969
BUT I DON'T WANT TO GET MARRIED • 1970 • TVM
FEMINIST AND THE FUZZ, THE • 1970 • TVM
GRASSHOPPER, THE • PASSING OF EVIL, THE • 1970
CALL HER MOM • 1971 • TVM
EVIL ROY SLADE • 1971
STAR SPANGLED GIRL • STAR-SPANGLED GIRL • 1971
TWO ON A BENCH • 1971 • TVM
WHAT'S A NICE GIRL LIKE YOU..? • 1971 • TVM
COUPLE TAKES A WIFE, THE • 1972 • TVM
EVERY MAN NEEDS ONE • 1972 • TVM
ONLY WITH MARRIED MEN • 1974 • TVM
HOW TO BREAK UP A HAPPY DIVORCE • 1976
LEO AND LOREE • 1980
MAKE ME AN OFFER • HOUSE HUNTING • 1980 • TVM
POLICE ACADEMY 2: THEIR FIRST ASSIGNMENT • 1985
POLICE ACADEMY 3: BACK IN TRAINING • 1986

PARIS ROGELIO – CUB
DEL ESCAMBRAY.. EL CAMPESINO • 1971 • DOC
OPERACION OSITO • 1971 • DOC

von PARISCH-SCHAMBERG GUIDO – GRM
FRAUENSCHICKSAL • 1922

PARISH RICHARD C. – USA
MAGIC CHRISTMAS TREE, THE • 1964

PARK CHEOL-SU see **BAK CHEOL-SU**

PARK GWANG-SU – SKR
CHIL-SU AND MAN-SU • 1988

PARK IDA MAY – USA – c1885–
BONDAGE • 1917
FIRES OF REBELLION • 1917
FLASHLIGHT, THE • 1917
RESCUE, THE • 1917
BREAD • 1918
BROADWAY LOVE • 1918
GRAND PASSION, THE • 1918
HER FLING • 1918
MODEL'S CONFESSION, THE • 1918
RISKY ROAD, THE • 1918
VANITY POOL, THE • 1918

AMAZING WIFE, THE • 1919
BONNIE MAY • 1920
BUTTERFLY MAN, THE • 1920
MIDLANDERS, THE • 1920

PARK JOHN

PRIVATE LIFE OF MUSSOLINI, THE • 1938

PARK LESTER – USA

SIDEWALKS OF NEW YORK • 1923

PARK RICHARD – USA

NINJA TURF • L.A. STREETFIGHTERS • 1986
MIAMI CONNECTION • 1987

PARKE WILLIAM – USA

BURGLAR'S PICNIC, THE • 1916 • SHT
FIFTH ACE, THE • 1916 • SHT
KNOTTED CORD, THE • 1916 • SHT
OTHER PEOPLE'S MONEY • 1916
PRUDENCE THE PIRATE • 1916
REUNION, THE • 1916 • SHT
SHINE GIRL, THE • 1916
WHISPERED WORD, THE • 1916 • SHT
CIGARETTE GIRL, THE • 1917
CROOKED ROMANCE, A • 1917
LAST OF THE CARNABYS, THE • 1917
MISS NOBODY • 1917
MYSTERY OF THE DOUBLE CROSS, THE • 1917 • SRL
OVER THE HILL • 1917
STREETS OF ILLUSION, THE • 1917
CONVICT 993 • 1918
KEY TO POWER, THE • 1918
YELLOW TICKET, THE • 1918
OUT OF THE STORM • TOWER OF IVORY • 1920
PALISER CASE, THE • 1920
WOMAN WHO UNDERSTOOD, A • 1920
BEACH OF DREAMS • 1921
CLEAN-UP, THE • UPSIDE DOWN • 1923
LEGALLY DEAD • 1923
MILLION TO BURN, A • 1923
TEN SCARS MAKE A MAN • 1924

PARKER ALAN – UKN – 1944–

FOOTSTEPS • 1973 • SHT
OUR CISSY • 1973 • SHT
EVACUEES, THE • 1974 • MTV
NO HARD FEELINGS • 1974 • MTV
BUGSY MALONE • 1976
MIDNIGHT EXPRESS • 1978
FAME • 1980
SHOOT THE MOON • 1982
WALL, THE • PINK FLOYD –THE WALL • 1982
BIRDY • 1984
ANGEL HEART • 1987
MISSISSIPPI BURNING • 1988
COME SEE THE PARADISE • 1990
COMMITMENTS, THE • 1990

PARKER ALBERT – USA – 1889–

FOOD GAMBLERS, THE • 1917
FOR VALOUR • 1917
HAUNTED HOUSE, THE • 1917
HER EXCELLENCY, THE GOVERNOR • 1917
MAN HATER, THE • 1917
ANNEXING BILL • 1918
ARIZONA • 1918
FROM TWO TO SIX • 1918
OTHER WOMAN, THE • 1918
SECRET CODE, THE • 1918
SHIFTING SANDS • 1918
SIC 'EM, SAM • 1918 • SHT
WAIFS • 1918
EYES OF YOUTH • 1919
KNICKERBOCKER BUCKAROO, THE • 1919
BRANDED WOMAN, THE • 1920
LOVE'S REDEMPTION • REGENERATION ISLE ○ PLAYING THE GAME • 1921
SHERLOCK HOLMES • MORIARTY • 1922
REJECTED WOMAN, THE • 1924
SECOND YOUTH • 1924
BLACK PIRATE, THE • 1926
LOVE OF SUNYA, THE • 1927
AFTER DARK • 1932
RIGHT TO LIVE, THE • 1933
ROLLING IN MONEY • 1934
THIRD CLUE, THE • 1934
LATE EXTRA • 1935
RIVERSIDE MURDER, THE • 1935
WHITE LILAC • 1935
BLIND MAN'S BLUFF • 1936
TROUBLED WATERS • 1936
STRANGE EXPERIMENT • 1937
THERE WAS A YOUNG MAN • 1937
£5 MAN, THE • 1937
MURDER IN THE FAMILY • 1938
SECOND THOUGHTS • CRIME OF PETER FRAME, THE • 1938

PARKER BEN – USA

GEORGE WASHINGTON CARVER • 1940
NATURE'S ATOM BOMB • 1946 • SHT
BOURBON ST. SHADOWS • 1962
SHEPHERD OF THE HILLS, THE • THUNDER MOUNTAIN • 1964

PARKER BENJAMIN R. – Producer – USA – 1909–

JUNGLE GANGSTER • 1946 • SHT
STORM WARNING • 1946 • SHT
HERE'S YOUR ANSWER • 1947 • SHT
RED FURY • 1947 • SHT
FLOOD WATERS • 1948 • SHT
HALL OF FAME • 1948 • SHT
HOME OF THE ICEBERG • 1948 • SHT
MEN, WOMEN AND MOTION • 1948 • SHT
MIGHTY TIMBER • 1948 • SHT
RIVER MELODIES • 1948 • SHT
ROCKETS OF THE FUTURE • 1948 • SHT
SINGIN' THE BLUES • 1948 • SHT
SPOTLIGHT SERENADE • 1948 • SHT
WATER BATTLERS • 1948 • SHT
WIND, CURVES AND TRAP DOOR • 1948 • SHT
HITS OF THE NINETIES • 1949 • SHT
LET'S SING A LOVE SONG • 1949 • SHT
SING WHILE YOU WORK • 1949 • SHT
SONGS OF THE SEASON • 1949 • SHT

PARKER CARY – UKN

GIRL IN THE PICTURE, THE • 1985

PARKER CLAIRE – FRN

NUIT SUR LA MONTE CHAUVE • NIGHT ON BALD MOUNTAIN, A (USA) ○ NIGHT ON A BARE MOUNTAIN, A • 1934 • ANS
NEZ, LE • SCREEN OF PINS ○ NOSE, THE • 1963 • ANS
PICTURES AT AN EXHIBITION • TABLEAUX D'UNE EXPOSITION • 1972 • ANS
TROIS THEMES • THREE THEMES • 1980

PARKER FRANCINE – USA

F.T.A. • FOXTROT TANGO ALPHA ○ FREE THE ARMY ○ FTA ○ FUCK THE ARMY • 1972 • DOC

PARKER FRANK – UKN

TALLY HO! • 1901

PARKER GRAHAM – CND

INSIDE OUT • 1971
LYON'S DEN • 1980 • MTV
QUESTION OF THE SIXTH, A • 1980 • MTV

PARKER GUDRUN – CND – 1920–

VITAMINS A, B, C AND D • 1942 • SER
BEFORE THEY ARE SIX • 1943
PEOPLE'S BANK, THE • 1943
LISTEN TO THE PRAIRIES • CITY SINGS, A • 1945 • DOC
CHILDREN'S CONCERT • 1949 • DOC
OPERA SCHOOL • CLASSE D'OPERA, LA • 1951
MUSICIAN IN THE FAMILY, A • MUSICIEN DANS LA FAMILLE, UN • 1953 • SHT
WHAT DO YOU THINK? • 1953–57 • SER
STRATFORD ADVENTURE, THE • 1954
COMMUNITY RESPONSIBILITIES • 1955
LEAVING IT TO THE EXPERTS • 1955
GETTING ON THE BANDWAGON • 1957
YOUR MOVE • 1973
WAY IT IS, THE • 1976

PARKER HJORDIS KITTEL – USA

NORSE ADVENTURE • 1970 • DOC

PARKER JOE – USA

PARKER JOSEPH

EIGHTEEN AND ANXIOUS • 1957
HOT ANGEL, THE • 1958

PARKER JOHN – USA

DEMENTIA • DAUGHTER OF HORROR • 1953

PARKER JOSEPH see **PARKER JOE**

PARKER LEM see **PARKER LEM B.**

PARKER LEM B. – USA

PARKER LEM

HARBOR ISLAND • 1912
HER EDUCATION • 1912
HOUSE OF HIS MASTER, THE • 1912
HOW HELEN WAS ELECTED • 1912
MILLIONAIRE VAGABONDS, THE • 1912
TEMPTED BY NECESSITY • 1912
WHEN HELEN WAS ELECTED • 1912
BURGLAR WHO ROBBED DEATH, THE • 1913
CHILD OF THE SEA, THE • 1913
DAD'S LITTLE GIRL • 1913
DIVERGING PATHS • 1913
GIRL AND THE JUDGE, THE • 1913
GOVERNOR'S DAUGHTER, THE • 1913
HER GUARDIAN • 1913
HER ONLY SON • 1913
HOYDEN'S AWAKENING, THE • 1913
INDIAN SUMMER • 1913
LEOPARD TAMER, THE • 1913
LIEUTENANT JONES • 1913
LIPTON CUP, THE • 1913
LITTLE CHILD SHALL LEAD THEM, A • 1913
LOVE BEFORE TEN • 1913
MAN AND HIS OTHER SELF • 1913
MANSION OF MYSTERY, A • 1913
MARGARITA AND THE MISSION FUNDS • 1913
MISSIONARY AND THE ACTRESS, THE • 1913
REFORMATION OF DAD, THE • 1913
SISSYBELLE • 1913
SPANISH PARROT GIRL, THE • 1913
STOLEN MELODY, THE • 1913
TATTLE BATTLE, THE • 1913
TIDE OF DESTINY, THE • 1913
TIE OF THE BLOOD, THE • 1913
TREE AND THE CHAFF, THE • 1913
TWO MEN AND A WOMAN • 1913
WELDED FRIENDSHIP, A • 1913
WESTERN ROMANCE, A • 1913
WITH LOVE'S EYES • 1913
WOMEN –PAST AND PRESENT • 1913

PARKER LOUIS N. – UKN

HENRY VIII • 1911
JOSEPH AND HIS BRETHREN • 1915

PARKER MORTEN – CND – 1919–

PARKER MORTON

FAMILY CIRCLE • 1949 • DOC
CHALLENGE: SCIENCE AGAINST CANCER • 1950 • DOC
GRIEVANCE, THE • GRIEF, LE • 1954 • SHT
STRATFORD ADVENTURE, THE • 1954
NATURE OF WORK, THE • 1958 • SER
ANGKOR –THE LOST CITY • 1961 • DOC
BLINDNESS • 1964 • DOC
TRUMPET FOR THE COMBO, A • 1965 • DOC
SHATTERED SILENCE, THE • 1967 • DOC

PARKER MORTON see **PARKER MORTEN**

PARKER NORTON S. – USA

PACE THAT KILLS, THE • 1928
ROAD TO RUIN, THE • 1928

PARKER PERCY G. see **HOVEN ADRIAN**

PARKER ROBERT – UKN

EXPLORING CHEMISTRY • 1966 • DOC

PARKER STAN see **RAMIREZ PEDRO L.**

PARKERSON MICHELLE D. – USA

BUT THEN, SHE'S BETTY CARTER • 1980

PARKES ROGER – UKN

BRIDGEHEAD

PARKES WALTER – USA

CALIFORNIA REICH, THE • 1976 • DOC

PARKINSON H. B. – UKN

LAW DIVINE, THE • 1920
AFTER THE BALL • 1921 • SHT
BELLE OF THE GAMBLING DEN • 1921
HOME SWEET HOME • 1921 • SHT
MAN WHO CAME BACK, THE • 1921
BLEAK HOUSE • 1922
CRUSHING THE DRUG TRAFFIC • 1922
FAGIN • 1922
IN THE SIGNAL BOX • 1922
JUST KEEP A THOUGHT FOR ME • KEEP A LITTLE THOUGHT FOR ME • 1922 • SHT
MACBETH • 1922
MARRIED TO A MORMON • 1922
MASTER SONG SCENAS • CAPITOL SONG CYCLE • 1922
NANCY • 1922
OLD ACTOR'S STORY, THE • 1922
ROWING TO WIN • 1922
TRAPPED BY THE MORMONS • MORMON PERIL, THE • 1922
LONDON OFF THE TRACK • 1924
ONLY MAN, THE • LEADING MAN, THE • 1925
BINDLE • 1926 • SHS
BINDLE AT THE PARTY • 1926 • SHT
BINDLE IN CHARGE • 1926 • SHT
BINDLE INTRODUCED • 1926 • SHT
BINDLE, MATCHMAKER • 1926 • SHT
BINDLE, MILLIONAIRE • 1926 • SHT
BINDLE'S COCKTAIL • 1926 • SHT
FIGHTING GLADIATOR, THE • 1926
FIND THE WOMAN • 1926
FOR A WOMAN'S EYES • 1926
FUN AT THE FAIR • 1926
GAME CHICKEN, THE • 1926
GYPSY COURAGE • 1926 • SHT
HORSEY • 1926 • SER
LIFE STORY OF CHARLES CHAPLIN, THE • 1926
PHANTOM FOE, THE • 1926
ROMANCES OF THE PRIZE RING • 1926 • SHS
SIMPLE LIFE, THE • 1926
WHEN GIANTS FOUGHT • 1926
BOHEMIAN GIRL, THE • 1927
CARMEN • 1927
DAUGHTER OF THE REGIMENT • 1927
FAUST • 1927
LILY OF KILLARNEY • 1927
MARITANA • 1927
MARTHA • 1927
ON WITH THE DANCE • 1927 • SER
RIGOLETTO • 1927
RING, THE • 1927 • SHT
SAMSON AND DELILAH • 1927
TRAVIATA, LA • 1927
ABIDE WITH ME • 1928 • SHT
AVE MARIA • 1928
LAUGHTER AND TEARS • 1928
LEAD KINDLY LIGHT • 1928 • SHT
LOST CHORD, THE • 1928 • SHT
ROCK OF AGES • 1928
ROSARY, THE • 1928 • SHT
SACRED DRAMAS • 1928 • SER
ROMANTIC ENGLAND • 1929

PARKINSON MICHAEL – UKN

INTO THE DARKNESS • 1986

PARKINSON TOM – UKN

DISCIPLE OF DEATH • 1972

PARKKINNEN TAPIO – FNL

HULLA KESA • FUNNY SUMMER, THE • 1980

PARKS GORDON – USA – 1912–

LEARNING TREE, THE • LEARN, BABY, LEARN • 1969
SHAFT • 1971
SHAFT'S BIG SCORE • 1972
SUPER COPS, THE • 1974
LEADBELLY • 1976
SOLOMON NORTHRUP'S ODYSSEY • HALF-SLAVE, HALF-FREE • 1984 • TVM

PARKS GORDON JR. – USA – 1935–1979

SUPERFLY • 1972
THOMASINE AND BUSHROD • 1974
THREE THE HARD WAY • 1974
AARON LOVES ANGELA • 1975

PARKS MICHAEL – Actor – USA – 1938–

RETURN OF JOSEY WALES, THE • 1986 • TVM

PARKS RON – UKN

JIM STIRLING'S ARCHITECTURE • 1973 • DOC

PARMALEE TED see **PARMELEE TED**

PARMAR K. J. – IND

SATI VIJAY • SATI SULOCHANA • 1948

PARMELEE TED – Animator – USA

PARMALEE TED

PETE HOTHEAD • 1952 • ANS
EMPEROR'S NEW CLOTHES, THE • 1953 • ANS
TELL-TALE HEART, THE • 1953 • ANS
MAN ON THE FLYING TRAPEZE, THE • 1954 • ANS
FOUR WHEELS AND NO BRAKE • 1955 • ANS

PARMET PHILIP – USA

RIDERS IN THE DARK • 1989

PARNICKY STANISLAV – CZC

KARA PLNA BOLESTI • BALLAD OF WRETCHES, A • 1985

PAROLINI BILLY – USA

IGOR AND THE LUNATICS • 1985

PAROLINI GIANFRANCO – ITL

EASTWOOD JOHN • KRAMER FRANK • GROOPER CEHETT

FRANCOIS IL CONTRABBANDIERE • BACIO DELL'AURORA, IL • 1954
FURIA DI ERCOLE, LA • FURY OF HERCULES, THE (USA) ○ FURY OF SAMSON, THE • 1962
SANSONE • SAMSON (USA) • 1962
ANNO 79, LA DISTRUZIONE DI ERCOLANO • DERNIERS JOURS D'HERCULANUM, LES (FRN) ○ 79 A.D. (USA) ○ ANNO 79 DOPO CRISTO ○ DESTRUCTION OF HERCULANEUM, THE ○ 79 A.D.–THE DESTRUCTION OF HERCULANEUM • 1963
VECCHIO TESTAMENTO, IL • OLD TESTAMENT, THE (USA) • 1963
DIECI GLADIATORI, I • TEN GLADIATORS, THE (USA) ○ TEN DESPERATE MEN • 1964
INVINCIBILI TRE, GLI • THREE AVENGERS, THE (USA) ○ INVINCIBLE THREE, THE • 1965

JOHNNY WEST IL MANCINO • 1965
KOMMISSAR X: JAGD AUF UNBEKANNT • DODICI DONNE D'ORO (ITL) ○ KISS KISS, KILL KILL (UKN) ○ KOMMISSAR X –HUNTER OF THE UNKNOWN • 1965
SFIDA VIENE DA BANGKOK, LA • DIAMANTENHOLLE AM MEKONG, DIE (FRG) ○ MISSION TO HELL (USA) ○ CAVE OF DIAMONDS • 1965
AGENTE JO WALKER OPERAZIONE ESTREMO ORIENTE • AGENT JOE WALKER OPERATION FAR EAST • 1966
OPERAZIONE TRE GATTI GIALLI • 1966
DREI SUPERMANNER RAUMEN AUF, DIE • THREE SUPERMEN CLEAN UP, THE • 1967
FANTASTICI 3 SUPERMEN, I • TRE FANTASTICI SUPERMEN, I ○ FANTASTIC THREE, THE (UKN) ○ THREE FANTASTIC SUPERMEN, THE • 1967
KOMMISSAR X –DREI GRUNE HUNDE • COMMISSAIRE X TRAQUE LES CHIENS VERTS (FRN) ○ COMMISSIONER X –THREE GREEN DOGS • 1967
SETTE DONNE PER UNA STRAGE • 1967
STRATEGIC COMMAND CHIAMA JOE WALKER • 1967
GANGSTER PER UN MASSACRO • 1968
KOMMISSAR X –DREI BLAUE PANTHER • COMMISSIONER X –THREE BLUE PANTHERS • 1968
...SE INCONTRI SARTANA PREQA PER LA TUA MORTE • SARTANA, PRAY FOR YOUR DEATH ○ SARTANA BETE UM DEINEN TOD ○ ...IF YOU MEET SARTANA PRAY FOR YOUR DEATH • 1968
CINQUE PER L'INFERNO • FIVE FOR HELL (UKN) • 1969
EHI AMICO.. C'E SABATA, HAI CHIUSO • SABATA • 1969
INDIO BLACK, SAI CHE TI DICO: SEI UN GRAN FIGLIO DI.. • BOUNTY HUNTERS, THE (UKN) ○ ADIOS, SABATA (USA) • 1970
E TORNATO SABATA.. HAI CHIUSO UN'ALTRA VOLTE • RETURN OF SABATA (UKN) ○ RITORNO DI SABATA, IL • 1971
SOTTO A CHI TOCCA • 1972
QUESTA VOLTA TI FACCIO RICCO • 1974
NOI NON SIAMO ANGELI • 1975
TRINITA NOUS VOILA • 1975
GOD'S GUN • 1976
DIAMANTE LOBO • 1977
YETI IL GIGANTE DEL VENTESIMO SECOLO • YETI: THE GIANT OF THE 20TH CENTURY ○ YETI (USA) • 1977
FIVE FOR HELL • 1985

PARONE EDWARD – USA
PROMISE HIM ANYTHING • 1974 • TVM
LETTERS FROM FRANK • 1979 • TVM

PARR LARRY – NZL
SOLDIER'S TALE, A • 1988

PARR MIKE – ASL
IDEA DEMONSTRATIONS • 1972
RULES AND DISPLACEMENT OF ACTIVITIES PART I • 1974
RULES AND DISPLACEMENT OF ACTIVITIES, PART II • 1976

de la PARRA PIM – SRN – 1940–
AAH.. TAMARA • 1964 • SHT
HEART BEAT FRESCO • HEARTBEAT FRESCO • 1966
JONGENS, JONGENS WAT EEN MEID • 1966
OBSESSIONS • 1968
BESESSEN –DAS LOCH IN DER WAND • BEZETEN –HET GAT IN DE MUUR ○ OBSESSIONS • 1969
RUBIA'S JUNGLE • 1970
FRANK & EVA LIVING APART TOGETHER • FRANK EN EVA ○ FRANK AND EVA • 1974
MIJN NACHTEN MET SUSAN, OLGA, ALBERT, JULIE, PIET & SANDRA • MY NIGHTS WITH SUSAN, SANDRA, OLGA AND JULIE ○ MY NIGHTS WITH SUSAN, OLGA, ALBERT, JULIE, BILL AND SANDRA ○ SECRETS OF NAUGHTY SUSAN • 1974
WAN PIPEL • ONE PEOPLE • 1976
DIRTY PICTURE • 1981
PAUL CHEVROLET EN DE ULTIEME HALLUCINATIE • PAUL CHEVROLET AND THE ULTIMATE HALLUCINATION • 1986
ALS IN EEN ROES • INTOXICATED • 1987
ODYSSEE D'AMOUR • 1987
LOST IN AMSTERDAM • 1988
NACHT VAN DE WILDE EZELS, DE • NIGHT OF THE WILD DONKEYS, THE • 1989

PARRAVICINI RENATO – ITL – 1915–
DELITTO A POSILLIPO • LONDRA CHIAMA NAPOLI ○ CRIME AT POSILLIPO ○ LONDON CALLING NAPLES • 1967

PARRIOTT JAMES – USA
PARRIOTT JAMES D.
VOYAGER FROM THE UNKNOWN • 1983
MISFITS OF SCIENCE • 1985
HEART CONDITION • 1990

PARRIOTT JAMES D. see **PARRIOTT JAMES**

PARRISH ROBERT – USA – 1916–
GERMAN MANPOWER • 1943 • DOC
CRY DANGER • 1951
MOB, THE • REMEMBER THAT FACE (UKN) • 1951
ASSIGNMENT –PARIS! • ASSIGNMENT PARIS • 1952
LUSTY MEN, THE • THIS MAN IS MINE • 1952
MY PAL GUS • TOP MAN • 1952
ROUGH SHOOT • SHOOT FIRST (USA) • 1952
SAN FRANCISCO STORY, THE • 1952
PURPLE PLAIN, THE • 1954
LUCY GALLANT • OIL TOWN • 1955
FIRE DOWN BELOW • 1957
SADDLE THE WIND • 1958
WONDERFUL COUNTRY, THE • 1959
IN THE FRENCH STYLE • A LA FRANCAISE (FRN) • 1963
UP FROM THE BEACH • DAY AFTER, THE • 1965
BOBO, THE • 1967
CASINO ROYALE • 1967
DUFFY • AVEC–AVEC • 1968
DOPPELGANGER • JOURNEY TO THE FAR SIDE OF THE SUN ○ FAR SIDE OF THE SUN, THE (USA) • 1969
TOWN CALLED BASTARD, A • TOWN CALLED HELL, A • 1971
MARSEILLE CONTRACT, THE • MARSEILLE CONTRAT (FRN) ○ DESTRUCTORS, THE (USA) ○ THAT'S WHAT FRIENDS ARE FOR ○ WHAT ARE FRIENDS FOR? • 1974
MISSISSIPPI BLUES • 1983

PARROTT CHARLES – USA – 1893–1940
CHASE CHARLEY
ANGLERS, THE • 1914
HIS TALENTED WIFE • 1914
HOW HEROES ARE MADE • 1914
LOVE THIEF, THE • 1914
NOISE OF BOMBS, THE • 1914
SUCH A COOK • 1914
THEIR FATAL BUMPING • 1914
WILD WEST LOVE • 1914
CANNON BALL, THE • 1915
COURT HOUSE CROOKS • 1915
DIRTY WORK IN A LAUNDRY • 1915
DO–RE–ME–FA! • DO–RE–ME–BOOM! • 1915
HE WOULDN'T STAY DOWN • 1915
HEARTS AND PLANETS • 1915
HER WINNING PUNCH • 1915
HIS FATHER'S FOOTSTEPS • 1915
HOME BREAKING HOUND, A • 1915
HUMAN HOUND'S TRIUMPH, A • 1915
HUNT, THE • 1915
ONLY A MESSENGER BOY • 1915
OUR DARE DEVIL CHIEF • 1915
DASH OF COURAGE, A • 1916 • SHT
HEARTS AND SPARKS • 1916 • SHT
HIS PRIDE AND SHAME • 1916 • SHT
BING! BANG! • 1917 • SHT
CHASED INTO LOVE • 1917 • SHT
CLOUD PUNCHER, THE • 1917 • SHT
FILM SPOILERS, THE • 1917 • SHT
HIS BOMB POLICY • 1917 • SHT
HIS MERRY MIX–UP • 1917 • SHT
HIS TICKLISH JOB • 1917 • SHT
THERE'S MANY A FOOL • 1917 • SHT
BRIGHT AND EARLY • 1918 • SHT
BUSINESS BEFORE HONESTY • 1918 • SHT
CHOOSE YOUR EXIT • 1918 • SHT
HANDY MAN, THE • 1918 • SHT
HELLO TROUBLE • 1918 • SHT
PLAYMATES • 1918 • SHT
STRAIGHT AND NARROW • 1918 • SHT
ALL AT SEA • 1919
CHAUFFEUR, THE • 1919 • SHT
FLIRTS • 1919
HEARTS IN HOCK • 1919 • SHT
HER FIRST FALSE HARE • 1919
HER TENDER FEET • 1919
HE'S IN AGAIN • 1919
HOP, THE BELL HOP • 1919 • SHT
JAILBREAKER, THE • 1919 • SHT
LURED • 1919 • SHT
ONE NIGHT ONLY • 1919
OUT OF TUNE • 1919
ROLLING STONE, A • 1919
SHIP AHOY • 1919
BEATING CHEATERS • 1920
HOODOOED • 1920 • SHT
KIDS IS KIDS • 1920 • SHT
LIVE AND LEARN • 1920 • SHT
SPIRITS • 1920 • SHT
TEASING THE SOIL • 1920 • SHT
WHY GO HOME? • 1920 • SHT
BIG GAME • 1921 • SHT
BLUE SUNDAY • 1921
HIS BEST GIRL • 1921 • SHT
HUSTLER, THE • 1921 • SHT
DAYS OF OLD • 1922
DUMB BELL, THE • 1922
IN THE MOVIES • 1922
STONE AGE, THE • 1922 • SHT
COURTSHIP OF MILES SANDWICH, THE • 1923 • SHT
JACK FROST • 1923
JUS' PASSIN' THROUGH • 1923 • SHT
SOLD AT AUCTION • 1923
APRIL FOOL • 1924 • SHT
MR. BRIDE • 1932 • SHT
BARGAIN OF THE CENTURY, THE • 1933 • SHT
LUNCHEON AT TWELVE • 1933 • SHT
MIDSUMMER MUSH • 1933 • SHT
SHERMAN SAID IT • 1933 • SHT
ANOTHER WILD IDEA • 1934 • SHT
CHASES OF PIMPLE STREET, THE • 1934 • SHT
CRACKED ICEMAN, THE • 1934
FATE'S FATHEAD • 1934 • SHT
FOUR PARTS • 1934 • SHT
I'LL TAKE VANILLA • 1934 • SHT
IT HAPPENED ONE DAY • 1934 • SHT
MUSIC IN YOUR HAIR • 1934 • SHT
SOMETHING SIMPLE • 1934 • SHT
YOU SAID A HATEFUL! • YOU SAID A HATFUL! • 1934 • SHT
FOUR–STAR BOARDER, THE • 1935 • SHT
MANHATTAN MONKEY BUSINESS • 1935 • SHT
NURSE TO YOU • 1935 • SHT
OKAY TOOTS! • 1935 • SHT
POKER AT EIGHT • 1935 • SHT
PUBLIC GHOST NO.1 • 1935 • SHT
SOUTHERN EXPOSURE • 1935 • SHT
COUNT TAKES THE COUNT, THE • 1936 • SHT
LIFE HESITATES AT 40 • 1936 • SHT
NEIGHBORHOOD HOUSE • 1936 • SHT
ON THE WRONG TREK • 1936 • SHT
VAMP TILL READY • 1936 • SHT
OH, WHAT A NIGHT! • 1937
ANKLES AWAY • 1938 • SHT
FLAT FOOT STOOGES • 1938 • SHT
MUTTS TO YOU • 1938 • SHT
NAG IN THE BAG, A • 1938 • SHT
OLD RAID MULE, THE • 1938 • SHT
TASSELS IN THE AIR • 1938 • SHT
VIOLENT IS THE WORD FOR CURLY • 1938 • SHT
BOOM GOES THE GROOM • 1939 • SHT
MUTINY OF THE BODY • 1939
SAVED BY THE BELLE • 1939 • SHT
STATIC IN THE ATTIC • 1939

PARROTT JAMES – USA – 1892–1939
LEAF FROM NATURE'S BOOK, A • 1920 • SHT
OPEN THE BARS • 1920
SQUIRREL FOOD • 1920 • SHT
GALLOPING GHOSTS • 1926 • SHT
ASSISTANT WIVES • 1927 • SHT
FLUTTERING HEARTS • 1927 • SHT
LIGHTER THAT FAILED, THE • 1927 • SHT
NEVER THE DAMES SHALL MEET • 1927 • SHT
WAY OF ALL PANTS, THE • 1927 • SHT
ALL FOR NOTHING • 1928 • SHT
BLOW BY BLOW • 1928 • SHT
HABEAS CORPUS • 1928 • SHT
RUBY LIPS • 1928 • SHT
SHOULD MARRIED MEN GO HOME? • 1928 • SHT
THEIR PURPLE MOMENT • 1928 • SHT
TWO TARS • 1928 • SHT
FURNACE TROUBLE • 1929 • SHT
HOOSEGOW, THE • 1929 • SHT
LESSON NO.1 • 1929 • SHT
PERFECT DAY, A • 1929 • SHT
STEWED, FRIED AND BOILED • 1929 • SHT
STING OF STINGS, THE • 1929 • SHT
THEY GO BOOM • 1929 • SHT
ANOTHER FINE MESS • 1930 • SHT
BE BIG • 1930 • SHT
BELOW ZERO • 1930 • SHT
BLOTTO • 1930 • SHT
BRATS • 1930 • SHT
HOG WILD • AERIAL ANTICS • 1930 • SHT
LAUREL–HARDY MURDER CASE, THE • LAUREL AND HARDY MURDER CASE, THE • 1930 • SHT
NIGHT OWLS • 1930 • SHT
HELPMATES • 1931 • SHT
ONE OF THE SMITHS • 1931 • SHT
PANIC IS ON, THE • 1931 • SHT
PARDON US • JAILBIRDS (UKN) • 1931
PIP FROM PITTSBURGH, THE • 1931 • SHT
ROUGH SEAS • 1931 • SHT
SKIP THE MALOO! • 1931 • SHT
WHAT A BOZO! • 1931 • SHT
CHIMP, THE • 1932 • SHT
COUNTY HOSPITAL • 1932 • SHT
GIRL GRIEF • 1932 • SHT
MUSIC BOX, THE • 1932 • SHT
NOW WE'LL TELL ONE • 1932 • SHT
YOUNG IRONSIDES • 1932 • SHT
TWICE TWO • 1933 • SHT
TWIN SCREWS • 1933 • SHT
BENNY FROM PANAMA • 1934 • SHT
DUKE FOR A DAY, A • 1934 • SHT
MIXED NUTS • 1934 • SHT
OPENED BY MISTAKE • 1934 • SHT
WASHEE IRONEE • 1934 • SHT
MISSES STOOGE, THE • 1935 • SHT
SING, SISTER, SING • 1935 • SHT
TIN MAN, THE • 1935 • SHT
TREASURE BLUES • 1935 • SHT

PARRY GORDON – UKN – 1908–1981
BOND STREET • 1948
NOW BARABBAS WAS A ROBBER • 1949
THIRD TIME LUCKY • THEY CRACKED HER GLASS SLIPPER • 1949
THREE MEN AND A GIRL • GAY ADVENTURE, THE ○ GOLDEN ARROW • 1949
MIDNIGHT EPISODE • 1950
TOM BROWN'S SCHOOLDAYS • 1951
WOMEN OF TWILIGHT • TWILIGHT WOMEN (USA) ○ ANOTHER CHANCE • 1952
GAY ADVENTURE, THE • 1953
INNOCENTS IN PARIS • 1953
FAST AND LOOSE • 1954
FRONT PAGE STORY • NEWSPAPER STORY • 1954
YANK IN ERMINE, A • 1955
SAILOR BEWARE • PANIC IN THE PARLOR (USA) • 1956
TOUCH OF THE SUN, A • 1956
SURGEON'S KNIFE, THE • 1957
TREAD SOFTLY STRANGER • 1958
FRIENDS AND NEIGHBOURS • FRIENDS AND NEIGHBORS (USA) • 1959
NAVY LARK, THE • 1959

PARRY HUGH – UKN
GOVERNOR BRADFORD • GOVERNOR WILLIAM BRADFORD • 1938

PARRY MICHAEL – USA
SILVER SCREEN • 1989

PARS H. see **PARS HEINO**

PARS HEINO – USS
PARS KH. • *PARS H.*
MOTOR SCOOTER, THE • 1963 • ANS
YAAK AND THE ROBOT
TWO FAIRY TALES • ANM

PARS KH. see **PARS HEINO**

PARSONS BRUCE – UKN
MOVEMENT MOVEMENT, THE • 1969 • DCS

PARSONS DAVID – UKN
FIVE BAR GATE • 1976

PARSONS HARRIET – Producer/ writer – USA
MEET ROY ROGERS • 1941 • SHT

PARSONS HERBERT see **PARSONS HERBERT R.**

PARSONS HERBERT R. – Prod. manager – UKN – 1909–
PARSONS HERBERT
FROM MINUET TO FOXTROT • 1938
ROMANCE OF DANCING, THE • 1938 • SHS
ROMANY RHYTHM • 1938
TAPPING THE TEMPO • 1938
TEMPO ON TIPTOE • 1938
THERE'S REASON IN RHUMBA • 1938
TROUPES ON PARADE • 1938

PARSONS JOHN – USA
WATCHED! • 1972

PARSONS THOMAS – USA
LADY OR THE TIGERS, THE • 1914

PART MICHAEL – USA
STARBIRDS • 1982 • ANM

PARTANEN HEIKKI – FNL – 1942–
HINKU AND VINKU • 1964 • SER
KAYTOS–KUKKA • FLOWER FOR CONDUCT, A • 1966 • SHT
SATUJA VALLASTA • FABLES ABOUT POWER • 1970–72 • ASS
KETTU JA KARHU • FOX AND BEAR • 1973
SUOMALAISIA ELAINTARINOITA • FINNISH FABLES • 1973–75 • ASS
ANTTI PUUHAARA • ANTTI TREEBRANCH • 1976
PEPI, EGYPTILAINEN • PEPI THE EGYPTIAN • 1980
RAMSES JA UNET • RAMSES AND THE DREAMS ○ RAMSES • 1981 • DOC
PESSI JA ILLUSIA • PESSI AND ILLUSIA • 1983

PARTESANO DINO – ITL
AVVENTURE NELL'ARCIPELAGO • 1958
GIORNO COME OGNI GIORNO, UN • 1959 • DOC
MISTERI DI ROMA, I • MYSTERIES OF ROME, THE ○ WONDERS OF ROME, THE • 1963 • DOC

PARTOVI KAMBUZIA – IRN
FISH, THE • 1989
GOLNAR • 1989

PARVEZ K. – IND
DUNIYA NACHEGI • WORLD WILL DANCE, THE • 1967

PARVIAINEN JUSSI – FNL
ARMAGEDDON • 1986

PARVISI KHOSRO see **PARVISI KHOSROW**

PARVISI KHOSROW – IRN
PARVISI KHOSRO
KESHTYE NOAH • NOAH'S SHIP • 1968
SEKE DO ROU • TWO-SIDED COIN • 1968

PARY JACK – FRN
ELLES S'ECLATENT AU SOLEIL

PARYLA KARL – AUS
GASPARONE • 1956

PARYS ARMAND – USA
ALLEY TRAMP(S) • 1968

PASANEN PERTTI "SPEDE" see **PASANEN SPEDE**

PASANEN SPEDE – Producer – FNL – 1930–
PASANEN PERTTI "SPEDE"
X-PARONI • X BARON, THE ○ BARON X • 1964
MILLIPILLERI • MILLIPILL, THE ○ MILL PILL ○ DOLLARO PER 7 VIGLIACCHI, UN ○ TESTAMENTO DE MADIGAN, EL ○ MADIGAN'S MILLIONS • 1966
LEFTOVERS FROM THE NORTH • 1969
KAHDEKSAS VELJES • EIGHTH BROTHER, THE • 1971
KAUHUKAKARA • ENFANT TERRIBLE, L' • 1971
HIRTTAMATTOMAT • UNHANGED, THE • 1972
UFO-MIES • UFO MAN, THE • 1972
VIULUT • VIOLINS • 1973
KOEPUTKIAIKUINEN JA SIMON ENKELIT • TEST-TUBE ADULT AND SIMO'S ANGELS, THE • 1979
TUP AKKA LAKKO • GIVING UP • 1980
LENTAVAT LUUPAAT • FLYING BONEHEADS ○ FLYING DIMWITS • 1984

PASCAL CHRISTINE – FRN – 1953–
FELICITE • 1979
GARCE, LA • 1984
ZANZIBAR • 1989

PASCAL GABRIEL – Producer – HNG – 1894–1954
MAJOR BARBARA • 1941
CAESAR AND CLEOPATRA • 1946

PASCALI ALFRED see **PASQUALI ERNESTO MARIA**

PASCHENKO M. see **PASCHENKO MSTILAV**

PASCHENKO MSTILAV – USS
PASCHENKO M.
NAUGHTY KITTEN, THE • 1953 • ANS
NEOVY KNOVENNYI MACH • UNUSUAL MATCH, AN • 1955 • ANS

PASCUAL JESUS – SPN
ELENA • 1954
ESCUELA DE PERIODISMO • 1955
AZAR SE DIVIERTE, EL • 1957
ANGEL ESTA EN LA CUMBRE, EL • ANGEL IS ON THE TOP, THE • 1958
BANDA DEL PECAS, LA • 1965

PASCUAL JIMMY LO – HKG
DRAGONS OF DEATH • 1975

PASCUAL WILLIAM – PHL
TAKAW TUKSO • PRONE TO TEMPTATION • 1986

PASHA A. K. – PKS
CHAN MAHI • 1957

PASINETTI FRANCESCO – ITL – 1911–1949
CANALE DEGLI ANGELI, IL • 1934
SULLE ORME DI GIACOMO LEOPARDI • 1941
CITTA BIANCA • 1942
GONDOLA, LA • 1942
PICCIONI DI VENEZIA, I • 1942
VENEZIA MINORE • 1942
NASCE UNA FAMIGLIA • 1943
LUMIEI • 1947
PALAZZO DEI DOGI, IL • 1947
PIAZZA SAN MARCO • 1947
VENEZIA IN FESTA • 1947
CHIRURGO OPERA, IL • 1964 • DOC

PASKALJEVIC GORAN – YGS
CUVAR PLAZE U ZIMSKOM PERIODU • BEACH KEEPER IN WINTERTIME ○ BEACH GUARD IN WINTER • 1977
PAS KOJI JE VOLEO VOZOVE • DOG WHO LIKED TRAINS, THE ○ DOG WHO LOVED TRAINS, THE • 1978
POSEBAN TRETMAN • SPECIAL TREATMENT (UKN) • 1980
ZEMALJSKI DANI TEKU • DAYS ARE PASSING, THE ○ EARTH DAYS PASS BY • 1980
MAJSTORI • MASTERS, THE • 1981
ILLUSORY SUMMER OF '68, THE • 1984
SUTON • TWILIGHT TIME ○ TWILIGHT • 1984
ANDJEO CUVAR • GUARDIAN ANGEL • 1986
VREME CUDA • TIME OF MIRACLES, THE • 1990

PASKARU VASILI – USS
MARIANNA • 1967

PASKIEVICH J. – CND
PRICE OF DAILY BREAD, THE • 1987 • DCS

PASO ALFONSO – SPN – 1926–1978
NO SOMOS NI ROMEO NI JULIETA • 1969
VAMOS A POR LA PAREJITA • 1969
EXTREMENOS SE TOCAN, LOS • 1970
OTRA RESIDENCIA, LA • OTHER BOARDING SCHOOL, THE • 1970
LIGUE STORY • 1972
CELOS, AMOR Y MERCADO COMUN • 1973

PASOLINI PIER see **PASOLINI PIER PAOLO**

PASOLINI PIER P. see **PASOLINI PIER PAOLO**

PASOLINI PIER PAOLO – ITL – 1922–1975
PASOLINI PIER P. • PASOLINI PIER
ACCATTONE! • BEGGAR, THE • 1961
MAMMA ROMA • 1962
RABBIA, LA • 1963 • DOC
ROGOPAG LAVIAMOCI IL CERVELLO • ROGOPAG • 1963
SOPRALLUOGHI IN PALESTINA • 1964
VANGELO SECONDO MATTEO, IL • GOSPEL ACCORDING TO ST. MATTHEW, THE (UKN) ○ EVANGILE SELON SAINT-MATHIEU, L' (FRN) • 1964
COMIZI D'AMORE • 1965 • DOC
UCCELLACCI E UCCELLINI • HAWKS AND SPARROWS (UKN) ○ HAWKS AND THE SPARROWS, THE ○ BAD BIRDS AND GOOD BIRDS ○ UGLY BIRDS AND SWEET BIRDS • 1966
EDIPO RE • OEDIPUS THE KING ○ OEDIPUS REX • 1967
STREGHE, LE • SORCIERES, LES (FRN) ○ WITCHES, THE • 1967
APPUNTI PER UN FILM SULL'INDIA • 1968 • DCS
CAPRICCIO ALL'ITALIANA • CAPRICE ITALIAN STYLE • 1968
TEOREMA • THEOREM (UKN) • 1968
AMORE E RABBIA • CONTESTATION, LA (FRN) ○ VANGELO '70 ○ LOVE AND ANGER • 1969
PORCILE • PORCHERIE (FRN) ○ PIGPEN (USA) ○ PIGSTY (UKN) • 1969
APPUNTI PER UN ORESTIADE AFRICANA • NOTES FOR AN AFRICAN ORESTEIA • 1970 • DCS
MEDEA • MEDEE (FRN) • 1970
DECAMERONE, IL • DECAMERON, THE (USA) • 1971
DODICI DICEMBRE • 1972
RACCONTI DI CANTERBURY, I • CANTERBURY TALES, THE (UKN) • 1972
FIORE DELLE MILLE E UNA NOTTE, IL • THOUSAND AND ONE NIGHTS, A ○ ARABIAN NIGHTS • 1974
SALO O LE CENTOVENTI GIORNATE DI SODOMA • SALO -THE 120 DAYS OF SODOM (USA) ○ SALO OR THE 120 DAYS OF SODOM • 1975

PASQUALI ALFRED – Actor – TRK – 1898–
INTERDIT AU PUBLIC • 1949
JOYEUX PELERINS, LES • 1950

PASQUALI ERNESTO MARIA – Producer – ITL – 1872–1920
PASCALI ALFRED
DUE SERGENTI, I • 1908
CAPITAN FRACASSA • 1909
CIRANO DE BERGERAC • 1909
ETTORE FIERAMOSCA • 1909
TEODORA IMPERATRICE DI BISANZIO • 1909
ZAZA • 1909
ISABELLA D'ARAGON • 1910
CARABINIERE, IL • 1911
SPARTACO • 1911
PORTA APERTA, LA • 1913
PROMESSI SPOSI, I • 1913
PASSIONE TZIGANE • 1916

PASQUIER PIERRE – FRN
QUATRE D'ENTRE ELLES • FOUR OF THEM ○ VIER FRAU ○ FOUR WOMEN • 1968

PASS ANTHONY see **PASSALIA ANTONIO**

PASSALACQUA PINO – ITL
IN TRE VERSO L'AVVENTURA • 1971

PASSALIA ANTONIO – ITL
PASS ANTHONY
CALIGULA E MESSALINA • FALL AND RISE OF THE ROMAN EMPIRE, THE ○ CALIGULA ET MESSALINA ○ CALIGULA AND MESSALINA • 1982

PASSENDORFER JERZY – PLN – 1923–
SKARB KAPITANA MARTENSA • CAPTAIN MARTEN'S TREASURE • 1957
ZAMACH • ANSWER TO VIOLENCE • 1958
SYGNALY • SIGNALS, THE • 1959
POWROT • SHADOWS OF THE PAST ○ RETURN TO THE PAST ○ GHOSTS • 1960
WYROK • SENTENCE, THE • 1961
ZERWANY MOST • BROKEN BRIDGE, THE • 1962
SKAPANI W OGNIU • CHRISTENED BY FIRE • 1963
BARWY WALKI • SCENES OF BATTLE • 1965
NIEDZIELA SPRAWIEDLIWOSCI • NO JUSTICE ON SUNDAY ○ SUNDAY OF JUSTICE • 1965
AKCJA CZYSCIEC • ON THE WAY TO PURGATORY • 1967
MOCNE UDERZENIE • BIG BEAT ○ HARD BLOW • 1967
KIERUNEK BERLIN • DIRECTION BERLIN • 1968
OSTATNI DNI • LAST DAYS, THE • 1968
DZIEN OCZYSZCZENIA • DAY OF PURIFICATION ○ DAY OF REMISSION • 1969
AKCJA "BRUTUS" • OPERATION BRUTUS ○ ACTION BRUTUS • 1970
CZARNA ONCA • BLACK SHIP • 1971
ZABIJCIE CZARNA OWCE • KILL THE BLACK SHEEP • 1972

PASSER IVAN – CZC – 1933–
FADNI ODPOLENE • BORING AFTERNOON, A • 1965 • SHT
INTIMNI OSVETLENI • INTIMATE LIGHTNING (UKN) • 1965
BORN TO WIN • SCRAPING BOTTOM • 1971
LAW AND DISORDER • 1974
CRIME AND PASSION • THERE'S AN ACE UP MY SLEEVE ○ ACE UP YOUR SLEEVE ○ ACE UP MY SLEEVE ○ FRANKENSTEIN'S SPUKSCHLOSS • 1975
SILVER BEARS • 1977
CUTTER AND BONE • CUTTER'S WAY • 1981
NIGHTINGALE, THE • 1983 • MTV
CREATOR • 1985
HAUNTED SUMMER • 1989

PASSET JEAN-POL – CND
DREAMS • 1973
CAN AM TRAVELS • 1974

PASSONI VALENTINO – ITL
PORTE SULLE SPALLE, LE • 1978

PASTER ALFRED – GRM
RACHE IM GOLDTAL, DIE • 1920
VORSICHT! HOCHSPANNUNG! LEBENSGEFAHR! • 1920

PASTER-SATERP FRED – GRM
FLAMMENFAHRT DES PACIFIC-EXPRESS, DIE • 1921

PASTERNAK – USS
CHIORNY KVADRAT • BLACK SQUARE (UKN) • 1988

PASTINA GIORGIO – ITL – 1905–1956
ENRICO IV • 1944
VIE DEL PECCATO, LE • 1946
VANITA • 1947
GUGLIELMO TELL • ARCIERE DELLA FORESTA NERA, L' • 1949
ALINA • 1950
HO SOGNATO IL PARADISO • STREETS OF SORROW (USA) • 1950
VESPRO SICILIANO • 1950
BUON VIAGGIO POVER'UOMO • JOURNEY OF LOVE (USA) • 1951
CAMERIERA BELLA PRESENZA OFFRESI • POSITION WANTED (USA) • 1951
GIOVINEZZA • 1952
AGENZIA MATRIMONIALE • 1953
DESIDERIO 'E SOLE • 1954
LETTERA NAPOLETANA • 1954
QUESTA E LA VITA • OF LIFE AND LOVE (USA) • 1954
CARDINALE LAMBERTINI, IL • 1955
SERA DI MAGGIO, UNA • 1955
CANTAMI: BUONGIORNO TRISTEZZA! • 1956

PASTOR JULIAN – MXC
VENIDA DEL REY OLMOS, LA • COMING OF KING OLMOS, THE • 1974
ESPERADO AMOR DESESPERADO, EL • EXPECTED AND UNEXPECTED LOVE, AN • 1975
CASTA DIVINA, LA • DIVINE CASTE, THE • 1976
PEQUENOS PRIVILEGIOS, LOS • SMALL PRIVILEGES • 1977
HEROE DESCONOCIDO, EL • 1981

PASTORE SERGIO – ITL
CRISANTEMI PER UN BRANCO DI CAROGNE • CHRYSANTHEMUMS FOR A BUNCH OF SWINE • 1968
OMICIDIO A SANGUE FREDDO • 1968
VERITA DIFFICILE, LA • DIFFICULT TRUTH, THE • 1968
DIARIO PROIBITO DI FANNY, IL • 1969
RAGAZZA DI PRAGA, LA • 1970
SETTE SCIALLI DI SETA GIALLA • CRIMES OF THE BLACK CAT (UKN) • 1972
OCCHIO ALLA VEDOVA! • 1975

PASTRONE GIOVANNI – ITL – 1883–1959
FOSCO PIERO
GIORDANO BRUNO • 1908
MASCHERO DI FERRO, LA • 1909
AGNESE VISCONTI • 1910
CADUTA DI TROIA, LA • FALL OF TROY, THE • 1910
LUCIA DI LAMMERMOOR • 1910
MANON LESCAUT • 1910
PADRE • 1912
CABIRIA • 1914
FUOCO, IL • 1915
MACISTE • 1915
MACISTE ALPINO • 1916
TIGRE REALE • 1916
WAR AND MOM'S DREAM, THE • 1916 • ANS
HAND OF THE HUN, THE • 1917
OUTWITTING THE HUN • 1918
HEDDA GABBLER • 1919
PADRONE DELLE FERRIERE, IL • IRON MASTER, THE • 1919
POVERE BIMBE • 1923

PASZTOR BELA – HNG
SARGA CSIKO • 1937
FALU ROSSZA, A • VILLAGE ROGUE, A (USA) ○ EVIL VILLAGE • 1938
PIROS BUGYELLARIS • RED PURSE (USA) • 1939

PASZTORY MIKLOS M. – HNG
LYON LEA • LEA LYON • 1915

PATAKI MICHAEL – USA
MANSION OF THE DOOMED • TERROR OF DR. CHANEY, THE (UKN) ○ MASSACRE MANSION • 1975
CINDERELLA • OTHER CINDERELLA, THE • 1977

PATCHETT TOM – USA
ALF • 1987 • MTV

PATE MICHAEL – Actor – ASL – 1920–
TIM • 1979

PATEL B. J. – IND
ROCKET TARZAN • 1963
RUSTOM-E-BAGHDAD • 1963

PATEL ISHU – Animator – IND – 1942–
SWIMMY • 1968 • ANS
ILLUSTRATIVE WORDS • 1969 • ANS
HOW DEATH CAME TO EARTH • 1971 • ANS
CONCEPTION AND CONTRACEPTION • 1972 • ANS
ABOUT PUBERTY AND REPRODUCTION • 1974 • ANS
ABOUT V.D. • 1974 • ANS
PERSPECTRUM • 1974 • ANS
BEAD GAME, THE • HISTOIRE DE PERLES • 1977 • ANS
AFTERLIFE • APRES LA VIE ○ AFTER LIFE • 1978 • ANS
OTTAWA FESTIVAL LOGO • OTTAWA 80 • 1980 • ANS
TOP PRIORITY • 1981 • ANS
TOURNEE TITLES • INTERNATIONAL TOURNEE OF ANIMATION • 1981 • ANM
CRYSTAL CAGES • 1983 • ANS
PARADISE • 1984 • ANS
TALISMAN, THE • 1986 • MTV

PATEL JABBAR – IND
SAMNA • 1975
JAIT–RE–JAIT • VICTORY, THE • 1977
SIMHASAN • 1979
UMBARTHA • THRESHOLD • 1982

PATEL RAJU – USA
IN THE SHADOW OF KILIMANJARO • 1986

PATEL SHARAD – UKN
RISE AND FALL OF IDI AMIN, THE • AMIN: THE RISE AND FALL • 1981

PATELLANI FEDERICO – ITL
AMERICA PAGANA • 1955 • DOC

PATENAUDE MICHEL – CND
LIGHT FANTASTICK, THE • 1975

PATERSON TONY – Editor – ASL – 1948–
CATAPULT • 1973 • SHT
CENTRESPREAD • CENTRE SPREAD • 1982

PATHAK MADHUKAR – IND
SANTH WAHATE KRISHNA MAI • 1967

PATHE CHARLES – FRN – 1863–1957
TEMPTATION OF ST. ANTHONY, THE • 1905

PATHE THEOPHILE – FRN
BEAUX JOURS DU ROI MURAT, LES • ECO DELLA GLORIA, L' (ITL) • 1946

PATHIRAJAH DHARMASENA – SLN
AHAS GAUWA • REACHING FOR THE SKY • 1974
AYA THANG LOKU LAMAYEK • SHE IS A BIG GIRL NOW • 1974
BAMBARU AWITH • 1976
SOLDADU UNNEHE • 1980

PATI P. – IND
TRIP • 1970

PATIENT MICHEL – FRN – 1943–
JEANS TONIC • 1983

PATIL DINKAR – IND
SURANGA MHANTYAT MALA • 1967

PATIL KRISHNA – IND
BAI MEE BHOLI • 1967
DEIVA JANILE KUNI • 1967
EK MATI ANEK NATI • 1968

PATILLO ALAN – Animator – UKN
INCREDIBLE VOYAGE OF STINGRAY, THE • 1965 • ANM

PATIN CLAUDE – FRN – 1935–
MOTO QUI TUE, LA
VIENS FAIRE L'AMOUR.. CHARLOTTE
ECHAPPATOIRE, L' • 1976
SCRATCH • 1982

PATINO BASILIO M. see **PATINO BASILIO MARTIN**

PATINO BASILIO MARTIN – SPN – 1930–
PATINO BASILIO M.
NUEVE CARTAS A BERTA • NINE LETTERS TO BERTA • 1967
DEL AMOR Y OTRAS SOLEDADES • OF LOVE AND OTHER LONELY THINGS • 1969
CANCIONES PARA DESPUES DE UNA GUERRA • SONGS FOR AFTER A WAR • 1971
QUERIDISIMOS VERDUGOS • DEAREST EXECUTIONERS • 1974
CAUDILLO • LEADER • 1976
PARAISOS PERDIDOS, LOS • LOST PARADISES, THE • 1985
MADRID • 1986

PATINO GOMEZ ALFONSO – MXC
CARNE DE CABARET • ROSA LA TERCIOPELO • 1939
CINCO MINUTOS DE AMOR • 1941
DOS PILLETES, LOS • 1942
DULCE MADRE MIA • 1942
MEDICO DE LAS LOCAS, EL • 1943
ADIOS, MARIQUITA LINDA • 1944
ALBUR DE AMOR • 1947
PITO PEREZ SE VA DE BRACERO • 1947
AY, PALILLO, NO TE RAJES! • 1948
CUANDO BAJA LA MAREA • 1948
CANTA Y NO LLORES • 1949
AMOR NO ES CIEGO, EL • 1950
VIAJERA • 1951
CANCIONES UNIDAS, LAS • 1959

PATON STUART – USA – 1885–
HEART PUNCH, THE • 1914
BLACK PEARL, THE • 1915
BOMBAY BUDDHA, THE • 1915
CONSCIENCE • 1915
COURT–MARTIALLED • 1915
GENTLEMAN OF ART, A • 1915
HOUSE OF FEAR, THE • 1915
PHOTOPLAY WITHOUT A NAME, A • 1915
PURSUIT ETERNAL, THE • 1915
STORY THE CLOCK TOLD, THE • 1915
SUBSTITUTE WIDOW, THE • 1915
WHITE TERROR, THE • 1915
ELUSIVE ISABEL • 1916
MANSARD MYSTERY, THE • 1916
20,000 LEAGUES UNDER THE SEA • 1916
BELOVED JIM • 1917
GRAY GHOST, THE • 1917 • SRL
GREAT TORPEDO SECRET, THE • 1917 • SHT
LIKE WILDFIRE • 1917
VOICE ON THE WIRE, THE • 1917 • SRL
BORDER RAIDERS, THE • 1918
GIRL IN THE DARK, THE • 1918
MARRIAGE LIE, THE • 1918
WINE GIRL, THE • 1918
DEVIL'S TRAIL, THE • 1919
LITTLE DIPLOMAT, THE • 1919
TERROR OF THE RANGE • 1919 • SRL
FATAL SIGN, THE • 1920 • SRL
WANTED AT HEADQUARTERS • 1920
CONFLICT, THE • 1921
HOPE DIAMOND MYSTERY, THE • 1921 • SRL
REPUTATION • FALSE COLORS • 1921
TORRENT, THE • 1921
BLACK BAG, THE • 1922
MAN TO MAN • 1922
MAN WHO MARRIED HIS OWN WIFE, THE • 1922
MARRIED FLAPPER, THE • NEVER MIND TOMORROW ○ THEY'RE OFF • 1922
ONE WONDERFUL NIGHT • 1922
WOLF LAW • 1922
BAVU • ATTIC OF FELIX BAVU, THE ○ THUNDERING DAWN • 1923
BURNING WORDS • 1923
LOVE BRAND, THE • 1923
SCARLET CAR, THE • 1923
NIGHT HAWK, THE • 1924
BAITED TRAP • 1926
FOREST HAVOC • 1926
FRENZIED FLAMES • 1926
LADY FROM HELL, THE • INTERRUPTED WEDDING, THE • 1926
WOLF HUNTERS, THE • 1926
FANGS OF DESTINY • 1927
BULLET MARK, THE • 1928
FOUR–FOOTED RANGER, THE • 1928
HOUND OF SILVER CREEK, THE • 1928
AIR POLICE • AIR PATROL, THE (UKN) • 1931
CHINATOWN AFTER DARK • 1931
FIRST AID • IN STRANGE COMPANY (UKN) • 1931
HELL BENT FOR FRISCO • 1931
IN OLD CHEYENNE • GUEST HOUSE, THE (UKN) • 1931
IS THERE JUSTICE? • 1931
MOUNTED FURY • 1931
MYSTERY TROOPER, THE • TRAIL OF THE ROYAL MOUNTED • 1931 • SRL
SILENT CODE, THE • 1935
THUNDERBOLT • 1935
CLIPPED WINGS • 1936

PATOUILLARD VINCENT – UKN
LONGEST MOST MEANINGLESS FILM IN THE WORLD, THE • 1970

PATREA PURNENDU – IND
PATTREA PURNENDU
STIR PATRA • LETTER FROM THE WIFE • 1970

PATRICK ALAIN – USA
I AM FURIOUS • JE SUIS FURIEUX • 1969
AFFAIRS OF APHRODITE, THE • 1970

PATRICK MATTHEW – USA
HIDER IN THE HOUSE • 1989

PATRICK NIGEL – Actor – UKN – 1913–1981
HOW TO MURDER A RICH UNCLE • 1957
JOHNNY NOBODY • 1961

PATRICK ROBERT – USA
SWAMP COUNTRY • 1966
FROM NASHVILLE WITH MUSIC • 1969

PATRIS G. see **PATRIS GERARD**

PATRIS GERARD – FRN – 1931–
PATRIS S. G. • *PATRIS G.*
AMBITUS • 1967 • SHT
DE L'AUTRE COTE DU CHEMIN DE FER • 1967 • SHT
INVENTION, L' • 1967 • SHT
ARTUR RUBINSTEIN: L'AMOUR DE LA VIE • ARTHUR RUBINSTEIN –THE LOVE OF LIFE ○ LOVE OF LIFE (UKN) • 1970

PATRIS S. G. see **PATRIS GERARD**

PATROCKA JIRI – CZC
ADVENTURES OF THE LITTLE SAILOR, THE • ANS

PATRONI GRIFFI GIUSEPPE – ITL – 1921–
GRIFFI GIUSEPPE PATRONI
MARE, IL • SEA, THE • 1962
METTI, UNA SERA A CENA • ONE NIGHT AT DINNER (USA) ○ LOVE CIRCLE, THE (UKN) ○ LET'S SAY ONE NIGHT FOR DINNER ○ IMAGINE ONE EVENING FOR DINNER • 1969
ADDIO FRATELLO CRUDELE • 'TIS PITY SHE'S A WHORE (USA) • 1971
IDENTIKIT • DRIVER'S SEAT, THE (USA) • 1974
DIVINA CREATURA • DIVINE NYMPH, THE • 1975
GABBIA, LA • CAGE, THE • 1985
TRAP, THE • 1985

PATRY IVAN see **PATRY YVAN**

PATRY PIERRE – CND – 1933–
ROULETTE, LA • 1957 • DCS
GERMAINE GUEVREMONT, ROMANCIERE • 1958 • DCS
CHANOINE LIONEL GROULX, HISTORIEN #1 & 2 • 1959 • DCS
CYRIUS OUELLET, HOMME DE SCIENCE • 1959 • DCS
PETITES SOEURS, LES • 1959 • DCS
COLLEGE CONTEMPORAIN • 1960 • DCS
CROSSBREEDING FOR PROFIT • CROISEMENTS ET PROFITS • 1961 • DCS
LOISIRS • 1961 • DCS
LOUIS–HIPPOLYTE LAFONTAINE • 1962 • DCS
IL Y EUT UN SOIR, IL Y EUT UN MATIN • 1963 • SHT
PETIT DISCOURS DE LA METHODE • 1963 • DCS
CORDE AU COU, LA • ROPE AROUND THE NECK (USA) • 1964
FEMME POUR LES AUTRES, UNE • 1964
TROUBLE–FETE • TROUBLE FETE • 1964
CAIN • 1965
INFIRMIERE DE NUIT, L' • 1966 • DCS
SHAPP FOR GOVERNOR • CANDIDAT GOUVERNEUR, MILTON SHAPP • 1966 • DCS
TROIS HOMMES AU MILLE CARRE • 1966 • DCS
GHOSTS OF A RIVER • 1968

PATRY YVAN – CND
PATRY IVAN
AINSI SOIENT–ILS • 1970
JOUR SANS EVIDENCE, UN • 1970

PATTANNA – IND
DEVTA • 1956

PATTERSON DON – Animator – USA
BELLE BOYS • 1953 • ANS
BUCCANEER WOODPECKER • 1953 • ANS
HYPNOTIC HICK • 1953 • ANS
OPERATION SAWDUST • 1953 • ANS
TERMITES FROM MARS • 1953 • ANS
WHAT'S SWEEPIN'? • 1953 • ANS
WRESTLING WRECKS • 1953 • ANS
ALLEY TO BALI • 1954 • ANS
CONVICT CONCERTO • 1954 • ANS
FINE FEATHERED FRENZY • 1954 • ANS
SOCKO IN MOROCCO • 1954 • ANS
UNDER THE COUNTER SPY • SECRET AGENT F.O.B. • 1954 • ANS

PATTERSON GARRY – ASL – 1945–
RETREAT • 1971 • SHT
HOW WILLINGLY YOU SING • 1975
PAPUA NEW GUINEA INDEPENDENCE CELEBRATIONS • 1975 • DOC
FREEWAY F19 • 1976 • DOC
HERE'S TO YOU MR. ROBINSON • 1976 • DOC
CIRCUS OZ • 1977 • DOC
CIRCUS ROYALE • 1977 • DOC
CONFEST BREDBO • 1977 • DOC
BUILDERS LABOURERS MURAL • 1978 • DOC
CHILE FIGHTS • 1978 • DOC

PATTERSON JOHN – USA
PATTERSON JOHN D.
LEGEND OF EARL DURAND, THE • 1974
DEADLINE: MADRID • 1987 • TVM
INDEPENDENCE • 1987 • TVM
RENEGADES, THE • 1988
DEADLY INNOCENTS • 1989
SLEEP WELL, PROFESSOR OLIVER • 1989 • TVM

PATTERSON JOHN D. see **PATTERSON JOHN**

PATTERSON PAT – USA
DR. GORE • 1975

PATTERSON RAY – Animator – USA
BROADWAY BOW WOWS • 1954 • ANS
DIG THAT DOG • 1954 • ANS
FLEA FOR TWO • 1955 • ANS
YOGI'S GREAT ESCAPE • ANM
YOGI'S FIRST CHRISTMAS • 1983 • ANM
YOGI BEAR AND THE MAGICAL FLIGHT OF THE SPRUCE GOOSE • 1984 • ANM
GOBOTS: BATTLE OF THE ROCK LORDS • 1986 • ANM

PATTERSON RICHARD – USA
OPEN WINDOW, THE • 1972 • SHT
GENTLEMAN TRAMP, THE • 1975 • DOC
DAY THE EARTH GOT STONED, THE • 1978
J–MEN FOREVER • 1979

PATTERSON WILLI – USA
DREAMS LOST, DREAMS FOUND • 1987 • TVM

PATTINSON MICHAEL – ASL – 1956–
IMPORTANCE OF KEEPING PERFECTLY STILL, THE • 1977 • SHT
WORKING IN AUSTRALIA –HEAVY CONSTRUCTION • 1981 • DOC
MOVING OUT • 1982
STREET HERO • 1984
GROUND ZERO • 1988
WENDY CRACKED A WALNUT • 1989

PATTISON BARRIE – ASL
ZOMBIE BRIGADE • 1988

PATTON PHIL – USA
SNOW QUEEN, THE • 1959 • ANM

PATTREA PURNENDU see **PATREA PURNENDU**

PATUCCHI RENATO MAY see **MAY RENATO**

PATWARDHAN ANAND – IND
HAMARA SHAHER • BOMBAY OUR CITY • 1985

PATWARDHAN JAYOO – IND
22ND JUNE 1897 • 1979

PATZAK PETER – GRM
PETZAK PETER
PARAPSYCHO –SPEKTRUM DER ANGST • 1975
ZERSCHOSSENE TRAUME • APPAT, L' (FRN) ○ BAIT, THE • 1976
EINHORN, DAS • UNICORN, THE • 1978
KASSBACH • 1979
SLAUGHTERDAY • 1981
TUCHTIGEN GEHORT DIE WELT, DEN • UPPER–CRUST, THE • 1981

STRAWANZER • TRAMPS, THE • 1983
AUFSTAND, DER • 1987 • MTV
JOKER, THE • LETHAL OBSESSION • 1987
MIDNIGHT COP • 1988
TOD EINES SCHULERS • DEATH OF A SCHOOLBOY • 1990

PAUL see **PAUL ROBERT WILLIAM**

PAUL BERNARD – FRN – 1930–1980

TEMPS DE VIVRE, LE • 1969
BEAU MASQUE • 1972
HISTOIRE D'ALLER PLUS LOIN • 1974 • DOC
DERNIERE SORTIE AVANT ROISSY • LAST EXIT BEFORE ROISSY (USA) • 1976

PAUL BYRON – USA

LT. ROBIN CRUSOE U.S.N. • LIEUTENANT ROBIN CRUSOE U.S.N. • 1966
TENDERFOOT, THE • 1966

PAUL FRED – UKN

ADVENTURES OF DEADWOOD DICK, THE • 1915 • SER
ANGEL OF MONS, THE • 1915
DEADWOOD DICK AND THE MORMONS • 1915 • SHT
DEADWOOD DICK SPOILS BRIGHAM YOUNG • 1915 • SHT
DEADWOOD DICK'S DETECTIVE PARD • 1915 • SHT
DEADWOOD DICK'S RED ALLY • 1915 • SHT
DEADWOOD DICK'S VENGEANCE • 1915 • SHT
DOP DOCTOR, THE • TERRIER AND THE CHILD, THE ○ LOVE TRAIL, THE • 1915
FACE AT THE TELEPHONE, THE • 1915
HOW RICHARD HARRIS BECAME KNOWN AS DEADWOOD DICK • 1915
INFELICE • 1915
DR. WAKE'S PATIENT • 1916
HER GREATEST PERFORMANCE • 1916
LADY WINDERMERE'S FAN • 1916
LYONS MAIL, THE • 1916
NEW CLOWN, THE • 1916
SECOND MRS. TANQUERAY, THE • 1916
STILL WATERS RUN DEEP • 1916
VICAR OF WAKEFIELD, THE • 1916
WHOSO IS WITHOUT SIN • 1916
MASKS AND FACES • 1917
DUCHESS OF SEVEN DIALS, THE • 1920
ENGLISH ROSE, THE • 1920
HOUSE ON THE MARSH, THE • 1920
LADY TETLEY'S DECREE • 1920
LIGHTS OF HOME, THE • 1920
LITTLE WELSH GIRL, A • 1920
MONEY MOON, THE • 1920
UNCLE DICK'S DARLING • 1920
BARBARA ELOPES • 1921
BIT OF BLACK STUFF, A • 1921
CURSE OF WESTACOTT, THE • 1921
DELILAH • 1921
FLAT, THE • 1921
FLIRTATIONS OF PHYLLIS, THE • 1921
GAME FOR TWO, A • 1921
GENTLE DOCTOR, THE • 1921
GRAND GUIGNOL • 1921 • SER
GUARDIAN OF HONOUR, THE • 1921
HAPPY PAIR, THE • 1921
HER ROMANCE • 1921
JEST, THE • 1921
JOKE THAT FAILED, THE • 1921
LAST APPEAL, THE • 1921
LETTERS OF CREDIT • 1921
MARY'S WORK • 1921
NURSE, THE • 1921
OATH, THE • 1921
POLLY • 1921
RETURN, THE • 1921
SECRET OF THE SAFE, THE • 1921
SIX AND A HALF DOZEN • 1921
SPIRIT OF THE HEATH, THE • 1921
STING OF DEATH, THE • 1921
THAT LOVE MIGHT LAST • 1921
UPPER HAND, THE • 1921
VOICE FROM THE DEAD, A • 1921
WOMAN MISUNDERSTOOD, A • 1921
WOMAN UPSTAIRS, THE • 1921
BROWN SUGAR • 1922
IF FOUR WALLS TOLD • 1922
LET'S PRETEND • CASTLES IN THE AIR • 1922
HOTEL MOUSE, THE • 1923
RIGHT TO STRIKE, THE • 1923
CAFE L'EGYPTE, THE • CAFE DE L'EGYPTE, THE • 1924
COUGHING HORROR, THE • 1924
CRAGMIRE TOWER • 1924
FURTHER MYSTERIES OF DR. FU MANCHU • 1924 • SER
GOLDEN POMEGRANATES, THE • 1924
GREEN MIST, THE • 1924
GREYWATER PARK • 1924
KARAMANEH • 1924
MIDNIGHT SUMMONS, THE • 1924
LAST WITNESS, THE • 1925
MADONNA OF THE CELLS, A • 1925
RAGAN IN RUINS • 1925
GUY OF WARWICK • 1926
SAFETY FIRST • 1926
THOU FOOL • 1926
WARWICK CASTLE • 1926 • SHT
LUCK OF THE NAVY, THE • 1927
DR. SIN FANG DRAMAS • 1928 • SER
LIGHT ON THE WALL, THE • 1928
LIVING DEATH, THE • 1928
SCARRED FACE, THE • 1928
TORTURE CAGE, THE • 1928
UNDER THE TIDE • 1928
ZONE OF DEATH, THE • 1928
BROKEN MELODY, THE • 1929
IN A LOTUS GARDEN • 1931
MORITA • 1931
ROMANY LOVE • 1931

PAUL HEINZ – GRM

BISMARCK • 1925
LEBENS WURFELSPIEL, DAS • 1925
STRASSE DES VERGESSENS, DIE • 1926
WARENHAUSPRINZESSIN, DIE • 1926
FALSCHE PRINZ, DER • 1927
U 9 WEDDIGEN • U-BOAT 9 (USA) • 1927
KARUSSEL DES TODES, DAS • MERRY-GO-ROUND OF FATE, THE • 1928
DREI TAGE AUF LEBEN UND TOD • 1929
LIEBESMARKT, DER • 1930
NAMENSHEIRAT • 1930
SOMME, DIE • 1930
ANDERE SEITE, DIE • 1931
DOUAUMONT • 1931
SCHATTEN DER MANEGE • 1931
STUDENT SEIN
MARSCHALL VORWARTS • 1932
TANNENBERG • 1932
TRENCK • 1932
U-BOOT • 1932 • DOC
ZIRKUS LEBEN
WILHELM TELL • LEGEND OF WILLIAM TELL, THE (USA) • 1934
UNSTERBLICHE MELODIEN • IMMORTAL MELODIES (USA) • 1935
VIER MUSKETIERE, DIE • FOUR MUSKETEERS, THE (USA) • 1935
WUNDER DES FLIEGENS • 1935
HERMANNCHEN, DAS • NEE, NEE, WAS ES NICH' ALLES GIBT • 1936
HILDE UND DIE 4 PS • 1936
PAUL UND PAULINE • 1936
HAHN IM KORB • 1937
KAMERADEN AUF SEE • COMRADES AT SEA (USA) • 1938
KOMM ZU MIR ZURUCK • 1944
SCHICKSAL AM STROM • 1944
GLUCK AUS OHIO • 1951
UNTERNEHMEN EDELWEISS • 1954
HEIRATEN VERBOTEN! • 1957
ELEFANT IM PORZELLANLADEN, DER • 1958
HULA-HOPP, GONNY • 1959
ORIENTALISCHE NACHTE • ORIENTAL NIGHTS • 1960

PAUL JOHN – USA

HANSEL AND GRETEL • 1954 • ANM

PAUL MAHESH – IND

PALKI • PALANQUIN • 1967

PAUL MARCEL see **ABOULKER MARCEL**

PAUL PETER – AUS

HERZEN IM STURM • 1922

PAUL R. W. see **PAUL ROBERT WILLIAM**

PAUL ROBERT see **PAUL ROBERT WILLIAM**

PAUL ROBERT WILLIAM – UKN – 1869–1943

PAUL ROBERT • PAUL R. W. • PAUL

COMIC COSTUME RACE • 1896
DERBY, THE • 1896
HUMAN FLY, THE • UPSIDE DOWN • 1896
ROUGH SEA AT DOVER • 1896
TWIN'S TEA PARTY, THE • CHILDREN AT TABLE • 1896
MILLER AND THE SWEEP, THE • 1897
QUEEN VICTORIA'S DIAMOND JUBILEE • 1897
COME ALONG DO! • 1898
DESERTER • 1898
RAILWAY COLLISION, A • TERRIBLE RAILWAY ACCIDENT, THE • 1898
SWITCHBACK RAILWAY, THE • 1898
GORDON HIGHLANDERS LEAVING FOR THE BOER WAR • 1899
ARMY LIFE: OR, HOW SOLDIERS ARE MADE • 1900 • SER
CYCLISTS AND PONY-TRAPS • 1900
PHANTOM RIDE -CHAMONIX • 1900
BOUT, THE
FOOTBALL FINAL, THE • 1901
GAMBLER'S FATE: OR, THE ROAD TO RUIN, THE • 1901
HIS BRAVE DEFENDER • 1901
OXFORD AND CAMBRIDGE BOAT RACE, 1901 • 1901
ARREST OF A DESERTER, THE • 1902
MAGIC SWORD, THE • 1902
BLOODHOUNDS TRACKING A CONVICT • TRAILED BY BLOODHOUNDS (USA) • 1903
CHESS DISPUTE, A • 1903
JOURNEY TO THE NORTH POLE, A • 1903
RETURN OF T.R.H. THE PRINCE AND PRINCESS OF WALES • 1903
SUN, THE • MIDNIGHT SUN AT SCARO, THE • 1903
THAT TROUBLESOME COLLAR • 1903
FUNNY FACES • 1904
GOADED TO ANARCHY • 1905
LOVER AND THE MADMAN, THE • 1905
LOVERS AND THE MADMAN, THE • 1906
WIZARD'S WORLD • 1906
WHALING AFLOAT AND ASHORE • WHALING ON THE IRISH COAST • 1908
BUTTERFLY, THE • 1910

PAUL STEPHAN – GRM

REGGAE SUNSPLASH • 1980

PAUL STEVEN – USA – 1958–

FALLING IN LOVE AGAIN • 1980
SLAPSTICK (OF ANOTHER KIND) • SLAPSTICK • 1984

PAUL STUART – USA

EMANON • 1986
STREET DREAMS • 1987

PAUL VAL – USA

HER GREAT PART • 1916 • SHT
HEARTS UP! • 1920
SUNDOWN SLIM • 1920
WEST IS WEST • 1920
GOOD MEN AND TRUE • 1922
KICK BACK, THE • 1922
CANYON OF THE FOOLS • 1923
CRASHIN' THRU • ONE MAN, THE • 1923
DESERT DRIVEN • 1923
MIRACLE BABY, THE • 1923

PAULI GUSTAV – UKN

ROMANCE OF HINE-MOA, THE • 1926

PAULIG ALBERT – GRM

ALBERTS HOSE • 1915

PAULIN JEAN-PAUL – FRN – 1902–1976

CHEMIN DE L'HONNEUR, LE • 1929
FEMME NUE, LA • 1932
ABBE CONSTANTIN, L' • 1933
PAS BESOIN D'ARGENT • 1933
ESCLAVE BLANC, L' • JUNGLA NERA (ITL) ○ MUDUNDU • 1936
DANSEUSE ROUGE, LA • CHEVRE AUX PIEDS D'OR, LA • 1937
FILLES DU RHONE, LES • 1937
TROIS DE SAINT-CYR • 1938
NUIT MERVEILLEUSE, LA • 1940
CAP AU LARGE • VENT DEBOUT • 1942
ECHEC AU ROY • 1943
HOMME QUI VENDAIT SON AME, L' • HOMME QUI VENDAIT SON AME AU DIABLE, L' ○ MAN WHO SOLD HIS SOUL, THE • 1943
CHATEAU DE LA DERNIERE CHANCE, LE • COBAYES, LES • 1946
NUIT DE SIBYLLE, LA • 1946
INCONNUE NO.13, L' • 1948
VOIX DU REVE, LA • VOIX DE L'AU-DELA, LA • 1948
VOYAGE A TROIS • 1949
FOLIE DOUCE • 1950

PAULLADA HILARIO – MXC

DONA MALINCHE • 1934

PAULS CHRISTIAN – ARG

SIN FIN -LA MUERTE NO ES NINGUNA SOLUCION • WITHOUT END OR LOOP -DEATH IS NO SOLUTION • 1987

PAULSEN DAVID – USA

SAVAGE WEEKEND • KILLER BEHIND THE MASK ○ UPSTATE MURDERS, THE • 1976
SCHIZOID • 1980

PAULSEN HARALD – Actor – GRM – 1895–1954

FRAU KOMMT IN DIE TROPEN, EINE • 1938
STIMME AUS DEM AETHER, DIE • 1939

PAULUS WOLFRAM – GRM – 1957–

HEIDENLOCHER • HEATHEN HOLES • 1986
MINISTRATEN, DIE • ALTAR BOYS, THE • 1990

PAULY MARCO – FRN – 1943–

CONQUISTADORES, LES • 1975

PAUP RICK – USA

WHOOPING THE BLUES • 1969 • SHT

PAUREILHE CHRISTIAN – FRN – 1947–

PAUREILLE CHRISTIAN

PLAINE, LA • 1970
ALLEGORIE • 1974
DEMON DE MIDI • DEMONS DE MIDI • 1979

PAUREILLE CHRISTIAN see **PAUREILHE CHRISTIAN**

PAUZE MICHELE – CND

CORBEAU ET LE RENARD, LE • 1969 • ANS

PAVANELLI LIVIO – Producer/actor – ITL – 1881–1958

SILVIO PELLICO IL MARTIRE DELLO SPIETZBERG • 1915
COMPLICE, LA • 1920
SOLITUDINE • ORA SUPREMA • 1942

PAVEL ERIC – USA

ALPINE WORLD • 1970 • DOC

PAVEL SAMMY see **PAVEL SAMY**

PAVEL SAMY – BLG

PAVEL SAMMY

DEUX SAISONS DE LA VIE, LES • 1973
MISS O'GYNIE ET LES HOMMES-FLEURS • 1974
ARRIVISTE, L' • 1977
IMBECILES ET LES AUTRES, LES • 1977
CLAUDE FRANCOIS, LE FILM DE SA VIE • 1979 • DOC

PAVETT MICHAEL – UKN

BORDERS: WHERE SCOTLAND AND ENGLAND MEET • 1970 • DOC

PAVIOT PAUL – Producer – FRN – 1925–

TERREUR EN OKLAHOMA • 1950 • SHT
CHICAGO DIGEST • DU SANG DANS LA SCIURE • 1951 • SHT
DEVOIRS DE VACANCES • 1952 • SHT
SAINT-TROPEZ, DEVOIR DE VACANCES • SAINT-TROPEZ • 1952 • SHT
TORTICOLA CONTRE FRANKENBERG • 1952
LUMIERE • 1953 • SHT
JARDIN PUBLIC, UN • 1954 • SHT
PANTOMIMES • PANTOMIMES: MARCEL MARCEAU • 1954 • SHT
DJANGO REINHARDT • 1958 • DCS
MAM'ZELLE SOURIS • 1958 • SHS
PANTALASKAS • 1959
PORTRAIT ROBOT • PORTRAIT ROBOT, OU ECHEC A L'ASSASSIN ○ ECHEC D'UN ASSASSIN, L' • 1960

PAVLASKOVA IRENA – CZC

TIME OF THE SERVANTS • 1990

PAVLIDIS STELIOS – GRC

TOIHOS, O • WALL, THE • 1977

PAVLINIC ZLATKO – Animator – YGS

RECLINING ACT • ANS
NA DNU • ON THE BOTTOM • 1969 • ANS
GALLERY • 1970 • ANS
POLJUBAC • KISS, THE • 1970 • ANS
PORTRETI • PORTRAITS • 1970 • ANS
VIS MAIOR • SUPERIOR FORCE • 1974
FATA MORGANA • 1982 • ANM

PAVLOTSKAIA EREN – USS

WE ARE MARTIANS • WE MARTIANS

PAVLOU GEORGE – UKN

UNDERWORLD • TRANSMUTATIONS (USA) • 1985
RAWHEAD • RAWHEAD REX • 1987

PAVLOV IVAN – BUL

MASS MIRACLE • 1980
WHAT WILL THE MOUSE SAY? • 1988
WALK WITH THE ANGEL, A • 1990

PAVLOVIC MIROSLAV – YGS

STEPHENICE ZA NEBO • STAIRWAY TO HEAVEN • 1984

PAVLOVIC SVETA – YGS

VOJNIKOVA LJUBAV • SOLDIER'S LOVE, THE • 1977
ORKESTAR JEDNE MLADOSTI • ORCHESTRA OF YOUTH • 1985

PAVLOVIC VLADIMIR – YGS
DECA VOJVODE SMITA • CHILDREN OF COMMANDER SCHMIDT, THE • 1967
OSEKA • LOW-TIDE ○ EBB TIDE ○ HIGH TIDE • 1968
ONLY ROAD, THE • 1975
OKOVANI SOFERI • DRIVERS IN CHAINS • 1976

PAVLOVIC ZIKA see **PAVLOVIC ZIVOJIN**

PAVLOVIC ZIVOJIN – YGS – 1933–
PAVLOVIC ZIKA
KAPI, VODE, RATNICI • RAINDROPS, WATERS, WARRIORS • 1962
GRAD • TOWN, THE • 1963
SOVRAZNIK • ENEMY, THE ○ NEPRIJATELJ • 1965
POVRATAK • HOMECOMING, THE ○ RETURN, THE • 1966
BUDENJE PACOVA • RATS WAKE UP, THE ○ RATS AWAKE, THE ○ BUDJENJE PACOVA • 1967
KAD BUDEM MRTAV I BEO • WHEN I AM DEAD AND WHITE • 1968
ZASEDA • AMBUSH • 1969
CRVENO KLASJE • RED WHEAT, THE ○ RDECE KLASJE • 1971
LET MRTVE PTICE • DEAD BIRD'S FLIGHT • 1974
HAJKA • WITCH HUNT ○ MANHUNT, THE ○ PURSUIT ○ CHASE, THE • 1978
NASVIDENJE V NASLEDNJI VOJNI • DOVIDJENJA U SLIJEDECEM RATU ○ SEE YOU IN THE NEXT WAR ○ FAREWELL IN THE NEXT WAR • 1981
ZADAH TELA • BODY SCENT • 1984
NA PUTU ZA KATANGU • ON THE ROAD TO KATANGA • 1987

PAVLOVSKI V. see **PAVLOVSKY V.**

PAVLOVSKY V. – USS
PAVLOVSKI V.
MATES, THE • 1960
I'M ON MY WAY • 1961

PAVON JOSE see **PAVONE JOSE**

PAVONE JOSE – USA
PAVON JOSE
FORM IN MOTION • FORMS IN MOTION • ANS

PAVONI PIER LUDOVICO – ITL – 1926–
MODO DI ESSERE DONNA, UN • 1973
AMORE LIBRE • FREE LOVE • 1974
PECCATRICE, LA • 1975

PAYER ROCH CHRISTOPHE – CND – 1955–
LIBRE SERVICE • 1978 • SER
FINE POINTE, LA • 1979
COUP DE SANG • 1980 • MTV
RENCONTRE • 1980
...DE CHICAGO • 1981
EMPLOI CANADA • 1981 • MTV
TIM SIKEA • 1981 • MTV
BIENHEUREUX, LES • SAINTS, LES • 1982 • MTV
AGE D'OR A VELO, L' • 1983 • MTV
ART JAPONAIS CONTEMPORAIN • 1983 • DOC
UNIVERSIADE • 1983 • MTV
BI-ENERGIE • 1984 • DOC
JEUNE SAIT PAS LIRE • ETRE ANALPHABETE A 20 ANS • 1985 • MTV

PAYET ALAIN – FRN
FURIES SEXUELLES
PROSTITUTION CLANDESTINE
COCKTAIL PORNO • 1976
MARIE MADELEINE • 1976
PORNOGRAPHIE THAILANDAISE • 1977
EMIR PREFERE LES BLONDES, L' • 1983

PAYLOW CLARK – USA
RING OF TERROR • 1962

PAYNE A. B. – UKN
PIP, SQUEAK AND WILFRED • 1921 • ANS

PAYNE DOUGLAS – UKN
POTTER'S CLAY • 1922

PAYNE GORDON – USA
TANTRA, I • 1969 • SHT

PAYNE J. H. – UKN
WITH THE AID OF A ROGUE • 1927

PAYNE JOHN – Actor – USA – 1912–
*DRAKE OLIVER**
THEY RAN FOR THEIR LIVES • 1968

PAYNE JOHN M. – UKN
ANTAGONISTS, THE • 1916
DOING HER BIT • 1916
ECONOMISTS, THE • 1916
SACRAMENT OF CONFIRMATION, THE • 1924

PAYNE TOM – BRZ
TERRA E SEMPRE TERRA • LAND IS FOREVER LAND • 1951
SINHA MOCA • 1953

PAYS ARMAND see **LEWIS HERSCHELL G.**

PAYTON LELAND – USA
COPPERHEAD • 1984

PAZ FELIPE – RMN
MORNING • 1989 • SHT
SNOW • 1989 • SHT

PAZ JONATHAN – ISR
RAKEVET HA 'EMEK • VALLEY TRAIN, THE • 1989

PAZ MIGUEL CARONATTO
APUROS DE CLAUDINA, LOS • CLAUDINA'S TROUBLES (USA) • 1940

PAZZAGLIA RICCARDO – ITL
ONORATA SOCIETA, L' • 1961
FABBRICA DEI SOLDI, LA • 1965
FARFALLON • 1974
SEPARATI IN CASA • DIVORCED AT HOME • 1985

PCHOLKIN L. – USS
MOTHER AND STEPMOTHER • 1965

PEACOCK KEMPER – USA
MEETING ON 69TH STREET • 1969

PEACOCK LESLIE T. see **PEACOCKE LESLIE T.**

PEACOCKE LESLIE T. – USA
PEACOCK LESLIE T.
I'M YOUR HUSBAND • 1916 • SHT
IT'S GREAT TO BE MARRIED • 1916 • SHT
OH, YOU HONEYMOON • 1916 • SHT
AVARICE • 1917 • SHT
HERO OF BUNCO HILL, THE • 1917 • SHT
HIGH COST OF STARVING, THE • 1917 • SHT
HONEYMOON SURPRISE, THE • 1917 • SHT
IT HAPPENED IN ROOM 7 • 1917 • SHT
PUTTING ONE OVER ON IGNATZ • 1917 • SHT
IT'S GREAT TO BE CRAZY • 1918 • SHT
REPEATING THE HONEYMOON • 1918 • SHT
NEPTUNE'S BRIDE • 1920
MIDNIGHT FLOWER, THE • 1923

PEAD GRED see **SERIOUS YAHOO**

PEAK BARRY – ASL
FUTURE SCHLOCK • 1984
BIG HURT, THE • 1986
AS TIME GOES BY • 1987

PEAKE BLADON – UKN
RUMOUR • 1940
DEFEAT DIPHTHERIA • 1941 • DOC
YOU'RE TELLING ME • 1941

PEARCE A. LESLIE – USA
PEARCE LESLIE
ADAM'S EVE • 1929
DELIGHTFUL ROGUE, THE • 1929
GOOD MEDICINE • 1929
HE DID HIS BEST • 1929
HE LOVED THE LADIES • 1929
POST MORTEMS • 1929
SLEEPING PORCH, THE • 1929
TRUSTING WIVES • 1929
FALL GUY, THE • TRUST YOUR WIFE (UKN) • 1930
FOR LOVE OR MONEY • 1930
LET ME EXPLAIN • 1930
RADIO KISSES • 1930 • SHT
SCRAPPILY MARRIED • 1930
BRIDE AND GLOOMY • 1931
MEET THE WIFE • 1931
TOO MANY HUSBANDS • 1931 • SHT
BOUDOIR BUTLER, THE • 1932 • SHT
DENTIST, THE • 1932 • SHT
HIS ROYAL SHYNESS • 1932 • SHT
BLUE OF THE NIGHT • 1933 • SHT
CAN YOU HEAR ME MOTHER? • 1935
STOKER, THE • SHOVEL UP A BIT MORE COAL • 1935
YOU MUST GET MARRIED • 1936

PEARCE DAVID – UKN
PORTRAIT OF DAVID HOCKNEY • 1972

PEARCE DICK see **PEARCE RICHARD**

PEARCE LESLIE see **PEARCE A. LESLIE**

PEARCE MICHAEL – ASL
JAMES JOYCE'S WOMEN • 1985
INITIATION • 1987

PEARCE PERCE – USA
VICTORY THROUGH AIR POWER • 1943

PEARCE RICHARD – USA
PEARCE DICK
SIEGE • 1978 • TVM
HEARTLAND • 1979
NO OTHER LOVE • 1979 • TVM
THRESHOLD • 1981
SESSIONS • 1983 • TVM
COUNTRY • 1984
NO MERCY • 1987
DEAD MAN WALKING • 1988
LONG WALK HOME, THE • 1990

PEARCY GLEN – USA
FIGHTING FOR OUR LIVES • 1974 • DOC

PEARSE JOHN – UKN
JAILBIRD • 1971 • SHT
MOVIEMAKERS • 1971
MANEATER • 1981 • SHT

PEARSON GEORGE – UKN – 1874–1973
FAIR SUSSEX • 1912 • DCS
FOOL, THE • 1913
HEROES OF THE MINE • GREAT MINE DISASTER, THE (USA) • 1913
IN DICKENS LAND • 1913 • DCS
KENTISH INDUSTRIES • 1913 • DOC
LIGHTER BURDEN, A • 1913
LYNMOUTH • 1913 • DCS
MR. HENPECK'S DILEMMA • 1913
RAMBLES THROUGH HOPLAND • 1913 • DCS
SENTENCE OF DEATH, THE • 1913
WHERE HISTORY HAS BEEN WRITTEN • 1913 • DCS
CAUSE OF THE GREAT EUROPEAN WAR, THE • 1914
CHRISTMAS DAY IN THE WORKHOUSE • 1914
FISHERGIRL'S FOLLY, A • 1914
INCIDENTS OF THE GREAT EUROPEAN WAR • 1914
LIFE OF LORD ROBERTS V.C., THE • 1914
LIVE WIRE, THE • 1914
SON OF FRANCE, A • 1914
STUDY IN SCARLET, A • 1914
WONDERFUL NIGHTS WITH PETER KINEMA • 1914 • SER
BUTTONS • 1915
CINEMA GIRL'S ROMANCE, A • 1915
JOHN HALIFAX, GENTLEMAN • 1915
TRUE STORY OF THE LYONS MAIL, THE • 1915
ULTUS, THE MAN FROM THE DEAD • ULTUS 1: THE TOWNSEND MYSTERY, ULTUS 2: THE AMBASSADOR'S DIAMOND (USA) • 1915
FOR THE EMPIRE • 1916
SALLY BISHOP • 1916
ULTUS AND THE GREY LADY • ULTUS 3: THE GREY LADY, ULTUS 4:THE TRAITOR'S FATE (USA) • 1916
ULTUS AND THE SECRET OF THE NIGHT • ULTUS 5: THE SECRET OF THE NIGHT (USA) • 1916
CANADIAN OFFICERS IN THE MAKING • 1917 • DCS
MAN WHO MADE THE ARMY, THE • 1917 • DCS
ULTUS AND THE THREE BUTTON MYSTERY • ULTUS 6: THE THREE BUTTON MYSTERY: ULTUS 7 • 1917
BETTER 'OLE; OR, THE ROMANCE OF OLD BILL, THE • CARRY ON • 1918
KIDDIES IN THE RUINS, THE • 1918
ULTUS AND THE PHANTOM OF PENGATE • 1918
HUGHIE AT THE VICTORY DERBY • 1919 • SHT
GARRY OWEN • GARRYOWEN • 1920
NOTHING ELSE MATTERS • 1920
MARY-FIND-THE-GOLD • MARY FIND THE GOLD • 1921
SQUIBS • 1921
MORD EM'LY • ME AND MY GIRL (USA) • 1922
SQUIBS WINS THE CALCUTTA CUP • 1922
WEE MACGREGOR'S SWEETHEART, THE • 1922
LOVE, LIFE AND LAUGHTER • 1923
ROMANY, THE • 1923
SQUIBS' HONEYMOON • 1923
SQUIBS, M.P. • 1923
REVEILLE • 1924
MR. PREEDY AND THE COUNTESS • 1925
SATAN'S SISTER • 1925
BLINKEYES • 1926
LITTLE PEOPLE, THE • 1926
HUNTINGTOWER • 1927
LOVE'S OPTION • GIRL OF TODAY, A • 1928
AULD LANG SYNE • 1929
EAST LYNNE ON THE WESTERN FRONT • 1931
HARRY LAUDER SONGS • 1931 • SER
I LOVE A LASSIE • 1931 • SHT
I LOVE TO BE A SAILOR • 1931 • SHT
NANNY • 1931 • SHT
ROAMING IN THE GLOAMING • 1931 • SHT
SAFTEST OF THE FAMILY, THE • 1931 • SHT
SHE'S MY DAISY • 1931 • SHT
SOMEBODY'S WAITING FOR ME • 1931 • SHT
TOBERMORY • 1931 • SHT
THIRD STRING, THE • 1932
POINTING FINGER, THE • 1933
SHOT IN THE DARK, A • 1933
FOUR MASKED MEN • BEHIND THE MASKS • 1934
OPEN ALL NIGHT • 1934
RIVER WOLVES, THE • 1934
WHISPERING TONGUES • 1934
ACE OF SPADES, THE • 1935
CHECKMATE • 1935
GENTLEMAN'S AGREEMENT • 1935
JUBILEE WINDOW • 1935
ONCE A THIEF • 1935
THAT'S MY UNCLE • IRON WOMAN, THE • 1935
MIDNIGHT AT MADAME TUSSAUD'S • MIDNIGHT AT THE WAX MUSEUM (USA) • 1936
MURDER BY ROPE • 1936
SECRET VOICE, THE • 1936
WEDNESDAY'S LUCK • WEDNESDAY LUCK • 1936
FATAL HOUR, THE • 1937
MOTHER OF MEN • 1938
OLD SOLDIERS • 1938 • SHT
SOUVENIRS • 1938 • SHT
BRITISH MADE • 1939 • DCS
BRITISH FAMILY IN PEACE AND WAR, A • 1940 • DCS
LAND OF WATER • 1940 • DCS
RURAL SCHOOL • 1940 • DCS
TAKE COVER • 1940 • DCS
AFRICAN IN LONDON, AN • 1941 • DCS
BRITISH YOUTH • 1941 • DCS

PEARSON HARRY – USA
AFRICAN HOLIDAY • JUNGLE ADVENTURE • 1937

PEARSON PETER – CND – 1938–
QUEEN IN CHARLOTTETOWN • 1964 • DOC
MASTROIANNI • 1965 • DOC
CAMP • 1966 • DOC
SEX ADS • 1966 • DOC
THIS BLOOMING BUSINESS OF BILINGUALISM • 1966 • DOC
ARCTIC • 1967 • DOC
INMATE TRAINING, PARTS 1 AND 2 • 1967 • DOC
WHATEVER HAPPENED TO THEM ALL? • 1967
BEST DAMN FIDDLER FROM CALABOGIE TO KALADAR, THE • 1968
SAUL ALINSKY WENT TO WAR • 1968
DOWRY, THE • 1969
IF I DON'T AGREE MUST I GO AWAY? • 1969
ADVENTURES IN RAINBOW COUNTY • 1970
SEASONS IN THE MIND • 1970
PAPERBACK HERO • LAST OF THE BIG GUNS ○ COQ DU VILLAGE, LE • 1972
ALONG THESE LINES • 1974
ONLY GOD KNOWS • 1974
THOUSAND MILES OF HOLIDAYS, A • 1974
INSURANCE MAN FROM INGERSOLL, THE • 1976 • MTV
KATHY KARUKS IS A GRIZZLY BEAR • 1976 • MTV
SIDESTREET • 1977 • SER
SOMETHING VENTURED • 1977
TAR SANDS, THE • 1977 • MTV
CHALLENGERS, THE • 1978 • DSS
LITTLEST HOBO, THE • 1979 • SER
CTV'S NATIONAL CRIME TEST • NATIONAL CRIME TEST • 1980
JACK LONDON'S TALES OF THE KLONDIKE • 1980 • SER
CHAIRMAN: A PORTRAIT OF PAUL DESMARAIS, THE • 1981 • MTV
SNOWBIRDS • 1981 • MTV
UNEXPECTED, THE • 1981 • MTV
QUEBEC ECONOMY IN CRISIS • 1982 • MTV

PEARSON ROBERT E. – USA
GODCHILDREN, THE • 1972
DEVIL AND LEROY BASSETT, THE • 1973

PEARSON THOMAS – USA
BOARDING HOUSE HAM, A • 1916 • SHT

PEARSON W. B. – USA
JUNGLE TREACHERY • 1917 • SHT
LION'S LAIR, THE • 1917 • SHT
LURE OF THE CIRCUS, THE • 1917 • SHT
TEMPLE OF TERROR, THE • 1917 • SHT
HELL'S CRATER • 1918

PEAVY CHARLES D. – USA
SAM "LIGHTNING" HOPKINS • 1971 • SHT

PECAS MAX – FRN – 1925–
CERCLE VICIEUX, LE • 1959
ZARTE HAUT IN SCHWARZER SEIDE • DE QUOI TU TE MELES, DANIELA! (FRN) ○ DANIELLA BY NIGHT (USA) • 1961
DOUCE VIOLENCE • SWEET ECSTASY (USA) ○ SWEET VIOLENCE ○ VIOLENT ECSTASY • 1962
BAIE DU DESIR, LA • EROTIC TOUCH OF HOT SKIN, THE (USA) ○ EROTIC TOUCH, THE ○ TOUCH OF SKIN • 1964
CINQ FILLES EN FURIE • FIVE WILD GIRLS (USA) ○ CHIENNES DE SOLEDOR, LES ○ FIVE WILD KIDS • 1964
ESPIONS A L'AFFUT • HEAT OF MIDNIGHT ○ CHALEUR DE MINUIT, LA ○ HEAT AT MIDNIGHT • 1966
FEMME AUX ABOIS, UNE • PRISONNIERE DU DESIR, LA ○ SLAVE, THE (USA) • 1967
PEUR ET L'AMOUR, LA • TORMENT (USA) ○ LOVE + FEAR + TORMENT ○ PEUR ET LE DESIR, LA ○ FEAR AND LOVE • 1967
NUIT LA PLUS CHAUDE, LA • NIGHT OF THE THREE LOVERS, THE (USA) ○ NIGHT OF THE OUTRAGES (UKN) • 1968
VIOLENCE ET L'AMOUR, LA • 1968
CLAUDE ET GRETA • HER AND SHE AND HIM (USA) ○ ANY TIME ANYWHERE (UKN) ○ LIAISONS PARTICULIERES, LES • 1970
MAIN NOIRE, LA • MANO NERA, LA (ITL) • 1970
JE SUIS UNE NYMPHOMANE • I AM A NYMPHOMANIAC • 1971
JE SUIS FRIGIDE.. POURQUOI? • I AM FRIGID.. WHY? (UKN) ○ SHE SHOULD HAVE STAYED IN BED ○ COMMENT LE DESIR VIENT AUX FILLES • 1972
CLUB PRIVE • CLUB PRIVE (POUR COUPLES AVERTIS) ○ PRIVATE CLUB (UKN) • 1973
LIAISONS PARTICULIERES, LES • ANY TIME ANYWHERE (UKN) • 1974
SEXUELLEMENT VOTRE • SEXUALLY YOURS (UKN) • 1974
MILLE ET UNE PERVERSIONS DE FELICIA, LES • 1975
CLOCKWORK NYMPHO • 1976
LUXURE, LA • 1976
EVERYBODYS • 1977
MARCHE PAS SUR MES LACETS • 1977
EMBRAYE BIDASSE, CA FUME • 1978
FRENCH LOVERS, THE • 1979
ON EST VENU LA POUR S'ECLATER • 1979
MIEUX VAUT ETRE RICHE ET BIEN PORTANT QUE FAUCHE ET MAL FOUTU • 1980
BELLES, BLONDES ET BRONZEES • 1981
ON N'EST PAS SORTI DE L'AUBERGE • 1982
BRANCHES A SAINT-TROPEZ, LES • DESSOUS DE RAMATUELLE, LES • 1983

PECEN NEVZAT – TRK
PESEN NEVZAT
BAD SEED, THE • 1964
HIRSIZ PRENSES • THIEVING PRINCESS, THE • 1967
KIMSESIZIM • I AM LONELY • 1967

PECH ANTONIN – CZC – 1874–1928
ARTUR SE ZENI • ARTHUR GETS MARRIED • 1910
RUDI SPORTSMANEM • RUDI THE SPORTSMAN • 1911
ZUB ZA ZUB • TOOTH FOR TOOTH • 1912
ZAMILOVANA TCHYNE • MOTHER-IN-LAW IN LOVE • 1914

PECHE JEAN-JACQUES – BLG – 1936–
BATAILLE DES MAROULLES, LA • 1970
BONJOUR MONSIEUR LE MAITRE • 1971
PSYCHIATRE, SON ASILE ET SON FOU • 1972
WEEKEND • 1972
STRESS • 1973
HISTOIRE D'UN OISEAU QUI N'ETAIT PAS POUR LE CHAT • 1975

PECK RON – UKN
NIGHTHAWKS • 1978
EMPIRE STATE • 1987
FOREVER YOURS, MONTGOMERY CLIFT • 1990

PECKINPAH SAM – USA – 1925–1984
DEADLY COMPANIONS, THE • TRIGGER HAPPY • 1961
RIDE THE HIGH COUNTRY • GUNS IN THE AFTERNOON (UKN) • 1962
MAJOR DUNDEE • 1965
NOON WINE • 1966 • TVM
WILD BUNCH, THE • 1969
BALLAD OF CABLE HOGUE, THE • 1970
STRAW DOGS • 1971
GETAWAY, THE • 1972
JUNIOR BONNER • 1972
BRING ME THE HEAD OF ALFREDO GARCIA • TRAIGANME LA CABEZA DE ALFREDO GARCIA (MXC) • 1973
PAT GARRETT AND BILLY THE KID • 1973
KILLER ELITE, THE • 1975
CROSS OF IRON • STEINER –DAS EISERNE KREUZ • 1977
CONVOY • 1978
OSTERMAN WEEKEND, THE • 1983

PECLET GEORGES – Actor – FRN – 1896–1974
AMOUR ET CARREFOUR • 1929
GRANDE VOLIERE, LA • 1947
GRAND CIRQUE, LE • 1949
CASABIANCA • CASABLANCA • 1950
REVOLTES DU DANAE, LES • 1952
TABOR • 1953
DU SANG SOUS LE CHAPITEAU • 1956
GAIETES DE L'ESCADRILLE, LES • 1958
ESPIONNE SERA A NOUMEA, L' • 1960

PEDELTY DONOVAN – UKN
FLAME IN THE HEATHER • 1935
LUCK OF THE IRISH, THE • 1935
SCHOOL FOR STARS • 1935
EARLY BIRD, THE • 1936
IRISH AND PROUD OF IT • 1936
BEHIND YOUR BACK • 1937
FALSE EVIDENCE • 1937
FIRST NIGHT • 1937
LANDSLIDE • 1937
BEDTIME STORY • 1938
MURDER TOMORROW • 1938

PEDERSEN FRODE – DNM
MIN FARMORS HUS • GRANDMA'S HOUSE • 1984

PEDERSON CON – USA
LIFE LINE IN SPACE • ANS
COSMOS, THE FANTASTIC JOURNEY! • 1964 • ANS

PEDERSON JOHN – CND
TUESDAY WEDNESDAY • 1985

PEDRAZZINI JEAN-PIERRE – FRN – –1956
EN LIBERTE SUR LES ROUTES D'U.R.S.S. • 1956 • DOC

de PEDRO MANUEL – SPN – 1939–
FESTIVAL DEL NINO • CHILDREN'S FESTIVAL • 1973 • DOC
MUSEO CRIOLLO • NATIVE MUSEUM • 1973 • SHT
ANDRES BELLO • 1974 • DCS
ARTE Y CULTURA • ART AND CULTURE • 1974
BENIMERITO, EL • 1974
FERIA DE SAN SEBASTIAN • 1974 • DCS
INDUSTRIAL SAVOY • 1974 • DCS
MARGARITA AZUL • BLUE MARGARITA • 1974 • DCS
MUSEO CRIOLLO RAUL SANTANA • 1974
VUELTA AL ZANJON • PAINTER JESUS SOTO • 1974 • SHT
JUAN VICENTE GOMEZ • 1975 • DOC
TODO Y NADIE • ALL AND NOBODY • 1977 • DOC
CARONI • 1978 • DCS
LOCO DE MACUTO, EL • MADMAN OF MOCUTO, THE • 1978
RITMOS • RHYTHM • 1978 • SHT
TRAMPAS • TRAPS • 1978 • DOC
CRUZ DIEZ, EL ILUSIONISTA DEL COLOR • 1979 • DCS

de la PEDROSA MANUEL – MXC
LOCO POR ELLAS • 1965

PEEBLES MORT – USA
FLY COP, THE • 1920 • SHT
SCHOOL DAYS • 1920 • SHT
CHICKEN PARADE, THE • 1922

PEERCE LARRY – USA – c1935–
ONE POTATO, TWO POTATO • 1964
BIG T.N.T. SHOW, THE • THIS COULD BE THE NIGHT • 1966
INCIDENT, THE • 1967
GOODBYE, COLUMBUS • 1969
SPORTING CLUB, THE • 1971
SEPARATE PEACE, A • 1972
ASH WEDNESDAY • 1974
STRANGER WHO LOOKS LIKE ME, THE • 1974
OTHER SIDE OF THE MOUNTAIN, THE • WINDOW TO THE SKY, A (UKN) • 1975
TWO-MINUTE WARNING • 1976
OTHER SIDE OF THE MOUNTAIN, PART II, THE • 1977 • TVM
BELL JAR, THE • 1979
WHY WOULD I LIE? • WHY SHOULD I LIE? • 1980
LOVE CHILD • 1982
I TAKE THESE MEN • 1983 • TVM
HARD TO HOLD • 1984
THAT WAS ROCK • 1984 • ANT
LOVE LIVES ON • 1985 • TVM
FIFTH MISSILE, THE • 1986
PRISON FOR CHILDREN • 1987 • TVM
QUEENIE • 1987 • TVM
ELVIS AND ME • 1988 • TVM
WIRED • 1989

PEERS VICTOR – UKN
CARRY ON • 1927
SACRIFICE • 1929

PEETERS BARA see **PEETERS BARBARA**

PEETERS BARBARA – USA
PEETERS BARA
DARK SIDE OF TOMORROW, THE • 1970
BURY ME AN ANGEL • 1971
JUST THE TWO OF US • 1975
SEXUAL DESIRE • 1975
SUMMER SCHOOL TEACHERS • SUMMER HEAT • 1975
STARHOPS • 1978
HUMANOIDS FROM THE DEEP • HUMANOIDS OF THE DEEP ○ MONSTER • 1980

PEEVA ADELA – BUL
NEIGHBOUR, THE • 1988
IN THE NAME OF SPORT • 1990

PEGUY ROBERT – FRN – 1883–1968
FILLE DU PECHEUR, LA • 1912
JIM CROW • 1912
X MYSTERIEUX, L' • 1912
AVIATEUR MASQUE, L' • 1922
CRIME DE MONIQUE, LE • 1924
KITNOU • 1924
MUCHE • 1924
SIX CENT MILLE FRANCS PAR MOIS • 1925
VOL, LE • 1925
PAUL ET VIRGINIE • 1926
EMBRASSEZ-MOI • 1928
MUFLES, LES • 1928
PARIS-NEW YORK-PARIS • 1928
MAISON JAUNE DE RIO, LA • 1930
SON ALTESSE L'AMOUR • SA MAJESTE L'AMOUR • 1931
CLOCHARD • 1932
MONSIEUR DURAND SENATEUR • 1932
AFFAIRE STEINBERG, L' • 1933
AU PAYS DU SOLEIL • 1933
PERE LA CERISE, LE • 1933
COLLIER DU GRAND DUC, LE • 1935
MYSTERE DE LA MAISON-BLANCHE, LE • 1935
JACQUES ET JACOTTE • JACOTTE • 1936
MONSIEUR PROSPER • 1936
MYSTERIEUSE LADY, LA • 1936
MA PETITE MARQUISE • 1937
MONSIEUR BRELOQUE A DISPARU • 1937
GRAND-PERE • FEMMES DE DEMAIN • 1938
GRANDE LECON, LA • 1940
DERNIERE AVENTURE • 1941
NOTRE-DAME DE LA MOUISE • 1941
AILES BLANCHES, LES • 1942
COUP DE FEU DANS LA NUIT • UN COUP DE FEU DANS LA NUIT ○ SECRETS DE FAMILLE • 1942
MASTER LOVE • 1945

PEHLMAN CARL – USA
MAN ON FIRE, A • 1967

PEHRSSON EMIL A. see **LINGHEIM EMIL A.**

PEI VIVIAN – THL
IRON BREAD • 1970

PEIPPO ANTTI – FNL – c1934–
VIAPORI –SUOMENLINNA • 1972
PICTURES OF THE PAST • 1976 • SHT
BOY OF GRANITE • 1978
IHMEMIES • MIRACLE MAN, THE ○ WONDERMAN • 1979
AURINKOTUULI • SUN WIND ○ SUNWIND • 1980

PEIXOTO MARIO – BRZ – 1910–
LIMITE • 1930

PEKALSKI ALEKSANDER
CABMAN NO.13 • 1937

PEKMEZOGLU OKSAL – TRK
MANDRAKE KILLINGE KARSI • MANDRAKE VS. KILLING • 1967
NEMLI GOZLER • MOIST EYES • 1967
SON KURBAN • LAST VICTIM, THE • 1967
CINGENE GUZELI • BEAUTIFUL GIPSY, THE • 1968

PELAEZ ANTONIO – USA
CRYSTALSTONE • 1987

PELAMONIA NICO – MLY
SEMALAM DI MALAYSIA • ONE NIGHT IN MALAYSIA • 1975

PELAYO ALEJANDRO – MXC
VISPERA, LA • DAY BEFORE, THE • 1982
DIAS DIFICILES • HARD DAYS • 1987
MORIR EN EL GOLFO • DYING IN THE GULF • 1990

PELC STANLEY – UKN
RELUCTANT NUDIST, THE • SANDY, THE RELUCTANT NATURE GIRL (USA) ○ SANDY, THE RELUCTANT NUDIST • 1963

PELECHIAN ARTAVAZD see **PELESHYAN ARTAVAZD**

PELESHYAN ARTAVAZD – USS – 1943–
PELECHIAN ARTAVAZD
OUR CENTURY

PELESIE HERBERT – USA
SWING WITH BING • 1940 • SHT

PELISSIE JEAN-MARIE – USA
BRIDE, THE • HOUSE THAT CRIED MURDER, THE ○ HERE COMES THE BRIDE ○ NO WAY OUT • 1973

PELISSIER ANTHONY – UKN – 1912–1988
HISTORY OF MR. POLLY, THE • 1949
ROCKING HORSE WINNER, THE • 1949
ENCORE • 1951
NIGHT WITHOUT STARS • 1951
MEET ME TONIGHT • TONIGHT AT 8.30 (USA) • 1952
MEET MR. LUCIFER • 1953
PERSONAL AFFAIR • 1953

PELLEGRINI GIUSEPPE – ITL
FORCA PER DJANGO, UNA • 1972
GIOCHI D'AMORE SUL FILO DI UNA LAMA • 1973

PELLEGRINI GLAUCO – ITL – 1919–
ESPERIENZA DEL CURISMO, L' • 1949 • SHT
GIUDIZIO DI MICHELANGELO, IL • 1949 • SHT
OMBRE SUL CANAL GRANDE • 1952
AMORI DI MEZZO SECOLO • 1954
UOMINI CHE MASCALZONI!, GLI • 1954
SINFONIA D'AMORE • SCHUBERT • 1955
PELLICCIA DI VISONE, UNA • 1956
AMORE PIU BELLO, L' • UOMO DAI CALZONI CORTI, L' ○ LAD IN SHORTS • 1959
ITALIENISCHES CAPRICCIO • 1961

PELLENC ANDRE – FRN – 1899–
COLLETTE ET SON MARI • AMOUREUX DE COLETTE, LES • 1932
HOMMES DE LA COTE, LES • 1934
TOURNEE DES GRANDS DUCS, LA • 1952

PELLERT WILHELM – AUS
JESUS VON OTTAKRING • JESUS OF OTTAKRING • 1976

PELLINI ORESTE – ITL
AFRICA SEGRETA • SECRET AFRICA • 1969 • DOC
AFRICA AMA • 1971 • DOC

PELTOMAA HANNU – FNL
RANTOJEN MIEHET • SHADOW OF A CITY, THE • 1971 • SHT
TAIKAPELI • MAGIC GAME, THE • 1984

PEMBER CLIFFORD
WANTED MEN • 1936

PEMBROKE PERCY – USA
HUSTLIN' HAWK • 1923 • SHT
RUPERT OF COLE SLAW • RUPERT OF HEE-HAW • 1924 • SHT
TELEPHONE GIRL, THE • 1924 • SRL
CACTUS TRAILS • 1927

PEMBROKE SCOTT – USA
SNOW HAWK, THE • 1925 • SHT
SOMEWHERE IN WRONG • 1925 • SHT
FOR LADIES ONLY • 1927
GALLOPING THUNDER • 1927
LIGHT IN THE WINDOW, A • 1927
RAGTIME • STOLEN MELODY, THE (UKN) • 1927
TERROR OF BAR X, THE • 1927
BLACK PEARL, THE • 1928
BRANDED MAN • 1928
DIVINE SINNER • 1928
GYPSY OF THE NORTH • 1928
LAW AND THE MAN • 1928
MY HOME TOWN • 1928
SHOULD A GIRL MARRY? • 1928
SISTERS OF EVE • AVARICE (UKN) • 1928
SWEET SIXTEEN • 1928
BROTHERS • TWO SONS (UKN) • 1929
SHANGHAI ROSE • SECRET WOMAN, THE (UKN) • 1929
TWO SISTERS • 1929
JAZZ CINDERELLA • LOVE IS LIKE THAT (UKN) • 1930
LAST DANCE, THE • 1930
MEDICINE MAN, THE • 1930
OREGON TRAIL, THE • 1936
TELEPHONE OPERATOR • 1938

PENA NETTIE – USA
HOME SWEET HOME • 1980

PENA RAUL – SPN – 1932–
AMORES DIFICILES, LOS • DIFFICULT LOVE • 1967
PRANA • 1969
FRAY DOLAR • 1970
DESPIERTA, CHICA • 1971

PENAFIEL LUIS see **IBANEZ SERRADOR NARCISO**

PENARD SERGE – FRN – 1949–
TENDREMENT VACHE • 1979
CHENE D'ALLOUVILLE, LE • ILS SONT FOUS CES NORMANDS • 1980
CORBILLARD DE JULES, LE • 1981

PENCZNER MARIUS – USA
I WAS A ZOMBIE FOR THE F.B.I. • 1984

PENDHARKAR BHAL G. – IND
PENDHARKAR BHALJI
AKASHWANI • VOICE FROM THE SKY • 1934
RAJA GOPICHAND • 1938
MAHARATHI KARNA • 1944
VALMIKI • 1946

PENDHARKAR BHALJI see **PENDHARKAR BHAL G.**

PENDRY – NTH
OLIE OP REIS • PATTERN OF SUPPLY • 1957 • DOC

PENDRY ALAN – UKN
POLYOLEFINS, THE • 1964 • SHT

PENG CHIEN – HKG
FIGHTING DRAGON, THE • 1980

PENN ARTHUR – USA – 1922–
LEFT-HANDED GUN, THE • 1958
MIRACLE WORKER, THE • 1962
MICKEY ONE • 1965
CHASE, THE • 1966
BONNIE AND CLYDE • 1967
ALICE'S RESTAURANT • 1969
LITTLE BIG MAN • 1970
VISIONS OF EIGHT • 1973
NIGHT MOVES • DARK TOWER, THE • 1975
MISSOURI BREAKS, THE • 1976
FOUR FRIENDS • GEORGIA'S FRIENDS (UKN) ◦ GEORGIA • 1981
TARGET • 1985
DEAD OF WINTER • 1987
PENN AND TELLER GET KILLED • 1989

PENN LEO – USA
MAN CALLED ADAM, A • 1966
QUARANTINED • HOUSE ON THE HILL • 1970 • TVM
DARK SECRET OF HARVEST HOME • 1978
MURDER IN MUSIC CITY • COUNTRY MUSIC MURDERS, THE • 1979 • TVM
HELLINGER'S LAW • 1981 • TVM
JUDGMENT IN BERLIN • 1988
COLUMBO GOES TO THE GUILLOTINE • 1989 • TVM

PENN M. O. – USA
RODS OF WRATH • 1915

PENNA HERMANO – BRZ
SARGENTO GETULIO • SERGEANT GETULIO • 1982
FRONTEIRA DAS ALMAS • FRONTIER OF THE SOULS • 1988

PENNANEN JOTAARKKA – FNL
MOMMILAN VERITEOT 1917 • MOMMILA BLOODBATH, THE ◦ MURDERS AT MOMMILA, 1917 ◦ MOMMILA 1917, MURHAT ◦ MOMMILA MURDERS, THE • 1973

PENNEBAKER D. A. – USA – 1930–
DAYBREAK EXPRESS • 1953 • SHT
BRUSSELS FILM LOOPS • 1958
OPENING IN MOSCOW • 1959
BALLOON • 1960
PRIMARY • 1960 • DOC
CHAIR, THE • 1962 • DOC
DAVID • 1962 • DOC
JANE • 1962
SUSAN STARR • 1962
CRISIS • 1963 • DOC
MR. PEARSON • 1963
LAMBERT & CO. • 1964 • SHT
ELIZABETH AND MARY • 1965
DON'T LOOK BACK • 1967 • DOC
BEYOND THE LAW • 1968
CECIL TAYLOR AND ALLEN GINSBERG • 1968 • SHT
MONTEREY POP • 1969
YOU'RE NOBODY TILL SOMEBODY LOVES YOU • TIMOTHY LEARY'S WEDDING • 1969
MAIDSTONE • 1970
ONE P.M. • ONE PARALLEL MOVIE • 1970
RAMBLIN' • 1970 • SHT
CHILDREN'S THEATRE OF JOHN DONAHUE, THE • 1971 • DOC
DANCERS IN SCHOOL • 1971 • DOC
SWEET TORONTO • KEEP ON ROCKIN' • 1972
DAVID BOWIE • 1975 • DOC
TOWN BLOODY HALL • 1979
ZIGGY STARDUST AND THE SPIDERS FROM MARS • 1983 • DOC

PENNELL EAGLE – USA
WHOLE SHOOTIN' MATCH, THE • 1978
LAST NIGHT AT THE ALAMO • 1983
CITY LIFE • 1989

PENNER ED – Animator – USA
MICKEY'S AMATEURS • 1937 • ANS

PENNINGTON-RICHARDS C. M. – UKN – 1911–
RICHARDS C. M. PENNINGTON • *RICHARDS PENNINGTON*
ORACLE, THE • HORSE'S MOUTH, THE (USA) ◦ TO TELL THE TRUTH • 1953
HOUR OF DECISION • 1957
STORMY CROSSING • BLACK TIDE (USA) • 1958
INN FOR TROUBLE • 1960
DENTIST ON THE JOB • CARRY ON TV (USA) ◦ GET ON WITH IT! • 1961
DOUBLE BUNK • 1961
LADIES WHO DO • 1963
MYSTERY SUBMARINE • DECOY (USA) ◦ MYSTERY SUBMARINES • 1963
CHALLENGE FOR ROBIN HOOD, A • 1967
DANNY THE DRAGON • 1967 • SRL
SKY PIRATES • 1976

PENTON ARTHUR – USA
MELISSA: THE TOTAL FEMALE • 1970

PENTTI PAULI – FNL
MACBETH • 1987

PENTZLIN E. – USS
FIGHTER PLANES, THE • 1939
TAINSTVENNI OSTROV • MYSTERIOUS ISLAND • 1941
AFTER THE STORM • 1956

PENTZLIN WALTER – GRM
TOBIAS KNAPP, ABENTEUER EINES JUNGGESELLEN • 1950

PENVION A. H. – CND
OPERATION SURVIE • 1960 • DOC

PENZEL WERNER – SWT
STEP ACROSS THE BORDER • 1989 • DOC

PENZO JACOBO – VNZ
MUSICA NOCTURNA • NOCTURNAL MUSIC • 1989
EN TERRITORIO EXTRANJERO • ON FOREIGN SHORES • 1990

PEON RAMON – CUB
VIRGEN DE LA CARIDAD, LA • VIRGIN OF CHARITY • 1930
LLORONA, LA • CRYING WOMAN, THE • 1933
SAGRARIO • 1933
TIBURON • 1933
MUJERES IN ALMA • VENGANZA SUPREMA • 1934
ORO Y OLATA • 1934
TIERRA, AMOR Y DOLOR • 1934
MAS ALLA DE LA MUERTE • 1935
QUE HAGO CON LA CRIATURA? • 1935
SILENCIO SUBLIME • 1935
SOR JUANA INES DE LA CRUZ • 1935
TODO UN HOMBRE • 1935
CHICOS DE LA PRENSA, LOS • NEWSPAPER BOYS, THE (USA) • 1936
MUJERES DE HOY • 1936
BASTARDO, EL • 1937
FORGIVE ME, SON • 1937
LLAGA, LA • TORMENT, THE (USA) • 1937
MADRINA DEL DIABLO, LA • DEVIL'S GODMOTHER, THE (USA) • 1937
MUJER MEXICANA • MEXICAN WOMAN, THE (USA) • 1937
NO BASTA SER MADRE • MOTHERHOOD IS NOT ENOUGH (USA) ◦ IT'S NOT ENOUGH TO BE A MOTHER • 1937
ROMANCE DEL PALMAR, EL • 1939
AVENTURA PELIGROSA, UNA • DANGEROUS ADVENTURE, THE (USA) • 1940
ENTRE HERMANOS • 1944
ARSENIO LUPIN • 1945
ESPINAS DE UNA FLOR • 1945
FLOR DE UN DIA • 1945
INSPECTOR VICTOR CONTRA ARSENIO LUPIN, EL • 1945
MEMORIAS DE UNA VAMPIRESA • 1945
PAPA LEBONARD • 1945
USTED TIENE OJOS DE MUJER FATAL • 1945
COCINERO DE MI MUJER, EL • 1946
ELLA • 1946
FESTIN DE BUITRES • 1946
ROCAMBOLE • 1946
SE ACABARON LAS MUJERES • 1946
AHI VIENEN LOS MENDOZA • 1948
NUESTRAS VIDAS • 1949
OPIO • DROGA MALDITA, LA • 1949
NUNCA DEBIERON AMARSE • 1951
AGUILA NERA • 1953
TESORO DE LA MUERTE, EL • AGUILA NEGRA EN EL TESORO DE LA MUERTE, EL • 1953
VENGADOR SOLITARIO, EL • AGUILA NERA EN LA VENGADOR SOLITARIO, EL • 1953
AMOR DEL BUENO • 1954
FIERA, LA • 1954
MUSICA, ESPUELAS Y AMOR • 1954
PUEBLO QUIETO • 1954
AGUILA NEGRA CONTRA LOS ENMASCARADOS DE LA MUERTE, EL • 1956
AGUILA NEGRA EN LA LEY DE LOS FUERTES, EL • 1956
AGUILA NEGRA VS. LOS DIABLOS DE LA PRADERA, EL • 1956
AMIGOS MARAVILLA EN EL MUNDO DE LA AVENTURA, LOS • 1960
AMIGOS MARAVILLA, LOS • 1960
JURAMENTO DE SANGRE • 1960
MASCARA ROJO, LA • 1960
MATAR O MORIR • 1960
RAYO DE JALISCO, EL • 1960

PEOPLES DAVID WEBB – ASL
SALUTE OF THE JUGGER • 1989

PEPLOE CLARE – USA
HIGH SEASON • 1987

PEPLOE MARK – USA
OUT OF THE BLUE • 1988

PEPPARD GEORGE – Actor – USA – 1928–
FIVE DAYS FROM HOME • 1978

PERAKIS NICOS see **PERAKIS NIKOS**

PERAKIS NIKOS – GRC
PERAKIS NICOS
GOLDENE DING, DAS • GOLDEN THING, THE • 1971
ARPA-COLA • PATCHWORK-COLA • 1981
LOUFA KAI PARRALAGHI • 1984
LIVING DANGEROUSLY • 1988

PERANNE ANTTI – Animator – FNL
BLUE STORY, THE • 1971 • ANS
SALAINEN ELAMANI • MY SECRET LIFE • 1972 • ANS
MAGICIAN, THE • 1973 • ANS

PERC OTTO – HNG
ELLOPTAKA VITAMINAT • VITAMIN THIEF • 1967 • ANM

PERCIN ANDRE – FRN – 1914–1980
FRANCE EST UN EMPIRE, LA • 1939 • DOC

PERCIVAL LACEY – ASL
DIAMOND CROSS • 1910

PERDRIAUD GEORGES – FRN
LIBIDO • 1973

PERDRIX JEAN – FRN
ENFER DES FARDS, L' • 1949

PEREC GEORGES – FRN – 1936–1982
HOMME QUI DORT, UN • MAN WHO SLEEPS, A • 1973

PEREDA RAMON – MXC
CUATRO MILPAS, LAS • FOUR CORN PATCHES, THE (USA) • 1937
MEXICO LINDO • 1938
GAVILAN, EL • HAWK, THE (USA) • 1939
OLVIDADOS DE DIOS, LOS • THOSE FORGOTTEN BY GOD (USA) • 1939
CAPITAN CENTELLAS, EL • 1941
CANTO A LAS AMERICAS • 1942
HERRERO, EL • 1943
PECADO DE UNA MADRE, EL • 1943
BIENAVENTURADOS LOS QUE CREEN • 1945
CICLON DEL CARIBE, EL • 1950
REINA DEL MAMBO, LA • 1950
MARIA CRISTINA • 1951
NINA POPOFF, LA • 1951
CASA DE PERDICION • HOUSE OF PERDITION (USA) • 1954
FLOR DE CANELA • 1957
SUCEDIO EN MEXICO • 1957
ACAPULQUENA • 1958
CUATRO MILPAS, LAS • 1958
VIVA JALISCO QUE ES MI TIERRA! • 1959
CENTAURO DEL NORTE, EL • 1960
VAMONOS PARA LA FERIA • 1960
ROMANCE EN PUERTO RICO • 1961
VOY DE GALLO • 1962
EN LA MITAD DEL MUNDO • 1963
CANA BRAVA • 1965

PEREDO LUIS G. – MXC
SANTA • 1918
LLAGA, LA • 1920

PEREGINI FRANK – USA
SCAR OF SHAME, THE • 1927

PEREGO EUGENIO – ITL
PADRONE DELLE FERROVIERE, IL • 1918

PEREIRA dos SANTOS NELSON see **dos SANTOS NELSON PEREIRA**

PEREIRA DUNSTAN – UKN
VIOLA • 1967 • SHT

PEREIRA MIGUEL – ARG
DEUDA INTERNA, LA • 1987

PERELLI LUIGI – ITL
LO CHIAMAVANO VERITA • 1972
AMORE GRAND AMORE LIBERO • 1976

PERELMAN PABLO – CHL
LATENT IMAGE • 1988

PERERA G. D. L. – SLN
DAHASAK SITHUVILI • THOUSAND THOUGHTS, A • 1968

PERERA K. A. W. – SLN
BICYCLE HORA • BICYCLE THIEF • 1968
LASSANDA • 1974

PERERA L. M. – SLN
HATARA KENDARE • FOUR HOROSCOPES • 1967

PERERA SENATOR REGGIE – SLN
SADOL KANDULU • TEARS OF THE OUTCASTS • 1967

PERES RUTH – ISR
HENRYK'S SISTER • 1988

PERES UZI see **PERES UZIEL**

PERES UZIEL – SWT – 1951–
PERES UZI
PAREIL PAS PAREIL • ALIKE, UNALIKE • 1978
AMOUR MENSONGE, L' • FALSE LOVE • 1979
OMBRE D'UN JEU, L' • SHADOW OF A GAME, A • 1980

PERESTIANI see **PERESTIANI IVAN**

PERESTIANI IVAN – USS – 1870–1959
PERESTJANIN IVANOV • PERESTIANI
V DNI BORBI • IN THE DAYS OF THE STRUGGLE ○ IN THE DAYS OF STRUGGLE • 1920
ARSEN GEORGIASHVILI • ARSEN DZHORGIASHVILI • 1921
KRASNYE DIAVOLIATA • LITTLE RED DEVILS, THE ○ TSITELI ESHMAKUNEBI • 1923
SURAMSKAYA KRYEPOST • SURAM FORTRESS, THE • 1923
TRI ZHIZNI • THREE LIVES ○ TRI SISNI • 1925
ZAMALLU • 1928
SCANDAL? • 1929
ANUSHIA • ANUSH (USA) • 1931

PERESTJANIN IVANOV see **PERESTIANI IVAN**

PEREZ DE ROZAS JOSE LUIS – SPN
CUANDO EL VALLE SE CUBRA DE NIEVE • 1965
ABANDERADOS DE LA PROVIDENCIA, LOS • 1966

PEREZ-DOLC FRANCESC – SPN – 1922–
PEREZ-DOLZ FRANCISCO
A TIRO LIMPIO • 1963
MUJERIEGO, EL • 1963
JUECES DE LA BIBLIA, LOS • JUDGES OF THE BIBLE, THE • 1964
GRANDI CONDOTTIERI, I • 1966

PEREZ-DOLZ FRANCISCO see **PEREZ-DOLC FRANCESC**

PEREZ ELWOOD – PHL
COUNT THE STARS IN THE HEAVENS • 1989

PEREZ F. see **PEREZ MARCEL**

PEREZ FERNANDO – CUB
SIEMBRO VIENTO EN MI CIUDAD • I PLANT THE WIND IN MY CITY • 1979 • DOC

PEREZ LICE see **PEREZ LIKO**

PEREZ LIKO – SPN
PEREZ LICE
ADIOS ALICIA • GOODBYE ALICIA • 1977
EMPERADOR DE LOS NEVADOS, EL • 1979

PEREZ LUIS – USA
AFTER THE EARTHQUAKE • DOC

PEREZ MANUEL – CUB
DESAFIO, EL • 1970
HOMBRE DE MAISINICU, EL • MAN FROM MAISINICU, THE • 1973
RIO NEGRO • BLACK RIVER • 1977

PEREZ MARCEL – USA
PEREZ F. • DAN TWEEDE
DAY AT MIDLAND BEACH, A • 1915
HE WINS • 1918
ALMOST MARRIED • 1919
BUSINESS WITHOUT PLEASURE • 1919
CAN YOU BEAT IT? • 1919
FRAMED UP • 1919
GEE WHIZ • 1919
IN THE SWIM • 1919
SHE–ME • 1919
YOU'RE NEXT • 1919
WAY WOMEN LOVE, THE • 1920
LUXURY • UNMARRIED BRIDE, THE • 1921
BETTER MAN WINS, THE • 1922
DUTY FIRST • 1922
UNCONQUERED WOMAN • 1922
WEST VS. EAST • WEST IS EAST • 1922

PEREZ MARIA REGINA – CLM
MONDAY HOLIDAY • 1989 • SHT

PEREZ TABERNERO JULIO – SPN
TABER ANTHONY P.
SEXY CAT • 1972
ALEGRES VAMPIRAS DE VOGEL, LAS • 1974

PERFETTO CESARE – ITL
GIRO DEL MONDO DEGLI INNAMORATI DI PEYNET • TWO LOVERS AROUND THE WORLD • 1974 • ANM

PERGAMENT ANDRE – FRN – 1922–
IRRESISTIBLE CATHERINE, L' • 1955
M'SIEUR LA CAILLE • JESUS LA CAILLE ○ MONSIEUR LA CAILLE ○ PARASITES, THE • 1955
RIVIERE DES TROIS JONQUES, LA • RIVER OF THREE JUNKS, THE (USA) • 1956
ADVENTURE IN INDO-CHINA • 1957

PERI – USA
HONEYMOON OF TERROR • ECSTASY ON LOVERS ISLAND ○ ECSTASY OF LOVERS • 1961

PERI C. E. – ALG
TROIS PISTOLETS CONTRE CESAR • 1967

PERI ENZO – ITL
PIACERE E IL MISTERO, IL • PLEASURE AND THE MYSTERY, THE • 1964 • DOC
TRE PISTOLE CONTRO CESARE • 1967

PERIER ETIENNE – BLG – 1931–
BOBOSSE • 1958
MEURTRE EN 45 TOURS • MURDER AT 45 RPM • 1960
BRIDGE TO THE SUN • PONT VERS LE SOLEIL, LE (FRN) • 1961
MERCENAIRE, LE • SPADACCINO DI SIENA, LO (ITL) ○ SWORDSMAN OF SIENA (USA) ○ MERCENARIO, IL • 1962
DIS-MOI QUI TUER? • 1965
DES GARCONS ET DES FILLES • GIRLS AND BOYS • 1968
ROUBLE A DEUX FACES, LE • RUBLO DE LAS DOS CARAS, EL (SPN) ○ TELEPHONE ROUGE, LE ○ DAY THE HOT LINE GOT HOT, THE (USA) ○ HOT LINE, THE • 1969
COMMANDO POUR UN HOMME SEUL • 1970
WHEN EIGHT BELLS TOLL • 1971
ZEPPELIN • 1971
FIVE AGAINST CAPRICORN • 1972
MEURTRE EST UN MEURTRE, UN • SEDIA A ROTELLE, LA (ITL) ○ MURDER IS A MURDER, A (UKN) ○ MURDER IS A MURDER.. IS A MURDER, A • 1972
MAIN A COUPER, LA • CADAVERE DI TROPPO, UN (ITL) ○ AND HOPE TO DIE • 1974
PART DU FEU, LA • 1977
SI JOLI VILLAGE, UN • INVESTIGATION, THE • 1978
ROUGE VENETIEN • VENETIAN RED (UKN) • 1989

PERIER JEAN-MARIE – FRN – 1940–
TUMUC HUMAC • 1970
ANTOINE ET SEBASTIEN • 1973
SALE REVEUR • DIRTY DREAMER • 1978
TELEPHONE PUBLIC • 1979 • DOC

PERIES LESTER see **PERIES LESTER JAMES**

PERIES LESTER JAMES – SLN – 1919–
PERIES LESTER
SOLILOQUY • 1949 • SHT
FAREWELL TO CHILDHOOD • 1950 • SHT
SINHALESE DANCE, A • 1950 • SHT
CONQUEST OF THE DRY ZONE • CONQUEST IN THE DRY ZONE • 1954 • SHT
BE SAFE OR BE SORRY • 1955 • SHT
REKAVA • LINE OF DESTINY ○ LINE OF LIFE, THE • 1957
SANDESAYA • MESSAGE, THE • 1960
TOO MANY TOO SOON • 1961 • SHT
HOME FROM THE SEA • 1962 • SHT
FORWARD INTO THE FUTURE • 1964 • SHT
GAMPERILAYA • REVOLUTION IN THE VILLAGE ○ CHANGING COUNTRYSIDE, THE ○ CHANGES IN THE VILLAGE • 1964
DELOVAK ATHARA • BETWEEN TWO WORLDS • 1966
RAN SALU • SAFFRON ROBE, THE ○ YELLOW ROBE, THE ○ GOLDEN SHAWL • 1967
GOLU HADAWATHA • SILENCE OF THE HEART, THE • 1968
AKKARA PAHA • FIVE ACRES OF LAND ○ FIVE ACRES • 1969
STEEL • 1969 • SHT
FORTY LEAGUES FROM PARADISE • 1970 • SHT
KANDY PERAHERA • PROCESSION OF KANDY, THE • 1971 • SHT
NIDHANAYA • TREASURE, THE • 1971
DESA NISA • EYES, THE ○ DESE NISE • 1972
MADOL DUWA • ENCHANTED ISLAND • 1975
SRI LANKA • GOD KING, THE (UKN) • 1975
AHASIN POLA WATHA • WHITE FLOWERS FOR THE DEAD ○ FROM HEAVEN TO EARTH ○ AHASIN POLOWATA • 1976
VEERA PURAN APPU • WEERA PURAN APPU ○ REBELLION • 1978
PINHAMY • 1979 • SHT
BEDDEGAMA • VILLAGE IN THE JUNGLE, THE ○ BADDEGAMA • 1980
KALIYUGAYA • CHANGING VILLAGE PART 2 ○ TIME OF KALI, THE • 1982
YUGANTHAYO • END OF AN ERA • 1983

PERIES SUMITRA – SLN
GANGA ADDARA • RIVER BANK
GEHENU LAMAI • GIRLS, THE • 1977
YAHALU YEHELI • FRIENDS • 1981
MAYA • ILLUSION • 1982
SAGARA JALAYA • 1988

PERILLI IVO – ITL
RAGAZZO • 1933
MARGHERITA FRA I TRE • 1942
PRIMADONNA, LA • 1943

PERINCIOLI CRISTINA – GRM
MACHT DER MANNER IST DIE GEDULD DER FRAUEN, DIE • POWER OF MEN IS THE PATIENCE OF WOMEN, THE • 1978

PERINO – UKN
KITCHEN CHILD, THE • 1989 • SHT

PERISIC ZORAN – YGS – 1940–
DISC, THE • 1987
GUNBUS • SKY BANDITS ○ SKY PIRATES ○ GUN BUS • 1987

PERISSON ALAIN – CND – 1945–
GRAND SABORDAGE, LE • 1972
MONDE ETAIT PLEIN DE COULEURS, LE • 1972

PERKINS ANTHONY – Actor – USA – 1932–
PSYCHO III • 1985
LUCKY STIFF • MR. CHRISTMAS DINNER • 1988

PERKINS ELMER – Animator – USA
HOLLYWOOD BOWL • 1938 • ANS
PIXIE LAND • 1938 • ANS
CHARLIE CUCKOO • 1939 • ANS
SNUFFY'S PARTY • SNUFFY SKUNK'S PARTY • 1939 • ANS

PERKINS HAROLD – USA
HELP WANTED FEMALE • 1968
ALIMONY LOVERS • 1969
BABY VICKIE • 1969
HOT LUNCH
BABY ROSEMARIE • BABY ROSEMARY • 1976

PERKINS MIKE see **CAIANO MARIO**

PERKINS NIGEL – UKN
JUSTINE • 1976

PERKINS WALTER – USA
PABLO AND THE DANCING CHIHUAHUA • 1972

PERKS JEFF – UKN
FORTUNATE MAN, A • 1972

PERLA ALEJANDRO – SPN – 1911–1973
CAIS DO SOBRE • 1946
VIZINHOS DO RES DO CHAO, OS • 1947
DUENDE Y EL REY, EL • 1948
A PUNTA DE LATIGO • 1949
MALEFICIO • 1950
MAL AIRE • MALAIRE • 1951
DON JUAN TENORIO • 1952
HA DESAPARECIDO UN PASAJERO • 1953
SEMIDIOSES, LOS • 1954
AL FIN, SOLOS • 1955
VILLA ALEGRE • 1956
DE LA PIEL DEL DIABLO • 1961

PERLING P. – GRM
ARENA 61 • 1965 • SHT

PERLINI MEME – ITL – 1948–
GRAND HOTEL DES PALMES • 1978

PERLMAN JANET – Animator – CND
LADY FISHBOURNE'S COMPLETE GUIDE TO BETTER TABLE MANNERS • 1976
WHY ME? • 1978 • ANS
TENDER TALE OF CINDERELLA PENGUIN, THE • 1983 • ANS

PERLOV DAVID – SWT
OLD AUNT CHINA • 1959
TANTE CHINOISE ET LES AUTRES • 1959
HAGLOULAH • PILL, THE • 1968
42:6 (BEN GURION) • BEN-GURION STORY, THE • 1969
PILL, THE • 1971
DIARY • 1988

PERNOT HERVE – FRN – 1948–
MORITURA • 1976 • DOC

PEROJO BENITO – SPN – 1894–
MADONA DE LA ROSAS, LA • 1913 • SHT
AU-DELA DE LA MORT • BEYOND DEATH • 1922
PARA TODA LA VIDA • 1922
ENTENAS DE MADRID, LA • 1923
BOY • 1924
MALVALOCA • 1926
NEGRO QUE TENIA EL ALMA BLANCA, EL • 1927
CONDESA MARIA, LA • 1928
CORAZONES SIN RUMBO • 1928
HERZEN OHNE ZIEL • 1928
AMA, EL • MAMA (USA) • 1930
BODEGA, LA • 1930
EMBRUJO DE SEVILLA, EL • 1930
HOMME DE SUERTE, UN • 1930
ENSORCELLEMENT DE SEVILLE, L' • 1931
HOMBRE QUE SE REIA DEL AMOR, EL • 1932
NEGRO QUE TENIA EL ALMA BLANCA, EL • 1933
SE HA FUGADO UN PRESO • 1933
CRISE MONDIALE • WORLD CRISIS (USA) • 1934
SUSANA TIENE UN SECRETO • 1934
ES MI HOMBRE • 1935
RUMBO AL CAIRO • BOUND FOR CAIRO (USA) • 1935
VERBENA DE LA PALOMA, LA • 1936
FIGLI DELLA NOTTE, I • 1939
SOUPIRS D'ESPAGNE • 1939
MARIANELA • 1940
PARRALA, LA • 1940
ULTIMA FIAMMA • ULTIMA FALLA, LA (SPN) ○ ULTIMA AVVENTURA, L' • 1940
GOYESCAS • 1942
STELLA • 1943
CASTA SUSANA, LA • 1944
SIETE MUJERES • 1944
VILLA RICA DEL ESPIRITU SANTO • 1945
CHIRUCA • 1946
MAJA DE LOS CANTARES, LA • 1946
COPLA DE LA DOLORES, LA • SONG OF DOLORES (USA) • 1947
HOSTERIA DEL CABALLITO BLANCO, LA • 1948
NOVIA DE LA MARINA, LA • 1948
PAN, AMOR Y ANDALUCIA • 1959

PEROL GUY – FRN – 1929–
VOILES A VAL • 1959 • SHT
PARIS JE T'AIME • 1962
COMMANDO DES CHAUDS LAPINS, LE • 1973
GOURMANDINES, LES • THREE INTO SEX WON'T GO ○ BIRD IN THE HAND, A • 1973
CIRCLE BED • 1981

PEROLD JAN – SAF
RUITER IN DIE NAG, DIE • RIDER IN THE NIGHT, THE (USA) • 1963

PERONI CARLO – ITL
ARRIVANO I PUTI POTI • 1969 • SHT

PERONSKI KONSTANTIN – BUL
ATTENTION RED LIGHT • 1970 • ANS

PEROV VALENTIN – USS
S.O.S. OVER THE TAYGA • 1976

PERPONCHER FRIEDRICH CARL – GRM
VERLORENEN NACHTE • 1926

PERRAULT PIERRE – CND – 1927–
POUR LA SUITE DU MONDE • MOONTRAP, THE (USA) • 1963
REGNE DU JOUR, LE • 1966 • DOC
BEAU PLAISIR, LE • 1968 • DCS
VOITURES D'EAU, LES • RIVER "SCHOONERS", THE • 1968
PAYS SON BON SENS!, UN • PAYS SANS BON SENS! OU WAKE UP, MES BONS AMIS!, UN • 1970 • DOC
ACADIE L'ACADIE?!?, L' • ACADIA ACADIA?!? • 1971
TICKETS, SVP. • 1973 • DCS
ROYAUME VOUS ATTEND, UN • 1975 • DOC
GOUT DE LA FARINE, LE • 1976 • DOC
C'ETAIT UN QUEBECOIS EN BRETAGNE, MADAME • 1977
RETOUR A LA TERRE, LE • 1977 • DOC
GENS D'ABITIBI • 1980
PAYS DE LA TERRE SANS ARBRES, LE • PAYS DE LA TERRE SANS ARBRES OU LE MOUCHOUANIPI, LE • 1980
BETE LUMINEUSE, LA • 1983
VOILES BAS ET EN TRAVERS, LES • 1983

PERRENET ARMAND – NTH
SOSTENUTO • 1987 • SHT

PERRET LEONCE – FRN – 1880–1935
BAGUE, LA • 1908
FILS DU CHARPENTIER, LE • 1908
MIROIR MAGIQUE, LE • 1908
NOEL D'ARTISTES • 1908
PETIT SOLDAT, LE • LITTLE SOLDIER, THE • 1908
REDINGOTE, LA • 1908
VOILE DES NYMPHES, LE • 1908
ANDRE CHENIER • 1909
DAPHNE • 1909
LEONCE • 1909 • SER
PAUVRES GOSSES • 1909
PORTRAIT DE MIREILLE, LE • 1909
BON SAMARITAIN, LE • 1910
COLONNE, LA • 1910
COURONNE DE ROSES, LA • 1910
LYS D'OR, LE • 1910
MIMOSA • 1910
MOLIERE • 1910
AME DU VIOLON, L' • 1911
AMOUR ET L'ARGENT, L' • 1911
CHRYSANTHEME ROUGE, LE • 1911
COLLIER DE MIMI PINSON, LE • 1911
LUMIERE ET L'AMOUR, LA • 1911
PETITE BEARNAISE, LA • 1911
RIVAL DE CHERUBIN • 1911
BLOUSES BLANCHES, LES • 1912
BONNE HOTESSE, LA • 1912
COQ EN PATE, LE • 1912
CUPIDON AUX MANOEUVRES • 1912
DENTELLIERE, LA • 1912
DETTE D'HONNEUR, LA • 1912
EUGENE AMOUREUX • 1912
GESTE, LE • 1912
HISTOIRE D'UN VALET DE CHAMBRE • 1912
HONNEUR ET L'ARGENT, L' • 1912
MAIN DER FER • 1912
MYSTERE DES ROCHES DE KADOR, LE • 1912
RANCON DU BONHEUR, LA • 1912
ANGE DE LA MAISON, L' • 1913
BRETELLES, LES • 1913
ENFANT DE PARIS, L' • 1913
EPINGLES, LES • 1913
HOMARD, LE • 1913
MOLIERE • 1913
PAR L'AMOUR • 1913
ESCLAVE DE PHIDIAS, L' • 1914
FORCE DE L'ARGENT, LA • 1914
HEURE DU REVE, L' • 1914
ROMAN DU MOUSSE, LE • 1914
AIMER PLEURER MOURIR • 1915
ANGELUS DE LA VICTOIRE, L' • 1915
DERNIER AMOUR, LE • 1915
ENIGME DE LA RIVIERE, L' • 1915
FRANCAISES, VEILLEZ! • 1915
FRANCE ET ANGLETERRE FOREVER • 1915
HEROS DE L'YSER, LES • 1915
LEONCE AIME LES BELGES • 1915
MORT AU CHAMP D'HONNEUR • 1915
MYSTERES DE L'OMBRE, LES • 1915
PAGE DE GLOIRE, UNE • 1915
POILUS DE LA REVANCHE, LES • 1915
ROI DE LA MONTAGNE, LE • 1915
VOIX DE LA PATRIE, LA • 1915
X NOIR, L' • 1915
BELLE AUX CHEVEUX D'OR, LA • 1916
FIANCEE DU DIABLE, LA • 1916
IMPREVU, L' • 1916
MODERN OTHELLO, A • SHADOW OF NIGHT, THE ○ LASH OF JEALOUSY, THE ○ MAD LOVER, THE • 1917
RESCAPEE DU LUSITANIA, LA • 1917
SILENT MASTER, THE • 1917
ACCIDENTAL HONEYMOON, THE • 1918
ARTISTE • 1918
ETREINTE DU PASSE, L' • 1918
FOLLE D'AMOUR • 1918
LAFAYETTE, WE COME! • 1918
LEST WE FORGET • 1918
MILLION DOLLAR DOLLIES, THE • 1918
UNKNOWN LOVE • 1918
A.B.C. OF LOVE, THE • 1919
SOULS ADRIFT • 1919
THIRTEENTH CHAIR, THE • 1919
TWIN PAWNS, THE • CURSE OF GREED, THE • 1919
EMPIRE OF DIAMONDS, THE • EMPIRE DU DIAMANT, L' • 1920
LIFTING SHADOWS • 1920
MODERN SALOME, A • 1920
TWISTED MAN, THE • 1920
DEMON DE LA HAINE, LE • 1921
MONEY MANIAC, THE • RACE FOR MILLIONS, A • 1921
ECUYERE, L' • 1922
KOENIGSMARK • 1924
MADAME SANS-GENE • 1925
FEMME NUE, LA • MODEL FROM MONTMARTRE, THE (USA) ○ BOHEMIAN LOVE • 1926
DANSEUSE ORCHIDEE, LA • ORCHID DANCER, THE • 1928
MORGANE, LA SIRENE • MORGANE THE ENCHANTRESS • 1928
POSSESSION, LA • 1929
QUAND NOUS ETIONS DEUX • 1929
ARTHUR • CULTE DE LA BEAUTE, LE • 1930
APRES L'AMOUR • 1931
ENLEVEZ-MOI • 1932
IL ETAIT UNE FOIS • 1933
DEUX COUVERTS, LES • 1934
PRECIEUSES RIDICULES, LES • 1934
SAPHO • 1934
SOIREE A LA COMEDIE FRANCAISE, UNE • COMEDIE FRANCAISE • 1934

PERRIN FRANCIS – FRN – 1947–
TETE A CLAQUES • 1982
JOLI COEUR, LE • 1983

PERRIN LAURENT – FRN – 1955–
BUISSON ARDENT • 1986

PERRIN MICHEL – BLG
THREE DAYS IN APRIL • JAZZ IN BELGIUM • 1972

PERRIN NAT – USA
GREAT MORGAN, THE • 1946

PERRIN STEVE – AUS
IST GERALDINE KEIN ENGEL? • 1963

PERRIS ANTHONY – GRC – 1939–
JUST ONCE • 1968
WHEREVER THERE ARE CHILDREN • 1968
BEING • 1972
HONOUR THY FATHER • 1976 • MTV
SCOOP • 1978 • MTV
SPECIAL ATHLETES • 1980 • MTV

PERRON CLEMENT – CND – 1929–
GEORGES-P. VANIER, SOLDAT, DIPLOMATE, GOUVERNEUR GENERAL • 1960 • DCS
LOISIRS • 1961 • DCS
BACHELIERS DE LA CINQUIEME, LES • 1962 • DCS
JOUR APRES JOUR • DAY AFTER DAY • 1962 • DCS
MARIE-VICTORIN • 1963 • DCS
CAROLINE • 1964 • SHT
SALUT TORONTO • 1965 • DCS
C'EST PAS LA FAUTE A JACQUES CARTIER • 1967
CINEMA ET REALITE • 1967 • DOC
TAUREAU • BULL, THE • 1973
PARTIS POUR LA GLOIRE • 1975
FERMONT P.Q. • 1980 • DOC

PERRONE ALESSANDRO – ITL
VIETNAM, GUERRA SENZA FRONTE • VIETNAM, WAR WITHOUT A FRONTIER • 1967 • DOC

PERROY OLIVER – BRZ
BETO ROCKEFELLER • 1970

PERRY ANN – USA
SWEET SAVAGE • SWEET SAVAGE: BAD GIRL OF THE WEST • 1979
BALL GAME • 1980

PERRY ANTHONY – Producer – UKN – 1929–
EMMA • 1965

PERRY DAVE – ASL
MAD MESH • 1968
ALBUM • 1970
RANDOM WALK TO CLASSICAL RUIN, A • 1971

PERRY FRANK – USA – 1930–
DAVID AND LISA • 1963
LADYBUG, LADYBUG • 1963
ALL THE WAY TO JERUSALEM • 1968 • DOC
SWIMMER, THE • 1968
LAST SUMMER • 1969
TRILOGY • TRUMAN CAPOTE'S TRILOGY • 1969 • TVM
DIARY OF A MAD HOUSEWIFE • 1970
DOC • 1971
PLAY IT AS IT LAYS • 1972
MAN ON A SWING • 1974
RANCHO DELUXE • 1974
DUMMY • SILENCE OF DONALD LANG, THE • 1979
SKAG • 1980 • TVM
MOMMIE DEAREST • 1981
MONSIGNOR • 1983
COMPROMISING POSITIONS • 1985
HELLO AGAIN • 1987

PERRY HART – USA
HARTIGAN • SHT

PERRY JOHN D. – USA
AUNTIE'S TRIUMPH • 1917 • SHT
COUSINS • 1917 • SHT

PERRY JOSEPH H. – UKN – 1862–1943
SOCIAL LECTURE, THE • 1898 • SER
PASSION FILMS • 1899 • SER
NAVAL CONTINGENT LEAVING MELBOURNE • 1900 • DOC
SOLDIERS OF THE CROSS • 1900
INAUGURATION OF THE COMMONWEALTH • 1901 • DOC
VISIT OF THE DUKE AND DUCHESS OF YORK, THE • 1901 • DOC
GREAT WHITE FLEET VISITS THE ANTIPODES, THE • 1908 • DOC
HEROES OF THE CROSS • 1909
SCOTTISH COVENANTERS, THE • 1909

PERRY MARGARET – CND – 1905–
GRAND MANAN • 1943 • DOC
BATTLING BLUEFINS • 1947 • DOC
OLD NEW SCOTLAND • 1954 • DOC
WILDLIFE RENDEZVOUS, THE • 1959 • DOC
BLUEFIN RODEO • 1960 • DOC
GLOOSCAP COUNTRY • 1961 • DOC
CAPE ISLANDER, THE • 1962 • DOC
NEW NOVA SCOTIA • 1962 • DOC
NOVA SCOTIA BYWAYS • 1963 • DOC
ACADIENNE -CAPE BRETON • 1964 • DOC
HIGHLAND HEART OF NOVA SCOTIA • 1964 • DOC
FREE FROM CARE • 1965 • DOC
TIDES OF FUNDY • 1965 • DOC
BLESSING ON THE WOODS • 1966 • DOC
ORISON • 1967 • DOC
ROYAL PROVINCE, THE • 1967 • DOC
MARINE HIGHWAY • 1968 • DOC
ARTISTS • 1969 • DOC
BLUENOSE SHORE • 1969 • DOC

PERRY PETER – USA
MONDO MOD • 1967 • DOC
YOUNG CYCLE GIRLS, THE • 1979

PERRY SIMON – Producer – UKN – 1943–
ECLIPSE • 1977

PERRY STEVE – USA
NEMESIS • 1989

PERSET ANTOINE – FRN – 1953–
TROIS DERNIERS HOMMES, LES • 1979 • DOC

PERSKI LUDWIK – PLN – 1912–
SPRAWA NAJWAZNIEJSWA • MOST IMPORTANT THING, THE • 1946 • DOC
TRZY KROKI NAPRZOD • THREE STEPS FORWARD • 1946 • DOC
WARSZAWA 1945-47 • WARSAW 1945-47 • 1947 • DOC
JULIAN MARCHLEWSKI • 1950 • DOC
WARSZAWA • WARSAW • 1952 • DOC
PREPARAT "T" • PREPARATION "T" • 1953 • DOC
SATYRYCY • SATIRISTS, THE • 1953 • DOC
SUPLEMENT DO "WARSZAWY" • SUPPLEMENT TO WARSAW • 1954 • DOC
SYNOWIE LUDU • SONS OF THE PEOPLE • 1954 • DOC
W CYRKU • AT THE CIRCUS • 1954 • DOC
W DZIESIECIOLECIE • TENTH ANNIVERSARY OF WROCLAW, THE • 1955 • DOC
ZBOJNICKI • HIGHLAND ROBBERS' FOLK DANCE, THE • 1955 • DOC
KONIEC CZY POCZATEK? • BEGINNING OR THE END?, THE • 1956 • DOC
WESELE KRAKOWSKIE • CRACOW WEDDING • 1956 • DOC
SWIT PAZDZIERNIKA • DAWN OF OCTOBER, THE • 1958 • DOC
WARSZAWIAK W KIJOWIE • VARSOVIAN IN KIEV, A • 1958 • DOC
PAN PROFESOR • PROFESSOR, THE • 1959 • DOC
MOJ TEATR • MY THEATRE • 1960 • DOC
NA "BATORYM" DO POLSKI • ON THE "BATORY" TO POLAND • 1960 • DOC
O WARSZAWIE, ALE INACCZEJ • ABOUT WARSAW BUT DIFFERENTLY • 1960 • DOC
WIECZOR W "SZPAKU" • EVENING AT "SZPAKS", AN • 1960 • DOC
NOTATNIK KANADYJSKI • CANADIAN NOTEBOOK • 1961 • DOC
ESTRADA 62 • CONCERT HALL 62 • 1962 • DOC
KONCERT • CONCERT, THE • 1962 • DOC
OCZEKIWANIE • EXPECTATIONS ○ AWAITING ○ OCZEKIWANIA ○ WAITING • 1962 • DOC
CHWILA WSPOMNIEN: ROK 1944/45 • MOMENT OF REMINISCENCE: 1944/45, A • 1964 • DOC
PRZEZYJMY TO JESZCZE RAZ • LET US LIVE THROUGH IT ONCE MORE • 1964 • DOC
PORTRET DYRYGENTA • PORTRAIT OF A CONDUCTOR, THE • 1965 • DOC
W KAZDA NIEDZIELE • EVERY SUNDAY • 1965 • DOC
HAMLET RAZY PIEC • HAMLET TIMES FIVE • 1966 • DOC
R.M.C.-67 • 1967 • DOC
ZA WASZA I NASZA WOLNOSC • FOR YOUR FREEDOM AND OURS • 1968 • DOC
IMPRESJE CHOPINOWSKIE • IMPRESSIONS OF CHOPIN • 1970 • DOC
OCZAMI PRZYJACIOL • THROUGH THE EYES OF FRIENDS • 1970 • DOC
GODZINA 11.15 -OPOWIESC O ZAMKU KROLEWSKIM W WARSZAWIE • AT 11.15 -THE STORY OF THE ROYAL CASTLE IN WARSAW • 1971 • DOC
LOSY ZAMKU, LOSY KRAJU.. • FATE OF THE CASTLE, THE FATE OF THE COUNTRY.., THE • 1971 • DOC

PERSKY BILL – USA – 1931–
ROLL, FREDDY, ROLL • 1975 • TVM
HOW TO PICK UP GIRLS! • 1978 • TVM
SERIAL • 1980
WAIT TILL YOUR MOTHER GETS HOME! • 1982 • TVM
FOUND MONEY • 1983 • TVM
TRACKDOWN: FINDING THE GOODBAR KILLER • TRACK DOWN: HUNT FOR THE GOODBAR KILLER • 1983 • TVM

PERSON LUIS SERGIO – BRZ
TRILBY • THREE TALES OF TERROR ○ TRILOGY OF TERROR • 1912
CASO DOS IRMAOS NAVES, O • CASE OF THE BROTHER NAVES, THE • 1967
CASSY JONES, O MAGNIFICO SEDUTOR • 1973

PERSSON EDVARD – SWD – 1888–1957
GAMLA HERRGARDEN, DEN • OLD MANOR, THE • 1925
STUDENTERNA PA TROSTEHULT • STUDENTS OF TROSTEHULT • 1925
MILJONAR FOR EN DAG • MILLIONAIRE FOR A DAY • 1926
PA KRYSS MED BLIXTEN • ON THE CRUISE WITH THE LIGHTNING • 1927
VAD KVINNAN VILL • WHAT WOMAN WANTS • 1927
HATTMAKARENS BAL • HATTER'S BALL, THE • 1928

PERTWEE ROLAND – Screenwriter – UKN – 1886–
BREACH OF PROMISE • ADVENTURE IN BLACKMAIL (USA) • 1941

PERUSSE MICHELE – CND
HUMEUR A L'HUMEUR, L' • 1990 • DOC

PERVANJE JURE – YGS
DO KONCA IN NAPREJ • TILL THE END AND ONWARD • 1990

PERVEROGLU ALAADDIN – TRK
BANA KURSUN ISLEMEZ • I'M BULLET-PROOF • 1967

PERZANOWSKA S. – PLN
JEGO WIELKA MILOSC • 1936

PESCE GIACOMO – ITL
PALESTINA SACRA • 1967

PESCHKE ANTON – AUS
ZEIT DER RACHE • TIME OF VENGEANCE • 1990

PESEN NEVZAT see **PECEN NEVZAT**

PESIC SLOBODAN D. – YGS
SLUCAJ HARMS • HARMS CASE, THE • 1987

PESSIS CLAUDE – FRN
MANNEQUIN • 1976

PESSIS GEORGES – GRM – 1929–
ETOILES NUCLEAIRES • 1961 • DCS

PETARD JEAN-PIERRE – FRN – 1940–
VIE, T'EN AS QU'UNE, LA • 1974

PETEL PIERRE – CND – 1920–
FRAISES DE L'ILE D'ORLEANS • 1945 • DCS
CONTE DE MON VILLAGE • 1946 • DCS
ECOLE #8, L' • 1946 • DCS
AU PARC LAFONTAINE • 1947 • DCS
PROMESSES • 1948 • DCS

GALA ARTISTIQUE • 1949 • DCS
TERRE DE CAIN • 1949 • DCS
SILKS AND SULKIES • COURSES SOUS HARNAIS • 1950 • DCS

PETELSCY C. see **PETELSKI CZESLAW**

PETELSCY E. see **PETELSKA EWA**

PETELSKA E. see **PETELSKA EWA**

PETELSKA EWA – PLN – 1920–
PETELSKA E. • PETELSCY E.
TRZY OPOWIESCI • THREE STORIES • 1953
TRZY STARTY • THREE STARTS • 1955
WRAKI • SUNKEN SHIPS ○ SHIPWRECKS ○ WRECKS • 1957
KAMIENNE NIEBO • SKY IS OUR ROUTE, THE ○ SKY IS OUR ROOF, THE ○ SKY OF STONE, A • 1959
OGNIOMISTRZ KALEN • SERGEANT MAJOR KALEN ○ MOUNTAINS OF FIRE ○ MOUNTAINS ON FIRE • 1961
CZARNE SKRZYDLA • BLACK WINGS • 1963
MEN-HUNTERS • 1963
NAGANIACZ • BEATER, THE • 1963
BUTY • BOOTS • 1965 • MTV
CORECZKA • LITTLE DAUGHTER, THE • 1965 • MTV
DREWNIANY ROZANIEC • WOODEN ROSARY, THE • 1965
DON GABRIEL • 1966
WOZEK • CART, THE • 1966 • MTV
DUCH Z CANTERVILLE • CANTERVILLE GHOST, THE • 1967 • MTV
KWESTIA SUMIENIA • MATTER OF CONSCIENCE, A • 1967 • MTV
TORTURA NADZIEI • TORTURE OF HOPE • 1967 • MTV
CZESC KAPITANIE • GOODDAY CAPTAIN • 1968 • MTV
SWIAT GROZY • WORLD OF HORROR • 1968
JARZEBINA CZERWONA • RED ROWANBERRIES ○ ROWAN TREE, THE • 1969
PUSTE OCSY • EMPTY EYES • 1969
KOPERNIKUS • 1972
KAZIMIERZ WIELKI • KAZIMIERZ THE GREAT ○ KING CASIMIR THE GREAT • 1975
BILET POWROTNY • 1978
I BEDZIE MIAL DOM • WE WILL HAVE A HOME • 1978
URODZINY MLODEGO WARSZAWIAKA • BIRTHDAY OF THE YOUNG INHABITANTS OF WARSAW • 1980
BOLDYN • 1981

PETELSKI C. see **PETELSKI CZESLAW**

PETELSKI CZESLAW – PLN – 1922–
PETELSKI C. • PETELSCY C.
TRZY OPOWIESCI • THREE STORIES • 1953
TRZY STARTY • THREE STARTS • 1955
WRAKI • SUNKEN SHIPS ○ SHIPWRECKS ○ WRECKS • 1957
BAZA LUDZI UMARLYCH • DAMNED ROADS • 1958
KAMIENNE NIEBO • SKY IS OUR ROUTE, THE ○ SKY IS OUR ROOF, THE ○ SKY OF STONE, A • 1959
OGNIOMISTRZ KALEN • SERGEANT MAJOR KALEN ○ MOUNTAINS OF FIRE ○ MOUNTAINS ON FIRE • 1961
CZARNE SKRZYDLA • BLACK WINGS • 1963
MEN-HUNTERS • 1963
NAGANIACZ • BEATER, THE • 1963
BUTY • BOOTS • 1965 • MTV
CORECZKA • LITTLE DAUGHTER, THE • 1965 • MTV
DREWNIANY ROZANIEC • WOODEN ROSARY, THE • 1965
DON GABRIEL • 1966
WOZEK • CART, THE • 1966 • MTV
DUCH Z CANTERVILLE • CANTERVILLE GHOST, THE • 1967 • MTV
KWESTIA SUMIENIA • MATTER OF CONSCIENCE, A • 1967 • MTV
TORTURA NADZIEI • TORTURE OF HOPE • 1967 • MTV
CZESC KAPITANIE • GOODDAY CAPTAIN • 1968 • MTV
SWIAT GROZY • WORLD OF HORROR • 1968
JARZEBINA CZERWONA • RED ROWANBERRIES ○ ROWAN TREE, THE • 1969
PUSTE OCSY • EMPTY EYES • 1969
KOPERNIKUS • 1972
KAZIMIERZ WIELKI • KAZIMIERZ THE GREAT ○ KING CASIMIR THE GREAT • 1975
BILET POWROTNY • 1978
I BEDZIE MIAL DOM • WE WILL HAVE A HOME • 1978
URODZINY MLODEGO WARSZAWIAKA • BIRTHDAY OF THE YOUNG INHABITANTS OF WARSAW • 1980
BOLDYN • 1981

PETERFFY ANDRAS – HNG
HOLTPONT • DEAD END • 1983
LEGHOSSZABB NAP, A • LONGEST DAY, THE • 1988

PETERLIC ANTE – YGS
ACCIDENTAL LIFE, AN • 1969

PETERS BROOKE L. – USA
WORLD DANCES, THE • 1954
UNEARTHLY, THE • 1957
ANATOMY OF A PSYCHO • 1961

PETERS VICTOR – USA
LOVE ME.. PLEASE • LOVE CHILD, THE • 1969
ONLY IN MY DREAMS • 1970

PETERSEN ARMIN – GRM
NACHTKOLONNE • 1931

PETERSEN JORGEN FLINDT – DNM
DIN NABOS SON • YOUR NEIGHBOUR'S SON • 1981

PETERSEN MARK – UKN – 1940–
STOP! • 1968

PETERSEN ROLF – GRM
KLUB DER ENTGLEISTEN • 1921
C.D.E. • CLUB DER ENTGLEISTEN • 1922
KREUTZERSONATE, DIE • 1922

PETERSEN WOLFGANG – GRM – 1941–
EINER VON UNS BEIDEN • 1973
FOR YOUR LOVE ONLY • 1976
VIER GEGEN DIE BLANK • 1976
ANNA AND TOTO • 1977
KONSEQUENZ, DIE • CONSEQUENCE, THE • 1977
PLANUBUNG • 1977
SCHWARZ UND WEISS WIE TAGE UND NACHTE • BLACK AND WHITE LIKE DAY AND NIGHT • 1978
BOOT, DAS • BOAT, THE (UKN) • 1981
NEVERENDING STORY, THE • UNENDLICHE GESCHICHTE, DIE • 1984
ENEMY MINE • 1985
PLASTIC NIGHTMARE, THE • 1988
SHATTERED • 1990

PETERSON DANIEL M. – USA
VAMPIRE KNIGHTS • 1987
GIRLFRIEND FROM HELL, THE • 1989

PETERSON KRISTINE – USA
DEADLY DREAMS • 1989

PETERSON SIDNEY – USA
POTTED PSALM, THE • 1946 • SHT
CAGE, THE • 1947 • SHT
HORROR DREAM • 1947 • SHT
PETRIFIED DOG, THE • 1947 • SHT
AH! NURTURE • 1948
CLINIC FOR THE STUDY OF STUMBLE • CLINIC OF STUMBLE • 1948 • SHT
WHITE ROCKER, THE • 1948
ADAGIO FOR ELECTION DAY • 1949
MR. FRENHOFER AND THE MINOTAUR • 1949 • SHT
LEAD SHOES, THE • 1950 • SHT
BLUNDEN HARBOR • 1952
CHOCOLATE FACTORY • 1952
DOLL HOSPITAL • 1952
VEIN STRIPPING • 1952
ARCHITECTURAL MILLINERY • 1954
MANHOLE COVERS • 1954
JAPANESE HOUSE • 1955
MAN IN A BUBBLE • 1980-82

PETERSSONS ELOV – DNM
RIDE HARD, RIDE WILD • 1970

PETHKAR YESHWANT – IND
JUNE TE SONE • 1967

PETIT CHRIS see **PETIT CHRISTOPHER**

PETIT CHRISTOPHER – UKN – 1949–
PETIT CHRIS
COUNTRY CHILDREN • 1976
RADIO ON • 1979
UNSUITABLE JOB FOR A WOMAN, AN • 1981
FLIGHT TO BERLIN • 1983
CHINESE BOXES • 1984

PETKANOVA MAGDA – BUL
SHIBIL • 1968

PETKOV DIMITER – BUL
TISHINA • SILENCE • 1990

PETKOV ROUMEN – Animator – BUL
TREASURE PLANET • 1983 • ANM

PETKOVA ROUMYANA – BLG
COMING DOWN TO EARTH • 1986

PETKOVIC ALEKSANDAR – YGS
HAJDUK • OUTLAW, THE • 1981

PETOK TED – USA
CRUNCH BIRD, THE • 1971 • ANS

PETRAGLIA SANDRO – ITL
NESSUNO O TUTTI • 1975
MATTI DA SLEGARE • FIT TO BE UNTIED (USA) • 1976
MACCHINA CINEMA, LA • CINEMA MACHINE, THE (USA) • 1978

PETRELLI GIULIANO – ITL
OCCHIO DIETRO LA PARETE, L' • 1977

PETRI ELIO – ITL – 1929–1982
NASCE UN CAMPIONE • 1954 • SHT
SETTE CONTADINI, I • 1957 • SHT
ASSASSINO, L' • LADY KILLER OF ROME, THE (USA) ○ ASSASSIN, L' (FRN) ○ ASSASSIN, THE ○ MURDER, THE • 1961
GIORNI CONTATI, I • DAYS ARE NUMBERED, THE • 1962
MAESTRO DI VIGEVANO, IL • SCHOOL TEACHER FROM VIGEVANO, THE • 1963
ALTA INFEDELTA • HAUTE INFIDELITE (FRN) ○ SEX IN THE AFTERNOON ○ HIGH INFIDELITY • 1964
DECIMA VITTIMA, LA • DIXIEME VICTIME, LA (FRN) ○ 10TH VICTIM, THE (USA) • 1965
A CIASCUNO IL SUO • WE STILL KILL THE OLD WAY (USA) ○ TO EACH HIS OWN • 1967
TRANQUILLO POSTO DI CAMPAGNA, UN • COIN TRANQUILLE A LA CAMPAGNE, UN (FRN) ○ QUIET PLACE IN THE COUNTRY, A (USA) • 1968
DOCUMENTI SU GIUSEPPE PINELLI • DEDICATO A PINELLI • 1970
INDAGINE SU UN CITTADINA AL DI SOPRA DI OGNO SOSPETTO • INVESTIGATION INTO A CITIZEN ABOVE SUSPICION ○ INVESTIGATION OF A PRIVATE CITIZEN ○ INVESTIGATION OF A CITIZEN ABOVE SUSPICION • 1970
CLASSE OPERAIA VA IN PARADISO, LA • WORKING CLASS GOES TO HEAVEN, THE ○ LULU THE TOOL (USA) ○ WORKING CLASS GOES TO PARADISE, THE • 1971
PROPRIETA NON E PIU UN FORTO, LA • PROPERTY THEFT IS NO LONGER A LOSS • 1973
TODO MODO • 1976
MANI SPORCHE, LE • 1978 • MTV
STANZA DELLE BUONE NOTIZE • BUONE NOTIZIE, LE • 1979
CHI ILLUMINA LA GRANDE NOTTE? • 1981

PETRIC VLADA – YGS
VREME LJUBAVI • TIME TO LOVE, A • 1966

PETRICIC DUSAN – YGS
VIVE LA LIBERTE • 1972 • ANS

PETRICIC NEVEN – YGS
BASNA • FABLE, A ○ BRSNA • 1979

PETRIDIS GIORGOS – GRC
TI KI AN GENNITHIKA FTOHOS • BORN TO SUCCEED • 1968

PETRIE DAN see **PETRIE DANIEL**

PETRIE DANIEL – CND – 1920–
PETRIE DAN
STINGIEST MAN IN TOWN, THE • 1956 • ANM
BRAMBLE BUSH, THE • 1960
RAISIN IN THE SUN, A • 1961
MAIN ATTRACTION, THE • 1962
STOLEN HOURS, THE • SUMMER FLIGHT • 1963
IDOL, THE • 1966
SPY WITH A COLD NOSE, THE • 1966
SILENT NIGHT, LONELY NIGHT • 1969 • TVM
CENTURY TURNS, THE • HEC RAMSEY • 1971 • TVM
CITY, THE • 1971 • TVM
HOWLING IN THE WOODS, A • 1971 • TVM
MOON OF THE WOLF • 1972 • TVM
TROUBLE COMES TO TOWN • 1972 • TVM
NEPTUNE FACTOR, THE • NEPTUNE FACTOR –AN UNDERSEA ODYSSEY, THE ○ CONQUEST OF THE DEEPS ○ NEPTUNE DISASTER, THE ○ UNDERWATER ODYSSEY, AN • 1973
BUSTER AND BILLIE • 1974
GUN AND THE PULPIT, THE • 1974 • TVM
MOUSEY • CAT AND MOUSE (UKN) • 1974 • TVM
LIFEGUARD • 1975
RETURNING HOME • 1975 • TVM
ELEANOR AND FRANKLIN • 1976 • TVM
SYBIL • 1976 • TVM
ELEANOR AND FRANKLIN: THE WHITE HOUSE YEARS • 1977 • TVM
HARRY TRUMAN: PLAIN SPEAKING • 1977 • MTV
QUINNS, THE • 1977 • TVM
BETSY, THE • HAROLD ROBBINS' THE BETSY • 1978
RESURRECTION • 1980
FORT APACHE, THE BRONX • 1981
SIX PACK • 1982
DOLL MAKER, THE • DOLLMAKER, THE • 1983 • TVM
BAY BOY, THE • PRINTEMPS SOUS LA NEIGE, LE • 1984
EXECUTION OF RAYMOND GRAHAM, THE • 1985 • TVM
HALF A LIFETIME • 1985 • MTV
SQUARE DANCE • HOME IS WHERE THE HEART IS • 1987
COCOON: THE RETURN • 1988
ROCKET GIBRALTAR • 1988

PETRIE DONALD – USA
MYSTIC PIZZA • 1988

PETRINGENARU ADRIAN – RMN – 1933–1989
BIZANT DUPA BIZANT • ANM
BREZAIA • ANM
TATAL RISIPITOR
IN PADUREA LUI ION • IN THE FOREST OF ION (USA) • 1969 • ANS
PRODIGAL FATHER, THE • 1973
RUG SI FLACARA • STAKE AND THE FLAME, THE • 1980

PETRINI LUIGI – ITL
STORIA DI NOTTE, UNA • 1964
SEDICENNI, LE • 1966
A SUON DI LUPARA • TO THE SOUND OF GUNFIRE • 1967
COSI, COSI.. PIU FORTE • 1970
RAGAZZA DALLE MANI DI CORALLO, LA • 1971
SCUSI, SI POTREBBE EVITARE IL SERVIZIO MILITAIRE? • 1974
C'E UNA SPIA NEL MIO LETTO • 1976
RING • 1977
OPERAZIONE KAPPA SPARATE A VISTA • 1978

PETROFF BORIS see **PETROFF BORIS L.**

PETROFF BORIS L. – USA
PETROFF BORIS
HATS OFF • 1936
RED SNOW • 1952
OUTCASTS OF THE CITY • 1958
SHOTGUN WEDDING, THE • 1963

PETROFF HAMIL – USA
CALIFORNIA • 1963 • TVM
RUNAWAY GIRL • 1966

PETROFF PAUL – USA
FREUD STRIKES BACK • 1947
VALSE OF THE PURPLE BUTTERFLIES • 1948

PETRONI GIULIO – ITL
CENTO CHILOMETRI, LA • 1959
PIACERE DELLO SCAPOLO, I • 1960
SOLITI RAPINATORI A MILANO, I • 1961
DOMENICA D'ESTATE, UNA • DIMANCHE D'ETE, UN (FRN) ○ ALWAYS ON SUNDAY (USA) • 1962
DA UOMO A UOMO • DEATH RIDES A HORSE • 1967
...E PER TETTO UN CIELO DI STELLE • ...AND FOR A ROOF A SKY FULL OF STARS • 1968
NOTTE DEI SERPENTI, LA • NIGHT OF THE SERPENTS (USA) • 1969
TEPEPA • VIVA LA REVOLUCION ○ BLOOD AND GUNS • 1969
NON COMMETTERE ATTI IMPURI • 1971
VITA A VOLTE E MOLTO DURA, VERO PROVVIDENZA? • 1972
CRESCETE E MOLTIPLICATEVI • 1973
LABBRA DI LURIDO BLU • 1975
OTTAVA GENERAZIONE • 1977
OSCENO DISIDERIO, L' • PENE NEL VENTRE, LE • 1978

PETROPOULAKIS YANNIS – GRC
PROTEVOUSSIANIKES PERIPETIES • AVENTURES DANS LA CAPITALE • 1956
GIRL FROM CORFU, THE • 1957

PETROSEMOLO GAETANO – ITL
TRAPPOLA DI FUOCO, LA • 1953

PETROSSIAN EDDIE – FRN
COCKTAIL MAGAZINE NO.1 • 1946 • SHT

PETROV-BYTOV P. – USS
CAIN AND ARTEM • 1930
MIRACLES • 1934
PUGACHEV • 1938

PETROV DIMITAR – BUL
PETROV DIMITER
OPASEN POLET • PERILOUS FLIGHT • 1968
TARALEZHITE SE RAZHDAT BEZ BODLI • PORCUPINES ARE BORN WITHOUT BRISTLES • 1971
S DETSA NA MORE • WITH CHILDREN AT THE SEASIDE • 1972
DAY'S BEGINNING, THE • 1975

PETROV DIMITER see **PETROV DIMITAR**

PETROV VALERI – BUL
SLANTSETO I SYANKATA • SUN AND SHADOW ○ SLANTZETO I SIANKATA • 1962

PETROV VLADIMIR – USS – 1896–1966
TATIANA • HEARTS AND DOLLARS (USA) • 1924
DZHOI AND HIS FRIENDS • 1928
GOLDEN HONEY • 1928
ADRES LENINA • LENIN'S ADDRESS ○ ADDRESS BY LENIN • 1929
CHILDREN OF THE NEW DAY • 1930
COLD FEAST, THE • 1930
FRITZ BAUER • 1930
CARPENTER, THE • 1932
FUGITIVE, THE • 1932
GROZA • THUNDERSTORM, THE ○ STORM, THE • 1934
PYOTR PERVY • CONQUESTS OF PETER THE GREAT, THE ○ PETER THE GREAT ○ PETER THE FIRST ○ PIOTR PERVYI • 1937–39
CHAPAYEV IS WITH US • 1941
ELUSIVE JAN, THE • 1942
IUBELEI • JUBILEE • 1944
KUTUZOV • 1812 • 1944
BEZ VINI VINOVATIYE • GUILTY THOUGH INNOCENT • 1945
FIRST FRONT, THE • 1949
STALINGRADSKAYA BITVA • BATTLE OF STALINGRAD, THE • 1950
VICTORS AND THE VANQUISHED, THE • 1950
SPORTING HONOUR • 1951
REVIZOR • INSPECTOR GENERAL, THE • 1952
300 YEARS AGO • 1956
POEDINOK • DUEL, THE • 1957
NAKANUNYE • ON THE EVE ○ V NAVECHERIETO • 1959
PARVI UROK • OLD LADY, THE ○ FIRST LESSON • 1959
RUSSIAN FOREST, THE • 1964

PETROV YURI – USS
OT SNYEGA DO SNYEGA • FROM SNOW TO SNOW • 1968

PETROVA MALINA – BUL
JOURNEY • 1980
NO ONE IS TO BLAME • 1987 • DOC
PANTHEON, THE • 1987 • DOC

PETROVIC ALEKSANDAR – YGS – 1929–
FLIGHT ABOVE THE MARSHES • 1957
PETAR DOBROVIC • 1957
PUTEVI • ROADS, THE • 1958
WAR AGAINST WAR • 1960
DVOJE • WHERE LOVE HAS GONE ○ WHEN LOVE HAS GONE ○ TWO • 1961
DANI • DAYS, THE • 1963
DATA, THE • 1964 • SHT
FAIRS • 1964 • SHT
TRI • THREE ○ TRIO • 1965
SKUPLJACI PERJA • I EVEN MET HAPPY GYPSIES (USA) ○ SREO SAM CAK I SRECNE CIGANE ○ I EVEN MET SOME HAPPY GYPSIES ○ HAPPY GIPSIES..! ○ PLUME COLLECTORS, THE ○ SOME GYPSIES ARE HAPPY • 1967
I DODJE PROPAST SVETA • BICE SKORO PROPAST SVETA ○ IT RAINS IN MY VILLAGE • 1969
MAJSTOR I MARGARITA • MAESTRO E MARGHERITA, IL (ITL) ○ MASTER AND MARGARITA, THE • 1973
GRUPPENBILD MIT DAME • PORTRAIT DE GROUPE AVEC DAME (FRN) ○ GROUP PORTRAIT WITH A LADY (USA) • 1977
ALLER RETOUR • TAMO I NATRAG ○ PUTNICI PASSENGERS ○ PASSENGERS • 1979
SEOBE • MIGRATIONS • 1989

PETROVIC EVA – YGS
PANONSKI VRH • PANNONIAN PEAK, THE • 1989

PETROVIC MIODRAG – YGS
ZIZA IZ IDRIJE • 1947

PETROVIC MIROSLAV – YGS
CUDESNI SAN DZIGE VERTOVA • AMAZING DREAMING OF DZIGA VERTOV, THE • 1990

PETROVIC STEVAN – YGS
SAMRTNO PROLJECE • PRIMAVERA IMMORTAL ○ MORIBUND SPRING • 1974

PETROVSKI METO – YGS
GOLGOTA • GOLGOTHA • 1979

PETRUCCI ANTONIO – ITL – 1907–
CINEMA, CHE PASSIONE! • 1935
MATRIMONIO, IL • 1954
CORTILE • 1956
NO SOY CULPABLE • 1959
CONCILIO ECUMENICO VATICANO II • 1963 • DOC

PETRUSHANSKY YEVSIE – USA
GIRL FEVER • 1961

PETRUZZELLIS STEFANO – ITL – 1950–
STANDARD • 1976

PETSCHLER ERIC see **PETSCHLER ERIC A.**

PETSCHLER ERIC A. – SWD – 1881–1945
PETSCHLER ERIC
VERMLANDERS • 1910
BARON OLSSON • 1919
VARMLANNINGARNA • PEOPLE OF VARMLAND ○ HARVEST OF HATE • 1921
LUFFAR-PETTER • PETER THE TRAMP (USA) • 1922
BROLLOPET I BRANNA • WEDDING AT BRANNA • 1927
HIN OCH SMALANNINGEN • DEVIL AND THE MAN FROM SMALAND, THE • 1927
HALTA LENA OCH VINDOGDE PER • LAME LENA AND CROSS-EYED PER • 1933

PETTERSSON LARS-GORAN – SWD
GRANSLOTS • BORDER PLOT, THE • 1990

PETTINARI DANIELE – ITL
CAGLIOSTRO • 1975
MALAVITA • 1976

PETTY BRUCE – ASL – 1929–
HEARTS AND MINDS • 1967 • ANS
BIG HAND FOR EVERYONE, A • 1971 • ANS
MONEY GAME, THE • 1972 • ANS
ART • 1973 • ANS
KAZZAM INTERNATIONAL • 1976 • ANS
MAGIC ARTS, THE • 1976 • ANS
KARL MARX • 1977 • ANS
LEISURE • 1977 • SHT
MEGALOMEDIA • 1980 • ANS

PETTY CECIL – UKN
PEREGRINE HUNTERS, THE • 1978

PETZAK PETER see **PATZAK PETER**

PETZOLD KONRAD – GRM
MOORHUND, DER • 1960
JAGD NACH DEM STIEFEL, DIE • 1962
JETZT UND IN DER STUNDE MEINES TODES • 1963
LIED VOM TROMPETER, DAS • 1964
ALFONS ZITTERBACKE • 1966
HOSEN DES RITTERS VON BREDOW, DIE • 1973

PEUKERT LEO – GRM
KULISSEN-ZAUBER • 1915
PATENTSCHNAPPSCHLOSS, DAS • 1915
WAS MAN AUS LIEBE TUT • 1915
BARONIN KAMMERJUNGFER • 1917
MUDE THEODOR, DER • 1918
PROFESSOR REHBEIN UND DER MEISTERRINGER • 1920
ALLES FUR DIE FIRMA • 1921
HERR IMPRESARIO, DER • 1921
LEO UND SEINE ZWEI BRAUTE • 1921
LEOS EHEROMAN • 1922
LOHENGRINS HEIRAT • 1922
GOTT ALLEIN DIE EHRE • 1927

PEVNEY JOSEPH – USA – 1920–
SHAKEDOWN • 1950
UNDERCOVER GIRL • 1950
AIR CADET • JET MEN OF THE AIR (UKN) • 1951
IRON MAN • 1951
LADY FROM TEXAS, THE • 1951
STRANGE DOOR, THE • DOOR, THE • 1951
BECAUSE OF YOU • 1952
FLESH AND FURY • HEAR NO EVIL • 1952
JUST ACROSS THE STREET • 1952
MEET DANNY WILSON • 1952
BACK TO GOD'S COUNTRY • 1953
DESERT LEGION • 1953
IT HAPPENED EVERY THURSDAY • 1953
PLAYGIRL • 1954
THREE RING CIRCUS • JERRICO THE WONDER CLOWN ○ THREE-RING CIRCUS ○ BIG TOP, THE • 1954
YANKEE PASHA • 1954
FEMALE ON THE BEACH • 1955
FOXFIRE • 1955
SIX BRIDGES TO CROSS • 1955
AWAY ALL BOATS • 1956
CONGO CROSSING • 1956
MIDNIGHT STORY, THE • APPOINTMENT WITH A SHADOW (UKN) • 1956
ISTANBUL • 1957
MAN OF A THOUSAND FACES • 1957
TAMMY AND THE BACHELOR • TAMMY (UKN) • 1957
TORPEDO RUN • 1958
TWILIGHT FOR THE GODS • DAMNED, THE • 1958
CASH MCCALL • 1960
CROWDED SKY, THE • 1960
PLUNDERERS, THE • 1960
PORTRAIT OF A MOBSTER • 1961
NIGHT OF THE GRIZZLY, THE • 1966
MY DARLING DAUGHTER'S ANNIVERSARY • 1973 • TVM
WHO IS THE BLACK DAHLIA? • 1975 • TVM
CADAVER IN THE CLUTTER, THE • 1977 • TVM
MYSTERIOUS ISLAND OF BEAUTIFUL WOMEN • ISLAND OF SISTER TERESA, THE • 1979 • TVM
CONTRACT FOR LIFE: THE S.A.D.D. STORY • 1984
PRISONERS OF THE SEA • 1985

PEVNY WILHELM – AUS
SAFARI -DIE REISE • SAFARI -THE VOYAGE • 1987

PEVSNER TOM – GRM
FINDEN SIE, DASS CONSTANZE SICH RICHTING VERHALT? • CONSTANT WIFE, THE • 1962

PEWAS PETER – GRM
VERZAUBERTE TAG, DER • 1944
STRASSENBEKANNTSCHAFT • STREET ACQUAINTANCE • 1948
VIELE KAMEN VORBEI • 1956

PEY MARTI – SPN
FERDINAND Y EL CIEMPIES • FERDINAND AND THE CENTIPEDE • 1970 • ANS

PEYDA HUSEYIN – TRK
KANLI OBA • BLOODY CAMP, THE • 1968

PEYROTEO HERLANDER – PRT
VELHO E A MOCA, O • 1961 • SHT
CAMPISTA EM APUROS, UM • CAMPER IN TROUBLE, A • 1968
E, NAO E? • 1977

PEYSER JOHN – Producer – USA – 1916–
THREE STATE GANG, THE
UNDERSEA GIRL • 1957
ALCATRAZ EXPRESS • BIG TRAIN, THE • 1960 • MTV
BLUES FOR A JUNKMAN • MURDER MEN, THE • 1962 • MTV
YOUNG WARRIORS, THE • BEARDLESS WARRIORS, THE • 1967
MASSACRE HARBOUR • 1968
FOUR RODE OUT • CUATRO CABALGARON (SPN) • 1969
HONEYMOON WITH A STRANGER • 1969 • TVM
KASHMIRI RUN • TIBETANA • 1969
CENTERFOLD GIRLS • 1974
BJ AND THE BEAR • 1978 • TVM
STUNT SEVEN • FANTASTIC SEVEN • 1979 • TVM

PEZO ZORAN – YGS
KAKO JE PROPAO ROKENROL • RISE AND FALL OF ROCK'N'ROLL, THE • 1989

PEZOLD FRIEDERIKE – AUS
TOILETTE • TOILET • 1979
CANALE GRANDE • 1983

PFAFFLI ANDRES – SWT
SENZA LUCE -NESSUNO SPAZIO • 1987 • DOC

PFANDLER HELMUT – AUS
NEUROTICA • 1970
ABENTEUER EINES SOMMERS • SUMMER ADVENTURE • 1974
WOLFIN VOM TEUFELSMOOR, DIE • SHE-WOLF OF DEVIL'S MOOR, THE ○ DEVIL'S BED, THE • 1978

PFEIFFER HERMANN – GRM
KORNBLUMENBLAU • 1939
FALSCHMUNZER • 1940
FUR DIE KATZ • 1940
GESUCHT WIRD MAJORA • 1949

PFEIFFER PAUL – GRM
WER FUHR DEN GRAUEN FORD? • 1950

PFEIFFER SCOTT – USA
FIREFIGHT • 1987

PFEIFFER WALT – Animator – USA
MICKEY'S AMATEURS • 1937 • ANS

PFLEGHAR M. see **PFLEGHAR MICHAEL**

PFLEGHAR MICHAEL – GRM – 1933–
PLEGAR MICHAEL • PFLEGHAR M.
TOTE VON BEVERLY HILLS, DIE • CORPSE OF BEVERLY HILLS, THE (USA) ○ THAT GIRL FROM BEVERLY HILLS ○ LU (UKN) ○ DEAD WOMAN FROM BEVERLY HILLS • 1964
SERENADE FUR ZWEI SPIONE • SINFONIA PER DUE SPIE (ITL) ○ SERENADE FOR TWO SPIES (USA) • 1965
BEL AMI 2000 ODER: WIE VERFUHRT MAN EINEN PLAYBOY? • 100 RAGAZZE PER UN PLAYBOY (ITL) ○ HOW TO SEDUCE A PLAYBOY (USA) ○ CENTO RAGAZZE PER UN PLAYBOY • 1966
VIEL GEKUSST UND NICHT VERGESSEN • MUCH KISSED BUT NEVER FORGOTTEN • 1966
PLUS VIEUX METIER DU MONDE, LE • AMORE ATTRAVERSO I SECOLO, L' (ITL) ○ AMOUR A TRAVERS LES AGES, L' ○ ALTESTE GEWERBE DER WELT, DAS ○ LOVE THROUGH THE CENTURIES ○ OLDEST PROFESSION IN THE WORLD, THE ○ OLDEST PROFESSION, THE (USA) • 1967
VISIONS OF EIGHT • 1973
TOP KIDS • 1987

PHALKE DADA – IND – 1870–1944
PHALKE DADA SAHEB • PHALKE DHUNDIRAJ
HARISHCHANDRA • KING HARISHCHANDRA ○ RAJA HARISHCHANDRA • 1912
BHASMASUR MOHINI • LEGEND OF BHASMASUR, THE • 1913
CAVES OF EROLA, THE • 1913 • SHT
DREAMLAND OF GANJADRAO, THE • 1913 • SHT
PITHACHE PUNJE • 1913
SATYAVAN SAVITRI • 1913
CHANDRAHA • 1915
GLASS WORK OF TELEGAON, THE • 1915
MAVILKA • 1915
TUKARAM • 1915
LANKA DAHAN • BURNING OF LANKA, THE ○ BURNING OF DAHAN, THE • 1918
SHRI KRISHNA JANMA • BIRTH OF LORD KRISHNA, THE ○ KRISHNA JANMA ○ SHREE KRISHNA JANMA • 1918
KALYA MARDAN • CHILDHOOD OF KRISHNA, THE ○ KALIYA MARDAN ○ KALIA MARDAN ○ SLAYING OF THE SERPENT, THE • 1919
SATI MANAHANDA • 1923
SETU BANDHAN • SETHUBANDAN ○ BRIDGING OF LANKA, THE ○ BRIDGE ACROSS THE SEA • 1932
GANGAVATAREN • DESERT OF GANGA, THE ○ GANGA AVTARAN ○ ORIGIN OF THE GANGES RIVER • 1937

PHALKE DADA SAHEB see **PHALKE DADA**

PHALKE DHUNDIRAJ see **PHALKE DADA**

PHAM-LAI – BLG
KIM OI! • 1975

PHELAN RAYMOND A. – USA
TOO YOUNG, TOO IMMORAL! • TWISTED MORALS • 1962
ASSIGNMENT -FEMALE • 1966

PHELPS LIVINGSTONE – FRN
CLOSED DOOR, THE • 1922

PHELPS RICHARD – NZL
PARADISE TRANSPORT • 1973
EMPIRE BLEND, THE • 1977

PHELPS WILLIAM – USA
NORTH SHORE • 1987

PHILIBERT NICOLAS – FRN – 1951–
VOIX DE SON MAITRE, LA • 1977 • DOC
BATAILLE A COMMENCE A LANDEREAU, LA • 1978 • DOC
CONFIDENCES SUR L'OUVRIER • 1978 • DOC
PATRONS / TELEVISION • 1978 • SER
PEPIN DANS LA BOITE, UN • 1978 • DOC

PHILIP HANS-ERIK – DNM
PARALLELE LIG, DET • PARALLEL CORPSE, THE • 1982

PHILIPE GERARD – Actor – FRN – 1922–1959
AVENTURES DE TILL L'ESPIEGLE, LES • BOLD ADVENTURE, THE (USA) ○ THYL L'ESPIEGLE ○ TILL EULENSPIEGEL (FRG) ○ ADVENTURES OF TILL EULENSPIEGEL, THE ○ ABENTEUER DES TIL ULENSPIEGEL, DIE • 1956

PHILIPP HARALD – GRM
ALTE FORSTERHAUS, DAS • 1956
HEUTE BLAU UND MORGEN BLAU • VERRUCKTE FAMILIE, EINE • 1957
SIEBENMAL IN DER WOCHE • 1957
TRAUME VON DER SUDSEE • 1957
CZARDAS-KONIG, DER • 1958
RIVALEN DER MANEGE • BIMBO THE GREAT (USA) • 1958
TAUSEND STERNE LEUCHTEN • 1959
DIVISION BRANDENBURG • 1960
STRAFBATAILLON 999 • PUNISHMENT BATTALION (USA) ○ MARCH TO THE GALLOWS • 1960
UNTER AUSSCHLUSS DER OEFFENTLICHKEIT • 1961
AUF WIEDERSEHEN • 1962
MORDNACHT IN MANHATTAN • 1965
OELPRINZ, DER • RAMPAGE AT APACHE WELLS (USA) ○ KRALJ PETROLEJA (YGS) ○ OLPRINZ, DER • 1965
UM NULL UHR SCHNAPPT DIE FALLE ZU • 1966
LIEBESNACHTE IN DER TAIGA • LOVE-NIGHTS IN THE TAIGA ○ CODE NAME IS KILL • 1967
WINNETOU UND DAS HALBBLUT APANATSCHI • WINNETOU AND THE HALF-BREED APACHE • 1967
MORTE BUSSA CUE VOLTE, LA • 1969
BLONDE KODER FUR DEN MORDER • 1970
EHEMANNER REPORT • FREEDOM FOR LOVE (UKN) • 1970
HURRA, WIR SIND MAL WIDER JUNGGESELLEN • 1971
TOD AUS DER THEMSE, DIE • 1971
TOTE AUS DER THEMSE, DIE • DEAD WOMAN IN THE THAMES, THE • 1971

PHILIPPE ANNE – Writer – BLG – 1917–
CARAVANE D'ASIE • 1946 • SHT
FILS DE L'ELEPHANT, LES • 1952 • SHT
ALVARADO VILLAGE DE PECHE • 1953 • SHT
RYTHMES DE CHINE • 1956 • SHT

PHILIPPE-GERARD DIDIER – FRN
FOWLER JOHN
DELIRES PORNO • 1976
HOSTESSES DU SEXE, LES • 1976

PHILIPPE PIERRE – FRN – 1931–
MIDI-MINUIT • NOON TO MIDNIGHT • 1970

PHILIPPI SIEGFRIED – GRM
RACHE DR THORA WEST, DIE • 1915
ABENTEUER EINER SANGERIN, DAS • 1916
SCHMUCK DER HERZOGIN, DER • 1916
HARVARD-PRAMIE, DIE • 1917
ZWISCHEN NACHT UND MORGEN • 1919
FRAU IN DEN WOLKEN, DIE • 1920
MORD.. DIE TRAGODIE DES HAUSES GARRICK • ANGST.. DIE TRAGODIE DES HAUSES GARRICK • 1920
SCHLEICHENDE GIFT, DAS • 1920
SCHWARZE SPINNE, DIE • 1920
SINNESRAUSCH • 1920
TANZERIN TOD • 1920
HERR AUS DEM ZUCHTHAUS, DER • 1921
MADELEINE • 1921
VERSUNKENE WELTEN • 1922
GESCHOPF, DAS • 1924
SPIEL MIT DEM SCHICKSAL, DAS • 1924
MUHLE VON SANSSOUCI, DIE • 1926
AN DER WESER • 1927
TOCHTER DES KUNSTREITERS, DIE • 1927
FRAULEIN AUS ARGENTINIEN, DAS • O JUGEND, WIE BIST DU SO SCHON! • 1928
HERBSTZEIT AM RHEIN • 1928
HERR VOM FINANZAMT, DER • 1928
HEUT WAR ICH BEI DER FRIEDA • 1928
HUTET EUCH VOR LEICHTEN FRAUEN • 1929
WENN DU NOCH EINE HEIMAT HAST • 1929

PHILIPPOU JOHN
ANNA OF RHODES • 1950

PHILIPS LEE – USA – 1927–
GETTING AWAY FROM IT ALL • 1971 • TVM
GIRL MOST LIKELY TO.., THE • 1973 • TVM
RED BADGE OF COURAGE, THE • 1974 • TVM
STRANGER WITHIN, THE • 1974 • TVM
SWEET HOSTAGE • WELCOME TO XANADU • 1975 • TVM
JAMES MICHENER'S DYNASTY • 1976 • TVM
LOUIS ARMSTRONG -CHICAGO STYLE • LOUIS ARMSTRONG, 1931 • 1976 • TVM
WANTED: THE SUNDANCE WOMAN • MRS. SUNDANCE RIDES AGAIN • 1976 • TVM
SPELL, THE • 1977 • TVM
WAR BETWEEN THE TATES, THE • 1977 • TVM
COMEDY COMPANY, THE • 1978 • TVM
SPECIAL OLYMPICS • SPECIAL KIND OF LOVE, A • 1978 • TVM
SALVAGE 1 • 1979 • TVM
VALENTINE • 1979 • TVM
HARDHAT AND LEGS • 1980 • TVM
CRAZY TIMES • 1981 • TVM
ON THE RIGHT TRACK • 1981
GAMES MOTHER NEVER TAUGHT YOU • 1982 • TVM
MAE WEST • 1982 • TVM
WEDDING ON WALTONS MOUNTAIN, A • 1982 • TVM
HAPPY • 1983 • TVM
LOTTERY • 1983 • TVM
SAMSON AND DELILAH • 1984 • TVM
AMERICAN GEISHA • 1986 • TVM
BARNUM • 1986 • TVM
BLUE LIGHTNING, THE • 1986 • TVM
KING OF THE OLYMPICS: THE LIVES AND LOVES OF AVERY BRUNDAGE • KING OF THE OLYMPICS • 1988 • TVM
WINDMILLS OF THE GODS • 1988 • TVM

PHILIPS ROBIN – Actor – UKN – 1941–
MISS JULIE • 1972
WARS, THE • 1982

PHILLIP STU – USA
SAVAGE SOLDIER

PHILLIPS ARTHUR – UKN
LIFE'S A STAGE • 1929
THREE MEN IN A CART • 1929

PHILLIPS BERTRAM – UKN
WHITE STAR, THE • 1915
CHANCE OF A LIFETIME, THE • 1916
FRILLS • 1916
SOMETHING IN THE WIND • 1916
WON BY LOSING • 1916
MAN THE ARMY MADE, A • 1917
YE WOOING OF PEGGY • 1917
IT'S HAPPINESS THAT COUNTS • 1918
MEG O' THE WOODS • 1918
ROCK OF AGES • 1918
LITTLE CHILD SHALL LEAD THEM, A • 1919
TROUSERS • 1920
DICKENS UP-TO-DATE • 1923
FAUST • 1923
JULIET AND HER ROMEO • 1923
ONE EXCITED ORPHAN • 1923
SCHOOL FOR SCANDAL, THE • 1923
STUNG BY A WOMAN • 1923
SYNCOPATED PICTURE PLAYS • 1923 • SHS
TUT-TUT AND HIS TERRIBLE TOMB • 1923
ALLEY OF GOLDEN HEARTS, THE • 1924
HER REDEMPTION • GAYEST OF THE GAY, THE • 1924
STRAWS IN THE WIND • 1924
ARTHUR ROBERTS • 1927
AG AND BERT • 1929

PHILLIPS DEREK – UKN
MINE ALL MINE • 1969 • ANS

PHILLIPS JOHN – CND
FUN AT THE EX • 1973

PHILLIPS MAURICE – USA
AMERICAN WAY, THE • RIDERS OF THE STORM (USA) • 1986
ENID IS SLEEPING • 1990

PHILLIPS NICK – USA
CRAZY FAT ETHEL II • 1987
DEATH NURSE • 1987

PHILLIPS R. W. – USA
PORTERS, THE • 1917 • SHT
BLACK SHERLOCK HOLMES, A • 1918 • SHT
MILK FED HERO, A • 1918 • SHT
SPOOKS • 1918 • SHT
SPYING THE SPY • 1918 • SHT

PHILLIPS SEAN – USA
OVERMAN • SHT

PHIPPS JOHN R. – UKN
SMUGGLERS' HARVEST • 1938

PHOENIX RAY – USA
NAKED AFRICA • 1957 • DOC

PHTHUM SURASEE – THL
COUNTRY TEACHERS

PHYSICK GORDON – UKN
AGONY IN THE GARDEN • 1964

PHYSIOC RAY see **PHYSIOC WRAY**

PHYSIOC WRAY – USA – 1890–
PHYSIOC WRAY BARTLETT • PHYSIOC RAY
BETTER WAY, THE • 1913
DIVIDING LINE, THE • 1913
AND SHE NEVER KNEW • 1914
BUTTERFLIES AND ORANGE BLOSSOMS • 1914
FLEUR-DE-LIS RING, THE • 1914
HEARTS OF OAK • 1914
HIS MOTHER'S HOME • 1914
HIS UNWITTING CONQUEST • 1914
WAY BACK, THE • 1914
WOMAN'S FOLLY, A • 1914
ALL FOR THE BOY • 1915
AND BY THESE DEEDS • 1915
BUCKSKIN SHIRT, THE • 1915
COINCIDENCE • 1915
COUNT TWENTY • 1915
DEPUTY'S DUTY, THE • 1915
DIFFERENCE OF OPINION, A • 1915
EBBING TIDE, THE • 1915
FIRST PIANO IN CAMP, THE • 1915
FOOL'S GOLD • 1915
FOOTHILL PROBLEM, A • 1915
GRATITUDE • 1915
HER SLUMBERING CONSCIENCE • 1915
HIS FATAL SHOT • 1915
HOUSE OF HORROR, THE • 1915
IT DOESN'T PAY • 1915
LUXURIOUS LOU • 1915
MAN WHO WAS NEVER CAUGHT, THE • 1915
MISTER PAGANINI • 1915
MYSTERY OF THE MOUNTAINS, A • 1915
PACKER JIM'S GUARDIANSHIP • 1915
ROMANCE OF OLD CALIFORNIA, A • 1915
ROSE O' THE SHORE • 1915
SERGE PANINE • 1915
THEIR DIVORCE FUND • 1915
WHEN THE TIDE TURNS • 1915
SHADOW OF DOUBT, THE • 1916
GULF BETWEEN, THE • 1918
HUMAN CLAY • 1918
CONTENT • 1920 • SHT
DICTIONARY OF SUCCESS, THE • 1920 • SHT
PITY THE POOR • 1920 • SHT
WHO THREW THE BRICK? • 1920 • SHT
BLONDE VAMPIRE, THE • 1922
LOVE NEST, THE • 1922
MADNESS OF LOVE, THE • 1922

PHYSIOC WRAY BARTLETT see **PHYSIOC WRAY**

PI ROSARIO – SPN
WILD CAT, THE • 1936

PIACENTINI TULLIO – ITL
QUESTI PAZZI PAZZI ITALIANI • 1965
VIALE DELLA CANZONE ,IL • 1965
008 OPERAZIONE RITMO • 1965

PIALAT HENRI – FRN
OPERATION MJC • 1965 • SHT

PIALAT MAURICE – FRN – 1925–
ISABELLE AUX DOMBES • 1951 • SHT
RIVIERA DU BRENTA • 1952 • SHT
CONGRES EUCHARISTIQUE DIOCESAIN • 1953 • SHT
DROLES DE BOBINES • 1957 • SHT
OMBRE FAMILIERE, L' • 1958 • SHT
AMOUR EXISTE, L' • 1960 • SHT
JANINE • 1961 • SHT
JARDINS D'ARABIE • 1963 • SHT
VOYAGES EN TURQUIE ET EN ARABIE SEOUDITE • 1963 • DOC
BYZANCE • 1964 • SHT
ISTANBUL • 1964 • SHT
MAITRE GALIP • 1964 • SHT
PEHLIVAN • 1964 • SHT
CHRONIQUES DE FRANCE, LES • 1965 • SHT
ENFANCE NUE, L' • ME (USA) ○ NAKED CHILDHOOD • 1968
MAISON DES BOIS, LA • HOUSE IN THE WOODS, THE • 1971 • MTV
NOUS NE VIEILLIRONS PAS ENSEMBLE • WE WILL NOT GROW OLD TOGETHER ○ AMANTE GIOVANE, L'(ITL) ○ BREAK-UP ○ WE WON'T GROW OLD TOGETHER • 1972
GUEULE OUVERTE, LA • MOUTH AGAPE, THE • 1973
PASSE TON BAC D'ABORD • GET YOUR DIPLOMA FIRST ○ PASS YOUR EXAM FIRST ○ GRADUATE FIRST ○ DO YOUR EXAMS FIRST • 1979
LOULOU • 1980
A NOS AMOURS • TO OUR LOVES • 1983
POLICE • 1986
SOUS LE SOLEIL DE SATAN • UNDER SATAN'S SUN (USA) • 1987

PIANELLI VITTORIO ROSS – ITL
VAMPIRO, IL • VAMPIRE, THE

PIANKO ADAM – USS – 1942–
ECOLE SAUVAGE, L' • 1971 • DOC
ON N'EST PAS SERIEUX QUAND ON A 17 ANS • 1974

PIAULT MARC-HENRI – FRN
ZAKI! • 1983 • DOC

PIAVOLI FRANCO – ITL
PIANETA AZZURRO, IL • BLUE PLANET, THE • 1983
NOSTOS -IL RITORNO • NOSTOS -THE HOMECOMING • 1990

PIAZZOLI R. D'ETTORE see **D'ETTORE PIAZZOLI ROBERTO**

PICAZO MIGUEL – SPN – 1927–
TIA TULA, LA • AUNT TULA • 1964
OSCUROS SUENOS DE AGOSTO • DARK DREAMS OF AUGUST • 1967
HOMENAJE PARA ADRIANA • HOMAGE TO ADRIANA • 1968
TIERRA DE LOS ALVARGONZALEZ, LA • LAND OF THE ALVARGONZALEZ • 1969
HOMBRE QUE SUPO AMAR, EL • 1976
CLAROS MOTIVOS DEL DESEO, LOS • 1977
EXTRAMUROS • OUTSIDE THE CITY • 1985

PICCARDO MARCELLO – ITL
MOIRE • SHT

PICCIOLI GIANFRANCO – ITL
ULTIME ORE DI UNA VERGINE, LE • DOPPIO A META, UN • 1972
FIORE DAI PETALI D'ACCACIAIO, IL • 1973
PUTTANA GALERA! • 1977
COLPO GROSSO DEGLI UOMINI SQUALO • 1978

PICCIONI FABIO – ITL
KING F. A.
SI PUO FARE MOLTO CON SETTE DONNE • 1971
STUDENTESSA, LA • 1976

PICCIONI GIUSEPPE – ITL
GRANDE BLEK, IL • GREAT BLEK, THE • 1988

PICCON ELIO – ITL – 1925–
HO RITROVATO MIO FIGLIO • 1954
ANTIMIRACOLO, L' • 1965
SCOPERTA, LA • 1969

PICHA – Animator – BLG
WALRAVENS JEAN-PAUL
TARZOON, LA HONTE DE LA JUNGLE • TARZOON THE SHAME OF THE JUNGLE ○ HONTE DE LA JUNGLE, LA ○ JUNGLE BURGER • 1974 • ANM
SHAME OF THE JUNGLE • 1975 • ANM
CHAINON MANQUANT, LE • MISSING LINK, THE • 1981 • ANM
BIG BANG, THE • 1987 • ANM

PICHEL IRVING – Actor – USA – 1891–1954
MOST DANGEROUS GAME, THE • HOUNDS OF ZAROFF, THE (UKN) ○ SKULL ISLAND • 1932
BEFORE DAWN • DEATH WATCH, THE • 1933
SHE • 1935
GENTLEMAN FROM LOUISIANA, THE • 1936
BEWARE OF LADIES • 1937
DUKE COMES BACK, THE • CALL OF THE RING, THE (UKN) • 1937
LARCENY OF THE AIR • 1937
SHEIK STEPS OUT, THE • SHE DIDN'T WANT A SHEIK • 1937

GREAT COMMANDMENT, THE • 1939
EARTHBOUND • 1940
HUDSON'S BAY • 1940
MAN I MARRIED, THE • I MARRIED A NAZI • 1940
DANCE HALL • 1941
LIFE BEGINS AT 8.30 • LIGHT OF HEART, THE (UKN) • 1942
PIED PIPER, THE • 1942
SECRET AGENT OF JAPAN • 1942
HAPPY LAND • 1943
MOON IS DOWN, THE • 1943
AND NOW TOMORROW • 1944
COLONEL EFFINGHAM'S RAID • MAN OF THE HOUR (UKN) • 1945
MEDAL FOR BENNY, A • 1945
BRIDE WORE BOOTS, THE • 1946
O.S.S. • 1946
TEMPTATION • BELLA DONNA • 1946
TOMORROW IS FOREVER • 1946
SOMETHING IN THE WIND • 1947
THEY WON'T BELIEVE ME • 1947
MIRACLE OF THE BELLS, THE • 1948
MR. PEABODY AND THE MERMAID • 1948
WITHOUT HONOR • TWILIGHT • 1949
DESTINATION MOON • 1950
GREAT RUPERT, THE • 1950
QUICKSAND • 1950
SANTA FE • 1951
MARTIN LUTHER • 1953
DAY OF TRIUMPH • GREAT BETRAYAL, THE • 1954

PICHONNIER JEAN – FRN
MICHEL SIMON SOUS LE PLATRE • 1940
IMAGES D'ETHIOPIE • 1948

PICHONNIER PAUL – FRN
MICHEL SIMON SOUS LE PLATRE • 1940
IMAGES D'ETHIOPIE • 1948

PICHUL VALERI – USS
LITTLE VERA • 1987

PICHUL VASILY – USS
NOCHI CHORNI V SOCHI • 1989

PICK LUPU – Actor – RMN – 1886–1831
LUPU-PICK
LIEBE DES VANROYK, DIE • 1918
MR. WU • 1918
ROTHENBURGER, DIE • LIEB UND SEELE • 1918
TOLLE HEIRAT VON LALO, DIE • 1918
WELTSPIEGEL, DER • 1918
HERR UBER LEBEN UND TOD • 1919
KITSCH • TRAGODIE EINER INTRIGANTIN, DIE • 1919
MARIONETTEN DER LEIDENSCHAFT • 1919
MEIN WILLE IST GESETZ • 1919
MISERICORDIA • 1919
SEELENKAUFER, DER • 1919
TOTET NICHT MEHR! • MISERICORDIA • 1919
DUMMKOPF, DER • IDIOT, THE • 1920
LACHENDE GRAUEN, DAS • 1920
NIEMAND WEISS ES • 1920
AUS DEN ERINNERUNGEN EINES FRAUENARZTES 2 • LUGE UND WAHRHEIT • 1921
GRAUSIGE NACHTE • HORRIBLE NIGHT • 1921
SCHERBEN • SHATTERED • 1921
ZUM PARADIES DER DAMEN • 1922
SYLVESTER • NEW YEAR'S EVE • 1923
HAUS DER LUGE, DAS • ARME, KLEINE HEDWIG ○ WILDENTE, DIE ○ WILD DUCK, THE • 1925
PANZERGEWOLBE, DAS • ARMOURED VAULT, THE • 1926
NACHT IN LONDON, EINE • NIGHT IN LONDON, A • 1928
KNIGHT IN LONDON, A • 1929
NAPOLEON AUF ST. HELENA • ST. HELENA (DER GEFANGENE KAISER) ○ NAPOLEON A SAINTE-HELENE • 1929
GASSENHAUER • 1931
QUATRE VAGABONDS, LES • 1931

PICKARD HENRI – USA
BABYLON PINK • 1979

PICKER JIMMY – USA
JIMMY THE C. • 1978 • SHT

PICKERING PETER – UKN
TOWER, THE • 1953
KENT OIL REFINERY, THE • 1954 • DOC

PICKETT LOWELL – USA
STRAIGHT BANANA • 1970

PICKFORD JACK – Actor – USA – 1896–1933
LITTLE LORD FAUNTLEROY • 1921
THROUGH THE BACK DOOR • 1921

PICO MARCO – FRN – 1940–
NUAGE ENTRE LES DENTS, UN • 1973

PIDUTTI JORDANO – LBN
ADVENTURES OF ELIAS MABROUK • 1929

PIEGELER TEJA – GRM
X + YY -FORMEL DES BOSEN • NACKT SIND SEINE OPFER ○ X + YY -FORMULA FOR EVIL • 1969

PIEHL VERN – USA
EVIDENCE OF POWER • 1979

PIEKALKIEWICZ JANUSZ – UKN
IT BEGAN ON THE VISTULA • ZACZELO SIE NAD WISLA ○ UNFINISHED WAR, THE ○ POLISH PASSION • 1966

PIEKUTOWSKI ANDRZEJ – PLN
POSZUKIWACZE • SEARCHERS, THE ○ SEARCH, THE • 1962
CZAS PRZEMIANY • TIME OF CHANGE • 1968 • DOC

PIEL DAVID – USA
HAROLD AND THE PURPLE CRAYON • 1957 • ANS

PIEL HARRY – GRM – 1892–1963
RACHE DER GRAFIN BARNETTI, DIE
DAMONEN DER TIEFE • 1912
BEN ALI BEY • 1913
MENSCHEN UND MASKEN • 1913
MILLIONEN-MINE, THE • 1914
BAR VON BASKERVILLE, DER • 1915
GEHEIMNIS VON D14, DAS • 1915
GROSSE WETTE, DIE • GREAT BET, THE (USA) • 1915
IM BANNE DER VERGANGENHEIT • 1915
MANYA, DIE TURKIN • 1915
SCHWARZE HUSAR, DER • 1915
VERSCHWUNDENE LOS, DAS • 1915
GEHEIMNISVOLLE TELEPHON, DAS • 1916
LEBENDE RATSEL, DAS • 1916
POLICE NR.1111 • POLICE 1111 • 1916
SULTAN VON JOHORE, DER • 1916
UNTER HEISSER ZONE • UNDER A HOT SUN ○ UNTER HEISSER SONNE • 1916
SEIN TODFEIND • 1917
STUMME ZEUGE, DER • 1917
UM EINE MILLION • 1917
WEISSE SCHRECKEN, DER • 1917
ZUR STRECKE GEBRACHT • 1917
AMERIKANISCHE DUELL, DAS • 1918
DIPLOMATEN • 1918
KAPITAN HANSENS ABENTEUER • 1918
RATTE, DIE • 1918
ROLLENDE HOTEL, DAS • 1918
AUGE DES GOTZEN, DAS • 1919
BLAUE DRACHEN, DER • 1919
GROSSE COUP, DER • 1919
GROSSE UNBEKANNTE, DER • 1919
NARRISCHE FABRIK, DIE • 1919
RATSELHAFTE KLUB, DER • 1919
UBER DEN WOLKEN • 1919
FLIEGENDE AUTO, DAS • 1920
GEFANGNIS AUF DEM MEERESGRUND, DAS • 1920
GEHEIMNIS DES ZIRKUS BARRE, DAS • 1920
LUFTPIRATEN, DIE • 1920
VERACHTER DES TODES, DER • 1920
BRENNENDE BERG, DER • 1921
FURST DER BERGE, DER • 1921
GEHEIMNIS DER KATAKOMBEN • 1921
PANIK • 1921
REITER OHNE KOPF 1, DER • TODESFALLE, DIE • 1921
REITER OHNE KOPF 2, DER • GEHEIMNISVOLLE MACHT, DIE • 1921
REITER OHNE KOPF 3, DER • HARRY PEELS SCHWERSTER SIEG • 1921
RITT UNTER WASSER, DER • 1921
UNUS, DER WEG IN DIE WELT • 1921
SCHWARZE KUVERT, DAS • 1922
VERSCHWUNDENE HAUS, DAS • 1922
ABENTEUER EINER NACHT • 1923
LETZTE KAMPF, DER • 1923
MENSCHEN UND MASKEN 1 • FALSCHE EMIR, DER • 1923
MENSCHEN UND MASKEN 2 • GEFAHRLICHES SPIEL, EIN • 1923
MIRACLE OF TOMORROW, THE • 1923
RIVALEN • 1923
AUF GEFAHRLICHEN SPUREN • VERWEHTE SPUREN • 1924
MANN OHNE NERVEN, DER • 1924
ABENTEUER IM NACHTEXPRESS • 1925
SCHNELLER ALS DER TOD • 1925
ZIGANO, DER BRIGANT VOM MONTE DIAVOLO • ZIGANO • 1925
ACHTUNG HARRY! AUGEN AUF!! • SECHS WOCHEN UNTER DEN APACHEN • 1926
SCHWARZE PIERROT, DER • 1926
WAS IST LOS IM ZIRKUS BEELY • 1926
RATSEL EINER NACHT • 1927
SEIN GROSSTER BLUFF • ER ODER ICH ○ BIG BLUFF, THE • 1927
MANN GEGEN MANN • 1928
PANIK • 1928
SEINE STARKSTE WAFFE • 1928
MANNER OHNE BERUF • 1929
MITTERNACHTS-TAXE, DIE • 1929
SIEN BESTER FREUND • ABENTEUER MIT FUNFZEHN HINDEN, EIN ○ HIS BEST FRIEND (USA) • 1929
"ACHTUNG! -AUTO-DIEBE!" • AUTOBANDITEN • 1930
ER ODER ICH • 1930
MENSCHEN IM FEUER • 1930
BOBBY GEHT LOS • 1931
SCHATTEN DER UNTERWELT • 1931
GEHEIMAGENT, DER • MANN FALLT VOM HIMMEL, EIN ○ SECRET AGENT (UKN) • 1932
JENNY STIEHLT EUROPA • 1932
SCHIFF OHNE HAFEN, DAS • GESPENSTERSCHIFF, DAS • 1932
SPRUNG IN DEN ABGRUND • SPUREN IM SCHNEE • 1933
UNSICHTBARER GEHT DURCH DIE STADT, EIN • INVISIBLE MAN GOES THROUGH THE CITY, AN ○ MEIN IST DIE WELT ○ DIE WELT IST MEIN! ○ WORLD IS MINE, THE • 1933
HERR DER WELT, DER • MASTER OF THE WORLD ○ RULER OF THE WORLD • 1934
WELT OHNE MASKE, DIE • WORLD WITHOUT A MASK, THE • 1934
ARTISTEN • 1935
DSCHUNGEL RUFT, DER • 1936
90 MINUTEN AUFENTHALT • 1936
SEIN BESTER FREUND • HIS BEST FRIEND (USA) • 1937
MENSCHEN, TIERE, SENSATION • 1938
UNMOGLICHE HERR PITT, DER • 1938
GESPRENGTE GITTER • 1940-53
PANIK • 1943
MANN IM SATTEL, DER • 1945
TIGER AKBAR, DER • 1951

PIENAAR A. A. – SAF
BOU VAN 'N NASIE, DIE • THEY BUILT A NATION ○ BUILDING A NATION ○ SALUTE TO PIONEERS • 1939

PIEPER EBERHARD – GRM
ZOFF • 1971

PIERALISI ALBERTO – BRZ
ENTERRO DA CAFETINA, O • 1970

PIERCE ARTHUR C. – USA
LAS VEGAS HILLBILLYS • 1966
WOMEN OF THE PREHISTORIC PLANET • PREHISTORIC PLANET WOMEN • 1966

PIERCE CHARLES B. – USA
LEGEND OF BOGGY CREEK, THE • 1973
BOOTLEGGERS • BOOTLEGGERS' ANGEL • 1974
WINTERHAWK • 1975
WINDS OF AUTUMN, THE • 1976
GRAYEAGLE • 1977
TOWN THAT DREADED SUNDOWN, THE • 1977
EVICTORS, THE • 1979
NORSEMAN, THE • 1979
SACRED GROUND • 1983
BARBARIC BEAST OF BOGGY CREEK, PART II, THE • BOGGY CREEK II: AND THE LEGEND CONTINUES ○ BOGGY CREEK II • 1985
HAWKEN • 1986

PIERCE DOUGLAS – UKN
LOVE IN WAITING • AT YOUR SERVICE • 1948
DELAVINE AFFAIR, THE • MURDER IS NEWS • 1954

PIERCE JACK – USA
LET THERE BE BOYS • 1969 • ANT

PIERI RENAU see **UNIA PIERRE**

PIERIS ASOKA – SLN
SARANA • HAVEN • 1967

PIERKOFF JORGE – MXC
CORAZON DE MADRE • 1926

PIEROTTI PIERO – ITL – 1912–
STANLEY PETER E.
ARCIERE NERO, L' • 1959
SCIMITARRA DEL SARACENO, LA • PIRATE AND THE SLAVE GIRL, THE (USA) ○ VENGEANCE DU SARRASIN, LA • 1959
CAVALCATA SELVAGGIA • 1960
MARCO POLO • AVVENTURA DI UN ITALIANO IN CINA, L' (ITL) • 1962
REGINA PER CESARE, UNA • QUEEN FOR CAESAR, A (USA) • 1963
ERCOLE CONTRO ROMA • HERCULE CONTRE ROME (FRN) ○ HERCULES AGAINST ROME (USA) • 1964
GOLIA E IL CAVALIERE MASCHERATO • GOLIA CONTRO IL CAVALIERE MASCHERATO ○ HERCULES AND THE MASKED RIDER • 1964
NAPOLEONE A FIRENZE • 1964
PONTE DEI SOSPIRI, IL • AVENGER OF VENICE (USA) • 1964
SANSONE E IL TESORO DEGLI INCAS • HERCULES AND THE TREASURE OF THE INCAS (USA) ○ LOST TREASURE OF THE AZTECS ○ SAMSON AND THE TREASURE OF THE INCAS • 1964
MISTERO DELL'ISOLA MALATESTA, IL • GIANT OF THE EVIL ISLAND (USA) • 1965
ZORRO IL RIBELLE • 1966
ASSALTO AL TESORO DI STATO • ATTACK ON THE STATE TREASURE • 1967
TESTA O CROCE • 1969
GRANDE AVVENTURA DI SCARAMOUCHE, LA • 1970

PIERRE – FRN
COUSIN DE CALLAO, LE • 1962 • SHT
PETIT JOUR • 1964 • SHT

PIERRE-LOUIS – Actor – FRN – 1917–
AMOURDEDIEU PIERRE • LOUIS PIERRE
DANSEUSE NUE, LA • 1952
SOYEZ LES BIENVENUS! • 1952
MANDAT D'AMENER • 1953

PIERRE ROGER – Actor – FRN – 1923–
VIE EST BELLE, LA • 1956

PIERSON ARTHUR – USA
DANGEROUS YEARS • 1948
O'FLYNN, THE • FIGHTING O'FLYNN, THE (UKN) • 1948
HOME TOWN STORY • 1951

PIERSON CARL – USA
NEW FRONTIER, THE • 1935
PARADISE CANYON • 1935
SINGING VAGABOND, THE • 1935

PIERSON CLAUDE – FRN – 1932–
MARCHAND ANDREE • JOYCE CAROLINE • JOYCE CAROLYNE • MARTIN PAUL
ILS SONT NUS • WE ARE ALL NAKED (USA) ○ DAYS OF DESIRE (UKN) • 1966
A PROPOS DE LA FEMME • ALL ABOUT WOMEN (UKN) • 1969
FEMMES COMPLICES
JOYEUX COMPERES
PETITS SLIPS SE DECHAINENT, LES
PLANQUE TON FRIC, J'ME POINTE!
VIERGES ET DEBAUCHEES
FILLE LIBRE, UNE • EROTIC LOVE GAMES (UKN) ○ DOPO L'ALTRA, UNA (ITL) ○ FEMME LIBRE, UNE • 1970
JUSTINE DE SADE • VIOLATION OF JUSTINE, THE ○ SADE'S JUSTINE • 1970
ALL ABOUT WOMEN • 1971
AH! SI MON MOINE VOULAIT.. • 1973
DONNEZ-NOUS NOTRE AMOUR QUOTIDIEN • AMORE QUOTIDIANO (ITL) • 1973
IN LOVE WITH SEX • 1974
AMOUR COMME LE NOTRE, UN • FRENCH LOVE (UKN) • 1975
FEMMES IMPUDIQUES • 1975
GOULUES, LES • 1975
GRANDE RECRE, LA • 1976
MARQUISE VON PORNO, LA • 1977
NAKED LOVERS • 1977
O' LES PETITES STARLETTES • 1979
DEUX GAMINES, LES • 1980
PHALLOCRATES, LES • 1980
CONFIDENCES D'UN TROU MIGNON AU DOCTEUR SEXE • 1981
CA FAIT DU BIEN • 1982
VIENS, J'AI PAS DE CULOTTE! • 1982

PIERSON FRANK see **PIERSON FRANK R.**

PIERSON FRANK R. – UKN – 1925–1988
PIERSON FRANK
LOOKING GLASS WAR, THE • 1969
NEON CEILING, THE • 1970 • TVM
STAR IS BORN, A • 1976
KING OF THE GYPSIES • 1978
BLACK AND BLUE • 1989

PIERSON ROBERT – USA
CLAWS • DEVIL BEAR • 1977

PIESIS G. see **PIESIS GUNAR**

PIESIS GUNAR – USS
PIESIS G.
GREY WILLOW IN BLOOM, THE • 1961
POHADKA O MALICKOVI • FAIRY TALE OF MALICEK, THE • 1985

PIESTRAK MAREK – PLN
TEST PILOTA PIRXA • DOZNANIYE PILOTA PIKRSA ○ TEST OF PILOT PIRX, THE ○ TEST PILOT PIRX ○ PIRX TEST–FLIGHT • 1978
WILCZYCA • SHE–WOLF, THE • 1983
CURSE OF SNAKE VALLEY, THE • 1988
POWROT WILCZYCY • RETURN OF THE SHE–WOLF • 1990

PIETERS GUIDO – NTH
VAARWEL • ROMANTIC AGONY, THE • 1973
ZWAAR MOEDIGE VERHALEN VOOR BIJ DE CENTRALE VERWARMING • MELANCHOLY FIRESIDE TALES ○ MELANCHOLY TALES • 1975
DOCTOR VLIMMEN • 1976
IN A NUT–SHELL • 1981
OP HOOP VAN ZEGEN • GOOD HOPE, THE • 1987

PIETERS VIVIAN – NTH
PROOI, DE • PREY, THE • 1984

PIETRANGELI ANTONIO – ITL – 1919–1968
SOLE NEGLI OCCHI, IL • SUN IN THE EYES ○ CELESTINA • 1953
AMORI DI MEZZO SECOLO • 1954
SCAPOLO, LO • ALBERTO IL CONQUISTATORE ○ BACHELOR, THE • 1956
SOUVENIR D'ITALIE • IT HAPPENED IN ROME • 1957
NATA DI MARZO • MARCH'S CHILD ○ BORN IN MARCH • 1958
ADUA E LE COMPAGNE • LOVE A LA CARTE (USA) ○ ADUA AND HER COMPANIONS ○ ADUA AND HER FRIENDS ○ HUNGRY FOR LOVE • 1960
FANTASMI A ROMA • GHOSTS IN ROME (USA) ○ PHANTOM LOVERS (UKN) ○ GHOSTS OF ROME • 1961
PARMIGIANA, LA • GIRL FROM PARMA, THE • 1963
VISITA, LA • VISIT, THE • 1963
MAGNIFICO CORNUTO, IL • COCU MAGNIFIQUE, LE (FRN) ○ MAGNIFICENT CUCKOLD, THE • 1964
IO LA CONOSCEVO BENE • ICH HABE SIE GUT GEKANNT (FRG) ○ AMOUR TEL QU'IL EST, L' (FRN) ○ I KNEW HER WELL • 1965
FATE, LE • OGRESSES, LES (FRN) ○ FAIRIES, THE ○ QUEENS, THE ○ SEX QUARTET • 1966
COME, QUANDO, PERCHE • HOW, WHEN, WHY? ○ HOW, WHEN AND WITH WHOM • 1968

PIETRANGELI PAOLO – ITL
BIANCO E NERO • 1975
PORCI CON LE ALI • IF PIGS HAD WINGS • 1977
GIORNI CANTATI, I • SINGING DAYS, THE • 1979

PIGAUT ROGER – Actor – FRN – 1919–
CERFVOLANT DU BOUT DU MONDE, LE • KITE FROM THE END OF THE WORLD, THE ○ MAGIC OF THE KITE, THE (USA) ○ KITE FROM ACROSS THE WORLD, THE ○ WISHING MACHINE, THE • 1957
COMPTES A REBOURS • CONTO ALLA ROVESCIA (ITL) • 1970
SETTE CERVELLI PER UN COLPO PERFETTO • 1972
TROIS MILLIARDS SANS ASCENSEUR • 1972
GUEPIER, LE • HORNET'S NEST, THE • 1975

PIIRONEN PAAVO – FNL
SAAT EL TAHRIR DAKKAT BARRA YA ISTI'MAR • HEURE DE LA LIBERATION A SONNE, L' ○ HOUR OF THE LIBERATION HAS SOUNDED, THE ○ TIME OF LIBERATION HAS COME, THE ○ DAMNED RADICALS • 1974

PIKE ANDREW – ASL
ANGELS OF WAR • 1982 • DOC

PIKE JAMES A. – USA
FEELIN' GOOD • 1966

PIKE OLIVER – UKN
PATH THROUGH THE WOOD • 1922

PILAFIAN PETER – USA
JIM PLAYS BERKELEY • 1971 • DOC

PILARD PHILIPPE – FRN
JULIETTE? • 1973

PILEGGI TOM – USA
UNCLE SCAM • 1981

PILGRIM RONALD see **PILGRIM RONNIE**

PILGRIM RONNIE – Dir. photo – UKN
PILGRIM RONALD
OPERATION DIAMOND • 1948

PILIKHINA MARGARITA – Dir. photo – USS – 1926–
ANNA KARYENINA • ANNA KARENINA • 1975

PILISSY JOSHKA see **PILISSY JOSKA**

PILISSY JOSKA – HNG – 1938–
PILISSY JOSHKA
GUEPIOT, LE • 1981

PILLAI JAYAGOPAL – IND
MANASSA DEVI • 1937

PILLAULT JEAN–DANIEL – FRN – 1958–
DEMARIES, LES • 1980 • SHT
JOCONDES, LES • 1982

PILLAYYA C. – IND
DRUVA–VIJAYM • DRUVA'S VICTORY • 1936

PILLIOD PHILIPPE – SWT
NEID ODER EIN ANDERER SEIN • 1979
ENVY • 1980 • MTV

PILLSBURY SAM – NZL
SCARECROW, THE • 1981
STARLIGHT HOTEL • 1987

PILZ MICHAEL – AUS
HIMMEL UND ERDE • HEAVEN AND EARTH • 1982 • DOC
NOAH DELTA II • 1986
WEEKEND • 1990

PINCUS DAVID
THESE THIRTY YEARS • 1934

PINDAL KAJ – Animator – DNM – 1927–
NEW YORK LIGHTBOARD –WELCOME TO CANADA • 1961 • ANS
PEEP SHOW, THE • 1962 • ANS
WHAT ON EARTH! • 1966 • ANS
KING SIZE • 1969 • SHT
CITY, THE • 1970 • ANS
HORSING AROUND • 1973 • ANS
MAN THE POLLUTER • 1973 • ANS
MYTH AND THE REALITY, THE • 1973 • ANS
SLOW MOTION • 1973 • ANS
SNOMOBILE • IT'S ONLY A MACHINE • 1973
OLD LADY WHO LIVED IN A SHOE, THE • 1977 • ANS
CANINABUS • JUNKIE DOG • 1979 • ANS

PINDL KARL – GRM
DEUTSCHE LIED, DAS • 1928

PINE DIANA – UKN
FASTER THAN SOUND • 1949
ROYAL HERITAGE • 1952

PINE PHILLIP – USA – 1925–
DON'T JUST LAY THERE • 1970
CAT AND THE CANARY, THE • 1972
POSSE FROM HEAVEN • 1975
POT! PARENTS! POLICE! • 1975

PINE WILLIAM see **PINE WILLIAM H.**

PINE WILLIAM H. – USA – 1896–1955
PINE WILLIAM
WE REFUSE TO DIE • 1942
AERIAL GUNNER • 1943
SWAMP FIRE • 1946
SEVEN WERE SAVED • 1947
DISASTER • 1948
DYNAMITE • 1949
CROSSWINDS • 1951

PINEDA ENRIQUE – CUB
MELLA
AQUELLA LARGA NOCHE • THAT LONG NIGHT • 1979

PINEDA FRANK – NCR
HOMBRE DE UNA SOLA NOTE, UN • MAN WITH ONLY ONE NOTE, THE • 1988

PINEL VINCENT – FRN – 1937–
VUES D'ICI • 1978

PINELLI C. A. – ITL
DIO SOTTO LA PELLE, IL • 1974

PINES JAMES O. – UKN
OFF THE MAIN ROAD • 1970 • SHT

PINGITORE PIER FRANCESCO – ITL
DIPINGI DI GIALLO IL TUO POLIZIOTTO • 1970
REMO E ROMOLO (STORIA DI DUE FIGLI DI UNA LUPA) • 1976
NERONE • 1977
SCHERZI DA PRETE • 1978
MARZIANO A ROMA • 1979
TUTTI A SQUOLA • 1979
GIAN BURRASCA • 1983

PINHEIRO ANTONIO – PRT – 1867–1943
TINOCO EM BOLANDAS • 1922
TRAGEDIA DE AMOR • 1924

PINHEIRO JOSE – FRN – 1945–
FAMILY ROCK • 1982
MOTS POUR LE DIRE, LES • 1983
PAROLE DE FLIC • COP'S HONOUR ○ COP OF HONOUR • 1986
FEMME FARDEE, LA • 1990

PINHORN MAGGIE – UKN
TUNDE'S FILM • 1973

PINI AMERICO – BRZ
CRIME NO.. VERAO, UM • 1972

PINK SIDNEY – USA – 1916–
ANGRY RED PLANET, THE • JOURNEY TO THE 4TH PLANET ○ INVASION OF MARS • 1959
JOURNEY TO THE SEVENTH PLANET • 1961
REPTILICUS • 1961
FINGER ON THE TRIGGER • DEDO EN EL GATILLO, EL (SPN) • 1965
JOE NAVIDAD • CHRISTMAS KID, THE (USA) • 1966
SIETE MAGNIFICAS, LAS • FRAUEN, DIE DURCH DIE HOLLE GEHEN (AUS) ○ DONNE ALLA FRONTIERA (ITL) ○ TALL WOMEN, THE (USA) ○ WOMEN WHO GO THROUGH HELL • 1966

PINKAVA J. see **PINKAVA JOSEF**

PINKAVA JOSEF – CZC – 1919–
PINKAVA J.
DEN ODPLATY • DAY OF RECKONING, THE • 1960 • ANS
AUTOMAT NA PRANI • WISHING MACHINE, THE (USA) • 1967
KITTENS NOT CARRIED • 1967
KAPITAN KORDA • CAPTAIN KORDA • 1979
CHLAPI PRECE NEPLACOU • MEN NEVER CRY • 1980
MALY VELKY HOKEJISTA • LITTLE BIG HOCKEY PLAYER • 1982
ZA HUMNY JE DRAK • THERE'S A DRAGON A STONE'S THROW AWAY ○ DRAGON DOWN THE LANE • 1982
POHLAD KOCCE USI! • STROKE THE CAT'S EARS! • 1985

PINKUS GERTRUD – SWT
HOCHSTE GUT EINER FRAU IST IHR SCHWEIGEN, DAS • MOST VALUABLE ASSET OF A WOMAN IS HER SILENCE, THE • 1981 • DOC
ANNA GOLDIN –LETZTE HEXE • ANNA GOLDIN –THE LAST WITCH • 1989

del PINO CARLOS – BRZ
SANTA DICA DO SERTAO • 1989

PINOLI MATTIA – ITL
DIARIO DI UNA STELLA, IL • ALESSANDROWNA • 1939

PINON EFREN C. – PHL
BLIND RAGE • 1978
ENFORCER FROM DEATH ROW • 1978
KILLING OF SATAN, THE • 1983

PINOTEAU CLAUDE – FRN – 1925–
SILENCIEUX, LE • UOMO CHE NON SEPPE TACERE, L' (ITL) ○ SILENT ONE, THE ○ ESCAPE TO NOWHERE ○ MAN WHO DIED TWICE, THE • 1972
GIFLE, LA • SCHIAFFO, LO (ITL) ○ SLAP, THE (USA) • 1974
GRAND ESCOGRIFFE, LE • 1976
HOMME EN COLERE, L' • LABYRINTH • 1978
JIGSAW • 1979
BOUM, LA • PARTY, THE (USA) • 1980
BOUM 2, LA • 1982
SEPTIEME CIBLE, LA • 1984

PINOTEAU J. see **PINOTEAU JACK**

PINOTEAU JACK – FRN – 1923–
PINOTEAU JACQUES • PINOTEAU J.
ILS ETAIENT CINQ • 1951
VENT DEBOUT • 1952
GRAND PAVOIS, LE • 1953
AMI DE LA FAMILLE, L' • 1957
CHERI FAIS–MOI PEUR • 1958
TRIPORTEUR, LE • 1958
ROBINSON ET LE TRIPORTEUR • MONSIEUR ROBINSON CRUSOE (USA) • 1959
VEINARDS, LES • PEOPLE IN LUCK • 1962
COMMENT SUPPRIMER SON PROCHAIN • 1963
DURS A CUIRE, LES • 1964
MOI ET LES HOMMES DE QUARANTE ANS • CAROLINE UND DIE MANNER UBER VIERZIG (FRG) • 1964
JACQUELINE E GLI UOMINI • 1967

PINOTEAU JACQUES see **PINOTEAU JACK**

PINSCHEWER JULIUS – GRM – 1883–
EXCELSIOR • ANM
PLAY OF THE WAVES, THE • 1955 • ANS

PINSENT GORDON – Actor – CND – 1933–
ONCE • 1980 • MTV
FAR CRY FROM HOME, A • 1981 • MTV
EXILE, THE • 1985 • MTV
JOHN AND THE MISSUS • 1987

PINTER HAROLD – Actor/writer – UKN – 1930–
BUTLEY • 1974

PINTILE LUCIAN – RMN – 1933–
DUMINICA LA ORA 6 • SUNDAY AT 6 O'CLOCK • 1965
RECONSTITUIREA • RECONSTITUTION, THE ○ RE–ENACTMENT, THE ○ RECONSTRUCTION, THE • 1968
PAVILJON VI • PAVILION VI • 1979

PINTO JOAQUIM – PRT
ONDE BATE O SOL • WHERE THE SUN BEATS (UKN) • 1988

PINTO JORGE – CLM
TASAJERA • 1976 • DOC

PINTOFF ERNEST – Animator – USA – 1931–
PINTOFF ERNIE
AQUARIUM • 1956 • ANS
BLUES PATTERN • 1956 • ANS
GOOD OLE COUNTRY MUSIC • 1956 • ANS
MARTIANS COME BACK • 1956 • ANS
WOUNDED BIRD • 1956 • ANS
FLEBUS • 1957 • ANS
HAUNTED NIGHT, THE • 1957 • ANS
VIOLINIST, THE • 1959 • ANS
INTERVIEW, THE • 1961 • ANS
SHOES, THE • 1961 • SHT
OLD MAN AND THE FLOWER, THE • 1962 • ANS
CRITIC, THE • 1963 • ANS
HARVEY MIDDLEMAN, FIREMAN • 1965
DYNAMITE CHICKEN • 1971
WHO KILLED MARY WHAT'S'ERNAME? • WHO KILLED MARY MAGDALENE? ○ DEATH OF A HOOKER • 1971
BLADE • 1973
HUMAN FEELINGS • 1978 • TVM
JAGUAR LIVES • 1978
LUNCH WAGON • LUNCH WAGON GIRLS ○ COME 'N' GET IT • 1981
ST. HELENS • ST. HELENS: KILLER VOLCANO ○ KILLER VOLCANO • 1981

PINTOFF ERNIE see **PINTOFF ERNEST**

PINZAUTI MARIO – ITL
GIUNSE RINGO E.. FU TEMPO DI MASSACRO • 1971
VAMOS A MATAR SARTANA • 1971
CLOUZOT & C. CONTRO BORSALINO & C. • 1973
PIETA PER CHI RESTA • 1974
DUE MAGNUM 38 PER UN CITTA DI CAROGNE • 1975
EMANUELLE BIANCA E NERA • 1976
MANDINGA • 1977

PINZON GERMAN – CLM
PISINGANA • 1985

PIOLLET SERGE – FRN – 1937–
BANG BANG • O L'AMMAZZO O LA SPOSO (ITL) • 1967

PIOTROWSKI ANDRZEJ J. – PLN
ZNAKI NA DRODZE • SIGNS ON THE ROAD • 1971

PIPER BRETT – USA
MUTANT WAR • 1988

PIPER HANS-ALBERT – GRM
LAYOUT • 1968

PIPERNO J. HENRY – UKN
AMBUSH IN LEOPARD STREET • 1962
BREATH OF LIFE • 1962

PIPINASHVILI K. see **PIPINASHVILI KONSTANTIN**

PIPINASHVILI KONSTANTIN – USS
PIPINASHVILI K.
KADZHANA • 1936
GOLDEN PATH, THE • 1945
TAINA DVUH OKEANOV • ORI OKEANIS SAIDUMLOBEA ○ MYSTERY OF THE OCEANS, THE ○ SECRET OF TWO OCEANS, THE • 1955
MAYAKOVSKY NACHINALSYA TAK • THIS IS HOW MAYAKOVSKY BEGAN • 1959

PIPOLO – ITL
MOCCIA GIUSEPPE
MARZIANI HANNO DODICI MANI, I • LLEGARON LOS MARCIANOS (SPN) ○ SIAMO QUATTRO MARZIANI ○ TWELVE HANDED MEN OF MARS, THE ○ MARTIANS ARRIVED, THE ○ MARTIANS HAVE TWELVE HANDS • 1964
ZIO ADOLFO IN ARTE FUHRER • 1978
MANO DI VELLUTO • VELVET HANDS • 1979
SABATO, DOMENICA E VENERDI • 1979
ASSO • 1981
BISBETICO DOMATO, IL • 1981
INNAMORATO PAZZO • 1982
ATTILA FLAGELLO DI DIO • ATTILA THE SCOURGE OF GOD • 1983
GRAND HOTEL EXCELSIOR • 1983
SEGNI PARTICOLARI: BELLISSIMO • IDENTIFYING FEATURES: VERY HANDSOME • 1984
E' ARRIVATO MIO FRATELLO • MY BROTHER HAS COME • 1985
BURBERO, IL • GRUMP, THE • 1987
GRANDI MAGAZZINI • BIG STORE • 1987
SCUOLA DI LADRI • SCHOOL FOR THIEVES • 1987

PIQUER JUAN see **SIMON PIQUER**

PIQUINT JEAN-MARIE – BLG
A HAUTEUR D'HOMME • 1977
POUR UN MONDE PLUS HUMAIN • 1977

PIRAU REINE – FRN
MOTO-GIRL.. UNE PETITE CHATTE SUR UN ENGIN BRULANT • 1980
SECRETAIRES TRES PARTICULIERES • 1980

PIREAUX CHRISTINE – BLG
CHRONIQUE DES SAISONS D'ACIER • 1981

PIRES GERARD – FRN – 1942–
EROTISSIMO • 1969
S.W.B. • 1969
FANTASIA CHEZ LES PLOUCS • 1970
ELLE COURT, ELLE COURT, LA BANLIEUE • 1973
AGRESSION, L' • APPUNTAMENTO CON L'ASSASSINO (ITL) ○ ACT OF AGGRESSION (USA) ○ SOMBRES VACANCES • 1974
ATTENTION LES YEUX • LET'S MAKE A DIRTY MOVIE ○ WATCH FOR THE EYES • 1975
ORDINATEUR DES POMPES FUNEBRES, L' • 1976
ENTOURLOUPE, L' • 1979
RENDS-MOI LA CLE! • 1980

PIRES ROBERTO – BRZ
GRANDE FEIRA, A • 1961

PIRHASAN BARIS – TRK
FABLE ON LITTLE FISHES, A • 1989
KUCUK BALIKAR • 1989

PIRIE ALEX – UKN
ROSE STREET • 1958

PIROSH ROBERT – Screenwriter – USA – 1910–
GO FOR BROKE! • 1951
WASHINGTON STORY • TARGET FOR SCANDAL (UKN) ○ MR. CONGRESSMAN • 1952
VALLEY OF THE KINGS • 1954
GIRL RUSH, THE • 1955
SPRING REUNION • 1957

PIRRI MASSIMO – ITL
CALAMO • 1976
ITALIA ULTIMO ATTO? • 1977
IMMORALITA, L' • 1978
LYCANTHROPUS • 1979
TUNNEL, THE • 1983

PIRRO MARK – USA
POLISH VAMPIRE IN BURBANK • 1985
DEATHROW GAMESHOW • 1988

PIRYOF I.
ANNA • 1936

PISANI AL see **VARI GIUSEPPE**

PISANI SERGIO – ITL
TRE CANAGLIE PER L'INFERNO • 1974

PISANI WALTER – ITL
BEFFE, LICENZE E AMORI DEL DECAMERONE SEGRETO • LOVE, PASSION AND PLEASURE • 1973

PISCATOR ERWIN – GRM – 1893–1966
VOSTANIYE RYBAKOV • REVOLT OF THE FISHERMEN, THE • 1934

PISCHIUTTA BRUNO – ITL
COMPAGNE NUDE • 1978

PISCICELLI SALVATORE – ITL
IMMACOLATA E CONCETTA • IMMACOLATA AND CONCETTA: THE OTHER JEALOUSY • 1979
REGINA • 1987

PISIER MARIE-FRANCE – Actress – VTN – 1944–
BAL DU GOUVERNEUR, LE • 1989

PISKOV HRISTO – BUL
UROK ISTORIJI • LESSON IN HISTORY, A ○ IN THE FACE OF THE WORLD ○ UROKAT NA ISTORIATA • 1957
BEDNATA ULITSA • POOR MAN'S STREET • 1963
SMART NYAMA • THERE IS NO DEATH • 1963
MONDAY MORNING • 1965
SUNSTROKE • 1976
AVALANCHE, THE • 1981

PISTEK THEODOR – Actor – CZC – 1895–
KAREL HAVLICEK BOROVSKY • 1925

PISTINER ADA – RMN
STOP CADRU LA MASA • SNAPSHOT AROUND THE FAMILY TABLE ○ FREEZE FRAME AT TABLE • 1980

PISU MARIO – ITL – 1910–1976
BRIGATA DELLA SPERANZA, LA • 1953
GRANDE AVVENTURA, LA • 1954

PITA DAN – RMN – 1938–
PARADISUL • PARADISE • 1967 • SHT
DUPAAMIAZA OBISNUITA • COMMON AFTERNOON • 1968 • SHT
VIATA IN ROZ • LIFE IN PINK • 1969 • SHT
APA CA UN BIVOL NEGRU • WATER AS A BLACK BUFFALO • 1970 • DOC
NUNTA DE PIATRA • STONE WEDDING, THE • 1972
AUGUST IN FLACARI • AUGUST IN FLAMES • 1973 • MTV
DUHUL AURULUI • LUST FOR GOLD ○ GOLD FEVER • 1974
FILIP CEL BUN • FILIP THE KIND • 1975
TANASE SCATIU • SUMMER TALE • 1976
PROFETUL, AURUL SI ARDELE NII • PROPHET, GOLD AND THE TRANSYLVANIANS, THE • 1978
OIL, THE BABY AND TRANSYLVANIANS, THE • 1981
CONCURS • CONTEST • 1983
PASO DOBLE • PASSO DOBLE (PAS IN DOI) • 1985
NOIEMBRIE, ULTIMUL BAL • LAST BALL IN NOVEMBER, THE • 1989
ROCHIA ALBA DE DANTELA • WHITE LACE DRESS, THE • 1989

PITANGA ANTONIO – BRZ
NA BOCA DO MUNDO • IN THE WORLD'S MOUTH • 1980

PITRE GLEN – USA – 1955–
BELLIZAIRE THE CAJUN • BELIZAIRE THE CAJUN • 1986

PITSIOS KOSTAS – GRC
DHAKRIA ORGIS • TEARS OF RAGE • 1967

PITT – UKN
GUESTS OF HONOUR • 1941 • DOC

PITT ARTHUR – USA
SUNDANCE CASSIDY AND BUTCH THE KID • SUNDANCE AND THE KID • 1975

PITT CHARLES – USA
HER PEIGNOIR • 1917 • SHT

PITT GEORGE – USA
NEW YORK CITY -THE MOST • 1968 • DOC

PITT STUART – USA
DOWN ON THE FARM • 1935

PITTERMANN OTTO see **SLAVINSKY VLADIMIR**

PITTMAN BRUCE – CND – 1950–
FRANKENHEIMER • 1971
RITUAL • 1973
OLDEN DAYS COAT • 1981
LEGS OF THE LAME • 1985 • MTV
MARK OF CAIN • 1985
PAINTED DOOR, THE • 1985 • MTV
RAY BRADBURY'S NIGHTMARES VOLUME 1 • 1985
HAUNTING OF HAMILTON HIGH, THE • 1986
SCREAMING WOMAN, THE • 1986 • MTV
CONFIDENTIAL • 1987
HELLO MARY LOU: PROM NIGHT II • PROM NIGHT 2: HELLO MARY LOU • 1987
WHERE THE SPIRIT LIVES • 1990

PITTMAN KEN – CND
FINDING MARY MARCH • 1988

PITTMAN OSCAR – USA
INVENTION OF THE DOOR, THE • 1972 • ANS

PITTONI LEROS – ITL
AMORE COSI FRAGILE COSI VIOLENTA, UN • 1973

PITTORRU FABIO – ITL
AMORE MIO SPOGLIATI CHE POI TI SPIEGO • 1975

PIVONKOVA MAGDA – CZC
KDYZ V RAJI PRSELO • WHEN IT RAINED IN PARADISE • 1987

PIWOWARSKI RADOSLAW – PLN
PIORUM KULISTY • SPHERICAL LIGHTNING • 1975
YESTERDAY • 1984
KOCHANKOWIE MOE MAMY • MY MOTHER'S LOVERS • 1985
POCIAG DO HOLLYWOOD • TRAIN TO HOLLYWOOD • 1988
MARCH ALMONDS • 1989

PIWOWSKI MAREK – PLN – 1935–
KIRK DOUGLAS • 1967
MUCHOTLUK • FLY-KILLER, THE • 1967
POZAR, POZAR, COS NARESZCIE DZIEJE SIE! • FIRE, FIRE, SOMETHING IS HAPPENING AT LAST! • 1967 • DOC
DWIE LEWE RECE • TWO LEFT HANDS • 1968 • DOC
SUKCES • SUCCESS, THE • 1968 • DOC
PSYCHODRAMA • PYSCHODRAMA, IN OTHER WORDS A FAIRY STORY ABOUT.. ○ PSYCHODRAMA, CYZLI BAJKA O KSIECIU I KOPCIUSZKU WYSTAWIONA W ZAKLADZIE DLA NIELETNICH DZIEWCZAT • 1969 • DOC
SZESNASCIE MIEC LAT • TO BE SIXTEEN YEARS OLD • 1969 • DOC
KORKOCIAG • CORKSCREW • 1970 • DOC
REJS • TRIP DOWN THE RIVER, A ○ CRUISE, THE ○ VOYAGE • 1970
HAIR • 1972 • DOC
TRAKTAT O MOKREJ ROBOCIE • 1976
PRZEPRASZAM, CZY TU BIJA? • EXCUSE ME, IS IT HERE THEY BEAT UP PEOPLE? ○ EXCUSE ME, DO THEY BEAT HERE? ○ FOUL PLAY • 1977

PIYESIS GUNAR – USS
V TYENI SMYERTI • IN THE SHADOW OF DEATH • 1972

PIZZI ADOLFO – ITL – 1914–
RITROVARSI ALL'ALBA • 1955

PIZZO SAL – USA
FALL OF THE HOUSE OF USHER, THE • 1955

PIZZORNO ANTONIETTA – FRN
ANATOMIE D'UN RAPPORT • 1976

PJARN PRIIT – Animator – USS
PICNIC ON THE GRASS • 1988 • ANM

PLAAT HENRI – NTH
SPURS OF TANGO • 1981 • SHT

PLACE GRAHAM – USA
PROCURER, THE • 1968
ROOM AND BROAD • ROOM AND BOARD • 1968
ANYTHING ONCE • ANYTHING ONCE, OR TWICE IF I LIKE IT ○ ANYTHING ONCE, OR TWICE • 1969

PLACE LOU – USA
DADDY O • OUT ON PROBATION ○ DOWNBEAT • 1959

PLACIDO MICHELE – ITL
PUMMARO • 1990

PLAISSETTY RENE – UKN
HEART'S TRIBUTE, THE • 1916 • SHT
WONDERFUL WAGER, THE • 1916 • SHT
YELLOW CLAW, THE • 1920
BROKEN ROAD, THE • 1921
FOUR FEATHERS, THE • 1921
KNAVE OF DIAMONDS, THE • 1921
WOMAN WITH THE FAN, THE • 1921
CHAIR ARDENTE • 1932

PLAMONDON LEO – CND – 1928–
TROIS-RIVIERES 71.. • 1971 • DCS
ARMAND FELX, FAISEUR DE VIOLONS • 1973 • DOC
AUTOSERIGRAPHIES • 1973 • DCS
EMILE ASSELIN, FORGERON • 1974 • DCS
CHARRON AVEC EMILE ASSELIN FORGERON-CHARRON • 1975 • DCS
EUGENE DIONNE, FERBLANTIER • 1975 • DCS
JEAN PERRON, SELLIER • 1975 • DOC
PECHE A L'ANGUILLE, LA • 1975 • DCS
SOULIER DE "BEU", LES • 1975 • DCS
BOEUFS DE LABOUR, LES • 1977 • DCS
LEO CORRIVEAU, MARECHAL-FERRANT • 1977 • DCS
BELLE OUVRAGE, LA • 1977–80 • SER

PLANCHON ROGER – FRN – 1931–
DANDIN • 1988

PLANELLS SALVADOR – CUB
THIEF IN SILK • SAN RIFLE EN LA HABANA ○ LADRON EN SEDA • 1952

PLANT CLAUDE – FRN
PENSION DES SURDOVES, LA

PLASENCIA ARTURO – VNZ – 1938–
TWIST AND CRIME • 1963
MAS ALLA DEL SEXO • BEYOND SEX • 1967
HUYENDO DEL SISMO • ESCAPING FROM THE EARTHQUAKE • 1970
DE COMO HERODES FUE DEGOLLADO POR LOS HIPPIES • HOW HERODES WAS BEHEADED BY THE HIPPIES • 1972

PLATT GEORGE FOSTER – USA
HIS WIFE • 1915
IN A JAPANESE GARDEN • 1915

FIVE FAULTS OF FLO, THE • 1916
NET, THE • 1916
WHAT DORIS DID • 1916 • SHT
DELIVERANCE • 1919

PLATT-MILLS BARNEY – UKN – 1944–

ST. CHRISTOPHER'S • 1967
BRONCO BULLFROG • 1970
PRIVATE ROAD • 1971

PLATTNER PATRICIA – SWT

DAME DE PIQUE, LA • 1986 • SHT

PLAYTER WELLINGTON – USA

EAGLE'S EYE, THE • 1918 • SRL

PLAZA ASELO – SPN

CANCHA VASCA • 1954

PLEGAR MICHAEL see **PFLEGHAR MICHAEL**

PLESA BRANKO – YGS

LILIKA • 1971

PLESCH HONORIA – UKN

YELLOW HAT, THE • 1966

von PLESSEN VICTOR – GRM

KOPFJAGER VON BORNEO, DIE • 1936

du PLESSIS ARMAND – BLG – –1924

AME BELGE • 1918–19
CONSCRIT, LE • 1918–19
DENTELLIERE, LA • 1918–19
GENTILHOMME PAUVRE, LE • 1918–19
PETITE FILLE ET LA VIEILLE HORLOGE, LA • 1918–19
ROSE DES FLANDRES, LA • 1918–19
KNOCK-OUT • 1922
DESTINEE • 1923
MARIAGE DE MINUIT • 1923
DEMI-VIERGES, LES • 1924
GARCONNE, LA • 1924
HERITAGE DE CENT MILLIONS, UN • 1924

PLICHTA DIMITRIJ – CZC

CEZAR A DETEKTIVI • CAESAR AND THE DETECTIVES • 1967
LASKA NELASKAVA • UNKIND LOVE • 1969

PLICKA KAREL – CZC

ZEM SPIEVA • EARTH IS SINGING, THE ◦ EARTH SINGS, THE ◦ SINGING LAND, THE ◦ SINGING EARTH, THE • 1933

PLITA MARIA – GRC

EMBORAKOS, O • SMALL SALESMAN, THE • 1967

PLIVOVA-SIMKOVA VERA – CZC

KATE AND THE CROCODILE
TONY, TOBE PRESKOCILO • YOU HAVE A BEE IN YOUR BONNET, TONY ◦ TONY YOU ARE NUTS • 1968
MICE, FOXES AND GALLOWSHILL • 1970
O SNEHURCE • SNOW-WHITE • 1972
PRIJELA K NAM POUT • FAIR IS HERE, THE • 1973
PANI KLUCI • GENTLEMEN, THE BOYS • 1975
JAK SE TOCI ROZMARYNY • HOW TO SHOOT ROSEMARIES • 1977
BRONTOSAURUS • 1978
KRAKONOS A LYZNICI • KRAKONOS AND THE SKIS ◦ KRAKONOS AND SKIERS • 1981
MRKACEK CIKO • CIKO THE BLINKER ◦ BLINKER CIKO • 1982
HLEDAM DUM HOLUBI • I'M LOOKING FOR A PIGEON HOUSE • 1985

PLONE ALLEN – USA

NIGHT SCREAMS • 1987
PHANTOM OF THE RITZ • 1989

PLOQUIN RAOUL – FRN

GUERRE DES VALSES, LA • 1933
AVOCATE D'AMOUR • 1938

PLOUG CLAUS – DNM

UBETAENKSOMME ELSKER, DEN • IMPRUDENT LOVER, THE ◦ IMPUDENT LOVER, THE • 1983
FILMEN OG ELISE • FILM ABOUT ELISE • 1984
OPBRUD • CLOSING TIME • 1987

PLUCHEK V. – USS

APPLE OF DISCORD, THE • 1963

PLUMB HAY – UKN

APACHE, THE • 1912
BISHOP'S BATHE, THE • 1912
BURGLAR HELPED, THE • 1912
CURFEW MUST NOT RING TONIGHT • 1912
EMPEROR'S MESSENGER, THE • 1912
FOR LOVE AND LIFE • 1912
GHOSTS • 1912
HARLEQUINADE LET LOOSE, A • 1912
HAWKEYE, COASTGUARD • 1912
HAWKEYE, SHOWMAN • 1912
HER AWAKENING • 1912
HER "MAIL" PARENT • 1912
HER ONLY SON • 1912
KING ROBERT OF SICILY • 1912
LAST OF THE BLACK HAND GANG, THE • 1912
LIEUTENANT LILLY AND THE PLANS OF THE DIVIDED SKIRT • 1912
LUCK OF THE RED LION, THE • 1912
MAN AND A SERVING MAID, A • 1912
MARY HAS HER WAY • 1912
MR. POORLUCK'S RIVER SUIT • 1912
OH FOR A SMOKE! • 1912
P.C. HAWKEYE FALLS IN LOVE • 1912
P.C. HAWKEYE GOES FISHING • 1912
P.C. HAWKEYE, SPORTSMAN • 1912
PAMELA'S PARTY • 1912
PLOT AND PASH • 1912
POORLUCK'S PICNIC • 1912
SHE ASKED FOR TROUBLE • 1912
TILLY IN A BOARDING HOUSE • 1912
TOWN MOUSE AND COUNTRY MOUSE • 1912
TRAITRESS OF PARTON'S COURT, THE • 1912
TRANSIT OF VENUS, THE • 1912
TWO BROTHERS AND A SPY • 1912
UNMASKING OF MAUD, THE • 1912
WAS HE A GERMAN SPY? • 1912
WELCOME HOME • 1912
WHIST! HERE COMES THE PICTURE MAN • 1912
ALL'S FAIR • 1913
AS THE SPARKS FLY UPWARDS • 1913
BLOOD AND BOSH • 1913
BOUNDING BERTIE'S BUNGALOW • 1913
BURGLAR AT THE BALL, THE • 1913
CAPTAIN JACK V.C. • 1913
CLOISTER AND THE HEARTH, THE • 1913
CURATE'S BRIDE, THE • 1913
DAMP DEED, A • LOOK BEFORE YOU LEAP • 1913
DAVID GARRICK • 1913
DECEIVERS BOTH • 1913
DEFECTIVE DETECTIVE, THE • 1913
DRAKE'S LOVE STORY • LOVE ROMANCE OF ADMIRAL SIR FRANCIS DRAKE, THE (USA) • 1913
EGGS-TRAORDINARY AFFAIR, AN • 1913
FAIRIES' REVENGE, THE • 1913
GEORGE BARNWELL THE LONDON APPRENTICE • IN THE TOILS OF THE TEMPTRESS (USA) • 1913
HAMLET • 1913
HAWKEYE HAS TO HURRY • 1913
HAWKEYE MEETS HIS MATCH • 1913
HAWKEYE RIDES IN A POINT-TO-POINT • 1913
HIGHWAYMAN HAL • 1913
HUNTED BY HAWKEYE • 1913
LIEUTENANT LILLY AND THE SPLODGE OF OPIUM • 1913
LIEUTENANT PIE'S LOVE STORY • 1913
LOVE AND A BURGLAR • 1913
LOVER WHO TOOK THE CAKE, THE • 1913
MANY HAPPY RETURNS • 1913
OF-COURSE-I-CAN BROTHERS, THE • 1913
OLD NUISANCE, THE • 1913
PETER'S LITTLE PICNIC • 1913
PETTICOAT PERFIDY • 1913
POLICY OF PINPRICKS, A • 1913
PRECIOUS CARGO, A • 1913
PRINCES IN THE TOWER • 1913
PROP'S ANGEL • 1913
RAGTIME MAD • 1913
REAL THING, THE • 1913
TAILOR'S REVENGE, THE • 1913
ALADDIN: OR, A LAD OUT • 1914
ALGY'S LITTLE ERROR • 1914
ALL IN A DAY'S WORK • 1914
ALSO-RANS, THE • 1914
BOTHER ABOUT A BOMB, A • 1914
CHICK THAT WAS NOT EGGS-TINCT, THE • 1914
CINDER-ELFRED • 1914
DEAD HEART, THE • 1914
DOUBTFUL DEAL IN DOGS, A • 1914
ENGAGEMENT OF CONVENIENCE, AN • 1914
ENTERTAINING UNCLE • 1914
FOLLOW YOUR LEADER • 1914
GETTING HIS OWN BACK • 1914
GHOSTLY AFFAIR, A • 1914
HAWKEYE, HALL PORTER • 1914
HOW THINGS DO DEVELOP • 1914
JUDGED BY APPEARANCES • 1914
MAGIC GLASS, THE • 1914
MAID AND THE MONEY, THE • 1914
MISLEADING MISS, A • 1914
MR. MEEK'S MISSUS • 1914
MR. MEEK'S NIGHTMARE • 1914
OH WHAT A DAY! • 1914
ON A FALSE SCENT • 1914
ONCE ABOARD THE LUGGER • 1914
OUT OF THE FRYING PAN • 1914
OUTLINED AND OUTWITTED • 1914
OVER THE GARDEN WALL • 1914
RHUBARB AND RASCALS • 1914
SIMPKINS' LITTLE SWINDLE • 1914
SIMPKINS, SPECIAL CONSTABLE • 1914
SIMPKINS' SUNDAY DINNER • 1914
"SIMPLE LIFE" CURE, THE • 1914
SNEEZE, THE • 1914
TANGO MAD • 1914
TERRIBLE TWO JOIN THE POLICE FORCE, THE • 1914
TERRIBLE TWO, THE • 1914
THAT MYSTERIOUS FEZ • 1914
TILLY AT THE FOOTBALL MATCH • 1914
TOPPER TRIUMPHANT • 1914
TWO OF A KIND • 1914
WE DON'T THINK! • 1914
WHAT A SELL! • 1914
COCK O' THE WALK • 1915
HAWKEYE, KING OF THE CASTLE • 1915
JILL AND THE OLD FIDDLE • 1915
LOSING GAME, A • 1915
MAN WHO WASN'T, THE • 1915
THINGS WE WANT TO KNOW • 1915
WHAT'LL THE WEATHER BE? • 1915
SON OF DAVID, A • 1920

PLUMMER ALBERT – USA

DARKNESS AND DAYLIGHT • 1923

PLUMMER PETER – UKN

JUNKET 89 • 1970

PLUSCHOW GUNTHER – GRM

IKARUS • GUNTHER PLUSCHOWS FLIEGERSCHICKSAL • 1932

PLYMELL CHARLES – USA

GREAT BRAIN ROBBERY, THE • ANS

PLYMPTON HORACE G. – USA

STREAM OF LIFE, THE • 1919
WHAT CHILDREN WILL DO • 1920
ASHAMED OF PARENTS • 1921
SHOULD A WIFE WORK? • 1922
THROUGH THE STORM • 1922

PLYTA MARY

MOMENT OF PASSION • 1960

PLYTAS MARIA – GRC

EVA • 1953

POAYER WILLIAM – USA

MISSISSIPPI SUMMER • 1968

POBEDONOSTSEVA G. – USS

OKH, UZH ETA NASTYA! • OH, THAT NASTYA! • 1973

PODEHL PETER – GRM

WOLF UND DIE SIEBEN JUNGEN GEISSLEIN, DER • BIG BAD WOLF (USA) • 1957

PODESWA JEREMY – CND

NION IN THE KABARET DE LA VITA • 1987 • SHT

PODGORNIK CHARLOTTE – AUS

KUCHENGESPRACHE MIT REBELLINEN • KITCHEN DISCOURSES WITH REBEL WOMEN • 1985

PODGORSKI WALDEMAR – PLN

HASLO "KORN" • PASSWORD "KORN" • 1968
POLUDNIK ZERO • MERIDIAN ZERO • 1970

von PODMANITZKY FELIX – GRM

NURNBERGER PROZESS, DER • HITLER'S EXECUTIONERS (USA) ◦ NUREMBERG TRIALS, THE (UKN) ◦ EXECUTIONERS, THE ◦ NAZI CRIMES AND PUNISHMENT • 1958 • DOC

PODNIEKS JURIS see **PODNIEKS YU.**

PODNIEKS YU. – USS – 1952–

PODNIEKS JURIS

IS IT EASY TO BE YOUNG • DOC

PODSKALSKY ZDENEK – CZC – 1923–

BETWEEN HEAVEN AND EARTH • 1958
KAM CERT NEMUZE • WHERE THE DEVIL CANNOT GO (USA) ◦ OUT OF REACH OF THE DEVIL • 1959
GIRL FROM THE MOON, THE • 1961
EINSTEIN VS. BABINSKY • 1964
BILA PANI • WHITE LADY, THE • 1965
ZENU ANI KVETINOU NEUHODIS • NEVER STRIKE A WOMAN EVEN WITH A FLOWER ◦ NEVER HIT A WOMAN WITH A FLOWER • 1966
MUZ, KTERY STOUPL V CENE • MAN WHOSE PRICE WENT UP, THE • 1967
TA NASE PISNICKA CESKA • THAT CZECH SONG OF OURS ◦ LOVE WITH A SONG • 1967
SVETACI • MEN ABOUT TOWN • 1969
DEVILISH HONEYMOON, A • 1970
JACHYME HOD TO DO STROJE • JOACHIM, PUT IT IN THE MACHINE • 1973
NOC NA KARLSTEJNE • NIGHT OF KARLSTEIN • 1973
KRTINY • CHRISTENING PARTY, THE • 1981
REVUE NA ZAKAZKU • REVUE TO ORDER • 1982

POE AMOS – USA

BLANK GENERATION, THE • 1976
FOREIGNER, THE • 1978
UNMADE BEDS • 1980
SUBWAY RIDERS • 1981
ALPHABET CITY • 1984

POELMANS CHRISTIAN – BLG

EXILIO Y ESPERANZA • EXILE AND HOPE

POETI PAOLO – ITL

*PRICE PAUL**

INHIBITION • INHIBITIONS ◦ CARINE • 1976
CIAO NI! • 1979

POGACIC VLADIMIR – YGS – 1919–

PRICA O FABRICI • STORY ABOUT A FACTORY ◦ STORY OF A FACTORY • 1948
POSLEDNJI DAN • LAST DAY, THE • 1952
NEVJERA • EQUINOX • 1953
ANIKINA VREMENA • LEGENDS ABOUT ANIKA • 1954
NIKOLA TESLA • 1956 • DOC
VELIKI I MALI • BIG AND SMALL ◦ FUGITIVE IN BELGRADE ◦ GREAT AND SMALL • 1956
SUBOTOM UVECE • SATURDAY EVENING • 1957
SAM • ALONE • 1959
PUKOTINA RAJA • HEAVEN WITH NO LOVE • 1961
COVEK SA FOTOGRAFIJE • MAN FROM THE PHOTOGRAPHY DEPARTMENT, THE ◦ COVJEK SA FOTOGRAFIJE • 1963

POGACNIK JOZE – YGS – 1932–

HOSPITAL, THE • DCS
HYGIENE IS HALF HEALTH • DCS
ON THE SIDING • DCS
STRICTLY CONFIDENTIAL • DCS
TOMORROW'S DELO • DCS
GRAJSKI BIKI • STRONGHOLD OF TOUGHS ◦ NOISY BULLS • 1967
SARABAND FOR THE 17TH REGIMENT • 1976 • SHT
NAS CLOVEK • OUR MAN ◦ NAS COVEK • 1985
KAVARNA ASTORIA • CAFFE ASTORIA • 1989

POGGI GIANNI – ITL

SPHERE, THE • 1971

POGGIOLI FERDINANDO M. – ITL – 1897–1945

ARMA BIANCA • 1936
RICCHEZZA SENZA DOMANI • 1939
ADDIO GIOVINEZZA! • 1940
AMORE CANTA, L' • 1941
BISBETICA DOMATA, LA • 1942
MORTE CIVILE, LA • 1942
SISSIGNORA • SI SIGNORA • 1942
AMICO DELLE DONNE, L' • 1943
GELOSIA • 1943
SOGNO D'AMORE • 1943
SORELLE MATERASSI • MATERASSI SISTERS, THE • 1943
CAPPELLO DA PRETE, IL • CASTIGO • 1944

POGOSTIN S. LEE – Screenwriter – USA – 1926–

HARD CONTRACT • 1969
GOLDEN NEEDLES • CHASE FOR THE GOLDEN NEEDLES, THE • 1974

POH RICHARD – CHN

SABLE CICADA • 1939

POHL ARTHUR – GRM

BRUCKE, DIE • BRIDGE, THE • 1949
JUNGEN VOM KRANICHSEE, DIE • BOYS FROM THE LAKE OF CRANES, THE • 1950
LEHRER HEIDER • 1950
CORINNA SCHMIDT • 1951
UNBESIEGBARON, DIE • 1953

KEIN HUSUNG • 1954
SPIELBANKAFFARE • 1957

POHLAND HANS-JURGEN see **POHLAND HANSJURGEN**

POHLAND HANSJURGEN – GRM – 1934–
POHLAND HANS-JURGEN • POHLAND JASON
TOBBY • 1961
WENN ICH CHEF WARE • 1962
KATZ UND MAUS • KOT I MYSZ (PLN) ○ CAT AND MOUSE (USA) • 1967
TAMARA • 1968
LOVE AND MUSIC • STAMPING GROUND (UKN) • 1971

POHLAND JASON see **POHLAND HANSJURGEN**

POIDEVIN PATRICK – FRN – 1941–
MEMOIRE COMMUNE • 1977

POIRE JEAN-MARIE – FRN – 1945–
PETITS CALINS, LES • 1977
RETOUR EN FORCE • 1979
HOMMES PREFERENT LES GROSSES, LES • 1981
PAPY FAIT DE LA RESISTANCE • 1982
PERE NOEL EST UNE ORDURE, LE • 1982
MES MEILLEURS COPAINS • 1989

POIREL JEAN – CND
NAHANNI • 1974 • DOC

POIRIER ALBAN – FRN – 1943–
LORRAINE, COEUR D'ACIER –UNE RADIO DANS LA VILLE • 1978 • DOC

POIRIER ANNE-CLAIRE – CND – 1932–
NOMADE DE L'OUEST • 1962
STAMPEDE • 1962 • SHT
30 MINUTES, MISTER PLUMMER • 1962 • DCS
FIN DES ETES, LA • 1964 • SHT
LUDIONS, LES • 1965 • DCS
DE MERE EN FILLE • MOTHER-TO-BE • 1968 • DOC
IMPOT ET TOUT.. ET TOUT • 1968 • DOC
MOTHER-TO-BE • 1971
SAVOIR-FAIRE S'IMPOSE, LE • 1971 • DSS
FILLES DU ROY, LES • THEY CALLED US "LES FILLES DU ROY" • 1974
TEMPS DE L'AVANT, LE • BEFORE THE TIME COMES ○ TIME OF BEFORE, THE • 1975
MOURIR A TUE-TETE • SCREAM FROM SILENCE, A ○ SCREAM OF SILENCE, A ○ PRIMAL FEAR • 1979
OVER FORTY • BEYOND FORTY • 1982
QUARANTAINE, LA • 1983

POIRIER LEON – FRN – 1884–1968
CADETTE • 1913
MONSIEUR CHARLEMAGNE • 1913
AMOUR PASSE, L' • 1914
DEMOISELLES PERROTIN, LES • 1914
JUGEMENT DES PIERRES, LE • 1914
NID, LE • 1914
TREFLE D'ARGENT, LE • 1914
AMES D'ORIENT • 1919
PENSEUR, LE • 1919
NARAYANA • 1920
COFFRET DE JADE, LE • JADE CASKET, THE • 1921
OMBRE DECHIREE, L' • 1921
JOCELYN • 1922
AFFAIRE DU COURRIER DE LYON, L' • 1923
GENEVIEVE • 1923
BRIERE, LA • 1924
AMOURS EXOTIQUES • 1927
CROISIERE NOIRE, LA • BLACK JOURNEY • 1927 • DOC
CROISIERE JAUNE, LA • EAST MEETS WEST • 1928
VERDUN, VISIONS D'HISTOIRE • 1928
CAIN, AVENTURES DES MERS EXOTIQUES • 1930
VERDUN, SOUVENIRS D'HISTOIRE • 1931
CROISIERE JAUNE, LA • YELLOW CRUISE, THE • 1933 • DOC
VOIE SANS DISQUE, LA • 1933
APPEL DU SILENCE, L' • CALL, THE (USA) • 1936
SOEURS D'ARMES • 1937
BRAZZA OU L'EPOPEE DU CONGO • 1939
JEANNOU • 1943
ROUTE INCONNUE, LA • 1948

POITEVIN JEAN-MARIE – CND – 1907–
PERIPETIES D'UNE VISITE EN MONGOLIE • 1937 • DCS
A LA CROISEE DES CHEMINS • 1943
CUBAINA • 1944 • DCS
MYSTERE SUR MA ROUTE • 1957 • DOC

POITIER SIDNEY – Actor – USA – 1924–
BUCK AND THE PREACHER • 1972
WARM DECEMBER, A • 1973
UPTOWN SATURDAY NIGHT • 1974
LET'S DO IT AGAIN • 1976
PIECE OF THE ACTION, A • 1977
STIR CRAZY • 1980
HANKY PANKY • 1982
FAST FORWARD • 1985

POITRENAUD JACQUES – FRN – 1922–
SAINT-GERMAIN-EN-LAYE CITY ROYALE • 1956 • SHT
AMOURS DE PARIS, LES • 1960
PORTES CLAQUENT, LES • 1960
PARISIENNES, LES • PARAGINE, LE (ITL) ○ OF BEDS AND BROADS ○ TALES OF PARIS • 1962
DU GRABUGE CHEZ LES VEUVES • STRANA VOGLIA DI UNA VEDOVA (ITL) • 1963
STRIP-TEASE • SWEET SKIN (USA) • 1963
INCONNU DE HONG-KONG, L' • STRANGER FROM HONG-KONG (USA) • 1964
SOURIS CHEZ LES HOMMES, UNE • DROLE DE CAID, UN • 1964
TETE DU CLIENT, LA • 1964
CARRE DE DAMES POUR UN AS • LAYTON.. BAMBOLE E KARATE (ITL) ○ CARRE DE DAMES POUR LEYTON • 1966
CANARD EN FER BLANC, LE • OLD TIN CAN, THE • 1967
CE SACRE GRAND-PERE • MARRIAGE CAME TUMBLING DOWN, THE (USA) • 1968
QU'EST-CE QUI FAIT COURIR LES CROCODILES? • 1969
MENDIANTS ET ORGUEILLEUX • 1971

POJAR BRETISLAV – Animator – CZC – 1923–
PERNIKOVA CHALOUPKA • GINGERBREAD HOUSE ○ GINGERBREAD COTTAGE, THE ○ GINGERBREAD HUT • 1951 • ANS
BOY OF GOLD • BIG FISH, THE • 1952
JOSEPH MANES • 1952 • DCS
OSKLENICKU VIC • DROP TOO MUCH, A (USA) ○ O SKLENICKU VIC ○ ONE GLASS TOO MANY ○ ONE GLASS TOO MUCH • 1954 • ANS
DOBRODRUZSTVI NA ZLATE ZATOCE • GOLD BAY ADVENTURE, THE ○ BIG FISH, THE ○ BAY OF GOLD • 1955
SPEJBL NA STOPE • SPEJBL ON THE TRACK ○ SPEJBL ON THE TRAIL • 1955 • ANS
PARAPLICKO • LITTLE UMBRELLA, THE ○ BROLLY, THE • 1956 • ANS
BOMBOMANIE • BOMB MANIA • 1959 • ANS
JAK ZARIDITI BYT • HOW TO FURNISH AN APARTMENT ○ HOW TO FURNISH A FLAT • 1959 • ANM
LEV A PISNICKA • LION AND THE SONG, THE ○ LION AND THE DITTY, THE • 1959 • ANS
SLAVA • GLORY ○ FAME • 1959 • ANS
DOBRE BYDLENI • 1960 • ANS
KOCICI SIOVO • ETWAS VERSPRICHT ○ CAT'S WORD OF HONOR, A ○ WORD OF A CAT, THE • 1960 • SHT
KOCICI SKOLA • SCHOOL FOR CATS • 1960 • ANM
MALOVANI PRO KOCKU • DRAWING FOR CATS ○ PAINTING FOR THE CAT • 1960 • ANM
PULNOCNI PRIHODA • LITTLE TRAIN (USA) ○ MIDNIGHT ADVENTURE ○ IT HAPPENED ○ MIDNIGHT EVENT, THE ○ PULNOCNI DOBRODRUZETVI ○ MIDNIGHT INCIDENT, A • 1960 • ANS
BILIAR • BILLIARDS • 1961 • ANS
UVODNI SLOVO PRONESE • FEW WORDS OF INTRODUCTION, A ○ ORATOR, THE ○ INTRODUCTORY SPEECH IS BY.., THE • 1964 • ANS
IDEAL • 1965 • ANS
ROMANCE • 1965 • ANM
POJDTE, PANE, BUDEME SI HRAT! • COME AND PLAY, SIR • 1965–67 • ANM
DREAMLAND IN THE SKY • 1966 • ANS
NO REASON TO STAY • 1966 • SHT
HOLD ON TO YOUR HATS • HOLD YOUR HATS • 1967 • ANM
FANFARON, MALI KLAUN • FANFARON, THE LITTLE CLOWN ○ FANFARON • 1968 • ANM
IT'S HARD TO RECOGNIZE A PRINCESS • 1968 • ANS
CO ZIZALA NETUSILA • ANTI-DARWIN • 1969 • ANM
SEVENTH BROTHER, THE
CO TO BOUCHLO • WHAT EXPLODED? • 1970 • ANM
IT'S A FIASCO, GENTLEMEN • 1970 • ANM
PSYCHOCRACY, OR TO SEE OR NOT TO SEE • TO SEE OR NOT TO SEE • 1970 • ANS
SOMETHING WENT BUMP • 1970 • ANS
GENTLEMEN, WHO THREW THAT? • ANS
PSI KUSY • PIECES OF DOG • 1971 • ANM
BALABLOK • 1972 • ANM
NERIKEJ MI VA SIKU • DON'T CALL ME VASICK • 1972 • ANM
PARDALU KTERY VONEL, O • PANTHER WHO FELT, THE • 1972 • ANM
HY RUTABAGA • 1973 • ANM
JABLONOVA PANNA • APPLE TREE MAIDEN, THE • 1974 • ANM
DASENKU • DASHENKA • 1975 • ANM
ZAHRADU • GARDEN, THE • 1975 • ANM
BOOM • BUM • 1979 • ANS
ROMANCE Z TEMNOT • ROMANCE FROM DARKNESS • 1987 • ANM
VELKA SYROVA LOUPEZ • BIG CHEESE ROBBERY, THE • 1987 • ANM

POLAC MICHEL – FRN – 1930–
FILS UNIQUE, UN • FILS UNIQUE, LE • 1967
DEMAIN LA FIN DU MONDE • 1970
CHUTE D'UN CORPS, LA • 1973
COMIQUE EST NE, UN • 1977
SOURDE OREILLE, LA • 1980

POLACO JORGE – ARG
EN EL NOMBRE DEL HIJO • IN THE NAME OF THE SON • 1987
KINDERGARTEN • 1989

POLAK DICK – NTH
EYES AND EARS • 1972 • SHT

POLAK JINDRICH – CZC – 1925–
POLLACK JACK
DEATH IN THE SADDLE • 1958
DEPARTMENT 5 • 1960
KLAUN FERDINAND A RAKETA • CLOWN FERDINAND AND THE ROCKET ○ ROCKET TO NOWHERE • 1962
IKARIE XB-1 • VOYAGE TO THE END OF THE UNIVERSE (USA) ○ ICARUS XB-1 ○ IKARIA XB-1 • 1963
TERRIBLE WOMAN, A • 1964
NEBESTI JEZDCI • RIDERS IN THE SKY • 1968
MR. TAU AND CLAUDIA • 1971
PAN TAU • MR. TAU (USA)
ZITRA VSTANU A OPARIM SE CAJEM • TOMORROW I'LL WAKE UP AND SCALD MYSELF WITH TEA • 1977

POLAK ROBERT – AUS
JOHNNY UNSER • JOHNNY OUR • 1980

POLAKOFF JAMES – USA
SUNBURST • 1975
LOVE AND THE MIDNIGHT AUTO SUPPLY • MIDNIGHT AUTO SUPPLY, THE ○ RIP OFF • 1978
SWIMTEAM • SWIM TEAM • 1979
DARK EYES • FURY OF THE SUCCUBUS ○ SATAN'S MISTRESS ○ DEMON RAGE • 1980
BALBOA • BALBOA: MILLIONAIRE'S PARADISE • 1983
VALLEY GIRLS • VALS, THE • 1983

POLANSKI ROMAN – FRN – 1933–
MORDERSTWO • MORBECTWO ○ CRIME, THE • 1957 • SHT
ROWER • BICYCLE, THE • 1957
ROZBIJEMY ZABAWA • BREAKING UP THE DANCE ○ BREAKING UP THE PARTY ○ BREAK UP THE PARTY ○ BREAKING THE PARTY ○ BREAK UP THE DANCE • 1957
DWAJ LUDZIE Z SZAFA • TWO MEN AND A WARDROBE • 1958
GDY SPADAJA ANIOLY • WHEN ANGELS FALL • 1959
LAMPA • LAMP, THE • 1959
GROS ET LE MAIGRE, LE • FAT AND THE LEAN, THE (UKN) • 1961
NOZ W WODZIE • KNIFE IN THE WATER (UKN) ○ LONG SUNDAY, THE ○ YOUNG LOVER, THE • 1961
SSAKI • MAMMALS • 1962
PLUS BELLES ESCROQUERIES DU MONDE, LES • TRUFFE PIU BELLE DEL MONDO, LE (ITL) ○ WORLD'S GREATEST SWINDLES ○ BEAUTIFUL SWINDLERS, THE ○ SEKAI SAGI MONOGATARI ○ PIU BELLE TRUFFE DEL MONDO, LE • 1963
REPULSION • 1965
CUL-DE-SAC • 1966
DANCE OF THE VAMPIRES • FEARLESS VAMPIRE KILLERS, THE (USA) ○ PARDON ME, YOUR TEETH ARE IN MY NECK • 1967
ROSEMARY'S BABY • 1968
MACBETH • 1971
CHE? • QUOI? (FRN) ○ DIARY OF FORBIDDEN DREAMS ○ WHAT? (USA) • 1972
CHINATOWN • 1974
TENANT, THE • LOCATAIRE, LE (FRN) • 1976
TESS • 1980
PIRATES • 1985
FRANTIC • 1988

POLASKI BENJAMIN – HKG
REVEALED BY THE POT • 1909
STEALING THE COOKED DUCKS • 1909
UNFILIAL SON, THE • 1909
WIDOWED EMPRESS, THE • 1909

POLATY GEZA P. – MXC
EMBRUJO ANTILLANO • 1945

POLEDNAKOVA MARIE – CZC
JAK DOSTAT TATINKA DO POLEPSOVNY • DADDY'S GOT TO GO TO THE REFORM SCHOOL • 1979
JAK VYTRHNOUT VELRYBE STOLICKU • HOW TO PULL OUT A WHALE'S TOOTH • 1980
S TEBOU ME BAVI SVET • WITH YOU THE WORLD THRILLS ME ○ WITH YOU THE WORLD IS FUN • 1982
ZKROCENI ZLEHO MUZE • POWERPLAY • 1987

POLESIE HERBERT – USA
MARINES IN THE MAKING • 1942 • SHT

POLETIKA T. – USS
PAGES OF A CALENDAR • ANS

POLIAKOFF STEPHEN – UKN
HIDDEN CITY • 1987

POLIDORO GIAN LUIGI – ITL – 1928–
POLIDORO GIANLUIGI
OVERTURE • 1958 • SHT
POWER AMONG MEN • 1958 • SHT
FARMERS OF FERMATHE, THE • 1960 • SHT
SVEDESI, LE • 1961
DIAVOLO, IL • TO BED.. OR NOT TO BED (USA) ○ AMORE IN STOCKHOLM ○ DEVIL, THE • 1963
HONG-KONG UN ADDIO • 1963
THRILLING • 1965
MES FEMMES AMERICAINES • MOGLIE AMERICANA, UNA (ITL) ○ RUN FOR YOUR WIFE (USA) • 1966
MOGLIE GIAPPONESE, LA • JAPANESE WIFE, THE • 1968
SATYRICON • 1969
FISCHIA IL SESSO • INSTANT COFFEE • 1974
PERMETTETE, SIGNORA, CHE AMI VOSTRA FIGLIA? • 1974

POLIDORO GIANLUIGI see **POLIDORO GIAN LUIGI**

de POLIGNY SERGE – FRN – 1903–1983
AS DU TURF, LES • 1932
COUP DE FEU A L'AUBE • FEMME ET LE DIAMANT, LA • 1932
RIVAUX DE LA PISTE • 1932
VOUS SEREZ MA FEMME • POUR AVOIR ADRIENNE ○ ESBROUFFEUR, L' • 1932
ETOILE DE VALENCIA, L' • 1933
UN DE LA MONTAGNE • MAJESTE BLANCHE, LA • 1933
OR, L' • 1934
JONNY, HAUTE-COUTURE • 1935
RETOUR AU PARADIS • VACANCES • 1935
CHANSON DU SOUVENIR, LA • CONCERT A LA COUR ○ SONG OF REMEMBRANCE • 1936
CLAUDINE A L'ECOLE • 1937
VEAU GRAS, LE • 1939
BARON FANTOME, LE • PHANTOM BARON, THE (USA) ○ MA SOEUR ANNE • 1942
FIANCEE DES TENEBRES, LA • FIANCEE OF THE NIGHT • 1944
TORRENTS • 1946
SOIF DES HOMMES, LA • 1949
ALGER-LE CAP • 1951
CENT ANS DE GLOIRE • 1952
ARMES DE LA PAIX, LES • 1954

POLJINSKI SERGE see **POLJINSKY SERGE**

POLJINSKY SERGE – PLN – 1944–
POLJINSKI SERGE
FUNAMBULE • 1973
VILLE EST A NOUS • 1975
MALVILLE: ETAT DE SIEGE • 1977 • DOC
NUCLEAIRE + DANGER IMMEDIAT • 1977
NOIR PRINTEMPS DES JOURS, LE • 1978
JUSTE DROIT, LE • 1979
SOLIDARNOSC • 1981 • DOC

POLKOVNIKOV V. – USS
NARGIS • 1966 • ANS

POLLACK BARRY – USA
COOL BREEZE • 1972
THIS IS A HIJACK • AIRPORT S.O.S. HIJACK ○ HIJACK • 1973

POLLACK CLAIRE – UKN
POLLAK CLAIRE
THEATRE GIRLS • 1979 • DOC
CROSS AND PASSION • 1981

POLLACK JACK see **POLAK JINDRICH**

POLLACK SYDNEY – USA – 1934–
SLENDER THREAD, THE • 1965
THIS PROPERTY IS CONDEMNED • 1966
SCALPHUNTERS, THE • 1968
SWIMMER, THE • 1968
CASTLE KEEP • 1969
THEY SHOOT HORSES, DON'T THEY? • 1969
JEREMIAH JOHNSON • SAGA OF JEREMIAH JOHNSON, THE ○ CROW KILLER, THE • 1972
WAY WE WERE, THE • 1973
YAKUZA, THE • BROTHERHOOD OF THE YAKUZA • 1974
THREE DAYS OF THE CONDOR • 1975
BOBBY DEERFIELD • 1977
ELECTRIC HORSEMAN, THE • 1979
ABSENCE OF MALICE • 1981
TOOTSIE • 1982
OUT OF AFRICA • 1985
HAVANA • 1990

POLLAK CLAIRE see **POLLACK CLAIRE**

POLLAK KAY – USA
ELVIS! ELVIS! • 1977
BARNENS O • CHILDREN'S ISLAND • 1980
ALSKA MEJ! • LOVE ME! • 1986

POLLAK MIMI – SWD
RATTEN ATT ALSKA • RIGHT TO LOVE, THE • 1956

POLLARD BUD – USA
DANGER MAN, THE • 1930
ALICE IN WONDERLAND • 1931
RIO'S ROAD TO HELL • 1931
VOICE OF THE JUNGLE • 1931
BLACK KING, THE • 1932
ROAD TO HOLLYWOOD, THE • 1933 • SHT
VICTIMS OF PERSECUTION • 1933
HORROR, THE
DEATH MARCH, THE • 1937
BEWARE • 1946
TALL, TAN AND TERRIFIC • 1946
IT PAYS TO BE FUNNY • 1947
ROAD TO HOLLYWOOD • 1947
LOOK OUT SISTER • 1948

POLLARD HARRY – USA – 1883–1934
POLLARD HARRY A.
AWAKENING, THE • 1913
BOBBY'S MAGIC NICKEL • 1913
FLESH OF HIS FLESH • 1913
WHY RAGS LEFT HOME • 1913
BESS, THE OUTCAST • 1914
BEYOND THE CITY • 1914
BREAK, BREAK, BREAK • 1914
COURTING OF PRUDENCE, THE • 1914
DREAM SHIP, THE • 1914
EUGENICS VERSUS LOVE • 1914
FLURRY IN HATS, A • 1914
GIRL IN QUESTION, THE • 1914
HER HERITAGE • 1914
HER "REALLY" MOTHER • 1914
INGRATE, THE • 1914
JANE, THE JUSTICE • 1914
MLLE LA MODE • 1914
MODERN FREE LANCE, A • 1914
MODERN OTHELLO, A • 1914
MODERN RIP VAN WINKLE, A • 1914
NANCY'S HUSBAND • 1914
ONLY WAY, THE • 1914
OTHER TRAIN, THE • 1914
PEACOCK FEATHER FAN, THE • 1914
PROFESSOR'S AWAKENING, THE • 1914
SACRIFICE, THE • 1914
SALLY'S ELOPEMENT • 1914
SECOND CLUE, THE • 1914
SILENCE OF JOHN GORDON, THE • 1914
SPARROW OF THE CIRCUS • 1914
STOLEN MASTERPIECE, THE • 1914
SUSPENDED CEREMONY, A • 1914
SUZANNA'S NEW SUIT • 1914
SWEET LAND OF LIBERTY • 1914
TALE OF A TAILOR, THE • 1914
VIA THE FIRE ESCAPE • 1914
WIDOW, THE • 1914
WIFE, THE • 1914
GIRL FROM HIS TOWN, THE • 1915
LONESOME HEART • 1915
MIRACLE OF LIFE, THE • 1915
PROBLEM, THE • 1915
QUEST, THE • 1915
REFINING FIRES • 1915
SPIRIT OF GIVING, THE • 1915
TOUCH OF LOVE, A • 1915
WILY CHAPERON, THE • 1915
DRAGON, THE • 1916
MISS JACKIE OF THE NAVY • 1916
PEARL OF PARADISE, THE • 1916
DEVIL'S ASSISTANT, THE • 1917
GIRL WHO COULDN'T GROW UP, THE • 1917
DANGER GAME, THE • 1918
RECKONING DAY, THE • 1918
INVISIBLE RAY, THE • 1920 • SRL
CONFIDENCE • RAINBOW CHASERS • 1922
LOADED DOOR, THE • 1922
TRIMMED • 1922
TRIFLING WITH HONOR • YOUR GOOD NAME ○ HIS GOOD NAME • 1923
K –THE UNKNOWN • 1924
RECKLESS AGE, THE • 1924
SPORTING YOUTH • THERE HE GOES ○ SPICE OF LIFE, THE • 1924
CALIFORNIA STRAIGHT AHEAD • 1925
I'LL SHOW YOU THE TOWN • 1925
OH, DOCTOR! • 1925
COHENS AND THE KELLYS, THE • TWO BLOCKS AWAY ○ COHENS AND KELLYS, THE • 1926
POKER FACES • 1926
UNCLE TOM'S CABIN • 1927
SHOW BOAT • 1929
TONIGHT AT TWELVE • 1929
GREAT DAY • 1930
UNDERTOW, THE • GIRL WHO GAVE IN, THE • 1930
PRODIGAL, THE • SOUTHERNER, THE • 1931
SHIPMATES • 1931 • SHT
FAST LIFE • LET'S GO • 1932
WHEN A FELLER NEEDS A FRIEND • WHEN A FELLOW NEEDS A FRIEND (UKN) ○ LIMPY • 1932

POLLARD HARRY A. see **POLLARD HARRY**

POLLARD WILLIAM – UKN
DUCHY OF CORNWALL, THE • 1938 • DOC

POLLERT – CZC
PRODANA NEVESTA • BARTERED BRIDE, THE • 1933

POLLET JEAN-DANIEL – FRN – 1936–
POURVU QU'ON AIT L'IVRESSE • 1957 • SHT
LIGNE DE MIRE, LA • 1960
GALA • 1961 • SHT
MEDITERRANEE • 1963 • SHT
BALLE AU COEUR, UNE • DEVIL AT MY HEELS (USA) • 1965
HORLA, LE • 1966 • SHT
ONIROS • 1967
TU IMAGINES ROBINSON • IMAGINE ROBINSON • 1968
AMOUR C'EST GAI, L'AMOUR C'EST TRISTE • 1969
MAITRE DU TEMPS, LE • MASTER OF TIME, THE • 1970
SANG, LE • 1971
ACROBATE, L' • 1973
ORDRE, L' • 1973
POUR MEMOIRE • 1978 • DOC
PARIS VU PAR.. 20 ANS APRES • SIX IN PARIS • 1984

POLLEXFEN JACK – Producer/ writer – USA – 1918–
DRAGON'S GOLD • 1953
INDESTRUCTIBLE MAN, THE • 1956

POLLOCK GEORGE – UKN – 1907–
STRANGER IN TOWN • 1957
ROONEY • 1958
SALLY'S IRISH ROGUE • POACHER'S DAUGHTER, THE (USA) • 1958
BROTH OF A BOY • 1959
DON'T PANIC CHAPS! • 1959
AND THE SAME TO YOU • 1960
MURDER SHE SAID • MEET MISS MARPLE • 1961
KILL OR CURE • 1962
VILLAGE OF DAUGHTERS • 1962
MURDER AT THE GALLOP • 1963
MURDER AHOY • 1964
MURDER MOST FOUL • 1964
TEN LITTLE INDIANS • 1965

POLO EDDIE – Actor – UKN – 1875–1961
POLO EDDY
EDDY POLO MIT PFERD UND LASSO • 1918
VANISHING DAGGER, THE • 1920 • SRL
EULE 1, DIE • TOLLEN LAUNEN EINES MILLIONARS, DIE • 1927
EULE 2, DIE • UNBEKANNTE, DIE • 1927
GEHEIMTRESOR, DER • 1927
HARMONY HEAVEN • 1929

POLO EDDY see **POLO EDDIE**

POLOKA G. see **POLOKA GENNADI**

POLOKA GENNADI – USS
POLOKA G.
NYLON NETS • 1963
RESPUBLIKA SHKID • REPUBLIC OF SHKID ○ SHKID REPUBLIC, THE • 1967

POLOKA I. – USS
MULTIPLY ONE BY ONE • 1975

POLON VICKI – USA
PLEASANTVILLE • 1975

POLONSKY ABRAHAM – Screenwriter – USA – 1910–
FORCE OF EVIL • 1948
TELL THEM WILLIE BOY IS HERE • WILLIE BOY • 1969
ROMANCE OF A HORSETHIEF • ROMAN D'UN VOLEUR DE CHEVAUX, LE (FRN) ○ RUNNING BEAR ○ ROMANZO DI UN LADRO DI CAVALLO (ITL) • 1972

POLONSKY VITOLD – USS
PESN LYUBVI NEDOPETAYA • UNFINISHED LOVE SONG, THE • 1919

POLSELLI RENATO – ITL – 1922–
BROWN RALPH
DELITTO AL LUNA PARK • 1952
ULTIMO PERDONO • 1952
GRANDE ADDIO, IL • 1957
SOLO DIO MI FERMERA • 1957
AMANTE DEL VAMPIRO, L' • VAMPIRE AND THE BALLERINA, THE (USA) ○ VAMPIRE'S LOVER, THE • 1960
SOLITUDINE • 1961
VAMPIRO DELL'OPERA, IL • MOSTRO DELL'OPERA, IL ○ VAMPIRE OF THE OPERA, THE • 1961
AVVENTURA A MOTEL • 1963
ULTIMATUM ALLA VITA • 1963
SETTE VIPERE, LE • 1965
MONDO PAZZO GENTE MATTA • 1966
DELIRIO CALDO • DELIRIUM (USA) • 1972
VERITA SECONDO SATANA, LA • 1972
REINCARNATION OF ISABEL, THE • GHASTLY ORGIES OF COUNT DRACULA • 1973
RITI, MAGIE NERE E SEGRETE ORGE NEL '300 • 1973
RIVELAZIONI DI UNO PSICHIATRA SUL MONDO PERVERSA DEL SESSO • 1973
MANIA • 1974
TORBIDI MISTERI DELLA SENSUALITA, I • 1977
CASA DELL'AMORE LA POLIZIA INTERVIENE • 1979

POLT G. – GRM
KEHRAUS • CLEAN SWEEP • 1984

POLVERINI ATILIO – ARG
BAIROLETTO • 1986

POMANICZKY FELIX – GRM
DIKTATOREN, DIE • 1961

POMAR VITOR – NTH
FILM • 1979

POMERANZ HANS – NTH – 1936–
STOCKADE • 1971

POMEROY JOHN – UKN
DUBLIN NIGHTMARE • 1958

POMEROY ROY J. – IND – 1892–
INTERFERENCE • 1929
INSIDE THE LINES • 1930
SHOCK • 1934

POMES LEOPOLD
ANDREA • 1979

POMMER ERICH – Producer – GRM – 1889–1966
VESSEL OF WRATH • BEACHCOMBER, THE (USA) • 1938

PONCE MIGUEL BARBACHANO see **BARBACHANO PONCE MIGUEL**

POND ELMER S. – USA
RED ROCK OUTLAW • 1950

PONS – FRN
DORMEUSE, LA • 1962 • SHT

PONS GIANNI – ITL
ANGELO DEL CRESPUSCOLO, L' • 1942
NON SIAMO SPOSATI • 1951

PONS VENTURA – SPN – 1948–
OCANA, UN RETRATO INTERMITENTE • OCANA, A BRIEF PORTRAIT ○ INTERMITTENT PORTRAYAL ○ RETRAT INTERMITENT ○ OCANA: AN INTERMITTENT PORTRAIT ○ OCANA, A GAY PORTRAIT • 1978
VICARI D'OLOT, EL • VICAR OF OLOT, THE • 1980
ROSSA DEL BAR, LA • RUBIA DEL BAR, LA ○ BLONDE IN THE BAR ○ BLONDE GIRL AT THE BAR • 1985
PUTA MISERIA • WHAT A LIFE! • 1988

PONTECORVO GILLES see **PONTECORVO GILLO**

PONTECORVO GILLO – ITL – 1919–
PONTECORVO GILLES
GIOVANNA • 1956
WINDROSE, DIE • WIND ROSE, THE ○ LEBEN DER FRAUEN, DAS • 1956
GRANDE STRADA AZZURRA, LA • WIDE BLUE ROAD, THE (USA) ○ DENOMME SQUARCIO, UN ○ SQUARCIA ○ LUNGA STRADA AZZURRA, LA ○ LONG BLUE ROAD, THE ○ VELIKI PLAVI PUT • 1957
KAPO • 1960
BATTAGLIA DI ALGERI, LA • BATTLE OF ALGIERS, THE (UKN) ○ MAARAKAT MADINAT AL JAZAER ○ MAARAKAT ALGER • 1965
QUEMADA! • BATTLE OF THE ANTILLES ○ QUEIMADA! ○ BURN! • 1969
OGRO • OPERATION OGRE ○ OPERACION OGRO • 1979
TUNEL • TUNNEL • 1979
DEVIL'S BISHOP, THE • 1988

PONTES IPOJUCA – BRZ
CANUDOS • 1980
FILHO PRODIGO, O • PRODIGAL SON, THE • 1980

PONTIAC JEAN-MARIE – FRN – 1924–
ATOUT SEXE • 1971
FLASH LOVE • LOVE-MAKING HOT STYLE ○ NIGHT GAMES • 1971

PONTING DUDLEY – UKN
FLAT CHARLESTON, THE • 1926

PONTING HERBERT – Explorer – UKN – 1870–1935
PONTING HERBERT G.
WITH CAPTAIN SCOTT, R.N., TO THE SOUTH POLE • GREAT WHITE SILENCE, THE ○ NINETY DEGREES SOUTH ○ UNDYING STORY OF CAPTAIN SCOTT AND ANIMAL LIFE IN THE ANTARCTIC, THE • 1911
NINETY DEGREES SOUTH • GREAT WHITE SILENCE, THE ○ STORY OF CAPTAIN SCOTT ○ UNDYING STORY OF CAPTAIN SCOTT, THE ○ WITH CAPTAIN SCOTT TO THE SOUTH POLE • 1933

PONTING HERBERT G. see **PONTING HERBERT**

PONTIROLI ERMINO see **ROLI MINO**

PONTOISEAU ROLAND – Dir. photo – FRN – 1921–
PIQUE-ASSIETTES, LES • 1960

PONZI MAURIZIO – ITL – 1939–
VISIONARI, I • VISIONARIES, THE • 1968
EQUINOZIO • EQUINOX • 1971
DODICI DICEMBRE • 1972
CASO RAOUL, IL • 1975
IO, CHIARA E LO SCURO • ME, CHIARA AND LO SCURO • 1983
MADONNA CHE SILENZIO C'E STASERA • 1983
AURORA • AURORA BY NIGHT ○ QUALCOSA DI BLONDA ○ SOMETHING BLONDE • 1984 • TVM
SON CONTENTO • I'M HAPPY • 1984
TENENTE DEI CARABINIERI, IL • LIEUTENANT CARIBINIER, THE • 1985
NOI UOMINI DURI • WE THE TOUGH GUYS • 1987
VOLEVO I PANTALONI • I WANTED THE TROUSERS • 1990

POOL LEA – SWT
STRASS CAFE • 1980
MINISTERE DE L'EDUCATION • 1980–84 • DSS
FEMME DE L'HOTEL, LA • WOMAN IN TRANSIT • 1985
ANNE TRISTER • 1986

A CORPS PERDU • STRAIGHT TO THE HEART • 1988
DEMOISELLE SAUVAGE, LA • 1989

POOLE PATRICK C. – USA
FRENCH QUARTER UNDERCOVER • 1985
SHADOWS ON THE WALL • 1987

POOLEY OLAF – UKN
JOHNSTOWN MONSTER, THE • 1971

POOR PETER – USA
DUKE ELLINGTON SWINGS THROUGH JAPAN • 1964 • SHT

POORAHMAD KIUMARS – IRN
SILENT HUNT • 1990

POORSAEID ESMAEIL – IRN
MAMOUR-E-114 • OFFICIAL 114 • 1967
GHOSOGHAZAH • RAINBOW • 1968
SARSAKHT • OBSTINATE • 1968

de POORTER R. – BLG
HUIS VOOR AFBRAAK • 1966

POPE ANGELA – UKN
DREAM BABY • 1989 • TVM

POPE F. X. – USA
NIGHTDREAMS • 1981
CAFE FLESH • 1986

POPESCU-GOPO ION – Animator – RMN – 1923–
GOPO ION POPESCU
MARIA MIRABELA
ALBINA SI PORUMBELUL • BEE AND THE DOVE, THE • 1951 • ANS
RATOIUL NEASCULTATOR • NAUGHTY DUCK, THE • 1951 • ANS
DOI IEPURASI • TWO LITTLE RABBITS ○ TWO RABBITS • 1952 • ANS
MISCHIEVOUS HEDGEHOG, THE • 1952 • ANM
FETITA MINCINOASA • LITTLE LIAR • 1953
MARINICA • 1953 • SHT
O MUSCA CU BANI • FLY WITH MONEY, A • 1954
SURUBUL LUI MARINICA • MARINICA'S BODKIN • 1955 • SHT
SCURTA ISTORIE • SHORT HISTORY, A (USA) ○ BRIEF HISTORY • 1956 • ANS
SEPTE ARTE • SEVEN ARTS, THE ○ SAPTE ARTE • 1958 • ANS
HOMO SAPIENS • 1959 • ANS
POVESTE CA-N BASME, O • PRINCESS IN LOVE, THE ○ O POVESTE CA-N BASME • 1959
ALLO, ALLO • HULLO, HULLO ○ HELLO, HELLO • 1961 • ANS
S-A FURAT O BOMBA • BOMB WAS STOLEN, A • 1961
PASI SPRE LUNA • STEPS TO THE MOON ○ FIRST STEPS TO THE MOON ○ STEPS TOWARDS THE MOON • 1963
DE-AS FI HARAP ALB • WHITE MOOR ○ HARAP ALB • 1965
FAUST XX • FAUSTUS XX • 1966
PILL • 1966-67 • ANM
DE TREI ORI BUCHAREST • THREE TIMES BUCHAREST • 1967
ORASUL MEU • MY CITY • 1967
SANCTA SIMPLICITAS • 1968
SARUTALI • KISS ME QUICK • 1968 • ANS
EU + EU + EU • ME + ME + ME • 1969
KISS, THE • 1969 • ANM
CLEPSIDRA • 1972
HOUR GLASS, THE • 1972 • ANM
INTERMEZZO • 1974 • ANM
COMEDIA FANTASTICA • FANTASTIC COMEDY, A • 1975
UNO, DOI, TREI.. • 1, 2, 3 • 1975 • ANM
CICY • 1976
POVESTEA DRAGOSTEI • STORY OF LOVE, THE • 1976
STUDY OPUS 1 -MAN • 1976 • ANS
INFINITE • INFINITY • 1977 • ANM
ECCE HOMO • 1978 • ANM
THREE APPLES, THE • 1979 • ANM
TREI MERE • 1979
QUO VADIS HOMO SAPIENS • 1982 • ANM
GALAX • 1984
SORCERER'S APPRENTICE, THE • 1985
MARIA SI MIRABELLA IN TRANZISTORIA • 1989

POPESCU HOREA – RMN
CUIBUL DE VIESPI • WASPS' NEST
DE TREI ORI BUCHAREST • THREE TIMES BUCHAREST • 1967

POPESCU MIRCEA – RMN
IMAGINARY VOYAGE, AN • 1964

POPESCU PETRU – USA
DEATH OF AN ANGEL • 1985

POPKIN LEO see **POPKIN LEO C.**

POPKIN LEO C. – USA
POPKIN LEO
ONE DARK NIGHT • 1939
REFORM SCHOOL • 1939
WELL, THE • 1951

POPLAVSKAYA I. see **POPLAVSKAYA IRINA**

POPLAVSKAYA IRINA – USS
POPLAVSKAYA I.
REVENGE
JAMILYA • 1970
I AM TIEN-SHAN • 1972
VASSILY I VASSILISA • VASSILY AND VASSILISA • 1983

POPOV ALEXEI – USS
TWO FRIENDS, A MODEL AND A GIRL-FRIEND • 1928

POPOV L. see **POPOV LEONID**

POPOV LEONID – USS
POPOV L.
ZEMLYA SANNIKOVA • ISLAND IN THE SNOW ○ SANNIKOV'S LAND • 1973

POPOV STOLE – YGS
AUSTRALIJA, AUSTRALIJA • 1975
CRVENIOT KONJ • RED HORSE, THE ○ CRVENI KONJ • 1981
SRECNA NOVA • HAPPY NEW YEAR 1949 • 1986
DAN ZA TETOVIRANJE • DAY FOR TATTOOING, A • 1990

POPOV TRAJCE – YGS
MAKEDONSKA KRVAVA SVADBA • BLOODY MACEDONIAN WEDDING, THE ○ BLOODSHED ON THE WEDDING • 1968
PRESUDA • JUDGEMENT • 1978

POPOVIC DRAGUTIN
VENCEREMOS • DOC
DE ROVUMA AU MAPUTO • 1976
NACHINGWEA • 1976

POPOVIC MICA – YGS
POPOVIC MIKA
SWARM, THE • 1966
HASANAGINICA • WIFE OF HASAN-AGA, THE ○ HASAN-AGA'S WIFE • 1967
DELIJE • TOUGH ONES, THE • 1968
BURDUS • 1971

POPOVIC MIHAILO – YGS
POPOVIC MIHAILO-MIKA
S VEROM U BOGA • WITH FAITH IN GOD • 1932
NEW EARTH • 1946
TYPHUS HAS DESTROYED • 1946

POPOVIC MIHAILO-MIKA see **POPOVIC MIHAILO**

POPOVIC MIKA see **POPOVIC MICA**

POPOVIC NIKOLA – YGS
ZIVJECE OVAJ NAROD • 1947
MAJOR BAUK • 1951

POPPE EMIL – NTH
MATHILDE • 1985 • SHT

POPPE NILS – Actor – SWD – 1908–
BALLONGEN • BALLOON, THE • 1946
PENGAR • PENGAR -EN TRAGIKOMISK SAGA ○ MONEY • 1946
DUM-BOM • STUPID BOM • 1953

POPPER GEORG – GRM
E-SAITE, DIE • 1921

POPZLATEV PETER – BUL
I THE COUNTESS • 1988

PORCHET ARTURO – USS
HOGUERAS EN LA NOCHE • 1937

PORCILE FRANCOIS – FRN
VOIX DU LARGE, LA • 1971

POREBA BOHDAN – PLN – 1934–
I DLA WAS SWIECI SLONCE • SUN SHINES FOR YOU TOO, THE • 1956 • DOC
APEL POLEGLYCH • ROLL-CALL FOR THE DEAD • 1957 • DOC
WYSPA WIELKICH NADZIEI • ISLAND OF GREAT HOPES, AN • 1957 • DOC
LUNATYCY • SLEEPWALKERS • 1959
DROGA NA ZACHOD • ROAD WEST, THE ○ WESTWARD • 1961
DALEKA JEST DROGA • WAY IS LONG, THE ○ HIS LAST WILL • 1963
NAD ODRA • ON THE ODRA • 1965
PRAWDZIE W OCZY • FACING THE TRUTH • 1970
SZALONY MAJOR • MAD MAJOR, THE • 1972
HUBAL • MAJOR HUBAL • 1974
JAROSLAW DABROWSKI • 1975
GDZIE WODA CZYSTA I TRAWA ZIELONA • WHERE THE WATER IS CLEAN AND THE GRASS IS GREEN • 1977

PORFIRIO CARLOS – PRT – 1895–1951
SONHO DE AMOR • 1945
GRITO NA NOITE, UM • 1948

PORGES FRIEDRICH – AUS
MACHT DER MARY MURTON, DIE • 1921
MARQUIS VON BOLIBAR, DER • 1922
TOCHTER DES BRIGADIER, DIE • 1922
ADAM UND EVA • 1923
FILM IM FILM, DER • 1924

PORTABELLA PEDRO – SPN
PORTABELLA PERE
NO COMPTEU AMBS EL DITS (CARMEN) • 1967
NOCTURNO 29 • 1968
VAMPIR-CUADECUC • VAMPYR ○ VAMPIRE • 1970
HUMBREGOLO, EL
UMBRACLE, EL • SHT
INFORME GENERAL • 1977
PONT DE VARSOVIE • WARSAW BRIDGE • 1989

PORTABELLA PERE see **PORTABELLA PEDRO**

PORTALUPI PIERO – ITL
NAVE • SHIP, THE • 1940

PORTAS RAFAEL E. – MXC
BOHEMIOS • BOHEMIANS • 1934
SUPREMA LEY • SUPREME LAW (USA) • 1936
ABNEGACION • 1937
ADIOS NICANOR • 1937
DOMINGO EN LA TARDE, UN • ON A SUNDAY AFTERNOON (USA) • 1938
ULTIMOS DIAS DE POMPEYO, LOS • 1940
TU MUJER ES LA MIA • 1942
SOL Y SOMBRAS • 1945
JINETE FANTASMA, EL • 1946
AL CAER LA TARDE • 1948
HIJOS DE LA OSCURIDAD • 1950
PARA QUE LA CUNA APRIETE • 1950
CON TODO EL CORAZON • 1951
ORGUEILLEUX, LES • PROUD AND THE BEAUTIFUL, THE (USA) ○ ORGULLOSOS, LOS (MXC) ○ PROUD ONES, THE • 1953
CHARRO IMMORTAL, EL • 1955
ARZOBISPO NO HA MUERTO, EL • 1956

PORTEGG R. – GRM
WASCHER-RESL, DIE • 1916
ERZKOKETTE, DIE • 1917
GRAFIN MARUSCHKA • 1917
NICHT LIEBEN DURFEN.., DIE • 1917
OPFER DER YELLA ROGESIUS, DAS • 1918
FILM-KATHI, DIE • 1919

PORTEN FRANZ – GRM – 1888–1932
TANNHAUSER • 1906
TROMPETER VON SACKINGEN, DER • 1906-10
DON JUAN HEIRATET • 1909
GEHEIMNIS DER TOTEN, DAS • 1910
KONIGIN LUISE • QUEEN LUISE • 1911
THEODOR KORNER • 1912
VERKANNT • 1912
STRUMFLUT • 1914
TYRANNENHERRSCHAFT • 1916
TROMPETER VON SACKINGEN, DER • 1918
DEUTSCHE HELDEN IN SCHWERER ZEIT • 1924
ROSEN BLUHEN AUF DEM HEIDEGRAB • 1927

PORTEN FRIEDRICH – GRM
APACHENTANZ • 1906
MEISSNER PORZELLAN • 1907
WIEGENLIED • 1908

PORTER
QUESTION IN TOGOLAND • 1957 • SHT

PORTER EDWIN S. – USA – 1869–1941
CAVALIER'S DREAM, THE • 1898
AMERICA'S CUP RACE, THE • 1899
STRANGE ADVENTURE OF NEW YORK DRUMMER • 1899
ANIMATED LUNCHEON, THE • 1900
ARTIST'S DREAM, AN • 1900
BOERS BRINGING IN BRITISH PRISONERS • 1900
CAPTURE OF BOER BATTERY BY THE BRITISH • 1900
CHARGE OF BOER CAVALRY • 1900
CHING LING FOO OUTDONE • 1900
CLOWN AND THE ALCHEMIST • 1900
CONGRESS OF NATIONS • 1900
DULL RAZOR • 1900
ENCHANTED DRAWING, THE • 1900
FAUST AND MARGUERITE • 1900
GRANDMA AND THE BAD BOYS • 1900
HOOLIGAN ASSISTS THE MAGICIAN • 1900
KISS, THE • 1900
MAGICIAN, THE • 1900
MAUDE'S NAUGHTY LITTLE BROTHER • 1900
MYSTIC SWING, THE • 1900
STORM AT SEA, A • 1900
UNCLE JOSH IN A SPOOKY HOTEL • 1900 • SHT
UNCLE JOSH'S NIGHTMARE • 1900
WHY JONES DISCOVERED HIS CLERKS • 1900
WHY MRS. JONES GOT A DIVORCE • 1900
WRINGING GOOD JOKE, A • 1900
ANOTHER JOB FOR THE UNDERTAKER • 1901
ARTIST'S DILEMMA, THE • 1901
AUNT SALLIES WONDERFUL BUSTLE • 1901
AUTOMATIC WEATHER PROPHET, THE • 1901
BAD BOYS' JOKE ON THE NURSE • 1901
CARRYING OUT THE SNAKES • 1901
CHILDREN BATHING • 1901
CIRCULAR PANORAMA OF THE ELECTRIC TOWER • 1901
DAY AT THE CIRCUS, A • 1901
DONKEY PARTY • 1901
FARMER AND THE BAD BOYS, THE • 1901
FINISH OF BRIDGET MCKEEN, THE • 1901
FOLLOW THE LEADER • 1901
FUN IN A BUTCHER'S SHOP • 1901
GORDON SISTERS BOXING • 1901
HAPPY HOOLIGAN APRIL-FOOLED • 1901
HAPPY HOOLIGAN SURPRISED • 1901
HARRY THOMPSON'S IMITATIONS OF SOUSA • 1901
HOW THE DUTCH BEAT THE IRISH • 1901
JOKE ON GRANDMA, A • 1901
KANSAS SALOON SMASHERS • 1901
LOVE BY THE LIGHT OF THE MOON • 1901
LOVE IN A HAMMOCK • 1901
MARTYRED PRESIDENTS • 1901
MYSTERIOUS CAFE, THE • 1901 • SHT
OLD MAID HAVING HER PICTURE TAKEN • 1901
OLD MAID IN THE HORSECAR • 1901
PACKERS ON THE TRAIL • 1901
PANORAMA OF THE ESPLANADE BY NIGHT • 1901
PHENOMENAL CONTORTIONIST, A • 1901
PHOTOGRAPHER'S MISHAP, THE • 1901
PIE, TRAMP AND THE BULLDOG • 1901
REVERSIBLE DIVERS • 1901
RUBES IN THE THEATRE • 1901
SOUBRETTE'S TROUBLES ON A FIFTH AVENUE STAGE • 1901
TERRIBLE TEDDY THE GRIZZLY KING • 1901
TRAMP AND THE NURSING BOTTLE, THE • 1901
TRAMP'S DREAM • 1901
TRAMP'S MIRACULOUS ESCAPE • 1901
TRAMP'S STRATEGY THAT FAILED • 1901
TRAMP'S UNEXPECTED SKATE • 1901
TRAPEZE DISROBING ACT • 1901
TRICK CYCLIST • 1901
TRIP AROUND THE PAN-AMERICAN EXPOSITION, A • TRIP THROUGH THE COLUMBIA EXPOSITION, A • 1901
WEARY WILLIE AND THE GARDENER • 1901
WHAT DEMORALIZED THE BARBER SHOP • 1901
WHY MR. NATION WANTS A DIVORCE • 1901
APPOINTMENT BY TELEPHONE • 1902
BABIES ROLLING EGGS • 1902
BULL AND THE PICKNICKERS • 1902
BURLESQUE SUICIDE • 1902
CAPTURE OF THE BIDDLE BROTHERS • 1902
CHARLESTON CHAIN-GANG • 1902
CHINESE SHAVING SCENE • 1902
FACIAL EXPRESSION • 1902
FUN IN A BAKERY SHOP • 1902
GOLDEN CHARIOTS • 1902
GREAT BULL FIGHT • 1902
HAPPY HOOLIGAN TURNS BURGLAR • 1902 • SHT
HINDOO FAKIR • 1902
INTERRUPTED BATHERS • 1902
INTERRUPTED PICNIC • 1902
JACK AND THE BEANSTALK • 1902
ROCK OF AGES • 1902
TOSSING EGGS • 1902
TWENTIETH CENTURY TRAMP, THE • HAPPY HOOLIGAN AND HIS AIRSHIP • 1902

UNCLE JOSH AT THE MOVING PICTURE SHOW • 1902
WEARY HUNTERS AND THE MAGICIAN, THE • 1902
ANIMATED POSTER, THE • 1903
ARABIAN JEWISH DANCE • 1903
BABY CLASS AT LUNCH • 1903
BABY REVIEW, THE • 1903
BUSTER'S JOKE ON PAPA • 1903
CASEY AND HIS NEIGHBOR'S GOAT • 1903
GAY SHOE CLERK, THE • 1903
GOO GOO EYES • 1903
GREAT TRAIN ROBBERY, THE • 1903
HEAVENLY TWINS AT LUNCH, THE • 1903
HEAVENLY TWINS AT ODDS, THE • 1903
HOW OLD IS ANN? • 1903
LIFE OF AN AMERICAN FIREMAN, THE • 1903
LITTLE LILLIAN, TOE DANSEUSE • LITTLE MISS LILLIAN • 1903
MAYPOLE DANCE • 1903
MESSENGER BOY'S MISTAKE, THE • 1903
MOVE ON • 1903
OFFICE BOY'S REVENGE, THE • 1903
OLD-FASHIONED SCOTTISH REEL • 1903
ORPHANS IN THE SURF • 1903
RAZZLE DAZZLE • 1903
ROAD OF ANTHRACITE, THE • 1903
RUBE AND FENDER • 1903
RUBE AND MANDY AT CONEY ISLAND • 1903
SCENES IN AN ORPHANS' ASYLUM • 1903
SCRAP IN BLACK AND WHITE • 1903
SEASHORE FROLICS • 1903
STILL ALARM, THE • 1903
STREET CAR CHIVALRY • 1903
SUBUB SURPRISES THE BURGLAR • 1903
TUB RACE • 1903
TURNING THE TABLES • 1903
UNAPPRECIATED JOKE, THE • 1903
UNCLE TOM'S CABIN • 1903
UNDER THE MISTLETOE • 1903
WHAT HAPPENED IN THE TUNNEL • 1903
WHITE WINGS ON REVIEW • 1903
ANIMATED PAINTING • 1904
BABE AND PUPPIES • 1904
BRUSH BETWEEN COWBOYS AND INDIANS • 1904
BUCKING BRONCOS • 1904
BUSTER BROWN • 1904 • SER
CAPTURE OF YEGG BANK BURGLARS • 1904
CASEY'S FIGHTFUL DREAM • 1904
CITY HALL TO HARLEM IN 15 SECONDS VIA THE SUBWAY ROUTE • 1904
COHEN'S ADVERTISING SCHEME • 1904
COP FOOLS THE SERGEANT, THE • 1904
DOG FACTORY • EDISON'S DOG FACTORY • 1904
DRIVING CATTLE TO PASTURE • 1904
EUROPEAN REST CURE • 1904
EX-CONVICT • 1904
HOLDUP IN A COUNTRY GROCERY STORE • 1904
JAPANESE ACROBATS • 1904
LITTLE GERMAN BAND • 1904
MANIAC CHASE • 1904
MIDNIGHT INTRUDER • 1904
NERVY NAT KISSES THE BRIDE • 1904
OLD MAID AND FORTUNE TELLER • 1904
PARSIFAL • 1904
RAILROAD SMASHUP • 1904
ROUNDING UP AND BRANDING CATTLE • 1904
ROUNDING UP AT THE "YEGGMAN" • 1904
RUBE COUPLE AT A COUNTY FAIR • 1904
SCARECROW PUMP • 1904
WEARY WILLIE KIDNAPS A CHILD • 1904
WESTERN STAGE COACH HOLD-UP • 1904
WIFEY'S MISTAKE • 1904
BOARDING SCHOOL GIRLS, THE • 1905
BURGLAR'S SLIDE FROM LIFE • 1905
CONEY ISLAND • 1905
DOWN ON THE FARM • 1905
ELECTRIC MULE, THE • 1905
EVERYBODY WORKS BUT FATHER • 1905
HOW JONES LOST HIS ROLL • 1905 • SHT
JUNE'S BIRTHDAY PARTY • 1905
KLEPTOMANIAC, THE • 1905
LIFE OF AN AMERICAN COWBOY, THE • 1905
LIFE OF AN AMERICAN POLICEMAN • 1905
LITTLE TRAIN ROBBERY, THE • 1905
MILLER'S DAUGHTER • 1905
NIGHT BEFORE CHRISTMAS, THE • HANGING STOCKINGS ON A CHRISTMAS TREE • 1905
PHOEBE SHOW • 1905
POOR ALGY • 1905
RAFFLES THE DOG • 1905
SEVEN AGES • 1905
STOLEN BY GYPSIES • 1905
TRAIN WRECKERS • 1905
WATERMELON PATCH, THE • 1905
WHITE CAPS • 1905
WHOLE DAM FAMILY AND THE DAM DOG • 1905
DREAM OF A RAREBIT FIEND • 1906
GETTING EVIDENCE • 1906
HONEYMOON AT NIAGARA FALLS • 1906
HOW THE OFFICE BOY SAW THE BALL GAME • 1906
KATHLEEN MAVOURNEEN • 1906
LIFE OF A COWBOY, THE • 1906
TERRIBLE KIDS, THE • 1906
THREE AMERICAN BEAUTIES • 1906
WAITING AT THE CHURCH • 1906
WINTER STRAW RIDE • 1906
COHEN'S FIRE SALE • 1907
COLLEGE CHUMS • 1907
DANIEL BOONE • 1907
JACK THE KISSER • 1907
LAUGHING GAS • 1907
LITTLE GIRL WHO DIDN'T BELIEVE IN SANTA CLAUS, THE • 1907
LOST IN THE ALPS • 1907
MAKING THE DIRT FLY • 1907
MIDNIGHT RIDE OF PAUL REVERE • 1907
NINE LIVES OF A CAT • 1907
RACE FOR MILLIONS • 1907
RESCUED FROM AN EAGLE'S NEST • 1907
RIVALS, THE • 1907
STAGE STRUCK • 1907
TEDDY BEARS, THE • 1907
TRAINER'S DAUGHTER • 1907
ANGEL CHILD, THE • 1908
ANIMATED SNOWBALLS • 1908
ARMY OF TWO • 1908
BLUE AND THE GRAY, THE DAYS OF '61, THE • 1908
BOSTON TEA PARTY, THE • 1908
BRIDAL COUPLE DODGING THE CAMERAS • 1908
BRIDGE OF SIGHTS • 1908
BUYING A TITLE • 1908
COMEDY IN BLACK AND WHITE • 1908
COUNTRY GIRL'S SEMINARY LIFE AND EXPERIENCES • 1908
COWBOY AND THE SCHOOLMARM, THE • 1908
CUPID'S PRANKS • 1908
CURIOUS MR. CURIO • 1908
DEVIL, THE • 1908
DUMB HERO, A • 1908
EX-CONVICT NO.900 • 1908
FACE ON THE BARROOM FLOOR, THE • 1908
FIRESIDE REMINISCENCES • 1908
FLY PAPER • 1908
FOOL FOR LUCK • 1908
FOOTBALL WARRIOR • 1908
GENTLEMAN BURGLAR, THE • 1908
HEARD OVER THE 'PHONE • 1908
HONESTY IS THE BEST POLICY • 1908
INGOMAR • 1908
JESTER • 1908
KING'S PARDON, THE • 1908
LADY THE TIGER • 1908
LEPRECHAUN, THE • 1908
LIFE'S A GAME OF CARDS • 1908
LITTLE COXSWAIN OF THE VARSITY EIGHT, THE • 1908
LORD FEATHERTOP • 1908
LOST NEW YEAR'S DINNER, THE • 1908
LOVE WILL FIND A WAY • 1908
LOVER'S GUIDE, THE • 1908
LOVER'S TELEGRAPHIC CODE, THE • 1908
MERRY WIDOW WALTZ CRAZE, THE • 1908
MINSTREL MISHAP • 1908
MISS SHERLOCK HOLMES • 1908
NELLY THE PRETTY TYPEWRITER • 1908
NERO AND THE BURNING OF ROME • 1908
OLD MAID'S TEMPERANCE CLUB • 1908
PAINTER'S REVENGE, THE • 1908
PIONEERS CROSSING THE PLAINS IN '49 • 1908
PLAYMATES • 1908
POCAHONTAS • 1908
ROMANCE OF A WAR NURSE • 1908
SANDY MCPHERSON'S QUIET FISHING TRIP • 1908
SAVED BY LOVE • 1908
SCULPTOR'S WELSH RABBIT DREAM, THE • 1908
SHE • 1908
SKINNY'S FINISH • 1908
STAGE MEMORIES OF AN OLD THEATRICAL TRUNK • 1908
STREET WAIF'S CHRISTMAS, A • 1908
SUBURBANITE'S INGENIOUS ALARM • 1908
TALE THE TICKER TOLD • 1908
TALES THE AUTUMN LEAVES TOLD • 1908
TALES THE SEARCHLIGHT TOLD • 1908
TEN PICKNINNIES • 1908
TURNING OVER A NEW LEAF • 1908
UNEXPECTED SANTA CLAUS, AN • 1908
VOICE FROM THE DEAD, A • 1908
WHEN RUBEN COMES TO TOWN • 1908
WIFEY'S STRATEGY • 1908
YANKEE MAN-O-WARSMAN'S FIGHT FOR LOVE • 1908
ADVENTURES OF AN OLD FLIRT, THE • 1909
BIRD IN A GILDED CAGE, A • 1909
BURGLAR CUPID, A • 1909
CHILD OF THE FOREST, A • 1909
CHILD'S PRAYER, A • 1909
COLORED STENOGRAPHER, THE • 1909
COWARD, A • 1909
CRY FROM THE WILDERNESS, A • 1909
CUP OF TEA AND SHE, A • 1909
DAUGHTER OF THE SUN, A • 1909
DOCTOR'S DINNER PAIL, THE • 1909
FATHER'S FIRST HALF HOLIDAY • 1909
FAUST • 1909
FUSS AND FEATHERS • 1909
GIFT FROM SANTA CLAUS, A • 1909
GREAT GAME, A • 1909
HARD TO BEAT • 1909
HEART OF A CLOWN, THE • 1909
HOUSE OF CARDS, THE • 1909
LITTLE SHEPHERD, THE • 1909
LOVE IS BLIND • 1909
LOVE'S SACRIFICE • 1909
MARY JANE'S LOVERS • 1909
MIDNIGHT SUPPER, A • 1909
MODEST YOUNG MAN, A • 1909
OH! RATS! • 1909
ON THE WESTERN FRONTIER • 1909
PERSISTENT SUITOR, A • 1909
PONY EXPRESS • 1909
PRICE OF A SOUL, THE • 1909
ROAD TO LOVE, A • 1909
SEE A PIN AND PICK IT UP • 1909
STAR OF BETHLEHEM, THE • 1909
STROLLING PLAYERS • 1909
TEMPTATION, THE • 1909
THREE KISSES, THE • 1909
UNAPPRECIATED GENIUS • 1909
UNCLE TOM WINS • 1909
UNSUCCESSFUL SUBSTITUTION, AN • 1909
WHERE IS MY WANDERING BOY TONIGHT? • 1909
WHO IS WHO? • 1909
ALICE'S ADVENTURES IN WONDERLAND • 1910
ALL ON ACCOUNT OF A LAUNDRY MARK • 1910
ALMOST A HERO • 1910
ATTACK ON THE MILL, THE • 1910
BRADFORD'S DREAM • 1910
COWPUNCHER'S GLOVE, THE • 1910
ENGINEER'S ROMANCE, THE • 1910
FARMER'S DAUGHTER, THE • 1910
FOR HER SISTER'S SAKE • 1910
GALLEGHER • 1910
GREATER LOVE, THE • 1910
HEART OF A ROSE, THE • 1910
HER FIRST APPEARANCE • 1910
HIS MOTHER'S THANKSGIVING • 1910
LIVINGSTON CASE, THE • 1910
LOVE AND THE LAW • 1910
LUCK OF ROARING CAMP, THE • 1910
MAN WHO LEARNED, THE • 1910
MORE THAN HIS DUTY • 1910
OLD LOVE AND THE NEW, THE • 1910
ONONKA'S VOW • 1910
OUT OF THE NIGHT • 1910
PARDNERS • 1910
PEG WOFFINGTON • 1910
RANSON'S FOLLY • 1910
RIDERS OF THE PLAINS • 1910
RUSSIA -THE LAND OF OPPRESSION • 1910
STARS AND STRIPES, THE • 1910
STOLEN CLAIM, THE • 1910
TOO MANY GIRLS • 1910
TOYMAKER, THE DOLL AND THE DEVIL, THE • 1910
WESTERN ROMANCE, A • 1910
WINNING OF MISS LANGDON, THE • 1910
ARTIST FINANCIER, THE • 1911
AS YE SOW • 1911
BURIED PAST, A • 1911
BY THE LIGHT OF THE MOON • 1911
CALLED BACK • 1911
CAPTAIN NELL • 1911
CASTLES IN THE AIR • 1911
CHASING A RAINBOW • 1911
COLONEL'S DAUGHTER, THE • 1911
CURE FOR CRIME, A • 1911
DAUGHTER OF THE REVOLUTION, A • 1911
DERELICT, THE • 1911
DOOMED SHIP, THE • 1911
EXCEPTION TO THE RULE, AN • 1911
FAITH • 1911
FALL OF A KNIGHT, THE • 1911
FAMOUS DUEL, A • 1911
FATE • 1911
FIVE HOURS • 1911
FROM DEATH TO LIFE • 1911
GUARDSMAN, THE • 1911
HEIRESS, THE • 1911
HER BREATH OF FAITH • 1911
HER SISTER • 1911
HER WAY • 1911
HEROINE OF '76, A • 1911
IRON MASTER, THE • 1911
JOHN BROWN'S HEIR • 1911
LEAVES OF A ROMANCE • 1911
LIGHTHOUSE BY THE SEA, THE • 1911
LITTLE MAJOR, THE • 1911
LOGGING INDUSTRY • 1911
LOST ILLUSIONS • 1911
LOVER AND THE COUNT, THE • 1911
LURE OF THE CITY, THE • 1911
MADELINE'S REBELLION • 1911
MARTYR, THE • 1911
MEASURE OF A MAN, THE • 1911
MONEY TO BURN • 1911
MONOGRAM J.O., THE • 1911
NIGHT OF TERROR, A • 1911
ON THE BRINK • 1911
PICTURESQUE COLORADO • 1911
PRICE OF VICTORY, THE • 1911
PRICE, THE • 1911
REALIZATION, THE • 1911
RETURN, THE • 1911
ROMANCE OF THE CAVE DWELLERS, A • 1911
ROSE AND THE DAGGER, THE • 1911
SAINTS AND SINNERS • 1911
SECURING EVIDENCE • 1911
SHERLOCK HOLMES, JR. • 1911
SILVER THREADS AMONG THE GOLD • 1911
STORY OF A PRAYER RUG, THE • 1911
STRANGERS, THE • 1911
STRIKE AT THE MINES, THE • 1911
TALE OF A CAT, THE • 1911
TEST OF LOVE, THE • 1911
TORN SCARF, THE • 1911
TWINS, THE • 1911
ULTIMATE SACRIFICE, THE • 1911
UNWELCOME SANTA CLAUS, AN • 1911
VAGABOND, THE • 1911
WHERE THE SHAMROCK GROWS • 1911
WHITE RED MAN, THE • 1911
ANGELS UNAWARE • 1912
BARGAIN, THE • 1912
BOARDING HOUSE MYSTERY, A • 1912
CONVICT'S PAROLE, THE • 1912
END OF THE CIRCLE, THE • 1912
EYES THAT SEE NOT • 1912
FINAL PARDON, THE • 1912
IN PAYMENT FULL • 1912
LIGHT ON THE WAY, THE • 1912
LOVE'S FOUR STONE WALLS • 1912
MAKING HEROES • 1912
PARTING OF THE WAYS, THE • 1912
PRICE OF MONEY, THE • 1912
SANE ASYLUM, A • 1912
SONGS OF CHILDHOOD DAYS • 1912
STRENGTH OF THE WEAK, THE • 1912
TAMING MRS. SHREW • 1912
THROUGH FLAMING GATES • 1912
UNDER HER WING • 1912
COUNT OF MONTE CRISTO, THE • 1913
HIS NEIGHBOR'S WIFE • 1913
IN THE BISHOP'S CARRIAGE • 1913
PRISONER OF ZENDA, THE • 1913
CRUCIBLE, THE • 1914
GOOD LITTLE DEVIL, A • 1914
HEARTS ADRIFT • 1914
SUCH A LITTLE QUEEN • 1914
TESS OF THE STORM COUNTRY • 1914
BELLA DONNA • 1915
DICTATOR, THE • 1915
ETERNAL CITY, THE • 1915
PRINCE AND THE PAUPER, THE • 1915
SOLD • 1915
WHEN WE WERE TWENTY-ONE • 1915
ZAZA • 1915
LYDIA GILMORE • 1916

PORTER ERIC – Producer – ASL – 1911-1983

ADOLF IN PLUNDERLAND • 1940 • ANS
WASTE NOT WANT NOT • 1952 • ANS
TEN LITTLE CYCLISTS, THE • 1953 • ANS
ARE YOU POSITIVE? • 1957 • DOC
GRAVITY AND SPACE • 1959 • ANS
OUR HIDDEN WEALTH • 1962 • ANS
MARCO POLO JUNIOR VERSUS THE RED DRAGON • 1972
GOLD MEDALLION, THE • 1983 • ANM

PORTER JULIO – ARG

ABUELITA ATOMICA, UNA • 1958
AL DIABLO CON LA MUSICA • 1958
ESCUELITA DEL RELAJO, LA • 1958
GIRA A.T.M., UNA • 1958
LOCOS POR LA MUSICA • 1958
AVENTURAS DE LA PANDILLA • 1959
PANDILLA EN ACCION, LA • 1959
PANDILLA SE DIVIERTE, LA • 1959
TRIUNFA LA PANDILLA • 1959
CASA DE MADAME LULU, LA • HOUSE OF MADAME LULU, THE • 1968
COCHE CAMA ALOJAMIENTO • SLEEPING-CAR DWELLING • 1968
ESCANDALO EN LA FAMILIA • SCANDAL IN THE FAMILY • 1968

PORTER RALPH – USA

AFTER MEIN KAMPF • RAVAGED • 1961 • DOC

PORTERFIELD JEAN – USA

BRAVO PORTUGAL • 1970 • DOC

PORTICI EMILIO – USA

FEAR OF LOVE • 1970
PENNY WISE • 1970

PORTILLO LOURDES – USA

AFTER THE EARTHQUAKE • DOC

PORTILLO RAFAEL – MXC

PORTILLO RAFAEL LOPEZ

FANTASMA SE ENAMORA, EL • 1952
ULTRAJE AL AMOR • 1955
LOCOS POR LA TELEVISION • 1956
LOCURA MUSICAL • 1956
MUSICA Y DINERO • 1956
MALDICION DE LA MOMIA AZTECA, LA • CURSE OF THE AZTEC MUMMY, THE (USA) • 1957
MOMIA AZTECA, LA • AZTEC MUMMY, THE (USA) • 1957
MUJERES ENCANTADORAS • 1957
BOLERO INMORTAL • BOLERO • 1958

FERIAS DE MEXICO • 1958
ROBOT HUMANO, EL • ROBOT VS. THE AZTEC MUMMY, THE (USA) ◦ AZTEC ROBOT VS. THE HUMAN ROBOT, THE ◦ MOMIA AZTECA CONTRA EL ROBOT HUMANO, LA • 1959
CONDENADOS A MUERTE • 1963
MAR SANGRIENTO • GAVIOTA ROJA, LA • 1964
CONQUISTA DE EL DORADO, LA • 1965
TIPO DIFICIL DE MATAR, UN • 1965
AMANECI EN TUS BRAZOS • 1966
ISLA DE LOS DINOSAUROS, LA • ISLAND OF THE DINOSAURS, THE ◦ DINOSAUR ISLAND • 1966
SHARK! • ARMA DE DOS FILOS, UN (MXC) ◦ MANEATER ◦ CAINE • 1969

PORTILLO RAFAEL LOPEZ see **PORTILLO RAFAEL**

PORTMANN STEPHAN – SWT
ANNA GOLDIN -LETZTE HEXE • ANNA GOLDIN -THE LAST WITCH • 1989

PORTO ISMAR – BRZ
LEVANTE DAS SAIAS, O • RAISING OF SKIRTS, THE • 1968
CONDENADAS PELO SEXO • 1972

PORTO JUAN JOSE – SPN – 1945–
ULTIMO GUATEQUE, EL • 1977
HOMBRE QUE YO QUIERO, EL • 1978

PORTO PAULO – BRZ
EM FAMILIA • GAME OF LIFE, THE • 1971
FIM DE FESTA • PARTY'S END • 1980

PORTUGAIS LOUIS – CND – 1932–
CHAUFFEUR DE TAXI, LE • 1954 • DCS
CHATEAU DE CARTES • 1956 • SHT
DU CHOC DES IDEES • 1956 • DCS
PAS UN MOT • 1956 • SHT
IL ETAIT UNE GUERRE • 1958
URBANISME, LE PLAN D'AMENAGEMENT • 1958 • DCS
90 JOURS, LES • 1959
JE • 1960 • DCS
SAINT-DENIS GARNEAU • 1960 • DCS
MANGER • 1961 • DCS
WILFRED PELLETIER, CHEF D'ORCHESTRE DE EDUCATEUR • 1961 • DCS
ALGERIE 62, CHRONIQUE D'UN CONFLIT • 1962 • DOC
ALLELUYAHS, LES • ALLELUIA • 1963-64 • DCS
BOHEMES 64 • 1963-64 • DCS
EPHEMETRES, LES • 1963-64 • DCS
HOCKEY, LE • 1963-64 • DCS
TABAC A DELHI • 1963-64 • DCS
VIOLENCE, LA • 1963-64 • DCS
20 ANS EXPRESS • 1963-64 • SER
AU CANADA • 1964
AUTO SUR DEUX, UN • 1964
JEUNESSE ANNEE 0 • 1964 • DOC
MONTREAL SECOND FRENCH CITY IN THE WORLD • 1965 • DCS
TYPES OF INMATES • CATEGORIES DE DETENUS • 1965 • DCS
AFRIQUE LIBRE • 1967 • DOC
HOMME ET L'ALIMENTATION, L' • 1967 • DCS
PAVILLON DU QUEBEC, INDUSTRIE 1 • 1967 • DCS
VOIR PELLAN • 1968 • DCS
NOTES SUR LA CONTESTATION • 1970 • DOC

POSANI CLARA – VNZ – 1933–
VIAJE, EL • VOYAGE, THE • 1970
CIUDAD, LA • CITY, THE • 1971
NOCHE DEL EMBUSTERO, LA • LIAR'S NIGHT, THE • 1972

POSELSKI I. see **POSELSKY I.**

POSELSKY I. – USS
POSSELSKI J. • POSELSKI I.
SPARTAKIADA • 1929
SOVIETS ON PARADE • 1933
ODYSSEE DU TCHELIOUSKINE, L' • 1934
PAPANINE ET SES COMPAGNONS • 1938
SOVIET FRONTIERS ON THE DANUBE • 1941
RUSSIA ON PARADE • 1946
SONG AND DANCE OVER THE VISTULA
DAY IN MOSCOW, A • 1957

POSEY STEPHEN L. – USA
TOUR OF DUTY 5: THE ASSASSIN • 1988

POSKAITIS RIMAS – USA
SHADOW DREAM • 1987

POSNER BILL – USA
TEENAGE STRANGLER • 1967

POSPISILOVA VLASTA – CZC
O MARYSCE A VLCIM HRADKU • MARYSKA AND THE WOLF'S CASTLE • 1980

POSSELSKI J. see **POSELSKY I.**

POST HOWARD – Animator – USA
HOMER ON THE RANGE • 1964 • ANS
CAGEY BUSINESS • 1965 • ANS
GERONIMO & SON • 1965 • ANS
GETTING AHEAD • 1965 • ANS
HAIR-RAISING TALE, A • 1965 • ANS
HORNING IN • 1965 • ANS
INFERIOR DECORATOR • 1965 • ANS
ITCH, THE • 1965 • ANS
LES BOYS • 1965 • ANS
OCEAN BRUISE • 1965 • ANS
OUTSIDE DOPE, THE • 1965 • ANS
POOR LITTLE WITCH GIRL • 1965 • ANS
SHOEFLIES • 1965 • ANS
SOLITARY REFINEMENT • 1965 • ANS
TALLY-HOKUM • 1965 • ANS
BAGGIN' THE DRAGON • 1966 • ANS
DEFIANT GIANT, THE • 1966 • ANS
FROM NAGS TO WITCHES • 1966 • ANS
I WANT MY MUMMY • 1966 • ANS
OP POP WHAM AND BOP • 1966 • ANS
ROCKET RACKET, THE • 1966 • ANS
SICK TRANSIT • 1966 • ANS
SPACE KID • 1966 • ANS
THRONE FOR A LOSS • 1966 • ANS
TRICK OR TREAT • 1966 • ANS
TWO BY TWO • 1966 • ANS
WEDDING KNIGHT, A • 1966 • ANS
BLACK SHEEP BLACKSMITH • 1967 • ANS

POST TED – USA – 1918–
PEACEMAKER, THE • 1956
LEGEND OF TOM DOOLEY, THE • 1959
HANG 'EM HIGH • 1968
BENEATH THE PLANET OF THE APES • PLANET OF THE APES REVISITED ◦ PLANET OF THE MEN • 1970
DR. COOK'S GARDEN • 1970 • TVM
NIGHT SLAVES • 1970 • TVM
YUMA • 1970 • TVM
BRAVOS, THE • 1971
DO NOT FOLD, SPINDLE OR MUTILATE • 1971 • TVM
FIVE DESPERATE WOMEN • 1971 • TVM
SANDCASTLES • SAND CASTLES ◦ GODS MUST WAIT, THE • 1972 • TVM
BABY, THE • 1973
HARRAD EXPERIMENT, THE • 1973
MAGNUM FORCE • 1973
COLUMBO: A CASE OF IMMUNITY • 1975 • TVM
WHIFFS • C.A.S.H. (UKN) ◦ W.H.I.F.F.S. ◦ STIFFS • 1975
GO TELL THE SPARTANS • 1978
GOOD GUYS WEAR BLACK • 1978
DIARY OF A TEENAGE HITCHHIKER • DIARY OF A HITCH-HIKER • 1979 • TVM
GIRLS IN THE OFFICE, THE • 1979 • TVM
NIGHTKILL • 1980
CAGNEY & LACEY • 1981 • TVM
STAGECOACH • 1986 • TVM

POSTER PIAK – THL
BRIDGE, THE • 1987
VILLAGE DOCTOR, THE • 1988

POSTMA LAURENS C. – UKN
MIDNIGHT BREAKS • 1988

POTASH MORTON – USA
ZONE 413 • SHT

POTEAU GERARD – FRN – 1948–
SALUT J'ARRIVE • 1981

POTEL VICTOR – Actor – USA – 1889–1947
ACTION CRAVER, THE • 1927

POTENZA ANTHONY – USA
NO NUKES • 1980

POTIGNAT – FRN
PALISSADES • 1962 • SHT

POTOCKI R. – Animator – PLN
PAWEL AND GAWEL • 1946 • ANM

POTTER DENNIS – UKN – 1935–
BLACK EYES • 1989 • MTV

POTTER H. C. – USA – 1904–1977
BELOVED ENEMY • LOVE UNDER FIRE • 1936
WINGS OVER HONOLULU • 1937
ADVENTURES OF TOM SAWYER, THE • 1938
COWBOY AND THE LADY, THE • 1938
ROMANCE IN THE DARK • 1938
SHOPWORN ANGEL, THE • 1938
BLACKMAIL • 1939
CONGO MAISIE • 1939
STORY OF VERNON AND IRENE CASTLE, THE • CASTLES, THE • 1939
SECOND CHORUS • 1940
HELLZAPOPPIN! • 1941
MR. LUCKY • 1943
VICTORY THROUGH AIR POWER • 1943
FARMER'S DAUGHTER, THE • 1947
LIKELY STORY, A • FASCINATING NUISANCE, THE • 1947
MR. BLANDING BUILDS HIS DREAM HOUSE • 1948
TIME OF YOUR LIFE, THE • 1948
YOU GOTTA STAY HAPPY • 1948
MINIVER STORY, THE • 1950
THREE FOR THE SHOW • 1955
TOP SECRET AFFAIR • THEIR SECRET AFFAIR (UKN) • 1956

POTTER RICHARD see **POTTIER RICHARD**

POTTER SALLY – UKN
GOLD • GOLD DIGGERS, THE • 1982

POTTERTON GERALD – UKN – 1931–
BRIDE AND GROOM • 1956 • SHT
FISH SPOILAGE CONTROL • 1956
HUFF AND PUFF • 1956 • ANS
ENERGY PICTURE, THE • 1958
FOLLOW THAT CAR • 1958
MY FINANCIAL CAREER • MY CARRIERE FINANCIERE • 1962 • ANS
NAPOLEON CLIP • 1963
RIDE, THE • 1963
CENTENNIAL CLIPS • 1964
CHRISTMAS CRACKER • CAPRICE DE NOEL • 1964 • SHT
MONEY TO BURN • 1964
RAILRODDER, THE • 1965
COOL MCCOOL • 1966 • ASS
QUIET RACKET, THE • 1966
PINTER PEOPLE • 1968
TRADE MACHINE, THE • 1968
SUPERBUS • 1969
CHARGE OF THE SNOW BRIGADE, THE • 1970
LAST TO GO • 1971 • ANS
TIKI-TIKI • 1971
RAINBOW BOYS, THE • RAINBOW GANG, THE ◦ LOGAN • 1973
ONE-MAN BAND THAT WENT TO WALL STREET, THE • 1974
REMARKABLE ROCKET, THE • 1975
RAGGEDY ANN AND ANDY • RAGGEDY ANN AND ANDY: A MUSICAL ADVENTURE • 1977 • ANM
HEAVY METAL • METAL HURLANT • 1981 • ANM
AWFUL FATE OF MELPOMENUS JONES, THE • 1983
GEORGE AND THE STAR • GEORGE ET L'ETOILE • 1985 • MTV
GHOST SHIP, THE • 1986 • MTV

POTTIER RICHARD – HNG – 1906–
POTTER RICHARD • DEUTSCH ERNEST
SI J'ETAIS LE PATRON • 1934
FANFARE D'AMOUR • 1935
OISEAU RARE, UN • DEUX GAGNANTS, LES • 1935
DISQUE 413, LE • SYMPHONIE D'AMOUR • 1936
GUILTY MELODY • 1936
VINGT-SEPT RUE DE LA PAIX • 1936
SECRETS DE LA MER ROUGE, LES • 1937
LUMIERES DE PARIS • 1938
MONDE TREMBLERA, LE • REVOLTE DES VIVANTS, LES ◦ DEATH PREDICTER, THE ◦ REVOLT OF THE LIVING, THE ◦ WORLD WILL SHAKE, THE • 1939
MADEMOISELLE SWING • 1941
DEFENSE D'AIMER • COEUR SUR LA MAIN, LE ◦ TOTTE ET SA CHANCE • 1942
HUIT HOMMES DANS LA CHATEAU • 1942
PICPUS • SIGNE PICPUS • 1942
FEMME AUX LOUPS, LA • 1943
MON AMOUR EST PRES DE TOI • 1943
CAVES DU MAJESTIC, LES • 1944
INSAISISSABLE FREDERIC, L' • 1945
DESTINS • 1946
VERTIGES • HEURE DU DESTIN, L' • 1946
AVENTURE COMMENCE DEMAIN, L' • 1947
BARRY • 1948
DEUX AMOURS • 1948
NUIT BLANCHE • 1948
THREE FEET IN A BED
CAROLINE CHERIE • DEAR CAROLINE (USA) • 1950
CASIMIR • 1950
MEURTRES • THREE SINNERS (USA) • 1950
RENDEZ-VOUS A GRENADE • 1951
OUVERT CONTRE X • 1952
VIOLETTES IMPERIALES • 1952
REVOLTES DE LOMANACH, LES • EROE DELLA VANDEA, L' (ITL) • 1953
MASQUE DE FER, LE • 1954
PRIGIONIERO DEL RE, IL • 1954
BELLE OTERO, LA • BELLA OTERA, LA (ITL) • 1955
CHANTEUR DE MEXICO, LE • 1956
CHATELAINE DU LIBAN, LA • CASTELLANA DEL LIBANO, LA (ITL) ◦ WOMAN FROM LEBANON, THE ◦ LEBANESE MISSION, THE (USA) ◦ LADY OF LEBANON ◦ DESERT RETOUR • 1956
SERENADE AU TEXAS • 1958
TABARIN • 1958
DAVID E GOLIA • DAVID AND GOLIATH (USA) • 1960
RATTO DELLE SABINE, IL • ENLEVEMENT DES SABINES, L' (FRN) ◦ ROMULUS AND THE SABINES (USA) ◦ RAPE OF THE SABINES • 1962
DERNIER TIERCE, LE • 1964

POTTS JAMES – UKN
SUNDAY THEY'LL MAKE ME A SAINT • 1969

POTTS WALLACE – FRN
BEAU MEC, LE • 1978

POUCTAL HENRI – FRN – 1856–1922
CAMILLE DESMOULINS • 1911
COLONEL CHABERT, LE • 1911
MADAME SANS-GENE • 1911
VITELLIUS • 1911
WERTHER • 1911
BLANCHETTE • 1912
COMTESSE SARAH • 1912
DAME AUX CAMELIAS, LA • 1912
ROBE ROUGE, LA • 1912
ANBASSADRICE, L' • 1913
AVENTURES DU CHEVALIER DE FAUBLAS, LES • 1913
CLAUDINE • 1913
COLETTE • 1913
DEUX MERES, LES • 1913
DINDON, LE • 1913
FILLE D'AUBERGE • 1913
GRANDE MARNIERE, LA • 1913
MAITRE DE FORGES, LE • 1913
MERE COUPABLE, LA • 1913
PETITE FIFI, LA • 1913
SAUVETAGE, UN • 1913
SERGE PANINE • 1913
SOUS LA MASQUE • 1913
TROIS MOUSQUETAIRES, LES • THREE MUSKETEERS, THE • 1913
ALIBI,L' • 1914
CHOUAN, UN • 1914
COMTE DE MONTE-CRISTO, LE • MONTE CRISTO • 1914
DANS LA RAFALE • 1914
DROIT DE L'ENFANT, LE • 1914
FIL A LA PATTE, UN • 1914
HAINE, LA • 1914
HEURE TRAGIQUE, L' • 1914
INFERMIERE, L' • 1914
LEGIONNAIRE, LE • 1914
MIQUETTE ET SA MERE • 1914
MONSIEUR CHASSE • 1914
PAPILLON • PAILLON DIT LYONNAIS LE JUSTE • 1914
ROMAN D'UN SPAHI, LE • 1914
ROSE ROUGE, LA • 1914
ALSACE • 1915
DETTE DE HAINE • 1915
FILLE DU BOCHE, LA • 1915
PECHEUR D'ISLANDE • 1915
VOLONTE • 1915
AFFAIRE DU GRAND THEATRE, L' • 1916
CHANTECOQ • COEUR DE FRANCAISE • 1916
FLAMBEE, LA • 1916
INSTINCT, L' • 1916
MONTE-CRISTO • 1917
TRAVAIL • 1918
DIEU DU HASARD, LE • GOD OF LUCK, THE • 1919
CRIME DU BOUIF, LE • 1921
GIGOLETTE • 1921
RESURRECTION DU BOUIF, LA • 1922

POUDOVKINE VSEVOLOD see **PUDOVKIN V. I.**

POULAIN EVELYNE – FRN
COMETES, LES • 1985 • DOC

POULIN JULIEN – CND
ELVIS GRATTON LE KING DES KINGS • 1986

POULSEN O. J. – DNM
STOPFORBUD • 1963 • SHT

POULSON GERALD see **POULSON GERRY**

POULSON GERRY – UKN – 1930–
POULSON GERALD
UNDER THE DOCTOR • 1976
DICK TURPIN • 1980 • TVM

POULSSON ANDREAS – Dir. photo – NRW – 1944–
LOG HOUSE • 1976

POUNCHEV BORISLAV – BUL
YEAR OF MONDAYS, A • 1977
GRAND PIANO, THE • 1979
RESCUE, THE • 1984
TRANSPORT OF DEATH, THE • 1986

POUND STUART – UKN
CLOCKTIME • 1972
CODEX • 1982

POURET ROBERT – FRN – 1937–
SOUPE FROIDE, LA • 1974
COURS APRES MOI QUE JE T'ATTRAPE • RUN AFTER ME UNTIL I CATCH YOU • 1976
RINGARDS, LES • 1978
VOULEZ-VOUS UN BEBE NOBEL? • 1980

POURTALE JEAN – FRN – 1940–
DEMAIN LES MOMES • 1975
CINQ POUR CENT DE RISQUES • 5% DE RISQUE • 1979

POVEDO EMILIO – SPN
DOS VIDAS • 1951

POVH DUSAN – YGS – 1921–
FIRST STEPS • SHT
NEW MASS, THE • SHT
OUR BEST • SHT
REQUIEM • SHT
THREE MONUMENTS, THE • SHT
25 YEARS OF PLANICA • SHT
TWO MARCHES • 1972 • SHT

POVOLOTSKAYA I. – USS
TAYINSTVENNAYA STENA • RIDDLE OF THE WALL, THE ○ MYSTERIOUS WALL, THE • 1968
DEPUTY, THE • 1974

POWAR G. P. – IND
MAYA BAZAR • FANTASY BAZAAR • 1939

POWELL BONNEY – USA
FURY IN THE PACIFIC • 1945

POWELL DAVID W. – USA
ROBERTA FLACK • 1971 • SHT

POWELL DICK – Actor – USA – 1904–1963
SPLIT SECOND • 1953
CONQUEROR, THE • 1956
YOU CAN'T RUN AWAY FROM IT • IT HAPPENED ONE NIGHT • 1956
ENEMY BELOW, THE • 1957
HUNTERS, THE • 1958

POWELL FRANK – USA
POWELL FRANK E.
CARDINAL'S CONSPIRACY, THE • RICHELIEU • 1909
DAY AFTER, THE • 1909
HIS DUTY • 1909
AFFAIR OF HEARTS, AN • 1910
AFFAIR OFF AN EGG, THE • 1910
ALL ON ACCOUNT OF THE MILK • 1910
HAPPY JACK, A HERO • 1910
HIS LAST DOLLAR • 1910
HIS NEW LID • 1910
HIS SISTER-IN-LAW • 1910
HOW HUBBY GOT A RAISE • 1910
KID, THE • 1910
LOVE IN QUARANTINE • 1910
LOVE OF LADY IRMA, THE • 1910
MUGGSY BECOMES A HERO • 1910
OLD STORY WITH A NEW ENDING, AN • 1910
PASSING OF A GROUCH • 1910
PROPOSAL, THE • 1910
RECREATION OF AN HEIRESS, THE • 1910
SMOKER, THE • 1910
TENDERFOOT'S TRIUMPH, THE • 1910
TROUBLESOME BABY, THE • 1910
TURNING THE TABLES • 1910
UP A TREE • 1910
CROOKED ROAD, THE • 1911
HELP WANTED • 1911
JANE SHORE • 1911
LITTLE EMILY • 1911
MIDNIGHT MARAUDER, THE • 1911
PRISCILLA'S ENGAGEMENT KISS • 1911
STUFF HEROES ARE MADE OF, THE • 1911
TEACHING DAD TO LIKE HER • 1911
WREATH OF ORANGE BLOSSOMS, A • 1911
OLD CURIOSITY SHOP, THE • 1912
PUPPETS OF FATE • 1912
VICAR OF WAKEFIELD, THE • 1912
WHAT THE DOCTOR ORDERED • 1912
FATE • 1913
HIS SECRET • 1913
SUICIDE PACT, THE • 1913
GHOST, THE • 1914
MAN'S ENEMY • 1914
MEASURE OF A MAN, THE • 1914
OFFICER 666 • 1914
STAIN, THE • 1914
CHILDREN OF THE GHETTO, THE • 1915
DEVIL'S DAUGHTER, THE • 1915
FOOL THERE WAS, A • 1915
FROM THE VALLEY OF THE MISSING • 1915
HER GRANDPARENTS • 1915
PRINCESS ROMANOFF • FEDORA • 1915
WOMAN'S PAST, A • 1915
CHAIN INVISIBLE, THE • 1916
CHARITY? • 1916
FOURTH ESTATE, THE • 1916
SCARLET OATH, THE • 1916
WITCH, THE • 1916
DAZZLING MISS DAVISON, THE • ON HER HONOR • 1917
DEBT, THE • 1917
FINAL PAYMENT, THE • 1917
GREATER WOMAN, THE • 1917
HEDDA GABBLER • 1917
MARY MORELAND • 1917
MIRROR, THE • 1917
MOTHERHOOD • 1917
MRS. BALFAME • 1917
HEART OF THE SUNSET • 1918
FORFEIT, THE • 1919
UNBROKEN PROMISE, THE • 1919
YOU NEVER KNOW YOUR LUCK • 1919

POWELL FRANK E. see **POWELL FRANK**

POWELL GEOFFREY – ASL
RANKIN'S SPRINGS IS WEST • 1953

POWELL MICHAEL – UKN – 1905–1990
MY FRIEND THE KING • 1931
RASP, THE • 1931
RYNOX • 1931
STAR REPORTER, THE • 1931
TWO CROWDED HOURS • 1931
BORN LUCKY • 1932
C.O.D. • 1932
HIS LORDSHIP • 1932
HOTEL SPLENDIDE • 1932
FIRE RAISERS, THE • 1933
GIRL IN THE CROWD, THE • 1934
NIGHT OF THE PARTY, THE • MURDER PARTY, THE (USA) • 1934
RED ENSIGN • STRIKE! (USA) • 1934
SOMETHING ALWAYS HAPPENS • 1934
HER LAST AFFAIRE • 1935
LAZYBONES • 1935
LOVE TEST, THE • 1935
PHANTOM LIGHT, THE • 1935
PRICE OF A SONG, THE • 1935
SOME DAY • YOUNG NOWHERES • 1935
BROWN WALLET, THE • 1936
CROWN V STEVENS • THIRD TIME UNLUCKY • 1936
MAN BEHIND THE MASK, THE • 1936
EDGE OF THE WORLD, THE • 1937
LION HAS WINGS, THE • 1939
SPY IN BLACK, THE • U-BOAT 29 (USA) • 1939
CONTRABAND • BLACKOUT (USA) • 1940
THIEF OF BAGDAD, THE • 1940
AIRMAN'S LETTER TO HIS MOTHER, AN • 1941
49TH PARALLEL • INVADERS, THE (USA) ○ FORTY-NINTH PARALLEL, THE • 1941
ONE OF OUR AIRCRAFT IS MISSING • 1942
LIFE AND DEATH OF COLONEL BLIMP, THE • COLONEL BLIMP (USA) • 1943
VOLUNTEER, THE • 1943
CANTERBURY TALE, A • 1944
I KNOW WHERE I'M GOING • 1945
MATTER OF LIFE AND DEATH, A • STAIRWAY TO HEAVEN (USA) ○ TALE OF TWO WORLDS, A • 1946
BLACK NARCISSUS • 1947
RED SHOES, THE • 1948
SMALL BACK ROOM, THE • HOUR OF GLORY (USA) • 1948
ELUSIVE PIMPERNEL, THE • FIGHTING PIMPERNEL, THE (USA) ○ SCARLET PIMPERNEL, THE • 1950
GONE TO EARTH • WILD HEART, THE (USA) • 1950
AILA, POHJOLAN TYTAR • AILA, DAUGHTER OF THE NORTH • 1951
TALES OF HOFFMAN, THE • 1951
OH ROSALINDA! • FLEDERMAUS '55 • 1955
SORCERER'S APPRENTICE, THE • 1955 • SHT
BATTLE OF THE RIVER PLATE • PURSUIT OF THE GRAF SPREE (USA) • 1956
ILL MET BY MOONLIGHT • NIGHT AMBUSH (USA) • 1956
HONEYMOON • LUNA DE MIEL • 1959
PEEPING TOM • FACE OF FEAR ○ PEEPER, THE • 1960
QUEEN'S GUARDS, THE • 1961
BLUEBEARD'S CASTLE • 1964
THEY'RE A WEIRD MOB • 1966
AGE OF CONSENT • 1969
BOY WHO TURNED YELLOW, THE • 1972
TRIKIMIA • TEMPEST, THE • 1973
RETURN TO THE EDGE OF THE WORLD • 1978

POWELL PAUL – USA
POWELL PAUL M.
ELOPEMENT, THE • 1911
THOSE LITTLE FLOWERS • 1913
FACE IN THE CROWD, THE • 1914
FATE AND FUGITIVE • 1914
FOR REPAIRS • 1914
GREEN-EYED MONSTER, THE • 1914
HIS EXCELLENCY • 1914
HOUSE OF D'OR, THE • 1914
LONG LANE, THE • 1914
SINGLE ACT, THE • 1914
STOLEN YACHT, THE • 1914
TRAP, THE • 1914
WHEN THE BLIND SEE • 1914
ACCUSING PEN, THE • 1915
AMBASSADOR FROM THE DEAD, AN • 1915
BRED IN THE BONE • 1915
GOOD IN HIM, THE • 1915
HER MOTHER'S DAUGHTER • 1915
IN THE BACKGROUND • 1915
LILY AND THE ROSE, THE • 1915
LITTLE CATAMOUNT, THE • 1915
LOST LORD LOVELL, THE • 1915
MINERVA'S MISSION • 1915
QUESTION OF CONSCIENCE, A • 1915
SECRET ROOM, THE • 1915
STOOL PIGEON, THE • 1915
TAP! TAP! TAP! • 1915
VICTORINE • 1915
WALL BETWEEN, THE • 1915
WHEN WAR THREATENED • 1915
WILD CAT, THE • 1915
ACQUITTED • 1916
FOUR NARRATIVES • 1916 • SHT
"HELL TO PAY" AUSTIN • LOVE IN THE WEST ○ HELL-TO-PAY AUSTIN • 1916
LESSON IN LABOR, A • 1916 • SHT
LITTLE MEENA'S ROMANCE • 1916
MARRIAGE OF MOLLY-O, THE • 1916
MATRIMANIAC, THE • 1916
MICROSCOPE MYSTERY, THE • 1916
RUMMY, THE • 1916
SONG FROM THE HEART, A • 1916 • SHT
SUSAN ROCKS THE BOAT • SWEET SEVENTEEN • 1916
USURER'S DUE, THE • 1916 • SHT
WILD GIRL OF THE SIERRAS, A • 1916
WOOD NYMPH, THE • 1916
BETSY'S BURGLAR • 1917
CHEERFUL GIVERS • 1917
GIRL OF THE TIMBER CLAIMS, THE • 1917
SAWDUST RING, THE • 1917
ALL NIGHT • 1918
KID IS CLEVER, THE • 1918
SOCIETY SENSATION, A • 1918
BLINDING TRAIL, THE • 1919
COMMON PROPERTY • 1919
LITTLE WHITE SAVAGE, THE • 1919
MAN IN THE MOONLIGHT, THE • 1919
WEAKER VESSEL, THE • 1919
WHO WILL MARRY ME? • 1919
CROOKED STREETS • 1920
EYES OF THE HEART • 1920
POLLYANNA • 1920
SWEET LAVENDER • 1920
DANGEROUS LIES • 1921
MYSTERY ROAD, THE • 1921
BORDERLAND • BETWEEN TWO WORLDS ○ BETWEEN THE WORLDS • 1922
CRADLE, THE • 1922
CRIMSON CHALLENGE, THE • 1922
DAUGHTER OF LUXURY, A • 1922
FOR THE DEFENSE • 1922
ORDEAL, THE • 1922
FOG, THE • 1923
RACING HEARTS • 1923
AWFUL TRUTH, THE • JEALOUS SEX • 1925
HER MARKET VALUE • 1925
LET WOMEN ALONE • ON THE DOTTED LINE ○ ON THE SHELF ○ DOTTED LINE, THE • 1925
NORTH STAR • 1925
PRINCE OF PILSEN, THE • 1926
DEATH VALLEY • 1927
JEWELS OF DESIRE • 1927

POWELL PAUL M. see **POWELL PAUL**

POWELL PETER – USA
AMERICAN GAME, THE • 1979

POWELL TRISTRAM – USA
GHOST WRITER, THE • 1984 • TVM
AMERICAN FRIENDS • 1990

POWER JOHN – ASL – 1930–
SOLDIER, THE • 1967 • DOC
STOP LAUGHING THIS IS SERIOUS • 1967 • DOC
HOUSE IN THE JUNGLE, A • 1969 • DOC
OTHER SIDE OF INNOCENCE, THE • 1971 • MTV
BILLY AND PERCY • 1972 • MTV
LIKE A SUMMER STORM • 1972 • DOC
ESCAPE FROM SINGAPORE • 1974 • DOC
THEY DON'T CLAP LOSERS • 1974 • MTV
WHAT DID YOU DO AT SCHOOL TODAY? • 1974 • DOC
PICTURE SHOW MAN, THE • TRAVELLING PICTURE SHOW MAN, THE • 1977
SOUND OF LOVE, THE • 1979 • MTV
GREAT GOLD SWINDLE, THE • 1984 • MTV
ALICE TO NOWHERE • 1986 • TVM
HIJACK TO HELL • 1986
FATHER • 1989
TANAMERA • 1989 • MTV

POWERS FRANCIS – USA
POWERS FRANCIS J.
CLOTHS • 1914
LITTLE GRAY LADY, THE • 1914
RING AND THE MAN, THE • 1914
ARROW MAIDEN, THE • 1915
AS IN DAYS OF OLD • 1915
BRIDE OF THE SEA, THE • 1915
EVER-LIVING ISLES, THE • 1915
FATHER, THE • 1915
LAW OF DUTY, THE • 1915
OLD MOTHER GREY • 1915
ONE WHO SERVES • 1915
WAYWARD SON, A • 1915
GOOD AND EVIL • 1916 • SHT
SEA MATES • 1916 • SHT
TOLL OF THE LAW, THE • 1916 • SHT
WHICH WAY? • DAUGHTER OF THE NIGHT, A • 1916 • SHT

POWERS FRANCIS J. see **POWERS FRANCIS**

POWERS MR. – USA
FROZEN APE, A • 1910
BETTER MAN, THE • 1914

POWERS P. A. – USA
NURSE, THE • 1912

POWERS WILLIAM – UKN
ROSALEEN DHU • 1920

POYNTER GUY K. – UKN
ONE MORE RIVER • 1961 • SHT

POZHENYAN GRIGORI – USS
PROSHCHAY • FAREWELL • 1967

POZNANSKI DIMITRI – USS
EE PUT • HER WAY OF LOVE • 1929

POZNER – GRM
MEIN KIND • MY CHILD • 1956

POZNER ANDRE
JACQUES PREVERT • DOC

del POZO ANGEL – SPN – 1934–
...Y EL PROJIMO? • 1974
ALIJO, EL • 1976
PROMESA, LA • 1976

POZZETTI ALBERTO – ITL – 1914–
CAPITANO NERO, IL • 1951
TIZIO, CAIO E SEMPRONIO • 1952

POZZETTO RENATO – ITL
IO TIGRO, TU TIGRI, EGLI TIGRA • 1978
SAXOFONE • SAXOPHONE • 1978

PRABHAT MANJUL – IND
GRAHAN

PRADEAUX MAURICE see **PRADEAUX MAURIZIO**

PRADEAUX MAURICIO see **PRADEAUX MAURIZIO**

PRADEAUX MAURIZIO – ITL
PRADEAUX MAURICE • PRADEAUX MAURICIO
RAMON IL MESSICANO • 1966
28 MINUTI PER 3 MILIONI DI DOLLARI • 28 MINUTES FOR 3 MILLION DOLLARS • 1967
LEOPARDI DI CHURCHILL, I • LEOPARDOS DE CHURCHILL, LOS (SPN) ○ CHURCHILL'S LEOPARDS • 1970
PASSI DI DANZA SU UNA LAMA SI RASOIO • DEVIL BLADE (FRN) ○ MANIAC AT LARGE • 1973
FIGLI DI ZANNA BIANCA, I • 1974
PASSI DI MORTE PERDUTI NEL BUIO • 1977

PRADELLI AUGUSTO – VNZ
JOLIGUD: CRONICAS DE EL SALADILLO • JOLIGUD: CHRONICLES FROM THE SALADILLO NEIGHBOURHOOD • 1989

PRADHAM SHAMBHU see **PRADHAN SHAMBHU**

PRADHAN SHAMBHU – NPL
PRADHAM SHAMBHU
SAMJHANA
MAYULA • BELOVED • 1986
BEHULI • BRIDE • 1989

PRADIER JEAN-PAUL – FRN – 1932–
SERVEZ-VOUS, MESDAMES • 1972

PRADINAS PIERRE – FRN
TOUR DE MANEGE, UN • 1989

PRADLEY BORIS – FRN
DEMARCHEUSES EN CHALEUR • 1979

PRADO GUILHERME DE ALMEIDA – BRZ
DAMA DO CINE SHANGHAI!, A • LADY FROM THE SHANGHAI CINEMA, THE (UKN) ○ LADY FROM THE MOVIE, THE • 1987

PRAEGER STANLEY – SPN
MILLIPILLERI • MILLIPILL, THE ○ MILL PILL ○ DOLLARO PER 7 VIGLIACCHI, UN ○ TESTAMENTO DE MADIGAN, EL ○ MADIGAN'S MILLIONS • 1966
BANG BANG • BANG BANG KID, THE • 1968

PRAGER WILHELM – GRM
IN DER SOMMERFRISCH'N • 1920
KLEINE MUCK, DER • 1921
FALSCHE PRINZ, DER • 1922
RADIO-HEIRAT, DIE • 1924
NEUE GROSSMACHT, DIE • 1925
WEGE ZU KRAFT UND SCHONHEIT • WAYS TO HEALTH AND BEAUTY • 1925
PRAG • PRAGUE • 1937

PRAKASH N. – IND
PAATHIRA PAATTU • MIDNIGHT SONG • 1967

PRAKASH RAO K. S. – IND
RAO K. S. PRAKASH
STHREE JANMA • 1967
BHARRYA • WIFE • 1968

PRAKASH RAO T. – IND
RAO T. PRAKASH
VAASNA • DESIRE • 1968

PRAKASH SANJEEV – IND
INDIA UNVEILED • 1985

PRAKASH SURAJ – IND
AAMNE SAMNE • NEIGHBOURS • 1967
JUARI • GAMBLER • 1968

PRALJAK SLOBODAN – YGS
POVRATAK KATARINE KOZUL • RETURN OF KATARINA KOZUL, THE • 1989

PRANJPYE SAI – IND
KATHA • STORY • 1982

PRASAD V. R. K. – IND
RISHYA SHRUNGA • FERTILITY GOD, THE • 1976

PRATELLI ESODO – ITL
SCANDOLO PER BENE • 1940
PIA DE' TOLOMEI • 1941
SE NON SON MATTI NO LI VOGLIAMO • COMPAGNIA DEI MATTI, LA • 1941
A CHE SERVONO QUEST QUATTRINI • 1942
GENTE DELL'ARIA • 1943

PRATT ENRICO – UKN
MESSAGE, THE • 1956

PRATT G. W. see **PRATT GILBERT**

PRATT GIL see **PRATT GILBERT**

PRATT GILBERT – USA
PRATT GILBERT WALKER • *PRATT GIL* • *PRATT G. W.*
BUMPS AND BOARDERS • 1918 • SHT
FARMS AND FUMBLES • 1918 • SHT
IT'S A WILD LIFE • 1918 • SHT
CAVES AND COQUETTES • 1919 • SHT
DAMSELS AND DANDIES • 1919 • SHT
FLIPS AND FLOPS • 1919 • SHT
GIRLIES AND GRUBBERS • 1919 • SHT
HAREMS AND HOOKUM • 1919 • SHT
LOVE AND LATHER • 1919 • SHT
RUBES AND ROBBERS • 1919 • SHT
VAMPS AND VARIETY • 1919 • SHT
ZIP AND ZEST • 1919 • SHT
CLOSE SHAVE, A • 1920
DUCK INN • 1920
DYNAMITE • 1920 • SHT
FLIVVER WEDDING, A • 1920 • SHT
KNIGHTS AND KNIGHTIES • 1920 • SHT
THROBS AND THRILLS • 1920 • SHT
EGG, THE • WEAK-END PARTY, THE • 1922 • SHT
MUD AND SAND • 1923
KEEP SMILING • 1925
FIGHT NIGHT • FIGHT NITE • 1926 • SHT
HAYFOOT, STRAWFOOT • 1926 • SHT
HASTY MARRIAGE, THE • 1931 • SHT
SEAL SKINS • 1932 • SHT
ELMER AND ELSIE • LADIES FIRST • 1934
BOYS WILL BE GIRLS • 1937

PRATT GILBERT WALKER see **PRATT GILBERT**

PRATT HAWLEY – Animator – USA
WILD CHASE, THE • 1965 • ANS
PINK PISTONS • 1966 • ANS
SUPER PINK • 1966 • ANS
PINK-A-RELLA • 1968 • ANS
SCRATCH A TIGER • 1969 • ANS

PRATT JACK – USA
PRATT JOHN H.
SHORE ACRES • 1914
MAN'S MAKING, THE • 1915
RIGHTS OF MAN, THE • 1915
GODS OF FATE, THE • 1916
HER BLEEDING HEART • 1916
LOVE'S TOLL • 1916
HUMILITY • 1917
WHO KNOWS? • 1917
LOYALTY • 1918
HEART OF A WOMAN, THE • 1920
WOMAN UNTAMED, THE • 1920
YANKEE DOODLE, JR. • 1922
RIP-TIDE, THE • 1923

PRATT JOHN H. see **PRATT JACK**

PRATYAGATHMA K. – IND
MAA VANDINA • OUR SISTER-IN-LAW • 1967

von PRAUNHEIM ROSA – GRM
NICHT DER HOMOSEXUELLE IST PERVERS, SONDERN DIE SITUATION, IN DER ER LEBT • NICHT DER HOMOSEXUELLE IST PERVERS.. • 1971
ICH BIN EIN ANTISTAR • I AM AN ANTISTAR • 1976
ARMY OF LOVERS • 1979 • DOC
ANITA -TANZE DES LASTERS • ANITA -DANCES OF THE DEVIL • 1988

PRAVOV I. see **PRAVOV IVAN**

PRAVOV IVAN – USS
PRAVOV I.
POSLEDNII ATTRAKZION • LAST ATTRACTION, THE • 1929
GRAIN • 1936
CHILDREN OF THE TAIGA • 1941
DIAMONDS • 1947
LUST FOR GOLD • 1957

PRAZSKY PREMYSL – CZC – 1893–1964
BATALION • AMAZING BATTALION, THE • 1927
PODSKALAK • 1928

PRECHT ROBERT – USA
NORMING OF JACK 243, THE • 1975 • TVM

PRECHTL HANNS – GRM
HANSWURST VON RIGA, DER • 1921
ANDREAS HOFER • 1929

PREECE MICHAEL – USA – 1936–
PARADISE CONNECTION, THE • 1979 • TVM
PRIZE FIGHTER, THE • PRIZEFIGHTER, THE • 1979

PREFONTAINE MICHEL – CND – 1947–
LAUTREC 85 • 1985 • MTV
MEDIUM BLUES • 1985
WAITER • 1985 • MTV
HUGHES AUFRAY • 1986 • MTV
MADE IN QUEBEC • 1986 • MTV

PREIS HASSO – GRM
GLUCK IM SCHLOSS • 1933
LIEBE UND DIE ERSTE EISENBAHN, DIE • LOVE AND THE FIRST RAILROAD (USA) • 1934

PREISLER EBBE – DNM
SKAEVE DAGE I THY • 1970

PREISTRAGGER HEINRICH GREIF – Animator – GRM
GARDINENTRAUM, DER • 1969 • ANM

PRELIC SVETISLAV BATA – YGS
DEBELI I MRSAVI • FAT AND THIN • 1985
MAJSTOR I SAMPITA • MASTER AND THE CREAM-PUFF, THE • 1987
POLTRON • POLTROON, THE • 1989

PREM DHANI RAM – IND
MADAN MAJARI • 1934

PREMARATNA H. D. – SLN
DEVENI GAMANA • 1983
UNDER THE BRIDGE • 1989

PREMINGER OTTO – Producer – AUS – 1906–1986
PREMINGER OTTO L.
GROSSE LIEBE, DIE • 1932
UNDER YOUR SPELL • 1936
DANGER -LOVE AT WORK • 1937
KIDNAPPED • 1938
MARGIN FOR ERROR • 1943
IN THE MEANTIME, DARLING • I MARRIED A SOLDIER • 1944
LAURA • 1944
FALLEN ANGEL • 1945
ROYAL SCANDAL, A • CZARINA (UKN) • 1945
CENTENNIAL SUMMER • 1946
DAISY KENYON • 1947
FOREVER AMBER • 1947
THAT LADY IN ERMINE • 1948
FAN, THE • LADY WINDERMERE'S FAN (UKN) • 1949
WHERE THE SIDEWALK ENDS • 1950
WHIRLPOOL • 1950
13TH LETTER, THE • 1951
ANGEL FACE • 1953
MOON IS BLUE, THE • 1953
CARMEN JONES • 1954
JUNGFRAU AUF DEM DACH, DIE • 1954
RIVER OF NO RETURN • 1954
COURT MARTIAL OF BILLY MITCHELL, THE • ONE MAN MUTINY (UKN) • 1955
MAN WITH THE GOLDEN ARM, THE • 1955
SAINT JOAN • 1957
BONJOUR TRISTESSE • 1958
ANATOMY OF A MURDER • 1959
PORGY AND BESS • 1959
EXODUS • 1960
ADVISE AND CONSENT • 1962
CARDINAL, THE • 1963
BUNNY LAKE IS MISSING • 1965
IN HARM'S WAY • 1965
HURRY SUNDOWN • 1967
SKIDOO • 1968
TELL ME THAT YOU LOVE ME, JUNIE MOON • 1970
SUCH GOOD FRIENDS • 1971
ROSEBUD • 1974
HUMAN FACTOR, THE • 1979

PREMINGER OTTO L. see **PREMINGER OTTO**

PREMYSLER FRANCINE – FRN – 1933–
MEMOIRE COURTE, LA • 1961

PRENCZINA SABINE – FRN
FARENDJ • 1990

PRENTISS CHRIS – USA
GOIN' HOME • 1976

PREOBRAJIUSKA OLGA see **PREOBRAZHENSKAYA OLGA**

PREOBRAZHENSKAYA OLGA – Actress – USS – 1885–1966
PREOBRAJIUSKA OLGA
MISS PEASANT • 1916
SLESAR I KANTZLER • LOCKSMITH AND CHANCELLOR • 1923
KASHTANKA • 1925
ANJA • 1927
BABI RIAZANSKIE • VILLAGE OF SIN, THE ○ WOMEN OF RYAZAN ○ BABI RYAN-SKYE ○ DEVIL'S PLAYTHING, THE ○ PEASANT WOMEN OF RIAZAN • 1927
VERITE DE FEDKA, LA • 1927 • SHT
SVETLYI GOROD • BRIGHT TOWN, THE ○ CITE LUMINEUSE, LA • 1928
POSLEDNII ATTRAKZION • LAST ATTRACTION, THE • 1929
PATHS OF ENEMIES
TIKHU DON • COSSACKS OF THE DON ○ QUIET DON, THE • 1931
GRAIN • 1936
STEPAN RAZIN • 1939
CHILDREN OF THE TAIGA • 1941
PRAIRIE STATION • 1941

PRESCOTT JOHN – USA
TORCH BEARER, THE • 1916

PRESKANU V. – USA
ALL POINT TO HIM ALONE • 1974

PRESNELL ROBERT – Writer – USA – 1914–
ATTACK! THE BATTLE OF NEW BRITAIN • 1944

PRESSBURGER EMERIC – Producer – HNG – 1902–1988
ONE OF OUR AIRCRAFT IS MISSING • 1942
LIFE AND DEATH OF COLONEL BLIMP, THE • COLONEL BLIMP (USA) • 1943
VOLUNTEER, THE • 1943
CANTERBURY TALE, A • 1944
I KNOW WHERE I'M GOING • 1945
MATTER OF LIFE AND DEATH, A • STAIRWAY TO HEAVEN (USA) ○ TALE OF TWO WORLDS, A • 1946
BLACK NARCISSUS • 1947
RED SHOES, THE • 1948
SMALL BACK ROOM, THE • HOUR OF GLORY (USA) • 1948
ELUSIVE PIMPERNEL, THE • FIGHTING PIMPERNEL, THE (USA) ○ SCARLET PIMPERNEL, THE • 1950
GONE TO EARTH • WILD HEART, THE (USA) • 1950
TALES OF HOFFMAN, THE • 1951
TWICE UPON A TIME • 1953
OH ROSALINDA! • FLEDERMAUS '55 • 1955
BATTLE OF THE RIVER PLATE • PURSUIT OF THE GRAF SPREE (USA) • 1956
ILL MET BY MOONLIGHT • NIGHT AMBUSH (USA) • 1956

PRESSBURGER FRED – USA
CROWDED PARADISE • 1955

PRESSMAN MICHAEL – USA – 1950–
GREAT TEXAS DYNAMITE CHASE, THE • DYNAMITE WOMEN ○ DYNAMITE GIRLS • 1976
BAD NEWS BEARS IN BREAKING TRAINING, THE • 1977
LIKE MOM, LIKE ME • 1978 • TVM
BOULEVARD NIGHTS • 1979
THOSE LIPS, THOSE EYES • 1980
SOME KIND OF HERO • 1982
DOCTOR DETROIT • 1983
IMPOSTER, THE • 1984 • TVM
FINAL JEOPARDY • 1985 • TVM
PRIVATE SESSIONS • 1985 • TVM
CHRISTMAS GIFT, THE • 1986 • TVM
HAUNTED BY HER PAST • 1987 • TVM
TO HEAL A NATION • 1987 • TVM
REVENGE OF AL CAPONE, THE • 1988 • TVM
SHOOTDOWN • 1989 • TVM

PRESTAND FRANK see **GIRALDI FRANCO**

PRESTIFILIPPO SILVESTRO – ITL – 1921–
CARNE INQUIETA • 1952
TERRA SENZA TEMPO • 1952

PRESTON GAYLENE – NZL – 1947–
ALL THE WAY UP THERE • 1978 • DOC
LEARNING FAST • 1982 • DOC
MAKING UTU • 1983
MR. WRONG • DARK OF THE NIGHT (USA) • 1986
RUBY AND RATA • 1990

PRESTON HARRY – USA
HONEYMOON HORROR • 1982

PRESTON RICHARD – USA
MANIFESTO
NIGHTSCAPES • ANS
BLACK AND WHITE BURLESQUE • 1960 • SHT
MAZE, THE • 1960
CONVERSATIONS IN LIMBO
DIRECTIONS OF HARRY HOOTON, THE
SON OF DADA • ANS

PRETNAR IGOR – YGS
TRI ZGODBE • 1955
PET MINUTA RAJA • FIVE MINUTES OF PARADISE • 1959
SAMONIKLI • 1964
IDEALIST • 1977

PREUSS REUBEN – USA
IN DANGEROUS COMPANY • 1988

PREVERT PIERRE – FRN – 1906–1988
SOUVENIRS DE PARIS • PARIS EXPRESS • 1928
AFFAIRE EST DANS LE SAC, L' • IT'S IN THE BAG (UKN) • 1932
MONSIEUR CORDON • 1933 • SHT
COMMISSAIRE EST BON ENFANT, LE • 1934
ADIEU LEONARD • BOURSE OU LA VIE, LA • 1943
VOYAGE–SURPRISE • VOYAGE SURPRISE • 1946
PARIS MANGE SON PAIN • 1958 • SHT
PARIS LA BELLE • 1959 • SHT

PREVIN STEVEN – USA
ALMOST ANGELS • BORN TO SING (UKN) • 1962
ESCAPADE IN FLORENCE • 1962
WALTZ KING, THE • JOHAN STRAUSS • 1963

PREVOST JEAN-PIERRE – FRN – 1942–
JUPITER • 1971
HOMME DU FLEUVE, L' • 1973

PRICE ALBERT G. – USA
HER CHOICE • 1915

PRICE BAMLET L. JR. – USA
ONE-WAY TICKET TO HELL • 1955

PRICE ELWOOD G.
MAU MAU • 1955

PRICE PAUL – USA
ARE CHILDREN TO BLAME? • ARE THE CHILDREN TO BLAME? • 1922

*PRICE PAUL** see **POETI PAOLO**

PRICE SHERMAN – USA
GIRL FEVER • 1961
"IMP"PROBABLE MR. WEE GEE, THE • 1966
JUDY'S LITTLE NO-NO • LET'S DO IT • 1969

PRICE WILL – USA
STRANGE BARGAIN • 1949
TRIPOLI • FIRST MARINES • 1950
ROCK, ROCK, ROCK! • 1956

PRIESTLEY JACK – UKN
WINGS, THE FILM • 1979

PRIETO JOSE see **PRIETO JOSEPH G.**

PRIETO JOSEPH G. – USA
PRIETO JOSE
SHANTY TRAMP • 1967
BIG ENOUGH N' OLD ENOUGH • SAVAGES FROM HELL • 1968
FIREBALL JUNGLE • JUNGLE TERROR • 1968
MISS LESLIE'S DOLLS • 1972

PRIGENT YVES – FRN
CONCERTO DE L'AUBE • 1960
TRANSFUGE, LE • 1976

PRIJONO AMI – INN – 1939–
PRIYONO AMI
TUAN TANAH KEDAWUNG • 1970
ANJING-ANJING GELADAK • 1972
BERANAK DALAM KUBUR • 1972
LAKI-LAKI PILIHAN • 1973
MAMA • 1973
DEWI • 1974
KARMILA • 1975
KAMPUS BIRU • 1976
JAKARTA JAKARTA • 1978
BUYANG-BUYANG KELABU • 1979
RORO MENDUT • 1983

PRIMM JOHN – USA
MARBLE, THE • 1966 • SHT

PRINCE – Singer – USA – 1960–
NELSON ROGERS
UNDER THE CHERRY MOON • 1986
SIGN O' THE TIMES • 1987
GRAFFITI BRIDGE • 1990

PRINCE HAROLD – Producer – USA – 1928–
SOMETHING FOR EVERYONE • BLACK FLOWERS FOR THE BRIDE ○ COOK, THE ○ ROOK, THE • 1970
LITTLE NIGHT MUSIC, A • 1977

PRINCE LORRAINE – Animator – USA
WEBS • 1972 • ANS

PRINCIPE ALBINO – ITL – 1920–
SEGRETO DELLE ROSE, IL • 1958
LETTO DI SABBIA • 1964
SPOSA PER MAO, UNA • 1972

PRINGLE IAN – ASL
CARTOGRAPHER AND THE WAITER, THE • 1977 • SHT
FLIGHTS • 1977 • SHT
BARE IS HIS BACK WHO HAS NO BROTHER • 1979 • DOC
JACK AND THE SOLDIER • 1979
WRONSKY • 1979
DESIDERIUS ORBAN • 1981 • DOC
PLAINS OF HEAVEN, THE • 1983
WRONG WORLD, THE • 1984
PRISONER OF ST. PETERSBURG, THE • 1989
ISABELLE EBERHARDT • 1990

PRINGLE JULIAN – ASL
ESSINGTON • 1976 • MTV
NEWMAN SHAME • 1978 • MTV
BEDFELLOWS • 1979 • MTV
ORDEAL, THE • 1981
CONFERENCEVILLE • 1982 • MTV

PRINZ LEROY – Dance director – USA – 1895–1983
ALL-AMERICAN CO-ED • 1941
FIESTA • 1941
BOB WILLS AND HIS TEXAS PLAYBOYS • 1944
JUNIOR JIVE BOMBERS • 1944 • SHT
SHINING FUTURE, THE • 1944 • SHT

PRIOR DAVID A. – USA
SLEDGE HAMMER • 1984
KILL ZONE • 1985
AEROBICIDE • 1986
DEADLY PREY • 1987
DEATH CHASE • 1987
MANKILLERS • TWELVE WILD WOMEN • 1987
NIGHTWARS • NIGHT WARS • 1987
BORN TO KILL • 1988
HELL ON THE BATTLEGROUND • 1988
JUNGLE ASSAULT • 1988
LOST PLATOON, THE • 1988
OPERATION: WAR ZONE • 1988
C.O.P.S. • FUTURE FORCE • 1989
DEADLY DANCER • 1989
FINAL SANCTION • 1989
FUTURE FORCE II • 1989
RAPID FIRE • 1989

PRIOR JORGE – MXC
OMBLIGO DE LA LUNA, EL • NAVEL OF THE MOON, THE • 1985

PRISCO CORRADO – ITL
STRESS • 1972
PRIMA NOTTE DI NOZZE • 1977

PRITCHARD MIKE – UKN
TREASURES OF THE SNOW • 1985

PRIVETT BOB – Animator – UKN
SUBMARINE CONTROL • 1949 • ANS
AS OLD AS THE HILLS • 1950 • ANS
MOVING SPIRIT • 1951 • ANS
WE'VE COME A LONG WAY • 1952 • ANS
POWER TO FLY • 1953 • ANS
DOWN A LONG WAY • 1954 • ANS
SPEED THE PLOUGH • 1956 • ANS

PRIVITERA VINCENT J. – USA
WITCHFIRE • 1985

PRIYONO AMI see **PRIJONO AMI**

PROBST DOMINIKUS – GRM
CAFE DE L'UNION • 1990

PROCHAZKA PAVEL – CZC
FIGURES • ANM
POPLETENA PLANETA • PLANET PEOPLE ○ UPSIDE-DOWN PLANET • 1962 • ANS
CISLICE • CIPHERS • 1966 • ANM
ACCELERATION • ANS
CROOKED CHIMNEY, THE • 1970 • ANM
PREACHER • 1970
WER HAT ANGST VORM KLEINEN MANN • WHO'S AFRAID OF A LITTLE MAN • 1971

PROCHAZKA VACLAV – CZC
PLUNDER • 1967 • ANS

PROCOPIUK CARLOS – ARG
FRANCISCO FLOR Y ARCILLA • FRANCISCO, FLOWER AND CLAY • 1982

PROFERES NICK – USA
MONTEREY POP • 1969

PROHMVITAKE PAKORN – THL
PAKORN
SPIRIT OF BANG POON VILLAGE • 1981
NIT • 1983
ICE-CREAM MAN, THE • 1984

PROIA GIANNI – ITL – 1921–
MONDO DI NOTTE NUMERO DUE, IL • MONDO DI NOTTE N.2, IL ○ WORLD BY NIGHT NO.2 • 1961 • DOC
MONDO DI NOTTE N.3 • ECCO (USA) • 1963
THIS SHOCKING WORLD • 1964 • DOC
REALTA ROMANZESCA • 1969
MONDO DI NOTTE OGGI • 1976

PROIETTI BIAGIO – ITL
STORIA SENZA PAROLE • 1979

PROIKOV PROIKO – Animator – BUL
PROYKOV PROYKO
SUMMER • 1969 • ANS
SINGING COWBOYS • 1986 • ANM

PRONIN V. see **PRONIN VASSILY**

PRONIN VASSILI see **PRONIN VASSILY**

PRONIN VASSILY – USS
PRONIN VASSILI • PRONIN V.
AMOUR ET HAINE • 1935
COMMANDANT DE L'ILE AUX OISEAUX, LE • 1939
SON OF TADJIKISTAN • 1942
MARS-AVRIL • 1944
SON OF THE REGIMENT • 1946
SALTANAT • 1955
PARDESI • KHAZDENI ZA TRI MORYA (USS) ○ JOURNEY BEYOND THREE SEAS ○ TRAVELLER, THE ○ KHOZHDENIYE ZA TRI MORYA • 1957
KASAKI • COSSACKS, THE ○ KHAZAKKI ○ KAZAKI • 1961
NASH DOM • OUR HOUSE • 1965

PROSKIN ALEXANDER – USS
COLD SUMMER OF 1953 • 1987

PROSKURIN S. – USS
CHILDREN'S PLAYGROUND

PROSPER FRANCISCO – SPN – 1921–
CONFIDENCIAS DE UN MARIDO • 1963
DIA ES UN DIA, UN • 1968

PROSPERI FRANCESCO see **PROSPERI FRANCO**

PROSPERI FRANCO – ITL
PROSPERI FRANCESCO • SHANNON FRANK • LEMICK MICHAEL E
TECNICA DI UN OMICIDIO • TECHNIQUE D'UN MEURTRE (FRN) ○ HIRED KILLER, THE (USA) ○ NO TEARS FOR A KILLER • 1966
DICK SMART 2007 • 1967
QUALCUNO HA TRADITO • REQUIEM POUR UNE CANAILLE (FRN) ○ EVERY MAN IS MY ENEMY (USA) ○ SOMEBODY IS A TRAITOR • 1967
DEBITO CONIUGALE, IL • 1970
IO NON SCAPPO.. FUGGO • 1970
UOMO DALLA PELLE DURA, UN • RIPPED OFF (USA) ○ BOXER, THE • 1972
ALTRA FACCIA DEL PADRINO, L' • 1973
AMORE MIO UCCIDIMI! • 1973
MATTA MATTA MATTA CORSA IN RUSSIA, UNA • 1974
PRONTO AD UCCIDERE • 1976
SETTIMA DONNA, LA • TERROR • 1978
COMMISSARIO VERRAZZANO, IL • DEADLY CHASE • 1979
GUNANA RE BARBARO • GUNAN, KING OF THE BARBARIANS ○ INVINCIBLE BARBARIAN, THE • 1981
BARBARIAN MASTER • 1983
GUNAN IL GUERRIERO • 1983
SPADE DEI BARBARI, LE • SWORD OF THE BARBARIANS ○ GUNAN, KING OF THE BARBARIANS ○ GUNAN NO.2 ○ INVINCIBLE SWORD, THE ○ SPADA BARBARI, LA • 1983
TRONO DI FUOCO, IL • THRONE OF FIRE, THE • 1983

PROSPERI FRANCO* – Col jacopetti – ITL
DONNA NEL MONDO, LA • WOMEN OF THE WORLD (USA) ○ EVA SCONOSCIUTA • 1963 • DOC
MONDO CANE N.2 • MONDO PAZZO (USA) ○ CRAZY WORLD, INSANE WORLD ○ MONDO INSANITY • 1963
AFRICA ADDIO • AFRICA, BLOOD AND GUTS • 1966
ZIO TOM • FAREWELL UNCLE TOM (USA) ○ UNCLE TOM (UKN) ○ ADDIO ZIO TOM • 1971
MONDO CANDIDA • 1975

PROSPERI GIORGIO – ITL – 1911–
VERGINITA • 1952

PROTAZANOV YAKOV – USS – 1881–1945
PROTOZANOV YAKOV • PROTOSANOFF JACQUES
DEATH OF IVAN THE TERRIBLE, THE • 1909
FOUNTAIN OF BAKHCHISRAI, THE • 1909
NIGHT IN MAY, A • 1910
PESNYA KATORZHANINA • PRISONER'S SONG, THE • 1911
PREMIER DISTILLATEUR, LE • 1911
ROGNEDA • 1911
ANFISA • 1912
OLEG • 1912
UKHOD VELIKOVO STARTZA • DEPARTURE OF A GRAND OLD MAN, THE ○ LIFE OF TOLSTOY, THE • 1912
CHOPIN NOCTURNE, A • 1913
FILS DU BOURREAU, LE • 1913
HOMME CLOUE, L' • 1913
HONOURING THE RUSSIAN FLAG • 1913
KAK KHOROSHI, KAK SVEZHI BYLI ROZI • HOW FINE HOW FRESH THE ROSES WERE • 1913
KLYUCHI SHCHASTYA • KEYS TO HAPPINESS • 1913
MARI ACHETE, UN • 1913
MARQUE DES PLAISIRS PASSES, LA • 1913
POURQUOI SANGLOTE LE VIOLON? • 1913
RAZBITAYA VAZA • SHATTERED VASE, THE • 1913
ARTHUR ET CIE • 1914
DANCE OF THE VAMPIRE • 1914
DANSE DES EPEES, LA • 1914
DEDAIN DE DIONISIO, LE • 1914
DEVIL, THE • 1914
DRAME AU TELEPHONE, UN • 1914
GUARDIAN OF VIRTUE • 1914
LOVE • 1914
LUTTE POUR LA VIE, LA • 1914
MANNEQUIN VIVANT, LE • 1914
NOEL DANS LES TRANCHEES • 1914
DEPUTE, LE • 1915
FAUBOURGS DE MOSCOU, LES • 1915
NATASHA PROSKUROVA • 1915
NIKOLAI STAVROGIN • 1915
PETERBURGSKIYE TRUSHCHOBI • PETERSBURG SLUMS • 1915
PETITE ROCQUES, LA • 1915
PEUPLE, LE • 1915
PLEBEI • PLEBEIAN • 1915
SASHKA LE SEMINARISTE • 1915
VOINA I MIR • WAR AND PEACE • 1915
YA I MOYA SOVEST • MY CONSCIENCE AND I • 1915
EN DESCENDANT LA VOLGA • 1916
GREKH • SIN • 1916
HOUSE OF DEATH • 1916
PIKOVAYA DAMA • QUEEN OF SPADES, THE • 1916
ZHENSHCHINA S KINZHALOM • WOMAN WITH A DAGGER ○ WOMAN WITH THE DAGGER, THE • 1916
ANDREI KOZHUKHOV • 1917
FRESQUE INACHEVEE, LA • 1917
JUGEMENT DIVIN, LE • 1917
NE NADO KROVI • BLOOD NEED NOT BE SPILLED • 1917
PETITE ELLI, LA • 1917
POPE GAPONE, LE • 1917
PROKLIATIYE MILLIONI • CURSED MILLIONS ○ DAMNED MILLIONS • 1917
PROKUROR • PUBLIC PROSECUTOR • 1917
SATANA LIKUYUSHCHII • SATAN TRIUMPHANT • 1917
FEMME DE CHAMBRE JENNI, LA • 1918
GARDIEN MUET, LE • 1918
HOMME A LA GRILLE, L' • 1918
OTETS SERGEI • FATHER SERGIUS • 1918
PARASITES OF LIFE • 1918
ANGOISSANTE AVENTURE, L' • AGONIZING ADVENTURE • 1919
BLACK HORDE, THE • 1919
CALVAIRE D'UNE FEMME, LE • 1919
OU L'ESPERANCE OU L'AVEUGLE JALOUSIE • 1919
TAINA KOROLEVY • QUEEN'S SECRET, THE • 1919
MEMBER OF PARLIAMENT • 1920
ANGOIS AVENTURE, L' • 1921
JUSTICE D'ABORD • 1921
POUR UNE NUIT D'AMOUR • 1921
LIEBE PILGERFAHRT, DER • 1922

SENS DE LA MORT, LE • 1922
VERS LA LUMIERE • 1922
OMBRE DU PECHE, L' • 1923
AELITA • AELITA: THE REVOLT OF THE ROBOTS ○ REVOLT OF THE ROBOTS • 1924
YEVO PRIZYV • BROKEN CHAINS ○ HIS CALL • 1925
ZAKROICHIK IZ TORJKA • TAILOR FROM TORZHOK, THE • 1925
PROTSESS O TROYOKH MILLYONAKH • TRIAL OF THE THREE MILLIONS, THE ○ THREE MILLION CASE, THE ○ THREE THIEVES ○ TRIAL OF THREE MILLIONS • 1926
CHELOVEK IZ RESTARANA • MAN FROM THE RESTAURANT, THE ○ TCHILAVIEK IZ RESTARANA • 1927
SOROK PERVYI • FORTY-FIRST, THE • 1927
BYELI OREL • LASH OF THE CZAR, THE ○ WHITE EAGLE, THE • 1928
DONDIEGO I PELAGUYA • DON DIEGO AND PELAGEIA • 1928
CHINY I LIUDI • HOUR WITH CHEKHOV, AN ○ RANKS AND PEOPLE • 1929
PRAZDNIK SVYATOVO IORGENE • HOLIDAY OF ST. JORGEN, THE ○ FEAST OF ST. JORGEN, THE ○ FESTIVAL AT ST. JURGEN • 1930
TOMMY • SIBERIAN PATROL ○ SIBIRSKY PATROL • 1931
MARIONETKI • MARIONETTES • 1934
BESPRIDANNITSA • WITHOUT DOWRY ○ WITHOUT A DOWRY • 1936
SALAVAT YULAEV • 1941
NASREDDIN V BUKHARE • NASREDDIN IN BUKHARA ○ ADVENTURES IN BOKHARA • 1943
LOUPS ET LES BREBIS, LES • 1945

PROTOSANOFF JACQUES see **PROTAZANOV YAKOV**

PROTOZANOV YAKOV see **PROTAZANOV YAKOV**

PROTTEL DIETER – GRM
SUPERNASEN, DIE • SUPER SLEUTHS, THE • 1984

PROUD PETER – UKN
ESTHER WATERS • SIN OF ESTHER WATERS, THE • 1948

PROULX MAURICE – CND – 1902–
EN PAYS NEUFS • 1937 • DOC
EN PAYS PITTORESQUES • 1939 • DOC
LABOUR RICHARD, LE • 1939 • DCS
PECHE AU SAUMON ET A LA TRUITE EN GASPESIE, LA • 1939 • DCS
PERCE ET L'ILE BONAVENTURE • 1939 • DCS
BETTERAVE A SUCRE, LA • 1942 • DCS
COUCHES CHAUDES • 1942 • DCS
JOURNEE A L'EXPOSITION PROVINCIALE DE QUEBEC, UNE • 1942 • DCS
MIEL NECTAR, LA • 1942 • DCS
SAINTE-ANNE DE ROQUEMAURE • 1942 • DCS
DEFRICHEMENT MOTORISE • 1946 • DCS
PERCHERON, LE • 1946 • DCS
LIN DU CANADA, LA • 1947 • DOC
CHIMIE ET LA POMME DE TERRE, LA • 1949 • DCS
CULTURE DE LA BETTERAVE A SUCRE, LA • 1949 • DCS
ENNEMIS DE LA POMME DE TERRE, LES • 1949 • DOC
AILES DE LA GASPESIE, LES • 1950 • DCS
CONGRES MARIAL D'OTTAWA • 1950 • DCS
SKI A QUEBEC • 1950 • DCS
PROCLAMATION DU DOGME DE L'ASSOMPTION • 1951 • DCS
ROUTES DU QUEBEC, LES • 1951 • DCS
TABAC JAUNE, LE • 1951 • DCS
MARGUERITE BOURGEOIS • 1954 • DCS
SUCRE D'ERABLE ET COOPERATION • 1954 • DCS
VERS LA COMPETENCE • 1955 • DCS
WACONICHI • 1955 • DCS
AU ROYAUME DU SAGUENAY • 1956 • DCS
ILES DE LA MADELEINE, LES • 1956 • DCS
CINQUANTENAIRE DES CAISSES POPULAIRES, LE • 1957 • DCS
GASPESIE PITTORESQUE, LA • 1957 • DCS
JEUNESSE RURALE • 1957 • DCS
PAS-DESSUS NOS RIVIERES • 1957 • DCS
PENSER AVANT DE DEPENSER • 1958 • DOC
MEDECINE D'AUJOUD'HUI, LA • 1959 • DCS
BAR DU SAINT-LAURENT, LE • 1960 • DCS
BEATIFICATION DE MERE D'YOUVILLE • 1960 • DCS
CULTURE MARAICHERE EN EVOLUTION, LA • 1961 • DCS

PROUTEAU GILBERT – FRN – 1918–
VIE PASSIONNEE DE CLEMENCEAU, LA • PASSIONATE LIFE OF CLEMENCEAU • 1953
DIEU A CHOISI PARIS • 1969 • CMP

PROUTING NORMAN – UKN
TIMBER MOVE • 1965 • DCS

PROVENZALE ENZO – ITL
VENTO DEL SUD • 1959

PROWSE PETER – SAF
TOKOLOSHE THE EVIL SPIRIT • TOKOLOSHE • 1965

PROYAS ALEX see **PROYAS ALEXANDER**

PROYAS ALEXANDER – ASL
PROYAS ALEX
SPIRITS OF THE AIR, GREMLINS OF THE CLOUDS • SPIRITS OF THE AIR • 1986

PROYKOV PROYKO see **PROIKOV PROIKO**

PRUNAS PASQUALE – ITL
BENITO MUSSOLINI • BLOOD ON THE BALCONY • 1962 • DOC
ITALIANI COME NOI • 1964 • DOC

PRYOR RICHARD – Actor – USA – 1940–
RICHARD PRYOR -HERE AND NOW • 1983
JO JO DANCER, YOUR LIFE IS CALLING • 1986

PRZBYL HENRYK – PLN
REPUBLIKA BABSKA • WOMEN'S REPUBLIC, THE • 1969

PRZYBYLA HIERONIM – PLN
POZNANSKIE SLOWIKI • POZNAN NIGHTINGALES, THE • 1966
PARYZ-WARSZAWA BEZ WIZY • PARIS-WARSAW WITHOUT A VISA • 1967
MILION ZA LAURE • ONE MILLION FOR LAURA • 1970

PRZYBYLSKI JAN NOWINA see **NOWINA-PRZYBYLSKI JAN**

PSARRAS see **PSARRAS TASOS**

PSARRAS TASOS – GRC
PSARRAS TASSOS • PSARRAS
DI'ASIMANDON AFORMIN • REASON WHY, THE ○ FOR TRIVIAL REASONS • 1974
MIAS • MAY • 1975
ERGOSTASIO, TO • FACTORY, THE • 1981
CARAVAN SERAI • 1987

PSARRAS TASSOS see **PSARRAS TASOS**

PTASHUK MIKHAIL – USS
ZNAK BEDY • SIGN OF DISASTER ○ ILL OMEN • 1986

PTOUCHKO ALEXANDRE see **PTUSHKO ALEXANDER**

PTUSHKO A. see **PTUSHKO ALEXANDER**

PTUSHKO ALEXANDER – USS – 1900–1973
PTUSHKO A. • PTOUCHKO ALEXANDRE
CHTO DELAT' • WHAT TO DO • 1928 • ANS
SHIFROVANNY DOKUMENT • DOCUMENT IN CIPHER • 1928 • ANS
KNIGA V DEREVNE • BOOK IN THE COUNTRY • 1929 • ANS
SLUCHAI NA STADIONE • EVENT IN THE STADIUM • 1929 • ANS
STET PRIKLYUCHENNI • 100 ADVENTURES • 1929 • ANS
KINO V DEREVNE • CINEMA IN THE COUNTRY • 1930 • ANS
KREPI OBORONU • 1930 • ANS
BED BUG, THE • 1931 • ANM
PLAY AND WORK • 1931 • ANM
BEGSTVO PUANKARE • FLIGHT OF POINCARE, THE • 1932 • ANS
MASTER OF EXISTENCE • 1932 • ANS
VLASTELI BYTA • HOW RULERS LIVE • 1932 • ANS
NOVYI GULLIVER • NEW GULLIVER, A • 1935 • ANM
SKAZKA O RYBAKE I RYBKE • TALE OF THE FISHERMAN AND THE LITTLE FISH ○ FISHMONGER AND THE FISH • 1937 • ANS
VESYOLY MUSIKANTY • JOLLY MUSICIANS, THE • 1937 • ANS
ZOLOTOI KLYUCHIK • LITTLE GOLDEN KEY, THE ○ GOLDEN KEY • 1939 • ANM
KAMENNI TSVETOK • STONE FLOWER, THE • 1946
TRI VSTRECHI • THREE ENCOUNTERS • 1948
SADKO • MAGIC VOYAGE OF SINBAD, THE (USA) ○ SONG OF INDIA • 1953
ILYA MUROMETS • EPIC HERO AND THE BEAST, THE (UKN) ○ SWORD AND THE DRAGON, THE(USA) ○ ILYA MUROMETZ • 1956
SAMPO • DAY THE EARTH FROZE, THE (USA) • 1959
ALYE PARUSA • CRIMSON SAILS ○ RED SAILS • 1961
STORY OF LOST TIME, THE • TALE OF LOST TIME • 1964
SKAZKA O TSARE SALTANE • TALE OF TSAR SALTAN, THE ○ TALES OF CZAR TSALTAN ○ TALE OF CZAR SALTAN, THE • 1967
VIY • 1967
RUSLAN I LIUDMILA • 1970

PUCCINI GIANNI – ITL – 1914–1968
CAPITANO DI VENEZIA, IL • 1954
PAROLA DI LADRO • 1957
CARMELA E UNA BAMBOLA • 1958
MARITO, IL • MARIDO, EL (SPN) • 1958
IMPIEGATO, L' • EMPLOYEE, THE • 1959
NEMICO DI MIA MOGLIE, IL • MY WIFE'S ENEMY (USA) • 1959
CARRO ARMATO DELL'8 SEPTEMBRE, IL • 1960
AMORE IN 4 DIMENSIONI • AMOUR EN 4 DIMENSIONS, L' (FRN) ○ LOVE IN 4 DIMENSIONS (USA) ○ LOVE IN THE CITY • 1963
ATTICO, L' • ATTIC, THE • 1963
CUORI INFRANTI, I • 1963
AMORE FACILE • 1964
IDEA FISSA, L' • LOVE AND MARRIAGE (USA) • 1964
IO UCCIDO, TU UCCIDI • I KILL, YOU KILL • 1965
LIT A DEUX PLACES, LE • RACCONTE A DUE PIAZZE (ITL) ○ DOUBLE BED, THE • 1965
SOLDI, I • 1965
BALLATA DA UN MILIARDO • 1967
DOVE SI SPARA DI PIU • 1967
7 FRATELLI CERVI, I • SEVEN CERVI BROTHERS, THE • 1967

PUCCIO CARLOS – GRM
CACHENCO • DCS

PUCHALSKI EDUARD – PLN
DOUCEUR DU PECHE, LA • 1911
DELUGE, LE • 1912
MAZEPPA • 1914
POUR LA DEFENSE • 1919
SUR LA COTE D'AZUR • 1920
SUR LE CLAIR RIVAGE • 1921
TRAGEDIE RUSSE • 1921
ANNEE 1863, L' • 1922
BARTEK LE VAINQUEUR • 1923
DEFENSE DE CZESTOCHOWA, LA • 1923
CE DONT ON NE PARLE PAS • 1924
LEPREUSE, LA • 1926
TERRE PROMISE • 1927
COMMANDANT, LE • 1928
HOMMES D'AUJOURD'HUI, LES • 1928
DEFENSEUR DE CZESTOCHOWA • 1934
PRZEOR KODECKI • 1934
SOUS LA PROTECTION • 1935

PUCHINYAN S. – USS
CLASH, THE • 1973

PUDOVKIN V. I. – USS – 1893–1953
POUDOVKINE VSEVOLOD • PUDOVKIN VSEVOLOD
GOLOD.. GOLOD.. GOLOD • HUNGER.. HUNGER.. HUNGER • 1921
SHAKHMATNAYA GORYACHKA • CHESS FEVER ○ CHAKHMATNAIA GORIATCHKA • 1925
MAT • MOTHER • 1926
MEKHANIKHA GOLOVNOVO MOZGA • MECHANICS OF THE BRAIN, THE ○ CONDITIONED REFLEXES • 1926
KONYETS SANKT-PETERBURGA • END OF ST. PETERSBURG, THE • 1927
POTOMOK CHINGIS-KHAN • HEIR TO GENGHIS KHAN, THE ○ STORM OVER ASIA ○ HEIR TO JENGHIZ KHAN, THE • 1928
PROSTOI SLUCHAI • LIFE IS VERY GOOD ○ SIMPLE CASE, A ○ LIFE IS BEAUTIFUL • 1932
DEZERTIR • DESERTER • 1933
POBEDA • MOTHERS AND SONS ○ VICTORY • 1938
MININ I POZHARSKY • MININ AND POZHARSKY • 1939
KINO ZA DVADTSAT LET • TWENTY YEARS OF SOVIET CINEMA ○ 20 LET SOVETSKOGO KINO ○ TWENTY YEARS OF CINEMA • 1940
PIR V ZHIRMUNKE • FEAST AT ZHIRMUNKA • 1941
SUVOROV • GENERAL SUVOROV • 1941
LITSO FACHIZMA • 1942
UBITZI VYKHODYAT NA DOROGU • MURDERERS ARE ON THEIR WAY ○ MURDERERS ARE COMING, THE • 1942
VO IMYA RODINI • IN THE NAME OF OUR MOTHERLAND ○ IN THE NAME OF THE FATHERLAND • 1943
AMIRAL NAKHIMOV • ADMIRAL NAKHIMOV • 1946
TRI VSTRECHI • THREE ENCOUNTERS • 1948
ZHUKOVSKY • YUKOVSKY • 1951
VOZVRASHCHENIE VASSILIYA BORTNIKOVA • RETURN OF VASSILI BORTNIKOV, THE ○ VASSILI BORTNIKOV'S RETURN ○ HARVEST, THE • 1953

PUDOVKIN VSEVOLOD see **PUDOVKIN V. I.**

PUENZO LUIS – ARG
LUCES DE MIS ZAPATOS • SHINE ON MY SHOES • 1973
SORPRESAS, LAS • SURPRISES • 1975
HISTORIA OFFICIAL, LA • OFFICIAL STORY, THE (USA) ○ OFFICIAL VERSION, THE (UKN) ○ OFFICIAL HISTORY • 1984
OLD GRINGO • 1989

PUERTO CARLOS – SPN – 1942–
FRANCOTIRADOR, EL • 1977
ESCALOFRIO • 1978

PUHL REGINALD – GRM
WAS MANNER NICHT WISSEN MUSSEN • 1964
IM GLANZE IHRER KRONEN • IN THE GLORY OF THEIR CROWNS • 1968 • DOC

PUHLOVSKI MILIVOJ – YGS
ZIVI BILI PA VIDJELI • THAT'S THE WAY THE COOKIE CRUMBLES ○ THAT'S HOW THE COOKIE CRUMBLES • 1980

PUICOUYOUL PHILIPPE – FRN – 1952–
BRUNE ET MOI, LA • 1979

PUIG JAIME – SPN – 1935–
GONZALEZ JAIME J. PUIG
TRES FANTASIAS DE PEPE • THREE FANTASIES OF PEPE • 1965 • ANS
MUJER CELOSA, LA • 1970
GUAPA, RICA Y.. ESPECIAL • 1975
SOCARRON, EL • 1975
PRIMA EN LA BANERA UNA • 1976

PUJOL RENE – FRN – –1942
CHACUN SA CHANCE • CHUTE DANS LE BONHEUR, LA • 1930
TOUT POUR RIEN • PETIT CARAMBOUILLEUR, LE • 1933
DACTYLO SE MARIE • 1934
BACH DETECTIVE • 1936
J'ARROSE MES GALONS • 1936
PASSE A VENDRE • 1936
PEAU D'UN AUTRE, LA • 1936
GRIFFE DU HASARD, LA • GRIFFE DU DESTIN, LA • 1937
PLUS BEAU GOSSE DE FRANCE, LE • MARI DE LA REINE, LE • 1937
TITIN DES MARTIGUES • 1937
TROIS ARTILLEURS AU PENSIONNAT • 1937
CA C'EST DU SPORT! • 1938
DEUX DE LA RESERVE • 1938
ROIS DE LA FLOTTE, LES • 1938
TROIS ARTILLEURS EN VADROUILLE • 1938
UN DE LA CANEBIERE • 1938
GANGSTERS DU CHATEAU D'IF, LES • 1939
MA TANTE DICTATEUR • MONSIEUR NICOLAS, NOURRICE • 1939
FAUT CE QU'IL FAUT • MONSIEUR BIBI • 1940

PULCHNY LEONARD – PLN
DUCH ZAMCZYSKA SACRAMENTO • GHOST OF SACRAMENTO, THE • 1962 • ANS
SKRZYDLA • WINGS • 1966 • ANM

PULIDO ABRAHAM – VNZ
LILY • 1982

PULLAIYA C. – IND
BAMA VIJAYAM • VICTORY OF SATYAVAMA • 1967

PULLIAH C. – IND
NAAN KANDA SWARGAM • I DISCOVERED HEAVEN • 1960

PULLIAH P. – IND
BALAJI • 1939
PRANAMITHRULU • CLOSE FRIENDS • 1967

PUMPYANSKAYA S. – USS
ROMAN KARMEN, WHOM WE KNOW AND DO NOT KNOW • DOC

PUN–IOM VACHARA – THL
KHO CHUE SUTHEE SAM SEE CHAT • 1990

PUNCELES MANUEL DIAZ – VNZ
VIA DEL EXITO, LA • ROAD TO SUCCESS, THE • 1977
VIVIDOR, EL • SCHEMER, THE • 1978

PUPA ALGIMANTAS – USS
JENCHINA U CHETVERO JEJEU MUJCHINE • WOMAN AND HER FOUR MEN, A • 1983

PUPILLO MASSIMO – ITL
ZUCKER RALPH • HUNTER MAX
AMICI DELL'ISOLA, GLI • 1962
BOIA SCARLATTO, IL • BLOODY PIT OF HORROR (USA) ○ CASTELLO DI ARTENA, IL ○ RED HANGMAN, THE ○ CRIMSON EXECUTIONER, THE ○ CASTLE OF ARTENA, THE ○ SCARLET EXECUTIONER, THE • 1965
CINQUE TOMBE PER UN MEDIUM • TERROR–CREATURES FROM THE GRAVE (USA) ○ CEMETERY OF THE LIVING DEAD ○ TOMB OF HORROR ○ FIVE GRAVES FOR THE MEDIUM • 1966
VENDETTA DI LADY MORGAN, LA • REVENGE OF LADY MORGAN, THE ○ LADY MORGAN'S REVENGE • 1966
BILL IL TACITURNO • 1967
AMORE QUESTO SCONOSCIUTO, L' • 1969

PURCELL EVELYN – USA
NOBODY'S FOOL • 1987

PURCELL HAROLD – Playwright – UKN – 1907–
ALBERT'S SAVINGS • 1940

PURCELL JOSEPH – USA
DELOS ADVENTURE, THE • DELOS FILE, THE • 1987

PURDELL REGINALD – Actor – UKN – 1896–1953
DON'T GET ME WRONG • 1937
PATRICIA GETS HER MAN • 1937

PURDOM EDMUND – Actor – UKN – 1924–
DON'T OPEN TILL CHRISTMAS • 1984

PURDUE GUNTHER – USA
UNCLE TOMCAT'S HOUSE OF KITTENS • UNCLE TOMCAT AND HIS HOUSE OF KITTENS • 1967

PURDUM RICHARD – UKN
PARADES • EMBASSY AMERICAN PARADES • 1976
LAUGHING • 1977
PLOUGHMAN, THE • 1979

PURDY JIM – CND – 1949–
PLENTY ROOM IN PAKISTAN • 1979 • DOC
MORNING MAN • 1983 • DOC
WHERE'S PETE? • 1987 • SHT
DESTINY TO ORDER • 1988

PURO TEUVO – FNL
SALAVIINANPOLTTAJAT • MOONSHINERS, THE • 1907

PURZER MANFRED – GRM
NETZ, DAS • 1975

PUSH – USS
GULLI • 1926

PUTKINEN SEPPO – FNL
LINTUMIES • BIRD MAN, THE • 1977 • ANM

PUTNAM MICHAEL – USA
HARD SWING, THE • 1962

PUTSE V. – USS
SURVEYING • 1970

PUTTANNA see **PUTTANNA S. R.**

PUTTANNA S. R. – IND
PUTTANNA
PALAMANASULU • PURE, THE • 1968
TEACHARAMMA • LADY TEACHER • 1968

PUTTEMANS PIERRE – BLG
ETUDE 021 • 1956

von PUTTKAMER PETER – GRM – 1957–
ROOFSPACE • 1979 • SHT
AH, C'EST BON • 1980 • SHT
OWEEKENO: IN TOUCH WITH THE PAST • 1980 • DOC
SEABIRD, LANDBIRD • 1980 • SHT
COMMUNITY HEALTH REPRESENTATIVE, THE • 1981 • DOC
SUICIDE –A COMMUNITY'S CONCERN • 1981 • DOC
ASBESTOS HAZARD CONTROL • 1982 • DOC
ENVIRONMENTAL HEALTH OFFICER, THE • 1982 • DOC
IN THE HEART OF THE CEDAR • 1983 • DOC
FINDING A NEW PATH • 1984 • DOC
CARAVAN FOR YOUTH, A • 1985 • DOC
C.P. –A DAY AT A TIME • 1986 • DOC

PUZENAT JEAN–LOUP – FRN
AU GUADALQUIVIR • 1965 • SHT
DERNIER REFUGE, LE • 1965 • SHT

PUZO DOROTHY ANN – USA
COLD STEEL • STILETTO • 1987

PY EUGENIO – FRN
BANDERA ARGENTINA, LA • 1897
VISITA DEL DR. CAMPOS SALLES A BUENOS AIRES • 1900
VISITA DEL GENERAL MITRE AL MUSEO NACIONAL • 1900

PYHALA JAAKKO – FNL – 1956–
FOUR BILLION MOMENTS • 1980
JON –KERTOMUS MAAILMAN LOPUSTA • JON –A STORY ABOUT THE END OF THE WORLD ○ JON • 1982
URSULA • 1987

PYKE REX – UKN
ERIC CLAPTON AND HIS ROLLING HOTEL • 1980 • DOC

PYKE ROGER – UKN – 1940–
GILBERTO'S DREAM • REVE DE GILBERTO, LE • 1980 • MTV
BRING'EM ON • 1982
PLAYING FIELDS OF BROCK, THE • 1982
CRUDE AWAKENING • 1984 • MTV
ENERGY –SEARCH FOR AN ANSWER • 1984 • DOC
CANADIAN CONNECTION • 1985 • MTV
THESE FEW YEARS • 1986 • DOC
WINGS OF EAGLES • 1986

PYRIEV IVAN – USS – 1901–1968
KRYLYA KHOLOPAL • IVAN THE TERRIBLE ○ WINGS OF A SERF • 1926
STRANGE WOMAN • 1929
FUNCTIONARY, THE • 1930
KONVEYER SMERTI • CONVEYOR OF DEATH, THE • 1933
PARTY CARD, THE • 1936
BOGOTAYA NEVESTA • COUNTRY BRIDE ○ RICH BRIDE, THE • 1937
TRAKTORISTI • TRACTOR DRIVERS ○ TRACTORIST • 1939
GIRL HE LOVED, THE • LOVED ONE, THE • 1940
SVINYARKA I PASTUKH • SWINEHERD AND THE SHEPHERD, THE ○ SWINEHERD AND SHEPHERD ○ THEY MET IN MOSCOW • 1941
SEKRETAR RAIKON • SECRETARY OF THE DISTRICT COMMITTEE ○ WE WILL COME BACK • 1942
V SHEST CHASOV VECHERA POSLE VOINY • AT 6 P.M. AFTER THE WAR ○ 6 P.M. 1944 • 1944
SKAZANIYE O ZEMLYE SIBIRSKOI • SAGA OF THE SIBERIAN LAND, THE ○ TALES OF SIBERIAN LAND ○ TALE OF SIBERIA, A ○ SONG OF SIBERIA ○ SYMPHONY OF LIFE ○ STORY OF SIBERIAN LAND, A • 1947
KUBANSKIE KAZAKI • COSSACKS OF THE KUBAN ○ KUBAN COSSACKS, THE • 1949
MY ZA MIR • WORLD FESTIVAL OF SONG AND DANCE ○ FRIENDSHIP TRIUMPHS (USA) ○ FREUNDSCHAFT SIEGT (GDR) ○ NAPROZOD MLOZIEZY SWIATA ○ WE ARE FOR PEACE ○ WE ARE ALL FOR PEACE • 1951
ISPYTANIE VERNOSTI • TEST OF FIDELITY • 1954
NASTASIA FILIPOVNA • IDIOT, THE (USA) • 1958
BELIYE NOCHI • WHITE NIGHTS ○ BELYE NOCHI • 1960
NASH OBSHCHII DRUG • OUR MUTUAL FRIEND • 1961
SVEV DALEKOI ZVESDY • LIGHT OF A DISTANT STAR, THE ○ SVET DALEKOY ZVEZDY • 1965
BRATYA KARAMAZOVY • MURDER OF DIMITRI KARAMAZOV, THE ○ BROTHERS KARAMAZOV, THE • 1968

PYRYEV K.
DEVOTION • 1955

PYTKA JOE – USA
LET IT RIDE • 1989

PYUN ALBERT – USA
PYUN ALBERT F.
SWORD AND THE SORCERER, THE • 1982
RADIOACTIVE DREAMS • 1984
DANGEROUSLY CLOSE • CHOICE KILL • 1986
DOWN TWISTED • TREASURE OF SAN LUCAS, THE ○ DOWNTWISTED • 1987
ALIEN FROM L.A. • ODEON • 1988
CYBORG –ATTACK FROM THE FUTURE • CYBORG • 1988
MASTERS OF THE UNIVERSE II • 1989
SPIDERMAN THE MOVIE • 1989

PYUN ALBERT F. see **PYUN ALBERT**

QA'I GEORGES – LBN
ARABAT AL SHAITAN • DEVIL'S CHARIOT, THE • 1962

QAISER JEHANGIR – PKS
DECAIT • 1989

QAISER KHALIL – PKS
QUAISER KHALIL
NAGIN • FEMALE COBRA • 1959

QAMAR A. C. – USA
DEADLY VENGEANCE • 1985

QUAISER KHALIL see **QAISER KHALIL**

QUANDOUR MOHY – USA
SPECTER OF EDGAR ALLAN POE • SPECTRE OF EDGAR ALLAN POE, THE • 1972

QUARTARARO GAETANO – ITL
ORA X –PATTUGLIA SUICIDA • 1969

QUAY BROTHERS – UKN
REHEARSALS FOR EXTINCT ANATOMIES • 1987 • ANM

QUEIROGA PERDIGAO – PRT – 1916–
FADO • 1947
MADRAGOA • 1950
PALACIO DA BOLSA • 1950 • SHT
PORTO, METROPOLE DO TRABALHO • 1950 • SHT
SONHAR E FACIL • 1951
AVEIRO • 1952 • SHT
TRES DA VIDA AIRADA, OS • 1952
PLANICIE HEROICA • 1953
LAMEGO • 1954 • SHT
VIAGEM PRESIDENCIAL A ANGOLA • 1954 • SHT
VIAGEM PRESIDENCIAL A S. TOME • 1954 • SHT
RIBATEJO • 1957 • SHT
LOURENCO MARQUES • 1958 • SHT
BARRAGENS • 1959 • SHT
AS PUPILAS DO SENHOR REITOR • 1960
LACTICINIOS DA MADIERA • 1960 • SHT
ACO PORTUGUES • 1961 • SHT
LUANDA DIA A DIA • 1961 • SHT
MILIONARIO, O • 1962
PESCA DO ATUM, A • 1962 • SHT
VIAGEM DO PRESIDENTE AO NORTE • 1962 • SHT
PARQUE DAS ILUSOES, O • 1963

QUELLETTE JEAN–PAUL – USA
UNNAMEABLE, THE • 1988

QUENDLINGER ALBERT – AUS
SYMPHONIE WIEN • 1951
ERINNERUNGEN • REMEMBRANCES OF O. K. • 1986 • DOC

QUESADA ENRIQUE DIAZ – CUB
CABILDO DE NA ROMUALDA • 1908
MANUEL GARCIA • 1913
REY DE LOS CAMPOS DE CUBA, EL • 1913

QUEST HANS – GRM – 1920–
FROHLICHE WANDERER, DER • HAPPY WANDERER, THE (USA) • 1955
WENN DER VATER MIT DEM SOHNE • 1955
CHARLEY'S TANTE • 1956
MANN MUSS NICHT IMMER SCHON SEIN, EIN • 1956
WENN POLDI INS MANOVER ZIEHT • MANOVERZWILLING • 1956
GROSSE CHANCE, DIE • 1957
KINDERMADCHEN FUR PAPA GESUCHT • 1957
LINDENWIRTIN VOM DONAUSTRAND, DIE • 1957
MADCHEN OHNE PYJAMA, DAS • 1957
MAN MUSSTE NOCHMAL ZWANZIG SEIN • 1958
MEIN SCHATZ IST AUS TIROL • 1958
BEI DER BLONDEN KATHREIN • 1959
NICK KNATTERTONS ABENTEUER • 1959
12 MADCHEN UND EIN MANN • 1959
BEI PICHLER STIMMT DIE KASSE NICHT • 1961

QUESTED JOHN – USA
HERE ARE THE LADIES • 1971
PHILADELPHIA HERE I COME • 1975
LOOPHOLE • 1981

QUESTI GIULIO – ITL – 1924–
ITALIANE E L'AMORE, LE • LATIN LOVERS (USA) ○ ITALIAN WOMEN AND LOVE • 1961
AMORI PERICOLOSI • 1964
SE SEI VIVO SPARA • DJANGO KILL (UKN) ○ DANJO KILL (IF YOU LIVE SHOOT) ○ ORO MALDITO • 1967
MORTE HA FATTO L'UOVO, LA • MORT A PONDU UN OEUF, LA (FRN) ○ CURIOUS WAY TO LOVE, A (UKN) ○ PLUCKED (USA) ○ DEATH HAS LAID AN EGG • 1968
ARCANA • 1972
UOMO DELLA SABBIA, L' • 1979

QUEVEDO NINO – SPN – 1929–
GOYA, HISTORIA DE UNA SOLEDAD • GOYA • 1970

QUEYSANNE BERNARD – FRN – 1944–
HOMME QUI DORT, UN • MAN WHO SLEEPS, A • 1973
AMANT DE POCHE, L' • LOVER BOY (UKN) • 1977
DIABLE AU COEUR, LE • DEVIL IN THE HEART, THE (USA) ○ NUIT TRANSFIGUREE, LA ○ PUDEUR SINGULIERE, UNE • 1977
IRENE ET SA FOLIE • 1980

QUIGLEY GEORGE P. – USA
MURDER WITH MUSIC • 1941

QUIGNON ROLAND see **QUIGNON ROLAND–JEAN**

QUIGNON ROLAND–JEAN – FRN – 1897–
QUIGNON ROLAND
MAINS LIEES, LES • 1955
AH! QUELLE EQUIPE • 1956
ENQUIQUINEURS, LES • 1965
AUS FRAIS DE LA PRINCESSE • 1969

QUILICI FOLCO – ITL – 1930–
PINNE E ARPONIONI • 1952 • SHT
BRAZZA • 1954 • SHT
SESTO CONTINENTE • SIXTH CONTINENT ○ BLUE CONTINENT ○ LOST CONTINENT, THE • 1954 • DOC
STORIA DI UN ELEFANTE • 1954 • SHT
TROFFEI D'AFRICA • 1954 • SHT
TAM TAM MAYUMBE • TOM TOMS OF MAYUMBA (UKN) ○ NATIVE DRUMS (USA) • 1955
ULTIMO PARADISO, L' • LAST PARADISE, THE • 1956 • DOC
PAUL GAUGUIN • 1957 • SHT
DAGLI APPENNINI ALLE ANDE • 1959 • DOC
TI–KOYO E IL SUO PESCECANE • TI–KOYO ET SON REQUIN (FRN) ○ TIKO AND THE SHARK (USA) ○ TI–KOYO AND HIS SHARK • 1962
SCHIAVE ESISTONO ANCORA, LE • SLAVE TRADE IN THE WORLD TODAY (USA) ○ ESCLAVES EXISTENT TOUJOURS, LES (FRN) • 1964 • DOC
SPIAGGIA LONTANA, UNA • 1970 • MTV
OCEANO • OCEAN ODYSSEY • 1971
DIO SOTTO LA PELLE, IL • 1974
FRATELLO MARE • 1975

ITALIA VISTA DAL CIELO, L' • 1978 • MTV
INVITO ALLO SPORT • 1979

QUILLEN THOMAS – USA
S'HE EE CLIT SOAK • 1971
PURSUIT • 1975

QUIN JOHN – UKN
CHILDREN OF THE FOG • 1935

QUINE RICHARD – USA – 1920–1989
LEATHER GLOVES • LOSER TAKE ALL (UKN) • 1948
AWFUL SLEUTH, THE • 1951 • SHT
PURPLE HEART DIARY • NO TIME FOR TEARS (UKN) • 1951
SUNNY SIDE OF THE STREET • ON THE SUNNY SIDE OF THE STREET • 1951
WOO WOO BLUES • 1951 • SHT
RAINBOW 'ROUND MY SHOULDER • CASTLE IN THE AIR • 1952
SOUND OFF • 1952
ALL ASHORE • 1953
CRUISIN' DOWN THE RIVER • 1953
SIREN OF BAGDAD • 1953
DRIVE A CROOKED ROAD • 1954
EXTRA DOLLARS • 1954 • SHT
PUSHOVER • 1954
SO THIS IS PARIS • 1954
MY SISTER EILEEN • 1955
FULL OF LIFE • LADY IS WAITING, THE • 1956
SOLID GOLD CADILLAC, THE • 1956
OPERATION MAD BALL • 1957
BELL, BOOK AND CANDLE • 1958
IT HAPPENED TO JANE • THAT JANE FROM MAINE ○ TWINKLE AND SHINE • 1959
STRANGERS WHEN WE MEET • 1960
WORLD OF SUZIE WONG, THE • 1960
NOTORIOUS LADY, THE • 1962
PARIS WHEN IT SIZZLES • GIRL WHO STOLE THE EIFFEL TOWER, THE ○ TOGETHER IN PARIS • 1964
SEX AND THE SINGLE GIRL • 1964
HOW TO MURDER YOUR WIFE • 1965
SYNANON • GET OFF MY BACK (UKN) • 1965
HOTEL • 1967
OH DAD, POOR DAD, MAMA'S HUNG YOU IN THE CLOSET AND I'M FEELING SO SAD • 1967
TALENT FOR LOVING, A • 1969
MOONSHINE WAR, THE • 1970
COLUMBO: DAGGER OF THE MIND • 1972 • TVM
COLUMBO: REQUIEM FOR A FALLING STAR • 1972 • TVM
COLUMBO: DOUBLE EXPOSURE • 1973 • TVM
W • W: TERROR IS ONE LETTER ○ I WANT HER DEAD • 1974
MCCOY: DOUBLE TAKE • 1975 • TVM
SPECIALISTS, THE • 1975 • TVM
PRISONER OF ZENDA, THE • 1979

QUINET RENE – FRN – 1921–
TONNES DE L'AUDACE, LES • 1960 • DOC

QUINN – FRN
MRS. USCHYCK • 1973 • SHT

QUINN ANTHONY – Actor – USA – 1915–
BUCCANEER, THE • 1958

QUINN BOB – IRL – c1936–
LAMENT FOR ART O LAOGHAIRE, THE • 1975
POITIN • 1978
ATLANTEAN • 1984
BUDAWANNY • 1987

QUINN EDOUARD see **QUINN EDWARD**

QUINN EDWARD – FRN – 1920–
QUINN EDOUARD
PICASSO, UN PORTRAIT • 1970 • DOC

QUINN GORDON – USA
CHICAGO MATERNITY CENTER STORY, THE • 1977

QUINN JOHN – USA
CHEERLEADER CAMP • BLOODY POM POMS • 1988

QUINN RON – USA
ALIEN, THE • 1965

QUINNELL KEN – ASL – 1939–
VILAMALIA • 1973 • SHT
ALCESTIS • 1976 • SHT
CITY'S EDGE, THE • EDGE OF THE CITY ○ RUNNING MAN, THE • 1983

QUINONES NOEL – PRC
RAICES ETERNAS • 1986 • DOC

QUINT RAYMOND – ASL
SEPTEMBER '51 • 1984 • SHT

QUINTANO GENE – USA
FOR BETTER OR FOR WORSE • 1989
WHY ME? • 1989

QUINTERO JOSE – PNM – 1924–
ROMAN SPRING OF MRS. STONE, THE • WIDOW AND THE GIGOLO, THE • 1962

QUINTI ALDO – ITL – 1904–
CAROSELLO DI VARIETA • 1955

QUIRIBET GASTON – UKN
GREAT SNAKES • 1920
ONCE ABOARD THE LUGGER • 1920
MR. JUSTICE RAFFLES • 1921
DO YOU REMEMBER? • 1922
IF MATCHES STRUCK • 1922
ONE TOO-EXCITING NIGHT • 1922
PEEPS INTO PUZZLELAND • 1922
Q-RIOSITIES BY "Q" • GEMS OF THE SCREEN (USA) • 1922 • SHS
CHINA PERIL, THE • 1924
COVETED COAT, THE • 1924
DEATH RAY, THE • 1924
FUGITIVE FUTURIST, THE • 1924
IF A PICTURE TELLS A STORY • 1924
LET'S PAINT • 1924
LIZZIE'S LAST LAP • 1924
NIGHT OF THE KNIGHT, THE • 1924
PLOTS AND BLOTS • 1924 • SHT
Q-RIOSITIES BY "Q" • 1924 • SHS
WHICH SWITCH? • 1924
PLOTS AND BLOTS • 1925 • SHT
Q-RIOSITIES BY "Q" • 1925 • SHS
QUAINT "Q"'S, THE • 1925

QUIRK BILLY see **QUIRK WILLIAM**

QUIRK WILLIAM – USA
QUIRK WILLIAM A. • QUIRK BILLY
BILLY JOINS THE BAND • 1913
FLIRT, THE • 1916 • SHT
FUTURE MAN, THE • 1916 • SHT
LADY KILLER, THE • 1916 • SHT
BLACK HAND, THE • 1917 • SHT
BLOOD WILL TELL • 1917
MARRIED BUT SINGLE • 1917 • SHT
MATINEE IDOL, THE • 1917 • SHT
WINNING A HEIRESS • 1917 • SHT

QUIRK WILLIAM A. see **QUIRK WILLIAM**

QUIROGA MARCELO – Writer – BRZ – –1980
BELLA Y LA BESTIA, LA • BEAUTY AND THE BEAST
COMBATE • COMBAT

QUIROZ LIVIO – VNZ
RUTINA • ROUTINE • 1979
MUJER AJENA, LA • OTHER WOMAN, THE • 1988

QUISENBERRY BYRON – USA
SCREAM • OUTING, THE • 1981

QUIST-MOLLER FLEMING – DNM
MOLLER FLEMING QUIST • MOLLER QUIST
CONCERTO EROTICA • 1964
SLAMBERT • 1966 • ANS
IT DON'T MEAN A THING • 1967 • SHT
GOOD MORNING • 1968 • ANS
BENNYS BADEKAR • BENNY'S BATHTUB • 1971 • ANM
PRINCE PIWI • 1973
PRINS PIWI • 1974

QUITTA ROBERT – AUS
STADT OHNE JUDEN, DIE • TOWN WITHOUT JEWS, THE • 1987 • DOC

RA UN-GYA – SKR
ARIRANG • 1926
IN SEARCH OF LOVE • 1928
OWNERLESS FERRYBOAT, THE • 1932

RAABEOVA HEDVIKA – CZC
PRAGUE IN 1549
ADA • 1919 • SHT

RAAMAT REIN – Animator – USS
BIG TYLL • ANM
HELL • ANM

RABAN MARILYN – UKN
BLACK AND SILVER • 1982

RABAN WILLIAM – UKN
BLACK AND SILVER • 1982

RABE MICHAEL – AUS
UND DAMIT TANZEN SIE NOCH IMMER • STINJACKE CIZME • 1987 • DOC

RABEN FRITZ – DNM
OPERATION KIRSEBAERSTEN • OPERATION CHERRY-STONE • 1972

RABENALT ARTHUR see **RABENALT ARTHUR M.**

RABENALT ARTHUR M. – AUS – 1905–
RABENALT ARTHUR MARIA • RABENALT ARTHUR
KEIN, EIN HUND, EIN VAGABUND, EIN • VEILLEICHT WAR'S NUR EIN TRAUM ○ CHILD, A DOG, A VAGABOND, A • 1934
PAPPI • 1934
SIEBZEHNJAHRIGE, EINE • 1934
WAS BIN ICH OHNE DICH • 1934
LIEBE DES MAHARADSCHA, DIE • DONNA TRA DUE MONDI, UNA (ITL) ○ BETWEEN TWO WORLDS (USA) ○ MAHARAJA'S LOVE, THE ○ WEISSE FRAU DES MAHARADSCHA, DIE • 1936
MILLIONENERBSCHAFT • 1937
LIEBELEI UND LIEBE • 1938
FLUCHT INS DUNKEL • 1939
FRAUENPARADIES, DAS • WOMAN'S PARADISE (USA) • 1939
JOHANNISFEUER • ST. JOHN'S FIRE (USA) • 1939
MANNER MUSSEN ES SEIN • MEN ARE THAT WAY (USA) • 1939
ACHTUNG! FEIND HORT MIT! • 1940
ALLE STEHEN KOPF • GENERAL CONFUSION (USA) • 1940
WEISSER FLIEDER • 1940
3 CODONAS, DIE • 1940
LEICHTE MUSE • WAS EINE FRAU IM FRUHLING TRAUMT • 1941
...REITET FUR DEUTSCHLAND • 1941
FRONTTHEATER • 1942
MEINE FRAU TERESA • MY WIFE TERESA • 1942
LIEBESPREMIERE • 1943
ZIRKUS RENZ • RENZ CIRCUS, THE • 1943
AM ABEND NACH DER OPER • 1944
LEBEN RUFT, DAS • 1944
SCHULD DER GABRIELE ROTTWEIL, DIE • 1944
REGIMENTSMUSIK • 1945
WIR BEIDEN LIEBTEN KATHERINA • 1945
CHEMIE UND LIEBE • CHEMISTRY AND LOVE • 1948
MORGEN IST ALLES BESSER • 1948
ANONYME BRIEFE • 1949
MADCHEN CHRISTINE, DAS • CHRISTINA (USA) • 1949
MARTINA • 1949
NACHTE AM NIL • 1949
FRAU VON GESTERN NACHT, DIE • 1950
0 UHR 15, ZIMMER 9 • 1950
GENOVEVA • LEGGENDA DI GENOVEFFA, LA (ITL) • 1951
HOCHZEIT IM HEU • 1951
UNVERGANGLICHES LICHT • 1951
ALRAUNE • MANDRAKE ○ UNNATURAL ○ VENGEANCE ○ MANDRAGORE • 1952
FORSTERCHRISTL, DIE • 1952
WEISSE ABENTEUER, DAS • 1952
WIR TANZEN AUF DEM REGENBOGEN • 1952
FIAKERMILLI, DIE • 1953
LAVENDEL • 1953
LETZTE WALZER, DER • LAST WALTZ, THE (USA) • 1953
UNSTERBLICHE LUMP, DER • 1953
VOGELHANDLER, DER • 1953
SONNE VON ST. MORITZ, DIE • 1954
ZARESWITCH, DER • TZAREVITCH, LE • 1954
ZIGEUNERBARON, DER • GYPSY BARON • 1954
LIEBE IST JA NUR EIN MARCHEN • 1955
SOLANG' ES HUBSCHE MADCHEN GIBT • 1955
UNTERNEHMEN SCHLAFSACK • 1955
EHE DES DR. MED. DANWITZ, DIE • 1956
SKANDAL UM DR. VLIMMEN • 1956
TIERARZT DR. VLIMMEN • 1956
ZWISCHEN ZEIT UND EWIGKEIT • ENTRE HOY Y LA ETERNIDAD (SPN) ○ BETWEEN TIME AND ETERNITY(USA) • 1956
FRUHLING IN BERLIN • 1957
FUR ZWEI GROSCHEN ZARTLICHKEIT • KAERLIGHED MOD BETALING (DNM) • 1957
GLUCKSRITTER • 1957
DAS HAUT EINEN SEEMANN DOCH NICHT UM • 1958
FRAU, DIE WEISS, WAS SIE WILL, EINE • 1958
VERGISS MEIN NICHT • OHNE DICH KANN ICH NICHT LEBEN • 1958
GELIEBTE BESTIE • HIPPODROME (USA) ○ MANNER MUSSEN SO SEIN ○ ARENA OF FEAR ○ MADCHEN IM TIGERFELL, DAS ○ MEINE HEIMAT IST TAGLICH WOANDERS • 1959
LASS MICH AM SONNTAG NICHT ALLEIN • 1959
VENTO DI PRIMAVERA • 1959
GROSSE WUNSCHKONZERT, DAS • 1960
HELD MEINER TRAUME, DER • HERO OF MY DREAMS, THE • 1960
MANN IM SCHATTEN • 1961
ETSI GENNITHIKE MIA MEGALI AGAPI • THUS GREW A GREAT LOVE ○ GREAT LOVE, A • 1968
HILFE, MICH LIEBT EINE JUNGFRAU • VIRGINS ON THE VERGE • 1969

RABENALT ARTHUR MARIA see **RABENALT ARTHUR M.**

RABIER BENJAMIN – FRN – 1864–1939
AVENTURES DES PIED NICKELES, LES • ADVENTURES OF THE NICKEL-PLATED FEET, THE • 1917 • ASS

RABINOWICZ MAURICE – BLG – 1947–
NOSFERAT OU LES EAUX GLACEES DU CALCUL EGOISTE, LE • 1975
DES ANGES ET DES DEMONS • 1976 • MTV
PAGE D'AMOUR, UNE • PAGE OF LOVE, A • 1978
JOURS DE NOTRE VIE, LES • 1981

RABOCH AL see **RABOCH ALFRED**

RABOCH ALFRED – USA
RABOCH AL
OBEY THE LAW • 1926
COWARD, THE • 1927
ALBANY NIGHT BOAT, THE • 1928
GREEN GRASS WIDOWS • 1928
THEIR HOUR • 1928
ROCKY RHODES • 1934
CRIMSON TRAIL, THE • 1935

RABOLDT TONI – GRM
JORINDE AND JORINGEL • 1922 • ANM

RACCA CLAUDIO – ITL
TUO PIACERE E IL MIO, IL • 1973
TOMBOY I MISTERI DEL SESSO • 1977
TUTTI GLI UOMINI EL PARLAMENTO • 1979

RACHED MUSTAPHA – SYR
HULM AL BARRI, AL • WILD DREAM • 1985

RACHED TAHANI – EGY – 1947–
FRERES ENNEMIS, LES • 1979 • MTV
VOLEURS DE JOBS, LES • 1979
PHONIE FURIEUSE, LA • 1982
BEYROUTH A DEFAUT D'ETRE MORT • 1983
HAITI – QUEBEC • 1985 • MTV
RENDEZ-MOI MON PAYS • 1986 • MTV

RACHEDI AHMED – ALG – 1938–
REFERENDUM • 1962
COMITES DE GESTION • 1963 • SHT
DIMANCHES POUR L'ALGERIE • 1963 • SHT
PEUPLE EN MARCHE • FORWARD THE PEOPLE • 1963
TEBESSA, ANNEE ZERO • 1963 • SHT
AUBE DES DAMNES, L' • DAWN OF THE DAMNED • 1964
CAMPAGNE DE L'ARBRE, LA • 1964 • SHT
CUBA SI • 1964 • SHT
DES MAINS COMME DES OISEAUX • 1964
OUADHIA, LES • 1964 • SHT
PROBLEMS DE LA JEUNESSE • 1964
COMMUNE, LA • 1967 • SHT
OPIUM ET LE BATON, L' • OPIUM AND THE STICK, THE ○ OPIUM AND WHIPS ○ THALA • 1970
POUR QUE VIVE L'ALGERIE! • 1972
DOIGT DANS L'ENGRENAGE, LE • 1973
INFORMATIQUE EN ALGERIE • 1973 • SHT
TRANSPORTS, LES • 1973 • SHT
TAHUNA AL AMM FABRE • MILL, THE • 1987

RACHIMANOVA – USS
V TYLU U BELYCH • 1925

RACICOT MARCEL – CND
VILLAGE ENCHANTE, LE • 1955 • ANM

RACICOT REAL – CND
VILLAGE ENCHANTE, LE • 1955 • ANM

RACIOPPI ANTONIO – ITL – 1928–
TEMPO DI VILLEGGIATURA • 1956
CONGIURA DEI BORGIA, LA • 1958
DONNA DI GHIACCIO, LA • 1961
TEMPO DI CREDERE • 1962
MIO PADRE MONSIGNORE • 1971
MASCHIO RUSPANTE, IL • 1972
MILLE E UNA NOTTE ALL'ITALIANA • 1972
MANO NERA, LA • BLACK HAND, THE • 1973

RADANOWICZ GEORG – SWT
RADANOWICZ GEORGE
PIC–NIC • 1967
ALAIN R. –EIN LEBEN UND EIN FILM • 1971 • DOC
ALFRED R., EIN LEBEN UND EIN FILM • ALFRED R. • 1972
LAZINESS • 1980 • MTV

RADANOWICZ GEORGE see **RADANOWICZ GEORG**

RADAVANOVIC VLASTA – YGS
RADOVANOVIC VLASTA
KAD GOLUBOVI POLETE • WHEN PIGEONS FLY • 1968
LOV U MUTNOM • LIGHTS ON THE TOP FLOOR • 1983
HALO, TAKSI • HALLO, TAXI • 1984

RADAX FERRY – SWT
AM RANDE • ON THE BRINK • 1963 • DOC
UM ZWANZIG • 1963

RADEMAKERS FONS – BLG – 1920–
DORP AAN DE RIVEIR • DOCTOR IN THE VILLAGE ○ VILLAGE ON THE RIVER • 1958
MAKKERS STAAKT UW WILD GERAAS • THAT JOYOUS EVE • 1960
MES, HET • KNIFE, THE • 1960
ALS TWEE DRUPPELS WATER • LIKE TWO DROPS OF WATER ○ SPITTING IMAGE, THE • 1963
DANS VAN DE REIGER, DE • DANCE OF THE HERON (UKN) • 1966
MIRA • TELEURGANG VAN DE WATERHOEK, DE • 1971
NIET VOOR DE POEZEN • BECAUSE OF THE CATS (UKN) ○ RAPE BECAUSE OF THE CATS, THE ○ RAPE, THE • 1972
MAX HAVELAAR • 1976
MYSTERIES • 1977
MIJN VRIEND • JUDGE'S FRIEND, THE (UKN) ○ MY FRIEND ○ MIJN VRIEND OF HET VERGORGEN LEVEN VAN JULES DEPRAETER ○ MON AMI • 1980
AANSLAG, DE • ASSAULT, THE • 1986
INSTANT IN THE WIND, AN • 1988
ROSE GARDEN, THE • 1989

RADEMAKERS LILI – NTH
MENUET • 1982
DIARY OF A MAD OLD MAN • 1987

RADER PETER – USA
GRANDMOTHER'S HOUSE • GRANDMA'S HOUSE • 1988
COLD ROOM, THE • 1989

RADERS GEORGE – USA
RODGERS GEORGE
ABNORMAL FEMALE, THE • 1969

RADEV VULO – BUL
KRADETSAT NA PRASKOVI • PEACH THIEF, THE • 1964
TSAR I GENERAL • TSAR AND THE GENERAL, THE ○ KING AND THE GENERAL, THE ○ CZAR I GENERAL • 1966
NAY–DALGATA NOSHT • LONGEST NIGHT, THE ○ NAI–DALGATA NOSHT • 1967
CHERNITE ANGELI • BLACK ANGELS • 1970
ROOTS OF THE RISING SUN, THE • 1971
OSSUDENI DUSHI • DOOMED SOULS ○ DAMNED SOULS • 1975

RADFORD ARTHUR W. – USA
FIGHTING LADY, THE • 1944

RADFORD MICHAEL – IND – 1946–
VAN MORRISON IN IRELAND • 1980 • DOC
ANOTHER TIME, ANOTHER PLACE • 1983
1984 • 1984
WHITE MISCHIEF • 1988

RADHAKRISHNAN C. – IND
AGNI • FIRE • 1977

RADI MOHAMED – EGY
RADI MUHAMMAD
HAGIZ, AL– • BARRIERE, LA • 1972
LIFE IS A MOMENT • 1978

RADI MUHAMMAD see **RADI MOHAMED**

RADIC TOMISLAV – YGS
ZIVA ISTINA • REAL TRUTH, THE • 1973
TIMON • 1974

RADICEVIC LJUBOMIR – YGS
CIPELICE NA ASFALTU • TINY SHOES • 1956

RADIVOJEVIC MILOS – YGS
BUBE U GLAVI • BATS IN THE BELFRY • 1971
TESTAMENT • WILL, THE • 1976
KVAR • BREAKDOWN • 1977
DOBAR DECKO • GOOD BOY • 1981
SNOVI, ZIVOT, SMRT FILIPA FILIPOVICA • DREAMS, LIFE AND DEATH OF FILIP FILIPOVIC • 1981
LIVING LIKE THE REST OF US • 1982

RADIVOJEVIC MISA – YGS
FILM BEZ RECI • FILM WITHOUT WORDS • 1973
DECKO KOJI OBECAVA • PROMISING LAD, A • 1982

RADJAIAN HOSSEIN – IRN
HASHTOMIN ROOZE HAFTEH • EIGHTH DAY OF THE WEEK, THE • 1973

RADKAI PAUL – USA
REFLECTIONS OF NEW YORK • 1963 • SHT

RADLER BOB – USA
BEST OF THE BEST • 1989

RADOK ALFRED – CZC – 1914–
DALEKA CESTA • LONG JOURNEY, THE ○ DISTANT JOURNEY ○ GHETTO TEREZIN • 1949
DIVOTVORNY KLOBOUK • MAGICAL HAT, THE • 1952
DEDECEK AUTOMOBIL • GRANDFATHER AUTOMOBILE ○ OLD MAN MOTOR–CAR • 1956
DOKTOR FAUST • FAUST • 1958 • ANS
LATERNA MAGIKA • 1958 • SHT

RADOK EMIL – CZC
JOHANES DOKTOR FAUST • FAUST • 1958 • ANS

RADOT GUILLAUME – Producer – FRN – 1910–
LOUP DES MALVENEURS, LE • WOLF OF THE MALVENEURS, THE • 1942
BAL DES PASSANTS, LE • CAMELIA BLANC, LE • 1943
CHEMINS SANS LOI • 1946
CARTOUCHE, ROI DE PARIS • 1948
DESTIN EXECRABLE DE GUILLEMETTE BABIN, LE • EXECRABLE DESTINY OF GUILLEMETTE BABIN, THE • 1948
LOUVE, LA • CLAYR FAIT • 1948
FRIC–FRAC EN DENTELLES • 1956

RADOVANOVIC VLASTA see **RADAVANOVIC VLASTA**

RADOVIC MILOS – YGS
BALKAN EKSPRES II • BALKAN EXPRESS II • 1989
MEDENI MESEC • HONEYMOON • 1989

RADUNSKIY ALEKSANDR – USS
SKAZKA O KONKE–GORBUNKE • LITTLE HUMPBACKED HORSE, THE (USA) ○ KONIOK GORBUNOK • 1961

RADVANYI GEZA see **von RADVANYI GEZA**

von RADVANYI GEZA – HNG – 1907–
RADVANYI GEZA • *RADWANY GEZA*
INFERNO GIALLO • 1943
VALAHOL EUROPABAN • IRGENDWO IN EUROPA (FRG) ○ SOMEWHERE IN EUROPE ○ IT HAPPENED IN EUROPE ○ KUKSI • 1947
DONNE SENZA NOME • WOMEN WITHOUT NAMES (USA) ○ INDESIDERABILI, LE ○ UNWANTED WOMEN • 1950
ETRANGE DESIR DE M. BARD, L' • STRANGE DESIRE OF MONSIEUR BARD, THE • 1953
INGRID –DIE GESCHICHTE EINES FOTOMODELLS • 1955
MADCHEN OHNE GRENZEN • 1955
SCHLOSS IN TIROL, DAS • 1957
ARZT VON STALINGRAD, DAS • 1958
DOUZE HEURES D'HORLOGE • 1958
MADCHEN IN UNIFORM • JEUNE FILLES EN UNIFORME (FRN) ○ CHILDREN IN UNIFORM • 1958
ENGEL AUF ERDEN, EIN • MADEMOISELLE ANGE (FRN) ○ ANGEL ON EARTH (USA) ○ ANGEL ON WHEELS, AN • 1959
OPERATION CAVIARE • OPERATION CAVIAR (USA) • 1959
ICH SCHWORE UND GELOBE • 1960
...UND SO WAS NENNT SICH LEBEN • 1960
12 STUNDEN ANGST • 1960
DIESMAL MUSS ES KAVIAR SEIN • 1961
ES MUSS NICHT IMMER KAVIAR SEIN • 1961
RIESENRAD, DAS • 1961
ONKEL TOMS HUTTE • CASE DE L'ONCLE TOM, LA (FRN) ○ CENTO DOLLARI D'ODIO (ITL) ○ UNCLE TOM'S CABIN (USA) ○ CICA TOMINA KOLIBA (YGS) • 1965
KONGRESS AMUSIERT SICH, DER • CONGRESS OF LOVE, THE ○ WIENER KONGRESS • 1966
CIRCUS MAXIMUS • 1981

RADWAN TOLBA – EGY
SHAKKET EL TALABA • STUDENT FLAT • 1967

RADWANSKI STASCH – ASL
WHERE THE OUTBACK ENDS • 1988

RADWANY GEZA see **von RADVANYI GEZA**

RADY MOUNIR – EGY
AYAM EL GHADAB • DAYS OF ANGER • 1988

RADZINOWICZ ANATOL – PLN
ALLEGRO VIVACE • 1965

RAEBURN MICHAEL – EGY – 1943–
RHODESIA COUNTDOWN • 1969
HENRY COTTON: THIS GAME OF GOLF • 1974 • SHT
REQUIEM FOR A VILLAGE • 1975
BEYOND THE PLAINS WHERE MAN WAS BORN • 1976
GRASS IS SINGING, THE • KILLING HEAT (USA) • 1981

RAFAEL PETER – FRN
PERVERSIONS • 1975

RAFELE MIMMO – ITL
DOMANI • TOMORROW • 1974
AMMAZZARE IL TEMPO • 1979

RAFELSON BOB – USA – 1934–
HEAD • 1968
FIVE EASY PIECES • 1970
KING OF MARVIN GARDENS • 1972
STAY HUNGRY • 1976
POSTMAN ALWAYS RINGS TWICE, THE • 1981
BLACK WIDOW • 1986
MOUNTAINS OF THE MOON • 1989

RAFFANI PICCIO – ITL
TASTE FOR FEAR, A • OBSESSION: A TASTE FOR FEAR • 1987

RAFFAY IWA – GRM
AUGEN VON JADE, DIE • 1918
NUR EIN SCHMETTERLING • 1918
TAUSEND UND EINE FRAU • 1918
WEINE NICHT, MUTTER • 1918
HIRT VON MARIA SCHNEE, DER • 1919
BLINDE GLUCK, DAS • 1922

RAFFE ROLF – GRM
LUDWIG II, KONIG VON BAYERN • SCHWEIGEN AM STARNBERGER SEE, DAS • 1919
KAISERIN ELISABETH VON OESTERREICH • 1920
KONIGIN KAROLINE VON ENGLAND • 1923
TANZENDE TOD, DER • REX MUNDI • 1925

RAFFERTY CHIPS – Actor – ASL – 1909–1971
POWER WITH PRECISION • 1958 • DOC
MADE IN AUSTRALIA • 1962 • DOC

RAFFERTY KEVIN – USA
HURRY TOMORROW • 1976 • DOC
ATOMIC CAFE, THE • 1982 • DOC

RAFFERTY PIERRE – USA
ATOMIC CAFE, THE • 1982 • DOC

RAFFILL STEWART – USA – 1945–
TENDER WARRIOR • 1970
ACROSS THE GREAT DIVIDE • 1976
ADVENTURES OF THE WILDERNESS FAMILY, THE • WILDERNESS FAMILY, THE • 1976
SEA GYPSIES, THE • SHIPWRECK! (UKN) ○ SHIPWRECKED • 1978
HIGH RISK • 1981
ICE PIRATES • 1984
PHILADELPHIA EXPERIMENT, THE • 1984
MAC AND ME • 1989

RAFIEI AZIZ – IRN
GANJINEH SOLIMAN • SULIMAN TREASURE • 1967
PESAR–E–DEHATI • VILLAGE SON • 1967

RAFKIN AL see **RAFKIN ALAN**

RAFKIN ALAN – USA – 1938–
RAFKIN AL
SKI PARTY • 1965
GHOST AND MR. CHICKEN, THE • 1966
RIDE TO HANGMAN'S TREE, THE • 1967
NOBODY'S PERFECT • WINNING POSITION, THE • 1968
SHAKIEST GUN IN THE WEST, THE • 1968
ANGEL IN MY POCKET • 1969
HOW TO FRAME A FIGG • 1971
LET'S SWITCH! • 1975 • TVM

RAFLA HELMY see **RAFLA HILMY**

RAFLA HILMY – EGY
RAFLA HELMY
RUH EL JASSAD, EL • SPIRIT OF THE BODY, THE • 1948
MILIONAIR, AL– • MILLIONNAIRE, LE • 1950
HAMATI KOMBOLA ZORRIA • MY MOTHER–IN–LAW IS AN ATOMIC BOMB • 1952
MABODET EL GAMAHIR • PUBLIC IDEAL, THE • 1967
LOVE SWEETER THAN LOVE • 1975
MY FIRST AND LAST LOVE • 1975
SANA ULA HOB • FIRST–YEAR LOVE ○ SANA ULA HUBB • 1976

RAGAKY MOJAMMED – EGY
LITTLE MISS DEVIL • 1952

RAGAVIAH VEDHANTHAM – IND
RAHASYAM • MYSTERY • 1967
KUNKUMA BHARANI • VERMILION BOX • 1968

RAGAZZI RENZO – ITL
PRIMO PREMIO SI CHIAMA IRENE, IL • FIRST PRIZE IRENE (UKN) ○ DANIMARCA INCREDIBILE REALTA • 1969

RAGGETT HUGH – UKN – 1937–
LILA • 1964 • SHT
IMAGES • 1970

RAGHAVAIAH V. – IND
SUVARNA SUNDARI • 1959

RAGHUNATH T. R. – IND
ALLADIN AND THE WONDERFUL LAMP • 1957
MAANGALYA BHAAGYAM • 1958

RAGHUVIR C. – IND
HARI–HAR BHAKTI • DEVOTEE TO THE GOD • 1955

RAGNEBORN ARNE – SWD – 1926–
VICIOUS BREED, THE
FARLIG FRIHET • DANGEROUS FREEDOM • 1955
PARADISET • PARADISE • 1955
FLAMMAN • GIRLS WITHOUT ROOMS (USA) ○ FLAME, THE • 1956
91:AN KARLSSON RYCKER IN • 1956
ALDRIG I LIVET • NEVER IN YOUR LIFE ○ DET HANDER I NATT • 1957

RAGONA UBALDO – ITL – 1916–
FIUME DEI FARAONI, IL • 1955 • DOC
BALDORIA NEI CARAIBI • FIESTA EN EL CARIBE (SPN) • 1956 • DOC
ULTIMO UOMO DELLA TERRA, L' • LAST MAN ON EARTH, THE (USA) ○ NIGHT CREATURES, THE ○ VENTO DI MORTE ○ WIND OF DEATH • 1964
VERGINE PER UN BASTARDO • BETT EINER JUNGFRAU, DAS (ITL) ○ SWEET SMELL OF LOVE (USA) • 1966

RAGOZZINI ED – USA
SASQUATCH • 1978

RAHAI MOHAMED BEN see **BEN RAHI MOHAMED**

RAHARDJO SLAMET – INN – 1949–
REMBULAN DAN MATAHARI • TIME TO MEND, A • 1980
SEPUTIH HATINYA SEMERAH BIBIRNYA • AS WHITE AS HER HEART, AS RED AS HER LIPS • 1981
PONIRAH TERPIDANA • PONIRAH • 1984
KEMBANG KERTAS • PAPER FLOWERS • 1985
KODRAT • 1986
KASMARAN • 1988

RAHBAR SABER – IRN
CHARKHI-O-FALAK • SUN AND PLANET WHEEL • 1967

RAHI MOHAMED – EGY
MAWED MAA EL RAIS • APPOINTMENT WITH THE PRESIDENT • 1989

RAHIM A. – MLY
SESSJUK AIRMATA IBU • 1980

RAHMAN BADAL – BNG
EMILER GOENDA BAHINI • EMIL AND THE DETECTIVES • 1978

RAHN BRUNO – GRM – 1898–1929
VERLORENE PARADIES, DAS • 1917
VOM RANDE DES SUMPFES • 1919
FRAUEN, DIE DEN WEG VERLOREN • 1926
GERN HAB' ICH DIE FRAUEN GEKUSST • PAGANINI • 1926
HOLLE DER LIEBE • 1926
DIRNENTRAGODIE • WOMEN WITHOUT MEN (USA) ○ TRAGEDY OF THE STREET • 1927
EHEKONFLIKTE • 1927
KLEINSTADTSUNDER • SMALL TOWN SINNERS (USA) • 1927

RAHNAMA KAVEH PUR – PLN
NIE MA POWROTU JOHNNY • NO RETURN FOR JOHNNY • 1970

RAHNEMA FERYDOUN – IRN
SIAVASH IN PERSEPOLIS • SIAVACCH A PERSEPOLIS ○ KING'S BOOK, THE ○ BOOK OF KINGS, THE • 1966

RAI MOJTABA – IRN
SUMMER OF 58 • 1990

RAI RAJIV – IND
TRIDEV • 1989

RAIHAN ZAHIR – BNG
KAKHONO ASHENI • IT NEVER CAME • 1963
KANCHER DEYAL • GLASS WALL, THE • 1964
JIBON THEKEY NEYA • GLIMPSES FROM LIFE • 1969

RAIMI SAM – USA
EVIL DEAD, THE • 1983
CRIMEWAVE • XYZ MURDERS, THE ○ BROKEN HEARTS AND NOSES • 1986
EVIL DEAD II • EVIL DEAD II: DEAD BY DAWN • 1987
DARKMAN • 1990

RAINER YVONNE – USA
HAND MOVIE • 1968 • SHT
RHODE ISLAND RED • 1968 • SHT
TRIO FILM • 1968 • SHT
VOLLEYBALL • FOOT FILM • 1968 • SHT
LINE • 1969 • SHT
WORKING TITLE: JOURNEYS FROM BERLIN/ 1971 • JOURNEYS FROM BERLIN ○ JOURNEY FROM BERLIN • 1971
LIVES OF PERFORMERS • 1972
FILM ABOUT A WOMAN WHO... • 1974
KRISTINA TALKING PICTURES • 1976

RAINEY PAUL – USA
AFRICAN HUNT • 1912 • DOC

RAINS FRED – UKN
ABSENT-MINDED JONES • 1910
ARTFUL BURGLAR, THE • 1910
BOY AND THE PHYSIC, THE • 1910
BURGLAR'S MISFORTUNE, THE • 1910
CAUGHT NAPPING • 1910
HARLEQUINADE, THE • 1910
JEALOUS HUSBAND, THE • 1910
JONES BUYS CHINA • 1910
JONES DRESSES FOR THE PAGEANT • 1910
JONES JUNIOR: OR, MONEY FOR NOTHING • 1910
JONES' LOTTERY PRIZE • 1910
KIDNAPPED SERVANT, THE • 1910
LOOKING FOR LODGINGS AT THE SEASIDE • 1910
NAVVY'S FORTUNE, THE • 1910
NEW PARK-KEEPER, THE • 1910
ONE WHO REMEMBERED • 1910
SUSAN'S REVENGE • 1910
UP-TO-DATE PICKPOCKETS • 1910
YULETIDE REFORMATION, A • 1910
JIMSON JOINS THE ANARCHISTS • 1911
JIMSON JOINS THE PIECANS • 1911
JOHNSON'S STRANGE ALE • 1911
JONES' NIGHTMARE • LOBSTER STILL PURSUED HIM, THE • 1911
SUFFRAGETTE'S DOWNFALL: OR, WHO SAID "RATS", THE • 1911
VILLAGE SCANDAL, A • 1911
ALADDIN IN PEARLIES • 1912
BACK AT THREE • 1912
DAN NOLAN'S CROSS • 1912
DUPED BY DETERMINATION • 1912
HIS DUTY • 1912
LITTLE MISS DEMURE • 1912
LOVE AT ARMS • 1912
LOVE CONQUERS CRIME • 1912
MARRIED IN HASTE • 1912
MEXICAN'S LOVE AFFAIR, THE • 1912
MY WIFE'S PET • 1912
NEW OWNER OF THE BUSINESS, THE • 1912
SAMMY'S REVENGE • 1912
STOLEN NECKLACE, THE • 1912
WOLF AND THE WAIF, THE • 1912
DAPHNE AND THE DEAN • 1913
HOW A HOUSEKEEPER LOST HER CHARACTER • 1913
BLUNDERS OF MR. BUTTERBUN: TRIPS AND TRIBUNALS, THE • 1918 • SHT
BLUNDERS OF MR. BUTTERBUN: UNEXPECTED TREASURE, THE • 1918 • SHT
CASE OF COMFORT, A • 1918
DIAMONDS AND DIMPLES • 1918
HAUNTED HOTEL, THE • 1918
HIS BUSY DAY • 1918
HIS SALAD DAYS • 1918
KINEKATURE COMEDIES • 1918 • SER
LOVE AND LOBSTER • 1918 • SHT
PAINT AND PASSION • 1918 • SHT
BAMBOOZLED • 1919
LAND OF MY FATHERS • 1921
ODD TRICKS • 1924

RAISIAN – IRN
RAISSIAN ALIREZA
REYHANEH • 1989

RAISMAN YOURI see **RAIZMAN YULI**

RAISMAN YULI see **RAIZMAN YULI**

RAISMAN YURI see **RAIZMAN YULI**

RAISSIAN ALIREZA see **RAISIAN**

RAITH BERNHARD – SWT
ARNOLD BOCKLIN • 1988

RAIZMAN YULI – USS – 1903–
RAIZMAN YURI • RAISMAN YURI • RAISMAN YULI • REISMAN YURI • RAISMAN YOURI
RING, THE • DUTY AND LOVE ○ CIRCLE, THE • 1927
KATORGA • PENAL SERVITUDE ○ FORCED LABOUR ○ CONVICT LABOUR ○ IN OLD SIBERIA ○ PRISON • 1928
ZEMLYA ZHAZHDYOT • EARTH THIRSTS, THE ○ SOIL IS THIRSTY, THE • 1930
TALE ABOUT UMAR KHAPTSOKO, THE • STORY ABOUT OMAR KHAPTSOKO, A • 1932
SOVIETSKAJA NEFT • 1933
LYOTCHIKI • MEN ON WINGS ○ PILOTS, THE ○ FLYERS • 1935
POSLEDNAYA NOCH • LAST NIGHT, THE • 1937
PODNYATAYA TZELINA • VIRGIN SOIL UPTURNED • 1940
MASHENKA • 1942
NEBO MOSKVY • MOSCOW SKY • 1944
BERLIN • FALL OF BERLIN, THE • 1945 • DOC
K VOPROSU O PEREMIRII S FINLJANDIEJ • A PROPOS OF THE TRUCE WITH FINLAND • 1945 • DOC
POEZD IDET NA VOSTOK • WESTWARD-BOUND TRAIN, THE ○ TRAIN GOES EAST, THE • 1947
RAINIS • 1949
CONFLICT
KAVALER ZOLOTOI ZVEZDY • KNIGHT OF THE GOLD STAR, THE ○ CAVALIER OF THE GOLD STAR ○ DREAM OF A COSSACK • 1950
UROK ZHIZNI • LESSON IN LIFE, A ○ LESSON OF LIFE • 1955
KOMMUNIST • COMMUNIST, THE • 1957
RASSKAZ MOEJ MATERI • 1958
A ESLI ETO LYUBOV? • WHAT IF IT IS LOVE? ○ AND WHAT IF IT IS LOVE? ○ IF THIS BE LOVE ○ WHAT IF IT BE LOVE ○ HOW COULD IT HAPPEN • 1961
TIME OF TRIAL AND HOPE • 1967
TVOI SOVREMENNIK • YOUR CONTEMPORARY • 1967
COURTESY CALL, A • 1973
STRANNAYA ZHENSHCHINA • STRANGE WOMAN, A • 1978
CHASTNAYA ZHIZN • PRIVATE LIFE • 1983
VREMIA JELANII • TIME OF DESIRE • 1983

RAIZMAN YURI see **RAIZMAN YULI**

RAJ A. B. – IND
KALIYALLA KALLYANAM • 1968

RAJAGOPAL MALLIYAM – IND
JEEVANAMSAM • ALIMONY • 1968

RAJAPAKSE KINGSLEY – SLN
INDUNILA • DARK BLUE • 1968
SINGITHI SURATHAL • YOUNG FROLICS • 1968

RAJDUTTA – IND
GHARCHI RANI • 1968

RAJENDRAN C. V. – IND
ANUBHAVAM PUDUMAI • TRUTH IS STRANGER THAN FICTION • 1967
GALATTA KALYANAM • DISPUTED MARRIAGE • 1968

RAJENDRAN M. A. V. – IND
THANGA VALAYAL • GOLDEN BANGLES • 1968

RAJIC N. see **RAJIC NIKOLA**

RAJIC NIKOLA – YGS
RAJIC N.
ZIZA IZ IDRIJE • 1947
VREME LJUBAVI • TIME TO LOVE, A • 1966
IMA LJUBAVI NEMA LJUBAVI • WITH LOVE OR WITHOUT LOVE • 1968

RAJOPADHYAYA – IND
KALIA MARDAN • MURALIWALA • 1934

RAKER HUGH see **ENDFIELD CY**

RAKHIMOV ABDUSALOM – USS
POD PYEPLOM OGON • FIRE UNDER THE ASHES • 1968

RAKOFF ALVIN – CND – 1927–
PASSPORT TO SHAME • ROOM 43 (USA) • 1959
TREASURE OF SAN TERESA, THE • HOT MONEY GIRL (USA) ○ RHAPSODIE IN BLEI (FRG) ○ LONG DISTANCE • 1959
AN EINEM FREITAG UM HALB ZWOLF • MONDO NELLA MIA TASCA, IL (ITL) ○ WORLD IN MY POCKET, THE (USA) ○ TABULA RASA-FUNF, DIE TOTEN ○ VENDREDI 13 HEURES (FRN) ○ PAS DE MENTALITE ○ ON FRIDAY AT ELEVEN • 1961
COMEDY MAN, THE • 1963
MONEY-GO-ROUND • 1966
CROSSPLOT • 1969
HOFFMAN • 1970
SAY HELLO TO YESTERDAY • 1970
DON QUIXOTE • 1972 • MTV
IN PRAISE OF LOVE • 1975 • MTV
NICEST MAN IN THE WORLD, THE • 1975 • MTV
DAME OF SARK, THE • 1976 • MTV
KING SOLOMON'S TREASURE • 1976
KITCHEN, THE • 1977 • MTV
ROMEO AND JULIET • 1978 • TVM
CITY ON FIRE • 1979
DEATH SHIP • 1980
DIRTY TRICKS • ACCROCHE-TOI.. J'ARRIVE • 1980
SECRET LIVES OF THE BRITISH PRIME MINISTERS: DISRAELI, THE • BENJAMIN DISRAELI ○ NUMBER 10: DIZZY ○ DISRAELI ○ DIZZY • 1981 • MTV
VOYAGE AROUND MY FATHER, A • 1982 • TVM
MR. HALPERN AND MR. JOHNSON • 1983
FIRST OLYMPICS -ATHENS 1896, THE • 1984 • TVM
PARADISE POSTPONED • 1986 • MTV

RAKONJAC KOKAN – YGS – 1935–
KAPI, VODE, RATNICI • RAINDROPS, WATERS, WARRIORS • 1962
IZDAJNIK • TRAITOR, THE • 1963
KLAKSON • KLAXON • 1965
NEMIRNI • RESTLESS ONES, THE ○ NAUGHTY ONES, THE • 1967
DIVLJE SENKE • WILD SHADOWS • 1968
PRE ISTINE • BEFORE THE TRUTH • 1968
ZAZIDANI • WALLED IN • 1969

RALEY ALICE – USA
MOVIE HOUSE MASSACRE • 1984

RALHAN O. P. – IND
ASHOKA THE GREAT • 1978

RALPH LOUIS – GRM
SCHUTZENGRABEN
PASSIONELS TAGEBUCH • 1914
OPFER DER NACHT, DAS • 1915
WIE ICH ERMORDET WURDE • 1915
GLANZ UND ELEND DER KURTISANEN • MORAL, DER MEISTER DES VERBRECHENS ○ QUEEN OF THE BOULEVARDS • 1920
LEPAIN, DER KONIG DER VERBRECHER 3 • 1920
LEPAIN, DER KONIG DER VERBRECHER 4 • 1920
LEPAIN 5 • 1920
LEPAIN 6 • 1920
MOREL, DER MEISTER DER KETTE 1 • ABSCHNITT: DIE KETTE • 1920
MOREL, DER MEISTER DER KETTE 2 • ABSCHNITT: GLANZ UND ELEND • 1920
ABENTEUER EINES ERMORDETEN 1, DIE • FLUCHT AUS DEM LEBEN, DIE • 1921
ABENTEUER EINES ERMORDETEN 2, DIE • SMARAGD DES RADJAH VON PANLANZUR, DER • 1921
DR. GYLLENBORGS DOPPELTES GESICHT • 1921
GOLDENE PEST, DIE • 1921
UNSERE EMDEN • 1926
FLUCHT VOR BLOND • BLOND! -GEFAHR! • 1928
FLUCHT IN DIE FREMDENLEGION • 1929
KREUZER EMDEN • CRUISER EMDEN ○ EMDEN, THE • 1932
HOLLENTEMPO • 1933

RAM ATMA – IND
LIVING SOIL, THE • 1960
SHIKAR • HUNT • 1968

RAM ERIC see **EGGLESTON COLIN**

RAM SHANTA – IND
MAHATMA • 1936

RAMA RAO N. T. – IND
RAO N. T. RAMA
RAJA SOOYAM • RAJASUYAM • 1965

RAMA RAO P. N. – IND
RAO P. N. RAMA
SATHYAMAY JAYAM • VICTORY LIES IN TRUTH • 1967

RAMA RAO T. – IND
RAO T. RAMA
CHALLANI NEEDA • COOL SHED, THE • 1968
NADMANTRAPU SIRI • UPSTART, THE • 1968

RAMACHANDRA RAO V. – IND
RAO V. RAMACHANDRA
MARAPURANI KATHA • UNFORGETTABLE STORY • 1967
ASADHYUDU • UNCHALLENGEABLE • 1968
NENANTE NENE • I AM INDISPENSABLE • 1968

RAMACHANDRAN KALLIKADU – IND
MOONAMATHORAL • THIRD ONE, THE • 1990

RAMACHANDRAN L. S. – SLN
SARU BIMA • FERTILE LAND • 1967
VANASARA • JUNGLE BOY • 1968

RAMADAS O. – IND
VAZHI PIZHACHA SANTHATHI • 1968

RAMAKRISHNA P. S. – IND
GRIHA LAKSHMI • LAKSHMI OF THE HOME • 1967

RAMAKRISHNAN G. – IND
ANDRU KANDA MUGAM • FACE THAT I RECOGNISE, THE • 1968

RAMALHO FRANCISCO JR. – BRZ
ANUSKA, MANEQUIM E MUHLER • ANUSHKA, MODEL AND WOMAN • 1968
PAULA, HISTORIA DE UMA SUBVERSIVA • PAULA, STORY OF A SUBVERSIVE • 1982
BESAME MUCHO • 1986

RAMAN M. V. – IND
PATTINATHIL BOOTHAM • GHOST IN THE TOWN • 1967

RAMAN V. V. – IND
NAAN YAAR THERIYUMA? • DO YOU KNOW WHO I AM? • 1967

RAMANATHAN S. – SLN
IPADUNAY AIYE? • WHY WERE WE EVER BORN? • 1967
MAGUL PORUWA • WEDDING, THE • 1967
PATTATHU RANI • NUMBER ONE QUEEN • 1967

RAMANEEDU – IND
BANGARU SANKELLU • GOLDEN HANDCUFFS, THE • 1968

RAMANNA – IND
KAATHAVARAAYAN • 1959
NEEYUM NAANUM • YOU AND I • 1968

RAMANNA T. R. – IND
BHAVANI • GODDESS BHAVANI • 1967
KONTE PILLA • FLYING SAUCER • 1967
NAAN • SELF • 1967
MOONREZHUTHU • THREE LETTERS • 1968

RAMATI ALEXANDER – USA
SANDS OF BEERSHEBA • MORDEI HA'OR (ISR) ○ REBEL AGAINST THE LIGHT • 1965
MAS ALLA DE LAS MONTANAS • DESPERATE ONES, THE (USA) ○ BEYOND THE MOUNTAINS • 1967
ASSISI UNDERGROUND, THE • 1984
I SKRZYPCE PRZESTALY GRAC • AND THE VIOLINS STOPPED PLAYING ○ AND THE FIDDLE FELL SILENT • 1988

RAMBALDI VITTORIO – USA
PRIMAL RAGE • 1989

RAMDANI ABDELLAZIZ – MRC
QUAND MURISSENT LES DATTES? • WHEN DO THE DATES RIPEN? • 1968

RAMDAS SUBBA – IND
RAJAYOGAM • FIT TO BE A KING • 1968

RAMEAU WILLY – FRN – 1948–
LIEN DE PARENTE • 1985

RAMELLO CATONE – ITL
1958 • 1959

RAMELOT PIERRE – FRN – 1905–1942
HAUT COMME TROIS POMMES • VILLAGE EN FOLIE, LE • 1935
CORRUPTEURS, LES • 1941

RAMIREZ PEDRO L. – SPN – 1919–
PARKER STAN
LADRONES SOMOS GENTE HONRADA • 1956
RECLUTA CON NINO • 1956
CENICIENTA Y ERNESTO, LA • 1957
TIGRE DE CHAMBERI, EL • 1957
FANTASMAS EN LA CASA • GHOSTS IN THE HOUSE • 1958
GAFE, EL • 1958
REGINA DELLE POVERA GENTE, LA • 1958
CRIMEN PARA RECIEN CASADOS • 1959
HABITANTES DE LA CASA DESHABITADA, LOS • 1959
LLAMA UN TAL ESTEBAN • 1959
DONDE PONGO A ESTE MUERTO? • 1961
GUERRILLEROS, LOS • CAMPANAS DE AMANECER • 1962
CLINT, EL SOLITARIO • 1971
JUDAS.., TOMA TUS MONEDAS • 1971
NINGUNO DE LOS TRES SE LLAMABA TRINIDAD • 1972
PEZ DE LOS OJOS DE ORO, EL • 1973
COLEGIO DE LA MUERTE, EL • 1974

RAMIS HAROLD – USA – 1944–
CADDYSHACK • 1980
NATIONAL LAMPOON'S VACATION • VACATION • 1983
CLUB PARADISE • 1986

RAMJI – IND
NARA NARAYAN • 1937

RAMLEE P. – MLY – 1928–1973
ANAK KU SAZALI • MY SON SAZALI
ANTARA DUA DARJAT • BETWEEN TWO CLASSES
IBU MERTUA KU • MY MOTHER-IN-LAW
PENAREK BECHA • RICKSHAW PULLER, THE
SEMERAH PADI • RED PADDY
SUMPAH ORANG MINYAK • CURSE OF THE OILY MAN • 1958
ALI BABA BUJANG LAPOK • ALI BABA IN BURLESQUE • 1960
DR. RUSHDI • 1970
GELORA • TROUBLED • 1970
PUTUS SUDAH KASEH SAYANG • SO ENDS LOVE • 1970
JANGAN TINGGAL DAKU • DON'T LEAVE ME • 1971
LAXMANA DO-RE-ME • THEIR LORDSHIPS DO-RE-ME ○ LAKSEMANA DO RE MI • 1971

RAMNATH-FRANCIS – IND
THANGA THAMBI • YOUNGER SISTER AND BROTHER • 1967

RAMNOTH K. – IND – 1912–
MARMA YOGI • 1951

RAMOS ARTUR – PRT – 1926–
PASSAROS DE ASAS CORTADAS • 1963
NOITE E A MADRUGADA, A • 1983

RAMOS JOSE MANUEL – MXC
VIAJE REDONDO • 1919
ZARCO, EL • 1920

RAMOS SEGUNDO
DEATH RAIDERS

RAMOULIAN CHARLES – FRN
CHATIMENT, LE • 1975

RAMPONI SALVATORE F. – ITL
CANTICO DELLA TERRA • CAPANNA DELL'AMORE, LA • 1935

RAMPORT LAWRENCE – USA
LAST STEP DOWN, THE • 1970

RAMSAY RICHARD – CND
PEAU DE CHAGRINS • 1970

RAMSBOTT WOLFGANG – GRM
CITY, THE • 1959 • SHT

RAMSTER P. J. – Producer – ASL
SHOULD GIRLS KISS SOLDIERS? • 1918 • SHT
JASAMINE FRECKEL'S LOVE AFFAIR • 1921
MATED IN THE WILDS • 1921
TALE OF A SHIRT, THE • 1922
TRIUMPH OF LOVE, THE • 1922
ELOPEMENT • CATTIVA EVASIONE • 1923 • SHT
SHOULD A DOCTOR TELL? • 1923
REV. DELL'S SECRET, THE • REVEREND DELL'S SECRET, THE • 1924
SHOULD A GIRL PROPOSE? • 1926
THOSE WHO LOVE • 1926
RUSSELL AFFAIR, THE • 1928

RAMZI HASSAN – EGY
RAMZY HASSAN
KHATEM SULEIMAN • SOLOMON'S RING • 1947
MALIKA FI GEHENNAM • ANGELS IN HELL • 1947
MALIKAT AL-LAYL • REINE DE LA NUIT, LA • 1971
NEVER SHALL I RETURN • 1975
TWO WOMEN • 1975

RAMZY HASSAN see **RAMZI HASSAN**

RANA SHAHID – PKS
KALKA • BLACK HAND • 1988

RANASINGHE HERBERT – SLN
SITHA GIYA THANE • WHERE THE HEART IS • 1967

RANCIC JOVAN – YGS
DECAK I VIOLINA • BOY AND THE VIOLIN, THE • 1976
POSLEDNJA TRKA • LAST RACE, THE • 1979
MAHOVINA NA ASFALTU • MOSS COVERED ASPHALT • 1984

RANCOURT DANIEL – CND – 1955–
BLEUS.. LA NUIT.., LES • 1980 • SHT
ACTEUR, LA VOISINE, L' • 1982 • SHT

RANCUREL JEAN-LOUIS – FRN
IL ETAIT UNE FOIS LES ANNEES 60 • 1971

RANCY – FRN
ORCHESTRE ET DIAMANTS • 1961 • SHT

RANDALL JOHN – USA – 1929–
DEADLY REEF • 1978
J.J. GARCIA • 1984

RANDALL R.
ANGKOR • KAMPUCHEA EXPRESS • 1982

RANDEL ANTHONY – UKN
RANDEL TONY
HELLRAISER II: HELLBOUND • HELLBOUND: HELLRAISER II • 1989

RANDEL TONY see **RANDEL ANTHONY**

RANDIC ZDRAVKO – YGS
CIPELICE NA ASFALTU • TINY SHOES • 1956
OPKLADA • WAGER, THE • 1971
TRAGOVI CRNE DEVOJKE • TRACES OF A BRUNETTE • 1973
LEPTIROV OBLAK • BUTTERFLY CLOUD • 1977

RANDOLF ROLF – GRM
ZLATOROG • 1918
KRONPRINZ RUDOLF ODER: DAS GEHEIMNIS VON MAYERLING • 1919
DOPPELMORD VON SERAJEWO, DER • 1920
UNTER DER DORNENKRONE • 1920
GEHEIMNIS DER SANTA MARGHERITA, DAS • 1921
ALTE GOSPODAR, DER • 1922
WILDE FREIGER, DER • 1923
WALLENSTEIN 1 • 1925
WALLENSTEIN 2 • 1925
WAS STEINE ERZAHLEN • WENN STEINE REDEN • 1925
FRAUEN DER LEIDENSCHAFT • 1926
GEHEIMNIS VON ST. PAULI, DAS • 1926
BETTLER VOM KOLNER DOM, DER • 1927
LEICHTE KAVALLERIE • 1927
LINDENWIRTIN AM RHEIN, DIE • 1927
MANNES WERDEGANG • 1927
AMOR AUF SKI • 1928
HAUS OHNE MANNER, DAS • 1928
MIKOSCH RUCKT EIN • VATER RUCKT EIN • 1928
VERSCHWUNDENE TESTAMENT, DAS • 1929
VERTAUSCHTE GESICHTER • 1929
O ALTE BURSCHENHERRLICHKEIT • 1930
WER HAT ROBBY GESEHEN? • 1930
TOD UBER SHANGHAI • 1932
SPORCK'SCHEN JAGER, DIE • 1934
KONIGSTIGER • 1935
ROTE REITER, DER • 1935

RANDOM DARRELL – USA
THIS PSYCHIC WORLD

RANDONE B. L. see **RANDONE BELISARIO L.**

RANDONE BELISARIO L. – ITL
RANDONE B. L.
UOMO VENUTO DAL MARE, L' • GIORNO DI FESTA • 1942
SERVICE DE NUIT • TURNO DI NOTTE (ITL) ○ NUIT COMME LES AUTRES, UNE • 1943
MAN OF THE SEA • 1948

RANFL RAJKO – YGS
MRTVA LADJA • GHOST SHIP • 1972
POMLADNI VETER • PROLJETNI VJETAR ○ SPRING WIND • 1976
KO ZORIJO JAGODE • WHEN STRAWBERRIES RIPEN ○ KAD ZRIJU JAGODE ○ STRAWBERRY TIME • 1979
LJUBEZEN • LJUBAV ○ LOVE • 1985

RANGA B. S. – IND
MAHA SATHI
VASANTHA SENA • 1967

RANGA RAO S. V. – IND
RAO S. V. RANGA
BANDHAVYALU • RELATIONS • 1968

RANGA T. S. – IND
GIDDH • VULTURES • 1984

RANGARAO – IND
NARA NARAYAN • 1937

RANGEL FLAVIO – BRZ
GIMBA • 1962

RANIERI HONIL – ITL
ANGELI DEL DUEMILA, GLI • 1969

RANIERI NIK – Animator – CND – 1961–
COMMON PROBLEMS • 1983 • ANS

RANITOVIC BRANKO – Animator – YGS
DVA PUZA • TWO SNAILS (USA) • 1960 • ANS
SANJAR • DREAMER, THE • 1961 • ANS
LUDA NOGA • CRAZY LEG • 1965 • ANS
TOLERANCIJA • TOLERANCE • 1967 • ANS
MASKA CRVENE SMRTI • MASQUE OF THE RED DEATH, THE (USA) ○ MASK OF THE RED DEATH ○ MASK OF THE DEATH • 1969 • ANS

RANJAN GIRISH – IND
DAK BANGLA

RANK RICHARD – USA
ABDUCTION OF LORELEI, THE • 1978

RANKIN ARTHUR JR. – USA
RETURN OF THE KING.. A STORY OF THE HOBBITS, THE • 18980 • ANM
RETURN TO OZ • 1964 • ANM
WILLY MCBEAN AND HIS MAGIC MACHINE • 1965 • ANM
KINGO KONGO NO GYAKUSHU • KING KONG ESCAPES (USA) ○ KING KONG'S COUNTERATTACK ○ REVENGE OF KING KONG, THE ○ KING KONG'S REVENGE • 1967
HOBBIT, THE • 1977 • ANM
FLIGHT OF THE DRAGON, THE • 1982 • ANM
LAST UNICORN, THE • 1982 • ANM
WIND IN THE WILLOWS, THE • 1983 • ANM
LIFE AND ADVENTURES OF SANTA CLAUS • 1986 • ANM

RANKIN DOUGLAS – UKN
XXIST MONTE CARLO RALLY 1951 • 1951

RANKIN GLADYS see **DREW SIDNEY MRS.**

RANKOVITCH JEAN-MICHEL – FRN – 1921–
CRUELLE MEPRISE • MEPRISE, LA • 1962
CHACAL TRAQUE LES FILLES, LE • 1967

RANODY LASZLO – HNG – 1919–
STARS • 1950
GOOSE BOY, THE • 1951
RISING SEA, THE • 1953
HINTONJARO SZERELEM • LOVE TRAVELS BY COACH • 1954
SZAKADEK • ABYSS ○ DISCORD • 1955
TETTES ISMERETLEN, A • DANSE MACABRE • 1957
AKIKET A PACSIRTA ELKISER • FOR WHOM THE LARKS SING • 1959
LEGY JO MINDHALALIG • BE GOOD UNTIL DEATH ○ BE GOOD FOREVER • 1960
PACSIRTA • SKYLARK ○ LARK, THE • 1964
ARANYSARKANY • GOLDEN KITE, THE ○ GOLDEN CAGE, THE • 1966
ARVACSKA • NO MAN'S DAUGHTER • 1976
HATHOLDAS ROZSAKERT • ROSE GARDEN OF SIX ACRES • 1979
SZINES TINTAKROL ALMODOM • I DREAM ABOUT COLOURS • 1981

RANOUS W. V. see **RANOUS WILLIAM V.**

RANOUS WILLIAM V. – USA
RANOUS W. V.
FRANCESCA DA RIMINI OR, THE TWO BROTHERS • 1907
JULIUS CAESAR • 1908
MERCHANT OF VENICE, THE • 1908
RICHARD III • 1908
HIAWATHA • 1909
KING LEAR • 1909
HEROES OF THE MUTINY • 1911
AT THE ELEVENTH HOUR • 1912
EVENTFUL ELOPEMENT, AN • 1912
HEART OF ESMERALDA, THE • 1912
HIGHER MERCY, THE • 1912
HINDOO'S CURSE, THE • HINDOO CURSE, THE (UKN) • 1912
MIRACLE, THE • 1912
POET AND PEASANT • 1912
TOMMY'S SISTER • 1912
YELLOW BIRD • 1912
ALIXE OR THE TEST OF FRIENDSHIP • 1913
GETTING UP A PRACTISE • 1913
MR. MINTERN'S MISADVENTURES • 1913
MYSTERY OF THE STOLEN CHILD • 1913
SKULL, THE • 1913

RANSEN MORT – CND – 1933–
JACKY VISITS THE ZOO • 1962
JOHN HIRSCH: A PORTRAIT OF A MAN AND A THEATRE • 1965 • DOC
NO REASON TO STAY • 1966 • SHT
CHRISTOPHER'S MOVIE MATINEE • 1967
CIRCLE, THE • 1967
FALLING FROM LADDERS • 1969
YOU ARE ON INDIAN LAND • 1969
BURDEN THEY CARRY, THE • 1970
THREE "I's" • 1970
UNTOUCHED AND PURE • 1970
RUNNING TIME • 1974
BAYO • 1985
SINCERELY VIOLET • 1987

RANSOM CHARLES – USA
RANSON CHARLES
COURTSHIP OF THE COOKS, THE • 1914
FATHER'S BEARD • 1914
FLIRT, THE • 1914
MATTER OF HIGH EXPLOSIVES, A • 1914
QUESTION OF CLOTHES, A • 1914
SETH'S SWEETHEART • 1914
TWO'S COMPANY • 1914
WITH SLIGHT VARIATIONS • 1914
WOOD B. WEDD AND THE MICROBES • 1914
WOOD B. WEDD GOES SNIPE HUNTING • 1914
ALL COOKED UP • 1915
CHAMPION PROCESS SERVER, THE • 1915
CHINKS AND CHICKENS • 1915
CLEAN SWEEP, A • 1915
FOUND –A FLESH REDUCER • 1915
HANS AND HIS BOSS • 1915
HER COUNTRY COUSIN • 1915
HIS SAD AWAKENING • 1915
HYPNO AND TRANCE • 1915
IDLE RICH, THE • 1915
LODGINGS FOR TWO • 1915
MARTHA'S ROMEO • MARTHA'S ROMANCE • 1915
MUSIC IN FLATS • 1915
NEARLY A SCANDAL • 1915
ONE WAY TO ADVERTISE • 1915
ROONEY, THE BRIDE • 1915
SEEN THROUGH THE MAKE-UP • 1915
SPIRITUAL ELOPEMENT, A • 1915
SUPERFLUOUS BABY, A • 1915
SUSPICIOUS CHARACTERS • 1915
ANY GIRL'S SAFE • 1917

RANSOM WES – USA
DO ME! DO ME! DO ME! • 1969
PRIVATE ARRANGEMENT • 1970

RANSON CHARLES see **RANSOM CHARLES**

RANZIJN JOOST – NTH
HAN DE WIT • 1989

RAO A. BHASKAR – IND
TREE OF WEALTH, THE • 1944

RAO A. SESHAGIRI see **SESHAGIRI RAO A. V.**

RAO A. SUBHA see **SUBBA RAO B. A.**

RAO A. V. S. see **SESHAGIRI RAO A. V.**

RAO A. V. SESHAGIRI see **SESHAGIRI RAO A. V.**

RAO ADDOLA NARAYANA – IND
AMAYAKUDU • INNOCENT • 1968

RAO B. A. SUBBA see **SUBBA RAO B. A.**

RAO B. N. – IND
DENDAM PONTIANAK • REVENGE OF THE VAMPIRE • 1957
PONTIANAK • VAMPIRE, THE • 1957
HANTU RIMAU • 1959
YATIM MUSTAPHA • 1960
CHEMPAKA BIRU
PONTIANAK GUA MUSANG • VAMPIRE OF THE CIVET-CAT CAVE, THE ○ VAMPIRE IN THE CAVE, THE • 1964

RAO C. S. – IND
VALMIKI • 1963
PALLAVA SEVANGAL • TREASURES OF THE PALLAVAS • 1967
GOVALU GOPANNA • GOPANNA THE HERDSMAN • 1968
NINDU SAMSARAM • HAPPY FAMILY • 1968

RAO CH. NARASIMBA – IND
KRISHNA LEELA • DRAMA OF KRISHNA • 1935

RAO D. K. KAMESWAR see **KAMESWAR RAO D. K.**

RAO HEMAMBARADARA – IND
DEVA KANYA • ANGELS • 1968

RAO K. KAMESWARA see **KAMESWARA RAO K.**

RAO K. S. PRAKASH see **PRAKASH RAO K. S.**

RAO KAMESWARA see **KAMESWARA RAO K.**

RAO MALLIKARJUNA – IND
JUNA RAO MALLIKAR
CHELLELI KOSAM • FOR THE YOUNGER SISTER • 1968

RAO N. T. RAMA see **RAMA RAO N. T.**

RAO P. N. RAMA see **RAMA RAO P. N.**

RAO S. V. RANGA see **RANGA RAO S. V.**

RAO SADASHIV – IND
HUM PANCHHI EL DAL KE • 1957

RAO T. PRAKASH see **PRAKASH RAO T.**

RAO T. RAMA see **RAMA RAO T.**

RAO V. MADHUSUDHAN see **MADHUSUDHAN RAO V.**

RAO V. RAMACHANDRA see **RAMACHANDRA RAO V.**

RAO W. R. SUBBA see **SUBBA RAO W. R.**

RAO Y. V. – IND
NAGA-NANDA • 1934

RAOUL-DUVAL FRANCOIS – FRN – 1935–
ET POURTANT, ELLE TOURNE • 1980

RAPAPORT MONROE – USA
HOO-HA • SHT

RAPF MAURICE – USA
DARTMOUTH DAYS • 1934

RAPHAEL DAVID – USA
SONG OF THE SEPHARDI • 1980 • DOC

RAPHAEL FREDERIC – Screenwriter – USA – 1931–
SOMETHING'S WRONG • 1978 • MTV

RAPHAEL PETER – FRN
LYCEENNES PERVERSES • 1978

RAPI R. – ITL
BAKKER E. G.
DAREDEVIL COMMANDOS • 1985

RAPLEWSKI ZBIGNIEW – PLN
ARABY • ARABS ○ ARABIAN HORSES • 1964 • DOC
RATOWNICY • RESCUERS, THE (UKN) • 1964 • DOC
W BIESZCZADACH • IN THE BIESZCZADY HILLS • 1966

RAPOS DUSAN – CZC
FALOSNY PRINC • FALSE PRINCE, A • 1985
UTEKAJME, UZ IDE • HURRY, HE'S COMING • 1988

RAPP JOEL – USA
HIGH SCHOOL BIG SHOT • YOUNG SINNERS (UKN) • 1959
BATTLE OF BLOOD ISLAND • 1960

RAPP PAUL – USA
CURIOUS FEMALE, THE • CURIOUS FEMALES • 1969
GO FOR IT • 1976 • DOC

RAPPAPORT GERBERT see **RAPPAPORT HERBERT**

RAPPAPORT HERBERT – USS – 1926–
RAPPAPORT GERBERT
PROFESSOR MAMLOCK • 1938
MUSICAL STORY, A • 1940
HUNDRED FOR ONE, A • 1941
KINO-CONCERT 1941 • LENINGRAD MUSIC HALL • 1941
VANKA • 1942
TAXI TO HEAVEN • 1943
MANA • 1944
ZHIZN V TSITADEL • LIFE IN THE CITADEL ○ LIFE IN A CITADEL • 1947
ALEXANDER POPOV • ALEKSANDR POPOV • 1949
LUMIERE A KOORDI • 1951
CONCERT OF STARS • SONG AND DANCE CONCERT • 1952
STARS OF THE RUSSIAN BALLET • 1953
BONHEUR D'ANDROUSS, LE • 1955
REFRAINS POPULAIRES DE PODDOUBNO • 1957
RAIN OR SHINE • 1960
CHERYOMUSHKI • SONG OVER MOSCOW (USA) ○ WILD CHERRY TREES ○ CHEREMUSHKI • 1963
DVA BILYETA NA DNEVNOY SEANS • TWO TICKETS FOR THE MATINEE ○ TWO TICKETS FOR A DAY SHOW • 1967
CHORNYYE SUKHARI • SCHWARZER ZWIEBACK ○ BLACK RUSKS • 1972
CIRCLE, THE • 1973

RAPPAPORT I. C. – USA
THOU SHALT NOT KILL • 1982 • TVM

RAPPAPORT MARK – USA – 1941–
CASUAL RELATIONS • 1973
MOZART IN LOVE • 1975
LOCAL COLOR • 1977
SCENIC ROUTE, THE • 1978
IMPOSTORS • 1981
CHAIN LETTERS • 1985

RAPPENEAU JEAN-PAUL – Screenwriter – FRN – 1932–
CHRONIQUE PROVINCIALE • 1958 • SHT
VIE DE CHATEAU, LA • MATTER OF RESISTANCE, A (USA) ○ GRACIOUS LIVING • 1966
MARIES DE L'AN II, LES • SPOSI DELL'ANNO SECONDO, GLI (ITL) ○ SWASHBUCKLER, THE (USA) ○ SCOUNDREL, THE ○ MARIES DE L'AN DEUX, LES • 1970
SAUVAGE, LE • LOVERS LIKE US (USA) ○ CALL ME SAVAGE (UKN) ○ SAVAGE, THE • 1975
TOUT FEU, TOUT FLAMME • 1982
CYRANO DE BERGERAC • 1989

RAPPER IRVING – UKN – 1898–
ONE FOOT IN HEAVEN • 1941
SHINING VICTORY • WINGED VICTORY • 1941
GAY SISTERS, THE • 1942
NOW, VOYAGER • 1942
ADVENTURES OF MARK TWAIN, THE • 1944
CORN IS GREEN, THE • 1945
RHAPSODY IN BLUE • 1945
DECEPTION • 1946
VOICE OF THE TURTLE, THE • ONE FOR THE BOOK • 1947
ANNA LUCASTA • 1949
GLASS MENAGERIE, THE • 1950
ANOTHER MAN'S POISON • 1951
BAD FOR EACH OTHER • SCALPEL • 1953
FOREVER FEMALE • 1953
BRAVE ONE, THE • 1956
STRANGE INTRUDER • 1956
MARJORIE MORNINGSTAR • 1958
MIRACLE, THE • 1959
JOSEPH AND HIS BRETHREN • GIUSEPPE VENDUTO DAI FRATELLI (ITL) ○ SOLD INTO EGYPT ○ STORY OF JOSEPH AND HIS BRETHREN, THE ○ JOSEPH SOLD BY HIS BROTHERS • 1962
PONZIO PILATO • PONTIUS PILATE • 1962
CHRISTINE JORGENSEN STORY, THE • CHRISTINE • 1970
BORN AGAIN • 1978
SEXTETTE • 1978

RARISCH INA – Animator – GRM
LITTLE HARE AND THE WELL, THE • ANM

RASCEL RENATO – Actor – ITL – 1912–
PASSEGGIATA, LA • 1953

RASH STEVE – USA
BUDDY HOLLY STORY, THE • 1978
UNDER THE RAINBOW • THERE'S ALWAYS ROOM UNDER THE RAINBOW • 1981
RICH HALL'S VANISHING AMERICA • 1986 • MTV
CAN'T BUY ME LOVE • BOY RENTS GIRL • 1987
QUEENS LOGIC • 1990

RASHBY BURT – USA
WARRIOR WITHIN, THE • 1977 • DOC

RASHEVSKAYA N. see **RASHEVSKAYA NATALYA**

RASHEVSKAYA NATALYA – USS
RASHEVSKAYA N.
FATHERS AND SONS
DOSTIGAEV AND OTHERS • 1959

RASHID HARUNAR – BNG
MEGHER ANEK RANG • CLOUD HAS MANY COLOURS, THE • 1977

RASINSKI CONNIE – Animator – USA
BARNYARD BOSS, THE • 1937 • ANS
SAW MILL MYSTERY, THE • 1937 • ANS
DOOMSDAY • 1938 • ANS
ELIZA RUNS AGAIN • 1938 • ANS
FRAME-UP, THE • 1938 • ANS
HAPPY AND LUCKY • 1938 • ANS
HIS OFF DAY • 1938 • ANS
LAST INDIAN, THE • 1938 • ANS
MAID IN CHINA • 1938 • ANS
WOLF'S SIDE OF THE STORY • 1938 • ANS
AFRICA SQUAWKS • 1939 • ANS
BARNYARD EGGCITEMENT • 1939 • ANS
FIRST ROBIN, THE • 1939 • ANS
FROZEN FEET • 1939 • ANS
NICK'S COFFEE POT • 1939 • ANS
ONE MOUSE IN A MILLION • 1939 • ANS
ORPHAN DUCK, THE • 1939 • ANS
TWO HEADED GIANT • 1939 • ANS
HARVEST TIME • 1940 • ANS
IT MUST BE LOVE • 1940 • ANS
LANDING OF THE PILGRIMS • 1940 • ANS
LUCKY DUCK, THE • 1940 • ANS
MUCH ADO ABOUT NOTHING • 1940 • ANS
PROFESSOR OFFKEYSKI • 1940 • ANS
TEMPERAMENTAL LION • 1940 • ANS
BABY SEAL, THE • 1941 • ANS
FROZEN NORTH, THE • 1941 • ANS
GOOD OLD IRISH TUNES • 1941 • ANS
MISSISSIPPI SWING • 1941 • ANS
OLD OAKEN BUCKET, THE • 1941 • ANS
WELCOME LITTLE STRANGER • 1941 • ANS
WHAT HAPPENS AT NIGHT • 1941 • ANS
ALL ABOUT DOGS • 1942 • ANS
HAPPY CIRCUS DAYS • 1942 • ANS
ICKLE MEETS PICKLE • 1942 • ANS
LIFE WITH FIDO • 1942 • ANS
OH GENTLE SPRING • 1942 • ANS
SHAM BATTLE SHENANIGANS • 1942 • ANS
WILFUL WILLIE • 1942 • ANS
DOWN WITH CATS • 1943 • ANS
PANDORA'S BOX • 1943 • ANS
PATRIOTIC POOCHES • 1943 • ANS
SCRAP FOR VICTORY • 1943 • ANS
CAT CAME BACK, THE • 1944 • ANS
ELIZA ON THE ICE • 1944 • ANS
WOLF'S TALE, A • 1944 • ANS
MIGHTY MOUSE AND THE PIRATES • 1945 • ANS
MIGHTY MOUSE IN GYPSY LIFE • GYPSY LIFE • 1945 • ANS
MIGHTY MOUSE IN KRAKATOA • 1945 • ANS
MOTHER GOOSE NIGHTMARE • 1945 • ANS
POST WAR INVENTIONS • 1945 • ANS
RAIDING THE RAIDERS • 1945 • ANS
SMOKEY JOE • 1945 • ANS
SWOONING THE SWOONERS • 1945 • ANS
FORTUNE HUNTERS • 1946 • ANS
IT'S ALL IN THE STARS • 1946 • ANS
JOHNSTOWN FLOOD, THE • 1946 • ANS
SNOW MAN, THE • 1946 • ANS
THROWING THE BULL • 1946 • ANS
TORTOISE WINS AGAIN, THE • 1946 • ANS
UNINVITED PESTS, THE • 1946 • ANS
CAT TROUBLE • 1947 • ANS
CRYING WOLF • 1947 • ANS
FIGHT TO THE FINISH, A • 1947 • ANS
FISHING BY THE SEA • 1947 • ANS
HAPPY GO LUCKY • 1947 • ANS
HITCH HIKERS • 1947 • ANS
MIGHTY MOUSE MEETS DEADEYE DICK • 1947 • ANS
ONE NOTE TONY • 1947 • ANS
FEUDING HILLBILLIES, THE • 1948 • ANS
HARD BOILED EGG, THE • 1948 • ANS
OUT AGAIN, IN AGAIN • 1948 • ANS
SLEEPLESS NIGHT • 1948 • ANS
TAMING THE CAT • 1948 • ANS
FLYING CUPS AND SAUCERS • 1949 • ANS
LYIN' LION, THE • 1949 • ANS
PAINT POT SYMPHONY • 1949 • ANS
STOWAWAYS • 1949 • ANS
TRUCKLOAD OF TROUBLE, A • 1949 • ANS
WOODEN INDIAN, THE • 1949 • ANS
YARN ABOUT YARN, A • 1949 • ANS
AESOP'S FABLES: FOILING THE FOX • 1950 • ANS
ALL THIS AND RABBIT STEW • 1950 • ANS
BEAUTY ON THE BEACH • 1950 • ANS
CAT HAPPY • 1950 • ANS
DREAM WALKING • 1950 • ANS
FOX HUNT • 1950 • ANS
MIGHTY MOUSE IN MOTHER GOOSE'S BIRTHDAY PARTY • MOTHER GOOSE'S BIRTHDAY PARTY • 1950 • ANS
BEAVER TROUBLE • 1951 • ANS
BULLDOZING THE BULL • 1951 • ANS
HELPFUL GENIE, THE • 1951 • ANS
MIGHTY MOUSE IN GOONS FROM THE MOON • GOONS FROM THE MOON • 1951 • ANS
RAIN MAKERS, THE • 1951 • ANS
SONGS OF ERIN • 1951 • ANS
STEEPLE JACKS • 1951 • ANS
SUNNY ITALY • 1951 • ANS
TALL TIMBER TALE • 1951 • ANS
THREE IS A CROWD • 1951 • ANS
FLIPPER FROLICS • 1952 • ANS

HOUSE BUSTERS • 1952 • ANS
LITTLE ANGLERS • 1952 • ANS
MIGHTY MOUSE IN HANSEL AND GRETEL • HANSEL AND GRETEL • 1952 • ANS
MIGHTY MOUSE IN PREHISTORIC PERILS • PREHISTORIC PERILS • 1952 • ANS
MOVIE MADNESS • 1952 • ANS
OFF TO THE OPERA • 1952 • ANS
SINK OR SWIM • 1952 • ANS
HOW TO KEEP COOL • 1953 • ANS
MOUSE MEETS BIRD • 1953 • ANS
PILL PEDDLERS • 1953 • ANS
PLUMBER'S HELPERS • 1953 • ANS
SOAPY OPERA • 1953 • ANS
SPARKY THE FIREFLY • 1953 • ANS
TEN PIN TERRORS • 1953 • ANS
WHEN MOUSEHOOD WAS IN FLOWER • 1953 • ANS
BLUE PLATE SYMPHONY • 1954 • ANS
HELPLESS HIPPO • 1954 • ANS
HOW TO RELAX • 1954 • ANS
HOWLING SUCCESS • 1954 • ANS
REFORMED WOLF • 1954 • ANS
SATISFIED CUSTOMERS • 1954 • ANS
SPARE THE ROD • 1954 • ANS
TALL TALE TELLER • 1954 • ANS
BARNYARD ACTOR • 1955 • ANS
BIRD SYMPHONY • 1955 • ANS
DUCK FEVER • 1955 • ANS
FIRST FLYING FISH, THE • 1955 • ANS
FOXED BY A FOX • 1955 • ANS
GOOD DEED DAILY • 1955 • ANS
IGLOO FOR TWO, AN • 1955 • ANS
LAST MOUST OF HAMLIN • 1955 • ANS
LITTLE RED HEN • 1955 • ANS
NO SLEEP FOR PERCY • 1955 • ANS
PHONEY NEWS FLASHES • 1955 • ANS
YOKOHAMA YANKEE, A • 1955 • ANS
BAFFLING BUNNIES • 1956 • ANS
CLOAK AND STAGGER • 1956 • ANS
CLOCKMAKERS DOG • 1956 • ANS
HEP MOTHER HUBBARD • 1956 • ANS
LUCKY DOG • 1956 • ANS
MIAMI MANIACS • 1956 • ANS
OCEANS OF LOVE • 1956 • ANS
PARK AVENUE PUSSYCAT • 1956 • ANS
POLICE DOGGED • 1956 • ANS
SCOUTS TO THE RESCUE • 1956 • ANS
URANIUM BLUES • 1956 • ANS
AFRICAN JUNGLE HUNT • 1957 • ANS
BONE RANGER, THE • 1957 • ANS
CLINT CLOBBER'S CAT • 1957 • ANS
DADDY'S LITTLE DARLING • 1957 • ANS
GAG BUSTER • 1957 • ANS
GASTON IS HERE • 1957 • ANS
HARE BREADTH FINISH, A • 1957 • ANS
SHOVE THY NEIGHBOR • 1957 • ANS
TOPSY TV • 1957 • ANS
GASTON, GO HOME • 1958 • ANS
GASTON'S BABY • 1958 • ANS
OLD MOTHER CLOBBER • 1958 • ANS
SIGNED, SEALED AND CLOBBERED • 1958 • ANS
SPRINGTIME FOR CLOBBER • 1958 • ANS
CLOBBER'S BALLET ACHE • 1959 • ANS
FLAMBOYANT ARMS, THE • 1959 • ANS
GASTON'S MAMA LISA • 1959 • ANS
AESOP'S FABLES: THE TIGER KING • 1960 • ANS
FAMOUS RIDE, THE • 1960 • ANS
HAUNTED HOUSECLEANING • 1960 • ANS
HOUSE OF HASHIMOTO • 1960 • ANS
MISUNDERSTOOD GIANT, THE • 1960 • ANS
TRAPEZE PLEASE • 1960 • ANS
CAT ALARM • 1961 • ANS
HONORABLE CAT STORY • 1961 • ANS
SON OF HASHIMOTO • 1961 • ANS
HOME LIFE • 1962 • ANS
PEANUT BATTLE • 1962 • ANS
ASTRONUT • 1963 • ANS
MISSING GENIE, THE • 1963 • ANS
TO BE OR NOT TO BE • 1963 • ANS
TROUBLE IN BAGHDAD • 1963 • ANS
BROTHER FROM OUTER SPACE • 1964 • ANS
KING ROUNDER • 1964 • ANS
KISSER PLANT • 1964 • ANS
OUTER GALAXY GAZETTE • 1964 • ANS
ROC-A-BYE SINBAD • 1964 • ANS
DARN BARN • 1965 • ANS
FREIGHT FRIGHT • 1965 • ANS
ROBOTS IN TOYLAND • 1965 • ANS
TOOTHLESS BEAVER, THE • 1965 • ANS

RASKER FRANS – NTH
HAIRDRESSERS • 1971

RASKI VIDAL – USA
SINFUL DWARF, THE • 1973
DVAERGEN • 1974

RASKIN JAY – USA
I MARRIED A VAMPIRE • 1986

RASKY HAROLD see **RASKY HARRY**

RASKY HARRY – CND – 1928–
RASKY HAROLD
PANAMA: DANGER ZONE • 1960 • MTV
LION AND THE CROSS, THE • 1961 • MTV
MAHATMA: THE GREAT SOUL • 1962 • MTV
ELEANOR ROOSEVELT: FIRST LADY OF THE WORLD • 1963 • MTV
NOBEL PRIZE, THE • 1964 • MTV
CUBA AND CASTRO TODAY • 1965 • MTV
HALL OF KINGS • 1967 • MTV
ZOOS OF THE WORLD • 1968 • MTV
LEGEND OF THE SILENT NIGHT, THE • 1969 • MTV
UPON THIS ROCK • 1971 • DOC
INVITATION TO THE ROYAL WEDDING, AN • 1972
WIT AND WORLD OF G. BERNARD SHAW, THE • 1972
TENNESSEE WILLIAMS' SOUTH • 1973
BARYSHNIKOV • 1974
NEXT YEAR IN JERUSALEM • 1974
TRAVELS THROUGH LIFE WITH LEACOCK • 1975
HOMAGE TO CHAGALL -THE COLOURS OF LOVE • 1976 • DOC
PEKING MAN MYSTERY, THE • 1977
LESSONS OF HISTORY (WILL AND ARIEL DURRANT), THE • 1978
ARTHUR MILLER ON HOME GROUND • 1979
BEING DIFFERENT • 1981 • DOC
MAN WHO HID ANNE FRANK, THE • 1981
SONG OF LEONARD COHEN, THE • 1981
SPIES WHO NEVER WERE, THE • 1981 • MTV
STRATASPHERE • 1983
MYSTERY OF HENRY MOORE, THE • 1984 • MTV
RAYMOND MASSEY: ACTOR OF THE CENTURY • 1984 • DOC
KARSH, THE SEARCHING EYE • 1986 • MTV

RASMUSSEN HOLGER – DNM
GAMMELT ISFISKERI PA RINGKOBING FJORD • 1947

RASMUSSEN LARS – NRW
SIGURD DRAKEDREPER • SIGURD THE DRAGONSLAYER • 1988

RASMUSSEN NIELS – USA
SERPENT WARRIORS • 1986

RASOF IRA – USA
SUPERMAN • 1969 • SHT

RASTRELLI AMEDEE – FRN
DON'T LOSE YOUR COAT • 1917 • SHT
FRITZIGLI CHERCHE UN LOGEMENT • 1920-23
FRITZIGLI VEUT SE METTRE EN MENAGE.. • 1920-23
REVANCHE DE FITZIGLI, LA • 1920-23

RASUMNY ALEXANDER – USS – 1891–
RAZUMNY ALEXANDER
JE LE VOULAIS • 1917
LIFE AND DEATH OF LIEUTENANT SCHMIDT, THE • 1917
LAST ENCOUNTER • 1918
QUATRIEME FEMME, LA • 1918
UPRISING • 1918
COMRADE ABRAM • 1919 • SHT
WHITE AND BLACK • 1919
MOTHER • 1920
PAYS DU SOLEIL NAISSANT • 1922
GRIBUSHIN FAMILY, THE • 1923
KOMBRIG IVANOV • BEAUTY AND THE BOLSHEVIK • 1923
FATHER KNISH'S GANG • 1924
VALLEY OF TEARS • 1924
YEARS OF TRIAL • 1925
UBERFLUSSIGE MENSCHEN • SUPERFLUOUS PEOPLE (USA) • 1926
FURST ODER CLOWN • PRINCE OR CLOWN (USA) • 1927
PIQUE DAME • QUEEN OF SPADES • 1927
ISLAND IN FLIGHT • 1930
PERSONAL AFFAIR, A • 1940
TIMOUR ET SON EQUIPE • 1940
BATTLE OF SOKOL, THE • 1942
ADVENTURES OF CORPORAL KOCHEKOV, THE • 1955
IGNOTAS CAME BACK HOME • HOMECOMING, THE • 1956

RATCLIFFE F. W. – UKN
WAY OF THE WILD • 1935

RATHBONE TINA – USA
ZELLY AND ME • 1988

RATHNAM E. – SLN
RAN RASA • GOLDEN RAYS • 1967

RATHOD DAVID – IND
WEST IS WEST • 1987

RATHOD KANTILAL – IND
CLOVEN HORIZON • 1965 • SHT
KANKU • 1970
RAMNAGARI • 1977

RATHONY AKOS see **von RATHONY AKOS**

von RATHONY AKOS – GRM
RATHONY AKOS • RATONI AKOS
VISSZA AZ UTON • 1940
FORTUNA VIENE DAL CIELO, LA • 1942
VOLTA ALLA SETTIMANA, UNA • 1942
KATCHEN FUR ALLES • 1949
ABSENDER UNBEKANNT • 1950
MADCHEN MIT BEZIEHUNGEN • 1950
MAHARADSCHA WIDER WILLEN • 1950
ENGEL IM ABENDKLEID • 1951
FRAULEIN BIMBI • UNMOGLICHE MADCHEN, DAS • 1951
SCHON MUSS MAN SEIN • 1951
DON'T BLAME THE STORK • 1954
FRAU WARRENS GEWERBE • 1960
GEHEIMNIS DER GELBEN NARZISSEN, DAS • DEVIL'S DAFFODIL, THE (UKN) ○ DAFFODIL KILLER • 1961
GELIEBTE HOCHSTAPLERIN • 1961
TOLLER HECHT AUF KRUMMEN TOUREN • PHONY AMERICAN, THE (USA) ○ IT'S A GREAT LIFE • 1961
FLUCH DER GRUNEN AUGEN, DER • CAVE OF THE LIVING DEAD (UKN) ○ CURSE OF THE GREEN EYES, THE • 1964
JUNGFRAU AUS ZWEITER HAND • SECOND-HAND VIRGIN • 1967
NACHSTE HERR -DIESELBE DAME, DER • NEXT GENTLEMAN -THE SAME LADY, THE • 1968
RADHAPURA -ENDSTATION DER VERDAMMTEN • RADHAPURA -TERMINUS OF THE DAMNED • 1968
ZIEH' DICH AUS, PUPPE • STRIP OFF, DOLL • 1968

RATHONYI AUGUST – HNG
FIZESSEN NAGYSAG • 1937
TISZTELET A KIVETELNEK • 1937
GYIMESI VADVIRAG • WILDFLOWER OF GYIMES (USA) • 1939

RATNAGAR D. – IND
BHAGYADEVATHE • GOD OF FORTUNE • 1968

RATOFF GREGORY – Actor – USS – 1897–1960
SINS OF MAN • 1936
LANCER SPY • 1937
BARRICADE • BY THE DAWN'S EARLY LIGHT • 1939
DAY-TIME WIFE • 1939
HOTEL FOR WOMEN • ELSA MAXWELL'S HOTEL FOR WOMEN • 1939
INTERMEZZO • ESCAPE TO HAPPINESS (UKN) ○ INTERMEZZO, A LOVE STORY • 1939
ROSE OF WASHINGTON SQUARE • 1939
WIFE, HUSBAND AND FRIEND • 1939
I WAS AN ADVENTURESS • 1940
PUBLIC DEB NUMBER ONE • 1940
ADAM HAD FOUR SONS • LEGACY • 1941
CORSICAN BROTHERS, THE • 1941
MEN IN HER LIFE, THE • TONIGHT BELONGS TO US ○ WOMAN OF DESIRE • 1941
FOOTLIGHT SERENADE • STRICTLY DYNAMITE • 1942
TWO YANKS IN TRINIDAD • TRINIDAD • 1942
HEAT'S ON, THE • TROPICANA (UKN) • 1943
SOMETHING TO SHOUT ABOUT • 1943
SONG OF RUSSIA • RUSSIA • 1943
IRISH EYES ARE SMILING • 1944
PARIS UNDERGROUND • MADAME PIMPERNEL (UKN) • 1945
WHERE DO WE GO FROM HERE? • 1945
DO YOU LOVE ME? • KITTEN ON THE KEYS • 1946
CARNIVAL IN COSTA RICO • 1947
MOSS ROSE • 1947
BLACK MAGIC • 1949
THAT DANGEROUS AGE • IF THIS BE SIN (USA) ○ CASE OF LADY BROOKES, THE • 1949
MY DAUGHTER JOY • OPERATION X (USA) • 1950
TAXI • 1953
ABDULLA THE GREAT • ABDULLA'S HAREM (USA) • 1954
OSCAR WILDE • 1960

RATON HELVECIO – BRZ
DANCA DOS BONECOS, A • DANCE OF THE PUPPETS • 1986

RATONI AKOS see **von RATHONY AKOS**

RATTI FILIPPO see **RATTI FILIPPO M.**

RATTI FILIPPO M. – ITL – 1914–
RATTI FILIPPO MARIA • RATTI GIORGIO • RATTI FILIPPO • RUSH PETER • LEWIS S.
FELICITA PERDUTA • 1947
ELEANORA DUSE • 1950
MASCHERA NERA • 1952
NON E MAI TROPPO TADRI • 1953
AMORE E SMARRIMENTO • 1954
VACANZE ALLA BAIA D'ARGENTO • 1961
DIECI ITALIANI PER UN TEDESCO • VIA RASELLA • 1962
MAURIZIO, PEPPINO E LE INDOSSATRICI • 1962
RAPINA AL QUARTIERE OVEST • 1962
ITALIANI E LE VACANZE, GLI • 1964 • DOC
AD3 OPERAZIONE SQUALO BIANCO • 1966
VACANZE SULLA NEVE • 1966
ERIKA • 1971
NOTTE DEI DANNATI, LA • NIGHT OF THE DAMNED, THE (UKN) • 1971
MONDO EROTICO • 1973
VIZI MORBOSI DI UNA GOVERNANTE, I • 1977

RATTI FILIPPO MARIA see **RATTI FILIPPO M.**

RATTI GIORGIO see **RATTI FILIPPO M.**

RATTI ROBERTO – MXC
DESQUITE, EL • 1945
COMO TU NINGUNA • 1946

RATZ GUNTER – Animator – GRM – 1935–
NOBI • ANM
RACE, THE • ANM
SHARP LEFT BEHIND THE MOON • ANM
TEDDY BRUMM • 1958 • ANM
UNLUCKY LITTLE ELEPHANT, THE • CLUMSY LITTLE ELEPHANT, THE • 1959 • ANM
KING OF THE BEASTS • KING OF THE ANIMALS • 1960 • ANM
SONG OF THE DOVE • 1960 • ANM
MEASURE FOR MEASURE • 1963 • ANM
APOSTLE, THE • 1965 • ANM
CONGRATULATION • 1965 • ANM
HARMONY • 1965 • ANM
PHOTOGRAPHY • 1965 • ANM
WESTERN • 1965 • ANM
AVIATION • 1966 • ANM
CURIOSITY • 1966 • ANM
ANTON THE MUSICIAN • 1967 • ANM
THREE WISHES • 1967 • ANM
STAMP COLLECTING • 1968 • ANM
TROMMLER, DER • DRUMMER, THE • 1969 • ANS

RAU CESARE – ITL
MADNESS • 1971

RAU SADASIVA – IND
LANKA DAHAN • BURNING OF DAHAN ○ BURNING OF CEYLON • 1935

RAUCH MALTE – GRM
VIVA PORTUGAL • 1975 • DOC

RAUER ALBERT – USA
MR. HARE AND MR. HEDGEHOG • 1963 • ANS

RAULET GEORGES – Dir. photo – FRN – 1883–1954
MASCAMOR • 1923
PETIT JACQUES, LE • 1923
GRANDE EPREUVE, LA • 1927

RAUTENBACH JAN see **RAUTENBACH JANS**

RAUTENBACH JANS – SAF
RAUTENBACH JAN
KANDIDAAT, DIE • CANDIDATE, THE • 1968
JANNIE TOTSIENS • 1970
PAPPA LAP • 1972
ONGEWENSTE VREEMDELING • 1974
WINNERS II • 1976
BLINK STEFAANS • 1981
BROER MATIE • BROTHER MATE • 1984
CATHY • 1984

RAUTENKRANZOVA OLGA – Actress – CZC
KOZLONOH • 1918
UCITEL ORIENTALNICH JAZYKU • TEACHER OF ORIENTAL LANGUAGES, THE • 1918

RAUTOMA RIITTA – FNL
SATUJA VALLASTA • FABLES ABOUT POWER • 1970-72 • ASS
KETTU JA KARHU • FOX AND BEAR • 1973
SUOMALAISIA ELAINTARINOITA • FINNISH FABLES • 1973-75 • ASS

RAVEL C. G. – PHL

NGAYON LAMANG AKO DUMALANGIN • MY FIRST PRAYER • 1968

RAVEL GASTON – FRN – 1878–1958

DOT, LA • 1913
SAINTE ODILE • 1913
CE BON LA FONTAINE • 1914
FEMME INCONNUE, LA • 1914
GRAND SOUFFLE, LE • 1914
TROPHEE DU ZOUAVE, LE • 1914
AUTOUR D'UNE BAGUE • 1915
M. PINSON, POLICIER • 1915
DES PIEDS ET DES MAINS • 1916
FORSE QUE SI FORSE QUE NO • 1918
MAISON D'ARGILE, LA • 1918
COSMOSPOLIS • 1919
ENVOLEE, L' • 1919
JOUG, LE • 1919
MORT DE L'AVIATEUR, LA • 1919
AMES SAUVAGES • 1920
AU DESSUS DES LOIS • 1920
A L'OMBRE DU VATICAN • 1921
GEOLE, LA • 1921
IDYLLE TRAGIQUE, UNE • 1921
FERRAGUS • 1923
TAO • 1923
GARDIEN DU FEU, LE • 1924
JOCASTE • 1924
ON NE BADINE PAS AVEC L'AMOUR • 1924
AVOCAT, L' • 1925
CHOUCHOU POIDS PLUME • 1925
COUP DE FEU DANS LA NUIT • 1925
FAUTEUIL 47, LE • 1926
FRAULEIN JOSETTE, MEINE FRAU • MADEMOISELLE JOSETTE, MA FEMME ○ MARRIAGE OF CONVENIENCE, THE • 1926
PARKETTSESSEL 47 • 1926
MITGIFTJAGER • 1927
ROMAN D'UN JEUNE HOMME PAUVRE, LE • 1927
FIGARO • 1928
MADAME RECAMIER • 1928
COLLIER DE LA REINE, LE • AFFAIRE DU COLLIER DE LA REINE, L' • 1929
ETRANGERE, L' • 1930
STRANIERA, LA • 1930
MONSIEUR DE POUCEAUGNAC • 1932
FANATISME • SAVELLI, LA • 1934
ROSAIRE, LE • 1934

RAVENSKIKH B.

BRIDE WITH A DOWRY • 1954

RAVETZ JOE – USA

POLITICIAN OR VOTE FOR ME, THE • SHT

RAVINDRAN K. – IND

ORU THOOVAL PAKSHIKAL • 1988

RAVN JEN see **RAVN JENS**

RAVN JENS – DNM – 1941–

RAVN JEN

VINDUESPLADS • 1964 • SHT
MANDEN DER TAENKTE TING • MAN WHO THOUGHT LIFE, THE ○ MAN WHO THOUGHT THINGS, THE • 1969
TJAEREHANDLEREN • TAR-DEALER, THE • 1971
CRY WOLF • 1981
ULVETID • TIME OF THE WOLF ○ CRY WOLF • 1981

RAVN MALENE – DNM

ASIAN HEART • 1987 • DCS

RAWAIL H. S. – IND

SAQI • 1952
SUNGHURSH • CONFLICT • 1968

RAWAL C. L. – IND

AABROO • COVER • 1968

RAWI ABDEL-HADI AL- see **AL-RAWI ABDEL-HADI**

RAWI OUSAMA – CND

JUDGEMENT IN STONE, A • HOUSEKEEPER, THE (USA) • 1986

RAWICZ KARL – ASL

WHAT A WAY TO GO • BOTTOMS UP

RAWLINGS JOHN see **RAWLINS JOHN***

RAWLINS JOHN – USA – 1902–

AIR DEVILS • 1938
MISSING GUEST, THE • 1938
STATE POLICE • 1938
YOUNG FUGITIVES • AFRAID TO TALK • 1938
GREEN HORNET STRIKES AGAIN, THE • 1940 • SRL
JUNIOR G-MEN • 1940 • SRL
LEATHERPUSHERS, THE • 1940
DANGEROUS GAME, A • WHO KILLED DOC ROBIN? • 1941
MEN OF THE TIMBERLAND • 1941
MR. DYNAMITE • 1941
MUTINY IN THE ARCTIC • 1941
RAIDERS OF THE DESERT • 1941
SEA RAIDERS • 1941 • SRL
SIX LESSONS FROM MADAME LA ZONGA • 1941
ARABIAN NIGHTS • 1942
BOMBAY CLIPPER • 1942
GREAT IMPERSONATION, THE • 1942
HALF WAY TO SHANGHAI • 1942
MISSISSIPPI GAMBLER • DANGER ON THE RIVER • 1942
OVERLAND MAIL • 1942 • SRL
SHERLOCK HOLMES AND THE VOICE OF TERROR • 1942
TORPEDO BOAT • 1942
UNSEEN ENEMY • 1942
WE'VE NEVER BEEN LICKED • TEXAS TO TOKYO (UKN) • 1943
LADIES COURAGEOUS • WHEN LADIES FLY • 1944
SUDAN • QUEEN OF THE NILE • 1945
HER ADVENTUROUS NIGHT • SHE MEANT NO HARM • 1946
STRANGE CONQUEST • 1946
DICK TRACY MEETS GRUESOME • DICK TRACY'S AMAZING ADVENTURE (UKN) • 1947
DICK TRACY'S DILEMMA • MARK OF THE CLAW (UKN) • 1947
ARIZONA RANGER, THE • 1948
MICHAEL O'HALLORAN • 1948
MASSACRE RIVER • 1949
BOY FROM INDIANA, THE • BLAZE OF GLORY (UKN) • 1950
ROGUE RIVER • 1950
FORT DEFIANCE • 1951
SHARK RIVER • 1953
LOST LAGOON, THE • 1958

RAWLINS JOHN* – UKN

RAWLINGS JOHN

HIGH SOCIETY • 1932
LUCKY LADIES • 1932
GOING STRAIGHT • 1933
SIGN PLEASE • 1933 • SHT
THEY'RE OFF • 1933

RAWSON JEAN-PIERRE – FRN – 1936–

GROS CALIN • 1979
COMEDIE D'AMOUR • 1989

RAWSON PETER – UKN

ANTISEPTICS IN HOSPITAL • 1970 • DCS

RAXLEN RICK – CND

HORSES IN WINTER • 1988

RAY A. – UKN

FOR MOTHER'S SAKE • 1914

RAY AL see **RAY ALBERT**

RAY ALBERT – USA – 1883–

RAY AL

KICK IN HIGH LIFE, THE • 1920 • SHT
PERMIT ME • 1925
HOLD EVERYBODY • 1926
HONESTY -THE BEST POLICY • 1926
MORE PAY -LESS WORK • 1926
WHISPERING WIRES • 1926
LOVE MAKES 'EM WILD • 1927
PUBLICITY MADNESS • 1927
RICH BUT HONEST • 1927
NONE BUT THE BRAVE • 1928
THIEF IN THE DARK, A • 1928
WOMAN WISE • 1928
MOLLY AND ME • 1929
MY LADY'S PAST • 1929
CALL OF THE WEST • 1930
DISCONTENTED COWBOYS • 1930 • SHT
HER UNBORN CHILD • HER CHILD • 1930
KATHLEEN MAVOURNEEN • GIRL FROM IRELAND, THE (UKN) • 1930
PARLEZ-VOUS? • 1930 • SHT
ROLLING ALONG • 1930 • SHT
WE! WE! MARIE • 1930 • SHT
DUDE RANCH, THE • 1931
IT OUGHT TO BE A CRIME • 1931 • SHT
GUILTY OR NOT GUILTY • 1932
THIRTEENTH GUEST, THE • LADY BEWARE • 1932
UNHOLY LOVE • DECEIT (UKN) • 1932
INTRUDER, THE • 1933
SHRIEK IN THE NIGHT, A • 1933
WEST OF BROADWAY • 1933
WEST OF SINGAPORE • 1933
DANCING MAN • 1934
IT'S THE CAT'S • 1934 • SHT
CHAIN LETTER DIMES • 1935 • SHT
MARRIAGE BARGAIN, THE • WOMAN OF DESTINY (UKN) • 1935
ST. LOUIS WOMAN • 1935
EVERYMAN'S LAW • 1936
LAWLESS LAND • 1936
UNDERCOVER MAN • 1936
DESPERATE TRAILS • 1939

RAY B. B. see **RAY BERNARD B.**

RAY BERNARD B. – USA

RAY BERNARD "B. B." • RAY B. B. • SAMUELS RAYMOND • SHAMRAY FRANKLIN

GIRL TROUBLE • 1933
ARIZONA NIGHTS • 1934
LOSER'S END • 1934
MYSTERY RANCH • 1934
NEVADA CYCLONE • 1934 • SHT
POTLUCK PARDS • 1934
RAWHIDE MAIL • 1934
WEST ON PARADE • 1934
COYOTE TRAILS • 1935
MIDNIGHT PHANTOM • 1935
NEVER TOO LATE • 1935
NOW OR NEVER • 1935
RIO RATTLER • 1935
SILENT VALLEY • 1935
SILVER BULLET, THE • 1935
TEXAS JACK • 1935
AMBUSH VALLEY • 1936
CARYL OF THE MOUNTAINS • GET THAT GIRL (UKN) • 1936
CRIMEN DE MEDIA NOCHE, EL • 1936
MILLIONAIRE KID • 1936
PRINCE OF THE RUSTLERS • 1936
RIDIN' ON • UNSEEN ENEMY, THE (UKN) • 1936
ROAMIN' WILD • 1936
SANTA FE TRAIL • 1936
SPEED REPORTER, THE • 1936
STEP ON IT • 1936
TEST, THE • TRAPPED (UKN) • 1936
ULTIMA CITA, LA • 1936
VENGEANCE OF RANNAH • 1936
SANTA FE RIDES • 1937
SILVER TRAIL, THE • 1937
IT'S ALL IN YOUR MIND • 1938
SMOKY TRAILS • 1939
BROKEN STRINGS • 1940
DANGEROUS LADY • 1941
LAW OF THE TIMBER • 1941
HOUSE OF ERRORS • 1942
TOO MANY WOMEN • 1942
BUFFALO BILL RIDES AGAIN • 1947
HOLLYWOOD BARN DANCE • 1947
BUFFALO BILL IN TOMAHAWK TERRITORY • 1952
HOLLYWOOD THRILL MAKERS • 1953
SPRING AFFAIR • 1960

RAY BERNARD "B. B." see **RAY BERNARD B.**

RAY CHARLES – Actor – USA – 1891–1943

MIDNIGHT BELL, A • 1921
R.S.V.P. • 1921
SCRAP IRON • 1921
TWO MINUTES TO GO • 1921
ALIAS JULIUS CAESAR • 1922
BARNSTORMER, THE • 1922
DEUCE OF SPADES, THE • 1922
GAS, OIL AND WATER • 1922
SMUDGE • 1922

RAY FRED OLEN – USA

ALIEN DEAD, THE • IT FELL FROM THE SKY ○ SWAMP OF THE BLOOD LEECHES • 1980
SCALPS • 1983
BIOHAZARD • 1984
ARMED RESPONSE • JADE JUNGLE • 1986
TOMB, THE • 1986
COMMANDO SQUAD • 1987
CYCLONE • 1987
DEEP SPACE • 1987
PRISON SHIP: THE ADVENTURES OF TARA • PRISON SHIP STAR SLAMMER ○ ADVENTURES OF TARA PART 1, THE ○ STAR SLAMMER ○ PRISON SHIP ○ STAR SLAMMER: THE ESCAPE • 1987
DEMENTED DEATH FARM MASSACRE • 1988
HOLLYWOOD CHAINSAW HOOKERS • HOLLYWOOD HOOKERS • 1988
PHANTOM EMPIRE, THE • 1988
BEVERLY HILLS VAMPIRE • 1989
TERMINAL FORCE • 1989
WARLORDS • 1989

RAY JOHN – USA

BATH TUB MARRIAGE, A • 1917 • SHT
CANDY JAG, A • 1917
COUGHING HIGGINS • 1917 • SHT
LAUNDRY MIX-UP, A • 1917
MUGGSY IN BAD • 1917
MUGGSY IN SOCIETY • 1917
PEACEFUL FLAT, A • 1917 • SHT

RAY JOHN* – FRN

FEMMES PREFERENT LES GROSSES!!!

RAY MAN – USA – 1890–1976

RETOUR A LA RAISON, LE • RETURN TO REASON, THE • 1923 • SHT
EMAK BAKIA • GIVE US A REST ○ LEAVE ME ALONE • 1926 • SHT
ETOILE DE MER, L' • 1928 • SHT
MYSTERES DU CHATEAU DU DE, LES • MYSTERIES OF THE CHATEAU DU DE, THE (USA) ○ MYSTERES DU CHATEAU DE DES, LES • 1929 • SHT

RAY MARC B. – USA

WILD GYPSIES • 1969
SCREAM BLOODY MURDER • 1972

RAY NICHOLAS – USA – 1911–1979

THEY LIVE BY NIGHT • TWISTED ROAD, THE ○ YOUR RED WAGON • 1948
KNOCK ON ANY DOOR • 1949
ROSEANNA MCCOY • 1949
WOMAN'S SECRET, A • 1949
BORN TO BE BAD • 1950
IN A LONELY PLACE • BEHIND THIS MASK • 1950
FLYING LEATHERNECKS • 1951
ON DANGEROUS GROUND • 1951
RACKET, THE • 1951
ANDROCLES AND THE LION • 1952
LUSTY MEN, THE • THIS MAN IS MINE • 1952
MACAO • 1952
JOHNNY GUITAR • 1954
REBEL WITHOUT A CAUSE • 1955
RUN FOR COVER • COLORADO • 1955
BIGGER THAN LIFE • ONE IN A MILLION • 1956
HOT BLOOD • TAMBOURINE • 1956
TRUE STORY OF JESSE JAMES, THE • JAMES BROTHERS, THE (UKN) • 1956
AMERE VICTOIRE • BITTER VICTORY (UKN) • 1957
PARTY GIRL • 1958
WIND ACROSS THE EVERGLADES • 1958
SAVAGE INNOCENTS, THE • DENTS DU DIABLE, LES (FRN) ○ OMBRE BIANCHE (ITL) • 1959
KING OF KINGS • JESUS • 1961
55 DAYS AT PEKING • 1963
DOCTOR AND THE DEVILS, THE • 1965
CHICAGO SEVEN, THE • 1970 • DOC
WE CAN'T GO HOME AGAIN • 1973
DREAMS OF THIRTEEN • 1974
LIGHTNING OVER WATER • NICK'S MOVIE ○ NICK'S FILM • 1980

RAY ROBERT – USA

DUGAN OF THE DUGOUTS • 1928
RILEY OF THE RAINBOW DIVISION • FLAPPERS IN KHAKI (UKN) ○ REILLY OF THE RAINBOW DIVISION • 1928

RAY SANDIP – IND

FATIKCHAND • FATIK AND THE JUGGLER • 1982
HIMGHAR • FROZEN HOMES • 1987
GOOPY BAGHA PHIRE ELO • RETURN OF GOOPY AND BAGHA, THE • 1990

RAY SATYAJIT – IND – 1921–

PATHER PANCHALI • SONG OF THE ROAD, THE ○ LAMENT OF THE PATH, THE ○ SAGA OF THE ROAD, THE • 1955
APARAJITO • UNVANQUISHED, THE • 1956
PARASH PATHAR • PHILOSOPHER'S STONE, THE ○ PARAS-PATHAR (USA) • 1957
APU SANSAR • WORLD OF APU, THE • 1958
JALSAGHAR • MUSIC ROOM, THE • 1958
DEVI • GODDESS, THE • 1961
RABINDRANATH TAGORE • TAGORE • 1961 • DOC
TEEN KANYA • TWO DAUGHTERS ○ THREE DAUGHTERS ○ THREE WOMEN • 1961
ABHIJAN • EXPEDITION, THE (UKN) • 1962
KANCHENJUNGHA • KANGCHENJUNGA • 1962
MAHANAGAR • BIG CITY, THE (UKN) • 1963
CHARULATA • LONELY WIFE, THE (UKN) ○ LONELY WOMAN, THE • 1964
KAPURUSH O MAHAPURUSH • COWARD AND THE HOLY MAN, THE (UKN) ○ COWARD AND THE GREAT MAN, THE ○ COWARD AND THE SAINT, THE (USA) • 1965
TWO • 1965 • SHT
NAYAK • HERO, THE • 1966
CHIDIAKHANA • ZOO • 1967
ARANYE DINRATRI • DAYS AND NIGHTS IN THE FOREST ○ ARANYER DIN RAATRI • 1969
GOOPI GYNE O BAGHI BYNE • ADVENTURES OF GOOPI AND BAGHI, THE ○ GOOPY GYNE BAGHA BYNE ○ GOOPY AND BAGHA • 1969
PRATIDWANDI • ADVERSARY, THE (UKN) ○ SIDDHARTA AND THE CITY • 1970
SIKKIN • 1971 • DOC
SEEMABADHA • COMPANY LIMITED ○ SALESMAN, THE • 1972
ASHANI SANKET • DISTANT THUNDER (USA) ○ ASANI SANKET • 1973

INNER EYE, THE • 1974 • SHT
SONAR KELLA • GOLDEN FORTRESS, THE (UKN) • 1975
BALA • 1976 • DOC
DAHANA-ARANJA • MASSES' MUSIC, THE (USA) ○ MIDDLEMAN, THE (UKN) ○ JANA ARANYA ○ MIDDLE MAN, THE • 1976
JAI BABA FELUNATH • ELEPHANT GOD, THE ○ JOI BABA FELUNATH • 1977
SHATRANJ KE KHILARI • CHESS PLAYERS, THE (USA) • 1977
HIRAK RAJARDESHE • IN THE LAND OF KING HIRAK ○ KINGDOM OF DIAMONDS, THE • 1978
PIKOO • 1980
SADGATI • DELIVERANCE • 1981
GHARE BHAIRE • HOME AND THE WORLD, THE • 1983
GANASHATRU • ENEMY OF THE PEOPLE, AN (UKN) • 1989
SAKHA PRASAKHA • FAMILY REUNION • 1990

RAY TOM – USA

MATINEE MOUSE • 1966 • ANS
SHUTTER BUGGED CAT • 1967 • ANS

RAYE MICHAEL – USA

LASERBLAST • 1978

RAYMAKER HERMAN see **RAYMAKER HERMAN C.**

RAYMAKER HERMAN C. – USA – 1893–1944

RAYMAKER HERMAN

AMBROSE'S CUP OF WOE • 1916 • SHT
CLEVER DUMMY, A • 1917 • SHT
HIS PRECIOUS LIFE • 1917 • SHT
SOLE MATES • 1917
FIRST AID • 1918
LADY KILLER'S DOOM, A • 1918 • SHT
PLAYWRIGHT'S WRONG, A • 1918 • SHT
FOXY AMBROSE • SHT
RIDES AND SLIDES • 1923
RACING LUCK • 1924
BELOW THE LINE • 1925
LOVE HOUR, THE • 1925
TRACKED IN THE SNOW COUNTRY • 1925
HERO OF THE BIG SNOWS, A • 1926
HIS JAZZ BRIDE • 1926
MILLIONAIRES • 1926
NIGHT CRY, THE • 1926
FLYING LUCK • 1927
GAY OLD BIRD, THE • 1927
SIMPLE SIS • 1927
UNDER THE TONTO RIM • 1928
TRAILING THE KILLER • 1932
ADVENTURE GIRL • 1934

RAYMOND BOB see **INFASCELLI ROBERTO**

RAYMOND CHARLES – UKN

CATCHING A TARTAR • 1905
HOW JONES SAW THE DERBY • 1905
JAILBIRD; OR, THE BISHOP AND THE CONVICT, THE • 1905
TERROR OF THE NEIGHBOURHOOD, THE • 1905
CABBY'S DREAM, THE • 1906
DICK TURPIN'S LAST RIDE TO YORK • 1906
FAKE BLIND MAN, THE • 1906
GAMBLER'S NIGHTMARE, THE • 1906
LIFE FOR A LIFE, A • 1906
LUCKY PIG, A • 1906
ME AND MY TWO PALS • 1906
MR. HENPECK'S QUIET BANK HOLIDAY • 1906
PAIR OF DESPERATE SWINDLERS, A • 1906
WHY JONES SIGNED THE PLEDGE • 1906
WIFE'S FORGIVENESS, A • 1906
SONS OF MARTHA • 1907
BIRD OF FREEDOM, A • 1908
CRACKSMEN AND THE BLACK DIAMONDS, THE • 1908
DIAMOND THIEVES, THE • 1908
FIREMAN'S DAUGHTER, THE • 1908
JILTED WOMAN'S REVENGE, A • 1908
LAZY JIM'S LUCK • 1908
LOVE OF A GYPSY, THE • 1908
NIGHT ALARM, A • 1908
OUR VILLAGE CLUB HOLDS A MARATHON RACE • 1908
UNCLE'S REJECTED PRESENT • 1908
WHEN OTHER LIPS • 1908
BABY'S CHUM • 1909
HOW THE BULLDOG PAID THE RENT • 1909
IMMORTAL GOOSE, THE • 1909
ROYALIST'S WIFE, THE • 1909
THEY WOULD BE ACROBATS • 1909
CLERK'S DOWNFALL, THE • 1910
EVERY WRONG SHALL BE RIGHTED • 1910
FIREMAN'S WEDDING, THE • 1910
NAN, A COSTER GIRL'S ROMANCE • 1911
RIDE FOR A BRIDE, A • 1911
ADVENTURES OF DICK TURPIN –A DEADLY FOE, A PACK OF HOUNDS, AND SOME MERRY MONKS, THE • 1912
ADVENTURES OF DICK TURPIN –THE GUNPOWDER PLOT, THE • 1912
ADVENTURES OF DICK TURPIN –THE KING OF HIGHWAYMEN, THE • 1912
ADVENTURES OF DICK TURPIN –200 GUINEAS REWARD, DEAD OR ALIVE, THE • TWO HUNDRED GUINEAS REWARD • 1912
FATHER'S SACRIFICE, A • 1912
FROM COWARDICE TO HONOUR • 1912
GREAT ANARCHIST MYSTERY, THE • 1912
HAMLET • 1912
HER TEDDY BEAR • 1912
HOW 'ARRY SOLD HIS SEEDS • 1912
LIEUTENANT DARING AND THE PHOTOGRAPHING PIGEON • 1912
LIEUTENANT DARING DEFEATS THE MIDDLEWEIGHT CHAMPION • 1912
LIEUTENANT DARING QUELLS A REBELLION • 1912
MOUNTAINEER'S ROMANCE, THE • 1912
ROBIN HOOD OUTLAWED • 1912
UNDERGRADUATE'S VISITOR, THE • 1912
WINSOME WIDOW, THE • 1912
BLIGGS ON THE BRINY • 1913
CREOLE'S LOVE STORY, A • 1913
DICK TURPIN'S RIDE TO YORK • 1913
FAVOURITE FOR THE JAMAICA CUP, THE • 1913
FLASH OF LIGHTNING, A • 1913
FLIRTATION AT SEA, A • 1913
JU-JITSU TO THE RESCUE • SELF DEFENCE • 1913
LIEUTENANT DARING AND THE DANCING GIRL • 1913
LIEUTENANT DARING AND THE LABOUR RIOTS • 1913
OLD COLLEGE BADGE, THE • 1913
PLANTER'S DAUGHTER, THE • 1913
SPIRITUALISM EXPOSED • FRAUDULENT SPIRITUALISM EXPOSED ○ SEER OF BOND STREET, THE (USA) • 1913
TOM CRINGLE IN JAMAICA • 1913
BRITAIN'S SECRET TREATY • 1914
FINGER OF DESTINY, THE • 1914
KAISER'S SPIES, THE • 1914
LIFE OF A LONDON SHOPGIRL, THE • 1914
MYSTERY OF THE DIAMOND BELT, THE • 1914
QUEENIE OF THE CIRCUS • 1914
THOSE WHO DWELL IN DARKNESS • 1914
COUNTERFEITERS, THE • 1915
GREAT CHEQUE FRAUD, THE • 1915
STOLEN HEIRLOOMS, THE • 1915
THORNTON JEWEL MYSTERY, THE • 1915
TRAFFIC • 1915
BETTA THE GYPSY • 1918
GREAT LONDON MYSTERY, THE • 1920 • SRL

RAYMOND FERNAND

MY FRIEND NICHOLAS • 1961

RAYMOND GENE – Actor – USA – 1908–

MILLION DOLLAR WEEKEND • 1948

RAYMOND JACK – UKN – 1886–1953

BARBARA ELOPES • 1921
CURSE OF WESTACOTT, THE • 1921
FLIRTATIONS OF PHYLLIS, THE • 1921
GAME FOR TWO, A • 1921
JOKE THAT FAILED, THE • 1921
MARY'S WORK • 1921
SPIRIT OF THE HEATH, THE • 1921
UPPER HAND, THE • 1921
WOMAN MISUNDERSTOOD, A • 1921
GREATER WAR, THE • 1926
SECOND TO NONE • 1926
SOMEHOW GOOD • 1927
ZERO • 1928
PEEP BEHIND THE SCENES, A • 1929
SPLINTERS • 1929
FRENCH LEAVE • 1930
GREAT GAME, THE • 1930
MISCHIEF • 1931
SPECKLED BAND, THE • 1931
TILLY OF BLOOMSBURY • 1931
UP FOR THE CUP • 1931
IT'S A KING • 1932
SAY IT WITH MUSIC • 1932
SORRY YOU'VE BEEN TROUBLED • LIFE GOES ON • 1932
JUST MY LUCK • 1933
NIGHT OF THE GARTER • 1933
SORRELL AND SON • 1933
UP TO THE NECK • 1933
GIRLS PLEASE! • 1934
KING OF PARIS, THE • 1934
COME OUT OF THE PANTRY • 1935
WHERE'S GEORGE? • HOPE OF HIS SIDE, THE • 1935
WHEN KNIGHTS WERE BOLD • 1936
FROG, THE • 1937
RAT, THE • 1937
BLONDES FOR DANGER • 1938
NO PARKING • 1938
ROYAL DIVORCE, A • 1938
MIND OF MR. REEDER, THE • MYSTERIOUS MR. REEDER, THE (USA) • 1939
MISSING PEOPLE, THE • 1939
YOU WILL REMEMBER • 1940
UP FOR THE CUP • 1950
RELUCTANT HEROES • 1951
TAKE ME TO PARIS • 1951
WORM'S EYE VIEW • 1951
LITTLE BIG SHOT • 1952

RAYMOND M.-J. see **RAYMOND MARIE-JOSEE**

RAYMOND MARIE-JOSEE – CND

RAYMOND M.-J.

...ET DIEU CREA L'ETE! • 1974 • DCS
ALIMENTS, GENTILS ALIMENTS • 1975 • DCS

RAYMONT PETER – CND – 1950–

HAVE YOU EVER BEEN NORTH OF PRINCESS STREET? • 1972 • DOC
FOREST WATCHERS, THE • 1974 • DOC
SIKUSILARMIUT • 1974 • DOC
LUMSDEN • 1975 • DOC
WORKING CLASS ON FILM, THE • 1975 • DOC
FLORA: SCENES FROM A LEADERSHIP CONVENTION • 1977 • DOC
REFLECTIONS ON A LEADERSHIP CONVENTION • 1977 • DOC
RIVER (PLANET EARTH) • 1977 • DOC
ART OF THE POSSIBLE, THE • 1978 • DOC
HISTORY ON THE RUN: THE MEDIA AND THE '79 ELECTION • 1979 • DOC
MAGIC IN THE SKY • 1981 • DOC
ARCTIC SPIRITS • NEW SHAMANS, THE • 1982 • DOC
BONNET PLUME • 1982 • DOC
FALASHA –AGONY OF THE BLACK JEWS • 1982 • DOC
PRISONERS OF DEBT –INSIDE THE GLOBAL BANKING CRISIS • 1982 • DOC
ON TO THE POLAR SEA –A YUKON ADVENTURE • 1983
BROKERS, THE • 1984
WITH OUR OWN TWO HANDS • 1985
AT THE BRINK • 1986 • MTV
WORLD IS WATCHING, THE • 1988 • DOC

RAYNAL JACKIE – FRN

DEUX FOIS • TWICE • 1971
NEW YORK STORY • 1980

RAYNAUD PATRICK – FRN – 1946–

ROBERT ET SONIA DELAUNEY, PRISE DE VUE POUR UNE MONOGRAPHE • 1972 • DOC

RAYSSE MARTIAL – FRN – 1936–

GRAND DEPART, LE • BIG DEPARTURE, THE • 1972

RAZA LUDVIK – CZC

NECO JE VE VZDUCHU • SOMETHING IN THE AIR • 1981
POSLEDNI PROPADNE PEKLU • DEVIL TAKE THE HINDMOST, THE • 1982

RAZALI RAHIM – MLY

ABANG • 1980
PEMBURU • 1982
ANAK SARAWAK • 1988
RENTAK DESA • COUNTRY FROLIC • 1989

RAZUMNY ALEXANDER see **RASUMNY ALEXANDER**

RAZUTIS AL – USA

2 X 2 • SHT
AMERIKA • 1983

REA DAVID C. – UKN

SHE'LL FOLLOW YOU ANYWHERE • 1971

REA ROBERT – FRN – 1949–

BLUES, BLANC, ROUGE • 1976 • DOC

REACHI MANUEL – MXC

BUENAVENTURA, LA • 1934

READ J. PARKER – USA

HIS OWN LAW • 1920

READ JAMES – UKN

TERRIBLE TWO IN LUCK, THE • 1914
TERRIBLE TWO, KIDNAPPERS, THE • 1914
TERRIBLE TWO ON THE WAIT, THE • 1914
TERRIBLE TWO ON THE WANGLE, THE • 1914
ARABELLA AND THE SOFT SOAP • ARABELLA SELLS SOFT SOAP • 1915
ARABELLA IN SOCIETY • 1915 • SHT
ARABELLA MEETS RAFFLES • 1915 • SHT
ARABELLA OUT OF A JOB • 1915 • SHT
ARABELLA THE LADY SLAVEY • 1915 • SHT
ARABELLA VS. LYNXEYE • 1915 • SHT
ARABELLA'S ANTICS • 1915 • SHT
ARABELLA'S FRIGHTFULNESS • 1915 • SHT
ARABELLA'S MOTOR CAR • 1915 • SHT
LYNXEYE ON THE PROWL • 1915
LYNXEYE TRAPPED • 1915
LYNXEYE'S NIGHT OUT • 1915
MACDOUGAL'S AEROPLANE • 1915
PATRIOTIC ARABELLA • ARABELLA SPIES SPIES • 1915
PUGILISTIC POTTS • 1915
SERGEANT LIGHTNING AND THE GORGONZOLA GANG • 1915
TERRIBLE TWO –A.B.S., THE • 1915
TERRIBLE TWO ABROAD, THE • 1915
TERRIBLE TWO HAD, THE • 1915
TRAMP'S PARADISE, THE • 1915
WATERY ROMANCE, A • 1915
YE OLDE WAXWORKS BY THE TERRIBLE TWO • 1915

READ JOHN – UKN

HENRY MOORE • 1951

READ MELANIE – NZL

THEM'S THE BREAKS • 1982
HOOKS AND FEELERS • 1983
TRIAL RUN • 1984
SEND A GORILLA • 1988

READE HARRY – CUB

THING, THE • ANS

de REAL ANTONIO – SPN

RIO QUE NOS LLEVA, EL • RIVER THAT WAS, THE • 1988

del REAL CAYETANO – SPN – 1949–

MAESTRO, UN • 1978
CRIPTA, LA • CRYPT, THE • 1981

REARDON JAMES – UKN

KISS ME • 1918
WHAT A LIFE! • 1918
WHERE'S THE KEY? • 1918
SO LIKE HIM • 1919
TO LET • 1919
LET'S PRETEND • 1920
SEEING DOUBLE • 1920
SHADOW OF EVIL • 1921

REARDON JOHN – UKN

WHOOPS APOCALYPSE • MUSHROOM BUTTON, THE • 1982 • MTV

REBANE BILL – USA

MONSTER A GO-GO! • TERROR AT HALFDAY • 1965
GIANT SPIDER INVASION, THE • GREAT SPIDER INVASION, THE • 1975
ALPHA INCIDENT, THE • 1977
CAPTURE OF BIGFOOT, THE • 1979
DEMONS OF LUDLOW, THE • 1983
CREATURE FROM SHADOW LAKE, THE • RANA: CREATURE FROM SHADOW LAKE ○ RANA ○ RANA: THE LEGEND OF SHADOW LAKE • 1984
BLOOD HARVEST • 1987

REBANE ITO – USA

INVASION FROM INNER EARTH • 1977

REBECCA – PKS

REBEKA

BINDU THEKEY BRITTA • CIRCLE FROM A DOT • 1970

REBEKA see **REBECCA**

REBERG DAVE – USA

COMING THING, THE • 1970

REBESDORF B. D. see **BERESFORD BRUCE**

REBIBO RAPHAEL – ISR

EDUT ME ONESS • FORCED WITNESS • 1984

REBILLARD GEORGES – FRN

MES EVASIONS • 1962

REBOIRO ANTONIO FERNANDEZ – CUB

RETABLO PARA ROMEO Y JULIETA, UN • NEW ROMEO AND JULIET, A • 1971

REBOLLEDO CARLOS – VNZ

POZO MUERTO • DEAD PIT • 1967
VENEZUELA SETENTA ANOS • SEVENTY YEARS VENEZUELA • 1971
ALIAS EL REY DE JOROPO • KING OF THE JOROPO-DANCE ○ REY DE JOROPO, EL ○ KING OF TROUBLE, THE • 1978

REBOLLEDO JOSE ANGEL – SPN
MUERTE DE MIKEL, LA • DEATH OF MIKEL • 1984

REBOLLO JAVIER – SPN
GOLFO DE VIZCAYA • BAY OF BISCAY • 1985

REBOUL ODET – FRN
PAUVRE MATELOT, LE • POOR SAILOR, THE • 1962 • SHT

REBUFFAT GASTON – FRN – 1921–
FLAMMES DE PIERRE • 1947 • SHT
DES HOMMES ET DES MONTAGNES • 1953 • SHT
ETOILES ET TEMPETES • 1955 • DOC
ENTRE CIEL ET TERRE • 1960 • DOC

RECANATI MIRA – ISR
ELEF NESHIKOTH KETANOTH • THOUSAND LITTLE KISSES, A • 1981

RECCHIA GIUSEPPE – ITL
PIAZZA VUOTA, LA • 1973

RECHICHE MAJID – MRC
SIX ET DOUZE • 1968 • SHT
FORET • 1970 • SHT
BURAQ, AL– • 1972

RECIO TEDDY C. – PHL
BAKIT KITA INIBIG? • WHY DID I LOVE YOU? • 1968

RECKFORD LLOYD – UKN
RECKORD LLOYD
TEN BOB IN WINTER • 1964 • SHT
DREAM A40 • 1965 • SHT

RECKORD LLOYD see **RECKFORD LLOYD**

RECTOR D. I. – GRM
FLUCH DER SCHONHEIT • 1915

RED ERIC – USA
COHEN AND TATE • 1988

RED RAYMOND – PHL
ANG MAGPAKAILANMAN • SHT
KABAKA • SHT

REDA ALY – EGY
GHARAM FIL KARNAK • LOVE IN THE KARNAK • 1967
REPENTANCE, O GOD • 1975
MASTERS AND SLAVES • 1978

REDA HASSAN – EGY
AFRIT SAMARA • GHOST OF SAMARA, THE • 1959
KASR EL MALOUN, EL • ACCURSED CASTLE, THE • 1962
GUEZIREH EL OSHAK • ISLAND OF LOVERS • 1968
THALASS KASSAS • THREE STORIES • 1968

REDDI SANKARA – IND
RAHASYAM

REDDY DICK – USA
SWEDISH SUMMER • 1970 • DOC

REDDY H. M. – IND
SATI SAVITRI • 1933

REDDY K. V. – IND
PATHALA BHAIRAVI • 1951
BHAGYA CHAKRAMU • WHEEL OF FATE • 1968
UMA CHANDI GOWRI SANKARULA KATHA • DIFFERENT INCARNATIONS OF DURGA • 1968

REDDY P. VASANTHAKUMAR – IND
DEIVA BALAM • STRENGTH OF GOD, THE • 1959

REDDY PATTABHI RAMA – IND
SAMSKARA • FUNERAL RITES • 1972
CHANDAMARUTHA • WILD WIND • 1976

REDETZKI BERNHARD – GRM
HEIMWEH NACH DEUTSCHLAND • 1954

REDFERN JASPER – UKN
MONKEY AND THE ICE CREAM, THE • 1904
FUNNY STORY, A • 1905
KICK ME I'M BILL BAILEY • 1905
UNCLE PODGER'S MISHAPS • 1905

REDFORD ROBERT – Actor – USA – 1937–
ORDINARY PEOPLE • 1980
MILAGRO BEANFIELD WAR, THE • 1987

REDFORD WILLIAM see **SQUITIERI PASQUALE**

REDHEAD NORMAN – UKN
OUT OF THE BANDBOX • 1953

REDIG RUNE – SWD
AKE KLARAR BIFFEN • 1952

REECE MURRAY – NZL
GOOD BOY • 1976 • MTV

REED BILL – Animator – USA
HE–MAN AND SHE–RA: THE SECRET OF THE SWORD • SECRET OF THE SWORD, THE • 1985 • ANM

REED CAROL – UKN – 1906–1976
IT HAPPENED IN PARIS • 1935
MIDSHIPMAN EASY • MEN OF THE SEA (USA) • 1935
LABURNUM GROVE • 1936
TALK OF THE DEVIL • MAN WITH YOUR VOICE, A • 1936
WHO'S YOUR LADY FRIEND? • 1937
BANK HOLIDAY • THREE ON A WEEKEND • 1938
CLIMBING HIGH • 1938
PENNY PARADISE • 1938
GIRL MUST LIVE, A • 1939
STARS LOOK DOWN, THE • 1939
GIRL IN THE NEWS, THE • 1940
NIGHT TRAIN TO MUNICH • NIGHT TRAIN (USA) ○ GESTAPO • 1940
KIPPS • REMARKABLE MR. KIPPS, THE • 1941
LETTER FROM HOME, A • 1941 • DCS
NEW LOT, THE • 1942 • DOC
YOUNG MR. PITT, THE • 1942
WAY AHEAD, THE • IMMORTAL BATTALION (USA) • 1944
TRUE GLORY • 1945
ODD MAN OUT • GANG WAR • 1947
FALLEN IDOL, THE • LOST ILLUSION, THE • 1948
THIRD MAN, THE • 1949
OUTCAST OF THE ISLANDS • 1951
MAN BETWEEN, THE • 1953
KID FOR TWO FARTHINGS, A • 1955
TRAPEZE • 1956
KEY, THE • 1958
OUR MAN IN HAVANA • 1960
MUTINY ON THE BOUNTY • 1962
RUNNING MAN, THE • 1963
AGONY AND THE ECSTASY, THE • 1965
OLIVER! • 1968
FLAP • LAST WARRIOR, THE (UKN) ○ NOBODY LOVES FLAPPING EAGLE ○ NOBODY LOVES A DRUNKEN INDIAN • 1969
PUBLIC EYE, THE • FOLLOW ME (UKN) • 1972

REED CHARLES – USA
AERIAL JOYRIDE, AN • 1917 • SHT

REED FRANK see **CIORCIOLINI MARCELLO**

REED J. PARKER JR. – USA
LAST MOMENT, THE • 1923

REED JAMES see **MALATESTA GUIDO**

REED JAY THEODORE see **REED THEODORE**

REED JERRY – USA – 1937–
WHAT COMES AROUND • 1987

REED JOEL M. – USA
CAREER BED • 1969
S–X BY ADVERTISEMENT • SEX BY ADVERTISEMENT • 1969
G.I. EXECUTIONER • WIT'S END ○ DRAGON LADY • 1971
BLOOD BATH • 1975
DRAGON LADY • 1975
INCREDIBLE TORTURE SHOW, THE • BLOODSUCKING FREAKS • 1977
NIGHT OF THE ZOMBIES • NIGHT OF THE WEHRMACHT ZOMBIES ○ CHILLING, THE ○ GAMMA 693 • 1981

REED LANGFORD – UKN
CATCH OF THE SEASON, THE • 1914
CLEANSING OF A DIRTY DOG, THE • 1914
LITTLE GOD, THE • 1914
RIVAL ANARCHISTS, THE • 1914
TEMPTATION OF JOSEPH, THE • 1914
CHASE ME CHARLIE • 1917

REED LUTHER – USA – 1888–1961
ACE OF CADS, THE • 1926
EVENING CLOTHES • 1927
HONEYMOON HATE • 1927
NEW YORK • 1927
SHANGHAI BOUND • 1927
WORLD AT HER FEET, THE • 1927
SAWDUST PARADISE, THE • 1928
RIO RITA • 1929
DIXIANA • 1930
HIT THE DECK • 1930
CONVENTION GIRL • ATLANTIC CITY ROMANCE (UKN) • 1934

REED N.
THREE OF OUR CHILDREN • 1957 • SHT
BIG DAY IN BOGO • 1958 • SHT

REED ROBERT – USA
QUINCY'S QUEST • 1979 • MTV

REED ROLAND – USA
HOUSE OF SECRETS, THE • 1936
IN PARIS A.W.O.L. • LET'S PRETEND WE'RE SWEETHEARTS (UKN) • 1936
RED LIGHTS AHEAD • 1937

REED TED see **REED THEODORE**

REED THEODORE – USA – 1887–1959
REED JAY THEODORE • REED TED
WHEN THE CLOUDS ROLL BY • 1920
NUT, THE • 1921
LADY BE CAREFUL • 1936
DOUBLE OR NOTHING • 1937
TROPIC HOLIDAY • 1938
I'M FROM MISSOURI • 1939
WHAT A LIFE • 1939
THOSE WERE THE DAYS • GOOD OLD SCHOOL DAYS (UKN) ○ GOOD OLD SIWASH ○ AT GOOD OLD SIWASH • 1940
HER FIRST BEAU • 1941
LIFE WITH HENRY • 1941

REED W. C. see **REED WALTER C.**

REED WALTER see **REED WALTER C.**

REED WALTER C. – USA
REED WALTER • REED W. C.
CROOKED TO THE END • 1915
AERIAL JOYRIDE, AN • 1917 • SHT
FOOTLIGHT FLAME, A • 1917
LOVE AND LOGS • 1917 • SHT
SOCIAL PIRATES • 1917 • SHT

REEHM GEORGE see **REEHM GEORGE E.**

REEHM GEORGE E. – USA
REEHM GEORGE
ALL FOR BUSINESS • 1914
BLACKSMITH BEN • 1914
BORROWED BOOK, THE • 1914
FIRST LAW, THE • 1914
HER DOGGY • 1914
HIS CHANGE OF HEART • 1914
IN QUEST OF A STORY • 1914
LIFE'S STREAM • 1914
ACE OF DIAMONDS, THE • 1915
BROKEN WRIST, THE • 1915
CALL OF HER CHILD, THE • 1915
CANDIDATE'S PAST, THE • 1915
CHADFORD DIAMONDS, THE • 1915
CLAIM OF HONOR, THE • 1915
CONDEMNING CIRCUMSTANCE, THE • 1915
DIVIDED LOCKET, THE • 1915
FATE'S PROTECTIVE ARM • FATE'S PROTECTING ARM • 1915
FOR HER FRIEND • 1915
FOR HER HAPPINESS • 1915
HER HIDDEN LIFE • 1915
HER SOUL REVEALED • 1915
HIS BIRTHDAY GIFT • 1915
HIS CRIMINAL CAREER • 1915
HOUSE OF SILENCE, THE • 1915
JEALOUSY'S FOOLS • 1915
JEAN, THE FAITHFUL • 1915
KENTUCKY EPISODE, AN • 1915
LIFE'S CHANGING TIDE • 1915
MAID OF ROMANCE, THE • 1915
MORE THAN FRIENDS • 1915
ORIENTAL RUBY, THE • 1915
PLAYTHINGS OF FATE • 1915
SEYMOUR HOUSE PARTY, THE • 1915
TRICK OF FATE, THE • 1915
TWICE WON • 1915
UNDYING FIRE, THE • 1915
WHEEL OF THE GODS, THE • 1915
WOMAN WHO PAID, THE • 1915

REEL FREDERICK JR. – USA
BORDER RIDER, THE • 1924
DESERT SECRET, THE • 1924
LAST MAN, THE • 1924
EYES OF THE DESERT • 1926
GASOLINE COWBOY • 1926

REENBERG ANNELISE – DNM
MIN SOSTERS BORN PA BRYLLUPSREJSE • MY SISTER'S CHILDREN ON HONEYMOON • 1967
MIN SOSTERS BORN VAELTER BYEN • MY SISTER'S CHILDREN ARE PAINTING THE TOWN RED • 1968
DINE BORN FRA AMERIKA • YOUR KIDS FROM THE STATES • 1969
HURRA FOR DE BLA HUSARER • HURRAY FOR THE BLUE HUSSARS ○ HUSSAR HONEYMOON • 1971
MIN SOSTERS BORN NAR DE ER VAERST • 1971

REES CLIVE – UKN
TRANSISTORS • 1961
GERMANY –A REGIONAL GEOGRAPHY • 1964 • DOC
BLOCKHOUSE, THE • 1973
WHEN THE WHALES CAME • 1989

REES JERRY – USA
BRAVE LITTLE TOASTER, THE • 1987 • ANM
MARRYING MAN, THE • 1990

REESE ED – USA
FRINGE BENEFITS • 1973

REESE ROBERT – USA
TAIL OF A SHIRT, THE • 1919 • SHT

REEVE GEOFFREY – Producer – UKN – 1932–
PUPPET ON A CHAIN • 1970
CARAVAN TO VACCARES • 1974
SOUVENIR • PORK BUTCHER, THE • 1988

REEVE JOHN – UKN
YOUNG JACOBITES, THE • 1960 • SRL

REEVE JOSEF – CND
NORTH • 1969 • SHT

REEVE LEONARD – Producer – UKN – 1920–
FACTORY INSPECTOR • DOC
MANPOWER • DOC
THOUSAND MILLION A YEAR, A • DOC
YOUNG HOUSEWIFE • DOC
COME SATURDAY • 1949
BLACK SWAN, THE • 1952
BOURNEVILLE STORY • 1952 • DOC
NO HAUNT FOR A GENTLEMAN • 1952
STABLE RIVALS • 1953
SOULS IN CONFLICT • 1955
ADVENTURES OF REX, THE • 1959 • SRL

REEVES MICHAEL – UKN – 1943–1969
REVENGE OF THE BLOOD BEAST, THE • SORELLA DI SATANA, LA (ITL) ○ SHE BEAST, THE (USA) ○ LAGO DI SATANA, IL ○ SISTER OF SATAN • 1966
SORCERERS, THE • 1967
WITCHFINDER GENERAL • EDGAR ALLAN POE'S CONQUEROR WORM ○ CONQUEROR WORM (USA) • 1968

REEVES THOMAS G. – USA
ANGRY JOE BASS • WILD JOE BASS • 1976

REFIG HALIT – TRK
REFIG HALLIT
KIZ KOLUNDA DAMGA VAR • BRANDED GIRL, THE • 1967
BIR TURK'E GONUL VERDIM • I GAVE MY HEART TO A TURK ○ EVA LOVED A TURK • 1969
FATMA BACI • 1973
VURUN KAHPEYE • DEATH TO THE WHORE • 1974
HAYAT HERGUN YENIDEN BASLAR • EACH DAY LIFE BEGINS ANEW • 1978
YORGUN SAVASCI • TIRED WARRIOR, THE
TEYZEM • MY AUNT • 1985
WOMEN'S WARD • 1989

REFIG HALLIT see **REFIG HALIT**

REFN ANDERS – DNM – 1944–
PRINS PIWI • 1974
STROMER • COPPER ○ COP • 1976
SLAEGTEN • HERITAGE ○ BARON, THE • 1978
FLYVENDE DJAEVLE, DE • FLYING DEVILS, THE • 1985

REFN PETER – DNM – 1940–
EFTERMIDDAGSGOESTEN • STOLEN FEAST, THE • 1963 • SHT
VIOLER ER BLA • VIOLETS ARE BLUE • 1974

REGAMEY MAURICE – Actor – SWT – 1924–
COMME UN CHEVEU SUR LA SOUPE • HAIR IN THE SOUP, A • 1956
HONORE DE MARSEILLE • 1956
CRAZY IN THE NOODLE • 1957
CIGARETTES, WHISKY ET P'TITES PEPEES • CIGARETTES, WHISKEY AND WILD WOMEN (USA) • 1958
A PLEINES MAINS • 1960
BRUNE QUI VOILA, LA • 1960
EDUCANDE AL TABARIN • 1961
SALAMANDRE D'OR, LA • 1962

REGAN PATRICK – USA – 1939–
KISS DADDY GOODBYE • 1981

REGAN WILLY S. see **GARRONE SERGIO**

REGGEB MOHAMMED – MRC
HALLAQ DARB AL FUQHRA' • BARBER OF THE POOR QUARTER • 1987

REGGIO GODFREY – USA
KOYAANISQATSI • 1977–83
POWAQQATSI • NORTH SOUTH • 1988

REGIS JACK – FRN – 1929–
REGIS JACQUES
ONDEES BRULANTES
EVA ET L'AMOUR
INDECENCES
PARIS PORNO • 1976
PENSIERI MORBOSI • DEEP THOUGHTS • 1981
ILE DES PASSIONS, L' • ISLAND OF PASSION ○ PASSION ISLAND ○ SAMANKA • 1982

REGIS JACQUES see **REGIS JACK**

REGNIER – FRN
VOYAGE D'ABDULLAH, LE • 1953 • SHT
UNIVERSE D'UTRILLO, L' • 1954 • SHT
PRESENCE D'ALBERT CAMUS • 1962 • SHT

REGNIER CAROLA – GRM
BEHINDERT • HINDERED • 1973

REGNIER GEORGES – FRN – 1913–
PAYSANS NOIRS • FAMORO LE TYRAN • 1947

REGNIER JEAN – FRN – 1903–
LECLERC • 1948 • DOC

REGNIER MICHEL – FRN – 1934–
ABONGOUA–BENENE • 1956 • DCS
GOUROUSSE • 1956 • DCS
KRINJABO • 1956 • DCS
PONT DE LA NIEBELE, LE • 1956 • DCS
DENTELLES DE METAL • 1959 • DCS
FEUX ET COULEURS • CERAMIQUE • 1959 • DCS
LITTLE LEAGUE • 1959 • DCS
X.. RACONTE • 1959 • SER
PAUVRETE, LA • 1960 • DCS
S.O.S. TUBERCULOSE–CANCER–POLYMYELITE • 1960 • DCS
BELANGER • 1961 • DCS
HISTOIRE DE WHISKY, UNE • 1961 • DCS
QUEBEC–PARTY • 1961 • DCS
AGE DU METAL, L' • 1962 • DCS
DIMENSION LUMINEUSE • 1962 • DCS
EPURATION DES EAUX, L' • 1963 • DCS
FILTRATION DES EAUX, LA • 1963 • DCS
MOUVEMENT DESJARDINS EN ACTION, LE • 1963 • DCS
AFRIQUE NOIRE D'HIER A DEMAIN • 1963–64 • DSS
DEFI KILOWATTS • 1964 • DOC
VIVRE EN MUSIQUE • MASELLA, LES • 1965 • DCS
MEMOIRE INDIENNE • 1967 • DCS
TATTOO 67 • 1967 • DCS
ECOLE DES AUTRES, L' • 1968 • DOC
HOMME ET LE FROID, L' • 1970 • DOC
BELOW ZERO • 1971
ATTITUDE NEERLANDAISE, L' • 1972 • DCS
AUTOMOBILE, L' • 1972 • DCS
CONCORDIA I • 1972 • DCS
CONCORDIA II • 1972 • DCS
ENTRETIEN AVEC HENRI LEFEBVRE • 1972 • DCS
GRIFFINTOWN • 1972 • DCS
LABYRINTHE, LE • 1972 • DCS
LOCATAIRES ET PROPRIETAIRES • 1972 • DCS
OU VA LA VILLE? • 1972 • DCS
REHABILITATION DES HABITATIONS • 1972 • DCS
RENOVATION URBAINE • 1972 • DCS
RIVES, LES • 1972 • DCS
SOL URBAIN, LE • 1972 • DCS
TAUDIS, LES • 1972 • DCS
URBANOSE • 1972 • DSS
URBA 2000 • 1973–74 • SER
BASINGSTOKE, RUNCORN, VILLES NOUVELLES BRITANNIQUES • 1974 • DOC
BOLOGNE, UNE VILLE ANCIENNE POUR UNE SOCIETE NOUVELLE • 1974 • DOC
CENTRE–VILLE ET PIETONS • 1974 • DOC
DUSSELDORF, EQUILIBRE URBAIN • 1974 • DOC
GRENOBLE LA VILLENEUVE, REINVENTER LA VILLE • 1974 • DOC
MONTREAL, RETOUR AUX QUARTIERS • 1974 • DOC
NEW YORK, TWIN PARKS PROJECT –TV CHANNEL 13 • 1974 • DOC
SAPPORO, CROISSANCE PLANIFIEE • 1974 • DOC
SASKATOON, LA MESURE • 1974 • DOC
VARSOVIE–QUEBEC: COMMENT NE PAS DETRUIRE UNE VILLE • 1974 • DOC
SANTE AFRIQUE • 1976 • DSS
MOIS A WOUKANG, UN • 1980 • DOC
VIE COMMENCE EN JANVIER, LA • 1980 • DOC

REGNIER PIERRE – FRN
CINQ GENTLEMEN MAUDITS, LES • FIVE ACCURSED GENTLEMEN, THE ○ FIVE DOOMED GENTLEMEN • 1920
PETIT ANGE • 1920

REGNOLI PIERO – ITL – 1929–
ANDREWS MARTIN
CHIAMAVAN CAPINERA, LA • 1957
ANCHE L'INFERNO TREMA • ORA PER VIVERE, UN' • 1958
TI ASPETTERO ALL'INFERNO • I'LL SEE YOU IN HELL (USA) ○ I'LL WAIT FOR YOU IN HELL • 1960
ULTIMA PREDA DEL VAMPIRO, L' • PLAYGIRLS AND THE VAMPIRE, THE (USA) ○ CURSE OF THE VAMPIRE ○ LAST PREY OF THE VAMPIRE, THE ○ VAMPIRE'S LAST VICTIM, THE • 1960
SPARVIERO DEI CARAIBI, LO • CARIBBEAN HAWK (USA) ○ HAWK OF THE CARIBBEAN, THE • 1963
MACISTE NELLE MINIERE DI RE SALOMONE • SAMSON IN KING SOLOMON'S MINES (USA) ○ MACISTE IN KING SOLOMON'S MINES • 1964
STERMINATORE DEI BARBARI, LO • 1964
GIOCHI PROIBITI DELL'ARETINO PIETRO • TALES OF EROTICA • 1972
CENERENTOLA E LA PRINCIPESSA SUL PISELLO • 1974

REGUEIRO FRANCISCO – SPN – 1934–
BUEN AMOR, EL • 1963
AMADOR • 1965
SI VOLVEMOS A VERNOS • IF WE SEE EACH OTHER AGAIN ○ SMASHING UP ○ IF WE MEET AGAIN • 1967
CARTA DE AMOR DE DUERME, MI AMOR • 1971
CARTA DE AMOR DE UN ASESINO • LOVE LETTER FROM A MURDERER • 1972
DUERME, DUERME, MI AMOR • SLEEP, SLEEP, MY LOVE • 1974
BODAS DE BLANCA, LA • BLANCA'S WEDDING • 1976
DIARIO DE INVIERNO • WINTER DIARY (UKN) • 1988

REHFELD CURT – USA
GREATER GLORY, THE • VIENNESE MELODY, THE • 1926

REIBER WILLY – GRM
IN DEN STERNEN STEHT ES GESCHRIEBEN • 1925
GEHEIMNIS VON GENF, DAS • 1927
KLETTERMAXE • 1927
STURMFLUT • 1927
HOLLE VON MONTMARTRE, DIE • 1928
SPUREN IM SCHNEE • GEFANGENE DER BERNINA, DER • 1929
JOHANNISNACHT • 1933
SCHON IST JEDER TAG, DEN DU MIR SCHENKST, MARIE LOUISE • SONNE GEHT AUF, DIE • 1933
DONAUMELODIEN • 1936

REICEMBACH CARLOS OSCAR – BRZ
ANJOS DO ARRABALDE • SUBURBAN ANGELS • 1986

REICHENBACH CARLOS – BRZ
CITY LIFE • 1989

REICHENBACH FRANCOIS – FRN – 1922–
TEMPS D'UN BALLET, LE • DOC
IMPRESSIONS DE NEW YORK • 1955 • SHT
NEW YORK BALLADE • 1955 • SHT
VISAGES DE PARIS • 1955 • SHT
GRAND SUD, LE • 1956 • SHT
HOUSTON TEXAS • 1956 • DCS
AMERICAIN SE DETEND, L' • 1957 • SHT
AU PAYS DE PORGY AND BESS • 1957 • SHT
CARNAVAL A LA NOUVELLE ORLEANS • 1957 • SHT
ETE INDIEN, L' • 1957 • SHT
MARINES, LES • 1957 • SHT
NOVEMBRE A PARIS • 1957 • SHT
AMERIQUE INSOLITE, L' • AMERIQUE VU PAR UN FRANCAIS, L' ○ AMERICA THROUGH THE KEYHOLE • 1958 • DOC
A LA MEMOIRE DU ROCK • 1962 • SHT
AMERIQUE LUNAIRE, L' • 1962 • SHT
COEUR GROS COMME CA!, UN • WINNER, THE (USA) • 1962 • DOC
JEU 1 • JEUX • 1962 • SHT
PARIS DES MANNEQUINS, LE • 1962 • SHT
PARIS DES PHOTOGRAPHES, LE • 1962 • SHT
PETIT CAFE, LE • SCENES DE LA VIE DE CAFE • 1962 • SHT
RETOUR A NEW YORK • 1962 • SHT
AMOUREUX DU FRANCE, LES • GIOCO DEGLI INNAMORATI, IL (ITL) • 1963
ARTIFICES • 1963 • SHT
ENTERREMENT DE KENNEDY • 1963 • SHT
HISTOIRE D'UN PETIT GARCON DEVENU GRAND • 1963 • SHT
ILLUMINATIONS • ILLUMINATION • 1963 • SHT
MEXICO NUEVO • 1963 • SHT
ANGES GARDIENS • 1964 • SHT
CHEVAUX D'HOLLYWOOD, LES • HOLLYWOOD THROUGH A KEYHOLE • 1964 • DOC
CINQUIEME SOLEIL, LE • 1965 • SHT
DOUCEUR DU VILLAGE, LA • 1965 • DOC
DUNOYER DE SEGONZAC • 1965 • SHT
EAST AFRICAN SAFARI • 1965 • SHT
LAPIQUE • 1965 • SHT
LOMELIN • PORTRAIT D'UN NOVILLERO • 1965 • SHT
AURORA • 1966 • SHT
EL CORDOBES • 1966 • SHT
HERBERT VON KARAJAN • 1966 • SHT
JEANNE MOREAU • 1966 • SHT
MANITAS DE PLATA • 1966 • SHT
MIREILLE MATHIEU • 1966 • SHT
ORSON WELLES • 1966 • SHT
PROFESSEUR DE PIANO, LE • 1966 • SHT
REPORTAGE SUR "PARIS BRULE–T–IL?" • 1966 • SHT
VOYAGE DE BRIGITTE BARDOT AUX U.S.A. • 1966 • SHT
CITY OF PARIS • 1967 • SHT
CONCERTO BRANDENBOURGEOIS • 1967 • SHT
GROMAIRE • 1967 • SHT
IMPRESSIONS DE PARIS • 1967 • SHT
SIXIEME FACE DU PENTAGONE, LA • 1967
MEXICO – MEXICO • 1968 • DOC
MUSIQUE EN MEDITERRANEE • 1968 • SHT
PLAISIR D'AMOUR • 1968
SHOW BARDOT • SPECIAL BARDOT • 1968 • MTV
13 JOURS EN FRANCE • CHALLENGE IN THE SNOW (UKN) ○ GRENOBLE (USA) • 1968 • DOC
A FLEUR D'EAU • VICHY 1969 • 1969 • SHT
CHRISTIAN DIOR • 1969 • SHT
FESTIVAL DANS LE DESERT • 1969 • SHT
FRANCE SUR MER • 1969 • SHT
INDISCRET, L' • 1969
KILL PATRICE, UN SHERIF PAS COMME LES AUTRES • 1969 • SHT
MAINS DU FUTURS, LES • 1969 • SHT
MASSACRE, LE • 1969
MOISSON DE L'ESPOIR, LES • ISRAEL • 1969 • SHT
OUISTITIS, LES • 1969
PARFUMS REVILLON • 1969 • SHT
VIOLENCE SUR HOUSTON • PRISONS A L'AMERICAINE • 1969 • SHT
ARTUR RUBINSTEIN: L'AMOUR DE LA VIE • ARTHUR RUBINSTEIN –THE LOVE OF LIFE ○ LOVE OF LIFE (UKN) • 1970
FETE DES MORTS, LA • 1970 • SHT
OPERA DE QUATRE PESOS, L' • 1970 • SHT
SOY MEXICO • MEXICO • 1970 • SHT
CHASSEUR, LE • 1971 • SHT
ELIETTE OU INSTANTS DE LA VIE D'UNE FEMME • 1971 • SHT
HOLD–UP AU CRAYON, LE • 1971
JOHNNY DAYS • JOHNNY HALLYDAY PAR FRANCOIS REICHENBACH ○ J'AI TOUT DONNE ○ JOHNNY HALLYDAY • 1971 • DOC
MEDICINE BALL CARAVAN • WE HAVE COME FOR YOUR DAUGHTERS (UKN) ○ CARAVANE D'AMOUR, LA (FRN) • 1971
PARTIR • 1971 • SHT
REVER OU ENVOL • 1971 • SHT
YEHUDI MENUHIN –CHEMIN DE LUMIERE • YEHUDI MENUHIN –WAY OF LIGHT (UKN) ○ WAY OF LIGHT ○ YEHUDI MENUHIN STORY ○ YEHUDI MENUHIN –ROAD OF LIGHT • 1971 • DOC
MON AMI SYLVIE • 1972 • DOC
MONTE–CARLO • 1972 • DOC
RAISON DU PLUS FOU EST TOUJOURS LA MEILLEURE, LA • RAISON DU PLUS FOU, LA • 1972 • DOC
CARLOS MONZON • 1973 • DOC
PASSION SELON LES CORAS, LA • 1973 • SHT
VERITES ET MENSONGES • NOTHING BUT THE TRUTH • 1973 • DOC
NO OYES LADRAR A LOS PERROS? • CAN'T YOU HEAR THE DOGS BARKING? ○ DON'T YOU HEAR THE DOGS BARK? ○ ENTENDS–TU LES CHIENS BOYER? ○ DO YOU HEAR THE DOGS BARKING? • 1974
PORTRAIT DE HILDEGARD KNEF • 1974 • DOC
LETTRE DE PARIS ET D'AILLEURS • 1975 • SER
PETIT CIRQUE MEXICAIN, LE • 1975 • MTV
ROLLAND GARROS • 1975 • MTV
ANOTHER WAY TO LOVE • 1976
CLUB MEDITERRANEE • 1976 • DOC
FRANCE INCONNUE • 1976 • SER
PORTRAIT DE JACQUES CHIRAC • 1976 • MTV
SEX O'CLOCK, U.S.A. • 1976 • DOC
ENTRE CIEL ET TERRE • 1977 • MTV
HOMME ET LE SPORT, L' • 1977 • MTV
PELE • ROI PELE, LE • 1977 • DOC
ARTS ET ARBRES • 1978 • MTV
LECONS DE SLAVA, LES • 1978 • SER
PORTRAIT DE BARBARA • 1978 • MTV
PORTRAIT DE DIANE DUFRESNE • 1978 • MTV
ARTHUR RUBINSTEIN • 1979 • SER
GRACE A LA MUSIQUE • 1979 • MTV
HOUSTON, TEXAS, U.S.A. • 1979 • DOC
VALERIE GISCARD D'ESTAING AU MEXIQUE • V.G.E. • 1979 • DOC
VINGT–CINQ ANS DE L'OLYMPIA • 1979 • SER
BELGIQUE PROFONDE, LA • 1980 • MTV
JACQUES–HENRI LARTIGUE • 1980 • MTV
MAISON DE MOLIERE, LA • 1980 • MTV
SEDE DE AMAR: CAPUZES NEGROS • LUST FOR LOVING: BLACK HOODS • 1980
JAPON, LE • JAPON DE FRANCOIS REICHENBACH, LE ○ JAPON INSOLITE, LE • 1982 • DOC

REICHER ERNST – GRM – 1885–1936
AMATEUR, DER • 1916
FURSTIN VON BERANIEN, DIE • 1918
WIR VON GOTTES GNADEN.. HOHEIT VATER UND SOHN • HOHEIT VATER UND SON • 1918
BUCH ESTHER, DAS • 1919
LYAS FLIRT MIT DEM HEILIGEN • 1919
SPRUNG INS DUNKLE, DER • 1920
IM LETZTEN AUGENBLICK • 1923

REICHER FRANK – Actor – GRM – 1875–1965
CASE OF BECKY, THE • 1915
CHORUS LADY, THE • 1915
MR. GREX OF MONTE CARLO • 1915
SECRET ORCHARD • 1915
SECRET SIN, THE • 1915
VOICE IN THE FOG, THE • 1915
ALIEN SOULS • 1916
BLACK WOLF, THE • 1916
DUPE, THE • 1916
FOR THE DEFENCE • FOR THE DEFENSE • 1916
LOVE MASK, THE • 1916
PUBLIC OPINION • 1916
PUDD'NHEAD WILSON • PUDDIN' HEAD WILSON • 1916
STORM, THE • 1916
VICTORY OF CONSCIENCE, THE • 1916
WITCHCRAFT • 1916
BETTY TO THE RESCUE • 1917
CASTLES FOR TWO • 1917
ETERNAL MOTHER, THE • 1917
INNER SHRINE, THE • 1917
SACRIFICE • 1917
TROUBLE BUSTER, THE • 1917
UNCONQUERED • 1917
AMERICAN WIDOW, AN • 1918
CLAIM, THE • 1918
ONLY ROAD, THE • 1918
PRODIGAL WIFE, THE • 1918
SEA WAIF, THE • 1918
TREASURE OF THE SEA • TREASURE • 1918
AMERICAN WAY, THE • 1919

BATTLER, THE • 1919
BLACK CIRCLE, THE • 1919
SUSPENCE • SUSPENSE • 1919
TRAP, THE • 1919
EMPTY ARMS • 1920
GOOD WOMAN, A • 1920
IDLE HANDS • 1920
BEHIND MASKS • JEANNE OF THE MARSHES (UKN) • 1921
OUT OF THE DEPTHS • 1921
WISE HUSBANDS • 1921
MISTER ANTONIO • 1929
WIR SCHALTEN UM AUF HOLLYWOOD • HOLLYWOOD REVUE OF 1929 • 1931

REICHERT JULIA – USA
UNION MAIDS • 1976
SEEING REDS: STORIES OF AMERICAN COMMUNISTS • 1983 • DOC

REICHERT MARK – USA
UNION CITY • 1980

REICHLE FRANZ – SWT
AUGENBLICK • 1984
LYNX • 1989 • DOC

REICHMAN THOMAS – USA
MINGUS • 1968 • DOC

REICHMANN MAX – GRM
KAMPF GEGEN BERLIN, DER • 1925
DERBY • 1926
IHR LETZTES LIEBESABENTEUER • ICH HEIRATE MEINE FRAU • 1927
MANEGE • 1927
RAMPER, DER TIERMENSCH • STRANGE CASE OF CAPTAIN RAMPER, THE (USA) ◦ RAMPER THE BEASTMAN • 1927
GAUNERLIEBCHEN • 1928
HERZENSPHOTOGRAPH, DER • 1928
RITTER DER NACHT • 1928
WEIB IN FLAMMEN • 1928
MADONNA IM FEGEFEUER • MEIN HERZ GEHORT DIR.. • 1929
ICH GLAUB' NIE MEHR AN EINE FRAU • 1930
LAND DES LACHELNS, DAS • 1930
LOCKENDE ZIEL, DAS • BLICK ZURUCK UND DANN.., EIN ◦ HERR KAMMERSANGER, DER • 1930
WIE WERDE ICH REICH UND GLUCKLICH? • 1930
GROSSE ATTRAKTION, DIE • 1931
CAMP VOLANT • MARCO, DER CLOWN (FRG) • 1932

REICK DIETER – GRM
TORTURE IM ZEICHEN DES FRIEDENS • 1974

REID ADRIAN – UKN
XXIST MONTE CARLO RALLY 1951 • 1951

REID ALASTAIR – UKN – 1939–
BABY LOVE • 1968
NIGHT DIGGER, THE • ROAD BUILDER, THE • 1971
SOMETHING TO HIDE • SHATTERED • 1971
DR. JEKYLL AND MR. HYDE • 1981 • MTV
FILE ON JILL HATCH, THE • 1983 • TVM

REID BILL – CND
OCCUPATION • 1971
COMING HOME • 1973
SKATING ON THIN ICE • 1980 • DOC

REID CLIFF – USA
WANTED: JANE TURNER • 1936

REID DOROTHY – Actress – USA – 1895–1977
DAVENPORT DOROTHY REID • REID WALLACE MRS.
LINDA • 1929
SUCKER MONEY • VICTIMS OF THE BEYOND (UKN) • 1933
ROAD TO RUIN, THE • 1934
WOMAN CONDEMNED • 1934

REID ERNEST – CND
HOW TO PICK UP A GIRL • SEX AND THE SINGLE SAILOR (USA) ◦ GIRLS AND THE SINGLE SAILOR ◦ SINGLE SAILOR ◦ EROTIKOS ◦ LOVE AND THE SINGLE SAILOR • 1967

REID GEORGE M. – JPN
TANUKI-SAN'S BIG SUCCESS • 1959 • ANS

REID HAL – Actor – USA – 1860–1920
REID JAMES HALLEK
HUMAN HEARTS • 1910
JIM AND JOE • 1911
AT CRIPPLE CREEK • 1912
AT SCROGGINSES' CORNER • 1912
CURFEW SHALL NOR RING TONIGHT • 1912
FATHER BEAUCLAIRE • 1912
ILLUMINATION • 1912
KAINTUCK • 1912
LOVE IN THE GHETTO • 1912
MAN'S DUTY, A • 1912
OLD LOVE LETTERS • 1912
PAGE FOR CANADIAN HISTORY, A • 1912
RED CROSS MARTYR, A • 1912
RIP VAN WINKLE • 1912
SEVENTH SON, THE • 1912
VICTORIA CROSS, THE • 1912
VIRGINIUS • 1912
VOTES FOR WOMEN • 1912
WAR • 1912
WOMAN HATERS, THE • 1912
DEERSLAYER, THE • 1913
THOU SHALT NOT KILL • 1913
TIME LOCK NO.776 • 1915

REID JAMES HALLEK see **REID HAL**

REID JOHN – NZL
MIDDLE-AGE SPREAD • 1979
CARRY ME BACK • 1982

REID MAX – USA
WILD THING • 1987

REID NOEL CUNNINGHAM – UKN
RIGHT LINE, THE • 1961

REID WALLACE – Actor – USA – 1891–1923
LOVE AND THE LAW • 1912
CRACKSMAN SANTA CLAUS, THE • 1913
CRACKSMAN'S REFORMATION, THE • 1913
CROSS PURPOSES • 1913
DEAD MAN'S SHOES • 1913
FIRES OF FATE • 1913
FOREIGN SPY, THE • 1913
GRATITUDE OF WANDA, THE • 1913
HARVEST OF FLAME, THE • 1913
HEART OF A CRACKSMAN • 1913
HEARTS AND HORSES • 1913
HER INNOCENT MARRIAGE • 1913
HOPI LEGEND, A • PUEBLO ROMANCE, A • 1913
KISS, THE • 1913
LIGHTNING BOLT, THE • 1913
MODERN SNARE, THE • 1913
MYSTERY OF YELLOW ASTER MINE, THE • 1913
PRIDE OF LONESOME • 1913
RETRIBUTION • 1913
ROSE OF OLD MEXICO, A • 1913
TATTOOED ARM, THE • 1913
VIA CABARET • 1913
WAYS OF FATE, THE • 1913
WHEN JIM RETURNED • 1913
BREED O' THE MOUNTAINS • 1914
CHILDREN OF FATE • LOVE'S WESTERN FLIGHT • 1914
COUNTESS BETTY'S MINE • 1914
'CROSS THE MEXICAN LINE • 1914
CUPID INCOGNITO • 1914
DEN OF THIEVES, A • 1914
FIRES OF CONSCIENCE • 1914
FLASH IN THE DARK, A • 1914
FRUIT OF EVIL, THE • 1914
GREATER DEVOTION, THE • GREAT DEVOTION, THE • 1914
GYPSY ROMANCE, THE • 1914
HEART OF THE HILLS, THE • 1914
INTRUDER, THE • 1914
MAN WITHIN, THE • 1914
MOUNTAINEER, THE • 1914
PASSING OF THE BEAST • 1914
QUACK, THE • 1914
REGENERATION • 1914
SIREN, THE • 1914
SKELETON, THE • 1914
SPARK OF MANHOOD, THE • 1914
TEST, THE • 1914
VOICE OF THE VIOLA, THE • 1914
WAY OF A WOMAN, THE • 1914
WHEEL OF LIFE, THE • 1914
WIFE ON A WAGER, A • 1914
WOMEN AND ROSES • 1914
WRONG HEART, THE • 1916 • SHT

REID WALLACE MRS. see **REID DOROTHY**

REIDEMEISTER HELGA – GRM
MIT STARREM BLICK AUFS GELD • 1983

REIG JOSEFINA MOLINA see **MOLINA JOSEFINA**

REIG JUNE – USA
ENORMOUS EGG, THE

REIGUERA FRANCISCO – MXC
YO SOY USTED • 1943
OFRENDA • 1953

van REIJEN JAN WOUTER – NTH
CADANS • 1987 • SHT

REIJNDERS MARK – NTH
MUSCA • 1989

REILLY JOHN FAHEY – UKN
PHANTOM, THE • 1968 • SHT

REIN RICHARD – FRN – 1941–
APPARENCE FEMININE • 1979 • DOC

REINECKE HORST – GRM
TREFFPUNKT AIMEE • 1956

REINER CARL – Producer/writer – USA – 1922–
ENTER LAUGHING • 1967
COMIC, THE • BILLY BRIGHT • 1969
WHERE'S POPPA? • GOING APE • 1970
OH, GOD! • 1977
ONE AND ONLY, THE • 1978
JERK, THE • 1979
DEAD MEN DON'T WEAR PLAID • 1982
MAN WITH TWO BRAINS, THE • 1983
ALL OF ME • 1984
SUMMER RENTAL • 1985
SUMMER SCHOOL • 1987
BERT RIGBY, YOU'RE A FOOL • 1989
SIBLING RIVALRY • 1990

REINER ROB – USA – 1945–
SURE THING, THE • 1985
THIS IS SPINAL TAP • 1985
STAND BY ME • BODY, THE • 1986
PRINCESS BRIDE, THE • 1987
WHEN HARRY MET SALLY • HARRY, THIS IS SALLY • 1989
MISERY • 1990

REINERT E. E. see **REINERT EMILE EDWIN**

REINERT EMILE E. see **REINERT EMILE EDWIN**

REINERT EMILE-EDWIN see **REINERT EMILE EDWIN**

REINERT EMILE EDWIN – PLN – 1904–1953
REINERT EMILE-EDWIN • REINERT E. E. • REINERT EMILE E.
NOT WANTED ON VOYAGE • TREACHERY ON THE HIGH SEAS (USA) ◦ MURDER IN THE STALLS • 1936
COLLIER DE RUBIS, LE • 1937
DANUBE BLEU, LE • 1939
DESTIN S'AMUSE, LE • COUP DE MAITRE • 1946
TOMBE DU CIEL • 1946
EVENTAIL, L' • ILE AUX NUAGES, L' • 1947
REQUINS DE GIBRALTAR, LES • 1947
AINSI FINI LA NUIT • 1948
FANDANGO • 1948
RENDEZ-VOUS AVEC LA CHANCE • LIT A DEUX PLACES, LE • 1949
AFFAIRE, L' • 1950
QUAI DE GRENELLE • MORT A BOIRE, LA ◦ DANGER IS A WOMAN ◦ SNAKE OF DEATH • 1950
MARIA THERESIA • 1951
TALE OF FIVE CITIES, A • STORIA DI CINQUE CITTA (ITL) ◦ TALE OF FIVE WOMEN, A • 1951
VERTRAUMTE TAGE • AIGULLE ROUGE, L' (FRN) • 1951
WIENER WALZER • VIENNA WALTZES (USA) ◦ WIEN TANZT • 1951
MADEMOISELLE MODISTE • NAUGHTY MARTINE (USA) • 1952
STROLLERS, THE • 1952
GEFAHRLICHES ABENTEUER • ABENTEUER IN WIEN • 1953

REINERT ROBERT – GRM
REINERT ROBERT I.
FLUCH DER SONNE, DER • 1916
FUR DEN RUHM DES GELIEBTEN • 1916
HAUS DER LEIDENSCHAFTEN, DAS • 1916
PFAD DER SUNDE, DER • 1916
WEG DES TODES, DER • 1916
WUNDER DER MADONNA, DAS • 1916
AHASVER • 1917
HERR DER WELT 1, DER • 1917
MEMOIREN DER TRAGODIN THAMAR, DIE • 1917
WENN TOTE SPRECHEN • 1917
HERR DER WELT 2, DER • LEBENDE TOTE, DER • 1918
NERVEN • 1919
OPIUM • 1919
AHASVER • 1920
FLAMMENDE VOLKER • 1922
STERBENDE VOLKER 1 • POPULI MORITURI (ITL) ◦ HEIMAT IN NOT • 1922
STERBENDE VOLKER 2 • BRENNENDES MEER • 1922
VIER LETZTEN SEKUNDEN DES QUIDAM UHL, DIE • 1924

REINERT ROBERT I. see **REINERT ROBERT**

REINGOLD FRED see **MEDORI ALFREDO**

REINHARD HANS – GRM
TANZENDE HANDE • DANCING HANDS • 1959
BALLET IN JAZZ • 1960 • SHT

REINHARD PIERRE see **REINHARD PIERRE B.**

REINHARD PIERRE B. – FRN
REINHARD PIERRE
ADOLESCENTES TROP CURIEUSES
AFFAMEES, LES
CAPRICES D'UNE SOURI, LES
FIEVRES D'ETE
FILLES DE FERME, LES
ORGASMES
PASSIONS
SOUBRETTES DU PLAISIR, LES
TROIS FILLE EN LIBERTE
ENTRECUISSES • 1977
BAISEZ MOI! • 1978

REINHARDT GOTTFRIED – Producer/writer – AUS – 1911–
INVITATION • 1951
STORY OF THREE LOVES, THE • 1953
BETRAYED • 1954
VOR SONNENUNTERGANG • 1956
ABSCHIED VON DEN WOLKEN • REBEL FLIGHT TO CUBA • 1959
MENSCHEN IM HOTEL • GRAND HOTEL (FRN) • 1959
LIEBLING DER GOTTER • SWEETHEART OF THE GODS (USA) ◦ FAVOURITE OF THE GODS • 1960
JEDERMANN • EVERYMAN (USA) ◦ SALZBURG EVERYMAN, THE • 1961
STADT OHNE MITLEID • VILLE SANS PITIE (SWT) ◦ TOWN WITHOUT PITY (USA) ◦ SHOCKER • 1961
ELF JAHRE UND EIN TAG • 1963
SITUATION HOPELESS -BUT NOT SERIOUS • 1965

REINHARDT HANNES – GRM
IN DER WERKSTATT -NUREMBERG JAZZ COLLEGIUM • 1970 • SHT

REINHARDT JOHN – USA
IO.. TU.. Y.. • I.. THOU.. AND SHE (USA) • 1933
DOS MAS UNO DOS • TWO AND ONE TWO • 1934
GRANADEROS DEL AMOR • GRENADIERS OF LOVE • 1934
DIA QUE ME QUIERAS, EL • DAY YOU LOVE ME, THE ◦ DAY THAT YOU LOVE ME, THE • 1935
TANGO-BAR • 1935
CAPTAIN CALAMITY • 1936
AMBUSH • 1947
FOR YOU I DIE • 1947
GUILTY, THE • 1947
HIGH TIDE • 1947
OPEN SECRET • 1948
SOFIA • 1948
CHICAGO CALLING • 1951
MAN NENNT ES LIEBE • 1953

REINHARDT MAX – GRM – 1873–1943
SUMURUN • 1908
MIRAKEL, DAS • 1912
INSEL DER SELIGEN, DIE • ISLE OF THE BLESSED, THE • 1913
VENEZIANISCHE NACHT • 1914
MIDSUMMER NIGHT'S DREAM, A • 1935

REINIGER LOTTE – Animator – GRM – 1899–1981
ORNAMENT DES VERLIEBTEN HERZENS, DAS • ORNAMENT OF A LOVING HEART, THE (UKN) • 1919 • ANM
AMOR UND DAS STANDHAFTE LIEBESPAAR • 1920 • ANS
FLIEGENDE KOFFER, DER • FLYING COFFER, THE (UKN) • 1921 • ANM
ASCHENPUTTEL • CINDERELLA (USA) • 1922 • ANS

DORNROSCHEN • SLEEPING BEAUTY • 1922 • ANS
STERN VON BETHLEHEM, DER • STAR OF BETHLEHEM, THE • 1922 • ANS
ABENTEUER DES PRINZEN ACHMED, DIE • ADVENTURES OF PRINCE ACHMED (USA) ○ WAK-WAK, EIN MARCHENZAUBER ○ GESCHICHTE DES PRINZEN ACHMED, DIE • 1926
AFFENBRUCKE, DIE • 1927 • ANS
CHINESISCHE NACHTIGALL, DIE • CHINESE NIGHTINGALE, THE • 1927 • ANS
AFFENKRANKHEIT, DIE • 1928 • ANS
DR. DOLITTLE IN THE LION'S DEN • 1928 • ANS
DOKTOR DOLITTLE UND SEINEN TIEREN • ADVENTURES OF DR. DOLITTLE, THE ○ ABENTEUER DES DR. DOLITTLE, DAS • 1928 • ANS
GROTESKEN IM SCHNEE • 1928 • ANS
REISE NACH AFRIKA, DIE • DR. DOLITTLE'S TRIP TO AFRICA • 1928 • ANS
SCHEINTOTE CHINESE, DER • 1928 • ANS
ZEHN MINUTEN MOZART • 1930 • ANS
HARLEKIN • HARLEQUIN • 1931 • ANS
SISSI • 1932 • ANS
CARMEN • 1933 • ANS
GESTOHLENE HERZ, DAS • STOLEN HEART, THE • 1934 • ANS
PUSS IN BOOTS • 1934 • ANM
GALATHEA • 1935 • ANS
GRAF VON CARABAS, DER • PUSS IN BOOTS ○ CARABAS • 1935 • ANM
KALIF STORCH • 1935 • ANS
KLEINE SCHORNSTEINFEGER, DAS • LITTLE CHIMNEY SWEEP, THE ○ CHIMNEY SWEEP • 1935 • ANS
PAPAGENO • PAPAGONO ○ MAGIC FLUTE, THE • 1935 • ANS
ROLLENDE RAD, DAS • 1935 • ANS
SILHOUETTEN • 1936 • ANS
KING'S BREAKFAST, THE • 1937 • ANS
DREAM CIRCUS • 1939 • ANM
ELISIR D'AMORE, L' • 1939 • ANM
DAUGHTER, THE • ANM
GOLDENE GANS, DIE • 1944 • ANM
MARY'S BIRTHDAY • 1949 • ANS
ALADDIN • 1953 • ANS
SNOW WHITE AND ROSE RED • 1953 • ANS
CALIPH STORK • 1954 • ANS
CHIMNEY SWEEP, THE • 1954 • ANS
FROG PRINCE, THE • 1954 • ANS
GALLANT LITTLE TAILOR, THE • 1954 • ANS
GRASSHOPPER AND THE ANT, THE • 1954 • ANS
HANSEL AND GRETEL • 1954 • ANS
JACK AND THE BEANSTALK • JACK THE GIANT KILLER • 1954 • ANS
MAGIC HORSE, THE • 1954 • ANS
PAPAGENO • 1954 • ANS
SLEEPING BEAUTY, THE • 1954 • ANS
THREE WISHES, THE • 1954 • ANS
THUMBELINA • 1955 • ANS
STAR OF BETHLEHEM, THE • 1956 • ANS
BELLE HELENE, LA • HELENE LA BELLE • 1957 • ANS
SERAGLIO • 1958 • ANS
PIED PIPER OF HAMELIN, THE • 1960 • ANS
FROG PRINCE, THE • 1961 • ANS
WEE SANDY • 1962 • ANS
CINDERELLA • 1963 • ANS
LOST SON, THE • 1974 • ANS
AUCASSIN AND NICOLETTE • 1975 • ANM
ROSE AND THE RING, THE • 1978 • ANM

REINL HARALD – AUS – 1908–

BERGKRISTALL • 1949
FEGEFEUER DER LIEBE • WEISSE HOLLE MONTBLANC ○ NACHT AM MONTBLANC • 1951
GESETZ OHNE GNADE • 1951
HERGOTTSSCHNITZER VON AMMERGAU, DER • 1952
HINTER KLOSTERMAUERN • 1952
KLOSTERJAGER, DER • 1953
ROSEN-RESLI • 1954
SCHWEIGENDE ENGEL, DER • 1954
SOLANGE DU LEBST • AS LONG AS YOU LIVE • 1955
FISCHERIN VOM BODENSEE, DIE • 1956
HERZ SCHLAGT FUR ERIKA, EIN • 1956
JOHANNISNACHT • 1956
UNHOLY INTRUDERS, THE • STRANGE INTRUSION • 1956
ALMENRAUSCH UND EDELWEISS • 1957
PRINZESSIN VON ST. WOLFGANG, DIE • 1957
ZWILLINGE VOM ZILLERTAL, DIE • 1957
GRUNEN TEUFEL VON MONTE CASSINO, DIE • 1958
ROMAREI, DAS MADCHEN MIT DEN GRUNEN AUGEN • 1958
U 47 KAPITANLEUTNANT PRIEN • U-47 LT. COMMANDER PRIEN (USA) • 1958
FROSCH MIT DER MASKE, DER • FRON MED MASKEN (DNM) ○ FACE OF THE FROG (USA) ○ FELLOWSHIP OF THE FROG • 1959
PARADIES DER MATROSEN • 1959
BANDE DES SCHRECKENS, DIE • TERRIBLE PEOPLE, THE (USA) ○ HAND OF THE GALLOWS • 1960
WIR WOLLEN NIEMALS AUSEINANDERGEHN • 1960
FALSCHER VON LONDON, DER • FORGER OF LONDON, THE (USA) • 1961
IM STAHLNETZ DES DR. MABUSE • PHANTOM MEETS THE RETURN OF DR. MABUSE, THE ○ RETOUR DU DOCTEUR MABUSE, LE ○ F.B.I. CONTRO DR. MABUSE ○ PHANTOM FIEND ○ RETURN OF DR. MABUSE, THE ○ IN THE STEEL NET OF DR. MABUSE • 1961
SCHATZ IM SILBERSEE, DER • TRESOR DU LAC D'ARGENT, LE (FRN) ○ BLAGO U SREBRNOM JEZERU (YGS) ○ TREASURE OF SILVER LAKE (USA) • 1962
TEPPICH DES GRAUENS • TERRORE DI NOTTE, IL (ITL) ○ CARPET OF HORROR, THE (USA) • 1962
UNSICHTBAREN KRALLEN DES DR. MABUSE, DIE • INVISIBLE DR. MABUSE, THE (USA) ○ INVISIBLE HORROR, THE ○ INVISIBLE CLAWS OF DR. MABUSE, THE • 1962
WEISSE SPINNE, DIE • WHITE SPIDER, THE (USA) • 1963
WINNETOU I • VALLE DEI LUNGHI COLTELLI, LA (ITL) ○ VINETU (YGS) ○ REVOLTE DES INDIENS APACHES, LA (FRN) ○ APACHE GOLD (USA) ○ WINNETOU THE WARRIOR • 1963
WURGER VON SCHLOSS BLACKMOOR, DER • STRANGLER OF BLACKMOOR CASTLE, THE (USA) • 1963
WINNETOU II • TRESOR DES MONTAGNES BLEUES, LE (FRN) ○ GIORNI DI FUOCO (ITL) ○ VINETU II (YGS) ○ LAST OF THE RENEGADES (USA) • 1964
ZIMMER 13 • ROOM 13 (USA) • 1964
LETZTE MOHIKANER, DER • VALLE DELLE OMBRE ROSSE, LA (ITL) ○ LAST TOMAHAWK, THE • 1965
UNHEIMLICHE MONCH, DER • SINISTER MONK, THE (USA) • 1965
WINNETOU III • VINETU III (YGS) ○ DESPERADO TRAIL, THE (UKN) • 1965
NIBELUNG, DIE • WHOM THE GODS WISH TO DESTROY • 1966
NIBELUNGEN II: KRIEMHILD'S RACHE, DIE • NIBELUNGS PART TWO: KRIEMHILD'S REVENGE, THE ○ WHOM THE GODS WISH TO DESTROY • 1967
SCHLANGENGRUBE UND DAS PENDEL, DIE • BLOOD DEMON, THE (UKN) ○ PIT AND THE PENDULUM, THE ○ TORTURE CHAMBER OF DR. SADISM, THE ○ SNAKE PIT AND THE PENDULUM, THE • 1967
DYNAMIT IN GRUNER SEIDE • DYNAMITE IN GREEN SILK • 1968
PIU GRANDE COLPO DELLA MALAVITA AMERICANA, IL • 1968
TOD IM ROTEN JAGUAR, DER • MORTE IN JAGUAR ROSSA, LA (ITL) ○ DEATH IN THE RED JAGUAR • 1968
TODESSCHUSSE AM BROADWAY • DEADLY SHOTS IN BROADWAY • 1968
WINNETOU UND SHATTERHAND IM TAL DER TOTEN • WINNETOU UND SHATTERHAND IN DEATH VALLEY • 1968
DR. FABIAN -LACHEN IST DIE BESTE MEDIZIN • DR. MED. FABIAN • 1969
ERINNERUNGEN AN DIE ZUKUNFT • CHARIOTS OF THE GODS (UKN) ○ BACK TO THE STARS (USA) ○ MEMORIES OF THE FUTURE • 1969
LUMMEL VON DER ERSTEN BANK III, DIE • PEPE, DER PAUKERSCHRECK ○ PEPE -HIS TEACHER'S FRIGHT • 1969
UOMO DAL LUNGO FUCILE, L' • 1969
WIR HAU'N DIE PAUKER IN DIE PFANNE • 1969
KOMMISSAR X: JAGT DIE ROTEN TIGER • F.B.I. OPERAZIONE PAKISTAN ○ TIGER GANG • 1971
WER ZULETZT LACHT, LAHT AM BESTEN • 1971
GRUN IST DIE HEIDE • 1972
SCHREI DER SCHWARZEN WOLFE, DER • CRY OF THE BLACK WOLVES • 1972
BLUTIGEN GEIER VON ALASKA, DIE • HELLHOUNDS OF ALASKA (UKN) ○ KRVAVI JASTREBOVI ALJASKE • 1973
SCHLOSS HUBERTUS • 1973
SIE LIEBTEN SICH EINEN SOMMER • 1973
TOTER TAUCHER NIMMT KEIN GELD, EIN • NO GOLD FOR A DEAD DIVER (UKN) • 1975
MYSTERIES OF THE GODS • 1976

REIS ANTONIO – PRT – 1927–

PAINEIS DO PORTO • 1964 • SHT
JAIME • 1974
ANA • 1983

dos REIS AURELIO DA PAZ – PRT

LEAVING THE FACTORY • 1896

REIS-FIROUZ MEHDI – IRN

REISFIROUZ MEHDI
EIMAN • FAITH, THE • 1967
ZIR-E-GONBAD-E-KABOUD • BENEATH THE SKY • 1967
GERDABE GONAH • WHIRLPOOL OF SIN, THE • 1968
YOSEF-VA-ZOLIKHA • JOSEPH AND ZOLIKHA • 1968

REIS IRVING – USA – 1906–1953

BUSINESS OF LOVE, THE • CRASH, THE • 1925
TROUT FISHING • 1932 • SHT
I'M STILL ALIVE • 1940
ONE CROWDED NIGHT • 1940
DATE WITH THE FALCON, A • 1941
FOOTLIGHT FEVER • SHOW BUSINESS • 1941
GAY FALCON, THE • 1941
WEEKEND FOR THREE • 1941
BIG STREET, THE • 1942
FALCON TAKES OVER, THE • 1942
BACHELOR AND THE BOBBYSOXER, THE • BACHELOR KNIGHT (UKN) • 1946
CRACK-UP • 1946
ALL MY SONS • 1948
ENCHANTMENT • 1948
DANCING IN THE DARK • 1949
ROSEANNA MCCOY • 1949
OF MEN AND MUSIC • 1950
THREE HUSBANDS • LETTER TO THREE HUSBANDS, A • 1950
NEW MEXICO • 1951
FOURPOSTER, THE • 1952
TRAS-OS-MONTES • 1976

REISCH GUNTER – GRM – 1927–

JUNGES GEMUSE • FRESH VEGETABLES • 1956
SPUR IN DER NACHT • TRACKS IN THE NIGHTS • 1957
LIED DER MATROSEN, DAS • SAILOR'S SONG ○ SONG OF THE SAILORS, THE • 1958
MAIBOWLE • MAYBOWL • 1959
SILVESTERPUNSCH • NEW YEAR PUNCHBOWL • 1960
ACH, DU FROHLICHE.. • MERRY CHRISTMAS INDEED! • 1962
DIEB VON SAN MARENGO, DER • THIEF OF SAN MARENGO, THE • 1963
SOLANGE LEBEN IN MIR IST • AS LONG AS THERE IS LIFE IN ME ○ AS LONG AS I LIVE • 1965
LORD AM ALEXANDERPLATZ, EIN • LORD IN ALEXANDER SQUARE, A ○ LORD AT ALEXANDERPLATZ, A • 1967
ROAD TO LENIN, THE • 1970
TROTZ ALLEDEM • IN SPITE OF EVERYTHING ○ DESPITE EVERYTHING • 1972
WOLZ -LEBEN UND VERKLARUNG EINES DEUTSCHEN ANARCHISTEN • WOLZ • 1974
ANTON THE MAGICIAN • 1978
VERLOBTE, DIE • FIANCEE, THE • 1979

REISCH WALTER – Screenwriter – AUS – 1900–1983

PRATERMIZZI • 1927
EPISODE • 1935
MEN ARE NOT GODS • 1936
SILHOUETTES • 1936
SONG OF SCHEHERAZADE • FANDANGO • 1947
MUCKE, DIE • 1954
CORNET, DER • 1955

REISENBUCHLER SANDOR – Animator – HNG

STRUGGLE • 1967 • ANS
NAP ES A HOLD EL RABLASA, A • KIDNAPPING OF THE SUN AND MOON, THE (USA) • 1969 • ANS
TIME OF THE BARBARIANS, THE • 1971 • ANS

REISFIROUZ MEHDI see **REIS-FIROUZ MEHDI**

REISMAN YURI see **RAIZMAN YULI**

REISNER ALLEN – USA

ALL MINE TO GIVE • DAY THEY GAVE BABIES AWAY, THE (UKN) • 1956
ST. LOUIS BLUES • 1958
BLADE RIDER: ATTACK OF THE INDIAN NATION • RIDE TO GLORY ○ CALL TO GLORY • 1965 • MTV
TO DIE IN PARIS • 1968 • TVM
YOUR MONEY OR YOUR WIFE • 1972 • TVM
CAPTAINS AND THE KINGS • 1976 • TVM
MARY JANE HARPER CRIED LAST NIGHT • 1977 • TVM
COPS AND ROBIN, THE • 1978 • TVM
LOVE TAPES, THE • 1980 • TVM

REISNER CHARLES see **REISNER CHARLES F.**

REISNER CHARLES F. – USA – 1887–1962

REISNER CHUCK • REISNER CHARLES • RIESNER CHARLES • RIESNER CHUCK
DOG DAYS • 1919 • SHT
DOG-GONE CLEVER • 1919 • SHT
HAPPY DAZE • 1919 • SHT
LAUNDRY, THE • 1919 • SHT
BLUE RIBBON MUTT, A • 1920 • SHT
CHAMPION LOSER, A • 1920 • SHT
LYIN' TAMER, A • 1920 • SHT
PARCEL POST HUSBAND, A • 1920 • SHT
HIS PUPPY LOVE • 1921 • SHT
MILK AND YEGGS • 1921 • SHT
STUFFED LIONS • 1921 • SHT
WON: ONE FLIVVER • 1921 • SHT
MAN ON THE BOX, THE • 1925
BETTER 'OLE, THE • 1926
OH, WHAT A NURSE • 1926
FORTUNE HUNTER, THE • 1927
MISSING LINK, THE • 1927
WHAT EVERY GIRL SHOULD KNOW • 1927
BROTHERLY LOVE • 1928
FOOLS FOR LUCK • 1928
STEAMBOAT BILL, JR. • 1928
CHINA BOUND • 1929
HOLLYWOOD REVUE OF 1929, THE • HOLLYWOOD REVUE, THE (UKN) • 1929
NOISY NEIGHBORS • 1929
CAUGHT SHORT • 1930
CHASING RAINBOWS • ROAD SHOW, THE ○ HAPPY DAYS ARE HERE AGAIN • 1930
LOVE IN THE ROUGH • LIKE KELLY CAN • 1930
REDUCING • 1930
FLYING HIGH • HAPPY LANDING (UKN) • 1931
JACKIE COOPER'S CHRISTMAS • CHRISTMAS PARTY, THE • 1931 • SHT
POLITICS • 1931
STEPPING OUT • 1931
WIR SCHALTEN UM AUF HOLLYWOOD • HOLLYWOOD REVUE OF 1929 • 1931
DIVORCE IN THE FAMILY • FATHER AND SONS • 1932
CHIEF, THE • MY OLD MAN'S A FIREMAN (UKN) ○ FIRE CHIEF, THE • 1933
SHOW-OFF, THE • 1934
STUDENT TOUR • 1934
WINNING TICKET, THE • 1934
YOU CAN'T BUY EVERYTHING • OLD HANNIBAL • 1934
IT'S IN THE AIR • LET FREEDOM RING • 1935
EVERYBODY DANCE • 1936
MANHATTAN MERRY-GO-ROUND • MANHATTAN MUSIC BOX (UKN) • 1937
MURDER GOES TO COLLEGE • 1937
SOPHIE LANG GOES WEST • 1937
WINTER CARNIVAL • 1939
BIG STORE, THE • 1941
THIS TIME FOR KEEPS • OVER THE WAVES • 1941
HARRIGAN'S KID • HARRIGAN'S CHILD ○ HALF PINT KID • 1943
LOST IN A HAREM • 1944
MEET THE PEOPLE • 1944
BUS PESTS • 1945 • SHT
COBRA STRIKES, THE • 1948
IN THIS CORNER • 1948
TRAVELING SALESWOMAN • 1949
ULTIMA CENA, L' • 1951

REISNER CHUCK see **REISNER CHARLES F.**

REISSNER RUDOLF – GRM

LUX MUNDI -LICHT DER WELT • LUX MUNDI -LIGHT OF THE WORLD • 1968 • DOC

REISZ KAREL – CZC – 1926–

STARS WHO MADE THE CINEMA • 1952 • DCS
MOMMA DON'T ALLOW • 1955 • SHT
WE ARE THE LAMBETH BOYS • 1958
SATURDAY NIGHT AND SUNDAY MORNING • 1960
NIGHT MUST FALL • 1964
MORGAN -A SUITABLE CASE FOR TREATMENT • MORGAN! (USA) ○ SUITABLE CASE FOR TREATMENT, A • 1966
ISADORA • LOVES OF ISADORA, THE • 1968
GAMBLER, THE • 1974
WHO'LL STOP THE RAIN • DOG SOLDIERS (UKN) • 1978
FRENCH LIEUTENANT'S WOMAN, THE • 1981
SWEET DREAMS • 1985
EVERYBODY WINS • 1989

REITANO ROBERT – USA

FLY • SHT

REITER JACKIE – UKN

GUAMBIANOS • 1982 • DOC

REITHERMAN WOLFGANG – Animator – USA
TRUTH ABOUT MOTHER GOOSE, THE • 1957 • ANS
GOLIATH II • 1960 • ANS
AQUAMANIA • 1961 • ANS
ONE HUNDRED AND ONE DALMATIONS • 1961 • ANM
SWORD IN THE STONE, THE • 1963 • ANM
WINNIE THE POOH AND THE HONEY TREE • 1965 • ANS
JUNGLE BOOK, THE • 1967 • ANM
WINNIE THE POOH AND THE BLUSTERY DAY • 1968 • ANS
ARISTOCATS, THE • 1970 • ANM
ROBIN HOOD • 1973 • ANM
BERNARD AND BIANCA • 1976 • ANM
RESCUERS, THE • 1977 • ANM

REITMAN IVAN – CZC – 1946–
REITMAN YVAN
COLOMBUS OF SEX • MY SECRET LIFE ○ COLUMBUS OF SEX • 1970
FOXY LADY • 1971
CANNIBAL GIRLS • 1973
MEATBALLS • ARRETE DE RAMER, T'ES SUR LE SABLE ○ SUMMER CAMP • 1979
STRIPES • 1981
GHOSTBUSTERS • 1984
LEGAL EAGLES • 1986
TWINS • BROTHERS • 1988
GHOSTBUSTERS II • LAST OF THE GHOSTBUSTERS, THE • 1989
KINDERGARTEN COP • 1990

REITMAN YVAN see **REITMAN IVAN**

REITZ EDGAR – GRM
YACATAN • 1960
GESCHWINDIGKEIT • 1962
UNENDLICHE FAHRT –ABER REGRENZT • 1965 • SHT
MAHLZEITEN • LUST FOR LOVE (UKN) ○ MEALTIMES • 1967
OVERALL 1 • 1968
CARDILLAC • 1969
GESCHICHTEN VOM KUBELKIND • 1971
GOLDENE DING, DAS • GOLDEN THING, THE • 1971
REISE NACH WIEN, DIE • JOURNEY TO VIENNA • 1973
AUGEN AUS EINEM ANDEREN LAND • EYES FROM ANOTHER COUNTRY • 1975
IN GEFAHR UND GROSSTER NOT BRINGT DER MITTELWEG DEN TOD • IN DANGER AND DISTRESS, COMPROMISE MEANS DEATH ○ IN DANGER AND GREATEST DISTRESS, THE MIDDLE COURSE BRINGS DEATH ○ BLIND ALLEY • 1975
STUNDE NULL • ZERO HOUR • 1977
DEUTSCHLAND IM HERBST • GERMANY IN AUTUMN • 1978
SCHNEIDER VON ULM, DER • TAILOR FROM ULM, THE • 1978
HEIMAT • HOMELAND • 1984

REKHVIASHVILI ALEKSANDER – USS
GEORGIAN CHRONICLE OF THE NINETEENTH CENTURY
WAY HOME, THE

RELIN VEIT – GRM
SO ODER SO IST DAS LEBEN • SUCH IS LIFE • 1976

RELJA MATE – YGS
KOTA 905 • 1960
VLAK U SNIJEGU • TRAIN IN THE SNOW, THE • 1977

RELPH MICHAEL – Producer/writer – UKN – 1915–
SARABAND FOR DEAD LOVERS • SARABAND (USA) • 1948
GENTLE GUNMAN, THE • 1952
I BELIEVE IN YOU • 1952
SQUARE RING, THE • 1953
OUT OF THE CLOUDS • 1955
SHIP THAT DIED OF SHAME, THE • PT RAIDERS (USA) • 1955
DAVY • 1957
ROCKETS GALORE • MAD LITTLE ISLAND (USA) • 1958
DESERT MICE • 1959

REMANI ERNESTO – ITL – 1906–
ISOLA DEL SOGNO, L' • AMORI E CANZONI • 1947
GAUCHO Y EL DIABLO, EL • GAUCHO AND THE DEVIL, THE • 1952
DESTINO EM APUROS, O • DESTINY IN TROUBLE (USA) • 1953
SOB O CEU SA BAHIA • UNDER THE SKY OF BAHIA • 1956

REMI GEORGES see **HERGE**

REMISE JAC – FRN
ACTUALITES PREHISTORIQUES • 1947 • ANS
ACTUALITES ROMAINES • 1947 • ANS
ACTUALITES GAULOISES • 1952 • ANS

REMO ANDREW – USA
KING TUT–ANKH–AMEN'S EIGHTH WIFE • MYSTERY OF TUT–ANKH–AMEN'S EIGHTH WIFE, THE • 1923

REMOND FRITZ – AUS
IMMER DIE MADCHEN • 1959

REMY CONSTANT – Actor – FRN – 1884–1957
SON AUTRE AMOUR • DEDE, SON PERE ET L'AMOUR ○ PAPA • 1933
PETITS, LES • 1936

REMY DOMINIQUE – FRN
TEMPS DES DORYPHORES, LE • 1967 • CMP

REMY JACK – USA
MISTRESS, THE • 1982

REMY JACQUES – TRK – 1911–
FRUIT MORDU, LE • 1943
GRAN SECRETO, EL • 1943
VINGT ANS DE NOTRE VIE • 1962

REMY RONALD – PHL
VIRGINS OF KALATRAVA ISLAND • 1967

REN–MART – USA
INDISCREET STAIRWAY • UP THE NAUGHTY STAIRCASE ○ INDISCREET STAIRCASE, THE • 1966
SEXIEST STORY EVER TOLD, THE • 1970

REN PUN–YEN – CHN
YEN REI–SUN • 1921

RENAN SERGE see **RENAN SERGIO**

RENAN SERGIO – ARG
RENAN SERGE
TREGUA, LA • TRUCE, THE • 1974
CRECER DE GOLPE • TO GROW UP SUDDENLY • 1977
FIESTA DE TODOS, LA • EVERYBODY'S CELEBRATION • 1979
SENTIMENTAL (REQUIEM PARA UN AMIGO) • SENTIMENTAL (REQUIEM FOR A FRIEND) • 1981
GRACIAS POR EL FUEGO • THANKS FOR THE FIRE • 1984
TACOS ALTOS • HIGH HEELS • 1986

RENAN SHELDON – USA
KILLING OF AMERICA, THE • 1982 • DOC

RENARD JACQUES – FRN – 1944–
MONSIEUR ALBERT • ENFANTS DE GAYAN, LES • 1975
BLANCHE ET MARIE • 1984

RENATO LAZLO – FRN
CHAUDE ET PERVERSE EMILIA

RENAU–PIERI – FRN
GAELLE, MALOU ET VIRGINE • 1977

RENAUD – FRN
INGENIEURS DE LA MER, LES • 1952 • SHT
AVENTURE ET SES TERRA–NUEVAS, L' • 1953 • SHT
PREMIERE CROISIERE • 1955 • SHT

RENAUD FRANCE Y. Y. – CND – 1950–
PIQUEZ SUR LA LIGNEE BRISEE • 1976
JEUX SONT FAUTS, LES • 1979
HISTOIRE DE LA POMME • 1982

RENAULT MONIQUE – Animator – NTH
PAS A DEUX • 1987 • ANM

RENBOR see **BORRACCETTI RENATO**

RENC IVAN – CZC
MAGICIAN, THE • ANS
ANT–HILL, THE • ANS
BODRIK THE DOG • ANS
HLIDAC • WATCHMAN, THE ○ GUARD, THE • 1970

RENE NORMAN – USA
LONGTIME COMPANION • 1990

RENIER GERARD – FRN
HERMITE, L'
LANGUES SALOPES

RENNIE BARBARA – USA
SACRED HEARTS • 1985
ECHOES • 1988

RENNIE HOWARD – SAF
FORGOTTEN SUMMER • 1970
GUNS ACROSS THE VELDT • 1975

RENOIR CLAUDE – Cinematographer – FRN – 1914–
OPERA–MUSETTE • 1941

RENOIR JEAN – FRN – 1894–1979
FILLE DE L'EAU, LA • WHIRLPOOL OF FATE (UKN) ○ GIRL OF THE WATER, THE ○ WHIRLPOOL OF LIFE, THE • 1924
VIE SANS JOIE, UNE • CATHERINE ○ BACKBITERS • 1924
NANA • 1926
SUR UN AIR DE CHARLESTON • PARADE SUR UN AIR DE CHARLESTON ○ CHARLESTON (USA) ○ CHARLESTON–PARADE • 1926
MARQUITTA • 1928
PETITE MARCHANDE D'ALLUMETTES, LA • LITTLE MATCH GIRL, THE • 1928
TIRE AU FLANC • TIRE–AU–FLANC • 1928
TOURNOI, LE • TOURNOI DANS LA CITE, LE ○ TOURNAMENT • 1928
BLED, LE • 1929
CHIENNE, LA • ISN'T LIFE A BITCH? • 1931
ON PURGE BEBE • 1931
BOUDU SAUVE DES EAUX • BOUDU SAVED FROM DROWNING (USA) • 1932
CHOTARD ET CIE • 1932
NUIT DU CARREFOUR, LA • NIGHT AT THE CROSSROADS • 1932
MADAME BOVARY • 1933
CRIME DE MONSIEUR LANGE, LE • CRIME OF MONSIEUR LANGE, THE (USA) ○ SUR LA COUR ○ ASCENSION DE MONSIEUR LANGE, L' • 1935
TONI • AMOURS DE TONI, LES • 1935
BAS–FONDS, LES • LOWER DEPTHS, THE ○ UNDERWORLD • 1936
PARTIE DE CAMPAGNE, UNE • DAY IN THE COUNTRY, A • 1936
VIE EST A NOUS, LA • PEOPLE OF FRANCE (USA) • 1936
GRANDE ILLUSION, LA • GRAND ILLUSION (USA) • 1937
MARSEILLAISE, LA • MARSEILLAISE, THE • 1937
TERRE D'ESPAGNE • 1937 • DOC
BETE HUMAINE, LA • HUMAN BEAST, THE (USA) ○ JUDAS WAS A WOMAN (UKN) • 1938
REGLE DU JEU, LA • CAPRICES DE MARIANNE, LES ○ CHASSE EN SOLOGNE, LA ○ RULES OF THE GAME, THE ○ FAIR PLAY • 1939
TOSCA, LA • 1940
SWAMP WATER • MAN WHO CAME BACK, THE (UKN) ○ ETANG TRAGIQUE, L'(FRN) • 1941
THIS LAND IS MINE • 1943
SALUTE TO FRANCE • SALUT A LA FRANCE • 1944
SOUTHERNER, THE • HOMME DU SUD, L' (FRN) ○ HOLD AUTUMN IN YOUR HAND • 1944
DIARY OF A CHAMBERMAID • JOURNAL D'UNE FEMME DE CHAMBRE, LE (FRN) • 1946
WOMAN ON THE BEACH, THE • FEMME SUR LA PLAGE, LA (FRN) ○ DESIRABLE WOMAN • 1946
RIVER, THE • FLEUVE, LE (FRN) • 1951
CARROSSE D'OR, LE • CARROZZA D'ORO, LA (ITL) ○ GOLDEN CARRIAGE, THE ○ GOLDEN COACH, THE • 1952
FRENCH CANCAN • ONLY THE FRENCH CAN (USA) • 1954
ELENA ET LES HOMMES • NIGHT DOES STRANGE THINGS, THE (UKN) ○ ELIANA E GLI UOMINI (ITL) ○ PARIS DOES STRANGE THINGS (USA) • 1956
DEJEUNER SUR L'HERBE, LE • PICNIC ON THE GRASS (USA) ○ LUNCH ON THE GRASS (UKN) • 1959
TESTAMENT DU DR. CORDELIER, LE • DOCTOR'S HORRIBLE EXPERIMENT, THE (USA) ○ EXPERIMENT IN EVIL (UKN) ○ TESTAMENT OF DR. CORDELIER, THE • 1959
CAPORAL EPINGLE, LE • VANISHING CORPORAL, THE (UKN) ○ ELUSIVE CORPORAL, THE (USA) • 1961
PETIT THEATRE DE JEAN RENOIR, LE • LITTLE THEATRE OF JEAN RENOIR, THE (USA) • 1969

RENOIR LOUIS – UKN
TERROR ON TIPTOE • 1936

RENTAL J. W. – BLG
BRIGADE ANTI–SEX • 1971

RENTZIS THANASIS – GRC – 1947–
BLACK – WHITE • 1974
VIO–GRAFIA • BIO–GRAPHY • 1975
FICTION • 1977
CORPUS • 1978

RENVOK HARLAN – USA
MIND BLOWERS, THE • 1968

RENWICK DAVID – USA
HAPPY BIRTHDAY • 1988

RENWICK DAVID W. – USA
FIGHT GAME, THE • 1969 • SHT

RENYI TAMAS – HNG – 1929–1981
LEGENDA A VONATON • TALES OF A LONG JOURNEY • 1962
MINDENNAP ELUNK • TWO DAYS –LIKE THE OTHERS • 1963
DELTOL HAJNALIG • FROM NOON TO DAWN • 1964
TILOS A SZERELEM • NO LOVE PLEASE • 1965
SIKATOR • DEADLOCK • 1966
VOLGY, A • VALLEY, THE • 1968
REMENYKEDOK • CHARMING FAMILY, A • 1971
K.O. • 1978
ELVE, VAGY HALVA! • DEAD OR ALIVE • 1980

RENZI PINA – ITL
CERCASI BIONDA BELLA PRESENZA • 1942

REPINA NADEZHDA – USS
GRAN • ON THE VERGE • 1989

RESCHKE INGRID – GRM
WIR LASSEN UNS SCHEIDEN • WE ARE GETTING DIVORCED • 1968

RESHOTNIKOV YURI – USS
LUNNYYE NOCHI • 1967

RESNAIS ALAIN – FRN – 1922–
AVENTURE DE GUY, L' • 1936 • SHT
SCHEMA D'UNE IDENTIFICATION • 1945
OUVERT POUR CAUSE D'INVENTAIRE • 1946
JOURNEE NATURELLE • VISITE A MAX ERNST • 1947
PORTRAIT DE HENRI GOETZ • 1947 • DCS
VISITE A CESAR DOMELA • 1947 • DCS
VISITE A FELIX LABISSE • 1947 • DCS
VISITE A HANS HARTNUNG • 1947 • DCS
VISITE A LUCIEN COUTARD • 1947 • DCS
VISITE A OSCAR DOMINGUEZ • 1947 • DCS
ALCOOL TUE, L' • 1948 • DCS
BAGUE, LA • 1948 • DCS
JARDINS DE PARIS, LES • 1948 • DOC
VAN GOGH • 1948 • SHT
CHATEAUX DE FRANCE • 1949 • DCS
GUERNICA • 1949
MALFRAY • 1949 • DCS
STATUES MEURENT AUSSI, LES • 1950 • SHT
GAUGUIN • 1951 • SHT
NUIT ET BROUILLARD • NIGHT AND FOG (UKN) • 1955
TOUTE LA MEMOIRE DU MONDE • ALL THE MEMORY OF THE WORLD • 1956 • SHT
MYSTERE DE L'ATELIER 15, LE • 1957 • SHT
CHANT DU STYRENE, LE • 1958 • SHT
HIROSHIMA MON AMOUR • 24–JIKAN NO JOJI (JPN) • 1959
ANNEE DERNIERE A MARIENBAD, L' • ANNO SCORSO A MARIENBAD ,L' (ITL) ○ LAST YEAR AT MARIENBAD (USA) ○ LAST YEAR IN MARIENBAD (UKN) • 1961
MURIEL, OU LE TEMPS D'UN RETOUR • MURIEL, IL TEMPO DI UN RITORNO (ITL) ○ MURIEL (USA) • 1963
GUERRE EST FINIE, LA • KRIGET AR SLUT (SWD) ○ WAR IS OVER, THE • 1966
JE T'AIME, JE T'AIME • I LOVE YOU, I LOVE YOU • 1967
LOIN DU VIETNAM • FAR FROM VIETNAM • 1967
AN 01, L' • 1972
STAVISKY.. • STAVISKY, IL GRANDE TRUFFATORE (ITL) ○ EMPIRE D'ALEXANDRE, L' • 1973
PROVIDENCE • 1977
MON ONCLE D'AMERIQUE • MY AMERICAN UNCLE (UKN) • 1980
VIE EST UN ROMAN, LA • LIFE IS A BED OF ROSES (USA) • 1983
AMOUR A MORT, L' • 1984
MELO • 1986
JE VEUX RENTRER A LA MAISON • I WANT TO GO HOME (UKN) • 1989

RESNICK – USA
PREFACE TO A LIFE • 1950 • SHT

RESNICK KEN – USA
SUNDAY ON THE RIVER • 1960

RESNICK SAUL – USA
GIRLS ON F– STREET, THE • MAIDENS OF FETISH STREET ○ "F" STREET • 1966

RETES GABRIEL – MXC
CHIN–CHIN EL TEPOROCHO • CHIN–CHIN THE DRUNKARD • 1975
BANDERA ROTA • TORN FLAG • 1979

RETICKER HUGH – USA
RIGHT OFF THE BAT • 1915

RETIEF BERTRAND – SAF
GROETNIS VIR DIE PRIME • GROETNIS VIR DIE EERSTEMINISTER • 1973
BOLAND • 1974

RETIEF DAAN – SAF
SONJA • 1978
BELOFTES VAN MORE • PROMISES FROM TOMORROW • 1981

RETSILAS MARIOS see **RETSINAS MARIOS**

RETSINAS MARIOS – GRC
RETSILAS MARIOS
APOSTOLI THANATOU • MISSION OF DEATH • 1968
OS TIN TELEFTEA STIGMI • TO THE LAST MINUTE • 1971

RETZBACH–ERASIMY ARTUR – GRM
FLUCHT IN DIE EHE, DIE • 1922

REUSCH PETER – GRM – 1930–
IT'S YOUR MONEY • 1982 • MTV
VISIT TO PURDY'S, A • 1983 • MTV
UNITY CANADA • 1984 • MTV
VACATION • 1984 • MTV
LEADING EDGE, THE • 1985 • MTV
CANADIAN COAST GUARD • 1986

REUSSER FRANCIS – SWT
QUATRE D'ENTRE ELLES • FOUR OF THEM ○ VIER FRAU ○ FOUR WOMEN • 1968
GRAND SOIR, UN • BIG NIGHT, THE ○ NIGHT OF THE REVOLUTION • 1976
BLEU NUIT • 1979
SEULS • LONERS • 1981
DERBORENCE • 1985
LOI SAUVAGE, LA • 1988

REUTER–CHRISTIANSEN URSULA – DNM
SKARPRETTEREN • EXECUTIONER, THE • 1972

REVACH ZEEV see **REVACH ZE'EV**

REVACH ZE'EV
REVACH ZEEV
ONLY TODAY • 1976
TO CHEAT A CHEAT • 1977
SALT AND PEPPER • 1979
SHRAGA KATAN • LITTLE MAN • 1979
SWEET AND SOUR • 1979
WRONG NUMBER • 1979
GROWING PAINS • 1980
LEND ME YOUR WIFE • 1988

REVENE LARRY – USA
BLUE MAGIC • 1981
WANDA WHIPS WALL STREET • 1982
RAW TALENT • 1984

REVENGA LUIS – SPN – 1941–
CASA D LAS MUJERES QUE VIVIERON HASTA EL FINAL DEL DIA, LA • 1965
CRISIS • SOMBRE DE UN GIRASOL, LA • 1968
CAPERUCITA Y ROJA • RIDING HOOD AND RED • 1976

REVESZ GYORGY – HNG – 1927–
KETSZER KETTO NEHA 5 • TWO TIMES TWO ARE SOMETIMES FIVE • 1954
UNNEPI VACSORA • GALA DINNER • 1956
MICSODA EJSZAKA • WHAT A NIGHT! • 1958
MEGFELELO EMBER, A • RIGHT MAN, THE • 1959
NEGYEN AZ ARBAN • DANGER ON THE DANUBE (UKN) ○ FOUR CHILDREN IN THE FLOOD • 1961
ANGYALOK FOLDJE • LAND OF ANGELS, THE • 1962
FAGYOSSZENTEK • HAIL DAYS • 1962
HOGY ALLUNK, FIATALEMBER? • WELL, YOUNG MAN? • 1963
IGEN • YES • 1964
NEM • NO • 1965
MINDEN KEZDET NEHEZ • EVERY BEGINNING IS HARD ○ ALL BEGINNINGS ARE HARD • 1966
SZERELEM HAROM EJSZAKAJA, EGY • THREE NIGHTS OF A LOVE ○ ONE LOVE IN THREE NIGHTS • 1967
OROSZLAN UGRANI KESZUL, AZ • ISLE OF THE LION • 1969
UTAZAS A KOPONYAM KORUL • JOURNEY INSIDE MY BRAIN ○ JOURNEY ROUND MY SKULL, A • 1970
VOLT EGYSZER EGY CSALAD • THERE WAS ONCE A FAMILY • 1972
KAKUK MARCI • MARTIN CUCKOO • 1973
ONCE UPON A RAILWAY • 1976
MAGYAROK A PRERIN • HUNGARIANS ON THE PRAIRIE • 1980
HANYATT–HOMLOK • HELTER–SKELTER • 1984
AKLI MIKLOS • MIKLOS AKLI • 1986

REVIER HARRY – USA – 1889–
REVIER HARRY J.
SINNER, THE • 1915
SIREN'S SONG, THE • 1915
WEAKNESS OF STRENGTH, THE • 1916
LUST OF THE AGES, THE • 1917
GRAIN OF DUST, A • 1918
CHALLENGE OF CHANCE, THE • 1919
ROMANCE OF THE AIR, THE • 1919
WHAT SHALL WE DO WITH HIM? • 1919
RETURN OF TARZAN, THE • REVENGE OF TARZAN, THE • 1920
SAILORS OF THE SEVEN SEAS • 1920 • SRL
HEART OF THE NORTH, THE • 1921
LIFE'S GREATEST QUESTION • 1921
SON OF TARZAN, THE • 1921 • SRL
BROADWAY MADONNA, THE • MOTHERS OF MEN ○ BLACK DOMINO, THE • 1922
JUNGLE TRAIL OF THE SON OF TARZAN • 1923
DANGEROUS PLEASURE • 1925
SLAVER, THE • 1927
THRILL SEEKERS, THE • 1927
WHAT PRICE LOVE • 1927
MYSTERIOUS AIRMAN, THE • 1928 • SRL
CONVICT'S CODE, THE • 1930
BILL'S LEGACY • 1931
CITY OF LOST MEN • 1935
LOST CITY, THE • LOST CITY OF THE LIGURIANS, THE • 1935 • SRL
CHILD BRIDE • 1938

REVIER HARRY J. see **REVIER HARRY**

REVOL CLAUDE – FRN
ENFANT DE MINUIT, L' • MIDNIGHT CHILD, THE • 1930
RETOUR DE BONHEUR • RETURN OF HAPPINESS • 1930

REVOL ROBERT – FRN
MATRICULE 20.007 • 1969 • SHT

REVON BERNARD – FRN – 1931–
TURLUPINS, LES • 1979

REX EUGEN – GRM
BLASSE ALBERT, DER • 1919
HARLEKIN, DER • 1919
O ALTE BURSCHENHERRLICHKEIT • 1925

REX JYTTE – DNM
VERONICAS SVEDEDUG • VERONICA'S VEIL • 1977
ACHILLES HAELEN ER MIT VABEN • ACHILLES' HEEL IS MY WEAPON • 1978
JUDITH OG WERNER • JUDITH AND WERNER • 1981
ISOLDE • 1988

REY FLORIAN – SPN – 1894–1962
REVOLTOSA, LA • 1924
CHAVALA, LA • 1925
CHICOS DE LA ESCUELA, LOS • 1925
GIGANTES Y CABEZUDOS • 1925
LAZARILLO DE TORMES, EL • 1925
CURA DE ALDEA, EL • 1926
PILLUELO DE MADRID, EL • 1926
AGUILAS DE ACERO • MISTERIOS DE TANGER, LOS • 1927
HERMANA SAN SULPICIO, LA • 1927
AGUSTINA DE ARAGON • 1928
CLAVELES DE LA VIRGEN, LOS • 1928
ALDEA MALDITA, LA • 1929
FUTBOL, AMOR Y TOROS • 1929
BUENOS DIAS, LOS • 1931
CLIENTE SEDUCTOR, EL • 1932
ESPERAME • 1933
MELODIA DE ARRABAL • 1933
HERMANA SAN SULPICIO, LA • 1934
NOVIO DE MAMA, EL • 1934
ROMANZA RUSA • 1934
SIERRA DE RONDA • 1934
SOY UN SENORITO • 1934
NOBLEZA BATURRA • RUSTIC CHIVALRY (USA) • 1935
MORENA CLARA • 1936
CARMEN, LA DE TRIANA • 1938
CANCION DE AIXA, LA • 1939
DOLORES, LA • 1939
POLIZON A BORDO • 1941
ALDEA MALDITA, LA • 1942
ERAMOS SIETE A LA MESA • 1942
ANA MARIA • 1943
IDOLOS • 1943
OROSIA • 1943
LUNA VALE UN MILLON, LA • 1945
AUDIENCIA PUBLICA • 1946
NAO CAPITANA, LA • 1947
BRINDIS A MANOLETE • 1948
CIGARRA, LA • 1948
CUENTOS DE LA ALHAMBRA • 1950
MORDAZA DEL CANTARO, LA • 1953
CRUZ DE MAYO, LA • 1954
DANZA DE LOS DESEOS, LA • 1954
MALEFICIO • TRES CITAS CON EL DESTINO (SPN) ○ WITCHCRAFT ○ THREE DATES WITH DESTINY • 1954
POLVORILLA • 1956

REY ROBERTO – CHL
BELLA LA SALVAJE • 1952

REYES EDGARDO – PHL
BANGKANG PAPEL SA DAGAT NG APOY • PAPER BOAT IN A SEA OF FIRE • 1984

REYES EFREN – PHL
RAMADAL • 1958
EX–CONVICT • 1967
JUKE BOX QUEEN, THE • 1967
MISS WA WAW • MISS SEXY • 1967
SUICIDE SEVEN • 1967
ALYAS 1 2 3 • ALIAS 1 2 3 • 1968
DAYUHAN, ANG • STRANGER, THE • 1968
JINGY • 1968
KARDONG PUSA • KARDO, THE CATMAN • 1968

REYES JORGE – PRU
FAMILIA OROZCO, LA • 1982

REYES JOSE TRUCHADO see **TRUCHADO JOSE**

de los REYES MARYO – PHL
SAAN DARATING ANG UMAGA • WHERE DOES MORNING COME FROM? • 1983

REYNAUD EMILE – Inventor – FRN – 1844–1918
AUTOUR D'UNE CABINE • 1894
REVE AU COIN DU FEU • 1894
GUILLAUME TELL • 1896
PREMIER CIGARE, LE • 1896

REYNOLDS BURT – Actor – USA – 1936–
GATOR • 1976
END, THE • 1978
SHARKEY'S MACHINE • 1981
STICK • 1985

REYNOLDS C. D. H. – USA
DAY OF JUDGEMENT, A • STORMBRINGER • 1981

REYNOLDS CHRISTOPHER – USA
OFFERINGS • 1989

REYNOLDS DAVID – UKN
SECRET LIVES OF THE BRITISH PRIME MINISTERS: MACDONALD, THE • JAMES RAMSAY MACDONALD ○ MACDONALD ○ UNDERDOG • 1983 • MTV
SECRET LIVES OF THE BRITISH PRIME MINISTERS: PITT, THE • PITT: THE YOUNGER GIRL SCANDAL ○ BLOODLINE • 1983 • MTV

REYNOLDS DON see **ROMITELLI GIANCARLO**

REYNOLDS GENE – USA
IN DEFENSE OF KIDS • 1982 • TVM
DOING LIFE • 1986 • TVM

REYNOLDS KEVIN – USA – 1952–
PROOF
FANDANGO • 1984
BEAST, THE • BEAST OF WAR, THE • 1988

REYNOLDS LYNN – USA – 1889–1927
REYNOLDS LYNN F.
BOTH SIDES OF LIFE • 1915
BRIDE OF THE NANCY LEE, THE • 1915
EVERY MAN'S MONEY • 1915
HIS GOOD NAME • 1915
HONOR THY HUSBAND • 1915
MAN FROM ARGENTINE, THE • 1915
MIRROR OF JUSTICE, THE • 1915
PURE GOLD PARTNER, A • 1915
TERRIBLE TRUTH, THE • 1915
THIRD PARTNER, THE • 1915
VENGEANCE OF GUIDO, THE • 1915
BILL'S WIFE • 1916 • SHT
BRINK, THE • 1916 • SHT
END OF THE RAINBOW, THE • 1916
GAMBLER, THE • 1916 • SHT
GIRL OF LOST LAKE, THE • 1916
GROUCHES AND SMILES • 1916 • SHT
HEART OF BONITA, THE • 1916 • SHT
HER DREAM MAN • 1916 • SHT
HER GREAT PART • 1916 • SHT
HER GREATEST STORY • 1916 • SHT
IT HAPPENED IN HONOLULU • 1916
LONESOMENESS • 1916 • SHT
MISS BLOSSOM • 1916
MISSY • 1916 • SHT
MOTHER CALL, THE • 1916 • SHT
ROMANCE OF BILL GOAT HILL, A • 1916
SECRET FOE, THE • 1916
SECRET OF THE SWAMP, THE • 1916
THIEF OF THE DESERT, THE • 1916 • SHT
WINDWARD ANCHOR, THE • 1916 • SHT
WISE MAN AND THE FOOL, THE • 1916 • SHT
BROADWAY, ARIZONA • 1917
GOD'S CRUCIBLE • 1917
GREATER LAW, THE • 1917
MR. OPP • 1917
MUTINY • MUTINY OF THE AIDEN BESSE, THE (UKN) ○ CRUISE OF THE AIDEN BESSE, THE • 1917
PRAIRIE ROMEO, A • 1917 • SHT
SHOW–DOWN, THE • 1917
SOUTHERN JUSTICE • 1917
UP OR DOWN • 1917
ACE HIGH • 1918
FAME AND FORTUNE • MR. LOGAN • 1918
FAST COMPANY • 1918
GOWN OF DESTINY, THE • 1918
MR. LOGAN, U.S.A. • 1918
WESTERN BLOOD • 1918
BRUTE BREAKER, THE • 1919
COMING OF THE LAW, THE • 1919
FORBIDDEN ROOM, THE • 1919
LITTLE BROTHER OF THE RICH, A • 1919
MISS ADVENTURE • 1919
REBELLIOUS BRIDE, THE • UNKISSED BRIDE, THE • 1919
TREAT 'EM ROUGH • 1919
BULLET PROOF • 1920
OVERLAND RED • 1920
RED LANE, THE • 1920
TEXAN, THE • 1920
BIG TOWN ROUND–UP • 1921
NIGHT HORSEMEN, THE • 1921
ROAD DEMON, THE • 1921
TRAILIN' • 1921
ARABIA • TOM MIX IN ARABIA ○ DRUMS OF ARABY • 1922
FOR BIG STAKES • 1922
JUST TONY • 1922
SKY HIGH • 1922
UP AND GOING • 1922
BRASS COMMANDMENTS • 1923
GUNFIGHTER, THE • 1923
HUNTRESS, THE • 1923
DEADWOOD COACH, THE • 1924
LAST OF THE DUANES, THE • 1924
DURAND OF THE BAD LANDS • 1925
RAINBOW TRAIL, THE • 1925
RIDERS OF THE PURPLE SAGE • 1925
BUCKAROO KID, THE • 1926
CHIP OF THE FLYING U • 1926
COMBAT, THE • 1926
MAN IN THE SADDLE, THE • 1926
PRISONERS OF THE STORM • 1926
TEXAS STREAK, THE • 1926
HEY! HEY! COWBOY • 1927
SILENT RIDER, THE • 1927

REYNOLDS LYNN F. see **REYNOLDS LYNN**

REYNOLDS MICHAEL – Animator – USA
BRAVE FROG: GREATEST ADVENTURE, THE • BRAVE FROG'S GREATEST ADVENTURES, THE • ANM
BRAVE FROG: A VERY FROGGY AFFAIR, THE • 1985 • ANM

REYNOLDS QUENTIN – USA
DEATH OF A DREAM • 1950
JUSTICE AND CARYL CHESSMAN • 1960

REYNOLDS S. E. – UKN
GREAT CONWAY, THE • 1940

REYNOLDS SHELDON – Writer – USA – 1923–
FOREIGN INTRIGUE • 1956
HOLLE VON MANITOBA, DIE • LUGAR LLAMADA "GLORY", UN (SPN) ○ PLACE CALLED GLORY, A (USA) • 1965
GERN HAB' ICH DIE FRAUEN GEKILLT • CARNAVAL DES BARBOUZES, LE (FRN) ○ KILLER'S CARNIVAL (USA) ○ SPIE CONTRO IL MONDE • 1966
ASSIGNMENT TO KILL • 1969

REYNOLDS WILLIAM RED – USA – 1910–
CHARTROOSE CABOOSE • 1960

REYPOOR BAHRAM – IRN
SE JAVANMARD • THREE GENEROUS MEN • 1968
VISA • 1988

REZAI RAHMAN see **REZAIE RAHMAN**

REZAIE RAHMAN – IRN
REZAI RAHMAN
CLOSED CIRCUIT • 1985
CALL OF THE SEA, THE • 1990

REZENDE SERGIO – BRZ
HOMEM DA CAPA PRETA, O • MAN IN THE BLACK CAPE, THE • 1986
DOIDA DEMAIS • TOO CRAZY • 1988

REZUCHA JOZEF – CZC
DOST DOBRI CHLAPI • QUITE GOOD CHAPS • 1972

RHEIN – FRN
ALLUMORPHOSES • 1960 • SHT
DEFENSE DE FUMER • 1961 • SHT

RHEWDNAL LEO J. see **LANDWEHR JOEL**

RHODES MICHAEL RAY – USA
FOURTH WISE MAN, THE • 1985 • TVM

RHOMM PATRICE – FRN – 1931–
STAAR MARK
PAVOTS DE L'ENFER, LES • 1970
ARCHISEXE, L' • 1972
GRANDE EXTASE, LA • 1975
BIJOUX D'AMOUR • 1977
TOUCHEZ PAS AU ZIZI • 1977

RHONE TREVOR – JMC
SMILE ORANGE • 1976

RIAD MOHAMED SLIMANE – ALG – 1932–
RIAD SLIM
AURES 54, AURES 64 • 1964
SOLEIL ET MITIDJA • 1966 • SHT
AFFAIRE BOUDJELBANA, L' • 1967 • SHT
RONDS DE CUIR, LES • 1967
SPECULATION • 1967 • SHT
VOIE, LA • ROAD, THE • 1967
INSPECTEUR TAHAR, L' • 1969
SA NAUD • NOUS REVIENDRONS ○ SANAOUD ○ SAFARI • 1972
RIH AL-JANUB • VENT DU SUD • RYAH EL JANOBV ○ SOUTH WIND, THE ○ WIND FROM THE SOUTH • 1975

RIAD SLIM see **RIAD MOHAMED SLIMANE**

RIAZANOV ELDAR see **RYAZANOV ELDAR**

RIBAS ANTONI – SPN – 1935–
RIBAS ANTONIO
SALVAJES DE PUENTE SAN GIL, LOS • WILD ONES OF SAN GIL BRIDGE, THE ○ SAVAGES OF ST. GIL'S BRIDGE • 1967
PALABRAS DE AMOR • TREN DE MATINADA • 1968
MEDIAS Y CALCETINES • 1969
OTRA IMAGEN, LA • 1973
CIUTAT CREMADA, LA • CIUDAD QUEMADA, LA ○ BURNED CITY, THE • 1976
VICTORIA! • VICTORY! • 1984

RIBAS ANTONIO see **RIBAS ANTONI**

RIBBSJO ANDERS – SWD
BLUE COLLAR AMERICA • 1980

RIBEIRO ANTONIO LOPES – PRT – 1908–
BAILANDO AO SOL • 1928 • SHT
NAZARE, PRAIA DE PESCADORES • NAZARE • 1928 • DOC
GADO BRAVO • 1934
REVOLUCAO DE MAIO, A • 1937
EXPOSICAO HISTORICA DA OCUPACAO NO SECULO XIX • 1938 • SHT
FEITICO DO IMPERIO • 1940
SALAZAR E A NACAO • 1940 • SHT
14 ANOS DE POLITICA DO ESPIRITO • 1940 • SHT
ASPECTOS DE MOCAMBIQUE • 1941 • SHT
EXPOSICAO DO MUNDO PORTUGUES • 1941 • SHT
PAI TIRANO, O • CRUEL FATHER • 1941
AMOR DE PERDICAO • 1943
REGATA TORBAY-CASCAIS, A • 1943 • SHT
ANGOLA A UMA NOVA LUSITANIA • 1945 • DOC
VIZINHA DO LADO, A • 1945
CORTEJO HISTORICO DE LISBOA • 1947 • SHT
ESTAMPAS ANTIGAS DE PORTUGAL • 1947 • SHT
ILHAS CRIOULAS DE CABO VERDE, AS • 1947 • SHT
INAUGURACAO DO ESTADIO NACIONAL • 1947 • SHT
LISBOA DE ONTEM E DE HOJE • 1948 • SHT
QUINZE ANOS DE OBRAS PUBLICAS • 1948 • SHT
FREI LUIS DE SOUSA • 1949
REVOLUCAO NA PAZ, UMA • 1949 • SHT
ALGARVE DE ALEM-MAR • 1950 • SHT
CORTEJOS DE OFERENDAS • 1953 • SHT
HISTORIA DE LISBOA POR IMAGENS • 1953 • SHT
REALIDADE INTERNACIONAL -TANGER, UMA • 1953 • SHT
TRABALHO PRISIONAL • 1954 • SHT
PRESIDENTE CAFE FILHO EM LISBOA • 1955 • SHT
VIAGEM DO SENHOR PRESIDENTE DA REPUBLICA A MADEIRA • 1955 • SHT
VIAGEM PRESIDENCIAL A INGLATERRA • 1955 • SHT
ARTE PORTUGUESA EM LONDRES • 1956 • SHT
COMUNIDADE LUSO-BRASILEIRA • 1956 • SHT
VISITA PRESIDENCIAL AO BRASIL • 1956 • SHT
RAINHA ISABEL II EM PORTUGAL, A • 1957 • SHT
TRINTA ANOS COM SALAZAR • 1957 • SHT
DA SERRA AO MAR • 1959 • SHT
FAINAS DO RIO E DO MAR • 1959 • SHT
INDUSTRIAS REGIONAIS • 1959 • SHT
JOIAS DO ALTO ALENTEJO • 1959 • SHT
LAR DE CATASSOL, O • 1959 • SHT
LOUCAS DE BARRO • 1959 • SHT
MONUMENTOS DE BELEM • 1959 • SHT
MOSTEIROS PORTUGUESES • 1959 • SHT
PRIMO BASILIO, O • 1959
RENDAS E PANOS • 1959 • SHT
SES PORTUGUESAS • 1959 • SHT
BANCO PORTUGUES DO ATLANTICO • 1963 • SHT
FATIMA, ESPERANCA DO MUNDO • 1963 • SHT
GIL VICENTE E O SEU TEATRO • 1966
TERRA SANTA, TERRA PROMETIDA • 1968 • SHT
FUNERAIS DE SALAZAR • 1970 • SHT
PORTUGAL EM OSAKA • 1971 • SHT

RIBEIRO AUGUSTO JR. – BRZ
BOI DE PRATA • SILVER OX • 1982

RIBEIRO FRANCISCO – PRT – 1911–
PATIO DAS CANTIGAS, O • 1942
RODAS DE LISBOA • 1945 • SHT

RIBERO MARIO – CLM
EMBAJADOR DE LA INDIA, EL • AMBASSADOR FROM INDIA, THE • 1989

RIBES JEAN-MICHEL – FRN – 1946–
RIEN NE VA PLUS • 1979

de RIBON ROBERTO – CHL
PECCATO DI ROGELIA SANCHEZ, IL • SANTA ROGELIA (SPN) ○ DONNE DI SPAGNA • 1939
UOMO VENUTO DAL MARE, L' • GIORNO DI FESTA • 1942
DIAMANTE DEL MAHARAJA, EL • 1947

RIBOWSKA MALKA – FRN
SIMONE DE BEAUVOIR • 1978 • DOC

RIBOWSKI NICOLAS – FRN – 1939–
AFFAIRE D'HOMMES, UNE • 1980
PERIGORD NOIR • 1989

RICARDO SERGIO – BRZ
JULIANA DO AMOR PERDIDO • LOST LOVE JULIANA • 1970
NOITE DO ESPANTALHO, A • NIGHT OF THE SCARECROW, THE • 1974

RICAUD MICHEL – FRN
A L'ECOLE DU TROTTOIR
AMANT POUR ELLES... ET POUR LUI
ET IL VOULUT ETRE UN FEMME • DOC
REINES DU PEEPSHOW, LES
SOEURS DIABOLIQUES, LES
VALERIE TOURNE MAL
YACHT DE L'AMOUR, LE
14 ANS D'AURELIE, LES
VIOL, LE • 1982 • DOC

RICCI LUCIANO – ITL
*WISE HERBERT**
JOSEPH AND HIS BRETHREN • GIUSEPPE VENDUTO DAI FRATELLI (ITL) ○ SOLD INTO EGYPT ○ STORY OF JOSEPH AND HIS BRETHREN, THE ○ JOSEPH SOLD BY HIS BROTHERS • 1962
SOLO CONTRO ROMA • VENGEANCE OF THE GLADIATOR (UKN) ○ ALONE AGAINST ROME ○ FALL OF ROME, THE • 1962
CASTELLO DEI MORTI VIVI, IL • CHATEAU DES MORTS VIVANTS, LE (FRN) ○ CASTLE OF THE LIVING DEAD(USA) • 1964
SENZA SOLE NE LUNA • 1964

RICCI MARIA TERESA – ITL
PRINCIPESSA DEL SOGNO, LA • 1942

RICCI SERGIO – ITL
ANNO TREMILA LA MORTE BIANCA • 1977

RICCI TEODORO see **RICCI TONINO**

RICCI TONINO – ITL
RICCI TEODORO • RICHMOND ANTHONY
DITO NELLA PIAGA, IL • AD OGNI CESTO OGNANO PER SE ○ DIRTY TWO, THE ○ BADGE OF COURAGE • 1969
OMICIDIO PERFETTO A TERMINI DI LEGGE, UN • 1971
OSCURIDAD EN EL CEREBRO, LA • DARKNESS IN THE BRAIN, THE • 1971
COLPO GROSSO, GROSSISSIMO, ANZI PROBABILE • 1972
MONTA IN SELLA FIGLIO DI.. • 1972
ONORATA FAMIGLIA, UCCIDERE E COSA NOSTRA, L' • BIG FAMILY, THE • 1973
STORIA DI KARATE, PUGNI E FAGIOLI • 1973
ZANNA BIANCA ALLA RISCOSSA • 1975
ROBIN HOOD, FRECCIA, FAGIOLI E KARATE • 1976
NOUVO AMORE, UN • 1977
ENCUENTRO EN EL ABISMO • ENCOUNTERS IN THE DEEP • 1978
FOSSA MALEDETTA, LA • BERMUDE: LA FOSSA MALEDETTA ○ SHARK'S CAVE (UKN) ○ CAVE OF THE SHARKS ○ CUEVA DE LOS TIBURONES, LA • 1978
INCONTRI CON GLI UMANOIDI • 1979
PANICO • PANIC • 1980
THOR IL CONQUISTATORE • THOR THE CONQUEROR • 1982
RAGE • 1984
RUSH • RUSH: THE ASSASSIN • 1984
DAYS OF HELL • 1985
NIGHT OF THE SHARKS • 1987

RICCIARDI LORENZO – ITL
VENERE CREOLA • 1961

RICE A. W. – USA
RICE AL W.
SHADOW SINISTER, THE • 1916 • SHT
BRUTE FORCE • 1917 • SHT
BURNING SILENCE, THE • 1917 • SHT
POINTED FINGER, THE • 1917 • SHT

RICE AL W. see **RICE A. W.**

RICE BILL – USA
VINEYARD, THE • 1989

RICE DAVID – USA
QUIET THUNDER • 1988

RICE RAY – USA
"Y" • ANS

RICE RON – USA – 1935–1964
FLOWER THIEF, THE • 1962
SENSELESS • 1962 • SHT
QUEEN OF SHEBA MEETS THE ATOM MAN, THE • 1963
CHUMLUM • 1964 • SHT

RICH DAVID L. see **RICH DAVID LOWELL**

RICH DAVID LOWELL – USA – 1920–
RICH DAVID L.
NO TIME TO BE YOUNG • TEENAGE DELINQUENTS (UKN) • 1957
SENIOR PROM • 1958
HAVE ROCKET, WILL TRAVEL • 1959
HEY BOY! HEY GIRL! • 1959
SEE HOW THEY RUN • WIDOW MAKERS, THE • 1965 • TVM
MADAME X • 1966
PLAINSMAN, THE • 1966
BORGIA STICK, THE • 1967 • TVM
WINGS OF FIRE • CLOUDBURST, THE • 1967 • TVM
LOVELY WAY TO DIE, A • LOVELY WAY TO GO, A • 1968
MARCUS WELBY, M.D. • MATTER OF HUMANITIES • 1968 • TVM
ROSIE! • 1968
THREE GUNS FOR TEXAS • 1968 • MTV
EYE OF THE CAT • WYLIE • 1969
MASK OF SHEBA, THE • 1969 • TVM
SET THIS TOWN ON FIRE • TO SET THIS TOWN ON FIRE ○ PROFANE COMEDY, THE • 1969
BERLIN AFFAIR • 1970 • TVM
SHERIFF, THE • 1970 • TVM
ALL MY DARLING DAUGHTERS • 1972 • TVM
ASSIGNMENT: MUNICH • 1972 • TVM
BROCK'S LAST CASE • 1972 • TVM
HORROR AT 37000 FEET • STONES • 1972 • TVM
JUDGE AND JAKE WYLER, THE • 1972 • TVM
LIEUTENANT SCHUSTER'S WIFE • 1972 • TVM
NORTHEAST OF SEOUL • NORTHEAST TO SEOUL • 1972
BEG, BORROW OR STEAL • 1973 • TVM
CRIME CLUB • 1973 • TVM
DEATH RACE • STATE OF DIVISION • 1973 • TVM
RUNAWAY! • RUNAWAY TRAIN, THE (UKN) • 1973 • TVM
SATAN'S SCHOOL FOR GIRLS • 1973 • TVM
THAT MAN BOLT • 1973
ALOHA MEANS GOODBYE • 1974 • TVM
CHADWICK FAMILY, THE • 1974 • TVM
SEX SYMBOL, THE • 1974 • TVM
ADVENTURES OF THE QUEEN • 1975 • TVM
BRIDGER • BRIDGER -THE FORTIETH DAY • 1975 • TVM
DAUGHTERS OF JOSHUA CABE RETURN, THE • 1975 • TVM
YOU LIE SO DEEP, MY LOVE • 1975 • TVM
SECRET LIFE OF JOHN CHAPMAN, THE • 1976 • TVM
STORY OF DAVID, THE • 1976 • TVM
RANSOM FOR ALICE • 1977 • TVM
SST -DEATH FLIGHT • SST -DISASTER IN THE SKY ○ DEATH FLIGHT • 1977 • TVM
TELETHON • 1977
DEFECTION OF SIMAS KUDIRKA, THE • 1978 • TVM
FAMILY UPSIDE DOWN, A • 1978 • TVM
LITTLE WOMEN • 1978 • TVM
CONCORDE -AIRPORT '79, THE • AIRPORT '80 -THE CONCORDE (UKN) • 1979
DEAD FLIGHT • 1979
ENOLA GAY: THE MEN, THE MISSION, THE ATOMIC BOMB • ENOLA GAY • 1980 • TVM
NURSE • 1980 • TVM
CHU CHU AND THE PHILLY FLASH • 1981
FIGHTER, THE • 1982 • TVM
THURSDAY'S CHILD • 1982 • TVM
I WANT TO LIVE • 1983 • TVM
HIS MISTRESS • 1984 • TVM
SKY'S NO LIMIT, THE • STAR CHASERS • 1984 • TVM
HEARST AND DAVIES AFFAIR, THE • 1985 • TVM
SCANDAL SHEET • 1985 • TVM
CHOICES • 1986 • TVM
CONVICTED • 1986 • TVM
INFIDELITY • 1987 • TVM

RICH DENIS – UKN
WORLD OF AUTOMATION, THE • 1970 • SHT

RICH JOHN – USA – 1925–
WIVES AND LOVERS • FIRST WIFE • 1963
NEW INTERNS, THE • 1964
ROUSTABOUT • 1964
BOEING BOEING • 1965
EASY COME, EASY GO • 1967

RICH RICHARD – Animator – USA
FOX AND THE HOUND, THE • 1981 • ANM
BLACK CAULDRON, THE • 1985 • ANM

RICH ROY – Producer – USA – 1909–1970
MY BROTHER'S KEEPER • DOUBLE PURSUIT • 1948
IT'S NOT CRICKET • 1949
PHANTOM CARAVAN • 1954
SECOND FACE • DOUBLE PROFILE • 1954

RICH TOM – USA
CAMPUS HEAT • 1969

RICHARD ALBERT J. – USA
WORLD IN FLAMES, THE • 1940 • DOC

RICHARD CHRISTIAN – BRK
COURAGE DES AUTRES, LE • COURAGE OF OTHERS, THE • 1982

RICHARD JACQUES – FRN – 1954–
NE • 1975
ROUGE DE CHINE, LE • 1976
REBELOTE • 1983
AVE MARIA • 1984
CENT FRANCS L'AMOUR • 1985

RICHARD JEAN-LOUIS – FRN – 1927–
BONNE CHANCE, CHARLIE • 1962
MATA-HARI AGENT H-21 • MATA HARI, AGENTE SEGRETO H21 (ITL) ○ MATA HARI AGENT H-21 (USA) • 1965
TELO DIANA • CORPS DE DIANE, LE (FRN) ○ BODY OF DIANA, THE • 1969

RICHARD JEAN-MARIUS see **CARLO-RIM**

RICHARD JEFFERSON – USA
IN SEARCH OF A GOLDEN SKY • 1986
BERSERKER • BERSERKER: THE NORDIC CURSE • 1987

RICHARD PIERRE – FRN – 1934–
DISTRAIT, LE • DAYDREAMER, THE (USA) • 1970
MALHEURS D'ALFRED, LES • MALHEURS D'ALFRED OU APRES LA PLUIE LE MAUVAIS TEMPS, LES • 1972
JE NE SAIS RIEN MAIS JE DIRAI TOUT • 1973
JE SUIS TIMIDE MAIS JE ME SOIGNE • 1978
C'EST PAS MOI, C'EST LUI • 1980

RICHARD STEPHEN see **GOULT DOMINIQUE**

RICHARDS C. M. PENNINGTON see **PENNINGTON-RICHARDS C. M.**

RICHARDS DICK – USA – 1936–
CULPEPPER CATTLE COMPANY, THE • 1972
FAREWELL MY LOVELY • 1975
RAFFERTY AND THE GOLD DUST TWINS • RAFFERTY AND THE HIGHWAY HUSTLERS • 1975
MARCH OR DIE • 1977
DEATH VALLEY • 1982
MAN, WOMAN AND CHILD • MAN, A WOMAN AND A CHILD, A • 1983
MONEY'S TIGHT • GOIN' TO THE CHAPEL • 1988

RICHARDS JAMES – UKN
JOEY KNOWS A VILLAIN • 1960 • SHT
JOEY LEADS THE WAY • 1960 • SHT
JOEY'S NO ASS • 1960 • SHT

RICHARDS LLOYD – UKN
PARTNERS PLEASE • 1932
ROOTS: THE NEXT GENERATIONS • 1978 • TVM

RICHARDS MARK – USA
LADIES OF THE 80s • 1985

RICHARDS PENNINGTON see **PENNINGTON-RICHARDS C. M.**

RICHARDS R. M. – USA
HEAT • 1987

RICHARDSON AMANDA – UKN
CARRY GREENHAM HOME • 1984

RICHARDSON BOYCE – NZL – 1928–
CHISSIBI -LA MORT D'UN FLEUVE • 1973 • DOC
CANADA'S NATIVE PEOPLE -A QUESTION OF SURVIVAL • 1974 • DOC
CITIES WE BUILD, THE • 1974 • DOC
CREE HUNTERS OF MISTASSINI • CHASSEURS CRIS DE MISTASSINI • 1974 • DOC
OUR LAND IS OUR LIFE • 1974 • DOC
OCCUPATIONAL HEALTH • 1976-78 • SER
CHINA HISTORY • 1978 • DOC
OUR HEALTH IS NOT FOR SALE • 1978 • DOC
WHO WILL I SENTENCE NOW? • 1978 • DOC
NORTH CHINA COMMUNE • 1979 • DOC
CHINA: A LAND TRANSFORMED • 1980 • DOC
NORTH CHINA FACTORY • 1980 • DOC
TWO DREAMS OF A NATION: THE FORTIN FAMILY OF QUEBEC AND ALBERTA • 1980 • DOC
WUXING PEOPLE'S COMMUNE • 1980 • DOC

RICHARDSON FRANK – USA – 1892–
RICHARDSON FRANKLAND A. • *RICHARDSON FRANK A.*
BLACK TULIP, THE • 1920
IN THE NIGHT • 1920
BLACK TULIP, THE • 1921
CANDYTUFT, I MEAN VERONICA • 1921
KITTY TAILLEUR • 1921
SHEER BLUFF • 1921
WHITE HEN, THE • 1921
KING OF THE PACK • 1926
RACING BLOOD • 1926
PEACE AND QUIET • 1931
WE DINE AT SEVEN • 1931
ABOVE RUBIES • 1932
DON'T BE A DUMMY • 1932
FLAT NO.9 • 1932
RIVER HOUSE GHOST, THE • 1932
DOUBLE WEDDING • 1933
MONEY MAD • 1934
OH, WHAT A NIGHT! • 1935
HOWARD CASE, THE • 1936
CABARET • 1945
SWEETHEARTS FOR EVER • 1945
AMATEUR NIGHT • 1946
I WAS A DANCER • 1949
BAIT • 1950

RICHARDSON FRANK A. see **RICHARDSON FRANK**

RICHARDSON FRANKLAND A. see **RICHARDSON FRANK**

RICHARDSON GEORGE – USA
THEY CALL HER CLEOPATRA WONG • CLEOPATRA WONG • 1978

RICHARDSON JOHN – ASL
ADVENTURE, THE • 1964
DUSTY • 1982

RICHARDSON KEN – USA
NONE BUT THE BRAVE • 1963

RICHARDSON PETER – Actor – UKN
SUPERGRASS, THE • 1985
EAT THE RICH • 1987
COMIC STRIP PRESENTS: THE STRIKE • STRIKE, THE • 1988
FIVE GO TO HELL • 1988

RICHARDSON RALPH – Actor – UKN – 1902–1983
HOME AT SEVEN • MURDER ON MONDAY (USA) • 1952

RICHARDSON RICHARD A. – USA
MAN, A WOMAN AND A KILLER, A • 1975

RICHARDSON TONY – UKN – 1928–
MOMMA DON'T ALLOW • 1955 • SHT
LOOK BACK IN ANGER • 1959
ENTERTAINER, THE • 1960
SANCTUARY • 1961
TASTE OF HONEY, A • 1961
LONELINESS OF THE LONG DISTANCE RUNNER, THE • REBEL WITH A CAUSE • 1962
TOM JONES • 1963
LOVED ONE, THE • 1965
MADEMOISELLE • 1966
RED AND BLUE • 1967
SAILOR FROM GIBRALTAR, THE • 1967
CHARGE OF THE LIGHT BRIGADE, THE • 1968
HAMLET • 1969
LAUGHTER IN THE DARK • CHAMBRE OBSCURE, LA (FRN) • 1969
NED KELLY • NED KELLY, OUTLAW • 1970
DELICATE BALANCE, A • 1973
DEAD CERT • 1974
JOSEPH ANDREWS • 1977
DEATH IN CANAAN, A • 1978 • TVM
RED, WHITE AND ZERO • 1979
BORDER, THE • 1982
HOTEL NEW HAMPSHIRE, THE • 1983
PENALTY PHASE • 1986 • TVM

RICHARDSON VIOLET J. – UKN
HOW TO MAKE A LINO-CUT • 1938

RICHE PAUL see **MAMY JEAN**

RICHEBE ROGER – Producer – FRN – 1897–
AGONIE DES AIGLES, L' • 1933
J'AI UNE IDEE • 1934
MINUIT, PLACE PIGALLE • 1934
HABIT VERT, L' • 1937
PRISONS DE FEMMES • 1938
TRADITION DE MINUIT, LA • 1939
MADAME SANS-GENE • 1941
ROMANCE A TROIS • 1942
DOMINO • 1943
J 3, LES • 1945
GRANDE MAGUET, LA • 1947
MONSEIGNEUR • 1949
GIBIER DE POTENCE • 1951
AMANTS DE MINUIT, LES • 1952
FUGUE DE M. PERLE, LA • 1952
FILLE ELISA, LA • ELISA ○ THAT GIRL ELISA • 1956
QUE LES HOMMES SONT BETES • 1956
AUSTERLITZ • NAPOLEONE AD AUSTERLITZ (ITL) ○ BATTLE OF AUSTERLITZ (USA) • 1960

RICHER GILLES – CND – 1938–
TOUT FEU TOUT FEMME • 1975

RICHERT WILLIAM – USA
FIRST POSITION • 1972 • DOC
AMERICAN SUCCESS COMPANY, THE • AMERICAN SUCCESS ○ SUCCESS ○ RINGER, THE • 1979
WINTER KILLS • 1979
NIGHT IN THE LIFE OF JIMMY REARDON, A • JIMMY REARDON • 1988

RICHIE DONALD – USA
FUTARI • 1963
FIVE PHILOSOPHICAL FABLES

RICHLY ZSOLT – HNG
CAKE, THE • ANS
IN INDIA • ANS

RICHMAN GEOFF – UKN
MORGAN'S WALL • 1978

RICHMAN MARIE – UKN
MORGAN'S WALL • 1978

RICHMOND ANTHONY see **RICCI TONINO**

RICHMOND ANTHONY* – Cinematographer – UKN – 1942–
DEJA VU • ALWAYS • 1984

RICHMOND J. A. – USA
RICHMOND JOSEPH A. • *RICHMOND JOSEPH*
BARKER, THE • 1917
BEAR FACT, A • 1917 • SHT
BRASS MONKEY, A • 1917 • SHT
BRAVING BLAZES • 1917
CONTENTED WOMAN, A • 1917 • SHT
DAY AND A NIGHT, A • 1917 • SHT
DOG IN THE MANGER, A • 1917 • SHT
HE DID IT HIMSELF • 1917 • SHT
HOLE IN THE GROUND, A • 1917 • SHT
MAGIC VEST, THE • 1917
MIDNIGHT BELL, A • 1917 • SHT
RAG BABY, A • 1917 • SHT
RUNAWAY COLT, A • 1917 • SHT
TRIP TO CHINATOWN, A • 1917 • SHT
MY LADY'S SLIPPER • 1918 • SHT
NEARLY A SLACKER • 1918 • SHT
SOME JUDGE • 1918 • SHT

RICHMOND JOSEPH see **RICHMOND J. A.**

RICHMOND JOSEPH A. see **RICHMOND J. A.**

RICHON RENE – FRN – 1949–
BARRICADE DU POINT DU JOUR, LA • 1977

RICHTER DAGMAR – NRW
KAPTEIN MARIA • CAPTAIN MARIA • 1978

RICHTER HANS – GRM – 1888–1976
PRELUDE AND FUGUE • 1920
RHYTHMUS 21 • RHYTHM 21 ○ FILM IST RHYTHMUS • 1921 • ANS
RHYTHMUS • FILM IN RHYTHM • 1921-27 • ASS
ORCHESTRATION OF COLOUR • 1923
RHYTHMUS 23 • RHYTHM 23 • 1923 • SHT
RHYTHMUS 25 • 1925
FILMSTUDIE • FILM STUDY • 1926
INFLATION • 1928 • SHT
VORMITTAGSPUK • GHOSTS BEFORE BREAKFAST ○ GHOSTS BEFORE NOON • 1928 • SHT
ALLES DREHT SICH, ALLES BEWEGT SICH! • EVERYTHING TURNS, EVERYTHING REVOLVES • 1929
EVERYDAY • 1929
RENNSYMPHONIE • RACE SYMPHONY • 1929
STURM UBER LA SARRAZ • KAMPF DES UNABHANGIGEN GEGEN DES KOMMERZIELLEN FILM • 1929 • SHT
ZWEIGROSCHENZAUBER • TWOPENNY MAGIC • 1929
NEUES LEBEN • NEW LIFE • 1930
EUROPA RADIO • 1931
METALL • 1931-33
HALLO EVERYBODY • 1933
HANS IM GLUCK • 1938
KLEINE WELT IM DUNKELEM, EINE • SMALL WORLD IN THE DARK, A • 1938
DREAMS THAT MONEY CAN BUY • 1947
NARCISSUS • 1947
THIRTY YEARS OF EXPERIMENT • 1951
AFTERNOON OF A FAUN • 1952
VATERTAG • 1955
DADASCOPE I&II • 1956-57
ACHT MAL ACHT • 8 X 8 • 1957
CHESSCETERA • PASSIONATE PASTIME • 1957
FORTY YEARS OF EXPERIMENT IN FILM • 1961 • CMP
FROM DADA TO REALISM • 1961
ALEXANDER CALDER • 1963
FROM THE CIRCUS TO THE MOON • 1963

RICHTER JOCHEN – GRM
UMARMUNGEN UND ANDERE SACHEN • EMBRACES AND OTHER THINGS • 1976

RICHTER KURT – USA
INVITATION TO RUIN • 1968

RICHTER OTA – USA
SKULLDUGGERY • 1983

RICHTER ROBERT – USA
VIETNAM: AN AMERICAN JOURNEY • 1978 • DOC

RICHTER W. D. – USA
ADVENTURES OF BUCKAROO BANZAI, THE • BUCKAROO BANZAI ○ ADVENTURES OF BUCKAROO BANZAI ACROSS THE EIGHTH DIMENSION • 1984
LATE FOR DINNER • 1990

RICHTER WALTER – GRM
WO DER WILDBACH RAUSCHT • 1956

RICHTER WOLFGANG – GRM
DU SOLLST DICH NIE VOR EINEM LEBENDEN MENSCHEN BUCKEN • NEVER BE HUMBLE BEFORE ANY LIVING PERSON ○ NEVER BOW DOWN BEFORE A LIVING PERSON! • 1978 • DOC

RICK JR. – USA
MARRIAGE AND OTHER FOUR LETTER WORDS • 1975

RICKARD DICK – USA
FERDINAND THE BULL • 1938 • ANS
PRACTICAL PIG, THE • 1939 • ANS

RICKENBACH FRANZ – SWT
SCHULERFILM • 1982
NUIT DE L'ECLUSIER, LA • NIGHT OF THE LOCK-KEEPER, THE • 1988

RICKER BRUCE – USA
LAST OF THE BLUE DEVILS, THE • 1979

RICKETSON JAMES – ASL – 1949–
LIMBO • 1972 • SHT
REFLECTIONS • 1973 • SHT
IT WASN'T GOING TO HAPPEN TO ME • 1975 • DOC
SEVENTH AGE, THE • 1975 • DOC
DRIFTING • 1976 • SHT
THIRD PERSON PLURAL • 1978
JACOB'S LADDER • 1979 • DOC
ROSLYN AND BLAGICA • 1979 • DOC
EVERY DAY CHALLENGE • 1981 • DOC
INTERNATIONAL YEAR OF DISABLED PERSONS • 1981
WALL OF SILENCE, A • 1981 • DOC
CANDY REGENTAG • KISS THE NIGHT • 1987

RICKETTS THOMAS – Actor – USA – –1939
RICKETTS THOMAS H.
BEST MAN WINS, THE • 1911
DESPERATE DESMOND ALMOSTS SUCCEEDS • 1911

BACHELOR AND THE BABY, THE • 1912
BELLE OF BAR Z RANCH, THE • 1912
BRAVE LITTLE WOMAN, A • 1912
FEUDAL DEBT, THE • 1912
FOREIGN SPY, THE • 1912
MAUD MULLER • 1912
OVER A CRACKER BOWL • 1912
ARMED INTERVENTION • 1913
GHOST OF THE HACIENDA, THE • 1913
IN THE FIRELIGHT • 1913
MAKING OF A WOMAN, THE • 1913
POISONED CHOP, THE • 1913
TRAIL OF THE LOST CHORD, THE • 1913 • SHT
WHERE THE ROAD FORKS • 1913
ALL ON ACCOUNT OF A JUG • 1914
AT THE END OF A PERFECT DAY • 1914
BLUE KNOT, KING OF POLO • 1914
BROKEN BARRIER, THE • 1914
BUTTERFLY, THE • 1914
CALAMITY ANNE'S LOVE AFFAIR • 1914
DAPHNIA • 1914
DOWN BY THE SEA • 1914
FALSE GODS • 1914
HER FIGHTING CHANCE • 1914
HERMIT, THE • 1914
IN THE DAYLIGHT • 1914
IN THE MOONLIGHT • 1914
INDEPENDENCE OF SUSAN, THE • 1914
JIM • 1914
LIKE FATHER, LIKE SON • 1914
LITTLE HOUSE IN THE VALLEY, THE • 1914
LODGING FOR THE NIGHT • 1914
LURE OF THE SAWDUST, THE • 1914
MEIN LIEBER KATRINA CATCHES A CONVICT • 1914
RETURN OF HELEN REDMOND, THE • 1914
RUIN OF MANLEY, THE • 1914
SHELTERING AN INGRATE • 1914
SON OF THOMAS GRAY, THE • 1914
SOUL ASTRAY, A • 1914
SOWER REAPS, THE • 1914
STRENGTH O'TEN, THE • 1914
YOUTH AND ART • 1914
BUZZARD'S SHADOW, THE • 1915
DAMAGED GOODS • 1915
ECHO, THE • 1915
END OF THE ROAD, THE • 1915
GREAT QUESTION, THE • 1915
HEART OF FLAME • 1915
HEART OF GOLD, A • 1915
HOUSE OF A THOUSAND SCANDALS, THE • 1915
IN THE SUNLIGHT • 1915
IN THE TWILIGHT • 1915
LURE OF THE MASK, THE • 1915
PARDONED • 1915
SECRETARY OF FRIVOLOUS AFFAIRS, THE • 1915
TRAGIC CIRCLE, THE • 1915
TWO SENTENCES, THE • 1915
BONDS OF DECEPTION • 1916 • SHT
BROKEN CROSS, THE • 1916 • SHT
BROKEN GENIUS, A • 1916 • SHT
CONVICTED FOR MURDER • 1916 • SHT
FATE OF THE DOLPHIN, THE • 1916 • SHT
GAMBLE, THE • 1916 • SHT
HAPPY MASQUERADER, THE • 1916 • SHT
HIS MASTERPIECE • 1916 • SHT
IN THE SHUFFLE • 1916 • SHT
LIFE'S BLIND ALLEY • 1916
LILLO OF THE SULU SEAS • 1916 • SHT
MAN IN THE SOMBRERO, THE • 1916 • SHT
OTHER SIDE OF THE DOOR, THE • 1916
OUT OF THE RAINBOW • 1916 • SHT
PENDULUM OF CHANCE • 1916 • SHT
PIERRE BRISSAC, THE BRAZEN • 1916 • SHT
POWER OF MIND, THE • 1916 • SHT
PROFLIGATE, THE • 1916 • SHT
REALIZATION • 1916 • SHT
REPAID • 1916 • SHT
SECRET WIRE, THE • 1916 • SHT
SUPPRESSED ORDER, THE • 1916 • SHT
TRAIL OF THE THIEF, THE • 1916 • SHT
SINGLE CODE, THE • 1917
CRIME OF THE HOUR • 1918
SIN OF THE WORLD, THE • 1919

RICKETTS THOMAS H. see **RICKETTS THOMAS**

RICKMAN TOM – USA

RIVER RAT, THE • 1984

RICKS ARCHIE – USA

IN BRONCHO LAND • 1926

RIDDELL JAMES – UKN

DISCIPLINE • 1935
OBVIOUS THING, THE • 1935

de RIDDER HANS – NTH

MISLUKKING, DE • FAILURE, THE • 1987

RIDDIFORD RICHARD – NZL

PHENO WAS HERE • 1982
ARRIVING TUESDAY • 1985
ZILCH! • 1989

RIDGELEY RICHARD see **RIDGELY RICHARD**

RIDGELY RICHARD – USA

RIDGELY RICHARD R. • RIDGLEY RICHARD • RIDGELEY RICHARD

ACTRESS, THE • 1913
FAMILY'S HONOR, THE • 1913
GHOST OF GRANLEIGH, THE • GHOST OF CRANLEIGH, THE • 1913
GREED OF OSMAN BEY, THE • 1913
HAUNTED BEDROOM, THE • 1913
JANE OF THE DUNES • 1913
TREASURE OF CAPTAIN KIDD, THE • 1913
ACROSS THE BURNING TRESTLE • 1914
BLIND FIDDLER, THE • 1914
COLONEL OF THE RED HUSSARS, THE • 1914
FARMER RODNEY'S DAUGHTER • 1914
GREATER LOVE HATH NO MAN • 1914
GYPSY MADCAP, A • 1914
HIS COMRADE'S WIFE • 1914
IN LIEU OF DAMAGES • 1914
IN THE SHADOW OF DISGRACE • 1914
LESSON OF THE FLAMES, THE • 1914
LOST MELODY, THE • 1914
MEG O' THE MOUNTAINS • 1914
MESSAGE OF THE SUN DIAL, THE • 1914
MEXICAN'S GRATITUDE, THE • 1914
NIGHT AT THE INN, A • 1914
OLIVE IS DISMISSED • 1914
ON THE ISLE OF SARNE • 1914
ONE WHO LOVED HIM BEST, THE • 1914
RORKE'S DRIFT • 1914
ROSE AT THE DOOR, THE • 1914
SILENT DEATH, THE • 1914
SOUTHERNERS, THE • 1914
TALE OF OLD TUSCAN, A • 1914
TWO VANREVELS, THE • 1914
VANISHING OF OLIVE, THE • 1914
VOICE OF SILENCE, THE • 1914
DEADLY HATE, A • 1915
DESTROYING ANGEL, THE • 1915
EUGENE ARAM • 1915
HIS CONVERT • 1915
MAGIC SKIN, THE • 1915
OLIVE AND THE HEIRLOOM • 1915
OLIVE IN THE MADHOUSE • 1915
OLIVE'S GREATEST OPPORTUNITY • 1915
OLIVE'S MANUFACTURED MOTHER • 1915
OLIVE'S OTHER SELF • 1915
RANSON'S FOLLY • 1915
SAD DOG'S STORY, A • 1915
SHADOWS FROM THE PAST • 1915
TRAGEDIES OF THE CRYSTAL GLOBE, THE • 1915
WRONG WOMAN, THE • 1915
YOUNG MRS. WINTHROP • 1915
HEART OF THE HILLS, THE • 1916
MARTYRDOM OF PHILLIP STRONG, THE • MARTYRDOM OF PHILIP STRONG, THE • 1916
MESSAGE TO GARCIA, A • 1916
ENVY • 1917
GHOST OF OLD MORRO, THE • 1917
GOD OF LITTLE CHILDREN • 1917
GREAT BRADLEY MYSTERY, THE • WHOSE HAND? • 1917
MASTER PASSION, THE • 1917
MYSTIC HOUR, THE • 1917
PASSION • 1917
PRIDE • 1917
PRIDE AND THE DEVIL • 1917

RIDGELY RICHARD R. see **RIDGELY RICHARD**

RIDGLEY RICHARD see **RIDGELY RICHARD**

RIDGWELL GEORGE – USA – 1870–1935

MR. SANTA CLAUS • 1914
BROWN'S SUMMER BOARDERS • 1915
BUTLER, THE • 1915
LADY OF THE LIGHTHOUSE, THE • 1915
LIFE'S PITFALLS • 1915
MYSTERY OF ROOM 13, THE • 1915
OLD GOOD-FOR-NUTHIN', THE • 1915
SIS • 1915
BEHIND THE SECRET PANEL • 1916 • SHT
CLEVER MRS. CARTER, THE • 1916 • SHT
HEART WRECKER, THE • 1916 • SHT
HELEN OF THE CHORUS • 1916 • SHT
HER MOTHER'S SWEETHEART • 1916 • SHT
INTRUDER, THE • 1916
MATCHMAKERS, THE • 1916 • SHT
PEGGY AND THE LAW • 1916 • SHT
SOMEWHERE IN GEORGIA • 1916
BOBBY AND COMPANY • 1917 • SHT
BOBBY AND THE FAIRY • 1917 • SHT
BOBBY TAKES A WIFE • 1917 • SHT
BOBBY, THE MAGICIAN • 1917 • SHT
BOBBY TO THE RESCUE • 1917 • SHT
BOBBY'S COUNTRY ADVENTURE • 1917 • SHT
BOBBY'S FAIRY • 1917 • SHT
CAPTAIN BOBBY OF THE HOME DEFENDERS • 1917 • SHT
WHISTLING DICK'S CHRISTMAS STOCKING • 1917 • SHT
BRIEF DEBUT OF TILDY, THE • 1918 • SHT
RATHSKELLER AND THE ROSE, THE • 1918 • SHT
SONG AND THE SERGEANT, THE • 1918 • SHT
THING'S THE PLAY, THE • 1918 • SHT
TRIMMED LAMP, THE • 1918 • SHT
FRUITS OF PASSION • 1919
ROOT OF ALL EVIL, THE • 1919
WATER LILY, THE • 1919
GAMBLE IN LIVES, A • 1920
HIS PAL'S GAL • 1920 • SHT
HOBO OVER PIZEN CITY, THE • 1920 • SHT
HOLDUP MAN, THE • 1920 • SHT
LAW OF THE BORDER, THE • 1920 • SHT
SWORD OF DAMOCLES, THE • 1920
TEX OF THE TIMBERLANDS • 1920 • SHT
AMAZING PARTNERSHIP, THE • 1921
FOUR JUST MEN, THE • 1921
GREATHEART • 1921
ABBEY GRANGE, THE • 1922
BLACK PETER • 1922
BOSCOMBE VALLEY MYSTERY, THE • 1922
BRUCE PARTINGTON PLANS, THE • 1922
CHARLES AUGUSTUS MILVERTON • 1922
CRIMSON CIRCLE, THE • 1922
ELEVENTH HOUR, THE • PURPLE PHIAL, THE • 1922
FLIGHT OF THE KING, THE • 1922
FURTHER ADVENTURES OF SHERLOCK HOLMES, THE • 1922 • SER
GOLDEN PINCE-NEZ, THE • 1922
GREAT TERROR, THE • 1922
GREEK INTERPRETER, THE • 1922
KNIGHT ERRANT, THE • 1922
LAST CRUSADE, THE • 1922
LAST KING OF WALES, THE • 1922
LOST LEADER, A • 1922
MISSIONER, THE • 1922
MUSGRAVE RITUAL, THE • 1922
NAVAL TREATY, THE • 1922
NORWOOD BUILDER, THE • 1922
PETTICOAT LOOSE • 1922
POINTING FINGER, THE • 1922
RED CIRCLE, THE • 1922
REIGATE SQUIRES, THE • 1922
SECOND STAIN, THE • 1922
SIX NAPOLEONS, THE • 1922
STOCKBROKER'S CLERK, THE • 1922
STORY OF AMY ROBSTART, THE • 1922
STORY OF NELL GWYNNE, A • 1922
BECKET • 1923
BLUE CARBUNCLE, THE • 1923
CARDBOARD BOX, THE • 1923
CROOKED MAN, THE • 1923
DISAPPEARANCE OF LADY FRANCES CARFAX, THE • 1923
ENGINEER'S THUMB, THE • 1923
FINAL PROBLEM, THE • 1923
GLORIA SCOTT, THE • 1923
HIS LAST BOW • 1923
LAST ADVENTURES OF SHERLOCK HOLMES, THE • 1923 • SER
MISSING THREE QUARTER, THE • 1923
MYSTERY OF THE DANCING MEN, THE • 1923
MYSTERY OF THOR BRIDGE, THE • 1923
SILVER BLAZE • 1923
SPECKLED BAND, THE • 1923
STONE OF MAZARIN, THE • MAZARIN STONE, THE • 1923
THREE STUDENTS, THE • 1923
NOTORIOUS MRS. CARRICK, THE • POOLS OF THE PAST • 1924
LILY OF KILLARNEY • 1929

RIDHA ALI – EGY

AGAZAT NUCF SANA • SIX MOIS DE VACANCES • 1962
BANAT LAZIM TITZAWWIG, AL- • FILLES DOIVENT SE MARIER, LES • 1973

RIDLEY ARNOLD – Actor – UKN – 1895–1984

ROYAL EAGLE • 1936

RIDLEY PHILLIP – UKN

REFLECTING SKIN, THE • 1989

RIEAD WILLIAM – USA

SCORPION • SUMMONS, THE • 1986

RIEDLSPERGER ERHARD – AUS

TUNNEL CHILD • 1990

RIEFENSTAHL LENI – Actress – GRM – 1902–

BLAUE LICHT, DAS • BLUE LIGHT, THE • 1932
SIEG DES GLAUBENS • VICTORY OF THE FAITH ○ VICTORY OF FAITH • 1933 • DOC
TRIUMPH DES WILLENS • TRIUMPH OF THE WILL • 1934 • DOC
TAG DER FREIHEIT: UNSERE WEHRMACHT • DAY OF FREEDOM: OUR ARMY • 1935
BERCHTESGADEN UBER SALZBURG • 1938
FEST DER SCHONHEIT • OLYMPIA-FILM II • 1938
FEST DER VOLKER • OLYMPIA-FILM I • 1938
OLYMPISCHE SPIELE 1936 • OLYMPIA, FESTIVAL OF THE NATIONS ○ OLYMPIC GAMES, THE (USA) ○ BERLIN OLYMPIAD (UKN) ○ OLYMPIAD ○ OLYMPIA • 1938
TIEFLAND • LOWLAND • 1954
SCHWARZE FRACHT • BLACK FREIGHT • 1956 • DOC
NUBA • 1977

RIEGER AUGUST – GRM

AURIVE JEAN CHARLES

GEHEIMNIS DER VENUS, DAS • FEMALE ANIMAL, THE (USA) • 1955
GEHEIMNIS EINER AERZTIN, DAS • LIEBE AM SCHEIDEWEG • 1955
ORGELBAUER VON ST. MARIEN, DER • 1961
MADEL AUS NEM BOHMERWALD • 1965
PARADIES DER FLOTTEN SUNDER, DAS • PARADISE OF SMART SINNERS • 1968
PETER UND SABINE • PETER AND SABINE ○ HOT BLOOD • 1968
69 LIEBESSPIELE (ENGEL DER SUNDE) • 69 LOVE GAMES (ANGELS OF SIN) • 1968

RIEGER JACK – USA

OVOUTIE O'ROONEY • 1946

RIEGER MANFRED – GRM

LETZTEN ZWEI VOM RIO BRAVO, DIE • 1964

RIEMANN JOHANNES – Actor – GRM – 1888–1959

LIEBE AUF BEFEHL • 1931
ICH HEIRATE MEINE FRAU • 1934
ICH SEHNE MICH NACH DIR • 1934
EVA • EVA, DAS FABRIKSMADEL • 1935
AVE MARIA • 1936
GROSSE UND DIE KLEINE WELT, DIE • 1936
KINDERARZT DR. ENGEL • DR. ENGEL, CHILD SPECIALIST (USA) • 1936
EINMAL WERD' ICH DIR GEFALLEN • 1937

RIESNER CHARLES see **REISNER CHARLES F.**

RIESNER CHUCK see **REISNER CHARLES F.**

RIESNER DEAN – USA – c1930–

BILL AND COO • 1947

RIESSER JAN – PLN

SUCHY DOK • DRY DOCK, A • 1964
GDANSK -STARE MIASTO • GDANSK -THE OLD TOWN • 1968 • DOC

RIETHOF CAROL – USA

TEACHER AND THE MIRACLE, THE • 1957

RIETHOF PETER – Producer – AUS

TEACHER AND THE MIRACLE, THE • 1957

RIETT ELIO see **ELORRIETA JOSE MARIA**

de RIEUX MAX – FRN – 1898–1963

COUSINE BETTE, LA • 1928
EMBRASSEZ-MOI • 1928
HISTOIRE ENTRE MILLE, UNE • 1931
BELLE MEUNIERE, LA • 1948

RIF VLADIMIR – USS

VERY CLOSE QUARTERS • 1986

RIGAL ANDRE – Animator – FRN

FRANCE BONNE HUMEUR • 1933 • ASS
CAPITAINE SABORD APPAREILLE, LE • 1943 • ANS
ILE MYSTERIEUSE, L' • 1943 • ANS
V'LA LE BEAU TEMPS • 1943 • ANS
...MAIS LES MONSTRES ETAIENT MUSELES • BUT THE MONSTERS WERE MUZZLED • 1956 • SHT

RIGAUD ANDRE – FRN

INCONSTANT, L' • JE SORS ET TU RESTES LA ○ AMOUR DISPOSE, L' • 1931

RIGAUD FRANCIS – SPN – 1920–

NOUVEAUX ARISTOCRATES, LES • 1961
NOUS IRONS A DEAUVILLE • 1962
GROS BRAS, LES • 1964
BARATINEURS, LES • 1965
JERK A ISTAMBUL • CENTO MILIONI PER MORIRE (ITL) ○ BAROUDEURS, LES ○ PUNCH-UP IN ISTANBUL • 1967

FAITES DONC PLAISIR AUX AMIS • 1968
DES VACANCES EN OR • VIVA LA AVENTURA! (SPN) ○ HURRAH FOR ADVENTURE! • 1969

RIGGS LYNN – USA
DAY IN SANTA FE, A • 1932

RIGHELLI GENNARO – ITL – 1886–1949
PEDDLIN' IN SOCIETY
COMO LE FOGLIE • 1916
C'ERA UNA VOLTA • 1917
AVVENTURE DI DOLORETTA, LE • 1918
CAMERE SEPARATE • 1918
PECCATRICI CASTA, LA • 1918
CASA DI VETRO, LA • 1919
ORIZZONTALE, L' • 1919
REGINA DEL CARBONE, LA • 1919
VELENO DEL PIACERE, IL • 1919
VERGINE FOLLE, LA • 1921
VIAGGIO, IL • 1921
AMORE ROSSO • 1922
CASA SOTTO LA NEVE, LA • 1922
BOHEME • 1923
VIE DE BOHEME, LA • BOHEME, LA (FRG) • 1923
ORIENT • ORIENTE (ITL) ○ TOCHTER DER WUSTE, DIE ○ DAUGHTERS OF THE DESERT • 1924
PUPPENKONIGIN, DIE • 1924
STEUERLOS • 1924
BASTARD, DER • 1925
ROUGE ET LE NOIR, LE • 1926
TRANSATLANTICO • 1926
ESILIATI DEL VOLGA, GLI • 1927
HEIMWEH • HOMESICKNESS ○ EXILED • 1927
MEISTER DER WELT, DER • 1927
SVENGALI • 1927
FRAUEN IN MAROKKO • 1928
FUNF BANGE TAGE • 1928
GEHEIME KURIER, DER • ROUGE ET NOIR ○ SECRET COURIER, THE • 1928
PRASIDENT, DER • PRESIDENT, THE • 1928
PRESIDENTE DI COSTANUEVA, IL • 1928
NACHT DES SCHRECKENS, DIE • STARKERE MACHT, DIE ○ NIGHT OF FRIGHTS • 1929
SENSATION IM WINTERGARTEN • 1929
CANZONE DELL'AMORE, LA • SILENZIO • 1930
DERNIERE BERCEUSE, LA • CHANSON DE L'AMOUR, LA ○ SILENCE • 1930
PATATRAC • 1931
SCALA, LA • 1931
ARMATA AZZURRA, L' • BLUE FLEET, THE (USA) ○ AVIAZIONE • 1932
AL BUIO INSIEME • AMIAMOCI COSI • 1933
PRESIDENTE DELLA BA.CE.CRE.MI., IL • 1933
SIGNORE DESIDERA?, IL • 1933
FANCIULLA DELL'ALTRO MONDO, LA • 1934
ULTIMO DEI BERGERAC, L' • 1934
ARIA DEL CONTINENTE, L' • CONTINENTAL ATMOSPHERE (USA) • 1935
LUCE DEL MONDO, LA • PADRONE DEL MONDO, IL • 1935
QUEI DUE • 1935
AMAZZONI BIANCHE • 1936
PENSACI, GIACOMINO! • 1936
SMEMORATO, LO • 1936
GATTA CI COVA • 1937
HANNO RAPITO UN UOMO • 1937
LASCIATE OGNI SPERANZA • ABANDON ALL HOPE ○ LEAVE ALL HOPE • 1937
SIGNORA FORTUNA • LADY LUCK • 1937
ALLEGRO CANTANTE, L' • 1938
DESTINO IN TASCA, IL • FORTUNA IN TASCA, LA • 1938
FUOCHI D'ARTIFICIO • 1938
ULTIMO SCUGNIZZO, L' • 1938
BARONE DI CORBO, IL • 1939
CAVALIERE DI SAN MARCO, IL • 1939
DUE OCCHI PER NON VEDERE • 1939
VOCE SENZA VOLTO, LA • 1939
FORSE ERI TU L'AMORE • 1940
EDUCANDE DI SAINT-CYR, LE • 1941
MANOVRE D'AMORE • GUERRA IN TEMPO DI PACE • 1941
PASSIONE AFRICANA • 1941
POZZO DEI MIRACOLI, IL • 1941
COLPI DI TIMONE • 1942
ORIZZONTE DI SANGUE • 1942
STORIA DI UNA CAPINERA • 1943
TEMPESTA SUL GOLFO • 1943
ABBASSO LA MISERIA • 1945
ABBASSO LA RICCHEZZA • 1946
CORRIERE DEL RE, IL • ROUGE ET LE NOIR, LE • 1948

RIGHINI OSCAR – ITL
ROY OSCAR
LEONESSE, LE • 1970
DISCO DELIRIO • DISCO MUSIC FEVER • 1979

RIGO VINCENZO – ITL
ASSASSINI SONO NOSTRI OSPITI, GLI • 1974
LETTOMANIA • 1976
PASSI FURTIVI IN UNA NOTTE BOIA • 1977

el RIHANI NAGIB – EGY
YACOUT EFFENDI • 1933

RIHOUET PIERRE – FRN
FOULE, LA • 1966

RIJNEKE DICK – NTH
CITY LIFE • 1989

RIKLI MARTIN – GRM
AM RANDE DER SAHARA • 1930
ABESSINIEN VON HEUTE -BLICKPUNKT DER WELT • 1935
FLIEGER.. FLIEGER.. KANONIERE! • GERMAN AIR-FORCE, THE • 1936
RONTGENSTRAHLEN • X-RAYS • 1936
KALT, KALTER, AM KALTESTEN! • FROZEN AIR • 1938
PULSSCHLAG DES MEERES • ETERNAL TIDAL RACE • 1938

RILEY RONALD H. – UKN
STEEL • 1944 • DCS
RIG 20 • 1952
KWINANA OIL REFINERY, THE • 1956 • DOC
TRIBUTE TO FANGIO • 1959

RILLA WALTER – Actor – GRM – 1895–1980
WESTMINSTER PASSION PLAY -BEHOLD THE MAN, THE • 1951

RILLA WOLF – GRM – 1920–
GLAD TIDINGS • 1953
LARGE ROPE, THE • LONG ROPE, THE • 1953
MARILYN • ROADHOUSE GIRL ○ MARION • 1953
NOOSE FOR A LADY • 1953
BLACK RIDER, THE • 1954
BLUE PETER, THE • NAVY HEROES (USA) • 1954
END OF THE ROAD, THE • 1954
STOCK CAR • 1955
PACIFIC DESTINY • 1956
SCAMP, THE • STRANGE AFFECTION (USA) • 1957
BACHELOR OF HEARTS • 1958
WITNESS IN THE DARK • 1959
PICCADILLY THIRD STOP • 1960
VILLAGE OF THE DAMNED • 1960
ZORNIGEN JUNGEN MANNER, DIE • ANGRY YOUNG MEN, THE • 1960
JESSY • 1961 • DOC
WATCH IT SAILOR! • 1961
CAIRO • 1963
WORLD TEN TIMES OVER, THE • PUSSYCAT ALLEY (USA) • 1963
SECRETS OF A DOOR TO DOOR SALESMAN • NAUGHTY WIVES (USA) • 1973
BEDTIME WITH ROSIE • 1974

RIM CARLO see **CARLO-RIM**

RIMAL PRADEEP – NPL
KE GHAR KE DERA • OF A HOUSE AND A RENTED FLAT • 1985

RIMMER DAVID – CND – 1942–
KNOWPLACE • 1967
NARROWS INLET • 1967–80
SQUARE INCH FIELD • 1968
LANDSCAPE • 1969
MIGRATION • 1969
BLUE MOVIE • 1970
DANCE, THE • 1970
SURFACING ON THE THAMES • 1970 • SHT
TREEFALL • 1970
VARIATIONS ON A CELLOPHANE WRAPPER • 1970
REAL ITALIAN PIZZA • 1971
SEASHORE • 1971
FRACTURE • 1973
WATCHING FOR THE QUEEN • 1973
CANADIAN PACIFIC • 1974
CANADIAN PACIFIC II • 1975
AL NEIL • PORTRAIT, A • 1979
SHADES OF RED • 1982
BRICOLAGE • 1984

RIMMINEN SAKARI – FNL
PILVILINNA • CASTLE OF POT ○ CASTLE OF DREAMS • 1970
SADEAIKA • RAINY SEASON, THE • 1980

RIMOCH ERNESTO – UKN
MASK • 1981

RIMSKY NICHOLAS see **RIMSKY NICOLAS**

RIMSKY NICOLAS – FRN – 1890–1941
RIMSKY NICHOLAS
NEGRE BLANC, LE • 1925
JIM LA HOULETTE • 1926
PARIS EN CINQ JOURS • 1926
CHASSEUR DE CHEZ MAXIM'S, LE • 1927
PAS SUR LA BOUCHE • 1931

RIN TARO – JPN
GALAXY EXPRESS • 1979 • ANM

RINALDI CARLOS – ARG
FANTASMAS ASUSTADOS • FRIGHTENED GHOSTS • 1951
MALE AND FEMALE SINCE ADAM AND EVE • MALE AND FEMALE ○ SOULS OF SIN • 1961
AL DIABLO CON ESTE CURA! • TO HELL WITH THIS PRIEST • 1967
DERECHO A LA FELICIDAD, EL • RIGHT TO HAPPINESS, THE • 1968
MATERNIDAD SIN HOMBRES • MOTHERHOOD WITHOUT MEN • 1968

RING BORGE – NTH
OH MY DARLING • 1977 • ANS
ANNA & BELLA • 1986 • ANM

RING RAYMOND – USA
THREE SHORT FILMS • ANS

RINGAARD PETER see **RINGAARD PETER D.**

RINGAARD PETER D. – DNM
RINGAARD PETER
NYT LEGETOJ • NEW TOYS • 1977
LANGTURSCHAUFFOR • TRUCK DRIVER • 1981

RINGO DAVID – USA
ZEN GUTS • SHT

del RIO MARIO – MXC
DOS CORAZONES Y UN TANGO • 1942
REGALO DE REYES • 1942

RIOS HUMBERTO – ARG
AL GRITO DE ESTE PUEBLO • CRY OF THE PEOPLE, THE (UKN) • 1972

RIPEAU MARIE-GENEVIEVE – FRN
ADIEU VOYAGES LENTS • 1978

RIPKENS MARTIN – GRM
BESUCH AUF IMRALI • PORTRAIT OF YILMAZ GUNEY • 1979 • DOC

RIPLEY ARTHUR – USA – 1895–1961
BARBER SHOP, THE • 1933 • SHT
PHARMACIST, THE • 1933 • SHT
COUNSEL ON DE FENCE • 1934 • SHT
IN THE DOG HOUSE • 1934 • SHT
SHIVERS • 1934 • SHT
EDGAR HAMLET • 1935 • SHT
HAPPY THO MARRIED • 1935 • SHT
IN LOVE AT 40 • 1935 • SHT
LEATHER NECKER, THE • 1935 • SHT
SOUTH SEASICKNESS • 1935 • SHT
GASOLOONS • 1936 • SHT
HOW TO BEHAVE • 1936 • SHT
HOW TO TRAIN A DOG • 1936 • SHT
WILL POWER • 1936 • SHT
I MET MY LOVE AGAIN • 1938
SCRAPPILY MARRIED • 1940 • SHT
TWINCUPLETS • 1940 • SHT
PRISONER OF JAPAN • LAST COMMAND, THE (UKN) • 1942
VOICE IN THE WIND • 1944
CHASE, THE • 1946
THUNDER ROAD • 1958

RIPLEY JONATHAN – UKN
SPIRIT • 1989

RIPPERT OTTO – GRM
GELBSTERN • 1910
NICK CARTER • 1910–11 • SER
WIE DIE BLATTER FALLEN • 1912
MADELS RAN AN DIE FRONT! • 1915
SCHICKSALSSTUNDE AUF SCHLOSS SVANESKJOLD, DIE • 1915
"WENN DIE FRAU KOCHT -" • 1915
BZ-MAXE & CO. • 1916
FRIEDRICH WERDERS SENDUNG • 1916
GRUNE MANN VON AMSTERDAM, DER • 1916
HOMUNCULUS 1 • 1916
HOMUNCULUS 2 • GEHEIMNISVOLLE BUCH, DAS • 1916
HOMUNCULUS 3 • LIEBESTRAGODIE DES HOMUNCULUS, DIE • 1916
HOMUNCULUS 4 • RACHE DES HOMUNCULUS, DIE • 1916
KOMTESSE HELLA • 1916
SCHWUR DER RENATE RABENEAU, DER • 1916
STRICKNADELN, DIE • 1916
TOD DES ERASMUS, DER • 1916
HOMUNCULUS • HOMUNKULUS DER FUHRER • 1916–17 • SER
BUCH DES LASTER, DAS • 1917
FREMDE, DIE • 1917
HOMUNCULUS 5 • VERNICHTUNG DER MENSCHHEIT, DIE • 1917
HOMUNCULUS 6 • ENDE DES HOMUNCULUS, DAS • 1917
KONIGSTOCHTER VON TRAVANKORE, DIE • 1917
TOCHTER DER GRAFIN STACHOWSKA, DIE • 1917
UND WENN ICH LIEB'.. • 1917
BARONESSCHEN AUF STRAFURLAUB • 1918
FRAUEN DES JOSIAS GRASSENREUTH, DIE • 1918
GLUCK DER FRAU BEATE, DAS • 1918
KRONE DES LEBENS, DIE • 1918
VERWUNSCHENE SCHLOSS, DAS • 1918
WEG, DER ZUR VERDAMMNIS FUHRT 1, DER • SCHICKSAL DER AENNE WOLTER, DER • 1918
FRAU MIT DEN ORCHIDEEN, DIE • WOMAN WITH THE ORCHID, THE • 1919
PEST IN FLORENZ, DIE • PLAGUE IN FLORENCE, THE • 1919
TOTENTANZ • DANCE OF DEATH • 1919
WEG, DER ZUR VERDAMMNIS FUHRT 2, DER • HYANEN DER LUST • 1919
GRAFIN WALEWSKA • 1920
MENSCHHEIT ANWALT 1, DER • WUNDER DER ZEITEN, DAS • 1920
SCHATTEN EINER STUNDE • 1920
ABENTEUER DER SCHONEN DORETTE, DIE • 1921
ASCHERMITTWOCH • ASCHERMITTWOCH -EIN SPIEL VON KABALE UND LIEBE • 1921
BEUTE DER ERINNYEN, DIE • 1921
GEHEIMNIS EINER SCHULD • 1921
WIE SATAN STARB • 1921
FROU-FROU • 1922
TINGELTANGEL • 1922
BRENNENDE KUGEL, DIE • DEATH CHEAT, THE • 1923
SO IST DAS LEBEN • SO SPIELT DAS LEBEN ○ SUCH IS LIFE • 1924
WINTERSTURME • 1924

RIPPLOH FRANK – GRM
TAXI ZUM KLO • TAXI TO THE JOHN ○ TAXI TO THE TOILET ○ TAXI TO THE LOO • 1980

RIPPO GINO – ITL
HO PIANTO PER TE • CRUDELE MENZOGNA • 1954

RIPSTEIN ARTURO – MXC – 1943–
TIEMPO DE MORIR • TIME TO DIE • 1965
JUEGO PELIGROSO • JOGO PERIGOSO • 1966
RECUERDOS DEL PORVENIR, LOS • MEMORIES OF THE FUTURE • 1968
HORA DE LOS NINOS, LA • CHILDREN'S HOUR • 1969
CASTILLO DE LA PUREZA, EL • CASTLE OF PURITY, THE (USA) • 1972
SANTO OFICIO, EL • HOLY OFFICE, THE • 1972
FOXTROT • OTHER SIDE OF PARADISE, THE ○ FAR SIDE OF PARADISE, THE • 1976
LECUMBERRI • 1976
LUGAR SIN LIMITES, EL • PLACE WITHOUT LIMITS, THE • 1976
PALACIO NEGRO • BLACK PALACE • 1976 • DOC
VIUDA NEGRA, LA • 1977
CADENA PERPETUA • IN FOR LIFE • 1978
TIA ALEJANDRA, LA • AUNT CLARA • 1978
RASTRO DE MUERTE • TRACE OF DEATH, A • 1980
SEDUCCION, LA • SEDUCTION, THE • 1980
IMPERIO DE LA FORTUNAM, EL • EMPIRE OF FORTUNE, THE • 1986
MENTIRAS PIADOSAS • WHITE LIES (UKN) • 1988

RISAN LEIDULV – NRW
TERRORAKSJONEN • TERROR ACTION • 1978
SENDETID • SCREEN TIME • 1979 • SHT
MARTIN • HENRETTELSEN ○ EXECUTION, THE • 1980
MARTIN -KVA BETYR "HINRICHTEN"? • MARTIN -WHAT DOES "HINRICHTEN" MEAN? • 1980
METTE FALK -SAKEN • 1981
ETTER RUBICON • RUBICON • 1987

RISCHERT CHRISTIAN – GRM

FRIEDLICHE ZEITEN • 1966
KOPFSTAND, MADAM! • HEADSTAND, MADAM! • 1967

RISI CLAUDIO – ITL

VENTO NELLE MANI, IL • WIND IN THE HANDS • 1984

RISI DINO – ITL – 1917–

BERSAGLIERI DELLA SIGNORA • 1945 • DOC
BARBONI • 1946 • DOC
VERSO LA VITA • 1946 • SHT
CORTILI • 1947 • SHT
PESCATORELLA • 1947 • SHT
STRADE DI NAPOLI • 1947 • SHT
TIGULLIO MINORE • 1947 • SHT
COSTUMI E BELLEZZE D'ITALIA • 1948 • SHT
CUORE RIVELATORE • 1948 • SHT
FABBRICA DEL DUOMO, LA • 1948 • SHT
SEGANTINI, IL PITTORE DELLA MONTAGNA • 1948 • SHT
1848 • 1948 • SHT
CACCIA IN BRUGHIERA • 1949 • SHT
CITTA DEI TRAFFICI, LA • 1949 • SHT
MONTAGNA DI LUCE, LA • 1949 • SHT
SEDUTA SPIRITICA • 1949
TERRA LADINA • 1949 • SHT
VINCE IL SISTEMA • 1949 • SHT
BUIO IN SALA • 1950 • SHT
FUGA IN CITTA • 1950 • SHT
GRIDO DELLA CITTA, IL • 1950 • SHT
ISOLA BIANCA, L' • 1950 • SHT
SIERO DELLA VERITA • 1951 • DOC
VACANZE COL GANGSTER • VACATION WITH A GANGSTER • 1952
VIALE DELLE SPERANZA • HOPE AVENUE • 1953
PANE, AMORE E.. • SCANDAL IN SORRENTO (UKN) ○ BREAD, LOVE AND.. • 1955
SEGNO DI VENERE, IL • SIGN OF VENUS • 1955
POVERI MA BELLI • POOR BUT BEAUTIFUL (USA) ○ GIRL IN A BIKINI ○ POOR BUT HANDSOME • 1956
BELLE MA POVERE • BEAUTIFUL BUT POOR ○ IRRESISTIBLE • 1957
NONNA SABELLA, LA • OH! SABELLA (UKN) ○ GRANDMOTHER SABELLA • 1957
POVERI MILIONARI • POOR MILLIONAIRE • 1958
VENEZIA, LA LUNA E TU • VENISE, LA LUNE ET TOI (FRN) ○ VENICE, THE MOON AND YOU ○ DUE GONDOLIERI, I • 1958
VEDOVO, IL • WIDOWER, THE • 1959
AMORE A ROMA, UN • INASSOUVIE, L' (FRN) ○ LOVE IN ROME • 1960
MATTATORE, IL • HOMME AUX CENT VISAGES, L' (FRN) ○ LOVE AND LARCENY (USA) • 1960
A PORTE CHIUSE • BEHIND CLOSED DOORS • 1961
VITA DIFFICILE, UNA • DIFFICULT LIFE, A ○ HARD LIFE, A • 1961
GIOVEDI, IL • THURSDAY • 1962
MARCIA SU ROMA, LA • MARCHE SUR ROME, LA (FRN) ○ MARCH TO ROME, THE • 1962
SORPASSO, IL • EASY LIFE, THE ○ OVERTAKING, THE • 1962
AMORE IN 4 DIMENSIONI • AMOUR EN 4 DIMENSIONS, L' (FRN) ○ LOVE IN 4 DIMENSIONS (USA) ○ LOVE IN THE CITY • 1963
MOSTRI, I • MONSTRES, LES (FRN) ○ OPIATE '67 (USA) ○ MONSTERS, THE ○ 15 FROM ROME • 1963
SUCCESSO, IL • SUCCESS, THE (USA) • 1963
BAMBOLE, LE • POUPEES, LES (FRN) ○ BAMBOLE! ○ DOLLS, THE ○ FOUR KINDS OF LOVE • 1964
GAUCHO, IL • GAUCHO, THE • 1964
COMPLESSI, I • COMPLEXES, LES (FRN) ○ COMPLEXES • 1965
NOSTRI MARITI, I • OUR HUSBANDS • 1966
OMBRELLONE, L' • WEEKEND, ITALIAN STYLE (USS) ○ PARASOL, EL (SPN) ○ WEEKEND WIVES ○ PARASOL, THE • 1966
OPERAZIONE SAN GENNARO • UNSER BOSS IST EIN DAME (FRG) ○ TREASURE OF SAN GENNARO (USA) ○ OPERATION SAN GENNARO (FRN) • 1966
PROFETA, IL • MR. KINKY (UKN) ○ PROPHET, THE • 1967
TIGRE, IL • TIGER AND THE PUSSYCAT, THE (USA) ○ TIGER, THE • 1967
STRAZIAMI MA DI BACI SAZIAMI • FAIS MOI TRES MAL, MAIS COUVRE-MOI DE BAISERS (FRN) ○ KILL ME WITH KISSES ○ TEAR ME BUT SATIATE ME WITH YOUR KISSES • 1968
GIOVANE NORMALE, IL • NORMAL YOUNG MAN, THE • 1969
VEDO NUDO • I SEE EVERYBODY NAKED • 1969
MOGLIE DEL PRETE, LA • PRIEST'S WIFE, THE (UKN) ○ FEMME DU PRETRE, LA (FRN) • 1970
IN NOME DEL POPOLO ITALIANO • IN THE NAME OF THE ITALIAN PEOPLE • 1971
NOI DONNE SIAMO FATTE COSI • WOMEN: SO WE ARE MADE • 1971
MORDI E FUGGI • BITE AND RUN (USA) ○ DIRTY WEEKEND • 1973
SESSO MATTO • HOW FUNNY CAN SEX BE (USA) ○ SESSOMATTO ○ MAD SEX • 1973
PROFUMO DI DONNA • SCENT OF A WOMAN (USA) ○ THAT FEMALE SCENT (UKN) ○ SCENT OF WOMAN • 1974
ANIMA PERSA • LOST SOUL • 1976
TELEFONI BIANCHI • CAREER OF A CHAMBERMAID, THE (USA) ○ WHITE TELEPHONES • 1976
NUOVI MOSTRI, I • VIVA ITALIA (USA) ○ NEW MONSTERS, THE • 1977
STANZA DEL VESCOVO, LA • BISHOP'S BEDROOM, THE ○ BISHOP'S ROOM, THE ○ FORBIDDEN ROOM, THE • 1977
PRIMO AMORE • 1978
CARO PAPA • CHER PAPA (FRN) ○ DEAR FATHER ○ DEAR PAPA • 1979
FANTASMA D'AMORE • FANTOME D'AMOUR (FRN) ○ GHOST OF LOVE • 1980
SONO FOTOGENICO • I AM PHOTOGENIC • 1980
SUNDAY LOVERS • SEDUCTEURS, LES (FRN) • 1980
SESSO E VOLENTIERI • SEX AND VIOLENCE • 1982
DAGOBERT • BON ROI DAGOBERT, LE (FRN) • 1984
COMMISSARIO LO GATTO, IL • CHIEF LO GATTO ○ INSPECTOR LO GATTO • 1987
TERESA • 1988

RISI MARCO – ITL

VADO A VIVERE DA SOLO • I'LL GO AND LIVE BY MYSELF • 1983
RAGAZZO E UNA RAGAZZA, UN • BOY AND A GIRL, A • 1984
COLPO DI FULMINE • LOVE AT FIRST SIGHT • 1985
MERY PER SEMPRE • MERY FOR EVER • 1988
SOLDATI -365 GIORNI ALL'ALBA • SOLDIERS -365 DAYS UNTIL DAWN • 1988

RISI NELO – ITL – 1920–

ITALIANE E L'AMORE, LE • LATIN LOVERS (USA) ○ ITALIAN WOMEN AND LOVE • 1961
ANDREMO IN CITTA • 1966
DIARIO DI UNA SCHIZOFRENICA • DIARY OF A SCHIZOPHRENIC GIRL (USA) ○ DIARY OF A SCHIZOPHRENIC ○ WHY ANNA? • 1968
DOCUMENTI SU GIUSEPPE PINELLI • DEDICATO A PINELLI • 1970
ONDATA DI CALORE • DEAD OF SUMMER (USA) • 1970
STAGIONE ALL'INFERNO, UNA • 1971
COLONNA INFAME, LA • 1973
CITTA DEL MONDO, LA • 1975 • MTV
NOSSIGNORE (APPUNTI SUL POTERE) • 1976 • MTV
TRAVERSATA, LA • 1976 • MTV
IDILLIO • INFINITO DI GIACOMO LEOPARDI, L' • 1978 • MTV

RISKIN ADAM – USA

NEVER ON TUESDAY • 1988
TALES OF TWO SISTERS • 1989

RISKIN ROBERT – Screenwriter – USA – 1897–1955

WHEN YOU'RE IN LOVE • FOR YOU ALONE (UKN) • 1937

RISPOLI CLAUDIO – ITL

LUI PER LEI • 1970

RISQUEZ DIEGO – VNZ

RIZQUEZ DIEGO

BOLIVAR, SINFONIA TROPICAL • BOLIVAR, UNA SINFONIA TROPIKAL ○ BOLIVAR, A TROPICAL SYMPHONY • 1980
ORINOKO NUEVO MUNDO • ORINOCO NEW WORLD • 1986
AMERIKA, TIERRA INCOGNITA • AMERICA, UNKNOWN LAND • 1987

RISSI MARK M. – SWT

BROT UND STEINE • BREAD AND STONES • 1979
SCHWARZE SPINNE, DIE • BLACK SPIDER, THE • 1984
LISI UND DER GENERAL • 1986
GATTE, DER • HUSBAND, THE • 1989

RISSIENT PIERRE – FRN – 1936–

ALIBIS • ONE NIGHT STAND • 1977
CINQ ET LA PEAU • FIVE AND THE SKIN • 1982

RIST PREBEN – GRM

MARIA MAGDALENA • 1918
MIGNON • 1922
GOBSECK • 1923

RISTELHUEBER SOPHIE – FRN – 1949–

VOYAGE AU BOUT DE LA FOLIE • DOC
SAN CLEMENTE • 1981

RISTIC LJUBISA – YGS

LUDA KUCA • HOUSE IN A MESS, A • 1981

RISTIC ZIKA – YGS

SLJEMOVI • HELMETS • 1967
ZESTOKE GODINE • FORCEFUL YEARS, THE ○ BITTER YEARS, THE • 1980

RISYAF M. T. – INN

BAWALAH AKU PERGI • TAKE ME AWAY • 1981

RITCHEY C. W. – USA

WISE DETECTIVES, THE • 1914

RITCHEY WILL M. – USA

CATSPAW, THE • 1918 • SHT

RITCHIE JAMES – UKN

COASTS OF CLYDE, THE • 1958
CARE OF ST. CHRISTOPHERS • 1959
I AM A LITTER BASKET • 1959
BLUE PULLMAN • 1960

RITCHIE MICHAEL – USA – 1938–

FROM NIGERIA WITH LOVE • 1965 • TVM
CRY HARD, CRY FAST • 1967 • TVM
OUTSIDER, THE • 1967 • TVM
SOUND OF ANGER, THE • 1968 • TVM
DOWNHILL RACER • DOWNHILL RACERS, THE • 1969
CANDIDATE, THE • 1972
PRIME CUT • KANSAS CITY PRIME, THE • 1972
SMILE • 1974
BAD NEWS BEARS, THE • 1976
SEMI-TOUGH • 1977
ALMOST PERFECT AFFAIR, AN • 1979
DIVINE MADNESS • 1980
ISLAND, THE • 1980
SURVIVORS, THE • 1983
FLETCH • 1985
GOLDEN CHILD, THE • 1986
WILDCATS • FIRST AND GOAL • 1986
COUCH TRIP, THE • 1988
FLETCH LIVES • FLETCH II • 1989
SCOUT, THE • 1989

RITCHIE ROBERT WELLES – USA

BATTLE IN THE DARK, A • 1916 • SHT

RITELIS VIKTORS – LTV – 1937–

ANGEL WITH A SCAR • 1959
CRUCIBLE OF HORROR • VELVET HOUSE CORPSE, THE ○ VELVET HOUSE ○ CORPSE, THE • 1971

RITT MARTIN – USA – 1920–

EDGE OF THE CITY • MAN IS TEN FEET TALL, A (UKN) • 1956
NO DOWN PAYMENT • 1957
LONG HOT SUMMER, THE • 1958
BLACK ORCHID, THE • 1959
SOUND AND THE FURY, THE • 1959
JOVANKA E LE ALTRE • FIVE BRANDED WOMEN (USA) ○ JOVANKA AND THE OTHERS • 1960
PARIS BLUES • 1961
ADVENTURES OF A YOUNG MAN • HEMINGWAY'S ADVENTURES OF A YOUNG MAN (UKN) • 1962
HUD • 1963
OUTRAGE • JUDGMENT IN THE SUN • 1964
SPY WHO CAME IN FROM THE COLD, THE • 1965
HOMBRE • 1967
BROTHERHOOD, THE • 1968
GREAT WHITE HOPE, THE • 1970
MOLLY MAGUIRES, THE • 1970
PETE 'N' TILLIE • 1972
SOUNDER • 1972
CONRACK • 1974
FRONT, THE • 1976
CASEY'S SHADOW • 1977
NORMA RAE • 1979
BACK ROADS • 1981
NO SMALL AFFAIR • 1982
CROSS CREEK • 1983
MURPHY'S ROMANCE • 1985
NUTS • 1987
STANLEY AND IRIS • LETTERS ○ UNION STREET • 1989

RITTAU GUNTHER – Dir. photo – GRM – 1893–1971

ASPHALT • TEMPTATION • 1929
BRAND IM OZEAN • 1939
U-BOOTE WESTWARTS • 1941
STROM, DER • 1942
EWIGE KLANG, DER • GEIGER, DER • 1943
JAHRE VERGEHEN, DIE • SENATOR, DER • 1944
MEINE VIER JUNGEN • 1944
ALLTAGLICHE GESCHICHTE • 1945
SCHEITERHAUFEN, DER • 1945
VOR UNS LIEGT DAS LEBEN • FUNF VOM TITAN, DIE • 1948

RITTER JOE – USA

BEACH BALLS • SUMMERTIME FUN • 1988

RITTER KARL – Screenwriter – GRM – 1888–

VERRATER • TRAITORS • 1936
WEIBERREGIMENT • 1936
PATRIOTEN • PATRIOTS (USA) • 1937
UNTERNEHMEN MICHAEL • PRIVATE'S JOB, THE (USA) • 1937
URLAUB AUF EHRENWORT • FURLOUGH ON WORD OF HONOR (USA) • 1937
CAPRICCIO • 1938
POUR LE MERITE • ORDER OF MERIT, THE • 1938
HOCHZEITREISE, DIE • WEDDING JOURNEY, THE (USA) • 1939
KADETTEN • 1939
LEGION CONDOR • 1939
BAL PARE • MUNCHNER G'SCHICHTEN • 1940
STUKAS • 1941
UBER ALLES IN DER WELT • 1941
G.P.U. • 1942
BESATZUNG DORA • 1943
SOMMERNACHTE • 1944
BALL DER NATIONEN • 1954
STAATSANWALTIN CORDA • 1954

RITTER LLOYD – USA

SECRETS OF THE REEF • 1956 • DOC

RITTER OTTO – SWT

DIAVOLEZZA • 1958

RITZ FRED see **RIZZO ALFREDO**

RITZ LAN BROOKS – USA

ANNIE MAE: BRAVE-HEARTED WOMAN • 1979 • DOC

RITZAU TEIT – DNM

PARADISET ER IKKE TIL SALG • PARADISE IS NOT FOR SALE • 1986 • DOC

de la RIVA ALBERTO – GTM

AGENT NO.13 • 1912

RIVA ANNA see **FINDLAY ROBERTA**

de la RIVA JUAN ANTONIO – MXC – 1957–

POLVO VENCEDOR DEL SOL • DUST, VICTOR OVER THE SUN • 1979 • SHT
VIDAS ERRANTES • CINE ALAMEDA ○ WANDERING LIVES • 1984 • DOC
OBDULIA • 1985
PUEBLO DE MADERA • LUMBER TOWN • 1989

RIVALTA GIORGIO – ITL

ARTE IN SICILIA • 1948 • SHT
PRIGIONIERO DEL RE, IL • 1954
VENERE DI CHERONEA, LA • APHRODITE DEESSE DE L'AMOUR (FRN) ○ GODDESS OF LOVE, THE • 1957
MISTERI DI PARIGI, I • MYSTERES DE PARIS, LES (FRN) • 1958
COSSACHI, I • COSSAQUES, LES (FRN) ○ COSSACKS, THE • 1960
DONNA DEI FARAOINI, LA • PHARAOHS' WOMAN, THE (USA) • 1960
LEGGENDA DI ENEA, LA • CONQUERANTS HEROIQUES (FRN) ○ LAST GLORY OF TROY, THE ○ AVENGER, THE (USA) ○ WAR OF THE TROJANS, THE • 1962

RIVARD FERNAND – CND – 1926–

IMAGES DE NOEL EN PAYS DU QUEBEC • 1954 • DCS
NICOLET • 1955 • DSS
SAILING IN THE SKY • 1955 • DCS
CHIBOUGAMAU • 1956 • DCS
RAMEURS DES GLACES • 1956 • DCS
AU PAYS DES BELLES FOURRURES • 1957 • DCS
PLAISIR EN FORET • 1960 • DCS
BELANGER • 1961 • DCS
FANTASTIQUE • 1962 • ANS
DU BETON ET DES HOMMES • 1965 • DCS
MANIC 5 • 1965 • DCS
SYMBOLE HYDRO-QUEBEC • 1965 • DCS
IDENTIFICATION DES VEHICULES • 1966 • DCS
VALSE A TROIS • 1974

RIVAS MIGUEL ANGEL – SPN – 1947–
BORRASCA • 1977
MEMORIAS DE LETICIA VALLE • MEMORIES OF LETICIA VALLE • 1978
OTRA VEZ ADIOS • GOODBYE AGAIN • 1981

RIVAS RAY – USA
UFOS: IT HAS BEGUN • 1976

RIVELLI CESARE – ITL
CONTINENTI IN FIAMME • 1956 • DOC

RIVERA ANGEL – USA
CABOS BLANCOS • 1954 • DOC

RIVERA HOMERA – NTH
DIE TO BE BORN • 1979 • SHT

RIVERO FERNANDO A. – MXC
AQUI LLEGO EL VALENTON • FANFARRON, EL • 1938
BESO MORTAL, EL • FATAL KISS, THE (USA) • 1938
JUNTOS, PERO NO REVUELTOS • UNITED BUT NOT MIXED (USA) • 1938
RECORDAR ES VIVIR • 1940
POSADA SANGRIETA, LA • BLOODY INN, THE • 1941
SEDA, SANGRE Y SOL • SILK, BLOOD AND SUN • 1941
MI REINO POR UN TORERO • 1943
MISERABLES, LOS • 1943
CASA EMBRUJADA, LA • 1944
NOSOTROS • 1944
MORENA DE MI COPLA, LA • 1945
PRINCIPE DEL DESIERTO, EL • 1946
CANCIONES Y RECUERDOS • 1947
COQUETA • 1949
DINERO MALDITO • 1949
MUJERES EN MI VIDA • 1949
PERDIDA • 1949
AMANTES, LOS • 1950
BUENAS NOCHES MI AMOR • 1950
BURLADA • 1950
PECADO DE SER POBRE, EL • 1950
NOCHE ES NUESTRA, LA • 1951
EXTRANA PASAJERA, LA • 1952
VICTIMAS DEL DIVORCIO • 1952

RIVERS FERNAND – Producer – FRN – 1879–1960
ET L'ON REVIENT TOUJOURS • 1917
MAITRE DE FORGES, LE • 1933
DAME AUX CAMELIAS, LA • 1934
BICHON • 1935
BONNE CHANCE • 1935
CHEMINEAU, LE • OPEN ROAD, THE (USA) • 1935
PASTEUR • 1935
DEUX GOSSES, LES • 1936
BOISSIERE • 1937
FAUTEUIL 47, LE • 1937
QUATRE HEURES DU MATIN • 1937
GOUALEUSE, LA • 1938
PRESIDENTE, LA • 1938
BERLINGOT ET CIE • 1939
EMBUSCADE, L' • 1939
AN 40, L' • 1940
ROI DES GALEJEURS, LE • 1940
RABOUILLEUSE, LA • 1943
CYRANO DE BERGERAC • 1945
MAITRE DE FORGES, LE • 1947
CES DAMES AUX CHAPEAUX VERTS • 1948
TIRE AU FLANC • 1949
MAINS SALES, LES • DIRTY HANDS (USA) • 1951

RIVERS JOAN – USA – 1937–
RABBIT TEST • SLIGHTLY PREGNANT MAN, THE • 1978

RIVERTON ANTHONY – USA
OTHER SIDE OF JULIE, THE • 1978

RIVETTE JACQUES – FRN – 1928–
AUX QUATRE COINS • 1950 • SHT
QUADRILLE, LE • 1950 • SHT
DIVERTISSEMENT, LE • 1952 • SHT
COUP DU BERGER, LE • 1956 • SHT
PARIS NOUS APPARTIENT • PARIS BELONGS TO US (USA) ○ PARIS IS OURS • 1958
SUZANNE SIMONIN, LA RELIGIEUSE DE DIDEROT • RELIGIEUSE, LA (UKN) ○ RELIGIEUSE DE DIDEROT, LA ○ NUN, THE (USA) • 1965
JEAN RENOIR LE PATRON • 1966 • DOC
AMOUR FOU, L' • 1969
OUT 1: NOLI ME TANGERE • OUT ONE • 1970
OUT 1: SPECTRE • OUT ONE: SPECTRE ○ OUT ONE OUT TWO ○ SPECTRE • 1970
CELINE ET JULIE VONT EN BATEAU • CELINE AND JULIE GO BOATING (UKN) • 1974
ESSAI SUR L'AGRESSION • 1974 • SHT
NAISSANCE ET MONT DE PROMETHEE • 1974 • SHT
DUELLE • WOMEN DUELLING (USA) ○ FILLES DE FEU, LES ○ TWILIGHT • 1976
VENGERESSE, LA • 1976
NOROIT • NORTHWEST WIND (USA) ○ NOR' WEST • 1977
MERRY-GO-ROUND • 1978
PARIS S'EN VA • 1981
PONT DU NORD, LE • NORTHERN BRIDGE, THE ○ NORTH BRIDGE • 1982
AMOUR PAR TERRE, L' • LOVE ON THE GROUND (USA) • 1984
HURLEVENT • WUTHERING HEIGHTS • 1986
BANDE DES QUATRE, LA • GANG OF FOUR, THE (UKN) • 1988

RIVOALEN – FRN
HOMME EN MARCHE, L' • 1952 • SHT

RIXON MIKE – CND
CAN AM TRAVELS • 1974

RIYAHI ESMAEIL – IRN
MILLIONAIRHA-YE-GORESNE • POOR MILLIONAIRES • 1967
SHOKOH-E-JAVANMARDI • MAGNIFICENCE OF BRAVERY, THE • 1968

RIZAL A. – INN
SENYUM DAN TANIS • SMILES AND TEARS • 1974

RIZALDY – PHL
TERITORYO KO ITO • THIS IS MY TERRITORY • 1967
BAWAT KANTO BASAGULO • TROUBLE AT EVERY CORNER • 1968

RIZENBERG FREDERICK A. – USA
GOSPEL • 1982

RIZQUEZ DIEGO see **RISQUEZ DIEGO**

RIZVI SAEED – PKS
SHANI • 1988

RIZVI YAKUB HASAN – IND
BAHARON KI MANZIL • DESTINATION SPRING • 1968

RIZZO ALFREDO – ITL
RITZ FRED
GIARDINI DEL DIAVOLO, I • 1971
CARNALITA • EROTIC REVENGE ○ HOT PLAYMATES • 1974
SANGUISUGA CONDUCE LA DANZA, LA • 1975
BOLOGNESE, LA • 1976
SORBOLE.. CHE ROMAGNOLA! • 1976
SUGGESTIONATA • 1978
ALESSIA...UN VULCANO SOTTO LA PELLE • 1979

ROA GUSTAVO NIETO – CLM
AURA O LAS VIOLETAS • AURA OR THE VIOLETS • 1973

ROACH BERT – Actor – USA – 1891–
LITTLE WIDOW, THE • 1919 • SHT

ROACH FRANK – USA
FROZEN SCREAM • 1980
NOMAD RIDERS • 1981

ROACH HAL – Producer – USA – 1892–1981
ON LOCATION • 1912 • SHT
BUGHOUSE BELL HOPS • 1915
FOOZLE AT THE TEA PARTY, A • 1915
FRESH FROM THE FARM • 1915
GIVING THEM FITS • 1915
GREAT WHILE IT LASTED • 1915
JUST NUTS • 1915
LONESOME LUKE • 1915
MIX-UP FOR MAISIE • 1915
ONCE EVERY TEN MINUTES • 1915
PECULIAR PATIENTS' PRANKS • 1915
PRESSING HIS SUIT • 1915
RAGTIME SNAP SHOTS • 1915
RUSES, RHYMES AND ROUGHNECKS • 1915
SOAKING THE CLOTHES • 1915
SOME BABY • 1915
SPIT-BALL SADIE • SPIT BALL SADIE • 1915
TERRIBLY STUCK UP • 1915
TINKERING WITH TROUBLE • 1915
BRAVER THAN THE BRAVEST • 1916
BUSTING THE BEANERY • 1916 • SHT
CAUGHT IN A JAM • 1916 • SHT
IN SOFT IN A STUDIO • 1916 • SHT
JAILED • 1916
LONESOME LUKE, CIRCUS KING • 1916 • SHT
LONESOME LUKE LEANS TO THE LITERARY • LUKE LEANS TO THE LITERARY • 1916 • SHT
LONESOME LUKE LOLLS IN LUXURY • LUKE LOLLS IN LUXURY • 1916 • SHT
LONESOME LUKE'S MOVIE MUDDLE • 1916
LUKE AND THE BANG-TAILS • 1916 • SHT
LUKE AND THE BOMB THROWERS • 1916 • SHT
LUKE AND THE MERMAIDS • 1916 • SHT
LUKE AND THE RURAL ROUGHNECKS • 1916 • SHT
LUKE, CRYSTAL GAZER • 1916 • SHT
LUKE DOES THE MIDWAY • 1916 • SHT
LUKE FOILS THE VILLAIN • 1916 • SHT
LUKE, GLADIATOR • 1916 • SHT
LUKE JOINS THE NAVY • 1916 • SHT
LUKE LAUGHS LAST • 1916 • SHT
LUKE LOCATES THE LOOT • 1916 • SHT
LUKE LUGS LUGGAGE • 1916 • SHT
LUKE, PATIENT PROVIDER • 1916 • SHT
LUKE PIPS THE PIPPINS • 1916 • SHT
LUKE RIDES ROUGH-SHOD • 1916 • SHT
LUKE, THE CANDY CUT-UP • 1916 • SHT
LUKE THE CHAUFFEUR • 1916 • SHT
LUKE'S DOUBLE • 1916 • SHT
LUKE'S FATAL FLIVVER • 1916 • SHT
LUKE'S FIREWORKS FIZZLE • 1916 • SHT
LUKE'S LATE LUNCHERS • LUKE'S LATE LUNCHES • 1916 • SHT
LUKE'S LOST LAMB • 1916 • SHT
LUKE'S MOVIE MUDDLE • 1916 • SHT
LUKE'S PREPAREDNESS PREPARATION • 1916 • SHT
LUKE'S SOCIETY MIXUP • 1916 • SHT
LUKE'S SPEEDY CLUB LIFE • 1916 • SHT
LUKE'S WASHFUL WAITING • 1916 • SHT
RECKLESS WRESTLERS • 1916 • SHT
SKYLIGHT SLEEP • 1916 • SHT
THEM WAS THE HAPPY DAYS! • 1916 • SHT
TROUBLE ENOUGH! • 1916 • SHT
ALL ABOARD • 1917 • SHT
BASHFUL • 1917 • SHT
BIRDS OF A FEATHER • 1917 • SHT
BY THE SAD SEA WAVES • 1917 • SHT
CLUBS ARE TRUMPS • 1917 • SHT
FLIRT, THE • 1917 • SHT
LONESOME LUKE -MESSENGER • 1917 • SHT
LONESOME LUKE FROM LONDON TO LARAMIE • 1917 • SHT
LONESOME LUKE, LAWYER • 1917 • SHT
LONESOME LUKE LOSES PATIENTS • 1917 • SHT
LONESOME LUKE, MECHANIC • 1917 • SHT
LONESOME LUKE ON TIN CAN ALLEY • 1917 • SHT
LONESOME LUKE, PLUMBER • 1917 • SHT
LONESOME LUKE'S HONEYMOON • 1917 • SHT
LONESOME LUKE'S LIVELY LIFE • 1917 • SHT
LONESOME LUKE'S WILD WOMEN • 1917 • SHT
LOVE, LAUGHS AND LATHER • 1917 • SHT
LUKE WINS YE LADYE FAIRE • 1917 • SHT
LUKE'S BUSY DAY • LUKE'S BUSY DAYS • 1917 • SHT
LUKE'S LOST LIBERTY • LUKE'S LAST LIBERTY • 1917 • SHT
LUKE'S SHATTERED SLEEP • 1917 • SHT
LUKE'S TROLLEY TROUBLES • 1917 • SHT
MOVE ON • 1917 • SHT
ONE QUARTER INCH • 1917 • SHT
OVER THE FENCE • 1917 • SHT
PINCHED • 1917 • SHT
RAINBOW ISLAND • 1917 • SHT
SKINNY GETS A GOAT • 1917 • SHT
SKINNY'S FALSE ALARM • 1917 • SHT
SKINNY'S SHIPWRECKED SANDWICH • SKINNY'S SHIPWRECKED SAND-WITCH • 1917 • SHT
STEP LIVELY • 1917 • SHT
STOP! LUKE! LISTEN! • 1917 • SHT
WE NEVER SLEEP • 1917 • SHT
ARE CROOKS DISHONEST? • 1918 • SHT
BEACH NUTS • 1918 • SHT
BEAT IT • 1918 • SHT
BEES IN HIS BONNET • 1918 • SHT
BIG IDEA, THE • 1918 • SHT
BRIDE AND GLOOM • 1918 • SHT
CHECK YOUR BAGGAGE • 1918 • SHT
CITY SLICKER, THE • 1918 • SHT
CLEOPATSY • 1918 • SHT
DIPPY DAUGHTER, THE • 1918 • SHT
DO HUSBANDS DECEIVE? • 1918 • SHT
ENEMY OF SOAP, AN • 1918 • SHT
FIRE THE COOK • 1918 • SHT
FIREMAN, SAVE MY CHILD! • 1918 • SHT
FOLLOW THE CROWD • 1918
FURNITURE MOVERS, THE • 1918 • SHT
GASOLINE WEDDING, A • 1918 • SHT
GREAT WATER PERIL, THE • 1918 • SHT
HEAR 'EM RAVE • 1918 • SHT
HELLO, TEACHER • 1918 • SHT
HERE COME THE GIRLS • 1918 • SHT
HEY THERE! • 1918 • SHT
HIS BUSY DAY • 1918 • SHT
HIT HIM AGAIN • 1918 • SHT
IT'S A WILD LIFE • 1918 • SHT
JUNK MAN, THE • JUNKMAN, THE • 1918 • SHT
JUST RAMBLING ALONG • 1918 • SHT
KICKED OUT • 1918 • SHT
KICKING THE GERM OUT OF GERMANY • 1918 • SHT
LAMB, THE • 1918 • SHT
LET'S GO • 1918 • SHT
LOOK PLEASANT, PLEASE • 1918 • SHT
MOVIE DUMMY, THE • 1918 • SHT
NIPPED IN THE BUD • 1918 • SHT
NO PLACE LIKE JAIL • 1918 • SHT
NON STOP KID, THE • NON-STOP KID, THE • 1918 • SHT
NOTHING BUT TROUBLE • 1918 • SHT
ON THE JUMP • 1918 • SHT
ONE NIGHT STAND, A • 1918 • SHT
OZARK ROMANCE, AN • 1918 • SHT
PIPE THE WHISKERS • 1918 • SHT
SHE LOVES ME NOT • 1918 • SHT
SIC 'EM TOWSER • 1918 • SHT
SOMEWHERE IN TURKEY • 1918 • SHT
SWING YOUR PARTNERS • 1918 • SHT
TAKE A CHANCE • 1918 • SHT
THAT'S HIM • 1918 • SHT
TIP, THE • 1918 • SHT
TWO GUN GUSSIE • 1918 • SHT
TWO SCRAMBLED • 1918 • SHT
WHY PICK ON ME • 1918 • SHT
ALL AT SEA • 1919
ASK FATHER • 1919 • SHT
AT THE OLD STAGE DOOR • 1919 • SHT
BACK TO THE WOODS • 1919 • SHT
BE MY WIFE • 1919 • SHT
BEFORE BREAKFAST • 1919 • SHT
BILLY BLAZES, ESQ. • 1919 • SHT
BUMPING INTO BROADWAY • 1919 • SHT
CALL FOR MR. CAVE MAN • 1919 • SHT
CAPTAIN KIDD'S KIDS • 1919 • SHT
CHOP SUEY & CO. • 1919 • SHT
COUNT YOUR CHANGE • 1919 • SHT
CRACK YOUR HEELS • 1919 • SHT
DO YOU LOVE YOUR WIFE? • 1919 • SHT
DON'T SHOVE • 1919 • SHT
DUTIFUL DUB, THE • 1919 • SHT
FROM HAND TO MOUTH • 1919 • SHT
GIVING THE BRIDE AWAY • 1919 • SHT
GOING! GOING! GONE! • 1919 • SHT
HE LEADS, OTHERS FOLLOW • 1919 • SHT
HEAP BIG CHIEF • 1919 • SHT
HIS ONLY FATHER • 1919 • SHT
HIS ROYAL SLYNESS • 1919 • SHT
HOOT MON! • HOOT MAN • 1919 • SHT
HOW DRY I AM • 1919 • SHT
HUSTLING FOR HEALTH • 1919 • SHT
I'M ON MY WAY • 1919 • SHT
IT'S A HARD LIFE • 1919 • SHT
JAZZED HONEYMOON, A • 1919 • SHT
JUST DROPPED IN • 1919 • SHT
JUST NEIGHBORS • 1919 • SHT
LOOK OUT BELOW! • 1919 • SHT
LOOKING FOR TROUBLE • 1919 • SHT
LOVE'S YOUNG SCREAM • 1919 • SHT
MARATHON, THE • 1919 • SHT
NEVER TOUCHED ME • 1919 • SHT
NEXT AISLE OVER • 1919 • SHT
OFF THE TROLLEY • 1919 • SHT
ON THE FIRE • CHEF, THE • 1919 • SHT
ORDER IN THE COURT • 1919 • SHT
PAY YOUR DUES • 1919 • SHT
PISTOLS FOR BREAKFAST • 1919 • SHT
RAJAH, THE • 1919 • SHT
RING UP THE CURTAIN • 1919 • SHT
SAMMY IN SIBERIA • 1919 • SHT
SI, SENOR • 1919 • SHT
SOFT MONEY • 1919 • SHT
SPRING FEVER • 1919 • SHT
SWAT THE CROOK • 1919 • SHT
TOTO'S TROUBLES • 1919 • SHT
TOUGH LUCK • 1919 • SHT
WANTED FIVE THOUSAND DOLLARS • WANTED $5000 • 1919 • SHT
YOUNG MR. JAZZ • 1919 • SHT
ALIAS ALADDIN • 1920 • SHT
ALL DRESSED UP • 1920 • SHT
ALL IN A DAY • 1920 • SHT
ALL LIT UP • 1920 • SHT
ANY OLD PORT • 1920 • SHT
CALL A TAXI • 1920 • SHT
CASH CUSTOMERS • 1920 • SHT
CRACKED WEDDING BELLS • 1920 • SHT
CUT THE CARDS • 1920 • SHT
DEAR DEPARTED, THE • 1920 • SHT
DINNER HOUR, THE • 1920 • SHT
DIPPY DENTIST, THE • 1920 • SHT
DOING TIME • 1920 • SHT
DON'T ROCK THE BOAT • 1920 • SHT
DON'T WEAKEN • 1920
DRINK HEARTY • 1920 • SHT
EASTERN WESTERNER, AN • 1920 • SHT
FELLOW CITIZENS • 1920 • SHT
FIND THE GIRL • 1920 • SHT
FLAT BROKE • 1920 • SHT
FLOOR BELOW, THE • 1920 • SHT
FRESH PAINT • 1920 • SHT
GET OUT AND GET UNDER • 1920 • SHT
GETTING HIS GOAT • 1920 • SHT
GO AS YOU PLEASE • 1920 • SHT
GRAB THE GHOST • 1920 • SHT
GREEK MEETS GREEK • 1920 • SHT
HAUNTED SPOOKS • 1920 • SHT
HELLO UNCLE • 1920 • SHT
HIGH AND DIZZY • 1920 • SHT

HOME STRETCH, THE • 1920 • SHT
INSULTING THE SULTAN • 1920 • SHT
JUNE MADNESS • 1920 • SHT
LITTLE MISS JAZZ • 1920 • SHT
LIVE AND LEARN • 1920 • SHT
LONDON BOBBY, A • 1920 • SHT
MAMMA'S BOY • 1920 • SHT
MERELY A MAID • 1920 • SHT
MONEY TO BURN • 1920 • SHT
PARK YOUR CAR • 1920 • SHT
QUEENS UP! • 1920 • SHT
RAISE THE RENT • 1920 • SHT
RED HOT HOTTENTOTTS • 1920 • SHT
REGULAR PAL, A • 1920 • SHT
ROCK-A-BYE BABY • 1920 • SHT
SAND MAN, THE • SANDMAN, THE • 1920 • SHT
SHOOT ON SIGHT • 1920 • SHT
SLIPPERY SLICKERS • 1920 • SHT
SPEED TO SPARE • 1920 • SHT
START THE SHOW • 1920 • SHT
TROTTING THROUGH TURKEY • 1920 • SHT
WALTZ ME AROUND • 1920 • SHT
WHEN THE WIND BLOWS • 1920 • SHT
WHY GO HOME? • 1920 • SHT
YOU'RE PINCHED • 1920 • SHT
AT THE RINGSIDE • 1921 • SHT
BIG GAME • 1921 • SHT
BIKE BUG, THE • 1921 • SHT
BUBBLING OVER • 1921 • SHT
BURGLARS BOLD • 1921 • SHT
CALL THE WITNESS • 1921 • SHT
CATCHING A COON • 1921 • SHT
CHINK, THE • 1921 • SHT
CORNER POCKET, THE • 1921 • SHT
DODGE YOUR DEBTS • 1921 • SHT
FELLOW ROMANS • 1921 • SHT
FIFTEEN MINUTES • 1921 • SHT
GONE TO THE COUNTRY • 1921 • SHT
HIGH ROLLERS, THE • 1921 • SHT
HIS BEST GIRL • 1921 • SHT
HOBGOBLINS • 1921 • SHT
HURRY WEST • 1921 • SHT
HUSTLER, THE • 1921 • SHT
JAIL BIRD, THE • 1921 • SHT
JOY RIDER, THE • 1921 • SHT
KILJOYS, THE • 1921 • SHT
LATE HOURS • 1921 • SHT
LATE LODGERS • 1921 • SHT
LAW AND ORDER • 1921 • SHT
LOOSE CHANGE • 1921 • SHT
LOSE NO TIME • 1921 • SHT
LOVE LESSON, THE • 1921 • SHT
LUCKY NUMBER, THE • 1921 • SHT
MAKE IT SNAPPY • 1921 • SHT
MORNING AFTER, THE • 1921 • SHT
NAME THE DAY • 1921 • SHT
NO CHILDREN • 1921 • SHT
NO STOP-OVER • 1921 • SHT
OH, PROMISE ME • 1921 • SHT
ON THEIR WAY • 1921 • SHT
OPEN ANOTHER BOTTLE • 1921 • SHT
OWN YOUR HOME • 1921 • SHT
PAINT AND POWDER • 1921 • SHT
PENNY-IN-THE-SLOT • 1921 • SHT
PICKANINNY, THE • 1921 • SHT
PINNING IT ON • 1921 • SHT
PRINCE PISTACHIO • 1921 • SHT
ROUGH SEAS • 1921 • SHT
RUNNING WILD • 1921 • SHT
RUSH ORDERS • 1921 • SHT
SAVE YOUR MONEY • 1921 • SHT
SHAKE 'EM UP • 1921 • SHT
SINK OR SWIM • 1921 • SHT
SLEEPY HEAD, THE • 1921 • SHT
SPOT CASH • 1921 • SHT
STOP KIDDING • 1921 • SHT
STRAIGHT CROOK, A • 1921 • SHT
SWEET BY AND BY • 1921 • SHT
TEACHING THE TEACHER • 1921 • SHT
TROLLEY TROUBLES • 1921 • SHT
TRY, TRY AGAIN • 1921 • SHT
WHAT A WHOPPER • 1921 • SHT
WHERE'S THE FIRE? • 1921 • SHT
YOU'RE NEXT • 1921 • SHT
ZERO HOUR, A • 1921 • SHT
ANVIL CHORUS, THE • 1922 • SHT
BED OF ROSES, A • 1922 • SHT
BEFORE THE PUBLIC • 1922 • SHT
BETWEEN MEALS • 1922 • SHT
BLAZE AWAY • 1922 • SHT
BLOW 'EM UP • 1922 • SHT
BONE DRY • 1922 • SHT
BOW WOWS, THE • 1922 • SHT
BRIDE-TO-BE, THE • 1922 • SHT
BUSY BEES • 1922 • SHT
DIG UP • 1922 • SHT
DO ME A FAVOR • 1922 • SHT
DOWN AND OUT • 1922 • ANS
DUMB-BELL, THE • 1922 • SHT
FACE THE CAMERA • 1922 • SHT
FAIR WEEK • 1922 • SHT
FIRE FIGHTERS, THE • 1922 • SHT
FIRE THE FIREMAN • 1922 • SHT
FLIVVER, THE • 1922 • SHT
FRIDAY THE 13TH • 1922 • SHT
FULL O' PEP • 1922 • SHT
GOLF BUG, THE • 1922 • SHT
GOOD MORNING, JUDGE • 1922 • SHT
GREEN CAT, THE • 1922 • SHT
HALE AND HEARTY • 1922 • SHT
HIGH TIDE • 1922 • SHT
HIRED AND FIRED • 1922 • SHT
HOOK, LINE AND SINKER • 1922 • SHT
HOT OFF THE PRESS • 1922 • SHT
I'LL TAKE VANILLA • 1922 • SHT
JUMP YOUR JOB • 1922 • SHT
KILL THE NERVE • 1922 • SHT
LANDLUBBER, THE • 1922 • SHT
LATE LAMENTED, THE • 1922 • SHT
LEAVE IT TO ME • 1922 • SHT
LIGHT SHOWERS • 1922
MAN HATERS, THE • 1922 • SHT
MANY HAPPY RETURNS • 1922 • SHT
MOVIE, THE • 1922 • SHT
NEWLY RICH • 1922 • SHT
NON-SKID KID, THE • 1922 • SHT
OLD SEA DOG, THE • 1922 • SHT
ONE TERRIBLE DAY • 1922 • SHT
ONLY SON, THE • 1922 • SHT
OUT ON BAIL • 1922 • SHT
PARDON ME • 1922 • SHT
PASTE AND PAPER • 1922 • SHT
PAY THE CASHIER • 1922 • SHT
QUIET STREET, A • 1922 • SHT
RICH MAN, POOR MAN • 1922 • SHT
ROUGH ON ROMEO • 1922 • SHT
ROUSTABOUT, THE • 1922 • SHT
SATURDAY MORNING • 1922 • SHT
SHINE 'EM UP • 1922 • SHT
SHIVER AND SHAKE • 1922 • SHT
SLEUTH, THE • 1922 • SHT
SOAK THE SHEIK • 1922 • SHT
SOME BABY • 1922 • SHT
STAGE STRUCK • 1922 • SHT
STAND PAT • 1922 • SHT
TAKE NEXT CAR • 1922 • SHT
TOUCH ALL THE BASES • 1922 • SHT
TOUGH WINTER, A • 1922 • SHT
TRUTH JUGGLER, THE • 1922 • SHT
UPPERCUT, THE • 1922 • SHT
WASHED ASHORE • 1922 • SHT
WATCH YOUR WIFE • 1922 • SHT
WET WEATHER • 1922 • SHT
WHITE BLACKSMITH, THE • 1922 • SHT
YEARS TO COME • 1922 • SHT
365 DAYS • 1922 • SHT
AT FIRST SIGHT • 1923 • SHT
BACK STAGE • 1923 • SHT
BE HONEST • 1923 • SHT
BIG IDEA, THE • 1923 • SHT
BOWLED OVER • 1923 • SHT
CALIFORNIA OR BUST • 1923 • SHT
COLLARS AND CUFFS • 1923 • SHT
COURTSHIP OF MILES SANDWICH, THE • 1923 • SHT
DARKEST HOUR, THE • 1923 • SHT
DERBY DAY • 1923 • SHT
DO YOUR STUFF • 1923 • SHT
DOGS OF WAR • 1923 • SHT
DON'T FLIRT • 1923 • SHT
DON'T SAY DIE • 1923 • SHT
FINGER PRINTS • 1923 • SHT
FOR ART'S SAKE • 1923 • SHT
FOR GUESTS ONLY • 1923 • SHT
FOR SAFE KEEPING • 1923 • SHT
FRESH EGGS • 1923 • SHT
FROZEN HEARTS • 1923 • SHT
FULLY INSURED • 1923 • SHT
GAS AND AIR • 1923 • SHT
GO WEST • 1923 • SHT
GREAT OUTDOORS, THE • 1923 • SHT
HARVEST HANDS • 1923 • SHT
HEAVY SEAS • 1923 • SHT
IT'S A BOY • 1923 • SHT
IT'S A GIFT • 1923 • SHT
JAILED AND BAILED • 1923 • SHT
JOIN THE CIRCUS • 1923 • SHT
JULY DAYS • 1923 • SHT
KILL OR CURE • 1923 • SHT
KNOCKOUT, THE • 1923 • SHT
LET'S BUILD • 1923 • SHT
LIVE WIRES • 1923 • SHT
LODGE NIGHT • 1923 • SHT
LOOSE TIGHTWAD, A • 1923 • SHT
LOVEY DOVEY • 1923 • SHT
MAN ABOUT TOWN, A • 1923 • SHT
MOTHER'S JOY • 1923 • SHT
MR. HYPPO • 1923 • SHT
MYSTERY MAN, THE • 1923 • SHT
NO NOISE • 1923 • SHT
NO PETS • 1923 • SHT
NOON WHISTLE, THE • 1923 • SHT
ONCE OVER • 1923 • SHT
ONE OF THE FAMILY • 1923 • SHT
ORANGES AND LEMONS • 1923 • SHT
PICK AND SHOVEL • 1923 • SHT
POST NO BILLS • 1923 • SHT
ROUGHEST AFRICA • 1923 • SHT
SAVE THE SHIP • 1923 • SHT
SCORCHING SANDS • 1923 • SHT
SHOOT STRAIGHT • 1923 • SHT
SHORT ORDERS • 1923 • SHT
SOILERS, THE • 1923 • SHT
SPEED THE SWEDE • 1923 • SHT
STAGE FRIGHT • 1923 • SHT
STEPPING OUT • 1923 • SHT
SUNDAY CALM • 1923 • SHT
SUNNY SPAIN • 1923 • SHT
TAKE THE AIR • 1923 • SHT
TIGHT SHOES • 1923 • SHT
TIRE TROUBLES • 1923 • SHT
UNCOVERED WAGON, THE • 1923 • SHT
WALKOUT, THE • 1923 • SHT
WATCH DOG, THE • 1923 • SHT
WHERE AM I? • 1923 • SHT
WHITE WINGS • 1923 • SHT
WINNER TAKE ALL • 1923 • SHT
ARE BLOND MEN BASHFUL? • 1924 • SHT
BAR FLY, THE • 1924 • SHT
BIG TOWN, THE • 1924 • SHT
BOTTLE BABIES • 1924 • SHT
BUCCANEERS, THE • 1924 • SHT
COMMENCEMENT DAY • 1924 • SHT
CRADLE ROBBERS • 1924 • SHT
DEAF, DUMB AND DAFFY • 1924 • SHT
DON'T FORGET • 1924 • SHT
EVERY MAN FOR HIMSELF • 1924 • SHT
FAST BLACK • 1924 • SHT
FAST COMPANY • 1924 • SHT
FRAIDY CAT, THE • 1924 • SHT
FRIEND HUSBAND • 1924 • SHT
GET BUSY • 1924 • SHT
GOOFY AGE, THE • 1924 • SHT
HARD KNOCKS • 1924 • SHT
HARD-BOILED TENDERFOOT, A • 1924 • SHT
HELP ONE ANOTHER • 1924 • SHT
HIGH SOCIETY • 1924 • SHT
HIT THE HIGH SPOTS • 1924 • SHT
HOT HEELS • 1924 • SHT
HOT STUFF • 1924 • SHT
HUNTERS BOLD • 1924 • SHT
IT'S A BEAR • 1924 • SHT
JUST A GOOD GUY • 1924 • SHT
JUST A MINUTE • 1924 • SHT
LAUGH THAT OFF • 1924 • SHT
LOST DOG, THE • 1924 • SHT
LOVE'S DETOUR • 1924 • SHT
LOVE'S REWARD • 1924 • SHT
MAN PAYS, THE • 1924 • SHT
MEET THE MISSUS • 1924 • SHT
MYSTERIOUS MYSTERY, THE • 1924 • SHT
NORTH OF 50-50 • 1924 • SHT
ONE AT A TIME • 1924 • SHT
OUR LITTLE NELL • 1924 • SHT
PERFECT LADY • 1924 • SHT
POLITICAL PULL • 1924 • SHT
POSITION WANTED • 1924 • SHT
POWDER AND SMOKE • 1924 • SHT
RADIO MAD • 1924 • SHT
RAT'S KNUCKLES, THE • 1924 • SHT
RUBBERNECK, THE • 1924 • SHT
SEEIN' THINGS • 1924 • SHT
SHOULD LANDLORDS LIVE? • 1924 • SHT
SKY PLUMBER, THE • 1924 • SHT
SOUTH O' THE NORTH POLE • 1924 • SHT
SUFFERING SHAKESPEARE • 1924 • SHT
SUN DOWN LIMITED, THE • 1924 • SHT
UP AND AT 'EM • 1924 • SHT
WAGES OF TIN, THE • 1924 • SHT
WHITE SHEEP, THE • 1924
ALL WOOL • 1925 • SHT
ARE HUSBANDS HUMAN? • 1925 • SHT
ARE PARENTS PICKLES? • 1925 • SHT
ASK GRANDMA • 1925 • SHT
BETTER MOVIES • 1925 • SHT
BIG KICK, THE • 1925 • SHT
BLACK HAND BLUES • 1925 • SHT
BOUNCER, THE • 1925 • SHT
BOYS WILL BE JOYS • 1925 • SHT
CHANGE THE NEEDLE • 1925 • SHT
CHASING THE CHASER • 1925 • SHT
CIRCUS FEVER • 1925 • SHT
CUCKOO LOVE • 1925 • SHT
DADDY GOES A GRUNTING • 1925 • SHT
DOG DAYS • 1925 • SHT
EXCUSE MY GLOVE • 1925 • SHT
FLAMING FLAPPERS • 1925 • SHT
FOX HUNT, THE • 1925 • SHT
GRIEF IN BAGDAD • 1925 • SHT
HAUNTED HONEYMOON, THE • 1925 • SHT
HOLD MY BABY • 1925 • SHT
IN THE GREASE! • 1925 • SHT
LAUGHING LADIES • 1925 • SHT
LOVE BUG, THE • 1925 • SHT
MADAME SANS JANE • 1925 • SHT
MARY, QUEEN OF TOTS • 1925 • SHT
MOONLIGHT AND NOSES • 1925 • SHT
OFFICIAL OFFICERS • 1925 • SHT
ONE WILD RIDE • 1925 • SHT
PAPA, BE GOOD! • 1925 • SHT
PUNCH IN THE NOSE, A • 1925 • SHT
RIDERS OF THE KITCHEN RANGE • 1925 • SHT
ROYAL FOUR FLUSH, THE • 1925 • SHT
SAILOR PAPA, A • 1925 • SHT
SHERLOCK SLEUTH • 1925 • SHT
SHOOTIN' INJUNS • 1925 • SHT
SHOULD SAILORS MARRY? • 1925 • SHT
SOLID IVORY • 1925 • SHT
SOMEWHERE IN SOMEWHERE • 1925 • SHT
STARVATION BLUES • 1925 • SHT
SURE-MIKE • 1925 • SHT
TAME MEN AND WILD WOMEN • 1925 • SHT
TELL IT TO A POLICEMAN • 1925 • SHT
THERE GOES THE BRIDE • 1925 • SHT
THUNDERING LANDLORDS • 1925 • SHT
UNFRIENDLY FACES • 1925 • SHT
WANDERING PAPAS • 1925 • SHT
WILD PAPA • 1925 • SHT
YOUR OWN BACK YARD • 1925 • SHT
BURIED TREASURE • 1926 • SHT
COW'S KIMONO • 1926 • SHT
DIZZY DADDIES • 1926 • SHT
DO YOUR DUTY • 1926 • SHT
DON KEY, SON OF BURRO • 1926 • SHT
FOURTH ALARM • 1926 • SHT
GET 'EM YOUNG • 1926 • SHT
GOOD CHEER • 1926 • SHT
HE FORGOT TO REMEMBER • 1926 • SHT
HOLD EVERYTHING • 1926 • SHT
HUG BUG, THE • 1926 • SHT
LONG PANTS • 1926 • SHT
MANY SCRAPPY RETURNS • 1926 • SHT
MERRY WIDOWER • 1926 • SHT
NEVER TOO OLD • 1926 • SHT
ON THE FRONT PAGE • 1926 • SHT
SAY IT WITH BABIES • 1926 • SHT
SHIVERING SPOOKS • 1926 • SHT
TELLING WHOPPERS • 1926 • SHT
THERE AIN'T NO SANTA CLAUS • 1926 • SHT
TOL'ABLE ROMEO • 1926 • SHT
UKELELE SHEIKS • 1926 • SHT
UNCLE TOM'S UNCLE • 1926 • SHT
WAR FEATHERS • 1926 • SHT
WHAT'S THE WORLD COMING TO? • 1926 • SHT
WIFE TAMERS • 1926 • SHT
WISE GUYS PREFER BRUNETTES • 1926 • SHT
YOUR HUSBAND'S PAST • 1926 • SHT
ARE BRUNETTES SAFE? • 1927 • SHT
BIGGER AND BETTER BLONDES • 1927 • SHT
BRING HOME THE TURKEY • 1927 • SHT
CHICKEN FEED • 1927 • SHT
DON'T TELL EVERYTHING • 1927 • SHT
EVE'S LOVE LETTERS • 1927 • SHT
FLAMING FEATHERS • 1927 • SHT
FORGOTTEN SWEETIES • 1927 • SHT
GLORIOUS FOURTH • 1927 • SHT
JEWISH PRUDENCE • 1927 • SHT
LOVE MY DOG • 1927 • SHT
NOW I'LL TELL ONE • 1927 • SHT
ONE-MAMA MAN, A • 1927 • SHT
SHOULD HUSBANDS COME FIRST? • 1927 • SHT
SMILE WINS, THE • 1927 • SHT
TEN YEARS OLD • 1927 • SHT
TIRED BUSINESS MEN • 1927 • SHT
WHAT EVERY ICEMAN KNOWS • 1927 • SHT
WHAT WOMEN DID FOR ME • 1927 • SHT
THUNDERING TOUPEES • 1929 • SHT
MEN OF THE NORTH • 1930
MONSIEUR LE FOX • 1930
LET'S DO THINGS • 1931 • SHT
ON THE LOOSE • 1931 • SHT
PAJAMA PARTY, THE • 1931 • SHT
ARABIAN TIGHTS • 1933 • SHT
DEVIL'S BROTHER, THE • FRA DIAVOLO (UKN) ○ VIRTUOUS TRAMPS, THE ○ BOGUS BANDITS • 1933
NATURE IN THE WRONG • TARZAN IN THE WRONG • 1933
BALLAD OF PADUCAH JAIL, THE • 1934 • SHT
CAPTAIN FURY • 1939
HOUSEKEEPER'S DAUGHTER, THE • 1939
ONE MILLION B.C. • MAN AND HIS MATE (UKN) ○ CAVE DWELLERS, THE ○ BATTLE OF THE GIANTS ○ CAVE MAN • 1940
TURNABOUT • 1940
ROAD SHOW • 1941

ROACH HAL JR. – USA – 1921–1972

ONE MILLION B.C. • MAN AND HIS MATE (UKN) ○ CAVE DWELLERS, THE ○ BATTLE OF THE GIANTS ○ CAVE MAN • 1940
ROAD SHOW • 1941
DUDES ARE PRETTY PEOPLE • 1942
CALABOOSE • 1943
PRAIRIE CHICKENS • 1943

ROACH JOSEPH A. – USA

CONFLICT, THE • 1915
EYES THAT SEE NOT • 1915

ROAD MICHAEL – SWD

UNDERBARA LOGNEN, DEN • GENTLE THIEF OF LOVE • 1955

ROANNE HENRI – FRN

MOI, TINTIN • 1975 • DOC

ROARKE ADAM – USA

TRESPASSES • TRESPASS • 1986

ROBAK ALAIN – FRN – 1954–

BABY BLOOD • 1989

ROBAR-DORIN FILIP – YGS

VETAR U MREZI • WIND IN THE NET, THE ○ WIND IN THE WEB, THE • 1989

ROBARDS WILLIS – USA

CRACKSMAN SANTA CLAUS, THE • 1913
CRACKSMAN'S REFORMATION, THE • 1913
CROSS PURPOSES • 1913
FIRES OF FATE • 1913
HEART OF A CRACKSMAN • 1913
RETRIBUTION • 1913
WHEN SHADOWS FALL • 1915
MOTHERS OF MEN • 1917
EVERY WOMAN'S PROBLEM • 1921

ROBBE–GRILLET ALAIN – Screenwriter – FRN – 1922–
IMMORTELLE, L' • IMMORTALE, L' ○ IMMORTAL WOMAN, THE • 1963
TRANS–EUROP–EXPRESS • TRANS–EUROPE EXPRESS • 1967
MUZ KTORY LUZE • HOMME QUI MENT, L' (FRN) ○ MAN WHO LIES, THE ○ SHOCK TROOPS • 1968
EDEN ET APRES, L' • EDEN AND AFTER (USA) • 1970
N'A PAS PRIS LES DES • 1971 • MTV
GOMMES, LES • 1972
GLISSEMENTS PROGRESSIFS DU PLAISIR, LES • 1973
JEU AVEC LE FEU, LE • GIOCHI DI FUOCO (ITL) • 1975
PIEGE A FOURRURE • 1977
BELLE CAPTIVE, LA • 1983

ROBBELING HARALD – AUS
FREGOLA • 1948
ZYANKALI • 1948
VERJUNGUNGSKUR, DIE • NACH REGEN FOLGT SONNE • 1950
ASPHALT • 1951
WEG ZUR DIR, DER • 1952
NUR NICH AUFREGEN • 1953

ROBBIE SEYMOUR – Producer – USA
ROBBIE SEYMOUR MITCHELL
C.C. AND COMPANY • 1970
MARCO • 1973

ROBBIE SEYMOUR MITCHELL see **ROBBIE SEYMOUR**

ROBBINS DEREK – UKN
SEX VICTIMS, THE • 1973

ROBBINS JEROME – Choreographer – USA – 1918–
WEST SIDE STORY • 1961

ROBBINS JESS – USA
ROBBINS JESSE D. • ROBBINS JESSE
LUCKY DOG, A • 1917 • SHT
BARNYARD ROMANCE, A • 1919
ORIENTAL ROMEO, AN • 1919 • SHT
SHOOTIN' MAD • 1919
ADAM AND EVE A LA MODE • 1920 • SHT
BACK YARD, THE • 1920 • SHT
CHARLIE GETS A JOB • 1920 • SHT
DECORATOR, THE • 1920 • SHT
FISTS AND FODDER • 1920 • SHT
HE LAUGHS LAST • 1920 • SHT
HIS JONAH DAY • 1920 • SHT
MYSTERIOUS STRANGER, THE • 1920 • SHT
PALS AND PUGS • 1920 • SHT
ROARING LOVE AFFAIR, A • 1920 • SHT
SPRINGTIME • 1920 • SHT
TROUBLE HUNTER, THE • 1920 • SHT
TOURIST, THE • 1921
FRONT PAGE STORY, A • 1922
LADDER JINX, THE • LADDER IMP, THE • 1922
TOO MUCH BUSINESS • 1922
LAW FORBIDS, THE • 1924
BUSINESS OF LOVE, THE • CRASH, THE • 1925
NOT THE TYPE • 1927
LITTLE BIT OF FLUFF, A • SKIRTS (USA) • 1928

ROBBINS JESSE see **ROBBINS JESS**

ROBBINS JESSE D. see **ROBBINS JESS**

ROBBINS LEROY – USA
EVEN AS YOU AND I • 1937 • SHT

ROBBINS MATTHEW – USA
CORVETTE SUMMER • HOT ONES, THE (UKN) • 1978
DRAGONSLAYER • 1981
LEGEND OF BILLIE JEAN, THE • FAIR IS FAIR ○ LEGEND OF BILLY JEAN, THE • 1985
BATTERIES NOT INCLUDED • 1987

ROBBINS RICHARD – USA
SWEET SOUNDS • 1976

ROBE MIKE – USA
WITH INTENT TO KILL • 1984 • TVM
NEWS AT ELEVEN • 1986 • TVM
MURDER ORDAINED • 1987 • TVM
GO TOWARD THE LIGHT • GO TO THE LIGHT • 1989
GUTS AND GLORY: THE RISE AND FALL OF OLIVER NORTH • 1989 • TVM

ROBER JEAN–HENRI – FRN
PRAVDA • 1970

ROBERSON ARTHUR – USA
BLACK HOOKER • 1974

ROBERSON JAMES W. – USA
WITCH, THE • 1982

ROBERT DENIS – CND
SCIENCE PRODIGIEUSE DES PHARAONS, LA • 1976 • DOC

ROBERT FERDINAND – GRM
GEIGER VON MEISSEN, DER • 1920

ROBERT GENEVIEVE – USA
CASUAL SEX? • 1988

ROBERT JACQUES – GRM
GRAF KOSTJA • 1925

ROBERT YVES – Actor – FRN – 1920–
HOMMES NE PENSENT QU'A CA! • 1945
BONNES MANIERES, LES • 1951 • SHT
NI VU, NI CONNU.. • VIVE MONSIEUR BLAIREAU ○ AFFAIRE BLAIREAU, L' • 1958
SIGNE ARSENE LUPIN • RITORNO DI ARSENIO LUPIN, IL (ITL) ○ SIGNED, ARSENE LUPIN (USA) • 1959
FAMILLE FENOUILLARD, LA • 1960
GUERRE DES BOUTONS, LA • WAR OF THE BUTTONS • 1961
BEBERT ET L'OMNIBUS • HOLY TERROR, THE ○ BEBERT AND THE TRAIN • 1963
COPAINS, LES • 1964
MONNAIE DE SINGE • SETTE FALSARI, I (ITL) ○ MONKEY MONEY (UKN) ○ MONKEY, MONKEY • 1965
ALEXANDRE LE BIENHEUREUX • VERY HAPPY ALEXANDER (USA) ○ HAPPY ALEXANDER ○ ALEXANDER ○ ALEXANDRE • 1968
CLERAMBARD • 1969
GRAND BLOND AVEC UNE CHAUSSURE NOIRE, LE • TALL BLOND MAN WITH ONE BLACK SHOE, THE (USA) ○ FOLLOW THAT GUY WITH THE ONE BLACK SHOE (UKN) • 1972
SALUT L'ARTISTE • BIT PLAYER, THE • 1973
RETOUR DU GRAND BLOND, LE • RETURN OF THE TALL BLOND MAN WITH ONE BLACK SHOE (USA) ○ RETURN OF THE TALL BLOND, THE • 1975
ELEPHANT CA TROMPE ENORMEMENT, UN • PARDON MON AFFAIRE (USA) • 1977
NOUS IRONS TOUS AU PARADIS • WE WILL ALL MEET IN PARADISE (USA) ○ PARDON MON AFFAIRE, TOO (UKN) • 1977
COURAGE FUYONS • COURAGE, LET'S RUN • 1979
JUMEAU, LE • 1984
GLOIRE DE MON PERE, LE • 1989

ROBERTI CHARLES – ITL
HELL'S LONG ROAD • 1963

ROBERTI ROBERTO L. see **ROBERTI ROBERTO LEONE**

ROBERTI ROBERTO LEONE – ITL
ROBERTI ROBERTO L.
ASSASSINA DEL PONTE SAINT–MARTIN, L' • 1913
REGINA DELL'ORO, LA • 1913
ULTIMA VITTIMA, L' • 1913
VAMPIRA INDIANA, LA • 1913
BARCAIOLO DEL DANUBIO, IL • 1914
PICCOLA DETECTIVE, LA • 1914
PRIGIONE D'ACCIAIO, LA • 1914
PRINCIPESSA DI BEDFORD, LA • 1914
SUA MAESTA IL SANGUE • 1914
TORRE DELL'ESPIAZONE, LA • 1914
DORA O LE SPIE • 1917
ANIMA ALLEGRA • 1918
CORSA AL TRONO, LA • 1918
DONNA NUDA, LA • 1918
MACISTE POLIZIOTTO • 1918
PAURA D'AMARE, LA • 1918
PICCOLA FONTE • 1918
PIOVRA, LA • 1918
SARACINESCA • 1918
CONTESSA SARA, LA • COUNTESS SARAH • 1919
LISA FLEURON • 1919
OMBRA, L' • 1919
PRINCIPESSA GIORGIO, LA • 1919
SERPE • 1919
SFINGE, LA • 1919
BLESSURE • 1921
CONSUELITA • 1921
FAMA • 1921
FERITA, LA • 1921
MADDALENA FERAT • 1921
MARION • 1921
ULTIMO SOGNO • 1921
FRA DIAVOLO • 1925
NAPOLI CHE CANTA • 1926
ASSUNTA SPINA • 1928
MESE MARIANO • 1928
SOCIO INVISIBILE, IL • SOCIO, IL • 1939
BOCCA SULLA STRADA, LA • 1941

ROBERTS ALAN – USA
ZODIAC COUPLES, THE • 1970
PANORAMA BLUE • 1974
YOUNG LADY CHATTERLEY • 1977
HAPPY HOOKER GOES TO HOLLYWOOD, THE • 1980
FLASHDANCE FEVER • 1983
YOUNG LADY CHATTERLEY II • PRIVATE PROPERTY • 1984

ROBERTS ARNOLD – USA
BARBIE'S HOSPITAL AFFAIR • 1970

ROBERTS BILL – Animator – USA
MICKEY'S PARROT • 1938 • ANS
SOCIETY DOG SHOW • 1939 • ANS
FANTASIA • 1940 • ANM
SALUDOS AMIGOS • GREETINGS, FRIENDS • 1942 • ANM
REASON AND EMOTION • 1943 • ANS
FUN AND FANCY FREE • 1947 • ANM

ROBERTS BOB – USA
SWEET SAVIOUR • 1971

ROBERTS C. EDWARDS see **ROBERTS CHARLES E.**

ROBERTS CHARLES see **ROBERTS CHARLES E.**

ROBERTS CHARLES E. – USA
ROBERTS CHARLES • ROBERTS C. EDWARDS
CORRUPTION • DOUBLE EXPOSURE (UKN) • 1933
FLAMING SIGNAL • 1933
ADVENTUROUS KNIGHTS • 1935
RHYTHM WRANGLERS • 1937 • SHT
BEAUX AND ERRORS • 1938 • SHT
CLEAN SWEEP, A • 1938 • SHT
STAGE FRIGHT • 1938 • SHT
ACT YOUR AGE • 1939 • SHT
BABY DAZE • 1939 • SHT
CLOCK WISE • 1939 • SHT
FEATHERED PESTS • 1939 • SHT
KENNEDY THE GREAT • 1939 • SHT
MAID TO ORDER • 1939 • SHT
SAGEBRUSH SERENADE • 1939 • SHT
TRUTH ACHES • 1939 • SHT
BESTED BY A BEARD • 1940 • SHT
CORRALLING A SCHOOL MARM • 1940 • SHT
FIRED MAN, THE • 1941 • SHT
HURRY, CHARLIE, HURRY • 1941
I'LL FIX THAT • 1941 • SHT
IT HAPPENED ALL NIGHT • 1941
MUSICAL BANDIT, THE • 1941 • SHT
PANIC IN THE PARLOR, A • 1941
CACTUS CAPERS • 1942
FRAMING FATHER • 1942 • SHT
INDIAN SIGNS • 1943 • SHT
NOT ON MY ACCOUNT • 1943 • SHT
LOVE YOUR LANDLORD • 1944 • SHT
RADIO RAMPAGE • 1944 • SHT
BIG BEEF, THE • 1945 • SHT
SOCIAL TERRORS • 1946 • SHT
DON'T FOOL YOUR WIFE • 1948 • SHT
HOW TO CLEAN HOUSE • 1948 • SHT
CACTUS CUT–UP • 1949 • SHT

ROBERTS DEBORAH – USA
FRANKENSTEIN GENERAL HOSPITAL • 1988

ROBERTS EDWARD D. – UKN
FATTY'S OVERTIME • 1922
HIMS ANCIENT AND MODERN • 1922
CAUSE OF ALL THE TROUBLE, THE • 1923

ROBERTS FLORIAN see **FLOREY ROBERT**

ROBERTS FRANCIS – USA
SONG OF THE LAND • 1953 • DOC

ROBERTS HARRY – UKN
SHEFFIELD BLADE, A • 1918
BARTON MYSTERY, THE • 1920

ROBERTS PENNANT – UKN
SNOW SPIDER, THE

ROBERTS R. JACK – USA
MICHELENE AND THE DEVICE • MICHELENE • 1968

ROBERTS RALPH A. see **ROBERTS RALPH ARTHUR**

ROBERTS RALPH ARTHUR – GRM – 1884–1940
ROBERTS RALPH A.
SPIEL MIT DEM FEUER • 1931

ROBERTS RANDY – USA
LAST PLANE FROM CORAMAYA, THE • 1989 • TVM

ROBERTS RICHARD – FRN
CADEAU, LE • PRESENT, THE ○ GIFT, THE • 1961 • ANS
THETA • ANS

ROBERTS ROY – UKN
MALLENS, THE • 1978–80 • MTV

ROBERTS STAN – USA
WILD AND THE NAKED, THE • 1962

ROBERTS STEPHEN – USA – 1895–1936
SOMEBODY LIED • 1923 • SHT
CHEER UP • 1924 • SHT
POOR BUTTERFLY • 1924 • SHT
FAIR WARNING • 1925 • SHT
FARES PLEASE • 1925 • SHT
FIRE AWAY • 1925 • SHT
WAITING • 1925 • SHT
WILD WAVES • 1925 • SHT
FLAMING ROMANCE • 1926 • SHT
FRAMED • 1926 • SHT
HANGING FIRE • 1926 • SHT
HIGH SEA BLUES • 1926 • SHT
HOLD 'ER SHERIFF • 1926 • SHT
HOLD YOUR HAT • 1926 • SHT
JELLY FISH, THE • 1926 • SHT
KISS PAPA • 1926 • SHT
LIGHT HOUSEKEEPING • 1926 • SHT
LIVE COWARDS • 1926 • SHT
MUCH MYSTERY • 1926 • SHT
PINK ELEPHANTS • 1926 • SHT
RADIO BUG, THE • 1926 • SHT
SKY BOUND • 1926 • SHT
SOLID GOLD • 1926 • SHT
TIN GHOST, THE • 1926 • SHT
WHO HIT ME? • 1926 • SHT
WHO'S MY WIFE? • 1926 • SHT
AIN'T NATURE GRAND? • 1927 • SHT
BATTER UP • 1927 • SHT
BRAIN STORM • 1927 • SHT
FOX TALES • 1927 • SHT
HIGH SPOTS • 1927 • SHT
HOT LIGHTNING • 1927 • SHT
JUNGLE HEAT • 1927 • SHT
NO CHEATING • 1927 • SHT
NOTHING FLAT • 1927 • SHT
QUEENS WILD • 1927 • SHT
RED HOT BULLETS • 1927 • SHT
SEEING STARS • 1927 • SHT
SURE CURE • 1927 • SHT
CALL YOUR SHOTS • 1928 • SHT
HOT OR COLD • 1928 • SHT
JUST DANDY • 1928 • SHT
KITCHEN TALENT • 1928 • SHT
LAST LAUGH, THE • 1928 • SHT
LEAPING LUCK • 1928 • SHT
POLAR PERILS • 1928 • SHT
RACING MAD • 1928 • SHT
SOCIAL PRESTIGE • 1928 • SHT
STAGE FRIGHT • 1928 • SHT
WHO LYIN'? • 1928 • SHT
WIVES WON'T WEAKEN • 1928 • SHT
BEAUTIES BEWARE • 1929 • SHT
COLD SHIVERS • 1929 • SHT
GOING PLACES • 1929 • SHT
HONEYMOONIACS • 1929 • SHT
HOT TIMES • 1929 • SHT
HUNTING THE HUNTER • 1929 • SHT
LOOK OUT BELOW • 1929 • SHT
MADHOUSE, THE • 1929 • SHT
PARLOR PESTS • 1929 • SHT
SMART STEPPERS • 1929 • SHT
STUDIO PESTS • 1929 • SHT
TALKIES, THE • 1929 • SHT
THOSE TWO BOYS • 1929 • SHT
TICKLISH BUSINESS • 1929 • SHT
WHAT A DAY • 1929 • SHT
WHOOPEE BOYS • 1929 • SHT
WISE WIMMIN • 1929 • SHT
BIG JEWEL CASE, THE • 1930 • SHT
DAD KNOWS BEST • 1930 • SHT
FRENCH KISSES • 1930 • SHT
HAIL, THE PRINCESS • 1930 • SHT
HIS ERROR • 1930 • SHT
HOT –AND HOW! • 1930 • SHT
HOW'S MY BABY? • 1930 • SHT
LAUGH BACK, THE • 1930 • SHT
LOVE A LA MODE • 1930 • SHT
MY HAREM • 1930 • SHT
OH DARLING • 1930 • SHT
ROMANCE DE LUXE • 1930 • SHT
THEIR WIVES' VACATION • 1930 • SHT
WESTERN KNIGHTS • 1930 • SHT
ARABIAN KNIGHTS • 1931 • SHT
HERE'S LUCK • 1931 • SHT
LET'S PLAY • 1931 • SHT
PARISIAN GAIETIES • 1931 • SHT

ROYAL BLUFF, THE • 1931 • SHT
IF I HAD A MILLION • 1932
LADY AND GENT • CHALLENGER, THE • 1932
NIGHT OF JUNE 13TH, THE • 1932
SKY BRIDE • 1932
ONE SUNDAY AFTERNOON • 1933
STORY OF TEMPLE DRAKE, THE • 1933
ROMANCE IN MANHATTAN • 1934
TRUMPET BLOWS, THE • TRUMPET CALLS, THE (UKN) • 1934
MAN WHO BROKE THE BANK AT MONTE CARLO, THE • 1935
STAR OF MIDNIGHT • 1935
EX-MRS. BRADFORD, THE • ONE TO TWO • 1936
LADY CONSENTS, THE • INDESTRUCTIBLE MRS. TALBOT, THE • 1936
RANGE RHYTHM • 1942 • SHT

ROBERTS STEVE – UKN
SIR HENRY AT RAWLINSON END • 1980

ROBERTS VICTOR – USA
COWBOY GRIT • 1925

ROBERTS VINCENT – USA
GHOULS, THE • 1988

ROBERTSON BOB see **LEONE SERGIO**

ROBERTSON CLIFF – Actor – USA – 1925–
J.W. COOP • 1972
PILOT, THE • DANGER IN THE SKIES • 1979

ROBERTSON D. M. see **ROBERTSON DAVID M.**

ROBERTSON DAVID see **ROBERTSON DAVID M.**

ROBERTSON DAVID M. – UKN – 1941–
ROBERTSON DAVID • ROBERTSON D. M.
FIREBIRD 2015 A.D. • 1981
MANIA • 1987

ROBERTSON GEORGE C. – Producer/writer – CND – 1929–
REMEMBRANCE OF LOWRY • 1961
SHAWNIGAN • 1964
ISLANDERS, THE • 1965
JOURNEY, THE • 1965
RUNNING TO INDIA • 1966
SPORTS DAM • 1966
TROUBLE WITH FRED, THE • 1967
FELICIA IS HAPPY • 1968
IMAGES OF CANADA • 1972 • SER
COLLABORATORS, THE • 1973 • SER

ROBERTSON HUGH see **ROBERTSON HUGH A.**

ROBERTSON HUGH A. – USA
ROBERTSON HUGH
BLACK MUSIC IN AMERICA –FROM THEN TILL NOW • 1971 • DCS
MELINDA • 1972
BIM • 1976

ROBERTSON JACK – USA
TRUE NORTH, THE • 1925
ALASKAN ADVENTURES • 1926
BREAK UP, THE • 1930

ROBERTSON JAMES W. – USA
SUPERSTITION • WITCH, THE • 1982

ROBERTSON JENNY – Animator – ASL
IN LOVE CANCER • 1987 • ANM

ROBERTSON JOHN see **ROBERTSON JOHN S.**

ROBERTSON JOHN S. – CND – 1878–1964
ROBERTSON JOHN STUART • ROBERTSON JOHN
GETTING BY • 1916 • SHT
JUSTICE A LA CARTE • 1916 • SHT
LOVE AND TROUT • 1916 • SHT
THORN AND THE ROSE, THE • 1916 • SHT
TROUBLE FOR FOUR • 1916 • SHT
BABY MINE • 1917
BOTTOM OF THE WELL, THE • 1917
INTRIGUE • 1917
LOVERS' KNOT, THE • 1917 • SHT
MEETING, THE • 1917 • SHT
MONEY MILL, THE • 1917
SERVICE OF LOVE, A • 1917 • SHT
VANITY AND SOME SABLES • 1917
BETTER HALF, THE • 1918
GIRL OF TODAY, THE • 1918
LITTLE MISS HOOVER • GOLDEN BIRD, THE • 1918
MAKE-BELIEVE WIFE, THE • 1918
MENACE, THE • 1918
COME OUT OF THE KITCHEN • COME OUT OF KITCHEN • 1919
ERSTWHILE SUSAN • 1919
HERE COMES THE BRIDE • 1919
LET'S ELOPE • NAUGHTY WIFE, THE • 1919
MISLEADING WIDOW, THE • BILLETED • 1919
SADIE LOVE • 1919
TEST OF HONOR, THE • 1919
AWAY GOES PRUDENCE • 1920
DARK LANTERN, A • 1920
DR. JEKYLL AND MR. HYDE • 1920
39 EAST • 1920
FOOTLIGHTS • 1921
MAGIC CUP, THE • 1921
SENTIMENTAL TOMMY • 1921
PERPETUA • LOVE'S BOOMERANG (USA) • 1922
SPANISH JADE • 1922
TESS OF THE STORM COUNTRY • 1922
BRIGHT SHAWL, THE • 1923
FIGHTING BLADE, THE • 1923
TWENTY-ONE • 1923
CLASSMATES • WINNING THROUGH (UKN) • 1924
ENCHANTED COTTAGE, THE • 1924
NEW TOYS • 1925
SHORE LEAVE • 1925
SOUL-FIRE • 1925
ANNIE LAURIE • 1927
CAPTAIN SALVATION • 1927
ROAD TO ROMANCE, THE • ROMANCE (UKN) • 1927
SHANGHAI LADY • GIRL FROM CHINA, THE (UKN) • 1929
SINGLE STANDARD, THE • 1929
CAPTAIN OF THE GUARD • MARSEILLAISE, LA • 1930
MADONNA OF THE STREETS • 1930
NIGHT RIDE • DEADLINE AT DAWN • 1930
PHANTOM OF PARIS, THE • CHERI-BIBI • 1931
LITTLE ORPHAN ANNIE • 1932
ONE MAN'S JOURNEY • DOCTOR, THE • 1933
CRIME DOCTOR, THE • 1934
HIS GREATEST GAMBLE • FAMILY MAN • 1934
WEDNESDAY'S CHILD • 1934
CAPTAIN HURRICANE • 1935
GRAND OLD GIRL, THE • PORTRAIT OF LAURA BAYLES • 1935
OUR LITTLE GIRL • HEAVEN'S GATE • 1935

ROBERTSON JOHN STUART see **ROBERTSON JOHN S.**

ROBERTSON JOSEPH F. – USA
MRS. STONE'S THING • 1970

ROBERTSON MICHAEL – ASL
HARD WORD, THE • 1966 • SHT
ROD • 1973 • SHT
SILENT SALESMAN, THE • 1974 • DOC
PRODUCTIVITY IS PEOPLE • 1977 • SHT
GAS –NATURAL ENERGY • 1978 • DOC
ARCHITECTURE –A PERFORMING ART • 1979 • DOC
AIRFORCE 80 • 1980 • DOC
HALF A DOZEN EASY WAYS TO SAVE PETROL • 1980 • DOC
NEW CITIES OF MACARTHUR • 1980 • DOC
TYREE STORY, THE • 1980 • DOC
AUSCOTT AGRIQUALITY • 1981 • DOC
BEST OF FRIENDS, THE • 1982
GOING SANE • 1986

ROBI ARMAND – CND
SCORCHING FLAME, THE • 1918

ROBICHET THEO – FRN – 1941–
ARCHIE SHEPP CHEZ LES TOUAREGS • 1971 • SHT
SEPTEMBRE CHILIEN • 1973 • DOC
FAIM DU MONDE, LA • 1978 • DOC

ROBILANT ANDREA – ITL
CANAL GRANDE • 1943

ROBIN GEORGES – UKN
ROUNDABOUT • 1962
HEADS I WIN • 1963 • SHT
ZABAGLIONE • 1966
MINI WEEKEND • TOMCAT, THE (USA) • 1967

ROBIN JACQUES – Dir. photo – FRN – 1919–
PAS PERDUS, LES • 1964
BANLIEUE SUD-EST • 1967

ROBIN PIERRE – FRN
SUIVEZ L'OEUF • 1963 • SHT

ROBINS HERB – USA
WORM EATERS, THE • 1981

ROBINS JOHN – UKN – 1934–
NEAREST AND DEAREST • 1972
THAT'S YOUR FUNERAL • 1972
LOVE THY NEIGHBOUR • 1973
BEST OF BENNY HILL, THE • 1974
MAN ABOUT THE HOUSE • 1974
HOT RESORT • 1985

ROBINSON ALICE – USA
WITCHCRAFT • 1965 • SHT

ROBINSON ARTHUR see **ROBISON ARTHUR**

ROBINSON BRIAN – ASL
JACK AND JILL: A POSTSCRIPT • 1970

ROBINSON BRUCE – Actor/writer – UKN – 1946–
WITHNAIL AND I • 1987
HIGH RISE • 1989
HOW TO GET AHEAD IN ADVERTISING • 1989

ROBINSON CASEY – Screenwriter – USA – 1903–1979
RENEGADES OF THE WEST • 1932

ROBINSON CHRIS – USA – 1938–
SUNSHINE RUN • 1979

ROBINSON DAVE – UKN
TAKE IT OR LEAVE IT • 1982

ROBINSON DICK see **ROBINSON RICHARD**

ROBINSON GERALD – CND
LORDS OF CREATION • 1967 • ANS

ROBINSON JOHN MARK – USA
ROADHOUSE 66 • 1984

ROBINSON LEE – Producer – ASL – 1924–
DARWIN –GATEWAY TO AUSTRALIA • 1946 • DOC
NAMATJIRA THE PAINTER • 1946 • DOC
OUTBACK PATROL • 1947 • DOC
TURN THE SOIL • 1948 • DOC
CROCODILE HUNTERS • 1949 • DOC
PEARLERS, THE • 1949 • DOC
DOUBLE TROUBLE • 1951 • DOC
BUSH POLICEMAN • 1953 • DOC
PHANTOM STOCKMAN • CATTLE STATION ○ RETURN OF THE PLAINSMAN • 1953
KING OF THE CORAL SEA • 1954
BRING OUT A BRITON • 1957 • DCS
POWER MAKERS, THE • 1957 • DOC
UNCONTROLLED TERRITORY • 1957 • DOC
WALK INTO HELL • ODYSEE DU CAPITAINE STEVE, L' (FRN) ○ WALK INTO PARADISE • 1957
BEYOND THE OUTBACK • 1958 • DOC
DUST IN THE SUN • 1958
STOWAWAY, THE • 1958
ROCK 'N ROLL • 1959 • DOC
DAWN FRASER STORY • 1964 • DOC
IN SONG AND DANCE • 1964 • DOC
INTRUDERS, THE • 1969
LEGEND OF LASSITER • 1979 • MTV

ROBINSON MARK – USA
MOTOWN'S MUSTANG • 1985

ROBINSON PAUL D. – USA
LAST PLATOON • 1988

ROBINSON PETER – UKN
ASYLUM • 1972 • DOC
I'D LIKE A WORD WITH YOU • 1979

ROBINSON PHIL ALDEN – USA
IN THE MOOD • WOO-WOO KID, THE • 1987
FIELD OF DREAMS • SHOELESS JOE • 1989

ROBINSON RICHARD – USA
ROBINSON DICK
BLOODY TRAIL • 1972
BROTHER OF THE WIND • 1972
CONQUERED DREAM, THE • 1972
VENGEANCE OF A GUNFIGHTER • 1972
IS THERE SEX AFTER MARRIAGE? • 1974
RED NECK COUNTY • HOOTCH COUNTY BOYS, THE ○ HEARTBREAK MOTEL ○ REDNECK COUNTY ○ POOR PRETTY EDDIE • 1975
LEGEND OF FRANK WOODS, THE • 1977

ROBINSON TED – ASL
SHOUT! • SHOUT: THE STORY OF JOHNNY O'KEEFE • 1985 • MTV
THOSE DEAR DEPARTED • 1987
KOKODA CRESCENT • 1988
TWO BROTHERS RUNNING • 1988

ROBINSON TOM SCOTT – UKN
LOW WATER • 1968

ROBIOLLES JACQUES – Actor – FRN – 1935–
DAGUEMALUAHK, LE • 1968
YEUX DE MAMAN SONT DES ETOILES, LES • 1971
TRAIN DE TRANSYLVANIE, LE • 1973
JARDIN DES HESPERIDES, LE • 1975

ROBISON ARTHUR – USA – 1888–1935
ROBISON ARTUR • ROBINSON ARTHUR
FRAU MIT DEN ZWEI SEELEN, DIE • 1916
NACHT DES GRAUENS • NIGHT OF HORROR, A ○ NIGHT OF TERROR, A • 1916
SCHATTEN • SCHATTEN, EINE NACHTLICHE HALLUZINATION ○ WARNING SHADOWS • 1923
ZWISCHEN ABEND UND MORGEN • SPUK EINER NACHT, DER ○ BETWEEN EVENING AND MORNING • 1923
PIETRO, DER KORSAR • PETER THE PIRATE (USA) ○ SEA WOLVES • 1925
MANON LESCAUT • 1926
LETZTE WALZER, DER • LAST WALTZ, THE (USA) • 1927
LOOPING THE LOOP • TODESCHLEIFE, DIE • 1928
TODESSCHLEIFE, DIE • DEATH NOOSE, THE • 1928
FRAUENSCHICKSAL • 1929
INFORMER, THE • 1929
MORDPROZESS MARY DUGAN • 1930
PERE CELEBATAIRE, LE • 1930
JENNY LIND • 1931
QUAND ON EST BELLE • BONNE VIE, LA • 1931
SOYONS GAIS • GAI, GAI, DEMARIONS-NOUS • 1931
DES JUNGEN DESSAUERS GROSSE LIEBE • 1933
EINES PRINZEN JUNGE LIEBE • 1933
TAMBOUR BATTANT • GRAND AMOUR DE JEUNE DESSAUER, LE ○ AMOURS DE JEUNE DESSAUER, LES ○ MONSIEUR LE MARQUIS • 1933
FURST WORONZEFF • 1934
SECRET DES WORONZEFF, LE • 1934
EPOUX CELEBATAIRES, LES • VEUVE CELIBATAIRE, LA • 1935
MACH' MICH GLUCKLICH • 1935
STUDENT VON PRAG, DER • STUDENT OF PRAGUE, THE (UKN) • 1935

ROBISON ARTUR see **ROBISON ARTHUR**

ROBLES CASTILLO AURELIO – MXC
AMETRALLADORA, EL • 1943

ROBLES-GODOY ARMANDO see **GODOY ARMANDO ROBLES**

ROBLES MARIO – VNZ
HUERCO, EL • 1963
IMAGEN DE CARACAS • IMAGES OF CARACAS • 1968
EPROPIACION • EXPROPRIATION • 1977

ROBOH CAROLINE – FRN – 1953–
CLEMENTINE TANGO • 1982

ROBSAHM MARGRETE – NRW
BEGYNNELSEN PA EN HISTORIE • BEGINNING OF A STORY, THE • 1986

ROBSON MARK – CND – 1913–1978
GHOST SHIP, THE • 1943
SEVENTH VICTIM, THE • 1943
YOUTH RUNS WILD • ARE THESE OUR CHILDREN? • 1944
ISLE OF THE DEAD • 1945
BEDLAM • 1946
CHAMPION • 1949
HOME OF THE BRAVE • 1949
MY FOOLISH HEART • 1949
ROUGHSHOD • 1949
EDGE OF DOOM • STRONGER THAN FEAR (UKN) • 1950
BRIGHT VICTORY • LIGHTS OUT (UKN) • 1951
I WANT YOU • 1951
RETURN TO PARADISE • 1953
BRIDGES AT TOKO-RI, THE • 1954
HELL BELOW ZERO • 1954
PHFFFT! • 1954

PRIZE OF GOLD, A • 1955
TRIAL • 1955
HARDER THEY FALL, THE • 1956
LITTLE HUT, THE • 1957
PEYTON PLACE • 1957
INN OF THE SIXTH HAPPINESS • 1958
FROM THE TERRACE • 1960
NINE HOURS TO RAMA • NINE HOURS TO LIVE • 1963
PRIZE, THE • 1963
VON RYAN'S EXPRESS • 1965
LOST COMMAND • NOT FOR HONOR AND GLORY ○ CENTURIONS, THE • 1966
VALLEY OF THE DOLLS • 1967
DADDY'S GONE A-HUNTING • 1969
HAPPY BIRTHDAY, WANDA JANE • 1971
LIMBO • WOMEN IN LIMBO ○ CHAINED TO YESTERDAY • 1972
EARTHQUAKE • 1974
AVALANCHE EXPRESS • 1979

ROC T'IEN – HKG
T'IEN P'ENG
TA E KOU • GODFATHER OF HONG KONG ○ NOTORIOUS BANDIT, THE • 1972
NAN HSIA CHAN CHAO • MAJESTY CAT, THE • 1977
SILVER HERMIT FROM SHAOLIN TEMPLE • 1985

ROCAMORA PIERRE-A. – FRN
HI-FI A GOGO • 1958
BILL COLEMAN FROM BOOGIE TO FUNK • 1961 • SHT

ROCCARDI GIOVANNI – ITL – 1912–
AFRICA SOTTO I MARI • WOMAN OF THE RED SEA (UKN) • 1953
OCEANO CI CHIAMO, L' • NOI DELL'OCEANO • 1958 • DOC
TEMPESTA SU CEYLON • TODESAUGE VON CEYLON, DAS (FRG) ○ SCARLET EYE, THE (USA) ○ STORM OVER CEYLON • 1963

ROCCO GIAN see **ROCCO GIAN ANDREA**

ROCCO GIAN ANDREA – ITL
ROCCO GIAN
BALLATA SPAGNOLA • CAROSELLO SPAGNOLA • 1958 • DOC
GIARRETTIERA COLT • GARTER COLT • 1967

ROCCO MARC – USA
SCENES FROM THE GOLDMINE • 1987
DREAM A LITTLE DREAM • 1989

ROCCO PAT – USA
SOMEONE • 1968
MARCO OF RIO • 1969
MONDO ROCCO • 1970 • ANT
SEX AND THE SINGLE GAY • 1970
DRIFTER • 1975

ROCHA GLAUBER – BRZ – 1938–1981
PATIO, O • 1958 • SHT
CRUZ NA PRACA, A • 1959 • SHT
BARRAVENTO • TURNING WIND, THE ○ TEMPEST • 1961
DEUS E O DIABO NA TERRA DO SOL • BLACK GOD AND THE WHITE DEVIL, THE ○ BLACK GOD, WHITE DEVIL (UKN) ○ BLACK GOD AND THE BLOND DEVIL, THE • 1964
AMAZONAS • 1965 • SHT
MARANHAO • 1966 • SHT
TERRA EM TRANSE • EARTH ENTRANCED (USA) ○ EARTH IN REVOLT ○ LAND IN A TRANCE ○ LAND IN ANGUISH • 1967
ANTONIO DAS MORTES • DRAGAO DA MALDADE CONTRA O SANTO GUERREIRO, O • 1969
CABEZAS CORTADAS • CABECAS CORTADAS (BRZ) ○ CABEZAS ROTAS ○ BROKEN HEADS ○ CUTTING HEADS ○ HEADS THAT ARE CUT ○ SEVERED HEADS • 1970
LEONE A SETTE TESTE, IL • LEONE HAVE SEPT CABEZAS, DER ○ LION HAS SEVEN HEADS, THE • 1971
TATU BOLA • ISABEL IS DEATH • 1972 • MTV
CLARO • 1975
IDADE DA TERRA, A • AGE OF THE EARTH, THE ○ AGE DE LA TERRE, L' • 1981

ROCHA LUIS FILIPE – PRT
SINAIS DE VIDA • 1983

ROCHA PAULO – PRT – 1935–
VERDES ANOS, OS • GREEN YEARS, THE • 1963
MUDAR DE VIDA • CHANGE IN LIFE, A ○ CHANGING LIFE • 1967
POUSADA DAS CHAGAS, A • 1971
SEVER DO VOUGA –UMA EXPERIENCIA • 1971
ILHA DOS AMORES, A • KOI NO UKISHIMA (JPN) ○ ISLAND OF LOVES, THE ○ ILHA DE MORAES, A • 1978

ROCHAL GRIGORI see **ROSHAL GRIGORI**

ROCHAT ERIC – FRN
HISTOIRE D'O (CHAPITRE II) • 1984
TOO MUCH • 1987
FIFTH MONKEY, THE • 1990

de ROCHE CHARLES see **de ROCHEFORT CHARLES**

ROCHE LUIS ARMANDO – VNZ – 1938–
LADRON • THIEF • 1971
CARLOS CRUZ DIEZ • 1972
NINOS • CHILDREN • 1972
OJO DE DIOS, EL • GOD'S EYE • 1972
INDIO FIGUEREDO, EL • INDIAN FIGUEREDO, THE • 1973 • SHT
CINE SOY YO, EL • MOVING PICTURE MAN, THE • 1977
SECRETO, EL • SECRET, THE • 1988

ROCHEFORT CHARLES see **de ROCHEFORT CHARLES**

de ROCHEFORT CHARLES – Actor – FRN – 1887–1952
ROCHEFORT CHARLES • de ROCHE CHARLES
TANGO ROUGE, LE • 1908
FEMME A MENTI, UNE • 1930
PARADA PARAMOUNT • 1930
PARAMOUNT EN PARADE • 1930
PARAMOUNT REVUI • 1930
PARAMOUNT-REVUE • 1930
SECRET DU DOCTEUR, LE • 1930
SECRETO DEL DOCTEUR, EL • 1930
TELEVISIONE • 1931

de ROCHEMONT LOUIS – Producer – USA – 1899–1978
FIRST WORLD WAR, THE • 1934 • CMP
RAMPARTS WE WATCH, THE • 1940
WE ARE THE MARINES • 1942 • DOC
WINDJAMMER • 1958 • DOC

ROCHIN ROBERTO – MXC
ULAMA, EL • JUEGO DE PELOTA, EL ○ BALL GAME, THE • 1985 • DOC

ROCHLIN DIANE – USA
DIANE, THE ZEBRA WOMAN • 1962 • SHT
DOPE • BOOTS AT MIDNIGHT ○ HEAD • 1968

ROCHLIN SHELDON – USA
DIANE, THE ZEBRA WOMAN • 1962 • SHT
VALI • VALI –THE WITCH OF POSITANO • 1967 • DOC
DOPE • BOOTS AT MIDNIGHT ○ HEAD • 1968
PARADISE NOW • 1970
SIGNAL THROUGH THE FLAMES • 1984 • DOC

ROCK JOE see **ROCK JOSEPH**

ROCK JOSEPH – USA
ROCK JOE
FARES AND FAIR ONES • 1919 • SHT
MUMMY LOVE • 1926 • SHT
GREAT POWER • 1929

ROCK JOYCE – CND
WIVES' TALE, A • HISTOIRE DE FEMMES, UNE • 1980 • DOC

ROCKFELLER ROGER see **DEODATO RUGGERO**

ROCKWELL ALEXANDER
LENZ

RODAKIEWICZ HENWAR – USA
BARGE, THE • 1932
FACES OF NEW ENGLAND • 1932
PORTRAIT OF A YOUNG MAN • 1932
MR. TRULL FINDS OUT • 1940
CAPITAL STORY • 1945 • SHT
SOUTHWEST, THE • LAND OF ENCHANTMENT: SOUTHWEST U.S.A. • 1945 • SHT
GEORGIA O'KEEFFE • 1947

RODAN KEITH – CND
CINETUDE • 1969 • ANS

RODDAM FRANC – UKN – 1948–
RODDAM FRANK
QUADROPHENIA • 1979
LORDS OF DISCIPLINE, THE • 1983
BRIDE, THE • 1985
ARIA • 1987
WAR PARTY • 1989

RODDAM FRANK see **RODDAM FRANC**

RODDE MICHEL – SWT
VOYAGE DE NOEMIE, LE
ENFANCE DU CIEL, L' • 1984
NUIT BRULE D'UN SONGE, LA • 1988

RODE ALFRED – Actor – ARG – 1905–1979
DANUBE BLEU, LE • 1939
CARGAISON CLANDESTINE • 1947
BOITE DE NUIT • HOTBED OF SIN (USA) • 1951
TOURBILLON • 1952
C'EST LA VIE PARISIENNE • 1953
MOME PIGALLE, LA • MAIDEN, THE (USA) ○ SCANDAL IN MONTMARTRE • 1955
FILLE DE FEU, LA • FIRE IN THE FLESH (USA) • 1958
VISA POUR L'ENFER • PASSEPORT POUR L'ENFER • 1958
DOSSIER 1413 • SECRET FILE 1413 (USA) • 1959

RODERER WALTER – SWT
SCHWEIZER NAMENS NOTZLI, EIN • 1988

RODGERS BOB – CND – 1933–
FLIN FLON STRIKE • 1971 • MTV
FOURTH WAVE, THE • 1971 • MTV
GATHERING AT BATOUCHE • 1972 • MTV
CHURCHILL RIVER DIVERSION • 1973 • MTV
N.W.T., ONE THIRD OF CANADA, THE • 1975 • MTV
TIME OF THE CREE • 1976 • MTV
FIDDLERS OF JAMES BAY • 1979 • MTV
VOYAGEURS, LES • OIL UNDER ICE • 1979 • DOC
CHINA: THE CULTURAL REVOLUTION • 1981 • DOC
VOICES OF EARLY CANADA • 1981 • DOC
SENSE OF COMMUNITY, A • 1983 • DOC
HIGH IMPACT WELDING • 1984 • DOC
CLOUDED CRYSTAL, THE • 1985 • DOC

RODGERS GABY – USA
WHO DOES SHE THINK SHE IS? • 1974

RODGERS GEORGE see **RADERS GEORGE**

RODIN GOSTA – SWD – 1902–
TVA HJARTAN OCH EN SKUTA • TWO HEARTS AND A BOAT ○ SKEPPARFROJD • 1932
DJURGARDSNATTER • NIGHTS IN THE DJURGARD • 1933
HUSTRU FOR EN DAG • 1933
INLED MIG I FRESTELSE • 1933
AVENTYR PA HOTELL • HOTEL ADVENTURE • 1934
HON ELLER INGEN • SHE OR NO ONE • 1934
KARLEK EFTER NOTER • LOVE FROM MUSIC • 1935
SMALANNINGAR • PEOPLE OF SMALAND • 1935
ALLA TIDERS KARLSSON • MARVELLOUS KARLSSON • 1936
BOMBI BITT OCH JAG • 1936
JANSSONS FRESTELSE • JANSSON'S TEMPTATION • 1936
BLEKA GREVEN • 1937
SJOCHARMORER • CHARMERS AT SEA • 1939
A, EN SAN ADVOKAT • OH, WHAT A LAWYER • 1940
HEMTREVNAD I KASERN • 1942
BOTTE I FARTEN • MATKALLA SEIKKAILUUN (FNL) ○ BILJETT TILL AVENTYRET • 1945

RODL JOSEF – GRM
ALBERT –WARUM? • ALBERT –WHY? • 1978
GRENZGANGERIN, DIE • 1983

RODNEY EARLE – USA
HOT DOGGIE • 1925
PRODIGAL BRIDEGROOM, THE • 1926 • SHT
YES, YES BABETTE • 1926
BULL FIGHTER, THE • BULLFIGHTERS, THE • 1927 • SHT
CRAZY TO ACT • 1927 • SHT
HERE COMES PRECIOUS • 1927 • SHT
CLANCY AT THE BAT • 1929 • SHT
UPPERCUT O'BRIEN • 1929 • SHT
BRIDE'S MISTAKE, THE • 1931 • SHT

RODRIGUES CARLOS FREDERICO – BRZ
UKRINMAKRINKRIN • 1975

RODRIGUES CHRIS – UKN
RESISTANCE • 1976

RODRIGUEZ – URG
MATARON A VENANCIO FLOREZ • 1981

RODRIGUEZ A. ENDRE – USA
VARJU A TORONYORAN • CROW ON THE TOWER (USA) • 1939

RODRIGUEZ ANDRE – DNM
UNG KAERLIGHED • PLEASURES ARE PAID FOR • 1958

RODRIGUEZ DE LA FUENTE FELIX – SPN – 1928–
ALAS Y GARRAS • WINGS AND CLAWS • 1967 • DOC

RODRIGUEZ FRANCISCO – SPN – 1945–
CASA GRANDE, LA • BIG HOUSE, THE ○ GREAT HOUSE, THE • 1975
GUSANOS DE SEDA • 1976
JAQUE A LA DAMA • 1978

RODRIGUEZ ISMAEL – MXC
QUE LINDO ES MICHOACAN! • 1942
AMORES DE AYER • 1944
ESCANDALO DE ESTRELLAS • 1944
CUANDO LLORAN LOS VALIENTES • 1945
QUE VERDE ERA MI PADRE! • 1945
TRES GARCIA, LOS • THREE GARCIAS, THE • 1946
VUELVEN LOS GARCIA • GARCIAS RETURN, THE • 1946
YA TENGO A MI HIJO • 1946
CHACITA LA DE TRIANA • 1947
NOSOTROS LOS POBRES • WE THE POOR • 1947
YO VENDO UNOS OJOS NEGROS • 1947
TRES HUASTECOS, LOS • 1948
USTEDES LOS RICOS • YOU THE RICH • 1948
NO DESEARAS LA MUJER DE TU HIJO • 1949
OVEJA NEGRA, LA • 1949
MUJERES DE MI GENERAL, LAS • 1950
SOBRE LAS OLAS • 1950
ATM • A TODA MAQUINA • 1951
MATENME PORQUE ME MUERO!!! • 1951
QUE TE HA DADO ESA MUJER? • 1951
DEL RANCHO A LA TELEVISION • 1952
DOS TIPOS DE CUIDADO • 1952
PEPE EL TORO • 1952
BORRASCA EN LAS ALMAS • 1953
ROMANCE DE FIERAS • 1953
CUPIDO PIERDE A PAQUITA • 1954
MALDITA CIUDAD • 1954
PAQUETES DE PAQUITA, LOS • 1954
BEAST OF HOLLOW MOUNTAIN, THE • MONSTRUO DE LA MONTANA HUECA, EL (MXC) ○ BESTIA DE LA MONTANA, LA • 1956
DANIEL BOONE, TRAIL BLAZER • 1956
TIERRA DE HOMBRES • 1956
TIZOC • AMOR INDIO ○ VIRGEN DE TIZOC, LA • 1956
CUENTOS DE PANCHO VILLA • 1957
ACQUI ESTA PANCHO VILLA • 1958
CUANDO, VIVA VILLA! ES LA MUERTE • 1958
PANCHO VILLA Y LA VALENTINA • SOLDIERS OF PANCHO VILLA • 1958
CIUDAD SAGRADA, LA • 1959
CUCARACHA, LA • BANDIT, THE • 1959
ANIMAS TRUJANO, EL HOMBRE IMPORTANTE • IMPORTANT MAN, THE (USA) ○ HOMBRE IMPORTANTE, EL ○ MAYORDOMO, EL • 1961
HERMANOS DEL HIERRO, LOS • MY SON, THE HERO (USA) • 1961
HOMBRE DE PAPEL, EL • PAPER MAN, THE • 1963
MIGHTY JUNGLE, THE • 1964
NINO Y EL MURO, EL • 1964
AUTOPSIA DE UN FANTASMA • AUTOPSY ON A GHOST • 1966
MUJER DEL CARNICERO, LA • BUTCHER'S WIFE, THE • 1968
OGRO, EL • OGRE, THE • 1969

RODRIGUEZ JAVIER – SPN
DEMASIADA GENTE PARA UN FIN DE SEMANA • 1973

RODRIGUEZ JOSELITO – MXC
SECRETO DEL SACERDOTE, EL • 1940
AY, JALISCO, NO TE RAJES! • OH JALISCO, DON'T BACK DOWN! • 1941
MORENITA CLARA • 1943
PEQUENA MADRECITA, LA • 1943
HIJA DEL PAYASO, LA • 1945

ANGELITOS NEGROS • 1948
CAFE DE CHINOS • 1949
HIJA DEL PANADERO, LA • 1949
ANACLETO SE DIVORCIA • 1950
...Y MURIO POR NOSOTROS! • 1951
YO FUI UNA CALLEJERA • 1951
CUANDO LOS HIJOS PECAN • 1952
PINTAME ANGELITOS BLANCOS • 1954
PEQUENA ENEMIGA, LA • 1955
PEPITO AS DEL VOLANTE • 1956
PEPITO Y EL MONSTRUO • PEPITO AND THE MONSTER • 1957
SANTO CONTRA CEREBRO DEL MAL • 1958
SANTO CONTRA HOMBRES INFERNALES • 1958
CALAVERA NEGRA, LA • BLACK SKULL, THE • 1959
MASCARA DE HIERRO, LA • 1959
REGRESO DEL MONSTRUO, EL • RETURN OF THE MONSTER, THE • 1959
TESORO DEL INDITO, EL • 1960
MISTERIO DE HURACAN RAMIREZ, EL • 1962
HIJO DE HURACAN RAMIREZ, EL • 1965

RODRIGUEZ LUIS – CUB

DREAMING IN THE PARK • 1965 • ANS

RODRIGUEZ MARTA see **RODRIGUEZ MARTHA**

RODRIGUEZ MARTHA – CLM

RODRIGUEZ MARTA

PLANAS, TESTIMONIO DE UN GENOCIDIO • 1971
ENTREVISTA SOBRE PLANAS • INTERVIEWS ON PLANAS • 1973 • SHT
CHIRCALES • 1975 • SHT
CAMPESINOS • PEASANTS • 1976 • DOC
AMOR, MUJERES Y FLORES • LOVE, WOMEN AND FLOWERS • 1989

RODRIGUEZ OZIEL – VNZ

HONORABLES CABALLEROS QUE DEJO LA GUERRA, LOS • HONOURABLE GENTLEMEN LEFT BY THE WAR, THE ○ INNOCENT TRAP • 1977
HORA DEL BURRO, LA • DONKEY'S HOUR • 1978

RODRIGUEZ ROBERTO – MXC

VIVIRE OTRA VEZ • I SHALL LIVE AGAIN (USA) • 1939
VIVA MI DESGRACIA • 1943
DICEN QUE SOY MUJERIEGO • 1948
MUJER QUE YO PERDI, LA • 1949
SEMINARISTA, EL • 1949
DOS HUERFANITAS, LAS • 1950
HIJOS DE LA CALLE, LOS • 1950
BAILE MI REY • 1951
MAMA NOS QUITA LOS NOVIOS • 1951
TODOS SON MIS HIJOS • 1951
CALLE ENTRE TU Y YO, UNA • 1952
HURACAN RAMIREZ • 1952
PREFIERO A TU PAPA • 1952
YO SOY GALLO DONDEQUIERA • 1952
LO QUE NO SE PUEDE PERDONAR • 1953
VENGANZA EN EL CIRCO • 1953
ZANDUNGA PARA TRES • 1953
CULPA DE LOS HOMBRES, LA • 1954
NENAS DEL 7, LAS • 1954
QUE BRAVAS SON LAS COSTENAS • 1954
DOS DIABLILLOS EN APUROS • 1955
MI CANCION ERES TU • 1955
PRIMAVERA EN EL CORAZON • 1955
DIARIO DE MI MADRE, EL • 1956
ASI ERA PANCHO VILLA • 1957
SONRISA DE LA VIRGEN, LA • LITTLE ANGEL (USA) • 1957
HIJOS AJENOS, LOS • 1958
MIS SECRETARIAS PRIVADAS • 1958
CAPERUCITA ROJA, LA • LITTLE RED RIDING HOOD (USA) • 1960
CAPERUCITA Y PULGARCITO CONTRA LOS MONSTRUOS • LITTLE RED RIDING HOOD AND THE MONSTERS (USA) ○ LITTLE RED RIDING HOOD AND TOM THUMB VS. THE MONSTERS • 1960
CAPERUCITA Y SUS TRE AMIGOS • LITTLE RED RIDING HOOD AND HER FRIENDS (USA) ○ LITTLE RED RIDING HOOD AND HER THREE FRIENDS • 1960
ESPADACHINES DE LA REINA, LOS • QUEEN'S SWORDSMEN, THE (USA) • 1960
TRES BALAS PERDIDAS • 1960
GATO CON BOTAS, EL • PUSS 'N BOOTS (USA) • 1961
BANDIDA, LA • 1962
DENGUE DEL AMOR, EL • 1965
NOSOTROS LOS JOVENES • 1965
SANGRE EN RIO BRAVO • 1965

RODRIGUEZ-SOLTERO JOSE – SPN

LUPITA
PECADO ORIGINAL, EL • ORIGINAL SIN ○ SIN, THE • 1964 • SHT
LUPE • 1967

ROE WILLY – UKN

CONFESSIONS FROM THE DAVID GALAXY AFFAIR • SECRETS OF A SEXY GAME ○ STAR SEX • 1979
PLAYBIRDS, THE • SECRETS OF A PLAYGIRL • 1979
QUEEN OF THE BLUES • 1979

ROEG NICOLAS – Dir. photo – UKN – 1928–

PERFORMANCE • PERFORMERS, THE • 1970
GLASTONBURY FAIR, THE • 1971 • SHT
WALKABOUT • 1971
DON'T LOOK NOW • A VENEZIA UN DICEMBRE ROSSO SHOCKING (ITL) • 1973
MAN WHO FELL TO EARTH, THE • 1976
BAD TIMING • BAD TIMING: A SENSUAL OBSESSION (USA) ○ ILLUSIONS • 1980
EUREKA • 1982
INSIGNIFICANCE • 1985
ARIA • 1987
CASTAWAY • 1987
TRACK 29 • 1988
WITCHES, THE • 1989
COLD HEAVEN • 1990

ROEMER MICHAEL – GRM – 1928–

TOUCH OF THE TIMES, A • 1947–49
CORTILE CASCINO • 1957
NOTHING BUT A MAN • 1964
PLOT AGAINST HARRY, THE • 1971
PILGRIM, FAREWELL • 1980

ROESSET JULIO – SPN

FANTASMA DEL CASTILLO, EL • 1919
MESONERA DEL TORMES, LA • 1919
REGALO DE REYES, EL • 1919

ROESSLER RICK – USA

SLAUGHTERHOUSE • 1987

ROETS KOOS – SAF

BABBELKOUS EN BRUIDEGOM • 1974
COVER-UP, THE • 1984
BRUTAL GLORY • 1988
LONG JOURNEY OF POPPIE NONGENA • 1989
SANDGRASS PEOPLE, THE • 1989

ROFFMAN JULIAN – CND – 1919–

TORONTO SYMPHONY NO.1 • 1945
MASK, THE • EYES OF HELL, THE (UKN) ○ SPOOKY MOVIE SHOW, THE • 1961
BLOODY BROOD, THE • 1962

ROGEL VAN – USA

ROGEL VON

RAMB-OOH: THE FORCE IS IN YOU
X-TERMINATOR, THE • 1986

ROGEL VON see **ROGEL VAN**

ROGELL ALBERT see **ROGELL ALBERT S.**

ROGELL ALBERT S. – Cameraman – USA – 1901–1988

ROGELL ALBERT

GREATEST MENACE, THE • 1923
DANGEROUS COWARD • SPORTING BLOOD, THE • 1924
FIGHTING SAP, THE • 1924
GALLOPING GALLAGHER • SHERIFF OF GOPHER FLATS, THE ○ SHERIFF OF TOMBSTONE, THE • 1924
GEARED TO GO • 1924
LIGHTNING ROMANCE • 1924
MASK OF LOPEZ, THE • 1924
NORTH OF NEVADA • 1924
SILENT STRANGER, THE • STEP DOWN TO TERROR (UKN) • 1924
THUNDERING HOOFS • TIGHT CORNER, A • 1924
CIRCUS CYCLONE, THE • 1925
CRACK O' DAWN • 1925
CYCLONE CAVALIER • 1925
EASY MONEY • 1925
FEAR FIGHTER, THE • 1925
FIGHTING FATE • 1925
GOAT GETTER • 1925
KNOCKOUT KID, THE • 1925
SNOB BUSTER, THE • 1925
SUPER SPEED • 1925
YOUTH'S GAMBLE • 1925
MAN FROM THE WEST, THE • 1926
MEN OF THE NIGHT • 1926
PATENT LEATHER PUG, THE • 1926
RED HOT LEATHER • 1926
RUSTLERS' RANCH • 1926
SENOR DAREDEVIL • 1926
UNKNOWN CAVALIER, THE • 1926
WILD HORSE STAMPEDE, THE • 1926
DEVIL'S SADDLE, THE • 1927
FIGHTING THREE, THE • 1927
GRINNING GUNS • 1927
MEN OF DARING • 1927
OVERLAND STAGE, THE • 1927
RED RAIDERS, THE • 1927
ROUGH AND READY • 1927
SOMEWHERE IN SONORA • 1927
SUNSET DERBY, THE • 1927
WESTERN ROVER, THE • 1927
WESTERN WHIRLWIND, THE • 1927
CANYON OF ADVENTURE, THE • 1928
GLORIOUS TRAIL, THE • 1928
PHANTOM CITY, THE • 1928
SHEPHERD OF THE HILLS • 1928
UPLAND RIDER, THE • 1928
CALIFORNIA MAIL, THE • 1929
CHEYENNE • 1929
FLYING MARINE, THE • 1929
LONE WOLF'S DAUGHTER, THE • 1929
PAINTED FACES • 1929
MAMBA • 1930
ALOHA • NO GREATER LOVE (UKN) • 1931
SUICIDE FLEET • 1931
SWEEPSTAKES • 1931
TIP-OFF, THE • LOOKING FOR TROUBLE (UKN) ○ EDDIE CUTS IN • 1931
CARNIVAL BOAT • BAD TIMBER • 1932
RIDER OF DEATH VALLEY, THE • DESTRY OF DEATH VALLEY • 1932
AIR HOSTESS • 1933
BELOW THE SEA • HELL'S CARGO • 1933
EAST OF FIFTH AVENUE • TWO IN A MILLION (UKN) • 1933
WRECKER, THE • 1933
AMONG THE MISSING • 1934
FOG • 1934
FUGITIVE LADY, THE • 1934
HELL CAT, THE • 1934
NAME THE WOMAN • 1934
NO MORE WOMEN • 1934
AIR HAWKS • AIR FURY • 1935
ATLANTIC ADVENTURE • 1935
ESCAPE FROM DEVIL'S ISLAND • SONG OF THE DAMNED • 1935
UNKNOWN WOMAN • 1935
YOU MAY BE NEXT • PANIC ON THE AIR (UKN) • 1935
GRAND JURY • 1936
ROAMING LADY • 1936
MURDER IN GREENWICH VILLAGE • PARK AVENUE DAME • 1937
CITY STREETS • CITY SHADOWS • 1938
LAST WARNING, THE • 1938
LONE WOLF IN PARIS, THE • 1938
START CHEERING • COLLEGE FOLLIES OF 1938 • 1938
FOR LOVE OR MONEY • TOMORROW AT MIDNIGHT (UKN) • 1939
HAWAIIAN NIGHTS • 1939
LAUGH IT OFF • LADY BE GAY (UKN) • 1939
ARGENTINE NIGHTS • 1940
I CAN'T GIVE YOU ANYTHING BUT LOVE, BABY • 1940
LI'L ABNER • TROUBLE CHASER (UKN) • 1940
PRIVATE AFFAIRS • ONE OF THE BOSTON BULLERTONS • 1940
BLACK CAT, THE • 1941
PUBLIC ENEMIES • 1941
SAILORS ON LEAVE • 1941
TIGHT SHOES • 1941
BUTCH MINDS THE BABY • 1942
JAIL HOUSE BLUES • 1942
PRIORITIES ON PARADE • 1942
SLEEPYTIME GAL • 1942
TRUE TO THE ARMY • 1942
YOUTH ON PARADE • 1942
HIT PARADE OF 1943 • CHANGE OF HEART • 1943
WAR OF THE WILDCATS • IN OLD OKLAHOMA • 1943
LOVE, HONOR AND GOODBYE • 1945
EARL CARROLL SKETCHBOOK • HATS OFF TO RHYTHM ○ STAND UP AND SING • 1946
MAGNIFICENT ROGUE, THE • 1947
MONTANA MIKE • HEAVEN ONLY KNOWS • 1947
NORTHWEST STAMPEDE • 1948
SONG OF INDIA • 1949
ADMIRAL WAS A LADY, THE • 1950
BEFORE I WAKE • SHADOW OF FEAR (USA) • 1954
MEN AGAINST SPEED • 1958

ROGER – FRN

VIVE EAU • 1967 • SHT
AU PERIL DE LA MER • 1968 • SHT

ROGER JEAN-HENRI – FRN – 1949–

NEIGE • 1981
CAP CANAILLE • 1982

ROGERIO WALTER – BRZ

BEIJO 23480/72 • KISS 23480/72 • 1989

ROGERS CHARLES – USA – 1904–

SKIRT SHY • 1929 • SHT
SKY BOY • 1929 • SHT
FIGHTING PARSON, THE • 1930
SHRIMP, THE • 1930 • SHT
DEVIL'S BROTHER, THE • FRA DIAVOLO (UKN) ○ VIRTUOUS TRAMPS, THE ○ BOGUS BANDITS • 1933
ME AND MY PAL • 1933
BABES IN TOYLAND • MARCH OF THE WOODEN SOLDIERS ○ LAUREL AND HARDY IN TOYLAND ○ MARCH OF THE TOYS ○ REVENGE IS SWEET • 1934
GOING BYE BYE • 1934 • SHT
LIVE GHOST, THE • 1934 • SHT
THEM THAR HILLS • 1934 • SHT
FIXER-UPPERS, THE • 1935 • SHT
TIT FOR TAT • 1935 • SHT
BOHEMIAN GIRL, THE • 1936

ROGERS DANIELLE – USA

THY NEIGHBOR'S WIFE • 1986

ROGERS DEREK – CND

MY REUVEN • 1986 • SHT
FAT MAN/THIN MAN • 1990 • SHT

ROGERS DOUG – USA

DENNIS THE MENACE • 1987 • TVM

ROGERS EDGAR – UKN

LOVE AND WAR IN TOYLAND • 1913
NIGHTMARE OF THE GLAD-EYE TWINS, THE • ELSIE'S NIGHTMARE • 1913
LITTLE PICTURE PRODUCER, THE • 1914

ROGERS MACLEAN – UKN – 1899–1962

ROGERS P. MACLEAN

THIRD EYE, THE • 1929
MAYOR'S NEST, THE • 1932
CRIME AT BLOSSOMS, THE • 1933
SUMMER LIGHTNING • 1933
TROUBLE • 1933
UP FOR THE DERBY • 1933
FEATHERED SERPENT, THE • 1934
IT'S A COP • 1934
SCOOP, THE • 1934
VIRGINIA'S HUSBAND • 1934
LITTLE BIT OF FLUFF, A • 1935
MARRY THE GIRL • 1935
OLD FAITHFUL • 1935
RIGHT AGE TO MARRY, THE • 1935
SHADOW OF MIKE EMERALD, THE • 1935
ALL THAT GLITTERS • 1936
BUSMAN'S HOLIDAY • 1936
HAPPY FAMILY, THE • 1936
HEIRLOOM MYSTERY, THE • 1936
NOT SO DUSTY • 1936
NOTHING LIKE PUBLICITY • 1936
TO CATCH A THIEF • 1936
TOUCH OF THE MOON, A • 1936
TWICE BRANDED • 1936
WIFE OR TWO, A • 1936
FAREWELL TO CINDERELLA • 1937
FATHER STEPS OUT • 1937
FIFTY-SHILLING BOXER • 1937
RACING ROMANCE • 1937
STRANGE ADVENTURES OF MR. SMITH, THE • 1937
WHEN THE DEVIL WAS WELL • 1937
WHY PICK ON ME? • 1937
DARTS ARE TRUMPS • 1938
EASY RICHES • 1938
HIS LORDSHIP GOES TO PRESS • 1938
HIS LORDSHIP REGRETS • 1938
IF I WERE BOSS • 1938
MERELY MR. HAWKINS • 1938
MIRACLES DO HAPPEN • 1938
PAID IN ERROR • 1938
ROMANCE A LA CARTE • 1938
WEDDINGS ARE WONDERFUL • 1938
OLD MOTHER RILEY JOINS UP • 1939
SHADOWED EYES • 1939
GARRISON FOLLIES • 1940
FACING THE MUSIC • 1941
GERT AND DAISY'S WEEKEND • 1941
FRONT LINE KIDS • 1942
GERT AND DAISY CLEAN UP • 1942
I'LL WALK BESIDE YOU • 1943
SOMEWHERE IN CIVVIES • 1943
VARIETY JUBILEE • 1943
GIVE ME THE STARS • 1944
HEAVEN IS ROUND THE CORNER • 1944
DON CHICAGO • 1945
TROJAN BROTHERS, THE • MURDER IN THE FOOTLIGHTS • 1946
WOMAN TO WOMAN • 1946
CALLING PAUL TEMPLE • PAUL TEMPLE AND THE CANTERBURY CASE • 1948
STORY OF SHIRLEY YORKE, THE • SHIRLEY YORKE • 1948
DARK SECRET • 1949
PAUL TEMPLE'S TRIUMPH • 1950
SOMETHING IN THE CITY • 1950
MADAME LOUISE • 1951
OLD MOTHER RILEY'S JUNGLE TREASURE • JUNGLE TREASURE (USA) • 1951
DOWN AMONG THE Z MEN • STAND EASY (USA) ○ SOME KIND OF NUT ○ GOON SHOW MOVIE, THE • 1952
HAMMER THE TOFF • 1952

PAUL TEMPLE RETURNS • 1952
SALUTE THE TOFF • BRIGHTHAVEN EXPRESS (USA) • 1952
ALF'S BABY • 1953
BEHIND THE HEADLINES • 1953
FLANNELFOOT • 1953
FORCES' SWEETHEART • 1953
CALLING ALL CARS • 1954
JOHNNY ON THE SPOT • 1954
SONG OF NORWAY • 1955
ASSIGNMENT REDHEAD • MILLION DOLLAR MANHUNT (USA) ○ UNDERCOVER GIRL • 1956
NOT SO DUSTY • 1956
NOT WANTED ON VOYAGE • 1957
YOU PAY YOUR MONEY • 1957
CLEAN SWEEP, A • 1958
MARK OF THE PHOENIX • 1958
NODDY IN TOYLAND • 1958
JUST JOE • 1960
NOT A HOPE IN HELL • 1960

ROGERS P. MACLEAN see **ROGERS MACLEAN**

ROGERS ROGER BRUCE – USA
RHAPSODY.. MOTION PAINTING III • SHT
ROUND TRIP IN MODERN ART • 1949 • ANM
TOCCATA MANHATTA • 1949
APPASSIONATA FANTASY • APASSIONATA FANTASY • SHT

ROGOSIN LIONEL – USA – 1924–
ON THE BOWERY • 1955
OUT • 1957
COME BACK, AFRICA • 1960 • DOC
OYSTERS ARE IN SEASON • 1963 • SHT
GOOD TIMES, WONDERFUL TIMES • 1966
HOW DO YOU LIKE THEM BANANAS? • 1966 • SHT
BLACK ROOTS • 1970 • DOC
BLACK FANTASY • 1972
WOODCUTTERS IN THE DEEP SOUTH • 1973
ARAB ISRAELI DIALOGUE • 1974 • SHT

ROGOV YU. – USS
ANNA'S HAPPINESS • 1971
DOCKER, THE • 1974

ROGOVOI V. see **ROGOVOI VLADIMIR**

ROGOVOI VLADIMIR – USS
ROGOVOY VLADIMIR • ROGOVOI V.
GODEN K NESTROYEVOY • FIT FOR NON-COMBATANT DUTY • 1968
CITY-DWELLERS • 1975

ROGOVOY VLADIMIR see **ROGOVOI VLADIMIR**

ROHAC JAN – CZC
KDYBY TISIC KLARINETU • IF A THOUSAND CLARINETS ○ THOUSAND CLARINETS, A • 1964

ROHMER ERIC – FRN – 1920–
JOURNAL D'UN SCELERAT • 1950 • SHT
PRESENTATION OU CHARLOTTE ET SON STEAK • CHARLOTTE AND HER STEAK • 1951 • SHT
PETITES FILLES MODELES, LES • 1952
BERENICE • 1954 • SHT
SONATE A KREUTZER, LA • KREUTZER SONATA, THE • 1956
VERONIQUE ET SON CANCRE • 1958 • SHT
SIGNE DU LION, LE • SIGN OF LEO, THE ○ SIGN OF THE LION • 1959
BOULANGERE DE MONCEAU, LA • 1962 • SHT
CARRIERE DE SUZANNE, LA • SUZANNE'S PROFESSION • 1963
NADJA A PARIS • 1964 • SHT
BETON DANS LA VILLE, LA • 1964–69 • MTV
CABINETS DE PHYSIQUE AU XVIIIeme SIECLE, LES • 1964–69 • MTV
CARL DREYER • 1964–69 • MTV
CONTEMPLATIONS, LES • 1964–69 • MTV
DON QUICHOTTE • 1964–69 • MTV
EDGAR POE • 1964–69 • MTV
HUGO ARCHITECTE • 1964–69 • MTV
LA BRUYERE • 1964–69 • MTV
LOUIS LUMIERE • 1964–69 • MTV
MALLARME • 1964–69 • MTV
METAMORPHOSES DU PAYSAGE INDUSTRIEL, LES • 1964–69 • MTV
PASCAL • 1964–69 • MTV
PERCEVAL • 1964–69 • MTV
CELLULOID ET LA MARBRE, LE • 1965 • MTV
COLLECTIONNEUSE, LA • COLLECTOR, THE (USA) • 1967
ETUDIANTE D'AUJOURD'HUI • 1967 • SHT
FERMIERE A MONTFAUCON • 1968 • SHT
MA NUIT CHEZ MAUD • MY NIGHT WITH MAUD (UKN) ○ MY NIGHT AT MAUD'S (USA) • 1969
GENOU DE CLAIRE, LE • CLAIRE'S KNEE (UKN) • 1971
AMOUR L'APRES-MIDI, L' • LOVE IN THE AFTERNOON (UKN) ○ CHLOE IN THE AFTERNOON (USA) • 1972
MARQUISE D'O, LA • MARQUISE VON O., DIE (FRG) ○ MARQUISE OF O.., THE (USA) • 1976
PERCEVAL LE GALLOIS • PERCEVAL (USA) • 1978
FEMME DE L'AVIATEUR, LA • ON NE SAURAIT PENSER A RIEN ○ AVIATOR'S WIFE, THE (UKN) ○ FEMME DE L'AVIATEUR OU: ON NE SAURAIT PENSER A RIEN, LA • 1980
BEAU MARIAGE, UN • GOOD MARRIAGE, A (USA) ○ PERFECT MARRIAGE, THE • 1981
PAULINE A LA PLAGE • PAULINE AT THE BEACH (USA) • 1983
NUITS DE LA PLEINE LUNE, LA • FULL MOON IN PARIS (UKN) • 1984
PARIS VU PAR.. 20 ANS APRES • SIX IN PARIS • 1984
RAYON VERT, LE • SUMMER (USA) ○ GREEN RAY, THE • 1986
AMI DE MON AMIE, L' • BOYFRIENDS AND GIRLFRIENDS (USA) ○ MY GIRLFRIEND'S BOYFRIEND(UKN) • 1987
QUATRE AVENTURES DE REINETTE ET MIRABELLE • AVENTURES DE REINETTE ET MIRABELLE, LES ○ FOUR ADVENTURES OF REINETTE AND MIRABELLE • 1987
CONTE DE PRINTEMPS • 1989

ROHRIG WALTER – Art director – GRM – 1893–1945
FLUCHTLINGE • REFUGEES • 1933
HANS IM GLUCK • 1936
HEIMKEHR • HOMECOMING • 1941
REMBRANDT • 1942

ROJAS ABIGAIL – VNZ – 1932–
DIAS DE CENIZA • DAYS OF ASHES • 1970
ULTIMO DIA DEL COMANDANTE GUANIPA, EL • LAST DAY OF THE COMMANDER GUANIPA, THE • 1971
OFICINA NO.1 • 1974

ROJAS GUILLERMO ORLANDO – CUB
DIA TRAS DIA • DAY BY DAY • 1979
NOVIA PARA DAVID, UNA • LOVE ME THE WAY I AM • 1985
BIT PARTS • 1988

ROJIK OMAR – MLY
DURJANA • WICKED • 1970
KALAU BERPAUT DI-DAHAN RAPOH • LOVE IN DANGER • 1970
KERANDA JINGGA • CRIMSON COFFIN • 1970
TUAH BADAN • BODY'S LUST • 1970
ANAK KU SUAMI KU • MY SON, MY LOVER • 1971
ANGKARA • VENDETTA • 1971
SATRIA • CHIVALROUS HUNCHBACK, THE • 1971
SEMAMBU KUNING • YELLOW BAMBOO, THE • 1972
GILA GILA • 1978

ROLAND GEORGE – USA
JOSEPH IN THE LAND OF EGYPT • 1932
WANDERING JEW, THE • 1933
I WANT TO BE A MOTHER • 1937
VILNA LEGEND, A • 1949

ROLAND J. see **ROLAND JURGEN**

ROLAND JOSEPH – USA
GREEN TREE, THE • 1965

ROLAND JURGEN – GRM
ROLAND J.
ROTE KREIS, DER • RED CIRCLE, THE (USA) ○ CRIMSON CIRCLE, THE • 1959
UNSER WUNDERLAND BEI NACHT • MAINLY FOR MEN • 1959
GRUNE BOGENSCHUTZE, DER • GREEN ARCHER, THE • 1960
TRANSPORT, DER • DESTINATION DEATH • 1961
HEISSER HAFEN HONGKONG • SEGRETO DI BUDDA, IL (ITL) ○ HONG KONG HOT HARBOR (USA) ○ SECRETS OF BUDDHA (UKN) ○ HOT HONG KONG HARBOUR • 1962
FLUSSPIRATEN VOM MISSISSIPPI, DIE • PIRATES OF THE MISSISSIPPI, THE (USA) ○ AGGUATO SUL GRANDE FIUME (ITL) ○ PIRATES DU MISSISSIPPI, LES (FRN) • 1963
SCHWARZE PANTHER VON RATANA, DER • BLACK PANTHER OF RATANA (USA) ○ KILLER PANTHER, THE • 1963
BELVA DI SAIGON, LA • 1964
POLIZEIREVIER DAVIDSWACHE (ST. PAULI) • SEVEN CONSENTING ADULTS (USA) ○ HAMBURG -CITY OF VICE (UKN) ○ HAMBURG OFF-LIMITS • 1964
VIER SCHLUSSEL • FOUR KEYS, THE • 1965
LOTOSBLUTEN FUR MISS QUON • COUP DE GONG A HONG-KONG (FRN) ○ TRAPPOLA PER 4 (ITL) ○ LOTUS FOR MISS QUON, A (USA) ○ LOTUS BLOSSOMS FOR MISS QUON • 1966
ENGEL VON ST. PAULI, DIE • ANGELS OF THE STREET (UKN) • 1969
DEM TATER AUF DER SPUR: BLINDER HASS • ON THE TRAIL OF THE CULPRIT: BLIND HATRED • 1973
RE DELLA MALA, IL • 1974

ROLAND PAUL – BLG
VELO DANS L'HERBE, LE • 1973

ROLANDO GIUSEPPE – ITL
APPUNTAMENTO IN PARADISO • 1960
SUOR ANNA ROSA • 1965
ALBERO VERDE • 1966
UCCIDERE IN SILENZIO • 1972

ROLANDS GEORGE see **ROLANDS GEORGE K.**

ROLANDS GEORGE K. – USA
ROLANDS GEORGE
LURE OF NEW YORK, THE • 1913
BREAKING HOME TIES • 1922

ROLEY SUTTON – USA
HOW TO STEAL THE WORLD • 1968 • TVM
SWEET, SWEET RACHEL • 1971 • TVM
LONERS, THE • 1972
SNATCHED • 1973
CHOSEN SURVIVORS • 1974
SATAN'S TRIANGLE • 1975 • TVM

ROLFE ALFRED – Actor – ASL – 1862–1943
CALOOLA • ADVENTURES OF A JACKAROO, THE • 1911
CAPTAIN MIDNIGHT -THE BUSH KING • 1911
CAPTAIN STARLIGHT -GENTLEMAN OF THE ROAD • GENTLEMAN OF THE ROAD -CAPTAIN STARLIGHT • 1911
CUP WINNER, THE • 1911
DAN MORGAN -NOTORIOUS AUSTRALIAN OUTLAW • 1911
IN THE NICK OF TIME • 1911
KING OF THE COINERS • 1911
LADY OUTLAW • 1911
LIFE OF RUFUS DAWES • 1911
MATES OF THE MURRUMBIDGEE • 1911
MINER'S CURSE, THE • 1911
MOORA NEYA • MESSAGE OF THE SPEAR ○ MOOYA NEEYA • 1911
WAY OUTBACK • 1911
WHAT WOMEN SUFFER • 1911
CHEAT, THE • 1912
COOEE AND THE ECHO • 1912
CRIME AND THE CRIMINAL • 1912
DO MEN LOVE WOMEN? • 1912
LOVE TYRANT, THE • LOVE, THE TYRANT • 1912
MOIRA • MYSTERY OF THE BUSH, THE • 1912
SIN OF A WOMAN, THE • 1912
WON ON THE POST • 1912
DAY, THE • 1914
SUNNY SOUTH • WHIRLWIND OF FATE • 1914
HERO OF THE DARDANELLES, A • STORMING OF GALLIPOLI, THE • 1915
HOW WE BEAT THE EMDEN • 1915
LOYAL REBEL, THE • EUREKA STOCKADE • 1915
WILL THEY NEVER COME? • 1915
CUPID CAMOUFLAGED • 1918

ROLFE B. A. – USA
AMAZING LOVERS, THE • 1919
EVEN AS EVE • 1920
LOVE WITHOUT QUESTION • 1920
MADONNAS AND MEN • 1920
WOMAN'S BUSINESS, A • 1920

ROLI MINO – ITL
PONTIROLI ERMINO
CIAO NOVOLA • 1956
BARCAIOLO DI AMALFI, IL • 1958

ROLIN DIANE – BLG
JEAN-GINA B. • 1984

ROLL HENRY – USA
PHYLOGENY • 1968 • ANS

ROLLA STEFANO – ITL
BUGIE BIANCHE • 1979
CARLOTTA • 1981

ROLLAN HENRI see **ROLLAN HENRY**

ROLLAN HENRY – FRN – 1888–1967
ROLLAN HENRI
MIQUETTE ET SA MERE • 1933

ROLLENS JACQUES – USA
SNAPPY • 1928 • ANS
WOODEN SOLDIER, THE • 1928 • SHT

ROLLIN GEORGES – FRN – 1912–1964
ZIG ET PUCE SAUVENT NENETTE • 1952 • SHT

ROLLIN JEAN – FRN – 1938–
GENTIL MICHEL • GAND MICHEL • LAZER J.-A. • GENTLE MICHAEL • GENTLE MIKE
PAUMEES DU PETIT MATIN, LES
ITINERAIRE MARIN, L' • 1962
REINE DES VAMPIRES, LA • QUEEN OF THE VAMPIRES, THE • 1967
VIOL DES VAMPIRES, LES • RAPE OF THE VAMPIRES, THE • 1967
VIOL DU VAMPIRE ET LA REINE DES VAMPIRES, LE • 1968
VAMPIRE NUE, LA • NUDE VAMPIRE, THE (UKN) ○ NAKED VAMPIRE, THE • 1969
LEVRES ENTROUVERTES
VIBRATIONS SEXUELLES
FRISSON DES VAMPIRES, LE • SEX AND THE VAMPIRE (UKN) ○ VAMPIRE THRILLS • 1970
CULTE DU VAMPIRE, LE • VAMPIRE CULT, THE • 1971
ROSE DE FER, LA • 1972
VIERGES ET VAMPIRES • VIRGINS AND THE VAMPIRES (USA) ○ CRAZED VAMPIRE, THE ○ REQUIEM POUR UN VAMPIRE ○ CAGED VAMPIRES ○ CAGED VIRGINS • 1972
DEMONIAQUES, LES • DEUX VIERGES POUR SATAN ○ DIABLESSES, LES • 1973
JEUNES FILLES IMPUDIQUES • 1973
NUIT DU CIMITIERE, LA • NIGHT OF THE CEMETERY, THE ○ CEMETERY NIGHT • 1973
LEVRES DE SANG • JENNIFER • 1974
COMTESSE X, LA • 1976
DESIRS ET PERVERSIONS • 1976
PHANTASMES • 1976
PHANTASMES PORNOGRAPHIQUES • 1976
SUCE-MOI VAMPIRE • 1976
RAISINS DE LA MORT, LES • PESTICIDE • 1978
FASCINATION • 1979
NUIT DES TRAQUES, LA • 1979
LAC DES MORTS-VIVANTS, LE • LAGO DEL MUERTOS VIVIENTES, EL (SPN) ○ LAKE OF THE LIVING DEAD, THE ○ ZOMBIES' LAKE ○ ZOMBIE LAKE • 1980
MORTE-VIVANTE, LA • 1982
TROTTOIRS DE BANGKOK, LES • 1984

ROLLINGER GAST – LXM
FALSCHEN HOND, DE • TRAITOR, THE • 1990

ROLLINS BERNIE – USA
GETTING OVER • 1981

ROLOS DON – USA
LOVE NOW.. PAY LATER • SIN NOW.. PAY LATER ○ NUDES ON CREDIT • 1966

ROLVY SASY – ITL
IERI, OGGI, DOMANI • 1953
SEI ORE DI TEMPO • 1954

ROMA FRANCISCO – SPN
TRES EN RAYA • THREE CHILDREN'S GAMES • 1979

ROMAGNOLI REDO – ITL
PICCOLO RE, IL • 1940

ROMAIN JACQUES – FRN
AMORE IN 4 DIMENSIONI • AMOUR EN 4 DIMENSIONS, L' (FRN) ○ LOVE IN 4 DIMENSIONS (USA) ○ LOVE IN THE CITY • 1963

ROMAN A. – VNZ
MARAVILLAS DE VENEZUELA • MARVELS OF VENEZUELA • 1973 • DOC

ROMAN ANTONIO – SPN – 1911–
BODA EN EL INFIERNO • WEDDING IN HELL • 1941
ESCUADRILLA • 1941
CASA DE LA LLUVIA, LA • 1943
INTRIGA • 1943
LOLA MONTES • 1944
ULTIMOS DE FILIPINAS, LOS • 1945

FUENTEOVEJUNA • 1947
VIDA ENCADENADA, LA • 1948
AMOR BRUJO, EL • 1949
PACTO DE SILENCIO • 1949
PASADO AMENAZA, EL • 1950
FORASTERA, LA • 1951
FUENTE ENTERRADA, LA • 1951
ULTIMOS DIAS • 1952
CONGRESO EN SEVILLA • 1955
FIERECILLA DOMADA, LA • 1955
DOS NOVIAS PARA UN TORERO • 1956
MADRUGADA • 1957
BOMBAS PARA LA PAZ • BOMBS FOR PEACE • 1958
CLARINES DEL MIEDO, LOS • 1958
MI MUJER ME GUSTA MAS • 1960
SOL EN EL ESPEJO, EL • 1962
PACTO DE SILENCIO • 1963
TIRO POR LA ESPALDA • 1964
RINGO EN NEBRASKA • RINGO NEL NEBRASKA (ITL) ○ NEBRASKA IL PISTOLERO ○ GUNMAN CALLED NEBRASKA, A • 1965

ROMAN DON – USA
HERRING MURDER MYSTERY, THE • 1943 • ANS

ROMAN JOSEPH – USA
RAPE IN THE DOLL HOUSE • ANS

ROMAN PHIL – USA
IT'S THE EASTER BEAGLE, CHARLIE BROWN • 1974 • ANS

ROMAN STEFAN – RMN
LIKEABLE MISTER R., THE • 1969

ROMANEK MARK – USA
STATIC • 1986

ROMANO LUIGI see **BORGNOTTO ROMANO LUIGI**

ROMARE INGELA – SWD
IN OUR LAND BULLETS ARE BEGINNING TO FLOWER • DOC
MOD ATT LEVA • COURAGE TO LIVE • 1982

ROMASHKOV VLADIMIR – USS
STENKA RAZIN • 1908

ROMAY PEPITO – MXC
DE SANGRE CHICANA • OF CHICANO BLOOD • 1973

ROMENA LUIGI – ITL
AVVENTURA DEL POLO SUD • 1961

ROMEO ROSARIO – ITL
AMORE E MORTE • LOVE AND DEATH • 1932

ROMER JOSEF – GRM
FLUCHT DURCH FLAMMEN, DIE • 1920

ROMERO EDDIE – PHL – 1924–
DAY OF THE TRUMPET, THE • 1957
LOST BATTALION, THE • 1962
CAVALRY COMMAND • CAVALLERIA COMMANDOS ○ BATTLE OF SAN PASQUALE, THE • 1963
RAIDERS OF LEYTE GULF, THE • 1963
KIDNAPPERS, THE • MAN ON THE RUN • 1964
MORO WITCH DOCTOR • 1964
WALLS OF HELL, THE • INTRAMUROS (PHL) • 1964
RAVAGERS, THE • 1965
BRIDES OF BLOOD • TERROR ON BLOOD ISLAND ○ ISLAND OF LIVING HORROR ○ BLOOD BRIDES ○ BRIDES OF DEATH ○ GRAVE DESIRES • 1968
MANILA, OPEN CITY • 1968
PASSIONATE STRANGERS, THE • 1968
BLOOD DEMON • 1969
MAD DOCTOR OF BLOOD ISLAND • TOMB OF THE LIVING DEAD ○ BLOOD DOCTOR • 1969
BEAST OF BLOOD • BLOOD DEVILS (UKN) ○ BEAST OF THE DEAD ○ RETURN TO THE HORRORS OF BLOOD ISLAND • 1970
BEAST OF THE YELLOW NIGHT • 1970
TWILIGHT PEOPLE • ISLAND OF THE TWILIGHT PEOPLE • 1972
WOMAN HUNT, THE • WOMANHUNT, THE ○ ESCAPE • 1972
BLACK MAMA, WHITE MAMA • HOT, HARD AND MEAN ○ CHAINED WOMEN ○ CHAINS OF HATE • 1973
BEYOND ATLANTIS • 1974
HONEYBUN • HOW TO TELL MY DAUGHTER? • 1974
SAVAGE SISTERS • 1974
GANITO KAMI NOON, PAANO KAYO NGAYON? • WE WERE LIKE THIS YESTERDAY, HOW IS IT TODAY? ○ AS WE WERE • 1977
SUDDEN DEATH • 1977
AQUILA • EAGLE, THE • 1981
DESIRE • 1983
SULTAN AND THE EMPEROR, THE • 1987
WHITE FORCE • 1987
CASE OF HONOR, A • 1989

ROMERO GEORGE see **ROMERO GEORGE A.**

ROMERO GEORGE A. – USA – 1939–
ROMERO GEORGE
MAN FROM THE METEOR, THE • 1954 • SHT
GORILLA • 1955 • SHT
EARTHBOTTOM • 1956 • DCS
CURLY • 1958 • SHT
SLANT • 1958 • SHT
EXPOSTULATIONS • 1962
NIGHT OF THE LIVING DEAD • NIGHT OF THE FLESH EATERS ○ NIGHT OF ANUBIS • 1968
THERE'S ALWAYS VANILLA • AFFAIR, THE • 1972
CRAZIES, THE • CODE NAME: TRIXIE • 1973
JACK'S WIFE • HUNGRY WIVES ○ SEASON OF THE WITCH • 1973
MARTIN • 1978
ZOMBIES • ZOMBIES –DAWN OF THE DEAD (UKN) ○ DAWN OF THE DEAD • 1978
KNIGHTRIDERS • 1981
CREEPSHOW • 1982
DAY OF THE DEAD • 1985
APARTMENT LIVING • 1988
MONKEY SHINES: AN EXPERIMENT IN FEAR • MONKEY SHINES • 1988
DUE OCCHI DIABOLICI • TWO EVIL EYES • 1990
NIGHT OF THE LIVING DEAD • 1990

ROMERO JOEY – USA
SAVAGE JUSTICE • 1988

ROMERO MANUEL – SPN
CUANDO TE SUICIDAS? • 1928
PURA VERDAD, LA • 1932
CABALLO DEL PUEBLO, EL • 1935
RADIO BAR • 1937
QUE TIEMPOS AQUELLOS • THOSE WERE THE DAYS (USA) • 1938
GENTE BIEN • 1939
VIDA ES UN TANGO • LIFE IS A TANGO (USA) • 1939
DIVORCIO EN MONTEVIDEO • 1940
FUERA DE LA LEY • OUTSIDE THE LAW (USA) • 1940
MUJERES QUE TRABAJAN • WOMEN WHO WORK (USA) • 1940

ROMERO-MARCHENT JOAQUIN LUIS – SPN – 1921–
MARCHENT JOAQUIN L. R. • MARCHENT J. R. • MARCHENT JOAQUIN ROMERO
JUZGADO PERMANENTE • 1953
COYOTE, EL • 1954
JUSTICIA DEL COYOTE ,LA • 1954
SOR ANGELICA • 1954
FULANO Y MENGANO • 1955
HOMBRE QUE VIAJABA DESPACITO, EL • 1957
HOMBRE DEL PARAGUAS BLANCAS, EL • 1958
DUE CAMPANILI E.. TANTE SPERANZE • 1961
ZORRO • 1961
CABALGANDO HACIA LA MUERTE • SHADOW OF ZORRO, THE (USA) ○ OMBRA DI ZORRO • 1962
SOMBRA DEL ZORRO, LA • 1962
VENGANZA DEL ZORRO, LA • ZORRO, THE AVENGER (USA) • 1962
SABOR DE LA VENGANZA, EL • 1963
TRES HOMBRES BUENOS • 1963
ANTES LLEGA LA MUERTE • 1964
AVENTURAS DEL OESTE • SETTE ORA DI FUOCO (ITL) ○ SEVEN HOURS OF GUNFIRE • 1964
CAMINO DEL SUR • 1964
SETTE DEL TEXAS, I • 1964
TRE SPIETATI, I • 1964
MUERTE CUMPLE CONDENA • 1965
SETTE ORE DI FUOCO • 1965
GRINGO GETTA IL FUCILE • 1966
AVENTURERO DE GUAYNAS, EL • 1967
FEDRA WEST • PHAEDRA WEST • 1968
CONDENADOS A VIVIR • 1971
JUEGO DEL ADULTERIO, EL • 1973
CLAN DE LOS NAZARENOS, EL • 1976

ROMERO-MARCHENT RAFAEL – SPN – 1928–
MARCHENT RAFAEL R. • MARCHENT R. R. • ROMERO R.
DIEZ MIL DOLARES PARA LASSITER • 100,000 DOLLARI PER LASSITER (ITL) • 1965
DOS PISTOLAS GEMELAS • 1965
AQUI MANDO YO • 1966
DONNA PER RINGO, UN • 1966
DOS CRUCES EN DANGER PASS • DUE CROCI A DANGER PASS (ITL) ○ TWO CROSSES IN DANGER PASS • 1967
DOS HOMBRES VAN A MORIR • 1968
IO NON PERDONA.. UCCIDO • 1968
MORTI NON SI CONTANI, I • DEAD ARE COUNTLESS, THE • 1968
OCASO DE UN PISTOLERO • DECLINE OF A SHARPSHOOTER • 1968
RANCHO DE LA MUERTE, EL • 1968
RINGO IL CAVALLIERE SOLITARIO • RINGO, THE LONE HORSEMAN • 1968
UNO A UNO SIN PIEDAD • AD UNO AD UNO.. SPIETATAMENTE (ITL) • 1968
GARRINGO • 1969
MANOS TORPES • 1969
QUIEN GRITA VENGANZA? • 1969
LO IRRITARONO.. E SARTANA FECE PIAZZA PULITA • 1970
PAR DE ASESINOS, UN • 1970
DOLAR DE RECOMPENSA, UN • 1971
ZORRO JUSTICIERO, EL • 1971
BODA O LA VIDA, LA • 1972
DISCO ROJO • 1972
...E CONTINUAVANO A CHIAMARLO FIGLIO DI... • 1972
PRESA Y LA BUITRE, LA • PREDA E L'AVVOLTOIO, LA (ITL) • 1972
PAR DE ZAPATOS DEL 32, UN • 1973
SANTO CONTRA EL DR. MUERTE • 1973
TU DIOS Y MI INFIERNO • 1974
AMANTE PERFECTA, LA • 1975
DIA CON SERGIO, UN • 1975
IMPOSIBLE PARA UNA SOLTERONA • 1975
STUDENT CONNECTION, THE • 1975
YO FUI EL REY • 1975
LIMITE DEL AMOR, EL • 1976
NOCHE DE LOS CIEN PAJAROS, LA • 1976
CALOR DE LA LLAMA, EL • 1977
CAZAR UN GATO NEGRO • 1977
AVISA A CURRO JIMENEZ • 1978

ROMERO R. see **ROMERO-MARCHENT RAFAEL**

ROMINE CHARLES – USA
ANY BODY.. ANY WAY • ANYBODY, ANYWHERE ○ ANYBODY'S ANYWAY ○ ANYBODY, ANYWAY • 1968
BEHIND LOCKED DOORS • 1976

ROMITELLI GIANCARLO – ITL
REYNOLDS DON
MARK DONEN AGENTE Z 7 • Z.7. OPERACION REMBRANDT (SPN) ○ Z7 OPERATION REMBRANDT (USA) ○ KARATE IN TANGIERS FOR AGENT Z-7 ○ MARK DONEN AGENTE 27 • 1966
SI MUORE SOLO UNA VOLTA • 1967
ORO DEI BRAVADOS, L' • CHAPAGUA (FRN) • 1970
KOMMISSAR X: JAGT DIE ROTEN TIGER • F.B. I. OPERAZIONE PAKISTAN ○ TIGER GANG • 1971
LO CHIAMAVANO KING • HIS NAME WAS KING (USA) • 1971
VENERE DEL PIREO, LA • 1974

ROMM MIKHAIL – USS – 1901–1971
PYSHKA • BALL OF SUET, A (USA) ○ BOULE DE SUIF ○ PUISHKA ○ PUSHKA • 1934
LENIN V OKTYABRE • LENIN IN OCTOBER • 1937
TRINADTSAT • THIRTEEN, THE • 1937
LENIN V 1918 GODU • LENIN IN 1918 • 1939
MECHTA • DREAM ○ METSHTA • 1943
CHELOVEK NO.217 • GIRL NO.217 • 1944
RUSSKI VOPROZ • RUSSIAN QUESTION, THE • 1947
LENIN • VLADIMIR ILYITCH LENIN • 1948
SEKRETNAYA MISSIYA • SECRET MISSION • 1950
KORABLI SHTURMUYUT BASTIONY • SHIPS STORM THE BASTIONS, THE ○ SHIPS ATTACKING FORTS ○ ADMIRAL USHAKOV, THE SHIPS ARE STORMING THE BASTIONS • 1953
UBIISTVO NA UTILITZE DANTE • MURDER IN DANTE STREET, THE ○ MURDER ON THE RUE DANTE • 1956
DEVYAT DNEI ODNOGO GODA • NINE DAYS OF ONE YEAR ○ NINE DAYS IN ONE YEAR • 1961
OBYKNOVENNYY FASHIZM • TRUMPS OVER VIOLENCE (USA) ○ ORDINARY FASCISM • 1965
LOST LETTERS • 1966 • SHT
NIGHT OF THOUGHT, A • 1966

RON ZOHARA – ISR
I CONFESS • 1988

RONAY ESTHER – UKN
RAPUNZEL LET DOWN YOUR HAIR • 1978

RONCAL HUGO – BLV
PUENTE AL PROGRESSO • DCS
VIVA SANTA CRUZ • DCS
MUNDO QUE SONA MOS, EL • 1962
GRAN TAREA, LA • 1975 • DCS
AYOREOS, LOS • 1979

RONCAYOLO MALENA – VNZ
PACTO DE SANGRE • BLOOD PACT • 1989

RONCONI LUCA – TNS – 1933–
ORLANDO FURIOSO • 1974

RONDEAU CHARLES see **RONDEAU CHARLES R.**

RONDEAU CHARLES R. – USA
RONDEAU CHARLES
DEVIL'S PARTNER, THE • 1958
LITTLEST HOBO, THE • 1958
GIRL IN LOVER'S LANE, THE • 1960
THREAT, THE • 1960
TRAIN RIDE TO HOLLYWOOD • 1975

RONDELI D. see **RONDELI DAVID**

RONDELI DAVID – USS
RONDELI D.
CLIFF OF ARSHAUL, THE • 1930
UGUBZIARA • 1930
CONQUERORS OF THE PEAKS • 1952
ON THE INGURY-RIVER • 1961

RONDELL RONNIE – USA
NO SAFE HAVEN • 1987

RONDER PAUL – USA
PART OF THE FAMILY • 1971

RONDI BRUNELLO – ITL – 1924–
ALL'OMBRE DELLE FANCIULLE IN FIORE • 1952 • SHT
NILO DI PIETRA, IL • 1956 • SHT
VITA VIOLENTA, UNA • VIOLENT LIFE, A • 1962
DEMONIO, IL • DEMON DANS LA CHAIR, LE (FRN) ○ DEMON, THE • 1964
DOMANI NON SIAMO PIU QUI • 1967
PIU TARDI CLAIRE, PIU TARDI.. • 1968
RUN, PSYCHO, RUN • 1969
TUE MANI SUL MIO CORPO, LE • 1970
RACCONTI PROIBITI.. DI NIENTE VESTITI • RACCONTI PROIBITI.. DI NULLA VESTITI ○ MASTER OF LOVE • 1972
VALERIA DENTRO E FUORI • 1972
INGRID SULLA STRADA • 1973
TECNICA DI UN AMORE • 1973
PRIGIONE DI DONNE • SEX LIFE IN A WOMEN'S PRISON • 1974
PROSSENETI, I • 1976
VELLUTO NERO • BLACK EMMANUELLE, WHITE EMMANUELLE ○ EMMANUELLE IN EGYPT • 1976

RONDI GIAN LUIGI – ITL – 1921–
ITALIA E DI MODA, L' • 1963

RONET MAURICE – Actor – FRN – 1927–1983
LIGEIA
VOLEUR DU TIBIDABO, LE • NOEL AU SOLEIL • 1965
ILE DES DRAGONS, L' • VERS L'ILE DRAGON • 1973 • DOC
BARTLEBY • 1977
VIOLONS PARFOIS, LES • 1977 • MTV
FOLIES DOUCES • 1978 • MTV

RONGER WALDEMAR – GRM
ZWOLFTE STUNDE, DIE • NACHT DES GRAUENS, EINE • 1930

RONISZ WINCENTY – PLN
DROGA DO NIEBA • STREETCAR TO HEAVEN ○ WAY TO THE SKIES, THE • 1958

RONO CHITO – PHL
PRIVATE SHOW • 1985
OLONGAPO –THE GREAT AMERICAN DREAM • 1988

RONY GEORGES – FRN
DE LENINE A HITLER • 1940 • CMP
TOUR DE BABEL, LA • 1949 • CMP

RONZON ALEXANDRE – FRN
MONDE EN FEU, LE • 1958 • DOC

ROOD JURRIEN – NTH
TWEE VROUWEN • TWICE A WOMAN ○ SECOND TOUCH • 1978
WEG NAAR BRESSON, DE • WAY TO BRESSON, THE • 1983
ORIONNEVEL, DE • 1987

ROODT DARRELL – SAF
PLACE OF WEEPING, A • 1986
CITY OF BLOOD • 1987
TENTH OF A SECOND • 1987
STICK, THE • 1988
JOBMAN • 1989

ROOKE A. J. – USA
ONE MOMENT'S TEMPTATION • 1922

ROOKE ARTHUR – UKN
FOR ALL ETERNITY • 1917
HOLY ORDERS • 1917
PIT-BOY'S ROMANCE, A • 1917
VILLAGE BLACKSMITH, THE • 1917
CONSEQUENCES • 1918
THELMA • 1918
DOUBLE LIFE OF MR. ALFRED BURTON, THE • 1919
EXCEEDING THE LIMIT • 1919
GARDEN OF RESURRECTION, THE • 1919
GOD'S CLAY • 1919
HORACE COMEDIES • 1919 • SER
HORACE EARNS A HALO • 1919
HORACE'S TRIUMPH • 1919
MORE THAN HE BARGAINED FOR • 1919
BRENDA OF THE BARGE • 1920
LURE OF CROONING WATERS, THE • 1920
MIRAGE, THE • 1920
EDUCATION OF NICKY, THE • 1921
SPORT OF KINGS, THE • 1921
BACHELOR'S BABY, A • 1922
SPORTING DOUBLE, A • 1922
SPORTING INSTINCT, THE • 1922
WEAVERS OF FORTUNE • RACING LUCK • 1922
M'LORD OF THE WHITE ROAD • 1923
SCANDAL, THE • 1923
DIAMOND MAN, THE • 1924
GAY CORINTHIAN, THE • THREE WAGERS, THE • 1924
NETS OF DESTINY • 1924
WINE OF LIFE, THE • 1924
BLUE PETER, THE • 1928
EUGENE ARAM • 1929

ROOKS CONRAD – USA
CHAPPAQUA • 1967
SIDDHARTHA • 1972

ROOM ABRAM – USS – 1894–1976
ROOM ALEXANDER • ROOM AVRAM
GONKA ZA SAMOGONKOJ • PURSUIT OF MOONSHINE, THE ○ MOONSHINERS, THE • 1924 • SHT
STO GOVORIT MOC? • WHAT SAY MOC? • 1924
BUKHTA SMERTI • DEATH BAY • 1926
KRASNAYA PRESNYA • RED PRESNYA • 1926
PREDATEL • TRAITOR • 1926
TRETYA MESHCHANSKAYA • THREE MESHCHANSKAYA STREET ○ THIRD MESHCHANSKAYA ○ BED AND SOFA ○ TRETIA MECHT CHANSKAYA • 1927
UKHABY ZHIZNI • HARD LIFE ○ PITS ○ BUMPS ○ RUTS • 1928
PIATILEKTA • 1929
PLAN VELIKH RABOT • PLAN OF GREAT WORKS ○ FIVE YEAR PLAN, THE • 1930
PRIVIDENIYE, KOTOROYE NE VOZVRASHCHAYETSA • GHOST THAT WILL NOT RETURN, THE ○ GHOST THAT NEVER RETURNS, THE • 1930
MANOMETRE • 1930–32
CRIMINALS • 1933
ZIT' • 1935
STROGI YUNOSHA • STERN YOUNG MAN, THE • 1936
ESKADRILYA N5 • SQUADRON NO.5 ○ FIVE SQUADRON • 1939
VETER S VOSTOKA • WIND FROM THE EAST • 1941
NASHESTIVIYE • INVASION • 1945
V GORAKH YUGOSLAVII • IN THE MOUNTAINS OF YUGOSLAVIA • 1946
SUD CHESTI • COURT OF HONOR (USA) ○ TRIBUNAL OF HONOUR, THE ○ TRIAL OF HONOUR • 1948
SHKOLA ZLOSLOVIYA • SCHOOL FOR SCANDAL • 1952
SEREBRISTAYA PYL • SIERIEBRISTAYA PYL ○ SILVER DUST • 1953
SERDTSYE BETSYA YNOV • HEART BEATS ANEW, THE ○ HEART BEATS AGAIN, THE ○ NEW HEART, A • 1956
GRANATOVYY BRASLET • GARNET BRACELET, THE (USA) • 1965
CHVETI ZAPOZDALIE • BELATED FLOWERS (USA) • 1972
PREZHDEVRYEMENNY CHELOVYEK • UNTIMELY MAN, THE ○ PREMATURE MAN, THE • 1973

ROOM ALEXANDER see **ROOM ABRAM**

ROOM AVRAM see **ROOM ABRAM**

ROOME ALFRED – UKN – 1908–
MY BROTHER'S KEEPER • DOUBLE PURSUIT • 1948
IT'S NOT CRICKET • 1949

ROONEY JACK – USA
PUSHED TOO FAR • 1988

ROONEY MICKEY – Actor – USA – 1920–
MY TRUE STORY • 1951
PRIVATE LIFE OF ADAM AND EVE, THE • 1960

ROOS CHARLES G. – Cinematographer – CND – 1882–
SELF DEFENCE • 1916

ROOS JORGEN – DNM – 1922–
FLUGTEN • FLIGHT, THE • 1942 • DOC
HJERTETYVEN • THIEF OF HEARTS, THE • 1943 • DOC
KAERLIGHED PA RULLERSKOJTER • 1943 • DOC
HISTORIEN OM EN MAND • STORY OF A MAN • 1944 • DOC
RICHARD MORTENSENS BEVAEGELIGE MALERI • 1944 • DOC
GODDAG DYR! • 1947 • DOC
ISEN BRYDES • ICE-BREAKING • 1947 • DOC
JOHANNES V. JENSEN • 1947 • DOC
PA BESOG HOS KONG TINGELING • 1947 • DOC
REFLEXFILM • 1947 • DOC
MIKKEL • 1948 • DOC
OPUS 1 • 1948 • DOC
DEFINITIVE AFSLAG PA ANMODNINGEN OM ET KYS, DET • 1949 • DOC
JEAN COCTEAU • 1949 • DOC
PARIS PA TO MADER • 1949 • DOC
TRISTAN TZARA, DADAISMENS FADER • 1949 • DOC
JOHANNES JORGENSEN I ASSISSI • 1950 • DOC
SPISTE HORIZONTER • 1950 • DOC
HISTORIEN OM ET SLOT J.F. WILLUMSEN • WILLUMSEN • 1951 • DOC
SHAKESPEARE OG KRONBERG • HAMLET'S CASTLE ○ SHAKESPEARE AND KRONBERG • 1951 • DOC
DEN STROMLINJEDE GRIS • 1952 • DOC
FERIEBORN • 1952 • DOC
SLUM • 1952 • DOC
GODDAG BORN! • 1953 • DOC
LYSET I NATTEN • 1953 • DOC
SKYLDIG, IKKE SKYLDIG • GUILTY THOUGH INNOCENT • 1953 • DOC
SPAEDBARNET • NEWBORN, THE • 1953 • DOC
AVISEN • 1954 • DOC
INGE BLIVER VOKSEN • 1954 • DOC
JOHANNES JORGENSEN I SVENDBORG • 1954 • DOC
KALKMALERIER • FRESCOS IN DANISH CHURCHES ○ MURALS • 1954 • DOC
MARTIN ANDERSEN NEXOS SIDSTE REJSE • 1954 • DOC
MIT LIVS EVENTYR • MY LIFE STORY ○ STORY OF MY LIFE, THE • 1955 • DOC
SOLV • 1956 • DOC
ELLEHAMMER • FLYING DANE, THE • 1957
JOHANNES LARSEN • 1957 • DOC
MAGIE DU DIAMANT • MAGIC OF THE DIAMOND • 1958 • DOC
6 DAGESLOBET • SEKSDAGESLOBET ○ SIX DAY RACE, THE ○ SIX DAYS, THE • 1958 • DOC
FRILUFT • PURE AIR ○ OPEN AIR • 1959 • DOC
BY VED NAVN KOBENHAVN, EN • CITY CALLED COPENHAGEN, A ○ COPENHAGUE ○ COPENHAGEN • 1960 • DOC
DANISH DESIGN • 1960 • DOC
FOROYAR FAERORNE • ISLES FEROE, LES • 1960 • DOC
HAMBURG • 1961 • DOC
VI HAENGER I EN TRAD • WE HANG FROM A THREAD • 1962 • DOC
OSLO • 1963 • DOC
STOJ • 1965 • DOC
CARL TH. DREYER • 1966 • DOC
KNUD • 1966 • DOC
SISIMUT • 1966 • DOC
AR MED HENRY, ET • 1967 • DOC
FANGERFAMILIE I THULEDISTRIKTET • 1967 • DOC
GRONLANDSKE DIALEKTOPTAGELSER OG TROMMEDANSE FRA THULEDISTRIKTET • 1967 • DOC
SYTTEN MINUTTER GRONLAND • 1967 • SHT
ULTIMA THULE • 1968 • DOC
ER TILLADT AT VAERE ANDSSVAG, DET • 1969 • DOC
AND WHO BUT I SHOULD BE • 1970
KALALIUVIT • ER DU GRONLAENDER • 1970 • DOC
ANDERSENS HEMMELIGHED • 1971 • DOC
HUSE TIL MENNESKER • 1972 • DOC
TO MAEND I ODEMARKEN • 1972 • DOC
UDFLYTTERNE • 1972 • DOC
ULRIK FORTAELLER EN HISTORIE • 1972 • DOC
I DEN STORE PYRAMIDE • INSIDE THE GREAT PYRAMID • 1974 • DOC
J.TH. ARNFRED • 1974 • DOC
ANDERSEN HOS FOTOGRAFEN • 1975 • DOC
MONARKI OG DEMOKRATI • 1977 • DOC
14 DAGE I JERNALDEREN • 1977 • DOC
CARL NIELSEN 1865–1931 • 1978 • DCS
NUUK 250 AR • 1979 • DOC
GRONLAND • GREENLAND • 1980 • DOC
SLOEDEPATRULJEN SIRIUS • SLEDGE PATROL SIRIUS, THE • 1980 • DOC
KNUD RAMUSSENS MINDEEKSPEDITION TIL KAP SEDDON • KNUD RAMUSSEN'S MEMORIAL EXPEDITION TO CAPE SEDDON • 1983 • DOC

ROOS LEONARD HALLEY – Cinematographer – CND – 1896–
SELF DEFENCE • 1916

ROOS LISE – DNM – 1941–
HEJ, STINE! • HEY, STINE! • 1971
PIGEN SILKE • GIRL NAMED SILKE, A • 1971 • DOC
FODSELS FORLOB, EN • COURSE OF A BIRTH, THE • 1972 • DOC
I DIN FARS LOMME • IN YOUR DAD'S POCKET ○ IN DADDY'S POCKET • 1972
ELINE 0 – 16 MANEDER • ELINE 0 – 16 MONTHS • 1974 • DCS
MY LAND –AND YOURS • 1978
SADAN ER JEG OSSE • I'M LIKE THAT TOO • 1979

ROOS ODY – FRN
PAVES ROUGES DE MAI 68, LES • DOC

ROOS OLE – DNM – 1937–
FRITIDEN ER ALLEREDE BEGYNDT • LEISURE HAS COME TO STAY • 1962
MICHEL SIMON • 1964 • SHT
INTERVAL • 1965
TIMBER –OK I CANADA • 1967 • DCS
TUR I NATTEN • DRIVING IN THE NIGHT • 1968
KYS TIL HOJRE OG VENSTRE • LOVE AND KISSES ○ KISSES RIGHT AND LEFT • 1969
HAERVAERK • 1977
VANDALISM • 1977
FORRAEDERNE • TRAITOR, THE ○ TRAITORS, THE • 1983
MAN WHO WOULD BE GUILTY, THE • 1990

ROOS STAFFAN – SWD
LIMPAN • LOAFY ○ LOAFIE • 1983

ROOSEVELT LEILA – USA
DANGEROUS JOURNEY, THE • 1944 • DOC

ROOSLING GOSTA – SWD
JULOTTA • CHRISTMAS MORN • 1937

ROOT ALAN – UKN
KARAMOJA • TEAR FOR KARAMOJA, A • 1962 • DCS

ROOT JOAN – UKN
KARAMOJA • TEAR FOR KARAMOJA, A • 1962 • DCS

ROOT WELLS – USA
BOLD CABALLERO, THE • BOLD CAVALIER, THE (UKN) • 1936
MOKEY • MOKEY DELANO • 1942

de ROOY FELIX – NTH
ALMACITA DI DESOLATO • 1985
AVA AND GABRIEL • 1990

ROPER MARK – USA
DANCING IN THE FOREST • 1988

ROPERT GREGORY – Editor – ASL – 1949–
WILLY WILLY • 1970 • SHT

ROQUEMORE CLIFF – USA
HUMAN TORNADO, THE • 1976

ROQUES JEANNE see **MUSIDORA**

RORIMPANDEY FRANK – INN
VIRGIN OF THE VILLAGE • 1980
BERSEMI DI LEMBAH TIDAR • BLOSSOMING IN THE TIDAR VALLEY • 1983
WOLTER MONGISIDI • 1983

ROSA AMERICO LEITE – PRT – 1917–
LENDA DAS AMENDOEIRAS, A • 1950 • SHT
DEDICACAO • 1954 • SHT
POUSADAS DE PORTUGAL • 1963 • SHT
PASSAGEM DE NIVEL • 1965

de la ROSA ANTONIO – VNZ
OCEANOGRAFIA EN VENEZUELA • 1972 • DOC
PORTUGUESA, FUTURO ABIERTO • PORTUGUESA, OPEN FUTURE • 1972 • DOC
ES PECADO PERO ME GUSTA • IT IS SIN.. BUT I LIKE IT • 1979

ROSA BAPTISTA – PRT – 1925–
NATAL NA ARTE PORTUGUESA, O • 1954 • SHT
AZULEJOS DE PORTUGAL • 1958 • SHT
PAIXAO DE CRISTO NA PINTURA ANTIGA PORTUGUESA, A • 1961 • SHT
ROMANCE DO LUACHIMO, O • 1968
CARTOGRAFIA, ARTE E CIENCIA • 1970 • SHT

de la ROSA JORGE – MXC
FANTOCHE • 1976

ROSA SEBASTIAO – BRZ
RINGO A CAMINHO DO INFERNO • CUM–QUIBUS • 1972

ROSA SILVIO L. see **ROSA SILVIO LAURENTI**

ROSA SILVIO LAURENTI – ITL – 1892–1965
LAURENTI–ROSA SILVIO • ROSA SILVIO L.
SEGRETO DI STATO • 1914
ESPLOSIONE DEL FORTINO B.12, L' • 1915
BATTAGLIA DALL'ASTICO AL PIAVE • 1917
IMPRONTA, L' • 1920
SCIALLE MALEDETTO DI CATERINA II, LA • 1921
SKELTROS • 1921
DALLE CINQUE GIORNATE DI MILANO ALLA BRECCIA DI PORTE PIA • 1923
KATIUSCIA • 1923
RAGANELLA • 1924
TAPPE DELLA GLORIA E DELL'ARDIRE ITALICI, LA • 1924
GARIBALDI E I SUOI TEMPI • 1926
DA ICARO A DE PINEDO • 1927
MADRE ITALIANA • 1927
MARTIRI D'ITALIA, I • 1927
NAUFRAGHI • 1939
E NON DIRSI ADDIO • 1948
FOLLA, LA • 1951

ROSADO ALFREDO VALDES – CUB
PROA AL ENEMIGO • 1971 • DOC

do ROSARIO MARIA – BRZ
MARCADOS PARA VIVER • BRANDED FOR LIFE • 1976

ROSAS ENRIQUE – MXC – 1877–1920
BANDA DEL AUTOMOVIL GRIS, LA • AUTOMOVIL GRIS, LA ○ GREY MOTOR CAR, THE ○ GREY CAR GANG, THE • 1919

ROSATI FALIERO – ITL – 1946–
MORTE DI UN OPERATORE • DEATH OF A CAMERAMAN • 1979 • MTV

ROSATI GIUSEPPE – ITL
ROSATI NINY • LEVIATHAN AARON
SCACCO INTERNAZIONALE • LAST CHANCE, THE • 1968
CAMPA CAROGNA.. LA TAGLIA CRESCE • 1973
TESTIMONE DEVE TACERE, IL • SILENCE THE WITNESS • 1974
POLIZIA INTERVIENE: ORDINE DI UCCIDERE!, LA • LEFT HAND OF THE LAW, THE • 1975
PAURA IN CITTA • HOT STUFF (USA) ○ FEAR IN THE CITY • 1976
INDAGINE SU UN DELITTO PERFETTO • PERFECT CRIME, THE • 1979

ROSATI NINY see **ROSATI GIUSEPPE**

ROSAY FRANCOISE – Actress – FRN – 1891–1974
VISAGES D'ENFANTS • FACES OF CHILDREN (USA) • 1923
CARMEN • 1926

ROSCA GABRIEL – FRN – 1895–1943
ROCAMBOLE • 1932
COQUELUCHE DE CES DAMES, LA • 1935
MARRAINE DU REGIMENT, LA • 1938

ROSCOE JOHN – USA
CALENDAR PIN-UP GIRLS • CALENDAR PIN-UPS • 1966

ROSCOE STEPHEN – CND
ODYSSEY IN AUGUST • 1990 • SHT

ROSE A. J. JR. – USA
PENIS • 1967 • 1965

ROSE ALLEN – USA
WILD AND WOOZY WEST, THE • 1942 • ANS

ROSE BERNARD – UKN
CHICAGO JOE AND THE SHOWGIRL • 1989
PAPERHOUSE • 1989

ROSE FRANK OAKES – USA
BEN-HUR • 1907

ROSE HUBERT-YVES – CND
LIGNE DE CHALEUR, LA • HEAT LINE, THE • 1988

ROSE KENDALL S. – USA
SINTHIA • 1970

ROSE LES – CND
VAN'S CAMP • 1973
HOG WILD • GO HOG WILD • 1980
MAINTAIN THE RIGHT • 1980 • MTV
THREE CARD MONTE • 1980
TITLE SHOT • 1980 • TVM
GAS • 1981
LIFE AND TIMES OF EDWIN ALONZO BOYD, THE • 1983
ISAAC LITTLE-FEATHERS • DRASTIC MEASURES • 1985

ROSE MICKEY – USA
STUDENT BODIES • 1981

ROSE MITCHELL – USA
MORE • 1973

ROSE PIERRE – CND
DEUX PIEDS DANS LA MEME BOTTINE, LES • KLUTZ, THE • 1974

ROSE REUBEN see **BLANCHARD JOHN**

ROSE ROBINA – UKN
JIGSAW • 1982
NIGHTSHIFT • 1982

ROSE SHERMAN see **ROSE SHERMAN A.**

ROSE SHERMAN A. – USA
ROSE SHERMAN
TARGET EARTH! • 1954
MAGNIFICENT ROUGHNECKS • 1956
TANK BATTALION • VALLEY OF DEATH, THE (UKN) • 1958

ROSE TONY – UKN
PAPER BOATS • 1949

ROSE WARNER – USA
50,000 B.C.(BEFORE CLOTHING) • NUDES ON THE ROCKS • 1963
SMUT PEDDLER, THE • SMUT PEDDLARS, THE • 1965
PROFESSOR LUST • 1967

ROSE WILLIAM see **ROSE WILLIAM L.**

ROSE WILLIAM L. – USA
ROSE WILLIAM
"RENT-A-GIRL" • RENTED • 1965
PAMELA, PAMELA YOU ARE.. • 1968
TERROR IN 2-A • GIRL IN ROOM 2A, THE (USA) • 1972

ROSELLI FRANCO – ITL
AL PROPRIO POSTO • 1979

ROSEN BARRY – USA
DEVIL'S EXPRESS • 1975
YUM-YUM GIRLS, THE • 1976

ROSEN KURT – GRM
WEG ZUM LICHT, DER • 1923

ROSEN MARTIN – UKN
WATERSHIP DOWN • 1978 • ANM
PLAGUE DOGS, THE • 1984 • ANM
STACKING • SEASON OF DREAMS • 1987

ROSEN PHIL – USS – 1888–1951
ROSEN PHILIP E.
CALIFORNIA OR BUST • 1917
DOUBLE HOLD-UP, THE • 1919 • SHT
SHERIFF'S OATH, THE • 1919 • SHT
ARE ALL MEN ALIKE? • 1920
JAYBIRD, THE • JAY BIRD, THE • 1920 • SHT
PATH SHE CHOSED, THE • 1920
ROAD TO DIVORCE, THE • 1920
ROARIN' DAN • 1920 • SHT
WEST IS BEST • 1920 • SHT
EXTRAVAGANCE • 1921
LITTLE POOL, THE • 1921
LURE OF YOUTH, THE • WHITE ASHES • 1921
ACROSS THE CONTINENT • 1922
BONDED WOMAN, THE • 1922
HANDLE WITH CARE • 1922
WORLD'S CHAMPION, THE • 1922
YOUNG RAJAH, THE • 1922
WISE SON, A • 1923
ABRAHAM LINCOLN • DRAMATIC LIFE OF ABRAHAM LINCOLN, THE • 1924
BEING RESPECTABLE • 1924
LOVERS' LANE • 1924
THIS WOMAN • 1924
BRIDGE OF SIGHS, THE • 1925
HEART OF A SIREN • HEART OF A TEMPTRESS • 1925
WANDERING FOOTSTEPS • 1925
WHITE MONKEY, THE • 1925
ADORABLE DECEIVER, THE • 1926
EXQUISITE SINNER, THE • 1926
ROSE OF THE TENEMENTS • 1926
WOMAN'S HEART, A • 1926
CALIFORNIA OR BUST • 1927
CANCELLED DEBT, THE • 1927
CLOSED GATES • 1927
CRUEL TRUTH, THE • 1927
HEAVEN ON EARTH • 1927
IN THE FIRST DEGREE • 1927
PRETTY CLOTHES • 1927
SALVATION JANE • 1927
STOLEN PLEASURES • 1927
STRANDED • 1927
THUMBS DOWN • 1927
WOMAN WHO DID NOT CARE, THE • 1927
APACHE, THE • 1928
BURNING UP BROADWAY • 1928
MARRY THE GIRL • HOUSE OF DECEIT, THE (UKN) • 1928
MODERN MOTHERS • 1928
UNDRESSED • 1928
FAKER, THE • 1929
PEACOCK FAN, THE • 1929
PHANTOM IN THE HOUSE, THE • 1929
EXTRAVAGANCE • 1930
LOTUS LADY • 1930
RAMPANT AGE, THE • 1930
SECOND HONEYMOON • 1930
WORLDLY GOODS • 1930
ALIAS THE BAD MAN • 1931
ARIZONA TERROR • 1931
BRANDED MEN • 1931
CODIGO PENAL, EL • 1931
GAY BUCKAROO, THE • 1931
POCATELLO KID, THE • 1931
RANGE LAW • 1931
TWO GUN MAN, THE • TWO'S COMPANY (UKN) • 1931
KLONDIKE • DOCTOR'S SACRIFICE, THE (UKN) • 1932
LENA RIVERS • 1932
MAN'S LAND, A • 1932
TEXAS GUNFIGHTER • 1932
VANISHING FRONTIER, THE • 1932
WHISTLIN' DAN • 1932
YOUNG BLOOD • LOLA (UKN) • 1932
BLACK BEAUTY • 1933
DEVIL'S MATE • HE KNEW TOO MUCH (UKN) • 1933
HOLD THE PRESS • 1933
PHANTOM BROADCAST, THE • PHANTOM OF THE AIR (UKN) • 1933
SELF DEFENSE • 1933
SPHINX, THE • 1933
BEGGARS IN ERMINE • 1934
CHEATERS • 1934
DANGEROUS CORNER • 1934
FORBIDDEN TERRITORY • 1934
LITTLE MEN • 1934
PICTURE BRIDES • 1934
SHADOWS OF SING SING • 1934
TAKE THE STAND • GREAT RADIO MYSTERY, THE (UKN) • 1934
WEST OF THE PECOS • 1934
WOMAN IN THE DARK • 1934
BORN TO GAMBLE • 1935
CALLING OF DAN MATTHEWS, THE • 1935
DEATH FLIES EAST • 1935
TANGO • 1935
UNWELCOME STRANGER • 1935
BRIDGE OF SIGHS, THE • 1936
BRILLIANT MARRIAGE • 1936
EASY MONEY • 1936
ELLIS ISLAND • 1936
EX-CHAMP • GOLDEN GLOVES (UKN) • 1936
IT COULDN'T HAVE HAPPENED • 1936
MISSING GIRLS • WHEN GIRLS LEAVE HOME (UKN) • 1936
PRESIDENT'S MYSTERY, THE • ONE FOR ALL (UKN) • 1936
THREE OF A KIND • 1936
IT COULD HAPPEN TO YOU • 1937
JIM HANVEY, DETECTIVE • 1937
ROARING TIMBER • 1937
TWO WISE MAIDS • 1937
YOUTH ON PAROLE • TROUBLE FOR TWO • 1937
MARINES ARE HERE, THE • 1938
MISSING EVIDENCE • 1939
CROOKED ROAD, THE • 1940
DOUBLE ALIBI • 1940
FORGOTTEN GIRLS • 1940
PHANTOM OF CHINATOWN • 1940
QUEEN OF THE YUKON • 1940
DEADLY GAME, THE • 1941
I KILLED THAT MAN • 1941
MURDER BY INVITATION • 1941
PAPER BULLETS • GANGS INCORPORATED ○ CRIME INC., GANGS INC. • 1941
ROAR OF THE PRESS, THE • 1941
SPOOKS RUN WILD • 1941
MAN WITH TWO LIVES, THE • 1942
MYSTERY OF MARIE ROGET, THE • PHANTOM OF PARIS • 1942
ROAD TO HAPPINESS • 1942
GENTLE GANGSTER, THE • 1943
WINGS OVER THE PACIFIC • 1943
YOU CAN'T BEAT THE LAW • PRISON MUTINY • 1943
ARMY WIVES • 1944
CALL OF THE JUNGLE • 1944
CHARLIE CHAN IN BLACK MAGIC • CHARLIE CHAN IN THE MURDER CHAMBER ○ MEETING AT MIDNIGHT ○ BLACK MAGIC ○ MURDER CHAMBER, THE ○ CHARLIE CHAN AND BLACK MAGIC • 1944
CHARLIE CHAN IN SECRET SERVICE • 1944
CHINESE CAT, THE • CHARLIE CHAN IN THE CHINESE CAT • 1944
RETURN OF THE APE MAN • 1944
CAPTAIN TUGBOAT ANNIE • 1945
IN OLD NEW MEXICO • CISCO KID IN OLD NEW MEXICO, THE (UKN) • 1945
JADE MASK, THE • CHARLIE CHAN AND THE JADE MASK • 1945
RED DRAGON, THE • 1945
SCARLET CLUE, THE • CHARLIE CHAN AND THE SCARLET CLUE • 1945
SHADOW RETURNS, THE • 1946
STEP BY STEP • 1946
STRANGE MR. GREGORY, THE • 1946
SECRET OF ST. IVES, THE • 1949
SINS OF THE FATHERS • 1949

ROSEN PHILIP E. see **ROSEN PHIL**

ROSEN ROBERT L. – USA – 1937–
COURAGE • RAW COURAGE • 1984

ROSENBAUM BOB – USA
YESTERDAY'S CHILD • 1977 • TVM

ROSENBAUM MARIANNE S. W. – GRM
PEPPERMINT FRIEDEN • PEPPERMINT FREEDOM • 1982

ROSENBERG ANDY – USA
HERO COMMANDOS

ROSENBERG ANITA – USA
ASSAULT OF THE KILLER BIMBOS • SCUMBUSTERS ○ HACK 'EM HIGH • 1988

ROSENBERG ROBERT – USA
BEFORE STONEWALL • 1985 • DOC

ROSENBERG STUART – USA – 1928–
MURDER, INC. • 1960
FRAGE SIEBEN • QUESTION SEVEN (USA) • 1961
MEMORANDUM FOR A SPY • ASYLUM FOR A SPY • 1965 • TVM
FACELESS MAN, THE • 1966 • TVM
FAME IS THE NAME OF THE GAME • 1966 • TVM
COOL HAND LUKE • 1967
COUNTERFEIT KILLER, THE • CRACKSHOT • 1968
APRIL FOOLS, THE • 1969
LENNY BRUCE STORY, THE • 1969
MOVE • 1970
WUSA • HALL OF MIRRORS • 1970
POCKET MONEY • 1972
LAUGHING POLICEMAN, THE • INVESTIGATION OF MURDER, AN (UKN) • 1973
DROWNING POOL, THE • 1975
VOYAGE OF THE DAMNED • 1976
AMITYVILLE HORROR, THE • 1979
BRUBAKER • 1979
LOVE AND BULLETS • 1979
POPE OF GREENWICH VILLAGE, THE • VILLAGE DREAMS • 1984
LET'S GET HARRY • 1986

ROSENBLUM ARTHUR – USA
ROCKIN' THE BLUES • 1957

ROSENBLUM RALPH – Editor – USA – 1925–
TURNER • 1972 • MTV
GREATEST MAN IN THE WORLD, THE • 1980
MAN THAT CORRUPTED HADLEYBURG, THE • 1980
ANY FRIEND OF NICHOLAS NICKLEBY IS A FRIEND OF MINE • 1981
SUMMER SOLSTICE • 1981 • MTV

ROSENCRANTZ MARGARETA – SWD – 1901–
KUCKELIKAKA • 1949

ROSENFELD HERMAN – GRM
MEDIUM, DAS • 1921

ROSENFELD SHERMAN – USA
TRUE GANG MURDERS • 1961 • DOC

ROSENHAYN PAUL – GRM
PALADIN, DER • 1917

ROSENKRANZ IGNACY – FRN
ROSENKRANZ J. • *BAY I.-R.*
ACCORD FINAL • 1938

ROSENKRANZ J. see **ROSENKRANZ IGNACY**

ROSENTHAL DAN – USA
SLOANE • 1984

ROSENTHAL EUGENE – USA
REVOLUTION IS IN YOUR HEAD, THE • 1970 • DOC

ROSENTHAL FRIEDRICH – AUS
SO FALLEN DIE LOSE DES LEBENS • 1918

ROSENTHAL JOE – UKN
NANKIN ROAD, SHANGHAI • 1901
HIAWATHA • HIAWATHA, THE MESSIAH OF THE OJIBWAY • 1903
INDIANS GAMBLING FOR FURS -IS IT WAR OR PEACE? • 1903
WILL THE EXPRESS OVERTAKE THEM? • 1903
NO GOOD FOR ANYTHING • 1908
PERCY WANTED A MOUSTACHE • 1908
WEDDING THAT DIDN'T COME OFF, THE • 1908
WHAT WILLIAM DID • 1908
ANGELINA'S BIRTHDAY PRESENT • 1909
DREADNOUGHT TO THE RESCUE • 1909
FATHER BUYS AN ARMCHAIR • 1909
LOVE OF A ROMANY LASS, THE • 1909
OLD MAN'S PENSION DAY, THE • 1909
ONE OF THE BULLDOG BREED • 1909
WOULD-BE HERO, A • 1909
DOROTHY'S MOTOR CAR • 1910
FATHER'S LEGACY -A GOAT • 1910
GREAT MISTAKE, A • 1910
OH THE CROCODILE! • 1910
POOR PA PAYS • 1910

ROSENTHAL KURT – GRM
MARIA MARTINEZ LOPEZ • 1971 • ANS
FUR AUSLANDISCHE UND DEUTSCHE ARBEITER • FOR FOREIGN AND GERMAN WORKERS • 1973

ROSENTHAL MARK – USA
DANCE PARTY • IN CROWD, THE • 1987

ROSENTHAL RICHARD see **ROSENTHAL RICK**

ROSENTHAL RICK – USA – 1950–
ROSENTHAL RICHARD
HALLOWEEN II • 1981
BAD BOYS • 1983
AMERICAN DREAMER • 1984
CODE OF VENGEANCE • 1985 • TVM
RUSSKIES • 1987
DISTANT THUNDER • 1988

ROSENTHAL ROBERT J. – MXC
MALIBU BEACH • SUNSET COVE (UKN) • 1978
ZAPPED! • 1982
ZAPPED AGAIN • 1989

ROSETTI ROMEO – FRN
CEINTURE ELECTRIQUE, LA • WONDERFUL ELECTRIC BELT, THE • 1907

ROSHAL G. see **ROSHAL GRIGORI**

ROSHAL GEORGI – USS
ONI ZHIVUT RYADOM • THEY LIVE CLOSE BY • 1968

ROSHAL GREGORY see **ROSHAL GRIGORI**

ROSHAL GRIGORI – USS – 1899–
ROSHAL GREGORY • ROCHAL GRIGORI • ROSHAL G.
GOSPODA SKOTININY • SKOTININS, THE • 1927
YEVO PREVOSHODITIELSTVO • YOUR EXCELLENCY ○ HIS EXCELLENCY • 1927
SALAMANDER, THE • 1928
SEEDS OF FREEDOM • 1929
TWO WOMEN • 1930
DAVID GORELICK • JEW AT WAR, A • 1931
PETERBURGSKAYA NOCH • PETERSBURG NIGHTS ○ SAINT PETERSBURG • 1934
ZORI PARISCHA • DAWN IN PARIS ○ PARIS COMMUNE • 1937
SEMLA OPPENHEIM • OPPENHEIM FAMILY, THE • 1938
V POISKACH RADOSTI • IN SEARCH OF HAPPINESS • 1939
DELO ARTAMANOVICH • ARTAMANOV AFFAIR, THE • 1941
PESNI ABAYA • ABA IBRAHIM KOUMANBAEF ○ SONG OF ABAYA • 1945
AKADEMIK IVAN PAVLOV • ACADEMICIAN IVAN PAVLOV ○ IVAN PAVLOV • 1949
MUSSORGSKII • MOUSSORGSKI • 1950
RIMSKII–KORSAKOV • RIMSKY–KORSAKOV • 1953
ALEKO • ALEGO • 1954
FREEMEN • 1955
VOLNITSA • FREE MAN • 1956
VOLTINITSA • FLAMES ON THE VOLGA ○ SALT OF THE SEA • 1956
SESTRY • SISTERS • 1957
ORDEAL • 1958
1918 • 1958
KHMUROE UTRO • GLOOMY MORNING, A ○ BLEAK MORNING ○ GREY DAWN • 1959
SUD SUMASSHEDSHICH • JUDGMENT OF THE MAD ○ MADMEN'S TRIAL • 1962
KARL MARX • 1963
FLIGHT OF MR. MCKINLEY, THE • 1965
YEAR AS LONG AS LIFE, THE • 1966

ROSHAL M. see **ROSHAL MARIANNA**

ROSHAL MARIANNA – USS
ROSHAL M.
COSMONAUTS STREET • 1963
PROBUZHDYENIYE • AWAKENING, THE • 1968

ROSHANIAN RAHIM – IRN
PABERAHNEHA • BARE FEET • 1968

ROSI FRANCESCO – ITL – 1922–
CAMICIE ROSSE • CHEMISES ROUGES, LES (FRN) ○ ANITA GARIBALDI ○ RED SHIRTS • 1952
CAMICIE ROSSE • CHEMISES ROUGES, LES (FRN) ○ ANITA GARIBALDI ○ RED SHIRTS • 1952
KEAN, GENIO E SREGOLATEZZA • KEAN, GENIUS OR SCOUNDREL • 1957
SFIDA, LA • CHALLENGE, THE • 1958
MAGLIARI, I • HAWKERS, THE • 1959
SALVATORE GIULIANO • SALVATORE GIULIANO: THE DREADED MAFIA ○ DREADED MAFIA, THE • 1962
MANI SULLA CITTA, LE • HANDS OVER THE CITY (USA) ○ HANDS ON THE TOWN ○ HANDS ON THE CITY • 1963
MOMENTO DELLA VERITA, IL • MOMENT OF TRUTH, THE (USA) ○ MOMENTO DE LA VERDAD, EL ○ VIVIR DESVIVIENDOSE • 1965
C'ERA UNA VOLTA • BELLE ET LE CAVALIER, LA (FRN) ○ MORE THAN A MIRACLE (USA) ○ HAPPILY EVER AFTER ○ ONCE UPON A TIME ○ CINDERELLA, ITALIAN STYLE • 1967
UOMINI CONTRO • ANNO SULL'ALTIPIANO, UN ○ JUST ANOTHER WAR ○ MANY WARS AGO • 1970
CASO MATTEI, IL • MATTEI AFFAIR, THE (UKN) • 1972
LUCKY LUCIANO • RE: LUCKY LUCIANO (USA) ○ A PROPOSITO LUCKY LUCIANO • 1973
CADAVERI ECCELLENTI • CADAVRES EXQUIS (FRN) ○ ILLUSTRIOUS CORPSES ○ CONTESTO, IL ○ CONTEXT, THE • 1976
CRISTO SI E FERMATO A EBOLI • CHRIST STOPPED AT EBOLI • 1979
TRE FRATELLI • TROIS FRERES (FRN) ○ THREE BROTHERS • 1980
CARMEN • BIZET'S CARMEN • 1983
CRONACA DI UNA MORTE ANNUNCIATA • CHRONICLE OF A DEATH FORETOLD (UKN) • 1987
DIMENTICARE PALERMO • TO FORGET PALERMO • 1990

ROSICH SALVADOR – ARG
FUSILAMIENTO DE DORREGO, EL • SHOOTING OF DORREGO, THE • 1908

ROSIER MICHELE – FRN – 1930–
GEORGE QUI? • 1972
MON COEUR EST ROUGE • 1976

ROSKA – ICL
SOLEY • 1982

ROSKAM EDWARD M. – USA
BANKER'S DAUGHTER, THE • 1914

ROSKAM EDWIN – USA
SPRINGTIME • 1915

ROSMA JUHA – FNL – 1948–
PER ASPERA • 1981 • SHT
JESUS'S BOYS • 1982 • SHT
SHOOTING STAR • 1984 • MTV
SHUDDERS • 1984 • SHT
ARMAGEDDON • 1986
TOMORROW • 1986

ROSMAN MARK – USA
HOUSE ON SORORITY ROW • HOUSE OF EVIL ○ SEVEN SISTERS • 1983
BLUE YONDER, THE • TIME FLYER • 1985
SPOT MARKS THE X • 1986 • TVM

ROSMER MILTON – Actor – UKN – 1881–1971
CASH ON DELIVERY • 1926
WOMAN JUROR, THE • 1926
BALACLAVA • JAWS OF HELL (USA) • 1928 • SIL
BALACLAVA • JAWS OF HELL (USA) • 1930 • SND
DREYFUS • DREYFUS CASE, THE (USA) • 1931
MANY WATERS • 1931
P.C. JOSSER • JOSSER P.C. • 1931
PERFECT LADY, THE • LOVELORN LADY, THE • 1931
AFTER THE BALL • 1932
CHANNEL CROSSING • 1933
SECRET OF THE LOCH, THE • LOCH NESS MONSTER, THE ○ LOCH NESS MYSTERY, THE • 1934
WHAT HAPPENED TO HARKNESS • 1934
EMIL AND THE DETECTIVES • EMIL (USA) • 1935
GUV'NOR, THE • MR. HOBO (USA) • 1935
MARIA MARTEN: OR, THE MURDER IN THE RED BARN • MURDER IN THE OLD RED BARN (USA) ○ MARIA MARTEN • 1935
EVERYTHING IS THUNDER • 1936
GREAT BARRIER, THE • SILENT BARRIERS (USA) • 1937
CHALLENGE, THE • 1938

ROSMINO GIAN P. see **ROSMINO GIAN PAOLO**

ROSMINO GIAN PAOLO – ITL – –1982
ROSMINO GIAN P.
SORPRESE DEL VAGONE LETTO, LE • 1941
SIGNORINE DELLA VILLA ACCANTO, LE • 1942
IPPOCAMPO, L' • 1943

ROSS BERWANG – ITL
TANGO DALLA RUSSIA, UN • 1965

ROSS BON – USA
LOVE DOCTORS, THE • 1969

ROSS COURTNEY SALE – USA
LISTEN UP: THE LIVES OF QUINCY JONES • 1990 • DOC

ROSS DICK – UKN
SOULS IN CONFLICT • 1955
WIRETAPPERS • 1956
PERSUADER, THE • 1957
RESTLESS ONE, THE • 1965
LATE LIZ, THE • 1971

ROSS ED – USA
MAFIA GIRLS, THE • 1969

ROSS EDWARD see **BRAZZI ROSSANO**

ROSS FRANK – Producer – USA – 1904–
LADY SAYS NO, THE • 1951

ROSS HERBERT – USA – 1927–
SUMMER HOLIDAY • 1963
GOODBYE, MR. CHIPS • 1969
OWL AND THE PUSSYCAT, THE • 1970
T. R. BASKIN • DATE WITH A LONELY GIRL, A • 1971
PLAY IT AGAIN, SAM • 1972
LAST OF SHEILA, THE • 1973
FUNNY LADY • 1975
SUNSHINE BOYS, THE • 1975
SEVEN–PER–CENT SOLUTION, THE • 1976
GOODBYE GIRL, THE • 1977
TURNING POINT, THE • 1977
CALIFORNIA SUITE • 1978
NIJINSKY • 1980
PENNIES FROM HEAVEN • 1981
I OUGHT TO BE IN PICTURES • 1982
FOOTLOOSE • 1983
MAX DUGAN RETURNS • 1983
PROTOCOL • 1984
DANCERS • GISELLE • 1987
SECRET OF MY SUCCESS, THE • 1987
STEEL MAGNOLIAS • 1989
MY BLUE HEAVEN • 1990
TRUE COLORS • 1990

ROSS JACK – UKN
BOOKS AND CROOKS • 1920
IT MAY COME TO THIS • 1920
SILVER BADGE COMEDIES • 1920 • SER
WHAT MIGHT HAVE BEEN • 1920

ROSS JANE – UKN
SHHH.. • 1963

ROSS JONATHAN – USA
OBSESSION • 1985

ROSS NAT – USA
ROSS NATE
GALLOPING KID, THE • MISFIT BECOMES CHAPERON • 1922
LONE HAND, THE • FALSE PLAY • 1922
RIDIN' WILD • 1922
GHOST PATROL, THE • 1923
PURE GRIT • TEXAS RANGER, A • 1923
SIX–FIFTY, THE • 1923
SLANDERERS, THE • 1924
APRIL FOOL • 1926
STRIVING FOR FORTUNE • 1926
TRANSCONTINENTAL LIMITED • 1926
TWO CAN PLAY • LOVE TEST, THE (UKN) • 1926
STOP THAT MAN • 1928
COLLEGE LOVE • 1929
COLLEGIANS, THE • 1929
LOVE PUNCH, THE • 1930 • SHT
IN OLD MAZUMA • 1931 • SHT

ROSS NATE see **ROSS NAT**

ROSS RED – SPN
HALCON DEL DESIERTO, EL • 1965

ROSS VINNIE – USA
FOREPLAY • PRESIDENT'S WOMEN, THE • 1975

ROSSAK FRANK WARD – AUS
STURMJAHRE • 1947

ROSSATI NELLO – ITL
FERRARESE NELLO • ARCHER TED
BELLA DI GIORNO MOGLIE DI NOTTE • WIFE BY NIGHT (UKN) • 1971
GATTA IN CALORE, LA • 1972
BUONA PARTE DI PAOLINA • 1973
INFERMIERA, L' • SECRETS OF A SENSUOUS NURSE, THE (USA) ○ I WILL IF YOU WILL (UKN) ○ SENSUOUS NURSE, THE ○ NURSE, THE • 1975
NIPOTE, LA • 1975
FIGLI NON SI TOCCANO!, I • 1978
DONNA DI NOTTE, UNA • 1979
MANI DI UNA DONNA SOLA, LE • 1979
GRANDE RITORNO DI DJANGO, IL • DJANGO STRIKES AGAIN • 1987
TOP LINE • 1987
DJANGO 2 –IL GRANDE RITORNO • DJANGO 2 –THE BIG COMEBACK • 1988

ROSSELLINI FRANCO – ITL
DONNA DEL LAGO, LA • POSSESSED, THE (UKN) ○ LADY OF THE LAKE, THE • 1965

ROSSELLINI RENZO JR. – ITL
AMOUR A VINGT ANS, L' • HATACHI NO KOI (JPN) ○ AMORE A VENT'ANNI ○ LOVE AT TWENTY (USA) ○ MILOSC DWUDZIESTOLATKOW ○ LIEBE MIT ZWANZIG (FRG) • 1962
MONDO SULLE PIAGE, IL • 1962 • DOC
ETA DEL FERRO, L' • IRON AGE, THE (USA) • 1964 • DOC
LOTTA DELL'UOMO PER LA SUA SOPRAVVIVENZA, LA • 1967

ROSSELLINI ROBERTO – ITL – 1906–1977
DAPHNE • 1936 • SHT
LUCIANO SERRA PILOTA • 1938
PRELUDE A L'APRES–MIDI D'UN FAUNE • 1938 • SHT
FANTASIA SOTTOMARINA • 1939 • SHT
TACCHINO PREPOTENTE, IL • 1939 • SHT
VISPA TERESA, LA • 1939 • SHT
NAVE BIANCA, LA • 1941
RUSCELLO DI RIPASOTTILE, IL • 1941 • SHT
PILOTA RITORNA, UN • 1942
UOMO DALLA CROCE, L' • 1943
ROMA, CITTA APERTA • OPEN CITY (USA) ○ ROME, OPEN CITY ○ CITTA APERTA • 1945
DESIDERIO • 1946
GERMANIA, ANNO ZERO • ALLEMAGNE, ANNEE ZERO (FRN) ○ GERMANY, YEAR ZERO ○ EVIL STREET • 1947
PAISA • PAISAN (USA) • 1947
AMORE, L' • WAYS OF LOVE ○ WOMAN ○ MIRACLE • 1948
MACCHINA AMMAZZACATTIVI, LA • ONE MACHINE TO KILL BAD PEOPLE ○ INFERNAL MACHINE, THE • 1948
STROMBOLI, TERRA DI DIO • STROMBOLI • 1949
FRANCESCO GUILLARE DI DIO • FLOWERS OF ST. FRANCIS, THE • 1950
SEPT PECHES CAPITAUX, LES • SETTE PECCATI CAPITALI, I (ITL) ○ SEVEN CAPITAL SINS, THE ○ SETTE PECCATI CAPITALI, I ○ SEVEN DEADLY SINS, THE ○ SEVEN DEADLY SINS ○ SEVEN CAPITAL SINS • 1951
EUROPA '51 • GREATEST LOVE, THE (USA) ○ NO GREATER LOVE (UKN) ○ EUROPE 51 • 1952
SIAMO DONNE • WE, THE WOMEN • 1953
VIAGGIO IN ITALIA • AMOUR EST LE PLUS FORT, L' (FRN) ○ LONELY WOMAN, THE (UKN) ○ STRANGERS, THE (USA) ○ VOYAGE TO ITALY ○ TRIP TO ITALY, A ○ JOURNEY TO ITALY • 1953
AMORI DI MEZZO SECOLO • 1954
DOV'E LA LIBERTA? • 1954
GIOVANNA D'ARCO AL ROGO • JOAN OF ARC AT THE STAKE ○ JOAN AT THE STAKE ○ JEANNE AU BUCHER • 1954
PAURA, LA • ANGST (FRG) ○ NON CREDO PIU ALL'AMORE ○ FEAR ○ INCUBO • 1954
GENERALE DELLA ROVERE, IL • GENERAL DELLA ROVERE, LE (FRN) • 1959
INDIA VISTA DA ROSELLINI, L' • 1959 • MTV
ERA NOTTE A ROMA • EVADES DE LA NUIT, LES (FRN) ○ ESCAPE BY NIGHT (USA) ○ WAIT FOR THE DAWN ○ IT WAS NIGHT IN ROME • 1960
INDIA • 1960 • DOC
TORINO NEI CENT'ANNI • 1961 • MTV
VANINA VANINI • BETRAYER, THE (USA) • 1961
VIVA L'ITALIA • GARIBALDI (USA) ○ VIVE L'ITALIA • 1961
ANIMA NERA • 1962
BENITO MUSSOLINI • BLOOD ON THE BALCONY • 1962 • DOC
ROGOPAG LAVIAMOCI IL CERVELLO • ROGOPAG • 1963
PRISE DE POUVOIR PAR DE LOUIS XIV, LA • PRESA DEL POTERE DA PARTE DI LUIGI XIV, LA ○ RISE OF LOUIS XIV, THE (USA) ○ LOUIS XIV SEIZES POWER ○ RISE TO POWER OF LOUIS XIV, THE • 1966 • MTV
ATTI DEGLI APOSTOLI • ACTS OF THE APOSTLES (USA) • 1969 • MTV
IDEA DI UN'ISOLA • 1970 • MTV
SOCRATE • SOCRATES • 1971 • MTV
AGOSTINO DI IPPONA • AUGUSTINE OF HIPPO (USA) • 1972 • MTV
BLAISE PASCAL • PASCAL (USA) • 1972 • MTV
ETA DI COSIMO DE' MEDICI, L' • AGE OF THE MEDICI (USA) • 1972 • MTV
INTERVISTA CON SALVADOR ALLENDE • 1973 • MTV
ANNO UNO • ITALY: YEAR ONE (UKN) ○ YEAR ONE (USA) • 1974
CARTESIUS • 1974 • MTV
CONCERTO PER MICHELANGELO • 1974 • MTV
DESCARTES • 1974 • MTV
MESSIA, IL • MESSIAH (USA) • 1975

BEAUBOURG • 1977 • DOC
CENTRE GEORGES POMPIDOU, LE • 1977 • MTV

ROSSEN ROBERT – Screenwriter – USA – 1908-1966
BODY AND SOUL • 1947
JOHNNY O'CLOCK • 1947
ALL THE KING'S MEN • 1949
BRAVE BULLS, THE • 1951
MAMBO • 1954
ALEXANDER THE GREAT • 1956
ISLAND IN THE SUN • 1957
THEY CAME TO CORDURA • 1959
HUSTLER, THE • 1961
LILITH • 1964

ROSSENOV IVAN – BUL
POET AND THE DEVIL, THE • 1983
MEETING IS OPEN, THE • 1987 • DOC
COMPLAINT • 1990

ROSSETTI CLAUDIO – ITL
E UNA RUOTA CHE GIRA • 1979

ROSSETTI FRANCO – ITL
DESPERADO, EL • DIRTY OUTLAWS, THE (USA) ○ DESESPERADO, EL (SPN) • 1967
DELITTO AL CIRCOLO DEL TENNIS • RAGE WITHIN, THE (UKN) • 1969
CAVALLA TUTTA NUDA, UNA • 1972
NIPOTI MIEI DILETTI • 1974
QUEL MOVIMENTO CHE MI PIACE TANTO (DIMMI CHE ILLUSIONE NONE E..) • 1976

ROSSETTI GEORGES – RMN – 1920-
DERACINEMENTS • 1957

ROSSI AL – USA
MY THERAPIST • 1983

ROSSI ALDO – ITL
RICCHI E POVERI • BRISCOLA • 1949

ROSSI ANTON G. see **ROSSI ANTONIO G.**

ROSSI ANTONIO see **ROSSI ANTONIO G.**

ROSSI ANTONIO G. – ITL
ROSSI ANTON G. • ROSSI ANTONIO
LADRO, IL • 1940
NOSTRO PROSSIMO, IL • 1943

ROSSI BERNARDO – ITL
SETTE MONACI D'ORO, I • 1966

ROSSI FRANCO – ITL – 1919-
FALSARI, I • 1952
SEDUTTORE, IL • 1954
AMICI PER LA PELLE • WOMAN IN THE PAINTING, THE (USA) ○ FRIENDS FOR LIFE • 1955
SOLO PER TE LUCIA • 1956
AMORE A PRIMA VISTA • BUENOS DIAS, AMOR (SPN) ○ RAGAZZE D'ESTATE • 1958
CALYPSO • CALYPSOS • 1959 • DOC
MORTE DI UN AMICO • DEATH OF A FRIEND • 1959
ODISSEA NUDA • DIARY OF A VOYAGE IN THE SOUTH PACIFIC ○ NUDE ODYSSEY (USA) ○ LOVE -TAHITI STYLE ○ NAKED ODYSSEY ○ ODYSSEE NUE, L' (FRN) • 1961
SMOG • 1962
ALTA INFEDELTA • HAUTE INFIDELITE (FRN) ○ SEX IN THE AFTERNOON ○ HIGH INFIDELITY • 1964
BAMBOLE, LE • POUPEES, LES (FRN) ○ BAMBOLE! ○ DOLLS, THE ○ FOUR KINDS OF LOVE • 1964
CONTROSESSO • 1964
TRE NOTTI D'AMORE • THREE NIGHTS OF LOVE (USA) • 1964
COMPLESSI, I • COMPLEXES, LES (FRN) ○ COMPLEXES • 1965
NON FACCIO LA GUERRA, FACCIO L'AMORE • MAKE LOVE, NOT WAR (USA) ○ DON'T MAKE WAR, MAKE LOVE • 1966
ROSA PER TUTTI, UNA • EVERY MAN'S WOMAN (UKN) ○ ROSE FOR EVERYONE, A ○ EVERYMAN'S WOMAN • 1967
STREGHE, LE • SORCIERES, LES (FRN) ○ WITCHES, THE • 1967
AVVENTURE DI ULISSE, LE • ADVENTURES OF ULYSSES, THE • 1969
GIOVINEZZA GIOVINEZZA • YOUTH MARCH (USA) • 1969
AVVENTURE DI ENEA, LE • 1974
PORGI L'ALTRA GUANCIA • TURN THE OTHER CHEEK (USA) • 1974
COME UNA ROSA AL NASO • PURE AS A LILY (UKN) ○ AS PURE AS A LILY ○ VIRGINITY ○ VIRGINITA • 1976
ALTRA META DEL CIELO • 1977
QUO VADIS? • 1985 • TVM

ROSSI JEAN-BAPTISTE – FRN – 1931-
JAPRISOT SEBASTIEN
MACHINE A PARLER D'AMOUR, LA • 1963 • SHT
MAL PARTIS, LES • 1975

ROSSI JULIO – ARG
EMBRUJO EN CERROS BLANCOS • BEWITCHED IN THE WHITE MOUNTAINS • 1955

ROSSI MORALDO – ITL
CRONACHE DEL '22 • 1962
CODA DEL DIAVOLO • 1965

de ROSSI NELLO – BRZ
ASSUNTO MUITO PARTICULAR, UM • VERY PRIVATE MATTER, A • 1984

ROSSI RAFFAELLO – BRZ
HOMEM LOBO, O • WOLF MAN, THE • 1971

ROSSI SERGIO – ITL
STRANIERO A PASO BRAVO, UNO • 1968
POLICEMAN • 1971

ROSSIF FREDERIC – YGS – 1922-
HISTOIRE D'ELEPHANTS, UNE • 1958 • SHT
ANIMAUX, LES • ANIMALS, THE • 1959 • DOC
VEL' D'HIV' • 1959 • SHT
MONDE INSTANTANE, LE • 1960 • SHT
IMPREVISIBLES NOUVEAUTES • UNFORESEEABLE NOVELTIES • 1961
TEMPS DU GHETTO, LE • WITNESSES, THE (USA) • 1961
DE NOTRE TEMPS • 1962 • SHT
MOURIR A MADRID • TO DIE IN MADRID • 1962 • DOC
POUR L'ESPAGNE • 1963 • SHT
FALL OF BERLIN, THE • 1965 • DOC
REVOLUTION D'OCTOBRE • OCTOBER REVOLUTION • 1967
CAT BLUES • 1968 • SHT
MUR A JERUSALEM, UN • WALL IN JERUSALEM, A (USA) • 1968
AUSSI LOIN QUE L'AMOUR • 1970
POURQUOI L'AMERIQUE? • WHY AMERICA? • 1970
APOCALYPSE DES ANIMAUX, L' • 1973 • DOC
GEORGES BRAQUE OU LE TEMPS DIFFERENT • 1974 • DOC
FETE SAUVAGE, LA • 1975 • DOC
BREL • 1982
PICASSO • PABLO PICASSO • 1982
SAUVAGE ET BEAU • 1984 • DOC

ROSSIGNOL YOLANDE – CND
AMOUR QUOTIDIEN, L' • 1974 • SHS
ARGENT, L' • 1974 • SHT
BEAU SAVOIR, LE • 1974 • SHT
DECHIRURE, LA • 1974 • SHT
DISTANCE, LA • 1974 • SHT
ET PUIS APRES • 1974 • SHT
EXIGENCE, L' • 1974 • SHT
FAIRE LA COUR • 1974 • SHT
GOUT DE LA PAIX, LE • 1974 • SHT
METTRE AU MONDE • 1974 • SHT
ORDRE DES CHOSES, L' • 1974 • SHT
RENCONTRE, LA • 1974 • SHT
TEMPS DE FAIRE, LE • 1974 • SHT
VIVRE AVEC TOI • 1974 • SHT
ART POPULAIRE, L' • 1976 • DCS
AUTARCIE, L' • 1976 • DCS
CIVILISATION DU BOIS, LA • 1976 • DCS
DEFI, LE • 1976 • DCS
EGLISE TRADITIONNELLE, L' • 1976 • DCS
JOUETS ANCIENS, LES • 1976 • DCS
LECON DU PASSE, LA • 1976 • DCS
LEGS AMERINDIEN, LE • 1976 • DCS
MAISON REINVENTEE: LE MODELE QUEBECOIS, LA • 1976 • DCS
MAISON REINVENTEE: L'ESPACE INTERIEUR, LA • 1976 • DCS
MOBILIER, LE • 1976 • DCS
OUTIL, L' • 1976 • DCS
PAYS, UN GOUT, UNE MANIERE, UN • 1976 • SHS
URBANISME DE LA CONSTRUCTION EN DUR, L' • 1976 • DCS
THETFORD AU MILIEU DE NOTRE VIE • 1978

ROSSINI DANILO M. – ITL
CIAO, CIALTRONI • 1979

ROSSMAN EARL – USA
KIVALINA OF THE ICE LANDS • 1925

ROSSO FRANCO – UKN
DREAMWEAVER • 1968
DEAD BEAT AND BLOOD • 1978
BABYLON • 1981
SIXTY-FOUR DAY HERO • 1987
NATURE OF THE BEAST, THE • 1988

ROSSO LUIGI – ITL
WILDER JOHN
BLUE ISLAND • CASTAWAYS: A LOVE STORY

ROSSON ARTHUR – UKN – 1889-1960
ROSSON ARTHUR H.
AMERICAN -THAT'S ALL • 1917
CASE AT LAW, A • 1917
CASSIDY • 1917
GRAFTERS • 1917
MAN WHO MADE GOOD, THE • 1917
SUCCESSFUL FAILURE, A • 1917
HEADIN' SOUTH • 1918
FORBIDDEN FIRE • 1919
MARRIED IN HASTE • 1919
ROUGH RIDING ROMANCE • 1919
SAHARA • 1919
POLLY OF THE STORM COUNTRY • 1920
SPLENDID HAZARD, A • 1920
DESERT BLOOMS • 1921
FOR THOSE WE LOVE • 1921
PRISONERS OF LOVE • REINCARNATION • 1921
ALWAYS THE WOMAN • 1922
FIGHTING STREAK, THE • 1922
FIRE BRIDE, THE • 1922
CONDEMNED • 1923
GARRISON'S FINISH • 1923
LITTLE JOHNNY JONES • 1923
SATIN GIRL, THE • 1923
BLASTED HOPES • 1924
MEASURE OF A MAN, THE • 1924
BURNING TRAIL, THE • 1925
FIGHTING DEMON, THE • 1925
MEDDLER, THE • 1925
RIDIN' PRETTY • 1925
STRAIGHT THROUGH • RIDIN' THROUGH • 1925
TAMING OF THE WEST, THE • 1925
TEARING THROUGH • 1925
STRANDED IN PARIS • YOU NEVER CAN TELL • 1926
WET PAINT • FRESH PAINT • 1926
YOU'D BE SURPRISED • 1926
LAST OUTLAW, THE • 1927
SET FREE • 1927
SILK LEGS • 1927
FARMER'S DAUGHTER, THE • 1928
PLAY GIRL, THE • 1928
LONG, LONG TRAIL, THE • 1929
POINTS WEST • 1929
WINGED HORSEMAN, THE • 1929
CONCENTRATIN' KID, THE • 1930
MOUNTED STRANGER, THE • 1930
ROARING RANCH • 1930
TRAILIN' TROUBLE • 1930
EBB TIDE • 1932
FLAMING GUNS • ROUGH RIDING ROMEO (UKN) • 1932
HIDDEN GOLD • 1932
WIDE OPEN SPACES • 1932 • SHT
WOMEN WHO PLAY • SPRING CLEANING • 1932
BOOTS OF DESTINY • 1937

ROSSON ARTHUR H. see **ROSSON ARTHUR**

ROSSON RICHARD – USA – 1894-1953
FINE MANNERS • 1926
BLONDE OR BRUNETTE • 1927
RITZY • 1927
ROLLED STOCKINGS • 1927
SHOOTIN' IRONS • 1927
WIZARD, THE • 1927
DEAD MAN'S CURVE • 1928
ESCAPE, THE • 1928
ROAD HOUSE • 1928
VERY IDEA, THE • 1929
WEST POINT OF THE AIR • 1935
WEST POINT OF THE SOUTH • 1936 • SHT
BEHIND THE HEADLINES • TOMORROW'S HEADLINES • 1937
HIDEAWAY • HOUSE IN THE COUNTRY • 1937
CORVETTE K-225 • NELSON TOUCH, THE (UKN) • 1943

ROSTAND EDMOND – Animator – FRN
PETIT CHANTECLER, LE • ANM

ROSTAND JEAN – FRN
AUX FRONTIERES DE L'HOMME • BORDER OF LIFE, THE • 1953 • SHT

ROSTEL NEWMAN see **MASSI STELVIO**

ROSTEN IRWIN – USA
INCREDIBLE MACHINE, THE • 1975 • DOC

ROSTOTSKI STANISLAV see **ROSTOTSKY STANISLAV**

ROSTOTSKIJ STANISLAV see **ROSTOTSKY STANISLAV**

ROSTOTSKY STANISLAV – USS – 1922-
ROSTOTSKIJ STANISLAV • ROSTOTSKI STANISLAV
IN THE SEVEN WINDS
ZEMLYA I LYUDI • LAND AND PEOPLE • 1955
DELO BYLO V PENKOVE • IT HAPPENED IN PENKOVO • 1957
MAISKIE ZVEZDY • STARS IN MAY, THE ○ MAJOVE HVEZDY ○ MAY STARS • 1959
NA SEMI VETRAKH • HOUSE ON THE FRONT LINE, THE (USA) ○ OPEN TO SEVEN WINDS ○ SEVEN WINDS ○ IN THE SEVEN WINDS ○ BETWEEN FOUR WINDS • 1962
BELA • 1967
MAXIM MAXIMYCH TAMAN • 1967
ZAPISKI PECHORINA • HERO OF OUR TIME, A ○ PECHORIN'S NOTES • 1967
DOZHIVYOM DO PONEDYELNIKA • WE'LL GET BY TILL MONDAY ○ DOZHIVEM DO PONEDELNIKA ○ LET'S WAIT TILL MONDAY ○ UNTIL MONDAY ○ LET'S LIVE UNTIL MONDAY • 1968
A ZORI ZYDES TIKHIYE.. • DAWNS HERE ARE QUIET, THE (USA) ○ AND THE DAWNS ARE QUIET HERE.. ○ DAWNS ARE QUIET HERE, THE ○ AT DAWN IT'S QUIET HERE ○ A SORI SDESI TIBJE • 1973
BELI BIM-CHORNOYE UKHO • WHITE BIM THE BLACK EAR ○ WHITE BIM WITH A BLACK EAR • 1977
DRAGEN • DRAGON, THE • 1984
DRAGENS FANGE • CAPTURE OF THE DRAGON, THE • 1984

ROSTRUP KASPAR – DNM
DANSEN MED REGITZE • WALTZING REGITZE • 1989

ROSY – BNG
ASHA NIRASHA • 1985

ROSY MAURICE – Animator – BLG
SCHTROUMPFS, LES • 1960 • ASS
SCHTROUMPF ET LE DRAGON, LE • SCHTROUMPF AND THE DRAGON, THE • 1963 • ANS
SCHTROUMPF VOLANT, LE • FLYING SCHTROUMPF, THE • 1963 • ANS
CROCODILE MAJUSCULE, LE • 1964 • ANS
SCHTROUMPF A TOUT FAIRE • 1966 • ANS

ROTAETA FELIX – SPN
PLACER DE MATAR, EL • PLEASURE OF KILLING, THE • 1988

ROTBERG DANA – MXC
INTIMIDAD • INTIMACY • 1989

ROTER TED – USA
NORMA • 1970
CLOSET CASANOVA, THE • 1979
ONE PAGE OF LOVE • 1979
LITTLE GIRLS LOST • 1983

ROTH BOBBY – USA
BOSS'S SON, THE • 1978
BRAINWASH • NAKED WEEKEND, THE ○ CIRCLE OF POWER ○ MYSTIQUE • 1981
INDEPENDENCE DAY • 1981
HEARTBREAKERS • 1985
GAME OF LOVE, THE • 1987
TONIGHT'S THE NIGHT • 1987 • TVM
BAJA OKLAHOMA • 1988 • TVM
MAN INSIDE, THE • 1989

ROTH CY – Producer/writer – USA – 1912-
COMBAT SQUAD • 1953
AIR STRIKE • 1955
FIRE MAIDENS FROM OUTER SPACE • FIRE MAIDENS OF OUTER SPACE • 1955

ROTH JOE – USA – 1948-
REVENGE OF THE NERDS, II: NERDS IN PARADISE • REVENGE OF THE NERDS 2 • 1987
STREETS OF GOLD • 1987
COUP DE VILLE • 1989

ROTH MURRAY – USA
YAMKRAW • 1930 • SHT
DON'T BET ON LOVE • 1933

HOLLYWOOD PREMIERE • 1933
HAROLD TEEN • DANCING FOOL, THE (UKN) • 1934
MILLION DOLLAR RANSOM • 1934
CHINATOWN SQUAD • FRISCO LADY • 1935
FLYING HOSTESS • 1936

ROTH ROBERT J. – USA

MAN WHO FELL TO EARTH, THE • 1987 • TVM

ROTHA PAUL – UKN – 1907–1984

AUSTRALIAN WINE • 1931 • DOC
CONTACT • 1933 • DOC
RISING TIDE, THE • 1933 • DOC
SHIPYARD • 1934 • DOC
DEATH ON THE ROAD • 1935 • DOC
FACE OF BRITAIN, THE • 1935
GREAT CARGOES • 1935
PEOPLE OF BRITAIN • PEACE OF BRITAIN, THE ○ PEACE FILM, THE • 1936 • DOC
OUR SCHOOL • 1939 • DOC
FOURTH ESTATE: A FILM OF A BRITISH NEWSPAPER, THE • FOURTH ESTATE, THE • 1940 • DOC
MR. BORLAND THINKS AGAIN • 1940
PUBLIC OPINION • 1940 • DOC
FEW OUNCES A DAY, A • 1941 • DOC
YOU'RE TELLING ME • 1941 • DOC
ESSENTIAL JOBS • 1942 • DOC
THEY MET IN LONDON • 1942 • DOC
THEY SPEAK FOR THEMSELVES • 1942 • DOC
GREAT HARVEST, THE • 1943 • DOC
WORLD OF PLENTY • 1943 • DOC
CHILDREN OF THE CITY • 1945 • DOC
NIGHT SWIFT • 1945 • DOC
TIME AND TIDE • 1945 • DOC
LAND OF PROMISE • 1946 • DOC
TOTAL WAR IN BRITAIN • 1946 • DOC
WORLD IS RICH, THE • 1948 • DOC
NO RESTING PLACE • 1951
WORLD WITHOUT END • 1952 • DOC
CAT AND MOUSE • DESPERATE MEN, THE • 1958
CRADLE OF GENIUS • 1959 • DOC
LEBEN VON ADOLF HITLER, DAS • LIFE OF ADOLF HITLER, THE • 1961 • DOC
SILENT ROAD • 1962
OVERVAL, DE • SILENT RAID, THE ○ RESISTANCE • 1963

ROTHAUSER EDUARD – GRM

SKLAVEN DER SEELEN • ER SELBST –SEIN GOTT • 1919

ROTHBERG LEE – USA

MICHAEL BRYAN • 1961 • SHT

ROTHEMUND SIGI – GRM

JULIA ET LES HOMMES
ES WAR NICHT DIE NACHTIGALL • JULIA (USA) ○ LIEBERSCHULER, DER • 1974
SECRET OF THE BLACK DRAGON, THE • 1985

ROTHKRANS PATRICIA – ASL

SAY A LITTLE PRAYER • 1987 • SHT

ROTHMAN BENJAMIN – USA

LAST CHAPTER, THE • 1966 • DOC

ROTHMAN JOSEPH – USA

DYNAMITE DELANEY • FIGHTING CHUMP, THE • 1938

ROTHMAN LAWRENCE – USA

LAST CHAPTER, THE • 1966 • DOC

ROTHMAN STEPHANIE – USA

BLOOD BATH • TRACK OF THE VAMPIRE • 1966
IT'S A BIKINI WORLD • 1967
STUDENT NURSES, THE • 1970
VELVET VAMPIRE, THE • THROUGH THE LOOKING GLASS ○ DEVIL IS A WOMAN, THE ○ CEMETERY GIRLS ○ WAKING HOUR, THE • 1971
GROUP MARRIAGE • 1972
TERMINAL ISLAND • KNUCKLE–MEN • 1973
WORKING GIRLS, THE • 1974

ROTHSCHILD AMALIE – USA

IT HAPPENED TO US • 1972
CONVERSATIONS WITH WILLARD VAN DYKE • 1981 • DOC

ROTHSTEIN RICHARD – USA

BATES MOTEL • 1987 • TVM
DEAD–TIME STORIES: VOLUME 2 • SCREAM SHOW • 1987

ROTMIL CHARLES – USA

ETERNAL HAT, THE • 1968 • SHT

ROTSLER WILLIAM – USA

AGONY OF LOVE, THE • FROM LADY TO TRAMP • 1966
ENORMOUS MIDNIGHT, THE • 1967
GIRL WITH HUNGRY EYES, THE • GIRL WITH THE HUNGRY EYES, THE ○ FACE OF SIN, THE • 1967
LIKE IT IS • 1968
HOUSE OF PAIN AND PLEASURE • 1969
MANTIS IN LACE • LILA • 1969
SHANNON'S WOMEN • LOVE, HOLLYWOOD STYLE • 1969
TASTE OF HOT LEAD, A • HOT LEAD • 1969

ROTSTEN HAL – USA

ROTSTEN HERMAN

UNWRITTEN CODE, THE • 1944

ROTSTEN HERMAN see **ROTSTEN HAL**

ROTT CLAUS – GRM

SECRETS OF SWEET SIXTEEN: WHAT SCHOOLGIRLS DON'T TELL • WHAT SCHOOLGIRLS DON'T TELL • 1974

ROTTER TED – USA

LEMON GROVE KIDS MEET THE GREEN GRASSHOPPER AND THE VAMPIRE LADY FROM OUTER SPACE, THE • SHT

ROU A. see **ROU ALEKSANDR**

ROU ALEKSANDR – USS

ROU ALEXANDER • ROU A.

MAGIC FISH, THE • 1938
SUR L'ORDRE DU BROCHET • 1938
LITTLE HUMPBACKED HORSE, THE • 1939
BELLE VASSILISSA, LA • 1940
CARCASSE, L'IMMORTEL • 1945
MAY NIGHT • 1952
SECRET OF THE MOUNTAIN LAKE
CADEAU PRECIEUX, UN • 1956
NOUVELLES AVENTURES DU CHAT BOTTE, LES • 1958
MARYA–ISKUSNITSA • MARIA THE WONDERFUL WEAVER ○ MAGIC WEAVER, THE (USA) ○ MARIA, THE MAGIC WEAVER • 1960
PANTOUFLE DE VAIR, LA • 1960
KHRUSTALNYY BASHMACHOK • CINDERELLA (USA) ○ GLASS SLIPPER, THE ○ GRUSTAINI BASHMACHOK • 1961
VECHERA NA KHUTORE BLIZ DIKANKI • NIGHT BEFORE CHRISTMAS, A (USA) • 1961
SOIREES DU HAMEAU PROCHE DE DIKANKA, LES • 1962
ROYAUME DES MIROIRS DEFORMANTS, LE • 1963
MOROZKO • JACK FROST ○ GRANDFATHER FROST • 1965
FIRE, WATER AND BRASS TRUMPETS • 1967

ROU ALEXANDER see **ROU ALEKSANDR**

ROUAN BRIGITTE – FRN

OUTREMER • 1990

de ROUBAIX PAUL – Producer – BLG – 1914–

IMAGES DE SOLOGNE • 1959 • SHT
VILLES–LUMIERES • CITIES OF LIGHTS • 1959

ROUBAUD ANDRE – FRN – 1907–1980

DANTON • 1932

ROUBERT WILLIAM L. – USA

WAIF, THE • 1915
HERITAGE • 1920
FOR YOU MY BOY • 1923

ROUBINCHIK VALERI – USS

DIKAIA OKHOTA KOROLIA STAKHA • 1979

ROUCH JEAN – FRN – 1917–

CHASSE A L'HIPPOPOTAME • 1946 • DCS
AU PAYS DES MAGES NOIR • 1947 • DCS
INITIATION A LA DANSE DES POSSEDEES • 1948 • DCS
CIRCONCISION, LA • 1949 • DCS
HOMBROI • HOMBORI • 1949 • DCS
MAGICIENS NOIRS, LES • OUANZERBE, CAPITALE DE LA MAGIE ○ MAGICIENS DE WANZERBE, LES • 1949 • DCS
CIMETIERES DANS LA FALAISE • 1950 • DCS
BATAILLE SUR LE GRAND FLEUVE • CHASSE A L'HIPPOPOTAME • 1951
GENS DU MIL, LES • CULTURE DU MIL, LA • 1951
HOMMES QUI FONT LA PLUIE, LES • FAISEURS DE PLUIE, LES ○ RAINMAKERS ○ YENENDI • 1951
JAGUAR • 1953–71 • DOC
FILS DE L'EAU, LES • 1955 • DOC
MAITRES FOUS, LES • 1955 • DCS
MAMY WATER • PECHE ET LE CULTE DE LA MER • 1955
MOI, UN NOIR • I, A NEGRO (UKN) ○ TREICHVILLE • 1957
MORO NABA • 1957 • DCS
PYRAMIDE HUMAINE, LA • 1959 • DOC
HAMPI • 1960 • DCS
NIGER –JEUNE REPUBLIQUE, LE • NIGER '60 • 1960 • DOC
CHRONIQUE D'UN ETE • CHRONICLE OF A SUMMER (USA) • 1961 • DOC
ABIJAN –PORT DE LA PECHE • 1962 • DCS
PECHEURS DU NIGER • 1962 • DCS
URBANISME AFRICAIN • 1962 • DCS
COCOTIERS, LES • 1963 • DCS
MONSIEUR ALBERT PROPHETE • 1963 • DOC
PALMIER A L'HUILE, LE • 1963 • DCS
PUNITION, LA • 1963 • DOC
ROSE ET LANDRY • 1963 • DCS
ADOLESCENTI, LE • FLEUR DE L'AGE, OU LES ADOLESCENTES, LA ○ THAT TENDER AGE ○ VEUVES DE QUINZE ANS, LES ○ SHISHUNKI ○ ADOLESCENTS, THE • 1964
TAMBOUR DE PIERRE • ELEMENTS POUR UNE ETUDE DE RHYTHME ○ TAMBOUR DES DOGONS, LE • 1964
GOUMBE DES JEUNES NOCEURS, LA • 1966 • DOC
CHASSE AU LION A L'ARC, LA • LION HUNTERS, THE • 1967 • DOC
SIGNE, LA • 1969 • DCS
PETIT A PETIT • 1970
AN 01, L' • 1972
DAME D'EMBARA, LA • 1974
BABUTA • BABUTA, LES TROIS CONSEILS ○ TROIS CONSEILS, LES • 1976
COCORICO MONSIEUR POULET • 1977
VIEIL ANAI, LE • 1979 • DOC
AMBARA DAMA • 1981
DIONYSOS • 1984
PARIS VU PAR.. 20 ANS APRES • SIX IN PARIS • 1984

ROUCOURT WAGNER – BRZ

ALUCINACAO • 1972

ROUDAKOFF MICHEL – FRN

EN CHERCHANT SON PERE • 1969

ROUDAROV GEORGI – BUL

TO EAT THE APPLE • 1975

ROUDAROV NIKOLA – BUL

PEOPLE FROM AFAR • 1977
CRY FOR HELP, A • 1986
SREBURNATA LISITSA • SILVER FOX, THE • 1990

ROUDES GASTON – FRN – 1878–

CONSCIENCE DE CHEVAL ROUGE, LA • 1911
PISTE ARGENTEE, LA • 1911
HONNEUR DE L'HOMME ROUGE, L' • 1912
AU–DELA DES LOIS HUMAINES • 1921
ELUS DE LA MER, LES • 1921
DETTE, LA • 1922
MAITRE EVORA • 1922
VOIX DE L'OCEAN, LA • 1922
CRIME DES HOMMES, LE • 1923
GUITARE ET LE JAZZ–BAND, LA • 1923
LAC D'ARGENT, LE • 1923
PETIT MOINEAU DE PARIS, LE • 1923
PULCINELLA • 1924
RANTZAU, LES • 1924
DOULEUR, LA • 1925
ESPIONNE, L' • 1925
EVEIL, L' • 1925
MATERNELLE, LA • 1925
PETITS, LES • 1925
OISEAUX DE PASSAGE • 1926
PRINCE ZILAH, LE • 1926
AME DE PIERRE, L' • 1927
CHEMIN DE LA GLOIRE, LE • 1927
COUSINE DE FRANCE • 1927
MAISON DU SOLEIL, LA • 1929
GAMIN DE PARIS, LE • 1932
ROGER LA HONTE • 1932
ASSOMMOIR, L' • 1933
COUP DE MISTRAL, UN • MON ONCLE D'ARLES • 1933
MAISON DU MYSTERE, LA • 1933
FLOFLOCHE • 1934
PETIT JACQUES, LE • 1934
CHANT DE L'AMOUR, LE • FEMMES DEVANT L'AMOUR, LES • 1935
ENFANTS DE PARIS • JEUNE FILLES DEVANT L'AMOUR • 1936
JOUEUSE D'ORGUE, LA • 1936
COUP DE ROUGE, UN • 1937
TOUR DE NESLE, LA • 1937
MAIN A FRAPPE, UNE • 1939

ROUFFIO JACQUES – FRN – 1928–

HORIZON, L' • 1967
SEPT MORTS SUR ORDONNANCE • 1976
VIOLETTE ET FRANCOIS • 1977
SUCRE, LE • 1979
PASSANTE DU SANS–SOUCI, LA • 1982
ORCHESTRE ROUGE, L' • 1989

ROULAND JACQUES – FRN – 1929–

GUEULE DE L'EMPLOI, LA • 1973

ROULEAU RAYMOND – Actor – BLG – 1904–1981

SUZANNE • 1932
VIE PERDU, UNE • SILENCE DE MORT • 1933
ROSE • QUATRE ROUES DE LA FORTUNE, LES ○ QUITTE OU DOUBLE • 1935
TROIS.. SIX.. NEUF • 1936
MESSAGER, LE • 1937
SORCIERES DE SALEM, LES • HEXEN VON SALEM, DIE (GDR) ○ CRUCIBLE, THE (USA) ○ WITCHES OF SALEM, THE • 1957
AMANTS DE TERUEL, LES • LOVERS OF TERUEL, THE (USA) • 1962

ROULLEAU EDGAR – FRN

JAZZ–JAMBOREE NOS.1–3 • 1953 • SHS

ROULLET SERGE – FRN – 1926–

BENITO CERENO • 1968
MUR, LE • 1968
FILLE A L'ENVERS, LA • 1973

ROUQUIER GEORGES – FRN – 1909–

VENDANGES • 1929 • SHT
TONNELIER, LE • 1942 • SHT
CHARRON, LE • 1943 • SHT
ECONOMIE DES METAUX, L' • 1943 • SHT
PART DE L'ENFANT, LA • 1943 • SHT
FARREBIQUE: OU LES QUATRE SAISONS • FARREBIQUE (USA) ○ FOUR SEASONS, THE • 1947 • DOC
PASTEUR • OEUVRE BIOLOGIQUE DE PASTEUR, L' • 1947 • DCS
CHAUDRONNIER, LE • 1949 • SHT
SEL DE LA TERRE, LE • SALT OF THE EARTH • 1950 • SHT
GALERIES DE MALGOVERT, LES • 1952 • SHT
JOUR COMME LES AUTRES, UN • 1953 • SHT
LYCEE SUR LA COLLINE, LE • 1953 • SHT
SANG ET LUMIERES • LOVE IN A HOT CLIMATE (USA) ○ BEAUTY AND THE BULLFIGHTER ○ SANGRE Y LUCES (SPN) • 1954
ARTHUR HONEGGER • 1955 • SHT
LOURDES ET SES MIRACLES • LOURDES AND ITS MIRACLES • 1955 • DOC
S.O.S. NORONHA • 1956
BELLE PEUR, UNE • 1958 • DCS
BETE NOIRE, LA • 1958 • DCS
BOUCLIER, LE • 1960 • DCS
SIRE LE ROY N'A PLUS RIEN DIT • 1964 • DCS
BIQUEFARRE • 1983

ROUSE RUSSELL – Writer – USA – 1916–1987

WELL, THE • 1951
THIEF, THE • 1952
WICKED WOMAN • 1954
NEW YORK CONFIDENTIAL • 1955
FASTEST GUN ALIVE, THE • 1956
HOUSE OF NUMBERS • 1957
THUNDER IN THE SUN • 1959
HOUSE IS NOT A HOME, A • 1964
CAPER OF THE GOLDEN BULLS, THE • CARNIVAL OF THIEVES (UKN) • 1966
OSCAR, THE • 1966

ROUSE VIRGINIA – ASL

TO MARKET TO MARKET • 1987

ROUSH LESLIE – USA

BOB CROSBY AND HIS ORCHESTRA • 1938 • SHT
BUSSE RHYTHM • 1938 • SHT
ARTIE SHAW'S CLASS IN SWING • 1939 • SHT
HOAGY CARMICHAEL • 1939 • SHT
SONG IS BORN, A • 1939 • SHT
JIMMY DORSEY AND HIS ORCHESTRA • 1940 • SHT
LISTEN TO HARRY • 1940 • SHT
TROUBLE WITH HUSBANDS, THE • 1940 • SHT
CRIME CONTROL • 1941
FORGOTTEN MAN, THE • 1941 • SHT
GENE KRUPA, AMERICA'S ACE DRUMMER MAN AND HIS ORCHESTRA • 1941 • SHT
HOW TO TAKE A VACATION • 1941 • SHT
WAITING FOR BABY • 1941 • SHT
KEEPING IN SHAPE • 1942 • SHT
MAN'S ANGLE, THE • 1942 • SHT
NOTHING BUT NERVES • 1942 • SHT

WITNESS, THE • 1942 • SHT
INA RAY HUTTON AND HER ORCHESTRA • 1943 • SHT
SING, HELEN, SING • 1943 • SHT
YOURS TRULY • 1943 • SHT

ROUSSEAU JEAN-PIERRE – FRN
GROS ET LE MAIGRE, LE • FAT AND THE LEAN, THE (UKN) • 1961

ROUSSEL EMILE – FRN – 1909–
ROUSSEL MIKE • ROUSSEL MICK
HISTOIRE DE BICYCLETTES • 1953 • SHT
PAS DE COUP DUR POUR JOHNNY • 1954
AMOUR MENE LES HOMMES, L' • DESIR MENE LES HOMMES, LE ○ DESIRE TAKES THE MEN • 1957

ROUSSEL GILBERT – FRN – 1946–
TAYLOU PIERRE • RUSSEL WILLIAM
ORGIES DU GOLDEN SALOON, LES • FILLES DU GOLDEN SALOON, LES • 1973
RED HOT ZORRO • 1973
A L'EST DU RIO CONCHO • 1976
REVOLTE AU PENITENCIER DE FILLES • WOMEN'S PRISON MASSACRE (USA) • 1983

ROUSSEL HENRI see **ROUSSELL HENRY**

ROUSSEL MICK see **ROUSSEL EMILE**

ROUSSEL MIKE see **ROUSSEL EMILE**

ROUSSELL HENRY – Actor – FRN – 1875–1946
ROUSSEL HENRI
DAME BLONDE, LA • 1917
VERITE, LA • 1917
AME DU BONZE, L' • 1918
HOMME PASSA, UN • 1918
FAUTE D'ODETTE MARECHAL, LA • 1919
VISAGES VIOLES, AMES CLOSES • 1921
SHEIK'S WIFE, THE • 1922
OPPRIMES, LES • 1923
VIOLETTES IMPERIALES • 1924
TERRE PROMISE, LA • 1925
DESTINEE • 1926
ILE ENCHANTEE, L' • 1927
JAVA, UNE • 1927
NUIT EST A NOUS, LA • NIGHT IS OURS, THE • 1929
PARIS GIRLS • 1929
VALSE DE L'ADIEU, LA • 1929
BARCAROLLE D'AMOUR • 1930
CENDRILLON A PARIS • 1930
ATOUT-COEUR • 1931
FLEUR D'ORANGER, LA • 1932
VIOLETTES IMPERIALES • 1932
ARLETTE ET SES PAPAS • AVRIL • 1934
AMOUR VEILLE, L' • 1937

ROUSSEV NIKOLA – BUL
WHERE DID WE MEET?

ROUSSEVA MARIA – BUL
THIS BEAUTIFUL LIFE • 1975

ROUSSIL ANDRE – CND
BINO FABULE • 1988

ROUSTANG PIERRE – FRN – 1921–
TEENAGERS, LES • TEENAGERS, THE • 1968 • DOC
PARIS TOP SECRET • 1969

ROUVE PIERRE – UKN
STRANGER IN THE HOUSE • COP-OUT (USA) • 1967

ROUY – FRN
GRANDE CITE, LA • ANGKOR • 1954 • SHT
MADAGASCAR • 1954 • SHT
REGARDS SUR L'INDOCHINE • 1954 • SHT

ROVAI PEDRO CARLOS – BRZ
ADULTERIO A BRASILEIRA • 1970
A VIUVA VIRGEM • 1972

ROVENSKY JOSEF – CZC – 1894–1937
SETRELE PISMO • FADED WRITING, THE • 1920
ZIVOTEM VEDLA JE LASKA • LOVE LEAD THEM THROUGH LIFE • 1928
REKA • ECSTASY OF YOUNG LIFE (USA) ○ RIVER, THE ○ YOUNG LOVE • 1933
ZA RANNICH CERVANKU • ROSY DAWN, THE • 1934
MARYSA • 1935
MANJA VALEWSKA • 1936
HLIDAC C.47 • WATCHMAN NO.47 • 1937

ROVIRA-BELETA see **ROVIRA BELETA FRANCISCO**

ROVIRA BELETA FRANCISCO – SPN – 1912–
ROVIRA-BELETA
DOCE HORAS DE VIDAS • 1948
TREINTA Y NUEVE CARTAS DE AMOR • 1949
LUNA DE SANGRE • 1950
HAY UN CAMINO A LA DERECHA • 1953
LAGO DE LOS CISNES, EL • 1953
ONCE PARES DE BOTAS • 1954
FAMILIA PROVISIONAL • 1955
EXPRESO DE ANDALUCIA • 1956
HISTORIAS DE LA FERIA • 1957
MONDO SARA NOSTRO, IL • 1957
ALTAS VARIEDADES • 1959
CIBLES VIVANTES • HAUTES VARIETES (FRN) • 1960
ATRACADORES, LOS • ROBBERS ○ STREET THIEVES • 1961
TARANTOS, LOS • 1963
DAMA DEL ALBA, LA • 1965
AMOR BRUJO, EL • SORCERER'S LOVE ○ WITCH LOVE ○ EVIL LOVE • 1967
LARGA AGONIA DE LOS PECES FUERA DEL AGUA ,LA • 1970
NO ENCONTRE ROSAS PARA MI MADRE • 1972
ROSES ROUGES ET PIMENTS VERTS • LONELY WOMAN, THE (USA) • 1973
PECCARO MORTALE • 1975
ESPADA NEGRA, LA • 1976

ROWAN – USA
CASE OF MARCEL DUCHAMP, THE • 1983

ROWAN DAVID – UKN
TOM PHILLIPS • 1977

ROWDEN W. C. – UKN
ROWDEN WALTER COURTENAY
CHILDREN'S HOME, THE • 1921 • SHT
CORINTHIAN JACK • FIGHTING JACK • 1921
DANIEL DERONDA • 1921
EILEEN ALLANAH • 1921 • SHT
SALLY IN OUR ALLEY • 1921 • SHT
SILVER THREADS AMONG THE GOLD • 1921 • SHT
VILLAGE BLACKSMITH, THE • 1921 • SHT
TALE OF TWO CITIES, A • 1922
VANITY FAIR • 1922

ROWDEN WALTER COURTENAY see **ROWDEN W. C.**

ROWE ANNIE – UKN
BLACK UHURU: TEAR IT UP -LIVE • 1982

ROWE GEORGE – PHL
DOLLS FOR HIRE • 1967
MY LOVE, FORGIVE ME • 1967
SOLO FLIGHT • 1967
KARATE CHAMPIONS, THE • 1968
SWINGING JET-AGE • 1968
TARGET CAPTAIN KARATE • 1968
GAGAMBA AT SI SCORPIO • SPIDER AND THE SCORPION • 1969

ROWE JOHN – USA
CAROLYN LIMA STORY, THE • BURN, BABY, BURN ○ BURNING MAN, THE • 1966

ROWE PETER – CND – 1947–
FIFTIES TRIP -A SIXTIES TRIP, A • 1970
NEON PALACE, THE • 1971
FINAL EDITION, THE • 1981 • MTV
REASONABLE FORCE • 1983 • TVM
VANDERBERG • 1983 • SER
LOST! • LOST! -A TRUE STORY • 1986
SPLATTER -ARCHITECTS OF FEAR • 1986 • DOC
TAKE TWO • 1987
PERSONAL EXEMPTIONS • 1988

ROWE THOMAS see **ROWE THOMAS L.**

ROWE THOMAS L. – FRN
ROWE THOMAS
HOMME DE LA NOUVELLE-ORLEANS, L' • TAILGATE MAN FROM NEW ORLEANS • 1958 • SHT

ROWE TOM see **CAPITANI GIORGIO**

ROWE VICTOR W. – UKN
FOOTBALL DAFT • 1921

ROWLAND ANTHONY M. – UKN
TURNER • 1963

ROWLAND E. G. see **CASTELLARI ENZO G.**

ROWLAND EUGENE – USA
IN HIS FATHER'S FOOTSTEPS • 1915

ROWLAND ROY – USA – 1910–
HOLLYWOOD PARTY • 1934
SUNKIST STARS AT PALM SPRINGS • 1936 • SHT
CINEMA CIRCUS • 1937 • SHT
HOLLYWOOD PARTY IN TECHNICOLOR • 1937 • SHT
HOW TO START THE DAY • 1937 • SHT
NIGHT AT THE MOVIES, A • 1937 • SHT
SONG OF REVOLT • 1937 • SHT
COURTSHIP OF THE NEWT, THE • 1938 • SHT
EVENING ALONE, AN • 1938
HOW TO FIGURE INCOME TAX • 1938 • SHT
HOW TO RAISE A BABY • 1938 • SHT
HOW TO READ • 1938 • SHT
HOW TO WATCH FOOTBALL • 1938 • SHT
MENTAL POISE • 1938 • SHT
MUSIC MADE SIMPLE • 1938
OPENING DAY • 1938 • SHT
DARK MAGIC • 1939
HOME EARLY • 1939 • SHT
HOUR FOR LUNCH, AN • 1939 • SHT
HOW TO EAT • 1939 • SHT
HOW TO SUB-LET • 1939 • SHT
THINK FIRST • 1939 • SHT
JACK POT • 1940 • SHT
PLEASE ANSWER • 1940 • SHT
YOU THE PEOPLE • 1940 • SHT
CHANGED IDENTITY • 1941 • SHT
SUCKER LIST • 1941 • SHT
LOST ANGEL • 1943
STRANGER IN TOWN, A • MR. JUSTICE GOES HUNTING • 1943
OUR VINES HAVE TENDER GRAPES • FOR OUR VINES HAVE TENDER GRAPES • 1945
BOYS' RANCH • 1946
KILLER MCCOY • 1947
ROMANCE OF ROSY RIDGE, THE • MISSOURI STORY, THE • 1947
TENTH AVENUE ANGEL • 1948
SCENE OF THE CRIME • 1949
OUTRIDERS, THE • 1950
TWO WEEKS WITH LOVE • TENDER HOURS, THE • 1950
EXCUSE MY DUST • 1951
BUGLES IN THE AFTERNOON • 1952
5000 FINGERS OF DR.T., THE • CRAZY MUSIC • 1952
AFFAIR WITH A STRANGER • 1953
MOONLIGHTER, THE • 1953
MANY RIVERS TO CROSS • 1954
ROGUE COP • KELVANEY • 1954
WITNESS TO MURDER • 1954
HIT THE DECK • 1955
MEET ME IN LAS VEGAS • VIVA LAS VEGAS! (UKN) • 1956
SLANDER • 1956
THESE WILDER YEARS • SOMEWHERE I'LL FIND HIM • 1956
GUN GLORY • 1957
SEVEN HILLS OF ROME, THE • ARRIVEDERCI ROMA (ITL) • 1957
GIRL HUNTERS, THE • 1963
PISTOLEROS DE CASA GRANDE, LOS • GUNFIGHTERS OF CASA GRANDE (USA) • 1964
SIE NANNTEN IHN GRINGO • LEY DEL FORESTERO, LA (SPN) ○ MAN CALLED GRINGO, A (UKN) • 1966
SURCOUF, L'EROE DEI SETTE MARI • SURCOUF, LE TIGRE DES SEPT MERS (FRN) ○ SEA PIRATE, THE (USA) ○ TIGRE DE LOS SIETE MARES, EL (SPN) ○ TORMENTA SOBRE EL PACIFICO ○ FIGHTING CORSAIR, THE • 1966

ROWLAND WILLIAM – Producer – USA – 1900–
ODIO • HATE (USA) • 1939
PERFIDIA • 1939
FOLLIES GIRL • 1943
MUJER CON MUJER • 1945
SONG FOR MISS JULIE, A • 1945
FLIGHT TO NOWHERE • 1946
WOMAN IN THE NIGHT • 1948
TOBO, THE HAPPY CLOWN • HAPPY CLOWN, THE • 1965
WILD SCENE, THE • 1970

ROWLES KEN – USA
PERILS OF MANDY, THE • 1982

ROWLEY CHRISTOPHER – SAF
ASK NO QUARTER • 1974
DEATH OF A SNOWMAN • BLACK TRASH • 1976

ROWSOME ANDREW C. – CND
RECORDED LIVE • 1982

ROWSON LESLIE – Cinematographer – UKN – 1903–
SCAT BURGLARS, THE • 1937

ROXAS CLEM M. – PHL
VIRGINS OF KALATRAVA ISLAND • 1967

ROY ANDRE – FRN – 1914–
ALERTE AUX CANARIES • 1955
BLONDE DES TROPIQUES, LA • 1957

ROY BHUPEN – IND
MAHATIRTHA KALIGHAT • KALIGHAT -PLACE OF PILGRIMAGE • 1967

ROY BIMAL – Producer – IND – 1909–1966
BATTACHERJEE • 1943
BENGAL FAMINE • 1943 • SHT
UDAHIR PATH • UDAYER PATHEY • 1943
HUMRAHI • HAMRAHI • 1945
ANJANGARB • 1948
PEHLA ADMI • PAHELA ADMI • 1948
MONTRA MUGHDO • MANTRA-MUGHDHA • 1949
BAAP BETI • 1950
MAA • 1951
PARINEETA • 1952
DO BIGHA ZAMIN • CALCUTTA CRUEL CITY ○ TWO ACRES OF LAND • 1953
BIRAJ BAHU • 1954
NAKURAI • NAUKRI • 1954
GAUTAMA THE BUDDHA • 1955 • DOC
DEVDAS • 1956
MADHUMATI • 1958
YAHUDI • 1958
SUJATA • 1959
PARAKH • 1960
PREM PATRA • 1962
BANDINI • 1963

ROY BISWANATH – IND
JIBAN MRITYU • MATTER OF LIFE AND DEATH, A • 1967

ROY DRUPAD – IND
CHAMUNDESWARI • GODDESS DURGA • 1937

ROY GUNEN – IND
PEA BROTHERS • 1934 • ANS

ROY J. C. – FRN
SOUS-SOL • 1953 • SHT

ROY JEAN-CLAUDE – FRN – 1933–
AUBIN PATRICK
EVEIL DE L'AMOUR, L' • 1955
PRINTEMPS A PARIS • 1956
NUIT AU MOULIN-ROUGE, UN • 1957
STRIP-TEASEUSES, CES FEMMES QUE L'ON CROIT FACILES • 1963
COMBINARDS, LES • 1964
COMMENT LES SEDUIRE • 1001 WAYS TO LOVE (UKN) • 1967
EROTIC PARADE • 1968
DOSSIER PROSTITUTION • SECRET FRENCH PROSTITUTION REPORT (UKN) ○ GIRLS FOR PLEASURE • 1969
DERRIERE LE MIROIR SANS TAIN
INNOCENCES IMPUDIQUES
LINGERIES INTIMES
PLEASURE DOME
PROVINCIALES EN CHALEUR
MAFFIA DU PLAISIR, LA • 1970
INSOLENT L' • INSOLENT, THE • 1972
PETITES FILLES MODELES, LES • 1972
CONFIDENCES DE SANDRA, LES • 1973
LANGUE DE VELOURS • 1973
CUISSES EN CHALEUR, LES • 1975
LANGUES DE VELOURS • 1975
A PLEINE BOUCHE • 1976
BOUCHE-TROU, LE • 1976
CORPS A CORPS • 1976
NUITS SUEDOISES • 1976
ORGIES ADOLESCENTES • 1976
PERVERSITES SUEDOISES • 1977
RAGE DU SEXE, LA • 1977
ZIZIS EN FOLIE, LES • 1977
COUPLE CHERCHE ESCLAVE SEXUEL • 1978
DEPUCELAGES • 1978
ACCOUPLEMENTS POUR VOYAGEURS • 1979
ENFILEES, LES • 1979
GRANDE ENFILADE, LA • 1979
MAITRESSES POUR COUPLES • 1979
APRES-MIDI D'UNE BOURGEOISE EN CHALEUR, LES • 1980
CUISSES OUVERTES • 1980
GAMINES OUVERTES • 1980
EDUCATION ANGLAISE • 1982
Y A-T-IL UN PIRATE SUR L'ANTENNE? • 1983

ROY JEAN-LOUIS – SWT
INCONNU DE SHANDIGOR, L' • UNKNOWN MAN OF SHANDIGOR, THE ○ UNKNOWN FROM SHANDIGOR, THE ○ UNKNOWN OF SHANDIGOR, THE • 1967
BLACK OUT • 1970
POINT DE FUITE, LE • 1971

ROY JEAN-NOEL – FRN – 1927–
AMOUGIES • EUROPEAN MUSIC REVOLUTION • 1970 • DOC

ROY OSCAR see **RIGHINI OSCAR**

ROY PRAFULLA – IND
ROY PROFULLA • ROY PROFALLA
CHAND-SADAGAR • 1934
KUNWARI • WIDHWA ○ UNMARRIED GIRL ○ WIDOW • 1937
GIRDHAR GOPAL KI MIRA • 1949

ROY PROFALLA see **ROY PRAFULLA**

ROY PROFULLA see **ROY PRAFULLA**

ROY RENEE – CND
ALBEDO • 1983

ROY RICHARD – CND
TRANSIT • 1987 • SHT

ROYAN ELADIO – SPN – 1918–
COSTA DE LA MUERTE, LA • 1945
ENCUENTRO, EL • 1952

ROYEM ULF BALLE – NRW
YOUTH AND JAZZ • 1962

ROYTON CHEV – USA
EVE AND THE MERMAN • 1965

ROZANTSEV N. see **ROZANTSEV NIKOLAI**

ROZANTSEV NIKOLAI – USS
ROZANTZEV NIKOLAI • ROZANTSEV N. • ROZENTSEV NIKOLAI
KRUTYE GORKI • STEEP HILLS • 1956
V TVOIKH RUKAH ZHIZN • YOUR LIFE IS IN THEIR HANDS • 1959
GOSUDARSTVENNI PRESTUPNIK • STATE CRIMINAL • 1965
UBIT PRI ISPOLNYENII • DIED ON DUTY • 1978

ROZANTZEV NIKOLAI see **ROZANTSEV NIKOLAI**

ROZEMA PATRICIA – CND – 1958–
PASSION: A LETTER IN 16MM • 1986 • SHT
I'VE HEARD THE MERMAIDS SINGING • CHANT DES SIRENES, LE • 1987
WHITE ROOM, THE • 1989

ROZENTSEV NIKOLAI see **ROZANTSEV NIKOLAI**

ROZEWICZ STANISLAW – PLN – 1924–
ULICA BRZOZOWA • BIRCH STREET • 1947 • DCS
TRUDNA MILOSC • DIFFICULT LOVE • 1953
TRZY KOBIETY • THREE WOMEN • 1956
WOLNE MIASTO • FREE CITY • 1958
MIEJSCE NA ZIEMI • NO PLACE ON EARTH ○ PLACE ON EARTH, A ○ PLACE IN THE WORLD, A • 1960
SWIATDECTWO URODZENIA • BIRTH CERTIFICATE, THE • 1961
GLOS Z TAMTEGO SWIATA • VOICE FROM BEYOND • 1962
ECHO, THE • 1964
NA MELINE • TO THE HANG OUT • 1965 • MTV
PIWO • BEER • 1965 • MTV
PIEKLO I NIEBO • HEAVEN AND HELL ○ HELL AND HEAVEN • 1966 • MTV
MAZ POD LOZKIEM • HUSBAND UNDER THE BED • 1967 • MTV
WESTERPLATTE BRONI SIE NADAL • WESTERPLATTE RESISTS • 1967
KOMEDIA POMYLEK • COMEDY OF ERRORS • 1968
SAMOTNOSC WE DWOJE • LONELINESS FOR TWO ○ TWO WERE LONELY, THE ○ LONELINESS TETE A TETE • 1968
PROLOGUE, THE • 1970
ROMANTYCZNI • ROMANTICS, THE • 1970
SZKLANA KULA • CRYSTAL BALL ○ GLASS BALL, THE • 1972
DRZWI W MURZE • DOOR IN A WALL • 1973
OPADLY LISCIE Z DRZEW • FALLEN LEAVES FROM THE TREES • 1975
PASJA • PASSION • 1977
RYS • SMILE OF THE EVIL EYE, THE • 1981
KOBIETA W KAPELUSZU • WOMAN IN THE HAT • 1984
ANIOL W SZAFIE • ANGEL IN THE CUPBOARD • 1988

ROZIER JACQUES – FRN – 1926–
LANGAGE DE L'ECRAN • 1947 • SHT
EPINE AU PIED, UNE • 1954 • SHT
RENTREE DES CLASSES • 1955 • SHT
BLUE JEANS • 1958 • SHT
ADIEU PHILIPPINE • 1961
DANS LE VENT • 1963 • SHT
DESIDERI NEL SOLE • 1965
DU COTE D'OROUET • 1969
PAPARAZZI • 1973 • SHT
NAUFRAGES DE L'ILE DE LA TORTUE, LES • 1976
NONO NENESSE • 1976
MAINE OCEAN • MAINE-OCEAN • 1985

ROZIER WILLY – BLG – 1903–1983
N'EPOUSE PAS TA FILLE • 1933
TROIS CENTS A L'HEURE • 1934
PLUIE D'OR • 1935
MARIA DE LA NUIT • NUIT D'ESPAGNE • 1936
ANGES NOIRS, LES • 1937
HOMMES DE PROIE, LES • HOMME DE DAMAS, L' • 1937
CHAMPIONS DE FRANCE • 1938
ESPOIRS • CHAMP MAUDIT, LE • 1940
MELODIE POUR TOI • 1941
AUBERGE DE L'ABIME, L' • 1942
SOLITA DE CORDOUE • 1945
MONSIEUR CHASSE • 1946
TRAFIQUANTS DE LA MER, LES • 1947
56, RUE PIGALLE • 1948
EPAVE, L' • 1949
BAGNARD, LE • 1950
AMANTS MAUDITS, LES • DAMNED LOVERS • 1951
MANINA, LA FILLE SANS VOILE • LIGHTHOUSE KEEPER'S DAUGHTER, THE (UKN) ○ GIRL IN THE BIKINI, THE (USA) • 1952
AVENTURIERE DU TCHAD, L' • 1953
A TOI DE JOUER CALLAGHAN • 1954
PLUS DE WHISKY POUR CALLAGHAN • 1955
ET PAR ICI LA SORTIE • 1957
HOMME SE PENCHE SUR SON PASSE, UN • SCHWARZER STERN IN WEISSEN NACHT (FRG) • 1958
PRISONNIERS DE LA BROUSSE • PRISONER OF THE JUNGLE (USA) • 1959
CALLAGHAN REMET CA • 1960
VOLEUR DE FEMMES • ROI DES MONTAGNES, LE • 1963
CHIENS DANS LA NUIT, LES • GIRL CAN'T STOP, THE (USA) • 1965
TETES BRULEES, LES • 1967
DANY LA RAVAGEUSE • DANY THE RAVAGER (UKN) • 1972

ROZKOPAL Z. see **ROZKOPAL ZDENEK**

ROZKOPAL ZDENEK – CZC
ROZKOPAL Z.
THAT TIME • SHT
PAN PROKOUK AKROBATEM • MR. PROKOUK ACROBAT • 1959
KOUZELNY SVET KARLA ZEMANA • MAGIC WORLD OF KAREL ZEMAN, THE • 1963 • SHT
HODINA MODRYCH SLONU • HOUR OF THE BLUE ELEPHANTS, THE

ROZSA JANOS – HNG
IGAZ-E? • LOVE? • 1963
GYERMEKBETEGSEGEK • GRIMACES • 1965
ALMODO IFJUSAG • DREAMING YOUTH • 1974
POKFOCI • SPIDER FOOTBALL • 1977
TROMBITAS, A • TRUMPETER, THE ○ TRUMPETEER, THE • 1979
VASARNAPI SZULOK • SUNDAY DAUGHTERS ○ SUNDAY PARENTS • 1980
KABALA • MASCOT • 1982
BOSZORKANYSZOMBAT • WITCHES' SABBATH • 1984
CSOK, ANYU • LOVE, MOTHER ○ CSOKANYU ○ LOVEMUM • 1986
ISMERETLEN ISMEROS • LITTLE ALIEN, THE • 1988

RUANE JOHN – Cameraman – ASL – 1952–
QUEENSLAND • 1976 • SHT
MAN INTO WOMAN • 1982 • DOC
FEATHERS • 1987 • SHT
DEATH IN BRUNSWICK • 1990

RUARK ROBERT C. – USA
AFRICA ADVENTURE • 1954 • DOC

RUBAN AL C. – USA
SEXPLOITERS, THE • EXPLOITERS, THE • 1965

RUBARTELLI FRANCO – ITL
VERUSCHKA • 1971
SIMPLICIO • 1978

RUBBO MICHAEL – CND – 1938–
TRUE SOURCE OF KNOWLEDGE, THE • 1964
BEAR AND THE MOUSE, THE • 1966 • SHT
LABOUR COLLEGE • 1966 • DOC
LONG HAUL MEN, THE • 1966 • DOC
ADVENTURES • 1967 • SHT
THAT MOUSE • 1967
SIR! SIR! • 1968
MRS. RYAN'S DRAMA CLASS • 1969
HERE'S TO HARRY'S GRANDFATHER! • SUMMER'S NEARLY OVER • 1970
SAD SONG OF YELLOW SKIN • SAD SONGS FOR YELLOW SKINS ○ JAUNE EN PERIL, LE ○ STREETS OF SAIGON, THE • 1970 • DOC
WET EARTH AND WARM PEOPLE • JALAN JALAN: A JOURNEY TO SUDANESE JAVA • 1971 • DOC
O.K.. CAMERA • 1972
PERSISTENT AND FINAGLING • 1972
MAN WHO CAN'T STOP, THE • 1973
WAITING FOR FIDEL • 1974
I AM AN OLD TREE • 1975
LOG HOUSE • 1976
WALLS CAME TUMBLING DOWN, THE • 1976
I HATE TO LOSE • 1977
SOLZHENITSYN'S CHILDREN.. ARE MAKING A LOT OF NOISE IN PARIS • 1978
TIGER AND TEDDY BEARS • 1978
YES OR NO, JEAN-GUY MOREAU • 1979
NOT FAR FROM BOLGATANGA • 1982
DAISY: THE STORY OF A FACELIFT • 1983
ONCE IN AUGUST • 1984 • MTV
PEANUT BUTTER SOLUTION, THE • SOLUTION BUERRE DE PINOTTES, LA ○ OPERATION BUERRE DE PINOTTES • 1986
TOMMY TRICKER AND THE STAMP TRAVELLER • ALBUMINABLE HOMME DES TIMBRES, L' ○ AVENTURIERS DU TIMBRE PERDU • 1988
VINCENT AND ME • VINCENT ET MOI • 1990

RUBEN J. WALTER – Producer/ writer – USA – 1899–1942
PUBLIC DEFENDER, THE • MILLION DOLLAR SWINDLE, THE ○ RECKONER, THE • 1931
PHANTOM OF CRESTWOOD, THE • 1932
ROADHOUSE MURDER, THE • 1932
SECRET SERVICE • 1932
ACE OF ACES • 1933
GREAT JASPER • 1933
NO MARRIAGE TIES • PUBLIC BE SOLD, THE • 1933
NO OTHER WOMAN • MAN AND WIFE • 1933
JAVA HEAD • 1934
MAN OF TWO WORLDS • 1934
SUCCESS AT ANY PRICE • SUCCESS STORY • 1934
WHERE SINNERS MEET • DOVER ROAD, THE (UKN) • 1934
PUBLIC HERO NUMBER ONE • 1935
RIFFRAFF • 1935
OLD HUTCH • 1936
TROUBLE FOR TWO • SUICIDE CLUB, THE (UKN) • 1936
BAD MAN OF BRIMSTONE, THE • 1937
GOOD OLD SOAK, THE • OLD SOAK, THE • 1937

RUBEN JOSEPH – USA
SISTER-IN-LAW, THE • 1975
POM POM GIRLS, THE • POM-POM GIRLS, THE • 1976
JOYRIDE • 1977
OUR WINNING SEASON • 1978
GORP • 1980
DREAMSCAPE • 1984
STEPFATHER, THE • 1987
TRUE BELIEVER • 1988

RUBEN KATT SHEA – USA
STRIPPED TO KILL • DECEPTION • 1987
DANCE OF THE DAMNED • HALF LIFE • 1988
LIVE GIRLS STRIPPED TO KILL II • STRIPPED TO KILL 2: LIVE GIRLS ○ LIVE GIRLS • 1989
STREETS • 1990

RUBENS BERNICE – UKN
ONE OF THE FAMILY • 1964

RUBENS PERCIVAL – SAF
LONG RED SHADOW, THE • 1968
STRANGERS AT SUNRISE • 1969
MR. KINGSTREET'S WAR • 1971
DEMON, THE • NIGHT CALLER • 1979
SURVIVAL ZONE • 1983
HOSTAGE • 1987
OKAVANGO • 1989
SWEET MURDER • 1989

RUBIE HOWARD – ASL – 1938–
ISLAND TRADER • 1970
HUMAN TARGET • 1973 • MTV
SILENT NUMBER • 1973 • MTV
CROMWELL M.D. • 1975 • MTV
HAUNTING OF HEWIE DOWKER, THE • 1976 • MTV
SCALP MERCHANT, THE • 1978 • MTV
SILENT REACH • 1982 • MTV
SETTLEMENT, THE • 1983

RUBIN BARBARA – USA
CHRISTMAS ON EARTH

RUBIN BERNARD – USA
BOBBY HACKETT • 1961 • SHT
EDDIE CONDON • 1961 • SHT

RUBIN BRUCE – USA
DIONYSUS IN '69 • 1970

RUBIN RICK – USA
TOUGHER THAN LEATHER • 1989

RUBINCHIK VALERI – USS
APOSTATE • 1987

RUBINO ANTONIO – ITL
IN THE LAND OF THE FROGS • 1942 • ANS

RUBIO JOSE L. – ITL
ACCADDE A DAMASCO E FEBBRE • MERAVIGLIA DI DAMASCO, LA ○ ACCADDE A DAMASCO ○ FEBBRE • 1943

RUCKER GUNTHER – GRM – 1924–
RUECKER GUNTHER
BESTEN JAHRE, DIE • BEST YEARS, THE • 1965
VERLOBTE, DIE • FIANCEE, THE • 1979

RUDAS I. – USS
GAMES FOR GROWN-UPS • 1969

RUDENSKY DYK – GRM
KLIPPEN DER EHE • 1929

RUDER KEN – FRN
CHEMINS DE LA VIOLENCE, LES • LIPS OF BLOOD (UKN) ○ SANG DES AUTRES, LE ○ BLOOD OF OTHERS, THE ○ OTHERS' BLOOD, THE ○ PATHS OF VIOLENCE, THE • 1972
PERVERSIONS SEXUELLES • SEXUAL PERVERSIONS • 1972

RUDNIK LEV – USS
DUEL • 1961

RUDOLFI ELEUTERIO – ITL
AMLETO • HAMLET (USA) • 1917

RUDOLPH ALAN – USA – 1944–
PREMONITION • 1972
TERROR CIRCUS • BARN OF THE NAKED DEAD • 1973
WELCOME TO L.A. • 1977
REMEMBER MY NAME • 1978
ROADIE • 1980
ENDANGERED SPECIES • 1983
RETURN ENGAGEMENT • 1983
CHOOSE ME • 1984
SONGWRITER • 1984
TROUBLE IN MIND • 1986
MADE IN HEAVEN • 1987
MODERNS, THE • 1988
LOVE AT LARGE • 1989
MORTAL THOUGHTS • 1990

RUDOLPH CARL HEINZ see **RUDOLPH KARL HEINZ**

RUDOLPH KARL HEINZ – GRM
RUDOLPH CARL HEINZ
GLUCK IM WINKEL • DREI MADELS UND IHRE FREIER • 1927
DORNROSCHEN • SLEEPING BEAUTY • 1929
NICHT HEIRATEN DURFEN, DIE • 1929

RUDOLPH OSCAR – USA
ROCKET MAN, THE • 1954
TWIST AROUND THE CLOCK • 1961
DON'T KNOCK THE TWIST • 1962
WILD WESTERNERS, THE • BROKEN LARIAT, THE • 1962

RUDOLPH VERENA – GRM
FRANCESCA • 1987

RUDZITIS M. see **RUDZITIS MARIS**

RUDZITIS MARIS – USS
RUDZITIS M.
ENDLESS DAY, THE • 1962
ZHAVORONKI PRILETAYUT PYERVYMI • SKYLARKS ARE THE FIRST TO RETURN ○ SKYLARKS FLY HOME FIRST • 1968

RUE NELE – DNM
ALLAH VOERD LOVET –DET BLEV EN DRENG • ALLAH BE PRAISED –IT'S A BOY • 1979 • DOC

RUECKER GUNTHER see **RUCKER GUNTHER**

RUEHL RAIMOND – GRM
GESICHT VON DER STANGE • 1961

de RUELLE EMILE – FRN
INDESIRABLE, L' • 1933

RUF M. – USS
GOLDEN TAIGA, THE • 1937

RUFFIN JOHN – UKN
CROWN TRAIL • 1938

RUFFO ELIO – ITL – 1921–
TEMPO D'AMARSI • 1957
RETE PIENA DI SABBIA, UNA • 1967

RUFLE GEORGE – Animator – USA
JUNGLE JAM • 1931 • ANS
POLAR PALS • 1931 • ANS
BALL GAME, THE • 1932 • ANS
BARNYARD BUNK • 1932 • ANS
IN THE BAG • 1932 • ANS
PIANO TOONERS • 1932 • ANS
PLANE DUMB • 1932 • ANS
POTS AND PANS • 1932 • ANS
ROCKETEERS • 1932 • ANS
DOUGHNUTS • 1933 • ANS
HAPPY HOBOES • 1933 • ANS
IN THE PARK • 1933 • ANS
PHANTOM ROCKET, THE • 1933 • ANS
TIGHT ROPE TRICKS • 1933 • ANS

RUGGLES WESLEY – USA – 1889–1972
BOBBY, MOVIE DIRECTOR • 1917 • SHT
BOBBY, PHILANTHROPIST • 1917 • SHT
BOBBY, THE PACIFIST • 1917 • SHT
BOBBY'S BRAVERY • 1917 • SHT
CAPTAIN JINKS' IN AND OUT • 1917 • SHT
FOR FRANCE • 1917
HE HAD TO CAMOUFLAGE • 1917 • SHT
BLIND ADVENTURE, THE • AGONY COLUMN, THE • 1918
WINCHESTER WOMAN, THE • 1919
DESPERATE HERO, THE • 1920
LEOPARD WOMAN, THE • 1920
LOVE • 1920
PICCADILLY JIM • 1920
SOONER OR LATER • 1920
GREATER CLAIM, THE • 1921
OVER THE WIRE • 1921
UNCHARTED SEAS • UNCHARTED SEA, THE • 1921
IF I WERE QUEEN • 1922
WILD HONEY • 1922
HEART RAIDER, THE • ARMS AND THE GIRL, THE • 1923
MR. BILLINGS SPENDS HIS DIME • MR. BILLINGS PUTS THINGS RIGHT • 1923
REMITTANCE WOMAN, THE • 1923
SLIPPY MCGEE • SLIPPERY MCGEE • 1923
AGE OF INNOCENCE, THE • 1924
BROADWAY LADY • 1925
COVERED FLAGON, THE • 1925 • SHT
DON COO–COO • 1925 • SHT
FAST MALE, THE • 1925 • SHT
GREAT DECIDE, THE • 1925 • SHT
HE WHO GETS RAPPED • 1925 • SHT
MADAM SANS GIN • 1925 • SHT
MERTON OF THE GOOFIES • 1925 • SHT
MISS ME AGAIN • 1925 • SHT
PLASTIC AGE, THE • 1925
THREE BASES EAST • 1925 • SHT
WELCOME GRANGER • 1925 • SHT
WHAT PRICE GLORIA? • 1925 • SHT
KICK OFF, THE • 1926
MAN OF QUALITY, A • 1926
BEWARE OF WIDOWS • 1927
SILK STOCKINGS • 1927
FINDERS KEEPERS • 1928
FOURFLUSHER, THE • COLLEGIANS IN BUSINESS • 1928
COLLEGIANS, THE • 1929
CONDEMNED • CONDEMNED TO DEVIL'S ISLAND (UKN) • 1929
GIRL OVERBOARD • PORT O' DREAMS (UKN) ○ SALVAGE • 1929
SCANDAL • HIGH SOCIETY (UKN) • 1929
STREET GIRL • BARBER JOHN'S BOY • 1929
HONEY • COME OUT OF THE KITCHEN • 1930
SEA BAT, THE • 1930
ARE THESE OUR CHILDREN? • 1931
CIMARRON • 1931
NO MAN OF HER OWN • 1932
ROAR OF THE DRAGON • 1932
COLLEGE HUMOR • 1933
I'M NO ANGEL • 1933
MONKEY'S PAW, THE • 1933
BOLERO • 1934
SHOOT THE WORKS • THANK YOUR STARS (UKN) • 1934
ACCENT ON YOUTH • 1935
BRIDE COMES HOME, THE • 1935
GILDED LILY, THE • 1935
VALIANT IS THE WORD FOR CARRIE • 1936
I MET HIM IN PARIS • 1937
TRUE CONFESSIONS • 1937
SING YOU SINNERS • 1938
INVITATION TO HAPPINESS • 1939
TOO MANY HUSBANDS • MY TWO HUSBANDS (UKN) • 1940
ARIZONA • 1941
YOU BELONG TO ME • GOOD MORNING, DOCTOR (UKN) • 1941
SOMEWHERE I'LL FIND YOU • RED LIGHT • 1942
SEE HERE, PRIVATE HARGROVE • 1943
SLIGHTLY DANGEROUS • CARELESS • 1943
LONDON TOWN • MY HEART GOES CRAZY (USA) • 1946

RUGIANI CARLO
ANYTHING FOR A SONG • 1947

RUHMANN HEINZ – Actor – GRM – 1902–
LAUTER LUGEN • 1938
LAUTER LIEBE • 1940
SOPHIENLUND • 1943
ENGEL MIT DEM SAITENSPIEL • 1944
SIEG DER HERZEN • 1944
KUPFERNE HOCHZEIT, DIE • 1948
BRIEFTRAGER MULLER • 1953

RUIZ-CASTILLO ARTURO – SPN – 1910–
CASTILLO A. RUIZ
INQUIETUDES DE SHANTI ANDIA, LAS • 1946
OBSESION • 1947
MANIGUA SIN DIOS, LA • 1948
SANTUARIO NO SE RINDE, EL • 1949
MARIA ANTONIA LA CARAMBA • 1950
CATALINA DE INGLATERRA • 1951
LAGUNA NEGRA, LA • 1952
DOS CAMINOS • 1953
ASES BUSCAN LA PAZ, LOS • 1954
GUARDIAN DEL PARAISO, EL • 1955
PASION EN EL MAR • 1956
CARTA AL CIELO • 1958
CULPABLES • 1958
BAJO EL CIELO ANDALUZ • 1959
ANGELITO • 1960
PACHIN • 1960
LLOVIDO DEL CIELO • 1962
SECRETO DEL CAPITAN O'HARA, EL • 1964

RUIZ FERNANDO – SPN
ROCIO • 1980 • DOC

RUIZ HENRIQUE – VNZ
CORTINA DI CRISTALLO • TI AMERO SEMPRE • 1958

RUIZ JORGE – BLV
CLAMOR DEL SILENCIO, EL • DOC
ESPERANZA LLAMADA BOLIVIA, UNA • HOPE NAMED BOLIVIA, A • DCS
GRAN HERENCIA, LA • GREAT HERITAGE, THE • DCS
NUEROS POTOSIS, LOS • NEW POTOSIS, THE • DCS
VUELVE SEBASTIANA • COME BACK SEBASTIANA • 1953 • DOC
VERTIENTE, LA • SOURCE, THE • 1958 • DOC
GRAN DESAFIO, EL • GREAT CHALLENGE, THE • 1977 • SHT
MARCHA AL NORTE • TOWARDS THE NORTH • 1977 • SHT

RUIZ MARCOS JOSE LUIS – SPN
MUJER PROHIBIDA, UNA • 1973

RUIZ RAFAEL – SPN
HOMENAJE A TARZAN • CAZADORA INCONSCIENTE, LA ○ UNCONSCIOUS HUNTER, THE ○ HOMAGE TO TARZAN • 1970 • ANM

RUIZ RAOUL see **RUIZ RAUL**

RUIZ RAUL – CHL – 1941–
RUIZ RAOUL
MALETA, LA • 1960 • SHT
TANGO DEL VIUDO, EL • WIDOWER'S TANGO • 1967
TRES TRISTES TIGRES • THREE SAD TIGERS ○ TRES TRIESTES TIGRES ○ THREE SORRY TIGERS • 1968
QUE HACER? • 1970
AHORA TE VAMOS A LLAMAR HERMANO • NOW WE WILL CALL YOU BROTHER • 1971 • SHT
COLONIA PENAL, LA • PENAL CAMP ○ PENAL COLONY, THE • 1971
NADIO DIGO NADA • NOBODY SAID ANYTHING ○ NOBODY SAID NOTHING ○ NADIE DIHO NADA ○ NO ONE SAID A WORD • 1971
EXPROPRIACION, LA • EXPROPRIATION, THE • 1972
QUE HAZER • 1972
ABASTECIMIENTO • SUPPLY • 1973 • SHT
MINUTEROS, LOS • STREET PHOTOGRAPHER, THE ○ MINUTE HANDS, THE • 1973 • SHT
NUEVA CANCION CHILENA • NEW CHILEAN SONG • 1973 • SHT
PALOMILLA BRAVA • BAD GIRL • 1973
PALOMITA BLANCA • LITTLE WHITE DOVE ○ WHITE DOVE • 1973
REALISMO SOCIALISTA • SOCIALIST REALISM • 1973
CUERTO REPARTIDO Y EL MUNDO AL REVES • SCATTERED BODY AND THE WORLD UPSIDE DOWN, THE ○ UTOPIA • 1975
DIALOGO DE EXILIADOS • DIALOGUES D'EXILES ○ DIALOGUE OF EXILES • 1975
SOTELO • 1976 • SHT
COLOQUIO DE PERROS • COLLOQUE DE CHIENS ○ COLLOQUIUM OF DOGS • 1977 • ANS
DIVISIONS DE LA NATURE ,LES • DIVISIONS OF NATURE, THE • 1977 • SHT
VOCACION SUSPENDIDA, LA • VOCATION SUSPENDED, THE ○ VOCATION SUSPENDUE, LA ○ SUSPENDED VOCATION, THE • 1977
HIPOTESIS DEL CUADRO ROBADO • HYPOTHESIS OF THE STOLEN PAINTING ○ HYPOTHESE DU TABLEAU VOLE, L' ○ HYPOTHESIS OF A STOLEN PAINTING • 1978
DE GRANDS EVENEMENTS ET DES GENS ORDINAIRES • OF GREAT EVENTS AND ORDINARY PEOPLE ○ GREAT EVENTS AND ORDINARY PEOPLE • 1979
IMAGES DU DEBAT • IMAGES OF DEBATE • 1979
JEUX • GAMES • 1979
PETIT MANUEL D'HISTOIRE DE FRANCE • SHORT HISTORY OF FRANCE • 1979
PUNTO DE FUGA • POINT OF FLIGHT
REGRESO DEL AMATEUR DE BIBLIOTECAS, EL • RETURN OF THE LIBRARY AMATEUR, THE • SHT
FAHLSTROM • 1980 • SHT
PAGES D'UN CATALOGUE • PAGES FROM A CATALOGUE • 1980 • SHT
TELETESTS • 1980 • SHT
VILLE NOUVELLE, LA • NEW TOWN, THE • 1980 • SHT
BORGNE, LE • ONE–EYED MAN, THE • 1981
INVITATION • 1981 • DCS
JANOS PATKAI, SCULPTEUR • 1981 • DCS
JEU DE L'OIE, LE • SNAKES AND LADDERS • 1981 • SHT
MUSEE DALI • DALI MUSEUM • 1981 • DCS
OR GRIS, L' • GREY GOLD • 1981 • DOC
TERRITOIRE, LE • TERRITORY, THE • 1981
TOIT DE LA BALEINE, LE • TECHO DE LA BALLENA, EL ○ ROOF OF THE WHALE, THE ○ WHALE'S ROOF, THE • 1981
CLASSIFICATION DES PLANTES, LA • CLASSIFICATION OF PLANTS, THE • 1982 • SHT
OMBRES CHINOISES, LES • CHINESE SHADOWS • 1982 • SHT
QUERELLES DE JARDINS • GARDEN QUARRELS ○ WAR OF THE GARDENS, THE • 1982 • SHT
TROIS COURONNES DANOIS DES MATELOTS, LES • THREE DANISH SAILORS' CROWNS, THE ○ THREE CROWNS OF THE SAILOR ○ TROIS COURONNES DU MATELOT, LES ○ SAILORS' THREE CROWNS, THE • 1982
VILLE DES PIRATES, LA • CIUDAD DE LOS PIRATOS, LA (PRT) ○ PIRATE CITY ○ CITY OF PIRATES • 1983
PRESENCE REELLE, LA • 1984
REGIME SANS PAIN • 1984
MAMMAME • 1985
EVEILLES DU PONT DE L'ALMA, L' • 1986
ILE AU TRESOR, L' • 1986
RICHARD III • 1986

RULE B. C. see **RULE BEVERLY C.**

RULE BEVERLY C. – USA
RULE B. C.
MYSTERY OF WASHINGTON SQUARE, THE • 1920
INVISIBLE WEB, THE • 1921
ONE HOUR PAST MIDNIGHT • 1924
APE, THE • 1928

RULLI STEFANO – ITL
NESSUNO O TUTTI • 1975
MATTI DA SLEGARE • FIT TO BE UNTIED (USA) • 1976
MACCHINA CINEMA, LA • CINEMA MACHINE, THE (USA) • 1978

RUMAR CRAIG T. see **AMAR DENIS**

RUMBELOW STEVEN – UKN
KING LEAR • 1976
FAUST • 1980

RUNZE OTTAKAR see **RUNZE OTTOKAR**

RUNZE OTTOKAR – GRM
RUNZE OTTAKAR
IN NAMEN DES VOLKES • IN THE NAME OF THE PEOPLE • 1975
VERLORENES LEBEN • LOST LIFE, A • 1975
STANDARTE, DIE • STANDARD, THE • 1977
STERNE OHNE HIMMEL • STAR WITHOUT SKY • 1981
FEINE GESELLSCHAFT BESCHRANKTE HAFTUNG • HIGH SOCIETY LIMITED • 1982
NONSTOP TROUBLE WITH THE SPIES • 1987
HALLOOH SISTERS • 1990

RUPE KATYA – GRM
DEUTSCHLAND IM HERBST • GERMANY IN AUTUMN • 1978

RUPPEL KARL-LUDWIG – GRM
PURPLE LINE, THE • 1960 • ANS

RUSH CHARLES O. – USA
WHEN ROMANCE RIDES • 1922

RUSH PETER see **RATTI FILIPPO M.**

RUSH RICHARD – Producer/writer – USA – 1930–
TOO SOON TO LOVE • TEENAGE LOVERS (UKN) ○ HIGH SCHOOL HONEYMOON • 1960
OF LOVE AND DESIRE • FORSAKEN GARDEN, THE ○ IN A SECRET GARDEN • 1963
MAN CALLED DAGGER, A • WHY SPY? • 1966
FICKLE FINGER OF FATE, THE • DEDO DEL DESTINO, EL (SPN) • 1967
HELL'S ANGELS ON WHEELS • LEADER OF THE PACK, THE • 1967
THUNDER ALLEY • 1967
PSYCH–OUT • LOVE CHILDREN, THE • 1968
SAVAGE SEVEN, THE • 1968
GETTING STRAIGHT • 1970
FREEBIE AND THE BEAN • 1974
STUNT MAN, THE • 1978
AIR AMERICA • 1987

RUSINOW IRVING – USA
SKIPPY AND THE THREE R'S • 1954

RUSKIN COBY – USA
WHEN THINGS WERE ROTTEN • 1975 • MTV

RUSNACK JOSEPH – GRM
KALTES FIEBER • COLD FEVER • 1984

RUSPOLI MARIO – Writer – ITL – 1925–1986
CAMPAGNE ROMAINE • 1956 • SHT
HOMMES DE LA BALEINE, LES • 1956 • SHT
OMBRE ET LUMIERE DE ROME • 1956 • SHT
INCONNUS DE LA TERRE, LES • 1962 • DOC
REGARD SUR LA FOLIE • LOOK AT MADNESS • 1962 • DOC
BAATH OMAR • REBIRTH OF A NATION • 1965
RENAISSANCE • 1965
CHAVAL • 1971 • SHT

RUSSEL WILLIAM see **ROUSSEL GILBERT**

RUSSELL ALBERT – USA
DOUBLE DANGER • 1920 • SHT
FIGHT IS OUT • 1920 • SHT
IN WRONG WRIGHT • 1920 • SHT
LION MAN, THE • 1920 • SRL
MARRYIN' MARION • 1920 • SHT
MOON RIDERS, THE • 1920 • SRL

PAIR OF TWINS, A • 1920 • SHT
TIPPED OFF • 1920 • SHT
TRAIL OF THE HOUND, THE • 1920 • SHT
SECRET FOUR, THE • 1921
WHITE HORSEMAN, THE • 1921 • SRL
LONE FIGHTER • 1923

RUSSELL BERNARD – USA
BROKEN LAW, THE • 1924

RUSSELL BERNARD D. – USA
HURRICANE HAL • 1925

RUSSELL CHUCK – USA
NIGHTMARE ON ELM STREET 3: DREAM WARRIORS, A • 1987
BLOB, THE • 1989

RUSSELL DON – USA
TALES OF A SALESMAN • TALES OF A TRAVELING SALESMAN • 1965

RUSSELL JAY – USA
END OF THE LINE • 1987

RUSSELL KEN – UKN – 1927–
AMELIA AND THE ANGEL • 1957 • SHT
PEEP SHOW • 1957 • SHT
LOURDES • 1958 • SHT
GORDON JACOB • 1959 • MTV
GUITAR CRAZE • 1959 • MTV
POET'S LONDON • 1959 • MTV
PORTRAIT OF A GOON • 1959 • MTV
ROBERT MCBRYDE AND ROBERT COLQUHOUN • 1959 • MTV
VARIATIONS ON A MECHANICAL THEME • 1959 • MTV
ARCHITECTURE OF ENTERTAINMENT • 1960 • MTV
CRANES AT WORK • 1960 • MTV
HOUSE IN BAYSWATER, A • 1960 • MTV
LIGHT FANTASTIC, THE • 1960 • MTV
MARIE RAMBERT REMEMBERS • 1960 • MTV
MINERS' PICNIC, THE • 1960 • MTV
SHELAGH DELANEY'S SALFORD • 1960 • MTV
ANTONIO GAUDI • 1961 • MTV
LONDON MOODS • 1961 • MTV
OLD BATTERSEA HOUSE • 1961 • MTV
PORTRAIT OF A SOVIET COMPOSER • 1961 • MTV
ELGAR • 1962 • MTV
LOTTE LENYA AND KURT WEILL • 1962 • MTV
MR. CHESHER'S TRACTION ENGINES • 1962 • MTV
POP GOES THE EASEL • 1962 • MTV
PRESERVATION MAN • 1962 • MTV
WATCH THE BIRDIE • 1963 • MTV
BARTOK • 1964 • MTV
DIARY OF A NOBODY • 1964 • MTV
DOTTY WORLD OF JAMES LLOYD, THE • 1964 • MTV
FRENCH DRESSING • 1964
LONELY SHORE • 1964 • MTV
ALWAYS ON SUNDAY • 1965 • MTV
DEBUSSY FILM, THE • 1965 • MTV
DON'T SHOOT THE COMPOSER • 1966 • MTV
ISADORA DUNCAN, THE BIGGEST DANCER IN THE WORLD • 1966 • MTV
BILLION DOLLAR BRAIN • 1967
DANTE'S INFERNO • 1967 • MTV
SONG OF SUMMER • 1968 • MTV
WOMEN IN LOVE • 1969
DANCE OF THE SEVEN VEILS • 1970 • MTV
MUSIC LOVERS, THE • LONELY HEART, THE • 1970
BOY FRIEND, THE • 1971
DEVILS, THE • 1971
SAVAGE MESSIAH • 1972
MAHLER • 1974
LISZTOMANIA • 1975
TOMMY • 1975
VALENTINO • 1977
CLOUDS OF GLORY • 1978 • MTV
WILLIAM AND DOROTHY • 1978 • MTV
ALTERED STATES • 1980
CRIMES OF PASSION • 1984
HEDWIC: THE COOL LAKES OF DEATH • 1985
ARIA • 1987
CASANOVA • 1987 • TVM
GOTHIC • 1987
ST. MAWR • 1988
SALOME'S LAST DANCE • 1988
LAIR OF THE WHITE WORM, THE • 1989
RAINBOW, THE • 1989
SPECTRE OF THE ROSE, THE • 1989

RUSSELL MARTHA – USA
KENTUCKY FEUD, THE • 1913
VICTIMS OF DIVORCE • 1914

RUSSELL PADDY – UKN
DR. WHO: THE PYRAMID OF MARS • PYRAMID OF MARS, THE • 1975 • MTV

RUSSELL ROBERT – CND
CINE-BOUM • 1964

RUSSELL RUSTY – USA
NEW YORK EXPERIENCE • 1973

RUSSELL STANLEY – UKN
GOOD HEALTH IN SCOTLAND • 1943

RUSSELL WILLIAM – USA
HIGHEST BID, THE • 1916
MAN WHO WOULD NOT DIE, THE • 1916
SOUL MATES • 1916
STRENGTH OF DONALD MACKENZIE, THE • 1916
TORCH BEARER, THE • 1916

RUSSELL WILLIAM D. – USA – 1908–1968
OUR HEARTS WERE GROWING UP • 1946
DEAR RUTH • 1947
LADIES' MAN • 1947
SAINTED SISTERS, THE • 1948
BRIDE FOR SALE • 1949
GREEN PROMISE, THE • RAGING WATERS (UKN) • 1949
BEST OF THE BADMEN • 1951

RUSSO AARON – USA
RUDE AWAKENING • 1989

RUSSO GIUSEPPE – ITL
SEXY! • 1963 • DOC

RUSSO JOHN – Writer – USA
MIDNIGHT • BACKWOODS MASSACRE • 1981
AWAKENING, THE • 1989

RUSSO LUIGI – ITL
MORBOSITA • 1974
SETTE MAGNIFICI CORNUTI, I • 1974
NUORA GIOVANE, LA • 1976
BELLA E LA BESTIA, LA • 1977
BELLA GOVERNANTE DI COLORE, UNA • 1977
PORCA SOCIETA • 1978
DOLLY IL SESSO BIONDO • 1979

RUSSO MARIO see **RUSSO MARIO L. F.**

RUSSO MARIO L. F. – ITL
RUSSO MARIO
NAKED MAJA, THE • MAJA DESNUDA, LA (ITL) • 1959
ANGEL WORE RED, THE • SPOSA BELLA, LA (ITL) • 1960
MONDO DI NOTTE NUMERO DUE, IL • MONDO DI NOTTE N.2, IL ○ WORLD BY NIGHT NO.2 • 1961 • DOC
TOP CRACK • 1967

RUSSO NINO – ITL – 1939–
VERSIONE INTEGRALE • 1976
GIORNO DELL'ASSUNTA, IL • 1977
NAPOLI ESTERNO GIORNO • 1978

RUSSO RENZO – ITL
LETTERA DAL VENEZUELA • 1961 • DOC
TROPICO DI NOTTE • 1961
MONDO CALDO DI NOTTE • 1962 • DOC
SEXY! • 1963 • DOC
EUROPA: OPERAZIONE STRIP-TEASE • 1964 • DOC
PER UNA VALIGIA PIENA DI DONNE • KINKY DARLINGS, THE (UKN) • 1964
ROSSA DALLA PELLE CHE SCOTTA, LA • 1972

RUSSO ROBERTO – ITL
FLIRT • 1984

RUST JOHN – USA
FLUTE A SIX SCHTROUMPFS, LA • SMURFS AND THE MAGIC FLUTE, THE ○ SIX-SMURF FLUTE, THE • 1975 • ANM

RUSTAM MARDI – USA
EVILS OF THE NIGHT • 1983

RUSTAMBEKOV KYAMIL – USS
POYEDINOK V GORAKH • DUEL IN THE MOUNTAINS • 1968

RUTKIEWICZ J. see **RUTKIEWICZ JAN**

RUTKIEWICZ JAN – PLN
RUTKIEWICZ J.
JADA, GOSCIE, JADA • GUESTS ARE COMING (USA) • 1962
WEEKENDS • 1963
KOCHAJMY SYRENKI • LET'S LOVE THE "SIRENS" ○ LET'S LOVE SIRENS ○ LOVE YOUR CAR • 1967

RUTLAND MARK – USA
PRIME SUSPECT • 1989

RUTLER MONIQUE – PRT
VELHOS SAO OS TRAPOS • OLD RAGS • 1980
JOGO DE MAO, O • 1984

RUTTEN GERARD – NTH – 1902–
TERRE-NEUVE • 1933 • DOC
DOOD WATER • DEAD WATER • 1934
RUBBER • 1936
STERREN STRACEN OVERAL • 1953
WONDERLIJK LEVEN VAN WILLEM PAREL, HET • 1955
VLIEGENDE HOLLANDER, DER • 1957
WEDERZIJDS • WE.. TOGETHER! • 1964

RUTTENBERG ROBERT – USA
THREE SEXATEERS, THE • 1970

RUTTERS H. – GRM
VOM REICHE DER SECHS PUNKTE • 1927
SUSE KERKSTRAATEN • 1928

RUTTMANN WALTER – GRM – 1887–1941
RUTTMANN WALTHER
TONNENDE WELLE, DIE • 1921 • SHT
OPUS I • 1922
SIEGER, DIE • VICTOR, THE • 1922
GESOLEI • 1923
KANTOROWITZ • 1923
OPUS II • 1923
VERLORENE PARADIES, DAS • 1923
NIBELUNGEN 1, DIE • SIEGFRIED ○ SIEGFRIEDS TOD ○ DEATH OF SIEGFRIED ○ SIEGFRIED'S DEATH • 1924
OPUS III • 1924
OPUS IV • 1925
BERLIN -DIE SYMPHONIE DER GROSSTADT • BERLIN, SYMPHONY OF A GREAT CITY (USA) ○ BERLIN • 1927 • DOC
DEUTSCHER RUNDFUNK • 1928
DES HAARES UND DER LIEBE WELLEN • 1929
MELODIE DER WELT • MELODY OF THE WORLD ○ WORLD MELODY • 1929
WOCHENENDE • WEEKEND • 1929
FEIND IM BLUT • 1931 • DOC
IN DER NACHT • IN THE NIGHT • 1931
ACCIAIO • ARBEIT MACHT FREI (FRG) ○ STEEL • 1933
BLUT UND BODEN • 1933
ALTGERMANISCHE BAUERNKULTUR • 1934
METALL DES HIMMELS • HEAVENLY METAL • 1934
KLEINER FILM EINER GROSSEN STADT: DIE STADT DUSSELDORF AM RHEIN • KLEINER FILM EINER GROSSEN STADT: DUSSELDORF • 1935 • DOC
STADT DER VERHEISSUNG • 1935
STUTTGART: GROSSTADT ZWISCHEN WALD UND REBEN • 1935 • DOC
VOLKFEST KANNSTADT • STADT STUTTGART, 100. CANSTATTER VOLKSFEST • 1935
SCHIFF IN NOT • 1936
MANNESMANN • 1937
HAMBURG: WELTSTRASSE SEE • WELTSTRASSE SEE -WELTHAFEN HAMBURG • 1938 • DOC
HENKEL -EIN DEUTSCHES WERK IN SEINER ARBEIT • 1938
IM DIENSTE DER MENSCHLICHKEIT • 1938
IM ZEICHEN DES VERTRAUENS • 1938
ABERGLAUBE • 1940
DEUTSCHE PANZER • 1940
DEUTSCHE WAFFENSCHMIEDE, DIE • WAFFENKAMMERN DEUTSCHLAND • 1940
FILM GEGEN DIE VOLKKRANKHEIT KREBS -JEDER ACHTE.., EIN • VOLKSKRANKHEIT KREBS -JEDER ACHTE • 1941
FORTY YEARS OF EXPERIMENT IN FILM • 1961 • CMP

RUTTMANN WALTHER see **RUTTMANN WALTER**

RUUTSALO EINO – FNL
TWO HENS • SHT
DON QUIJOTE • 1961
PLUS / MINUS • ANS
HAVIS AMANDA -THE BELLE OF HELSINKI • 1983 • DOC

RUVEN PAUL – NTH
MAX & LAURA & HENK & WILLIE • 1989

RUVINSKY MORRIE – CND
PLASTIC MILE, THE • 1969

RYAN FRANK – USA – 1907–1947
CALL OUT THE MARINES • 1942
HERS TO HOLD • 1943
CAN'T HELP SINGING • 1944
PATRICK THE GREAT • 1945
SO GOES MY LOVE • GENIUS IN THE FAMILY, A (UKN) • 1946

RYAN JOE – USA
PASSING OF BLACK EAGLE, THE • 1920 • SHT

RYAN MICHAEL G. – NZL
SPINDRIFT • 1968 • DCS
GOOD TIMES TWO • 1969 • DOC

RYAN ROBERT – CND
WINGS IN THE WILDERNESS • 1975

RYAN ROBERT J. – USA
KILLERS OF THE WILD • 1976

RYAN STEPHEN – IRL
IN SEARCH OF DEV • 1984

RYAN TERENCE – USA
HOLD MY HAND I'M DYING • 1989

RYAZANOV ELDAR – USS – 1927–
RIAZANOV ELDAR
VESENNIE GOLOSA • SPRING VOICES (USA) ○ VOICES OF SPRING • 1955
KARNAVALNAYA NOCH • CARNIVAL IN MOSCOW (USA) ○ CARNIVAL NIGHT • 1956
DEVUSHKA BEZ ADRESA • GIRL WITHOUT AN ADDRESS, THE • 1957
CHELOVEK NIOTKUDA • MAN FROM NOWHERE • 1961
HOW ROBINSON WAS CREATED • 1961
GUSARSKAYA BALLADA • BALLAD OF A HUSSAR, THE (USA) ○ HUSSAR'S BALLAD ○ HUSSAR BALLAD, THE • 1962
LET ME MAKE A COMPLAINT • GIVE ME A COMPLAINT BOOK, PLEASE • 1964
BEREGIS AVTOMOBILYA! • WATCH OUT FOR THE AUTOMOBILE (USA) ○ LOOK OUT FOR THE CARS ○ BEWARE THE CAR! ○ UNCOMMON THIEF, AN ○ WATCH YOUR CAR • 1966
ZIG-ZAG UDACHI NEZABUVAEMOE • ZIG-ZAG OF SUCCESS, THE ○ ZIG-ZAG OF FORTUNE • 1969
OLD RASCALS, THE • 1971
AMAZING ADVENTURES OF ITALIANS IN RUSSIA, THE • 1973
MATTA MATTA MATTA CORSA IN RUSSIA, UNA • 1974
IRONY OF FATE, THE • 1975
SLUZHEBNI ROMAN • OFFICE AFFAIR, AN ○ OFFICE ROMANCE, AN • 1977
VOKZAL DLIA DVOIKH • RAILWAY STOP FOR TWO, A ○ STATION FOR TWO, A • 1983
FORGOTTEN TUNE FOR THE FLUTE, A • 1987

RYBAKOV ANATOLY – USS – 1920–1962
CHEMIN DE LA GLOIRE, LE • 1949
DEJEUNER CHEZ LE MARECHAL DE LA NOBLESSE • 1953
AFFAIRE NO.306 • 1956
BUT DE SA VIE, LE • 1958
VASSILY SOURIKOV • 1959
AU DEBUT DU SIECLE • 1961

RYBCZYNSKI BOGUSLAW – PLN
MATURA • 1964 • DCS

RYBCZYNSKI ZBIGNIEW – PLN
PLAMUZ • 1973
TANGO • 1983 • ANM

RYBKOWSKI JAN – PLN – 1912–1976
DOM NA PUSTKOWIU • HOUSE ON THE WASTELANDS ○ HOUSE IN THE WILDERNESS • 1949
PIERWSZE DNI • FIRST DAYS • 1951
WARSZAWSKA PREMIERA • WARSAW PREMIERE, THE ○ WARSAW DEBUT, THE • 1951
SPRAWA DO ZALATWIENIA • UNFINISHED BUSINESS ○ MATTER TO SETTLE, A • 1953
AUTOBUS ODJEZDZA O 6:20 • BUS LEAVES AT 6:20 • 1954
GODZINY NADZIEI • HOURS OF HOPE • 1956
NIKODEM DYZMA • 1957
KAPELUSZ PANA ANATOLA • MR. ANATOL'S HAT • 1958
OSTATNI STRZAL • LAST SHOT, THE • 1958
INSPEKCJA PANA ANATOLA • MR. ANATOL'S INSPECTION • 1959
PAN ANATOL SZUKA MILIONA • MR. ANATOL SEEKS A MILLION • 1959
DZIS W NOCY UMRZE MIASTO • TOWN WILL DIE TONIGHT, A ○ TONIGHT A TOWN DIES • 1961
SPOTKANIE W "BAJCE" • CAFE FROM THE PAST • 1962
SPOZNIENI PRZECHODNIE • PASSENGERS WHO ARE LATE ○ THOSE WHO ARE LATE • 1962

DOLL, THE • 1963
NAPRAWDE WCZORAJ • YESTERDAY IN FACT • 1963
SPOSOB BYCIA • FRAME OF MIND, A • 1965
WIZYTA U KROLOW • VISIT TO THE KINGS, A • 1965 • MTV
NIEBO BEZ SLONCA • SKY WITHOUT SUN • 1966 • DOC
ODWIEDZINY O ZMIERZCHU • VISIT AT TWILIGHT ○ VISIT AT DUSK, A • 1966 • MTV
BARDZO STARY OBOJE • BOTH VERY OLD • 1967
KIEDY MILOSC BYLA ZBRODNIA (RASSENSCHANDE) • WHEN LOVE WAS A CRIME (RASSENSCHANDE) ○ RASSENSCHANDE • 1968
DZIEN OCZYSZCZENIA • DAY OF PURIFICATION ○ DAY OF REMISSION • 1969
POWROT • RETURN, THE • 1969
WNIEBOWSTAPIENIE • ASCENSION BAY • 1969
ALBUM POLSKI • POLISH ALBUM ○ RETURN • 1970
CHLOPI • PEASANTS • 1974
GNIAZDO • NEST, THE • 1974
DULSCY • 1976
LIMIT, THE • 1979

RYCHMAN LADISLAV – CZC – 1922–
RYCHMANN LADISLAV
VITEZSTVI ZIVOTA • VICTORY OF LIFE • 1954
PRIPAD JESTE REKONCI • CASE IS NOT CLOSED, THE • 1957
KRUH • CIRCLE, THE • 1959
STARCI NA CHMELU • HOP-PICKERS, THE • 1964
DAMA NA KOLEJICH • LADY ON THE TRACKS, THE (USA) ○ LADY OF THE LINES, THE ○ LADY OF THE TRAM LINES • 1965
ZLOCIN V DIVCI SKOLE • CRIME AT THE GIRLS' SCHOOL ○ CRIME IN THE GIRLS' SCHOOL ○ CRIME AT A GIRLS' SCHOOL • 1965
SEST CERNYCH DIVEK ANEB PROC ZMIZEL ZATIC? • SIX BLACK GIRLS • 1969

RYCHMANN LADISLAV see **RYCHMAN LADISLAV**

RYDELL CHARLES – USA
SCHOOL PLAY • 1969

RYDELL MARK – Actor – USA – 1934–
FOX, THE • 1968
REIVERS, THE • YELLOW WINTON FLYER, THE • 1969
COWBOYS, THE • 1972
CINDERELLA LIBERTY • 1973
HARRY AND WALTER GO TO NEW YORK • 1976
ROSE, THE • 1979
ON GOLDEN POND • 1981
RIVER, THE • 1984

RYDEN HOPE see **DRYDEN HOPE**

RYDER ALEXANDER see **RYDER ALEXANDRE**

RYDER ALEXANDRE – FRN – 1891–1966
RYDER ALEXANDER • VALJEAN JEAN-JACQUES
PIEGE DE L'AMOUR, LE • LOVE TRAP, THE • 1919
GREAT TEST, THE • 1928
LEGION OF HONOR, THE • 1928
SOUL OF FRANCE, THE • 1929
DEFENSEUR, LE • 1930
RONDE DES HEURES, LA • 1930
SOIR AU FRONT, UN • 1931
ANE DE BURIDAN, L' • 1932
FAUT REPARER SOPHIE • 1933
HOMMES OUBLIES, LES • 1935
NOUVEAU TESTAMENT, LE • 1936
MIRAGES • SI TU M'AIMES • 1937
APRES "MEIN KAMPF" MES CRIMES • 1940
RONDE DES HEURES, LA • 1949

RYDER EDWARD – USA
UP YOUR LADDER • UP YOURS.. A ROCKIN' COMEDY ○ UP YOURS • 1979

RYDER MAXWELL – USA
DIAMONDS OF DESTINY • 1917 • SHT
HER STRANGE EXPERIENCE • 1917 • SHT

RYDMAN STURE – UKN
MAN AND THE SNAKE, THE • 1972 • SHT
RETURN, THE • 1973 • SHT

RYDZEWSKI RYSZARD – PLN
AKWARELE • WATERCOLOURS • 1978

RYE RENNY – UKN
BOX OF DELIGHTS, THE • 1984 • MTV

RYE STELLAN – DNM – 1880–1914
SCHWARZE HAND • 1909
ALLE SCHULD RACHT SICH AUF ERDEN • 1912
BEDINGUNG: KEIN ANHUNG • 1913
SOMMERNACHTSTRAUM, EIN • MIDSUMMER NIGHT'S DREAM, A • 1913
STUDENT VON PRAG, DER • ASYLUM OF HORROR ○ BARGAIN WITH SATAN, A(?) ○ STUDENT OF PRAGUE, THE • 1913
VERFUHRTE, DIE • GEHEIMNISSE DER SEELE ○ GEHEIMNISSE DES BLUTES • 1913
AUGEN DES OLE BRANDIS, DIE • OLE BRANDES AUGEN • 1914
ERLENKONIGS TOCHTER • 1914
EVINTRUDE, DIE GESCHICHTE EINES ABENTEURERS • 1914
HAUS OHNE FENSTER UND TUREN, DAS • HOUSE WITHOUT WINDOWS OR DOORS, THE • 1914
SERENISSIMUS LERNT TANGO • 1914
PETER SCHLEMIHL • 1915

RYGARD ELISABETH – DNM
TAG DET SOM EN MAND, FRUE • TAKE IT LIKE A MAN, MA'AM ○ TA' DET SOM EN MAND, FRUE • 1974
VERA'S HISTORIE • 1984 • DOC
HARD DAGS NAT, EN • HARD DAY'S NIGHT, A • 1987 • SHT
FACE OF THE FLOWER, THE • 1988 • SHT

RYMER JUDY – ASL
DISAPPEARANCE OF AZARIA CHAMBERLAIN, THE • 1983 • TVM

RYMOWICZ K. S. – USS
DESTINY OF RUSSIA • 1927

RYSLINGE HELLE – DNM
FLAMBEREDE HJERTER • COEURS FLAMBES ○ HENRY • 1986
SIRUP • SYRUP • 1989

RYSSACK EDDY – Animator – BLG – 1928–
RYSSAK EDDY
PETIT NOEL • 1960 • ANS
SCHTROUMPF ET L'OEUF, LE • 1960 • ANS
SCHTROUMPFS, LES • 1960 • ASS
VOLEUR DE SCHTROUMPFS, LE • 1960 • ANS
SCHTROUMPFS NOIRS, LES • 1961 • ANS
SCHTROUMPF ET LE DRAGON, LE • SCHTROUMPF AND THE DRAGON, THE • 1963 • ANS
SCHTROUMPF VOLANT, LE • FLYING SCHTROUMPF, THE • 1963 • ANS
CROCODILE MAJUSCULE, LE • 1964 • ANS
FLUTE • 1964 • ANS
HISTOIRE DES SCHTROUMPFS • 1964 • ANS
SCHTROUMPF A TOUT FAIRE • 1966 • ANS

RYSSAK EDDY see **RYSSACK EDDY**

RYSZKA HENRYK – PLN
RE • DOC
SUSZA • DROUGHT • 1969 • ANM
KOMPROMIS • COMPROMISE • 1972

RYTSAREV B. see **RYTSAREV BORIS**

RYTSAREV BORIS – USS
RYTSAREV B.
CHIEFTAIN KODR • 1958
YUNOST NASHIKH OTSOV • YOUTH OF OUR FATHERS ○ OUR FATHER'S YOUTH • 1958
VOLSHEBNAYA LAMPA ALADDINA • ALLADIN AND HIS MAGIC LAMP (USA) ○ ALADDIN'S MAGIC LAMP • 1967

RZESZEWSKI JANUSZ – PLN
MILOSC AZPICBRODKI • LOVE OF THE POINTED BEARD MAN, THE • 1978

S. ZOLTAN – USA
SCREENTEST GIRLS, THE • 1969

SAAB JOCELYNE – LBN – 1948–
SAAB JOSLYN
LIBAN DANS LA TOURMENTE, LE • 1975
KID'S GAMES • 1976 • SHT
SAHARA N'EST PAS A VENDRE, LE • 1977 • DOC
UTOPIE EN MARCHE, L' • 1980 • DOC
BEIRUT, MADINATI • BEIRUT, MY CITY • 1983
GAZL EL BANAT –L'ADOLESCENTE SUCRE D'AMOUR • 1986

SAAB JOSLYN see **SAAB JOCELYNE**

SAADIAH – MLY
CERITAKU CERITAMU • MY STORY'S YOUR STORY • 1979

SAAKKA TOIVO – FNL
KUIN UNI JA VARJO • LIKE A DREAM AND A SHADOW • 1937
RUNON KUNINGAS JA MUUTTOLINTU • KING OF POETS AND THE BIRD OF PASSAGE, THE • 1940
KULKURIN VALSSI • VAGABOND'S WALTZ, THE • 1941
NAISKOHTALOITA • DESTINIES OF WOMEN • 1947
KATUPEILIN TAKANA • BEHIND THE STREET MIRROR • 1948
TANSSI YLI HAUTOJEN • DANCE OVER THE GRAVES • 1950

SAAKOV L. see **SAAKOV LEON**

SAAKOV LEON – USS
SAAKOV L.
ROADS OF WAR, THE • 1958
VESNA NA ODERYE • SPRING ON THE ODER • 1968
FLAMING SEA, THE • 1972

SAAKYANTS ROBERT – Animator – USS
KIKOS • ANM

SAASKIN ROBERT – DNM
BUNDFALD • SIN ALLEY (USA) ○ GENTLE SEX, THE ○ DREGS • 1957

SAAVEDRA ALVARO – SPN
HISTORIA Y LA VIDA EXTRATERRESTRE, LA • 1975

SAAVEDRA RAFAEL M. – MXC
PORFIRIO DIAZ • 1944

SABAA MADQUR – EGY
ABIADH WA AL-ASWAD, AL- • BLANC ET LE NOIR, LE • 1970

SABAG FABIO – BRZ
AGENTE POSITIVO, O • 1972

SABAHI SAMAD – IRN
SABAHI SAMADE
GANJ-VA-RANJ • SORROW AND TREASURE • 1967
FARDAYE BA SHOKOH • MAGNIFICENT TOMORROW • 1968

SABAHI SAMADE see **SABAHI SAMAD**

SABARROS ANTOINE – FRN
CHRONIQUE INDIENNE • 1981

SABATIER CHRISTIAN – ETH
SAWRANA –OUR REVOLUTION • 1978 • DOC

SABATINI LORENZO – ITL
KIEFER WARREN
JULIETTE DE SADE • HETEROSEXUAL (UKN) ○ MADEMOISELLE DE SADE E I SOUI VIZI • 1969
SCACCO ALLA MAFIA • MORTE IMPROVVISA, LA • 1970

SABATINI MARIO – ITL
GREEN ANTHONY
SQUILLO • 1967
SCERIFFO DI ROCKSPRING, LO • 1971
UOMO CHIAMATO DAKOTA, UN • 1971
CASO VOLPI GEROSI, IL • 1973
DELITTO D'AUTORE • 1974

SABATO ALFREDO
SEI TU L'AMORE • 1930

SABATO MARIO – ARG
COLPI BASSI, I • BELOW THE BELT • 1972
PODER DE LAS TINIEBLAS, EL • POWER OF DARKNESS, THE • 1979
TIRO AL AIRE • SHOT IN THE AIR, A • 1980
PARCHIS VERSUS EL INVENTOR INVENCIBLE, LOS • PARCHIS AGAINST THE INVINCIBLE INVENTOR, THE • 1981

el SABAWI AHMED – EGY
CURSED OF THE TIME • 1979

SABBAGHZADEH MEHDI – IRN
SEARCH IN THE ISLAND • 1990

SABBIA ANDREA DELLA – ITL
CASA SENZA TEMPO, LA • IL MISTERIO DEL 2o PIANO • 1943

SABEK VIR see **SABEL VIRGILIO**

SABEL VIRGILIO – ITL – 1920–
SABEK VIR
FIGLIO DELL'UOMO, IL • SHADOW ON THE HILL, THE (UKN) ○ SON OF MAN, THE • 1955
IN ITALIA SI CHIAMA AMORE • 1963 • DOC
NUDE CALDE E PURE • 1965

SABELA SIMON – SAF
INKEDAMA • ORPHAN, THE • 1975
U-DELIWE • LITTLE ONE, THE • 1975
NGAKA • 1976
ISIVUMELWANO • ISUVUMELWANO • 1978

SABINE MARTIN – USA
PURSUING VENGEANCE, THE • 1916

SABINSKY – USS
STARETS VASILI GRYAZNOV • ELDER VASILI GRYAZNOV • 1924

SABIROV TAKHIR – USS
IZMYENA • BETRAYAL • 1967
SMYERT ROSTOVSHCHIKA • DEATH OF A USURER • 1967
RAZOBLATCHENIE • EXPOSURE • 1970

SABITOV ZAKIR – USS
GENERAL RAKHIMOV • 1968

SABLIN V. KORSH
SECRET BRIGADE • 1951

SABO DUSAN – YGS
PRLJAVI FILM • DIRTY BUSINESS, THE • 1989
SEX -PARTIJSKI NEPRLJATELJ BR.1 • SEX, PART ENEMY NO.1 • 1990

SABUNCU BASAR – TRK – 1943–
ASILACAK KADIN • WOMAN TO BE HANGED, A • 1985
CIPLAK VATANDAS • NAKED CITIZEN, THE • 1985
KACAMAK • IMPROMPTU • 1987
ZENGIN MUTFAGI • KITCHEN OF THE RICH, THE • 1988

SABURI SHIN – JPN
SHIKKO YUYO • REPRIEVE • 1950
FUSETSU NIJYUNEN • TWENTY YEARS IN A STORM • 1951
DOKOKU • WAIL • 1952
JINSEI GEKIJO • THEATRE OF LIFE • 1952
HANRAN • REBELLION • 1954

SACCO ARDUINO – ITL
RAND ROVER • 1979

SACER ZLATKO – YGS
SKOLOVANJE • SCHOOLING • 1970 • ANS

SACH WILLIAM – UKN
BREAKFAST • 1967 • SHT

SACHA JEAN – FRN – 1912–
FANTOMAS • 1946
CARREFOUR DU CRIME • J'AI TUE • 1947
CITE RADIEUSE, LA • 1952 • SHT
CET HOMME EST DANGEREUX • DANGEROUS AGENT (USA) ○ THIS MAN IS DANGEROUS • 1953
BALLE SUFFIT, UNE • 1954
CANCION DEL PENAL, LA • 1954
SOUPE A LA GRIMACE, LA • 1954
O.S.S. 117 N'EST PAS MORT • O.S.S. 117 IS NOT DEAD • 1956

SACHDEV ARUN – IND
WOMAN, A • 1990

SACHER OTTO – GRM
DINGE GIBT'S DIE GIBT'S GAR NICHT • THINGS EXIST THAT DO NOT EXIST AT ALL ○ THERE ARE MORE THINGS IN HEAVEN AND EARTH • 1966 • ANS

SACHMANN KURT
SEX FOLLIES

SACHS GLORIA – UKN
SITE IN THE SEA, A • 1971

SACHS GUNTHER
HAPPENING IN WHITE • 1970 • DOC

SACHS PETER – UKN
ENTERPRISE • 1950
FULL CIRCLE • 1954

SACHS WILLIAM – USA
SOUTH OF HELL MOUNTAIN • 1974
SECRETS OF THE GODS • 1976
INCREDIBLE MELTING MAN, THE • 1977
THERE IS NO THIRTEEN • 1977
FORCE BEYOND, THE • 1978
VAN NUYS BLVD. • 1979
GALAXINA • 1980
HOT SUMMER • HOT CHILI • 1985
JUDGEMENT • 1989

SACKIN MOE
TRES AMORES • 1934

SACKLER HOWARD
MIDSUMMER NIGHT'S DREAM, A • 1961

SACKS ALAN – USA
DU-BEAT-E-O • 1984

SACRIPANTI LUCIANO – ITL
BARBE-BLEUE • BARBABLU (ITL) ○ BLUEBEARD (USA) • 1972

SACRISTAN JOSE – SPN
SOLDADOS DE PLOMO • TIN SOLDIERS • 1984

SADAN MARK – USA
WHISPERS • SHT

SADANAGA – JPN
SABITA HONOO • RUSTY FLAME • 1977

SADANAGA MASAHISA – JPN
SURE DEATH

SADANAGA YOSHIHISA – JPN
FUKUSHU NO UTA GA KIKOERU • SONG OF VENGEANCE • 1968

SADEGHI ALI AKBAR – IRN
ROKH • ROOK, THE ○ CHESS • 1975

SADEGHPOOR IRAJ – IRN
MOJAZAT • PUNISHMENT • 1974

SADEGHPOOR MANOUCHEHR – IRN
DASH AHMAD • 1967
BIGONAHI DAR SHAHR • INNOCENT IN THE CITY, AN • 1968
DOKHTAR TALA • GOLDEN GIRL • 1968

SADERMAN ALEJANDRO – CUB
HOMBRES DEL MAL TIEMPO 1968 • 1968

SADIQ M. – IND
BAHU BEGUM • ADORED WIFE • 1967
NOOR JEHAN • 1968

SADKOVICH M. – USS
TAYINSTVENNAYA STENA • RIDDLE OF THE WALL, THE ○ MYSTERIOUS WALL, THE • 1968

SADOVSKY V. see **SADOVSKY VIKTOR**

SADOVSKY VIKTOR – USS
SADOVSKY V.
UDAR! YESHCHYO UDAR! • SHOOT! SHOOT AGAIN! • 1968
MOVE OF THE WHITE QUEEN • WHITE QUEEN TO MOVE • 1972
ELEVEN HOPES • 1975

SADWITH JAMES – USA
BLUFFING IT • 1987 • TVM

SAEID ESMAEIL POOR – IRN
DONYAYE GHAHREMANAN • HERO'S WORLD, THE • 1967

SAEKI – JPN
KITA NO SANNIN • THREE MEN OF THE NORTH, THE • 1945
KEKEDASHI JIDAI • TENDERFOOT DAYS • 1947
FUJI SANCHO • SUMMIT OF MOUNT FUJI, THE • 1948
NIJI O IDAKU SHOJO • VIRGIN WHO EMBRACES A RAINBOW, A • 1948
NOZOMI NAKI NI ARAZU • HOPE IS NOT DEAD YET • 1949

SAEKI KIYOSHI – JPN
APPARE ISSHIN TASUKE • BRAVO TASUKE ISSHIN • 1945
TOMOYUKI YAMASHITA • GENERAL YAMASHITA ○ YAMASHITA TOMOYUKI • 1953
SEIZOROI KENKA WAKASHU • 1955
RYUSEI KARATE UCHI • 1956
ZENIGATA HEIJI TORIMONO HIKAE • 1958
TOSEININ • 1967
ZANKYO ABAREHADA • RIOTOUS SKIN OF THE OUTLAW • 1967
ZOKU TOSEININ • GAMBLERS' WORLD (TWO), THE • 1967
DAIGASHI • THREE CHIVALROUS MEN • 1968
GOKUAKU BOZU • EVIL PRIEST, THE • 1968
HEITAI GOKUDO • PROFLIGATE SOLDIER, A • 1968

SAEKI KOZO – JPN
SAHEKI KOZO
ASU WA NICHIYOBI • TOMORROW WILL BE A SUNDAY • 1953
ZOKU JUDAI NO SEITEN • DANGEROUS AGE • 1953
BUTTSUKE HONBAN • GO AND GET IT • 1958
OHATARI TANKUI GOTEN • BADGER PALACE, THE • 1958
MORI NO ISHIMATSU YUREI DOCHU • ISHIMATSU TRAVELS WITH GHOSTS • 1959
YORU NON HAIYAKU • CAST OF NIGHT • 1959
JIYAGAOKA FUJIN • 1960
ATOMIC NO OBON, ONNA OYABUN TAIKETSU NO MAKI • OBON'S DIPPING CONTEST (USA) • 1961
YUREI HANJO-KI • MY FRIEND DEATH • 1961
KIGEKI EKIMAE KAIDAN • GHOST STORY OF FUNNY ACT IN FRONT OF TRAIN STATION • 1964
EKIMAE MANGAN • MAHJONG MADNESS • 1967

SAENZ CARLOS – CRC
NUESTRA FAMILIA • 1978 • DOC

SAENZ DE HEREDIA JOSE LUIS – SPN – 1911–
PATRICIO MIRO UNA ESTRELLA • 1934
HIJA DE JUAN SIMON, LA • 1935
QUIEN ME QUIERE A MI? • 1936
A MI NO ME MIRE USTED! • 1941
RAZA • 1941
ESCANDALO, EL • 1943
DESTINO SE DISCULPA, EL • 1944
BAMBU • 1945
MARIONA REBULL • 1947
AGUAS BAJAN NEGRAS, LAS • 1948
MIES ES MUCHA, LA • 1949
DON JUAN • 1950
OJOS DEJAN HUELLAS, LOS • 1952
TODO ES POSIBLE EN GRANADA • 1954
UOMINI SENZA PACE • 1954
HISTORIAS DE LA RADIO • 1955
FAUSTINA • 1956
ZORAS IL RIBELLE • 1959
INDULTO, EL • 1960
GRANO DE MOSTAZA, EL • 1962
DERECHOS DE LA MUJER, LOS • 1963
FRANCO, ESE HOMBRE • 1964
VERBENA DE LA PALOMA, LA • 1964
HISTORIAS DE LA TELEVISION • 1965
FRAY TORERO • 1966
PERO, EN QUE PAIS VIVIMOS? • 1967
ALMA SE SERENA • 1969
JUICIO DE FALDAS • 1969
RELACIONES CASI PUBLICAS • 1969
SE ARMO EL BELEN • 1969
DECENTE, LA • 1970
DON ERRE QUE ERRE • 1970
GALLOS DE LA MADRUGADA, LOS • 1970
TAXI DE LOS CONFLICTOS, EL • 1970
ME DEBES UN MUERTO • 1971
PROCESO A JESUS • TRIAL OF JESUS • 1973
CUANDO LOS NINOS VIENEN DE MARSELLA • 1974
SOLO ANTE EL STREAKING • 1975
ULTIMO HEROE, EL • 1976

SAENZ DE SICILIA GUSTAVO – MXC
BODA DE ROSARIO, LA • 1925
DRAMA DE LA ARISTOCRACIA, UN • 1925

SAENZ LUIS – FRN
DES HOMMES QU'ON APPELLE SAUVAGE • 1948 • DOC

SAETA EDDIE – USA
DR. DEATH, SEEKER OF SOULS • DR. DEATH • 1972

SAETHER ODD GEIR see **SAETHER ODDGEIR**

SAETHER ODDGEIR – NRW
SAETHER ODD GEIR
GRONNE HEISEN, DEN • GREEN ELEVATOR, THE • 1981

SAEZ NILO – PHL
COBRA CHALLENGES THE JOKERS • 1967
KINGPIN, THE • 1967
MGA TIGRE SA LOOBAN • TIGERS IN THE SLUMS • 1968
MIGHTY ROCK • 1970

SAFAEI AHMAD – IRN
TAKTAZANE SAHRA • FIRST RIDER OF THE SAHARA • 1968

SAFAEI RESA see **SAFAEI REZA**

SAFAEI REZA – IRN
SAFAEI RESA
DAR JOSTOJOYE TABAHCARAN • SEARCHING FOR CRIMINALS • 1967
HOGHEBAZAN • IMPOSTORS, THE • 1967
YEKEBEZAN • ROBUS • 1967
LOUTYE GHARNE BISTOM • TWENTIETH CENTURY ROGUE • 1968
SHOLEHAYE KHASHM • FLAME OF ANGER, THE • 1968

SAFARIK BERNARD – SWT
KALTE PARADIES, DAS • 1986

SAFRAN FRED – USA
PARADISE NOW • SHT
STAIRWAY TO THE STARS • SHT
LOVE POTION NUMBER NINE • SHT

SAFRAN HENRI – FRN – 1932–
ELEPHANT BOY • 1975
DEMOCRACY • 1976 • SHT
STORM BOY • 1976
LISTEN TO THE LION • 1977 • SHT
NORMAN LOVES ROSE • 1982
BUSH CHRISTMAS • 1983
PRINCE AND THE GREAT RACE • 1983
WILD DUCK, THE • 1983
VICTIMS OF PASSION • LANCASTER MILLER AFFAIR, THE • 1986
EDGE OF POWER • 1988

SAGAL BORIS – USA – 1923–1981
CRIMEBUSTERS, THE • 1961
DIME WITH A HALO • 1963
TWILIGHT OF HONOR • CHARGE IS MURDER, THE (UKN) • 1963
GUNS OF DIABLO • DAY OF RECKONING • 1964 • MTV
GIRL HAPPY • 1965
MADE IN PARIS • 1965
HELICOPTER SPIES, THE • HELICOPTER INVADERS • 1967
D.A.: MURDER ONE • MURDER ONE • 1969 • TVM
DESTINY OF A SPY • GAUNT WOMAN, THE • 1969 • TVM
MOSQUITO SQUADRON • 1969
NIGHT GALLERY • 1969 • TVM
THOUSAND PLANE RAID, THE • 1000 PLANE RAID, THE • 1969
U.M.C. • OPERATION HEARTBEAT (UKN) ○ UNIVERSITY MEDICAL CENTRE • 1969 • TVM
FOUR-IN-ONE • 1970 • TVM
HAUSER'S MEMORY • 1970
MOVIE MURDERER, THE • 1970 • TVM
FAILING OF RAYMOND, THE • 1971 • TVM
HARNESS, THE • 1971 • TVM
HITCHED • WESTWARD THE WAGON (UKN) • 1971 • TVM
MCCLOUD: THE DISPOSAL MAN • 1971 • TVM
OMEGA MAN, THE • I AM LEGEND • 1971
COLUMBO: THE GREENHOUSE JUNGLE • 1972 • TVM
COLUMBO: CANDIDATE FOR CRIME • 1973 • TVM
DELIVER US FROM EVIL • 1973 • TVM
MADIGAN: THE LISBON BEAT • 1973 • TVM
MADIGAN: THE NAPLES BEAT • 1973 • TVM
MAN ON THE OUTSIDE • 1973 • TVM
SNOOP SISTERS: FEAR IS A FREE THROW, THE • 1973 • TVM
AMY PRENTISS • 1974 • TVM
CASE OF RAPE, A • 1974 • TVM
GREATEST GIFT, THE • 1974 • TVM
INDICT AND CONVICT • 1974 • TVM
DANGEROUS CARGO • 1975
DREAM MAKERS, THE • 1975 • TVM
RUNAWAY BARGE, THE • 1975 • TVM
THREE FOR THE ROAD • 1975 • TVM
MALLORY • MALLORY: CIRCUMSTANTIAL EVIDENCE • 1976 • TVM
MONEYCHANGERS, THE • ARTHUR HAILEY'S THE MONEYCHANGERS • 1976 • TVM
OREGON TRAIL, THE • 1976 • TVM
SHERLOCK HOLMES IN NEW YORK • 1976 • TVM
ANGELA • 1977
AWAKENING LAND, THE • 1978 • TVM
IKE: THE WAR YEARS • IKE • 1978 • TVM
MRS. COLUMBO • 1979 • TVM
DIARY OF ANNE FRANK, THE • 1980 • TVM
MASADA • ANTAGONISTS, THE (UKN) • 1980 • TVM
DIAL M FOR MURDER • 1981 • TVM
WHEN THE CIRCUS CAME TO TOWN • 1981 • TVM

SAGAN FRANCOISE – Novelist – FRN – 1935–
FOUGERES BLEUES, LES • 1977

SAGAN LEONTINE – GRM – 1889–1974
MADCHEN IN UNIFORM • MAIDENS IN UNIFORM ○ GIRLS IN UNIFORM • 1931
MEN OF TOMORROW • YOUNG APOLLO • 1932

SAGAR RAMANAND – IND – 1917–
ARZOO
ANKHEN • EYES • 1968
GEET • 1969
LALKAR • 1969
JALTE BADAN • BURNING BODY • 1973
RAMAYVAN • 1987 • SRL

SAGE DEWITT – USA
DISTANT HARMONY • 1987 • DOC

SAGIROGLU DUYGU – TRK
BEN OLDUKCE YASARIM • 1965
HER ZAMAN KALBIMDESIN • YOU ARE ALWAYS IN MY HEART • 1967
KUDUZ RECEP • ASLAN ARKADASIM ○ RECEP THE ENRAGED ○ MY BRAVE FRIEND • 1967
SENI AFFEDEMEN • I CAN'T FORGIVE YOU • 1967
YA SEV YA OLDUR • LOVE OR KILL • 1967

SAGLIETTO PAOLO – ITL
PUPO DAL K.O., IL • 1957

SAGUEZ GUY – FRN
LAURENCE • 1962 • SHT

SAHATCIU BESIM – YGS
ERA E LISI • WIND AND THE OAK, THE ○ VJETAR I HRAST • 1981
PERROI VERSHUES • NABUJALA RIJEKA ○ SWELLING RIVER, THE • 1984

SAHEKI KOZO see **SAEKI KOZO**

el SAHN IBRAHIM – EGY
THALASS KASSAS • THREE STORIES • 1968

SAHU KISHORE – IND
KHOON-E-NAHAG • HAMLET (USA) • 1953
POONAM KI RAAT • NIGHT OF THE FULL MOON • 1965
HARE KANCH KI CHOORIYAN • GREEN GLASS BANGLES • 1967

SAIA FRANCINE – CND
A QUI APPARTIENT CE GAGE? • 1973

SAIDREAU ROBERT – FRN
SYSTEME DU DOCTEUR GOUDRON ET DU PROFESSEUR PLUME, LE • LUNATICS, THE (USA) ○ DR. GOUDRON'S SYSTEM • 1909
CHALUMEAU • 1920 • SER
PREMIERE IDYLLE DE BOUCOT, LA • 1920
ETRANGE AVENTURE DU DOCTEUR WORK, L' • 1921
PAIX CHEZ SOI, LA • 1921
BONHEUR CONJUGAL, LE • 1922
NUIT DE LA SAINT-JEAN, LA • 1922
COEUR LEGER • 1923
IDEE DE FRANCOISE, L' • 1923
MA TANTE D'HONFLEUR • 1923
FIL A LA PATTE, UN • 1924
MONSIEUR LE DIRECTEUR • 1924
A LA GARE • 1925
JACK • 1925
CORDE AU COU, LA • 1926

el SAIFI HASSAN – EGY
el SEIFY HASSAN • *el SEIFI HASSAN*
AFRITET ISMAIL YASSINE • ISMAIL YASSINE AND THE GHOST • 1954
ARIS EL THANI, EL • SECOND GROOM, THE • 1967

LEKAA EL TANI, EL • THEY WILL MEET AGAIN • 1967
SHANTET HAMZA • HAMZA'S SUITCASE • 1967
ASHGAA RAGEL FIL ALAM • BRAVEST MAN IN THE WORLD, THE • 1968
EBN EL HETTA • BOY OF THE DISTRICT, THE • 1968
MILLIONAIRE AL MOUZAYYAF, AL • PHONEY MILLIONAIRE, THE • 1968
TRIP IN WONDERLAND, A • 1974
MAMNU FI LEILET EL DOKHLA • FORBIDDEN ON WEDDING-NIGHT • 1976

SAIGAL NARESH – IND
JAB YAAD KISIKI AATI HAI • WHEN MEMORIES ARE STIRRED UP • 1967

SAIKA BHABENDRANATH – IND
SANDHYA RAG • EVENING SONG • 1977

SAIKKONEN VELI-MATTI – FNL
SNOW WOMAN
TAKIAISPALLO • BALL OF BURR • 1970

SAIMURA KAZUHIKO – JPN
SHINJUKU NO HADA • NAKED FACE OF SHINJUKU, THE • 1968

SAINSBURY FRANK – Screenwriter – UKN – 1912–
LIVING WITH STRANGERS • 1935–45 • DOC
VOICE OF THE PEOPLE, THE • 1935–45 • DOC
WE WON'T FORGET • 1935–45 • DOC
NEW WORLDS FOR OLD • 1938 • DOC
PLASTIC SURGERY IN WARTIME • 1941 • DCS

SAINT-ANDRE PAUL see **MESNIER PAUL**

SAINT-CLAIR JULIEN – FRN
DESIR ET LA VOLUPTE, LE • 1972

ST. CLAIR MAL see **ST. CLAIR MALCOLM**

ST. CLAIR MALCOLM – USA – 1897–1952
ST. CLAIR MAL
LITTLE WIDOW, THE • 1919 • SHT
NO MOTHER TO GUIDE HIM • 1919 • SHT
RIP & STITCH TAILORS • 1919 • SHT
DON'T WEAKEN • 1920 • SHT
HE LOVED LIKE HE LIED • 1920 • SHT
HUNGRY LIONS AND TENDER HEARTS • 1920 • SHT
YOUNG MAN'S FANCY, A • 1920 • SHT
CALL A COP • 1921 • SHT
GOAT, THE • 1921 • SHT
NIGHT BEFORE, THE • 1921 • SHT
SWEETHEART DAYS • 1921 • SHT
WEDDING BELLS OUT OF TUNE • 1921 • SHT
BLACKSMITH, THE • 1922 • SHT
BRIGHT EYES • 1922 • SHT
CHRISTMAS • 1922 • SHT
ENTERTAINING THE BOSS • 1922 • SHT
KEEP 'EM HOME • 1922 • SHT
RICE AND OLD SHOES • 1922 • SHT
THEIR FIRST VACATION • 1922 • SHT
TWIN HUSBANDS • 1922 • SHT
FIGHTING BLOOD • 1923 • SRL
FIND YOUR MAN • 1924
GEORGE WASHINGTON, JR. • 1924
LIGHTHOUSE BY THE SEA, THE • 1924
TELEPHONE GIRL, THE • 1924 • SRL
AFTER BUSINESS HOURS • 1925
ARE PARENTS PEOPLE? • 1925
ON THIN ICE • 1925
TROUBLE WITH WIVES, THE • 1925
WOMAN OF THE WORLD, A • 1925
GOOD AND NAUGHTY • 1926
GRAND DUCHESS AND THE WAITER, THE • 1926
POPULAR SIN, THE • 1926
SHOW OFF, THE • SHOW-OFF, THE • 1926
SOCIAL CELEBRITY, A • 1926
BREAKFAST AT SUNRISE • 1927
KNOCKOUT REILLY • KNOCKOUT RILEY • 1927
BEAU BROADWAY • 1928
FLEET'S IN, THE • 1928
GENTLEMEN PREFER BLONDS • 1928
SPORTING GOODS • 1928
CANARY MURDER CASE, THE • 1929
NIGHT PARADE • SPORTING LIFE (UKN) • 1929
SIDE STREET • THREE BROTHERS (UKN) • 1929
BOUDOIR DIPLOMAT, THE • 1930
DANGEROUS NAN MCGREW • 1930
MONTANA MOON • MONTANA • 1930
REMOTE CONTROL • 1930
GOLDIE GETS ALONG • 1933
OLSEN'S BIG MOMENT • OLSEN'S NIGHT OUT • 1933
CRACK-UP • 1936
BORN RECKLESS • 1937
DANGEROUSLY YOURS • 1937
SHE HAD TO EAT • 1937
TIME OUT FOR ROMANCE • 1937
DOWN ON THE FARM • 1938
SAFETY IN NUMBERS • 1938
TRIP TO PARIS, A • 1938
EVERYBODY'S BABY • 1939
HOLLYWOOD CAVALCADE • FALLING STARS • 1939
JONES FAMILY IN HOLLYWOOD, THE • IN HOLLYWOOD • 1939
JONES FAMILY IN QUICK MILLIONS • QUICK MILLIONS • 1939
MEET THE MISSUS • HIGGINS FAMILY, THE • 1940
YOUNG AS YOU FEEL • 1940
BASHFUL BACHELOR, THE • 1942
MAN IN THE TRUNK, THE • 1942
OVER MY DEAD BODY • 1942
DANCING MASTERS, THE • 1943
JITTERBUGS • 1943
SWINGOUT THE BLUES • SWING OUT THE BLUES • 1943
TWO WEEKS TO LIVE • 1943
BIG NOISE, THE • 1944
BULLFIGHTERS, THE • 1945
ARTHUR TAKES OVER • 1948
FIGHTING BACK • 1948

ST. GERMAINE TRAVIS – USA
TWILIGHT PINK • TWILITE PINK • 1981

SAINT-HAMON JAN – FRN
MAIS QU'EST-CE QUE J'AI FAIT AU BON DIEU POUR AVOIR UNE FEMME QUI BOIT DANS LES CAFES AVEC LES HOMME • 1979

ST. JACQUES RAYMOND – Actor – USA – 1930–
BOOK OF NUMBERS, THE • 1972

ST. JOHN AL – Actor – USA – 1893–1963
SPEED • 1919 • SHT
CLEANING UP • 1920 • SHT
SLICKER, THE • 1920 • SHT
AIN'T LOVE GRAND • 1921 • SHT
ALARM • 1922 • SHT
ALL WET • 1922 • SHT
AUTHOR, THE • 1922 • SHT
CITY CHAP, THE • 1922 • SHT
OUT OF PLACE • 1922 • SHT
SPECIAL DELIVERY • 1922 • SHT
TAILOR, THE • 1922 • SHT
VILLAGE SHEIK, THE • 1922 • SHT
YOUNG AND DUMB • 1922 • SHT
FULL SPEED AHEAD • 1923 • SHT
SALESMAN, THE • 1923 • SHT
SLOW AND SURE • 1923 • SHT
TROPICAL ROMEO, A • 1923 • SHT
BE YOURSELF • 1924 • SHT
LOVE MANIA • 1924 • SHT
STUPID BUT BRAVE • 1924 • SHT

ST. JOHN CHRISTOPHER – USA
TOP OF THE HEAP • 1972

SAINT-LAURENT CECIL – FRN – 1919–
14–18 • OVER THERE 1914–1918 (USA) • 1962
QUARANTE HUIT HEURES D'AMOUR • 48 HOURS OF LOVE • 1968

ST. LEGER BILL – IRL
CITY OF JAMES JOYCE • 1962

ST. LOUIS ALBERT
EDMUND KEAN, PRINCE AMONG PLAYERS • 1927

ST. LOUP – USA
POWER BEHIND THE THRONE, THE • 1912

de SAINT-MAURICE CHRISTIAN – FRN – 1927–
SUSPENSE AU DEUXIEME BUREAU • 1959

de SAINT-OGAN ALAIN – Animator – FRN – 1895–1974
CONCOURS DE BEAUTE, UN • 1934 • ANM

de SAINT-PHALLE NIKI – FRN – 1930–
DADDY • 1972
REVE PLUS LONG QUE LA NUIT, UN • 1976

ST. THOMAS WARREN – USA
PLAYPEN, THE • 1967

SAIRE JEAN-PIERRE – FRN – 1944–
RETOUR DE CHRISTOPHE COLON, LE • 1982

SAITO – JPN
MAN WITH NINE LIVES
KOZURE OHKAMI • WOLF WITH CHILD • 1972

SAITO BUICHI – JPN
SATO BUICHI
SHIROI AKUMA • BUDDING OF LOVE • 1958
HAKUGIN-JO • DUEL ON THE SILVER PEAK • 1960
AI TO SHI O MITSUMETE • GAZING AT LOVE AND DEATH • 1964
TEKKABA YABURI • GAMBLER'S BLOOD • 1964
FUJIMINA AITSU • INVINCIBLE ONE, THE • 1967
KIMI GA SEISHUN NO TOKI • CAUGHT IN HER OWN PLOT • 1967
KIMI WA KOIBITO • MY LOVER • 1967
KOI NO HIGHWAY • HIGHWAY OF LOVE, THE • 1967
THE SPIDERS NO GOGO MUKOUMIZUSAKUSEN • RECKLESS TACTICS OF THE SPIDERS • 1967
SEKIDOO KAKERU OTOKO • DIAMOND OF THE ANDES • 1968

SAITO KOICHI – JPN – 1929–
SASAYASHI NO JOE • WHISPERING JOE (USA) • 1967
CHIISANA SUNAKKA • WE MET AT THE SNACK BAR ○ CHIISANA SNACK • 1968
NIJI NO MAKANO LEMMON • ROSE BUDS IN THE RAINBOW • 1968
OMOIDE NO YUBIWA • WONDERFUL ONES, THE • 1968
TOKYO PARIS SEISHUN NO JOKEN • RAINBOW OVER PARIS • 1970
KIGEKI: HANAYOUN SENSO • 1971
NEMAI • 1971
TABIJI • 1971
KOFU KUGO NE SHUSSAN • 1972
TABI NO OMOSA • JOURNEY INTO SOLITUDE • 1972
TOGE • 1972
YAKUSOKU • 1972
TSUGARU JONGARA-BUSHI • JONGARA • 1973
SAIKAI • MEETING AGAIN • 1974
KOISURU • TO LOVE • 1975
KISETSU-FU • SEASONAL WIND, THE • 1977
NAGISA NO SHIROI IE • WHITE HOUSE ON THE SHORE, THE • 1977
KOFUKU-GO SHUPPAN • SAILING OF THE SHIP KOFUKU-GO, THE • 1981

SAITO KOSEI – JPN
SHAYO NO OMOKAGE • LONELY LIFE, THE • 1967
NINJA WARS • 1982

SAITO MITSUMASA – JPN
AKUMA GA KITARITE FUE WO FUKU • DEVIL COMES AND THE WHISTLE BLOWS, THE • 1978
SENGOKU JIEITAI • SLIP OF THE BATTLE FIELD, THE ○ DAY OF THE APOCALYPSE ○ TIME SLIP ○ TELE ○ TIME WARS • 1979
TSUMIKI KUZUSHI • BROKEN FAMILY • 1984

SAITO SADARO – JPN
THERE WAS A WAR WHEN I WAS A CHILD

SAITO T. see **SAITO TORAJIRO**

SAITO TAKEICHI – JPN
HANA NO KOIBITOTACHI • SWEET INTERNS, THE • 1968

SAITO TORAJIRO – JPN
SATO TORAJIRO • SAITO T.
ENOKEN NO HOKAIBO • ENOKEN THE PRIEST • 1938
KAIBYO KOSHINUKE DAISODO • WEAK-KNEED FROM FEAR OF GHOST-CAT • 1954
NANBANJI NO SEMUSHI-OTOKO • RETURN TO MANHOOD • 1957

SAITOR TONY – SPN
CASCO BLANCO, EL • 1959

SAITTA UGO – ITL – 1912–
LO VOGLIO MASCHIO • 1971

SAIZESCU GEO – RMN – 1932–
ADVENTURE OF THE GOOD SOLDIER SCHWEIK, THE • 1953
DOI VECINI • TWO NEIGHBOURS • 1958
UN SURIS IN PLINA VARA • MIDSUMMER DAY'S SMILE, A • 1963
DRAGOSTE LA 0 • LOVE AT FREEZING POINT • 1964
LA PORTILE PAMINTULUI • AT THE GATES OF THE EARTH • 1966
BALUL DE SIMBATA SEARA • SATURDAY NIGHT DANCE, THE • 1968
SANTAJ • BLACKMAIL • 1981

SAJKO MAKO – YGS – 1927–
FOSTER CHILDREN • DCS
POISONS • DCS
WARNING FOR SUICIDES, A • DCS

SAJTINAC BORISLAV – YGS
IZVOR ZIVOTA • SPRING OF LIFE, THE • 1969 • ANS
NEVESTA • 1971 • ANS
TRIJUMF • TRIUMPH • 1972
NICHT ALLES WAS FLIEGT ISAT EIN VOGEL • NOT EVERYTHING THAT FLIES IS A BIRD ○ NIJE PRICA SVE STO LETI • 1978

SAKAI TATSUO – JPN
KOTSUMA NANKIN • SOME PUMPKIN • 1960

SAKAO MASANAO – JPN
FUDATSUKI SHOJO • NOTORIOUS VIRGINS • 1967
JOTAI ZANGYAKUZO • CRUEL MAP OF WOMEN'S BODIES • 1967
NUREBA • LOVE SCENE • 1967
ONNANAKASE • WOMEN KILLER • 1967
HIMOTSUKI SHOJO • VIRGIN WITH AN ENCUMBRANCE • 1968
JOSHOKU NO MOTSURE • ENTANGLEMENT OF LUST • 1968
KEIHO 177 JO-FUJO KYOHAKU BOKOZAI • ARTICLE 177 OF THE CRIMINAL LAW • 1968
NEWAZASHI • SEX EXPERT • 1968
NIHON HANZAISHI HAKUCHU NON BOHKOHKI • JAPANESE CRIMINAL HISTORY -VIOLATION AT NOON • 1968

SAKELARIOS ALEKOS see **SAKELLARIOS ALEKOS**

SAKELLARIOS ALEKOS – GRC – 1913–
SAKELARIOS ALEKOS
YERMANI XANARHONTAI, I • GERMANS STRIKE AGAIN, THE ○ ALLEMANDS REVIENNENT, LES • 1947
LATERNA FTOHIA KE FILOTIMO • LATERNA, PAUVRETE ET GENEROSITE • 1956
MADEMOISELLE -AGE 39 • 1956
DELISTAVRO KAI GIOS • TROUBLE FOR FATHERS (USA) • 1958
HURDY GURDY, THE • 1958
SANTA CHIKITA • 1959
ALIKI STO NAFTIKO • ALIKI IN THE NAVY ○ ALICE IN THE NAVY • 1960
AUNT FROM CHICAGO, THE • 1960
KAPHETZOU • FORTUNE TELLER, THE (USA) ○ COFFEE FORTUNE TELLER, THE • 1961
MIDWIFE, THE • 1961
XILO VIKE AP TO PARADISO • MAIDEN'S CHEEK • 1961
POLICEMAN OF THE 16TH PRECINCT, THE • 1963
KALOS ILTHE TO DHOLLARIO • WELCOME DOLLARS • 1967
KAPETAN FANTIS BASTOUNIS, O • KNAVE OF SPADES ○ CAPTAIN FANTIS • 1968
ROMIOS EHI FILOTIMO, O • ROMIOS HAS AMBITION ○ DUTY • 1968
STRINGLOS POV EYINE ARNAKI, O • MALE SHREW WHO BECAME A LAMB, THE ○ TAMING OF THE MALE SHREW, THE • 1968
RIGAS FERREOS • 1970

SAKHAROV A. see **SAKHAROV ALEXEI**

SAKHAROV ALEXEI – USS
SAKHAROV ALEXEY • SAKHAROV A.
SNEZHNAYA SKAZKA • SNOWY FAIRY TALE, A • 1959
KOLLEGI • COLLEAGUES • 1963
CLEAR PONDS • 1966
MORSKIYE RASSKAZY • SEA STORIES • 1967
WHAT HAPPENED TO POLYNIN • 1971
MAN IN THE RIGHT PLACE, A • 1973

SAKHAROV ALEXEY see **SAKHAROV ALEXEI**

SAKS GENE – USA – 1921–
BAREFOOT IN THE PARK • 1967
ODD COUPLE, THE • 1968
CACTUS FLOWER • 1969
LAST OF THE RED HOT LOVERS • 1972
MAME • 1974
BRIGHTON BEACH MEMOIRS • 1987

SAKS MADY – NTH
DREAMLAND • 1982
IRIS • 1987
GULLE MINNAAR, DE • 1989

SAKS RON – USA
HOPE SEEMS INFINITE • 1972 • ANS

SAKURAI HIDEO – JPN
BARAIRO NO FUTARI • FALLEN ROSEBUD • 1967
KOI NO MEXICAN ROCK: KOI TO YUME TO BOKEN • LOVE'S GREAT ADVENTURE • 1967

SALA ADIMARO – ITL
MITO, IL • VIOLENZA E L'AMORE, LA ○ MYTH, THE (USA) ○ PUSHOVER, THE • 1963
E STATO BELLO AMARTI • 1968
PELLE A SCACCHI, LA • DISTACCO, IL • 1969
TEMPO DI IMMAGINI • 1970
NOTTE DELL'ULTIMO GIORNO, LA • 1973

SALA HENRI – FRN – 1936–
SALA HENRY
JAMBES EN L'AIR A BANGKOK • 1974
WE ARE NO VIRGINS • COME AND PLAY • 1974
ELLE EN VEUT • 1975
NIGHTMARE WEEKEND • 1986

SALA HENRY see **SALA HENRI**

SALA VITTORIO – ITL – 1918–
NOTTURNO • 1951 • DOC
DONNE SOLE • 1956
TEMPO DI TONNI • 1956 • DOC
CAPEDIMONTE • 1957 • DOC
COSTA AZZURRA • WILD CATS ON THE BEACH (USA) ○ COTE D'AZURE (FRN) • 1959
REGINA DELLE AMAZZONI, LA • COLOSSUS AND THE AMAZONS (USA) ○ COLOSSUS AND THE AMAZON QUEEN ○ QUEEN OF THE AMAZONS • 1960
PARIS LAS VEGAS • 1962
CANZONI NEL MONDO • 38 – 24 – 36 (USA) • 1963
DONGIOVANNI DELLA COSTA AZZURRA, I • BEACH CASANOVA (USA) • 1963
INTRIGO, L' • DARK PURPOSE (USA) • 1964
TRENO DEL SABATO, IL • SATURDAY TRAIN, THE • 1964
BERLINO, APPUNTAMENTO PER LE SPIE • SPY IN YOUR EYE (USA) ○ EPITAPH FOR A SPY ○ BANG YOU'RE DEAD ○ CULT OF VIOLENCE, THE ○ BERLIN, APPOINTMENT FOR THE SPIES • 1965
ISCHIA OPERAZIONE AMORE • 1966
RAY MASTER L'INAFFERRABILE • 1966
SIGNOR BRUSCHINO, IL • 1967
FORMICA PADANA, LA • 1978 • MTV
SPORT SUPERSTAR • 1978 • DOC

SALABERRY ENRIQUE CAHEN see **CAHEN ENRIQUE**

SALAH TAWFIQ see **SALEH TEWFIK**

SALAHEDDIN KAMAL – EGY
ADAWIYA • 1968

SALAHUDDIN – BNG
ROOPBAN • 1965

SALAM A. – IND
TAQDEER • FATE • 1967

SALAM ABDEL SHADI see **ABDES-SALAM SHADI**

SALAMUNI SAMY – EGY – 1936–
BOREDOM • ENNUI, L' • 1970
MADINA, AL- • VILLE, UNE ○ CITY, A • 1971
COWBOY • 1973

SALAZAR ABEL – MXC
ADOLESCENTES, LOS • ADOLESCENTS, THE • 1968
LEYENDA DE AMOR, UNA • 1978

SALAZAR ALFREDO – MXC
CHARRO DE LAS CALAVERAS, EL • RIDER OF THE SKULLS, THE • 1965

SALCE LUCIANO – ITL – 1922–
FLORADAS NA SERRA • 1953
PULGA NA BALANCA, UMA • 1953
PILLOLE D'ERCOLE, LE • HERCULES' PILLS • 1960
FEDERALE, IL • FASCIST, THE (USA) ○ FEDERAL, THE • 1961
CUCCAGNA, LA • LAND OF PLENTY, THE ○ STROKE OF LUCK, A • 1962
VOGLIA MATTA, LA • CRAZY DESIRE (USA) ○ THIS CRAZY URGE • 1962
MONACHINE, LE • LITTLE NUNS, THE (USA) • 1963
ORE DELL'AMORE, LE • HOURS OF LOVE, THE • 1963
ALTA INFEDELTA • HAUTE INFIDELITE (FRN) ○ SEX IN THE AFTERNOON ○ HIGH INFIDELITY • 1964
SOSPIROSA, LA • 1964
MOGLIE BIONDA, LA • MAN, THE WOMAN AND THE MONEY, THE • 1965
OGGI DOMANI DOPODOMANI • PARANOIA (USA) ○ OGGI DOMANI E DOPODOMANI ○ TODAY, TOMORROW AND THE DAY AFTER ○ KISS THE OTHER SHEIK ○ BLOND WIFE, THE • 1965
SLALOM • 1965
SMEMORATO, LO • 1965–68
COME IMPARAI AD AMARE LE DONNE • GEWISSE ETWAS DER FRAUEN, DAS (FRG) ○ HOW I LEARNED TO LOVE WOMEN • 1966
EL GRECO • LE GRECO • 1966
FATE, LE • OGRESSES, LES (FRN) ○ FAIRIES, THE ○ QUEENS, THE ○ SEX QUARTET • 1966
TI HO SPOSATO PER ALLEGRIA • I MARRIED YOU FOR FUN (USA) ○ I MARRIED YOU FOR GAIETY • 1967
COLPO DI STATO • COUP D'ETAT • 1968
PECORA NERA, LA • BLACK SHEEP, THE • 1968
PROF. DR. GUIDO TERSILLI, PRIMARIO DELLA CLINICA VILLA CELESTE CONVENZIONATA CON LA MUTUE • 1969
BASTA GUARDARLA • 1970
PROVINCIALE, IL • 1971
SINDACALISTA, IL • 1972
IO E LUI • 1973
ALLA MIA CARA MAMMA NEL GIORNO DEL SUO COMPLEANNO • 1974
ANITRA AL'ARANCIA, L' • DUCK IN ORANGE SAUCE (USA) • 1975
FANTOZZI • 1975
SECONDO TRAGICO FANTOZZI, IL • 1976
BELPAESE, IL • 1977
PRESIDENTESSA, LA • 1977
DOVE VAI IN VACANZA? • 1978
PROFESSOR KRANZ TEDESCO DI GERMANIA • 1978
RAG. ARTURO DE FANTI BANCARIO-PRECARIO • THREE IS A CROWD • 1980
INNOCENTS ABROAD, THE • 1982 • TVM
VIENI AVANTI CRETINO • COME ON STUPID • 1982
VEDIAMOCI CHIARO • LET'S SEE IT CLEARLY • 1984

SALDANHA LUIS CARLOS – BRZ
RAONI • 1980 • DOC

SALE RICHARD – Screenwriter – USA – 1911–
SPOILERS OF THE NORTH • 1947
CAMPUS HONEYMOON • 1948
I'LL GET BY • 1950
TICKET TO TOMAHAWK, A • SHERIFF'S DAUGHTER, THE • 1950
HALF ANGEL • 1951
LET'S MAKE IT LEGAL • DON'T CALL ME MOTHER • 1951
MEET ME AFTER THE SHOW • 1951
MY WIFE'S BEST FRIEND • 1952
GIRL NEXT DOOR, THE • 1953
MALAGA • FIRE OVER AFRICA (USA) • 1954
GENTLEMEN MARRY BRUNETTES • 1955
SEVEN WAVES AWAY • ABANDON SHIP (USA) • 1956

SALEH FARIBORZ – IRN
DEATH OF THE LEOPARD • 1989

SALEH SEYMON – EGY
VIRGIN.. BUT • 1977

SALEH TAWFIK see **SALEH TEWFIK**

SALEH TEWFIK – EGY – 1926–
SALEH TAWFIK • SALAH TAWFIQ
DARB AL-MAHABIL • RUELLE DES FOU ○ RUELLE DES IDIOTS • 1955
KURNICH AN-NIL • CORNICHE DU NIL • 1956 • SHT
ARA IS, AL- • MARIONNETTES, LES • 1959 • SHT
SINAATUNA • NOTRE INDUSTRIE • 1959 • SHT
MAN NAHN U • QUI SOMMES-NOUS? ○ WHO ARE WE? • 1960
NAHWA AL-MAJHUL • VERS L'INCONNU • 1960 • SHT
QULLA, AL- • GARGOULETTE, LA • 1961 • SHT
SIRA AL-ABT'AL • COMBAT HEROIQUE ○ LUTTES DES HEROS • 1961
INDUSTRIE LOURDE, L' • 1962 • SHT
VISITE EN HONGRIE • 1962
ZUQAQ AS-SAYYID AL-BULT'Y • 1967
MOUTAMARRIDOUNE, AL • REBELS, THE ○ MUTAMARRIDUN, AL- • 1968
YAWMIYYAT NAIB FI AL-ARYAF • JOURNAL D'UN SUBSTITUT DE CAMPAGNE EN EGYPTE • 1968
MAKHDU UN, AL- • DECEIVED ONES, THE ○ BETRAYED, THE ○ DUPES, LES ○ MAKHDOU OUN, AL- ○ CHEATED, THE • 1972
FAJR AL-HAD'ARA: AL-FANN AS-SUMARY • AUBE DE LA CIVILISATION: L'ART DE SUMER, L' • 1976
SAMARAA'S ART • 1978
AL-AYYAM AL-TAWILLA • LONG DAYS, THE ○ AYYAM AL TAWWILA, AL • 1980

SALEM AATEF see **SALEM ATEF**

SALEM AHMED – EGY
RAJUL EL MOSTAKBUL • MAN OF THE FUTURE, THE • 1947
MOSTAKBEL EL MAGHOUL, EL • UNKNOWN FUTURE, THE • 1948

SALEM ATEF – SDN – 1927–
SALEM ATIF • SALEM AATEF • SALIM ATIF
HIRMAN, AL- • PRIVATION, LA • 1953
JAALLUNI MUJRIMAN • ILS ONT FAIT DE MOI UN ASSASSIN • 1954
LAILATUN MIN UMRI • NUIT DE MA VIE, UNE • 1954
FAGR • AUBE • 1955
MOGEZAT EL SAMAA • MIRACLE FROM HEAVEN, A ○ MUJIZAT AS-SAMA ○ MIRACLE DU CIEL • 1956
NAMRUD, AL- • INGRAT, L' • 1956
SAWT MINA AL-MAHDI • VOIX DU PASSE, UNE • 1956
ALLIMUNI AL-HUBB • APPRENEZ-MOI L'AMOUR • 1957
GHARAMU AL-MILLYUNIR • AMOURS DU MILLIONNAIRE, LES • 1957
SHAT'I AL-ASRAR • RIVAGE DES SECRETS, LE • 1958
AHNA AL-TALAMD'A • NOUS LES ETUDIANTS ○ WE STUDENTS • 1959
GARIMAT HUBB • CRIME PASSIONNEL • 1959
MAWID MA'A AL-MAGHUL • RENDEZ-VOUS AVEC L'INCONNU • 1959
SIRAUN FI AN-NIL • DUEL SUR LE NIL • 1959
SABU BANAT, AS- • SEPT FILLES, LES • 1960
SIRRU IMRA'A • SECRET D'UNE FEMME, LE • 1960
YUM MIN UMRI • JOUR DANS MA VIE, UN • 1960
MABAD AL-HUBB • TEMPLE DE L'AMOUR, LE • 1961
MAFISH TAFAHUM • IMPOSSIBILITE DE S'ENTENDRE • 1962
HAQIQA AL-ARIYA, AL- • VERITE TOUTE NUE, LA • 1963
HARIB MINA AL-HAYAT • FUGITIF DE LA VIE, LE • 1963
UM AL-ARUSSA • MERE DE LA MARIEE, LA ○ OM EL AROUSSA ○ BRIDE HAS A MOTHER, THE ○ BRIDE'S MOTHER, THE • 1963
MAMALIK, AL- • REVOLT OF THE MAMELUKES ○ MAMELUKES, THE • 1965
THAWRAT AL-YAMAN • REVOLUTION DU YEMEN, LA • 1966
ZAWGATUN MIN BARISS • EPOUSE DE BARISS, UNE • 1966
KHAN AL-KHALILI • 1967
CIRK, AL • CIRCUS, THE ○ SIRK, AS- ○ CIRQUE, LE • 1968
BANATUN FI AL-GAMI'A • JEUNES FILLES A L'UNIVERSITE • 1969
KHAYYAT' AS-SAYYIDAT • COUTURIER DES DAMES, LE • 1970
SULLAM AL-KHALFI, AS- • ESCALIER DE SERVICE, L' • 1970
ZAMAN YA HUBB • IL Y A LONGTEMPS, O AMOUR! • 1971
RA'IA AL-HASNA', AR- • JOLIE BERGERE, LA • 1972
ZAWGATI MINA AL-HIBBI • MA FEMME EST UNE HIPPIE • 1972
AYNA AQLI? • OU EST MA RAISON? ○ WHERE'S MY MIND? • 1974
HAFID, AL- • GRANDSON, THE ○ PETIT-FILS, LE • 1974
AND LIFE PASSED • 1975
SANA ULA HOB • FIRST-YEAR LOVE ○ SANA ULA HUBB • 1976
BAREFOOT ON A GOLDEN BRIDGE • 1977
BYE, BYE, SWEETIE • 1977
SO WENT THE DAYS • 1977
LIFE IS LOST MY SON • 1978
CONQUEROR OF OBSCURITY • 1979
YANAS YA HOU! • PEOPLE.. HELP! • 1988

SALEM ATIF see **SALEM ATEF**

SALENAKIS GEORGE – GRC
NISI TIS APHRODITIS, TO • VENUS'S ISLAND • 1969

SALERNO ENRICO M. see **SALERNO ENRICO MARIA**

SALERNO ENRICO MARIA – ITL – 1926–
SALERNO ENRICO M.
ANONIMO VENEZIANO • ANONYMOUS VENETIAN, THE (USA) ○ VENETIAN ANONYMOUS, THE • 1970
CARI GENITORI • 1973
EUTANASIA DI UN AMORE • 1978

SALERNO VITTORIO – ITL
STORFF VICTOR
LIBIDO • 1965
NO: IL CASO E FELICEMENTE RISOLTO • 1973
FANGO BOLLENTE • 1975

SALESS SOHRAB SHAHID – IRN
SHAHID-SALESS SOHRAB
YEK ETTEFAGHE SADEH • SIMPLE EVENT, A • 1973
DAR GHORBAT • FAR FROM HOME • 1975
IN DER FREMDE • FAR FROM HOME • 1975
REIFEZEIT • COMING OF AGE, THE ○ TIME OF MATURING • 1976
TAGEBUCH EINES LIEBENDEN • DIARY OF A LOVER • 1977
TABIATE BIDJAN • STILL LIFE • 1978
ORDNUNG • ALL IN ORDER • 1980
UTOPIA • 1983

SALFATI PIERRE-HENRI – FRN
TOLERANCE • 1989

SALGOT JOSE ANTONIO – SPN
SALGOT JOSEP ANTON
SERENATA A LA LUZ DE LA LUNA • SERENADE BY MOONLIGHT • 1979
MATER AMATISIMA • BELOVED MOTHER ○ MOTHER, DEARLY LOVED • 1980
ESTACION CENTRAL • CENTRAL STATION • 1988

SALGOT JOSEP ANTON see **SALGOT JOSE ANTONIO**

SALIM ATIF see **SALEM ATEF**

SALIM KAMEL – EGY – 1912–1946
SELIM KAMAL
WARRA' EL SETAR • BEHIND THE CURTAIN • 1937
AZIMA, EL • DETERMINATION ○ WILL, THE • 1939
ILAL ABAD • FOREVER • 1941
AHLAM EL CHABAB • DREAMS OF YOUTH • 1943
BOUASSA, EL • LES MISERABLES • 1944
HANANE KADIET EL YOM • PROBLEM OF THE DAY, THE • 1944
SHUHADDAA EL GHARAM • ROMEO AND JULIET • 1944
LAILAT EL JUMAA • FRIDAY EVENING • 1945
MAZAHER, EL • APPEARANCES • 1945
KASSET GHARAM • STORY OF LOVE • 1946

SALIMOV D. – USS
PESTS GOT CAUGHT, THE • ANS

SALINAS FERNANDO E. – FRN
FILS DE FIERRO, LES • 1978

SALIS ROBERT – FRN
LETTRES D'AMOURS PERDUES • 1983

SALISBURY EDWARD A. – USA
ON THE SPANISH MAIN • 1917
BLACK SHADOWS • 1923 • DOC
RA-MU, KING OF THE SUN • 1934

SALKIN LEO – USA
SAPPY HOMIENS • 1956 • ANS

SALKOW SIDNEY – USA – 1909–
FOUR DAY'S WONDER • 1936
BEHIND THE MIKE • 1937
GIRL OVERBOARD • 1937
THAT'S MY STORY • 1937
NIGHT HAWK, THE • 1938
STORM OVER BENGAL • 1938
FIGHTING THOROUGHBREDS • 1939
FLIGHT AT MIDNIGHT • 1939
SHE MARRIED A COP • 1939
STREET OF MISSING MEN • 1939
WOMEN DOCTOR • 1939
ZERO HOUR, THE • 1939
CAFE HOSTESS • STREETS OF MISSING WOMEN • 1940
GIRL FROM GOD'S COUNTRY • 1940
LONE WOLF MEETS A LADY, THE • 1940

LONE WOLF STRIKES, THE • 1940
LONE WOLF KEEPS A DATE, THE • ALIAS THE LONE WOLF • 1941
LONE WOLF TAKES A CHANCE, THE • 1941
TILLIE THE TOILER • 1941
TIME OUT FOR RHYTHM • 1941
ADVENTURES OF MARTIN EDEN, THE • MARTIN EDEN • 1942
FLIGHT LIEUTENANT • 1942
BOY FROM STALINGRAD, THE • 1943
CITY WITHOUT MEN • 1943
FAITHFUL IN MY FASHION • 1946
BULLDOG DRUMMOND AT BAY • 1947
MILLIE'S DAUGHTER • 1947
SWORD OF THE AVENGER • 1948
STRADA BUIA, LA • FUGITIVE LADY (USA) • 1949
SHADOW OF THE EAGLE • EAGLE AND THE LAMB, THE • 1950
FUGITIVE LADY • 1951
RIVALE DELL'IMPERATRICE, LA • 1951
GOLDEN HAWK, THE • 1952
PATHFINDER, THE • 1952
SCARLET ANGEL • 1952
JACK MCCALL, DESPERADO • 1953
PRINCE OF PIRATES • 1953
RAIDERS OF THE SEVEN SEAS • 1953
SITTING BULL • 1954
LAS VEGAS SHAKEDOWN • 1955
ROBBER'S ROOST • 1955
TOUGHEST MAN ALIVE, THE • 1955
GUN BROTHERS • 1956
LONG RIFLE AND THE TOMAHAWK, THE • 1956 • MTV
CHICAGO CONFIDENTIAL • 1957
GUN DUEL IN DURANGO • DUEL IN DURANGO • 1957
IRON SHERIFF, THE • 1957
BIG NIGHT, THE • 1960
TWICE-TOLD TALES • NATHANIEL HAWTHORNE'S "TWICE-TOLD TALES" ○ CORPSE MAKERS, THE ○ NIGHTS OF TERROR • 1963
BLOOD ON THE ARROW • 1964
QUICK GUN, THE • FAST GUN, THE • 1964
ULTIMO UOMO DELLA TERRA, L' • LAST MAN ON EARTH, THE (USA) ○ NIGHT CREATURES, THE ○ VENTO DI MORTE ○ WIND OF DEATH • 1964
GREAT SIOUX MASSACRE, THE • GREAT SIOUX RAID, THE ○ CUSTER MASSACRE, THE ○ MASSACRE AT THE ROSEBUD • 1965
MURDER GAME, THE • 1965

SALLE MICHAEL – USA

RIDERS OF THE PONY EXPRESS • 1949

SALLEH YASSIN – MLY

DIA IBUKU • 1980
POTRET MARIA • 1980

SALLER EDDY – AUS

SEX MACHINE
GEISSEL DES FLEISCHES • 1965
SCHAMLOS • SHAMELESS • 1968
LIEBE DURCH DIE AUTOTURE • LOVE THROUGH THE CAR DOOR • 1972
GEILE NICHTEN • WANTON NIECES • 1978
MONIQUE -MEIN HEISSER SCHOSS • MONIQUE -MY HOT LAP • 1978

SALLES MURILO – BRZ

NUNCA FOMOS TAO FELIZES • WE HAVE NEVER BEEN SO HAPPY • 1984
FACA DE DOIS GUMES • TWO-EDGED KNIFE • 1988

SALLES WALTER JR. – BRZ

GRANDE ARTE, A • GREAT ART, THE • 1989

SALMAN MOHAMMED – LBN – 1925–

SALMAN MUHAMMAD

LAHN, AL- • PREMIERE MELODIE, LA • 1957
ANGHAM HABIBY • CHANTS DE MON AMOUR, LES • 1959
MARHABAN AIUHA AL-HUBB • BIENVENUE A L'AMOUR • 1962
YA SALAM AL-HUBB • QUE L'AMOUR EST BEAU! • 1962
AFRAH' ASH-SHABAB • FETES DE LA JEUNESSE, LES • 1964
BADAWWIYYA FI BARIZ • BEDOUINE A PARIS, UNE • 1964
FATINAT AL-JAMAHIR • IDOLE DES FOULES, L' • 1964
INTA UMRY • TU ES MA VIE • 1964
BADAWIYYA FI RUMA • BEDOUINE A ROME, UNE • 1965
BANK, AL- • BANQUE, LA • 1965
BI AMR AL-HUBB • A CAUSE DE L'AMOUR • 1965
MUGHAMARAT SHUSHU • AVENTURES DE CHOUCHOU, LES • 1966
SIREN OF THE SAHARA, THE • 1976

SALMAN MUHAMMAD see **SALMAN MOHAMMED**

SALMINEN VILLE – FNL

EVAKKO • EVACUATED • 1956
KAKS TAVALLISTA LAHTISTA • 1960

SALOMON HENRY – Producer – USA

VICTORY AT SEA • 1955 • DOC

SALOMONSEN GRETE – NRW

KAMILLA OG TYVEN • STORY OF KAMILLA, THE ○ CAMILLA AND THE THIEF • 1988

SALT BARRY – UKN

SIX REELS OF FILM TO BE SHOWN IN ANY ORDER • 1971

SALT BRIAN – UKN

THEOREM OF PYTHAGORAS, THE • 1935
EQUATION X + X + A SIN NIT, THE • 1937
ROAD TO HEALTH, THE • 1938
AND NOW THEY REST • 1939
LETTER FROM THE ISLE OF WIGHT, A • 1954
TOTO AND THE POACHERS • 1958

SALTEL ROGER – FRN – 1922–

EN VOTRE AME ET CONSCIENCE • DOUBLE VERDICT ○ JUGEZ-LES BIEN • 1960
DERNIER QUART D'HEURE, LE • 1961

SALTEN FELIX – GRM

NARR DES SCHICKSALS, DER • 1915
GLUCKSSCHMIEDE, DIE • 1916

SALTER HARRY – USA

SOLTER HARRY L. • SOLTER HARRY • SOLTER H. L.

AWAKENING OF BESS, THE • 1909
FOREST RANGER'S DAUGHTER, THE • 1909
HER GENEROUS WAY • 1909
LEST WE FORGET • 1909
LOVE'S STRATAGEM • 1909
ALL THE WORLD'S A STAGE • 1910
BEAR YE ONE ANOTHER'S BURDENS • 1910
BLIND MAN'S TACT, THE • 1910
BROKEN OATH, THE • 1910
CALL OF THE CIRCUS, THE • 1910
DEBT • 1910
DOCTOR'S PERFIDY, A • 1910
ETERNAL TRIANGLE, THE • 1910
GAME FOR TWO, A • 1910
GOVERNOR'S PARDON, THE • 1910
HIS SICK FRIEND • 1910
IRONY OF FATE • 1910
JANE AND THE STRANGER • 1910
JUSTICE IN THE FAR NORTH • 1910
MAELSTROM, THE • 1910
MISER'S DAUGHTER, THE • 1910
MISTAKE, THE • 1910
MOTHER LOVE • 1910
NEW SHAWL, THE • 1910
NICHOLS ON A VACATION, THE • 1910
ONCE UPON A TIME • 1910
RENO ROMANCE, A • 1910
RIGHT GIRL, THE • 1910
RIGHT OF LOVE • 1910
ROSARY, THE • 1910
SELF-MADE HERO, A • 1910
SENATOR'S DOUBLE, THE • 1910
STAGE NOTE, THE • 1910
TAMING OF JANE, THE • 1910
TIDE OF FORTUNE, THE • 1910
TRANSFUSION • 1910
TWO MEN • 1910
WIDOW, THE • 1910
WINNING PUNCH, THE • 1910
ACTRESS AND THE SINGER, THE • 1911
AGE VS. YOUTH • 1911
ALWAYS AWAY • 1911
ART VS. MUSIC • 1911
AUNT JANE'S LEGACY • 1911
BLIND DECEPTION, A • 1911
DUKE DE RIBBON COUNTER • 1911
DURING CHERRY TIME • 1911
FASCINATING BACHELOR, A • 1911
GAME OF DECEPTION, A • 1911
GIRLISH IMPULSE, A • 1911
GOOD TURN, A • 1911
GYPSY, THE • 1911
HEAD FOR BUSINESS, A • 1911
HER ARTISTIC TEMPERAMENT • 1911
HER CHILD'S HONOR • 1911
HER HUMBLE MINISTRY • 1911
HER TWO SONS • 1911
HIGGENSES VS. JUDSONS • 1911
HIS BOGUS UNCLE • 1911
HIS CHORUS GIRL WIFE • 1911
HIS FRIEND, THE BURGLAR • 1911
HOYDEN, THE • 1911
LIFE SAVER, THE • 1911
LITTLE REBEL, THE • 1911
MANIAC, THE • 1911
MATCHMAKER, THE • 1911
NAN'S DIPLOMACY • 1911
ONE ON RENO • 1911
OPPORTUNITY AND THE MAN • 1911
PROFESSOR'S WARD, THE • 1911
REBELLIOUS BLOSSOM, A • 1911
ROMANCE OF BOND COVE • 1911
RURAL CONQUEROR, A • 1911
SHERIFF AND THE MAN, THE • 1911
SHOW-GIRL'S STRATAGEM, THE • 1911
SLAVEY'S INFINITY, THE • 1911
SNARE OF SOCIETY, THE • 1911
STATE LINE, THE • 1911
STORY OF ROSIE'S ROSE, THE • 1911
TEST, THE • 1911
THAT AWFUL BROTHER • 1911
THROUGH JEALOUS EYES • 1911
TWO FATHERS, THE • 1911
VANITY AND ITS CURE • 1911
VILLAGE ROMANCE, A • 1911
WIFE'S AWAKENING, THE • 1911
ADVENT OF JANE, THE • 1912
AFTER ALL • 1912
ALL FOR LOVE • 1912
ANGEL OF THE STUDIO, THE • 1912
BETTY'S NIGHTMARE • 1912
CHANCE SHOT, THE • 1912
FLO'S DISCIPLINE • 1912
HER COUSIN FRED • 1912
IN SWIFT WATER • 1912
LADY LEONE, THE • 1912
MILL BUYERS, THE • 1912
NOT LIKE OTHER GIRLS • 1912
PLAYERS, THE • 1912
SISTERS • 1912
SURGEON'S HEROISM, THE • 1912
TAKING A CHANCE • 1912
TANGLED RELATIONS • 1912
WINNING PUNCH, THE • 1912
CLOSED DOOR, THE • 1913
GIRL AND HER MONEY, A • 1913
GIRL O' THE WOODS, THE • 1913
HIS WIFE'S CHILD • 1913
INFLUENCE OF SYMPATHY • 1913
OLD HEADS AND YOUNG HEARTS • 1913
SPENDER, THE • 1913
UNTO THE THIRD GENERATION • 1913
COUNTERFEITERS • 1914
DIPLOMATIC FLO • 1914
DISENCHANTMENT, A • 1914
DOCTOR'S TESTIMONY, THE • 1914
FALSE BRIDE, THE • TEST, THE • 1914
HER RAGGED KNIGHT • 1914
HONEYMOONERS, THE • 1914
HONOR OF THE HUMBLE, THE • 1914
LAW'S DECREE, THE • 1914
LITTLE MAIL CARRIER, THE • 1914
MAD MAN'S WARD, THE • 1914
MYSTERIOUS MYSTERY, A • 1914
PAWNS OF DESTINY • 1914
ROMANCE OF A PHOTOGRAPH, THE • 1914
SINGULAR CYNIC, A • 1914
STEPMOTHER, THE • 1914
FACE ON THE SCREEN, THE • 1917 • SHT
LASH OF POWER, THE • 1917
SPOTTED LILY, THE • 1917
WIFE HE BOUGHT, THE • 1918

SALTER JAMES – UKN

THREE • 1969

SALTIKOV ALEXEI see **SALTYKOV ALEXEI**

SALTYKOV A. see **SALTYKOV ALEXEI**

SALTYKOV ALEXEI – USS – 1934–

SALTIKOV ALEXEI • SALTYKOV A.

REBYATA S NASHEGO DVORA • BOYS FROM OUR COURTYARD • 1959
DRUG MOI, KOLKA • MY FRIEND, KOLKA! ○ KOLKA • 1961
BEI BARABAN • BEAT THE DRUM ○ DRUMBEATS • 1962
PREDSEDATEL • CHAIRMAN, THE • 1965
BABYE TSARSTVO • WOMEN'S KINGDOM ○ KINGDOM OF WOMEN, THE ○ BABYA TZARSTVO • 1968
DIREKTOR • DIRECTOR, THE • 1969
AND THERE WAS AN EVENING AND A MORNING • THERE WAS EVENING AND THERE WAS MORNING • 1971
RASLOM • BREAKUP • 1971
IVANOVS, THE • 1975
VOZVRATA NYET • NO RETURN • 1975
PUGACHOV • 1979

SALTZMAN DEEPA see **SALTZMAN DEEPA MEHTA**

SALTZMAN DEEPA MEHTA – IND – 1949–

SALTZMAN DEEPA

AT 99: A PORTRAIT OF LOUISE TANDY MURCH • 1974 • DOC
WHAT'S THE WEATHER LIKE UP THERE? • 1977 • DOC
ANNEX, THE • 1984 • MTV
K.Y.T.E.S. HOW WE DREAM OURSELVES • 1985 • DOC
TRAVELLING LIGHT: THE PHOTOJOURNALISM OF DILIP MEHTA • 1986 • DOC
MARTHA, RUTH AND EDIE • 1988

SALUMBIDES VICENTE – PHL

IBONG ADARNA • 1941
ALADIN • 1947
SA KABILANG BUHAY

SALVA ALBERTO – BRZ

QUATRO CHAVES MAGICAS, AS • 1972
BRIGA DE FOICE • SICKLE FIGHT • 1980
INQUIETACOES DE UMA MULHER CASADA • ANXIETIES OF A MARRIED WOMAN • 1980
MENINA DO LADO, A • GIRL NEXT DOOR, THE • 1988

SALVADOR AUGUSTO – PHL

JOE PRING • 1989

SALVADOR JAIME – MXC

CASTILLOS EN EL AIRE • CASTLES IN THE AIR (USA) • 1938
ULTIMA MELODIA, LA • LAST MELODY, THE (USA) • 1938
JOROBADO, EL • ENRIQUE DE LAGARDERE • 1943
REBELDE, EL • 1943
HIJA DEL REGIMENTO, LA • 1944
MARINA • 1944
ESCUADRON 201 • 1945
SOLTERA Y CON GEMELOS • 1945
ULTIMO AMOR DE GOYA, EL • 1945
MODERNO BARBA AZUL, EL • BOOM IN THE MOON (USA) ○ MODERN BLUEBEARD, A • 1946
VOCES DE PRIMAVERA • 1946
NIETO DEL ZORRO, EL • 1947
PRECIO DE LA GLORIA, EL • 1947
YO DORMI CON UN FANTASMA • I SLEPT WITH A GHOST • 1947
CITA CON LA MUERTE • 1948
VENUS DE FUEGO, LA • 1948
AMOR NO ES NEGOCIO, EL • 1949
NOSOTROS LOS RATEROS • 1949
VIDA EN BROMA, LA • 1949
MI MARIDO • 1950
MUJER SIN DESTINO, UNA • 1950
HUESPEDE DE LA MARQUESA, LOS • 1951
MI ADORADO SALVAJE • 1951
POBRES VAN AL CIELO, LOS • 1951
RUISENOR DEL BARRIO, EL • 1951
AL SON DEL CHARLESTON • 1954
BARRANCA DE LA MUERTE, LA • 1954
ESTOY TAAAN ENAMORADA • 1954
GAVILAN VENGADOR, EL • 1954
HOMBRE INQUIETO, EL • 1954
RAYO JUSTICIERO, EL • 1954
AQUI ESTAN LOS AGUILARES • 1955
BAILANDO CHA CHA CHA • 1955
CUATRO CONTRA EL IMPERIO • 1955
HOMBRE QUE QUISO SER POBRE, EL • 1955
HUELLA DEL CHACAL, LA • 1955
PANTERA NEGRA, LA • 1955
SIERRA DEL TERROR, LA • 1955
FIN DE UN IMPERIO, EL • 1956
GUARIDA DEL BUITRE, LA • 1956
JUSTICIA DEL GAVILAN VENGADOR, LA • 1956
MUERTOS NO HABLAN, LOS • 1956
AY.. CALYPSO NO TE RAJES! • 1957
FIESTA EN EL CORAZON • 1957
MUERTOS DE MIEDO • 1957
MUJERIEGOS, LOS • 1957
SE LOS CHUPO LA BRUJA • WITCH HAS SUCKED THEM UP, THE • 1957
TAN BUENO EL GIRO EL COLORADO • 1957
TRES DESGRACIADOS CON SUETE • THREE UNLUCKY ONES • 1957
DOS HIJOS DESOBEDIENTES • 1958
MELODIAS INOLVIDABLES • 1958
REINA DEL CIELO, LA • 1958
YO.. EL AVENTURERO • 1958
COMEZON DEL AMOR, LA • 1959
DOS MARIDOS BARATOS • 1959
LADRON QUE ROBA A LADRON • 1959
LAURELES, LOS • 1959
SOMBRA EN DEFENSA DE LA JUVENTUD, LA • 1959
TRES COQUETONAS, LAS • AMORES DE TRES COLEGIALAS, LOS • 1959
PA' QUE ME SIRVE LA VIDA • 1960
PAR A TODO DAR, UN • 1960
PEGANDO CON TUBO • 1960
POBRE DEL POBRE • 1960
QUE PADRE TAN PADRE! • 1960
BARRIDOS Y REGADOS • 1961
CASCABELITO • 1961
INVISIBLES, LOS • INVISIBLE MEN, THE • 1961
QUE PERRA VIDA • 1961
AMOR LLEGO A JALISCO, EL • 1962
AQUI ESTA TU ENAMORADO • 1962
GARRA DEL LEOPARDO, LA • 1962
LOBO BLANCO, EL • 1962
MONSTRUO DE LOS VOLCANES, EL • FANTASMA DE LAS NIEVES, EL • MONSTER OF THE VOLCANOS, THE ○ PHANTOM OF THE SNOWS, THE • 1962
TERRIBLE GIGANTE DE LAS NIEVES, EL • TERRIBLE SNOW GIANT, THE • 1962
AGARRANDO PAREJO • 1963
BANDA DEL FANTASMA, LA • 1963

NOS DICEN LAS INTOCABLES • 1963
ROSTRO DE LA MUERTE, EL • FACE OF DEATH, THE • 1963
ASALTO, EL • 1964
DOS APOSTOLES, LOS • 1964
FRONTERA SIN LEY, LA • 1964
GALLO CORRIENTE GALLO VALIENTE • 1964
MALDICION DEL ORO, LA • CURSE OF GOLD, THE • 1964
ME LLAMAN EL CANTACLARO • 1964
NOS LLEVA LA TRISTEZA • 1964
PADRE A TODO MAQUINA, UN • 1964
RAPIDO, EL • MARTIN ROMERO EL RAPIDO • 1964
CUANDO EL DIABLO SOPLA • 1965
GATILLO VELOZ • 1965
MALDITOS, LOS • 1965
MANO DE DIOS, LA • 1965
ANOS VERDES, LOS • 1966
LEY DEL GAVILAN, LA • 1966
MIL MASCARAS • 1966
AMBICION SANGRIENTA • BLOODY AMBITION • 1968
ASESINOS, LOS • MURDERERS, THE • 1968
CUATRO HOMBRES MARCADOS • FOUR MARKED MEN • 1968
PACTO DIABOLICO • PACT WITH THE DEVIL ○ DIABOLIC PACT • 1968
SENORA MUERTE, LA • DEATH WOMAN, THE (UKN) ○ MRS. DEATH (USA) ○ MADAME DEATH • 1968

SALVADOR JIMMY – USA

DALTON THAT GOT AWAY • 1960

SALVADOR JULIO – SPN

VALLS JULIO SALVADOR

SE LE FUE EL NOVIO • 1945
APARTADO DE CORREOS 1.001 • 1950
DUDA • 1951
QUE NUNCA MUERE, LO • 1954
CONTRABAND SPAIN • CONTRABANDO (SPN) ○ BLACKOUT • 1955
SIN LA SONRISA DE DIOS • 1955
JUANILLO, PAPA Y MAMA • 1956
YA TENEMOS COCHE • 1958
HAN MATADO A UN CADAVER • 1960
BODA ERA A LAS DOCE, LA • 1962
ARIBA LAS MUJERES • 1964
ARRRIBA LAS MUJERES!! • LONG LIVE ALL WOMEN!! • 1967
LLAMAN DE JAMAICA, MR. WARD • HALLO WARD! ...E FURONO VACANZE IS SANGUE (ITL) • 1967
TUMBA DE LA ISLA MALDITA, LA • TOMB OF THE CURSED ISLAND, THE • 1972

SALVADOR LOU – Actor – PHL

GENGIS KHAN • GENGHIS KHAN ○ GHENGIS KHAN • 1952

SALVAT KEITH – ASL – 1947–

SACRIFICE • 1971 • SHT
PRIVATE COLLECTION • 1972
MODERN MASTERS • 1976 • DOC
PAINTED HORSES • 1977 • SHT
KEN HALL • 1978 • DOC
ROBERT KLIPPEL • 1978 • DOC

SALVATORE ANNA – ITL

DONNA '70 • 1972

SALVATORES GABRIELE – ITL

SOGNO DI UNA NOTTE ESTATE • MIDSUMMER NIGHT'S DREAM • 1984
KAMIKAZEN –ULTIMA NOTTE A MILANO • KAMIKAZEN –LAST NIGHT IN MILAN • 1988
TURNE • TOURNEE • 1990

SALVATORI JACK – ITL

MANNERS GIOVANNI S.

RICHIAMO DEL CUORE, IL • 1930
SEGRETO DEL DOTTORE, IL • 1930
TELEVISIE • SANSATIE DER TOEKOMST, DE • 1931
TELEVIZIUNE • 1931
VACANZA DEL DIAVOLO, LA • 1931
UMANITA • 1946

SALVI ALBERTO – ITL

TRE FRATELLI IN GAMBA • 1939
REGGIA SUL FIUME, LA • 1940

SALVI EMIMMO – ITL

VULCANO FIGLIO DI GIOVE • VULCAN, SON OF JUPITER (USA) • 1962
SETTE FATICHE DI ALI BABA, LE • SEVEN TASKS OF ALI BABA, THE (USA) ○ ALI BABA AND THE SACRED CROWN • 1963
F.B.I. CHIAMA ISTANBUL • NONE BUT THE LONELY SPY (USA) • 1964
SINBAD CONTRO I 7 SARACENI • ALI BABA AND THE SEVEN SARACENS (USA) ○ SINBAD AGAINST THE 7 SARACENS • 1965
TESORO DELLA FORESTA PIETRIFICATA, IL • TREASURE OF THE PETRIFIED FOREST, THE • 1965
GANGSTER VENUTO DA BROOKLYN, UN • 1966
TRE COLPI DI WINCHESTER PER RINGO • 1966
WANTED JOHNNY TEXAS • 1967
PUGNI, DOLLARI E SPINACI • 1978

SALVIA RAFAEL J. – SPN – 1915–1976

CONCIERTO MAGICO • 1952
PORTICO DE LA GLORIA, EL • 1953
VUELO 971 • 1954
AQUI HAY PETROLEO • 1955
HADA EN LA CIUDAD, UN • 1955
MANOLO, GUARDIA URBANO • 1956
PASAIE DE VENEZUELA • 1956
PUENTE DE LA PAZ, EL • 1957
CHICAS DE LA CRUZ ROJA, LAS • 1958
DIAS DE FERIA • 1959
NACIDO PARA LA MUSICA • 1959
FESTIVAL EN BENIDORM • 1960
CESTA, LA • 1963
ISIDRO EL LABRADOR • ISIDRO THE PEASANT • 1963
UNA TAL DULCINEA • 1964
PROCESO A UNA ESTRELLA • 1966
I.Q.S. • 1967
GOYA • 1974

SALVINI GUIDO – ITL – 1893–1965

REGINA DELLA SCALA • 1937
ORIZZONTE DIPINTO, L' • TEATRO • 1941
QUARTETTO PAZZO • 1947
CLANDESTINO A TRIESTE • 1952
ADRIANA LECOUVREUR • 1956
CONTE AQUILA, IL • 1956

SALVINI MILENA – FRN

EPOPEE DU RAMAYANA, L' • 1979 • DOC

SALVY – FRN

ON A VOLE LA MER • 1962 • SHT

SALWAY JOHN – Animator

WIND IN THE WILLOWS, THE • ANM

SALYKOV KLYKBEK – USS

BALKON • BALCONY, THE • 1989

SALZMAN GLEN – CND – 1951–

HOME FREE • 1976
ANOTHER KIND OF MUSIC • 1977
NIKKOLINA • 1978
CORLETTO & SON • 1980
REACHING OUT • 1980
INTRODUCING.. JANET • 1981
JEN'S PLACE • 1982
MILK AND HONEY • 1988

SAMAD ABDUS – Cinematographer – BNG – 1938–

SURJOGRAHAN • SUNSPOT ○ SOLAR ECLIPSE • 1976
SURJO SANGRAM • SUN RISES EVERYWHERE ○ SUN WILL RISE • 1978
BADHU BIDESHINI • CRY NO MORE • 1980

SAMADI YADOLLAH – IRN

BUS, THE • 1985
MAN WHO KNEW MORE, THE • 1985
SAVALAN • 1989

SAMAMA–CHIKLY HAYDEE see **CHIKLY SCEMANA**

SAMANDARRIAN HAMID – IRN

ALL THE TEMPTATIONS OF THE EARTH • 1989

SAMANIEGO ANTONIO – USA

MOTORCYCLE COSSACKS • 1935 • SHT

SAMANISHVILI – USS

STEP–MOTHER • 1979

SAMANTA SHAKTI – IND

EVENING IN PARIS • 1967

SAMB ABABACAR – SNL – 1934–1987

SAMB–MAKHARAM ABABACAR • SAMB BABACAR

ET LA NEIGE N'ETAIT PLUS • AND THE SNOW WAS NO MORE • 1965
CODOU • KODOU • 1972
JOM • JOM: OU, L'HISTOIRE D'UN PEUPLE ○ DIGNITY • 1982

SAMB BABACAR see **SAMB ABABACAR**

SAMB–MAKHARAM ABABACAR see **SAMB ABABACAR**

SAMBARINO PEDRO – BLV

CORAZON AYMARA • HEART OF AYMARA • 1925

SAMEH WALIEDDINE – EGY

ZOUL WIJHAIN • MAN WITH TWO FACES, THE • 1949

SAMI ASRUL see **SANI ASRUL**

SAMIAZAR ALIREZA – IRN

FIFTH OF JUNE FLIGHT • 1989

SAMIE JEAN–FREDERIC – FRN – 1948–

SON IMAGE DE LA VILLE • 1977 • DOC

SAMIR – SWT

HIMMEL UND ERDE • HEAVEN AND EARTH • 1989

SAMISEV BOLOT see **SHAMSHIEV BOLOTBEK**

SAMIVEL – FRN – 1907–

GAYET–TANCREDE PAUL

CIMES ET MERVEILLES • 1951
TRESOR DE L'EGYPTE • 1954
NOUVEAUX VOYAGES DE GULLIVER, LES • 1956
SOLEIL SE LEVE EN GRECE, LE • 1958

SAMOYA CARLOS – USA

WILD FEMALES, THE • BIRDS OF A FEATHER.. FLOCKING TOGETHER ○ FLOCKING TOGETHER • 1968

SAMPAIO OSWALDO – BRZ

SINHA MOCA • 1953
PRECO DA VITORIA, O • 1960

SAMPER GABRIELA – CLM

ENCOSTALADOS, LOS • 1974 • SHT

SAMPERI SALVATORE – ITL – 1943–

GRAZIE, ZIA • THANK YOU, AUNT (USA) ○ COME PLAY WITH ME ○ THANKS, AUNT • 1967
CUORE DI MAMMA • MOTHER'S HEART, A • 1968
UCCIDETE IL VITELLO GRASSO E ARROSTITELO • 1970
ANGUILLA DA 300 MILIONI, UN • 1971
BEATI I RICCHI • 1972
MALIZIA • MALICIOUS (USA) • 1973
PECCATO VENIALE • LOVERS AND OTHER RELATIVES ○ VENIAL SIN • 1974
SCANDOLO • SUBMISSION (USA) • 1975
BATAILLON EN FOLIE • 1976
STURMTRUPPEN • 1976
NENE • 1977
ERNESTO • 1979
LIQUIRIZIA • LIQUORICE • 1979
AMORE IN PRIMO CLASSE • AMOUR EN PREMIERE CLASSE, L' (FRN) • 1980
ROSA • 1981
BONNE, LA • 1985

SAMPIERI G. V. – ITL

ALBERTO DELLA FELICITA, L' • 1934

SAMPSON EDWARDS – USA

FAST AND THE FURIOUS, THE • 1954

SAMSO ROBERTO – Actor – SPN

AQUEL SABADO.. SABADETE • 1977

SAMSONOV SAMSON – USS – 1921–

POPPYGUNYA • GRASSHOPPER, THE (USA) ○ GADFLY, THE • 1955
ZA VITRINOI UNIVERMAGA • BEHIND THE SHOP WINDOWS ○ SHOP WINDOWS • 1955
OGNENNYE VERSTY • FIERY MILES, THE ○ MILES OF FIRE • 1957
ROVESNIK VEKA • AS OLD AS THE CENTURY ○ MAN OF THE CENTURY • 1960
OPTIMISTICHESKAYA TRAGEDIYA • OPTIMISTIC TRAGEDY, THE • 1964
TRI SESTRY • THREE SISTERS • 1964
ARYENA • ARENA • 1967
VERY ENGLISH MURDER, A • 1975

SAMTANI GOPE

HELL RAIDERS • 1985

SAMUELS HENRI see **WEBB HARRY S.**

SAMUELS RAYMOND see **RAY BERNARD B.**

SAMUELSON G. B. – Producer – UKN – 1888–1947

IN ANOTHER GIRL'S SHOES • 1917
LITTLE WOMEN • 1917
ADMIRABLE CRICHTON, THE • 1918
WAY OF AN EAGLE, THE • 1918
BRIDAL CHAIR, THE • 1919
CONVICT 99 • 1919
WINNING GOAL, THE • 1920
FAITHFUL HEART, THE • 1922
GAME OF LIFE, THE • 1922
AFTERGLOW • 1923
PAGLIACCI, I • 1923
MOTHERLAND • 1927
FOR VALOUR • 1928
FORGER, THE • 1928
TWO LITTLE DRUMMER BOYS • 1928
VALLEY OF THE GHOSTS • 1928
OVER THE STICKS • 1929
SOULS IN PAIN • 1930
SPANISH EYES • 1930
INQUEST • 1931
JEALOUSY • 1931
OTHER WOMAN, THE • 1931
WICKHAM MYSTERY, THE • 1931
COLLISION • 1932
THREADS • 1932
CANCION DEL DIA, LA • 1933
ACES OF TROUBLE, THE • 1934
AFFAIR OF THE HEART, AN • 1934
CRUCIFIX, THE • 1934
DELUSION, THE • 1934
END OF THE ACT, THE • 1934
GREATEST OF THESE, THE • 1934
GREEN LEATHER NOTE CASE, THE • 1934
HUSBANDS ARE SO JEALOUS • 1934
JADE • 1934
LIPSKY'S CHRISTMAS DINNER • 1934
OFF THE SCENT • 1934
SPOILS • 1934
SPOTTING • 1934 • SER
TOUCHING STORY, A • 1934

SAN ANDRES LUIS – USA

NIGHT ANGELS • NIGHT FLOWERS • 1979

SAN ANDRES MIGUEL – VNZ

ENERGIA, LA UNIVERSIDAD Y LOS ANDES, LA • ENERGY, THE UNIVERSITY AND LOS ANDES • 1967 • DOC

SAN–ANDREWS JAIME – CUB

CABALLERO DE MAX, EL • 1930

de SAN ANTON JOSE – MXC

OPERACION TIBURON • 1965

SAN FERNANDO MANUEL – MXC

GRITO DE LA MUERTE, EL • LIVING COFFIN, THE (USA) ○ SCREAM OF DEATH ○ CRY OF DEATH • 1958
ROCK 'N ROLL WRESTLING WOMEN VS. THE AZTEC MUMMY • 1986

SAN JUAN LUIS – PHL

PITONG PASIKLAB SA BAHAY NA TISA • 1963
AYAW NI MAYOR • MAYOR OBJECTS, THE • 1967
GUNS OF BILLY KID • 1967
PITONG ZAPATA • SEVEN ZAPATA • 1967
POGI DOZEN, THE • HANDSOME DOZEN, THE • 1967
DUGAY NA SA MAYNILA • OLD–TIMER IN MANILA • 1968
TALL, THE DARK AND THE HANDSOME, THE • 1968
WE ONLY LIVE WAIS • WE ONLY LIVE WISE • 1968

SAN MARTIN CONRADO – SPN

CABALLERO DE FRAC, UN • 1932

SAN MIGUEL SANTIAGO – SPN – 1939–
ADIOS ALICIA • GOODBYE ALICIA • 1977
TODO Y NADIE • ALL AND NOBODY • 1977 • DOC
AVES COMEN LOS LUNES, LAS • BIRDS EAT ON MONDAYS, THE • 1978
JUGAR, JUGAR VAMOS A MATAR • PLAY AND THRILL, WE WILL KILL • 1979
CASA DEL PARAISO, LA • HOUSE OF PARADISE, THE • 1981
ANA, PASION DE DOS MUNDOS • ANA, PASSION OF TWO WORLDS • 1989

SAN PAO – HKG
KILLER OF SNAKE, FOX OF SHAOLIN

SANCHEZ-ARIZA JOSE – DMN – 1943–
QUAND LA NUIT TOMBE • 1964
ENTRACTE • 1966
PASSAGE A NIVEAU • 1966
TIR A LA CIBLE • 1966
LALKA 594 • 1967
CHAT EST MORT DE FAIM, LE • 1968
OLYMPIQUE DE MEXICO • 1968
DESERTEURS • 1969
SEMINARISTE • 1970
SAHARA LA DETERMINATION D'UN PEUPLE • 1976

SANCHEZ ARTHUR
MOLINOS DE VIENTO • WINDMILLS • 1940

SANCHEZ CHRISTIAN – CHL
VIAS PARALELAS • PARALLEL ROUTES • 1978 • DOC
ZAPATO CHINO, EL • CHINESE SHOE, THE • 1979
DESEOS CONCEBIDOS, LOS • DESIRES CONCEIVED • 1982

SANCHEZ DOUGLAS – MXC
CUALQUIER COSA • ANYTHING • 1980

SANCHEZ JOSE LUIS GARCIA see **GARCIA SANCHEZ JOSE LUIS**

SANCHEZ JOSE RAMON – SPN
GRIPOTERIO, EL • GRIPOTERIUM, THE • 1971 • ANS

SANCHEZ LUIS ALFREDO – CLM
ORO ES TRISTE, EL • GOLD IS SAD • 1973 • SHT
PATRIA BOBA, LA • STUPID FATHERLAND • 1975 • SHT

SANDBERG ANDERS see **SANDBERG ANDERS W.**

SANDBERG ANDERS W. – DNM – 1887–1938
SANDBERG ANDERS WILHELM • SANDBERG ANDERS
APPETITE AND LOVE • 1914
SINGLE AND MARRIED • 1914
MILLIONAIRE COWBOY • 1915
SLEEPWALKER, THE • 1915
WOMAN'S PAST, A • 1915
GAMES OF LOVE • 1916
MAN WITH NINE FINGERS, THE • 1916 • SRL
SKONNE EVELYN, DEN • EVELYN THE BEAUTIFUL • 1916
CHILDREN OF THE SUN • 1917
MYSTERIOUS FOOTSTEPS • 1917
POOR PRINCESS, THE • 1919
POWER OF LOVE, THE • 1919
BENEFIZ -VORSTELLUNG DER VIER TEUFEL, DIE • 1920
FIRE DJAEVLE, DE • FOUR DEVILS, THE • 1920
LASSE MANSSON FRA SKANE • 1921
STORE FORVENTNINGER • GREAT EXPECTATIONS • 1921
DAVID COPPERFIELD • 1922
PAA SLAGET 12 • 1922
SIDSTE DANS, DEN • 1922
KAERLIGHEDSOEN • AMAZING ELOPEMENT, THE • 1924
LITTLE DORRIT • 1924
FRA PIAZZA DEL POPOLO • 1925
KLOVNEN • HEART OF A CLOWN ○ CLOWN • 1926
EHESKANDAL IM HAUSE FROMONT JUN. UND RISLER SEN. • 1927
REVOLUTIONSBRYLLUP • MARRIAGE UNDER TERROR • 1927
REVOLUTIONSHOCHZEIT • 1928
LAST NIGHT, THE • 1929
CAPITAINE JAUNE, LE • 1930
7-9-13 • 1934
TUBORG • 1935
BOY MILLIONAIRE, THE • 1936

SANDBERG ANDERS WILHELM see **SANDBERG ANDERS W.**

SANDENBERG ISAAC – BRZ
ESTRANGULADORES, OS • 1906

SANDER HELKE – GRM
SANDERS HELKE
PRAMIE FUR IRENE, EINE • 1971
ALLSEITIG REDUZIERTE PERSONLICHKEIT -REDUPERS, DIE • ALL ROUND REDUCED PERSONALITY (REDUPERS), THE • 1978
BIS INS DRITTE UND VIERTE GLIED • 1983
FELIX • 1988

SANDER PETER – Animator – CND
SANDERS PETER
SELFISH GIANT, THE • 1971 • ANS
VOYAGES DE TORTILLARD, LES • 1979 • ANM

SANDERS BOB W. – FRN
CATHY FILLE SOUMISE
MALICIEUSE CHRISTINA
PROF, LA
TENDRES DEMOISELLES
VACANCES ORGANISEES
VICIEUSE AMANDINE

SANDERS-BRAHMS HELMA see **SANDERS HELMA**

SANDERS DENIS – Writer – USA – 1929–1987
INTRODUCTION TO JAZZ • 1953 • SHT
TIME OUT OF WAR • 1954 • SHT
CRIME AND PUNISHMENT U.S.A. • 1959
WAR HUNT • 1962
ONE MAN'S WAY • NORMAN VINCENT PEALE STORY, THE • 1964
SHOCK TREATMENT • 1964
CZECHOSLOVAKIA 1918–1968 • 1968 • SHT
ELVIS -THAT'S THE WAY IT IS • 1970
SOUL TO SOUL • 1971 • DOC
INVASION OF THE BEE GIRLS • GRAVEYARD TRAMPS • 1973

SANDERS DIRK – FRN – 1933–
JEU 1 • JEUX • 1962 • SHT
TU SERAS TERRIBLEMENT GENTILLE • YOU ONLY LOVE ONCE (USA) ○ GENTLE LOVE (UKN) • 1968

SANDERS HELKE see **SANDER HELKE**

SANDERS HELMA – GRM – 1940–
SANDERS-BRAHMS HELMA
ANGELIKA URBAN • 1970
GEWALT • 1971
ANGESTELLTE, DER • 1972
MACHINE, DIE • 1973
LETZTEN TAGE VON GOMORRHA, DIE • LAST DAYS OF GOMORRHA, THE • 1974
UNTER DEM PFLASTER IST DER STRAND • 1974
ERDBEBEN IN CHILE • EARTHQUAKE IN CHILE • 1975
SCHIRINS HOCHZEIT • SCHIRIN'S WEDDING • 1975
HEINRICH • HEINRICH VON KLEIST • 1977
DEUTSCHLAND, BLEICHE MUTTER • GERMANY, PALE MOTHER • 1980
BERUHRTE, DIE • NO MERCY NO FUTURE • 1981
AVENIR D'EMILIE, L' • FUTURE OF EMILY, THE • 1984
LAPUTA • 1986
FELIX • 1988
MANOEUVRES • 1989

SANDERS MICHAEL B. – FRN
NATHALIE APRES L'AMOUR • NATHALIE AFTER LOVE (UKN) • 1970

SANDERS PETER see **SANDER PETER**

SANDERS TERRY – Producer – USA – 1931–
SANDERS TERRY BARRETT
STORY OF A WRITER, THE • 1964 • DOC
COPLAND PORTRAIT • 1975

SANDERS TERRY BARRETT see **SANDERS TERRY**

SANDERSON CHALLIS – UKN
LAW DIVINE, THE • 1920
NIGHT OUT AND A DAY IN, A • 1920 • SHT
THREE MEN IN A BOAT • 1920
MONTY WORKS THE WIRES • 1921
SCALLYWAG, THE • 1921
BILLIE'S ROSE • 1922
BRIDE OF LAMMERMOOR, THE • 1922
FALLEN BY THE WAY • 1922
FAUST • 1922
FRA DIAVOLO • 1922
LAST HUNDRED YARDS, THE • 1922
LILY OF KILLARNEY • 1922
MAKING OF THE GORDONS, THE • 1922
MASKED RIDER, THE • 1922
MERCHANT OF VENICE, THE • 1922
RACE FOR A BRIDE, A • 1922
ROAD TO HEAVEN, THE • 1922
SCARLET LETTER, THE • 1922
SIR RUPERT'S WIFE • 1922
TRAVIATA, LA • 1922
WHEELS OF FATE • 1922
BROADCASTING • 1926
HOME CONSTRUCTION • 1926
HOW I BEGAN • 1926 • SHT
JOHN HENRY CALLING • 1926 • SER
LISTENING IN • 1926
LOUD SPEAKER, THE • 1926
OSCILLATION • 1926
SCRAGS • 1930
DANNY BOY • 1934
KING OF WHALES, THE • 1934
COCK O' THE NORTH • 1935
STARS ON PARADE • STAR PARADE • 1936

SANDERSON JON – USA
BORN ERECT
HAPPY HOLIDAY • 1978

SANDERSON MARTYN – NZL
FLYING FOX IN A FREEDOM TREE • 1989

SANDFORD CHARLES – ASL
KICK START • 1987 • SHT

SANDFORD GERRY – IRL
IN SEARCH OF DEV • 1984

SANDGREN AKE – DNM
JOHANNES' HEMMELIGHED • JOHN'S SECRET • 1986
MIRAKLET I VALBY • MIRACLE IN VALBY • 1989

SANDGROUND MAURICE – UKN
AS IN DAYS OF YORE • 1917
CAST ADRIFT • 1917
GIRLS OF THE VILLAGE, THE • 1917
BASE DECEIVERS, THE • 1918
HOW COULD YOU UNCLE? • 1918
KILTIES THREE • 1918
LIVING BY THEIR WITS • 1918
MAGISTRATE'S DAUGHTER, THE • 1918
GAIETY COMEDIES • 1919 • SER
GRIFF SWIMS THE CHANNEL • 1919
GRIFF'S LOST LOVE • 1919
NE'ER DO WELL, THE • 1919
PUSSYFOOT COMEDY • 1919
RUSSIA -LAND OF TOMORROW • 1919
SLOCUM HARRIERS, THE • 1919
BOY MESSENGER, THE • 1920
DOWN ON THE FARM • 1920
HYDRO, THE • 1920
IN BORROWED PLUMES • 1920
LAMBS OF DOVE COURT, THE • 1920
LITTLE POACHER, THE • 1920
TRUANTS • 1920
LIFE OF ROBERT BURNS, THE • IMMORTALS OF BONNIE SCOTLAND • 1926
LIFE OF SIR WALTER SCOTT, THE • IMMORTALS OF BONNIE SCOTLAND • 1926
TALLYMAN, THE • 1928

SANDLER ALLAN – USA
CAPTIVE • 1980
KILLINGS AT OUTPOST ZETA • 1980
LABORATORY • 1980
BEYOND THE UNIVERSE • 1981
ESCAPE FROM DS-3 • 1981
TIME WARP • 1981

SANDOE TORALF
BOER BOERSON JR. • 1939

SANDOR PAL – HNG – 1939–
BOHOC A FALON • CLOWNS ON THE WALL • 1968
SZERESSETEK ODOR EMILIAT • LOVE EMILIA! • 1970
SARIKA, DRAGAM • SARAH, MY DEAR • 1971
REGI IDOK FOCIJA • FOOTBALL OF THE GOOD OLD DAYS • 1974
HERKULESFURDOI EMLEK • STRANGE MASQUERADE (USA) ○ IMPROPERLY DRESSED ○ STRANGE ROLE, A • 1977
SZABADITS MEG A GONOSZTOL • DELIVER US FROM EVIL • 1978
RIPACSOK • SALAMON & STOCK SHOW, THE • 1981
SZERENCSES DANIEL • DANIEL TAKES A TRAIN • 1983
MISS ARIZONA • 1987

SANDOY HAAKON see **SANDOY HAKON**

SANDOY HAKON – NRW
SANDOY HAAKON
BRANNEN • FIRE, THE • 1973
DAGNY • 1976
ENGLER I SNEEN • ANGELS IN THE SNOW • 1982

SANDOZ GERARD – FRN – 1902–
OPERATION TONNERRE • 1954

SANDOZ JACQUES – SWT
OEIL BLEU, L' • BLUE EYE, THE • 1968
QUATRE D'ENTRE ELLES • FOUR OF THEM ○ VIER FRAU ○ FOUR WOMEN • 1968
STELLA DA FALLA • 1972

SANDRASAGARA MANIK – SLN
NIYANGALA MAL • WILD FLOWER, THE • 1974
SEETHA DEVI • RAMAYANA • 1976

SANDRI CARLO – ITL
TAM TAM NELL'OLTRE GIUBA • 1954

SANDRICH JAY – USA – 1932–
CROOKED HEARTS, THE • 1972 • TVM
WHAT ARE BEST FRIENDS FOR? • 1973 • TVM
SEEMS LIKE OLD TIMES • NEIL SIMON'S SEEMS LIKE OLD TIMES • 1980

SANDRICH MARK – USA – 1900–1945
JERRY THE GIANT • 1926 • SHT
NAPOLEON JUNIOR • 1926 • SHT
BRAVE COWARDS • 1927 • SHT
CARELESS HUBBY • 1927 • SHT
FIRST PRIZE • 1927 • SHT
HELLO SAILOR • 1927 • SHT
HOLD FAST • 1927 • SHT
HOLD THAT BEAR • 1927 • SHT
HOT SOUP • 1927 • SHT
MIDSUMMER NIGHT'S STEAM, A • 1927 • SHT
MOVIE HOUND, THE • 1927 • SHT
NIGHT OWLS • 1927 • SHT
SHOOTING WILD • 1927 • SHT
SOME SCOUT • 1927 • SHT
BEAR KNEES • 1928 • SHT
COW'S HUSBAND, THE • 1928 • SHT
HIGH STRUNG • 1928 • SHT
LADY LION, A • 1928 • SHT
LOVE IS BLONDE • 1928 • SHT
RUNAWAY GIRLS • 1928
SWORD POINTS • 1928 • SHT
TALK OF HOLLYWOOD, THE • 1929
TWO-GUN GINSBURG • 1929 • SHT
AUNT'S IN THE PANTS • 1930 • SHT
BARNUM WAS WRONG • 1930 • SHT
GENERAL GINSBURG • 1930 • SHT
GUNBOAT GINSBURG • 1930 • SHT
HOT BRIDGE • 1930 • SHT
MOONLIGHT AND MONKEY BUSINESS • 1930 • SHT
OFF TO PEORIA • 1930 • SHT
RAZORED IN OLD KENTUCKY • 1930 • SHT
SOCIETY GOES SPAGHETTI • 1930 • SHT
TALKING TURKEY • 1930 • SHT
TRADER GINSBURG • 1930 • SHT
COUNTY SEAT, THE • 1931 • SHT
COWSLIPS • 1931 • SHT
FALSE ROOMERS • 1931 • SHT
GAY NINETIES, THE • 1931 • SHT
MANY A SIP • 1931 • SHT
MELON-DRAMA, A • 1931 • SHT
SCRATCH AS SCRATCH CAN • 1931 • SHT
STRIFE OF THE PARTY, THE • 1931 • SHT
WAY OF ALL FISH, THE • 1931 • SHT
WIFE O'RILEY, THE • 1931 • SHT
EX-ROOSTER • 1932 • SHT
HURRY CALL, A • 1932 • SHT
ICEMAN'S BALL, THE • 1932 • SHT
JITTERS THE BUTLER • 1932 • SHT
MILLIONAIRE CAT, THE • 1932 • SHT
SLIP AT THE SWITCH, A • 1932 • SHT
SO THIS IS HARRIS • 1932 • SHT
WHEN SUMMONS COMES • 1932 • SHT
AGGIE APPLEBY, MAKER OF MEN • CUPID IN THE ROUGH (UKN) • 1933
DRUGGIST'S DILEMMA, THE • 1933 • SHT
HOKUS FOCUS • 1933 • SHT
MELODY CRUISE • MAIDEN CRUISE • 1933
THRU THIN AND THICKET • THRU THIN AND THICKET: OR, WHO'S ZOO IN AFRICA ○ WHO'S ZOO IN AFRICA • 1933 • SHT
COCKEYED CAVALIERS • 1934
GAY DIVORCEE, THE • GAY DIVORCE, THE (UKN) • 1934
HIPS HIPS HOORAY • 1934
TOP HAT • 1935
FOLLOW THE FLEET • 1936
WOMAN REBELS, A • PORTRAIT OF A REBEL • 1936
SHALL WE DANCE • 1937
CAREFREE • 1938
MAN ABOUT TOWN • 1939
BUCK BENNY RIDES AGAIN • 1940
LOVE THY NEIGHBOR • 1940

SKYLARK • 1941
HOLIDAY INN • 1942
SO PROUDLY WE HAIL! • 1943
HERE COME THE WAVES • 1944
I LOVE A SOLDIER • 1944

SANDRINI LUIS – ARG

HOMBRE QUE HIZO EL MILAGRO, EL • MAN WHO CREATED A MIRACLE, THE • 1958

SANDS SAMPOTE – THL

CROCODILE • 1981

SANDY BOBBY – IND

KEHORMATAN • HONOUR • 1974
KETIKA MUSIM SEMI TIBA • WHEN SPRING COMES • 1987

SANER HULKI – TRK

DEMIREL'E SOYLERIM • I'LL TELL DEMIREL • 1967
GENCLIK TURKUSU • SONG OF YOUTH, A • 1967
KIZILCIKLAR OLDU MU? • ARE THE BLACKBERRIES RIPE? • 1967
MARKO PASA • MARKO PASHA • 1967
BIR DAMAT ARANIYOR • LOOKING FOR A BRIDEGROOM • 1968

SANFORTH CLIFFORD – USA

MURDER BY TELEVISION • 1935
HIGH HAT • 1937
I DEMAND PAYMENT • 1938

SANG HU – CHN

LIANG SHAN-PO AND CHU YING-TAI • LIANG SHANBO AND ZHU YINGTAI • 1953
ZHUFU • NEW YEAR SACRIFICE • 1957
MOSHUSHI DE QIYU • STRANGE ADVENTURES OF A MAGICIAN • 1962
PAI MAO NU • WHITE-HAIRED GIRL, THE • 1970

SANGEETA – PKS

TAQAT KA TOOFAN • FORCE • 1988
ACID • 1989

SANGER HARRY – USA

GOOD FELLOW, A • 1920 • SHT

SANGER JONATHAN – USA

CODE NAME: EMERALD • CODENAME EMERALD ○ EMERALD • 1985

SANGIORGI DANIELE – ITL

FILIPSTEIN SAUL

BLACK APHRODITE • NEL MIRINO DI BLACK APHRODITE • 1977

SANGSTER JIMMY – Screenwriter – UKN – 1924–

HORROR OF FRANKENSTEIN, THE • 1970
LUST FOR A VAMPIRE • TO LOVE A VAMPIRE • 1970
FEAR IN THE NIGHT • DYNASTY OF FEAR • 1972

SANI ASRUL – INN

SAMI ASRUL

SLUMP OF LIFE • 1978
HEROES OF FREEDOM • 1980
DON MUANG INCIDENT • 1984

SANIN ALEXANDER – USS

SANIN V.

POLIKUSHKA • 1919

SANIN V. see **SANIN ALEXANDER**

SANISHVILI N. see **SANISHVILI NIKOLAI**

SANISHVILI NIKOLAI – USS

SANISHVILI N.

DAVID GURAMISHVILI • 1946
SCRAPPER, THE • 1959
HEVISBERY GOCHA • 1964
VSTRYECHA V GORAKH • ENCOUNTER IN THE MOUNTAINS • 1967

SANJINES JORGE – BLV – 1936–

REVOLUCION • 1963
AYSA • 1965
UKAMAU • 1967
YAWAR MALLKU • BLOOD OF THE CONDOR (UKN) • 1969
NOTTE DI SAN JUAN, LA • NIGHT OF SAN JUAN, THE (USA) ○ CORAJE DEL PUEBLO, EL ○ COURAGE OF THE PEOPLE, THE • 1971
ENEMIGO PRINCIPAL, EL • MAIN ENEMY, THE ○ PRINCIPAL ENEMY, THE • 1973
MASCARAS DEL ENEMIGO, LAS • 1975
FUERA DE AQUI! • GET OUT OF HERE! • 1977
BANDERAS DEL AMANECER, LAS • 1984
NACION CLANDESTINA, LA • SECRET NATION, THE ○ HIDDEN NATION, THE • 1989

SANON EMMANUEL K. – BRK

DESEBAGATO • LAST SALARY, THE • 1987

SANSOULH JACQUES – FRN – 1943–

Y A TELLEMENT DE PAYS POUR ALLER • 1978

SANTA ENZO DALLA see **DELLA SANTA ENZO**

SANTAMARIA ERIC – CND

PLAYGIRL KILLER • DECOY FOR TERROR • 1965

SANTANA ALBERTO – PRU

RESACA • 1934

SANTANA JUAN – VNZ

SALVADOR VALERO • 1973
FIEBRE • FEVER • 1977

SANTANIELLO OSCAR – ITL

BOUNTY KILLER A TRINITA, UN • 1972

SANTAS THANOS – GRC

KINONIA MAS ADIKISE, I • SOCIETY WRONGED US ○ WRONGED, THE • 1967
KITSOS, MINI KE SOUVLAKIA • KITSOS, MINI-SKIRTS AND SOUVLAKIA • 1968

SANTEAN ANTONIO – USA

GLASS CAGE, THE • DON'T TOUCH MY SISTER ○ DEN OF DOOM ○ BED OF FIRE • 1964

SANTELL AL see **SANTELL ALFRED**

SANTELL ALFRED – USA – 1895–1981

SANTELL AL

HAM AND THE EXPERIMENTS • 1915
HYPNOTIC MONKEY, THE • 1915 • SHT
LOVE MAGNET, THE • 1916 • SHT
BANDITS, BEWARE • 1917
BATH TUB BANDIT • 1917
BELOVED ROGUES • 1917
BOOT AND THE LOOT, THE • 1917 • SHT
BULLS OR BULLETS • 1917 • SHT
DEADLY DOUGHNUT, THE • 1917
DOUBLES AND TROUBLES • 1917
EFFICIENCY EXPERTS? • 1917 • SHT
HARD TIMES IN HARDSCRAPPLE • 1917
HOBO RAID, THE • 1917 • SHT
MISFIT MILLIONAIRE, A • 1917 • SHT
OUT OF THE BAG • 1917 • SHT
POLITICS IN PUMPKIN CENTER • POLITICS AT PUMPKIN CORNER • 1917 • SHT
WHIRLWIND OF WHISKERS, THE • 1917
AT SWORD'S POINT • 1918 • SHT
MAIN 1 – 2 – 3 • 1918 • SHT
O SUSIE BEHAVE! • 1918 • SHT
PINK PAJAMAS • 1918 • SHT
PURSUING PACKAGE, THE • 1918 • SHT
SOME JOB • 1918 • SHT
STOLEN KEYHOLE, THE • 1918 • SHT
VAMPING THE VAMP • 1918 • SHT
AS YOU WERE • 1919 • SHT
BABIES IS BABIES • 1919 • SHT
ONE LOVELY NIGHT • 1919 • SHT
SEEING THINGS • 1919 • SHT
STOP, CEASE, HESITATE! • 1919 • SHT
TOO TIRED • TWO TIRED • 1919 • SHT
IT MIGHT HAPPEN TO YOU • 1920
PILLS FOR PAPA • PILL POUNDER, THE • 1920 • SHT
RINGS AND THINGS • 1920 • SHT
UPPER THREE AND LOWER FOUR • 1920
WILD NIGHT, A • 1920 • SHT
BUT A BUTLER • 1922 • SHT
KO KOO KIDS • 1922 • SHT
RENTED TROUBLE • 1922 • SHT
WILDCAT JORDAN • 1922
LIGHTS OUT • 1923
EMPTY HEARTS • 1924
FOOLS IN THE DARK • 1924
MAN WHO PLAYED SQUARE, THE • 1924
CLASSIFIED • 1925
MARRIAGE WHIRL, THE • MODERN MADNESS (UKN) • 1925
PARISIAN NIGHTS • 1925
BLUEBEARD'S SEVEN WIVES • 1926
DANCER OF PARIS, THE • 1926
JUST ANOTHER BLONDE • GIRL FROM CONEY ISLAND, THE • 1926
SUBWAY SADIE • 1926
SWEET DADDIES • 1926
GORILLA, THE • 1927
ORCHIDS AND ERMINE • 1927
PATENT LEATHER KID, THE • 1927
LITTLE SHEPHERD OF KINGDOM COME, THE • KENTUCKY COURAGE • 1928
SHOW GIRL • 1928
WHEEL OF CHANCE • ROULETTE • 1928
ROMANCE OF THE RIO GRANDE • ROMANCE OF RIO GRANDE • 1929
THIS IS HEAVEN • 1929
TWIN BEDS • 1929
ARIZONA KID, THE • 1930
SEA WOLF, THE • 1930
BODY AND SOUL • 1931
DADDY LONG LEGS • 1931
SOB SISTER • BLONDE REPORTER, THE (UKN) ○ SOB SISTERS • 1931
POLLY OF THE CIRCUS • 1932
REBECCA OF SUNNYBROOK FARM • 1932
TESS OF THE STORM COUNTRY • 1932
BONDAGE • HOUSE OF REFUGE • 1933
RIGHT TO ROMANCE, THE • BEAUTIFUL • 1933
LIFE OF VERGIE WINTERS, THE • 1934
DICTATOR, THE • LOVES OF A DICTATOR, THE (USA) ○ FOR LOVE OF A QUEEN ○ LOVE AFFAIR OF A DICTATOR, THE ○ FOR THE LOVE OF A QUEEN • 1935
FEATHER IN HER HAT, A • 1935
PEOPLE WILL TALK • 1935
WINTERSET • 1936
BREAKFAST FOR TWO • LOVE LIKE THAT, A • 1937
INTERNES CAN'T TAKE MONEY • YOU CAN'T TAKE MONEY (UKN) • 1937
ARKANSAS TRAVELER, THE • 1938
COCOANUT GROVE • 1938
HAVING WONDERFUL TIME • 1938
OUR LEADING CITIZEN • 1939
ALOMA OF THE SOUTH SEAS • 1941
BEYOND THE BLUE HORIZON • MALAYA • 1942
JACK LONDON • ADVENTURES OF JACK LONDON • 1942
HAIRY APE, THE • 1944
MEXICANA • 1945
THAT BRENNAN GIRL • 1946

SANTEN TRUDE – GRM

DIAMANTENKONKURRENZ, DIE • 1921
TURFPIRATEN • 1922
BENNO STEHKRAGEN • 1927

von SANTER CARL

CITY WITHOUT JEWS, THE • 1928

SANTESSO WALTER – ITL – 1931–

EROE VAGABONDO • 1966
IMPORTANZA DI AVERE UN CAVALLO, L' • 1972 • MTV
CARICA DELLE PATATE, LA • 1979

SANTHE LAMBERT – FRN

NUDE CALDE E PURE • 1965

SANTI GIANCARLO – ITL

GRANDE DUELLO, IL • DREI VATERUNSER FUR VIER HALUNKEN (FRG) ○ GRAND DUEL, THE (USA) ○ GRAND DUEL, LE (FRN) ○ BIG SHOWDOWN, THE ○ STORMRIDER • 1973
QUANDO C'ERA LUI.. CARO LEI! • 1978

SANTIAGO CIRIO see **SANTIAGO CIRIO H.**

SANTIAGO CIRIO H. – PHL

SANTIAGO CIRIO

BLACK SAMOURAI
PUSANG ITIM • MONSTER STRIKES, THE • 1959
ALAMID • JUNGLE CAT • 1967
ANG LIMBAS AT ANG LAWIN • FAST ONE AND THE HAWK, THE • 1967
BRAVADOS • 1967
MARKO ASINTADO • SHARPSHOOTER • 1967
OPERATION IMPOSSIBLE • 1967
FLY ME • 1973
SAVAGE! • 1973
COVER GIRL MODELS • 1975
TNT JACKSON • DYNAMITE JACKSON • 1975
MUTHERS, THE • 1976
EBONY, IVORY AND JADE • 1977
FIGHTING MAD • 1977
DEATH FORCE • FORCE OF DEATH • 1978
VAMPIRE HOOKERS • SENSUOUS VAMPIRES ○ TWICE BITTEN • 1978
FIRECRACKER • NAKED FIST • 1981
STRYKER • 1983
CAGED FURY • 1984
FINAL MISSION • 1984
WHEELS OF FIRE • DESERT WARRIOR ○ VINDICATOR • 1984
DESTROYERS, THE • DEVASTATOR, THE ○ DESTROYER • 1985
FUTURE HUNTERS • 1985
EQUALISER 2000 • 1986
NAKED VENGEANCE • SATIN VENGEANCE • 1986
SILK • 1986
DEMON OF PARADISE • 1987
EYE OF THE EAGLE • 1987
SPEAR, THE • 1987
BEHIND ENEMY LINES • KILLER INSTINCT • 1988
SISTERHOOD, THE • 1988
NAM ANGELS • 1989

SANTIAGO CLEMEN T. – PHL

PHILCAG IN VIETNAM • 1967

SANTIAGO HUGO – ARG – 1939–

CAIDS, LES • 1968
INVASION • 1968
AUTRES, LES • 1973
ECOUTE VOIR.. • SEE HEAR MY LOVE ○ SEE HERE MY LOVE • 1978
CES TROTTOIRS DE SATURNE • 1986

SANTIAGO MORO JOSE LUIS see **MORO JOSE LUIS SANTIAGO**

SANTIAGO PABLO – PHL

NAGA SALITANG KALANSAY • 1961
LET'S HANG ON • DISCOTHEQUE • 1967
METROCOM • 1967
OPERATION DISCOTHEQUE • 1967
UMPISAHAN MO, AT TATAPUSIN KO • YOU START, AND I'LL FINISH • 1967
YESTERDAY • 1967
BARBARO CRISTOBAL • 1968
JEEPNEY KING • 1968
LETSGO HIPPIE • LET'S GO HIPPIE • 1968
MANGLILIGPIT, ANG • KILLER, THE • 1968
MINE HUNTER • 1968
QUINTIN SALAZAR • 1968

SANTILLAN ANTONIO – SPN – 1909–1966

ENEMIGOS • 1943
NOCHE DEL MARTES, LA • 1944
ALMAS EN PELIGRO • 1951
CITA IMPOSIBLE • 1953
PRESIDIO, EL • 1954
SUCEDIO EN MI ALDEA • 1954
OJO DE CRISTAL, EL • 1955
HOSPITAL DE URGENCIA • 1956
CUATRO EN LA FRONTERA • 1957
DESAMPARADOS, LOS • 1960
TRAMPA MORTAL • 1962
SENDA TORCIDA • 1963
RAFAGA DE PLOMO, UNA • ROUND OF BULLETS, A • 1965

SANTILLAN DIEGO – SPN – 1925–

CHAO AMOR • 1968
POR QUE PERDIMOS LA GUERRA? • WHY WE LOST THE WAR • 1977

SANTINI ALESSANDRO – ITL

QUESTA LIBERTA DI AVERE LE ALI BAGNATE • 1971
AL DI LA DELL'ODIO • 1972
DOLCE PELLE DI DONNA • 1974

SANTINI GIAN PAOLO – ITL

CRONACA (UNO SPARA NEL SOLE) • 1969

SANTIPRACHA SOMDEJ – THL – c1949–

YOUNG LOVER, THE • 1980
VIRGIN, THE • 1982

SANTLEY JOSEPH – Writer – USA – 1889–1971

ALL AMERICANS • 1929 • SHT
COCOANUTS, THE • 1929
HARMONY BOYS, THE • 1929 • SHT
HIGH HAT • 1929 • SHT
HOLD UP • 1929 • SHT
JUST ONE WORD • 1929 • SHT
RADIO RHYTHM • 1929 • SHT
RAISING THE ROOF • 1929 • SHT
RUDY VALLEE AND CONNECTICUT YANKEES • 1929 • SHT
RUTH ETTING • 1929 • SHT
THAT PARTY IN PERSON • 1929 • SHT
TITO SCHIPA • 1929 • SHT
TITO SCHIPA CONCERT NO.2 • 1929 • SHT
SWING HIGH • 1930
OH! OH! CLEOPATRA • 1931
LADIES NOT ALLOWED • 1932 • SHT
LAMBS' ALLSTAR GAMBLER NO.3 • 1932 • SHT
HEAR 'EM AND WEEP • 1933 • SHT
PEEPING TOM • PEEKING TOM • 1933 • SHT
POOR FISH • 1933 • SHT
$50 MILLION CAN'T BE WRONG • 1933 • SHT
LOUDSPEAKER, THE • RADIO STAR, THE (UKN) • 1934
YOUNG AND BEAUTIFUL • 1934
HARMONY LANE • MINSTREL CARNIVAL • 1935
MILLION DOLLAR BABY • 1935
WATERFRONT LADY • 1935

DANCING FEET • 1936
HARVESTER, THE • 1936
HER MASTER'S VOICE • 1936
LAUGHING IRISH EYES • 1936
SMARTEST GIRL IN TOWN, THE • MILLION DOLLAR PROFILE • 1936
WALKING ON AIR • 1936
WE WENT TO COLLEGE • OLD SCHOOL TIE, THE (UKN) • 1936
MEET THE MISSUS • MISSUS AMERICA • 1937
THERE GOES THE GROOM • DON'T FORGET TO REMEMBER • 1937
ALWAYS IN TROUBLE • 1938
BLONDE CHEAT • MUDDLED DEAL • 1938
SHE'S GOT EVERYTHING • SHE'S GOT THAT SWING • 1938
SWING, SISTER, SWING • 1938
FAMILY NEXT DOOR, THE • 1939
SPIRIT OF CULVER, THE • MAN'S HERITAGE (UKN) • 1939
TWO BRIGHT BOYS • 1939
BEHIND THE NEWS • 1940
MELODY AND MOONLIGHT • 1940
MELODY RANCH • 1940
MUSIC IN MY HEART • 1940
DANCING ON A DIME • 1941
DOWN MEXICO WAY • 1941
ICE-CAPADES • 1941
PUDDIN' HEAD • JUDY GOES TO TOWN (UKN) • 1941
ROOKIES ON PARADE • JAMBOREE (UKN) • 1941
SIS HOPKINS • 1941
CALL OF THE CANYON, THE • 1942
JOAN OF THE OZARKS • QUEEN OF SPIES (UKN) ○ JOAN OF OZARK • 1942
REMEMBER PEARL HARBOR • 1942
TRAGEDY AT MIDNIGHT, A • 1942
YOKEL BOY • HITTING THE HEADLINES (UKN) • 1942
CHATTERBOX • 1943
HERE COMES ELMER • HITCHHIKE TO HAPPINESS (UKN) • 1943
SHANTYTOWN • 1943
SLEEPY LAGOON • 1943
THUMBS UP • 1943
BRAZIL • 1944
GOODNIGHT SWEETHEART • 1944
JAMBOREE • 1944
ROSIE THE RIVETER • IN ROSIE'S ROOM (UKN) • 1944
THREE LITTLE SISTERS • 1944
EARL CARROLL VANITIES • 1945
HITCHHIKE TO HAPPINESS • 1945
SHADOW OF A WOMAN • 1946
MAKE BELIEVE BALLROOM • 1949
WHEN YOU'RE SMILING • 1950

SANTO PEREIRA JOSE GERALDO – BRZ
REBELIAO EM VILA RICA • 1958

SANTO PEREIRA JOSE RENATO – BRZ
REBELIAO EM VILA RICA • 1958

SANTONI JOEL – MRC – 1943–
YEUX FERMES, LES • EYES CLOSED, THE ○ CLOSED EYES, THE • 1972
COURSE EN TETE, LA • EDDY MERCKX • 1974
OEUFS BROUILLES, LES • 1975
SI JE SUIS COMME CA, C'EST LA FAUTE DE PAPA • WHEN I WAS A KID, I DIDN'T CARE (USA) • 1978
ILS SONT GRANDS CES PETITS • 1979

SANTOS ALBERTO SEIXAS – PRT – 1936–
ARTE E OFICIO DE OURIVES • 1966 • SHT
BRANDOS COSTUMES • SWEET COSTUMES ○ GENTLE HABITS • 1975
GESTOS E FRAGMENTOS • 1983

SANTOS ANTHONY – USA
GIRLS ON THE ROCKS • 1962

SANTOS FRANCISCO – BRZ
CRIME DOS BANHADOS, O • 1913

dos SANTOS LUIZ PAULINO – BRZ
MAR CORRENTE • FLOWING SEA • 1967
CRUELDADE MORTAL • MORTAL CRUELTY • 1980

SANTOS NELSON see **dos SANTOS NELSON PEREIRA**

SANTOS NELSON PEREIRA dos see **dos SANTOS NELSON PEREIRA**

dos SANTOS NELSON PEREIRA
SANTOS NELSON PEREIRA dos
ATIVIDADES POLITICAS EM SAO PAULO • 1950 • SHT
JUVENTUDE • 1950 • SHT
RIO, QUARENTA GRAUS • RIO, FORTY DEGREES • 1955
RIO ZONA NORTE • RIO, ZONE NORD • 1957
SOLDADOS DO FOGO • 1958 • SHT
MANDACARU VERMELHO • 1961
BALLET DO BRASIL • 1962 • SHT
BOCA DE OURO, O • 1962
MOCO DE 74 ANOS, UM • 1963 • SHT
VIDAS SECAS • BARREN LIVES ○ DROUGHT ○ SECHERESSE ○ DRY LIVES • 1963
RIO DE MACHADO DE ASSIS • 1964 • SHT
FALA, BRASILIA • 1965
CRUZADA ABC • 1966
JUSTICERO, EL • JUST MAN, THE ○ JUSTICIER, LE • 1967
ABASTECIMENTO, NOVA POLITICA • 1968 • SHT
FOME DE AMOR • HUNGRY FOR LOVE ○ HUNGER FOR LOVE ○ SOIF D'AMOUR • 1968
ALIENISTA, O • ALIENIST, THE • 1970
AZYLO MUITO LOUCO • ASILO MUITO LOUCO, UM ○ ALIENISTE, L' • 1970
COMO ERA GOSTOSO O MEU FRANCES • HOW TASTY WAS MY LITTLE FRENCHMAN ○ MY FRENCHMAN WAS VERY TASTY ○ COMME IL EST BON MON FRANCAIS ○ QU'IL ETAIT BON MON PETIT FRANCAIS • 1971
QUEM A BETA? • PAS DE VIOLENCE ENTRE NOUS (FRN) ○ QUI EST BETA? ○ WHERE IS BETA? ○ QUEM E BETA? ○ WHO IS BETA? • 1973
AMULETA DA MORTE • AMULETTO DE OGUM, A ○ AMULET OF OGUM, THE • 1974
TENDA DOS MILAGRES • TENT OF MIRACLES ○ BOUTIQUE DES MIRACLES, LA • 1978
NA ESTRADA DA VIDA • ON THE HIGHWAY OF LIFE • 1981
MEMORIAS DO CARCERE • MEMORIES OF IMPRISONMENT ○ MEMORIES OF PRISON • 1984

dos SANTOS NELSON RODRIGUES – BRZ
JUBIABA • 1988

SANTOS ROBERT see **SANTOS ROBERTO**

SANTOS ROBERTO – BRZ
SANTOS ROBERT
GRANDE MOMENTO, O • 1959
HORA E VEZ DE AUGUSTO MATRAGA, A • TIME AND HOUR OF AUGUSTO MATRAGA, THE • 1965
HOMEM NU, O • NAKED MAN, THE • 1968
ANJO MAU, UM • 1972
CONTOS EROTICOS • EROTIC STORIES • 1980
PARADA 88 –O LIMITE DE ALERTA • STOP 88 –THE WARNING LIMIT • 1980

SANTOS RUI see **SANTOS RUY**

SANTOS RUY – BRZ
SANTOS RUI
DOCE MULHER AMADA, A • SWEET AND BELOVED WOMAN, THE • 1968
DESCONHECIDO, O • UNKNOWN, THE • 1980

SANTOS STEVEN J. – USA
CARLIN AT CARNEGIE • 1983

SANTOS T. C. see **SANTOS TEODORICO C.**

SANTOS TEODORICO C. – PHL
SANTOS T. C.
AT SILA'Y DUMATING • AND THEY CAME • 1967
SIBAD • FAST ONE, THE • 1967
ZARAGOZA • 1968

SANTOSTEFANO DAMON – USA
SCREAM GREATS, VOL.1 • 1986 • DOC

SANTSCHI THOMAS – Actor – USA – 1878–1931
ABYSS, THE • 1914
AT THE RISK OF HER LIFE • 1914
BUTTERFLY'S WINGS, THE • 1914
CARYL OF THE MOUNTAINS • 1914
DREAM GIRL, THE • 1914
EMPTY SLEEVE, THE • 1914
EUGENIC GIRL, THE • 1914
LIFE'S CRUCIBLE • 1914
NAN'S VICTORY • 1914
OLD LETTER, THE • 1914
ORDEAL, THE • 1914
PLAYING WITH FIRE • 1914
ROSE O' MY HEART • 1914
SEALED PACKAGE, THE • 1914
TEST, THE • 1914
UNREST • 1914
WHEN HIS SHIP COMES IN • 1914
AUNT MARY • 1915
BABY AND THE LEOPARD, THE • 1915
BLOOD SEEDLING, THE • 1915
FORK IN THE ROAD, THE • 1915
GIRL AND THE REPORTER, THE • 1915
GREAT EXPERIMENT, THE • 1915
GUARDIAN'S DILEMMA, THE • 1915
HEART OF PARO, THE • 1915
HIS FIGHTING BLOOD • 1915
HOW CALLAHAN CLEANED UP LITTLE HELL • 1915
IN LEOPARD LAND • 1915
IN THE KING'S SERVICE • 1915
JAGUAR TRAP, THE • 1915
JUNGLE REVENGE, A • 1915
JUNGLE STOCKADE, THE • 1915
JUST LIKE A WOMAN • 1915
LASSOING A LION • 1915
LION'S MATE, THE • 1915
LOVE FINDS A WAY • 1915
MISSING RUBY, THE • 1915
OCTOPUS, THE • 1915
ORDERS • 1915
RED BLOOD OF COURAGE, THE • 1915
SULTANA OF THE DESERT, A • 1915
TWO NATURES WITH HIM, THE • 1915
TYRANT OF THE VELDT, THE • 1915
VENGEANCE OF RANNAH, THE • 1915
YOUNG LOVE • 1915
ELEPHANT'S GRATITUDE, AN • 1916
PRIVATE BANKER, THE • 1916 • SHT
TOLL OF THE JUNGLE • 1916 • SHT

SANVOISIN MICHEL – FRN
NOGENT, ELDORADO DU DIMANCHE • 1929

SANZ CARLOS RODRIGUEZ – SPN
ANIMACION EN LA SALA DE ESPERA • 1981

SAO PAULO OLNEY – BRZ
MANHA CINZENTA • GREY MORNING • 1969
FORTE, O • 1974

SAPERSTEIN DAVID – USA
MONDAY, TUESDAY, WEDNESDAY • MY SISTER'S KEEPER • 1987
KILLING AFFAIR, A • 1988
PERSONAL CHOICE • 1989

SAPIAIN CLAUDIO – SWD
CANTO LIBRE • FREE SONG • 1979 • MTV

SARA SANDOR – Cameraman – HNG – 1933–
FOLK CARNIVAL • SHT
SOLITUDE • SHT
CIGANYOK • GYPSIES • 1962 • SHT
FATHER • 1966 • SHT
VIZKERESZET • TWELFTH NIGHT • 1967 • SHT
FELDOBOTT KO • THROWN UP STONE, THE ○ UPTHROWN STONE, THE • 1969
PRO PATRIA • 1971 • SHT
NYOLCVAN HUSZAR • 80 HUSZARS ○ EIGHTY HUSSARS • 1978
TUSKE A KOROM ALATT • THORN UNDER THE FINGERNAIL, A • 1988

SARACENI FAUSTO – ITL
UNDICI MOSCHETTIERI, GLI • 1952
FRATELLI D'ITALIA • 1953
VIAGGIO IN ORIENTE • 1953 • DOC
BUON APPETITO • 1956 • SHT
VECCHIE AMICIZIE • 1956 • SHT

SARACENI JULIO – ARG
BARBARA ATOMICA • 1952
SATELITE CHIFLADO, EL • WHISTLE SATELLITE, THE • 1956
MUCHACHOS IMPACIENTES • 1965
PATAPUFETE! • 1967
VILLA CARINO • BOSQUE ALOJAMIENTO • 1967
NOVICIO REBELDE, EL • REBELLIOUS NOVICE, THE • 1968

SARACENI PAULO CESAR – BRZ – 1933–
SARACENI PAULO CEZAR
CAPITU • 1968
CASA ASSASSINADA, A • 1972
AO SUL DO MEU CORPO • SOUTH OF MY BODY • 1982
NATAL DA PORTELA • ONE-ARMED NATAL • 1988 • DOC

SARACENI PAULO CEZAR see **SARACENI PAULO CESAR**

SARAFIAN DERAN – USA
ALIEN PREDATORS • FALLING, THE ○ MUTANT 2 ○ ALIEN PREDATOR • 1987
INTERZONE • 1987
TO DIE FOR • 1989

SARAFIAN RICHARD see **SARAFIAN RICHARD C.**

SARAFIAN RICHARD C. – USA – 1927–
SARAFIAN RICHARD
TERROR AT BLACK FALLS • 1962
ANDY • 1965
SHADOW ON THE LAND • 1968 • TVM
RUN WILD, RUN FREE • PHILIP ○ WHITE COLT, THE • 1969
FRAGMENT OF FEAR • 1970
SUNBURN • 1970
MAN IN THE WILDERNESS • 1971
VANISHING POINT, THE • 1971
LOLLY MADONNA XXX • LOLLY MADONNA WAR, THE • 1973
MAN WHO LOVED CAT DANCING, THE • 1973
ONE OF OUR OWN • 1975 • TVM
AFRICAN QUEEN, THE • 1976 • TVM
NEXT MAN, THE • DOUBLE HIT • 1976
KILLING AFFAIR, A • BEHIND THE BADGE • 1977 • TVM
DISASTER ON THE COASTLINER • 1979 • TVM
GOLDEN MOMENT, THE • GOLDEN MOMENT: AN OLYMPIC LOVE STORY, THE • 1980 • TVM
GANGSTER WARS • 1981 • MTV
GANGSTER WARS 2 • 1981 • MTV
SPLENDOR IN THE GRASS • 1981 • TVM
BEAR, THE • 1984
EYE OF THE TIGER • 1986
LIBERTY • 1986 • TVM
STREET JUSTICE • 1987

SARANKANT – IND
MERA NAM JOHAR • MY NAME IS JOHAR • 1968

SARANOVIC RADOMIR – YGS
JEDNOG DANA LJUBAV • ONE DAY OF LOVE • 1969
SVADBA • WEDDING, THE • 1973

SARAYA GOVIND – IND
SARASWATI CHANDRA • 1969

SARDE ALAIN – FRN
ETOILE DU NORD, L'

SARETZKY ERIC – SAF
PRIVATE WORLD, A • 1981
SONGS OF HOPE • 1986

SARGEANT ROY – SAF
WINNERS, THE • MY WAY • 1972
VINKEL EN KOLJANDER • 1974

SARGENT G. L. see **SARGENT GEORGE L.**

SARGENT GEORGE see **SARGENT GEORGE L.**

SARGENT GEORGE L. – USA
SARGENT GEORGE • SARGENT G. L.
GENTLEMAN FROM MISSISSIPPI, THE • 1914
CALL OF THE DANCE, THE • 1915
MASKED DANCER, THE • 1915
MIDNIGHT AT MAXIM'S • 1915
PHILIP HOLDEN -WASTER • HIS BROTHER'S KEEPER • 1916
SABLE BLESSING, THE • 1916
SECRET OF THE SUBMARINE, THE • 1916 • SRL
BY SPESHUL DELIVERY • 1917 • SHT
GILDED YOUTH, A • 1917
GOLDEN HEART, THE • 1917 • SHT
HEART OF GOLD • 1917
HIGH SPEED • 1917
STARTLING CLIMAX, THE • DIFFERENT ENDING, A • 1917 • SHT
WIFE'S SUSPICIONS, A • 1917 • SHT
CLIENTS OF AARON GREEN, THE • 1918 • SHT
CYNTHIANA • 1918 • SHT
FARO NELL, LOOKOUT • 1918 • SHT
TUCSON JENNIE'S HEART • 1918 • SHT
BROADWAY BUBBLE, THE • 1920
PREY, THE • 1920
WHISPER MARKET, THE • 1920
CHARMING DECEIVER, THE • 1921
IT ISN'T BEING DONE THIS SEASON • 1921

SARGENT JOSEPH – USA – 1925–
ONE SPY TOO MANY • ALEXANDER THE GREATER AFFAIR, THE • 1966
SPY IN THE GREEN HAT, THE • 1966 • MTV
HELL WITH HEROES, THE • TIME FOR HEROES, A ○ RUN HERO RUN • 1968
SUNSHINE PATRIOT, THE • 1968

FORBIN PROJECT, THE • COLOSSUS THE FORBIN PROJECT ○ COLOSSUS 1980 ○ DAY THE WORLD CHANGED HANDS, THE • 1969
IMMORTAL, THE • 1969 • TVM
LONGSTREET • 1970 • TVM
MAN WHO DIED TWICE, THE • 1970 • TVM
MAYBE I'LL COME HOME IN THE SPRING • 1970 • TVM
TRIBES • SOLDIER WHO DECLARED PEACE, THE • 1970
MAN ON A STRING • 1971 • TVM
MAN, THE • 1972
WHEELER AND MURDOCK • 1972 • TVM
EMILY AND JOE • 1973 • TVM
MARCUS-NELSON MURDERS, THE • KOJAK AND THE MARCUS-NELSON MURDERS • 1973 • TVM
SUNSHINE • 1973 • TVM
TIME FOR LOVE, A • 1973 • TVM
WHITE LIGHTNING • 1973
TAKING OF PELHAM ONE-TWO-THREE, THE • 1974
FRIENDLY PERSUASION • 1975 • TVM
HUSTLING • 1975 • TVM
MY SWEET LADY • 1975
NIGHT THAT PANICKED AMERICA, THE • 1975 • TVM
MACARTHUR • MACARTHUR: THE REBEL GENERAL (UKN) • 1977
GOLDENGIRL • GOLDEN GIRL • 1979
AMBER WAVES • 1980 • TVM
COAST TO COAST • 1980
FREEDOM • 1981 • TVM
MANIONS, THE • 1981 • MTV
TOMORROW'S WORLD • 1981
TOMORROW'S CHILD • GENESIS • 1982 • TVM
CHOICES OF THE HEART • IN DECEMBER THE ROSES WILL BLOOM AGAIN • 1983 • TVM
MEMORIAL DAY • 1983 • TVM
NIGHTMARES • 1984 • TVM
TERRIBLE JOE MORAN • ONE BLOW TOO MANY • 1984 • TVM
LOVE IS NEVER SILENT • SHATTERED SILENCE • 1985 • TVM
OF PURE BLOOD • 1986 • TVM
PASSION FLOWER • 1986 • TVM
THERE MUST BE A PONY • 1986 • TVM
JAWS -THE REVENGE • JAWS 4 • 1987

SARGENT P. D. – USA
BATTLING KING • 1922

SARGENT W. J. – UKN
THAT LASS OF CHANDLER'S • 1929

SARIN VIC – IND – 1941–
PASSENGER • 1982 • MTV
YOU'VE COME A LONG WAY, KATIE • 1982
OTHER KINGDOM, THE • 1984 • MTV
GURKHAS OF NEPAL • 1985 • MTV
ISLAND LOVE SONG • 1986 • MTV
CORNER, THE • 1987
COLD COMFORT • 1989

SARIS GEORGE – GRC
MONEMVASIA • 1964

SARKISOV G. – USS
LANDSLIDE • 1960

SARKISSIAN HARRY – IRQ – 1938–
VOIE DU REVE, LA • 1973

SARKKA TOIVO – FNL – 1890–1975
RYKMENTIN MURHEENKRYYNI • 1938
HILJA, MAITOTYTTO • 1953
MILKMAID, THE • 1955
KUU ON VAARALLINEN • PRELUDE TO ECSTASY (USA) • 1961

SARMA V. L.
PABLA CASALS BREAKS HIS JOURNEY • 1958 • SHT
POWER AMONG MEN • 1958 • SHT
IN OUR HANDS • 1959 • SHT

SARMIENTO VALERIA – CHL – 1948–
GENS DE PARTOUT, GENS DE NULLE PART • PEOPLE FROM EVERYWHERE, PEOPLE FROM NOWHERE • 1981
HOMBRE CUANDO ES HOMBRE, EL • MAN WHEN HE'S A MAN, A • 1982
NOTRE MARIAGE • 1984
AMELIA LOPES O'NEILL • 1990

SARNE MICHAEL see **SARNE MIKE**

SARNE MIKE – Actor – UKN – 1939–
SARNE MICHAEL
ROUTE DE ST. TROPEZ, LA • ROAD TO ST. TROPEZ (UKN) • 1966
JOANNA • 1968
MYRA BRECKENRIDGE • 1970
INTIMACY • INTIMIDADE • 1975
TROUBLE WITH A BATTERY • 1986

SARNO GERALDO – BRZ
BRASIL VERDADE • TRUE BRAZIL • 1968
PICAPAU AMARELO • 1974
CORONEL DEMIRO GOUVEIA • COLONEL OF THE SERTAO ○ COLONEL DELMIRO GOUVEIA • 1979

SARNO HECTOR V. – USA
SONIA • 1928

SARNO J. W. see **SARNO JOE**

SARNO JOE – USA
SARNO JOSEPH W. • *SARNO J. W.*
NUDE IN CHARCOAL • SINNERS A LA CARTE ○ MODELS IN CHARCOAL ○ SECRETS OF VENUS • 1963
SIN IN THE SUBURBS • 1964
WARM NIGHTS & HOT PLEASURES • WARM NIGHTS AND SECRET PLEASURES • 1964
FLESH AND LACE • FRESH & LACE ○ FRESH 'N' LACEY • 1965
BED AND HOW TO MAKE IT!, THE • 1966
LOVE MERCHANT, THE • ANOTHER WOMAN, ANOTHER DAY ○ LOVE MERCHANTS • 1966
MOONLIGHTING WIVES • 1966
NAKED FOG • NIGHT FOG • 1966
SEX CYCLE, THE • SEX CYCLES, THE • 1966
SWAP AND HOW THEY MAKE IT, THE • SWAP, THE • 1966
ANYTHING FOR MONEY • 1967
BED OF VIOLENCE • 1967
COME RIDE THE WILD PINK HORSE • 1967
LOVE REBELLION, THE • 1967
MY BODY HUNGERS • 1967
RED ROSES OF PASSION • 1967
SCARF OF MIST, THIGH OF SATIN • SCARF OF MIST, WOMEN OF SATIN • 1967
SKIN DEEP IN LOVE • DEEP IN LOVE • 1967
ALL THE SINS OF SODOM • SINS OF SODOM ○ ALL THE EVILS OF S— • 1968
DEEP INSIDE • 1968
JAG EN OSKULD • INGA -I HAVE LUST (UKN) ○ INGA (USA) ○ I A VIRGIN • 1968
KOM ! MIN SANG • TO INGRID MY LOVE, LISA (USA) ○ COME INTO MY BED ○ "YES!" (COUNT THE POSSIBILITIES) ○ "YES!" • 1968
WALL OF FLESH • 1968
DESIRE UNDER THE PALMS • 1969
KARLA • 1969
LAYOUT, THE • 1969
MARCY • 1969
ODD TRIANGLE • 1969
PASSION IN HOT HOLLOWS • HOT HOLLOWS • 1969
VIBRATIONS • HER "THING".. VIBRATIONS • 1969
DADDY, DARLING • 1970
YOUNG EROTIC FANNY HILL, THE • YOUNG AND EROTIC FANNY HILL, THE • 1970
DEVIL'S PLAYTHING, THE • 1973
MOTE MED DJAVULEN • 1973
SEDUCTION OF INGA, THE • NAGON ATT ALSKA (SWD) • 1973
VEIL OF BLOOD • 1973
BIBI -SUNDIG UND SUSS • 1974
OVERSEXED • 1974
SWEDISH WILDCATS • 1974
SWITCH, THE • 1974
BUTTERFLY • BROKEN BUTTERFLY ○ BABY TRAMP • 1975
CONFESSIONS OF A SEX KITTEN • 1975
SEXPERT • ABIGAIL LESLIE IS BACK IN TOWN ○ MISTY • 1976
CONFESSIONS OF A YOUNG AMERICAN HOUSEWIFE • CONFESSIONS OF AN AMERICAN HOUSEWIFE • 1978

SARNO JONATHAN – USA
KIRLIAN WITNESS, THE • PLANTS ARE WATCHING, THE • 1981

SARNO JOSEPH W. see **SARNO JOE**

SARNOW HEINZ – GRM
BAR-EL-MANACH • 1920
ZEUGENDE TOD, DER • 1920

SAROFF RAYMOND – USA
HAPPENINGS I • 1962-64 • SHT
HAPPENINGS II • 1962-64 • SHT
REAL THING, THE • 1966

SARPOTDAI N. D. – IND
SANT JANABAI • 1938

SARPOTDAR – IND
DEVAKI • 1934
GHALTA PUTLA • 1935

SARQUIS NICOLAS – ARG
PALO Y HUESO • STICK AND BONE • 1968
MUERTE DE SEBASTIAN ARACHE Y SU POBRE ENTIERRO, LA • 1977
MEMORIAS DEL SUBSUELO • MEMORIES FROM THE UNDERGROUND • 1981

SARRAZIN ANTOINE – FRN
FURY DISCO

SARUP JYOTI – IND
PADOSAN • NEIGHBOUR • 1968

SARWAT AHMED – EGY
GAWAZ ALAL HAWAA • MARRIAGE ON THE AIR • 1976

SASAKI KO – JPN
TENKA O KIRU OTOKO • 1961
YUREI-JIMA NO OKITE • 1961

SASAKI MOTO – JPN
KURUTTA ITONAMI • MAD CONDUCT OF LOVE • 1967
AKAI KAIRAKU • RED PLEASURE • 1968
ATSUI HANKO • HOT CRIME, A • 1968
FURIN NO TANOSHIMI • PLEASURES OF LIAISONS, THE • 1968
ZOKU NIKUTAI JOYU NIKKI • DIARY OF A SEXY ACTRESS • 1968

SASAKI YASUSHI – JPN
OTOKO O SABAKU ONNA • MAN JUDGING WOMAN ○ WOMAN WHO CONVICTS MEN, A • 1948
BINAN-JO • FORBIDDEN CASTLE • 1959

SASAKUL ISMAIL – MLY
SASAKULNE ISMAIL
BUKAN SALAH ASUHAN • 1975
SERAMPANG TIGA • 1980

SASAKULNE ISMAIL see **SASAKUL ISMAIL**

SASDY PETER – HNG – 1934–
CAVES OF STEEL • 1967
JOURNEY INTO DARKNESS • 1969 • ANT
NEW PEOPLE, THE • 1969 • MTV
COUNTESS DRACULA • 1970
TASTE THE BLOOD OF DRACULA • 1970
HANDS OF THE RIPPER • 1971
DOOMWATCH • 1972
NOTHING BUT THE NIGHT • RESURRECTION SYNDICATE, THE ○ DEVIL'S UNDEAD, THE (USA) • 1972
I DON'T WANT TO BE BORN • DEVIL WITHIN HER, THE (USA) ○ IT LIVES WITHIN HER ○ MONSTER, THE ○ BABY, THE ○ SHARON'S BABY • 1975
KING ARTHUR, THE YOUNG WARLORD • KING ARTHUR, THE YOUNG WARRIOR • 1975
WELCOME TO BLOOD CITY • 1977
VISITOR FROM THE GRAVE • 1980 • TVM
RUDE AWAKENING • 1982 • TVM
LONELY LADY, THE • 1983
LAST VIDEO AND TESTAMENT • 1984 • TVM
LATE NANCY IRVING, THE • 1984 • TVM
SWEET SCENT OF DEATH, THE • 1984
TENNIS COURT, THE • 1984 • TVM
SECRET DIARY OF ADRIAN MOLE AGED 13 3/4, THE • 1985 • MTV

SASIKUMAR B. A. – IND
BALYAKALA SAKHI • CHILDHOOD FRIEND • 1967

SASLAVSKY LUIS – ARG – 1908–
CRIMEN A LAS TRES • 1935
ESCALA EN LA CIUDAD • 1936
FUGA, LA • 1937
NACE UN AMOR • 1938
PUERTA CERADA • CLOSED DOOR (USA) • 1939
CASA DEL RECUERDO, LA • 1940
LOCO SERENATA, EL • CRAZY MUSICIAN, THE (USA) • 1940
HISTORIA DI UNA NOCHE • 1941
CENIZA AL VIENTO • 1942
ECLIPSE DEL SOL • 1943
OJOS MAS LINDO DEL MUNDO • 1943
DAMA DUENDE, LA • 1945
CAMINO DEL INFIERNO • 1946
CINCO BESOS • 1946
HISTORIA DI UNA MALA MUJER • LADY WINDERMERE'S FAN • 1948
VIDALITA • 1949
CORONA NEGRA, LA • COURONNE NOIRE, LA (FRN) ○ BLACK CROWN, THE ○ CORONNA NERA, LA • 1950
NEIGE ETAIT SALE, LA • SNOW WAS BLACK, THE (USA) ○ STAIN ON THE SNOW, THE • 1952
LOUVES, LES • SHE-WOLVES, THE ○ DEMONIAQUE ○ DEMONIAC • 1957
CE CORPS TANT DESIRE • WAY OF THE WICKED • 1958
PREMIER MAI • FESTA DI MAGGIO (ITL) ○ MAN TO MAN TALK (USA) ○ PERE ET L'ENFANT, LE ○ PREMIER MAY ○ MAYDAY IN PARIS • 1958
BALCON DE LA LUNA, EL • 1961
A HIERRO MUERE • 1962
RATAS, LA • 1963
MUJERES LOS PREFERIEN TONTOS, LAS • 1965
SEGUME.. VENI CONMIGO • COME ALONG.. FOLLOW ME • 1973
FAUSTO CRIOLLO, EL • NATIVE FAUST, A • 1980

SASS BARBARA – PLN
BEZ MILOSCI • WITHOUT LOVE • 1980
OUTSIDER, THE • 1982
KRZYK • SCREAM, THE • 1983
NIEMORALNA HISTORIA • IMMORTAL STORY • 1990

SASSY JEAN-PAUL – TNS – 1920–
STOCKHOLM ET SON ARCHIPEL • 1953 • SHT
NAPOLEON A SAINTE-HELENE • 1954 • SHT
ART SACRE AU TIBET, L' • 1955 • SHT
FEU DES PASSIONS, LE • 1955 • SHT
ILE DES DESESPERES, L' • 1955
TRESORS DU PORTUGAL • 1955 • SHT
MARIE-ANTOINETTE • 1956 • SHT
SUZANNE A PARIS • 1956 • SHT
TORROS, BRAVOS ET CORRIDAS • 1956 • SHT
OMBRAMAGIE • SHT
COLERE FROIDE • THUNDER IN THE BLOOD (USA) ○ WARM BODY, THE • 1960
PEAU ET LES OS, LA • MAZUR FILE, THE • 1960
AMOUREUSE, L' • 1972
MAISON DES AMANTS, LA • 1972

SATARIANO CECIL – MLT
KATARIN • 1977

SATHU M. S. see **SATHYU M. S.**

SATHYA M. S. see **SATHYU M. S.**

SATHYU M. S. – IND
SATHYA M. S. • *SATHU M. S.*
GARM HAVA • HOT WIND ○ HOT WINDS ○ WARM WIND • 1973
KANNESHWARA RAMA • LEGENDARY OUTLAW, THE • 1976
BARA • FAMINE, THE • 1979
BARRA • DROUGHT • 1979
KAHAN KAHAN SE GUZAR GAVA • WHAT WE HAVE ALL BEEN THROUGH ○ MANY PHASES OF LIFE, THE • 1981

SATLOF RON – USA
BENNY AND BARNEY: LAS VEGAS UNDERCOVER • 1977 • TVM
SPIDER-MAN STRIKES BACK • SPIDERMAN STRIKES BACK • 1978
MURDER THAT WOULDN'T DIE, THE • 1980 • TVM
WAIKIKI • 1980 • TVM
HUMANOID DEFENDER • 1985
J.O.E. AND THE COLONEL • 1985 • TVM
PERRY MASON RETURNS • 1985 • TVM
PERRY MASON: THE CASE OF THE NOTORIOUS NUN • 1986 • TVM
PERRY MASON: THE CASE OF THE SHOOTING STAR • 1986 • TVM
PERRY MASON: THE CASE OF THE LOST LOVE • 1987 • TVM
PERRY MASON: THE CASE OF THE MURDERED MADAM • 1987 • TVM
ORIGINAL SIN • 1988 • MTV

SATO BUICHI see **SAITO BUICHI**

SATO HAJIME – JPN
KAIDAN SEMUSHI OTOKO • GHOST OF THE HUNCHBACK ○ HOUSE OF TERRORS • 1965
KAITEI DAISENSO • TERROR BENEATH THE SEA (USA) ○ WATER CYBORG(S) • 1966
OGON BATTO • GOLDEN BAT • 1966
KYUKETSUKI GOKEMIDORO • GOKE, BODY SNATCHER FROM HELL ○ GOKE THE VAMPIRE • 1968

SATO JASON – USA
BRIG, THE

SATO JUN-YA see **SATO JUNYA**

SATO JUNYA – JPN
SATO JUN-YA
AIYOKU • GRAPES OF PASSION • 1966
SOSHIKI BORYOKU • ORGANISED VIOLENCE • 1967
ZOKU SOSHIKI BORYOKU • ORGANISED VIOLENCE (TWO) • 1967
KOYA NO TOSEININ • DRIFTING AVENGER, THE • 1968
GOLGO 13 • 1974
KIMI YO FUNDO NO KAWA A WATARE • YOU, ACROSS THE RIVER OF WRATH ○ ACROSS THE RIVER OF WRATH • 1975
SHINKANSEN DAIBABUHA • NEGATIVE CONTACT ○ BULLET TRAIN, THE • 1975
NINGEN NO SHOMEI • WITNESS OF MANKIND • 1977
YASEI NO SHOMEI • WITNESS OF WILDERNESS • 1978
HARUKANARU SORO • LONG WAY FOR A MOTOR CAR, A • 1981
MIKAN NO TAIKYOKU • UNFINISHED CHESS MATCH ○ GO MASTERS, THE • 1982
UEMURA NAOMI MONOGATARI • STORY OF AN ADVENTURER, NAOMI UEMURA • 1985

SATO TORAJIRO see **SAITO TORAJIRO**

SATTAR AZIZ – MLY
KELUARGA SI COMAT • COMAT AND FAMILY • 1974
PREBET LAPOK • 1978
PENYAMUN TARBUS • ROBBERS, THE • 1979
DA DI DU • 1980
SETINGGAN • 1980

SATTERFIELD PAUL – Animator – USA
FANTASIA • 1940 • ANM

SATYAM – IND
DEVIGA URAVU • GODLY RELATIONS • 1968

SATYAM GIDUTHURI – IND
RANABHERI • DRUMBEATS OF BATTLE • 1968

SATYAM LANKA – IND
BANGALORE MAIL • 1968

SAUCAN MIRCEA – RMN – 1928–
PAGES OF BRAVERY • 1959
CIND PRIMAVARA E FIERBINTE • WHEN SPRING IS HOT • 1961
TARMUL N-ARE SFIRSIT • ENDLESS SHORE, THE • 1962
MEANDRE • MEANDERS • 1966

SAUER FRED – GRM
GROSSE GEFAHR, DIE • 1915
HASENBRATEN, DER • 1915
MANN MIT DER LEUCHTENDEN STIRN, DER • 1915
STRUMPF, DER • 1915
TRICK, DER • 1915
EINSAME, DIE • 1916
LEID, DAS • 1916
MANN IM EIS, DER • 1916
UNGREIFBARE, DER • 1916
FIDELIO • 1919
GOLDENE KLUB, DER • 1919
IM DIENSTE DER LIEBE • 1919
NACHT DES GRAUENS, DIE • 1919
NOT UND VERBRECHEN • 1919
PERUANERIN, DIE • 1919
999 NACHT, DIE • 1919
ABENTEURER VON PARIS, DER • 1920
APACHENLORD, DER • 1920
DAMON BLUT • 1920
GELBE DIPLOMAT, DER • 1920
GESETZ DER WUSTE, DAS • 1920
GESUNKENEN, DIE • 1920
GRAUEN, DAS • 1920
MADAME X UND DIE "SCHWARZE HAND" • 1920
MANN MIT DEN DREI FRAUEN, DER • 1920
MONTE CARLO • 1920
TOM IM NACKEN • 1920
VERGIFTETES BLUT • 1920
WER UNTER EUCH OHNE SUNDE IST.. • 1920
DIKTATUR DER LIEBE 2, DIE • WELT OHNE LIEBE (DIE FRAU OHNE HERZ), EINE ○ WELT OHNE LIEBE, DIE • 1921
JENSEITS VON GUT UND BOSE • AUS DEN TIEFEN DER GROSSTADT • 1921
KOMPLOTT IM BANKVIERTEL, DAS • 1921
SCHULDIGE, DIE • 1921
SILBERMOVE, DIE • 1921
FRAU SUNDE • 1922
JUGEND • 1922
PIQUE ASS • 1922
KALTE HERZ, DAS • PAKT MIT DEM SATAN, DER ○ COLD HEART, THE • 1923
KOMODIANTENKIND, DAS • 1923
TIME IS MONEY • 1923
AUFSTIEG DER KLEINEN LILIAN • 1924
FRIESENBLUT • 1925
MILLIONENKOMPAGNIE, DIE • 1925
SCHIFF IN NOT • 1925
DEUTSCHE HERZEN AM DEUTSCHEN RHEIN • 1926
FRAU, DIE NICHT "NEIN" SAGEN KANN, DIE • 1926
WENN DAS HERZ DER JUGEND SPRICHT • 1926
DREI SEELEN –EIN GEDANKE • 1927
ERWACHEN DES WEIBES, DAS • GIRL DOWNSTAIRS • 1927
SIEG DER JUGEND, DER • 1927
ER GEHT RECHTS –SIE GEHT LINKS • 1928
IM WERDER BLUHEN DIE BAUME • 1928
LEDIGE MUTTER • SPINSTER MOTHERS • 1928
LOCKENDES GIFT • 1928
ABENTEURER G.m.b.H., DIE • 1929
FRAULEIN FAHNRICH • 1929
GEFAHREN DER BRAUTZEIT • 1929
LIEBESNACHTE • GEFAHREN DER BRAUTZEIT • 1929
MOBLIERTE ZIMMER • 1929
STUD. CHEM. HELENE WILLFUER • 1929
FREMDE, DIE • 1930
WALZER IM SCHLAFCOUPE, EIN • 1930
WIENER HERZEN • 1930
STOLZ DER 3 KOMPAGNIE, DER • 1931
HEIMAT AM RHEIN • 1933
KAMPF UM DEN BAR, DER • 1933
TANZHUSAR, DER
ALTE KAMERADEN • FAHNLEIN DER VERSPRENGTEN, DAS • 1934
BEIDEN SEEHUNDE, DIE • SEINE HOHEIT DER DIENSTMANN • 1934
HERR SENATOR, DER • FLIEGENDE AHNFRAU, DIE • 1934
MEISTERBOXER, DER • PANTOFFELHELDEN • 1934
ALLES WEG'N DEM HUND • VERUCKTE TESTAMENT, DAS • 1935
MADCHENRAUBER • 1936
BLINDE PASSAGIER • STOWAWAYS (USA) • 1937
GORDIAN, DER TYRANN • 1937
LACHDOKTOR, DER • LAUGH DOCTOR, THE (USA) • 1937

SAUER JOHN – USA
SILVERFISH KING, THE • 1974

SAUER LEN – USA
WOLF • 1971 • SHT

SAUER PAT – USA
SILVERFISH KING, THE • 1974

SAUM CLIFFORD P. – USA
KAISER'S FINISH, THE • 1918

SAUNDERS – UKN
DEVIL TO PAY, THE • 1912

SAUNDERS CHARLES – UKN – 1904–
NO EXIT • 1930
TAWNY PIPIT • 1944
FLY AWAY PETER • 1948
TROUBLE IN THE AIR • 1948
DARK INTERVAL • 1950
CHELSEA STORY • 1951
ONE WILD OAT • 1951
BLIND MAN'S BLUFF • 1952
COME BACK PETER • 1952
DEATH OF AN ANGEL • 1952
BLACK ORCHID • 1953
LOVE IN PAWN • 1953
THREE'S COMPANY • 1953
GOLDEN LINK, THE • 1954
MEET MISTER CALLAGHAN • 1954
SCARLET WEB, THE • 1954
HORNET'S NEST, THE • 1955
ONE JUMP AHEAD • 1955
TIME TO KILL, A • 1955
BEHIND THE HEADLINES • 1956
FIND THE LADY • 1956
NARROWING CIRCLE, THE • 1956
DATE WITH DISASTER • 1957
END OF THE LINE, THE • 1957
KILL HER GENTLY • 1957
MAN WITHOUT A BODY, THE • 1957
MURDER REPORTED • 1957
THERE'S ALWAYS A THURSDAY • THERE'S ALWAYS A THURSDAY (USA) • 1957
WOMANEATER • WOMAN EATER, THE (USA) • 1958
NUDIST PARADISE • 1959
STRICTLY CONFIDENTIAL • 1959
GENTLE TRAP, THE • 1960
NAKED FURY • PLEASURE LOVERS, THE (USA) ○ PLEASURE LOVER • 1960
OPERATION CUPID • 1960
DANGEROUS AFTERNOON • 1961
JUNGLE STREET • JUNGLE STREET GIRLS (USA) • 1961
DANGER BY MY SIDE • DANGER ON MY SIDE (USA) • 1962

SAUNDERS DESMOND – Animator – UKN
STINGRAY: INVADERS FROM THE DEEP • INVADERS FROM THE DEEP • 1964 • ANM
THUNDERBIRDS: PIT OF PERIL • 1966 • ANM
THUNDERBIRDS: COUNTDOWN TO DISASTER • 1981 • ANM

SAUNDERS JOHN M. – Screenwriter – UKN – 1897–1940
CONQUEST OF THE AIR • 1936

SAUNDERS PETER – UKN
EIGHT CYLINDER LOVE • 1934
BINDLE (ONE OF THEM DAYS) • 1966

SAUNDERS RICHARD – UKN
PARK, THE • 1967

SAURA CARLOS – SPN – 1932–
ANTONIO SAURA • 1955 • SHT
TARDE DEL DOMINGO, LA • SUNDAY AFTERNOON • 1957 • SHT
CUENCA • 1958
GOLFOS, LOS • HOOLIGANS, THE ○ URCHINS, THE ○ SCOUNDRELS, THE ○ RIFF-RAFF • 1959
LLANTO POR UN BANDIDO • WEEPING FOR A BANDIT ○ LAMENT FOR A BANDIT • 1964
CAZA, LA • HUNT, THE ○ CHASE, THE • 1965
PEPPERMINT FRAPPE • 1967
STRESS ES TRES, TRES • STRESS IS THREE • 1968
MADRIGUERA, LA • HONEYCOMB (USA) ○ DEN, THE • 1969
JARDIN DE LA DELICIAS, EL • GARDEN OF DELIGHTS, THE • 1970
ANA Y LOS LOBOS • ANNA AND THE WOLVES (USA) • 1972
PRIMA ANGELICA, LA • COUSIN ANGELICA (USA) • 1973
CRIA CUERVOS • RAISE RAVENS ○ CRIA! ○ REAR RAVENS ○ RAISING RAVENS • 1976
ELISA, VIDA MIA • ELISA, MY LOVE (USA) ○ ELISA, MY LIFE • 1977
OJOS VENDADOS, LOS • BLINDFOLD ○ BLINDFOLDED EYES • 1978
MAMA CUMPLE CIEN ANOS • MUMMY'S A HUNDRED TODAY ○ MAMA TURNS 100 ○ MAMA TURNS A HUNDRED • 1979
DEPRISA, DEPRISA • HURRY, HURRY ○ FAST, FAST • 1980
BODAS DE SANGRE • NOCES DE SANG (FRN) ○ BLOOD WEDDING • 1981
DULCES HORAS • DOUCE MOMENTS DU PASSE (FRN) ○ TENDER HOURS (UKN) ○ SWEET HOURS • 1981
ANTONIETA • 1982
CARMEN • 1983
ZANCOS, LOS • STILTS, THE • 1984
AMOR BRUJO, EL • LOVE BEWITCHED, A ○ LOVE THE MAGICIAN • 1985
EL DORADO • 1988
AY, CARMELA! • 1989
NOCHE OSCURA, LA • DARK NIGHT, THE • 1989

SAUREL JACQUES-RENE – FRN – 1948–
JULIE ETAIT BELLE • ETE PAS COMME LES AUTRES, UN ○ SAGES ET LES FOUS, LES • 1976

SAURER KARL – SWT
HUNGER, DER KOCH UND DAS PARADIES, DER • HUNGER, THE COOK AND PARADISE • 1982

SAURIOL BRIGITTE – CND – 1945–
LOUP BLANC, LE • 1973
ABSENCE, L' • 1976
BLEUE BRUME • 1982
RIEN QU'UN JEU • JUST A GAME • 1983
EAU NOIRE, L' • 1986
LAURA LAUR • 1988

SAUTELL ALBERT A. – USA
MAGIC JAZZ BO, THE • 1917 • SHT
HOME JAMES • 1918 • SHT

SAUTET CLAUDE – FRN – 1924–
NOUS N'IRONS PLUS AU BOIS • 1951 • SHT
BONJOUR SOURIRE • SOURIRE AUX LEVRES • 1955
CLASSE TOUS RISQUES • ASFALTO CHE SCOTTIA (ITL) ○ BIG RISK, THE (USA) • 1959
ARME A GAUCHE, L' • GUNS FOR THE DICTATOR (UKN) ○ DICTATOR'S GUNS, THE (USA) ○ CORPO A CORPO (ITL) • 1965
CHOSES DE LA VIE, LES • THINGS OF LIFE, THE (USA) ○ AMANTE, L' (ITL) ○ THESE THINGS HAPPEN • 1970
MAX ET LES FERRAILLEURS • COMMISSARIO PELLISSIER, IL (ITL) ○ MAX • 1970
CESAR ET ROSALIE • E SIMPATICO MA GLI ROMPEREI IL MUSO (ITL) ○ CESAR AND ROSALIE (UKN) • 1972
VINCENT, FRANCOIS, PAUL.. ET LES AUTRES • VINCENT, FRANCOIS, PAUL AND THE OTHERS (USA) ○ TRE AMICI, LE MOGLIE E (AFFETTUOSAMENTE) LE ALTRE (ITL) • 1974
MADO • 1976
HISTOIRE SIMPLE, UNE • SIMPLE STORY, A • 1978
MAUVAIS FILS, UN • BAD SON, A • 1981
GARCON! • 1983
QUELQUE JOURS AVEV TOI • 1987

SAUVAGE ANDRE – FRN – 1891–1975
CROISIERE JAUNE, LA • YELLOW CRUISE, THE • 1933 • DOC

SAUVAJON MARC-GILBERT – Writer – FRN – 1905–
BAL CUPIDON • 1948
MON AMI SAINFOIN • 1949
ROI, LE • ROYAL AFFAIR, A (USA) • 1949
MA POMME • 1950
TAPAGE NOCTURNE • 1951

SAUVE ALAIN – Editor – CND – 1947–
MARSIEN, LE • 1970
PARA-COMMANDO • 1971
POUR UNE CULTURE • 1973
SI TU ES SAGE.. • 1974 • MTV
DES ASTRES ET DESASTRES • 1978 • MTV
VINGT-SIX FOIS DE SUITE • 1978 • MTV
RENDEZ-VOUS 10H30 • 1985 • SHT

SAVA AUGUSTO – BRZ
REAL DESEJO • REAL DESIRE • 1989

SAVA JOAN – ITL
SQUADRIGLIA BIANCA • ESCADRADRILEI ALBE • 1942

SAVAGE ALLEN – USA
SUBMISSION • 1969
WEEKEND SWINGERS • 1975

SAVAGE DEREK – USA
MEATEATER, THE • 1979

SAVAGE HENRY W. – USA
EXCUSE ME • 1916

SAVAGE LEE – USA
FAT PEOPLE, SKINNY PEOPLE • 1968 • SHT

SAVAGE PETER – USA
HEISSER SAND AUF SYLT • NEW LIFE STYLE, THE (USA) ○ HOT SAND ON SYLT ○ JUST TO BE LOVED • 1968
HOUSE IN NAPLES • 1969

SAVALAS TELLY – Actor – USA – 1925–
BEYOND REASON • MATI • 1977

SAVARD CLAUDE – CND
REVOLUTION MUNICIPALE, LA • 1970

SAVARESE ROBERTO – ITL – 1910–
SAVARESE ROBERTO L.
PRINCIPESSA DEL SOGNO, LA • 1942
SETTE ANNI DI FELICITA • SIEBEN JAHRE GLUCK (FRG) • 1942
LASCIA CANTARE IL CUORE • 1943
MAMMA MIA CHE IMPRESSIONE! • 1951
DINANZI A NOI IL CIELO • 1958
SERGENTE D'ISPEZIONE • 1959
AVVENTURE IN CITTA • PAISANELLA • 1960
BATTAGLIE SUI MARI • 1961 • DOC

SAVARESE ROBERTO L. see **SAVARESE ROBERTO**

SAVARY JEROME – ARG – 1942–
BOUCHER, LA STAR ET L'ORPHELINE, LE • 1973
EULALLIE QUITTE LES CHAMPS • 1974
FILLE DU GARDE-BARRIERE, LA • GATEKEEPER'S DAUGHTER, THE (UKN) • 1975

SAVCHENKO I. see **SAVCHENKO IGOR**

SAVCHENKO IGOR – USS – 1906–1950
SAVCHENKO I.
NIKITA IVANOVICH AND SOCIALISM • 1931
GARMON • ACCORDION • 1934
CHANCE MEETING • 1936
BALLAD OF COSSACK GLOOTA, THE • 1937
VSADNIKI • GUERILLA BRIGADE ○ RIDERS • 1939
BOGDAN KHMELNITSKY • BOHDAN KHMELNYTSKY • 1941
WAR NEWSREEL NO.8 • 1941
BOEVOI KINOSBORNIK 9 • FIGHTING FILM ALBUM NO.9 • 1942
GREEN YEARS, THE • YEARS OF YOUTH • 1942
DIARY OF A NAZI • 1943
PARTIZANI V STEPYAKH UKRAINY • PARTISANS IN THE PLAINS OF UKRAINE ○ PARTISANS IN THE UKRAINIAN STEPPES, THE • 1943
RUSSIAN SAILOR –IVAN NIKULIN • IVAN NIKULIN –RUSSIAN SAILOR • 1944
LOVE'S POLKA • LUCKY BRIDE, THE • 1946
TRETY UDAR • THIRD BLOW, THE • 1948
TARAS SHEVCHENKO • 1951

SAVIC BOSKO
STRANGLER V. STRANGLER • 1987

SAVIGNAC JEAN-PAUL – FRN – 1936–
NICK CARTER ET LE TREFLE ROUGE • NICK CARTER E IL TRIFOGLIO ROSSO (ITL) ○ NICK CARTER AND THE RED CLUB • 1965
QUE S'EST–IL PASSE EN MAI? • 1969 • SHT
DEPUTE 73 • 1973 • DOC

SAVILLE PHILIP – UKN – 1929–
HAMLET AT ELSINORE • 1964
MACHINE STOPS, THE • 1964
STOP THE WORLD I WANT TO GET OFF • 1966
OEDIPUS THE KING • 1967
BEST HOUSE IN LONDON, THE • 1969
SECRETS • 1971
COUNT DRACULA • 1978 • TVM
SHADEY • 1985
MANDELA • 1987 • TVM
FRUIT MACHINE, THE • WONDERLAND (USA) • 1988
FELLOW TRAVELLER • 1989

SAVILLE VICTOR – UKN – 1897–1979
LIQUID SUNSHINE • 1919 • DCS
STORY OF OIL, THE • 1919 • DCS
CONQUEST OF OIL • 1921 • DOC
ARCADIANS, THE • LAND OF HEART'S DESIRE • 1927
GLAD EYE, THE • 1927
WOMAN IN PAWN, A • 1927
TESHA • WOMAN IN THE NIGHT, A (USA) • 1928
ARMISTICE • 1929
KITTY • 1929
ME AND THE BOYS • 1929 • SHT
WOMAN TO WOMAN • 1929
"W" PLAN, THE • 1930
WARM CORNER, A • 1930
HINDLE WAKES • 1931
MICHAEL AND MARY • 1931
SPORT OF KINGS, THE • 1931
FAITHFUL HEART, THE • FAITHFUL HEARTS (USA) • 1932
LOVE ON WHEELS • 1932
SUNSHINE SUSIE • OFFICE GIRL, THE (USA) • 1932
FRIDAY THE THIRTEENTH • 1933
GOOD COMPANIONS, THE • 1933
I WAS A SPY • 1933
EVENSONG • 1934
EVERGREEN • 1934
DICTATOR, THE • LOVES OF A DICTATOR, THE (USA) ○ FOR LOVE OF A QUEEN ○ LOVE AFFAIR OF A DICTATOR, THE ○ FOR THE LOVE OF A QUEEN • 1935
FIRST A GIRL • 1935
IRON DUKE, THE • WELLINGTON • 1935
ME AND MARLBOROUGH • 1935
IT'S LOVE AGAIN • 1936
ACTION FOR SLANDER • 1937
DARK JOURNEY • ANXIOUS YEARS, THE • 1937
STORM IN A TEACUP • 1937
SOUTH RIDING • 1938
FOREVER AND A DAY • 1943
TONIGHT AND EVERY NIGHT • 1945
GREEN YEARS, THE • 1946
GREEN DOLPHIN STREET • 1947
IF WINTER COMES • 1947
CONSPIRATOR • 1949
KIM • 1950
CALLING BULLDOG DRUMMOND • 1951
24 HOURS OF A WOMAN'S LIFE • AFFAIR IN MONTE CARLO (USA) • 1952
LONG WAIT, THE • 1954
SILVER CHALICE, THE • 1954

SAVINO RENATO – ITL
RAGAZZI DELLA ROMA VIOLENTA, I • 1976

SAVOCA NANCY – USA
DOGFIGHT • 1990

SAVOIE FRED – FRN
NUIT A SAINT-GERMAINE-DES-PRES, UNE • 1949 • SHT

SAVOIE MICHAEL – CND
I'M JUST A KID • DCS

SAVOLDELLI RETA ANDREA
SAVOLDELLI RETO ANDREA
HIERONYMUS • 1971 • DOC
STELLA DA FALLA • 1972

SAVOLDELLI RETO ANDREA see **SAVOLDELLI RETA ANDREA**

SAVONA LEOPOLDO – ITL
COLEMAN LEO
PRINCIPE DALLA MASCHERA ROSSA, IL • 1956
NACKT WIE GOTT SIE SCHUF • NUDI COME DIO LI CREO (ITL) • 1958
MONGOLI, I • MONGOLS, LES (FRN) ○ MONGOLS, THE • 1961
GUERRA CONTINUA, LA • DERNIERE ATTAQUE, LA (FRN) ○ WARRIORS FIVE (USA) • 1962
LEGGENDA DI FRA' DIAVOLO, LA • LAST CHARGE, THE (USA) ○ FRA DIAVOLO • 1962
DIAVOLI DI SPARTIVENTO, I • WEAPONS OF VENGEANCE (USA) ○ FIGHTING LEGIONS, THE ○ CURSE OF THE HAUNTED FOREST ○ DEVILS OF SPARTIVENTO, THE • 1963
ULTIMA CARICA, L' • 1964
EL ROJO • 1966
KILLER KID • 1967
DIO PERDONI LA MIA PISTOLA • 1969
PORTA DEL CANNONE, LA • 1969
UOMO CHIAMATO APOCALISSE JOE, UN • 1970
BYLETH • DEMONE DELL'INCESTO, IL • 1971
MORTE SCENDE LEGGERA, LA • 1972
POSATE LE PISTOLE REVERENDO • 1973
DUE ORFANELLE, LE • 1978

SAWA KENJI – JPN
IROKEZAKARI • BLOOM OF VOLUPTUOUSNESS • 1968
IROKURUI • EROTOMANIAC, AN • 1968

SAWA KENSUKE – JPN
ANA • PIT, A • 1967
FUKIA YOKUBO NO TANIMA • DEEP VALLEY OF DESIRE • 1967
CHIBUSA NO MITSURYOH • POACHING OF BREASTS • 1968
YORU NO KISEICHU • PARASITE OF THE NIGHT, A • 1968

SAWADA – JPN
SUDDEN ATTACK

SAWAI SHIN–ICHIRO see **SAWAI SHINICHIRO**

SAWAI SHINICHIRO – JPN
SAWAI SHIN–ICHIRO
NOGIKU NO HAKA • GRAVEYARD OF CHRYSANTHEMUMS • 1982
LOVE STORY O KIMI NI • LOVE STORY FOR YOU, A • 1988

SAWASHIMA CHU – JPN
MORI NO ISHIMATSU NOIYORI KOWAI
ISSHIN TASUKE –TENKA NO ICHIDAIJI • HERO OF THE TOWN • 1958
ISSHIN TASUKE –OTOKO NO NAKA NO OTOKO IPPIKI • BRAVEST FISHMONGER • 1959
KUMONOSU YASHIKI • ACTOR DETECTIVE • 1959
TORIMONO DOCHU • LORDS AND PIRATES • 1959
TONOSAMA YAJIKITA • SAMURAI VAGABONDS • 1960
IEMITSU TO HIKOZA TO ISSHIN TASUKE • SHOGUN AND THE FISHMONGER • 1961

SAWASHIMA TADASHI – JPN
KAIDAN DOCHU • LADY WAS A GHOST, THE ○ GHOST STORY IN PASSAGE ○ GHOST STORY OF TWO TRAVELLERS • 1958
KAIZOKU BAHANSEN • PIRATES • 1960
OGON NO TOZOKO • GOLDEN COUPLE, THE • 1966

KITAHODAKA ZESSHO • CRY OF THE MOUNTAIN (USA) ○ CALL OF THE MOUNTAIN • 1968
SHINSENGUMI • BAND OF ASSASSINS (USA) • 1970

SAWYER ARTHUR H. – USA
SANDRA • 1924

SAWYER DAVID H. – USA
OTHER VOICES • 1970 • DOC

SAXON DAVE – USA
TIGER RAG • ANS

SAXON JOHN – Actor – USA – 1935–
ORRICO CARMEN
DEATH HOUSE • 1988

SAXTON JOHN – UKN
ACROSS THIS LAND WITH STOMPIN' TOM CONNORS • 1973 • DOC

SAYA MYINT – BRM
MAI NAW ZA

SAYDAM NEJAT – TRK
ADEM ILE HAVVA • ADAM AND EVE ○ MADDENING DESIRE ○ CILDIRTAN ARZU • 1967
ALP ASLANIN FEDAISI ALPAGO • ALPAGO, ALP ASLAN'S BRAVE • 1967
DOKUZUNCU HARICIYE KOGUSU • NINTH EXTERNAL WARD • 1967
KIRBAC ALTINDA • UNDER THE WHIP • 1967
KIZIL TEHLIKE • RED PERIL • 1967
SOZDE KIZLAR • THOSE WOULD–BE GIRLS • 1967
TAPILACAK KADIN • WOMAN TO ADORE, A • 1967
AGLAYAN BIR OMUR • WEEP, MY LIFE • 1968
DUNYANIN EN GUZEL KADINI • MOST BEAUTIFUL GIRL IN THE WORLD, THE • 1968
SARMASIK GULLERI • CLIMBING ROSES • 1968
SEVMEKTEN KORKUYORUM • AFRAID TO LOVE • 1968
YALAN YILLAR • DECEITFUL YEARS • 1968

SAYERS ERIC – USA
COMMON LAW WIFE • 1963
GARBAGE MAN, THE • GARBAGE MAN COMETH, THE • 1963

SAYF SAMIR – EGY – 1947–
MICHWAR • PARCOURS, LE • 1973 • SHT
DA'IRAT AL–INTIQAM • MOI ET LA JUSTICE • 1975
DAERAT EL INTIQAM • VENGEANCE TRIBUNAL • 1976
CAT ON FIRE, A • CAT ON A HOT TIN ROOF • 1977
DEMON IN THE CITY, THE • 1978
PURSUED, THE • 1985

SAYLES JOHN – USA – 1950–
RETURN OF THE SECAUSUS SEVEN, THE • 1980
BABY IT'S YOU • 1983
LIANNA • 1983
BROTHER FROM ANOTHER PLANET, THE • 1984
MATEWAN • 1988
EIGHT MEN OUT • 1989

SAYTOR TONY – FRN – 1911–
FILOUS ET CIE • 1957
CA N'ARRIVE QU'AUX VIVANTS • 1958
BANDE A BOBO, LA • 1963

SAYYAD PARVIS see **SAYYAD PARVIZ**

SAYYAD PARVIZ – IRN
SAYYAD PARVIS
BONBAST • DEAD END • 1975
SAMAD BE SHAHR MIRAVAD • SAMAD GOES TO TOWN • 1978
MISSION, THE • FERESTADEH • 1984

SAZAKI KO – JPN
HIREN OKARU KAMPEI • 1956

SAZONOV P. – USS
QUARTET • 1935 • ANS

SBARDELLATI JAMES see **SBARDELLATI JIM**

SBARDELLATI JIM – ARG
*SBARDELLATI JAMES • WATSON JOHN**
CAZADOR DE LA MUERTE, EL • DEATHSTALKER (USA) ○ DEATH STALKER • 1982
UNDER THE SUN • UNDER THE GUN • 1988

SBERT TONI – MXC
PUERTA FALSA, LA • 1976
MATAR POR MATAR • 1977

SCABARD T. – USS
TRUE STORY OF ONEGA, THE • DOC

SCANDARIATO ROMANO – ITL
BOCCONCINO, IL • 1976

SCANDELARI JACQUES – FRN – 1943–
PHILOSOPHIE DANS LE BOUDOIR, LA • BEYOND LOVE AND EVIL (USA) ○ PHILOSOPHY OF THE BEDROOM • 1969
BRIGADE MONDAINE II
OPERATION MACEDOINE • MACEDOINE • 1970
INCREDIBILE STORIA DI MARTA DUBOIS, L' • 1972
SADE 76 • 1976
BRIGADE MONDAINE • 1978
NEW YORK AFTER MIDNIGHT • NEW YORK AFTER DARK ○ AFTER MIDNIGHT ○ FLASHING LIGHTS ○ MONIQUE • 1983

SCANDURRA SOFIA – ITL – 1937–
IO SONO MIA • 1978

SCANLAN JOSEPH L. – USA
SCANLON JOSEPH L.
OUR MAN FLINT: DEAD ON TARGET • 1978 • TVM
SNEAKERS • SPRING FEVER (USA) • 1982
NIGHTSTICK • NIGHTSTALK ○ CALHOUN ○ METAL FORCE ○ METALFORCE • 1987
RETURN OF BEN CASEY, THE • 1988 • TVM

SCANLON JOSEPH L. see **SCANLAN JOSEPH L.**

SCANZIANI PIERO – ITL
LUPO DELLA FRONTIERA, IL • 1952

SCARDAMAGLIA ELIO – ITL
HAMILTON MICHAEL
LAMA NEL CORPO, LA • NUITS DE L'EPOUVANTE, LES (FRN) ○ MURDER CLINIC, THE (USA) ○ MURDER SOCIETY, THE ○ REVENGE OF THE LIVING DEAD ○ NIGHT OF TERRORS, THE ○ BLADE IN THE BODY, THE • 1966

SCARDAMAGLIA FRANCESCO – ITL
MASCHI E FEMMINE • 1972

SCARDINO JEAN-PAUL – USA
NAUGHTY SCHOOLGIRLS • 1976

SCARDON PAUL – USA – 1875–1954
COLTON, U.S.N. • 1915
ALIBI, THE • 1916
DAWN OF FREEDOM, THE • 1916
ENEMY, THE • 1916
HERO OF SUBMARINE D-2, THE • 1916
ISLAND OF SURPRISE, THE • 1916
MAN HUNT, THE • 1916 • SHT
PHANTOM FORTUNES, THE • 1916
PRINCE IN A PAWNSHOP, A • 1916
REDEMPTION OF DAVE DARCEY, THE • 1916
ROSE OF THE SOUTH • 1916
APARTMENT 29 • 1917
ARSENE LUPIN • 1917
GRELL MYSTERY, THE • 1917
HAWK, THE • 1917
HER RIGHT TO LIVE • 1917
IN THE BALANCE • HILLMAN, THE • 1917
LOVE DOCTOR, THE • 1917
MAELSTROM, THE • 1917
SOLDIERS OF CHANCE • 1917
STOLEN TREATY, THE • 1917
TRANSGRESSION • 1917
ALL MAN • 1918
BACHELOR'S CHILDREN, A • 1918
DESIRED WOMAN, THE • 1918
GAME WITH FATE, A • 1918
GOLDEN GOAL, THE • 1918
GREEN GOD, THE • 1918
HOARDED ASSETS • 1918
KING OF DIAMONDS, THE • 1918
OTHER MAN, THE • 1918
TANGLED LIVES • 1918
BEATING THE ODDS • 1919
BEAUTY PROOF • 1919
FIGHTING DESTINY • 1919
GAMBLERS, THE • 1919
IN HONOR'S WEB • 1919

MAN WHO WON, THE • 1919
SILENT STRENGTH • 1919
BROKEN GATE, THE • 1920
CHILDREN NOT WANTED • 1920
DARKEST HOUR, THE • 1920
HER UNWILLING HUSBAND • 1920
MILESTONES • 1920
PARTNERS OF THE NIGHT • 1920
BREAKING POINT, THE • 1921
FALSE KISSES • ROPES • 1921
GOLDEN GALLOWS, THE • 1922
SHATTERED DREAMS • CLAY • 1922
WHEN THE DEVIL DRIVES • 1922
WONDERFUL LIFE, A • 1922
HER OWN FREE WILL • 1924

SCARPATI ANTONIO – USA

IT'S A SICK, SICK, SICK WORLD • SICK, SICK, SICK WORLD ○ SICK, SICK WORLD • 1965

SCARPELLI GIACOMO – ITL

HEIDO • 1979

SCARPELLI MANILO – ITL

SIAMO TUTTI IN LIBERTA PROVVISORIA • 1971
NOTTI PECCAMINOSE DE PIETRO L'ARETINO • 1972

SCARPELLI UMBERTO – ITL – 1904–

SANT'ELENA PICCOLA ISOLA • NAPOLEONE A SANT'ELENA • 1943
GRAN PREMIO • 1944
UOMINI NON GUARDANO IL CIELO, GLI • SECRET CONCLAVE, THE (USA) ○ PIO X ○ PAPA SARTO • 1952
GIGANTE DI METROPOLIS, IL • GIANT OF METROPOLIS, THE (USA) ○ METROPOLIS • 1961
SCHIAVE BIANCHE • 1962

SCARSELLA ROBERTO B. – ITL

ESTATE CON SENTIMENTO, UN' • WITHIN AND WITHOUT (UKN) • 1970

SCATTINI LUIGI – ITL

SCOTT ARTHUR

SEXY MAGICO • 1963 • DOC
AMORE PRIMITIVO, L' • PRIMITIVE LOVE (USA) • 1964
DUE MARINES E UN GENERALE • WAR ITALIAN STYLE (USA) ○ TWO MARINES AND A GENERAL • 1966
DUELLO NEL MONDO • 1966
SFINGE D'ORO, LA • ESFINGE DE CRISTAL, LA (SPN) ○ GLASS SPHINX, THE (USA) ○ SFINGE TUTTA D'ORO, UNA ○ ALL-GOLD SPHINX, THE • 1967
SVEZIA, INFERNO E PARADISO • SWEDEN –HEAVEN AND HELL ○ SWEDEN, HELL AND PARADISE ○ SWEDEN, HEAVEN OR HELL • 1968 • DOC
ANGELI BIANCHI.. ANGELI NERI • WITCHCRAFT '70 (USA) ○ SATANISTS, THE (UKN) ○ WHITE ANGEL.. BLACK ANGEL • 1969 • DOC
QUESTO SPORCO MONDO MERAVIGLIOSO • 1971
RAGAZZA DALLA PELLE DI LUNA, LA • SEX OF THEIR BODIES (UKN) ○ MOONSKIN ○ GIRL WITH THE SKIN OF THE MOON, THE • 1972
RAGAZZA FUORISTRADA, LA • 1973
CORPO, IL • LOVE SLAVE OF THE ISLANDS ○ TAKE THIS MY BODY ○ BODY, THE ○ LAURA • 1974
NOTTE DELL'ALTA MAREA, LA • 1977
BLUE NUDE • 1978

SCAVARDA ALDO – ITL – 1923–

LINEA DEL FIUME, LA • 1976

SCAVOLINI DANIELE – ITL

HEIDO • 1979

SCAVOLINI ROMANO – ITL

A MOSCA CIECA • 1965
PROVA GENERALE, LA • 1967
AMORE BREVE, L' • STATO D'ASSEDIO, LO ○ BESIEGED • 1969
LUNGA MARCIA, LA • 1971 • MTV
BIANCO VESTITO PER MARIALE, UN • 1972
CUORE • 1975
NIGHTMARE • NIGHTMARES IN A DAMAGED BRAIN • 1981
SAVAGE HUNT, THE • 1981
DOG TAGS • 1986

SCAVOLINI SAURO – ITL

AMORE E MORTE NEL GIARDINO DEGLI DEI • 1972

SCHAAF ALLEN – USA – 1942–

DRACULA'S DISCIPLE • 1984

SCHAAF JOHANNES – GRM – 1933–

TATOWIERUNG • DELINQUENT, THE (UKN) ○ TATTOOING ○ TATTOO • 1967
KAPUZINERGRUFT, DIE • 1971
TROTTA SCHAAF JOHANNES • 1972
TRAUMSTADT • CITY OF DREAMS ○ DREAMTOWN • 1973

SCHAAL HANS – USA

1968 • 1969

SCHABENBECK STEFAN – PLN

SCHODY • STAIRCASE ○ STAIRS • 1967
WSZYSTKO JEST LICZBA • EVERYTHING IS A NUMBER ○ REIGN OF NUMBERS ○ NUMBERS • 1967 • ANS
WYKRZKNIK • EXCLAMATION POINT • ANS
SUSZA • DROUGHT • 1969 • ANM
WIATR • WIND • 1969
INWAZJA • INVASION, THE • 1970 • ANM

SCHACH LEONARD – GRM

CRY IN THE WIND • 1966

SCHADEBERG JURGEN – SAF

HAVE YOU SEEN DRUM RECENTLY? • 1989

SCHADT FRITZ G. – INN

BOBBY • 1974

SCHAEFER ARMAND – USA – 1898–

HURRICANE HORSEMAN • MEXICAN, THE (UKN) • 1931
LIGHTNING WARRIOR, THE • 1931 • SRL
RECKLESS RIDER, THE • LAW DEMANDS, THE (UKN) • 1931
BATTLING BUCKAROO • HIS LAST ADVENTURE (UKN) • 1932
CHEYENNE CYCLONE • SMASHING THROUGH (UKN) • 1932
HURRICANE EXPRESS • 1932
HURRICANE EXPRESS, THE • 1932 • SRL
LAW AND THE LAWLESS • LAW AND LAWLESS • 1932
OUTLAW JUSTICE • 1932
SINISTER HANDS • 1932
WYOMING WHIRLWIND • 1932
FIGHTING TEXANS, THE • RANDY STRIKES OIL (UKN) • 1933
FIGHTING WITH KIT CARSON • 1933 • SRL
RETURN OF KIT CARSON, THE • 1933
SAGEBRUSH TRAIL • 1933
TERROR TRAIL • 1933
THREE MUSKETEERS, THE • 1933 • SRL
BURN 'EM UP BARNES • DEVIL ON WHEELS (UKN) • 1934
BURN 'EM UP BARNES • 1934 • SRL
LAW OF THE WILD • 1934 • SRL
LOST JUNGLE, THE • 1934 • SRL
SIXTEEN FATHOMS DEEP • 1934
MIRACLE RIDER, THE • 1935 • SRL

SCHAEFER GEORGE – USA – 1920–

MACBETH • 1961
GENERATION • TIME FOR GIVING, A (UKN) • 1969
PENDULUM • 1969
DOCTORS' WIVES • 1971
WAR OF CHILDREN, A • 1972 • TVM
ONCE UPON A SCOUNDREL • 1973
TIME FOR LOVE, A • 1973 • TVM
F. SCOTT FITZGERALD AND "THE LAST OF THE BELLES" • 1974 • TVM
IN THE HOUSE OF BREDE • 1975
AMELIA EARHART • 1976 • TVM
GIRL CALLED HATTER FOX, THE • 1977 • TVM
ENEMY OF THE PEOPLE, AN • 1978
FIRST YOU CRY • 1978 • TVM
WHO'LL SAVE OUR CHILDREN? • WHO WILL SAVE OUR CHILDREN? • 1978 • TVM
MAYFLOWER: THE PILGRIM'S ADVENTURE • 1979 • TVM
BUNKER, THE • ADOLF HITLER: THE BUNKER • 1981 • TVM
PEOPLE VS. JEAN HARRIS, THE • 1981 • TVM
PIANO FOR MRS. CIMINO, A • 1982 • TVM
RIGHT OF WAY • 1983 • TVM
BLIND AMBITION • 1984 • TVM
CHILDREN IN THE CROSSFIRE • SUMMERTIME YANKS • 1984 • TVM
STONE PILLOW • 1985 • TVM
MRS. DELAFIELD WANTS TO MARRY • 1986
LAURA LANSING SLEPT HERE • PENTHOUSE PARADISE • 1988 • TVM

SCHAEFFER DUSAN – CZC

FLICEK THE BALL • NAUGHTY BALL, THE ○ GAY BALL, THE • 1956 • ANS

SCHAEFFER FRANCIS see **SCHAEFFER FRANKY**

SCHAEFFER FRANKY – USA

SCHAEFFER FRANCIS

WIRED TO KILL • BOOBY TRAP • 1986
HEADHUNTER • 1988
REBEL WAVES • 1989

SCHAERTL MICHAEL L. – USA

HIGH SCHOOL SPIRITS • HIGH SPIRITS • 1988

SCHAFER ERNST – GRM

GEHEIMNIS TIBET • 1942

SCHAFER JERRY – USA

LIKE IT IS • 1970

SCHAFER WILLY – GRM

SCHWARZE ROSE VON CRUSKA, DIE • 1920

SCHAFFER MILT – USA

EGG CRACKER SUITE • 1943 • ANS
RATION BORED • 1943 • ANS
PLUTO'S PARTY • 1952 • ANS

SCHAFFERS WILLY – GRM

COCAIN • 1921

SCHAFFNER FRANKLIN see **SCHAFFNER FRANKLIN J.**

SCHAFFNER FRANKLIN J. – JPN – 1920–

SCHAFFNER FRANKLIN

SEVEN AGAINST THE WALL • 1958 • MTV
VELVET ALLEY, THE • 1958 • TVM
SUMMER WORLD, A • 1961
STRIPPER, THE • WOMAN OF SUMMER (UKN) ○ CELEBRATION • 1963
BEST MAN, THE • 1964
WAR LORD • 1965
DOUBLE MAN, THE • 1967
PLANET OF THE APES • 1968
PATTON • PATTON: A SALUTE TO A REBEL ○ PATTON: LUST FOR GLORY ○ PATTON: SALUTE TO A REBEL • 1970
NICHOLAS AND ALEXANDRA • 1971
PAPILLON • 1973
ISLANDS IN THE STREAM • 1977
BOYS FROM BRAZIL, THE • 1978
SPHINX • 1981
YES, GIORGIO • 1982
LIONHEART • 1987
WELCOME HOME • 1989

SCHAIN DON – USA

LOVE OBJECT, THE • 1967
GINGER • 1971
ABDUCTORS, THE • 1972
PLACE CALLED TODAY, A • CITY IN FEAR • 1972
GIRLS ARE FOR LOVING • 1973
TOO HOT TO HANDLE • 1978

SCHALL HEINZ – GRM

IM LEBENSWIRBEL • 1916
HAMLET • 1920
TAG AUF DEM MARS, EIN • 1920
IM SCHATTEN GEHEN, DIE • 1921
HOHE LIED DER LIEBE, DAS • 1922
KEIMENDE SAAT • 1922
LIEBESROMAN DES CESARE UBALDI, DER • 1922
MACBETH • 1922
WEM NIE DURCH LIEBE LEID GESCHAH! • 1922
HERZOG VON ALERIA, DER • 1923
KONIGSLIEBCHEN • 1924
GEFAHRDETE MADCHEN • 1927

SCHAMBERG GUIDO – GRM

IM RAUSCHE DER LEIDENSCHAFT • 1923
SPIEL DER LIEBE, DAS • 1923
GUILLOTINE • 1924
FLUCHT IN DEN ZIRKUS, DIE • CIRCUS OF LIFE, THE • 1926

SCHAMONI PETER – Producer – GRM – 1934–

JAZZ KREML • 1957 • SHT
MOSKAU 1957 • 1957 • SHT
ALLES FUR DEN HUND • 1959 • SHT
MISSBRAUCHT • 1959 • SHT
MOSKAU RUFT • 1959 • SHT
OSTERSPAZIERGANG • 1959 • SHT
BRUTALITAT IN STEIN • EWIGKEIT VON GESTERN ○ BRUTALITY IN STONE ○ YESTERDAY GOES ON FOR EVER • 1960 • SHT
JUGEND PHOTOGRAPHIERT • JUGEND SIEHT SICH SELBST • 1961 • SHT
MISSISSIPPI–ILLUSION • 1961
NACHMITTAG FUR UNS • 1961
SCHACH DEM ZUFALL • 1961 • SHT
BODEGA BOHEMIA • 1962 • SHT
MAX ERNST –ENTDECKUNGSFAHRTEN INS UNBEWUSSTE • MAX ERNST –JOURNEYS OF DISCOVERY INTO THE UNCONSCIOUS • 1962 • SHT
TEUTONEN KOMMEN, DIE • 1962 • SHT
EWIGKEIT VON GESTERN, DIE • 1963 • SHT
ENTDECKUNGSFAHRTEN INS UNBEWUSSTE • 1964 • SHT
IM ZWINGER • 1964 • SHT
SO ZWITSCHERN DIE JUNGEN • 1964 • SHT
SCHONZEIT FUR FUCHSE • CLOSE TIME FOR FOXES ○ CLOSE SEASON FOR FOXES • 1966
WIDERRECHTLICHE AUSUBUNG DER ASTRONOMIE • 1967
DEINE ZARTLICHKEITEN • 1969
POTATO FRITZ • MASSACRE ON CONDOR PASS ○ MONTANA TRAP • 1975
FRUHLINGS–SINFONIE • SPRING SYMPHONY • 1983
CASPAR DAVID FRIEDRICH • 1987

SCHAMONI THOMAS – GRM – 1936–

GROSSER GRAU–BLAUER VOGEL, EIN • BIG GRAY–BLUE BIRD, A • 1970

SCHAMONI ULRICH – GRM – 1939–

ES • IT • 1965
GEIST UND EIN WENIG GLUCK • 1965 • MTV
HOLLYWOOD IN DEBLATSCHKA PESCARA • 1965 • SHT
ALLE JAHRE WIEDER • EVERY YEAR AGAIN ○ TIME AND TIME AGAIN • 1967
KAHLE SANGER, DER • 1967 • MTV
LOCKENKOPFCHEN ODER WIE MANIPULIERT MAN DIE WIRKLICHKEIT • 1967 • SHT
QUARTETT IM BETT • QUARTET IN BED • 1968
WIR–ZWEI • WIR ZWEI ○ WE TWO • 1970
EINS • 1971

SCHANKE EINAR – NRW

EINAR SCHANKES GLEDEHUS • 1975

SCHARF JIM – USA

BEST TO YOU EACH MORNING, THE • 1971 • SHT

SCHARY DORE – Producer/writer – USA – 1905–1980

ACT ONE • 1963

SCHATZBERG JERRY – USA – 1927–

PUZZLE OF A DOWNFALL CHILD • 1970
PANIC IN NEEDLE PARK • 1971
SCARECROW • 1973
DANDY, THE ALL–AMERICAN GIRL • SWEET REVENGE • 1977
SEDUCTION OF JOE TYNAN, THE • SENATOR, THE • 1979
HONEYSUCKLE ROSE • ON THE ROAD AGAIN • 1980
SHOW–BUS • 1981
MISUNDERSTOOD • 1983
NO SMALL AFFAIR • 1984
STREET SMART • 1987
BLOOD MONEY • BLOOD MONEY: THE STORY OF CLINTON AND NADINE ○ CLINTON AND NADINE • 1988
REUNION • 1989

SCHAUB CHRISTOPH – SWT

WENDEL • 1986
DREISSIG JAHRE • THIRTY YEARS • 1989

SCHEBERS ERNST – GRM

TRAGODIE EINES VOLKES 1, DIE • SCHMIED VON KOCHEL 1, DER ○ UM THRON UND LAND • 1922
TRAGODIE EINES VOLKES 2, DIE • SCHMIED VON KOCHEL 2, DER ○ MORDWEIHNACHT 1705 • 1922

SCHEDEREIT KARL – GRM

HUTET EURE TOCHTER • GELBE WAGEN, DER ○ ZEHNTAUSEND • 1962

SCHEEPMAKER HANS – NTH

FIELD OF HONOUR • FIELD OF HONOR • 1985

SCHEERER ROBERT – USA

ADAM AT 6A.M. • 1970
POOR DEVIL • 1972 • TVM
WORLD'S GREATEST ATHLETE, THE • 1973
TARGET RISK • 1975 • TVM
PANIC AT LAKEWOOD MANOR • IT HAPPENED AT LAKEWOOD MANOR ○ ANTS: PANIC AT LAKEWOOD MANOR ○ ANTS • 1977
HAPPILY EVER AFTER • 1978 • TVM

HANS BRINKER • HANS BRINKER AND THE SILVER SKATES ○ SILVER SKATES, THE ○ HANS BRINKER OF THE SILVER SKATES • 1979
HOW TO BEAT THE HIGH COST OF LIVING • MONEYBALL • 1980 • TVM

SCHEFER MANDY – USA
MEXICAN, THE

SCHEFFER LEO
DEMON OF THE STEPPES • 1930

SCHEHORI IDITH – ISR
MA'AGALIM • CIRCLES • 1980

SCHEIDSTEGER KLAUS
ANTHONY BURGESS • DOC

SCHELFTHOUT D. – BLG
ERWTEN EN WORTELTJES • 1972

SCHELJABUSCHSKY YURI – USS
MOROZKO • FATHER FROST • 1924

SCHELKOPF ANTON see **SCHELKOPF TONI**

SCHELKOPF TONI – Producer – GRM – 1914–
SCHELKOPF ANTON
SCHULE FUR EHEGLUCK • 1954

SCHELL MAXIMILIAN – Actor – AUS – 1930–
ERSTE LIEBE • FIRST LOVE • 1970
FUSSGANGER, DER • PEDESTRIAN, THE (USA) • 1974
RICHTER UND SEIN HENKER, DER • END OF THE GAME (USA) ○ GETTING AWAY WITH MURDER ○ JUDGE AND HIS HANGMAN, THE ○ MURDER ON THE BRIDGE ○ DECEPTION ○ GIUDICE E I SUO BOIA, IL • 1976
GESCHICHTEN AUS DEM WIENERWALD • TALES FROM THE VIENNA WOODS • 1979
MARLENE • 1983 • DOC
AMERICAN PLACE, AN • 1988

SCHELLERUP HENNING – USA
BLACK BUNCH, THE • JUNGLE SEX • 1972
SWEET JESUS, PREACHER MAN • 1973
WILBUR AND ORVILLE: THE FIRST TO FLY • 1973
BLACK ALLEYCATS, THE • 1974
TIME MACHINE, THE • 1978 • TVM
BEYOND DEATH'S DOOR • 1979
IN SEARCH OF HISTORIC JESUS • 1979
LEGEND OF SLEEPY HOLLOW, THE • 1980 • TVM
ADVENTURES OF NELLIE BLY, THE • LEGEND OF NELLIE BLY • 1981 • TVM
TOM EDISON –THE BOY WHO LIT UP THE WORLD • 1983
CAMP-FIRE GIRLS • 1984

SCHENCK GEORGE – USA
SUPERBEAST • SUPERBEASTS • 1972

SCHENCK HARRY
BEYOND BENGAL • 1934

SCHENK OTTO – GRM
REIGEN • DANCE OF LOVE (UKN) ○ RONDE, LA • 1974

SCHENKEL CARL – USA
STRIKE BACK • 1980
ABWARTS: DAS DUELL UBER DER TIEFE • OUT OF ORDER ○ AUFZUG, DER ○ ABWARTS • 1984
DEAD-TIME STORIES: VOLUME 1 • DEAD TIME STORIES • 1985
BAY COVEN • BAY COVE • 1987 • TVM
DEADLY NIGHTMARES • 1988
LADY KILLER • 1989
MIGHTY QUINN, THE • FINDING MAUBEE • 1989

SCHENKKAN INE – NTH
VROEGER IS DOOD • BYGONES • 1987
JAN RAP EN ZIJN MAAT • TOUGH • 1989

SCHEPISI FRED – ASL – 1939–
CAMERA CORNER • 1964-66 • SHS
BREAKING THE LANGUAGE BARRIER • 1965 • SHT
PEOPLE MAKE PAPERS • 1965 • DOC
SHAPE OF QUALITY, THE • 1965 • DOC
AND ONE WAS GOLD • 1966 • DOC
UP AND OVER DOWN UNDER • 1966 • DOC
SWITCH ON • 1967 • DOC
PLUS FACTOR, THE • 1970 • DCS
TOMORROW'S CANBERRA • 1972 • DOC
LIBIDO • 1973
DEVIL'S PLAYGROUND, THE • 1976
CHANT OF JIMMY BLACKSMITH, THE • 1978
BARBAROSA • 1982
ICEMAN • 1984
PLENTY • 1985
ROXANNE • 1987
CRY IN THE DARK, A • EVIL ANGELS (ASL) ○ GUILTY BY SUSPICION • 1988
RUSSIA HOUSE, THE • 1990

SCHERBERGER AIKEN – USA
BOAT HOUSE • 1985
WHODUNNIT • 1987

SCHERER GENE – USA
SEE YOU TOMORROW • 1987

SCHERTENLEIB CHRISTOF – SWT
FIEBERZEIT • 1986

SCHERTZINGER VICTOR – Musician – USA – 1880–1941
SCHERTZINGER VICTOR L.
CLODHOPPER, THE • 1917
HIS MOTHER'S BOY • MOTHER'S BOY • 1917
MILLIONAIRE VAGRANT, THE • 1917
PINCH HITTER, THE • 1917
SON OF HIS FATHER, THE • 1917
SUDDEN JIM • 1917
CLAWS OF THE HUN, THE • 1918
COALS OF FIRE • 1918
FAMILY SKELETON, THE • 1918
HIRED MAN, THE • 1918
HIS OWN HOME TOWN • 1918
NINE O'CLOCK TOWN, A • 1918
PLAYING THE GAME • 1918
STRING BEANS • 1918
EXTRAVAGANCE • 1919
HARD BOILED • HARD-BOILED • 1919
HOMEBREAKER, THE • HOME BREAKER, THE • 1919
JINX • 1919
LADY OF RED BUTTE, THE • 1919
OTHER MEN'S WIVES • 1919
PEACE OF ROARING RIVER, THE • 1919
PINTO • 1919
QUICKSANDS • QUICKSAND • 1919
SHERIFF'S SON, THE • 1919
UPSTAIRS • 1919
WHEN DOCTORS DISAGREE • 1919
BLOOMING ANGEL, THE • 1920
SLIM PRINCESS, THE • 1920
WHAT HAPPENED TO ROSA • ROMANTIC ROSA • 1920
BEATING THE GAME • 1921
CONCERT, THE • 1921
MADE IN HEAVEN • 1921
BOOTLEGGER'S DAUGHTER, THE • 1922
HEAD OVER HEELS • 1922
KINGDOM WITHIN, THE • 1922
MR. BARNES OF NEW YORK • 1922
SCANDALOUS TONGUES • 1922
CHASTITY • 1923
DOLLAR DEVILS • 1923
LONELY ROAD, THE • 1923
LONG LIVE THE KING • 1923
MAN LIFE PASSED BY, THE • 1923
MAN NEXT DOOR, THE • 1923
REFUGE • 1923
SCARLET LILY, THE • 1923
BOY OF FLANDERS, A • 1924
BREAD • 1924
FRIVOLOUS SAL • 1925
GOLDEN STRAIN, THE • 1925
MAN AND MAID • 1925
THUNDER MOUNTAIN • 1925
WHEEL, THE • 1925
LILY, THE • 1926
RETURN OF PETER GRIMM, THE • 1926
SIBERIA • 1926
HEART OF SALOME, THE • 1927
SECRET STUDIO, THE • 1927
STAGE MADNESS • 1927
FORGOTTEN FACES • 1928
MANHATTAN COCKTAIL • 1928
SHOWDOWN, THE • 1928
FASHIONS IN LOVE • 1929
LAUGHING LADY, THE • 1929
NOTHING BUT THE TRUTH • 1929
REDSKIN • 1929
WHEEL OF LIFE, THE • 1929
HEADS UP • 1930
PARAMOUNT ON PARADE • 1930
SAFETY IN NUMBERS • 1930
FRIENDS AND LOVERS • SPHINX HAS SPOKEN, THE • 1931
WOMAN BETWEEN, THE • MADAME JULIE (UKN) • 1931
STRANGE JUSTICE • ALL THE EVIDENCE • 1932
UPTOWN NEW YORK • 1932
COCKTAIL HOUR, THE • 1933
CONSTANT WOMAN, THE • AUCTION IN SOULS • 1933
MY WOMAN • 1933
BELOVED • 1934
ONE NIGHT OF LOVE • 1934
LET'S LIVE TONIGHT • ONCE A GENTLEMAN • 1935
LOVE ME FOREVER • ON WINGS OF SONG (UKN) • 1935
MUSIC GOES ROUND, THE • ROLLING ALONG • 1936
SOMETHING TO SING ABOUT • BATTLING HOOFER • 1937
MIKADO, THE • 1939
RHYTHM ON THE RIVER • 1940
ROAD TO SINGAPORE • 1940
BIRTH OF THE BLUES, THE • 1941
KISS THE BOYS GOODBYE • 1941
ROAD TO ZANZIBAR, THE • 1941
FLEET'S IN, THE • 1942

SCHERTZINGER VICTOR L. see **SCHERTZINGER VICTOR**

SCHESTED OVE H. – USA
NAKED VENUS, THE • 1961

SCHEUER PAUL – LXM
WAT HUET E GESOT? • 1980
KLIBBERKLEESCHEN • 1987 • DOC
MUMM, SWEET MUMM • 1989

SCHEUER TOM – USA
GOSH • ALICE GOODBODY • 1974

SCHEUGL HANS – AUS
WAS DIE NACHT SPRICHT –EINE ERZAHLING • WHAT THE NIGHT TELLS –A TALE • 1987

SCHEUMANN GERHARD – Screenwriter – GRM – 1930–
O.K. • 1964
EHRENMANNER • 1966
FOUR HUNDRED CUBIC CENTIMETRES • 400 cm3 • 1966
LACHENDEN MANN, DER • LAUGHING MAN, THE • 1966
P.S. ZUM LACHENDEN MANN • P.S. TO THE LAUGHING MAN • 1966
FALL BERND K., DER • 1967
GEITERSTUNDE • 1967
HEIMWEH NACH DER ZUKUNFT • 1967
MIT VORZUGLICHER HOCHACHTUNG • WITH SPECIAL PRAISE • 1967 • DOC
ZEUGE, DER • WITNESS, THE • 1967
PILOTEN IM PYJAMA • PILOTS IN PYJAMAS ○ HILTON HANOI • 1968
PRASIDENT IM EXIL, DER • 1969
REMINGTON CALIBRE 12 • 1972
CONCITOYENS • 1974
GUERRE DES MOMIES, LA • 1974
J'ETAIS, JE SUIS, JE SERAI • 1974
KAMPUCHEA, MORT ET RESURRECTION • 1980

SCHEUREN BRUNO – VNZ
BATALLA NAVAL DE MARACAIBO, LA • SEA-BATTLE OF MARACAIBO, THE • 1974 • DOC
YACUMBU • 1974 • DOC

SCHEUREN JOSE VICENTE – VNZ – 1934–
GUAYANA ES.. • 1971
PINO VENEZOLANO, EL • 1974 • DOC
REFORMA AGRARIA EN MARCHA, LA • 1974 • DOC

SCHEYER BETTY – USA
FANTASY IN LIGHT • 1957

SCHIBLI PAUL – Animator – USA
NUTCRACKER, THE • 1990 • ANM

SCHICKELE DAVID – USA
BUSHMAN • 1971

SCHIER G. H. – GRM
SCHIER H. G.
PREIS EINER NACHT, DER • PRICE OF A NIGHT, THE • 1967
TRANEN TROCKNET DER WIND • TEARS DRY IN THE WIND • 1967

SCHIER H. G. see **SCHIER G. H.**

SCHIESS MARIO – SAF
ONWETTIGE HUWELIK • UNLAWFUL WEDDING • 1970
BAIT • 1973

SCHIFANO MARIO – ITL – 1934–.
SATELLITE • 1970
TRAPIANTO CONSUNZIONE E MORTE DI FRANCO BROCANI • 1971
UMANO NON UMANO • 1971

SCHIFFER PAL – HNG – 1939–
CSEPLO GYURI • GYURI • 1978
PARTFOGOLT, A • ON PROBATION • 1982
NYUGODJAK BEKEDEN • LET ME REST IN PEACE • 1983
DUNANAL, A • 1988 • DOC

SCHIFFRIN SIMON – FRN
ORDONNANCE, L' • ORDERLY, THE • 1935

SCHILDAU MAX – GRM
MATERIA –DER CLUB DER TOTEN • 1920

SCHILLER GRETA – USA
BEFORE STONEWALL • 1985 • DOC

SCHILLER LAWRENCE – USA – 1936–
AMERICAN DREAMER • 1971
HEY, I'M ALIVE! • 1975 • TVM
MARILYN: THE UNTOLD STORY • MARILYN • 1980 • TVM
EXECUTIONER'S SONG –THE GARY GILMORE STORY, THE • EXECUTIONER'S SONG, THE • 1982 • TVM
PETER THE GREAT • 1985 • MTV

SCHILLER PAUL – FRN
VERTIGE, LE • 1935
SERGE PANINE • 1938

SCHILLER TOM – USA
NOTHING LASTS FOREVER • 1984

SCHILLING NIKLAUS – GRM
NACHTSCHATTEN • NIGHTSHADE • 1972
VERTREIBUNG AUS DEM PARADIES, DIE • EXPULSION FROM PARADISE • 1977
RHEINGOLD • 1978
WILLI-BUSCH REPORT, DER • 1980

SCHILLMAN LAWRENCE – USA
MARGARET BOURKE-WHITE: THE TRUE STORY • 1989 • TVM

SCHINDLER JURGEN – GRM
TAGEBUCH EINER FRUHREIFEN • LOVEPLAY (UKN) • 1972

SCHINKEL ALLEN – CND
MONSTER IN THE COAL BIN • 1990 • SHT

SCHIOLER TOLKEN – CND
HIGH GRASS CIRCUS • 1978 • DOC

SCHIOPESCU CONSTANTZA – RMN
UMOR PE SFORI • HUMOR OVER STRINGS • 1954 • SHT

SCHIPA TITO JR. – ITL
ORFEO NOVE • 1973

SCHIRALDI VITTORIO – ITL – 1938–
BACIAMO LE MANI • 1973
LETTERE DAL FRONTE • 1975

SCHIRK HEINZ – GRM
WANNSEE CONFERENCE, THE • 1984

SCHIRMBECK SAMUEL – GRM
VIVA PORTUGAL • 1975 • DOC

SCHIRO JEFFREY C. – USA
STEPHEN KING'S NIGHT SHIFT COLLECTION • NIGHTSHIFT • 1986

SCHIROKAUER ALFRED – GRM
FAUST DES SCHICKSALS, DIE • 1921
MUTTER UND SOHN • 1924
HIMMEL AUF ERDEN, DER • 1927

SCHIVAZAPPA PIERO – ITL – 1934–
FEMINA RIDENS • LAUGHING WOMAN, THE (USA) • 1969
INCONTRO • 1971
SERA C'INCONTRAMMO, UNA • 1975
SIGNORA DELLA NOTTE, LA • LADY OF THE NIGHT • 1985

SCHLAGMAN ERIC L. – USA
PUNCH THE CLOCK • 1988

SCHLAMME THOMAS – USA
MISS FIRECRACKER • 1989

SCHLANK MORRIS R. – USA
CODE OF THE RANGE • 1927

SCHLATTER GEORGE – USA – 1931–
NORMAN.. IS THAT YOU? • 1976

SCHLEIF WOLFGANG – GRM
GRUBE MORGENROT • 1948
BLAUEN SCHWERTER, DIE • 1949
UND WENN'S NUR EINER WAR' • 1949
AENNCHEN VON THARAU • 1954
MADELS VON IMMENHOF, DIE • 1955
MANTEL, DER • OVERCOAT, THE (USA) • 1955
MEINE KINDER UND ICH • 1955
MADCHEN MARION, DAS • PREIS DER NATIONEN • 1956
ZARTLICHES GEHEIMNIS • FERIEN IN TIROL • 1956
BLAUE JUNGS • 1957
MADE IN GERMANY • 1957
VERPFUSCHTE HOCHZEITSNACHT, DIE • 1957
REISE INS GLUCK, EINE • 1958
BLAUE NACHTFALTER, DER • 1959
FREDDY, DIE GITARRE UND DAS MEER • 1959
ROMMEL RUFT KAIRO • 1959
FREDDY UND DIE MELODIE DER NACHT • 1960
WEIT IST DER WEG • 1960
ACH EGON • 1961
BLOND MUSS MAN SEIN AUF CAPRI • 1961
EHEINSTITUT AURORA • 1962
FREDDY UNTER FREMDEN STERNEN • 1962
ROTE RAUSCH, DER • 1962
ZWISCHEN SHANGHAI UND ST. PAULI • VOYAGE TO DANGER (USA) • 1962
RINNEGATI DI CAPTAIN KIDD, I • 1963
FRUHLING AUF IMMENHOF • 1974

SCHLEIPPER CARL – USA
CURSE OF THE STONE HAND • 1965

SCHLESINGER GUNTER – GRM
GIB MIR LIEBE • GIVE ME LOVE • 1968
ICH SPURE DEINE HAUT • TOUCH ME (UKN) • 1968
SCHREI NACH LUST • LIEBE ALS KODER ○ CRY FOR LUST ○ LOVE AS BAIT • 1968

SCHLESINGER HUGO – BRZ
MULHER.. SEMPRE MULHER • 1972

SCHLESINGER JOHN – UKN – 1926–
BLACK LEGEND • 1948
STARFISH, THE • WITCH OF PENGELLY, THE • 1952 • DCS
SUNDAY IN THE PARK • 1956 • DCS
INNOCENT EYE, THE • 1958
TERMINUS • 1960 • SHT
CLASS, THE • 1961 • DCS
KIND OF LOVING, A • 1962
BILLY LIAR! • 1963
DARLING.. • 1965
FAR FROM THE MADDING CROWD • 1967
MIDNIGHT COWBOY • 1969
SUNDAY, BLOODY SUNDAY • BLOODY SUNDAY • 1971
VISIONS OF EIGHT • 1973
DAY OF THE LOCUST, THE • 1975
MARATHON MAN • 1976
YANKS • 1979
HONKY TONK FREEWAY • 1980
SEPARATE TABLES • 1983 • TVM
FALCON AND THE SNOWMAN, THE • 1984
ENGLISHMAN ABROAD, AN • 1985 • TVM
BELIEVERS, THE • 1987
FIRST AND LAST • 1988
MADAME SOUSATZKA • 1989
PACIFIC HEIGHTS • 1990

SCHLIEPER CARLOS see **SCHLIEPPER CARLOS**

SCHLIEPPER CARLOS – ARG
SCHLIEPER CARLOS
CASA ESTA VACIA, LA • 1944
MISTERIOSO TIO SYLAS, EL • MYSTERIOUS UNCLE SILAS, THE • 1947

SCHLISSLEDER ADOLF – GRM
HOCHTOURIST, DER • 1942

SCHLONDORFF VOLKER – GRM – 1939–
WEN KUMMERT'S.. • WHO CARES.. • 1960 • SHT
JUNGE TORLESS, DER • DESARROIS DE L'ELEVE TORLESS, LES (FRN) ○ YOUNG TORLESS (USA) • 1966
MORD UND TOTSCHLAG • MURDER AND MANSLAUGHTER ○ DEGREE OF MURDER, A • 1967
BAAL • 1969 • MTV
MICHAEL KOHLHAAS –DER REBELL • MICHAEL KOHLHAAS (USA) ○ MICHAEL KOHLHAAS –THE REBEL • 1969
PLOTZLICHER REICHTUM DER ARMEN LEUTE VAN KOMBACH, DER • SUDDEN FORTUNE OF THE POOR PEOPLE OF KOMBACH, THE ○ SUDDEN WEALTH OF THE POOR PEOPLE OF KOMBACH, THE • 1970
UNHEIMLICHER MOMENT, EIN • FRIGHTENING MOMENT, A • 1970 • SHT
EHEGATTIN, DIE • 1971
MORAL DER RUTH HALBFASS, DIE • MORAL OF RUTH HALBFASS, THE ○ RUTH HALBFASS • 1971
RIO DAS MORTES • 1971 • MTV
STROHFEUER • FREE WOMAN, A (USA) ○ SUMMER LIGHTNING, A ○ STRAWFIRE • 1972
UBERNACHTUNG IN TIROL • OVERNIGHT STAY IN THE TYROL ○ OVERNIGHT IN TIROL • 1973 • MTV
GEORGINAS GRUNDE • GEORGINA'S REASONS • 1974 • MTV
VERLORENE EHRE DER KATHERINA BLUM, DIE • LOST HONOR OF KATHERINA BLUM, THE (USA) • 1975
FANGSCHUSS, DER • COUP DE GRACE • 1976
KALEIDOSKOP VALESKA GERT –NUR ZUM SPASS NUR ZUM SPIEL • NUR ZUM SPASS NUR ZUM SPIEL ○ KALEIDOSKOP ○ FOR FUN –FOR PLAY ○ ONLY FOR FUN, ONLY FOR PLAY ○ JUST FOR FUN, JUST FOR PLAY • 1977
DEUTSCHLAND IM HERBST • GERMANY IN AUTUMN • 1978
BLECHTROMMEL, DIE • TAMBOUR, LE (FRN) ○ TIN DRUM ,THE (UKN) • 1979
KANDIDAT, DER • CANDIDATE, THE • 1980 • DOC
FALSCHUNG, DIE • CIRCLE OF DECEIT (UKN) ○ FAUSSAIRE, LE (FRN) ○ FALSE WITNESS ○ FORGERY, THE • 1981
AMOUR DE SWANN, UN • SWANN IN LOVE (UKN) • 1983
HOTEL DE LA PAIX • 1983
WAR AND PEACE • 1983
DEATH OF A SALESMAN • 1985 • TVM
GATHERING OF OLD MEN, A • 1987 • TVM
HANDMAID'S TALE, THE • 1989
PASSAGIER FABER • PASSENGER FABER • 1990

SCHLOSS HANK see **SCHLOSS HENRY**

SCHLOSS HENRY – USA
SCHLOSS HANK
SILVER FOX AND SAM DAVENPORT, THE • 1962
WAHOO BOBCAT, THE • 1971 • DOC

SCHLOSSBERG-COHEN JAY – USA
NIGHT TRAIN TO TERROR • 1985 • ANT

SCHLOSSBERG JULIAN – USA
NO NUKES • 1980

SCHLUMBERGER ERIC – FRN – 1932–
CHANCE ET L'AMOUR, LA • 1964

SCHLUMPF HANS-ULRICH – SWT
HOBBY • 1978 • DOC
TRANSIT • 1982
TRANSATLANTIQUE • 1983
UMBRUCH • 1987 • DOC

SCHLUSSER EUGENE – ASL
STING IN THE TAIL, A • 1989

SCHMALTZ BERNHARD – GRM
VERGESSEN • 1959

SCHMEDES ADAM – FRN
GHETTO EXPERIMENTAL, LE • 1975 • DOC

SCHMEIN – USS
ONCE IN SUMMER • 1936

SCHMEINK K. – NTH
FREEM • 1966 • SHT

SCHMELTER FRANZ – GRM
MOBILMACHUNG IN DER KUCHE • 1914
FESCHE RUDI, DER • 1915
LIEBET DIE MANNER • 1915
MOBILMACHUNG IN DER KUCHE 2 • IHR GEBURTSTAG • 1915
MOBILMACHUNG IN DER KUCHE 3 • 1915
MILLIONENSCHUSTER, DER • 1916
LANDPOMMERANZE, DIE • 1919

SCHMID ANKA – SWT
HINTER VERSCHLOSSENEN TUREN • BEHIND LOCKED DOORS • 1989

SCHMID DANIEL – SWT – 1941–
THUT ALLES IM FINSTERN, EUREN HERRN DAS LICHT ZER ERSPAREN • 1970
HEUTE NACHT ODER NIE • TONIGHT OR NEVER • 1972
PALOMA, LA • 1974
SCHATTEN DER ENGEL • SHADOWS OF ANGELS • 1976
VIOLANTA • 1978
NOTRE DAME DE LA CROISETTE • 1981
HECATE • HECATE, MAITRESSE DE LA NUIT • 1982
JENATSCH • 1987
TEE DER DREI ALTEN DAMEN, DER • TEA WITH THREE OLD LADIES • 1989

SCHMID ERNST see **SCHMIDT ERNST**

SCHMID FRED – SWT
SUR LE ZINC • 1958

SCHMID-WILDY LUDWIG – GRM
STOSSTRUPP 1917 • SHOCK TROOP • 1934

SCHMIDELY VALERIEN – SWT
ROMEO UND JULIA AUF DEM DORFE • 1941

SCHMIDGOF – USS
FLAG NAZII • FLAGS OF NATIONS • 1929
HAYL-MOSKAU • 1932

SCHMIDT AASE – DNM
SMIL MAND • 1972
VERDEN ER FULD AF BORN • WORLD FULL OF CHILDREN, A • 1979

SCHMIDT ECKART see **SCHMIDT ECKHARDT**

SCHMIDT ECKHARDT – GRM
SCHMIDT ECKART
EROTIK AUF DER SCHULBANK • EROTICISM ON THE SCHOOL BENCH • 1968
JET GENERATION • WIE MADCHEN HEUTE MANNER LIEBEN ○ HOW GIRLS LOVE MEN TODAY • 1968
MANNER SIND ZUM LIEBEN DA • GIRLS FROM ATLANTIS, THE • 1969

SCHMIDT ERICH – GRM
GESTOHLENE GESICHT, DAS • 1931
SON ALTESSE L'AMOUR • SA MAJESTE L'AMOUR • 1931
HOCHZEITSREISE ZU DRITT • WENN ICH EINMAL EINE DUMMHEIT MACHE.. • 1932
VOYAGES DE NOCES • JACQUELINE ET L'AMOUR • 1932
DEUX CANARDS, LES • 1933

SCHMIDT ERNST – AUS
SCHMID ERNST
BODYBUILDING • 1966
WIENFILM 1896-1976 • 1977 • DOC

SCHMIDT ERNST JR. – AUS
TOATLE FAMILIE, DIE • TOTAL FAMILY, THE • 1981

SCHMIDT-GENTNER W. see **SCHMIDT-GENTNER WILLY**

SCHMIDT-GENTNER WILLY – Composer – GRM – 1894–1964
SCHMIDT-GENTNER W.
POMPADOUR, DIE • 1935
WEG DES HERZENS, DER • PRATER • 1937
WIENER PRATER • 1938

SCHMIDT-HASSLER see **SCHMIDTHASSLER WALTER**

SCHMIDT-HASSLER WALTER see **SCHMIDTHASSLER WALTER**

SCHMIDT JAN – CZC – 1934–
POSTAVA K PODPIRANI • JOSEPH KILIAN (USA) ○ FIGURE TO SUPPORT, A ○ JOSEF KILLIAN ○ ORDER AND DISORDER ○ STATUE TO BE PROPPED, A ○ HUMAN CONDITION, THE • 1963
LIFE AFTER NINETY MINUTES • 1965
KONEC SRPNA V HOTELU OZON • END OF AUGUST AT THE HOTEL OZONE, THE (USA) ○ END OF AUGUST IN HOTEL OZONE • 1966
KOLONIE LANFIERI • LANFIERI COLONY, THE ○ LANFIERE • 1969
LUK KRALOVNY DOROTKY • BOW OF QUEEN DOROTHY, THE • 1970
TRILOGIE Z PRAVEKU • TRILOGY FROM THE PRIMEVAL AGES • 1977
SMRT TALENTOVANEHO SEVCE • DEATH OF A TALENTED COBBLER, THE • 1982
PODFUK • MEAN BLOW • 1985

SCHMIDT JEAN – GRM – 1929–
KRISS ROMANI • 1962
VIVRE, PAS SURVIVRE • 1974 • DOC
COMME LES ANGES DECHUS DE LA PLANETE SAINT-MICHEL • 1978 • DOC

SCHMIDT MILLE – SWD
FARBROR BLAS NYA BAT • UNCLE BLUE'S NEW BOAT • 1969

SCHMIDT RICHARD R. – USA
MAN, A WOMAN AND A KILLER, A • 1975
1988: THE REMAKE • 1988: A REMAKE ○ SHOWBOAT NINETEEN EIGHTY EIGHT • 1978

SCHMIDT THOMAS – USA
GIRLS ON THE ROAD • 1972
HOT SUMMER WEEK • 1973

SCHMIDT WOLF – GRM
IDEALE UNTERMIETER, DER • IDEAL LODGER, THE • 1956

SCHMIDT WOLFGANG see **STECKLER RAY DENNIS**

SCHMIDTHASSLER WALTER – GRM
SCHMIDT-HASSLER WALTER • SCHMIDT-HASSLER
GOLDENE BETT, DAS • 1912
IM BANNE DER LEIDENSCHAFTEN • 1914
SPION, DER • 1914
ARMEN REICHEN, DIE • 1915
BLONDE CHAUFFEUR, DER • 1915
CURARE ODER DER INDISCHE DOLCH • SCHLEIER DER FAVORITIN, DER • 1915
DOKTOR HOLM • 1915
HAUSDAME AUS BESTER FAMILIE GESUCHT • 1915
HELD DES UNTERSEEBOOTES, EIN • 1915
HERMELINMANTEL, DER • 1915
IM FEUER DER SCHIFFSKANONEN • 1915
MYRTHE UND SCHWERT • 1915
RATSELHAFTE FRAU, DIE • 1915
SALONPIRATEN • 1915
STIMME DES BLUTES, DIE • 1915
UBER ALLES –DAS RECHT • 1915
UND DAS WISSEN IST DER TOD • 1915
VERSCHWUNDENE UNTERSEEBOOT, DAS • 1915
WEG ZUR SUHNE, DER • 1915
WENN DREI DASSELBE TUN.. • 1915
ZWOLFJAHRIGE KRIEGSHELD, DER • 1915
ESKIMOBABY, DAS • 1916
GEOPFERT.. • 1916
GURTEL DER DOLLARFURSTIN, DER • 1916
IN LETZTE SEKUNDE • 1916
ROSE DER WILDNIS, DIE • 1916
WAISENHAUSKIND, DAS • 1916
WALDBRAND, DER • 1916
WELKER LORBEER • 1916
GRAFIN VON NAVARRA, DIE • 1917
SCHWARZE KUGEL, DIE • 1917
WENN FREI DIE MEERE FUR DEUTSCHE FAHRT..! • 1917
BADEKONIGIN, DIE • 1918
EDELWILD • 1918
EHESTIFTER, DER • 1918
GIFT DER MEDICI, DAS • 1918
KAIN • 1918
LIEBE UND LEBEN 1 • SEELE DES KINDES, DIE • 1918
LIEBE UND LEBEN 2 • TOCHTER DES SENATORS, DIE • 1918
LIEBESOPFER • 1918
VISION, DIE • 1918
WAHN IST KURZ, DER • 1918
TOR DER FREIHEIT, DAS • 1919

SCHMIDTHOF V.
BEETHOVEN CONCERTO • 1937

SCHMIGE HARTMANN – GRM
KRAWATTEN FUR OLYMPIA • TIES FOR THE OLYMPICS • 1976

SCHMITT BERNARD – FRN
PACIFIC PALISADES • 1990

SCHMITT MONIKA – GRM
BLAUE MOND, DER • BLUE MOON, THE • 1989

SCHMITT RICHARD – USA
SPINNING WHEELS • 1989

SCHMITZ OLIVER – SAF
MAPANTSULA • ONE LOOK SHOOK THE WORLD • 1988

SCHMOELLER DAVID – USA
TOURIST TRAP • 1979
SEDUCTION, THE • SEDUCTION: A FATAL OBSESSION, THE • 1982
CRAWLSPACE • 1986
GHOST TOWN • 1987
CATACOMBS • 1988
PUPPETMASTER • PUPPET MASTER • 1989

SCHMULEVICH MICHAEL – USA
JUST MARRIED • 1987

SCHNABEL PAVEL – GRM
HOMMAGE A AUGUST SANDER • 1977 • DCS
MITTEN IN DEUTSCHLAND • 1978 • DCS

SCHNEDLER-SORENSEN – DNM
DODSSPRINGET TIL HEST FRA CIRKUSKUPLEN • STORE ATTRAKTION, DEN • 1912

SCHNEEVOIGT GEORGE – FNL – 1893–1961
FAEDRENES SYNDER • 1915
FYRSTINDENS SKAEBNE • 1915
MAIN DU SQUELETTE, LA • HAND OF THE SKELETON, THE • 1915
SKELETHANDEN • 1915
DYKKERKLOKKENS HEMMELIGHED • 1916
MARKENS GRODE • 1921
DER VAR ENGANG • 1922
BALDEVINS BRYLLUP • 1926
LAJLA • 1929
ESKIMO • 1930
FROKEN STATSADVOKAT • 1930
KIRKE OG ORGEL • 1930
HOTELL PARADISETS HEMLIGHET • SECRET OF THE PARADISE HOTEL • 1931
PASTOR OF VEJLBY, THE • 1931
WEISSE GOTT, DER • 1931
LALLA VINDER • 1932
ODDS 777 • 1932
SKAL VI VAEDDE EN MILLION • 1932
TRETTEN AR • 1932
BLA DRENGE, DE • 1933
KOBBERBRYLLUP • 1933
NYHAVN 17 • 1933
NODDEBO PRAESTEGARD • 1934
FREDLOS • OUTLAWED ○ OUTCAST • 1935
RASMINES BRYLLUP • WEDDING OF RASMINE, THE • 1935
SJETTE TRAEKNING • 1936
LAILA • JAGAD AV VARGARNA • 1937
CHAMPAGNEGALOPPEN • 1938
SAGA, EN • 1938
CIRKUS • 1939
JEG HAR ELSKET OG LEVET • 1940
ALLE MAND PA DAEK • 1943
TORDENSKJOLD GAR I LAND • 1943

SCHNEIDER ALAN – USA
FILM 1965 • 1965
NOW CINEMA! • 1968 • ANT

SCHNEIDER-EDENKOBEN RICHARD – GRM
DU SOLLST NICHT BEGEHREN • 1933
TORICHTE JUNGFRAU, DIE • 1935
INKOGNITO • 1936
SIGNAL IN DER NACHT • 1937
WIE EINST IM MAI • 1937
SILVESTERNACHT AM ALEXANDERPLATZ • 1939

SCHNEIDER EUGENE
GYPSIES • 1936
IN THE REAR OF THE ENEMY • 1942

SCHNEIDER HELMUT – GRM
KEIN AERGER MIT CLEOPATRA • 1960

SCHNEIDER HENRI – FRN – 1902–
GRANDE VIE, LA • 1950

SCHNEIDER IRA
LOST IN CUDDIHY • 1966

SCHNEIDER JAMES – USA
FOOLISH ROMANCE, A • 1916 • SHT

SCHNEIDER KENNY – USA
COMIK SUTRA • 1970 • ANS

SCHNEIDER MIGUEL O. – BRZ
SARAVA BRASIL DOS MIL ESPIRITOS • 1972 • DOC

SCHNEIDER PAUL see **SCHNEIDER PAUL A. M.**

SCHNEIDER PAUL – USA
WILLY MILLY • SOMETHING SPECIAL ○ I WAS A TEENAGE BOY • 1985
LEFTOVERS, THE • 1986 • TVM
14 GOING ON 30 • FOURTEEN GOING ON THIRTY • 1988 • TVM

SCHNEIDER PAUL A. M. – NTH
SCHNEIDER PAUL
TREIN ANONIEM • 1968 • SHT

SCHNEIDER WOLF – GRM
MAYA • 1957

SCHNEIDEREIT OTTO – GRM
HANDVOLL NOTEN, EINE • 1961

SCHNEIDERHOF VLADIMIR see **SCHNEIDEROV VLADIMIR**

SCHNEIDEROV VLADIMIR – USS – 1900–1973
SCHNEIDERHOF VLADIMIR • SCHNEYDEROV VLADIMIR
AL-YEMEN • 1931
GOLDEN TAIGA • 1935
AMONG THE REEDS OF THE VOLGA DELTA • 1950 • DOC
BEGINNING OF LIFE, THE • 1950 • DOC
JOURNEY WITH A CINE CAMERA, A • 1952 • DOC
CHARLES DARWIN • 1960 • DOC
UNDER ANCIENT DESERT SKIES • 1961 • DOC
OTTO YULEVITCH SCHMIDT • 1963 • DOC
ACROSS ZANGEZUR • 1967 • DOC

SCHNELL – GRM
AUSTER UND DIE PERLE, DIE • 1961 • MTV

SCHNELL HERMANN – GRM
ANATOMIE DES LIEBESACKTS • ANATOMY OF LOVE (UKN) • 1971

SCHNEYDEROV VLADIMIR see **SCHNEIDEROV VLADIMIR**

SCHNITZER ROBERT see **SCHNITZER ROBERT ALLEN**

SCHNITZER ROBERT ALLEN – USA
SCHNITZER ROBERT
NO PLACE TO HIDE • REBEL • 1975
PREMONITION, THE • 1975
KANDYLAND • 1987

SCHNYDER FRANZ – SWT
HEIDI UND PETER • HEIDI AND PETER • 1954
ULI DER KNECHT • 1954
ULI DER PACHTER • 1955
ZWISCHEN UNS DIE BERGE • LIED DER HEIMAT, DAS • 1956
SITTLICHKEITSVERBRECHER, DER • MOLESTERS, THE (USA) • 1963
SECHS KUMMERBUBEN, DIE • SIX UNFORTUNATES, THE • 1968

SCHOCHER CHRISTIAN – SWT
KINDER VON FURNA, DIE • 1975 • DOC

SCHOCK MICHAEL – FRN – 1948–
TROCADERO BLEU CITRON • 1978
ETE D'ENFER, UN • 1984

SCHOEDSACK ERNEST see **SCHOEDSACK ERNEST B.**

SCHOEDSACK ERNEST B. – USA – 1893–1979
SCHOEDSACK ERNEST
GRASS: A NATION'S BATTLE FOR LIFE • GRASS: THE EPIC OF A LOST TRIBE • 1925
CHANG • 1927
FOUR FEATHERS, THE • 1929
RANGO • 1931
MOST DANGEROUS GAME, THE • HOUNDS OF ZAROFF, THE (UKN) ○ SKULL ISLAND • 1932
BLIND ADVENTURE • IN THE FOG • 1933
KING KONG • EIGHTH WONDER OF THE WORLD, THE ○ KING APE ○ KONG • 1933
SON OF KONG • JAMBOREE • 1933
LONG LOST FATHER • 1934
LAST DAYS OF POMPEII, THE • 1935
OUTLAWS OF THE ORIENT • 1937
TROUBLE IN MOROCCO • 1937
DR. CYCLOPS • 1940
MIGHTY JOE YOUNG • MR. JOSEPH YOUNG OF AFRICA • 1949
THIS IS CINERAMA • 1952

SCHOEMANN MICHAEL – Animator – GRM
ADVENTURES OF PICO AND COLUMBUS, THE • 1990 • ANM

SCHOENBERG MARK – CND
PARALLELS • 1980 • TVM

SCHOENDOERFFER PIERRE – FRN – 1928–
SCHOENDORFFER PIERRE
THAN LE PECHEUR • 1957 • SHT
PASSE DU DIABLE, LA • 1958
RAMUNTCHO • 1958
PECHEUR D'ISLANDE • 1959
317eme SECTION, LA • 317e SECTION, LA ○ TROIS CENT DIXSEPTIEME ○ PLATOON 317 • 1965
OBJECTIF 500 MILLIONS • 1966
PATROUILLE ANDERSON, LA • ANDERSON PLATOON, THE ○ SECTION ANDERSON, LA • 1967
DESERT DES TARTARES, LE • 1970
CRABE TAMBOUR, LE • CRABE-TAMBOUR, LE • 1977
HONNEUR D'UN CAPITAINE, L' • 1982

SCHOENDORFFER PIERRE see **SCHOENDOERFFER PIERRE**

SCHOENHERR H. H. K. – SWT
THALER'S, MEIER'S, SADKOWSKY'S LIFE IN THE EVENING • 1967
KAPUTTE KINO, DAS • 1971
INNEN & AUSSEN • 1983

SCHOERSTEIN JOHN – UKN
MIRROR, THE
KH4 • 1970 • DCS

SCHOFIELD STANLEY – UKN
TWO LAPS OF HONOUR • 1961
THEY ALL PROFIT • 1965

SCHOFILL JOHN – USA
DIE • 1966 • SHT
XFILM • 1967 • SHT

SCHOLES ROGER – ASL
HIGHLAND WINTER • 1984 • DOC
TALE OF RUBY ROSE, THE • 1987

SCHOLL JACK – USA
SONNY DUNHAM AND HIS ORCHESTRA • 1944 • SHT
FRONTIER DAYS • 1945 • SHT
LAW OF THE BADLANDS • 1945 • SHT
SPADE COOLEY, KING OF WESTERN SWING • 1945 • SHT
STAN KENTON AND HIS ORCHESTRA –ARTISTRY IN RHYTHM • 1945 • SHT
MELODY TIME • 1946 • SHT
ART LUND – TEX BENEKE – LES BROWN • 1948 • SHT
LES BROWN • 1948 • SHT
TEX BENEKE AND HIS ORCHESTRA • 1948 • SHT
HOLIDAY RHYTHM • 1950

SCHOLL ROMEO – SWT
ABENTEUER TEGUAN • 1967 • DOC

SCHOLTZ JAN – SAF
SKELMS • THIEVES • 1979
EMISSARY, THE • 1988
PARADISE ROAD • 1989

SCHOLZ-CONWAY JOHN – UKN
KILLER WITH TWO FACES • 1974 • TVM

SCHOLZ GUNTHER – GRM
INTERROGATION OF THE WITNESSES • 1987

SCHOMBS FRANZ – GRM
MAYA • 1957

SCHOMBURGK HANS – GRM
ABENTEURER, EIN • 1919
GOLDFIEBER • 1919
TROPENGIFT • 1919
EINE WEISSE UNTER KANNIBALEN • 1921
IM KAMPF UM DIAMANTENFELDER • 1921

SCHOMER ABRAHAM see **SCHOMER ABRAHAM S.**

SCHOMER ABRAHAM S. – USA
SCHOMER ABRAHAM
RULING PASSIONS • 1918
SACRED FLAME, THE • 1919
CHAMBER MYSTERY, THE • 1920
HIDDEN LIGHT • 1920

SCHONFELD CARL – GRM
DORF UND STADT • 1915
DURCH NACHT ZUM LICHT • 1915
FLUCHT VOR DEM TODE, DIE • 1915
GLAUBE SIEGT, DER • 1915
GOLDQUELLE, DIE • 1915
O DIESE MANNER • 1915
UM EIN WEIB • 1915
LEIDVOLLE LIEBE • 1918

SCHONFELD VICTOR – UKN
ANIMALS FILM, THE • 1982 • DOC
SHATTERED DREAMS • 1988

SCHONFELDER ERICH – GRM
DIPLOMATENSAUGLING, DER • 1919
MADCHEN AUS DEM WILDEN WESTEN, DAS • 1919
KAKADU UND KIEBITZ • 1920
PUTSCHLIESEL • 1920
ERPRESSERTRICK, EIN • 1921
PAPA KANN'S NICHT LASSEN • 1921
STIER VON OLIVIERA, DER • 1921
FILM OHNE NAMEN, DER • 1922
FUNF FRANKFURTER, DIE • 1922
IN NAMEN DES KONIGS • 1923
GEHEIME AGENT, DER • 1924
GEHETZTE MENSCHEN • 1924
TAUMEL 1924 • 1924
FRAU MIT DEM ETWAS, DIE • 1925
LIEBESKAFIG, DER • 1925
LUXUSWEIBCHEN • 1925
RUND UM DEN ALEXANDERPLATZ • 1925
FELDHERRENHUGEL, DER • 1926
PRINZESSIN TRULALA • 1926
SOLDAT DER MARIE, DER • 1926
VATER WERDEN IST NICHT SCHWER.. • 1926
FRAULEIN VON KASSE 12, DAS • 1927
IM LUXUSZUG • 1927
ROLLENDE KUGEL, DIE • 1927
SCHICKSAL EINER NACHT, DAS • 1927
WIE HEIRATE ICH MEINEN CHEF • 1927
AUS DEM TAGEBUCH EINES JUNGGESELLEN • 1928
BIBERPELZ, DER • BEAVER COAT, THE • 1928
LADENPRINZ, DER • 1928
FRAULEIN LAUSBUB • 1929
IT'S EASY TO BECOME A FATHER • 1929
KEHRE ZURUCK! ALLES VERGEBEN! • 1929
TRUST DER DIEBE • 1929
GEHETZTE MADCHEN • 1930
IN WIEN HAB' ICH EINMAL EIN MADEL GELIEBT • 1930
NACHSTE, BITTE, DER • 1930
AUSGEKOCHTER JUNGE, EIN • 1931
GEHEIMNIS DER ROTEN KATZE, DAS • 1931
LIEBESARZT, DER • 1931
ZU BEFEHL, HERR UNTEROFFIZIER • PECHVOGEL, DER • 1931
AUS EINER KLEINEN RESIDENZ • 1932
KAMPF • 1932
SCHON IST DIE MANOVERZEIT • KARTOFFELSUPP, KARTOFFELSUPP • 1938

SCHONGER HUBERT – GRM
PARADIES AUF ERDEN • 1950

SCHONHERR DIETMAR – GRM
KAIN • 1975

SCHONLANK HANS – GRM
GROSSTADTPIRATEN • 1930

SCHONWALD GUSTAV – GRM
SCHAFFNERIN DER LINIE 6, DIE • 1915
SEINE EIGENE FRAU • 1915
MARTHA • 1916

SCHOOLNIK SKIP see **SCHOOLNIK STUART**

SCHOOLNIK STUART – USA
SCHOOLNIK SKIP
HIDE AND GO SHRIEK • CLOSE YOUR EYES AND PRAY • 1987

SCHORM EVALD – CZC – 1931–1989
BLOK 15 • BLOCK 15 • 1959
KDO SVE NEBE NEUNESE • TOO MUCH TO CARRY • 1959 • SHT
JAN KONSTANTIN • 1961
HELSINKY 62 • HELSINKI 62 • 1962 • DOC
STROMY A LIDE • TREES AND PEOPLE • 1962 • DOC
TURISTA • TOURIST, THE • 1962 • SHT
ZEME ZEMI • COUNTRY OF COUNTRIES, THE ○ COUNTRY TO COUNTRY ○ LAND, THE • 1962
KOMORNI HARMONIE • CHAMBER HARMONY • 1963 • MTV
ZELEZNICARI • RAILWAYMEN • 1963 • DOC

ZIT SVUJ ZIVOT • TO LIVE ONE'S LIFE ○ LIVING ONE'S LIFE • 1963 • DOC
KAZDY DEN ODVAHU • COURAGE FOR EVERYDAY LIFE ○ ODVAHU PRO VSEDNI DEN ○ EVERYDAY COURAGE ○ COURAGE FOR EVERY DAY • 1964
PROC? • WHY? • 1964
ODKAZ • HERITAGE • 1965
PERLICKY NA DNE • PEARLS OF THE DEEP (UKN) • 1965
SUKOVO TRIO • SUK'S TRIO • 1965 • MTV
ZRCADLENI • REFLECTIONS ○ REFLECTION • 1965
GRAMO VON BALET • 1966 • MTV
NAVRAT ZTRACENEHO SYNA • RETURN OF THE PRODIGAL SON, THE • 1966
ZALM • PSALM, THE • 1966
CARMEN NEJEN PODLE BIZETA • CARMEN –NOT ONLY BY BIZET ○ CARMEN NOT ACCORDING TO BIZET • 1967
KRAL A ZENA • KING AND THE WOMAN, THE • 1967 • MTV
PET HOLEK NA KRKU • FIVE GIRLS LIKE A MILLSTONE ROUND ONE'S NECK ○ FIVE GIRLS TO DEAL WITH ○ SADDLED WITH FIVE GIRLS ○ LEFT WITH FIVE GIRLS ○ FIVE GIRLS AROUND ONE'S NECK ○ FIVE GIRLS TO COPE WITH • 1967
FARARUV KONEC • END OF A PRIEST ○ PARSON'S END, THE ○ PASTOR'S END ○ PRIEST'S END, THE • 1968
POMSTA • REVENGE ○ VENGEANCE • 1968
PRAZSKE NOCI • NIGHTS OF PRAGUE ○ PRAGUE NIGHTS ○ NIGHTS IN PRAGUE ○ PRAGUE NIGHTS • 1968
DEN SEDMY, OSMA NOC • SEVENTH DAY, THE EIGHTH NIGHT, THE ○ SEVENTH DAY, EIGHTH NIGHT ○ SEDMY DEN, OSMA NOC • 1969
ROZHOVORY • DIALOGUES • 1969 • MTV
KONCERT PRO STUDENTY • CONCERT FOR STUDENTS • 1970 • MTV
LITOST • REGRET • 1970 • MTV
PSI A LIDE • DOGS AND PEOPLE • 1970
SESTRY • SISTERS • 1970 • MTV
Z MEHO ZIVOTA • FROM MY LIFE • 1970 • MTV
LEPSI PAN • WELL-TO-DO GENTLEMAN, A • 1971 • MTV
UKLADY A LASKA • INTRIGUE AND LOVE • 1972 • MTV
ZABIJET JE SNADNE • KILLING IS EASY • 1972
LASKA V BARVACH KARNEVALU • LOVE IN MARDI GRAS COLORS • 1974
ETUDA O ZKOUSCE • CZECHOSLOVAK PHILHARMONIC ORCHESTRA ○ ESSAY ON REHEARSING, AN • 1976
KOUZELNY CIRKUS • MAGIC CIRCUS, THE • 1977
SNEHOVA KRALOVNA • SNOW QUEEN, THE • 1978
NOCNI ZKOUSKA • NIGHT REHEARSAL, THE • 1980
VLASTNE SE NIC NESTALO • KILLING WITH KINDNESS • 1988

SCHORR RENEN – ISR
BLUES HAHOFESH HAGADOL • LATE SUMMER BLUES • 1987

SCHORR WILLIAM – USA
FORGOTTEN COMMANDMENTS • 1932

SCHORSH WALTER – CZC
VCERA NEDELE BYLA • YESTERDAY IT WAS SUNDAY ○ MALE STESTI • 1938

SCHORSTEIN JON – UKN
MIRROR • 1970

SCHOTT DALE – Animator – CND
CARE BEARS MOVIE II • CARE BEARS MOVIE II: A NEW GENERATION • 1986 • ANM

SCHOTT JOHN – USA
DEAL • 1977

SCHOTT RICHARD – GRM
OSTPREUSSEN UND SEIN HINDENBURG • BRUDER IN NOT. OSTPREUSSEN UND SEIN HINDENBERG • 1915

SCHOTT-SCHOBINGER HANNS see **SCHOTT-SCHOBINGER HANS**

SCHOTT-SCHOBINGER HANS – AUS
SCHOTT-SCHOBINGER HANNS
HEXEN • 1949
ERZHERZOG JOHANNS GROSSE LIEBE • 1950
ROTE PRINZ, DER • 1954
ZWEI HERZEN UND EIN THRON • HOFJAGD IN ISCHL • 1955
HOLIDAY AM WORTHERSEE • 1956
BAUERNDOKTOR VON BAYRISCHZELL • 1957
NACKT WIE GOTT SIE SCHUF • NUDI COME DIO LI CREO (ITL) • 1958
...UND KEINER SCHAMTE SICH • AND NOBODY WAS ASHAMED • 1960
TROMPETEN DER LIEBE • PFARRER MIT DER JAZZTROMPETE, DER • 1962
ANDREA –WIE EIN BLATT AUF NACKTER HAUT • ANDREA (USA) ○ NYMPHO, THE (UKN) • 1968

SCHOTT-SCHOBINGER LEOPOLDO – GRM
NOTTI DEI TEDDY BOYS, LE • 1960

SCHOTTEN WAYNE – USA
FRIDAY ON MY MIND • 1970

SCHOTTENBERG MICHAEL – AUS
CARACAS • 1988

SCHOTTLE VALESKA – GRM
DR. HOFFMANN • 1971 • SHT

SCHOUKENS GASTON – BLG
FAMILLE KLEPKENS, LA • 1930

SCHOUTEN GEORGE – NTH
POLAROID • INSTANT PICTURES (USA) • 1978
ZAAK VAN LEVEN OF DOOD, EEN • 1983

SCHPISS – USS
CHIUZOI PIDZAK • 1927

SCHRADER PAUL – Screenwriter – USA – 1946–
BLUE COLLAR • 1978
AMERICAN GIGOLO • 1979
HARDCORE • HARDCORE LIFE, THE • 1979
CAT PEOPLE • 1982
MISHIMA: A LIFE IN FOUR CHAPTERS • MISHIMA • 1985
LIGHT OF DAY • 1987
PATTY HEARST • PATTY HEARST: HER OWN STORY • 1988

SCHRADER UWE – GRM
SIERRA LEONE • 1988

SCHRAMM HERBERT – GRM
LEBEN, EIN • LIFE, A • 1973

SCHRAPS RUDOLF – GRM
STEINE GIBT'S –DIE GIBT'S GAR NICHT • THERE ARE STONES –WHICH DON'T EXIST • 1968

SCHREDEL V. see **SHREDEL VLADIMIR**

SCHREIBER BRUNO PAUL – NTH
MYRTHE EN DE DEMONEN • MYRTE OF THE DEMONS (USA) • 1948

SCHREIBMAN MYRL A. – USA
ITALIAN, THE • 1979
ANGEL OF H.E.A.T. –THE PROTECTORS: BOOK #1 • ANGEL OF H.E.A.T. ○ ANGEL FROM H.E.A.T. • 1982

SCHREINER CHARLIE – FRN
J'AI PAS DE CULOTTE

SCHREINER WILLIAM – USA
SINFUL LIFE, A • IMMACULATE CONCEPTION OF BABY BUMP, THE • 1989

SCHREYER JOHN – USA
WILD YOUTH • NAKED YOUTH • 1961

SCHROCK RAYMOND L. – USA
TRIBUTE TO MOTHER, A • 1915
CODE OF HIS ANCESTORS, THE • 1916 • SHT
FINER METAL, THE • 1916 • SHT
GENTLE ART OF BURGLARY, THE • 1916 • SHT
HARMONY IN A FLAT • 1916 • SHT

SCHROEDER ARNULF – GRM
O DIESE BAYERN • 1960

SCHROEDER BARBET – Producer – IRN – 1941–
MORE • 1969
SING-SING • 1971 • DOC
VALLEE, LA • VALLEY (OBSCURED BY CLOUDS), THE ○ VALLEY, THE • 1972
IDI AMIN DADA • GENERAL IDI AMIN DADA (USA) ○ GENERAL AMIN (UKN) ○ GENERAL IDI AMIN DADA: AUTOPORTRAIT • 1974 • DOC
MAITRESSE • MISTRESS (USA) • 1976
KOKO, LE GORILLE QUI PARLE • KOKO, A TALKING GORILLA ○ KOKO THE GORILLA • 1977 • DOC
TRICHEURS • 1983
BARFLY • 1987
REVERSAL OF FORTUNE • 1989

SCHROEDER EBERHARD – GRM
MADAME UND IHRE NICHTE • 1969
HAUSFRAUEN –REPORT II • MOST GIRLS WILL (UKN) • 1971
HAUSFRAUEN REPORT • ON THE SIDE (UKN) • 1971
KLOSTERSCHULERINNEN, DIE • SEX LIFE IN A CONVENT (UKN) • 1971
SCHULER-REPORT-JUNGE, JUNGE WAS DIE MADCHEN ALLES VON UNS WOLLEN! • 1971
HAUSFRAUEN –REPORT III • GIVE 'EM AN INCH (UKN) • 1972
MASSAGESALON –DER BLUTJUNGEN MADCHEN • MASSAGE PARLOUR (UKN) • 1972
MATRATZEN TANGO • SECRETS OF NAKED GIRLS ○ WHEN GIRLS UNDRESS • 1972

SCHROEDER MICHAEL – USA
MORTUARY ACADEMY • 1988
OUT OF THE DARK • 1988
DAMNED RIVER • 1989
DEVIL'S ODDS, THE • 1989

SCHROEDER SEBASTIAN C. – SWT
CINEMA • 1972
GREED • 1980 • MTV
O WIE OBLOMOV • O FOR OBLOMOV • 1982

SCHROETER WERNER – GRM – 1945–
NICARAGUA • 1969
BOMBERPILOT, DER • 1970
EIKA KATAPPA • 1970
SALOME • 1971
TOD DER MARIA MALIBRAN, DER • DEATH OF MARIA MALIBRAN, THE • 1971
WILLOW SPRINGS • 1972
SCHWARZE ENGEL, DER • BLACK ANGEL • 1973
GOLD FLOCKEN • FLOCONS D'OR • 1975
JOHANNAS TRAUM • 1975
NEAPOLITANISCHE GESCHWISTER • REIGN OF NAPLES, THE ○ NEL REGNO DI NAPOLI ○ REGNO DI NAPOLI • 1978
PALERMO ODER WOLFSBURG • PALERMO OR WOLFSBURG • 1979
REPETITION GENERALE, LA • 1980
WEISSE REISE • 1980
CONCILE D'AMOUR, LE • 1982
TAG DE IDIOTEN • 1982
MALINA • 1990

SCHROTH CARL H. see **SCHROTH CARL-HEINZ**

SCHROTH CARL-HEINZ – GRM
SCHROTH CARL H.
FRAULEIN VON AMT • 1954
MANNER IM GEFAHRLICHEN ALTER • 1954
VERSCHWUNDENE MINIATUR, DIE • 1954
GRIFF NACH DEN STERNEN • REACHING FOR THE STARS (USA) • 1955

SCHUBEL ROLF – GRM
INDIANER, DER • RED INDIAN, THE • 1988 • DOC

SCHUBERT DIETRICH – GRM
A & Z • 1967

SCHUBERT GEORG – GRM
BOB CRAY • 1916
UNSICHTBARE MENSCH, DER • 1916
SEINE KLEINE MADONNA • 1917
DAME MIT DEM DIADEM, DIE • 1918
PAULCHEN SEMMELMANNS FLEGELJAHRE • 1918
TESTAMENTSHEIRAT, DIE • 1918
AUGENBLICK IM PARADIES, EIN • 1919
LACHELN DER KLEINEN BEATE, DAS • 1919
LOS VOM WEIBE • 1919
ZWANGSLIEBE IM FREISTAAT • 1919

SCHUEPBACH MARCEL – SWT
ALLEGEMENT, L' • 1983

SCHUFFTAN EUGEN – Dir. photo – GRM – 1893–1977
EKEL, DAS • 1931

SCHUH OSCAR F. – GRM
TOLLER TAG, EIN • 1945

SCHUHMACHER EUGEN – GRM
IM SCHATTEN DES KARAKORUM • SHADOW OF KARAKORUM, THE • 1955
LETZTEN PARADIESE, DIE • LAST PARADISES, THE • 1968 • DOC

SCHULHOFF PETR – CZC
FEAR • 1963
MURDERER HIDES HIS FACE, THE • 1966
ON THE TRAIL OF BLOOD • 1969
I KNOW YOU ARE THE MURDERER • 1971
FATE NAMED KAMILA • 1974
HODIME SE K SOBE, MILACKU? • DARLING, ARE WE A GOOD MATCH..? • 1975
OKAY BOSS..! • 1977
ZITRA TO ROZTOCIME, DRAHOUSKU • LET'S MAKE WHOOPEE TOMORROW, DARLING..! ○ LET'S STEP ON IT TOMORROW, DARLING • 1977
I'LL BE GOOD, OLD MAN! • 1978
DIAGNOSIS OF DEATH • 1979
WHAT I HAVE I HOLD, GENTLEMEN.. • 1980
PRISTE BUDEME CHYTREJSI, STAROUSKU • WE SHALL BE CLEVERER NEXT TIME, OLD CHAP • 1983

SCHULMAN JOEL – USA
DREAMLAND • 1983

SCHULMAN PATRICK see **SCHULMANN PATRICK**

SCHULMANN PATRICK – FRN – 1949–
SCHULMAN PATRICK
ET LA TENDRESSE? ...BORDEL! • 1978
RENDEZ-MOI MA PEAU • 1980
ZIG-ZAG STORY • 1983
ALDO ET JUNIOR • 1984

SCHULTE LARRY – USA
STRETCHING OUT • ANS

SCHULTZ CARL – HNG – 1939–
SCHULTZ CHARLES
TICHBORNE AFFAIR, THE • 1975 • MTV
BLUE FIN • SEA QUEST • 1978
EARTH PATROL • 1978 • SHT
GOODBYE PARADISE • 1982
CAREFUL, HE MIGHT HEAR YOU • 1983
BIRDSVILLE • 1986
TRAVELLING NORTH • 1986
BULLSEYE • 1987
SEVENTH SIGN, THE • BOARDER, THE • 1988

SCHULTZ CHARLES see **SCHULTZ CARL**

SCHULTZ MICHAEL – USA – 1938–
TOGETHER FOR DAYS • 1973
HONEYBABY, HONEYBABY • BEIRUT CONTRACT ○ HONEYBABY • 1974
COOLEY HIGH • 1975
CAR WASH • 1976
GREASED LIGHTNING • 1977
WHICH WAY IS UP? • 1977
SGT. PEPPER'S LONELY HEARTS CLUB BAND • 1978
SCAVENGER HUNT • 1979
CARBON COPY • 1981
BENNY'S PLACE • 1982 • TVM
FOR US THE LIVING • FOR US THE LIVING: THE MEDGAR EVERS STORY • 1982 • TVM
JERK, TOO, THE • 1984 • TVM
KRUSH GROOVE • RAP ATTACK • 1985
LAST DRAGON, THR • BERRY GORDY'S THE LAST DRAGON ○ LAST DRAGONS, THE • 1985
DISORDERLIES • 1987
SPIRIT, THE • 1987 • TVM
TIMESTALKERS • 1987 • TVM
ROCK 'N' ROLL MOM • 1988 • TVM
TARZAN IN MANHATTAN • 1989

SCHULZ BOB – HNG – 1931–
COME AWAY, COME AWAY • 1972 • MTV
AVE LUNA • 1973 • MTV
HOUSE ON FRONT STREET • 1979 • MTV
EXPLODING THE MYTH • 1980 • MTV
ACTRA'S LIVE COMMAND PERFORMANCE • 1981 • MTV
GROWN UP TOMORROW • 1981 • MTV
FALCON'S GOLD • ROBBERS OF THE SACRED MOUNTAIN ○ ROBBERS OF SACRED MOUNTAIN • 1985 • TVM

SCHULZ FRITZ – AUS – 1898–
JO AS A HAZNAL • FATHER KNOWS BEST (USA) • 1935
SKEPPSBRUTNE MAX • SHIPWRECKED MAX • 1936
LETZTE LIEBE • LAST LOVE (USA) • 1938
GRUSS UND KUSS AUS DER WACHAU • 1950

SCHULZ-KAMPFHENKEL O. – GRM
ALLAH KERIHM • UTAS ABENTEUERLICHE REISE DURCH ALGERIEN • 1955

SCHULZ KURT HERBERT – Animator – GRM
LITTLE HAEWELMANN • ANM
MAGIC BOW, THE • ANM
MAGIC CASK, THE • ANM
WONDER-WORKING DOCTOR, THE • ANM
EMPEROR'S NEW CLOTHES, THE • 1958 • ANM
SECRET WAY, THE • 1958 • ANM

SCHULZ ULRICH K. T. – GRM
VOM UHU UND ANDEREN GESICHTERN DER NACHT • EAGLE-OWLS AND OWLETS • 1936
KAMERAJAGD AUF SEEHUNDE • SEALS • 1937
SCHORFHEIDE • 1937
MYSTERIUM DES LEBENS, DAS • 1938

SCHUMACHER IVAN P. – SWT
RAPACITY • 1980 • MTV

SCHUMACHER JOEL – USA – 1942–
VIRGINIA HILL STORY, THE • 1974 • TVM
AMATEUR NIGHT AT THE DIXIE BAR AND GRILL • 1979 • TVM
INCREDIBLE SHRINKING WOMAN, THE • 1981
D.C. CAB • STREET FLEET • 1983
ST. ELMO'S FIRE • 1985
LOST BOYS, THE • 1987
COUSINS • 1988
FLATLINERS • 1990

SCHUMANN PHILIP – USA
THREE ON A MEATHOOK • 1972
RANDY, THE ELECTRIC LADY • 1980

SCHUMEMANN WERNER – BRZ
MENTIROSO, O • LIAR, THE • 1988

SCHUNDLER RUDOLF – GRM
CAFE ORIENTAL • 1922
GEIGENMACHER VON MITTENWALD, DER • 1950
WENN AM SONNTAGABEND DIE DORFMUSIK SPIELT • 1953
SCHUTZENLIESEL • 1954
TREUE HUSAR, DER • 1954
VIKTORIA UND IHR HUSAR • 1954
FROHLICHE DORF, DAS • KRACH UM JOLANTHE • 1955
ROSEL VOM SCHWARZWALD, DIE • 1956
SCHONE MEISTERIN, DIE • 1956
UNSCHULD VOM LANDE, DIE • 1957
GRAFIN MARIZA • 1958
MEIN SCHATZ, KOMM MIT ANS BLAUE MEER • 1959
ZWISCHEN GLUCK UND KRONE • 1959
WAHRE JAKOB, DER • 1960
WILLY, DER PRIVATDETEKTIV • 1960
IMMER ARGER MIT DEM BETT • MEINE FRAU DAS CALL GIRL • 1961

SCHUNZEL REINHOLD – Actor – GRM – 1888–1954
MADCHEN AUS DER ACKERSTRASSE 1, DAS • 1919
MARIA MAGDALENA • 1919
GRAF VON CAGLIOSTRO, DER • CAGLIOSTRO (USA) ○ COUNT CAGLIOSTRO • 1920
KATHARINA DIE GROSSE • 1920
MARQUIS D'OR, DER • 1920
BETRUGER DES VOLKES • 1921
ROMAN EINES DIENSTMADCHENS, DER • 1921
DON JUAN UND DIE DREI MARIEN • DREI MARIEN UND DER HERR VON MARANA, DIE • 1922
GELD AUF DER STRASSE, DAS • BETRUGER DES VOLKES • 1922
PANTOFFELHELD, DER • 1922
ALLES FUR GELD • FORTUNE'S FOOL ○ ALL FOR MONEY • 1923
WINDSTARKE 9 • GESCHICHTE EINER REICHEN ERBIN, DIE • 1924
FRAU FUR 24 STUNDEN, DIE • 1925
HALLO CAESAR! • 1926
IN DER HEIMAT, DA GIBT'S EIN WIEDERSEHN! • 1926
GUSTAV MOND.. DU GEHST SO STILLE • 1927
UB' IMMER TREU UN REDLICHKEIT • 1927
ADAM UND EVA • 1928
DON JUAN IN DER MADCHENSCHULE • 1928
KOLONNE X • 1929
PETER, DER MATROSE • 1929
PHANTOME DES GLUCKS • MANN IN FESSELN, DER • 1929
LIEBE IM RING • 1930
KLEINE SEITENSPRUNG, DER • 1931
PETIT ECART, LE • 1931
RONNY • 1931
RONNY • 1931
BELLE AVENTURE, LA • 1932
SCHONE ABENTEUER, DAS • 1932
WIE SAG ICH'S MEINEM MANN • 1932
GEORGES ET GEORGETTE • 1933
IDYLLE AU CAIRE • 1933
SAISON IN KAIRO • 1933
VIKTOR UND VIKTORIA • VIKTOR AND VIKTORIA • 1933
ENGLISCHE HEIRAT, DIE • 1934
JEUNE FILLE D'UNE NUIT, LA • 1934
TOCHTER IHRER EXZELLENZ, DIE • 1934
AMPHITRYON • AUS DEN WOLKEN KOMMT DAS GLUCK ○ LUCK COMES OUT OF THE CLOUDS • 1935
DIEUX S'AMUSENT, LES • AMPHITRYON II • 1935
DONOGOO • 1936
DONOGOO TONKA • 1936
MADCHEN IRENE, DAS • 1936
LAND DER LIEBE • 1937
RICH MAN, POOR GIRL • 1938
BALALAIKA • 1939
ICE FOLLIES OF 1939, THE • 1939
NEW WINE • GREAT AWAKENING, THE (UKN) • 1941

SCHURE ALEXANDER – Animator – USA
TUBBY THE TUBA • 1977 • ANM

SCHUSTER HAROLD – USA – 1902–1986
SCHUSTER HAROLD D.
DINNER AT THE RITZ • 1937
WINGS OF THE MORNING • 1937
EXPOSED • 1938
QUEER CARGO • PIRATES OF THE SEVEN SEAS • 1938
SWING THAT CHEER • 1938
ONE HOUR TO LIVE • 1939
DIAMOND FRONTIER • MODERN MONTE CRISTO, A • 1940
FRAMED • 1940
MA, HE'S MAKING EYES AT ME • 1940
SOUTH TO KARANGA • 1940
ZANZIBAR • 1940
SMALL TOWN DEB • 1941
VERY YOUNG LADY, A • 1941
GIRL TROUBLE • 1942
ON THE SUNNY SIDE • 1942
POSTMAN DIDN'T RING, THE • 1942
MY FRIEND FLICKA • 1943
MARINE RAIDERS • 1944
BREAKFAST IN HOLLYWOOD • TOM BRENEMAN'S BREAKFAST IN HOLLYWOOD ○ MAD HATTER, THE • 1946
SO DEAR TO MY HEART • 1948
TENDER YEARS, THE • 1948
KID MONK BARONI • YOUNG PAUL BARONI (UKN) • 1952
JACK SLADE • SLADE (UKN) • 1953
LOOPHOLE • 1954
PORT OF HELL • 1954
SECURITY RISK • 1954
FINGER MAN • FINGERMAN • 1955
RETURN OF JACK SLADE, THE • TEXAS ROSE (UKN) ○ SON OF SLADE • 1955
TARZAN'S HIDDEN JUNGLE • TARZAN'S AFRICAN JUNGLE • 1955
DOWN LIBERTY ROAD • 1956
COURAGE OF BLACK BEAUTY • 1957
DRAGOON WELLS MASSACRE • 1957
PORTLAND EXPOSE • 1957

SCHUSTER HAROLD D. see **SCHUSTER HAROLD**

SCHUTTE JAN – GRM
DRACHENFUTTER • DRAGON FEED ○ DRAGON'S FOOD ○ SPICY RICE • 1987

SCHUURMAN OTTO – NTH
SACRIFICE AREA • 1981 • DOC

SCHUYLER HELMUD – USA
GAME OF THREES, A • 1969

SCHVEITZER M. see **SCHWEITZER MIKHAIL**

SCHVILY BENNI
RAIDERS IN ACTION

SCHWAB LAURENCE – USA – 1893–
SCHWAB LAWRENCE
FOLLOW THRU • 1930
TAKE A CHANCE • 1933

SCHWAB LAWRENCE see **SCHWAB LAURENCE**

SCHWAB PIERRE – FRN
FANTOME, LE • GHOST, THE • 1936

SCHWAIN DON – USA
TAKEN BY FORCE • 1987

SCHWAMM BERND – GRM
PARADIESGARTEN • 1970

SCHWARTZ DOUGLAS – USA
SCHWARTZ DOUGLAS N.
PEACE KILLERS, THE • 1971
YOUR THREE MINUTES ARE UP • 1973

SCHWARTZ DOUGLAS N. see **SCHWARTZ DOUGLAS**

SCHWARTZ HANS see **SCHWARZ HANNS**

SCHWARTZ KENNETH see **EVANS WARREN**

SCHWARTZ LILLIAN – Animator – USA
OLYMPIAD • 1971 • ANS
PIXILLATIONS • 1971 • ANS
GOOGOLPLEX • 1972 • ANS
MIS-TAKES • 1972 • ANS
MUTATIONS • 1972 • ANS
U.F.O'S • ANS

SCHWARTZ MAURICE – Actor – USA – 1890–1960
BROKEN HEARTS • SOULS IN EXILE (UKN) • 1926
TEVYA • 1939

SCHWARTZ NORMAN see **MANCINI CESARE**

SCHWARTZ ZAC – USA
FEAR • 1943 • ANS

SCHWARTZMAN ARNOLD – USA
GENOCIDE • 1981 • DOC

SCHWARZ HANNS – AUS
SCHWARTZ HANS
ZWEI MENSCHEN • 1923
NANON • 1924
STIMME DES HERZENS, DIE • 1924
FRAULEIN VOM AMT, DAS • LIEBE UND TELEPHON • 1925
LIEBE UND DAS TELEPHON, DIE • 1925
KLEINE VOM VARIETE, DIE • 1926
CZARDASFURSTIN, DIE • 1927
PETRONELLA • 1927
DURCHGANGERIN, DIE • LOVE'S SACRIFICE • 1928
JUNGE LIEBE • 1928
UNGARISCHE RHAPSODIE • HUNGARIAN RHAPSODY • 1928
MELODIE DES HERZENS • MELODY OF THE HEART ○ HEART'S MELODY • 1929
WUNDERBARE LUGE DER NINA PETROWNA, DIE • WONDERFUL LIE OF NINA PETROVNA, THE • 1929
EINBRECHER • MURDER FOR SALE (USA) ○ BURGLARS • 1930
FLAG DELIT • CAMBRIOLEUR, LE • 1930
LIEBLING DER GOTTER • DARLING OF THE GODS (USA) • 1930
BOMBEN AUF MONTE CARLO • 1931
CAPITAINE CRADDOCK, LE • BOMBE SUR MONTE CARLO, UN ○ CROISSEUR EN FOLIE, LE • 1931
COEURS JOYEUX • 1931
GROSS TENOR, DER • 1931
IHRE HOHEIT BEFIEHLT • 1931
MONTE CARLO MADNESS • 1931
PETITE DE MONTPARNASSE, LA • PILE OU FACE • 1931
PRINCESSE, A VOS ORDRES • SON ALTESSE ORDONNE • 1931
MADEL VOM MONTPARNASSE, DAS • 1932
ZIGEUNER DER NACHT • 1932
PRINCE OF ARCADIA • 1933
RETURN OF THE SCARLET PIMPERNEL, THE • 1937

SCHWARZ WERNER – GRM
MELUKA, DIE ROSE VON MARAKESCH • 1930

SCHWARZE HANS D. – GRM
WAS MACHT PAPA DENN IN ITALIEN • 1961

SCHWARZENBERGER XAVER – AUS
STILLE OZEAN, DER • PACIFIC OCEAN, THE • 1983
GEWITTER IM MAI • TEMPEST IN MAY • 1987

SCHWARZSTEIN ALAIN – FRN – 1947–
NOUS NOUS SOMMES RENCONTRES DANS UN AUTRE REVE • 1980

SCHWARZWALD MILTON – USA
AT THE MIKE • 1934 • SHT
BROADWAY VARIETIES • 1934 • SHT
ED SULLIVAN'S HEADLINERS • 1934 • SHT
FADS AND FANCIES • 1934 • SHT
GUS VAN AND HIS NEIGHBORS • 1934 • SHT
HITS OF TODAY • 1934 • SHT
KNICKERBACKER KNIGHTS • 1934 • SHT
NITE IN A NITE CLUB, A • 1934 • SHT
PEST, THE • 1934 • SHT
SOUP FOR NUTS • 1934 • SHT
VAUDEVILLE DAYS • 1934 • SHT
VAUDEVILLE ON PARADE • 1934 • SHT
WELL, BY GEORGE! • 1934 • SHT
WHOLE SHOW, THE • 1934 • SHT
CLUB-HOUSE PARTY • 1935 • SHT
DESERT HARMONIES • 1935 • SHT
DOIN' THE TOWN • 1935 • SHT
GREAT IDEA, A • 1935 • SHT
GUS VAN'S MUSIC SHOPPE • 1935 • SHT
HARLEM BOUND • 1935 • SHT
HERE'S THE GANG • 1935 • SHT
MEET THE PROFESSOR • 1935 • SHT
ON YOUR RADIO DIAL • 1935 • SHT
REVUE A LA CARTE • 1935 • SHT
SPEEDY JUSTICE • 1935 • SHT
TELEPHONE BLUES • 1935 • SHT
CARNIVAL TIME • 1936 • SHT
FLIPPER'S FROLICS • 1936 • SHT
FUN IN A FIREHOUSE • 1936 • SHT
GUS VAN'S GARDEN PARTY • 1936 • SHT
MARINE FOLLIES • 1936 • SHT
MUSICAL AIRWAVES • 1936 • SHT
PLAYING FOR FUN • 1936 • SHT
ROYAL CAFE • 1936 • SHT
SCHOOL FOR SWING • 1936 • SHT
SIGNING OFF • 1936 • SHT
TEDDY BERGMAN'S INTERNATIONAL BROADCAST • 1936 • SHT
TELEVISION HIGHLIGHTS • 1936 • SHT
VAUD-O-MAT • 1936 • SHT
ALL ABOARD • 1937 • SHT
ALPINE CABARET • 1937 • SHT
BARGAIN MATINEE • 1937 • SHT
COCKTAIL PARTY • 1937 • SHT
DEVILED HAMS • 1937 • SHT
FUN BEGINS AT HOME • 1937 • SHT
HAWAIIAN CAPERS • 1937 • SHT
IT'S ON THE RECORD • 1937 • SHT
OH, SAY CAN YOU HEAR? • 1937 • SHT
RHAPSODY IN ZOO • 1937 • SHT
SHOES WITH RHYTHM • 1937 • SHT
SHOW FOR SALE • 1937 • SHT
SINGING BANDIT, THE • 1937 • SHT
TEDDY BERGMAN'S BAR-B-Q • 1937 • SHT
BEAUTY SHOPPE • 1938 • SHT
DOWN ON THE BARN • 1938 • SHT
HIGH-JACK'N THE SHOW • 1938 • SHT
LATIN HI-HATTIN • 1938 • SHT
MUSIC AND FLOWERS • 1938 • SHT
MUSIC AND MODELS • 1938 • SHT
NAUTICAL KNIGHTS • 1938 • SHT
PATIO SERENADE • 1938 • SHT
RHYTHM CAFE • 1938 • SHT
SIDE SHOW FAKIR • 1938 • SHT
SOMEWHERE IN PARIS • 1938
BANK NOTES • 1939 • SHT
CAFE BOHEME • 1939 • SHT
GALS AND GALLONS • 1939 • SHT
PHARMACY FROLICS • 1939 • SHT
READIN', RITIN' AND RHYTHM • 1939 • SHT
SWING SANITARIUM • 1939 • SHT
WILD AND BULLY • 1939 • SHT
WITH BEST DISHES • 1939 • SHT

SCHWEIKART HANS – GRM
MADCHEN MIT DEM GUTEN RUF, DAS • 1938
BEFREITE HANDE • FREED HANDS (USA) • 1939
FASCHING • 1939
FRAULEIN VON BARNHELM, DAS • 1940
MADCHEN VON FANO, DAS • 1940
KAMERADEN • 1941
UNENDLICHE WEG, DER • ENDLESS WAY, THE • 1943
FRECH UND VERLIEBT • 1944
ICH BRAUCHE DICH • 1944
IN FLAGRANTI • 1944
GESETZ DER LIEBE, DAS • 1945
NACHT DER 12, DIE • 1945
GELIEBTER LUGNER • 1950
MELODIE DES SCHICKSALS • 1950
MUSS MAN SICH GLEICH SCHEIDEN LASSEN? • 1953
HAUS VOLL LIEBE, EIN • GLUCK INS HAUS • 1954
AN DER SCHONEN BLAUEN DONAU • 1955

SCHWEITZER MIKHAIL – USS
SHVEITSER MIKHAIL • SCHWEITZER M. • SHVEYTSER MIKHAIL
SASHA'S FIRST STEPS IN LIFE • 1956
STRANGER IN THE FAMILY, A • 1956
MICHMAN PANIN • WARRANT-OFFICER PANIN ○ MIDSHIPMAN PANIN • 1960
VOSKRESENIE • RESURRECTION • 1961
FORWARD, TIME! • 1966
ZOLOTOY TELYONOK • GOLDEN CALF, THE • 1968
KARUSEL • MERRY-GO-ROUND, THE ○ ROUNDABOUT, THE ○ CAROUSEL • 1971
FLIGHT OF MR. MACKINLEY, THE • 1975
KREUTZER SONATA, THE

SCHWEIZER ULRICH – SWT
KATUTURA • 1974 • DOC

SCHWERDTFEGER HEINZ-HERMANN – GRM
ALTE VAGABUND UND SEIN HUNDCHEN, DER • 1930

SCHWERIN JULES – USA
SCHWERIN JULES VICTOR
LOVES OF FRANISTAN • 1952 • SHT
GOT TO TELL IT: A TRIBUTE TO MAHALIA JACKSON • MAHALIA JACKSON • 1974

SCHWERIN JULES VICTOR see **SCHWERIN JULES**

SCIBOR-RYLSKI ALEKSANDER – Screenwriter – PLN – 1928–
ICH DZIEN POWSZEDNI • THEIR EVERYDAY LIFE ○ EVERYDAY • 1963
POZNE POPOLUDNIE • LATE AFTERNOON • 1964
JUTRO MEKSYK • MEXICO TOMORROW ○ MEXICO, SOON ○ TOMORROW MEXICO • 1965
MORDERCA ZOSTAWIA SLAD • MURDERER LEAVES A CLUE, THE ○ MURDERER LEAVES CLUES, THE ○ MURDERER LEAVES TRACES, THE • 1967
WILCZE ECHA • ECHOES OF WOLVES ○ WOLF ECHOES ○ WOLVES' ECHOES ○ WHERE THE WOLVES HOWL • 1968
SASIEDZI • NEIGHBOURS, THE • 1969

SCIUME PIERO – ITL
SENZA VIA D'USCITA • NO EXIT (USA) • 1971

SCLATER MICHAEL – UKN
BERTHA • 1969

SCLIAR SALOMAO – BRZ
VENTO NORTE • 1951

SCOBIE ALASTAIR – Producer – UKN – 1918–
MISSING PRINCESS, THE • 1954

SCOFFIELD JOHN – UKN – 1932–
SCOFFIELD JON
MAX WALL -FUNNY MAN • 1975

SCOFFIELD JON see **SCOFFIELD JOHN**

SCOLA ETTORE – Screenwriter – ITL – 1931–
SE PERMETTETE, PARLIAMO DI DONNE • LET'S TALK ABOUT WOMEN (USA) ○ PARLONS FEMMES (FRN) ○ PARLIAMO DI DONNE • 1964
CONGIUNTURA, LA • 1965
THRILLING • 1965
ARCIDIAVOLO, L' • DEVIL IN LOVE, THE (USA) ○ DIAVOLO INNAMORATO, IL • 1966
RIUSCIRANNO I NOSTRI EROI A RITROVARE L'AMICO MISTERIOSAMENTE SCOMPARSO IN AFRICA? • WILL OUR FRIEND SUCCEED IN FINDING THEIR FRIEND.. ○ WILL OUR HEROES BE ABLE TO FIND THEIR FRIEND WHO HAS MYSTERIOUSLY DISAPPEARED IN AFRICA? • 1968
COMMISSARIO PEPE, IL • 1969
DRAMMA DELLA GELOSIA -TUTTI I PARTICOLARI IN CRONACA • JEALOUSY, ITALIAN STYLE (USA) ○ PIZZA TRIANGLE, THE (UKN) ○ DRAMA OF JEALOUSY (AND OTHER THINGS), A ○ DRAMA OF JEALOUSY (USA) • 1970
PERMETTE? ROCCO PAPALEO • MY NAME IS ROCCO PAPALEO ○ ROCCO PAPALEO • 1971
FESTIVAL UNITA 72 • 1972
PIU BELLA SERATA DELLA MIA VITA, LA • PLUS BELLE SOIREE DE MA VIE, LA (FRN) • 1972
TREVICO TORINO • TREVICO-TORINO VIAGGIO NEL FIAT-NAM • 1973
C'ERAVAMO TANTO AMATI • WE ALL LOVED EACH OTHER SO MUCH • 1974
BRUTTI, SPORCHI E CATTIVI • UGLY, DIRTY AND MEAN ○ DOWN AND DIRTY ○ UGLY, DIRTY AND BAD • 1976
SIGNORE E SIGNORI BUONANOTTE • 1976
GIORNATA PARTICOLARE, UNA • SPECIAL DAY, A (USA) ○ GREAT DAY, THE • 1977
NUOVI MOSTRI, I • VIVA ITALIA (USA) ○ NEW MONSTERS, THE • 1977
CHI SI DICE A ROMA • 1979
TERRAZZA, LA • TERRASSE, LA (FRN) ○ TERRACE, THE • 1979
PASSIONE D'AMORE • PASSIONS OF LOVE (USA) ○ PASSION D'AMOUR (FRN) • 1981
MONDO MIOVO, IL • NUIT DE VARENNES, LA (FRN) • 1982
MONDO NUOVO, IL • NEW WORLD, THE • 1982
BAL, LE • BALLANDO BALLANDO • 1983
MACCHERONI • MACARONI • 1986
FAMIGLIA, LA • FAMILY, THE • 1987
CHE ORA E • WHAT TIME IS IT (UKN) • 1989
SPLENDOUR • 1989

SCOLARO NINO – ITL
ONE STEP TO HELL • CACCIA AI VIOLENTI (ITL) ○ REY DE AFRICA (SPN) ○ KING OF AFRICA • 1968

SCOLFIELD JON – UKN
DANCING PRINCESSES, THE • 1978 • MTV

SCORSESE MARTIN – USA – 1942–
WHAT'S A NICE GIRL LIKE YOU DOING IN A PLACE LIKE THIS? • 1963 • SHT
IT'S NOT JUST YOU, MURRAY • 1964 • SHT
BIG SHAVE, THE • 1967 • SHT
WHO'S THAT KNOCKING AT MY DOOR? • I CALL FIRST ○ J.R. • 1967
BOX CAR BERTHA • BOXCAR BERTHA • 1972
MEAN STREETS • 1973
ALICE DOESN'T LIVE HERE ANYMORE • 1974
ITALIANAMERICAN • 1974 • DCS
TAXI DRIVER • 1975
NEW YORK, NEW YORK • 1977
AMERICAN BOY • 1978 • DCS
LAST WALTZ, THE • 1978
RAGING BULL, THE • 1979
KING OF COMEDY, THE • 1982
AFTER HOURS • 1985
COLOR OF MONEY, THE • 1987
LAST TEMPTATION OF CHRIST, THE • 1988
NEW YORK STORIES • 1989
GOOD FELLAS • 1990

SCOTESE GIUSEPPE M. see **SCOTESE GIUSEPPE MARIA**

SCOTESE GIUSEPPE MARIA – ITL – 1916–
SCOTESE GIUSEPPE M.
SOLE DI MONTECASSINO, IL • SAN BENEDETTO DOMINATORE DEI BARBARI • 1945
MODELLE DI VIA MARGUTTA, LE • 1946
APOCALISSE, L' • 1947
GRANDE AURORA, LA • GREAT DAWN, THE (USA) • 1948
FEAR NO EVIL • 1949
PIRATI DI CAPRI, I • PIRATES OF CAPRI, THE (USA) ○ MASKED PIRATE, THE (UKN) ○ CAPTAIN SIROCCO • 1949
FIAMME SULLA LAGUNA • VENEZIA, RIO DELL'ANGELO • 1951
CARMEN PROIBITA • 1953
MANTELLO ROSSO, IL • MANTEAU ROUGE, LE (FRN) ○ RED CLOAK, THE (USA) ○ REVOLTES, LES • 1955
CORSARO DELLA MEZZA LUNA, IL • 1958
NOTTE DEL GRANDE ASSALTO, LA • NIGHT OF THE GREAT ATTACK, THE (USA) • 1960
QUESTO AMORE AI CONFINI DEL MONDO • 1960
AMERICA DI NOTTE • NUITS D'AMERIQUE, LES (FRN) ○ AMERICA BY NIGHT • 1961 • DOC
CITTA PROIBITE, LE • MONDO SI RIVELA, UN • 1963 • DOC
ACID (DELIRIO DEI SENSI) • ACID (DELIRIUM OF THE SENSES) • 1967
VERGOGNE DEL MONDO, LE • PANE AMARO, IL • 1968
LUNGO GIORNO DELLA VIOLENZA, IL • 1971
MIRACOLI ACCADONO ANCORA, I • MIRACLES STILL HAPPEN (USA) ○ STORY OF JULIANE KOEPCKE, THE • 1974

SCOTLAND MICHAEL – FRN
AMOURS EN FAMILLE

SCOTT ANTHONY – UKN
SCOTT TONY
ONE OF THE MISSING • 1969
LOVING MEMORY • 1970
AUTHOR OF BELTRAFFIO, THE • 1974
HUNGER, THE • 1982
SHOCKING ACCIDENT, A • 1983
TOP GUN • 1986
BEVERLY HILLS COP II • 1987
REVENGE • 1989
DAYS OF THUNDER • 1990

SCOTT ARTHUR see **SCATTINI LUIGI**

SCOTT CARIN see **SCOTT CIARIN**

SCOTT CARLISLE – USA
NIRVANA • SHT

SCOTT CIARIN – IRL
SCOTT CARIN
JOHN AND THE MAGIC MUSIC MAN • 1977 • SHT
ROSC -THE POETRY OF VISION • 1979 • SHT

SCOTT CYNTHIA – CND – 1939–
UNGRATEFUL LAND, THE • 1972 • MTV
SOME NATIVES OF CHURCHILL • 1973 • MTV
SCOGGIE • 1974 • MTV
FOR THE LOVE OF DANCE • 1981 • MTV
GALA • 1982
FLAMENCO AT 5.15 • 1983 • DCS
CHRONIC PROBLEM, A • 1985 • MTV
JACK OF HEARTS • 1985 • MTV

SCOTT EWING – USA
IGLOO • 1932
RENEGADE • 1934
HEADIN' EAST • 1937
HOLLYWOOD COWBOY • WINGS OVER WYOMING ○ LOOKING FOR TROUBLE • 1937
WINDJAMMER • 1937
HOLLYWOOD ROUND-UP • 1938
UNTAMED FURY • 1947
HARPOON • 1948
ARCTIC MANHUNT • 1949

SCOTT GENE – USA
MYSTERY ISLAND • 1981

SCOTT GEORGE C. – Actor – USA – 1927–
ANDERSONVILLE TRIAL, THE • 1970 • TVM
RAGE • 1972
SAVAGE IS LOOSE, THE • SALVAJE ANDA SUELTO, UN (MXC) • 1974

SCOTT J. BOOTH – CND
DOWN NORTH • 1920
HERITAGE • 1939

SCOTT JAMES – UKN
ROCKING HORSE, THE • 1962
RICHARD HAMILTON • 1969
ADULT FUN • 1972
ENGLAND'S HISTORIC CHURCHES • 1972 • DOC
COILIN AND PLATONIDA • 1976
EVERY PICTURE TELLS A STORY • 1984 • MTV
LOSER TAKES ALL • 1989
STRIKE IT RICH • 1990

SCOTT JOEL – USA
COMING OF ANGELS, A • 1977

SCOTT JOHN – GRM
NACKTE BOVARY, DIE • PECCATI DI MADAME BOVARY, I (ITL) • 1969
VON HAUT ZU HAUT • SKIN TO SKIN (UKN) ○ FROM SKIN TO SKIN • 1969
PLAY THE GAME OR LEAVE THE BED • 1971

SCOTT KEN – CND
WORKING TITLE • 1986 • SHT
GIBBONS: CANADA'S FIGHTING ELITE • 1987 • SHT

SCOTT MICHAEL – CND – 1942–
SCOTT MIKE
RECESS • 1969 • SHT
THAT'S THE PRICE • 1972
ALBIE THE FROG • 1974

SCOTT MIKE see **SCOTT MICHAEL**

SCOTT OZ – USA
BUSTIN' LOOSE • 1981
DREAMLAND • 1983
BRIDE OF BOOGEDY • 1987 • TVM
CRASH COURSE • 1988 • TVM
DRIVING ACADEMY • 1988

SCOTT PETER G. see **SCOTT PETER GRAHAM**

SCOTT PETER GRAHAM – UKN – 1923–
SCOTT PETER G.
PANIC AT MADAM TUSSAUD'S • 1948
ESCAPE ROUTE • I'LL GET YOU (USA) • 1952
SING ALONG WITH ME • 1952
HIDEOUT, THE • 1956
ACCOUNT RENDERED • 1957
BIG CHANCE, THE • 1957
BREAKOUT • 1959
DEVIL'S BAIT • 1959
HEADLESS GHOST, THE • 1959
BIG DAY, THE • 1960
LET'S GET MARRIED • 1960
CAPTAIN CLEGG • NIGHT CREATURES (USA) ○ DR. SYN • 1962
POT CARRIERS, THE • 1962
BITTER HARVEST • 1963
CRACKSMAN, THE • 1963
FATHER CAME TOO • 1963
MISTER TEN PERCENT • 1967
SUBTERFUGE • 1968
CHILDREN OF THE STONES • 1977 • MTV

SCOTT REY – USA
KUKAN, THE BATTLE CRY OF CHINA • 1941 • DOC

SCOTT RIDLEY – UKN – 1939–
DUELLISTS, THE • 1977
ALIEN • 1979
BLADE RUNNER • 1982
LEGEND • 1985
SOMEONE TO WATCH OVER ME • 1987
BLACK RAIN • 1989

SCOTT ROB – ASL
STREET KIDS • 1982 • DOC

SCOTT ROBERT – USA
VIDEO DEAD, THE • 1987

SCOTT ROBIN – UKN
TUBBY HAYES • 1964 • SHT

SCOTT RON – USA
OFFICE PARTY, THE • 1968
SCARLET NEGLIGEE • 1968
SEX SHUFFLE, THE • LOVE SHUFFLE, THE • 1968
PARTY GIRLS • 1969

SCOTT ROSILYN T. – USA
FACES OF DEATH I • 1983
FACES OF DEATH II • 1983

SCOTT SHERMAN see **NEWFIELD SAM**

SCOTT STEVE – USA
INCHES

SCOTT TONY see **SCOTT ANTHONY**

SCOTT WILL – UKN
KIDS TOGETHER • 1919

SCOTTO AUBREY – USA
SCOTTO AUBREY H.
UNEMPLOYED GHOST, THE • 1931 • SHT
CLOSE FARMONY • 1932 • SHT
GIRL IN THE CAB, THE • 1932
RHAPSODY IN BLACK AND BLUE • 1932 • SHT
UNCLE MOSES • 1932
BABBLING BOOK, THE • 1933 • SHT
LET'S DANCE • 1933
WALKING THE BABY • 1933
I HATE WOMEN • 1934
SMART GIRL • 1935
$1000 A MINUTE • 1935
FOLLOW YOUR HEART • 1936
HITCH HIKE LADY • EVENTFUL JOURNEY (UKN) • 1936
PALM SPRINGS • PALM SPRINGS AFFAIR (UKN) • 1936
TICKET TO PARADISE • 1936
GAMBLING SHIP • 1938
LITTLE MISS ROUGHNECK • WONDER CHILD • 1938
I WAS A CONVICT • 1939

SCOTTO AUBREY H. see **SCOTTO AUBREY**

SCRIBNER GEORGE – Animator – USA
OLIVER & COMPANY • 1989 • ANM

SCRINE GIL – ASL
HOME ON THE RANGE • 1982 • DCS

SCULLY DENNIS – UKN

TOD FAHRT MIT, DER • 1962
JOURNEY INTO NOWHERE • MURDER BY AGREEMENT • 1963

SCULLY WILLIAM see **SCULLY WILLIAM J.**

SCULLY WILLIAM J. – USA

SCULLY WILLIAM

ANNABEL LEE • 1921
LADRON DE AMOR • 1930

SEABOURNE PETER – UKN

COUNTDOWN TO DANGER • 1967
ESCAPE FROM THE SEA • 1968

SEACAT SANDRA – USA

IN THE SPIRIT • 1990

SEALE JOHN – ASL

TILL THERE WAS YOU • 1990

SEALEY JOHN – UKN

UPS AND DOWNS OF A HANDYMAN, THE • CONFESSIONS OF AN ODD-JOB MAN • 1975

SEARLE FRANCIS – UKN – 1909–

ACE CINEMAGAZINE • 1936 • SHS
CORNISH IDYLL, A • 1936 • DCS
WAR WITHOUT END • 1936 • DOC
ENGLISH OIL WELLS • 1939 • DCS
SAM PEPYS JOINS THE NAVY • 1941 • SHT
THEY KEEP THE WHEELS TURNING • 1942 • DCS
FIRST AID ON THE SPOT • 1943 • DCS
STUDENT NURSE • 1944 • DCS
GIRL IN A MILLION • 1946
THINGS HAPPEN AT NIGHT • 1948
CELIA • 1949
LADY CRAVED EXCITEMENT, THE • 1950
MAN IN BLACK, THE • 1950
SOMEONE AT THE DOOR • 1950
CASE FOR P.C.49, A • 1951
CLOUDBURST • 1951
ROSSITER CASE, THE • 1951
WHISPERING SMITH HITS LONDON • WHISPERING SMITH VERSUS SCOTLAND YARD (USA) • 1951
LOVE'S A LUXURY • CARETAKER'S DAUGHTER, THE (USA) • 1952
NEVER LOOK BACK • 1952
MURDER AT 3 A.M. • 1953
WHEEL OF FATE • ROAD HOUSE GIRL (USA) • 1953
PROFILE • 1954
ONE WAY OUT • 1955
PRICE OF GREED, THE • BITTER CHANCE, THE ○ RATTAN TRUNK, THE ○ SERPENT BENEATH, THE • 1955
DAY OF GRACE • 1957 • DOC
UNDERCOVER GIRL • 1958
MURDER AT SITE THREE • 1959
MUSIC WITH MAX JAFFA • 1959
TROUBLE WITH EVE • IN TROUBLE WITH EVE (USA) • 1960
TICKET TO PARADISE • 1961
DEAD MAN'S EVIDENCE • 1962
EMERGENCY • 1962
FREEDOM TO DIE • 1962
GAOLBREAK • JAILBREAK (USA) • 1962
NIGHT OF THE PROWLER • 1962
MARKED ONE, THE • 1963
MISS MACTAGGART WON'T LIE DOWN • 1966
TALK OF THE DEVIL • 1967
GOLD IS WHERE YOU FIND IT • 1968
IT ALL GOES TO SHOW • 1969 • SHT
HOLE LOT OF TROUBLE, A • 1970
PALE-FACED GIRL, THE • 1970 • SHT

SEARLE TONY – UKN

ALL THESE PEOPLE • 1960
ALDERMASTON POTTERY • 1965 • DOC

SEARS FRED F. – USA – 1913–1957

DESERT VIGILANTE • 1949
HORSEMEN OF THE SIERRAS • REMEMBER ME (UKN) • 1949
ACROSS THE BADLANDS • CHALLENGE, THE (UKN) • 1950
LIGHTNING GUNS • TAKING SIDES (UKN) • 1950
RAIDERS OF TOMAHAWK CREEK • CIRCLE OF FEAR (UKN) • 1950
BONANZA TOWN • TWO-FISTED AGENT (UKN) • 1951
PECOS RIVER • WITHOUT RISK (UKN) • 1951
PRAIRIE ROUND-UP • 1951
RIDIN' THE OUTLAW TRAIL • 1951
SNAKE RIVER DESPERADOES • 1951
BLACKHAWK • 1952 • SRL
HAWK OF WILD RIVER • 1952
KID FROM BROKEN GUN, THE • 1952
LAST TRAIN FROM BOMBAY • 1952
SMOKY CANYON • 1952
TARGET HONG KONG • 1952
AMBUSH AT TOMAHAWK GAP • 1953
EL ALAMEIN • DESERT PATROL (UKN) • 1953
MISSION OVER KOREA • EYES OF THE SKIES (UKN) • 1953
NEBRASKAN, THE • 1953
SKY COMMANDO • 1953
49TH MAN, THE • 1953
MASSACRE CANYON • 1954
MIAMI STORY, THE • 1954
OUTLAW STALLION, THE • WHITE STALLION, THE • 1954
OVERLAND PACIFIC • 1954
APACHE AMBUSH • 1955
CELL 2455, DEATH ROW • 1955
CHICAGO SYNDICATE • 1955
INSIDE DETROIT • 1955
TEEN-AGE CRIME WAVE • 1955
WYOMING RENEGADES • 1955
CHA-CHA-CHA BOOM • 1956
DON'T KNOCK THE ROCK • 1956
EARTH VS. THE FLYING SAUCERS • INVASION OF THE FLYING SAUCERS • 1956
FURY AT GUNSIGHT PASS • 1956
MIAMI EXPOSE • 1956
ROCK AROUND THE CLOCK • 1956
RUMBLE ON THE DOCKS • 1956
WEREWOLF, THE • 1956
CALYPSO HEAT WAVE • 1957
ESCAPE FROM SAN QUENTIN • 1957
GIANT CLAW, THE • MARK OF THE CLAW, THE • 1957
NIGHT THE WORLD EXPLODED, THE • 1957
UTAH BLAINE • 1957
BADMAN'S COUNTRY • 1958
CRASH LANDING • 1958
GHOST OF THE CHINA SEAS • 1958
GOING STEADY • 1958
WORLD WAS HIS JURY, THE • 1958

SEASMAN BILL – USA

STAGE ENTRANCE • 1951 • SHT

SEASTROM VICTOR see **SJOSTROM VICTOR**

SEATON GEORGE – Producer/writer – USA – 1911–1979

DIAMOND HORSESHOE • BILLY ROSE'S DIAMOND HORSESHOE • 1945
JUNIOR MISS • 1945
MIRACLE ON 34TH STREET, THE • BIG HEART, THE (UKN) • 1947
SHOCKING MISS PILGRIM, THE • 1947
APARTMENT FOR PEGGY • 1948
CHICKEN EVERY SUNDAY • 1949
BIG LIFT, THE • TWO CORRIDORS EAST • 1950
FOR HEAVEN'S SAKE • 1950
ANYTHING CAN HAPPEN • 1952
LITTLE BOY LOST • 1953
COUNTRY GIRL, THE • 1954
PROUD AND THE PROFANE, THE • 1956
WILLIAMSBURG: THE STORY OF A PATRIOT • 1957 • DOC
TEACHER'S PET • 1958
PLEASURE OF HIS COMPANY, THE • 1961
COUNTERFEIT TRAITOR, THE • 1962
HOOK, THE • 1962
36 HOURS • 1964
WHAT'S SO BAD ABOUT FEELING GOOD? • 1968
AIRPORT • 1970
SHOWDOWN • 1973

SEAY CHARLES see **SEAY CHARLES M.**

SEAY CHARLES M. – USA

SEAY CHARLES

SUIT CASE MYSTERY, THE • 1910
SIGN OF THE THREE LABELS, THE • 1911
SAVING THE GAME • 1912
WHAT KATIE DID • 1912
AUNT ELSA'S VISIT • 1913
BETWEEN ORTON JUNCTION AND FALLONVILLE • 1913
BRAGG'S NEW SUIT • 1913
BY MUTUAL ARRANGEMENT • 1913
EMBARRASSMENT OF RICHES, THE • 1913
GIRL, THE CLOWN AND THE DONKEY, THE • 1913
HARD CASH • 1913
HEROIC RESCUE, A • 1913
HIRAM GREEN, DETECTIVE • 1913
HIS NEPHEW'S SCHEME • 1913
HORRIBLE EXAMPLE, THE • 1913
IT IS NEVER TOO LATE TO MEND • 1913
JANITOR'S QUIET LIFE, THE • 1913
MISTAKE IN JUDGMENT, A • 1913
OFFICE BOY'S BIRTHDAY, THE • 1913
OTHELLO IN JONESVILLE • 1913
SENSE OF HUMOR, A • 1913
SHOWER OF SLIPPERS, A • 1913
STANTON'S LAST FLING • 1913
SUPERSTITIOUS JOE • 1913
TARDY RECOGNITION, A • 1913
TASTE OF HIS OWN MEDICINE, A • 1913
TEACHING HIS WIFE A LESSON • 1913
TWO LITTLE KITTENS • 1913
TWO MERCHANTS, THE • 1913
WITHIN THE ENEMY'S LINES • 1913
ADVENTURE OF THE ABSENT-MINDED PROFESSOR, THE • 1914
ADVENTURE OF THE ACTRESS' JEWELS, THE • 1914
ADVENTURE OF THE ALARM CLOCK, THE • 1914
ADVENTURE OF THE COUNTERFEIT MONEY, THE • 1914
ADVENTURE OF THE EXTRA BABY, THE • 1914
ADVENTURE OF THE HASTY ELOPEMENT, THE • 1914
ADVENTURE OF THE LOST WIFE, THE • 1914
ADVENTURE OF THE MISSING LEGACY, THE • 1914
ADVENTURE OF THE PICKPOCKET, THE • 1914
ADVENTURE OF THE SMUGGLED DIAMONDS, THE • 1914
ADVENTURE OF THE STOLEN SLIPPER, THE • 1914
ADVENTURE OF THE WRONG SANTA CLAUS, THE • 1914
CHANGE OF BUSINESS, A • 1914
COURTING BETTY'S BEAU • 1914
DEAL IN STATUARY, A • 1914
DINKLESPIEL'S BABY • 1914
DOUBLE ELOPEMENT, A • 1914
EVERLASTING TRIANGLE, THE • 1914
FAINT HEART NE'ER WON FAIR LADY • 1914
FANTASMA • 1914
HAND OF HORROR, THE • 1914
HIS WIFE'S BURGLAR • 1914
HOW BOBBIE CALLED HER BLUFF • 1914
JANITOR'S FLIRTATION, THE • 1914
JENKS AND THE JANITOR • 1914
MILLINERY MIX-UP, A • 1914
MISSING TWENTY-FIVE DOLLARS, THE • 1914
MR. SNIFFKIN'S WIDOW • 1914
MYSTERIOUS PACKAGE, THE • 1914
QUARANTINED • 1914
SERAPHINE'S LOVE AFFAIR • 1914
SHEEP'S CLOTHING • 1914
SUMMER RESORT IDYLL, A • 1914
TANGO IN TUCKERVILLE, THE • 1914
TANGO SPREE, A • 1914
TWINS AND TROUBLE • 1914
VILLAGE SCANDAL, A • 1914
WEEK-END AT HAPPYHURST, A • 1914
BLUE GRASS • 1915
DAUGHTER OF THE SEA, A • 1915
HEART OF A WAIF, THE • 1915
INNOCENT THIEF, AN • 1915
JACK KENARD, COWARD • 1915
LENA • 1915
THEIR OWN WAYS • 1915
TO MAKE THE NATION PROSPER • 1915
UNCLE CRUSTY • 1915
WEIGHTY MATTER FOR A DETECTIVE, A • 1915
WHEN GRATITUDE IS LOVE • 1915
CIRCUS ROMANCE, A • 1916
BOBBIE AND THE HELPING HAND • 1917 • SHT
BOBBY, MAYOR OF KID CITY • 1917 • SHT
BOBBY'S SECRET • 1917 • SHT
JUST WHAT BOBBY WANTED • 1917 • SHT
WHEN BOBBY BROKE HIS ARM • 1917 • SHT
JAN OF THE BIG SNOWS • 1922

SEBAN PAUL – FRN – 1929–

MUSICA, LA • 1966

SEBASTIAN BEVERLY – USA

HITCHHIKERS, THE • 1971
GATOR BAIT • SWAMP BAIT • 1974
SINGLE GIRLS, THE • 1974
FLASH AND THE FIRECAT • 1975
DELTA FOX • 1977
ON THE AIR LIVE WITH CAPTAIN MIDNIGHT • CAPTAIN MIDNIGHT • 1979
GATOR BAIT 2 • 1988

SEBASTIAN D. FERD see **SEBASTIAN FERDINAND**

SEBASTIAN FERD see **SEBASTIAN FERDINAND**

SEBASTIAN FERDINAND – USA

SEBASTIAN D. FERD • SEBASTIAN FERD

I NEED • I NEED A MAN.. ANY MAN ○ I NEED A MAN • 1967
LOVE CLINIC, THE • 1968
MARITAL FULFILLMENT • 1970 • DOC
HITCHHIKERS, THE • 1971
GATOR BAIT • SWAMP BAIT • 1974
SINGLE GIRLS, THE • 1974
FLASH AND THE FIRECAT • 1975
DELTA FOX • 1977
ON THE AIR LIVE WITH CAPTAIN MIDNIGHT • CAPTAIN MIDNIGHT • 1979
GATOR BAIT 2 • 1988

SEBASTIAN JOHN see **HARRINGTON CURTIS**

SEBELIOUS GREGG – FNL

SAMPO • DAY THE EARTH FROZE, THE (USA) • 1959

SECCHI TONI – ITL

E ALLA FINE LO CHIAMARONO JERUSALEMME L'IMPLACABILE • PADELLA CALIBRO 38 • 1972

SECELLI SILVANO – ITL

VIZI SEGRETI DELLA DONNA NEL MONDO, I • 1972

SECHAN EDMOND – Dir. photo – FRN – 1919–

MANO 1 • 1953 • SHT
NIOK L'ELEPHANT • NIOK • 1957 • SHT
HISTOIRE D'UN POISSON ROUGE • GOLDEN FISH, THE (USA) ○ STORY OF A GOLDEN FISH • 1959 • SHT
OURS, L' • TALKING BEAR, THE ○ BEAR, THE • 1960
HARICOT, LE • 1962
POUR UN AMOUR LOINTAIN • 1968

SECK PAPE BADARA – SNL

AFRICA ON THE RHINE • 1988

SECTER DAVID – CND – 1945–

WINTER KEPT US WARM • 1965
OFFERING, THE • 1967

el SEDDIK KHAL see **SIDDIK KHALID**

SEDDIKI TAYEB – MRC

ZEFT • 1984

SEDEN OSMAN – TRK

AGLAYAN KADIN • WEEPING WOMAN, THE • 1967
HINDISTAN CEVIZI • COCOANUT, THE • 1967
MERHAMET • PITY • 1967
ANA HAKKI ODENMEZ • RIGHT OF A MOTHER, THE • 1968
GUL VE SEKER • SUGAR AND ROSES • 1968
HICRAN GECESI • NIGHT OF SORROW, THE • 1968
INGILIZ KEMALIN OGLO • SON OF KEMAL, THE ENGLISHMAN, THE • 1968
DELICESINE • MADLY • 1976

SEDER RUFUS – USA

VERY GRIM FAIRY TALES • 1969 • SHT

SEDGWICK EDWARD – USA – 1892–1953

FANTOMAS • 1920-21 • SRL
BAR NOTHIN' • 1921
LIVE WIRES • 1921
ROUGH DIAMOND, THE • 1921
BEARCAT, THE • 1922
BOOMERANG JUSTICE • 1922
CHASING THE MOON • 1922
DO AND DARE • KISS IN THE DARK, A • 1922
FLAMING HOUR, THE • HOT-HEAD, THE • 1922
BLINKY • 1923
DEAD GAME • KATY DIDD • 1923
FIRST DEGREE, THE • 1923
GENTLEMAN FROM AMERICA, THE • 1923
OUT OF LUCK • SUPERSTITION • 1923
RAMBLIN' KID, THE • LONG, LONG TRAIL, THE • 1923
ROMANCE LAND • 1923
SHOOTIN' FOR LOVE • 1923
SINGLE HANDED • HEADS UP • 1923
THRILL CHASER, THE • 1923
BROADWAY OR BUST • 1924
HIT AND RUN • 1924
HOOK AND LADDER • 1924
RIDE FOR YOUR LIFE • 1924
RIDIN' KID FROM POWDER RIVER, THE • SADDLE HAWK, THE • 1924
SAWDUST TRAIL, THE • 1924
40-HORSE HAWKINS • 1924
HURRICANE KID, THE • 1925
LET 'ER BUCK • 1925
LORRAINE OF THE LIONS • 1925
PHANTOM OF THE OPERA, THE • 1925
SADDLE HAWK, THE • 1925
TWO-FISTED JONES • 1925
FLAMING FRONTIER, THE • 1926
RUNAWAY EXPRESS, THE • 1926
THERE YOU ARE! • 1926
TIN HATS • 1926
UNDER WESTERN SKIES • 1926
BUGLE CALL, THE • 1927
SLIDE, KELLY, SLIDE • 1927
SPRING FEVER • 1927
CAMERAMAN, THE • 1928
CIRCUS ROOKIES • MONKEY BUSINESS • 1928
WEST POINT • ETERNAL YOUTH • 1928
SPITE MARRIAGE • 1929

DOUGH BOYS, THE • FORWARD MARCH (UKN) ○ DOUGHBOYS ○ BIG SHOT, THE • 1930
ESTRELLADOS • 1930
FREE AND EASY • EASY GO ○ ON THE SET • 1930
REMOTE CONTROL • 1930
DANGEROUS AFFAIR, A • 1931
MAKER OF MEN • 1931
PARLOR, BEDROOM AND BATH • ROMEO IN PYJAMAS, A (UKN) • 1931
PASSIONATE PLUMBER, THE • CARDBOARD LOVER, THE • 1932
SPEAK EASILY • 1932
HORSEPLAY • 1933
SATURDAY'S MILLIONS • 1933
WHAT! NO BEER? • 1933
DEATH ON THE DIAMOND • 1934
HERE COMES THE GROOM • 1934
I'LL TELL THE WORLD • 1934
POOR RICH, THE • 1934
FATHER BROWN, DETECTIVE • 1935
MURDER IN THE FLEET • 1935
VIRGINIA JUDGE, THE • 1935
MR. CINDERELLA • 1936
FIT FOR A KING • 1937
PICK A STAR • MOVIE STRUCK • 1937
RIDING ON AIR • 1937
BURN 'EM UP O'CONNOR • 1938
GLADIATOR, THE • 1938
BEWARE, SPOOKS! • 1939
SO YOU WON'T TALK • 1940
AIR RAID WARDENS • 1943
SOUTHERN YANKEE, A • MY HERO! (UKN) • 1948
MA AND PA KETTLE BACK ON THE FARM • 1951

SEDIGH YUSEF – IRN
LIGHT ON THE HORIZON • 1990

SEDLACEK JARA – CZC
SATY DELAJI CLOVECKA • CLOTHES MAKE MAN • 1912

SEDLEY GERRI – USA
TEENAGE HITCH-HIKERS • 1975

SEDLMAYER – GRM
MILLIONAR FUR 3 TAGE • 1963 • MTV

de SEDOUY ALAIN – FRN – 1929–
FRANCAIS, SI VOUS SAVIEZ! • 1972 • DOC
PONT DE SINGES, LE • 1976 • DOC
ENRACINES, LES • 1981

SEE JEAN-CLAUDE – FRN
IMPRESSIONNISTES, LES • SHT
PELERINS DE LA MER, LES • 1957
CITES DU CIEL • 1959 • SHT
APOCALYPSE, L' • 1969

SEEBER GUIDO – Dir. photo – GRM – 1879–1940
STREICHHOLZKUNSTLER, DER • MATCH MASTER, THE • 1913 • ANS

SEECK JAAKKO – FNL
SEITSEMAN VELJESTA • SEVEN BROTHERS • 1976

SEED PAUL – UKN
WYNNE AND PENKOVSKY • 1987 • MTV

SEEFELD EDDIE F. – GRM
TALISMAN, DER • 1915
BRAUT DES COWBOY, DIE • 1921

SEEGER PEGGY – UKN
FESTIVAL OF FOOLS • 1973

SEEGER PETE – USA
AFRO-AMERICAN WORKSONGS IN A TEXAS PRISON • 1956

SEEGERS RENE – NTH
VERWORDING VAN HERMAN DURER, DE • DEMISE OF HERMAN DURER, THE • 1979
DISTANCE, THE • 1981

SEELEY BOB – Animator – USA
ROVER DANGERFIELD • 1990 • ANM

SEELING CHARLES R. – USA
JACK RIDER, THE • 1921
VENGEANCE TRAIL, THE • 1921
WESTERN FIREBRANDS • 1921
ACROSS THE BORDER • 1922
COWBOY KING, THE • 1922
ROUNDING UP THE LAW • 1922
APACHE DANCER, THE • APACHE LOVE (UKN) • 1923
CYCLONE JONES • 1923
END OF THE ROPE • 1923
MYSTERIOUS GOODS • 1923
PURPLE DAWN • 1923
TANGO CAVALIER • 1923
$1000 REWARD • 1923
AVENGER, THE • 1924
DEEDS OF DARING • 1924
EAGLE'S CLAW, THE • 1924
STOP AT NOTHING • 1924
YANKEE MADNESS • 1924

SEEMAN HORST see **SEEMANN HORST**

SEEMAN JOHN – USA
BLONDES HAVE MORE FUN • 1981

SEEMANN HORST – GRM
SEEMAN HORST
HOTEL POLAN AND ITS GUESTS
SCHUSSE UNTERM GALGEN • SHOTS UNDER THE GALLOWS • 1968
HOCHZEITSNACHT IM REGEN • WEDDING NIGHT IN THE DRIZZLE ○ WEDDING NIGHT IN THE RAIN • 1969
ZEIT ZU LEBEN • TIME TO LIVE • 1969
REIFE KIRSCHEN • 1972
BEETHOVEN -TAGE AUS EINEM LEBEN • BEETHOVEN -DAYS FROM A LIFE • 1976
LEVIN'S MILL • 1980
ARZTRINNEN • LADY DOCTORS ○ WOMEN DOCTORS • 1983

SEEMANN LOUIS – AUS
WEISSE SONATE, DIE • 1928

SEETHARAMA SASTRY K. R. – IND
SRI SIVARATHRI • 1963

SEFER AMOS – ISR
HITCHHIKER, THE • 1971

SEFRANKA BRUNO – CZC
HANDS OF MAN, THE
LOUTKY JIRIHO TRNKY • JIRI TRNKA'S PUPPETS • 1955 • SHT
MESTO V NOCI • CITY AT NIGHT • 1960

SEFRAOUI NAJIB – MRC
SIFRIOUI NEJIB
CHAMS • 1985

SEGAL ABRAHAM – RMN – 1937–
B.A. BA • 1971 • DOC
VIE, T'EN AS QU'UNE, LA • 1974

SEGAL ALEX – Producer – USA – 1915–1977
RANSOM • FEARFUL DECISION • 1955
ALL THE WAY HOME • 1963
HARLOW • 1965
JOY IN THE MORNING • 1965
MY FATHER'S HOUSE • 1975 • TVM
RICH MAN, POOR MAN • 1975 • MTV
STORY OF DAVID, THE • 1976 • TVM

SEGAL PATRICK – FRN – 1947–
NUIT ENSOLEILLEE, LA • 1981 • DOC

SEGAL STEVE – USA
I WONDER WHY • 1965 • SHT

SEGALL STU see **SEGALL STUART**

SEGALL STUART – USA
SEGALL STU
C.B. HUSTLERS • 1976
DRIVE-IN MASSACRE • 1976
SECRETS OF LADY TRUCKERS

SEGALLER DENIS – UKN
RATE OF CHANGE: THE DIFFERENTIAL CALCULUS • 1937
GASOLINE: PART 2: CRACKING • CRACKING • 1948
LIQUID PETROLEUM GASES • 1953 • DOC
OILMEN, THE • 1955

SEGAR STIG – MXC
MALDICION DE NOSTRADAMUS, LA • CURSE OF NOSTRADAMUS, THE (USA) • 1959
NOSTRADAMUS, EL GENIO DE LAS TINIEBLAS • NOSTRADAMUS, GENIUS FROM THE DARK ○ GENII OF DARKNESS (USA) • 1960
NOSTRADAMUS Y EL DESTRUCTOR DE MONSTRUOS • NOSTRADAMUS AND THE DESTROYER OF MONSTERS ○ MONSTER DEMOLISHER (USA) • 1960
SANGRE DE NOSTRADAMUS, LA • BLOOD OF NOSTRADAMUS, THE (USA) • 1960

SEGARD RAYMOND – FRN
AVALANCHE • 1950

SEGARRA LUDOVIC – FRN – 1943–
MITHILA • 1974 • DOC
GANGA MAYA • 1983

SEGAWA MASAHARU – JPN
ARAPPOINOWA GOMENDAZE • KILLER COMES BACK, THE • 1967
KIGEKI KYUKO RESSHA • EXPRESS TRAIN • 1967
KIGEKI HATSUMOUDE RESHA • COMEDY TRAIN SERIES: NEW YEAR TRIP • 1968
KIGEKI KEIBA HISHO-HO IPPATSU SHOBU • COMEDY, HORSE RACE, SHOT GAMBLING • 1968
KIGEKI, OTTO URIMASU • HUSBAND FOR SALE • 1968
OOANA SHOBU • HOW TO MAKE A BIG HIT • 1968
TAREKOMI • SECRET INFORMATION • 1968

SEGAWA MASAJI – JPN
BAKURO ICHIDAI • HORSEMAN • 1963

SEGAWA SHOJI – JPN
KIGEKI DANTAI RESSHA • LOCAL LINE LOVE • 1967
KIGEKI-KEIBA HISSHOHO • HORSE MANIAC, THE • 1967
TAIAN RYOKO • GRAND JOURNEY, THE • 1968
GYAKUTEN RYOKO • TOPSY-TURVY JOURNEY (USA) • 1969
YOSAKOI RYOKO • YOSAKOI JOURNEY (USA) • 1969

SEGEL LOIS – CND
STUNT PEOPLE • 1990 • DOC

SEGEL YAKOV – USS – 1923–
SEGHEL YAKOV • SIEGEL YAKOV
DAMY • LADIES • 1954
HULLABALOO • 1955
SEKRET KRASOTY • SECRET OF BEAUTY • 1955
ETO NACHINADOS TAK.. • THIS IS HOW IT BEGAN.. ○ IT STARTED LIKE THIS • 1956
DOM, V KOTOROM YA ZHIVU • HOUSE WHERE I LIVE, THE ○ HOUSE I LIVE IN, THE • 1957
PERVYI DEN MIRA • DAY THE WAR ENDED, THE (USA) ○ FIRST DAY OF PEACE, THE • 1959
PROSHCHAYTE, GOLUBI! • FAREWELL, DOVES! (USA) ○ GOODBYE DOVES! • 1961
TECHET VOLGA • VOLGA IS FLOWING, THE • 1964
RAZBUDITYE MUKHINA • WAKE MUKHIN UP • 1968

SEGGELKE HERBERT – GRM
GERICHTSTAG • TRIBUNAL • 1966
KLAVIERKONZERT NR.4 IN G -DUR LUDWIG VAN BEETHOVEN • BEETHOVEN PIANO CONCERTO NO.4 (UKN) • 1967

SEGHEL YAKOV see **SEGEL YAKOV**

SEGOVIC BRANCO
MALI TODAY • 1978 • DCS

SEGRETO ALFONSO – BRZ
VIEW OF GUANABARA BAY • 1898

SEGRI see **GRIECO SERGIO**

SEGUILLON FRANCOIS – CND
BACHELIERS DE LA CINQUIEME, LES • 1962 • DCS

SEGUIN ROBERT – CND
SENSATIONS • 1973

SEGURA JUAN JOSE – MXC
HOY COMIENZA LA VIDA • 1935
SUPERLOCO, EL • 1936
JUAN SIN MIEDO • 1938
MUJERES Y TOROS • 1939
CUANDO HABLA EL CORAZON • 1943
FANTASIA RANCHERA • 1943
DUQUESA DEL TEPETATE, LA • PRETENDIENTE ARDIENTE, EL • 1951
SWINGTIME IN MEXICO • 1952 • SHT

SEIBERT MIKE – USA
BREAKWATER • 1932

SEIDELMAN ARTHUR see **SEIDELMAN ARTHUR ALLAN**

SEIDELMAN ARTHUR A. see **SEIDELMAN ARTHUR ALLAN**

SEIDELMAN ARTHUR ALLAN – USA
SEIDELMAN ARTHUR A. • SEIDELMAN ARTHUR
HERCULES IN NEW YORK • HERCULES THE MOVIE ○ HERCULES GOES BANANAS • 1970
CHILDREN OF RAGE • 1975
ECHOES • LIVING NIGHTMARE • 1983
KATE'S SECRET • 1986 • TVM
SIN OF INNOCENCE • 1986 • TVM
CALLER, THE • 1987
GLORY YEARS, THE • 1987
POKER ALICE • 1987 • TVM
STRANGE VOICES • 1987 • TVM
ADDICTED TO HIS LOVE • SISTERHOOD • 1988 • TVM
FALSE WITNESS • 1988
PEOPLE ACROSS THE LAKE, THE • 1988 • TVM

SEIDELMAN SUSAN – USA
SMITHEREENS • 1982
DESPERATELY SEEKING SUSAN • 1985
MAKING MR. RIGHT • 1987
COOKIE • 1988
SHE DEVIL • LIFE AND LOVES OF A SHE-DEVIL, THE • 1989

SEIDEN JOSEPH – USA
MY SON • 1939
PARADISE IN HARLEM • OTHELLO IN HARLEM • 1939
MOTEL, THE OPERATOR • 1940
KNOCKING AT HEAVEN'S DOOR • 1980

SEIDL – CZC
Z CESKYCH MYLYNU • FROM THE CZECH MILLS • 1929

el SEIFI HASSAN see **el SAIFI HASSAN**

el SEIFY HASSAN see **el SAIFI HASSAN**

SEILER ALEXANDER see **SEILER ALEXANDER J.**

SEILER ALEXANDER J. – SWT
SEILER ALEXANDER
SIAMO DONNE • WE, THE WOMEN • 1953
MUSIKWETTBEWERB • MUSIC COMPETITION • 1967 • DOC
FRUCHTE DER ARBEIT, DIE • 1976
HANDKUSS, DER • 1979
ANGER • 1980 • MTV
PALAVER, PALAVER • 1990 • DOC

SEILER LEWIS – USA – 1891–1963
SEILER LEWIS R.
CIRCUS PALS • 1923 • SHT
JUNGLE PALS • 1923 • SHT
MONKEY FARM, THE • 1923 • SHT
MONKEY MIX-UP, A • 1923 • SHT
MONKS A LA MODE • 1923 • SHT
SCHOOL PALS • 1923 • SHT
COWBOYS, THE • 1924 • SHT
DARWIN WAS RIGHT • 1924
ETIQUETTE • 1924 • SHT
HE'S MY PAL • 1924 • SHT
UP ON THE FARM • 1924 • SHT
WESTWARD WHOA • 1924 • SHT
BUTTERFLY MAN, THE • 1925 • SHT
CLOUDY ROMANCE, A • 1925 • SHT
FLYING FOOL, A • 1925 • SHT
HIGH JINX, A • 1925 • SHT
ON THE GO • 1925 • SHT
SLEEPWALKER, THE • 1925 • SHT
STRONG FOR LOVE • 1925 • SHT
GREAT K & A TRAIN ROBBERY, THE • 1926
NO MAN'S GOLD • 1926
RAH! RAH! HEIDELBERG • 1926 • SHT
REPORTER, THE • 1926 • SHT
LAST TRAIL, THE • 1927
OUTLAWS OF RED RIVER • 1927
TUMBLING RIVER • SCOURGE OF THE LITTLE C, THE • 1927
WOLF FANGS • 1927
AIR CIRCUS, THE • 1928
SQUARE CROOKS • 1928
GHOST TALKS, THE • 1929
GIRLS GONE WILD • 1929
SONG OF KENTUCKY, A • 1929
CIRCUS SHOW-UP, THE • 1932 • SHT
NO GREATER LOVE • DIVINE LOVE (UKN) • 1932
DECEPTION • 1933
LEY DEL HAREN, LA • 1933
FRONTIER MARSHAL • 1934
ASEGURA A SU MUJER • INSURE YOUR WIFE • 1935
CHARLIE CHAN IN PARIS • 1935
GINGER • 1935
PADDY O'DAY • 1935
CAREER WOMAN • 1936
FIRST BABY, THE • 1936
HERE COMES TROUBLE • 1936
STAR FOR A NIGHT • 1936
MEN WITHOUT LAW • 1937

TURN OFF THE MOON • 1937
CRIME SCHOOL • 1938
HE COULDN'T SAY NO • LARGER THAN LIFE • 1938
HEART OF THE NORTH • 1938
PENROD'S DOUBLE TROUBLE • 1938
DUST BE MY DESTINY • 1939
HELL'S KITCHEN • 1939
KID FROM KOKOMO, THE • ORPHAN OF THE RING, THE (UKN) • 1939
KING OF THE UNDERWORLD • UNLAWFUL • 1939
YOU CAN'T GET AWAY WITH MURDER • 1939
FLIGHT ANGELS • WOMEN ARE TOUGH ANGELS • 1940
IT ALL CAME TRUE • 1940
MURDER IN THE AIR • 1940
SOUTH OF SUEZ • 1940
TUGBOAT ANNIE SAILS AGAIN • 1940
KISSES FOR BREAKFAST • SHE STAYED KISSED • 1941
SMILING GHOST, THE • 1941
YOU'RE IN THE ARMY NOW • 1941
BEYOND THE TIME OF DUTY • 1942
BIG SHOT, THE • ESCAPE FROM CRIME • 1942
PITTSBURGH • 1942
GUADALCANAL DIARY • 1943
SOMETHING FOR THE BOYS • 1944
DOLL FACE • COME BACK TO ME (UKN) • 1945
MOLLY AND ME • MOLLY, BLESS HER • 1945
IF I'M LUCKY • YOU'RE FOR ME • 1946
WHIPLASH • 1948
BREAKTHROUGH • 1950
TANKS ARE COMING, THE • 1951
OPERATION SECRET • DANGER FORWARD • 1952
WINNING TEAM, THE • 1952
SYSTEM, THE • 1953
BAMBOO PRISON, THE • I WAS A PRISONER IN KOREA • 1954
WOMEN'S PRISON • 1955
BATTLE STATIONS • 1956
OVER-EXPOSED • 1956
TRUE STORY OF LYNN STUART, THE • OTHER LIFE OF LYNN STUART, THE • 1958

SEILER LEWIS R. see **SEILER LEWIS**

SEILMAN HEINZ – USA

VANISHING WILDERNESS • 1974 • DOC

SEITER WILLIAM see **SEITER WILLIAM A.**

SEITER WILLIAM A. – USA – 1892-1964

SEITER WILLIAM

GOLD-BRICKING CUPID • 1915
HONEYMOON ROLL, THE • 1915
BEACH BIRDS • 1917 • SHT
BEAUTIES AND BOMBS • 1917 • SHT
IN AND OUT • 1917
LOVE AND LUNCH • 1917 • SHT
AIN'T IT SO? • 1918 • SHT
ALL "FUR" HER • 1918 • SHT
FATAL FLOWER, THE • 1918
FLY BALL, THE • 1918
OH WHAT A DAY • 1918
RECRUIT, THE • 1918 • SHT
SOME BABY • 1918 • SHT
AFTER THE BAWL • 1919 • SHT
HE DID AND HE DIDN'T • 1919
THEIR DAY OF REST • 1919 • SHT
KENTUCKY COLONEL, THE • 1920
LITTLE DEARS, THE • 1920 • SHT
SURE CURE, THE • 1920 • SHT
EDEN AND RETURN • 1921
FOOLISH AGE, THE • 1921
HEARTS AND MASKS • 1921
PASSIN' THRU • PASSIN' THROUGH • 1921
BEAUTIFUL AND DAMNED, THE • 1922
BOY CRAZY • 1922
GAY AND DEVILISH • 1922
UNDERSTUDY, THE • 1922
UP AND AT 'EM • 1922
WHEN LOVE COMES • 1922
BELL BOY 13 • 1923
LITTLE CHURCH AROUND THE CORNER • 1923
DADDIES • 1924
FAMILY SECRET, THE • 1924
FAST WORKER, THE • LIGHTNING LOVER, THE • 1924
HELEN'S BABIES • 1924
HIS FORGOTTEN WIFE • LOST • 1924
LISTEN LESTER • 1924
WHITE SIN, THE • UNGUARDED GATES • 1924
DANGEROUS INNOCENCE • 1925
MAD WHIRL, THE • JAZZ PARENTS • 1925
TEASER, THE • 1925
WHERE WAS I? • 1925
ROLLING HOME • 1926
SKINNER'S DRESS SUIT • 1926
TAKE IT FROM ME • 1926
WHAT HAPPENED TO JONES • 1926
CHEERFUL FRAUD, THE • 1927
OUT ALL NIGHT • COMPLETELY AT SEA ◦ I'LL BE THERE • 1927
SMALL BACHELOR, THE • 1927
GOOD MORNING, JUDGE • BE YOURSELF • 1928
HAPPINESS AHEAD • 1928
OUTCAST • 1928
THANKS FOR THE BUGGY RIDE • 1928
WATERFRONT • 1928
FOOTLIGHTS AND FOOLS • 1929
LOVE RACKET, THE • SUCH THINGS HAPPEN (UKN) • 1929
PRISONERS • 1929
SMILING IRISH EYES • 1929
SYNTHETIC SIN • 1929
WHY BE GOOD? • THAT'S A BAD GIRL • 1929
BACK PAY • 1930
FLIRTING WIDOW, THE • GREEN STOCKINGS • 1930
GOING WILD • 1930
STRICTLY MODERN • 1930
SUNNY • 1930
TRUTH ABOUT YOUTH, THE • WHEN WE WERE 21 • 1930
AVIATEUR, L' • 1931
BIG BUSINESS GIRL • 1931
CAUGHT PLASTERED • 1931
FULL OF NOTIONS • 1931
KISS ME AGAIN • TOAST OF THE LEGION (UKN) ◦ MADEMOISELLE MODISTE • 1931
PEACH O'RENO • 1931
TOO MANY COOKS • 1931
WAY BACK HOME • OLD GREYHEART (UKN) ◦ OLD GREATHEART ◦ OTHER PEOPLE'S BUSINESS • 1931
GIRL CRAZY • 1932
HOT SATURDAY • 1932
IF I HAD A MILLION • 1932
IS MY FACE RED? • 1932
YOUNG BRIDE • LOVE STARVED ◦ VENEER • 1932
CHANCE AT HEAVEN • 1933
DIPLOMANIACS • 1933
HELLO, EVERYBODY • 1933
PROFESSIONAL SWEETHEART • IMAGINARY SWEETHEART (UKN) ◦ CARELESS • 1933
SONS OF THE DESERT • FRATERNALLY YOURS (UKN) ◦ SONS OF THE LEGION ◦ CONVENTION CITY • 1933
LOVE BIRDS • NIAGARA FALLS ◦ TWO GLUCKS • 1934
RAFTER ROMANCE • 1934
RICHEST GIRL IN THE WORLD, THE • 1934
SING AND LIKE IT • SO YOU WON'T SING, EH? • 1934
WE'RE RICH AGAIN • 1934
DARING YOUNG MAN, THE • MAN PROPOSES • 1935
IF YOU COULD ONLY COOK • 1935
IN PERSON • 1935
ORCHIDS TO YOU • 1935
ROBERTA • 1935
CASE AGAINST MRS. AMES, THE • 1936
DIMPLES • 1936
MOON'S OUR HOME, THE • 1936
STOWAWAY • 1936
LIFE BEGINS IN COLLEGE • JOY PARADE, THE (UKN) ◦ LIFE BEGINS AT COLLEGE • 1937
LIFE OF THE PARTY, THE • 1937
THIS IS MY AFFAIR • HIS AFFAIR (UKN) • 1937
ROOM SERVICE • 1938
SALLY, IRENE AND MARY • 1938
THANKS FOR EVERYTHING • 1938
THREE BLIND MICE • 1938
SUSANNAH OF THE MOUNTIES • 1939
ALLEGHENY UPRISING • FIRST REBEL, THE (UKN) • 1940
HIRED WIFE • 1940
IT'S A DATE • IT HAPPENED IN KALOMA • 1940
APPOINTMENT FOR LOVE • 1941
NICE GIRL? • 1941
BROADWAY • 1942
YOU WERE NEVER LOVELIER • 1942
DESTROYER • 1943
LADY TAKES A CHANCE, THE • COWBOY AND THE GIRL, THE • 1943
BELLE OF THE YUKON • 1944
FOUR JILLS IN A JEEP • 1944
AFFAIRS OF SUSAN, THE • 1945
IT'S A PLEASURE • 1945
THAT NIGHT WITH YOU • ONCE UPON A DREAM • 1945
LITTLE GIANT, THE • ON THE CARPET (UKN) • 1946
LOVER COME BACK • WHEN LOVERS MEET ◦ LESSON IN LOVE • 1946
I'LL BE YOURS • 1947
ONE TOUCH OF VENUS • 1948
UP IN CENTRAL PARK • 1948
BORDERLINE • 1950
DEAR BRAT • 1951
CHAMP FOR A DAY • 1953
LADY WANTS MINK, THE • 1953
MAKE HASTE TO LIVE • 1954

SEITZ FRANZ – GRM

HERRGOTT AM WEGE, DER • 1918
SCHWERVERBRECHER, DER • 1918
AUSGESCHNITTENE GESICHT, DAS • 1920
AUSGESTOSSENE, DER • 1920
BAYERISCHE HIASEL, DER • 1920
CHRISTUS VON OBERAMMERGAU, DER • 1920
ENDE DES ABENTEURERS PAOLO DE CASPADO • PAOLO DE CASPADO • 1920
FLUCHT INS JENSEITS ODER; DIE DUNKLE GASSE VON NEW YORK, DIE • 1920
GEMEINDE VON ST. HELENE UND IHR KAPLAN VOLKSSCHAUSPIEL, DIE • 1920
GLOCKERL VON BIRKENSTEIN, DAS • 1920
HOCHZEITSMORGEN, EIN • 1920
LETZTE SCHLOSS, DER • 1920
MILLIARDENTESTAMENT, DAS • 1920
STERBENDE SALOME, DIE • 1920
TOM MURGER, DER BANKRAUBER • 1920
VERLORENES SPIEL • 1920
VERMUMMTEN, DIE • 1920
JOLLY, DER TEUFELSKERL • 1921
RAUB DER DOLLARPRINZESSIN, DER • 1921
ROTE FLEDERMAUS, DIE • 1921
SUNDIGE VESTALIN, DIE • 1921
VILLA MEPHISTO • 1921
BEIDEN FRAUEN DES HERZOGS VON PORTA, DIE • 1922
FAVORIT DER KONIGIN, DER • 1922
JAGERBLUT • 1922
MANN AUS ZELLE 19, DER • 1922
SCHWARZE HARLEKIN, DER • 1922
ABENTEURER VON SAGOSSA, DAS • 1923
DES KAISERS ALTE KLEIDER • 1923
GEHETZTE FRAUEN • 1923
STRICK DES HENKERS, DER • 1923
UM RECHT UND LIEBE • 1923
WEG ZU GOTT, DER • SCHICKSAL DES THOMAS BALT, DAS • 1923
BLONDE HANNELE, DAS • 1924
ABENTEUERLICHE HOCHZEIT, DIE • ABENTEUER EINER BRAUTNACHT, DAS • 1925
DEIN BEGEHREN IST SUNDE • 1925
FRAUEN ZWEIER JUNGGESELLEN, DIE • 1925
PARFUM DER MRS. WORRINGTON, DAS • 1925
HEIMLICHE SUNDER • 1926
JAGER VON FALL, DER • 1926
MARCCOS TOLISTE WETTE • 1926
ARME KLEINE COLOMBINE • 1927
FIDELE BAUER, DER • 1927
ICH HABE IM MAI VON DER LIEBE GETRAUMT • 1927
ALMENRAUSCH UND EDELWEISS • 1928
HINTER KLOSTERMAUERN • 1928
WEIBERKRIEG, DER • 1928
BRUDER BERNARD • 1929
KEUSCHE KOKOTTE, DIE • 1929
LINKS DER ISAR -RECHTS DER SPREE • 1929
GLUHENDE BERGE-FLAMMENDES HERZ • 1930
HERRGOTTSSCHNITZER VON OBERAMMERGAU, DER • 1930
JAGER VON DER RISS, DER • 1930
SEIN LETZTES EDELWEISS • 1930
SCHUTZENKONIG, DER • 1932
WENN DEM ESEL ZU WOHL IST • ER UND SEIN TIPPFRAULEIN • 1932
BLONDE CHRISTEL, DIE • 1933
KUSS IN DER SOMMERNACHT, EIN • 1933
MEISTERDETEKTIV, DER • 1933
SA-MANN BRAND • 1933
ACHTUNG! WER KENNT DIESE FRAU? • 1934
BEI DER BLONDEN KATHREIN • 1934
FRAUEN VOM TANNHOF, DIE • 1934
MIR DIR DURCH DICK UND DUNN • 1934
MUTTER DER KOMPAGNIE, DIE • 1934
ZWISCHEN HIMMEL UND HOLLE • LIEBE LASST SICH NICHT ERZWINGEN • 1934
ES WAREN ZWEI JUNGGESELLEN • 1935
KAMPF MIT DEM DRACHEN, DER • FIGHT WITH THE DRAGON (USA) • 1935
AHNUNGSLOSE ENGEL, DER • 1936
DU KANNST NICHT TREU SEIN • 1936
GROBE ADELE, DIE • 1937
SO WEIT GEHT DIE LIEBE NICHT • 1937
PFINGSTORGEL, DIE • 1938
SKANDAL UM HAHN • 1938
HOCHZEIT MIT HINDERNISSEN • 1939
1A IN OBERBAYERN • 1A IN UPPER BAVARIA (USA) • 1939
ERBIN VOM ROSENHOF, DIE • 1942

SEITZ FRANZ* – GRM – 1921-

LETZTE SCHUSS, DER • 1951
MADCHEN AUS PARIS, EIN • 1954
HELDENTUM NACH LADENSCHLUSS • 1955
HERREN, DIE • 1965
LUDWIG AUF FREIERSFUSZEN • 1969
UNORDNUNG UND FRUHES LEID • DISORDER AND EARLY SORROW • 1975
DOKTOR FAUSTUS • 1981
ERFOLG • SUCCESS • 1990

SEITZ GEORGE see **SEITZ GEORGE B.**

SEITZ GEORGE B. – USA – 1888-1944

SEITZ GEORGE

EXPLOITS OF ELAINE, THE • 1915 • SRL
NEW EXPLOITS OF ELAINE, THE • 1915 • SRL
ROMANCE OF ELAINE, THE • 1915 • SRL
IRON CLAW, THE • LAUGHING MASK, THE • 1916 • SRL
PEARL OF THE ARMY • 1916 • SRL
FATAL RING, THE • 1917 • SRL
GETAWAY KATE • 1918 • SHT
HONEST THIEF, THE • 1918 • SHT
HOUSE OF HATE, THE • 1918 • SRL
BOUND AND GAGGED • 1919 • SRL
LIGHTNING RAIDER, THE • 1919 • SRL
BLACK SECRET, THE • 1920 • SRL
PIRATE GOLD • 1920 • SRL
ROGUES AND ROMANCE • 1920
HURRICANE HUTCH • 1921 • SRL
SKY RANGER, THE • MAN WHO STOLE THE MOON, THE ◦ MAN WHO STOLE THE EARTH, THE • 1921 • SRL
VELVET FINGERS • 1921 • SRL
GO GET 'EM HUTCH • 1922 • SRL
PLUNDER • 1923 • SRL
SPEED • 1923 • SRL
GALLOPING HOOFS • 1924 • SRL
INTO THE NET • 1924 • SRL
LEATHERSTOCKING • 1924 • SRL
WAY OF A MAN, THE • 1924 • SRL
40TH DOOR, THE • 1924
SUNKEN SILVER • 1925 • SRL
VANISHING AMERICAN, THE • VANISHING RACE, THE • 1925
WILD HORSE MESA • 1925
DESERT GOLD • 1926
ICE FLOOD, THE • 1926
LAST FRONTIER, THE • 1926
PALS IN PARADISE • 1926
BLOOD SHIP, THE • 1927
GREAT MAIL ROBBERY, THE • GREAT BULLION ROBBERY, THE • 1927
ISLE OF FORGOTTEN WOMEN • FORGOTTEN WOMEN (UKN) • 1927
JIM THE CONQUEROR • 1927
TIGRESS, THE • 1927
WARNING, THE • 1927
AFTER THE STORM • 1928
BEWARE OF BLONDES • 1928
BLOCKADE • 1928
CIRCUS KID, THE • 1928
COURT-MARTIAL • COURT MARTIAL • 1928
HEY, RUBE! • HIGH STAKES (UKN) • 1928
RANSOM • 1928
BLACK MAGIC • 1929
DANGER LIGHTS • RECORD RUN, THE • 1930
GUILTY? • 1930
MIDNIGHT MYSTERY • HAWK ISLAND • 1930
MURDER ON THE ROOF • 1930
ARIZONA • VIRTUOUS WIFE, THE (UKN) ◦ MEN ARE LIKE THAT • 1931
DRUMS OF JEOPARDY • MARK OF TERROR • 1931
LION AND THE LAMB, THE • 1931
NIGHT BEAT, THE • 1931
SHANGHAIED LOVE • 1931
DOCKS OF SAN FRANCISCO • 1932
PASSPORT TO PARADISE • 1932
SALLY OF THE SUBWAY • 1932
SIN'S PAY DAY • 1932
WIDOW IN SCARLET, THE • 1932
THRILL HUNTER, THE • 1933
TREASON • 1933
WOMEN IN HIS LIFE, THE • COMEBACK, THE • 1933
FIGHTING RANGER, THE • FIGHTING RANGERS, THE • 1934
LAZY RIVER • LOUISIANA • 1934
ONLY EIGHT HOURS • SOCIETY DOCTOR • 1934
ALIBI RACKET • 1935 • SHT
BURIED LOOT • 1935 • SHT
CALM YOURSELF • 1935
DESERT DEATH • 1935
EXCLUSIVE STORY • 1935
KIND LADY • HOUSE OF MENACE • 1935
SHADOW OF DOUBT • 1935
TIMES SQUARE LADY • 1935
WOMAN WANTED • MANHATTAN MADNESS • 1935
ABSOLUTE QUIET • 1936
LAST OF THE MOHICANS, THE • 1936
MAD HOLIDAY • COCKEYED CRUISE • 1936
THREE WISE GUYS • 1936
UNDER COVER OF NIGHT • 1936
BETWEEN TWO WOMEN • SURROUNDED BY WOMEN • 1937
FAMILY AFFAIR, A • 1937
MAMA STEPS OUT • 1937
MY DEAR MISS ALDRICH • 1937
THIRTEENTH CHAIR, THE • 1937
JUDGE HARDY'S CHILDREN • 1938
LOVE FINDS ANDY HARDY • 1938
OUT WEST WITH THE HARDYS • 1938
YELLOW JACK • 1938
YOU'RE ONLY YOUNG ONCE • 1938
HARDYS RIDE HIGH, THE • 1939
JUDGE HARDY AND SON • 1939
THUNDER AFLOAT • 1939
6,000 ENEMIES • 1939
ANDY HARDY MEETS DEBUTANTE • 1940
ANDY HARDY'S PRIVATE SECRETARY • 1940
GALLANT SONS • 1940
KIT CARSON • 1940
SKY MURDER • 1940
COURTSHIP OF ANDY HARDY, THE • 1941

LIFE BEGINS FOR ANDY HARDY • 1941
YANK ON THE BURMA ROAD, A • CHINA CARAVAN (UKN) • 1941
ANDY HARDY'S DOUBLE LIFE • 1942
PIERRE OF THE PLAINS • 1942
ANDY HARDY'S BLONDE TROUBLE • 1944

SEITZER LEO – USA
JACQUELINE KENNEDY'S ASIAN JOURNEY • 1962

SEJAUD JEAN – FRN
MANQUE, LE • 1941 • DOC

SEKELY STEVE – HNG – 1899–1979
SZEKELY STEFAN • SZEKELY ISTVAN
RHAPSODIE DER LIEBE • 1929
GROSSE SEHNSUCHT, DIE • 1930
SEITENSPRUNGE • 1930
ER UND SEIN DIENER • 1931
HYPPOLIT A LAKAJ • 1931
PIRI MINDONT TUD • PIRI KNOWS EVERYTHING • 1932
REPULO ARANY • 1932
ROULETABILLE AVIATEUR • 1932
STEINREICHER MANN, EIN • 1932
IZA NENI • 1933
RAKOCZY-MARSCH • RAKOCZI INDULO • 1933
SKANDAL IN BUDAPEST • PARDON TEVEDTEM (HNG) ○ ROMANCE IN BUDAPEST ○ PESTI SZERELEM ○ SCANDAL IN BUDAPEST • 1933
BAL IM SAVOY • BAL A SAVOYBAN ○ BALL AT THE SAVOY • 1934
EMMY • 1934
IDA REGENYE • 1934
LILA AKAC • WISTERIA • 1934
MY WIFE, THE MISS • 1934
BUZAVIRAG • CORNFLOWER • 1935
CIMZETT ISMERETLEN • 1935
HUSZARSERELEM • 1935
CAFE MOSZKA • CAFE MOSCOW • 1936
CSAK EGY EJSZAKARA • 1936
LEGY JO MINDHALALIG • BE TRUE UNTIL DEATH • 1936
NASZUT FELARON • HALF-PRICE HONEYMOON • 1936
DUNAPARTI RANDEVU • RIVER RENDEZVOUS • 1937
III-ES, A • III-ES SZOBABAN ○ IN ROOM III ○ THIRD ROOM, THE • 1937
LANY ELINDUL, EGY • GIRL'S START, A • 1937
LOVAGIAS UGY • AFFAIR OF HONOR, AN • 1937
SEGITSEG OROKOLTEM! • HELP! I'VE INHERITED ○ HELP, I'M AN HEIRESS • 1937
SZENZACIO • 1937
NOSZTY FLU ESTE TOTH MARIVAL, A • 1938
PUSZTAI SZEL • BEAUTY OF THE PUSTA ○ WINDS OF THE PUSZTA • 1938
SZERELEMBOEL NOESUELTEM • I MARRIED FOR LOVE ○ I'VE MARRIED FOR LOVE • 1938
KET FOGOLY • TWO PRISONERS • 1939
SZIUEL SZIVERT • HEART FOR HEART • 1939
MIRACLE ON MAIN STREET, A • 1940
BEHIND PRISON WALLS • YOUTH TAKES A HAND (UKN) • 1943
REVENGE OF THE ZOMBIES • CORPSE VANISHED, THE (UKN) • 1943
WOMEN IN BONDAGE • 1943
LADY IN THE DEATH HOUSE • 1944
LAKE PLACID SERENADE • 1944
MY BUDDY • 1944
WATERFRONT • 1944
FABULOUS SUZANNE, THE • 1946
BLONDE SAVAGE • 1947
HOLLOW TRIUMPH • SCAR, THE (UKN) • 1948
AMAZON QUEST • AMAZON (UKN) • 1949
FURIA ROJA • STRONGHOLD • 1950
KAISERIN VON CHINA, DIE • 1953
BLUE CAMELLIA, THE • 1954
AVVENTURE DI CARTOUCHE, LE • CARTOUCHE • 1955
MISSING SCIENTISTS • 1955
PECCATRICE DEL DESERTO, LA • DESERT DESPERADOES (USA) ○ SINNER, THE (UKN) • 1959
DAY OF THE TRIFFIDS • 1962
KENNER • YEAR OF THE CRICKET • 1968
LILA AKAC • GIRL WHO LIKED PURPLE FLOWERS, THE • 1973

SEKERS ALAN – UKN
ARP STATUE, THE • 1971

SEKHAR RAJA CHANDRA – IND
BHAKTHA TULASIDAS • TULASIDAS, DEVOTEE TO THE GOD • 1937

SEKI KOJI – JPN
BAITA • WHORE, A • 1967
BIYAKU NO WANA • TRAP OF A LOVE POTION • 1967
GEISHA • 1967
HENTAIMA • ABNORMAL CRIMINAL • 1967
OHESO DE SHOBU • BET WITH A NAVEL, A • 1967
SPECIAL • 1967
EROTIC FUUDOKI -KAEDOKO • EROTIC TOPOGRAPHY -BED EXCHANGE • 1968
IJYO SEI HANZAI • ABNORMAL SEX CRIMES • 1968
KOTOU NO UMEKI • GROAN FROM A SOLITARY ISLAND • 1968
TOMEININGEN EROHAKASE • INVISIBLE MAN -DR. EROS • 1968

SEKIGAWA HIDEO – JPN – 1908–
ASU O TSUKURU HITOBITO • THOSE WHO MAKE TOMORROW • 1946
CHIKAGAI NIJUYO-JIKAN • TWENTY FOUR HOURS OF A SECRET LIFE ○ TWENTY FOUR HOURS OF THE UNDERGROUND STREET ○ 24 HOURS IN AN UNDERGROUND MARKET ○ CHAIKAGAI 24-JIKAN • 1947
DAINAI NO JINSEI • SECOND LIFE, A • 1948
GUNGAN SUDENI KEMURI NASHI • WARSHIPS WITHOUT SMOKE • 1950
KIKE WADATSUMI NO KOE • LISTEN TO THE ROAR OF THE OCEAN • 1950
TETSURO NO IKIRU • LIFE OF A RAILWAY WORKER • 1951
WAGA ICHIKO JIDAI NO HANZAI • MY CRIME WHILE AT THE FIRST HIGHER SCHOOL • 1951
KONKETSUJI • MIXED-BLOOD CHILDREN • 1952
REIMEI HACHIGATSU JUGO-NICHI • DAWN FIFTEENTH OF AUGUST • 1952
HIROSHIMA • 1953
KYOEN • ORGY • 1954
SEISHUN NO OTO • SOUTH OF YOUTH • 1954
TRUMPET SHONEN • TRUMPET BOY, A • 1955
NOGUCHI HIDEYO NO SHONEN JIDAI • BOYHOOD OF DR. NOGUCHI, THE • 1956
BAKUON TO DAICHI • ROAR AND EARTH • 1957
SHONEN TANTEIDAN -KABUTOMUSHI NO YOKI & TETTO NO KAIJIN • 20 FACES • 1957
HAHA TO KENJU • MOTHER AND GUN • 1958
JIGOKU NO GOZEN NIJI • HORRIBLE MIDNIGHT • 1958
KISETSUFU NO KANATANI • BEYOND THE SEASONAL WIND • 1958
RANGEKI NO SHICHIBANGAI • GUNFIGHT ON SEVENTH STREET • 1958
HYORYU SHITAI • DEAD DRIFTER, A • 1959
KEDAMONO NO TORU MICHI • BEAST'S PASSAGE • 1959
SHIZUKANARU KYODEN • SILENT MURDER, THE • 1959
AKUMA NO SATSUTABA • DEVIL'S BANKNOTES • 1960
OINARU BAKUSHIN • DEVOTION OF THE RAILWAY, THE • 1960
OINARU TABIJO • THIS LIFE I LOVE ○ GREAT ROAD, THE • 1960
SHONEN HYORYUKI • DRIFTING BOYS • 1960
MORGAN KEIBU TO NAZO NO OTOKO • DETECTIVE MORGAN AND A MAN OF MYSTERY ○ MYSTERIOUS DETECTIVE MORGAN, THE • 1961
WAGA SHOGAI WA HI NO GOTOKU • LIKE FIRE IS MY LIFE ○ MY LIFE IS LIKE FIRE • 1961
DANI • FANCY MAN • 1965
HIMO • PROCURER, THE • 1965
KAMO • DUPE, THE • 1965
FUJI TAKESHI MONOGATARI: YAMATO DAMASHII • 1968
IREZUMI MUZAN • TATTOOED TEMPTRESS • 1968
SHIN IREZUMI MUZAN TEKKA NO JINGI • DEVIL IN THE FLESH ○ DEVIL IN MY FLESH • 1968
CHOKOSO NO AKEBONO • SKYSCRAPER STORY, THE ○ SKY SCRAPER! • 1969

SEKO GARIK – CZC
KAMEN A ZIVOT • STONE AND LIFE • 1966 • ANS

SEKOU TRAORE – BRK
BILAKORO • 1988 • SHT

SELANDER LESLEY – USA – 1900–1980
JERRY THE GIANT • 1926 • SHT
NAPOLEON JUNIOR • 1926 • SHT
BOSS RIDER OF GUN CREEK, THE • BOSS OF GUN CREEK, THE • 1936
EMPTY SADDLES • 1936
RIDE 'EM, COWBOY • COWBOY ROUND-UP • 1936
SANDFLOW • 1936
BARRIER, THE • 1937
BLACK ACES • 1937
HOPALONG RIDES AGAIN • 1937
LEFT HANDED LAW • 1937
SMOKE TREE RANGE • 1937
BAR 20 JUSTICE • 1938
CASSIDY OF BAR 20 • 1938
FRONTIERSMAN, THE • 1938
HEART OF ARIZONA, THE • 1938
MYSTERIOUS RIDER, THE • MARK OF THE AVENGER • 1938
PARTNERS OF THE PLAINS • 1938
PRIDE OF THE WEST • 1938
SUNSET TRAIL • 1938
HERITAGE OF THE DESERT • 1939
RANGE WAR • 1939
RENEGADE TRAIL, THE • 1939
SILVER ON THE SAGE • 1939
CHEROKEE STRIP • FIGHTING MARSHAL, THE (UKN) • 1940
HIDDEN GOLD • 1940
KNIGHTS OF THE RANGE • 1940
LIGHT OF WESTERN STARS, THE • BORDER RENEGADE • 1940
SANTA FE MARSHAL • 1940
STAGECOACH WAR • 1940
THREE MEN FROM TEXAS • 1940
DOOMED CARAVAN • 1941
PIRATES ON HORSEBACK • 1941
RIDERS OF THE TIMBERLINE • 1941
ROUND-UP, THE • 1941
STICK TO YOUR GUNS • 1941
THUNDERING HOOFS • 1941
WIDE OPEN TOWN • 1941
BANDIT RANGER • 1942
RED RIVER ROBIN HOOD • 1942
UNDERCOVER MAN • 1942
BAR 20 • 1943
BORDER PATROL • 1943
BUCKSKIN FRONTIER • IRON ROAD, THE (UKN) • 1943
COLT COMRADES • 1943
LOST CANYON • 1943
RIDERS OF THE DEADLINE • 1943
BORDERTOWN TRAIL • 1944
CALL OF THE ROCKIES • 1944
CHEYENNE WILDCAT • 1944
FIREBRANDS OF ARIZONA • 1944
FORTY THIEVES • 1944
LUMBERJACK • 1944
SHERIFF OF LAS VEGAS • 1944
SHERIFF OF SUNDOWN • 1944
STAGECOACH TO MONTEREY • 1944
FATAL WITNESS, THE • 1945
GREAT STAGECOACH ROBBERY, THE • 1945
JUNGLE RAIDERS • 1945 • SRL
PHANTOM OF THE PLAINS • 1945
THREE'S A CROWD • 1945
TRAIL OF KIT CARSON • 1945
VAMPIRE'S GHOST, THE • 1945
CATMAN OF PARIS, THE • 1946
NIGHT TRAIN TO MEMPHIS • 1946
OUT CALIFORNIA WAY • 1946
PASSKEY TO DANGER • 1946
TRAFFIC IN CRIME • 1946
BLACKMAIL • 1947
LAST FRONTIER UPRISING, THE • LAST FRONTIER, THE • 1947
PILGRIM LADY, THE • INNER CIRCLE, THE • 1947
RED STALLION, THE • 1947
ROBIN HOOD OF TEXAS • 1947
SADDLE PALS • 1947
BELLE STARR'S DAUGHTER • 1948
GUNS OF HATE • GUNS OF WRATH • 1948
INDIAN AGENT • 1948
PANHANDLE • 1948
STRIKE IT RICH • 1948
BROTHERS IN THE SADDLE • 1949
MASKED RAIDERS • 1949
MYSTERIOUS DESPERADO, THE • 1949
RUSTLERS • 1949
SKY DRAGON • 1949
STAMPEDE • 1949
DAKOTA LIL • 1950
KANGAROO KID, THE • 1950
LAW OF THE BADLANDS • 1950
RIDER FROM TUCSON • 1950
RIDERS OF THE RANGE • 1950
RIO GRANDE PATROL • 1950
SHORT GRASS • 1950
STORM OVER WYOMING • 1950
CAVALRY SCOUT • 1951
FLIGHT TO MARS • 1951
GUNPLAY • 1951
HIGHWAYMAN, THE • 1951
I WAS AN AMERICAN SPY • 1951
OVERLAND TELEGRAPH • 1951
PISTOL HARVEST • 1951
SADDLE LEGION • 1951
BATTLE ZONE • 1952
FLAT TOP • EAGLES OF THE FLEET (UKN) • 1952
FORT OSAGE • 1952
RAIDERS, THE • RIDERS OF VENGEANCE • 1952
ROAD AGENT • 1952
TRAIL GUIDE • 1952
COW COUNTRY • 1953
DESERT PASSAGE • 1953
FIGHTER ATTACK • 1953
FORT ALGIERS • 1953
FORT VENGEANCE • 1953
ROYAL AFRICAN RIFLES • STORM OVER AFRICA (UKN) • 1953
WAR PAINT • 1953
ARROW IN THE DUST • 1954
DESERT SANDS • 1954
DRAGONFLY SQUADRON • 1954
RETURN FROM THE SEA • 1954
YELLOW TOMAHAWK, THE • 1954
FORT YUMA • 1955
SHOTGUN • 1955
TALL MAN RIDING • 1955
BROKEN STAR, THE • 1956
QUINCANNON, FRONTIER SCOUT • FRONTIER SCOUT (UKN) • 1956
OUTLAW'S SON, THE • 1957
REVOLT AT FORT LARAMIE • 1957
ROUTE 11 TO DANGER • 1957
TAMING SUTTON'S GIRL • 1957
TOMAHAWK TRAIL • MARK OF THE APACHE (UKN) • 1957
WAYWARD GIRL, THE • 1957
LONE RANGER AND THE LOST CITY OF GOLD, THE • 1958
TROUBLE WAS A DOG • 1958
CONVICT STAGE • 1965
FORT COURAGEOUS • 1965
TOWN TAMER • 1965
WAR PARTY • 1965
TEXICAN, THE • TEJANO, EL (SPN) ○ TEXAS KID • 1966
ARIZONA BUSHWHACKERS • 1968
FORT UTAH • 1968

SELDON-TRUSS LESLIE – UKN
FETTERS OF FEAR • 1915
LOCHINVAR • 1915
SIR JAMES MORTIMER'S WAGER • WAGER, THE • 1916

SELEKTOR S. – USS
MOST PRECIOUS OF ALL • 1957

SELEZNYOVA INESSA – USS
PUTESHESTVIYE • JOURNEY • 1967

SELFE RAY – UKN
AND ALL THAT JAZZ • 1979

SELIGMANN GUY – FRN – 1939–
VIVRE A BONNEUIL • 1974 • DOC
SECRETE ENFANCE • 1977 • DOC
PIERRE MENDES-FRANCE: UN REPUBLIQUE, UN REGARD • 1978 • DOC

SELIGNAC ARNAUD – FRN – 1957–
DREAM ONE • 1983

de SELIGNAC ARNAUD – FRN
NEMO • 1983

SELIM KAMAL see **SALIM KAMEL**

SELL JACK M. – USA – 1954–
PSYCHOTRONIC MAN, THE • 1980
OUTTAKES • 1984

SELLAR IAN – UKN
VENUS PETER • 1989

SELLERS OLIVER L. – USA
SELLERS OLLIE L. • SELLERS OLLIE
WHEN BEARCAT WENT DRY • 1919
GIFT SUPREME, THE • 1920
SEEDS OF VENGEANCE • 1920
DIANE OF STAR HOLLOW • 1921
NEW DISCIPLE, THE • 1921
ABLEMINDED LADY, THE • 1922
HOOSIER SCHOOLMASTER, THE • 1924

SELLERS OLLIE see **SELLERS OLIVER L.**

SELLERS OLLIE L. see **SELLERS OLIVER L.**

SELLERS PETER – Actor – UKN – 1925–1980
MR. TOPAZE • I LIKE MONEY (USA) • 1961

SELLIER CHARLES E. JR. – USA
IN SEARCH OF A GOLDEN SKY • CHILDREN OF THE NORTH WOODS • 1983
SILENT NIGHT, DEADLY NIGHT • 1984
SMOOTH MOVES • SNOWBALLING • 1984
ANNIHILATORS, THE • 1985

SELLNER GUSTAV RUDOLF – GRM
JUNGE LORD, DER • YOUNG LORD, THE (USA) • 1965

SELMAN DAVID – USA
REMEMBER • 1926
PAYING THE PRICE • 1927
RESURRECCION • 1931
PRESCOTT KID, THE • 1934

FIGHTING SHADOWS • 1935
GALLANT DEFENDER • 1935
JUSTICE OF THE RANGE • 1935
REVENGE RIDER, THE • 1935
RIDING WILD • 1935
SQUARE SHOOTER • 1935
WESTERNER, THE • 1935
COWBOY STAR, THE • 1936
DANGEROUS INTRIGUE • 1936
KILLER AT LARGE • 1936
MYSTERIOUS AVENGER, THE • 1936
SECRET PATROL • 1936
SHAKEDOWN • 1936
TUGBOAT PRINCESS • 1936
FIND THE WITNESS • 1937
TEXAS TRAIL • 1937
PASADO ACUSA, EL • ACCUSING PAST, THE • 1938
WOMAN AGAINST THE WORLD • 1938

SELNIG WOLFGANG – SWT

"OBEN-OHNE" STORY, DIE • TOPLESS STORY, THE (UKN) • 1965

SELPIN HERBERT – GRM – -1942

CHAUFFEUR ANTOINETTE • 1931
CONDUISEZ-MOI, MADAME • ANTOINETTE • 1932
LOVE CONTRACT, THE • 1932
MADELS VON HEUTE • 1933
TRAUM VOM RHEIN, DER • 1933
REITER VON DEUTSCH-OSTAFRIKA, DIE • 1934
SPRINGER VON PONTRESINA, DER • 1934
ZWISCHEN ZWEI HERZEN • BETWEEN TWO HEARTS (USA) • 1934
DOMINO VERT, LE • 1935
GRUNE DOMINO, DER • 1935
IDEALER GATTE, EIN • 1935
FRAUDES ANDERSEN, DIE • 1936
SKANDAL UM DIE FLEDERMAUS • 1936
SPIEL AN BORD • 1936
ALARM IN PEKING • 1937
HEIRATSSCHWINDLER • ROTE MUTZE, DIE • 1937
ICH LIEBE DICH • 1938
SERGEANT BERRY • 1938
WASSER FUR CANITOGA • WATER FOR CANITOGA • 1939
MANN AUF ABWEGEN, EIN • 1940
TRENCK DER PANDUR • 1940
CARL PETERS • 1941
GEHEIMAKTE WB1 • 1942
TITANIC • 1943

SELTZER DAVID – USA

LUCAS • 1986
PUNCHLINE • 1987

SELTZER FRANK N. – USA

BREAKING HOME TIES • 1922

SELTZER LEO – USA

FLORIDA: WEALTH OR WASTE? • 1947

SELVARAJ PONDY – IND

SATHYAM THAVARATHE • ABIDE BY TRUTH • 1968

SELWAY PAUL – ITL

EROTIC FANTASIES • 1978

SELWYN EDGAR – Producer/writer – USA – 1875-1944

GIRL IN THE SHOW, THE • EVA THE FIFTH • 1930
WAR NURSE • 1930
MEN CALL IT LOVE • AMONG THE MARRIED • 1931
SIN OF MADELON CLAUDET, THE • LULLABY, THE (UKN) • 1931
MEN MUST FIGHT • WHAT WOMEN GIVE • 1932
SKYSCRAPER SOULS • 1932
TURN BACK THE CLOCK • 1933
MYSTERY OF MR. X, THE • MYSTERY OF THE DEAD POLICE • 1934

SELZNICK ARNA – USA – 1948-

STRAWBERRY SHORTCAKE AND THE BABY WITHOUT A NAME • 1983 • MTV
CARE BEARS MOVIE, THE • CARE BEARS MOVIE: LAND WITHOUT FEELING, THE • 1985 • ANM

SEMBENE OUSMANE – SNL – 1923-

BOROM SARRET • 1963 • SHT
SONGHAYS • EMPIRE SONRAI, L' • 1963
NIAYE • 1964 • SHT
NOIRE DE.., LA • BLACK ONE FROM.., THE ○ BLACK GIRL • 1967
MANDAT, LE • MONEY ORDER, THE (UKN) ○ MANDABI (USA) • 1968
TAUW • TAW • 1970
EMITAI • THUNDERGOD, THE • 1972
XALA • CURSE, THE ○ IMPOTENCE • 1974
CEDDO • PEOPLE ,THE ○ OUTSIDERS • 1977
CAMP DE THIARROYE • 1988

SEMEDO ARTUR – PRT – 1925-

DINHEIRO DOS POBRES, O • 1953
EXPOSICAO DE MARQUINAS AGRICOLAS NA AJUDA • 1953 • SHT
REGIME PRISIONAL PORTUGUES • 1954 • SHT
CASA DE ORATES, A • 1972 • MTV
MALTESES ,BURGUESES E AS VEZES.. • 1973
ALVES & Co • 1974 • MTV
SUA EXCELENCIA O MINISTRO • 1975 • MTV
REI DAS BERLENGAS, O • ANJINHOS NAO VOAM, OS ○ KING OF BERLENG, THE ○ ANGELS DON'T FLY • 1977

SEMEL SANFORD – USA

SUNDAY LARK • 1963

SEMLER DEAN – Dir. photo – ASL – 1944-

HARBOUR • 1978 • DOC
FIVE BELLS • 1979 • SHT

SEMON LARRY – Actor – USA – 1889-1928

SEMON LAWRENCE

BATTLER, THE • 1916 • SHT
BULLIES AND BULLETS • 1916 • SHT
HASH AND HAVOC • 1916 • SHT
HELP, HELP, HELP! • 1916 • SHT
HIS CONSCIOUS CONSCIENCE • 1916 • SHT
JEALOUS GUY, A • 1916 • SHT
JUMPS AND JEALOUSY • 1916 • SHT
LOOT AND LOVE • LOVE AND LOOT • 1916 • SHT
LOSING WEIGHT • 1916 • SHT
MAN FROM EGYPT, THE • 1916 • SHT
MORE MONEY THAN MANNERS • 1916 • SHT
OUT AG'IN, IN AG'IN • 1916 • SHT
RAH, RAH, RAH! • 1916 • SHT
ROMANCE AND ROUGHHOUSE • 1916 • SHT
SAND, SCAMPS AND STRATEGY • 1916 • SHT
SHANKS AND CHIVALRY • 1916 • SHT
SHE WHO LAST LAUGHS • 1916 • SHT
TERRY'S TEA PARTY • 1916 • SHT
THERE AND BACK • 1916 • SHT
TUBBY TURNS THE TABLES • 1916 • SHT
VILLAINOUS VILLAIN, A • 1916 • SHT
WALLS AND WALLOPS • 1916 • SHT
BIG BLUFFS AND BOWLING BALLS • 1917 • SHT
BOASTS AND BOLDNESS • 1917 • SHT
BOMBS AND BLUNDERS • 1917 • SHT
CHUMPS AND CHANCES • 1917 • SHT
COPS AND CUSSEDNESS • 1917 • SHT
DUBS AND DRYGOODS • 1917 • SHT
FLATHEADS AND FLIVVERS • 1917 • SHT
FOOTLIGHTS AND FAKERS • 1917 • SHT
GALL AND GOLF • 1917 • SHT
GUFF AND GUNPLAY • 1917 • SHT
HAZARDS AND HOME RUNS • 1917 • SHT
HE NEVER TOUCHED ME • 1917 • SHT
JOLTS AND JEWELRY • 1917 • SHT
MASKS AND MISHAPS • 1917 • SHT
NOISY NAGGERS AND NOSEY NEIGHBORS • 1917 • SHT
PAST AND PROMISES • 1917 • SHT
PESTS AND PROMISES • 1917 • SHT
PLAGUES AND PUPPY LOVE • 1917 • SHT
PLANS AND PAJAMAS • 1917 • SHT
RIPS AND RUSHES • 1917 • SHT
RISKS AND ROUGHNECKS • 1917 • SHT
ROUGH TOUGHS AND ROOF TOPS • 1917 • SHT
SHELLS AND SHIVERS • 1917 • SHT
SLIPS AND SLACKERS • 1917 • SHT
SOMEWHERE IN ANY PLACE • 1917 • SHT
SPEED AND SPUNK • 1917 • SHT
SPOOKS AND SPASMS • 1917 • SHT
SPORTS AND SPLASHES • 1917 • SHT
TOUGH LUCK AND TIN LIZZIES • 1917 • SHT
TURKS AND TROUBLES • 1917 • SHT
WORRIES AND WOBBLES • 1917 • SHT
BABES AND BOOBS • 1918 • SHT
BEARS AND BAD MEN • 1918
BIG BOOBS AND BATHING BEAUTIES • BATHING BEAUTIES AND BIG BOOBS • 1918 • SHT
BOODLE AND BANDITS • 1918 • SHT
DUNCES AND DANGERS • 1918 • SHT
FRAUDS AND FRENZIES • 1918 • SHT
GUNS AND GREASERS • 1918 • SHT
HINDOOS AND HAZARDS • 1918 • SHT
HUMBUGS AND HUSBANDS • 1918 • SHT
HUNS AND HYPHENS • 1918 • SHT
MUTTS AND MOTORS • 1918 • SHT
PLUCK AND PLOTTERS • 1918 • SHT
ROMANCE AND RASCALS • ROMANS AND RASCALS • 1918 • SHT
ROOMS AND RUMORS • 1918 • SHT
RUMMIES AND RAZORS • 1918 • SHT
SKIDS AND SCALLAWAGS • 1918 • SHT
SPIES AND SPILLS • 1918 • SHT
STRIPES AND STUMBLES • 1918 • SHT
WHISTLES AND WINDOWS • 1918 • SHT
BETWEEN THE ACTS • 1919 • SHT
DEW DROP INN • 1919
DULL CARE • 1919 • SHT
HIS HOME SWEET HOME • 1919 • SHT
PASSING THE BUCK • 1919 • SHT
SCAMPS AND SCANDALS • 1919 • SHT
SIMPLE LIFE, THE • 1919 • SHT
STAR BOARDER, THE • 1919 • SHT
TRAPS AND TANGLES • 1919 • SHT
WELL, I'LL BE.. • 1919 • SHT
FLY COP, THE • 1920 • SHT
GROCERY CLERK, THE • 1920 • SHT
HEAD WAITER, THE • 1920 • SHT
IN AND OUT • 1920 • SHT
SCHOOL DAYS • 1920 • SHT
SOLID CONCRETE • 1920 • SHT
SPORTSMAN, THE • 1920 • SHT
STAGE HAND, THE • STAGEHAND, THE • 1920 • SHT
SUITOR, THE • 1920 • SHT
BAKERY, THE • 1921 • SHT
BELL HOP, THE • 1921 • SHT
FALL GUY, THE • 1921 • SHT
HICK, THE • 1921 • SHT
RENT COLLECTOR, THE • 1921 • SHT
SAWMILL, THE • 1921 • SHT
AGENT, THE • 1922 • SHT
COUNTER JUMPER, THE • STORE KEEPER • 1922 • SHT
PAIR OF KINGS, A • 1922 • SHT
SHOW, THE • 1922 • SHT
SLEUTH, THE • 1922 • SHT
BARNYARD, THE • 1923 • SHT
MIDNIGHT CABARET • 1923 • SHT
NO WEDDING BELLS • 1923
PROPS • 1923
GIRL IN THE LIMOUSINE, THE • 1924
TROUBLE BREWING • 1924
WIZARD OF OZ, THE • 1925
STOP, LOOK AND LISTEN • 1926
SPUDS • 1927

SEMON LAWRENCE see **SEMON LARRY**

SEMPER GABRIELA – CLM

HERMANOS, LOS • BROTHERS, THE

SEMPRUN JORGE – SPN – 1923-

DEUX MEMOIRES, LES • 1973

SEMYONOV T. – USS

ROMAN KARMEN, WHOM WE KNOW AND DO NOT KNOW • DOC

SEN APARNA – IND

36 CHOWRINGHEE LANE • 1981
PAROMA • ULTIMATE WOMAN, THE • 1984
SATI • 1987
PICNIC • 1989

SEN ARBIND – IND

AMANAT • 1955

SEN ARDHENDU – IND

PARISODH • REPAYMENT • 1968

SEN ASIT – IND

PARIVAR • 1956
APRADHI KAUN? • WHO IS GUILTY? • 1958
MAMTA • AFFECTION • 1967
ANOKH RAAT • 1969

SEN FOU – CHN

HUMANITY'S HOPE • 1948
LIGHT OF THOUSANDS OF FAMILIES, THE • 1948

SEN HIRONMOY – IND

PAGLA THAKUR • MAD SAINT • 1967

SEN HONG – VTN

WILD FIELD

SEN MANU – IND

DEBITIRTHA-KAMRUP • HOLY PILGRIMAGE -KAMRUP, THE • 1967

SEN MRINAL – IND – 1923-

RAAT BHORE • DAWN, THE ○ NIGHT'S END • 1956
NEEL AKASHER NEECHEY • UNDER THE BLUE SKY • 1959
BAISHEY SHRAVANA • WEDDING DAY • 1960
PUNASHA • OVER AGAIN ○ PUNNASCHA • 1961
ABASHESHEY • AND AT LAST • 1962
PRATINIDHI • REPRESENTATIVE, THE ○ TWO PLUS ONE • 1964
AKASH KUSUM • UP IN THE CLOUDS ○ HOUSE OF CARDS • 1965
MATIRA MANISHA • MAN OF THE SOIL ○ TWO BROTHERS • 1967
MOVING PERSPECTIVES • 1968 • DOC
BHUVAN SHOME • MR. SHOME • 1969
ICHHAPURAN • WISH-FULFILMENT • 1969
INTERVIEW, THE • 1970
CALCUTTA '71 • 1972
EK ADHURI KAHANI • UNFINISHED STORY, AN • 1972
PADATIK • GUERILLA FIGHTER, THE • 1973
CHORUS • 1974
KAFAR • 1976
MRIGAYAA • ROYAL HUNT, THE ○ DEER HUNT • 1976
OKA OORIE KATHA • STORY OF A VILLAGE ○ OUTSIDERS, THE • 1977
PARASHURAM • MAN WITH THE AXE, THE ○ PARASURAM • 1978
EK DIN PRATIDIN • AND STILL BREAKS THE DAWN ○ AND QUIET ROLLS THE DAWN ○ QUIET ROLLS THE DAY • 1979
PORTRAIT OF A NEW MAN
AKALER SANDHANE • IN SEARCH OF FAMINE ○ AAKALER SANDHANE • 1980
CHAALCHITRA • KALEIDOSCOPE, THE • 1981
KHANDAR • RUINS, THE • 1983
KHARIJ • CASE IS CLOSED, THE ○ KHARJI • 1983
GENESIS • 1985
CITY LIFE • 1989
EKDIN ACHANAK • SUDDENLY ONE DAY.. (UKN) ○ AND SUDDENLY ONE DAY.. • 1989

SENDER RAMON – SPN

CRONICA DEL ALBA • CHRONICLE OF DAWN • 1983

SENECAL JEAN-MICHEL – FRN

CHAMBRE DES PHANTASMES, LA • 1979

SENECHAL GEORGES – FRN

MAMAN JONES • 1974

SENENSKY RALPH – USA

DREAM FOR CHRISTMAS, A • 1973 • TVM
DEATH CRUISE • 1974 • TVM
FAMILY KOVACK, THE • 1974 • TVM
FAMILY NOBODY WANTED, THE • 1975 • TVM
NEW ADVENTURES OF HEIDI, THE • 1978 • TVM

SENFT H. see **SENFT HARO**

SENFT HARO – Producer – GRM – 1928-

SENFT H.

MAYA • 1957
SANFTE LAUF, DER • SMOOTH CAREER, THE ○ SMOOTH SAILING • 1967

SENGHOR BLAISE – SNL

LAT DIOR • 1975

SENGISSEN – FRN

COTE D'ADAM, LE • 1963 • SHT

SENNETT MACK – CND – 1880-1960

EFFECTING A CURE • 1910
LUCKY TOOTHACHE, A • 1910
MASHER, THE • 1910
ABE GETS EVEN WITH FATHER • 1911
BARON, THE • 1911
BEARDED YOUTH • 1911
BEAUTIFUL VOICE, THE • 1911
CAUGHT WITH THE GOODS • 1911
COMRADES • 1911
CONVENIENT BURGLAR, A • 1911
COUNTRY LOVERS, THE • 1911
CUPID'S JOKE • 1911
CURED • 1911
CURIOSITY • 1911
DAVE'S LOVE AFFAIR • 1911
DELAYED PROPOSAL, THE • 1911
DIVING GIRL, THE • 1911
DOOLEY'S SCHEME • 1911
DUTCH GOLD MINE, THE • 1911
GHOST, THE • 1911
HER MOTHER INTERFERES • 1911
HER PET • 1911
INTERRUPTED GAME, AN • 1911
INVENTOR'S SECRET, THE • 1911
JEALOUS HUSBAND, THE • 1911
JINX JOINS THE TEMPERANCE CLUB • 1911
JOKE ON THE JOKER, THE • 1911
JOSH'S SUICIDE • 1911
LUCKY HORSESHOE, THE • 1911
MANICURE LADY, THE • 1911
MISPLACED JEALOUSY • 1911
MIX-UP IN RAIN COATS, A • 1911
MR. BRAGG, A FUGITIVE • 1911
MR. PECK GOES CALLING • 1911
PRISCILLA AND THE UMBRELLA • 1911
PRISCILLA'S APRIL FOOL JOKE • 1911
RESOURCEFUL LOVERS • 1911
STUBBS' NEW SERVANTS • 1911
TAKING HIS MEDICINE • 1911
THAT DARE DEVIL • 1911
THEIR FATES SEALED • 1911
THEIR FIRST DIVORCE CASE • 1911
THROUGH HIS WIFE'S PICTURE • 1911
TOO MANY BURGLARS • 1911

TRAILING THE COUNTERFEITER • 1911
VICTIM OF CIRCUMSTANCES, A • 1911
VILLAGE HERO, THE • 1911
VILLAIN FOILED, THE • 1911
WHEN WIFEY HOLDS THE PURSE STRINGS • 1911
WHO GOT THE REWARD? • 1911
WHY HE GAVE UP • 1911
WON THROUGH A MEDIUM • 1911
WONDERFUL EYE, THE • 1911
$500 REWARD • 1911
AMBITIOUS BUTLER, THE • 1912
AT CONEY ISLAND • 1912
AT IT AGAIN • 1912
BEAR ESCAPE, A • 1912
BEATING HE NEEDED, THE • 1912
BRAVE AND BOLD • 1912
BRAVE HUNTER, THE • 1912
BROWN'S SEANCE • 1912
CLOSE CALL, A • 1912
COHEN COLLECTS A DEBT • 1912
DASH THROUGH THE CLOUDS, A • 1912
DESPERATE LOVER, A • 1912
DID MOTHER GET HER WISH? • 1912
DRUMMER'S VACATION, THE • 1912
DUEL, THE • 1912
ENGAGEMENT RING, THE • 1912
FAMILY MIX-UP, A • 1912
FATAL CHOCOLATE, THE • 1912
FICKLE SPANIARD, THE • 1912
FLIRTING HUSBAND, THE • 1912
FURS, THE • 1912
GOT A MATCH? • 1912
GROCERY CLERK'S ROMANCE, THE • 1912
HELEN'S MARRIAGE • 1912
HELP! HELP! • 1912
HIS OWN FAULT • 1912
HOFFMEYER'S LEGACY • 1912
HOT STUFF • 1912
INTERRUPTED ELOPEMENT, AN • 1912
KATCHEM KATE • 1912
LEADING MAN, THE • 1912
LIKE THE CAT, THEY CAME BACK • 1912
LILLY'S LOVERS • 1912
MABEL'S ADVENTURES • 1912
MABEL'S LOVERS • 1912
MESSAGE FROM THE MOON, A • 1912
MIDNIGHT ELOPEMENT, A • 1912
MR. FIXIT • MR. FIXER • 1912
MR. GROUCH AT THE SEASHORE • 1912
NEAR TRAGEDY, A • 1912
NEIGHBORS • 1912
NEW BABY, THE • 1912
NEW NEIGHBOR, THE • 1912
OH, THOSE EYES! • 1912
ONE-ROUND O'BRIEN • 1912
PANTS AND PANSIES • 1912
PAT'S DAY OFF • 1912
PEDRO'S DILEMMA • 1912
PRISCILLA'S CAPTURE • 1912
RILEY AND SCHULTZE • 1912
RIVALS, THE • 1912
SPANISH DILEMMA, A • 1912
SPEED DEMON, THE • 1912
STERN PAPA • 1912
STOLEN GLORY • 1912
TEMPERAMENTAL HUSBAND, A • 1912
THEIR FIRST KIDNAPPING CASE • 1912
THOSE HICKSVILLE BOYS • 1912
THROUGH DUMB LUCK • 1912
TOMBOY BESSIE • 1912
TOURISTS, THE • 1912
TRAGEDY OF A DRESS SUIT, THE • 1912
TRYING TO FOOL UNCLE • 1912
USEFUL SHEEP • 1912 • DOC
VOICE FROM THE DEEP, A • 1912
WATER NYMPH, THE • 1912
WHAT THE DOCTOR ORDERED • 1912
WHEN THE FIRE-BELLS RANG • 1912
WILLIE BECOMES AN ARTIST • 1912
WITH A KODAK • 1912
WON BY A FISH • 1912
WOULD-BE SHRINER, THE • WOULD-BE SINNER, THE • 1912
ABALONE INDUSTRY, THE • 1913 • DOC
ALGY ON THE FORCE • 1913
AT TWELVE O'CLOCK • 1913
BABY DAY • 1913
BAD GAME, A • 1913
BANGVILLE POLICE, THE • 1913
BARNEY OLDFIELD'S RACE FOR A LIFE • 1913
BATTLE OF WHO RUN, THE • 1913
BOWLING MATCH, THE • 1913
CHIEF'S PREDICAMENT, THE • 1913
COHEN SAVES THE FLAG • 1913
COHEN'S OUTING • 1913
CUPID IN A DENTAL PARLOR • CUPID IN THE DENTAL PARLOR • 1913
CURE THAT FAILED, THE • 1913
DARKTOWN BELLE, THE • 1913
DEACON OUTWITTED, THE • 1913
DEAF BURGLAR, A • 1913
DOCTORED AFFAIR, A • 1913
DOLLAR DID IT, A • 1913
DOUBLE WEDDING, A • 1913
ELITE BALL, THE • 1913
FAITHFUL TAXICAB, THE • 1913
FATAL TAXICAB, THE • 1913
FATHER'S CHOICE • 1913
FEEDING TIME • 1913
FIREBUGS, THE • 1913
FISHY AFFAIR, A • 1913
FOILING FICKLE FATHER • 1913
FOR LIZZIE'S SAKE • 1913
FOR LOVE OF MABEL • 1913
FORCED BRAVERY • 1913
FOREMAN OF THE JURY, THE • 1913
GAME OF POKER, A • 1913
GAME OF POOL, A • 1913
GANGSTERS, THE • 1913
GUSHER, THE • 1913
GYPSY QUEEN, THE • 1913
HANSOM DRIVER, THE • 1913
HEALTHY NEIGHBORHOOD, A • 1913
HEINZE'S RESURRECTION • 1913
HELP, HELP, HYDROPHOBIA! • 1913
HER BIRTHDAY PRESENT • 1913
HER NEW BEAU • 1913
HIDE AND SEEK • 1913
HIS CHUM, THE BARON • 1913
HIS CROOKED CAREER • 1913
HIS UPS AND DOWNS • 1913
HOW HIRAM WON OUT • 1913
HUBBY'S JOB • 1913
JEALOUS WAITER, THE • 1913
JENNY'S PEARLS • 1913
JUST BROWN'S LUCK • 1913
KELP INDUSTRY, THE • 1913 • DOC
LAND SALESMAN, THE • 1913
LANDLORD'S TROUBLES, A • 1913
LARGEST BOAT EVER LAUNCHED SIDEWAYS, THE • 1913
LIFE IN THE BALANCE, A • 1913
LITTLE HERO, A • 1913
LOS ANGELES HARBOR • 1913 • DOC
LOVE AND COURAGE • 1913
LOVE AND PAIN • 1913
LOVE AND RUBBISH • 1913
LOVE SICKNESS AT SEA • 1913
MABEL'S AWFUL MISTAKE • 1913
MABEL'S DRAMATIC CAREER • 1913
MABEL'S HEROES • 1913
MABEL'S NEW HERO • 1913
MAKING OF AN AUTOMOBILE TYRE, THE • 1913 • DOC
MAN NEXT DOOR, THE • 1913
MILK WE DRINK, THE • 1913 • DOC
MISTAKEN MASHER, THE • 1913
MOTHER'S BOY • 1913
MUDDY ROMANCE • 1913
MURPHY'S I.O.U. • 1913
NEW CONDUCTOR, THE • 1913
NOISE FROM THE DEEP, A • 1913
ON HIS WEDDING DAY • 1913
OUT AND IN • 1913
PASSIONS, HE HAD THREE • 1913
PEDDLER, THE • 1913
PEEPING PETE • 1913
PROF. BEAN'S REMOVAL • 1913
PROFESSOR'S DAUGHTER, THE • 1913
QUIET LITTLE WEDDING, A • 1913
RASTUS AND THE GAME-COCK • 1913
RED HOT ROMANCE, A • 1913
RIOT, THE • 1913
RUBE AND THE BARON, THE • 1913
RURAL THIRD DEGREE, A • 1913
SAFE IN JAIL • 1913
SAN FRANCISCO CELEBRATION, THE • 1913 • DOC
SAVING MABEL'S DAD • 1913
SCHNITZ, THE TAILOR • 1913
SIR THOMAS LIPTON OUT WEST • 1913 • DOC
SLEUTHS AT THE FLORAL PARADE, THE • 1913
SLEUTH'S LAST STAND, THE • 1913
SOME NERVE • 1913
SPEED KINGS, THE • 1913
SPEED QUEEN, THE • 1913
STOLEN PURSE, THE • 1913
STRONG REVENGE, A • 1913
TALE OF A BLACK EYE, THE • 1913
TANGLED AFFAIR, A • 1913
TELLTALE LIGHT, THE • 1913
THAT RAG TIME BAND • 1913
THEIR FIRST EXECUTION • 1913
THOSE GOOD OLD DAYS • 1913
TWO OLD TARS • 1913
TWO WIDOWS • 1913
WAITERS' PICNIC, THE • 1913
WHEN DREAMS COME TRUE • 1913
WIFE WANTED, A • 1913
WILLIE MINDS THE DOG • 1913
ZUZU, THE BAND LEADER • 1913
ACRES OF ALFALFA • 1914 • DOC
ACROSS THE HALL • 1914
BATHING BEAUTY, A • 1914
COLORED GIRL'S LOVE, A • 1914
FATAL FLIRTATION • 1914
FATAL MALLET, THE • PILE DRIVER, THE ○ RIVAL SUITORS ○ HIT HIM AGAIN • 1914
FILM JOHNNIE, A • MOVIE NUT ○ CHARLIE AT THE STUDIO ○ MILLION DOLLAR JOB • 1914
HE LOVES THE LADIES • 1914
HIGH SPOTS ON BROADWAY • 1914
HOW MOTION PICTURES ARE MADE • 1914 • DOC
IN THE CLUTCHES OF THE GANG • 1914
KNOCK OUT, THE • COUNTED OUT ○ PUGILIST, THE ○ KNOCKOUT, THE • 1914
LOVE AND DYNAMITE • 1914
MABEL AT THE WHEEL • HIS DAREDEVIL QUEEN ○ HOT FINISH • 1914
MABEL'S LATEST PRANK • 1914
MABEL'S STRANGE PREDICAMENT • HOTEL MIXUP • 1914
MACK AT IT AGAIN • 1914
MORNING PAPERS, THE • 1914 • DOC
OLIVES AND THEIR OIL • 1914 • DOC
RURAL DEMON, A • 1914
SANTA CATALINA ISLANDS • 1914 • DOC
SEA NYMPHS, THE • 1914
STOUT HEART BUT WEAK KNEES • 1914
TANGO TANGLES • CHARLIE'S RECREATION ○ MUSIC HALL • 1914
TILLIE'S PUNCTURED ROMANCE • CHARLIE'S BIG ROMANCE ○ FOR THE LOVE OF TILLIE ○ MARIE'S MILLIONS ○ TILLIE'S NIGHTMARE • 1914
TOO MANY BRIDES • 1914
TWENTY MINUTES OF LOVE • COPS AND WATCHERS ○ HE LOVED HER SO • 1914
WASHING OUR CLOTHES • 1914
WORLD'S OLDEST LIVING THING, THE • 1914 • DOC
YOSEMITE, THE • 1914 • DOC
COMRADES • 1915
FOR BETTER -BUT WORSE • 1915
LITTLE TEACHER, THE • 1915
MY VALET • 1915
RASCAL OF WOLFISH WAYS, A • 1915
STEEL ROLLING MILL, A • 1915 • DOC
STOLEN MAGIC • 1915
THOSE COLLEGE GIRLS • 1915
UNITED STATES ARMY IN SAN FRANCISCO • 1915 • DOC
VIEWING SHERMAN INSTITUTE FOR INDIANS AT RIVERSIDE • 1915 • DOC
OH, MABEL BEHAVE • 1917
HOME TALENT • 1921
OH, MABEL BEHAVE • 1921 • SHT
SEA DOG'S TALE, A • 1926 • SHT
FINISHED ACTOR, A • 1927 • SHT
GOODBYE KISS, THE • ROMANCE OF A BATHING GIRL, THE • 1928
LION'S ROAR, THE • 1928 • SHT
BARBER'S DAUGHTER, THE • 1929 • SHT
BEE'S BUZZ, THE • 1929 • SHT
BIG PALOOKA, THE • 1929 • SHT
BRIDE'S RELATIONS, THE • 1929 • SHT
BROADWAY BLUES • 1929
CONSTABULE, THE • 1929 • SHT
GIRL CRAZY • 1929 • SHT
GOLFERS, THE • 1929 • SHT
HOLLYWOOD STAR, A • 1929 • SHT
JAZZ MAMAS • 1929 • SHT
LUNKHEAD, THE • 1929 • SHT
NEW BANKROLL, THE • 1929 • SHT
NEW HALFBACK, THE • 1929 • SHT
OLD BARN, THE • 1929 • SHT
WHIRLS AND GIRLS • 1929 • SHT
AVERAGE HUSBAND • 1930 • SHT
BLUFFER, THE • 1930 • SHT
BULLS AND BEARS • 1930 • SHT
CAMPUS CRUSHES • 1930 • SHT
CHUMPS, THE • 1930 • SHT
DIVORCED SWEETHEARTS • 1930
FAT WIVES FOR THIN • 1930 • SHT
GOODBYE LEGS • 1930 • SHT
GRANDMA'S GIRL • 1930 • SHT
HELLO, TELEVISION • 1930 • SHT
HONEYMOON ZEPPELIN • 1930
MATCH PLAY • 1930 • SHT
MIDNIGHT DADDIES • 1930
RACKET CHEERS • 1930 • SHT
ROUGH IDEA OF LOVE • 1930
SCOTCH • 1930 • SHT
SUGAR PLUM PAPA • 1930 • SHT
VACATION LOVES • 1930 • SHT
ALBANY BUNCH, THE • 1931 • SHT
CHISELER, THE • 1931 • SHT
DANCE HALL MARGE • 1931
FAINTING LOVER • 1931 • SHT
GHOST PARADE • 1931 • SHT
HOLD 'ER SHERIFF • 1931
HOLLYWOOD HAPPENINGS • 1931 • SHT
I SURRENDER DEAR • 1931
MONKEY BUSINESS IN AFRICA • 1931 • SHT
MOVIE TOWN • 1931
ONE MORE CHANCE • 1931 • SHT
POOR FISH, A • 1931
SPEED • 1931 • SHT
FREAKS OF THE DEEP • 1932 • DOC
HYPNOTIZED • 1932
PLAYGROUNDS OF THE MAMMALS • 1932 • DOC
HYPNOTISED • 1933
FLICKER FEVER • 1935
JUST ANOTHER MURDER • 1935
TIMID YOUNG MAN, THE • 1935 • SHT
WAY UP THAR • 1935 • SHT
YE OLD SAW MILL • 1935

SENNO KOJI – JPN

KIGEKI TOKYO NO INAKAPPE • BUMPKIN OF TOKYO, A • 1967
NEW YORK GAERI NO INAKKAPPE • GREAT NEW YORK CON GAME, THE • 1967

SENS AL – Animator – CND – 1933–

PUPPET'S DREAM, THE • 1958 • ANS
RARE BIRD, THE • 1958 • ANS
PEDLAR OF POESY, THE • 1959 • ANS
SORCERER, THE • 1960 • ANS
ONCE OR TWICE UPON A TIME AND THRICE UPON A SPACE • 1965 • ANS
SEE, HEAR, TALK, THINK, DREAM AND ACT FILM, THE • SEE, HEAR, WALK, TALK, THINK AND ACT FILM, THE • 1965 • ANS
HENRY • 1966 • ANS
MAN AND MACHINE • MAN AND THE MACHINE • 1966 • ANS
PLAYGROUND • 1966 • ANS
BROTHERHOOD • 1967 • ANS
I'VE NEVER SEEN ANYTHING LIKE IT • 1967 • ANS
UNIDENTIFIED MAN, AN • 1970 • ANS
JOURNEE DANS LA VIE DE RAMIKELLE, UNE • 1973 • ANS
BUREAUCRACY, THE • 1974 • ANS
PHYSICAL FITNESS -THE NEW PERSPECTIVE • 1974 • ANS
TWITCH, THE • 1974 • ANS
HARD DAY AT THE OFFICE, A • 1977 • ANS
INTERVIEW WITH IVAN SHUSIKOV, AN • 1977 • SHT
LOGGER • 1978 • ANS
PROBLEMS ON AN IMAGINARY FARM • 1978 • ANS
FUNNY COW • 1980 • ANS
REALITY IN REVOLT • 1981 • SHT
THOUGHTS IN A LANDSCAPE • 1981 • SHT
ACTING OUT • 1983 • SHT
BACKSTAGE AT A NURSERY RHYME • 1983 • ANS

SENTIER JEAN-PIERRE – FRN – 1940–

ARRET AU MILIEU, L' • 1978
JARDINIER, LE • 1981
BRUIT QUI COURT, UN • 1983

SENTOL MAT see **SENTUL MAT**

SENTUL MAT – MLY

SENTOL MAT

MAT RAJA KAPOR
PENAGIH DADAH • DRUG ADDICT • 1977

SEPENTA ABDOL HOSEYN – IRN

DOKHTA LOR • 1934

SEQUEIRO ADELA see **SEQUEYRO ADELA**

SEQUENS JIRI – CZC – 1922–

OLOVENY CHLEB • RED WHITSUN • 1954
WINDY MOUNTAIN • 1955
NEPORAZENI • UNVANQUISHED, THE ○ UNCONQUERED, THE • 1956
UTEK ZE STINU • ESCAPE FROM THE SHADOWS • 1958
DEATH ON SUGAR ISLAND • 1961
KOLIK SLOV STACI LASCE • LOVE WITHOUT WORDS • 1961
TAXI PROSIM • TALES FROM THE LIFE OF A PRAGUE TAXI-DRIVER ○ TAXI, PLEASE • 1961
ATENTAT • ASSASSINATION • 1964
EROTES STI LESVO • ROMANCE IN LESVOS • 1967
HANDSOME DRAGOON'S MATCH, THE • 1970
MR. PENICKA AND MISS BROLLY • 1970
KRONIKA ZHAVEHO LETA • CHRONICLE OF A HOT SUMMER • 1972
POKUS O VRAZDU • ATTEMPTED MURDER • 1973

SEQUEYRO ADELA – MXC

SEQUEIRO ADELA

MUJER DE NADIE, LA • NOBODY'S WOMAN • 1937
DIABLILLOS DE ARRABAL • 1938

SEQUI MARIO – ITL – 1910–

WILEYS ANTHONY

ISOLA DI MONTECRISTO, L' • ISLAND OF PROCIDA, THE (USA) • 1950
ALTURA • ROCCE INSANGUINATE • 1951
INCANTESIMO TRAGICO • OLIVIA ○ TRAGIC SPELL • 1951
MONASTERO DI SANTA CHIARA • NAPOLI HA FATTO UN SOGNO • 1951
CRONACA DI UN DELITTO • 1953
GIOVENTU DI NOTTE • 1962
UOMINI DAL PASSO PESANTE • TRAMPLERS, THE (USA) • 1966
COBRA, EL • COBRA, IL (ITL) ○ COBRA, THE (USA) • 1968
TIGRI DI MOMPRACEN, LE • 1970
FRATELLO HOMO, SORELLA BONA • GET THEE TO A NUNNERY (UKN) ○ ROMAN SCANDALS '73 ○ FRATELLO HOMO, SORELLA BONA -NEL BOCCACCIO SUPERPROIBITO • 1972
BACO DA SETA, IL • 1974
VERGINELLA, LA • 1975

SERAFINI GIORGIO – GRM

BLUE NOTTE • DIRTY NIGHT • 1989

SERAFINOWICZ LEOKADIA – Animator – PLN
BAZYLISZEK • ENCOUNTER WITH THE BASILISK ○ BASILISK, THE • 1961 • ANM

SERANDREI MARIO – Editor – ITL – 1907–1966
GIORNI DI FURORE • 1964 • DOC

SERDARIS VANGELIS – GRC
LISTIA STIN ATHINA • ROBBERY, THE • 1969
CONFESSIONS OF A RIDING MISTRESS • LOVE ON A HORSE • 1977
GREENHOUSE, THE • 1985

SEREBRYAKOV N. – USS
HE WANTED TO BE BRAVE • 1963 • ANS

SERENA GUSTAVO – Actor – ITL – 1882–
VITA PER VITA • 1913
A SAN FRANCISCO • 1914
AMOR DI LADRO • 1914
SIGNORI LA FESTA E FINITA • 1914
ASSUNTA SPINA • 1915
AVARIZZIA, L' • AVARICE • 1915
DIANA L'AFFASCINATRICE • 1915
OTTO MILLIONI DI DOLLARI • 1915
SIGNORA DALLE CAMELIE, LA • LADY OF THE CAMELLIAS, THE • 1915
YVONNE LA BELLA DONNA • 1915
DESTINO • 1916
FEDORA • 1916
OBERDAN • 1916
ODETTE • 1916
VITTIMA DELL'IDEALE • 1916
ANDREINA • 1917
FERNANDA • 1917
MISTERO DI QUELLA NOTTE, IL • 1917
AFFAIRE CLEMENCEAU, L' • 1918
IMMAGINE DELL'ALTRA, L' • 1918
TOSCA • 1918
COME RE CANDAULE • 1920
DIANA SOREL • 1920
FIORE SELVAGGIO • 1920
OLTRAGGIO, L' • 1920
OSCURE VICENDE • 1920
PARIGI MISTERIOSI • 1920
SENZA COLPA • 1920
SERENATA DI SCHUBERT, LA • 1920
SETTE PECCATI, I • 1920
ULTIMA RECITA DI ANNA PARNELL, L' • 1920
PERLA NERA, LA • 1922
COSCIENZA • 1923
QUANN'AMMORE VO'FILA • 1929
ZAPPATORE • 1929
ZAGANELLA E IL CAVALIERE • 1932

SERENY EVA – UKN
DRESS, THE • 1984 • SHT

SERESIN MICHAEL – USA
HOMEBOY • 1989

SERGENT JEAN-PIERRE – FRN – 1940–
PEUPLE ET SES FUSILS, LE • PEOPLE AND THEIR GUNS, THE (USA) • 1970 • DOC

SERGEYEV KONSTANTIN – USS
SPYASHCHAYA KRASAVITSA • SLEEPING BEAUTY, THE (USA) • 1964
LEBEDINOYE OZERO • SWAN LAKE (UKN) • 1968

SERGIENKO R. – USS
CHERNOBYL WARNING BELL, THE • 1987 • DOC

SERIA JOEL – FRN – 1936–
MAIS NE NOUS DELIVREZ PAS DU MAL • BUT DO NOT DELIVER US FROM EVIL ○ DON'T DELIVER US FROM EVIL • 1970
CHARLIE ET SES DEUX NENETTES • 1974
GALETTES DE PONT-AVEN, LES • 1975
MARIE-POUPEE • MARIE POUPEE ○ MARIE THE DOLL • 1976
COMME LA LUNE • 1977
SAN ANTONIO NE PENSE QU'A CA • 1981

SERIKAWA YUGO – JPN
WANPAKU OJI NO OROCHITAIJI • LITTLE PRINCE AND THE EIGHT-HEADED DRAGON, THE (USA) ○ PRINCE IN WONDERLAND ○ RAINBOW BRIDGE • 1963 • ANM
SAIBOGU 009 • CYBORG 009 • 1966
SAIBOGU 009 -KAIJU SENSO • CYBORG 009 -KAIJU SENSO ○ CYBORG 009 -UNDERGROUND DUEL • 1967
CHIBIKKO REMI TO MEIKEN KAPI • NOBODY'S BOY • 1970 • ANM
MAHO NO MAKOCHAN • MAGIC MAKO • 1971 • SHT

SERINO FRANCO
WORLD OF TOPO GIGIO, THE • 1965

SERIOUS YAHOO – ASL
PEAD GRED
YOUNG EINSTEIN • 1986

SERKEIS GEORGE MICHIL – BRZ
BONE, O HOMEM VIRGEM • 1972

SERMET OZEN – BRZ
TORMENTO • SOMBRA DE UM SORRISO, A ○ SHADOW OF A SMILE • 1972

de la SERNA MAURICIO – MXC
BUEN LADRON, EL • 1955
CARAS NUEVAS • 1955
PABLO Y CAROLINA • 1955
VIVA EL AMOR • 1956
HIJOS DEL DIVORCIO, LOS • CHILDREN OF DIVORCE • 1957
PEPITO Y LOS ROBACHICOS • 1957
CADA QUIEN SU MUSICA • 1958
CHICO VALIENTE, UN • 1958
DERECHO A LA VIDA, EL • 1958
PARAISO ESCONDIDO • 1958
SENORITAS VIVANCO, LAS • 1958
JOVEN MANCORNADORA, LA • 1959
MIS ABUELITAS.. NOMAS! • 1959
PROCESO DE LAS SENORITAS VIVANCO, EL • 1959
QUE BONITO AMOR! • 1959
MARTIN SANTOS, EL LLANERO • 1960
MEMORIAS DE MI GENERAL, LAS • 1960
RUMBO A BRASILIA • EN ROUTE TO BRASILIA • 1960
CUANTO VALE TU HIJO • 1961
PECADO DE JUVENTUD • 1961
CUANDO LOS HIJOS SE PIERDEN • 1962
FURIA EN EL EDEN • 1962

SERNA RENE – MXC
GEMMA • SECRETO DE MUERTE • 1949

SERNAS JUAN ANTONIO – ARG
LORO DE LA SOLEDAD, EL • PARROT OF LONELINESS, THE • 1967

SERPI PINO – ITL
BALLATA SPAGNOLA • CAROSELLO SPAGNOLA • 1958 • DOC

SERRA GIANNI – ITL – 1933–
CASO APPARENTEMENTE FACILE, UN • 1968
RETE, LA • 1970 • MTV
UNO DEI TRE • 1972 • MTV
DEDICATO A UN MEDICO • 1974 • MTV
FORTEZZE VUOTE • 1975
NERO MUOVE, IL • 1977 • MTV
RAGAZZA DI VIA MILLELIRE, LA • 1979 • MTV

SERRANO CARLOS – SPN – 1940–
GATAS TIENEN FRIO, LAS • 1967
BATIDA DE RAPOSAS • 1976

SERRANO de OSMA CARLOS – SPN – 1916–
de OSMA CARLOS SERRANO
ABEL SANCHEZ • 1946
EMBRUJO • 1947
SIRENA NEGRA, LA • 1947
SOMBRE ILUMINADA, LA • 1948
CERCO DE IRA • 1949
ROSTRO AL MAR • 1949
PARSIFAL • EVIL FOREST, THE • 1951
ROSA ROJA, LA • 1960

SERRANO NINA – USA
AFTER THE EARTHQUAKE • DOC
QUE HAZER • 1972

SERRE DANIEL – FRN – 1952–
PROFESSION: REALISATEUR, AGE: DIX ANS • 1977 • DOC

SERREAU COLINE – FRN – 1947–
MAIS QUEST'CE QU'ELLES VEULENT? • BUT WHAT DO THEY WANT? • 1977 • DOC
POURQUOI PAS? • WHY NOT? • 1979
QU'EST-CE QU'ON ATTEND POUR ETRE HEUREUX? • 1982
TROIS HOMMES ET UN COUFFIN • THREE MEN AND A CRADLE (USA) • 1985
ROMUALD ET JULIETTE • ROMUALD & JULIETTE (UKN) • 1989

SERRES JEAN – FRN – 1934–
LORRAINE, COEUR D'ACIER -UNE RADIO DANS LA VILLE • 1978 • DOC

SERVAES ERNEST – FRN
MIREILLE • 1922
MIREILLE • 1933

SERVAIS RAOUL – Animator – BLG
HAVENLICHTEN • HARBOR LIGHTS • 1960 • ANS
VALSE NOOT, DE • FALSE NOTE, THE • SHT
CHROMOPHOBIA • CHROMOFOBIA • 1965 • ANS
GOLDFRAME • 1968 • ANS
SIRENE • 1968 • ANS
TO SPEAK OR NOT TO SPEAK • ANS
OPERATION X-70 • 1972 • ANS
PEGASUS • 1973 • ANM
TAXANDRIA • 1990

SERY A. – USS
GENTLEMAN OF FORTUNE, THE • 1972

SESANI RICCARDO – ITL
AMORE TARGATO FORLI, UN • 1977
DANCE FEVER • 1984

SESHAGIRI G. V. R. – IND
PAPAKOSAM • FOR THE CHILD'S SAKE • 1968

SESHAGIRI RAO A. V. – IND
RAO A. V. SESHAGIRI • RAO A. V. S. • RAO A. SESHAGIRI
KATHAL PARAVAI • LOVE BIRD • 1967
VEERA POOJA • 1967
HOOVU MULLU • FLOWER AND THORN • 1968

SESSA ALEJANDRO – USA
AMAZONS • 1987
STORM QUEST • STORMQUEST • 1988

SESTIER MARIUS – FRN
MELBOURNE CUP • 1896
NEW SOUTH WALES HORSE ARTILLERY IN ACTION • 1896
PASSENGERS ALIGHTING FROM FERRY BRIGHTON AT MANLY • 1896

SETBON PHILIPPE – FRN – 1957–
MR. FROST • 1990

SETH CARL-JOHAN – SWD
OM SJU FLICKOR • SEVEN GIRLS • 1974

SETHUMADHAVAN K. S. – IND
PALMANAM • INNOCENT • 1968
OPPOL • ELDER SISTER • 1980

SETKINA IRINA – USS
AUGUST 14: ONE DAY IN THE U.S.S.R. • 1948
OSVOBOZHDYONNY KITAI • LIBERATED CHINA ○ NEW CHINA, THE • 1950

SETO JAVIER – SPN – 1926–1969
SETO XAVIER
BRONCE Y LUNA • 1952
MERCADO PROHIBIDO • 1952
FANTASIA ESPANOLA • 1953
PASAPORTE PARA UN ANGEL • 1953
DUELO DE PASIONES • 1954
MANANA CUANDO AMANEZCA • 1954
HA PASADO UN HOMBRE • 1955
PUENTE DEL DIABLO, EL • 1955
SAETA RUBIA • 1956
MARAVILLA • 1957
PANE AMORE E ANDALUSIA • VIVE AMORE • 1959
CORISTA, LA • 1960
ABUELITA CHARLESTON • LITTLE GRANDMA CHARLESTON • 1961
HAN ROBADO UNA ESTRELLA • 1961
PELUSA • 1961
LULU • 1962
ESCANDALO, EL • 1963
OTONALES, LAS • 1963
VALLE DE LAS ESPADAS, EL • CASTILIAN, THE (USA) ○ VALLEY OF THE SWORDS • 1963
GITANA BLANCA • 1965
LLAMADA, LA • CALL, THE • 1965
SWEET SOUND OF DEATH • 1965
QUERIDO PROFESOR • 1966
TABU (FUGITIVOS DE LAS ISLAS DEL SUR) • VERGINE DI SAMOA, LA (ITL) ○ DRUM OF TABU, THE (USA) • 1966
VIAJE AL VACIO • 1967
LONG PLAY • 1968
ASSASSINO FANTASMA • 1969
VIVA AMERICA! • VERA STORIA DI FRANK MANNATA, LA (ITL) ○ MAFIA MOB (UKN) • 1969

SETO XAVIER see **SETO JAVIER**

SETTE JOSE – BRZ
FILM 100% BRASILEIRO, UM • 100% BRAZILIAN FILM, A • 1986

SETTIMO M. – SPN
COMO UN PAJARO • LIKE A BIRD • 1969 • ANS

SEUNGKIE HONG – SKR
EMILLE JONG • BELL OF EMILLE, THE • 1961

SEUNKE ORLOW – NTH
ALLE DAGEN FEEST • PARTY EVERY DAY, A • 1975
SMAAK VAN WATER, DE • TASTE OF WATER, THE • 1982
PERVOLA • 1985

SEVCIK IGOR – Animator – CZC
ANO • YES • ANM
LOVEC • HUNTER • ANM
SIESTA • 1977 • ANM

SEVEN JOHNNY – USA
NAVAJO RUN • 1966

SEVERAC JACQUES – FRN – 1902–1982
SIROCCO • ROSE DU SOUK, LA ○ SIROCO • 1930
RAZZIA • 1931
CRIME DE CHEMIN ROUGE, LE • MORT D'HOMME • 1932
COLOMBA • 1933
MYSTERE IMBERGER, LE • SPECTRE DE M. IMBERGER, LE • 1935
REPROUVES, LES • 1936
FIRMIN, LE MUET DE SAINT-PATAGET • 1938
ADIEU VIENNE • 1939
BOUTIQUE AUX ILLUSIONS, LA • 1939
MONSIEUR LE MAIRE • D'R HERR MAIRE • 1939
CEUX DU RIVAGE • VENT DE NOROIT • 1943
NUITS SAN FIN • 1946
RENEGATE, LA • 1947
HALTE.. POLICE! • 1948
VIE EST UN REVE, LA • 1948
COUTEAU SOUS LA GORGE, LE • 1955
PAIN DES JULES, LE • 1959

SEVERIJN JONNE – NTH
SHORT SEVEN • 1969 • SHT
ADVANTAGES OF LAGGING BEHIND, THE • 1972 • DOC
CAREL VISSER -SCULPTOR • 1972 • SHT
GAT DE TIJD, EEN • PAUSE IN TIME, A • 1974 • DOC
COME BACK • 1981

SEVERINO MAURO – ITL
VERGOGNA, SCHIFOSI! • DIRTY ANGELS (UKN) ○ SHAME ON YOU, SWINE • 1968
AMORE VUOL DIRE GELOSIA • 1975
TUTTI POSSONO ARRICCHIRE TRANNE I POVERI • 1976
TRAVOLTO DAGLI AFFETTI FAMILIARI • 1978

SEVERSON JOHN – USA
PACIFIC VIBRATIONS • 1971 • DOC

SEVESTRE – FRN
CHANSON DE RUE • 1945 • SHT
ACCORDEON ET SES VEDETTES, L' • 1946 • SHT
SPORT DE LA VOILE • 1946 • SHT
LUTTE CONTRE LE GASPILLAGE, LA • 1951 • SHT

SEVILLA J. – MXC
SANGRE MANDA, LA • 1933

SEVILLA RAFAEL see **SEVILLA RAPHAEL J.**

SEVILLA RAPHAEL J. – MXC
SEVILLA RAFAEL
MAS FUERTE QUE EL DEBER • 1930
SOBRE LAS OLAS • 1932
ALMAS ENCONTRADAS • 1933
CORAZON BANDOLERO • 1934
VIVA MEXICO! • 1934
MARIA ELENA • 1935
IRMA LA MALA • 1936
A LA ORILLA DE UN PALMAR • AT THE EDGE OF A PALM GROVE (USA) • 1937
GRAN CRUZ, LA • HEAVY CROSS, THE (USA) • 1937
GUADALUPE LA CHINACA • 1937
LUNA CRIOLLA • CREOLE MOON (USA) • 1938
PERJURA • 1938
113, EL • 1938
FANTASMA DE MEDIANOCHE, EL • 1939
MIENTE Y SERAS FELIZ • 1939
SECRETO DE LA MONJA, EL • 1939
INSURGENTE, EL • 1940
TORRE DE LOS SUPLICIOS, LA • TOWER OF TORTURES, THE • 1940

AMOR CHINACO • 1941
ABUELITA, LA • 1942
MARAVILLA DEL TOREO • MARVELS OF THE BULL RING (USA) • 1942
ASESINATO EN LOS ESTUDIOS • 1944
COMO YO TE QUERIA • 1944
PORFIRIO DIAZ • 1944
AMOR ABRIO LOS OJOS, EL • 1946
NINA DE MIS OJOS, LA • 1946
MUJER CON PASADO, UNA • 1948
CANAS AL AIRE • 1949
MIEDA LLEGO A JALISCO, EL • 1949
QUINTO PATIO • 1950
BILLETERO, EL • 1951
CALLE DE LOS AMORES, LA • 1953
TU VIDA ENTRE MIS MANOS • 1954
ENCRUCIJADA • 1955
PARAISO ESCONDIDO • 1958

SEVILLE ARMANDO – SPN
LEGION DE HEROES • 1941
UNAS PAGINAS EN NEGRO • 1949

SEVUSH HERB – Animator – USA
RAINBOW BRITE: MIGHTY MONSTROMURK MENACE • 1983 • ANM

SEWELL BILL – UKN
REDEMPTION OF A RETAILER • 1961

SEWELL GEORGE – UKN – 1899–
HOW TO KEEP DOGS • 1928 • DOC
MORE HOT WATER FOR £ESS • 1963
SAFE TRANSPORT OF RADIO ACTIVE MATERIAL • 1964 • DOC

SEWELL VERNON – UKN – 1903–
MEDIUM, THE • 1934
FACTS AND FIGURES • 1935 • DCS
MEN AGAINST THE SEA • 1935 • DCS
TEST FOR LOVE, A • 1937 • DCS
BREAKERS AHEAD • AS WE FORGIVE • 1938
WHAT MEN LIVE BY • 1939
SILVER FLEET, THE • 1943
LATIN QUARTER • FRENZY (USA) • 1945
WORLD OWES ME A LIVING, THE • 1945
GHOSTS OF BERKELEY SQUARE, THE • 1947
UNEASY TERMS • 1948
JACK OF DIAMONDS • 1949
BLACK WIDOW • 1951
DARK LIGHT, THE • 1951
TREK TO MASHOMBA • 1951
GHOST SHIP • 1952
COUNTERSPY • UNDERCOVER AGENT (USA) • 1953
FLOATING DUTCHMAN, THE • 1953
DANGEROUS VOYAGE • TERROR SHIP (USA) • 1954
RADIO CAB MURDER • 1954
WHERE THERE'S A WILL • 1955
HOME AND AWAY • 1956
JOHNNY, YOU'RE WANTED • 1956
SOHO INCIDENT • SPIN A DARK WEB (USA) ○ FORTY-FOUR SOHO SQUARE • 1956
ROGUE'S YARN • 1957
BATTLE OF THE V 1 • UNSEEN HEROES (USA) ○ MISSILES FROM HELL ○ V 1 • 1958
WRONG NUMBER • 1959
URGE TO KILL • 1960
HOUSE OF MYSTERY • UNSEEN, THE • 1961
MAN IN THE BACK SEAT, THE • 1961
WIND OF CHANGE, THE • 1961
STRONGROOM • 1962
MATTER OF CHOICE, A • 1963
STRICTLY FOR THE BIRDS • 1963
SOME MAY LIVE • IN SAIGON: SOME MAY LIVE • 1967
BLOOD BEAST TERROR, THE • VAMPIRE-BEAST CRAVES BLOOD, THE (USA) ○ BLOOD BEAST FROM HELL ○ DEATHSHEAD VAMPIRE • 1968
CURSE OF THE CRIMSON ALTAR • CRIMSON CULT, THE (USA) ○ REINCARNATION, THE ○ CRIMSON AFFAIR, THE ○ CRIMSON ALTAR, THE • 1968
BURKE AND HARE • HORRORS OF BURKE AND HARE, THE (USA) • 1971

SEYFFERTITZ G. V. – USA
CLOSED DOOR • 1921
PEGGY PUTS IT OVER • 1921
PRINCESS JONES • 1921

SEYIDBEILI GASAN – USS
POCHEMU TY MOLCHISH? • WHY DON'T YOU SPEAK UP? • 1967

SEYMOUR JAMES – Screenwriter – USA – 1895–
RHYTHM RACKETEER • 1937

SEYMOUR MAURICE – USA
SECRETS OF AN UNCOVER MODEL • 1965

SEYMOUR SHELDON see **LEWIS HERSCHELL G.**

SEYMOUR TOM – UKN
WALTER MAKES A MOVIE • 1922 • SHT
WALTER WANTS WORK • 1922 • SHT
WALTER WINS A WAGER • 1922 • SHT
WALTER'S TRYING FROLIC • 1922 • SHT

SEYRIG DELPHINE – Actress – LBN – 1932–
SOIS BELLE ET TAIS-TOI • 1977 • DOC

SFECAS COSTAS see **SFIKAS KOSTAS**

SFIKAS KOSTAS – GRC
SFECAS COSTAS
DAWN OVER THIRA • SHT
THIRA • SHT
MODEL • 1974
MITROPOLIS • METROPOLIS ○ METROPOLES • 1975 • DOC
ALLEGORY • 1987

SGANZERLA ROGERIO – BRZ
MULHER DE TODES, A • WOMAN OF EVERYONE, THE • 1969
BETY BOMBA • 1970
COPACABANA MON AMOUR • 1970
ABISMO, O • ABYSS, THE • 1982
NEM TUDO E VERDADE • IT'S NOT ALL TRUE • 1986

SGARRO NICHOLAS – USA
HAPPY HOOKER, THE • 1975
MAN WITH THE POWER, THE • 1977 • TVM
FORTUNE DANE • 1986

SGRILLI ROBERTO – ITL
ANACLETO AND THE POLECAT • 1942 • ANS

SHAATH GHALIB – PLS – 1935–
AD'LAL ALA AL-JANIBI AL-AKHAR • 1972

SHABAN ABBAS – AFG
SIAMOI WA JALLALI • SIAMOI AND JALLALI • 1978
GARATGARAN • THIEVES • 1981

SHABANOV RUFAT – USS
CHYERNUSHKA • CHERNUSHKA • 1967

SHABAZZ MENELIK – UKN
BURNING AN ILLUSION • 1982

SHACKLETON MICHAEL – UKN
SURVIVOR • 1987

SHADAN ABDULLAH – AFG
RABHI BALKHIE • 1974

SHADBURNE SUSAN – USA
SHADOW PLAY • 1986

SHADE JOHN – USA
SWAP, THE

SHADOW JOHN – ITL
SAVAGE IN THE CITY
CANTERBURY N.2, NUOVE STORIE D'AMORE DEL '300 • 1973

SHAFAQ TORYALI – AFG – 1947–
RABHI BALKHIE • 1974
MUJASEMEHA MEKHANDAD • STATUES ARE LAUGHING, THE • 1976
GHULAM ISHQ • SLAVE OF LOVE, THE • 1978
JANAYAT • CRIMINALS • 1981

SHAFFER BEVERLY – CND – 1945–
MY FRIENDS CALL ME TONY • 1975 • DOC
MY NAME IS SUSAN LEE • 1975 • DOC
BEAUTIFUL LENNARD ISLAND • 1977 • DOC
GURDEEP SINGH BAINS • 1977 • DOC
KEVIN ALEC • 1977 • DOC
VERONICA • 1977 • DOC
BENOIT • 1978 • DOC
I'LL FIND A WAY • 1978 • SHT
IT'S JUST BETTER • 1981 • MTV
JULIE O'BRIAN • 1981 • MTV
WAY IT IS, THE • 1981 • MTV
I WANT TO BE AN ENGINEER • NOUS SOMMES LES INGENIEURES • 1983 • DOC
BAMBINGER • 1984 • DOC
WHO WILL DECIDE • 1985 • DOC
BREAKING THE SILENCE • 1986 • DOC
TO A SAFER PLACE • 1988 • DOC
DANCE OF HOPE • 1989 • DOC

SHAFFER DEBORAH – USA
WOBBLIES, THE • 1981 • DOC

SHAFIK SOBHI – EGY
ENCOUNTER, THE • 1977

SHAFRAN A. – USS
GEROI ARTIKI • HEROES OF THE ARCTIC • 1934

SHAFTEL JOSEF – Producer/writer – USA – 1919–
NAKED HILLS, THE • 1956
NO PLACE TO HIDE • 1956

SHAGRIR MICHA – ISR
HASAYARIM • PATROL, THE ○ SCOUTS, THE • 1967
WAR AFTER THE WAR, THE • 1969

SHAH – IND
SATI SAVITRI • 1932

SHAH ALEER – NPL
25 BASANT • PERIOD OF TWENTY-FIVE YEARS, A • 1986

SHAH CHANDULAL – Producer/ writer – IND – 1900–
NAUGHTY GIRL • 1934

SHAH KRISHNA – IND – 1938–
RIVALS • DEADLY RIVALS ○ DEADLY THIEF, THE • 1972
RIVER NIGER, THE • RIVER NIGER: GHETTO WARRIORS, THE • 1976
SHALIMAR • 1978
CINEMA CINEMA • 1980
AMERICAN DRIVE-IN • 1984
HARDROCK ZOMBIES • 1984
STRICTLY PERSONAL • 1988

SHAH KUNDAN – IND
JAANE BHI DO YAARON • 1983

SHAH NEER – NPL – c1953–
BASUDEV • LECTURER, A • 1984

SHAH SANJIV – IND
INVOCATIONS • 1983

SHAHAL RANDA – LBN
STEP BY STEP • 1976 • SHT
LUBNAN AYYAM ZAMAN • LEBANON IN THE OLD DAYS • 1983

SHAHANI KUMAR – IND
MAYA DARPAN • MIRROR OF ILLUSION • 1972
TARANG • VIBRATIONS • 1978
TARANG • WAGES AND PROFIT • 1984
KHAYAL GATHA • KHAYAL SAGA, THE (UKN) ○ KHAVAL GATHA • 1989 • DOC

SHAHID-SALESS SOHRAB see **SALESS SOHRAB SHAHID**

SHAHIN MOHAMMED – SYR
SHAHINE MOHAMMED
ADVENTURER, THE • 1970
WOLVES' JUNGLE, THE • 1978
SHAMS FI YAUM GHAIM • SUN ON A CLOUDY DAY • 1985

SHAHIN YOUSSEF – EGY – 1925–
CHAHINE YOUSSEF
BABA AMINE • FATHER AMINE • 1950
IBN EL NIL • SON OF THE NILE, THE ○ IBN AN-NIL ○ NILE'S SON, THE • 1951
MUHARRAJ EL KABIR, EL • GREAT CLOWN, THE ○ MUHARRIG AL-KABIR, AL- • 1951
SAYIDAT EL KITAR • LADY OF THE TRAIN, THE ○ SAIYIDAT AL-QIT'AR ○ LADY IN THE TRAIN, THE • 1951
NESSAA BALA RAJAL • WOMEN WITHOUT MEN ○ NISA' BILA RIJAL • 1952
SERAA FIL WADA • STRUGGLE IN THE VALLEY ○ BLAZING SUN, THE ○ SIRAUN FI AL-WADI • 1953
SHAITAN EL SAHARA • DEVIL OF THE DESERT, THE ○ SHAITAN AS-SAHRA • 1954
SERAA FIL MINAA • STRUGGLE IN THE PORT ○ SIRAUN FI AL-MINA ○ STRUGGLE ON THE PIER • 1955
INTA HABIBI • YOU ARE MY LOVE • 1956
WADAAT HUBAK • FAREWELL TO YOUR LOVE ○ WADDATU HUBBAK • 1956
BAB EL HADID • CAIRO STATION ○ IRON GATE ○ BAB AL-HADID ○ CAIRO: CENTRAL STATION ○ GARE CENTRALE • 1957
HUB ILAL ABAD • FOREVER YOURS ○ HUBBUN 'ILA AL-ABAD • 1958
JAMILA EL GAZAIRIA • JAMILA, THE ALGERIAN GIRL ○ GAMILA AL-GAZA'IRIYYA ○ DJAMILA ○ GAMILA BOHRAID • 1958
BAYEN IDEK • BETWEEN YOUR HANDS ○ BAINA AYDIK • 1959
NEDAA EL OCHAK • LOVER'S CALL ○ NIDA' AL-USHSHAQ • 1960
RAJUL FI HAYATI • MAN IN MY LIFE, THE ○ RAGULUN FI HAYATI • 1961
NASSER SALAH-EL-DINE, EL • LEADER SALADIN, THE ○ NASIR SALAH AD-DIN, AN- ○ SALADIN AND THE GREAT CRUSADES ○ SALADIN • 1963
FAJR YOM JADID • DAWN OF A NEW DAY ○ FAGR YAWN GADID • 1964
BAIYYA AL-KHAWATIM • VENDEUR DE BAGUES, LE ○ BAYA EL KHAWATIM ○ RING SELLER, THE • 1965
RIMALUN MIN DHAHAB • SABLES D'OR ○ RIMAL MIN ZAHAB ○ SAND OF GOLD • 1966
ID AL-MAIRUN • FETE DU MAYROUN, LA ○ MYRON • 1967 • SHT
NASSU WA AN-NIL, AN- • CES GENS ET LE NIL ○ NAS WAL NIL, EL ○ PEOPLE AND THE NILE • 1968
ARD, EL • ARD', AL- ○ TERRE, LA ○ EARTH, THE ○ LAND, THE • 1969
EKHTIAR, AL • IKHTIAR, AL- ○ CHOIX, LE ○ CHOICE, THE • 1970
SALWA • PETITE FILLE QUI PARLE AUX VACHES, LA • 1972 • SHT
ASFOUR, EL • USFUR, AL- ○ MOINEAU, LE ○ SPARROW, THE • 1973
AWDAT AL IBN AL DAL • AWDAT AL-IBN ADH-DHAL ○ RETOUR DU FILS PRODIGUE, LE ○ RETURN OF THE PRODIGAL SON • 1976
EBN AL DAAL, EL • PRODIGAL SON • 1976
ISKINDIRIA.. LEH? • ISKANDARYA LIH? ○ ALEXANDRIA, POURQUOI? ○ ALEXANDRIA, WHY? ○ ASKNDRIE.. LIE? • 1978
HADDUTA MISRIYA • EGYPTIAN STORY, AN ○ MEMOIRE, LA • 1982
ADIEU BONAPARTE • WEDAA YA BONAPARTE, AL- • 1984
YOM EL SADES, EL • SIXTH DAY, THE • 1986
ISKENDRIA KAMAN WAKAMAN • ALEXANDRIA MORE AND MORE • 1989

SHAHINE MOHAMMED see **SHAHIN MOHAMMED**

SHAHZAD IQBAL – PKS
BADNAM • SCANDAL • 1969

SHAINDLIN JACK – Music director – USS – 1909–
ADVENTURE IN RHYTHM • 1961 • SHT

SHAJI – IND
PIRAVI • 1988

SHAKER – FRN
UN, DEUX, TROIS.. • 1974

SHAKER MASIHUDDIN – BNG
SURJO DIGHAL BARI • 1979

SHAKEY BERNARD see **YOUNG NEIL**

SHAKHMALIEVA A. – USS
BOYS, THE • 1970

SHAKHNAZAROV K. see **SHAKHNAZAROV KAREN**

SHAKHNAZAROV KAREN – USS
SHAKHNAZAROV K.
COURIER
JAZZMAN • 1983
GOROD ZERO • ZERO CITY (UKN) • 1989

SHAKLY SHAMAMA – TNS
ZARAA, AL- • 1921

SHALHIN JOSEPH – ISR
HABEN HA'OVED • PRODIGAL SON, THE • 1968

SHAMBLIN GENE – USA
TEMPORARY WIVES • 1969
HOT BOARDING HOUSE • 1970

SHAMKOVICH MIKHAIL – USS
BRASLYET -2 • BRACELET -2 • 1968

SHAMRAY FRANKLIN see **RAY BERNARD B.**

SHAMSHEER A. see **SHAMSHIR A.**

SHAMSHIEV BOLOT see **SHAMSHIEV BOLOTBEK**

SHAMSHIEV BOLOTBEK – USS – 1941–
SHAMSHIEV BOLOT • SAMISEV BOLOT
MANASCHI • 1965 • DOC
CHABAN, THE • 1966
HERDSMAN, THE • 1967 • SHT
VISTRIL V GORACH • SHOT IN THE MOUNTAINS KARASH-KARASH, A ○ SHOOTING AT THE KARASH PASS ○ SHOT ON THE KARASH PASS, A ○ GUN-SHOT AT THE MOUNTAIN PASS • 1970
CURSE, THE • 1971
RED POPPIES FROM ISSYK-KUL • RED POPPIES OF ISSYK-KUL, THE • 1973
BYELI PAROKHOD • WHITE STEAMER, THE ○ WHITE SHIP, THE ○ BELYI PAROKHOD ○ WHITE BOAT, THE • 1976
RANNIE ZHURAVLI • EARLY CRANES • 1979

SHAMSHIR A. – IND
SHAMSHEER A.
MAIN WOHI HOON • I AM THE ONE • 1967
SHRIMANT MEHUNA PAHIJE • 1967

SHAMSHUM GEORGE – LBN
INSIDE OUT
SALAM AFTER DEATH

SHAMSUDDIN JINS – MLY
SHAMSUDIN JINS
DIBELAKANG TABIR • BEHIND THE CURTAIN • 1970
MENANTI HARI ESOK • WAITING FOR TOMORROW • 1976
TIADA ESOK BAGIMU • NO TOMORROW • 1977
ESOK MASIH ADA • HOPES FOR TOMORROW • 1979
BUKIT KEPONG • 1981
ESOK UNTUK SIAPA • 1982

SHAMSUDIN JINS see **SHAMSUDDIN JINS**

SHAND DENNIS – UKN
ONE MAN'S STORY • 1948

SHAND IAN – Actor/writer – UKN – 1930–
MISCHIEF • 1969
KADOYNG • 1972

SHANDEL THOMAS – CND – 1938–
SHANDEL TOM F. • SHANDEL TOM
ANOTHER SMITH FOR PARADISE • 1972
LOTOMANIA • 1980 • MTV
FACE TO FACE • 1982 • MTV
BITTER MEDICINE • 1983 • MTV
WALLS • 1985
WINNERS / LOOSERS • 1986 • MTV

SHANDEL TOM see **SHANDEL THOMAS**

SHANDEL TOM F. see **SHANDEL THOMAS**

SHANE DAVE – USA
SWINGTAIL • 1969

SHANE MAXWELL – Screenwriter – USA – 1905–1983
FEAR IN THE NIGHT • 1947
CITY ACROSS THE RIVER • AMBOY DUKES, THE • 1949
GLASS WALL, THE • 1953
NAKED STREET, THE • 1955
NIGHTMARE • 1956

SHANG LUNG – HKG
SPIRITS OF BRUCE LEE

SHANIN RONALD E. – USA
AFRICAN SAFARI • RIVERS OF FIRE AND ICE, THE • 1968 • DOC

SHANKAR K. – IND
KALLUM KANIYAGUM • STONE WILL ALSO TURN INTO FRUIT, THE • 1968

SHANKAR UDAY – IND – 1900–1977
KALPANA • IMAGINATION • 1946

SHANKLIN LINA – USA
SUMMERSPELL • 1983

SHANKS ANN ZANE – USA
FRIENDSHIPS, SECRETS AMD LIES • 1979 • TVM

SHANKS DON – USA
LEGEND OF GRIZZLY ADAMS, THE • 1987

SHANLEY JOHN PATRICK – USA
JOE VERSUS THE VOLCANO • 1990

SHANMUGAM C. N. – IND
KARPURAM • CAMPHOR • 1967

SHANNON FRANK see **PROSPERI FRANCO**

SHANNON KATHLEEN – Producer – CND – 1935–
I DON'T THINK IT'S MEANT FOR US • 1971 • DOC
WORKING MOTHERS • 1974-75 • DSS
GOLDWOOD • 1975 • SHT

SHANTARAM RAJARAM – IND
AYODHYECHA RAJA • KING OF AYODHYA, THE • 1932
AMAR JYOTI • ETERNAL LIGHT • 1936
DUNIYA NA MANE • UNEXPECTED, THE • 1937
ADMI • LIFE IS FOR LIVING • 1939
PARDOSI • NEIGHBOURS • 1941
SHAKUNTALA • 1943
JHANAK, JHANAK, PAYAL BAJE • JANGLE, JANGLE, SOUND THE BELLS ○ GOD SHIVA DANCES • 1955
STREE • WOMAN • 1962

SHANTARAM V. see **SHANTARAM VICTOR**

SHANTARAM VICTOR – IND – 1901–
SHANTARAM V.
CHANDRA SENA • 1935
DHARMATMA • 1935
SHAKUNTALA • 1947
DAHEJ • DOWRY, THE • 1950
DO ANKHEN BARAH HAATH • TWO EYES, TWELVE HANDS • 1958
BOOND JO BAN GAYE MOTI • DROP THAT TURNED INTO A PEARL, THE • 1968

SHAPIRO ALAN – USA
TIGER TOWN • 1984 • TVM
CHRISTMAS STAR, THE • 1986 • TVM

SHAPIRO IOSIF – USS
TRI TOLSTYAKA • THREE FAT MEN, THE • 1967

SHAPIRO KEN – USA – 1943–
GROOVE TUBE, THE • 1974
MODERN PROBLEMS • 1981
FORBIDDEN FRUIT • 1988

SHAPIRO M. see **SHAPIRO MIKHAIL**

SHAPIRO MEL – USA
SAMMY STOPS THE WORLD • STOP THE WORLD, I WANT TO GET OFF • 1979

SHAPIRO MIKHAIL – USS
SHAPIRO M.
LENINGRAD MUSIC HALL • 1943
CHEREVICHKI • CHRISTMAS SLIPPERS (USA) ○ SILVER SLIPPERS • 1945
CINDERELLA • 1947
DON CESAR DE BAZAN • 1957
VENUS RISING • 1961
CAIN 18TH • 1963
KATERINA ISMAYLOVA • LADY MACBETH OF MTSENSK (UKN) ○ KATERINA ISMAILOVA ○ KATERINA IZMAYLOVA • 1966

SHAPIRO NESYA – Cinematographer – CND – 1951–
BETHANE • 1971
CONSUMPTION • 1971
PASTIMES • 1971
MONTREAL MATIN • 1973 • DOC
PASSAGES • 1978 • SHT
DIFFERENCES • 1981

SHAPIRO PAUL – CND – 1955–
EDISON TWINS, THE • 1983 • SER
HOCKEY NIGHT • 1984

SHAPIRO SUSAN – UKN
RAPUNZEL LET DOWN YOUR HAIR • 1978

SHAPLEY ROSEMARIE – CND
COMING BACK ALIVE • 1980

SHARAD ABDUS – BNG
SHIRIN FARHAD • LEGEND OF LOVE • 1980

SHARAD JOHN S. – UKN – 1946–
SCARECROW • 1971 • SHT
MCCANN • 1973 • SHT
WAR • 1976 • SHT

SHARALIEV BORISLAV see **SHARILIEV BORISLAV**

SHARFF STEFAN – USA
ACROSS THE RIVER • 1965

SHARIF-ZADE – USS
IN GOD'S NAME
HAJI-KARA • 1929

SHARILIEV BORISLAV – BUL
SHARALIEV BORISLAV
PESSEN ZA CHOVEKA • SONG FOR MAN ○ PESEN ZA CHOVEKA ○ SONG OF MAN • 1954
DVE POBEDI • TWO VICTORIES • 1956
V TIHATA VECHER • ON A QUIET EVENING • 1960
DVAMA POD NEBETO • TWO UNDER THE SKY • 1962
RITSAR BEZ BRONYA • KNIGHT WITHOUT ARMOUR • 1966
SBOGOM, PRIYATELI! • FAREWELL, FRIENDS! • 1970
NEOBHODIMIYAT GRESHNIK • INDISPENSABLE SINNER, THE • 1971
EXPECTATION • 1972
APOSTLES, THE • 1977
ALL IS LOVE • 1980
BORIS I • 1982

SHARITS PAUL see **SHARITS PAUL J.**

SHARITS PAUL J. – USA
SHARITS PAUL
IMAGE ONE: AN EVENT • 1963 • SHT
PIECE MANDALA • 1966 • SHT
RAY GUN VIRUS • 1966 • SHT
N:O:T:H:I:N:G • N.O.T.H.I.N.G. • 1968
T,O,U,C,H,I,N,G. • 1968 • SHT

SHARKAWI GALAL – LBN
AAZAM TEFL FIL AALAM • GREATEST CHILD IN THE WORLD, THE • 1976

el SHARKAWY GALAL – EGY
EIB, EL • BAD, THE • 1967

SHARLANDGIEV LJOBOMIR – BUL
SHARLANDJIEV LYUBOMIR • SHARLANDGIEV LYOBOMIR
CHRONICLE OF FEELINGS, A • 1962
VERIGATA • CHAIN, THE • 1964
KARAMBOL • CARAMBOL • 1966
DAKH NA BADEMI, S • TASTE OF ALMONDS, A ○ SCENT OF ALMONDS ○ ALMOND-SCENTED ○ DAH NA BADEMI • 1967
PROKURORAT • PROSECUTOR, THE • 1968
KINDEST MAN I KNOW, THE • 1973
OPEN, IT'S ME • 1973
MEMORY OF THE TWIN GIRL • 1976

SHARLANDGIEV LYOBOMIR see **SHARLANDGIEV LJOBOMIR**

SHARLANDJIEV LYUBOMIR see **SHARLANDGIEV LJOBOMIR**

SHARMA – IND
NEW DELHI TIMES • 1985

SHARMA ABIRAM SYAM – IND
IMAGI NINGTHEM • MY SON, MY PRECIOUS • 1982

SHARMA DEVI – IND
GUNAHON KA DEVTA • GOD OF SIN • 1967

SHARMA KAMAL – IND
GOLDEN EYES • 1968

SHARMA LAXMI NATH – NPL
BADLINDO AAKASH • CHANGING HORIZON • 1982

SHARMA RAJENDRA – IND
INDRA LEELA • DRAMA OF GOD • 1954

SHARMA RAMESHWAR – IND
KURKSHETRA • 1946

SHARMAN JIM – ASL – 1945–
ARCADE • 1969 • SHT
SHIRLEY THOMPSON VERSUS THE ALIENS • 1971
ROCKY HORROR PICTURE SHOW, THE • 1975
SUMMER OF SECRETS • 1976
NIGHT THE PROWLER, THE • 1978
SHOCK TREATMENT • 1981

SHARON RUBIN – GRM
INTIM-REPORT • INTIMATE REPORT (UKN) • 1968

SHARON YOEL – ISR
SHELLSHOCK • 1988

SHARP ALAN – USA
LITTLE TREASURE • 1985

SHARP DON – ASL – 1922–
HA'PENNY BREEZE • 1950
BLUE PETER, THE • NAVY HEROES (USA) • 1954
STOLEN AIRLINER, THE • 1955
ADVENTURES OF HAL 5, THE • 1958
CHANGING YEARS, THE • 1958 • DOC
GOLDEN DISC, THE • INBETWEEN AGE, THE (USA) • 1958
LINDA • 1960
PROFESSIONALS, THE • 1960
KISS OF THE VAMPIRE, THE • KISS OF EVIL (USA) • 1962
IT'S ALL HAPPENING • DREAM MAKER, THE • 1963
DEVIL-SHIP PIRATES, THE • 1964
WITCHCRAFT • WITCH AND WARLOCK • 1964
CURSE OF THE FLY, THE • 1965
FACE OF FU MANCHU, THE • MASK OF FU MANCHU, THE • 1965
RASPUTIN, THE MAD MONK • 1965
THOSE MAGNIFICENT MEN IN THEIR FLYING MACHINES: OR HOW I FLEW FROM LONDON TO PARIS IN 25 HOURS AND.. • 1965
BRIDES OF FU MANCHU, THE • 1966
OUR MAN IN MARRAKESH • BANG! BANG! YOU'RE DEAD (USA) ○ I SPY, I SPY • 1966
JULES VERNE'S ROCKET TO THE MOON • THOSE FANTASTIC FLYING FOOLS (USA) ○ ROCKET TO THE MOON ○ P.T. BARNUM'S ROCKET TO THE MOON ○ BLAST OFF! ○ JOURNEY THAT SHOOK THE WORLD, THE • 1967
TASTE OF EXCITEMENT • 1969
VIOLENT ENEMY, THE • CAME THE HERO • 1969
WHY WOULD ANYONE WANT TO KILL A NICE GIRL LIKE YOU? • 1969
PUPPET ON A CHAIN • 1970
PSYCHOMANIA • DEATH WHEELERS, THE ○ LIVING DEAD, THE ○ FROG, THE • 1972
CALLAN • THIS IS CALLAN • 1974
DARK PLACES • 1974
HENNESSY • FIFTH OF NOVEMBER, THE • 1975
FOUR FEATHERS, THE • 1978 • TVM
THIRTY-NINE STEPS, THE • 1978
BEAR ISLAND • 1979
GUARDIAN OF THE ABYSS • 1982 • TVM
WHAT WAITS BELOW • SECRETS OF THE PHANTOM CAVERNS • 1983
WOMAN OF SUBSTANCE, A • 1984 • MTV
HOLD THE DREAM • HOLD THAT DREAM • 1986 • MTV
ACT OF WILL • 1989 • TVM

SHARP IAN – UKN – 1946–
MUSIC MACHINE, THE • 1979
WHO DARES WINS • FINAL OPTION, THE (USA) • 1982
ROBIN HOOD AND THE SORCERER • ROBIN HOOD, THE LEGEND ○ ROBIN OF SHERWOOD • 1983 • TVM
CORSICAN BROTHERS, THE • 1985 • TVM
CODENAME: KYRIL • 1988 • TVM
PURSUIT • 1989 • TVM

SHARP MARTIN – UKN
DARLING, DO YOU LOVE ME? • 1969 • SHT

SHARP PETER – ASL
DEAD MAN'S FLOAT • 1980
FINDING KATIE • TRESPASSES ○ OMEN OF EVIL • 1983

SHARPE – USA
BEAUTIFUL BANFF AND LAKE LOUISE • 1935 • SHT

SHARPE MAL – USA
FOREIGN TONGUE • FRENCH VOCABULARY REVIEW, A • 1970 • SHT

SHARPLES SYD – UKN
LONDON'S COUNTRY • 1954
OFF THE BEATEN TRACK • 1960

SHARPSTEEN BEN – Animator – USA
TWO-GUN MICKEY • 1934 • ANS
BROKEN TOYS • 1935 • ANS
COCK O' THE WALK • 1935 • ANS
COOKERY CARNIVAL, THE • 1935 • ANS
MICKEY'S FIRE BRIGADE • 1935 • ANS
MICKEY'S SERVICE STATION • 1935 • ANS
ON ICE • 1935 • ANS
DONALD AND PLUTO • 1936 • ANS
MICKEY'S CIRCUS • 1936 • ANS
MOVING DAY • 1936 • ANS
ORPHANS' PICNIC • 1936 • ANS
CLOCK CLEANERS • 1937 • ANS
DON DONALD • 1937 • ANS
HAWAIIAN HOLIDAY • 1937 • ANS
MOOSE HUNTERS • 1937 • ANS
PLUTO'S QUIN-PUPLETS • 1937 • ANS
WORM TURNS, THE • 1937 • ANS
BOAT BUILDERS • 1938 • ANS
FOX HUNT, THE • 1938 • ANS
MICKEY'S TRAILER • 1938 • ANS
POLAR TRAPPERS • 1938 • ANS
PINOCCHIO • 1939 • ANM
FANTASIA • 1940 • ANM
DUMBO • 1941 • ANM
FUN AND FANCY FREE • 1947 • ANM
MELODY TIME • 1948 • ANM
WATER BIRDS • 1952 • DOC
SWITZERLAND • 1955 • DOC
MYSTERIES OF THE DEEP • 1960 • DOC

SHATALOW PETER – BLG
BLACK ICE • 1980
CHALLENGE: THE CANADIAN ROCKIES • 1981
LAROUSSI AND THE FANTASIA • 1981 • MTV
HEART OF AN ARTIST • 1983
MAKING OF LA CAGE, THE • 1985
BLUE CITY SLAMMERS • 1988

SHATNER WILLIAM – Actor – USA – 1931–
STAR TREK V: THE FINAL FRONTIER • 1989

SHATROV I. see **SHATROV IGOR**

SHATROV IGOR – USS
SHATROV I.
VSADNIK NAD GORODOM • RIDER ABOVE THE CITY • 1967
MEN'S TALK • 1969

SHAUGHNESSY ALFRED – Producer/writer – UKN – 1916–
CAT GIRL • 1957
SUSPENDED ALIBI • SUSPECTED ALIBI • 1957
6.5 SPECIAL • CALLING ALL CATS • 1958
IMPERSONATOR, THE • 1961

SHAVELSON MELVILLE – Screenwriter – USA – 1917–
SEVEN LITTLE FOYS, THE • 1955
BEAU JAMES • 1957
HOUSEBOAT • 1958
FIVE PENNIES, THE • 1959
IT STARTED IN NAPLES • 1960
ON THE DOUBLE • 1961
PIGEON THAT TOOK ROME, THE • EASTER DINNER, THE • 1962
NEW KIND OF LOVE, A • SAMANTHA • 1963
CAST A GIANT SHADOW • EVASIVE PEACE • 1966
YOURS, MINE AND OURS • HIS, HERS AND THEIRS • 1968
WAR BETWEEN MEN AND WOMEN, THE • 1972
MIXED COMPANY • 1974
LEGEND OF VALENTINO, THE • 1975 • TVM
GREAT HOUDINIS, THE • 1976 • TVM
IKE: THE WAR YEARS • IKE • 1978 • TVM
OTHER WOMAN, THE • 1982 • TVM
DECEPTIONS • 1985 • TVM

SHAW ALEXANDER – Producer – UKN – 1910–
CABLE SHIP • 1933
NORTHERN SUMMER • 1934
UNDER THE CITY • 1934
CONQUEST OF THE AIR • 1936
COVER TO COVER • PREFACE TO LIFE • 1936 • DOC
FUTURE'S IN THE AIR, THE • 1936 • DOC
CHILDREN'S STORY, THE • 1938
FIVE FACES OF MALAYA • FIVE FACES • 1938
MEN OF AFRICA • 1940
FRENCH TOWN, SEPTEMBER 1944 • 1945
SOLDIER SAILOR • 1945

SHAW BRINSLEY – USA
BLOOD HERITAGE • 1915
MEDDLER, THE • 1915
SCORCHED WINGS • 1916 • SHT
SUNLIGHT AND SHADOWS • 1916 • SHT
GIFT OF THE MAGI, THE • 1917
MISSING • 1917 • SHT
MYSTERY IN THE NORTH CASE, THE • 1917 • SHT

SHAW H. W. – USA
PHANTOM SHIP, THE • 1913

SHAW HAROLD – UKN – 1875–
SHAW HAROLD M.
KID FROM THE KLONDYKE • 1911
CUB, THE • 1913
HOUSE OF TEMPERLEY, THE • 1913
OLD MELODY, THE • 1913
WIZARD OF THE JUNGLE, THE • 1913
BEAUTY AND THE BARGE • 1914
BOOTLE'S BABY • 1914
BOSUN'S MATE, THE • 1914
BRANSCOMBE'S PAL • 1914
CHILD O' MY HEART • 1914
CHRISTMAS CAROL, A • 1914
CLANCARTY • 1914
DUTY • 1914
ENGLAND'S MENACE • 1914
FOR THE EMPIRE • FOR HOME AND COUNTRY • 1914
HER CHILDREN • 1914
INCOMPARABLE BELLAIRS, THE • INCOMPARABLE MISTRESS BELLAIRS, THE (USA) • 1914
KING'S MINISTER, THE • 1914
LAWYER QUINCE • 1914
LIBERTY HALL • 1914
LIL O' LONDON • 1914
RING AND THE RAJAH, THE • 1914
TRILBY • 1914
TWO COLUMBINES, THE • 1914
TWO LITTLE BRITONS • 1914
V.C. • VICTORIA CROSS, THE (USA) • 1914
ASHES OF REVENGE, THE • 1915
BROTHER OFFICERS • 1915
DERBY WINNER, THE • 1915
FIRM OF GIRDLESTONE, THE • 1915
GARRET IN BOHEMIA, A • 1915
HEART OF A CHILD, THE • 1915
HEART OF SISTER ANN, THE • 1915
MR. LYNDON AT LIBERTY • 1915
THIRD GENERATION, THE • 1915
TWO ROADS, THE • 1915
LAST CHALLENGE, THE • 1916
ME AND ME MOKE • ME AND M' PAL (USA) • 1916
SPLENDID WASTER, THE • 1916
VOORTREKKERS, DE • WINNING A CONTINENT • 1916
YOU • 1916
LAND OF MYSTERY, THE • 1920
LONDON PRIDE • 1920
PURSUIT OF PAMELA, THE • 1920
TRUE TILDA • 1920
DEAR FOOL, A • 1921
GENERAL JOHN REGAN • 1921
KIPPS • 1921
WOMAN OF HIS DREAMS, THE • 1921
FALSE EVIDENCE • 1922
LOVE AND A WHIRLWIND • 1922
WHEELS OF CHANCE, THE • 1922
HELD TO ANSWER • 1923
ROUGED LIPS • 1923
FOOL'S AWAKENING, A • 1924
WINNING A CONTINENT • 1924

SHAW HAROLD M. see **SHAW HAROLD**

SHAW JAMES FUNG – HKG
SHAW JIMMY
RETURN OF THE TIGER • SILENT KILLER FROM ETERNITY • 1973

SHAW JIMMY see **SHAW JAMES FUNG**

SHAW SAM – USA
RACING WORLD • 1968 • DCS

SHAW-SMITH DAVID – IRL – 1939–
HANDS • DSS
PATTERNS • DSS
CONNEMARA AND ITS PONIES • 1971 • DOC
BEES AND BEE SKEPS • 1984 • DOC
ENGLISH SILK –THE CRAFT OF HAND BLOCK MAKING • 1985 • DOC
UILLEANN PIPES OF FANORE • 1985 • DCS

SHAW TOM – USA
COURIER OF DEATH • 1985
OPERATION: TAKE NO PRISONERS • TAKE NO PRISONERS • 1988

SHAW WALTER – UKN
MEG • 1926

SHAWKAT SAIFEDDINE – EGY
SHAWQAT SAYF AD-DIN
SAMSUN WA LEBLEB • SAMSON AND LEBLEB • 1951
EMRAA WA SHAITAN • WOMAN AND THE DEVIL, THE • 1961
ZAWGA LI KHAMSA RIGAL • EPOUSE POUR CINQUE HOMMES, UNE • 1970

SHAWKY KHALIL see **SHAWQI KHALIL***

SHAWQAT SAYF AD-DIN see **SHAWKAT SAIFEDDINE**

SHAWQI KHALIL – EGY – 1928–
COTON, LE • 1958 • SHT
FAMILLE HEUREUSE, LA • 1958 • SHT
FER ET L'ACIER, LE • 1958 • SHT
NOUS SOMMES TOUS AVEC EUX • 1958 • SHT
PETROLE, LE • 1958 • SHT
THE, LE • 1958 • SHT
VIANDE, LA • 1958 • SHT
VIE EST BELLE, LA • 1958 • SHT
ORGANISME DE CONSOLIDATION DU CINEMA, L' • 1959 • SHT
RASHID • 1959 • SHT
ETAPES DE LA SCULPTURE EN EGYPTE, LES • 1960 • SHT
BARQUES DU SOLEIL, LES • 1961 • SHT
HISTOIRE D'UN HERITAGE, L' • 1961 • SHT
SABLE VERT, LE • 1962 • SHT
VIE, LA • 1963 • SHT
GENERATION, LA • 1964
INDUSTRIE LOURDE, L' • 1964 • SHT
OR BLANC, L' • 1964 • SHT
GABAL, AL- • MONTAGNE, LA • 1965
MOASKAR EL BANAT • CAMP DE JEUNES FILLES, LE ○ MUASKARI AL-BANAT ○ GIRLS' CAMP • 1967
LUMIERE VERTE, LA • 1968 • SHT
LUBATU KULLI YUM • JEU DE CHAQUE JOUR, LE ○ NAFAR WAHID • 1971
GUNUN ASH-SHABAB • FOLIE DE JEUNESSE • 1972
TERRE DE LA PAIX, LA • 1972 • SHT
EN SIX HEURES • 1973 • SHT
SONG OF ETERNITY • 1975

SHAWQI KHALIL* – Actor – IRQ – 1924–
SHAWKY KHALIL
HARIS, AL- • VEILLEUR DE NUIT, LE • 1966

SHAWZIN BARRY – Producer/actor – FRN – 1930–
DAY THE SKY FELL IN, THE • 1961

SHAYE ROBERT – USA
IMAGE • 1964 • SHT
ON FIGHTING WITCHES • 1966 • SHT

SHAYEGHI SIAMAK – IRN
DOWRY FOR ROBAB • 1988
RENAULT, TEHERAN 28 • 1990

SHAYKH KAMAL ash- see **el SHEIKH KAMAL**

SHAYNE LINDA – USA
PURPLE PEOPLE EATER • 1988

SHCHUKIN G. see **SHCHUKIN GEORGI**

SHCHUKIN GEORGI – USS
SHCHUKIN G.
PAVLUKHA • 1962
MESTA TUT TIKHIYE • IT'S CALM HERE ○ PEACE AND QUIET • 1967

SHEA JACK – USA – 1928–
DAYTON'S DEVILS • 1968
MONITORS, THE • 1969

SHEA JAMES K. – USA
SHEA JIM K.
PLANET OF DINOSAURS • PLANET OF THE DINOSAURS • 1978

SHEA JIM K. see **SHEA JAMES K.**

SHEA WILLIAM – USA
GIRL OF THE OZARKS • 1936

SHEAD GARRY – ASL
INITIATION • 1971

SHEAN ALAN – USA
RAMON • 1969 • ANS

SHEAR BARRY – Producer – USA – 1923–1979
SWINGIN' IN THE GROOVE • 1960
SWINGIN' SINGIN' YEARS, THE • 1960
KARATE KILLERS, THE • 1967
WILD IN THE STREETS • 1968
NIGHT GALLERY • 1969 • TVM
ELLERY QUEEN: DON'T LOOK BEHIND YOU • 1971 • TVM
TODD KILLINGS, THE • WHAT ARE WE GOING TO DO WITHOUT SKIPPER? ○ DANGEROUS FRIEND, A ○ PIED PIPER OF TUCSON, THE ○ SKIPPER • 1971
ACROSS 110TH STREET • 1972
SHORT WALK TO DAYLIGHT • 1972 • TVM
DEADLY TRACKERS, THE • RIATA • 1973
JARRETT • 1973 • TVM
PUNCH AND JODY • 1974 • TVM
STARSKY AND HUTCH • 1974 • TVM
STRIKE FORCE • 1975 • TVM
SAN PEDRO BUMS, THE • 1977 • TVM
CRASH • 1978 • TVM
KEEFER • 1978 • TVM
BILLION DOLLAR THREAT, THE • 1979
UNDERCOVER WITH THE KKK • FREEDOM RIDERS, THE • 1979 • TVM
POWER • 1980 • TVM

SHEARER BOB – USA
TRANSIT SUPERVAN • 1969 • SHT

SHEARMAN JOHN – UKN
RIVER TO CROSS • 1950

SHEBAL LEROY – USA
THIS IS MY ALASKA • 1969 • DOC

SHEBIB DONALD – CND – 1938–
EVERETT D. S.
DUEL, THE • 1962
REVIVAL • 1963
SURFIN' • 1964
SATAN'S CHOICE • 1965
ALLAN • 1966
CHRISTALOT HANSON • 1966
DAVID SECTER • 1966
JUNE MARKS • 1966
SEARCH FOR LEARNING, A • 1966
BASKETBALL • 1967
EVERDALE PLACE • 1967
GRADUATION DAY • 1968
SAN FRANCISCO SUMMER 1967 • 1968
STANFIELD • 1968
UNKNOWN SOLDIER • 1968
GOOD TIMES, BAD TIMES • 1969 • DOC
GOIN' DOWN THE ROAD • ROUTE DE L'OUEST, LA ○ EN ROULANT MA BOULE ○ MARITIMERS ○ VOYAGE CHIMERIQUE, LE • 1970
BORN HUSTLER • 1972
GET BACK • WINTER SUN • 1972
RIP-OFF • 1972
BETWEEN FRIENDS • ENTRE AMIS • 1973
DEEDEE • 1974
MRS. GRAY • 1974
ONCE UPON A TIME IN GENNARO • 1974
WE'VE COME A LONG WAY TOGETHER • 1974
WINNING IS THE ONLY THING • 1974
CANARY, THE • 1975
SECOND WIND • 1976 • TVM
FIGHTING MEN, THE • 1977 • TVM
OLD MAN REEVER • 1977
HOLIDAY FOR HOMICIDE • 1978
FISH HAWK • 1980
HEARTACHES • 1981
BY REASON OF INSANITY • 1982 • TVM
RUNNING BRAVE • 1983
SLIM OBSESSION • 1984 • MTV
CLIMB, THE • 1986

SHEEHAN NICK – CND
NO SAD SONGS • 1986 • DOC

SHEEHAN PERLEY POORE – USA
NIGHT MESSAGE, THE • INNOCENT • 1924

SHEELER CHARLES – USA
MANNAHATTA • MANHATTA • 1921 • SHT

SHEFFER – USS
KRASNAYA PRESNYA • RED PRESNYA • 1926

SHEIK A. R. – IND
SHREE KRISHNA DARSHAN • 1950

el SHEIKH KAMAL – EGY – 1918–
SHAYKH KAMAL ash- • el SHEIKH KAMEL
MANZIL RAQM THALATHATAASHAR • MAISON N.13, LA • 1952
MUAMARA • COMPLOT • 1953
AMOUR ET LARMES • 1955

GHARIB, EL • STRANGER, THE (USA) ○ ETRANGER, L' • 1955
HAYAT OU MAUT • LIFE OR DEATH ○ HAYATUN AW MAWT ○ VIE OU MORT • 1955
HUBBUN WA IDAM • AMOUR ET PEINE CAPITALE • 1956
ARD' AL-AHLAM • TERRE DE REVE • 1957
ARD' AS-SALAM • TERRE DE PAIX • 1957
TUGGAR AL-MAWT • MARCHANDS DE LA MORT, LA • 1957
MALAK AS-SAGHIR, AL- • PETIT ANGE, LE • 1958
SAIYIDAT AL-QASR • DAME DU CHATEAU, LA • 1958
MIN AGL IMRA'A • POUR UNE FEMME • 1959
MIN AGLI HUBBI • POUR MON AMOUR • 1959
QALBUN YAHTARIQ • COEURS BRULES • 1959
HUBBI AL-WAHID • MON SEUL AMOUR • 1960
MALAKUN WA SHAITAN • ANGE ET DEMON • 1960
LAN ATARIF • JE N'AVOUERAI PAS ○ CHANTAGE • 1961
LISSU WA AL-KILAB, AL- • VOLEUR ET LES CHIENS, LE ○ EVADE DE L'ENFER ○ LESS WAL KELAB, AL- ○ ESCAPE FROM HELL ○ THIEF AND DOGS • 1962
LEILA EL AKHIRA, EL • LAST NIGHT, THE ○ LAYLA AK AKHIRA, AL- ○ DERNIERE NUIT, LA • 1963
SHAITANE EL SAGHIR, EL • SMALL DEVIL, THE ○ SHAYTAN AS-SAGHIR, ASH- ○ PETIT DEMON, LE ○ OTAGE, L' • 1963
KHAINA, AL- • INFIDELE, L' • 1965
MUKHARRIBUN, AL- • SABOTEURS, LES ○ MOUKHAREBOUN, AL ○ SABOTAGE • 1965
THALATH LUSUSS • TROIS VOLEURS • 1966
RAGOL EL LAZI FAKAD ZILLOH, EL • MAN WHO LOST HIS SHADOW, THE ○ HOMME QUI PERDIT SON OMBRE, L' ○ RAGUL AK-LAD'I FAQADA D'ILLAHU, AR- • 1968
BI'R AL-HIRMAN • PUITS DE LA PRIVATION, LES • 1969
MIRAMAR • 1969
GHURUBUN WA SHUROQ • AUBE ET CREPUSCULE • 1970
SHAI'UN FI SADRY • PROFOND SECRET, LE • 1971
HIWAR • DIALOGUE • 1972
HARIB, AL- • FUGITIF, LE • 1973
ALA MAN NAT'LUQ AR-RACAC? • SUR QUI DOIT-ON TIRER? ○ WHO WE MUST SHOOT AT • 1975
ASCENSION AND THE FALL, THE • 1978
KAHER EL ZAMAN • CONQUEROR OF TIME • 1986

el SHEIKH KAMEL see **el SHEIKH KAMAL**

SHEKTER LOUISE – CND – 1950–
MAKING A DIFFERENCE • 1984 • DCS
COEUR A SES RAISONS, LE • 1985
CA ME TROTTE DANS LA TETE • 1986

SHELAKH RIKI – ISR
MISSIMOFF RIKI SHELACH
HAKHOREFF HA'AKHARON • LAST WINTER, THE • 1983
FREEDOM FIGHTERS • MERCENARY FIGHTERS • 1987

SHELDO NORMAN – USA
BORDER FENCE • 1951

SHELDON DAVID – USA
LOVELY BUT DEADLY • DEADLY AVENGER • 1983

SHELDON FORREST – USA
SHELDON FORREST K.
BLACK GOLD • 1924
RAINBOW RANGERS • 1924
ALWAYS RIDIN' TO TOWN • 1925
DON X • 1925
MAKERS OF MEN • 1925
NEVER TOO LATE • 1925
STAMPEDIN' TROUBLE • 1925
WHO'S YOUR FRIEND • 1925
AHEAD OF THE LAW • 1926
GREY VULTURE, THE • 1926
LAWLESS TRAILS • 1926
MAN FROM OKLAHOMA, THE • 1926
HAUNTED SHIP, THE • 1927
LAW OF THE RIO GRANDE • WANTED MEN (UKN) • 1931
SIGN OF THE WOLF, THE • 1931 • SRL
BETWEEN FIGHTING MEN • 1932
DYNAMITE RANCH • 1932
HELL-FIRE AUSTIN • 1932
LONE TRAIL, THE • 1932
WILDERNESS MAIL • 1935

SHELDON FORREST K. see **SHELDON FORREST**

SHELDON JAMES – USA
DEVIL'S CHILDREN, THE • 1962
BRAZEN BELL, THE • 1963 • MTV
GIDGET GROWS UP • 1970 • TVM
WITH THIS RING • 1978 • TVM
GOSSIP COLUMNIST, THE • 1980 • TVM
SEVEN BRIDES FOR SEVEN BROTHERS • 1982 • TVM

SHELDON LES – USA
A-TEAM: THE COURT MARTIAL, THE • A-TEAM: TRIAL BY FIRE ○ LAST COURT MARTIAL, THE • 1985 • TVM

SHELDON ROY – USA
LAND OF THE LOST, THE • 1914
BOOTLEGGERS, THE • 1922
IS A MOTHER TO BLAME? • 1922
COUNTERFEIT LOVE • 1923

SHELDON SIDNEY – Producer/writer – USA – 1917–
DREAM WIFE • 1953
BUSTER KEATON STORY, THE • 1957

SHELENKOV ALEKSANDR – USS
SEKRET USPEKHA • SECRET OF SUCCESS, THE (UKN) ○ BOLSHOI BALLET 67 (USA) ○ SEKRET O SPEHA • 1965

SHELLEY JOSHUA – USA
PERILS OF PAULINE, THE • 1967

SHELTON RON – USA
BULL DURHAM • 1988
BLAZE • 1989

SHEN CHIANG – HKG
REVENGE OF THE DRAGON • REVENGE OF THE DRAGONS • 1972

SHEN FU – CHN – 1905–
LI SHIZHEN, THE GREAT PHARMACOLOGIST • 1956

SHEN JIANG – HKG
INFERNAL STREET • 1973

SHEN XILING – CHN
SHIZI JIETOU • CROSSROADS • 1937

SHEN YUEH-MING – HKG
MENG • I DO! • 1984

SHENGALIA L. see **SHENGHELIA LEVAN**

SHENGELAYA ELDAR – USS – 1933–
LEGENDA O LEDYANOM SERDTSE • LEGEND ABOUT THE ICE HEART ○ LEGEND ABOUT AN ICY HEART ○ LEGEND OF THE ICY HEART • 1957
SNEZHNAYA SKAZKA • SNOWY FAIRY TALE, A • 1959
BELYI KARAVAN • WHITE CARAVAN, THE ○ BELYI KARAVAN • 1964
MIKELA • 1964 • SHT
PAGES OF THE PAST • 1964
ALAVERDOBA • 1966
NEOBYKNOVENNAIA VYSTAVKA • UNUSUAL EXHIBITION, THE ○ ARACHVEULEBRIVI GAMOPENA ○ EXTRAORDINARY EXHIBITION, AN • 1968
LOVE, DAGGER AND TREASON • 1969
CHUDAKI • ODDBALLS, THE ○ ECCENTRICS, THE • 1974
SAMANISHVILI'S STEPMOTHER • 1974
OUR DAILY WATER • 1976
GOLUBYE GORY ELY NEPRAVDOPODOBNAYA • BLUE MOUNTAINS • 1983

SHENGELAYA GEORGI – USS – 1937–
CHENGUELAIA GEORGUI
PIROSMANI • 1960 • SHT
ALLAVERDOBA • 1962 • SHT
PAGES OF THE PAST • 1964
ON NYE KHOTEL UBIVAT • HE DID NOT WANT TO KILL ○ ON UBIVAT NE KHOTEL • 1967
MATSY KHVITIYA • MATSI KHVITIA ○ MATZI HVITIA • 1969
PIROSMANI • 1970
MELODII VERIYSKOVO KVARTALA • MELODIES OF THE VERIYSKI NEIGHBOURHOOD ○ MELODIES OF THE VERI SUBURB ○ MELODIES OF THE VERA QUARTER • 1973
YOUNG COMPOSER'S ODYSSEY, A • 1986

SHENGELAYA NIKOLAI – USS – 1903–1943
CHENGUELAIA NIKOLAI
DINA DZA-DZU • 1925
GULLI • 1926
ELISO • CAUCASIAN LOVE ○ ELISSO • 1928
TWENTY-SIX COMMISSARS, THE • 1929
DVADTSAT SHESJ KOMISSAROV • TWENTY-SIX BAKU COMMISSARS ○ 26 COMMISSARS • 1936
SOLOTISTAJA DOLINA • GOLDEN VALLEY, THE ○ ORANGE VALLEY • 1937
FATHERLAND, THE • 1939
IN THE BLACK MOUNTAINS • 1941

SHENGHELIA LEVAN – USS
SHENGALIA L.
NYLON NETS • 1963
DYEVOCHKA NA SHARYE • GIRL ON A BALL, A • 1967

SHENSON WALTER – Producer – USA – c1921–
WELCOME TO THE CLUB • 1970

SHEPARD GERALD S. – USA
HEROES DIE YOUNG • 1960

SHEPARD SAM – USA
FAR NORTH • 1988

SHEPHARD MARK – USA
DARK ROMANCES • 1987

SHEPHERD ANTONIO – USA
SEVEN INTO SNOWY • 1977
CHORUS CALL • 1979

SHEPHERD HORACE – Producer – UKN – 1892–
TALE OF TAILS, A • 1933
ALFREDO CAMPOLI AND HIS ORCHESTRA • 1936
B.B.C. MUSICALS • 1936 • SER
CEDRIC SHARPE AND HIS SEXTETTE • 1936
EUGENE PINI AND HIS TANGO ORCHESTRA • 1936 • SHT
LESLIE JEFFRIES AND HIS ORCHESTRA • 1936
MARIO DE PIETRO AND HIS ESTUDIANTINA • 1936
MUSIC MAKER, THE • 1936
REGINALD KING AND HIS ORCHESTRA • 1936 • SHT
MELODIES OF THE MOMENT • 1938
EDDIE CARROLL AND HIS BOYS • 1939
RADIO NIGHTS • 1939
TUNES OF THE TIMES • 1939
DANGEROUS ACQUAINTANCE • 1941
MUSICAL COCKTAIL, A • 1941
ONCE UPON A TIME • 1941
HARRY PARRY AND HIS RADIO RHYTHM CLUB SEPTET • 1943 • SHT
KING OF THE KEYBOARD • 1943
SWINGONOMETRY • 1943
MUSICAL MASQUERADE • 1946
MAKING THE GRADE • 1947
MUSICAL ROMANCE • 1947
EUGENE PINI AND HIS ORCHESTRA • 1948 • SHT
FLAMINGO AFFAIR, THE • BLONDE FOR DANGER (USA) • 1948
MOVIE MEMORIES • 1948
STEPHANE GRAPPELLY AND HIS QUINTET • 1948 • SHT
TOUCH OF SHAMROCK, A • 1949
RAY OF SUNSHINE, A • 1950
DEATH IS A NUMBER • 1951
MIRTH AND MELODY • 1951
WINSTON LEE AND HIS ORCHESTRA NOS. 1-8 • 1954 • SHS
MAGIC OF MUSIC, THE • 1955 • SHT

SHEPITKO LARISA see **SHEPITKO LARISSA**

SHEPITKO LARISSA – USS – 1938–1979
SHEPITKO LARISA • CHEPITKO LARISSA
BLIND COOK, THE
LIVING WATER • 1960 • SHT
ZNOI • HEAT WAVE, THE ○ HEAT • 1963
KRYLYA • CAPTAIN OF THE GUARDS ○ WINGS • 1966
HOMELAND OF ELECTRICITY, THE • 1968 • DCS
TY I YA • YOU AND I ○ YOU AND ME • 1972
VOSKHOZHDYENIYE • ASCENT, THE ○ VOSHOZDENIE • 1977

SHEPPARD GORDON see **SHEPPARD GORDON H.**

SHEPPARD GORDON H. – CND – 1937–
SHEPPARD GORDON
THREE CANADIAN POLITICIANS OF THE THIRTIES • 1961 • DOC
FORUM, THE • 1962
MOST, THE • ONE TIME AROUND • 1962 • DCS
STRIP CLUBS IN LONDON • 1962 • DOC
J.F.K. AND MR. K. • 1963 • DOC
FEMME DES REVES, LA • DREAM GIRL • 1964
DALLEGRET • 1967
FIFTY BUCKS A WEEK • 1967
LOVE • 1967
MARRIAGE, THE • 1967
LIBERAL PARTY IN ONTARIO, THE • 1968 • DOC
ELIZA • 1969
ELIZA'S HOROSCOPE • 1974

SHEPPARD JOHN – CND
HIGHER EDUCATION • 1986
MANIA • 1987

SHEPPARD W. H. – UKN
LOVE ON THE RIVIERA • 1924

SHER JACK – Screenwriter – USA – 1913–
FOUR GIRLS IN TOWN • FOUR BRIGHT GIRLS • 1956
KATHY O' • 1958
WILD AND THE INNOCENT, THE • 1959
THREE WORLDS OF GULLIVER, THE • 1960
LOVE IN A GOLDFISH BOWL • 1961

SHERBORNE COLIN – UKN
COOKING CAVALIER • 1975

SHERIDAN JAY – USA
TOUCHABLES, THE • NUDE HEAT WAVE • 1961
NASHVILLE REBEL • 1966

SHERIDAN JIM – UKN
MY LEFT FOOT • 1989
FIELD, THE • 1990

SHERIDAN OSCAR M. – UKN
BIG BUSINESS • 1930

SHERIN ED see **SHERIN EDWIN**

SHERIN EDWIN – USA – 1930–
SHERIN ED
VALDEZ IS COMING • 1971
GLORY BOY • MY OLD MAN'S PLACE (UKN) ○ THERE'S NO PLACE LIKE HELL • 1973
FATHER CLEMENTS STORY, THE • 1987 • TVM
LENA: MY HUNDRED CHILDREN • LENA: MY 100 CHILDREN • 1988 • TVM
TOUR OF DUTY 5: THE ASSASSIN • 1988

SHERMAN ERIC – USA
CHARLES LLOYD -JOURNEY WITHIN • 1968 • DOC

SHERMAN FRANK – USA
DOUGHNUTS • 1933 • ANS
IN THE PARK • 1933 • ANS
PHANTOM ROCKET, THE • 1933 • ANS
PUZZLED PALS • 1933 • ANS

SHERMAN GARY – USA
SHERMAN GARY A.
DEATH LINE • RAW MEAT (USA) • 1972
FOLLOW ME IF YOU DARE • MYSTERIOUS TWO • 1979 • TVM
DEAD AND BURIED • 1981
VICE SQUAD • 1982
WANTED: DEAD OR ALIVE • WANTED DEAD OR ALIVE • 1986
POLTERGEIST III • 1988

SHERMAN GARY A. see **SHERMAN GARY**

SHERMAN GEORGE – USA – 1908–
WILD HORSE RODEO • 1937
HEROES OF THE HILLS • 1938
OUTLAWS OF SONORA • 1938
OVERLAND STAGE RAIDERS • 1938
PALS OF THE SADDLE • 1938
PURPLE VIGILANTES, THE • PURPLE RIDERS, THE (UKN) • 1938
RHYTHM OF THE SADDLE • 1938
RIDERS OF THE BLACK HILLS • 1938
SANTA FE STAMPEDE • 1938
COLORADO SUNSET • 1939
COWBOYS FROM TEXAS • 1939

KANSAS TERRORS • 1939
MEXICALI ROSE • 1939
NEW FRONTIER • FRONTIER HORIZON • 1939
NIGHT RIDERS, THE • 1939
RED RIVER RANGE • 1939
ROVING TUMBLEWEEDS • WASHINGTON COWBOY • 1939
SOUTH OF THE BORDER • SOUTH OF TEXAS • 1939
THREE TEXAS STEERS • DANGER RIDES THE RANGE (UKN) • 1939
WYOMING OUTLAW • 1939
COVERED WAGON DAYS • 1940
FRONTIER VENGEANCE • 1940
GHOST VALLEY RAIDERS • 1940
LONE STAR RAIDERS • 1940
ONE MAN'S LAW • 1940
ROCKY MOUNTAIN RANGERS • 1940
TEXAS TERRORS • 1940
TRAIL BLAZERS, THE • 1940
TULSA KID, THE • 1940
UNDER TEXAS SKIES • 1940
APACHE KID, THE • 1941
CITADEL OF CRIME • OUTSIDE THE LAW (UKN) • 1941
DEATH VALLEY OUTLAWS • 1941
DESERT BANDIT • 1941
KANSAS CYCLONE • 1941
MISSOURI OUTLAW, A • 1941
PHANTOM COWBOY, THE • 1941
TWO GUN SHERIFF • 1941
WYOMING WILDCAT • 1941
ARIZONA TERROR • ARIZONA TERRORS • 1942
CYCLONE KID, THE • 1942
JESSE JAMES JR. • SUNDOWN FURY • 1942
LONDON BLACKOUT MURDERS • SECRET MOTIVE (UKN) • 1942
SOMBRERO KID, THE • 1942
STAGECOACH EXPRESS • 1942
X MARKS THE SPOT • 1942
FALSE FACES • ATTORNEY'S DILEMMA, THE (UKN) • 1943
MANTRAP, THE • 1943
MYSTERY BROADCAST • 1943
PURPLE V, THE • 1943
SCREAM IN THE DARK, A • 1943
WEST SIDE KID, THE • 1943
LADY AND THE MONSTER, THE • LADY AND THE DOCTOR, THE (UKN) ○ MONSTER AND THE LADY, THE ○ TIGER MAN ○ MONSTER, THE • 1944
STORM OVER LISBON • 1944
CRIME DOCTOR'S COURAGE • DOCTOR'S COURAGE, THE (UKN) • 1945
BANDIT OF SHERWOOD FORST, THE • 1946
GENTLEMAN MISBEHAVES, THE • 1946
PERSONALITY KID, THE • 1946
RENEGADES • 1946
SECRET OF THE WHISTLER • 1946
TALK ABOUT A LADY • DUCHESS OF BROADWAY • 1946
LAST OF THE REDMEN • LAST OF THE REDSKINS (UKN) • 1947
BLACK BART • BLACK BART, HIGHWAYMAN (UKN) • 1948
FEUDIN' FUSSIN' AND A-FIGHTIN' • 1948
LARCENY • 1948
RELENTLESS • THREE WERE THOROUGHBREDS • 1948
RIVER LADY • 1948
CALAMITY JANE AND SAM BASS • 1949
RED CANYON • BLACK VELVET • 1949
SWORD IN THE DESERT • 1949
YES, SIR, THAT'S MY BABY • 1949
COMANCHE TERRITORY • 1950
SLEEPING CITY, THE • CONFIDENTIAL SQUAD • 1950
SPY HUNT • PANTHER'S MOON (UKN) ○ SPY RING • 1950
GOLDEN HORDE, THE • GOLDEN HORDE OF GENGHIS KHAN, THE (UKN) • 1951
RAGING TIDE, THE • 1951
TARGET UNKNOWN • PRISONER OF WAR • 1951
TOMAHAWK • BATTLE OF POWDER RIVER, THE (UKN) • 1951
AGAINST ALL FLAGS • 1952
BACK AT THE FRONT • WILLIE AND JOE BACK AT THE FRONT ○ WILLIE AND JOE IN TOKYO (UKN) • 1952
BATTLE AT APACHE PASS, THE • BATTLE OF APACHE PASS, THE • 1952
STEEL TOWN • 1952
LONE HAND, THE • 1953
VEILS OF BAGDAD • 1953
WAR ARROW • 1953
BORDER RIVER • 1954
DAWN AT SOCORRO • 1954
JOHNNY DARK • 1954
CHIEF CRAZY HORSE • VALLEY OF FURY (UKN) • 1955
COUNT THREE AND PRAY • CALICO PONY, THE • 1955
TREASURE OF PANCHO VILLA, THE • 1955
COMANCHE • 1956
REPRISAL! • 1956
HARD MAN, THE • 1957
LAST OF THE FAST GUNS, THE • 1958
SON OF ROBIN HOOD • 1958
TEN DAYS TO TULARA • 1958
FLYING FONTAINES, THE • 1959
ENEMY GENERAL, THE • 1960
FOR THE LOVE OF MIKE • NONE BUT THE BRAVE • 1960
HELL BENT FOR LEATHER • 1960
WIZARD OF BAGHDAD, THE • 1960
FIERCEST HEART, THE • 1961
PANIC BUTTON.. OPERAZIONE FISCO • PANIC BUTTON (USA) ○ LET'S GO BUST • 1962
MURIETA • JOAQUIN MURRIETA ○ VENDETTA • 1965
SMOKY • 1966
DANIEL BOONE, FRONTIER TRAIL RIDER • 1967 • MTV
BIG JAKE • 1971

SHERMAN HERBERT J. see **MERCANTI PINO**

SHERMAN JOE – USA

MS MAGNIFICENT • MISS MAGNIFICENT • 1979
PLATO'S: THE MOVIE • 1980
BEHIND THE SCENES OF AN ADULT MOVIE • BEHIND THE SCENES OF AN X-RATED MOVIE • 1981
BLONDE NEXT DOOR, THE • 1981
EXPOSE ME NOW • 1982
INSPIRATIONS • 1982

SHERMAN LOWELL – Actor – USA – 1885–1934

LAWFUL LARCENY • 1930
PAY-OFF, THE • LOSING GAME, THE (UKN) • 1930
ROYAL BED, THE • QUEEN'S HUSBAND, THE (UKN) • 1930
BACHELOR APARTMENT • 1931
HIGH STAKES • 1931
FALSE FACES • WHAT PRICE BEAUTY (UKN) • 1932
GREEKS HAD A WORD FOR THEM, THE • THREE BROADWAY GIRLS • 1932
LADIES OF THE JURY • 1932
BROADWAY THRU A KEYHOLE • 1933
MORNING GLORY • 1933
SHE DONE HIM WRONG • 1933
BORN TO BE BAD • 1934
NIGHT LIFE OF THE GODS • PRIVATE LIFE OF THE GODS • 1935

SHERMAN SAMUEL M. – USA

RAIDERS OF THE LIVING DEAD • 1986

SHERMAN TOMASO – ITL

E STATO COSI • 1977

SHERMAN VINCENT – USA – 1906–

RETURN OF DR. X, THE • 1939
MAN WHO TALKED TOO MUCH, THE • SENTENCE, THE • 1940
SATURDAY'S CHILDREN • 1940
FLIGHT FROM DESTINY • INVITATION TO A MURDER ○ TRIAL AND ERROR • 1941
UNDERGROUND • 1941
ALL THROUGH THE NIGHT • 1942
HARD WAY, THE • 1943
OLD ACQUAINTANCE • 1943
WATCH ON THE RHINE • 1943
IN OUR TIME • 1944
MR. SKEFFINGTON • 1944
PILLOW TO POST • 1945
JANIE GETS MARRIED • 1946
NORA PRENTISS • 1947
UNFAITHFUL, THE • 1947
ADVENTURES OF DON JUAN, THE • NEW ADVENTURES OF DON JUAN, THE (UKN) • 1948
HASTY HEART, THE • 1949
BACKFIRE • SOMEWHERE IN THE CITY • 1950
DAMNED DON'T CRY, THE • VICTIM, THE • 1950
HARRIET CRAIG • 1950
GOODBYE, MY FANCY • 1951
LONE STAR • 1951
AFFAIR IN TRINIDAD • 1952
ASSIGNMENT -PARIS! • ASSIGNMENT PARIS • 1952
DIFENDO IL MIO AMORE • DEFEND MY LOVE (USA) ○ I'LL DEFEND YOU MY LOVE • 1956
GARMENT JUNGLE, THE • GARMENT CENTER, THE • 1957
NAKED EARTH • 1958
YOUNG PHILADELPHIANS, THE • CITY JUNGLE, THE (UKN) • 1958
ICE PALACE • 1960
FEVER IN THE BLOOD, A • 1961
SECOND TIME AROUND, THE • STAR IN THE WEST ○ CALICO SHERIFF, THE ○ MOTHER OUGHT TO MARRY • 1961
AVVENTURE E GLI AMORI DI MIGUEL CERVANTES, LE • AVENTURES EXTRAORDINAIRES DE CERVANTES, LES (FRN) ○ YOUNG REBEL, THE (USA) ○ CERVANTES • 1967
LADY OF THE HOUSE • 1978 • TVM
LAST HURRAH, THE • 1978 • TVM
WOMEN AT WEST POINT • 1979 • TVM
BOGIE • BOGIE: THE LAST HERO • 1980 • TVM
DREAM MERCHANTS, THE • 1980 • TVM
TROUBLE IN HIGH TIMBER COUNTRY • 1980 • TVM

SHERMANN ARTHUR – USA

ZITS • 1986

SHERRY – USA

CONEY ISLAND • 1950 • SHT

SHERRY GORDON – UKN

YSANI THE PRIESTESS • 1934

SHERSTOBITOV E. see **SHERSTOBITOV EUDGEN**

SHERSTOBITOV EUDGEN – USS

SHERSTOBITOV YEVGENI • SHERSTOBITOV E.

TUMONNOCT ANDROMED • ANDROMEDA NEBULA, THE (USA) ○ ANDROMEDA THE MYSTERIOUS ○ TUMONNOST ANDROMEDY ○ CLOUD OF ANDROMEDA • 1967
OVER THE SEAS AND FAR AWAY • 1971

SHERSTOBITOV YEVGENI see **SHERSTOBITOV EUDGEN**

SHERVAN AMIR – IRN

MARDI AZ ESFEHAN • MAN FROM ESFEHAN, A • 1967
DOZDE-SIYAHPOUSH • THIEF IN A BLACK DRESS • 1968
ZANI BE-NAME-SHARAB • WOMAN CALLED SHARAB, A • 1968
HOLLYWOOD COP • 1987

SHERWIN GUY – UKN

PLATFORM • 1979

SHERWOOD BILL – USA – 1952–

PARTING GLANCES • 1986

SHERWOOD GEORGE – USA

BIG HUNT, THE • 1969 • DOC

SHERWOOD JOHN – USA

CREATURE WALKS AMONG US, THE • 1956
RAW EDGE • 1956
MONOLITH MONSTERS, THE • MONOLITH! • 1957
CREEPING TERROR, THE • CRAWLING MONSTER, THE • 1964

SHERWOOD ROBERT E. – Playwright – USA – 1896–1955

OVER THE MOON • 1940

SHESHUKOV IGOR – USS

VTORAYA POPYTKA VIKTORA KROKHINA • VIKTOR KROKHIN'S SECOND TRY • 1977

SHEVCHENKO V. – USS

CHERNOBYL: CHRONICLE OF TOUGH WEEKS • 1987 • DOC

SHEYBAL VLADEK – Actor – PLN – 1933–

ALL ABOUT A PRIMA BALLERINA • 1982

SHI DONGSHAN – CHN

BAQIAN LI LU YUN HE YUE • 8000 LI OF CLOUD AND MOON • 1947

SHI SHUJUN – CHN

JIATING SHENSHEN • 1989

SHIBATA TSUNEKICHI – JPN

MOMIJIGARI • MAPLE VIEWING • 1897

SHIBUYA MINORU – JPN – 1907–1981

MAMA NO ENDAN • MOTHER'S MARRIAGE PROPOSAL • 1937
OKUSAMA NI SHIRASU BEKARAZU • MADAME SHALL NOT KNOW • 1937
HAHA TO KO • MOTHER AND CHILD • 1938
HANAUTA OJOSAN • HUMMING GIRL, A • 1938
WAGAYA NI HAHA ARE • MOTHER STAY AT HOME • 1938
ATARASHIKI KAZOKU • NEW FAMILY, THE • 1939
KITSUNE • FOX, THE • 1939
MINAMI KAZE • SOUTH WIND • 1939
JOSEI NO KAKUGO • WOMAN'S RESOLUTION, A • 1940
SAKURA NO KUNI • CHERRY COUNTRY • 1941
TOKAKAN NO JINSEI • TEN DAY'S LIFE • 1941
TOKYO NO FUZOKU • TOKYO CUSTOMS • 1941
ARU ONNA • CERTAIN WOMAN, A ○ THAT WOMAN • 1942
KAZOKU • FAMILY, A • 1942
OJISAN • UNCLE • 1943
YUREI OOINI IKARU • ANGRY GHOST, THE • 1943
JOEN • PASSION FIRE • 1947
TOBIDASHITA OJOSAN • 1947
JUTAI • 1948
YONINME NO SHUKUJO • 1948
HANA NO SUGAO • FACE OF A FLOWER • 1949
SHUSHIN IMADA KIEZU • DEVOTION NOW VANISHED • 1949
HATSUKOI MONDO • FIRST LOVE QUESTIONS AND ANSWERS • 1950
TENYA WANYA • CRAZY UPROAR • 1950
JIYU GAKKU • SCHOOL OF FREEDOM ○ FREEDOM SCHOOL • 1951
GENDAIJIN • POSTWAR JAPANESE ○ MODERNS, THE • 1952
HONJITSU KYUSHIN • NO CONSULTATION TODAY ○ DOCTOR'S DAY OFF, THE ○ NO CONSULTATION TO BE HELD • 1952
YASSA MOSSA • TOPSY TURVY ○ CONFUSION • 1953
KUNSHO • MEDALS ○ MEDAL, A • 1954
SEIDO NO KIRISUTO • CHRIST IN BRONZE • 1955
ONNA NI ASHIATO • FOOTPRINTS OF A WOMAN • 1956
KICHIGAI BURAKU • UNBALANCED WHEEL, THE • 1957
SEIGIHA • CASE OF HONOUR, A • 1957
AKUJO NO KISETSU • DAYS OF EVIL WOMEN • 1958
KIRI ARU JOJI • AFFAIR IN THE MIST • 1959
BANANAS • BANANA • 1960
KOJIN KOJITSU • THIEF AND CULTURE ORDER, A • 1961
MOZU • SHRIKES, THE • 1961
YOPPARAI TENGOKU • HEAVEN FOR A DRUNKARD • 1962
FUTARI DAKE NO TORIDE • RAT AMONG THE CATS • 1963
DAIKON TO NINJIN • TWILIGHT PATH (USA) ○ MR. RADISH AND MR. CARROT ○ RADISHES AND CARROTS • 1964
MONRO NO YONA ONNA • MARILYN OF TOKYO, A • 1964
AOGEBA TOTOSHI • ODE TO AN OLD TEACHER • 1966

SHIELDS ERNEST – USA

MARRIED ON THE WING • 1916 • SHT

SHIELDS FRANK – Producer/writer – ASL – 1947–

BREAKER, THE • 1973 • DOC
CROSSING, THE • 1976 • SHT
HOSTAGE • HOSTAGE: THE CHRISTINE MARESCH STORROY ○ SAVAGE ATTRACTION (USA) • 1983
DEATH WAVE • 1986
SURFER, THE • 1987
FATAL SKY • NO CAUSE FOR ALARM • 1989

SHIELDS PAT – USA

FRASIER, THE SENSUOUS LION • 1973

SHIFFEN ARLO – USA

FELICIA • 1969
FRANCHETTE: LES INTRIGUES • 1969
HOW MANY TIMES • 1969
SNOW JOB • 1969
GABRIELLE • 1970

SHIGA TAKASHI – JPN

HENTAI • ABNORMAL • 1966

SHIH HUI – CHN – 1915–1957

LETTER WITH THE FEATHERS • 1953

SHIH MEI – CHN

HARNESS THE HUAI RIVER • 1952

SHIH TI – TWN

BRUCE LEE STORY, THE • DRAGON STORY, A ○ SUPERDRAGON • 1974

SHILENKO B. – USS

K SVYETU • TOWARDS THE LIGHT • 1968

SHILLING JOSEPH see **SHILLINGER JOSEPH**

SHILLING WILLIAM A. – USA

SOCIETY BAD MEN • 1920 • SHT

SHILLINGER JOSEPH – Animator – USA
SHILLING JOSEPH
SYNCHRONIZATION • 1934 • ANS

SHILLINGFORD PETER – UKN
TODAY MEXICO, TOMORROW THE WORLD • 1970
NAUGHTY GIRLS • 1975
SENSATIONS • 1977
ENGLISH ABROAD, THE • 1979

SHIMA KOJI – JPN
SHINGAPORU SOKOGEKI • ALL-OUT ATTACK ON SINGAPORE ○ ATTACK ON SINGAPORE • 1943
GOODBYE • 1949
ASAKUSA MONOGATARI • 1953
JUDAI NO SEITEN • TEENAGER'S SEX MANUAL • 1953
KONJIKI YASHA • GOLDEN DEMON (USA) ○ DEMON OF GOLD • 1954
KAZE TACHINU • AUTUMN INTERLUDE • 1955
MABOROSHI NO UMA • PHANTOM HORSE, THE • 1955
NIJI IKUTABI • 1956
SHIN HEIKE MONOGATARI: SHIZUKA TO YOSHITSUNE • NEW TALE OF GENJI: SHIZUKA AND YOSHITSUNE • 1956
UCHUJIN TOKYO NI ARAWARU • COSMIC MAN APPEARS IN TOKYO, THE ○ MYSTERIOUS SATELLITE (USA) ○ WARNING FROM SPACE ○ SPACE MEN APPEAR IN TOKYO ○ UNKNOWN SATELLITE OVER OKYO • 1956
EDOKKO MATSURI • SHOGUN'S HOLIDAY • 1958
MUSUKO NO KEKKON • MY SON'S REVOLT • 1958
MUSUME NO BOKEN • PERFECT MATE • 1958
YURAKUCHO DE AIMASHO • CHANCE MEETING • 1958
HANA NO DAISHOGAI • VARIOUS FLOWERS • 1959
SASAMEYUKI • MAKIOKA SISTERS, THE • 1959
SHOBOSHI TO SONO MUSUME • 1959
ANCHIN TO KIYOHIME • PRIEST AND THE BEAUTY, THE • 1960
KAO • FACE, THE • 1960
RAMENTAISHI • NOODLE SELLER, A • 1967
KAIDAN OTOSHIANA • GHOSTLY TRAP, THE ○ PIT OF DEATH, THE ○ GHOST STORY OF BOOBY TRAP • 1968

SHIMAMURA TATSUO – JPN
MOONLIGHT FANTASY • 1967 • ANS
FANTASY CITY • ANS

SHIMAUCHI TOSHIO – JPN
NIHONJIN KOKONI-ARI • JAPANESE ARE HERE, THE • 1968 • DOC

SHIMAZU – JPN
HISSHOKA • SONG OF VICTORY ○ HISSYO KA ○ VICTORY SONG • 1945

SHIMAZU SHOICHI – JPN
GEKKO KAMEN • CHALLENGING GHOST, THE ○ LAST DEATH OF THE DEVIL, THE • 1959
OZORA NO MUHOMONO • OUTLAWS IN THE SKY • 1960
NAGURIKOMI KANTAI • STORMING SQUADRON • 1961

SHIMAZU Y. see **SHIMAZU YASUJIRO**

SHIMAZU YASUJIRO – JPN – 1897–
SHIMAZU Y.
CROSSING WATCHMAN OF THE MOUNTAINS, THE • 1923
KAMISORI • RAZOR, THE • 1923
MARKET OF HUMAN FLESH • 1923
CHICHI • FATHER • 1924
SUNDAY • 1924
STINKER • 1925
VILLAGE TEACHER, A • 1925
KAGAYAKU SHOWA • BRILLIANT SHOWA PERIOD, THE • 1928
REBYU NO SHIMAI • REVUE SISTERS • 1929
SEIKATSUSEN ABC • ABC LIFELINE • 1931
FIRST STEPS ASHORE • 1932
MAIDEN IN THE STORM • 1933
TONARI NO YAECHAN • OUR NEIGHBOUR MISS YAE • 1934
WOMAN THAT NIGHT, THE • 1934
OKOTO TO SASUKE • OTOKO AND SASUKE • 1935
ASAKUSA NO HI • LIGHTS OF ASAKUSA, THE ○ LIGHT OF ASAKUSA, THE ○ LIGHT ON ASAKUSA • 1937
SIN TO MIDORI • SCARLET AND GREEN • 1937
ANI TO SONO IMOTO • BROTHER AND HIS YOUNGER SISTER, A • 1939
SHIRASAGI • SNOWY HERON • 1941
HAHA NO CHIZU • MOTHER'S MAD • 1942
MIDORI NO DAICHI • GREEN EARTH, THE • 1942
DAILY BATTLE, THE • 1944
ANI TO SONO IMOTO • BROTHER AND SISTER • 1956

SHIMIZU HIROSHI – JPN – 1903–
HAPPY SONG • 1923
ARIGATOSAN • 1937
KAZE NO NAKA NO KODOMOTACHI • CHILDREN IN THE WIND ○ KAZE NO NAKA NO KODOMO • 1937
CHILDREN IN TORMENT • 1938
KODOMO NO SHIKI • FOUR SEASONS OF CHILDREN • 1939
SAYON'S BELL • 1943
SONOGONO HACHINOSU NO KODOMOTACHI • CHILDREN OF THE BEEHIVE • 1948
CHILDREN AND THE STATUE OF BUDDHA, THE • 1952
DAINAI NO SEPPUN • 1954
JIRO MONOGATARI • 1955

SHIMIZU SUSUMU – JPN
NIHONJIN KOKONI-ARI • JAPANESE ARE HERE, THE • 1968 • DOC

SHIMURA TOSHIO – JPN
ZEPPEKI NO ONI-MUSUME • CLIFF OF THE GHOST GIRL, THE • 1959

SHIN NELSON – Animator – USA
TRANSFORMERS, THE MOVIE • TRANSFORMERS, THE • 1986 • ANM

SHIN SANG-OKK – HKG
SARANG BANK SONNIM KWA OMONI • MY MOTHER AND THE ROOMER • 1962
SIM TJONG • 1970

SHIN SEUNG SOO – SKR
ROOSTER, THE • 1989

SHIN STEPHEN see **SIN GEI-YIN**

SHINAGAWA SHOJI – JPN
ANOTE KONOTE • ALL THE TRICKS • 1968
GAKUSEI SHOFU • STUDENT PROSTITUTE • 1968
SEX DRIVE • 1968

SHINDE MADHAV – IND
DHARMA KANYA • 1968

SHINDO KANETO – Screenwriter – JPN – 1912–
EDO PORN
19 BOATS AND THE CRIMINAL
AISAI MONOGATARI • STORY OF A BELOVED WIFE ○ STORY OF MY LOVING WIFE • 1951
GENBAKU NO KO • CHILDREN OF THE ATOM BOMB ○ CHILDREN OF HIROSHIMA ○ ATOM BOMBED CHILDREN • 1952
NADARE • AVALANCHE • 1952
ONNA NO ISSHO • WOMAN'S LIFE, A ○ LIFE OF A WOMAN, A • 1953
SHUKUZU • GEISHA GIRL GINKO, A ○ GINKO THE GEISHA ○ EPITOME • 1953
DOBU • GUTTER • 1954
OOKAMI • PEOPLE CALLED THEM WOLVES ○ OKAMI ○ WOLF ○ WOLVES • 1955
BANK OF DEPARTURE • 1956
JOYU • ACTRESS, AN • 1956
RYURI NO KISHI • FISHING BOAT, THE ○ BOAT, THE ○ RURI NO KISHI ○ BANK OF DEPARTURE • 1956
SHIROGANE SHINJU • GEISHA'S SUICIDE, A ○ SILVER DOUBLE SUICIDE ○ GIN-SHINJU • 1956
UMI NO YARODOMO • HARBOUR RATS ○ GUYS OF THE SEA • 1957
KANASHIMI WA ONNA DAKENI • ONLY WOMEN HAVE TROUBLE ○ SORROW IS ONLY FOR WOMEN • 1958
DAIGO FUKURYU MARU • LUCKY DRAGON NO.5, THE • 1959
HANAYOME-SAN WA SEKAI ICHI • BRIDE FROM JAPAN, THE ○ WORLD'S BEST BRIDE, THE • 1959
RAKUGAKI KOKUBAN • GRAFFITI BLACKBOARD • 1959
HADAKA NO SHIMA • NAKED ISLAND ○ ISLAND, THE • 1961
NINGEN • HUMAN BEING, A ○ MAN, THE • 1962
HAHA • MOTHER, THE • 1963
MANJI • PASSION • 1964
ONIBABA • DEVIL WOMAN ○ HOLE, THE ○ DEMON, THE • 1964
AKUTO • CONQUEST, THE ○ SCOUNDREL, A • 1965
HONNO • LOST SEX (UKN) ○ IMPOTENCE ○ INSTINCT • 1966
TATESHINA NO SHIKI • FOUR SEASONS OF TATESHINA • 1966
TOTSUSEKI ISEKI • MONUMENT OF TOTSUSEKI • 1966
SEI NO KIGEN • ORIGIN OF SEX -LIBIDO, THE ○ LIBIDO • 1967
TSUYOMUSHI ONNA TO YOWAMUSHI OTOKO • STRONG WOMAN, WEAK MAN ○ OPERATION NEGLIGEE • 1968
WAR OF THE SEXES • 1968
YABU NO NAKA NO KURONEKO • BLACK CAT IN THE BUSH ○ KURONEKO ○ BLACK CAT • 1968
KAGERO • HEAT WAVE ISLAND ○ HEAT HAZE • 1969
SHOKKAKU • STRANGE AFFINITY ○ ODD AFFINITY ○ TENTACLES • 1969
HADAKA NO JUKYUSAI • LIVE TODAY: DIE TOMORROW! ○ NINETEEN YEAR OLD MISFIT ○ NAKED NINETEEN YEAR OLD • 1970
CHIMIMORYO • 1971
KANAWA • IRON RING • 1972
SANKA • SONG OF PRAISE ○ PAEAN, A • 1972
KOKORO • HEART • 1973
ARU EIGAKANTOKU NO SHOGAI: MIZOGUCHI KENJI NO KIROKU • LIFE OF THE FILM DIRECTOR, A ○ ARU EIGAKANTOKU NO SHOGAI ○ LIFE OF A FILM DIRECTOR: RECORD OF KENJI MIZOGUCHI • 1974 • DOC
WAGA MICHI • MY WAY • 1974
CHIKUZAN HITORI TABI • LONELY JOURNEY OF CHIKUZAN ○ CHIKUZAN TRAVELS ALONE ○ LIFE OF CHIKUZAN, THE ○ LIFE OF CHIKUZAN, TSUGARU GAMISEN PLAYER • 1976
KOSATSU • STRANGULATION • 1978
PASSION FOR THE SENSES • 1980
HOKUSAI MANGA • HOKUSAI, UKIYOE MASTER • 1982
CHIHEISEN • HORIZON, THE • 1984
BLACKBOARD • 1985
RAKUYO-JU • DECIDUOUS TREE, A • 1987
SAKURA-TAI CHIRU • SAKURA THEATRE GROUP HAS GONE • 1988

SHINDO TAKAE – JPN
SHINDOH TAKAE
DORODARAKE NO SEIFUKU • MUDDY UNIFORM • 1967
IJO TAIKEN HOKUKU HAKUSHO: AOI BOKO • REPORT ON ABNORMAL EXPENSES: BLUE VIOLATION • 1967
NECKING • 1967
PINK NO CHOHATSU • PINK PROVOCATION • 1967
UWAKIZUMA • FLIRTATIOUS WIFE • 1967
YORU NAKU ONNA • WOMEN WHO CRY AT NIGHT • 1967
ANA O NERAE • AIM AT THE PIT • 1968
BUNBEN • IN LABOUR • 1968
HICHU NO HI • SECRET OF SECRETS • 1968
JOSHIGAKUSEI GOKUHI NIKKI • SECRET DIARY OF A GIRL STUDENT • 1968
NIHON MARUHI FUZOKUSHI CHIBUSA • JAPAN'S HISTORY OF SEX CUSTOMS -THE BREASTS • 1968

SHINDOH TAKAE see **SHINDO TAKAE**

SHINJO HIROSHI – JPN
OKINAWA NO SHONEN • OKINAWAN BOYS • 1984

SHINNAWI ANWAR ASH- – EGY
SARAB, AS- • MIRAGE, LE • 1970

SHINODA MASAHIRO – JPN – 1931–
KAWAITA MIZUUMI • YOUTH IN FURY ○ DRY LAKE • 1960
KOI NO KATAMICHI-KIPPU • ONE-WAY TICKET FOR LOVE ○ ONE WAY TICKET TO LOVE • 1960
SHAMISEN TO OTOBAI • LOVE OLD AND NEW ○ LOVE NEW AND OLD ○ SHAMISEN AND MOTORCYCLE • 1961
WAGA KOI NO TABIJI • EPITAPH TO MY LOVE • 1961
YUHI NI AKAI NO KAO • KILLERS ON PARADE ○ MY FACE RED IN THE SUNSET • 1961
NAMIDA O SHISHI NO TATEGAMI NI • TEARS ON THE LION'S MANE ○ TEARS IN THE LION'S MANE • 1962
WATAKUSHI-TACHI NO KEKKON • OUR MARRIAGE • 1962
YAMA NO SANKA: MOYURU WAKAMONO-TACHI • GLORY ON THE SUMMIT ○ BURNING YOUTH ○ MOYURU WAKAMONOTACHI • 1962
ANSATSU • ASSASSINATION ○ ASSASSIN, THE • 1964
KAWAITA HANA • PALE FLOWER • 1964
IBUN SARUTOBI SASUKE • SAMURAI SPY ○ SARUTOBI • 1965
UTSUKUSHISA TO KANASHIMI TO • WITH BEAUTY AND SORROW • 1965
SHOKEI NO SHIMA • PUNISHMENT ISLAND ○ CAPTIVE'S ISLAND • 1966
AKANEGUMO • CLOUDS AT SUNSET • 1967
SHINJU TEN NO AMIJIMA • DOUBLE SUICIDE AT AMIJIMA ○ DOUBLE SUICIDE • 1969
BURAIKAN • SCANDALOUS ADVENTURES OF BURAIKAN, THE (USA) ○ OUTLAWS • 1970
CHINMOKU • SILENCE (USA) • 1972
SAPPORO ORIMPIKKU • SAPPORO WINTER OLYMPICS • 1972 • DOC
KASEKI NO MORI • PETRIFIED FOREST, THE • 1973
SASUKE AGAINST THE WIND • 1973
HIMIKO • 1974
SAKURA NO MORI NO MANKAI NO SHITA • UNDER THE FALL OF THE CHERRY BLOSSOMS ○ UNDER THE CHERRY BLOSSOMS • 1974
NIHON-MARU • NIHON-MARU SHIP • 1976 • DOC
SADONO KUNI ONDEKO-ZA • SADO'S ONDEKA-ZA • 1977
HANARE GOZE, ORIN • BANISHED (USA) ○ ORIN, A BLIND WOMAN ○ BALLAD OF ORIN, THE ○ BANISHED ORIN ○ MELODY IN GRAY • 1978
YASHA-GA-IKE • YASHA POND, THE ○ DEMON POND (USA) • 1979
AKURYO-TO • DEVIL'S ISLAND ○ AKUMA-TO • 1982
SETOUCHI SHONEN YAKYUDAN • BOYS' BASEBALL TEAM OF SETOUCHI ○ MACARTHUR'S CHILDREN • 1984
YARI NO GONZA • GONZA, THE SPEARMAN • 1985
TANZERIN, DIE • 1987

SHIPMAN NEL see **SHIPMAN NELL**

SHIPMAN NELL – Actress – CND – 1892–1970
SHIPMAN NEL
TIGER OF THE SEA, THE • 1918
COAST GUARD PATROL, THE • 1919
SOMETHING NEW • 1920
GIRL FROM GOD'S COUNTRY, THE • 1921
NEPTUNE'S DAUGHTER • 1922
BACK TO GOD'S COUNTRY • 1927
GOLDEN YUKON, THE • 1927

SHIPS BORIS – USS
SHPIS BORIS
CHUZHOY PIDZHAK • 1927
SOMEONE ELSE'S JACKET • 1927
DOROGA U MIR • LIFE ROADS • 1929

SHIRAKAWA DAISAKU – JPN
WANWAN CHUSHINGURA • DOGGIE MARCH • 1965

SHIRDEL K. – IRN
MORNING OF THE 4TH DAY, THE • 1973

SHIRLEY ARTHUR – Producer/actor – ASL – 1887–1967
THROWBACK, THE • 1920
MYSTERY OF A HANSOM CAB • 1925
SEALED ROOM, THE • 1926

SHIRMAN N. – USS
PENCIL AND THE FIRE-BIRD • ANS

SHIRVANZADA A.
HONOR • 1929

SHISSEL ZIV – ISR
IT'S A FUNNY, FUNNY WORLD • 1979
PRIVATE MANOEUVRES • 1983

SHITARA HIROSHI – JPN
GE-GE-GE NO KITARO • KITRO • 1968 • ANM
MAHOTSUKAI SARI • SALLY, THE WITCH • 1968 • ANS

SHIVASHANKAR C. V. – IND
NAMMA OORU • OUR COUNTRY • 1968

SHIVDASANI NINA – IND
CHHATRABHANG • DIVINE PLAN, THE • 1976

SHMARUK I. – USS
MARINE'S FATE • 1953
STARS ON THE WINGS • 1955

SHMIDTHOFF V. – USS
LUCKY KENT • 1931
FIRM'S SECRET, THE • 1935

SHNEIDER E. – USS
BEHIND THE ENEMY LINES • 1941

SHOEMAKER DON – USA
ON ANY SUNDAY II • 1981 • DOC

SHOLDER JACK – USA
ALONE IN THE DARK • 1982
NIGHTMARE ON ELM STREET PART 2: FREDDY'S REVENGE, A • 1985
HIDDEN, THE • 1987
LAKOTA • 1989
RENEGADES • 1989
WAR STORY 2 • VIETNAM WAR STORY 2 ○ VIETNAM WAR STORY • 1989

SHOLEM LEE – USA – 1900–
TARZAN'S MAGIC FOUNTAIN • TARZAN AND THE ARROW OF DEATH • 1949
TARZAN AND THE SLAVE GIRL • TARZAN AND THE JUNGLE QUEEN (UKN) • 1950
SUPERMAN AND THE MOLE MEN • SUPERMAN AND THE STRANGE PEOPLE (UKN) ○ UNKNOWN PEOPLE • 1951
REDHEAD FROM WYOMING, THE • CATTLE KATE • 1952
STAND AT APACHE RIVER, THE • 1953
CANNIBAL ATTACK • 1954
JUNGLE MAN-EATERS • 1954
TOBOR THE GREAT • 1954
MA AND PA KETTLE AT WAIKIKI • 1955
CRIME AGAINST JOE • 1956
EMERGENCY HOSPITAL • 1956
HELL SHIP MUTINY • 1957
PHARAOH'S CURSE • CURSE OF THE PHARAOH • 1957
SIERRA STRANGER • 1957
CATALINA CAPER • NEVER STEAL ANYTHING WET • 1967
DOOMSDAY MACHINE • 1967

SHOMOV VLADO – Animator – BUL
BEGGAR'S TRIO • 1988 • ANM

SHONI SHANTILAL – IND
NAG DEVTA • 1962

SHONTEFF LINDSAY – UKN
LAST GUNFIGHTER, THE • DEVIL'S SPAWN, THE ○ HIRED GUN • 1959
DEVIL DOLL, THE • 1963
CURSE OF THE VOODOO • CURSE OF SIMBA (UKN) ○ LION MAN • 1965
LICENSED TO KILL • SECOND BEST SECRET AGENT IN THE WHOLE WIDE WORLD, THE (USA) • 1965
RUN WITH THE WIND • 1966
SUMURU • 1,000,000 EYES OF SUMURU, THE (USA) • 1967
CLEGG • 1969
PERMISSIVE • 1970
FAST KILL, THE • 1972
YES GIRLS, THE • 1972
BIG ZAPPER • 1973
SWORDSMAN, THE • 1974
SPY STORY • 1976
NO.1 OF THE SECRET SERVICE • MAN FROM S.E.X., THE (USA) ○ ORCHID FOR NO.1, AN ○ UNDERCOVER LOVER ○ NUMBER ONE OF THE SECRET SERVICE • 1978
LICENSED TO LOVE AND KILL • NO.1 LICENSED TO LOVE AND KILL • 1979
COMBAT ZONE • 1982
NUMBER ONE GUN • 1989

SHOPOV ASSEN – BUL
ETERNAL TIMES • 1975
IS THE BAGPIPE AN INSTRUMENT? • 1979

SHOPOVA KRISTINA – BUL
CADETS • 1990

SHORE SIG – USA
THAT'S THE WAY OF THE WORLD • SHINING STAR • 1975
ACT, THE • BLESS 'EM ALL • 1983
DIRTY HARRIET • 1985
SUDDEN DEATH • 1985
JACK TILLMAN: THE SURVIVALIST • SURVIVALIST, THE • 1987

SHORES LYNN – USA
SALLY OF THE SCANDALS • 1928
SALLY'S SHOULDERS • 1928
SKINNER'S BIG IDEA • 1928
STOLEN LOVE • 1928
DELIGHTFUL ROGUE, THE • 1929
JAZZ AGE, THE • 1929
VOICE OF THE STORM, THE • 1929
HE KNEW WOMEN • 1930
BIG BENEFIT, THE • 1933 • SHT
ON THE AIR AND OFF • 1933 • SHT
SUPPER AT SIX • 1933 • SHT
GLORY TRAIL, THE • GLORIOUS SACRIFICE, THE (UKN) • 1936
REBELLION • TREASON (UKN) • 1936
MILLION TO ONE, A • 1937
SHADOW STRIKES, THE • 1937
WOMAN IN DISTRESS • GRAND OLD WOMAN • 1937
CHARLIE CHAN AT THE WAX MUSEUM • 1940
GOLDEN HOOFS • 1941

SHOREY ROOP K. – IND
TARZAN KI BETI • 1937

SHORR RICHARD – USA
WITCHES' BREW • WHICH WITCH IS WHICH? • 1980
ZOO SHIP • 1985

SHORT ANTHONY – UKN
KEY TO THE FUTURE • 1966
INN WAY OUT, THE • 1968 • SHT
COLOUR • 1975 • DCS

SHORT ROBERT – USA – 1950–
GOBLINS • 1987

SHOUKRY MAMDOUH – EGY
DAWN VISITOR, THE • 1975

SHOURDS SHERRY – USA
BIG PUNCH, THE • 1948

SHOWLER JOE – CND
WINGY MALONE AND THE CLIMAX JAZZ BAND • 1976 • SHT

SHPALIKOV GENNADI – USS – 1937–
DOLGAYA SCHASTLIVAYA ZHIZN • LONG AND HAPPY LIFE, A • 1967

SHPIKOVSKY N. see **SHPIKOVSKY NIKOLAI**

SHPIKOVSKY NIKOLAI – USS
SHPIKOVSKY N.
SHAKHMATNAYA GORYACHKA • CHESS FEVER ○ CHAKHMATNAIA GORIATCHKA • 1925
TROYE S ODNOI ULITSI • THREE FROM ONE STREET • 1936

SHPIS BORIS see **SHIPS BORIS**

SHREDEL VLADIMIR – USS
SCHREDEL V.
NOCHNOI GOST • GUEST FROM THE DARK, A ○ GUEST IN THE NIGHT • 1957
UNPAID DEBT, AN • 1959
DVA VOSKRESENYA • TWO SUNDAYS • 1963
KTO PRIDUMAL KOLESO? • WHO INVENTED THE WHEEL? • 1967

SHREERAM – IND
DR. SHAITAN • DR. SATAN • 1960

SHU KEI see **YE JIANXING**

SHU KEI – HKG
SHU QI
LAONIANG GOUSAO • SOUL • 1987
SUNLESS DAYS • 1990 • DOC

SHU QI see **SHU KEI**

SHUB ESTHER – USS – 1894–1959
CHOUB ESTHER
PADENIYE DINASTI ROMANOVIKH • FALL OF THE ROMANOV DYNASTY, THE ○ FALL OF THE ROMANOVS, THE • 1927
VELIKY PUT • GREAT ROAD, THE • 1927
ROSSIYA NIKOLAI II I LEV TOLSTOY • RUSSIA OF NICHOLAS II AND LEV TOLSTOY, THE • 1928
SEGODNYA • CANNONS OR TRACTORS ○ TODAY ○ SEVODNYA • 1930
K.SH.E. • KOMOSOL, PATRON OF ELECTRIFICATION ○ KOMOSOL, LEADER OF ELECTRIFICATION • 1932
MOSKVA STROYIT METRO • MOSCOW BUILDS THE METRO ○ METRO AT NIGHT, THE ○ SUBWAY, THE • 1934
STRANA SOVIETOV • COUNTRY OF THE SOVIETS ○ LAND OF THE SOVIETS • 1937
ISPANIYA • SPAIN • 1939
KINO ZA DVADTSAT LET • TWENTY YEARS OF SOVIET CINEMA ○ 20 LET SOVETSKOGO KINO ○ TWENTY YEARS OF CINEMA • 1940
FASCHISM BUDET RASBYT • FACE OF THE ENEMY, THE ○ FASCISM WILL BE DESTROYED • 1941
STRANA RODNAYA • NATIVE COUNTRY, THE • 1942 • DOC
SUD V SMOLENSKE • TRIAL IN SMOLENSK, THE • 1946 • DOC
POTU STORONU ARAKSA • ON THE BANKS OF THE ARAX ○ ACROSS THE ARAX ○ BY THE ARAX ○ ON THE OTHER SIDE OF THE ARAKS ○ ACROSS THE ARAKS • 1947

SHUEN SHU see **T'ANG SHU-HSUAN**

SHUI HUA – CHN
WHITE-HAIRED GIRL, THE • 1950
LIN FAMILY SHOP, THE • LINJIA PUZI • 1959
GEMING JIATING • REVOLUTIONARY FAMILY, A • 1960
LIE HUOZHONG YONGSHENG • RED CRAG • 1965

SHUKER GREGORY – USA
NEHRU • LIVING CAMERA, THE • 1962 • DOC

SHUKLA KANUBHAI – IND
MAGIC HORSE • 1935

SHUKLA VINAY – IND
SAMEERA • 1982

SHUKRY ABDEL MONEIM – EGY
SHUKRY ABDEL-MUNIM
AHIBBAK YA HILWA • JE T'AIME, MA CHERIE!
SABAH AL-KHAYR YA ZAWGATI • BONJOUR MA FEMME CHERIE!
CHAHR ASSAL BIDOUN EZAAG • HONEYMOON WITHOUT TROUBLES • 1968
MOGREM TAHT EL EKHTEBAR • CRIMINAL ON PROBATION, A • 1968

SHUKRY ABDEL-MUNIM see **SHUKRY ABDEL MONEIM**

SHUKRY JAMIL MUHAMMAD see **JAMIL MOHAMMED SHOUKRY**

SHUKRY MAMDUH – EGY – 1939–
SHANK ZAHRAN • 1967
THALATH WUGUH LI AL-HUBB • TROIS VISAGES DE L'AMOUR • 1968
WADI AL-ASFAR, AL- • VALLEE JAUNE, LA • 1969
AWHAM AL-HUBB • ILLUSIONS D'AMOUR • 1970
ZA'IR AL-FAGR • VISITEUR DE L'AUBE, LE • 1973

SHUKSHIN VASSILI – Actor – USS – 1929–1974
CHOUKCHINE VASSILI
ZHIVET TAKOI PAREN • BOY LIKE THAT, A ○ THERE WAS A LAD • 1964
VASH SYN I BRAT • YOUR SON AND BROTHER • 1966
STRANNIYE LYUDI • STRANGE PEOPLE • 1970
PECHKI-LAVOCHKI • PECKI-LOVOCKI • 1972
TRAVELLING COMPANIONS • 1973
KALINA KRASNAYA • RED SNOW-BALL TREE, THE • 1974

SHULL WILLIAM M. – USA
RIME OF THE ANCIENT MARINER • 1953 • SHT

SHULMAN I. see **SHULMAN IOSIF**

SHULMAN IOSIF – USS
SHULMAN I.
I NIKTO DRUGOY • AND NO ONE ELSE • 1968
ACCIDENTAL LOVE • 1971

SHUMAN MORT – USA
HOT EROTIC DREAMS • 1967

SHUMLIN HERMAN – USA – 1898–1979
DOCTORS AT WAR • 1943 • SHT
WATCH ON THE RHINE • 1943
CONFIDENTIAL AGENT • 1945

SHUMSKY GENNADI – USS
PRILETEL MARSIANIN V OSENNUYU NOCH • MARTIAN ARRIVES ON AN AUTUMN NIGHT, A • 1980

SHUREY DINAH – UKN
CARRY ON • 1927
LAST POST, THE • 1929

SHUSTER S. – USS
PERSONAL INTERVIEWS TODAY • 1974

SHUVAL MENAKHEIN – ISR
KEY, THE

SHVACHKO A. – USS
LAND, THE • 1955
ROCKETS MUST NOT TAKE OFF, THE • 1964

SHVEITSER MIKHAIL see **SCHWEITZER MIKHAIL**

SHVEYTSER MIKHAIL see **SCHWEITZER MIKHAIL**

SHVYREV YU. see **SHVYREV YURI**

SHVYREV YURI – USS
SHVYROV YURI • SHVYREV YU.
FIRST SNOW • 1965
PRYAMAYA LINIYA • STRAIGHT COURSE, A ○ STRAIGHT LINE • 1968
BALLAD OF BERING AND HIS FRIENDS, THE • 1971

SHVYROV YURI see **SHVYREV YURI**

SHYER CHARLES – USA – 1941–
IRRECONCILABLE DIFFERENCES • 1984
BABY BOOM • 1987

SHYER MELVILLE – USA
MURDER IN THE MUSEUM • 1933
SUCKER MONEY • VICTIMS OF THE BEYOND (UKN) • 1933
ROAD TO RUIN, THE • 1934

SI-JIE DAI – FRN
CHINE MA DOULEUR • 1988

SIAKEL JAROSLAV – CZC
JANOSIK • 1921

SIAM ALI – JRD
KHOUROUJ 67, AL- • EXODUS • 1968
ARD AL MAHROUKA, AL • BURNING EARTH • 1970

SIAM JAZZ – THL
KHON SONG CHAO • 1989
KHOMSAN • HOLY SPIRITS • 1990

SIANI TONI – USA
SIANI TONY
H AND R
FILM A • SHT

SIANI TONY see **SIANI TONI**

SIANO SALVATORE see **SIANO SILVIO**

SIANO SILVIO – ITL
SIANO SALVATORE
NAPOLI, ETERNA CANZONE • 1951
FUOCO NERO • 1952
SOLI PER LE STRADE • 1956
SARANNO UOMINI • 1957
SGARRO, LO • 1962
DONNACCIA, LA • 1963
VEDOVELLA, LA • 1965

SIBAL JOSE FLORES – PHL
SIMULANG WALANG HANGGAN • BEGINNING OF ETERNITY • 1968
DEVIL WOMAN • 1970

SIBER H. J. – SWT
SAGE VON ALTEN HIRTEN XEUDI UND SEINEM FREUND REIMAN, DIE • 1973

SIBIANU GEORGE see **SIBIANU GHEORGHE**

SIBIANU GHEORGHE – Animator – RMN – 1927–
SIBIANU GEORGE
BEAR TAKEN IN BY THE FOX, THE • 1957 • ANM
NEGRITA'S ISLAND • 1957 • ANM
TELEPHONE, THE • 1957 • ANM
EMPIRE OF THE LAZY, THE • 1961 • ANM
UNDER THE BLUE CUPOLA • 1962 • ANM
LAKE OF FAIRIES, THE • LAKE OF THE FAIRIES • 1963 • ANM
SNOWDROPS • 1964 • ANM
PAPER COCKEREL, THE • 1965 • ANM
MIMESIS • 1966 • ANM
HUMAN FOLLY • HUMAN FOOLISHNESS • 1968 • ANM
OX AND THE CALF, THE • 1968 • ANM
PROSTIA OMENEASCA • 1968 • ANS

SICHEL JOHN – USA – 1937–
THREE SISTERS, THE • 1970
SPELL OF EVIL • 1973 • TVM
SAVAGE CURSE, THE • 1974 • TVM
SOMEONE AT THE TOP OF THE STAIRS • KISS KISS, KILL KILL (USA) • 1974 • TVM

SICILIANO ENZO – ITL – 1934–
COPPIA, LA • COUPLE, THE • 1968

SICILIANO MARIO – ITL
SIRKO MARLON
PERFECT KILLER, THE
SETTE BASCHI ROSSI • CONGO HELL (UKN) ○ SEVEN RED BERETS • 1968
VIGLIACCHI NON PREGANO, I • COWARDS DON'T PRAY • 1968
LUNGA NOTTE DEI DISERTORI, LA • SETTE DI MARSA MATRUH, I • 1970
ALLELUJA E SARTANA, FIGLI DI...DIO • 1972
LEONI DI PIETROBURGO, I • 1972
TRINITA E SARTANA, FIGLI DI.. • 1972
MALOCCHIO • 1975
CAMPAGNOLA BELLA • 1976
QUEL POMERIGGIO MALEDETTO • 1977
SCORTICATELI VIVI • 1979
RED BERETS, THE • REBELLION • 1982
LAST MERCENARY, THE • 1984

SICKINGER ROBERT – USA
LOVE IN A TAXI • 1980

SIDARIS ANDY – USA – 1933–
STACEY • STACY AND HER GANGBUSTERS • 1973
SEVEN • 1979
COACH OF THE YEAR • 1980 • TVM
MALIBU EXPRESS • 1986
HARD TICKET TO HAWAII • 1987
PICASSO TRIGGER • 1988

SIDDIK KHALID – KWT – 1945–
SIDDIQ KHALID AS– • el SEDDIK KHAL • AS–SIDDIQ KHALID
SAQR, AS– • FALCON, THE ○ FAUCON, LE • 1965 • SHT
RIHLA AL-AKHIRA, AR– • DERNIER VOYAGE, LE • 1966 • SHT
WUJUH AL-LAYL • VISAGES DE LA NUIT • 1968 • SHT
HUFRA, AL– • FOSSE, LE • 1969 • SHT
BAS YA BAHR • CRUEL SEA, THE ○ MER CRUELLE, LA • 1971
STAGE OF HOPE • 1971 • SHT
URS ZAYN • WEDDING OF ZEIN, THE ○ NOCES DE ZAYN, LES • 1976
SHAHEEN • FALCON, THE • 1985

SIDDIQ KHALID AS– see **SIDDIK KHALID**

SIDDIQUI NASEEM – IND
JADUI–SHEHANAI • MAGIC ORCHESTRA • 1948
JADUI–SINDOOR • MAGIC MARK • 1948

SIDELEV S. see **SIDELEV SERGEI**

SIDELEV SERGEI – USS
SIDELEV S.
ALEKO • ALEGO • 1954
STREET IS FULL OF SURPRISES, THE • 1958
NEWLY–WEDS • 1960

SIDKY HUSSEIN – EGY
LAILAT EL KADR • NIGHT OF MIRACLES, THE • 1952

SIDNEY GEORGE – USA – 1916–
POLO • 1936 • SHT
PACIFIC PARADISE • 1937 • DCS
SUNDAY NIGHT AT THE TROCADERO • 1937 • SHT
BILLY ROSE'S CASA MANANA REVUE • 1938 • SHT
FOOTBALL ROMEO • 1938 • SHT
MEIN IN FRIGHT • MEN IN FRIGHT • 1938 • SHT
PARTY FEVER • 1938 • SHT
PRACTICAL JOKERS • 1938 • SHT
ALFALFA'S AUNT • 1939 • SHT
CLOWN PRINCES • 1939 • SHT
COUSIN WILBUR • 1939 • SHT
DOG DAZE • 1939 • SHT
DUEL PERSONALITIES • 1939 • SHT
HOLLYWOOD HOBBIES • 1939 • SHT
LOVE ON TAP • 1939 • SHT
TINY TROUBLES • 1939 • SHT
DOOR WILL OPEN, A • 1940 • SHT
QUICKER'N A WINK • 1940 • SHT
THIRD DIMENSIONAL MURDER • THIRD–DIMENSIONAL MURDER • 1940 • SHT
WHAT'S YOUR I.Q. NO.2 • 1940 • SHT
FLICKER MEMORIES • 1941 • SHT
FREE AND EASY • 1941
OF PUPS AND PUZZLES • 1941 • SHT
WILLIE AND THE MOUSE • 1941 • SHT
PACIFIC RENDEZVOUS • SECRET OPERATOR • 1942
PILOT NO.5 • 1942
THOUSANDS CHEER • AS THOUSANDS CHEER ○ PRIVATE MISS JONES • 1943
BATHING BEAUTY • MR. CO–ED • 1944
ANCHORS AWEIGH • 1945
HARVEY GIRLS, THE • 1945
ZIEGFELD FOLLIES • 1945
HOLIDAY IN MEXICO • 1946
CASS TIMBERLANE • 1947
THREE MUSKETEERS, THE • 1948
KEY TO THE CITY • 1949
RED DANUBE, THE • 1949
ANNIE GET YOUR GUN • 1950
SHOWBOAT • 1951
SCARAMOUCHE • 1952
KISS ME KATE • 1953
YOUNG BESS • 1953
JUPITER'S DARLING • 1954
EDDY DUCHIN STORY, THE • DUCHIN STORY, THE • 1956
JEANNE EAGELS • 1957
PAL JOEY • 1957
PEPE • 1960
WHO WAS THE LADY? • 1960
BYE BYE BIRDIE • 1963
TICKLISH AFFAIR, A • MOON WALK • 1963
VIVA LAS VEGAS • LOVE IN LAS VEGAS (UKN) • 1963
SWINGER, THE • 1966
HALF A SIXPENCE • 1967

SIDNEY SCOTT – USA
EILEEN OF ERIN • 1913
GAMBLER'S PAL, THE • 1913
CURSE OF HUMANITY, THE • 1914
DESERT GOLD • AFTER THE STORM • 1914
GANGSTERS AND THE GIRL, THE • 1914
NARCOTIC SPECTRE • 1914
PLAY'S THE THING, THE • 1914
WORTH OF A LIFE, THE • 1914
COLLEGE DAYS • 1915
MATING, THE • 1915
MATRIMONY • 1915
PAINTED SOUL, THE • 1915
SHOAL LIGHT, THE • 1915
TOAST OF DEATH, THE • 1915
BULLETS AND BROWN EYES • 1916
GREEN SWAMP, THE • 1916
ROAD TO LOVE, THE • 1916
WAIFS, THE • 1916
COLLEGE BOYS' SPECIAL, THE • 1917
HER OWN PEOPLE • 1917
MYSTERY OF THE BURNING FREIGHT, THE • 1917 • SHT
RAILROAD SMUGGLERS, THE • 1917
BEANS FOR TWO • 1918 • SHT
SOMEBODY'S WIDOW • 1918
TARZAN OF THE APES • 1918
DANGEROUS NAN MCGREW • 1919
HARD LUCK • 1919 • SHT
KISS THE BRIDE • 1919
OH, SUSIE, BE CAREFUL • 1919
GO WEST, YOUNG WOMAN • 1920 • SHT
HER NEARLY HUSBAND • 1920
"813" • EIGHT–THIRTEEN • 1920
HOLD YOUR BREATH • 1924
RECKLESS ROMANCE • 1924
CHARLEY'S AUNT • 1925
MADAME BEHAVE • AL CHRISTIE'S "MADAME BEHAVE" ○ MADAME LUCY • 1925
MILLION DOLLAR HANDICAP, THE • PRIDE OF THE PADDOCK, THE • 1925
SEVEN DAYS • 1925
STOP FLIRTING • 1925
NERVOUS WRECK, THE • 1926
NO CONTROL • 1927
WRONG MR. WRIGHT, THE • 1927

SIEBEROVA LADISLAVA – CZC
MALINOVY KOKTEJL • RASPBERRY COCKTAIL • 1982

SIEGEL DON – USA – 1912–1991
HITLER LIVES? • 1945 • SHT
STAR IN THE NIGHT • 1945 • SHT
VERDICT, THE • 1946
BIG STEAL, THE • 1949
NIGHT UNTO NIGHT • 1949
COUNT THE HOURS • EVERY MINUTE COUNTS (UKN) • 1952
DUEL AT SILVER CREEK • 1952
NO TIME FOR FLOWERS • 1952
CHINA VENTURE • 1953
PRIVATE HELL 36 • 1954
RIOT IN CELL BLOCK 11 • 1954
ANNAPOLIS STORY, AN • BLUE AND THE GOLD, THE (UKN) • 1955
CRIME IN THE STREETS • 1956
INVASION OF THE BODY SNATCHERS • THEY CAME FROM ANOTHER WORLD ○ SLEEP NO MORE • 1956
BABY FACE NELSON • 1957
GUN RUNNERS, THE • 1958
LINEUP, THE • LINE–UP, THE • 1958
SPANISH AFFAIR • AVENTURA PARA DOS (SPN) ○ FLAMENCA • 1958
EDGE OF ETERNITY • 1959
HOUND–DOG MAN • 1959
FLAMING STAR • 1960
HELL IS FOR HEROES • 1962
JOHNNY NORSE • 1964
KILLERS, THE • ERNEST HEMINGWAY'S THE KILLERS ○ JOHNNY NORTH • 1964 • TVM
HANGED MAN, THE • 1965 • TVM
STRANGER ON THE RUN • 1967 • TVM
COOGAN'S BLUFF • 1968
MADIGAN • 1968
TWO MULES FOR SISTER SARA • 1970
BEGUILED, THE • 1971
DIRTY HARRY • 1971
CHARLEY VARRICK • 1973
BLACK WINDMILL, THE • 1974
SHOOTIST, THE • 1976
TELEFON • 1977
ESCAPE FROM ALCATRAZ • 1979
ROUGH CUT • ROUGHCUT • 1980
IT'S ALL IN THE GAME • 1982
JINXED • STRYKE AND HYDE ○ HOT STREAK • 1982

SIEGEL LOIS – USA – 1946–
SPECTRUM IN WHITE • 1971 • ANS
PARALYSIS • 1972 • ANS
DREAMS • 1973
PERFORMANCE, THE • 1973
CAN AM TRAVELS • 1974
PAINTING WITH LIGHT • 1974
BOREDOM • 1976
BRANDY ALEXANDER • 1976 • ANS
FACES • 1976 • ANS
DIALOGUE OF AN ANCIENT FOG • DIALOGUE D'UNE BRUME ANTIQUE • 1978
RECIPE TO COOK A CLOWN • 1978
SOLITUDE • 1978
STUNT FAMILY, THE • CASCADEURS, LES • 1978
ARENA • 1979 • ANS
MONTREAL FILM FESTIVAL INTRODUCTORY CLIP • 1980
EXTREME CLOSE–UP • PROFOND REGARD, UN • 1981
BAD NEWS BANANAS • 1984
20TH CENTURY CHOCOLATE CAKE, A • 1984

SIEGEL ROBERT – USA
SIEGEL ROBERT J.
PARADES • BREAK LOOSE • 1972
LINE, THE • 1980

SIEGEL ROBERT J. see **SIEGEL ROBERT**

SIEGEL YAKOV see **SEGEL YAKOV**

SIEGERT FRED – GRM
WILDSCHUTZ DES ERZGEBIRGES, KARL STULPNER • 1930

SIEGLER R. – USA
SHUT UP.. I'M CRYING • 1970 • SHT

SIEGMANN GEORGE – USA
SIEGMANN GEORGE A.
DEATH'S SHORT CUT • 1913
BREATH OF SUMMER, A • 1915
HEARTS AND FLOWERS • 1915
HOW HELEN GOT EVEN • 1915
MAN WITH A RECORD, THE • 1915
VICTIM, THE • 1915
YANKEE FROM THE WEST, A • 1915
ATTA BOY'S LAST RACE • BEST BET, THE • 1916
LITTLE YANK, THE • 1917
MOTHER LOVE AND THE LAW • 1917
SHOULD SHE OBEY? • 1917
SPIRIT OF '76, THE • 1917
MY UNMARRIED WIFE • MOLLY AND I • 1918
SPITFIRE OF SEVILLE, THE • 1919
TREMBLING HOUR, THE • 1919
WOMAN UNDER COVER, THE • 1919

SIEGMANN GEORGE A. see **SIEGMANN GEORGE**

SIEGMUND GUNTHER – GRM
OTTO UND DIE NACKTE WELLE • OTTO AND THE NUDE WAVE • 1968

SIELENSKI MACIEJ – PLN
SPOJRZENIE NA WRZESIEN • LOOK AT SEPTEMBER, A • 1971

SIELMAN HEINZ see **SIELMANN HEINZ**

SIELMANN HEINZ – BLG
SIELMAN HEINZ
SEIGNEURS DE LA FORET, LES • LORDS OF THE FOREST • 1959 • DOC
GALAPAGOS –LANDUNG IN EDEN • GALAPAGOS • 1961
FORET SECRETE D'AFRIQUE • SECRET AFRICAN FOREST • 1968 • DOC

de SIENNE SERGE – FRN – 1934–
MER COULEUR DE LARMES, LA • 1980

SIENSKI MACIEJ – PLN
OUR PLANET, THE EARTH
PRO MEMORIA • 1972

SIERK DETLEF see **SIRK DOUGLAS**

SIERRA CHANO – MXC
MACISTE TURISTA • 1917

SIERRA SANTIAGO – MXC
BARRANCA TRAGICA • 1917

SIERS JAMES – NZL
FA'A SAMOA –THE SAMOAN WAY • 1972 • DOC

SIEVEL BERNARD – USA
DAWN OF REVENGE • 1922

SIFIANOS GIORGOS – GRC
PETROCHIMIKA, I KATHEDRIKES TIS ERIMOU • PETROCHEMICALS, THE CATHEDRALS OF THE DESERT • 1981 • DOC

SIFRIOUI NEJIB see **SEFRAOUI NAJIB**

SIGAUX CATHERINE see **SOTHA**

SIGNORELLI JAMES – USA
EASY MONEY • 1983
ELVIRA, MISTRESS OF THE DARK • 1988

SIGRIST HUGO – SWT
GIRO • 1983

SIGUERIA JOSE RUBENS – BRZ
PASSAGEM DAS HORAS, A • PASSING OF THE HOURS • 1971

SIGURD JACQUES – Screenwriter – FRN – 1920–
JEUNE FOLLE, LA • DESPERATE DECISION (USA) ○ REVENGE AT DAYBREAK • 1952
NEZ–DE–CUIR • NEZ DE CUIR, GENTILHOMME D'AMOUR ○ NASO DI CUOIO (ITL) ○ GENTILUOMO D'AMORE ○ NEZ DE CUIR • 1952

SIHANOUK NORODOM
TWILIGHT • 1969

SIJAN SLOBODAN – YGS – 1946–
KO TO TAMO PEVA? • WHO'S THAT SINGING OVER THERE? ○ KDO NEKI TAM POJE ○ WHO'S SINGING THERE • 1981
MARATONCI TRCE POCASNI KRUG • MARATHON FAMILY, THE • 1983
KAKO SAM SISTEMATSK UNISTEN OD IDIOTA • HOW I WAS SYSTEMATICALLY DESTROYED BY AN IDIOT • 1984
TANJI SASTOJACK • SECRET INGREDIENT, THE • 1987

SIK FERENC – HNG
NEM ELHETEK MUZSIKASZO NELKUL • MUSIC'S THE THING, THE • 1979

SIKIEWICZ BAZYLI – PLN
TAJEMNICA OSKARZONEJ • 1937

SIKLOSI SZILVESTER – HNG
TANMESEK A SZEXROL • MORAL STORIES ABOUT SEX • 1988

SIKORSKY JAN – UKN
SWISS HONEYMOON • 1947

SILAYEV BORIS – USS
NAYEDINYE S NOCHYU • ALONE IN THE NIGHT • 1967

SILBER GLENN – USA
WAR AT HOME, THE • 1979 • DOC
EL SALVADOR: ANOTHER VIETNAM • 1981 • DOC

SILBERG JOEL – ISR
ZILBERG YOEL
MISHPACHAT SIMCHON • SIMCHON FAMILY, THE (USA) • 1964
HASAMBA • 1970
RABBI AND THE SHIKSE, THE • 1976
KUNI LEMEL IN TEL-AVIV • 1977
MILLIONAIRE IN TROUBLE • 1978
IMI HAGENERALIT • MY MOTHER THE GENERAL • 1979
MARRIAGE, TEL AVIV STYLE • 1979
AHAVA ILEMETH • SECRET OF YOLANDA, THE • 1982
BREAK STREET • 1984
BREAKIN' • BREAKDANCE: THE MOVIE • 1984
BAD GUYS • 1985
RAPPIN' • 1985
CATCH THE HEAT • FEEL THE HEAT • 1987

SILBERMAN MICHEL – VNZ
ARTES A LO LARGO DEL MAR • COASTAL ARTS • 1979 • DOC

SILHAN VLADIMIR – CZC
HYPOTHEZY • HYPOTHESIS • 1963 • SHT

SILINOS VANGELIS – GRC
ALYGISTOS, O • NO SURRENDER • 1967
GAMBROS MOU O PRIKOTHIRAS, O • MY SON-IN-LAW IS A DOWRY HUNTER • 1967
MINI FOUSTA KE KARATE • MINI-SKIRT AND KARATE • 1967
PENTE YINEKES YIA ENAN ANDHRA • FIVE WOMEN FOR ONE MAN • 1967

SILINSKY STEWART – USA
URSA MAJOR • SHT

SILKA – FRN
MALEMORT DU CANARD, LA • 1929

SILLA DECIO – ITL
BROGLIACCIO D'AMORE • 1976

SILLECK BAYLEY – UKN
FOTO: SVEN NYKVIST • 1973 • DOC

SILLIMAN ALF JR. – USA
STEWARDESSES, THE • AIRLINE STEWARDESS • 1969

SILLMAN FRANK – USA
KAHUNA • 1981

SILLS SAM – USA
GOOD FIGHT, THE • 1983 • DOC

SILOS OCTAVIO – PHL
SILVERIA • 1958
MAGNIFICENT BAKYA • 1965

SILOS RAUL T. – PHL
I'LL SEE YOU IN SEPTEMBER • 1967

SILVA FERNANDO MATOS – PRT – 1940–
POR UM FIO • 1968 • SHT
MAL AMADO, O • BAD LOVE • 1974
ACTO DOS FEITOS DE GUINE • ACT OF THE DONES AT GUINEA • 1977
GUERRA DO MIRANDUM, A • 1984

SILVA GUSTAVO – MXC
VIAJE DEL SENOR PRESIDENTE A MANZANILLO, EL • 1908

SILVA JAIME – PRT – 1946–
FANTASIA PARA UM RALLY • 1973 • SHT
ANGUSTIA PARA O JANTAR • 1975
FILM DE ESTACAO • 1984

SILVA JOAO DE MATOS – PRT
ANTES A MORTE QUE TAL SORTE • DEATH RATHER THAN A CHANCE LIKE THAT • 1976

SILVA JORGE – CLM
PLANAS, TESTIMONIO DE UN GENOCIDIO • 1971
ENTREVISTA SOBRE PLANAS • INTERVIEWS ON PLANAS • 1973 • SHT
CHIRCALES • 1975 • SHT
CAMPESINOS • PEASANTS • 1976 • DOC
AMOR, MUJERES Y FLORES • LOVE, WOMEN AND FLOWERS • 1989

da SILVA JORGE ALVES – PRT
ALVES da SILVA JORGE
ALEXANDRE E ROSA • 1978 • SHT
ULTIMO SOLDADO, O • LAST SOLDIER, THE • 1980

SILVA UMBERTO – ITL – 1943–
COME TI CHIAMI, AMORE MIO? • 1970
DIFFICILE MORIRE • 1977

SILVA WILSON – BRZ
CRISTO DE LAMA • MUD CHRIST • 1968
ENFIM SOS.. COM O OUTRO • AT LAST ALONE.. WITH SOMEONE ELSE • 1968

SILVEIRA MOZAEL – BRZ
SABOR DO PECADO, O • TASTE OF SIN, THE • 1967
MEU NOME E LAMPIAO • 1970

SILVER ANDREW – USA
RETURN • 1985

SILVER JOAN MICKLIN – USA – 1935–
HESTER STREET • 1974
BERNICE BOBS HER HAIR • RITES OF PASSAGE • 1976
BETWEEN THE LINES • 1977
HEAD OVER HEELS • CHILLY SCENES OF WINTER • 1979
FINNEGAN BEGIN AGAIN • 1985 • TVM
CROSSING DELANCEY • 1988
LOVERBOY • 1989

SILVER JONNY – CND
LONELY CHILD -THE IMAGINARY WORLD OF CLAUDE VIVIER • 1988 • DOC

SILVER MARCEL – USA
SILVER MARCEL G.
RONDE DE NUIT, LA • 1925
CHRISTMAS DREAM • 1928 • SHT
BELLE OF SAMOA • 1929
FOX MOVIETONE FOLLIES OF 1929 • MOVIETONE FOLLIES OF 1929, THE (UKN) ○ FOX FOLLIES OF 1929 ○ WILLIAM FOX MOVIETONE FOLLIES OF 1929 • 1929
MARRIED IN HOLLYWOOD • 1929
ONE MAD KISS • 1930
PRECIO DE UN BESO, EL • PRICE OF A KISS • 1933

SILVER MARCEL G. see **SILVER MARCEL**

SILVER MARISA – USA – 1960–
OLD ENOUGH • 1984
PERMANENT RECORD • 1988

SILVER MITCHELL L. – USA
FACE IN THE SALAD, THE • 1970 • SHT

SILVER RAPHAEL D. – USA
ON THE YARD • 1978

SILVER RAY – USA
WALK ON THE MOON, A • 1988

SILVER TONY – USA
ANITA ELLIS: FOR THE RECORD • 1980 • SHT

SILVERMAN LOUIS – USA
TASTE OF FLESH, A • 1967
INDECENT DESIRES • 1968
TOO MUCH, TOO OFTEN! • TOO MUCH, TOO SOON • 1968
AMAZING TRANSPLANT, THE • 1970

SILVERSTEIN ELLIOT – USA – 1927–
BELLE SOMMERS • 1962
CAT BALLOU • 1965
IT'S WHAT'S HAPPENING • HAPPENING, THE • 1967
MAN CALLED HORSE, A • 1970
NIGHTMARE HONEYMOON • DEADLY HONEYMOON • 1972
CAR, THE • 1977
BETRAYED BY INNOCENCE • 1986 • TVM
FIGHT FOR LIFE • 1987 • TVM
NIGHT OF COURAGE, A • 1987 • TVM

SILVESTRI see **SILVESTRI DARIO**

SILVESTRI DARIO – ITL
SILVESTRI
ORIGINI DELLA FANTASCIENZA, LE • ORIGINS OF SCIENCE FICTION, THE • 1963 • SHT
ANCHE NEL WEST, C'ERA UNA VOLTA DIO • BETWEEN GOD, THE DEVIL AND A WINCHESTER (USA) ○ EVEN IN THE WEST THERE WAS GOD ONCE UPON A TIME • 1968

SIMA JONAS – SWD
BARNA FRAN BLASJOFJALLET • CHILDREN FROM BLUE LAKE MOUNTAIN, THE • 1980

SIMANAL LLOYD A. see **SIMANDL LLOYD A.**

SIMANDL LLOYD A. – CND
SIMANAL LLOYD A.
LADIES OF THE LOTUS • 1986
EMPIRE OF ASH • 1987

SIMARD MARCEL – CND
BRANDE MONDE, LE • 1990 • DOC

SIMAVI SEDAT – TRK
PENCE • 1917

SIMENON MARC – BLG – 1939–
ASSASSIN FRAPPE A L'AUBE, L'
CHAMPIGNON, LE • 1970
EXPLOSION, L' • 1970
DOUCHE EST LA REVANCHE • 1972
PAR LE SANG DES AUTRES • BY THE BLOOD OF OTHERS • 1973
SIGNE FURAX • 1981

SIMM PEETER – USS
WHEN THE TREES WERE.. • 1985

SIMMONDS ALAN – UKN – 1942–
STRICKER'S MOUNTAIN • STRIKER'S MOUNTAIN • 1986

SIMMONS ANTHONY – UKN – c1924–
WE WHO ARE YOUNG • 1952 • SHT
ONE GREAT VISION • 1953 • SHT
SUNDAY BY THE SEA • 1953
BOW BELLS • 1954
GENTLE CORSICAN, THE • 1956
BLOOD IS LIFE • 1957
YOUR MONEY OR YOUR WIFE • 1960
FOUR IN THE MORNING • 1965
OPTIMISTS, THE • OPTIMISTS OF NINE ELMS, THE • 1973
BLACK JOY • 1977
LITTLE SWEETHEART • 1988

SIMMS J. M. – USA
LURE OF A WOMAN, THE • 1921

SIMO SANDOR – HNG
SZEMUVEGESEK • THROUGH SPECTACLES ○ BESPECTACLED, THE • 1969
TORD MAGAD, OREG • BE SKILFUL, MAN! • 1971
LEGSZEBB FERFIKOR • IN THE PRIME OF LIFE • 1972
APAM NEHANY BOLDOG EVE • MY FATHER'S HAPPY YEARS • 1978
VIADUKT • SYLVESTER SYNDROME ○ TRAIN KILLER, THE ○ MATUSHKA • 1983
ISTEN VELETEK, BARATAINK • GOODBYE, FRIENDS • 1987

SIMOES QUIRINO – PRT – 1931–
MISSAO DE CACA ANTI-SUBMARINA • 1957 • SHT
FORCA AEREA NO ULTRAMAR • 1962 • SHT
O T-37 • 1963 • SHT
PARAQUEDISTAS • 1964 • SHT
CACADA DO MALHADEIRO, A • HAMMERER'S CHASE, THE • 1968
GUINE-68 • 1968 • SHT
MOCAMBIQUE • 1968 • SHT
ANGOLA NA GUERRA E NO PROGRESSO • 1972

SIMOES RUI – PRT
DEUS, PATRIA, AUTORIDADE • GOD, FATHERLAND AND AUTHORITY ○ GOD, HOME, AUTHORITY • 1976
SAO PEDRO DA COVA • 1976
BOM POVO PORTUGUES • PORTUGAL'S GOOD PEOPLE • 1981 • DOC

SIMON FRANCIS – CND
CHICKEN CHRONICLES, THE • 1977

SIMON FRANK – USA
QUEEN, THE • 1967 • DOC
WEEKEND OF A CHAMPION • 1971

SIMON JEAN-DANIEL – FRN – 1942–
ADELAIDE • FINO A FARTI MALE (ITL) ○ DEPRAVED, THE (USA) • 1968
FILLE D'EN FACE, LA • GIRL OPPOSITE, THE • 1968
ILS.. • THEM • 1970
IL PLEUT TOUJOURS OU C'EST MOUILLE • 1974
ANGELA DAVIS ET L'ENCHAINEMENT • ANGELA DAVIS, L'ENCHAINEMENT ○ ANGELA DAVIS -THE WEB ○ ENCHAINEMENT, L' • 1978

SIMON JUAN PIQUER see **SIMON PIQUER**

SIMON MAYA – FRN
POLENTA • 1981

SIMON PIQUER – SPN – 1934–
SIMON JUAN PIQUER • PIQUER JUAN
VIAJE AL CENTRO DE LA TIERRA • FABULOUS JOURNEY TO THE CENTRE OF THE EARTH ○ WHERE TIME BEGAN (USA) • 1977
SUPERSONIC MAN • 1979
MONSTER ISLAND • MYSTERY ON MONSTER ISLAND • 1981
MIL GRITOS TIENE LA NOCHE • 100 CRIES HAS THE NIGHT ○ PIECES • 1982
NUEVOS EXTRA TERRESTRES, LOS • EXTRA TERRESTRIAL VISITORS • 1983
SLUGS, THE MOVIE • 1988
RIFT, THE • 1989

SIMON RAINER – GRM
SECHSE KOMMEN DURCH DIE WELT • 1972
TILL EULENSPIEGEL • 1975
LUFTSCHIFF, DAS • AIRSHIP • 1983
FRAU UND DER FREMDE, DIE • 1985
WENGLER AND SONS • 1987
BESTEIGUNG DES CHIMBORAZO, DIE • CLIMBING OF CHIMBORAZO, THE • 1988

SIMON ROGER L. – USA
MY MAN ADAM • 1985

SIMON S. SYLVAN – USA – 1910–1951
GIRL WITH IDEAS, THE • MIGHTIER THAN THE SWORD (UKN) • 1937
HOLLYWOOD SCREEN TEST • 1937 • SHT
PRESCRIPTION FOR ROMANCE • 1937
CRIME OF DR. HALLET, THE • 1938
FOUR GIRLS IN WHITE • 1938
NURSE FROM BROOKLYN • 1938
ROAD TO RENO, THE • 1938
SPRING MADNESS • 1938
DANCING CO-ED • EVERY OTHER INCH A LADY (UKN) • 1939
KID FROM TEXAS, THE • 1939
THESE GLAMOUR GIRLS • 1939
DULCY • 1940
KEEPING COMPANY • 1940
SPORTING BLOOD • ONE CAME HOME • 1940
TWO GIRLS ON BROADWAY • CHOOSE YOUR PARTNERS (UKN) • 1940
BUGLE SOUNDS, THE • STEEL CAVALRY • 1941
WASHINGTON MELODRAMA • 1941
WHISTLING IN THE DARK • 1941
GRAND CENTRAL MURDER • 1942
RIO RITA • 1942
TISH • 1942
WHISTLING IN DIXIE • 1942
SALUTE TO THE MARINES • 1943
WHISTLING IN BROOKLYN • 1943
SONG OF THE OPEN ROAD • 1944
ABBOTT AND COSTELLO IN HOLLYWOOD • 1945
BAD BASCOMB • 1945
SON OF LASSIE • 1945
COCKEYED MIRACLE, THE • MR. GRIGGS RETURNS (UKN) ○ BUT NOT GOODBYE • 1946
THRILL OF BRAZIL, THE • 1946
HER HUSBAND'S AFFAIRS • 1947
I LOVE TROUBLE • 1947
FULLER BRUSH MAN, THE • THAT MAD MR. JONES (UKN) • 1948
LUST FOR GOLD • GREED • 1949

SIMON STELLA – GRM
HANDE • HANDS (USA) ○ BALLET OF HANDS • 1928 • SHT

SIMONE CHARLES – USA
IL TROVATORE • 1914

SIMONEAU GUY – CND – 1952–
JE SUIS EN MEME TEMPS MAUDIT ET CLASSIQUE • 1978 • MTV
PLUSIEURS TOMBENT EN AMOUR • 1980 • DOC
ON N'EST PAS DES ANGES • 1982

E-ROCK • 1984 • MTV
CONTES DES 1000 NEZ, LES • 1986 • MTV
SYMPHONIE FANTASTIQUE (LA MARCHE AU SUPPLICE HECTOR BERLIOZ), LA • 1987 • SHT

SIMONEAU YVES – CND
CELEBRATIONS, LES • 1978
GENIE DE L'INSTANT, LE • 1982
YEUX ROUGES, LES • VERITES ACCIDENTELLES, LES ○ RED EYES • 1982
POUVOIR INTIME • INTIMATE POWER • 1983
POURQUOI L'ETRANGE MONSIEUR ZOLOCK S'INTERESSAIT-IL TANT A LA BANDE DESSINEE? • WHY IS THE STRANGE MR. ZOLOCK INTERESTED IN COMIC STRIPS? • 1984
FOUS DE BASSAN, LES • IN THE SHADOW OF THE WIND • 1986
DANS LE VENTRE DRAGON • IN THE BELLY OF THE DRAGON (UKN) • 1988

SIMONELLI GIORGIO C. – ITL – 1901–1966
MELODRAMMA • 1934
AURORA SUL MARE • 1935
BERTOLDO, BERTOLDINO E CACASENNO • 1936
AMIAMOCI COSI • 1940
CON LE DONNE NO SI SCHERZA • 1941
DUE TIGRI, LE • 1941
IMPREVISTO, L' • 1941
MARITO PER IL MESE DI APRILE, UN • 1941
C'E UN FANTASMA NEL CASTELLO • 1942
SOLTANTO UN BACIO • 1942
DANZA DEL FUOCO, LA • DANZA PROIBITO, LA • 1943
DUE CUORI FRA LE BELVE • 1943
NON MI MUOVO! • 1943
DOVE STA ZAZA? • 1948
UNDICI UOMINI E UN PALLONE • 1948
ACCIDENTI ALLA GUERRA • 1949
SE FOSSI DEPUTATO • 1949
32° GIRO D'ITALIA • 1949 • DOC
AMORI E VELENI • 1950
BISARCA, LA • 1950
DUE MADONNE, LE • 1950
AUGURI E FIGLI MASCHI • 1951
IO SONO IL CAPATAZ • 1951
PAURA FA 90, LA • 1951
ROUTE DU BONHEUR, LA • SALUTI E BACI (ITL) ○ AMICAL SOUVENIR • 1952
ERA LEI CHE LO VOLEVA! • 1953
IO, AMLETO • 1953
ACCADDE AL COMMISSARIATO • 1954
CANZONE APPASSIONATA • 1954
CANZONE D'AMORE • 1954
IO SONO LA PRIMULA ROSSA • SANCULOTTO, IL • 1954
RITORNA IL CAPATAZ • 1954
MOGLIE E UGUALE PER TUTTI, LA • 1955
A SUD NIENTE DI NUOVO • 1956
CAMPANILE D'ORO, IL • 1956
GUAGLIONE • 1956
NON CANTARE, BACIAMI • 1957
MARINAI, DONNE E GUAI • 1958
NAPOLI SOLE MIO! • 1958
PERFIDE.. MA BELLE • NAPOLI E MILLE CANZONI • 1958
BACCANALI DI TIBERIO, I • 1959
FANTASMI E LADRI • GHOSTS AND THIEVES • 1959
NOI SIAMO DUE EVASI • 1959
DOLLARO DI FIFA, UN • 1960
CHE FEMMINA.. E CHE DOLLARI! • 1961
MAGNIFICI TRE, I • 1961
ROBIN HOOD E I PIRATI • ROBIN HOOD AND THE PIRATES (USA) • 1961
ROCCO E LE SORELLE • 1961
GERARCHI SI MUORE • 1962
TRE NEMICI, I • 1962
TROMBONI DI FRA'DIAVOLI, I • FRA DIAVOLO (SPN) • 1962
DUE SAMURAI PER 100 GEISHE • 1963
URSUS NELLA TERRA DI FUOCO • SON OF HERCULES IN THE LAND OF FIRE, THE (USA) ○ URSUS IN THE LAND OF FIRE • 1963
DUE MAFIOSI, I • 1964
DUE MAFIOSI NEL FAR WEST • 1964
DUE TORERI, I • 1964
DUE MAFIOSI CONTRO GOLDGINGER • AMAZING DR. G., THE (USA) ○ TWO MAFIOSI VS. GOLDGINGER • 1965
DUE SERGENTI DEL GENERALE CUSTER, I • 1965
DUE FIGLI DI RINGO, I • 1966
DUE MAFIOSI CONTRO AL CAPONE • 1966
DUE SANCULOTTI, I • 1966

SIMONELLI GIOVANNI – ITL
O'NEILL SEAN
PASS SARTANA.. E L'OMBRA DELLA TUA MORTE • 1969

SIMONI RENATO – ITL
SAN'ELENA PICCOLA ISOLA • 1943
SANT'ELENA PICCOLA ISOLA • NAPOLEONE A SANT'ELENA • 1943

SIMONS LEOPOLD – FRN – 1901–
FRAUDEUR, LE • CEUX DE LA DOUANE ○ ENJOLEUSE, L' • 1937
MYSTERE DU 421, LE • 1937

SIMONS PETER – BLG
SWEET DREAMS, BABY! • 1970
EINDE VAN DE REIS, HET • 1981

SIMONSEN KJELD – DNM
TRAELLENES OPROR • 1979

SIMOPOULOS DINOS – GRC
288 STOURNARA ST. • 1961

SIMPSON C. F. R. – UKN
TABLE-TOP BALLET • 1949 • ANS

SIMPSON HAROLD – UKN
DERELICT, THE • 1937
LITTLE BOY THAT SANTA CLAUS FORGOT, THE • 1938

SIMPSON MARGARET – UKN
LATITUDE AND LONGITUDE • 1947

SIMPSON MICHAEL A. – USA
IMPURE THOUGHTS • 1985
FUNLAND • 1987
MACE • 1988
UNHAPPY CAMPERS • SLEEPAWAY CAMP II: UNHAPPY CAMPERS ○ SLEEPAWAY CAMP 2 ○ NIGHTMARE VACATION 2 • 1988
FAST FOOD • 1989
SLEEPAWAY CAMP III • TEENAGE WASTELAND • 1989

SIMPSON PETER – CND
PROM NIGHT III: THE LAST KISS • 1990

SIMS GEORGE R. – UKN
LADY LETMERE'S JEWELLERY • 1908
MARTYRDOM OF ADOLF BECK, THE • 1909

SIMSOLO NOEL – FRN – 1944–
CAUCHEMAR • 1980
PIERRE MOLINIER, 7 RUE DES FAUSSETS • 1981 • DOC

SIN GEI-YIN – HKG
SHIN STEPHEN
SAMYAN SEIGAI • HEART TO HEARTS • 1988
SAMYAN SAN SEIGAI • HEART INTO HEARTS • 1989
SEUNG GIN HO • HAPPY TOGETHER • 1989

SIN TA – TWN
GHOST WOMAN

SIN WEE KYUN – HKG
INVINCIBLE FROM HELL, THE • 1981

SINATRA FRANK – Actor – USA – 1915–
NONE BUT THE BRAVE • YUSHA NOMI (JPN) • 1965

SINCLAIR ANDREW – Writer – UKN – 1935–
BREAKING OF BUMBO, THE • 1969
BLUE BLOOD • 1973
UNDER MILK WOOD • 1973
TUXEDO WARRIOR • AFRICAN RUN, THE • 1985

SINCLAIR ARTURO – PRU
SALT WATER • 1974 • SHT
SISIFUS • 1974 • SHT
VEIL, THE • 1974 • SHT
VISITATION, THE • 1974 • SHT
LOBOS DE ADENTRO • WOLVES FROM INSIDE • 1979

SINCLAIR ROBERT see **SINCLAIR ROBERT B.**

SINCLAIR ROBERT B. – USA – 1905–1970
SINCLAIR ROBERT
DRAMATIC SCHOOL • 1938
WOMAN AGAINST WOMAN • ENEMY TERRITORY ○ ONE WOMAN'S ANSWER • 1938
JOE AND ETHEL TURP CALL ON THE PRESIDENT • CALL ON THE PRESIDENT, A • 1939
AND ONE WAS BEAUTIFUL • 1940
CAPTAIN IS A LADY, THE • OLD LADY THIRTY-ONE • 1940
DOWN IN SAN DIEGO • YOUNG AMERICANS • 1941
I'LL WAIT FOR YOU • MEN OF THE CITY • 1941
MR. AND MRS. NORTH • 1941
WILD MAN OF BORNEO, THE • 1941
MR. DISTRICT ATTORNEY • 1947
THAT WONDERFUL URGE • 1948

SINCLAIR VINCENT L. – USA
WOMEN OF DESIRE • 1968

SINDELL GERALD see **SINDELL GERALD SETH**

SINDELL GERALD SETH – USA – 1944–
SINDELL GERALD
DOUBLE-STOP • DOUBLE STOP • 1968
TEENAGER • 1974
H.O.T.S. • HOTS • 1979

SINDEN TONY – UKN
ARCADE • 1970
SIZE M • 1970
FUNCTIONAL ACTION • 1975
REVERSAL ROTATION • 1976
SUCCESSIVE WIPES • 1976
TIME AND MOTION • 1976

SINDING LEIF – NRW – 1895–
NYA LENSMANNEN, DEN • 1926
FALLAVENTYRET • 1927
SJU DAGAR FOR ELIZABETH • 1927
FANTEGUTTEN • 1932
MORDAREN UTAN ANSIKTE • 1936
BRA MANNINSKOR • 1937
ELI SJURSDOTTER • SISTE KAROLEN, DEN • 1938
KARLEK OCH VANSKAP • 1941
SANGEN TILL LIVET • 1943
SELKVINNEN • 1953
HEKSNETTER • 1954
GYLLENE UNGDOM • 1956

SINDONI VITTORIO – ITL
OMICIDIO PER VOCAZIONE • 1968
ITALIANI! E SEVERAMENTE PROIBITO SERVIRSI DELLA TOILETTE DURANTE LE FERMATE • 1969
E SE PER CASO UNA MATTINA • 1972
SIGNORA E STATA VIOLENTATA, LA • 1973
AMORE MIO NON FARMI MALE • 1974
SON TORNATE A FIORIRE LE ROSE • 1975
PER AMORE DI CESARINA • 1976
PERDUTAMENTE TUO.. MI FIRMO MACALUSO CARMELO FU GIUSEPPE • 1976
CONCORRENTE, IL • ANNI STRUGGENTI, GLI ○ BURNING YEARS, THE • 1979

SINGER ALEX see **SINGER ALEXANDER**

SINGER ALEXANDER – USA – 1932–
SINGER ALEX
COLD WIND IN AUGUST, A • 1961
PSYCHE 59 • 1963
LOVE HAS MANY FACES • 1965
TIME TRAVELERS • 1970 • TVM
CAPTAIN APACHE • GUN OF APRIL MORNING, THE • 1971
GLASS HOUSES • 1972
FIRST 36 HOURS OF DR. DURANT, THE • 1975 • TVM
MILLION DOLLAR RIP-OFF, THE • MONEY TO BURN • 1976 • TVM
HUNTERS OF THE REEF • 1978 • TVM
RETURN OF MARCUS WELBY, M.D., THE • 1984 • TVM
BUNCO • 1985 • TVM

SINGER AUBREY – UKN
PROUD CANVAS • SAILING TO THE CAPE • 1949

SINGER STANFORD – USA
I WAS A TEENAGE TV TERRORIST • AMATEUR HOUR • 1987

SINGH A. BHIM – IND
MEHRBAN • MERCIFUL, THE • 1967
PALANDAI • FEEDER • 1967

SINGH CHITRARTHA – IND
CHAAN PARDESSE • HANDSOME STRANGER • 1981

SINGH HARDEV – IND – 1934–
EYES • 1968
REGIONAL PROGRAM • 1972
MY SCROLLS • 1973
SIKHS, THE • 1979 • DOC
HOLOCAUST – SIKHS • 1986

SINGH HIRA – NPL
RAJA HARISCHANDRA • 1952
AMMA • MOTHER • 1960

SINGH KRISHNA
OVERTURE • 1958 • SHT

SINGH M. A. – IND
CHEKLA PAIKHRABADA • WHEN THE BIRD FLEW AWAY • 1989

SINGH S. R. – IND
BLACK MARKET • 1967

SINGLETON MARTIN – SAF
MORE THAN YOU THINK • 1974 • DOC

SINGLETON RALPH S. – USA
STEPHEN KING'S GRAVEYARD SHIFT • 1990

SINHA MOHAN – IND
KRISHNARJUN YUDDHA • KRISHNA ○ ARJUN FIGHT • 1945
SHREE KRISHNARJUN YUDDHA • 1945

SINHA SHIVENDRA – IND
PHIR BHI • ONCE AGAIN • 1972

SINHA TAPAN – IND
AAROHI • ASCENT • 1965
ATITHI • RUNAWAY, THE (UKN) • 1966
HATE BAJARE • AT THE MARKET-PLACE • 1967
APANJAN • NEAR ONES • 1968
EKHONEE • 1971
EK DOCTOR KI MAUT • DEATH OF A DOCTOR • 1990

SINIBALDI FEDERICO – ITL
ANGELO BIANCO, L' • 1943

SINISE GARY – USA
TRUE WEST • 1983 • MTV
MILES FROM HOME • FARM OF THE YEAR • 1988

SINKE DIGNA – NTH
HELLE BROTHERS, THE • 1975 • SHT
HOOP VAN HET VADERLAND, DE • 1982 • DOC
STILLE OCEAAN, DE • 1983

SINKEL BERNARD – GRM
SINKEL BERNHARD
LINA BRAAKE • BANK'S INTERESTS CANNOT BE THOSE OF LINA BRAAKE ○ INTERESSEN DER BANK KONNEN NICHT DIE INTERESSEN SEIN, DIE LINA BRAAKE HAT • 1975
BERLINGER • OUTSIDER, THE • 1976
MADCHENKRIEG • GIRL'S WAR • 1977
DEUTSCHLAND IM HERBST • GERMANY IN AUTUMN • 1978
TAUGENICHTS • GOOD-FOR-NOTHING, THE • 1978
KALTGESTELLT • PUT ON ICE • 1980

SINKEL BERNHARD see **SINKEL BERNARD**

SINNIGER ALFONS – USA
ENO • 1973 • DCS

SIODMAK CURT – Writer – GRM – 1902–
BRIDE OF THE GORILLA • QUEEN OF THE GORILLAS • 1951
MAGNETIC MONSTER, THE • 1953
CURUCU, BEAST OF THE AMAZON • 1956
LOVE SLAVES OF THE AMAZON • 1957
DEVIL'S MESSENGER, THE • 1962
SKI FEVER • LEIBESSPIELE IM SCHNEE (AUS) • 1967

SIODMAK ROBERT – GRM – 1900–1973
MENSCHEN AM SONNTAG • PEOPLE ON SUNDAY • 1929 • DOC
ABSCHIED • SO SIND DIE MENSCHEN ○ ADIEU ○ FAREWELL • 1930
KAMPF MIT DEM DRACHEN, DER • 1930 • SHT
AUTOUR D'UNE ENQUETE • 1931
MANN, DER SEINEN MORDER SUCHT, DER • LOOKING FOR HIS MURDERER ○ JIM, DER MANN MIT DER NARBE ○ JIM, THE MAN WITH THE SCAR ○ MAN WHO SEEKS HIS OWN MURDERER, THE • 1931
STURME DER LEIDENSCHAFT • STORM OF PASSION ○ TEMPEST, THE • 1931

TUMULTES • 1931
VORUNTERSUCHUNG • PRELIMINARY INVESTIGATION ○ INQUEST • 1931
QUICK • 1932
BRENNENDES GEHEIMNIS • BURNING SECRET, THE • 1933
QUICK, KOENIG DER CLOWNS • QUICK • 1933
CRISE EST FINIE, LA • FINIE LA CRISE ○ SLUMP IS OVER, THE • 1934
SEXE FAIBLE, LE • WEAKER SEX, THE • 1934
PARISIENNE LIFE • 1935
VIE PARISIENNE, LA • 1935
CHEMIN DE RIO, LE • TRAFFIC IN SOULS (USA) ○ WOMEN RACKET (UKN) ○ FRENCH WHITE CARGO ○ CARGAISON BLANCHE • 1936
MISTER FLOW • AMANTS TRAQUES, LES ○ COMPLIMENTS OF MR. FLOW • 1936
MOLLENARD • CAPITAINE CORSAIRE ○ CAPITAINE MOLLENARD ○ HATRED • 1937
ULTIMATUM • 1938
PIEGES • PERSONAL COLUMN (USA) ○ SNARES • 1939
WEST POINT WIDOW • 1941
FLY BY NIGHT • SECRET OF G 32 (UKN) • 1942
MY HEART BELONGS TO DADDY • 1942
NIGHT BEFORE THE DIVORCE, THE • 1942
SOMEONE TO REMEMBER • 1943
SON OF DRACULA • DESTINY • 1943
CHRISTMAS HOLIDAY • 1944
COBRA WOMAN • 1944
PHANTOM LADY • 1944
SUSPECT, THE • 1944
STRANGE AFFAIR OF UNCLE HARRY, THE • ZERO MURDER CASE, THE ○ UNCLE HARRY • 1945
DARK MIRROR, THE • 1946
KILLERS, THE • MAN AFRAID, A • 1946
SPIRAL STAIRCASE, THE • 1946
TIME OUT OF MIND • 1947
CRY OF THE CITY • MARTIN ROME • 1948
CRISS CROSS • 1949
GREAT SINNER, THE • 1949
THELMA JORDON • FILE ON THELMA JORDON, THE (UKN) • 1949
DEPORTED • 1950
WHISTLE AT EATON FALLS, THE • RICHER THAN THE EARTH (UKN) • 1951
CRIMSON PIRATE, THE • 1952
GRAND JEU, LE • GRANDE GIUOCO, IL (ITL) ○ FLESH AND THE WOMAN (USA) ○ CARD OF FATE (UKN) ○ FLESH AND WOMAN • 1954
RATTEN, DIE • RATS, THE • 1955
MEIN VATER, DER SCHAUSPIELER • 1956
NACHTS, WENN DER TEUFEL KAM • DEVIL STRIKES AT NIGHT, THE (USA) ○ NAZI TERROR AT NIGHT ○ DEVIL CAME AT NIGHT, THE ○ NIGHTS WHEN THE DEVIL CAME • 1957
DOROTHEA ANGERMANN • 1959
KATJA • JEUNE FILLE, UN SEUL AMOUR, UNE (FRN) ○ ADORABLE SINNER (USA) ○ MAGNIFICENT SINNER ○ KATIA • 1959
ROUGH AND THE SMOOTH, THE • PORTRAIT OF A SINNER (USA) • 1959
SCHULFREUND, DER • MEIN SCHULFREUND • 1960
AFFAIRE NINA B • NINA B AFFAIR, THE (USA) • 1961
ESCAPE FROM EAST BERLIN • TUNNEL 28 • 1962
SCHUT, DER • SHOOT, THE (USA) ○ YELLOW DEVIL, THE • 1964
PYRAMIDE DES SONNENGOTTES, DIE • 1965
SCHATZ DER AZTEKEN, DER • 1965
CARABINA PER SCHUT, UNA • 1966
VIOLENTI DI RIO BRAVO, I • 1967
CUSTER OF THE WEST • GOOD DAY FOR FIGHTING, A • 1968
LAST ROMAN, THE • 1968
KAMPF UM ROM, TEIL 1: KOMM NUR, MEIN LIEBSTES VOGELEIN • STRUGGLE FOR ROME, THE ○ BATTLE FOR ROME • 1969
KAMPF UM ROM, TEIL 2: DER VERRAT • 1969

SIOPACHAS CHRISTOS – GRC
KATHODOS TON ENNEA • DESCENT OF THE NINE • 1984

SIPLE J. LAW – USA
UNBEATABLE GAME, THE • 1925

SIPMAN JENNE – NTH
LAURA LEY • 1989

SIPO TAMAS SZABO – HNG
STORY OF IMP SANYI, THE • 1967 • ANS

SIPONEN FRANK – FNL
P.. P.. PILL, THE • 1981

SIPOVAC GOJKO – YGS
SRETNI UMIRU DVAPUT • HAPPY ONES DIE TWICE, THE ○ LUCKY DIE TWICE, THE • 1967
OPATICA I KOMESAR • NUN AND THE COMMISSAR, THE • 1968
SO • SALT • 1974

SIPPY RAMESH – IND
SHOLAY • EMBERS • 1975

SIPPY RAMKISHEN – IND
MAIN HOON ALLADIN • I AM ALLADIN • 1965

SIQUEIRA JOSE RUBEN – BRZ
AMERICA DO SEXO • 1970

de SIQUEIRA WALDEMAR – GRM
DIEBESFALLE, DIE • 1920

SIRAGUSA GIANNI – ITL
QUELLI DELL'ANTIRAPINA • QUATTRO MINUTI PER QUATTRO MILIARDI • 1977

SIRAIT EDWARD PESTA – INN
SANG GURU • TEACHER, THE ○ TOPAZ • 1981
REMAJA KEDUA • SECOND YOUTH • 1984

SIRCAR ALO – IND
CHHOTISI MULAQAT • BRIEF ENCOUNTER • 1967

SIRCHANDA SIRI – THL
HERO OF THE COASTGUARD • 1979

SIRK DOUGLAS – DNM – 1900–1987
SIERK DETLEF
APRIL, APRIL • 1935
MADCHEN VOM MOORHOF, DAS • 1935
STUTZEN DER GESELLSCHAFT • PILLARS OF SOCIETY (UKN) • 1935
'T WAS EEN APRIL • 1935
CHANSON DU SOUVENIR, LA • CONCERT A LA COUR ○ SONG OF REMEMBRANCE • 1936
HOFKONZERT, DAS • 1936
SCHLUSSAKKORD • FINAL ACCORD (UKN) ○ NINTH SYMPHONY • 1936
HABANERA, LA • CHEATED BY THE WINDS • 1937
HEIMAT RUFT, DIE • HOME IS CALLING • 1937
LIEBLING DER MATROSEN • 1937
ZU NEUEN UFERN • LIFE BEGINS ANEW (USA) ○ TO NEW SHORES (UKN) ○ PARAMATTA ○ BAGNE DE FEMMES • 1937
ACCORD FINAL • 1938
BOEF JE • WILTON'S ZOO (USA) • 1938
HITLER'S MADMAN • HITLER'S HANGMAN • 1943
SUMMER STORM • 1944
THIEVE'S HOLIDAY • SCANDAL IN PARIS, A (UKN) • 1946
LURED • PERSONAL COLUMN (UKN) • 1947
SLEEP MY LOVE • 1948
SHOCKPROOF • LOVERS, THE • 1949
SLIGHTLY FRENCH • 1949
MYSTERY SUBMARINE • 1950
FIRST LEGION, THE • 1951
LADY PAYS OFF, THE • 1951
THUNDER ON THE HILL • BONAVENTURE (UKN) • 1951
WEEKEND WITH FATHER • 1951
HAS ANYBODY SEEN MY GAL? • 1952
MEET ME AT THE FAIR • 1952
NO ROOM FOR THE GROOM • ALMOST MARRIED • 1952
ALL I DESIRE • 1953
TAKE ME TO TOWN • 1953
MAGNIFICENT OBSESSION • 1954
SIGN OF THE PAGAN • 1954
TAZA, SON OF COCHISE • 1954
CAPTAIN LIGHTFOOT • 1955
ALL THAT HEAVEN ALLOWS • 1956
BATTLE HYMN • 1956
NEVER SAY GOODBYE • 1956
THERE'S ALWAYS TOMORROW • 1956
WRITTEN ON THE WIND • 1956
INTERLUDE • 1957
TARNISHED ANGELS, THE • PYLON • 1957
TIME TO LOVE AND A TIME TO DIE, A • 1958
IMITATION OF LIFE • 1959
SPRICH ZU MIR WIE DER REGEN • 1975
SYLVESTERNACHT • 1977
BOURBON STREET BLUES • 1978 • SHT

SIRKO MARLON see **SICILIANO MARIO**

SIRO FERNANDO – ARG
PROHIBIDO ESTA DE MODA, LO • FORBIDDEN IS IN FASHION, THE • 1968
ADONDE MUERE EL VIENTO • WHERE THE WIND DIES • 1975
DIAS QUE ME DISTE, LOS • DAYS YOU GAVE ME, THE • 1975
SEIS PASAJES AL INFIERNO • SIX TICKETS TO HELL • 1975
DIVORCIO ESTA DE MODA, LA • DIVORCE IS FASHIONABLE • 1978
NEUVA CIGARRA, LA • NEW CIGARRA, THE • 1978

SIROVY ZDENEK – CZC
SMUTECNI SLAVNOST • FUNERAL RITES ○ FUNERAL CEREMONIES • 1970
OUTSIDER • 1987

SIRY J. E. see **SIRY JEAN-ETIENNE**

SIRY JEAN-ETIENNE – FRN – 1940–
SIRY J. E.
ESCARGOT DANS LA TETE, UN • 1980

SIS – CZC
BARRANDOVSKE NOCTURNO, ANEB JAK FILM TANCIL A ZPIVAL • BARRANDOV NOCTURNE, OR HOW FILMS DANCE AND SING • 1984

SIS PETER – CZC
HLAVY • HEADS • 1979 • ANS

SIS VLADIMIR – CZC – 1925–
ROAD TO TIBET • 1956 • DOC
LIFE FOR JAN KASPAR • 1959
AKCE KALIMANTAN • OPERATION KALIMANTAN • 1961
PIKNIK • PICNIC • 1967
JONAS, DEJME TOMU VE STREDU • JONAS, FOR INSTANCE, ON WEDNESDAY • 1985
SEN NOCI • NIGHT DREAM • 1985

SISO FREDDY – VNZ
DILES QUE NO ME MATEN • TELL THEM NOT TO KILL ME • 1986
LOS NEVADOS • 1986

SISO ROBERTO – VNZ
COMPROMISO, EL • COMPROMISE, THE • 1989

SISSELL SANDI – USA
CHICKEN RANCH • 1983 • DOC

SISSER PIERRE – FRN
FORCE "8" OU LE PRIX DE LA CASSE • FORCE 8 • 1972
JOUR, LA FETE, UN • BIG BAZAR • 1974
CA VA PAS ETRE TRISTE! • 1982

SISSOKO CHEIKH OUMAR – MLI
NYAMANTON • LESSONS FROM THE GARBAGE • 1986
FINZAN • 1988

SISTIAGA JOSE ANTONIO – SPN – 1932–
ERE ERERA BALEIBU ICIK SUBUA ARUAREN • 1976

SISTIG ALFRED E. – GRM
ANDERE, DIE • OTHER, THE • 1949

SISTIOPUL SAVEL – RMN
ULTIMA NOAPTE A COPILARIEI • LAST NIGHT OF CHILDHOOD, THE • 1966

SISTROM WILLIAM – Producer – UKN – 1886–
HOT TIP • LEANDER CLICKS • 1935

SITA-BELLA THERESE – CMR
TAM-TAM A PARIS • 1963 • DCS

SITOWITZ HAL – USA
LAST CRY FOR HELP, A • 1979 • TVM

SITTENHAM FRED – USA
SITTENHAM FRED W.
CLOTHES • 1920
MYSTERY MIND, THE • 1920 • SRL
FINE FEATHERS • 1921

SITTENHAM FRED W. see **SITTENHAM FRED**

SIU KWAI – HKG
IRON DRAGON STRIKES BACK, THE

SIVKO V. – Animator – CZC
ON LIGHT • ANM

de SIZE JEAN – FRN
JAVA, UNE • 1927

SJOBERG ALF – SWD – 1903–1980
STARKASTE, DEN • STRONGEST ONE, THE ○ STRONGEST, THE • 1929
BLOMSTERTID, DEN • BLOSSOM TIME ○ FLOWERING TIME • 1940
MED LIVET SOM INSATS • THEY STAKED THEIR LIVES • 1940
HEM FRAN BABYLON • HOME FROM BABYLON • 1941
HIMLASPELET • ROAD TO HEAVEN, THE ○ HEAVENLY PLAY, THE ○ PATH THAT LEADS TO HEAVEN, THE • 1942
HETS • TORMENT (USA) ○ FRENZY • 1944
KUNGAJAKT • ROYAL HUNT, THE • 1944
RESAN BORT • JOURNEY OUT • 1945
IRIS OCH LOJTNANTSHJARTA • IRIS (UKN) ○ IRIS AND THE LIEUTENANT • 1946
BARA EN MOR • ONLY A MOTHER (USA) • 1949
FROKEN JULIE • MISS JULIE • 1951
BARABBAS • 1953
KARIN MANSDOTTER • KARIN DAUGHTER OF MAN ○ ERIK XIV • 1954
VILDFAGLAR • WILD BIRDS • 1955
SISTA PARET UT • LAST PAIR OUT ○ LAST COUPLE OUT • 1956
DOMAREN • JUDGE, THE • 1960
ON • ISLAND, THE • 1966
FADERN • FATHER, THE (UKN) ○ DREAM OF A FATHER • 1969

SJOBERG TORE – Producer – SWD – 1915–
KRIGSFORBRYTARE • SECRETS OF THE NAZI CRIMINALS (USA) ○ MEIN KAMPF II ○ SECRETS OF THE NAZI WAR CRIMINALS • 1962
KRIGETS VANVETT • FACE OF WAR, THE (USA) ○ KRIGETS ANSIKTE • 1963 • DOC

SJOGREN OLLE – SWD
DESERTER U.S.A. • 1969

SJOMAN VILGOT – Screenwriter – SWD – 1924–
ALSKARINNAN • SWEDISH MISTRESS, THE (USA) ○ MISTRESS, THE • 1962
KLANNINGEN • DRESS, THE (UKN) • 1964
491 (FYRAHUNDRANITTIOETT) • 1964
STIMULANTIA • 1965
SYSKONBADD 1782 • MY SISTER, MY LOVE (UKN) ○ BED FOR BROTHER AND SISTER • 1965
JAG AR NYFIKEN –GUL • I AM CURIOUS –YELLOW (UKN) • 1967
JAG AR NYFIKEN –BLA • I AM CURIOUS –BLUE • 1968
RESA MED FAR • JOURNEY WITH FATHER • 1968 • SHT
NI LJUGER • PRODUCTION 337 ○ YOU'RE LYING • 1969
LYCKLIGA SKITAR • BLUSHING CHARLIE (UKN) ○ HAPPY SHITS • 1970
HANDFULL KARLEK, EN • HANDFUL OF LOVE, A • 1973
TROLL • TILL SEX DO US PART (USA) ○ SEX TO THE END • 1973
BRODERNA KARLSSON • KARLSSON BROTHERS, THE • 1974 • SHT
KULISSER I HOLLYWOOD • 1974 • SHT
GARAGET • GARAGE, THE • 1975
SIESTA SAMBA • 1975
TABU • TABOO • 1976
LINUS • LINUS AND THE MYSTERIOUS RED BRICK HOUSE • 1979
JAG RODNAR • I AM BLUSHING • 1980
MALACCA • 1986
FALLGROPEN • PITFALL, THE • 1989

SJOSTRAND – SWD
DIN STUND PA JORDEN • YOUR TIME ON EARTH • 1972 • MTV

SJOSTRAND ARNOLD – SWD – 1903–1955
TVA KVINNOR • TWO WOMEN • 1947
SYND • SIN • 1948
STARKARE AN LAGEN • STRONGER THAN THE LAW • 1951

SJOSTROM ASA – UKN
MASS • 1976

SJOSTROM VICTOR – Actor – SWD – 1879–1960
SEASTROM VICTOR
HEMLIGT GIFTERMAL, ETT • SECRET MARRIAGE, A • 1912
SOMMARSAGA, EN • SUMMER TALE, A • 1912
TRADGARDSMASTAREN • GARDENER, THE • 1912
AKTENSKAPSBYRAN • MARRIAGE BUREAU, THE ○ MARRIAGE AGENCY, THE • 1913
BLODETS ROST • VOICE OF BLOOD, THE ○ VOICE OF THE BLOOD • 1913
BRA FLICKA REDER SIG SJALV • GOOD GIRL SHOULD SOLVE HER OWN PROBLEMS, A ○ CLEVER GIRL TAKES CARE OF HERSELF, A • 1913
INGEBORG HOLM • GIVE US THIS DAY • 1913
LADY MARIONS SOMMARFLIRT • LADY MARION'S SUMMER FLIRTATION ○ LADY MARION'S SUMMER FLIRT • 1913
LIVETS KONFLIKTER • LIFE'S CONFLICTS • 1913
LOJEN OCH TARAR • SMILES AND TEARS ○ RIDICULE AND TEARS • 1913
PRASTEN • CLERGYMAN, THE ○ PRIEST, THE • 1913
DOMEN ICKE • DO NOT JUDGE • 1914
GATANS BARN • CHILDREN OF THE STREET • 1914
HALVBLOD • HALF-BREED, THE • 1914
HJARTAN SOM MOTAS • MEETING HEARTS ○ HEARTS THAT MEET • 1914
HOGFJALLETS DOTTER • DAUGHTER OF THE HIGH MOUNTAIN ○ DAUGHTER OF THE MOUNTAIN • 1914
KARLEK STARKARE AN HAT • LOVE STRONGER THAN HATE ○ LOVE STRONGER THAN HATRED • 1914
MIRAKLET • MIRACLE, THE • 1914
DET VAR I MAJ • IT WAS IN MAY • 1915
EN AV DE MANGA • ONE OUT OF MANY ○ ONE OF THE MANY • 1915
HAVSGAMARNA • SEA VULTURES ○ SEA EAGLE • 1915
I PROVNINGENS STUND • AT THE MOMENT OF TRIAL ○ HOUR OF TRIAL ○ HOUR OF THE TRIAL • 1915
JUDASPENGAR • TRAITOR'S REWARD ○ JUDAS MONEY • 1915
LANDSHOVDINGENS DOTTRAR • GOVERNOR'S DAUGHTERS, THE • 1915
SKOMAKARE BLIV VID DIN LAST • COBBLER STICK TO YOUR LAST ○ KEEP TO YOUR TRADE ○ COBBLER STAY AT YOUR BENCH • 1915
SONAD SKULD • EXPIATED GUILT • 1915
STREJKEN • STRIKE, THE • 1915
HON SEGRADE • SHE WAS VICTORIOUS ○ SHE CONQUERED • 1916
SKEPP SOM MOTAS • SHIPS THAT MEET ○ MEETING SHIPS • 1916
THERESE • 1916
DODSKYSSEN • DEATH KISS, THE (USA) ○ KISS OF DEATH, THE • 1917
TERJE VIGEN • MAN THERE WAS, A • 1917
TOSEN FRAN STORMYRTORPET • GIRL FROM STORMY CROFT (USA) ○ WOMAN HE CHOSE, THE (UKN) ○ GIRL FROM THE MARSH CROFT, A ○ GIRL FROM THE STORMY CROFT, A ○ LASS FROM THE STORMY CROFT, THE • 1917
BERG-EJVIND OCH HANS HUSTRU • LOVE THE ONLY LAW (UKN) ○ OUTLAW AND HIS WIFE, THE ○ YOU AND I (USA) • 1918
HANS NADS TESTAMENTE • HIS GRACE'S LAST TESTAMENT (UKN) ○ HIS GRACE'S WILL (USA) ○ WILL OF HIS GRACE, THE • 1919
INGMARSSONERNA • SON OF INGMAR, THE ○ SONS OF INGMAR, THE • 1919
KARIN INGMARSDOTTER • KARIN DAUGHTER OF INGMAR (USA) ○ GOD'S WAR (UKN) ○ KARIN, INGMAR'S DAUGHTER • 1920
KLOSTRET I SENDOMIR • MONASTERY OF SENDOMIR, THE (USA) ○ SECRET OF THE MONASTERY (UKN) • 1920
MASTERMAN • MASTER SAMUEL ○ EXECUTIONER, THE • 1920
KORKARLEN • STROKE OF MIDNIGHT, THE (USA) ○ THY SOUL SHALL BEAR WITNESS ○ GREY CART, THE ○ PHANTOM CARRIAGE, THE ○ PHANTOM CHARIOT, THE ○ PHANTOM HORSE, THE ○ CLAY • 1921
ELD OMBORD • FIRE ON BOARD ○ HELL SHIP, THE ○ TRAGIC SHIP, THE • 1922
OMRINGADE HUSET, DET • HOUSE SURROUNDED, THE (USA) ○ SURROUNDED HOUSE, THE • 1922
VEM DOMER? • LOVE'S CRUCIBLE (USA) ○ MORTAL CLAY (UKN) • 1922
HE WHO GETS SLAPPED • 1924
NAME THE MAN • JUDGE AND THE WOMAN, THE ○ MASTER OF MAN, THE • 1924
CONFESSIONS OF A QUEEN • 1925
TOWER OF LIES, THE • 1925
SCARLET LETTER, THE • 1926
DIVINE WOMAN, THE • 1927
MASKS OF THE DEVIL, THE • 1928
WIND, THE • 1928
LADY TO LOVE, A • SUNKISSED • 1929
MARKURELLS I WADKOPING • VATER UND SOHN (FRG) ○ FATHER AND SON (USA) • 1930
SEHNSUCHT JEDER FRAU, DIE • 1930
UNDER THE RED ROBE • 1937

SKAAREN WARREN – USA
BREAKAWAY

SKAGEN PETER – CND – 1957–
CANADIAN SOLUTIONS • 1985 • DOC
RANGER MACHINERY • 1985 • DOC
CONCERT RESOURCES • 1986 • DOC
ROAD TO THE FUTURE, THE • 1986 • DOC
WEDGE CLAMP • 1986 • DOC

SKAGEN SOLVE – NRW
HVEM EIER TYSSEDAL • WHO OWNS TYSSEDAL? • 1976 • DOC
STA PA • 1976 • DOC
BRAVO! BRAVO! • 1979 • DOC
TVERS IGJENNOM LOV • IN SPITE OF THE LAW • 1979 • DOC
ETTERKRIGSTID • 1982
JA, VI ELSKER • LAST GLEAMING • 1983
HARD ASFALT • HARD ASPHALT • 1985
BRUN BITTER • HAIR OF THE DOG • 1988

SKAIFE MICHAEL – SPN – 1933–
MADRID MIGUEL
DESCUARTIZADOR DE BINBROOK, EL • NECROPHAGUS (USA) ○ GRAVEYARD OF HORROR ○ DISMEMBERER OF BINBROOK, THE • 1971
ASESINO DE MUNECAS, EL • 1974

SKALENAKIS GEORGE see **SKALENAKIS GIORGOS**

SKALENAKIS GIORGOS – GRC
SKALENAKIS GEORGE
DAMA SPATHI • LOVE CYCLES (USA) ○ QUEEN OF CLUBS • 1966
AKH! AFTI I YINEKA MOU • OH! THIS IS MY WIFE • 1967
DIPLOPENIES • DANCING THE SIRTAKI (UKN) • 1967
CRUEL NEED, THE • 1968
EPIHIRISIS APOLLON • APOLLO GOES ON HOLIDAY ○ OPERATION APOLLO • 1968
VIZANTINI RAPSODHIA (IMPERIALE) • BYZANTINE RHAPSODY (IMPERIALE), A • 1968

SKALLA HELGA – GRM
VULKANWERFT IM METALLERSTREIK 1974, DIE • 1975

SKALSKY STEPAN – CZC – 1925–
VSUDE ZIJI LIDE • THERE ARE PEOPLE EVERYWHERE • 1960
BLACK DYNASTY, THE • 1962
ANGEL OF MERCIFUL DEATH, THE • 1966
UTEK • ESCAPE • 1967
KDYZ ROZVOD, TAK ROZVOD! • IF YOU WANT A DIVORCE, YOU HAVE ONE! • 1982

SKANATA KRSTO – YGS – 1925–
UNDER THE SHADOW OF MAGIC • 1955 • DOC
GREAT CENTURY, THE • 1958 • DOC
WORK AND PHYSICAL CULTURE • 1958 • DOC
WHERE THE LAW ENDS • 1964 • DOC
FIRST CASE -MAN, THE • 1965 • DOC
I RESIGN FROM THE WORLD • 1966 • DOC
INTRUDER, THE • 1966 • DOC
STAND EASY, SOLDIER • 1967 • DOC
VAMPIRE'S NOSTALGIA, A • 1968 • DOC

SKARMETA ANTONIO – GRM
ARDIENTE PACIENCIA • ARDENT PATIENCE
SI VIVIERAMOS JUNTOS • IF WE LIVED TOGETHER • 1982

SKAUGE ARVID – NRW
ANTE • ONE YEAR IN THE LIFE OF A LAPPLAND BOY • 1977 • MTV

SKERL PETER see **MATTEI VIRGILIO**

SKINNER CHARLES – Producer/ writer – USA – 1912–
SKINNER CHARLES E.
CHARLIE BARNET AND HIS BAND • 1949 • SHT

SKINNER CHARLES E. see **SKINNER CHARLES**

SKIRBALL JACK H. – Producer – USA – 1896–
BRIDE FOR SALE • 1949

SKLADANOWSKY EMIL – GRM
APOTHEOSE • 1895
LUTTE • 1895

SKLADANOWSKY MAX – GRM
APOTHEOSE • 1895
LUTTE • 1895

SKLENAR VACLAV – CZC
ZPIVALI JSME ARIZONU • WE SANG THE ARIZONA • 1964
MUZ NA UTEKU • MAN ON THE RUN, A • 1968

SKOBONJA FEDOR see **SKUBONJA FEDOR**

SKOGLUND GUNNAR – SWD – 1899–
LANDSKAMP • 1932
FRAM FOR FRAMGANG • LET'S HAVE SUCCESS • 1938
MAN OCH KVINNA • JUNGLE OF CHANG (USA) ○ HANDFUL OF RICE, A ○ HANDVOLL RIS, EN ○ POIGNEE DE RIZ, UNE ○ HOMME ET FEMME • 1939
KVINNA OMBORD, EN • WOMAN ON BOARD, A • 1941
VARAT GANG • OUR GANG • 1942
VAR I VAPEN, EN • SPRING IN ARMS • 1943
KLOCKAN PA RONNEBERGA • CLOCK AT RONNEBERGA, THE • 1944
MANS KVINNA • WOMAN FOR MEN • 1945
KONSTEN ATT ALSKA • ART OF LOVE • 1947
VAGEN TILL KLOCKRIKE • ROAD TO KLOCKRIKE • 1953
UNG MAN SOKER SALLSKAP • YOUNG MAN SEEKS COMPANY ○ FLICKAN I FONSTRET ○ ESTER OCH ALBERT • 1954
SISTA RINGEN • LAST FORM ○ SCHASEN ○ PLUGGET • 1955
BLANANDE HAV • BLUE SEA • 1956
FOR KATTEN • 1959

SKOGSBERG INGVAR – SWD
MINA DROMMARS STAD • CITY OF MY DREAMS ○ MY DREAM CITY • 1976

SKOLIMOWSKI JERZY – PLN – 1938–
EROTYK • EROTIQUE, L' • 1960 • SHT
HAMLES • PETIT HAMLET, LE • 1960 • SHT
OKO WYKOL • OEIL TORVE, L' • 1960 • SHT
BOKS • BOXING ○ BOXER • 1963
RYSOPIS • IDENTIFICATIONS MARKS -NONE • 1964
WALKOWER • WALKOVER (USA) • 1965
BARIERA • BARRIER • 1966
RECE DO GORY • HANDS UP! • 1967
DEPART, LE • START, THE • 1968
DIALOG 20-40-60 • DIALOGUE 20-40-60 • 1968
ADVENTURES OF GERARD, THE • AVVENTURE DI GERARD, LE (ITL) • 1970
DEEP END • STARTING OUT • 1970
HERZBUBE • KING, QUEEN, KNAVE (USA) ○ SEX, LOVE, MURDER • 1972
SHOUT, THE • 1978
MOONLIGHTING • 1982
SUCCES A TOUT PRIX, LE • SUCCESS IS THE BEST REVENGE (UKN) • 1984
LIGHTSHIP, THE • 1985
FERDYDURKE • 1990

SKOLMEN ROAR – NRW
KLUBBEN • YOUTH CLUB, THE • 1978
I UNGDOMMENS MAKT • IN THE POWER OF YOUTH ○ JUNIOR HEADS • 1980
SENSOMMER • INDIAN SUMMER ○ SUMMER'S ENDING ○ GULT OG SORT ○ YELLOW AND BLACK • 1988

SKORZEWSKI EDWARD – PLN
CZY JESTES WSROD NICH? • ARE YOU AMONGST THEM? ○ ARE YOU AMONG THEM? • 1954 • DOC
UWAGA CHULIGANI! • LOOK OUT, HOOLIGANS! ○ ATTENTION HOOLIGANS • 1955 • DOC
DZIECI OSKARZAJA • CHILDREN ACCUSE • 1956 • DOC
NA DROGACH ARMENII • ON THE ROADS OF ARMENIA • 1957 • DCS
SOPOT 57 • 1957 • DOC
KARUZELA LOWICKA • LOWICZ MERRY-GO-ROUND, THE ○ CARNIVAL OF LOWICZ, THE • 1958 • DCS
PAMIATKA Z KALWARII • SOUVENIR FROM CALVARY, A ○ SOUVENIR OF CALVARY ○ CALVARY ○ KALWARIA • 1958 • DCS
GAUDEAMUS • 1959 • DOC
JAS I MALGOSIA • HANSEL AND GRETEL • 1959 • SHT
KRYPTONIM "OKTAN" • CRYPTONYM "OKTAN" • 1959 • DCS
PODGRODZIE • BOROUGH, THE • 1959 • DCS
RAIL, THE • 1959
TYPY NA DZIS • TIPS FOR TODAY ○ TYPY NA BZIS • 1959 • DCS
ZIEMIA OPOLSKA • OPOLE REGION, THE • 1959 • DCS
DWA OBLICZA BOGA • TWO FACES OF GOD • 1960 • DCS
POCZTOWKA Z ZAKOPANEGO • POSTCARD FROM ZAKOPANE, A ○ POSTCARDS FROM ZAKOPANE • 1960 • DCS
REPORTAZ PROSTO Z PATELNI • REPORT STRAIGHT FROM THE FRYING PAN, A • 1960 • DCS
DZIEWCZYNA, PRZYGODA I.. • GIRL, AN ADVENTURE AND.. • 1961 • DCS
HAWANA 61 • HAVANA 61 • 1961 • DCS
PATRIA O MUERTE • 1961 • DOC
ABY KWILO ZYCIE • THAT LIFE MAY FLOURISH • 1962 • DOC
ALKOHOLOMIERZ • ALCOHOL-GAUGE • 1962
GANGSTERZY I FILANTROPI • GANGSTERS AND PHILANTHROPISTS • 1962
SPOTKALI SIE W HAWANIE • THEY MET IN HAVANA • 1962 • DCS
VISITEZ ZAKOPANE • VISIT ZAKOPANE • 1963 • DCS
PRAWO I PIESC • LAW AND THE FIST, THE • 1964
TRZY KROKI PO ZIEMI • THREE STEPS ON EARTH ○ THREE STEPS IN LIFE • 1965

SKOT-HANSEN MOGENS – DNM
SOLV GIVER ARBEJDE • 1942 • SHT

SKOTAK BOB – USA
INVASION EARTH: THEY CAME FROM OUTER SPACE • 1988

SKOUEN ARNE – NRW – 1913–
GATEGUTTER • GODS OF THE STREETS ○ GUTTERSNIPES • 1949
NODLANDING • BAD LUCK ○ FORCED LANDING • 1952
SIRKUS FANDANGO • CIRCUS FANDANGO • 1954
BRENNER I NATT, DET • 1955
NI LIV • WE DIE ALONE ○ NINE LIVES • 1957
HERREN OZ HANS TJENERE • MASTER AND HIS SERVANTS, THE ○ GOD AND HIS SERVANTS, A • 1959
OMRINGAAL • SURROUNDED • 1960
KALDE SPOR • COLD TRACKS • 1962
MUSIKANTER • MUSICIANS, THE • 1967
AN-MAGRITT • 1969

SKOULOUDIS MANOLIS – GRC
DELIKANIS • 1963

SKRABALO IVO – YGS
SLAMARKE DIVOJKE • STRAW GIRLS • 1971

SKRIGIN ZORZ – YGS
NJIH DVOJICA • TWO PEASANTS • 1955
POTRAGA • 1956
KRVAVA KOSULJA • BLOODY SHIRT, THE • 1957
GOSPODA MINISTARKA • 1958
DRUG PREDSEDNIK CENTARFOR • DRUG PREDSEDNIK CENTRE FORWARD • 1960
KORACI KROZ MAGLE • STEPS IN THE FOG • 1967

SKUBONJA FEDOR – YGS
SKOBONJA FEDOR
IZGUBLJENA OLOVKA • MISSING PENCIL, THE • 1960
NIZVODNO OD SUNCA • DOWNSTREAM FROM THE SUN ○ DOWNSTREAM THE SUN • 1969

SKUIBIN NIKOLAI – USS
BOMZH • NO PERMANENT RESIDENCE ○ FOOTLOOSE • 1989

SKUIBIN VLADIMIR – USS – 1929–1962
NA GRAFSKIKH RAZVALINAKH • ON THE RUINS OF THE ESTATE • 1956
ZHESTOKOST • CRUELTY • 1959
CHUDOTVORETS • MIRACLE WORKER, THE • 1960
SUD • TRIAL, THE • 1963

SKULASON HELGI – ICL
KONA • WOMAN • 1982

SKUPA – CZC
SPEJBLOVO OPOJENI • FILM ELATION OF SPEJBL, THE • 1931

SKY LAURA – CND – 1946–
COOP HOUSING: GETTING IT TOGETHER • 1975 • DOC
COOP HOUSING: THE BEST MOVE WE EVER MADE • 1975 • DOC
TOMORROW'S CHILDREN • 1975 • DOC
SHUTDOWN • 1979 • DOC
MOVING MOUNTAINS • 1980 • DOC
HOUDAILLE: DAYS OF COURAGE, DAYS OF RAGE • 1981 • DOC
GOOD MONDAY MORNING • 1982 • DOC
ALL OF OUR LIVES • 1984 • DOC
TO HURT AND TO HEAL • 1988 • DOC

SLABAKOV ANDREI – BUL
SEABOUND TRAIN, A • 1990

SLAK FRANCI – YGS
KRIZNO OBDOBJE • KRIZNO RAZDOBLJE ○ TIME OF CRISIS ○ YEAR OF CRISIS • 1981
EVA • 1983
BUTNSKALA • BUMPSTONE • 1985
HUDODELCI • FELONS, THE • 1987

SLAPCZYNSKI RICHARD – Animator – USA
JOURNEY TO THE CENTRE OF THE EARTH • 1976 • ANM
ADVENTURES OF SINBAD, THE • 1979 • ANM
OFF ON A COMET • 1979 • ANM
THROUGH THE LOOKING GLASS • 1987 • ANM

SLATE LANE – USA
MONTEREY JAZZ FESTIVAL • 1967 • DOC
CLAY PIGEON • TRIP TO KILL (UKN) • 1971
DEADLY GAME, THE • 1977 • TVM

SLATER DON – USA
STARGATE • 1972 • SHT

SLATER GUY – UKN
MISS MARPLE: A POCKETFUL OF RYE • 1985 • TVM

SLATER W. – UKN
ESCAPE FROM COLDITZ • 1977 • TVM

SLATINA ALEXANDER V. – GRM
CSARDAS DES HERZENS • 1951

von SLATINA ALEXANDER – GRM
WEH' DEM, DER LIEBT • 1951

SLATZER ROBERT F. – Producer/ writer – USA
SLATZER ROBERT FRANKLIN
HELLCATS, THE • 1968
BIGFOOT • BIG FOOT • 1970

SLATZER ROBERT FRANKLIN see **SLATZER ROBERT F.**

SLAVENSKAYA MIA see **SLAVINSKAYA MARIYA**

SLAVICA VLADIMIR – YGS
KAKO JE PROPAO ROKENROL • RISE AND FALL OF ROCK'N'ROLL, THE • 1989

SLAVICEK JIRI – CZC
ZBOROV • 1938
HVEZDA Z POSLEDNI STACE • STAR OF THE ONE-NIGHT STANDS, THE • 1939
PODOBIZNA • PORTRAIT, THE • 1948

SLAVIN JAMES – USA
HANDS ACROSS THE SEA IN '76 • 1911

SLAVINSKAYA MARIYA – USS
SLAVENSKAYA MIA
VELIKAYA BITVA NA VOLGE • GREAT BATTLE OF THE VOLGA, THE (USA) • 1963

SLAVINSKY M. – USS
OSVOBOZHDYONNY KITAI • LIBERATED CHINA ○ NEW CHINA, THE • 1950

SLAVINSKY VLADIMIR – CZC – 1890–1949
PITTERMANN OTTO
MARINA THE SAVAGE • 1919
SNOWDROPS • 1920
ZLATA ZENA • GOLDEN WOMAN, THE • 1920
GIRL OF THE SILVER BORDER • 1921
Z LASKY • WITH LOVE • 1928
PRAVO NA HRICH • TITLE FOR THE SIN, THE • 1932
JEJI LEKAR • HER DOCTOR • 1933
MADLA Z CIHELNY • MADLA FROM THE BRICK-KILN • 1933
OKENKO • LITTLE WINDOW • 1933
MATKA KRACMERKA • MOTHER KRACMERKA • 1934
POKUSENI PANI ANTONIE • TEMPTATION OF MRS. ANTONIE, THE • 1934
ZLATA KATERINA • GOLDEN KATHERINE • 1934
JEDNA Z MILIONU • ONE IN A MILLION • 1935
PRVNI POLIBENI • FIRST KISS, THE • 1935
STUDENTSKA MAMA • STUDENT MUMMY, THE • 1935
DEDECKEM PROTI SVE VULI • GRANDPA INVOLUNTARILY • 1939
TO BYL CESKY MUZIKANT • HE WAS A CZECH MUSICIAN • 1940
ADVOKAT CHUDYCH • LAWYER OF THE POOR, THE • 1941
SCHWACHE STUNDE, DIE • 1943
SEINE BESTE ROLLE • 1943
SIEBEN BRIEFE • 1944
PRAVE ZACINAME • JUST STARTING • 1946

SLEDGE JOHN – USA
INVISIBLE AVENGER • BOURBON STREET SHADOWS • 1958
NEW ORLEANS AFTER DARK • 1958
FOUR FOR THE MORGUE • 1962

SLEGL – CZC
STRIBRNA OBLAKA • SILVER SKIES • 1938

SLESICKI WLADYSLAW – PLN – 1927–
GDZIE DIABEL MOWI DOBRANOC • WHERE THE DEVIL SAYS GOODNIGHT • 1956 • DCS
LUDZIE Z PUSTEGO OBSZARU • PEOPLE FROM THE EMPTY AREA ○ PEOPLE FROM EMPTY PLACES • 1957 • DCS
W GROMADZIE DUCHA PUSZCZY • IN THE COMMUNITY OF THE SPIRIT OF THE WILDERNESS • 1957 • DOC
OPOWIESC O DRODZE • STORY ABOUT THE ROAD ○ TALE OF A JOURNEY • 1958 • DOC
SPACER W BIESZCZADACH • WALK IN THE BIESZCZADY MOUNTAINS, A ○ WALK IN THE BIESZCZADY, A • 1958 • DOC
DZIEN BEZ SLONCA • DAY WITHOUT SUN • 1959 • DCS
WSROD LUDZI • AMONGST PEOPLE ○ AMONG PEOPLE • 1960 • DOC
PORTRET MALEGO MIASTA • PORTRAIT OF A SMALL TOWN, THE • 1961 • DOC
BOY AND THE WAVES, THE • 1962 • DOC
LUDZIE I RYBY • PEOPLE AND FISH • 1962 • DOC
PLYNA TRATWY • RAFTS AFLOAT ○ BOY AND WAVES • 1962 • DOC
GYPSIES • 1963 • DOC
ZANIM OPADNA LISCIE • BEFORE THE LEAVES FALL • 1963 • DOC
DWUDZIESTA PIERWSZA • TWENTY FIRST, THE • 1964 • DOC
GORA • MOUNTAIN, THE ○ HILL, THE • 1964 • DOC
LATO NAD BALTYKIEM • SUMMER BY THE BALTIC ○ SUMMER ON THE BALTIC • 1964 • DOC
CHWILA CISZY • MOMENT OF QUIET, A • 1965 • DOC
DNI, MIESIACE, LATA • DAYS, MONTHS, YEARS • 1966 • DOC
RODZINA CZLOWIECZA • FAMILY OF MAN, THE • 1966 • DOC
ENERGIA • ENERGY • 1967 • DOC
IMIE OJCA • FATHER'S NAME • 1969
RUCHOME PIASKI • QUICKSANDS ○ SHIFTING SANDS ○ MOVING SAND • 1969 • DOC
CHYLE POLA • HILLY FIELDS • 1970 • DOC
W PUSTYNI I W PUSZCZY • IN DESERT AND JUNGLE ○ IN DESERT AND WILDERNESS • 1972

SLESIN AVIVA – USA
DIRECTED BY WILLIAM WYLER • 1986 • DOC

SLIJEPCEVIC VLADAN – YGS – 1930–
MADALJON SA TRI SRCA • MEDALLION WITH THREE HEARTS • 1962
TODAY IN A NEW TOWN • 1963
PRAVO STANJE STVARI • MATTER OF FACTS, A • 1964
STICENIK • PROTEGE, THE • 1966
KUDA POSLE KISE? • WHERE AFTER THE RAIN? ○ KADE PO DOZDOT ○ WHERE TO, AFTER THE RAIN? • 1967

SLIPYJ RODION – USA
STRANGER IN HOLLYWOOD • 1968

SLIVKA MARTIN – CZC
MARTIN JONAS • 1974

SLIVKA ONDREJ – Animator – CZC
KEBY SOM BOL VTACKOM • IF I WERE A BIRDIE • ANM

SLOAN JAMES B. – UKN
WALTER TELLS THE TALE • 1926 • SHT
WALTER THE PRODIGAL • 1926 • SHT
WALTER THE SLEUTH • 1926 • SHT
WALTER'S DAY OUT • 1926 • SHT
WALTER'S PAYING POLICY • 1926 • SHT
WALTER'S WORRIES • 1926 • SHT

SLOANE PAUL – USA – 1893–
SLOANE PAUL H.
COMING OF AMOS, THE • 1925
MAN MUST LIVE, A • 1925
SHOCK PUNCH, THE • 1925
TOO MANY KISSES • 1925
CLINGING VINE, THE • 1926
CORPORAL KATE • MILITARY MAIDS (UKN) • 1926
EVE'S LEAVES • 1926
MADE FOR LOVE • 1926
TURKISH DELIGHT • 1927
BLUE DANUBE, THE • HONOUR ABOVE ALL (UKN) • 1928
HEARTS IN DIXIE • 1929
CUCKOOS, THE • RADIO REVELS • 1930
HALF SHOT AT SUNRISE • 1930
3 SISTERS, THE • 1930
CONSOLATION MARRIAGE • MARRIED IN HASTE (UKN) • 1931
TRAVELING HUSBANDS • 1931
WAR CORRESPONDENT • SOLDIERS OF FORTUNE (UKN) • 1932
LONE COWBOY, THE • HE'S MY PAL ○ PARDNERS • 1933
TERROR ABOARD • 1933
WOMAN ACCUSED • 1933
DOWN TO THEIR LAST YACHT • HAWAIIAN NIGHTS (UKN) • 1934
STRAIGHT IS THE WAY • 1934
HERE COMES THE BAND • 1935
GERONIMO • 1939
SUN SETS AT DAWN, THE • 1950

SLOANE PAUL H. see **SLOANE PAUL**

SLOANE RICK – USA
VISITANTS, THE • 1987

SLOBODIAN BILL – USA
LUSCIOUS • 1982

SLOMAN ANTHONY – UKN
SWEET AND SEXY • 1970
NOT TONIGHT DARLING! • 1971

SLOMAN EDWARD – UKN – 1887–
SLOMAN EDWARD S.
BY THE FLIP OF A COIN • 1915
CONVICT KING, THE • 1915
FAUST • 1915
HER OTHER SELF • 1915
LEGEND OF THE POISONED POOL, THE • 1915
LEVEL, THE • 1915
SAVED FROM THE HAREM • 1915
SPY'S SISTER, THE • 1915
TAUNT, THE • 1915
ATONEMENT • 1916 • SHT
BOND WITHIN, THE • 1916 • SHT
DRAGOMAN, THE • 1916 • SHT
DUST • 1916
EMBODIED THOUGHT, THE • 1916 • SHT
GULF BETWEEN, THE • 1916 • SHT
HOLLY HOUSE, THE • 1916 • SHT
INNER STRUGGLE, THE • 1916
LAW'S INJUSTICE, THE • 1916 • SHT
LONE STAR • 1916
LYING LIPS • 1916
RECLAMATION, THE • 1916
REDEMPTION OF HELENE, THE • 1916 • SHT
RETURN OF JAMES JEROME, THE • 1916 • SHT
SEQUEL TO THE DIAMOND IN THE SKY • 1916 • SRL
SISTER TO CAIN, A • 1916 • SHT
SOLD TO SATAN • 1916 • SHT
TWINKLER, THE • 1916
TWO NEWS ITEMS • 1916 • SHT
VENGEANCE OF THE OPPRESSED • 1916 • SHT
WOMAN'S DARING, A • 1916
FATE AND THE CHILD • 1917
FRAME-UP, THE • 1917
GYPSY'S TRUST, THE • 1917
HIGH PLAY • 1917
MASKED HEART, THE • 1917
MY FIGHTING GENTLEMAN • FIGHTING GENTLEMAN, THE • 1917
NEW YORK LUCK • 1917
PRIDE AND THE MAN • 1917
SANDS OF SACRIFICE • 1917
SEA MASTER, THE • 1917
SHACKLES OF TRUTH • 1917
SNAP JUDGMENT • SLAM BANG JIM • 1917
BIT OF JADE, A • 1918
GHOST OF ROSY TAYLOR, THE • 1918
IN BAD • 1918
MANTLE OF CHARITY, THE • 1918
MIDNIGHT TRAIL, THE • 1918
MONEY ISN'T EVERYTHING • 1918
FAIR ENOUGH • 1919
MOLLY OF THE FOLLIES • 1919
PUT UP YOUR HANDS! • 1919
WESTERNERS, THE • 1919
BLIND YOUTH • 1920
BURNING DAYLIGHT • 1920
LUCK OF GERALDINE LAIRD, THE • 1920
MUTINY OF THE ELSINORE, THE • MUTINY, THE • 1920
SAGEBRUSHER, THE • 1920
SLAM BANG JIM • 1920
STAR ROVER, THE • 1920
HIGH GEAR JEFFREY • 1921
MARRIAGE OF WILLIAM ASHE, THE • 1921
OTHER WOMAN, THE • 1921
PILGRIMS OF THE NIGHT • 1921
QUICK ACTION • 1921
TEN DOLLAR RAISE, THE • 1921
SHATTERED IDOLS • BRIDE OF THE GODS • 1922
WOMAN HE LOVED, THE • HOW A MAN LOVES • 1922
BACKBONE • 1923
EAGLE'S FEATHER, THE • 1923
LAST HOUR, THE • BLIND JUSTICE • 1923
HIS PEOPLE • PROUD HEART ○ JEW, THE • 1925
PRICE OF PLEASURE, THE • 1925
STORM BREAKER, THE • TITANS, THE • 1925
UP THE LADDER • 1925
BEAUTIFUL CHEAT, THE • 1926
BUTTERFLIES IN THE RAIN • 1926
OLD SOAK, THE • 1926
SURRENDER • PRESIDENT, THE (UKN) • 1927
ALIAS THE DEACON • 1928
FOREIGN LEGION, THE • 1928
WE AMERICANS • HEART OF A NATION, THE (UKN) • 1928
GIRL ON THE BARGE, THE • 1929
LOST ZEPPELIN, THE • 1929
HELL'S ISLAND • 1930
KIBITZER, THE • BUSYBODY (UKN) • 1930
PUTTIN' ON THE RITZ • 1930
SOLDIERS AND WOMEN • 1930
CAUGHT • ROPED IN • 1931
CONQUERING HORDE, THE • STAMPEDE • 1931
GUN SMOKE • WESTERNER, THE • 1931
HIS WOMAN • 1931
MURDER BY THE CLOCK • 1931
WAYWARD • 1932
THERE'S ALWAYS TOMORROW • TOO LATE FOR LOVE • 1934
DOG OF FLANDERS, A • 1935
JURY'S SECRET, THE • 1938

SLOMAN EDWARD S. see **SLOMAN EDWARD**

SLUIZER GEORGE – FRN – 1932–
LAND OF THE FATHERS
LAGE LANDEN, DE • HOLD BACK THE SEA • 1961 • DCS
CLAIR OBSCUR • 1963 • SHT
WORLD OF CHEMISTRY, THE • 1964 • DCS
LOVE AND MUSIC • STAMPING GROUND (UKN) • 1971
JOAO EN HET MES • JOAO AND THE KNIFE ○ JOAO • 1972
LETTERS • 1972 • DOC
RAFT, THE • 1972 • DOC
THREE DAY'S RESPITE • 1972
ZECA • 1972 • DOC
TWEE VROUWEN • TWICE A WOMAN ○ SECOND TOUCH • 1978
DROP A BOMB ON THE PALESTINIANS • 1982 • DOC
TEPITO SI! • 1982 • DOC
RED DESERT PENITENTIARY • 1987
SPOORLOOS • VANISHING, THE • 1988

SLUTSKY MIKHAIL – USS
DEN NOVOGO MIRA • ONE DAY IN THE NEW WORLD ○ DAY IN THE NEW WORLD, A ○ DAY IN A NEW WORLD ○ ONE DAY IN SOVIET RUSSIA • 1940
DEN VOINI • DAY OF WAR ○ ONE DAY OF WAR • 1942
DAY AFTER DAY • 1943
YVES MONTAND CHANTE • YVES MONTAND SINGS ○ POET IV MONTAN • 1956 • DOC
FESTIVAL IN MOSCOW • 1958

SMAHL ASTRID see **HENNING-JENSEN ASTRID**

SMALL RHONDA – ASL
PORTRAIT OF AN AUSTRALIAN • 1962
WORKOUT • 1967

SMALLCOMBE JOHN – SAF
AFRICAN DREAM, AN • 1988

SMALLEY PHILLIPS – Actor – USA – 1875–1939
BELLA'S BEAUS • 1912
CHORUS GIRL, THE • 1912
HER KID SISTER • 1912
HIS WIFE'S STRATAGEM • 1912
MIND CURE, THE • 1912
TANGLED MARRIAGE, A • 1912
ACCIDENT INSURANCE • 1913
BOBBY'S BABY • 1913
BROKEN SPELL, THE • 1913
CABARET SINGER, THE • 1913
CALL FROM HOME, A • 1913
CALL, THE • 1913
CAP OF DESTINY, THE • 1913
CAUGHT IN THE ACT • 1913
CHILD'S INFLUENCE, A • 1913
COLLEGE CHUMS • 1913
CONVICT'S DAUGHTER, THE • 1913
DRUMMER'S NOTE BOOK, THE • 1913
GENESIS: 4–9 • 1913
GIRL REPORTER, THE • 1913
GIRLS WILL BE BOYS • 1913
GREATER INFLUENCE, A • 1913
HALL ROOM GIRLS, THE • 1913
HAUNTED BRIDE, THE • 1913
HEART OF A JEWESS, THE • 1913
HER SECRETARIES • 1913
HEROIC HAROLD • 1913
HIS AUNT EMMA • 1913
HIS AWFUL DAUGHTER • 1913
HOUR OF TERROR, AN • 1913
JEW'S CHRISTMAS, THE • 1913
KNIGHTS AND LADIES • 1913
LOVERS THREE • 1913
MARY'S ROMANCE • 1913
MUCHLY ENGAGED • 1913
NEW TYPIST, THE • 1913
NIGHT IN TOWN, A • 1913
OH! YOU PEARL • 1913
OH! YOU SCOTCH LASSIE • 1913
OUR PARENTS-IN-LAW • 1913
PEARL AND THE POET • 1913
PEARL AND THE TRAMP • 1913
PEARL AS A CLAIRVOYANT • 1913
PEARL AS A DETECTIVE • 1913
PEARL'S ADMIRERS • 1913
PEARL'S DILEMMA • 1913
PEARL'S HERO • 1913
PEARL'S MISTAKE • 1913
PICTURE OF DORIAN GRAY, THE • 1913 • SHT
RICH UNCLE, THE • 1913
ROBERT'S LESSON • 1913
ROSARY, THE • 1913
SHADOWS OF LIFE • 1913
STARVING FOR LOVE • 1913
STRICTLY BUSINESS • 1913
SUSPENSE • 1913
THAT CRYING BABY • 1913
THAT OTHER GIRL • 1913
THROUGH STRIFE • 1913
TRUE CHIVALRY • 1913
TWO LUNATICS • 1913
UNTIL DEATH • 1913
VEILED LADY, THE • 1913
WHAT PAPA GOT • 1913
WHEN LOVE IS YOUNG • 1913
WHERE CHARITY BEGINS • 1913
WHO IS IN THE BOX? • 1913
WHO IS THE GOAT? • 1913
WILL POWER • 1913
WILLIE'S GREAT SCHEME • 1913
WITH HER RIVAL'S HELP • 1913
WOMAN'S REVENGE, A • 1913
BEHIND THE VEIL • 1914
CAREER OF WATERLOO PETERSON, THE • 1914
CLOSED GATES • 1914
COUNTRY MOUSE, THE • 1914
DANCING CRAZE • 1914
EAST LYNNE IN BUGVILLE • 1914
EASY MONEY • 1914
FALSE COLORS • 1914
FATHER'S DEVOTION, A • 1914
GETTING REUBEN BACK • 1914
GIRL IN PANTS, THE • 1914
GRATEFUL OUTCAST, A • 1914
HER NEW HAT • 1914
LADY DOCTOR, THE • 1914
LIZZIE AND THE ICEMAN • 1914
MASHERS, THE • 1914
MERCHANT OF VENICE, THE • 1914
OH! YOU MUMMY • 1914
OH! YOU PUPPY • 1914
RING, THE • 1914
SHADOWED • 1914
SOME COLLECTORS • 1914
SPIDER AND HER WEB, THE • 1914
STONE IN THE ROAD, THE • 1914
TELEPHONE ENGAGEMENT, A • 1914
WHAT PEARL'S PEARLS DID • 1914
WILLIE'S DISGUISE • 1914
BETTY IN SEARCH OF A THRILL • 1915
CAPRICES OF KITTY, THE • 1915
CIGARETTE -THAT'S ALL, A • 1915
JEWEL • 1915
LADY IN DISTRESS, A • 1915
SCANDAL • 1915
SUNSHINE MOLLY • 1915
'TWAS EVER THUS • 1915
YANKEE GIRL, THE • 1915
CELEBRATED STIELOW CASE, THE • 1916
DANCE OF LOVE, THE • 1916 • SHT
DISCONTENT • 1916 • SHT
DUMB GIRL OF PORTICI, THE • 1916
EYE OF GOD, THE • 1916
FLIRT, THE • 1916
HOP, THE DEVIL'S BREW • 1916
IDLE WIVES • 1916
JOHN NEEDHAM'S DOUBLE • 1916
ROCK OF RICHES, THE • 1916 • SHT
SAVING THE FAMILY NAME • 1916
WANTED -A HOME • 1916
WHERE ARE MY CHILDREN? • 1916
BOYHOOD HE FORGOT, THE • 1917 • SHT
DOUBLE STANDARD, THE • 1917
GILDED LIFE, THE • 1917 • SHT
HAND THAT ROCKS THE CRADLE, THE • 1917
BORROWED CLOTHES • 1918
DOCTOR AND THE WOMAN, THE • 1918
FOR HUSBANDS ONLY • 1918
PRICE OF A GOOD TIME, THE • TIME OF HER LIFE, THE ○ WHIM, THE • 1918
SCANDAL MONGERS • 1918
FORBIDDEN • FORBIDDEN BOX, THE • 1919
WHEN A GIRL LOVES • 1919

SMALLWOOD RAY see **SMALLWOOD RAY C.**

SMALLWOOD RAY C. – USA – 1888–
SMALLWOOD RAY
ADOPTED DAUGHTER, THE • 1914
CUPID KICKS A GOAL • 1914
MISS NOBODY FROM NOWHERE • 1914
PAPA'S DARLING • 1914
TEMPER VS. TEMPER • 1914
BURGLAR AND THE MOUSE, THE • 1915
HIS DOLL WIFE • 1915
BEST OF LUCK, THE • 1920
BILLIONS • 1920
HEART OF A CHILD, THE • 1920
MADAME PEACOCK • 1920
CAMILLE • 1921
MY OLD KENTUCKY HOME • 1922
QUEEN OF THE MOULIN ROUGE • 1922
WHEN THE DESERT CALLS • 1922

SMARAGDIS IANIS – GRC
SMARAGDIS VIANNIS
HOMECOMING SONG • 1983

SMARAGDIS VIANNIS see **SMARAGDIS IANIS**

SMART RALPH – Producer – UKN – 1908–
WOODPIGEON PATROL, THE • 1930
ISLAND TARGET • 1945 • DCS
BUSH CHRISTMAS • 1947
QUARTET • SOMERSET MAUGHAM'S QUARTET • 1948
BOY, A GIRL AND A BIKE, A • 1949
BITTER SPRINGS • 1950
PEPPINO E VIOLETTA • NEVER TAKE NO FOR AN ANSWER (UKN) • 1951
CURTAIN UP • ON MONDAY NEXT • 1952
ALWAYS A BRIDE • 1953

SMAWLEY ROBERT – USA
SMAWLEY ROBERT J.
AMERICAN EAGLE • 1988
MURPHY'S FAULT • 1988
RIVER OF DIAMONDS • 1989

SMAWLEY ROBERT J. see **SMAWLEY ROBERT**

SMEDLEY-ASTON BRIAN – UKN
EROTICA • PAUL RAYMOND'S EROTICA • 1980

SMETANA ZDENEK – Animator – CZC
LAHEV A SVET • WORLD IN A BOTTLE, THE • 1963
SPECTACLES, THE • ANS
PROBLEMATORIUM • 1967 • ANS
KONEC KRYCHLE • END OF THE CUBE, THE • 1979 • ANS
VSEHOCHLUP • ALL-HAIRS • 1979 • ANS

SMIGHT JACK – USA – 1926–
SOUND OF JAZZ, THE • 1957 • MTV
EDDIE • 1958 • MTV
I'D RATHER BE RICH • 1964
THIRD DAY, THE • 1965
HARPER • MOVING TARGET, THE (UKN) • 1966
KALEIDOSCOPE • BANK BREAKER, THE • 1966
NO WAY TO TREAT A LADY • 1968
SECRET WAR OF HARRY FRIGG, THE • PRIVATE WAR OF HARRY FRIGG, THE ○ MEANWHILE, FAR FROM THE FRONT • 1968
ILLUSTRATED MAN, THE • 1969
STRATEGY OF TERROR • IN DARKNESS WAITING • 1969 • TVM
RABBIT, RUN • 1970
TRAVELING EXECUTIONER, THE • 1970
MCCLOUD: A LITTLE PLOT IN TRANQUIL VALLEY • 1971 • TVM
MCCLOUD: SOMEBODY'S OUT TO GET JENNY • 1971 • TVM
MADIGAN: THE LONDON BEAT • 1971 • TVM
BANACEK: DETOUR TO NOWHERE • 1972 • TVM
BANACEK: LET'S HEAR IT FOR A LIVING LEGEND • 1972 • TVM
LONGEST NIGHT, THE • 1972 • TVM
MADIGAN: THE MIDTOWN BEAT • 1972 • TVM
SCREAMING WOMAN, THE • 1972 • TVM
COLUMBO: DEAD WEIGHT • 1973 • TVM
DOUBLE INDEMNITY • 1973 • TVM
FRANKENSTEIN: THE TRUE STORY • DOCTOR FRANKENSTEIN • 1973 • TVM
LINDA • 1973
PARTNERS IN CRIME • 1973 • TVM
AIRPORT 1975 • 1974
MIDWAY • BATTLE OF MIDWAY (UKN) • 1976
DAMNATION ALLEY • SURVIVAL RUN • 1977
ROLL OF THUNDER • 1978 • TVM
FASTBREAK • FAST BREAK • 1979
LOVING COUPLES • 1980
REMEMBRANCE OF LOVE • 1982 • TVM
NUMBER ONE WITH A BULLET • 1987
FAVOURITE, THE • 1988

SMIHI MOUMEN – MRC – 1945–
SI MOH PAS-DE-CHANCE • 1971 • SHT
COULEURS AU CORPS • 1972 • SHT
CHERGUI, EL • VIOLENT SILENCE, THE • 1978
QUARANTE-QUATRE • RECITS DE LA NUIT, LES ○ TALES OF ONE NIGHT, THE ○ 44 • 1981

SMILEY JOSEPH – USA
SMILEY JOSEPH W.
BROTHERS, THE • 1911
OVER THE HILLS • 1911
PIECE OF STRING, THE • 1911
ROSE'S STORY, THE • 1911
SCARLET LETTER, THE • 1911
MADELEINE'S CHRISTMAS • 1912
DREGS • 1913
FRIEND JOHN • 1913
JANE'S WATERLOO • 1913
KEEPING UP APPEARANCES • 1913
NEARLY IN MOURNING • 1913
ON THE DUMBWAITER • 1913
PENALTY OF CRIME, THE • 1913
POKER PAYED • 1913
SON OF HIS FATHER, THE • 1913
THROUGH FLAMING PATHS • 1913
WHAT'S IN A NAME? • 1913
WHEN LOVE LOSES OUT • 1913
AS WE FORGIVE THOSE • 1914
BELIEVER IN DREAMS, A • 1914
BELOVED ADVENTURER, THE • 1914 • SRL
BETTER MAN, THE • 1914
BOMB, THE • 1914
BOND OF WOMANHOOD, THE • 1914
BOOMERANG SWINDLE, A • 1914
GRIP OF THE PAST, THE • 1914
INTRIGUERS, THE • 1914
LIVING FEAR, THE • 1914
LOST CHILD, THE • 1914
MARAH THE PYTHONESS • 1914
SHALL CURFEW RING TONIGHT • 1914
SORCERESS, THE • 1914
THREADS OF DESTINY • 1914
THUMB PRINTS AND DIAMONDS • 1914
TRUNK MYSTERY, THE • 1914
WHO SEEKS REVENGE • 1914
DELAYED REFORMATION, A • 1915
HER IDOL • 1915
INVENTOR'S PERIL, THE • 1915
LOVE OF WOMEN, THE • 1915
MAZIE PUTS ONE OVER • 1915
MEDDLESOME DARLING, THE • 1915
OTHER SISTER, THE • 1915
PATH TO THE RAINBOW, THE • 1915
RATED AT $10,000,000 • 1915
ROMANCE AS A REMEDY • 1915
SIREN OF CORSICA, A • 1915
STEADFAST, THE • 1915
STROKE OF FATE, THE • 1915
VOICES FROM THE PAST • 1915
WHITE MASK, THE • 1915
WHOM THE GODS WOULD DESTROY • 1915
WOMAN RECLAIMED, A • 1915
LIFE WITHOUT SOUL • 1916

SMILEY JOSEPH W. see **SMILEY JOSEPH**

SMIRNOV A. see **SMIRNOV ANDREI**

SMIRNOV ANDREI – USS
SMIRNOV A.
ANGEL • 1967
BYELORUSSKI VOKZAL • BYELORUSSIAN RAILWAY STATION, THE ○ BYELORUSSIAN STATION, THE • 1972
AUTUMN • 1974

SMIT BOUD – NTH
TAAL NOCH TEKEN • 1966
KLEIN BESTEL • 1972
AQUA DI ROMA • 1973 • DOC
BREITNER • 1976 • SHT

SMITH – USA
ROCKY MOUNTAIN GRANDEUR • 1937 • SHT
NATURAL WONDERS OF THE WEST • 1938 • SHT

SMITH ALBERT E. – USA
PRINCESS NICOTINE OR THE SMOKE FAIRY • 1909

SMITH ALBERT I. – USA
GIRL ALASKA, THE • 1919

SMITH BASIL – USA
JAILHOUSE BLUES • 1929 • SHT

SMITH BEAUMONT – Producer/ writer – ASL – 1881–1950
HAYSEEDS' BACKBLOCKS SHOW, THE • 1917
HAYSEEDS COME TO TOWN (SYDNEY), THE • 1917
OUR FRIENDS THE HAYSEEDS • 1917
HAYSEEDS' MELBOURNE CUP, THE • 1918
SATAN IN SYDNEY • 1918
BARRY BUTTS IN • 1919
DESERT GOLD • 1919
MAN FROM SNOWY RIVER, THE • 1920
BETRAYER, THE • 'NEATH THE SOUTHERN CROSS ○ OUR BIT OF THE WORLD ○ MAID OF MAORILAND, A • 1921
GENTLEMAN BUSHRANGER, THE • 1921
JOURNEY THROUGH FILMLAND • 1921 • DOC
WHILE THE BILLY BOILS • 1921
PREHISTORIC HAYSEEDS • 1923
TOWNIES AND HAYSEEDS • 1923
DIGGER EARL, THE • 1924
HULLO MARMADUKE • 1924
JOE • 1924
ADVENTURES OF ALGY, THE • 1925
HAYSEEDS, THE • 1933
SPLENDID FELLOWS • 1934

SMITH BRIAN – UKN
GUERNSEY GRANITE • 1936
ROYAL RIVER • DISTANT THAMES • 1951

SMITH BRIAN TRENCHARD see **TRENCHARD-SMITH BRIAN**

SMITH BUD – USA
JOHNNY BE GOOD • QUARTERBACK SNEAK • 1988

SMITH C. DAVIS – USA
GIRL FROM S.I.N., THE • GIRL FROM THE SECRET INNER NETWORK, THE • 1966

SMITH CHARLES MARTIN – Actor – USA – 1954–
TRICK OR TREAT • 1987
BORIS AND NATASHA • BORIS AND NATASHA IN OUR BOY BADENOV • 1989

SMITH CLIFF – USA – 1894–1937
SMITH CLIFFORD S. • SMITH CLIFFORD
GRINGO, THE • 1914
CASH PARRISH'S PAL • DOUBLE CROSSED • 1915
CONVERSION OF FROSTY BLAKE, THE • GENTLEMAN FROM BLUE GULCH, THE • 1915
DARKENING TRAIL, THE • 1915
DISCIPLE, THE • 1915
KENO BATES, LIAR • 1915
MR. SILENT HASKINS • 1915
ROUGHNECK, THE • CONVERT, THE • 1915
RUSE, THE • 1915
SCOURGE OF THE DESERT, THE • 1915
TAKING OF LUKE MCVANE, THE • FUGITIVE, THE • 1915
APOSTLE OF VENGEANCE, THE • 1916
ARYAN, THE • 1916
PATRIOT, THE • 1916
DEVIL DODGER, THE • 1917
LEARNIN' OF JIM BENTON, THE • 1917
MEDICINE MAN, THE • 1917
ONE SHOT ROSS • 1917
TRUTHFUL TULLIVER • 1917
BOSS OF THE LAZY Y, THE • 1918
BY PROXY • 1918
CACTUS CRANDALL • CACTUS RANDALL • 1918
FAITH AND ENDURIN' • FAITH ENDURIN', A • 1918
FLY GOD, THE • 1918
KEITH OF THE BORDER • 1918
LAW'S OUTLAW, THE • 1918
PAYING HIS DEBT • 1918

PRETENDER, THE • 1918
RED-HAIRED CUPID, A • 1918
SILENT RIDER, THE • 1918
UNTAMED • 1918
WOLVES OF THE BORDER • 1918
GIRL OF HELL'S AGONY, THE • 1919
MAN OF MIGHT, THE • 1919 • SRL
SHE WOLF, THE • SHE-WOLF, THE • 1919 • SHT
SMASHING BARRIERS • 1919 • SRL
CYCLONE, THE • 1920
GIRL WHO DARED, THE • 1920
LONE HAND, THE • 1920
THREE GOLD COINS • 1920
CROSSING TRAILS • 1921
STRANGER FROM CANYON VALLEY, THE • 1921
WESTERN HEARTS • 1921
DARING DANGER • 1922
MY DAD • 1922
SCARRED HANDS • 1923
WILD BILL HICKOK • 1923
BACK TRAIL, THE • 1924
DARING CHANCES • HIS TRUST • 1924
FIGHTING FURY • 1924
RIDGEWAY OF MONTANA • 1924
SINGER JIM MCKEE • 1924
WESTERN WALLOP, THE • ON PAROLE • 1924
BUSTIN' THRU • 1925
CALL OF COURAGE, THE • 1925
DON DAREDEVIL • 1925
FLYING HOOFS • BEYOND THE LAW • 1925
RED RIDER, THE • OPEN TRAIL, THE • 1925
RIDIN' THUNDER • RIDING THUNDER • 1925
ROARING ADVENTURE, A • 1925
SIGN OF THE CACTUS, THE • 1925
WHITE OUTLAW, THE • 1925
ARIZONA SWEEPSTAKES, THE • 1926
DEMON, THE • 1926
DESERT'S TOLL, THE • DEVIL'S TOLL, THE • 1926
FIGHTING PEACEMAKER, THE • 1926
MAN IN THE SADDLE, THE • 1926
PHANTOM BULLET, THE • 1926
RIDIN' RASCAL, THE • 1926
RUSTLERS' RANCH • 1926
SCRAPPIN' KID, THE • 1926
SET-UP, THE • 1926
SIX SHOOTIN' ROMANCE, A • 1926
SKY HIGH CORRAL • 1926
TERROR, THE • 1926
VALLEY OF HELL, THE • 1926
LOCO LUCK • 1927
OPEN RANGE • 1927
SPURS AND SADDLES • 1927
THREE OUTCASTS, THE • 1929
RIDERS OF THE GOLDEN GULCH • 1932
TEXAN, THE • 1932
DEVIL'S CANYON • 1935
FIVE BAD MEN • 1935
ACE DRUMMOND • 1936 • SRL
JUNGLE JIM • 1937 • SRL
RADIO PATROL • 1937 • SRL
SECRET AGENT X-9 • 1937 • SRL
WILD WEST DAYS • 1937 • SRL

SMITH CLIFFORD see **SMITH CLIFF**

SMITH CLIFFORD S. see **SMITH CLIFF**

SMITH CLIVE A. – UKN

ROCK 'N' RULE • ROCK & RULE • 1983 • ANM

SMITH COLIN – ASL

MACK THE KNIFE • IN TOO DEEP • 1989

SMITH DAVE see **SMITH DAVID**

SMITH DAVID – USA

SMITH DAVE

HER GETHSEMANE • 1915
JONES' HYPNOTIC EYE • 1915
REPENTANCE OF DR. BLINN, THE • 1915
BIT OF BENT WIRE, A • 1916 • SHT
FOXY TROTTERS, THE • 1916 • SHT
HAVE YOU HEARD ABOUT TILLIE? • 1916 • SHT
HER LOVING RELATIONS • 1916 • SHT
HIS WIFE'S ALLOWANCE • 1916 • SHT
HOYDEN, THE • 1916 • SHT
IT'S A BEAR • 1916 • SHT
LESSON FOR SOMEBODY, A • 1916 • SHT
LUCK CHARM, THE • 1916 • SHT
LUCK OF JANE, THE • 1916 • SHT
MAYOR'S FALL FROM GRACE, THE • 1916 • SHT
RICH IDLER, THE • 1916 • SHT
TAKING THE HONEY OUT OF HONEYMOON • 1916 • SHT
THREE JOHNS • 1916 • SHT
ATAVISM OF JOHN TOM LITTLE BEAR, THE • 1917 • SHT
BURLESQUE BLACKMAILERS, THE • FOOTLIGHT LURE, THE • 1917 • SHT
ENCHANTED KISS, THE • 1917
GANG, THE • 1917 • SHT
HIS LESSON • 1917 • SHT
HYGEIA AT THE SOLITO • 1917 • SHT
JOHN TOM LITTLE BEAR • 1917 • SHT
JONES KEEPS HOUSE • 1917 • SHT
LAST OF THE TROUBADOURS, THE • 1917 • SHT
LAW AND ORDER • 1917 • SHT
LONESOME ROAD, THE • 1917 • SHT
OLD FOURTH WARD, THE • 1917 • SHT
ONE DOLLAR'S WORTH • 1917 • SHT
ONE GOOD TURN • 1917 • SHT
ROAD TO ETERNITY, THE • 1917 • SHT
SUITOR OF SIAM, THE • 1917 • SHT
TWIN FEDORAS, THE • 1917 • SHT
TWO RENEGADES, THE • 1917 • SHT
UP AND DOWN • 1917 • SHT
BAREE, SON OF KAZAN • 1918
BY INJUNCTION • 1918 • SHT
BY THE WORLD FORGOT • 1918
CHANGING WOMAN, THE • 1918
DAWN OF UNDERSTANDING, THE • 1918
FIFTH WHEEL, THE • 1918 • SHT
FOURTH IN SALVADOR, THE • 1918 • SHT
GENTLEMAN'S AGREEMENT, A • 1918
HIDING OF BLACK BILL, THE • 1918 • SHT
MOMENT OF VICTORY, THE • 1918 • SHT
WOMAN IN THE WEB, THE • 1918 • SRL
CUPID FORECLOSES • 1919
ENCHANTED BARN • 1919
FIGHTING COLLEEN, A • LOVE AT FIRST FIGHT • 1919
LITTLE BOSS, THE • 1919
OVER THE GARDEN WALL • 1919
WISHING RING MAN, THE • 1919
YANKEE PRINCESS, A • 1919
AFTERNOON MIRACLE, AN • 1920 • SHT
CALL LOAN, THE • 1920 • SHT
COURAGE OF MARGE O'DOONE, THE • 1920
PEGEEN • 1920
RANSOM OF MACK, THE • 1920 • SHT
ROADS WE TAKE, THE • 1920 • SHT
RULER OF MEN, A • 1920 • SHT
TELEMACHUS, FRIEND • 1920 • SHT
BLACK BEAUTY • 1921
FLOWER OF THE NORTH • 1921
GUILTY CONSCIENCE, A • THOU ART THE MAN • 1921
IT CAN BE DONE • 1921
SILVER CAR, THE • 1921
ANGEL OF CROOKED STREET, THE • 1922
MY WILD IRISH ROSE • 1922
NINETY AND NINE, THE • 1922
MAN FROM BRODNEY'S, THE • 1923
MAN NEXT DOOR, THE • 1923
MASTERS OF MEN • 1923
MIDNIGHT ALARM, THE • 1923
PIONEER TRAILS • 1923
BORROWED HUSBANDS • 1924
CAPTAIN BLOOD • 1924
CODE OF THE WILDERNESS • 1924
MY MAN • 1924
BAREE, SON OF KAZAN • 1925
PAMPERED YOUTH • MAGNIFICENT AMBERSONS, THE • 1925
STEELE OF THE ROYAL MOUNTED • 1925

SMITH DICK – USA

SMITH RICHARD

DOUBLE DUKES • 1917 • SHT
HEARTS AND FLOUR • 1917 • SHT
LITTLE BO-PEEP • 1917 • SHT
SIGN OF THE CUCUMBER, THE • 1917 • SHT
STREET CARS AND CARBUNCLES • 1917 • SHT
THAT DAWGONE DOG • 1917 • SHT
VAMPING REUBEN'S MILLIONS • 1917 • SHT
ASH-CAN ALLEY • 1918 • SHT
LUNATICS IN POLITICS • 1920 • SHT

SMITH DIGBY – UKN

ESCAPE DANGEROUS • 1947

SMITH DOUGLAS ST. CLAIR – USA

WAD AND THE WORM, THE • 1969 • ANS

SMITH EARL E. – USA

WISHBONE CUTTER • SHADOW OF CHIKARA, THE • 1978

SMITH EMTON – USA

MASH'D • 1977

SMITH ERIC L'E see **SMITH ERIC L'EPINE**

SMITH ERIC L'EPINE – Actor – UKN

SMITH ERIC L'E

DOWN ON THE FARM • 1922

SMITH ERLE O. – UKN

TERRORS • 1930

SMITH F. PERCY – UKN

CHEMICAL PORTRAITURE • 1909
DISSOLVING THE GOVERNMENT • 1909
DISSOLVED GOVERNMENT, THE • 1910
TRANSFORMATIONS • 1914

SMITH FRANK L. – USA

FATAL VERDICT • 1913
SHELLS, THE • 1913

SMITH G. A. – UKN – 1864–1959

SMITH GEORGE ALBERT • SMITH GEORGE

CHILDREN PADDLING AT THE SEASIDE • 1897
COMIC FACE • MAN DRINKING • 1897
COMIC SHAVING • COMIC BARBER • 1897
GYMNASTICS -INDIAN CLUB PERFORMER • 1897
HAUNTED CASTLE, THE • 1897
MAID IN THE GARDEN, THE • 1897
MAKING SAUSAGES • END OF ALL THINGS, THE • 1897
MILLER AND THE SWEEP, THE • 1897
MILLER AND THE SWEEP, THE (NO.2) • 1897
NURSING THE BABY • 1897
SIGN WRITER, THE • AWKWARD SIGNWRITER, THE • 1897
TIPSY-TOPSY-TURVY • 1897
WEARY WILLIE • 1897
WORKERS LEAVING BRIGHTON RAILWAY STATION • 1897
X-RAYS • X-RAY FIEND, THE • 1897
ALADDIN • 1898
ALLY SLOPER • 1898
ANIMATED CLOWN PORTRAIT • 1898
BAKER AND THE SWEEP, THE • 1898
CINDERELLA • 1898
CINDERELLA AND THE FAIRY GODMOTHER • 1898
CORSICAN BROTHERS, THE • 1898
EARLY FASHIONS ON BRIGHTON PIER • SCENE ON BRIGHTON PIER • 1898
FAUST • 1898
FAUST AND MEPHISTOPHELES • 1898
HANGING OUT THE CLOTHES: OR, MASTER, MISTRESS AND MAID • 1898
LADY BARBER, THE • 1898
MESMERIST, THE • 1898
PHOTOGRAPHING A GHOST • 1898
POLICEMAN THE COOK AND THE COPPER, THE • 1898
PRACTICAL JOKE, A • JOKE ON THE GARDENER, A • 1898
RUNAWAY KNOCK, THE • 1898
SANTA CLAUS • VISIT OF SANTA CLAUS, THE • 1898
WAVES AND SPRAY • 1898
WOMAN BARBER, THE • 1898
ALADDIN AND THE WONDERFUL LAMP • 1899
DICK WHITTINGTON • 1899
GAMBLER'S WIFE, THE • 1899
GAME OF CHESS AND KISSES, A • 1899
GOOD JOKE, A • 1899
GOOD STORIES • 1899
HAUNTED PICTURE GALLERY, THE • 1899
INEXHAUSTIBLE CAB, THE • 1899
KISS IN THE TUNNEL, THE • 1899
LEGACY, THE • 1899
SANDWICHES, THE • HUNGRY COUNTRYMAN, THE • 1899
AS SEEN THROUGH THE TELESCOPE • 1900
BAD CIGAR, A • 1900
CONJURER, THE • 1900
DULL RAZOR, THE • 1900
GRANDMA THREADING HER NEEDLE • 1900
GRANDMA'S READING GLASS • 1900
HOUSE THAT JACK BUILT, THE • 1900
INCIDENT ON BRIGHTON PIER, AN • 1900
JOLLY OLD COUPLE, A • 1900
LET ME DREAM AGAIN • 1900
OLD MAID'S VALENTINE, THE • VALENTINE, THE • 1900
QUICK SHAVE AND BRUSH UP • 1900
SCANDAL OVER THE TEACUPS • 1900
SNAPSHOTTING AN AUDIENCE • 1900
TWO GRINNING YOKELS • 1900
TWO JOLLY GOOD FELLOWS • THEY ARE JOLLY GOOD FELLOWS • 1900
TWO OLD SPORTS • 1900
TWO OLD SPORTS' GAME OF NAP • WINNING HAND, THE • 1900
TWO OLD SPORTS' POLITICAL DISCUSSION, THE • 1900
VILLAGE CHOIR, THE • 1900
WHERE DID YOU GET IT? • 1900
ADRIAN TROUPE OF CYCLISTS, THE • 1901
BILL-POSTER'S REVENGE, THE • 1901
GOOD STORY, A • 1901
IN THE GREEN ROOM • 1901
KITTEN NURSERY, THE • 1901
LAST GLASS OF THE TWO OLD SPORTS, THE • LAST BOTTLE AT THE CLUB, THE • 1901
LITTLE DOCTOR AND THE SICK KITTEN, THE • LITTLE DOCTOR, THE ○ SICK KITTEN, THE • 1901
MONOCLE -ME AND JOE CHAMBERLAIN, THE • 1901
PHOTOGRAPH FROM AN AREA WINDOW • 1901
WHISKEY VERSUS BULLETS • 1901
AFTER DARK; OR, THE POLICEMAN AND HIS LANTERN • 1902
AMAZONS' MARCH AND EVOLUTIONS, THE • 1902
AT LAST! THAT AWFUL TOOTH • OH! THAT AWFUL TOOTH • 1902
CAKEWALK, THE • 1902
COMEDIAN AND THE FLY PAPER, THE • 1902
CORONATION OF THEIR MAJESTIES KING EDWARD VII AND QUEEN ALEXANDRIA • 1902
DONKEY AND THE SERPENTINE, THE • 1902
EPISODE IN THE LIFE OF A LODGER, AN • 1902
HILARITY ON BOARD SHIP • 1902
HIS FIRST CIGAR, PROBABLY THE LAST • 1902
IRISHMAN AND THE BUTTON, THE • 1902
MARCH OF THE AMAZONS, THE • 1902
MONK IN THE MONASTERY WINE CELLARS, THE • 1902
MONK IN THE STUDIO, THE • 1902
MONK'S MACARONI FEAST, THE • 1902
MONK'S RUSE FOR LUNCH, THE • 1902
MOTHER GOOSE NURSERY RHYMES • 1902
OH THAT COLLAR BUTTON • 1902
PANTOMIME GIRLS HAVING A LARK • 1902
PA'S COMMENTS ON THE MORNING NEWS • 1902
TAMBOURINE DANCING QUARTETTE • 1902
THAT AWFUL CIGAR • 1902
TOMMY AND THE MOUSE IN THE ART SCHOOL • LITTLE WILLIE AND THE MOUSE • 1902
TOMMY ATKINS AND HIS HARRIET ON A BANK HOLIDAY • 1902
TOO MUCH OF A GOOD THING • 1902
TOPSY-TURVY DANCE BY THREE QUAKER MAIDENS • 1902
TWO OLD SPORTS AT THE MUSIC HALL, THE • 1902
BABY AND THE APE, THE • 1903
DOROTHY'S DREAM • 1903
FREE TRADE BENCH, THE • 1903
JOHN BULL'S HEARTH • JOHN BULL'S FIRESIDE • 1903
LETTIE LIMELIGHT IN HER LAIR • 1903
MARY JANE'S MISHAP: OR, DON'T FOOL WITH THE PARAFFIN • 1903
VISIT TO THE SEASIDE, A • 1908
CHOOSING THE WALLPAPER • 1909
KINEMACOLOUR PUZZLE • 1909
NATURAL COLOUR PORTRAITURE • 1909

SMITH G. BUCKLAND – UKN

POWER FROM FUSION PART 1: THE PRINCIPLES • 1964 • DOC

SMITH GEORGE see **SMITH G. A.**

SMITH GEORGE ALBERT see **SMITH G. A.**

SMITH HAGEN – USA

LEGEND OF FRANK WOODS, THE • 1977

SMITH HAMILTON – USA

GUILT, THE • 1915
VENTURES OF MARGUERITE, THE • 1915 • SRL
INNER MAN, THE • 1922
ISLE OF DOUBT • 1922

SMITH HARRY – USA – 1923–

NUMBER 1 • 1939–47 • SHT
NUMBER 2 • 1940–42 • SHT
NUMBER 3 • 1942–47 • SHT
NUMBER 12 • HEAVEN & EARTH MAGIC FEATURE ○ MAGIC FEATURE, THE • 1943–58
EARLY ABSTRACTIONS • 1946 • SHT
NUMBER 4 • 1950 • SHT
NUMBER 5 • CIRCULAR TENSIONS • 1950 • SHT
NUMBER 6 • 1951 • SHT
NUMBER 7 • 1951 • SHT
NUMBER 8 • 1954 • SHT
NUMBER 9 • 1954 • SHT
NUMBER 10 • 1956 • SHT
NUMBER 11 • MIRROR ANIMATIONS • 1956 • SHT
NUMBER 13 • 1962 • ANM
NUMBER 14 • LATE SUPERIMPOSITIONS • 1964–65 • SHT
FILMS OF HARRY SMITH, THE • 1965 • ANT
NUMBER 15 • 1965–66
NUMBER 16 • WOODMAN'S DREAM, THE • 1967 • SHT

SMITH HARRY W. – USA

LOUISIANA TERRITORY • 1953

SMITH HERBERT – UKN – 1901–

MUSICAL FILM REVUES NOS. 1–10 • 1933 • SHS
ON THE AIR • 1934
IN TOWN TONIGHT • 1935
NIGHT MAIL • 1935
BRITISH LION VARIETIES NOS.1–9 • 1936 • SER
SOFT LIGHTS AND SWEET MUSIC • 1936
THEY DIDN'T KNOW • 1936
CALLING ALL STARS • 1937
IT'S A GRAND OLD WORLD • 1937
LEAVE IT TO ME • 1937

AROUND THE TOWN • 1938
I'VE GOT A HORSE • 1938
ALL AT SEA • 1939
HOME FROM HOME • 1939

SMITH HOWARD – USA

TOOTH OR CONSEQUENCES • 1947 • ANS
MARJOE • 1972 • DOC
GIZMO! • 1977 • DOC

SMITH JACK – UKN

FISHERMAN'S LUCK • 1900
FUNNY STORY, A • 1900
LIVING STATUES • 1900
MORNING WASH, A • 1900
SCENES BETWEEN TWO WELL-KNOWN COMEDIANS • 1900
CURING A JEALOUS WIFE • 1907
MIND YOUR OWN BUSINESS • 1907
PAGE BOY AND THE BABY, THE • 1907
THEY WOULD PLAY CARDS • 1907
TRUTHFUL TELEGRAMS • 1907
WHY JENKINS WEARS THE BLUE RIBBON • 1907
DADDY AS OF OLD • 1908
LADY LUNA(TIC)'S HAT, THE • 1908
MAGIC BOX, THE • 1908
ROBBER AND THE JEW, THE • 1908
TRAMP, THE • 1908
BURNING HOME, THE • 1909
DUPED OTHELLO, THE • THEATRICAL CHIMNEY SWEEP, THE • 1909
ESCAPADES OF TEDDY BEAR, THE • 1909
LOVE VERSUS SCIENCE • 1909
MY DOLLY • 1909
POLITE PARSON, THE • 1909
SUSPECTED: OR, THE MYSTERIOUS LODGER • 1909
WHAT HAPPENED TO BROWN • 1909

SMITH JACK* – UKN

DEVIL CAME TO DRINK, THE • 1958 • SHT
FILM FOR MARIA, A • 1962

SMITH JACK** – USA – 1932–

BUZZARDS OVER BAGHDAD • 1951-56
BLONDE COBRA • 1959-62 • SHT
SCOTCH TAPE • 1962
FLAMING CREATURES • 1963
NORMAL LOVE • GREAT PATSY TRIUMPH, THE • 1963
OVERSTIMULATED • 1963
IN THE GRIP OF THE LOBSTER • 1966
NO PRESIDENT • 1967

SMITH JOHN – USA

ALL STONES FESTIVAL • 1980

SMITH JOHN KINGSFORD – ASL

STEADY AS SHE GOES • 1949

SMITH JOHN N. – CND

SITTING IN LIMBO • 1986
TRAIN OF DREAMS • 1988 • DOC
WELCOME TO CANADA • 1990

SMITH JOHN P. – USA

CHICKEN PARADE, THE • 1922
FORWARD MARCH • 1923

SMITH JOHN* – CND

BARGAIN BASEMENT • 1976

SMITH KENT – UKN

TAKING TIGER MOUNTAIN • 1983

SMITH MARSHALL – USA

SATAN'S BED • 1965

SMITH MARTIN – UKN

COMPANERO • 1975 • DOC

SMITH MAURICE – USA

LOVE SWEDISH STYLE • 1972

SMITH MAURICE DIGBY – Producer – UKN

HOUSE OF DR. BELHOMME, THE • 1946

SMITH MEL – Actor – UKN

TALL GUY, THE • CAMDEN TOWN BOY • 1988

SMITH NICOL – USA

AUSTRALIA: LAND OF PARADOX • 1970 • DOC

SMITH NOEL – USA – 1890–

SMITH NOEL MASON • MASON NOEL

BEACH NUTS • 1917 • SHT
FROM CACTUS TO KALE • 1917 • SHT
LITTLE BO-PEEP • 1917 • SHT
PROPS, DROPS AND FLOPS • 1917 • SHT
RING RIVALS • 1917 • SHT
ROUGH STUFF • 1917 • SHT
SOAPSUDS AND SIRENS • 1917 • SHT
SURF SCANDAL • 1917 • SHT
WHERE IS MY CHE-ILD? • 1917 • SHT
HIGH DIVER'S LAST KISS, A • 1918 • SHT
SCARS AND BARS • 1918 • SHT
SQUABS AND SQUABBLES • 1918 • SHT
TORPEDO PIRATES • 1918 • SHT
BUNGS AND BUNGLERS • 1919 • SHT
GYMBELLES AND BONEHEADS • 1919 • SHT
HEALTHY AND HAPPY • 1919 • SHT
LET FIDO DO IT • 1919 • SHT
MATES AND MODELS • 1919 • SHT
RAG-TIME ROMANCE, A • 1919 • SHT
SWITCHES AND SWEETIES • 1919 • SHT
TOOTSIES AND TAMALES • 1919 • SHT
YAPS AND YOKELS • 1919 • SHT
ARTIST'S MUDDLE, AN • 1920 • SHT
DAMES AND DENTISTS • 1920 • SHT
FIRESIDE BREWER, A • HOME BREW • 1920 • ANS
IT'S A BOY • 1920 • SHT
LOVE AND GASOLINE • 1920 • SHT
MAIDS AND MUSLIN • 1920 • SHT
MY GOODNESS • 1920 • SHT
SQUEAKS AND SQUAWKS • 1920 • SHT
CLASH OF THE WOLVES • 1925
BLUE STREAK, THE • 1926
BROADWAY GALLANT, THE • 1926
FANGS OF JUSTICE • 1926
FLYING MAIL, THE • 1926
MERRY CAVALIER, THE • 1926
NIGHT PATROL, THE • 1926
CROSS BREED • 1927
ONE CHANCE IN A MILLION • CHANCE IN A MILLION (UKN) • 1927
SNARL OF HATE, THE • 1927
WHERE TRAILS BEGIN • WHERE THE TRAILS BEGIN • 1927
DANGER TRAIL • 1928
FANGS OF FATE • 1928
LAW'S LASH, THE • 1928
MARLIE THE KILLER • 1928
BACHELOR'S CLUB, THE • 1929
BACK FROM SHANGHAI • 1929
HEROIC LOVER, THE • WHIRLWIND LOVER, THE (UKN) • 1929
DANCING DYNAMITE • 1931
SCAREHEADS • SPEED REPORTER, THE (UKN) • 1931
YANKEE DON • DAREDEVIL DICK (UKN) • 1931
FIGHTING PILOT • 1935
GUNS OF THE PECOS • 1936
KING OF HOCKEY • KING OF THE ICE RINK (UKN) • 1936
TRAILIN' WEST • ON SECRET SERVICE (UKN) • 1936
BLAZING SIXES • 1937
CALIFORNIA MAIL, THE • 1937
CHEROKEE STRIP • STRANGE LAWS (UKN) • 1937
OVER THE GOAL • 1937
MYSTERY HOUSE • 1938
CODE OF THE SECRET SERVICE • 1939
COWBOY QUARTERBACK, THE • 1939
PRIVATE DETECTIVE • 1939
SECRET SERVICE OF THE AIR • 1939
TORCHY PLAYS WITH DYNAMITE • TORCHY BLANE -PLAYING WITH DYNAMITE • 1939
ALWAYS A BRIDE • 1940
CALLING ALL HUSBANDS • 1940
FATHER IS A PRINCE • 1940
LADIES MUST LIVE • 1940
BURMA CONVOY • 1941
CASE OF THE BLACK PARROT, THE • 1941
HERE COMES HAPPINESS • 1941
NURSE'S SECRET, THE • 1941
GANG BUSTERS • 1942 • SRL
CATTLE TOWN • 1952

SMITH NOEL MASON see **SMITH NOEL**

SMITH PAUL see **SMITH PAUL GERARD**

SMITH PAUL GERARD – USA

SMITH PAUL

MARGIE • 1940
SANDY GETS HER MAN • FIREMAN SAVE MY CHILD • 1940

SMITH PAUL J. – Animator – USA

DOG THAT CRIED WOLF, THE • 1953 • ANS
FLYING TURTLE, THE • 1953 • ANS
HOT NOON • 1953 • ANS
MAW AND PAW • 1953 • ANS
MOUSE AND THE LION, THE • 1953 • ANS
PLYWOOD PANIC • 1953 • ANS
HAY RUBE • 1954 • ANS
HORSE'S TALE, A • 1954 • ANS
HOT ROD HUCKSTER • 1954 • ANS
PIG IN A PICKLE • 1954 • ANS
REAL GONE WOODY • 1954 • ANS
BEDTIME BEDLAM • 1955 • ANS
BUNCO BUSTERS • 1955 • ANS
HELTER SKELTER • 1955 • ANS
PAW'S NIGHT OUT • 1955 • ANS
PRIVATE EYE POOCH • 1955 • ANS
SQUARE SHOOTING SQUARE • 1955 • ANS
WITCH CRAFTY • 1955 • ANS
AFTER THE BALL • 1956 • ANS
ARTS AND FLOWERS • 1956 • ANS
CALLING ALL CUCKOOS • 1956 • ANS
CHIEF CHARLIE HORSE • 1956 • ANS
GET LOST • 1956 • ANS
NIAGARA FOOLS • 1956 • ANS
WOODPECKER FROM MARS • 1956 • ANS
BOX CAR BANDIT • 1957 • ANS
DOPEY DICK AND THE PINK WHALE • 1957 • ANS
FODDER AND SON • 1957 • ANS
INTERNATIONAL WOODPECKER • 1957 • ANS
RED RIDING HOODLUM • 1957 • ANS
ROUND TRIP TO MARS • 1957 • ANS
UNBEARABLE SALESMAN • 1957 • ANS
EVERGLADE RAID, THE • 1958 • ANS
HALF-EMPTY SADDLES • 1958 • ANS
HIS BETTER ELF • 1958 • ANS
JITTERY JESTER • 1958 • ANS
LOG JAMMED • 1958 • ANS
MISGUIDED MISSILE • 1958 • ANS
ROBINSON GRUESOME • 1958 • ANS
SALMON YEGGS • 1958 • ANS
TOM CAT COMBAT • 1958 • ANS
TREE'S A CROWD • 1958 • ANS
TRUANT STUDENT • 1958 • ANS
KIDDIE LEAGUE • 1959 • ANS
ROMP IN A SWAMP • 1959 • ANS
TEE BIRDS, THE • 1959 • ANS
BATS IN THE BELFRY • 1960 • ANS
FISH HOOKED • 1960 • ANS
FOWLED-UP FALCON • 1960 • ANS
HEAP BIG HEPCAT • 1960 • ANS
HOW TO STUFF A WOODPECKER • 1960 • ANS
OZARK LARK • 1960 • ANS
PISTOL-PACKIN' WOODPECKER • 1960 • ANS
BUSMAN'S HOLIDAY • 1961 • ANS
CASE OF THE RED-EYED RUBY • 1961 • ANS
MISSISSIPPI SLOW BOAT • 1961 • ANS
PAPOOSE ON THE LOOSE • 1961 • ANS
PHANTOM OF THE HORSE OPERA • 1961 • ANS
ROUGH AND TUMBLEWEED • 1961 • ANS
ST. MORITZ BLITZ • 1961 • ANS
SUFFERIN' CATS • 1961 • ANS
TRICKY TROUT • 1961 • ANS
CARELESS CARETAKER • 1962 • ANS
CROWIN' PAINS • 1962 • ANS
HOME SWEET HOMEWRECKER • 1962 • ANS
HYDE AND SNEAK • 1962 • ANS
LITTLE WOODY RIDING HOOD • 1962 • ANS
MOTHER'S LITTLE HELPER • 1962 • ANS
PHONEY EXPRESS • 1962 • ANS
ROOM AND BORED • 1962 • ANS
TRAGIC MAGIC • 1962 • ANS
CALLING DR. WOODPECKER • 1963 • ANS
CASE OF THE COLD-STORAGE YEGG • 1963 • ANS
CHARLIE'S MOTHER-IN-LAW • 1963 • ANS
COMING-OUT PARTY • 1963 • ANS
GOOSE IN THE ROUGH • 1963 • ANS
GOOSE IS WILD, THE • 1963 • ANS
ROBIN HOODY WOODY • 1963 • ANS
SHORT IN THE SADDLE • 1963 • ANS
SHUTTER BUG • 1963 • ANS
FREEWAY FRACAS • 1964 • ANS
RAH RAH RUCKUS • 1964 • ANS
ROAMIN' ROMAN • 1964 • ANS
ROOFTOP RAZZLE DAZZLE • 1964 • ANS
SADDLE-SORE WOODY • 1964 • ANS
CANNED DOG FEUD • 1965 • ANS
CASE OF THE ELEPHANT'S TRUNK, THE • 1965 • ANS
DAVEY CRICKET • 1965 • ANS
GUESS WHO? • 1965 • ANS
JANIE GET YOUR GUN • 1965 • ANS
WHAT'S PECKIN'? • 1965 • ANS
WOODPECKER WANTED • 1965 • ANS
ASTRONUT WOODY • 1966 • ANS
BIG BITE, THE • 1966 • ANS
FOOT BRAWL • 1966 • ANS
HASSLE IN A CASTLE • 1966 • ANS
MONSTER OF CEREMONIES • 1966 • ANS
POLAR FRIGHT • 1966 • ANS
PRACTICAL YOKE • 1966 • ANS
SNOW PLACE LIKE HOME • 1966 • ANS
SOUTH POLE PALS • 1966 • ANS
WOODY AND THE BEANSTALK • 1966 • ANS
CHILLY AND THE WOODCHOPPER • 1967 • ANS
CHILLY CHUMS • 1967 • ANS
HAVE GUN -CAN'T TRAVEL • 1967 • ANS
HORSE PLAY • 1967 • ANS
HOT DIGGITY DOG • 1967 • ANS
HOT TIME ON ICE • 1967 • ANS
MOUSE ON THE HOUSE • 1967 • ANS
NAUTICAL NUT • 1967 • ANS
SECRET AGENT WOODY • 1967 • ANS
SISSY SHERIFF • 1967
VICIOUS VIKING • 1967 • ANS
WINDOW PAINS • 1967 • ANS
BUGGED IN A RUG • 1968 • ANS
CHILLER DILLERS • 1968 • ANS
FAT IN THE SADDLE • 1968 • ANS
FEUDIN' FIGHTIN' 'N' FUSSIN' • 1968 • ANS
HIWAY HECKLERS • 1968 • ANS
JERKY TURKEY • 1968 • ANS
LAD IN BAGDAD, A • 1968 • ANS
LOTSA LUCK • 1968 • ANS
ONE HORSE TOWN • 1968 • ANS
PASTE MAKES WASTE • 1968 • ANS
PECK OF TROUBLE, A • 1968 • ANS
UNDERSEA DOGS • 1968 • ANS
WOODY THE FREELOADER • 1968 • ANS
CHARLIE'S CAMPOUT • 1969 • ANS
CHILLY AND THE LOONEY GOONEY • 1969 • ANS
COOL IT CHARLIE • 1969 • ANS
GOPHER BROKE • 1969 • ANS
HOOK LINE AND STINKER • 1969 • ANS
LITTLE SKEETER • 1969 • ANS
PHONY PONY • 1969 • ANS
PREHISTORIC SUPER SALESMAN • 1969 • ANS
PROJECT REJECT • 1969 • ANS
SHIP AHOY, WOODY • 1969 • ANS
SLEEPYTIME BEAR • 1969 • ANS
TUMBLEWEED GREED • 1969 • ANS
WOODY'S NIGHTMARE • 1969 • ANS
ALL HAMS ON DECK • 1970 • ANS
BUNGLING BUILDER, THE • 1970 • ANS
BUSTER'S LAST STAND • 1970 • ANS
CHARLIE IN HOT WATER • 1970 • ANS
CHARLIE'S GOLF CLASSIC • 1970 • ANS
CHILLY'S COLD WAR • 1970 • ANS
CHILLY'S ICE FOLLY • 1970 • ANS
COO COO NUTS • 1970 • ANS
GOONEY'S GOOFY LANDING • 1970 • ANS
HI-RISE WISE GUYS • 1970 • ANS
SEAL ON THE LOOSE • 1970 • ANS
UNHANDY MAN, THE • 1970 • ANS
WILD BILL HICCUP • 1970 • ANS
AIRLIFT A LA CARTE • 1971 • ANS
CHARLIE THE RAINMAKER • 1971 • ANS
CHILLY'S HIDE-AWAY • 1971 • ANS
GOONEY IS BORN, A • 1971 • ANS
HOW TO TRAP A WOODPECKER • 1971 • ANS
KITTY FROM THE CITY • 1971 • ANS
MOOCHIN' POOCH • 1971 • ANS
RELUCTANT RECRUIT, THE • 1971 • ANS
SHANGHAI WOODY • 1971 • ANS
SLEEPY TIME CHIMES • 1971 • ANS
SNOOZIN' BRUIN WOODY • 1971 • ANS
WOODY'S MAGIC TOUCH • 1971 • ANS
BYE BYE BLACKBIRD • 1972 • ANS
CHILI CON CORNY • 1972 • ANS
FISH STORY, A • 1972 • ANS
FOR THE LOVE OF PIZZA • 1972 • ANS
GENIE WITH THE LIGHT TOUCH, THE • 1972 • ANS
GOLD DIGGIN' WOODPECKER • 1972 • ANS
INDIAN CORN • 1972 • ANS
LET CHARLIE DO IT • 1972 • ANS
PECKING HOLES IN POLES • 1972 • ANS
RAIN, RAIN, GO AWAY • 1972 • ANS
RUDE INTRUDER, THE • 1972 • ANS
SHOW BIZ BEAGLE • 1972 • ANS
UNLUCKY POTLUCK • 1972 • ANS

SMITH PERCY – UKN

BIRTH OF A FLOWER • 1910
TALE OF A TENDRIL • 1925
GNAT, THE • 1926
LIFE OF A PLANT, THE • 1926
PHANTOM, THE • 1926
PLANTS OF THE PANTRY, THE • 1928
FROG, THE • 1929
LIFE IN THE BALANCE • 1929
MIGHTY ATOMS • MITEY ATOMS • 1930
STRANGLER, THE • 1930
TWO POUNDER, THE • 1931
WATER FOLK • 1931
THISTLE, THE • 1934
DOWN UNDER • 1939

SMITH PETE – Producer – USA – 1892–1979

GOOFY MOVIES NOS.1-10 • 1934 • SHS

SMITH PETER – UKN

NO SURRENDER • 1985

SMITH PETER K. – UKN

TROUBLE WITH 2B, THE • 1972 • CMP
EDWARD BURRA • 1973
PRIVATE ENTERPRISE, A • 1974
WHAT NEXT? • 1974
PROFESSOR POTTER'S MAGIC POTIONS • 1983
MURDER EAST, MURDER WEST • 1990

SMITH RICHARD see **SMITH DICK**

SMITH RICHARD* – USA

TRIDENT FORCE • 1988

SMITH ROBERT – UKN

CITY FARM • 1980
LOVE CHILD, THE • 1987
URSULA AND GLENYS • 1987

SMITH RYLE – USA

FRANKENSTEIN • 1968 • SHT

SMITH SIDNEY – USA
OLD DOC YAK AND THE ARTIST'S DREAM • 1913
OLD DOC YAK • 1913–14 • SHS
PERKINS' PEP PRODUCER • 1915
RUN ON PERCY, THE • 1915
APPLE BUTTER • 1916 • SHT
NO SIR–EE BOB! • 1916 • SHT
SAFE RISK, A • 1916 • SHT
WHEN THE CIRCUS CAME TO TOWN • 1916 • SHT
PINOCCHIO • 1976 • TVM

SMITH SIDNEY* – UKN
HELLO LONDON • 1958

SMITH TONY – UKN
WHAT MAD PURSUIT? • 1985 • MTV

SMITHEE ALAN – USA
SMITHEE ALLAN • *SMITHEE ALLEN*
FADE–IN • FADE IN • 1968
DEATH OF A GUNFIGHTER • 1969
CHALLENGE, THE • SURROGATE, THE • 1970 • TVM
FUN AND GAMES • 1980 • TVM
DALTON: CODE OF VENGEANCE II • 1986 • TVM

SMITHEE ALLAN see **SMITHEE ALAN**

SMITHEE ALLEN see **SMITHEE ALAN**

SMITHSON FRANK – USA
RESURRECTION OF DAN PACKARD, THE • 1916 • SHT
SOAP • 1916 • SHT

SMOCEK LADISLAV – CZC
PIKNIK • PICNIC • 1967

SMOLAN SANDY – USA
RACHEL RIVER • 1987

SMOLJAK LADISLAV – CZC
VRCHNI, PRCHNI • RUN, WAITER, RUN • 1981
NEJISTA SEZONA • UNCERTAIN SEASON • 1987

SMOOT PHIL – USA
DARK POWER, THE • DARK POWERS • 1985

SMYCZEK KAREL – CZC
HOUSATA • GOSLINGS • 1979
JAKO ZAJICI • LIKE RABBITS ○ LIKE HARES • 1981
JEN SI TAK TROCHU PISKNOUT • JUST A LITTLE WHISTLE ○ JUST TO WHISTLE A BIT • 1981
SNEZENKY A MACHRI • SNOWDROPS AND SHOW–OFFS ○ SNOWDROPS AND ACES • 1982
KRAJINA S NABYTKEM • LANDSCAPE WITH FURNITURE • 1985
PROC? • WHY? • 1987

SMYTHE F. S. – UKN
KAMET CONQUERED: AN EPIC ADVENTURE ON THE ROOF OF THE WORLD • 1932

SNEZHKO–BLOTSKAYA A. – USS
WONDERFUL GARDEN, THE • 1962 • ANS
RIKKI–TIKKI–TAVI • ANS

SNEZHKO–BLOTSKOI A. – USS
MURZILKA SULLOSPUTNIK • 1959 • ANM

SNODDY ROBERT
DI QUE ME QUIERES • SAY THAT YOU LOVE ME • 1939

SNODGRASS RICHARD – USA
LEGACY • 1963

SNODY ROBERT R. – USA
LOVE KISS, THE • KISS ME (UKN) • 1930
I DREAMT I DWELT IN HARLEM • 1941 • SHT

SNOW EDGAR – UKN
CHINA STORY: ONE–FOURTH OF HUMANITY, THE • ONE FOURTH OF HUMANITY: THE CHINA STORY • 1968 • DOC
ONE FOURTH OF HUMANITY • 1968

SNOW H. A. – USA
GREAT WHITE NORTH, THE • LOST IN THE ARCTIC ○ STELLA POLARIS • 1928

SNOW MICHAEL – CND – 1929–
A – Z • A TO Z • 1956 • ANM
NEW YORK EYE AND EAR CONTROL • WALKING WOMAN WORK, A • 1964
SHORT SHAVE • 1965
STANDARD TIME • 1967
WAVELENGTH • 1967
—X(BACK AND FORTH) • DOUBLE–HEADED ARROW, THE • 1969
DRIPPING WATER • 1969
ONE SECOND IN MONTREAL • 1969
SIDE SEAT PAINTINGS SLIDES SOUND FILM • 1970
REGION CENTRALE, LA • CENTRAL REGION, THE • 1971
RAMEAU'S NEPHEW BY DIDEROT (THANX TO DENIS YOUNG) BY WILMA SCHOEN • RAMEAU'S NEPHEW • 1975
BREAKFAST • 1976
TABLE TOP DOLLY • 1976
PRESENTS • 1981
THIS IS IT • 1982
SO IS THIS • 1983

SNOW SYDNEY – USA
GREAT WHITE NORTH, THE • LOST IN THE ARCTIC ○ STELLA POLARIS • 1928

SNOWDEN ALISON – Animator – CND
SECOND CLASS MAIL • ANM
GEORGE AND ROSEMARY • 1987 • ANM
IN AND OUT • 1990 • ANS

SNYDER ROBERT – USA
BLOOD BROTHERS • 1953
VISIT WITH PABLO CASALS, A • 1957
HENRY MILLER ODYSSEY, THE • 1974 • DOC

SOARES ANA CAROLINA TEXEIRA – BRZ
CAROLINA ANA
MAR DE ROSAS • SEA OF ROSES, A • 1979
DAS TRIPAS CORACAO • HEARTS AND GUTS • 1982
SONHO DE VALSA • AFTER EIGHT.. FOREVER • 1988

SOARES PAULO GIL – BRZ
BRASIL VERDADE • TRUE BRAZIL • 1968
PROEZAS DE SATANAS NA VILA DE LEVA–E–TRAZ • SATAN'S FEATS IN THE VILLAGE OF LEVA–E–TRAZ • 1968

SOARES PAULO LEITE – BRZ
MARGINAIS, OS • DELINQUENTS, THE ○ MARGIN, THE • 1968

SOAVI MICHELE – ITL
STAGE FRIGHT • AQUARIUS ○ STAGEFRIGHT • 1986
CHIESA, LA • CHURCH, THE • 1988
DELIRIA • 1988

SOBEL MARK – USA – 1956–
SOBEL MARK S.
MON AME • 1975 • MTV
CHRISSY AND ME • 1980 • MTV
ACCESS CODE • 1984
SWEET REVENGE • 1987

SOBEL MARK S. see **SOBEL MARK**

SOBOLEV F. – USS
SEM SCIAGOV ZA GORIZONT • 1968

SOCIAR TRIDRO
INCERTIDUMBRE • 1936

SOCIAS I. – SPN
CINCO ADVERTENCIAS DE SATANAS, LAS • SATAN'S FIVE WARNINGS • 1938

SODEBERGH STEVEN – USA
SEX, LIES AND VIDEOTAPE • 1989

SODERBLOM AKE – SWD – 1910–1965
SEXLINGAR • SEXTUPLETS • 1942
BOMAN FAR SNURREN • BOMAN GETS CRAZY • 1949

SODERHJELM MARTIN – SWD – 1913–
DANSA MIN DOCKA • DANCE MY DOLL • 1953
FLICKA MED MELODI • GIRL WITH A MELODY • 1954

SODERHOLM OSCAR – SWD
HAN SOM KLARA BOVEN • 1935

SODERMAN JACKIE – SWD
CHARLOTTE LOWENSKOLD • 1979 • MTV

SODERSTROM CARL A. – GRM
IM AUTO DURCH ZWEI WELTEN • 1931

SOEBARJO ISMAIL – INN
LADY IN A TRAP • 1981

SOET JOHN STEVEN – USA
FIRE IN THE NIGHT • 1985

SOFFICI MARIO – ARG – 1900–1977
ALMA DEL BANDONEON, EL • SOUL OF THE ACCORDION, THE (USA) • 1935
PUERTO NUEVO • 1936
KILOMETRO II • 1938
CADETES DE SAN MARTIN • 1939
PRISIONERAS DE LA TIERRA • PRISONERS OF THE EARTH ○ PRISONERS OF EARTH • 1939
VIENTO NORTE • NORTH WIND • 1939
HEROES SIN FAMA • 1940
VIEJO DOCTOR, EL • OLD DOCTOR, THE • 1940
TRES HOMBRES DEL RIO • 1943
CUANDO LA PRIMAVERA SE EQUIVOCA • WHEN SPRING MAKES A MISTAKE • 1944
CELOS • 1947
EXTRANO CASO DEL HOMBRE Y LA BESTIA, EL • STRANGE CASE OF THE MAN AND THE BEAST, THE ○ HOMBRE Y LA BESTIA, EL ○ DOTTOR YEKYLL ○ MAN AND THE BEAST, THE ○ SENSACIONAL Y EXTRANO CASO DEL HOMBRE Y LA BESTIA, EL • 1951
BARRIO GRIS • 1954
ORO BAJO • 1956
ROSAURA A LAS DIEZ • 1958
PROPIEDAD • 1962
VIENTO NORTE • NORTH WIND • 1977

SOFFIN ALAN – USA
CONFESSOR • 1973

SOHMER STEVE – USA
DEAD HEAT • 1988

SOHNI SHANTILAL – IND
JOHAR IN BOMBAY • 1967

SOI LIE TEK – INN
NJAI DASIMA • 1931

SOINIO OLLI – FNL
AIDANKAATAJAT • BREAKING OUT ○ OVERTHROWERS • 1983
KUUTAMOSONAATTI • MOONLIGHT SONATA • 1987
KADUN LAKAISIJAT • STREET–SWEEPERS • 1989

SOKAL H. R. – GRM
SOKAL HENRY
SMILE IN THE STORM, A • 1937
THEY MET ON SKI • 1940
KARNEVAL IN WEISS • 1952

SOKAL HENRY see **SOKAL H. R.**

SOKHONA SIDNEY – MRT – 1952–
NATIONALITE: IMMIGRE • 1972 • DOC
SAFRANA OU LE DROIT A LA PAROLE • 1977 • DOC

SOKKA MATTI – FNL
MUSTA LUMIKKI • BLACK SNOW WHITE • 1971

SOKOLER BOB – ITL
WILD, WILD WORLD • 1965

SOKOLOV STANISLAV – Animator – USS
BLACK AND WHITE CINEMA • BLACK AND WHITE MOVIE • 1984 • ANM

SOKOLOV V. see **SOKOLOV VIKTOR**

SOKOLOV VIKTOR – USS
SOKOLOV V.
NEXT SPRING • 1961
DYEN SOLNTSA I DOZHDYA • DAY OF SUN AND RAIN, A • 1968
GOLUBOI LIED • BLUE ICE • 1970
HERE IS OUR HOUSE • 1974

SOKOLOWSKA ANNA – PLN
WIELKA, WIELKA I NAJWIEKSZA • GREAT WORLD OF LITTLE CHILDREN, THE ○ BIG WORLD OF LITTLE CHILDREN ○ GREAT BIG WORLD AND LITTLE CHILDREN ○ BIG ○ BIG, THE BIGGER AND THE BIGGEST, THE ○ LITTLE CAR, THE • 1962
BEATA • 1965
JULIA, ANNA, GENOWEFA • JULIE, ANNE, GENEVIEVE • 1968

SOKOLOWSKI CLAUDE – FRN – 1943–
MEME LE SOLEIL A DES TACHES • 1976 • DOC

SOKUROV ALEKSANDER see **SOKUROV ALEXANDER**

SOKUROV ALEXANDER – USS
SOKUROV ALEKSANDER
MAN'S LONELY VOICE
AND NOTHING MORE • DOC
DIMITRI SHOSTAKOVICH: VIOLA SONATA • DOC
HEARTLESS GRIEF • 1986
SAVE AND PROTECT • 1988
DAYS OF ECLIPSE • 1989

SOLA RAUL – URG
CAPITAN MIRANDA • 1981
UTE • 1981

SOLAN PETER – CZC – 1929–
MUZ, KTORY SA NEVRATIL • MAN WHO DID NOT RETURN, THE • 1959
BOXER A SMRT • BOXER AND DEATH, THE • 1962
TVAR V OKNE • FACE AT THE WINDOW • 1963
PRIPAD BARNABAS KOS • CASE OF BARNABAS KOS, THE ○ STORY OF BARNABAS KOS • 1964
KYM SA SKONCI TATO NOC • BEFORE THIS NIGHT IS OVER ○ BEFORE TONIGHT IS OVER • 1965
DIALOG 20–40–60 • DIALOGUE 20–40–60 • 1968
O SLAVE A TRAVE • ON GLORY AND GRASS • 1985

SOLANAS FERNANDO – ARG – 1936–
SOLANAS FERNANDO E.
HORA DE LOS HORNOS, LA • HOUR OF THE FURNACES, THE (USA) • 1968 • DOC
PERON: ACTUALIZACION POLITICA Y DOCTRINARIA PARA LA TOMA DEL PODER • 1971
PERON: LA REVOLUCION JUSTICIALISTA • 1971
HIJOS DE FIERRO, LOS • SONS OF FIERRO • 1972 • MTV
REGARD DES AUTRES, LE • 1980 • DOC
TANGOS L'EXIL DE GARDEL • 1985
SUR • SOUTH, THE • 1987

SOLANAS FERNANDO E. see **SOLANAS FERNANDO**

SOLANDZ TODD – USA
FEAR, ANXIETY AND DEPRESSION • 1989

SOLAR GILBERTO see **MARTINEZ SOLARES GILBERTO**

SOLARES GILBERTO MARTINEZ see **MARTINEZ SOLARES GILBERTO**

SOLARI ALBERTO – ITL
MOGLIETTINA, LA • INSIDE AMY • 1975

SOLARO BRUNO – ITL
TEATRO REPELLENTE • 1979

SOLARZ WOJCIECH – PLN
MOLO • PIER, THE • 1969
WEZWANIE • CHALLENGE, THE ○ CALL, THE • 1971
TO, CO ZDARZY SIE JUTRO • THIS WILL HAPPEN TOMORROW • 1972
OJCIEC KROLOWEJ • 1980

SOLAS HUMBERTO – CUB – 1942–
CASABLANCA • 1961
MINERVA TRADUCE EL MAR • 1962
RETRATO, EL • 1963
VARIACIONES • 1963
ACOSO, EL • 1964
ACUSATION, LA • 1965
MANUELA • 1966
LUCIA • 1969
HOJAS • LEAVES • 1970

DIA DE NOVIEMBRE, UN • 1972
SIMPARELE • 1974
CANTATA DE CHILE • CANTATA OF CHILE • 1977
NACER EN LENINGRADO • 1977 • SHT
WILFREDO LAM • 1978
CECILIA • CECILIA VALDES • 1982
SUCCESSFUL MAN, A • 1986

SOLBAKKEN ERIK – NRW
KIMEN • SEED, THE • 1973
VARNATT • 1976
RALLARBLOD • INTRUDERS, THE • 1978

SOLBJERGHOJ PAUL – DNM
INDIENS KAPLOB MED TIDEN • 1967 • ANS

SOLDATI MARIO – ITL – 1906–
PRINCIPESSA TARAKANOVA, LA • 1938
SIGNORA DI MONTECARLO, LA • 1938
DORA NELSON • 1939
DUE MILIONI PER UN SORRISO • 1939
PICCOLO MONDO ANTICO • LITTLE OLD-FASHIONED WORLD • 1940
TUTTO PER LA DONNA • 1940
MALOMBRA • 1942
TRAGICA NOTTE • TRAPPOLA, LA • 1942
QUARTIERI ALTI • 1944
MISERIE DEL SIGNOR TRAVET, LE • HIS YOUNG WIFE (USA) • 1946
DANIELE CORTIS • 1947
EUGENIA GRANDET • 1947
FUGA IN FRANCIA • FLIGHT INTO FRANCE (UKN) • 1948
HER FAVOURITE HUSBAND • TAMING OF DOROTHY, THE (USA) • 1950
QUEL BANDITO SONO IO! • 1950
BOTTA E RISPOSTA • 1951
DONNE E BRIGANTI • OF LOVE AND BANDITS (USA) • 1951
E L'AMOR CHE MI ROVINA • LOVE IS MY UNDOING • 1951
O.K. NERONE • O.K. NERO (USA) ○ SCANDAL IN THE ROMAN BATH • 1951
AVVENTURE DI MANDRIN, LE • AFFAIR OF MADAME POMPADOUR, THE (UKN) ○ DON JUAN'S NIGHT OF LOVE ○ ADVENTURES OF MANDRIN, THE (USA) ○ CAPTAIN ADVENTURE ○ MOUNTAIN BRIGAND • 1952
SOGNO DI ZORRO, IL • 1952
TRE CORSARI, I • 1952
JOLANDA, LA FIGLIA DEL CORSARO NERO • 1953
PROVINCIALE, LA • WAYWARD WIFE, THE • 1953
MANO DELLA STRANIERO, LA • STRANGER'S HAND, THE (USA) • 1954
QUESTA E LA VITA • OF LIFE AND LOVE (USA) • 1954
STRANGER'S HAND, THE • 1954
DONNA DEL FIUME, LA • WOMAN OF THE RIVER (USA) ○ RIVER GIRL, THE • 1955
ERA DI VENERDI 17 • SOUS LE CIEL DE PROVENCE (FRN) ○ VIRTUOUS BIGAMIST, THE • 1956
WAR AND PEACE • GUERRA E PACE (ITL) • 1956
ITALIA PICCOLA • 1957
POLICARPO UFFICIALE DI SCITTURA • POLICARPO (FRN) ○ POLICARPO, MASTER WRITER • 1959

SOLDINI BRUNO – SWT
NEL SILENZIO DELL'URUGUAY • 1988

SOLDINI SILVIO – ITL
CONTROTEMPI • 1989

SOLE ALFRED – USA – 1943–
DEEP SLEEP • 1972
ALICE, SWEET ALICE • COMMUNION ○ HOLY TERROR • 1977
TANYA'S ISLAND • HORRORS OF SORTS: TANYA'S ISLAND ○ BETE D'AMOUR, LA • 1980 • TVM
PANDEMONIUM • THURSDAY THE 12TH • 1982

SOLE JORGE – VNZ
CAIMAN DEL ORINOCO, EL • ORINOCO CAYMAN, THE • 1979 • DOC
TORTUGA ARRAU, LA • ARRAU TORTOISE, THE • 1979 • DOC
TORTUGA VERDE, LA • GREEN TORTOISE, THE • 1979 • DOC

SOLER FERNANDO – MXC
CON SU AMABLE PERMISO • 1940
BARBERO PRODIGIOSO, EL • 1941
QUE HOMBRE TAN SIMPATICO • 1942
VERDUGO DE SEVILLA, EL • 1942
OJOS NEGROS • 1943
TENTACION • 1943
CAPULLITO DE ADHELI • 1944
COMO TODAS LAS MADRES • 1944
MAMA INES • 1945
CONQUISTADOR, EL • 1946
ME PERSIGUE UNA MUJER • 1946
CUIDE A SU MARIDE • 1949
HIJA DEL PENAL, LA • 1949
GRITO DE LA CARNE, EL • 1950
MI MUJER NO ES MIA • 1950
ENREDOS DE UNA GALLEGA, LOS • 1951
HIJOS ARTIFICIALES, LOS • 1952
MARIA DEL MAR • 1952
SOLO PARA MARIDOS • 1952
EDUCANDO A PAPA • 1954
INDIANO, EL • 1954

SOLER JUAN ALBERTO see **ALBERTO JUAN**

SOLER JULIAN – MXC
TORMENTA EN LA CUMBRE • 1943
IMPRUDENCIA • 1944
ME HA BESADO UN HOMBRE • 1944
CINCO ADVERTENCIAS DE SATANAS, LAS • SATAN'S FIVE WARNINGS • 1945
OCHO HOMBRES Y UNA MUJER • 1945
MATRIMONIO SINTETICO • 1947
AMORES DE UNA VIUDA, LOS • 1948
NEGRA CONSENTIDA • 1948
PECADO DE LAURA, EL • 1948
TIA CANDELA • 1948
DIABLO NO ES TAN DIABLO, EL • 1949
ETERNA AGONIA • 1949
GALLEGA EN MEXICO, UNA • 1949
YO TAMBIEN SOY DE JALISCO • 1949
AZAHARES PARA TU BODA • 1950
SI USTED NO PUEDE, YO SI • 1950
GALLO EN CORRAL AJENO, UN • 1951
GRINGUITA EN MEXICO, UNA • 1951
MIEL SE FUE DE LA LUNA, LA • 1951
TRES ALEGRES COMPADRES, LOS • 1951
NO TE OFENDAS, BEATRIZ • 1952
SE LE PASO LA MANO • HIS HAND SLIPPED • 1952
TIO DE MI VIDA • 1952
LAGRIMAS ROBADAS • 1953
ENTREGA, LA • 1954
MUJER X, LA • 1954
PUEBLO, CANTO Y ESPERANZA • 1954
VISITA QUE NO TOCO EL TIMBRE, LA • 1954
NOS VEREMOS EN EL CIELO • 1955
PLATILLOS VOLADORES, LOS • PLATOS VOLADORES, LOS ○ FLYING SAUCERS, THE • 1955
PLAYA PROHIBITA • 1955
TERCERA PALABRA, LA • 1955
CUANDO MEXICO CANTA • 1956
QUE SEAS FELIZ! • 1956
A MEDIA LUZ LOS TRES • 1957
ALADINO Y LA LAMPARA MARAVILLOSA • ALADDIN AND HIS MAGIC LAMP ○ ALADDIN'S WONDERFUL LAMP • 1957
CASTILLO DE LOS MONSTRUOS, EL • CASTLE OF THE MONSTERS, THE (USA) ○ NOCHE DE TERROR • 1957
MI ESPOSA ME COMPRENDE • 1957
MIS PADRESS DIVORCIAN • 1957
ME GUSTAN VALENTONES • 1958
SIEMPRE ESTARE CONTIGO • 1958
ULTIMA LUCHA, LA • 1958
CALIBRE 44 • 1959
MI MADRE ES CULPABLE • 1959
ROSAS DEL MILAGRO, LAS • MIRACLE OF THE ROSES, THE ○ MIRACULOUS ROSES, THE • 1959
LOCURA DE TERROR • MADNESS FROM TERROR ○ TERROR MADNESS • 1960
PADRE PISTOLAS, EL • 1960
ESCUELA DE VALIENTES • TIGRE, EL • 1961
JUVENTUD REBELDE • 1961
SI YO FUERA MILLONARIO • 1962
CABALLO QUE CANTA, EL • PAR DE SINVERGUENZAS, UN • 1963
EDAD DE LA VIOLENCIA, LA • 1963
SEMAFORO EN ROJO • 1963
BUENAS NOCHES, ANO NUEVO • 1964
CUANDO ACABA LA NOCHE • 1964
JUVENTUD SE IMPONE, LA • NUEVA OLA, LA • 1964
PADRE DIABLO, EL • 1964
ALEGRIA DE VIVIR, LA • 1965
DESPEDIDA DE SOLTERA • 1965
QUE HOMBRE TAN SIN EMBARGO • WHAT A MAN, WITHOUT A DOUBT • 1965
SERENATA EN NOCHE DE LUNA • 1965
CASA DE MUJERES • 1966
JIBARITO RAFAEL, EL • 1966
LANZA TUS PENAS AL VIENTO • 1966
ME QUIERO CASAR • 1966
NO HAY CRUCES EN EL MAR • THERE ARE NO CROSSES IN THE SEA • 1968
ROMEO VS. JULIETA • ROMEO VS. JULIET • 1968
SANTO CONTRA BLUE DEMON EN LA ATLANTIDA • SANTO AGAINST BLUE DEMON IN ATLANTIS • 1968
BARBARA • 1972
HOMBRE Y LA BESTIA, EL • MAN AND THE BEAST, THE • 1972
SATANAS DE TODOS LOS HORRORES • SATAN OF ALL HORRORS • 1972

SOLES TITUS R. – USA
BEVERLY HILLS BODY SNATCHERS • 1988

SOLIMO SARJO – MLY
SANDOKAN • SANDOKAN TIGER OF MALAYA ○ SANDOKAN, HARIMAU MALAYA ○ TIGER OF MALAYA • 1974

SOLITO GIACINTO – ITL – 1904–
FASCINO • 1939
GIOCONDA, LA • 1953
STORIA DEL FORNARETTO DI VENEZIA, LA • 1953
MATTINO DI PRIMAVERA • 1957

SOLLIMA SERGIO – ITL – 1921–
STERLING SIMON
AMORE DIFFICILE, L' • OF WAYWARD LOVE (USA) ○ SEX CAN BE DIFFICULT ○ EROTICA • 1962
AGENTE 3S3, PASSAPORTO PER L'INFERNO • AGENTE 3S3 –PASAPORTE PARA EL INFIERNO (SPN) ○ PASSEPORT POUR L'ENFER (FRN) ○ AGENT 3S3: PASSPORT TO HELL (USA) ○ PASSPORT TO HELL (UKN) • 1965
AGENTE 3S3 MASSACRO AL SOLE • AGENTE 353 ENVIADO SPECIAL ○ 353 AGENTE ESPECIAL ○ HUNTER OF THE UNKNOWN ○ AGENT 3S3, MASSACRE IN THE SUN • 1966
CHEF SCHICKT SEINEN BESTEN MANN, DER • REQUIEM PER UN AGENTE SEGRETO (ITL) ○ REQUIEM FOR A SECRET AGENT ○ CONSIGNA: TANGER 67 • 1966
FACCIA A FACCIA • FACE TO FACE (UKN) • 1967
RESA DEI CONTI, LA • HALCON Y LA PRESA, EL (SPN) ○ BIG GUNDOWN, THE (USA) ○ RETURN OF THE COUNTS • 1967
CORRI, UOMO, CORRI • RUN, MAN, RUN • 1968
SALUDOS HOMBRE • 1969
CITTA VIOLENTA • CITE DE LA VIOLENCE (FRN) ○ VIOLENT CITY (UKN) ○ FAMILY, THE • 1970
DIAVOLO NEL CERVELLO, IL • DEVIL IN THE BRAIN, THE • 1972
REVOLVER • POURSUITE IMPLACABLE, LA (FRN) ○ BLOOD IN THE STREETS (USA) • 1973
CORSARO NERO, IL • 1976
SANDOKAN • 1976
SANDOKAN ALLA RISCOSSA • 1977
TIGRE E ANCORA VIVA: SANDOKAN ALLA RISCOSSA, LA • TIGRE E ANCORA VIVA, LA • 1977

SOLLIN MAURICE – FRN
BRUMES DE PARIS • 1932

SOLLY – ARG
DOS EN EL MUNDO • 1965

SOLM ALFRED – AUS
HEILIGE ERBE, DAS • WER DIE HEIMAT LIEBT • 1957

SOLNTSEVA JULIA see **SOLNTSEVA YULIA**

SOLNTSEVA YULIA – Actress – USS – 1901–
SOLNTSEVA JULIA
SHCHORS • SHORS • 1939
BUKOVYNA-ZEMLYA UKRAYINSKA • 1940
OSVOBOZHDENIYE • LIBERATION • 1940
BITVA ZA NASHA SOVIETSKAYA UKRAINU • BATTLE FOR OUR SOVIET UKRAINE, THE ○ UKRAINE IN FLAMES ○ FIGHT FOR OUR SOVIET UKRAINE, THE ○ BYTVA ZA NASHU RADYANSKU UKRAYINU • 1943
POBEDA NA PRAVOBEREZHENOI UKRAINE I IZGNANIYE NEMETSIKH ZA PREDELI UKRAINSKIKH SOVIETSKIKH ZEMEL • VICTORY IN THE UKRAINE AND THE EXPULSION OF THE GERMANS FROM THE BOUNDARIES OF THE UKR. SOV. LAND • 1945
MICHURIN • LIFE IN BLOSSOM ○ LIFE IN BLOOM • 1947
EGOR BULYCHOV • IGOR BULICHOV • 1953
REVIZORY PONEVOLE • RELUCTANT INSPECTORS, THE ○ UNWILLING INSPECTORS • 1954
POEMA O MORE • POEM OF THE SEA (USA) ○ POEM ABOUT THE SEA ○ POEM OF AN INLAND SEA • 1958
POVEST PLAMENNYKH LET • HISTORY OF THE BURNING YEARS, THE ○ CHRONICLE OF FLAMING YEARS ○ FLAMING YEARS, THE ○ TURBULENT YEARS, THE ○ YEARS OF FIRE, THE ○ STORY OF THE TURBULENT YEARS • 1960
ZACHAROVANNAYA DESNA • ENCHANTED DESNA, THE ○ DESNA, THE • 1965
NEZABYVAYEMOYE • UNFORGETTABLE, THE ○ NEZABUVALEMOE ○ UKRAINE IN FLAMES ○ NEZABIVAEMOE • 1968
ZOLOTYE VOROTA • GOLDEN GATES, THE • 1969
SUCH HIGH MOUNTAINS • 1974

SOLO RANDRASANA IGNACE – MDG
RETOUR, LE • 1973

SOLOMAN DAVID – USA
KENTUCKY DAYS • 1923
SOUTH SEA LOVE • BROADWAY DANCER, THE • 1923
LOVE LETTERS • 1924

SOLOMOS G. P. – ITL
NATIKA • 1964

SOLOVIEV ALEXANDER
SOLOVYOV ALEXANDER
CLOWN GEORGE • 1932

SOLOVIEV SERGEI – USS – 1944–
SOLOVYEV SERGEI • SOLOVYEV S.
DIRECT HEIRESS
RESCUER, THE
HAPPY FAMILY • 1970
YEGOR BULYCHOV I DRUGIYE • YEGOR BULYCHOV AND OTHERS • 1972
STO DNEI POSLE DETSTVA • HUNDRED DAYS AFTER CHILDHOOD, A ○ ONE HUNDRED DAYS AFTER CHILDHOOD • 1975
IZBRANNYE • ELECT, THE • 1983
WILD WHITE PIGEON • WHITE PIGEON • 1986
ASSA! • 1987
RED ROSE STANDS FOR SADNESS, BLACK ROSE FOR LOVE • 1989

SOLOVTSEV VALERI – USS
LENINGRAD V BORBYE • DAYS AND NIGHTS IN LENINGRAD ○ DEFENCE OF LENINGRAD, THE ○ LENINGRAD IN COMBAT ○ LENINGRAD FIGHTS! • 1942

SOLOVYEV S. see **SOLOVIEV SERGEI**

SOLOVYEV SERGEI see **SOLOVIEV SERGEI**

SOLOVYOV ALEXANDER see **SOLOVIEV ALEXANDER**

SOLT ANDREW – Writer – HNG – 1916–
THIS IS ELVIS • 1981 • DOC
IT CAME FROM HOLLYWOOD • 1982

SOLTER H. L. see **SALTER HARRY**

SOLTER HARRY see **SALTER HARRY**

SOLTER HARRY L. see **SALTER HARRY**

SOLTERO JOSE – USA
VOICE, THE • HUMAN VOICE, THE • 1967
DIALOGO CON CHE • DIALOGUE WITH CHE ○ CHE IS ALIVE • 1969

SOLUM OLA – NRW – 1943–
REISEN TIL JULESTJERNEN • 1976
OPERASJON COBRA • OPERATION COBRA • 1978
CARL GUSTAV OG GJENGEN • CARL GUSTAV AND HIS GANG • 1981
EVENTYRET OM CARL GUSTAV, GJENGEN OG PARKERINGSBANDITTENE • 1982
ORIONS BELTE • ORION'S BELT • 1984
TURNAROUND • DEADLY ILLUSION • 1985
LANDSTRYKERE • WAYFARERS ○ WANDERERS • 1988

SOLVAY PAOLO – ITL
KATHANSKY IVAN
TIGROS DEL DESIERTO, LOS • DESERT TIGERS
QUANDO SUONA LA CAMPANA • 1970
ANCHE PER DJANGO LE CAROGNE HANNO UN PREZZO • 1971
QUELLE SPORCHE ANIME DANNATE • 1971
CONFESSIONI SEGRETE DI UN CONVENTO DI CLAUSURA • 1973
PLENILUNIO DELLE VERGINI, IL • DEVIL'S WEDDING NIGHT, THE (USA) • 1973
STRANO RICATTO DI UNA RAGAZZA PER BENE • 1975
BESTIA IN CALORE, LA • 1978
KAPUT LAGER LA FINE DELLA SS • 1978

SOLWAY CLIFFORD – CND
MR. KENNEDY, MR. REAGAN AND THE BIG, BEAUTIFUL, BELEAGUERED AMERICAN DREAM • 1967 • DOC

SOLYOM ANDRAS – HNG
SZEGENY DZSONI ES ARNIKA • DUCK–AND–DRAKE ADVENTURE, A • 1984

SOMAI SHINJI – JPN
SAILOR FUKU TO KIKANJU • SCHOOLGIRL WITH A MACHINE–GUN, A • 1982
GYOEI NO MURE • SEARCH FOR FISH • 1984
HIKARU ONNA • BRILLIANT WOMAN, THE • 1988

SOMARATNE S. A. – SLN
VANASARA • JUNGLE BOY • 1968

SOMARRIBA FERNANDO – NCR
NUNCA NOS RENDIREMOS • WE'LL NEVER SURRENDER • 1986

SOMASEKARAN C. – SLN
LONDON HAMU • MAN FROM LONDON, THE • 1968

SOMBOGAART BEN – NTH
MIJN VADER WOONT IN RIO • MY FATHER LIVES IN RIO • 1989

SOMER YOSSI – ISR
BURNING MEMORIES • 1988

SOMERS DALTON – UKN
EGGS IS EGGS • 1914
GIRL AND THE GOLD MINE, THE • 1914
IN PAWN • 1914
MODERN DON JUAN, A • 1914
MODERN HIGHWAYMAN, A • 1914
PEOPLE OF THE ROCKS, THE • 1914
SENTENCE IS DEATH, THE • 1914
TRAMP AND THE LADY, THE • 1914

SOMERS GERALD – UKN
ROMANCE OF ANNIE LAURIE, THE • 1920

SOMERSAULTER J. P. – USA
LIGHT FANTASTIC PICTURE SHOW, THE • 1974 • ANS

SOMERSAULTER LILLIAN – USA
LIGHT FANTASTIC PICTURE SHOW, THE • 1974 • ANS

SOMLAY – GRM
FASCHINGSLIEBE • 1923

SOMLO TAMAS – Cameraman – HNG – 1929–
CYBERNETICS • 1964 • SHT
MUSIC AND COMPUTER • 1965 • SHT
CHAPTERS ABOUT THE HUMAN BRAIN • 1966 • SHT
ONE LAMP, MANY LAMPS • 1966 • SHT
HALHATATLAN LEGIOS, A • IMMORTAL LEGIONARY, THE • 1971

SOMMER PAUL – Animator – USA
DUMB CONSCIOUS MIND, THE • 1942 • ANS
KING MIDAS JUNIOR • 1942 • ANS
OLD BLACKOUT JOE • 1942 • ANS
COCKY BANTAM, THE • BLACK AND BLUE MARKET • 1943 • ANS
FLY IN THE OINTMENT, THE • 1943 • ANS
HE CAN'T MAKE IT STICK • 1943 • ANS
PLAYFUL PEST, THE • 1943 • ANS
PROFESSOR SMALL AND MISTER TALL • 1943 • ANS
ROCKY ROAD TO RUIN, THE • 1943 • ANS
VITAMIN G MAN, THE • 1943 • ANS
LIONEL LION • 1944 • ANS
MUTT'N BONES • 1944 • ANS
RIVER RIBBER • 1945 • ANS
SIMPLE SIREN • 1945 • ANS

SOMMERFELDT GUNNAR
GROWTH OF THE SOIL • 1929

SOMMERS FRANK G. – HNG – 1943–
TAKING TIME TO FEEL • 1978 • DOC
MUTUALITY • 1984 • DOC

SOMMERS STEPHEN – USA
CATCH ME IF YOU CAN • 1989

SOMMET LOUIS – FRN – 1925–
TONNES DE L'AUDACE, LES • 1960 • DOC

SOMNES GEORGE – USA
GIRL IN 419, THE • DEAD ON ARRIVAL • 1933
MIDNIGHT CLUB • 1933
TORCH SINGER • BROADWAY SINGER (UKN) • 1933
WHARF ANGEL • MAN WHO BROKE HIS HEART, THE • 1934

SONAY SUAT – TRK
RUZGAR GIBI GECTI • GONE WITH THE WIND • 1968

SONBERT WARREN – USA
HALL OF MIRRORS • 1966
WHERE DID OUR LOVE GO? • 1966

SONE CHUSEI – JPN
FURENZOKU SATSUJIN JIKEN • MURDER CASES • 1976

SONE JOHN – CND
STONE JOHN
LOVE IN A FOUR LETTER WORLD • LOVE IS A FOUR LETTER WORD ○ SEX ISN'T SIN (UKN) ○ VIENS, MON AMOUR ○ LOOKING GLASS, THE • 1970
LOVING AND LAUGHING • IMPORTANCE OF BEING SEXY, THE ○ HIPPIE GIRLS, THE • 1971

SONG YEONG–SU – SKR
CHANGBAGGE JAMSUGYOGA BOINDA • BRIDGE BEYOND, THE • 1985
WE ARE ON THE ROAD TO GENEVA • NOW WE ARE GOING TO GENEVA • 1988

SONGSRI CHERD – THL
PLAE GAEW • SCAR, THE • 1979
LOED SUPAN • 1980
PUEN–PAENG • 1983
PLOY TALAY • GEM FROM THE DEEP, THE ○ SEA GEM, THE • 1986

SONIE BHAPPI – IND
BRAHMACHARI • CELIBATE • 1968

von SONJEVSKI–JAMROWSKI ROLF – GRM
UNTER DER SCHWARZEN STURMFAHNE • 1933
EWIGER WALD • 1936

SONNEKUS NEIL – SAF
AWOL • QUARRY, THE • 1989

SONTAG SUSAN – USA – 1933–
DUETT FOR KANNIBALER • DUET FOR CANNIBALS (USA) • 1969
BRODER CARL • BROTHER CARL • 1971
PROMISED LANDS • 1974

SOO–GIL KIM – JPN
KIMI WA HADASHI NO KAMI O MITAKA • HAVE YOU SEEN THE BAREFOOT GOD? • 1985

SOOSAR MARK – USS
CHRISTMAS IN VIGALA • 1980

SOPHIAAN SOPHAN – INN
ARINI
JANGAN AMBIL NYAWAKU • DON'T LET ME DIE • 1981
BUNGA BANGSA • FLOWER OF THE NATION • 1983
KADARWATI • 1985
AYU DAN AYU • 1988

SOPI AGIM – YGS
NJERIU PREJ DHEU • COVEK OD ZEMLJE ○ MAN OF EARTH • 1985

SOPSITS ARPAD – HNG – 1952–
CELLOVOLDE • SHOOTING RANGE • 1989

SOPTERRAN MARIUS – RMN
AUTOPORTRET • 1988

SORAK DEGAN see **SORAK DEJAN**

SORAK DEJAN – YGS
SORAK DEGAN
OFICIR SA RUZOM • OFFICER WITH A ROSE • 1987
KRVOPIJCI • BLOODSIPPERS • 1989
NAJBOLJI • BEST, THE • 1989

SORAY TURKAN – TRK
DONUS • COMEBACK, THE ○ GOING BACK • 1973
BODRUM HAKIMI • JUDGE OF BODRUM, THE • 1977
YILANI OLDURSELER • TO KILL THE SNAKE • 1982

SORDI ALBERTO – Actor – ITL – 1919–
FUMO DI LONDRA • 1966
SCUSI LEI E FAVOREVOLE O CONTRARIO? • 1966
ITALIANO IN AMERICA, UN • ITALIAN IN AMERICA, AN • 1967
AMORE MIO AIUTAMI • HELP ME DARLING • 1969
COPPIE, LE • COUPLES, THE • 1970
POLVERE DI STELLE • 1973
FINCHE C'E GUERRA C'E SPERANZA • WHILE THERE'S WAR THERE'S HOPE (USA) • 1974
COMUNE SENSO DEL PUDORE, IL • 1976
DOVE VAI IN VACANZA? • 1978
IO E CATARINA • 1981
IN VIAGGIO CON PAPA' • TRAVEL WITH DADDY • 1983
IO SO CHE TU SAI CHE IO SO • I KNOW THAT YOU KNOW THAT I KNOW (USA) • 1983
TASSINARO, IL • TAXI DRIVER • 1983
TASSINARO A NEW YORK, UN • ITALIAN TAXI DRIVER IN NEW YORK • 1988

SORELLI VINCENZO – ITL
CRISPINO E LA COMARE • 1938

SORENSEN SCHNEDLER – DNM
FIRE OF LIFE, THE • 1912

SORESCU MARIA – RMN
DROP, THE • ANS

SORIA GABRIEL – MXC
CHUCHO EL ROTO • 1934
MARTIN GARATUZA • 1935
MUERTOS HABLAN, LOS • DEAD SPEAK, THE (USA) • 1935
MATER NOSTRA • 1936
ORA PONCIANO! • COME ON, PONCIANO (USA) • 1936
BESTIA NEGRA, LA • 1938
MALA YERBA • 1940
CASA DE MUJERES • 1942
VIRGEN MORENA, LA • VIRGIN OF GUADALOUPE, THE • 1942
DAMA DE LAS CAMELIAS, LA • 1943

SORIANO RICARDO – SPN
TRAVIESA MOLIERNA, LA • SOMBRERO DE TRES PICOS, EL • 1935

SORIANO SHLOMO – ISR
AMLASH ENCHANTED FOREST, THE • 1973

SORIN CARLOS – ARG
PELICULA DEL REY, LA • KING'S FILM, THE • 1986
ETERNA SONRISA DE NEW JERSEY • EVERSMILE NEW JERSEY (UKN) ○ ETERNAL NEW JERSEY SMILE • 1988

SORIN RAPHAEL – FRN
BERNARD FRANK EST INSUPPORTABLE • 1981

SORKIN MARC – GRM
MORAL UM MITTERNACHT • 1930
TEILNEHMER ANTWORTET NICHT • 1932
CETTE NUIT–LA • 1933
ESCLAVE BLANCHE, L' • PASHA'S WIVES, THE (USA) • 1939

SOROKHTIN IGOR – USS
CONQUERORS OF THE NIGHT • 1933

SOS MARIA – HNG
PORTREFILM • PORTRAIT • 1975
BOLDOGTALAN KALAP • UNHAPPY HAT, THE • 1981
VAROSBUJOCSKA • TANDEM • 1985

SOSSAH FRANCIS – FRN
METAMORPHOSE • 1975 • DOC

SOTH SANDOR – HNG – 1964–
SZARNYAS UGYNOK, A • PETER IN WONDERLAND • 1988
POTYAUTASOK • STOWAWAYS • 1989

SOTHA – FRN – 1944–
SIGAUX CATHERINE
AU LONG DE LA RIVIERE FANGO • ALONG THE FANGO RIVER • 1974
GRAPHIQUE DE BOSCOP, LE • 1976
MATOUS SONT ROMANTIQUES, LES • 1981

SOTIRAKIS DIMITRI see **SOTOS JIM**

SOTO HELVIO – CHL – 1930–
ABC DEL AMOR, EL • ABC DO AMOR, EL (BRZ) ○ ABC OF LOVE, THE • 1967
ERASE UN NINO, UN GUERRILLERO, UN COBALLO.. • ONCE THERE WAS A BOY, A PARTISAN, A HORSE.. • 1967
LUNES PRIMEIRO, DOMINGO SIETE • MONDAY 1ST, SUNDAY 7TH ○ MONDAY – SUNDAY • 1968
CALICHE SANGRIENTO • BLOODY SALTPETRE • 1969
VOTO MAS FUSIL • OATH AND GUN ○ VOTE PLUS GUN • 1969
TRANSFORMACION DE UN AGENTE DE POLICIA • METAMOFOSIS DEL JEFE DE LA POLICIA POLITICA ○ TRANSFORMATION OF A POLICE OFFICER, THE ○ METAMORPHOSIS OF THE CHIEF OF THE POLITICAL POLICE • 1973
LLUEVE SOBRE SANTIAGO • IL PLEUT SUR SANTIAGO ○ RAIN OVER SANTIAGO • 1975
TRIPLE MUERTE DEL TERCER PERSONAJE, LA • TRIPLE MORT DU TROISIEME PERSONNAGE, LA (FRN) ○ THIRD CHARACTER'S TRIPLE DEATH, THE • 1979

SOTO IVONNE MARIA – PRC
REFLEJO DE UN DESEO • REFLECTION OF A DESIRE • 1986

SOTO JUAN – SWD
SILVIO • 1981 • DOC

SOTOS JIM – USA – 1935–
SOTIRAKIS DIMITRI
LAST VICTIM, THE • FORCED ENTRY • 1975
SWEET 16 • SWEET SIXTEEN • 1981
HOT MOVES • 1985
SILENCER, THE • 1988
BEVERLY HILLS BRATS • 1989

SOTRA ZDRAVKO – YGS
OSVAJANJE SLOBODE • WINNING FREEDOM ○ WINNING OF FREEDOM • 1980
SESTA BRZINA • SIXTH GEAR • 1982
IDEMO DALJE • LET'S GO ON • 1983
IGMANSKI MARS • IGMAN MARCH, THE • 1984
DRZANJE ZA VAZDUH • HANGING ON TO THIN AIR • 1985
BOJ NA KOSOVU • BATTLE OF KOSOVO, THE • 1989

SOUKAZ LIONEL – FRN – 1953–
RACE D'EP –UN SIECLE D'IMAGES DE L'HOMOSEXUALITE • 1978 • DOC

SOUKIS ROBERT – USA
SWEET IS THE MEAT • 1970

SOUKUP JAROSLAV – CZC
DRSNA PLANINA • ROUGH PLATEAU • 1980
ROMANETO • 1980
DOSTIH • RACE, THE • 1981
VITR V KAPSE • WIND IN MY POCKET, THE • 1982
DISCOPRIBEH • DISCO–STORY • 1987
PESTI VE TME • FISTS IN THE DARK • 1987
KAMARAD DO DESTE • FRIEND IN NEED, A • 1988

SOUL VERONIKA – Animator – USA – 1944–
HOW THE HELL ARE YOU? • 1972 • ANS
TALES FROM THE VIENNA WOODS • 1973 • ANS
TAX: THE OUTCOME ON INCOME • TAX: THE OUTCOME OF INCOME • 1975 • ANS
SAID POEM, A • 1976 • ANS
INTERVIEW • 1979
NEW JERSEY NIGHTS • 1979 • ANS
END GAME IN PARIS • 1982 • ANS

SOULANES L. see **SOULANES LOUIS**

SOULANES LOUIS – FRN – 1924–
SOULANES L.
FILLES SEMENT LE VENT, LES • FRUIT IS RIPE, THE (USA) • 1961
GERN HAB' ICH DIE FRAUEN GEKILLT • CARNAVAL DES BARBOUZES, LE (FRN) ○ KILLER'S CARNIVAL (USA) ○ SPIE CONTRO IL MONDE • 1966
BAL DES VOYOUS, LE • KARIN UN CORPO CHE BRUCIA (ITL) ○ PLAYMATES (USA) ○ FEMMES, LES ○ SIN, SUN AND SEX • 1968
COUSINES, LES • FROM EAR TO EAR (USA) ○ FRENCH COUSINS, THE ○ COFFIN, THE • 1970
FRISSONS AFRICAINS • 1976

SOULE THAYER – USA
I LOVE MEXICO • 1970 • DOC

SOUPART ANDRE – BLG
GRANDE PORTE, LA • 1973

de SOUSA ERNESTO – PRT – 1921–
DOM ROBERTO • 1962
ALMADA, NOME DE GUERRA • 1969–77
CANTIGAMENTE • 1976

SOUSSIGNE JEAN-PIERRE – FRN
BRILLANCES SUR DEUX SAXOS • 1981

SOUTAR ANDREW – Writer – UKN – 1879–
BAG OF GOLD, A • 1915

SOUTHCOTT PAULINE – UKN
WHAT DO THE DIAMONDS SAY? • 1978

SOUTHWELL GILBERT – UKN
CHILD'S DREAM OF CHRISTMAS, A • 1912
DETECTIVE FERRIS • 1912
FRENCH V ENGLISH • 1912
FRUSTRATED • 1912
HEART OF A MAN, THE • 1912
JACK THE HANDYMAN • 1912
MISUNDERSTANDING, THE • 1912
SUBMARINE PLANS, THE • 1912

SOUTHWELL HARRY – UKN
GOLDEN FLAME, THE • HORDERN MYSTERY, THE • 1920
KELLY GANG, THE • 1920
WHEN THE KELLYS WERE OUT • 1923
DAVID • 1924
JUIF POLONAIS, LE • POLISH JEW, THE • 1925
DOWN UNDER • 1926
WHEN THE KELLYS RODE • 1934
BURGOMEISTER, THE • 1935
MESSAGE TO KELLY, A • 1947

SOUTTER MICHEL – SWT – 1932–
SIGNE REYNARD
LUNE AVEC LES DENTS, LA • MOON WITH HIS TEETH, THE • 1967
HASCHISCH • HASHISH • 1968
POMME, LA • 1969
JAMES OU PAS • 1971
ARPENTEURS, LES • 1972
ESCAPADE, L' • 1974
FACES OF LOVE, THE • 1978
REPERAGES • 1978
AMOUR DES FEMMES, L' • 1981
ADAM ET EVE • 1984

SOW THIERNO FATY – SNL
OPTION, L'
OEIL, L' • 1982
CAMP DE THIARROYE • 1988

SOWDERS EDWARD – USA
FINGER PRINTS • 1920 • SHT
SAGEBRUSH GENTLEMAN, A • 1920 • SHT

SOZIO SILVIA MANRIQUE – VNZ
SOZIO SILVIO MANRIQUE
LOCA LUZ CARABALLO, LA • 1976
IFIGENIA • 1979

SOZIO SILVIO MANRIQUE see **SOZIO SILVIA MANRIQUE**

SPAAK CHARLES – Screenwriter – BLG – 1903–1975
MYSTERE BARTON, LE • 1948

SPAFFORD ROBERT B. – SWD
HAN GLOMDE HENNEALDRIG • LONG SEARCH, THE (USA) ◦ MEMORY OF LOVE • 1952
HEAVEN ON EARTH • 1960
CHRISTINE KEELER AFFAIR, THE • KEELER AFFAIR, THE ◦ SCANDAL '64 • 1964

SPALDING PHILIP – USA
'TIL THE BUTCHER CUTS HIM DOWN • 1971 • DOC

SPANGLER LARRY – USA
SPANGLER LARRY G.
KNIFE FOR THE LADIES, A • SILENT SENTENCE • 1973
SOUL OF NIGGER CHARLEY, THE • 1973
LIFE AND TIMES OF XAVIER HOLLANDER, THE • LIFE AND TIMES OF A HAPPY HOOKER, THE • 1974
JOSHUA • BLACK RIDER, THE • 1977
SILENT SENTENCE • 1983

SPANGLER LARRY G. see **SPANGLER LARRY**

SPARBER I. – Animator – USA
SPARBER IZZY • *SPARBER ISIDORE*
ALONA ON THE SARONG SEAS • 1942 • ANS
DESTRUCTION INC. • 1942 • ANS
HULL OF A MESS, A • 1942 • ANS
SHOWDOWN • 1942 • ANS
EGGS DON'T BOUNCE • 1943 • ANS
HER HONOR, THE MARE • 1943 • ANS
MUMMY STRIKES, THE • 1943 • ANS
SPINACH FER BRITAIN • 1943 • ANS
TOO WEAK TO WORK • 1943 • ANS
WOOD PECKIN' • 1943 • ANS
ANVIL CHORUS GIRL • 1944 • ANS
BIRTHDAY PARTY • 1944 • ANS
INDOOR OUTING • 1944 • ANS
LULU AT THE ZOO • 1944 • ANS
LULU GETS THE BIRDIE • 1944 • ANS
LULU IN HOLLYWOOD • 1944 • ANS
PITCHING WOO AT THE ZOO • 1944 • ANS
SPINACH-PACKING POPEYE • 1944 • ANS
WE'RE ON OUR WAY TO RIO • 1944 • ANS
YANKEE DOODLE DONKEY • 1944 • ANS
FOR BETTER OR NURSE • 1945 • ANS
FRIENDLY GHOST, THE • 1945 • ANS
LAMB IN A JAM, A • 1945 • ANS
POP-PIE A LA MODE • 1945 • ANS
SHAPE AHOY • 1945 • ANS
TOPS IN THE BIG TOP • 1945 • ANS
BARGAIN COUNTER ATTACK • 1946 • ANS
CHEESE BURGLAR • 1946 • ANS
GOAL RUSH • 1946 • ANS
KLONDIKE CASANOVA • 1946 • ANS
MUSICALULU • 1946 • ANS
RODEO ROMEO • 1946 • ANS
SHEEP SHAPE • 1946 • ANS
ABUSEMENT PARK • 1947 • ANS
BOUT WITH A TROUT, A • 1947 • ANS
CAD AND CADDY • 1947 • ANS
CIRCUS COMES TO CLOWN, THE • 1947 • ANS
I'LL BE SKIING YA • 1947 • ANS
MUCH ADO ABOUT MUTTON • 1947 • ANS
SAFARI SO GOOD • 1947 • ANS
WOTTA KNIGHT • 1947 • ANS
FLIP FLAP • 1948 • ANS
LAND OF THE LOST, THE • 1948 • ANS
LONE STAR STATE, THE • 1948 • ANS
OLIVE OYL FOR PRESIDENT • 1948 • ANS
THERE'S GOOD BOOS TONIGHT • 1948 • ANS
WIGWAM WHOOPEE • 1948 • ANS
WOLF IN SHEIK'S CLOTHING • 1948 • ANS
BALMY SWAMI, A • 1949 • ANS
BARKING DOGS DON'T FITE • 1949 • ANS
BIG DRIP, THE • 1949 • ANS
BIG FLAME-UP, THE • 1949 • ANS
COMIN' ROUND THE MOUNTAIN • 1949 • ANS
HOT AIR ACES • 1949 • ANS
LITTLE CUTUP, THE • 1949 • ANS
MARRIAGE VOWS • 1949 • ANS
MUTT IN A RUT, A • 1949 • ANS
SILLY HILLBILLY • 1949 • ANS
SKI'S THE LIMIT, THE • 1949 • ANS
SNOW FOOLIN' • 1949 • ANS
SPRING SONG • 1949 • ANS
BOOS IN THE NIGHT • 1950 • ANS
GOBS OF FUN • 1950 • ANS
GYM JAM • 1950 • ANS
HEAP, HEP INJUNS • 1950 • ANS
LAND OF THE LOST JEWELS • 1950 • ANS
ONCE UPON A RHYME • 1950 • ANS
PLEASED TO EAT YOU • 1950 • ANS
QUACK A DOODLE DO • 1950 • ANS
SHORTENIN' BREAD • 1950 • ANS
TEACHER'S PEST • 1950 • ANS
WIN, PLACE AND SHOWBOAT • 1950 • ANS
ALPINE FOR YOU • 1951 • ANS
AUDRY THE RAINMAKER • 1951 • ANS
BOO SCOUT • 1951 • ANS
BY LEAPS AND BOUNDS • 1951 • ANS
CASPER COMES TO CLOWN • 1951 • ANS
CASPER TAKES A BOW-WOW • 1951 • ANS
HOLD THE LION PLEASE • 1951 • ANS
MICE PARADISE • 1951 • ANS
MINERS FORTY-NINERS • 1951 • ANS
ONE QUACK MIND • 1951 • ANS
PILGRIM POPEYE • 1951 • ANS
PUNCH AND JUDO • 1951 • ANS
SING AGAIN OF MICHIGAN • 1951 • ANS
TO BOO OR NOT TO BOO • 1951 • ANS
TWEET MUSIC • 1951 • ANS
VACATION WITH PLAY • 1951 • ANS
VEGETABLE VAUDEVILLE • 1951 • ANS
CITY KITTY • 1952 • ANS
FEAST AND FURIOUS • 1952 • ANS
FRIEND OR PHONY • 1952 • ANS
FUN AT THE FAIR • 1952 • ANS
GAG AND BAGGAGE • 1952 • ANS
GHOST OF THE TOWN • 1952 • ANS
LAW AND AUDREY • 1952 • ANS
LUNCH WITH A PUNCH • 1952 • ANS
OFF WE GLOW • 1952 • ANS
PIG-A-BOO • 1952 • ANS
SHUTEYE POPEYE • 1952 • ANS
SPUNKY SKUNKY • 1952 • ANS
TRUE BOO • 1952 • ANS
BOOS AND SADDLES • 1953 • ANS
CHILD SOCKOLOGY • 1953 • ANS
DO OR DIET • 1953 • ANS
FIREMAN'S BRAWL • 1953 • ANS
FRIGHTDAY THE 13TH • 1953 • ANS
HERMAN THE CATOONIST • 1953 • ANS
HUEY'S DUCKY DADDY • 1953 • ANS
INVENTION CONVENTION • 1953 • ANS
NO PLACE LIKE ROME • 1953 • ANS
NORTH PAL • 1953 • ANS
OF MICE AND MAGIC • 1953 • ANS
SURF BORED • 1953 • ANS
WINNER BY A HARE • 1953 • ANS
BOO RIBBON WINNER • 1954 • ANS
BRIDE AND GLOOM • 1954 • ANS
CRAZY TOWN • 1954 • ANS
FIDO BETA KAAPA • 1954 • ANS
FLOOR FLUSHER • 1954 • ANS
NO IF'S, AND OR BUTTS • 1954 • ANS
OILY BIRD, THE • 1954 • ANS
POPEYE'S 20TH ANNIVERSARY • 1954 • ANS
SHIP-A-HOOEY • 1954 • ANS
BEAUS WILL BE BEAUS • 1955 • ANS
BOO KIND TO ANIMALS • 1955 • ANS
COOKING WITH GAGS • 1955 • ANS
COPS IS TOPS • 1955 • ANS
DIZZY DISHES • 1955 • ANS
KEEP YOUR GRIN UP • 1955 • ANS
MISTER AND MISTLETOE • 1955 • ANS
MOUSE TRAPEZE • 1955 • ANS
NEWS HOUND • 1955 • ANS
NURSE TO MEET YA • 1955 • ANS
RED, WHITE AND BOO • 1955 • ANS
ASSAULT AND FLATTERY • 1956 • ANS
DUTCH TREAT • 1956 • ANS
HAUL IN ONE, A • 1956 • ANS
I DON'T SCARE • 1956 • ANS
MOUSETRO HERMAN • 1956 • ANS
COCK-A-DOODLE DINO • 1957 • ANS
FISHING TACKLER • 1957 • ANS
GHOST OF HONOR • 1957 • ANS
MR. MONEY GAGS • 1957 • ANS
SPOOKY SWABS • 1957 • ANS
CHEW CHEW BABY • 1958 • ANS
DANTE DREAMER • 1958 • ANS
FINNEGAN'S FLEA • 1958 • ANS
FRIGHTY CAT • 1958 • ANS
OKEY DOKEY DONKEY • 1958 • ANS
TRAVELAFFS • 1958 • DCS

SPARBER ISIDORE see **SPARBER I.**

SPARBER IZZY see **SPARBER I.**

SPARGO NICHOLAS – UKN
JOE AND PETUNIA • 1968 • ANS
DISGUSTED BINCHESTER • 1973

SPARKS TERESA – USA – 1952–
OVER THE SUMMER • 1984

SPARKUHL THEODOR – Dir. photo – GRM – 1894–
STAATSANWALT KLAGT AN, DER • HENKER, DER • 1928

SPARLING GORDON – Producer – CND – 1900–
WHEN KAPPA KAPPA GAMMA VISITED ONTARIO • 1924
SPARE TIME • 1927
FORWARD CANADA! • 1931
MIRACLE AT BEAUHARNOIS • 1931
BACK IN '22 • 1932 • DCS
BREADWINNER, THE • 1932
CHAMPIONSHIP WRESTLING • 1932 • DCS
GREY OWL'S LITTLE BROTHER • PETIT FRERE DE GREY OWL, LE • 1932 • DCS
HOCKEY –CANADA'S NATIONAL GAME • 1932 • DCS
LOCAL COLOUR • 1932 • DCS
NEW NIAGARA, THE • 1932 • DCS
PATHFINDER, THE • 1932 • DCS
PROGRESS ON PARADE • 1932 • DCS
SKETCHY SKIING • 1932 • DCS
CANADIAN CAMEO • 1932–54 • SHS
BACK IN '23 • 1933 • DCS
BREEZING ALONG • 1933 • DCS
BRIDGE CHAT • 1933 • DCS
CARNIVAL ON SKATES • 1933 • DCS
FAIR AND COLD • 1933 • DCS
HOCKEY CHAMPIONS • 1933 • DCS
LET'S GO SKIING • 1933 • DCS
OUR CARIBBEAN COUSINS • 1933 • DCS
PRECISION • 1933 • DCS
SHADOW RIVER • 1933 • DCS
BACK IN '14 • 1934 • DCS
DID YOU KNOW THAT? • 1934 • DCS
GREY OWL'S STRANGE GUESTS • 1934 • DCS
RETURN OF THE BUFFALO, THE • RETOUR DU BISON, LE • 1934 • DCS
RHAPSODY IN TWO LANGUAGES • 1934 • DCS
SKY FISHING • PECHE DANS LES NUAGES, LA • 1934 • DCS
WESTMINSTER OF THE WEST, THE • 1934 • DCS
ARCADIAN SPRING SONG • 1935 • DCS
CITY OF TOWERS • 1935 • DCS
DISTANT COUSINS • 1935 • DCS
GAME IS UP, THE • 1935 • DCS
HOT AND HAPPY • 1935 • DCS
KINGDOM FOR A HORSE • AU ROYAUME DU CHEVAL • 1935 • DCS
DID YOU KNOW THAT? SECOND EDITION • 1936 • DCS
HOUSE IN ORDER • MAISON EN ORDRE, LA • 1936
MAKING MOUNTIES • 1936 • DCS
POINT OF HONOUR • 1936 • DCS
THIS BADMINTON RACKET • 1936 • DCS
VANCOUVER VIGNETTE • 1936 • DCS
CRYSTAL BALLET • 1937 • DCS
DID YOU KNOW THAT? THIRD EDITION • 1937 • DCS
ORNAMENTAL SWIMMING • NATATION DE FANTAISIE • 1937 • DCS
PICKING LOCKS • GRANDES ECLUSES, LES • 1937 • DCS
SONG THE MAP SINGS • 1937
WINGS OVER THE ATLANTIC • 1937
BALLET OF THE MERMAIDS • BALLET DES ONDINES, LES • 1938 • DCS
MUSIC FROM THE STARS • 1938 • DCS
BRIGHT PATH, THE • 1939
DID YOU KNOW THAT? FOURTH EDITION • 1939 • DCS
ROYAL BANNERS OVER OTTAWA • 1939 • DCS
DID YOU KNOW THAT? FIFTH EDITION • 1940 • DCS
FLASHING BLADES • 1940 • DCS
PEOPLES OF CANADA • 1940
SKIWAYS • 1940 • DCS
DID YOU KNOW THAT? SIXTH EDITION • 1941 • DCS
THOSE OTHER DAYS • 1941
THERE TOO GO I • 1942
THOUSAND DAYS, THE • 1942 • DCS
DID YOU KNOW THAT? SEVENTH EDITION • 1943 • DCS
ANTWERP STORY, THE • 1945
MAPLEVILLE STORY, THE • 1946
BEAUTY AND THE BLADE • 1948 • DCS
CANADIAN HEADLINES OF 1948 • 1948 • DCS
SITZMARKS THE SPOT • 1948 • DCS
SPRING COMES TO NIAGARA • 1948 • DCS
ALL ABOUT EMILY • 1949 • DCS
BORDERLINE CASES • 1949 • DCS
CANADIAN HEADLINES OF 1949 • 1949 • DCS
DESIGN FOR SWIMMING • 1949 • DCS
ROCKY EDEN • 1949 • DCS
SEA ROVER'S SUMMER • 1949 • DCS
SKI IN THE SKY • 1949 • DCS
ALL JOKING ASTRIDE • 1950 • DCS
CANADIAN HEADLINES OF 1950 • 1950 • DCS
COWBOY'S HOLIDAY • 1950 • DCS
MAKING MOUNTIES • 1950 • DCS
SPOTLIGHT NO.1 • 1950 • DCS
FRUITFUL EARTH, THE • 1951 • DCS
GREAT DIVIDE, THE • 1951 • DCS
HOCKEY STARS' SUMMER • 1951 • DCS
ROYAL WELCOME • 1951 • DCS
SPOTLIGHT NO.2 • 1951 • DCS
CANADIAN HEADLINES OF 1952 • 1952 • DCS
CANINE CRIMEBUSTERS • 1952 • DCS
PUSH BACK THE EDGE • 1952 • DCS
ROARING GAME, THE • SPORT DU TONNERRE, UN • 1952 • DCS
SPOTLIGHT NO.3 • 1952 • DCS
SPOTLIGHT NO.4 • 1952 • DCS
CIRCUS ON ICE • 1953 • DCS
DOGS AT WORK • 1953 • DCS
SPOTLIGHT NO.5 • 1953 • DCS
SPOTLIGHT NO.6 • 1953 • DCS
BELOVED FISH, THE • 1954 • DCS
FRASER'S RIVER • 1958
ROYAL RIVER • FLEUVE SOUVERAIN, UN • 1958 • DCS
WATER DWELLERS, THE • 1963
LANDFALL ASIA • 1964

SPARR ROBERT – USA
SWINGIN' SUMMER, A • 1965
MORE DEAD THAN ALIVE • 1969
ONCE YOU KISS A STRANGER • PERFECT SET-UP, THE ◦ SUDDEN DEATH ◦ YOU CAN'T WIN THEM ALL • 1969

SPARRE LOUIS – FNL
SALAVIINANPOLTTAJAT • MOONSHINERS, THE • 1907

SPASSOV KRASSIMIR – BUL
CASE OF THE INVESTIGATING MAGISTRATE, THE • 1984

SPATA JAN – CZC
HELLO, SATCHMO! • 1965 • DCS
NEJVETSI PRANI • BIGGEST WISH, THE • 1966
POSLEDNI DEJSTVI • LAST ACT, THE • 1970

SPAVENI ANGELO – USA
LINDA LOVELACE MEETS MISS JONES • 1977

SPECTOR IRV – USA
CORN ON THE COP • 1965 • ANS

SPEED LANCELOT – UKN
PIP, SQUEAK AND WILFRED • 1921 • ANS
TISHY • 1923 • ANS

SPEER MARTIN – USA
HASTY HEART • 1983

SPEER WALTER see **SPEER WALTER HAROLD**

SPEER WALTER HAROLD – UKN
SPEER WALTER
XMAS GREETING FILM • 1911
MOTOR BANDITS, THE • 1912
NURSE'S DEVOTION, A • 1912

SPEERGER JAN WENZESLAUS – Actor – CZC – 1896–1950
LOST SOUL, THE • 1926

SPEETH CHRISTOPHER – USA
MALATESTA'S CARNIVAL • MALATESTA'S CARNIVAL OF BLOOD • 1972

SPEICH VITTORIO – USA
METROGRAPHIC • 1960 • SHT

SPELINA – CZC
PROVAZ Z OBESENCE • ROPE FROM THE HANGED MAN, THE • 1927

SPELINA KAREL – CZC
PRAZSKY FLAMENDR • PRAGUE GALLIVANTER, THE • 1941

SPELVIN GEORGE – USA
STRANGERS • 1974

SPENCER JAMES H. – USA
SOUNDS KINDA RISKY • 1988

SPENCER JOHN – UKN – 1925–
LUCINDA LEARNS TO SELL • 1961
SMALL PROPELLER, THE • 1967 • SHT

SPENCER MR. see **SPENCER RICHARD V.**

SPENCER NORMAN – USA
RAINBOW'S END • 1934

SPENCER R. V. see **SPENCER RICHARD V.**

SPENCER RICHARD V. – USA
SPENCER R. V. • SPENCER MR.
HEART OF KATHLEEN, THE • 1913
IN OLD ITALY • 1914
JIMMY • 1914
OUT OF THE NIGHT • 1914
POLITICAL FEUD, A • 1914
ARTIST'S MODEL, THE • 1915

SPENCER RONALD – UKN – 1924–
SPENCER RONNIE
DAWN RENDEZVOUS • 1963
CHILD'S GUIDE TO BLOWING UP A CAR, A • 1965
PROJECT Z • 1968 • SRL
ANTIQUES AT AUCTION • 1970
SMOKEY JOE'S REVENGE • 1974
COPTER KIDS, THE • 1975
SEAL ISLAND • 1976

SPENCER RONNIE see **SPENCER RONALD**

SPENCER ZOLTAN G. – USA
ALL THE WAY DOWN • 1968
SATANIST, THE • SUCCUBUS • 1968

SPERA ROBERT – USA
WITCHCRAFT • 1988

SPERLING KAREN – USA
MAKE A FACE • 1971
WAITING ROOM, THE • 1973

SPERY JOSEPH C. – USA
ADVENTURES IN SHARPS AND FLATS • 1963 • SHT

SPESHNEV ALEXEI – USS
SPESHNEV ALEXEY
TYSYACHA OKON • THOUSAND WINDOWS, A • 1968
CHORNOYE SOLNTSYE • BLACK SUN • 1972

SPESHNEV ALEXEY see **SPESHNEV ALEXEI**

SPETSIOTIS TAKIS – GRC
STIN ANAPAFTIKI MERIA • ON THE COSY SIDE • 1981
METEOR AND SHADOW • 1985

SPEYER JAAP – NTH – 1891–
WENN FRAUEN LIEBEN UND HASSEN • 1917
GESTOHLENE HOTEL, DAS • 1918
TEILHABER, DER • 1918
GELBE SCHATTEN, DER • 1919
"LILLI" UND "LILLIS EHE" • 1919
EHERNE GESETZ, DAS • 1920
ENTBLATTERTE BLUTEN • 1920
GEFOLTERTE HERZEN 1 • OHNE HEIMAT • 1920
GEFOLTERTE HERZEN 2 • GLUCK UND GLAS • 1920
RECHT DER FREIEN LIEBE, DAS • 1920
UM DEN BRUCHTEIL EINER SEKUNDE • 1920
ROTE NACHT, DIE • 1921
STRANDGUT DER LEIDENSCHAFT • 1921
BLONDE VERHANGNIS, DAS • 1922
JIMMY, EIN SCHICKSAL VON MENSCH UND TIER • 1922
ALLMACHTIGE DOLLAR, DER • 1923
FRAUENKONIG, DER • 1923
PUPPE VON LUNAPARK, DIE • 1924
BLUMENFRAU VOM POTSDAMER PLATZ, DIE • 1925
ELEGANTES PACK • 1925
MORAL DER GASSE, DIE • 1925
DREI MANNEQUINS, DIE • 1926
LIEBESHANDEL • AGENTUR UBERSEE • 1926
MADCHENHANDEL • 1926
BIGAMIE • 1927
HOTELRATTEN • 1927
VALENCIA • 1927
DREI FRAUEN VON URBAN HELL, DIE • HELL IN FRAUENSEE • 1928
FRAULEIN CHAUFFEUR • MISS CHAUFFEUR • 1928
G'SCHICHTEN AUS DEM WIENERWALD • 1928
SACHE MIT SCHORRSIEGEL, DIE • CONSCIENCE • 1928
JENNY BUMMEL DURCH DIE MANNER • 1929
KLEINER VORSCHUSS AUF DIE SELIGKEIT, EIN • 1929
MORITZ MACHT SEIN GLUCK • MEIER UND CO. • 1930
TINGEL-TANGEL • 1930
ZAPFENSTREICH AM RHEIN • 1930
TANZERINNEN FUR SUD-AMERIKA GESUCHT • 1931
KAMPF UM BLOND • MADCHEN, DIE SPURLOS VERSCHWINDEN • 1932
KONINKRIJK VOOR EEN HUIS, EEN • KINGDOM FOR A HOUSE, A • 1949

SPHEERIS PENELOPE – USA
DECLINE.. OF WESTERN CIVILISATION, THE • 1980 • DOC
WILD SIDE, THE • SUBURBIA • 1983
BOYS NEXT DOOR, THE • NO APPARENT MOTIVE ○ BLIND RAGE ○ KILLERS • 1985
HOLLYWOOD VICE SQUAD • 1986
DUDES • 1987
DECLINE OF WESTERN CIVILIZATION PART II: THE METAL YEARS • 1988 • DOC

SPICE EVELYN see **CHERRY EVELYN SPICE**

SPIEGEL ED – USA
JUSTICE AND CARYL CHESSMAN • 1960

SPIEGEL LARRY – USA
SPREE • 1976
EVIL TOWN • 1977
SURVIVAL RUN • 1979

SPIEGEL SCOTT – USA
INTRUDER • LAST CHECKOUT, THE ○ NIGHT CREW • 1988

SPIEKER FRANZ-JOSEF – GRM
HUTET EURE TOCHTER • GELBE WAGEN, DER ○ ZEHNTAUSEND • 1962
SUDEN IM SCHATTEN • 1962
DOPPELKONZERT • 1963
MALSCHIFF, DER • 1965
WILDER REITER GMBH • WILD RIDERS LTD. • 1967
MIT EICHENLAUB UND FEIGENBLATT • WITH LAURELS AND FIGLEAF • 1968
KUCKUCKSEI IM GANGSTERNEST • 1970

SPIELBERG STEVEN – USA – 1947–
ESCAPE TO NOWHERE • 1960
FIREFIGHT • 1963
AMBLIN' • 1969 • SHT
NIGHT GALLERY • 1969 • TVM
FOUR IN ONE • 1970 • TVM
LA 2017 • L.A. 2017 • 1970 • MTV
PSYCHIATRIST: GOD BLESS THE CHILDREN, THE • CHILDREN OF THE LOTUS EATERS ○ GOD BLESS THE CHILDREN • 1970 • TVM
SOMETHING EVIL • 1970 • TVM
COLUMBO: MURDER BY THE BOOK • 1971 • TVM
DUEL • 1971 • TVM
SAVAGE • WATCH DOG • 1972 • TVM
SUGARLAND EXPRESS • 1974
JAWS • 1975
CLOSE ENCOUNTERS OF THE THIRD KIND • 1977
1941 • 1979
CLOSE ENCOUNTERS OF THE THIRD KIND SPECIAL EDITION • 1980
RAIDERS OF THE LOST ARK • 1981
E.T. THE EXTRA-TERRESTRIAL • 1982
INDIANA JONES AND THE TEMPLE OF DOOM • 1983
TWILIGHT ZONE -THE MOVIE • TWILIGHT ZONE MOVIE, THE • 1983
COLOR PURPLE, THE • 1985
EMPIRE OF THE SUN • 1987
INDIANA JONES AND THE LAST CRUSADE • 1988
ALWAYS • 1989

SPIELMANN GOTZ – AUS
VERGISS SNEIDER! • FORGET SNYDER! • 1987
NACHBAR, DER • NEIGHBOUR, THE • 1990

SPIER WILLIAM – Producer – USA
LADY POSSESSED • 1952

SPIERS BOB – UKN
COMIC STRIP PRESENTS: DIDN'T YOU KILL MY BROTHER? • DIDN'T YOU KILL MY BROTHER? • 1987 • MTV

SPIES WALTER – USA
WAJAN (SON OF A WITCH) • BLACK MAGIC • 1934

SPIESS HELMUT – GRM
HEXEN • 1954
ROBERT MEYER -DER ARZT AUS HEILBRON • 1955
TAPFERE SCHNEIDERLEIN, DAS • BRAVE LITTLE TAILOR, THE • 1956
TILMAN RIEMENSCHNEIDER • 1958
EINER VON UNS • 1960
HANDVOLL NOTEN, EINE • 1961

SPIGUEL MIGUEL – TRK – 1921–1975
ACCAO MISSIONARIA NO ORIENTE • 1956 • SHT
CAFE DE ANGOLA • 1957 • SHT
LUANDA • 1957 • SHT
MACAU, JOIA DO ORIENTE • 1957 • SHT
ROTEIRO DAS CATARATAS • 1957 • SHT
SOL SOBRE O VERDE • 1957 • SHT
COMO A INDIA RECEBE O SEU GOVERNADOR-GERAL • 1958 • SHT
NATAL EM GOA • 1958 • SHT
PESCADORES DE AMANGAU • 1958 • SHT
MANHA DE SOL EM DAMAO • 1959 • SHT
ROMAGEM A DIO • 1959 • SHT
CABO VERDE DE RELANCE • 1960 • SHT
HOMEM E O TRABALHO, O • 1960 • SHT
MACAU • 1960 • SHT
MALACA • 1960 • SHT
NO EXTREMO-ORIENTE PORTUGUES • 1960 • SHT
TERRA E A VIDA, A • 1960 • SHT
TIMOR PORTUGUES • 1960 • SHT
FERIAS EM LOURENCO MARQUES • 1961 • SHT
PARQUE NACIONAL DA GORONGOSA • 1961 • SHT
REALIDADES PORTUGUESAS • 1962 • SHT
FATIMA, ESPERANCA DO MUNDO • 1963 • SHT
SOBRE A TERRA E SOBRE O MAR • 1964 • SHT
MOINHOS DE PORTUGAL • 1965 • SHT
OPERACAO ESTUPEFACIENTES • 1966
TERRA SANTA, TERRA PROMETIDA • 1968 • SHT
ILHA DE MOCAMBIQUE • 1971 • SHT
ZOO SEM GRADES • 1971 • SHT
ACORES • 1972 • SHT

SPILS MAY – GRM
ZUR SACHE SCHATZCHEN • JUNKER HINRICHS VERBOTENE LIEBE ○ COME TO THE POINT, TREASURE • 1968

SPINA SERGIO – ITL – 1928–
DONNA, IL SESSO E IL SUPERUOMO, LA • FANTABULOUS INC. (USA) ○ FANTABULOUS • 1968
ASINO D'ORO: PROCESSO PER FATTI STRANI CONTRO LUCIUS APULEIO CITTADINO ROMANO, L' • GOLDEN ASS -THE TRIAL OF LUCIUS APULEIUS FOR WITCHCRAFT, THE • 1970

SPINELLI ANTHONY – USA
PORTRAIT OF SEDUCTION • 1977
EASY • 1978
SEX WORLD • 1978
TALK DIRTY TO ME • 1980
VISTA VALLEY P.T.A. • 1980
NOTHING TO HIDE • 1981
SKIN ON SKIN • 1981
BETWEEN THE SHEETS • DIARY OF A BED • 1984

SPINELLI MARTIN J. – USA
SOURDOUGH • 1977

SPINELLI PHILIP – USA
PORTUGAL • 1976
SCENES FROM THE PORTUGUESE CLASS STRUGGLE • 1977

SPINELLO BARRY – USA
SOUNDTRACK • SHT
SONATA FOR PEN, BRUSH AND RULER • SHT
MASSAGE PARLOUR WIFE
SIX LOOP-PAINTINGS • 1970 • SHT
VARIATIONS ON A 7 SECOND LOOP PAINTING • 1970 • SHT

SPINOLA PAOLO – ITL – 1929–
FUGA, LA • ESCAPE, THE • 1965
ESTATE, L' • 1966
DONNA INVISIBILE, LA • 1969
GIORNO ALLA FINE D'OTTOBRE, UN • 1978

SPIRO JULIAN – IRL – 1915–
CALCULATED RISK • 1963
TOP FLIGHT • 1964 • DCS

SPITFIRE DICK see **FIDANI DEMOFILO**

SPITZER NAT
MONSTERS OF THE DEEP • 1931

SPIVAK MICHAEL – CND
THINGS AREN'T RIGHT • 1970 • SHT

SPJUTH ARTHUR – SWD – 1904–
BOHUS BATALJON • BOHUS BATTALION • 1949
NAR BENGT OCH ANDERS BYTTE HUSTRUR • WHEN BENGT AND ANDERS SWAPPED WIVES • 1950
SODRANS REVY • REVUE AT THE SODRAN THEATRE ○ FARVAL TILL 40-TALET • 1951
GARDARNA RUNT SJON • MANORS AROUND THE LAKE • 1957
VI PA VADDO • WE ON VADDO • 1958

SPOECKER PETER D. – USA
MEDITATION • 1968 • SHT
POTPOURRI • 1968 • SHT
YIN-YANG • 1968 • SHT
PULSE • 1969 • ANS

SPORUP MURRAY DOUGLAS – USA
ROCK, BABY, ROCK IT • 1957

SPOTA LUIS – MXC
NADIE MUERE DOS VECES • 1952
AMOR EN CUATRO TIEMPOS • 1954
CON EL DEDO EN EL GATILLO • 1958 • SRL

SPOTTISWOODE RAYMOND – CND – 1913–1970
QUEBEC, PATH OF CONQUEST • 1942 • DCS
NOW IS THE TIME • 1951 • ANS
3 DIMENSION • 1953

SPOTTISWOODE ROGER – USA – 1943–
TERROR TRAIN • 1980
PURSUIT OF D.B. COOPER, THE • IN PURSUIT OF D.B. COOPER ○ PURSUIT • 1981
RENEGADES, THE • 1982 • TVM
UNDER FIRE • 1983
BEST OF TIMES, THE • 1986
LAST INNOCENT MAN, THE • 1987 • TVM
SHOOT TO KILL • DEADLY PURSUIT (UKN) ○ MOUNTAIN KING, THE • 1988
THIRD DEGREE BURN • 1989
TURNER AND HOOCH • 1989
AIR AMERICA • 1990

SPOTTON JOHN – Cinematographer – CND – 1927–
SALT COD • 1954
BUSTER KEATON RIDES AGAIN • 1965
FOREST, THE • 1965
MEMORANDUM • POUR MEMOIRE • 1967 • DOC
NEVER A BACKWARD STEP • PRESSE ET SON EMPIRE, LA • 1967

ACTIVATOR ONE • 1969
PEOPLE'S RAILWAY, THE • 1972
HAVE I EVER LIED TO YOU BEFORE? • 1976
PINTO FOR THE PRINCE, A • 1979

SPRADLIN G. D. – USA
ONLY WAY HOME, THE • 1972

SPRAGER HART – USA
BUILDERS, THE • 1960

SPRAGG REG – UKN
MAN IN THE CLOUDS • 1967

SPRAGUE CHANDLER – USA
DANCERS, THE • 1930
NOT DAMAGED • 1930
THEIR MAD MOMENT • 1931

SPRAJC BOZO – YGS
KRC • CRAMP • 1979
DIH/DAH • BREATH OF AIR, A • 1984
DECEMBARSKI DEZ • DECEMBER RAIN, THE • 1990

SPRING SYLVIA – CND – 1942–
KNOWPLACE • 1967
MADELEINE • 1969
MADELEINE IS.. • 1970
POINT OF VIEW DOG • 1973
WOMEN AND THE LAW • 1977

SPRING TIM – SAF
WAT JY SAAI • WHAT YOU SOW • 1979
DEATH BLOW • 1983
REASON TO DIE, A • 1989

SPRINGER HANS – GRM
EWIGER WALD • 1936

SPRINGSTEEN R. G. – USA – 1904–
SPRINGSTEEN ROBERT G.
COLORADO PIONEERS • 1945
MARSHAL OF LAREDO • 1945
WAGON WHEELS WESTWARD • 1945
CALIFORNIA GOLD RUSH • 1946
HOME ON THE RANGE • 1946
MAN FROM RAINBOW VALLEY • 1946
SANTA FE UPRISING • 1946
SHERIFF OF REDWOOD VALLEY • 1946
STAGECOACH TO DENVER • 1946
SUN VALLEY CYCLONE • 1946
ALONG THE OREGON TRAIL • 1947
CONQUEST OF CHEYENNE • 1947
HOMESTEADERS OF PARADISE VALLEY • 1947
MARSHAL OF CRIPPLE CREEK • 1947
OREGON TRAIL SCOUTS • 1947
RUSTLERS OF DEVIL'S CANYON • 1947
UNDER COLORADO SKIES • 1947
VIGILANTES OF BOOM TOWN • 1947
HEART OF VIRGINIA • 1948
MAIN STREET KID, THE • 1948
OUT OF THE STORM • 1948
RENEGADES OF SONORA • 1948
SECRET SERVICE INVESTIGATOR • 1948
SON OF GOD'S COUNTRY • 1948
SUNDOWN IN SANTA FE • 1948
DEATH VALLEY GUNFIGHTER • 1949
FLAME OF YOUTH • 1949
HELLFIRE • 1949
NAVAJO TRAIL RAIDERS • 1949
RED MENACE, THE • ENEMY WITHIN, THE (UKN) • 1949
SHERIFF OF WICHITA • 1949
ARIZONA COWBOY • 1950
BELLE OF OLD MEXICO • 1950
COVERED WAGON RAID • 1950
FRISCO TORNADO • 1950
HARBOR OF MISSING MEN, THE • 1950
HILLS OF OKLAHOMA • 1950
SINGING GUNS • 1950
HONEYCHILE • 1951
MILLION DOLLAR PURSUIT • 1951
STREET BANDITS • 1951
FABULOUS SENORITA, THE • 1952
GOBS AND GALS • CRUISING CASANOVAS (UKN) • 1952
OKLAHOMA ANNIE • 1952
TOUGHEST MAN IN ARIZONA, THE • 1952
TROPICAL HEATWAVE • 1952
GERALDINE • 1953
PERILOUS JOURNEY, A • PERILOUS VOYAGE, A • 1953
CROSS CHANNEL • 1955
DOUBLE JEOPARDY • CROOKED RING (UKN) • 1955
I COVER THE UNDERWORLD • 1955
SECRET VENTURE • 1955
TRACK THE MAN DOWN • 1955
COME NEXT SPRING • 1956
WHEN GANGLAND STRIKES • 1956
AFFAIR IN RENO • 1957
COLE YOUNGER, GUNFIGHTER • 1958
REVOLT IN THE BIG HOUSE • 1958
BATTLE FLAME • 1959
KING OF THE WILD STALLIONS • 1959
OPERATION EICHMANN • 1961
SHOWDOWN • IRON COLLAR, THE • 1963
BLACK SPURS • 1964
BULLET FOR A BADMAN • RENEGADE POSSE • 1964
HE RIDES TALL • GUN HAND, THE • 1964
TAGGART • 1964
APACHE UPRISING • 1966
JOHNNY RENO • 1966
WACO • 1966
HOSTILE GUNS • 1967
RED TOMAHAWK • 1967
TIGER BY THE TAIL • 1968

SPRINGSTEEN ROBERT G. see **SPRINGSTEEN R. G.**

SPRUDIN SERGIUSZ – PLN
TATERNICY • TATRA CLIMBERS, THE • 1960 • DOC

SPRY ROBIN – CND – 1939–
CHANGE IN THE MARITIMES, A • 1966 • DOC
ILLEGAL ABORTION • 1966 • DOC
LEVEL 4350 • 1966 • DOC
MINER, THE • 1966 • DOC
RIDE FOR YOUR LIFE • 1968
FLOWERS ON A ONE-WAY STREET • 1969
PROLOGUE • 1969
DOWNHILL • 1973
REACTION: A PORTRAIT OF A SOCIETY IN CRISIS • 1973 • DOC
ACTION: THE OCTOBER CRISIS OF 1970 • EVENEMENTS D'OCTOBRE 1970, LES • 1974 • DOC
FACE • 1975
ONE MAN • 1977
DON'T FORGET • DON'T FORGET "JE ME SOUVIENS" ◦ JE ME SOUVIENS • 1979 • MTV
DRYING UP THE STREETS • 1979
HIT AND RUN
SUZANNE • 1980
WINNIE • 1981
TO SERVE THE COMING AGE • 1983 • DOC
STRESS AND EMOTION • 1984
KEEPING TRACK • 1986
HITTING HOME • OBSESSED • 1988

SQUIRE ANTHONY – UKN – 1914–
FILES FROM SCOTLAND YARD • 1951
DOUBLECROSS • 1956
MISSION IN MOROCCO • MISSION TO MOROCCO • 1959
CASINO ROYALE • 1967
MR. SELKIE • 1979
ISLAND OF ADVENTURE, THE • 1982

SQUITIERI PASQUALE – ITL – 1938–
REDFORD WILLIAM
TUEURS A GAGES, LES
DJANGO SFIDA SARTANA • 1970
IO E DIO • 1970
VENDETTA E UN PIATTO CHE SI SERVE FREDDO, LA • 1971
CAMORRA • 1972
GUAPPI, I • BLOOD BROTHERS • 1974
AMBIZIOSO, L' • 1975
PREFETTO DI FERRO, IL • IRON PREFECT, THE ◦ I AM THE LAW • 1977
ARMA, L' • 1978
CORLEONE • CORLEONE: FATHER OF THE GODFATHERS • 1978
RAZZA SELVAGGIA • SAVAGE BREED • 1980
CLARETTA • 1984
PENTITO, IL • REPENTANT, THE • 1985
INVISIBILI, GLI • INVISIBLE ONES, THE • 1988

SRAMEK BOHUSLAV – CZC
ON LIGHT • ANM
PSTROS • OSTRICH, THE • 1960 • ANS

SRAMEK SVATOPLUK – CZC
SPITTER, THE

SREENIVASARAO P. S. – IND
ALADDIN AND HIS WONDERFUL LAMP • 1940

SREMEC RUDOLF – YGS – 1909–
SLEEPING BEAUTY, THE • 1953 • SHT
BLACK WATERS • 1955 • SHT
LITTLE CITY, THE • 1960 • DOC
EARTH • SOIL, THE • 1963 • DCS
PEOPLE ON WHEELS • MEN ON WHEELS • 1963 • DCS
SEASONAL WORKERS • 1964 • DCS
DISAPPEARING TRAINS • TRAIN THAT DISAPPEARED, THE • 1966 • DOC
GREEN LOVE • 1967 • DCS
NOTES ON OCTOBER • 1968 • SHT
DANCE TEACHER, THE • 1970 • DOC
MR. GREEN'S BET • 1971 • DOC

SRI WIJAWA DHARMA – SLN
DHUL MALAK • 1975

SRICHUAE THORANONG – THL
LIFE'S BIG LITTLE MAN • SEVEN LADIES • 1990
TWILIGHT IN TOKYO • 1990

SRICHUE SIWAT – THL
KHUN-SA THE OPIUM EMPEROR • OPIUM LORD, THE • 1983
REFUGEE • VIETNAM COMMANDOS • 1983

SRIDHAR C. V. – IND
NAI ROSHNI • NEW LIGHT • 1967
NENJIRUKKUM VARAI • TILL THE HEART IS THERE • 1967
OOTIVARAI URAVU • DESTINATION OOTI • 1967
SAATHI • COMPANION • 1968

SRINIVAS B. V. – IND
NINNE PELLADUTHA • I SHALL MARRY ONLY YOU • 1968

SRINIVAS V. – IND
NIANIVIL NINDRAVAL • BELOVED OF MY SOUL • 1967

SRINIVASAN C. – IND
ARUNODHAYA • SUNRISE • 1968

SRINIVASAN V. – IND
BOMMALATTAM • PUPPETRY • 1968

SRISUPARB SOMOHING – THL
HOPE FOR TOMORROW • CHILLI AND HAM • 1990

SROUR HEINI – LBN
SROUR HEINY
SAAT EL TAHRIR DAKKAT BARRA YA ISTI'MAR • HEURE DE LA LIBERATION A SONNE, L' ◦ HOUR OF THE LIBERATION HAS SOUNDED, THE ◦ TIME OF LIBERATION HAS COME, THE ◦ DAMNED RADICALS • 1974
LEILA WAL DHIAB • LEILA AND THE WOLVES • 1984

SROUR HEINY see **SROUR HEINI**

STAAR MARK see **RHOMM PATRICE**

STABILE ED – USA
PLAINSONG • 1982

STABOVOI GRIGORI – USS
DVA DNYA • SHADOW OF ANOTHER TIME ◦ FATHER AND SON ◦ TWO DAYS • 1927

STAES GUIDO – BLG
ZWERVERS, DE • 1971
WONDERSHOP • 1975

STAFFORD BABE – USA
COW-CATCHER'S DAUGHTER, THE • 1931 • SHT
HALF HOLIDAY • 1931 • SHT
JUST A BEAR • IT'S A BEAR • 1931 • SHT
ALASKA LOVE • 1932 • SHT
GIDDY AGE, THE • 1932 • SHT
HATTA MARRI • 1932 • SHT
HEAVENS! MY HUSBAND! • 1932 • SHT
SHOPPING WITH WIFIE • 1932 • SHT
UP POPPED THE GHOST • 1932 • SHT
SING, BING, SING • 1933 • SHT

STAFFORD BRENDAN see **STAFFORD BRENDAN J.**

STAFFORD BRENDAN J. – Cinematographer – IRL – 1915–
STAFFORD BRENDAN
CAR IS BORN, A • 1946 • DOC
NATION ONCE AGAIN, A • 1946 • DOC
STRANGER AT MY DOOR • 1950
ARMCHAIR DETECTIVE, THE • 1952
MEN AGAINST THE SUN • 1953

STAFFORD HARRY G. – USA
MARIANNA • 1915
LOVE TRIUMPHANT • 1916
PHANTOM THIEF, THE • 1916

STAFFORD J. see **STAFFORD JOHN**

STAFFORD JOHN – Producer – UKN – 1893–
STAFFORD J.
INSEPARABLES, THE • 1929
DICK TURPIN • 1933
NO FUNNY BUSINESS • PROFESSIONAL CO-RESPONDENTS • 1933
THERE GOES SUSIE • SCANDALS OF PARIS (USA) • 1934

STAFFORD ROLAND – Cameraman – UKN – 1925–
MEET THE QUADS • 1951 • DOC

STAFL OTAKAR – CZC
ESTRELLA • 1913
KONEC MILOVANI • END OF LOVEMAKING • 1913

STAGE IRENE WARNER – DNM
SONG ABOUT A TIME OF CHERRIES, THE • 1990

STAGG WILLIAM – USA
AND FIVE MAKES JASON • 1969
PRECIOUS JEWELS • 1969

STAGNARO JUAN BAUTISTA – ARG
DEBAJO DEL MUNDO • UNDER THE WORLD ◦ UNDER EARTH • 1986
CAMINO DEL SUR, EL • HEADING SOUTH • 1987

STAGNARO JUAN JOSE – ARG
MUJER, UNA • WOMAN, A • 1976

STAHL C. RAY – USA
STAHL RAY
INVISIBLE MR. UNMEI, THE • 1951
SCARLET SPEAR, THE • 1954

STAHL CARLOS – MXC
CRIMEN DEL OTRO, EL • 1919
DAMA DE LAS CAMELIAS, LA • 1919
MALDITAS SEAN LAS MUJERES • 1919
MEXICO • 1919
LINTERNA DE DIOGENES, LA • LANTERN OF DIOGENES, THE • 1925

STAHL JOHN see **STAHL JOHN M.**

STAHL JOHN M. – USA – 1886–1950
STAHL JOHN
BOY AND THE LAW, THE • 1914
CALL OF HEARTS, THE • 1917
LINCOLN CYCLE, THE • 1917 • SER
TODAY • 1917
SERPENT, THE • 1918
SUSPICION • 1918
WIVES OF MEN • 1918
HER CODE OF HONOR • CODE OF HONOR ◦ CALL OF THE HEART • 1919
WOMAN UNDER OATH, THE • 1919
GREATER THAN LOVE • 1920
WOMAN IN HIS HOUSE, THE • 1920
WOMEN MEN FORGET • 1920
CHILD THOU GAVEST ME, THE • RETRIBUTION • 1921
SOWING THE WIND • 1921
SUSPICIOUS WIVES • 1921
DANGEROUS AGE, THE • 1922
ONE CLEAR CALL • 1922
SONG OF LIFE, THE • 1922
WANTERS, THE • 1923
HUSBANDS AND LOVERS • 1924
WHY MEN LEAVE HOME • 1924
FINE CLOTHES • FASHION FOR MEN • 1925
GAY DECEIVER, THE • TOTO • 1926
MEMORY LANE • 1926
IN OLD KENTUCKY • 1927
LOVERS? • GREAT GALEOTO, THE • 1927
LADY SURRENDERS, A • BLIND WIVES (UKN) • 1930
SEED • 1931
STRICTLY DISHONORABLE • 1931
BACK STREET • 1932
ONLY YESTERDAY • 1933
IMITATION OF LIFE • 1934
MAGNIFICENT OBSESSION • 1935
PARNELL • 1937
LETTER OF INTRODUCTION • 1938
WHEN TOMORROW COMES • MODERN CINDERELLA, THE • 1939
OUR WIFE • 1941
HOLY MATRIMONY • 1943
IMMORTAL SERGEANT, THE • 1943
EVE OF ST. MARK, THE • 1944
KEYS OF THE KINGDOM, THE • 1944
LEAVE HER TO HEAVEN • 1945
FOXES OF HARROW, THE • 1947
WALLS OF JERICHO, THE • 1948
FATHER WAS A FULLBACK • 1949
OH, YOU BEAUTIFUL DOLL • 1949

STAHL-NACHBAUR ERNST – GRM
SIEBENTE TAG, DER • 1920

STAHL RAY see **STAHL C. RAY**

STAHL WALTER RICHARD – GRM
WHAT BECOMES OF THE CHILDREN? • 1918
ER IST DEIN BRUDER • MUTTER HERZBLUT, EINER • 1923

STAICOV LYUDMIL see **STAIKOV LYUDMIL**

STAIKOV LYUDMIL – BUL
STAICOV LYUDMIL
MOMTSETO SI OTIVA • 1972
OBICH • AFFECTION ○ LOVE • 1973
AMENDMENT TO THE DEFENCE OF THE REALM ACT • 1976
681 A.D. –THE GLORY OF KHAN
ILLUSION • 1980
KHAN ASPAROUKH • 1981
TIME OF VIOLENCE • TIME OF PARTING • 1987

STAINO SERGIO – ITL
CAVALLI SI NASCE • HORSES ARE BORN SUCH • 1988

STALEY CHUCK – USA
CRACKING UP • 1977

STALIN ROBERT – USA
PICASSO SUMMER, THE • 1972

STALLINGS GEORGE – Animator – USA
KATZENJAMMER KIDS, THE • 1916–24 • ASS
SWISS TRICK, A • 1931 • ANS
TROUBLE • 1931 • ANS
WOT A NIGHT • 1931 • ANS
JOINT WIPERS • 1932 • ANS
JOLLY FISH • 1932 • ANS
PENCIL MANIA • 1932 • ANS
RABID HUNTERS • 1932 • ANS
REDSKIN BLUES • 1932 • ANS
SPANISH TWIST, A • 1932 • ANS
TUBA TOOTER, THE • 1932 • ANS
HAPPY HOBOES • 1933 • ANS
HOOK AND LADDER HOKUM • 1933 • ANS
MAGIC MUMMY, THE • 1933 • ANS
PUZZLED PALS • 1933 • ANS
LITTLE KING, THE • 1933–34 • ASS
ART FOR ART'S SAKE • 1934 • ANS
CACTUS KING • 1934 • ANS
CUBBY'S STRATOSPHERE FLIGHT • 1934 • ANS
FIDDLIN' FUN • 1934 • ANS
GOODE KNIGHT • 1934 • ANS
HOW'S CROPS? • BROWNIE'S VICTORY GARDEN • 1934 • ANS
JEST OF HONOR • 1934 • ANS
JOLLY GOOD FELONS • 1934 • ANS
LION TAMER, THE • 1934 • ANS
MILD CARGO • BROWNIE BUCKS THE JUNGLE • 1934 • ANS
RASSLIN' MATCH, THE • 1934 • ANS
ROYAL GOOD TIME, A • 1934 • ANS
SULTAN PEPPER • 1934 • ANS
MERBABIES • 1938 • ANS

STALLONE SYLVESTER – Actor – USA – 1946–
PARADISE ALLEY • 1978
ROCKY II • 1979
ROCKY III • 1982
STAYING ALIVE • 1983
ROCKY IV • 1985

STALTER PAVAO – Animator – YGS
KUTIJE • BOXES • 1967 • ANS
MASKA CRVENE SMRTI • MASQUE OF THE RED DEATH, THE (USA) ○ MASK OF THE RED DEATH ○ MASK OF THE DEATH • 1969 • ANS
SVRAB • SCABIES • 1969 • ANS
KONJ • HORSE, THE • 1972
SEDAM PLAMENCICA • SEVEN LITTLE FLAMES • 1975
IVICA I MARICA • HANSEL AND GRETEL • 1979 • ANS
VACUUM CLEANER, THE • 1982 • ANS

STAMBLER ROBERT – USA
STRANGE LOVERS • 1963

STAMBOULOPOULOS GEORGE – GRC
STAMBOULOPOULOS GEORGOS
ANIHTI EPISOLI • OPEN LETTER ○ ANIKTI EPISTOLI • 1969
ONWARD TO GLORY AGAIN • 1981
PROSOCHI KINDINOS • CAUTION DANGER • 1983

STAMBOULOPOULOS GEORGOS see **STAMBOULOPOULOS GEORGE**

STAMENKOVIC MIKI see **STAMENKOVIC MIOMIR**

STAMENKOVIC MIODRAG–MIKI – YGS
NEKA DRUGA ZENA • SOME OTHER WOMAN • 1981

STAMENKOVIC MIOMIR – YGS
STAMENKOVIC MIOMIR–MIKI • STAMENKOVIC MIKI
VUK SA PROKLETIJA • WOLF FROM PROKLETIJE • 1968
KLOPKA ZA GENERALA • TRIP FOR THE GENERAL, A • 1971
KAKO UMRETI • HOW TO DIE • 1972
SB ZATVARA KRUG • SECURITY SERVICE CLOSES IN, THE • 1975
DEVOJACKI MOST • MAIDEN'S BRIDGE, THE • 1976
LAGER NIS • CONCENTRATION CAMP NIS • 1987
VOLIO BIH DA SAM GOLUB • I WISH I WAS A DOVE • 1989

STAMENKOVIC MIOMIR–MIKI see **STAMENKOVIC MIOMIR**

STAMESCHKINE MICHEL – BLG
NON LIEU • 1968 • SHT

STAMPELI PETER – SWT
LIGNE CONTINUE • 1974 • SHT

STAN NICU – RMN
VREAU SA STIU DE CE AM ARIPI • I WANT TO KNOW WHY I HAVE WINGS • 1984

STANCHINA PETER – GRM
GLASERNE KUGEL, DIE • GLASS BALL, THE (USA) • 1937

STANDO ROBERT – PLN
MUZYKA NOCA • MUSIC AT NIGHT • 1959
SWIAT ZABITY DESKAMI • GODFORSAKEN HOLE • 1962

STANEVA NADYA – BUL
SOFIISKA ISTORIA • SOFIA STORY • 1990

STANGERUP HENRIK – Writer – DNM
GIV GUD EN CHANCE OM SONDAGEN • GIVE GOD A CHANCE ON SUNDAYS • 1970
FARLIGE KYS • DANGEROUS KISSES • 1972
JORDEN ER FLAD • EARTH IS FLAT, THE • 1976

STANISLAWSKI S. – PLN
MROWCZE SZLAKI • ANTS, THE • 1956

STANKE KURT – GRM
HERMANNS ERZAHLUNGEN • 1926

STANLAWS PENRHYN – USA – –1923
AT THE END OF THE WORLD • 1921
HOUSE THAT JAZZ BUILT, THE • 1921
LITTLE MINISTER, THE • 1921
LAW AND THE WOMAN, THE • 1922
OVER THE BORDER • 1922
PINK GODS • 1922
SINGED WINGS • 1922

STANLEY ARTHUR – UKN
TALE–TELLER PHONE, THE • 1928

STANLEY B. F. – USA
OTHER WOMAN'S STORY, THE • 1925

STANLEY GEORGE see **STANLEY GEORGE C.**

STANLEY GEORGE C. – USA
STANLEY GEORGE
LITTLE SHERIFF, THE • 1914
LOVE OF ORO SAN, THE • 1914
POWER TO FORGIVE, THE • 1914
HE GOT HIMSELF A WIFE • 1915

STANLEY HERB – USA
CONFESSIONS OF A PSYCHO CAT • 1968

STANLEY JOHN – USA
NIGHTMARE IN BLOOD • 1976

STANLEY PAUL – USA
CRY TOUGH • 1959
THREE GUNS FOR TEXAS • 1968 • MTV
MISSION IMPOSSIBLE VS. THE MOB • 1969 • MTV
RIVER OF MYSTERY • 1969 • TVM
SOLE SURVIVOR • 1969 • TVM
BULL OF THE WEST, THE • 1971 • MTV
COTTER • 1973 • TVM
NICKY'S WORLD • 1974 • TVM
MURDER AND THE COMPUTER • 1975 • TVM
CRISIS AT SUN VALLEY • CRISIS IN SUN VALLEY • 1978 • TVM
ULTIMATE IMPOSTOR, THE • 1979 • TVM

STANLEY PETER E. see **PIEROTTI PIERO**

STANLEY RICHARD – UKN
HARDWARE • 1989

STANNARD ELIOT – UKN
COURAGE OF A COWARD, THE • 1914
FATAL FINGERS • 1916
JIMMY • 1916
LAUGHING CAVALIER, THE • 1917
PROFIT AND THE LOSS • 1917

STANO SILVIO
ALONE IN THE STREETS • 1956

STANOJEVIC STANISLAV – YGS – 1938–
JOURNAL D'UN SUICIDE, LE • 1971
SUBVERSION • 1979

STANTON RICHARD – USA
ELAINE
POLITICAL FEUD, A • 1914
ALOHA OE • 1915
DOES IT END RIGHT? • 1915
FLOATING DEATH, THE • 1915
INSIDE FACTS • 1915
BEAST, THE • 1916
FOOL'S GOLD, A • RICHES • 1916 • SHT
GRAFT • 1916 • SRL
GREAT CORONA RACE, THE • SPEED KING, THE • 1916 • SHT
INSURANCE SWINDLERS, THE • 1916 • SHT
LOVE THIEF, THE • 1916
PINNACLE, THE • 1916 • SHT
UNEXPECTED SCOOP, AN • 1916 • SHT
DURAND OF THE BAD LANDS • 1917
HER TEMPTATION • 1917
NORTH OF FIFTY–THREE • 1917
ONE TOUCH OF SIN • 1917
SCARLET PIMPERNEL, THE • 1917
SPY, THE • 1917
TOPSY TURVY TWINS, THE • 1917 • SHT
YANKEE WAY, THE • 1917
CAILLAUX CASE, THE • 1918
CHEATING THE PUBLIC • 1918
ROUGH AND READY • 1918
STOLEN HONOR • 1918
WHY AMERICA WILL WIN • 1918
WHY I WOULD NOT MARRY • 1918
CHECKERS • 1919
JUNGLE TRAIL, THE • 1919
BRIDE 13 • 1920 • SRL
FACE AT YOUR WINDOW, THE • 1920
THUNDERCLAP • 1921
MCGUIRE OF THE MOUNTED • MCGUIRE OF THE BIG SNOWS • 1923
AMERICAN PLUCK • PLUCK • 1925

STANTON W. DANE – UKN
LIFE OF LORD KITCHENER, THE • 1917

STANZL KARL – AUS
GEHEIMNIS EINER AERZTIN, DAS • LIEBE AM SCHEIDEWEG • 1955
REISE AUF DEN MOND • TRIP TO THE MOON • 1959 • ANS
CHILDREN'S DREAMS • 1960 • ANS
GEWALT UND GEWISSEN • FORCE AND CONSCIENCE • 1967

STAOW MARK see **STERN MARK**

STAPENHORST FRITZ – GRM
PAROLE HEIMAT • 1955
ES WAR DIE ERSTE LIEBE • 1958

STAPLEFORD GEORGE – USA
MOUNTAIN CHARLIE • 1982

STAPLETON OLIVER – UKN
SHADOWPLAY • 1982

STAPP PHILIP – Animator – USA
GIFT • ANS
PICTURE IN THE MIND • 1949 • ANS
TRANSATLANTIC • ANS
TO YOUR HEALTH • 1956 • ANS
FROM GENERATION TO GENERATION • ANS
WATER • 1961
HOMAGE TO FRANCOIS COUPERIN • 1964 • ANS
SYMMETRY 1 • ANS

STAR BRUCE – USA
BOOGEYMAN 2, THE • 1983

STARBECKER GENE – USA
FORTY SOUNDS OF ENGLISH, THE • 1962

STARCK KURT see **STARK KURT**

STARCZEWSKI JERSZY
WRZOS • HEATHER (USA) • 1938

STAREVITCH LADISLAS – Animator – USS – 1892–1965
STAREWICZ WLADYSLAW
STAG–BEETLES, THE • 1911 • ANM
AVIACIONNAJA NEDELJA NASEKOMYCH • INSECTS, THE (USA) ○ UP TO DATE FLYERS ○ FLYING INSECTS ○ AVIATION WEEK AMONG THE INSECTS • 1912 • ANS
BEAUTIFUL LEUKANIDA, THE • 1912
GAUDEAMUS • VESEL'YE SCENKI IZ ZIZNI ZIVOTNYCH ○ LET US REJOICE ○ HAPPY SCENES OF THE LIFE OF THE ANIMALS ○ HAPPY SCENES FROM ANIMAL LIFE • 1912 • ANM
MEST' KINEMATOGRAFICESKOGO OPERATORA • REVENGE OF THE KINEMATOGRAPH CAMERAMAN ○ CAMERAMAN'S REVENGE, THE • 1912
ROZDESTVO OBITATELEJ LESA • CHRISTMAS OF THE FOREST'S INHABITANTS (USA) ○ CHRISTMAS NIGHT ○ CHRISTMAS AT THE FOX'S BOARDING HOUSE ○ BIRTH OF THE HOSTS OF THE FOREST, THE ○ CHRISTMAS EVE • 1912
CETYRE CORTA • FLYING FROGS, THE (USA) • 1913 • ANM
FOUR DEVILS • 1913
SKAZKA O RYBAKE I RYBKE • FABLE OF THE FISHERMAN AND THE FISH, THE • 1913
STRASHNAYA MEST • TERRIBLE VENGEANCE, THE (USA) ○ TERRIBLE REVENGE, A ○ STRASNAJA MEST' ○ LOVE TAKES HIS VENGEANCE • 1913
RUSLAN I LJUDMILA • RUSLAN AND LUDMILLA (USA) • 1914
SNIEGOUROTCHKA • SNOW MAIDEN, THE • 1914
ZITEL NEOBITAJEMOVO OSTROVA • HABITANT OF THE DESERT ISLE, THE (USA) ○ INHABITANT OF A DESERT ISLE ○ ZHITEL NYEOBITAYEMOVO OSTROVA • 1915
NA VARSHAVSKOM TRAKTE • ON THE WARSAW HIGHWAY • 1916
PAN TVARDOVSKI • MR. TVARDOVSKI (USA) • 1916
YOLA STELLA MARIS • 1916
STORY OF A LITTLE GIRL WHO WANTED TO BE • 1919 • ANM
DANS LES GRIFFES DE L'ARAIGNEE • IN THE SPIDER'S GRIP (USA) ○ CLAWS OF THE SPIDER, THE ○ IN THE CLUTCH OF THE SPIDER • 1920 • ANS
EPOUVANTAIL, L' • SCARECROW, THE (USA) • 1921 • ANM
MARIAGE DE BABYLAS, LE • MARRIAGE OF BABYLAS, THE (USA) • 1921
GRENOUILLES QUI DEMANDENT UN ROI, LES • FROGS WHO WANTED A KING, THE (USA) ○ FROGLAND • 1922 • ANM
VOIX DU ROSSIGNOL, LA • VOICE OF THE NIGHTINGALE, THE (USA) ○ SONG OF THE NIGHTINGALE, THE • 1923
PETITE CHANTEUSE DES RUES, LA • LITTLE STREET SINGER, THE (USA) • 1924
YEUX DU DRAGON, LES • EYES OF THE DRAGON, THE (USA) • 1925
RAT DE VILLE ET LE RAT DES CHAMPS, LE • TOWN RAT AND THE COUNTRY RAT, THE (USA) ○ CITY RAT AND THE COUNTRY RAT, THE • 1926 • ANS
AMOUR NOIR ET AMOUR BLANC • BLACK LOVE AND WHITE (USA) ○ CUPIDS, BLACK AND WHITE ○ TWO CUPIDS, THE • 1927
JUGENDRAUSCH • EVA AND THE GRASSHOPPER (USA) ○ GRASSHOPPER AND THE ANT, THE ○ NEMESIS • 1927
LITTLE LAME SOLDIER, THE • 1927 • SHT
REINE DES PAPILLONS, LA • QUEEN OF THE BUTTERFLIES, THE (USA) • 1927 • ANM
VERZAUBERTE WALD, DER • ENCHANTED FOREST, THE (USA) • 1928 • ANS
WUNDERUHR, DIE • HORLOGE MAGIQUE, L' (FRN) ○ MAGIC CLOCK, THE (USA) • 1928
LION DEVENU VIEUX, LE • OLD LION, THE • 1929 • ANS
PETITE PARADE, LA • LITTLE PARADE, THE (USA) • 1930
LION ET LE MOUCHERON, LE • LION AND THE GNAT, THE (USA) • 1932 • ANS
FETICHE • CHARM, THE • 1933 • SHT
RINGMASTER, THE • 1933 • ANS
MASCOT, THE • 1934 • ANS
NAVIGATOR, THE • 1934 • ANM
CUPID'S ARROW • 1935 • ANM

IN THE LAND OF THE VAMPIRES • 1935 • ANM
ROMAN DE REYNARD, LE • STORY OF THE FOX, THE (USA) ○ ADVENTURES OF REYNARD ○ REYNARD THE FOX ○ TALE OF THE FOX, THE • 1938 • ANM
FLEUR DE FOUGERE • FLOWER OF THE FERN (USA) • 1949 • SHT
ZINZABELLE A PARIS • 1949 • ANM
NEZ AU VENT • NOSE TO THE WIND • 1957 • ANS
CARROUSSEL BOREAL • 1959 • ANS

STAREWICZ WLADYSLAW see **STAREVITCH LADISLAS**

STARK GRAHAM – Actor – UKN – 1922–

SIMON, SIMON • 1970
MAGNIFICENT SEVEN DEADLY SINS, THE • 1971

STARK KURT – GRM

STARCK KURT

KINDERARZT, DER • 1910
ADRESSATIN VERSTORBEN • 1911
BLINDE, DIE • 1911
EINDRINGLING, DER • 1911
GEFAHRLICHE ALTER, DAS • 1911
MAGD, DIE • 1911
SCHWERES OPFER, EIN • 1911
ZWEI FRAUEN • 1911
EVA • 1912
FEENHANDE • 1912
GEFANGENE SEELEN • 1912
IM SCHATTEN DES MEERES • SCHATTEN DES MEERES ○ IN THE SHADOW OF THE SEA • 1912
KUSS DES FURSTEN, DER • 1912
MASKIERTE LIEBE • 1912
NACHT DES GRAUENS, DIE • 1912

STARK LEONARD – USA

THIS DAY • 1947

STARKEY – USA

LIGHT MACHINE GUN PLATOON • 1941 • SHT

STARKEY WILLIAM H. – USA

FREUDUS SEXUALIS • STORY OF A MAN AND HIS WOMAN, THE ○ MAN AND HIS WOMAN, A ○ STORY OF MAN AND HIS WOMAN, THE • 1965

STARKIEWICZ ANTOINETTE – Animator – PLN – 1950–

SECRET OF MADAME X, THE • 1971 • ANS
PUTTIN' ON THE RITZ • 1974 • ANS
HIGH FIDELITY • 1975 • ANS
PUSSY PUMPS UP • 1979 • ANS
KOKO POPS • 1981 • ANS
PIANOFORTE • 1984 • ANS

STARKMAN MARVIN – USA

AMERICAN WAY, THE • 1961

STARR DUNCAN – USA

COMING ATTRACTIONS • EROTIC CONFESSIONS • 1976

STARR PETER – USA

TAKE IT TO THE LIMIT • 1980 • DOC

STARR RINGO – UKN

BORN TO BOOGIE • 1972 • DOC

STARRETT JACK – Actor – USA – 1936–

RUN, ANGEL, RUN! • 1969
CRY BLOOD, APACHE • 1970
LOSERS, THE • MEAN COMBAT ○ MISERS, THE • 1970
NIGHT CHASE • 1970 • TVM
SLAUGHTER • 1972
STRANGE VENGEANCE OF ROSALIE, THE • SOMEONE TO WATCH OVER ME • 1972
CLEOPATRA JONES • 1973
DYNAMITE JONES • 1973
GRAVY TRAIN, THE • DION BROTHERS, THE • 1974 • TVM
NEW SPARTANS, THE • 1974
RACE WITH THE DEVIL • 1975
HOLLYWOOD MAN • DEATH THREAT ○ NO ONE CRIES FOREVER • 1976
SMALL TOWN IN TEXAS, A • 1976
FINAL CHAPTER –WALKING TALL • WALKING TALL 3: THE FINAL CHAPTER • 1977
NOWHERE TO HIDE • 1977 • TVM
ROGER & HARRY: THE MITERA TARGET • QUENTIN METHOD, THE ○ LOVE FOR RANSOM • 1977 • TVM
BIG BOB JOHNSON AND HIS FANTASTIC SPEED CIRCUS • 1978
THADDEUS ROSE AND EDDIE • 1978 • TVM
MR. HORN • 1979 • TVM
SURVIVAL OF DANA, THE • 1979 • TVM
SUMMER HEAT • KISS MY GRITS ○ TEXAS LEGEND, A ○ TEXAS BURNS AT NIGHT • 1983

STASHEVSKAYA-NARODITSKAYA Y. – USS

YEVGYENI URBANSKI • 1968 • DOC

STASHEVSKAYA YE. – USS

BOYS • 1972

STASSINOS STRATOS – GRC

SWIMMER'S TALE, THE • 1985 • ANS

STATHER FRANK – UKN

STARTLING ANNOUNCEMENT, A • 1914
FATAL FORMULA, THE • 1915
GOLDEN CHANCE, THE • 1915
SUNSHINE AND CLOUDS OF PARADISE ALLEY, THE • 1915

STATLER PAVAO – YGS

PETI • FIFTH ONE, THE ○ FIFTH, THE • 1964 • ANS

STAUB RALPH – USA – 1899–1969

KEYSTONE HOTEL • 1935
ROMANCE OF THE WEST • 1935 • SHT
SPRINGTIME IN HOLLAND • TULIP TIME • 1935
TRIP THRU A HOLLYWOOD STUDIO, A • 1935
WHAT, NO MEN? • 1935 • SHT
LONESOME TRAILER, THE • SHT
MANDARIN MYSTERY, THE • 1936
SITTING ON THE MOON • 1936
AFFAIRS OF CAPPY RICKS • 1937
COUNTRY GENTLEMEN • 1937
JOIN THE MARINES • 1937
MAMA RUNS WILD • 1937
MEET THE BOYFRIEND • 1937
NAVY BLUES • 1937
PRAIRIE MOON • 1938
WESTERN JAMBOREE • 1938
BOY MEETS JOY • 1939
CHIP OF THE FLYING U • 1939
SWING HOTEL • 1939 • SHT
DANGER AHEAD • 1940
SKY BANDITS • RENFREW OF THE MOUNTED IN SKY BANDITS • 1940
YUKON FLIGHT • RENFREW OF THE ROYAL MOUNTED IN YUKON FLIGHT • 1940
SCREEN SNAPSHOTS • 1940–56 • SHS
MY PAL RINGEYE • 1947 • SHT
MEMORIES OF FAMOUS HOLLYWOOD COMEDIANS • 1951
HOLLYWOOD FUN FESTIVAL • 1952 • SHT
HOLLYWOOD FATHERS • 1954 • SHT
HOLLYWOOD GROWS UP • 1954 • SHT
FABULOUS HOLLYWOOD • 1956 • SHT
HOLLYWOOD BRONC BUSTERS • 1956 • SHT
HEART OF SHOW BUSINESS, THE • 1957 • DOC
HOLLYWOOD GLAMOUR ON ICE • 1957 • SHT
ROCK 'EM COWBOY • 1957 • SHT
GLAMOROUS HOLLYWOOD • 1958 • SHT

STAUDTE WOLFGANG – Actor – GRM – 1906–1984

AKROBAT SCHO-O-ON • 1943
ICH HAB' VON DIR GETRAUMT • I DREAMED OF YOU • 1944
FRAU UBER BORD • KABINE 27 • 1945
MANN, DEM MAN DEN NAMEN STAHL, DER • 1945
MORDER SIND UNTER UNS, DIE • MURDERERS ARE AMONG US, THE (UKN) ○ MURDERERS ARE AMONG US (USA) ○ MURDERERS ARE AMONGST US, THE • 1946
SELTSAMEN ABENTEUER DES HERRN FRIDOLIN B., DIE • STRANGE ADVENTURES OF HERR FRIDOLIN B. • 1948
ROTATION • 1949
SCHICKSAL AUS ZWEITER HAND • ZUKUNFT AUS ZWEITER HAND • 1949
TALE OF FIVE CITIES, A • STORIA DI CINQUE CITTA (ITL) ○ TALE OF FIVE WOMEN, A • 1951
UNTERTAN, DER • KAISER'S LACKEY, THE ○ UNDERDOG, THE ○ SUBMISSIVE, THE • 1951
ABENTEUER DES KLEINEN MUCK • ABENTEUER AUS 1001 NACHT, EIN • 1953
GESCHICHTE VOM KLEINEN MUCK, DIE • STORY OF LITTLE MOOK, THE ○ LITTLE MOOK ○ LITTLE MUCK'S TREASURE • 1953
LEUCHTFEHER • BEACON • 1954
CISKE, EIN KIND BRAUCHT LIEBE • CISKE (USA) ○ CISKE DE RAT ○ CISKE THE RAT ○ CISKE –A CHILD WANTS LOVE • 1955
MUTTER COURAGE UND IHRE KINDER • 1955
ROSE BERND • SINS OF ROSE BERND, THE (USA) • 1957
KANONEN-SERENADE • PEZZO, CAPOPEZZO E CAPITANO (ITL) ○ ALWAYS VICTORIOUS (USA) ○ IL CAPITANO (UKN) ○ MUZZLE, THE • 1958
MADELEINE UND DER LEGIONAR • ESCAPE FROM SAHARA (USA) ○ VERKAUFTES LEBEN • 1958
MAULKORB, DER • 1958
ROSEN FUR DEN STAATSANWALT • ROSES FOR THE PROSECUTOR • 1959
KIRMES • KERMES • 1960
LETZTE ZEUGE, DER • LAST WITNESS, THE • 1960
DREIGROSCHENOPER, DIE • THREEPENNY OPERA, THE • 1962
GLUCKLICHEN JAHRE DER THORWALDS, DIE • 1962
HERRENPARTIE • MEN'S OUTING • 1964
LAMM, DAS • LAMB, THE • 1964
GANOVENEHRE • HOODLUM'S HONOR • 1966
HEIMLICHKEITEN • SECRETS • 1968
GELD LIEGT AUF DER STRASSE, DAS • 1970
HERREN MIT DER WEISSEN WESTE, DIE • THOSE GENTLEMEN WHO HAVE A CLEAN SHEET • 1970
FLUCHTWEG ST. PAULI –GROSSALARM FUR DIE DAVIDSWACHE • HEISSE SPUR ST. PAULI ○ FLUCHTWEG ST. PAULI • 1971
MARYA SKLODOWSKA-CURIE. EIN MADCHEN, DAS DIE WELT VERANDERT • 1972 • MTV
VERRAT IST KEIN GESELLSCHAFTSSPIEL • 1972 • MTV
NERZE NACHTS AM STRASSENRAND • 1973 • MTV
SEA WOLF, THE • 1973
HERRLICHES DASEIN, EIN • 1974
ZWISCHENGLEIS • YESTERDAY'S TOMORROW ○ MEMORIES • 1978 • MTV

STAUFEN HANS – GRM

LIEBE VOM ZIGEUNER STAMMT.., DIE • 1920

STAUFFACHER FRANK – USA

SAUSALITO • 1948 • SHT
ZIGZAG • ZIG ZAG • 1950 • SHT
NOTES ON THE PORT OF ST. FRANCIS • 1952 • SHT

STAUGAARD PETER – NTH

OIL UNDERGROUND • 1960
NAVELSTAREN • 1966 • SHT

STAVELY ROLAND – ASL

ENEMY WITHIN, THE • 1918

STAVRAKAS DIMITRIS – GRC

PAREXIYISSI • MISUNDERSTANDING • 1983

STAVRIDES STAVROS C. – CND

GOD RIDES A HARLEY • 1988 • DOC

STAWICKI JERZY – PLN

PROFESOR ZAZUL • 1962 • SHT
PRZYJACIEL • FRIEND, THE • 1963 • SHT

STAWINSKI J. S. see **STAWINSKI JERZY STEFAN**

STAWINSKI JERZY S. see **STAWINSKI JERZY STEFAN**

STAWINSKI JERZY STEFAN – Screenwriter – PLN – 1921–

STAWINSKI JERZY S. • *STAWINSKI J. S.* • *STAWINSKY JERZY STEFAN*

ROZWODOW NIE BEDZIE • NO MORE DIVORCES ○ VOYAGERS • 1963
PINGWIN • PENGUIN, THE • 1965
PRZEDSWIATECZNY WIECZOR • CHRISTMAS EVE ○ EVE OF A HOLIDAY • 1966
KTO WIERZY W BOCIANY • WHO BELIEVES IN THE STORK • 1971
GODZINA SZCZYTU • PEAK HOUR • 1974
URODZINY MATYLDY • 1974

STAWINSKY JERZY STEFAN see **STAWINSKI JERZY STEFAN**

STEADMAN MARSHALL see **STEDMAN MARSHALL**

STEANE ANDREW – ASL

THEY FOUND A CAVE • 1962

STEAR DONALD – CND

TALE OF MAIL, A • AU PIED DE LA LETTRE • 1967

STECKEL LEONARD – Actor – GRM – 1901–

DU MEIN STILLES TAL • 1955

STECKER ALAN – USA

NOISE • SHT
STORY ABOUT THE DOTS AND THE LINES, THE • SHT
U.S.A. • SHT

STECKLER LEN – USA

MAD BULL • AGGRESSOR, THE • 1977 • TVM

STECKLER RAY DENNIS – USA – 1939–

SCHMIDT WOLFGANG

WILD GUITAR • 1962
RAT PFINK A BOO BOO • RAT FINK AND BOBO ○ RAT FINK AND BOO-BOO • 1963
INCREDIBLY STRANGE CREATURES WHO STOPPED LIVING AND BECAME CRAZY MIXED-UP ZOMBIES, THE • TEENAGE PYSCHO MEETS BLOODY MARY ○ INCREDIBLY STRANGE CREATURES, THE • 1964
THRILL KILLERS, THE • MONSTERS ARE LOOSE, THE ○ MANIACS ARE LOOSE, THE • 1965
LEMON GROVE KIDS MEET THE MONSTERS, THE • 1966 • SHT
BODY FEVER • LAST ORIGINAL B-MOVIE, THE ○ SUPER COOL • 1972
CHICKENHAWKS, THE • 1974
BLOOD SHACK • BLOOD MONSTER ○ CHOOPER, THE • 1981
HOLLYWOOD STRANGLER MEETS THE SKID ROW SLASHER • 1982

STEDMAN MARSHALL – USA

STEADMAN MARSHALL

BRAND BLOTTER, THE • 1912
SAINT AND THE SIWASH, THE • 1912
DREAM OF EGYPT, A • 1917 • SHT
LITTLE MARIANNA'S TRIUMPH • 1917 • SHT
PRINCE FOR A DAY, A • 1917 • SHT
ROMANY ROSE, A • 1917 • SHT

STEED JUDY – CND

CLOWNS AND MONSTERS • 1971 • SHT
IT'S GONNA BE ALL RIGHT • 1971

STEEL JUNE – USA

KIENHOLZ 2 ON EXHIBIT • 1968

STEELE GUNNAR – SWD

SAPPHO DARLING • 1968

STEEN-PETERSEN ANNEMARIE – DNM

TRAELLENES OPROR • 1979

STEEN SAM O. see **O'STEEN SAM**

STEENSLAND DAVID – USA

ESCAPES • 1985

STEEVE ALLAN W. – FRN

CANNIBAL TERROR

STEFANESCU HORIA – RMN

MELOMANIAC, THE • 1966 • ANS
CAT, THE WEASEL AND THE RABBIT, THE • 1969 • ANS

STEFANI FRANCEQ – GRM

SINGENDE KLINGENDE BAUMCHEN, DAS • SINGING TINKLING TREELET, THE ○ LITTLE SINGING TREE, THE • 1965

STEFANI MAURO – ITL

DECAMERON '300 • 1972
GRAZIE, SIGNORE P.. • 1972

STEFANKOVICOVA EVA – CZC

CARBANICA • SCRIBBLE, THE • 1982

STEFANOVIC MILOS – YGS

ZENICA • 1957

STEFFEN RICHARD see **GOULT DOMINIQUE**

STEGANI GIORGIO – ITL
FINLEY GEORGE
WEISSE FRACHT FUR HONGKONG • DA 077 CRIMINALI A HONG KONG (ITL) ○ OPERATION HONG KONG (USA) ○ MYSTERE DE LA JONQUE ROUGE, LE (FRN) ○ SECRET AGENT 077 ○ WHITE CARGO FOR HONG KONG ○ WHITE CARGO • 1964
ADIOS GRINGO • 1965
AGENTE LOGAN MISSIONE YPOTRON • YPOTRON –FINAL COUNTDOWN (USA) ○ YPOTRON (SPN) ○ OPERATION "Y" (UKN) ○ AGENT LOGAN'S SECRET MISSION YPOTRON • 1966
COLPO DOPPIO DEL CAMALEONTE D'ORO • 1967
GENTLEMAN JOE.. UCCIDI! • 1967
AL AI LA DELLA LEGGE • BEYOND THE LAW • 1968
SOLE NELLA PELLE, IL • SUN ON THE SKIN (UKN) ○ ONCE AND FOR ALWAYS • 1971
MILANO: IL CLAN DEI CALABRSEI • 1974
DISPOSTA A TUTTO • 1977

STEGER JULIUS – USA
LIBERTINE, THE • 1916
PRIMA DONNA'S HUSBAND, THE • 1916
LAW OF COMPENSATION, THE • 1917
REDEMPTION • 1917
BURDEN OF PROOF, THE • 1918
CECILIA OF THE PINK ROSES • 1918
HER MISTAKE • 1918
JUST A WOMAN • 1918
BELLE OF NEW YORK, THE • 1919
HIDDEN TRUTH, THE • 1919

STEGMULLER HENNING – GRM
MILO BARUS, DER STARKSTE MANN DER WELT • 1983

STEHURA JOHN – USA
CIBERNETIC 5.3 • CYBERNETIC 5.3 • 1969 • ANS

STEICHEN EDWARD J. – USA
FIGHTING LADY, THE • 1944

STEIGER CLEMENS – SWT
VON ZEIT ZU ZEIT • FROM TIME TO TIME • 1988

STEIMAR JIRI – CZC
PAN PROFESOR, NEPRITEL ZEN • OUR PROFESSOR, THE ENEMY OF WOMEN • 1913

STEIN BOB – USA
ZODIAC COUPLES, THE • 1970

STEIN HERB – USA
ESCAPE TO LOVE • 1982

STEIN J. – GRM
UNBANDIGES SPANIEN • 1962

STEIN JEFF – UKN
KIDS ARE ALRIGHT, THE • 1979

STEIN JOSEF – GRM
ERLOSCHENE AUGEN • 1917
GEACHTETEN, DIE • 1917
KNUTE ENTFLOHEN, DER • 1917
RACHENDE LIEBE • 1917
SPITZENTUCH DER FURSTIN WOLKOWSKA, DAS • 1917
GROSSE OPFER, DAS • 1918
IRRWEGE DER LIEBE • 1918
KASSENREVISION • 1918
LICHT DES LEBENS, DAS • 1918
SEI GETREU BIS IN DEN TOD • 1918
WEG DER ERLOSUNG, DER • 1918
KLATSCH • 1920
NOBODY MACHT ALLES • 1921
DAME IN GRAU, DIE • 1922
FLIBUSTIER, DIE • 1922
GAUKLER DER STRASSE • 1922
HERR DER UNTERWELT, DER • 1922
IM ZEICHEN DER SCHLANGE • 1922
JUSSUF EL FANIT, DER WUSTENRAUBER • 1922
LOCKENDE GEFAHR, DIE • 1924
SCHRECKEN DER WESTKUSTE, DER • 1925

STEIN K – GRM
UNBANDIGES SPANIEN • 1962

STEIN PAUL see **STEIN PAUL L.**

STEIN PAUL L. – AUS – 1892–1951
STEIN PAUL LUDWIG • STEIN PAUL
GEWALT GEGEN RECHT • 1919
TEMPEL DER LIEBE, DER • 1919
ARME VIOLETTA • RED PEACOCK, THE (USA) • 1920
GESCHLOSSENE KETTE, DIE • 1920
MARTYRIUM, DAS • 1920
SCHAUSPIELER DER HERZOGIN, DER • 1920
EHRENSCHULD • 1921
EWIGE KAMPF, DER • 1921
OPFER DER ELLEN LARSEN, DAS • 1921
STURMFLUT DES LEBENS • 1921
ES LEUCHTET MEINE LIEBE • 1922
MACHT DER VERSUCHUNG • 1922
MALMAISON • 1922
KETTE KLIRRT, DIE • 1923
LOWE VON VENEDIG, DER • 1923
TRAUM VOM GLUCK, EIN • 1924
ICH LIEBE DICH • 1925
INSEL DER TRAUME, DIE • ANSTANDIGE FRAU, EINE ○ ISLE OF DREAMS, THE • 1925
LIEBESFEUER • FIRES OF LOVE • 1925
FUNFUHRTEE IN DER ACKERSTRASSE • 1926
MY OFFICIAL WIFE • 1926
CLIMBERS, THE • 1927
DON'T TELL THE WIFE • 1927
FORBIDDEN WOMAN, THE • 1927
EHRE DEINE MUTTER • SEINE MUTTER • 1928
MAN–MADE WOMEN • 1928
SHOW FOLKS • 1928
HER PRIVATE AFFAIR • 1929
OFFICE SCANDAL, THE • 1929
THIS THING CALLED LOVE • 1929
LOTTERY BRIDE, THE • BRIDE SIXTY–SIX • 1930
ONE ROMANTIC NIGHT • SWAN, THE • 1930
SIN TAKES A HOLIDAY • 1930
BORN TO LOVE • 1931
COMMON LAW, THE • 1931
BREACH OF PROMISE • 1932
LILY CHRISTINE • 1932
WOMAN COMMANDS, A • 1932
SONG YOU GAVE ME, THE • 1933
BLOSSOM TIME • APRIL ROMANCE (USA) • 1934
RED WAGON • 1934
HEART'S DESIRE • MY HEART'S DELIGHT • 1935
MIMI • BOHEME, LA • 1935
FAITHFUL • 1936
CAFE COLETTE • DANGER IN PARIS (USA) • 1937
BLACK LIMELIGHT • 1938
JANE STEPS OUT • 1938
JUST LIKE A WOMAN • SWEET RACKET • 1938
OUTSIDER, THE • 1939
POISON PEN • 1939
GENTLEMAN OF VENTURE • IT HAPPENED TO ONE MAN (USA) • 1940
SAINT MEETS THE TIGER, THE • 1941
TALK ABOUT JACQUELINE • 1942
KISS THE BRIDE GOODBYE • 1944
TWILIGHT HOUR • 1944
WALTZ TIME • 1945
LAUGHING LADY, THE • 1946
LISBON STORY • 1946
COUNTERBLAST • DEVIL'S PLOT, THE ○ SO DIED A RAT • 1948
TWENTY QUESTIONS MURDER MYSTERY, THE • MURDER ON THE AIR • 1950

STEIN PAUL LUDWIG see **STEIN PAUL L.**

STEIN PETER – GRM
SOMMERGASTE • SUMMER GUESTS (UKN) • 1976
CLASS ENEMY • 1983

STEIN PHYLLIS – USA
OF THE SAME GENDER • SAME GENDER • 1968

STEINAA IB – DNM
KRUSENDULLER • SPIRALS • 1969 • ANS

STEINBACH HEINZ – Animator – GRM
EGG, THE • ANM
FIGARO • ANM
FILOPAT UND PATOFIL

STEINBERG DAVID – CND – 1942–
PATERNITY • 1981
GOING BERSERK • 1983
CASEY AT THE BAT • 1986
SEVERANCE • 1989

STEINBERG ZIGGY – USA
BOSS'S WIFE, THE • BOSS' WIFE, THE • 1986

STEINBERGER CHARLES – GRM
MONIKA: DIE SECHZEHNJAEHRIGEN • SWEET SIXTEEN ○ MONICA • 1975

STEINBICKER REINHART – GRM
LIEBE, TOD UND TEUFEL • DEVIL IN A BOTTLE, THE ○ IMP IN THE BOTTLE, THE ○ LOVE, DEATH AND THE DEVIL • 1934
DIABLE EN BOUTEILLE, LE • 1935

STEINBOCK RUDOLF – AUS
LIEBE FREUNDIN • ZWEIMAL VERLIEBT • 1949

STEINDLER MILAN – CZC
READY FOR THE GRAVE • 1990

STEINER – FRN
MATURAREISE • JEUNE FILLES AUJOURD'HUI • 1943

STEINER ALEX – USA
UBASIA • 1972 • SHT

STEINER RALPH – USA
H2O • 1929
MECHANICAL PRINCIPLES • 1930 • SHT
SURF AND SEAWEED • 1930 • SHT
PIE IN THE SKY • 1933 • SHT
CITY, THE • 1939 • DOC

STEINER WILLIAM – USA
YELLOW MENACE, THE • 1916 • SRL

STEINGRIMSSON PALL – ICL
DAYS OF DESTRUCTION • 1973 • DOC

STEINHARDT ALFRED – ISR
HABEN HA'OVED • PRODIGAL SON, THE • 1968
SALAMONICO • 1972
FATHER, THE • 1974
MOVIE AND BREAKFAST • 1977

STEINHOFF HANS – Screenwriter – GRM – 1882–1945
BRAUTIGAM AUF KREDIT • 1921
BETTELSTUDENT, DER • 1922
BIRIBI • 1922
FALSCHE DIMITRY, DER • 1922
KLEIDER MACHEN LEUTE • 1922
MASKE, DIE • 1922
INGE LARSEN • 1923
MENSCH GEGEN MENSCH • 1924
GRAFIN MARIZA • 1925
MANN, DER SICH VERKAUFT, DER • MAN WHO SOLD HIMSELF, THE • 1925
BALLETTMADELS • 1926
HERR DES TODES, DER • 1926
SCHWIEGERSOHNE • 1926
WIEN – BERLIN • 1926
FAMILIENTAG IM HAUSE PRELLSTEIN • 1927
FRAUENHAUS VON RIO, DAS • PLUSCH UND PLUMOWSKI • 1927
SANDGRAFIN, DIE • 1927
TRAGODIE EINES VERLORENEN, DIE • 1927
ANGST • 1928
EIN MADEL UND DREI CLOWNS • DREI ZIRKUSKONIGE, DIE • 1928
SPREEWALDMADEL, DAS • 1928
WENN DIE GARDE MARSCHIERT • 1928
ALLEY CAT, THE • 1929
NACHTGESTALTEN • NUR EIN GASSENMADEL • 1929
SONNENKONIG, DIE • 1929
THREE KINGS, THE • 1929
CHACUN SA CHANCE • CHUTE DANS LE BONHEUR, LA • 1930
KOPFUBER INS GLUCK • 1930
ROSENMONTAG • ROSE MONDAY • 1930
FASCHINGSFEE, DIE • 1931
MEIN LEOPOLD • 1931
PRANKE, DIE • PAW, THE • 1931
UOMO DALL'ARTIGLIO, L' • PRANKE, DIE (FRG) • 1931
WAHRE JAKOB, DER • MADCHEN VOM VARIETE, DAS • 1931
MADAME NE VEUT PAS D'ENFANTS • 1932
MADAME WUNSCHT KEINE KINDER • 1932
SCAMPOLO, EIN KIND DER STRASSE • UM EINEN GROSCHEN LIEBE • 1932
HITLERJUNGE QUEX • 1933
KEINE ANGST VOR LIEBE • 1933
LIEBE MUSS VERSTANDEN SEIN! • LOVE HAS ITS REASONS! • 1933
MADEL DER STRASSE, EIN • 1933
MUTTER UND KIND • MOTHER AND CHILD • 1933
PEU D'AMOUR, UN • SCAMPOLO • 1933
FREUT EUCH DES LEBENS • 1934
INSEL, DIE • 1934
LOCKVOGEL • 1934
MIROIR AUX ALOUETTES, LE • 1934
UNSERE FAHNE FLATTERT UNS VORAN • 1934
VERS L'ABIME • 1934
ALTE UND DER JUNGE KONIG, DER • YOUNG AND THE OLD KING, THE • 1935
AMMENKONIG, DER • TAL DES LEBENS, DAS • 1935
FRAU OHNE BETEUTUNG, EINE • WOMAN OF NO IMPORTANCE, A (USA) • 1936
VOLKSFEIND, EIN • 1937
TANZ AUF DEM VULKAN • 1938
ROBERT KOCH, DER BEKAMPFER DES TODES • ROBERT KOCH (USA) • 1939
GEIERWALLY, DIE • 1940
OHM KRUGER • 1941
REMBRANDT • 1942
GABRIELE DAMBRONE • 1943
HEILIGE FEUER, DAS • 1943
MELUSINE • 1944
SHIVA UND DIE GALGEN BLUME • 1945

STEINMANN DANNY – USA
FRIDAY THE 13TH PART V: A NEW BEGINNING • 1985
SAVAGE STREETS • 1985
SUBTERRANEANS • 1988

STEINMETZ DENNIS – USA
RECORD CITY • 1977

STEINWENDER KURT – AUS
FUNF KARNICKEL, DIE • IM KRUG ZUM GRUNEN KRANZE • 1953

STEKLY KAREL – CZC – 1903–1987
PROSTACEK • 1945 • SHT
PRULOM • BREACH, THE • 1946
SIRENA • STRIKE, THE • 1947
KARIERA • CAREER, THE • 1948
TEMNO • DARKNESS • 1950
ANNA PROLETARKA • ANNA THE PROLETARIAN • 1952
STRAKONICKY DUDAK • BAGPIPER OF STRAKONICE, THE ○ PIPER OF STRAKONICE, THE • 1955
DOBRY VOJAK SVEJK • GOOD SOLDIER SCHWEIK PARTS I & 2, THE • 1957
POSLUSNE HLASIM • BEG TO REPORT • 1957
MSTITEL • AVENGER, THE • 1959
OBJEV NA STRAPATE HURCE • DISCOVERY ON THE SHAGGY MOUNTAIN • 1962
LUCIE • LUCY • 1963
SLASTI OTCE VLASTI • PLEASURES OF THE FATHER OF THE COUNTRY, THE ○ JOYS OF THE FATHER OF HIS COUNTRY, THE • 1968
SVET OTEVRENY NAHODAM • WORLD OPEN TO CHANCES, THE • 1971
PODLIVNE PRATELSTVI HERCE JESENIA • UNUSUAL FRIENDSHIP OF THE ACTOR JESENIUS, THE • 1985

STELL AARON – USA
GALLANT ONE, THE • 1961

STELLI JEAN – FRN – 1894–
JEUNESSE D'ABORD • EMPEREUR DES VACHES, L' ○ CETTE PETITE EST PARFAITE • 1935
DURAND BIJOUTIER • 1938
OR DU CRISTOBAL, L' • 1939
POUR LE MAILLOT JAUNE • 1939
VOILE BLEU, LE • BLUE VEIL, THE (USA) • 1942
VALSE BLANCHE, LA • 1943
ENFANT DE L'AMOUR, L' • 1944
MENSONGES • HISTOIRES DE FEMMES • 1945
TENTATION DE BARBIZON, LA • TEMPTATION OF BARBIZON, THE • 1945
CABANE AUX SOUVENIRS, LA • HOMME PERDU, UN • 1946
MYSTERIEUX MONSIEUR SYLVAIN, LE • DANGER DE MORT • 1946
ROUTE SANS ISSUE • PASSION D'EVELYNE CLERY, LA • 1947
CINQ TULIPS ROUGES • 1948
CITE DE L'ESPERANCE • 1948
DERNIER AMOUR • 1949
ENVOI DE FLEURS • 1949
ON N'AIME QU–UNE FOIS • CAILLE, LA • 1949
VOYAGEUSE INATTENDUE, LA • UNEXPECTED VOYAGER, THE • 1949
MAMMY • 1950
MARIA DU BOUT DU MONDE • 1950
FILLE SUR LA ROUTE, UNE • 1951
SERENADE AU BOURREAU • 1951
TRESOR DE FEMME, UN • 1952
AMOUREUX DE MARIANNE, LES • POURQUOI PAS TOI • 1953
NUIT EST A NOUS, LA • 1953
FOIRE AUX FEMMES, LA • DESIRED • 1955
ALERTE AU DEUXIEME BUREAU • NEST OF SPIES (USA) • 1956
BARATIN • 1957
DEUXIEME BUREAU CONTRE INCONNU • 1957
RAPT AU DEUXIEME BUREAU • OPERATION ABDUCTION (USA) • 1958
DEUXIEME BUREAU CONTRE TERRORISTES • 1959

STELLING JOS – NTH – 1945–
MARIKEN VAN NIEUMEGHEN • 1974
ELCKERLYC • EVERYMAN • 1975
REMBRANDT FECIT 1669 • REMBRANDT • 1977
PRETENDERS, THE • 1981
ILLUSIONIST, THE • 1983
WISSELWACHTER, DE • POINTSMAN, THE • 1987

STELLMAN MARTIN – UKN
FOR QUEEN AND COUNTRY • 1988

STELZER MANFRED – GRM
MONARCH • 1980

STEMMLE R. A. – Screenwriter – GRM – 1903–
STEMMLE ROBERT ADOLF
CHARLEYS TANTE • 1934
ES TUT SICH WAS UM MITTERNACHT • MADEL MIT TEMPO, EIN • 1934
GLUCKSPILZE • 1934
HEINZ IM MOND • 1934
SO EIN FLEGEL • 1934
HITLERJUNGE QUEX • 1935
GLEISDREIECK • ALARM AUF GLEIS B • 1936
RAUB DER SABINERINNEN, DER • 1936
DAPHNE UND DER DIPLOMAT • 1937
GEHEIMNIS UM BETTY BONN, DAS • 1937
AM SEIDENEN FADEN • 1938
KLEINER MANN, GANZ GROSS • 1938
MANN FUR MANN • 1939
VOLK WILL LEBEN, EIN • PEOPLE WANTS TO LIVE, A • 1939
DONAUSCHIFFER • 1940
GOLOWIN GEHT DURCH DIE STADT • 1940
SPUK IM OPERNHAUS • GHOST OF THE OPERA
JUNGENS • 1941
GROSSE SPIEL, DAS • 1942
HERR SANDERS LEBT GEFAHRLICH • 1943
JOHANN • 1943
GELD INS HAUS • MILLIONAR, DER • 1945
MEINE HERREN SOHNE • 1945
BERLINER BALLADE • BALLAD OF BERLIN, THE ○ BERLINER, THE • 1948
ABBIAMO VINTO • 1951
SUNDIGE GRENZE • 1951
HEIMWEH NACH DIR • 1952
TOXI • 1952
SUDLICHE NACHTE • 1953
IDEALE BRAUTPAAR, DAS • 1954
WENN DU NOCH EINE MUTTER HAST.. • LICHT DER LIEBE, DAS • 1954
DU DARFST NICHT LANGER SCHWEIGEN • 1955
EMIL UND DIE DETEKTIVE • EMIL AND THE DETECTIVES • 1955
FORSTERBUBEN, DIE • 1955
HERZ VOLL MUSIK, EIN • 1955
GANZE WELT SINGT NUR AMORE, DIE • 1956
UNS GEFALLT DIE WELT • 1956
...UND DIE LIEBE LACHT DAZU • SCHWARZBROT UND KIPFERL • 1957
MAJESTAT AUF ABWEGEN • 1958
UNVOLLKOMMENE EHE, DIE • 1959

STEMMLE ROBERT ADOLF see **STEMMLE R. A.**

STEMPEL HANS – GRM
BESUCH AUF IMRALI • PORTRAIT OF YILMAZ GUNEY • 1979 • DOC

STENBAEK KIRSTEN – DNM
STENBAEK KIRSTIN
MISS JULIE
FANTASTERNE • DAY-DREAMERS, THE ○ DREAMERS, THE • 1967
NONNE KYSSET • NUN'S KISS, THE • 1968
TIMELAERER NANSEN • TEACHER NANSEN • 1968 • SHT
GALE DANSKER, DEN • MAD DANE, THE • 1970
LENIN GANG, THE • 1971
LENIN, DIN GAVJYV! • LENIN, YOU RASCAL! • 1972

STENBAEK KIRSTIN see **STENBAEK KIRSTEN**

STENGEL CHRISTIAN – FRN – 1903–
JE CHANTE • 1938
FAMILLE DURATON, LA • 1939
SEUL DANS LA NUIT • ASSASSIN CHANTAIT, L' • 1945
REVES D'AMOUR • DREAMS OF LOVE (USA) • 1946
FIGURE DE PROUE • 1947
VILLAGE PERDU, LE • 1947
ROME EXPRESS • 1949
PAS DE PITIE POUR LES FEMMES • 1950
PLUS BELLE FILLE DU MONDE, LA • 1951
MAISON DU CRIME, LA • 1952
MINUIT QUAI DE BERCY • 1952
MOUREZ, NOUS FERONS LE RESTE • 1953
CASSE-COU MADEMOISELLE • AH! QUEL COUREUR! • 1954
VACANCES EXPLOSIVES • 1956

STENHOLM KATHERINE – USA
MACBETH • 1950
RED RUNS THE RIVER • 1963

STENO – Screenwriter – ITL – 1915–
VANZINA STEFANO
AL DIAVOLO LA CELEBRITA • FAME AND THE DEVIL (USA) ○ ONE NIGHT OF FAME ○ NIGHT OF FAME, A • 1949
TOTO CERCA CASA • TOTO WANTS A HOME • 1949
E ARRIVATO IL CAVALIERE • 1950
VITA DA CANI • IT'S A DOG'S LIFE • 1950
GUARDIE E LADRI • COPS AND ROBBERS • 1951
INFEDELI, LE • UNFAITHFULS, THE (USA) ○ UNFAITHFUL, THE • 1952
TOTO A COLORI • TOTO IN COLOUR • 1952
TOTO E I RE DI ROMA • 1952
TOTO E LE DONNE • 1952
CINEMA D'ALTRI TEMPI • 1953
UOMO, LA BESTIA E LA VIRTU, L' • MAN, BEAST AND VIRTUE • 1953
AMERICANO A ROMA, UN • AMERICAN IN ROME, AN • 1954
AVVENTURE DI GIACOMO CASANOVA, LE • AVENTURES ET LES AMOURS DE CASANOVA, LES (FRN) ○ SINS OF CASANOVA ○ CASANOVA (USA) • 1954
GIORNO IN PRETURA, UN • DAY IN COURT, A (USA) • 1954
PICCOLO POSTA • 1955
MIO FIGLIO NERONE • WEEK-ENDS DE NERON, LES (FRN) ○ NERO'S MISTRESS (USA) ○ NERO'S WEEKEND ○ NERO'S BIG WEEKEND • 1956
FEMMINE TRE VOLTE • THREE TIMES A LADY ○ FEMALE THREE TIMES • 1957
SUSANNA TUTTA PANNA • 1957
GUARDIA, LADRO E CAMERIERA • 1958
MIA NONNA POLIZIOTTO • 1958
TOTO NELLA LUNA • TOTO IN THE MOON • 1958
TARTASSATI, I • FRIPOUILLARD ET CIE (FRN) ○ OVERTAXED, THE • 1959
TEMPI DURI PER I VAMPIRI • UNCLE WAS A VAMPIRE (USA) ○ HARD TIMES FOR DRACULA ○ MY UNCLE, THE VAMPIRE ○ HARD TIMES FOR VAMPIRES • 1959
TOTO, EVA E IL PENNELLO PROIBITO • 1959
A NOI PIACE FREDDO..! • SOME LIKE IT COLD • 1960
LETTO A TRE PIAZZE • 1960
MILITARE E MEZZO, UN • 1960
PSYCOSISSIMO • 1961
RAGAZZA DI MILLE MESI, LA • 1961
COPACABANA PALACE • SAGA OF THE FLYING HOSTESSES, THE ○ GIRL GAME (USA) • 1962
DUE COLONNELLI, I • TWO COLONELS, THE • 1962
MOSCHETTIERI DEL MARE, I • IL ETAIT TROIS FLIBUSTIERS (FRN) ○ MUSKETEERS OF THE SEA (USA) ○ IL ETAIT UN FOIS TROIS FLIBUSTIERS • 1962
TOTO DIABOLICUS • 1962
EROI DEL WEST, GLI • 1963
TOTO CONTRO I QUATTRO • 1963
GEMELLI DEL TEXAS, I • 1964
MOSTRO E MEZZO, UN • MONSTER AND A HALF, A • 1964
LETTI SBAGLIATI • 1965
AMORE ALL'ITALIANA • SUPERDIABOLICI, I ○ LOVE ITALIAN STYLE ○ SUPER DIABOLICAL, THE • 1966
ROSE ROSSE PER ANGELICA • 1966
ARRIVA DORELLIK • DORELLIK (USA) ○ DORELLIK ARRIVES ○ HOW TO KILL 400 DUPONTS • 1967
FELDMARESCIALLA, LA • RITA FUGGE.. LUI CORRE.. EGLI SCAPPA ○ GIRL FIELD-MARSHAL, THE ○ RITA FLEES.. HE RUNS.. THEY ESCAPE • 1967
CAPRICCIO ALL'ITALIANA • CAPRICE ITALIAN STYLE • 1968
GROSSE PAGAILLE, LA • 1969
TRASPIANTO, IL • TRASPLANTE A LA ITALIANA (SPN) ○ TRANSPLANT (USA) ○ ITALIAN TRANSPLANT • 1970
COSE DI COSA NOSTRA • 1971
VICHINGO VENUTO DAL SUD, IL • VIKING WHO CAME FROM THE SOUTH, THE ○ BLONDE IN THE BLUE MOVIE, THE • 1971
POLIZIA RINGRAZIA, LA • LAW ENFORCERS, THE (UKN) ○ EXECUTION SQUAD (USA) • 1972
TERRORE CON GLI OCCHI STORTI, IL • CROSS-EYED TERROR, THE • 1972
UCCELLO MIGRATORE, L' • 1972
ANASTASIA MIO FRATELLO • ANASTASIA MIO FRATELLO PRESUNTO CAPO DELL'ANONIMA • 1973
PIEDONE LO SBIRRO • KNOCK OUT COP, THE (USA) ○ FLATFOOT • 1973
POLIZIOTTA, LA • 1974
PADRONE E L'OPERAIO, IL • 1975
PIEDONE A HONG KONG • 1975
FEBBRE DA CAVALLO • 1976
ITALIA S'E ROTTA, L' • 1976
DOPPIO DELITTO • DOPPIA MORTE AL GOVERNO VECCHIO ○ DOUBLE MURDER • 1977
TRE TIGRI CONTRO TRE TIGRI • 1977
AMORE MIEI • 1978
PIEDONE L'AFRICANO • 1978
AMICI DIVERSI • 1979
DOTTOR JEKYLL E GENTILE SIGNORA • 1979
PATATA BOLLENTE, LA • IT'S BAD TO MIX ○ HOT POTATO • 1979
FICO D'INDIA • PRICKLY PEARS • 1980
PIEDONE D'EGITTO • FLAT FOOT ON THE NILE • 1980
BANANA JOE • 1982
BONNIE E CLYDE ALL'ITALIANA • BONNIE AND CLYDE ITALIAN STYLE • 1983
DIO LI FA POI LI ACCOPPIA • GOD CREATES THEM AND THEN PUTS THEM TOGETHER • 1983
MANI DI FATA • FAIRY HANDS • 1984
OMBRA NERA DEL VESUVIO, L' • 1987 • MTV

STENSTROM MATTS A. – SWD – 1892–1965
UNGKARLSPARADISET • 1931
UTSTOTTA, DE • HEMLOSA, DE • 1931

STENZEL HANS CHRISTOF – AUS
C'EST LA VIE RROSE –EIN JUNGGESELLENSPIEL • INTERROGATION OF THE STATUE OF LIBERTY ○ BEFRAGUNG DER FREIHEITSTATUE • 1977
OBSZON –DER FALL PETER HERZL • OBSCENE –THE PETER HERZL CASE • 1981

STENZEL OTTO – AUS
VERGESSENEN JAHRE, DIE • 1962

STEPANEK MIROSLAV – Animator – CZC
STEPHANEK MIROSLAV
IT'S A FIASCO, GENTLEMEN • 1970 • ANM
SOMETHING WENT BUMP • 1970 • ANS
GENTLEMEN, WHO THREW THAT? • ANS
SHOOTING GALLERY, THE • ANS

STEPANIK LUKAS – AUS
KIESELSTEINE • PEBBLES • 1983

STEPANOV B. see **STEPANOV BORIS**

STEPANOV BORIS – USS
STEPANOV B.
ALPINE BALLAD • 1966
YA, FRANCIS SKORINA • I, FRANCIS SKORINA • 1970
CLOUDS, THE • 1973

STEPANOVA L. – USS
ORLOVSKAYA BITVA • BATTLE OF OREL, THE • 1943

STEPANOVA LIDIA see **STEPANOVA LIDIYA**

STEPANOVA LIDIYA – USS
STEPANOVA LIDIA
INSIDE THE U.S.S.R. • 1961
KOMPOZITOR SERGEY PROKOFYEV • PROKOFIEFF –HIS LIFE AND MUSIC • 1961

STEPANTSEV B. see **STEPANTSEV BORIS**

STEPANTSEV BORIS – USS
STEPANTSEV B.
VOVKA IN THE KINGDOM OF THE OTHER END OF THE WORLD • 1965 • ANS
TINY TOT AND MR. CARLSON, THE • 1969 • ANM

STEPHAN BERNHARD – GRM
FUR DIE LIEBE NOCH ZU MAGER? • 1975
DRIVING SCHOOL • 1987
HEART AND SOUL • 1987

STEPHANE NICOLE – Actress – FRN – 1928–
GENERATION DU DESERT, LA • DESERT GENERATION, THE • 1957 • SHT
TAPIS VOLANT, LE • FLYING CARPET, THE • 1960
HYDROCEPHALES, LES • 1965

STEPHANEK MIROSLAV see **STEPANEK MIROSLAV**

STEPHANI FREDERICK – Producer/ writer – USA
FLASH GORDON • SPACE SOLDIERS • 1936 • SRL
SPACESHIP TO THE UNKNOWN • ROCKET SHIP • 1936
PERIL FROM THE PLANET MONGO • 1940

STEPHEN A. C. – USA
APOSTOLOF STEPHEN C.
ORGY OF THE DEAD • ORGY OF THE VAMPIRES • 1965
SUBURBIA CONFIDENTIAL • 1966
BACHELOR'S DREAM • 1967
MOTEL CONFIDENTIAL • 1967
COLLEGE GIRLS • 1968
OFFICE LOVE-IN, WHITE COLLAR STYLE • SWINGING SECRETARY • 1968
DIVORCEE, THE • CONFESSIONS OF A DIVORCEE • 1969
LADY GODIVA RIDES • LADY GODIVA (LOVES ON TWO CONTINENTS) ○ LADY GODIVA REIGNS ○ LADY GODIVA ○ LADY GODIVA RIDES AGAIN ○ LADY GODIVA MEETS TOM JONES • 1969
FUGITIVE GIRLS • 1975
BEACH BUNNIES • RED, HOT AND SEXY • 1977

STEPHEN MARY – CND
OMBRES DE SOIE • SHADOWS ON SILK • 1977

STEPHEN RICHARD – FRN
PARTOUZES PERVERSE
MONTEUSES, LES • 1977
QUEUTARDES, LES • 1977

STEPHENS JACK – UKN
BLINKER'S SPY-SPOTTER • 1971

STEPHENS PETER – USA
MUSTANG • 1959

STEPHENS RUSSEL – CND
REGENERATION • 1988

STEPHENSEN ERIK – DNM
DIN NABOS SON • YOUR NEIGHBOUR'S SON • 1981

STEPHENSON LYNTON – SAF
MAXHOSA • 1975

STEPPLING JOHN – USA
LOVE AND LABOR • 1915
UNCLE HECK, BY HECK • 1915
WHAT'S IN A NAME? • 1915
BILLY THE BANDIT • 1916 • SHT
CHARMING VILLAIN, A • 1916 • SHT
BEAUTY DOCTOR, THE • 1917 • SHT
BOX OF TRICKS, A • 1917 • SHT

STERLING FORD – Actor – USA – 1883–1939
PEEPING PETE • 1913
BAFFLES, GENTLEMAN BURGLAR • 1914
FALSE BEAUTY, A • 1914
HIS FATHER'S FOOTSTEPS • 1915
HUNT, THE • 1915
HIS LYING HEART • 1916 • SHT
HIS PRIDE AND SHAME • 1916 • SHT
HIS WILD OATS • 1916 • SHT
MANICURIST, THE • 1916 • SHT
OH, MABEL BEHAVE • 1917

STERLING SIMON see **SOLLIMA SERGIO**

STERLING WILLIAM – UKN
ALICE'S ADVENTURES IN WONDERLAND • 1972

STERMAC DARIA – CND
I NEED A MAN LIKE YOU TO MAKE MY DREAMS COME TRUE • 1987 • SHT

STERN – GRM
KURIER VON LISSABON, DER • 1920

STERN ANTHONY – UKN
SAN FRANCISCO • 1968 • DCS
AIN'T MISBEHAVIN' • 1974 • CMP

STERN BERT – USA
JAZZ ON A SUMMER'S DAY • 1958

STERN GERN – USA
Y • 1963 • ANS

STERN HORST – GRM
LEBEN AM SEIDEN FADEN • LIFE ON A SILKEN THREAD • 1973

STERN J.
INTRACTABLE SPAIN • 1962

STERN K.
INTRACTABLE SPAIN • 1962

STERN LEONARD – USA – 1923–
ONCE UPON A DEAD MAN • 1971 • TVM
SNOOP SISTERS, THE • FEMALE INSTINCT • 1972 • TVM
JUST YOU AND ME, KID • 1979

STERN MARK – FRN
STAOW MARK
ELSA, FRAULEIN SS • 1977

STERN SANDOR – CND – 1936–
SEEDING OF SARAH BURNS, THE • 1979 • TVM
MEMORIES NEVER DIE • 1982 • TVM
MUGGABLE MARY, STREET COP • 1982 • TVM
CUTTER TO HOUSTON • 1983 • MTV
PASSIONS • 1984 • TVM
JOHN AND YOKO: A LOVE STORY • JOHN AND YOKO: THE COMPLETE STORY • 1985 • TVM
ASSASSIN • 1986 • TVM
EASY PREY • 1986
PIN • 1988
SHATTERED INNOCENCE • 1988 • TVM
GLITZ • 1989

STERN SEYMOUR – USA
LAND OF THE SUN • 1932

STERN STEVEN see **STERN STEVEN HILLIARD**

STERN STEVEN H. see **STERN STEVEN HILLIARD**

STERN STEVEN HILLIARD – CND – 1937–
STERN STEVEN H. • *STERN STEVEN*
B.S. I LOVE YOU • 1967
HARRAD SUMMER • STUDENT UNION • 1974
NEITHER BY DAY NOR BY NIGHT • 1974
I WONDER WHO'S KILLING HER NOW? • 1976
ESCAPE FROM BOGEN COUNTY • 1977 • TVM
DOCTORS' PRIVATE LIVES • 1978 • TVM
GETTING MARRIED • 1978 • TVM
GHOST OF FLIGHT 401, THE • 1978 • TVM
ANATOMY OF A SEDUCTION • 1979 • TVM
FAST FRIENDS • 1979
RUNNING • 1979
YOUNG LOVE, FIRST LOVE • 1979 • TVM
PORTRAIT OF AN ESCORT • PROFESSIONAL DATE • 1980 • TVM
DEVIL AND MAX DEVLIN, THE • 1981
MIRACLE ON ICE • 1981 • TVM
SMALL KILLING, A • 1981 • TVM
AMBUSH MURDERS, THE • 1982 • TVM
BABY SISTER • 1982 • TVM
FORBIDDEN LOVE • 1982 • TVM
NOT JUST ANOTHER AFFAIR • SMUG FIT • 1982 • TVM
PORTRAIT OF A SHOWGIRL • 1982 • TVM
RONA JAFFE'S MAZES & MONSTERS • MAZES AND MONSTERS • 1982 • TVM
STILL THE BEAVER • 1982 • TVM
UNCOMMON LOVE, AN • 1983 • TVM
DRAW! • 1984 • TVM
GETTING PHYSICAL • 1984 • TVM
OBSESSIVE LOVE • 1984 • TVM
HOSTAGE FLIGHT • TERROR IN THE SKY • 1985 • TVM
MURDER IN SPACE • WHODUNIT? MURDER IN SPACE • 1985 • TVM
PARK IS MINE, THE • 1985 • TVM
UNDERGRADS, THE • 1985 • TVM
MANY HAPPY RETURNS • 1986 • TVM
YOUNG AGAIN • 1986 • TVM
NOT QUITE HUMAN • 1987 • TVM
ROLLING VENGEANCE • 1987
MAN AGAINST THE MOB • CROSSING THE MOB ○ TROUBLE IN THE CITY OF ANGELS • 1988 • TVM
WEEKEND WAR • 1988 • TVM

STERN TOM – USA
CLAY PIGEON • TRIP TO KILL (UKN) • 1971

STERNBECK HANS – GRM
ACH JODEL MIR NOCH EINEN –STOSZTRUPP VENUS BLAST ZUM ANGRIFF • 2069: A SPACE ODYSSEY ○ SEX CHARGE • 1973

von STERNBERG JOSEF – AUS – 1894–1969
MASKED BRIDE, THE • 1925
SALVATION HUNTERS, THE • 1925
EXQUISITE SINNER, THE • 1926
WOMAN OF THE SEA, A • SEA GULL, THE • 1926
CHILDREN OF DIVORCE • 1927
IT • 1927
UNDERWORLD • PAYING THE PENALTY (UKN) • 1927
DOCKS OF NEW YORK, THE • 1928
DRAGNET • 1928
LAST COMMAND, THE • GENERAL, THE • 1928
CASE OF LENA SMITH, THE • 1929
THUNDERBOLT • 1929
BLAUE ENGEL, DER • BLUE ANGEL, THE • 1930
MOROCCO • 1930
AMERICAN TRAGEDY, AN • 1931
DISHONORED • 1931
BLONDE VENUS • 1932
SHANGHAI EXPRESS • 1932
SCARLET EMPRESS, THE • 1934
CRIME AND PUNISHMENT • 1935
DEVIL IS A WOMAN, THE • CAPRICE ESPAGNOL • 1935
KING STEPS OUT, THE • 1936
I CLAUDIUS • 1937
GREAT WALTZ, THE • 1938
I TAKE THIS WOMAN • 1939
SERGEANT MADDEN • 1939
SHANGHAI GESTURE, THE • 1941
TOWN, THE • 1944 • DOC
DUEL IN THE SUN • 1946
MACAO • 1952
ANATAHAN • SAGA OF ANATAHAN, THE • 1954
JET PILOT • 1957

STERNFELD SILIK – PLN
ZACZAROWANY ROWER • MAGIC BICYCLE, THE • 1955

STERRY ARTHUR – ASL
WAYBACKS, THE • 1918
LIFE STORY OF JOHN LEE –THE MAN THEY COULD NOT HANG, THE • 1921

STEUART RONALD – NZL
FLOWER OF GOLD • 1930
VANISHING SAILS • 1935

STEVEN GEOFF – NZL
HUIA • TEST PICTURES • 1975
SKINDEEP • SKIN DEEP • 1978
STRATA • 1983

STEVENIN JEAN-FRANCOIS – Actor – FRN – 1944–
PASSE-MONTAGNE, LE • 1978
DOUBLE MESSIEURS • 1985

STEVENS ARNOLD – USA
ATTACK OF THE SWAMP CREATURE • 1985

STEVENS ART – Animator – USA
RESCUERS, THE • 1977 • ANM
FOX AND THE HOUND, THE • 1981 • ANM

STEVENS BERYL – UKN
CURIOUS HISTORY OF MONEY, THE • 1969

STEVENS CARTER – USA
COLLEGIATES, THE • 1974
LIKITY SPLIT • 1974
ROLLERBABIES • 1976
IN SARA'S EYES • 1977
JAILBAIT BABYSITTER • JAILBAIT • 1977

STEVENS DAVID – PLS – 1940–
ROSES BLOOM TWICE, THE • 1978 • MTV
JOHN SULLIVAN STORY, THE • 1980 • MTV
TOWN LIKE ALICE, A • 1981 • MTV
CLINIC, THE • 1982
UNDERCOVER • 1983
KANSAS • 1988

STEVENS EDWIN – USA
CAPITAL PRIZE, THE • 1916 • SHT
HONOR OF MARY BLAKE, THE • 1916
BOY GIRL, THE • 1917
BRAND OF HATE, THE • 1917 • SHT
FOR LACK OF EVIDENCE • 1917 • SHT
MAGPIE, THE • 1917 • SHT
SUSAN'S GENTLEMAN • 1917

STEVENS FRANK – UKN
FORD WORLD • 1960

STEVENS GEORGE – USA – 1904–1975
LADIES FIRST • 1930 • SHT
AIR TIGHT • 1931 • SHT
BLOOD AND THUNDER • 1931 • SHT
CALL A COP! • 1931 • SHT
HIGH GEAR • 1931 • SHT
KICKOFF, THE • KICK-OFF!, THE • 1931 • SHT
MAMA LOVES PAPA • 1931 • SHT
BOYS WILL BE BOYS • 1932 • SHT
FAMILY TROUBLES • 1932 • SHT
FINISHING TOUCH, THE • 1932 • SHT
WHO! ME? • 1932 • SHT
COHENS AND KELLYS IN TROUBLE, THE • 1933
DIVORCE COURTSHIP, A • 1933 • SHT
FLIRTING IN THE PARK • 1933 • SHT
GRIN AND BEAR IT • 1933 • SHT
QUIET, PLEASE • 1933 • SHT
ROCK-A-BYE COWBOY • 1933 • SHT
ROOM MATES • 1933 • SHT
SHOULD CROONERS MARRY? • 1933 • SHT
WALKING BACK HOME • 1933 • SHT
WHAT FUR • 1933 • SHT
BACHELOR BAIT • 1934
BRIDAL BAIL • 1934 • SHT
CRACKED SHOTS • 1934 • SHT
KENTUCKY KERNELS • TRIPLE TROUBLE (UKN) • 1934
LADDIE • 1934
OCEAN SWELLS • 1934 • SHT
ROUGH NECKING • 1934 • SHT
STRICTLY FRESH YEGGS • 1934 • SHT
UNDIE-WORLD, THE • 1934 • SHT
ALICE ADAMS • 1935
ANNIE OAKLEY • 1935
NITWITS, THE • 1935
SWING TIME • 1936
DAMSEL IN DISTRESS, A • 1937
QUALITY STREET • 1937
VIVACIOUS LADY • 1938
GUNGA DIN • 1939
VIGIL IN THE NIGHT • 1940
PENNY SERENADE • 1941
WOMAN OF THE YEAR • 1941
TALK OF THE TOWN, THE • THREE'S A CROWD • 1942
MORE THE MERRIER, THE • MERRY-GO-ROUND • 1943
I REMEMBER MAMA • 1948
PLACE IN THE SUN, A • 1951
SOMETHING TO LIVE FOR • MR. AND MRS. ANONYMOUS • 1952
SHANE • 1953
GIANT • 1956
DIARY OF ANNE FRANK, THE • 1959
GREATEST STORY EVER TOLD, THE • JESUS • 1965
ONLY GAME IN TOWN, THE • 1970

STEVENS GEORGE JR. – USA
GEORGE STEVENS: A FILMAKER'S JOURNEY • 1984 • DOC

STEVENS GOSTA – SWD – 1897–1964
VILDMARKENS SANG • SONG OF THE WILDS ○ BASTARD • 1940
EN MAN FOR MYCKET • ONE MAN TOO MANY • 1941
SODERPOJKAR • BOYS FROM THE SOUTH OF STOCKHOLM • 1941
JAG AR MED EDER.. • I AM WITH YOU • 1948
HUSET NR.17 • HOUSE NUMBER 17 • 1949
SVEN TUSAN • 1949

STEVENS GRAHAM – UKN
ATMOSFIELDS • 1971

STEVENS LESLIE – Producer/writer – USA – 1924–
PRIVATE PROPERTY • 1960
HERO'S ISLAND • LAND WE LOVE, THE • 1962
DELLA • 1964
INCUBUS • 1965
FANFARE FOR A DEATH SCENE • 1967 • TVM
I LOVE A MYSTERY • 1967
THREE KINDS OF HEAT • 1987

STEVENS MARK – Actor – USA – 1915–
VERONICA KISS
CRY VENGEANCE • 1954
TIMETABLE • 1956
GUN FEVER • 1958
MAN IN THE WATER, THE • ESCAPE FROM HELL ISLAND • 1963
TIERRA DE FUEGO • VERGELTUNG IN CATANO (FRG) ○ SUNSCORCHED (USA) ○ LAND OF FIRE • 1965

STEVENS NORMAN L. – USA
JOHNNY RING AND THE CAPTAIN'S SWORD • 1921

STEVENS ROBERT – USA – c1925–
BIG CAPER, THE • 1957
NEVER LOVE A STRANGER • 1958
I THANK A FOOL • 1962
IN THE COOL OF THE DAY • 1963
CHANGE OF MIND • 1969

STEVENS STELLA – Actress – USA – 1936–
AMERICAN HEROINE, THE • 1979 • DOC
RANCH, THE • 1988

STEVENS WALTER – USA
DAINTY DAMSELS AND BOGUS COUNTS • 1919 • SHT

STEVENS WILL – USA
LITTLE BOBBY • 1915

STEVENSON – UKN
ALICE LEAVES WONDERLAND • 1989 • SHT

STEVENSON ERIKA – UKN
FACE • 1980

STEVENSON ROBERT – UKN – 1905–1986
HAPPY EVER AFTER • 1932
FALLING FOR YOU • 1933
JACK OF ALL TRADES • TWO OF US, THE (USA) • 1936
MAN WHO CHANGED HIS MIND, THE • MAN WHO LIVED AGAIN, THE (USA) ○ BRAINSNATCHER(S), THE ○ DR. MANIAC • 1936
TUDOR ROSE • NINE DAYS A QUEEN (USA) ○ LADY JANE GREY • 1936
KING SOLOMON'S MINES • 1937
NON-STOP NEW YORK • 1937
OWD BOB • TO THE VICTOR • 1938
WARE CASE, THE • 1938
YOUNG MAN'S FANCY • 1939
RETURN TO YESTERDAY • 1940
TOM BROWN'S SCHOOLDAYS • ADVENTURES AT RUGBY (USA) • 1940
BACK STREET • 1941
JOAN OF PARIS • 1942
FOREVER AND A DAY • 1943
JANE EYRE • 1944
AMERICAN CREED, THE • 1946 • DCS
DISHONORED LADY • 1947
TO THE ENDS OF THE EARTH • ASSIGNED TO TREASURY • 1948
I MARRIED A COMMUNIST • WOMAN ON PIER 13, THE (UKN) ○ WOMAN AT PIER THIRTEEN, THE • 1949
WALK SOFTLY, STRANGER • WEEP NO MORE • 1950
MY FORBIDDEN PAST • CARRIAGE ENTRANCE • 1951
LAS VEGAS STORY, THE • 1952
MEET MR. KRINGLE • MIRACLE ON 34TH STREET (UKN) • 1956 • MTV
JOHNNY TREMAIN • 1957
OLD YELLER • 1957
DARBY O'GILL AND THE LITTLE PEOPLE • 1959
KIDNAPPED • 1960
ABSENT-MINDED PROFESSOR, THE • 1961
IN SEARCH OF THE CASTAWAYS • CASTAWAYS, THE • 1961
SON OF FLUBBER • 1963
MARY POPPINS • 1964
MISADVENTURES OF MERLIN JONES, THE • 1964
MONKEY'S UNCLE, THE • 1965
THAT DARN CAT • 1965
GNOME-MOBILE, THE • 1967
BLACKBEARD'S GHOST • 1968
MICKEY MOUSE ANNIVERSARY SHOW, THE • 1968
LOVE BUG, THE • 1969
MY DOG, THE THIEF • 1969
BEDKNOBS AND BROOMSTICKS • 1971
LOVE BUG RIDES AGAIN, THE • HERBIE RIDES AGAIN (UKN) • 1972
ISLAND AT THE TOP OF THE WORLD, THE • 1974
ONE OF OUR DINOSAURS IS MISSING • 1975
SHAGGY D. A., THE • 1977

STEVENSON ROSALIND A. – USA
DEUX VOIX • TWO VOICES • 1966

STEWARDSON JOE – SAF
TAXI! • 1970

STEWART ALAN – USA
GHOSTRIDERS • 1986
GHETTOBLASTERS • GHETTO BLASTER, THE • 1989

STEWART BHOB – USA
YEAR THE UNIVERSE LOST THE PENNANT, THE • DO-IT-YOURSELF HAPPENING KIT • 1961 • SHT

STEWART BOB - USA
FUTURE PAST

STEWART DEREK - UKN
TESTING OILS FOR TWO-STROKE ENGINES • 1963 • DCS
DAWN OF AN INDUSTRY • 1966 • DOC

STEWART DOUGLAS DAY - USA
THIEF OF HEARTS • 1984
CHARLIE'S KIDS • MISMATCH • 1989
LISTEN TO ME • 1989

STEWART JOHN - USA
SOUND OF FLESH, THE • SHT
ACTION USA • 1989
SMASH HIT • 1989

STEWART JOHN R. F. - Producer - UKN - 1916-
MAGIC STRINGS • 1955 • SHT

STEWART KEN - USA
CASTING CALL • 1970
MATINEE WIVES • 1970

STEWART LARRY - USA
BUCK ROGERS: FLIGHT OF THE WAR WITCH • 1979
INITIATION, THE • 1982

STEWART LINDA - USA
PARDON ME FOR BEING A BIT DENSE • 1977

STEWART MEG - ASL
LAST BREAKFAST IN PARADISE • 1982

STEWART PAUL - USA
INTRODUCTION TO ERICA • 1956

STEWART PETER see **NEWFIELD SAM**

STEWART ROB - ASL
SLIM DUSTY MOVIE, THE • 1984
COMPUTER GHOSTS • 1987
ROCK 'N' ROLL COWBOYS • 1987

STEWART WILLIAM G. - Producer - UKN
FATHER DEAR FATHER • 1972

STI RENE - FRN - 1900-1951
OURSINS, LES • 1926 • SHT
INCONNUE DES SIX JOURS, L' • 1927 • SHT
GARDEZ LE SOURIRE • RAYON DE SOLEIL • 1933
TESTAMENT DU DOCTEUR MABUSE, LE • 1933
BOSSU, LE • 1934
PORTEUSE DE PAIN, LA • 1934
BEBE DE L'ESCADRON, LE • QUAND LA VIE ETAIT BELLE • 1935
FERDINAND LE NOCEUR • 1935
MOUTONNET • AVENTURE DE M. MOUTONNET, L' ○ MOUTONNET A PARIS • 1936
SCANDALE AUX GALERIES, UN • ET AVEC CA, MADAME • 1937
PRISONNIER DU CIEL • 1938
QUARTIER CHINOIS • 1946
NOUS AVONS TOUT FAIT LA MEME CHOSE • 1949

STIBER SIDNEY J. - USA
FINALE • 1970 • DOC
TRIBUTE TO LOUIS ARMSTRONG • ANATOMY OF A PERFORMANCE • 1970

STIEGLER ROBERT - USA
LICHT SPIEL NUR 1 • SHT

STIERLIN PETER - SWT
D'KLASSEZAMMEKUNFT • KLASSEZAMMEKUNFT • 1988

STIFTER MAGNUS - GRM
DORA BRANDES • 1916
LIEBES-ABC, DAS • ABC OF LOVE, THE • 1916

STIGLIC FRANCE - YGS - 1919-
YOUTH IS AT WORK • 1946
NA SVOJI ZEMLJI • ON HIS OWN GROUND • 1948
TRST • TRIESTE • 1951
SVET NA KAJZARJU • PEOPLE OF KAJZARJE • 1952
VOLCA NOC • LIVING NIGHTMARE • 1955
DOLINA MIRU • SERGEANT JIM (USA) ○ VALLEY OF PEACE, THE ○ MR. JIM -AMERICAN, SOLDIER AND GENTLEMAN ○ PEACE VALLEY • 1956
VIZA NO ZLOTO • FALSE PASSPORT, THE • 1958
DEVETI KRUG • NINTH CIRCLE, THE • 1960
BALADA O TRUBI I OBLAKU • BALLAD OF A TRUMPET AND A CLOUD ○ BALLAD ABOUT A TRUMPET AND A CLOUD • 1961
TISTEGA LEPEGA DNE • THAT FINE DAY • 1963
NE JOCI, PETRE • DON'T CRY, PETER ○ NE PLACI, PETRE • 1965
AMANDUS • 1966
PASTIRCI • SHEPHERDS • 1975
POVEST O DOBRIH LJUDEH • STORY OF SOME GOOD PEOPLE, A ○ STORY OF THE GOOD PEOPLE, THE ○ PRICA O DOBRIM LJUDIMA ○ STORY OF GOOD PEOPLE, THE • 1975
PRIZIVANJE PROLJECA • CELEBRATION IN THE SPRINGTIME ○ PRAZNOVANJE POMLADI ○ RETURN OF SPRING, THE ○ CALL OF SPRING, THE • 1979

STILLER MAURICE see **STILLER MAURITZ**

STILLER MAURITZ - FNL - 1883-1928
STILLER MAURICE
MOR OCH DOTTER • MOTHER AND DAUGHTER • 1912
SVARTA MASKERNA, DE • BLACK MASKS, THE • 1912
TYRANNISKE FASTMANNEN, DEN • TYRANNICAL FIANCE, THE ○ DESPOTIC FIANCE, THE ○ PARSONAGE OF DONVIK, THE • 1912
BARNET • CHILD, THE • 1913
LIVETS KONFLIKTER • LIFE'S CONFLICTS • 1913
MANNEKANGEN • FASHION MODEL, THE ○ MODEL, THE • 1913
MODERNA SUFFRAGETTEN, DEN • IN MRS. PANKHURST'S FOOTSTEPS ○ MODERN SUFFRAGETTE, THE ○ LILY DEN SUFFRAGETTEN ○ SUFFRAGETTEN, DEN ○ SUFFRAGETTE, THE • 1913
NAR KARLEKEN DODAR • WHEN LOVE KILLS • 1913
NAR LARMLOCKAN LJUDER • WHEN THE ALARM BELL RINGS ○ WHEN THE TOCSIN CALLS • 1913
OKANDA, DEN • UNKNOWN WOMAN, THE • 1913
PA LIVETS ODESVAGAR • ON THE FATEFUL ROADS OF LIFE ○ ON THE ROADS OF FATE • 1913
SMUGGLARNE • SMUGGLERS, THE • 1913
VAMPYREN • VAMPIRE, THE • 1913
BRODERNA • BROTHERS, THE • 1914
FOR SIN KARLEKS SKULL • BECAUSE OF HER LOVE ○ BECAUSE OF LOVE ○ STOCKBROKER, THE • 1914
GRANSFOLKEN • PEOPLE OF THE BORDER ○ FRONTIER PEOPLE ○ BORDER FEUD, THE • 1914
KAMMARJUNKAREN • CHAMBERLAIN, THE ○ GENTLEMAN OF THE ROOM • 1914
NAR SVARMOR REGERAR • WHEN MOTHER-IN-LAW DICTATES ○ WHEN MOTHER-IN-LAW REIGNS • 1914
RODA TORNET, DET • RED TOWER, THE ○ MASTER, THE • 1914
SKOTTET • SHOT, THE • 1914
STORMFAGELN • STORMY PETREL • 1914
DOLKEN • DAGGER, THE • 1915
HAMNAREN • REVENGER, THE ○ AVENGER, THE • 1915
HANS HUSTRUS FORFLUTNA • HIS WIFE'S PAST • 1915
LEKKAMRATERNA • PLAYMATES, THE • 1915
MADAME DE THEBES • SON OF DESTINY (UKN) • 1915
MASTERTJUVEN • MASTER THIEF, THE ○ ACE OF THIEVES ○ SON OF FATE, THE • 1915
NAR KONSTNARER ALSKA • WHEN ARTISTS LOVE • 1915
BALETTPRIMADONNAN • ANJALA, THE DANCER (UKN) ○ BALLET PRIMADONNA, THE ○ BALLERINA, THE ○ WOLO • 1916
HANS BROLLOPSNATT • HIS WEDDING NIGHT ○ ADVENTURE, THE ○ AVENTYRET • 1916
KAMPEN OM HANS HJARTA • BATTLE FOR HIS HEART, THE ○ FIGHT FOR HIS HEART, THE ○ STRUGGLE FOR HIS HEART, THE • 1916
KARLEK OCH JOURNALISTIK • LOVE AND JOURNALISM (UKN) ○ LOVE AND THE JOURNALIST • 1916
LYCKONALEN • LUCKY BROOCH, THE ○ MOTORCAR APACHES, THE • 1916
MINLOTSEN • MINE-PILOT, THE • 1916
VINGARNA • WINGS, THE • 1916
ALEXANDER DEN STORE • ALEXANDER THE GREAT • 1917
THOMAS GRAALS BASTA FILM • THOMAS GRAAL'S BEST FILM (USA) ○ WANTED A FILM ACTRESS (UKN) ○ WANTED -AN ACTRESS • 1917
SANGEN OM DEN ELDRODA BLOMMAN • SONG OF THE SCARLET FLOWER ○ FLAME OF LIFE, THE ○ ACROSS THE RAPIDS • 1918
THOMAS GRAALS BASTA BARN • THOMAS GRAAL'S FIRST CHILD (USA) ○ THOMAS GRAAL'S BEST CHILD(UKN) • 1918
HERR ARNES PENGAR • THREE WHO WERE DOOMED (USA) ○ SNOWS OF DESTINY (UKN) ○ SIR ARNE'S TREASURE ○ TREASURE OF ARNE, THE • 1919
EROTIKON • BONDS THAT CHAFE (UKN) ○ RIDDAREN AV IGAR • 1920
FISKEBYN • FISHING VILLAGE, THE (USA) ○ CHAINS (UKN) ○ VENGEANCE OF JACOB VINDAS, THE • 1920
JOHAN • 1921
LANDSFLYKTIGE, DE • IN SELF DEFENSE (USA) ○ EXILES, THE (UKN) ○ EMIGRANTS, THE ○ GUARDED LIPS • 1921
GUNNAR HEDES SAGA • JUDGEMENT, THE (UKN) ○ BLIZZARD, THE (USA) ○ GUNNAR HEDE'S SAGA ○ OLD MANSION, THE • 1923
GOSTA BERLINGS SAGA • ATONEMENT OF GOSTA BERLING, THE (UKN) ○ LEGEND OF GOSTA BERLING, THE ○ SAGA OF GOSTA BERLING, THE ○ STORY OF GOSTA BERLING, THE • 1924
TEMPTRESS, THE • 1926
BARBED WIRE • 1927
HOTEL IMPERIAL • 1927
WOMAN ON TRIAL, THE • 1927
STREET OF SIN, THE • KING OF SOHO • 1928

STILLMAN WHIT - USA
METROPOLITAN • 1990

STINNES CLARENORE - GRM
IM AUTO DURCH ZWEI WELTEN • 1931

STIOPUL SAVEL - RMN - 1926-
WOMEN FIGHT FOR PEACE, THE • 1949
SPRING • 1953
FACING THE AUDIENCE • 1954
BUCHAREST, THE CITY IN BLOSSOM • 1955
INTERNATIONAL FESTIVAL IN EDINBURGH, THE • 1956 • DOC
MEMORIES OF AN ACTRESS, THE • 1957
SCHOOL OF WORK, THE • 1959
APROAPE DE SOARE • CLOSE TO THE SUN • 1960
BEAUTY IS WITH US • 1960
JOURNEY TO STRANGE LANDS, A • 1960
LAD AND THE FIRE, THE • 1962
ANOTIMPURI • SEASONS • 1963
COUNTERPOINT IN WHITE • 1964
WITH NEEDLE AND THREAD • 1966

STIP KEES - NTH
20 JAHR VRIJ • 1966 • SHT

STIRLING JOSEPH - UKN
CASE OF THE MUKKINESE BATTLEHORN, THE • 1956
CLOAK WITHOUT DAGGER • OPERATION CONSPIRACY • 1956

STITT ALEX see **STITT ALEXANDER**

STITT ALEXANDER - ASL
STITT ALEX
EXPEDITION • 1962 • DCS
LIFE -BE IN IT • 1976 • SHT
BEING IN LIFE -BE IN IT • 1979 • SHT
GRENDEL GRENDEL GRENDEL • 1979 • ANM
ONE DESIGNER TWO DESIGNER • 1979 • SHT
ABRA CADABRA • 1983 • ANM

STIVELL ARNE - SWD - 1926-
SVENSSON ARNE
ADOLF I TOPPFORM • 1952
FOR TAPPERHET I TALT • 1965
ASA-NISSE I AGENTFORM • ASA-NISSE AS AN AGENT • 1967
ASA-NISSE OCH DEN STORA KALABALIKEN • ASA-NISSE AND THE GREAT TUMULT • 1968
PAPPA, VARFOR AR DU ARG -DU GJORDE LIKADANT SJALV NAR DU VAR UNG • DADDY, WHY ARE YOU ANGRY -YOU DID IT YOURSELF IN YOUR YOUTH • 1968
MIDSUMMER SEX • 1971
ANDERSSONSKANS KALLE • 1972
ANDERSSONSKANS KALLE I BUSFORM • 1973

STIX JOHN - USA - 1920-
GREAT ST. LOUIS BANK ROBBERY, THE • 1959
FAMILY BUSINESS • 1982 • TVM

STOBART THOMAS - UKN
CONQUEST OF EVEREST, THE • 1953 • DOC
HAZARD • 1959
GREAT MONKEY RIP-OFF, THE • 1979

STOCKEL JOE - GRM
COWBOY-MILLIARDAR, DER • 1920
RACHE DES MEXICANERS, DIE • 1920
SKELETTREITER VON COLORADO, DER • 1920
TODESFAHRT DES WEISSEN HAUPTLINGS, DIE • 1920
MARCCO, DER RINGER DES MIKADO • 1922
MARCCO, DER TODESKANDIDAT • 1922
MARCCO KENNT KEINE FURCHT • 1922
MARCCOS SCHWERER SIEG • 1922
SCHREI IN DER WUSTE, DER • MARCCO, DER SCHREI IN DER WUSTE • 1924
BESTIE VON SAN SILOS, DIE • 1925
MARCCO, DER BEZWINGER DES TODES • 1925
MARCCOS ERSTE LIEBE • 1925
ETAPPENHASE, DER • 1937
WENN DU EINE SCHWEIGERMUTTER HAST • WHEN YOU HAVE A MOTHER-IN-LAW (USA) • 1937
MUSKETIER MEIER II • 1938
STARKER ALS DIE LIEBE • 1938
ARME MILLIONAR, DER • POOR MILLIONAIRE, THE (USA) • 1939
RECHT AUF LIEBE, DAS • RIGHT TO LOVE, THE (USA) • 1939
HERZ GEHT VOR ANKER • 1940
SUNDIGE DORF, DAS • 1940
SCHEINHEILIGE FLORIAN, DER • 1941
VERKAUFTE GROSSVATER, DER • 1942
KEUSCHE SUNDERIN, DIE • 1943
PETERLE • 1943
FALSCHE BRAUT, DIE • DA STIMMT WAS NICHT • 1944
AUFRUHR IM PARADIES • 1950
INKOGNITO IM PARADIES • 1950
SIN SIND DIE FRAUEN • DORFMONARCH, DER • 1950
ZWEI IN EINEM ANZUG • 1950
DREI KAVALIERE • 1951
EHESTREIK, DER • 1953
OH DIESE "LIEBEN" VERWANDTEN! • 1955
ZWEI BAYERN IM HAREM • 1957

STOCKER WALTER - USA
TILL DEATH • 1978

STOCKERT HANK - USA
SCOPE TWO • SHT

STOCKI CHESTER - CND
PROUD RIDER, THE • 1972

STOCKI PEDRO - ARG
CASA DE LAS SIETE TUMBAS, LA • HOUSE OF THE SEVEN TOMBS, THE • 1982

STOCKL ULA - GRM
STOCKL ULLA
NEUN LEBEN HAT DIE KATZ' • 1968
GESCHICHTEN VOM KUBELKIND • 1971
GOLDENE DING, DAS • GOLDEN THING, THE • 1971
FRAU MIT VERANTWORTUNG, EINE • WOMAN AND HER RESPONSIBILITIES, A • 1978
MEDEA • 1980

STOCKL ULLA see **STOCKL ULA**

STOCKLIN JORG - FRN
LIBAN DANS LA TOURMENTE, LE • 1975

STOCKLIN TANIA - SWT
GEORGETTE MEUNIER • 1988

STOCKWELL DEAN - Actor - USA - 1936-
HUMAN HIGHWAY • 1982

STOCKWELL JOHN - USA - 1961-
UNDERCOVER • UNDER COVER • 1987

STODDART JOHN - UKN
BLUEBEARD'S LAST WIFE • 1966 • SHT

STOERMER WILLIAM - USA
TIDAL WAVE, THE • 1918

STOGER ALFRED - GRM
ANDERE WELT • 1937
SEITENSPRUNGE • 1940
SO EIN FRUCHTCHEN • 1942
SPIEL • 1944
TRIUMPH DER LIEBE • 1947
LYSISTRATA • 1948
RENDEZVOUS AT SALZKAMMERGUT • 1948
SIEGEL GOTTES, DAS • 1949

DON CARLOS • 1950
JAHR DES HERRN, DAS • KRAFT DER LIEBE ○ WALLNERBUB, DER • 1950
JOHANNES UND DIE 13 SCHONHEITSKONIGINNEN • 1951
TANZ INS GLUCK • 1951
GOTZ VON BERLICHINGEN • 1955
WILHELM TELL • 1956
MARIA STUART • 1959
BAUER ALS MILLIONAR, DER • 1961

STOISITS MARIJANA – AUS
UND DAMIT TANZEN SIE NOCH IMMER • STINJACKE CIZME • 1987 • DOC

STOJADINOVIC I. – YGS
ZIVOT I DELA BESMRTNOG VOZDA KARADJORDJE • 1911

STOJAN ANDREJ – YGS
HERETIK • HERETIC, THE • 1987

STOJANOVIC LASAR – YGS
PLASTICNI ISUS • PLASTIC JESUS • 1972

STOJANOVIC NIKOLA – YGS
DRAGA IRENA • DEAR IRENE • 1970
ERUPTION • 1978
POGLED U NOC • LOOKING INTO THE NIGHT • 1979
BELEPOK • BELLE EPOQUE • 1990

STOJANOVIC VELIMIR – YGS
ZLE PARE • 1956
CETIRI KILOMETRA NA SAT • FOUR KILOMETRES PER HOUR • 1958

STOJCIC STOJAN – YGS
ATOSKI VRTOVI • GARDENS OF ATOS, THE • 1989

STOKES JACK – CND
TIKI-TIKI • 1971

STOLEN WILL – USA
REGG'S AND BACON • 1976
BIG GENERATION • 1977

STOLL FREDERICK F. – USA
DETERMINATION • 1920

STOLL JERRY – USA
SONS AND DAUGHTERS • 1967 • DOC

STOLL LINCOLN – UKN
ME AND MYSELF • 1930

STOLOFF BEN – USA – 1895–
STOLOFF BENJAMIN
CIRCUS PALS • 1923 • SHT
JUNGLE PALS • 1923 • SHT
MONKEY FARM, THE • 1923 • SHT
MONKEY MIX-UP, A • 1923 • SHT
MONKS A LA MODE • 1923 • SHT
SCHOOL PALS • 1923 • SHT
COWBOYS, THE • 1924 • SHT
ETIQUETTE • 1924 • SHT
INBAD THE SAILOR • 1924 • SHT
CANYON OF LIGHT, THE • 1926
CIRCUS ACE, THE • 1927
GAY RETREAT, THE • 1927
SILVER VALLEY • 1927
HORSEMAN OF THE PLAINS, A • 1928
PLASTERED IN PARIS • 1928
BATH BETWEEN, THE • 1929
GIRL FROM HAVANA, THE • 1929
HAPPY DAYS • 1929
PROTECTION • 1929
SPEAKEASY • 1929
FOX MOVIETONE FOLLIES OF 1930 • MOVITONE FOLLIES OF 1930 (UKN) ○ NEW MOVIETONE FOLLIES OF 1930 • 1930
SOUP TO NUTS • 1930
GOLDIE • 1931
NOT EXACTLY GENTLEMEN • THREE ROGUES (UKN) • 1931
BY WHOSE HAND? • 1932
DESTRY RIDES AGAIN • 1932
DEVIL IS DRIVING, THE • 1932
JUST PALS • 1932 • SHT
NIGHT MAYOR, THE • 1932
PERFECT CONTROL • 1932 • SHT
SLIDE, BABY, SLIDE • 1932 • SHT
NIGHT OF TERROR • 1933
OBEY THE LAW • EAST OF FIFTH AVENUE (UKN) • 1933
PALOOKA • GREAT SCHNOZZLE, THE (UKN) ○ JOE PALOOKA • 1934
TRANSATLANTIC MERRY-GO-ROUND • 1934
SWELLHEAD • 1935
TO BEAT THE BAND • 1935
DON'T TURN 'EM LOOSE • 1936
TWO IN THE DARK • 1936
FIGHT FOR YOUR LADY • 1937
SEA DEVILS • 1937
SUPER SLEUTH • 1937
AFFAIRS OF ANNABEL, THE • 1938
RADIO CITY REVELS • 1938
LADY AND THE MOB, THE • MRS. LEONARD MISBEHAVES • 1939
MARINES FLY HIGH, THE • 1940
GREAT MR. NOBODY, THE • BASHFUL HERO ○ STUFF OF HEROES • 1941
THREE SONS O' GUNS • 1941
HIDDEN HAND, THE • 1942
MYSTERIOUS DOCTOR, THE • 1943
SECRET ENEMIES • 1943
BERMUDA MYSTERY • MURDER IN BERMUDA • 1944
TAKE IT OR LEAVE IT • 1944
JOHNNY COMES FLYING HOME • 1946
IT'S A JOKE, SON • 1947

STOLOFF BENJAMIN see **STOLOFF BEN**

STOLOFF VICTOR – Producer/writer – USA
SINFONIA FATALE • 1947
TARZAN AND THE LOST SAFARI • 1957
PASSEPORT POUR LE MONDE • VOYAGEUR DU BOUT DU MONDE, LE • 1958 • DOC
INTIMACY • DECEIVERS, THE • 1966
WASHINGTON AFFAIR, THE • 1977
300 YEAR WEEKEND, THE • THREE-HUNDRED YEAR WEEKEND, THE • 1977

STOLPER ALEXANDER – USS – 1907–
SIMPLE STORY, A • 1931
FOUR VISITS OF SAMUEL VULF, THE • 1934
LAW OF LIFE, THE • 1940
PAREN IZ NASHEGO GORODA • LAD FROM OUR TOWN (USA) ○ FELLOW FROM OUR TOWN, A • 1942
WAIT FOR ME • 1943
DAYS AND NIGHTS • 1944
NASHE SERDSTE • OUR HEART • 1946
POVESTE O NASTOYASHCHEM CHELOVEKE • STORY OF A REAL MAN • 1948
DALEKO OT MOSKVY • FAR FROM MOSCOW • 1950
DOROGA • ROAD, THE • 1955
NEPOVTORIMAYA VESNA • UNFORGETTABLE SPRING ○ UNREPEATABLE SPRING • 1957
TRUDNOE SCHASTE • DIFFICULT HAPPINESS, THE ○ HARD-WON HAPPINESS • 1958
ZHIVYE I MERTVYE • LIVING AND THE DEAD, THE • 1964
SOLDATAMI NYE ROZHDAYUTSYA • ONE IS NOT BORN A SOLDIER ○ SOLDIERS AREN'T BORN ○ VENGEANCE ○ NONE ARE BORN SOLDIERS • 1968
FOURTH, THE • 1973

STONE ANDREW see **STONE ANDREW L.**

STONE ANDREW L. – Producer/writer – USA – 1902–
STONE ANDREW
ELEGY, THE • 1927 • SHT
FANTASY • APPLEJOY'S GHOST (UKN) • 1927 • SHT
DREARY HOUSE • 1928
LIEBENSTRAUM • 1928
ADORATION • 1929 • SHT
FRENZY • 1929 • SHT
SOMBRAS DE GLORIA • 1930
HELL'S HEADQUARTERS • 1932
GIRL SAID NO, THE • 1937
SAY IT IN FRENCH • 1938
STOLEN HEAVEN • 1938
GREAT VICTOR HERBERT, THE • VICTOR HERBERT • 1939
HARDBOILED CANARY, THE • MAGIC IN MUSIC ○ THERE'S MAGIC IN MUSIC • 1941
HI DIDDLE DIDDLE • DIAMONDS AND CRIME ○ TRY AND FIND IT • 1943
STORMY WEATHER • 1943
SENSATIONS OF 1945 • SENSATIONS • 1944
HER FAVORITE PATIENT • BEDSIDE MANNER • 1945
BACHELOR'S DAUGHTERS, THE • BACHELOR GIRLS (UKN) • 1946
FUN ON A WEEKEND • PRETENDERS, THE ○ STRANGE BEDFELLOWS • 1947
HIGHWAY 301 • 1950
CONFIDENCE GIRL • 1952
STEEL TRAP, THE • 1952
BLUEPRINT FOR MURDER • 1953
NIGHT HOLDS TERROR, THE • 1955
JULIE • 1956
CRY TERROR • 1958
DECKS RAN RED, THE • INFAMY AT SEA • 1958
LAST VOYAGE, THE • 1959
RING OF FIRE • 1961
PASSWORD IS COURAGE, THE • 1962
NEVER PUT IT IN WRITING • 1963
SECRET OF MY SUCCESS, THE • 1965
SONG OF NORWAY • 1970
GREAT WALTZ, THE • 1972

STONE BARBARA – USA
COMPANERAS AND COMPANEROS • 1970 • DOC

STONE DANNY – USA
HIGH RISE • 1972

STONE DAVID C. – USA
COMPANERAS AND COMPANEROS • 1970 • DOC

STONE EZRA see **STONE EZRA C.**

STONE EZRA C. – Actor/producer – USA – 1917–
STONE EZRA
TAMMY AND THE MILLIONAIRE • 1967 • TVM

STONE JOHN see **SONE JOHN**

STONE MARSHALL – USA
COME SPY WITH ME • AGENT 36-24-36 ○ RED OVER RED • 1967

STONE NORMAN – UKN
SHADOWLANDS • 1985

STONE OLIVER – USA – 1946–
SEIZURE • QUEEN OF EVIL • 1973
HAND, THE • 1981
SALVADOR • 1986
PLATOON • 1987
WALL STREET • 1987
TALK RADIO • 1988
BORN ON THE FOURTH OF JULY • 1989
DOORS, THE • 1990

STONE PAUL – UKN
BAGTHORPE SAGA, THE • 1983 • MTV

STONE PHIL – USA
BACKSTAGE • 1927
GIRL FROM GAY PAREE, THE • 1927
ONCE AND FOREVER • 1927
SNOWBOUND • 1927
WILD GEESE • 1927

STONE VIRGINIA LIVELY – USA
EVIL IN THE DEEP • TREASURE OF JAMAICA REEF, THE • 1976
MONEY TO BURN • 1976
RUN IF YOU CAN • 1987

STONEHOUSE RUTH – Actress – USA – 1891–1940
DAREDEVIL DAN • 1917 • SHT
DOROTHY DARES • 1917 • SHT
HEART OF MARY ANN, THE • 1917 • SHT
LIMB OF SATAN, A • 1917 • SHT
MARY ANN IN SOCIETY • 1917 • SHT
PUPPY LOVE • 1917 • SHT
STOLEN ACTRESS, THE • 1917 • SHT
TACKY SUE'S ROMANCE • 1917 • SHT
WALLOPING TIME, A • 1917 • SHT

STONEMAN JOHN – UKN
SEA SANCTUARY • 1973 • MTV
TEN MAN STAR • 1974 • MTV
SAVAGE SEA, THE • 1975 • MTV
SONG OF THE WHALE • 1975 • MTV
WHERE SHIPWRECKS ABOUND • 1977 • MTV
ARABIA INCIDENT, THE • 1978 • MTV
FRAGILE SEA, THE • 1979 • MTV
LAST FRONTIER, THE • 1979 • MTV
NO • 1979
NOMADS OF THE DEEP • 1979
GHOST SHIPS • 1980 • MTV
SANCTUARY OF THE SEA • 1980 • MTV
SEA NYMPH • 1980
DEFENDERS OF THE SEA • 1981 • MTV
SENTINEL OF THE SEA • 1981 • MTV
LORD OF THE SEA • 1982 • MTV
MYTHICAL MONSTERS OF THE DEEP • 1982 • MTV
SHARK! • 1982 • MTV
LAST GIANTS: A QUEST FOR SURVIVAL, THE • 1983 • MTV

STONEY GEORGE C. – USA
CRY FOR HELP, THE • 1964
SHEPHERD OF THE NIGHT FLOCK • 1972-77

STOOTSBERRY A. P. – USA
STOOTSBERRY PETER • STOOTSBERRY ARTHUR
WONDERFUL WORLD OF GIRLS, THE • 1965
NOTORIOUS DAUGHTER OF FANNY HILL, THE • 1966
SECRET SEX LIVES OF ROMEO AND JULIET, THE • SECRET LOVE LIFES OF ROMEO AND JULIET, THE ○ SEX LIFE OF ROMEO AND JULIET, THE • 1969
JOYS OF JEZEBEL, THE • JOY OF JESABELLE, THE ○ JEZEBEL • 1970
NOTORIOUS CLEOPATRA, THE • 1970

STOOTSBERRY ARTHUR see **STOOTSBERRY A. P.**

STOOTSBERRY PETER see **STOOTSBERRY A. P.**

STOPPARD TOM – Playwright – UKN
ROSENCRANTZ AND GUILDENSTERN ARE DEAD • ROSENCRANTZ AND GUILDENSTERN • 1990

STORA BERNARD – FRN – 1942–
JEUNE MARIE, LE • 1982

STORCH WOLFGANG
STAR MAIDENS • 1976

STORCK HENRI – BLG – 1907–
POUR VOS BEAU YEUX • 1929 • DCS
FETES DU CENTENAIRE, LES • 1930 • DOC
IMAGES D'OSTENDE • 1930 • DOC
OSTENDE, REINE DES PLAGES • 1930 • DOC
PECHE AUX HARENGS, UNE • 1930 • DOC
SERVICE DE SAUVETAGE SUR LA COTE BELGE, LE • 1930 • DOC
SUZANNE AU BAIN • 1930 • DOC
TENTATIVE DE FILMS ABSTRAITS • 1930 • DOC
TRAINS DE PLAISIR • 1930 • DOC
IDYLLE A LA PLAGE • 1931 • SHT
MORT DE VENUS, LA • 1931 • DOC
TUNNELS SOUS L'ESCAUT, LES • 1931 • DOC
HISTOIRE DU SOLDAT INCONNU • SOLDAT INCONNU, LE • 1932 • DOC
SUR LES BORDS DE LA CAMERA • 1932 • DOC
TRAVAUX DU TUNNEL SOUS L'ESCAUT • 1932 • DOC
BORINAGE • MISERE AU BORINAGE • 1933 • SHT
TROIS HOMMES ET UNE CORDE • TROIS VIES ET UNE CORDE • 1933 • DOC
CREATION D'ULCERES ARTIFICIELS CHEZ LE CHIEN • 1934 • DOC
PRODUCTION SELECTIVE DU RESEAU A 70, LA • 1934 • DOC
CAP DU SUD • 1935 • DOC
COTON, LE • 1935 • DOC
ELECTRIFICATION DE LA LIGNE BRUXELLES-ANVERS • 1935 • DOC
ILE DE PAQUES • EASTER ISLAND • 1935 • DOC
INDUSTRIE DE LA TAPISSERIE ET DU MEUBLE SCULPTE, L' • 1935 • DOC
METIERS D'ART • 1935 • DOC
TROIS-MATS "MERCATOR" • MERCATOR ○ TROIS-MATS, LE • 1935 • SHT
CARILLONS, LES • 1936 • DOC
JEUX DE L'ETE ET DE LA MER • 1936 • DOC
REGARDS SUR LA BELGIQUE ANCIENNE • 1936 • DOC
SUR LES ROUTES DE L'ETE • 1936 • DOC
BELGIQUE NOUVELLE, LA • 1937 • DOC
ENNEMI PUBLIC, UN • 1937 • DOC
MAISONS DE LA MISERE, LES • 1937 • DOC
COMME UNE LETTRE A LA POSTE • 1938 • DOC
PATRON EST MORT, LE • 1938 • DOC
ROUE DE LA FORTUNE, LA • 1938 • DOC
TERRE DE FLANDRE • 1938 • DOC
VACANCES • 1938 • DOC
VOOR RECHT EN VRIJHEID TE KORTRIJK • 1939 • DOC
FOIRE INTERNATIONALE DE BRUXELLES, LA • 1940 • DOC
NOCES PAYSANNES • 1943
SYMPHONIE PAYSANNE • 1944 • DOC
MONDE DE PAUL DELVAUX, LE • WORLD OF PAUL DELVAUX, THE • 1946 • DOC
JOIE DE REVIVRE, LA • 1947 • DOC
RUBENS • 1947
AU CARREFOUR DE LA VIE • CROSSROADS OF LIFE • 1949 • DOC
CARNAVALS • 1950 • DOC
BANQUET DES FRAUDEURS, LES • BANKETT DEER SCHMUGGLER, DAS (FRG) • 1951
OPEN WINDOW, THE • FENETRE OUVERTE, LA • 1952 • DOC
HERMAN TEIRLINCK • 1953 • DOC
BELGES ET LA MER, LES • 1954 • DOC
PORTES DE LA NATION, LES • 1954 • DOC
TOUR DU MONDE EN BATEAU-STOP, LE • 1954 • DOC

TRESOR D'OSTENDE, LE • 1955 • DOC
DECEMBRE, MOIS DES ENFANTS • DECEMBER, CHILDREN'S MONTH • 1956 • DOC
COULEURS DE FEU • COULEUR DE FEU • 1957 • DOC
GESTES DU SILENCE, LES • 1960 • DOC
DIEUX DU FEU, LES • 1961 • DOC
ENERGIE ET VOUS, L' • 1961 • DOC
BONHEUR D'ETRE AIMEE, LE • 1962 • DOC
MALHEURS DE LA GUERRE, LA • SORROWS OF THE WAR, THE • 1962 • DOC
VARIATION SUR LA GESTE • 1962 • DOC
PLASTIQUES • 1963 • DOC
MATIERES NOUVELLES • 1964 • DOC
MUSEE VIVANT, LE • 1965 • DOC
JEUDI ON CHANTERA COMME DIMANCHE • 1966 • DOC
FETES DE BELGIQUES • 1969-72 • DOC
BELGISCHE FOLKLORE, DE • 1970 • DOC
PAUL DELVAUX OU LES FEMMES DEFENDUES • PAUL DELVAUX OR THE FORBIDDEN WOMEN • 1970 • DOC
FIFRES ET TAMBOURS D'ENTRE-SAMBRE-ET-MEUSE • 1974-75 • DOC
JOYEUX TROMBLONS, LES • 1974-75 • DOC
MARCHEURS D'ENTRE SAMBRE ET MEUSE, LES • 1975 • SHT
CINE-MAFFIA • 1980

STOREY THOMAS L. - USA

BLACK BOOK, THE • 1929 • SRL
FIRE DETECTIVE, THE • 1929 • SRL
QUEEN OF THE NORTHWOODS • 1929 • SRL
LAST FRONTIER, THE • BLACK GHOST • 1932 • SRL

STORFF VICTOR see **SALERNO VITTORIO**

STORM ESBEN - DNM - 1950-

DOORS • 1969 • SHT
IN HIS PRIME • 1972 • SHT
27A • 1973
IN SEARCH OF ANNA • 1979
WITH PREJUDICE • 1982 • MTV
STANLEY • 1983

STORM HOWARD - USA

THREE LITTLE PIGS, THE • 1984 • MTV
ONCE BITTEN • 1985
PECOS BILL, KING OF THE COWBOYS • 1986

STORM JEROME - USA

MAN FROM NOWHERE, THE • 1915
BIGGEST SHOW ON EARTH, THE • 1918
DESERT WOOING, A • 1918
KEYS OF THE RIGHTEOUS, THE • 1918
NAUGHTY, NAUGHTY! • 1918
VAMP, THE • 1918
BILL HENRY • 1919
BUSHER, THE • 1919
CROOKED STRAIGHT • 1919
EGG CRATE WALLOP, THE • EGG-CRATE WALLOP, THE ○ KNOCK-OUT BLOW, THE • 1919
GIRL DODGER, THE • 1919
GREASED LIGHTNING • 1919
HAY FOOT, STRAW FOOT • 1919
RED HOT DOLLARS • 1919
ALARM CLOCK ANDY • 1920
HOMER COMES HOME • 1920
OLD FASHIONED BOY, AN • OLD-FASHIONED BOY, AN • 1920
PARIS GREEN • 1920
PEACEFUL VALLEY • 1920
VILLAGE SLEUTH, A • 1920
HER SOCIAL VALUE • 1921
ARABIAN LOVE • 1922
CALIFORNIA ROMANCE, A • ACROSS THE BORDER • 1922
HONOR FIRST • 1922
ROSARY, THE • ROMANCE OF THE ROSARY, THE • 1922
CHILDREN OF JAZZ • 1923
GOOD-BY GIRLS! • DON'T GET EXCITED • 1923
MADNESS OF YOUTH • 1923
ST. ELMO • ST. ELMO MURRAY • 1923
TRUXTON KING • TRUXTONIA (UKN) • 1923
BRASS BOWL, THE • 1924
GOLDFISH, THE • 1924
SIREN OF SEVILLE, THE • 1924
SOME PUN'KINS • 1925
SWEET ADELINE • 1926
LADIES AT EASE • 1927
RANGER OF THE NORTH • 1927
SWIFT SHADOW, THE • 1927
CAPTAIN CARELESS • 1928
DOG JUSTICE • 1928
DOG LAW • 1928
FANGS OF THE WILD • 1928
LAW OF FEAR • 1928
TRACKED • SUSPECTED (UKN) • 1928
COURTIN' WILDCATS • 1929
YELLOWBACK, THE • BROUGHT TO JUSTICE (UKN) • 1929
RAGING STRAIN, THE • 1932

STORMONT LEO - UKN

ENGLAND INVADED • 1909
ROYAL ENGLAND, A STORY OF AN EMPIRE'S THRONE • 1911

STORRIE KELLY - UKN

BUSKER'S REVENGE, THE • 1914
COME BACK TO HEARING • 1914
HUBBY'S BEANO • 1914
MERMAIDS OF THE THAMES • 1914
SHIRTS • 1914
HELLO EXCHANGE • 1916
HOME COMFORTS • 1916
MATRIMONIAL BLISS • 1916
WHEN A MAN'S SINGLE • 1916
EPISODE OF LIFE IN GREATER LONDON, AN • 1921

STORY MARK - USA

ODD JOBS • 1984

STOUFFER LARRY - USA

SANDS OF ECSTASY • SANDS OF EXTASY • 1968
HORROR HIGH • TWISTED BRAIN • 1973

STOUFFER MARK - USA

AT THE CROSSROADS • 1976
MAN OUTSIDE • HIDDEN FEAR • 1986

STOUFFER MARTY - USA

AT THE CROSSROADS • 1976
MAN WHO LOVED BEARS, THE • 1980 • DOC

STOUMEN LOU see **STOUMEN LOUIS CLYDE**

STOUMEN LOUIS CLYDE - USA

STOUMEN LOU

NAKED EYE, THE • 1957 • DOC
OPERATION DAMES • GIRLS IN ACTION (UKN) • 1958
BLACK FOX, THE • 1962 • DOC
IMAGE OF LOVE, THE • 1964 • DOC
OTHER WORLD OF WINSTON CHURCHILL, THE • 1966 • DOC

STOUT BILL - USA

KAIN DEL PLANETA OSCURO • KAIN OF THE DARK PLANET ○ WARRIOR AND THE SORCERESS, THE • 1982

STOW PERCY - UKN

THREE MAIDEN LADIES AND A BULL • BEWARE OF THE BULL
GLUTTON'S NIGHTMARE, THE • 1901
COSTER AND HIS DONKEY, THE • 1902
COUNTRYMAN AND THE FLUTE, THE • 1902
FRUSTRATED ELOPEMENT, THE • 1902
HOW TO STOP A MOTOR CAR • 1902
PEACE WITH HONOR • 1902
THAT ETERNAL PING-PONG • 1902
WHEN DADDY COMES HOME • 1902
ADVENTURES OF A BILL POSTER, THE • 1903
ALICE IN WONDERLAND • 1903
FREE RIDE, A • 1903
FUN AT THE BARBER'S • 1903
GETTING UP MADE EASY • 1903
KNOCKER AND THE NAUGHTY BOYS, THE • 1903
LADY THIEF AND THE BAFFLED BOBBIES, THE • 1903
NEGLECTED LOVER AND THE STILE, THE • 1903
ONLY A FACE AT THE WINDOW • 1903
REVOLVING TABLE, THE • 1903
STOP THAT BUS! • HOW THE OLD MAN CAUGHT THE OMNIBUS (USA) • 1903
TRAGICAL TALE OF A BELATED LETTER, THE • 1903
UNCLEAN WORLD: THE SUBURBAN BUNKUM MICROBE-GUYOSCOPE, THE • 1903
ATTEMPTED MURDER IN A RAILWAY TRAIN • 1904
BROKEN BROOM, THE • KISS AND A TUMBLE, A (USA) • 1904
BURGLAR AND THE GIRLS, THE • 1904
CONVICT AND THE CURATE, THE • CONVICT'S ESCAPE, THE (USA) • 1904
FATHER'S HAT; OR GUY FAWKES'DAY • 1904
FIGHTING WASHERWOMEN • 1904
JOKE THAT FAILED, THE • 1904
MISTLETOE BOUGH, THE • 1904
OFF FOR THE HOLIDAYS • 1904
ONCE TOO OFTEN • 1904
STOLEN PIG, THE • 1904
UP-TO-DATE STUDIO, AN • 1904
ABOVE AND BELOW STAIRS • 1905
BEAUTY AND THE BEAST • 1905
BLIND MAN'S BLUFF • 1905
DANGEROUS GOLFERS • 1905
FATHER'S BIRTHDAY CHEESE • 1905
GAMBLERS, THE • 1905
JIMMY AND JOE AND THE WATER SPOUT • 1905
LOVE LETTERS, THE • 1905
MR. BROWN'S BATHING TENT • 1905
SAILOR'S WEDDING, THE • 1905
SATURDAY'S WAGES • 1905
STOLEN PURSE, THE • 1905
UNLUCKY DAY, AN • 1905
VILLAGE BLACKSMITH, THE • 1905
WHEN FATHER LAID THE CARPET ON THE STAIRS • 1905
WILLIE AND TIM IN THE MOTOR CAR • 1905
ARTFUL DODGER, THE • 1906
BEER TWOPENCE A GLASS • 1906
CAUGHT BY THE TIDE • 1906
COSTER'S REVENGE, THE • 1906
DOUBLE LIFE, A • 1906
HORSE THAT ATE THE BABY, THE • 1906
HOW BABY CAUGHT COLD • 1906
HOW FATHER KILLED THE CAT • 1906
RESCUED IN MID AIR • 1906
RUNAWAY VAN, THE • 1906
SAVED BY A LIE • 1906
STOLEN BRIDE, THE • 1906
THOSE BOYS AGAIN • 1906
TRUANT'S CAPTURE, THE • 1906
WHEN FATHER GOT A HOLIDAY • 1906
WHEN MOTHER FELL IN AT CHRISTMAS • 1906
WHO STOLE THE BEER? • 1906
ABSENT-MINDED PROFESSOR, THE • 1907
ADVENTURES OF A BATH CHAIR • 1907
ANXIOUS DAY FOR MOTHER, AN • 1907
AWKWARD SITUATION, AN • 1907
CURING THE BLIND • 1907
DISTURBING HIS REST • 1907
OVERDOSE OF LOVE POTION, AN • 1907
PAYING OFF OLD SCORES • 1907
PIED PIPER, THE • 1907
SOLDIER'S WEDDING, A • 1907
STORY OF A MODERN MOTHER, THE • 1907
SUNDAY SCHOOL TREAT, THE • 1907
THAT'S NOT RIGHT -WATCH ME! • 1907
WATER BABIES: OR, THE LITTLE CHIMNEY SWEEP, THE • 1907
WET DAY, A • 1907
WRECK OF THE MARY JANE, THE • 1907
ALGY'S YACHTING PARTY • 1908
CAPTAIN'S WIVES, THE • 1908
CAVALIER'S WIFE, THE • 1908
DOWNFALL OF THE BURGLAR'S TRUST, THE • 1908
FOLLOW YOUR LEADER AND THE MASTER FOLLOWS LAST • 1908
GOT A PENNY STAMP? • 1908
IB AND LITTLE CHRISTINA • 1908
IF WOMEN WERE POLICEMEN • 1908
JOHN GILPIN • 1908
LITTLE WAIF AND THE CAPTAIN'S DAUGHTER, THE • 1908
MARTYRDOM OF THOMAS A BECKET, THE • 1908
MEMORY OF HIS MOTHER, THE • 1908
MISSIONARY'S DAUGHTER, THE • 1908
MODERN CINDERELLA, A • 1908
MR. JONES HAS A TILE LOOSE • 1908
NANCY: OR, THE BURGLAR'S DAUGHTER • 1908
OLD COMPOSER AND THE PRIMA DONNA, THE • 1908
OLD FAVORITE AND THE UGLY GOLLIWOG, THE • 1908
POOR AUNT MATILDA • 1908
PURITAN MAID AND THE ROYALIST REFUGEE, THE • 1908
ROBIN HOOD AND HIS MERRY MEN • 1908
SAVED BY THE TELEGRAPH CODE • 1908
SCANDALOUS BOYS AND THE FIRE CHUTE, THE • 1908
TEMPEST, THE • 1908
THREE SUBURBAN SPORTSMEN AND A HAT • 1908
WHEN THE MAN IN THE MOON SEEKS A WIFE • 1908
WILD GOOSE CHASE, A • 1908
AERIAL ELOPEMENT, AN • 1909
BOBBY THE BOY SCOUT: OR, THE BOY DETECTIVE • 1909
CRAFTY USURPER AND THE YOUNG KING, THE • 1909
DEAR OLD DOG, THE • 1909
ELECTRIC TRANSFORMATION • 1909
FATHER'S BABY BOY • 1909
GLASS OF GOAT'S MILK, A • 1909
HARD TIMES • 1909
HIS WORK OR HIS WIFE • 1909
IN LOVE WITH A PICTURE GIRL • 1909
INGENIOUS SAFE DEPOSIT, AN • 1909
INVADERS, THE • 1909
JEALOUS DOLL: OR, THE FRUSTRATED ELOPEMENT, THE • 1909
JUGGINS' MOTOR SKATES • 1909
LESSON IN ELECTRICITY, A • 1909
LOVE OF A NAUTCH GIRL • 1909
MORGANATIC MARRIAGE, THE • 1909
NEVER LATE: OR, THE CONSCIENTIOUS CLERK • 1909
PATER'S PATENT PAINTER • 1909
PROFESSOR'S STRENGTH TABLETS, THE • 1909
PUT A PENNY IN THE SLOT • 1909
STOLEN FAVOURITE, THE • 1909
THREE SAILORMEN AND A GIRL • 1909
UNDER THE MISTLETOE BOUGH • 1909
WHEN FATHER WEARS STAYS • 1909
BURGLAR EXPECTED, THE • 1910
CHILD'S PRAYER, A • 1910
COCK-A-DOODLE-DOO • 1910
CURATE'S NEW YEAR GIFTS, THE • 1910
FRIGHTENED FREDDY -HOW FREDDY WON A HUNDRED POUNDS • 1910
FRIGHTENED FREDDY THE FEARFUL POLICEMAN • 1910
HERO IN SPITE OF HIMSELF, A • 1910
HIS LITTLE SON WAS WITH HIM ALL THE TIME • 1910
HIS WEEK'S PAY • 1910
LIEUTENANT ROSE AND THE CHINESE PIRATES • 1910
LIEUTENANT ROSE AND THE FOREIGN SPY • 1910
LIEUTENANT ROSE AND THE GUN-RUNNERS • 1910
LIEUTENANT ROSE AND THE ROBBERS OF FINGALL'S CREEK • 1910
LIEUTENANT ROSE AND THE STOLEN SUBMARINE • 1910
LIGHT THAT FAILED, THE • 1910
MAGIC OF LOVE • 1910
MAN WHO COULDN'T LAUGH, THE • 1910
MARY HAD A LOVELY VOICE • 1910
MARY WAS A HOUSEMAID • 1910
MISS SIMPKIN'S BOARDERS • 1910
MR. BREAKNECK'S INVENTION • 1910
NERVOUS CURATE, THE • 1910
OFF FOR THE HOLIDAYS • 1910
ONLY ONE GIRL: OR, A BOOM IN SAUSAGES • 1910
THAT SKATING CARNIVAL • 1910
TOMMY'S LOCOMOTIVE • 1910
TRUTH WILL OUT, THE • 1910
WAIT TILL I CATCH YOU • 1910
WHAT A PRETTY GIRL CAN DO • 1910
WHAT THE PARROT SAW • 1910
WHEN FATHER BUYS THE BEER • 1910
WHEN WE CALLED THE PLUMBER IN • 1910
WINDOW TO LET, A • 1910
ACTOR'S ARTIFICE, THE • 1911
BADEN-POWELL JUNIOR • 1911
CLEVER ILLUSIONS AND HOW TO DO THEM • 1911
DOCTOR'S DILEMMA, THE • WHAT COULD THE DOCTOR DO? • 1911
DOLL'S REVENGE, THE • 1911
DOLLY'S BIRTHDAY PRESENT • 1911
FIRST AID FLIRTATION • 1911
FRIGHTENED FREDDY AND THE DESPERATE ALIEN • 1911
FRIGHTENED FREDDY AND THE MURDEROUS MARAUDER • 1911
GETTING DAD'S CONSENT • 1911
GREAT SCOT ON WHEELS • 1911
I'M SO SLEEPY • 1911
IN COTTAGE AND CASTLE • IN CASTLE OR COTTAGE (USA) • 1911
LIEUTENANT ROSE AND THE BOXERS • 1911
LIEUTENANT ROSE AND THE ROYAL VISIT • 1911
LIEUTENANT ROSE AND THE STOLEN CODE • 1911
LITTLE BOYS NEXT DOOR, THE • 1911
LITTLE TOM'S LETTER • 1911
OH, IT'S YOU! • 1911
OUR INTREPID CORRESPONDENT • 1911
PAIR OF NEW BOOTS, A • 1911
SARAH'S HERO • 1911
SERVANTS SUPERCEDED • 1911
SILLY SAMMY • 1911
SPEEDY THE TELEGRAPH BOY • 1911
STAGE-STRUCK CARPENTER, A • 1911
TEST OF AFFECTION, A • 1911
TICKET FOR THE THEATRE, A • 1911
TWO BROTHERS, THE • 1911
ADVENTURESS OUTWITTED, AN • 1912
ALL'S FAIR IN LOVE • 1912
BALD STORY, A • 1912
BREACH IN BREECHES, A • 1912
CHRISTMAS ADVENTURE, A • 1912
DIDUMS AT SCHOOL • 1912
DR. BRIAN PELLIE AND THE SECRET DESPATCH • 1912
DON'T TOUCH IT! • 1912
ELECTRIC LEG, THE • 1912
ELECTRICAL HOUSE BUILDING • 1912
FOILED BY A GIRL • 1912
GRANDMA'S SLEEPING DRAUGHT • 1912
HE WOULD SPEAK • 1912
HER RELATIONS • 1912
LIEUTENANT ROSE AND THE HIDDEN TREASURE • 1912
LIEUTENANT ROSE AND THE MOORISH RAIDERS • 1912
LIEUTENANT ROSE AND THE PATENT AEROPLANE • 1912
LIEUTENANT ROSE AND THE STOLEN SHIP • 1912
LIEUTENANT ROSE AND THE TRAIN WRECKERS • 1912
LIEUTENANT ROSE IN CHINA SEAS • 1912
LOST LOVE LETTER, THE • 1912
MATRIMONIAL MUDDLE, A • 1912
MIDNIGHT MARAUDERS • 1912
MIND THE PAINT • 1912
MOLLY LEARNS TO MOTE • 1912
MOTHER'S DAY OUT • 1912
MR. DIDDLEM'S WILL • 1912
NINA'S EVENING PRAYER • NINA'S PRAYER • 1912

PAIR OF HANDCUFFS, A • LINKS OF LOVE • 1912
PEPPERY AFFAIR, A • 1912
PERCY'S PERSISTENT PURSUIT • 1912
SHE MUST HAVE SWALLOWED IT • 1912
SHEEPSKIN TROUSERS: OR, NOT IN THESE • 1912
SUIT THAT DIDN'T SUIT, THE • 1912
TALE OF TAILS, A • 1912
TAME CAT, A • 1912
WHEN JACK COMES HOME • 1912
WHERE'S BABY? • 1912
WHICH OF THE TWO • 1912
WIDOW'S MIGHT, THE • 1912
APE'S DEVOTION, AN • 1913
AUNTIE'S SECRET SORROW • 1913
BE SURE AND INSURE • 1913
BILL BUMPER'S BOY • 1913
BUSINESS AS USUAL DURING ALTERATIONS • OPEN DURING ALTERATIONS • 1913
COMING TO THE POINT • 1913
COSTER'S WEDDING, THE • COSTER JOE • 1913
CROWN OUTSIDE: OR, WAITING FOR YOU, THE • 1913
CUNNING CANINE, A • LITTLE DOGGEREL, A • 1913
DAD CAUGHT NAPPING • 1913
DR. BRIAN PELLIE AND THE WEDDING GIFTS • 1913
DRAMATIC STORY OF THE VOTE, THE • 1913
HAY HO! • 1913
HE WHO TAKES WHAT ISN'T HIS'N • 1913
HOME BEAUTIFUL, THE • 1913
INCOMPATIBILITY • 1913
IT'S BEST TO BE NATURAL • 1913
IT'S LOVE THAT MAKES THE WORLD GO ROUND • 1913
KIND HEARTS ARE MORE THAN CORONETS • 1913
KINDLY REMOVE YOUR HAT: OR, SHE DIDN'T MIND • 1913
LIEUTENANT ROSE AND THE STOLEN BULLION • 1913
LOVE AND THE VARSITY • 1913
LOVE VERSUS PRIDE • 1913
MAUDIE'S ADVENTURE • 1913
MILLING THE MILITANTS • 1913
MISS GLADEYE SLIP'S VACATION • 1913
MODERN DICK WHITTINGTON, A • 1913
MRS. RABBIT'S HUSBAND TAKES THE SHILLING • 1913
NEW HAT, THE • 1913
NEW LETTER BOX, THE • 1913
NOT WANTED • 1913
PRESENT FROM FATHER, A • 1913
RENT IN A-REAR, THE • 1913
RINGING THE CHANGES • 1913
SOLD! • 1913
SUFFRAGETTES IN THE BUD • 1913
SURPRISING ENCOUNTER, A • MISFITS, THE • 1913
SWEEP! SWEEP! SWEEP! • 1913
THERE ARE GIRLS WANTED HERE • 1913
TWO FLATS AND A SHARP • 1913
UNSKILLED LABOUR • 1913
VIOLENT FANCY, A • 1913
WHAT COULD THE POOR MAN DO? • 1913
WHAT HAPPENED TO LIZZIE • 1913
WHEN MOTHER IS ILL • 1913
WOMAN'S HATE, A • 1913
ADVENTURES OF SANDY MACGREGOR, THE • 1914
AUNT SUSAN'S WAY • 1914
ENEMY IN OUR MIDST • 1914
GEORGE'S JOY RIDE • 1914
GRANDPA'S WILL • 1914
KINEMA GIRL, THE • 1914
LIEUTENANT ROSE AND THE SEALED ORDERS • 1914
PUDDLETON POLICE, THE • 1914
THAT'S TORN IT! • 1914
WHEN EVERY MAN'S A SOLDIER • 1914
HOW LIEUTENANT ROSE R.N. SPIKED THE ENEMY GUNS • 1915
BLACK TRIANGLES, THE • 1916
HORSE! A HORSE!, A • 1916
LEAVES FROM A MOTHER'S ALBUM • 1916
ONLY ONE PAIR • 1916
QUESTIONS OF HAIRS, A • 1916

STOWERS FREDERICK – USA
OLD SHOES • 1925

STOYANOV GEORGI – BUL
STOYANOV GUEORGUI
PTITSI I HRUTKI • BIRDS AND GREYHOUNDS • 1968
SLUCHAYAT PENLEVE • PENLEVE CASE, THE ◦ SLUCHAYAT PAINLEVE ◦ PAINLEV CASE, THE • 1968
THIRD AFTER THE SUN • THIRD FROM THE SUN • 1972
HOUSES WITHOUT FENCES • 1974
CRICKET IN THE EAR, A • 1976
PANTELEI • 1978
CONSTANTINE THE PHILOSOPHER • 1983
ONOVA NESHTO • THAT THING • 1990

STOYANOV GUEORGUI see **STOYANOV GEORGI**

STOYANOV TODOR – BUL – 1930–
OTKLONENIE • SIDE TRACK • 1967
STRANGE DUEL, A • 1971
VIBRATION • 1984

STOYANOV ULI see **STOYANOV YULI**

STOYANOV YULI – BUL – 1930–
STOYANOV ULI
DAYS • DOC
FOR THE FLOURISH OF THE HOMELAND • 1955 • DOC
HUNDRED DAYS WITH THE SHIP "BULGARIA", A • 1955 • DOC
BLUE STADIUM, THE • 1957 • DOC
IN THE FOOTHILLS OF THE PIRIN MOUNTAINS • 1958 • DOC
TO DISTANT SHORES • 1958 • DOC
THEY SANG IN SOFIA • 1961 • DOC
HARBOUR, THE • 1963 • DOC
MEETING OF FRIENDSHIP • 1965 • DOC
PAGES OF A CULTURE'S HISTORY • 1966 • DOC
VARIETY AND POETRY THEATRE, THE • 1967 • DOC
IN A MOST NOBLE MANNER • 1986 • DOC

STOYCHEV PETER – BUL
SONG OF THE BALKAN MOUNTAINS, A • 1934

STRAHAN DEREK – ASL
LEONORA • 1986

STRAHL ERWIN – GRM
KEINE ANGST, LIEBLING, ICH PASS SCHON AUF! • 1970

STRAITON JOHN S. – CND – 1922–
PORTRAIT OF LYDIA • 1964 • ANS
BANSHEES, THE • 1967 • ANS
STEAM BALLET • 1967 • SHT
ANIMALS IN MOTION • 1968 • SHT
EURYNOME • 1970 • ANS
HORSEPLAY • HORSE PLAY • 1973 • ANS
PICTURE SHOW • 1981

STRAND PAUL – USA – 1890–1976
MANNAHATTA • MANHATTA • 1921 • SHT
PAY DAY • 1938 • DOC
NATIVE LAND • 1942 • DOC

STRANDBERG PER-OLOF – FNL
KAUNIS MUISTO • BEAUTIFUL MEMORY • 1977

STRANDGAARD CHARLOTTE – DNM
CASE OF LONE, THE • 1970

STRANGEWAY STAN – UKN
PETER STUDIES FORM • 1964
1812 • 1965

STRANKA ERWIN – GRM
HAIFISCHFUTTERET, DER • SHARK FEEDER, THE
SABINE WULFF
KASEBIER ODER DIE GESTOHLENE SCHLACHT • 1972
SUSANNE UND DER ZAUBERRING • 1973
KLEINE ZAUBERER UND DIE GROSSE FUNF, DER • LITTLE MAGICIAN AND THE BAD MARK, THE • 1977
LIANE • 1987

STRANMARK ERIK see **STRANDMARK ERIC**

STRANZ A. – GRM
UNHEIMLICHE CHINESE, DER • 1920
VAMPYR, DER • 1920

STRANZ FRED – GRM
ROTE REITER, DER • 1919
TODESCOWBOY, DER • 1919
EISENBAHNRAUBER, DIE • 1920
HYANEN DER WELT 1 • OPFER DER HYANEN • 1921
HYANEN DER WELT 2 • EINSAME INSEL, DIE • 1921
SCHWARZE JACK, DER • 1921
TODESSEGLER, DER • 1921
ZWISCHEN LIEBE UND MACHT • 1922
GRAUE MACHT, DIE • 1923
KAVALIERE • 1923
ZWISCHEN FLAMMEN UND BESTIEN • 1923
RADANIKA • 1925
UBERS MEER GEHETZT • 1925
AUF DER REEPERBAHN NACHTS UM HALB EINS • 1929

STRASBERG LEE – Stage director – USA
THREE SISTERS, THE • 1966 • TVM

STRASSER ALEX – UKN
YOUNG AND HEALTHY • 1943
SCIENCE IN THE ORCHESTRA • 1950

STRATE WALTER – USA
DANCE OF LIFE, THE • 1951

STRATHER FRANK – UKN
HOW I WON THE BELT • 1914

STRATIL STEFAN – AUS
MENSCH MIT DEN MODERNEN NERVEN, DER • 1988

STRATOBERDHA VICTOR – ALB
VELIKII VOIN ALBANII SKANDERBEG • GREAT ALBANIAN WARRIOR SKANDERBEG, THE ◦ GREAT WARRIOR SKANDERBEG, THE ◦ SKANDERBEG ◦ GREAT WARRIOR, THE • 1953

STRATTON EDMUND see **STRATTON EDMUND F.**

STRATTON EDMUND F. – USA
STRATTON EDMUND
ATHLETIC FAMILY, THE • 1914
BAND LEADER, THE • 1914
BARREL ORGAN, THE • 1914
BIXBY'S DILEMMA • 1915 • SHT
FAMILY PICNIC, A • 1915
NO TICKEE -NO WASHEE • 1915
REVOLT OF MR. WIGGS, THE • 1915
WHEN SAMUEL SKIDDED • 1915
CONDUCTOR KATE • 1916 • SHT
MUSICAL BARBER, THE • 1916 • SHT

STRATZALIS KOSTAS – GRC
SIKO HOREPSE SITAKI • LET'S DANCE THE SIRTAKI • 1967
DHEN THA XEHASO POTE TIN MORFI TOU • I'LL NEVER FORGET HIS FACE • 1968
MAHARAYAS, O • MAHARAJA, THE • 1968
NAFTIS TOU EGEOU, O • AEGEAN SAILOR, THE ◦ SAILORS, THE • 1968

STRAUB JEAN-MARIE – FRN – 1933–
MACHORKA-MUFF • 1962 • SHT
NICHT VERSOHNT ODER "ES HILFT NUR GEWALT, WO GEWALT HERRSCHT" • ES HILFT NICHT, WO GEWALT HERRSCHT ◦ UNRECONCILED ◦ NOT RECONCILED, OR "ONLY VIOLENCE HELPS WHERE IT RULES" • 1965
CHRONIK DER ANNA MAGDALENA BACH • CRONACA DI ANNA MAGDALENA BACH (ITL) ◦ CHRONICLE OF ANNA MAGDALENA BACH, THE (USA) • 1967
BRAUTIGAM DIE KOMODIANTIN UND DER ZUHALTER, DER • BRIDEGROOM, THE COMEDIENNE AND THE PIMP, THE • 1968 • SHT
EINLEITUNG ZU ARNOLD SCHOENBERG BEGLEIT MUSIK EINER LICHTSPIELSCENE • INTRODUCTION TO ARNOLD SCHOENBERG'S ACCOMPANIMENT FOR A CINEMATOGRAPHIC SCENE • 1969 • MTV
THREE BY JEAN-MARIE STRAUB • 1969 • ANT
YEUX NE PEUVENT PAS EN TOUT TEMPS SE FERMER OU PEUT-ETRE QU'UN JOUR ROME SE PERMETTRA DE CHOISIR A.. • OTHON (UKN) ◦ EYES DO NOT WANT TO CLOSE AT ALL TIMES OR PERHAPS ONE DAY ROME WILL PERMIT HERSELF TO CHOOSE IN H... • 1970
GESCHICHTSUNTERRICHT • HISTORY LESSONS • 1973
MOSES UND ARON • MOSES AND AARON • 1975
CANI • CANI DEL SINAI, I (ITL) ◦ FORTINI • 1976
TOUTE REVOLUTION EST UN COUP DE DES • EVERY REVOLUTION IS A THROW OF THE DICE • 1977
DELLA NUBE ALLA RESISTENZA • FROM THE CLOUD TO THE RESISTANCE (UKN) • 1979
TROP TOT, TROP TARD • 1981
AMERIKA -RAPPORTS DE CLASSE • 1983
KLASSENVERHALTNISSE • CLASS CONDITIONS ◦ CLASS RELATIONS • 1984
BLACK SIN • 1989

STRAUB RUDOLPH – SWT
MAXANITO • 1989

STRAUME UNNI – NRW
FLASKEPOST • MAIL BY BOTTLE ◦ TIL EN UKJENT ◦ TO AN UNKNOWN ◦ TO A STRANGER • 1988

STRAUSS MALCOLM – USA
SALOME • MALCOLM STRAUSS' SALOME ◦ STRAUSS' SALOME • 1923

von STRAUSS ULF – SWD
MANNISKAN OCH JORDEN • 1983
LATE AUTUMN -ONCE UPON A DAY IN SWEDEN • 1987 • DOC
WIDE-OPEN CITY, THE • 1988 • DCS

STRAUTMAN RASA – USS
LITTLE BEAR'S JOURNEY • 1966 • ANS
WHO OWNS THE ACORNS? • 1966 • ANM

STRAWBRIDGE JOHN – USA
MARCELLO, I'M SO BORED • 1966 • ANS

STRAYER COLIN – CND
BIG ADVENTURE, THE • 1987 • DCS
RED ROCKET • 1987 • DCS

STRAYER FRANK – USA – 1891–1964
STRAYER FRANK R.
ENEMY OF MEN, AN • 1925
FATE OF A FLIRT, THE • GAY NIGHTS • 1925
LURE OF THE WILD, THE • 1925
STEPPIN' OUT • IF BUSINESS INTERFERES..? • 1925
SWEET ROSIE O'GRADY • 1926
THRILL HUNTER, THE • 1926
WHEN THE WIFE'S AWAY • 1926
BACHELOR'S BABY, THE • WANTED -BABY • 1927
NOW WE'RE IN THE AIR • 1927
PLEASURE BEFORE BUSINESS • 1927
ROUGH HOUSE ROSIE • ROUGH-HOUSE ROSIE • 1927
JUST MARRIED • 1928
MORAN OF THE MARINES • 1928
PARTNERS IN CRIME • 1928
ACQUITTED • 1929
FALL OF EVE, THE • 1929
BORROWED WIVES • 1930
ENEMY OF MEN • 1930
LET'S GO PLACES • MIRTH AND MELODY (UKN) • 1930
ANYBODY'S BLONDE • WHEN BLONDE MEETS BLONDE (UKN) • 1931
CAUGHT CHEATING • 1931
DRAGNET PATROL • LOVE REDEEMED (UKN) • 1931
MURDER AT MIDNIGHT • 1931
SOUL OF THE SLUMS • SAMARITAN, THE (UKN) • 1931
BEHIND STONE WALLS • 1932
CRUSADER, THE • 1932
DYNAMITE DENNY • DENNY OF THE RAILROAD (UKN) • 1932
GORILLA SHIP • 1932
LOVE IN HIGH GEAR • 1932
MANHATTAN TOWER • 1932
MONSTER WALKS, THE • MONSTER WALKED, THE (UKN) • 1932
TANGLED DESTINIES • WHO KILLED HARVEY FORBES? (UKN) • 1932
BY APPOINTMENT ONLY • 1933
DANCE GIRL DANCE • 1933
NO DEJES LA PUERTA ABIERTA • DON'T LEAVE THE DOOR OPEN • 1933
REY DE LOS GITANOS, EL • KING OF THE GYPSIES • 1933
VAMPIRE BAT, THE • 1933
CROSS STREETS • 1934
CRUZ Y LA ESPADA, LA • CROSS AND THE SWORD, THE • 1934
FIFTEEN WIVES • MAN WITH THE ELECTRIC VOICE, THE (UKN) • 1934
FRONTERAS DEL AMOR, LAS • LOVE'S FRONTIERS • 1934
FUGITIVE ROAD, THE • 1934
GHOST WALKS, THE • 1934
IN LOVE WITH LIFE • RE-UNION (UKN) • 1934
IN THE MONEY • 1934
MELODIA PROHIBIDA • FORBIDDEN MELODY • 1934
ONE IN A MILLION • 1934
TWIN HUSBANDS • 1934
CONDEMNED TO LIVE • 1935
DEATH FROM A DISTANCE • 1935
HITCH HIKE TO HEAVEN • FOOTLIGHTS AND SHADOWS (UKN) • 1935
PORT OF LOST DREAMS • 1935
PUBLIC OPINION • 1935
SOCIETY FEVER • 1935
SYMPHONY OF LIVING • 1935
MURDER AT GLEN ATHOL • 1936
SEA SPOILERS, THE • 1936
BIG BUSINESS • JONES FAMILY IN BIG BUSINESS, THE • 1937
BIG TOWN GIRL • 1937
BORROWING TROUBLE • 1937
HOT WATER • JONES FAMILY IN HOT WATER, THE ◦ TOO MUCH LIMELIGHT • 1937
LAUGHING AT TROUBLE • 1937
OFF TO THE RACES • 1937
BLONDIE • 1938
BLONDIE BRINGS UP BABY • 1939

BLONDIE MEETS THE BOSS • 1939
BLONDIE TAKES A VACATION • 1939
BLONDIE HAS SERVANT TROUBLE • 1940
BLONDIE ON A BUDGET • 1940
BLONDIE PLAYS CUPID • 1940
BLONDIE GOES LATIN • CONGA SWING (UKN) • 1941
BLONDIE IN SOCIETY • HENPECKED (UKN) ○ SOCIETY WOMAN • 1941
GO WEST, YOUNG LADY • 1941
BLONDIE FOR VICTORY • TROUBLES THROUGH BILLETS (UKN) • 1942
BLONDIE GOES TO COLLEGE • BOSS SAID "NO", THE • 1942
BLONDIE'S BLESSED EVENT • BUNDLE OF TROUBLE, A (UKN) • 1942
DARING YOUNG MAN • 1942
FOOTLIGHT GLAMOUR • 1943
IT'S A GREAT LIFE • 1943
MAMA LOVES PAPA • 1945
SENORITA FROM THE WEST • HAVE A HEART • 1945
I RING DOORBELLS • 1946
MESSENGER OF PEACE • 1950
SICKLE OR THE CROSS, THE • 1951

STRAYER FRANK R. see **STRAYER FRANK**

STRBAC MILENKO – YGS – 1925–

CHAIN IS BROKEN, THE • 1951
IN THE HEART OF KOSMET • 1954
PUTNICI SA SPLENDIDA • TRAVELLERS FROM THE VESSEL "SPLENDID" • 1956
FIVE IN THE SNOW, THE • 1958
IT WOULD HAVE BEEN TERRIBLE • 1958
SRECNA NOVA • HAPPY NEW YEAR • 1960
WHERE ALL THE CHILDREN WAVE TO THE PASSENGERS • 1961
PROZVAN JE I VB • FIFTH CLASS WAS ALSO CALLED, THE • 1962
RAINS OF MY COUNTRY, THE • 1963
U RASKO-RAKU • IN DISAGREEMENT ○ OUT OF STEP • 1968

STREBEL LUKAS – SWT

CHORMANN • 1983

STREICS JANIS – USS

CHASY KAPITANA ENRIKO • CAPTAIN ENRICO'S WATCH • 1968

STREISAND BARBARA – Actress/singer – USA – 1942–

YENTL • 1983

STRESA NINO – ITL

VAGABONDI DELLE STELLE, I • 1956

STRICHEWSKY WLADIMIRO see **von STRISCHEWSKI WLADIMIR**

STRICK JOSEPH – Producer/writer – USA – 1923–

MUSCLE BEACH • 1948 • DCS
JOUR DE FETE • VILLAGE FAIR, THE (UKN) • 1949 • DCS
BIG BREAK, THE • 1950 • DOC
SAVAGE EYE, THE • 1960
BALCONY, THE • 1963
HECKLERS, THE • 1966 • MTV
ULYSSES • JAMES JOYCE'S ULYSSES • 1967
JUSTINE • 1969
INTERVIEWS WITH MY LAI VETERANS • 1970 • DOC
TROPIC OF CANCER • 1970
JANICE • 1973
ROAD MOVIE • 1974
PORTRAIT OF THE ARTIST AS A YOUNG MAN • 1977
SPACE WORKS, THE • 1981
UNDERWORLD • 1990

von STRIJEWSKI VLADIMIR see **von STRISCHEWSKI WLADIMIR**

STRINGER G. HENRY – UKN

THAMES, THE • 1948 • DOC
WALES • 1948 • DOC
CORNWALL • 1949 • DOC
SKETCHES OF SCOTLAND • 1949
YORKSHIRE DITTY • 1949
FANTASY OF LONDON LIFE, A • LONDON FANTASY • 1950

STRINGER ROBERT W. – USA

DAREDEVIL, THE • 1972

STRISCHEWSKI VLADIMIR see **von STRISCHEWSKI WLADIMIR**

STRISCHEWSKI WLADIMIR see **von STRISCHEWSKI WLADIMIR**

von STRISCHEWSKI WLADIMIR – GRM

STRISCHEWSKI WLADIMIR • STRICHEWSKY WLADIMIRO • von STRIJEWSKI VLADIMIR • STRISCHEWSKI VLADIMIR

TARAS BULBA 1 • TOCHTER DES WOIWODEN, DIE • 1924
TARAS BULBA 2 • KOSAKEN-ENDE • 1924
TIEFEN DER GROSSTADT • 1924
ADJUTANT DES ZAREN, DER • 1928
SPIELEREIEN EINER KAISERIN • 1929
TROIKA • 1930
SERGEANT X • GEHEIMNIS DES FREMDENLEGIONARS, DAS ○ LEGION OF THE LOST • 1931
SERGENT X, LE • VIVE LA LEGION ○ ISOLES, LES ○ DESERT, LE • 1931
BATELIERS DE LA VOLGA, LES • 1936
NUITS DE PRINCES • 1937
TROIKA • 1940
CARNE E L'ANIMA, LA • 1943

STRIZHAK ALEXANDER – USS

EE PUT • HER WAY OF LOVE • 1929

STRNAD STANISLAV – CZC

MUJ BRACHA MA PRIMA BRACHU • MY BROTHER HAS A BROTHER • 1975
ZATAH • POLICE RAID • 1985

STROBEL HANS see **STROBEL HANS ROLF**

STROBEL HANS ROLF – GRM – 1929–

STROBEL HANS RUDOLF • STROBEL HANS

SCHLUSSEL UM DEN HALS.., DEN • 1959
ORFF-SCHULWERK, RHYTMISCH-MELODISCHE ERZIEHUNG • 1960
LIEBESKARUSSELL, DAS • WHO WANTS TO SLEEP • 1965
WUNDER VON MAILAND, DAS • MIRACLE OF MILAN, THE • 1967 • DOC
EHE, EIN • 1968
LIEBE, EINE • 1969
SCHRITT INS REICH DER FREIHEIT -ZUM BEISPIEL IN PERU • 1978 • DOC
SCHRITTE INS REICH FREIHEIT -ZUM BEISPIEL IN TANSANIA • 1978 • DOC

STROBEL HANS RUDOLF see **STROBEL HANS ROLF**

STROCK HERBERT L. – Producer/writer – USA – 1918–

GOG • 1954
BATTLE TAXI • 1955
BLOOD OF DRACULA • BLOOD IS MY HERITAGE (UKN) ○ BLOOD OF THE DEMON • 1957
I WAS A TEENAGE FRANKENSTEIN • TEENEAGE FRANKENSTEIN (UKN) • 1957
HOW TO MAKE A MONSTER • 1958
VEIL, THE • 1958 • MTV
DEVIL'S MESSENGER, THE • 1962
RIDER ON A DEAD HORSE • 1962
CRAWLING HAND, THE • STRIKE ME DEADLY ○ TOMORROW YOU DIE ○ DON'T CRY WOLF • 1963
BROTHER ON THE RUN • 1973
MONSTER • IT CAME FROM THE LAKE ○ MONSTROID • 1979
WITCHES' BREW • WHICH WITCH IS WHICH? • 1980

STROEVA V. see **STROYEVA VERA**

STROEVA VERA see **STROYEVA VERA**

von STROHEIM ERICH – Actor – AUS – 1885–1957

BLIND HUSBANDS • PINNACLE • 1918
DEVIL'S PASSKEY, THE • 1920
FOOLISH WIVES • 1922
MERRY-GO-ROUND • 1923
GREED • 1924
MERRY WIDOW, THE • 1925
QUEEN KELLY • 1928
WEDDING MARCH, THE • 1928
WALKING DOWN BROADWAY • 1933
DANSE DE MORT, LA • DANCE OF DEATH, THE • 1946

STROMBECK GRANT – USA

1 • SHT

STROMBERG HUNT – Producer – USA – 1894–1968

LADIES' MAN, A • 1922
BREAKING INTO SOCIETY • 1923
ROB 'EM GOOD • 1923
SNOWED UNDER • 1923
TWO TWINS • 1923
FIRE PATROL, THE • 1924
SIREN OF SEVILLE, THE • 1924
PAINT AND POWDER • 1925

STROMBERG WILLIAM R. – USA

CRATER LAKE MONSTER, THE • 1977

STROMBLAD CURT – SWD – 1929–

EN NY MANNISKA • 1966

STROMDAHL ERIK – SWD

HUS I HELVETE • HELL OF A ROW, A • 1974

STROMHOLM CHRISTER – SWD

ANSIKTEN I SKUGGA • FACES IN THE SHADOWS • 1956 • SHT

STRONG MIKE – FRN

PENETRATIONS MULTIPLES • 1978
CA AIDE BEAUCOUP • 1980
PARADIS • 1980

STROSS RAYMOND – Producer – UKN – 1916–

SHOW'S THE THING, THE • 1936
REVERSE BE MY LOT, THE • 1938

STROSSER – USA

RAPE STORIES • 1989 • SHT

STROUX KARL H. – GRM

MORGEN WERDE ICH VERHAFTET • 1939
BEGEGNUNG MIT WERTHER • WERTHER UND LOTTE • 1949
GROSSE MANDERIN, DER • 1949

STROYEVA V. see **STROYEVA VERA**

STROYEVA VERA – USS – 1903–

STROYEVA V. • STROEVA VERA • STROEVA V.

RIGHTS OF FATHERS, THE • 1931
MAN WITHOUT A CASE, THE • 1932
PETERBURGSKAYA NOCH • PETERSBURG NIGHTS ○ SAINT PETERSBURG • 1934
POKOLENIYE POBEDITELI • GENERATION OF CONQUERORS ○ REVOLUTIONISTS • 1936
V POISKACH RADOSTI • IN SEARCH OF HAPPINESS • 1939
MARITE • 1947
BOLSHOI KONCERT • GRAND CONCERT, THE ○ GREAT CONCERT • 1951
VARIETY STARS • 1954
BORIS GODUNOV • 1955
SWEEPING FIELDS • PLAINS, MY PLAINS • 1957
KHOVANSHCHINA • KHOVANSCHINA • 1959
MI, RUSSKI NAROD • WE, THE RUSSIAN PEOPLE ○ WE ARE THE RUSSIANS • 1964

STRYKER JONATHAN see **CIUPKA RICHARD**

STUART BOBBY A. see **SUAREZ BOBBY A.**

STUART BRIAN – USA

SORCERESS • DEVIL'S ADVOCATE, THE • 1982

STUART DONALD – UKN

LONDON MELODY • 1930

STUART FALCON – Producer – UKN – 1941–

IMAGES AND ALTMAN • 1972
PENETRATION • 1974
WET DREAMS • 1974

STUART HENRY – GRM

RING DER BAJADERE, DER • 1928
KRISCHNA • ABENTEUER IM INDISCHER DSCHUNGEL • 1941

STUART JAMES K. see **DE MARIA LUIGI**

STUART MARK – UKN – 1923–

PLEASE SIR! • 1971

STUART MEL – USA – 1928–

FOUR DAYS IN NOVEMBER • 1964 • DOC
IF IT'S TUESDAY, THIS MUST BE BELGIUM • 1969
UNFINISHED JOURNEY OF ROBERT F. KENNEDY, THE • JOURNEY OF ROBERT F. KENNEDY, THE • 1969 • TVM
I LOVE MY WIFE • 1970
WILLY WONKA AND THE CHOCOLATE FACTORY • 1971
ONE IS A LONELY NUMBER • 1972
VISIONS OF EIGHT • 1973
WATTSTAX • 1973 • DOC
BRENDA STARR • 1976 • TVM
CHISHOLMS, THE • 1978 • MTV
MEAN DOG BLUES • 1978
RUBY AND OSWALD • FOUR DAYS IN DALLAS • 1978 • TVM
TRIANGLE FACTORY FIRE SCANDAL, THE • 1979 • TVM
WHITE LIONS, THE • 1979
SOPHIA LOREN: HER OWN STORY • 1980 • TVM
MAKING OF A PRESIDENT, 1960, THE • 1981 • MTV

STUART-YOUNG BRIAN – GYN

AGGRO SEIZEMAN • 1975

STUDDY GEORGE E. – Animator – USA

BONZO • 1924-26 • ASS

STUDECKY – CZC

HORSKE VOLANI SOS • SOS IN THE MOUNTAINS • 1929

STULL WALTER – USA

FAKE SOLDIERS, THE • 1913
THIS WAY OUT • 1915
UPS AND DOWNS • 1915
BUNGLES' ELOPEMENT • 1916
BUNGLES ENFORCES THE LAW • 1916
BUNGLES LANDS A JOB • 1916
BUNGLES' RAINY DAY • 1916
BUSTED HEARTS • 1916 • SHT
CHICKENS • 1916
FRENZIED FINANCE • 1916
STICKY AFFAIR, A • 1916 • SHT
TRYOUT, THE • 1916

STUMAR JOHN S.

KING'S PEOPLE, THE • 1937

STUMMER ALFONS – GRM

STUMMER ALPHONS

WO DIE ALTEN WALDER RAUSCHEN • 1956
SATAN MIT DEN ROTEN HAAREN, DER • 1964
EUROPA -LEUCHTFEUER DER WELT • 1971 • DOC

STUMMER ALPHONS see **STUMMER ALFONS**

STURGEON R. S. see **STURGEON ROLLIN S.**

STURGEON ROLLIN see **STURGEON ROLLIN S.**

STURGEON ROLLIN S. – USA – -1925

STURGEON ROLLIN • STURGEON R. S.

BILL WILSON'S GAL • 1912
BIT OF BLUE RIBBON, A • 1912
NATOOSA • 1912
TIMID MAY • 1912
WHEN CALIFORNIA WAS YOUNG • 1912
AFTER THE HONEYMOON • 1913
ANGEL OF THE DESERT, THE • 1913
AT THE SIGN OF THE LOST ANGEL • 1913
BALLYHOO'S STORY, THE • 1913
COURAGE OF THE COMMONPLACE • 1913
DECEIVERS, THE • 1913
JOKE ON HOWLING WOLF, A • 1913
POLLY AT THE RANCH • 1913
POWER THAT RULES, THE • 1913
SPELL, THE • 1913
TRANSITION, THE • 1913
WHEN THE DESERT WAS KIND • 1913
CAPTAIN ALVAREZ • 1914
LITTLE ANGEL OF CANYON CREEK, THE • 1914
SEA GULL, THE • 1914
SILENT TRAILS • 1914
THEIR INTEREST IN COMMON • 1914
TONY, THE GREASER • 1914
CHALICE OF COURAGE, THE • 1915
CHILD OF THE NORTH, A • 1915
LORELEI MADONNA, THE • 1915
LOVE AND LAW • 1915
SAGE BRUSH GAL, THE • 1915
WOMAN'S SHARE, THE • 1915
BILL PETER'S KID • 1916 • SHT
BITTERSWEET • 1916 • SHT
GOD'S COUNTRY AND THE WOMAN • 1916
THROUGH THE WALL • 1916
AMERICAN CONSUL, THE • 1917
BETTY AND THE BUCCANEERS • 1917
CALENDAR GIRL, THE • 1917
MYSTERY OF LAKE LETHE, THE • 1917 • SHT
RAINBOW GIRL, THE • 1917
SERPENT'S TOOTH, THE • 1917
UPPER CRUST, THE • 1917
WHOSE WIFE? • 1917

HUGON THE MIGHTY • 1918
PETTICOAT PILOT, A • MARY 'GUSTA • 1918
SHUTTLE, THE • 1918
UNCLAIMED GOODS • 1918
DESTINY • 1919
PRETTY SMOOTH • 1919
SUNDOWN TRAIL, THE • 1919
BREATH OF THE GODS, THE • 1920
GILDED DREAM, THE • 1920
GIRL IN THE RAIN, THE • 1920
IN FOLLY'S TRAIL • 1920
ALL DOLLED UP • BOBBED SQUAD, THE • 1921
DANGER AHEAD • 1921
MAD MARRIAGE, THE • 1921
NORTH OF THE RIO GRANDE • 1922
DAUGHTERS OF TODAY • WHAT'S YOUR DAUGHTER DOING? • 1924
WEST OF THE WATER TOWER • 1924

STURGES HOWARD – USA
TELEPHONE AS AN INSTRUMENT OF FEAR, THE • SHT

STURGES JOHN – USA – 1911–
THUNDERBOLT • 1945 • DOC
ALIAS MR. TWILIGHT • 1946
MAN WHO DARED, THE • 1946
SHADOWED • GLOVED HAND, THE • 1946
FOR THE LOVE OF RUSTY • 1947
KEEPER OF THE BEES • 1947
BEST MAN WINS • 1948
SIGN OF THE RAM • 1948
WALKING HILLS, THE • 1949
CAPTURE, THE • 1950
MAGNIFICENT YANKEE, THE • MAN WITH THIRTY SONS, THE (UKN) • 1950
MYSTERY STREET • 1950
RIGHT CROSS • 1950
IT'S A BIG COUNTRY • 1951
KIND LADY • 1951
PEOPLE AGAINST O'HARA, THE • 1951
GIRL IN WHITE, THE • SO BRIGHT THE FLAME (UKN) • 1952
JEOPARDY • 1952
ESCAPE FROM FORT BRAVO • 1953
FAST COMPANY • 1953
BAD DAY AT BLACK ROCK • 1954
SCARLET COAT, THE • 1955
UNDERWATER! • 1955
BACKLASH • 1956
GUNFIGHT AT THE O.K. CORRAL • 1957
LAW AND JAKE WADE, THE • 1958
OLD MAN AND THE SEA, THE • 1958
LAST TRAIN FROM GUN HILL • 1959
NEVER SO FEW • CAMPAIGN BURMA • 1959
MAGNIFICENT SEVEN, THE • 1960
BY LOVE POSSESSED • 1961
GIRL NAMED TAMIKO, A • 1962
SERGEANTS THREE • BADLANDS ○ SOLDIERS THREE • 1962
GREAT ESCAPE, THE • 1963
HALLELUJAH TRAIL, THE • 1965
SATAN BUG, THE • 1965
HOUR OF THE GUN • LAW AND TOMBSTONE, THE • 1967
ICE STATION ZEBRA • 1968
MAROONED • 1969
JOE KIDD • 1972
MCQ • 1974
VALDEZ IL MEZZOSANGUE • VALDEZ THE HALFBREED (UKN) ○ CHINO (USA) ○ VALDEZ HORSES, THE ○ WILD HORSES, THE • 1974
EAGLE HAS LANDED, THE • 1976

STURGES PRESTON – USA – 1898–1959
CHRISTMAS IN JULY • NEW YORKERS, THE • 1940
GREAT MCGINTY, THE • DOWN WENT MCGINTY (UKN) • 1940
LADY EVE, THE • 1941
SULLIVAN'S TRAVELS • 1941
PALM BEACH STORY, THE • 1942
GREAT MOMENT, THE • GREAT WITHOUT GLORY ○ TRIUMPH OVER PAIN • 1944
HAIL THE CONQUERING HERO • 1944
MIRACLE OF MORGAN'S CREEK • 1944
SIN OF HAROLD DIDDLEBOCK, THE • MAD WEDNESDAY (UKN) • 1946
UNFAITHFULLY YOURS • 1948
BEAUTIFUL BLONDE FROM BASHFUL BEND, THE • 1949
VENDETTA • 1950
CARNETS DU MAJOR THOMPSON, LES • DIARY OF MAJOR THOMPSON, THE (UKN) ○ FRENCH THEY ARE A FUNNY RACE, THE • 1955

STURLIS EDWARD – Animator – PLN
DAMON • ANM
KING MIDAS • ANM
BOASTFUL KNIGHT, THE • 1955 • ANM
LITTLE BOY DOESN'T WASH, THE • 1955 • ANM
MAGUAR • 1960 • ANM
UGLY COCKROACH, THE • 1961 • ANM
ORPHEUS AND EURYDICE • 1962 • ANM
PLAZA • BEACH ○ ON A SEA-BEACH • 1964 • SHT
ADVENTURES OF A CUPBOARD • 1965 • ANM
MIEJSCE • FUNCTION, THE ○ POSITION, THE • 1965
STATUS • ANS
CZLOWIEK I ANIOL • ANGEL AND MAN • 1966 • ANM
KWARTECIK • LITTLE QUARTET, THE ○ QUARTET, THE • 1966 • ANM
PLACE, THE • 1966 • ANM
UNIFORM, THE • 1966 • ANM
MIRACULOUS SPRING, THE • 1967 • ANM
KOCHAJMY MASZYNY • LET'S LOVE THE MACHINES • 1973

STURM HANS – SWT
HITLER -ATTENTATER MAURICE B • 1979

STURRIDGE CHARLES – UKN – 1951–
BRIDESHEAD REVISITED • 1981 • MTV
RUNNERS • 1983
ARIA • 1987
HANDFUL OF DUST, A • 1988

STURT GEORGE – UKN
CHILDREN IN NEED • 1956
JOURNEY FROM THE EAST • 1956

STUTZ ROLAND – CND
TAXI • 1969

STYLES RICHARD – USA
SHALLOW GRAVE • 1987
ESCAPE • 1988
PAYOFF • 1989

STYLIANOU MICHEL – USA
TERESA.. DARLING • 1969

SU LI – CHN
LIU SANJIE • THIRD SISTER LIU • 1961

SU LOUIS see **KAUFMAN LLOYD**

SUAREZ BOBBY A. – USA
STUART BOBBY A.
MEAN BUSINESS • DEVIL'S THREE
DYNAMITE JOHNSON • NEW ADVENTURES OF THE BIONIC BOY, THE ○ 12 MILLION DOLLAR BOY, THE ○ RETURN OF THE BIONIC BOY, THE • 1978
SEARCHERS OF THE VOODOO MOUNTAIN • 1984
AMERICAN COMMANDOS • MISTER SAVAGE ○ HITMAN • 1985

SUAREZ DE LOZO LUIS – SPN
SERVICIO EN LA MAR • 1950
CAMINO PARA EUROPA, UN • 1965

SUAREZ GONZALE see **SUAREZ GONZALO**

SUAREZ GONZALO – SPN – 1934–
SUAREZ GONZALE
DITIRAMBO • 1967
EXTRANO CASO DEL DR. FAUSTO, EL • MEFISTOFELES! ○ STRANGE CASE OF DR. FAUST, THE • 1969
AOOM • 1970
MORBO • 1971
AL DIABLO CON AMOR • DEVIL WITH LOVE, THE • 1972
DIEGO Y ALICIA • DIEGO AND ALICIA • 1972
LOBA Y LA PALOMA, LA • SHE-WOLF AND THE DOVE, THE • 1973
REGENTA, LA • REGENT, THE • 1974
BEATRIZ • 1976
PARRANDA • BINGE • 1977
REINA ZANAHORIA • 1978
EPILOGO • EPILOGUE • 1983
REMANDO AL VIENTO • ROWING IN THE WIND ○ ROWING WITH THE WIND • 1988

SUAREZ JOSE MARTINEZ – ARG
MARTINEZ SUAREZ JOSE A.
DAR LA CARA • RESPONSIBILITY • 1962
CHANTAS, LOS ○ PHONIES, THE • 1975
MUCHACHOS DE ANTES NO USABAN ARSENICO, LOS • YESTERDAY'S GUYS USED NO ARSENIC • 1975
NOCHES SIN LUNAS NI SOLES • MOONLESS SUNLESS NIGHTS • 1984

SUAY RICARDO MUNOZ – SPN
AMANTES DEL DESIERTO, LOS • AMANTI DEL DESERTO (SPN) ○ FIGLIA DELLO SCEICCO, LA ○ DESERT WARRIOR • 1958

SUBARDJO ISMAIL – INN
BERCANDA DALAM DUKA • HIDDEN TRUTH, THE • 1981

SUBBA RAO B. A. – IND
RAO B. A. SUBBA • RAO A. SUBHA
MILAN • REUNION • 1967
PEDDA AKKAYYA • ELDEST SISTER • 1967

SUBBA RAO W. R. – IND
RAO W. R. SUBBA
SIMHA SWAPNA • NIGHTMARE • 1968

SUBIELA ELISEO – ARG
CONQUISTA DEL PARAISO, LA • CONQUEST OF PARADISE, THE • 1981
HOMBRE MIRANDO AL SUDESTE • MAN FACING SOUTHEAST (USA) ○ MAN LOOKING SOUTHEAST • 1986
ULTIMAS IMAGENES DEL NAUFRAGIO • LAST IMAGES OF THE SHIPWRECK • 1989

SUBRAHMANYAM K. – IND
BHAKTHA KUCHELA • KUCHELA, DEVOTEE TO THE GOD • 1935
PANDI THEVAN • 1958

SUBRAMANIAN K. – IND
USHA KALYANAM • 1936

SUBRAMONIAM P. – IND
BHAKTHA KUCHELA • KUCHELA, DEVOTEE TO THE GOD • 1963

SUBRANIAM P. – IND
SNAPAKA YOHANNAN • 1963

SUCHY JIRI – CZC
NEVESTA • BRIDE, THE • 1970

SUCKERT CURZIO see **MALAPARTE CURZIO**

SUCKSDORFF ARNE – SWD – 1917–
AUGUSTIRAPSODI, EN • AUGUST RHAPSODY, AN • 1939 • DCS
DIN TILLVAROS LAND • YOUR OWN LAND ○ THIS LAND IS FULL OF LIFE • 1940 • DCS
SOMMARSAGA, EN • SUMMER'S TALE, A ○ SUMMER TALE, A • 1941 • DOC
VINDEN FRAN VASTER • WEST WIND ○ WIND FROM THE WEST • 1942 • DCS
SARVTID • REINDEER TIME ○ REINDEER PEOPLE • 1943 • DCS
GRYNING • DAWN • 1944 • DCS
TRUT! • GULL, THE ○ GULL! ○ CLIFF FACE • 1944 • DCS
SKUGGOR OVER SNON • SHADOWS ACROSS THE SNOW ○ SHADOWS ON THE SNOW • 1945 • DCS
MANNISKOR I STAD • RHYTHM OF A CITY ○ SYMPHONY OF A CITY ○ PEOPLE IN THE CITY ○ STOCKHOLM STORY • 1946 • DCS
DROMDA DALEN, DEN • DREAM VALLEY ○ TALE OF THE FJORDS ○ SORIA-MORIA • 1947 • DCS
KLUVEN VARLD, EN • DIVIDED WORLD, A • 1948 • DCS
UPPBROTT • OPEN ROAD, THE ○ MOVING ON • 1948 • DCS
STRANDHUGG • GOING ASHORE • 1949 • DCS
HORN I NORR, ETT • LIVING STREAM, THE • 1950 • DCS
INDISK BY • INDIAN VILLAGE • 1951 • DCS
VINDEN OCH FLOCHEN • WIND AND THE RIVER, THE • 1951 • DCS
STORA AVENTYRET, DET • GREAT ADVENTURE, THE • 1953
DJUNGELSAGA, EN • FLUTE AND THE ARROW, THE • 1957 • DOC
POJKEN I TRADET • BOY IN THE TREE, THE • 1961 • DOC
MITT HEM AR COPACABANA • MY HOME IS COPACABANA • 1966 • DOC
MR. FORBUSH AND THE PENGUINS • CRY OF THE PENGUINS (USA) • 1972

SUDARMADJI S. – MLY
BELANG PERTENDA • TREACHERY • 1971
CENGKAMAN MAUT • GRIP OF DEATH, THE • 1971
PEDANG SAKTI • INVINCIBLE SWORD, THE • 1971
KILAT SENJA • LIGHTNING AT DUSK • 1977
DETIK 12 MALAM • 1978
LANGIT TIDAK SELALU CERAH • TEARS AND SORROW • 1979
PERJANJIAN SYAITAN • 1980

SUDARSHAN PANDIT – IND
KUNWARI • WIDHWA ○ UNMARRIED GIRL ○ WIDOW • 1937

SUDDERTH MARTHA – USA
DARK SANITY • STRAIGHT JACKET • 1980

SUDGEON LEONARD S.
WAY UP YONDER • 1920

SUGANUMA KANJI – JPN
OCHIYO TOSHIGORO • PRIME OF OCHIYO'S LIFE, THE • 1937
KURAMA TENGU: SATSUMA NO MISSHI • KURAMA TENGU: SECRET AGENT FROM SATSUMA ○ SATSUMA NO MISSHI • 1941

SUGAR PAUL – GRM
GLUHENDE GASSE, DIE • 1927

SUGAWA E. see **SUGAWA EIZO**

SUGAWA EIZO – JPN
SUGAWA E.
YAJU SHISUBESHI • BEAST SHALL DIE, THE • 1959
KENJU YO SARABA • GET 'EM ALL (USA) • 1960
AI TO HONOHO TO • CHALLENGE TO LIVE • 1961
ARU OSAKA NO ONNA • AYAKO (USA) ○ TWENTY-THREE STEPS TO BED ○ THAT WOMAN FROM OSAKA • 1962
KIMIMO SHUSSEGA DEKIRU • YOU CAN SUCCEED TOO (USA) • 1964
KEMONOMICHI • BEAST ALLEY (USA) ○ WAY OF THE BEAST, THE • 1965
TAIFU TO ZAKURO • POMEGRANATE TIME • 1967
NIPPON-ICHI NO URAGIRIOTOKO • JAPAN FOR SALE • 1968
SARARIIMAN AKUTO JUTSU • HOW TO BE THE WORST OF OFFICE WORKERS • 1968

SUGERMAN ANDREW – USA
BASIC TRAINING • UP THE PENTAGON ○ UP THE MILITARY • 1985
DANGEROUS CURVES • TAN LINES • 1988

SUGHRUE JOHN J. – Producer – USA – 1927–
THREE • 1969

SUGIE TOSHIO – JPN
SONO HITO NO NA WA IENAI • I CANNOT SAY THAT PERSON'S NAME • 1951
GEISHA KONATSU • 1954
MITSUYUSEN • BLACK FURY ○ SMUGGLING SHIP • 1954
MIZUGI NO HANAYOME • BRIDE IN A BATHING SUIT • 1954
ONNAGOKORO WA HITOSUJI NI • WITH ALL MY HEART • 1954
RENAI TOKKYU • LOVE EXPRESS • 1954
JANKEN MUSUME • SO YOUNG SO BRIGHT (USA) ○ THREE KINDS OF GIRLS • 1955
TENKA TAIHEI • PEACE OF THE WORLD ○ WORLD IS PEACEFUL, THE • 1955
KONYAKU SAMBA GARASU • THREE YOUNG MEN AND A DREAM GIRL • 1956
HADAIRO NO TSUKI • SKIN COLOUR OF THE MOON • 1957
AIJO NO MIYAKO • CITY OF LOVE • 1958
JINSEI GEKIJO SEISHUN-HEN • THEATRE OF LIFE • 1958
DAIGAKU NO ONEICHAN • THREE DOLLS IN COLLEGE ○ YOUNG GIRL AT THE UNIVERSITY • 1959
GINZA NO ONE-CHAN • THREE DOLLS IN GINZA • 1959
ONEICHAN MAKARI TORU • THREE DOLLS FROM HONG KONG (USA) ○ THREE DOLLS GO TO HONG KONG ○ YOUNG GIRL DARES TO PASS • 1959
SENGOKU GUNTODEN • SAGA OF THE VAGABONDS ○ ROBBER SAGA, THE • 1959
AH JONAN • WEAKER SEX (USA) • 1960
SALARY-MAN CHUSHINGURA • MASTERLESS FORTY-SEVEN, THE ○ SARAIIMAN CHUSHINGURA ○ SALARIED MEN'S LOYAL RONIN STORY • 1960
ARU SONAN • DEATH ON THE MOUNTAIN • 1961
DAIGAKU NO WAKADAISHO • BULL OF THE CAMPUS • 1962
SHACHOU KOUKOU-KO • STORY OF THE COMPANY PRESIDENT'S OVERSEAS TRAVELS • 1962
JAJAUMA NARASHI • TAMING OF THE SHREW, THE • 1966
ONNA WA IKUMAN ARITOTEMO • ALTHOUGH THERE ARE MILLIONS OF WOMEN • 1966
RAKUGOYARO DAIBAKUSHO • COMIC STORYTELLER'S UPROARIOUS LAUGHTER, A • 1967

SUGIHARA FUMIHARU – JPN
HOKKAIDO MONOGATARI • HOKKAIDO STORY • 1968

SUGII GISABURO – Animator – JPN
JAKKU TO MAME NO KI • 1974
GINGA–TETSUDO NO YORU • NIGHT TRAIN FOR THE MILKY WAY, THE • 1985

SUGIYAMA TAKU – Animator – JPN
HINOTORI 2772 AI NO COSMOZONE • SPACE FIREBIRD 2772 ○ HINOTORI 2772 ○ SPACE FIREBIRD ○ PHOENIX 2772 • 1980

SUI SAIO–BIN – CHN
OSVOBOZHDYONNY KITAI • LIBERATED CHINA ○ NEW CHINA, THE • 1950

SUIKKARI JOUKO – FNL
FOREST OF HANGING FOXES • 1986

SUISSA DANIEL see **SUISSA DANIELE J.**

SUISSA DANIELE J. – MRC – 1940–
SUISSA DANIEL
SUMMER MORNINGS • 1974 • MTV
HEY JO • 1975 • MTV
DIVINE SARAH • 1984 • MTV
EVANGELINE DEUSSE • 1984 • MTV
KATE MORRIS, VICE–PRESIDENT • 1984 • MTV
MORNING MAN, THE • 1986
ROSE CAFE, THE • MAN WHO GUARDS THE GREENHOUSE, THE • 1987
MARTHA, RUTH AND EDIE • 1988

SUJATA – BNG
ARPAN • 1986

SUKARDI KOTOT – IND
SI PITIANG • 1952

SUKHDEV S. – IND
MAN THE CREATOR • 1962
AFTER THE ECLIPSE • 1967 • DOC
INDIA 67 • INDIA 1967 • 1967 • DOC
NINE MONTHS TO FREEDOM • 1972

SUKHOBOKOV V. – USS
ALL FOR YOU • 1965

SULAIMAN HENGKY – INN
NERACA KASIH • SCALES OF LOVE, THE • 1983
TALI MERAH PERKAWINAN • RED THREAD OF MARRIAGE, THE • 1983
SORGA DUNIA DI PINTU NEKA • 1984
TANDES • KISSES FOR AUNTIE ○ KISAH YANTI • 1984

SULEIMAN ISAM – SYR
THAWRA AL SHEIKH SALEH AL ALI • REVOLT OF SHEIK SALEH AL ALI, THE • 1985 • DOC

SULISTROWSKI ZYGMUNT – USA
TUMULTO DE PAIXOES • RUF DER WILDNIS • 1958
HUNZA –THE HIMALAYAN SHANGRI–LA • 1962 • DOC
MARIZINIA • MARIZINIA, THE WITCH BENEATH THE SEA ○ WITCH BENEATH THE SEA, THE • 1962
KATU (THE FRENCH GIRL AND THE NUDISTS) • KATU (HOW I LIVED AS EVE) • 1964
ISLAND OF LOVE XANAVA
AFRICA EROTICA • HAPPENING IN AFRICA ○ KAREN, THE LOVEMAKER • 1970
LOVE IN THE PACIFIC • 1970 • DOC
ANNIE, LA JIERGE DE SAINT TROPEZ • VIRGIN OF THE BEACHES • 1975

SULLIVAN C. GARDNER – Screenwriter – USA – 1879–1965
ONE OF THE DISCARD • 1914

SULLIVAN E. P. – CND
EVANGELINE • 1913

SULLIVAN EDGAR P. – FRN
LIAISONS PERVERSES, LES • 1975

SULLIVAN FRED see **SULLIVAN FREDERICK**

SULLIVAN FRED G. – USA
COLD RIVER • 1981

SULLIVAN FREDERICK – USA
SULLIVAN FREDERICK R. • *SULLIVAN FRED*
BIG BOSS, THE • 1913
GOOD WITHIN, THE • 1913
GRAFTERS, THE • 1913
HOODOO PEARLS, THE • 1913
HIS REWARD • 1914
PAINTED LADY, THE • 1914
ZUDORA • ZUDORA IN THE TWENTY MILLION DOLLAR MYSTERY ○ TWENTY MILLION DOLLAR MYSTERY, THE • 1914 • SRL
MR. MEESON'S WILL • 1915
DIVORCE AND THE DAUGHTER • 1916
FEAR OF POVERTY, THE • 1916
FUGITIVE, THE • 1916
MASTER SHAKESPEARE, STROLLING PLAYER • 1916
PHANTOM WITNESS, THE • 1916 • SHT
PILLORY, THE • 1916
SAINT, DEVIL AND WOMAN • 1916
SPIRIT OF THE GAME, THE • 1916 • SHT
HER LIFE AND HIS • GIRL WHO WANTED TO LIVE, THE • 1917
WHEN LOVE WAS BLIND • 1917
SOLITARY SIN, THE • 1919
COURTSHIP OF MILES STANDISH, THE • 1923

SULLIVAN FREDERICK R. see **SULLIVAN FREDERICK**

SULLIVAN JAMES A. – USA
NIGHT FRIGHT • E.T.:THE EXTRA–TERRESTRIAL NASTIE ○ EXTRA–TERRESTRIAL NASTIE ○ NIGHTFRIGHT • 1968
PICKLE GOES IN THE MIDDLE, THE • 1971

SULLIVAN JAMES R. – USA
VENUS OF THE SOUTH SEAS • 1924

SULLIVAN JOSEPH – USA
FALL OF BLACK HAWK, THE • 1912

SULLIVAN KEVIN – CND
FIR TREE, THE • 1979 • MTV
MEGAN CARIE • 1980 • SHT
KRIEGHOFF • 1981 • MTV
WILD PONY, THE • WILD STALLION, THE • 1983
ANNE OF GREEN GABLES • 1985 • TVM
ANNE OF AVONLEA • ANNE OF GREEN GABLES: THE SEQUEL • 1987 • TVM
LANTERN HILL • 1990

SULLIVAN MICHAEL – USA
TARZAN FINDS A MATE • 1965 • SHT

SULLIVAN MIKE – USA
NO SMOKING • 1967

SULLIVAN NEIL – USA
WHY RUSSIANS ARE REVOLTING • 1970

SULLIVAN PAT – Animator – ASL – 1887–1933
SULLIVAN CARTOON COMEDIES • 1916 • ASS
BOONER BILL • 1917 • ASS
CHARLEY • 1918–19 • ASS
FELIX IN THE BONE AGE • 1922 • ANS
FELIX REVOLTS • 1922 • ANS
FELIX IN HOLLYWOOD • 1923 • ANS
FELIX KNIGHT ERRANT • 1923 • ANS
FELIX MINDS THE BABY • 1923 • ANS
FELIX FOLLOWS SWALLOWS • 1924 • ANS
FELIX IN COLD RUSH • 1925 • ANS
FELIX WINS AND LOSES • 1925 • SHT
FELIX IN GERMANIA • 1927 • ANS
FELIX IN ARABIANTICS • 1928 • ANS
FELIX IN OCEANTICS • 1930 • ANS
WHO'S WHOOPEE • 1930 • ANS

SULLIVAN RON – USA
LUST WEEKEND • LOST WEEKEND • 1967
BIZARRE ONES, THE • 1968
EROTIC CIRCUS, THE • 1969
THIS SPORTING HOUSE • SPORTING HOUSE • 1969
SCORPIO '70 • BLACK REVENGE • 1970
RUNNING WITH THE DEVIL • 1972

SULLY JIM – USA
WILDEST!, THE • 1969

SULLY W. see **SULLY WALLY**

SULLY WALLY – Photographer – ASL
SULLY W.
UNSLEEPING EYE, THE • 1928

SULONG JAMIL – MLY
BATU BELAH BATU BERTANGKUP • DEVOURING ROCK, THE • 1959
ISI NERAKA • SINNERS TO HELL • 1960
CINTA DAN LAGU • LOVE AND SONGS • 1975
JIWA REMAJA • RESTLESS YOUTH • 1975
SAYANG ANAKKU SAYANG • MY BELOVED CHILDREN • 1975
DENDANG PERANTHU • WAYFARER • 1977
TUAN BADUL • 1978
JEJAK BERTAPAK • SYNDICATE, THE • 1979
SUMPAHAN MAHSURI • 1989

SULTAN – IND
PROFESSOR AND JADUGAR • PROFESSOR AND THE MAGICIAN, THE • 1968

SUMERSKI KAZIMIERZ – PLN
GROMADA • VILLAGE MILL, THE ○ RURAL COMMUNITY ○ COMMUNITY, THE ○ COMMUNE • 1950

SUMMER EDWARD T. – USA
ITEM 72–D • 1969 • SHT

SUMMEREDER ANGELA – AUS
ZECHMEISTER • 1981

SUMMERS EMMANUELE
CHARLIE AND THE HOOKER • 1979

SUMMERS JEREMY – UKN – 1931–
DEPTH CHARGE • 1960
PUNCH AND JUDY MAN, THE • 1962
CROOKS IN CLOISTERS • 1963
SUDDENLY IT'S JAZZ • 1963 • SHT
FERRY CROSS THE MERSEY • 1964
DATELINE DIAMONDS • 1965
SAN FERRY ANN • 1965
FIVE GOLDEN DRAGONS • 1967
GHOST OF MONK'S ISLAND, THE • 1967 • SRL
HAUS DER TAUSEND FREUDEN, DAS • CASA DE LAS MIL MUNECAS, LA (SPN) ○ HOUSE OF A THOUSAND DOLLS(USA) ○ HOUSE OF A THOUSAND PLEASURES, THE ○ HOUSE OF 1000 DOLLS • 1967
VENGEANCE OF FU MANCHU, THE • RACHE DES FU MAN CHU, DIE (FRG) • 1967
FACE OF EVE, THE • EVA EN LA SELVA ○ EVE (USA) ○ EVA • 1968
ONE HOUR TO ZERO • 1976
SAMMY'S SUPER T–SHIRT • 1978

SUMMERS MANUEL – SPN – 1935–
DEL ROSA AL AMARILLO • 1963
NINA DE LUTO, LA • GIRL IN MOURNING, THE • 1964
JUEGO DE LA OCA, EL • 1965
JUGUETES ROTOS • 1966
NO SOMOS DE PIEDRA • WE'RE NOT MADE OF STONE ○ WE ARE NOT OF STONE • 1968
POR QUE TE ENGANA TU MARIDO? • WHY IS YOUR HUSBAND UNFAITHFUL? • 1968
URTAIN, REY DE LA SELVA.. O ASI • 1969
ADIOS, CIGUENA, ADIOS • GOODBYE STORK • 1970
NINO ES NUESTRO, EL • 1972
YA SOY UNA MUJER • NOW I'M A WOMAN • 1975
MI PRIMER PECADO • 1976
SEXO ATACA, EL • 1978
ANGELES GORDOS • FAT ANGELS (USA) • 1980
TO EL MUNDO ES GUENO • EVERYBODY IS GOOD ○ TO ER MUNDO E GUENO ○ EVERYONE'S GREAT • 1981
SUFRE MAMON • SUFFER MAMMON • 1987

SUMMERS WALTER – UKN – 1896–1973
APPOINTMENT WITH LUST
AFTERGLOW • 1923
COUPLE OF DOWN AND OUTS, A • 1923
PAGLIACCI, I • 1923
COST OF BEAUTY, THE • 1924
UNWANTED, THE • 1924
WHO IS THE MAN? • 1924
PERFECT CRIME, THE • 1925
YPRES • 1925
MONS • BATTLE OF MONS, THE • 1926 • DOC
NELSON • 1926
BATTLE OF THE CORONEL AND FALKLAND ISLANDS, THE • DEEDS MEN DO, THE • 1927
BOLIBAR • BETRAYAL, THE • 1928
CHAMBER OF HORRORS • 1929
LOST PATROL, THE • 1929
FLAME OF LOVE • 1930
MAN FROM CHICAGO, THE • 1930
RAISE THE ROOF • 1930
SUSPENSE • 1930
FLYING FOOL, THE • 1931
HOUSE OPPOSITE, THE • 1931
MEN LIKE THESE • TRAPPED IN A SUBMARINE (USA) • 1931
DUAL CONTROL • 1932
ACROSS THE SAHARA • 1933 • DOC
TIMBUCTOO • 1933
RETURN OF BULLDOG DRUMMOND, THE • 1934
WARREN CASE, THE • 1934
WHAT HAPPENED THEN? • 1934
MCGLUSKY THE SEA ROVER • HELL'S CARGO (USA) • 1935
MUSIC HATH CHARMS • 1935
ROYAL CAVALCADE • REGAL CAVALCADE (USA) • 1935
LIMPING MAN, THE • 1936
OURSELVES ALONE • RIVER OF UNREST • 1936
LUCKY JADE • 1937
PRICE OF FOLLY, THE • DOUBLE ERROR • 1937
PREMIERE • ONE NIGHT IN PARIS • 1938
AT THE VILLA ROSE • HOUSE OF MYSTERY (USA) • 1939
DARK EYES OF LONDON, THE • HUMAN MONSTER, THE (USA) • 1939
TRAITOR SPY • TORSO MURDER MYSTERY, THE (USA) • 1939

SUMMERVILLE SLIM – Actor – USA – 1892–1946
HOLD ME TIGHT • 1920 • SHT
ESKIMO, THE • 1922 • SHT
ARTIST, THE • 1923 • SHT
CYCLIST, THE • 1923

SUMNER PETER – Actor – ASL – 1941–
MOUNTAIN MEN, THE • 1984 • DOC

SUN CHIA–WEI – HKG
SUR JOHN
NA–TZU HAN • KUNG FU GANGBUSTERS ○ SMUGGLERS

SUN CHUN see **SUN CHUNG**

SUN CHUNG – HKG
SUN CHUN
AVENGING EAGLE, THE
BIG BAD SIS
HOMICIDES PART II
DEVIL'S MIRROR, THE
FENG–LIU TUAN–CHIEN HSIAO–HSIAO TAO • DEADLY BREAKING SWORD, THE • 1979
CH'ING T'IEH • RENDEZVOUS WITH DEATH • 1981

SUN DAOLIN – CHN
LEIYU • THUNDERSTORM • 1983

SUN JOHN – HKG
OPERATION BIG TEN

SUN LEO – PHL
BERDUGO NG MGA HARI • PROFESSIONAL KILLER • 1967

SUN YANG – HKG
INVINCIBLE SUPER CHAN

SUN YU – CHN
LU BAN DE CHUANSHUO • FOLK TALES OF LU BAN • 1958
REN DAO ZHONGNIAN • AT MIDDLE AGE • 1983

SUNASKY IRVING – USA
W.I.A. (WOUNDED IN ACTION) • 1966
YEAR OF THE HORSE, THE • 1966

SUNDARAM R. – IND
ETHIRGAL JAGGIRITHAI • BEWARE OF THE ENEMY • 1967

SUNDARAM T. P. – IND
BAGHDAD THIRUDAN • THIEF OF BAGHDAD • 1960
CHAND PAR CHADAYEE • TRIP TO THE MOON • 1967

SUNDARAM T. R. – IND
MAYAVATHI • 1949

SUNDGREN NILS PETTER – SWD
NORDIC LIVES –SWEDISH CINEMA IN THE EIGHTIES • DOC

SUNDSTROM CEDRIC – SAF
SUFFER LITTLE CHILDREN • 1976
CAPTIVE RAGE • 1988
AMERICAN NINJA 3: BLOODHUNT • AMERICAN NINJA 3 • 1989

SUNDSTROM NEIL – SAF
TYGER TYGER BURNING BRIGHT • 1989

SUNDVALL KJELL – SWD
I LAGENS NAMN • IN THE NAME OF THE LAW • 1987

SUNG CHEN ZU – HKG
WIND OF THE GHOST, THE

SUNG HSIANG-JU – TWN
SAN-CHIAO HSI-T'I • HELPLESS TASTE, THE • 1982
SHANG-HSING LIEH-CH'E • UP TRAIN, THE • 1982

SUNG TING MEI – HKG
SHAOLIN'S SILVER SPEAR • 1975

SUNG TS'UN-SHOU – HKG
SHIH CHING YU-HUN • GHOST OF THE MIRROR
WO KO, WO CH'I • I SING, I CRY • 1980
LAO-SHIH, SZU-TI-YEH-K'A • GOODBYE, MY TEACHER • 1982
LAO-SHIH SZU-KA-YEH-TA • LILY IN THE VALLEY, A • 1983

SUNNY – IND
URAN KHATOLA • 1955

SUNNY S. U. – IND
MELA • 1949
PALKI • PALANQUIN • 1967

SUNOHARA MASAHISA – JPN
NAKIMUSHI KISHA • SENTIMENTAL JOURNALIST • 1950
KAZE NI SOYOGU ASHI • REEDS THAT RUSTLE IN THE WIND • 1951
JAZU MUSUME TANJO • JAZZ GIRL TANJO • 1957

SUO-ANTTILA SEPPO – FNL
IMPRESSIO • IMPRESSION • 1970 • ANS

SUOMINEN TAPIO – FNL
NARRIEN ILLAT • NIGHTS OF THE JESTERS • 1970
KONIKAPINA • HACK REBELLION, THE • 1976
TAALTA TULLAAN, ELAMA! • RIGHT ON, MAN! • 1979
SYOKSYKIERRE • DOWNWARD SPIRAL ○ GUNPOINT • 1982
PORTTIKIELTO TAIVAASEEN • BANNED FROM HEAVEN • 1989

SUPAKANJ J. D. – THL
KHO CHUE SUTHEE SAM SEE CHAT • 1990

SUR JOHN see **SUN CHIA-WEI**

SURANYI ANDRAS – HNG
KET FENYKEP • TWO PHOTOGRAPHS • 1975

SURCHADGIEV STEFAN – BUL
TSARKA MILOST • ROYAL MERCY • 1962
TRINADESET DNI • THIRTEEN DAYS • 1964

SURDEL JERZY – PLN
ODWROT • RETREAT, THE • 1969 • DCS

SURI NARENDRA – IND
LAJWANTI • 1958

SURIN A. see **SURIN ALEXANDER**

SURIN ALEXANDER – USS
SURIN A.
ANTRATSIT • ANTHRACITE • 1972
TWO DAYS OF TURMOIL • 1974
TERRITORIA • TERRITORY • 1980

SURYAM G. – IND
PEDARASI PEDDAMMA KATHA • MAKE-BELIEVE TALES • 1968

SUSHKEVICH BORIS – USS
SUSKEVICH BORIS
SVERCHOK NA PECHI • CRICKET ON THE HEARTH • 1915
KHLEB • BREAD • 1918

SUSINI ENRIQUE T. – ITL
FINISCE SEMPRE COSI • 1939
CHRISMOSA, LA • GOSSIPER, THE (USA) • 1940
TERMINA SIEMPRE ASI • IT ALWAYS ENDS THAT WAY (USA) • 1940

SUSKEVICH BORIS see **SUSHKEVICH BORIS**

SUSMAN MICHAEL – USA
FAUST • 1964

SUSO HENRY – USA
DEATHSPORT • 1978

SUSSEX – UKN
CAN HORSES SING? • 1971 • SHT

SUSSFELD JEAN-CLAUDE – FRN – 1949–
ELLE VOIT DES NAINS PARTOUT • 1982
LEOPARD, LE • 1984

SUSSFELD ROBERT – FRN – 1915–
NEIGES DE FRANCE • 1936 • SHT

SUSUKI HIDEO see **SUZUKI HIDEO**

SUSUKI SEIJUN see **SUZUKI SEIJUN**

SUSZ PEDRO – BLV
PALABRA ES DE TODOS, LA • WORD IS EVERYBODY'S, THE • 1980
PARA QUE LA SANGRE? • SO WHAT WITH BLOOD? • 1980

SUTAN H. M. – MLY
PERMINTAAN TERAKHIR • LAST WISH, THE • 1974

SUTAR SHRIKANT – IND
SUKHI SANSAR • 1967

SUTER DANIEL – SWT
MACAQUE, LE • 1972
JOUR COMME UN AUTRE, UN • DAY LIKE ANY OTHER DAY, A • 1974

SUTER KARL – SWT
BONDITIS • GRAUSIGEN UND SCHRECKLICHEN ABENTEUER EINES BEINAHE NORMALEN MENSCHEN, DIE • 1967

SUTHERLAND A. EDWARD – UKN – 1895–1974
SUTHERLAND EDWARD • SUTHERLAND EDDIE
COMING THROUGH • 1925
REGULAR FELLOW, A • HE'S A PRINCE ○ RAIN AND SHINE • 1925
WILD, WILD SUSAN • 1925
BEHIND THE FRONT • 1926
IT'S THE OLD ARMY GAME • 1926
WE'RE IN THE NAVY NOW • 1926
FIGURES DON'T LIE • 1927
FIREMAN, SAVE MY CHILD • 1927
LOVE'S GREATEST MISTAKE • 1927
BABY CYCLONE, THE • 1928
TILLIE'S PUNCTURED ROMANCE • MARIE'S MILLIONS (UKN) • 1928
WHAT A NIGHT! • NUMBER PLEASE • 1928
CLOSE HARMONY • 1929
DANCE OF LIFE, THE • BURLESQUE • 1929
FAST COMPANY • 1929
POINTED HEELS • 1929
SATURDAY NIGHT KID, THE • 1929
BURNING UP • 1930
PARAMOUNT ON PARADE • 1930
SAP FROM SYRACUSE, THE • SAP ABROAD, THE (UKN) • 1930
SOCIAL LION, THE • HIGH SOCIETY • 1930
GANG BUSTER, THE • ON THE SPOT • 1931
JUNE MOON • 1931
PALMY DAYS • 1931
UP POPS THE DEVIL • 1931
MR. ROBINSON CRUSOE • 1932
SECRETS OF THE FRENCH POLICE • 1932
SKY DEVILS • 1932
INTERNATIONAL HOUSE • 1933
MURDERS IN THE ZOO • 1933
TOO MUCH HARMONY • 1933
DIAMOND JIM • 1935
MISSISSIPPI • 1935
POPPY • 1936
CHAMPAGNE WALTZ • 1937
EVERY DAY'S A HOLIDAY • 1937
FLYING DEUCES, THE • 1939
BEYOND TOMORROW • AND SO GOODBYE • 1940
BOYS FROM SYRACUSE, THE • 1940
ONE NIGHT IN THE TROPICS • CARIBBEAN HOLIDAY ○ MOONLIGHT IN THE TROPICS • 1940
INVISIBLE WOMAN, THE • 1941
NINE LIVES ARE NOT ENOUGH • 1941
ARMY SURGEON • 1942
NAVY COMES THROUGH, THE • 1942
SING YOUR WORRIES AWAY • 1942
STEEL AGAINST THE SKY • DANGEROUSLY THEY LIVE • 1942
DIXIE • 1943
FOLLOW THE BOYS • THREE CHEERS FOR THE BOYS • 1944
SECRET COMMAND, THE • BY SECRET COMMAND ○ PILEBUCK • 1944
HAVING WONDERFUL CRIME • 1945
ABIE'S IRISH ROSE • 1946
BERMUDA AFFAIR • 1957

SUTHERLAND EDDIE see **SUTHERLAND A. EDWARD**

SUTHERLAND EDWARD see **SUTHERLAND A. EDWARD**

SUTHERLAND EFUA – GHN
ARABA: THE VILLAGE STORY • 1967

SUTHERLAND HAL – USA
JOURNEY BACK TO OZ • 1971 • ANM
FAT ALBERT VS. BILL COSBY IN THE GREAT GO CART RACE • 1972
ROBIN HOOD • 1972 • ANM
KING ARTHUR • ANM
PINOCCHIO AND THE EMPEROR OF THE NIGHT • 1987 • ANM

SUTHERLAND HALLIDAY – UKN
STORY OF JOHN M'NEIL, THE • 1911

SUTHERLAND JOE see **SUTHERLAND JOSEPH**

SUTHERLAND JOSEPH – CND
SUTHERLAND JOE
CINOFRENIC • 1980
MEAT THE CLEAVER • 1980 • DOC
FREELOADING • 1982

SUTIEV V. – USS
HOW THE RHINOCEROS GOT HIS SKIN • 1938 • ANS

SUTTON DENVER – USA
FILM ABSTRACTIONS • SHT
ODD FELLOWS HALL • 1950 • SHT

SUTTON HEATHER – UKN
MICHAEL, A MONGOL BOY • 1961

SUVARNA SADANAND – IND
KUBBI MATTU IYALA • KUBBI AND IYALA • 1989

SUWARNASARA KIDD – THL
P.S. I LOVE YOU • 1983

SUZUKI – JPN
RENAI TOKKYU • LOVE EXPRESS • 1954
AOI ME • BLUE BUD • 1956
CHIEMI NO HAIHIIRU • CHIEMI'S HIGH HEELED SHOES • 1956
SANBIKI NO TANUKI • THREE BADGERS • 1966

SUZUKI HIDEO – JPN
SUSUKI HIDEO
FUMETSU NO NEKKYU • IMMORTAL PITCHER • 1955
OBANTO KOBANTO • ROOKIE MANAGER • 1955
KYATSU O NIGASUNE • I SAW THE KILLER • 1956
DATSUGOKO-SHU • DECOY • 1957
HANA NO BOJO • FLOWER, THE • 1958
GIRL IN THE MIST • 1959
HIJI TOSHI • FORBIDDEN SCOOP ○ HIJO TOSHI • 1960
SALARY-MAN MEJIRO SANPEI -NYOBONO KAONI MAKI • SALARY-MAN MEJIRO SANPEI -WIFE'S HONOUR • 1960
SALARY-MAN MEJIRO SANPEI -TEISHUNO TAMEIKINO • SALARY-MAN MEJIRO SANPEI -HUSBAND'S SIGH • 1960
YABUNIRAMI NIPPON • WALL-EYED NIPPON (USA) • 1964
BAKUSHOYARO DAIJIKEN • GREAT INCIDENTS • 1967

SUZUKI JUKICHI – JPN
BROOBA • 1955

SUZUKI KIYONORI – JPN
KUTABARE YARODOMO • 1953
SHOTGUN NO OTOKO • 1961
HANA TO DOTO • 1964
ORETACHI NO CHI GA YURUSANAI • 1964
IREZUMI ICHIDAI • WHITE TIGER TATTOO (USA) • 1966
TOKYO NAGARE MONO • 1966

SUZUKI NORIBUMI – JPN
KYOKAKUDO • GAMBLER'S LAW, THE • 1967
NINKYO KASHI NO ISHIMATSU • ISHI OF THE FISH MARKET • 1967
OTOKO NO SHOBU: NIO NO IREZUMI • MATCH OF MEN: TATTOO OF DEVA KING, THE • 1967
HIBOTAN BAKUTO, ISSHUKU IPPAN • WOMAN GAMBLER, KANTO AFFAIR • 1968
KYODAI JINGI GYAKUEN NO SAKAZUKI • BROTHERS' CODE -THE BACK RELATION • 1968
SHINOBI NO MANJI • SECRET OF FYLFOT, THE ○ SECRET OF THE NINJA • 1968

SUZUKI NORRY – JPN
ROARING FIRE • 1981

SUZUKI SEIJUN – JPN – 1923–
SUSUKI SEIJUN
AKUMA NO MACHI • 1956
GEURE YAKUZA EIGA • 1956
UNU NO JUNJO • 1956
ANKOKUGAI NO BIJO • 1957
HACHIJIKAN NO KYOFU • 1957
RAJO TO KENJU • 1957
FUMIHAZUSHITA HARU • BOY WHO CAME BACK, THE • 1958
KAGENAKI KOL • 1958
SUPPADAKA NO NENREI • 1959
KEMONO NO NEMURI • 1960
KUTABARE GURENTAI • 1960
SANDANJU NO OTOKO • 1961
TOGE O WATARU WAKAI KAZE • 1961
TOKYO KISHITAI • 1961
ORE NI KAKETA YATSURA • 1962
NIKUTAI NO MON • GATE OF FLESH (USA) • 1964
SHUNPU-DEN • SHUMPUDEN DEN ○ JOY GIRLS • 1965
KAWACHI ICHIDAI • 1966
KENKA SEREJII • KENKA ELEGY ○ ELEGY FOR A QUARREL • 1966
KOROSHI NO RAKUIN • BRANDED TO KILL • 1967
HIHYU MONOGATARI • 1975
ZIGEUNERWEISEN • 1980
KAGERO-ZA • THEATRE TROUPE KAGERO • 1982

SUZUKI SHIGEYOSHI – JPN
NANI GA KANOJO O SO SASETA KA? • WHAT MADE HER DO IT? • 1930

SVAB-MALOSTRANSKY JOSEF – CZC – 1860–1932
PET SMYSLU CLOVECKA • FIVE SENSES OF MAN, THE • 1912
LIVE CORPSES • 1921

SVANKMAJER JAN – Animator – PLN – 1934–
POSLEDNI TRIK PANA SCHWARZWALLDEA A PANA EDGARA • MESSRS. SCHWARZWALD AND EDGAR'S LAST TRICK ○ LAST TRICK, THE ○ LAST TRICK OF MR. SCHWARZWALD AND MR. EDGAR, THE • 1964 • ANS
JOHANN SEBASTIAN BACH: FANTASIA G-MOLL • JOHANN SEBASTIAN BACH -FANTASY IN G MINOR ○ J.S. BACH -FANTASY IN G MINOR ○ BACH'S FANTASY IN G MINOR ○ FANTASY IN G MINOR -JOHANN SEBASTIAN BACH • 1965 • ANM
SPIEL MIT STEINEN • GAME WITH STONES, A ○ MOTIFS WITH STONES • 1965 • ANM
COFFIN SHOP, THE • 1966 • ANS
ETCETERA • ET CETERA • 1966 • ANS
RAVICKARNA • PUNCH AND JUDY • 1966 • ANM
HISTORIA NATURAE • 1967 • ANS
BYT • FLAT, THE • 1968 • SHT
PICNICK MIT WEISMANN • 1968 • ANM
ZAHRADA • GARDEN, THE • 1968 • ANS
TICHY TYDEN V DOME • SILENT WEEK IN THE HOUSE ○ QUIET WEEK IN A HOUSE, A ○ QUIET WEEK AT HOME, A • 1969 • ANS
WALL, THE • ANS
DON SAJN • DON JUAN • 1970 • ANM
KOSTNICE • OSSUARY, THE • 1970 • ANM
JABBERWOCKY • 1974 • ANM
LEONARDUV DENIK • LEONARDO'S DIARY • 1974 • ANS
OTRANSKY ZAMEK • CASTLE OF OTRANTO, THE • 1977 • ANM
DO SKLEPA • CELLAR, THE • ANM
ZANIK DOMU USHERU • FALL OF THE HOUSE OF USHER, THE • 1981 • ANM
DO PIVNICE • DOWN TO THE CELLAR • 1982 • ANM
MOZNOSTI DIALOGU • DIMENSIONS OF DIALOGUE • 1982 • ANS
KYVADLO, JAMA A MADEJE • PIT, THE PENDULUM AND HOPE, THE ○ PIT AND THE PENDULUM, THE • 1983 • ANM
NECO Z ALENKY • SOMETHING FOR ALICE • 1987
ALICE • 1988 • ANM

SVATEK PETER – CND
POURSUITE MYSTERIEUSE, LA
MYSTERY OF THE MILLION DOLLAR HOCKEY PUCK, THE • 1975

SVEDA PETR - CZC
STATECNEM KOVARI, O • BRAVE BLACKSMITH, THE • 1983

SVENDSEN TORBEN ANTON - DNM
SUSANNE • 1950

SVENSSON ARNE see **STIVELL ARNE**

SVENSSON BIRGITTA - SWD
MACKAN • 1977
MAGGIE • 1978
INTER RAIL • 1981

SVENSTEDT CARL-HENRIK - SWD
INVASIONEN • 1969 • SHT
DEPARTEMENTET • MINISTRY, THE • 1981

SVENSTEDT STEFANIA LOPEZ - SWD
DEPARTEMENTET • MINISTRY, THE • 1981
LYCKLIGA INGENJORERNA • APPROACHING ZERO, 000 • 1988 • DOC

SVETLANA - USA
SEX BOAT • 1980

SVETLANOV G.
SONGS OVER THE DNIEPER • 1958

SVETLOV ALEXANDR - USS
MORSKIYE RASSKAZY • SEA STORIES • 1967

SVILOVA ELIZAVETA - USS
CHELOVEK S KINOAPPARATOM • LIVING RUSSIA OR THE MAN WITH A CAMERA ○ MAN WITH A MOVIE CAMERA, THE ○ MAN WITH THE CAMERA ○ MOSCOW TODAY • 1928
PAMYATI SERGO ORDZHONIKIDZYE • IN MEMORY OF SERGEI ORDZHONIKIDZYE • 1937
SLAVA SOVETSKIM GEROINYAM • TO THE GLORY OF SOVIET HEROINES ○ FAMOUS SOVIET HEROES • 1938
TRI GEROINI • THREE HEROINES • 1938
KROV ZA KROV, SMERT ZA SMERT • BLOOD FOR BLOOD, DEATH FOR DEATH • 1941
NA LINII OGNYA -OPERATORY KINOKHRONIKI • CAMERA REPORTERS ON THE LINE OF FIRE ○ V LINII OGNIA ○ ON THE LINE OF FIRE -FILM REPORTERS ○ IN THE FRONT LINE • 1941
V RAIONYE VYSOTY A • ELEVATION A ○ HEIGHT A • 1941
TEBYE FRONT • TO THE KAZAKHSTAN FRONT ○ KAZAKHSTAN FRONTU ○ KAZAKHSTAN FRONT, THE ○ ON TO THE FRONT! ○ TO THE FRONT • 1943
KLIATVA MOLODYCH • OATH OF YOUTH, THE ○ YOUTH'S OATH • 1944
SOVETSKOI ISKUSSTVO • SOVIET ART • 1944 • DOC
V GORACH ALA-TAU • ON THE MOUNTAINS OF ALA-TAU ○ IN THE MOUNTAINS OF ALA-TAU ○ ON MOUNT ALA-TAU • 1944
BERLIN • FALL OF BERLIN, THE • 1945 • DOC

SVILOVOI ELENA - USS
OSVOBOZHDYONNY KITAI • LIBERATED CHINA ○ NEW CHINA, THE • 1950

SVITACEK VLADIMIR - CZC
KDYBY TISIC KLARINETU • IF A THOUSAND CLARINETS ○ THOUSAND CLARINETS, A • 1964
SATAN'S STORIES

SVITAK - CZC
STVANI LIDE • OUTCASTS • 1933
DOKUD MAS MAMINKU • UNTIL YOU HAVE MAMMA • 1934
GRANDHOTEL NEVADA • 1934
ZIVOT VOJENSKY, ZIVOT VESELY • MILITARY LIFE, PLEASANT LIFE • 1934
PAN OTEC KARAFIAT • MILLER KARAFIAT, THE • 1935

SVOBODA - CZC
KOHO JSEM VCERA LIBAL • WHO I KISSED YESTERDAY • 1935

SVOBODA J. see **SVOBODA JIRI**

SVOBODA JIRI - CZC
SVOBODA J.
DIVKA S MUSLI • GIRL WITH A SHELL, THE • 1979
BLAZNI, VODNICI, A PODVODNICI • FOOLS, WATER SPRITES, AND IMPOSTERS • 1980
RETEZ • CHAIN, THE • 1981
SCHUZKA SE STINY • MEETING WITH SHADOWS, A • 1982
END OF THE LONELY FARM BERHOF • 1984
SKALPEL, PROSIM • SCALPEL, PLEASE • 1985
PAPILIO • 1987
PROKLETI DOMU HAJNU • INVISIBLES, THE • 1988

SWACKHAMER E. W. - USA
IN NAME ONLY • 1969 • TVM
GIDGET GETS MARRIED • 1972 • TVM
MAN AND BOY • 1972
DEATH SENTENCE • 1975 • TVM
DEATH AT LOVE HOUSE • 1976 • TVM
NIGHT TERROR • NIGHT DRIVE • 1976 • TVM
SPIDER-MAN • SPIDERMAN: THE MOVIE • 1977 • TVM
DAIN CURSE, THE • PRIVATE EYE • 1978 • TVM
WINDS OF KITTY HAWK, THE • 1978 • TVM
DEATH OF OCEAN VIEW PARK, THE • 1979 • TVM
VAMPIRE • 1979 • TVM
REWARD • 1980
TENSPEED AND BROWN SHOE • 1980 • TVM
LONGSHOT • 1981
OKLAHOMA CITY DOLLS, THE • 1981 • TVM
COCAINE AND BLUE EYES • 1982 • TVM
MALIBU • 1982 • TVM
CARPOOL • 1983 • TVM
BRIDGE ACROSS TIME • ARIZONA RIPPER, THE ○ TERROR AT LONDON BRIDGE • 1985 • TVM
BROTHERS-IN-LAW • 1985 • TVM
COMMAND 5 • 1985 • TVM
RETURN OF DESPERADO, THE • RETURN OF THE DESPERADO, THE ○ TOWN CALLED BEAUTY, A • 1988 • TVM

SWAIM BOB - USA - 1943-
SWAIM ROBERT
JOURNAL DE M. BONNAFOUS • 1971 • SHT
AUTOPORTRAIT D'UN PORNOGRAPHE • 1972 • SHT
NUIT DE SAINT-GERMAINE-DES-PRES, LA • 1977
BALANCE, LA • 1982
HALF MOON STREET • 1986
MASQUERADE • DYING FOR LOVE • 1987

SWAIM ROBERT see **SWAIM BOB**

SWAMY Y. R. - IND
ATTE GONDUKALA SOSE GONDUKALA • EACH DOG HAS HIS DAY • 1968
MAMATHE • AFFECTION • 1968

SWANN DAVID - ASL
BONZA • 1989 • SHT

SWANSEN CHRIS - USA
TUESDAY AFTERNOON • 1968 • SHT

SWANSON DONALD - UKN - 1917-
PENNYWHISTLE BLUES • MAGIC GARDEN, THE (USA) • 1951

SWANSTROM KARIN - SWD
FLYGANDE HOLLANDAREN • FLYING DUTCHMAN • 1925
KALLE UTTER • 1925
FLICKAN I FRACK • GIRL IN A DRESS-COAT • 1926

SWAROOP JYOTI - IND
BIN BADAL BARSAAT • 1963

SWAROOP KAMAL - IND
OM DAR B DAR • 1987

SWART FRANCOIS - SAF
SIENER IN DIE SUBURBS • 1973

SWARTHE ROBERT - USA
K-9000: A SPACE ODDITY • 1968 • ANS
UNICYCLE RACE • 1969 • ANS
VAMOS AL CINE • LET'S GO TO THE MOVIES • 1970 • ANS
RADIO ROCKET BOY • 1973
KICK ME • 1975

SWARTZ HAROLD B. - USA
GOODBYE, BRUCE LEE • GOOD BYE BRUCE LEE: HIS LAST GAME OF DEATH ○ HIS LAST GAME OF DEATH ○ LEGEND OF BRUCE LEE, THE • 1975

SWEENEY BOB - USA
BRISTLE FACE
RETURN TO MAYBERRY • 1986 • TVM
IF IT'S TUESDAY, IT STILL MUST BE BELGIUM • 1987 • TVM

SWEET HARRY - USA
HALF A MAN • 1925 • SHT
BENEATH THE LAW • 1929
MUSIC FIENDS • 1929
WALTZING AROUND • 1929 • SHT
CAMPING OUT • 1931 • SHT
HOT WIRES • 1931
LEMON MERINGUE • 1931 • SHT
NOT SO LOUD • 1931
ROUGH HOUSE RHYTHM • 1931 • SHT
THANKS AGAIN • 1931 • SHT
BON VOYAGE • 1932 • SHT
EXTRA! EXTRA! • 1932
FISH FEATHERS • 1932 • SHT
GIGGLE WATER • 1932 • SHT
GOLF CHUMP, THE • 1932 • SHT
MOTHER-IN-LAW'S DAY • 1932 • SHT
PARLOR, BEDROOM AND WRATH • 1932
RULE 'EM AND WEEP • 1932 • SHT
ART IN THE RAW • 1933 • SHT
GOOD HOUSEWRECKING • 1933 • SHT
MERCHANT OF MENACE, THE • 1933 • SHT

SWEET PEDIE - USA
BODY TALK: THE LANGUAGE OF LOVE • 1982

SWENSON CHARLES - USA
SWENSON CHUCK
EXTRAORDINARY ADVENTURES OF THE MOUSE AND HIS CHILD, THE • MOUSE AND HIS CHILD, THE • 1977 • ANM
TWICE UPON A TIME • 1983 • ANM

SWENSON CHUCK see **SWENSON CHARLES**

SWERDLOFF ARTHUR - USA
ROADRACERS • ROAD RACERS • 1959

SWICEGOOD T. L. P. - USA
UNDERTAKER AND HIS PALS, THE • 1966

SWICKARD CHARLES - USA
BARRIER ROYAL, A • 1914
PATH OF GENIUS, THE • 1914
PRINCE • 1914
FORBIDDEN ADVENTURE, THE • CITY OF THE DEAD • 1915
RENEGADE, THE • 1915
THROUGH THE MURK • 1915
BEGGAR OF CAWNPORE, THE • 1916
CAPTIVE GOD, THE • 1916
D'ARTAGNAN • 1916
FATE'S DECISION • 1916 • SHT
GOOD-FOR-NOTHING BRAT, THE • 1916 • SHT
HELL'S HINGES • 1916
JUNGLE OUTCASTS, THE • 1916 • SHT
MIXED BLOOD • 1916
RAIDERS, THE • 1916
SIGN OF THE POPPY, THE • 1916
SIREN OF THE JUNGLE, A • 1916
STAR OF INDIA, THE • 1916 • SHT
GATES OF DOOM, THE • 1917
LAIR OF THE WOLF, THE • 1917
PHANTOM'S SECRET, THE • 1917
PLOW WOMAN, THE • 1917
PULLMAN MYSTERY, THE • 1917 • SHT
SCARLET CRYSTAL, THE • 1917
TAMING OF LUCY, THE • 1917 • SHT
HITTING THE HIGH SPOTS • 1918
LIGHT OF WESTERN STARS, THE • 1918
ALMOST MARRIED • 1919
FAITH • 1919
SPENDER, THE • 1919
ARABIAN KNIGHT, AN • 1920
BODY AND SOUL • 1920
DEVIL'S CLAIM, THE • 1920
LAST STRAW, THE • 1920
LI TING LANG • 1920
THIRD WOMAN, THE • 1920

von SWIEYKOWSKI HEIKO - GRM
WIR MAHLEN MI WIND • 1979

SWIFT - UKN
MIDSUMMER MUSIC • 1960 • SHT

SWIFT DAVID - Screenwriter - USA - 1919-
POLLYANNA • 1960
PARENT TRAP, THE • PETTICOATS AND BLUEJEANS • 1961
INTERNS, THE • 1962
LOVE IS A BALL • ALL THIS AND MONEY TOO (UKN) ○ GRAND DUKE AND MR. PIMM, THE • 1962
UNDER THE YUM YUM TREE • 1963
GOOD NEIGHBOR SAM • 1964
HOW TO SUCCEED IN BUSINESS WITHOUT REALLY TRYING • 1967

SWIFT HOWARD - Animator - USA
AS THE FLY FLIES • 1944 • ANS
DISILLUSIONED BLUEBIRD • 1944 • ANS
GIDDY YAPPING • 1944 • ANS
KICKAPOO JUICE • 1944 • ANS
MR. FORE BY FORE • 1944 • ANS
POLLY WANTS A DOCTOR • 1944 • ANS
BOOBY SOCKS • 1945 • ANS
CARNIVAL COURAGE • 1945 • ANS
DOG, CAT AND CANARY • 1945 • ANS
HOT FOOT LIGHTS • 1945 • ANS
TREASURE JEST • 1945 • ANS
CAGEY BIRD • 1946 • ANS
KONGO-ROO • 1946 • ANS
POLAR PLAYMATES • 1946 • ANS
SCHOONER THE BETTER, THE • 1946 • ANS
UNSURE RUNTS • 1946 • ANS
BIG HOUSE BLUES • 1947 • ANS
FOWL BRAWL • 1947 • ANS
LEAVE US CHASE IT • 1947 • ANS
LOCO LOBO • 1947 • ANS
PICKLED PUSS • 1948 • ANS

SWIFT LELA - USA
CLONING OF CLIFFORD SWIMMER, THE • 1974
SATAN MURDERS, THE • 1974 • TVM
VISIT FROM A DEAD MAN • 1974
ALIEN LOVER • 1975 • TVM
TWO DEATHS OF SEAN DOLITTLE • 1975 • TVM

SWIFT LYNDON see **SWIFT LYNDON JAMES**

SWIFT LYNDON JAMES - USA
SWIFT LYNDON
HOW SLEEP THE BRAVE • ONCE UPON A TIME IN VIETNAM ○ COMBAT ZONE ○ FORGOTTEN PARALLEL, THE • 1981

SWIMMER SAUL - USA
FORCE OF IMPULSE • 1961
MRS. BROWN YOU'VE GOT A LOVELY DAUGHTER • 1968
COME TOGETHER • 1971
CONCERT FOR BANGLADESH, THE • 1972 • DOC
BLACK PEARL, THE • 1977

SWINGLER HUMPHREY - UKN - 1912-
GOOD NEIGHBOURS
THEY GAVE HIM THE WORKS • 1948
CHANGING HARVEST, THE • 1954
WE FOUND A VALLEY • 1956
THREE ROADS TO TOMORROW • 1958

SWIRNOFF BRAD - USA
TUNNELVISION • 1976
AMERICAN RASPBERRY • PRIME TIME • 1980

SWITZER MICHAEL - USA
NITTI • CAPONE'S ENFORCER ○ NITTI: THE ENFORCER • 1988 • TVM

SWITZGABLE MEG - USA
IN OUR WATER • 1982 • DOC

SYBERBERG see **SYBERBERG HANS-JURGEN**

SYBERBERG HANS-JURGEN - GRM - 1935-
SYBERBERG
FUNFTER AKT, SIEBTE SZENE. FRITZ KORTNER PROBT KABALE UND LIEBE • ACT FIVE, SCENE SEVEN. FRITZ KORTNER REHEARSES KABALE UND LIEBE • 1965 • DOC
ROMY. ANATOMIE EINES GESICHTS • ROMY. ANATOMY OF A FACE • 1965 • DOC
FRITZ KORTNER SPRICHT FAUST • FRITZ KORTNER RECITES FAUST • 1966 • SHT
FRITZ KORTNER SPRICHT MONOLOGE FUR EINE SCHALLPLATTE • FRITZ KORTNER RECITES MONOLOGUES FOR A RECORD • 1966 • DOC
FRITZ KORTNER SPRICHT SHYLOCK • FRITZ KORTNER RECITES SHYLOCK ○ KORTNER SPRICHT SHYLOCK • 1966 • SHT

WILHELM VON KOBELL • 1966 • SHT
KONRAD ALBERT POCCI, DER FUSSBALL GRAF VOM AMMERLAND -DAS VORLAUFIG LETZTE KAPITEL EINER CHRONIK.. • KONRAD ALBERT POCCI, THE FOOTBALL COUNT OF THE AMMERLAND -PROVISIONALLY THE LAST CHAPTER OF A C... • 1967 • DOC
GRAFEN POCCI -EINIGE KAPITEL ZUR GESCHICHTE EINER FAMILIE, DIE • POCCI COUNTS -SOME CHAPTERS IN THE HISTORY OF A FAMILY, THE • 1968 • DOC
SCARABEA -WIEVIEL ERDE BRAUCHT DER MENSCH? • SCARABEA -HOW MUCH LAND DOES A MAN NEED? ○ SCARABEA • 1968
SEX BUSINESS, MADE IN PASSING • 1969 • DOC
FAUST • 1970 • SHT
NACH MEINEM LETZTEN UMZUG • AFTER MY LAST MOVE • 1970 • DOC
PUNTILA • 1970 • SHT
SAN DOMINGO • 1970
LUDWIG II -REQUIEM FRU EINEN JUNGFRAULICHEN KONIG • LUDWIG: REQUIEM FOR A VIRGIN KING • 1972
THEODOR HIERNEIS ODER: WIE MAN EHEM. HOFKOCH WIRD • LUDWIG'S COOK • 1972
KARL MAY • 1975
WINIFRED WAGNER UND DIE GESCHICHTEN DES HAUSES WAHNFRIED 1914-75 • CONFESSIONS OF WINIFRED WAGNER • 1976 • DOC
HITLER: EIN FILM AUS DEUTSCHLAND • HITLER, A FILM FROM GERMANY ○ OUR HITLER • 1977
PARSIFAL • 1981
NACHT, DIE • 1984

von SYDOW MAX – Actor – SWD – 1929–

VICTORIA • 1973
KATINKA • 1987

von SYDOW ROLF – GRM

...UND NOCH FRECH DAZU! • 1959
VERLOGENE AKT, DER • LIZABETH, ADULTERA INNOCENTE (ITL) ○ BORN BLACK (UKN) • 1969

SYKES ERIC – Actor – UKN – 1923–

PLANK, THE • 1967
RHUBARB • 1970

SYKES JEREMY – NZL

YOUR MOST HUMBLE AND OBEDIENT SERVANT • 1969 • DOC

SYKES PETER – ASL – 1939–

COMMITTEE, THE • 1968
DEMONS OF THE MIND • BLOOD WILL HAVE BLOOD ○ NIGHTMARE OF TERROR ○ BLOOD EVIL • 1971
HOUSE IN NIGHTMARE PARK, THE • NIGHT OF THE LAUGHING DEAD ○ CRAZY HOUSE ○ NIGHTMARE PARK • 1973
STEPTOE AND SON RIDE AGAIN • 1973
VENOM • LEGEND OF SPIDER FOREST (USA) • 1974
TO THE DEVIL A DAUGHTER • BRAUT DES SATANS, DIE (FRG) • 1976
JESUS • STORY OF JESUS, THE • 1979
BLUES BAND, THE • 1982 • DOC

SYLBERT PAUL – USA

STEAGLE, THE • 1971

SYLVESTER DAVID – UKN

MAGRITTE: THE FALSE MIRROR • 1970 • DCS

SYLVESTRE CLAUDE – Producer – CND – 1927–

CHEVRES • 1954 • SHT
MATTAWIN, RIVIERE SAUVAGE, LA • 1958 • SHT
VIVRE EN CE PAYS • 1965-67 • SER

SYMMONS E. F. – UKN

ADMIRAL'S YARN, THE • 1929 • SHT
ALL BY YOURSELF IN THE MOONLIGHT • 1929 • SHT
AT SANTA BARBARA • 1929 • SHT
BANANAS ARE COMING BACK AGAIN • 1929 • SHT
BECAUSE • 1929 • SHT
BELOVED • 1929 • SHT
CAN'T HELP LOVING DAT MAN • 1929 • SHT
CARMENA • 1929 • SHT
CHLOE • 1929 • SHT
COHEN FORMS A NEW COMPANY • 1929 • SHT
COHEN ON THE TELEPHONE • 1929 • SHT
CURTAIN LECTURE, A • 1929 • SHT
DADA DADA • 1929 • SHT
DANCING LESSON, THE • 1929 • SHT
DOES SHE DO-DO-DO • 1929 • SHT
DON'T HAVE ANY MORE, MRS. MOORE • 1929 • SHT
EE BY GUM • 1929 • SHT
EGG SONG, THE • 1929 • SHT
ELECTROCORD FILMS • 1929 • SHS
EVER BRAVEST HEART • 1929 • SHT
GAY CABALLERO, THE • 1929 • SHT
GERANIUM • 1929 • SHT
GET OUT AND GET UNDER THE MOON • 1929 • SHT
GETTING A MOTOR • 1929 • SHT
GOOD LITTLE BOY AND THE BAD LITTLE BOY, THE • 1929 • SHT
GREEN TIE ON THE LITTLE YELLOW DOG, THE • 1929 • SHT
HAPPY DAYS AND LONELY NIGHTS • 1929 • SHT
HE LOVES AND SHE LOVES • 1929 • SHT
HINTON, DINTON AND MERE • 1929 • SHT
HOTPOT • 1929 • SHT
HUMORESQUE • 1929 • SHT
I CAN'T GIVE YOU ANYTHING BUT LOVE • 1929 • SHT
I LIFT UP MY FINGER AND SAY TWEET TWEET • 1929 • SHT
IF I DIDN'T MISS YOU • 1929 • SHT
I'LL TAKE YOU HOME AGAIN, KATHLEEN • 1929 • SHT
I'M EIGHTY IN THE MORNING • 1929 • SHT
IN CELLAR COOL • 1929 • SHT
IN THAT VILLAGE DOWN THAT VALLEY UP THE HILL • 1929 • SHT
IN THE WOOD SHED SHE SAID SHE WOULD • 1929 • SHT
IS THERE ANYTHING WRONG IN THAT? • 1929 • SHT
IT ALL DEPENDS ON YOU • 1929 • SHT
IT TAKES A GOOD MAN TO DO THAT • 1929 • SHT
I'VE ALWAYS WANTED TO CALL YOU MY SWEETHEART • 1929 • SHT
JOE MURGATROYD SAYS • 1929 • SHT
KATE IN THE CALL BOX • 1929 • SHT
LIKE THE BIG POTS DO • 1929 • SHT
LITTLE WHITE HOUSE, THE • 1929 • SHT
MAISIE LOU • 1929 • SHT
MARY'S MAMMY • 1929 • SHT
ME AND THE MAN IN THE MOON • 1929 • SHT
MIGHTY LAK' A ROSE • 1929 • SHT
MINE ALL MINE • 1929 • SHT
MISERY FARM • 1929 • SHT
MY AUSTIN SEVEN • 1929 • SHT
MY BLUE HEAVEN • 1929 • SHT
MY BONNIE HIELAND MAGGIE • 1929 • SHT
MY OHIO HOME • 1929 • SHT
MY ONE AND ONLY • 1929 • SHT
NELL • 1929 • SHT
NIRVANA • 1929 • SHT
O SOLE MIO • 1929 • SHT
OFF TO PHILADELPHIA • 1929 • SHT
OH WHAT A HAPPY LAND • 1929 • SHT
OH YOU HAVE NO IDEA • 1929 • SHT
OLE MAN RIVER • 1929 • SHT
ONE ALONE • 1929 • SHT
ONE FINE DAY • 1929 • SHT
ONE HUNDRED YEARS FROM NOW • 1929 • SHT
ONE KISS • 1929 • SHT
PAGLIACCI • 1929 • SHT
POPULAR JOCULAR DR. BROWN • 1929 • SHT
RAINBOW ROUND MY SHOULDER • 1929 • SHT
ROLLING ALONG HAVING MY UPS AND DOWNS • 1929 • SHT
SCENTED SOAP • 1929 • SHT
SHE'S A GREAT GREAT GIRL • 1929 • SHT
SO THIS IS SPRING • 1929 • SHT
SO TIRED • 1929 • SHT
SOMEWHERE A VOICE IS CALLING • 1929 • SHT
SONNY BOY • 1929 • SHT
STAY OUT OF THE SOUTH • 1929 • SHT
SWEETHEARTS ON PARADE • 1929 • SHT
TAKE A LOOK AT ME • 1929 • SHT
TAMIAMI TRAIL • 1929 • SHT
THAT'S MY WEAKNESS NOW • 1929 • SHT
THAT'S WHAT PUT THE SWEET IN HOME SWEET HOME • 1929 • SHT
TOREADOR • 1929 • SHT
TOSTI'S GOODBYE • 1929 • SHT
TOY TOWN ARTILLERY • 1929 • SHT
TWO BLACK CROWS • 1929 • SHT
UNDER THE BAZUMKA TREE • 1929 • SHT
WAS IT A DREAM? • 1929 • SHT
WE'RE LIVING AT THE CLOISTERS • 1929 • SHT
WHEN THE LIGHT SHINES BRIGHTLY IN THE LIGHTHOUSE • 1929 • SHT
WHY DOES THE HYENA LAUGH? • 1929 • SHT
WOULD A MANX CAT WAG ITS TAIL IF IT HAD ONE? • 1929 • SHT
YOU ALONG O' ME • 1929 • SHT
YOU WENT AWAY TOO FAR • 1929 • SHT

SYMONDS HENRY R. – USA

GO AND GET IT • 1920

SYNEK EMIL – AUS

JANA, DAS MADCHEN AUS DEM BOHMERWALD • 1935

SYNEK MICHAEL – AUS

TOTEN FISCHE, DIE • DEAD FISHES, THE • 1988

SYRENKO ARKADY – USS

OTSY • FATHERS • 1989

SYSON MICHAEL – UKN

CONQUISTA • 1971

SYUMANJAYA – INN – -1985

R.A. KARTINI • 1983
BUDAK NAFSU • PREY OF PASSIONS ○ FATIMA • 1984
OPERA JAKARTA • 1985

SZABO GYULA – HNG

KENTAUROK • CENTAURS, THE ○ KENTAVRY • 1979

SZABO ILDIKO – HNG

HOT-REAL • DAMN REAL • 1988

SZABO ISTVAN – HNG – 1938–

KONCERT • CONCERT • 1961 • SHT
VARIACIOK EGY TEMARA • VARIATIONS UPON A THEME • 1961 • SHT
TE • YOU.. • 1963 • SHT
ALMODOZASOK KORA • AGE OF DAYDREAMING, THE ○ AGE OF ILLUSIONS • 1964
APA • FATHER (UKN) ○ MY FATHER • 1966
KEGYELET • PIETY • 1967 • SHT
SZERELMESFILM • FILM ABOUT LOVE, A ○ LOVE FILM • 1970
ALKONY • TWILIGHT • 1971 • DCS
ALOM A HAZROL • DREAM ABOUT A HOUSE • 1971 • DCS
BUDAPEST, AMIERT SZERETEM • BUDAPEST, WHY I LOVE IT • 1971 • SHS
DUNA - HALAK - MADARAK • DANUBE - FISHES - BIRDS, THE • 1971 • DCS
HAJNAL • DAWN • 1971 • DCS
LEANYPORTRE • PORTRAIT OF A GIRL, A • 1971 • DCS
TER • SQUARE, A • 1971 • DCS
TUKOR, EGY • MIRROR, A • 1971 • DCS
TUZOLTO UTCA 25 • 25, FIREMAN'S STREET (USA) ○ TUZOLTO U.25 • 1973
OSBEMUTATO • PREMIERE • 1974 • MTV
BUDAPESTI MESEK • TALES OF BUDAPEST ○ BUDAPEST TALES • 1976
VAROSTERKEP • CITY MAP • 1977 • SHT
GRUNE VOGEL, DER • GREEN BIRD, THE • 1979
BIZALOM • CONFIDENCE • 1980
MEPHISTO • 1982
OBERST REDL • COLONEL REDL (UKN) ○ REDL EZREDES (HNG) • 1985
HANUSSEN • 1988

SZABO L. see **SZABO LASZLO**

SZABO LASZLO – HNG – 1938–
SZABO L.

GANTS BLANCS DU DIABLE, LES • 1972
ZIG-ZIG • ZIG ZIG NON SI POSSONO STRAPPARE LE STELLE (ITL) • 1974

SZABOS SZABOLCS – HNG

HISTORY OF COAL, THE • ANS

SZALAI GYORGYI – HNG

FILMREGENY -HAROM NOVER • FILM NOVEL -THREE SISTERS ○ FILM REGENY ○ SISTERS • 1978
DOKUMENTATOR, A • DOCUMENTATOR, THE • 1988

SZALAPSKI JAMES – USA

HEARTWORN HIGHWAYS • 1981 • DOC

SZARAK WALDEMAR – PLN

MOW MI ROCKEFELLER • CALL ME ROCKEFELLER • 1990

SZARKA WILLIAM – USA

MUTANT KID, THE • PLUTONIUM BABY
SOUTH BRONX HEROES • REVENGE OF THE INNOCENTS ○ RUNAWAYS • 1985

SZARO HENRY see **SZARO HENRYK**

SZARO HENRYK – PLN
SZARO HENRY

ULAN I DZIEWCZYNA • 1933
PAN TVARDOVSKI • DR. FAUSTUS • 1937
TKIES KHAF • 1938
DZIEN UPRAGNIONY • ANTICIPATED DAY, THE (USA) • 1939

SZASZ EVA – CND

COSMIC ZOOM • 1968 • SHT

SZASZ JANOS – HNG – 1958–

SZEDULES • DON'T DISTURB! • 1989

SZASZ PETER – HNG

FIUK A TERROL • BOYS FROM THE SQUARE ○ BOYS IN THE STREETS • 1968
SZEPEK ES BOLONDOK • ON THE SIDELINES • 1977
HOGYAN FELEJTSUK EL ELETUNK LEGNAGYOBB SZERELMET? • HOW TO FORGET THE GREATEST LOVE OF ONE'S LIFE? • 1980

SZCZECHURA DANIEL – Animator – PLN – 1930–

STADIUM • 1957 • ANS
KONFLIKTY • CONFLICTS ○ CONFLICT • 1960 • ANS
MASZYNA • MACHINE • 1961 • ANS
LITERA • LETTER, THE • 1962 • ANS
FOTEL • ARMCHAIR, THE ○ SEAT, THE ○ CHAIR, THE • 1963 • ANS
DUET • 1964 • ANM
ON THE ROAD • 1964 • ANM
PIERWSZY, DRUGI, TRZECI • FIRST, SECOND, THIRD ○ ONE, TWO, THREE ○ SUCCESS • 1964 • ANS
KAROL • 1966 • ANS
WYKRES • DIAGRAM ○ GRAPH, THE • 1966 • ANS
HOBBY • 1967 • ANS
PRZYGODY SINDBADA ZEGLARZA • ADVENTURES OF SINDBAD THE SAILOR, THE • 1969 • ASS
SINDBAD POGRZEBANY • SINDBAD BURIED • 1969 • ANS
ZBRODNIA STELLI • STELLA'S CRIME • 1969 • ANS
PODROZ • JOURNEY, THE • 1970 • ANS
ZAMEK W LESIE • CASTLE IN THE FOREST, THE • 1971 • ANS
JESLI UJRZYSZ KOTA FRUWAJACEGO PO NIEBIE • IF YOU SEE A CAT.. • 1972 • ANS
MYSIA WIEZA • 1974 • ANS
SKOK • 1978 • ANS

SZCZYGIEL ANDRZEJ – PLN

CYTAT Z RAPORTU U THANTA • QUOTATION FROM U TANT'S REPORT, A • 1972

SZE TUNG-SAN – CHN

SONS AND DAUGHTERS • 1951

SZEKELY HANS – GRM

EINLADUNG ZUM NACHTESSEN • 1928

SZEKELY ISTVAN see **SEKELY STEVE**

SZEKELY STEFAN see **SEKELY STEVE**

SZELUBSKI JERZY

PEACE WILL WIN • 1952

SZEMES MARIANNE – HNG – 1924–

DIVORCE IN BUDAPEST • 1964 • DOC
WOMEN WILL DO EVERYTHING • 1964 • DOC
I'M ANGRY FOR YOUR SAKE • I'M SORRY FOR YOUR SAKE • 1967 • DOC
IT'S SO SIMPLE • 1968 • DOC
I DO WHAT I LIKE • 1969 • DOC

SZEMES MIHALY – HNG – 1920–

SLEDGE, THE • 1955
DANI • 1957
KOLYOK • OUR KID • 1959
UJ GILGAMES • NEW GILGAMES • 1963
EDES ES KESERU • SWEET AND BITTER • 1966
DAM • 1967
KINCSKERESO KIS KODMON • MAGIC JACKET, THE • 1973

SZEPESY ANDREW – NRW

JA, VI ELSKER • LAST GLEAMING • 1983

SZESKI JERZY – PLN

MARYSIA I KRASNOLUDKI • ORPHAN MARY AND THE DWARFS • 1961

SZIATINAY SANDOR

ONCE A WEEK • 1937

SZIGETHY KALMAN – HNG
MONGUZOK SZIGETEN, A • OSTRVO MUNGOSA ○ ISLAND OF THE MONGOOSES, THE ○ ISLAND OF MONGOOSES, THE • 1959

SZIKLAY ARNOLD – HNG
EMPEROR FRANZ JOSEF OPENING THE MILLENIAL EXHIBITION • 1896

SZINETAR MIKLOS – HNG
JANOS HARY • HARY JANOS • 1964
CSARDASKIRALYNO • CZARDAS PRINCESS • 1971
MIRACULOUS MANDARIN, THE • 1975
EROD, AZ • FORTRESS, THE • 1979

SZINTAI ISTVAN – HNG
HONKA JA GRANIITTI • PINE AND GRANITE • 1977
MAYA PLISETSKAYA • 1983 • DOC

SZIRTES ANDRAS – HNG
LENZ • 1987

SZLATINAY ALESSANDRO – ITL
CAPITANO DEGLI USSARI, IL • 1941

von SZLATINAY ALEXANDER – GRM
ICH MACH' DICH GLUCKLICH • 1949

SZLINGERBAUM SAMY – BLG
BRUXELLES–TRANSIT • BRUSSELS–TRANSIT • 1981

SZMAGIER KRZYSZTOF – PLN
PRZED TURNIEJEM • BEFORE THE TOURNAMENT • 1966 • DOC
OPERACJA V–2 • V–2 OPERATION, THE ○ OPERATION V–2 • 1969 • DOC

SZOBOSLAI PETER see **SZOBOSZLAY PETER**

SZOBOSZLAY PETER – Animator – HNG
SZOBOSLAI PETER
IF I GROW UP • ANM
SALTY SQUAB • ANS
SPICK AND SPAN • ANS

SZOKE ANDRAS – HNG
VATSALA KALYANAM • COTTON CHICKEN ○ COTTON CHICKEN • 1950

SZOMJAS GYORGY – HNG
FUREDI ANNA–BAL • ANNA–BALL • 1973 • SHT
TALPUK ALATT FUTYUL A SZEL • WIND IS WHISTLING UNDER THEIR FEET, THE • 1976
ROSSZEMEBEREK • BAD GUYS ○ WRONGDOERS • 1979
KOPASZKUTYA • BALD DOG • 1981
KONNYU TESTI SERTES • LIGHT PHYSICAL INJURIES • 1984
FALFURO • WALL DRILLER, THE • 1985
MR. UNIVERSE • 1988
KONNYUVER • FAST & LOOSE • 1989
MULATSAG • DAYS OF PEACE AND MUSIC • 1989 • DOC

SZOMOGYI JULIUS – AUS
DORFSGOLEM, DER • DES GOLEMS LETZTE ABENTEUER ○ GOLEM'S LAST ADVENTURE, THE • 1921

SZONYI SANDOR S. – HNG
KINEK A TORVENYE? • WHOSE LAW IS IT? • 1979

SZOREGHI JULIUS – AUS
CASANOVAS ERSTE UND LETZTE LIEBE • 1920

SZORENY REZSO – HNG
IDEGEN ARCOK • STRANGE FACES • 1974
TUKORKEPEK • REFLECTIONS IN A MIRROR ○ REFLECTIONS • 1976
BUEK! • HAPPY NEW YEAR! • 1979
BOLDOG SZULETESNAPOT MARILYN! • HAPPY BIRTHDAY, MARILYN! • 1981
GYOZO • 1982
TALPRA, GYOZO! • BE TOUGH, VICTOR • 1983

SZOTS ISTVAN – HNG
EMBEREK A HAVASON • MEN IN THE MOUNTAINS ○ PEOPLE ON THE MOUNTAIN ○ MEN ON THE MOUNTAIN • 1942
ENEK A BUZAMEZOKROL • SONG OF THE CORNFIELDS • 1947

SZPAKOWICZ PIOTR – PLN
ATLANTYDA • 1972
ROZA • ROSE, THE • 1973
JEMIOLA • MISTLETOE, A • 1974
MIMOZA • 1974
KOLORY ZYCIA • COLOURS OF LIFE • 1975

SZTABA STANLEY – USA
VEGETABLE SOUP • ANS

SZULKIN PIOTR – PLN
GA, GA –GLORY TO HEROES
GOLEM • 1980
CZULE MIEJSCZ • TENDER SPOTS • 1981
WOJNA SWIATOW –NASTEPNE STULECIE • WAR OF THE WORLDS –NEXT CENTURY, THE • 1981
DRAPIEZCY • BEASTS OF PREY • 1990

SZULZINGER BORIS – FRN
BOMBARDONE, LE • 1968 • SHT
TUEURS FOUS, LES • LONELY KILLERS • 1972
VIE QUI ME PLAIT, LA • 1973
TARZOON, LA HONTE DE LA JUNGLE • TARZOON THE SHAME OF THE JUNGLE ○ HONTE DE LA JUNGLE, LA ○ JUNGLE BURGER • 1974 • ANM
SHAME OF THE JUNGLE • 1975 • ANM
MAMMA DRACULA • MAMA DRACULA • 1980

SZURDI ANDRAS – HNG
KEPVADASZOK • PICTURE HUNTERS, THE • 1985

SZURDI MIKLOS – HNG
HATASVADADASZOK • MIDNIGHT REHEARSAL • 1983
KEPVADASZOK • PICTURE HUNTERS, THE • 1985

SZUSTER DANIEL – FRN – 1940–
GUITARE AU POING • 1972 • DOC

SZWAKOPF ST. – PLN
CYBERNETYK • CYBERNETIC AMATEUR, THE • 1962 • ANS

SZWARC JEANNOT – FRN – 1936–
DEVIL'S DAUGHTER, THE • 1972 • TVM
NIGHT OF TERROR • 1972 • TVM
WEEKEND NUN, THE • 1972 • TVM
EXTREME CLOSE–UP • SEX THROUGH A WINDOW • 1973
LISA BRIGHT AND DARK • 1973 • TVM
SMALL MIRACLE, THE • 1973 • TVM
SUMMER WITHOUT BOYS, A • 1973 • TVM
YOU'LL NEVER SEE ME AGAIN • 1973 • TVM
KOJAK: THE CHINATOWN MURDERS • 1974 • TVM
BUG • HEPHAESTUS PLAGUE, THE • 1975
CRIME CLUB • 1975 • TVM
HAZARD'S PEOPLE • 1976 • TVM
CODE NAME: DIAMOND HEAD • 1977 • TVM
JAWS 2 • 1978
SOMEWHERE IN TIME • 1980
ENIGMA • 1982
SUPERGIRL • 1983
SANTA CLAUS –THE MOVIE • SANTA CLAUS • 1985
MURDERS IN THE RUE MORGUE, THE • 1986 • TVM
GRAND LARCENY • 1988
HONOR BOUND • 1989

SZWBEGO STANISLAW
KSIAZATKO • LOTTERY PRINCE, THE (USA) • 1937

SZYSKO SYLWESTER see **SZYSZKO SYLWESTER**

SZYSZKO SYLWESTER – PLN
SZYSKO SYLWESTER
CIEMNA RZEKA • DARK RIVER, THE • 1974
MILIONER • MILLIONAIRE • 1977
CZWARTKI UBOGICH • THURSDAYS FOR THE POOR • 1981

TA KO CH'ENG – HKG
TA MENG CH'ENG • SIMPLE–MINDED FELLOW, THE • 1976

TABATA TSUNEO – JPN
OTOKO DAIGAKU • COLLEGE FOR MEN • 1955
FUFU GASSHO • 1959
SHIROI HATO • WHITE PIGEON • 1960

TABER ANTHONY P. see **PEREZ TABERNERO JULIO**

TABIO JUAN CARLOS – CUB
MIRIAM MAKEBA • 1973
PLAFF –DEMASIADO MIEDO A LA VIDA • PLAFF TOO AFRAID OF LIFE (UKN) • 1988

TABLIASHVILI V.
KETO AND KOTE • 1954

TABOADA CARLOS ENRIQUE see **ENRIQUE TABOADA CARLOS**

TABORSKY VACLAV – CZC – 1928–
MUD COVERED CITY • 1963
ESCAPE IN THE WIND • 1965
ZAZRACNY HLAVOLAM • MIRACULOUS BRAIN TEASER, THE ○ MIRACULOUS PUZZLE • 1967

TACCHELLA JEAN–CHARLES – FRN – 1925–
DERNIERS HIVERS, LES • 1971 • SHT
BELLE JOURNEE, UNE • 1972 • SHT
VOYAGE EN GRANDE TARTARIE • VOYAGE TO GRAND TARTARIE • 1974
COUSIN COUSINE • 1975
PAYS BLEU, LE • BLUE COUNTRY, THE (USA) • 1977
IL Y A LONGTEMPS QUE JE T'AIME • IT'S A LONG TIME THAT I'VE LOVED YOU ○ SOUPCON • 1979
CROQUE LA VIE • 1981
ESCALIER C • STAIRCASE C • 1984
DAMES GALANTES, LES • 1990

TACHIBANA AKIRA – JPN
SEI NO ISHOKU TAIKEN • EXTRAORDINARY EXPERIENCE OF SEX • 1968

TACHIBANA YUTEN – JPN
GARASU NO USAGI • GLASS RABBIT • 1979

TADEJ VLADIMIR – YGS
SVE ZELJE SVIJETA • ALL THE WISHES OF THE WORLD • 1966 • ANS
DRUZBA PERE KVRZICE • LITTLE PETER'S DIARY • 1971
LOITERING IS ILLEGAL • 1973
POTRAGA ZA BLAGOM • TREASURE HUNT • 1974
ZUTA • GINGER • 1974
HITLER IZ NASEG SOKAKA • HITLER FROM AROUND THE CORNER • 1975
HAJDUCKA VREMENA • DARE–DEVILS' TIME • 1977
PAKLENI OTOK • HELL'S ISLAND • 1980
ANTICASANOVA • 1985

TADIC RADOVAN – FRN
ERREUR DE JEUNESSE • 1989

TADIC ZORAN – YGS
DRUGE • FRIENDS • 1973 • SHT
PLETENICE • BRAIDS • 1974 • SHT
RITAM ZLOCINA • RHYTHM OF CRIME, THE • 1982
TRECI KLJUC • THIRD KEY, THE • 1984
OSUDJENI • CONDEMNED, THE • 1987
COVJEK KOJI JE VOLIO SPROVODE • MAN FOND OF FUNERALS, THE • 1989
ORAO • EAGLE, THE • 1990

TADIE – FRN
ARAIGNEES ROUGES, LES • 1955 • SHT
CARPOCAPSE DES POMMES, LE • 1955 • SHT
DEBROUSSAILLAGE CHIMIQUE, LE • 1955 • SHT
PUCERONS, LES • 1955 • SHT
TAVELURE DU POMMIER ET DU POIRIER, LA • 1955 • SHT
TORDEUSE ORIENTALE, LA • 1955 • SHT
VERS DE LA GRAPPE, LES • 1955 • SHT

TAE KIM IN – CND
KOREAN ALPHABET • 1968 • ANS

TAFT GENE – USA
BLAME IT ON THE NIGHT • 1984

TAGGART ERROL – USA
LONGEST NIGHT, THE • 1936
PUBLIC PAYS, THE • 1936 • SHT
SINNER TAKE ALL • 1936
WOMEN ARE TROUBLE • 1936
SONG OF THE CITY • 1937
WOMEN MEN MARRY, THE • 1937
STRANGE FACES • 1938

TAGHI–ZADEH TOFIC see **TAGHIZADE TOFIC**

TAGHIZADE TOFIC – USS
TAGHI–ZADEH TOFIC
ARSHIN MAL–ALAN • 1967
SEMERO SINOVEI MOIKH • MY SEVEN SONS • 1971

TAGHVAI NASSER – IRN
TAGHVAII NASSER
RELEASE • 1972 • SHT
SADEQ THE KURD • 1972
NEFREEN • MALEDICTION • 1973
CAPTAIN KHORSHEED • 1987
O IRAN • 1989

TAGHVAII NASSER see **TAGHVAI NASSER**

TAGLIONI FABRIZIO – ITL
NON HO PAURA DI VIVERE • 1952
BRANCO DI VIGLIACCHI, UN • 1962
BALLATA DEI MARITI, LA • 1963
UCCISORI, GLI • 1977

TAGUCHI T. see **TAGUCHI TETSU**

TAGUCHI TETSU – JPN
TAGUCHI T.
SHOGUN TO SAMBO TO HEI • GENERAL, STAFF OFFICER AND SOLDIERS ○ SHOGUN TO HEI ○ GENERALS AND SOLDIERS • 1942
ARAUMI NO OJA • 1959

TAHIMIK KIDLAT – PHL
MABABANGONG BANGUNGOT • PERFUMED NIGHTMARE, THE • 1977

TAICHER ROBERT – USA
INSIDE OUT • 1986

TAILLON REJEANE – CND
BINO FABULE • 1988

TAIROV ALEXANDER – USS
MYORTVETZ • DEAD MAN, THE (USA) • 1915

TAIT CHARLES – ASL – 1869–1933
STORY OF THE KELLY GANG, THE • 1906

TAIT MARGARET – UKN
LION, THE GRIFFIN AND THE KANGAROO, THE • 1951
ROSE STREET • 1958
HUGH MACDIARMID, A PORTRAIT • 1964
PLACE OF WORK WITH TAILPIECE • 1976

TAITTINGER MICHEL – FRN
5 + 1 • 1969 • DOC

TAIZANT BERNARD – SWT
VISAGES DE BRONZE • FACES OF BRONZE • 1957

TAJCHMAN E. J. – USA
POTPOUREEL • 1972 • ANS

TAKABAYASHI YOICHI – JPN
GAKI ZOSHI • WATER IS SO CLEAR, THE • 1972
HONKIN SATSUJIN JIKEN • MURDER CASE OF HONKIN, THE • 1975
KINKAKU–JI • KINKAKU–JI TEMPLE, THE • 1975
NISHIJIN SHINJU • LOVERS' SUICIDE • 1977
SEKKA TOMURAI ZASHI IREZUMI • IREZUMI (SPIRIT OF TATTOO) (USA) • 1981
KURA NO NAKA • IN A WAREHOUSE • 1982
SEKKA TOMURAI ZASHI • 1982

TAKACS GABOR – HNG – 1928–
BELA BARTOK • 1955 • DOC
CHILDREN ARE SINGING, THE • 1960 • DOC
ESZTERHAZA MUZSIKUSA, HAYDN • PRINCE'S COURT MUSICIAN, HAYDN, THE ○ JOSEPH HAYDN ○ HAYDN • 1960
COMPOSITION IN PAINTING • 1961 • DOC
ARANYMETSZES • GOLDEN SECTION, THE • 1962 • DOC
COLOURS IN PAINTING • 1964 • DOC
SPACE AND PERSPECTIVE IN PAINTING • 1964 • DOC
MIKROKOSMOS • 1966 • DOC

TAKACS TIBOR – HNG – 1954–
METAL MESSIAH • 1977
NINE EIGHTY FOUR –PRISONER OF THE FUTURE • TOMORROW MAN, THE ◦ 984: PRISONER OF THE FUTURE ◦ PRISONER 984 • 1979
SNOW • 1982
GATE, THE • 1987
I, MADMAN • HARDCOVER • 1988
GATE II, THE • 1989

TAKAGI OSAMU – JPN
OTANOSHIMI • ENJOYMENT • 1968

TAKAGI TAKEI see **TAKAGI TAKEO**

TAKAGI TAKEO – JPN
TAKAGI TAKEI
HIMEGOTO • SECRETS • 1967
MAYONAKA NO HANAZONO • MIDNIGHT FLOWER BED • 1967
ONNA TO OTOKO NO AJIKURABE • TASTE OF WOMAN, TASTE OF MAN • 1968

TAKAHASHI OSAMU – JPN
GOMESU NO NA WA GOMESU: RYUSA • WHO IS GOMEZ? • 1967
HAGAMAL VEHAYELED • BOY AND A CAMEL, A • 1968

TAKAHASHI TOMOAKI – JPN
TATTOO ARI • MAN WITH A TATTOO • 1982

TAKAHATA ISAO – JPN
TAIYO NO OJI: HORUSU NO DAIBOKEN • LITTLE NORSE PRINCE VALIANT • 1968 • ANM
HOTARU NO HAKA • GRAVEYARD OF THE FIREFLY, THE • 1988 • ANM
YANAGAWA HORIWARI MONOGATARI • STORY OF THE YANAGAWA CANAL • 1988 • DOC

TAKAISHVILI DATA – USS
PLAGUE • 1985 • ANS

TAKAMORI RYUICHI – JPN
HOKKAI YUKYODEN • OUTLAWS OF THE NORTHERN SEA • 1967
KAWACHI YUKYODEN • TROUGHS OF KAWACHI • 1967
SHUSSE KOMORIUTA • LULLABY FOR MY SON • 1967
ZOKU ROKYOKU KOMORIUTA • DADDY'S LULLABY • 1967

TAKAMORI TATEKAZU – JPN
INOCHI KARETEMO • THIS LOVE FOREVER • 1968

TAKAMOTO IWAO – USA
CHARLOTTE'S WEB • E.B. WHITE'S CHARLOTTE'S WEB • 1973 • ANM

TAKASHI – JPN
METAMORPHOSES • WINDS OF CHANGE • 1978 • ANM

TAKECHI TETSUJI – JPN
ONNA ONNA ONNA MONOGATARI • WOMEN.. OH, WOMEN! (USA) • 1963 • DOC
HAKUJITSUMU • DAY-DREAM (USA) • 1964
KOKEIMU • 1964
SCARLET DAYDREAM • 1966
SENGO ZANKOKU MONOGATARI • MASS VIOLATION, THE • 1968
UKIYOE ZANKOKU MONOGATARI • UKIYOE • 1968
HAKUJITSU-MU • DAYDREAM • 1980

TAKEDA ARIO – JPN
MISSHITSU NO HOYO • HUG IN A SECRET ROOM • 1967
TAJO NA NYUEKI • AMOROUS LIQUID • 1967
WAKAI SHIGEKI • YOUNG STIMULUS • 1967
ONNA NO TAKOBEYA • CONCENTRATED SHOCK OF WOMEN, A • 1968

TAKEDA ATSUSHI – JPN
DOREI KOJO • SLAVE FACTORY, THE • 1968

TAKEDA HERNAN – CHL
OCASO • SUNSET • 1967

TAKEDA KAZUNARI – JPN
TAKEIDA KAZUNARI
KANTO MUSHOGAERI • TO KILL A KILLER • 1967
FUNNY NOTE • 1977
SENSEI NO TSUSHINBO • TEACHER'S MARK CARD, THE • 1977
ADVENTURES OF THE KID AMBASSADOR • 1979

TAKEIDA KAZUNARI see **TAKEDA KAZUNARI**

TAKEMOTO KOICHI – JPN
CAPTAIN ULTRA • 1967

TAKETAZU MINORU – JPN
KITAKITSUNE MONGATARI • GLACIER FOX, THE ◦ FOX STORY • 1978

TAKITA YOJIRO – JPN
COMIC MAGAZINE • 1987
KOMICK ZASSHI NANKA IRANAI • NO MORE COMIC MAGAZINES • 1987

TAKIZAWA – JPN
NIPPON KENGO-DEN • GREAT SWORDSMEN OF JAPAN • 1945

TAKIZAWA EISUKE – JPN
BYAKUYA NO YOJO • TEMPTRESS AND THE MONK, THE (USA) ◦ DEATH BY WITCHCRAFT ◦ TEMPTRESS, THE ◦ ENCHANTRESS, THE • 1958
SEKAI O KAKERU KOI • LOVE AND DEATH • 1959
AJISAI NO UTA • BLOSSOMS OF LOVE • 1960
KUMO NI MUKATTE TATSU • FACING THE CLOUDS • 1962

TALAMO GINO – ITL – 1895–
URAGANO AI TROPICI • 1939
LAMPADA ALLA FINESTRA, UNA • 1940
CAVALIERI DEL DESERTO, I • PREDONI DEL DESERTO, I ◦ ULTIMI TAUREG, GLI ◦ PREDONI DEL SAHARA, I • 1942
LIANE, DIE WEISSE SKLAVIN • LIANA, LA SCHIVA BIANCA (ITL) ◦ JUNGLE GIRL AND THE SLAVER • 1957

TALAN LEN – USA
HANSEL AND GRETEL • 1987

TALANKIN IGOR – USS – 1927–
KUZMICH • 1959
SEREZHA • SUMMER TO REMEMBER, A (USA) ◦ SPLENDID DAYS, THE ◦ SERYOZHA (THE SPLENDID DAYS) ◦ SERYOZHA • 1960
TOZHE LYUDI • THEY ARE ALSO PEOPLE ◦ THERE ARE ALSO PEOPLE • 1960
VSTUPLENIE • INTRODUCTION ◦ ENTRY, THE ◦ STARTING OUT • 1962
STARS BY DAY • DAY STARS • 1966
DNEVNYE ZVEZDI • 1968
TCAIKOVSKI • TCHAIKOVSKY ◦ CHAIKOVSKI • 1969
VYBOR TSELI • CHOICE OF A GOAL, THE ◦ CHOICE OF GOAL • 1974
OTYETS SERGII • FATHER SERGIUS ◦ FATHER SERGI ◦ OTETS SERGII • 1979

TALANSIER JEAN – FRN
LIBIDO • 1973

TALAS GREG see **TALLAS GREGG R.**

TALASKIVI JAAKKO – FNL – c1936–
SUUDELMA • KISS, THE • 1969 • SHT
LASTEN ELOKUVAMUSIKAALI • SCREEN MUSICAL FOR CHILDREN, A • 1973
HERRA HUU –JESTAPA JEPULIS, PENIKAT SIPULIKS • HOLY JUMPING JIMMINY! SAID MR. WHO • 1974

TALBOT BRUD – USA
CASE OF THE SMILING STIFF, THE • 1974

TALBOT COLIN – ASL
SWEETHEARTS • 1989

TALEBI ALI – IRN
CITY OF MICE, THE • 1985 • ANM
END, THE • 1985

TALIATH JOSEPH JR. – IND
PREMALO PRAMADAM • HAPPINESS IN LOVE • 1967

TALLAS GREG see **TALLAS GREGG R.**

TALLAS GREGG see **TALLAS GREGG R.**

TALLAS GREGG R. – GRC
TALLAS GREGG • TALLAS GREG • TALAS GREG
SIREN OF ATLANTIS • ATLANTIS THE LOST CONTINENT ◦ QUEEN OF ATLANTIS ◦ ATLANTIS • 1949
PREHISTORIC WOMEN • 1951
XIPOLITO TAGMA • BAREFOOT BATTALION ◦ BATTALION DES VA-NU-PIEDS, LE • 1954
AYOUPA • BED OF GRASS (USA) ◦ AGIOUPA • 1957
BIKINI PARADISE • MISSION TO PARADISE ◦ WHITE SAVAGE • 1964
S 077 SPIONAGGIO A TANGERI • MARC MATO, AGENTE S.077 (SPN) ◦ ESPIONAGE IN TANGIERS (USA) • 1965
KATASKOPI STO SARONIKO • OPERATION SKYBOLT ◦ SPIES IN SARONIKO ◦ ASSIGNMENT SKYBOLT • 1968
CATACLYSM • NIGHTMARE NEVER ENDS, THE ◦ SATAN'S SUPPER ◦ CATALYSM • 1972
NIGHT TRAIN TO TERROR • 1985 • ANT

TALLEY TRUMAN – USA
BORNEO • 1937 • DOC

TALLROTH KONRAD – SWD
KUN ONNI PETTAA • 1913
MILLERS DOKUMENT • MILLER'S DOCUMENT, THE • 1916
PARADISFAGELN • BIRD OF PARADISE • 1916
ALLT HAMNAR SIG • REVENGE • 1917
CHANSON TRISTE • 1917
MILJONARVET • MILLION INHERITANCE • 1917
SIN EGEN SLAV • SLAVE TO YOURSELF • 1917
VEM SKOT? • WHO FIRED? • 1917

TALMADGE RICHARD – Actor – GRM – 1896–1981
METZERTTI RICARDO
JEEP-HERDERS • 1949
BORDER OUTLAWS • PHANTOM HORSEMAN, THE (UKN) • 1950
PROJECT MOONBASE • 1953
I KILLED WILD BILL HICKOK • 1956
CASINO ROYALE • 1967

TALWAR RAMESH – IND
TERA NAAM, MERA NAAM • YOUR NAME, MY NAME • 1987

TAM KAV MING – HKG
KILL TO LOVE • 1981

TAM PATRICK see **T'AN CHIA-MING**

TAMARA ERIC – GRM
EINBRUCH IN DIE VILLA HOWARTH • 1927

TAMAYO MANUEL – SPN
HOMBRE DE MUNDO, EL • 1948
SOLTERO DIFICIL, UN • 1950

TAMAYO RAMIRO – ARG
BAZAN • 1960

TAMBELLINI FLAVIO – BRZ
ATE QUE O CASAMENTO NOS SEPARE • UNTIL MARRIAGE SEPARATES US ◦ TILL MARRIAGE DOES US APART • 1968
UISQUE.. E UM CIGARRO DEPOIS, UM • 1971

TAMBLING RICHARD – UKN
ROAD SENSE • 1951
BASIC PRINCIPLES OF LUBRICATION, THE • 1952 • DOC

TAMBURELLA ARMANDO see **TAMBURELLA ARMANDO W.**

TAMBURELLA ARMANDO W. – USA – 1919–
TAMBURELLA ARMANDO
ORO, DONNE E MARACAS • 1955 • DOC
MINA.. FUORI LA GUARDIA • 1961
FRA' MANISCO CERCA GUAI • 1964

TAMBURELLA PAOLO W. see **TAMBURELLA PAOLO WILLIAM**

TAMBURELLA PAOLO WILLIAM – USA – 1910–1951
TAMBURELLA PAOLO W.
VOGLIAMOCI BENE • RING AROUND THE CLOCK (USA) • 1950
SAMBO • 1951
SETTE NANI ALLA RISCOSSA, I • SEVEN DWARFS TO THE RESCUE, THE (USA) • 1952

TAMELLINI ALDO – USA
BLACK IS • 1969 • SHT

TAMIJIAN – IND
JUDAS CITY
SATAN'S BED • 1965

TAMMER PETER – ASL – 1943–
COMMERCIAL, THE • 1963 • DOC
AND HE WILL RISE AGAIN • 1964 • DCS
BEETHOVEN AND ALL THAT JAZZ • 1964 • DOC
ON THE BALL • 1964 • DOC
WHERE ARE YOU TAKING ME? • 1965 • DOC
IN ONE LIFETIME • 1968 • DOC
SHELLEY, CIVIL ENGINEER • 1968 • DOC
PISCES DYING • 1969 • DOC
OUR LUKE • 1970 • DOC
FLUX • 1971 • SHT
JOURNEY TO A BROKEN HEART • 1971 • DOC
CURSE OF LARADJONGRAN, THE • 1972 • DOC
WOMAN OF OUR TIME, A • 1972 • DOC
STRUTTIN' THE MUTTON • 1975 • DOC
HERE'S TO YOU MR. ROBINSON • 1976 • DOC
MALLACOOTA STAMPEDE • 1981
JOURNEY TO THE END OF NIGHT • 1982 • DOC
HEY MARCEL • 1983 • DOC
MA BELLE • 1983 • DOC
QUEEN OF THE NIGHT • 1986 • SHT

TAMPA HARRY see **HURWITZ HARRY**

TAMPOE ROBIN – SLN
DEHADAKA DUKA • SORROW OF TWO HEARTS, THE • 1968

TAMPOE W. M. S. – SLN
RUHUNU KUMARI • RUHUNU PRINCESS, THE • 1968

TAMURA TAIJIRO – JPN
SHIN ONNA ONNA ONNA MONOGATARI • IT'S A WOMAN'S WORLD • 1964

T'AN CHIA-MING – HKG
TAM PATRICK
MING CHIEN • SWORD, THE • 1980
AI SHA • LOVE MASSACRE • 1981
LIEH-HUO CH'ING-CH'UN • NOMAD • 1983
HSUEH TSAI SHAO • SNOW IS BURNING • 1987

TAN FRED see **TAN HAN-CHANG**

TAN HAN-CHANG – HKG – 1954–1990
TAN FRED
SPLIT OF THE SPIRIT
LOVERS • 1984
DARK NIGHT • 1986
STORM OF YOUTH • 1986
YUAN NU • ROUGE OF THE NORTH • 1988

TAN TO YU – CHN
MONSTER, THE • 1927

TANA PAUL – CND
DANSEUR, LE • 1979
GRANDS ENFANTS, LES • 1980
CAFFE ITALIA, MONTREAL • 1986 • DOC

TANAKA EIZO – JPN
IKERU SHIKABANE • LIVING CORPSE, THE • 1917
KYOYA RAIYA • KYOYA COLLAR SHOP, THE • 1922
DOKURO NO MAI • 1923

TANAKA KINUYO – Actress – JPN – 1910–1977
KOIBUMI • LOVE LETTER • 1953
CHIBUSA YO EIEN NARE • ETERNAL HEART, THE • 1955
TSUKIWA NOBORINU • MOON HAS RISEN, THE ◦ MOON RISES, THE ◦ MOONRISE • 1955
OGHIN-SAMA • LOVE UNDER THE CRUCIFIX • 1960
RUTEN NO OHI • WANDERING PRINCESS, A • 1960
ONNA BAKARI NO YORU • WOMEN'S NIGHT • 1961

TANAKA SHIGEO – JPN
JOGASHIMA NO AME • JOUGASAKI NO AME ◦ JOUGASAKI'S RAIN • 1950
KUROHYO • SPIES • 1953
TSUKIYORI NO SHISHA • MESSENGER FROM THE MOON • 1954
SUGATA SANSHIRO • HE WHO LIVED JUDO • 1955
NAGASUGITA HARU • BETROTHED • 1957

AKASEN NO HI WA KIEZU • TAINTED FLOWERS • 1958
TOKYO NO HITOMI • EYE PUPILS OF TOKYO • 1958
MI WA JUKUSHITARI • RIPE AND MARRIAGEABLE • 1959
YORU NO TOGYO • PAPER PIGEON • 1959
SAN KYODAI NO KETTO • THREE BROTHERS AND THE UNDERWORLD • 1960
KENSHIN • HER DEVOTION • 1961
TOKYO ONIGIRI MUSUME • 1961
SHIN NO SHIKOTEI • GREAT WALL OF CHINA, THE ○ GREAT WALL, THE • 1963
FURIN • STRANGE TRIANGLE • 1965
OBI O TOKU NATSUKO • I'LL CRY ALONE • 1965
GAMERA TAI BARUGON • WAR OF THE MONSTERS (USA) ○ GAMERA VERSUS BARUGON ○ GAMBARA VERSUS BARUGON • 1966
KAGIRIARU HI O AINI IKITE • SUITORS, THE • 1967
SANBIKI NO ONNA TOBAKUSHI • THOROUGHBRED WOMEN GAMBLERS • 1967
UMI NO G-MEN: TAIHEIYO NO YOJINBO • G-MEN OF THE SEA • 1967
ONNA TOBAKUSHI AMADERA KAICHO • WOMAN GAMBLER AND THE NUN, THE • 1968
ONNA TOBAKUSHI MIDARETSUBO • WOMAN GAMBLER'S SUPPLICATION, THE • 1968
ONNA TOBAKUSHI NORIKOMU • WOMAN GAMBLER COMES, THE • 1968
ONNA TOBAKUSHI ZETSUENJO • CHAMPION WOMAN GAMBLER, THE • 1968

TANAKA TOKUZO – JPN – 1921–

BAKENEKO GOYODA • 1958
NUREGAMI SANDO GASA • LORD AND THE GAMBLER, THE • 1959
OJO KICHIZA • NAUGHTY ROGUE, THE • 1959
UKARE SANDO GASA • PRINCESS SAYS NO, THE • 1959
KIZUSENRYO • 1960
OEYAMA SHUTEN DOJI • OGRE IN MT. OE, THE • 1960
AKUMYO • BAD NAME • 1961
DODOMPA SUIKODEN • 1961
HANAKURABE TANUKI DOCHU • TANUKI VAGABONDS • 1961
KOINA NO GINPEI • SILVER MEDAL OF LOVE • 1961
NUREGAMI BOTAN • FANTASTICO • 1961
KUJIRA GAMI • KILLER WHALE • 1962
DAISAN NO AKUMYO • TOUGH GUY III ○ THIRD BAD NAME, THE • 1963
ZATO ICHI KYOJOTABI • MASSEUR ICHI THE FUGITIVE • 1963
KIRIGAKURE SAIZO • TWILIGHT FOG • 1964
SURUGA YUHKYOU-DEN: YABURE TAKKA • GAMBLER'S STORY OF SURUGA: BROKEN IRON FIRE • 1964
SURUGA YUKYODEN • ENGAGED IN PLEASURE • 1964
AKUMYO MUTEKI • INVINCIBLE BAD NAMES • 1965
AKUMYO NIWAKA • SUDDENLY BAD NAMES • 1965
AKUMYO NOBORI • TWO NOTORIOUS MEN STRIKE AGAIN • 1965
ZOKU HEITAI YAKUZA • PRIVATE AND THE C. O., THE • 1965
AKUMYO ZAKURA • BAD NAMES' CHERRY BLOSSOM • 1966
SHIN HEITAI YAKUZA • HOODLUM SOLDIER DESERTS AGAIN, THE • 1966
ZATO ICHI NO UTA GA KIKOERU • BLIND SWORDSMAN'S VENGEANCE, THE ○ ZATOICHI'S SONG IS HEARD • 1966
HEITAI YAKUZA NAGURIKOMI • HOODLUM FLAG BEARER, THE • 1967
HEITAI YAKUZA: ORE NI MAKASERO • OUTLAW SOLDIERS: LET ME HANDLE IT ○ ORE NI MAKASERO • 1967
HIKISAKARETA SEISO • NIGHT FLIGHT • 1967
RIKUGUN NAKANO GAKKO -RYO SANGO SHIREI • ASSIGNMENT DRAGON NO.3 • 1967
ZANKYO NO SAKAZUKI • LAST GALLANTRY, THE • 1967
HEITAI YAKUZA GODATSU • HOODLUM SOLDIER AND 100,000 DOLLARS, THE • 1968
KAIDAN YUKIJORO • GHOST OF SNOW-GIRL PROSTITUTE ○ YUKIONNA, WOMAN OF THE SNOW ○ YUKIONNA ○ SNOW GHOST • 1968
NEMURI KYOSHIRO ONNA JIGOKU • RONIN CALLED NEMURI, THE • 1968
HAUNTED CASTLE, THE • 1969
HIROKU KAIBYODEN • HAUNTED CASTLE • 1969
HIROKU ONNADERA • SECRETS OF A WOMEN'S TEMPLE • 1969
SASABUE OMON • GIRL WITH BAMBOO LEAVES • 1969
TEJO MUYO • HANDCUFFS • 1969

TANAKA YASUYOSHI – JPN

KEMEKO NO UTA • ADORABLE IMP • 1968
TENSHI NO YUWAKU • ANGEL'S TEMPTATION, AN • 1968

TANASE DINU – RMN

DR. POENARU • 1978
AT THE END OF THE LINE • 1983
RADIO ROMANIA KEEPS BROADCASTING • 1985

TANDON LEKH – IND

JHUK GAYA AASMAN • HEAVEN DESCENDS • 1968

TANG CECILE see **T'ANG SHU-HSUAN**

TANG CHOW LUP – Animator – HKG

STORY OF THE CHINESE GODS, THE • ANM

TANG HUANG – HKG

SLEEPING BEAUTY • 1961

TANG JIMING – HKG

TONG TERRY

NUREN FENGQING HUA • HONG KONG GRAFFITI • 1985
FAN-MU AN-K'AO • 1990

T'ANG SHU-HSUAN – HKG

SHUEN SHU • TANG SHU SHUEN • TANG CECILE

TUNG FU-JEN • ARCH, THE • 1969
SUP SAP BUP DUP
TSAI-CHIEN CHUNGKUO • ZAIJIAN ZHONGGUO • 1974
ZAIJIAN ZHONGGUO • CHINA BEHIND • 1974

TANG SHU SHUEN see **T'ANG SHU-HSUAN**

TANG WEI CHENG – HKG

DUEL OF THE MASTERS

TANG XIAODAN – CHN

LIAO ZHONGHAI • 1983

TANHOFER NIKOLA – YGS

NIJE BILO UZALUD • IT WAS NOT IN VAIN • 1957
H-8 • 1958
OSMA VRATA • EIGHTH DOOR, THE • 1959
SRECA DOLACI U 9 • FELICITY ARRIVES AT 9 • 1961
BALJE LJETO • INDIAN SUMMER • 1971

TANIGUCHI SENKICHI – JPN

SHIN BAKA JIDAI • THESE FOOLISH TIMES • 1946
GINREI NO HATE • TO THE END OF THE SILVER-CAPPED MOUNTAINS ○ SNOW TRAIL • 1947
JAKOMAN TO TETSU • JAKOMAN AND TETSU ○ YAKOMAN TO TETSU • 1949
AKATSUKI NO DASSO • ESCAPE AT DAWN • 1950
AI TO NIKUSHIME NO KANATA • BEYOND LOVE AND HATE • 1951
SHI NO DANGAI • DEATH CLIFF • 1951
MUTEKI • FOG HORN • 1952
AKASEN KICHI • RED-LIGHT DISTRICT ○ RED-LIGHT BASES • 1953
BLOW SPRING BREEZE • 1953
SHIOSAI • SOUND OF WAVES, THE ○ SURF • 1954
SANJUSAN-GOSHA OHTOH NASHI • NO RESPONSE FROM CAR 33 • 1955
KUROOBI SANGOKUSHI • BLACK BELT HISTORY OF THREE COUNTRIES ○ RAINY NIGHT DUEL • 1956
RANGIKU MONOGATARI • 1956
ARASHI NO NAKA NO OTOKO • MAN IN THE STORM • 1957
HARUKANARU OTOKO • 1957
KUNISADA CHUJI • GAMBLING SAMURAI • 1960
OTOKO TAI OTOKO • MAN AGAINST MAN ○ MAN VS. MAN • 1960
YAMANEKO SAKUSEN • OPERATION ENEMY FORT (USA) • 1962
DAITOZOKU • SAMURAI PIRATE (USA) ○ LOST WORLD OF SINBAD, THE • 1963
DOKURITSU KIKANJUTAI IMADA SHAGEKICHU • OUTPOST OF HELL (USA) • 1963
KAGI NO KAGI • 1964
KIGANJO NO BOKEN • ADVENTURES OF TAKLA MAKAN ○ ADVENTURE IN TAKLAMAKAN ○ ADVENTURE IN THE STRANGE STONE CASTLE • 1965
KOKUSAI HIMITSU KEISATSU: ZETTAI ZETSUMEI • KILLING BOTTLE, THE ○ ZETTAI ZETSUMEI • 1967
KAMO TO NEGI • BAMBOOZLERS, THE • 1968

TANKEL IGNACIO – ARG

RUTERAS, LAS • 1968

TANKO J. B. – BRZ

ASFALTO SELVAGEM • LOLLIPOP (USA) ○ FORBIDDEN LOVE AFFAIR • 1964
ADORAVEL TRAPALHAO • ADORABLE BLUNDERER • 1967
CARNAVAL BARRA LIMPA • BARMA LIMPA CARNIVAL • 1967
MASSACRE NON SUPERMERCADO • MASSACRE IN A SUPERMARKET • 1968
PAIS QUADRADOS.. FILHOS AVANCADOS • 1970
BORBOLETAS TAMBEM AMAM, AS • BUTTERFLIES ALSO LOVE • 1980

TANNEN TERRELL – USA

TANNEN TERRILL

YOUNG GIANTS • MINOR MIRACLE, A • 1983
SHADOWS IN THE STORM • 1989

TANNEN TERRILL see **TANNEN TERRELL**

TANNEN WILLIAM – USA

HERO AND THE TERROR • 1982
FLASHPOINT • 1984
DEADLY ILLUSION • LOVE YOU TO DEATH • 1987

TANNER ALAIN – SWT – 1929–

NICE TIME • 1957 • DCS
RAMUZ, PASSAGE D'UN POETE • 1959 • SHT
ECOLE, L' • 1962
APPRENTIS, LES • 1964 • DOC
VIE A CHANDIGARH, LA • CITY AT CHANDIGARH, A (UKN) ○ LEBEN IN CHANDIGARH, DAS ○ VILLE A CHANDIGARH, UNE ○ CHANDIGARH • 1966 • DOC
CHARLES MORT OU VIE • CHARLES, DEAD OR ALIVE (USA) • 1969
EN ROUTE VERS LA TERRE PROMISE • 1971
SALAMANDRE, LA • SALAMANDER, THE (UKN) • 1971
RETOUR D'AFRIQUE, LE • RETURN FROM AFRICA • 1973
MILIEU DU MONDE, LE • MIDDLE OF THE WORLD, THE • 1975
JONAS -QUI AURA 25 ANS L'AN 2000 • JONAH WHO WILL BE 25 IN THE YEAR 2000 (USA) • 1976
CONTRE-COEUR • 1978
MESSIDOR • CONTRE COEUR • 1979
LIGHT YEARS AWAY • ANNEES LUMIERE, LES (FRN) • 1981
DANS LA VILLE BLANCHE • IN THE WHITE CITY • 1983
NO MAN'S LAND • 1985
FLAMME DANS MA COEUR, UNE • FLAME IN MY HEART, A (UKN) • 1987
VALLEE FANTOME, LA • 1987
FEMME DE ROSE HILL, LA • WOMAN FROM ROSE HILL, THE (UKN) • 1989

TANNO YUJI – JPN

B.G. ARU 19 SAI NO NIKKI AGETE YOKKATA • LOST VIRGIN • 1968

TANNVIK KARE – NRW

TAKING OF SAMELAND, THE • 1984 • DOC

TANOVIC BAKIR – YGS

KESONCI • HOW BRIDGES ARE BORN • 1965
OVCAR • SHEPHERD, THE • 1972
LJUBAV I BIJES • LOVE AND FURY ○ LOVE AND RAGE • 1979

TANSEY JOHN – USA

ROMANCE OF THE WEST • SPORTING JUSTICE (UKN) • 1930

TANSEY ROBERT – USA

TANSEY ROBERT EMMETT • EMMETT ROBERT • TANSEY ROBERT E.

ROMANCE OF THE WEST • SPORTING JUSTICE (UKN) • 1930
RIDERS OF THE RIO • LAW OF THE RIO (UKN) • 1931
GALLOPING KID, THE • 1932
ARIZONA CYCLONE • 1934
CARRYING THE MAIL • 1934 • SHT
DESERT MAN, THE • 1934
LONE RIDER, THE • 1934
PALS OF THE WEST • 1934 • SHT
SUNDOWN TRAIL, THE • 1934
WAY OF THE WEST, THE • 1934
WEST OF THE LAW • 1934 • SHT
COURAGE OF THE NORTH • 1935
TIMBER TERRORS • MORTON OF THE MOUNTED (UKN) • 1935
DRIFTIN' KID, THE • 1941
DYNAMITE CANYON • 1941
LONE STAR LAWMEN • 1941
RIDING THE SUNSET TRAIL • 1941
ARIZONA ROUNDUP • 1942
TEXAS TO BATAAN • LONG, LONG TRAIL, THE (UKN) • 1942
TRAIL RIDERS • OVERLAND TRAIL (UKN) • 1942
TWO-FISTED JUSTICE • MIXED JUSTICE (UKN) • 1942
WESTERN MAIL • 1942
WHERE TRAILS END • 1942
BLAZING GUNS • 1943
DEATH VALLEY RANGERS • 1943
HAUNTED RANCH • 1943
ARIZONA WHIRLWIND • 1944
HARMONY TRAIL • WHITE STALLION (UKN) • 1944
OUTLAW TRAIL • 1944
SONORA STAGECOACH • 1944
WESTWARD BOUND • 1944
SONG OF OLD WYOMING • 1945
WILDFIRE • WILDFIRE: THE STORY OF A HORSE (UKN) • 1945
CARAVAN TRAIL, THE • 1946
COLORADO SERENADE • 1946
DRIFTIN' RIVER • 1946
GOD'S COUNTRY • 1946
ROMANCE OF THE WEST • 1946
STARS OVER TEXAS • 1946
TUMBLEWEED TRAIL • 1946
WILD WEST • 1946
ENCHANTED VALLEY, THE • 1948
PRAIRIE OUTLAWS • 1948
SHAGGY • 1948
FEDERAL MAN • 1950
FIGHTING STALLION, THE • 1950
FORBIDDEN JUNGLE • 1950
BADMAN'S GOLD • 1951
QUEEN OF THE WEST • 1952 • MTV

TANSEY ROBERT E. see **TANSEY ROBERT**

TANSEY ROBERT EMMETT see **TANSEY ROBERT**

TANU TADASHI – JPN

NISHI YOROPPA NO MAMORI • DEFENCE OF WESTERN EUROPE • 1968 • DOC

TAO JIM see **T'AO TE-CH'EN**

TAO JIN – CHN

SHIWU GUAN • FIFTEEN STRINGS OF CASH • 1956

TAO MAN PO – HKG

SHAOLIN DRUNKEN FIGHTER • SHAOLIN DRUNK FIGHTER • 1986

T'AO TE-CH'EN – TWN

TAO JIM

KUANG-YIN-TE KUSHIH • IN OUR TIME • 1983
TAN-CH'E YU WO • BIKE AND I, THE • 1983

TAPAK MARTIN – CZC

DEN, KTORY NEUMRIE • 1973
POPOLVAR NAJVACSI NA SVETE • BIGGEST LAZYBONES IN THE WORLD, THE • 1982
NAVRAT JANA PETRU • JAN PETRO'S RETURN • 1985
SKLENIKOVA VENUSA • HOTHOUSE VENUS, A • 1985

TAPAWAN CHITO see **TAPAWAN CHITO B.**

TAPAWAN CHITO B. – PHL

TAPAWAN CHITO

RUBY • 1967
VALENTINE WEDDING • 1967
ROOM FOR RENT • 1968

TAPIOVAARA NYRKI – FNL – 1911–1940

JUHA • 1937
VARASTETTU KUOLEMA • STOLEN DEATH • 1938
HERRA LAHTINEN LAHTEE LIPETTIIN • MR. LAHTINEN TAKES FRENCH LEAVE • 1939
KAKSI VIHTORIA • TWO HENPECKED HUSBANDS • 1939
MIEHEN TIE • WAY OF A MAN, THE ○ ONE MAN'S FATE • 1940

TARA R. S. – IND

NAACHI GHAR • 1959

TARADASH DANIEL – Screenwriter – USA – 1913–

STORM CENTER • 1956

TARAFDAR RAJEN – IND

GANGA • RIVER GANGES, THE • 1960

TARANTINE MICHAEL see **TARANTINI MICHELE MASSIMO**

TARANTINI MICHELE MASSIMO – ITL
TARANTINE MICHAEL
SETTE ORE DI VIOLENZA PER UNA SOLUZIONE IMPREVISTA • 1973
LICEALE, LA • UNDERGRADUATE GIRLS • 1975
CRIMEBUSTERS • 1976
POLIZIOTTA FA CARRIERA, LA • 1976
POLIZIOTTI VIOLENTI • 1976
PROFESSORESSA SI SCIENZE NATURALI, LA • 1976
NAPOLI SI REBELLA • 1977
TAXI GIRL • 1977
INSEGNANTE VIENE A CASA, L' • 1978
STRINGIMI FORTE PAPA • 1978
BRILANTINA ROCK • 1979
GAY SALOME • 1979
POLIZIOTTA DELLA SQUADRA DEL BUON COSTUME, LA • 1979
MOGLIE IN BIANCO.. L'AMANTE AL PEPE, LA • 1981
RESTE AVEC NOUS, ON S'TIRE • 1981

TARAS MARTIN B. – Animator – USA
LEAKY FAUCET, THE • 1959 • ANS
WILD LIFE • 1959 • ANS
HEARTS AND GLOWERS • 1960 • ANS
LITTLEST BULLY, THE • 1960 • ANS
STUNT MEN • 1960 • ANS
THOUSAND SMILE CHECKUP • 1960 • ANS
TUSK TUSK • 1960 • ANS

TARASOV S. – USS
SEA GATE, THE • 1974

TARBES JEAN-JACQUES – FRN
PROVINCIAL, LE • 1990

TARCALI PIERRE – FRN
OMBRELLE ET PARAPLUIE • UMBRELLA STORY • 1956

TARICH YURI – USS – 1885-1967
TARITCH YURI
KRYLIA KHOLOPA • WINGS OF THE SERF • 1926
BULAT BATYR • REVOLT OVER KASAN • 1927
LYESNAYA BYL • FOREST STORY • 1927
UBITZI VYKHODYAT NA DOROGU • MURDERERS ARE ON THEIR WAY ○ MURDERERS ARE COMING, THE • 1942

TARITCH YURI see **TARICH YURI**

TARKOVSKIY ANDREI see **TARKOVSKY ANDREI**

TARKOVSKY ANDREI – USS – 1932-1987
TARKOVSKIY ANDREI
SEGODNYA OTPUSKA NYE BUDYET • THERE WILL BE NO LEAVE TONIGHT ○ THERE WILL BE NO LEAVE TODAY • 1959 • SHT
SKATING RINK AND THE VIOLIN, THE • 1959
KATOK I SKRIPKA • VIOLIN AND ROLLER (USA) ○ VIOLIN AND THE ROLLER, THE ○ STEAMROLLER AND THE VIOLIN, THE ○ ROLLER AND THE VIOLIN, THE • 1961
IVANOVO DETSTVO • MY NAME IS IVAN (USA) ○ IVAN'S CHILDHOOD ○ YOUNGEST SPY, THE ○ DETSTVO IVANA ○ CHILDHOOD OF IVAN • 1962
STRASTI PO ANDREYU • ANDREI RUBLEV (UKN) ○ PASSION OF ANDREW, THE ○ ANDREI RUBLIOV • 1966
SOLYARIS • SOLARIS • 1972
BYELY, BYELY DYEN • WHITE, WHITE DAY, THE ○ BRIGHT, BRIGHT DAY, A • 1974
ZERKALO • MIRROR (UKN) • 1974
STALKER • WISH MACHINE, THE • 1979
NOSTALGHIA • NOSTALGIA • 1982
OFFRET • SACRIFICE, LE (FRN) ○ SACRIFICE, THE • 1985

TARR BELA – HNG
CSALADI TUZFESZEK • FAMILY NEST • 1979
HOTEL MAGNEZIT • 1980 • SHT
PANELKAPCSOLAT • PREFAB PEOPLE, THE • 1983
DAMNATION • 1988
CITY LIFE • 1989

TARRIDE JEAN – FRN – 1903-
HOMME QUI ASSASSINA, L' • 1930
PRISONNIER DE MON COEUR • 1931
CHIEN JAUNE, LE • 1932
ETIENNE • 1933
ADEMAI AVIATEUR • 1934
VOYAGE DE MONSIEUR PERRICHON, LE • 1934
TOVARITCH • 1935
MORT NE RECOIT PLUS, LE • 1943

TASAKA KATSUHIKO – JPN
TASAKA KATSUHIRO
KAIBYO YONAKI NUMA • GHOST-CAT OF YONAKI SWAMP ○ NECROMANCY • 1957
HACHININ NO HANAYOME • EIGHT BRIDES • 1958
KUCHIBUE O FUKU WATARIDORI • WHISTLES OF MIGRATORY BIRDS • 1958
KAIDAN YONAKI-DORO • GHOST STORY OF STONE LANTERNS AND CRYING IN THE NIGHT • 1962

TASAKA KATSUHIRO see **TASAKA KATSUHIKO**

TASAKA TOMOTAKA – JPN – 1902-
HAHA O TAZUNETE SANBYAKURI • 1926
IKI TEN O TSUKU • 1926
JONETSU NO FUCHIN • RISE AND FALL OF LOVE • 1926
KABOCHA SODOKI • 1926
SHI NO HOKO • 1926
TETSUWAN KISHA • RAILWAY TRAIN • 1926
ARISAN NO KYOJI • 1927
KEKKON NIJUSO • DOUBLE MARRIAGE • 1927
KOSEI • 1927
KUROTAKA-MARU • BLACK HAWK • 1927
MEOTO ZENSHU • 1927
SEIGI NO TSUWAMONO • SOLDIER'S JUSTICE • 1927
SHABON MUSUME • SOAP GIRL • 1927
AI NO MACHI • STREET OF LOVE • 1928
CHIKYU WA MAWARU • SPINNING EARTH 1-11 • 1928
MURA NI TERU HI • VILLAGE OF THE SHINING SUN • 1928
MUTEPPO JIDAI • RECKLESS PERIOD • 1928
OMOIDE SUIHEI • RECOLLECTIONS OF A SAILOR • 1928
AI NO FUKEI • GUARDIANS OF LOVE • 1929
KUMO NO OZU • THRONE OF CLOUDS • 1929
KYOEN • BANQUET • 1929
NIKKATSU KOSHINKYOKU -RODO-HEN • NIKKATSU PARADE -LABOUR VOLUME • 1929
WATASHI TO KANOJO • SHE AND I • 1929
FUKEYO HARUKAZE • SPRING WIND • 1930
GONIN NO YUKAINARO AIBO • 1930
KONO HAHA O MIYO • BEHOLD THIS MOTHER • 1930
KANKAN-MUSHI WA UTAU • 1931
KOKORO NO JITSUGETSU • HEART OF REALITY • 1931
HARU TO MISUME • SPRING AND A GIRL • 1932
HATOBUE O FUKU ONNA • 1932
SHOWA SHINSENGUMI • 1932
TSUKI YORINO SHISHA • 1934
MEIJI ICHIDAI ONNA • LIFE OF A WOMAN IN THE MEIJI ERA, THE • 1935
TSUIOKU NO BARA • MEMORY OF A ROSE • 1936
SHINJITSU ICHIRO • 1937
GONIN NO SEKKOHEI • FIVE SCOUTS • 1938
KUSHU • AIR RAID • 1938
ROBO NO ISHI • PEBBLE BY THE WAYSIDE, A ○ STONE ON ROADSIDE, A • 1938
BAKUON • AIRPLANE DRONE • 1939
TSUCHI TO HEITAI • MUD AND SOLDIERS • 1939
KIMI TO BOKU • YOU AND I • 1941
HAHAKOGUSA • MOTHER-AND-CHILD GRASS • 1942
KAIGUN • NAVY • 1943
HISSHOKA • SONG OF VICTORY ○ HISSYO KA ○ VICTORY SONG • 1945
DOBUROKU NO TATSU • TATSU THE DRUNKARD • 1949
YUKIWARISO • HEPATICA • 1951
NAGASAKI NO UTA WA WASUREJI • I'LL NEVER FORGET THE SONG OF NAGASAKI • 1952
JOCHUKKO • MAID'S KID, THE • 1955
UBAGURUMA • BABY CARRIAGE • 1956
KYO NO INOCHI • PLEASURES FOR LIFE • 1957
HI NO ATARU SAKAMICHI • STREET IN THE SUN • 1958
WAKAI KAWA NO NAGARE • STREAM OF YOUTH, THE • 1959
SHINRAN • 1960
HADAKAKKO • RUN GENTA RUN • 1961
CHIISAKOBE • CARPENTER AND CHILDREN, A • 1962
GOBANCHO YUGIRIRO • HOUSE OF SHAME, A • 1963
SAME • SHARKS, THE • 1964
HIYAMESHI TO OSAN TO CHAN • OSAN • 1965
UMI NO KOTO • KOTO -THE LAKE OF TEARS ○ LAKE OF TEARS • 1966
SUKURAPPU SHUDAN • SCRAP COLLECTORS LTD. • 1968

TASH TISH see **TASHLIN FRANK**

TASHKOV E. see **TASHKOV YEVGYENI**

TASHKOV YEVGYENI – USS
TASHKOV E.
PAGES FROM THE PAST • 1958
THIRST • 1960
COME BACK TOMORROW • 1963
MAYOR VIKHR • MAJOR VIKHR • 1968
HIS EXCELLENCY'S ADJUDANT • 1972
DYETI VANYUSHINA • VANYUSHIN'S CHILDREN • 1974

TASHLIN FRANK – Screenwriter – USA – 1913-1972
TASH TISH
HOOK AND LADDER HOKUM • 1933 • ANS
LITTLE BEAU PORKY • 1936 • ANS
PORKY AND THE NORTHWOODS • 1936 • ANS
PORKY'S POULTRY PLANT • 1936 • ANS
CASE OF THE STUTTERING PIG, THE • 1937 • ANS
PORKY'S BUILDING • 1937 • ANS
PORKY'S DOUBLE TROUBLE • 1937 • ANS
PORKY'S RAILROAD • 1937 • ANS
PORKY'S ROAD RACE • 1937 • ANS
PORKY'S ROMANCE • 1937 • ANS
SPEAKING OF THE WEATHER • 1937 • ANS
WOODS ARE FULL OF CUCKOOS, THE • 1937 • ANS
CRACKED ICE • 1938 • ANS
HAVE YOU GOT ANY CASTLES? • 1938 • ANS
LITTLE PANCHO VANILLA • 1938 • ANS
MAJOR LIED TILL DAWN, THE • 1938 • ANS
NOW THAT SUMMER IS GONE • 1938 • ANS
PORKY AT THE CROCADERO • 1938 • ANS
PORKY THE FIREMAN • 1938 • ANS
PORKY'S SPRING PLANTING • 1938 • ANS
WHOLLY SMOKE • 1938 • ANS
YOU'RE AN EDUCATION • 1938 • ANS
FOX AND THE GRAPES, THE • 1941 • ANS
TANGLED ANGLER, THE • 1941 • ANS
BATTLE FOR A BOTTLE • 1942 • ANS
CINDERELLA GOES TO A PARTY • 1942 • ANS
CONCERTO IN B-FLAT MINOR • 1942 • ANS
DOG MEETS DOG • 1942 • ANS
HOLLYWOOD DETOUR, A • 1942 • ANS
WOLF CHASES PIG • 1942 • ANS
PORKY PIG'S FEAT • 1943 • ANS
SCRAPPY HAPPY DAFFY • 1943 • ANS
BOOBY HATCHED • 1944 • ANS
BROTHER BRAT • 1944 • ANS
I GOT PLENTY OF MUTTON • 1944 • ANS
PLANE DAFFY • 1944 • ANS
STUPID CUPID, THE • 1944 • ANS
SWOONER CROONER, THE • 1944 • ANS
BEHIND THE MEAT BALL • 1945 • ANS
HARE REMOVER • 1945 • ANS
NASTY QUACKS • 1945 • ANS
TALE OF TWO MICE, A • 1945 • ANS
UNRULY HARE • 1945 • ANS
LEMON DROP KID, THE • 1951
FIRST TIME, THE • SMALL WONDER • 1952
SON OF PALEFACE • 1952
MARRY ME AGAIN • 1953
SUSAN SLEPT HERE • 1954
ARTISTS AND MODELS • 1955
LIEUTENANT WORE SKIRTS, THE • 1955
GIRL CAN'T HELP IT, THE • 1956
HOLLYWOOD OR BUST • 1956
WILL SUCCESS SPOIL ROCK HUNTER? • OH! FOR A MAN! (UKN) • 1957
GEISHA BOY, THE • 1958
ROCK-A-BYE BABY • 1958
SAY ONE FOR ME • 1959
CINDERFELLA • 1960
BACHELOR FLAT • 1962
IT'S ONLY MONEY • 1962
MAN FROM THE DINER'S CLUB, THE • 1963
WHO'S MINDING THE STORE? • 1963
DISORDERLY ORDERLY, THE • 1964
ABC MURDERS, THE • ALPHABET MURDERS, THE • 1966
GLASS-BOTTOM BOAT, THE • 1966
CAPRICE • 1967
PRIVATE NAVY OF SGT. O'FARRELL, THE • 1968

TASIN GEORGI – USS – 1895-1956
TASSIN GEORGE • TASSIN G. M.
NOCHNOY IZVOZCHIK • NIGHT CABBIE • 1929
JIMMIE HIGGINS • 1933
NAZAR STODOLYA • 1937

TASIOS PAVLOS see **TASSIOS PAVLOS**

TASKER REX – CND
EVERY SECOND CAR • 1964
CELEBRATION • 1966 • DCS
STEELTOWN • 1967
PAYS VASTE • CANADA -PAYS VASTE • 1968 • DCS

TASOS PAVLOS see **TASSIOS PAVLOS**

TASS NADIA – ASL
MALCOLM • 1986
RIKKY AND PETE • 1987
BIG STEAL, THE • 1989

TASSIN G. M. see **TASIN GEORGI**

TASSIN GEORGE see **TASIN GEORGI**

TASSIOS PAVLOS – GRC
TASIOS PAVLOS • TASOS PAVLOS
NATIZILI, I • RIVALS, THE • 1967
NAI MEN ALLA.. • EVERYTHING IS IN ORDER, BUT ON THE OTHER HAND.. ○ YES.. BUT.. • 1972
VARI PEPONI, TO • HEAVY MELON, THE • 1976
PARAGUELIA • 1980
SPECIAL REQUEST • 1980
STIGMA • 1981
KNOCK OUT • 1987

TATARNOWICZ TOM – USA
BRAVESTARR: THE LEGEND • MARSHAL BRAVESTARR ○ BRAVESTARR • 1986 • ANM

TATARSKY ALEKSANDR – Animator – USS
DARK SIDE OF THE MOON • 1984 • ANS

TATASOPOULOS STELIOS – GRC
AGRIA PATHI • WILD PASSIONS • 1967
KORI MOU I PSEFTRA, I • MY DAUGHTER IS A LIAR • 1967

TATE ASHOK – IND
MANGALSUTRA • 1968

TATE CULLEN – USA
CHEAP KISSES • 1924
TRY AND GET IT • 1924
CARNIVAL GIRL, THE • 1926

TATI JACQUES – Actor – FRN – 1908-1982
ECOLE DES FACTEURS, L' • 1947 • SHT
JOUR DE FETE • BIG DAY, THE • 1948
VACANCES DE M. HULOT • MR. HULOT'S HOLIDAY (USA) ○ MONSIEUR HULOT'S HOLIDAY • 1952
MON ONCLE • MY UNCLE (USA) ○ MY UNCLE, MR. HULOT • 1957
PLAYTIME • 1967
YES, MONSIEUR HULOT • 1970
TRAFIC • MONSIEUR HULOT NEL CAOS DEL TRAFFICO (ITL) ○ TRAFFIC (USA) • 1971
PARADE • 1974

TATO ANNA MARIA – ITL
DOPPIO SOGNO DEL SIGNOR X, IL • 1979
DESIDERIO • DESIRE • 1984

TATOS ALEXANDRU – RMN
INTUNECARE • GATHERING CLOUDS
MERE ROSII • RED APPLES • 1976
RATACIRE • WANDERING, THE • 1978
DUIOS ANASTASIA TRECEA • GENTLY PASSED ANASTASIA ○ ANASTASIA PASSING GENTLY ○ ANASTASIA PASSED BY ○ GENTLY WAS ANASTASIA PASSING • 1979
CASA DINTRE CIMPURI • HOUSE IN THE FIELDS, THE • 1980
SECUENTE • SEQUENCES • 1983
FRUCTE DE PADURE • FOREST FRUIT • 1984
SECRETUL ARMEI SECRETE • SECRET OF THE SECRET WEAPON, THE • 1989

TATOULIS JOHN – ASL
MACK THE KNIFE • IN TOO DEEP • 1989

TATSUGAMI NOBORU – JPN
MESU OOKAMI • FEMALE WOLF • 1967

TATTERSALL GALE – UKN
VALUE FOR MONEY • 1971

TATTOLI ELDA – ITL – 1933-
PIANETA VENERE • PLANET VENUS, THE • 1972

TAU AVRAHAM – USA
MAKE A FACE • 1971

TAU SERGIO – ITL – 1936-
EROI DI IERI, OGGI, DOMANI, GLI • 1965
LUNGA STRADA SENZA POLVERE, LA • 1978

TAUERN DR. – GRM
WUNDER DES SCHNEESCHUHS 1, DIE • MARVELS OF SKI • 1920

TAUFSTEIN – FRG
SCHWARZE MORITZ, DER • 1916

TAUROG NORMAN – USA – 1899–1981
FLY COP, THE • 1920 • SHT
SCHOOL DAYS • 1920 • SHT
SPORTSMAN, THE • 1920 • SHT
STAGE HAND, THE • STAGEHAND, THE • 1920 • SHT
SUITOR, THE • 1920 • SHT
BAKERY, THE • 1921 • SHT
BELL HOP, THE • 1921 • SHT
FALL GUY, THE • 1921 • SHT
HICK, THE • 1921 • SHT
RENT COLLECTOR, THE • 1921 • SHT
SAWMILL, THE • 1921 • SHT
PAIR OF KINGS, A • 1922 • SHT
SHOW, THE • 1922 • SHT
FOUR FLUSHER, THE • 1923 • SHT
MUMMY, THE • 1923 • SHT
FAST AND FURIOUS • 1924 • SHT
PAIN AS YOU ENTER • 1924 • SHT
ROUGH AND READY • 1924 • SHT
WHAT A NIGHT • 1924 • SHT
BELOW ZERO • 1925 • SHT
CHEAP SKATES • 1925 • SHT
GOING GREAT • 1925 • SHT
HELLO GOODBYE • 1925 • SHT
HELLO HOLLYWOOD • 1925 • SHT
MOTOR MAD • 1925 • SHT
PLEASURE BOUND • 1925 • SHT
SPOT LIGHT • 1925 • SHT
STEP LIGHTLY • 1925 • SHT
CAREFUL PLEASE • 1926 • SHT
CREEPS • 1926 • SHT
HERE COMES CHARLIE • 1926 • SHT
HONEST INJUN • 1926 • SHT
HUMDINGER, THE • 1926 • SHT
JOLLY TARS • 1926 • SHT
MOVE ALONG • 1926 • SHT
MOVIELAND • 1926 • SHT
MR. CINDERELLA • 1926 • SHT
NOBODY'S BUSINESS • 1926 • SHT
NOTHING MATTERS • 1926 • SHT
ON EDGE • 1926 • SHT
TEACHER, TEACHER • 1926 • SHT
AT EASE • 1927 • SHT
BREEZING ALONG • 1927 • SHT
DRAMA DE LUXE • 1927 • SHT
DRAW-BACK, THE • 1927 • SHT
GOOSE FLESH • 1927 • SHT
HER HUSKY HERO • 1927 • SHT
HIS BETTER HALF • 1927 • SHT
HOWDY DUKE • 1927 • SHT
KILTIES • 1927 • SHT
LITTLE RUBE, THE • 1927 • SHT
NEW WRINKLES • 1927 • SHT
PAPA'S BOY • 1927 • SHT
PLUMB DUMB • 1927 • SHT
SOMEBODY'S FAULT • 1927 • SHT
UP IN ARMS • 1927 • SHT
ALWAYS A GENTLEMAN • 1928 • SHT
AT IT AGAIN • 1928 • SHT
BLAZING AWAY • 1928 • SHT
BLONDES BEWARE • 1928 • SHT
CUTIE • 1928 • SHT
FARMER'S DAUGHTER, THE • 1928
GUMPS, THE • 1928
HOME MADE MAN, A • 1928 • SHT
LISTEN CHILDREN • 1928 • SHT
RAH! RAH! RAH! • 1928 • SHT
SLIPPERY ROAD • 1928 • SHT
ALL STEAMED UP • 1929 • SHT
DETECTIVES WANTED • 1929 • SHT
DIPLOMATS, THE • 1929 • SHT
HIRED AND FIRED • 1929 • SHT
IN HOLLAND • 1929 • SHT
KNIGHTS OUT • 1929 • SHT
LUCKY BOY • 1929
MEDICINE MEN, THE • 1929 • SHT
FATAL CARD, THE • 1930 • SHT
FOLLOW THE LEADER • MANHATTAN MARY • 1930
HOT CURVES • 1930
JUST A PAL • 1930 • SHT
MEET THE BOYFRIEND • 1930 • SHT
OH, TEDDY • 1930 • SHT
PATIENT, THE • 1930 • SHT
SING, YOU DANCERS • 1930 • SHT
SONG SERVICE • 1930 • SHT
SUNNY SKIES • 1930
TROOPERS THREE • 1930
CAB WAITING • 1931 • SHT
FINN AND HATTIE • FINN AND HATTIE ABROAD • 1931
GREAT PANTS MYSTERY, THE • 1931 • SHT
HUCKLEBERRY FINN • 1931
NEWLY RICH • FORBIDDEN ADVENTURE (UKN) ○ LET'S PLAY KING • 1931
SIMPLY KILLING • 1931 • SHT
SOOKY • 1931
HOLD 'EM JAIL • 1932
IF I HAD A MILLION • 1932
PHANTOM PRESIDENT, THE • 1932
SKIPPY • 1932
AMOUR GUIDE, L' • 1933
BEDTIME STORY • 1933
WAY TO LOVE, THE • 1933
COLLEGE RHYTHM • 1934
MRS. WIGGS OF THE CABBAGE PATCH • 1934
WE'RE NOT DRESSING • 1934
BIG BROADCAST OF 1936, THE • 1935
REUNION • HEARTS IN REUNION (UKN) • 1936
RHYTHM ON THE RANGE • 1936
STRIKE ME PINK • 1936
FIFTY ROADS TO TOWN • 1937
YOU CAN'T HAVE EVERYTHING • 1937
ADVENTURES OF TOM SAWYER, THE • 1938
BOYS TOWN • 1938
GIRL DOWNSTAIRS, THE • AWAKENING OF KATRINA, THE ○ KATHERINE THE LAST • 1938
MAD ABOUT MUSIC • 1938
LUCKY NIGHT • 1939
BROADWAY MELODY OF 1940 • 1940
LITTLE NELLIE KELLY • 1940
YOUNG TOM EDISON • 1940
DESIGN FOR SCANDAL • 1941
MEN OF BOYS TOWN • 1941
ARE HUSBANDS NECESSARY? • MR. AND MRS. CUGAT • 1942
YANK AT ETON, A • 1942
GIRL CRAZY • WHEN THE GIRLS MEET THE BOYS • 1943
PRESENTING LILY MARS • 1943
HOODLUM SAINT, THE • 1945
BEGINNING OR THE END, THE • 1946
BIG CITY • 1948
BRIDE GOES WILD, THE • VIRTUOUS • 1948
WORDS AND MUSIC • 1948
THAT MIDNIGHT KISS • 1949
MRS. O'MALLEY AND MR. MALONE • 1950
PLEASE BELIEVE ME • 1950
TOAST OF NEW ORLEANS, THE • 1950
RICH, YOUNG AND PRETTY • 1951
JUMPING JACKS • 1952
ROOM FOR ONE MORE • EASY WAY, THE • 1952
CADDY, THE • 1953
STARS ARE SINGING, THE • 1953
STOOGE, THE • 1953
LIVING IT UP • 1954
YOU'RE NEVER TOO YOUNG • 1955
BIRDS AND THE BEES, THE • LADY EVE, THE • 1956
PARDNERS • 1956
BUNDLE OF JOY • 1957
FUZZY PINK NIGHTGOWN, THE • 1957
ONIONHEAD • 1958
DON'T GIVE UP THE SHIP • 1959
G.I. BLUES • 1960
VISIT TO A SMALL PLANET • 1960
ALL HANDS ON DECK • 1961
BLUE HAWAII • HAWAII BEACH BOY • 1961
GIRLS! GIRLS! GIRLS! • 1962
IT HAPPENED AT THE WORLD'S FAIR • 1963
PALM SPRINGS WEEKEND • 1963
SERGEANT DEADHEAD • SERGEANT DEADHEAD THE ASTRONUT! • 1965
TICKLE ME • 1965
DR. GOLDFOOT AND THE BIKINI MACHINE • DR. G AND THE BIKINI MACHINE (UKN) • 1966
SPINOUT • CALIFORNIA HOLIDAY (UKN) • 1966
DOUBLE TROUBLE • 1967
LIVE A LITTLE, LOVE A LITTLE • 1968
SPEEDWAY • 1968

TAVANO CHARLES-FELIX – Producer – FRN – 1887–1962
DEUX FOIS VINGT ANS • 1930
BILLET DE LOGEMENT, LE • 1932
SON EXCELLENCE ANTONIN • 1935
COLPO DI VENTO, UN • 1936
IMPECCABLE HENRI, L' • IMPECCABLE MONSIEUR HENRI, L' • 1948
EVE ET LE SERPENT • 1949
VAGABONDS DU REVE, LA • COMEDIENS ERRANTS, LES • 1949
COQ EN PATE • 1950

TAVANO FRED – Producer – FRN – 1922–
CUIR DANS LA PEAU, LE • 1950 • SHT
DESTIN MIRACULEUX DU TIMBRE-POSTE, LE • 1950 • SHT
FRANCHE-COMTE, LA • 1951 • SHT
ENTRE DUNES ET VALLEES • 1952 • SHT
HOMME DANS LA LUMIERE, L' • 1954 • SHT
ELECTRONIQUE ET MACHINES-OUTILS • 1955 • SHT
ENTREPRISE ET SES COMPES, L' • 1956 • SHT
QUALITE DES IMAGES OPTIQUES • 1956 • SHT
ROCHE DE FEU, LA • 1956 • SHT
INFERENCE EN OPTIQUE • 1957 • SHT
MICROSCOPIE MODERNE • 1960 • SHT

TAVARES GERSON – BRZ
ANTES, O VERAO • BEFORE THE SUMMER ○ SUMMER BEFORE, THE ○ FIRST, THE SUMMER • 1968

TAVELLA DINO – ITL
MOSTRO DI VENEZIA, IL • EMBALMER, THE (USA) ○ MONSTER OF VENICE, THE • 1965
SPORCA GUERRA, UNA • ABBUFFATORE, L' • 1965

TAVERA – MXC
MEXICO MAGICO • 1980

TAVERNA – USA
LODZ GHETTO • 1988 • DOC

TAVERNIER BERTRAND – FRN – 1941–
PHILIPPE SOUPAULT • DOC
BAISERS, LES • VOGLIA MATTA DI DONNA (ITL) • 1964
CHANCE ET L'AMOUR, LA • 1964
HORLOGER DE ST. PAUL, L' • WATCHMAKER OF ST. PAUL, THE (UKN) ○ CLOCKMAKER, THE ○ CLOCKMAKER OF ST. PAUL, THE (USA) • 1973
JUGE ET L'ASSASSIN, LE • JUDGE AND THE ASSASSIN, THE (USA) • 1975
QUE LA FETE COMMENCE.. • LET JOY REIGN SUPREME.. (USA) • 1975
DES ENFANTS GATES • SPOILED CHILDREN (USA) ○ ENFANTS GATES, LES • 1976
DEATH WATCH • MORT EN DIRECT, LA (FRN) ○ DEATHWATCH ○ DEATH IN FULL VIEW • 1979
COUP DE TORCHON • CLEAN SLATE (UKN) • 1981
SEMAINE DE VACANCES, UNE • WEEK'S VACATION, A (USA) ○ WEEK'S HOLIDAY, A (UKN) • 1981
MISSISSIPPI BLUES • 1983
DIMANCHE A LA COMPAGNE, UN • SUNDAY IN THE COUNTRY (UKN) • 1984
ROUND MIDNIGHT • 1986
PASSION BEATRICE, LA • BEATRICE (USA) • 1988
VIE ET RIEN D'AUTRE, LA • 1988
DADDY NOSTALGIE • 1990

TAVIANI FRANCO B. – ITL
MASOCH • CONFESSIONI DI WANDA SACHER VON MASOCH, LE • 1979

TAVIANI PAOLO – ITL – 1931–
SAN MINIATO, LUGLIO '44 • 1954 • DCS
VOLTERA, COMUNE MEDIEVALE • 1955 • DCS
CARBUNARA • 1955–59 • DCS
CARLO PISACANE • 1955–59 • DCS
CURTATONE E MONTANARA • 1955–59 • DCS
LAVATORI DELLA PIETRA • 1955–59 • DCS
MORAVIA • 1955–59 • DCS
PAZZI DELLA DOMENICA, I • 1955–59 • DCS
PITTORI IN CITTA • 1955–59 • DCS
VILLE DELLA BRIANZA • 1955–59 • DCS
ITALIA NON E UN PAESA POVERE, L' • ITALY IS NOT A POOR COUNTRY • 1960
UOMO DA BRUCIARE, UN • MAN FOR BURNING, A ○ MAN TO BURN, A • 1962
FUORILEGGE DEL MATRIMONIO, I • OUTLAWS OF LOVE, THE • 1964
SOVVERSIVI • AGITATORS ○ SUBVERSIVES, THE • 1967
SOTTO IL SEGNO DELLA SCORPIONE • UNDER THE SIGN OF SCORPIO • 1969
SAN MICHELE AVEVA UN GALLO • ST. MICHAEL HAD A ROOSTER • 1972
ALLONSANFAN • 1974
PADRE PADRONE • FATHER MASTER (USA) • 1977
PRATO, IL • MEADOW, THE (USA) ○ FIELD, THE • 1979
NOTTE DI SAN LORENZO, LA • NIGHT OF THE SHOOTING STARS (USA) ○ NIGHT OF SAN LORENZO, THE(UKN) • 1981
XAOS • KAOS • 1984
GOOD MORNING, BABILONIA • GOOD MORNING BABYLON (USA) • 1986
SOLE ANCHE DI NOTTE, IL • SUNSHINE EVEN BY NIGHT • 1990

TAVIANI VITTORIO – ITL – 1929–
SAN MINIATO, LUGLIO '44 • 1954 • DCS
VOLTERA, COMUNE MEDIEVALE • 1955 • DCS
CARBUNARA • 1955–59 • DCS
CARLO PISACANE • 1955–59 • DCS
CURTATONE E MONTANARA • 1955–59 • DCS
LAVATORI DELLA PIETRA • 1955–59 • DCS
MORAVIA • 1955–59 • DCS
PAZZI DELLA DOMENICA, I • 1955–59 • DCS
PITTORI IN CITTA • 1955–59 • DCS
VILLE DELLA BRIANZA • 1955–59 • DCS
ITALIA NON E UN PAESA POVERE, L' • ITALY IS NOT A POOR COUNTRY • 1960
UOMO DA BRUCIARE, UN • MAN FOR BURNING, A ○ MAN TO BURN, A • 1962
FUORILEGGE DEL MATRIMONIO, I • OUTLAWS OF LOVE, THE • 1964
SOVVERSIVI • AGITATORS ○ SUBVERSIVES, THE • 1967
SOTTO IL SEGNO DELLA SCORPIONE • UNDER THE SIGN OF SCORPIO • 1969
SAN MICHELE AVEVA UN GALLO • ST. MICHAEL HAD A ROOSTER • 1972
ALLONSANFAN • 1974
PADRE PADRONE • FATHER MASTER (USA) • 1977
PRATO, IL • MEADOW, THE (USA) ○ FIELD, THE • 1979
NOTTE DI SAN LORENZO, LA • NIGHT OF THE SHOOTING STARS (USA) ○ NIGHT OF SAN LORENZO, THE(UKN) • 1981
XAOS • KAOS • 1984
GOOD MORNING, BABILONIA • GOOD MORNING BABYLON (USA) • 1986
SOLE ANCHE DI NOTTE, IL • SUNSHINE EVEN BY NIGHT • 1990

TAYDAM NEJAT – TRK
AYSEM • MY AYSE • 1968

el TAYEB ATIF – EGY
BUS DRIVER
INNOCENT, THE • 1987
MASTER STROKE • 1987
KALB EL LEIL • HEART OF THE NIGHT • 1989

TAYER ELAINE – FRN
VERSAILLES • 1929 • DOC

TAYLOR BAZ – UKN
HAPPY SINCE I MET YOU • 1981 • MTV

TAYLOR-BLACK DONALD see **BLACK DONALD TAYLOR**

TAYLOR CHARLES see **TAYLOR CHARLES A.**

TAYLOR CHARLES A. – USA
TAYLOR CHARLES
THRU EYES OF MEN • 1920
HALF BREED, THE • 1922

TAYLOR DENIS – NZL
HUIA • TEST PICTURES • 1975

TAYLOR DICK – Animator – UKN
WATCH THE BIRDIE • 1953 • ANS

TAYLOR DON – Actor – USA – 1920–
EVERYTHING'S DUCKY • 1961
RIDE THE WILD SURF • 1964
JACK OF DIAMONDS • 1967
SOMETHING FOR A LONELY MAN • 1968 • TVM
ESERCITO DI 5 UOMINI, UN • FIVE-MAN ARMY, THE (USA) • 1969
MAN HUNTER, THE • 1969 • TVM
WILD WOMEN • 1970 • TVM
ESCAPE FROM THE PLANET OF THE APES • 1971
HEAT OF ANGER • 1971 • TVM
TOM SAWYER • 1973
HONKY TONK • 1974 • TVM
NIGHT GAMES • 1974 • TVM
ECHOES OF A SUMMER • LAST CASTLE, THE • 1975
GREAT SCOUT AND CATHOUSE THURSDAY, THE • WILDCAT • 1976
CIRCLE OF CHILDREN, A • 1977 • TVM
ISLAND OF DR. MOREAU, THE • 1977
DAMIEN -OMEN II • OMEN II • 1978
FINAL COUNTDOWN, THE • 1979
GIFT, THE • 1979 • TVM
PROMISE OF LOVE, THE • 1980 • TVM
BROKEN PROMISE • 1981 • TVM
RED FLAG: THE ULTIMATE GAME • RED FLAG • 1981 • TVM
CHANGE OF HEART, A • 1982 • TVM
DROP-OUT FATHER • 1982 • TVM
LISTEN TO YOUR HEART • 1982 • TVM
SEPTEMBER GUN • 1983 • TVM
HE'S NOT YOUR SON • 1984 • TVM
SEXPIONAGE • SECRETS OF THE RED BEDROOM ○ SECRET WEAPONS • 1984 • TVM
GOING FOR THE GOLD: THE BILL JOHNSON STORY • BILL JOHNSON STORY, THE • 1985 • TVM
MY WICKED, WICKED WAYS.. THE LEGEND OF ERROL FLYNN, THE • 1985 • TVM
CLASSIFIED LOVE • 1986 • TVM
GHOST OF A CHANCE • 1987 • TVM

TAYLOR DONALD – Producer – UKN – 1911–
SO THIS IS LANCASHIRE • 1933
LANCASHIRE AT WORK AND PLAY • 1934 • DOC
SPRING COMES TO ENGLAND • 1934 • DOC

CITIZENS OF THE FUTURE • 1935
CONQUEST OF THE AIR • 1936
GIVE THE KIDS A BREAK • 1936
TWO MINUTES • SILENCE, THE (USA) • 1939
WHAT MEN LIVE BY • 1939
PEASANT ISLAND • 1940 • DCS
HOME GUARD, THE • CITIZEN'S ARMY • 1941
NIGHT WATCH • 1941
BATTLE FOR MUSIC • 1943
BROWNED OFF • 1944
FLAX • 1944
WHICH WILL YOU HAVE? • BARABBAS THE ROBBER (USA) • 1949
WHAT A HUSBAND • 1952
STRAW MAN, THE • 1953
NIGHT OF THE FULL MOON, THE • 1954
DAWN KILLER, THE • 1959 • SRL

TAYLOR EDWARD C. – USA
ACROSS THE GREAT DIVIDE • 1915
HAND OF THE LAW, THE • 1915
LITTLE SALESLADY, THE • 1915
LONE GAME, THE • 1915
ROSES OF MEMORY • 1915
WHEN CONSCIENCE SLEEPS • 1915

TAYLOR ERIC – UKN
CAVES OF STEEL • 1967

TAYLOR GILBERT W. – CND
FLICK • DR. FRANKENSTEIN ON CAMPUS (USA) ○ FRANKENSTEIN ON CAMPUS (UKN) • 1970

TAYLOR HENRY C. – UKN
JACK SHEPPARD • 1923

TAYLOR HORACE – USA
TOYLAND VILLAIN, THE • 1916 • SHT

TAYLOR JOHN – Producer – UKN – 1914–
AIR OUTPOST • 1937 • DOC
SMOKE MENACE • 1937 • DOC
DAWN OF IRAN • 1938
LONDONERS, THE • 1940 • DOC
ENGLAND OF ELIZABETH, THE • 1957
HOLIDAY • 1957 • DCS

TAYLOR JOHN H. – UKN
21 TODAY • 1936

TAYLOR JOHN* – Animator – ASL
HUGE ADVENTURES OF TREVOR, A CAT, THE • 1986 • ANM

TAYLOR JOHN** – USA
NOW CINEMA! • 1968 • ANT

TAYLOR JUD – USA – 1940–
WEEKEND OF TERROR • 1970 • TVM
REVENGE • THERE ONCE WAS A WOMAN ○ ONE WOMAN'S REVENGE • 1971 • TVM
ROOKIES, THE • 1971 • TVM
SUDDENLY SINGLE • 1971 • TVM
SAY GOODBYE, MAGGIE COLE • 1972 • TVM
DISAPPEARANCE OF FLIGHT 412, THE • 1973 • TVM
HAWKINS ON MURDER • DEATH AND THE MAIDEN • 1973 • TVM
WINTER KILL • WINTERKILL • 1974 • TVM
SEARCH FOR THE GODS • 1975 • TVM
FUTURE COPS • 1976 • TVM
RETURN TO EARTH • 1976 • TVM
WOMAN OF THE YEAR • 1976 • TVM
CHRISTMAS MIRACLE IN CAUFIELD • CHRISTMAS COAL MINE MIRACLE, THE • 1977 • TVM
MARY WHITE • 1977 • TVM
TAIL-GUNNER JOE • 1977 • TVM
LAST TENANT, THE • 1978 • TVM
LOVEY: A CIRCLE OF CHILDREN, PART II • 1978 • TVM
FLESH AND BLOOD • 1979 • TVM
ACT OF LOVE • 1980 • TVM
CITY IN FEAR • PANIC ON PAGE ONE • 1980 • TVM
INCIDENT AT CRESTRIDGE • INCIDENT IN CRESTRIDGE ○ LADY WITH A BADGE • 1981 • TVM
PACKIN' IT IN • 1982 • TVM
QUESTION OF HONOR, A • 1982 • TVM
LICENSE TO KILL • 1984 • TVM
DOUBLETAKE • 1985 • TVM
OUT OF THE DARKNESS • 1985 • TVM
BROKEN VOWS • 1986 • TVM

TAYLOR KATE – USA
DANCERS IN SCHOOL • 1971 • DOC

TAYLOR-MEAD ELIZABETH – UKN
BEFORE HINDSIGHT • 1977

TAYLOR R. F. – USA
BEN, THE SAILOR • 1916 • SHT
TOYLAND MYSTERY, A • 1916 • ANS

TAYLOR RAY – USA – 1888–1952
FIGHTING WITH BUFFALO BILL • 1926 • SRL
WHISPERING SMITH RIDES • 1927 • SRL
AVENGING SHADOW, THE • 1928
BEAUTY AND BULLETS • 1928
CLEAN-UP MAN, THE • 1928
CRIMSON CANYON, THE • 1928
GREASED LIGHTNING • 1928
QUICK TRIGGERS • 1928
SCARLET ARROW, THE • 1928
TARZAN THE MIGHTY • JUNGLE TALES OF TARZAN • 1928 • SRL
VANISHING RIDER, THE • 1928 • SRL
ACE OF SCOTLAND YARD, THE • 1929 • SRL
BORDER WILDCAT, THE • 1929
COME ACROSS • 1929
EYES OF THE UNDERWORLD • 1929
RIDIN' DEMON, THE • 1929
JADE BOX, THE • 1930 • SRL
SPORTING YOUTH • 1930
BATTLING WITH BUFFALO BILL • 1931 • SRL
DANGER ISLAND • 1931 • SRL
FINGER PRINTS • 1931 • SRL
ONE WAY TRAIL, THE • 1931
AIRMAIL MYSTERY, THE • 1932 • SRL
DETECTIVE LLOYD • GREEN SPOT MYSTERY, THE • 1932 • SRL
HEROES OF THE WEST • 1932 • SRL
JUNGLE MYSTERY, THE • 1932 • SRL
CLANCY OF THE MOUNTED • 1933 • SRL
GORDON OF GHOST CITY • 1933 • SRL
PERILS OF PAULINE, THE • 1933 • SRL
PHANTOM OF THE AIR, THE • 1933 • SRL
FIGHTING TROOPER, THE • TROOPER, THE (UKN) • 1934
PIRATE TREASURE • 1934 • SRL
RETURN OF CHANDU, THE • 1934 • SRL
CALL OF THE SAVAGE • 1935
CHANDU ON THE MAGIC ISLAND • CHANDU AND THE MAGIC ISLE • 1935
FANG AND CLAW • 1935 • DOC
IVORY-HANDLED GUN, THE • 1935
OUTLAWED GUNS • 1935
ROARING WEST, THE • 1935 • SRL
TAILSPIN TOMMY IN THE GREAT AIR MYSTERY • 1935 • SRL
THROWBACK, THE • 1935
COWBOY AND THE KID, THE • 1936
PHANTOM RIDER, THE • 1936 • SRL
ROBINSON CRUSOE OF CLIPPER ISLAND • 1936 • SRL
ROBINSON CRUSOE OF MYSTERY ISLAND • S.O.S. CLIPPER ISLAND (UKN) • 1936
SILVER SPURS • 1936
SUNSET OF POWER • 1936
THREE MESQUITEERS, THE • 1936
VIGILANTES ARE COMING, THE • 1936 • SRL
BOSS OF LONELY VALLEY • BOSS OF LONE VALLEY • 1937
DICK TRACY • 1937 • SRL
DRUMS OF DESTINY • 1937
MYSTERY OF THE HOODED HORSEMEN, THE • 1937
PAINTED STALLION, THE • 1937 • SRL
RAW TIMBER • 1937
SUDDEN BILL DORN • 1937
FLAMING FRONTIERS • 1938 • SRL
FRONTIER TOWN • 1938
HAWAIIAN BUCKAROO • 1938
PANAMINT'S BAD MAN • 1938
RAWHIDE • 1938
SPIDER'S WEB, THE • SPIDER -MASTER OF MEN, THE • 1938 • SRL
TEX RIDES WITH THE BOY SCOUTS • 1938
FLYING G-MEN • 1939 • SRL
SCOUTS TO THE RESCUE • 1939 • SRL
BAD MAN FROM RED BUTTE • 1940
FLASH GORDON CONQUERS THE UNIVERSE • SPACE SOLDIERS CONQUER THE UNIVERSE • 1940 • SRL
GREEN HORNET, THE • 1940 • SRL
LAW AND ORDER • LUCKY RALSTON (UKN) ○ LAW, THE • 1940
PONY POST • 1940
PURPLE DEATH FROM OUTER SPACE • 1940
RAGTIME COWBOY JOE • 1940
RIDERS OF PASCO BASIN • 1940
WEST OF CARSON CITY • 1940
WINNERS OF THE WEST • 1940 • SRL
ARIZONA CYCLONE • 1941
BOSS OF BULLION CITY • 1941
BURY ME NOT ON THE LONE PRAIRIE • 1941
LAW OF THE RANGE • 1941
MAN FROM MONTANA, THE • MONTANA JUSTICE (UKN) • 1941
RAWHIDE RANGERS • 1941
RIDERS OF DEATH VALLEY • 1941 • SRL
SKY RAIDERS • 1941 • SRL
DESTINATION UNKNOWN • 1942
DON WINSLOW OF THE NAVY • 1942 • SRL
FIGHTING BILL FARGO • VIGILANTES, THE • 1942
GANG BUSTERS • 1942 • SRL
JUNIOR G-MEN OF THE AIR • 1942 • SRL
MOUNTAIN JUSTICE • 1942
STAGECOACH BUCKAROO • 1942
TREAT 'EM ROUGH • 1942
ADVENTURES OF SMILIN' JACK • 1943 • SRL
ADVENTURES OF THE FLYING CADETS • 1943 • SRL
CHEYENNE ROUNDUP • 1943
DON WINSLOW OF THE COAST GUARD • 1943 • SRL
LONE STAR TRAIL, THE • 1943
MUGTOWN • MUG TOWN • 1943
GREAT ALASKAN MYSTERY, THE • GREAT NORTHERN MYSTERY, THE (UKN) • 1944 • SRL
MYSTERY OF THE RIVER BOAT • 1944 • SRL
RAIDERS OF GHOST CITY • 1944 • SRL
BOSS OF BOOM TOWN • 1945
DALTONS RIDE AGAIN, THE • 1945
JUNGLE QUEEN • 1945 • SRL
MASTER KEY, THE • 1945 • SRL
ROYAL MOUNTED RIDES AGAIN, THE • 1945 • SRL
SECRET AGENT X-9 • 1945 • SRL
LOST CITY OF THE JUNGLE • 1946 • SRL
SCARLET HORSEMAN, THE • 1946 • SRL
BLACK HILLS • 1947
BORDER FEUD • 1947
CHEYENNE TAKES OVER • 1947
FIGHTING VIGILANTES, THE • 1947
GHOST TOWN RENEGADES • 1947
LAW OF THE LASH • 1947
MICHIGAN KID, THE • 1947
PIONEER JUSTICE • 1947
RANGE BEYOND THE BLUE • 1947
RETURN OF THE LASH • 1947
SHADOW VALLEY • 1947
STAGE TO MESA CITY • 1947
VIGILANTES RETURN, THE • RETURN OF THE VIGILANTES, THE (UKN) • 1947
WEST TO GLORY • 1947
WILD COUNTRY • 1947
CHECK YOUR GUNS • 1948
DEAD MAN'S GOLD • 1948
FRONTIER REVENGE • 1948
GUNNING FOR JUSTICE • 1948
HAWK OF POWDER RIVER, THE • 1948
HIDDEN DANGER • 1948
MARK OF THE LASH • 1948
RETURN OF WILDFIRE, THE • BLACK STALLION (UKN) • 1948
TIOGA KID, THE • 1948
TORNADO RANGE • 1948
WESTWARD TRAIL, THE • 1948
CRASHING THRU • 1949
LAW OF THE WEST • 1949
OUTLAW COUNTRY • 1949
RANGE JUSTICE • 1949
SHADOWS OF THE WEST • 1949
SON OF A BADMAN • 1949
SON OF BILLY THE KID • 1949
WEST OF ELDORADO • 1949

TAYLOR REX – USA
TAYLOR REX A.
HE DID IT HIMSELF • 1917 • SHT
MAGIC VEST, THE • 1917

TAYLOR REX A. see **TAYLOR REX**

TAYLOR RICHARD – Screenwriter – UKN
PRINCESS AND THE WONDERFUL WEAVER, THE • 1968 • ANS
WILLIAM WEBB ELLIS, ARE YOU MAD? • 1971 • DOC
PIANORAMA • 1973 • SHT
STINGRAY • ABIGAIL WANTED • 1978
AIR BEDS • 1980
FROZEN PONDS • 1980

TAYLOR ROBERT – USA
NINE LIVES OF FRITZ THE CAT • 1974 • ANM
HEIDI'S SONG • 1982 • ANM

TAYLOR RODERICK – USA
VENGEANCE LAND • 1986
LUCKY STRIKE • 1988

TAYLOR RON – USA
SONG • SHT

TAYLOR RUSSELL – USA
HER IRON WILL • 1917 • SHT

TAYLOR S. E. V. see **TAYLOR STANNER E. V.**

TAYLOR SAM – Screenwriter – USA – 1895–1958
TAYLOR SAMUEL
NUMBER PLEASE! • 1920 • SHT
AMONG THOSE PRESENT • 1921 • SHT
I DO • 1921 • SHT
NEVER WEAKEN • 1921 • SHT
NOW OR NEVER • 1921 • SHT
SAFETY LAST • 1923
WHY WORRY? • 1923
GIRL SHY • 1924
HOT WATER • 1924
FRESHMAN, THE • COLLEGE DAYS • 1925
EXIT SMILING • 1926
FOR HEAVEN'S SAKE • 1926
MY BEST GIRL • 1927
TEMPEST • 1928
WOMAN DISPUTED, THE • 1928
COQUETTE • 1929
TAMING OF THE SHREW, THE • 1929
DU BARRY, WOMAN OF PASSION • DU BARRY (UKN) ○ DECEPTION ○ FLAME OF THE FLESH • 1930
AMBASSADOR BILL • 1931
KIKI • 1931
SKYLINE • 1931
DEVIL'S LOTTERY • 1932
OUT ALL NIGHT • EARLY TO BED ○ NIAGARA FALLS • 1933
CAT'S PAW, THE • 1934
VAGABOND LADY • 1935
NOTHING BUT TROUBLE • 1944
MONTE CARLO STORY, THE • MONTECARLO (ITL) • 1957

TAYLOR SAMUEL see **TAYLOR SAM**

TAYLOR STANNER E. V. – USA
TAYLOR S. E. V.
VOICE OF THE MILLIONS, THE • 1912
DEAD SECRET, THE • 1913
JOURNEY'S ENDING, THE • 1913
LEAF IN THE STORM, A • 1913
AWAKENING OF DONNA ISOLLA, THE • 1914
ROMANY RYE, THE • 1914
SIGHT UNSEEN, A • 1914
DRAGON'S CLAW, THE • 1915
MRS. DANE'S DEFENCE • 1915
PURPLE NIGHT, THE • 1915
VOW, THE • 1915
HER GREAT HOUR • 1916
PASSERS-BY • 1916
RISE OF SUSAN, THE • 1916
PUBLIC BE DAMNED • 1917
MOHICAN'S DAUGHTER, THE • 1922
LONE WOLF, THE • LONE WOLF'S LAST ADVENTURE • 1924
ROULETTE • 1924
MIRACLE OF LIFE, THE • 1926

TAYLOR W. – USA
BROWNIE THE PEACE MAKER • 1920 • SHT

TAYLOR WILLIAM D. – USA – 1877–1922
TAYLOR WILLIAM DESMOND
STEP BROTHERS, THE • 1913
AWAKENING, THE • 1914
BEGGAR CHILD, THE • 1914
BILL'S RIVAL • 1914
CRIMINAL CODE, THE • 1914
GREAT SECRET, A • 1914
JUDGE'S WIFE, THE • 1914
SIR GALAHAD OF TWILIGHT • 1914
SLICE OF LIFE, A • 1914
SMOULDERING SPARK, THE • 1914
SWEET AND LOW • 1914
WHEN THE ROAD PARTS • 1914
DIAMOND FROM THE SKY, THE • 1915 • SRL
EYE FOR AN EYE, AN • 1915
HIGH HAND, THE • 1915
LAST CHAPTER, THE • 1915
NEARLY A LADY • 1915
PEGGY LINN, BURGLAR • 1915
SOUL OF THE VASE, THE • 1915
WILD OLIVE • 1915
WOMAN SCORNED, A • 1915
AMERICAN BEAUTY, AN • 1916
BEN BLAIR • 1916
DAVY CROCKETT • 1916
HE FELL IN LOVE WITH HIS WIFE • 1916
HER FATHER'S SON • 1916
HOUSE OF LIES, THE • 1916
PARSON OF PANAMINT, THE • 1916
PASQUALE • 1916
BIG TIMBER • 1917
HAPPINESS OF THREE WOMEN, THE • 1917
JACK AND JILL • 1917
NORTH OF FIFTY-THREE • 1917
OUT OF THE WRECK • 1917
REDEEMING LOVE • 1917
TOM SAWYER • 1917
VARMINT, THE • 1917
WORLD APART, THE • 1917
HIS MAJESTY BUNKER BEAN • 1918
HOW COULD YOU, JEAN? • 1918
HUCK AND TOM • 1918
JOHANNA ENLISTS • 1918
MILE-A-MINUTE KENDALL • 1918
SPIRIT OF '17, THE • 1918
UP THE ROAD WITH SALLY • UP THE ROAD WITH SALLIE • 1918
ANNE OF GREEN GABLES • 1919
CAPTAIN KIDD, JR. • 1919
FURNACE, THE • 1920
HUCKLEBERRY FINN • 1920
JENNY BE GOOD • 1920
JUDY OF ROGUES' HARBOR • 1920
NURSE MARJORIE • 1920
SOUL OF YOUTH, THE • 1920
BEYOND • 1921
MORALS • MORALS OF MARCUS, THE • 1921

SACRED AND PROFANE LOVE • 1921
WEALTH • 1921
WITCHING HOUR, THE • 1921
GREEN TEMPTATION, THE • 1922
TOP OF NEW YORK, THE • 1922

TAYLOR WILLIAM DESMOND see **TAYLOR WILLIAM D.**

TAYLOU PIERRE see **ROUSSEL GILBERT**

TAZI ABDERRAHMANE – MRC
GRAND VOYAGE, LE • 1981

TAZI MOHAMED – MRC
HAYAT KHIFA, EL • VAINCRE POUR VIVRE ○ WIN TO LIVE • 1968
SIX ET DOUZE • 1968 • SHT

TAZIEFF HAROUN – PLN – 1914–
AU MILIEU DES CRATERES EN FEU • 1951–55 • SHT
ERUPTION DE L'ETNA, L' • 1951–55 • SHT
GRELE DE FEU • 1951–55 • SHT
RECORDS AU GOUFFRE DE LA PIERRE-SAINT-MARTIN • 1951–55 • SHT
STROMBOLI • 1951–55 • SHT
EAUX SOUTERRAINES, LES • 1956 • SHT
RENDEZ-VOUS DU DIABLE, LES • AU RENDEZ-VOUS DU DIABLE ○ VOLCANO • 1958 • DOC
EXPLORATION DU LAC DE LAVE DU NIRAGONGO, L' • 1959
VOLCAN INTERDIT, LE • 1966 • DOC
ETNA, L' • 1976 • DOC
AFAR OU LA DERIVE DES CONTINENTS • 1981 • DOC
VOLCANS, LES • 1981 • DOC

TCHAIKOVSKY – USS
V TYLU U BELYCH • 1925

TCHERNIA PIERRE – FRN – 1928–
BELLE AMERICAINE, LA • 1961
ALLEZ FRANCE! • COUNTERFEIT CONSTABLE, THE (USA) • 1964
VIAGER, LE • 1971
GASPARDS, LES • 1975
GUEULE DE L'AUTRE, LA • 1979

TCHERVIAKOV EVGENI
CITIES AND YEARS • 1931

TCHIAOURELLI MICHAEL see **CHIAURELI MIKHAIL**

TCHISSOUKOU JEAN-MICHEL – CNG
CHAPPELLE, LA • CHAPEL, THE • 1980
LUTTEURS, LES • WRESTLERS, THE • 1982

TCHORZEWSKI KRZYSZTOF – PLN
INNER STATE • 1983

TCHOUKRAI GREGORI see **CHUKHRAI GRIGORI**

TEAGUE LEWIS – USA – 1941–
DIRTY O'NEIL • DIRTY O'NEIL -THE LOVE LIFE OF A COP • 1974
LADY IN RED, THE • GUNS, SIN AND BATHTUB GIN ○ KISS ME AND DIE • 1979
ALLIGATOR • 1980
FIGHTING BACK • DEATH VENGEANCE • 1982
CUJO • 1984
CAT'S EYE • STEPHEN KING'S CAT'S EYE • 1985
JEWEL OF THE NILE • 1985
COLLISION COURSE • 1988
NAVY SEALS • 1990

TEBOUL MAURICE see **BOUTEL MAURICE**

TECHINE ANDRE – FRN – 1943–
PAULINA S'EN VA • 1969
SOUVENIRS D'EN FRANCE • FRENCH PROVINCIAL (USA) • 1975
BAROCCO • 1976
SOEURS BRONTE, LES • BRONTE SISTERS, THE • 1979
HOTEL DES AMERIQUES • 1981
MATIOUETTE, LA • 1982
LIEU DU CRIME, LE • SCENE OF THE CRIME (USA) • 1985
RENDEZ-VOUS • 1985
INNOCENTS, LES • 1988

TECSON A. – PHL
BROWNOUT • BLACKOUT • 1969

TEDESCO JEAN – UKN – 1895–1958
AMOUR ET QUADRILLE • 1932
MAGIE DU FER BLANC, LA • 1934 • SHT
APOCALYPSE, L' • 1939 • SHT
PROFIL DE LA FRANCE • 1939 • SHT
SIECLE D'ACIER, LE • 1939 • SHT
PARIS DE ZOLA, LE • 1940 • SHT
SUR LES CHEMINS DE LAMARTINE • 1941 • SHT
GOLF LATIN, LE • 1942 • SHT
OMBRES DE LA VILLE, LES • 1942
FEUX QUI MEURENT, LES • 1943 • SHT
MAIN, LA • 1943 • SHT
SILLONS D'AFRIQUE • 1943 • SHT
ENQUETE SUR LE 58, L' • 1944 • SHT
VOIX LIBRE • 1944 • SHT
COMEDIE AVANT MOLIERE, LA • 1946 • SHT
JOIE DE VIVRE, LA • 1946 • SHT
MARINE FLUVIALE • 1947 • SHT
MORT OU VIF • 1947
DIMANCHE EN ALSACE • 1948 • SHT
HOMMES DE L'ACIER, LES • 1948 • SHT
SECURITE DU TRAVAIL DANS LES INDUSTRIES SIDERURGIQUES • 1948 • SHT
NAPOLEON BONAPARTE • NAPOLEON BONAPARTE, EMPEREUR DES FRANCAIS • 1950
ANGLAIS TEL QU'ON LE PARLE, L' • 1952 • SHT
NOTRE, LE • 1955 • SHT

TEGLASY FERENC – HNG
SOHA, SEHOL, SENKINEK.. • NEVER, NOWHERE, TO NO-ONE! (UKN) ○ NEVER, NOWHERE.. • 1989

TEGOPOULOS APOSTOLOS – GRC
DHAKRISMENA MATIA • TEARS OF GRIEF ○ TEARFUL EYES • 1967
KAPOTE KLENE KE I DONATI • SOMETIMES EVEN THE BRAVE CRY • 1967
PSIHOULA TOU KOSMOU, TA • CRUMBS OF THE WORLD, THE • 1967
XERRIZOMENI YENIA • UPROOTED FAMILY • 1967
ADHIKI KATARA • UNJUST CURSE ○ HUNTED • 1968
KARDIA ENOS ALITI, I • HEART OF AN OUTCAST, THE • 1968
TAPINOS KE KATAFRONEMENOS • HUMBLE AND DESPISED, THE • 1968

el TEHMESSANI KAMAL – EGY
SAMSUN EL KABIR • MIGHTY SAMSON, THE • 1948

TEISSEIRE ANDRE – FRN
EN GRANDES POMPES

TEIXEIRA AURELIO – BRZ
MINEIRINHO VIVO OU MORTO • MINEIRINHO DEAD OR ALIVE • 1967
JUVENTUDE E TERNURA • YOUTH AND TENDERNESS • 1968
RAPTORES, OS • KIDNAPPERS, THE • 1969
MEU PE DE LARANJA LIMA, O • 1970

TEJEDA CARLOS ORTIZ – MXC
CONTRA LA RAZON Y POR LA FUERZA • WITHOUT REASON AND BY FORCE • 1973

TELES ANTONIO DA CUNHA – PRT – 1935–
CUNHA TELES • TELES CUNHA
CERCO, O • CIRCLE, THE • 1969
MEUS AMIGOS • 1973
CONTINUAR A VIVER • GO ON LIVING • 1977
VIDAS • 1983

TELES CUNHA see **TELES ANTONIO DA CUNHA**

TELES LUIS GALVAO – PRT – 1945–
BESTIARIO • 1970
ENTREMEZ FAMOSO SOBRE A PESCA NO RIO MINHO • 1974
CHORAR O ENTRUDO • 1975
COOPERATIVA AGRICOLA TORRE BELA • 1975
LIBERDADE PARA JOSE DIOGO • 1975
PROCISSAO DOS BEBADOS, A • 1975
CONFEDERACAO, A • CONFEDERATION, THE • 1977
VIDA E BELA!?, A • IS LIFE BEAUTIFUL? • 1982

TELFORD FRANK – USA
BAMBOO SAUCER, THE • COLLISION COURSE • 1968

TELLEGEN LOU – Actor – NTH – 1881–1934
WHAT MONEY CAN'T BUY • 1917
THINGS WE LOVE, THE • THING WE LOVE, THE • 1918
NO OTHER WOMAN • 1928

TELLINI PIERO – ITL – 1917–
PRIMA DI SERA • 1954
NEL BLU DIPINTO DI BLU • 1959

TELMIG AKDOV – USA
EXCITED • 1969

TELMO COTTINELLI – PRT – 1897–1948
CANCAO DE LISBOA, A • SONG OF LISBON, THE • 1933
GENTE DA VIA • 1938 • SHT
MAQUINAS E MAQUINISTAS • 1938 • SHT
OBRAS DE ARTE • 1938 • SHT

TEMESI MIKLOS – HNG
GUSZTAV-SOROZAJ • GUSTAVUS (UKN) • 1960 • ASS

TEMPLE JULIAN see **TEMPLE JULIEN**

TEMPLE JULIEN – UKN – 1953–
TEMPLE JULIAN
JAZZING FOR BLUE JEAN
GREAT ROCK 'N' ROLL SWINDLE, THE • ROCK 'N' ROLL SWINDLE, THE • 1980
SECRET POLICEMAN'S OTHER BALL, THE • 1982
SECRET POLICEMAN'S PRIVATE PARTS, THE • 1984
VIDEO REWIND: THE ROLLING STONES GREAT VIDEO HITS • 1984 • DOC
ABSOLUTE BEGINNERS • 1985
RUNNING OUT OF LUCK • SHE'S THE BOSS • 1985
ARIA • 1987
EARTH GIRLS ARE EASY • 1989

TEMPLEMAN CONNIE – UKN
TEMPLEMAN CONNY
HOME • 1977
NANOU • 1987

TEMPLEMAN CONNY see **TEMPLEMAN CONNIE**

TEMPLEMAN HARCOURT – UKN
IMPATIENT PATIENT, THE • 1925
INCONVENIENT INFANT, AN • 1925
MEDICAL MYSTERY, A • 1925
MERCENARY MOTIVE, A • 1925
THERE'S MANY A SLIP • 1925
WHITE LIE, THE • 1925
BELLS, THE • 1931
MONEY MEANS NOTHING • BUTLER'S MILLIONS, THE • 1932

TEMPLETON GEORGE – Actor/writer – USA – 1907–
TRAILIN' WEST • 1949 • SHT
SUNDOWNERS, THE • THUNDER IN THE DUST (UKN) • 1950
QUEBEC • 1951
GIFT FOR HEIDI • 1958

TEMPOS ANTONIS – GRC
KORI TIS PENTAYIOTISSAS, I • PENTAYIOTISSA'S DAUGHTER • 1967
YIA TI KARDIA TIS OREAS ELENIS • FOR THE HEART OF THE BEAUTIFUL HELEN • 1967
AS ME KRINOUN I YINEKES • LET WOMEN JUDGE ME ○ WOMEN IN LOVE • 1968
ZISE VIA TIN AGAPI MAS • DO NOT FORSAKE MY LOVE ○ ASK FOR MY LOVE • 1968

TEN HAAF WILM – GRM
DU GEHORST MIR • YOUR BODY BELONGS TO ME (USA) • 1959
SEHNSUCHT HAT MICH VERFUHRT • 1959
LOCKVOGEL DER NACHT • 1969

TENDLAR DAVE – Animator – USA
DRINKS ON THE MOUSE • 1953 • ANS
CANDY CABARET • 1954 • ANS
RAIL-RODENTS • 1954 • ANS
SURF AND SOUND • 1954 • ANS
GIT ALONG LIL' DUCKIE • 1955 • ANS
KITTY CORNERED • 1955 • ANS
MOUSIER HERMAN • 1955 • ANS
POOP GOES THE WEASEL • 1955 • ANS
RABBIT PUNCH • 1955 • ANS
ROBIN RODENTHOOD • 1955 • ANS
HIDE AND PEAK • 1956 • ANS
INSECT TO INJURY • 1956 • ANS
PEDRO AND LORENZO • 1956 • ANS
SLEUTH BUT SURE • 1956 • ANS
SWAB THE DUCK • 1956 • ANS
CAT IN THE ACT • 1957 • ANS
JUMPING WITH TOY • 1957 • ANS
ONE FUNNY KNIGHT • 1957 • ANS
PEST PUPIL • 1957 • ANS
SKY SCRAPPERS • 1957 • ANS
CAMP CLOBBER • 1958 • ANS
GASTON'S EASEL LIFE • 1958 • ANS
GRATEFUL GUS • 1958 • ANS
FOOFLE'S TRAIN RIDE • 1959 • ANS
HASHIMOTO SAN • 1959 • ANS
MINUTE AND A ½ MAN, THE • 1959 • ANS
OUTER SPACE VISITOR • 1959 • ANS
TALE OF A DOG, A • 1959 • ANS
DANIEL BOONE, JR. • 1960 • ANS
DEEP SEA BOODLE • 1960 • ANS
FOOFLE'S PICNIC • 1960 • ANS
MINT MEN • 1960 • ANS
TIN PAN ALLEY CAT • 1960 • ANS
TWO TON BABY SITTER • 1960 • ANS
WAYWARD HAT, THE • 1960 • ANS
DRUM ROLL • 1961 • ANS
FIRST FAST MAIL, THE • 1961 • ANS
KLONDIKE STRIKE OUT • 1961 • ANS
RAILROADED TO FAME • 1961 • ANS
FLIGHT TO THE FINISH, A • 1962 • ANS
NOBODY'S GHOUL • 1962 • ANS
REBEL TROUBLE • 1962 • ANS
RIVERBOAT MISSION • 1962 • ANS
BIG CLEAN-UP, THE • 1963 • ANS
MOLECULAR MIXUP • 1964 • ANS
OIL THRU THE DAY • 1964 • ANS
RED TRACTOR, THE • 1964 • ANS
SHORT TERM SHERIFF • 1964 • ANS
SKY'S THE LIMIT, THE • 1965 • ANS
GEMS FROM GEMINI • 1966 • ANS
WATCH THE BUTTERFLY • 1966 • ANS
ROCK HOUNDS, THE • 1968 • ANS

TENDLER SILVIO – BRZ
JANGO • 1984

TENDULKAR VIJAY – IND
TARANG • VIBRATIONS • 1978

TENENBAUM ICEK – USA
NIGHT AT THE MAGIC CASTLE, A • 1988

TENG WENJI – CHN
HAITAN • AT THE BEACH • 1985
TA MINGXING • SUPERSTAR • 1985
QI WANG • CHESS KING • 1988

TENGIZ ASAF – TRK
HAK ASIKLARI • LOVERS OF FAITH • 1967
SARK YILDIZI • EASTERN STAR, THE • 1967
YOLSUZ MEHMET • MEHMET, THE DECEIVER • 1967

TENNEY DEL – USA
CURSE OF THE LIVING CORPSE, THE • 1964
HORROR OF PARTY BEACH, THE • INVASION OF THE ZOMBIES • 1964
I EAT YOUR SKIN • VOODOO BLOOD BATH ○ ZOMBIES • 1964

TENNEY KEVIN S. – USA
WITCHBOARD • 1986
NIGHT OF THE DEMONS • HALLOWEEN PARTY • 1988
CELLAR, THE • 1989

TENNVIK INGE – NRW
TENVIK INGE
PRINSEN FRA FOGO • PRINCE OF FOGO, THE • 1987

TENNYSON PEN – UKN – 1912–1941
THERE AIN'T NO JUSTICE • 1939
CONVOY • 1940
PROUD VALLEY, THE • DAVID GOLIATH • 1940

TENNYSON WALTER – Producer/writer – FRN – 1903–
ALIBI INN • 1935
FATHER O'FLYNN • 1935
GHOST WALKS, THE • 1935
STRANGE CASE OF MR. TODMORDEN • 1935
WHEN THE CAT'S AWAY • 1935
ANNIE LAURIE • 1936
LITTLE MISS SOMEBODY • 1937
BODY VANISHES, THE • 1939
MISTAKEN IDENTITY • 1939
TROUBLE FOR TWO • 1939
TWO DAYS TO LIVE • 1939

TENORIO JOHN – USA
GRAD NIGHT • 1980

TENVIK INGE see **TENNVIK INGE**

TENZER BERT – USA
2000 YEARS LATER • 1969
FREE • 1973 • DOC
DAY THE MUSIC DIED, THE • 1977 • DOC

TEODORESCU MARIUS – RMN
BIJUTERII DE FAMILIE • FAMILY JEWELS, THE • 1958

TERAC SOLANGE see **BUSSI SOLANGE**

TERAYAMA SHUJI – JPN – 1935–1983
SHO O SUTEYI, MACHI E DEYO • THROW AWAY YOUR BOOKS, LET'S GO INTO THE STREETS! ○ THROW AWAY BOOKS, LET'S GO INTO THE STREETS! • 1971
TOMATO KETCHUP KOTEI • EMPEROR TOMATO-KETCHUP • 1972 • SHT
DEN-EN NI SHISU • PASTORAL HIDE AND SEEK • 1974
BOXER • BOXER, THE • 1977
SHINA NINGYO • FRUITS DE LA PASSION, LES (FRN) ○ FRUITS OF PASSION, THE • 1981
KUSAMEIKYU • LABYRINTH OF GRASS • 1983
SARABA HAKOBUNE • FAREWELL TO THE ARK • 1984

TERESI TONY – USA
COUNT EROTICA VAMPIRE • 1971

TERHUNE WILLIAM – USA
OKAY TOOTS! • 1935 • SHT
SLIGHTLY STATIC • 1935 • SHT
TOP FLAT • 1935 • SHT
TWIN TRIPLETS • 1935 • SHT
AT SEA ASHORE • 1936 • SHT
PAN HANDLERS • 1936 • SHT

TERME LOUIS – FRN
FILLE DE LA ROUTE, LA • GIRL OF THE ROAD, THE • 1962

TERNER RUDOLF – GRM
RODELHEXE, DIE • 1921

TERNOVSZKY BELA – HNG
MODERN SPORTS COACHING • SPORTS COACHING • 1970
JOHN, THE HERO • 1972 • ANM
TARTSUNK KUTYAT • LET'S KEEP A DOG • 1975

TERPSTRA ERIK – NTH
EILAND • 1966 • SHT
RUG NAAR DE ZEE, DE • 1966 • SHT
VERLOEDERING VAN DE SWIEPS, DE • WHIPPING CREAM HERO, THE • 1967

TERRIBILE MARIO – ITL
AMORE SENZA FINE, UN • 1959

TERRISS TOM – USA – 1887–
CHIMES, THE • 1914
MYSTERY OF EDWIN DROOD, THE • 1914
FLAME OF PASSION, THE • 1915
MAN'S SHADOW, A • 1915
PAPA'S WIFE • 1915
PEARL OF THE ANTILLES, THE • 1915
MY COUNTRY FIRST • 1916
SOCIETY WOLVES • 1916
FETTERED WOMAN, THE • 1917
BUSINESS OF LIFE, THE • 1918
CAPTAIN'S CAPTAIN, THE • CAP'N ABE'S NIECE • 1918
EVERYBODY'S GIRL • 1918
FIND THE WOMAN • 1918
SONG OF THE SOUL, THE • 1918
STRENGTH OF THE WEAK, THE • 1918
TO THE HIGHEST BIDDER • 1918
TRIUMPH OF THE WEAK, THE • 1918
WOMAN BETWEEN FRIENDS, THE • 1918
BRAMBLE BUSH, THE • 1919
CAMBRIC MASK, THE • 1919
CLIMBERS, THE • 1919
LION AND THE MOUSE, THE • 1919
SPARK DIVINE, THE • 1919
THIRD DEGREE, THE • 1919
VENGEANCE OF DURAND, THE • 1919
CAPTAIN SWIFT • 1920
DEAD MEN TELL NO TALES • 1920
FORTUNE HUNTER, THE • 1920
TOWER OF JEWELS, THE • 1920
TRUMPET ISLAND • 1920
HEART OF MARYLAND, THE • 1921
BOOMERANG BILL • 1922
CHALLENGE, THE • 1922
FIND THE WOMAN • 1922
FIRES OF FATE • 1923
HARBOUR LIGHTS, THE • 1923
BANDOLERO, THE • 1924
DESERT SHEIK, THE • 1924
HIS BUDDY'S WIFE • HIS PAL'S WIFE • 1925
ROMANCE OF A MILLION DOLLARS, THE • 1926
GIRL FROM RIO, THE • LOLA (UKN) • 1927
TEMPTATIONS OF A SHOP GIRL • HER SISTER • 1927
BEYOND LONDON LIGHTS • KITTY CARSTAIRS (UKN) • 1928
CLOTHES MAKE THE WOMAN • 1928
NAUGHTY DUCHESS, THE • 1928

TERRUS CHARLETTE see **LENOIR CLAUDINE**

TERRY ALICE – FRN
BAROUD • HOMMES BLEUS, LES • 1931

TERRY CHRIS – UKN – 1952–
FREELOADING • 1982

TERRY J. C. – USA
TERRY CARTOON BURLESQUE • 1917 • ASS

TERRY JIM – Animator – JPN
FORMATORS: ATTACK OF THE XELANS • ANM
FORMATORS: EARTH'S DEFENCE • ANM
SCI-BOTS 1: CONFLICT • ANM
SCI-BOTS 2: STRIKE BACK • ANM

TERRY NORBERT – ALG – 1924–
MONDO HOMO
CHARLEY'S TANTE NACKT • SEXY DOZEN, THE • 1969
CLASSE DU SEXE, LA • 1972
HOMMES ENTRE EUX • 1976
JEUNE PROIE POUR MAUVAIS GARCONS • 1977
IL ETAIT UNE FOIS UN HOMOSEXUEL • 1979

TERRY PAUL – Animator – USA – 1887–1971
FARMER AL FALFA • 1916–17 • ASS
SPENDTHRIFT, THE • 1922 • ANS
DINNER TIME • 1928 • ANS
BIG SCARE, THE • 1929 • ANS
BUG HOUSE COLLEGE DAYS • 1929 • ANS
CONCENTRATE • 1929 • ANS
FAITHFUL PUP, THE • 1929 • ANS
JAIL BREAKERS, THE • 1929 • ANS
PRESTO CHANGO • 1929 • ANS
SKATING HOUNDS • 1929 • ANS
STAGE STRUCK • 1929 • ANS
WOODCHOPPERS • 1929 • ANS
RIP VAN WINKLE • 1934 • ANS

TERSELIUS KJELL – SWD
MOT HARLIGA TIDEN • 1983

TERWILLIGER GEORGE see **TERWILLIGER GEORGE W.**

TERWILLIGER GEORGE W. – USA – 1882–
TERWILLIGER GEORGE
CRY OF THE BLOOD, THE • 1913
HAZARD OF YOUTH, THE • 1913
BY WHOSE HAND? • 1914
CHANGELING, THE • 1914
DAUGHTERS OF MEN • 1914
MAKING OF HIM, THE • 1914
THREE MEN AND A WOMAN • 1914
CIPHER KEYS, THE • 1915
DESTINY'S SKEIN • 1915
HEART AWAKENED, A • 1915
INSURRECTION, THE • 1915
LAST REBEL, THE • 1915
MAN OF GOD, THE • 1915
NATION'S PERIL, THE • 1915
PHANTOM HAPPINESS, THE • 1915
REGENERATING LOVE, THE • 1915
RINGTAILED RHINOCEROS, THE • 1915
SECOND SHOT, THE • 1915
SHANGHAIED BABY, THE • 1915
TELEGRAPHER'S PERIL, THE • 1915
CITY OF FAILING LIGHT, THE • 1916
EXPIATION • 1916 • SHT
GREATER WRONG, THE • 1916 • SHT
LASH OF DESTINY, THE • 1916
LAST SHOT, THE • 1916 • SHT
RACE SUICIDE • 1916
ACE HIGH • 1917 • SHT
BIRDS OF PREY • 1917 • SHT
BLACK DOOR, THE • 1917 • SHT
COUNTERFEITERS, THE • 1917 • SHT
JADE NECKLACE, THE • 1917 • SHT
KIDNAPPED • 1917 • SHT
LONG LANE, A • 1917 • SHT
MANY A SLIP • 1917 • SHT
MEETING, THE • 1917 • SHT
MISJUDGED • 1917 • SHT
OUTWITTED • 1917 • SHT
SCHEMERS, THE • 1917 • SHT
SMITE OF CONSCIENCE, THE • 1917 • SHT
TAKING CHANCES • 1917 • SHT
WHITE TRAIL, THE • 1917 • SHT
BIT OF LOVE, A • 1919
FIGHTING MAD • 1919 • SHT
HONORABLE CAD, AN • 1919
PRICE WOMAN PAYS, THE • 1919
SHE'S EVERYWHERE • 1919 • SHT
STAR OVER NIGHT, A • 1919 • SHT
WINNING HIS WIFE • 1919 • SHT
DOLLARS AND THE WOMAN • 1920
FATAL HOUR, THE • 1920
HIS WOMAN • 1920 • SHT
INNER RING, THE • 1920 • SHT
MAD WOMAN, THE • 1920 • SHT
MADONNA OF THE SLUMS, THE • 1920 • SHT
MITE OF LOVE, THE • 1920 • SHT
ROMEO'S DAD • 1920 • SHT
SLAVES OF PRIDE • 1920
SPORTING DUCHESS, THE • 1920
TOM'S LITTLE STAR • 1920 • SHT
BRIDE'S PLAY, THE • 1921
LITTLE ITALY • 1921
WHAT FOOLS MEN ARE • 1922
WIFE IN NAME ONLY • 1923
DAUGHTERS WHO PAY • 1925
MARRIED? • 1925
BIG SHOW, THE • 1926
HIGHBINDERS, THE • 1926
DRUMS OF THE JUNGLE • OUANGA (UKN) ○ CRIME OF VOODOO • 1935

TERZI GIORGIO see **LIBRATTI GIOACCHINO**

TERZIEV IVAN – BUL
ROAD THROUGH THE DAYS • 1972
STRONG WATER • 1975

TESCHNER PROF. – GRM
GEHEIMNISVOLLE SPIEGEL, DER • MYSTIC MIRROR, THE (USA) • 1928

TESCHNER RICHARD – Animator – AUS
CARD MANIAC, THE • 1930 • ANM
DRAGON PRINCE, THE • 1930 • ANM

TESHIGAHARA HIROSHI – JPN – 1927–
HOKUSAI • 1953 • SHT
IKEBANA • 1953–57 • SHT
JUNININ NO SHASHIN-KA • TWELVE PHOTOGRAPHERS • 1953–57 • DCS
JOSE TORRES COHORT • 1959 • SHT
KASHI TO KODOMO • PITFALL, THE (USA) ○ CHEAP SWEET AND A KID ○ OTOSHI ANA • 1962
ADOLESCENTI, LE • FLEUR DE L'AGE, OU LES ADOLESCENTES, LA ○ THAT TENDER AGE ○ VEUVES DE QUINZE ANS, LES ○ SHISHUNKI ○ ADOLESCENTS, THE • 1964
SHIROI ASA • WHITE MORNING • 1964 • SHT
SUNA NO ONNA • WOMAN IN THE DUNES (USA) ○ WOMAN OF THE DUNES ○ WOMAN IN THE SAND ○ SAND-WOMAN • 1964
JOSE TORRES, PART II • 1965 • DOC
TANIN NO KAO • FACE OF ANOTHER, THE ○ I HAVE A STRANGER'S FACE • 1966
INDI RACE: BAKUSO • INDIANAPOLIS CAR RACE ○ EXPLOSION COURSE ○ BAKUSO • 1967 • DOC
MOETSUKITA CHIZU • RUINED MAP, THE (USA) ○ MAN WITHOUT A MAP, THE ○ BURNED MAP, THE • 1968
ICHINICHI 240 JIKAN • ONE DAY, 240 HOURS • 1970 • SHT
SUMMER SOLDIERS • 1971
OUT OF WORK FOR YEARS • 1975
ANTONIO GAUDI • 1985
RIKYU • 1989

TESSARI DUCCIO – ITL – 1926–
TITANS, LES • ARRIVANO I TITANI (ITL) ○ MY SON, THE HERO (USA) ○ SONS OF THUNDER (UKN) ○ TITANI, I ○ TITANS ARRIVE, THE ○ TITANS, THE • 1962
FORNARETTO DI VENEZIA, IL • SCAPEGOAT, THE (USA) • 1963
SFINGE SORRIDE PRIMA DI MORIRE STOP -LONDRA, LA • HEISSE SPUR KAIRO-LONDON (FRG) ○ SECRET OF THE SPHINX (USA) • 1964
PISTOLA PER RINGO, UNA • PISTOLA PARA RINGO, UNA (SPN) ○ PISTOL FOR RINGO, A (USA) ○ BALLAD OF DEATH VALLEY ○ THE ANGRY GUN • 1965
RITORNO DI RINGO, IL • RETURN OF RINGO, THE (UKN) • 1965
VOGLIA DA MORIRE, UNA • 1965
KISS KISS.. BANG BANG • 1966
MEGLIO VEDOVA • BETTER A WIDOW (USA) • 1967
PER AMORE.. PER MAGIA • FOR LOVE.. FOR MAGIC ○ BY LOVE.. BY MAGIC • 1967
BASTARDI, I • BATARD, LE (FRN) ○ BASTARD, DER (FRG) ○ SONS OF SATAN ○ BASTARDS, THE ○ CATS, THE ○ BASTARD, THE • 1968
QUELLA PICCOLA DIFFERENZA • THAT LITTLE DIFFERENCE • 1969
VIVI O PREFERIBILMENTE MORTI • VIVOS O, PREFERIBLEMENTE MUERTES (SPN) • 1969
MORTE RISALE A IERI SERA, LA • DEATH OCCURRED LAST NIGHT (UKN) • 1970
FARFALLA CON LE ALI INSANGUINATE, UNA • 1971
VIVA LA MUERTE.. TUA • LONG LIVE YOUR DEATH • 1971
FORZA "G" • WINGED DEVILS (UKN) • 1972
EROI, GLI • ENFANTS DE CHOEUR, LES (FRN) • 1973
TONY ARZENTA • BIG GUNS (FRN) ○ NO WAY OUT (USA) • 1973
UOMINI DURI • THREE TOUGH GUYS (USA) • 1974
UOMO SENZA MEMORIA, L' • 1974
ZORRO • 1975
MADAMA, LA • 1976
SAFARI EXPRESS • 1976
ALBA DEI FALSI DEI, L' • QUINTO COMANDAMENTO, IL • 1978
TEX E IL SIGNORE DEGLI ABISSI • TEX AND THE LORD OF THE DEEP • 1985

TESSIER ALBERT – CND – 1895–1976
DANS LE BOIS I & 2 • 1925–30 • DCS
MA FAMILLE • 1928–38 • DCS
SCENES DU HAUT-SAINT-MAURICE • 1932 • DCS
TROIS RIVIERES 1932 • 1932 • DCS
VILLE DES TROIS-RIVIERES, LA • 1933 • DCS
CENTENAIRE 1934 • 1934 • DCS
PERADE 1-2, LA • 1934 • DCS
TROIS RIVIERES 1934 • 1934 • DCS
CANTIQUE DU SOLEIL • 1935 • DCS
GLOIRE A L'EAU • 1935 • DCS
CHASSE AUX IMAGE, LA • 1936 • DCS
DEMONSTRATIONS RELIGEUSES TRIFLUVIENNES 1933–1936 • 1936 • DCS
INDIENS DU SAINT-MAURICE • DCS
MALADIES CONTAGIEUSES, LES • DCS
OHE PECHEURS! • DCS
SOINS DE L'ENFANCE • DCS
TOURISME NAUTIQUE • DCS
TUBERCULOSE • DCS
BENISSEZ LE SEIGNEUR • 1937 • DCS
TROIS-RIVIERES SOUS LA NEIGE, 1937 • 1937 • DCS
PECHE, LA • 1937–40 • DCS
BAIE-COMEAU • 1938 • DCS
FEMME FORTE • 1938 • DCS
HOMMAGE A NOTRE PAYSANNERIE • 1938 • DCS
SAINT-MAURICE EN IMAGES, LE • 1938 • DCS
MAUVAISES HERBES, LES • 1938–40 • DCS
CAMP FORESTIER DE SAINT-MATHIEU, LE • 1939 • DCS
CONQUETE CONSTRUCTIVE • 1939 • DCS
ILE AUX COUDRES • 1939 • DCS
ILE AUX GRUES, TERRE DE SERENITE • 1939 • DCS
ILE D'ORLEANS, RELIQUAIRE D'HISTOIRE • 1939 • DCS
ILE FLEURIE, L' • ILE D'ORLEANS • 1939 • DCS
MONT-CARMEL • 1939 • DCS
ARTISANAT FAMILIAL • 1939–42 • DCS
ECOLES ET ECOLIERS • DCS
EXPOSITION D'ARTISANAT A L'ILE SAINTE-HELENE • DCS
QUATRE ARTISTES CANADIENS • DCS
BOURGAULT, LES • 1940 • DCS
TOUR DE L'ILE, LE • 1940 • DCS
POT-POURRI D'ANIMAUX • DCS
CONGRES EUCHARISTIQUE TRIFLUVIEN • 1941 • DCS
ECOLES MENAGERES REGIONALES • 1941 • DCS
FEMMES DEPAREILLEES • ECOLES MENAGERES REGIONALES II • 1941 • DCS
LAC CLAIR, LE • 1941 • DCS
CANTIQUE DE LA CREATION • 1942 • DCS
C'EST L'AVIRON QUI NOUS MENE • 1942 • DCS
CREDO DU PAYSAN, LE • 1942 • DCS
ARBRES ET BETES • 1942–43 • DCS
FORET BIENFAISANTE, LA • 1942–43 • DCS
GRANDE VIE TONIFIANTE DE LA FORET, LA • 1942–43 • DCS
POUR AIMER TON PAYS • 1942–43 • DCS
SPORT PASSIONNANT: LA CHASSE AUX IMAGES, UN • 1942–43 • DCS
DON BOSCO • DOC
CAPITANAL ET SASSAMASKIN • 1943–44 • DCS
CHANTE ET DANSE • FOLK-LORE • 1944 • DCS
DES TROIS-RIVIERES A LA RIVIERE-AU-RAT • 1944 • DCS
FEMMES DEPAREILLEES • 1948 • DCS
FAMILLE 1949, DOUVILLE 1949 • 1949 • DCS
TROIS-RIVIERES • 1949 • DCS

BAIE D'HUDSON • 1950 • DCS
ROCHEUSES 1950 • 1950 • DCS
PARKI–PARKA • 1951 • DCS
RALLIEMENTS MENAGERS • 1951 • DCS
EBACHE D'UN FILM: LA MAURICIE • 1952 • DOC
MIRACLE DU CURE CHAMBERLAND, LE • 1952 • DCS
TAVIBOIS • 1952–56 • DOC
ETAPES ET RENCONTRES INTERNATIONALES • 1953 • DOC
ECOLES DE BONHEUR • 1954 • DCS
JOURNEES D'ETUDES • INSTITUTS FAMILIAUX • 1960 • DCS

TESSIER JEAN – CND – 1950–
EN DERNIERES PAGES • 1983

TESTA EUGENIO – ITL
MOSTRO DI FRANKENSTEIN, IL • 1920

TESUKU OSAMU see **TEZUKA OSAMU**

TETERIN YEVGENIY – USS
MUMU • 1959

TETREAULT ROGER – CND – 1941–
A L'AUTRE BOUT DE MON AGE • 1975

TETZLAFF KURT – GRM
LOOPING • 1975

TETZLAFF TED – Cinematographer – USA – 1903–
WORLD PREMIERE • 1941
RIFFRAFF • MR. FIX • 1947
FIGHTING FATHER DUNNE • 1948
DANGEROUS PROFESSION, A • BAIL BOND STORY, THE • 1949
JOHNNY ALLEGRO • HOUNDED (UKN) • 1949
WINDOW, THE • 1949
GAMBLING HOUSE • ALIAS MIKE FURY • 1950
UNDER THE GUN • 1950
WHITE TOWER, THE • 1950
TIME BOMB • TERROR ON A TRAIN (USA) • 1952
TREASURE OF LOST CANYON, THE • 1952
SON OF SINBAD • NIGHT IN A HAREM, A • 1955
SEVEN WONDERS OF THE WORLD • 1956
YOUNG LAND, THE • 1959

TEUBER ARTHUR – GRM
JOHANN BAPTISTE LINGG • 1920
GEHEIMNISSE VON BERLIN 1, DIE • BERLIN N. DIE DUNKLE GROSSTADT • 1921
MEMOIREN EINES KAMMERDIENERS 1 • MARTIN, DER FINDLING • 1921
MEMOIREN EINES KAMMERDIENERS 2 • BASQUINES VERGELTUNG • 1921
WEISSE SKLAVIN 1, DIE • ZWEI EIDE • 1921
WEISSE SKLAVIN 2, DIE • SCHWEIGEN DER GROSSTADT, DAS • 1921
SIEBENTE NACHT, DIE • 1922
LORD REGINALDS DERBYRITT • 1924

TEUBER MONICA
MAGDALENE • SILENT NIGHT • 1989

TEUNISSEN G. J. – NTH
VADER DES VADERLANDS • 1933

TEWFIK HASSAN – EGY
SERAA MAAL MALAIKA • STRUGGLE WITH THE ANGELS • 1961

TEWKESBURY JOAN – USA – 1937–
OLD BOYFRIENDS • 1979
TENTH MONTH, THE • 1979 • TVM
ACORN PEOPLE, THE • 1981 • TVM

TEWKESBURY PETER – USA – 1924–
TEWKSBURY PETER
SUNDAY IN NEW YORK • 1963
EMIL AND THE DETECTIVES • 1964
DOCTOR, YOU'VE GOT TO BE KIDDING • THREE FOR A WEDDING ○ THIS WAY OUT, PLEASE • 1967
STAY AWAY, JOE • 1968
TROUBLE WITH GIRLS, THE • CHAUTAUQUA • 1969
SECOND CHANCE • 1971

TEWKSBURY PETER see **TEWKESBURY PETER**

TEZUKA OSAMU – JPN – 1926–1989
TESUKU OSAMU
JUNGLE TATEI • KIMBO, THE WHITE LION ○ JUNGLE EMPEROR, THE • ANM
SAIYU–KI • ALAKAZAM THE GREAT (USA) ○ SAIYU–KI: THE ENCHANTED MONKEY • 1960 • ANM
TETSUWAN ATOM • ASTROBOY • 1960 • ANM
VAMPIRE • 1968 • ANM
JUMPING • 1984 • ANS
ONBORO FILM • 1985 • ANM
ADOLF NI TSUGU • 1986 • ANM

THABET LUTFI – EGY
IL NE SUFFIT PAS QUE DIEU SOIT AVEC LES PAUVRES • 1976

THAKUR ANANT – IND
BAGDAD • 1951
SUPERMAN • 1960

THAKUR RAJA – IND
GAJ GOURI • 1958
SANT GORA KUMBHAR • 1967
EKTEE • 1968

THAKUR RAMCHANDRA – IND
GEET GOVIND • MUSIC OF GOVIND • 1947
JAI HANUMAN • HANUMAN'S VICTORY • 1948
JAI MAHADEV • MAHADEV'S VICTORY • 1953
SHECHAVATAR • 1954
SHEIKH CHILLI • 1956
BHAKTA RATNA • 1957

THALASINOS ERRIKOS see **THALASSINOS ERRIKOS**

THALASSINOS ERRIKOS – GRC
THALASINOS ERRIKOS
KARDIES POU XEROUN N' AGAPOUN • HEARTS FULL OF LOVE • 1967
KOSMOS TRELLATHIKE, O • MAD WORLD, THE • 1967
PARE KOSME • EVERYTHING AT A LOW PRICE • 1967
KATARA INE O HORISMOS • PARTING IS A MALEDICTION • 1968
TIHERAKIAS, O • LUCKY ONE, THE • 1968
CHARLATANOS, O • CHARLATAN, THE • 1973
ENAS NOMOTAGIS POLITIS • LAW–ABIDING CITIZEN, A • 1973

THALMAN DANIEL – Animator – CND
VOL DE REVE • 1983 • ANS

THALMAN NADIA – Animator – CND
VOL DE REVE • 1983 • ANS

THAMAR TILDA – ARG – 1921–
APPEL, L' • 1972

THAN HTUT – BRM
DREAM BRIDGE • 1986

THANASOULAS GEORGE – GRC
STRUGGLE • 1975

THANO HENRI see **ZAPHIRATOS HENRI–T.**

THAPA B. S. – NPL
MAYAPRITI • BELOVED • 1989

THAPA PRAKESH – NPL
SANTAN

THARP GRAHAME – UKN
SPRINGS • 1938
PROTECTION OF FRUIT • 1940

THARUKSHUVU – IND
ALADDIN AND HIS WONDERFUL LAMP • 1940

THATCHER LESLIE – USA
ANOTHER DAY • 1932

THATCHER MOLLIE DAY – USA
PIE IN THE SKY • 1933 • SHT

THAU LEON – Actor – PLS – 1926–
SAVE THE LADY • 1982

THAYER OTIS see **THAYER OTIS B.**

THAYER OTIS B. – USA
THAYER OTIS
CIRCUMSTANTIAL EVIDENCE • 1912
COMING OF COLUMBUS, THE • 1912
GREATER BARRIER, THE • 1915
HEART OF A MAN, THE • 1915
NOLAN'S WOOING • 1915
TOLD IN THE ROCKIES • 1915
AWAKENING OF BESS MORTON, THE • 1916
ACTRESS' ROMANCE, AN • 1917 • SHT
BOOB, THE • 1917 • SHT
CUPID'S THUMB–PRINT • 1917 • SHT
DAUGHTER OF GAS–HOUSE DAN, THE • 1917 • SHT
EVIL SAG, THE • 1917 • SHT
FATHER AND SON • 1917 • SHT
GREAT TREASURE, THE • 1917 • SHT
LOVE OF PRINCESS OLGA, THE • 1917 • SHT
MYSTERY OF NO.47, THE • 1917
PEARL OF GREATER PRICE, A • 1917 • SHT
POWER OF PIN MONEY, THE • 1917 • SHT
PRODIGAL'S RETURN, THE • 1917 • SHT
QUESTION OF HONESTY, A • 1917 • SHT
REDEMPTION OF RED MULLIN, THE • 1917 • SHT
SOCIAL CLIMBER, A • 1917 • SHT
TWO–DOLLAR GLOVES • 1917 • SHT
IN THE SHADOW OF THE ROCKIES • 1918 • SHT
MISS ARIZONA • 1919
DESERT SCORPION, THE • 1920
WOLVES OF THE STREET • 1920
FINDERS KEEPERS • 1921
OUT OF THE DEPTHS • 1921
RIDERS OF THE RANGE • 1923
TRACY THE OUTLAW • 1928

THE WEI – CHN
WHERE'S MUMMY? • ANS

THEAKSTON GRAHAM – UKN
TRIPODS • 1984 • MTV

THEBERGE ANDRE – CND – 1945–
TERELEUR • 1967 • SHT
QUESTION DE VIE • 1970
ALLEES DE LA TERRE, LES • 1973
DERNIERE NEIGE, LA • 1973
FAIT ACCOMPLI, UN • 1974 • SHT
CLOSE CALL • 1975 • SHT
QUICKSILVER • 1976 • SHT
PETITE NUIT, LA • 1983

THEDOSSOPOULOS THEODOSSIS – GRC
DIKI TIS CHOUNDAS, I • TRIAL OF THE JUNTA, THE • 1981

THEIN ULRICH – GRM
GESCHICHTEN JENER NACHT • STORIES OF THAT NIGHT ○ TALES OF THAT NIGHT • 1967

THEIRMANN ERIC – USA
BUTTERFLY • 1971 • SHT

THELESTAM LARS G. – SWD
GANGSTERFILMEN EN FRAMLING STEG AV TAGET • GANGSTER MOVIE A STRANGER CAME BY TRAIN, THE ○ GANGSTER MOVIE, THE • 1974
TUNTEMATON YSTAVA • UNKNOWN FRIEND, THE • 1977
HEMPAS BAR • HOME IS THE SAILOR ○ TRIUMPH TIGER '57 • 1978

THEOCARY – FRN
SOUVENIR DE PARIS • 1955 • SHT

THEODOROPOULOS ANGELOS – GRC
ITHELE NA YINI VASILIAS • HE WANTED TO BE KING • 1967
THA TA KAPSO TA LEFTA MOU • MONEY TO BURN • 1968

THEOS DIMOS see **THEOS DIMOSTHENIS**

THEOS DIMOSTHENIS – GRC
THEOS DIMOS
KIERION • 1974
DIADIKASIA, I • PROCEDURE, THE • 1975
IMAGE OF MYTHICAL CHARACTER • 1988

THERIENS G. – CND
DEUX ANS ET PLUS • 1970 • DCS

THERMAENIUS SVEN – SWD – 1910–
SOTLUGG OCH LINLUGG • 1948

THERMES DIANA see **ELFRIDE**

THEUBET BERTRAND – SWT
ANNEE DE TREIZE LUNES, L' • 1988

von THEUMER ERNST R. see **von THEUMER ERNST RITTER**

von THEUMER ERNST RITTER – GRM
von THEUMER ERNST R. • WELLES MEL
KILLER'S CAGE • CODE OF SILENCE • 1960
IN DER HOLLE IST NOCH PLATZ • THERE IS STILL ROOM IN HELL (USA) ○ SEX AGENT • 1961
GEHEIMNIS DER TODESINSEL, DAS • ISLAND OF THE DOOMED (USA) ○ ISLA DE LA MUERTE, LA (SPN) ○ BLOODSUCKERS, THE (UKN) ○ MAN EATER OF HYDRA ○ SECRET OF DEATH ISLAND ○ ISLAND OF THE DEAD • 1967
FIGLIA DI FRANKENSTEIN, LA • LADY FRANKENSTEIN (USA) ○ MADAME FRANKENSTEIN ○ DAUGHTER OF FRANKENSTEIN, THE • 1971
JOYRIDE TO NOWHERE • 1978
EUR WEG FUHRT DURCH DIE HOLLE • JUNGLE WARRIORS ○ JUNGLE FEVER • 1984

THEURING GERHARD – GRM
LEAVE ME ALONE • 1971
FLUCHTWEG NOCH MARSEILLE • ESCAPE ROUTE TO MARSEILLES • 1977

THEVENARD PIERRE – FRN – 1901–
GLIMMERING
A VOTRE SANTE! • 1950 • SHT
VRAI COUPABLE, LE • 1951

THEVENET VIRGINIE – FRN – 1957–
NUIT PORTE JARRETELLES, LA • 1984

THEW ANNA – USA
HILDA WAS A GOODLOOKER • 1986

THEW HARVEY – USA
CONFESSIONS OF A VICE BARON • 1942

THEYER HANS – AUS
KINDER DER REVOLUTION • 1923
RACHE DER PHARAONEN, DIE • REVENGE OF PHARAOH, THE • 1925

THIAGO PAULO – BRZ
SENHORES DA TERRA, OS • MASTERS OF THE LAND • 1971
SAGARANA: O DUELO • 1974
JORGE UM BRASILEIRO • JORGE, A BRAZILIAN • 1988

THIAM MOMAR – SNL
BAKS
KARIM • 1971
SA DAGGA • TROUBADOUR, THE • 1982

THIBAULT JEAN-MARC – Actor – FRN – 1923–
VIE EST BELLE, LA • 1956
VIVE LES VACANCES • 1957
CHEVAL POUR DEUX, UN • 1961

THIEL HEINZ – GRM
IM SONDERAUFTRAG • 1959
ZU JEDER STUNDE • 1960
PYAT DNEI –PYAT NOCHEI • FUNF TAGE –FUNF NACHTE (GDR) ○ FIVE DAYS –FIVE NIGHTS • 1961
KINNHAKEN, DER • 1962
TANZ AM SONNABEND –MORD? • SATURDAY EVENING DANCE • 1962
RESERVIERT FUR DEN TOD • 1963
SCHWARZER SAMT • BLACK VELVET • 1964
BROT UND ROSEN • BREAD AND ROSES • 1967
HEROIN • 1968
TOBIAS BREMSER AUF DIENSTREISE • 1972

THIELE EUGEN – GRM
SUSANNE MACHT ORDNUNG • 1930
DURAND CONTRE DURAND • 1931
EINER FRAU MUSS MAN ALLES VERZEIH'N • 1931
GEFAHREN DER LIEBE • 1931
MEIN HERZ SEHNT SICH NACH LIEBE • HELLSEHER, DER ○ CLAIRVOYANT, THE • 1931
DREI VON DER STEMPELSTELLE • 1932
FELDHERRENHUGEL, DER • 1932

THIELE ROLF – Producer/writer – CZC – 1918–
PRIMANERINNEN • 1951
TAG VOR DER HOCHZEIT, DER • 1952

GELIEBTES LEBEN • 1953
SIE • 1954
BARRINGS, DIE • 1955
MAMITSCHKA • 1955
FRIEDERICKE VON BARRING • 1956
EL HAKIM • 1957
SKANDAL IN ISCHL • 1957
TOLLE BOMBERG, DER • 1957
MADCHEN ROSEMARIE, DAS • ROSEMARY (USA) ○ GIRL ROSEMARIE, THE • 1958
HALBZARTE, DIE • 1959
LABYRINTH • 1959
NEUROSE • 1959
AUF ENGEL SCHIESST MAN NICHT • 1960
LIEBE AUGUSTIN, DER • 1960
MAN NENNT ES AMORE • 1961
LULU • NO ORCHIDS FOR LULU (UKN) • 1962
SCHWARZ-WEISS-ROTE HIMMELBETT, DAS • 1962
MORAL 63 • 1963
VENUSBERG • 1963
DM-KILLER • 1964
TONIO KROGER • 1964
WALSUNGENBLUT • BLOOD OF THE WALSUNGS • 1964
HERREN, DIE • 1965
LIEBESKARUSSELL, DAS • WHO WANTS TO SLEEP • 1965
GRIECHE SUCHT GRIECHIN • 1966
LUGNER UND DIE NONNE, DER • LIAR AND THE NUN, THE • 1967
TOD EINES DOPPELGANGERS, DER • DEATH OF A DOUBLE, THE ○ ES GEHOREN ZWEI DAZU ○ NOBODY KNOWS • 1967
ENTE KLINGELT UM ½ ACHT, DIE • DUCK RINGS AT SEVEN-THIRTY, THE • 1968
KOMM NUR, MEIN LIEBSTES VOGELEIN • COME NOW, MY DEAR LITTLE BIRD • 1968
DIAMANTS D'ANVERS • 1969
GRIMMS MARCHEN VON LUSTERNEN PARCHEN • GRIMM'S FAIRY TALES (FOR ADULTS ONLY) ○ GRIMM'S FAIRY TALES FOR ADULTS ○ EROTIC ADVENTURES OF SNOW WHITE, THE ○ GRIMM'S FAIRY TALES FOR LUSTING COUPLES • 1969
KOMM NACH WIEN -ICH ZEIG DIR WAS • 1969
OHRFEIGEN • 1969
BLEIB SAUBER, LIEBLING! • 1971
SCHARFE HEINRICH DIE BUMSFIDELEN ABENTEUER EINER JUNGEN EHE • 1971
GELOBT SIE, WAS HART MACHT • 1972
VERSUCHUNG IM SOMMERWIND • 1973
LOVE KEYS, THE • 1974
UNDINE 74 • 1974
SLAP IN THE FACE • 1975
ONDINE • 1976

THIELE WILHELM – AUS – 1890–1975
THIELE WILLIAM
FIAT LUX • ES WARD LICHT • 1923
FRANZ LEHAR • 1923
MARCHEN AUS ALT-WIEN • CARL MICHAEL ZIEHRERS MARCHEN AUS ALT-WIEN • 1923
TOTENMAHL AUF SCHLOSS BEGALITZA, DAS • 1923
ANWALT DES HERZENS, DER • LETZTEN NACHTE DER MRS. ORCHARD, DIE • 1927
ORIENTEXPRESS • 1927
SELIGE EXZELLENZ, DIE • HIS LATE EXCELLENCY • 1927
DAME MIT DER MASKE, DIE • LADY WITH THE MASK, THE • 1928
HURRAH! ICH LIEBE! • HURRAH! I'M ALIVE! ○ FALSCHE WITTWE, DIE • 1928
ADIEU MASCOTTE • MODELL VON MONTPARNASSE, DIE • 1929
CHEMIN DU PARADIS, LE • 1930
DREI VON DER TANKSTELLE, DIE • THREE FROM THE GAS STATION, THE ○ THREE MEN AND LILLIAN (UKN) ○ THREE OF THE FILLING STATION, THE • 1930
LIEBESWALZER • LOVE WALTZ, THE • 1930
AMOUREUSE AVENTURE, L' • 1931
BAL, LE • 1931
BALL, DER • 1931
DACTYLO • 1931
FILLE ET LA GARCON, LA • GIRL AND THE BOY, THE • 1931
MADAME HAT AUSGANG • 1931
PRIVATSEKRETARIN, DIE • 1931
ZWEI HERZEN UND EIN SCHLAG • 1931
MADCHEN ZUM HEIRATEN • 1932
MARRY ME • 1932
GROSSFURSTIN ALEXANDRA • 1933
WALTZ TIME • 1933
LOTTERY LOVER, THE • 1935
DON'T GET PERSONAL • 1936
JUNGLE PRINCESS, THE • 1936
BEG, BORROW OR STEAL • MATTER OF PRIDE, A • 1937
LONDON BY NIGHT • UMBRELLA MAN, THE • 1937
BAD LITTLE ANGEL • 1939
BRIDAL SUITE • MAIDEN VOYAGE • 1939
GHOST COMES HOME, THE • 1940
TARZAN TRIUMPHS • 1943
TARZAN'S DESERT MYSTERY • TARZAN AGAINST THE SAHARA ○ TARZAN AND THE SHEIK • 1943
MADONNA'S SECRET, THE • 1946
LETZTE FUSSGANGER, DER • 1960
SABINE UND DIE 100 MANNER • 1960

THIELE WILLIAM see **THIELE WILHELM**

THIERRY ALAIN – FRN
BLUE SEX PARTY
EROTIQUES PASSIONS
INTRODUCTION A LA HUSSARDE
PHANTASMES
RAGE PORNO
ORGIES POUR NYMPHOMANES • 1981

THIERY FRITZ – GRM
PRINZESSIN SISSY • 1938

THILTGES JANY – LXM
TERRE ROUGE • RED EARTH • 1988 • SHT

THIMIG HANS – GRM
SO GEFALLST DU MIR • 1941
BRUDERLEIN FEIN • 1942
KLUGE MARIANNE, DIE • 1943
GOLDENE FESSEL, DIE • 1944
UMWEGE ZU DIR • 1944
WIE EIN DIEB IN DER NACHT • HERZENSDIEB, DER • 1945
GOTTES ENGEL SIND UBERBALL • 1948
MARESI • ANGEKLAGTE HAT DAS WORT, DER • 1948
FRUHLINGSSTIMMEN • 1952

THIRE CECIL – BRZ
DIABO MORA NO SANGUE, O • DEVIL LIVES BY BLOOD, THE ○ EVIL LIVES IN THE BLOOD ○ DEVIL IN THE BLOOD • 1968

THIRULOKACHANDAR A. C. see **THIRULOKACHANDER A. C.**

THIRULOKACHANDER A. C. – IND
THIRULOKACHANDAR A. C.
ATHEY KANGAL • AUNT'S DAUGHTER • 1967
ANBALIPPU • GIFT • 1968
ENN THAMBI • MY YOUNGER BROTHER • 1968

THIRULOKACHANDER A. S. – IND
IRU MALARGAL • TWO FLOWERS • 1967

THIRUMALAI – IND
NILAGIRI EXPRESS • 1968
SOAPPU, SEEPPU, KANNADI • SOAP, COMB, MIRROR • 1968

THIRUMALAI-MAHALINGAM – IND
AALAYAM • TEMPLE, THE • 1967

THIRUMUGAM A. – IND
KAATHAL VAHANAM • VEHICLE OF LOVE • 1968

THIRUMUGAM M. A. – IND
THAIKKU THALAIMAGAN • FORTUNATE, THE • 1967
VIVASAAYEE • FARMER • 1967
THER THIRUVIZHU • JOURNEY OF THE CHARIOT • 1968

THOLEN TOM – NTH – c1931–
BACHER
PICKLED LOVE • SHT
TOETS
BAGGER • 1968 • SHT
TOETS-TOUCH-TOUCHE • 1968 • SHT

THOM ROBERT – USA
ANGEL, ANGEL, DOWN WE GO • CULT OF THE DAMNED • 1969

THOMALLA CURT – GRM
STEINACHS FORSCHUNGEN, WISSENSCHAFTLICHE FASSUNG • 1920
STEINACH-FILM, POPULARE FASSUNG, DER • 1922

THOMAS ALBERT see **ALBERTINI BITTO**

THOMAS ANNA – GRM – 1948–
HAUNTING OF M, THE • 1979

THOMAS ANTHONY – USA
THY KINGDOM COME.. THY WILL BE DONE • 1988 • DOC
S.P.O.O.K.S • 1989

THOMAS AUGUSTUS – USA
EDUCATION OF MR. PIPP, THE • 1914
JUNGLE, THE • 1914
NIGHTINGALE, THE • 1914
PAID IN FULL • 1914
SOLDIERS OF FORTUNE • 1914
GARDEN OF LIES, THE • 1915

THOMAS DAVE – CND
STRANGE BREW • 1983
EXPERTS, THE • 1988

THOMAS GAYLE – Animator – CND – 1944–
IT'S SNOW • 1974 • ANM
TAXATION CLIPS • 1974
KLAXON • 1975 • ANM
MAGIC FLUTE, THE • FLUTE MAGIQUE, LA • 1977 • ANM
SUFI TALE, A • CONTE DE SUFI, UN • 1977 • ANM
BOY AND THE SNOW GOOSE, THE • 1984

THOMAS GERALD – UKN – 1920–
CIRCUS FRIENDS • 1956
TIME LOCK • 1957
VICIOUS CIRCLE, THE • CIRCLE, THE (USA) • 1957
CARRY ON SERGEANT • 1958
CHAIN OF EVENTS • 1958
DUKE WORE JEANS, THE • 1958
SOLITARY CHILD, THE • 1958
CARRY ON NURSE • 1959
CARRY ON TEACHER • 1959
PLEASE TURN OVER • 1959
CARRY ON CONSTABLE • 1960
NO KIDDING • BEWARE OF CHILDREN (USA) • 1960
WATCH YOUR STERN • 1960
CARRY ON REGARDLESS • 1961
RAISING THE WIND • ROOMMATES • 1961
CARRY ON CRUISING • 1962
IRON MAIDEN, THE • SWINGIN' MAIDEN, THE (USA) • 1962
TWICE ROUND THE DAFFODILS • 1962
CALL ME A CAB • CARRY ON CABBY • 1963
CARRY ON JACK • CARRY ON VENUS (USA) • 1963
NURSE ON WHEELS • 1963
CARRY ON CLEO • 1964
CARRY ON SPYING • 1964
BIG JOB, THE • 1965
CARRY ON COWBOY • 1965
CARRY ON SCREAMING • 1966
DON'T LOSE YOUR HEAD • CARRY ON DON'T LOSE YOUR HEAD • 1966
CARRY ON DOCTOR • 1967
FOLLOW THAT CAMEL • CARRY ON FOLLOW THAT CAMEL • 1967
CARRY ON.. UP THE KHYBER • 1968
CARRY ON AGAIN, DOCTOR • 1969
CARRY ON CAMPING • 1969
CARRY ON HENRY • CARRY ON HENRY VIII (USA) • 1970
CARRY ON LOVING • 1970
CARRY ON UP THE JUNGLE • 1970
CARRY ON AT YOUR CONVENIENCE • 1971
BLESS THIS HOUSE • 1972
CARRY ON ABROAD • 1972
CARRY ON MATRON • 1972
CARRY ON GIRLS • 1973
CARRY ON DICK • 1974
CARRY ON BEHIND • 1975
CARRY ON ENGLAND • 1976
CARRY ON EMMANNUELLE • 1978
THAT'S CARRY ON • 1978 • CMP
SECOND VICTORY, THE • 1987

THOMAS GLENNA – USA
PARDON ME FOR BEING A BIT DENSE • 1977

THOMAS HOWARD – UKN
WELCOME THE QUEEN! • 1954

THOMAS ISAAC – CND
MAHARISHI • 1984

THOMAS JACK W. – USA
WE'LL BURY YOU • 1962 • DOC

THOMAS JOHN see **KORBER SERGE**

THOMAS JOHN G. – USA
TIN MAN • 1983
BANZAI RUNNER • 1986
ARIZONA HEAT • 1987
MAXIMUM SECURITY • 1989

THOMAS LOWELL – Commentator – USA – 1892–
OUT OF THIS WORLD • 1954 • DOC
SEVEN WONDERS OF THE WORLD • 1956

THOMAS MICHAEL see **DIETRICH ERWIN C.**

THOMAS MICHAEL* – USA
MEAT/RACK • STREET/RACK • 1970

THOMAS P. A. – IND
JEEVIKAN ANUVADHIKKU • LET ME LIVE • 1967
PAVAPPETTAVAL • THAT POOR GIRL • 1967
POSTMAN • 1967

THOMAS PASCAL – FRN – 1945–
ZOZOS, LES • 1973
PLEURE PAS LA BOUCHE PLEINE • DON'T CRY WITH YOUR MOUTH FULL ○ SPRING INTO SUMMER • 1974
CHAUD LAPIN, LE • 1975
NONO NENESSE • 1976
SURPRISE DU CHEF, LA • 1976
OURSIN DANS LA POCHE, UN • 1977
CONFIDENCES POUR CONFIDENCES • HEART TO HEART (USA) • 1978
CELLES QU'ON N'A PAS EUES • 1980
MARIS, LES FEMMES, LES AMANTS, LES • 1988

THOMAS R. L. see **THOMAS RALPH L.**

THOMAS RALPH – UKN – 1915–
HELTER SKELTER • 1949
ONCE UPON A DREAM • 1949
TRAVELLER'S JOY • 1949
CLOUDED YELLOW, THE • 1950
APPOINTMENT WITH VENUS • ISLAND RESCUE (USA) • 1951
VENETIAN BIRD • ASSASSIN, THE (USA) • 1952
DAY TO REMEMBER, A • 1953
DOG AND THE DIAMONDS, THE • 1953
DOCTOR IN THE HOUSE • 1954
MAD ABOUT MEN • 1954
ABOVE US THE WAVES • 1955
DOCTOR AT SEA • 1955
CHECKPOINT • 1956
IRON PETTICOAT, THE • NOT FOR MONEY • 1956
CAMPBELL'S KINGDOM • 1957
DOCTOR AT LARGE • 1957
TALE OF TWO CITIES, A • 1958
WIND CANNOT READ, THE • 1958
UPSTAIRS AND DOWNSTAIRS • 1959
39 STEPS, THE • 1959
CONSPIRACY OF HEARTS • ITALY 1943 • 1960
DOCTOR IN LOVE • 1960
NO LOVE FOR JOHNNIE • 1961
NO, MY DARLING DAUGHTER! • 1961
PAIR OF BRIEFS, A • 1962
WILD AND THE WILLING, THE • YOUNG AND WILLING (USA) ○ YOUNG AND THE WILLING, THE • 1962
DOCTOR IN DISTRESS • 1963
HOT ENOUGH FOR JUNE • AGENT 8 3/4 (USA) • 1963
HIGH BRIGHT SUN, THE • MCGUIRE GO HOME (USA) • 1964
DEADLIER THAN THE MALE • 1966
DOCTOR IN CLOVER • CARNABY M.D. (USA) • 1966
NOBODY RUNS FOREVER • HIGH COMMISSIONER, THE (USA) • 1968
SOME GIRLS DO • 1969
DOCTOR IN TROUBLE • 1970
PERCY • 1970
QUEST FOR LOVE • 1971
IT'S A 2'6" ABOVE THE GROUND WORLD • LOVE BAN, THE • 1972
PERCY'S PROGRESS • IT'S NOT THE SIZE THAT COUNTS! (USA) ○ IT'S NOT SIZE THAT COUNTS • 1974
BIGGEST BANK ROBBERY, THE • NIGHTINGALE SANG IN BERKELEY SQUARE, A • 1980 • TVM

THOMAS RALPH L. – BRZ
THOMAS R. L.
NOBLEST OF CALLINGS, THE VILEST OF TRADES, THE • 1971
TYLER • 1977 • MTV
AMBUSH AT IRIQUOIS POINT • 1979 • TVM
CEMENTHEAD • 1979 • TVM
PAID VACATION, A • 1980 • MTV
TICKET TO HEAVEN • 1981
TERRY FOX STORY, THE • TERRY FOX LE COUREUR DE L'ESPOIR • 1983
CROWD, THE • 1984 • MTV
RAY BRADBURY'S NIGHTMARES VOLUME 2 • 1985
APPRENTICE TO MURDER • LONG LOST FRIEND, THE • 1988
FIRST SEASON, THE • 1990

THOMAS RAMZI – USA
APPOINTMENT WITH FEAR • 1985
ESPIONAGE • 1988

THOMAS RICHARD – USA
LOVE PIRATE, THE • SILENT ACCUSER, THE • 1923
PHANTOM JUSTICE • 1924
TRUTHFUL SEX, THE • WHEN WE ARE MARRIED • 1926
WOMAN WHO WAS FORGOTTEN, THE • 1930

THOMAS RICHARD* – Animator – USA
CUBES OLE • 1970 • ANM

THOMAS ROBERT – FRN – 1928–
BONNE SOUPE, LA • PAPPA REALE, LA (ITL) ◦ CARELESS LOVE • 1964
PATATE • FRIEND OF THE FAMILY (USA) • 1964
FREDDY • JEANNOT LA FRIME • 1978
MON CURE CHEZ LES NUDISTES • 1983
MON CURE CHEZ LES THAILANDAISES • 1983

THOMAS SCOTT – USA
SILENT ASSASSINS • 1987

THOMAS VINCENT see **ALBERTO JUAN**

THOMAS WILLIAM C. – Producer – USA – 1903–
ONE EXCITING NIGHT • MIDNIGHT MANHUNT • 1945
THEY MADE ME A KILLER • 1946
BIG TOWN • GUILTY ASSIGNMENT • 1947
BIG TOWN AFTER DARK • UNDERWORLD AFTER DARK • 1947
I COVER BIG TOWN • I COVER THE UNDERWORLD • 1947
BIG TOWN SCANDAL • UNDERWORLD SCANDAL • 1948
SPECIAL AGENT • 1949

THOMASON HARRY – USA
THOMASON HARRY Z.
ENCOUNTER WITH THE UNKNOWN • 1973
SO SAD ABOUT GLORIA • 1973
GREAT LESTER BOGGS, THE • 1975
DAY IT CAME TO EARTH, THE • 1979

THOMASON HARRY Z. see **THOMASON HARRY**

THOME ANTONIO B. – BRZ
DESEMPREGADOS, OS • IRMAOS SEM CORAGEM, OS • 1972

THOME KARIN – GRM
UBER NACHT • OVER NIGHT • 1973
ALSO ES WAR SO.. • WILLIE –EINE ZAUBERPOSSE ◦ WILLIE AND THE CHINESE CAT ◦ THERE WAS A TIME • 1977

THOME RUDOLF – GRM – 1939–
ANNABELLA • 1969
ROTE SONNE • 1970
RIO GUANIAMO • 1971
SUPERGIRL • 1971
FREMDE STADT • STRANGE TOWN ◦ STRANGE CITY • 1972
MADE IN GERMANY UND U.S.A. • 1974
TAGEBUCH • DIARY • 1975
BESCHREIBUNG EINER INSEL • STUDY OF AN ISLAND ◦ DESCRIPTION OF AN ISLAND • 1979
BERLIN CHAMISSOPLATZ • 1980
MIKROSKOP, DAS • MICROSCOPE, THE • 1988
PHILOSOPHER, THE • 1989

THOMOPOULOS ANDREAS – GRC
IT'S ALRIGHT MA • 1967
ALDEVARAN • 1975
ASYMVIVASTOS • EASY ROAD • 1979
IRRECONCILABLE, THE • 1980

THOMPSON BRETT – USA
NOT SINCE CASANOVA • 1989

THOMPSON DARRELL – USA
CALL OF THE NORTH • 1970 • DOC

THOMPSON DAVID – USA
LIFE'S SHADOWS • 1916
STOLEN TRIUMPH, THE • 1916

THOMPSON DAVID* – UKN
PRE-RAPHAELITE REVOLT, THE • 1967
RAINBOW VERDICT, THE • 1971

THOMPSON ERIC – UKN
POLLUX ET LE CHAT BLEU • DOUGAL AND THE BLUE CAT (UKN) ◦ POLLUX AND THE BLUE CAT • 1970 • ANM

THOMPSON ERIC* – ASL
BUSHFIRE BRIGADE • 1949

THOMPSON ERNEST – USA
1969 • 1988

THOMPSON FRANCIS – USA
N.Y., N.Y. • 1957 • SHT
JASCHA HEIFETZ MASTER CLASS • 1962
TO BE ALIVE • 1962 • SHT
WE ARE YOUNG • 1967 • SHT

THOMPSON FRED see **THOMPSON FREDERICK A.**

THOMPSON FREDERICK see **THOMPSON FREDERICK A.**

THOMPSON FREDERICK A. – USA
THOMPSON FREDERICK • THOMSON FRED • THOMPSON FRED • THOMSON FREDERICK
GOSSIP, THE • 1911
KITTY AND THE COWBOYS • 1911
POLITICIAN'S DREAM, THE • 1911
THEIR CHARMING MAMA • 1911
VENTRILOQUIST'S TRUNK, THE • 1911
ABSENT-MINDED VALET,THE • 1912
ALL FOR A GIRL • 1912
CROSS ROADS, THE • 1912
DR. BRIDGET • 1912
ELEPHANT ON THEIR HANDS, AN • 1912
FRECKLES • 1912
IN THE FURNACE FIRE • 1912
IN THE GARDEN FAIR • 1912
INDIAN MUTINY, THE • 1912
MR. BOLTER'S NIECE • 1912
WHO STOLE BUNNY'S UMBRELLA • 1912
WHO'S TO WIN • 1912
BETTY IN THE LION'S DEN • 1913
BINGLES AND THE CABARET • 1913
BINGLES MENDS THE CLOCK • 1913
BUTTERCUPS • 1913
DANIEL • 1913
DROP OF BLOOD, THE • 1913
ERROR IN KIDNAPPING, AN • 1913
FRUITS OF VENGEANCE, THE • 1913
HE WAITED • 1913
HIS HONOR THE MAYOR • 1913
HUBBY BUYS A BABY • 1913
LADY AND THE GLOVE, THE • 1913
LOCKET, THE • 1913
LOVE'S SUNSET • 1913
MAN HIGHER UP, THE • 1913
MA'S APRON STRINGS • 1913
MR. FORD'S TEMPER • 1913
RIGHT MAN, THE • 1913
STENOGRAPHER'S TROUBLES • 1913
SUSPICIOUS HENRY • 1913
THEIR MUTUAL FRIEND • 1913
THREE BLACK BAGS • 1913
TIGER, THE • 1913
TROUBLESOME DAUGHTERS • 1913
WHIMSICAL THREADS OF DESTINY, THE • 1913
WILD BEASTS AT LARGE • 1913
WONDERFUL STATUE, THE • 1913
CHRISTIAN, THE • 1914
HERO, THE • 1914
IN THE OLD ATTIC • 1914
MISCHIEF MAKER, THE • 1914
SIGN OF THE CROSS, THE • 1914
WARFARE IN THE SKIES • 1914
AFTER DARK • 1915
COUNTRY BOY, THE • 1915
GOOSE GIRL, THE • 1915
HER MOTHER'S SECRET • 1915
WONDERFUL ADVENTURE, A • 1915
CHATTEL, THE • 1916
ENEMY TO THE KING, AN • 1916
FEUD GIRL, THE • 1916
NEARLY A KING • 1916
PARISIAN ROMANCE, A • 1916
SALESLADY, THE • 1916
DANGER TRAIL, THE • 1917
MAN OF MYSTERY, THE • 1917
HOW COULD YOU, CAROLINE? • 1918
MATING, THE • 1918
NYMPH OF THE FOOTHILLS, THE • 1918
WILD PRIMROSE • 1918
MARRIAGE PIT, THE • 1920
HEART LINE, THE • 1921

THOMPSON HARLAN – USA
PAST OF MARY HOLMES, THE • GOOSE WOMAN, THE • 1933
KISS AND MAKE UP • 1934

THOMPSON HARRY – USA
AFTER THE RAIN • PASSAGE, THE • 1989

THOMPSON J. LEE – UKN – 1914–
LEE THOMPSON J.
MURDER WITHOUT CRIME • 1950
YELLOW BALLOON, THE • 1952
WEAK AND THE WICKED, THE • YOUNG AND WILLING (USA) • 1953
FOR BETTER, FOR WORSE • COCKTAILS IN THE KITCHEN (USA) • 1954
ALLIGATOR NAMED DAISY, AN • 1955
AS LONG AS THEY'RE HAPPY • 1955
YIELD TO THE NIGHT • BLONDE SINNER (USA) • 1956
GOOD COMPANIONS, THE • 1957
WOMAN IN A DRESSING GOWN • 1957
ICE COLD IN ALEX • DESERT ATTACK (USA) • 1958
NO TREES IN THE STREET • NO TREE IN THE STREET • 1959
NORTH WEST FRONTIER • FLAME OVER INDIA (USA) • 1959
TIGER BAY • 1959
I AIM AT THE STARS • 1960
CAPE FEAR • 1961
GUNS OF NAVARONE, THE • 1961
TARAS BULBA • 1962
KINGS OF THE SUN • INCA • 1963
WHAT A WAY TO GO! • 1964
JOHN GOLDFARB, PLEASE COME HOME! • 1965
RETURN FROM THE ASHES • 1965
EYE OF THE DEVIL • 13 • 1966
MACKENNA'S GOLD • 1968
BEFORE WINTER COMES • 1969
CHAIRMAN, THE • MOST DANGEROUS MAN IN THE WORLD, THE (UKN) • 1969
COUNTRY DANCE • BROTHERLY LOVE (USA) ◦ SAME SKIN, THE • 1969
CONQUEST OF THE PLANET OF THE APES • 1972
GREAT AMERICAN TRAGEDY, A • 1972 • TVM
BATTLE FOR THE PLANET OF THE APES • 1973
HUCKLEBERRY FINN • 1974
REINCARNATION OF PETER PROUD, THE • 1974
BLUE KNIGHT, THE • 1975 • TVM
ST. IVES • 1976
WHITE BUFFALO, THE • HUNT TO KILL • 1976
WIDOW • 1976 • TVM
GREEK TYCOON, THE • 1978
CABOBLANCO • 1979
PASSAGE, THE • 1979
CODE RED • 1981 • TVM
HAPPY BIRTHDAY TO ME • 1981
EVIL THAT MEN DO, THE • 1983
TEN TO MIDNIGHT • 10 TO MIDNIGHT • 1983
AMBASSADOR, THE • 1984
KING SOLOMON'S MINES • 1984
MURPHY'S LAW • 1986
DEATH WISH 4: THE CRACKDOWN • 1987
FIREWALKER • 1987
MESSENGER OF DEATH • AVENGING ANGELS • 1988
KINJITE • FORBIDDEN SUBJECTS ◦ KINJITE: FORBIDDEN SUBJECTS • 1989

THOMPSON MARCUS – USA
NEAT AND TIDY • 1986 • TVM

THOMPSON MARSHALL – Actor – USA – 1925–
YANK IN VIETNAM, A • YEAR OF THE TIGER, THE • 1964

THOMPSON PALMER – USA
MAKE LIKE A THIEF • 1964

THOMPSON PETER – ASL – 1940–
SURFING YEARS, THE • 1966 • DOC
CARDIN IN AUSTRALIA • 1967 • DOC
FAMILY FACE, A • 1967 • DOC
LESSON IN VISUAL LANGUAGE • 1978–83 • DSS

THOMPSON PHILIP – UKN
L.S. LOWRY 'THE INDUSTRIAL ARTIST' • 1973 • DOC
PLACE CALLED ARDOYNE, A • 1973 • DOC
TOLMERS, BEGINNING OR END? • 1974

THOMPSON ROB – CND
UNDERCURRENTS • 1984

THOMPSON ROBERT C. – USA
BUD AND LOU • 1978 • TVM

THOMPSON TONY – UKN
SWIFT WATER • 1952
CENTURY OF THE BUSES, A • 1957 • DOC
CYCLISTS ABROAD • 1957
TRAVEL GAME, THE • 1958

THOMPSON WALTER – USA
SEVEN WONDERS OF THE WORLD • 1956
CINERAMA –SOUTH SEAS ADVENTURE • SOUTH SEAS ADVENTURE • 1958

THOMPSON WENDY – ASL
DAMSELS BE DAMNED • 1987 • SHT

THOMPSON WILLIAM – USA
NEW ENGLAND VISIONS PAST AND FUTURE • 1976

THOMPSON WILLIAM L. – USA
IRISH GRINGO, THE • 1935

THOMS ALBIE – ASL – 1941–
SPURT OF BLOOD, THE • 1965 • SHT
BLUNDERBALL • 1966 • SHT
MAN AND HIS WORLD • 1966 • SHT
BLUTO • 1967 • SHT
BOLERO • 1967 • SHT
DAVE PERRY • 1968
MARINETTI • 1968
PETFOODS IS A SERIOUS BUSINESS • 1969 • DOC
SUNSHINE CITY • 1973
TRIBUTE TO AMERICA • 1973 • DOC
IN KEY • 1976 • SHT
MOON VIRILITY • 1976 • DOC
RITA AND DUNDI • 1976 • SHT
NEU AUSTRALISCHE FILM • 1977 • DOC
SOMETHING OLD –SOMETHING NEW • 1977 • DOC
PALM BEACH • 1979
SURF MOVIES • AUSTRALIAN SURFING PHENOMENON • 1981 • DOC
BRADMAN ERA, THE • 1983 • DOC
JOHNNY O'KEEFE –THE WILD ONE • 1983 • DOC

THOMSEN CHRISTIAN BRAAD – DNM – 1940–
BRAAD-THOMSEN CHRISTIAN
KAERE IRENE • DEAR IRENE (UKN) • 1971
HERFRA MIN VERDEN GAR • WELL-SPRING OF MY WORLD ◦ WELLSPRING OF MY YOUTH • 1976
SMERTENS BORN • CHILDREN OF PAIN • 1977
DROEMME STOEJER IKKE, NAAR DE DOER • DREAMS DON'T MAKE A NOISE WHEN THEY DIE ◦ DREAMS MAKE NO NOISE WHEN THEY DIE • 1979
KNIVEN I HJERTET • KNIFE IN THE HEART • 1981
KOKS I KULISSEN • WILD IN THE WINGS ◦ LADIES ON THE ROCKS • 1983
MAN ELSKER, DEN • ONE YOU LOVE, THE

THOMSEN KNUD-LEIF see **THOMSEN KNUD LEIF**

THOMSEN KNUD LEIF – DNM – 1924–
THOMSEN KNUD-LEIF
DUEL • 1962
SELVMORDSSKOLEN • SCHOOL FOR SUICIDE ◦ SCHOOL OF SUICIDE • 1964
TINE • 1964
GIFT • VENOM (USA) ◦ POISON • 1966
TRE MAND FREM FOR EN TROLD • THREE MEN LOOK FOR A WITCH ◦ THREE MEN IN SEARCH OF A TROLL • 1967
TROLL AND THE PIXY, THE • 1967
SADAN ER DE ALLE • THEY ALL DO IT (UKN) ◦ THEY ARE ALL LIKE THAT • 1968
MIDT I EN JAZZTID • JAZZ ALL AROUND • 1969
LOGNEREN • LIAR, THE • 1970
HOSEKRAEMMEREN • 1971
CECILIA, A MOORLAND TRAGEDY • 1972
JENTESPRANGET • LINA'S WEDDING • 1973
RAPPORTPIGEN • 1974
BEJLEREN –EN JYSK ROVERHISTORIE • 1975

THOMSON ANDY – Producer – CND – 1946–
BLACKWOOD • 1976 • DOC
IN SEARCH OF FARLEY MOWAT • 1981 • MTV

THOMSON CHRIS – ASL
EMPTY BEACH, THE • 1985
PERFECTIONIST, THE • 1986 • TVM
THREE'S TROUBLE • 1987
MOVING TARGET • 1988 • TVM
DELINQUENTS, THE • 1989

THOMSON DAVID – UKN
DREAMWEAVER • 1968

THOMSON FRED see **THOMPSON FREDERICK A.**

THOMSON FREDERICK see **THOMPSON FREDERICK A.**

THOMSON MARGARET – UKN
CHILDREN GROWING UP WITH OTHER PEOPLE • 1947
CHILDREN LEARNING BY EXPERIENCE • 1947
CHILD'S PLAY • 1954

FRIENDS OF THE FAMILY • 1954 • SHT
CONTINUOUS OBSERVATION • 1955 • SHT

THOMSON RILEY – Animator – USA

PUT-PUT TROUBLES • 1940 • ANS
LITTLE WHIRLWIND, THE • 1941 • ANS
NIFTY NINETIES, THE • 1941 • ANS
ORPHANS' BENEFIT • 1941 • ANS
MICKEY'S BIRTHDAY PARTY • 1942 • ANS
SYMPHONY HOUR • 1942 • ANS

THORLEIFSDOTTIR THORHILDUR – ICL

STELLA I ORLOFI • ICELANDIC SHOCK STATION, THE • 1987

THORN JEAN-PIERRE – FRN – 1947–

DOS AU MUR, LE • 1981 • DOC
INCIDENT CLOS, L' • 1989

THORNBERG BILLY – USA

BLACK SILK STOCKINGS
ECSTASY
FULLFILLMENT
PURELY PHYSICAL • 1982

THORNBERG LEE – USA

HOLLYWOOD HIGH PART II • 1981

THORNBY GEORGE T. – USA

KICK-OUT, THE • 1915

THORNBY R. T. see **THORNBY ROBERT T.**

THORNBY ROBERT see **THORNBY ROBERT T.**

THORNBY ROBERT T. – USA – 1889–

THORNBY R. T. • THORNBY ROBERT

BACK TO EDEN • 1913
BIANCA • 1913
BROKEN MELODY, A • 1913
DADDY'S SOLDIER BOY • 1913
FORTUNE HUNTERS OF HICKSVILLE, THE • 1913
HER FAITH IN THE FLAG • 1913
HIS LORDSHIP, BILLY SMOKE • 1913
HIS SISTER'S KIDS • 1913
LITTLE KAINTUCK • 1913
OUR CHILDREN • 1913
OUTLAW, THE • 1913
PAIR OF PRODIGALS, A • 1913
PASSING OF JOE MARY, THE • 1913
RACE, THE • 1913
SALVATION SAL • 1913
SANDY AND SHORTY WORK TOGETHER • 1913
SANDY GETS SHORTY A JOB • 1913
SLEUTHS UNAWARES • 1913
TANGLED THREADS • 1913
WHEN FRIENDSHIP CEASES • 1913
BACK YARD THEATRE, A • 1914
BOWERY BOYS • 1914
FALSE MOVE, A • 1914
KIDS • 1914
LITTLE BILLY'S CITY COUSIN • 1914
LITTLE BILLY'S STRATEGY • 1914
LITTLE BILLY'S TRIUMPHS • 1914
LITTLE BUGLER, THE • 1914
OLD OAK'S SECRET, THE • 1914
ON THE BEACH • 1914
QUANTRELL'S SON • 1914
RACE, THE • 1914
RETURN OF JACK BELLEW, THE • 1914
SANDY AND SHORTY START SOMETHING • 1914
TOMMY'S TRAMP • 1914
ALMIGHTY DOLLAR, THE • 1916
BROKEN CHAINS • 1916
CRUCIAL TEST, THE • 1916
HER MATERNAL RIGHT • 1916
WOMAN'S POWER, A • CODE OF THE MOUNTAINS, THE • 1916
FAIR BARBARIAN, THE • 1917
FORBIDDEN PATHS • 1917
HOSTAGE, THE • 1917
KISS FOR SUSIE, A • 1917
LITTLE MISS OPTIMIST • 1917
MOLLY ENTANGLED • 1917
ON DANGEROUS GROUND • 1917
FALLEN ANGEL, THE • 1918
LAWLESS LOVE • 1918
LITTLE SISTER OF EVERYBODY, A • 1918
ARE YOU LEGALLY MARRIED? • 1919
CAROLYN OF THE CORNER • 1919
FIGHTING CRESSY • 1919
HER INSPIRATION • KATE OF KENTUCKY • 1919
PRINCE AND BETTY, THE • 1919
ROSE OF THE RIVER • ROSE O' THE RIVER • 1919
WHEN MY SHIP COMES IN • 1919
DEADLIER SEX, THE • 1920
FELIX O'DAY • 1920
GIRL IN THE WEB, THE • SHADOWED • 1920
HALF A CHANCE • 1920
SIMPLE SOULS • 1920
BLAZING TRAIL • 1921
FOX, THE • PARTNERS • 1921
MAGNIFICENT BRUTE, THE • BLOOD BROTHER TO THE PINES • 1921
THAT GIRL MONTANA • 1921
SAGEBRUSH TRAIL, THE • RIDIN' WILD • 1922
TRAP, THE • HEART OF A WOLF • 1922
DRIVIN' FOOL, THE • 1923
GOLD MADNESS • MAN FROM TEN STRIKE, THE • 1923
STORMSWEPT • WRECKAGE • 1923
SPEEDING VENUS, THE • 1926
WEST OF BROADWAY • 1926
YOUNG HOLLYWOOD • 1927

THORNDIKE ANDREW – GRM – 1909–1979

FROM HAMBURG TO STRALSUND • 1949 • DOC
13TH OCTOBER, THE • 1949 • DOC
LEBEN UNSERER PRASIDENTEN, DAS • WILHELM PIECK, THE LIFE OF OUR PRESIDENT ○ LEBEN WILHELM PIECK • 1950 • DOC
WEG NACH OBEN • WAY UP, THE • 1950
MY ZA MIR • WORLD FESTIVAL OF SONG AND DANCE ○ FRIENDSHIP TRIUMPHS (USA) ○ FREUNDSCHAFT SIEGT (GDR) ○ NAPROZOD MLOZIEZY SWIATA ○ WE ARE FOR PEACE ○ WE ARE ALL FOR PEACE • 1951
EXAMINATION, THE • 1952 • DOC
SIEBEN VON RHEIN • SEVEN FROM THE RHINE • 1954
DU UND MANCHER KAMARAD.. • YOU AND OTHER COMRADES ○ GERMAN STORY, THE ○ KRIEG ODER FRIEDEN • 1956
URLAUB AUF SYLT • HOLIDAY ON SYLT • 1957 • DOC
TEUTONENSCHWERT • OPERATION TEUTONIC SWORD • 1958 • DOC
RUSSICHE WUNDER, DAS • RUSSIAN WONDER, THE ○ RUSSIAN MIRACLE, THE • 1963
LIFE IN GERMANY • 1965 • DOC
TITO IN DEUTSCHLAND • 1965
GERMANS, THE • 1968 • DOC
DU BIST MEIN, EIN DEUTSCHES TAGEBUCH • GERMAN DIARY, A • 1969

THORNDIKE ANNELIE – GRM – 1925–

FROM HAMBURG TO STRALSUND • 1949 • DOC
WEG NACH OBEN • WAY UP, THE • 1950
MY ZA MIR • WORLD FESTIVAL OF SONG AND DANCE ○ FRIENDSHIP TRIUMPHS (USA) ○ FREUNDSCHAFT SIEGT (GDR) ○ NAPROZOD MLOZIEZY SWIATA ○ WE ARE FOR PEACE ○ WE ARE ALL FOR PEACE • 1951
EXAMINATION, THE • 1952 • DOC
SIEBEN VON RHEIN • SEVEN FROM THE RHINE • 1954
DU UND MANCHER KAMARAD.. • YOU AND OTHER COMRADES ○ GERMAN STORY, THE ○ KRIEG ODER FRIEDEN • 1956
URLAUB AUF SYLT • HOLIDAY ON SYLT • 1957 • DOC
TEUTONENSCHWERT • OPERATION TEUTONIC SWORD • 1958 • DOC
RUSSICHE WUNDER, DAS • RUSSIAN WONDER, THE ○ RUSSIAN MIRACLE, THE • 1963
LIFE IN GERMANY • 1965 • DOC
TITO IN DEUTSCHLAND • 1965
GERMANS, THE • 1968 • DOC
DU BIST MEIN, EIN DEUTSCHES TAGEBUCH • GERMAN DIARY, A • 1969

THORNHILL MICHAEL – ASL – 1941–

ESPERANCE STORY, THE • 1969 • DOC
LEONARD FRENCH'S STAINED GLASS SCREENS • 1969 • DOC
GIRL FROM THE FAMILY OF MAN, THE • 1970 • SHT
MACHINE GUN, THE • 1971 • SHT
MISTER FIXIT MY DAD • 1971 • DOC
KEVIN AND CHERYL • 1972 • DOC
BETWEEN WARS • 1974
FJ HOLDEN, THE • F.J. HOLDEN, THE • 1977
HARVEST OF HATE • 1979 • TVM
JOURNALIST, THE • 1979
ROBBERY • 1985
EVERLASTING SECRET FAMILY, THE • 1987

THORNLEY JENI – ASL

MAIDENS • 1976

THORNTON DAVID – Animator – USA

GOLDWING • GOLD WING • 1980 • ANM

THORNTON F. MARTIN – UKN

THORNTON MARTIN

ALGY, DID HE DESERVE IT? • 1912
CHILDREN'S THOUGHTS FOR THE FUTURE • AMBITIOUS CHILDREN • 1912
ILLUSTRATED PROVERBS • 1912
IN GOLLYWOG LAND • GOLLYWOG'S MOTOR ACCIDENT (USA) • 1912
INDIAN'S RECOMPENSE, AN • 1912
KNOCKOUT BLOW, THE • 1912
MAKING A MAN OF HIM • 1912
MEPHISTO • 1912
OUTLAW YET A MAN, AN • 1912
ROMANCE OF A ROYALIST MAID, THE • FOR LOVE AND THE KING • 1912
SANTA CLAUS • 1912
SOCIETY PLAYWRIGHT, THE • POTTED PLAYS NO.1 • 1912
TIT FOR TAT • 1912
WHERE THERE'S A WILL THERE'S A WAY • 1912
WHITE MAN'S WAY, A • 1912
BABY, THE • POTTED PLAYS NO.2 • 1913
CHILD OF A SUFFRAGETTE, THE • 1913
FISH AND THE RING, THE • 1913
FISHMONGER'S APPRENTICE, THE • 1913
IN THE DAYS OF ROBIN HOOD • 1913
LOVE AND WAR IN TOYLAND • 1913
TEMPTER, THE • 1913
BRAVO KILTIES! • 1914
BY THE KAISER'S ORDERS • 1914
CHAINED TO THE ENEMY • 1914
DAUGHTER OF BELGIUM, A • 1914
DEAD MEN TELL NO TALES • 1914
DEAD PAST RECALLED, THE • 1914
LITTLE LORD FAUNTLEROY • 1914
LITTLE PICTURE PRODUCER, THE • 1914
LOOTERS OF LIEGE, THE • 1914
LOST COLLAR STUD, THE • 1914
SECOND PENALTY, THE • 1914
WORLD, THE FLESH AND THE DEVIL, THE • 1914
YOUNG BRITON FOILS THE ENEMY • 1914
24 CARAT • 1914
CALL OF THE MOTHERLAND, THE • 1915
FAITH OF A CHILD, THE • 1915
HERO OF THE TRENCHES, A • 1915
JANE SHORE • STRIFE ETERNAL, THE (USA) • 1915
NEW ADVENTURES OF BARON MUNCHAUSEN • 1915
VENGEANCE OF ALLAH, THE • 1915
DIANA AND DESTINY • 1916
MAN WHO BOUGHT LONDON, THE • 1916
HAPPY WARRIOR, THE • 1917
IF THOU WERT BLIND • 1917
LOVE'S OLD SWEET SONG • 1917
GREAT IMPOSTER, THE • 1918
NATURE'S GENTLEMAN • 1918
ROMANY LASS, A • RILKA: OR, THE GYPSY QUEEN • 1918
SPLENDID COWARD, THE • 1918
WHERE'S WATLING? • 1918
KNAVE OF HEARTS, THE • 1919
MAN WHO FORGOT, THE • 1919
POWER OF RIGHT, THE • 1919
WARRIOR STRAIN, THE • 1919
BARS OF IRON • 1920
FLAME, THE • 1920
IRON STAIR, THE • BRANDED SOUL, THE (USA) • 1920
FRAILTY • 1921
GWYNETH OF THE WELSH HILLS • 1921
MY LORD CONCEIT • 1921
PREY OF THE DRAGON, THE • 1921
RIVER OF STARS, THE • 1921
BELONGING • 1922
LAMP IN THE DESERT • 1922
LITTLE BROTHER OF GOD • 1922
MELODY OF DEATH • 1922
SAILOR TRAMP, A • 1922
MUTINY • DIANA OF THE ISLANDS • 1924
WOMEN AND DIAMONDS • 1924

THORNTON JAMES – USA

DOOMSDAY CHRONICLES • 1979

THORNTON MARTIN see **THORNTON F. MARTIN**

THORPE JERRY – USA – 1930–

VENETIAN AFFAIR, THE • 1966
COMPANY OF KILLERS • PROTECTORS, THE ○ HIT TEAM, THE • 1968
DAY OF THE EVIL GUN • 1968
DIAL HOT LINE • 1969 • TVM
LOCK, STOCK AND BARREL • 1970 • TVM
CROSSCURRENT • CABLE CAR MURDER, THE • 1971 • TVM
KUNG FU • 1971 • TVM
SMILE, JENNY, YOU'RE DEAD • 1974 • TVM
ANTONIO AND THE MAYOR • 1975 • TVM
DARK SIDE OF INNOCENCE, THE • 1976 • TVM
I WANT TO KEEP MY BABY! • 1976 • TVM
POSSESSED, THE • 1977 • TVM
QUESTION OF LOVE, A • 1978 • TVM
STICKIN' TOGETHER • 1978 • TVM
LAZARUS SYNDROME, THE • 1979 • TVM
ALL GOD'S CHILDREN • 1980 • TVM
HAPPY ENDINGS • 1983 • TVM
BLOOD & ORCHIDS • BLOOD AND ORCHIDS • 1986 • TVM

THORPE RICHARD – USA – 1896–

THAT'S THAT • 1923 • SHT
THREE O'CLOCK IN THE MORNING • 1923 • SHT
BATTLING BUDDY • 1924 • SHT
BRINGIN' HOME THE BACON • WINTON WAKES UP • 1924
FAST AND FEARLESS • 1924
HARD HITTIN' HAMILTON • 1924
RARIN' TO GO • EAGER TO WORK • 1924
RIP ROARIN' ROBERTS • 1924
ROUGH RIDIN' • 1924
THUNDERING ROMANCE • 1924
WALLOPING WALLACE • RANGE RIDERS OF THE GREAT WILD WEST • 1924 • SHT
DESERT DEMON, THE • 1925
DOUBLE ACTION DANIELS • 1925
FAST FIGHTIN' • 1925 • SHT
FULL SPEED • 1925
GALLOPING ON • 1925
GOLD AND GRIT • 1925
ON THE GO • 1925 • SHT
QUICKER'N LIGHTNIN' • 1925
SADDLE CYCLONES • 1925
STREAK OF LUCK, A • 1925
TEARIN' LOOSE • 1925
BANDIT BUSTER, THE • 1926
BONANZA BUCKAROO, THE • 1926
COLLEGE DAYS • 1926
COMING AN' GOING • 1926
DANGEROUS DUB, THE • 1926
DEUCE HIGH • 1926
DOUBLE DARING • 1926
EASY GOING • 1926
FIGHTING CHEAT, THE • 1926
JOSSELYN'S WIFE • 1926
RAWHIDE • 1926
RIDING RIVALS • 1926
ROARING RIDER • 1926
SPEEDY SPURS • 1926
TRUMPIN' TROUBLE • 1926
TWIN TRIGGERS • TRIGGER TWINS, THE (UKN) • 1926
TWISTED TRIGGERS • 1926
BETWEEN DANGERS • 1927
CYCLONE COWBOY, THE • 1927
DESERT OF THE LOST, THE • 1927
FIRST NIGHT, THE • 1927
GALLOPING GOBS, THE • 1927
INTERFERIN' GENT, THE • 1927
MEDDLIN' STRANGER, THE • 1927
OBLIGIN' BUCKAROO, THE • 1927
PALS IN PERIL • 1927
RIDE 'EM HIGH • 1927
RIDIN' ROWDY, THE • 1927
ROARIN' BRONCS • 1927
SKEDADDLE GOLD • 1927
SODA WATER COWBOY • 1927
TEARIN' INTO TROUBLE • 1927
WHITE PEBBLES • 1927
BALLYHOO BUSTER, THE • 1928
COWBOY CAVALIER, THE • 1928
DESPERATE COURAGE • 1928
FLYING BUCKAROO, THE • 1928 • SHT
SADDLE MATES • 1928
VALLEY OF HUNTED MEN, THE • 1928
VANISHING WEST, THE • 1928 • SRL
VULTURES OF THE SEA • 1928 • SRL
BACHELOR GIRL, THE • 1929
FATAL WARNING, THE • 1929 • SRL
KING OF THE KONGO • 1929 • SRL
BORDER ROMANCE • 1930
DUDE WRANGLER, THE • FEMININE TOUCH (UKN) • 1930
LONE DEFENDER, THE • 1930 • SRL
THOROUGHBRED, THE • RIDING TO WIN (UKN) • 1930
UNDER MONTANA SKIES • 1930
UTAH KID, THE • 1930
WILD HORSE • SILVER DEVIL (UKN) • 1930
WINGS OF ADVENTURE • 1930
BIMI • 1931
DEVIL PLAYS, THE • MURDOCK AFFAIR, THE (UKN) • 1931
GRIEF STREET • STAGE WHISPERS (UKN) • 1931
KING OF THE WILD • 1931 • SRL
LADY FROM NOWHERE, THE • 1931
LAWLESS WOMAN, THE • 1931
NECK AND NECK • 1931
SKY SPIDER, THE • 1931
BEAUTY PARLOR • 1932
CROSS EXAMINATION • 1932
ESCAPADE • DANGEROUS GROUND (UKN) • 1932
FORBIDDEN COMPANY • 1932
FORGOTTEN WOMEN • 1932
KING MURDER, THE • 1932
MIDNIGHT LADY • DREAM MOTHER (UKN) • 1932
MURDER AT DAWN • DEATH RAY, THE (UKN) • 1932
PROBATION • SECOND CHANCE (UKN) • 1932
SLIGHTLY MARRIED • 1932
THRILL OF YOUTH • 1932
FORGOTTEN • 1933

I HAVE LIVED • 1933
LOVE IS DANGEROUS • WOMEN ARE DANGEROUS (UKN) ○ LOVE IS LIKE THAT • 1933
MAN OF SENTIMENT • 1933
NOTORIOUS BUT NICE • 1933
RAINBOW OVER BROADWAY • 1933
SECRETS OF WU SIN • 1933
STRANGE PEOPLE • 1933
WOMEN WON'T TELL • 1933
CHEATING CHEATERS • 1934
CITY PARK • 1934
GREEN EYES • 1934
MURDER ON THE CAMPUS • AT THE STROKE OF NINE (UKN) ○ ON THE STROKE OF NINE • 1934
QUITTER, THE • 1934
STOLEN SWEETS • 1934
LAST OF THE PAGANS • MALA • 1935
SECRET OF THE CHATEAU • 1935
STRANGE WIVES • 1935
DANGEROUS NUMBER • 1936
TARZAN ESCAPES! • CAPTURE OF TARZAN, THE ○ TARZAN RETURNS • 1936
VOICE OF BUGLE ANN, THE • 1936
DOUBLE WEDDING • 1937
LOVE IS A HEADACHE • 1937
MAN-PROOF • FOUR MARYS, THE • 1937
NIGHT MUST FALL • 1937
ADVENTURES OF HUCKLEBERRY FINN, THE • HUCKLEBERRY FINN • 1938
CROWD ROARS, THE • 1938
FIRST HUNDRED YEARS, THE • WOODEN WEDDING • 1938
THREE LOVES HAS NANCY • 1938
TOY WIFE, THE • FROU FROU (UKN) • 1938
EARL OF CHICAGO, THE • 1939
TARZAN FINDS A SON! • TARZAN IN EXILE • 1939
WYOMING • BAD MAN OF WYOMING (UKN) • 1940
20-MULE TEAM • TWENTY-MULE TEAM • 1940
BAD MAN, THE • TWO-GUN CUPID (UKN) • 1941
BARNACLE BILL • 1941
TARZAN'S SECRET TREASURE • 1941
APACHE TRAIL • 1942
JOE SMITH, AMERICAN • HIGHWAY TO FREEDOM (UKN) • 1942
TARZAN'S NEW YORK ADVENTURE • TARZAN AGAINST THE WORLD • 1942
THREE HEARTS FOR JULIA • 1942
WHITE CARGO • 1942
ABOVE SUSPICION • 1943
CRY HAVOC • 1943
THIN MAN GOES HOME, THE • 1944
TWO GIRLS AND A SAILOR • TWO SISTERS AND A SAILOR • 1944
HER HIGHNESS AND THE BELLBOY • 1945
THRILL OF A ROMANCE • 1945
WHAT NEXT, CORPORAL HARGROVE? • 1945
FIESTA • 1947
THIS TIME FOR KEEPS • 1947
DATE WITH JUDY, A • 1948
ON AN ISLAND WITH YOU • 1948
SUN COMES UP, THE • SUN IN THE MORNING • 1948
BIG JACK • 1949
BLACK HAND • KNIFE, THE • 1949
CHALLENGE TO LASSIE • 1949
MALAYA • EAST OF THE RISING SUN (UKN) • 1949
THREE LITTLE WORDS • 1950
VENGEANCE VALLEY • 1950
GREAT CARUSO, THE • 1951
IT'S A BIG COUNTRY • 1951
UNKNOWN MAN, THE • BRADLEY MASEN STORY, THE • 1951
CARBINE WILLIAMS • 1952
IVANHOE • 1952
PRISONER OF ZENDA, THE • 1952
ALL THE BROTHERS WERE VALIANT • 1953
GIRL WHO HAD EVERYTHING, THE • 1953
KNIGHTS OF THE ROUND TABLE • 1953
ATHENA • 1954
STUDENT PRINCE, THE • 1954
PRODIGAL, THE • 1955
ADVENTURES OF QUENTIN DURWARD, THE • QUENTIN DURWARD (USA) • 1956
JAILHOUSE ROCK • 1957
TEN THOUSAND BEDROOMS • 1957
TIP ON A DEAD JOCKEY • TIME FOR ACTION (UKN) • 1957
HOUSE OF THE SEVEN HAWKS, THE • 1959
KILLERS OF KILIMANJARO • 1959
HONEYMOON MACHINE, THE • 1961
TARTARI, I • TARTARS, THE (USA) • 1961
HORIZONTAL LIEUTENANT, THE • 1962
FOLLOW THE BOYS • 1963
FUN IN ACAPULCO • 1963
TRUTH ABOUT SPRING, THE • PIRATES OF SPRING COVE, THE ○ MISS JUDE • 1964
GOLDEN HEAD, THE • 1965
THAT FUNNY FEELING • 1965
LAST CHALLENGE, THE • PISTOLERO OF RED RIVER • PISTOLERO • 1967
SCORPIO LETTERS, THE • 1968 • TVM

THORSEN JENS JORGEN – DNM
STOPFORBUD • 1963 • SHT
HERNING • 1965
STILLE DAGE I CLICHY • QUIET DAYS IN CLICHY (USA) ○ NOT SO QUIET DAYS • 1970
LYS • LIGHT • 1987

THORSTENSON ESPEN – NRW
DAGER FRA 1000 AR • DAYS FROM 1000 YEARS • 1969
IT'S WHEN WE ARE YOUNG, WE'RE GROWING OLD • 1973 • SHT
MORMOR OG DE ATTE UNGENE I BYEN • GRANDMA AND THE EIGHT CHILDREN (USA) ○ GRANDMA AND HER EIGHT GRANDCHILDREN IN THE TOWN • 1976
HUSET I SKOGEN • 1978
MORMOR OG DE ATTE UNGENE I SKOGEN • GRANDMA AND HER EIGHT GRANDCHILDREN IN THE FOREST • 1978
BAK SJU HAV • BEYOND THE SEVEN SEAS • 1989

THOTAWATTE TITUS – SLN
THOTTAWATTA TITUS
MANGALA • 1974
HANDAYA • 1980

THOTTAWATTA TITUS see **THOTAWATTE TITUS**

THOUET PETER M. – GRM
NACHT AM SEE, DIE • 1963

THRING F. W. – Actor – ASL – 1883–1936
THRING FRANK
DIGGERS • 1931
CITIES OF THE EMPIRE • 1931-32 • SER
HIS ROYAL HIGHNESS • HIS LOYAL HIGHNESS (UKN) • 1932
IN THE FUTURE • 1932
OH WHAT A NIGHT • 1932 • SHT
SENTIMENTAL BLOKE • 1932
HARMONY ROW • 1933
CLARA GIBBINGS • 1934
COLLIT'S INN • 1934
SHEEPMATES • 1934
STREETS OF LONDON • 1934
TICKET IN TATTS, A • 1934

THRING FRANK see **THRING F. W.**

THULIN INGRID – Actress – SWD – 1929–
OVERVINTRINGEN • HIVERNALE • 1965
EN OCH EN • ONE AND ONE (UKN) • 1978
BRUSTEN HIMMEL • BROKEN SKY • 1981

THURN-TAXIS ALEXIS – Producer – AUS – 1891–1979
NIGHT OF CRIME, A • 1942
YANKS ARE COMING, THE • 1942
MAN OF COURAGE • 1943
HOLLYWOOD AND VINE • DAISY (THE DOG) GOES HOLLYWOOD (UKN) ○ DAISY GOES HOLLYWOOD • 1945

THYGESEN ERIK – DNM
NADVEREN • 1970

THYS GUY LEE – BLG
PENCIL MURDER • 1983
CRUEL HORIZON • 1989

TIAN ZHUANGZHUANG – CHN
DAOMAZEI • HORSE THIEF • 1985
LIECHANG ZHASA • ON THE HUNTING GROUND • 1985
GUSHU YIREN • TRAVELLING PLAYERS • 1987
YAOGUN QINGNIAN • ROCK KIDS • 1988
DA SHUI • GREAT WATERS • 1989
DATAI LI LIANYING • 1990
FEIFA SHENGMING • 1990

TIBBS CASEY – USA
BORN TO BUCK • 1968 • DOC

TIBET KARTAL – TRK
SULTAN • 1979

TICHAT LEO – AUS
VERWUNDBAREN, DIE • VULNERABLE ONES, THE ○ ENGEL DER LUST ○ ANGEL OF LUST • 1967

TICHAWSKY HEINRICH see **TICHAWSKY HEINZ**

TICHAWSKY HEINZ – GRM – 1924–
TICHAWSKY HEINRICH
SCHLUSSEL UM DEN HALS.., DEN • 1959
ORFF-SCHULWERK, RHYTMISCH-MELODISCHE ERZIEHUNG • 1960
WUNDER VON MAILAND, DAS • MIRACLE OF MILAN, THE • 1967 • DOC
EHE, EIN • 1968
LIEBE, EINE • 1969

TICHENOR HAROLD – USA – 1946–
KATEI SEIKATSU • 1978 • DOC
GYROS: HANDLE WITH CARE • 1979 • DOC
SNOW WAR, THE • 1980 • DOC
INUPIATUN • 1981 • MTV
TO KILL A WOPPINGBIRD • 1985 • DOC

TIE HANG – HKG
CHAOCHOW GUY • 1972

TIEDEMANS CLAUS – GRM
NACKT UND HEISS AUF MYKONOS • SEXUAL EXTASY ○ HIGH SEASON • 1979

TIEN HAN – HKG
ANGRY FIST, THE

T'IEN P'ENG see **ROC T'IEN**

TIGHE FERGUS – IRL
CLASH OF THE ASH, THE • 1987

TIKHOMIROV G. V. – USS
SERF-ACTRESS, A • 1963

TIKHOMIROV ROMAN – USS
IEVGENY ONYEGIN • EUGENE ONEGIN • 1958
CHOLPON -UTRENNYAYA ZVEZDA • MORNING STAR (USA) ○ CHOLPON • 1960
PIKOVAYA DAMA • QUEEN OF SPADES, THE (USA) • 1960
KNYAZ IGOR • PRINCE IGOR • 1970

TILAK RAJ – IND
CHERE PE CHERA • 1978

TILBY WENDY – Animator – CND
TABLES OF CONTENTS • 1987 • ANS

TILDIAN – FRN
MOLIERE • 1955 • SHT

TILGHMAN WILLIAM – USA
BANK ROBBERY, THE • 1908
PASSING OF THE OKLAHOMA OUTLAWS, THE • 1915

TILL ERIC – UKN – 1929–
GREAT BIG THING, A • 1966
HOT MILLIONS • 1968
WALKING STICK, THE • 1970
TALKING TO A STRANGER • 1971
FAN'S NOTES, A • 1972
FOLLOW THE NORTH STAR • 1972
FREEDOM OF THE CITY • 1974
NATIONAL DREAM, THE • 1974 • SER
FIRST NIGHT OF PYGMALION, THE • 1975 • MTV
IT SHOULDN'T HAPPEN TO A VET • ALL THINGS BRIGHT AND BEAUTIFUL (USA) • 1976
NEWCOMERS, THE • 1976-78
BETHUNE • 1977
WILD HORSE HANK • 1978
AMERICAN CHRISTMAS CAROL, AN • 1979 • TVM
MAD SHADOWS • 1979
MARY AND JOSEPH: A STORY OF FAITH • MARY AND JOSEPH • 1979 • TVM
EYE OF THE BEHOLDER • 1980
IF YOU COULD SEE WHAT I HEAR • 1981
IMPROPER CHANNELS • PROPER CHANNELS • 1981
SHOCKTRAUMA • 1982 • TVM
HOME FIRES • 1983 • SER
CASE OF LIBEL, A • 1984 • TVM
GENTLE SINNERS • 1984
GLENN GOULD: A PORTRAIT • 1985 • MTV
TURNING TO STONE • CONCRETE HELL • 1985
GLORY ENOUGH FOR ALL • 1990

TILLEY FRANK – UKN
TILLEY FRANK A.
CURFEW SHALL NOT RING TONIGHT • 1926
DAILY MIRROR COMPETITION FILMS, THE • 1926 • SER
PIED PIPER OF HAMELIN, THE • 1926
PIPES OF LUCKNOW, THE • 1926
WRECK OF THE HESPERUS, THE • 1926

TILLEY FRANK A. see **TILLEY FRANK**

TILMISSANI ABDEL-QADIR AT- – EGY – 1924–
AT-TILMISSANI ABDEL-QADIR
LUTTE DE KARAGEUZ, LA • 1957 • SHT
EGYPTE DE 1952 A 1965, L' • 1965 • SHT
ART DES PAYSANS, L' • 1967 • SHT
QUATORZE SIECLES APRES LE QORAN • 1968 • SHT
DESCRIPTION DE L'EGYPTE • 1972 • SHT
ART STUDIO IN THE VILLAGE • 1973 • SHT
CALLIGRAPHIE ARABE, LA • 1974 • SHT

TILSON LEIGH – ASL
STREET KIDS • 1982 • DOC

TILTON ROGER – USA
JAZZ DANCE • 1954 • SHT
SPIKER • 1986

TIMAR ISTVAN – HNG – 1926–
MOSAIC • 1962 • DOC
VISIT • 1963 • DOC
CRIME • 1964 • DOC

TIMAR PETER – HNG – 1950–
EGESZSEGES EROTIKA • SOUND EROTICISM • 1985
MIELOTT BEFEJEZI ROPTET A DENEVER • BEFORE THE END OF THE BAT'S FLIGHT ○ BEFORE THE BAT'S FLIGHT IS DONE ○ DENEVER MIELOTT BEFEJEZI ROPT • 1988
MOZIKLIP • MOVIE CLIP • 1988
HAGYJATOK ROBINSONT • LEAVE ROBINSON ALONE! ○ ROBINSON • 1989

TIMM PETER – GRM
MEIER • 1986

TIMMINS LESLIE – UKN
THAT'S JAZZ • 1973 • SHT

TIMOER RATNO – MLY
JANGAN KAU TANGISI • DON'T YOU CRY • 1972
KUNTILANAK • VAMPIRE, THE • 1974
DEVIL'S SWORD • 1984

TIMONISHIN A. see **TIMONISHIN ANTON**

TIMONISHIN ANTON – USS
TIMONISHIN A.
ROCKETS MUST NOT TAKE OFF, THE • 1964
IKH ZNALI TOLKO V LITSO • KNOWN ONLY BY SIGHT • 1967
WARSHIPS BLOW UP IN THE PORT • 1967

TIMOSHENKO see **TIMOSHENKO S.**

TIMOSHENKO S. – USS
TIMOSHENKO
NAPOLEON-GAZ • 1925
LEKTRO • ELECTRA • 1927
POBEDITELI NOCHI • VICTORY OF THE NIGHT • 1927
SOIKINA LYUBOV • SOIKIN'S LOVE • 1927
TURBINA NR.3 • TURBINE NO.3 • 1927
SNAIPER • SNIPER • 1932
ISLAND OF DOOM • 1933
GOAL KEEPER • 1937
LENINGRAD MUSIC HALL • 1943
JALOPY OF THE SKIES • 1946
BOYS FROM LENINGRAD, THE • 1955

TINAYRE DANIEL – ARG
CONCIERTO MACABRO • MACABRE CONCERT
DANZA DEL FUEGO • DANCE OF FIRE • 1949
VENDEDORA DE FANTASIAS, LA • SALESLADY OF DREAMS • 1950
PATOTA, LA • TEDDY BOYS • 1961
CIGARRA NO ES UN BICHO, LA • GAMES MEN PLAY, THE (USA) ○ CICADA IS NOT AN INSECT, THE ○ HOTEL, THE • 1963
MARY, LA • 1974

TING CHENG – HKG
TEN BROTHERS OF SHAOLIN • 1979

TING SHAN-HSI – HKG
TING SHAN-SI
BLOOD REINCARNATION • 1974
LIEH SHIH CHI HUA • OPERATION REGINA ○ QUEEN'S RANSOM, A • 1975
TA CH'IEN SHIH-CHIEH • MY WACKY, WACKY WORLD • 1975
PA-PAI CHUANG-SHIH • 800 HEROES • 1977

TING SHAN-SI see **TING SHAN-HSI**

TINGWELL CHARLES – Actor – ASL – 1917–
DEGREES OF CHANGE • 1981 • MTV
WILDE'S DOMAIN • 1982 • MTV

TINKER MARK – USA
PRIVATE EYE • 1987

TINLING JAMES – USA – 1889–1955
VERY CONFIDENTIAL • 1927
DON'T MARRY • 1928
SOFT LIVING • 1928
EXALTED FLAPPER, THE • 1929
TRUE HEAVEN • FALSE COLORS • 1929
WORDS AND MUSIC • 1929
FOR THE LOVE O' LIL • 1930
ONE MAD KISS • 1930
FLOOD, THE • 1931
ARIZONA TO BROADWAY • 1933
JIMMY AND SALLY • 1933
LAST TRAIL, THE • 1933
ULTIMO VARON SOBRE LA TIERRA, EL • LAST MAN ON EARTH, THE • 1933
CALL IT LUCK • 1934
LOVE TIME • 1934
THREE ON A HONEYMOON • 1934
CHARLIE CHAN IN SHANGHAI • 1935
SENORA CASADA NECEISITA MARIDO • MARRIED WOMAN NEEDS A HUSBAND, A • 1935
UNDER THE PAMPAS MOON • 1935
WELCOME HOME • 1935
YOUR UNCLE DUDLEY • 1935
BACK TO NATURE • 1936
CHAMPAGNE CHARLIE • 1936
EDUCATING FATHER • 1936
EVERY SATURDAY NIGHT • 1936
PEPPER • PUBLIC NUISANCE NO.1 • 1936
ANGEL'S HOLIDAY • 1937
GREAT HOSPITAL MYSTERY, THE • 1937
HOLY TERROR, THE • 1937
SING AND BE HAPPY • 1937
45 FATHERS • 1937
CHANGE OF HEART • HEADLINE HUNTRESS • 1938
MR. MOTO'S GAMBLE • 1938
PASSPORT HUSBAND • 1938
SHARPSHOOTERS • 1938
BOY FRIEND • 1939
LAST OF THE DUANES, THE • 1941
LONE STAR RANGER, THE • 1941
RIDERS OF THE PURPLE SAGE • 1941
SUNDOWN JIM • 1942
COSMO JONES -CRIME SMASHER • CRIME SMASHER (UKN) • 1943
DANGEROUS MILLIONS • HOUSE OF TAO LING, THE (UKN) • 1946
DEADLINE FOR MURDER • 1946
RENDEZVOUS 24 • 1946
STRANGE JOURNEY • 1946
ROSES ARE RED • 1947
SECOND CHANCE • 1947
NIGHT WIND • 1948
TROUBLE PREFERRED • 1948
TALES OF ROBIN HOOD • 1951

TINSDALE A. C. – ASL
ROMANCE OF THE BURKE & WILLS EXPEDITION OF 1860, A • 1918
LAUGH ON DAD, THE • 1919
WANTED -A STAR • 1920

TINTERA TOMAS – CZC
PLACHE PRIBEHY • SHY TALES • 1982
HELE, ON LETI! • LOOK, HE'S FLYING! • 1985

TINTNER HANS – GRM
PASAK HOLEK • PIMP • 1929
CYANKALI • 1930
JUGENDGELIEBTE, DIE • GOETHE'S JUGENDGELIEBTE (USA) ○ FRIEDERIKE VON SESENHEIM • 1930
KAISERLIEBCHEN • 1931

TIOULONG BORAMY – FRN – 1940–
BOULEVARD DES ASSASSINS • 1982

TIPPER FRANK – UKN
WORLD OF LITTLE IG, THE • 1962 • ANS

TIRADO WOLFGANG – NCR
GRACIAS A DIOS Y LA REVOLUCION • THANKS TO GOD AND THE REVOLUTION • 1981
GUAMBIANOS • 1982 • DOC

TIRL JIRI – SWD
PISTOLEN • PISTOL, THE • 1974

TIRUMUGAM – IND
NEELAMALI THIRUDAN • BANDIT OF THE BLUE MOUNTAIN • 1957

TIRYAKI SEYFETTIN – TRK
BES ATESLI KADIN • FIVE HOT WOMEN • 1968

TISACHENKO O. – USS
TALE OF THE PRINCE AND THE THREE DOCTORS, THE • 1966 • ANS

TISO CIRIACO – ITL
ANCHE L'ESTASI • PAGINE DI ORRORE QUOTIDIANO • 1978

TISSE EDUARD – Cinematographer – USS – 1897–1961
TISSE EDWARD
FRAUENNOT -FRAUENGLUCK • 1930 • DOC
SOVIET RUSSIA TODAY • 1935
BESSMERTNYI GARNIZON • IMMORTAL GARRISON, THE (USA) ○ BIESSMIERTNYI GARNISON • 1956

TISSE EDWARD see **TISSE EDUARD**

TISSI FELIX – SWT
NOAH UND DER COWBOY
TILL • 1988

TITAYNA – FRN
TU M'ENVERRAS DES CARTES POSTALES • BE SURE AND SEND ME POSTCARDS
INDIENS, NOS FRERES • INDIANS, MY BROTHERS ○ INDIENS, MES FRERES • 1933 • DOC
PROMENADE EN CHINE • WALKING THROUGH CHINA • 1934 • DOC

TITOV V. see **TITOV VICTOR**

TITOV VICTOR – USS
TITOV VIKTOR • TITOV V.
LYUBOV K TREM APELSINAM • LOVE FOR THREE ORANGES • 1970
DAY IN THE LIFE OF DR. KALINNIKOVA, A • 1974
DYEVOCHKA IZ BERYOZOVSKA • GIRL FROM BERYOZOVSK, THE • 1975

TITOV VIKTOR see **TITOV VICTOR**

TO-CHI-QUI – PHL
MR. 8 BALL • 1967
OKEY KA CHOY • YOU'RE O.K. CHAP • 1967
MISTER GIMMICK • 1968

TO JOHNNY – HKG
ALL ABOUT AL-LONG • 1989

TO LO PO see **LEE TSO NAM**

TO MAN PO – HKG
MAGIC CURSE, THE • 1978

TOBACK JAMES – USA – 1944–
FINGERS • 1978
LOVE AND MONEY • 1982
EXPOSED • 1983
PICK-UP ARTIST, THE • 1987
BIG BANG, THE • 1990 • DOC

TOBALINA CARLOS – USA
BENNY TROY
INFRASEXUM • 1969
SEXUAL HEIGHTS
UNDULATIONS
BIG SIN CITY • NOTORIOUS BIG SIN CITY • 1970
DOUBLE INITIATION • 1970
I AM CURIOUS -TAHITI • 1970
TICKLERS, THE
SENSUAL FIRE • 1979
LAS VEGAS GIRLS • 1981
CASANOVA: PART 2 • 1982
FLESH AND LACE: PART 1 • 1983

TOBEROFF MARC – USA
ZOMBIE HIGH • 1987

TOBIAS CHARLES – USA
WAY OF THE WIND, THE • 1976 • DOC

TOBIAS MARICE – USA
SHAPE UP • 1985

TOBIN THOMAS J. – USA
FRATERNITY ROW • 1977

TOBITA YOSHI – JPN
AKAI NIKU • RED FLESH • 1967
YAWAHADA SHIGURE • SHOWER OF TENDER SKIN, A • 1967

TODD ANN – Actress – UKN – 1909–
THUNDER IN HEAVEN • 1966 • DOC
THUNDER OF THE GODS • 1967 • DOC
THUNDER OF SILENCE • 1974 • DOC

TODD J. HUNTER – USA
GOLD GUITAR, THE • 1966

TODD MICHAEL – CND
EDIT, THE • 1986 • SHT

TODINI AMANZIO – ITL
SOLITI IGNOTI VENT'ANNI DOPO • BIG DEAL ON MADONNA STREET TWENTY YEARS AFTER • 1985

TODOROV DIMITER – BUL
WOLF AND THE LAMB, THE • ANM
HEAD MAKES, THE HEAD DRAWS, THE • ANS
REPUBLIC IN THE FOREST, THE • ANM

TODOROV LYUDMIL – BUL
RUNNING DOGS • 1987
LOVE SUMMER OF A SCHLEPP, THE • 1990

TODOROVSKY P. see **TODOROVSKY PETR**

TODOROVSKY PETR – USS
TODOROVSKY PIOTR • TODOROVSKY P.
VERNOST • FAITHFULNESS ○ FIDELITY • 1965
FOKUSNIK • CONJURER • 1968
LAST SACRIFICE, THE • 1975
V DYEN PRAZDNIKA • HOLIDAY • 1980
VOIENNO-POLEVOI ROMAN • FRONT-LINE ROMANCE, A • 1983
INTERGIRL • 1989

TODOROVSKY PIOTR see **TODOROVSKY PETR**

TODOROVSKY PODOR – USS
ENIGMATIC INDIAN, THE • MYSTERIOUS HINDU, A • 1966

TOFANO GILBERTO – ISR
SIEGE • 1969

TOFANO SERGIO – ITL
CENERENTOLA E IL SIGNOR BONAVENTURA • REGINA IN BERLINA, CON BONAVENTURA E CENERENTOLA • 1942
GIAN BURRASCA • 1943
PRINCESS CINDERELLA • 1955

TOFTUM KIM – DNM
TEKNO LOVE • 1988

TOGNAZZI RICKY – ITL
PICCOLO EQUIVOCI • 1988

TOGNAZZI UGO – Actor – ITL – 1922–
MANTENUTO, IL • 1961
FISCHIO AL NASO, IL • SEVENTH FLOOR, THE (USA) ○ WHISTLING IN THE NOSE, THE ○ MAN WITH THE WHISTLING NOSE, THE • 1967
SISSIGNORE • YESSIR! • 1968
CATTIVI PENSIERI • WHO MISLAID MY WIFE? ○ EVIL THOUGHTS • 1976
VIAGGIATORI DELLA SERA, I • TWILIGHT TRAVELLERS • 1979

TOGNOLA JERKO V. – SWT
GRANDE ILLISIONISTA, IL • 1983

TOHAMY FOA'AD AL- see **AL-TOHAMY FOA'AD**

TOKAR NORMAN – Producer – USA – 1920–1979
BIG RED • 1962
SAMMY THE WAY OUT SEAL • 1963
SAVAGE SAM • 1963
TIGER WALKS, A • 1964
THOSE CALLOWAYS • THOSE CRAZY CALLOWAYS • 1965
FOLLOW ME, BOYS • 1966
UGLY DACHSHUND, THE • 1966
HAPPIEST MILLIONAIRE, THE • 1967
HORSE IN THE GREY FLANNEL SUIT, THE • 1968
RASCAL • 1969
BOATNIKS, THE • 1970
SNOWBALL EXPRESS • 1972
WHERE THE RED FERN GROWS • 1974
APPLE DUMPLING GANG, THE • 1975
NO DEPOSIT NO RETURN • 1976
CANDLESHOE • 1977
CAT FROM OUTER SPACE, THE • 1978

TOKATLI ERDOGAN – TRK
ESREFPASALI • 1966
GUNESE KOPRU • BRIDGE TO THE SUN • 1985
72.KOGUS • WARD NO.72 • 1987

TOKIEDA TOSHIE – JPN
YOAKE NO KUNI • REPORT FROM CHINA ○ YOWAKE NO KUNI ○ DAWNING NATION • 1967 • DOC

TOKUNOW ALVIN – USA
BANG BANG • 1970

TOKUS SEYMOUR – USA
MY TALE IS HOT • ALWAYS ON MONDAY ○ MY TALE IS TOLD • 1964

TOLAND GREGG – Dir. photo – USA – 1904–1948
DECEMBER 7TH • 1943 • DOC

TOLBI ABDELAZIZ – ALG – 1937–
ALGER ET L'ALGERIE • 1966
RENDEZ-VOUS AU TROPIQUE DU CANCER • 1968
HOMME AU PILON, L' • 1969
HOMME TRAQUE, L' • 1969
CAGOULE, LA • 1970
CLEF DE L'ENIGME, LA • 1971
NOUA • 1972

TOLEDANO PHILIPPE – FRN – 1938–
FAR FROM DALLAS • 1971
CONTACTO EN CARACAS • CARACAS CONTACT, THE • 1990

TOLEDO PAQUITO – PHL
ALYAS PHANTOM • ALIAS PHANTOM • 1965

TOLEDO SERGIO – BRZ
VERA • 1986
ONE MAN'S WAR • 1989

TOLLEN OTZ – GRM
FAUST IM DUNKEL, DIE • 1919
SCHRECKENSNACHT IM IRRENHAUSE IVOY, DIE • 1919
SCHADEL DER PHARAONENTOCHTER, DER • 1920
SCHWARZE GRAF, DER • 1920
RACHE FUR EDDY • 1929

TOLMAR TAMAS – HNG
ZUHANAS KOZBEN • FALL, THE • 1987
TAVOLLET HERCEGE, A • PRINCE OF ABSENCE, THE • 1989

TOLONEN ASKO – FNL – 1942–
KRISTIINA • 1966 • SHT
KANSIPAIKKA • DECK PASSAGE • 1968 • SHT
SAATANAN SUOMALAINEN • DAMNED FINN • 1973
KESAN MAKU • TASTE OF SUMMER, A • 1975

TOM KONRAD
KSIAZATKO • LOTTERY PRINCE, THE (USA) • 1937
MAMELE • LITTLE MOTHERS (USA) ○ MATECIKA • 1938

TOMAN IVO – CZC – 1924–
TANKOVA BRIGADA • TANK BRIGADE, THE • 1955
HESITANT MARKSMAN, THE • 1957
EVIDENCE: PART 1: BETRAYAL • 1961 • DOC
EVIDENCE: PART 2: VICTORY • 1961 • DOC
FORTRESS ON THE RHINE • 1962
CESTY MUZU • ROADS OF MEN, THE • 1972
SCHUSSE IN MARIENBAD • 1974
VRAK • WRECK, THE • 1983

TOMANEK JAN – CZC
PAN RAZITKO A EDISONI • MR. RUBBER STAMP AND EDISONS • 1980

TOMBLESON RICHARD – UKN
DEADGROUND • 1973

TOMBLIN BARRY – UKN
LOCKER, THE • 1968
SHAFT, THE • 1969

TOMBLIN DAVID – UKN
INVASION UFO • U.F.O. -INVASION U.F.O. • 1980

TOMEI GIULIANO – ITL – 1918–
PROLOGO • 1948
MAGNA GRECIA • 1949
TERRA DI PIRANDELLO • PIRANDELLO'S COUNTRY • 1951
EVA NERA • 1954
ANGELO CUSTODE, L' • 1958
AVVENTURA DEL POLO SUD • 1961
PARADISO DELL'UOMO, IL • GIAPPONE PROIBITO • 1962 • DOC

TOMIC ZIVORAD – YGS
KRALJEVA ZAVRSNICA • KINGS OF ENDINGS • 1987
DIPLOMA ZA SMRT • DEATH DIPLOMA • 1989

TOMIMOTO SOKICHI – JPN
YUME DE ARITAI • IF IT WERE A DREAM • 1962
ONNAGA AISHITE NIKUMUTOKI • SHE CAME FOR LOVE • 1963
KAJITSU NO NAI MORI • FOREST OF NO ESCAPE • 1964
TSUMA NO HI NO AI NO KATAMINI • WHILE YET A WIFE • 1965
DOKUYAKU NO NIOU ONNA • SMELL OF POISON, THE • 1967
YORU NO WANA • TRAP OF THE NIGHT • 1967

TOMITA ISA – JPN
CLEOPATRA, QUEEN OF SEX • 1971 • ANM

TOMITA KASUHIRO – JPN
MARTYR, THE • 1963 • SHT

TOMLINSON LIONEL – Producer – UKN – 1907–
TOMLINSON R. LIONEL • TOMLINSON R. L.
DEATH IN HIGH HEELS • 1947
MY HANDS ARE CLAY • 1948
WHO KILLED VAN LOON? • 1948
TAKE A POWDER • 1953

TOMLINSON R. L. see **TOMLINSON LIONEL**

TOMLINSON R. LIONEL see **TOMLINSON LIONEL**

TOMMASSI VINCENZO – ITL
AMICI PIU DI PRIMA • 1976 • CMP

TOMSON RANDOLPH – Producer – UKN – 1902–
TOMSON RANDOLPH J.
CHORUS GIRL • 1948

TOMSON RANDOLPH J. see **TOMSON RANDOLPH**

TONE FRANCHOT – Actor – USA – 1905–1968
UNCLE VANYA • 1958

TONG TERRY see **TANG JIMING**

TONG WILSON – HKG
DAGGERS

TONIATO MARCO – ITL
AUGH! AUGH! • 1979

TONTICHKIN A. – USS
VOLNYI VETER • FREE WIND • 1961

TONYTON IAN – UKN
WIDOWS • 1983 • MTV

TOONDER MARTEN – Animator – NTH
TOONDER MARTIN
GOUDEN VIS, DE • GOLDEN FISH, THE • 1951 • ANM
CONQUERED PLANET, THE • 1952 • ANS
MOONGLOW • 1955 • ANS

TOONDER MARTIN see **TOONDER MARTEN**

TOPALDGIKOV STEFAN – BUL – 1909–
IN OUR CAVES
IN THE SHADOW OF THE AGES
KOPRIVSHTITSA
NESSEBUR
RADIOGRAPHY • DOC
VEZANI METCHTI • EMBROIDERED DREAMS • 1956
DRAKE • 1958
MAGIC BOX, THE • 1958
MIRCO THE INVISIBLE • MIRKO THE INVISIBLE • 1958 • ANM
HATS DOWN! • 1960
MAGIC HOE, THE • 1960 • ANM
PRAK A DRAK • SLINGSHOT AND THE KITE, THE ○ CATAPAULT AND THE KITE, THE • 1960 • ANS
HAPPY MAN, THE • 1961 • ANS
TOURISTS • 1961
NAUGHTY CHICKEN, THE • 1962 • ANM
BLACKHEAD
THREE HEROES, THE • 1964
SWAN LAKE • 1965

TOPART R. see **TOPART ROBERT**

TOPART ROBERT – FRN – 1920–
TOPART R.
DISPERATI DI CUBA, I • 1970
MUERTE ESCUCHA, LE • DEATH LISTENS • 1970
QUATRE HOMMES AUX POINGS NUS • 1970

TOPOR ROLAND – FRN
SUR LE PLANETE YGAM • ANS

TOPOUZANOV CHRISTO – BUL – 1930–
TOPOUZANOV HRISTO
ATTRACTION • ANS
BOYANA MASTER, THE • 1956 • ANM
NIGHTINGALE'S TAIL, THE • 1959 • ANM
PARADE • 1960 • ANM
EASY-BREEZY SEEKS THE EASY WAY • 1961 • ANM
SILENCE • 1962 • ANS
GUITAR AND THE HOOTER, THE • ANS
PICTURES FROM AN EXHIBITION • 1963 • ANM
CONCERT • 1964 • ANM
MASQUERADE • MASKERADE • 1965 • ANS
SCISSORS AND THE LITTLE BOY, THE • 1965 • ANS
KRAVATA, KOIATO.. • COW THAT.., THE ○ COW WHO.., THE ○ COW WHICH.., THE • 1966
SCISSORS AND THE LITTLE GIRL, THE • 1966 • ANS
I'M FIVE • 1967 • ANM
UROK PO ZIGULKA • VIOLIN LESSON, THE • 1969 • ANS

TOPOUZANOV HRISTO see **TOPOUZANOV CHRISTO**

TOPPER BURT – Producer/writer – USA – 1928–
HELL SQUAD • 1958
WAR HERO • 1958
DIARY OF A HIGH SCHOOL BRIDE • 1959
TANK COMMANDOS • TANK COMMANDO (UKN) • 1959
STRANGLER, THE • 1964
WAR IS HELL • WAR MADNESS ○ WAR HERO • 1964
DEVIL'S 8, THE • 1969
HARD RIDE, THE • 1971
LOVIN' MAN • 1972
DAY THE LORD GOT BUSTED, THE • MIRACLE MAN, THE • 1976

TOR GERALD – FRN
NAKED ISLAND: "THE LAND OF 1001 NUDES" • 1961

TORBERT BRUCE – USA
NOW CINEMA! • 1968 • ANT

TORHONEN LAURI – FNL – 1947–
PALAVA ENKELI • BURNING ANGEL, THE • 1983
RIISUMINEN • UNDRESSING • 1986
TROPIC OF ICE • 1987
AMERIIKAN RAITTI • SHORES OF AMERICA, THE ○ PARADISE AMERICA • 1989

TORII MOTOHIRO – JPN
KYOKAKU NO OKITE • CODE OF CHIVALRY • 1967

TORIJA ALBERTO – VNZ
SALVADOR VALERO • 1973

TORN BERT see **AHLBERG MAC**

TORN RIP – Actor – USA – 1931–
TELEPHONE, THE • 1988

TORNATORE GIUSEPPE – ITL
CAMORRISTA, IL • CAMORRA MEMBER, THE ○ PROFESSOR, THE ○ CAMORRA MAN, THE • 1986
NUOVO CINEMA PARADISO • NEW PARADISE CINEMA • 1988
STANNO TUTTI BENE • THEY'RE ALL FINE • 1990

TORNATORE JOE – USA
ZEBRA FORCE • 1977
CODE NAME: ZEBRA • 1986
CRYSTAL EYE, THE • 1988
GROTESQUE • 1988

TORNBERG FREDDY – DNM
LIV ELLER DOD –ET TEKNOLOGISK VALG • LIFE OR DEATH –A TECHNOLOGICAL CHOICE • 1987 • SHT

TORNE KAMALAKAR – IND
AMHI JATO AMCHYA GAVA • 1968

TORNEY DADASAHEB – IND
NARAD–NARADI • 1941

TORNEY R. G. – IND
MYSTERIOUS PRINCE • 1934

TORO FERNANDO – VNZ
SALVADOR VALERO • 1973

TORRAD RAYMOND see **TORRADO RAMON**

TORRADO RAMON – SPN – 1905–
TORRAD RAYMOND
CAMPEONES • 1942
REY DE LAS FINANZAS, EL • 1944
CASTANUELAS • 1945
EMIGRADO, EL • 1946
MAR ABIERTO • 1946
BOTON DE ANCLA • 1947
SABELA DE CAMBADOS • 1948
RUMBO • 1949
DEBLA, LA VIRGEN GITANA • 1950
NINA DE LA VENTA, LA • 1951
TRINCA DEL AIRE, LA • 1951
CHE, QUE LOCO! • 1952
ESTRELLA DE SIERRA MORENA, LA • 1952
PLUME AU VENT • PLUMA AL VIENTO (SPN) • 1952
ALEGRE CARAVANA, LA • 1953
NADIE LO SABRA • 1953
AMOR SOBRE RUEDAS • 1954
MALVALOCA • 1954
CURRA VELETA • 1955
SUSPIROS DE TRIANA • 1955
FANTASMA LLAMADO AMOR, UN • 1956
HEROES DEL AIRE • 1957
LAVANDERAS DE PORTUGAL • LAVANDIERES DU PORTUGAL, LES (FRN) • 1957
MARIA DE LA O • 1957
SIEMPRE EN LA ARENA • 1957
CARAVANA DE ESCLAVOS • 1958
RUINAS DE BABILONIA, LAS • LOWE VON BABYLON, DER (FRG) • 1959
PASO AL FRENTE, UN • 1960
ELLA Y LOS VETERANOS • 1961
FRAY ESCOBA • 1961
BIENVENIDO, PADRE MURRAY • 1962
CRISTO NEGRO • 1962
CARGA DE LA POLICIA MONTADA, LA • 1964
CUATREROS, LOS • 1964
RELEVO PARA UN PISTOLERO • 1964
BESO EN EL PUERTO, UN • 1965
MI CANCION ES PARA TI • 1965
CLARINES Y CAMPANAS • 1966
CICATRICES, LAS • 1967
LIO EN EL LABORATORIO • 1967
PADRE MANOLO, EL • FATHER MANOLO • 1967
AMOR A TODO GAS • 1968
EDUCANDO A UNA IDIOTA • 1968
CON ELLA LLEGO EL AMOR • 1969
MAS ALLA DEL RIO MINO • 1969
EN UN MUNDO NUEVO • IN THE NEW WORLD • 1971
MONTANA REBELDE, LA • 1971
CABALLEROS DEL BOTON DE ANCLA, LOS • 1972
GUERRERAS VERDES • 1976
PASION INCONFESABLE • 1977

TORRANCE ROBERT – USA
MUTANT ON THE BOUNTY • 1989

della TORRE CLAUDIO – FRN
POUR VIVRE HEUREUX • 1932

TORRE HANS – AUS
FRANZ LEHAR • 1923

TORRE JAVIER – ARG
FIEBRE AMARILLA • YELLOW FEVER • 1981

TORRE NILSSON see **TORRE-NILSSON LEOPOLDO**

TORRE-NILSSON LEOPOLDO – Screenwriter – ARG – 1924–1978
NILSSON LEOPOLDO TORRE • TORRE NILSSON • TOWERS LEO
MURO, EL • WALL, THE • 1947 • SHT
CRIMEN DE ORIBE, EL • ORIBE'S CRIME • 1950
HIJO DEL CRACK, EL • SON OF THE STAR, THE • 1953
DIAS DE ODIO • DAYS OF HATE (USA) ○ DAYS OF HATRED • 1954
TIGRA, LA • TIGRESS, THE • 1954
PARA VESTIR SANTOS • TO CLOTHE THE SAINTS ○ SPINSTERS, THE • 1955
GRACIELA • 1956
PROTEGIDO, EL • PROTEGE, THE • 1956
ARBOLES DE BUENOS AIRES, LOS • 1957 • SHT
CASA DEL ANGEL, LA • HOUSE OF THE ANGEL, THE ○ END OF INNOCENCE • 1957
PRECURSORES DE LA PINTURA ARGENTINA • 1957 • SHT
SEQUESTRADOR, EL • KIDNAPPER, THE ○ SECUESTRADOR, EL • 1958
CAIDA, LA • FALL, THE • 1959
FIN DE FIESTA • PARTY IS OVER, THE ○ BLOOD FEAST • 1960
GUAPO DEL 1900, UN • TOUGH GUY OF 1900 • 1960
MANO EN LA TRAMPA, LA • HAND IN THE TRAP, THE • 1961
PIEL DE VERANO • SUMMER SKIN • 1961
SETENTA VECES SIETE • FEMALE: SEVENTY TIMES SEVEN (USA) ○ SEVENTY TIMES SEVEN ○ FEMALE, THE • 1962
TERRAZA, LA • TERRACE, THE (USA) ○ ROOF GARDEN, THE • 1963
HOMENAJE A LA HORA DE LA SIESTA • FOUR WOMEN FOR ONE HERO (UKN) ○ HOMAGE AT SIESTA TIME • 1964
OJO DE LA CERRAUDURA, EL • EAVESDROPPER, THE (UKN) • 1964
CAVAR UN FOSO • TO DIG A PIT • 1966
CHICA DEL LUNES, LA • MONDAY'S CHILD (USA) • 1967
TRAIDORES DE SAN ANGEL, LOS • TRAITORS OF SAN ANGEL, THE • 1967
MARTIN FIERRO • 1968
SANTO DE LA ESPADA, EL • KNIGHT OF THE SWORD, THE • 1970
GUEMES –LA TIERRA EN ARMAS • GUEMES –LAND IN ARMS • 1972
MAFFIA, LA • MAFIA (UKN) • 1972
SIETE LOCOS, LOS • SEVEN MAD MEN (USA) ○ SEVEN MADMEN, THE • 1973
BOQUITAS PINTADAS • PAINTED LIPS • 1974
GUERRA DEL CERDO, LA • DIARIO DE LA GUERRA DEL CERDO ○ DIARY OF THE PIG WAR ○ PIG WAR, THE • 1975
PIBE CABEZA, EL • BIG-HEAD KID • 1975
PIEDRA LIBRE • HIDE AND SEEK ○ FREE FOR ALL • 1976

de la TORRE RAUL – ARG
CRONICA DE UNA SENORA • CHRONICLE OF A LADY • 1972
HEROINA • HEROINE • 1972
REVOLUCION, LA • REVOLUTION, THE • 1973
SOLA • ALONE • 1976
INFIERNO TAN TEMIDO, EL • THAT MUCH–DREADED HELL • 1980
PUBIS ANGELICAL • 1982
POBRE MARIPOSA • POOR BUTTERFLY • 1986
COLOR ESCONDIDO • HIDDEN COLOUR • 1987

TORRE-RIOS LEOPOLDO see **TORRES-RIOS LEOPOLDO**

TORRECILLA RAFAEL – SPN – 1927–
CRISTO • 1953
CIUDAD PERDIDA, LA • 1954
TERRORISTI A MADRID • 1954
GATA, LA • 1955

TORRENT HENRI – FRN – 1922–
ANNEES FOLLES, LES • 1960
MEMOIRE COURTE, LA • 1961
NEW YORK • 1961 • SHT

TORRES – MXC
VIDA CAMBIA, LA • 1975

TORRES DANIEL – CUB
JIBARO • WILD DOG • 1985

TORRES FINA – VNZ
ORIANA • 1986

TORRES JUAN MANUEL – MXC
OTRA VIRGINIDAD, LA • OTHER VIRGINITY, THE • 1974

TORRES MANUEL – SPN
ESCALADA DE LA MUERTE, LA • 1965
HUIDA EN LA FRONTERA • 1966
AVENTURA EN EL PALACIO VIEJO • 1967

TORRES MAR S. – PHL
BUKOD KANG PINAGPALA • 1967
BUS STOP • 1967
CINDERELLA A-GO-G0 • 1967
DOUBLE DATE • 1967
HINANGO KITA SA LUSAK • I TOOK YOU FROM THE MIRE • 1967
PANGARAP KO'Y IKAW, ANG • YOU'RE MY DREAM • 1967
TO LOVE AGAIN • 1967
VALENTINE WEDDING • 1967
WAY OUT IN THE COUNTRY • 1967
DALAWANG MUKHA NG ANGHEL • TWO FACES OF AN ANGEL • 1968
IKAW AY AKIN, AKO AY SA IYO • YOU'RE MINE, I'M YOURS • 1968
MAGIC GUITAR • 1968
MAY TAMPUHAN, PAMINSAN-MINSAN • LOVERS' PETTY QUARRELS • 1968
PITONG KRUS NG ISANG INA • SEVEN HEADACHES OF A MOTHER • 1968
JINKEE • 1969

TORRES MIGUEL – CUB
MANIOBRAS • MANOEUVRES • 1970
LEY DE MACHETE, LA • LAW OF THE MACHETE, THE • 1971
PURA SANGRE • PURE BLOOD • 1982
VENIR AL MUNDO • COMING ALIVE • 1989

TORRES MIGUEL CONTRERAS see **CONTRERAS TORRES MIGUEL**

TORRES OSCAR – CUB
REALANGO 18 • 1963

TORRES RICARDO – SPN – 1910–
AGUA SANGRIENTA • 1952

TORRES-RIOS LEOPOLDO – ARG – 1899–1960
TORRE-RIOS LEOPOLDO
CONVENTILLO DE LA PALOMA, EL • 1936
LO QUE LE PASO A REYNOSO • 1937
ADIOS BUENOS AIRES • 1938
ESTANCIA DEL GAUCHO CRUZ, LA • 1938
VUELTA AL NIDO, LA • 1938
PAGARES DE MENDIETA, LOS • 1939
SOBRETODO DE CESPEDES, EL • 1939
LUZ DE UN FOSFORO, LA • 1940
SINVERGUENZA • 1940
MOZO NO.13, EL • 1941
COMISARIO DE TRANCO LARGO, EL • 1942
GACHO • 1942
DANZA DE LA FORTUNA, LA • 1944
JUEGO DEL AMOR Y DEL AZAR, EL • 1944
TIA DE CARLOS, LA • 1946
HOMBRE DEL SABADO, EL • 1947
SANTOS VEGA VUELVE • 1947
PELOTA DE TRAPO • 1948
ROMANCE SIN PALABRAS • 1948
HIJO DE LA CALLE, EL • 1949
NIETO SE CONGREVE, EL • 1949
CRIMEN DE ORIBE, EL • ORIBE'S CRIME • 1950
REGRESO, EL • 1950
ENCRUDIJADA, LA • 1951
HIJO DEL CRACK, EL • SON OF THE STAR, THE • 1953

TORRICELLA EDOARDO – ITL
VITA NOVA, LA • 1975
ESPERIMENTO • 1978

TORRINI CINZIA TH. – ITL
GIOCARE D'AZZARDO • GAME OF CHANCE • 1983
HOTEL COLONIAL • 1987

TORS IVAN – Producer – HNG – 1916–1983
RHINO! • 1964
ZEBRA IN THE KITCHEN • 1965
GALYON • GALYON: THE INDESTRUCTIBLE MAN ○ GAYLON

TORSTAD TOR M. – NRW
NATSEILERE • NIGHT VOYAGE • 1985

TOSCANO BRUCE – USA
JAR, THE • 1984

TOSCANO CARMEN – MXC
MEMORIAS DE UN MEXICANO • MEMOIRS OF A MEXICAN • 1950 • DOC

TOSCANO SALVADOR see **BARRAGAN SALVADOR TOSCANO**

TOSHEVA NEVENA – BUL – 1922–
THREE TEACHERS • 1962 • DOC
SKETCH, A • 1963 • DOC
INTERNATIONAL BALLET COMPETITION -VARNA • 1964 • DOC
VILLAGE OF YASTREBINO • 1965 • DOC
BULGARIA, LAND, PEOPLE, SUN • 1966 • DOC
MAN FOR MAN, A • 1966 • DOC
AM I SO BAD? • 1967 • DOC
OUR HOLIDAY • 1967 • DOC
ATTENDING PHYSICIAN • 1986 • DOC
IN THE ARTIST'S STUDIO • 1986 • DOC
KRUSTYO RAKOVSKI • 1990

TOSHIYUKI MICHAEL – USA
WAR STORY 2 • VIETNAM WAR STORY 2 ○ VIETNAM WAR STORY • 1989

TOSINI PINO – ITL
REVENGE • 1969
BOCCHE CUCITE • 1970
CASA DELLE MELE MATURE, LA • 1971
FRATELLO LADRO • 1972
RACCONTI ROMANI DI UN'EX NOVIZIA • 1973
PRETE SCOMODO, UN • 1976
DONNA DI SECONDA MANO, UNA • 1977

TOSTARY ALFRED – GRM
FLIEGENDE TOD, DER • 1920
KONNEN GEDANKEN TOTEN? • 1920
FREMDE AUS DER ELSTERGASSE, DIE • 1921
MINDERJAHRIGE, DIE • 1921

TOTA MARIO – ITL
SOLIMANO IL CONQUISTATORE • SOLIMANO IL CONQUISTATORE (YGS) ○ SULEIMAN THE CONQUEROR (USA) • 1961

TOTH JANUS – HNG
BIZONYOS JOSLATOK • CERTAIN PROPHESIES • 1968 • ANS

TOTI GIANNI – ITL – 1924–
...E DI SHAUL E DEI SICARI SULLA VIA DI DAMASCO • 1974

TOTTEN JOSEPH BYRON – USA
BLINDNESS OF VIRTUE, THE • 1915
BOYS WILL BE BOYS • 1915
CALL OF THE SEA, THE • 1915
HEARTS AND ROSES • 1915
LIEUTENANT GOVERNOR, THE • 1915
LIGHTHOUSE BY THE SEA, THE • 1915
LITTLE STRAW WIFE, THE • 1915
MANSION OF TRAGEDY, A • 1915
MR. BUTTLES • 1915
PRISONER OF THE BAR, THE • 1915
VILLAGE HOMESTEAD, THE • 1915
CHURCH WITH AN OVERSHOT WHEEL, THE • 1919 • SHT
DAY RESURGENT, THE • 1920 • SHT
DREAM, THE • 1920 • SHT
WHILE THE AUTO WAITS • 1920 • SHT

TOTTEN LESTER – USA
THIRTEEN DOWN • 1915

TOTTEN ROBERT – USA – 1937–
QUICK AND THE DEAD, THE • 1963
RIDE A NORTHBOUND HORSE • 1969 • TVM
WILD COUNTRY, THE • 1971
IN DRACULA'S CASTLE • MYSTERY IN DRACULA'S CASTLE • 1973
RED PONY, THE • 1973 • TVM
HUCKLEBERRY FINN • 1975 • TVM
PONY EXPRESS RIDER • 1976
SACKETTS, THE • DAYBREAKERS, THE ○ LOUIS L'AMOUR'S THE SACKETTS • 1979 • TVM
DARK BEFORE DAWN • 1989

TOTWEN EWA – Animator – PLN
COMMUNE, A • 1954 • ANM

TOTWEN OLGA – Animator – PLN
COMMUNE EFFORT, A • 1953 • ANM
COMMUNE, A • 1954 • ANM

TOUBLANC-MICHEL BERNARD – FRN – 1927–
MICHEL BERNARD T.
AME D'ARGILE • 1955 • SHT
CHAMP DU POSSIBLE, LE • 1962 • SHT
DIFFICULTE D'ETRE INFIDELE, LA • PIACERI CONIUGALI, I (ITL) • 1963
BAISERS, LES • VOGLIA MATTA DI DONNA (ITL) • 1964
CINQ GARS POUR SINGAPOUR • CINQUE MARINES PER SINGAPORE (ITL) ○ SINGAPORE, SINGAPORE (USA) ○ FIVE ASHORE IN SINGAPORE • 1967
ADOLPHE OU L'AGE TENDRE • TENDER AGE, THE (UKN) ○ ADOLPHE OR THE AWKARD AGE • 1968
PETIT BOUGNAT, LE • 1969
MALIN PLAISIR, LE • 1974

TOUCHARD PIERRE-AIME – FRN – 1903–
MAISON DE MOLIERE, LA • 1955 • SHT
IMAGES DE BAUDELAIRE • 1959 • SHT

TOUGAS KIRK – Cinematographer – CND – 1949–
RETURN TO DEPARTURE • 1987

TOUGH DAVE see **FRANCO JESUS**

TOUITA OKACHA – FRN – 1943–
SACRIFIES, LES • 1982

TOULOUBIEVA Z. – USS
ALONG THE RIVER KAMA • DOC
SWAN LAKE

TOULOUT JEAN – FRN – 1885–1962
TAMPON DU CAPISTON, LE • 1930
REINE DE BIARRITZ, LA • 1934

TOURANE JEAN – FRN – 1919–
SATURNIN ET COMPAGNIE • SHT
SATURNIN ET LE VACA VACA
TAITANFRICHES, LES • ANS
CHAT, LE BELETTE ET LE PETIT LAPIN, LE • CAT, THE WEASEL AND THE LITTLE RABBIT, THE • SHT
FEE PAS COMME LES AUTRES, UNE • SECRET OF MAGIC ISLAND, THE (USA) ○ PAESE DI PAPERINO, IL ○ SECRET OF OUTER SPACE ISLAND ○ ONCE UPON A TIME • 1956 • ANM

TOURE KITIA – IVC
COMEDIE EXOTIQUE • 1984
TEN COMMANDMENTS, THE • 1988

TOURELL WAYNE – NZL
HANLON: IN DEFENCE OF MINNIE DEAN • DEFENCE OF MINNIE DEAN, THE • 1984 • TVM

TOURINE VICTOR see **TURIN VICTOR**

TOURJANSKY VICTOR – USS – 1892–1976
TOURJANSKY VIKTOR • TURZHANSKY V. • TOURJANSKY WENCESLAV
BRAT'JA KARAMAZOVY • BROTHERS KARAMAZOV, THE • 1914
SIMFONIJA LJUBVI ISMERTI • SYMPHONY OF LOVE AND DEATH • 1914
KAK KUBYSKIN STAL KINOAKTEROM • 1915
LJUBOV' POD MASKOJ • 1915
MAGARAZ • 1915
SKAZKA MORTA • 1915
ZAGROBNAYA SKITALITSA • WANDERER BEYOND THE GRAVE • 1915
ZENSCINAVAMPIR • 1915
OSTROV ZABVENNYA • ISLE OF OBLIVION (USA) • 1917
PRAZDNIK NOCI • 1917
YVETTE • 1917
OBMANUTAJA EVA • 1918
SKERTSO DIAVOLA • 1918
SUROGATY LYUBVI • 1918
BALGOSPODEN • 1919
IRENE NEGLUDOV • 1919
CONTES DES MILLE ET UNE NUITS, LES • TALES OF A THOUSAND AND ONE NIGHTS, THE (USA) • 1921
ORDONNANCE, L' • 1921
NUIT DE CARNAVAL • 1922
15e, PRELUDE DE CHOPIN, LE • 1922
CALVAIRE D'AMOUR • 1923
CHANT DE L'AMOUR TRIOMPHANT, LE • 1923
CE COCHON DE MORIN • 1924
DAME MASQUEE, LA • 1924
PRINCE CHARMANT, LE • 1924
MICHEL STROGOFF • MICHAEL STROGOFF (USA) • 1926
ADVENTURER, THE • GALLANT GRINGO, THE (UKN) • 1928
VOLGA, VOLGA • WOLGA, WOLGA • 1928
MANOLESCU • KONIG DER HOCHSTAPLER, DER • 1929
AIGLON, L' • 1931
CHANTEUR INCONNU, LE • 1931
HERZOG VON REICHSTADT, DER • 1931
HOTEL DES ETUDIANTS • 1932
ORDONNANCE, L' • ORDERLY, THE (USA) ○ HELENE • 1933
VOLGA EN FLAMMES • VOLHA V PLAMENECH (CZC) ○ VOLGA EN FEU ○ FLAMES ON THE VOLGA • 1933
GANZE WELT DREHT SICH UM LIEBE, DIE • WORLD'S IN LOVE, THE (USA) ○ LIEBESMELODIE • 1935
YEUX NOIRS, LES • DARK EYES (USA) ○ BLACK EYES • 1935
PEUR, LA • VERTIGE D'UN SOIR • 1936
PUITS EN FLAMMES • VILLE ANATOL ○ ANNAPOLI • 1936
STADT ANATOL • KAMPF UM DAS FLUSSIGE GOLD: OL • 1936
MENSONGE DE NINA PETROVNA, LA • LIE OF NINA PETROVNA, THE (USA) ○ NINA PETROVNA • 1937
NOSTALGIE • POSTMASTER'S DAUGHTER, THE • 1937
BLAUFUCHS, DER • BLUE FOX (USA) • 1938
GEHEIMZEICHEN LB17 • 1938
VERKLUNGENE MELODIE • DEAD MELODY (USA) • 1938
FRAU WIE DU, EINE • 1939
GOUVERNEUR, DER • 1939
FEINDE • 1940
KEUSCHE GELIEBTE, DIE • 1940
ILLUSION • 1941
GOLDENE BRUCKE, DIE • 1942
LIEBESGESCHICHTEN • 1943
TONELLI • 1943
ORIENTEXPRESS • 1944
DREIMAL KOMODIE • LIEBESWIRBEL • 1945
SI TE HUBIERAS CASADA • 1948
BLAUE STROHUT, DER • 1949
MANN, DER ZWEIMAL LEBEN WOLLTE, DER • 1950
VOM TEUFEL GEJAGT • CHASED BY THE DEVIL • 1950
...MUTTER SEIN DAGEGEN SEHR • 1951
ARLETTE EROBERT PARIS • 1953
EHE FUR EINE NACHT • 1953
SALTO MORTALE • 1953
MORGENGRAUEN • 1954
KONIGSWALZER • 1955
TOTENINSEL, DIE • 1955
BEICHTGEHEIMNIS • 1956
VENERE DI CHERONEA, LA • APHRODITE DEESSE DE L'AMOUR (FRN) ○ GODDESS OF LOVE, THE • 1957
ERODE IL GRANDE • HEROD THE GREAT (USA) • 1958
HERZ OHNE GNADE • 1958
BATTELLIERI DEL VOLGA, I • PRISONER OF THE VOLGA (USA) ○ BOATMEN, THE (UKN) • 1959
COSSACHI, I • COSSAQUES, LES (FRN) ○ COSSACKS, THE • 1960
DONNA DEI FARAOINI, LA • PHARAOHS' WOMAN, THE (USA) • 1960
TRIOMPHE DE MICHEL STROGOFF, LE • TRIUMPH OF MICHAEL STROGOFF, THE (UKN) ○ MICHEL STROGOFF • 1961
REGINA PER CESARE, UNA • QUEEN FOR CAESAR, A (USA) • 1963

TOURJANSKY VIKTOR see **TOURJANSKY VICTOR**

TOURJANSKY WENCESLAV see **TOURJANSKY VICTOR**

TOURNEUR JACQUES – FRN – 1904–1977
TOUT CA NE VAUT PAS L'AMOUR • VIEUX GARCON, UN • 1931
POUR ETRE AIME • 1933
TOTO • 1933
FILLES DE LA CONCIERGE, LES • TROIS FILLES DE LA CONCIERGE, LES • 1934
HARNESSED RHYTHM • 1936 • SHT
JONKER DIAMOND • 1936 • SHT
KILLER DOG • 1936 • SHT
MASTER WILL SHAKESPEARE • 1936 • SHT
BOSS DIDN'T SAY GOOD MORNING, THE • 1937 • SHT
GRAND BOUNCE • 1937 • SHT
KING WITHOUT A CROWN, THE • 1937 • SHT
MAN IN THE BARN, THE • 1937 • SHT
RAINBOW PASS, THE • 1937 • SHT
ROMANCE OF RADIUM, THE • 1937 • SHT
WHAT DO YOU THINK? • 1937 • SHS
FACE BEHIND THE MASK, THE • 1938 • SHT
SHIP THAT DIED, THE • 1938 • SHT
STRANGE GLORY • 1938 • SHT
THINK IT OVER • 1938 • SHT
TUPAPOO • WHAT DO YOU THINK? • 1938 • SHT
NICK CARTER, MASTER DETECTIVE • 1939
THEY ALL COME OUT • 1939
YANKEE DOODLE GOES TO TOWN • 1939 • SHT
PHANTOM RAIDERS • 1940
DOCTORS DON'T TELL • 1941
CAT PEOPLE • 1942
INCREDIBLE STRANGER, THE • 1942 • SHT
MAGIC ALPHABET, THE • 1942 • SHT
I WALKED WITH A ZOMBIE • 1943
LEOPARD MAN, THE • 1943
DAYS OF GLORY • 1944

EXPERIMENT PERILOUS • 1944
CANYON PASSAGE • 1946
OUT OF THE PAST • BUILD MY GALLOWS HIGH (UKN) • 1947
BERLIN EXPRESS • 1948
EASY LIVING • INTERFERENCE • 1949
FLAME AND THE ARROW, THE • 1950
STARS IN MY CROWN • 1950
ANNE OF THE INDIES • 1951
CIRCLE OF DANGER • WHITE HEATHER • 1951
WAY OF A GAUCHO • 1952
APPOINTMENT IN HONDURAS • 1953
STRANGER ON HORSEBACK • 1955
WICHITA • 1955
GREAT DAY IN THE MORNING • 1956
NIGHTFALL • 1956
NIGHT OF THE DEMON • CURSE OF THE DEMON (USA) ○ HAUNTED • 1957
FEARMAKERS, THE • 1958
BATTAGLIA DI MARATONA, LA • GIANT OF MARATHON, THE (UKN) ○ BATTLE OF MARATHON, THE • 1959
FRONTIER RANGERS • 1959 • MTV
FURY RIVER • 1959 • MTV
MISSION OF DANGER • 1959 • MTV
TIMBUKTU • 1959
COMEDY OF TERRORS, THE • GRAVESIDE STORY, THE • 1963
CITY UNDER THE SEA, THE • WAR-GODS OF THE DEEP (USA) ○ CITY IN THE SEA • 1965

TOURNEUR MAURICE – FRN – 1876-1961
FIGURES DE CIRE • HOMME AUX FIGURES DE CIRE, L' ○ MAN WITH WAX FACES, THE • 1912
FRIQUET, LE • 1912
JEAN DE POUDRE • JEAN LA POUDRE • 1912
ROULETABILLE 1 • MYSTERE DE LA CHAMBRE JAUNE, LE • 1912
ROULETABILLE 2 • DERNIERE INCARNATION DE LARSAN, LA • 1912
SYSTEME DU DOCTEUR GOUDRON ET DU PROFESSEUR PLUME, LE • LUNATICS, THE (USA) • 1912
CAMEE, LE • 1913
CORSO ROUGE, LE • CORSEAU ROUGE, LE • 1913
DAME DE MONTSOREAU, LA • 1913
DERNIER PARDON, LE • 1913
GAIETES DE L'ESCADRON, LES • 1913
MADEMOISELLE 100 MILLIONS • 1913
PUITS MITOYEN, LES • 1913
SOEURETTE • 1913
MAN OF THE HOUR, THE • 1914
MONSIEUR LECOQ • 1914
MOTHER • 1914
WISHING RING, THE • 1914
ALIAS JIMMY VALENTINE • 1915
BUTTERFLY ON THE WHEEL, A • 1915
CUB, THE • 1915
IVORY SNUFF BOX, THE • 1915
PIT, THE • 1915
TRILBY • 1915
CLOSED ROAD, THE • 1916
HAND OF PERIL, THE • 1916
HUMAN DRIFTWOOD • 1916
PAWN OF FATE, THE • GENIUS -PIERRE, THE • 1916
RAIL RIDER, THE • 1916
VELVET PAW, THE • 1916
BARBARY SHEEP • 1917
EXILE • 1917
GIRL'S FOLLY, A • 1917
LAW OF THE LAND, THE • 1917
POOR LITTLE RICH GIRL, A • 1917
PRIDE OF THE CLAN • 1917
RISE OF JENNIE CUSHING, THE • RISE OF JENNY CUSHING, THE • 1917
UNDYING FLAME, THE • 1917
WHIP, THE • 1917
BLUEBIRD, THE • BLUE BIRD, THE • 1918
DOLL'S HOUSE, A • 1918
PRUNELLA • 1918
ROSE OF THE WORLD • 1918
SPORTING LIFE • 1918
BROKEN BUTTERFLY, THE • 1919
LIFE LINE, THE • ROMANY RYE • 1919
VICTORY • 1919
WHITE HEATHER, THE • 1919
WOMAN • 1919
COUNTY FAIR, THE • 1920
DEEP WATERS • CALEB WEST, MASTER DIVER • 1920
GREAT REDEEMER, THE • 1920
LAST OF THE MOHICANS, THE • 1920
MY LADY'S GARTER • 1920
TREASURE ISLAND • 1920
WHITE CIRCLE, THE • 1920
BAIT, THE • HUMAN BAIT • 1921
FOOLISH MATRONS, THE • IS MARRIAGE A FAILURE? (UKN) • 1921
LORNA DOONE • 1922
BRASS BOTTLE, THE • 1923
CHRISTIAN, THE • 1923
ISLE OF LOST SHIPS, THE • 1923
JEALOUS HUSBANDS • JEALOUS FOOLS • 1923
WHILE PARIS SLEEPS • GLORY OF LOVE, THE • 1923
TORMENT • 1924
WHITE MOTH, THE • 1924
CLOTHES MAKE THE PIRATE • 1925
NEVER THE TWAIN SHALL MEET • 1925
SPORTING LIFE • 1925
ALOMA OF THE SOUTH SEAS • 1926
OLD LOVES AND NEW • DESERT HEALER, THE • 1926
EQUIPAGE, L' • LAST FLIGHT, THE (USA) ○ CREW, THE (UKN) • 1927
MYSTERIOUS ISLAND, THE • 1929
SCHIFF DER VERLORENEN MENSCHEN, DAS • NAVIRE DES HOMMES PERDUS, LE ○ SHIP OF LOST MEN, THE • 1929
ACCUSEE, LEVEZ-VOUS • CRIME AU MUSIC-HALL, UN • 1930
MAISON DES DANSES • 1930
AU NOM DE LA LOI • 1931
PARTIR.. • PARTIR! • 1931
DEUX ORPHELINES, LES • TWO ORPHANS, THE • 1932
GAIETES DE L'ESCADRON, LES • 1932
LIDOIRE • 1932
HOMME MYSTERIEUX, L' • OBSESSION (USA) • 1933
VOLEUR, LE • 1933
JUSTIN DE MARSEILLE • MA BELLE MARSEILLE • 1934
KOENIGSMARK • 1935
KOENIGSMARK • CRIMSON DYNASTY, THE • 1935
AVEC LE SOURIRE • WITH A SMILE • 1936
SAMSON • 1936
KATIA • 1938
PATRIOTE, LE • MAD EMPEROR, THE (USA) • 1938
VOLPONE • 1940
MAM'ZELLE BONAPARTE • 1941
PECHES DE JEUNESSE • SINS OF YOUTH (USA) • 1941
MAIN DU DIABLE, LA • DEVIL'S HAND, THE (USA) ○ MAIN ENCHANTEE, LA ○ CARNIVAL OF SINNERS • 1942
CECILE EST MORTE • 1943
VAL D'ENFER, LE • 1943
APRES L'AMOUR • 1947
IMPASSE DES DEUX ANGES • 1948

TOURTELOT MADELINE – USA
WINDSONG • 1958 • SHT
POET'S RETURN • 1962

TOUSSAINT CARLOS – MXC
MI LUPE Y MI CABALLO • 1942
DE TEQUILA, SU MEZCAL • 1949
MAREJADA • 1952
CRUCIFIJO DE PIEDRA, EL • 1954
CANCION DE JEAN RICHEPIN, LA • POEM OF JEAN RICHEPIN, THE (USA) • 1957 • SHT
Y DIOS LA LLAMO TIERRA • 1960
BAILE DE GRADUACION • 1961
FALSOS HEROES, LOS • 1961
FUSILAMIENTO, EL • 1961
ME DICEN EL CONSENTIDO • 1961
BESO DE ULTRATUMBA, EL • KISS FROM BEYOND THE GRAVE, THE • 1962
ESTE AMOR SI ES AMOR • 1962

TOUSSAINT JEAN-PHILIPPE – BLG
MONSIEUR • 1989

TOVAREK A. – Animator – CZC
NIGHT IN THE PICTURE GALLERY • ANM

TOVOLI LUCIANO – ITL – 1936-
GENERALE DELL'ARMATA MORTA, IL • GENERAL DE L'ARMEE MORTE, LE (FRN) ○ GENERAL OF THE DEAD ARMY, THE • 1983

TOVSTONOGOV G. – USS
IMMORTALITY • 1958
ROAD TO IMMORTALITY, THE • 1958

TOWERS LEO see **TORRE-NILSSON LEOPOLDO**

TOWNE ROBERT – Screenwriter – USA – 1936-
PERSONAL BEST • 1982
TEQUILA SUNRISE • 1988

TOWNLEY JACK – Writer – USA – 1897-
WORLD'S FAIR AND WARMER, THE • 1934 • SHT
HOLLYWOOD TROUBLE • 1935 • SHT
PRAIRIE PAPAS • 1938 • SHT
HOME ON THE PRAIRIE • 1939
RIDIN' THE RANGE • 1939
PITTSBURGH KID, THE • 1942

TOWNLEY ROBERT see **TOWNLEY ROBERT H.**

TOWNLEY ROBERT H. – USA
TOWNLEY ROBERT
SQUIRE PHIN • 1921
WEST OF THE RIO GRANDE • 1921
PARTNERS OF THE SUNSET • 1922
WELCOME TO OUR CITY • 1922

TOWNLEY ROBIN see **TOWNLEY ROBIN H.**

TOWNLEY ROBIN H. – USA
TOWNLEY ROBIN
BELOW ZERO • 1918
CANDIDATES, THE • 1918
MARRIAGE A LA MODE • 1918
HONEYMOON RANCH • 1920

TOWNSEND BUD – USA
NIGHTMARE IN WAX • MONSTER OF THE WAX MUSEUM, THE ○ CRIMES IN THE WAX MUSEUM • 1969
TERROR HOUSE • FOLKS AT RED WOLF INN, THE ○ TERROR AT RED WOLF INN ○ TERROR ON THE MENU • 1972
ALICE IN WONDERLAND • 1976
COACH • 1978
LOVE SCENES • ECSTASY ○ LOVESCENE • 1984

TOWNSEND LOCH – ASL
FESTIVAL IN ADELAIDE • 1962

TOWNSEND PAT – USA
BEACH GIRLS, THE • 1982

TOWNSEND ROBERT – USA
EDDIE MURPHY RAW • 1987
HOLLYWOOD SHUFFLE • 1987

TOYE WENDY – UKN – 1917-
STRANGER LEFT NO CARD, THE • 1953
TECKMAN MYSTERY, THE • 1954
ALL FOR MARY • 1955
RAISING A RIOT • 1955
THREE CASES OF MURDER • 1955
ON THE TWELFTH DAY • 1956
TRUE AS A TURTLE • 1957
WE JOINED THE NAVY • WE ARE IN THE NAVY NOW (USA) • 1962
KING'S BREAKFAST, THE • 1963 • SHT

TOYEDA – JPN
HAKUFUJIN NO YOREN • MYSTERIOUS LOVE OF MRS. WHITE • 1956

TOYODA SHIRO – JPN – 1906-1977
IRODORARERU KUCHIBIRU • PAINTED LIPS • 1929
TOKAI O OYOGU ONNA • COLLAPSE OF A SWIMMING WOMAN, THE • 1929
KOKORO OGORERU ONNA • HEART OF A PROUD WOMAN, THE • 1930
YUAI KEKKON • FRIENDSHIP MARRIAGE • 1930
SANNIN NO JOSEI • THREE WOMEN • 1935
MINATO NO UWAKIKAZE • HARBOUR OF FICKLE WINDS • 1936
OBANTO KOBANTO • 1936
TOKYO OSAKA TOKUDANE ORAI • TOKYO OSAKA SCOOP • 1936
OYAKE AKAHACHI • PUBLIC DISGRACE • 1937
WAKAI HITO • YOUNG PEOPLE • 1937
FUYU NO YADO • WINTER INN • 1938
NAKIMUSHI KOZO • CRYBABY APPRENTICE • 1938
UGUISU • NIGHTINGALE • 1938
JUJI HOKA • CROSSFIRE • 1939
KOJIMA NO HARU • SPRING ON LEPER'S ISLAND • 1940
OKUMURA IOKO • IOKO OKUMURA • 1940
WAGA AI NO KI • RECORD OF MY LOVE, A • 1941
WAKAI SUGATA • YOUNG FIGURE • 1943
HINOKI BUTAI • CYPRESS BOARDS • 1946
YOTTSU NO KOI NO MONOGATARI • FOUR LOVE STORIES ○ FIRST LOVE ○ YOTSU • 1947
WAGA AI WA YAMA NO KANATA NI • MY LOVE ON THE OTHER SIDE OF THE MOUNTAIN ○ MY LOVE IS BEYOND THE MOUNTAIN • 1948
SHIRATORI WA KANASHI KARAZUYA • 1949
ONNA NO SHIKI • FOUR SEASONS OF WOMAN, THE • 1950
ERIKO TO TOMONI • 1951
SEKIREI NO KYOKO • WAGTAIL TUNE • 1951
HARU NO SASAYAKI • WHISPER OF SPRING • 1952
KAZE FUTATABI • WIND ONCE MORE • 1952
GAN • MISTRESS, THE (USA) ○ WILD GEESE • 1953
ARU ONNA • CERTAIN WOMAN, A ○ THAT WOMAN • 1954
MEOTO ZENZAI • LOVE IS SHARED LIKE SWEETS ○ MARITAL RELATIONS • 1955
MUGIBUE • LOVE NEVER FAILS ○ WHEAT-WHISTLE ○ GRASS-WHISTLE • 1955
BYAKU FUJIN NO YUREN • BEWITCHING LOVE OF MADAME PAI, THE ○ WHITE SERPENT, THE ○ MADAME WHITE SNAKE • 1956
NEKO TO SHOZO TO FUTARI NO ONNA • SHOZO, A CAT AND TWO WOMEN ○ CAT, SHOZO AND TWO WOMEN, A ○ CAT AND TWO WOMEN, A • 1956
YUKIGUNI • SNOW COUNTRY • 1957
YUNAGI • EVENING CALM • 1957
EKIMAE RYUKAN • HOTELMAN'S HOLIDAY • 1958
MAKERAREMASEN KATSUMADEWA • 1958
ANYA KORO • PILGRIMAGE AT NIGHT • 1959
DANSEI SHIIKU-HO • BRINGING UP HUSBANDS • 1959
HANA NOREN • 1959
BOKUTO KIDAN • TWILIGHT STORY, THE • 1960
CHINPINDO • CURIO MASTER, THE • 1960
TOKYO YAWA • DIPLOMAT'S MANSION, THE ○ TOKYO NIGHT STORY • 1961
ASU ARU KAGIRI • TILL TOMORROW COMES (USA) ○ ASHITA ARU KAGIRI • 1962
IKANARU HOSHI NO MOTONI • UNDER WHAT STARS • 1962
DAIDOKORO TAIHEIKI • KITCHEN PEACE • 1963
SHIN MEOTO ZENZAI • NEW MARITAL RELATIONS • 1963
YUSHU HEIYA • MADAME AKI • 1963
AMAI ASE • SWEET SWEAT • 1964
YOKINA MIBOJIN • 1964
DAIKU TAIHEIKI • TALE OF A CARPENTER • 1965
NAMIKAGE • SHADOW OF WAVES • 1965
YOTSUYA KAIDAN • YOTSUYA GHOST STORY, THE ○ ILLUSION OF BLOOD ○ GHOST OF YOTSUYA, THE • 1965
CHIKUMAGAWA ZESSHO • RIVER OF FOREVER • 1967
EKIMAE HYAKUNEN • TOKYO CENTURY PLAZA • 1967
EKIMAE KAIUN • LUCK OF STATION FRONT PLAZA, THE • 1968
HELL SCREEN • 1968
JIGOKU-HEN • PORTRAIT OF HELL • 1969
KOKOTSU NO HITO • 1973
TSUMA TO ONNA NO AIDA • BETWEEN WOMEN AND WIVES (USA) ○ BETWEEN WIFE AND LADY (USA) • 1976

TOZUM IRFAN – TRK
RUMUZ GONCAGUL • SIGNED ROSEBUD • 1987
DOUBLE GAMES • 1989
FAZILET • 1989

TOZZI FAUSTO – ITL – 1921-1978
TRASTEVERE • 1971

TRABAUD PIERRE – FRN – 1925-
VOLEUR DE FEUILLES, LE • 1983

TRACY BERT – UKN
BOOTS! BOOTS! • 1934
LOVE – MIRTH – MELODY • 1934

TRACZ VITEK – ISR
FANTASIA ON A ROMANTIC THEME • 1978

TRADER JOSEPH see **MERCANTI PINO**

TRADER JOSEPH see **ZABALZA JOSE MARIA**

TRAIKOV ATANAS – BUL
SELCOR • VILLAGE CORRESPONDENT, THE • 1975

TRAIKOVA ELDORA – BUL
POEM ABOUT THE COCKROACHES, A • 1987 • DOC
BLACK CHRONICLE • 1990

TRAIKOVA RALITSA – BUL
WHAT WE ALWAYS KNEW ABOUT THE KOMSOMOL • 1987 • DOC

TRAIN MICHAEL S. – USA
WHIRLIGIG • 1958

TRAINOR JAMES – ASL
JOURNEY INTO DARKNESS • 1967
JOURNEY OUT OF DARKNESS • 1967

TRAKHTENBERG N. see **TRAKHTENBERG NAUM**

TRAKHTENBERG NAUM – USS
TRAKHTENBERG N.
ON THE RAILS • 1940
VYSTREL • SHOT, THE ○ VISTREL ○ PISTOL SHOT, A • 1967
I AM HIS FIANCEE • I'M HIS FIANCEE • 1970

TRALLORI LISBETH N. – AUS
KUCHENGESPRACHE MIT REBELLINEN • KITCHEN DISCOURSES WITH REBEL WOMEN • 1985

TRAMONT JEAN-CLAUDE – BLG – 1934–
POINT DE MIRE, LE • 1977
ALL NIGHT LONG • 1981
AS SUMMER DIES • 1986 • TVM

TRANBAREE BURD see **BERNARD-AUBERT CLAUDE**

TRANCHE ANDRE – FRN – 1914–
LONGUES ANNEES, LES • 1964 • DOC

TRANCIK DUSAN – CZC
PAVILON SELIEM • BEASTS-OF-PREY BUILDING ○ CAT HOUSE, THE • 1982
STVRTY ROZMER • FOURTH DIMENSION, THE • 1983
VIKEND ZA MILION • WEEKEND FOR A MILLION • 1987

TRANTER BARBARA – CND
ERNIE • 1977 • SHT
SHE'S A RAILROADER • 1978 • SHT

TRAORE FALABA ISSA – MLI
AN DE NODO • WE ARE ALL GUILTY • 1980
DUEL ON THE CLIFFS • 1986

TRAORE MAHAMA JOHNSON – SNL – 1943–
DIANKHA-BI • YOUNG GIRL, THE • 1968
DIEGUE-BI • WOMAN, THE • 1970
LAAMBAYE • LAMBAYE • 1972
REOU-TAKH • 1972
GARGA M'BOSE • CACTUS • 1974
N'DIANGANE • N'GANGANE ○ STUDENT ○ NJANGAAN • 1974

TRAPANI ENZO – ITL – 1925–
TURRI IL BANDITO • 1950
LEBBRA BIANCA • BRIEF RAPTURE (USA) • 1951
MARAKATUMBA, MA NON E UNA RUMBA • 1951
VIVA LA RIVISTA! • 1953
VIVA IL CINEMA! • 1954
ALTISSIMA PRESSIONE • 1967

TRAPANI FRANCOMARIA – ITL
ITALIANO HA 50 ANNI, L' • 1962 • DOC

TRAUBE SHEPARD – USA
TRAUBE SHEPHERD
STREET OF MEMORIES • 1940
BRIDE WORE CRUTCHES, THE • 1941
FOR BEAUTY'S SAKE • 1941
ONCE UPON A COFFEE HOUSE • 1965

TRAUBE SHEPHERD see **TRAUBE SHEPARD**

TRAUBERG ILYA – USS – 1905–1948
LENINGRAD SEGODNYA • LENINGRAD TODAY • 1927 • DOC
GOLUBOI EKSPRESS • CHINA EXPRESS ○ BLUE EXPRESS, THE • 1929
LETUN • KITES • 1931 • SHT
CHASTNYI SLUCHAI • UNUSUAL CASE, AN • 1934
SYN MONGOLII • SON OF MONGOLIA • 1936
GOD DEVYATNADSATII • YEAR 1919, THE • 1938
KONSERT-VALS • CONCERT VALSE ○ CONCERT WALTZ • 1940
MY ZHDOM VAS S POBEDOI • WE EXPECT VICTORY THERE ○ COME BACK WITH A VICTORY • 1941
PAUKI • SPIDER, THE • 1942

TRAUBERG LEONID – USS – 1902–
POKHOZDENIYA OKTYABRINI • ADVENTURES OF AN OCTOBERITE, THE (USA) ○ ADVENTURES OF OCTYABRINI, THE • 1924
MISHKI PROTIV YUDENICHA • MISHKA AGAINST YUDENICH ○ MISKA VERSUS YUDENICH ○ BEARS VERSUS YUDENICH, THE • 1925
BRATISHKA • BUDDY ○ LITTLE BROTHER • 1926
CHYORTOVO KOLESO • DEVIL'S WHEEL, THE • 1926
SHINEL • OVERCOAT, THE (USA) ○ CLOAK, THE • 1926
S.V.D. • CLUB OF THE BIG IDEAS, THE ○ CLUB OF THE BIG DEED, THE ○ SOYUZ VELIKOGO DELA • 1927
NOVYI BABILON • NEW BABYLON ○ NOVYI VAVILON • 1929
ODNA • ALONE • 1931
YUNOST MAKSIMA • YOUTH OF MAXIM, THE • 1935
VOZVRASHCHENIYE MAKSIMA • RETURN OF MAXIM, THE • 1937
VYBORGSKAYA STORONA • NEW HORIZONS ○ VYBORG SIDE, THE • 1939
AKTRISA • ACTRESS, THE • 1943
PROSTYE LYUDI • ORDINARY PEOPLE ○ PLAIN PEOPLE ○ SIMPLE PEOPLE, PLAIN PEOPLE • 1945
SLI SOLDATI • SOLDIERS MARCHED ON, THE ○ SOLDIERS WERE MARCHING ○ SOLDIERS MARCH, THE • 1957
MERTVIYE DUSHI • DEAD SOULS • 1960
VOLNYI VETER • FREE WIND • 1961

TRAUTMAN TEREZA – BRZ
SONHOS DE MENINA MOCA • BEST WISHES • 1988

TRAUTMANN CHRISTINE – GRM
FUR AUSLANDISCHE UND DEUTSCHE ARBEITER • FOR FOREIGN AND GERMAN WORKERS • 1973

TRAUTMANN LUDWIG – GRM
KRIEG VERSOHNT, DER • 1915
BROSSINGS SIND GEADELT • 1916
GEHEIMNIS DER VILLA DOX, DAS • 1916
VATER ERBE, DER • 1916
JACK PERRYS EHEGLUCK ODER DAS GESTANDNIS AM HOCHZEITSABEND • 1918
TOTEN RACHEN SICH, DIE • TOTEN RACHEN SICH SELBST, DIE ○ DEAD REVENGE THEMSELVES, THE • 1918

TRAUTSCHOLD GUSTAV – GRM
OSTPREUSSEN UND SEIN HINDENBURG • BRUDER IN NOT. OSTPREUSSEN UND SEIN HINDENBERG • 1915

TRAVERS ALF see **TRAVERS ALFRED**

TRAVERS ALFRED – TRK – 1906–
TRAVERS ALF
MEET THE NAVY • 1946
DUAL ALIBI • 1947
STRANGERS CAME, THE • YOU CAN'T FOOL AN IRISHMAN (USA) • 1949
SOLUTION BY PHONE • 1954
DON GIOVANNI • DON JUAN • 1955
ALIVE ON SATURDAY • 1957
MEN OF TOMORROW • 1959
GIRLS OF LATIN QUARTER • 1960
PRIMITIVES, THE • 1962
ONE FOR THE POT • 1968
RAKA • 1968

TRAVERS BILL – Actor – UKN – 1922–
LION AT WORLD'S END, THE • 1971
CHRISTIAN THE LION • 1976

TRAVERS HENRY – Actor – UKN – 1874–1965
SHADOWS • 1915

TRAVERS RICHARD C. – USA
REAL AGATHA, THE • 1914
THROUGH EYES OF LOVE • 1914
SURGEON WARREN'S WARD • 1915
VAIN JUSTICE • 1915

TRAVERS THOMAS – USA
TIME TO REMEMBER, A • MIRACLE IN A MANGER • 1988

TRAVERSA ALBERTO – BRZ
SEGREDO DO CORCUNDA, O • 1924

TRAVESSOS ALMERINDA – CND
RECORDED LIVE • 1982

TRAVIS JOHN – USA
IN HOT PURSUIT • 1987

TRAXLER ERNEST – USA
CALEB PIPER'S GIRL • 1919
GO GET 'EM GARRINGER • 1919

TRAXLER STEPHEN – USA
SLITHIS • SPAWN OF THE SLITHIS • 1978

TRAYANOV ANTON – BUL
JOURNEY IN THE COSMOS • TRIP IN SPACE, A • 1966 • ANS

TRAYNOR PETER S. – USA
DEATH GAME • SEDUCERS, THE ○ MRS. MANNING'S WEEKEND • 1977
EVIL TOWN • 1977

TRBOVICH TOM – USA
FREE RIDE • 1986

TREBITSCH FERNANDO – ITL
ALBA, IL GIORNO E LA NOTTE, L' • 1955

TREE TANYA see **BALLANTYNE TANYA**

van TREEK FRED – GRM
LIEBE LIED, DER • 1925

TREGILLUS LEONARD – USA
NO CREDIT • 1947 • ANS
PROEM • 1948 • ANS
ODD FELLOWS HALL • 1950 • SHT

TREGO CHARLES T. – USA
GYMNASTICS • 1935 • SHT
SURF HEROES • 1938 • SHT
HEROES AT LEISURE • 1939 • SHT
SKI BIRDS • 1939 • SHT
SEA FOR YOURSELF • 1940 • SHT
SURFBOARD RHYTHM • 1947 • SHT
WATER TRIX • 1949 • SHT
FISHING FEATS • 1951 • SHT
SKY SKIERS • 1951 • SHT

TREGUBOVICH V. see **TREGUBOVICH VIKTOR**

TREGUBOVICH VIKTOR – USS
TREGUBOVICH V.
A LA GUERRE COMME A LA GUERRE • 1969
DAURIYA • DAURIA • 1972
STARYE STENY • OLD WALLS, THE • 1974
LUOTTAMUS, ELI LENIN JA SUOMI • CONFIDENCE, OR LENIN IN FINLAND ○ LENIN SUOMESSA ○ TRUST ○ LUOTTAMUS • 1975

TREILHOU MARIE-CLAUDE – FRN – 1948–
SIMONE BARBES OU LA VERTU • 1979
JOUR DES ROIS, LE • 1990

TRELINSKI MARIUSZ – PLN
POZEGNANIE JESIENI • FAREWELL AUTUMN • 1990

TREMBLAY HUGUES – CND
T-BONE STEAK DANS LES MANGEUSES D'HOMMES • 1968
JOS CARBONE • 1975

TREMBLAY REGIS – CND
TRACES • 1975

TREMBLAY ROBERT – CND – 1946–
TOUL QUEBEC AU MONDE SUA JOBBE • QUEBEC SUA JOBBE, LE • 1975
BELLE FAMILLE • 1978
TOUTE MA VIE AU SERVICE DES RICHES • 1978
POW WOW TE MORT BEN J'JOUE PU • MEDES, LES • 1980

TREMPER WILL – Screenwriter – GRM – 1928–
FLUCHT NACH BERLIN • ESCAPE TO BERLIN (USA) ○ CAPTIVES, THE • 1961
ENDLOSE NACHT, DIE • 1963
BERLIN IST EINE SUNDE WELT • THAT WOMAN (USA) ○ PLAYGIRL • 1966
SPERRBEZIRK • 1966
WIE KOMMT EIN SO REIZENDES MADCHEN WIE SIE ZU DIESEM GEWERBE? • HOW DID A NICE GIRL LIKE YOU GET INTO THIS BUSINESS? (USA) • 1969

TRENCHARD-SMITH BRIAN – UKN – 1946–
SMITH BRIAN TRENCHARD
FOR VALOR • 1972 • DOC
STUNTMEN, THE • 1973 • DOC
WORLD OF KUNG FU, THE • 1973 • DOC
KUNG FU KILLERS, THE • 1974 • MTV
CHIH TAO HUANG LUNG • MAN FROM HONGKONG, THE ○ DRAGON FLIES, THE • 1975
LOVE EPIDEMIC, THE • 1975
DEATHCHEATERS • 1976
HOSPITALS DON'T BURN DOWN • 1977 • DOC
STUNT ROCK • 1978
DANGEROUS SUMMER • BUSHFIRE • 1980 • DOC
DAY OF THE ASSASSIN • 1981
TURKEY SHOOT • ESCAPE 2000 (USA) • 1982
BMX BANDITS • 1983
FROG DREAMING • SPIRIT CHASER, THE ○ QUEST, THE ○ GO KIDS, THE • 1985
DEAD-END DRIVE-IN • DEAD END DRIVE IN • 1986
JENNY KISSED ME • 1986
DAY OF THE PANTHER, THE • 1987
STRIKE OF THE PANTHER, THE • FISTS OF BLOOD • 1987
FORWARD FIREBASE GLORIA • SIEGE AT FIREBASE GLORIA, THE ○ SIEGE OF FIREBASE GLORIA, THE • 1988
OUT OF THE BODY • 1988

TRENKER LUIS – Actor – AUS – 1893–
BERG IN FLAMMEN • DOOMED BATTALION • 1931
MONTS EN FLAMMES, LES • REBELLES, LES • 1931
REBELL, DER • REBEL, THE • 1932
REBEL, THE • 1933
VERLORENE SOHN, DER • LOST SON, THE • 1934
PRODIGAL SON, THE • 1935
KAISER VON KALIFORNIEN, DER • EMPEROR OF CALIFORNIA, THE • 1936
BERG RUFT, DER • 1937
CONDOTTIERI • GIOVANNI DE MEDICI –THE LEADER ○ KNIGHTS OF THE BLACK EAGLE • 1937
CHALLENGE, THE • 1938
LIEBESBRIEFE AUS DEM ENGADIN • LOVE LETTERS FROM THE ENGADINE (USA) • 1938
FEUERTEUFEL, DER • FIREDEVIL, THE • 1940
MONTE MIRACOLO • 1943
IM BANNE DES MONTE MIRACOLO • 1944
DUELL IN DEN BERGEN • 1949
BARRIERA A SETTENTRIONE • 1950
FLUCHT IN DIE DOLOMITEN • PRIGIONIERO DELLA MONTAGNA, IL (ITL) • 1955
VON DER LIEBE BESIEGT • 1956
WETTERLEUCHTEN UM MARIA • 1957
SEIN BESTER FREUND • 1962
WALL OF FURY • 1962

TRENT JOHN – UKN – 1935–1983
BUSHBABY, THE • 1970
HOMER • 1970
MAN WHO WANTED TO LIVE FOREVER, THE • ONLY WAY OUT IS DEAD, THE (UKN) ○ HEART FARM, THE ○ HEARTFARM • 1970
WHITEOAKS OF JALNA, THE • 1972 • SER
SUNDAY IN THE COUNTRY • 1974
IT SEEMED LIKE A GOOD IDEA AT THE TIME • 1975
FIND THE LADY • 1976
CROSSBAR • 1979
MIDDLE AGE CRAZY • GOING ON 40 • 1980
MISDEAL • BEST REVENGE (USA) • 1981
BLIND FAITH • 1982 • MTV
BACKSTRETCH • 1983 • SER
MOVING TARGETS • 1983 • MTV

TRENT WILLIAM JR. – USA
NEGRO IN ENTERTAINMENT, THE • 1950 • SHT

TRENTIN GIORGIO – ITL
QUESTIONE PRIVATA, UNA • 1966
NEL RAGGIO DEL MIO BRACCIO • 1971
AMICHE ANDIAMO ALLA FESTA • LET'S GO TO THE PARTY, GIRLS • 1975

TRESGOT ANNIE – FRN
GHORBA, EL • PASSAGERS, LES (FRN) ○ PASSENGERS, THE ○ ELGHORBA • 1971
PORTRAIT D'UN HOMME 60% PARFAIT • PORTRAIT OF A SIXTY PERCENT PERFECT MAN ○ BILLY WILDER • 1980
ELIA KAZAN, OUTSIDER • 1982 • DOC

TRESSLER GEORG – Actor – AUS – 1917–
HALBSTARKEN, DIE • TEENAGE WOLF PACK (USA) ○ WOLFPACK (UKN) ○ WICKED ONES, THE • 1956
ENDSTATION LIEBE • TWO WORLDS (USA) ○ TERMINUS LOVE • 1957
NOCH MINDERJAHRIG • UNTER ACHTZEHN ○ UNDER 18 • 1957
TOTENSCHIFF, DAS • 1959
MAGNIFICENT REBEL, THE • 1960

GESTANDNIS EINER SECHZEHNJAHRIGEN • 1961
LUSTIGEN WEIBER VON WINDSOR, DIE • MERRY WIVES OF WINDSOR, THE • 1965
WEIBSTEUFEL, DER • DEVIL OF A WOMAN, A • 1966

TRETIAKOV STANISLAV – USS
NAYEDINYE S NOCHYU • ALONE IN THE NIGHT • 1967

TRETTI AUGUSTO – ITL – 1924–
LEGGE DELLA TROMBA, LA • 1963
POTERE, IL • POWER • 1972
ALCOOL • 1979

TREUTLE WILLIAM B. – USA
KARAMOJA • 1954 • DOC

TREUTLE WILLIAM B MRS. – USA
KARAMOJA • 1954 • DOC

TREVELYAN PHILIP – UKN
MOON AND THE SLEDGEHAMMER, THE • 1971 • DOC

TREVILLE GEORGES – UKN
BERYL CORONET, THE • 1912
COPPER BEECHES, THE • 1912
MUSGRAVE RITUAL, THE • 1912
MYSTERY OF BOSCOMBE VALE, THE • 1912
REIGATE SQUIRES, THE • 1912
SHERLOCK HOLMES • 1912 • SER
SILVER BLAZE • 1912
SPECKLED BAND, THE • 1912
STOLEN PAPERS, THE • 1912
ALL SORTS AND CONDITIONS OF MEN • 1921
MARRIED LIFE • 1921
FLAG DELIT • CAMBRIOLEUR, LE • 1930

TREVILLION DALE – USA
LAS VEGAS WEEKEND • 1986
ONE MAN FORCE • 1989

TREVINO JESUS – USA
TREVINO JESUS SALVADOR
RAICES DE SANGRE • ROOTS OF BLOOD • 1976
SEGUIN • 1982 • TVM

TREVINO JESUS SALVADOR see **TREVINO JESUS**

TREVOR SIMON – USA
AFRICAN ELEPHANT, THE • KING ELEPHANT • 1971 • DOC

TREVOS HERBERT – USA
MESA OF LOST WOMEN • LOST WOMEN (UKN) ○ LOST WOMEN OF ZARPA • 1953

TREYENS JACQUES – FRN – 1929–
BABY LOVE • 1974

TRIANA JORGE ALI – CLM
TIEMPO DE MORIR • TIME TO DIE, A • 1985

TRIANTAFILLIDI NIKI – GRC
MY USUAL DREAM • 1970 • SHT

TRIBE OSCAR – USA
LADY ON THE COUCH • 1974
TEENAGE NURSES • 1976

TRICHARDT CAREL – SAF
SONONDER • 1971

TRIER BODIL – DNM
ASIAN HEART • 1987 • DCS

von TRIER LARS – DNM – 1956–
IMAGES OF A RELIEF • 1979
FORBRYDELSENS ELEMENT • ELEMENT OF CRIME, THE • 1984
EPIDEMIC • 1987

TRIESCHMANN CHARLES – USA
TWO • 1974

TRIESTE LEOPOLDO – ITL – 1917–
CITTA DI NOTTE • 1958
PECCATO DEGLI ANNI VERDI, IL • 1960

TRIFONOV STANIMIR – BUL
TILL TOMORROW • 1990

TRIGO ENRIQUE – PRC
PABLO CASALS: TESTIMONIOS PUERTORRIQUENOS • PABLO CASALS: PUERTO RICAN TESTIMONIES • 1987 • DOC
ISMAEL RIVERA: RETRATO EN BORICUA • ISMAEL RIVERA: PORTRAIT IN PUERTO RICAN • 1989 • DOC

TRIGUEROS EDGAR – CRC
CARLOS CRUZ, UN GUANACASTECO • 1978 • DOC

TRIKONIS GUS – USA
THIS IS MY WIFE • SHT
FIVE THE HARD WAY • SIDEHACKERS, THE • 1969
STUDENT BODY, THE • 1975
SUPERCOCK • 1975
SWINGING BARMAIDS, THE • EAGER BEAVERS • 1975
NASHVILLE GIRL • COUNTRY MUSIC DAUGHTER • 1976
MOONSHINE COUNTY EXPRESS • 1977
NEW GIRL IN TOWN • 1977
EVIL, THE • FORCE BEYOND, THE ○ HOUSE OF EVIL ○ CRY DEMON • 1978
DARKER SIDE OF TERROR, THE • 1979 • TVM
SHE'S DRESSED TO KILL • SOMEONE'S KILLING THE WORLD'S GREATEST MODELS • 1979 • TVM
FLAMINGO ROAD • 1980 • TVM
TOUCHED BY LOVE • TO ELVIS, WITH LOVE • 1980
ELVIS AND THE BEAUTY QUEEN • 1981 • TVM
TAKE THIS JOB AND SHOVE IT • 1981
TWIRL • 1981 • TVM
MISS ALL-AMERICAN BEAUTY • 1982 • TVM
DEMPSEY • 1983 • TVM
FIRST AFFAIR • 1983 • TVM
JUNGLE HEAT • DANCE OF THE DWARFS • 1984
LOVE ON THE RUN • 1985 • TVM
MALICE IN WONDERLAND • 1985 • TVM
MIDAS VALLEY • 1985 • TVM

TRIMBLE LARRY – UKN – 1885–1954
TRIMBLE LAURENCE
AULD ROBIN GREY • 1910
DRUMSTICKS • 1910
SAVED BY THE FLAG • 1910
BATTLE HYMN OF THE REPUBLIC, THE • 1911
BEYOND THE LAW • CODE OF THE HILLS, THE • 1911
BILLY THE KID • 1911
IN THE ARCTIC NIGHT • 1911
MAN TO MAN • 1911
ONE TOUCH OF NATURE • 1911
PREJUDICE OF PIERRE MARIE • 1911
RED CROSS MARTYR, A • 1911
AWAKENING OF JONES, THE • 1912
BACHELOR BUTTONS • 1912
BUNNY ALL AT SEA • 1912
BUNNY AND THE DOGS • 1912
BUNNY AT THE DERBY • 1912
BUNNY'S SUICIDE • 1912
CARDINAL WOLSEY • 1912
CHASED BY BLOODHOUNDS • 1912
FRENCH SPY, THE • 1912
INDIAN ROMEO AND JULIET • 1912
MARTHA'S REBELLION • 1912
MICHAEL MCSHANE, MATCHMAKER • 1912
PANDORA'S BOX • 1912
PICKWICK PAPERS PARTS 1 & 2, THE • 1912
PSEUDO SULTAN • 1912
SUING SUSAN • 1912
TROUBLESOME STEP-DAUGHTERS, THE • 1912
TWO CINDERS • 1912
WHILE SHE POWDERED HER NOSE • 1912
ADVENTURE OF THE SHOOTING PARTY, THE • 1913
ADVENTURE OF WESTGATE SEMINARY, THE • 1913
BUNNY BLARNEYED: OR, THE BLARNEY STONE • 1913
CHECKMATED • 1913
COUNSELLOR BOBBY • 1913
CUTEY PLAYS DETECTIVE • 1913
DEERSLAYER, THE • 1913
DOES ADVERTISING PAY? • 1913
HARPER MYSTERY, THE • 1913
HONOURABLE EVENT, THE • 1913
HOUSE IN SUBURBIA, THE • 1913
JEAN'S EVIDENCE • 1913
LET 'EM QUARREL • 1913
LUCKY STONE, THE • 1913
PUMPS • 1913
ROSE OF SURREY • 1913
SISTERS ALL • 1913
THERE'S MUSIC IN THE HAIR • 1913
UNDER THE MAKE-UP • 1913
UP AND DOWN THE LADDER • 1913
WINDOW ON WASHINGTON PARK, THE • 1913
WINGS OF A MOTH, THE • 1913
YOUNGER SISTER, THE • 1913
AWAKENING OF NORA, THE • 1914
CREATURES OF HABIT • 1914
DAISY DOODAD'S DIAL • 1914
FILM FAVOURITES • FLORENCE TURNER IMPERSONATES FILM FAVORITES (USA) • 1914
FLOTILLA THE FLIRT • 1914
FOR HER PEOPLE • 1914
MURDOCK TRIAL, THE • 1914
ONE THING AFTER ANOTHER • 1914
POLLY'S PROGRESS • 1914
SHEPHERD LASSIE OF ARGYLE, THE • 1914
SHOPGIRLS: OR, THE GREAT QUESTION • 1914
SNOBS • 1914
THROUGH THE VALLEY OF SHADOWS • 1914
ALONE IN LONDON • 1915
AS YE REPENT • REDEEMED (USA) • 1915
FAR FROM THE MADDING CROWD • 1915
GREAT ADVENTURE, THE • 1915
MY OLD DUTCH • 1915
ODDS AGAINST • LOST AND WON • 1915
GRIM JUSTICE • 1916
PLACE IN THE SUN, A • 1916
SALLY IN OUR ALLEY • 1916
SPREADING DAWN, THE • 1916
AUCTION BLOCK, THE • 1917
CASTE • 1917
LIGHT WITHIN, THE • 1918
VENGEANCE AND THE WOMAN • 1918 • SRL
FOOL'S GOLD • 1919
SPOTLIGHT SADIE • 1919
DARLING MINE • 1920
EVERYBODY'S SWEETHEART • 1920
WOMAN GOD SENT, THE • 1920
SILENT CALL, THE • 1921
BRAWN OF THE NORTH • 1922
LOVE MASTER, THE • 1924
SUNDOWN • 1924
WHITE FANG • 1925
MY OLD DUTCH • 1926

TRIMBLE LAURENCE see **TRIMBLE LARRY**

TRINCHERA PAUL – USA
WEALTH LURE, THE • 1916
HIS DAUGHTER PAYS • 1918

TRINGHAM DAVID – UKN – 1935–
LAST CHAPTER, THE • 1974 • SHT

TRINTIGNANT JEAN-LOUIS – Actor – FRN – 1930–
JOURNEE BIEN REMPLIE, UNE • GIORNATA SPESA BENE, UNA (ITL) ○ FULL DAY'S WORK, A (USA) ○ WELL-FILLED DAY, A • 1973
MAITRE NAGEUR, LE • 1978

TRINTIGNANT NADINE – FRN – 1934–
FRAGILITE -TON NOM EST FEMME • 1965 • SHT
MON AMOUR, MON AMOUR • MY LOVE, MY LOVE ○ MY LIFE, MY LIFE • 1967
VOLEUR DE CRIMES, LES • LADRO DI CRIMINI, IL (ITL) ○ CRIME THIEF, THE • 1969
CA N'ARRIVE QU'AUX AUTRES • IT ONLY HAPPENS TO OTHERS (USA) ○ TEMPO D'AMORE (ITL) ○ VIE EST UNE FETE, LA • 1971
DEFENSE DE SAVOIR • UOMO IN BASSO A DESTRA NELLA FOTO, L' (ITL) • 1973
VOYAGE DE NOCES, LE • JALOUSIE 1976 ○ HONEYMOON, THE • 1976
PREMIER VOYAGE • 1979
MIKIS THEODORAKIS • 1982 • DOC
ETE PROCHAIN, L' • NEXT SUMMER (USA) • 1985

TRIPATHI S. M. – IND
BIDESIYA • FOREIGNER • 1968

TRIPATHI S. N. – IND
PAKSHIRAJ • SACRED BIRD, THE • 1959

TRITSIBIDAS YIANNIS – GRC
DANCE OF THE BEAR • 1981

TRIVAS VICTOR – Screenwriter – USS – 1896–1970
AUFRUHR DES BLUTES • 1929
HRISNA KREV • SINFUL BLOOD • 1929
NIEMANDSLAND • HELL ON EARTH (USA) ○ NO MAN'S LAND (UKN) ○ WAR IS HELL • 1931
TOVARITCH • 1935
NACKTE UND DER SATAN, DIE • HEAD, THE (USA) ○ HEAD FOR THE DEVIL, A ○ SCREAMING HEAD, THE ○ NAKED AND SATAN, THE • 1959

TRIYANDAFILIDIS ANTON – GRM
AFRIKA TANZT • AFRICA DANCES • 1967

TRLICA KAREL – CZC
BALADA O UHERSKEM KRALI • BALLAD OF THE HUNGARIAN KING • 1980

TRNKA JIRI – Animator – CZC – 1912–1969
ZASADIL DEDEK REPU • GRANDPA PLANTED A BEET • 1945 • ANS
PERAK A SS • CHIMNEY SWEEP, THE (USA) ○ SPRINGER AND THE SS MEN ○ DEVIL ON SPRINGS, THE ○ PERAK AGAINST THE SS • 1946 • ANM
ZVIRATKA A PETROVSTI • ANIMALS AND THE BRIGANDS, THE ○ ANIMALS AND BRIGANDS • 1946 • ANS
DAREK • GIFT, THE • 1947 • ANM
MISCHA THE BEAR • 1947 • ANS
SPALICEK • CZECH YEAR, THE • 1947 • ANM
CISARUV SLAVIK • EMPEROR AND THE NIGHTINGALE, THE ○ EMPEROR'S NIGHTINGALE, THE • 1948 • ANM
ARIE PRERIE • SONG OF THE PRAIRIE • 1949 • ANM
ROMAN S BASON • STORY OF THE BASS-CELLO, THE ○ STORY OF A DOUBLE BASS, THE ○ NOVEL WITH A CONTRABASS • 1949 • ANS
BAJAJA • PRINCE BAYAYA ○ BAYAYA • 1950 • ANM
CERTUV MLYN • DEVIL'S MILL, THE (USA) • 1951 • ANM
RYBAR A ZLATA RYBKA • GOLDEN FISH, THE (USA) ○ O ZLATE RYBCE ○ GOLD FISH, A • 1951
VESELY CIRKUS • HAPPY CIRCUS, THE ○ MERRY CIRCUS, THE ○ CIRCUS • 1951 • ANS
JAK STARECEK MENIL AZ VYMENIL • HOW GRANDPA CHANGED TILL NOTHING WAS LEFT • 1952 • ANS
KUTASEK A KUTILKA JAK RANO VASTAVALI • HOW KUTASEK AND KUTILKA GOT UP IN THE MORNING ○ KUTASEK AND KUTILKA • 1952 • ANS
STARE POVESTI CESKE • OLD LEGENDS OF CZECHOSLOVAKIA ○ OLD CZECH LEGENDS • 1952 • ANM
DVA MRAZICI • TWO FROSTS, THE ○ TWO LITTLE FROSTS • 1954 • ANM
OSUDY DOBREHO VOYAKA SVEJKA • GOOD SOLDIER SCHWEIK, THE ○ DOBRY VOJAK SVEJK • 1954 • ANS
CIRKUS HURVINEK • HURVINEK CIRCUS, THE ○ HURVINEK'S CIRCUS • 1955 • ANM
PROC UNESCO? • WHY UNESCO? • 1958 • ANM
SEN NOCI SVATOJANSKE • MIDSUMMER NIGHT'S DREAM, A • 1959 • ANM
KYBERNETICKA BABICKA • CYBERNETIC GRANDMOTHER, THE ○ CYBERNETIC GRANDMA ○ CYBERNETIC GRANNY • 1962
VASEN • OBSESSION ○ PASSION • 1962 • ANS
RUKA • HAND, THE • 1964 • ANM
ARCHANDEL GABRIEL A PANI HUSA • ARCHANGEL GABRIEL AND MISTRESS GOOSE, THE (USA) ○ ARCHANGEL GABRIEL AND MOTHER GOOSE, THE ○ ARCHANGEL GABRIEL AND MRS. GOOSE, THE • 1965 • ANM

TROELL JAN – SWD – 1931–
STAD • 1960 • SHT
BATEN • SHIP, THE • 1961 • DOC
NYARSAFTON PA SKANSKA SLATTEN • NEW YEAR'S EVE ON THE SKANE PLAINS • 1961 • DOC
POJKEN OCH DRACKEN • BOY AND THE KITE, THE • 1961
SOMMARTAG • SUMMER TRAIN • 1961 • DOC
KOM TILLBAKA, DE • RETURN, THE • 1962 • DOC
VAR I DALBY HAGE • SPRING IN DALBY PASTURES • 1962 • SHT
GAMLA KVARNEN, DE • OLD MILL, THE • 1964 • DOC
JOHAN EKBERG • 1964 • DCS
TRAKOM • TRACHOMA • 1964 • DOC
FYRA GANGER FYRA • 4 X 4 • NORDISK KVADRILLE ○ UPPEHALLE I MYRLANDET ○ PIKE MED HVIT BALL • 1965
HAR HAR DU DITT LIV • HERE'S YOUR LIFE (USA) ○ HERE IS YOUR LIFE • 1966
OLE DOLE DOFF • EENY MEENY MINY MOE ○ WHO SAW HIM DIE? • 1968
INVANDRARNA • NEW LAND, THE (USA) ○ UNTO A NEW LAND ○ NYBYGGARNA ○ SETTLERS, THE • 1970
UTVANDRARNA • EMIGRANTS, THE (UKN) • 1970
ZANDY'S BRIDE • FOR BETTER, FOR WORSE • 1974
BANG • 1975
HURRICANE • FORBIDDEN PARADISE • 1979

INGENJOR ANDREES LUFTFARD • FLIGHT OF THE EAGLE, THE ○ ANDREES LUFTFARD • 1983
SAGOLANDET • LAND OF DREAMS, THE • 1988

TROELLER GORDIAN – FRN
PLANETE DES FEMMES, LA • 1984 • DOC

TROISI MASSIMO – ITL
RICOMINCIO DA TRE • STARTING AGAIN AT THREE (UKN) • 1980
SCUSATE IL RITARDO • SORRY I'M LATE • 1983
NON CI RESTA CHE PIANGERE • 1984
VIE DEL SIGNORE SONO FINITE, LE • WAYS OF THE LORD ARE ENDED, THE • 1988

TROMMER HANS – SWT
ROMEO UND JULIA AUF DEM DORFE • 1941

TRONSON ROBERT – UKN – 1924–
MAN AT THE CARLTON TOWER • 1961
MAN DETAINED • 1961
NEVER BACK LOSERS • 1961
NUMBER SIX • 1962
TRAITORS, THE • 1962
FAREWELL PERFORMANCE • 1963
ON THE RUN • 1963
RING OF SPIES • RING OF TREASON (USA) • 1963

TROPA ALFREDO – PRT – 1939–
COIMBRA, UMA NOVA UNIVERSIDADE • 1962 • SHT
NOEL 1721 • 1964 • SHT
NUM MAR DE MOLICO • 1965 • SHT
OU O INVERNO, OU.. • 1965 • SHT
CEREAMICA DE ONTEM E DE HOJE • 1967 • SHT
OPERACAO OGMA • 1967 • SHT
MINUTE ZERO • 1968 • SHT
AGUAS VIVAS • 1969 • SHT
DOIS PISOS • 1970 • SHT
PEDRO SO • 1972
EUCALYPTUS • 1973 • SHT
FIGUEIRA DA FOZ • 1974 • SHT
BARBARA • 1980

TROPE TZIPI see **TROPE ZIPPI**

TROPE TZIPPI see **TROPE ZIPPI**

TROPE ZIPPI – ISR
TROPE TZIPPI • TROPE TZIPI
MIRI • 1983
TELL ME THAT YOU LOVE ME • 1984
TEL AVIV – BERLIN • 1987

TROPIA MARC C. – USA
FRIARS ROAD • 1986
MIAMI BEACH BUG POLICE • 1986

TROPIA TANO – USA
MIAMI BEACH BUG POLICE • 1986

TROSHCHENKO N. – USS
TROTSENKO N.
FIRST CLASS PILOT • 1972
REQUEST TAKE OFF • 1972
AIRMEN, THE • 1975

TROSKA ZDENEK – CZC
PRINCEZNE JASNENCE A LETAJICIM SVCI • PRINCESS JASNA AND THE FLYING COBBLER • 1987

TROTIGNON JEAN-LUC – FRN – 1959–
BONHEUR A ENCORE FRAPPE, LE • 1985

TROTSENKO N. see **TROSHCHENKO N.**

von TROTTA MARGARETHE – GRM – 1942–
ZWEITE ERWACHEN DER CHRISTA KLAGES, DER • SECOND AWAKENING OF CHRISTA KLAGES, THE • 1978
SCHWESTERN ODER DIE BALANCE DES GLUCKS • SISTERS, OR THE BALANCE OF HAPPINESS (USA) • 1980
BLEIERNE ZEIT, DIE • LEADEN TIME ○ MARIANNE AND JULIANNE ○ GERMAN SISTERS, THE • 1981
HELLER WAHN • SHEER MADNESS ○ FRIENDS AND HUSBANDS • 1983
ROSA LUXEMBURG • 1986
PAURA E AMORE • FURCHTEN UND LIEBEN ○ THREE SISTERS • 1987
FELIX • 1988
RUCKKEHR, DIE • RETURN, THE • 1990

TROTZ ADOLF – GRM
PETERS ERBSCHAFT • 1920
WER BIST DU? • 1922
GLANZ GEGEN GLUCK • 1923
STADT DER MILLIONEN, DIE • 1925
FLUCH DER VERERBUNG, DER • CURSE OF VERERBUNG, THE • 1927
UBERFALL • 1927
SECHZEHN TOCHTER UND KEIN PAPA • FRITZ UND FRITZI • 1928
STAATSANWALT KLAGT AN, DER • HENKER, DER • 1928
FRAU IM TALAR, DIE • 1929
JUGENDTRAGODIE • 1929
RECHT DER UNGEBORENEN, DAS • 1929
SOMNABUL • HELLSEHERIN, DIE • 1929
KARRIERE • 1930
RASPUTIN, DAMON DER FRAUEN • DAMON DER FRAUEN, DER ○ RASPUTIN, DEMON WITH WOMEN ○ RASPUTIN • 1930
ELISABETH VON OESTERREICH • 1931
SCHUTZENFEST IN SCHILDA • 1931
AMOUR QU'IL FAUT AUX FEMMES, L' • AMOUR DONT LES FEMMES ONT BESOIN, L' ○ CHEMIN DU VRAI BONHEUR, LE • 1933
TATRAS ZAUBER • 1933
WEGE ZUR GUTEN EHE • 1933

TROWBRIDGE ANGUS – Cameraman – USA – 1941–
TO THE COUNT OF BASIE • 1979

TROYANOVA I. – USS
LITTLE HORSE, THE

TROYANOVSKY MARK ANTONOVICH – USS
GEROI ARTIKI • HEROES OF THE ARCTIC • 1934

TRUCHADO JOSE – SPN
REYES JOSE TRUCHADO
TARZAN Y EL TESORO KAWANA • 1974
EVA LIMPIA COMO LOS CHORROS DEL ORO • 1976
HAZ LA LOCA Y NO LA GUERRA • 1977
JUVENTUD DROGADA • 1977

TRUEBA FERNANDO – SPN
COUSINE, JE T'AIME • 1979
OPERA PRIMA • FIRST EFFORT • 1980
CHICHO O MIENTRAS EL CUERPO AGUANTE • CHICO OR AS LONG AS THE BODY CAN STAND IT • 1983 • DOC
SAL GORDA • BAD TASTE • 1983
SE INFIEL Y NO MIRES CON QUIEN • BE WANTON AND TREAD NO SHAME ○ BE UNFAITHFUL AND DON'T CARE WITH WHOM • 1985
ANO DE LAS LUCES, EL • YEAR OF AWAKENING, THE • 1986
MONO LOCO, EL • MAD MONKEY, THE ○ SUENO DEL MONO LOCO, EL • 1989

TRUESDELL HOWARD – USA
CORNER IN COTTON, A • 1916

TRUFFAUT FRANCOIS – FRN – 1932–1984
VISITE, UNE • 1954 • SHT
MISTONS, LES • MISCHIEF-MAKERS, THE (UKN) • 1958 • SHT
HISTOIRE D'EAU • 1959 • SHT
QUATRE CENT COUPS, LES • 400 BLOWS, THE • 1959
TIREZ SUR LE PIANISTE • SHOOT THE PIANO PLAYER (USA) ○ SHOOT THE PIANIST • 1960
JULES ET JIM • JULES AND JIM (UKN) • 1961
TIRE-AU-FLANC 1962 • ARMY GAME, THE (USA) ○ SAD SACK, THE • 1961
AMOUR A VINGT ANS, L' • HATACHI NO KOI (JPN) ○ AMORE A VENT'ANNI ○ LOVE AT TWENTY (USA) ○ MILOSC DWUDZIESTOLATKOW ○ LIEBE MIT ZWANZIG (FRG) • 1962
PEAU DOUCE, LA • SOFT SKIN, THE (USA) ○ SILKEN SKIN • 1964
FAHRENHEIT 451 • 1966
BAISERS VOLES, LES • STOLEN KISSES • 1968
MARIEE ETAIT EN NOIR, LA • SPOSA IN NERO, LA (ITL) ○ BRIDE WORE BLACK, THE (UKN) • 1968
SIRENE DU MISSISSIPPI, LA • MIA DROGA SI CHIAMA JULIE, LA (ITL) ○ MISSISSIPPI MERMAID (USA) • 1969
DOMICILE CONJUGALE • NON DRAMMATIZZIAMO: E SOLO QUESTIONE DI CORNA (ITL) ○ BED AND BOARD (USA) • 1970
ENFANT SAUVAGE, L' • WILD CHILD, THE (USA) ○ WILD BOY, THE (UKN) • 1970
DEUX ANGLAISES ET LE CONTINENT, LES • TWO ENGLISH GIRLS (USA) ○ DEUX ANGLAISES, LES ○ ANNE AND MURIEL • 1971
BELLE FILLE COMME MOI, UNE • SUCH A GORGEOUS KID LIKE ME (USA) ○ GORGEOUS BIRD LIKE ME, A (UKN) • 1972
NUIT AMERICAINE, LA • EFFETTO NOTTE (ITL) ○ DAY FOR NIGHT (UKN) • 1973
HISTOIRE D'ADELE H., L' • STORY OF ADELE H., THE (USA) • 1975
ARGENT DE POCHE, L' • SMALL CHANGE (USA) ○ POCKET MONEY ○ SPENDING MONEY • 1976
HOMME QUI AIMANT LES FEMMES, L' • MAN WHO LOVED WOMEN, THE (UKN) ○ MAN WHO LOVED LOVE, THE (USA) • 1977
CHAMBRE VERTE, LA • GREEN ROOM, THE (USA) • 1978
AMOUR EN FUITE, L' • LOVE ON THE RUN (USA) • 1979
DERNIER METRO, LE • LAST METRO, THE (USA) • 1980
FEMME D'A COTE, LA • WOMAN NEXT DOOR, THE (USA) • 1981
HOMME D'A COTE, UN • 1982
VIVEMENT DIMANCHE • LONG SATURDAY NIGHT, THE (USA) ○ CONFIDENTIALLY YOURS ○ FINALLY SUNDAY • 1983

TRUJILLO ADELAIDA – CLM
LEY DEL MONTE, LA • LAW OF THE JUNGLE • 1989 • DOC

TRUJILLO RAFAEL – MXC
ULTIMO DIA DEL TORERO, EL • 1925

TRUJILLO VALENTIN – MXC
RATAS DE LA CIUDAD • CITY RATS

TRUMAN MICHAEL – UKN – 1916–
TOUCH AND GO • LIGHT TOUCH, THE (USA) • 1955
GO TO BLAZES • 1962
GIRL IN THE HEADLINES • MODEL MURDER CASE, THE (USA) ○ NOSE ON MY FACE, THE • 1963
DAYLIGHT ROBBERY • 1964
KOROSHI • 1967 • TVM

TRUMBO DALTON – Screenwriter – USA – 1905–1976
JOHNNY GOT HIS GUN • 1971

TRUMBULL DOUGLAS – USA – 1942–
TO THE MOON AND BEYOND • 1964 • DCS
SILENT RUNNING • RUNNING SILENT • 1972
BRAINSTORM • 1983

TRUSOV A. – USS
TIGER'S TWIN, THE • 1963 • ANS

TRUST WILF – UKN
IS THAT IT? • 1987

TRYGGVASON JON – ICL
FOXTROT • 1987

TRYON GLENN – Producer/writer – USA – 1894–1970
GRIDIRON FLASH • LUCK OF THE GAME (UKN) ○ FOOTBALL FOOL, THE ○ KICK-OFF, THE • 1934
EASY TO TAKE • 1936
TWO IN REVOLT • 1936
SMALL TOWN BOY • 1937
LAW WEST OF TOMBSTONE, THE • 1938
BEAUTY FOR THE ASKING • 1939
DOUBLE DATE • 1941
CALABOOSE • 1943
THAT NAZTY NUISANCE • NAZTY NUISANCE • 1943
MEET MISS BOBBY SOX • MEET MISS BOBBY SOCKS • 1944
MISS MINK OF 1949 • 1949

TRYSTAN LEON – PLN
DEVIL'S PASSION, THE • 1927
PIETRO WYZEJ • APARTMENT ABOVE (USA) • 1938

TRZECIAK FRANCISZEK – PLN
PUNKTY ZA POCHODZENIS • POINTS FOR PARENTAGE • 1983

TRZOS ANDRZEJ see **TRZOS-RASTAWIECKI ANDRZEJ**

TRZOS-RASTAWIECKI ANDRZEJ – PLN – 1933–
TRZOS ANDRZEJ
WEDLUG ROZKAZU • ACCORDING TO ORDERS ○ YES, SIR • 1959 • DOC
SZKOLA BEZ TABLIC • SCHOOL WITHOUT BLACKBOARDS • 1960 • DOC
WOKOL SPRAWY • AROUND THE MATTER • 1963 • DOC
PO PROSTU ZWYKLI LUDZIE • SIMPLY ORDINARY PEOPLE • 1964 • DOC
ETIUDA SPORTOWA • SPORT ETUDE • 1965 • DOC
SMIERC W SRODKOWYM POKOJU • DEATH IN THE MIDDLE ROOM • 1965 • MTV
ZADANIE DO WYKONANIA • TASK TO BE CARRIED OUT • 1965 • DOC
DWA I POL KILOGRAMA SILY • TWO AND A HALF KILOGRAMMES OF STRENGTH ○ TWO AND A HALF KILOGRAMMES OF POWER • 1966 • DOC
PAWIAK • 1966 • DOC
PRZECHODZEN • PASSER-BY, THE • 1966 • DOC
GODZINY SZCZYTU • RUSH HOURS • 1967 • DOC
KON A SPRAWA POLSKA • HORSE AND POLISH AFFAIRS, THE • 1967 • ANM
KOROWOD • PAGEANT • 1967 • DOC
MOCNE UDERZENIE –OPUS 2 • HARD BLOW –OPUS 2 • 1967 • DOC
MICHAL • MICHAEL • 1968 • DOC
ANNA • 1969 • DOC
EGZAMIN • EXAMINATION, THE ○ EXAM, THE • 1969 • DOC
ROCZNICA • ANNIVERSARY, THE • 1969 • DOC
NAJLEPSZY KOLEGA • BEST FRIEND • 1970 • MTV
ON THE BALTIC • 1970 • DOC
PODPISANIE KAPITULACJI • SIGNING OF THE CAPITULATION, THE • 1970 • DOC
SIEDEMDZIESIAT DWIE GODZINY • SEVENTY TWO HOURS • 1970 • DOC
TRAD • LEPROSY • 1971
M JAK MOTORYZACJA • M FOR MOTORIZATION • 1972 • SHT
ZAPIS ZBRODNI • RECORD OF A CRIME ○ CRIMINAL RECORDS • 1975
SKAZANY • CONDEMNED • 1976
PREZYDENT STARZYNSKI • LORD MAYOR STARZYNSKI • 1978
JESTEM PREZECIW • OBJECTION • 1985
PO UPADKU • AFTER THE FALL • 1989

TS'AI CHI-KUANG – HKG
CHOI CLIFFORD • CAI JIGUANG
NAN YU NU • HONG KONG, HONG KONG • 1984
PEI NAN HSI TUNG • NORTH SOUTH WEST EAST • 1984
QINGCHUN NUCHAO • GROW UP IN ANGER • 1985

TSAI CHU-SHENG – CHN
SONG OF THE FISHERMEN, THE • 1934

TSANCOV VILLY – BUL
TSANKOV WILLY
IGREK-17 • Y-SEVENTEEN ○ Y 17 • 1972
BOUNA • RIOT, THE • 1975

TSANEV EMIL – BUL
DAM, THE • 1984
RIGHT OF CHOICE • 1988

TSANKOV PANCHO – BUL
EXCERPT FROM A NEWSPAPER • 1987 • DOC

TSANKOV WILLY see **TSANCOV VILLY**

TSANSUDI see **TSANUSDI**

TSANUSDI – USA
TSANSUDI
TRADER HORNEE • LEGEND OF THE GOLDEN GODDESS, THE • 1970

TSAO DREI – CZC
OPICI CISAR • EMPEROR OF MONKEYS • 1955

TSCHECHOWA OLGA – Actress – USS – 1897–
NARR SEINER LIEBE, DER • 1929

TSCHERNIA DAN – DNM
DANMARK ER LUKKET • DENMARK IS CLOSED • 1981

TSE TSUNG LUNG – HKG
T'IEH NIU FU HU • IRON OX, THE TIGER'S KILLER ○ IRON OX: THE TIGER KILLER • 1973

TSEKHANOVSKY M. see **TSEKHANOVSKY M. M.**

TSEKHANOVSKY M. M. – USS
TSEKHANOVSKY M. • *TZEKHANOVSKY M.* • *TSENKANOVSKY M.*
POSTMAN, THE • 1929 • ANS
MAIL • 1930
LENINGRAD MUSIC HALL • 1943
KASHTANKA • 1952 • ANM

TSEMBEROPOULOS GEORGE see **TSEMBEROPOULOS YORGOS**

TSEMBEROPOULOS YORGOS – GRC
TSEMBEROPOULOS GEORGE
MEGARA • 1975
KSAFNIKOS EROTAS • SUDDEN LOVE • 1984

TSENG CHIH-WEI – HKG
TSENG ERIC
MAD MISSION • 1981
TSUI-CHIA P'AI-TANG • MAD MISSION PART 2: ACES GO PLACES ○ MAD MISSION 2: ACES GO PLACES ○ ACES GO PLACES ○ MAD MISSION 2 • 1982

TSENG CHUANG-HSIANG – TWN
ERH-TZU-TE TA WAN-OU • SANDWICH MAN, THE • 1983
WU-LI-TE TI-SHENG • NATURE IS QUIETLY BEAUTIFUL • 1983

TSENG ERIC see **TSENG CHIH-WEI**

TSENG JIMMY – HKG
FIREFIST OF INCREDIBLE DRAGON • 1980

TSENKANOVSKY M. see **TSEKHANOVSKY M. M.**

TSIFOROS M. – GRC
ANEMOS TOU MISSOUS, O • WIND OF HATE (USA) • 1958

TSILINSKI GUNAR – USS
SONATA NAD OZERO • 1976

TSIN SI – CHN
MAGIC PAINTBRUSH, THE • 1954 • ANS
MAGIC PENCIL, THE • 1954 • ANM

TSIOLIS STAVROS – GRC
KATAHRISIS EXOUSIAS • ABUSE • 1970
SUCH A LONG ABSENCE • 1985
REGARDING VASSILIS • 1987
INVINCIBLE LOVERS • 1988

TSOTARY ALFRED – GRM
GROSSE PREIS, DER • 1922

TSUBIJIMA TAKASHI see **TSUBOSHIMA TAKASHI**

TSUBOSHIMA TAKASHI – JPN
TSUBIJIMA TAKASHI
CRAZY NO KISOUTENGAI • WHO'S CRAZY NOW?
KOKOKARA HAJIMARU • BEAST CALLED MAN, THE • 1965
CRAZY DAYO TENKA MUTEKI • INDUSTRIAL SPY FREE-FOR-ALL • 1967
KAITO ZIVACO • MONSIEUR ZIVACO ○ KAITO JIBAKO • 1967
KUREIZI OGON SAKUSEN • LAS VEGAS FREE-FOR-ALL (USA) ○ CRAZY OGON SAKUSEN • 1967
CRAZY MEXICAN DAISAKUSEN • MEXICAN FREE-FOR-ALL • 1968

TSUBURAYA EIJI – Special effects – JPN – 1901-1970
AH! NANGO SHOSA • 1938
MATANGO • ATTACK OF THE MUSHROOM PEOPLE (USA) ○ MATANGO -FUNGUS OF TERROR • 1963
ULTRAMAN • 1967

TSUBURAYA HAJIME – JPN
URUTORA SEBUN • ULTRA SEVEN • 1968 • ANS

TSUCHIMOTO NORIAKI – JPN – 1928–
ROJO • ALONG MY ROAD • 1964
PARTISAN ZENSHI • PREHISTORY OF THE PARTISANS • 1970 • DOC
MINAMATA -KANJASAN TO SONO SEKAI • MINAMATA (USA) • 1971 • DOC
MINAMATA IKKI • REVOLT OF THE MINAMATA VICTIMS • 1972
MINAMATA FOR MEDICAL SCIENCE • 1974 • DOC
SHIRANUI-KAI • 1974 • DOC
MINAMATA, SONO 30 NEN • MINAMATA, ITS 30 YEARS • 1988 • DOC

TSUCHIYA KEINOSUKE – JPN
KAIJU OJI • MONSTER PRINCE • 1968

TSUI HARK see **XU KE**

TSUI WEI – CHN
SONG OF YOUTH

TSUKERMAN SLAVA – USA
LIQUID SKY • 1982

TSUKIOKA SADAO – JPN
ARU OTAKU NA BAAI • 1966 • ANS
SPOTLIGHT • 1971 • ANS

TSURUMAKI JIRO – JPN
JIGOKU NO AIBU • HUG OF HELL • 1967

TSUTSULKOVSKI LEV – USS
BRASLYET -2 • BRACELET -2 • 1968

TSUTSUNAVA ALEXANDER – USS
CHRISTINE • 1916

TSUZUKI YOHNOSUKE – JPN
HENTAIZUMA • ABNORMAL WIFE, AN • 1968
SHOJO KAIKIN • OPEN SEASON FOR VIRGINS, THE • 1968

TSYMBAL – USS
DEFENCE COUNSEL SEDOV • 1988

T'U CHUNG-HSUN – HKG – -1980
TENG-LUNG CHIEH • LANTERN STREET, THE • 1977
TZ'U-K'O • ASSASSIN • 1977

TU LARRY C. H. – TWN
LUNG-CH'ANG SHIH-JIH • CITY CALLED DRAGON, A (USA) ○ TEN DAYS IN DRAGON CITY ○ DRAGON CITY • 1969

TU LU-PO – HKG
BRUCE AGAINST IRON HAND
BRUCE LEE'S GREATEST REVENGE • BRUCE LI'S GREATEST REVENGE ○ DRAGON'S GREATEST REVENGE • 1978

TUAL DENISE see **TUAL DENISE R.**

TUAL DENISE R. – FRN – 1906–
TUAL DENISE
CE SIECLE A CINQUANTE ANS • DAYS OF OUR YEARS (USA) ○ CENTURY IS FIFTY, THE • 1949
OLIVIER MESSIAEN ET LES OISEAUX • 1973 • DOC

TUAL ROLAND – Producer/actor – FRN – 1904-1956
LIT A COLONNES, LE • 1942
BONSOIR MESDAMES, BONSOIR MESSIEURS • 1943
CE SIECLE A CINQUANTE ANS • DAYS OF OUR YEARS (USA) ○ CENTURY IS FIFTY, THE • 1949

TUBER JOEL – UKN
GREAT WALL OF CHINA, THE • 1970

TUCCI ALFREDO M. – ITL
DIAVOLO A QUATTRO, IL • 1977

TUCEK PETR – CZC
DIVOKA HOLKA • 1966
SVATEJ Z KREJCARKU • SAINT FROM THE OUTSKIRTS OF TOWN, THE ○ SAINT FROM THE SUBURBS, THE • 1969

TUCHNER MICHAEL – UKN – 1934–
MUSIC • 1968 • DOC
VILLAIN • 1971
FEAR IS THE KEY • 1972
MISTER QUILP • OLD CURIOSITY SHOP, THE ○ QUILP • 1974
BAR MITZVAH BOY • 1976 • TVM
LIKELY LADS, THE • 1976
PHYLLIS DIXEY • 1978
SUMMER OF MY GERMAN SOLDIER • 1978 • TVM
HAYWIRE • 1980 • TVM
HUNCHBACK OF NOTRE DAME, THE • 1982 • TVM
PAROLE • 1982 • TVM
ADAM • 1983 • TVM
TRENCHCOAT • 1983
AMOS • 1985 • TVM
GENERATION • 1985 • TVM
NOT MY KID • 1985 • TVM
TRAPPED IN SILENCE • 1986 • TVM
AT MOTHER'S REQUEST • 1987 • TVM
MISTRESS • 1987 • TVM
WILT • 1989

TUCHOCK WANDA – Producer/writer – USA
FINISHING SCHOOL • 1934

TUCHTENHAGEN GISELA – GRM
WIR KONNEN SOVIEL • 1976

TUCKER DAVID – USA
CIAO • 1967

TUCKER GEORGE L. see **TUCKER GEORGE LOANE**

TUCKER GEORGE LOANE – UKN – 1881-1921
TUCKER GEORGE L.
AGGRESSOR, THE • 1911
BEHIND THE STOCKADE • 1911
BROTHERS, THE • 1911
COURTING OF MARY, THE • 1911
DREAM, THE • 1911
FOR HER BROTHER'S SAKE • 1911
LITTLE RED RIDING HOOD • 1911
OVER THE HILLS • 1911
PIECE OF STRING, THE • 1911
PORTRAIT, THE • 1911
ROSE'S STORY, THE • 1911
SCARLET LETTER, THE • 1911
THEIR FIRST MISUNDERSTANDING • 1911
OLD FOLKS' CHRISTMAS, THE • 1912
PRINCE CHARMING • 1912
BIG SISTER • 1913
HIDDEN FIRES • 1913
HIS HOUR OF TRIUMPH • 1913
IN PERIL OF THE SEA • 1913
JANE OF THE MOTH-EATEN FARM • 1913
JANE'S BROTHER, THE PARANOIAC • 1913
THEIR PARENTS • 1913
TRAFFIC IN SOULS • 1913
YOGI, THE • 1913
BACHELOR'S LOVE STORY, A • 1914
BLACK SPOT, THE • 1914
CAGE, THE • 1914
CALLED BACK • 1914
DAWN OF ROMANCE • 1914
DIFFICULT WAY, THE • 1914
ENGLAND EXPECTS • 1914
FRINGE OF WAR, THE • 1914
ON HIS MAJESTY'S SERVICE • 0-18 OR A MESSAGE FROM THE SKY (USA) • 1914
REVENGE OF MR. THOMAS ATKINS, THE • 1914
SHE STOOPS TO CONQUER • 1914
THIRD STRING, THE • 1914
CHRISTIAN, THE • 1915
HER UNCLE • 1915
HIS LORDSHIP • 1915
JELF'S • MAN OF HIS WORD, A (USA) • 1915
MIDDLEMAN, THE • 1915
PRISONER OF ZENDA, THE • 1915
RUPERT OF HENTZAU • 1915
SHULAMITE, THE • 1915
SONS OF SATAN, THE • 1915
1914 • 1915
ARSENE LUPIN • 1916
FOLLY OF DESIRE, THE • SHULAMITE, THE • 1916
GAME OF LIBERTY, THE • UNDER SUSPICION (USA) • 1916
HEEL OF THE LAW, THE • 1916 • SHT
HOMELESS • 1916 • SHT
HYPOCRITES, THE • MORALS OF WEYBURY, THE • 1916
MAN WITHOUT A SOUL, THE • I BELIEVE • 1916
MANXMAN, THE • 1916
MIXED RELATIONS • 1916
MOTHER OF DARTMOOR, THE • 1916
MOTHER'S INFLUENCE, A • 1916
ODD FREAK, AN • 1916
STORY FROM LIFE, A • 1916 • SHT
MAN OF HIS WORD, A • 1917
MAN-MAN, THE • 1917
CINDERELLA MAN, THE • 1918
DODGING A MILLION • 1918
JOAN OF PLATTSBURG • 1918
MOTHER, THE • 1918
VIRTUOUS WIVES • 1918
MIRACLE MAN, THE • 1919
LADIES MUST LIVE • 1921

TUCKER GLENN – USA
JODY

TUCKER PHIL – USA
DANCE HALL RACKET • 1953
ROBOT MONSTER • MONSTERS FROM THE MOON ○ MONSTER FROM MARS • 1953
CAPE CANAVERAL MONSTERS, THE • 1960

TUCKER ROGER – UKN – 1945–
KARST • 1965 • SHT
AND ON THE EIGHTH DAY • 1968 • DOC

TUDELA CARLOS – PRT – 1909–
VONTADE MAIOR, UMA • GREATEST WILL, THE • 1967

TUDOR F. C. see **TUDOR F. C. S.**

TUDOR F. C. S. – UKN
TUDOR F. C.
ISLAND JESS • 1914
CRIPPLE OF YPRES, THE • 1915
DEVIL'S PROFESSION, THE • 1915

TUGANOV E. see **TUGANOV ELBERT**

TUGANOV ELBERT – USS
TUGANOV E.
OTT IN SPACE • 1962 • ANS
OSLIC, SELEDKA I MEDLA • DONKEY, THE HERRING AND THE BROOM, THE • 1969 • ANS

TUGGLE RICHARD – USA – 1948–
TIGHTROPE • 1984
OUT OF BOUNDS • 1986

TUHUS LAILA – NRW
SPANN AV TID, ET • PAIL OF TIME, A • 1973 • SHT

TUHUS ODDVAR BULL – NRW
FILMAVIS • SHT
FOUR DAYS ABOUT FREEDOM • 1968
RODBLATT PARADIS • RED-AND-BLUE PARADISE • 1972
FOLKEVILJE • PEOPLE'S WILL, THE • 1973 • SHT
MARIA MARUSJKA • 1973
OMGIVELSER • SURROUNDINGS • 1973
STREIK • STRIKE • 1974
ANGST • TERROR • 1976
SEMMELWEISS • 1980
1958 -ET GANSKE ALMINNELIG AR • 1958 -A VERY EXCEPTIONAL YEAR • 1980
HOCKEY • ICE-HOCKEY ○ HOCKEY FEVER ○ HOCKEYFEBER • 1981
50/50 • 1981
PRODUKSJON NR.4 • 1982
HALTENBANKEN • BLOW OUT IN THE NORTH SEA • 1986
BLUCHER • 1988

TULIO TEUVO – FNL
NUORENA NUKKUNUT • SILJA -FALLEN ASLEEP WHEN YOUNG • 1937
LAULU TULIPUNAISESTA KUKASTA • SONG OF THE SCARLET FLOWER, THE • 1938
SELLAISENA KUIN SINA MINUT HALUSIT • 1944
SENSUELLA • 1971

TULLY MAY – USA
OLD OAKEN BUCKET, THE • 1921
OUR MUTUAL FRIEND • 1922
THAT OLD GANG OF MINE • 1925

TULLY MONTGOMERY – UKN – 1904–
FROM ACORN TO OAK • 1937 • DCS
BEHIND THE GUNS • 1940 • DCS
SALUTE TO THE FARMERS • 1941 • DCS
MURDER IN REVERSE • QUERY • 1945
SPRING SONG • SPRINGTIME (USA) • 1946
MRS. FITZHERBERT • 1947
BOYS IN BROWN • 1949
TALE OF FIVE CITIES, A • STORIA DI CINQUE CITTA (ITL) ○ TALE OF FIVE WOMEN, A • 1951
GIRDLE OF GOLD • 1952
SMALL TOWN STORY • 1953
DEVIL'S POINT • DEVIL'S HARBOR (USA) • 1954
DIAMOND, THE • DIAMOND WIZARD, THE (USA) ○ MILLION DOLLAR DIAMOND • 1954
FIVE DAYS • PAID TO KILL (USA) • 1954
LATE NIGHT FINAL • 1954
SILENT WITNESS, THE • 1954
THIRTY-SIX HOURS • TERROR STREET (USA) • 1954
DIAL 999 • WAY OUT, THE (USA) • 1955
GLASS CAGE, THE • GLASS TOMB, THE (USA) • 1955
CASE OF THE RIVER MORGUE, THE • 1956
DESTINATION DEATH • 1956
PERSON UNKNOWN • 1956

WALL OF DEATH • 1956
CASE OF THE SMILING WIDOW, THE • 1957
COUNTERFEIT PLAN, THE • 1957
ESCAPEMENT • ELECTRONIC MONSTER, THE (USA) ○ DREAM MACHINE, THE ○ ZEX, THE ELECTRONIC FIEND ○ ZEX • 1957
HYPNOTIST, THE • SCOTLAND YARD DRAGNET (USA) • 1957
INSIDE INFORMATION • 1957
KEY MAN, THE • 1957
LONELY HOUSE, THE • 1957
MAN IN THE SHADOW • 1957
NIGHT CROSSING • 1957
NO ROAD BACK • 1957
WHITE CLIFFS MYSTERY, THE • 1957
CRIME OF HONOUR • 1958
CROSSROAD GALLOWS, THE • 1958
DIPLOMATIC CORPSE, THE • 1958
I ONLY ARSKED! • 1958
LONG KNIFE, THE • 1958
MAN WITH A GUN • 1958
PRINT OF DEATH • 1958
STRANGE AWAKENING • FEMALE FRIENDS (USA) • 1958
MAN ACCUSED • 1959
DEAD LUCKY • 1960
HOUSE IN MARSH ROAD, THE • INVISIBLE CREATURE (USA) ○ HOUSE ON MARSH ROAD, THE • 1960
JACKPOT • 1960
MAN WHO WAS NOBODY, THE • 1960
PRICE OF SILENCE, THE • 1960
MIDDLE COURSE, THE • 1961
THIRD ALIBI, THE • 1961
TWO WIVES AT ONE WEDDING • 1961
OUT OF THE FOG • 1962
SHE KNOWS Y'KNOW • 1962
CLASH BY NIGHT • ESCAPE BY NIGHT (USA) • 1963
MASTER SPY • 1963
BOY WITH A FLUTE • 1964
WHO KILLED THE CAT? • 1966
TERRONAUTS, THE • TERRORNAUTS, THE • 1967
BATTLE BENEATH THE EARTH • BATTLE BENEATH THE SEA • 1968
HAWKS, THE • 1969

TULUBYEVA ZOYA – USS
LEBEDINOYE OZERO • SWAN LAKE (USA) • 1957
SKAZKA O KONKE-GORBUNKE • LITTLE HUMPBACKED HORSE, THE (USA) ○ KONIOK GORBUNOK • 1961

TULUI FULVIO – ITL
D'ARTAGNAN CONTRO I TRE MOSCHETTIERI • REVENGE OF THE MUSKETEERS (USA) • 1963

TULYAKHODZHAEV NAZIM – Animator – USS
IT WILL RAIN TENDERLY • ANM

TUMANISHVILI I. – USS
DAVID GURAMISHVILI • 1946

TUMANOV S. see **TUMANOV SEMYON**

TUMANOV SEMYON – USS
TUMANOV S.
PAVLUKHA • 1962
COME HERE, MUKHTAR! • HERE, MUKHTAR! • 1964
CRIMINAL SHALL NOT ESCAPE, THE • 1966
LOST SHEEP, THE • 1966
NIKOLAY BAUMAN • 1968
LOVE OF SERAFIM FROLOV, THE • 1969

TUMANYAN INNA – USS
PUTESHESTVIYE • JOURNEY • 1967

TUMLER WOLFGANG – GRM
ROTE STRUMPF, DER • 1980

TUNA FEYZI – TRK
DEVLERIN INTIKAMI • VENGEANCE OF THE GIANTS, THE ○ REVENGE OF THE GIANTS, THE • 1967
GECEKONDU PESINDE • IN SEARCH OF A HOUSE • 1967
SILAHLARI ELLERINDE OLDULER • THEY DIED WITH THEIR GUNS ON • 1967
SOYLEYIN GENC KIZLARA • TELL IT TO THE GIRLS • 1967
TEK KURSUN • LAST BULLET, THE • 1968
WORLD IS SMALL, THE • 1968
KIZGIN TOPRAK • GRAVE, THE • 1974
SENINLE SONDEFA • LAST TIME WITH YOU, THE • 1980
SENI KALBIME GONDUM • BURIED IN MY HEART • 1982
KUYUCAKLI YUSUF • YUSUF FROM KUYUCAK • 1985

T'UNG LU – HKG
YUEH-CHAN CHIN TS'UN CHE • WITHOUT A PROMISED LAND • 1981

TUNG SANDY – USA
BROKEN PROMISE • MARRIAGE, A • 1983

TUNIS RON – CND
NEW YORK LIGHTBOARD -WELCOME TO CANADA • 1961 • ANS
ANIMAL MOVIE, THE • ANIMAUX EN MARCHE, LES • 1966 • ANS
HOUSE THAT JACK BUILT, THE • 1969 • ANS
VENT, LE • WIND, THE • 1972 • ANS

TURBAY MAX – FRN
CA FREMIT DANS L'ENTRECUISSE • 1980
ELLES EN VEULENT • 1980
INCITATION AU PLAISIR • 1981

TURBETT BEN – USA
TURBETT BENJAMIN
WHEN LOVE IS KING • 1916
BUILDERS OF CASTLES • 1917
COURAGE OF THE COMMONPLACE • 1917
CY WHITTAKER'S WARD • 1917
DUKE FOR A DAY, A • 1917 • SHT
GALLEGHER • 1917 • SHT
HALF BACK, THE • 1917 • SHT
LADY OF THE PHOTOGRAPH, THE • 1917
LAST SENTENCE, THE • 1917
PHILIP KENT IN THE LOWER SCHOOL • 1917 • SHT
ROYAL PAUPER, THE • 1917
T. HAVILAND HICKS -FRESHMAN • 1917 • SHT

TURBETT BENJAMIN see **TURBETT BEN**

TURCK WALTER C. – GRM
KUNST DES EMAILS, DIE • 1958

TURELL SAUL J. – Producer/writer – USA – 1921–
LOVE GODDESSES, THE • 1965

de TURENNE GILLES A. – FRN
GANG DES PIANOS A BRETELLES, LE • HOLD-UP EN MUSIQUE • 1952

de TURENNE HENRI – FRN – 1921–
36, LE GRAND TOURNANT • 1970

TURGUL YAVUZ – TRK
MUHSIN BEY • 1987
UNFORGETTABLE DIRECTOR OF HOLLYWOOD MOVIES, THE • 1989

TURIN VICTOR – USS – 1895–1945
TOURINE VICTOR
BORBA GIGANTOV • BATTLE OF THE GIANTS • 1926
PROVOKATOR • PROVACATEUR, THE • 1928
TURKSIB • 1929
BAKINTSY • MEN OF BAKU • 1938

TURINE JEAN-MARC – BLG
PLAGES SANS SUITE • 1980

TURKALI – TRK
SOKAKTA KAN VARDI • 1965

TURKIEWICZ SOPHIA – Writer – ASL – 1946–
HANDFUL OF JELLY BABIES, A • 1977 • SHT
IMMIGRANT CHRONICLE • 1978 • MTV
LETTERS FROM POLAND • 1978 • SHT
SILVER CITY • 1984
I'VE COME ABOUT THE SUICIDE • 1988

TURKO ROSEMARIE – FRN – 1951–
SCARRED • STREET LOVE • 1984
DUNGEONMASTER, THE • DIGITAL KNIGHTS ○ RAGEWAR • 1985

TURMAN LAWRENCE – Producer – USA – 1926–
MARRIAGE OF A YOUNG STOCKBROKER, THE • 1971
SECOND THOUGHTS • 1983

TURNBULL MARK – ASL
NOW AND THEN • 1981

TURNER – USA
EARLY DAYS OUT WEST • 1912

TURNER ANN – UKN
CIVILISATION: MAN -THE MEASURE OF THINGS • 1969
CIVILISATION: THE WORSHIP OF NATURE • 1969

TURNER ANN* – ASL
CELIA • 1988

TURNER BRAD – USA
GOOFBALLS • GOOF BALLS • 1987

TURNER D. H. – USA
HER AMERICAN PRINCE • 1916

TURNER DEAN – USA
VALLEY OF BLOOD • 1973

TURNER GIL – USA
GUMSHOE MAGOO • 1958 • ANS
MAGOO'S HOMECOMING • 1959 • ANS

TURNER KENNETH – UKN
LOVE PILL, THE • 1971
REVENGE OF THE MYSTERONS FROM MARS • 1981 • ANM

TURNER MARTIN – UKN
NEARLY WIDE AWAKE • 1977

TURNER MAURICE see **NEFF WOLFGANG**

TURNER MELBURN see **TURNER MELBURN E.**

TURNER MELBURN E. – CND – 1908–
TURNER MELBURN
HERE WILL I NEST • 1941
ETIENNE BRULE GIBIER DE POTENCE • 1952
LITTLE CANADIAN, THE • 1954

TURNER OTIS – USA
DAMON AND PYTHIAS • 1908
RIP VAN WINKLE • 1908
CHRISTIAN MARTYRS, THE • 1909
COMMON ENEMY, THE • 1910
COURTSHIP OF MILES STANDISH, THE • 1910
ROMAN, THE • 1910
WIZARD OF OZ • 1910
BACK TO THE PRIMITIVE • 1911
GEORGE WASHINGTON'S ESCAPE • 1911
HOW THEY STOPPED THE RUN ON THE BANK • 1911
JUSTINIAN AND THEODORA • 1911
LOST IN THE JUNGLE • 1911
PROFLIGATE, THE • 1911
TWO ORPHANS, THE • 1911
WITCH OF THE EVERGLADES, THE • 1911
BEFORE THE WHITE MAN CAME • 1912
COUNTERFEIT SANTA CLAUS, A • 1912
HUMAN HEARTS • 1912
IMMIGRANT'S VIOLIN, THE • 1912
LADY AUDLEY'S SECRET • 1912
SHAMUS O'BRIEN • 1912
TRIBAL LAW, THE • 1912
BUCCANEERS, THE • 1913
CAPTAIN KIDD • 1913
EVIL POWER, THE • 1913
FRONTIER PROVIDENCE, A • 1913
IN SLAVERY DAYS • 1913
PRIMEVAL TEST, THE • 1913
ROBINSON CRUSOE • 1913
SHADOW, THE • 1913
SHERIDAN'S RIDE • 1913
SHON, THE PIPER • 1913
UNCLE TOM'S CABIN • 1913
UNDER THE BLACK FLAG • 1913
VENUS AND ADONIS • 1913
WAYWARD SISTER, THE • 1913
BIG SISTER'S CHRISTMAS, THE • 1914
BY RADIUM'S RAYS • 1914
CALLED BACK • 1914
CAPTAIN JENNY, S.A. • 1914
CIRCLE 17 • 1914
DAMON AND PYTHIAS • 1914
DANGERS OF THE VELDT • 1914
FOR THE FREEDOM OF CUBA • 1914
KID REGAN'S HANDS • 1914
NEPTUNE'S DAUGHTER • 1914
ON THE VERGE OF WAR • 1914
ONE OF THE BRAVEST • 1914
OPENED SHUTTERS, THE • 1914
PROWLERS OF THE WILD • 1914
SOB SISTER, THE • 1914
SPY, THE • 1914
THROUGH THE FLAMES • 1914
WON IN THE CLOUDS • 1914
BLACK BOX, THE • 1915 • SRL
BUSINESS IS BUSINESS • 1915
CHANGED LIVES • 1915
FLASH, THE • 1915
FRAME-UP, THE • 1915
FROM ITALY'S SHORES • 1915
GREAT RUBY MYSTERY, THE • 1915
LITTLE BROTHER OF THE RICH, A • 1915
NEW ADVENTURES OF TERENCE O'ROURKE, THE • 1915 • SRL
SCARLET SIN, THE • 1915
GAY LORD WARING, THE • 1916
HULDA THE SILENT • 1916 • SHT
LANDON'S LEGACY • 1916
MEDIATOR, THE • 1916
POOL OF FLAME, THE • 1916
SEEKERS, THE • 1916
SON OF THE IMMORTALS, A • 1916
TWO ORPHANS, THE • 1916 • SHT
WHIRLPOOL OF DESTINY, THE • 1916
YOUTH OF FORTUNE, A • 1916
BOOK AGENT, THE • 1917
HIGH FINANCE • 1917
ISLAND OF DESIRE, THE • 1917
MELTING MILLIONS • 1917
SOME BOY • 1917
SOUL OF SATAN, THE • 1917
TO HONOR AND OBEY • 1917

TURNER PETER – UKN
TIMETABLE BLUES • 1966
HEAD RAG HOP • 1970 • SHT

TURNER RICHARD – NZL
SQUEEZE, THE • NIGHT MOVES • 1980

TURNER STEVE – UKN
GRAVE NEW WORLD • 1971 • SHT

TURNER YOLANDE – UKN
DAY, THE • ANTONITO • 1961

TUROLLA LUIGI – ITL – 1932–
MANO SUL FUCILE, LA • 1963
CONTINENTE DI GHIACCIO, IL • ICE CONTINENT, THE • 1975

TUROV VICTOR see **TUROV VIKTOR**

TUROV VIKTOR – USS
TUROV VICTOR
YA RODOM IZ DYETSTVA • I HAIL FROM CHILDHOOD ○ I'M FROM CHILDHOOD • 1967
VOSKRESNAYA NOCH • SUNDAY NIGHT • 1977
PRZEPRAWA • CROSSING • 1988

TURPIE JONNIE – UKN
OUT OF ORDER • 1988

TURPIN – UKN
IS THIS A RECORD? • 1973 • SHT

TURPIN BEN – USA – 1874–1940
MUSICAL MARVEL, A • 1917 • SHT

TURPIN DIGBY – UKN
PAN-TELE-TRON • 1957

TURSZINSKY WALTER – GRM
UBER ALLES DIE PFLICHT! • 1915

TURYAN HASIM – TRK
ASKIN MERHAMETI YOKTUR • LOVE KNOWS NO PITY • 1967

TURZHANSKY V. see **TOURJANSKY VICTOR**

TUSZINSKY LADISLAUS – AUS
ZWERG NASE • DWARF NOSE • 1921

TUTTLE FRANK – USA – 1892–1963
CRADLE BUSTER, THE • 1922
PURITAN PASSIONS • SCARECROW, THE • 1923
SECOND FIDDLE • 1923
YOUTHFUL CHEATERS • 1923
DANGEROUS MONEY • 1924
GRIT • 1924
PETER STUYVESANT • 1924 • SHT
PURITANS, THE • 1924 • SHT
KISS IN THE DARK, A • 1925
LOVERS IN QUARANTINE • 1925
LUCKY DEVIL • 1925
MANICURE GIRL, THE • 1925
MISS BLUEBEARD • 1925
AMERICAN VENUS, THE • 1926
KID BOOTS • 1926
LOVE 'EM AND LEAVE 'EM • 1926
UNTAMED LADY, THE • 1926
BLIND ALLEYS • 1927
ONE WOMAN TO ANOTHER • 1927
SPOTLIGHT, THE • 1927
TIME TO LOVE • 1927
EASY COME, EASY GO • 1928
HIS PRIVATE LIFE • 1928
LOVE AND LEARN • 1928

SOMETHING ALWAYS HAPPENS • 1928
VARSITY • 1928
GREENE MURDER CASE, THE • 1929
MARQUIS PREFERRED • 1929
STUDIO MURDER MYSTERY, THE • 1929
SWEETIE • 1929
BENSON MURDER CASE, THE • 1930
HER WEDDING NIGHT • 1930
LOVE AMONG THE MILLIONAIRES • 1930
MEN ARE LIKE THAT • SHOW-OFF, THE ○ VIRTUOUS WIFE, THE • 1930
ONLY THE BRAVE • 1930
PARAMOUNT ON PARADE • 1930
TRUE TO THE NAVY • 1930
DUDE RANCH • 1931
IT PAYS TO ADVERTISE • 1931
NO LIMIT • 1931
BIG BROADCAST, THE • 1932
THIS IS THE NIGHT • HE MET A FRENCH GIRL • 1932
THIS RECKLESS AGE • SECOND CHANCES • 1932
DANGEROUSLY YOURS • 1933
PLEASURE CRUISE • 1933
ROMAN SCANDALS • 1933
HERE IS MY HEART • 1934
LADIES SHOULD LISTEN • 1934
SPRINGTIME FOR HENRY • 1934
ALL THE KING'S HORSES • 1935
GLASS KEY, THE • 1935
TWO FOR TONIGHT • 1935
COLLEGE HOLIDAY • 1936
WAIKIKI WEDDING • 1937
DR. RHYTHM • 1938
CHARLIE MCCARTHY, DETECTIVE • 1939
I STOLE A MILLION • 1939
PARIS HONEYMOON • 1939
LUCKY JORDAN • 1942
THIS GUN FOR HIRE • 1942
HOSTAGES • 1943
GREAT JOHN L., THE • MAN CALLED SULLIVAN, A (UKN) • 1944
HOUR BEFORE THE DAWN, THE • 1944
DON JUAN QUILLIGAN • TWO-FACED QUILLIGAN • 1945
SUSPENSE • 1946
SWELL GUY • 1946
TRAQUE, LE • TIME RUNNING OUT (USA) ○ GUNMAN IN THE STREETS (UKN) • 1950
MAGIC FACE, THE • 1951
HELL ON FRISCO BAY • DARKEST HOUR, THE • 1955
CRY IN THE NIGHT • 1956
ISLAND OF LOST WOMEN • 1959

TUTYSHKIN A. see **TUTYSHKIN ANDREY**

TUTYSHKIN ANDREY – USS
TUTYSHKIN A.
RAT ON A TRAY, A • 1964 • MTV
SVADBA V MALINOVKE • WEDDING IN MALINOVKA • 1967

TUZII CARLO – ITL – 1931–
CIAO GULLIVER • 1970
TUTTE LE DOMENICHE MATTINA • EVERY SUNDAY MORNING • 1972
GABBIA, LA • 1977

TUZOVA Z. – USS
AMERICAN FARMERS VISIT RUSSIA • 1955

TWIST DEREK – UKN – 1905–1979
END OF THE RIVER, THE • 1947
ALL OVER TOWN • ALL OVER THE TOWN (USA) • 1949
GREEN GROW THE RUSHES • BRANDY ASHORE • 1951
POLICE DOG • 1955
FAMILY DOCTOR • RX MURDER (USA) • 1958

TWOMEY SIOBHAN – IRL
BOOM BABIES • 1988

TYAN SHANG see **TYEN NGUYEN SHANG**

TYAPAK M. – USS
TOMORROW WILL BE TOO LATE • 1974

TYCH JEAN – Animator – ASL
GREAT EXPECTATIONS • 1982 • ANM

TYEN NGUYEN SHANG – VTN
TYAN SHANG
CO-ORDINATES OF DEATH • 1989

TYER JAMES – Animator – USA
TYER JIM
MARCHING ALONG • 1933 • ANS
PALS • CHRISTMAS NIGHT • 1933 • ANS
GRANDFATHER'S CLOCK • 1934 • ANS
LITTLE BIRD TOLD ME, A • 1934 • ANS

TYER JIM see **TYER JAMES**

TYLLER JIRI – Animator – CZC
ODYSSEY • 1985 • ANM

TYPALDOS YANNIS – GRC
PAIDEIA • EDUCATION • 1977

TYRER BERTRAM – UKN
GO WITH MATT MONRO • 1967 • SHT

TYRLOVA HERMINA – Animator – CZC – 1900–
ADVENTURES OF MR. PRY, THE • 1936 • ANM
LANTERN MYSTERY, THE • 1938 • ANM
FERDA THE ANT • 1944 • ANS
VZPOURA HRACEK • REVOLT OF THE TOYS ○ TOY MUTINY, THE ○ REVOLT OF TOYS, THE ○ REVOLT IN TOYLAND • 1947 • ANM
WHAT IS LACKING? • 1947 • ANM
ACCIDENT, AN • 1948
BERCEUSE • 1948 • ANM
UKOLEBAVKA • LULLABY • 1948 • ANS
NOCTURNAL ROMANCE, A • 1949 • ANM
NEPOVODENY PANACEK • MISFIT, THE ○ MISFIT FIGURE, THE ○ BADLY-MADE PUPPET, THE • 1951 • SHT
NINE CHICKS • NINE CHICKENS, THE • 1952 • ANS
POHADKA O DRAKOVI • TAMING OF THE DRAGON, THE ○ CRUEL DRAGON • 1953 • ANS
ZLATOVLASKA • GOLDEN CURLS ○ GOLDILOCKS • 1954 • ANS
GARLAND OF FOLK-SONGS, A • 1955 • ANM
DRAGON STORY • 1956
MISHA THE BALL • 1956 • ANM
PUPPET PARADE, THE • 1956 • ANM
LAZY MARTIN • 1957 • ANM
SWINEHERD, THE • 1957 • ANS
ROMEO AND JULIET • 1958 • ANM
UZEL NA KAPESNIKU • KNOT IN THE HANDKERCHIEF, THE • 1958 • ANM
LITTLE TRAIN, THE • 1959 • ANM
LOST DOLL, THE • 1959 • ANM
DEN ODPLATY • DAY OF RECKONING, THE • 1960 • ANS
LESSON, A • 1960 • ANM
STAR OF BETHLEHEM, THE • 1960 • ANM
INQUISITIVE LETTER, THE • 1961 • ANM
LITTLE KATE • 1962 • ANM
TWO BALLS OF WOOL • 1962 • ANM
KULICKA • LITTLE BALL, THE • 1963 • ANS
MARBLE, THE • 1963 • ANM
WOOLLY TALE, THE • 1964 • ANM
BLUE PINAFORE, THE • 1965 • ANM
BOY OR GIRL? • BOY OR THE GIRL, THE • 1966 • ANM
SNOWMAN, THE • 1966 • ANS
TWINS, THE • ANS
CHRISTMAS TREE • 1967 • ANM
DOG'S HEAVEN • 1967 • ANM
CHRISTMAS SONNET • 1968 • ANM
FERKO THE POUCH • 1968 • ANM
LITTLE BEAD FISH, THE • 1968 • ANM
HVEZDA BETLEMSKA • STAR OF BETHLEHEM, THE • 1969 • ANS
GLASS WHISTLE, THE • WHISTLE, THE • 1970 • ANS
PAINTING • 1970 • ANM

TYROL JACQUES – USA
AND THE CHILDREN PAY • 1919
HUMAN PASSIONS • 1919
RED VIPER, THE • 1919

TYRRELL ROBERT – UKN
FUTURE OF US ALL, THE • 1974

TYTLA BILL – Animator – USA
SULTAN'S BIRTHDAY • 1944 • ANS
SNAP HAPPY • 1945 • ANS
BORED OF EDUCATION • 1946 • ANS
ISLAND FLING, THE • 1946 • ANS
ROCKET TO MARS • 1946 • ANS
SERVICE WITH A GUILE • 1946 • ANS
SUDDEN FRIED CHICKEN • 1946 • ANS
SCOUT WITH THE GOUT, A • 1947 • ANS
SUPER LULU • 1947 • ANS
WEE MEN, THE • 1947 • ANS
BORED CUCKOO, THE • 1948 • ANS
HECTOR'S HECTIC LIFE • 1948 • ANS
MITE MAKES RIGHT, THE • 1948 • ANS
POPEYE MEETS HERCULES • 1948 • ANS
CAMPUS CAPERS • 1949 • ANS
LEPRECHAUN'S GOLD • 1949 • ANS
LOST DREAM, THE • 1949 • ANS
SONG OF THE BIRDS • 1949 • ANS
TAR WITH A STAR • 1949 • ANS
CASPER'S SPREE UNDER THE SEA • 1950 • ANS
GOOFY GOOFY GANDER • 1950 • ANS
JITTERBUG JIVE • 1950 • ANS
TARTS AND FLOWERS • 1950 • ANS
VOICE OF THE TURKEY • 1950 • ANS
TOWN MUSICIANS, THE • 1954 • ANS
FIRST FLIGHT UP • 1962 • ANS

TZAVELLAS GEORGE see **TZAVELLAS GEORGES**

TZAVELLAS GEORGES – GRC – 1916–1976
TZAVELLAS GEORGE
CHIROKROTIMATA, TA • APPLAUSE ○ APPLAUDISSEMENTS, LES • 1943
LISMONIMENA PROSSOPA • FORGOTTEN FACES • 1946
MARINOS KONTARAS • 1947
METHYSTAKOS, O • DRUNKARD, THE ○ IVROGNE, L' • 1950
AGNI TOU LIMANIOU • AGNES OF THE PORT • 1952
CHROUSSOUSIS, O • SUSCEPTIBLE, THE • 1952
LILY OF THE HARBOR • 1952
SOFERAKI, TO • TAXI DRIVER • 1953
KALPIKI LIRA, I • COUNTERFEIT COIN, THE (USA) ○ FALSE POUND STERLING, THE ○ FALSE COIN, THE ○ KALPIKE LIVA • 1955
ERASTIS ERCHETE, O • LOVERS ARRIVE, THE • 1956
MIA ZOI TIN ECHOME • WE HAVE ONLY ONE LIFE ○ WE ONLY LIVE ONCE • 1958
ANTIGONE • 1961
GROUSOUZES, HO • OLD GROUCHY, THE ○ GROUCH, THE • 1961
WOMAN MUST BE AFRAID OF MAN, A • 1965

TZEKHANOVSKY M. see **TSEKHANOVSKY M. M.**

TZIMAS NIKOS – GRC
TAFOS TON ERASTON, O • TOMB OF LOVERS, THE • 1968
MAN WITH THE CARNATION, THE • 1981

TZIPINE JOSEPH – FRN
TOUR DE COCHON, UN • 1934

U BA SHIN – BRM
PAH TA LONE GAUNG GYAR

U KYEE MYINT – BRM
KYI PYAR • BLUE STAR • 1980
ACHIT NAI THI EU KO KO • ACHIT AND HER KO KO • 1981
MAUNG MAUNG NAI PATHAMA ACHIT • MG MG AND HIS FIRST LOVE • 1983

U MYINT SOE – BRM
SIDE CAR
TASTE OF EVIL, A

U OHN MAUNG – BRM
FUNERAL OF U TUN SHEIN, THE • 1920

UBELL MARC see **VINCENT CHUCK**

UBERALL KLAUS – SWT
SCHMETTERLINGE WEINEN NICHT • BUTTERFLIES DON'T CRY • 1970
DISCO FIEBER • 1978

UBEZIO STEFANO – ITL
CRONACHE DEL '22 • 1962

UCAK FIKRET – TRK
DEMIR KAPI • STEEL DOOR, THE • 1967
GENC ASLANLAR • YOUNG LIONS, THE • 1967
HACI BEKTAS VELI • 1967

UCANOGLU YUCEL – TRK
AZRAIL BENIM • I'M THE ANGEL OF DEATH ○ EXECUTIONER, THE • 1968
KARA BAHTIM • MY DARK CHANCE • 1968
KARA OFKE • BITTER RAGE • 1968
KURSUN YOLU • BULLET ROAD • 1968
YEDI ADIM SONRA • SEVEN STEPS FROM NOW • 1968

UCCELO PAOLO – USA
CHINA GIRL • EMBODIMENT OF FORBIDDEN PLEASURE, THE • 1976

UCHIDA KOKICHI see **UCHIDE KOKICHI**

UCHIDA TOMU – JPN – 1898–1970
HOEN DANU • CANNON SMOKE AND RAIN OF SHELLS • 1927
KECHINBO NAGAYA • 1927
KUTSU • PAIN • 1927
KYOSO MIKKA-KAN • 1927
MIRAI NO SHUSSE • RISING IN THE WORLD • 1927
NAMAKEMONO • IDLER • 1927
SOTEIO • 1927
TOYO BUKYO-DAN • 1927
HIKARI • RAY, A • 1928
NOMISUKE KINSHU UNDO • 1928
SHABA NO KAZE • WIND OF THIS WORLD • 1928
ASE • SWEAT • 1929
IKERU NINGYO • LIVING DOLL, A • 1929
NIKKATSU KOSHINKYOKU -SUPOTSU-HEN • NIKKATSU PARADE -SPORTS VOLUME • 1929
TAIYOJI • SEA-LOVING SON SAILS AWAY, THE • 1929
RENSEN RENSHO • SUCCESSIVE VICTORIES • 1930
TENGOKU SONOHI-GAERI • RETURN TO HEAVEN • 1930
ADAUCHI SANSHU • REVENGE CHAMPION, THE ○ ADAUCHI SENSHU • 1931
JAN BARUJAN • JEAN VALJEAN • 1931
MISS NIPPON • 1931
SANMEN KIJI • STORIES OF HUMAN INTEREST • 1931
AI WA DOKO MADEMO • 1932
DAICHI NI TATSU • MOTHER EARTH RISES • 1932
SAKEBU AZIA • ASIA CALLING • 1932
KEISATSU-KAN • 1933
KAWA NO UE NO TAIYO • 1934
NEPPU • HOT WIND • 1934
HAKUGIN NO OZU • THRONE OF THE WHITE MAN ○ WHITE MAN'S THRONE, THE • 1935
JINSEI GEKIJO • THEATRE OF LIFE • 1936
SEIMEI NO KANMURI • 1936
HADAKA NO MACHI • NAKED TOWN, THE • 1937
KAGIRINAKI ZENSHIN • UNENDING ADVANCE • 1937
TOKYO SENICHIYA • THOUSAND AND ONE NIGHTS IN TOKYO, A • 1938
TSUCHI • EARTH, THE • 1939
REKISHI • HISTORY • 1940
TORII SUNEEMON • SUNEEMON TORII • 1942
CHIYARI FUJI • BLOODY SPEAR AT MOUNT FUJI, A ○ BLOODY SPEAR ON MOUNT FUJI, A ○ ON THE TRAIL • 1955
JIBUN NO ANA NO NAKADE • EACH WITHIN HIS SHELL • 1955
TASOFARE SAKABA • TWILIGHT BEER HALL • 1955
KURODA SODO • DISORDER OF THE KURODA CLAN • 1956
ABARENBO KAIDO • 1957
DAIBOSATSU TOGE • GREAT BODHISATTVA PASS, THE ○ MOONLIT SWORDS • 1957
DOTANBA • THEY ARE BURIED ALIVE ○ ELEVENTH HOUR, THE • 1957
MORI TO MIZUUMI NO MATSURI • OUTSIDERS • 1958
SENRYO-JISHI • THIEF IS SHOGUN'S KIN, THE • 1958
NANIWA NO KOI NO MONOGATARI • THEIR OWN WORLD ○ DISTRESSED • 1959
HANA NO YOSHIWARA HYAKUNIN-GIRI • MURDER IN YOSHIWARA • 1960
SAKE TO ONNA TO YARI • WINE, WOMEN AND A LANCE ○ SAKI WOMAN AND A LANCE • 1960
MIYAMOTO MUSASHI I • UNTAMED FURY • 1961
KOIYA KOI NASUNA KOI • LOVE, THY NAME BE SORROW ○ LOVE NOT AGAIN ○ MAD FOX, THE ○ CUNNING FOX, THE • 1962
MIYAMOTO MUSASHI II • DUEL WITHOUT END • 1962
MIYAMOTO MUSASHI III • WORTHLESS DUEL, THE • 1963
MIYAMOTO MUSASHI IV • DUEL AT ICHIJOJI TEMPLE, THE • 1964
KIGA KAIGYO • FUGITIVE FROM THE PAST, A ○ FUGITIVE FROM NOWHERE, A ○ HUNGER STRAITS ○ STRAITS OF HUNGER • 1965
MIYAMOTO MUSASHI V • LAST DUEL, THE • 1965
JINSEI GEKIJO -HISHAKAKU TO KIRATSUNE • HISHAKAKU TO KIRATSUNE ○ KAKU AND TSUNE • 1968
SHINKEN SHOBU • SWORDS OF DEATH ○ SHINKEN SHOBEI ○ REAL SWORD FIGHT • 1969

UCHIDA YUSUKE – JPN
SEI NO URAOMOTE • BOTH SIDES OF SEX • 1968

UCHIDE KOKICHI – JPN
UCHIDA KOKICHI
KEN WA SHITTEITA • SWORD AND LOVE • 1958
SATOMI HAKKEN-DEN • EIGHT BRAVE BROTHERS • 1959
KAIDAN GOJUSAN-TSUGI • GHOST OF GOJUSAN-TSUGI • 1960
KAIDAN SHAMISEN-BORI • GHOST MUSIC OF SHAMISEN • 1962

UCHIKAWA SEIICHIRO – JPN
NINGYO SHOTEN • MERMAIDS AND SEA ROBBERS • 1959
TANGE SAZEN • 1963
DOJO YABURI • SAMURAI FROM NOWHERE (USA) ○ KEMPO SAMURAI • 1964
SUGATA SANSHIRO • JUDO SAGA • 1965

UCHITEL Y. – USS
LENINGRAD V BORBYE • DAYS AND NIGHTS IN LENINGRAD ○ DEFENCE OF LENINGRAD, THE ○ LENINGRAD IN COMBAT ○ LENINGRAD FIGHTS! • 1942

UCHITEL YEFIM – USS
PESNI ROSSII • PANORAMA OF RUSSIA (USA) • 1963

UCICKY GUSTAV – AUS – 1898–1961
CAFE ELECTRIC • WENN EIN WEIB DEN WEG VERLIERT ○ LIEBESBORSE, DIE • 1927
PRATERMIZZI • 1927
TINGEL-TANGEL • 1927
BESSERER HERR, EIN • 1928
HERZEN OHNE ZIEL • 1928
STRAFLING AUS STAMBUL, DER • 1929
VERERBTE TRIEBE • 1929
FLOTENKONZERT VON SANSSOUCI, DAS • FLUTE CONCERT AT SANS SOUCI, THE • 1930
HOKUSPOKUS • 1930
TEMPORARY WIDOW, THE • 1930
UNSTERBLICHE LUMP, DER • IMMORTAL VAGABOND, THE (USA) • 1930
IM GEHEIMDIENST • IN THE EMPLOY OF THE SECRET SERVICE (USA) • 1931
YORK • 1931
HOMME SANS NOM, UN • 1932
MENSCH OHNE NAMEN • MAN WITHOUT A NAME • 1932
AU BOUT DU MONDE • FUGITIFS, LES • 1933
FLUCHTLINGE • REFUGEES • 1933
MORGENROT • RED DAWN ○ DAWN • 1933
VOCE DEL SANGUE, LA • 1933
JUNGE BARON NEUHAUS, DER • 1934
NUIT DE MAI • 1934
MADCHEN JOHANNA, DAS • JOAN OF ARC • 1935
SAVOY-HOTEL 217 • MORD IM SAVOY • 1936
UNTER HEISSEM HIMMEL • 1936
ZERBROCHENE KRUG, DER • BROKEN JUG, THE • 1937
FRAU SIXTRA • 1938
MACHT DER BERGE, DIE • POWER OF THE MOUNTAINS, THE (USA) • 1938
AUFRUHR IN DAMASKUS • TUMULT IN DAMASCUS (USA) • 1939
MUTTERLIEBE • MOTHER LOVE (USA) • 1939
LEBEN LANG, EIN • 1940
POSTMEISTER, DER • HER CRIME WAS LOVE • 1940
HEIMKEHR • HOMECOMING • 1941
AM ENDE DER WELT • AT THE EDGE OF THE WORLD • 1943
SPATE LIEBE • 1943
GEBIETERISCHE RUF, DER • VOICE OF CONSCIENCE, THE • 1944
HERZ MUSS SCHWEIGEN, DAS • HEART MUST KEEP SILENCE, THE • 1944
SINGENDE ENGEL • SINGING ANGELS (USA) • 1947
CORDULA • 1950
SEELENBRAU, DER • 1950
BIS WIR UNS WIEDERSEHEN • 1952
KAPLAN VON SAN LORENZO, DER • MEA CULPA • 1953
HEXE, DIE • WITCH, THE • 1954
LEBEN FUR DO, EIN • 1954
ZWEI BLAUE AUGEN • 1955
EDELWEISSKONIG, DER • 1957
HEILIGE UND IHR NARR, DIE • 1957
JAGER VON FALL, DER • 1957
MADCHEN VOM MOORHOF, DAS • GIRL OF THE MOORS, THE (USA) • 1958
PRIESTER UND DAS MADCHEN, DER • 1958
ERBE VON BJORNDAL, DAS • HERITAGE OF BJORNDAL, THE • 1960

UDAYASHANKAR CHI – IND
MANK DINNE • WITLESS • 1968

UDERZO ALBERT – FRN
ASTERIX LE GAULOIS • ASTERIX THE GAUL (UKN) • 1967 • ANM
ASTERIX ET CLEOPATRE • ASTERIX AND CLEOPATRA (UKN) • 1968 • ANM
DOUZE TRAVAUX D'ASTERIX, LES • ASTERIX THE GAUL 2: THE TWELVE TASKS OF ASTERIX ○ TWELVE TASKS OF ASTERIX, THE • 1976 • ANM

UDNAES SVERRE – NRW
ALBERTE • 1973
ASKE • ASHES • 1973
FRU INGER TOL OSTRAT • LADY INGER OF OSTRAT • 1975
OYEBLIKKET • MOMENT, THE • 1977

UDOMEJ MANOP – THL
ON THE FRINGE OF SOCIETY • 1982

UGARTE EDUARDO – MXC
BESAME MUCHO • 1944
POR CULPA DE UNA MUJER • 1945
DONA CLARINES • 1950
YO QUIERO SER TONTA • 1950
PUERTO DE LOS SIETE VICIOS, EL • 1951
PRISIONERA DEL RECUERDO • 1952

UGAWA KIYOTAKA – JPN
NISHI YOROPPA NO MAMORI • DEFENCE OF WESTERN EUROPE • 1968 • DOC

UHER STEFAN – CZC – 1930–
ABOVE THE CLOUDS
TEACHER, THE • 1955
PEOPLE OF THE VIHORIAT MOUNTAINS • 1956
HERE WALKS TRAGEDY • 1957
SAILORS WITHOUT A SEA • 1958
MARKED BY DARKNESS • 1959
THROUGH THE EYES OF THE CAMERA • 1959
MY Z DIVIATEJ A • FORM 9A • 1961
SLNKO V SIETI • SUNSHINE IN A NET • 1962
ORGAN, THE • 1964
PANNA ZAZRACNICA • MIRACULOUS VIRGIN, THE ○ MIRACULOUS MAIDEN, THE ○ VIRGINAL MIRACLE-MAKER, THE • 1966
TRI DCERY • THREE DAUGHTERS • 1967
GENII • DEVILS • 1969
KEBY SOM MAL PUSKU • IF I HAD A GUN • 1972
LOWLAND • 1974
KEBY SOM MAL DIEVCA • IF I HAD A GIRL • 1976
PENELOPA • PENELOPE • 1977
KAMARATKY • FRIENDS, THE • 1978
ZLATE CASY • GOLDEN DAYS, THE • 1978
PASLA KONE NA BETONE • CONCRETE PASTURES • 1982
SIESTA VETA • SIXTH SENTENCE, THE • 1985
SPRAVCA SKANZENU • DOWN TO EARTH • 1988

UJVARY LASZLO JR. – HNG
MATYAS, AZ IGAZSAGOS • MATTHIAS THE JUST • 1986 • ANM

U'KSET UMBAN – GNB
NTTURUDU • 1986

ULEHLA VLADIMIR – CZC
MIZEJICI SVET • DISAPPEARING WORLD ○ MIZICI SVET • 1932

ULITSKAYA OLGA – USS
ATAMAN KODR

ULIVE UGO – VNZ
PROXIMACION AL HOMBRE ORQUESTA • CLOSE-UP OF THE MAN IN THE ORCHESTRA • 1973

ULLMAN DANIEL B. – Screenwriter – USA – 1918–1979
DIAL RED O • 1955
BADLANDS OF MONTANA • 1957

ULLMANN LIV – Actress – JPN – 1939–
LOVE • 1981

ULLOA JOSE – SPN – 1934–
REFUGIO DEL MIEDO, EL • REFUGE OF FEAR (UKN) ○ SURVIVORS OF THE LAST RACE • 1973
PELIGRO DE AMOR • 1976
AMANTE INGENUA, LA • 1977

ULLSTEIN HEINZ – GRM
DAME UND IHR FRISEUR, DIE • 1922

ULMER EDGAR see **ULMER EDGAR G.**

ULMER EDGAR G. – AUS – 1904–1972
ULMER EDGAR • *WARNER JOHN*
MENSCHEN AM SONNTAG • PEOPLE ON SUNDAY • 1929 • DOC
DAMAGED LIVES • 1933
MISTER BROADWAY • 1933
BLACK CAT, THE • HOUSE OF DOOM (UKN) ○ VANISHING BODY, THE • 1934
THUNDER OVER TEXAS • 1934
FROM NINE TO NINE • 1935
GREENE FELDE • GREEN FIELDS • 1937
NATALKA POLTAVKA • 1937
YANKEL DEM SCHMIDT • SINGING BLACKSMITH, THE • 1938
AMERICANER SCHADCHEN • MARRIAGE BROKER, THE ○ AMERICAN MATCHMAKER • 1939
FISHKE DER DRUME • FISHKE THE LAME ONE • 1939
KLATSCHE, DIE • LIGHT AHEAD, THE ○ FISHE DA KRIN • 1939
MOON OVER HARLEM • 1939
ZAPOROSH SA DUNAYEM • COSSACKS ACROSS THE DANUBE ○ COSSACKS IN EXILE • 1939
CLOUD IN THE SKY • 1940 • DCS
ANOTHER TO CONQUER • 1941 • DCS
LET MY PEOPLE LIVE • 1942 • DCS
PRISONER OF JAPAN • LAST COMMAND, THE (UKN) • 1942
TOMORROW WE LIVE • MAN WITH A CONSCIENCE, THE (UKN) • 1942
GIRLS IN CHAINS • 1943
ISLE OF FORGOTTEN SINS • MONSOON • 1943
JIVE JUNCTION • SWING HIGH (UKN) • 1943
MY SON, THE HERO • 1943
BLUEBEARD • 1944
CLUB HAVANA • 1945
DETOUR • 1945
OUT OF THE NIGHT • STRANGE ILLUSION (UKN) • 1945
HER SISTER'S SECRET • 1946
STRANGE WOMAN, THE • 1946
WIFE OF MONTE CRISTO, THE • MONTE CRISTO -MASKED AVENGER • 1946
CARNEGIE HALL • 1947
RUTHLESS • 1948
PIRATI DI CAPRI, I • PIRATES OF CAPRI, THE (USA) ○ MASKED PIRATE, THE (UKN) ○ CAPTAIN SIROCCO • 1949
MAN FROM PLANET X, THE • 1951
ST. BENNY THE DIP • ESCAPE IF YOU CAN (UKN) • 1951
BABES IN BAGDAD • MUCHACHAS DE BAGDAD (SPN) ○ BABES OF BAGDAD • 1952
MURDER IS MY BEAT • DYNAMITE ANCHORAGE • 1954
NAKED DAWN, THE • 1955
DAUGHTER OF DR. JEKYLL • 1957
PERJURER, THE • 1958
ANNIBALE • HANNIBAL • 1959
AMAZING TRANSPARENT MAN, THE • 1960
BEYOND THE TIME BARRIER • 1960
ANTINEA, L'AMANTE DELLA CITTA SEPOLTA • JOURNEY BENEATH THE DESERT (USA) ○ ATLANTIS, THE LOST CONTINENT ○ ATLANTIDE, L' (FRN) ○ LOST KINGDOM, THE • 1961
SETTE CONTRO LA MORTE • HELDEN -HIMMEL UND HOLLE (FRG) ○ CAVERN, THE (USA) ○ NEUNZIG NACHTE UND EIN TAG • 1965

ULRICH BODO – GRM
JAZZBANDITEN • 1959

ULYANOV M. see **ULYANOV MIKHAIL**

ULYANOV MIKHAIL – Actor – USS – 1927–
ULYANOV M.
VERY LAST DAY, THE • 1973

ULYANTSEV A. – USS
IN THE STEPPE • 1951

UMAM CHAERUL – INN
NARROW BRIDGE, THE
GADIS MARATHON • MARATHON GIRL • 1981
KEJARLAH DAKU.. KAU KUTANGKAP • RAMADHAN & RAMONA • 1985
SAMA JUGA BO HONG • 1986

UMBOH WIM – INN – 1933–
ISTANA YANG HILANG • LOST PALACE, THE • 1961
MARRIAGE • 1973
SENYUM DIPAGI BULAN SEPTEMBER • SMILES ON A SEPTEMBER MORNING • 1974
SMILE ON A DECEMBER MORNING • 1975
LOVE • 1976
SOMETHING BEAUTIFUL • 1977
BEGGAR AND THE RICKSHAW MAN, THE • 1979
PEDICAB DRIVER, THE • 1979
LOVE BLOSSOMS FOR THE FIRST TIME • 1980
WHEN LOVE BREAKS THROUGH • 1980
WEDDING II • 1982
PERKAWINAN 83 • WEDDING 83 • 1983
PUTRI SEORANG JENDERAL • GENERAL'S DAUGHTER, THE • 1983
SECAWAN ANGGUR KEBIMBANGAN • SCRAWAN ANGJUR KEBIMBAYAM • 1985
SLAMET TINGGAL JEANETTE • 1988
TATKALA MIMPI BERAKHIR • 1988

UMESAWA KAORU – JPN
FUFU KOKAN • MIXED COUPLE SEX • 1968
ONNA NO TSUBOFURI • SHE GAMBLER • 1968
RYOKI SHIKIJO YAWA • BIZARRE NIGHT STORY OF SEXUAL DESIRE • 1968
SEI NO HAITO • SHARE OF SEX, THE • 1968
UETA JUHYOKU • HUNGRY BESTIALITY • 1968
ZANNIN MARUHI ONNA ZEME • SECRET STORY OF CRUELTY -WOMAN TORTURE • 1968

UMETSU MEIJIRO see **UMEZU MEIJIRO**

UMEZU MEIJIRO – JPN
UMETSU MEIJIRO
HAKUCHU NO ZANSATSU • SLAUGHTER IN BROAD DAYLIGHT • 1967
JUNJO NIJUSO • LOVERS' DUET • 1967
WAKASHACHO DAIFUNSEN • OUR YOUNG PRESIDENT • 1967
WAKASHACHO RAINBOW SAKUSEN • OPERATION RAINBOW • 1967
HATSUKOI SENGEN • IF I WERE A STAR • 1968
KIRI NI MUSEBU YORU • HARBOR LIGHT YOKOHAMA (USA) ○ KILLER IN THE FOG • 1968
MINI MINI TOTSUGEKI TAI • MINI-SKIRT CORPS • 1968

UMGELTER F. D. see **UMGELTER FRITZ**

UMGELTER FRITZ – GRM
UMGELTER F. D.
ALLE SUNDEN DIESER ERDE • 1958
MIT EVA FING DIE SUNDE AN • PLAYGIRLS AND THE BELLBOY, THE ○ BELLBOY AND THE PLAYGIRLS, THE • 1958
WENN DIE CONNY MIT DEM PETER.. • TEENAGER-MELODIE • 1958
...NUR DER WIND • 1961
SCHUSSE AUS DEM GEIGENKASTEN • TREAD SOFTLY (UKN) • 1965
LETZTE KOMPANIE, DIE • LAST BATTALION, THE ○ HANDVOLL HELDEN, EINE • 1967
POR UN PUGNO DI EROI • 1968

UN MEMDUH – TRK
ASLAN YUREKLI KABADAYI • LION-HEARTED BRAVE, THE • 1967
SON GECE • LAST NIGHT, THE • 1967
YAPREK DOKUMU • FALLING LEAVES, THE • 1967
ZILLI NAZIFE • 1967
ILK VE SON • FIRST AND THE LAST, THE • 1968
VURULDUM BU KIZA • CRAZY FOR THAT GIRL • 1968
AGRI DAGIN EFSANESI • LEGEND OF MOUNT ARARAT, THE • 1976
ALL THE DOORS WERE CLOSED • 1989

UNCLE – THL
PATTAYA, DON'T BURN • 1989

UNDERWOOD LAWRENCE – USA
THAT SOMETHING • 1921

UNGAR GEORGE – Animator – CND
WANDERER, THE • 1988 • ANS

UNGARO NESTORE – ITL
SECRET OF SEAGULL ISLAND, THE • SEAGULL ISLAND • 1981 • MTV

UNGERER WALTER – USA
LION'S TALE, A • SHT
MEET ME, JESUS • SHT

UNGRIA ALFONSO – SPN – 1946–
HOMBRE OCULTO, EL • MAN IN HIDING, THE ○ HIDING MAN, THE • 1970
TIRARSE AL MONTE • GO TO THE MOUNTAINS ○ TAKING TO THE HILLS ○ TAKE TO THE HILLS • 1972
GULLIVER • 1976
SOLDADOS • SOLDIERS • 1977
CONQUISTA DE ALBANIA, LA • CONQUEST OF ALBANIA, THE • 1983

UNGVALD-HILKEVICH GEORGE – USS
CALL ME ROBERT • FORMULA OF THE RAINBOW, THE ○ ITS NAME WAS ROBERT

UNIA PIERRE – FRN – 1933–
PIERI RENAU
VOYAGE VERS LA LUMIERE • 1969 • SHT
MAITRESSES DE VACANCES, LES • 1973
PIED!, LE • 1974
CANDICE CANDY • FRENCH NYMPHO • 1975
BABY CAT • 1983
DORTOIR DES GRANDES • 1984

UNIK PIERRE – FRN
VIE EST A NOUS, LA • PEOPLE OF FRANCE (USA) • 1936

UNNI P. B. – IND
SEELAVATHI • 1967

UNO JUKICHI – JPN
AYA NI KANASHIKI • EXTREME SADNESS ○ HOW SORROWFUL • 1956
MAYONAKA NO KAO • FACE AT MIDNIGHT • 1958
IWOJIMA • GHOST OF IWOJIMA, THE • 1959

UNO MICHAEL see **UNO MICHAEL TOSHIYUKI**

UNO MICHAEL TOSHIYUKI – USA
UNO MICHAEL
HOME FIRES • 1987 • TVM
WASH, THE • 1988

UNTERBERG HANNELORE – GRM
CONCERT FOR FRYING PAN AND ORCHESTRA • 1976
ISABEL AUF DER TREPPE • ISABEL ON THE STAIRS • 1984

UNTERKIRCHER HANS – AUS
AN KLINGENDEN UFERN • 1948

UPHIMTSEV I. – USS
NO MIRACLE AT ALL • HERE ARE SOME MIRACLES • 1965 • ANS

URALSKY A. – USS
1812 • 1912
SVERCHOK NA PECHI • CRICKET ON THE HEARTH • 1915

URAYAMA KIRIO – JPN – 1930–
KYUPORA NO ARU MACHI • CUPOLA, WHERE THE FURNACES GLOW ○ FOUNDRY TOWN, THE ○ STREET WITH THE CUPOLA, THE • 1962
HIKO SHOJO • EACH DAY I CRY • 1963
WATASHIGA SUTETA ONNA • GIRL I ABANDONED, THE • 1969
SEISHUN NO MON • GATE OF THE YOUTH, THE ○ GATE OF YOUTH, THE • 1974
SEISHUN NO MON, JIRITSU HEN • GATE OF YOUTH: INDEPENDENCE, THE ○ GATE OF YOUTH, PART 2, THE • 1976
TATSUNOKO TARO • TARO, BABY DRAGON ○ TARO, THE DRAGON BOY • 1978 • ANM
ANSHITSU • DARK ROOM • 1984

URAZBAYEV ELDAR – USS
TRANS-SIBERIAN EXPRESS, THE • 1980

URBAHN KARL – UKN
DAILY ROUND • 1937

URBAN CHARLES – Producer – USA – 1871-1942
TEMPEST, THE • 1905
WOODEN ATHLETES, THE • 1912 • ANM
ANCIENT CUSTOMS OF EGYPT • 1921
FROM EGG TO CHICK • 1921
RARE ANIMALS • 1921
SCIENCE OF THE SOAP BUBBLES • 1921
TORTOISE AND THE HARE, THE • 1921

URBAN IVAN – CZC
SOMETHING WENT BUMP • 1970 • ANS
GENTLEMEN, WHO THREW THAT? • ANS

URBAN MAX – CZC – 1882–
LADY AND THE WATCHDOG, THE • 1912
SATY DELAJI CLOVECKA • CLOTHES MAKE MAN • 1912
ESTRELLA • 1913
KONEC MILOVANI • END OF LOVEMAKING • 1913
PRODANA NEVESTA • BARTERED BRIDE, THE • 1913
NIGHTMARE • 1914

URBAN RADOVAN – CZC
HORKA KASE • HOT PROBLEM, A • 1988

URBANO CARL – Animator – USA
RHAPSODY OF STEEL • 1959 • ANS
CASPER'S FIRST CHRISTMAS • 1987 • ANS

URBANOWICZ STANISLAW – PLN
STALOWE SERCA • STEEL HEARTS ○ HEARTS OF STEEL • 1948
POGODA NA JUTRO • TOMORROW'S WEATHER, THE ○ TOMORROW IT WILL BE FINE • 1954 • DOC
ZACMIENIE SLONCA • ECLIPSE OF THE SUN • 1955

URBANSKI KAZIMIERZ – PLN
GIPS-ROMANCA • BIRTH OF A SCULPTURE • 1960
MATERIA • MATTER, THE • 1962
MOTOGAZ • 1963
DIABLY • DEVILS, THE • 1964 • DOC
CZAR KOLEK • MAGIC OF WHEELS, THE ○ MOTOR-STRUCK ○ AUTOMANIA • 1967

URBIOLA ZACARIAS – SPN – 1942–
EROTICAS VACACIONES DE STELA, LAS • INTIMATE CONFESSIONS OF STELLA ○ INGENUE LIBERTINE, UNE • 1978

URCHS WOLFGANG – Animator – GRM
GARTENZWERGE, DIE • GARDEN DWARFS, THE ○ GNOMES • 1962 • SHT
UNKRAUT, DAS • WEED, THE • 1962 • ANS
PISTOLE, DIE • PISTOL, THE (USA) • 1963 • ANS
CONTRASTE • CONTRAST • 1964 • ANS
MASCHINE, DIE • MACHINES (USA) • 1966 • ANS

URE HAJIME – JPN
ONNA NO YOROKOBI • PLEASURE OF WOMEN • 1967
CHIBUSA NO KAORI • ODOUR OF THE BREAST • 1968

URGELLES THAELMAN see **URGUELLES THAELMAN**

URGUELLES THAELMAN – VNZ
URGELLES THAELMAN
ALIAS EL REY DE JOROPO • KING OF THE JOROPO-DANCE ○ REY DE JOROPO, EL ○ KING OF TROUBLE, THE • 1978
VENGANZA O QUE BELLAS SON LAS FLORES, LA • VENGEANCE OR HOW BEAUTIFUL THE FLOWERS ARE • 1979
ATENTADO, EL • ATTEMPT, THE • 1986
BODA, LA • WEDDING, THE • 1986
GENERACION HALLEY, LA • HALLEY GENERATION, THE • 1986

URIAS LUIS – MXC
PUBERTINAJE • PUBERTINAGE • 1971

URIBE IMANOL – SPN
PROCESO DE BURGOS, EL • TRIAL OF BURGOS, THE ○ BURGOS TRIAL, THE • 1980 • DOC
PONCHO • 1981
MUERTE DE MIKEL, LA • DEATH OF MIKEL • 1984

URINOF J. I.
DIARY OF A REVOLUTIONIST • 1932

URQUIETA JOSE LUIS – MXC
PUENTE, EL • BRIDGE, THE • 1985
MUELLE ROJO • RED DOCKERS • 1989
PUERTA NEGRA, LA • BLACK DOOR, THE • 1989
TRES GALLOS, LOS • THREE ROOSTERS, THE • 1989
CAMIONETA GRIS, LA • GREY VAN, THE • 1990

URQUIZA ZACARIAS GOMEZ see **GOMEZ URQUIZA ZACARIAS**

URRIOLA EDUARDO – MXC
BANDA DEL CINCO DE OROS, LA • 1926
DEL RANCHO A LA CAPITAL • 1926
CATASTROFE EN EL MAR, UNA • 1927

URRUCHUA VICTOR – MXC
MURALLAS DE PASION • 1943
MUJER QUE QUIERE A DOS, LA • 1945
NUESTROS MARIDOS • 1945
RAMONA • 1946
YUGO, EL • 1946
ANGEL O DEMONIO • 1947
PRISION DE SUENOS • 1948
SECRETO ENTRE MUJERES • 1948
MUJER DE MEDIANOCHE • 1949
RONDALLA • 1949
SOL SALE PARA TODOS, EL • 1949
SENTENCIADO A MUERTE • 1950

URS D. KEMPRAJ – IND
RAJA VIKRAM • 1950

d'URSEL HENRI – BLG
PERLE, LA • 1929

URSIANU MALVINA – RMN
SMILE, THE
GIOCONDA FARA SURIS • GIOCONDA WITHOUT THAT SMILE ○ GIOCONDA WITHOUT A SMILE • 1968
SERATA • PARTY, THE ○ EVENING • 1971
TRECATOARELE IUBIRI • THESE FLEETING LOVES ○ TRANSIENT LOVES • 1975
INTOARCEREA LUI VODA LAPUSNEANU • RETURN OF KING LAPUSNEANU, THE • 1980

URSON FRANK – USA
EXIT THE VAMP • 1921
HELL DIGGERS, THE • GOLD DREDGERS, THE • 1921
LOVE SPECIAL, THE • 1921
TOO MUCH SPEED • 1921
HEART SPECIALIST, THE • 1922
MINNIE • 1922
SOUTH OF SUVA • 1922
TILLIE • TILLIE, A MENNONITE MAID • 1922
ETERNAL THREE, THE • 1923
CHANGING HUSBANDS • 1924
FORTY WINKS • 1925
NIGHT CLUB, THE • 1925
HER MAN O' WAR • 1926
ALMOST HUMAN • BEAUTIFUL BUT DUMB • 1927
CHICAGO • 1927

URSU TIMOTEI – RMN
SEPTEMBRIE • SEPTEMBER • 1978

URTEAGU ENRIQUE – CHL
OPERACION ALFA • 1972

URUETA CHANO – MXC – 1899–
ENEMIGOS • 1933
PROFANACION • 1933
CLEMENCIA • 1934
ESCANDALO, EL • 1934
MUJER EN VENTA, UNA • 1934
CANCION DEL ALMA • SONG OF THE SOUL (USA) • 1937
JALISCO NUNCA PIERDE • JALISCO NEVER LOSES (USA) • 1937
MI CANDIDATO • MY CANDIDATE (USA) • 1937
HOMBRES DEL MAR • MEN OF THE SEA (USA) • 1938
MARIA • 1938
LOS DE ABAJO • CON LA DIVISION DEL NORTE • 1939
NOCHE DE LOS MAYAS, LA • NIGHT OF THE MAYAS (USA) • 1939
QUE VIENE MI MARIDO! • 1939
SIGNO DE LA MUERTE, EL • SIGN OF DEATH, THE • 1939
CONDE DE MONTECRISTO, EL • 1941
LIGA DE LAS CANCIONES, LA • 1941
MISTERIOSO SENOR MARQUINA, EL • 1942
AVE SIN NIDO • 1943
CAMINO DE LOS GATOS, EL • 1943
GUADALAJARA • 1943
NO MATARAS • 1943
CORSARIO NEGRO, EL • 1944
RECUERDO DE AQUELLA NOCHE, EL • 1944
CAMINO DE SACRAMENTO • 1945
DESEO, EL • 1945
MUJER • 1946
NOCHE Y TU, LA • 1946
SUPERHOMBRE, EL • SUPERMAN, THE • 1946
CARNE MANDA, LA • 1947
DE PECADO EN PECADO • 1947
FERIA DE JALISCO, LA • 1947
DOS ALMAS EN EL MUNDO • 1948
EN LOS ACTOS DE JALISCO • 1948
NORTENA DE MIS AMORES, LA • 1948
SANTA DEL BARRIO, LA • 1948
SE LA LLEVO EL REMINGTON • 1948
SI ADELITA SE FUERA CON OTRO • 1948
YO MATE A JUAN CHARRASQUEADO • 1948
ABANDONADO, EL • 1949
GOTA DE SANGRE, LA • 1949
GRAN CAMPEON, EL • 1949
NO ME QUIERAS TANTO • 1949
RAYITO DE LUNA • 1949
VENTARRON • 1949
AL SON DEL MAMBO • 1950
DESALMADO, EL • 1950
MI PREFERIDA • 1950
PEREGRINA • 1950
SERENATA EN ACAPULCO • 1950
DEL CAN CAN AL MAMBO • 1951
ESTATUA DE CARNE, LA • 1951
MANOS DE SEDA • 1951
MI CAMPEON • 1951
BESTIA MAGNIFICA, LA • 1952
CUARTO CERRADO, EL • 1952
MUSICA, MUJERES Y AMOR • 1952
MONSTRUO RESUCITADO, EL • DOCTOR CRIMEN ○ RESURRECTED MONSTER, THE • 1953
PERVERSA, LA • 1953
POR QUE YA NO ME QUIERES? • 1953
QUIEREME PORQUE ME MUERO • 1953
BRUJA, LA • WITCH, THE • 1954
DESCONOCIDA, LA • 1954
RIVAL, LA • 1954
SE SOLICITAN MODELOS • 1954
VENDEDOR DE MUNECAS, EL • 1954
CABEZA DE PANCHO VILLA, LA • HEAD OF PANCHO VILLA, THE • 1955
ILEGITIMA, LA • 1955
SEDUCTOR, EL • 1955
SERENATA EN MEXICO • 1955
TUNEL SEIS, EL • 1955
JINETE SIN CABEZA, EL • HEADLESS RIDER, THE (USA) • 1956
MARCA DE SATANAS, LA • MARK OF SATAN, THE • 1956
RATON, EL • 1956
FURIAS DESATADAS • 1957
SECUESTRO DIABOLICO • 1957
TIGRES DEL RING, LOS • 1957
TORNEO DE LA MUERTE, EL • 1957
ASALTACAMINOS, EL • 1958
CUANDO SE QUIERE SE QUIERE • 1958
DEL SUELO NO PASO • 1958
HERENCIA TRAGICA • 1958
JINETE NEGRO, EL • 1958
MUERTE EN EL DESFILADERA, LA • 1958
NO SOY MONEDITA DE ORO • 1958
BALA ES MI TESTIGO, UNA • 1959
BALA PERDIDA • 1959
CANCIONES UNIDAS, LAS • 1959
GUANTES DE ORO • 1959
HERMANOS DIABLO, LOS • 1959
LUCIANO ROMERO • VENGANZA FATAL • 1959
ESPEJO DE LA BRUJA, EL • WITCH'S MIRROR, THE (USA) ○ MIRROR OF THE WITCH, THE • 1960
HOMBRE DE LA AMETRALLODORA, EL • 1960
REVOLVER EN GUARDIA • 1960
TRES ROMEOS Y UNA JULIETA • 1960
BARON DEL TERROR, EL • BRAINIAC, THE (USA) ○ BARON OF TERROR • 1961
CABEZA VIVIENTE, LA • LIVING HEAD, THE (USA) ○ OJO DE LA MUERTE, EL • 1961
CAMINO DE LA HORCA • 1961
PILOTOS DE LA MUERTE • 1962
CHACALES, LOS • 1963
CICLON DE JALISCO, EL • YO SOY CHARRO DONDEQUIERA • 1963
LUPE BALAZOS • 1963
BLUE DEMON CONTRA EL PODER SATANICO • BLUE DEMON VS. THE SATANICAL POWER ○ PODER SATANICO, EL • 1964
CINCO ASESINOS ESPERAN • 1964
DEMONIO AZUL, EL • BLUE DEMON, THE • 1964
ROBO AL TREN CORREO, EL • 1964
ALMA GRANDE • YAQUI JUSTICIERO, EL • 1965
ESPECIALISTA EN CHAMACAS • 1965
GAVILANES NEGROS, LOS • 1965
AS DE OROS • ACE OF GOLD • 1968
BLUE DEMON CONTRA CEREBROS INFERNALES • BLUE DEMON AGAINST THE BRAINS OF HELL ○ BLUE DEMON VS. EL CRIMEN ○ CEREBRO INFERNAL ○ BLUE DEMON VERSUS THE INFERNAL BRAINS ○ HELLISH BRAIN, THE • 1968
BLUE DEMON CONTRA LAS DIABOLICAS • BLUE DEMON AGAINST THE DEVIL GIRLS ○ BLUE DEMON VS. THE DIABOLICAL WOMEN • 1968
MUJER DEL CARNICERO, LA • BUTCHER'S WIFE, THE • 1968

URUSEVSKY SERGEI – Cameraman – USS – 1908-1974
URUSYEVSKI SERGEI • OUROUSSEVSKY SERGE
DO SVIDANIJA, GULSAI • FAREWELL, GYULSARY • 1967
PRASHNAI GULSARA • AMBLER'S RACE, THE ○ TROTTER'S GAIT, THE ○ BYEG INOKHODTSA • 1970
SERGEI YESENIN • 1971 • DOC
POY PYESNYU, POET.. • SING YOUR SONG, POET.. • 1973

URUSYEVSKI SERGEI see **URUSEVSKY SERGEI**

URUTA TOSHIO – JPN
MUSEE DU LOUVRE, LE • LOUVRE MUSEUM, THE • 1979

USET ANIBAL see **USET ANIBAL E.**

USET ANIBAL E. – ARG
USET ANIBAL
CHE O.V.N.I. • 1968
IDILIO DE ESTACION, UN • SEASONAL IDYLL, A • 1978

USHIHARA K. see **USHIHARA KIYOHIKO**

USHIHARA KIYOHIKO – JPN
OSHIHARA KIYOHIKO • USHIHARA K.
YAMA KURURU • MOUNTAINS GROW DARK, THE • 1921
JINSEI NO AI • LOVE OF LIFE • 1923
KARE TO JINSEI • HE AND LIFE • 1929
DAITOKAI RODOHEN • GREAT METROPOLIS: CHAPTER ON LABOUR, THE ○ GREAT CITY, THE • 1930

USHIHARA YOICHI – JPN
OTOKO NARA YUME O MIRO • DREAM YOUNG MAN'S DREAM • 1959
YAMA TO TANI TO KUMO • ECHO OF LOVE • 1959
TEKKABA NO KAZE • CARDS WILL TELL • 1960
TENKA O TORU • WHITE-COLLAR DREAMER • 1960

USKOV V. see **USKOV VALERI**

USKOV VALERI – USS
USKOV V.
SAMII MEDLENNII POEZD • SLOWEST TRAIN, THE • 1963
STEWARDESS, THE • 1968
INELIGIBLE FOR TRIAL • 1969

d'USSEAU LEON – USA
FURY OF THE WILD • CHUMS (UKN) • 1929
ONE MAN DOG, THE • SLEUTH, THE (UKN) • 1929
ECHEC AU ROI • MARI DE LA REINE, LA ○ ROI S'ENNUIE, LE • 1931

USSOROWSKI MARIAN – PLN
TEATR LALEK • VISIT TO THE PUPPETS, A • 1954

USTINOV PETER – Writer/actor – UKN – 1921–
SCHOOL FOR SECRETS • SECRET FLIGHT (USA) • 1946
VICE VERSA • 1948
PRIVATE ANGELO • 1949
ROMANOFF AND JULIET • DIG THAT JULIET • 1961
BILLY BUDD • 1962
LADY L • 1965
HAMMERSMITH IS OUT • 1972
MEMED • MEHMED MY HAWK ○ LION AND THE HAWK, THE • 1983

USZYCKA WALENTYNA – PLN
KONIEC NOCY • END OF THE NIGHT, THE ○ END OF NIGHT • 1957

UTKU UMIT – TRK
YABAN GULU • DESERT LAUGHS, THE • 1961
DAGLARIN KURDU KOCERO • KOCERO, MOUNTAIN WOLF • 1964
BURCAK TARLASI • 1966
ALIYI GORDUM ALIYI • ALI, I'VE SEEN ALI • 1967
NEMLI DUDAKLAR • MOIST LIPS • 1967
ACI INANC • BITTER FAITH • 1968
BAHARDA SOLAN CICEK • FLOWER THAT WITHERED IN SPRING, THE • 1968
GOZYASLARIM • MY TEARS • 1968
IFTIRA • SLANDER • 1968
LEYLAKLAR ALTINDA • UNDER THE GLYCINS • 1968
YARA • WOUND, THE • 1968

UTRACKI LECH – PLN
TATERNICY • TATRA CLIMBERS, THE • 1960 • DOC

UTSI NIL – NRW
ANTE • ONE YEAR IN THE LIFE OF A LAPPLAND BOY • 1977 • MTV

UTTERSTROM JOHAN – SWD
I SLAGBJORNENS SPAR • SILVERTIP • 1931 • DOC

UTTERSTROM SVEN – SWD
I SLAGBJORNENS SPAR • SILVERTIP • 1931 • DOC

UUSBERG VALTER – Animator – USS
BULL, THE • 1985 • ANM

UUSITALO KARI – FNL
MANNERHEIM –SUOMEN MARSALKKA • MANNERHEIM –MARSHAL OF FINLAND • 1968 • DOC

UYS JAMIE – Producer/writer – SAF – 1921–
MONEY TO BURN • 1956
RIP VAN WYK • RIP VAN WINKLE • 1960
DINGAKA • 1965
AFTER YOU, COMRADE • ALL THE WAY TO PARIS • 1966
PROFESSOR AND THE BEAUTY QUEEN, THE • PROFESOR EN DIE PRIKKELPOP • 1967
DIRKIE • LOST IN THE DESERT • 1969
BEAUTIFUL PEOPLE • ANIMALS ARE PEOPLE TOO (USA) ○ ANIMALS ARE BEAUTIFUL PEOPLE • 1974 • DOC
FUNNY PEOPLE • 1976
GODS MUST BE CRAZY, THE • 1981
FUNNY PEOPLE II • 1984
GODS MUST BE CRAZY II, THE • 1989

UYS PIETER-DIRK – SAF
SKATING ON THIN UYS • SKATING ON THIN ICE • 1985

UZKINAY FUAT – TRK
COLLAPSE OF THE RUSSIAN MONUMENT IN AYESTAFANOS, THE • 1914

VAALA VALENTIN – FNL
KOSKENLASKIJAN MORSIAN • 1937
NISKAVUOREN NAISET • WOMEN OF NISKAVUORI • 1938
LOVIISA • 1946
IHMISET • 1948

VABALAS R. see **VABALAS RAIMONDAS**

VABALAS RAIMONDAS – LTH – 1937–
VABALAS R.
SHAGI V NOCHI • FOOTSTEPS IN THE NIGHT ○ FOOTSTEPS IN THE DARK • 1963
KANONADA • CANNONADE • 1964
MARCH, MARCH, BOOM-BOOM-BOOM! • MARCH, MARCH! TRA-TA-TA! • 1964
ONLY FUEHRER IS MISSING • 1965 • DOC
LYESTNITSA V NYEBO • LADDER INTO THE SKY ○ STAIRCASE TO THE SKY ○ LESTNITSA V NEBO ○ STAIRS TO THE SKY • 1967
STONE UPON STONE • 1972

VACEK JACK – USA
DOUBLE NICKELS • 1977

VACHANI NILITA – IND
EYE OF STONE • 1990 • DOC

VACHET ALOYSIUS – FRN – 1896–1958
MAINS LIEES, LES • 1955

VADASZ JANOS – HNG
NYITANY • 1965

VADIM ROGER – FRN – 1928–
SEPT PECHES CAPITAUX, LES • SETTE PECCATI CAPITALI, I (ITL) ○ SEVEN CAPITAL SINS, THE ○ SETTE PECCATI CAPITALI, I ○ SEVEN DEADLY SINS, THE ○ SEVEN DEADLY SINS ○ SEVEN CAPITAL SINS • 1951
ET DIEU CREA LA FEMME • AND GOD CREATED WOMAN (USA) ○ AND WOMAN.. WAS CREATED (UKN) • 1956
SAIT-ON JAMAIS • COLPO DA DUE MILIARDI, UN (ITL) ○ WHEN THE DEVIL DRIVES (UKN) ○ NO SUN IN VENICE (USA) • 1957
BIJOUTIERS DU CLAIR DE LUNE, LES • AMANTI DEL CHIARO DI LUNA, GLI (ITL) ○ NIGHT HEAVEN FELL, THE (USA) ○ HEAVEN FELL THAT NIGHT (UKN) • 1958
LIAISONS DANGEREUSES, LES • RELAZIONI PERICOLOSE (ITL) ○ DANGEROUS LOVE AFFAIRS ○ LIAISONS DANGEREUSES 1960, LES • 1959
ET MOURIR DE PLAISIR • SANGUE E LA ROSA, IL (ITL) ○ BLOOD AND ROSES (USA) ○ AND DIE OF PLEASURE ○ SANG ET LA ROSE, LE • 1960
BRIDE SUR LE COU, LA • A BRIGLIA SCIOLTA (ITL) ○ PLEASE, NOT NOW! (USA) • 1961
REPOS DU GUERRIER, LE • RIPOSO DEL GUERIERO, IL (ITL) ○ LOVE ON A PILLOW (USA) ○ WARRIOR'S REST • 1962
CHATEAU EN SUEDE • CASTELLO IN SVEZIA, IL (ITL) ○ NUTTY, NAUGHTY CHATEAU (USA) ○ CASTLE IN SWEDEN • 1963
VICE ET LE VERTU, LE • VIZIO E LA VIRTU, IL (ITL) ○ VICE AND VIRTUE (USA) • 1963
RONDE, LA • PIACERE E L'AMORE, IL (ITL) ○ CIRCLE OF LOVE (USA) • 1964
CUREE, LA • CALDA PREDA, LA (ITL) ○ GAME IS OVER, THE (USA) • 1966
BARBARELLA • BARBARELLA, QUEEN OF THE GALAXY • 1968
HISTOIRES EXTRAORDINAIRES • SPIRITS OF THE DEAD (USA) ○ TALES OF MYSTERY (UKN) ○ TROIS HISTOIRES EXTRAORDINAIRES D'EDGAR POE ○ THREE STRANGE STORIES OF EDGAR POE ○ STRANGE TALES ○ TRE PASSI NEL DELIRIO ○ STORIE STRAORDINARIE • 1968
PERRYL • 1970
HELLE • 1971
PRETTY MAIDS ALL IN A ROW • 1971
DON JUAN 1973, OU SI DON JUAN ETAIT UNE FEMME • DON JUAN, OR IF DON JUAN WERE A WOMAN (UKN) ○ SI DON JUAN ETAIT UNE FEMME ○ DON JUAN 73 ○ MS. DON JUAN • 1973
JEUNE FILLE ASSASSINEE, LA • VITA BRUCIATA, UNA (ITL) ○ CHARLOTTE: A GIRL MURDERED ○ CHARLOTTE • 1974
FEMME FIDELE, UNE • WHEN A WOMAN IN LOVE.. (UKN) ○ WHEN A WOMAN IS IN LOVE • 1976
JEUX EROTIQUES DE NUIT • NIGHT GAMES (USA) • 1979
HOT TOUCH, THE • FRENCH KISS • 1981
COMEBACK • 1982
BEAUTY AND THE BEAST • 1983 • TVM
SURPRISE-PARTY • SURPRISE PARTY • 1983
AND GOD CREATED WOMAN • 1987
DEADLY NIGHTMARES • 1988

VAENI CONSTANTIN – RMN
ZIDUL • WALL, THE • 1974
BUZDUGANUL CU TREI PECETI • 1976
IMPOSSIBILA IUBIRE • IMPOSSIBLE LOVE • 1984

VAEZIAN JOZEPH see **VAEZIYAN JOZEPH**

VAEZIYAN JOZEPH – IRN
VAEZIAN JOZEPH
MARD-E-SARGARDAN • WONDERING MAN, THE • 1967
AZ-JANGOZASHTEGAN • MEN WHO DID NOT FEAR DEATH, THE • 1968

VAFEAS VASILIS see **VAFEAS VASSILIS**

VAFEAS VASSILIS – GRC
VAFEAS VASILIS
EASTERN PERIPHERY • 1980
REPO • DAY OFF • 1981
120 DECIBELS • 1988
LOVES OF ULYSSES, THE • 1989
RED DAISY • 1989

VAHDAT NOSRATOLAH – IRN
NIMVAJABI • TINY SPAN • 1967
JOSTOJOEI SHOHAR • LOOKING FOR A HUSBAND • 1968
MAJERAYE SHABE JANVEYE • STORY OF CHRISTMAS NIGHT, THE • 1968

VAIDYA GIRISH – IND
AAKRONT • 1972

VAIDYA PREM – IND
MAN IN SEARCH OF MAN • 1974

VAIDYA R. D. see **VAIDYA RAMNIK D.**

VAIDYA RAMNIK see **VAIDYA RAMNIK D.**

VAIDYA RAMNIK D. – IND
VAIDYA RAMNIK • VAIDYA R. D.
BANKE SEPAHI • 1938
RAJA BHARATHRURHARI • 1949
MAHASATI SAVITRI • 1956
MUJRIM KAUN? • WHO IS THE GUILTY ONE? • 1968

VAILATI BRUNO – ITL – 1919–
BATTAGLIA DI MARATONA, LA • GIANT OF MARATHON, THE (UKN) ○ BATTLE OF MARATHON, THE • 1959
LADRO DI BAGDAD, IL • VOLEUR DE BAGDAD, LE (FRN) ○ THIEF OF BAGDAD, THE (USA) • 1961
FINCHE DURA LA TEMPESTA • DEFI A GIBRALTAR (FRN) ○ TORPEDO BAY (USA) ○ BETA SOM • 1962
ANDREA DORIA • 1970
UOMINI E SQUALI • 1976
CARI MOSTRI DEL MARE • 1977
PERICOLO NEGLI ABISSI • 1978

VAINSHTOK VLADIMIR – USS
DETI KAPITANA GRANTA • CAPTAIN GRANT'S CHILDREN • 1936
WAR NEWSREEL NO.6 • 1941
HEADLESS HORSEMAN, THE • 1973

VAIR LINDA – USA
SEX FAMILY ROBINSON • 1968
SEX FAMILY ROBINSON ON THE FARM • FAMILY ROBINSON ON THE FARM • 1969

VAIS MARCO – Animator – CND
BRANDY ALEXANDER • 1976 • ANS

VAITIEKUNAS VINCE – LTH
VAITIEKUNAS VINCENT
EXPLORE -EXPO 67 • 1967
MOTION • 1967 • SHT
WANT OF A SUITABLE PLAYHOUSE, THE • 1968
SUN DON'T SHINE ON THE SAME DAWG'S BACK ALL THE TIME, THE • 1969
CANADA AT 8:30 • 1970
MULTIPLICITY • 1970
FINE ARTS AT YORK • 1977
ONTARIO SURPRISE • 1979

VAITIEKUNAS VINCENT see **VAITIEKUNAS VINCE**

VAJDA BELA – HNG
STRIP-TEASE • 1971
ELETMU • 1972

VAJDA CLAUDE – FRN – 1939–
CES MALADES QUI NOUS GOUVERNENT • 1980

VAJDA LADISLAO – Screenwriter – HNG – 1905–1965
VAJDA LADISLAUS • VAJDA LADISLAS • VAJDA LASZLO
BEGGERSTUDENT, THE • 1932
WHERE IS THIS LADY? • 1932
HALLO BUDAPEST • HELLO BUDAPEST (USA) • 1933
EMBER A HID ALATT • MAN UNDER THE BRIDGE, THE • 1934
HAUT COMME TROIS POMMES • VILLAGE EN FOLIE, LE • 1935
KOLCSONKERT KASTELY, A • BORROWED CASTLE, THE • 1935
MAGDAT KICSAPJAK • DISMISSED FROM SCHOOL ○ MAGDA IS EXPELLED • 1935
EN LANYON NEM OLYAN, AZ • MY DAUGHTER IS DIFFERENT • 1936
HAROM SARKANY, A • THREE SPINSTERS, THE • 1936
MADDALENA ZERO IN CONDOTTA • 1936
PENTEK REZI • FRIDAY ROSE (USA) • 1936
WINGS OVER AFRICA • 1936
FEKETE GYEMANTOK • 1937
ROZSA BOKOR • 1937
SZENZACIO • 1937
WIFE OF GENERAL LING • REVENGE OF GENERAL LING, THE (USA) • 1937
DONTO PILLANAT • CRUCIAL MOMENT, THE (USA) • 1938
SEBASTOPOL • 1939
GIULIANO DE' MEDICI • CONGIURA DE' PAZZI, LA • 1941
ZIA SMEMORATA, LA • PASSAGIO A LIVELLO ○ ZIA PICCHIATELLA, LA • 1941
SE VENDE UN PALACIO • 1942
DOCE LUNAS DE MIEL • 1943
TE QUIERO PARA MI • 1944
TESTAMENTO DEL VIRREY, EL • 1944
CINCO LOBITOS • 1945
TRES ESPELHOS • 1946
BARRIO • 1947
RICHIAMO DEL SANGUE • 1947
CALL OF THE BLOOD • 1948
SIN UNIFORME • 1948
GOLDEN MADONNA, THE • 1949
SEPTIMA PAGINA • 1950
WOMAN WITH NO NAME, THE • HER PANELLED DOOR (USA) • 1950
RONDA ESPANOLA • 1951
DONA FRANCISQUITA • 1952
CARNE DE HORCA • TERRORE DELL'ANDALUSIA, IL • 1953
AVENTURAS DEL BARBERO DE SEVILLA • ADVENTURER OF SEVILLE, THE (USA) ○ AVENTURIER DE SEVILLE, L'(FRN) • 1954
MARCELINO PAN Y VINO • MARCELINO (USA) ○ MIRACLE OF MARCELINO, THE ○ MARCELINO BREAD AND WINE • 1954
TARDE DE TOROS • GRANDE CORRIDA, LA • 1955
MI TIO JACINTO • PEPOTE • 1956

ANGELO E SCESO A BROOKLYN, UN • ANGEL PASO POR BROOKLYN, UN (SPN) ○ ANGEL PASSED OVER BROOKLYN, AN ○ MAN WHO WAGGED HIS TAIL, THE (UKN) ○ ANGEL HAS COME TO BROOKLYN, AN • 1957
ES GESCHAH AM HELLICHTEN TAG • IT HAPPENED IN BROAD DAYLIGHT (USA) ○ ASSAULT IN BROAD DAYLIGHT • 1958
MANN GEHT DURCH DIE WAND, EIN • MAN WHO WALKED THROUGH THE WALL, THE (USA) ○ MAN GOES THROUGH THE WALL, A ○ MAN WHO COULD WALK THROUGH WALLS, THE • 1959
MARIA, MATRICULA DE BILBAO • 1960
LUGNER, DER • 1961
SCHATTEN WERDEN LANGER, DIE • SHADOWS GROW LONGER, THE (USA) ○ GIRLS IN THE SHADOWS ○ DEFIANT DAUGHTERS • 1962
FAST ANSTANDGES MADCHEN, EIN • 1963
FEUERSCHIFF, DAS • LIGHTSHIP, THE • 1963
DAMA DE BEIRUT, LA • 1965

VAJDA LADISLAS see **VAJDA LADISLAO**

VAJDA LADISLAUS see **VAJDA LADISLAO**

VAJDA LASZLO see **VAJDA LADISLAO**

VAJDA MARIJAN – SWT
DUBROVACKI PASTELLI • DUBROVNIK PASTELS, THE • 1957
MOSQUITO DER SCHANDER • BLOODLUST ○ MOSQUITO • 1976

VAJDA PETER – HNG
ITT A SZABADSAG! • HERE'S FREEDOM! • 1990

VAKELOPOULOS CHRISTOS see **VAKOPOULOS KHRISTOS**

VAKIL NANUBHAI – IND
FAIRY OF BAGHDAD • 1932
ALLAUDDIN AND THE WONDERFUL LAMP • 1938
SON OF ALLAUDIN • 1939
JADU-I-KANGAN • 1940
FLYING RANEE • FLYING QUEEN, THE • 1959

VAKOPOULOS KHRISTOS – GRC
VAKELOPOULOS CHRISTOS
OLGA ROBARDS • OLGA ROBERTS • 1989

VALADAO JECE – BRZ
LEI DO CAO, A • LAW OF THE GUNHAMMER, THE ○ LAW OF THE DOG, THE • 1967
7 FACES DE UM CAFAJESTE, AS • SEVEN FACES OF A NO-GOOD, THE • 1968
VALE DO CANAA, O • 1971

VALAMT-ZADE G. – USS
LEILI I MEDJNUN • 1959

VALASEK J. see **VALASEK JAN**

VALASEK JAN – CZC
VALASEK J.
MALY BOBES • LITTLE BOBES • 1961
TRI ZLATE VLASY DEDA VSEVEDA • THREE GOLDEN HAIRS OF OLD MAN KNOW-ALL, THE • 1963
KDYZ MA SVATEK DOMINIKA • DOMINIKA'S NAME-DAY • 1967
NASE BLAZNIVA RODINA • OUR CRAZY FAMILY ○ OUR FOOLISH FAMILY • 1968

VALCARCEL HORACIO – SPN – 1933–
MIGUELIN • 1964

VALCHEV NIKOLA – BUL
POSLEDNIAT VOYVODA • LAST CHIEFTAIN, THE • 1968

VALCOUR PIERRE – CND – 1931–
MADININA, VINGT-CINQ ANS D'ANTILLES • 1973 • DOC
TORNGAT • 1973 • DOC
FANTASTIQUE ILE DE PAQUES • 1973-74 • DOC
GRAND VOYAGE, LE • 1973-74 • DOC
JOYAUX DE LA MER DE CORAIL • 1973-74 • DOC
LIBYE, DESERT VIVANT • 1973-74 • DOC
RESCAPES DE LA PREHISTOIRE, LES • 1973-74 • DOC
TRESORS DE LA VALLEE DES ROIS, LES • 1973-74 • DOC
BROADBACK • 1974 • DCS
ETOCK • 1974 • DOC
ORIGINES DE LA REVOLUTION TRANQUILLE: DECADE 1929-39 • 1974 • DOC
ORIGINES DE LA REVOLUTION TRANQUILLE: L'UNIVERSITE AU POUVOIR • 1974 • DOC
HISTOIRE DE LA PRESSE AU QUEBEC • 1975 • DCS
JOSEPH CHARBONNEAU, SIXIEME EVEQUE DE MONTREAL • 1975 • DCS
KEBECKOOTUT • 1975 • DOC
HISTOIRE DES MOUVEMENTS DE JEUNESSE AU QUEBEC • 1976 • DCS
PETITE HISTOIRE DES GRANDES COOPERATIVES AU QUEBEC • 1976 • DCS
PORTRAIT DU CHANOINE LIONEL GROULX, 1878-1978 • 1978 • DOC

VALDES OSCAR – CUB
RETRATO, EL • 1963
VAQUEROS DEL CAUTO • 1965 • DOC
RING, EL • 1966 • DOC
DIAMANTE, EL • 1967 • DOC
ESCENAS DE LOS MUELLES • 1968 • DOC
MUERTE Y VIDA EN EL MORRILLO • 1971 • DOC
ARTE DEL PUEBLO • ART OF THE PEOPLE, THE • 1974
RUMBA, LA • 1978 • DOC

VALDEZ LUIS – USA – 1940–
ZOOT SUIT • 1981
LA BAMBA • BAMBA, LA • 1987

VALDEZ MITL – MXC
CONFINES, LOS • LIMITS, THE • 1987

VALE TRAVERS – USA – 1865–
ABANDONED WELL, THE • 1913
BLACKSMITH'S STORY, THE • 1913
POWER OF THE SEA, THE • 1913
STREETS OF NEW YORK, THE • 1913
BIT OF HUMAN DRIFTWOOD, A • 1914
CHILDREN OF DESTINY • 1914
CLOSING WEB, THE • 1914
CONDEMNING HAND, THE • 1914
COUSIN PONS • 1914
DERELICTS, THE • 1914
DILEMMA, THE • 1914
DISTRICT ATTORNEY'S BURGLAR, THE • 1914
ERNEST MALTRAVERS • 1914
ETHICS OF THE PROFESSION, THE • 1914
FALLEN ANGEL • 1914
FATHER'S SCAPEGOAT, THE • 1914
FOR THE CAUSE • 1914
FRIEND OF THE DISTRICT ATTORNEY, A • 1914
GWENDOLIN • 1914
HER BIG SCOOP • 1914
HER NEIGHBORS NEXT DOOR • 1914
HER PRIMITIVE MODEL • 1914
HONOR OF THE LAW, THE • 1914
IDIOT, THE • 1914
IRON MASTER, THE • 1914
MARTIN CHUZZLEWIT • 1914
MASTER OF THE STRONG, THE • 1914
MEAL TICKET, THE • 1914
MELODY AND ART • 1914
MERELY MOTHER • 1914
NEW MAGDALEN, THE • 1914
PROSPECTORS, THE • 1914
RESTLESS WOMAN, THE • 1914
ROMEO AND JULIET • 1914
SCIENCE OF CRIME, THE • 1914
SCRAP OF PAPER, A • 1914
SONG OF SUNNY ITALY, THE • 1914
TICKET-OF-LEAVE MAN, THE • 1914
UNDER THE SKIN • 1914
WOMAN AGAINST WOMAN • 1914
WORLD AND THE WOMAN, THE • 1914
ADAM BEDE • 1915
AFTER THE STORM • 1915
AMERICANO, THE • 1915
AURORA FLOYD • 1915
BETWEEN FATHER AND SON • 1915
COLOMBA • 1915
CONFESSION, THE • 1915
CRIMSON MOTH, THE • 1915
DORA • 1915
DRAB SISTER, THE • 1915
DWELLERS IN GLASS HOUSES • 1915
EAST LYNNE • 1915
EYE OF THE SOUL, THE • 1915
FELIX HOLT • 1915
JANE EYRE • 1915
LURE OF WOMEN, THE • 1915
MAID O' THE MOUNTAINS, THE • 1915
MAN AND HIS MASTER • 1915
MRS. VAN ALDEN'S JEWEL • 1915
PERE GORIOT • 1915
QUICKSANDS OF SOCIETY, THE • 1915
SOUL OF PIERRE, THE • 1915
TESS OF THE HILLS • 1915
THIRD ACT, THE • 1915
THREE HATS • 1915
UNDER TWO FLAGS • 1915
WHAT HAPPENED TO JONES • 1915
WOMAN WHO PAID, THE • 1915
WORTH OF A WOMAN, THE • 1915
BEAST OF SOCIETY, A • 1916 • SHT
LIFE CHASE, A • 1916
MADNESS OF HELEN, THE • 1916
MEN SHE MARRIED, THE • 1916
SALLY IN OUR ALLEY • 1916
SCARLET OATH, THE • 1916
TANGLED FATES • 1916
WOMAN OF MYSTERY, THE • 1916 • SHT
BETSY ROSS • 1917
BONDAGE OF FEAR, THE • 1917
DANCER'S PERIL, THE • 1917
DARKEST RUSSIA • 1917
DIVORCE GAME, THE • 1917
DORMANT POWER, THE • 1917
EASY MONEY • 1917
MAN'S WOMAN • HOUSE CAT, THE • 1917
SELF MADE WIDOW • ROMANCE OF A SELF-MADE WIDOW, THE • 1917
WOMAN BENEATH, THE • 1917
JOAN OF THE WOODS • 1918
JOURNEY'S END • 1918
JUST SYLVIA • 1918
MAN HUNT, THE • 1918
SOUL WITHOUT WINDOWS, A • 1918
SPURS OF SYBIL, THE • 1918
STOLEN HOURS • 1918
VENGEANCE • 1918
WHIMS OF SOCIETY, THE • 1918
WITCH WOMAN, THE • 1918
WOMAN OF REDEMPTION, A • 1918
ZERO HOUR, THE • 1918
BLUFFER, THE • 1919
HEART OF GOLD • 1919
MORAL DEADLINE, THE • 1919
QUICKENING FLAME, THE • 1919
LIFE • 1920
PASTEBOARD CROWN, A • GARDEN OF FOLLY, A • 1922
MAN FROM THE PAST, THE • 1924
STREET OF TEARS, THE • 1924
WESTERN PLUCK • 1926

VALENTI FRANK – USA
DELTA FORCE COMMANDO • 1987

VALENTI OSVALDO – HNG
CAVALIERI DEL DESERTO, I • PREDONI DEL DESERTO, I ○ ULTIMI TAUREG, GLI ○ PREDONI DEL SAHARA, I • 1942

VALENTI SALVIO – ITL
PIRUETAS JUVENILES • ROMANZO A PASSO DI DANZA (ITL) • 1943

VALENTIN – FRN
SOIR DE NOTRE VIE, LE • 1963 • SHT

VALENTIN ALBERT – BLG – 1908–1968
TOI QUE J'ADORE • 1933
CHANSON DE L'ADIEU, LA • AMOUR DE FREDERIC CHOPIN, UN ○ VALSE DE L'ADIEU, LA • 1934
DIEUX S'AMUSENT, LES • AMPHITRYON II • 1935
STRADIVARIUS • 1935
TAXI DE NUIT • 1935
ENTRAINEUSE, L' • DAME DE COEUR, LA ○ TABARIN • 1938
HERITIER DES MONDESIR, L' • C'EST UN MYSTERE • 1939
MAISON DES SEPT JEUNES FILLES, LA • 1941
A LA BELLE FREGATE • 1942
MARIE-MARTINE • D'OU VIENT MARIE-MARTINE? ○ MARIE MARTINE • 1942
VIE DE PLAISIR, LA • 1943
ECHAFAUD PEUT ATTENDRE, L' • 1948
SECRET DE MONTE-CRISTO, LE • 1948

VALENTIN HEINRICH – GRM
ABTRUNNIGE, DER • 1921

VALENTIN KARL – Songwriter – GRM – 1882–1948
LUSTIGEN VAGABUNDEN, DIE • 1912
NEUE SCHREIBTISCH, DER • NEW DESK, THE • 1915
ZIRKUS SCHNABELMAN • 1920
MYSTERIEN EINES FRISEUR-SALONS • MYSTERIES OF A HAIRDRESSER'S SALOON • 1922
ORCHESTERSZENE • 1928
SONDERLING, DER • 1929
IM FOTOATELIER • 1932
ORCHESTERPROBE • 1933
FIRMLING, DER • CONFIRMATION CANDIDATE, THE • 1934
THEATERBESUCH, DER • 1934
BEIM NERVENATZ • 1936
BEIM RECHTSANWALT • 1936
IM SENDERAUM • 1938

VALENTINE VAL – UKN
PYJAMAS PREFERRED • 1932

VALENZANO LUIGI – ITL
OSTAGGIO, L' • 1975
MERAVIGLIOSE AVVENTURE DI ZORRO, LE • 1978

VALERE JEAN – FRN – 1925–
PARIS LA NUIT • 1956
SENTENCE, LA • 1959
GRANDES PERSONNES, LES • TIME OUT FOR LOVE (USA) ○ TASTE OF LOVE, A • 1961
GROS COUP, LE • TRIANGOLO DEL DELITTO, IL (ITL) • 1963
FEMME ECARLATE, LA • DONNA SCARLATTA, LA (ITL) ○ SCARLET WOMAN, THE • 1969
MONT-DRAGON • 1971
BARAKA, LA • 1982

VALERII TONINO – ITL
PER IL GUSTO DI UCCIDERE • 1966
GIORNI DELL'IRA, I • TOD RITT DIENSTAGS, DER (FRG) ○ DAY OF ANGER (UKN) ○ DAYS OF WRATH ○ DAY OF WRATH ○ GUN LAW • 1967
PREZZO DEL POTERE, IL • MUERTE DE UN PRESIDENTE, LA (SPN) ○ PRICE OF POWER, THE • 1969
RAGAZZA DI NOME GIULIO, LA • GIRL CALLED JULES, A (UKN) ○ GIRL NAMED JULIUS, A ○ MODEL LOVE • 1970
MIO CARO ASSASSINO • 1972
RAGIONE PER VIVERE E UNA PER MOURIRE, UNA • MASSACRE AT FORT HOLMAN (USA) ○ RAGIONE PER MOURIRE, UNA ○ REASON TO LIVE, A REASON TO DIE, A • 1972
MIO NOME E NESSUNO, IL • MY NAME IS NOBODY • 1974
VAI, GORILLA! • 1975
SAHARA CROSS • 1977
SENZA SCRUPOLI • NO SCRUPLES • 1985

VALET GERARD – BLG
MOI, TINTIN • 1975 • DOC
FLEUR ET LE FUSIL, LA • 1976

VALETTY BRUNO
AMORE CHE NON TORNA • LOVE THAT DOESN'T RETURN (USA) • 1938

VALIA HARI – IND
LATT SAHEB • GOVERNOR • 1967

VALIANT-COUTURIER P. – FRN
VIE EST A NOUS, LA • PEOPLE OF FRANCE (USA) • 1936

VALINOTTI DOMENICO – ITL
DIARIO DI UNA STELLA, IL • ALESSANDROWNA • 1939

VALJEAN JEAN-JACQUES see **RYDER ALEXANDRE**

VALLADARES EDMUND – ARG
NOSOTROS LOS MONOS • WE APES • 1972
SOL EN BOTELLITAS, EL • BOTTLED SUN • 1986

VALLE DON FREDERICO – ARG
APOSTOL, EL • 1917 • ANM

VALLEE JACQUES – Producer – CND – 1941–
CHANSON POUR JULIE • 1976

VALLEE JEAN – FRN – 1899–
JEUNES FILLES A MARIER • HUIT JEUNES FILLES A MARIER • 1935
TERRE QUI MEURT, LA • 1936
HOMMES SANS NOM, LES • 1937
COEUR EBLOUI, LE • 1938
SURPRISES D'UNE NUIT DE NOCES, LES • 1951
ETRANGE AMAZONE, L' • 1975

VALLEJO ENRIQUE J. – MXC
MITAD Y MITAD • 1921

VALLEJO FERNANDO – MXC
CRONICA ROJA • 1977
EN LA TORMENTA • IN THE STORM • 1980
DERROTA, LA • DEFEAT, THE • 1981
NARRIO DE CAMPEONES • NEST OF CHAMPIONS • 1983

VALLEJO GERARDO – ARG
CAMINO HACIA LA MUERTE DEL VIEJO REALES, EL • ROAD TO DEATH OF OLD REALES, THE

VALLELY PATRICK – CND
HORSES IN WINTER • 1988

VALLES JOSE MARIA – SPN
PASTEL DE SANGRE • BLOOD PUDDING ○ BLOOD PIE • 1971

VALLOIS PHILIPPE – FRN – 1948–
BAISERS
PHALENES, LES • 1974
JOHAN, CARNET INTIME HOMOSEXUEL • 1976
LAMENTO • 1977
NOUS ETIONS UN SEUL HOMME • WE WERE ONE MAN • 1978
HALTEROFLIC • 1982

VALLONE RAF – Actor – ITL – 1916–
IN AUTUNNO UN ANNO DOPO • 1970

VALLS JULIO SALVADOR see **SALVADOR JULIO**

VALORI GINO – ITL
CHI SEI TU? • 1939
EQUATORE • 1939

VALRAY LOUIS – FRN
HOMME A LA BARBICHE, L' • 1932 • SHT
BELLE DE NUIT • 1933
ESCALE • THIRTEEN DAYS OF LOVE (USA) • 1935

VALTCHANOV RANGUEL see **VULCHANOV RANGEL**

VALTIERRA MANUEL SANCHEZ – MXC
FANY O EL ROBO DE LOS VEINTE MILLONES • 1925

VAMOS THOMAS – Cinematographer – HNG – 1938–
9 MINUTES • 1967 • DCS
EXIL, L' • 1971
FLEUR AUX DENTS, LA • 1975
HERITIERS DE LA VIOLENCE, LES • 1977
ENFANT FRAGILE, L' • 1980
JONGLEUR, LE • 1980
PLANTE, LA • 1983

VAN BELLE J. L. see **VAN BELLE JEAN-LOUIS**

VAN BELLE JEAN-LOUIS – BLG – 1939–
VAN BELLE J. L.
A L'OMBRE D'UN ETE
SADIQUE AUX DENTS ROUGES, LE • SADIST WITH RED TEETH, THE • 1970

VAN BUREN A. H. – USA
HEARTS IN DIXIE • 1929
PRINCE OF DIAMONDS • 1930

VAN COURT ULF – USA
SING A SONG, FOR HEAVEN'S SAKE • 1966

VAN DAMME ALAIN – FRN
AMOUR A LA BOUCHE, L' • 1974

VAN DAVIS JEFFREY – GRM
JAZZ EXPATRIATES • 1980 • DOC

VAN DE PUTTE CHRISTINE – FRN – 1954–
POKER MENTEUSES ET REVOLVER MATIN • 1980

VAN DEN BERG – GRM
HERR UND HUND • 1963

VAN DER BERGH REGARDT – SAF
CIRCLES IN A FOREST • 1989

VAN DER WAT KEITH see **VAN DER WATT KEITH**

VAN DER WATER ANTON – CND
MAITRESSE, LA • 1973

VAN DER WATT KEITH – SAF
VAN DER WAT KEITH
CALL ME LUCKY • JUST CALL ME LUCKY • 1973
CRY ME A TEARDROP • 1974
SAVAGE SPORT • 1974

VAN DEUSEN COURTLAND J. see **VAN DEUSEN COURTLANDT**

VAN DEUSEN COURTLANDT – USA
VAN DEUSEN COURTLAND J.
BENJAMIN BUNTER, BOOK-AGENT • 1915
BETWEEN TWO FIRES • 1915
CONQUEST OF CONSTANTIA, THE • 1915
FIRE ESCAPE, THE • 1915
KEYBOARD STRATEGY, A • 1915
MYSTERY OF THE EMPTY ROOM, THE • 1915
SAVE THE COUPONS • 1915
HER BAD QUARTER OF AN HOUR • 1916 • SHT
IN ARCADIA • 1916 • SHT
MAN BEHIND THE CURTAIN, THE • 1916
HIS GOLDEN ROMANCE • 1918 • SHT

VAN DUSEN BRUCE – USA
COLD FEET • 1984

VAN DYKE A. see **DAMIANI AMASI**

VAN DYKE W. S. – USA – 1889–1943
VAN DYKE WILLIAM S.
GIFT O' GAB • 1917
LAND OF LONG SHADOWS, THE • 1917
MEN OF THE DESERT • 1917
OPEN PLACES • 1917
RANGE BOSS, THE • 1917
SADIE GOES TO HEAVEN • 1917
LADY OF THE DUGOUT • 1918
DAREDEVIL JACK • 1920 • SRL
FATE'S DOUBLE CROSS • 1920 • SHT
FATE'S FRAME-UP • 1920 • SHT
HAWK'S TRAIL, THE • 1920 • SRL
AVENGING ARROW, THE • 1921 • SRL
DOUBLE ADVENTURE • 1921 • SRL
ACCORDING TO HOYLE • 1922
BOSS OF CAMP 4, THE • 1922
FORGET-ME-NOT • 1922
MILKY WAY, THE • 1922
WHITE EAGLE • 1922 • SRL
DESTROYING ANGEL, THE • 1923
LITTLE GIRL NEXT DOOR, THE • YOU ARE IN DANGER • 1923
MIRACLE MAKERS, THE • 1923
RUTH OF THE RANGE • RIDDLE OF THE RANGE, THE • 1923 • SRL
BATTLING FOOL, THE • 1924
BEAUTIFUL SINNER, THE • 1924
GOLD HEELS • 1924
HALF-A-DOLLAR BILL • 1924
LOVING LIES • 1924
WINNER TAKE ALL • 1924
BARRIERS BURNED AWAY • CHICAGO FIRE, THE (UKN) • 1925
DESERT'S PRICE, THE • 1925
HEARTS AND SPURS • 1925
RANGER OF THE BIG PINES • 1925
TIMBER WOLF • 1925
TRAIL RIDER, THE • 1925
GENTLE CYCLONE, THE • 1926
WAR PAINT • RIDER OF THE PLAINS (UKN) • 1926
WINNERS OF THE WILDERNESS • 1926
CALIFORNIA • 1927
EYES OF THE TOTEM • TOTEM POLE BEGGAR, THE ○ EYES OF TOTEM, THE • 1927
FOREIGN DEVILS • 1927
HEART OF THE YUKON, THE • RAW COUNTRY, THE • 1927
SPOILERS OF THE WEST • 1927
ADVENTURER, THE • GALLANT GRINGO, THE (UKN) • 1928
UNDER THE BLACK EAGLE • DOG OF WAR, THE • 1928
WHITE SHADOWS IN THE SOUTH SEAS • SOUTHERN SKIES • 1928
WYOMING • ROCK OF FRIENDSHIP, THE (UKN) • 1928
PAGAN, THE • 1929
TRADER HORN • 1930
CUBAN LOVE SONG • CUBAN, THE • 1931
GUILTY HANDS • 1931
NEVER THE TWAIN SHALL MEET • 1931
NIGHT COURT • JUSTICE FOR SALE (UKN) • 1932
TARZAN THE APE MAN • 1932
ESKIMO • MALA THE MAGNIFICENT (UKN) • 1933
PENTHOUSE • CROOKS IN CLOVER (UKN) • 1933
PRIZEFIGHTER AND THE LADY, THE • EVERY WOMAN'S MAN (UKN) • 1933
FORSAKING ALL OTHERS • 1934
HIDE-OUT • 1934
LAUGHING BOY • 1934
MANHATTAN MELODRAMA • 1934
PAINTED VEIL, THE • 1934
THIN MAN, THE • 1934
I LIVE MY LIFE • GLITTER • 1935
NAUGHTY MARIETTA • 1935
TALE OF TWO CITIES, A • 1935
AFTER THE THIN MAN • 1936
DEVIL IS A SISSY, THE • DEVIL TAKES THE COUNT, THE (UKN) • 1936
HIS BROTHER'S WIFE • LADY OF THE TROPICS (UKN) • 1936
LOVE ON THE RUN • 1936
ROSE MARIE • INDIAN LOVE CALL • 1936
SAN FRANCISCO • 1936
PERSONAL PROPERTY • MAN IN POSSESSION, THE (UKN) • 1937
PRISONER OF ZENDA, THE • 1937
ROSALIE • 1937
THEY GAVE HIM A GUN • 1937
MARIE ANTOINETTE • 1938
STAND UP AND FIGHT • 1938
SWEETHEARTS • 1938
ANDY HARDY GETS SPRING FEVER • 1939
ANOTHER THIN MAN • 1939
I TAKE THIS WOMAN • 1939
IT'S A WONDERFUL WORLD • 1939
BITTER SWEET • 1940
I LOVE YOU AGAIN • 1940
DOCTOR KILDARE'S VICTORY • DOCTOR AND THE DEBUTANTE, THE (UKN) • 1941
FEMININE TOUCH, THE • FEMALE OF THE SPECIES • 1941
RAGE IN HEAVEN • 1941
SHADOW OF THE THIN MAN • 1941
CAIRO • 1942
I MARRIED AN ANGEL • 1942
JOURNEY FOR MARGARET • 1942
DRAGON SEED • 1944

VAN DYKE WILLARD – USA – 1906–1986
CITY, THE • 1939 • DOC
SARAH LAWRENCE • 1940 • DOC
VALLEY TOWN • 1940 • DOC
CHILDREN MUST LEARN, THE • 1941 • DOC
TALL TALES • 1941 • SHT
TO HEAR YOUR BANJO PLAY • 1941 • DCS
BRIDGE, THE • 1942 • DOC
OSWEGO • 1943 • DOC
STEELTOWN • 1943 • DOC
PACIFIC NORTHWEST • 1944 • DOC
SAN FRANCISCO • 1945 • DOC
JOURNEY INTO MEDICINE • 1946 • DOC
PHOTOGRAPHER, THE • 1948 • DOC
TERRIBLY TALENTED • 1948 • DOC
MOUNT VERNON • 1949 • DOC
THIS CHARMING COUPLE • 1949 • DOC
YEARS OF CHANGE • 1950 • DOC
NEW YORK UNIVERSITY • 1952 • DOC
CABOS BLANCOS • 1954 • DOC
EXCURSION HOUSE • 1954 • DOC
RECOLLECTIONS OF BOYHOOD: AN INTERVIEW WITH JOSEPH WELCH • RECOLLECTIONS OF BOYHOOD • 1954 • DOC
THERE IS A SEASON • 1954 • DOC
TOBY AND THE TALL CORN • 1954 • DOC
WORKING AND PLAYING TO HEALTH • 1954 • DOC
LIFE OF THE MOLDS • 1955 • DOC
MOUNTAINS OF THE MOON • 1958 • DOC
SKYSCRAPER, THE • 1958
TIGER HUNT IN ASSAM • 1958 • DOC
LAND OF WHITE ALICE • 1959 • DOC
PROCESSION, THE • 1959 • DOC
IRELAND –THE TEAR AND THE SMILE • 1960 • DOC
SWEDEN • 1960 • DOC
HARVEST • 1962 • DOC
SEARCH INTO DARKNESS • 1962 • DOC
SO THAT MEN ARE FREE • 1962 • DOC
DEPRESSED AREA • 1963 • DOC
FRONTIERS OF NEWS • 1964 • DOC
RICE • 1964 • DOC
FARMER –FEAST OR FAMINE, THE • 1965 • DOC
FRONTLINE CAMERAS 1935–1965 • 1965 • DOC
POP BUELL –HOOSIER FARMER IN LAOS • 1965 • DOC
TAMING THE MEKONG • 1965 • DOC
SHAPE OF FILMS TO COME • 1968 • DOC

VAN DYKE WILLIAM S. see **VAN DYKE W. S.**

VAN EFFENTERRE BERTRAND – FRN – 1946–
ERICA MINOR • 1974
MAIS OU EST DONC ORNICAR? • 1978
BATARD, LE • 1982
COTE COEUR, COTE JARDIN • 1984
TUMULTES • 1990

VAN HEARN J. – USA
WE A FAMILY • 1968

VAN HORN BUDDY – USA
ANY WHICH WAY YOU CAN • 1980
DEAD POOL, THE • 1988
PINK CADILLAC • 1989

VAN HORN LEE – USA
MASTER PIECE, THE • 1970

VAN IN ANDRE – FRN – 1949–
GEEL • 1978 • DOC

VAN LOAN PHILIP – USA
YOUNG AMERICA • 1919 • SHS
FORBIDDEN LOVE • WOMEN WHO WAIT • 1921

VAN LONG – VTN
CALL OF THE FRONT, THE • 1983

VAN METER BEN – USA
ACID CAMP
POON TANG TRILOGY, THE • PUNTANG TRILOGY • SHT
ACID MANTRA • 1968
STEVE MILLER BAND • 1968 • DCS
NAKED ZODIAC • 1969

VAN NORSTRAND WALLY see **VAN WALLY**

VAN PEEBLES MELVIN – Producer/writer – USA – 1932–
PERMISSION, LA • STORY OF A THREE DAY PASS, THE (USA) • 1968
WATERMELON MAN • NIGHT THE SUN CAME OUT ON HAPPY HOLLOW LANE, THE ○ NIGHT THE SUN CAME OUT, THE • 1970
SWEET SWEETBACK'S BAADASSSSS SONG • 1971
IDENTITY CRISIS • 1989

VAN PLACK TOM – USA
GOLDEN ROSARY, THE • 1917

VAN REES JOOST – USA
TARGET.. EARTH? • 1980

VAN RELLIM TIM – UKN
CRUISIN' • 1977

VAN RENSBURG MANIE – SAF
BANKROWER, DIE • 1973
ART OF POLITICS: THE NATIVE WHO CAUSED ALL THE TROUBLE, THE • NATIVE WHO CAUSED ALL THE TROUBLE, THE • 1989
OPERATION WEISSDORN –THE FOURTH REICH • 1989

VAN RONKEL JO – USA
PLANE CRAZY • 1930 • SHT
SISTER'S PEST • 1930 • SHT
YOU SAID IT SAILOR • 1930 • SHT

VAN SANT GUS – USA
MALA NOCHE
DRUGSTORE COWBOY • 1989

VAN TUYLE BERT – USA
JIM'S FOLKS • 1918 • SHT
SOMETHING NEW • 1920
GIRL FROM GOD'S COUNTRY, THE • 1921
GRUB STAKE, THE • ROMANCE OF LOST VALLEY, THE • 1923
GOLDEN YUKON, THE • 1927

VAN WALLIE see **VAN WALLY**

VAN WALLY – USA – 1885–
VAN NORSTRAND WALLY • VAN WALLIE
STREET SINGERS, THE • 1913
ART FOR A HEART • 1914
BOYS OF I.O.U., THE • 1914
CHICKEN INSPECTOR, THE • 1914
DOCTOR POLLY • 1914
FANNY'S MELODRAMA • 1914
FATES AND FLORA FOURFLUSH, THE • TEN BILLION DOLLAR VITAGRAPH MYSTERY SERIAL, THE • 1914 • SRL
HOW TO DO IT AND WHY OR CUTEY AT COLLEGE • 1914
MAN BEHIND THE DOOR, THE • 1914
THANKS FOR THE LOBSTER • 1914
WIDOW OF RED ROCK, THE • 1914
CHIEF'S GOAT, THE • 1915
CUPID PUTS ONE OVER ON THE SHATCHEN • 1915
CUTEY BECOMES A LANDLORD • 1915
CUTEY, FORTUNE HUNTING • 1915
CUTEY'S AWAKENING • 1915
CUTEY'S SISTER • 1915
EVOLUTION OF CUTEY, THE • 1915
HATS IS HATS • 1915
HIGHWAYMAN, THE • 1915
HIS FAIRY GODMOTHER • 1915 • SHT
HUGHEY OF THE CIRCUS • 1915
INSURING CUTEY • 1915
LEVY'S SEVEN DAUGHTERS • 1915
LOVE, SNOW AND ICE • 1915
LURE OF A WIDOW, THE • 1915
MAN OF PARTS, A • 1915
POSTPONED • 1915
QUITS • 1915
SERPENT'S TOOTH, THE • 1915
SULTAN OF ZULON, THE • 1915

WELCOME TO BOHEMIA • 1915
WHEN HOOLIGAN AND DOOLIGAN RAN FOR MAYOR • 1915
WRONG GIRL, THE • 1915
HUGHEY THE PROCESS SERVER • 1916 • SHT
PUTTING THE PEP IN SLOWTOWN • 1916 • SHT
SCARLET RUNNER, THE • 1916 • SRL
STUNG • 1916 • SHT
YOU'RE NEXT • 1916 • SHT
FALSE GODS • 1919
WILD FLOWERS • 1919 • SHT
ROUGH GOING • 1925

VAN WINKLE JOSEPH – USA
WOMAN INSIDE, THE • 1981

VANARI RISTO – FNL
RISTO VANARIN PIILOKAMERA • RISTO VANARI'S CANDID CAMERA • 1978

VANCE DANIEL J. – USA
NO-MERCY MAN, THE • TRAINED TO KILL • 1973

VANCE STAN see **VANCINI FLORESTANO**

VANCE WILLIAM – USA
DR. JEKYLL AND MR. HYDE • 1932 • SHT
HEARTS OF AGE, THE • 1934 • SHT

VANCINI FLORESTANO – ITL – 1926–
VANCE STAN
LUNGA NOTTE DEL '43, LA • LONG NIGHT OF '43, THE • 1960
ITALIANE E L'AMORE, LE • LATIN LOVERS (USA) ○ ITALIAN WOMEN AND LOVE • 1961
BANDA CASAROLI, LA • CASAROLI GANG, THE • 1962
CALDA VITA, LA • 1963
STAGIONI DEL NOSTRO AMORE, LE • SEASONS OF OUR LOVE • 1966
LUNGHI GIORNI DELLA VENDETTA, I • FACCIA D'ANGELO • 1967
VIOLENZA AL SOLE • ESTATE IN QUATTRO, UN' ○ ISOLA, L' ○ ISLAND, THE ○ PASSION • 1969
BRONTE: CRONACA DI UN MASSACRO CHE I LIBRI DI STORIA NON HANNO RACCONTATO • FATTI DI BRONTE, I ○ LIBERTY ○ BRONTE: STORY OF A MASSACRE IGNORED BY THE HISTORY BOOKS • 1972
VIOLENZA: QUINTO POTERE, LA • SICILIAN CHECKMATE • 1972
DELITTO MATTEOTTI, IL • 1973
AMORE AMARO • 1974
DRAMMA BORGHESE, UN • 1979

VANCURA VLADISLAV – CZC – 1891–1942
PRED MATURITOU • BEFORE THE MATRICULATION ○ ON THE EVE OF MATRICULATION • 1932
NA SLUNECNI STRANE • ON THE SUNNY SIDE • 1933
MARIJKA NEVERNICE • UNFAITHFUL MARIJKA, THE ○ MARIJKA THE ADULTERESS • 1934
LASKA A LIDE • LOVE AND PEOPLE • 1937
NASI FURIANTI • SWAGGERERS, THE ○ OUR DEFIANT ONES • 1937

VAND GHASEMI – IRN
GHAMHA & SHADIHA • SORROWS AND HAPPINESS • 1968

VANDAL MARCEL – Producer – FRN – 1882–1965
GRAZIELLA • 1926
FLEUR D'AMOUR • 1927
SOUS-MARIN DE CRISTAL, LE • 1927
EAU DU NIL, L' • 1928

VANDAL MARION – FRN
MONSIEUR LE VAGABOND • 1933

VANDENBERGH LEONARD J. – USA
WILD MEN OF AFRICA • 1920

VANDENBERGHE PAUL – Screenwriter – FRN – 1916–1961
ON NE TRICHE PAS AVEC LA VIE • DOCTEUR LOUISE • 1949
MAINS LIEES, LES • 1955

VANDERBEEK STAN – Animator – USA – 1931–
FUTURE • SHT
MANKINDA • 1957 • SHT
STREET MEET • STREET MEAT • 1957
WHAT, WHO, HOW • 1957 • ANS
YET • 1957 • SHT
ALA MODE • 1958 • ANS
ASTRAL MAN • 1958 • ANS
ONE • 1958 • SHT
VISION III • 1958 • SHT
WHEEELS #2 • 1958–59 • ANS
WHEEELS #1 • 1958–61 • ANS
WHEEELS #4 • 1958–65
ACHOO MR. KEROOCHEV • 1959 • ANS
SCIENCE FRICTION • 1959 • ANS
BLACKS AND WHITES, DAYS AND NIGHTS • 1960 • ANS
SKULLDUGGERY • 1960 • ANS
SNAPSHOTS OF THE CITY • 1961 • SHT
MISC. HAPPENINGS • 1961–62
SUMMIT • 1963 • SHT
BREATHDEATH • 1964 • SHT
BIRTH OF THE AMERICAN FLAG • 1965
DANCE OF THE LOONEY SPOONS • 1965 • ANS
FACESCAPES • 1965 • SHT
FEEDBACK • 1965
HUMAN FACE IS A MONUMENT, THE • 1965
NIGHT EATING • 1965 • ANS
PHENOMENON NO.1 • 1965 • ANS
REVENGE OF THE LOONEY SPOONS • 1965 • ANS
VARIATIONS NO.5 • 1965
SNOW SHOW • 1965–66
COLLIDE-OSCOPE • 1966 • ANS
SEE SAW SEEMS • 1966 • SHT
WHEN IN THE COURSE OF • 1966 • ANS
FREE FALL • 1967
HISTORY OF MOTION IN MOTION, THE • 1967
PANELS FOR THE WALLS OF THE WORLD #1 • 1967 • SHT
SPHERICAL SPACE #1 • 1967 • SHT
T.V. INTERVIEW • 1967
NEWSREEL OF DREAMS NO.1 • 1968
OH • 1968 • ANS
POEM FIELDS NOS.1–8 • 1968 • ASS
SUPERIMPOSITION • 1968
VANDERBEEKIANA • 1968
WILL • 1968
FOUND FILM NO.1 • 1968–70
NEWSREEL OF DREAMS NO.2 • 1969
FILM FORM NO.1 • 1970
FILM FORM NO.2 • 1970 • SHT
TRANSFORMS • 1970
VIDEO-SPACE • 1970 • ANS
SYMETRICS • SYMMETRICKS • 1971 • ANS
WHO HO RAY NO.1 • WHO-HO-RAY #1 • 1972
WHO HO RAY NO.2 • WHO-HO-RAY #2 • 1972 • SHT
YOU DO, I DO, WE DO • 1972
COMPUTER GENERATION • 1973
COLOR FIELDS • 1977
EUCLIDEAN ILLUSIONS • 1978
DREAMING • 1980
MIRRORED REASON • 1980
PLATO'S CAVE INN • 1980
AFTER LAUGHTER • 1981

VANDERBES ROMANO – USA
THIS IS AMERICA • CRAZY RIDICULOUS AMERICAN PEOPLE ○ JABBERWALK • 1977 • DOC
SEX O'CLOCK NEWS, THE • GUIDE TO AMERICA • 1986

VANDERBILT WILLIAM K. – USA
OVER THE SEVEN SEAS • 1933

VANDERBOSCH ALFRED – UKN
LONELY ROAD, THE • 1921

VANDERCAM SERGE – BLG
AUTRE MONDE, UN • 1958

VANDERCOILLE ALAIN – FRN – 1947–
SIGNE DE LA BALANCE, LE • DOC
AMOUR D'EMMERDEUSE, UN • PETITE MERVEILLE, LA • 1979

VANDERKLOOT WILLIAM – USA
FUNLAND • 1986
SOFIA CONSPIRACY, THE • DEATH GAMES ○ MACE • 1988

VANDERLYN S. – UKN
BITER BIT, THE • 1920
WATERY ROMANCE, A • 1920

VANDERWILDT ALBERT – NTH
BEELD VAN EEN KIND • 1989 • DOC

VANE NORMAN T. see **VANE NORMAN THADDEUS**

VANE NORMAN THADDEUS – UKN
VANE NORMAN T.
CONSCIENCE BAY • 1960
FLEDGLINGS • 1965
BLACK ROOM, THE • 1981
HORROR STAR • FRIGHTMARE ○ BODY SNATCHERS, THE • 1981
CLUB LIFE • KING OF THE CITY • 1987
MIDNIGHT • 1989

VANEL – FRN
AFFAIRE CLASSEE • 1932 • SHT

VANI BRUNO – ITL
FIGLI CRESCONO, I • 1977
TORINO CENTRALE DEL VIZIO • 1979

VANIS JOSEF – CZC
ROAD TO TIBET • 1956 • DOC

VANTELL TERRY – ITL
TEMPO DI MASSACRO • COLT CANTARONO LA MORTE E FU TEMPO DI MASSACRO, LE ○ BRUTE AND THE BEAST, THE ○ COLT CONCERT ○ TIME OF MASSACRE • 1966

VANZI LUIGI – ITL
LEWIS VANCE
CARMEN • 1960
MONDO DI NOTTE, IL • WORLD BY NIGHT (USA) • 1960 • DOC
AMERICA, PAESE DI DIO • SO THIS IS GOD'S COUNTRY? (UKN) • 1966 • DOC
DOLLARO FRA I DENTI, UN • FOR A DOLLAR IN THE TEETH (UKN) ○ STRANGER IN TOWN, A (USA) • 1967
UOMO, UN CAVALLO, UNA PISTOLA, UN • STRANGER RETURNS, THE (USA) ○ MAN, A HORSE, A PISTOL, A ○ SHOOT FIRST, LAUGH LAST • 1968
PIAZZA PULITA • PETE, PEARL AND THE POLE (USA) • 1973
SILENT STRANGER, THE • 1975

VANZINA CARLO – ITL
LUNA DU MIELE IN TRE • 1976
FIGLIO DELLE STELLE, IL • TU SEI L'UNICA DONNA PER ME ○ MAKING IT • 1979
VACANZA BESTIALE, UNA • BEASTLY VACATION, A • 1980
ECCEZZZIUNALE.. VERAMENTE • REALLY EXCEPTIONAL • 1982
SAPORE DI MARE • TASTE OF SEA, A • 1983
MYSTERE • 1984
VACANZE DI NATALE • CHRISTMAS HOLIDAYS • 1984
VACANZE IN AMERICA • AMERICAN HOLIDAYS • 1984
SOTTO IL VESTITO NIENTE • NOTHING UNDERNEATH (UKN) ○ NOTHING UNDER THE DRESS • 1985
YUPPIES • 1985
FINTE BIONDE, LE • FAKE BLONDES, THE • 1988
MIEI PRIMI QUARANT'ANNI, I • MY FIRST FORTY YEARS • 1988
MONTECARLO -GRAN CASINO • 1988
PARTITA, LA • MATCH, THE • 1988
TRE COLONNE IN CRONACA • THREE COLUMNS ON THE CRIME PAGE • 1990

VANZINA STEFANO see **STENO**

VAPTSAROVA MAYA – BUL
FIVE PLUS ONE • 1977

VARA RAFAEL – SPN – 1936–
PRIMER FESTIVAL MORTADELLO Y FILEMON • 1967
MORTADELO Y FILOMON • 1968 • ASS
SEGUNDO FESTIVAL MORTADELO Y FILEMON • 1969
MORTADELO Y FILOMON EN "EL YETI" • MORTADELO AND FILMON IN "THE YETI" • 1970 • ANS
ARMARIO DEL TIEMPO, EL • 1971

VARAB JEFF – DNM
VALHALLA • 1984

VARALAKSHMI G. – IND
MOOGA JEEVULU • MUTE, THE • 1968

VARDA AGNES – BLG – 1928–
POINTE COURTE, LA • POINTE-COURTE, LA • 1955
FRAGILITE, TON NOM EST FEMME • FRAGILITY, THY NAME IS WOMAN • 1956 • SHT
O SAISONS, O CHATEAUX • 1957 • DCS
DU COTE DE LA COTE • RIVIERA, TODAY'S EDEN, THE • 1958 • SHT
OPERA-MOUFFE, L' • 1958 • SHT
CLEO DE 5 A 7 • CLEO FROM 5 TO 7 • 1961
SALUT LES CUBAINS • HELLO CUBANS • 1963 • DCS
BONHEUR, LE • HAPPINESS (USA) • 1964
CREATURES, LES • VARELSERNA (SWD) ○ CREATURES, THE • 1966
ELSA • 1966 • SHT
LOIN DU VIETNAM • FAR FROM VIETNAM • 1967
MON CORPS EST A MOI • MY BODY BELONGS TO ME • 1967
UNCLE JANCO • UNCLE YANKO ○ ONCLE JANCO • 1967 • SHT
BLACK PANTHERS • HUEY • 1968 • DCS
LIONS LOVE • 1969
NAUSICAA • 1970
DAGUERREOTYPES • 1975
REPONSES DE FEMMES • 1975
UNE CHANTE, L'AUTRE PAS, L' • ONE SINGS THE OTHER DOESN'T ○ ONE SINGS THE OTHER DOES NOT • 1977
MUR MURS • MURAL MURALS ○ WALL WALLS • 1980 • DOC
DOCUMENTEUR • DOCUMENTEUR: AN EMOTION PICTURE • 1981
ULYSSE • 1983
SANS TOIT NI LOI • VAGABONDE ○ VAGABOND (USA) • 1985
JANE B. PAR AGNES V. • 1988
KUNG-FU-MASTER • DON'T SAY IT! • 1988

VARDY MIKE – UKN
MAN AT THE TOP • 1973
BON VOYAGE • 1985 • MTV

VARELA JOSE – Actor – FRN – 1933–
FRIEDMAKER BILLY
MAMAIA • 1967
MONEY, MONEY • 1968
FAIRE LA DEMENAGEUSE • 1971
FAIRE MARIE PLEINE DE GRACE • 1971

VARELA MIGUEL ANGEL – SPN – 1949–
AGUA CLARA • CLEAR WATER • 1974
REYES MAGOS • MAGIC KINGS • 1974 • DOC

VARGA CSABA – Animator – HNG
AUGUSTA KNEADING • 1987 • ANM

VARGAS de la MAZA ARMANDO – MXC
de la MAZA ARMANDO VARGAS
INDIO, EL • INDIAN, THE • 1938

VARGAS LLOSA M. – SPN
PANTALEON Y LAS VISTADORAS • 1976

VARGAS RAFAEL
MANUEL • 1984

VARHOL MICHAEL C. – USA
BANJOMAN • 1975 • DOC

VARI GIUSEPPE – ITL – 1924–
WARREN JOSEPH • PISANI AL
INFAME ACCUSA • 1952
DUE LACRIME • 1955
MAMMA, PERDONAMI! • 1955
ADDIO SOGNI DI GLORIA • 1956
VENDICATA • 1956
RICATTO DI UN PADRE, IL • 1957
GIOVANE CANAGLIA • 1958
SPAVALDI E INNAMORATI • 1959
VENDETTA DEI BARBARI, LA • REVENGE OF THE BARBARIANS (USA) • 1961
NORMANNI, I • ATTACK OF THE NORMANS ○ CONQUEST OF THE NORMANS ○ BLADESTORM • 1962
CANZONI IN.. BIKINI • 1963
ROMA CONTRA ROMA • WAR OF THE ZOMBIES, THE (USA) ○ NIGHT STAR -GODDESS OF ELECTRA ○ ROME AGAINST ROME • 1963
DEGUEJO • 1966
CON LUI CAVALCA LA MORTE • 1967
POKER DI PISTOLE, UN • POKER WITH PISTOLS • 1967
ULTIMO KILLER, L' • LAST KILLER, THE • 1967
BUCO IN FRONTE, UN • HOLE IN THE FOREHEAD, A • 1968
POSTO ALL'INFERNO, UN • PLACE IN HELL, A ○ COMMANDO ATTACK • 1969
PREGA IL MORTO E AMMAZZA IL VIVO • SHOOT THE LIVING, PRAY FOR THE DEAD ○ TO KILL A JACKAL • 1971
TREDICESIMO E SEMPRE GUIDA, IL • 1971
TERZA IPOTESI SU UN CASO DI PERFETTA STRATEGIA CRIMINALE • 1972
METTI CHE TI ROMPO IL MUSO • 1973
PADRINA, LA • 1973

LUPO DEI MARI, IL • WOLF LARSEN (USA) ○ LEGEND OF THE SEA WOLF ○ WOLF OF THE SEVEN SEAS • 1975
RITORNANO QUELLI DELLA CALIBRO 38 • RETURN OF THE 38 GANG, THE ○ GANGSTERS • 1977
SUOR EMANUELLE • 1978
CALDA NOTTE DI EMANUELLE, LA • 1979
URBAN WARRIORS • 1989

VARKONYI ZOLTAN – HNG – 1912–
NYUGATI OVEZET • WEST ZONE ○ WESTERN ZONE • 1954
SIMON MENYHERT SZULTESE • BIRTH OF MENYHERT SIMON, THE • 1954
DANDIN GYORGY • GEORGES DANDIN • 1955
KULONOS ISMERTELOJEL • STRONG MARK OF IDENTITY, A • 1955
KESERU IGAZSAG • BITTER TRUTH • 1956
SOBALVANY • PILLAR OF SALT • 1956
MERENYLET • CRIME AT DAWN • 1958
HAROM CSILLAG • THREE STARS (USA) • 1960
UTOLSO VACSORA • MEMORIES OF A STRANGE NIGHT • 1961
FOTO HABER • PHOTO HABER • 1963
KOSZIVU EMBER FIAI, A • MEN AND BANNERS • 1965
MAGYAR NABOB -KARPATHY ZOLTAN, EGY • LAST OF THE NABOBS, THE ○ HUNGARIAN NABOB, A • 1966
EGRI CSILLAGOK • STARS OF EGER • 1968
SZEMTOL-SZEMBE • FACE TO FACE • 1970
FEKETE GYEMANTOK • BLACK DIAMOND • 1977

VARLAMOV L. see **VARLAMOV LEONID**

VARLAMOV LEONID – USS – 1904–1962
VARLAMOV L.
RAZGROM NEMETZKIKHY VOISK POD MOSKVOI • DEFEAT OF THE GERMAN ARMIES NEAR MOSCOW, THE ○ MOSCOW STRIKES BACK (USA) • 1942
STALINGRAD • STORY OF STALINGRAD, THE • 1943
IN THE CIRCUS ARENA • 1952
BATTLE FOR CHINA • 1953

VARLEY M. – UKN
FOOD FOR FAMINE • 1962

VARMA AMAR – IND
RAM PRATIGYA • 1949

VARMA BHAGWANDAS – IND
AURAT • 1953

VARNAI GYORGY – HNG
PARBAJ • DUEL • 1959 • ANS
SZAMOK TORTENETE, A • HISTORY OF NUMBERS, THE ○ 1, 2, 3.. • 1962 • ANS
ES NALUNK LEHTETLEN • IT CAN'T HAPPEN HERE • 1965 • ANS
KIS EMBER, NAGY VAROS • LITTLE MAN, BIG CITY • 1967 • ANS
TIZ DEKA HALHATATLANSAG • BIT OF IMMORTALITY, A (USA) ○ 100 GRAMS OF IMMORTALITY • 1967 • ANS
NAGYEMBER, A • MR. BIGMAN • 1968 • ANS
OREG ES FIATAL • OLD AND YOUNG • 1969 • ANS
UHUKA, A KIS BAGOLY • NAUGHTY OWL, THE ○ LITTLE OWL, THE ○ UHUKA • 1969 • ANS
JOEMBER • ASSISTANCE • 1970 • ANS
KIVANCSISAG • CURIOSITY • 1970 • ANS
ONGYILKOS • DON'T KILL YOURSELF • 1970 • ANS
RACS • BEHIND THE BARS • 1970 • ANS
SEGITSEG • HELP • 1970 • ANS
SIKER: CIRKUSZ • SUCCESS: THE CIRCUS • 1970 • ANS
FEGYVER • WEAPONS • 1971 • ANS
OREG, AZ • OLD WOMAN, THE • 1971 • ANS
SZOBOR • STATUE, THE • 1971 • ANS

VARNEL MARCEL – FRN – 1894–1947
CHANDU THE MAGICIAN • 1932
SILENT WITNESS • 1932
INFERNAL MACHINE • 1933
FREEDOM OF THE SEAS • 1934
GIRLS WILL BE BOYS • 1934
DANCE BAND • 1935
I GIVE MY HEART • LOVES OF MADAME DUBARRY, THE (USA) ○ DUBARRY, THE • 1935
NO MONKEY BUSINESS • 1935
ROYAL CAVALCADE • REGAL CAVALCADE (USA) • 1935
ALL IN • 1936
PUBLIC NUISANCE NO.1 • 1936
GOOD MORNING, BOYS • WHERE THERE'S A WILL (USA) • 1937
OH, MR. PORTER • 1937
OKAY FOR SOUND • 1937
ALF'S BUTTON AFLOAT • 1938
CONVICT 99 • 1938
HEY! HEY! U.S.A.! • 1938
OLD BONES OF THE RIVER • 1938
ASK A POLICEMAN • 1939
FROZEN LIMITS, THE • 1939
WHERE'S THE FIRE? • 1939
BAND WAGGON • 1940
GASBAGS • 1940
LET GEORGE DO IT • 1940
NEUTRAL PORT • 1940
GHOST OF ST. MICHAEL'S, THE • 1941
HI GANG! • 1941
I THANK YOU • 1941
SOUTH AMERICAN GEORGE • 1941
TURNED OUT NICE AGAIN • 1941
KING ARTHUR WAS A GENTLEMAN • 1942
MUCH TOO SHY • 1942
BELL-BOTTOM GEORGE • 1943
GET CRACKING • 1943
HE SNOOPS TO CONQUER • 1944
I DIDN'T DO IT • 1945
GEORGE IN CIVVY STREET • REMEMBER THE UNICORN • 1946
THIS MAN IS MINE • CHRISTMAS WEEKEND • 1946

VARNEL MAX – UKN – 1925–
HOW TO MURDER A RICH UNCLE • 1957
LINKS OF JUSTICE • 1958
MOMENT OF INDISCRETION • 1958
WOMAN POSSESSED, A • 1958
CHILD AND THE KILLER, THE • 1959
CRASH DIVE • 1959
GREAT VAN ROBBERY, THE • 1959
NO SAFETY AHEAD • 1959
TOP FLOOR GIRL • 1959
WEB OF SUSPICION • 1959
SENTENCED FOR LIFE • 1960
TASTE OF MONEY, A • 1960
ENTER INSPECTOR DUVAL • 1961
MURDER IN EDEN • 1961
PART-TIME WIFE • 1961
QUESTION OF SUSPENSE, A • 1961
FATE TAKES A HAND • 1962
MRS. GIBBONS' BOYS • 1962
RETURN OF A STRANGER • 1962
SILENT INVASION, THE • 1962
RIVALS, THE • 1963

VARNEY ARTHUR see **VARNEY-SERRAO ARTHUR**

VARNEY-SERRAO ARTHUR – UKN
VARNEY ARTHUR
WINDS OF THE PAMPAS • 1927
ENTER THE QUEEN • 1930
ROAD TO FORTUNE, THE • 1930
ALMOST A DIVORCE • 1931
ETERNAL FEMININE, THE • 1931
IMMEDIATE POSSESSION • 1931
WRONG MR. PERKINS, THE • 1931

VARRIALE GABRIELE – ITL
IDILLIO A BUDAPEST • DUCA E FORSE UNA DUCHESSA, UN • 1941

VARSANYI FERENC – HNG
SULI-BULI • SCHOOLTIME BLUES • 1983

VARVERIS NIKOS – GRC
ENA KORITSI ALLIOTIKO APO T'ALLA • GIRL DIFFERENT FROM THE OTHERS, A ○ GIRL LIKE ME, A • 1968

VAS JUDIT – HNG – 1932–
POLARISED LIGHT • POLARIZED LIGHT • 1960 • DOC
WHO CAN CARRY ON LONGER? • 1962 • DOC
BABE • 1965 • DOC
CIRCADIAN RHYTHMS • 1965 • DOC
WHERE ARE YOU GOING? • 1966 • DOC
TRIO • 1967 • DOC
WHO IS YOUR FRIEND? • 1967 • DOC
MODSZEREK • METHODS • 1968
ARENA • 1969 • SHT

VAS ROBERT – UKN
REFUGE ENGLAND • 1959 • SHT
FINALE • 1962
VANISHING STREET, THE • 1962
HEART OF BRITAIN • HUMPHREY JENNINGS • 1970
NINE DAYS IN '26 • 1974
MY HOMELAND • 1976

VASALLO CARLOS – MXC
DAY OF THE ASSASSIN • 1981

VASAN S. S. – IND – 1900–
MANGALA • 1950
BAHUT DIN HUWE • MANY DAYS HAVE PASSED • 1954
INSANIYAT • 1955
AURAT • WOMAN • 1967

VASCONCELLOS TETE – USA
EL SALVADOR: ANOTHER VIETNAM • 1981 • DOC

VASCONCELOS ANTONIO-PEDRO – PRT – 1939–
TAPECARIA, UMA TRADICAO QUE REVIVE • 1967 • SHT
EXPOSICAO DE TAPECARIA • 1968 • SHT
INDUSTRIA CERVEJEIRA EM PORTUGAL -2, A • 1968 • SHT
23 MINUTOS COM FERNANDO LOPES GARCA • 1969 • SHT
PERDIDO POR CEM • 1972
ADEUS, ATE AO MEU REGRESSO • 1974
CANTIGAMENTE • 1976
OXALA • 1981
LUGAR DO MORTO, O • 1984

VASILCHENKO V. – USS
WATERPIPE IN THE KITCHEN GARDEN • 1964

VASILCHIKOV YU. – USS
BRAT GEROYA • BROTHER OF A HERO ○ HERO'S BROTHER, THE • 1940

VASILE TURI – ITL – 1922–
CLASSE DI FERRO • 1957
COLPEVOLI, I • RESPONSABILITE LIMITEE? • 1957
GAMBE D'ORO • 1958
PROMESSE DI MARINAIO • 1958
ROULOTTE E ROULETTE • 1960
SIGNORE, LE • 1960

VASILENKO N. – USS
PAINTED BOY, THE • 1964 • ANS

VASILENKO V. – USS
PAGES OF A CALENDAR • ANS

VASILEVSKI RADOMIR – USS
DUBRAVKA • 1968

VASILIEV D. see **VASILIEV DIMITRI**

VASILIEV DIMITRI – USS
VASSILIEV DIMITRI • VASSILIEV D. • VASILIEV D.
SLEEPING BEAUTY • 1920
POSLEDNAYA NOCH • LAST NIGHT, THE • 1937
ALEXANDER NEVSKY • ALEXANDR NEVSKII • 1938
VO IMYA RODINI • IN THE NAME OF OUR MOTHERLAND ○ IN THE NAME OF THE FATHERLAND • 1943
ZHUKOVSKY • YUKOVSKY • 1951
SECRET OF ETERNAL NIGHT • 1956
OVER THE TISSA • 1958

VASILIEV GEORGI – USS – 1899–1945
VASSILIEV GEORGI • VASSILIEV G. • VASSILYEV G.
PODVIG VO IDACH • ICE-BREAKER KRASSNIN, THE ○ EXPLOIT ON THE ICE • 1928
SPYASHCHAYA KRASAVITSA • WOMAN OF THE SLEEPING FOREST, THE ○ SLEEPING BEAUTY, THE ○ BELLE AU BOIS DORMANT, LA • 1930
LICHNOYE DELO • PERSONAL AFFAIR, A ○ PERSONAL MATTER, A ○ AFFAIRE PERSONNELLE, UNE • 1932
CHAPAYEV • 1935
VOLOCHAYEVSKIYE DNI • DEFENSE OF VOLOTCHAYEVSK, THE ○ VOLOCHAYEVSK DAYS ○ DAYS OF VOLOCHAYEV, THE ○ FAR EAST ○ INTERVENTION IN THE FAR EAST ○ JOURS DE VOLOTCHAIEV, LES • 1938
OBORONA TSARITSINA • DEFENCE OF TSARITSIN, THE ○ DEFENSE DE TSARITSYNE, LE • 1942
FRONT • FRONT, THE • 1943

VASILIEV NIKOLAI – USS
SLEEPING BEAUTY • 1920

VASILIEV SERGEI – USS – 1900–1959
VASSILIEV SERGEI • VASSILIEV S. • VASSILYEV S.
PODVIG VO IDACH • ICE-BREAKER KRASSNIN, THE ○ EXPLOIT ON THE ICE • 1928
SPYASHCHAYA KRASAVITSA • WOMAN OF THE SLEEPING FOREST, THE ○ SLEEPING BEAUTY, THE ○ BELLE AU BOIS DORMANT, LA • 1930
LICHNOYE DELO • PERSONAL AFFAIR, A ○ PERSONAL MATTER, A ○ AFFAIRE PERSONNELLE, UNE • 1932
CHAPAYEV • 1935
VOLOCHAYEVSKIYE DNI • DEFENSE OF VOLOTCHAYEVSK, THE ○ VOLOCHAYEVSK DAYS ○ DAYS OF VOLOCHAYEV, THE ○ FAR EAST ○ INTERVENTION IN THE FAR EAST ○ JOURS DE VOLOTCHAIEV, LES • 1938
OBORONA TSARITSINA • DEFENCE OF TSARITSIN, THE ○ DEFENSE DE TSARITSYNE, LE • 1942
FRONT • FRONT, THE • 1943
GEROITE NA SHIPKA • HEROES OF SHIPKA ○ HEROS DE CHIPKA, LES • 1955
ANDREIKA • 1958
OCTIABR' DNI • OCTOBER DAYS ○ DAYS OF OCTOBER, THE ○ JOURS D'OCTOBRE, LES • 1958

VASILIEV V. – USS
BRIDEGROOMS AND THE KNIVES, THE • 1964

VASILKOVSKI V. – USS
BOLSHIYE KHLOPOTY IZ-ZA MALENKOVO MALCHIKA • MUCH WORRY ABOUT A LITTLE BOY • 1968

VASILYEV ANATOLY – USS
THAT'S ALL THE LOVE THERE IS • 1989

VASQUEZ ANGELINA – FNL
GRACIAS A LA VIDA • THANKS BE TO LIFE • 1981

VASSAROTTI VITTORIO – ITL – 1901–1959
FILO D'ERBA, IL • HA DA VENI'.. DON CALOGERO • 1952
MAESTRO DI DON GIOVANNI, IL • CROSSED SWORDS (USA) • 1952

VASSEV PAVEL – BUL
GENE • 1986 • DOC

VASSILEV PETER – BUL
SPETSIALIST PO VISICHKO • MASTER OF ALL TRADES • 1962
TIHIYAT BEGLETS • QUIET FUGITIVE, THE • 1971

VASSILIEV D. see **VASILIEV DIMITRI**

VASSILIEV DIMITRI see **VASILIEV DIMITRI**

VASSILIEV G. see **VASILIEV GEORGI**

VASSILIEV GEORGI see **VASILIEV GEORGI**

VASSILIEV S. see **VASILIEV SERGEI**

VASSILIEV SERGEI see **VASILIEV SERGEI**

VASSILYEV G. see **VASILIEV GEORGI**

VASSILYEV S. see **VASILIEV SERGEI**

VASSLINOV IVAN – BUL
HEIRS • 1969 • ANS

VASUDEVAN M. T. see **NAIR M. T. VASUDEVAN**

VASUDEVAN NAIR M. T. see **NAIR M. T. VASUDEVAN**

VASUDHARA SUNH – USA
KING OF THE WHITE ELEPHANT, THE • 1941

VASZARY JANOS – HNG
VASZARY JOHN
EDES A BOSSZU • SWEET REVENGE (USA) • 1938
TOKAJI RAPSZODIA • 1938
MAMI

RAD BIZOM A FELESEGEM • I ENTRUST MY WIFE TO YOU (USA) • 1939
3:1 A SZERELEM JAVARA • 3 TO 1 FOR LOVE (USA) • 1939

VASZARY JOHN see **VASZARY JANOS**

VATELLI PAUL G. – USA
GIRL FROM S.E.X. • 1982

VATTEONE AUGUSTO CESAR
AMOR MANDA, EL • LOVE COMMANDS (USA) • 1940

de VAUCORBEIL MAX – BLG – 1901–1982
CHEMIN DU PARADIS, LE • 1930
CAPITAINE CRADDOCK, LE • BOMBE SUR MONTE CARLO, UN ○ CROISSEUR EN FOLIE, LE • 1931
COEURS JOYEUX • 1931
PETITE DE MONTPARNASSE, LA • PILE OU FACE • 1931
PRINCESSE, A VOS ORDRES • SON ALTESSE ORDONNE • 1931
FAIBLE FEMME, UNE • 1932
IDEE FOLLE, UNE • 1932
MA FEMME.. HOMME D'AFFAIRES • 1932
FOIS DANS LA VIE, UNE • SEULE FOIS DANS LA VIE, UNE ○ RONDE AUX MILLIONS, LA • 1933
GARNISON AMOUREUSE, LA • 1933
MAM'ZELLE SPAHI • 1934
ALEXIS, GENTLEMAN-CHAUFFEUR • GRAND RAID, LE • 1937
ESCADRILLE DE LA CHANCE, L' • 1937
MADEMOISELLE BEATRICE • 1942
MARIAGE DE RAMUNTCHO, LE • 1946
PATTES DE VELOURS • 1951
ETOILES NE MEURENT JAMAIS, LES • 1957
JARDINS DE PARIS • 1961 • SHT
VOICI DES FLEURS • 1963 • SHT

VAUDREMONT – FRN
COW-BOYS FRANCAIS • 1953 • SHT
VILLAGE DE LA FRANCE AUSTRALE • 1954 • SHT
GRANDE TERRE, LA • 1955 • SHT

VAUGHN E. J. – USA
DEAL • 1977

VAUSSEUR JACQUES – Animator – FRN
CADEAU, LE • PRESENT, THE ○ GIFT, THE • 1961 • ANS
PORTE, LA • DOOR, THE • 1964 • ANS
OISEAU, L' • BIRD, THE • 1965 • ANS

VAUTHIER RENE see **VAUTIER RENE**

VAUTIER RENE – FRN – 1928–
VAUTHIER RENE
PEUPLE EN MARCHE • FORWARD THE PEOPLE • 1963
AVOIR 20 ANS DANS LES AURES • 1972
TRANSMISSION D'EXPERIENCE OUVRIERE • 1974
ALAN STIVELL • 1975
FOLLE DE TOUJANE, LA • COMMENT ON DEVIENT UN ENNEMI DE L'INTERIEUR • 1975
FRONTLINE • 1975
QUAND TU DISAIS, VALERY • 1975
QUAND LES FEMMES ONT PRIS LA COLERE • 1977

VAVRA OTAKAR – CZC – 1911–
SVETLO PRONIKA TMOU • 1931 • SHT
ZIJEME V PRAZE • 1934 • SHT
LISTOPAD • NOVEMBER • 1935 • SHT
VELBLOUD UCHEM JEHLY • CAMEL THROUGH THE NEEDLE'S EYE • 1936
FILOSOFSKA HISTORIE • PHILOSOPHICAL STORY, A ○ PHILOSOPHICAL HISTORY • 1937
PANENSTVI • VIRGINITY ○ INNOCENCE ○ MAIDENHOOD • 1937
CECH PANEN KUTNOHORSKYCH • GUILD OF THE MAIDENS OF KUTNA HORA ○ GUILD OF THE VIRGINS OF KUTNA HORA ○ GUILD OF THE KUTNA HORA VIRGINS ○ MERRY WIVES, THE ○ VIRGIN'S GUILD OF KUTNA HORA • 1938
DIVKA V MODREM • GIRL IN BLUE, THE • 1939
HUMORESKA • HUMORESQUE ○ HUMOROUS SKETCH • 1939
KOUZELNY DUM • ENCHANTED HOUSE, THE ○ MAGIC HOUSE, THE ○ ENCHANTING HOUSE, THE • 1939
MASKOVANA MILENKA • MASKED LOVER, THE ○ SWEETHEART IN MASK • 1940
PACIENTKA DR. HEGLA • DR. HEGL'S PATIENT • 1940
PODVED S RUNENSEM • 1940
POHADKA MAJE • MAY STORY, THE ○ FABLE OF MAY ○ ROMANCE ○ MAY FAIRY TALE ○ FAIRY TALE OF MAY • 1940
TURBINA • TURBINE, THE • 1941
I SHAN'T BE LONG • 1942
OKOUZLENA • 1942
PRIJDU HNED • 1942
STASTNOU CESTU • FAREWELL ○ HAPPY JOURNEY • 1943
ROZINA SEBRANEC • ROZINA, THE FOUNDLING • 1945
VLAST VITA • WELCOME HOME • 1945
CESTA K BARIKADAM • ROAD TO THE BARRICADES, THE • 1946 • DOC
NEZBEDNY BAKALAR • MISCHIEVOUS BACHELOR, THE ○ MISCHIEVOUS TUTOR, THE • 1946
PREDTUCHA • PREMONITION ○ PRESENTIMENT ○ FORBODINGS • 1947
KRAKATIT • 1948
NEMA BARIKADA • SILENT BARRICADE, THE • 1949
NASTUP • FALL IN! • 1952
JAN HUS • 1954
JAN ZIZKA A TROCHOVA • HUSSITE WARRIOR, THE • 1954
PROTI VSEM • ALL OUR ENEMIES ○ AGAINST ALL • 1957
OBCAN BRYCH • CITIZEN BRYCH • 1958
PRVNI PARTA • FIRST RESCUE PARTY, THE • 1959
POLICEJNI HODINA • TIME, GENTLEMEN, PLEASE ○ CLOSING HOUR, THE • 1960
SRPNOVA NEDELE • AUGUST SUNDAY ○ SUNDAY IN AUGUST, A • 1960
NOCNI HOST • GUEST IN THE NIGHT, A ○ NIGHT GUEST • 1961
HOROUCI SRDCE • PASSIONATE HEART, THE ○ ARDENT HEART, THE ○ BURNING HEART, THE • 1962
ZLATA RENETA • GOLDEN RENNET, THE ○ GOLDEN QUEENING, THE • 1965
ROMANCE PRO KRIDLOVKU • ROMANCE FOR THE FLUGELHORN ○ ROMANCE FOR TRUMPET ○ ROMANCE FOR BUGLE • 1966
TRINACTA KOMNATA • THIRTEENTH CHAMBER, THE ○ THIRTEENTH ROOM, THE • 1968
KLADIVO NA CARODEJNICE • HAMMER AGAINST WITCHES, A ○ HAMMER FOR THE WITCHES ○ WITCHHAMMER • 1969
DNY ZRADY • DAYS OF TREASON, THE ○ DAYS OF BETRAYAL, THE • 1973
OSVOBOZENI PRAHY • LIBERATION OF PRAGUE • 1976
PRIBEH LASKY A CTI • STORY OF LOVE AND HONOUR • 1977
CERNE SLUNCE • BLACK SUN • 1978
PUTOVANI JANA AMOSE • JAN AMOS COMENIUS • 1983
OLDRICH A BOZENA • OLDRICH AND BOZENA • 1985
VERONIKA • 1985

VAY ARMANDO – USA
AFTER SIX DAYS • 1922

VAZOV UANOUSH see **VAZOV YANOUSH**

VAZOV YANOUSH – BUL
VAZOV UANOUSH
TEN UNPAID DAYS • 1972
DECOY DUCK, THE • 1974
LOVE GAME, THE • 1980
STEPPE PEOPLE • 1986

VAZQUEZ FIGUEROA ALBERTO – SPN – 1936–
ORO ROJO • 1978

VAZQUEZ RICARDO – SPN
CORTA YA, BWANA • 1976

VE SOTA BRUNO – USA
FEMALE JUNGLE • 1956
BRAIN EATERS, THE • KEEPERS OF THE EARTH, THE ○ KEEPERS, THE • 1958
INVASION OF THE STAR CREATURES • STAR CREATURES, THE • 1962

VEBER FRANCIS – FRN – 1937–
JOUET, LE • TOY, THE (USA) • 1976
CHEVRE, LA • CABRA, LA (MXC) ○ GOAT, THE • 1981
COMPERES, LES • 1983
THREE FUGITIVES • 1988

VEBER SERGE – FRN – 1897–
JOUR VIENDRA, UN • TOUT ARRIVE • 1933
MON COEUR T'APPELLE • 1934
TURANDOT, PRINCESSE DE CHINE • 1934
VERS L'ABIME • 1934

VECCHIALI PAUL – FRN – 1930–
RUSES DU DIABLE, LES • DEVIL'S TRICKS, THE • 1965
ETRANGLEUR, L' • 1970
FEMMES, FEMMES • 1974
CHANGE PAS DE MAIN • 1975
MACHINE, LA • 1977
CORPS A COEUR • 1979
C'EST LA VIE • 1981
EN HAUT DES MARCHES • 1983
CAFE DES JULES, LE • 1988

VED – IND
HAYE MERA DIL • ALAS! MY HEART • 1968

VEDEY JULIEN – UKN
TAKE A POWDER • 1953

VEDRES NICOLE – Novelist – FRN – 1911–1965
PARIS 1900 • 1948
VIE COMMENCE DEMAIN, LA • LIFE BEGINS TOMORROW • 1950 • DOC
AMAZONE • 1951 • SHT
AUX FRONTIERES DE L'HOMME • BORDER OF LIFE, THE • 1953 • SHT

VEER WILLARD V. – USA
HOT ON ICE • 1938 • SHT
THREE ON A ROPE • 1938 • SHT
MAINTAIN THE RIGHT • 1940 • SHT

VEGA PASTOR – CUB
VIVA LA REPUBLICA • 1973
RETRATO DE TERESA • PORTRAIT OF TERESA • 1979

VEGA VICTOR
NICARAGUA: FREE HOMELAND OR DEATH • 1979 • DOC

VEGGEZZI GIUSEPPE – ITL
SFIDA AL DIAVOLO • KATARSIS ○ CATHARSIS ○ FAUST • 1965

VEHR BILL – USA
VEHR WILLIAM
LIL PICARDS
MYSTERIOUS SPANISH LADY, THE
BEAUTY ENVIRONMENT OF THE YEAR 2065
AVOCADA • 1965 • SHT
BROTHEL • 1966

VEHR WILLIAM see **VEHR BILL**

VEICZI J. see **VEICZI JANOS**

VEICZI JANOS – HNG
VEICZI J.
ZWISCHENFALL IN BENDERATH • INCIDENT IN BENDERATH ○ RACIAL INCIDENT ○ TROJANER • 1956
REPORTAGE 57 • 1959
SCHRITT FUR SCHRITT • STEP BY STEP • 1960
STRENG GEHEIM • FOR EYES ONLY • 1963
GEFRORENEN BLITZE, DIE • FROZEN LIGHTNINGS ○ FROZEN FLASHES • 1967

VEIDT CONRAD – Actor – GRM – 1893–1943
NACHT AUF GOLDENHALL, DIE • 1919
WAHNSINN • 1919
LORD BYRON • 1922

VEILLER ANTHONY – Producer/ writer – USA – 1903–1965
BATTLE OF BRITAIN, THE • WHY WE FIGHT (PART 4): THE BATTLE OF BRITAIN • 1943 • DOC

VEILLER BAYARD – USA
ALIAS LADYFINGERS • LADYFINGERS • 1921
LAST CARD, THE • WOMAN NEXT DOOR, THE • 1921
MARRIAGE OF WILLIAM ASHE, THE • 1921
THERE ARE NO VILLAINS • 1921
FACE BETWEEN, THE • PHANTOM BRIDE, THE • 1922
RIGHT THAT FAILED, THE • KEEP OFF THE GRASS • 1922
SHERLOCK BROWN • 1922
TRIAL OF MARY DUGAN, THE • 1929

VEILLEUX PIERRE – Animator – CND
AME A VOILE, L' • ANS
MUSHROOMS • 1984 • ANS

VEITIA HECTOR – CUB
MINERVA TRADUCE EL MAR • 1962
HISTORIA COTIDIANA, LA • 1971 • DOC
TRINIDAD • 1974

VEJAR – MXC
CASA DEL PELICANO, LA • 1977

VEJAR CARLOS – MXC
ROSA DE XOCHIMILCO • 1938
DOS TENORIOS DE BARRIO • 1948
PASION JAROCHA • 1949
TRES HOMBRES EN MI VIDA • 1951
HIJOS DE NADIE, LOS • 1952
MI NOVIO ES UN SALVAJE • 1953
SOLAMENTE UNA VEZ • 1953

VEJAR CARLOS JR. – MXC
AVENTURAS DE CUCURUCHITO Y PINOCHO • ADVENTURES OF LITTLE CRICKET AND PINOCCHIO • 1942 • SRL
PALILLO VARGAS HEREDIA • 1943
CUCURICHITO Y PINOCHO • 1944
MONTE DE PIEDAD • 1950
CORAZON Y LA ESPADA, EL • SWORD OF GRANADA, THE (USA) • 1953

VEJAR MIKE – USA
HAWAIIAN HEAT • 1984
DOUBLE AGENT • 1987 • TVM

VEJAR RUDY – USA
FOR LOVE OF ANGELA • 1982

VEJAR SERGIO – MXC
VOLANTIN • 1961
SIGNOS DEL ZODIACO, LOS • SIGNS OF THE ZODIAC, THE • 1962
MUERTE ES PUNTUAL, LA • 1965
SOLO DE NOCHE VIENES • 1965
VIENTO DISTANTE • NINOS, LOS • 1965
MATAR NO ES FACIL • 1966
PATRULLA DE VALIENTES • 1966
CUATRO CONTRA EL CRIMEN • FOUR AGAINST CRIME • 1968
MARIPOSAS DISECADAS, LAS • 1977

VEKHOTKO A. – USS
FIRST CLASS PILOT • 1972
REQUEST TAKE OFF • 1972
AIRMEN, THE • 1975

VEKROFF PERRY see **VEKROFF PERRY N.**

VEKROFF PERRY N. – USA
VEKROFF PERRY
HEARTS OF MEN • SCHOOL BELLS • 1915
OUR AMERICAN PRINCE • 1915
THREE WEEKS • 1915
WHEN IT STRIKES HOME • 1915
BRIDGES BURNED • 1917
HER SECRET • 1917
MORE EXCELLENT WAY, THE • 1917
QUESTION, THE • 1917
RICHARD THE BRAZEN • 1917
SECRET OF EVE, THE • 1917
MEN • 1918
WOMAN'S EXPERIENCE, A • 1918
DUST OF DESIRE • 1919
WHAT LOVE FORGIVES • 1919
CYNTHIA-OF-THE-MINUTE • 1920
TRAILED BY THREE • 1920 • SRL
SECRET FOUR, THE • 1921
PERILS OF THE YUKON • 1922

VELASCO ANDRES – SPN
NO ESTABA EN EL CIELO • 1976
UNO DEL MILLON DE MUERTOS • 1977
REBELDIA • 1978

VELASCO JOSEPH – HKG
RETURN OF BRUCE
TREASURE OF BRUCE LEE • 1985

VELASCO MAIDANA JOSE MARIA – BLV
PROFECIA DEL LAGO, LA • PROPHECY OF LAKE TITICACA, THE • 1923
WARA-WARA • STARS • 1930

VELAZCO ARTURO – MXC
BANDA DE LOS PANCHITOS, LA • PANCHITOS GANG, THE • 1985
LUGAR EN EL SOL, UN • PLACE IN THE SUN, A • 1990

VELCHEV ILYA – BUL
MANDOLIN, THE • 1973
SWEET AND BITTER • 1975
UNDERSTUDY, THE • 1975

van der VELDE JEAN – NTH
VERWORDING VAN HERMAN DURER, DE • DEMISE OF HERMAN DURER, THE • 1979
DISTANCE, THE • 1981
PARFAIT AMOUR • 1984

van der VELDE L. – BLG
AVONTUREN VAN ALLEDAAGSE HELD • ADVENTURES OF AN EVERYDAY HERO • 1975

van der VELDE – NTH
NIET GENOEG • PAS ASSEZ ○ NOT ENOUGH • 1968

van der VELDE WIM – NTH
WAND, EEN • 1968 • SHT

VELDMAN LUC – BLG
ANTWERP KILLERS, THE • 1984

VELICHKO – Animator – USS
FLYING FROGS, THE • ANM

VELIMIROVIC ZDRAVKO – YGS
DAN CETRNAESTI • FOURTEENTH DAY, THE • 1960
LELEJSKA GORA • MOUNTAIN OF LAMENT ○ MOUNTAIN OF HORROR • 1968
UMIR KRVI • BLOOD FEUD • 1971
DERVIS I SMRT • DERVISH AND DEATH, THE • 1974
VRHOVI ZELENGORE • PEAKS OF ZELENGORE, THE (USA) ○ URHOVI ZELENGORE • 1976
DVOBOJ ZA JUZNU PRUGU • FIGHT FOR THE SOUTH RAILWAY, A • 1979
DOROTEJ • 1981

VELISSAROPOULOS ANDREAS – GRC
OPERA • 1976 • SHT

VELLE GASTON – FRN
CHAPEAU MAGIQUE, LE • MAGIC HAT, THE (USA) • 1903
MARMITE DIABOLIQUE, LA • DIABOLICAL POT, THE • 1903
METAMORPHOSES DU ROI DE PIQUE, LES • METAMORPHOSIS OF THE KING OF SPADES, THE • 1903
MYSTIFICATION AMUSANTE, LA • AMUSING HOAX, THE • 1903
PARAVENT MYSTERIEUX, LE • MYSTERIOUS FOLDING SCREEN, THE • 1903
SORCELLERIE NOCTURNE, LA • NOCTURNAL SORCERY • 1903 • SHT
CARTES TRANSPARENTES, LES • TRANSPARENT CARDS, THE • 1904
DENICHEURS D'OISEAUX, LES • 1904
DEVALISEURS NOCTURNES, LES • 1904
DRAME DANS LES AIRS, UN • DRAMA IN THE SKY, A • 1904
FEE DES FLEURS, LA • FLOWER FAIRY, THE (USA) • 1904
GARDE FANTOME, LA • PHANTOM GUARD, THE • 1904
JAPONAISERIES • 1904
THEATRE DU PETIT BOB, LE • 1904
VALISE DE BARNUM, LA • BARNUM'S VALISE • 1904
ANTRE INFERNALE, L' • INFERNAL LAIR, THE • 1905
DRAME EN MER • DRAMA OF THE SEA • 1905
INVISIBLES, LES • INVISIBLE THIEF (USA) • 1905
REVE A LA LUNE • AMANT DE LA LUNE, L' ○ DREAM OF THE MOON ○ LOVER OF THE MOON • 1905
RUCHE MERVEILLEUSE, LA • MARVELOUS HIVE, THE • 1905 • SHT
VALSE AU PLAFOND, LA • 1905
A LA CONQUETE DE L'AIR • CONQUEST OF THE AIR (USA) • 1906
ACCORDEON MYSTERIEUX, L' • MYSTERIOUS ACCORDION, THE • 1906
ARMONICA MISTERIOSA • 1906
ECRIN DU RAJAH, L' • RAJAH'S CASKET, THE • 1906
METAMORPHOSES DU PAPILLON, LES • METAMORPHOSIS OF THE BUTTERFLY, THE • 1906
NEL PAESE DEI SOGNI • IN DREAMLAND (USA) • 1906
PEINE DU TALION, LA • 1906
PIERROT INAMORATO • 1906
PILE ELECTRIQUE, LA • PILA ELETTRICA, LA (ITL) ○ ELECTRIC BATTERY, THE • 1906
PLONGEUR FANTASTIQUE, LE • FANTASTIC DIVER, THE • 1906 • SHT
POMPIERE DI SERVIZIO, IL • 1906
POULE AUX OEUFS D'OR, LA • CHICKEN THAT LAID GOLDEN EGGS, THE • 1906
STATUES ANIMEES, LES • ANIMATED STATUES, THE • 1906
TOUR DU MONDE D'UN POLICIER, LE • 1906
TRIPLICE APPUNTAMENTO, IL • 1906
VALSE DE BARNABE, LA • 1906
VIAGGIO DI UNA STELLA, IL • VOYAGE AROUND A STAR, A (USA) ○ VOYAGE DANS UNE ETOILE, LE ○ AROUND A STAR ○ VOYAGE TO A STAR ○ TRIP TO A STAR ○ VOYAGE AUTOUR D'UNE ETOILE • 1906
VICTIMES DE LA FOUDRE, LES • VICTIMS OF LIGHTNING, THE • 1906
CHEVALIER MYSTERE, LE • MYSTERIOUS KNIGHT • 1907
PETIT JULES VERNE, LE • LITTLE JULES VERNE, THE ○ JULES VERNE AS A CHILD • 1907 • SHT
BELLE AU BOIS DORMANT, LA • SLEEPING BEAUTY (USA) • 1908
PEAU D'ANE • DONKEY SKIN • 1908
POULE AUX OEUFS D'OR, LA • 1909
CHARME DES FLEURS, LA • SPELL OF THE FLOWERS, THE • 1910
MARCHAND D'IMAGES, LE • FAIRY BOOKSELLER, THE (USA) • 1910
ROSE D'OR, LA • GOLD ROSE, THE • 1910 • SHT
FAFALARIFLA • 1911

VELLOPOULOS ERMIS – GRC
KLISTO PARATHIRO • CLOSED WINDOW • 1976

VELO CARLOS – MXC – 1911–
TORERO • TORO! • 1956
DON JUAN 67 • 1966
PEDRO PARAMO • 1966
CINCO DE CHOCOLATE Y UNO DE FRESA • FIVE CHOCOLATE AND ONE STRAWBERRY ICE CREAM • 1968
ALGUIEN NOS QUIERE MATAR • 1969

de VELSA DIETRICH – FRN
EQUATION A DEUX INCONNUS • 1979

VELTEE CLAUDIUS – AUS
TRILBY • THREE TALES OF TERROR ○ TRILOGY OF TERROR • 1912

VEMMER MOGENS – DNM
KAMELDAMEN • 1969

VENARD JEAN – FRN
DU SEL, DU CALCAIRE ET DU COKE • 1955 • SHT
PLEIN AIR • 1956 • SHT
BRAVO ALPHA • 1957 • SHT

VENAULT PHILIPPE – FRN – 1947–
REBELLION A ROMANS, UNE • 1981
PARIS VU PAR.. 20 ANS APRES • SIX IN PARIS • 1984

VENEGAS JOSE LUIS – ARG
MALFALDA • 1981 • ANM

VENGEROV V. see **VENGEROV VLADIMIR**

VENGEROV VLADIMIR – USS – 1920–
VENGEROV V.
LES • FOREST, THE • 1953
ZHIVOI TRUP • LIVING CORPSE, THE • 1953
KORTIK • DIRK ○ DAGGER • 1954
DVA KAPITANA • TWO CAPTAINS • 1956
GOROD ZAZHIGAET OGNI • LIGHTS GO ON IN THE CITY, THE • 1958
BALTIYSKOE NEBO • BALTIC SKY • 1961
EMPTY RUN, AN • 1963
POROZHNII REIS • HOME TRIP • 1963
RABOUCHI POSSELOK • FACTORY TOWN, A • 1965
ZHIVOI TRUP • LIVING CORPSE, THE • 1969

VENGOS THANASIS – GRC
VENGOS THANASSIS
TRELLOS, PALAVOS KE VENGOS • MAD, CRAZY AND VENGOS • 1967
VOITHIA O VENGOS • HELP, VENGOS! • 1967
DHOKTOR ZI-VENGOS • DOCTOR ZI-VENGOS • 1968
THOU VOU FALAKROS PRAKTOR EPIHIRISSIS GIS MADIAM • BALDHEADED AGENT AND THE LAND OF DESTRUCTION MISSION, THE • 1969
THANASSIS KE T' ADHELFIA TOU, O • THANASSIS AND HIS BROTHERS • 1971

VENGOS THANASSIS see **VENGOS THANASIS**

VENISSE ALAIN – FRN
M. ERICH ZANN • MONSIEUR ERICH ZANN • 1975

VENNE STEPHANE – CND
SEUL OU AVEC D'AUTRES • 1962

VENNEROD OYVIND – NRW
HIMMEL OG HELVETE • 1969

VENNEROD PETTER – NRW
OTTAR • 1976 • SHT
HVEM HAR BESTEMT..? • SAYS WHO? • 1978
BILDOD • CAR DEATH • 1979 • SHT
LIV OG DOD • LIFE AND DEATH • 1980
JULIA, JULIA –ET EVENTYR • JULIA, JULIA –A FAIRYTALE • 1981
JULIA, JULIA –HISTORIEN OM ET FALL • JULIA, JULIA –THE STORY OF A DOWNFALL, DOWNFALL ○ STORY OF A DOWNFALL, THE ○ HISTORIEN OM ET FALL • 1981
LEVE SITT LIV • VICTORIA L. • 1982
APEN FRAMTID • OPEN FUTURE ○ ON MY WAY • 1983
ADJO SOLIDARITET • GOODBYE SOLIDARITY ○ ADIEU SOLIDARITE • 1984
DROMMESLOTTET • CASTLE IN THE AIR • 1984
JORD • EARTH • 1986
HOTEL ST. PAULI • 1988
BRYLLUPSFESTEN • WEDDING PARTY, THE • 1989

van der VENNET H. – BLG
MEEUW, DE • 1972

VENSHER IVAN – USS
RUSSIA ON PARADE • 1946

VENTILLA ISTVAN – HNG
KOMP, A • 1963

VENTO GIOVANNI – ITL
MISTERI DI ROMA, I • MYSTERIES OF ROME, THE ○ WONDERS OF ROME, THE • 1963 • DOC

VENTURA – USA
I'M ALMOST NOT CRAZY: JOHN CASSAVETES –THE MAN AND HIS WORK • 1984 • DOC

VENTURA RAY – FRN
A LA MEMOIRE D'UNE HEROS • 1951
MEPHISTO-VALSE • 1951

VENTURINI EDUARDO D. see **VENTURINI EDWARD D.**

VENTURINI EDWARD D. – USA
VENTURINI EDUARDO D.
HEADLESS HORSEMAN, THE • 1922
OLD FOOL, THE • 1923
GALAS DE LA PARAMOUNT • GALAS PARAMOUNT • 1930
GENTE ALEGRE • 1933
PRINCIPE GONDOLERO, EL • 1933
IN OLD MEXICO • 1938
LLANO KID, THE • 1939

VENU – IND
UDYOGHASTHA • LADY WHO EARNS, THE • 1967

VEO CARLO – ITL
FOSTER CHARLIE
SPADE SENZA BANDIERA • SWORD WITHOUT A COUNTRY (USA) • 1961
PESCI D'ORO E BIKINI D'ARGENTO • 1962
MONDO MATTO AL NEON • 1963 • DOC
TARZAK CONTRO GLI UOMINI LEOPARDO • APE MAN OF THE JUNGLE (USA) ○ TARZAK VS. THE LEOPARD MEN • 1964
PER UNA MANCIATA D'ORO • 1966
AMICI PIU DI PRIMA • 1976 • CMP
AMORE ALL'ARRABBIATA • 1977

VERA LUIS R. – CHL
PINTANDO RELACIONES • PAINTING RELATIONS • DOC
CONSUELO • 1988

VERA MARILDA – VNZ
POR LOS CAMINOS VERDES • ON THE GREEN PATH • 1989
SENORA BOLERO • LADY BOLERO • 1989

VERA OSCAR – VNZ
ALCOHOLISMO • 1978

VERACHON NANTANA – THL
POMAREE SRITHONG • 1987

VERBONG BEN – NTH
MEISJE MET HET RODE HAAT, HET • GIRL WITH THE RED HAIR, THE (USA) • 1981
SCHORPIOEN, DE • NEVER KILL A SCORPION ○ SCORPION, THE • 1984
KASSIERE, DE • CASHIER, THE ○ LILY WAS HERE • 1989

VERBRUGGE CASPAR – NTH
OPPAS, DE • 1981 • SHT
PERFORMER, THE • 1987

VERCOURT ALFRED – FRN
TERRE DU DIABLE, LA • 1921
AU SEUIL DU HAREM • SANG D'ALLAH, LE • 1922
PETIT ANGE ET SON PANTIN • 1922

VERDE DINO – ITL – 1922–
SCANZONATISSIMO • 1963

VERDIER ROGER – FRN – 1903–
PARADE DE RIRE • 1946

VERDINI RAOUL – ITL
AVVENTURE DI PINOCCHIO, LE • 1936

VERDONE CARLO – ITL
SACCO BELLO, UN • 1979
BIANCO, ROSSO E VERDONE • WHITE, RED AND VERDONE GREEN • 1980
BOROTALCO • TALCUM POWDER • 1982
ACQUA E SAPONE • SOAP AND WATER • 1984
DUE CARABINIERI, I • TWO CARABINEERS, THE • 1984
TROPPO FORTE • TOO STRONG • 1985
COMPAGNI DI SCUOLA • SCHOOLMATES • 1988
IO E MIA SORELLA • ME AND MY SISTER • 1988
BAMBINO E IL POLIZIOTTO, IL • CHILD AND THE COP, THE • 1990

VERDONE MARIO – ITL
IMMAGINI POPOLARI SICILIANE PROFANE • 1952 • DOC
IMMAGINI POPOLARI SICILIANE SACRE • 1952 • DOC

VERGANO ALDO – ITL – 1891–1957
PIETRA MICCA • 1938
QUELLI DELLA MONTAGNA • 1943
SOLE SORGE ANCORA, IL • SUN RISES AGAIN, THE ○ OUTCRY • 1946
CZARCI ZLEB • DEVIL'S POWER, THE ○ DEVIL'S PASS, THE • 1949
FUORILEGGE, I • 1950
GRANDE RINUNCIA, LA • SUOR TERESA • 1951
SANTA LUCIA LUNTANA • 1951
AMORE ROSSO • MARIANNA SIRCA • 1953
SCHICKSAL AM LENKRAD • 1953

VERGEZ GERARD – FRN – 1935–
BALLADE POUR UN CHIEN • 1968
TERESA • 1970
AGREABLE SUEUR DE LA MORT, L' • 1972
VIREE SUPERBE, LA • 1974
CAVALIERS DE L'ORAGE, LES • 1983

VERGITSIS NIKOS – GRC
ISTORIES MIAS KERITRAS • STORIES OF A BEEHIVE • 1981
REVANCHE • 1984
POTLACH • 1988

VERGNE JEAN-PIERRE – FRN – 1946–
TELEPHONE SONNE TOUJOURS DEUX FOIS, LE • 1984

VERHAEGUE JEAN-DANIEL – FRN – 1944–
ARAIGNEE D'EAU, L' • WATER SPIDER, THE • 1969

VERHAGE GERRARD – NTH
MOUNTAIN, THE • 1982 • DOC
AFZIEN • 1985

VERHAVERT ROLAND – BLG – 1927–
MEEUWEN STERVEN IN DE HAVEN • SEAGULLS DIE IN THE HARBOUR • 1955
ALLEMANDE IM HERBST • 1962 • DOC
SCHWARZ-WEISS BLUS • SCHWARZ WEISS BLUES • 1962 • DOC
SPECIFISCHE GEWICHT, DAS • 1962 • DOC
ALBISOLA MARE SAVONA • 1963 • SHT
LUITENANT KERKHOFBLOMMEN ,DE • 1964 • SHT
WAT NU, OUDE MAN? • 1964 • SHT

AFSCHEID, HET • FAREWELL, THE ○ ADIEUX, LES ○ FAREWELLS • 1967
GEBOORTE, DIE • 1968 • SHT
ROLANDE MET DE BLES • 1970
CHRONIQUE D'UNE PASSION • 1971
LOTELING, DE • CONSCRIT, LE ○ CONSCRIPT, THE • 1974
PALLIETER • 1975
RUBENS • 1977
BRUGGE-DIE-STILLE • BRUGES-LA-MORTE • 1981
PEASANT PSALM • 1989

VERHOEFF PIERRE – NTH
VERHOEFF PIETER
MARK OF THE BEAST, THE • 1981
DREAM, THE • 1985
VAN GELUK GESPROKEN • COUNT YOUR BLESSINGS • 1987

VERHOEFF PIETER see **VERHOEFF PIERRE**

VERHOEVEN MICHAEL – GRM
PAARUNGEN • DANSE MACABRE ○ COUPLINGS ○ SATANIC GAMES ○ DANCE OF DEATH • 1967
ENGELCHEN MACHT WEITER, HOPPE HOPPE REITER • 1968
BETTELSTUDENT ODER: WAS MACH' ICH MIT DEN MADCHEN, DER • 1969
O.K. • 1970
WER IM GLASHAUS LIEBT.. DER GRABEN • PEOPLE IN GLASSHOUSES • 1970
UNHEIMLICH STARKER ABGANG, EIN • STRANGELY POWERFUL EXIT, A • 1973
MITGIFT • POISONOUS DOWRY ○ KILLING ME SOFTLY • 1975
WEISSE ROSE, DIE • WHITE ROSE, THE • 1983
KILLING CARS • 1986
SCHRECKLICHE MADCHEN, DAS • NASTY GIRL, THE • 1990

VERHOEVEN PAUL – Actor – GRM – 1901–
FLEDERMAUS, DIE • 1937
TAG NACH DER SCHEIDUNG, DER • DAY AFTER THE DIVORCE, THE (USA) • 1938
UNSERE KLEINE FRAU • MIA MOGLIE SI DIVERTE (ITL) • 1938
GOLD IN NEW FRISCO • 1939
RENATE IM QUARTETT • 1939
SALONWAGEN E 417 • 1939
AUS ERSTER EHE • 1940
FALL RAINIER, DER • ICH WARTE AUF DICH • 1942
GROSSE SCHATTEN, DER • 1942
NACHT IN VENEDIG, DIE • 1942
GLUCKLICHER MENSCH, EIN • SCHULE DES LEBENS • 1943
KONZERT, DAS • 1944
PHILHARMONIKER • 1944
KLEINE HOFKONZERT, DAS • 1945
DU BIST NICHT ALLEIN • 1949
PALACE SCANDAL
DIESER MANN GEHORT MIR • 1950
KALTE HERZ, DAS • COLD HEART, THE ○ HEART OF STONE • 1950
EVA IM FRACK • 1951
HEIDELBERGER ROMANZE • 1951
SCHULD DES DR. HOMMA, DIE • 1951
DAS KANN JEDEM PASSIEREN • 1952
GANZ GROSSES KIND, EIN • LEIBHAFTIGE UNSCHULD, DIE • 1952
HOCHZEIT AUF REISEN • 1953
PRATERHERZEN • TINGELTANGEL • 1953
VERGISS DIE LIEBE NICHT • 1953
EWIGER WALZER • ETERNAL WALTZ, THE (USA) • 1954
FRAU VON HEUTE, DIE • 1954
HOHEIT LASSEN BITTEN • 1954
ICH WEISS, WOFUR ICH LEBE • 1955
ROMAN EINER SIEBZEHN JAHRIGEN • 1955
GOLDENE BRUCKE, DIE • 1956
...WIE EINST LILI MARLEN • 1956
JEDE NACHT IN EINEM ANDERN BETT • 1957
VON ALLEN GELIEBT • 1957
JUGENDRICHTER, DER • JUDGE AND THE SINNER, THE • 1960
IHR SCHONSTER TAG • 1962
ZWEIERLEI MASS • 1963

VERHOEVEN PAUL* – NTH – 1938–
HAGEDIS TEVEEL, EEN • 1960
FEEST, HET • LET'S HAVE A PARTY ○ PARTY • 1963 • SHT
KORPS MARINIERS, HET • 1966 • DCS
FLORIS • 1969 • SER
WAT ZIEN IK • ANY SPECIAL WAY (UKN) ○ BUSINESS IS BUSINESS ○ FUN LIFE OF AN AMSTERDAM STREETWALKER • 1971
WORSTELAAR, DE • WRESTLER, THE • 1971 • SHT
TURKS FRUITS • TURKISH DELIGHT (USA) ○ SHELTER OF YOUR ARMS, THE ○ SENSUALIST, THE • 1973
KEETJE TIPPEL • CATHY TIPPEL • 1975
SOLDAAT VAN ORANJE • SURVIVAL RUN (UKN) ○ SOLDIER OF ORANGE • 1977
SPETTERS • 1979
VIERDE MAN, DE • FOURTH MAN, THE (UKN) • 1983
FLESH AND BLOOD • 1985
DEAD-TIME STORIES: VOLUME 3 • DEAD EVEN • 1987
ROBOCOP • 1987
TOTAL RECALL • 1989

VERITY ERWIN – Animator – USA
RELUCTANT DRAGON, THE • 1941

VERMORCKSEN CHRIS – BLG
IO SONO ANNA MAGNANI • ANNA MAGNANI: UN FILM D'AMOUR ○ I AM ANNA MAGNANI • 1979

VERMOREL CLAUDE – FRN – 1909–
JEUNE FILLES DE PARIS • VIE N'EST PAS UN ROMAN, LA • 1936
CONQUERANTS SOLITAIRES, LES • 1949
PLUS BELLE DES VIES, LA • 1954
AMINATA • 1971

VERNADET R. – FRN
REFUGES • 1963 • SHT

VERNAY ROBERT – FRN – 1907–1981
BEGUIN DE LA GARNISON, LE • 1932
PRINCE DES SIX JOURS • 1933
CAFE DE PARIS • 1938
COMTE DE MONTE-CRISTO, LE • COUNT OF MONTE CRISTO, THE (USA) • 1942
FEMME QUE J'AI LE PLUS AIMEE, LA • 1942
ARLETTE ET L'AMOUR • ATOUT COEUR • 1943
PERE GORIOT, LE • 1944
CAPITAN, LE • CHEVALIER DU ROI, LE ○ FLAMBERGE AU VENT ○ KING'S KNIGHT, THE • 1945
EMILE L'AFRICAIN • 1947
FORT DE LA SOLITUDE • POSTE SUD ○ RAS EL GUA • 1947
FANTOMAS CONTRE FANTOMAS • 1948
PLUS DE VACANCES POUR LE BON DIEU • FACE TO THE WIND ○ NO HOLIDAY FOR THE GOOD GOD • 1949
VERONIQUE • 1949
ANDALOUSIE • SUENO DE ANDALUCIA, EL (SPN) • 1950
ILS SONT DANS LES VIGNES • LOVE IN THE VINEYARD • 1951
QUITTE OU DOUBLE • 1952
COMTE DE MONTE-CRISTO, LE • TESORO DI MONTECRISTO, IL (ITL) ○ COUNT OF MONTE CRISTO, THE • 1953
SUR LE BANC • 1954
VENDETTA DI MONTECRISTO, LA • 1954
CES SACREES VACANCES • 1955
RUE DES BOUCHES PEINTES, LA • 1955
CAROTTES SONT CUITES, LES • 1956
LUMIERES DU SOIR, LES • 1956
NUIT BLANCHE ET ROUGE A LEVRES • QUELLE SACREE SOIREE! • 1956
COIN TRANQUILLE, LE • 1957
FUMEE BLONDE • 1957
DROLES DE PHENOMENES • CES CHERS PETITS • 1958
MADAME ET SON AUTO • 1958
FUGA DESESPERADA • 1959
MONSIEUR SUZUKI • VERSAILLES AFFAIR, THE • 1959
TETE FOLLE • 1959
BOURREAU ATTENDRA, LE • 1960
U.R.S.S. A COEUR OUVERT, L' • 1961 • DOC
PASSEPORT DIPLOMATIQUE • 1965
AGENTE TIGRE: SFIDA INFERNALE • 1966

VERNEUIL HENRI – TRK – 1920–
MALAKIAN ACHOD
ESCALE AU SOLEIL • 1947 • SHT
A LA CULOITE DE ZOUAVE • 1947–51 • SHT
A QUI LA BEBE? • 1947–51 • SHT
ART D'ETRE COURTIER, L' • 1947–51 • SHT
AVEDIS AHARIAN, LE DERNIER PRESIDENT ARMENIEN • 1947–51 • SHT
CHANSONS S'ENVOLENT, LES • 1947–51 • SHT
COMPOSITEURS ET CHANSONS DE PARIS • 1947–51 • SHT
CUBA A MONTMARTRE • 1947–51 • SHT
CURIEUX CAS D'AMNESIE, UN • 1947–51 • SHT
ENTRE DEUX TRAINS • 1947–51 • SHT
FANTAISIES POUR CLARINETTE • 1947–51 • SHT
JOURNEE AVEC JACQUES HELIAN ET SON ORCHESTRE, UNE • 1947–51 • SHT
JUREBAVARD, UN • 1947–51 • SHT
KERMESSE AUX CHANSONS • 1947–51 • SHT
LEGENDE DE TERRE BLANCHE, LA • 1947–51 • SHT
MALDONNE • 1947–51 • SHT
MUSIQUE TROPICALE • 1947–51 • SHT
NOUVEAUX MISERABLES, LES • 1947–51 • SHT
ON DEMANDE UN BANDIT • 1947–51 • SHT
PARIS MELODIES • 1947–51 • SHT
PIPE, CHIEN • 1947–51 • SHT
RHYTHMES DE PARIS • 1947–51 • SHT
VARIETES • 1947–51 • SHT
33e CHAMBRE • 1947–51 • SHT
TABLE AUX CREVES, LA • VILLAGE FEUD, THE • 1951
BOULANGER DE VALORGUE, LE • ME LI MANGIO VIVI! (ITL) ○ WILD OAT, THE (USA) ○ BAKER OF VALORGUE, THE • 1952
BRELAN D'AS • 1952
FRUIT DEFENDU, LE • FORBIDDEN FRUIT • 1952
CARNAVAL • 1953
ENNEMI PUBLIC NO.1 • NEMICO PUBBLICO N. 1, IL (ITL) ○ MOST WANTED MAN, THE (USA) ○ MOST WANTED MAN IN THE WORLD, THE ○ PUBLIC ENEMY NO.1 • 1953
MOUTON A CINQ PATTES, LE • SHEEP HAS FIVE LEGS, THE • 1954
AMANTS DU TAGE, LES • LOVER'S NET (USA) ○ LOVERS OF LISBON, THE ○ PORT OF SHAME • 1955
DES GENS SANS IMPORTANCE • BE BEAUTIFUL BUT SHUT UP • 1955
PARIS PALACE HOTEL • PARIS HOTEL • 1956
MANCHE ET LA BELLE, UNE • WHAT PRICE MURDER (USA) ○ EVIL THAT IS EVE, THE • 1957
MAXIME • 1958
GRAND CHEF, LE • NOI GANGSTERS (ITL) ○ GANGSTER BOSS (USA) ○ BIG CHIEF, THE • 1959
VACHE ET LE PRISONNIER, LA • VACCA E IL PRIGIONIERO, LA (ITL) ○ COW AND I, THE (UKN) • 1959
AFFAIRE D'UNE NUIT, L' • IT HAPPENED ALL NIGHT (USA) • 1960
FRANCAISE ET L'AMOUR, LA • LOVE AND THE FRENCHWOMAN (USA) • 1960
PRESIDENT, LE • MONEY, MONEY, MONEY (USA) ○ PRESIDENT, THE (UKN) • 1960
LIONS SONT LACHES, LES • LEONI SCATTERRATI, I (ITL) ○ LIONS ARE LOOSE, THE (USA) • 1961
MELODIE EN SOUS-SOL • COLPO GROSSO AL CASINO (ITL) ○ ANY NUMBER CAN WIN (USA) ○ BIG SNATCH, THE ○ BIG GRAB, THE • 1962
SINGE EN HIVER, UN • MONKEY IN WINTER, A (USA) ○ IT'S HOT IN HELL • 1962
CENT MILLE DOLLARS AU SOLEIL • CENTOMILA DOLLARI AL SOLE (ITL) ○ GREED IN THE SUN (USA) • 1963
WEEKEND A ZUYDCOOTE • WEEKEND AT DUNKIRK (USA) • 1964
VINGT-CINQUIEME HEURE, LA • VENTICINQUESIMA ORA, LA (ITL) ○ 25TH HOUR, THE (USA) • 1966
CANONES DE SAN SEBASTIAN, LOS • BATAILLE DE SAN SEBASTIAN, LA (FRN) ○ GUNS FOR SAN SEBASTIAN (USA) ○ CANNONI DI SAN SEBASTIAN, I (ITL) • 1967
CLAN DES SICILIENS, LE • SICILIAN CLAN, THE (UKN) • 1969
CASSE, LE • SCASSINATORI, GLI (ITL) ○ BURGLARS, THE (USA) • 1971
SERPENT, LE • SERPENTE, IL (ITL) ○ SERPENT, THE (UKN) ○ NIGHT FLIGHT FROM MOSCOW • 1973
PEUR SUR LA VILLE • POLIZIOTTO DELLA BRIGATA CRIMINALE, IL (ITL) ○ NIGHT CALLER, THE (UKN) ○ FEAR OVER THE CITY ○ FEAR ON THE CITY • 1975
CORPS DE MON ENNEMI, LE • 1976
I.. COMME ICARE • I AS IN ICARUS • 1979
MILLE MILLIARDS DE DOLLARS • 1981
MORFALOUS, LES • 1983

VERNICK – FRN
CHATEAUX STOP.. SUR LA LOIRE • 1962 • SHT

VERNIER GERARD – FRN
PETITES COLLEGIENNES, LES
A PLEIN SEXE • 1977

VERNON CHARLES – UKN
BERNARDO'S CONFESSION • 1914
GRIMALDI • 1914
SEVEN AGES OF MAN, THE • 1914
STREET WATCHMAN'S STORY, THE • 1914
FROM SCOTLAND YARD • 1915

VERNON HENRY – USA
DANGER ZONE, THE • 1986

VERNON RICHARD – Actor – UKN – 1907–
STREET OF SHADOWS • SHADOW MAN (USA) • 1953

VERNOT HENRY see **VERNOT HENRY J.**

VERNOT HENRY J. – USA
VERNOT HENRY
DEAD ALIVE, THE • 1916
FEATHERTOP • 1916
SPORT OF THE GODS, THE • 1921

VERNUCCIO GIANNI – EGY – 1918–
CAMELIA • 1947
UOMINI SENZA DOMANI • NOTTE DI NEBBIA • 1947
SANGUE SUL DESERTO • 1949
CANZONI A DUE VOCI • 1954
TESORO DEL BENGALA, IL • 1954
AVVENTURE DI CARTOUCHE, LE • CARTOUCHE • 1955
AMANTES DEL DESIERTO, LOS • AMANTI DEL DESERTO (SPN) ○ FIGLIA DELLO SCEICCO, LA ○ DESERT WARRIOR • 1958
INFERNO ADDOSSO, L' • LOVE NOW.. PAY LATER (USA) ○ ACCOMPLICES, THE ○ SIN NOW.. PAY LATER • 1959
PECCATRICE DEL DESERTO, LA • DESERT DESPERADOES (USA) ○ SINNER, THE (UKN) • 1959
A DUE PASSI DAL CONFINE • 1962
ITALIANI SI DIVERTONO COSI, GLI • 1963
AMORE, UN • 1965
LUNGA NOTTE DI VERONIQUE, LA • LONG NIGHT OF VERONICA, THE ○ BUT YOU WERE DEAD (UKN) • 1966
UOMO CHE BRUCIO IL SUO CADAVERE, L' • 1967
PAOLO E FRANCESCA • 1971
CAINO E ABELE • 1973

VEROIU MIRCEA – RMN – 1941–
CERCUL • CIRCLE, THE • SHT
INTR-O DIMINEATA • ONE MORNING • SHT
APA CA UN BIVOL NEGRU • WATER AS A BLACK BUFFALO • 1970 • DOC
BLACK BUFFALO WATER • 1970 • DOC
NUNTA DE PIATRA • STONE WEDDING, THE • 1972
HYPERION • 1973
SAPTE ZILE • SEVEN DAYS • 1973
DINCOLO DE POD • OTHER SIDE OF THE BRIDGE, THE ○ BEYOND THE BRIDGE • 1974
DUHUL AURULUI • LUST FOR GOLD ○ GOLD FEVER • 1974
INTRE OGLINZI PARALELE • BETWEEN OPPOSITE MIRRORS ○ BETWEEN PARALLEL MIRRORS ○ BETWEEN FACING MIRRORS • 1978
MINIA • CHRONICLE OF THE BAREFOOT EMPERORS • 1978
SEMNUL SARPELUI • IN THE SIGN OF THE SERPENT • 1981
ASTEPTIND UN TREN • WAITING FOR A TRAIN • 1982
SFIRSITUL NOPTI • END OF THE NIGHT, THE ○ END OF NIGHT, THE • 1982
SA MORI RANIT DIN DRAGOSTE DE VIATA • FATALLY INJURED BY LOVE OF LIFE ○ TO DIE FROM LOVE OF LIFE • 1983
ADELA • 1984

VERONA STEPHEN see **VERONA STEPHEN F.**

VERONA STEPHEN F. – USA – 1940–
VERONA STEPHEN
LORDS OF FLATBUSH, THE • 1974
PIPE DREAMS • 1976
BOARDWALK • 1979
TALKING WALLS • 1984

VERRALL ROBERT A. – Producer – CND – 1928–
STORY ABOUT BREADMAKING IN THE YEAR 1255 A.D., A • 1948 • ANM
A IS FOR ARCHITECTURE • 1959 • ANM
ENERGY AND MATTER • 1966 • ANM

VERSCHUEREN EDUARD – NTH
VACUUM DISTILLATION • 1954

VERSINI ANDRE – FRN – 1923–1966
HORACE 62 • 1962
VOIR VENISE ET CREVER • MORD AM CANALE GRANDE (FRG) • 1966

VERSTAPPEN WIM – NTH – 1937–
AAH.. TAMARA • 1964 • SHT
JOSZEF KATUS • MINDER GELUKKIGE TERUGKEER VAN JOSZEF KATUS NAAR HET LAND VAN REMBRANDT, DE • 1966
LIEFDESBEKENTENISSEN • CONFESSIONS OF LOVING COUPLES • 1967
DROP OUT • 1970
FESTIVAL OF LOVE • 1970
BLUE MOVIE • 1971
VD • 1972
ALICIA • 1974
DAKOTA • 1974
DON'T WORRY TOO MUCH • 1975

PASTORALE 1943 • PASTORALE • 1977
GRIJPSTRA & DE GIER • OUTSIDER IN AMSTERDAM • 1979
FORBIDDEN BACCHANAL, THE • 1981
BLACK RIDER, THE • 1983
RATELRAT, DE • RATTLE RAT • 1987

VERSTRAETE GUUS JR. – NTH

LOONEY JOE • 1981

VERSTRATEN PAUL – NTH

STRANGE LOVE AFFAIR, A • 1986

VERT DEAN see **DE ANGELIS VERTUNIO**

VERTOV DZIGA – PLN – 1896–1954

BOI POD TSARITSYNOM • FIGHTING NEAR TSARITSIN ○ BATTLE OF TSARITSIN ○ BATTLE FOR TSARITSIN • 1919
GODOVSHCHINA REVOLYUTSII • ANNIVERSARY OF THE REVOLUTION • 1919
KONO NEDELYA • CINE WEEKLY ○ WEEKLY REELS • 1919 • SER
INSTRUKTORII PAROKHOD 'KRASNAIA ZVEZDA' • INSTRUCTIONAL STEAMER 'RED STAR' • 1920
PROZESS MIRONOVA • TRIAL OF MIRONOV, THE ○ MIRONOV TRIAL, THE ○ ACTION AT MIRONOV, THE ○ PROTSESS MIRONOVA • 1920
VSEROSSIISKII STAROSTA KALININ • KALININ, THE ELDER STATESMAN OF ALL RUSSIA ○ KALININ, STAROST OF RUSSIA ○ VSERUSSKI STARETS KALININ ○ ALL RUSSIAN ELDER KALININ • 1920
VSKRYTIE MOSHCHEI SERGIYA RADONEZHSKOVO • DISCOVERY OF SERGEI RADONEZHSKY'S REMAINS ○ EXHUMATION OF THE REMAINS OF SERGEI RADONEZHKOVO, THE • 1920
AGITPOEZHD VTSIKA • TRAIN OF THE CENTRAL COMMITTEE, THE ○ TRAIN OF THE CENTRAL EXECUTIVE ○ V.T.I.K. TRAIN, THE ○ AGIT-TRAIN ○ TRAIN, THE ○ AGIT-TRAIN OF THE CENTRAL COMMITTEE ○ VTIK TRAIN, THE • 1921
ISTORIYA GRAZHDENSKOI VOINI • HISTORY OF THE CIVIL WAR • 1921
PROZESS ESEROV • TRIAL OF THE SOCIAL REVOLUTIONARIES, THE ○ EZEROV TRIAL, THE ○ PROTSESS ESEROV • 1922
UNIVERMAG • UNIVERSAL DEPARTMENT STORE ○ STATE DEPARTMENT STORE ○ GUM ○ DEPARTMENT STORE • 1922
KINO PRAVDA • FILM TRUTH ○ CINEMA-TRUTH • 1922–25 • SER
OCTOBER CINEMA TRUTH • YESTERDAY TODAY AND TOMORROW • 1923
PYAT LET BOBBY I POBEDY • FIVE YEARS OF STRUGGLE AND VICTORY • 1923
GOSKINO KALENDAR • GOSKINO JOURNAL • 1923–25 • SER
DAYESH VOZDUKH • LONG LIVE THE AIR ○ DAESH VOZKUKH ○ GIVE US AIR • 1924
GRIMACI PARIZHI • SCOWLS OF PARIS • 1924
KINO-GLAZ • CINEMA EYE ○ LIFE UNAWARES ○ CAMERA EYE ○ KINO EYE • 1924
SEGODNYA • TODAY ○ SEVODIYA • 1924
SOVETSKIE IGRUSHKI • SOVIET PLAYTHINGS ○ SOVIET TOYS • 1924 • ANM
LENINSKAYA KINO-PRAVDA • LENINIST FILM-TRUTH • 1925
SEVENTH ANNIVERSARY OF THE RED ARMY, THE • 1925
ZAGRANICHNII POKHOD SUDOV BALTIISKOGO FLOTA KREISERE 'AURORA' I UCHEBNOGO SUDNA 'KOMSOMOLTS' • 1925
ZHUMORESKI • HUMORESQUE ○ IUMORESKI • 1925
SHAGAI, SOVIET! • STRIDE, SOVIET! • 1926
SHESTAYA CHAST MIRA • SIXTH PART OF THE WORLD, A ○ SIXTH OF THE EARTH, A • 1926
CHELOVEK S KINOAPPARATOM • LIVING RUSSIA OR THE MAN WITH A CAMERA ○ MAN WITH A MOVIE CAMERA, THE ○ MAN WITH THE CAMERA ○ MOSCOW TODAY • 1928
ODINNADTSATI • ELEVENTH HOUR, THE ○ ELEVENTH, THE ○ ELEVENTH YEAR, THE • 1928
ENTUZIAZM • SYMPHONY OF THE DON BASIN ○ SYMPHONY OF THE DONBAS ○ ENTHUSIASM ○ SIMFONIYA DONBASA • 1931
TRI PESNI O LENINYE • THREE SONGS ABOUT LENIN ○ THREE SONGS OF LENIN • 1934
KOLIBELNAYA • LULLABY • 1937
PAMYATI SERGO ORDZHONIKIDZYE • IN MEMORY OF SERGEI ORDZHONIKIDZYE • 1937
SERGO ORDZHONIKIDZE • 1937
SLAVA SOVETSKIM GEROINYAM • TO THE GLORY OF SOVIET HEROINES ○ FAMOUS SOVIET HEROES • 1938
TRI GEROINI • THREE HEROINES • 1938
KROV ZA KROV, SMERT ZA SMERT • BLOOD FOR BLOOD, DEATH FOR DEATH • 1941
NA LINII OGNYA –OPERATORY KINOKHRONIKI • CAMERA REPORTERS ON THE LINE OF FIRE ○ V LINII OGNIA ○ ON THE LINE OF FIRE –FILM REPORTERS ○ IN THE FRONT LINE • 1941
SOIUZKINOZHURNAL NO.77 • 1941
SOIUZKINOZHURNAL NO.81 • 1941
V RAIONYE VYSOTY A • ELEVATION A ○ HEIGHT A • 1941
TEBYE FRONT • TO THE KAZAKHSTAN FRONT ○ KAZAKHSTAN FRONTU ○ KAZAKHSTAN FRONT, THE ○ ON TO THE FRONT! ○ TO THE FRONT • 1943
KLIATVA MOLODYCH • OATH OF YOUTH, THE ○ YOUTH'S OATH • 1944
SOVETSKOI ISKUSSTVO • SOVIET ART • 1944 • DOC
V GORACH ALA-TAU • ON THE MOUNTAINS OF ALA-TAU ○ IN THE MOUNTAINS OF ALA-TAU ○ ON MOUNT ALA-TAU • 1944
NOVOSTI DNYA • DAILY NEWS • 1947–54

VERWEY WALT – NTH

FIVE CANDLES • 1971 • SHT

VESELA A. – Animator – CZC

BUDULINEK AND THE FOXES • ANM
GOAT AND THE HEDGEHOG, THE • ANM
MERRY-GO-ROUND, THE • ANM
SWEET-TOOTHED BUDULINEK • ANM

VESELINOVIC CEDA – YGS

STAND BY • 1989

VESELONSKY S. – USS

TEMNIYE SILT –GRIGORII RASPUTIN I YEVO SPODVIZHNIKI • DARK POWERS –GRIGORI RASPUTIN AND HIS ASSOCIATES • 1917

VESELY H. see **VESELY HERBERT**

VESELY HERBERT – AUS – 1931–

VESELY H.

ON THESE EVENINGS • SHT
NICHT MEHR FLIEHEN • NO MORE FLEEING (USA) • 1955
MAYA • 1957
FOLKWANGSCHULE • 1960
DUSSELDORF –MODISCH, HEITER, IM WIND VERSPIELT • 1961
BROT DER FRUHEN JAHRE, DAS • BREAD OF OUR EARLY YEARS, THE • 1962
SIE FANDEN IHREN WEG • 1962
EGON SCHIELE: EXZESSE • EGON SCHIELE: EXCESSES • 1980

VESSELINOV IVAN – BUL

DIAVOLAT V TCHERKVATA • DEVIL IN CHURCH • 1969 • ANS

VEST NILS – DNM

SEX EN GROS • 1971 • DOC
AF JORD ER DU KOMMET • YOU ORIGINATE FROM THE EARTH • 1984 • DOC

VESTER PAUL – UKN

FOOTBALL FREAKS • 1971 • ANS
SUNBEAM • 1980

VESTERGAARD JORGEN – DNM

DANMARK DIT OG MIT • DENMARK YOURS AND MINE • 1981 • DOC

VESTEY PAUL – Animator

PICNIC • 1988 • ANM

VESZI JANOS – HNG

CSODA VEGE, A • END OF THE MIRACLE, THE • 1984

VETROV I. – USS

ADVENTURES UNDER AND ABOVE • 1975

VETROV V. – USS

NEVER A DAY WITHOUT ADVENTURES • 1972

VETUSTO A. – FRN

PAROLE EST AU FLEUVE, LA • 1961 • SHT
ANGES GARDIENS • 1964 • SHT

VEUVE JACQUELINE – FRN

SUSAN • 1974
MORT DU GRANDPERE, OU LE SOMMEIL DU JUSTE, LA • 1978
PARTI SAN LAISSER D'ADDRESSE • NO FORWARDING ADDRESS • 1982
TRAVERSEE, LA • 1986

VIAL ANDREW – ASL

NO BAG LIMIT • 1973

VIANEY MICHEL – FRN – 1932–

TYPE COMME MOI NE DEVRAIT JAMAIS MOURIR, UN • 1976
ASSASSIN QUI PASSE, UN • 1977
PLUS CA VA, MOINS CA VA • 1977
DIMANCHE DE FLICS, UN • 1982

VIANO ZELITO – BRZ

DOCE ESPORTE DO SEXO, O • 1972
CONDENADOS, OS • ALMA • 1974
AVAETE, A SEMENTE DA VINGANCA • AVAETE, A SEED OF VENGEANCE • 1986

VIANY ALEX – BRZ

WINDROSE, DIE • WIND ROSE, THE ○ LEBEN DER FRAUEN, DAS • 1956
SOL SOBRE A LAMA • 1962
NOIVA DA CIDADE, A • CITY BRIDE, THE • 1980

VIARD PHILIPPE – FRN – 1946–

ALLEZ.. ON SE TELEPHONE • 1974
COEUR EN ECHARPE, LE • 1980

VIBACH KARL – GRM

FREDDY, TIERE, SENSATIONEN • 1964

VIBE-MULLER TITUS – NRW

MULLER TITUS VIBE

BATAILLE DE L'EAU LOURDE, LA • OPERATION SWALLOW ○ KAMPEN OM TUNGTVANNET • 1947
FLUKTEN FRA DAKAR • 1951
SAME AELLIN • LAPPLANDER'S LIFE, THE • 1972

VIBENIUS BO A. – SWD

THRILLER –EN GRYM FILM • 1974

VIBY MARGARET – DNM

BOLETTES BRUDFAERD
SORENSEN AND RASMUSSEN

VICARI ANGELO – ITL

SEXOLOID • 1979

VICARIO MARCO – ITL – 1925–

MARVI RENATO

ORE NUDE, LE • NAKED HOURS, THE • 1964
PELO NEL MONDO, IL • GO, GO, GO WORLD! (USA) ○ WEIRD, WICKED WORLD ○ WICKED WORLD • 1964
SETTE UOMINI D'ORO • SIETE HOMBRES DE ORO (SPN) ○ SEPT HOMMES EN OR (FRN) ○ SEVEN GOLDEN MEN (USA) • 1965
GRANDE COLPO DEI 7 UOMINI D'ORO, IL • SEVEN GOLDEN MEN STRIKE AGAIN (USA) ○ GREAT COUP OF THE 7 GOLDEN MEN • 1966
PRETE SPOSATO, IL • 1970
HOMO EROTICUS • MAN OF THE YEAR (USA) • 1971
PAOLO IL CALDO • 1973
EROTOMANE, L' • 1974
MOGLIE AMANTE • WIFEMISTRESS (USA) ○ MOGLIAMANTE ○ WIFE ○ MISTRESS • 1978
CAPPOTTO DI ASTRAKAN, IL • ASTRAKAN COAT, THE • 1979
TRENTA MINUTI D'AMORE • THIRTY MINUTES OF LOVE • 1982

VICAS VICTOR – USS – 1918–

WEG OHNE UMKEHR • NO WAY BACK (USA) • 1953
ZWEITE LEBEN, DAS • DOUBLE DESTIN (FRN) ○ DOUBLE LIFE, A (USA) ○ DOUBLE DESTINY • 1954
HERR UBER LEBEN UND TOD • MASTER OVER LIFE AND DEATH • 1955
JE REVIENDRAI A KANDARA • 1956
WAYWARD BUS, THE • 1957
COUNT FIVE AND DIE • 1958
S.O.S. GLETSCHERPILOT • 1958
JONS UND ERDME • DONNA DELL'ALTRO, LA (ITL) • 1959
DISPARUS, LES • 1960
ZWEI UNTER MILLIONEN • 1961
JACK UND JENNY • 1963

VICEK KARLJ see **VICEK KAROLJ**

VICEK KAROLJ – YGS

VICEK KARLJ

PARLOG • NEGLECTED LAND, THE • 1975
TROFFJ • TROPHY • 1980

VICEK VLADIMIR – CZC

KOMEDIANTI • 1954

VICHIEN SA-NGUANTHAI – HKG

TIGER FIGHTING • 1977

VICKERS JAMES W. – UKN

LADY JENNIFER • 1915
YOKE, THE • LOVE'S LEGACY • 1915

VICKERS LINDSEY C. – UKN

APPOINTMENT, THE • 1982

VICKERS MILTON – USA

WHITE SLAVERY IN NEW YORK • 1973

VICKMAN LEON – USA

TWO NYMPHS OF THE WELL, THE • 1953 • SHT

VICKREY ROBERT – USA

TEXTURE OF DECAY • 1947–53 • SHT
APPOINTMENT WITH DARKNESS • 1950–53 • SHT
CARNIVAL • 1950–53 • SHT
OEDIPUS • 1950–53 • SHT
ELLEN IN WINDOW LAND • 1956–57 • SHT

VICTOR EDWARD – USA

ALLEY CAT • 1984

VICTOR PHIL – USA

MY GUN IS QUICK • 1957

VICTOR RENAUD – FRN – 1946–

CE GAMIN, LA • 1975
HE, TU M'ENTENDS! • 1979

VICTOR RICHARD see **VIKTOROV RICHARD**

VICTOROV RICHARD see **VIKTOROV RICHARD**

VIDAL ALBERTO – SPN

RELACION MATRIMONIAL Y OTRAS COSAS • 1975

VIDAL ARMANDO

HEROES DEL BARIO, LOS • 1936

VIDAL AUGUSTO GONZALEZ – VNZ

CARNIVAL IN CARACAS • 1909

VIDAL GHISLAIN – FRN – 1952–

ENGRENAGE • 1980

VIDAL PASCAL – FRN – 1949–

ON EFFACE TOUT • WE FORGET EVERYTHING • 1978
FIFTY-FIFTY • FIFTY FIFTY • 1980

VIDETTE JOHN – USA

DOOMSDAY VOYAGE • 1972

VIDOR CHARLES – HNG – 1900–1959

BRIDGE, THE • SPY, THE • 1932 • SHT
MASK OF FU MANCHU, THE • 1932
DOUBLE DOOR • 1933
SENSATION HUNTERS • 1933
ARIZONIAN, THE • 1935
HIS FAMILY TREE • 1935
STRANGERS ALL • 1935
MUSS 'EM UP • HOUSE OF FATE (UKN) ○ GREEN SHADOW, THE ○ SINISTER HOUSE • 1936
DOCTOR'S DIARY, A • 1937
GREAT GAMBINI, THE • 1937
SHE'S NO LADY • 1937
BLIND ALLEY • 1939
ROMANCE OF THE REDWOODS • 1939
THOSE HIGH GREY WALLS • GATES OF ALCATRAZ, THE (UKN) ○ PRISON SURGEON • 1939
LADY IN QUESTION, THE • IT HAPPENED IN PARIS • 1940
MY SON, MY SON • 1940
LADIES IN RETIREMENT • 1941
NEW YORK TOWN • 1941
TUTTLES OF TAHITI, THE • 1942
DESPERADOES, THE • 1943
COVER GIRL • 1944
TOGETHER AGAIN • WOMAN'S PRIVILEGE, A • 1944
OVER 21 • 1945
SONG TO REMEMBER, A • LOVE OF MADAME SAND, THE ○ SONG THAT LIVED FOREVER, THE • 1945
GILDA • 1946
LOVES OF CARMEN, THE • 1948

IT'S A BIG COUNTRY • 1951
HANS CHRISTIAN ANDERSEN • HANS CHRISTIAN ANDERSEN.. AND THE DANCER • 1952
THUNDER IN THE EAST • 1953
RHAPSODY • 1954
LOVE ME OR LEAVE ME • 1955
SWAN, THE • 1956
FAREWELL TO ARMS, A • 1957
JOKER IS WILD, THE • ALL THE WAY • 1957
SONG WITHOUT END • 1960

VIDOR KING – USA – 1894–1982
VIDOR KING W.
HURRICANE IN GALVESTON • 1913
FORT WORTH ROBBERY • 1914 • SHT
IN TOW • 1914 • SHT
SUGAR MANUFACTURE • 1914 • DOC
ACCUSING TOE, THE • 1918 • SHT
BUD'S RECRUIT • 1918 • SHT
CHOCOLATE OF THE GANG • 1918 • SHT
JUDGE BROWN'S JUSTICE • 1918 • SHS
LOST LIE, THE • 1918 • SHT
PREACHER'S SON, THE • 1918 • SHT
TAD'S SWIMMING HOLE • 1918 • SHT
BETTER TIMES • 1919
OTHER HALF, THE • 1919
POOR RELATIONS • 1919
TURN IN THE ROAD, THE • 1919
FAMILY HONOR, THE • 1920
JACK KNIFE MAN, THE • 1920
LOVE NEVER DIES • 1921
SKY PILOT, THE • 1921
CONQUERING THE WOMAN • 1922
DUSK TO DAWN • 1922
PEG O' MY HEART • 1922
REAL ADVENTURE, THE • 1922
HAPPINESS • 1923
THREE WISE FOOLS • 1923
WOMAN OF BRONZE, THE • 1923
HIS HOUR • 1924
WIFE OF THE CENTAUR • 1924
WILD ORANGES • 1924
WINE OF YOUTH • 1924
BIG PARADE, THE • 1925
PROUD FLESH • 1925
BARDELYS THE MAGNIFICENT • 1926
BOHEME, LA • 1926
CROWD, THE • MOB, THE • 1927
PATSY, THE • POLITIC FLAPPER, THE (UKN) • 1928
SHOW PEOPLE • BREAKING INTO THE MOVIES • 1928
HALLELUJAH! • 1929
BILLY THE KID • HIGHWAYMAN RIDES, THE • 1930
NOT SO DUMB • DULCY • 1930
CHAMP, THE • 1931
STREET SCENE • 1931
BIRD OF PARADISE • 1932
CYNARA • 1932
STRANGER'S RETURN, THE • 1933
OUR DAILY BREAD • MIRACLE OF LIFE, THE (UKN) ○ STRUGGLE FOR LIFE • 1934
SO RED THE ROSE • 1935
WEDDING NIGHT, THE • 1935
TEXAS RANGERS, THE • 1936
STELLA DALLAS • 1937
CITADEL, THE • 1938
NORTHWEST PASSAGE • 1939
WIZARD OF OZ, THE • 1939
COMRADE X • 1940
H.M. PULMAN ESQ. • 1941
AMERICAN ROMANCE, AN • AMERICA • 1944
DUEL IN THE SUN • 1946
MIRACLE CAN HAPPEN, A • ON OUR MERRY WAY (UKN) • 1948
BEYOND THE FOREST • 1949
FOUNTAINHEAD, THE • 1949
LIGHTNING STRIKES TWICE • 1951
JAPANESE WAR BRIDE • 1952
RUBY GENTRY • RUBY • 1952
MAN WITHOUT A STAR • 1955
WAR AND PEACE • GUERRA E PACE (ITL) • 1956
SOLOMON AND SHEBA • 1959
TRUTH AND ILLUSION: AN INTRODUCTION TO METAPHYSICS • 1964 • DCS
I'M A MAN • 1978 • SHT

VIDOR KING W. see **VIDOR KING**

VIDUGIRIS A. – USS
SANDCASTLE • 1967 • SHT

VIEIRA GEORGE – USA
EYES OF THE DRAGON • 1981

VIEIRA MANUEL LUIS – PRT – 1885–1949
CALUNIA, A • 1926
FAUNO DAS MONTANHAS • 1926
INDIGESTAO • 1926
CIMENTO, O • 1933 • SHT
PEDRAS DE PORTUGAL • 1933 • SHT
CORTEJO HISTORICO DE VIATURAS • 1934 • SHT
INAUGURACAO DO SEMINARIO DOS OLIVAIS • 1934 • SHT
MAFRA E OS SEUS CELEBRES CARRILHOES • 1934 • SHT
VISITA PRESIDENCIAL AOS ACORES • 1934 • SHT

VIEL MARGUERITE – FRN – 1894–1976
JUNGLE D'UNE GRAND VILLE • BIG CITY JUNGLE ○ DZUNGLE VELKOMESTA • 1929
OCCUPE-TOI D'AMELIE • 1932
BANQUE NEMO, LA • 1934

VIENET RENE – FRN – 1944–
CHINOIS, ENCORE UN EFFORT POUR ETRE REVOLUTIONNAIRES • CHINOIS ENCORE UN EFFORT • 1976 • DOC

VIENNE GERARD – FRN – 1935–
TERRITOIRE DES AUTRES, LE • 1971 • DOC
GRIFFE ET LA DENT, LA • 1973 • DOC

VIERNE JEAN-JACQUES – FRN – 1921–
FETE ESPAGNOLE, LA • NO TIME FOR ECSTASY (USA) • 1961
TINTIN ET LE MYSTERE DE LA TOISON D'OR • TINTIN AND THE MYSTERY OF THE GOLDEN FLEECE ○ TINTIN AND THE GOLDEN TREASURE • 1961
A NOUS DEUX PARIS • 1965

VIERTEL BERTHOLD – Screenwriter – AUS – 1885–1953
PUPPENHEIM, EIN • 1922
NORA • 1923
PERUCKE, DIE • 1925
ABENTEUER EINES ZEHNMARKSCHEINES, DIE • UNEASY MONEY (USA) ○ ADVENTURES OF A TEN MARK NOTE ○ K13 S13 • 1926
ONE WOMAN IDEA, THE • 1929
SEVEN FACES • 1929
MAN TROUBLE • LIVING FOR LOVE • 1930
HEILIGE FLAMME, DIE • 1931
MAGNIFICENT LIE, THE • 1931
SPY, THE • 1931
MAN FROM YESTERDAY, THE • 1932
WISER SEX, THE • 1932
LITTLE FRIEND • 1934
PASSING OF THE THIRD FLOOR BACK, THE • 1935
RHODES OF AFRICA • RHODES (USA) • 1936

VIETRI GERALDO – BRZ
PEQUENO MUNDO DE MARCOS, O • SMALL WORLD OF MARCO, THE • 1968

VIETZKE HANS – GRM
HERRLICHE ZEITEN • 50 JAHRE –HEITER BETRACHTET • 1950

VIEYRA EMILIO – ARG
TESTIGO PARA UN CRIMEN • VIOLATED LOVE (USA) • 1964
PLACER SANGRIENTO • DEADLY ORGAN, THE (USA) ○ BLOODY PLEASURE ○ FEAST OF FLESH • 1967
SANGRE DE VIRGENES • BLOOD OF THE VIRGINS • 1967
VENGANZA DEL SEXO, LA • CURIOUS DR. HUMPP, THE (USA) ○ SEX'S VENGEANCE • 1967
BESTIA DESNUDA, LA • NUDE BEAST, THE • 1968
VILLA CARINO ESTA QUE ARDE • VILLA CARINO IS ON FIRE • 1968
PODER DE LA CENSURA, EL • POWER OF CENSORSHIP, THE • 1982
TODO O NADA • ALL OR NOTHING • 1984

VIEYRA PAULIN – SNL – 1925–1987
AFRIQUE SUR SEINE • AFRICA ON THE SEINE • 1955
C'ETAIT IL Y A 4 ANS • 1955
NATION EST NEE, UNE • 1961
N'DIONGANE • 1965
EN RESIDENCE SURVEILLEE • UNDER HOUSE ARREST • 1981

VIGARS N. R. H. – UKN
SEVEN SURVIVORS • 1963

VIGNATI ALEJANDRO – ARG
KOSICE • 1963 • SHT

VIGNATI JORGE – PRU
BATALLA RITUAL • 1975 • DOC
YAWAR FIESTA • 1975 • DOC

VIGNE DANIEL – FRN – 1942–
HOMMES, LES • REGOLAMENTO DI CONTI (ITL) • 1973
RETOUR DE MARTIN GUERRE, LE • RETURN OF MARTIN GUERRE, THE (UKN) • 1982
FEMME OU DEUX, UNE • ONE WOMAN OR TWO (USA) ○ WOMAN OR TWO, A • 1985
COMEDIE D'ETE • 1989

VIGNOLA ROBERT see **VIGNOLA ROBERT G.**

VIGNOLA ROBERT G. – ITL – 1882–1953
VIGNOLA ROBERT
ARIZONA BILL • 1911
BRIBE, THE • 1913
VIRGINIA FEUD, A • 1913
BAREFOOT BOY • 1914
CABARET DANCER, THE • 1914
DANCE OF DEATH, THE • 1914
DANCER, THE • 1914
DEVIL'S DANSANT, THE • 1914
FALSE GUARDIAN, THE • 1914
HAND PRINT MYSTERY, THE • 1914
HER BITTER LESSON • 1914
HER HUSBAND'S FRIEND • 1914
MAN OF IRON, THE • 1914
SEED AND THE HARVEST • 1914
STORM AT SEA, THE • 1914
VAMPIRE'S TRAIL, THE • 1914
BARRIERS SWEPT ASIDE • 1915
CROOKED PATH, THE • 1915
DESTROYER, THE • 1915
DON CAESAR DE BAZAN • 1915
HAUNTING FEAR, THE • 1915
HONOR THY FATHER • 1915
IN THE HANDS OF THE JURY • 1915
LURING LIGHTS, THE • 1915
MAKER OF DREAMS, THE • 1915
PRETENDERS, THE • 1915
SCORPION'S STING, THE • 1915
SIREN'S REIGN, THE • 1915
SISTER'S BURDEN, A • 1915
STOLEN RUBY, THE • 1915
VANDERHOFF AFFAIR, THE • 1915
AUDREY • 1916
BLACK CROOK, THE • 1916
EVIL THEREOF, THE • 1916
MISSION OF PATIENCE, THE • 1916
MOMENT BEFORE, THE • 1916
REWARD OF PATIENCE, THE • 1916
SEVENTEEN • 1916
SPIDER, THE • 1916
UNDER COVER • 1916
DOUBLE CROSSED • 1917
FORTUNES OF FIFI, THE • 1917
GREAT EXPECTATIONS • 1917
HER BETTER SELF • 1917
HUNGRY HEART, THE • 1917
LOVE THAT LIVES, THE • 1917
CLAW, THE • 1918
GIRL WHO CAME BACK, THE • 1918
KNIFE, THE • 1918
MADAME JEALOUSY • 1918
REASON WHY, THE • 1918
WOMAN'S WEAPONS • WOMEN'S WEAPONS • 1918
EXPERIMENTAL MARRIAGE • 1919
GIRL NEXT DOOR, THE • 1919
HIS OFFICIAL FIANCEE • 1919
HOME TOWN GIRL, THE • 1919
INNOCENT ADVENTURESS, THE • 1919
LOUISIANA • 1919
MORE DEADLY THAN THE MALE • 1919
THIRD KISS, THE • 1919
VICKY VAN • WOMAN NEXT DOOR, THE • 1919
WINNING GIRL, THE • 1919
YOU NEVER SAW SUCH A GIRL • 1919
HEART OF YOUTH, THE • 1920
THIRTEENTH COMMANDMENT, THE • IMPULSES • 1920
WORLD AND HIS WIFE, THE • 1920
ENCHANTMENT • 1921
PASSIONATE PILGRIM, THE • 1921
STRAIGHT IS THE WAY • 1921
WOMAN GOD CHANGED, THE • 1921
BEAUTY'S WORTH • 1922
WHEN KNIGHTHOOD WAS IN FLOWER • 1922
YOUNG DIANA, THE • 1922
ADAM AND EVA • 1923
MARRIED FLIRTS • 1924
YOLANDA • 1924
DECLASSEE • SOCIAL EXILE, THE • 1925
WAY OF A GIRL, THE • 1925
FIFTH AVENUE • OCTOPUS, THE • 1926
CABARET • 1927
TROPIC MADNESS • PRICE OF PLEASURE, THE (UKN) • 1928
RED SWORD, THE • THREE DAYS TO LIVE (UKN) • 1929
BROKEN DREAMS • 1933
SCARLET LETTER, THE • 1934
PERFECT CLUE, THE • 1935
GIRL FROM SCOTLAND YARD, THE • 1937

VIGNY BENNO – FRN – 1889–1965
BARIOLE • 1932

VIGO JEAN – FRN – 1905–1934
A PROPOS DE NICE • 1929
JEAN TARIS, CHAMPION DE NATATION • JEAN TARIS, SWIMMING CHAMPION (USA) ○ TARIS, ROI DE L'EAU ○ TARIS CHAMPION DE NATATION ○ TARIS OU LA NATATION • 1931 • SHT
ZERO DE CONDUITE • ZERO FOR CONDUCT (USA) • 1933
ATALANTE, L' • CHALAND QUI PASSE, LE • 1934

VIGUIE JUAN E.
ROMANCE TROPICAL • 1934

VIHANOVA DRAHOMIRA – CZC
ZABITA NEDELE • KILLED SUNDAY ○ LOST SUNDAY, A ○ KILLING A SUNDAY • 1970

VIKAS ARUNA – IND
SHAQUE • TRIAL, THE • 1976
SITUM • CIRCUMSTANCE • 1984

VIKINGSSON VIDAR – ICL
ASGEIR • 1983

VIKTOR HERBERT – GRM
PARADIES UND FEUEROFEN • PARADISE AND FIERY FURNACE • 1959
90 JAHRE DEUTSCHER GESCHICHTE -90 JAHRE KONRAD ADENAUER • 90 YEARS OF GERMAN HISTORY -90 YEARS KONRAD ADENAUER • 1968 • DOC

VIKTOROV RICHARD – USS
VICTOROV RICHARD • VICTOR RICHARD
MOSKVA – KASSIOPEIA • MOSCOW – CASSIOPEIA • 1974
OTROKI VO VSELENNOI • TEENAGERS IN SPACE • 1975
CHEREZ TERNII K ZVEZDAM • THORNY WAY TO THE STARS, THE ○ PER ASPERA AD ASTRA ○ HUMANOID WOMAN ○ TO THE STARS • 1981

VILA CAMILO – USA
UNHOLY, THE • 1988
OPTIONS • 1989

VILADOMAT DOMINGO – SPN – 1915–
DOS MUJERES EN LA NIEBLA • 1947
CERCA DEL CIELO • 1951
HERMANA MENOR • 1952
LLEGARON SIETE MUCHACHAS • 1954
TORO BRAVO • FIESTA BRAVA (ITL) • 1956
GAYARRE • 1958
PERRO GOLFO • 1962

VILARDEBO CARLOS – PRT – 1926–
DIMANCHE, UN • 1948 • SHT
VIE CONTINUE, LA • 1948 • SHT
ARLES • 1951 • SHT
AVALANCHES • 1951 • SHT
CAPULETTI ET PINTOS • 1953 • SHT
BANQUE, LA • 1955 • SHT
MOYEN AGE FRANCAIS, LE • 1955 • SHT
VIE DU MOYEN, LE • 1955 • SHT
GENS DE MATAPIT, LES • 1956 • SHT
PLANTEURS DU MUNGO, LES • 1956 • SHT
TERRES DE GOLOMPO, LES • 1956 • SHT
BOLIDES AU MANS • WEEKEND AT LE MANS • 1957
ENTRE LA TERRE ET LE CIEL • 1957 • SHT
PETROLIERS DES SABLES • 1957 • SHT
VIVRE • 1958 • SHT
EAU ET LA PIERRE, L' • 1959 • SHT
PETITE CUILLERE, LA • LITTLE SPOON, THE (USA) • 1959 • SHT
FLEUVE INVISIBLE, LA • 1960 • SHT
MILLE VILLAGES • 1960 • SHT
SOLEILS • 1960 • SHT
ICI, AILLEURS • 1961 • SHT
ILES ENCHANTEES, LES • ILHAS ENCANTADAS, AS (PRT) • 1964

VILENCIA JEFF – USA
DOPE MANIA • 1987 • DOC

VILETTE RAYMOND – Animator – FRN
GULLIVER CHEZ LES LILLIPUTIENS • GULLIVER IN LILLIPUT • 1923 • ANM

VILLA JACQUES R. see **VILLA JACQUES-R.**

VILLA JACQUES-R.
VILLA JACQUES R.
PETITS CHATS, LES • WILD ROOTS OF LOVE (USA) • 1959

de VILLA JOSE – PHL
ITO ANG AKING KASAYSAYAN • THIS IS MY LIFE • 1967
LET'S DANCE THE SOUL • 1967
LOVE, THIS IS MY SONG • 1967
MALUPIT ANG PAG-IBIG • LOVE IS CRUEL • 1967
SINO ANG DAPAT SISIHIN • WHO'S TO BE BLAMED • 1967
SITTING IN THE PARK • 1967
BAHAY KUBO KAHIT MUNTI • NIPA HUT, THOUGH SMALL, A • 1968
DOBOL WEDDING • DOUBLE WEDDING • 1968
DOON PO SA AMIN • HOMETOWN • 1968
JUANITA BANANA • ANG MAGKAIBANG DAIDIGNI JUANITA BANANA • 1968
SAYONARA MY DARLING • GOODBYE MY DARLING • 1968

VILLAFLOR ROMY – PHL
ANNA LIZZA • 1967
DA BEST IN DA WEST • BEST IN THE WEST, THE • 1967
HEY BOY! HEY GIRL • 1967
LIKE FATHER, LIKE SON • 1967
PAMBIHIRANG TATLO • WONDERFUL THREE • 1967
SITSIRITSIT ALIBANGBANG • 1967
BANAL, GANID, AT ANG PUSAKAL, ANG • SACRED, THE SELFISH AND THE VAGABOND, THE • 1968
BUY ONE TAKE ONE • 1968
GIYERA PATANI • MOCK WAR • 1968
GOOD MORNING TITSER • GOOD MORNING TEACHER • 1968
NANG MAMATAY NG DAHIL SA IYO • TO DIE FOR YOU • 1968

VILLAFUERTE SANTIAGO – CUB – 1937–
AZUCAR, EL • 1965 • DOC
CULTIVO DEL TABACO BALIZADO • 1967 • DOC
GENETICA EN CUBA, LA • 1967 • DOC
NINOS, LOS • 1969 • DOC
ESTOS Y AQUELLOS • 1970 • DOC
APUNTES • 1971 • DOC
LUNES EN EL ZOOLOGICO, UN • 1971 • DOC
TANIAS, LAS • 1971 • DOC

VILLAGGIO PAOLO – ITL
FANTOZZI CONTRA TUTTI • 1980

VILLAIN DOMINIQUE – FRN
OLIVIER, L' • 1975 • DOC

VILLALBA ROMANO – SPN
CASA DE LOS MARTINEZ, LA • 1971

VILLANUEVA – PRU
KUKULI • 1961

VILLANUEVA ENRIQUE CORNEJO – PRU
LUIS PARDO • 1927

VILLAR FELIX – PHL
AMAZONA • 1959
MARK OF KARDO, THE • 1967

del VILLAR FRANCISCO – MXC
TEJEDOR DE MILAGROS, EL • BASKET-MAKER AND THE MIRACLE, THE ○ WEAVER OF MIRACLES, THE ○ MIRACLE WEAVER, THE • 1961
CUERVOS ESTAN DE LUTO, LOS • 1965
ANGELES DE PUEBLA, LOS • 1966
DOMINGO SALVAJE • 1966
PERROS DE DIOS, LOS • 1973

VILLARD RAYMOND – USA
EXPEDITION TO THE RED PLANET • 1968 • SHT

VILLAREAL JULIO – MXC
NINO DE LAS MONJAS, EL • 1944

VILLAREAL MITOS – PHL
SALAMISM • 1968

VILLARONGA AGUSTIN – SPN
LABERINT • LABYRINTH • 1979
TRAS EL CRISTAL • BEHIND THE GLASS ○ IN A GLASS CAGE • 1985
NINO DE LA LUNA, EL • MOON CHILD, THE ○ MOONCHILD • 1988

VILLASENOR RAFAEL – MXC
RATAS DEL ASFALTO • 1977

VILLATORO CARLOS – MXC
CARNAVAL EN EL TROPICO • 1941

VILLEMINOT JACQUES – FRN
HOMMES OUBLIES, LES • 1957
HOMMES DE LA WAHGI, LES • 1963 • SHT

VILLENEAU HENRI – FRN
A NOUS LES MINETTES

VILLERS ROBERT – FRN
ETOILE DISPARAIT, UNE • STAR DISAPPEARS, A (USA) ○ ETOILE EST MORTE, UNE ○ ETOILE S'ETAIENT, UNE • 1932

VILLET – FRN
MOISSON SERA BELLE, LA • 1954 • SHT

VILLIERS CHARLES – ASL
FACE AT THE WINDOW, THE • 1919
POSSUM PADDOCK • 1921

VILLIERS DAVID – UKN – 1921–
RIG 20 • 1952
POINT OF NEW DEPARTURE • 1956
TEST FLIGHT 263 • 1957
FOUR WINDS ISLAND • 1961
CANDIDATE FOR MURDER • 1962

VILLIERS FRANCOIS – FRN – 1920–
HANS LE MARIN • WICKED CITY, THE (USA) • 1948
EAU VIVE, L' • GIRL AND THE RIVER, THE • 1956
VERTE MOISSON, LA • 1959
PIERROT LA TENDRESSE • 1960
PUITS AUX TROIS VERITES, LE • POZZO DELLE TRE VERITA, IL (ITL) ○ THREE FACES OF SIN (USA) ○ TROIS VERITES ○ THREE SINNERS ○ THREE TRUTHS IN THE WELL • 1961
JUSQU'AU BOUT DU MONDE • FILO DI SPERANZA, UN (ITL) • 1962
AUTRE FEMME, L' • 1963
CONSTANCE AUX ENFERS • BALCON SOBRE EL INFIERNO, UN (SPN) ○ WEB OF FEAR (USA) • 1964
JEAN DE LA LUNE • 1977 • MTV
MANIKA: THE GIRL WHO LIVED TWICE • 1989

de VILLIERS GERARD – FRN
VAUDOU AUX CARAIBES • 1981

VILLIERS KENNETH – Actor – SLN – 1912–
FIRST RHAPSODY • 1946 • DOC

VILLIERS MICHAEL – UKN
WINDJAMMER • 1929

VILLIERSVILA FRANCOIS – FRN – 1920–
MONICA: THE GIRL WHO LIVED TWICE • 1989

VILLINGER DR. – GRM
MILAK, DER GRONLANDJAGER • 1927

VILNER V.
SIMPLE TAILOR, THE • 1934

VILORIA JOSE LUIS – SPN – 1931–
RAPTO DE T.T., EL • 1963
DIABLOS ROJOS, LOS • 1966

VILSMAIER JOSEPH – GRM
HERBSTMILCH • AUTUMN MILK (UKN) • 1988
RAMA DAMA -IM JAHR DE TRUMMERFRAU • IN THE YEAR OF THE RUBBLE-CLEARING WOMAN • 1990

VILSTRUP LI – DNM
HVEM MYRDER HVEM • WHO'S MURDERING WHOM? • 1977

VINCENT A. – IND
ENGALUCKUM KALAM VARUM • EVERY DOG HAS HIS DAY • 1967

VINCENT CHUCK – USA
UBELL MARC
APPOINTMENT, THE • 1971
BLUE SUMMER • 1971
WHILE THE CAT'S AWAY • 1971
MRS. BARRINGTON • 1972
LETCHER • LECHER • 1974
AMERICAN TICKLER OR THE WINNER OF 10 ACADEMY AWARDS • AMERICAN TICKLER ○ EJECTION ○ DRAWS • 1976
BANG BANG • PORN FLAKES ○ BANG, BANG, YOU'VE GOT IT! • 1976
FAREWELL SCARLET • 1976
HEAVY LOAD • 1976
VISIONS • 1977
DIRTY LILLY • 1978
SEXUAL EXPLOITS OF NAUGHTY PENNY, THE • 1978
BAD PENNY • 1979
HOT T-SHIRTS • 1979
MATTER OF LOVE, A • 1979
SUMMER CAMP • 1979
JACK 'N' JILL • JACK AND JILL • 1980
BON APPETIT • 1981
GARTERS AND LACE • 1981
JACK 'N' JILL 2 • DESIRES OF A NAUGHTY NYMPHO • 1981
MISBEHAVIN' • 1981
SIZZLE • SIZZLE PANTS • 1981
THAT LUCKY STIFF • 1981
C.O.D. • SNAP • 1982
DIRTY LOOKS • 1982
GAMES WOMEN PLAY • 1982
ROOMMATES • 1982
THIS LADY IS A TRAMP • 1982
PUSS 'N BOOTS • 1983
STRANGERS IN LOVE • IN LOVE • 1983
HOLLYWOOD HOT TUBS • 1984
JACK AND JILL II • 1984
PREPPIES • 1984
HOUSE OF THE RISING SUN • 1985
WARRIOR QUEEN • POMPEII • 1985
SEX APPEAL • 1986
DERANGED • 1987
IF LOOKS COULD KILL • 1987
SLAMMER GIRLS • BIG SLAMMER, THE • 1987
STUDENT AFFAIRS • HIGH SCHOOL • 1987
WIMPS • 1987
YOUNG NURSES IN LOVE • 1987
BEDROOM EYES 2 • 1988
BEYOND DERANGED • 1988
NEW YORK'S FINEST • 1988
SENSATIONS • 1988
SEXPOT • 1988
THRILLED TO DEATH • 1988
WILDEST DREAMS • 1988
BAD BLOOD • SON • 1989
CLEO • 1989
PARTY GIRLS • 1989

VINCENT JAMES – USA
AMBITION • 1916
BATTLE OF LIFE, THE • 1916
GOLD AND THE WOMAN • 1916
LOVE AND HATE • 1916
SINS OF MEN • 1916
UNWELCOME MOTHER, THE • 1916
ROYAL ROMANCE, A • 1917
SISTER AGAINST SISTER • 1917
WRATH OF LOVE • 1917
HIDDEN HAND, THE • 1918 • SRL
SPIRIT OF LAFAYETTE, THE • 1919
STOLEN MOMENTS • 1920
WOMAN IN GREY, THE • 1920 • SRL

VINCENT JEAN-MARIE – FRN – 1940–
VANDA TERES • 1975

VINCENT KEVIN see **DUFFY KEVIN**

VINCENT L. J. – USA
PASSION PLAY, THE • 1898

VINCENT RUSSEL – USA
THAT TENDER TOUCH • 1969

VINCENT THOMAS see **GICCA ENZO**

VINCENZO PASQUALE – ITL
SEXY AD ALTA TENSIONE • 1963 • DOC

VINGRANOVSKI NIKOLAI – USS
BYEREG NADYEZHDY • SHORES OF HOPE, THE • 1967

VINIKOW JOSEPH – USA
BANJO MAN • 1978

VINNITSKY ANDREI – USS
LAND OF MIRACLES • 1945

VINOD VIDHU – IND
KHAMOSH • 1985

VINOGRADOV V. see **VINOGRADOV VALENTIN**

VINOGRADOV VALENTIN – USS
VINOGRADOV V.
LETTERS TO THE LIVING • 1964
VOSTOCHNY KORIDOR • EASTERN CORRIDOR • 1968
WAIT FOR ME, ANNA • 1969
FELLOW VILLAGERS • 1975

VINT JESSE – USA
ANOTHER CHANCE • 1987

VINTERHEDEN MARGARETA – SWD
MAN MASTE JU LEVA • I'VE GOT TO LIVE • 1978

VINTI CARLO – ITL
TRAVIATA, LA • 1953

VINTON WILL – USA
CLOSED MONDAYS • 1974 • ANS
MARTIN THE COBBLER • 1976 • ANS
MOUNTAIN MUSIC • 1976 • ANS
CLAYMATION • 1978 • ANS
RIP VAN WINKLE • 1978 • ANS
LEGACY • 1979 • ANS
LITTLE PRINCE, THE • 1979 • ANS
CHRISTMAS GIFT, A • 1980 • ANS
DINOSAUR • 1980 • ANS
DIARY, THE • 1981 • ANS
CREATION, THE • 1982 • ANS
GREAT COGNITO, THE • 1983 • ANS
ADVENTURES OF MARK TWAIN, THE • COMET QUEST • 1985 • ANM
BEST OF THE FESTIVAL OF CLAYMATION, THE • 1987 • ANM

VINYARSKY M. – USS
DREAMS COME TRUE • 1960

VIOLA AL see **VIOLA ALBERT T.**

VIOLA ALBERT T. – USA
VIOLA AL
MONDO NUDO • NAKED WORLD (USA) • 1963 • DOC
INTERPLAY • PART-TIME VIRGINS (UKN) • 1970
WOMAN IN LOVE, A • 1970
PREACHER MAN • PREACHERMAN MEETS WIDDERWOMAN ○ PREACHERMAN • 1971
MR. FORBUSH AND THE PENGUINS • CRY OF THE PENGUINS (USA) • 1972

VIOLA JOE – USA
ANGEL WARRIORS • 1971
ANGELS HARD AS THEY COME • ANGELS AS HARD AS THEY COME (UKN) • 1971
HOT BOX • 1972

VIOLANTE MARCELA FERNANDEZ – MXC
FERNANDEZ MARCELA
CANANEA • 1976
DE TODOS MODOS JUAN TE LLAMAS • GENERAL'S DAUGHTER, THE • 1976
NINO PARAMURI, EL • 1980
MISTERIO • 1981

VIOLET E.-E. see **VIOLET EDOUARD-EMILE**

VIOLET EDOUARD see **VIOLET EDOUARD-EMILE**

VIOLET EDOUARD E. see **VIOLET EDOUARD-EMILE**

VIOLET EDOUARD-EMILE – FRN
VIOLET EDOUARD E. • VIOLET EDOUARD • VIOLET E.-E.
NOUVELLE AURORE, LA • 1918 • SRL
HOMMES NOUVEAUX, LES • 1922
BATAILLE, LA • 1923
VOILE DU BONHEUR, LE • VEIL OF HAPPINESS, THE • 1923
DANGER LINE, THE • BATTLE, THE • 1924
ZIRKUSKONIG, DER • ROI DU CIRQUE, LE (FRN) ○ CIRCUSMANIA (UKN) ○ KING OF THE CIRCUS ○ CLOWN AUS LIEBE • 1924

VIOLET GEORGE – FRN
FUMEES • 1951 • SHT
MASQUES • 1953 • ANS
NOCTURNE • 1954 • ANS

VIOTA PAULINO – SPN – 1948–
CON UNAS Y DIENTES • 1977

VIRGINIA BARBARA – PRT – 1923–
TRES DIAS SEM DEUS • THREE DAYS WITHOUT GOD • 1946

VIRTANEN JUKKA – FNL
MILLIPILLERI • MILLIPILL, THE ○ MILL PILL ○ DOLLARO PER 7 VIGLIACCHI, UN ○ TESTAMENTO DE MADIGAN, EL ○ MADIGAN'S MILLIONS • 1966
PAHKAHULLA SUOMI • CRAZY FINLAND • 1967
NOIN SEITSEMAN VELJESTA • ABOUT SEVEN BROTHERS • 1968

VISARION ALEXA – RMN
INAINTE DE TACERE • AHEAD OF THE SILENCE • 1979
PUNCT SI DE LA CAPAT • STARTING OVER • 1987

VISCONTI ERIPRANDO – ITL – 1933–
STORIA MILANESE, UNA • STORY IN MILAN, A ○ MILANESE STORY, A • 1962
MONDO TEENO • REVOLTA DEI TEENAGERS, LA (ITL) ○ TEENAGE REBELLION • 1967 • DOC
MONACA DI MONZA, LA • AWFUL STORY OF THE NUN OF MONZA, THE (UKN) ○ LADY OF MONZA, THE (USA) ○ STORIA LOMBARDA, UNA ○ NUN OF MONZA, THE • 1969
STROGOFF • MICHELE STROGOFF • 1970
CASO PISCIOTTA, IL • 1972
VERO E IL FALSO, IL • 1972
ORCA, LA • PRISONER OF PASSION ○ OGRESS, THE • 1976
OEDIPUS ORCA • 1977
SPIRALE DI NEBBIA, UNA • 1977

VISCONTI LUCHINO – ITL – 1906–1976
OSSESSIONE • POSTMAN ALWAYS RINGS TWICE, THE • 1943
TERRA TREMA, LA • EPISODIO DEL MARE ○ EARTH TREMBLES, THE • 1950
APPUNTI SU UN FATTO DI CRONACA • 1951 • DCS
BELLISSIMA • 1951
SIAMO DONNE • WE, THE WOMEN • 1953
SENSO • WANTON COUNTESS, THE ○ WANTON CONTESSA, THE ○ SENTIMENT • 1954
NOTTI BIANCHE, LE • NUITS BLANCHES (FRN) ○ WHITE NIGHTS (USA) ○ SLEEPLESS NIGHTS • 1957
ROCCO E I SUOI FRATELLI • ROCCO ET SES FRERES (FRN) ○ ROCCO AND HIS BROTHERS (USA) • 1960
BOCCACCIO '70 • BOCCACE 70 • 1962
GATTOPARDO, IL • LEOPARD, THE (USA) ○ GUEPARD, LE (FRN) • 1963
GIORNI DI FURORE • 1964 • DOC
...VAGHE STELLE DELL'ORSA • SANDRA (USA) ○ OF A THOUSAND DELIGHTS • 1965
STRANIERO, LO • ETRANGER, L' (FRN) ○ STRANGER, THE (USA) • 1967
STREGHE, LE • SORCIERES, LES (FRN) ○ WITCHES, THE • 1967
CADUTA DEGLI DEI, LA • GOTTERDAMMERUNG (FRG) ○ DAMNED, THE (UKN) ○ FALL OF THE GODS, THE • 1968
MORTE A VENEZIA • DEATH IN VENICE (UKN) • 1971
LUDWIG II • LOUIS II DE BAVIERE (FRN) ○ LUDWIG • 1972
GRUPPO DI FAMIGLIA IN UN INTERNO • CONVERSATION PIECE (USA) ○ VIOLENCE ET PASSION • 1974
INNOCENTE, L' • INNOCENT, THE (USA) ○ INTRUDER, THE • 1976

VISHINSKY V. see **VYSHINSKY YU.**

VISHWANATH G. – IND
NAKAKANNIKA • 1949

VISHWANATHAN G. – IND
APOORVA PIRAVIGAL • UNUSUAL BIRTH • 1967

VISKOVSKI VYACHESLAV – USS – 1881–1933
CHAI • MAYBE • 1924
KRASNYE PARTIZANY • RED PARTISANS • 1924
DEVIATOE YANVARIA • NINTH OF JANUARY • 1926

VISSER BOB – NTH
VELD VAN EER, HET • 1983

VISTRUP LI – DNM
TAG DET SOM EN MAND, FRUE • TAKE IT LIKE A MAN, MA'AM ○ TA' DET SOM EN MAND, FRUE • 1974

VISWANATH K. – IND
KALISOCHINA ADHRUSHTAM • GAINS OF FORTUNE • 1968
UNDAMMA BOTTU PEDATA • WAIT A FEW MOMENTS MORE • 1968
SANKARABHARANAM • ORNAMENT OF SANKARA • 1979

VITAL CLAUDE – FRN – 1933–
O.K. PATRON • 1973
CHASSEUR DE CHEZ MAXIM'S, LE • 1976
MAESTRO, LE • 1977
TEMPS DES VACANCES, LE • 1978
MERVEILLEUSE JOURNEE, UNE • 1980
SI ELLE DIT OUI.. JE NE DIS PAS NON! • 1982

VITALE FRANK – USA – 1945–
COUNTRY MUSIC • 1971
METROPOLIS ORGANISM, THE • 1971
MONTREAL MAIN • BOULEVARD SAINT-LAURENT MONTREAL • 1973
PENNY AND ANN • 1974
EAST END HUSTLE • EAST SIDE HUSTLE • 1976
FRIDAY NIGHT ADVENTURE • 1976

VITANDIS GHEORGHE – RMN – 1929–
VITANIDIS GHEORGHE
OUR LADS • 1959
POSTE RESTANTE • 1961
GAUDEAMUS IGITUR • 1964
FETES GALANTES, LES • SERBARILOR GALANTE (RMN) • 1965
SEFUL SECTORULUI SUFLETE • CHIEF OF THE SOULS' DEPARTMENT, THE ○ SOULS DEPARTMENT, THE • 1967
ADOLESCENTUL RAUTACIOS • MALICIOUS ADOLESCENT, THE • 1968
WOMAN FOR A SEASON, A • 1969
MAKING OF THE WORLD, THE • 1970
CIPRIAN PORUMBESCU • BALLAD, THE • 1972
DIMITRIE CANTEMIR • 1973
CLIPA • MOMENT, THE • 1979
IN FIECARE ZI MI-E DOR DE TINE • YOU ARE ALWAYS IN MY HEART • 1988

VITANIDIS GHEORGHE see **VITANDIS GHEORGHE**

VITEZY LASZLO – HNG
BEKEIDO • PEACETIME • 1980
VOROS FOLD • RED EARTH • 1983
ERZEKENY BUCSU A FEJEDELEMTOL • FAREWELL TO THE PRINCE • 1986
UGY EREZTE, SZABADON EL • FLOATING FREE • 1988 • DOC

VITORINO ORLANDO – PRT – 1922–
EU FUI AO JARDIM DA CELESTE • 1952 • SHT
FABULA DA LEITURA • 1952 • SHT
ALENTEJO NAO TEM SOMBRA • 1953 • SHT
PARA ONDE VAIS, MARIA? • 1953 • SHT
PLANO DE EDUCACAO POPULAR • 1953 • SHT
ROMARIAS • 1953 • SHT
FLOR DO MAR • 1956 • SHT
NEM AMANTES NEM AMIGOS • 1971

VITRAC ROGER – FRN
CAVALERIE LEGERE • 1935

VITROTTI GIOVANNI – USS
DEMON • 1911

VITTALACHARI B. – IND
VITTALACHARYA B.
WITCHCRAFT • 1965
BHALE MONAGADU • SHOW-OFF, THE • 1968

VITTALACHARYA B. see **VITTALACHARI B.**

VITTI MONICA – Actress – ITL – 1931–
SCANDALO SEGRETO • SECRET SCANDAL • 1990

VITTOLI JOHN – USA
PLEASURE GAME, THE • 1970

VIVANCOS PATRICE – GRC
XENIA • 1989

VIVARELLI PIERO – ITL
MURRAY DONALD
SAM REMO, LA GRANDE SFIDA • 1960
IO BACIO.. TU BACI • 1961
OGGI A BERLINO • 1962
RITA, LA FIGLIA AMERICANA • 1965
MISTER X • 1967
SATANIK • 1967
DIOS SERPIENTE, EL • DIO SERPENTE, IL (ITL) ○ SERPENT-GOD, THE ○ GOD SNAKE, THE • 1970
DECAMERONE NERO, IL • BLACK DECAMERON (UKN) • 1972
CODICE D'AMORE ORIENTALE • 1974
NELLA MISURA IN CUI.. • 1979

VIVET JEAN-PAUL – FRN
LOUIS CAPET • LOUIS XVI • 1954 • DCS
JEAN-JACQUES ROUSSEAU • 1958 • DCS

VIVIAN ARTHUR – UKN
ROB ROY • 1911

VLACIL FRANTISEK – CZC – 1924–
HOLUBICE • WHITE DOVE, THE ○ DOVE • 1960
DABLOVA PAST • DEVIL'S TRAP, THE • 1961
MARKETA LAZAROVA • 1967
UDOLI VCEL • VALLEY OF THE BEES, THE ○ VALLEY OF BEES • 1967
ADELHEID • ADELAIDE • 1969
PRAHA SECESNI • PRAGUE OF THE JUGENDSTIL PERIOD • 1974 • SHT
DYM BRAMBOROVE NATE • FIRE ON THE POTATO FIELD ○ SMOKE OF POTATO HAULM • 1976
STINY HORKEHO LETA • SHADOWS OF THE HOT SUMMER ○ SHADOWS OF A HOT SUMMER • 1977
KONCERT NA KONCI LETA • CONCERT AT THE END OF SUMMER • 1978
HADI JED • SNAKE POISON • 1981
PASACEK Z DOLINY • SHEPHERD BOY FROM THE LOWLAND, THE • 1983
MAG • MAGICIAN, THE • 1987

VLADIMIROV – CZC
VEZEN NO BEZDEZE • PRISONER OF BEZDEZ, THE • 1932
STRYCEK Z AMERIKY • UNCLE FROM AMERICA • 1933

VLCEK VLADIMIR – CZC
NOVE CESKOSLOVENSKO • NEW CZECHOSLOVAKIA • 1950
RUDA ZARE NAD KLADNEM • RED GLOW OVER KLADNO • 1955
ADVENT • GATES OF DAWN, THE • 1956

VOCK HARALD – GRM
IMMER ARGER MIT DEN PAUKERN • ALWAYS TROUBLE WITH TEACHER • 1968
UNSER DOKTOR IST DER BESTE • 1969
UNSERE PAUKER GEHEN IN DIE LUFT • 1970

VOCORET MICHEL – FRN – 1938–
BIDASSES AU PENSIONNAT, LES • 1978
NOUS MAIGRIRONS ENSEMBLE • 1979
COMMENT DRAGUER TOUTES LES FILLES • 1981
QU'EST-CE QUI FAIT CRAQUER LES FILLES? • 1982
RETOUR DES BIDASSES EN FOLIE, LE • 1982

VODIO ETIENNE see **VODIO N'DABIAN**

VODIO N'DABIAN – IVC
NDABIAN VODIO ETIENNE • VODIO ETIENNE
BOUDOUKOU AN II • 1973 • SHT
CRI DU MUEZZIN, LE • CRY FROM THE MUEZZIN, THE • 1973

VOGEL FRANK – GRM
KLOTZ AM BEIN • 1958
ENTSCHEIDUNG DES DR. AHRENDT, DIE • 1960
JULIA LEBT • JULIA LIVES • 1963
MANN MIT DEM OBJEKTIV, DER • MAN WITH THE GADGET, THE • 1963
GESCHICHTEN JENER NACHT • STORIES OF THAT NIGHT ○ TALES OF THAT NIGHT • 1967
JOHANNES KEPLER • 1975
GANSE VON BUTZOW, DIE • GEESE OF BUTZOW, THE • 1986

VOGEL JOSEPH – USA
HOUSE OF CARDS • 1947 • SHT

VOGEL PAUL – Dir. photo – USA – 1899–1975
ARMY CHAMPIONS • 1941 • SHT

VOGEL RAYMOND – FRN
MARCHE FRANCAISE • 1956 • SHT
CHERES VIEILLES CHOSES • 1957 • SHT
MORTS EN VITRINE • 1957 • SHT
ILE DE SEIN, L' • 1958 • SHT
SIECLE A SOIF, LE • 1958 • SHT
MER ET LES JOURS, LA • SEA AND THE DAYS, THE • 1959 • SHT
OVERVINTRINGEN • HIVERNALE • 1965

VOGEL VIRGIL see **VOGEL VIRGIL W.**

VOGEL VIRGIL W. – USA
VOGEL VIRGIL
MOLE PEOPLE, THE • 1956
KETTLES ON OLD MACDONALD'S FARM, THE • 1957
LAND UNKNOWN, THE • HIDDEN VALLEY, THE • 1957
MIDNIGHT SUN, THE • 1958
RYMDINVASION I LAPPLAND • INVASION OF THE ANIMAL PEOPLE (USA) ○ SPACE INVASION OF LAPLAND ○ TERROR IN THE MIDNIGHT SUN (UKN) • 1958
AH CHONG STORY, THE • 1961
SWORD OF ALI BABA, THE • 1965
COP ON THE BEAT • 1975 • TVM
RETURN OF JOE FORRESTER, THE • 1975 • TVM
DEPUTIES, THE • 1976 • TVM
LAW OF THE LAND • 1976 • TVM
BEULAH LAND • 1980 • TVM
PORTRAIT OF A REBEL: MARGARET SANGER • PORTRAIT OF A REBEL: THE REMARKABLE MRS. SANGER • 1980 • TVM
POWER • 1980 • TVM
TODAY'S F.B.I. • 1981 • TVM
CONDOR • 1986 • TVM
STREETHAWK • STREET HAWK • 1986
DESPERADO • 1987 • TVM
LONGARM • 1988 • TVM

de VOGEL WILLEM – SWT
ACHT MAL ACHT • 8 X 8 • 1957

VOGELER VOLKER – GRM – 1930–
VARNA • 1960
SOHNE, DIE • 1967
TANKER • 1969
JAIDER -DER EINSAME JAGER • 1970
BANDA DE JAIDER, LA • JAIDER'S GANG • 1974
VERFLUCHT, DIES AMERIKA! • THIS DAMNED AMERICA! • 1974
TAL DER WITWEN, DAS • VALLEY OF THE WIDOWS, THE ○ VALLE DE LAS VIUDAS, EL • 1975

VOHRER ALFRED – GRM – 1918–
MEINE 99 BRAUTE • 1958
SCHMUTZIGER ENGEL • IMPERFECT ANGEL (USA) ○ DIRTY ANGEL (UKN) ○ FALLEN ANGEL • 1958
VERBRECHEN NACH SCHULSCHLUSS • YOUNG GO WILD, THE (USA) ○ AFTER SCHOOL • 1959
BIS DAS GELD EUCH SCHEIDET • 1960
MIT 17 WEINT MAN NICHT • 1960
TOTEN AUGEN VON LONDON, DIE • DEAD EYES OF LONDON (USA) ○ DARK EYES OF LONDON, THE • 1960
UNSER HAUS IN KAMERUN • 1961
GASTHAUS AN DER THEMSE, DAS • INN ON THE RIVER, THE (USA) • 1962
TUR MIT DEN SIEBEN SCHLOSSERN, DIE • DOOR WITH SEVEN LOCKS, THE (USA) • 1962
ALIBI ZERBRICHT, EIN • ALIBI FOR DEATH, AN (USA) • 1963
INDISCHE TUCH, DAS • INDIAN SCARF, THE (USA) • 1963
HEXER, DER • MYSTERIOUS MAGICIAN, THE (USA) ○ MAGICIAN, THE ○ WIZARD, THE • 1964
UNTER GEIERN • LA DOVE SCENDE IL SOLE (ITL) ○ MEDJU JASTREBOVIMA (YGS) ○ FRONTIER HELLCAT (USA) ○ PARMI LES VAUTOURS (FRN) ○ AMONG VULTURES • 1964
WARTEZIMMER ZUM JENSEITS • 1964
NEUES VOM HEXER • AGAIN THE WIZARD • 1965
OLD SUREHAND I • LAVIRINT SMRTI (YGS) ○ FLAMING FRONTIER (UKN) • 1965
ZINKER, DER • SQUEAKER, THE (USA) • 1965
BUCKLIGE VON SOHO, DER • 1966
LANGE BEINE, LANGE FINGER • 1966
BLAUE HAND, DIE • CREATURE WITH THE BLUE HAND (USA) ○ BLUE HAND, THE • 1967
MONCH MIT DER PEITSCHE, DER • MONK WITH THE WHIP, THE • 1967
WINNETOU UND SEIN FREUND OLD FIREHAND • WINNETOU AND HIS FRIEND OLD FIREHAND ○ THUNDER AT THE BORDER • 1967
GORILLA VON SOHO, DER • GORILLA OF SOHO, THE • 1968
HUND VON BLACKWOOD CASTLE, DER • HOUND OF BLACKWOOD CASTLE, THE • 1968
IM BANNE DES UNHEIMLICHEN • IN THE GRIP OF THE SINISTER ONE • 1968
MANN MIT DEM GLASAUGE, DER • TERROR ON HALF MOON STREET (USA) • 1968
HERZBLATT, ODER WIE SAG ICH'S MEINER TOCHTER • HONEY BUN, OR HOW TO TELL MY DAUGHTER • 1969
SIEBEN TAGE FRIST • 1969
GELBE HAUS AM PINNASBERG, DAS • 1970
HAND OF POWER, THE • 1970
LIEBE IST NUR EIN WORT • LOVE IS ONLY A WORD (UKN) • 1971
UND JIMMY GING ZUM REGENBOGEN • AND JIMMY WENT TO THE RAINBOW'S END • 1971
STOFF AUS DEM DIE TRAUME SIND, DER • 1972

UND DER REGEN VERWISCHT JEDE SPUR • 1972
ALLE MENSCHEN WERDEN BRUDER • 1973
GOTT SCHUTZT DIE LIEBENDEN • 1973
ANTWORT KENNT NUR DER WIND, DIE • SEUL LE VENT CONNAIT LA RESPONSE (FRN) ○ ANSWER'S IN THE WIND, THE • 1975
JEDER STIRBT FUR SICH ALLEIN • WE ALL DIE ALONE • 1976

VOI PIERLUIGI – ITL
SISTEMAZIONE PIU COMODA, UNA • 1978

VOINOV H. – USS
COCKROACH, THE • 1927

VOINOV K. see **VOINOV KONSTANTIN**

VOINOV KONSTANTIN – USS
VOYNOV KONSTANTIN • VOINOV K.
TROE VYSHLI IZ LESA • THREE CAME FROM THE FOREST • 1957
SOLNTSE SVETIT VSEM • SUN SHINES FOR ALL, THE (USA) ○ SUN SHINES FOR EVERYBODY, THE • 1959
DVE ZHIZNI • TWO LIVES • 1961
GREENHORN, THE • 1962
ZHENITBA BALZAMINOVA • MARRIAGE OF BALZAMINOV, THE (USA) ○ BALZAMINOV'S MARRIAGE • 1965
DYADYUSHKIN SON • UNCLE'S DREAM, AN • 1967
GRANDAD'S DREAM • 1967
PEVITSA • SINGER, THE • 1971
DACHA • 1973

VOISIN ANDRE – FRN
HIVER • 1964

VOITETSKY A. see **VOITETSKY ARTUR**

VOITETSKY ARTUR – USS
VOYTETSKI ARTUR • VOITETSKY A.
SOMEWHERE I HAVE A SON • 1962
PATHS AND TRACKS • 1964
SKUKI RADI • FOR BOREDOM'S SAKE ○ TO BANISH BOREDOM ○ OUT OF BOREDOM • 1968

VOITETSKY V. – USS
YOUR OWN HANDS • 1956

VOIZARD MARC – USA
LILAC DREAM • 1987
JOURNEY HOME, THE • 1990 • SHT

VOJAZOS ANTONIS – USS
ZHIZN KHOROSHAYA SHTUKA, BRAT! • LIFE'S A FINE THING, BROTHER! • 1967

VOLCHEK B. – USS
SPECIAL SERVICE AGENT • 1964
CAPTAIN OF THE LUCKY SUBMARINE SHCHUKA, THE • 1973

VOLCKER HANSJURGEN – GRM
GRAF CHAGRON • OBERST CHABERT • 1924
BILDERBOGEN DER EHE • 1927

VOLEV NIKOLAI – BUL
KING FOR A DAY • 1983
ALL FOR LOVE • 1986
EARTHENWARE POTS • 1986 • DOC
HOUSE NO.8 • 1986 • DOC
MARGARIT AND MARGARITA • 1990

VOLK E. – USS
SPUTNIK SPEAKING • SPUTNIK SPEAKS, THE • 1959

VOLKOFF ALEXANDRE see **VOLKOV ALEXANDER**

VOLKOV ALEXANDER – USS – 1885–1942
VOLKOFF ALEXANDRE • WOLKOFF ALEXANDER
SNY MIMOLETNYE, SNY BEZRABOTNYE SNIATSIA LIS' RAZ • 1913
BELLE COMME LA MORT • 1914
FUYARD, LE • 1914
ISMAEL BEY • 1914
PORTRAIT DE DORIAN GRAY, LE • 1915
ARAIGNEE VERTE, L' • 1916
AU SOMMET DE LA GLOIRE • 1916
COEUR DU MAL, LE • 1916
ZELYONYI PAUK • GREEN SPIDER, THE • 1916
EST COUPABLE • 1917
ENFANT DU CARNAVAL, L' • 1921
MAISON DU MYSTERE, LA • 1922
KEAN • DESORDRE ET GENIE • 1923
OMBRES QUI PASSANT, LES • 1924
CASANOVA • LOVES OF CASANOVA, THE ○ PRINCE OF ADVENTURERS • 1927
GEHEIMNISSE DES ORIENTS • SECRETS OF THE ORIENT (USA) ○ MYSTERIES OF THE ORIENT ○ SHEHERAZADE ○ SECRETS OF THE EAST • 1928
WEISSE TEUFEL, DER • WHITE DEVIL, THE (USA) • 1930
MILLE ET DEUXIEME NUIT, LA • 1933
ENFANT DU CARNAVAL, L' • 1934
STJENKA RASIN • WOLGA-WOLGA • 1936
AMORE IMPERIALE • 1941

VOLLER R. – UKN
GLIMPSE OF THE CORNISH COAST, A • 1935

VOLLMAR WOLF – GRM
20TH OF JULY, THE • 1989

VOLLMOLLER KARL – GRM
CATHERINE GRAFIN VON ARMAGNAC • 1922

VOLLRATH ERNESTO – MXC
BANDA DEL AUTOMOVIL A LA DAMA ENLUTADA, LA • 1919
HASTA DESPUES DE LA MUERTE • 1919
CARMEN • 1920
EN LA HACIENDA • 1920
PARCELA, LA • 1921

VOLODIN ALEXANDR – USS
PROISHYESTVIYE, KOTOROVO NIKTO NYE ZAMYETIL • EVENT NO ONE NOTICED, AN • 1968

VOLPATO REINALDO – BRZ
ABRASASAS • OPEN WINGS • 1984

VOLPE IGNATIUS – USA
STRANGE RAMPAGE • 1967

VOLPE MARIO – ITL – 1894–
ONCHOUDET EL FOLAD • 1932
DUE SORELLE, LE • 1950
PAPA, TI RICORDO! • FANCIULLA DI POMPEI, LA • 1954
CALUNNIATORI, I • 1956

VOLTCHEK VLADIMIR – CZC
LIBERTE SURVEILLEE • 1957

VONK JOSE – Animator – NTH
WELTERUSTEN SCHAT • GOODNIGHT DARLING • 1987 • ANS

VOOGD JURI – NTH
FRAGMENTS • 1976

VOREL TOMAS – CZC
PRAZSKA PETKA • PRAGUE 5, THE • 1988

VORHAUS BERNARD – GRM – 1898–
CAMERA COCKTALES NO.6 –VISIT TO A CINEMA ON AMATEUR NIGHT • 1932 • SHT
CAMERA COCKTALES NOS.1–6 • 1932 • SER
CRIME ON THE HILL • 1933
GHOST CAMERA, THE • 1933
MONEY FOR SPEED • 1933
ON THIN ICE • 1933
BLIND JUSTICE • 1934
BROKEN MELODY, THE • VAGABOND VIOLINIST • 1934
NIGHT CLUB QUEEN • 1934
DARK WORLD • 1935
LAST JOURNEY, THE • 1935
STREET SONG • 1935
TEN MINUTE ALIBI • 1935
DUSTY ERMINE • HIDEOUT IN THE ALPS (USA) • 1936
COTTON QUEEN • CRYING OUT LOUD • 1937
SMILE IN THE STORM, A • 1937
KING OF THE NEWSBOYS • 1938
TENTH AVENUE KID • 1938
FISHERMAN'S WHARF • 1939
MEET DR. CHRISTIAN • 1939
WAY DOWN SOUTH • 1939
COURAGEOUS DR. CHRISTIAN, THE • 1940
REFUGEE, THE • THREE FACES WEST • 1940
ANGELS WITH BROKEN WINGS • 1941
HURRICANE SMITH • DOUBLE IDENTITY • 1941
LADY FROM LOUISIANA • 1941
MR. DISTRICT ATTORNEY IN THE CARTER CASE • CARTER CASE, THE (UKN) • 1941
AFFAIRS OF JIMMY VALENTINE, THE • UNFORGOTTEN CRIME • 1942
ICE-CAPADES REVUE • RHYTHM HITS THE ICE (UKN) • 1942
BURY ME DEAD • 1947
WINTER WONDERLAND • 1947
AMAZING MR. X., THE • SPIRITUALIST, THE • 1948
SO YOUNG, SO BAD • 1950
PARDON MY FRENCH • LADY FROM BOSTON, THE (UKN) • 1951
FANCIULLE DI LUSSO • FINISHING SCHOOL (UKN) ○ LUXURY GIRLS (USA) • 1953

VORINS HENRI – FRN
FELLAH • 1921
TARTARIN SUR LES ALPES • 1921
TOCSIN, LE • 1921
LOUPIOTE, LA • 1923
NUIT DU 3, LA • 1925
PEDRUCHO • 1925
HUTTE D'ACAJOU, LA • 1926
TOUTE LA FRANCE PAR LE FILM • 1928 • SER

VORKAPICH SLAVKO – YGS – 1892–1976
LIFE AND DEATH OF 9413, A HOLLYWOOD EXTRA, THE • SUICIDE OF A HOLLYWOOD EXTRA ○ HOLLYWOOD RHAPSODY ○ HOLLYWOOD EXTRA, A • 1928 • SHT
I TAKE THIS WOMAN • 1931
PAST OF MARY HOLMES, THE • GOOSE WOMAN, THE • 1933
CONQUER BY THE CLOCK • 1942 • SHT
MOODS OF THE SEA • 1942 • SHT
PRIVATE SMITH OF THE U.S.A. • 1942 • SHT
LIEUTENANT SMITH • 1943 • SHT
SAILORS ALL • 1943 • SHT
MAIL CALL • 1944 • SHT
NEW AMERICANS • 1945 • SHT
T.V.A. • 1945 • SHT
FINGAL'S CAVE • 1946 • SHT
FOREST MURMURS • 1947 • SHT
HANKA • 1955

VORLICEK VACLAV – CZC – 1930–
PRIPAD LUPINEK • LUPINEK CASE, THE • 1960
MARIE • 1964
KDO CHCE ZABIT JESSI? • WHO WANTS TO KILL JESSIE? ○ WHO WOULD KILL JESSIE? ○ WHO KILLED JESSIE? ○ JESSIE AND SUPERMAN ○ WHO SAVES JESSIE? • 1966
KONEC AGENTA W4C PROSTREDNICTVIM PSA PANA FOUSTKY • END OF AGENT W4C THROUGH MR. FOUSTKA'S DOG, THE • 1967
DIVKA NA KOSTETI • GIRL ON THE BROOMSTICK, THE (USA) ○ GIRL ON A BROOM • 1971
PANE, VY JSTE VDOVA • MISTER, YOU ARE A WIDOWER ○ SIR, YOU ARE A WIDOWER ○ YOU ARE A WIDOW, SIR • 1971
TRI ORISKY PRO POPELKU • DREI HASELNUSSE FUR ASCHENBRODEL ○ THREE NUTS FOR CINDERELLA • 1973
COZ TAKHLE DAT SI SPENAT? • WHAT WOULD YOU SAY TO SOME SPINACH ○ NICE PLATE OF SPINACH, A ○ HAVE SOME SPINACH? • 1976
STORMY WINE • 1976
JAK SE BUDI PRINCEZNY • HOW TO WAKE PRINCESSES • 1977
PRINC A VECERNICE • PRINCE AND THE EVENING STAR, THE • 1978
ZRALE VINO • MATURE WINE • 1981
JA NEJSEM JA • I AM NOT MYSELF • 1985
RUMBURAK • 1985

VORNO ANTHONY – USA
GREGORY SEBASTIAN
COME ONE, COME ALL! • 1970

VORSTER GORDON – UKN
FIFTH SEASON • VYFDE SEISOEN • 1978

VOSAHLIK BOHUMIL – CZC
JAK LIDE ZAJALI POHYB • RECORDING OF MOVEMENT, THE • 1962

VOSHELL JOHN M. – USA
ENEMIES OF CHILDREN • YOUTH TRIUMPHANT • 1923

VOSKANIAN ROBERT – USA
CHILD, THE • KILL AND GO HIDE ○ ZOMBIE CHILD • 1977

VOSMIK MILAN – CZC
HONZIKOVA CESTA • 1956
HRY A SNY • 1958
RING UP MARTIN 224466 • MARTIN SPEAKING • 1966
NA ZIZKOVE VALECNEM VOZE • ON ZIZKA'S FORTIFIED WAGON ○ ON ZIZKA'S WAR WAGON • 1968

VOSMIKOVA JAROSLAVA – CZC
PRAZDNINY PRO PSA • DOG'S HOLIDAY ○ HOLIDAY FOR A DOG • 1981

VOSS FATTY – USA
FATTY'S FEATURE FILLUM • 1917 • SHT

VOSZ MANFRED – GRM
GOETHE IN D ODER DIE BLUTNACHT AUF DEM SCHRECKENSTEIN ODER WIE ERWIN GESCHNONNECK EINE HAUPTROLLE .. • 1986

VOTOCEK OTAKAR – NTH
TURKISH VIDEO • 1985 • SHT
WINGS OF FAME • 1989

VOUDOURI LENA – GRC
KARAGHIOZIS • 1975

VOULFOW JEAN-LUC – FRN – 1947–
BEAUJOLAIS NOUVEAU EST ARRIVE, LE • 1977

VOULGARIS PANTELIS – GRC
TZIMIS O TIGRIS • JIMMY THE TIGER • 1966 • SHT
DANCE OF THE GOATS, THE • 1971
PROXENIO TIS ANNAS, TO • MATCHING OF ANNA, THE ○ ENGAGEMENT OF ANNA • 1971
MEGALOS EROTIKOS, O • GREAT LOVE SONGS, THE • 1972
HAPPY DAY • 1975
ELEFTHERIOS VENIZELOS • 1980
VENIZELOS • 1980
PETRINA CHRONIA • STONE YEARS • 1985
STRIKER WITH THE NO.9, THE • 1988

VOUPOURAS CHRISTOS – GRC
DESERTER • 1988

VOUYOUKLAKIS TAKIS – GRC
FUNNY GIRL • 1969
S'AGAPO • I LOVE YOU • 1970
ALIKI DIKTATOR • 1972

VOYAME PIERRE – SWT
SKARABEUS • 1976

VOYNOV KONSTANTIN see **VOINOV KONSTANTIN**

VOYTETSKI ARTUR see **VOITETSKY ARTUR**

VRBANIC IVO – Animator – YGS
ADAM AND EVE • ANS
INSPECTOR MASK • 1950–56 • ASS
BALADA • BALLAD • 1958
SVI CRTEZI GRADA • ALL DRAWINGS OF THE TOWN ○ ALL THE DRAWINGS OF THE TOWN • 1959
ADAM I EVA • 1960
SAGRENSKA KOZA • PEAU DE CHAGRIN, LA ○ SKIN OF SORROW, THE • 1960 • ANS
BIJELI MIS • WHITE MOUSE, THE • 1961
LJUBOV I FILM • LOVE AND FILM • 1961 • ANS
KOSTUR POSTAVLJA ZAMKU • SKELETON SETS THE TRAP ○ TRAPPED BY A SKELETON • 1962
RIVALI • RIVALS • 1962 • ANM
OPET TWIST, I • TWIST AGAIN (USA) • 1964 • ANS

VRDOLJAK ANTON see **VRDOLJAK ANTUN**

VRDOLJAK ANTUN – YGS – 1931–
VRDOLJAK ANTON
KAD CUJES ZVONA • WHEN THE BELLS START RINGING ○ WHEN YOU HEAR THE BELLS TOLL ○ WHEN YOU HEAR THE BELLS • 1969
LJUBAV I PO KOJA PSOVKA • LOVE AND AN OCCASIONAL SWEARWORD ○ LJUBAV I PONEKA PSOVKA ○ LOVE AND A FEW CURSES • 1970
U GORI RASTE ZELEN BOR • THERE'S A GREEN PINE TREE IN THE FOREST ○ PINE TREE ON THE MOUNTAIN ○ PINE-TREE GROWS IN THE MOUNTAIN, A ○ THERE GROWS A GREEN PINE IN THE WOODS • 1972
DEPS • 1975
MECAVA • STORM, THE • 1978
POVRATAK • RETURN, THE • 1980
KIKLOP • CYCLOPS, THE • 1983
OD PETKA DO PETKA • FROM ONE FRIDAY TO THE NEXT • 1985
ZAGRLJAJ • EMBRACE, THE • 1989
KARNEVAL, ANDEO I PRAH • CARNIVAL, ANGEL AND DUST • 1990

VRIJMAN JAN – NTH – 1925–
WERKELIJKHEID VAN KAREL APPEL, DE • REALITY OF KAREL APPEL, THE ○ WORLD OF KAREL APPEL, THE • 1962 • SHT
OP DE BODEM VAN DE HEMEL • ON THE BOTTOM RUNG OF HEAVEN • 1965
SOUS LE CIEL, SUR LA TERRE • 1965
FAITHHEALER, THE • 1967
LIVING NEIGHBOURHOOD, ROOM TO PLAY, THE • 1972
MAKING OF A BALLET, THE • 1973
GIRL OF THIRTEEN • 1974
WHAT IS HAPPENING TO THE CITY? • 1982

VRONSKY VAKHTONG – USS
LILEIA • LILEYA • 1960

VROOM FREDERICK – USA
TIE THAT BINDS, THE • 1914

VUCINIC BOSKO – YGS
CIPELICE NA ASFALTU • TINY SHOES • 1956
VREME LJUBAVI • TIME TO LOVE, A • 1966

VUCO VUK – YGS
HOTHEAD • 1971

VUILLEME GILBERT – SWT
SARABANDE ET VARIATIONS • 1964

VUILLERMET MICHEL – FRN – 1950–
REGLEMENT INTERIEUR, LE • 1980

VUKOBRATOVIC MIHAILO – YGS
VUKOBRATOVIC MIHALJO
NIJE LAKO S MUSKARCIMA • MEN ONLY MEAN TROUBLE • 1985
BOLJI ZIVOT • BETTER LIVING • 1989

VUKOBRATOVIC MIHALJO see **VUKOBRATOVIC MIHAILO**

VUKOTIC DUSAN – Animator – YGS – 1927–
BIG RALLY, A • 1951 • ANS
KAKO SE RIDIO KICO • HOW KICO WAS BORN ○ HOW KIKO WAS BORN • 1951 • ANS
ZACARANI DVORAC U DUDINCINA • ENCHANTED CASTLE IN DUDINCI, THE ○ HAUNTED CASTLE AT DUDINCI, THE • 1951
KICO • 1951–52 • ASS
MAGIC CATALOGUE, THE • 1956 • ANS
NESTASNI ROBOT • DISOBEDIENT ROBOT, THE ○ PLAYFUL ROBOT, THE • 1956 • ANS
ABRACADABRA • 1957 • ANS
CAROBNI ZVUCI • CHARMING SOUNDS ○ MAGIC SOUNDS, THE • 1957
COWBOY JIMMY • COWBOY JIMMIE • 1957 • ANS
OSVETNIK • REVENGER, THE • 1958 • ANS
VELIKI STRAH • GREAT FEAR, THE • 1958 • ANM
KONCERT ZA MASINSKU PUSKU • CONCERTO FOR SUB-MACHINE GUN (USA) ○ CONCERTO FOR MACHINE GUN • 1959 • ANS
KRAVA NA MJESECU • COW AND THE MOON, THE ○ COW ON THE MOON, THE • 1959
PICCOLO • 1959 • ANS
REP JE ULAZNICA • MY TAIL IS MY TICKET ○ MY TAIL'S MY TICKET • 1959 • ANS
DOLL, A • 1961 • ANS
LION TAMER, THE • 1961 • ANS
SUROGAT • SUBSTITUTE, THE ○ ERSATZ • 1961 • ANS
1001 CRTEZ • 1001 DRAWINGS • 1961
IGRA • GAME, THE (USA) ○ PLAY • 1962 • SHT
ASTROMUTI • ASTROMUTS • 1963 • ANS
VEG ZUM NACHBARN • WAY TO THE NEIGHBOUR, THE • 1963 • ANS
POSJET IZ SVEMIRA • VISIT FROM SPACE, A (USA) ○ VISITOR • 1964 • ANS
SEDMI KONTINENT • SEVENTH CONTINENT, THE (USA) ○ SEDMY KONTINENT (CZC) ○ SIEDMA PEVNINA • 1966
MAN AND HIS WORLD, A • 1967 • ANS
TIME • 1967 • ANS
MRLJA NA SAVJESTI • STAIN ON THE CONSCIENCE, A • 1968 • SHT
OPERA CORDIS • 1968 • ANS
PLES GORILLA • GORILLA'S DANCE (USA) • 1968 • ANS
OTAC • 1969 • ANS
ARS GRATIA ARTIS • 1971 • ANS
FLIGHT 54321 • 1971 • ANS
MATERNITY HOSPITAL • 1971 • ANS
GUBECZIANA • 1974 • ANS
GRASSHOPPER • 1975 • ANS
AZCIJA STADION • OPERATION STADIUM ○ ACTION STADIUM ○ AKCIJA STADION • 1978
STATIONS • 1978
AMY GOES TO BUY SOME BREAD • 1979 • ANS
GOSTI IZ GALAKSIJE • VISITORS FROM THE ARCANA GALAXY ○ VISITORS FROM THE GALAXY • 1981
MONSTRUM Z GALAXIE ARCANA • MONSTER FROM THE ARCANUM GALAXY ○ MONSTERS FROM THE ARCANE GALAXY • 1981

VULCANOV RANGEL see **VULCHANOV RANGEL**

VULCEV NIKOLA – BUL
IVALLO THE GREAT • 1963

VULCHANOV RANGEL – BUL – 1928–
VULCANOV RANGEL • *VALTCHANOV RANGUEL*
NA MALKIA OSTROV • ON THE LITTLE ISLAND ○ ON A SMALL ISLAND • 1958
PARVI UROK • OLD LADY, THE ○ FIRST LESSON • 1959
SLANTSETO I SYANKATA • SUN AND SHADOW ○ SLANTZETO I SIANKATA • 1962
INSPECTORAT I NOSHTA • INSPECTOR AND THE NIGHT, THE ○ INSPECTORAT I NOSCTTA • 1963
VALCHITSATA • SHE-WOLF, THE ○ VULCHITSATA • 1965
PATESHESTVIE MEZHDU DVA BRYAGA • VOYAGE BETWEEN TWO SHORES ○ BETWEEN TWO WORLDS • 1968 • DOC
EZOP • AESOP • 1969
TVAR POD MASKOU • FACE UNDER THE MASK ○ MASKED FACE, THE • 1970
BYAGSTVO V ROPOTAMO • FLIGHT TO THE ROPOTAMO ○ FLIGHT TO ROPOTAMO • 1973
INVESTIGATING MAGISTRATE AND THE FOREST, THE • INVESTIGATING MAGISTRATE AND THE WOOD, THE • 1976
WITH LOVE AND TENDERNESS • 1978
LACHENITE OBOUKVI NA NEZNAINYA VOIN • UNKNOWN SOLDIER'S PATENT LEATHER SHOES, THE • 1979
LAST WISHES • 1983
INDIA FOREVER • 1986 • DOC
WHERE ARE YOU GOING? • 1986
WHERE DO WE GO FROM HERE? • THIRD CIRCLE, THE • 1987
DIVORCES, DIVORCES • 1988 • ANT
LYUBOVTA E NEMIRNA PTITSA • LOVE IS A WILFUL BIRD • 1990

VULFOVICH TEODOR – USS
LAST INCH, THE • 1959
MOST PEREYTI NELIEYA • BRIDGE CANNOT BE CROSSED, THE ○ DEATH OF A SALESMAN ○ NO CROSSING THE BRIDGE • 1960
NO.1 NEWTON STREET • 1963
KRYEPKI ORYESHEK • HARD NUT TO CRACK, A ○ HARD LITTLE NUT, A • 1968

VUNAK DRAGUTIN – YGS
MALI VLAK • LITTLE TRAIN, THE (USA) ○ SMALL TRAIN, A • 1959 • ANS
COVJEK I SJENA • MAN AND HIS SHADOW, THE (USA) • 1960 • ANS
APPLE OF LOVE • 1962 • ANS
KRAVA NA GRANICI • COW ON THE FRONTIER (USA) • 1964 • ANS
BRZINA, ALI OPREZ • FAST, BUT CAREFUL • 1968 • ANM
DJEVA U SAOBRACAJU • CHILDREN IN TRAFFIC • 1968 • ANM
IZMEDJU USANA I CASE • BETWEEN THE GLASS AND THE LIP ○ IZMEDU USANA I CASE ○ BETWEEN LIPS AND GLASS • 1968
SAOBRACAJNI ZNACI • TRAFFIC SIGNS • 1968 • ANM
ORATOR • 1969
PJESAK • PEDESTRIAN • 1969 • ANM
SEKUNDA STRAHA • 1969 • ANM

VUTHIVICHAI SUCHART – THL
LAST DEWDROP, THE • 1979

van VUURE JAN – NTH
IMPORTANCE OF WOOD, THE • 1982 • DOC

VYAS MANIBHAI – IND
PROFESSOR WAMAN M.SC. • 1938
SATYAWAN SAVITRI • 1949
ROOPKUMARI • 1956
CHAMAK CHANDNI • 1959

VYAS NAROTTAM – IND
GOLDEN HAIR, THE • 1938

VYAS RAMESH – IND
CHARNO KI DASI • WOMAN DEDICATED TO GOD • 1959

VYAS V. M. see **VYAS VISHNU**

VYAS VISHNU – IND
VYAS V. M.
MAHASATI • 1944
VEENA VELI • 1949

VYATICH-BEREZHNYKH D. see **VYATICH-BEREZHNYKH DAMIR**

VYATICH-BEREZHNYKH DAMIR – USS
VYATICH-BEREZHNYKH D.
THIN ICE • 1966
DOKTOR VYERA • DOCTOR VERA • 1968
GOLD • 1970
PYOTR RYABINKIN • 1973

VYDRA ALAN – USA
LOVE DREAMS • 1981

VYSHINSKY YU. – USS
VISHINSKY V.
VOLLEY FROM THE "AURORA", A • 1966
OCEAN, THE • 1974

VYSTRCIL FRANTISEK – CZC
O MISTO NA SLUNCI • PLACE IN THE SUN, A • 1960 • ANS
SROUBKOVO DOBRODRUZSTVI • SROUBEK'S ADVENTURE • 1960 • ANS
START • 1964 • ANS
CONCERTO FOR VIOLIN AND FOUR FEET • 1967 • ANS
SCISSORS • 1970 • ANM

WA HUI – HKG
CHIA • FAMILY • 1953

de WAAL ALLAN – DNM
DANCING GIRLS • 1967
NADVEREN • 1970

WAALKES OTTO – GRM
OTTO DER AUSSERFRIESISCHE • 1989

WACHSBERG ORIN
STARLIGHT • 1986

WACKS JONATHAN – SAF
CROSSROADS: SOUTH AFRICA • 1980 • DOC
POWWOW HIGHWAY • 1989

WADA MAKOTO – JPN
KAITO, RUBY • RUBY, THE THIEF • 1989

WADA YOSHINORI – JPN
JIDOSHA DOROBO • CAR THIEF • 1964
ZENSHIN ZENSHIN MATA ZENSHIN • GO FORWARD, FORWARD AND STILL FORWARD • 1967
BOKEN, BOKEN, MATA BOKEN • ADVENTURE, ADVENTURE • 1968
SEIKI NO DAIJAKUTEN • GREAT DIRECT • 1968
TIGERS SEKAI WA BOKURA O MATTEIRU • WORLD IS WAITING FOR US, THE • 1968

WADDINGTON DAVID S. – ASL – 1947–
BARNEY • 1976
LOST IN THE WILD • 1976

WADE MANSOUR SORA – SNL
FARY L'ANESSE • 1987

WADELL MICHAEL – USA
NEVERWHERE • 1968 • SHT

WADHAWAN JAMIE – UKN
MAN WITH A HAT • 1973
MARIHUANA, MARIHUANA • 1973

WADIA HOMI – IND
LAL-E-YAMAN • 1934
TOOFANI TARZAN • TYPHOON TARZAN • 1937
RAMBHAKTA HANUMAN • 1948
GANESH MAHIMA • KRISHNA VIVAH ○ KRISHNA'S MARRIAGE ○ SUPERNATURAL GANESH • 1950
ALLADIN AND HIS WONDERFUL LAMP • 1951
BAGHDAD • 1951
HANUMAN PATEL VIJAY • 1951
ZIMBO • 1958
CHAR CERVESH • 1964

WADIA J. B. H. – IND
VAMAN AVATAR • DANI SAMRAT • 1934
NOOR-E-YAMAN • 1935
KRISHNABHAKTA BODANA • TEACHER OF KRISHNA'S DEVOTEE • 1944
HUSN KA CHOR • 1953

WADIA JAMSHED – IND
BLACK ROSE • 1935

WADII YUSUF – SYR
SALAMAT AL JALIL • INTEGRITY OF THE HONOURABLE, THE • 1985 • DOC

WADLEIGH MICHAEL – USA
WOODSTOCK • 1970 • DOC
WOLFEN • 1981

WADMAN MALTE – NRW
HVEM EIER TYSSEDAL • WHO OWNS TYSSEDAL? • 1976 • DOC
BRAVO! BRAVO! • 1979 • DOC
ETTERKRIGSTID • 1982
JA, VI ELSKER • LAST GLEAMING • 1983

WAGAKI HIROSHI – JPN
SHIRO ZUKIN ARAWARU • 1949

WAGGNER GEORGE – Producer/ writer – USA – 1894–1984
BLACK BANDIT • 1938
GHOST TOWN RIDERS • 1938
GUILTY TRAILS • 1938
OUTLAW EXPRESS • 1938
PRAIRIE JUSTICE • 1938
WESTERN TRAILS • 1938
HONOR OF THE WEST • 1939
PHANTOM STAGE, THE • 1939
SKY PIRATE • MYSTERY PLANE (UKN) • 1939
STUNT PILOT • 1939
WOLF CALL • 1939
DRUMS OF THE DESERT • 1940
HORROR ISLAND • 1941
MAN MADE MONSTER • ELECTRIC MAN, THE (UKN) ○ ATOMIC MONSTER, THE ○ MYSTERIOUS DR. R. • 1941
SEALED LIPS • BEYOND THE LAW • 1941
SOUTH OF TAHITI • WHITE SAVAGE (UKN) • 1941
WOLF MAN, THE • DESTINY • 1941
CLIMAX, THE • 1944
COBRA WOMAN • 1944
FRISCO SAL • 1945
SHADY LADY • 1945
TANGIER • 1946
GUNFIGHTERS • ASSASSIN, THE (UKN) ○ TWIN SOMBREROS • 1947
FIGHTING KENTUCKIAN, THE • 1949
OPERATION PACIFIC • 1951
DESTINATION 60,000 • 1957
PAWNEE • PALE ARROW (UKN) • 1957
FRONTIER RANGERS • 1959 • MTV
FURY RIVER • 1959 • MTV
MISSION OF DANGER • 1959 • MTV
COMMIES ARE COMING, THE COMMIES ARE COMING, THE • 1984

WAGNER – FRN
CE MONDE BANAL • 1960 • SHT

WAGNER JANE – USA – 1935–
MOMENT BY MOMENT • 1978

WAGNER KARL THEODOR – GRM
LIEB, EIN DIEB, EIN WARENHAUS, EIN • 1928

WAGNER PETRA KATHARINA – GRM
STAUB VOR DER SONNE • DUST IN FRONT OF THE SUN • 1990

WAGNER ROB see **WAGNER ROBERT**

WAGNER ROBERT – USA
WAGNER ROB
FAIR WEEK • 1924
GOING TO CONGRESS • 1924 • SHT
HIGH BROW STUFF • 1924 • SHT
OUR CONGRESSMAN • 1924 • SHT
TWO WAGONS -BOTH COVERED • 1924 • SHT

WAH WAH WIN SHWE – BRM
MOUNT DAR TO KALYAR • 1989

WAHAB FATIN ABDEL – EGY – 1913–1972
WAHAB FATINE ABDEL • ADBEL WAHAB FATIN
NADIA • 1948
JAWS AL-ARBARA • MARI DES QUATRE, LE • 1949
BEIT AL ASHBAH • HOUSE OF GHOSTS ◦ BAYT AL-'ACHBAH' • 1952
USTADHA FATMA, AL- • MAITRE FATMA • 1952
ABID AL-MAL • ESCLAVES DE L'ARGENT, LES • 1953
HUKMU KARAKUCH • REGNE DE KARAKOCHE, LE • 1953
KALIMATU AL-HAQ • PAROLE VRAIE, LA • 1953
ANISSA HANAFI, AL- • MLLE HANAFI • 1954
NAHARIK SA'ID • BONJOUR • 1954
GHARIB, EL • STRANGER, THE (USA) ◦ ETRANGER, L' • 1955
ISMAIL YASSIN FI AL-BULISS • ISMAIL YASSIN DANS LA POLICE • 1955
ISMAIL YASSIN FI AL-JAYSH • ISMAIL YASSIN DANS L'ARMEE • 1955
IBN HAMIDU • FILS D'AMIDOU, LE • 1956
WAHABTAK HAYATI • JE T'AI OFFERT MA VIE • 1956
NISSA'UN FI HAYATI • DES FEMMES DANS MA VIE • 1957
TAHIRA • 1957
AKH AL-KABIR, AL- • FRERE AINE, LE • 1958
BULISS AS-SIRRI, AL- • POLICE SECRETE • 1958
ISMAIL YASSIN, BULISS HARBI • ISMAIL YASSIN M.P. • 1958
ISMAIL YASSIN FI AL-'USTUL • ISMAIL YASSIN DANS LA MARINE • 1958
ISMIK HARAMI • AU VOLEUR! • 1958
PLACE ATABA AL-KADRA, LA • 1958
SAHIR AN-NISSA' • SEDUCTEUR, LE • 1958
FANOUS EL SEHRI, EL • MAGIC LAMP, THE ◦ FANUSS AS-SIHRI, AL- • 1959
HAY GANNINUNI • ILS VONT ME RENDRE FOU! ◦ J'EN DEVIENS FOU! • 1959
BANAT WA AC-CAIF, AL- • FILLES ET L'ETE, LES • 1960
HALA'E AL SAYEDAT • HALLAQ AS-SAYIDAT ◦ COIFFEUR POUR DAMES • 1960
ICHAAT AL-HUBB • RUMEUR D'AMOUR • 1960
WA ADAL'HOB • WA ADA AL-HUBB ◦ AMOUR EST REVENU, L' • 1960
AH MIN HAWA • AH MIN HAWWA ◦ AH, EVE! • 1961
DHAW AL-KHAFIT, ADH- • LUMIERE DOUCE • 1961
FURSAN ATH-THALATHA, AL- • TROIS CAVALIERS, LES • 1961
ZAWJA ATH-THALITHA ACHAR, AZ- • TREIZIEME EPOUSE, LA • 1961
A'ILAT ZIZI • FAMILLE DE ZIZI, LA • 1962
ANA WA HUWWA WA HIYYA • MOI, LUI, ET ELLE • 1963
AROUSS EL NIL • ARUSS AN-NIL ◦ FIANCEE DU NIL, LA • 1963
CAHIBU AL-JALALA • SA MAJESTE • 1963
A'ILA AL-KABIRA, AL- • GRANDE FAMILLE, LA • 1964
HOWA WE HEYA • 1964
I'TIRAFATU ZAWJ • AVEUX D'UN MARI, LES • 1964
MUDIRU AL-FANNI, AL- • DIRECTEUR ARTISTIQUE, LE • 1964
TARID EL FARDAWSE • TARIDU AL-FIRDAWSS ◦ RENVOYE DU PARADIS • 1965
TUFFAH'AT ADAM • POMME D'ADAM, LA • 1965
MERATI MOUDIR AME • IMRA'ATI MUDIR AM ◦ MA FEMME EST PDG • 1966
THALATHATU LUCUC • TALATH LESSONS ◦ TROIS VOLEURS • 1966
ENDAMA NOVHEA • WHEN IN LOVE ◦ INDAMA NUHIBB • 1967
KARAMET ZAWGATY • MY WIFE'S HONOUR ◦ KARAMAT ZAWJATI • 1967
AFRIT MERATI • MY WIFE'S SPIRIT ◦ IFRITU 'IMRA'ATI • 1968
ARD EL NEFAK • LAND OF LIARS ◦ ARDHU AN-NIFAQ • 1968
AKAZIB HAWA • AKADHIBU HAWWA ◦ MENSONGES D'EVE, LES • 1969
NUCFU SA'A JAWAZ • DEMI-HEURE DE MARIAGE, UNE • 1969
SABAT AYAM FIL GANNA • SABATU AYYAM FI AL-JANNA ◦ SEPT JOURS AU PARADIS • 1969
FIRQAT AL-MARAH' • TROUPE DE LA BONNE HUMEUR, LA • 1970
HAYATI • MA VIE • 1970
RIHLA LADHIDHA • VOYAGE SYMPATHETIQUE, UN • 1970
FUNDUQ AS-SAADA • HOTEL DU BONHEUR • 1971
KHATIB MAMA • FIANCE DE MA MERE, LE • 1971
ADHWA' AL-MADINA • LUMIERES DE LA VILLE, LES • 1972

WAHAB FATINE ABDEL see **WAHAB FATIN ABDEL**

WAHAB HAMADA ABDEL – EGY
ABDEL WAHAB HAMADA
REHLA ILAL KAMAR • JOURNEY TO THE MOON • 1959

WAHBY YOUSSEF – EGY – 1902–
AWLAD EL ZAWAT • SPOILED CHILDREN • 1931
GHARAM WA INTIKAM • PASSION AND REVENGE • 1944
SAFIR GEHANNAM • AMBASSADOR OF HELL, THE ◦ AMBASSADOR FROM HELL, THE • 1944
BANAT EL RIF • COUNTRY GIRLS, THE • 1945
MALAK EL RAHMA • ANGEL OF MERCY, THE • 1947
AWLAD EL SHAREH • CHILDREN OF THE STREETS • 1951
BINT EL HAWA • DAUGHTER OF LOVE • 1953

WAHLBERG GIDEON – SWD – 1890–1948
SODER OM LANDSVAGEN • SOUTH OF THE MAIN ROAD • 1936
AN LEVA DE GAMLA GUDAR • OLD GODS STILL LIVE, THE (USA) ◦ OLD GODS ARE STILL ALIVE • 1937
ODYGDENS BELONING • 1937
SKICKA HEM NR.7 • SEND HOME NO.7 (USA) ◦ SEND NO.7 HOME • 1937
BALDEVINS BROLLOP • BALDWIN'S WEDDING (USA) ◦ BALDEVIN'S WEDDING • 1938
VI SOM GAR SCENVAGEN • WE FROM THE THEATRE • 1938

WAHLFORSS MIKAEL – FNL
ESPANJANKAVIJAT • WAR WE LEFT BEHIND, THE • 1980

WAHLGREN ANDERS – SWD
STORY OF THE WASA, THE • 1982 • SHT
MOA • 1987

WAINWRIGHT EARL – USA
ADAM LOST HIS APPLE • ADAM AND HIS APPLE • 1966

WAITE GLENN – USA
SACRED RUBY, THE • 1920

WAITE RALPH – Actor – USA – 1928–
ON THE NICKEL • 1979

WAJDA ANDRZEJ – PLN – 1926–
KIEDY TY SPISZ • WHEN YOU ARE ASLEEP ◦ WHILE YOU'RE ASLEEP ◦ WHILE YOU SLEEP • 1950
ZLY CHLOPIEC • EVIL BOY, THE ◦ BAD BOY, THE • 1950
CERAMIKA ILZECKA • POTTERY AT ILZA, THE ◦ ILZA CERAMICS ◦ POTTERY OF ILZECKA, THE • 1951 • DOC
POKOLENIE • GENERATION, A (USA) ◦ LIGHT IN THE DARKNESS • 1954
IDE KU SLONCU • MARCH TOWARDS THE SUN ◦ I GO TOWARDS THE SUN ◦ IDE DO SLONCA ◦ TOWARDS THE SUN ◦ I GO TO THE SUN ◦ INTO THE SUN ◦ I WALK TO THE SUN • 1955 • SHT
KANAL • THEY LOVED LIFE ◦ SEWER • 1957
POPIOL I DIAMENT • ASHES AND DIAMONDS (UKN) • 1958
LOTNA • 1959
NIEWINNI CZARODZIEJE • INNOCENT SORCERERS (USA) • 1959
SAMSON • 1961
AMOUR A VINGT ANS, L' • HATACHI NO KOI (JPN) ◦ AMORE A VENT'ANNI ◦ LOVE AT TWENTY (USA) ◦ MILOSC DWUDZIESTOLATKOW ◦ LIEBE MIT ZWANZIG (FRG) • 1962
CUDZA ZONA I MAZ POD LOZKIEM • ANOTHER'S WIFE AND HUSBAND ◦ UNDER THE BED • 1962
SIBIRSKA LEDI MAGBET • POWIATOWA LADY MAKBET (PLN) ◦ FURY IS A WOMAN (USA) ◦ SIBERIAN LADY MACBETH ◦ SERBIAN LADY MACBETH • 1962
WYWIDD Z BALLMAYEREM • BALLMAYER INTERVIEW, THE • 1962
POPIOLY • ASHES ◦ LOST ARMY, THE • 1966
VRATA RAJA • BRAMY RAJU (YGS) ◦ GATES TO PARADISE ◦ GATES OF PARADISE • 1967
PRZEKLADANIEC • ROLY-POLY ◦ GRAFTING, THE • 1968 • MTV
MAGBET • MACBETH ◦ MAKBET • 1969
POLOWANIE NA MUCHY • HUNTING FLIES ◦ FLIES HUNTING ◦ FLY HUNT, THE • 1969
WSZYSTKO NA SPRZEDAZ • EVERYTHING FOR SALE • 1969
KRAJOBRAZ PO BITWIE • LANDSCAPE AFTER THE BATTLE ◦ LANDSCAPE AFTER BATTLE • 1970
BRZEZINA • BIRCH WOOD, THE ◦ BIRCHWOOD • 1971 • MTV
PILATUS UND ANDERE -EIN FILM FUR KARFREITAG • PILATE AND OTHERS • 1972 • MTV
WESELE • WEDDING, THE (UKN) • 1972
ZIEMIA OBIECANA • LAND OF PROMISE (UKN) ◦ PROMISED LAND (USA) • 1974
SMUGA CIENIA • SHADOW LINE, THE • 1976 • MTV
BEZ ZNIECZULENIA • ROUGH TREATMENT ◦ WITHOUT ANAESTHETIC ◦ WITHOUT ANAESTHESIA • 1978
CZLOWIEK Z MARMARU • MAN OF MARBLE • 1978
DEAD CLASS, THE • 1978 • MTV
ZAPROSZENIE DO WNETRZA • INVITATION TO THE INSIDE • 1978 • DOC
NOC LISTOPADOWA • NOVEMBER NIGHT • 1979
PANNY Z WILKO • DEMOISELLES DE WILKO, LES (FRN) ◦ MAIDS OF WILKO, THE (USA) ◦ GIRLS FROM WILKO, THE ◦ YOUNG GIRLS OF WILKO, THE (UKN) ◦ YOUNG LADIES OF WILKO, THE • 1979
CZLOWIEK Z ZELAZA • MAN OF IRON • 1980
DYRYGENT • CONDUCTOR, THE (UKN) ◦ ORCHESTRA CONDUCTOR, THE • 1980
DANTON • AFFAIRE DANTON, L' • 1982
AMOUR EN ALLEMAGNE, UN • LIEBE IN DEUTSCHLAND, EINE (FRG) ◦ LOVE IN GERMANY, A (USA) • 1983
KRONIKA WYPADKOW MILOSNYCH • CHRONICLE OF AMOROUS INCIDENTS, A ◦ CHRONICLE OF A LOVE AFFAIR • 1985
POSSEDES, LES • POSSESSED, THE • 1988
DR. KURCZAK • KORCZAK • 1989

WAJDA MARIJAN – GRM
OTTO DER AUSSERFRIESISCHE • 1989

WAJZER WACLAW – Animator – PLN
WEISER WACLAW
LITTLE PETE AND THE LOOKING GLASS • ANS
PROFESOR FILUTEK • PROFESSOR FILUTEK • ASS
POJEDYNEK PROFESOTA FILUTKA • PROFESSOR FILUTEK'S DUEL • 1956
PAN RZEPKA I JEGO CIEN • MR. RZEPKA AND HIS SHADOW • 1957
GORYCZ • BITTERNESS • 1962 • ANS

WAKABAYASHI EIJIRO – JPN
GEKKO KAMEN -SATAN NO TSUME • 1959
SATAN NO TSUME • MAJIN NO TSUME ◦ CLAWS OF SATAN, THE • 1959
SHONEN TANTEIDAN • BOY DETECTIVES, THE • 1959
YUSEI OJI • PRINCE OF SPACE (USA) ◦ INVADERS FROM THE SPACE SHIP ◦ INVADERS FROM SPACE ◦ STAR PRINCE, THE • 1959

WAKAMATSU KOJI – JPN – 1936–
SWEET TRAP, THE • 1963
KABE NO NAKANO HIMEGOTO • HISTORY BEHIND WALLS ◦ AFFAIRS IN THE WALLS • 1965
LOVE ROBOTS, THE • 1965
BLOOD OF A DEGENERATE • 1966
EMBRYO, THE • 1966
AMI NO NAKANO BOKO • VIOLENCE IN THE NET • 1967
ARU MITTSU • CERTAIN ADULTERY, A • 1967
JOYOKU NO KUROZUISEN • BLACK NARCISSUS OF DESIRE • 1967
NIHON BOKO ANKOKUSHI -IJOSHA NO CHI • ABNORMAL BLOOD • 1967
OKASARETA BYAKUI • VIOLATED ANGELS • 1967
RANKO • ORGY, THE • 1967
SEI NO HORO • VAGABOND OF SEX • 1967
SEIHANZAI • SEX CRIMES • 1967
VIOLATED • 1967
WOMEN IN WHITE • 1967
ZOKU NIHON BOKO ANKOKUSHI BOGYAKUMA • RAPIST, THE • 1967
FUKUSHUKI • REVENGER, THE • 1968
HARAGASHIONNA • WOMB TO LET, A • 1968
NIKUTAI NO YOKKYU • CARNAL DESIRE • 1968
CHIN-P'ING-MEI • NOTORIOUS CONCUBINES, THE ◦ CONCUBINES, THE ◦ KINPEIBEI • 1969
KYOSO JOSHIKO • RUNNING IN MADNESS, DYING IN LOVE • 1970
SHINJUKU MAD • 1970
SHOJO GEBA-GEBA • VIOLENT VIRGIN, THE • 1970
SEX-JACK • 1971
TENSHI NO KOUKOTSU • ANGELIC ORGASM • 1973
HIJIRI KANNON DAIBOSATSU • EROS STERNA • 1976

WAKASUGHI MITSUO – JPN
WAKASUGI MITSUO
UTSUKUSHII HITO • BEAUTIFUL PERSON • 1954
CHIISANA TANEI TACHI • BOY DETECTIVES, THE • 1956
SAMURAI NO KO • YOUNG SAMURAI, THE ◦ SON OF A SAMURAI • 1963

WAKASUGI MITSUO see **WAKASUGHI MITSUO**

WAKEFIELD JOHN – UKN
DELAYED FLIGHT • 1964

WAKELY MICHAEL – UKN
LATE SHOW, THE • 1969

WAKEMAN FREDERIC – GRC
MIA MERA, O PATERAS MOU • ONE DAY, MY FATHER • 1968

WALAS CHRIS – USA
FLY II, THE • FLY II: THE INSECT AWAKENS, THE • 1989

WALD ROGER – USA
WET RAINBOW • 1974

WALDEN EDGAR E. – USA
PICKUP • 1951

WALDMANN EMIL – GRM
STARKERE MACHT, DIE • 1920
INFAMIE • 1922

WALDRON CY – USA
MOONRUNNERS • 1974

WALERSTEIN MAURICIO – MXC – 1945–
FIN DE FIESTA • 1971
CUANDO QUIERO LLORAR NO LLORO • WHEN I WANT TO CRY, I DON'T DO IT ◦ I WANT TO CRY I WON'T CRY ◦ WHEN I WANT TO CRY, I CAN'T • 1972
CRONICA DE UN SUBVERSIVO LATINOAMERICANO • CHRONICLE OF A LATIN-AMERICAN SUBVERTER • 1974
EMPRESA PERDONA UN MOMENTO DE LOCURA, LA • FIRM FORGIVES A MOMENT OF MADNESS, THE ◦ COMPANY PARDONS A FIT OF MADNESS, THE • 1977
HISTORIA DE TRES HERMANAS • 1979
DE MUJER A MUJER • WOMAN TO WOMAN • 1987
CON EL CORAZON EN LA MANO • WITH YOUR HEART IN YOUR HAND • 1988

WALETZKY JOSH
IMAGE BEFORE MY EYES • 1981 • DOC
PARTISANS OF VILNA • 1986 • DOC

WALKER ALBERT J see **ALBERTINI BITTO**

WALKER CUB – USA
WILD HEART OF AFRICA, THE • 1929 • DOC

WALKER DORIAN – USA
MAKING THE GRADE • LAST AMERICAN PREPPY, THE ◦ PREPPIES • 1984
TEEN WITCH • 1989

WALKER GILES – UKN – 1946–
WALKER GILLES
DOWN TO THE SEA • 1972 • MTV
RIGHT TO SURVIVE, A • 1973 • MTV
FRESHWATER WORLD • 1974 • MTV
DESCENT • 1975
NO WAY THEY WANT TO SLOW DOWN • 1975 • MTV
SWORD OF THE LORD, THE • 1976 • MTV
I WASN'T SCARED • 1977 • MTV
BRAVERY IN THE FIELD • 1978 • MTV
TWICE UPON A TIME • 1979
HARVEST • 1980 • MTV
I LIKE TO SEE THE WHEELS TURN • 1981 • MTV
CONCERT STAGES OF EUROPE, THE • 1984 • MTV
GOOD TREE, A • 1984 • MTV
MASCULINE MYSTIQUE, THE • 1984
90 DAYS • 1985
LAST STRAW, THE • 1988

WALKER GILLES see **WALKER GILES**

WALKER GILMORE – USA
ALGIE'S SISTER • 1914

WALKER HAL – USA – 1896–1972
DUFFY'S TAVERN • 1945
OUT OF THIS WORLD • 1945
ROAD TO UTOPIA • 1945
STORK CLUB, THE • 1945
AT WAR WITH THE ARMY • 1950
MY FRIEND IRMA GOES WEST • 1950
SAILOR BEWARE • 1951
THAT'S MY BOY • 1951
ROAD TO BALI • ROAD TO HOLLYWOOD • 1952

WALKER IAN – UKN
PITY THE POOR RICH • NAT GONELLA AND HIS GEORGIANS • 1935 • SHT

WALKER JOHN – CND – 1952–
CHAMBERS, TRACKS AND GESTURES (1931–78) • 1982 • DOC
ON TO THE POLAR SEA –A YUKON ADVENTURE • 1983
SENSE OF MUSIC • 1983
START OF LIFE • 1983
FIRST CANADIAN ASTRONAUT, THE • 1984
FRAGILE TREE, A • 1984
LIFE AND WORK OF PAUL STRAND, THE • 1984
MAKING OVERTURES • 1984
MULTICULTURALISM • 1985
WILLS • 1985
YOU CALL ME COLOURED • 1985
WINTER TAN, A • 1988
STRAND, UNDER THE DARK CLOTH • 1990 • DOC

WALKER JOHN* – Animator – USA
TRANSFORMERS: THE ARRIVAL FROM CYBERTRON • 1985 • ANM

WALKER JOHNNIE – USA
MR. BROADWAY • 1933

WALKER JOHNNY – USA
BACHELOR APARTMENTS • 1920

WALKER MARTIN – UKN
HIDE AND SEEK • 1922

WALKER MIKE – NZL
KINGPIN • 1985
LEAVE ALL FAIR • 1985

WALKER NANCY – USA – 1921–
CAN'T STOP THE MUSIC • 1980

WALKER NORMAN – Producer – UKN – 1892–
OXFORD BAGS • 1926
TOMMY ATKINS • 1928
WIDECOMBE FAIR • WIDDICOMBE FAIR • 1928
HATE SHIP, THE • 1929
ROMANCE OF SEVILLE, A • 1929
LOOSE ENDS • 1930
MIDDLE WATCH, THE • 1930
SHADOW BETWEEN, THE • 1931
UNEASY VIRTUE • 1931
FIRES OF FATE • 1932
MR. BILL THE CONQUEROR • MAN WHO WON, THE (USA) ◦ BILL THE CONQUEROR • 1932
FLAW, THE • 1933
FORGING AHEAD • 1933
FORTUNATE FOOL, THE • 1933
HOUSE OF TRENT, THE • TRENT'S FOLLY • 1933
SKIPPER OF THE OSPREY • 1933
DANGEROUS GROUND • 1934
LILIES OF THE FIELD • 1934
WAY OF YOUTH, THE • 1934
KEY TO HARMONY • CHANCE AT HEAVEN • 1935
TURN OF THE TIDE • 1935
DEBT OF HONOUR • MAN WHO COULD NOT FORGET, THE • 1936
OUR FIGHTING NAVY • TORPEDOED! (USA) ◦ FIGHTING NAVY, THE • 1937
SUNSET IN VIENNA • SUICIDE LEGION • 1937
BEYOND OUR HORIZON • 1939
MAN AT THE GATE, THE • MEN OF THE SEA • 1941
GREAT MR. HANDEL, THE • 1942
HARD STEEL • WHAT SHALL IT PROFIT • 1942
THEY KNEW MR. KNIGHT • 1945
PROMISE, THE • 1952
SHIELD OF FAITH, THE • 1956
SUPREME SECRET, THE • GOD SPEAKS TODAY • 1958
CROWNING GIFT, THE • 1967

WALKER PETE – Producer/writer – UKN – 1935–
WALKER PETER
I LIKE BIRDS • HOT GIRLS FOR MEN ONLY (USA) ◦ GIRLS FOR MEN ONLY ◦ FOR MEN ONLY • 1967
BIG SWITCH, THE • STRIP POKER • 1968
SCHOOL FOR SEX • SCHOOL FOR LOVE • 1969
COOL IT CAROL! • OH, CAROL • 1970
DIE SCREAMING, MARIANNE • 1970
MAN OF VIOLENCE • SEX RACKETEERS, THE • 1970
FLESH AND BLOOD SHOW, THE • ASYLUM OF THE INSANE • 1972
FOUR DIMENSIONS OF GRETA, THE • 1972
TIFFANY JONES • 1973
FRIGHTMARE • FRIGHTMARE II ◦ ONCE UPON A FRIGHTMARE • 1974
HOUSE OF WHIPCORD • 1974
HOUSE OF MORTAL SIN • CONFESSIONAL, THE ◦ CONFESSIONAL MURDERS, THE ◦ CONFESSION AT DEATH'S DOOR, THE • 1975
SCHIZO • BLOOD OF THE UNDEAD • 1976
COMEBACK, THE • DAY THE SCREAMING STOPPED, THE • 1978
HOME BEFORE MIDNIGHT • 1980
HOUSE OF THE LONG SHADOWS • 1983

WALKER PETER see **WALKER PETE**

WALKER ROBERT – USA
STREET OF DARKNESS • 1958

WALKER STUART – USA – 1887–1941
SECRET CALL, THE • 1931
EVENINGS FOR SALE • 1932
FALSE MADONNA, THE • FALSE IDOL, THE (UKN) • 1932
MISLEADING LADY, THE • SENSATION • 1932
EAGLE AND THE HAWK, THE • 1933
TONIGHT IS OURS • 1933
WHITE WOMAN • 1933
GREAT EXPECTATIONS • 1934
ROMANCE IN THE RAIN • 1934
HER EXCELLENCY THE GOVERNOR • 1935
MANHATTAN MOON • SING ME A LOVE SONG (UKN) • 1935
MYSTERY OF EDWIN DROOD, THE • 1935
WEREWOLF OF LONDON • UNHOLY HOUR • 1935

WALKOW GARY – USA
TROUBLE WITH DICK, THE • 1986

WALL JEAN – FRN – 1900–1959
BONHEUR EN LOCATION • ESPRIT DE FAMILLE, L' • 1948
BILLE DE CLOWN • 1950

WALL JOHN – UKN
POTTER OF THE YARD • 1952
MR. BEAMISH GOES SOUTH • 1953
TOO MANY DETECTIVES • 1953

WALLACE – USA
MADAME MYSTERY • 1926 • SHT

WALLACE C. R. – USA
MAID OF THE WEST • WINGS OF LOVE • 1921
WHATEVER SHE WANTS • 1921
ELOPE IF YOU MUST • 1922
TROOPER O'NEILL • 1922
WEST OF CHICAGO • VAMOOSE • 1922
WESTERN SPEED • 1922

WALLACE EDGAR – Novelist – UKN – 1875–1932
RED ACES • 1929
SQUEAKER, THE • 1930

WALLACE ETTILIE – USA
COME IN, JUPITER • 1955 • SHT

WALLACE GEORGE – Comedian – ASL – 1894–1960
OH WHAT A NIGHT • 1932 • SHT

WALLACE GRAHAM – Writer – UKN – 1921–
BEGINNING OF HISTORY, THE • 1946
TOWN MEETING OF THE WORLD • 1946 • DOC
SCHOOL IN COLOGNE • 1948
CARIBBEAN • 1951

WALLACE KEN – CND
THANKSGIVING • 1975

WALLACE RICHARD – USA – 1894–1951
HONEYMOON HOTEL • 1925 • SHT
JIMINY CRICKETS • 1925 • SHT
SO THIS IS PARIS • 1926 • SHT
SYNCOPATING SUE • BROADWAY BLUES ◦ TIN PAN ALLEY • 1926
AMERICAN BEAUTY • BEAUTIFUL FRAUD, THE (UKN) • 1927
MCFADDEN'S FLATS • 1927
POOR NUT, THE • 1927
TEXAS STEER, A • 1927
BUTTER AND EGG MAN, THE • ACTRESS AND ANGEL (UKN) • 1928
LADY BE GOOD • 1928
SHOPWORN ANGEL, THE • 1928
INNOCENTS OF PARIS • 1929
RIVER OF ROMANCE • MAGNOLIA • 1929
ANYBODY'S WAR • TWO BLACK CROWS IN THE A.E.F. • 1930
RIGHT TO LOVE, THE • 1930
SEVEN DAYS LEAVE • MEDALS (UKN) • 1930
KICK IN • 1931
MAN OF THE WORLD • GENTLEMAN OF THE STREETS • 1931
ROAD TO RENO, THE • 1931
THUNDER BELOW • 1932
TOMORROW AND TOMORROW • 1932
MASQUERADER, THE • 1933
EIGHT GIRLS IN A BOAT • 1934
LITTLE MINISTER, THE • 1934
WEDDING PRESENT • 1936
BLOSSOMS OF BROADWAY • 1937
JOHN MEADE'S WOMAN • MAN AND A WOMAN, A • 1937
YOUNG IN HEART, THE • 1938
UNDER–PUP, THE • 1939
CAPTAIN CAUTION • 1940
GIRL, A GUY AND A GOB, A • NAVY STEPS OUT, THE (UKN) ◦ THREE GIRLS AND A GOB • 1941
OBLIGING YOUNG LADY • 1941
SHE KNEW ALL THE ANSWERS • GIRL'S BEST FRIEND IS WALL STREET, A • 1941
WIFE TAKES A FLYER, THE • YANK IN DUTCH, A (UKN) ◦ HIGHLY IRREGULAR • 1942
BOMBADIER • 1943
FALLEN SPARROW, THE • 1943
MY KINGDOM FOR A COOK • 1943
NIGHT TO REMEMBER, A • FRIGHTENED STIFF, A • 1943
BRIDE BY MISTAKE • 1944
IT'S IN THE BAG • FIFTH CHAIR, THE (UKN) • 1945
KISS AND TELL • 1945
BECAUSE OF HIM • 1946
FRAMED • PAULA (UKN) • 1947
SINBAD THE SAILOR • 1947
TYCOON • 1947
LET'S LIVE A LITTLE • 1948
ADVENTURE IN BALTIMORE • BACHELOR BAIT (UKN) ◦ BALTIMORE ESCAPADE • 1949
KISS FOR CORLISS, A • ALMOST A BRIDE • 1949

WALLACE RICK – USA
CALIFORNIA GIRLS • 1985 • TVM
TIME TO LIVE, A • 1985 • TVM
ACCEPTABLE RISKS • 1986 • TVM

WALLACE STEPHEN – ASL – 1943–
JUST BELOW PAR • 1968 • DOC
LOOK, THE • 1970 • SHT
BRITTLE WEATHER JOURNEY • 1973 • SHT
BREAK–UP • 1975 • SHT
LOVE LETTERS FROM TERALBA ROAD • 1977
CONMAN HARRY AND THE OTHERS • 1979 • SHT
STIR • 1980
CAPTIVES OF CARE • 1981 • SHT
SO YOU'RE GETTING A DIVORCE • 1981 • SHT
THERE'S A LITTLE BIT OF COWBOY IN EVERYONE • 1982 • DOC
WOMEN WHO KILL • 1983 • DOC
BOY WHO HAD EVERYTHING, THE • 1984
BRIDE FOR ALL REASONS, A • 1984 • TVM
FOR LOVE ALONE • 1986
BLOOD OATH • 1989

WALLACE TOMMY LEE – USA
HALLOWEEN III: SEASON OF THE WITCH • 1983
HANAUMA BAY • MADE IN HAWAII • 1985
ALOHA SUMMER • 1988
FRIGHT NIGHT II • FRIGHT NIGHT PART 2 • 1988

WALLBRUCK HERMANN – AUS
MACHT IN DUNKELN • 1947

WALLEN LENNART – Editor – SWD – 1914–1967
LATA LENA OCH BLAOGDE PER • HALTA LENA OCH VINDOGDE PER ◦ LAZY LENA AND BLUE–EYED PER • 1947

WALLEN SIGURD – SWD – 1884–1947
ANDERSSONSKANS KALLE • MRS. ANDERSSON'S CHARLIE • 1922
ANDERSSONSKANS KALLE PA NYA UPPTAG • MRS. ANDERSSON'S CHARLIE AND HIS NEW PRANKS • 1923
FRIAREN FRAN LANDSVAGEN • SUITOR FROM THE ROADS, THE • 1923
DAN, TANT OCH LILLA FROKEN SODERLUND • DAN, AUNT AND LITTLE MISS SODERLUND • 1924
GREVARNA PA SVANSTA • COUNTS OF SVANSTA, THE • 1924
HALTA LENA OCH VINDOGDE PER • LAME LENA AND CROSS–EYED PER • 1924
HENNES LILLA MAJESTAT • HER LITTLE MAJESTY • 1925
DOLLARMILJONEN • MILLION DOLLARS, A • 1926
EBBERODS BANK • 1926
FARBROR FRANS • UNCLE FRANS • 1926
DROTTNINGEN AV PELLAGONIEN • QUEEN OF PELLAGONIA, THE • 1927
JANSSONS FRESTELSE • JANSSON'S TEMPTATION • 1928
VILLE ANDESONS AVENTYR • VILLE ANDESON'S ADVENTURES • 1929
LYCKANS GULLGOSSAR • DARLINGS OF FORTUNE • 1932
POJKARNA PA STORHOLMEN • BOYS OF STORHOLMEN, THE • 1932
GIFTAS VUXNAR DOTTRAR • MARRIAGEABLE DAUGHTERS • 1933
NATT PA SMYGEHOLM, EN • NIGHT AT SMYGEHOLM, A • 1933
ANDERSSONSKANS KALLE • MRS. ANDERSSON'S CHARLIE • 1934
PETTERSSON –SVERIGE • PETTERSSON –SWEDEN • 1934
EBBERODS BANK • 1935
MUNKBROGREVEN • COUNT FROM MUNKBRO • 1935
SAMVETSOMMA ADOLF • CONSCIENTIOUS ADOLF ◦ MALAJLUCKAN • 1936
SKEPPSBRUTNE MAX • SHIPWRECKED MAX • 1936
ADOLF ARMSTARKE • ADOLF ARMSTRONG • 1937
FAMILJEN ANDERSSON • ANDERSSON FAMILY, THE • 1937
VI GAR LANDSVAGEN • WALKING ALONG THE MAIN ROAD • 1937
KLOKA GUBBEN • NATURE HEALER, THE • 1938
MED FOLKET FOR FOSTERLANDET • WITH THE PEOPLE FOR THE COUNTRY • 1938
SIGGE NILSSON OCH JAG • SIGGE NILSSON AND I • 1938
TVA AR I VARJE KLASS • TWO YEARS IN EACH FORM • 1938
MOT NYA TIDER • TOWARDS NEW TIMES • 1939
KARUSELLEN GAR • MERRY–GO–ROUND IN FULL SWING, THE • 1940
KRONANS KACKA GOSSAR • BRAVE BOYS IN UNIFORM • 1940
BEREDSKAPSPOJKAR • OUR BOYS IN UNIFORM • 1941
FATTIG MILJONAR, EN • POOR MILLIONAIRE, A • 1941
NYGIFTA • NEWLY MARRIED • 1941
HEMSOBORNA • PEOPLE OF HEMSO, THE • 1944
VAR HERRE LUGGAR JOHANSSON • GOD PULLS JOHANSSON'S HAIR • 1944
ANKEMAN JARL • JARL THE WIDOWER • 1945
SKEPPAR JANSSON • SKIPPER JANSSON • 1945

WALLER FRED – USA – 1886–1954
CAB CALLOWAY'S HI–DE–HO • 1934 • SHT
SYMPHONY IN BLACK • 1934 • SHT
UNDERNEATH THE BROADWAY MOON • 1934 • SHT
CAB CALLOWAY'S JITTERBUG PARTY • 1935 • SHT
MILLION DOLLAR NOTES • 1935 • SHT
ACCENT ON GIRLS • 1936 • SHT
SONG HITS ON PARADE • 1936 • SHT
JOURNEY THROUGH SPACE AND TIME • 1939

WALLER J. WALLETT see **WALLER WALLETT**

WALLER WALLETT – UKN
WALLER J. WALLETT
FISHERMAN'S INFATUATION, A • 1912
HIDDEN WEALTH • 1912
MESSAGE FROM MARS, A • 1913
DANDY DONOVAN, THE GENTLEMAN CRACKSMAN • 1914
SMUGGLER'S CAVE, THE • 1914
CALL OF THE SEA, THE • 1915
FISHERMAN'S INFATUATION, A • 1915
VAGABOND'S REVENGE, A • 1915

WALLERSTEIN HERB – USA
SNOW BEAST • 1977 • TVM

WALLIS JOHN – USA
ADAM AND SIX EVES • 1962

WALLMAN HASSE – SWD
DRRA PA -EN KUL GREJ HANDE PA VAG TILL GOTET • FUNNY THING HAPPENED ON THE WAY TO GOTHENBURG, A • 1967

WALLO K. M. – CZC
LETO • SUMMER • 1949
VELKA PRILEZITOST • GREAT CHANCE, THE • 1950
NEPOVODENY PANACEK • MISFIT, THE ○ MISFIT FIGURE, THE ○ BADLY-MADE PUPPET, THE • 1951 • SHT

WALLROTH WERNER W. – GRM
ALASKAFUCHSE • 1964
HAUPTMANN FLORIAN VON DER MUHLE • CAPTAIN FLORIAN OF THE MILL • 1968

WALLS TOM – Producer/actor – UKN – 1883–1949
CANARIES SOMETIMES SING • 1930
ON APPROVAL • 1930
ROOKERY NOOK • ONE EMBARRASSING NIGHT (USA) • 1930
PLUNDER • 1931
TONS OF MONEY • 1931
LEAP YEAR • 1932
NIGHT LIKE THIS, A • 1932
THARK • THARK, THE HAUNTED HOUSE • 1932
BLARNEY STONE, THE • BLARNEY KISS, THE (USA) • 1933
CUCKOO IN THE NEST, A • 1933
JUST SMITH • NEVER COME BACK • 1933
TURKEY TIME • 1933
CUP OF KINDNESS, A • 1934
DIRTY WORK • 1934
LADY IN DANGER • MAN SAVES THE QUEEN • 1934
FIGHTING STOCK • 1935
FOREIGN AFFAIRES • 1935
STORMY WEATHER • GET OUT OF IT ○ GET OUT • 1935
DISHONOUR BRIGHT • 1936
POT LUCK • 1936
FOR VALOUR • 1937
OLD IRON • 1938
SECOND BEST BED, THE • 1938

WALMSLEY HOWARD – UKN
FEVERHOUSE, THE • 1984

WALRAVENS JEAN-PAUL see **PICHA**

WALSH AISLING – UKN
HOSTAGE • SHT
JOYRIDERS • 1989

WALSH C. – USA
BACK SEAT CABBIE • 1969
DOGGIE BAG • 1969
SWEET TASTE OF JOY • 1970
TURNED-ON GIRL • 1970
X • 1970

WALSH HERBERT – ASL
WHAT HAPPENED TO JEAN • 1918

WALSH JAMES O. – USA
HIS IVORY DOME • 1916
THEIR COUNTERFEIT VACATION • 1916 • SHT
THEIR WEEK END • 1916
VILLAINOUS PURSUIT, A • 1916 • SHT
HE DID IT HIMSELF • 1917 • SHT
HER SCRAMBLED AMBITIONS • 1917
MAGIC VEST, THE • 1917
SPEED • 1917 • SHT

WALSH PHIL – USA
ALL FOR NUTTIN' • 1916
ART AND ARTHUR • 1916
BOOKWORM'S BLESSED BLUNDERS, THE • 1916
DAD'S COLLEGE WIDOW • 1916 • SHT
IMPROBABLE YARN OF MCQUIRK, THE • 1916 • SHT
NO TITLE! • 1916
TIPS • 1916
TWO BEDS AND NO SLEEP • 1916

WALSH PHIL K. – ASL
AROUND THE BOREE LOG • 1925
BIRTH OF WHITE AUSTRALIA, THE • 1928

WALSH R. A. see **WALSH RAOUL**

WALSH RAOUL – USA – 1887–1980
WALSH R. A.
DOUBLE KNOT, THE • 1914
FINAL VERDICT, THE • FINAL VOTE, THE • 1914
GUNMAN, THE • 1914
LIFE OF GENERAL VILLA, THE • OUTLAW'S REVENGE, THE ○ LIFE OF VILLA, THE • 1914
MYSTERY OF THE HINDU IMAGE, THE • HINDU IMAGE, THE • 1914
SHERIFF'S PRISONER, THE • 1914
ARTIST'S WIFE, THE • 1915
BAD MAN AND OTHERS, A • 1915
BURIED HAND, THE • 1915
CARMEN • 1915
CELESTIAL CODE, THE • 1915
DEATH DICE, THE • DEATH DIES, THE • 1915
ELEVEN-THIRTY P.M. • 1915
FATAL BLACK BEAN, THE • 1915
FENCING MASTER, THE • 1915
GREASER, THE • 1915
HIS RETURN • 1915
MAN FOR A' THAT, A • MAN FOR ALL THAT, A • 1915
REGENERATION, THE • 1915
SMUGGLER, THE • 1915
TRAMP, THE • 1915
BLUE BLOOD AND RED • 1916
PILLARS OF SOCIETY, THE • 1916
SERPENT, THE • FIRES OF HATE (UKN) • 1916
BETRAYED • 1917
CONQUEROR, THE • 1917
HONOR SYSTEM, THE • 1917
INNOCENT SINNER, THE • 1917
PRIDE OF NEW YORK, THE • 1917
SILENT LIE, THE • 1917
THIS IS THE LIFE • 1917
I'LL SAY SO • 1918
ON THE JUMP • 1918
PRUSSIAN CUR, THE • 1918
WOMAN AND THE LAW • 1918
18 TO 45 • 1918
EVANGELINE • 1919
EVERY MOTHER'S SON • 1919
SHOULD A HUSBAND FORGIVE? • 1919
DEEP PURPLE • 1920
FROM NOW ON • 1920
STRONGEST, THE • 1920
OATH, THE • 1921
SERENADE • 1921
KINDRED OF THE DUST • 1922
LOST AND FOUND ON A SOUTH SEA ISLAND • LOST AND FOUND ○ PASSION OF THE SEA ○ CAPTAIN BLACKBIRD • 1923
THIEF OF BAGDAD, THE • 1924
EAST OF SUEZ • 1925
SPANIARD, THE • SPANISH LOVE (UKN) • 1925
LADY OF THE HAREM, THE • 1926
LUCKY LADY, THE • LADY LUCK • 1926
WANDERER, THE • 1926
WHAT PRICE GLORY • 1926
LOVES OF CARMEN, THE • 1927
MONKEY TALKS, THE • 1927
ME, GANGSTER • 1928
RED DANCE, THE • RED DANCER OF MOSCOW, THE (UKN) • 1928
SADIE THOMPSON • 1928
COCK-EYED WORLD, THE • 1929
HOT FOR PARIS • 1929
IN OLD ARIZONA • 1929
BIG TRAIL, THE • 1930
GROSSE FAHRT, DIE • 1931
MAN WHO CAME BACK, THE • 1931
PISTE DES GEANTS, LA • 1931
WOMEN OF ALL NATIONS • 1931
YELLOW TICKET, THE • YELLOW PASSPORT, THE (UKN) • 1931
ME AND MY GAL • PIER 13 (UKN) • 1932
WILD GIRL • SALOMY JANE (UKN) • 1932
BOWERY, THE • 1933
GOING HOLLYWOOD • 1933
SAILOR'S LUCK • 1933
WALKING DOWN BROADWAY • 1933
BABY-FACE HARRINGTON • BABY FACE • 1935
EVERY NIGHT AT EIGHT • 1935
UNDER PRESSURE • 1935
BIG BROWN EYES • 1936
KLONDIKE ANNIE • KLONDIKE LOU • 1936
SPENDTHRIFT, THE • 1936
ARTISTS AND MODELS • 1937
HITTING A NEW HIGH • 1937
JUMP FOR GLORY • WHEN THIEF MEETS THIEF (USA) • 1937
O.H.M.S. • YOU'RE IN THE ARMY NOW (USA) • 1937
COLLEGE SWING • SWING, TEACHER, SWING (UKN) • 1938
ROARING TWENTIES, THE • 1939
ST. LOUIS BLUES • BEST OF THE BLUES • 1939
DARK COMMAND • 1940
THEY DRIVE BY NIGHT • ROAD TO 'FRISCO, THE (UKN) • 1940
HIGH SIERRA • 1941
MANPOWER • 1941
STRAWBERRY BLONDE, THE • 1941
THEY DIED WITH THEIR BOOTS ON • 1941
DESPERATE JOURNEY • 1942
GENTLEMAN JIM • 1942
BACKGROUND TO DANGER • 1943
NORTHERN PURSUIT • 1943
UNCERTAIN GLORY • 1944
HORN BLOWS AT MIDNIGHT, THE • 1945
OBJECTIVE, BURMA • 1945
SALTY O'ROURKE • 1945
SAN ANTONIO • 1945
MAN I LOVE, THE • 1947
PURSUED • 1947
STALLION ROAD • 1947
WYOMING KID, THE • CHEYENNE • 1947
FIGHTER SQUADRON • 1948
ONE SUNDAY AFTERNOON • 1948
SILVER RIVER • 1948
COLORADO TERRITORY • 1949
WHITE HEAT • 1949
MONTANA • 1950
ALONG THE GREAT DIVIDE • 1951
CAPTAIN HORATIO HORNBLOWER R.N. • CAPTAIN HORATIO HORNBLOWER (USA) ○ HORATIO HORNBLOWER • 1951
DISTANT DRUMS • 1951
ENFORCER, THE • MURDER INC. (UKN) • 1951
BLACKBEARD THE PIRATE • 1952
GLORY ALLEY • 1952
LAWLESS BREED, THE • 1952
WORLD IN HIS ARMS, THE • 1952
GUN FURY • 1953
LION IS IN THE STREETS, A • 1953
SEA DEVILS • 1953
SASKATCHEWAN • O'ROURKE OF THE ROYAL MOUNTED (UKN) • 1954
BATTLE CRY • 1955
TALL MEN, THE • 1955
KING AND FOUR QUEENS, THE • 1956
REVOLT OF MAMIE STOVER, THE • 1956
BAND OF ANGELS • 1957
NAKED AND THE DEAD, THE • 1958
SHERIFF OF FRACTURED JAW, THE • 1958
PRIVATE'S AFFAIR, THE • 1959
ESTHER E IL RE • ESTHER AND THE KING (USA) • 1961
MARINES, LET'S GO • 1961
DISTANT TRUMPET, A • 1964

WALSH THOMAS B. – USA
SHAMS OF SOCIETY • 1921

WALSH THOMAS E. – AUS
ZIGEUNERLIEBE • 1922

WALTER ANNE – FRN
TEMOIN, LE • 1970

WALTER CLAUDE – FRN – 1909–
EVE ET LES BONNES POMMES • 1964

WALTER-FEIN RUDOLF see **WALTHER-FEIN RUDOLF**

WALTER KURT E. – GRM
HALLO -SIE HABEN IHRE FRAU VERGUSSEN • 1949

WALTER MICHAEL – GRM
BEYOND THE DARKNESS • 1974

WALTERS CHARLES – USA – 1911–1982
SPREADIN' THE JAM • 1945 • SHT
GOOD NEWS • 1947
EASTER PARADE • 1948
BARKLEYS OF BROADWAY, THE • 1949
SUMMER STOCK • IF YOU FEEL LIKE SINGING (UKN) • 1950
THREE GUYS NAMED MIKE • 1950
BELLE OF NEW YORK, THE • 1951
TEXAS CARNIVAL • 1951
LILI • 1952
DANGEROUS WHEN WET • 1953
EASY TO LOVE • 1953
TORCH SONG • 1953
GLASS SLIPPER, THE • 1954
TENDER TRAP, THE • 1955
HIGH SOCIETY • 1956
DON'T GO NEAR THE WATER • 1957
ASK ANY GIRL • 1959
CIMARRON • 1960
PLEASE DON'T EAT THE DAISIES • 1960
TWO LOVES • SPINSTER (UKN) ○ I'LL SAVE MY LOVE • 1961
BILLY ROSE'S JUMBO • JUMBO • 1962
UNSINKABLE MOLLY BROWN, THE • 1964
WALK, DON'T RUN • 1966

WALTERS MARTIN – CND
MARIE-ANNE • 1980 • TVM

WALTERS MICHAEL – USA
HAVE A NICE WEEKEND! • 1975

WALTERS ROBERT – USA
SLIP UP • EAGER FINGERS, EAGER LIPS ○ LOVE-IN ARRANGEMENTS • 1974

WALTHER-FEIN RUDOLF – GRM
WALTER-FEIN RUDOLF • WALTHER RUDOLF
EWIGE SCHONHEIT • 1919
LETZTE UNTERTAN, DER • 1919
LOLA MONTEZ • 1919
SCHICKSAL DER MARIA KEITH, DAS • 1919
BECAUSE I LOVED YOU
BILD DER GELIEBTEN, DAS • 1920
DAMMERNDE NACHTE • 1920
FRAUENBRIEFE • 1920
FREMDE WELTEN • 1920
GESCHEITERT • 1920
MANUS IMMACULATA • UNBEFLECKTE HAND, DIE • 1920
SEHNENDE LIEBE • SEHENDE LIEBE • 1920
BIGAMIE • 1922
FRAUEN, DIE EHE BRECHEN • 1922
LIEBESNEST 1, DAS • 1922
LIEBESNEST 2, DAS • 1922
MILLIONENSCHIEBER • 1922
NUR EINE NACHT • 1922
PASSAGIER IN DER ZWANGSJACKE, DER • 1922
MENSCHENFEIND, DER • 1923
SCHATZ DER GESINE JAKOBSEN, DER • 1923
WILHELM TELL • 1923
KLEINE HERZOG, DER • UM THRON UND LIEBE • 1924
ABENTEURER, DER • 1925
DIE VOM NIEDERRHEIN • 1925
GESUNKENEN, DIE • SUNKEN, THE (USA) • 1925
SUMPF UND MORAL • 1925
WETTERLEUCHTEN • 1925
KUSSEN IST KEINE SUND' • LETZTE EINQUARTIERUNG, DIE • 1926
LACHENDE EHEMANN, DER • 1926
SCHUTZENLIESL • 1926
WIEN, WIE ES WEINT UND LACHT • 1926
FASCHINGSZAUBER • 1927
HEIRATSNEST, DAS • 1927
LIEBESREGEN • 1927
WOCHENENDZAUBER • 1927
DRAGONERLIEBCHEN • 1928
FASCHINGSPRINZ, DER • 1928
GROSSTADTJUGEND • GLUCKSFALLE, DIE • 1928
HEIRATSFIEBER • 1928
ROBERT UND BERTRAM • 1928
DICH HAB' ICH GELIEBT • 1929
FIDELE HERRENPARTIE, DIE • 1929
KORVETTENKAPITAN, DER • BLAUE JUNGS VON DER MARINE • 1930
SCHICKSAL DER RENATE LANGEN, DAS • SEIN LETZTER BRIEF • 1931
ZWEI GLUCKLICHE TAGE • 1932

WALTHER RUDOLF see **WALTHER-FEIN RUDOLF**

WALTON FRED – USA
WHEN A STRANGER CALLS • 1979
HADLEY'S REBELLION • 1984
ALFRED HITCHCOCK PRESENTS • 1985 • TVM
APRIL FOOL'S DAY • 1986
I SAW WHAT YOU DID • 1987
ROSARY MURDERS, THE • 1987
TRAPPED • 1989

WALTON FRED* – USA
BABES IN THE WOODS • 1911

WALTON JOSEPH see **LOSEY JOSEPH**

WALTON LLOYD A. – CND – 1946–
PEACE AND QUIET • 1970
BISCOTDSING • 1973 • DOC
LOGGING IN THE OTTAWA VALLEY • 1973 • DOC
RENDEZ VOUS • 1976 • DOC
LOON, THE NORTH AND YOU, THE • 1977 • DOC
SNOW • 1981 • DOC
FUTURES IN WATER • 1984 • MTV

WALTYRE EDWARD – UKN
THEN YOU'LL REMEMBER ME • 1918

WALY AHMED – GRM
MELUKA, DIE ROSE VON MARAKESCH • 1930

WAM SVEND – NRW – 1946–
REKRUTTSKOLEN • SHT
FEM DOGN I AUGUST • FIVE DAYS IN AUGUST • 1973
HISTORIEN OM LASSE OG GEIR • STORY OF LASSE AND GEIR, THE ○ LASSE OG GEIR • 1975
TANGO INDUSTRI • 1975 • SHT
OLJEEVENTYRET • 1977 • DCS
TAUSE FLERTALL, DET • SILENT MAJORITY, THE • 1977
HVEM HAR BESTEMT..? • SAYS WHO? • 1978
BILDOD • CAR DEATH • 1979 • SHT

SVARTERE ENN NATTEN –EN KJAERLIGHETHISTORIE • DARKER THAN NIGHT –A LOVE STORY • 1979
JULIA, JULIA –ET EVENTYR • JULIA, JULIA –A FAIRYTALE • 1981
JULIA, JULIA –HISTORIEN OM ET FALL • JULIA, JULIA –THE STORY OF A DOWNFALL • STORY OF A DOWNFALL, THE ○ HISTORIEN OM ET FALL • 1981
LEVE SITT LIV • VICTORIA L. • 1982
APEN FRAMTID • OPEN FUTURE ○ ON MY WAY • 1983
ADJO SOLIDARITET • GOODBYE SOLIDARITY ○ ADIEU SOLIDARITE • 1984
DROMMESLOTTET • CASTLE IN THE AIR • 1984
JORD • EARTH • 1986
HOTEL ST. PAULI • 1988
BRYLLUPSFESTEN • WEDDING PARTY, THE • 1989

WAN HUNG LO – HKG
KUNG FU HERO

WAN JEN – TWN
ERH–TZU–TE TA WAN–OU • SANDWICH MAN, THE • 1983
YU–MA TS'AI–TZU • AH FEI • 1983
CH'AO–CHI SHIH–MIN • SUPER CITIZEN • 1985
HSI–PIEH HAI–AN • FAREWELL TO THE CHANNEL, A • 1987

WAN KU CHAN – CHN
SPIRIT OF GINGER, THE • ANM

WAN LAI–MING – CHN
WAN LAI MINJ
DA NO TIEN GU • TROUBLES IN THE KINGDOM OF THE SKY ○ UPROAR IN HEAVEN ○ MONKEYKING, THE • 1961 • ANM
SUN WUNGKONG • 1961–65

WAN LAI MINJ see **WAN LAI–MING**

WAN TCHAO–TCHEN – Animator – CHN
MAGIC BRUSH, THE • ANM

WAN YAO HUA – HKG
CRACK SHOWDOWN BOXERS

WANAGURU DUDLEY – SLN
SANGAWUNU MENIKE • HIDDEN GEM • 1967

WANAMAKER SAM – Actor – USA – 1919–
FILE OF THE GOLDEN GOOSE, THE • 1968
EXECUTIONER, THE • 1970
CATLOW • 1971
SINBAD AND THE EYE OF THE TIGER • 1977
MY KIDNAPPER, MY LOVE • 1980 • TVM
KILLING OF RANDY WEBSTER, THE • 1981 • TVM
COLUMBO: GRAND DECEPTIONS • 1989 • TVM

WANG CHENG–FANG – TWN
WANG PETER
GREAT WALL, THE • GREAT WALL IS A GREAT WALL, THE ○ GREAT WALL, A • 1986
LASERMAN, THE • 1988
TI–YI–TS'E YUEH–HUI • FIRST DATE • 1988

WANG CHOU–TCHEZ – Animator – CHN
AT THE END OF THE ROAD • 1966 • ANM

WANG CHU–CHIN – TWN
CHUNG–KUO K'AI–KUO CH'I–TAN • 1982
SHANG–HAI SHI–HUI TANG–AN • ON THE SOCIETY FILE OF SHANGAHI • 1982

WANG FENG – HKG
BANDITS FROM SHANTUNG • 1971

WANG HSIAO–TI – TWN
HUANG–SE KU–SHIH • GAME THEY CALL SEX, THE • 1988

WANG HSING LEI – HKG
WANG SHING–LEI
CHIEH–CH'UAN–TAO • JEET–KUNE–DO – THE KILLER PUNCH OF BRUCE LEE • 1976
YUNG–CH'UN TA–HSIUNG • DRAGON LIVES, THE ○ KING OF KUNG FU ○ HE'S A HERO ○ HE'S A LEGEND ○ HE'S A LEGEND, HE'S A HERO • 1978

WANG JIAYI – CHN
XIAOZI BEI • BUS NUMBER THREE • 1980

WANG JIMMU see **WANG JUAN**

WANG JING see **WANG WAYNE**

WANG JIXING – CHN
MOKUZHONGDE HUANXIANG • VISIONS FROM A JAIL CELL • 1988

WANG JUAN – HKG
WANG JIMMU
DRAGON SQUADS • 1976

WANG JUNZHENG – CHN
SHANLINZHONGTOU YIGE NUREN • FIRST WOMAN IN THE FORESTS, THE • 1988

WANG PETER see **WANG CHENG–FANG**

WANG PING – CHN
STORY OF LIUPAO VILLAGE • 1957
YONG BUXIOSHI DE DIANBO • UNFAILING BEAM, THE ○ CONSTANT BEAM • 1958
BATTLE OF SHANGHAI • 1959
MENG LUNG SHA • 1961
LOCUST TREE VILLAGE • 1962
SENTINELS UNDER THE NEON LIGHTS • 1963
HUNG LOU MENG • DREAM OF THE RED CHAMBER, THE (USA) • 1966
LIVING SWORD, THE • 1971

WANG PU – CHN
WHITE–HAIRED GIRL, THE • 1950

WANG QIMIN – CHN
REN DAO ZHONGNIAN • AT MIDDLE AGE • 1983

WANG SHING–LEI see **WANG HSING LEI**

WANG T'UNG – TWN
CHIA–JU WO SHIH CHEN–TE • IF I WERE FOR REAL • 1981
K'AN–HAI–TE JIH–TZU • FLOWER IN THE RAINY NIGHT, A • 1983
K'U LIEN • PORTRAIT OF A FANATIC • 1983
TAO–TS'AO JEN • STRAWMAN • 1988
HSIANG–CHIAO T'IEN–T'ANG • BANANA PARADISE • 1989

WANG WAYNE – HKG – 1949–
WANG JING
MAN, A WOMAN AND A KILLER, A • 1975
CHAN IS MISSING • 1982
DIM SUM • DIM SUM: A LITTLE BIT OF HEART • 1985
SLAMDANCE • SLAM DANCE • 1987
YIWAN CHA • 1988
EAT A BOWL OF TEA • 1989
GUAFU CUN • WIDOW VILLAGE ○ VILLAGE OF WIDOWS • 1989

WANG YU – HKG
YU JIMMY WANG • YU WANG
SWORD, THE • 1971
DOP BEY KUAN WAN • ONE ARMED BOXER (UKN) ○ ONE–ARMED BOXER • 1972
ZHAN SHEN TAN • BEACH OF THE WAR GODS ○ BEACH OF WAR GODS • 1972
RETURN OF THE CHINESE BOXER • 1974
CHIH TAO HUANG LUNG • MAN FROM HONGKONG, THE ○ DRAGON FLIES, THE • 1975
MASTER OF THE FLYING GUILLOTINE • ONE–ARMED BOXER VERSUS THE FLYING GUILLOTINE • 1975
SHAOLIN HU HO CHEN T'IEN–HSIA • TIGER AND CRANE FISTS • 1976

WANGEL HEDWIG – GRM
MENSCHEN ZWEITER GUTE • 1930

von WANGENHEIM GUSTAV – GRM – 1895–
BORZA • STRUGGLE, THE • 1935
KAMPFER • KAMPF, DER • 1935
UND WIEDER 48! • 1949
AUFTRAG HOGLERS, DER • WESTOSTLICHE HOCHZEIT • 1950
GEFAHRLICHE FRACHT • 1954
HEIMLICH EHEN • 1956

WANNAYOK MONOO – THL
YOUNG BLOOD • 1990

WANOGLU TURKER – TRK
AYRILIK SAATI • PARTING HOUR, THE • 1967

WANSCHER CLAUS – DNM
VEJEN TIL BYEN • 1978

WANZER ORVILLE – USA
DEVIL'S MISTRESS, THE • 1966

WARCHOL GRZEGORZ – PLN
I LIKE BATS

WARD ALBERT – UKN
FEMALE SWINDLER, THE • 1916
GIRL WHO WRECKED HIS HOME, THE • 1916
PHANTOM PICTURE, THE • 1916
PLEYDELL MYSTERY, THE • 1916
QUEEN OF THE WICKED • 1916
WHEN WOMAN HATES • 1916
QUEEN OF MY HEART • 1917
LINKED BY FATE • 1919
MEMBER OF TATTERSALLS, A • 1919
AUNT RACHEL • 1920
LAST ROSE OF SUMMER, THE • 1920
NANCE • 1920
PRIDE OF THE FANCY, THE • 1920
MR. PIM PASSES BY • 1921
STABLE COMPANIONS • 1922

WARD BILL – USA
BALLAD OF A GUNFIGHTER • 1963

WARD CHANCE E. – USA
COOKY'S ADVENTURE • 1915
HAM AT THE GARBAGE GENTLEMEN'S BALL • 1915
HAM IN THE HAREM • 1915
INSURANCE NIGHTMARE, THE • 1915
MELODIOUS MIX–UP, A • 1915

WARD DAVID S. – USA – 1945–
CANNERY ROW • 1982
MAJOR LEAGUE • 1989
KING RALPH I • 1990

WARD FRED – ASL
DOES THE JAZZ LEAD TO DESTRUCTION? • 1919

WARD J. E. – ASL
AUSTRALIA'S OWN • 1919
QUEST FOR THE BLUEBIRD OF PARADISE, THE • 1923 • DOC
DEATH DEVILS IN A PAPUAN PARADISE • 1924 • DOC
THOSE TERRIBLE TWINS • 1925

WARD JAMES – UKN
SOMEBODY'S STOLEN OUR RUSSIAN SPY • 1975

WARD PETER – UKN
TALYROND, THE • 1965

WARD RICHARD – USA
SAKURA KILLERS • 1986

WARD TERRY – Animator – USA
LITTLE MISS TROUBLE AND FRIENDS • 1983 • ANM

WARD VINCENT – NZL – 1956–
STATE OF SIEGE, A • 1979
IN SPRING ONE PLANTS ALONE • 1980
VIGIL • FIRST BLOOD, LAST RITES • 1984
NAVIGATOR, THE • NAVIGATOR: A MEDIEVAL ODYSSEY, THE • 1988

WARDE ERNEST see **WARDE ERNEST C.**

WARDE ERNEST C. – USA – 1874–
WARDE ERNEST
WHITE MAN'S CHANCE, A • 1909
BUBBLES IN THE GLASS, THE • 1916 • SHT
CRUISE OF FATE, THE • 1916 • SHT
HIDDEN VALLEY, THE • 1916
KING LEAR • 1916
SILAS MARNER • 1916
HER BELOVED ENEMY • 1917
HINTON'S DOUBLE • 1917
MAN WITHOUT A COUNTRY, THE • 1917
VICAR OF WAKEFIELD, THE • 1917
WAR AND THE WOMAN • 1917
WOMAN AND THE BEAST, THE • 1917
WOMAN IN WHITE, THE • 1917
BELLS, THE • 1918
BURGLAR FOR A NIGHT, A • 1918
MORE TROUBLE • 1918
ONE DOLLAR BID • 1918
PRISONER OF THE PINES • 1918
RULER OF THE ROAD • 1918
THREE X GORDON • 1918
FALSE CODE, THE • 1919
GATES OF BRASS • 1919
JOYOUS LIAR, THE • 1919
LORD LOVES THE IRISH, THE • 1919
MAN IN THE OPEN, A • 1919
MASTER MAN, THE • 1919
MIDNIGHT STAGE, THE • 1919
WORLD AFLAME, THE • 1919
COAST OF OPPORTUNITY, THE • 1920
DEVIL TO PAY, THE • 1920
DREAM CHEATER, THE • 1920
GREEN FLAME, THE • 1920
HOUSE OF WHISPERS, THE • 1920
LIVE SPARKS • 1920
NO.99 • 1920
$30,000 • THIRTY THOUSAND DOLLARS ○ THIRTY THOUSAND • 1920
TRAIL OF THE AXE, THE • 1922
RUTH OF THE RANGE • RIDDLE OF THE RANGE, THE • 1923 • SRL

WARDE FREDERICK – USA
RICHARD III • 1913

WARDENBURG FRED – USA
HAVE YOU HEARD OF THE SAN FRANCISCO MIME TROUPE? • 1968 • DOC

WARDY YAAKOV – ISR
THREE LOVE STORIES • 1968

WARE CLYDE – USA – 1934–
NO DRUMS, NO BUGLES • ALTERNATIVE WAR • 1971
STORY OF PRETTY BOY FLOYD, THE • PRETTY BOY FLOYD • 1974 • TVM
HATFIELDS AND THE MCCOYS, THE • 1975 • TVM
300 MILES FOR STEPHANIE • THREE–HUNDRED MILES FOR STEPHANIE • 1981 • TVM
WHEN THE LINE GETS THROUGH • 1985

WARFIELD CHRIS – USA
TEENAGE INNOCENCE • LITTLE MISS INNOCENCE ○ TEENAGE INNOCENTS ○ INNOCENT SEX ○ LITTLE MISS INNOCENT
TALK NAUGHTY TO ME • CHAMPAGNE FOR BREAKFAST • 1981

WARGNIER REGIS – FRN – 1948–
JE SUIS LE SEIGNEUR DU CHATEAU • 1989

WARGON ALAIN see **WARGON ALAN**

WARGON ALAN – CND
WARGON ALAIN • WARGON ALLAN
LONGHOUSE PEOPLE, THE • 1951
WOLFE AND MONTCALM • 1959 • SHT

WARGON ALLAN see **WARGON ALAN**

WARHOL ANDY – USA – 1928–1987
ASSASSINATION
ANDY WARHOL FILMS JACK SMITH FILMING NORMAL LOVE • 1963
DANCE MOVIE • ROLLER SKATE • 1963
HAIRCUT • 1963
APPLE • 1964
BATMAN • 1964
BATMAN DRACULA • 1964
BLOW JOB • 1964 • SHT
COUCH • 1964
DRACULA • 1964
EAT • 1964
END OF DAWN, THE • 1964 • SHT
KISS, THE • KISS • 1964
LIPS • 1964
MARIO BANANA • 1964 • SHT
NAOMI AND RUFUS KISS • 1964 • SHT
PAUSE • 1964
SALOME AND DELILAH • 1964
SHOULDER • 1964 • SHT
SLEEP • 1964
SOAP OPERA • LESTER PERSKY STORY –A SOAP OPERA, THE ○ LESTER PERSKY STORY, THE • 1964
TARZAN AND JANE REGAINED SORT OF • 1964
THIRTEEN MOST BEAUTIFUL BOYS, THE • 1964
13 MOST BEAUTIFUL WOMEN, THE • 1964
AFTERNOON • 1965
BEAUTY #2 • BEAUTY NUMBER TWO • 1965
BITCH • 1965
CAMP • 1965
CLOSET, THE • 1965
DRUNK • 1965
EMPIRE • 1965
HARLOT • 1965
HEDY • HEDY THE SHOPLIFTER ○ 14 YEAR OLD GIRL, THE • 1965
HENRY GELDZAHLER • 1965
HORSE • 1965
LIFE OF JUANITA CASTRO, THE • 1965
MORE MILK, EVETTE • MORE MILK YVETTE ○ LANA TURNER • 1965
MY HUSTLER • 1965
POOR LITTLE RICH GIRL • 1965
PRISON • 1965
RESTAURANT • 1965
SCREEN TEST • SCREEN TEST #2 • 1965
SCREEN TEST NUMBER ONE • 1965

SPACE • 1965
SUICIDE • 1965
VINYL • 1965
50 FANTASTICS • 1965
50 PERSONALITIES • 1965
BED, THE • 1966
BUFFERIN • GERARD MALANGA READS POETRY • 1966
CHELSEA GIRLS, THE • 1966
EATING TOO FAST • 1966
FACE • FACES • 1966
KITCHEN • KITCHENETTE • 1966
LUPE • 1966
OUTER AND INNER SPACE • 1966
PAUL SWAN • 1966
TAYLOR MEAD'S ASS • 1966
VELVET UNDERGROUND AND NICO, THE • EXPLODING PLASTIC INEVITABLES, THE ○ PLASTIC INEVITABLES (VELVET UNDERGROUND) • 1966
WHIPS • 1966
ALAN AND APPLE • 1967
ALAN AND DICKIN • 1967
BIKE BOY • 1967
COURTROOM • 1967
(FOUR STARS) • TWENTY-FOUR HOUR MOVIE, THE • 1967
GERARD HAS HIS HAIR REMOVED WITH NAIR • 1967
GROUP ONE • 1967
HIGH ASHBURY • 1967
I, A MAN • 1967
INTERNATIONAL VELVET • 1967
KATRINA DEAD • 1967
NUDE RESTAURANT, THE • ANDY WARHOL'S RESTAURANT • 1967
SAUSALITO • 1967
SUNSET BEACH ON LONG ISLAND • 1967
TIGER MORSE • 1967
LONESOME COWBOYS • 1968
LOVES OF ONDINE, THE • 1968
BLUE MOVIE • FUCK ○ FK ○ VIVA AND LOUIS • 1969
IMITATION OF CHRIST • 1970
WOMEN IN REVOLT • 1971
AMOUR, L' • 1973

WARIN FRANCIS – FRN – 1930–
VIE FACILE, LA • 1971

WARK VICTOR – UKN
FOXHUNTER: CHAMPION JUMPER • 1953 • DOC

WARMAN ARTURO – MXC
EL ES DIOS • 1965

van WARMERDAM ALEX – NTH
ABEL • 1985

WARMFLASH ROBERT – USA
DEATH PROMISE • PAY-OFF TIME • 1978

WARNECKI J. – PLN
KAZDEMU WOLNO KOCHAC • 1933
NOC LISTOPADOWA • 1933

WARNEKE LOTHAR – GRM
MIT MIR NICHT, MADAM! • 1969
ES IST EINE ALTE GESCHICHTE • 1972
LEBEN MIT UWE • 1974
UNVERBESSERLICHE BARBARA, DIE • INCORRIGIBLE BARBARA • 1977
OUR SHORT LIFE • 1980
APPREHENSION • 1982
SONDERBARE LIEBE, EINE • 1984
EINER TRAGE DES ANDEREN LAST • BEAR YE ONE ANOTHER'S BURDENS • 1987

WARNER GEORGE see **CRISTALLINI GIORGIO**

WARNER GLENN – CND
BLACK VEIL, THE • 1990 • SHT

WARNER JACK JR. – USA – 1916–
BRUSHFIRE! • 1962

WARNER JACK L. – USA – 1892–1978
DANGEROUS ADVENTURE, A • 1922 • SRL
DANGEROUS ADVENTURE, A • 1922

WARNER JOHN see **ULMER EDGAR G.**

WARNER SAM – USA – 1888–1927
DANGEROUS ADVENTURE, A • 1922
DANGEROUS ADVENTURE, A • 1922 • SRL

WARNY CLORINDA – Animator – BLG – 1939–1978
OEUF, L' • 1971 • ANS
PETIT BONHEUR • 1972 • ANS
A QUI APPARTIENT CE GAGE? • 1973
PREMIERS JOURS • BEGINNINGS • 1980 • ANS

WARREN CHARLES M. see **WARREN CHARLES MARQUIS**

WARREN CHARLES MARQUIS – Producer/writer – USA – 1912–
WARREN CHARLES M.
LITTLE BIG HORN • FIGHTING SEVENTH, THE (UKN) • 1951
ARROWHEAD • 1953
FLIGHT TO TANGIER • 1953
HELLGATE • 1953
SEVEN ANGRY MEN • 1955
BLACK WHIP, THE • 1956
TENSION AT TABLE ROCK • 1956
BACK FROM THE DEAD • 1957
COPPER SKY • 1957
RIDE A VIOLENT MILE • 1957
TROOPER HOOK • 1957
UNKNOWN TERROR • 1957
BLOOD ARROW • 1958
CATTLE EMPIRE • 1958
DESERT HELL • 1958
CHARRO! • 1969

WARREN DERYN – USA
BLOOD SPELL • BOY FROM HELL, THE ○ BLOODSPELL • 1987
DEAD OF NIGHT, THE • 1987
MIRROR OF DEATH • 1987

WARREN EDWARD – USA
DUBLIN DAN • 1912
EQUINE SPY, THE • 1912
MICKY'S PAL • 1912
SEWER, THE • 1912
BEASTS OF THE JUNGLE • 1913
BRENNAN OF THE MOOR • 1913
KELLY FROM THE EMERALD ISLE • 1913
BEGGAR PRINCE OF INDIA, A • 1914
ENMESHED BY FATE • 1914
HUMANITY IN THE ROUGH • 1914
ADVENTURES OF A BOY SCOUT, THE • 1915
WARFARE OF THE FLESH, THE • 1917
WEAVERS OF LIFE • 1917
LOVE AND AMBITION
THUNDERBOLTS OF FATE • 1919

WARREN FRANK – USA
ALL WOMAN • ALL GIRL ○ SCHIZO • 1967

WARREN GILES see **WARREN GILES R.**

WARREN GILES R. – USA
WARREN GILES
YOUR GIRL AND MINE • 1914
AGONY OF FEAR • 1915
GRIDLEY'S WIFE • 1915
HAND OF NAHAWEE, THE • 1915
HIS JUNGLE SWEETHEART • 1915
LEAVING OF LAWRENCE, THE • 1915
MYSTERY OF DEAD MAN'S ISLE, THE • 1915
OLD CLOTHES SHOP, THE • 1915
PAYMENT IN FULL • 1915
TEXAS STEER, A • 1915

WARREN HAL – USA
MANOS, THE HANDS OF FATE • MANOS, HANDS OF FATE • 1966

WARREN JAMES see **GUERRINI MINO**

WARREN JERRY – USA
MAN BEAST • 1955
TEENAGE ZOMBIES • 1957
INCREDIBLE PETRIFIED WORLD, THE • 1958
RYMDINVASION I LAPPLAND • INVASION OF THE ANIMAL PEOPLE (USA) ○ SPACE INVASION OF LAPLAND ○ TERROR IN THE MIDNIGHT SUN (UKN) • 1958
CASA DEL TERROR, LA • FACE OF THE SCREAMING WEREWOLF (USA) ○ HOUSE OF TERROR, THE • 1959
TERROR OF THE BLOODHUNTERS • 1962
ATTACK OF THE MAYAN MUMMY • 1963
CURSE OF THE STONE HAND • 1965
WILD WORLD OF BATWOMAN, THE • SHE WAS A HIPPY VAMPIRE • 1966
FRANKENSTEIN ISLAND • FRANKENSTEIN'S ISLAND • 1981

WARREN JOHN – UKN
UP TO HIS TRICKS • 1904

WARREN JOSEPH see **VARI GIUSEPPE**

WARREN KEN – FRN
FAIS-MOI TOUT
GRANDES POMPEUSES, LES
JOUISSEUSES DE HONG KONG, LES
PARTOUSES DU DIABLE
CECILE AIME CA • 1981
PETITES FILLES PAS TRES SAGES • 1981

WARREN MARK – USA – 1938–
BEST ON RECORD, THE • GRAMMY AWARDS • 1969 • MTV
COME BACK, CHARLESTON BLUE • 1972
TRIBUTE TO MARTIN LUTHER KING, A • 1975 • MTV
CRUNCH • KINKY COACHES AND THE POM-POM PUSSYCATS, THE • 1980

WARREN NORMAN J. – UKN – 1942–
HER PRIVATE HELL • 1968
LOVING FEELING • 1969
SATAN'S SLAVES • SATAN'S SLAVE • 1976
OUTER TOUCH • SPACED OUT (USA) • 1979
TERROR • TERROR, THE • 1979
INSEMINOID • HORROR PLANET (USA) • 1982
PREY • ALIEN PREY (USA) • 1984
BLOODY NEW YEAR • TIME WARP TERROR • 1987
GUNPOWDER • 1987

WARREN RICHARD – UKN – 1922–
BOSUN'S MATE, THE • 1953

WARRENTON LULE – USA
IRMA IN WONDERLAND • 1916 • SHT
US KIDS • 1916 • SHT
WHEN LITTLE LINDY SANG • 1916 • SHT
BIRDS' CHRISTMAS CAROL, THE • BIT O' HEAVEN, A • 1917
VALLEY OF BEAUTIFUL THINGS, THE • 1917 • SHT

WARRINGTON JOHN – UKN
IT'S A GREAT DAY • 1956

WARSHOFSKY FRED – USA
OUTER SPACE CONNECTION, THE • 1975 • DOC

WARSON ALLAN – CND
SALT COD • 1954

WASCHMAN DANIEL see **WAXMAN DANIEL**

WASCHNECK ERICH – GRM – 1887–
DOCKS OF HAMBURG
KAMPF UM DIE SCHOLLE • 1925
MEIN FREUND, DER CHAUFFEUR • 1925
BRENNENDE GRENZE • AFTERMATH (USA) • 1926
MANN IM FEUER, DER • FIREMAN, THE • 1926
FRAU MIT DEM WELTREKORD, DIE • 1927
GEHEIME MACHT, DIE • SECRET POWER • 1927
REGINE, DIE TRAGODIE EINER FRAU • 1927
CARMEN VON ST. PAULI, DIE • WATER RAT, THE • 1928
SKANDAL IN BADEN-BADEN • 1928
DIANE • 1929
DREI UM EDITH, DIE • 1929
GUNSTLING VON SCHONBRUNN, DER • 1929
LIEBE DER BRUDER ROTT, DIE • IRRLICHTER ○ WILL O' THE WISP • 1929
1812 • 1929
FOR HER COUNTRY'S SAKE
ALTE LIED, DAS • ZU JEDEM KOMMT EINMAL DIE LIEBE • 1930
VA BANQUE • 1930
ZWEI MENSCHEN • TWO LIVES • 1930
JOKER, THE • 1931
UNMOGLICHE LIEBE • VERA HOLGK UND IHRE TOCHTER • 1932
8 MADELS IM BOOT • 1932
ABEL MIT DER MUNDHARMONIKA • 1933
HANDE AUS DEM DUNKEL • 1933
MUSIK IM BLUT • 1934
REGINE • 1934
LIEBESLEUTE • HERMANN UND DOROTHEA VON HEUTE • 1935
MEIN LEBEN FUR MARIA ISABELL • MY LIFE FOR MARIA ISABELL (USA) • 1935
ESKAPADE • SEINE OFFIZIELLE FRAU • 1936
ONKEL BRASIG • 1936
GEWITTERFLUG ZU CLAUDIA • 1937
GOTTLICHE JETTE, DIE • DIVINE JETTA, THE (USA) • 1937
STREIT UM DEN KNABEN JO • STRIFE OVER THE BOY JO (USA) • 1937
ANNA FAVETTI • 1938
FRAUEN FUR GOLDEN HILL • 1938
WINTER STURME • WINTER STORMS (USA) • 1938
FRAULEIN • 1939
KENNWORT MACHIN • 1939
ROTHSCHILD, DIE • 1940
UNVOLLKOMMENE LIEBE, DIE • 1940
ZWISCHEN HAMBURG UND HAITI • 1940
BEIDEN SCHWESTERN, DIE • 1943
NACHT OHNE ABSCHIED • 1943
AFFARE ROEDERN, DIE • 1944
REIZENDE FAMILIE, EINE • DANKE ES GEHT MIR GUT • 1945
AN HEILIGEN WASSER • SIEG DER LIEBE • 1952
DREI TAGE ANGST • 1952
HAB' SONNE IM HERZEN • 1953

WASHAM BEN – USA
ADVANCE AND BE MECHANIZED • 1967 • ANS
PURR CHANCE TO DREAM • 1967 • ANS

WASHBURN GLADYS – USA
SWING, THE • 1964 • SHT

WASHBURN RICHARD – USA
SWING, THE • 1964 • SHT

WASHER FREDERICK H. – UKN
SOME PICNIC • 1920

WASILEWSKI ZENON – Animator – PLN – -1966
ATTENTION, THE DEVIL • ANS
DONKEY PRINCE, THE • ANM
GINGERBREAD KINGDOM, THE • ANM
HARLEQUIN NIMBO, THE • 1947-50 • ANM
MR. PLUME HAS A DREAM • 1947-50 • ANM
PRINCESS AND THE DRAGON, THE • DRAGON OF CRACOW, THE • 1948 • ANS
ZAKROLA KRAKUSA • UNDER KING KRAKUS (USA) ○ TIMES OF KING KRAKUS, THE • 1948 • ANS
BAD LITTLE FOX, THE • 1951 • ANM
STORK AND THE FOX, THE • 1951 • ANM
STORY OF MICHALKOWICE, THE • 1955 • ANM
TWO DOROTHYS, THE • 1955 • ANM
MAGIC GIFT, THE • 1956 • ANM
LITTLE PIG, THE • 1960 • ANM
CRIME ON CAT-THE-VENTRILOQUIST STREET, THE • 1962 • ANM
WOODEN HORSEMAN, THE • 1965 • ANM
MAN FROM THE MIRROR, A • 1967 • ANM

WASKOWSKI MIECZYSLAW – PLN
SOMNAMBULICY • SOMNAMBULISTS • 1957 • SHT
UWAGA MALARSTWO • ATTENTION PAINTING • 1958 • DOC
NIE ZAZNASZ SPOKOJU • YOU WILL NOT TASTE PEACE ○ NO PEACE ANY MORE • 1977

WASSENAAR J. – NTH
EIGEN POORT NAAR EUROPA • 1966 • SHT

WASSERBAUER MILOS – CZC
MIZEJICI SVET • DISAPPEARING WORLD ○ MIZICI SVET • 1932

WASSERMAN VACLAV – CZC – 1898–
KAM S NIM? • WHERE TO PUT IT? • 1922
TRHANI • RAGAMUFFINS, THE ○ RAGGED MEN • 1936
SOBOTA • SATURDAY • 1944
NADLIDE • HERRENVOLK • 1946

WASSERMANN H.
FREMD IM SUDETENLAND • STRANGE TO THE SUDETEN COUNTRY (USA) • 1938

WASSERMANN WALTER – GRM
MANNER DER FRAU CLARISSA, DIE • 1922

WASSON JAMES C. – USA
NIGHT OF THE DEMON • 1983

WASSUNG HERMANN – GRM
FLORENTINISCHE NACHTE • 1920
FLORENTINISCHE NACHTE • 1929

WASYLEWSKI ANDRZEJ – PLN
JAZZ PAINTED PORTRAITS • SER

WASZINSKI MICHAEL
WASZYNSKI MICHAEL
KOCHA, LUBI, SZANUJE • 1934
PARADA REZERWISTOW • 1934
PROKURATOR • 1934
DODEK NA FRONCIE • 1936
BEDZIE LEPIEJ • 1937
DYBBUK • DYBBUK, THE • 1937
ZNACHOR • MIRACLE MAN, THE (USA) • 1938
RENA • 1939
SCONOSCIUTO DI SAN MARINO, LO • STRANGER FROM SAN MARINO, THE • 1947
FIAMME SUL MARE • 1948
GRANDE STRADA, LA • ODISSEA DI MONTECASSINO, L' • 1948

WASZINSKY M. see **WASZINSKI MICHAEL**

WASZYNSKI MICHAEL see **WASZINSKI MICHAEL**

WASZYNSKY MICHAEL see **WASZINSKI MICHAEL**

WATANABE FUMIKI – JPN
HOMEMADE MOVIE • 1990

WATANABE KUNIO – JPN
BYAKURAN NO UTA • SONG OF THE WHITE ORCHID • 1939
NESSA NO CHIKAI • VOW IN THE DESERT • 1941
KESSEN NO OZORA E • TOWARD THE DECISIVE BATTLE IN THE SKY • 1943
NABESHIMA KAIBYODEN • GHOST-CAT MANSION OF NABESHIMA • 1949
MEIJI-TENNO TO MICHIRO-SENSO • EMPEROR MEIJI AND THE RUSSO-JAPANESE WAR, THE • 1957
ONRYO SAKURA DAI-SODO • 1957
CHUSHINGURA • LOYAL FORTY-SEVEN RONIN, THE • 1958
IGA NO SUIGETSU • AMBUSH AT IGU PASS • 1958
NICHIREN TO MOKO DAISHURAI • NICHIREN -A MAN OF MANY MIRACLES • 1958
OBOXU TENGO • GAY REVENGERS • 1958
UTSUKUSHIKI AISHU • PRINCESS OF ANGKOR WAT • 1958
FURAI MONOGATARI • GAMBLER AS I AM • 1959
ABAREBISHA • 1960
FUTARI NO MUSASHI • 1960
KYOKAKU HARUSAME-GASA • SPRING RAIN UMBRELLA • 1960
TENKA GOMEN • COUNTRY IN MY ARMS • 1960
MITO KOMONUMI O WATARU • ACROSS THE LOCK GATE TO THE SEA • 1961
YORU NO EMMACHO • SMOKE OF NIGHT • 1961
MINAMI-TAIHEIYO NAMI TAKASHI • KAMIKAZE -SUICIDE SOLDIER, THE • 1962
YAWARA SEMPU • BIRTH OF JUDO, THE • 1965

WATANABE KUZOHIKO – JPN
BOY AND ONE STRAW, A • 1967 • ANS
LITTLE MATCH GIRL, THE • 1968 • ANS

WATANABE MAMORU – JPN
AKUDOMA JUNEN • TEN YEARS OF EVIL • 1967
JOFU TO JOFU • FANCY MAN AND A FANCY WOMAN, A • 1967
MAKKA NA UBUGE • SCARLET HAIR • 1968

WATANABE MINORU – JPN
TSUKIHIME KEIZU • TREASURE HUNTRESS ○ ORIGIN OF PRINCESS MOON, THE • 1958

WATANABE RYUHEI – JPN
TABLE CLOTH GIVEN BY THE NORTH WIND, THE • 1908 • ANS

WATANABE YUSUKE – JPN
AKUJO • NIGHT SCANDAL IN JAPAN • 1964
NANIWANAKUTOMO ZEN-IN SHUGO!! • EVERYBODY, LET'S GO! • 1967
OTOKO NANTE NANISA • OUR INNOCENT CREATURES • 1967
KIGEKI HACHURUI • SEXPLOITERS, THE • 1968
NIPPON GERIRA JIDAI • FIGHTERS ON FIRE • 1968
TOTTE TOTTE TORIMAKURE • DRIFTERS DESUYO • 1968
YAREBA YARERUZE ZENIN SHUGO • HEROES BY CHANCE • 1968
KEIJI MONOGATARI • DETECTIVE STORY • 1982

WATANABE YUZURU – JPN
BOYOKU NO SHIKIBUTON • COLOURFUL BED OF VIOLENT DESIRE • 1967
DOREI MIBOJIN • SLAVE WIDOW • 1967
SHOJO ZANKOKU • VIRGIN CRUELTY • 1967

WATERHOUSE – BRZ
VOLTA REDONDA • 1952

WATERHOUSE JOHN – UKN
ANOTHER CASE OF POISONING • 1949
UNCLE EXPLAINS • 1949

WATERS JOHN – USA
BORN TO THE WEST • 1926
MAN OF THE FOREST • 1926
ARIZONA BOUND • 1927
DRUMS OF THE DESERT • 1927
FORLORN RIVER • RIVER OF DESTINY • 1927
MYSTERIOUS RIDER, THE • 1927
NEVADA • 1927
TWO FLAMING YOUTHS • SIDE SHOW, THE (UKN) • 1927
BEAU SABREUR • 1928
VANISHING PIONEER, THE • 1928
OVERLAND TELEGRAPH, THE • HUMMING WIRES • 1929
SIOUX BLOOD • 1929
DONKEY BASEBALL • 1935 • SHT
MIGHTY MCGURK, THE • 1946

WATERS JOHN* – USA – 1945–
HAG IN A BLACK LEATHER JACKET • 1964
ROMAN CANDLES • 1966
EAT YOUR MAKE UP • 1967
DIANE LINKLETTER STORY, THE • 1970
MONDO TRASHO • 1970
MULTIPLE MANIACS • 1970
PINK FLAMINGOS • 1972
FEMALE TROUBLE • 1974
DESPERATE LIVING • 1977
POLYESTER • 1981
HAIRSPRAY • 1988
CRY BABY • 1989

WATKINS PETER – UKN – 1935–
WEB, THE • 1956
FIELD OF RED, THE • 1958
DIARY OF AN UNKNOWN SOLDIER • 1959
FORGOTTEN FACES, THE • 1961
DUST FEVER • 1962
BATTLE OF CULLODEN, THE • CULLODEN • 1964
WAR GAME, THE • 1966 • MTV
PRIVILEGE • 1967
GLADIATORERNA • PEACE GAME, THE (UKN) ○ GLADIATORS • 1969
PUNISHMENT PARK • 1971
FALLEN • TRAP, THE • 1975
70-TALETS MANNISKOR • SEVENTIES PEOPLE, THE • 1975
AFTENLANDET • EVENING LAND • 1976
EDVARD MUNCH • 1976
STRINDBERG • 1979

WATOR EDWARD – PLN
JACEK I JEGO PIES • JACEK AND HIS DOG ○ JACK AND HIS DOG • 1966 • ANS

WATRIN PIERRE – FRN
VILLA MON REVE • DREAM HOME • 1961

WATSON ALBERT – UKN
MILIAN • 1969

WATSON BILL see **WATSON WILLIAM**

WATSON BILLY see **WATSON WILLIAM**

WATSON JAMES SIBLEY – USA
FALL OF THE HOUSE OF USHER, THE • 1928 • SHT
LOT IN SODOM • 1933 • SHT

WATSON JOHN – USA
ZOO GANG, THE • WINNERS TAKE ALL • 1985

*WATSON JOHN** see **SBARDELLATI JIM**

WATSON PATRICIA – CND
BURWASH PATRICIA • KING PATRICIA
EVERY SECOND CAR • 1964
PURSE, THE • 1966
SUMMER WE MOVED TO ELM STREET, THE • 1966
INVENTION OF THE ADOLESCENT, THE • 1967
ADMITTANCE, THE • 1968
DEATH AND MOURNING • 1969
COUNTRY OF THE MIND, A • 1972

WATSON PATRICK – Producer – CND – 1929–
KINGSTON PENITENTIARY • 1958 • DOC
OUR MAN IN THE SPACE RACE • 1958 • DOC
CASTRO'S FIRST YEAR OF POWER • 1959 • DOC
ONE STEP AT A TIME • 1962 • DOC
WORLD WE LIVE IN, THE • 1962 • DOC
HUSTINGS REVISITED, THE • 1963 • DOC
PULL OF THE SOUTH, THE • 1963 • DOC
REASONABLE DOUBT, A • 1963 • DOC
SEVEN HUNDRED MILLION, THE • 1964 • DOC
SEARCH IN THE DEEP • 1968 • DOC

WATSON PAUL – UKN
ROTHKO CONSPIRACY, THE • 1983 • TVM

WATSON STANLEY – UKN
HIGH HAZARD • 1935

WATSON W. H. see **WATSON WILLIAM**

WATSON WILLIAM – USA
WATSON WILLIAM H. • WATSON W. H. • WATSON BILLY • WATSON BILL
TIGHT SQUEEZE, A • 1918 • SHT
WAITER'S WASTED LIFE, A • 1918 • SHT
ALL JAZZED UP • 1919 • SHT
DARING LIONS AND DIZZY LOVERS • 1919 • SHT
IN BAD ALL AROUND • 1919 • SHT
LONESOME HEARTS AND LOOSE LIONS • 1919 • SHT
RIP & STITCH TAILORS • 1919 • SHT
ROMEOS AND JOLLY JULIETS • 1919 • SHT
SIRENS OF THE SUDS • 1919 • SHT
HE MALE VAMP, A • 1920 • SHT
JAZZY JANITOR, A • 1920 • SHT
LIGHT HEARTS AND LEAKING PIPES • 1920 • SHT
LION'S JAWS AND KITTEN'S PAWS • 1920 • SHT
LOOSE LIONS • 1920 • SHT
LUCKY DOG'S DAY, A • 1920 • SHT
RED HOT FINISH, A • 1920 • SHT
SHOT IN THE GET-AWAY • 1920 • SHT
TAILS WIN • 1920 • SHT
UP IN MARY'S ATTICK • 1920
WILD LIONS AND FEROCIOUS CHEESE • 1920 • SHT
YOU TELL 'EM LIONS, I ROAR • 1920 • SHT
THAT'S THE SPIRIT • 1924 • SHT
HONEYMOON SQUABBLE, A • 1925
SOUP TO NUTS • 1925
EASY CURVES • 1927
GUMPS, THE • 1928
DANGEROUS FEMALES • 1929
MARCHING TO GEORGIE • 1929
DON'T BELIEVE IT • 1930
DON'T LEAVE HOME • 1930
DOWN WITH HUSBANDS! • 1930
JOHNNY'S WEEK END • 1930
LOVE YOUR NEIGHBOR • 1930
SO THIS IS PARIS GREEN • 1930
STRONGER SEX, THE • 1930
CRASHING RENO • 1931
DON'T DIVORCE HIM • 1931
EXPENSIVE KISSES • 1931
FOOLISH FORTIES, THE • 1931
GIRLS WILL BE BOYS • 1931
SPOOKS • 1936
HEROES IN BLUE • 1939

WATSON WILLIAM H. see **WATSON WILLIAM**

WATT ALLEN – USA
COMING OF FARO NELL, THE • 1918 • SHT
DISMISSAL OF SILVER PHIL • 1918 • SHT
MARQUIS AND MISS SALLY, THE • 1918 • SHT
WIDOW DANGEROUS, THE • 1918 • SHT
WINNING OF THE MOCKING BIRD • 1918 • SHT

WATT EDWARD – USA
TO BE OR NOT TO BE • 1916

WATT HARRY – UKN – 1906–
B.B.C. -DROITWICH • 1934 • DCS
RADIO INTERFERENCE • 1934 • DCS
SORTING OFFICE • 1935 • DCS
BIG MONEY • 1936 • DCS
NIGHT MAIL • 1936 • DOC
6:30 COLLECTION • 1936 • DOC
SAVINGS OF BILL BLEWETT, THE • 1937 • DOC
DISTRESS CALL • 1938 • DOC
HEALTH IN INDUSTRY • 1938 • DOC
NORTH SEA • 1938 • DOC
FIRST DAYS, THE • CITY PREPARES, A • 1939 • DCS
BRITAIN AT BAY • 1940 • DOC
DOVER -FRONT LINE • FRONT LINE, THE • 1940 • DCS
LONDON CAN TAKE IT • 1940 • DCS
SQUADRON 992 • FLYING ELEPHANTS • 1940 • DOC
CHRISTMAS UNDER FIRE • 1941 • DOC
TARGET FOR TONIGHT • 1941 • DOC
DOVER REVISITED • 1942 • DOC
21 MILES • 1942 • DOC
NINE MEN • 1943
FIDDLERS THREE • 1944
OVERLANDERS, THE • 1946
EUREKA STOCKADE • MASSACRE HILL (USA) • 1948
WHERE NO VULTURES FLY • IVORY HUNTER (USA) • 1951
WEST OF ZANZIBAR • 1954
PEOPLE LIKE MARIA • 1958 • DOC
SIEGE OF PINCHGUT, THE • FOUR DESPERATE MEN (USA) • 1959
HVIDE HINGST, DEN • BOY WHO LOVED HORSES, THE • 1962

WATT NATE – USA
WATT NATE C.
BUBBLES AND THE BARBER, THE • 1916 • SHT
COOKING HIS GOOSE • 1916 • SHT
IMA KNUTT GETS A BITE • 1916
PERSISTENT PERCIVAL • 1916
THINIM STOUT • 1916
GALLOPING DEVILS • 1920
WHAT WOMEN LOVE • 1920
HUNGER OF THE BLOOD, THE • 1921
RAIDERS, THE • 1921
POUND FOOLISH • 1926
HOPALONG CASSIDY RETURNS • 1936
NAVY BORN • MARINERS OF THE SKY • 1936
TRAIL DUST • 1936
BORDERLAND • 1937
CARNIVAL QUEEN, THE • 1937
HILLS OF OLD WYOMING • 1937
NORTH OF THE RIO GRANDE • NORTH OF RIO GRANDE • 1937
RUSTLER'S VALLEY • 1937
AWFUL TOOTH, THE • 1938 • SHT
THREE MEN IN A TUB • 1938 • SHT
LAW OF THE PAMPAS • ARGENTINA • 1939
FRONTIER VENGEANCE • 1940
OKLAHOMA RENEGADES • 1940
CHEYENNE COWBOY • 1949 • SHT
SIX GUN MUSIC • 1949 • SHT
FIEND OF DOPE ISLAND • 1961

WATT NATE C. see **WATT NATE**

WATTS FRED – UKN
PATHETONE PARADE • 1934
GREAT CRUSADE, THE • 1936
PATHETONE PARADE OF 1936 • 1936
PICTORIAL REVUE • 1936
PATHETONE PARADE OF 1938 • 1937
PATHETONE PARADE OF 1939 • 1939
PATHETONE PARADE OF 1940 • 1939
CURSE OF THE SWASTIKA, THE • 1940
PATHETONE PARADE OF 1941 • 1941
PATHETONE PARADE OF 1942 • 1942
PICTORIAL REVUE OF 1943 • 1943

WATTS ROY – USA
HAMBONE AND HILLIE • ADVENTURES OF HAMBONE AND HILLIE, THE • 1984

WATTS TOM – UKN
ANGEL OF THE WARD, THE • 1915
FROM THE DEPTHS OF DESPAIR • 1915
HIS LITTLE LORDSHIP • 1915
LITTLE HOME IN THE WEST, THE • 1915
SOMEWHERE IN FRANCE • 1915
ABIDE WITH ME • 1916
CALL OF THE PIPES, THE • 1917
HEAR THE PIPERS CALLING • 1918
MASTER OF GRAY, THE • 1918
AUTOCRAT, THE • 1919
FATHER O'FLYNN • 1919
TOILERS, THE • 1919
YE BANKS AND BRAES • 1919
CIGARETTE MAKER'S ROMANCE, A • 1920

WATTS WILLIAM – USA
TALL TALES • 1941 • SHT

WAUCAMPT YVES – FRN
COMETES, LES • 1985 • DOC

WAUER WILLIAM – GRM
GEHEIMNISVOLLE WANDERER, DER • UNHEIMLICHE FREMDE, DER • 1915
LODER, DER • 1915
SO RACHT DIE SONNE • 1915
TUNNEL, DER • 1915
PETER LUMP • 1916
DES PROKURATORS TOCHTER • 1917
BRUDER VAN ZAARDEN, DIE • 1918
DR. SCHOTTE • 1918
FRAUEN, DIE DER ABGRUND VERSCHLINGT • 1918
LORENZO BURGHARDT • 1918
MENSCHEN, DIE DURCHS LEBEN IRREN • 1918
VATER UND SOHN • 1918
GESPENSTER VON GARDEN HALL, DIE • 1919
HUNGERNDE MILLIONARE • 1919
TOCHTER DES HENKERS, DIE • 1919
MASKEN • 1920
NACHTE DES CORNELIS BROUWER, DIE • 1921

WAUTHRIN XAVIER – FRN
NOUS PARLONS, VOUS ECOUTEZ • 1975 • DOC

de WAVRIN MARQUIS ROBERT – BLG – 1888–1971
AU CENTRE DE L'AMERIQUE DU SUD INCONNU • 1925
AU PAYS DU SCALP • 1930 • DOC

AU PAYS DES SORCIERS ET DE LA MORT • 1933 • DOC
VENEZUELA, PARADIS TERRESTRE • 1936

WAWRZYN ANNE MARIA – USA
BLUES, THE • 1962 • SHT

WAWRZYN DIETRICH – USA
RUF DER GOTTER • 1957
BLUES, THE • 1962 • SHT

WAX STEVE – USA
OVER–UNDER, SIDEWAYS–DOWN • 1977

WAXMAN AL see **WAXMAN ALBERT**

WAXMAN ALBERT – CND – 1935–
WAXMAN AL
TVIGGY • 1969 • SHT
CROWD INSIDE, THE • 1971
MY PLEASURE IS MY BUSINESS • 1974
ABORTION ISSUE, THE • 1980 • MTV
COP • 1981 • MTV

WAXMAN DANIEL – ISR – c1946–
WASCHMAN DANIEL
ELVIRA • SHT
MY FATHER • SHT
TRANSIT • 1980
KHAMSIN • HAMSIN ○ HOT WIND ○ EASTERN WIND • 1982
APPOINTED, THE • 1989

WAY RON – ASL
FRENCHMAN'S FARM • 1986

WAYANS KEENEN IVORY – USA
I'M GONNA GIT YOU SUCKA • 1989

WAYNE JOHN – Actor – USA – 1907–1979
ALAMO, THE • 1960
GREEN BERETS, THE • 1968

WDOWKOWNA–OLDAK ZOFIA – Animator – CZC
PLUMBERS • 1962 • ANM
NOISE • 1965 • ANM
PRECURSOR, THE • 1966 • ANM

WEAVER JOHN – USA
COUNT BASIE SHOW AT THE RIVERBOAT, THE • 1968 • SHT

WEBB CHARLES – USA
HONKYTONK NIGHTS • 1979

WEBB DUNSTAN – Actor – ASL
DOPE • 1924
TALL TIMBER • 1926
GREY GLOVE, THE • 1928

WEBB HANS – SAF
GREAT PRETENDER, THE • 1989

WEBB HARRY see **WEBB HARRY S.**

WEBB HARRY S. – USA
WEBB HARRY • SAMUELS HENRI
COYOTE FANGS • 1924
RIDIN' WEST • 1924
BORDER VENGEANCE • 1925
CACTUS TRAILS • 1925
CANYON RUSTLERS • 1925
DESERT MADNESS • 1925
DOUBLE FISTED • 1925
EMPTY SADDLE, THE • 1925
MYSTERY OF LOST RANCH, THE • 1925
SANTA FE PETE • 1925
SILENT SHELDON • 1925
STARLIGHT, THE UNTAMED • 1925
MAN FROM OKLAHOMA, THE • 1926
STARLIGHT'S REVENGE • 1926
ISLE OF SUNKEN GOLD • 1927 • SRL
DARK SKIES • DARKENED SKIES • 1929
PHANTOM OF THE NORTH, THE • 1929
UNTAMED JUSTICE • RUN TO EARTH (UKN) • 1929
BAR L RANCH • 1930
BEYOND THE RIO GRANDE • 1930
PHANTOM OF THE DESERT • 1930
RIDIN' LAW • 1930
WESTWARD BOUND • 1930
SIGN OF THE WOLF, THE • 1931 • SRL
WEST OF CHEYENNE • 1931
LONE TRAIL, THE • 1932
RIOT SQUAD • 1932
CACTUS KID, THE • 1934
FIGHTING HERO • 1934
TERROR OF THE PLAINS • 1934
BORN TO BATTLE • 1935
LARAMIE KID, THE • 1935
NORTH OF ARIZONA • 1935
RIDIN' THRU • 1935
TRACY RIDES • 1935
TRIGGER TOM • DANGEROUS MISSION (UKN) • 1935
UNCONQUERED BANDIT • 1935
WOLF RIDERS • WOLF RIDES • 1935
FAST BULLETS • LAW AND ORDER (UKN) • 1936
PINTO RUSTLERS • 1936
SANTA FE BOUND • 1936
FEUD OF THE RANGE • 1939
PAL FROM TEXAS, THE • 1939
RIDERS OF THE SAGE • 1939
MESQUITE BUCKAROO • 1940
PIONEER DAYS • 1940

WEBB IRA – USA
EL DIABLO RIDES • 1939
WILD HORSE VALLEY • 1940

WEBB JACK – Actor – UKN – 1920–1982
DRAGNET • 1954
PETE KELLY'S BLUES • 1955
D.I., THE • 1957
–30– • DEADLINE MIDNIGHT (UKN) ○ THIRTY • 1959
LAST TIME I SAW ARCHIE, THE • 1961
DRAGNET • 1969 • TVM
D.A.: CONSPIRACY TO KILL • 1970 • TVM
O'HARA: U.S. TREASURY • OPERATION COBRA • 1971 • TVM

WEBB KENNETH – USA – 1892–
WEBB KENNETH B.
ADVENTURE SHOP, THE • 1918
BIRD OF BAGDAD, A • 1918 • SHT
MAMMON AND THE ARCHER • 1918 • SHT
ONE THOUSAND DOLLARS • 1918
RAMBLE IN APHASIA, A • 1918 • SHT
SISTERS OF THE GOLDEN CIRCLE • 1918 • SHT
SPRINGTIME A LA CARTE • 1918 • SHT
TOBIN'S PALM • 1918 • SHT
TRANSIENTS IN ARCADIA • 1918 • SHT
BURIED TREASURE, THE • 1919 • SHT
GHOST OF A CHANCE, THE • 1919 • SHT
GIRL PROBLEM, THE • 1919
HIS BRIDAL NIGHT • 1919
MARIE, LTD. • 1919
DEVIL'S GARDEN, THE • 1920
FEAR MARKET, THE • 1920
MASTERMIND, THE • MASTER MIND, THE • 1920
SINNERS • 1920
STOLEN KISS • 1920
TRUTH ABOUT HUSBANDS, THE • 1920
GREAT ADVENTURE, THE • 1921
JIM THE PENMAN • 1921
SALVATION NELL • 1921
FAIR LADY • 1922
HIS WIFE'S HUSBAND • 1922
HOW WOMEN LOVE • 1922
SECRETS OF PARIS, THE • 1922
WITHOUT FEAR • 1922
DARING YEARS, THE • 1923
THREE O'CLOCK IN THE MORNING • 1923
BEAUTIFUL CITY, THE • 1925
JUST SUPPOSE • GOLDEN YOUTH (UKN) • 1926
LUCKY IN LOVE • 1929

WEBB KENNETH B. see **WEBB KENNETH**

WEBB MILLARD – USA – 1893–1935
HEARTS OF YOUTH • 1920
OLIVER TWIST, JR. • FORTUNATE FUGITIVE, THE • 1921
WHERE IS MY WANDERING BOY TONIGHT? • 1922
DARK SWAN, THE • BLACK SWAN, THE • 1924
HER MARRIAGE VOW • 1924
MY WIFE AND I • 1925
GOLDEN COCOON, THE • 1926
SEA BEAST, THE • 1926
AFFAIR OF THE FOLLIES, AN • THREE IN LOVE • 1927
DROP KICK, THE • GLITTER • 1927
LOVE THRILL, THE • 1927
NAUGHTY BUT NICE • 1927
HONEYMOON FLATS • 1928
GENTLEMEN OF THE PRESS • 1929
GLORIFYING THE AMERICAN GIRL • GLORIFYING THE SHOW GIRL • 1929
PAINTED ANGEL, THE • BROADWAY HOSTESS, THE • 1929
GOLDEN CALF, THE • 1930
HAPPY ENDING, THE • 1931

WEBB PETER – UKN
GIVE MY REGARDS TO BROAD STREET • 1983

WEBB ROBERT – UKN
LITTLE OF WHAT YOU FANCY, A • 1968 • DOC
NUTCRACKER SUITE, THE • 1970

WEBB ROBERT D. – Cameraman – USA – 1903–
CARIBBEAN MYSTERY, THE • 1945
SPIDER, THE • 1945
BENEATH THE 12 MILE REEF • 1953
GLORY BRIGADE, THE • BAPTISM OF FIRE • 1953
SEVEN CITIES OF GOLD • 1955
WHITE FEATHER • 1955
LOVE ME TENDER • 1956
ON THE THRESHOLD OF SPACE • 1956
PROUD ONES, THE • 1956
WAY TO THE GOLD, THE • 1957
GUNS OF THE TIMBERLAND • 1960
PIRATES OF TORTUGA • 1961
SEVEN WOMEN FROM HELL • 1961
ESCAPE ROUTE CAPE TOWN • CAPE TOWN AFFAIR, THE • 1967
JACKALS, THE • 1967

WEBB WILLIAM – UKN
DOUBLE EXPOSURE • 1976
ROLLER MANIA • 1980 • DOC
CALIFORNIA GIRLS • 1982
RUN FOR YOUR LIFE • 1984
SUNSET STRIP • L.A. THRILLER • 1984
DELTA FEVER • 1987
DIRTY LAUNDRY • 1987
SUMMER FEVER • 1987
PARTY LINE • 1988
BANKER, THE • 1989

WEBBER BICKFORD OTIS – USA
RUNAWAYS, THE • YOU CAN'T RUN AWAY FROM SEX (UKN) • 1972

WEBBER MELVILLE – USA
FALL OF THE HOUSE OF USHER, THE • 1928 • SHT
LOT IN SODOM • 1933 • SHT

WEBER BRUCE – USA
LET'S GET LOST • 1989

WEBER KURT – PLN
POD JEDNYM NIEBEM • UNDER THE SAME SKY • 1956 • DOC

WEBER LOIS – Actress – USA – 1882–1939
TROUBADOUR'S TRIUMPH, THE • 1912
BLOOD BROTHERHOOD, THE • 1913
BOBBY'S BABY • 1913
CAP OF DESTINY, THE • 1913
FEMALE OF THE SPECIES, THE • 1913
HAUNTED BRIDE, THE • 1913
HEART OF A JEWESS, THE • 1913
JEW'S CHRISTMAS, THE • 1913
SHADOWS OF LIFE • 1913
SUSPENSE • 1913
THROUGH STRIFE • 1913
UNTIL DEATH • 1913
BEHIND THE VEIL • 1914
CLOSED GATES • 1914
FALSE COLORS • 1914
FOOL AND HIS MONEY, A • 1914
LIKE MOST WIVES • 1914
MERCHANT OF VENICE, THE • 1914
OLD LOCKET, AN • 1914
STONE IN THE ROAD, THE • 1914
TRAITOR, THE • 1914
HYPOCRITES • 1915
IT'S NO LAUGHING MATTER • 1915
JEWEL • 1915
SCANDAL • 1915
SUNSHINE MOLLY • 1915
ALONE IN THE WORLD • 1916 • SHT
CELEBRATED STIELOW CASE, THE • 1916
DANCE OF LOVE, THE • 1916 • SHT
DISCONTENT • 1916 • SHT
DUMB GIRL OF PORTICI, THE • 1916
EYE OF GOD, THE • 1916
FLIRT, THE • 1916
FRENCH DOWNSTAIRS, THE • 1916
HOP, THE DEVIL'S BREW • 1916
IDLE WIVES • 1916
JOHN NEEDHAM'S DOUBLE • 1916
PEOPLE VS. JOHN DOE, THE • 1916
ROCK OF RICHES, THE • 1916 • SHT
SAVING THE FAMILY NAME • 1916
SHOES • 1916
THERE IS NO PLACE LIKE HOME • 1916 • SHT
WANTED –A HOME • 1916
WHERE ARE MY CHILDREN? • 1916
BOYHOOD HE FORGOT, THE • 1917 • SHT
EVEN AS YOU AND I • 1917
FACE DOWNSTAIRS, THE • 1917 • SHT
GILDED LIFE, THE • 1917 • SHT
HAND THAT ROCKS THE CRADLE, THE • 1917
MAN WHO DARED GOD, THE • 1917
MYSTERIOUS MRS. M., THE • MYSTERIOUS MRS. MUSSLEWHITE, THE • 1917
THERE'S NO PLACE LIKE HOME • 1917
BORROWED CLOTHES • 1918
DOCTOR AND THE WOMAN, THE • 1918
FOR HUSBANDS ONLY • 1918
PRICE OF A GOOD TIME, THE • TIME OF HER LIFE, THE ○ WHIM, THE • 1918
SCANDAL MONGERS • 1918
FORBIDDEN • FORBIDDEN BOX, THE • 1919
HOME • 1919
MARY REGAN • 1919
MIDNIGHT ROMANCE, A • 1919
WHEN A GIRL LOVES • 1919
TO PLEASE ONE WOMAN • 1920
BLOT, THE • 1921
TOO WISE WIVES • 1921
WHAT DO MEN WANT? • 1921
WHAT'S WORTH WHILE? • 1921
CHAPTER IN HER LIFE, A • JEWEL • 1923
MARRIAGE CLAUSE, THE • STAR MAKER, THE • 1926
ANGEL OF BROADWAY, THE • 1927
SENSATION SEEKERS • 1927
WHITE HEAT • 1934

WEBER WALTER – SWT
ERSTE SCHNEE, DER • 1979

WEBER WILLIAM – USA
GUMPS, THE • 1928

WEBSTER GEORGE H. – USA
BLAZING THE WAY • 1920 • SHT

WEBSTER HARRY MCRAE – USA
WEBSTER HENRY MCRAE • WEBSTER HENRY • WEBSTER MCRAE
FALL OF MONTEZUMA, THE • 1912
BOOMERANG, THE • 1913
BRAND OF EVIL, THE • 1913 • SHT
BROKEN HEART, THE • 1913
IN CONVICT GARB • 1913
SPY'S DEFEAT, THE • 1913
FULFILLMENT, THE • 1914
SEEDS OF CHAOS • 1914
ALMOST A PAPA • 1915
MAN OR MONEY? • 1915
REWARD, THE • 1915
VICTORY OF VIRTUE, THE • 1915
ARE YOU AN ELK? • 1916
CAPTAIN OF THE TYPHOON, THE • 1916 • SHT
HOAX HOUSE, THE • 1916 • SHT
LAW OF LIFE, THE • 1916 • SHT
PATTERSON OF THE NEWS • 1916 • SHT
SOUL MAN, THE • 1916 • SHT
THROUGH FLAMES TO LOVE • 1916 • SHT
JIMMY DALE, ALIAS "THE GREY SEAL" • 1917 • SRL
DEVIL'S PLAYGROUND, THE • 1918
RECLAIMED • 1918

WEBSTER HENRY see **WEBSTER HARRY MCRAE**

WEBSTER HENRY MCRAE see **WEBSTER HARRY MCRAE**

WEBSTER MARTYN C. – UKN
BROKEN HORSESHOE, THE • 1953

WEBSTER MCRAE see **WEBSTER HARRY MCRAE**

WEBSTER NICHOLAS – USA – 1922–
WEBSTER NICK
WITHIN MAN'S POWER • 1954 • SHT
DEAD TO THE WORLD • 1960
GONE ARE THE DAYS! • MAN FROM C.O.T.T.O.N., THE ○ PURLIE VICTORIOUS ○ MAN FROM C.O.T.T.O.N. OR HOW I STOPPED WORRYING AND LEARNED TO LOVE THE BOLL WEEVIL, THE • 1963
SANTA CLAUS CONQUERS THE MARTIANS • 1964
MISSION MARS • RED PLANET MARS ○ DESTINATION MARS • 1968
MANBEAST! MYTH OR MONSTER • 1978
NO LONGER ALONE • 1978

WEBSTER NICK see **WEBSTER NICHOLAS**

WECHSBERG PETER – USA
DEAFULA • 1975

WECHTER DAVID – USA – 1956–
MIDNIGHT MADNESS • 1980
BIKINI SHOP, THE • MALIBU BIKINI SHOP, THE • 1986

WECK PETER – GRM
HILFE, ICH LIEBE ZWILLINGE • 1969

WEDDERBURN HUGH – UKN
LARK STILL SINGS, THE • 1954

WEDEL KARSTEN – SWD
JAG AR MARIA • I AM MARIA • 1979
BO WIDERBERG • 1980
BULAN • BUMP, THE • 1989

WEDSZ FRANZ – ITL
EROI DI IERI, OGGI, DOMANI, GLI • 1965

WEEKE CLAUS – DNM
HISTORIEN OM EN MODER • STORY OF A MOTHER • 1979

WEEKS STEPHEN – Producer/writer – UKN – 1948–
1917 • 1970
I, MONSTER • 1972
GAWAIN AND THE GREEN KNIGHT • 1973
GHOST STORY • MADHOUSE MANSION (USA) • 1974
SWORD OF THE VALIANT • 1983
CLASH OF THE SWORDS • 1984
AVALON AWAKENING, THE • 1988

WEEL ARNE – SWD – 1891–
FOLKET PA HOGBOGARDEN • PEOPLE OF HOGBO FARM • 1939
LIVET PAA HEGNSGAARD • LIFE ON THE HEGN FARM (USA) • 1939
TA' BRILLER PA • 1942

WEEMS WALTER – USA
SOMETHING SIMPLE • 1934 • SHT

WEERAN JOHN – GRM
TECHNIQUES OF LOVE • 1974

WEGENER PAUL – GRM – 1874–1948
AUGEN DES OLE BRANDIS, DIE • OLE BRANDES AUGEN • 1914
EVINTRUDE, DIE GESCHICHTE EINES ABENTEURERS • 1914
GOLEM, DER • MONSTER OF FATE, THE ○ GOLEM, THE • 1914
RATTENFANGER VON HAMELN, DER • PIED PIPER OF HAMELIN, THE ○ RATCATCHER, THE • 1916
RUBEZAHLS HOCHZEIT • OLD NIP'S WEDDING • 1916
YOGHI, DER • HAUS DES YOGHI, DAS ○ JOGHI, DER ○ YOGI, THE • 1916
GOLEM UND DIE TANZERIN, DER • GOLEM AND THE DANCING GIRL, THE ○ GOLEM AND THE DANCER • 1917
HANS TRUTZ IM SCHLARAFFENLAND • 1917
FREMDE FURST, DER • STRANGE PRINCE, THE • 1918
WELT OHNE WAFFEN • 1918 • DOC
GOLEM, WIE ER IN DIE WELT KAM, DER • GOLEM: HOW HE CAME INTO THE WORLD, THE ○ GOLEM, THE (USA) • 1920
HERZOG FERRANTES ENDE • 1922
LEBENDE BUDDHAS • LIVING BUDDHAS (USA) ○ GOTTER VON TIBET • 1924
FREUNDIN EINES GROSSEN MANNES, DIE • 1934
MANN WILL NACH DEUTSCHLAND, EIN • 1934
AUGUST DER STARKE • 1936
MOSKAU-SHANGHAI • WEG NACH SHANGHAI, DER • 1936
STUNDE DER VERSUCHUNG, DIE • 1936
KRACH UND GLUCK UM KUNNEMANN • ROW AND JOY ABOUT KUNNEMANN (USA) • 1937
UNTER AUSSCHLUSS DER OEFFENTLICHKEIT • 1937

WEHEN REX – USA
SAFETY FIRST • 1916 • SHT

WEHLING BOB – USA
MAGIC SPECTACLES • TICKLED PINK ○ MAGICAL SPECTACLE • 1961
WHAT'S UP FRONT • FOURTH FOR MARRIAGE, A • 1964

WEHRUM WOLFGANG – GRM
ARTISTENBLUT • 1949
PIEFKE -DER SCHRECKEN DER KOMPANIE • 1958

WEICHART RICHARD – GRM
ZWEI KRAWATTEN • TWO NECKTIES (USA) • 1930

WEIDEMANN FRITZ – GRM
DSCHIHAD • 1916

WEIDENMANN ALFRED – GRM – 1916–
HANDE HOCH • 1942
JUNGE ADLER • 1944
SCHENKE ZUR EWIGEN LIEBE, DIE • 1945
WIR BUMMELN UM DIE WELT • 1949
ICH UND DU • 1953
CANARIS • DEADLY DECISION (USA) ○ CANARIS MASTER SPY (UKN) • 1954
ALIBI • 1955
HIMMEL IST NIE AUSVERKRAUT, DER • 1955
KITTY UND DIE GROSSE WELT • 1956
STERN VON AFRIKA, DER • 1957
SCAMPOLO • MADCHEN SCAMPOLO, DAS • 1958
SO LANGE DAS HERZ SCHLAGT • AS LONG AS THE HEART BEATS • 1958
BUDDENBROOKS, DIE • 1959
BUMERANG • CRY DOUBLE CROSS (UKN) • 1960
AN HEILIGEN WASSERN • 1961
ICH BIN AUCH NUR EINE FRAU • ONLY A WOMAN (USA) • 1962
JULIA, DU BIST ZAUBERHAFT • ADORABLE JULIA (FRN) ○ ADORABLE JULIE ○ SEDUCTION OF JULIA, THE • 1962
GROSSE LIEBESSPIEL, DAS • AND SO TO BED (USA) • 1963
VERDAMMT ZUR SUNDE • 1964
HERREN, DIE • 1965
LIEBESKARUSSELL, DAS • WHO WANTS TO SLEEP • 1965
SCHUSSE IM 3/4-TAKT • 1965
ICH SUCHE EINEN MANN • 1966
MAIGRET UND SEIN GROSSTER FALL • CASO DIFFICILE DEL COMMISSARIO MAIGRET, IL (ITL) ○ MAIGRET FAIT MOUCHE (FRN) ○ ENTER INSPECTOR MAIGRET (USA) • 1966
PISTOL JENNY • 1969
APARTMENTHAUS, DAS • 1970
UNTER DEN DACHERN VON ST. PAULI • 1970
FREUDENHAUS, DAS • 1971
FRAU IS EINE FRAU, EINE • 1972
JONNY, JUNGE MANN FUR SCHONE STUNDEN • 1973

WEIGERT AUGUST – GRM
IRRE VON SCHLOSS IHORRINGHUUS, DIE • 1920
SCHWARZE AMULETT, DAS • 1920
FEST AUF HADERSLEVHUUS • 1922

WEIGHT F. HARMON – USA
WEIGHT HARMON
MAN WHO PLAYED GOD, THE • SILENT VOICE, THE • 1922
RULING PASSION, THE • 1922
RAGGED EDGE, THE • 1923
ON THE STROKE OF THREE • SOLD FOR CASH • 1924
RAMSHACKLE HOUSE • 1924
TWENTY DOLLARS A WEEK • MAN MAKER, THE (UKN) ○ $20 A WEEK • 1924
DRUSILLA WITH A MILLION • 1925
FLAMING WATERS • 1925
THREE WISE CROOKS • THREE OF A KIND (UKN) • 1925
FOREVER AFTER • 1926
POOR GIRL'S ROMANCE, A • 1926
HOOK AND LADDER NO.9 • PENDULUM, THE (UKN) • 1927
JAZZ MAD • SYMPHONY, THE • 1928
MIDNIGHT MADNESS • 1928
FROZEN RIVER • 1929
HARDBOILED ROSE • 1929

WEIGHT HARMON see **WEIGHT F. HARMON**

WEIHMAYR FRANZ – Dir. photo – GRM – 1903–1969
PARIS OH LA LA • 1964 • DOC

WEIL SAM see **WEIL SAMUEL**

WEIL SAMUEL – USA – 1945–
WEIL SAM
SQUEEZE PLAY • 1979
WAITRESS! • 1982
STUCK ON YOU! • 1983
FIRST TURN ON!, THE • 1984
TOXIC AVENGER, THE • HEALTH CLUB • 1985
CLASS OF NUKE 'EM HIGH • NUKE 'EM HIGH • 1986
TROMA'S WAR! • 1988
TOXIC AVENGER II, THE • 1989

WEILAND PAUL – USA
LEONARD PART 6 • 1987

WEILER KURT – GRM
CAPTAIN • ANM
CARNIVAL DRESS • ANM
SECRET PATH, THE • ANM
STORY OF THE FIVE BROTHERS, THE • ANM
UNBELIEVABLE STORY, AN • ANM
GESTOHLENE NASE, DIE • STOLEN NOSE, THE • 1955 • ANS
CARROT NOSE • 1959 • ANM
VERLORENE BALL, DER • 1959

WEILL CLAUDIA – USA – 1947–
RADCLIFFE BLUES • 1969 • DOC
LOST AND FOUND • SHT
ROACHES SERENADE • SHT
THIS IS THE HOME OF MRS. LEVANT GRAHAME • 1971 • SHT
JOYCE AT 34 • 1972 • SHT
OTHER HALF OF THE SKY: A CHINA MEMOIR, THE • 1975 • DOC
GIRL FRIENDS • 1978
IT'S MY TURN • 1980
JOHNNY BULL • 1986 • TVM
ONCE A HERO • 1987

WEILL PIERRE – FRN – 1906–1961
MARDI GRAS • 1931
BEGUIN DE LA GARNISON, LE • 1932
CURE SENTIMENTALE, LA • 1932
ECOLE DES VIERGES, L' • 1935
TRAIN D'AMOUR, LE • 1935
MADONE DE L'ATLANTIQUE, LA • 1936
TROIS DANS UN MOULIN • 1936

WEIN CHUCK – USA
MY HUSTLER • 1965
RAINBOW BRIDGE • 1971
TAROT • 1973

WEIN GEORGE – USA
FINALE • 1970 • DOC
TRIBUTE TO LOUIS ARMSTRONG • ANATOMY OF A PERFORMANCE • 1970

WEIN JEFF – USA
ANIMATED PAINTING • ANS

WEINBERG HERMAN see **WEINBERG HERMAN G.**

WEINBERG HERMAN G. – Writer/editor – USA – 1908–
WEINBERG HERMAN
AUTUMN FIRE • 1930 • SHT
CITY SYMPHONY, A • 1931

WEINBERG MAXWELL – USA
KNIFE THROWER, THE • 1951

WEINBERG RACHEL – FRN – 1928–
PIC ET PIC ET COLEGRAM • EENY, MEENY, MINEY, MOE • 1970
AMPELOPEDE, L' • 1973
FLAMBEUSE, LA • 1980

WEINBERGER ANIELLE – FRN – 1946–
HONORABLE SOCIETE ,L' • 1978

WEINER DAVID – USA
DANCE OF LOVE • SHT

WEINER HAL – USA
IMAGEMAKER, THE • 1986
K-2 • 1988

WEINER PETER – USA
JOHN AND MARSHA • ANS

WEINFELD ANDRE – FRN
BONNE NOUVELLE, LA • 1975

WEINFELD ISAY – BRZ
FOGO E PAIXAO • FIRE AND PASSION • 1988

WEINFELD JEAN – FRN
ACCORD PARFAIT • 1958 • SHT

WEINGARTSHOFER A. FEDERICO – MXC
CAMINANDO PASOS.. CAMINANDO • WALKING ON.. WALKING • 1976

WEINRIB LENNIE – USA
BEACH BALL • 1965
OUT OF SIGHT • 1966
WILD WILD WINTER • 1966

WEINSHTAK VLADIMIR
RUBICON • 1931

WEINSTEIN BOB – USA
PLAYING FOR KEEPS • 1986

WEINSTEIN HARVEY – USA
PLAYING FOR KEEPS • 1986

WEINSTEIN JULIUS – USA
KENLO JOHN
FRIGID WIFE • 1962

WEINSTEIN LARRY – CND
MAKING OVERTURES -THE STORY OF A COMMUNITY ORCHESTRA • 1986 • DCS

WEINSTEIN MARVIN R. – USA
RUNNING TARGET • MY BROTHER DOWN THERE • 1956

WEINSTOCK V. see **WEINSTOCK VLADIMIR**

WEINSTOCK VLADIMIR – USS
WEINSTOCK V.
ARMED AND DANGEROUS • 1980

WEINTHAL ERIC – CND
TIMING • 1986

WEINTRAUB BILL see **WEINTRAUB WILLIAM**

WEINTRAUB SANDRA – USA
WOMEN'S CLUB, THE • 1987

WEINTRAUB WILLIAM – Producer/writer – CND – 1926–
WEINTRAUB BILL
BEEF • 1963 • DOC
CALF SKIN • 1963 • DOC
CANADIAN FURNITURE • 1963 • DOC
CELEBRATION • 1966 • DCS
MATTER OF FAT, A • 1969 • DOC
FAT MAN • 1970
ADIEU ALOUETTE: CHALLENGE FOR THE CHURCH • 1972
AVIATORS OF HUDSON STRAIT, THE • 1973
WALLS CAME TUMBLING DOWN, THE • 1976

WEIR KEIRAN – ASL
MOONCALF, THE • 1986 • SHT

WEIR PETER – ASL – 1944–
COUNT VIM'S LAST EXERCISE • VIM'S LAST EXERCISE • 1967 • SHT
LIFE AND FLIGHT OF THE REV. BUCK SHOTTE, THE • LIFE AND TIMES OF THE REV. BUCK SHOTTE, THE • 1968 • SHT
THREE TO GO • 1970
HOMESDALE • 1971 • DOC
BILLIARD ROOM, THE • 1972 • SHT
BOAT BUILDING • 1972 • SHT
COMPUTER CENTRE, THE • 1972 • SHT
FIELD DAY, THE • 1972 • SHT
INCREDIBLE FLORIDAS • 1972 • DCS
WHAT EVER HAPPENED TO GREEN VALLEY? • 1973 • DCS
CARS THAT ATE PARIS, THE • CARS THAT EAT PEOPLE, THE • 1974
PICNIC AT HANGING ROCK • 1975
THREE WORKSHOP FILMS • 1975
LAST WAVE, THE • 1977
PLUMBER, THE • 1980
GALLIPOLI • 1982
YEAR OF LIVING DANGEROUSLY, THE • 1983
WITNESS • 1985
MOSQUITO COAST, THE • 1986
DEAD POETS SOCIETY • 1989
GREEN CARD • 1990

WEIS BOB – Producer – ASL
CHILDREN OF THE MOON • 1974
KISS IN AUSTRALIA • 1980 • DOC
PROUD TO LIVE • 1980 • DOC
WILLS AND BURKE • 1986

WEIS DON – USA – 1922–
BANNERLINE • 1951
IT'S A BIG COUNTRY • 1951
JUST THIS ONCE • 1951
I LOVE MELVIN • 1952
YOU FOR ME • 1952
AFFAIRS OF DOBIE GILLIS, THE • 1953
HALF A HERO • 1953
REMAINS TO BE SEEN • 1953
SLIGHT CASE OF LARCENY, A • 1953
ADVENTURES OF HAJJI BABA, THE • 1954
RIDE THE HIGH IRON • 1956
DEADLOCK • 1957 • MTV
MR. PHARAOH AND HIS CLEOPATRA • 1959
GENE KRUPA STORY, THE • DRUM CRAZY (UKN) • 1960
CRITIC'S CHOICE • 1963
LOOKING FOR LOVE • 1964
PAJAMA PARTY • MAID AND THE MARTIAN, THE • 1964

BILLIE • 1965
GHOST IN THE INVISIBLE BIKINI, THE • SLUMBER PARTY IN HORROR HOUSE ○ BEACH PARTY IN A HAUNTED HOUSE ○ BIKINI PARTY IN A HAUNTED HOUSE ○ PAJAMA PARTY IN A HAUNTED HOUSE • 1966
KING'S PIRATE, THE • 1967
LONGEST HUNDRED MILES, THE • ESCAPE FROM BATAAN • 1967 • TVM
NOW YOU SEE IT, NOW YOU DON'T • 1967 • TVM
DID YOU HEAR THE ONE ABOUT THE TRAVELING SALESLADY? • 1968
BACK TO THE PLANET OF THE APES • NEW PLANET OF THE APES • 1974 • TVM
CRACKLE OF DEATH • 1974 • MTV
DEMON AND THE MUMMY • 1975 • MTV
MILLIONAIRE, THE • 1978 • TVM
ZERO TO SIXTY • 1978
MUNSTER'S REVENGE, THE • 1981 • TVM

WEIS GARY – USA
JIMI HENDRIX • 1973 • DOC
RUTLES, THE • RUTLES (A.K.A. ALL YOU NEED IS CASH), THE ○ ALL YOU NEED IS CASH • 1978 • TVM
WHOLLY MOSES • 1980
YOUNG LUST • 1982

WEIS JACK – USA
QUADROON • 1972
MARDI GRAS MASSACRE • CRYPT OF DARK SECRETS • 1982

WEISBACH RICHARD – FRN
OCCUPE-TOI D'AMELIE • 1932

WEISBRICH LES – USA
STEEL • 1970 • ANS

WEISBURD DAN – USA
TODAY IS FOR THE CHAMPIONSHIP • 1980 • DOC

WEISENBORN CHRISTIAN – GRM
WAS ICH BIN SIND MEINE FILME • 1978 • DOC

WEISENBORN GORDON – USA
MR. WILLIAMS WAKES UP • 1947

WEISER WACLAW see **WAJZER WACLAW**

WEISMAN DAVID – USA
CIAO! MANHATTAN • 1973 • DOC
SHOGUN ASSASSIN • SANZU NO KAWA NO UBAGURAMA ○ BABY CART AT THE RIVER STYX ○ KOSURE OOKAMI ○ KOSURE OOKAMI N.2 • 1980

WEISMANN CARL – DNM
MIKKEL • 1948 • DOC

WEISS ADRIAN – USA
CRAIG KENNEDY INVESTIGATES • 1950
MURDER PREFERRED • 1951
BRIDE AND THE BEAST, THE • QUEEN OF THE GORILLAS • 1958

WEISS BARBARA N. – USA
ON THE LINE • 1977

WEISS BRUNO – GRM
SCHATTEN DES TOTEN, DER • 1926

WEISS E. BRUCE – USA
LAST WITNESS • 1985

WEISS FRED – Actor – AUS
MOVIE-GO-ROUND • 1949

WEISS FRITZ – Producer – GRM
VAGABUND • 1930

WEISS HELMUT – Weiss h. – GRM
FEUERZANGENBOWLE, DIE • 1944
QUAX IN FAHRT • 1945
SAG' ENDLICH JA • 1945
SAG' DIE WAHRHEIT • 1946
HERZKONIG • WALZER INS GLUCK, EIN • 1947
GEHEIMNIS DER ROTEN KATZE, DAS • SECRET OF THE BLACK WIDOW • 1949
TROMBA • TROMBA, THE TIGER MAN (USA) ○ TIGER MAN • 1949
GESTORTE HOCHZEITSNACHT, DIE • GUTE NACHT, MARY • 1950
KEIN ENGEL IST SO REIN • 1950
GEHEIMIS EINER EHE, DAS • 1951
MEIN FREUND, DER DIEB • 1951
TAT DES ANDERN, DIE • 1951
EINMAL AM RHEIN • 1952
LIEBE UND TROMPETENBLASEN • 1954
SCHLOSS HUBERTUS • 1954
SCHWEIGEN IM WALDE, DAS • 1955
ERSTE FRUHLINGSTAG, DER • 1956
KUSS MICH NOCH EINMAL • 1956
VERLOBUNG AM WOLFGANGSEE • 1956
LEMKES SEL. WITWE • 1957
LIEBE FAMILIE, DIE • 1957
AMERIKANER IN SALZBURG, EIN • 1958
MAN IST NUR ZWEIMAL JUNG • 1958
ALLE TAGE IST KEIN SONNTAG • 1959
MEIN GANZES HERZ IST VOLL MUSIK • 1959
RENDEZ-VOUS IN WIEN • WHISKY, WODKA, WIENERIN • 1959
MAL DRUNTER, MAL DRUBER • DRUNTER UND DRUBER • 1960
AFFAIR AT ISCHIA • 1961
DREI MANN IN EINEN BOOT • 1961
VERTAUSCHTES LEBEN • 1961
DONNERWETTER, DONNERWETTER, BONIFATIUS KEISEWETTER • 1968
CASA DELLE DEMI-VIERGES, LA • 1970

WEISS JIRI – CZC – 1913–
PEOPLE IN THE SUN • 1935 • DOC
GIVE US WINGS • 1936 • DOC
SONG OF A SAD COUNTRY • 1937 • DOC
JOURNEY FROM THE SHADOWS • 1938 • DOC
RAPE OF CZECHOSLOVAKIA, THE • SECRET ALLIES • 1939 • DOC
JOHN SMITH WAKES UP • 1940
ETERNAL PRAGUE • 1941 • DOC
100,000,000 WOMEN • 1942 • DOC
BEFORE THE RAID • 1943 • DOC
FIGHTER PILOT • 1943 • DOC
NIGHT AND DAY • 1945
VERNI ZUSTANEME • INTERIM BALANCE • 1945 • DOC
ULOUPENA HRANICE • STOLEN FRONTIER, THE • 1947
DRAVCI • WILD BEASTS ○ BEASTS OF PREY • 1948
SOKOLS • 1948
PISEN O SLETU • HIGH FLIES THE HAWK ○ SONG OF THE MEET • 1949
POSLEDNI VYSTREL • LAST SHOT, THE • 1950
VSTANOU NOVI BOJOVNICI • NEW FIGHTERS SHALL ARISE ○ NEW WARRIORS SHALL ARISE ○ NEW HEROES WILL ARISE • 1950
MUJ PRITEL FABIAN • MY FRIEND THE GYPSY (UKN) ○ MY FRIEND FABIAN • 1953
PUNT'A A CTYRLISTEK • PUNTA AND THE FOUR-LEAF CLOVER ○ DOGGY AND THE FOUR • 1954
HRA O ZIVOT • LIFE WAS THE STAKE (UKN) ○ NO MIDDLE ROAD ○ LIFE AT STAKE ○ LIFE WAS AT STAKE • 1956
VLCI JAMA • WOLF TRAP • 1958
TAKOVA LASKA • APPASSIONATA ○ THAT KIND OF LOVE • 1959
ROMEO, JULIE A TMA • ROMEO, JULIET AND THE DARKNESS ○ SWEET LIGHT IN A DARK ROOM ○ ROMEO, JULIET AND DARKNESS ○ SWEET LIGHT IN THE DARK WINDOW • 1960
ZBABELEC • COWARD, THE • 1961
ZLATE KAPRADI • GOLDEN BRACKEN ○ GOLDEN FERN, THE • 1963
TRICET JEONA VE STINU • 90 DEGREES IN THE SHADE (UKN) ○ 31 STUPNU VE STINU ○ NINETY IN THE SHADE ○ 31° IN THE SHADE • 1965
VRAZDA PO CESKU • MURDER CZECH STYLE ○ VRAZDA PO NASEM ○ MURDER OUR STYLE • 1967
PRIPAD PRO SELWYN • JUSTICE FOR SELWYN • 1968 • MTV

WEISS LOIS – USA
NO VIETNAMESE EVER CALLED ME NIGGER • 1968 • DOC

WEISS PETER – Playwright – GRM – 1916–
RELIEF • SHT
STUDIE I • STUDY 1 • 1952 • SHT
STUDIE II • HALLUCINATIONER ○ HALLUCINATIONS • 1952 • SHT
STUDIE III • STUDY III • 1953 • SHT
STUDIE IV • FRIGORELSE ○ LIBERATION • 1954 • SHT
STUDIE V • VAXELSPEL ○ GAME OF IMAGINATION • 1955 • SHT
ANSIKTEN I SKUGGA • FACES IN THE SHADOWS • 1956 • SHT
ATEL EINTERIOR • STUDIO OF DR. FAUSTUS, THE • 1956 • SHT
ENLIGT LAG • ACCORDING TO THE LAW ○ LIGT LAG, EN ○ ACCORDING TO LAW • 1957
INGENTING OVANLIGT • NOTHING UNUSUAL • 1957 • SHT
VAD SKA VI GORA UN DA • WHAT SHALL WE DO NOW? • 1958 • SHT
HAGRINGEN • MIRAGE • 1959
BAG DE ENS FASADER • BEHIND UNIFORM FACADES • 1961 • SHT

WEISS ROBERT K. – USA
COMPLEAT 'WEIRD AL' YANKOVIC, THE • 1985
AMAZON WOMEN ON THE MOON • 1987

WEISS SAM – USA
LEGEND OF JOHN HENRY, THE • 1973 • SHT

WEISS STEPHANIE – NTH
COLD BLOOD • 1988

WEISS ULRICH – GRM
BLAUVOGEL • BLUEBIRD
OLE HENRY • 1983
DEIN UNBEKANNTER BRUDER • 1984
OLLE HENRY IN SAARBRUCKEN • 1984

WEISSBACH HANS – GRM
JAN UND DIE SCHWINDLERIN • 1944

WEISSENBERG FRIEDRICH – GRM
FRANKISCHE LIED, DAS • 1922
SON VON ST. MORITZ, DIE • 1923

WEISSMAN AERLYN – CND
WINTER TAN, A • 1988

WEISSOVA LENKA – CZC
STUDY FOR TWO HANDS, A

WEISZ CLAUDE – FRN – 1939–
INCONNUE, L' • UNKNOWN, THE • 1966 • SHT
SAISON DANS LA VIE D'EMMANUEL, UNE • 1972
PISEN NEMILOVA-NEHO • CHANSON DU MAL AIME, LA (FRN) ○ SONG OF THE UNLOVED, THE ○ UNLOVABLE ONE, THE • 1982

WEISZ FRANS – NTH – 1938–
PING PONG E POI
HELDEN IN EEN SCHOMMELSTOEL • HEROES IN A ROCKING CHAIR • 1963
ZONDAG OP HET EILAND VAN DE GRANDE JATTE, EEN • SUNDAY ON THE ISLAND OF THE GRAND JATTE • 1965 • SHT
GANGSTERMEISJE, HET • ILLUSION IS A GANGSTER GIRL ○ GANGSTER'S MOLL, THE • 1967
MADE IN PARADISE • 1969 • SHT
INBREKER, DE • FRAME UP, THE ○ BURGLAR, THE • 1972
NAAKT OVER DE SCHUTTING • SAME PLAYER SHOOTS AGAIN ○ NAKED OVER THE FENCE ○ LADY ON THE FENCE, THE • 1973
ROOIE SIEN • 1974
HAPPY DAYS ARE HERE AGAIN • 1975
CHARLOTTE • 1981
HOT SUMMER NIGHT, A • 1982
HAVINCK • 1987
LEEDVERMAAK • WEDDING PARTY, THE • 1989
POLONAISE • 1989

WEKWERTH MANFRED – GRM
MUTTER COURAGE UND IHRE KINDER • MOTHER COURAGE AND HER CHILDREN • 1960

WELBORN ROBERT – USA
BABY BLUE

WELBY ROBERT – USA
DAYTONA BEACH WEEKEND • 1965

WELDON JOHN – Animator – CND – 1945–
SPINNOLIO • 1977 • ANM
SPECIAL DELIVERY • LIVRAISON SPECIALE • 1978 • ANS
LOG DRIVER'S WALTZ • 1980 • ANM
ICE • 1984 • ANM
PIECE OF THE ACTION • 1984 • ANM
REAL INSIDE • 1984 • ANM
ELEPHANTRIO • 1985 • ANM

WELFORD WALTER D. – UKN
REPAIRING A PUNCTURE • 1897
WRITING ON THE WALL, THE • 1897
UNTITLED COMEDY • 1898

WELLBURN WILLIAM – USA
INITIATION, THE • 1968

WELLER JOHANAN – ISR
NO TE METAS • DON'T GET INVOLVED (UKN) • 1989

WELLES JENNIFER – USA
INSIDE JENNIFER WELLES • 1977

WELLES MEL see **von THEUMER ERNST RITTER**

WELLES ORSON – Producer/actor – USA – 1915–1985
HEARTS OF AGE, THE • 1934 • SHT
TOO MUCH JOHNSON • 1938
CITIZEN KANE • 1941
IT'S ALL TRUE • 1942
JOURNEY INTO FEAR • 1942
MAGNIFICENT AMBERSONS, THE • 1942
STRANGER, THE • 1946
LADY FROM SHANGHAI, THE • 1948
MACBETH • 1948
OTELLO • OTHELLO (USA) • 1951
CONFIDENTIAL REPORT • MR. ARKADIN ○ CONFIDENTIAL FILE ○ MONSIEUR ARKADIN • 1955
FOUNTAIN OF YOUTH, THE • 1958
TOUCH OF EVIL • 1958
DON QUIXOTE • 1959
PROZESS, DER • PROCESSO, IL (ITL) ○ PROCES, LE (FRN) ○ TRIAL, THE (USA) • 1962
CAMPANADAS A MEDIANOCHE • FALSTAFF (UKN) ○ CHIMES AT MIDNIGHT • 1966
HISTOIRE IMMORTELLE • IMMORTAL STORY • 1968
DEEP, THE • 1969
OTHER SIDE OF THE WIND, THE • 1970
F FOR FAKE • VERITES ET MENSONGES (FRN) ○ QUESTION MARK ○ FAKE! ○ ? • 1977
FILMING OF OTHELLO, THE • 1977

WELLESLEY GORDON – Producer/writer – ASL – 1906–
RHYTHM SERENADE • 1943
SILVER FLEET, THE • 1943

WELLIN ARTHUR – GRM
UM EINEN STERN • 1915
LEICHTSINN UND PFLICHT • 1916
VERBRANNTE FLUGEL • 1916
SEIN EINZIGER SOHN • 1917
VERHANGNIS EINER NACHT, DAS • 1917
PIQUE DAME • QUEEN OF SPADES • 1918
RING DER DREI WUNSCHE, DER • 1918
SOHN DER GOTTER, DER • JUNGE GOETHE, DER • 1918
ZWISCHEN TOD UND LEBEN • 1918
LAUNEN EINES MILLIARDARS, DIE • 1919
NARRENTANZ DER LIEBE • 1919
TROPENBLUT • 1919
LEDERSTRUMPF 1 • WILDTOTER, DER • 1920
LEDERSTRUMPF 2 • LETZTE DER MOHIKANER, DER • 1920
SCHWARZWALDMADEL • 1920
WELT OHNE HUNGER, DIE • 1920
MILLIONENRAUB 1 • MILLIONEN AUF DER STRASSE • 1921
VERBRECHEN VON HOUNDSDITCH, DAS • 1921
LEICHTE ISABELL, DIE • 1927

WELLINGTON DAVID – CND
CARPENTER, THE • 1988

WELLMAN WILLIAM see **WELLMAN WILLIAM A.**

WELLMAN WILLIAM A. – USA – 1896–1975
WELLMAN WILLIAM
BIG DAN • 1923
CUPID'S FIREMAN • 1923
MAN WHO WON, THE • 1923
SECOND HAND LOVE • 1923
CIRCUS COWBOY, THE • 1924
NOT A DRUM WAS HEARD • 1924
VAGABOND TRAIL, THE • 1924
WHEN HUSBANDS FLIRT • 1925
BOOB, THE • YOKEL, THE (UKN) ○ I'LL TELL THE WORLD • 1926
CAT'S PYJAMAS, THE • 1926
YOU NEVER KNOW WOMEN • LOVE MAGIC • 1926
WINGS • 1927 • SIL
BEGGARS OF LIFE • 1928
LADIES OF THE MOB • 1928
LEGION OF THE CONDEMNED • 1928
CHINATOWN NIGHTS • TONG WAR • 1929
MAN I LOVE, THE • 1929
WINGS • 1929 • SND
WOMAN TRAP • 1929
DANGEROUS PARADISE • FLESH OF EVE • 1930
MAYBE IT'S LOVE • 1930
YOUNG EAGLES • 1930
NIGHT NURSE • 1931
OTHER MEN'S WOMEN • STEEL HIGHWAY • 1931

PUBLIC ENEMY, THE • ENEMIES OF THE PUBLIC (UKN) • 1931
SAFE IN HELL • LOST LADY, THE (UKN) • 1931
STAR WITNESS, THE • 1931
CONQUERORS, THE • PIONEER BUILDERS • 1932
HATCHET MAN, THE • HONOURABLE MR. WONG, THE (UKN) • 1932
LOVE IS A RACKET • 1932
PURCHASE PRICE, THE • MUD LARK ○ NIGHT FLOWER, THE • 1932
SO BIG • 1932
CENTRAL AIRPORT • 1933
COLLEGE COACH • FOOTBALL COACH (UKN) • 1933
FRISCO JENNY • COMMON GROUND, THE (UKN) • 1933
HEROES FOR SALE • 1933
LADY OF THE NIGHT • MIDNIGHT MARY • 1933
LILLY TURNER • 1933
WILD BOYS OF THE ROAD • DANGEROUS AGE (UKN) ○ DANGEROUS DAYS • 1933
LOOKING FOR TROUBLE • 1934
PRESIDENT VANISHES, THE • STRANGE CONSPIRACY (UKN) • 1934
STINGAREE • 1934
CALL OF THE WILD, THE • 1935
ROBIN HOOD OF EL DORADO • 1936
SMALL TOWN GIRL • ONE HORSE TOWN • 1936
TARZAN ESCAPES! • CAPTURE OF TARZAN, THE ○ TARZAN RETURNS • 1936
NOTHING SACRED • 1937
STAR IS BORN, A • 1937
MEN WITH WINGS • 1938
BEAU GESTE • 1939
LIGHT THAT FAILED, THE • 1939
REACHING FOR THE SUN • 1941
GREAT MAN'S LADY, THE • 1942
ROXIE HART • 1942
THUNDER BIRDS • 1942
LADY OF BURLESQUE • STRIPTEASE LADY (UKN) ○ G-STRING MURDERS, THE • 1943
OXBOW INCIDENT, THE • STRANGE INCIDENT (UKN) • 1943
BUFFALO BILL • 1944
THIS MAN'S NAVY • 1944
STORY OF G.I. JOE, THE • WAR CORRESPONDENT ○ G.I. JOE • 1945
GALLANT JOURNEY • 1946
MAGIC TOWN • 1947
IRON CURTAIN, THE • BEHIND THE IRON CURTAIN • 1948
BATTLEGROUND • 1949
YELLOW SKY • 1949
HAPPY YEARS, THE • ADVENTURES OF YOUNG DINK STOVER ○ YOUR ONLY YOUNG TWICE • 1950
NEXT VOICE YOU HEAR, THE • 1950
ACROSS THE WIDE MISSOURI • 1951
IT'S A BIG COUNTRY • 1951
WESTWARD THE WOMEN • 1951
MY MAN AND I • SHAMELESS • 1952
ISLAND IN THE SKY • 1953
HIGH AND THE MIGHTY, THE • 1954
RING OF FEAR • 1954
TRACK OF THE CAT • 1954
BLOOD ALLEY • 1955
GOODBYE, MY LADY • BOY AND THE LAUGHING DOG, THE • 1956
DARBY'S RANGERS • YOUNG INVADERS, THE (UKN) • 1958
LAFAYETTE ESCADRILLE • HELL BENT FOR GLORY (UKN) • 1958

WELLS JACK – USA

MASTER SPY, THE • 1917 • SHT
MYSTERIOUS IRON RING, THE • 1917 • SHT
HUMAN TARGET, THE • 1918 • SHT
LION MAN, THE • 1920 • SRL

WELLS JOHN – ASL

MAN FROM SNOWY RIVER, THE • 1920
SILKS AND SADDLES • 1921

WELLS ORLANDO – UKN

SCHOOL FOR VANDALS • 1987

WELLS PETER – NZL

DEATH IN THE FAMILY, A • 1987
JEWEL'S DARL • 1987 • SHT

WELLS RAYMOND – USA

WELLS RAYMOND B.

CARAVAN, THE • 1916 • SHT
KINKAID, GAMBLER • 1916
LADY FROM THE SEA, THE • 1916 • SHT
LAW AND THE LADY, THE • 1916
FANATICS • 1917
FIGHTING BACK • 1917
FIGHTING FOR LOVE • 1917
GUNMAN'S GOSPEL, THE • 1917 • SHT
HERO OF THE HOUR, THE • 1917
LOVE AFLAME • 1917
MR. DOLAN OF NEW YORK • 1917
PACE THAT KILLS, THE • 1917 • SHT
SAINTLY SINNER, THE • 1917
TERROR, THE • 1917
FLAMES OF CHANCE • 1918
HAND AT THE WINDOW, THE • 1918
HARD ROCK BREED, THE • 1918
HIS ENEMY THE LAW • 1918
LAW OF THE GREAT NORTHWEST, THE • 1918
MAN ABOVE THE LAW • 1918
MLLE PAULETTE • 1918
MME PAULETTE • 1918
OLD LOVES FOR NEW • 1918
THOSE WHO PAY • 1918
RANGER OF PIKE'S PEAK, THE • 1919 • SHT
FAGASA • 1928
SOULS AFLAME • 1928

WELLS RAYMOND B. see **WELLS RAYMOND**

WELLS ROBERT – USA

WINNING A BRIDE • 1919 • SHT

WENCEL H.

PAN REDAKTOR SZALEJE • MR. EDITOR IS CRAZY (USA) • 1938

WENCESLAO JOSE PEPE – PHL

BOOGALOO • 1967
ESPIONAGE INC. • 1967
MASK K' POPS • 1967
P.S. I LOVE YOU • 1967
PALIKERONG KUTSERO • PLAYBOY RIG DRIVER, THE • 1967
PILYO SA GIRLS • PLAYFUL WITH THE GIRLS • 1967
SHING A LING LOO, PRETTY GIRL • 1967
SPY KILLER • 1967
BUHAY BOMBERO • FIREMAN'S LIFE, A • 1968
HORNETS, THE • 1968
MAY I GO OUT? • 1968
O KAKA, O KAKA • 1968
OTRA VEZ, SENORITA • 1968
TADYAK SA LIKOD • KICK IN THE BACK • 1968

WENDEL LINDA – DNM

BALLERUP BOULEVARD • 1986
LYKKEN ER EN UNDERLIG FISK • HAPPINESS IS A CURIOUS CATCH • 1989

WENDERS WIM – GRM – 1945–

SAME PLAYER SHOOTS AGAIN • 1967 • SHT
SCHAUPLATZE • LOCATIONS • 1967 • SHT
POLIZEIFILM • POLICE FILM • 1968 • SHT
SILVER CITY • 1968 • SHT
VICTOR I • 1968 • SHT
ALABAMA -2000 LIGHT YEARS • 1969 • SHT
DREI AMERIKANISCHE LPS • THREE AMERICANS LP'S • 1969 • SHT
SUMMER IN THE CITY (DEDICATED TO THE KINKS) • 1970
ANGST DES TORMANNS BIEN ELFMETER • GOALIE'S ANXIETY AT THE PENALTY KICK, THE (USA) ○ GOALKEEPER'S FEAR OF THE PENALTY, THE (UKN) ○ ANXIETY OF THE GOALKEEPER AT THE PENALTY KICK, THE • 1971
SCHARLACHROTE BUCHSTABE, DER • LETRA ESCARLATA, LA (SPN) ○ SCARLET LETTER, THE (USA) • 1972
ALICE IN DEN STADTEN • ALICE IN THE CITIES (USA) • 1974
AUS DER FAMILIE DER PANZERECHSEN • FROM THE FAMILY OF THE CROCODILE • 1974 • SHT
INSEL, DIE • ISLAND, THE • 1974 • SHT
FALSCHE BEWEGUNG • WRONG MOVEMENT (UKN) ○ WRONG MOVE • 1975
IM LAUF DER ZEIT • KING OF THE ROAD (USA) ○ KINGS OF THE ROAD ○ IN THE COURSE OF TIME • 1976
AMERIKANISCHE FREUND, DER • AMERICAN FRIEND, THE (USA) • 1977
HAMMETT • 1980
LIGHTNING OVER WATER • NICK'S MOVIE ○ NICK'S FILM • 1980
STAND DER DINGE, DER • STATE OF THINGS, THE • 1983
PARIS, TEXAS • 1984
HIMMEL UBER BERLIN, DER • WINGS OF DESIRE (UKN) ○ SKY ABOVE BERLIN, THE • 1987
BIS ANS ENDE DER WELT • TO THE END OF THE WORLD ○ UNTIL THE END OF THE WORLD • 1989

WENDHAUSEN FREDERICK – GRM

RUNAWAY PRINCESS, THE • PRINCESS PRISCILLA'S FORTNIGHT • 1929

WENDHAUSEN FRITZ – GRM

EWIGE FLUCH, DER • 1921
INTRIGUEN DER MADAME DE LA POMMERAYE, DIE • 1921
STEINERNE REITER, DER • STONE RIDER, THE • 1923
HERR GENERALDIREKTOR, DER • DEVOTION • 1925
SEIN GROSSER FALL • 1926
SOHN DER HAGAR, DER • OUT OF THE MIST • 1926
KAMPF DES DONALD WESTHOF, DER • TRIAL OF DONALD WESTHOF, THE • 1927
FRAU VON FORMAT, EINE • 1928
KONIGIN EINER NACHT, DIE • 1930
ERSTE RECHT DES KINDES, DAS • AUS DEM TAGEBUCH EINER FRAUENARZTIN • 1932
GOETHE -FILME DER UFA • 1932
KLEINER MANN -WAS NUN? • 1933
PEER GYNT • 1934
SCHWARZE WALFISCH, DER • 1934
KUNSTLERLIEBE • 1935
FAMILIENPARADE • 1936

WENDKOS PAUL – USA – 1922–

DARK INTERLUDE • 1955 • DCS
BURGLAR, THE • 1957
CASE AGAINST BROOKLYN, THE • 1958
TARAWA BEACHHEAD • 1958
BATTLE OF THE CORAL SEA • 1959
FACE OF A FUGITIVE • 1959
GIDGET • 1959
BECAUSE THEY'RE YOUNG • 1960
TEMPLE OF THE SWINGING DOLL • 1960 • TVM
ANGEL BABY • 1961
GIDGET GOES HAWAIIAN • 1961
GIDGET GOES TO ROME • 1963
RECOIL • 1963 • TVM
JOHNNY TIGER • 1966
ATTACK ON THE IRON COAST • 1968
GUNS OF THE MAGNIFICENT SEVEN • 1968
FEAR NO EVIL • 1969 • TVM
HELL BOATS • MTB: MALTA WORLD WAR 2 ○ M.T.B. • 1969
BROTHERHOOD OF THE BELL • 1970 • TVM
CANNON FOR CORDOBA • DRAGON MASTER • 1970
CRISIS • 1970 • TVM
TRAVIS LOGAN, D.A. • 1970 • TVM
DEATH OF INNOCENCE, A • 1971 • TVM
HONOR THY FATHER • 1971 • TVM
LITTLE GAME, A • 1971 • TVM
MEPHISTO WALTZ, THE • 1971
TATTERED WEB, THE • 1971 • TVM
DELPHI BUREAU, THE • 1972 • TVM
FAMILY RICO, THE • 1972 • TVM
FOOTSTEPS • FOOTSTEPS: NICE GUYS FINISH LAST ○ NICE GUYS FINISH LAST • 1972 • TVM
HAUNTS OF THE VERY RICH • 1972 • TVM
SIX CHARACTERS IN SEARCH OF AN AUTHOR • 1972 • TVM
STRANGERS IN 7A, THE • 1972 • TVM
BLOOD FEUD • 1973 • TVM
DIE, DARLING, DIE • 1973 • TVM
MURDER IN THE SLAVE TRADE • 1973 • TVM
TERROR ON THE BEACH • 1973 • TVM
UNDERGROUND MAN, THE • 1974
DEATH AMONG FRIENDS • MRS. R.: DEATH AMONG FRIENDS • 1975 • TVM
LEGEND OF LIZZIE BORDEN, THE • 1975 • TVM
SPECIAL DELIVERY • 1976
DEATH OF RICHIE, THE • RICHIE • 1977 • TVM
GOOD AGAINST EVIL • 1977 • TVM
SECRETS • 1977 • TVM
BETRAYAL • 1978 • TVM
WOMAN CALLED MOSES, A • 1978 • TVM
ACT OF VIOLENCE • VICTIM: ANATOMY OF A MUGGING, THE • 1979 • TVM
ORDEAL OF PATTY HEARST, THE • 1979 • TVM
CRY FOR LOVE, A • ADDICTION: A CRY FOR LOVE • 1980 • TVM
HAGEN • 1980 • TVM
ORDEAL OF DR. MUDD, THE • 1980 • TVM
FIVE OF ME, THE • 1981 • TVM
GOLDEN GATE • 1981 • TVM
COCAINE: ONE MAN'S SEDUCTION • COCAINE: ONE MAN'S POISON • 1982 • TVM
FARRELL FOR THE PEOPLE • 1982 • TVM
INTIMATE AGONY • 1982 • TVM
AWAKENING OF CANDRA, THE • 1983 • TVM
CELEBRITY • 1984 • TVM
SCORNED AND SWINDLED • 1984 • TVM
BAD SEED, THE • 1985 • TVM
EXECUTION, THE • 1985 • TVM
PICKING UP THE PIECES • 1985 • TVM
BLOOD VOWS • BLOOD VOWS: THE STORY OF A MAFIA WIFE • 1986
RAGE OF ANGELS: THE STORY CONTINUES • RAGE OF ANGELS -PART TWO • 1986 • TVM
RIGHT TO DIE • 1987 • TVM
SISTER MARGARET AND THE SATURDAY NIGHT BABIES • 1987 • TVM
SIX AGAINST THE ROCK • 1987 • TVM
GREAT ESCAPE 2, THE • GREAT ESCAPE 2: THE UNTOLD STORY • 1988 • MTV
TAKING OF FLIGHT 847, THE • TAKING OF FLIGHT 847: THE ULE DERICKSON STORY, THE • 1988 • TVM
FROM THE DEAD OF NIGHT • 1989 • TVM

WENDT ERNST – GRM

STORTEBEKER • 1920
URIEL ACOSTA • 1920
HERR DER BESTIEN, DER • 1921
SCHRECKENSNACHT IN DER MENAGERIE, DIE • 1921
TIGERIN, DIE • 1921
UNHEIMLICHE, DER • 1921
UNTER RAUBERN UND BESTIEN • 1921
ALLEIN IM URWALD • RACHE DER AFRIKANERIN, DIE • 1922
WEISSE WUSTE, DIE • 1922
BISMARCK • 1925

WENK RICHARD – USA

VAMP • 1986

WENTER ADOLF – GRM

NACHT DER TAUSEND SEELEN, DIE • 1921
IM SCHATTEN DER VERGANGENHEIT • 1922
LIEBE, TOD UND TEUFEL • 1922
REGATTAFURST, DER • 1923
WIRTSHAUS IM SPESSART, DAS • KALTE HERZ, DAS ○ COLD HEART, THE ○ TAVERN IN SPESSART, THE • 1923
FRAUENMARDER, DER • 1925
GRAF GREIF • 1925

WENZLER FRANZ – GRM

EHE M.B.H. • 1931
EKEL, DAS • 1931
NACHT OHNE PAUSE, DIE • 1931
CAUSA KAISER • KAISER CASE, THE (USA) • 1932
LIEBE, SCHERZ UND ERNST • BUNBURY • 1932
SKANDAL IN DER PARKSTRASSE • 1932
WENN DIE LIEBE MODE MACHT • 1932
GIPFELSTURMER • 1933
HANS WESTMAR • HORST WESSEL • 1933
HUNDERT TAGE • 1935
STAHLERNE STAHL, DER • 1935

WERCKMEISTER HANS – GRM

FRIEDENSREITER, DER • 1918
NEUE HERR GENERALDIREKTOR, DER • 1919
ALGOL • 1920
FOHN • 1920
ACHT UHR DREIZEHN • 1921
GOLDENE NETZ, DAS • 1921
IM ABGRUND DES HASSES • 1921
SCHATZKAMMER IM SEE 1, DIE • BRILLANTENMARDER • 1921
SCHATZKAMMER IM SEE 2, DIE • CLUB DER ZWOLF, DER • 1921
SOUPER UM MITTERNACHT, DAS • 1921
KLEINE VOM FILM, DIE • 1922
MADCHEN AUS DEM GOLDENEN WESTEN, DAS • 1922
BRIGANTIN VON NEW YORK, DIE • 1924
WEIL DU ES BIST • 1925
KAMPF UM DEN MANN, DER • 1927

WERFEL FRANZ – GRM

SPIEGELMENSCH, DER • MIRRORMAN, THE • 1923

WERKER ALFRED see **WERKER ALFRED L.**

WERKER ALFRED L. – USA – 1896–

WERKER ALFRED

RIDIN' THE WIND • 1925
KIT CARSON • 1928
PIONEER SCOUT, THE • 1928
SUNSET LEGION • 1928
BLUE SKIES • 1929
CHASING THROUGH EUROPE • 1929
DOUBLE CROSS ROADS • 1930
LAST OF THE DUANES, THE • 1930
ANNABELLE'S AFFAIRS • 1931
FAIR WARNING • 1931
HEARTBREAK • 1931
BACHELOR'S AFFAIRS • 1932
GAY CABALLERO, THE • 1932
RACKETY RAX • 1932
ADVICE TO THE LOVELORN • 1933
HELLO SISTER! • 1933
IT'S GREAT TO BE ALIVE • 1933
HOUSE OF ROTHSCHILD, THE • 1934
YOU BELONG TO ME • 1934
STOLEN HARMONY • 1935
BIG TOWN GIRL • 1936
LOVE IN EXILE • 1936
CITY GIRL • 1937
WE HAVE OUR MOMENTS • 1937
WILD AND WOOLLY • 1937
GATEWAY • 1938
KIDNAPPED • 1938
UP THE RIVER • 1938
ADVENTURES OF SHERLOCK HOLMES, THE • SHERLOCK HOLMES (UKN) • 1939
IT COULD HAPPEN TO YOU • 1939
NEWS IS MADE AT NIGHT • 1939
MOON OVER HER SHOULDER • DANGEROUS BUT PASSABLE • 1941
RELUCTANT DRAGON, THE • 1941

A-HAUNTING WE WILL GO • 1942
MAD MARTINDALES, THE • NOT FOR CHILDREN • 1942
WHISPERING GHOSTS • 1942
MY PAL WOLF • 1944
SHOCK • 1946
PIRATES OF MONTEREY • 1947
REPEAT PERFORMANCE • 1947
HE WALKED BY NIGHT • 1948
LOST BOUNDARIES • 1949
SEALED CARGO • GAUNT WOMAN, THE • 1951
WALK EAST ON BEACON • CRIME OF THE CENTURY (UKN) • 1952
DEVIL'S CANYON • ARIZONA OUTPOST • 1953
LAST POSSE, THE • 1953
THREE HOURS TO KILL • 1954
AT GUNPOINT • GUNPOINT! (UKN) ○ GUN POINT • 1955
CANYON CROSSROADS • 1955
REBEL IN TOWN • 1956
YOUNG DON'T CRY, THE • 1957

WERNDORFF O. M. – GRM
BELLS, THE • 1931

WERNER – GRM
GEWISSER JUDAS, EIN • 1958 • MTV

WERNER ALFRED – GRM
BADEGATTE, DER • 1919

WERNER GOSTA – SWD – 1908–
MIDVINTERBLOT • MIDWINTER SACRIFICE ○ MIDWINTER BLOOD • 1945 • SHT
MORGONVAKT • EARLY MORNING • 1945 • SHT
SKANSENVAR • SPRING AT SKANSEN • 1946 • SHT
TAGET • TRAIN, THE • 1946 • SHT
40 AR MED KUNGEN • 1947 • SHT
FROKEN SOLKATT • MISS SUNBEAM • 1948
LOFFE PA LUFFEN • LOFFE AS A VAGABOND ○ LOFFE THE VAGABOND • 1948
GATAN • STREET, THE • 1949
TALE OF LIGHT, THE • 1949 • SHT
TVA TRAPPOR OVER GARDEN • BACKYARD • 1950
SKYMNINGSLJUS • 1951 • SHT
VAREN • SPRING • 1951 • SHT
ATT DODA ETT BARN • TO KILL A CHILD • 1952
MOTE MED LIVET • MEETING LIFE • 1952
SVENSK STORINDUSTRI, EN • 1953 • SHT
FJARILEN OCH LJUSLAGAN • BUTTERFLY AND THE FLAME, THE • 1954 • SHT
CITY TWILIGHT • 1955 • SHT
FRIARANNONSEN • MATRIMONIAL ANNOUNCEMENT • 1955
ODEN BORTOM HORISON • 1955 • SHT
ANSVAR • 1956 • SHT
FORLORADE MELODIEN, DEN • FORGOTTEN MELODY, THE • 1957 • SHT
LAND OF LIBERTY • 1958 • SHT
GLASS VIN, ETT • GLASS OF WINE, A • 1960 • SHT
LIVING COLOR • 1962 • SHT
MANNISKAN LANDSCAP • HUMAN LANDSCAPE • 1964 • SHT
VANTANDE VATTEN • WAITING WATER • 1964 • SHT
WHEN PEOPLE MEET • 1966 • SHT
MAURITZ STILLER • 1969 • DOC
VICTOR SJOSTROM –A FILM PORTRAIT • 1982 • DOC

WERNER HANS – Animator – AUS
ROCOCO COMES TO THE ISLAND OF THE HUZZIS • ANM

WERNER JEFF – USA
CHEERLEADER'S WILD WEEKEND • 1979
DIE LAUGHING • 1980

WERNER-KAHLE HUGO – AUS
VERLORENE ICH, DAS • GEFAHREN DER HYPNOSE ○ DANGERS OF HYPNOSIS, THE ○ LOST SOUL, THE • 1923

WERNER KARL – GRM
LIEBES -HINTERTREPPEN • 1921

WERNER LARS – SWD
VILDMARKSSOMMAR • MATTY • 1957

WERNER M.
PRISONERS OF THE SEA • 1929

WERNER PETER – USA – 1947–
HIDDEN AND SEEKING • 1971
BATTERED • 1978 • TVM
AUNT MARY • 1979 • TVM
BARN BURNING • BARN BURNER • 1980 • MTV
DON'T CRY, IT'S ONLY THUNDER • 1981
PRISONERS • 1983
HARD KNOX • 1984 • TVM
I MARRIED A CENTERFOLD • 1984 • TVM
PRISONERS • 1984
SINS OF THE FATHER • 1985 • TVM
OUTLAWS • 1986 • TVM
ALAMO: THIRTEEN DAYS TO GLORY, THE • ALAMO, THE • 1987 • TVM
LBJ: THE EARLY YEARS • 1987 • TVM
NO MAN'S LAND • 1987

WERTHEIM RON – USA
INVITATION TO LUST • 1966
SPY WHO CAME, THE • 1969
IT'S NOT MY BODY • 1970

WERTHER KURT – GRM
VIER TREPPE RECHTS • 1944

WERTMULLER LINA – ITL – 1928–
WICH NATHAN • *BROWN GEORGE H.*
BASILISCHI, I • LIZARDS ○ BASILISKS, THE • 1963
QUESTA VOLTA PARLIAMO DI UOMINI • LET'S TALK ABOUT MEN (USA) ○ THIS TIME LET'S TALK ABOUT MEN ○ NOW LET'S TALK ABOUT MEN • 1965
RITA LA ZANZARA • RITA THE MOSQUITO (USA) • 1966
NON STUZZICATE LA ZANZARA • DON'T STING THE MOSQUITO (USA) ○ DON'T TEASE THE MOSQUITO • 1967
BELLE STARR STORY, THE • MIO CORPO PER UN POKER, IL ○ QUEEN OF DIAMONDS ○ BELLE STARR • 1968
MIMI METALLURGICO FERITO NELL'ONORE • SEDUCTION OF MIMI, THE (USA) ○ MIMI THE METALWORKER ○ WOUNDED IN HONOUR • 1972
FILM D'AMORE E D'ANARCHIA: OVVERO STAMATTINA ALLE IO IN VIA DEI FIORI NELLA NOTA CASA DI TOLLERANZA • LOVE AND ANARCHY (USA) ○ AMORE E ANARCHIA ○ STORY OF LOVE AND ANARCHY ○ FILM OF LOVE AND ANARCHY • 1973
TRAVOLTI DA UN INSOLITO DESTINO NELL'AZZURRO MARE DI AGOSTO • OVERCOME BY AN UNUSUAL FATE IN A BLUE AUGUST SEA ○ SWEPT AWAY.. (USA) ○ SWEPT AWAY.. BY AN UNUSUAL DESTINY IN THE BLUE SEA OF AUGUST • 1974
TUTTO A POSTO E NIENTE IN ORDINE • EVERYTHING'S READY NOTHING WORKS ○ ALL SCREWED UP ○ EVERYTHING'S IN ORDER BUT NOTHING WORKS • 1974
PASQUALINO SETTEBELLEZZE • SEVEN BEAUTIES -THAT WHAT THEY CALL HIM ○ SEVEN BEAUTIES (USA) • 1976
FATTO DI SANGUE FRA DUE UOMINI PER CAUSA DI UNA VEDOVA (SI SOSPETTANO MOVENTI POLITICI) • BLOOD FEUD (USA) ○ REVENGE • 1978
FINE DEL MONDO NEL NOSTRO SOLITO LETTO IN UNA NOTTEPIENA DI PIOGGIA, LA • NIGHT FULL OF RAIN ○ END OF THE WORLD IN OUR USUAL BED IN A NIGHT FULL OF RAIN, THE (USA) • 1978
SHIMMY LAGANO TARANTELLE E VINO • SHIMMY LAGANO BELLE TARANTELLE E TARALUCCI E VINO • 1978
TIETA DE AGRESTE • 1982
SCHERZO • JOKE OF DESTINY, A (USA) ○ JOKE ○ JOKE OF DESTINY, LYING IN WAIT AROUND THE CORNER LIKE A BANDIT, A • 1983
SOTTO.. SOTTO, STRAPAZZATO DA ANOMALA PASSIONE • BENEATH THE SURFACE, STRICKEN BY ANOMALOUS PASSION ○ SOTTO, SOTTO (USA) • 1984
COMPLICATO INTRIGO DI DONNE, VICOLI E DELITTI, UN • COMPLEX PLOT ABOUT WOMEN, ALLEYS AND CRIME, A ○ CAMORRA: THE NAPLES CONNECTION ○ COMPLICATED INTRIGUE OF BACK ALLEYS AND CRIME ○ CAMORRA ○ MAMA SANTISSIMA ○ NAPLES CONNECTION, THE • 1985
NOTTE D'ESTATE CON PROFILO GRECO OCCHI A MANDORLA E ODORE DI BASILICO • SUMMER NIGHT WITH GREEK PROFILE ALMOND EYES AND THE SCENT OF BASIL • 1987
IN UNA NOTTE DI CHIARO DI LUNA • IN A FULL MOON NIGHT • 1990

WERTY QUENTIN see **MacDOUGALL RANALD**

WERTZ JAY – USA
LAST REUNION, THE • 1978

WESCHELMANN MAJ – SWD
VIGGEN 37 • 1974

WESCHKE GUNTER – GRM
WIR SCHUTZEN, WAS WIR SCHAFFEN • WE PROTECT WHAT WE MAKE • 1968

WESCHLER LAZAR
RIGHT TO BE BORN, THE • 1968

WESLEY WILLIAM – USA
SCARECROWS • 1988

WESSEL KAI – GRM
MARTHA JELLNECK • 1989

WESSLEN STIG – SWD – 1902–
I LAPPBJORNENS RIKE • 1940
LEVANDE SKOGEN, DEN • 1966 • DOC

WEST AL – USA
HOT HOUSE, THE • 1970

WEST ALAN – USA
CHEESE • 1976

WEST ANTHONY – UKN
PRETTY THINGS, THE • 1966
OUR TIME NO.1 • 1967 • DCS

WEST JAMES I.
HOT PURSUIT • 1981

WEST LANGDON – USA
CASE OF THE VANISHED BONDS, THE • 1914
DICKSON'S DIAMOND • 1914
FRAGMENT OF ASH, A • 1914
HAND OF IRON, THE • 1914
MAN WHO VANISHED, THE • 1914
MOMENT OF MADNESS, A • 1914
MR. DALY'S WEDDING DAY • 1914
NEW PARTNER, THE • 1914
TEMPLE OF MOLOCH, THE • 1914
BANKER'S DOUBLE, THE • 1915
CORPORAL'S DAUGHTER, THE • 1915
EXPERIMENT, THE • 1915
FRIEND WILSON'S DAUGHTER • 1915
GIRL OF THE GYPSY CAMP, THE • 1915
HER PROPER PLACE • 1915
KILLED AGAINST ORDERS • 1915
LANDING OF THE PILGRIMS, THE • 1915
LIFE OF ABRAHAM LINCOLN, THE • 1915
MAGISTRATE'S STORY, THE • 1915
MARY • 1915
NOT WANTED • 1915
POISONED BY JEALOUSY • 1915
RING OF THE BORGIAS, THE • 1915
SALLY CASTLETON, SOUTHERNER • 1915
UNWILLING THIEF, AN • 1915
WHAT HAPPENED ON THE BARBUDA • 1915
WOMAN'S REVENGE, A • 1915

WEST R. HARLEY – UKN
HER LIFE IN LONDON • 1915
VULTURES OF LONDON, THE • 1915
CRIME AND THE PENALTY • 1916
ON THE STEPS OF THE ALTAR • 1916

WEST RAYMOND B. – USA – 1886–1918
ALTAR OF DEATH, THE • 1912
DEAD PAYS, THE • 1912
GREAT SACRIFICE, THE • 1912
COUNTERFEITER, THE • 1913
HOUSE OF BONDAGE, THE • 1913
ICONOCLAST, THE • 1913
QUAKERESS, THE • 1913
WAIF, THE • 1913
WITCH OF SALEM, THE • 1913
BELLS OF AUSTI, THE • 1914
CITY, THE • 1914
DIVORCE • 1914
HARP OF TARA, THE • 1914
SQUIRE'S SON, THE • 1914
CUP OF LIFE, THE • 1915
EDGE OF THE ABYSS, THE • 1915
MOTHER HULDA • 1915
RUMPELSTILTSKIN • 1915
CIVILIZATION • 1916
FEMALE OF THE SPECIES, THE • 1916
HONORABLE ALGY, THE • 1916
HONOR'S ALTAR • 1916
MORAL FABRIC, THE • 1916
PAYMENT, THE • 1916
BORROWED PLUMAGE • 1917
CHICKEN CASEY • 1917
MADCAP MADGE • 1917
SNARL, THE • 1917
TEN OF DIAMONDS • 1917
WEAKER SEX, THE • 1917
WHITHER THOU GOEST • 1917
WOODEN SHOES • 1917
BLINDFOLDED • 1918
CAST-OFF, THE • 1918
MAID O' THE STORM • 1918
PATRIOTISM • 1918
WITHIN THE CUP • 1918
ALL WRONG • 1919

WEST REGINALD – UKN
AFRAID TO LOVE • 1925

WEST ROBERT D. – USA
WEDNESDAY CHILDREN, THE • 1973

WEST ROLAND – USA – 1887–1952
WOMAN'S HONOR, A • 1916
SIREN, THE • 1917
DE LUXE ANNIE • 1918
NOBODY • 1921
SILVER LINING, THE • 1921
UNKNOWN PURPLE, THE • 1923
MONSTER, THE • 1925
BAT, THE • 1926
DOVE, THE • 1927
ALIBI • PERFECT ALIBI, THE (UKN) ○ NIGHTSTICK • 1929
BAT WHISPERS, THE • 1930
CORSAIR • 1931

WEST WALTER – UKN
FULL UP • 1914
THICK AND THIN OF IT, THE • 1914
BOLD ADVENTURESS, THE • 1915
BY THE HAND OF A BROTHER • BY A BROTHER'S HAND • 1915
MYSTERY OF A LONDON FLAT, THE • LONDON FLAT MYSTERY, A • 1915
WOMAN WHO DID, THE • 1915
ANSWER, THE • 1916
BURNT WINGS • 1916
HARD WAY, THE • 1916
MERCHANT OF VENICE, THE • 1916
KNOCK OUT BLOW, THE • 1917
WARE CASE, THE • 1917
FORTUNE AT STAKE, A • 1918
MISSING THE TIDE • 1918
NOT NEGOTIABLE • 1918
SISTERS IN ARMS • 1918
DAUGHTER OF EVE, A • 1919
GENTLEMAN RIDER, THE • HEARTS AND SADDLES • 1919
SNOW IN THE DESERT • 1919
UNDER SUSPICION • 1919
CASE OF LADY CAMBER, THE • 1920
HER SON • 1920
KISSING CUP'S RACE • 1920
IMPERFECT LOVER, THE • 1921
SPORTSMAN'S WIFE, A • 1921
VI OF SMITH'S ALLEY • 1921
SCARLET LADY, THE • 1922
SON OF KISSING CUP • 1922
WAS SHE JUSTIFIED? • PRUNING KNIFE, THE • 1922
WHEN GREEK MEETS GREEK • 1922
BEAUTIFUL KITTY • 1923
HORNET'S NEST • 1923
IN THE BLOOD • 1923
LADY OWNER, THE • 1923
WHAT PRICE LOVING CUP? • 1923
GREAT TURF MYSTERY, THE • 1924
STIRRUP CUP SENSATION, THE • 1924
DAUGHTER OF LOVE, A • 1925
TRAINER AND TEMPTRESS • 1925
BEATING THE BOOK • 1926
BROTHERHOOD, THE • 1926
GOLDEN SPURS • 1926
RIDING FOR A KING • 1926
STEVE DONOGHUE SERIES • 1926 • SER
STOLEN FAVOURITE, THE • 1926
WOODCROFT CASTLE • 1926
MARIA MARTEN • 1928
SWEENEY TODD • 1928
WARNED OFF • 1928
AURA NO.1 • 1930
AURA NO.2 • 1930
HUNDRED TO ONE • 1933
BED AND BREAKFAST • 1936
WE DO BELIEVE IN GHOSTS • 1947

WEST WILLIAM – USA
LAST ALARM, THE • 1940
FLYING WILD • AIR DEVILS • 1941

WESTE ROBERT see **FINDLAY MICHAEL**

WESTMAN JIM – USA
WRESTLER, THE • WRESTLER -THE MAIM EVENT, THE • 1974

WESTON ARMAND – USA
EXPOSE ME LOVELY • 1976
TAKE OFF • 1978
DAWN OF THE MUMMY • 1981
NESTING, THE • 1981

WESTON C. H. – USA
CLUE IN THE DUST, THE • 1912
NEAR TRAGEDY, A • 1913
CASE OF DR. STANDING, THE • 1917 • SHT

WESTON CHARLES – UKN
BATTLE OF WATERLOO, THE • 1913
BROKEN CHISEL, THE • ESCAPE FROM BROADMOOR (USA) • 1913
IN FATE'S GRIP • 1913

JUST A GIRL • ONLY A GIRL • 1913
LIEUTENANT DARING AND THE MYSTERY OF ROOM 41 • LIEUTENANT DARING AND THE INTERNATIONAL JEWEL THIEVES • 1913
LITTLE SNOW WAIF, THE • 1913
MASTER CROOK, THE • 1913
OUTWITTING MAMA • 1913
RAGGED PRINCE, THE • 1913
RICHES AND ROGUES • 1913
SON OF JAPAN, A • 1913
THROUGH THE CLOUDS • 1913
TO SAVE HER DAD • BESS THE DETECTIVE'S DAUGHTER • 1913
TOM, DICK AND HARRY • 1913
TRAGEDY IN THE ALPS, A • 1913
AND VERY NICE TOO • 1914
BATTLING BROWN OF BIRMINGHAM • 1914
BISHOP'S SILENCE, THE • 1914
BUG BOY OF LANCASHIRE, THE • 1914
CALLED TO THE FRONT • 1914
CLEVER ONE, THE • 1914
DETECTIVE FINN, OR, IN THE HEART OF LONDON • SOCIETY DETECTIVE • 1914
FACING THE ENEMY • 1914
GET IN AND GET OUT • 1914
JUST A NUT • 1914
KING OF SEVEN DIALS, THE • 1914
MARRIED LIFE, THE SECOND YEAR • 1914
MASTER SPY, THE • 1914
MOTHER IN EXILE, A • 1914
NONE BUT THE BRAVE • 1914
ON THE RUSSIAN FRONTIER • 1914
ROAD TO CALAIS, THE • ON THE ROAD TO CALAIS • 1914
SAVING THE COLOURS • 1914
SELF ACCUSED • 1914
SEVENTH DAY, THE • 1914
THROUGH THE FIRING LINE • 1914
WAR BABY, THE • 1914
WHAT A NIGHT! • 1914
WHAT A WOMAN WILL DO • 1914
WHAT MEN WILL DO • 1914
WIFE OF A THIEF • 1914
BAD BOY BILLY • 1915
DUNGEON OF DEATH, THE • 1915
HAND AT THE WINDOW, THE • 1915
LIFE OF AN ACTRESS, THE • 1915
PIMPLE'S MILLION DOLLAR MYSTERY • FLIVVER'S FAMOUS CHEESE HOUND (USA) • 1915
PIMPLE'S PAST • FLIVVER'S TERRIBLE PAST (USA) • 1915
PIMPLE'S PERIL • 1915
PIMPLE'S ROYAL DIVORCE • 1915
PIMPLE'S THE CASE OF JOHNNY WALKER • 1915
PIMPLE'S THREE WEEKS (WITHOUT THE OPTION) • 1915
PORT OF MISSING WOMEN, THE • 1915
UNDERWORLD OF LONDON, THE • 1915
VENGEANCE OF NANA, THE • 1915
VICE AND VIRTUE: OR, THE TEMPTERS OF LONDON • 1915
WOMAN WITHOUT A SOUL, THE • 1915
SNOW WHITE • 1916

WESTON ERIC – USA
EVILSPEAK • 1982
MARVIN AND TIGE • LIKE FATHER AND SON ◦ LIKE FATHER LIKE SON • 1982
DREAMS OF GOLD • 1985
BIRDS OF PREY • 1986
IRON TRIANGLE, THE • 1988

WESTON HAROLD – USA
CALL OF THE DRUM, THE • 1914
ADMIRAL'S ORDERS • 1915
ANOTHER MAN'S WIFE • 1915
MOTHERHOOD • CLIMAX, THE • 1915
MYSTERY OF A HANSOM CAB, THE • 1915
SHADOWS • 1915
STRATEGY • SOCIETY CROOKS • 1915
WAR CLOUD, THE • 1915
WILD OATS • 1915
BLACK KNIGHT, THE • 1916
CYNTHIA IN THE WILDERNESS • 1916
GREEN ORCHARD, THE • 1916
HONOUR IN PAWN • 1916
ALL THE WORLD'S A STAGE • 1917

WESTON SAM – USA
IT'S CALLED MURDER BABY • DIXIE RAY: HOLLYWOOD STAR • 1982

WETHERELL M. A. – UKN – 1884–
LIVINGSTONE • STANLEY • 1925
ROBINSON CRUSOE • 1927
SOMME, THE • 1927
VICTORY • 1928
HEARTS OF OAK • 1933
MOORLAND TRAGEDY, A • 1933

WETZLER GWEN – USA
FLASH GORDON –THE GREATEST ADVENTURE OF ALL • 1979 • ANM
HE-MAN AND SHE-RA: THE SECRET OF THE SWORD • SECRET OF THE SWORD, THE • 1985 • ANM

WEXLER HASKELL – Cinematographer – USA – 1926–
LIVING CITY, THE • 1955 • SHT
BUS, THE • 1965 • DOC
MEDIUM COOL • CONCRETE WILDERNESS • 1969
BRAZIL: A REPORT ON TORTURE • 1971 • DOC
VIETNAM JOURNEY • VIETNAM JOURNEY: INTRODUCTION TO THE ENEMY ◦ INTRODUCTION TO THE ENEMY • 1974
UNDERGROUND • 1976 • DOC
LATINO • 1985

WEYERGANS FRANCOIS – FRN – 1941–
JEROME BOSCH • 1963 • SHT
TOURBIERS, LES • 1964 • SHT
ALINE • 1967
FILM SUR QUELQU'UN, UN • 1972
JE T'AIME, TU DANSES • 1974
COULEUR CHAIR • 1977

WEYMAN RON – CND
AFTER PRISON, WHAT? • DCS

WHALE JAMES – UKN – 1896–1957
JOURNEY'S END • 1930
FRANKENSTEIN • 1931
WATERLOO BRIDGE • 1931
IMPATIENT MAIDEN • 1932
OLD DARK HOUSE, THE • 1932
BY CANDLELIGHT • 1933
INVISIBLE MAN, THE • 1933
KISS BEFORE THE MIRROR • 1933
ONE MORE RIVER • OVER THE RIVER (UKN) • 1934
REMEMBER LAST NIGHT • 1934
BRIDE OF FRANKENSTEIN • FRANKENSTEIN LIVES AGAIN ◦ RETURN OF FRANKENSTEIN, THE • 1935
SHOW BOAT • 1936
GREAT GARRICK, THE • 1937
ROAD BACK, THE • RETURN OF THE HERO • 1937
PORT OF SEVEN SEAS • MADELON • 1938
SINNERS IN PARADISE • 1938
WIVE UNDER SUSPICION • 1938
MAN IN THE IRON MASK, THE • 1939
GREEN HELL • 1940
THEY DARE NOT LOVE • 1941
HELLO OUT THERE • 1949

WHALE PETER – UKN
CHANGE OF HEART • 1951

WHARMBY TONY – UKN
BOUQUET OF BARBED WIRE, A • 1976 • MTV
WHY DIDN'T THEY ASK EVANS? • 1979 • TVM
SEVEN DIALS MYSTERY, THE • 1980 • TVM
PARTNERS IN CRIME –THE SECRET ADVERSARY • 1983 • TVM
DEMPSEY AND MAKEPEACE: THE MOVIE • 1985 • TVM
DESERT RATS • 1988 • TVM
CAROLANN • 1989 • TVM
VOICE OF THE HEART • 1989 • TVM

WHARTON LEO see **WHARTON LEOPOLD**

WHARTON LEOPOLD – USA – 1870–
WHARTON LEO
ELUSIVE KISS, THE • 1913
BOUNDARY RIDER, THE • 1914
PAWN OF FORTUNE, THE • 1914
PRINCE OF INDIA, A • 1914
WARNING, THE • 1914
ROMANCE OF ELAINE, THE • 1915 • SRL
BEATRICE FAIRFAX • 1916 • SRL
HAZEL KIRKE • 1916
MYSTERIES OF MYRA, THE • 1916 • SRL
GREAT WHITE TRAIL, THE • 1917
PATRIA • 1917 • SRL
SQUIRE PHIN • 1921
MR. BINGLE • 1922
MR. POTTER OF TEXAS • 1922

WHARTON T. W. see **WHARTON THEODORE**

WHARTON THEODORE – USA – 1875–
WHARTON THEODORE W. • *WHARTON T. W.* • *WHARTON THEODORE K.*
FROM THE SUBMERGED • 1912
MAGIC WAND, THE • 1912
SNARE, THE • 1912
SUNSHINE • 1912
VIRTUE OF RAGS, THE • 1912
VOICE OF CONSCIENCE, THE • 1912
DEAR OLD GIRL • 1913
FOR OLD TIME'S SAKE • 1913
HERO COWARD, THE • 1913
INTO THE NORTH • 1913
POWER OF CONSCIENCE, THE • 1913
TAPPED WIRES • 1913
TONY, THE FIDDLER • 1913
BLOOD WILL TELL • 1914
ROMANCE OF ELAINE, THE • 1915 • SRL
BEATRICE FAIRFAX • 1916 • SRL
CITY, THE • 1916
HAZEL KIRKE • 1916
MYSTERIES OF MYRA, THE • 1916 • SRL
NEW ADVENTURES OF J. RUFUS WALLINGFORD, THE • 1916 • SRL
PATRIA • 1917 • SRL
MISSIONARY, THE • 1918

WHARTON THEODORE K. see **WHARTON THEODORE**

WHARTON THEODORE W. see **WHARTON THEODORE**

WHATHAM CLAUDE – Producer – UKN
THAT'LL BE THE DAY • 1973
ALL CREATURES GREAT AND SMALL • 1974
SWALLOWS AND AMAZONS • 1974
SWEET WILLIAM • 1980
HOODWINK • 1982
MURDER IS EASY • 1982 • TVM
MURDER ELITE • 1985
BUDDY'S SONG • 1990

WHEAT JIM – USA
LIES • 1983
EWOKS: THE BATTLE FOR ENDOR • 1985 • TVM

WHEAT KEN – USA
LIES • 1983
EWOKS: THE BATTLE FOR ENDOR • 1985 • TVM

WHEATLEY DAVID – UKN
MAGIC TOYSHOP, THE • 1986 • TVM
FIFTEEN STREETS, THE • 1989 • TVM

WHEATLEY W. W. – USA
BEN, THE SAILOR • 1916 • SHT
TOYLAND MYSTERY, A • 1916 • ANS

WHEELER ANNE – CND – 1946–
GREAT GRAND MOTHER • 1975
AUGUSTA • 1976
HAPPILY UNMARRIED • 1976
TEACH ME TO DANCE • 1978
WAR STORY, A • 1982 • DOC
CHANGE OF HEART • 1984 • MTV
ONE'S A HEIFER • 1984 • MTV
TO SET OUR HOUSE IN ORDER • 1984
LOYALTIES • 1986
COWBOYS DON'T CRY • 1988
BYE BYE BLUES • 1989

WHEELER CLIFF – USA
WHEELER CLIFFORD SLATER
LOVE WAGER, THE • 1927
BIT OF HEAVEN, A • LITTLE BIT OF HEAVEN • 1928
COMRADES • 1928
INTO NO MAN'S LAND • SECRET LIE, THE (UKN) • 1928
MAKING THE VARSITY • 1928
PRINCE OF HEARTS, THE • 1929

WHEELER CLIFFORD SLATER see **WHEELER CLIFF**

WHEELER DAVID – USA
NIGHT WATCHER • 1989

WHEELER DEWITT C. – USA
ALICE IN WONDERLAND • 1915

WHEELER LEONARD – USA
FOUR CARDS • 1922

WHEELER RENE – Screenwriter – FRN – 1912–
PREMIERES ARMES • FIRST WEAPONS (USA) ◦ WINNER'S CIRCLE, THE ◦ WINNING HIS SPURS • 1949
CHATEAUX EN ESPAGNE • CASTLES IN SPAIN (USA) ◦ TORERO, EL • 1953
VERS L'EXTASE • EXTASE, L' • 1960
SOUPE AU POULET • 1963

WHELAN TIM – USA – 1893–1957
ADAM'S APPLE • HONEYMOON AHEAD (USA) • 1928
WHEN KNIGHTS WERE BOLD • 1929
AUNT SALLY • ALONG CAME SALLY (USA) • 1933
IT'S A BOY • 1933
CAMELS ARE COMING, THE • 1934
MURDER MAN, THE • 1935
PERFECT GENTLEMAN, THE • IMPERFECT LADY, THE (UKN) • 1935
TWO'S COMPANY • 1936
ACTION FOR SLANDER • 1937
FAREWELL AGAIN • TROOPSHIP (USA) • 1937
MILL ON THE FLOSS, THE • 1937
SMASH AND GRAB • LARCENY STREET (USA) • 1937
DIVORCE OF LADY X, THE • 1938
ST. MARTIN'S LANE • SIDEWALKS OF LONDON (USA) • 1938
Q PLANES • CLOUDS OVER EUROPE (USA) • 1939
TEN DAYS IN PARIS • MISSING TEN DAYS (USA) ◦ SPY IN THE PANTRY • 1939
THIEF OF BAGDAD, THE • 1940
INTERNATIONAL LADY • 1941
MAD DOCTOR, THE • DATE WITH DESTINY, A (UKN) • 1941
NIGHTMARE • 1942
SEVEN DAYS' LEAVE • 1942
TWIN BEDS • 1942
HIGHER AND HIGHER • 1943
SWING FEVER • RIGHT ABOUT FACE • 1943
STEP LIVELY • 1944
BADMAN'S TERRITORY • 1946
THIS WAS A WOMAN • 1948
RAGE AT DAWN • SEVEN BAD MEN • 1955
TEXAS LADY • 1955

WHELAN TIM JR. – USA
OUT OF THE TIGER'S MOUTH • 1962

WHITAKER CHARLES – UKN
ABSCONDED • 1953

WHITAKER HAROLD – UKN
HOFFNUNG SYMPHONY ORCHESTRA, THE • 1965 • ANS
FLOW DIAGRAM • ANS

WHITBY CYNTHIA – Animator – UKN
LETTER FROM EAST ANGLIA, A • 1953

WHITE A. FRANK DREW – USA
ANGEL OF DEATH • 1986

WHITE ANDREW see **BIANCHI ANDREA**

WHITE BILLY – UKN
LOVE BOX, THE • LOVE CAMP ◦ SEX BOX, THE • 1972

WHITE BOB – USA
WIFE HUNTERS, THE • 1922

WHITE DOUGLAS – ASL
NOT BY CHOICE • 1960

WHITE E. W. – UKN
WOT! NO GANGSTERS? • 1946

WHITE GEORGE – USA
GEORGE WHITE'S SCANDALS OF 1934 • 1934
GEORGE WHITE'S SCANDALS OF 1935 • 1935
MALICE IN THE PALACE • 1949 • SHT

WHITE GEORGE A. – USA
MY GUN IS QUICK • 1957

WHITE H. BRIAN – UKN
TROPICAL BREEZES • 1930

WHITE HELENE B. – CND – 1945–
LADY IN MOTION • 1982 • MTV
FREEDOM OF CHOICE • 1983

WHITE JACK – USA
DAMAGED –NO GOODS • 1917 • SHT
HUNGRY LIONS IN A HOSPITAL • 1918 • SHT
MONGRELS • 1918 • SHT
SON OF A HUN, THE • 1918 • SHT
TIGHT SQUEEZE, A • 1918 • SHT
WAITER'S WASTED LIFE, A • 1918 • SHT
HIS MUSICAL SNEEZE • 1919 • SHT
FRESH START, A • 1920 • SHT
NONSENSE • 1920 • SHT
TWILIGHT BABY, A • 1920 • SHT
SPOOKS • 1922 • SHT

WHITE JACK* – FRN
MARILYNE

*WHITE JACK*** see **BLACK PRESTON**

WHITE JOSHUA WALLACE – USA
SUNFLOWER • 1965 • SHT

WHITE JULES – Producer – HNG – 1900–1985
REST DAY, THE • 1927
OFF BALANCE • 1928
PRETTY BABY • 1928
DOGWAY MELODY • 1930 • SHT
DOGVILLE COMEDIES • 1930–31 • SHS
BIG DOG HOUSE, THE • 1931 • SHT
SIDEWALKS OF NEW YORK, THE • 1931
SPLASH! • 1931 • SHT
TRADER HOUND • TRADER AIREDALE • 1931 • SHT
TWO BARK BROTHERS, THE • 1931 • SHT
DESERT REGATTA • 1932 • SHT
SHOW BUSINESS • 1932 • SHT
SNOW BIRDS • 1932 • SHT
FINE FEATHERS • 1933 • SHT
HANDLEBARS • 1933 • SHT
HAPPY WARRIORS • 1933 • SHT
THROTTLE PUSHERS • 1933 • SHT
NIGHTSHIRT BANDIT, THE • 1938 • SHT
SUE MY LAWYER • 1938 • SHT
THREE MISSING LINKS • 1938 • SHT
ANDY CLYDE GETS SPRING CHICKEN • 1939 • SHT
CALLING ALL CURS • 1939 • SHT
OILY TO BED, OILY TO RISE • 1939 • SHT
SWING, YOU SWINGERS • 1939 • SHT
THREE SAPPY PEOPLE • 1939 • SHT
TROUBLE FINDS ANDY CLYDE • 1939 • SHT
BOOBS IN ARMS • 1940 • SHT
BUNDLE OF BLISS, A • 1940 • SHT
CUCKOO CAVALIERS • 1940 • SHT
FROM NURSE TO WORSE • 1940 • SHT
HIS EX MARKS THE SPOT • 1940 • SHT
MONEY SQUAWKS • 1940 • SHT
NUTTY BUT NICE • 1940 • SHT
ROCKIN' THROUGH THE ROCKIES • 1940 • SHT
YOU NAZTY SPY • 1940 • SHT
I'LL NEVER HEIL AGAIN • 1941 • SHT
IN THE SWEET PIE AND PIE • 1941 • SHT
SO LONG, MR. CHUMPS • 1941 • SHT
YANKEE DOODLE ANDY • 1941 • SHT
HOW SPRY I AM • 1942 • SHT
LOCO BOY MAKES GOOD • 1942 • SHT
SOCK-A-BYE BABY • 1942 • SHT
THREE SMART SAPS • 1942 • SHT
TIREMAN, SPARE MY TIRES • 1942 • SHT
WHAT MAKES LIZZY DIZZY? • 1942 • SHT
WHAT'S THE MATADOR? • 1942 • SHT
BACK FROM THE FRONT • 1943 • SHT
BLITZ ON THE FRITZ • 1943 • SHT
DIZZY DETECTIVES • 1943 • SHT
DIZZY PILOTS • 1943 • SHT
FARMER FOR A DAY • 1943 • SHT
HERE COMES MR. ZERK • 1943 • SHT
I CAN HARDLY WAIT • 1943 • SHT
WOLF IN THIEVE'S CLOTHING • 1943 • SHT
CRASH GOES THE HASH • 1944 • SHT
GENTS WITHOUT CENTS • 1944 • SHT
GOLD IS WHERE YOU LOSE IT • 1944 • SHT
NO DOUGH, BOYS • 1944 • SHT
YOKE'S ON ME, THE • 1944 • SHT
YOU WERE NEVER UGLIER • 1944 • SHT
IDIOTS DE LUXE • 1945 • SHT
IF A BODY MEETS A BODY • 1945 • SHT
MINER AFFAIR, A • 1945 • SHT
SPOOK TO ME • 1945 • SHT
TWO LOCAL YOKELS • 1945 • SHT
BEER BARREL POLECATS • 1946 • SHT
G.I. WANNA GO HOME • 1946 • SHT
RHYTHM AND WEEP • 1946 • SHT
THREE LOAN WOLVES • 1946 • SHT
UNCIVIL WARBIRDS • 1946 • SHT
ALL GUMMED UP • 1947 • SHT
HALF-WITS HOLIDAY • 1947 • SHT
HOLD THAT LION • 1947 • SHT
SING A SONG OF SIX PINTS • 1947 • SHT
TWO JILLS AND A JACK • 1947 • SHT
FIDDLERS THREE • 1948 • SHT
GO CHASE YOURSELF • 1948 • SHT
HEAVENLY DAZE • 1948 • SHT
I'M A MONKEY'S UNCLE • 1948 • SHT
DUNKED IN THE DEEP • 1949 • SHT
GHOST TALKS, THE • 1949 • SHT
HOCUS POCUS • 1949 • SHT
SUNK IN THE SINK • 1949 • SHT
HUGS AND MUGS • 1950 • SHT
LOVE AT FIRST BITE • 1950 • SHT
THREE HAMS ON RYE • 1950 • SHT
BABY SITTERS JITTERS • 1951 • SHT
BLONDE ATOM BOMB • 1951 • SHT
DON'T THROW THE KNIFE • 1951 • SHT
PEST MAN WINS, THE • 1951 • SHT
SCRAMBLED BRAINS • 1951 • SHT
BLISSFUL BLUNDER, A • 1952 • SHT
CORNY CASANOVAS • 1952 • SHT
CUCKOO IN A CHOO CHOO • 1952 • SHT
HE COOKED HIS GOOSE • 1952 • SHT
HOOKED AND ROOKED • 1952 • SHT
MISSED FORTUNE, A • 1952 • SHT
THREE DARK HORSES • 1952 • SHT
BOOTY AND THE BEAST • 1953 • SHT
BUBBLE TROUBLE • 1953 • SHT
GOOF ON THE ROOF • 1953 • SHT
LOOSE LOOT • 1953 • SHT
LOVE'S A-POPPIN • 1953 • SHT
OH, SAY, CAN YOU SUE • 1953 • SHT
PARDON MY BACKFIRE • 1953 • SHT
RIP SEW AND STITCH • 1953 • SHT
SPOOKS • 1953 • SHT
TRICKY DICKS • 1953 • SHT
UP IN DAISY'S PENTHOUSE • 1953 • SHT
INCOME TAX SAPPY • 1954 • SHT
KNUTZY KNIGHTS • 1954 • SHT
MUSTY MUSKETEERS • 1954 • SHT
PAL AND GALS • 1954 • SHT
SCOTCHED IN SCOTLAND • 1954 • SHT
SHOT IN THE FRONTIER • 1954 • SHT
TWO APRIL FOOLS • 1954 • SHT
BEDLAM IN PARADISE • 1955 • SHT
BLUNDER BOYS • 1955 • SHT
FLING IN THE RING • 1955 • SHT
GYPPED IN THE PENTHOUSE • 1955 • SHT
HOT ICE • 1955 • SHT
OF CASH AND HASH • 1955 • SHT
ONE SPOOKY NIGHT • 1955 • SHT
SCRATCH, SCRATCH, SCRATCH • 1955 • SHT
STONE AGE ROMEOS • 1955 • SHT
WHAM BAM SLAM • 1955 • SHT
ANDY GOES WILD • 1956 • SHT
COMMOTION ON THE OCEAN • 1956 • SHT
CREEPS • 1956 • SHT
FLAGPOLE JITTERS • 1956 • SHT
FOR CRIMIN' OUT LOUD • 1956 • SHT
HOT STUFF • 1956 • SHT
HUSBANDS BEWARE • 1956 • SHT
PARDON MY NIGHTSHIRT • 1956 • SHT
RUMPUS IN THE HAREM • 1956 • SHT
SCHEMING SCHEMERS • 1956 • SHT
GUNS A'POPPIN • 1957 • SHT
HOOFS AND GOOFS • 1957 • SHT
HORSING AROUND • 1957 • SHT
MERRY MIX-UP, A • 1957 • SHT
MUSCLE UP A LITTLE CLOSER • 1957 • SHT
OUTER SPACE JITTERS • 1957 • SHT
RUSTY ROMEOS • 1957 • SHT
SPACE SHIP SAPPY • 1957 • SHT
FIFI BLOWS HER TOP • 1958 • SHT
FLYING SAUCER DAFFY • 1958 • SHT
OIL'S WELL THAT ENDS WELL • 1958 • SHT
PIES AND GUYS • 1958 • SHT
QUIZ WHIZ • 1958 • SHT
SWEET AND HOT • 1958 • SHT
SAPPY BULLFIGHTERS • 1959 • SHT
TRIPLE CROSSED • 1959 • SHT
OH, THOSE BELLS! • 1960
STOP! LOOK! AND LAUGH! • 1961 • CMP

WHITE LEO – USA
TRIPLE TROUBLE • 1918 • SHT

WHITE MERRILL G. – USA – 1895–1959
GHOST DIVER • 1957

WHITE NATHAN J. – USA
CARRIER • 1987

WHITE ROBERT M. see **MONTERO ROBERTO BIANCHI**

WHITE SAM – USA
FITS IN A FIDDLE • 1933
HOLD YOUR TEMPER • 1933 • SHT
KICKIN' THE CROWN AROUND • 1933
IN-LAWS ARE OUT • 1934 • SHT
LOVE AND HISSES • 1934
LOVE ON A LADDER • 1934 • SHT
BRICK-A-BRAC • 1935 • SHT
OFFICER AND THE LADY, THE • 1941
I LIVE ON DANGER • 1942
PEOPLE ARE FUNNY • 1946

WHITE SANFORD – USA
ART OF GENTLE PERSUASION, THE • GENTLE PERSUASION • 1970

WHITE TEDDY – UKN
LOVE BOX, THE • LOVE CAMP ○ SEX BOX, THE • 1972

WHITE THOMAS – USA
WHO'S CRAZY • 1965

WHITE TONY – UKN
HOKUSAI AN ANIMATED SKETCHBOOK • 1978

WHITE VOLNEY – Animator – USA
LOVE IN A COTTAGE • 1940 • ANS
MAGIC PENCIL, THE • 1940 • ANS
ROVER'S RESCUE • 1940 • ANS
TOUCHDOWN DEMONS • 1940 • ANS
WOT'S ALL TH' SHOOTIN' FER • 1940 • ANS
HAIRLESS HECTOR • 1941 • ANS
WHEN KNIGHTS WERE BOLD • 1941 • ANS

WHITE WILLIAM – USA
BROTHER, CRY FOR ME • 1970
DIVORCE LAS VEGAS STYLE • 1970

WHITEHEAD PETER – UKN
CHARLIE IS MY DARLING • 1965 • DOC
BENEFIT OF THE DOUBT • US • 1967
TONIGHT LET'S ALL MAKE LOVE IN LONDON • TONITE LET'S ALL MAKE LOVE IN LONDON • 1968 • DOC
FALL, THE • 1969
DADDY • 1972
FIRE IN THE WATER • 1980

WHITEHOUSE A. E. – NZL
OPENING OF THE AUCKLAND EXHIBITION • 1898

WHITELAW ALEXANDER – UKN – 1930–
LIFESPAN • 1975

WHITEMAN ALBERT W. – USA
SIGMA III • 1966

WHITING EDWARD J. – UKN
ADVENTURES OF JANE, THE • 1949

WHITING RALPH – USA
BUSTING IN AND OUT OF SOCIETY • 1916 • SHT
NEW PORTER, THE • 1916 • SHT

WHITING ROWLAND – UKN
DEAD CERT, A • 1919

WHITMAN FRANK – USA
ISLAND OF LIONS, THE • 1913
LOVE'S JUSTICE • 1913
DIAMOND SMUGGLERS, THE • 1914

WHITMAN PHIL – USA
WHITMAN PHILIP H. • WHITMAN PHILIP
SMITH BABY'S BIRTHDAY • 1928
SMITH'S FARM DAYS • 1928 • SHT
FOURTH ALARM, THE • 1930
AIR EAGLES • 1931
DOG DOCTOR, THE • 1931 • SHT
MYSTERY TRAIN • 1931
GIRL FROM CALGARY, THE • 1932
MONKEY SHINES • 1932 • SHT
STOWAWAY • 1932
HIS PRIVATE SECRETARY • 1933
POLICE CALL • WANTED (UKN) • 1933
STRANGE ADVENTURE • 1933

WHITMAN PHILIP see **WHITMAN PHIL**

WHITMAN PHILIP H. see **WHITMAN PHIL**

WHITMORE JOHN – USA
HERE COMES EVERYBODY • 1973 • DOC

WHITMORE LEE – ASL
NED WETHERED • 1984 • SHT

WHITNEY JAMES – USA
TWENTY-FOUR VARIATIONS • 1940 • ANS
FILM EXERCISES #1-5 • 1941–45 • SHT
FIRST SOUND FILM • 1943 • SHT
VARIATIONS • 1943 • SHT
FIFTH FILM • 1944 • SHT
FOURTH FILM • 1944 • SHT
FRAGMENTS • 1944 • SHT
STUDIES 1,2,3,4,5,6 • 1946–48 • ANS
HOUSE OF CARDS • 1947 • SHT
TWO FRAGMENTS OF WORK IN PROGRESS • 1948
YANTRA • 1959 • ANS
LAPIS • 1963–66 • ANS

WHITNEY JOHN – USA
UNTITLED • SHT
TWENTY-FOUR VARIATIONS • 1940 • ANS
FILM EXERCISES #1-5 • 1941–45 • SHT
FIRST SOUND FILM • 1943 • SHT
VARIATIONS • 1943 • SHT
FIFTH FILM • 1944 • SHT
FOURTH FILM • 1944 • SHT
FRAGMENTS • 1944 • SHT
STUDIES 1,2,3,4,5,6 • 1946–48 • ANS
HOUSE OF CARDS • 1947 • SHT
TWO FRAGMENTS OF WORK IN PROGRESS • 1948
MOZART RONDO • 1949 • SHT
HOTHOUSE • HOT HOUSE • 1951–53 • ANS
LION HUNT • 1955 • ANS
BLUES PATTERN • 1956 • ANS
PERFORMING PAINTER • 1956 • ANS
CELERY STALKS AT MIDNIGHT • 1957 • SHT
CATALOGUE • 1961 • ANS
HOMMAGE TO RAMEAU • 1967 • SHT
EXPERIMENTS IN MOTION GRAPHICS • 1968 • SHT
PER.MU.TA.TION.S • 1968 • ANS
MATRIX • 1970 • ANS
OSAKA 1-2-3 • 1970 • ANS

WHITNEY JOHN JR. – USA
TERMINAL SELF • 1971 • SHT

WHITNEY MICHAEL – USA
C.R.I.A. • 1970 • ANS

WHITTAKER BOB – UKN
DARLING, DO YOU LOVE ME? • 1969 • SHT

WHITTEN NORMAN – UKN
IN THE DAYS OF SAINT PATRICK • 1920

WHORF RICHARD – Actor – USA – 1906–1966
BLONDE FEVER • AUTUMN FEVER • 1944
HIDDEN EYE, THE • 1945
SAILOR TAKES A WIFE, THE • JOHN AND MARY • 1945
TILL THE CLOUDS ROLL BY • 1946
IT HAPPENED IN BROOKLYN • 1947
LOVE FROM A STRANGER • STRANGER WALKED IN, A (UKN) • 1947
LUXURY LINER • 1948
CHAMPAGNE FOR CAESAR • 1950
GROOM WORE SPURS, THE • 1951

WHYTE ANDREW – SWD
FEHER ANDRE
SOUMISE, LA
JAG VILL LIGGA MED DIN AYSKARE MAMMA • SWEDISH CONFESSIONS ○ KARLEKSSVINGEL ○ KARLEKSVIRVELN • 1978
SWEDISH SEX CLINIC • HEAT AND LUST: DIARY OF A SEX THERAPIST ○ HEAT AND LUST ○ RASPOUTINE ○ ECSTASY INC. • 1981
PILSKA JULIA PA BROLLOPSRESAN • HONEYMOON SWEDISH STYLE • 1982

WHYTE F. STUART – ASL
PAINTED DAUGHTERS • 1925

WHYTE MICHAEL – UKN
OUR BUSINESS IS FUN • 1975

WIARD WILLIAM – USA
SCOTT FREE • 1976 • TVM
SKI LIFT TO DEATH • 1978 • TVM
TOM HORN • HORN • 1979
FANTASIES • 1980 • TVM
GIRL, THE GOLD WATCH & EVERYTHING, THE • 1980 • TVM
THIS HOUSE POSSESSED • 1981 • TVM
HELP WANTED: MALE • 1982 • TVM
DEADLY LESSONS • DEADLY LESSON • 1983 • TVM
KICKS • 1985 • TVM

WICH NATHAN see **WERTMULLER LINA**

WICHARD MICHEL – FRN
QUATRIEME SEXE, LE • FOURTH SEX, THE (USA) • 1962

WICHT DAVID – SAF
WINDPRINTS • 1989

WICKER WIGBERT – GRM
CAR NAPPING • FORTUNE IS STANDING AROUND IN THE STREETS, A ○ ESCAPADE • 1980

WICKERSHAM BOB – Animator – USA
SONG OF VICTORY • 1942 • ANS
TITO'S GUITAR • 1942 • ANS
TOLL BRIDGE TROUBLES • 1942 • ANS
UNDER THE SHEDDING CHESTNUT TREE • 1942 • ANS
WOODMAN SPARE THAT TREE • 1942 • ANS
A HUNTING WE WON'T GO • 1943 • ANS
IMAGINATION • 1943 • ANM
PLENTY BELOW ZERO • 1943 • ANS
ROOM AND BORED • 1943 • ANS
SLAY IT WITH FLOWERS • 1943 • ANS
TREE FOR TWO • 1943 • ANS
WAY DOWN YONDER IN THE CORN • 1943 • ANS
WILLOUGHBY'S MAGIC HAT • 1943 • ANS
FOX AND THE CROW, THE • 1943–46 • ASS
BE PATIENT, PATIENT • 1944 • ANS
DREAM KIDS, THE • 1944 • ANS
EGG YEGG, THE • 1944 • ANS
MAGIC STRENGTH • 1944 • ANS
MR. MOOCHER • 1944 • ANS
PORKULIAR PIGGY • PORKYLIAR PIGGY • 1944 • ANS
SADIE HAWKINS DAY • 1944 • ANS
BOOBY SOCKS • 1945 • ANS
FIESTA TIME • 1945 • ANS
KU-KUNUTS • 1945 • ANS
PHONEY BALONEY • 1945 • ANS
RIPPLING ROMANCE • 1945 • ANM
CATNIPPED • 1946 • ANS
FOXY FLATFOOTS • 1946 • ANS
MYSTO FOX • 1946 • ANS
PICNIC PANIC • 1946 • ANS

SILENT TWEETMENT • 1946 • ANS
SNAP HAPPY TRAPS • 1946 • ANS
COCKATOOS FOR TWO • 1947 • ANS
MOTHER HUBBA-HUBBA HUBBARD • 1947 • ANS
UNCULTURED VULTURE • 1947 • ANS

WICKES DAVID – UKN – 1940–

MOODS OF LOVE, THE • 1972
SWEENEY! • 1976
TARGET • 1977 • MTV
SILVER DREAM RACER • 1980
DEAD-TIME STORIES: VOLUME 3 • DEAD EVEN • 1987
JACK THE RIPPER • 1988 • TVM

WICKI BERNARD see **WICKI BERNHARD**

WICKI BERNHARD – Actor – AUS – 1919–

WICKI BERNARD

GRUNSTEINVARIANTE, DIE • GRUNSTEIN VARIATION, THE
WARUM SIND SIE GEGEN UNS? • WHY ARE THEY AGAINST US? • 1958
BRUCKE, DIE • BRIDGE, THE • 1959
WUNDER DES MALACHIAS, DAS • FATHER MALACHY'S MIRACLE (USA) ○ MIRACLE OF MALACHIAS, THE ○ MALACHIAS ○ MIRACLE OF FATHER MALACHIAS, THE • 1961
LONGEST DAY, THE • 1962
BESUCH, DER • VENDETTA DELLA SIGNORA, LA (ITL) ○ RANCUNE, LA (FRN) ○ VISIT, THE (USA) • 1964
MORITURI • SABOTEUR, CODE NAME MORITURI ○ SABOTEUR, THE • 1965
TRANSIT • 1966
QUADRIGA • 1967
TRANE, DIE • 1970 • SHT
FALSCHE GEWICHT, DAS • WANTING WEIGHT, THE • 1971
EROBERUNG DER ZITADELLE, DIE • CONQUEST OF THE CITADEL, THE • 1976
CURD JURGENS • 1977
SPINNENNETZ, DAS • SPIDER'S WEB, THE • 1988

WICKMAN TORGNY – SWD – 1911–

OLYMPIAD I VITT • 1948 • DOC
FLICKA UTAN NAMN • GIRL WITHOUT A NAME • 1954
NATT PA GLIMMINGEHUS, EN • NIGHT AT GLIMMINGE CASTLE • 1954
BLOCKERAT SPAR • BLOCKED RAILS • 1955
EVA -DEN UTSTOTTA • EVA.. WAS EVERYTHING BUT LEGAL (USA) ○ SWEDISH AND UNDERAGE • 1969
KARLEKENS SPRAK • LANGUAGE OF LOVE (UKN) • 1969
INGE OG STEN SPOR' (KAERLIGHEDENS SPROG) • 1970
KYRKOHERDEN • LUSTFUL VICAR, THE (UKN) ○ VICAR, THE • 1970
DIARY OF A HALF VIRGIN • 1971
SKRACKEN HAR TUSEN OGON • FEAR HAS A THOUSAND EYES • 1971
KARLEK -SA GOR VI BREV TILL INGE OCH STEEN • 1972
LOCKFAGELN • DECOY, THE • 1972
ANITA • 1973
INKRAKTARNA • LET US PLAY SEX ○ SWEDISH SEX GAMES ○ INTRUDERS, THE ○ INTRUDER, THE • 1974
KARLEKENS SPRAK 2 • MORE ABOUT THE LANGUAGE OF LOVE ○ LANGUAGE OF LOVE 2 • 1974

WICKREMARATNE DHARMASIRI – SLN

THOUSAND FLOWERS, A
HIMAKATHARA • DEVIL BIRD • 1982

WICKREMASINGHE ANANDA – SLN

VASANTHI • 1967

WICKREMASOORIYA KUMAR – SLN

ABUDASSE KALE • STRANGE TIME, A • 1968

WIDERBERG BO – SWD – 1930–

POJKEN OCH DRACKEN • BOY AND THE KITE, THE • 1961
BARNVAGNEN • BABY CARRIAGE, THE ○ PRAM, THE • 1963
KVARTERET KORPEN • RAVEN'S END • 1963
KARLEK 65 • LOVE 65 (UKN) • 1965
HEJA ROLAND! • THIRTY TIMES YOUR MONEY ○ BLAND SUNAR OCH MODS • 1966
ELVIRA MADIGAN • 1967
VITA SPORTEN, DEN • WHITE GAME, THE ○ WHITE SPORT, THE • 1968 • DOC
ADALEN 31 • ADELEN RIOTS, THE • 1969
JOE HILL • BALLAD OF JOE HILL, THE • 1971
FIMPEN • STUBBY • 1974
MANNEN PA TAKET • MAN ON THE ROOF, THE ○ ABOMINABLE MAN, THE • 1977
VICTORIA • 1978
GRISFESTEN • 1983
MANNEN FRAN MALLORCA • MAN FROM MALLORCA, THE ○ MAN FROM MAJORCA, THE • 1984
ORMENS VAG PA HALLEBERGET • SERPENT'S WAY, THE • 1986

WIDESTEDT RAGNAR – SWD – 1887–1954

KARLEKSNATT VID ORESUND, EN • NIGHTS OF LOVE ON ORESUND • 1931
HEMSLAVINNOR • HOUSEMAIDS • 1933
AVENTYR I PYJAMAS • 1935

WIECZORKIELOICA W. – Animator – PLN

BAZYLISZEK • ENCOUNTER WITH THE BASILISK ○ BASILISK, THE • 1961 • ANM

WIEDER KONRAD – GRM

NIRWANA • 1916
SELTSAME KOPFE • 1916
WER WEISS? • 1917

von WIEDER KONRAD see **von CSEREPY ARZEN**

WIEDERHORN KEN – USA

DEATH CORPS • ALMOST HUMAN (UKN) ○ SHOCK WAVES ○ DEATH WAVES • 1970
KING FRAT • 1979
EYES OF A STRANGER • 1981
MEATBALLS PART II • SPACE KID • 1984
FREDDY'S NIGHTMARES 2 • 1988 • TVM
RETURN OF THE LIVING DEAD PART II • 1988
SPURTING BLOOD • 1988

WIEDERMANN JOCHEN – GRM

WIR KELLERKINDER • 1960
ICH KANN NICHT LANGER SCHWEIGEN • TRAGEDY OF SILENCE, THE • 1962

WIEDERMANN KAROLY – HNG

HAROM CSILLAG • THREE STARS (USA) • 1960
HOLTAK VISSZAJARNAK, A • DEAD COME BACK, THE • 1968

WIEGEL JAN – NTH

BEWOONBAAR LAND, EEN • 1968 • SHT
DAG ZUIDERZEE, EEN • 1968 • SHT
COUNTRY FOR MY SON, A • 1969 • SHT

WIELAND JOYCE – CND – 1931–

TEA IN THE GARDEN • 1958 • SHT
ASSAULT IN THE PARK • 1959
LARRY'S RECENT BEHAVIOR • 1963 • SHT
PATRIOTISM • 1964
WATER SARK • 1964 • SHT
BARBARA'S BLINDNESS • 1967
BILL'S HAT • 1967
HAND-TINTING • 1967 • SHT
SAILBOAT • 1967 • SHT
1933 • 1967 • SHT
CATFOOD • 1968 • SHT
RAT LIFE AND DIET IN NORTH AMERICA • 1968 • SHT
DRIPPING WATER • 1969
RAISON AVANT LA PASSION, LA • REASON OVER PASSION • 1969 • DOC
PIERRE VALLIERES • 1972
SOLIDARITY • 1973
FAR SHORE, THE • AUTRE RIVE, L' • 1976
A AND B IN ONTARIO • 1984
BIRDS AT SUNRISE • 1985
PEGGY'S BLUE SKYLIGHT • 1985 • SHT

WIELOPOLSKA BRITA – DNM

HAR DU SET ALICE? • HAVE YOU SEEN ALICE? • 1981
HODJA FRA PJORT • HODJA FROM PJORT • 1986
17 OP • SALLY'S BIZNIZ • 1988

WIEMER CHRISTEL – GRM

SIEBEN RABEN, DIE • SEVEN RAVENS, THE (USA) • 1969 • ANS

WIEMER HANS ULRICH – Animator – GRM

ADVENTURE IN SPACE • ANM
FOX AND HEDGEHOG • ANM
STREET IS NOT A PLAYGROUND, THE • ANM

WIEMER ROBERT – USA

ANNA TO THE INFINITE POWER • GENETIC CONTACT • 1982
SOMEWHERE TOMORROW • 1983
NIGHT TRAIN TO KATMANDU • 1988

WIENE CONRAD – GRM

MANDARIN, DER • 1915
AM TOR DES LEBENS • AM TOR DES TODES • 1918
STARKERE, DER • 1918
SPINNE, DIE • 1919
UMWEG ZUR EHE, DER • 1919
ZWEI WELTEN • 1919
GLANZ UND ELEND DER KURTISANEN • MORAL, DER MEISTER DES VERBRECHENS ○ QUEEN OF THE BOULEVARDS • 1920
TESTAMENT DES IVE SIEVERS, DAS • 1922
ERBE, DAS • 1923
MACHT DER FINSTERNIS, DIE • POWER OF DARKNESS, THE • 1923
ZAPFENSTREICH • 1925
ICH HATT' EINEN KAMERADEN • 1926
KRASSE FUCHS, DER • 1926
TRUDE, DIE SECHZEHNJAHRIGE • 1926
UNTER AUSSCHLUSS DER OEFFENTLICHKEIT • 1927
HEUT' SPIELT DER STRAUSS • 1928
VIERTE VON RECHTS, DIE • 1928
REVOLUTION DER JUGEND • 1929
STRAUSS DER WALZER KONIG • 1929
EROS IN KETTEN • SEXUALNOT • 1930
GEHEIMNIS DER MARTHE LUDERS, DAS • 1930
SO LANG' NOCH EIN WALZER VON STRAUSS ERKLINGT • 1931
DURCHLAUCHT AMUSIERST SICH • 1932
JOHANN STRAUSS, K. UND K. HOFBALLMUSIKDIREKTOR • KAISER WALZER ○ VIENNESE WALTZ • 1932
PRINZ VERLIEBT SICH, EIN • 1932
SCHICKSAL EINER SCHONEN FRAU, DAS • MADAME BLAUBERT • 1932
WALZER VON STRAUSS, EIN • 1932
WIENER BLUT • 1933

WIENE ROBERT – GRM – 1881–1938

WAFFEN DER JUGEND • 1912
ARME EVA • FRAUMONT JNR., REISLER SEN. ○ FRAU EVA ○ DEAR EVA • 1914
ER RECHTS, SIE LINKS • 1915
KONSERVENBRAUT, DIE • 1915
LIEBESBRIEF DER KONIGIN, DER • EMPRESS'S LOVE LETTER, THE • 1916
RAUBERBRAUT, DIE • 1916
SEKRETAR DER KONIGIN, DER • 1916
WANDERNDE LICHT, DAS • 1916
LEBEN EIN TRAUM, DAS • 1917
MANN IM SPIEGEL, DER • 1917
STANDHAFTE BENJAMIN, DER • 1917
VEILCHEN NR.4 • 1917
FURCHT • 1918
GEFAHRLICHE SPIEL, EIN • 1919
KABINETT DES DR. CALIGARI, DAS • CABINET OF DR. CALIGARI, THE (USA) ○ CABINET DES DR. CALIGARI, DAS • 1919
UM DAS LACHELN EINER FRAU • 1919
UMWEG ZUR EHE, DER • 1919
VERFUHRTE HEILIGE, DIE • 1919
DREI TANZE DER MARY WILFORD, DIE • 1920
GENUINE • 1920
JAGD NACH DEM TODE 2, DIE • VERBOTENE STTADT, DIE • 1920
NACHT DER KONIGIN ISABEAU, DIE • 1920
RACHE EINER FRAU, DIE • 1921
SPIEL MIT DEM FEUER, DAS • 1921
HOLLISCHE MACHT, DIE • 1922
SALOME • 1922
TRAGIKOMODIE • 1922
I.N.R.I. • CROWN OF THORNS • 1923
PUPPENMACHER VON KIANG-NING, DER • TRAGIKOMODIE • 1923
RASKOLNIKOW • CRIME AND PUNISHMENT ○ SCHULD UND SUHNE • 1923
ORLACS HANDE • UNHEIMLICHEN HANDE DES DR. ORLAK, DIE ○ HANDS OF ORLAC, THE (USA) ○ SINISTER HANDS OF DR. ORLAK, THE • 1925
PENSION GROONEN • 1925
GARDEOFFIZIER, DER • GUARDSMAN, THE ○ LIEBGARDIST, DIE • 1926
KONIGIN VOM MOULIN-ROUGE, DIE • DUCHESS OF THE FOLIES BERGERES, THE • 1926
ROSENKAVALIER, DER • 1926
BERUHMTE FRAU, DIE • DANCER OF BARCELONA, THE • 1927
GELIEBTE, DIE • BELOVED, THE • 1927
TOMBEAU SOUS L'ARC DE TRIOMPHE, LE • 1927
FRAU AUF DER FOLTER, DIE • SCANDAL IN PARIS, A ○ BUTTERFLY ON THE WHEEL, THE • 1928
GROSSE ABENTEUERIN, DIE • 1928
LEONTINES EHEMANNER • 1928
UNFUG DER LIEBE • 1928
ANDERE, DER • MAN WITHIN, THE (USA) ○ OTHER, THE ○ DR. HALLERS • 1930
LIEBESEXPRESS, DER • ACHT TAGE GLUCK • 1930
PROCUREUR HALLERS, LE • 1930
NUITS DE VENISE • HUIT JOURS DE BONHEUR • 1931
PANIK IN CHIKAGO • PANIC IN CHICAGO • 1931
NACHT IN VENEDIG, EINE • NOTTE A VENEZIA, UNA (ITL) • 1934
POLIZEIAKTE 909 • FALL TOKERAMO, DER ○ TAIFUN • 1934
ULTIMATUM • 1938

WIENER FILMKOLLEKTIV – AUS

UBER LEBEN • ABOUT LIFE • 1978 • DOC

WIENSKOWITZ KATHE – GRM

FLORENTINISCHE NACHTE • 1920
FLORENTINISCHE NACHTE • 1929

WIERTSEMA JAN – NTH

FACADE • 1966 • SHT
CALEIDOSCOPE • 1968 • SHT

WIESE MICHAEL – USA

ELEMENTS, THE • 1968 • SHT
DOLPHIN • 1979 • DOC

WIESEN BERNARD – USA

FEAR NO MORE • 1961

WIESER EDOUARD see **WIESER EDUARD**

WIESER EDUARD – AUS

WIESER EDOUARD

WINTERMELODIE • AMOURS DE BLANCHE NEIGE, LES (FRN) • 1946
RUF DER BERGE • 1954

WIESMER ALOIS – CZC

ZKAZENA KREV • ROTTEN BLOOD • 1913

WIESNER LOUIS – SAF

IN DIE LENTE VAN ONS LIEFDE • IN THE SPRING OF OUR LOVE • 1967

WIEZYCKI JOE – USA

SATAN'S CHILDREN • 1975

van WIJK JOOP – NTH

DAUGHTERS OF THE NILE • 1981 • DOC

WIKLUND GUSTAV – SWD

EXPONERAD • EXPOSED • 1971
WIDE OPEN • 1974

WIKTOROWSKI JANUSZ – PLN

GDZIE SIE PODZIALY KOCHANE DINOZAURY • 1973

WILAND HARRY – USA

SING SING THANKSGIVING • 1973 • DOC

WILBOR ROBERT – USA

MARK TWAIN, AMERICAN • 1976

WILBUR CRANE – Actor/writer – USA – 1889–1973

LOVE LIAR, THE • 1916
PAINTED LIE, THE • 1917
TOMORROW'S CHILDREN • UNBORN, THE (UKN) • 1934
HIGH SCHOOL GIRL • 1935
PEOPLE'S ENEMY, THE • 1935
DEVIL ON HORSEBACK • 1936
REST CURE, THE • 1936
ROMANCE OF ROBERT BURNS • 1936
WE'RE IN THE LEGION NOW • 1936
YELLOW CARGO • 1936
NAVY SPY • 1937
PATIENT IN ROOM 18, THE • 1938
I AM NOT AFRAID • 1939
MAN WHO DARED, THE • CITY IN TERROR • 1939
DEVIL ON WHEELS, THE • 1947
CANON CITY • CANYON CITY • 1948
OUTSIDE THE WALL • 1950
STORY OF MOLLY X, THE • CONVICT MOLLY X • 1950
INSIDE THE WALLS OF FOLSOM PRISON • STORY OF FOLSOM, THE • 1951
BAT, THE • 1959
HOUSE OF WOMEN • LADIES OF THE MOB • 1962

WILCOX FRED see **WILCOX FRED M.**

WILCOX FRED M. – USA – 1905–1964

WILCOX FRED MCLEOD • WILCOX FRED

JOAQUIN MURRIETA • 1938 • SHT
LASSIE COME HOME • 1943
BLUE SIERRA • 1946
COURAGE OF LASSIE • HOLD HIGH THE TORCH • 1946
THREE DARING DAUGHTERS • BIRDS AND THE BEES, THE • 1947

HILLS OF HOME • MASTER OF LASSIE • 1948
SECRET GARDEN, THE • 1949
SHADOW IN THE SKY • RAIN, RAIN, GO AWAY • 1951
CODE TWO • 1953
TENNESSEE CHAMP • 1953
FORBIDDEN PLANET • 1956
I PASSED FOR WHITE • I LIVED A LIE • 1960

WILCOX FRED MCLEOD see **WILCOX FRED M.**

WILCOX HERBERT – Producer – UKN – 1892–1977
CHU CHIN CHOW • 1923
DECAMERON NIGHTS • DEKAMERON-NACHTE (FRG) • 1924
SOUTHERN LOVE • WOMAN'S SECRET, A (USA) • 1924
ONLY WAY, THE • TALE OF TWO CITIES, A • 1925
LONDON • LIMEHOUSE • 1926
NELL GWYNNE • NELL GWYN (USA) • 1926
MADAME POMPADOUR • 1927
MUMSIE • 1927
TIPTOES • TIP TOES • 1927
DAWN • 1928
BONDMAN, THE • 1929
WOMAN IN WHITE, THE • 1929
LOVES OF ROBERT BURNS, THE • 1930
CARNIVAL • VENETIAN NIGHTS (USA) • 1931
CHANCE OF A NIGHT TIME, THE • 1931
BLUE DANUBE, THE • RHAPSODY • 1932
GOODNIGHT VIENNA • MAGIC NIGHT (USA) • 1932
MONEY MEANS NOTHING • BUTLER'S MILLIONS, THE • 1932
YES, MR. BROWN • 1932
BITTER SWEET • 1933
KING'S CUP, THE • 1933
LITTLE DAMOZEL, THE • 1933
NELL GWYN • 1934
QUEEN'S AFFAIR, THE • RUNAWAY QUEEN (USA) ◦ QUEEN, THE • 1934
PEG OF OLD DRURY • 1935
LIMELIGHT • BACKSTAGE ◦ STREET SINGER'S SERENADE • 1936
LONDON MELODY • GIRLS IN THE STREETS (USA) • 1936
THIS'LL MAKE YOU WHISTLE • 1936
THREE MAXIMS, THE • SHOW GOES ON, THE (USA) ◦ SHOW MUST GO ON, THE • 1936
VICTORIA THE GREAT • 1937
SIXTY GLORIOUS YEARS • QUEEN OF DESTINY (USA) ◦ QUEEN VICTORIA • 1938
NURSE EDITH CAVELL • 1939
IRENE • 1940
NO, NO, NANETTE • 1940
SUNNY • 1941
THEY FLEW ALONE • WINGS AND THE WOMAN (USA) • 1942
FOREVER AND A DAY • 1943
YELLOW CANARY • 1943
I LIVE IN GROSVENOR SQUARE • YANK IN LONDON, A (USA) • 1945
PICCADILLY INCIDENT • THEY MET AT MIDNIGHT • 1946
COURTNEYS OF CURZON STREET, THE • COURTNEY AFFAIR, THE (USA) ◦ KATHY'S LOVE AFFAIR • 1947
SPRING IN PARK LANE • 1948
ELIZABETH OF LADYMEAD • GIRL HE LEFT BEHIND, THE • 1949
MAYTIME IN MAYFAIR • 1949
ODETTE • 1950
INTO THE BLUE • MAN IN THE DINGHY (USA) • 1951
LADY WITH THE LAMP, THE • 1951
DERBY DAY • FOUR AGAINST FATE (USA) • 1952
TRENT'S LAST CASE • 1952
LAUGHING ANNE • 1953
LILACS IN THE SPRING • LET'S MAKE UP (USA) • 1954
TROUBLE IN THE GLEN • 1954
KING'S RHAPSODY • 1955
MY TEENAGE DAUGHTER • TEENAGE BAD GIRL (USA) ◦ BAD GIRL • 1956
THESE DANGEROUS YEARS • DANGEROUS YOUTH (USA) • 1957
MAN WHO WOULDN'T TALK, THE • 1958
WONDERFUL THINGS • 1958
HEART OF A MAN, THE • 1959
LADY IS A SQUARE, THE • 1959

WILCOX ROBERT B. – USA
SPOOKS • 1927 • SHT

WILD FRANZ J. – GRM
FRAU CHENEY'S ENDE • 1961

WILD NETTI – CND
RUSTLING OF LEAVES: INSIDE THE PHILIPPINE REVOLUTION, THE • 1988 • DOC

WILD RUDOLF – GRM
AUS DER HEIMAT DES FREISCHUTZ • 1934

WILDE CORNEL – Producer/actor – USA – 1915–
STORM FEAR • 1956
DEVIL'S HAIRPIN, THE • 1957
MARACAIBO • 1958
LANCELOT AND GUINEVERE • SWORD OF LANCELOT • 1962
NAKED PREY, THE • 1966
BEACH RED • 1967
RAGING SEA, THE • 1969
NO BLADE OF GRASS • 1970
SHARK'S TREASURE • TREASURE, THE • 1974

WILDE TED – USA – 1889–
BATTLING ORIOLES, THE • HOW ARE ALL THE BOYS? • 1924
BABE COMES HOME • 1927
KID BROTHER, THE • 1927
SPEEDY • 1928
CLANCY IN WALL STREET • 1930
LOOSE ANKLES • 1930

WILDENHAHN KLAUS – GRM
SMITH, JAMES O. ORGANIST U.S.A. • 1965 • DOC
WIR KONNEN SOVIEL • 1976

WILDENHAIN FELIX – GRM
HEXE VON LOLARUH, DIE • 1921

WILDER BILLY – Producer/writer – AUS – 1906–1985
MAUVAISE GRAINE • 1934
MAJOR AND THE MINOR, THE • 1942
FIVE GRAVES TO CAIRO • 1943
DOUBLE INDEMNITY • 1944
LOST WEEKEND, THE • 1945
EMPEROR WALTZ, THE • 1948
FOREIGN AFFAIR, A • 1948
SUNSET BOULEVARD • 1950
BIG CARNIVAL, THE • ACE IN THE HOLE (UKN) • 1951
STALAG 17 • 1953
SABRINA • SABRINA FAIR (UKN) • 1954
SEVEN YEAR ITCH, THE • 1955
LOVE IN THE AFTERNOON • FASCINATION • 1957
SPIRIT OF ST. LOUIS, THE • 1957
WITNESS FOR THE PROSECUTION • 1957
SOME LIKE IT HOT • 1959
APARTMENT, THE • 1960
ONE, TWO, THREE • 1961
IRMA LA DOUCE • 1963
KISS ME STUPID • 1964
FORTUNE COOKIE, THE • MEET WHIPLASH WILLIE (UKN) • 1966
PRIVATE LIFE OF SHERLOCK HOLMES, THE • 1970
AVANTI • 1972
FRONT PAGE, THE • 1974
FEDORA • 1978
BUDDY, BUDDY • 1981

WILDER DONALD A. – Cinematographer – CND – 1926–
FIRST NOVEL • 1958
LEGENDARY JUDGE, THE • 1958
ONE DAY'S POISON • 1958
FLYING ANGEL, THE • 1961
NORTHERN CAMPUS • 1961
YOU CAN GO A LONG WAY • 1961
NAHANNI • 1962
RALLYE DES NEIGES • 1962
SUNDAY LOVERS • 1981

WILDER GENE – Actor – USA – 1935–
ADVENTURE OF SHERLOCK HOLMES' SMARTER BROTHER, THE • SHERLOCK HOLMES' SMARTER BROTHER • 1975
WORLD'S GREATEST LOVER, THE • 1977
SUNDAY LOVERS • SEDUCTEURS, LES (FRN) • 1980
WOMAN IN RED, THE • 1984
HAUNTED HONEYMOON • 1987

WILDER GLEN R. – USA
MASTERBLASTER • 1986

WILDER JOHN see **ROSSO LUIGI**

WILDER JOHN* – USA
NORMAN ROCKWELL'S BREAKING HOME TIES • 1987 • TVM

WILDER W. LEE – Producer – AUS – 1904–
GLASS ALIBI, THE • 1940
PRETENDER, THE • 1947
VICIOUS CIRCLE, THE • WOMAN IN BROWN (UKN) • 1948
ONCE A THIEF • 1951
TRE PASSI A NORD • THREE STEPS NORTH (USA) • 1951
PHANTOM FROM SPACE • 1953
KILLERS FROM SPACE • 1954
SNOW CREATURE, THE • 1954
BIG BLUFF, THE • 1955
MANFISH • CALYPSO (UKN) • 1955
FRIGHT • SPELL OF THE HYPNOTIST • 1956
MAN WITHOUT A BODY, THE • 1957
SPY IN THE SKY • 1958
BLUEBEARD'S TEN HONEYMOONS • 1960
OMEGANS, THE • 1969

WILDER WILLIAM – USA
GOLDEN AXE, THE • 1952 • SHT
RUMPELSTILTSKIN • 1952 • SHT
SLEEPING BEAUTY • 1952 • SHT

WILDHAGEN GEORG – GRM
FIGAROS HOCHZEIT • MARRIAGE OF FIGARO, THE • 1949
LUSTIGEN WEIBER VON WINDSOR, DIE • MERRY WIVES OF WINDSOR, THE • 1950
DUBARRY, DIE • 1951
NACHT IN VENEDIG, EINE • 1953
HOCKZEITSGLOCKEN • 1954

WILDMAN SHAW – UKN
CROSSING THE ROAD • 1947

WILENSKI OSIAS – ARG
ROMANCE SONAMBULO • 1958
PERSEGUIDOR, EL • PERSECUTOR, THE • 1962

WILES GORDON – Actor – USA – 1902–
ROSA DE FRANCIA • ROSE OF FRANCE • 1935
BLACKMAILER • 1936
CHARLIE CHAN'S SECRET • 1936
LADY FROM NOWHERE, THE • 1936
TWO-FISTED GENTLEMAN • TWO FISTED GENTLEMAN • 1936
VENUS MAKES TROUBLE • 1937
WOMEN OF GLAMOR • WOMEN OF GLAMOUR • 1937
MR. BOGGS STEPS OUT • 1938
PRISON TRAIN • PEOPLE'S ENEMY • 1938
FORCED LANDING • 1941
GANGSTER, THE • 1947
GINGER IN THE MORNING • 1973

WILEY DOROTHY – USA
SCHMEERGUNTZ • 1965 • SHT
FOG PUMAS • 1967 • SHT

WILEY ETHAN – USA
HOUSE 2: THE SECOND STORY • 1987

WILEYS ANTHONY see **SEQUI MARIO**

WILFERT MATHIAS – GRM
GRUND • 1990

WILHELM CARL – GRM
FIRMA HEIRATET, DIE • 1913
SHYLOCK VON KRAKAU, DER • 1913
STOLZ DER FIRMA, DER • 1914
BARBIER VON FILMERSDORF, DER • 1915
CARL UND CARLA • 1915
FRAU ANNAS PILGERFAHRT • 1915
ZIRKUSMADEL, EIN • 1916
DU MEINE HIMMELSKONIGIN • 1919
GELBE TOD 1, DER • 1919
GELBE TOD 2, DER • 1919
HIMMELSKONIGIN, DIE • 1919
PFLICHT ZU LEBEN, DIE • 1919
ANSTANDIGE FRAUEN • 1920
AUGEN DER WELT, DIE • 1920
LANGSAME TOD, DER • NACH LIEBE SCHMACHTEN, DIE ◦ VERLEUGNETEN JAHRE, DIE • 1920
SIPPSCHAFT, DIE • 1920
GESTOHLENE MILLIONENREZEPT, DAS • 1921
HAUS DER QUALEN, DAS • 1921
LANDSTRASSE UND GROSSTADT • 1921
LIEBLING DER FRAUEN, DER • 1921
PERLEN BEDEUTEN TRANEN • 1921
BOSE GEIST LUMPACI VAGABUNDUS, DER • LUMPACI VAGABUNDUS ◦ LUMPACI THE VAGABOND • 1922
MENSCHENOPFER • 1922
SOLL UND HABEN • 1924
NICK, DER KONIG DER CHAUFFEURE • 1925
VERTAUSCHTE BRAUT, DIE • 1925
DRITTE ESKADRON, DIE • 1926
WENN DER JUNGE WEIN BLUHT • 1926
ES ZOGEN DREI BURSCHEN • 1927
PFLICHT ZU SCHWEIGEN, DIE • 1927
KACZMAREK • 1928
RUHIGES HEIM MIT KUCHENBENUTZUNG • MADEL VON DER OPERETTE, DAS • 1929
TEURE HEIMAT • DREI MADCHEN IHR GLUCK • 1929
ZIGEUNERPRIMAS, DER • 1929
FIRMA HEIRATET, DIE • 1931

WILHELM HANS F. – GRM
BANDE VON HOHENECK, DIE • 1934
PAROLE HEIMAT • 1955

WILHELM KURT – GRM
PAPRIKA • 1957
ZIGEUNERBARON, DER • 1962
SCHWEDISCHE JUNGFRAU, DIE • 1965

WILHELM PRINS – SWD – 1884–1965
HAVETS MELODI • MELODY OF THE SEA ◦ FRAN YTTERSTA SKAREN ◦ FROM THE UTTERMOST ISLANDS • 1934

WILIANTO WILLY – INN
BRIDGE TO INDONESIA, THE • 1988

WILK JACOB – USA
FLYING FISTS • 1924

WILKIE B. – USA
STRANGE DESIRES • 1964 • SHT

WILKINS BERT – UKN
SITE BETTER, A • ELECTRICITY SUPPLY –EARLY WARNING • 1970

WILKINSON ANTHONY – USA
KING OF LOVE, THE • 1987 • TVM

WILKINSON CHARLES – CND
MY KIND OF TOWN • 1985
QUARANTINE • 1988

WILKINSON DOUGLAS – CND
ACROSS ARCTIC UNGAVA • DCS
ARCTIC DOG TEAM • DCS
HOW TO BUILD AN IGLOO • COMMENT CONSTRUIRE VOTRE IGLOU • 1949 • DCS

WILKINSON HAZEL – UKN
DAVID LEAN • DIRECTOR AND THE FILM –DAVID LEAN, THE • 1959 • DOC

WILKINSON JIMMY – USA
ADVENTURES OF MAZIE, THE • 1926 • SHT

WILKOSZ TADEUSZ – CZC
DO NOT ANNOY THE LION • NEVER TEASE A LION • 1960 • ANS
TWO LAMPS • 1962 • ANM
CATS AND KITTENS • 1965 • ANM
FAIRY RING, THE • 1966 • ANM
WOREK • BAGS (USA) ◦ SACK, THE • 1967 • ANS
PORANEK MISIA • TEDDY BEAR IN THE MORNING • 1971 • ANM

WILLARD FRANK – USA
MONDO DAYTONA • 1968 • DOC

WILLAT I. V. see **WILLAT IRVIN V.**

WILLAT IRVIN see **WILLAT IRVIN V.**

WILLAT IRVIN V. – USA – 1892–1976
WILLAT IRVIN • WILLAT I. V.
WOLF WOMAN, THE • 1916
IN SLUMBERLAND • 1917
GUILTY MAN, THE • 1918
LAW OF THE NORTH, THE • 1918
MIDNIGHT PATROL, THE • 1918
ZEPPELIN'S LAST RAID, THE • 1918
DAUGHTER OF THE WOLF, A • 1919
FALSE FACES, THE • 1919
GRIM GAME, THE • 1919
RUSTLING A BRIDE • 1919
BEHIND THE DOOR • 1920
BELOW THE SURFACE • 1920
DOWN HOME • 1920
FACE OF THE WORLD • 1921
FIFTY CANDLES • 1921
ON THE HIGH SEAS • 1922
PAWNED • 1922
SIREN CALL, THE • 1922
YELLOW MEN AND GOLD • 1922
ALL THE BROTHERS WERE VALIANT • 1923
FOG BOUND • 1923
HERITAGE OF THE DESERT, THE • 1924
NORTH OF 36 • 1924
STORY WITHOUT A NAME, THE • WITHOUT WARNING • 1924
THREE MILES OUT • 1924
WANDERER OF THE WASTELAND • 1924
AIR MAIL, THE • 1925
ANCIENT HIGHWAY, THE • 1925
RUGGED WATER • 1925
ENCHANTED HILL, THE • 1926
PARADISE • 1926
BACK TO GOD'S COUNTRY • 1927
CAVALIER, THE • 1928
MICHIGAN KID, THE • GAMBLER, THE • 1928

ISLE OF LOST SHIPS, THE • 1929
DAMAGED LOVE • 1930
LUCK OF ROARING CAMP, THE • 1937
OLD LOUISIANA • TREASON (UKN) • 1937
SOUTH OF SONORA • 1937
UNDER STRANGE FLAGS • 1937

WILLEMETZ JACQUES – Producer – FRN – 1921–
AUTANT EN EMPORTE L'HISTOIRE • 1949

WILLERS CASPER – NTH
DEN HAAG HOLLAND • HAAG HOLLAND, DEN • 1968 • DOC

WILLETT PAUL B. – USA
HOME ON THE RANGE • 1933
WESTERN SKIES • 1933

WILLIAM LEONARD – UKN
ANATOMIST, THE • 1961

WILLIAM OUSMANE see **MBAYE OUSMANE WILLIAM**

WILLIAMS BERT – USA
NEST OF THE CUCKOO BIRDS, THE • 1965

WILLIAMS BILL – Actor – USA – 1916–
CREATURES OF DARKNESS • 1969

WILLIAMS BROCK – Screenwriter – UKN
ROOT OF ALL EVIL, THE • 1947
I'M A STRANGER • 1952

WILLIAMS C. J. see **WILLIAMS C. JAY**

WILLIAMS C. JAY – USA
WILLIAMS C. J.
AFTER THE WELSH RABBIT • 1913
ALL ON ACCOUNT OF A PORTRAIT • 1913
ALL ON ACCOUNT OF A TRANSFER • 1913
ARCHIE AND THE BELL-BOY • 1913
AS THE TOOTH CAME OUT • 1913
BEAU CRUMMEL AND HIS BRIDE • 1913
BOY WANTED • 1913
CASTE • 1913
DON'T WORRY • 1913
FALLING IN LOVE WITH INEZ • 1913
GOOD SPORT, A • 1913
HER FACE WAS HER FORTUNE • 1913
HIS UNDESIRABLE RELATIVES • 1913
HOW THEY OUTWITTED FATHER • 1913
IT WASN'T POISON AFTER ALL • 1913
JONES GOES SHOPPING • 1913
MANICURE GIRL, THE • 1913
NEWCOMB'S NECKTIE • 1913
OVER THE BACK FENCE • 1913
PAIR OF FOILS, A • 1913
PORGY'S BOUQUET • 1913
PROFESSOR WILLIAM NUTT • 1913
REGINALD'S COURTSHIP • 1913
RELUCTANT CINDERELLA, A • 1913
ROMANCE OF ROWENA, THE • 1913
RULE THYSELF • 1913
STOLEN MODELS, THE • 1913
TEA AND TOAST • 1913
TITLE CURE, THE • 1913
UNPROFITABLE BOARDER, THE • 1913
WHY GIRLS LEAVE HOME • 1913
ZEB'S MUSICAL CAREER • 1913
ALL FOR A TOOTH • 1914
BASKET HABIT, THE • 1914
BEAUTIFUL LEADING LADY, THE • 1914
BUXOM COUNTRY LASS, THE • 1914
FOUR-FOOTED DESPERADO, A • 1914
GILDED KID, THE • 1914
GIRL IN THE MIDDY, THE • 1914
HIGH LIFE • 1914
LADY OF SPIRITS, A • 1914
LO! THE POOR INDIAN • 1914
LOVE BY THE POUND • 1914
LOVELY SENORITA, THE • 1914
ON THE LAZY LINE • 1914
POST NO BILLS • 1914
QUALIFYING FOR LENA • 1914
REVENGEFUL SERVANT GIRL, THE • 1914
SOMETHING TO ADORE • 1914
STORY OF CRIME, THE • 1914
SULTAN AND THE ROLLER SKATES, THE • 1914
VISION IN THE WINDOW, THE • 1914
WHEN THE MEN LEFT TOWN • 1914
CABMAN KATE • 1915
CROOKY • 1915
FAIR, FAT AND SAUCY • 1915
FISH AND CHILLS • 1915
FUNNY SIDE OF JEALOUSY, THE • 1915
GETTING RID OF AUNT KATE • 1915
ITSKY, THE INVENTOR • 1915
LADY OF SHALOTT, THE • 1915
LITTLE TRESPASSER, THE • 1915
MOTORCYCLE ELOPEMENT, A • 1915
ON WITH THE DANCE • 1915
PATENT FOOD CONVEYOR, THE • 1915
PEST VAMOOSER, THE • 1915
PROFESSOR'S NIGHTMARE, THE • 1915
SHE TOOK A CHANCE • 1915
STRICTLY NEUTRAL • 1915
THEY LOVED HIM SO • 1915
TWO AND TWO • 1915
VICTOR'S AT SEVEN • 1915
WHAT HAPPENED TO FATHER • 1915
WHEN WAR THREATENED • 1915
WHOSE HUSBAND? • 1915
BY LOVE REDEEMED • 1916 • SHT
COLD FEET GETAWAY, THE • 1916 • SHT
EVERYBODY LOVES A FAT MAN • 1916 • SHT
HIS DUKESHIP, MR. JACK • 1916 • SHT
KERNEL NUTT • 1916 • SHS
KERNEL NUTT AND HIGH SHOES • 1916 • SHT
KERNEL NUTT FLIRTS WITH WIFIE • 1916 • SHT
KERNEL NUTT IN MEXICO • 1916 • SHT
KERNEL NUTT, THE FOOTMAN • 1916 • SHT
KERNEL NUTT, THE JANITOR • 1916 • SHT
KERNEL NUTT WINS A WIFE • 1916 • SHT
KERNEL NUTT'S MUSICAL SHIRT • 1916 • SHT
KERNEL NUTT'S $100 BILL • 1916 • SHT
MR. JACK, A DOCTOR BY PROXY • 1916 • SHT
MR. JACK A HALLROOM HERO • 1916 • SHT
MR. JACK DUCKS THE ALIMONY • 1916 • SHT
MR. JACK GOES INTO BUSINESS • 1916 • SHT
MR. JACK HIRES A STENOGRAPHER • 1916 • SHT
MR. JACK INSPECTS PARIS • 1916 • SHT
MR. JACK, THE HASH MAGNET • 1916 • SHT
MR. JACK TRIFLES • 1916 • SHT
MR. JACK WINS A DOUBLE-CROSS • 1916 • SHT
MR. JACK'S ARTISTIC SENSE • 1916 • SHT
MR. JACK'S HAT AND THE CAT • 1916 • SHT
THEM WAS THE GOOD OLD DAYS • 1916 • SHT
WRONG MR. WRIGHT, THE • 1916 • SHT
WILD OATS • 1919
SOME WILD OATS • 1920

WILLIAMS D. J. – UKN
SHUTTLE OF LIFE, THE • 1920

WILLIAMS DEREK – UKN
THERE WAS A DOOR • 1957
ROAD FROM M.I.S., THE • 1959
HUNTED IN HOLLAND • 1961
CATTLE CARTERS, THE • 1962
TREASURE IN MALTA • 1963 • SRL
TAKING MOOD, THE • 1969

WILLIAMS DICK see **WILLIAMS RICHARD**

WILLIAMS DOUGLAS – USA
BEST OF BOTH WORLDS • 1983
OVERDRAWN AT THE MEMORY BANK • 1983 • TVM

WILLIAMS EARLE – Actor – USA – 1880–1927
BRING HIM IN • 1921

WILLIAMS ELMO – Producer/editor – USA – 1913–
TALL TEXAN, THE • 1953
COWBOY, THE • 1954 • DOC
BLONDE BAIT • 1956
WOMEN WITHOUT MEN • BLONDE BAIT (USA) • 1956
APACHE WARRIOR • 1957
HELL SHIP MUTINY • 1957
BIG GAMBLE, THE • 1961

WILLIAMS EMLYN – Actor – UKN – 1905–1987
LAST DAYS OF DOLWYN, THE • WOMAN OF DOLWYN (USA) ○ DOLWYN • 1949

WILLIAMS ERIC – UKN
ENGLAND'S WARRIOR KING • 1915

WILLIAMS FRED – GRM
ICH –EIN GROUPIE • ME, A GROUPIE ○ I –A GROUPIE • 1970

WILLIAMS GENE – USA
COUNTRY MUSIC JAMBOREE • 1970

WILLIAMS HARRY – USA
BUCKING SOCIETY • 1916 • SHT
TUGBOAT ROMEO, A • 1916 • SHT
DODGING HIS DOOM • 1917 • SHT
MAIDEN'S TRUST, A • 1917 • SHT
SECRETS OF A BEAUTY PARLOR • 1917 • SHT
HER DOG-GONE WEDDING • 1920 • SHT

WILLIAMS J. B. – Screenwriter – UKN
WHITE CARGO • 1929 • SIL
WHITE CARGO • 1929 • SND
CHINESE BUNGALOW, THE • 1930
SOUL OF A NATION, THE • 1934
TELL-TALE HEART, THE • 1953

WILLIAMS JOANNA – USA
LITTLE GIRLS BLUE • 1978

WILLIAMS JOE – USA
ANGELS • COMING OF ANGELS: THE SEQUEL, A • 1986

WILLIAMS LESTER see **BERKE WILLIAM**

WILLIAMS LESTER C. – GRM
MYRIAM • 1982

WILLIAMS LESTER* – USA
SOD SISTERS • HEAD FOR THE HILLS • 1969

WILLIAMS LINDA – USA
MAXWELL STREET BLUES • 1980

WILLIAMS LLOYD MICHAEL – USA
POISSONS, LES • SHT
URSULA • SHT
THREE: LES POISSONS, JABBERWOCK, OPUS 5 • SHT
WIPES • SHT
LINE OF APOGEE • 1968

WILLIAMS MIKE see **FERRARA ROMANO**

WILLIAMS OSCAR – URG – 1944–
FINAL COMEDOWN, THE • BLAST • 1972
FIVE ON THE BLACK HAND SIDE • 1973
HOT POTATO • 1976
DEATH DRUG • 1978

WILLIAMS PAUL – USA – 1943–
OUT OF IT • 1969
COLOSSEUM AND JUICY LUCY • 1970
REVOLUTIONARY, THE • 1970
DEALING: OR THE BERKELEY-TO-BOSTON FORTY-BRICK LOST-BAG BLUES • 1972
NUNZIO • 1978
MISS RIGHT • 1981
LIGHT IN THE AFTERNOON, A • 1986

WILLIAMS R. MASLYN – UKN – 1911–
MIKE AND STEFANI • 1952 • DOC
TROOPING OF THE COLOUR • 1961 • DOC

WILLIAMS RICHARD – Animator – CND – 1933–
WILLIAMS DICK
LITTLE ISLAND, THE • 1958 • ANM
STORY OF THE MOTOR-CAR ENGINE, THE • 1958 • ANS
LECTURE ON MAN, A • 1962 • ANS
LOVE ME, LOVE ME, LOVE ME • 1962 • ANS
CIRCUS DRAWINGS • 1964 • ANS
DIARY OF A MADMAN • 1965 • ANS
DERMIS PROBE, THE • 1966 • ANS
GUINNESS AT THE ALBERT HALL • 1966
PUBS AND BEACHES • 1966 • ANS
I, VOR PITTFALKS, UNIVERSAL CONFIDENCE MAN • 1967 • ANS
SAILOR AND THE DEVIL, THE • 1967 • ANS
CHRISTMAS CAROL, A • 1971 • ANM
NASRUDIN • 1972 • ANS
RAGGEDY ANN AND ANDY • RAGGEDY ANN AND ANDY: A MUSICAL ADVENTURE • 1977 • ANM
WATCHMAKER • BEN TRUMAN 'OPENING TIME' • 1980
ZIGGY'S GIFT • 1982 • ANS
ONCE • 1990 • ANM

WILLIAMS SCOTT – USA
MAN WITH TWO HEADS • 1982

WILLIAMS SPENCER – USA
BLOOD OF JESUS • 1941
GO DOWN DEATH • 1944
GIRL IN ROOM 20, THE • 1945
BEALE STREET MAMA • 1946
DIRTY GERTIE FROM HARLEM USA • 1946
JIVIN' IN BE BOP • 1947
JUKE JOINT • 1947

WILLIAMS TONY – Producer – NZL – 1942–
MUSICAL AMBASSADORS • 1972 • DOC
UNBELIEVABLE GLORY OF THE HUMAN VOICE, THE • 1972 • MTV
RALLY • 1973 • MTV
LOST IN THE GARDEN OF THE WORLD • 1975 • DOC
SPECIAL KENNY ROGERS, A • 1975 • MTV
SOLO • 1978
NEXT OF KIN • 1982

WILLIAMS WADE – USA
CHERRY'S HOUSE OF NUDES • SHERRY'S HOUSE OF NUDES ○ CHERRY'S HOUSE ○ BARE WITH ME • 1964

WILLIAMS WALTER – USA
MR. BILL LOOKS BACK • 1980 • ANS

WILLIAMSON A. STANLEY – UKN
OUR FARMER PRINCE • 1932
BOYS OF THE OLD BRIGADE • 1945

WILLIAMSON BOB – USA
KING'S CREEK LAW • 1923
HEADIN' THROUGH • 1924
HUNTIN' TROUBLE • 1924

WILLIAMSON CECIL H. – Producer – UKN – 1909–
DAYS OF MAKE BELIEVE • 1946
PRISONERS OF THE TOWER • 1946
BEYOND PRICE • 1947
GODS CAN LAUGH, THE • 1948
UPSTART CROW, THE • 1948
HELD IN TRUST • 1949
CLOWN, THE • 1950
HANGMAN'S WHARF • 1950
SOHO CONSPIRACY • 1950
TROPHY ISLAND • 1950
HI-JACK • ACTION STATIONS • 1957

WILLIAMSON FRED – Producer/actor – USA – 1938–
ADIOS AMIGO • NO SWEAT • 1975
DEATH JOURNEY • JORNADA DE MUERTE (SPN) • 1976
MEAN JOHNNY BURROWS • STREET WARRIOR ○ HIT MAN, THE • 1976
NO WAY BACK • 1976
DESTINAZIONE ROMA • MR. MEAN (USA) ○ TRACER, THE • 1977
BIG SCORE, THE • 1983
LAST FIGHT, THE • 1983
ONE DOWN, TWO TO GO • 1983
FOXTRAP • 1986
MESSENGER, THE • MESSENGER OF DEATH • 1987

WILLIAMSON J. ERNEST – USA
WONDERS OF THE SEA • 1922 • DOC
WITH WILLIAMSON BENEATH THE SEA • 1932

WILLIAMSON JAMES – UKN – 1855–1933
CLOWN BARBER, THE • 1898
FORBIDDEN LOVER, THE • 1898
FRAUDULENT BEGGAR, THE • 1898
JEALOUS PAINTER, THE • 1898
NORAH MAYER THE QUICK-CHANGE DANCER • 1898
SLOPER'S VISIT TO BRIGHTON • 1898
TWO NAUGHTY BOYS SPRINKLING THE SPOONS • 1898
TWO NAUGHTY BOYS TEASING THE COBBLER • 1898
TWO NAUGHTY BOYS UPSETTING THE SPOONS • 1898
WASHING THE SWEEP • 1898
WINNING THE GLOVES • 1898
BANK HOLIDAY AT THE DYKE • 1899
BLACKSMITHS AT WORK • 1899
COURTSHIP UNDER DIFFICULTIES • 1899
JOVIAL MONKS NO.1, THE • 1899
JOVIAL MONKS NO.2 –TIT FOR TAT, THE • 1899
SLEEPING LOVERS, THE • 1899
ATTACK ON A CHINESE MISSION –BLUE JACKET TO THE RESCUE • 1900
CLEVER AND COMIC CYCLE ACT • 1900
DISABLED MOTOR, THE • 1900
GREAT GLOVE FIGHT • 1900
ARE YOU THERE? • 1901
BIG SWALLOW, THE • 1901
CYCLIST SCOUTS IN ACTION • 1901
ELIXIR OF LIFE, THE • 1901
FIRE! • 1901
HARLEQUINADE –WHAT THEY FOUND IN THE LAUNDRY BASKET • 1901
MAGIC EXTINGUISHER, THE • 1901
MARVELLOUS CAPILLARY ELIXER • 1901
MARVELLOUS HAIR RESTORER, THE • 1901
OVER THE GARDEN WALL • 1901
PUZZLED BATHER AND HIS ANIMATED CLOTHES, THE • 1901

STOP THIEF! • 1901
TEASING GRANDPA • 1901
TOMORROW WILL BE FRIDAY • 1901
ACROBATIC TRAMPS, THE • 1902
AMATEUR BILL SYKES, AN • 1902
BURLESQUE OF POPULAR COMPOSERS • 1902
CLOSE QUARTERS, WITH A NOTION OF THE MOTION OF THE OCEAN • 1902
DAY IN CAMP WITH THE VOLUNTEERS, A • 1902
EXTRA TURN, AN • EXTREY TURN, THE • 1902
FIGHTING HIS BATTLES OVER AGAIN • 1902
LADY'S FIRST LESSON ON THE BICYCLE, A • 1902
LITTLE MATCH SELLER, THE • LITTLE MATCH GIRL, THE (USA) • 1902
PING-PONG • 1902
RESERVIST BEFORE AND AFTER THE WAR, A • 1902
SAMBO • 1902
SOLDIER'S RETURN, THE • 1902
THOSE TROUBLESOME BOYS • 1902
WORKMAN'S PARADISE, A • 1902
DEAR BOYS HOME FOR THE HOLIDAYS, THE • BOYS WILL BE BOYS • 1903
DESERTER, THE • 1903
EVIL-DOER'S SAD END, THE • 1903
JUGGINS' MOTOR • 1903
NO BATHING ALLOWED • 1903
QUARRELSOME NEIGHBOURS • 1903
REMORSE • 1903
SPRING CLEANING • 1903
TRIP TO SOUTHEND OR BLACKPOOL, A • 1903
WAIT TILL JACK COMES HOME • 1903
WRONG CHIMNEY, THE • 1903
WRONG POISON, THE • 1903
ALL'S WELL THAT ENDS WELL • 1904
CLOWN'S TELEGRAM, THE • 1904
GABRIEL GRUB THE SURLY SEXTON • 1904
GREAT SEA SERPENT, THE • 1904
INTERESTING STORY, AN • 1904
OH! WHAT A SURPRISE! • 1904
OLD CHORISTER, THE • 1904
STOWAWAY, THE • 1904
STUDENT AND THE HOUSEMAID, THE • 1904
THEY FORGOT THE GAMEKEEPER • 1904
TRAMP'S REVENGE, THE • 1904
TWO BRAVE LITTLE JAPS • 1904
BROWN'S HALF HOLIDAY • 1905
ECLIPSE OF THE MOON, AN • 1905
IN THE GOOD OLD TIMES • 1905
OUR NEW ERRAND BOY • 1905
POLITE LUNATIC, THE • 1905
PRODIGAL SON: OR, RUINED AT THE RACES, THE • 1905
REAL SEA SERPENT, THE • 1905 • SHT
RIVAL BARBERS • 1905
SAUSAGES • 1905
TWO LITTLE WAIFS • 1905
ANGLER'S DREAM, THE • 1906
DAY ON HIS OWN, A • 1906
FLYING THE FOAM AND SOME FANCY DIVING • 1906
HER FIRST CAKE • 1906
MINER'S DAUGHTER, THE • 1906
MRS. BROWN GOES HOME TO HER MOTHER • 1906
SHAM SWORD SWALLOWER, THE • 1906
WHERE THERE'S A WILL THERE'S A WAY • 1906
WICKED BOUNDER, A • 1906
AFTER THE FANCY DRESS BALL • 1907
BOBBY'S BIRTHDAY • 1907
BRIGAND'S DAUGHTER, THE • 1907
CHEATING THE SWEEP • 1907
GETTING RID OF HIS DOG • 1907
JUST IN TIME • 1907
MOVING DAY • 1907
ORANGE PEEL • 1907
ORPHANS, THE • 1907
PA TAKES UP PHYSICAL CULTURE • 1907
VILLAGE FIRE BRIGADE, THE • 1907
WHY THE WEDDING WAS PUT OFF • 1907
AYAH'S REVENGE • 1908
COUNTRYMAN'S DAY IN TOWN, A • 1908
DAY'S HOLIDAY, A • 1908
GREAT BARGAIN SALE, THE • 1908
LITTLE MOTHER, THE • 1908
MY WIFE'S DOG • 1908
PROFESSOR'S GREAT DISCOVERY, THE • 1908
RECONCILIATION, THE • 1908
RENT COLLECTOR, THE • 1908
RIVAL CYCLISTS, THE • 1908
SHE WOULD BE A SUFFRAGETTE • 1908
SUNSHINE AFTER STORM • 1908
UNCLE'S PICNIC • 1908
£100 REWARD • 1908
'ARRY AND 'ARRIET'S EVENING OUT • 1909
LETTER BOX THIEF, THE • 1909
SAVED BY A DREAM • 1909
TOWER OF LONDON, THE • 1909
HISTORY OF A BUTTERFLY -A ROMANCE OF INSECT LIFE, THE • 1910
AFFAIR OF HONOUR, AN • 1914

WILLIAMSON R. E. see **WILLIAMSON ROBIN E.**

WILLIAMSON ROBIN see **WILLIAMSON ROBIN E.**

WILLIAMSON ROBIN E. – USA
WILLIAMSON ROBIN • WILLIAMSON R. E.
WICKED CITY, THE • 1916 • SHT
WITH OR WITHOUT • 1916 • SHT
BUCKING THE TIGER • 1917 • SHT
BUTCHER'S NIGHTMARE, THE • 1917 • SHT
CAUGHT IN THE END • 1917 • SHT
FRIGHTENED FLIRTS • 1917 • SHT
HIS BOGUS BOAST • 1917 • SHT
MASKED MIRTH • 1917 • SHT
MUSICAL MARVEL, A • 1917 • SHT
NUTS IN MAY • 1917
STUDIO STAMPEDE, A • 1917 • SHT
WHY BEN BOLTED • 1917 • SHT
BLOW THAT KILLED FATHER, THE • 1920 • SHT
DOG-GONE SHAME, A • 1920 • SHT
HAREM-SCAREM • 1920 • SHT
FEUD WOMAN, THE • 1926
PRINCE OF THE PLAINS • 1927
WANDERER OF THE WEST • 1927

WILLIAMSON TOM – UKN
RESEARCH FOR BUILDING • 1970 • SHT

WILLIS ALAN – USA
HAVE YOU SOLD YOUR DOZEN ROSES? • 1957

WILLIS GORDON – Dir. photo – USA
CORKY • 1979
WINDOWS • 1980

WILLIS STANLEY – UKN
HAUNTED MAN, THE • 1966

WILLIS WALTER – USA
PAIR OF HELLIONS, A • 1924

WILLOUGHBY GEORGE – NRW – 1913–
PANIK • PANIC • 1939

WILLOUGHBY LEWIS – UKN
ONLY A MILL GIRL • 1919
SECRET OF THE MOOR, THE • 1919
WISP O' THE WOODS • 1919
FANTEE • 1920
ONLY A MILL GIRL • 1920

WILLS J. ELDER – Screenwriter – UKN – 1900–
WILLS JAMES ELDER
LITTLE PEOPLE BURLESQUES • 1930 • SER
M'BLIMEY • 1931
TIGER BAY • 1933
EVERYTHING IN LIFE • BECAUSE OF LOVE • 1936
SONG OF FREEDOM • 1936
SPORTING LOVE • 1936
BIG FELLA • 1937

WILLS JAMES ELDER see **WILLS J. ELDER**

WILLS PHILIP – UKN
PLANE SAILING • 1937

WILLUTZKI MAX – GRM
VERA ROMEYKE IST NICHT TRAGBAR • 1976

WILMER GEOFFREY – UKN
HIS LAST DEFENCE • 1919

WILMER OTTO – USA
FIVE MINUTE KISS, THE • 1970

WILMETH T. BEAUREGARD – USA
FLORINE • 1913

WILMOT ROBERT – USA
IT'S A DOG'S LIFE • 1942 • SHT
DOG HOUSE • 1943 • SHT
SWING SERENADE • 1944 • SHT

WILSEY JAY – USA
RIDING SPEED • 1934
TRAILS OF ADVENTURE • 1935

WILSON ANDREW P. – UKN
CHESTER FORGETS HIMSELF • 1924
CLICKING OF CUTHBERT, THE • 1924
CLICKING OF CUTHBERT, THE • 1924 • SER
FIGHTING SNUB REILLY • 1924
LONG HOLE, THE • MOVING HAZARD, HTE • 1924
MAGIC PLUS FOURS, THE • 1924
ORDEAL BY GOLF • 1924
RODNEY FAILS TO QUALIFY • 1924

WILSON BEN – Actor – USA – 1885–
WILSON BENJAMIN FRANKLIN • WILSON BEN F.
BACHELOR'S CHRISTMAS, THE • 1912
MYSTERY OF THE AMSTERDAM DIAMONDS, THE • 1913
VANISHING CRACKSMAN, THE • 1913
MOTHER AND WIFE • 1914
MYSTERY OF THE FADELESS TINTS, THE • 1914
MYSTERY OF THE GLASS TUBES, THE • 1914
MYSTERY OF THE LADDER OF LIGHT, THE • 1914
MYSTERY OF THE SEALED ART GALLERY, THE • 1914
MYSTERY OF THE SILVER SNARE, THE • 1914
SHATTERED TREE, THE • 1914
WHEN THE CARTRIDGES FAILED • 1914
WHILE THE TIDE WAS RISING • 1914
CLUTCH OF THE EMPEROR, THE • 1915
FIRESIDE REALIZATION, A • 1915
FORCE OF EXAMPLE, THE • 1915
HAPPY PAIR, A • 1915
HOUSE WITH THE DRAWN SHADES, THE • 1915
JUROR NUMBER SEVEN • 1915
LAST ACT, THE • 1915
MYSTERY OF THE LOCKED ROOM, THE • 1915
PARSON OF PANAMINT, THE • 1915
PROOF, THE • 1915
SEA SHORE ROMEO, A • 1915
SHOT IN THE DARK, A • 1915
SOULS IN PAWN • 1915
SPRINGTIME OF THE SPIRIT, THE • 1915
ASCHENBROEDEL • MARRIAGE BROKER, THE • 1916 • SHT
BEYOND THE TRAIL • 1916 • SHT
BORROWED PLUMES • 1916 • SHT
BROKEN SPUR, THE • 1916 • SHT
CAD, A • 1916
CASTLE OF DESPAIR, THE • 1916 • SHT
CIRCULAR ROOM, THE • 1916 • SHT
FOOL, THE • 1916 • SHT
GENTLE VOLUNTEER, A • 1916 • SHT
HEAD OF THE FAMILY, THE • 1916 • SHT
HIS BROTHER'S PAL • 1916 • SHT
HIS WORLD OF DARKNESS • 1916 • SHT
HONOR THY COUNTRY • 1916 • SHT
IN HIS OWN TRAP • 1916 • SHT
IN THE HEART OF NEW YORK • 1916 • SHT
LAUGH OF SCORN, THE • 1916 • SHT
LUCKY GOLD PIECE, A • 1916 • SHT
ONE WHO PASSED BY • 1916 • SHT
SAVED BY A SONG • 1916 • SHT
SHATTERED NERVES • 1916
SHERIFF OF PINE MOUNTAIN, THE • 1916 • SHT
SOCIAL OUTCAST, A • 1916 • SHT
SOCIETY HYPOCRITES • 1916 • SHT
STILL VOICE, THE • 1916 • SHT
THEIR ANNIVERSARY • 1916 • SHT
THREAD OF LIFE, THE • 1916 • SHT
WIFE AT BAY, A • 1916 • SHT
PRODIGAL WIDOW, THE • 1917 • SHT
SOMEBODY LIED • 1917 • SHT
VOICE ON THE WIRE, THE • 1917 • SRL
WIFE'S FOLLY, A • 1917 • SHT
BEAUTIFUL LIER, THE • 1918 • SHT
BRASS BULLET, THE • 1918 • SRL
LET'S FIGHT • 1918 • SHT
THEM EYES • 1919 • SHT
SCREAMING SHADOW, THE • 1920 • SRL
TRAIL OF THE OCTOPUS, THE • 1920 • SRL
BROKEN SPUR, THE • 1921
INNOCENT CHEAT, THE • 1921
MAN FROM TEXAS, THE • 1921
MYSTERIOUS PEARL, THE • 1921
SHERIFF OF HOPE ETERNAL, THE • 1921
BACK TO YELLOW JACKET • 1922
CHAIN LIGHTNING • 1922
ONE EIGHTH APACHE • 1922
PRICE OF YOUTH, THE • 1922
SHERIFF OF SUN-DOG, THE • 1922
MINE TO KEEP • 1923
OTHER MEN'S DAUGHTERS • 1923
SPAWN OF THE DESERT • 1923
DAYS OF '49 • 1924 • SRL
DAUGHTER OF THE SIOUX, A • 1925
FUGITIVE, THE • 1925
HUMAN TORNADO, THE • 1925
MAN FROM LONE MOUNTAIN, THE • 1925
POWER GOD, THE • 1925 • SRL
RENEGADE HOLMES M.D. • 1925
RIDIN' COMET • 1925
ROMANCE AND RUSTLERS • 1925
SCAR HANAN • 1925
TONIO, SON OT THE SIERRAS • 1925
TWO-FISTED SHERIFF, A • 1925
WHITE THUNDER • 1925
FIGHTING STALLION, THE • 1926
FORT FRAYNE • 1926
OFFICER 444 • 1926 • SRL
SHERIFF'S GIRL • 1926
WEST OF THE LAW • 1926
WOLVES OF THE DESERT • 1926
MYSTERY BRAND, THE • 1927
RANGER RIDERS, THE • 1927
RIDERS OF THE WEST • 1927
SADDLE JUMPERS • 1927
WESTERN COURAGE • 1927
YELLOW STREAK, A • 1927
OLD CODE, THE • 1928
SADDLE KING, THE • 1929
THUNDERING THOMPSON • 1929
VOICE FROM THE SKY • 1930 • SRL

WILSON BEN F. see **WILSON BEN**

WILSON BENJAMIN FRANKLIN see **WILSON BEN**

WILSON BRUCE – USA
DOUBLES • 1981
BOMBS AWAY • 1985

WILSON CHARLES C. – USA
LUCKY BOY • 1929

WILSON DONALD B. – Producer – UKN – 1910–
WARNING TO WANTONS • 1949

WILSON ELSIE JANE – USA
DONA PERFECTA • 1915
HUMAN CATOS, THE • 1916
CRICKET, THE • 1917
LITTLE PIRATE, THE • 1917
MY LITTLE BOY • 1917
SILENT LADY, THE • 1917
BEAUTY IN CHAINS • 1918
CITY OF TEARS, THE • 1918
DREAM LADY, THE • 1918
LURE OF LUXURY, THE • 1918
NEW LOVE FOR OLD • 1918
GAME'S UP, THE • 1919

WILSON FRANK – UKN
PNEUMATIC POLICEMAN, THE • 1908
INEXPERIENCED ANGLER, THE • 1909
TWO BAD BOYS • 1909
CUPID'S MESSAGE GOES ASTRAY • 1910
FUNNY STORY, A • 1910
JONES TESTS HIS WIFE'S COURAGE • 1910
LAUNDRYMAN'S MISTAKE, THE • 1910
LUNATIC EXPECTED, A • 1910
MOTHER'S GRATITUDE, A • 1910
MR. MUGWUMP AND THE BABY • 1910
MR. MUGWUMP TAKES HOME THE WASHING • 1910
MR. MUGWUMP'S BANKNOTES • 1910
MR. MUGWUMP'S HIRED SUIT • 1910
MR. MUGWUMP'S JEALOUSY • 1910
PLUMBER, THE • 1910
REAL LIVE TEDDY BEAR, A • 1910
TRACKING A TREACLE TIN • 1910
TWO PERFECT GENTS • 1910
WHEN UNCLE TOOK CLARENCE FOR A WALK • 1910
BABY SHOW, THE • 1911
BORROWED BABY, THE • 1911
CIGARS OR NUTS • 1911
CONSTABLE'S CONFUSION, THE • 1911
CONTAGIOUS DISEASE, A • 1911
ENTHUSIASTIC PHOTOGRAPHER, AN • 1911
FITZNOODLE'S WOOING • 1911
FLY'S REVENGE, THE • 1911
FOOZLE TAKES UP GOLF • 1911
FOR THE SAKE OF THE LITTLE ONES AT HOME • 1911
HE DID ADMIRE HIS BOOTS • 1911
HEAT WAVE, THE • 1911
HIDDEN TREASURE • 1911
HOPELESS PASSION, A • 1911
HUSTLED WEDDING, A • 1911
IN LOVE WITH AN ACTRESS • 1911
KIND HEARTED PERCIVAL • 1911
LUNATIC AT LIBERTY, THE • 1911
MR. MUGWUMP'S CLOCK • 1911
MUGWUMP'S PAYING GUEST • 1911
NEIGHBOURING FLATS • 1911
OH SCISSORS! • 1911
PERSISTENT POET, THE • 1911
PHYSICAL CULTURE • 1911
PRESENT FROM INDIA, A • 1911
RIGHT OF WAY • 1911
SCARECROW, THE • 1911
SCOUTMASTER'S MOTTO, THE • 1911
STICKPHAST • 1911
STOLEN PUPS, THE • 1911
TAKING UNCLE FOR A RIDE • 1911
THREE BOYS AND A BABY • 1911
TOO KEEN A SENSE OF HUMOUR • 1911
TOUCH OF HYDROPHOBIA, A • 1911
UNCLE BUYS CLARENCE A BALLOON • 1911
UNROMANTIC WIFE, AN • 1911
UNRULY CHARGE, AN • 1911
VETERAN'S PENSION, THE • 1911
WHEN FATHER PUT UP THE BEDSTEAD • 1911
WHEN HUBBY WASN'T WELL • 1911
BERTIE'S BOOK OF MAGIC • 1912
BILLIARDS MAD • 1912
BUNGLING BURGLARS • 1912
CASE OF BURGLARS, A • 1912
COINER'S DEN, THE • 1912

COOK'S BID FOR FAME • 1912
DETECTIVE FOR A DAY, A • 1912
DISCIPLE OF DARWIN, A • 1912
GOOD TONIC, A • 1912
GRANDFATHER'S OLD BOOTS • 1912
HAROLD PREVENTS A CRIME • 1912
HE WANTED TO PROPOSE, BUT.. • 1912
HUBBY GOES TO THE RACES • 1912
IN WOLF'S CLOTHING • 1912
INDIAN WOMAN'S PLUCK, THE • 1912
LITTLE GOLD MINE, A • 1912
LOST IN THE WOODS • 1912
LOVE IN A LAUNDRY • 1912
LUNATIC AND THE BOMB, THE • 1912
MAN OF MYSTERY, A • 1912
MARY'S POLICEMAN • 1912
MR. POORLUCK AS AN AMATEUR DETECTIVE • 1912
NEW ALADDIN, A • 1912
OVERCHARGED • 1912
PAID WITH INTEREST • 1912
PAIR OF BAGS, A • 1912
PERCY LOSES A SHILLING • 1912
PRESENT FOR HER HUSBAND, A • 1912
PRIMA DONNA'S DUPES, THE • 1912
ROBBERY AT OLD BURNSIDE BANK • 1912
RUTH • 1912
STOLEN PICTURE • 1912
TAKING FATHER'S DINNER • 1912
THEN HE DID LAUGH, BUT -- • 1912
TILLY AND THE DOGS • 1912
TILLY WORKS FOR A LIVING • 1912
TOMMY AND THE WHOOPING COUGH • 1912
UMBRELLA THEY COULD NOT LOSE, THE • 1912
WHEN JONES LOST HIS LATCHKEY • 1912
WIFE FOR A DAY, A • 1912
WONKEY'S WAGER • 1912
ALWAYS GAY • 1913
AND HE HAD A LITTLE GUN • 1913
BADNESS OF BURGLAR BILL, THE • 1913
BROKEN SIXPENCE, THE • 1913
CAMERA FIEND, THE • 1913
CIGARETTE-MAKER'S ROMANCE, A • 1913
DR. TRIMBALL'S VERDICT • 1913
DOGS AND THE DESPERADO, THE • 1913
EVIL GENIUS, THE • AT THE PROMPTING OF THE DEVIL • 1913
FATHER TAKES THE BABY OUT • 1913
FATHER'S LITTLE FLUTTER • 1913
HAUNTED BY HIS MOTHER-IN-LAW • 1913
HELD FOR RANSOM • 1913
HER LITTLE PET • 1913
HERRING ON THE TRAIL, A • 1913
HOUSE THAT JERRY BUILT, THE • 1913
HOW IS IT DONE? • 1913
INEVITABLE, THE • 1913
JEWEL THIEVES OUTWITTED, THE • 1913
LAW IN THEIR OWN HANDS, THE • 1913
LITTLE BILLIE AND THE BELLOWS • 1913
LITTLE WIDOW IS A DANGEROUS THING, A • 1913
MISSIONER'S PLIGHT, THE • 1913
MONTY'S MISTAKE • 1913
MORE THAN HE BARGAINED FOR • 1913
MR. POORLUCK, JOURNALIST • 1913
MR. POORLUCK REPAIRS HIS HOUSE • 1913
MR. POORLUCK'S I.O.U.'S • 1913
NO FLIES ON CIS • 1913
NOT AS REHEARSED • 1913
PASS IT ON • 1913
POORLUCK AS A MESSENGER BOY • 1913
PRODIGAL'S RETURN, THE • 1913
PROFESSOR LONGHEAD'S BURGLAR TRAP • 1913
PUZZLED • 1913
RETRIBUTION • 1913
SHADOWS OF A GREAT CITY • 1913
SILENT WITNESS, A • 1913
STICKY AFFAIR, A • 1913
TANGO • 1913
THEN HE JUGGLED • 1913
THREE OF THEM • 1913
THROW OF DICE, A • 1913
TILLY'S BREAKING UP PARTY • 1913
VICAR OF WAKEFIELD, THE • 1913
WHERE THERE'S A SWILL THERE'S A SWAY • 1913
WHISTLING WILLIAM • 1913
WILL EVANS HARNESSING A HORSE • 1913
WINNING HIS STRIPES • 1913
BREAKING POINT, THE • 1914
BRIDGE DESTROYER, THE • 1914
BRONZE IDOL, THE • 1914
BROTHERS, THE • 1914
CREATURES OF CLAY • 1914
CRY OF THE CAPTIVE, THE • 1914
DESPISED AND REJECTED • 1914
DR. FENTON'S ORDEAL • 1914
FAIR GAME • 1914
FRIEND IN NEED, A • 1914
GARDENER'S HOSE, THE • 1914
GRIP OF AMBITION, THE • 1914
GUEST OF THE EVENING, THE • 1914
HEART OF MIDLOTHIAN, THE • 1914
HOW BILLY KEPT HIS WORD • 1914
HUNCHBACK, THE • 1914
IMPORTANCE OF BEING ANOTHER MAN'S WIFE, THE • 1914
IN THE SHADOW OF BIG BEN • 1914
JOHN LINWORTH'S ATONEMENT • 1914
JUSTICE • 1914
LIE, THE • 1914
LIFE'S DARK ROAD • 1914
LUCKY JIM • 1914
MAN FROM INDIA, THE • 1914
NIGHT BELL, THE • 1914
PALS • 1914
PET OF THE REGIMENT, THE • 1914
POORLUCK MINDS THE SHOP • 1914
SCHEMERS: OR, THE JEWELS OF HATE, THE • 1914
SIMPKINS GETS THE WAR SCARE • 1914
SO MUCH GOOD IN THE WORST OF US • 1914
TERROR OF THE AIR • 1914
TOMMY'S MONEY SCHEME • 1914
TRAGEDY OF BASIL GRIEVE, THE • GREAT POISON MYSTERY, THE • 1914
UNSEEN WITNESS, THE • 1914
WHAT THE FIRELIGHT SHOWED • 1914
WHIRR OF THE SPINNING WHEEL, THE • 1914
ALL THE WORLD'S A STAGE • 1915
AS THE SUN WENT DOWN • 1915
BEHIND THE CURTAIN • CURTAIN'S SECRET, THE • 1915
CALL FROM THE PAST, A • 1915
CHILD OF THE SEA, A • 1915
CONFESSION, THE • 1915
COWARD! • THEY CALLED HIM COWARD • 1915
HER BOY • 1915
INCORRUPTIBLE CROWN, THE • 1915
LANCASHIRE LASS, A • 1915
LOVE ME LITTLE, LOVE ME LONG • 1915
MAN WITH THE SCAR, THE • 1915
MARMADUKE AND HIS ANGEL • 1915
MISS DECEIT • 1915
NIGHTBIRDS OF LONDON • 1915
OH, WIFEY BE PLEASED • 1915
ONE GOOD TURN • 1915
PAINTED LADY BETTY, THE • 1915
PHYLLIS AND THE FOREIGNER • 1915
RECALLING OF JOHN GREY, THE • 1915
SCHOOLGIRL REBELS • 1915
SECOND STRING, THE • 1915
SHEPHERD OF SOULS, THE • 1915
SMALLEST WORM, THE • 1915
SOMETHING LIKE A BAG • 1915
SPIES • 1915
SWEATER, THE • 1915
THEY'RE ALL AFTER FLO • 1915
TILLY AND THE NUT • 1915
WHAT'S YOURS IS MINE • 1915
WHITE HOPE, THE • 1915
WHO STOLE PA'S PURSE? • 1915
WIFE THE WEAKER VESSEL • 1915
BUNCH OF VIOLETS, A • 1916
DEAL WITH THE DEVIL • 1916
EXPLOITS OF TUBBY, THE • 1916 • SER
FACE TO FACE • 1916
GRAND BABYLON HOTEL, THE • 1916
HOUSE OF FORTESCUE, THE • 1916
I DO LIKE A JOKE • 1916
MAN AT THE WHEEL, THE • 1916
MIGGLE'S MAID • 1916
'ORACE'S ORDEAL • 1916
PARTNERS • 1916
TUBBY AND THE CLUTCHING HAND • 1916 • SHT
TUBBY'S BUNGLE-OH! • 1916 • SHT
TUBBY'S DUGOUT • 1916 • SHT
TUBBY'S GOOD WORK • 1916 • SHT
TUBBY'S REST CURE • 1916 • SHT
TUBBY'S RIVER TRIP • 1916 • SHT
TUBBY'S SPANISH GIRLS • 1916 • SHT
TUBBY'S TIP • 1916 • SHT
TUBBY'S TYPEWRITER • 1916 • SHT
TUBBY'S UNCLE • 1916 • SHT
WHITE BOYS, THE • 1916
WHO'S YOUR FRIEND? • 1916
ADVENTURES OF DICK DOLAN, THE • 1917
BLINDNESS OF FORTUNE, THE • 1917
CARROTS • 1917
COUNTESS OF SUMMACOUNT, THE • 1917
DAUGHTER OF THE WILDS • 1917
ETERNAL TRIANGLE, THE • 1917
GAMBLE FOR LOVE, A • 1917
GRAIN OF SAND, A • 1917
HER MARRIAGE LINES • 1917
HOUSE OPPOSITE, THE • 1917
JOKE THAT FAILED, THE • 1917
LOLLIPOP AND ROSES • 1917
MAN BEHIND "THE TIMES", THE • 1917
MUNITION GIRL'S ROMANCE, A • 1917
NEIGHBOURS • 1917
RAGGED MESSENGER, THE • 1917
SNARE, THE • 1918
TURF CONSPIRACY, A • 1918
WOMAN WINS, THE • 1918
IRRESISTIBLE FLAPPER, THE • 1919
SOUL OF GUILDA LOIS, THE • SOUL'S CRUCIFIXION, A • 1919
WINDING ROAD, THE • 1920
WITH ALL HER HEART • 1920
WHITE HOPE, THE • 1922

WILSON FRANK ARTHUR – USA

BLAST • 1976

WILSON FRED see **GIROLAMI MARINO**

WILSON FREDERICK – UKN – 1912–

FLOODTIDE • 1949
POET'S PUB • 1949
DANCING FLEECE, THE • 1951
CAMERONS, THE • 1974

WILSON GEORGES – Actor – FRN – 1921–

VOUIVRE, LA • 1989

WILSON HAL – Producer – UKN – 1899–

SPIRIT OF VARIETY, THE • 1937
IT'S A WONDERFUL DAY • 1949

WILSON HENRY – UKN

EARL OF CAMELOT, THE • 1914

*WILSON HENRY** see **MANCINI GINO**

WILSON HUGH – USA – 1943–

POLICE ACADEMY • 1983
RUSTLER'S RHAPSODY • 1985
BURGLAR • 1987

WILSON J. W. – ITL

MORTALE TRAPPOLA DI BELFAGOR, LA • 1967

WILSON JAMES L. – USA

DEATH RIDERS • 1976
SCREAMS OF A WINTER'S NIGHT • 1979

WILSON JIM – USA

STACY'S KNIGHTS • 1983
WINNING STREAK • 1984
HOLLYWOOD DREAMING • MOVIE MAKERS, THE ○ SMART ALEC • 1987

WILSON JOHN – USA

TARA, THE STONECUTTER • 1957 • ANS
JOURNEY TO THE STARS • 1961

WILSON JOHN D. – USA

SHINBONE ALLEY • ARCHY AND MEHITABEL • 1971 • ANM

WILSON MARGERY – USA

THAT SOMETHING • 1921
INSINUATION • 1922

WILSON MAURICE J. – Producer – UKN – 1892–

VOICE WITHIN, THE • 1945
TURNERS OF PROSPECT ROAD, THE • 1947

WILSON MIKE – SLN

SORUNGETH SORU • THIEF OF THIEVES • 1967

WILSON MIKE RAEBURN – UKN

PLASTIC SHAMROCK

WILSON MILLARD see **WILSON MILLARD K.**

WILSON MILLARD K. – USA

WILSON MILLARD

CALL OF THE UNBORN, THE • 1916
HIGH SPEED • 1916 • SHT
LOST IN BABYLON • 1916 • SHT
SONS OF THE SEA • 1916 • SHT
HER CITY BEAU • 1917 • SHT
LITTLE MOCCASINS • 1917 • SHT
WHELP, THE • 1917
WRONG MARY WRIGHT, THE • 1917 • SHT

WILSON R. CHARLETON – USA

DANDY • 1970

WILSON REX – UKN

KINEQUIPS • 1914 • SER
AERIAL INVASION FRUSTRATED • 1915
TOM BROWN'S SCHOOLDAYS • 1916
LIFE OF LORD KITCHENER, THE • 1917
ORA PRO NOBIS • 1917
GOD BLESS OUR RED, WHITE AND BLUE • 1918
LEAD KINDLY LIGHT • 1918
MAN WHO WON, THE • 1918
ONWARD CHRISTIAN SOLDIERS • 1918
TINKER, TAILOR, SOLDIER, SAILOR • 1918
CHARITY • SOME ARTIST • 1919
FAITH • IN BONDAGE • 1919
HOPE • SWEETHEARTS • 1919
MRS. THOMPSON • 1919
QUINNEYS • 1919
RIGHT ELEMENT, THE • 1919
PILLARS OF SOCIETY • 1920
UNMARRIED • 1920
TILLY OF BLOOMSBURY • 1921
ST. ELMO • 1923

WILSON RICHARD – Producer/ writer – USA – 1915–

MAN WITH THE GUN, THE • TROUBLE SHOOTER, THE (UKN) • 1955
BIG BOODLE, THE • NIGHT IN HAVANA (UKN) • 1956
RAW WIND IN EDEN • 1958
AL CAPONE • 1959
PAY OR DIE • 1960
WALL OF NOISE • 1963
INVITATION TO A GUNFIGHTER • 1964
THREE IN THE ATTIC • 1968

WILSON ROWLAND B. – UKN

TRANS SIBERIAN EXPRESS, THE • 1974

WILSON SANDRA – CND

WILSON SANDY

GARBAGE • 1969
PENTICTON PROFILE • 1970
BRIDAL SHOWER, THE • 1971
NOT THE WALKING KIND • 1972
RAISING THE GILHAST POLE • 1973
PEN-HI GRAD • 1974
GROWING UP AT PARADISE • 1977
MOUNT CHOPAKA EASTER SUNDAY JACKPOT RODEO • 1979 • MTV
GOING ALL THE WAY • 1980
MY AMERICAN COUSIN • 1985
CALIFORNIA DREAMING • 1989
AMERICAN BOYFRIENDS • 1990

WILSON SANDY see **WILSON SANDRA**

WILSON STANLEY – JPN

DAREDEVIL DRIVERS • MACH 78 • 1978

WILTHOR – PHL

SPECIAL FORCES • 1967

WINAR ERNEST – GRM

WINAR ERNST

MAN OP DEN ACHTERGROND, DE • 1923
MANN IM HINTERGRUND, DER • 1923
HAUS AM KROGEL, DAS • 1927
NEFFE AUS AMERIKA, DER • 1927
HAFENBARON, DER • 1928
WOCHENENDBRAUT • 1928
OP STAP • ON THE TOWN • 1935
KRIBBEBIJTER, DE • CROSS-PATCH, THE • 1936

WINAR ERNST see **WINAR ERNEST**

WINAYAK – IND

SUBHADRA • 1945

WINBURN JIM – USA

EVIL ALTAR • 1987

WINCER SIMON – ASL – 1943–

HARLEQUIN • DARK FORCES (USA) • 1979
SNAPSHOT • DAY AFTER HALLOWEEN, THE ○ SNAPSHOT: AUSTRALIAN STYLE • 1979
PHAR LAP • PHAR LAP: HEART OF A NATION • 1983
ONE NIGHT STAND • 1984
D.A.R.Y.L. • DARYL • 1985
GIRL WHO SPELLED FREEDOM, THE • 1986 • TVM
LAST FRONTIER, THE • 1986 • TVM
LIGHTHORSEMEN, THE • 1987
BLUEGRASS • BLUE GRASS • 1988 • TVM
LONESOME DOVE • 1988 • MTV
QUIGLEY DOWN UNDER • 1990

WINDEBANK P. – UKN

PARENTS TAKE HEART • 1953

WINDEMERE F. C. see **WINDERMERE FRED**

WINDEMERE FRED see **WINDERMERE FRED**

WINDERMERE F. see **WINDERMERE FRED**

WINDERMERE FRED – USA

WINDERMERE F. • WINDEMERE FRED • WINDEMERE F. C.

BEAR SKINNED BEAUTIES • 1920 • SHT
WON BY A NOSE • 1920 • SHT
SOILED • 1924
ROMANCE ROAD • 1925
THREE IN EXILE • 1925
VERDICT, THE • 1925
WITH THIS RING • 1925
MORGANSON'S FINISH • 1926

TAXI MYSTERY, THE • 1926
BROADWAY AFTER MIDNIGHT • GANGSTERS ON BROADWAY (UKN) • 1927
SHE'S MY BABY • 1927
BROADWAY DADDIES • GIRL OF THE NIGHT (UKN) • 1928
DEVIL DOGS • 1928

WINDING THOMAS – DNM
REVOLUTIONEN I VANDKANTEN • LOST IN THE SAND • 1971
MOR, JEG HAR PATIENTER • 1972

WINDOM L. C. see **WINDOM LAWRENCE C.**

WINDOM LAWRENCE see **WINDOM LAWRENCE C.**

WINDOM LAWRENCE C. – USA – 1876–
WINDOM LAWRENCE • WINDOM L. C.
BLIND JUSTICE • 1915
BROUGHT HOME • 1915
DESTROYER, THE • 1915
GREAT DECEIT, THE • 1915
ON THE LITTLE MILL TRACE • 1915
PAPERED DOOR, THE • 1915
SPIDER, THE • 1915
BEACHCOMBER, THE • 1916 • SHT
BORDER LINE, THE • 1916 • SHT
BORROWED SUNSHINE • 1916 • SHT
CHIMNEY SWEEP, THE • 1916 • SHT
DISCARD, THE • 1916
EASY ED • 1916 • SHT
HER NAKED SOUL • 1916 • SHT
IN A LOOKING GLASS • 1916 • SHT
LITTLE VOLUNTEER, A • 1916 • SHT
LOST, TWENTY-FOUR HOURS • 1916 • SHT
PETER, THE HERMIT • 1916 • SHT
PROMISE LAND, THE • 1916 • SHT
TALE FROM THE DECAMERON, A • 1916 • SHT
WAY OF PATIENCE, THE • 1916 • SHT
AMONG THOSE PRESENT • 1917 • SHT
BRIDGE OF FANCY, A • 1917 • SHT
CLOCK STRUCK ONE, THE • 1917 • SHT
EFFICIENCY EDGAR'S COURTSHIP • 1917
FINISH, THE • 1917 • SHT
FIVE DOLLAR BILL, THE • 1917 • SHT
FOOLS FOR LUCK • 1917
FOUR CENT COURTSHIP, A • 1917 • SHT
GUIDING HAND, THE • 1917 • SHT
HOODOOED STORY, THE • 1917 • SHT
KINGDOM OF HOPE, THE • 1917 • SHT
PLACE IN THE SUN, A • 1917 • SHT
SEASON OF CHILDREN, THE • 1917 • SHT
SMALL TOWN GUY, THE • 1917
STEPS TO SOMEWHERE • 1917 • SHT
SUNDAYING IN FAIRVIEW • 1917 • SHT
TWO-BITS SEATS • 1917
UNEVEN ROAD, THE • 1917 • SHT
WHAT WOULD YOU DO? • 1917 • SHT
WHEN SORROW WEEPS • 1917 • SHT
WONDERFUL EVENT, THE • 1917 • SHT
WOULD YOU BELIEVE IT? • 1917 • SHT
APPEARANCE OF EVIL, THE • 1918
GREY PARASOL, THE • 1918
PAIR OF SIXES, A • 1918
POWER AND THE GLORY, THE • 1918
RUGGLES OF RED GAP • 1918
UNEASY MONEY • 1918
IT'S A BEAR • 1919
TAXI • 1919
UPSIDE DOWN • 1919
WANTED –A HUSBAND • 1919
GIRL WITH THE JAZZ HEART, THE • GIRL WITH A JAZZ HEART, THE • 1920
HEADIN' HOME • 1920
HUMAN COLLATERAL • 1920
NOTHING BUT LIES • 1920
TRUTH, THE • 1920
VERY IDEA, THE • 1920
SOLOMON IN SOCIETY • HOUSE OF SOLOMON • 1922
MODERN MARRIAGE • 1923
SINNER OR SAINT • 1923
TRUTH ABOUT WIVES, THE • 1923
FAITHLESS LOVER, THE • PASTEBOARD LOVER, THE • 1928
ENEMIES OF THE LAW • 1931

WINDROW STELLAN – SWD
HALVVAGS TILL HIMLEN • 1932

WINDSOR CHRIS – UKN – 1949–
WINDSOR CHRISTOPHER
TRAPPER DAN • 1974
U.F.O.'S OVER ALBERTA • 1976 • MTV
BUTCHER OF BURQUITLAM • 1981
BIG MEAT EATER • 1982

WINDSOR CHRISTOPHER see **WINDSOR CHRIS**

WINDUST BRETAIGNE – FRN – 1906–1960
JUNE BRIDE • 1948
WINTER MEETING • 1948
PERFECT STRANGERS • TOO DANGEROUS TO LOVE (UKN) • 1949
PRETTY BABY • 1950
ENFORCER, THE • MURDER INC. (UKN) • 1951
FACE TO FACE • 1952
PIED PIPER OF HAMELIN, THE • 1957 • MTV

WINER HARRY – USA
SINGLE BARS, SINGLE WOMEN • 1984 • TVM
MIRRORS • 1985 • TVM
SPACECAMP • SPACE CAMP • 1986

WINER LUCY – USA
RATE IT "X" • 1986 • DOC

WINER RICHARD – USA
DEVIL'S TRIANGLE, THE • 1974

WING WARD – USA
PRESIDIO, EL • 1930
WHIPPET RACING • 1931 • SHT
BONE CRUSHERS • 1933 • SHT
SAMARANG • 1933
TEA LEAVES IN THE WIND • HATE IN PARADISE • 1938

WING WILLIAM E. – USA
FAUCET, THE • 1916

WINGATE DAVID – NRW
SVART HAV • EMPTY SEA • 1979

WINGER OLA – NRW
KNUTSEN OG LUDVIGSEN • 1974

WINHAM FRANCINE – UKN
RAPUNZEL LET DOWN YOUR HAIR • 1978

WINIGER EDUARD – SWT
UNSERE ELTERN HABEN DEN AUSWEIS C. • 1983 • DOC

WINKELMANN ADOLF – GRM
JEDE MENGE KOHLE • ANY AMOUNT OF COAL • 1982

WINKLER CHARLES – USA
YOU TALKIN' TO ME? • 1987

WINKLER DONALD – CND – 1940–
DOODLE FILM • 1970
BANNER FILM • 1972
IN PRAISE OF HANDS • 1974 • MTV
ONE MAN'S GARDEN • 1974 • MTV
TRAVEL LOG • 1978
BOOKMAKER'S PROGRESS • 1979 • MTV
EARLE BIRNEY: PORTRAIT OF A POET • 1981 • MTV
F.R. SCOTT: RHYME AND REASON • 1982 • MTV
SCHOLAR IN SOCIETY: NORTHROP FRYE IN CONVERSATION • 1984 • MTV
POET: IRVING LAYTON OBSERVED • 1986 • MTV
TALL MAN EXECUTES A JIG, A • 1986 • MTV

WINKLER HENRY – Actor – USA – 1945–
SMOKY MOUNTAIN CHRISTMAS, A • 1986 • TVM
MEMORIES OF ME • 1988

WINKLER PAUL – ASL
SCARS • 1972
CHANTS • 1975
RED CHURCH • 1976
BARK RIND • 1977

WINKLESS TERENCE H. – USA
NEST, THE • 1988

WINNER MICHAEL – UKN – 1935–
CLOCK STRIKES EIGHT, THE • 1958
CLIMB UP THE WALL • 1960
HAUNTED ENGLAND • 1961
OLD MAC • 1961
OUT OF THE SHADOW • MURDER ON THE CAMPUS (USA) • 1961
SHOOT TO KILL • 1961
SOME LIKE IT COOL • 1961
BEHAVE YOURSELF • 1962
PLAY IT COOL • 1962
COOL MIKADO, THE • 1963
SYSTEM, THE • GIRL-GETTERS, THE (USA) • 1963
WEST 11 • 1963
YOU MUST BE JOKING! • 1965
JOKERS, THE • 1966
I'LL NEVER FORGOT WHAT'S 'IS NAME • 1967
GAMES, THE • 1969
HANNIBAL BROOKS • 1969
LAWMAN • 1970
CHATO'S LAND • 1972
MECHANIC, THE • KILLER OF KILLERS, THE • 1972
NIGHTCOMERS, THE • 1972
SCORPIO • 1973
STONE KILLER, THE • COMPLETE STATE OF DEATH • 1973
DEATH WISH • 1974
WON TON TON, THE DOG WHO SAVED HOLLYWOOD • 1976
SENTINEL, THE • 1977
BIG SLEEP, THE • 1978
FIREPOWER • 1979
DEATH WISH II • 1982
WICKED LADY, THE • 1983
SCREAM FOR HELP • 1984
DEATH WISH 3 • 1985
APPOINTMENT WITH DEATH • 1987
CHORUS OF DISAPPROVAL, A • 1989
BULLSEYE • 1990

WINNER PETER – SWD – 1910–
GOMORRON BILL! • GOOD MORNING BILL • 1945
VAR HERRE TAR SEMESTER • 1947

WINNER VIC see **ALCAZAR VICTOR**

WINNING DAVID – CND – 1961–
SEQUENCE • 1980
FLASH FRAME • 1986
STORM • 1986

WINOGRAD PETER – USA
FLICKS • LOOSE JOINTS • 1987

WINSLOW DICKY – UKN
CORSICAN BROTHERS, THE • 1902
EAST LYNNE • 1902
FIGHT WITH SLEDGEHAMMERS • 1902
LITTLE JIM: OR, THE COTTAGE WAS A THATCHED ONE • 1902
MARIA MARTEN: OR, THE MURDER AT THE RED BARN • 1902
ASSASSINATION OF THE KING AND QUEEN OF SERVIA, THE • 1903
OCTAROON, THE • 1903
SERVIAN TRAGEDY, THE • 1903

WINSLOW SUSAN – USA
ALL THIS AND WORLD WAR II • 1976 • DOC

WINSOR TERRY – UKN
PARTY, PARTY • 1983
MORGAN STEWART'S COMING HOME • HOMEFRONT • 1987

WINSTON R. B. – GRM
LIEBE UNTER 17 • LOVE UNDER 17 (UKN) • 1970

WINSTON RON – USA – 1932–
AMBUSH BAY • 1966
BANNING • 1967
DON'T JUST STAND THERE! • 1968
GAMBLERS, THE • 1970

WINSTON S. K. – USA
ADVENTURE IN MUSIC • 1944

WINSTON STAN – USA
PUMPKINHEAD • VENGEANCE, THE DEMON • 1988
UPWORLD • 1989

WINTER DONOVAN – Producer/ writer – UKN
AWAKENING HOUR, THE • 1957
GREAT EXPEDITION, THE • 1959
TRUNK, THE • 1961
WORLD WITHOUT SHAME • NAKED PEOPLE, THE • 1962
HARMONY ABROAD • 1965 • SHT
SWING ABOARD THE MARY • 1965 • DCS
PENNY FOR YOUR THOUGHTS: OR, BIRDS, DOLLS AND SCRATCH –ENGLISH STYLE • 1966
PROMENADE • 1967
COME BACK PETER • IMPORTANCE OF BEING SEXY, THE ◦ SOME LIKE IT SEXY • 1969
SUNDAY IN THE PARK • 1970 • DOC
ESCORT GIRLS • 1974
DEADLY FEMALES, THE • 1975
GIVE US TOMORROW • 1980

WINTER JORN – USA
SOLO • 1965 • SHT

de WINTER LEON – NTH
VERWORDING VAN HERMAN DURER, DE • DEMISE OF HERMAN DURER, THE • 1979
DISTANCE, THE • 1981
GRENS, DE • FRONTIERS • 1984

WINTER NICK – FRN – 1879–1946
MEPHISTO • 1930

WINTER PERCY – USA
PATSY AT SCHOOL • 1914
FINN AND HADDIE • 1915
INEVITABLE PENALTY, THE • 1915
PATSY'S VACATION • 1915
SON, THE • 1915
SWEETER THE REVENGE • 1915
OTHER GIRL, THE • 1916
PERSISTENCY • 1916 • SHT

WINTERGATE JOHN – USA
BOARDING HOUSE • 1982

WINTERS DAVID – UKN – 1939–
DR. JEKYLL AND MR. HYDE • 1973 • TVM
WELCOME TO MY NIGHTMARE • 1976 • DOC
RACQUET • 1979
JAYNE MANSFIELD –AN AMERICAN TRAGEDY • 1981
LAST HORROR FILM, THE • FANATIC • 1982
MISSION KILL • 1984
THRASHIN' • 1986
RAGE TO KILL • 1987
LOST PLATOON, THE • 1988
MUTINY IN SPACE • 1988
CODE NAME: VENGEANCE • 1989

WINTERS LARRY – USA
AC/DC • 1969
DONNA AND LISA • 1969

WINTERS PAUL – USA
FREEWAY MANIAC, THE • BREAKDOWN • 1987

WINTERSTEIN FRANK see **WINTERSTEIN FRANZ**

WINTERSTEIN FRANZ – GRM
WINTERSTEIN FRANK
SUENOS DE TAY-PY • 1951
SIGILLO DI PECHINO, IL • HOLLE VON MACAO, DIE (FRG) ◦ PEKING MEDALLION, THE (UKN) ◦ CORRUPT ONES, THE (USA) ◦ CORROMPUS, LES ◦ HELL TO MACAO • 1966

WINTREBERT M. ST. LOUP – USA
VENGEANCE OF HEAVEN, THE • 1913

WINZENSTEIN FRANZ – GRM
ERLEBNISSE DER PUPPE • 1966

WINZENTSEN FRANZ – Animator – GRM
AFTERWARD...THE ADVENTURES OF A DOLL • 1957 • ANS
DUST • ANS
WINDSTILL • 1968 • ANS

WINZENTSEN URSULA – GRM
DUST • ANS

WION MARCEL L. – FRN
PRINCES DE LA CRAVACHE • 1930

WIONCZEK ROMAN – PLN – 1928–
KIERUNEK WENEZUELA • DIRECTION VENEZUELA • 1958 • DOC
MEKSYK • MEXICO • 1958 • DOC
OD MOCAMBO SO COPACABANY • FROM MOCAMBO TO COPACABANA • 1959 • DOC
KRONIKA KOSZALINA • CHRONICLE OF KOSZALIN • 1960 • DOC
PRZED PODROZA • BEFORE A JOURNEY • 1960 • DOC
KRONIKA WIELKIEJ BUDOWY • CHRONICLE OF A GREAT CONSTRUCTION, THE • 1961 • DOC
PLOCKA JESIEN 1961 • PLOCK AUTUMN 1961 • 1961 • DOC
ZIEMIA KOSZALINSKA • KOSZALIN REGION, THE • 1961 • DOC
DWIE WARSZAWY • TWO WARSAWS • 1962 • DOC
LUDZIE Z BAZY • PEOPLE FROM THE BASE • 1962 • DOC
GDYNIA RADIO • 1963 • DOC
WSZSCY JEJESTESMY PRESLEYAMI • WE'RE ALL PRESLEYS • 1963 • DOC
DZIEWCZETA Z BUKARESZTU • GIRL FROM BUCHAREST • 1964 • MTV

PLOCK RUSZA • PLOCK STARTS • 1964 • DOC
POD JEDNYM DACHEM • UNDER ONE ROOF • 1964 • MTV
HOMO VARSOVIENSIS • 1965 • MTV
KRONIKA CZTERECH LAT • CHRONICLE OF FOUR YEARS • 1965 • DOC
POWROT POSLA • RETURN OF THE ENVOY, THE • 1965 • DOC
GRANICA • BORDER, THE • 1967 • MTV
NA PODHALU • IN THE PODHALE REGION • 1967 • DOC
PARADA • PARADE, THE • 1967 • DOC
POCIAGIEM PRZYJAZNI DO Z.S.R.R. • TRAIN OF FRIENDSHIP TO THE U.S.S.R. • 1967 • DOC
PULAWY, GODZINA ZERO • PULAWY ZERO HOUR • 1967 • DOC
NA STACJI • AT THE STATION • 1968 • DOC
O TYM NIE WOLNO ZAPOMNIEC • THIS MUST NOT BE FORGOTTEN • 1968 • DOC
MIEDZY WRZESNIEM A MAJEM • BETWEEN SEPTEMBER AND MAY • 1969
63 DNI • 63 DAYS • 1969 • MTV
WARSZAWSKA OPOWIESC • WARSAW STORY • 1970
CZLOWIEK O DWU NAZWISKACH • MAN WITH TWO NAMES, THE • 1971 • DOC
DZIESIEC KOLOBRZESKICH DNI • TEN KOLOBRZEG DAYS • 1971 • DOC
MIEJSLE DLA CZLOWIEKA • ROOM FOR MEN • 1972

WIRTH FRANZ P. see **WIRTH FRANZ PETER**

WIRTH FRANZ PETER – GRM

WIRTH FRANZ P.

HELDEN • ARMS AND THE MAN (USA) • 1958
...UND NICHTS ALS DIE WAHRHEIT • 1958
MENSCHEN IM NETZ • UNWILLING AGENT (USA) ○ PEOPLE IN THE NET • 1959
TAG, DER NIE ZU ENDE GEHT, EIN • 1959
FRAU AM DUNKLEN FENSTER, EINE • 1960
HAMLET • 1960 • MTV
BIS ZUM ENDE ALLER TAGE • GIRL FROM HONG KONG (USA) • 1961
ALEXANDER ZWO • 1972
OH JONATHAN • OH, JONATHAN –OH, JONATHAN! • 1973
DEEP WATER • 1983 • MTV

WISBAR FRANK – GRM – 1899-1967

WYSBAR FRANK

IM BANNE DES EULENSPIEGELS • 1932
ANNA UND ELIZABETH • ANNA AND ELIZABETH (USA) • 1933
RIVALEN DER LUFT • 1934
HERMIN UND DIE SIEBEN AUFRECTEN • 1935
WERFT ZUM GRAUEN HECHT, DIE • 1935
FAHRMANN MARIA • FERRYMAN MARIA (USA) ○ FERRYBOAT WOMAN MARIA ○ FERRYWOMAN MARIA • 1936
UNBEKANNTE, DIE • UNKNOWN, THE • 1936
BALL IM METROPOL • 1937
PETERMANN IST DAGEGEN • 1937
STRANGLER OF THE SWAMP • 1945
DEVIL BAT'S DAUGHTER • 1946
LIGHTHOUSE, THE • 1946
SECRETS OF A SORORITY GIRL • SECRET OF LINDA HAMILTON (UKN) • 1946
PRAIRIE, THE • 1947
MOZART STORY, THE • 1948
HAIE UND KLEINE FISCHE • U BOAT 55 • 1957
NASSER ASPHALT • WET ASPHALT (USA) • 1958
HUNDE! WOLLT IHR EWIG LEBEN? • DOGS, DO YOU WANT TO LIVE FOREVER ○ BATTLE INFERNO • 1959
FABRIK DER OFFIZIERE • 1960
NACHT FIEL UBER GOTENHAFEN • 1960
BARBARA • 1961
MARSCHIER UND KREPIER • MARCIA O CREPA (ITL) ○ MARCIA O MUERE (SPN) ○ LEGION'S LAST PATROL, THE (UKN) ○ COMMANDO (USA) ○ SPRUNG IN DIE HOLLE ○ HEROS SANS RETOUR (FRN) • 1962
DURCHBRUCH LOK 234 • BREAKTHROUGH, THE • 1963

WISBERG AUBREY – USA

DRAGON'S GOLD • 1953

WISBEY DEANNA – UKN

GLOBE OF DELIGHTS • 1971

WISCO VICTOR – USA

DEMON PRINCES: GENESIS OF THE VAMPIRE • 1987

WISE DAVID – USA

SHORT CIRCUIT • 1964 • ANS

WISE HERBERT – AUS – 1924-

TO HAVE AND TO HOLD • 1963
LOVERS!, THE • 1972
GATHERING STORM, THE • 1974
JULIUS CAESAR • 1978 • TVM
SECRET LIVES OF THE BRITISH PRIME MINISTERS: GLADSTONE, THE • GLADSTONE: THE PROSTITUTE SCANDAL ○ OLD GLAD EYES • 1981 • MTV
SKOKIE • 1981 • TVM
SECRET LIVES OF THE BRITISH PRIME MINISTERS: LLOYD GEORGE • LLOYD GEORGE: THE MENAGE A TROIS SCANDAL ○ DAVID LLOYD GEORGE ○ WOMAN OF STYLE, A • 1983 • MTV
POPE JOHN PAUL II • 1984 • TVM
REUNION AT FAIRBOROUGH • 1985 • TVM
WELCOME HOME, BOBBY • 1986 • TVM

*WISE HERBERT** see **RICCI LUCIANO**

WISE ROBERT – Producer – USA – 1914-

CURSE OF THE CAT PEOPLE, THE • 1944
MADEMOISELLE FIFI • SILENT BELL, THE • 1944
BODY SNATCHER, THE • 1945
CRIMINAL COURT • 1946
GAME OF DEATH, A • DANGEROUS ADVENTURE ○ MOST DANGEROUS GAME, THE • 1946
BORN TO KILL • LADY OF DECEIT (UKN) • 1947
BLOOD ON THE MOON • 1948
MYSTERY IN MEXICO • 1948
SET-UP, THE • 1949
DAY THE EARTH STOOD STILL, THE • 1950
THREE SECRETS • 1950
TWO FLAGS WEST • TRUMPET TO THE MORN • 1950
HOUSE ON TELEGRAPH HILL • 1951
CAPTIVE CITY, THE • 1952
SOMETHING FOR THE BIRDS • 1952
DESERT RATS, THE • 1953
DESTINATION GOBI • GOBI OUTPOST ○ SIXTY SADDLES FOR GOBI • 1953
SO BIG • 1953
EXECUTIVE SUITE • 1954
HELEN OF TROY • 1955
SOMEBODY UP THERE LIKES ME • 1956
TRIBUTE TO A BAD MAN • 1956
THIS COULD BE THE NIGHT • 1957
UNTIL THEY SAIL • 1957
I WANT TO LIVE! • 1958
RUN SILENT, RUN DEEP • 1958
ODDS AGAINST TOMORROW • 1959
WEST SIDE STORY • 1961
TWO FOR THE SEESAW • 1962
HAUNTING, THE • 1963
SOUND OF MUSIC, THE • 1965
SAND PEBBLES, THE • 1966
STAR! • THOSE WERE THE HAPPY TIMES ○ GERTIE WAS A LADY ○ THOSE WERE THE HAPPY DAYS • 1968
ANDROMEDA STRAIN, THE • 1971
TWO PEOPLE • 1973
HINDENBERG, THE • 1975
AUDREY ROSE • 1977
STAR TREK –THE MOTION PICTURE • STAR TREK –THE MOVIE • 1979
I, ZORBA • 1987
ROOFTOPS • 1989

WISEMAN FREDERICK – USA – 1930-

TITICUT FOLLIES, THE • 1967 • DOC
HIGH SCHOOL • 1969 • DOC
LAW AND ORDER • 1970 • DOC
BASIC TRAINING • 1971 • DOC
HOSPITAL • 1971 • DOC
ESSENE • 1972 • DOC
JUVENILE COURT • 1973 • DOC
PRIMATE • 1974
WELFARE • 1975
MEAT • 1976 • DOC
CANAL ZONE • 1977 • DOC
SINAI FIELD MISSION • 1978 • DOC
MANOEUVRE • 1979 • DOC
MODEL • 1980 • DOC
SERAPHITA'S DIARY • 1982

WISHMAN DORIS – USA

NATURE CAMP CONFIDENTIAL • NATURE CAMP DIARY ○ NUDIST CONFIDENTIAL ○ DIARY OF A NUDIST ○ NUDIST CAMP • 1961
BLAZE STARR GOES NUDIST • BLAZE STARR GOES BACK TO NATURE ○ BUSTING OUT • 1962
GENTLEMEN PREFER NATURE GIRLS • 1963
PALYGIRLS INTERNATIONAL • NATURE'S PLAYGIRLS INTERNATIONAL • 1963
BEHIND THE NUDIST CURTAIN • NATURE GIRLS UNLIMITED • 1964
PRINCE AND THE NATURE GIRL, THE • 1965
SEX PERILS OF PAULETTE, THE • SEX PERILS OF PAULINE ○ PAULETTE • 1965
ANOTHER DAY, ANOTHER MAN • 1966
MY BROTHER'S WIFE • 1966
INCREDIBLE CHESTY (72-32-36) MORGAN AND HER DEADLY WEAPONS, THE • DEADLY WEAPONS • 1974
DOUBLE AGENT 73 • 1975

WISNIEWSKI RAY – USA

QUETZALCOATL • 1951 • SHT
DOOMSHOW • SHT

WISTROM MIKAEL – SWD

BREV TILL PARADISET • LETTER TO PARADISE • 1990

de WIT TED – NTH

EVOLUON • 1969 • SHT

WITHEY CHESTER see **WITHEY CHET**

WITHEY CHET – USA – 1887-

WITHEY CHESTER

DEVIL'S NEEDLE, THE • 1916
OLD FOLKS AT HOME, THE • 1916
WHARF RAT, THE • 1916
ALABASTER BOX, THE • 1917
BAD BOY • 1917
MADAM BO' PEEP • 1917
NEARLY MARRIED • 1917
OLD-FASHIONED YOUNG MAN, AN • 1917
WOMAN'S AWAKENING, A • 1917
HUN WITHIN, THE • PERIL WITHIN, THE • 1918
IN PURSUIT OF POLLY • PURSUIT OF POLLY • 1918
ON THE QUIET • 1918
LITTLE COMRADE • 1919
MAGGIE PEPPER • 1919
NEW MOON, THE • 1919
TEETH OF THE TIGER, THE • 1919
ROMANCE • 1920
SHE LOVES AND LIES • 1920
COINCIDENCE • 1921
LESSONS IN LOVE • 1921
WEDDING BELLS • 1921
DOMESTIC RELATIONS • 1922
HEROES AND HUSBANDS • 1922
OUTCAST • 1922
RICHARD, THE LION-HEARTED • 1923
CAFE IN CAIRO, A • 1924
PLEASURE BUYERS, THE • 1925
GOING THE LIMIT • 1926
HER HONOR THE GOVERNOR • SECOND MRS. FENWAY, THE • 1926
IMPOSTER, THE • 1926
QUEEN O' DIAMONDS • 1926
SECRET ORDERS • 1926
BUSHRANGER, THE • 1928

WITHINGTON PAUL – USA

BLONDE CAPTIVE, THE • BLOND CAPTIVE, THE • 1932 • DOC

WITHROW STEPHEN – CND – 1953-

CRAZY HORSE • SHE DRIVES ME CRAZY • 1988

WITIKKA JACK – FNL – 1916-

AILA, POHJOLAN TYTAR • AILA, DAUGHTER OF THE NORTH • 1951
NUKKEKAUPPIAS JA KAUNIS LILITH • DOLL MERCHANT AND THE BEAUTIFUL LILITH, THE • 1955
SILJA –NUORENA NUKKUNUT • SILJA –FALLEN ASLEEP WHEN YOUNG • 1956
MIES TALTA TAHDELTA • MAN FROM THIS PLANET, THE ○ MAN FROM THIS STAR, THE • 1958
PIKKU PIETARIN PIHA • LITTLE PETER'S YARD ○ LITTLE PRESENTS • 1961

WITLIFF WILLIAM – USA

RED-HEADED STRANGER • 1986

WITNEY WILLIAM – USA – 1910-

PAINTED STALLION, THE • 1937 • SRL
S.O.S. COASTGUARD • 1937 • SRL
TRIGGER TRIO, THE • 1937
ZORRO RIDES AGAIN • 1937 • SRL
DICK TRACY RETURNS • 1938 • SRL
FIGHTING DEVIL DOGS • 1938 • SRL
HAWK OF THE WILDERNESS • 1938 • SRL
LONE RANGER, THE • 1938 • SRL
LOST ISLAND OF KIOGA • 1938
TORPEDO OF DOOM, THE • 1938
DAREDEVILS OF THE RED CIRCLE • 1939 • SRL
DICK TRACY'S G-MEN • 1939 • SRL
LONE RANGER RIDES AGAIN, THE • 1939 • SRL
ZORRO'S FIGHTING LEGION • 1939 • SRL
ADVENTURES OF RED RYDER • 1940 • SRL
DOCTOR SATAN'S ROBOT • 1940
DRUMS OF FU MANCHU • 1940 • SRL
HEROES OF THE SADDLE • 1940
HI-YO SILVER! • 1940
KING OF THE ROYAL MOUNTED • YUKON PATROL, THE • 1940 • SRL
MYSTERIOUS DR. SATAN • 1940 • SRL
YUKON PATROL • 1940
ADVENTURES OF CAPTAIN MARVEL • RETURN OF CAPTAIN MARVEL • 1941 • SRL
DICK TRACY VS. CRIME INC. • DICK TRACY VS. THE PHANTOM EMPIRE • 1941 • SRL
JUNGLE GIRL • 1941 • SRL
KING OF THE TEXAS RANGERS • 1941 • SRL
KING OF THE MOUNTIES • 1942 • SRL
NYOKA AND THE LOST SECRET OF HIPPOCRATES • NYOKA AND THE TIGER MAN ○ NYOKA AND THE TIGERMEN • 1942
OUTLAWS OF PINE RIDGE • 1942
PERILS OF NYOKA • 1942 • SRL
S.O.S. COASTGUARD • 1942
SPY SMASHER • 1942 • SRL
SPY SMASHER RETURNS • 1942
BLACK DRAGON OF MANZANAR • 1943
G-MEN VS. THE BLACK DRAGON • 1943 • SRL
CRIMSON GHOST, THE • 1946 • SRL
CYCLOTRODE "X" • 1946
HELDORADO • HELLDORADO • 1946
HOME IN OKLAHOMA • 1946
ROLL ON, TEXAS MOON • 1946
APACHE ROSE • 1947
BELLS OF SAN ANGELO • 1947
ON THE OLD SPANISH TRAIL • 1947
SPRINGTIME IN THE SIERRAS • 1947
EYES OF TEXAS • 1948
FAR FRONTIER, THE • 1948
GAY RANCHERO, THE • 1948
GRAND CANYON TRAIL • 1948
NIGHT TIME IN NEVADA • 1948
UNDER CALIFORNIA STARS • 1948
DOWN DAKOTA WAY • 1949
GOLDEN STALLION, THE • 1949
SUSANNA PASS • 1949
BELLS OF CORONADO • 1950
NORTH OF THE GREAT DIVIDE • 1950
SUNSET IN THE WEST • 1950
TRAIL OF ROBIN HOOD • 1950
TRIGGER JR. • 1950
TWILIGHT IN THE SIERRAS • 1950
HEART OF THE ROCKIES • 1951
IN OLD AMARILLO • 1951
PALS OF THE GOLDEN WEST • 1951
SOUTH OF CALIENTE • 1951
SPOILERS OF THE PLAINS • 1951
WAC FROM WALLA WALLA, THE • ARMY CAPERS (UKN) • 1951
BORDER SADDLEMATES • 1952
COLORADO SUNDOWN • 1952
LAST MUSKETEER, THE • 1952
OLD OKLAHOMA PLAINS • 1952
SOUTH PACIFIC TRAIL • 1952
DOWN LAREDO WAY • 1953
IRON MOUNTAIN TRAIL • 1953
OLD OVERLAND TRAIL • 1953
SHADOWS OF TOMBSTONE • 1953
OUTCAST, THE • FORTUNE HUNTER, THE (UKN) • 1954
CITY OF SHADOWS • 1955
FIGHTING CHANCE, THE • 1955
HEADLINE HUNTERS • 1955
SANTA FE PASSAGE • 1955
STRANGE ADVENTURE, A • WHITE NIGHTMARE • 1956
STRANGER AT MY DOOR • 1956
PALE ARROW • 1957
PANAMA SAL • 1957
BONNIE PARKER STORY, THE • 1958
COOL AND THE CRAZY, THE • 1958
JUVENILE JUNGLE • 1958
YOUNG AND WILD • 1958
PARATROOP COMMAND • 1959
SECRET OF THE PURPLE REEF • 1960
VALLEY OF THE REDWOODS • 1960
CAT BURGLAR, THE • 1961
LONG ROPE, THE • 1961
MASTER OF THE WORLD • 1961
APACHE RIFLES • 1965
ARIZONA RAIDERS • 1965
GIRLS ON THE BEACH, THE • BEACH GIRLS • 1965
COLORADOS, I • I COLORADOS • 1967
FORTY GUNS TO APACHE PASS • 1967
RIDE THE WIND • 1967 • TVM
TARZAN'S JUNGLE REBELLION • 1970 • MTV
I ESCAPED FROM DEVIL'S ISLAND • ESCAPE DE LA ISLA DEL DIABLO (MXC) • 1973
GET DOWN AND BOOGIE • DARKTOWN STRUTTERS • 1975

WITT CLAUS PETER – GRM

GENTLEMEN BITTEN ZUR KASSE, DIE • GREAT BRITISH TRAIN ROBBERY, THE (USA) ○ POSTZUG-UBERFALL, DER • 1965 • MTV

de WITT GEORGE – VNZ

GIGANTE PARA AMUAY, UN • GIANT FOR AMUAY, A • 1973 • DOC

WITTMAN PETER – USA

ELLIE • 1984
PLAY DEAD • SATAN'S DOG • 1985

WITZIG PAUL – ASL
ROLLING HOME • 1974

WIVEL ANNE – DNM
MOTIVATION • 1984 • DOC
TAVSE PIGER, DE • SILENT GIRLS, THE • 1986 • DOC
ANSIGT TIL ANSIGT • FACE TO FACE • 1987 • DOC
DAVID OR GOLIATH • 1988 • DOC

WIZIARDE FRANK – USA
SANTA'S CHRISTMAS CIRCUS • 1966

WO LEE-JIN – SKR
LOVERS IN THE RAIN • 1978
SPARROW SINGS AT NIGHT, THE • 1981

WOESTHOFF ALWIN – GRM
KALAMITATEN • 1961

WOHL IRA – USA
BEST BOY • 1979 • DOC
JAY LENO'S AMERICAN DREAM • 1986
ONLY CHILD • 1987

WOHL STANISLAW – PLN
TROJE I LAS • 1962
PRZYGODA NOWOROCZNA • IT HAPPENED ON THE NEW YEAR DAY ○ NEW YEAR'S EVE • 1963
ZLOTE KOLO • GOLD RING • 1971 • MTV

WOHL STEFAN – BRZ
DONZELO, O • 1971

WOHLMUTH ROBERT – GRM
RECHT ZU LEBEN, DAS • 1927
LIEBE IM MAI • 1928
WENN DER WEISSE FLIEDER WIEDER BLUHT • 1929
BUNZLI'S GROSSTADTABENTEUER • 1930
IN EINER KLEINEN KONDITOREI • WAS KLEINE MADCHEN TRAUMEN • 1930
KABINETT DES DR. LARIFARI, DAS • 1930
WOLGAMADCHEN, DAS • 1930
GESANGVEREIN SORGENFREI • 1931
NACHT DER VERSUCHUNG, DIE • FREMDENLEGIONAR NR.37 • 1932
ZWEI VOM SUDEXPRESS, DIE • 1932

WOJCIECH J. – PLN
SPOZNIENI PRZECHODNIE • PASSENGERS WHO ARE LATE ○ THOSE WHO ARE LATE • 1962

WOJCIECHOWSKI KRZYSZTOF – PLN – 1939–
BULLET, A • 1973 • DOC
WYSZEDL W JASNY POGODNY DZIEN • HE LEFT ON A CLEAR FINE DAY ○ HE LEFT ONE FINE DAY ○ HE LEFT ON A BRIGHT CLEAR DAY • 1973 • SHT
KOCHAJMY SIE • LET'S LOVE ONE ANOTHER ○ LOVE THY NEIGHBOUR ○ LET US LOVE • 1975
RODZINA • FAMILY, A • 1975
ANTIQUES • 1977
STRESS OF THE NEW ADDRESS • 1980

WOJCIK WOJCIECH – PLN
ZABIC NA KONCU • KILL AT THE END • 1990

WOLBERT WILLIAM – USA
WANDERERS, THE • 1915
ASHES • 1916 • SHT
COST OF HIGH LIVING, THE • 1916 • SHT
CURFEW AT SIMPTON CENTER • 1916 • SHT
FASTERS, THE • 1916 • SHT
FOOL AND HIS FRIEND, A • 1916 • SHT
GAME THAT FAILED, THE • 1916 • SHT
HER PARTNER • 1916 • SHT
LAST MAN, THE • 1916
MISS ADVENTURE • 1916 • SHT
PALOMA, LA • 1916 • SHT
PANSY'S PAPAS • 1916 • SHT
PEP'S LEGACY • 1916 • SHT
RACE FOR LIFE, A • 1916 • SHT
SIN'S PENALTY • 1916 • SHT
SOME CHICKEN • 1916 • SHT
SQUARED ACCOUNT, A • 1916 • SHT
WATERS OF LETHE, THE • 1916 • SHT
WHEN IT RAINS IT POURS • 1916 • SHT
WHEN LIN CAME HOME • 1916 • SHT
ALADDIN FROM BROADWAY • 1917
BILLY SMOKE • 1917 • SHT
BY RIGHT OF POSSESSION • 1917
CAPTAIN OF THE GRAY HORSE TROOP, THE • 1917
DIVORCEE, THE • 1917
FLAMING OMEN, THE • 1917
MAGNIFICENT MEDDLER, THE • 1917
MONEY MAGIC • 1917
SUNLIGHT'S LAST RAID • 1917
CAVANAUGH OF THE FOREST RANGERS • 1918
GIRL FROM BEYOND, THE • 1918
HOME TRAIL, THE • 1918
THAT DEVIL, BATEESE • 1918
WHEN MEN ARE TEMPTED • 1918
WILD STRAIN, THE • 1918
LIGHT OF VICTORY, THE • ISLAND OF ADVENTURE, THE ○ RENEGADE, THE • 1919

WOLCOTT JAMES L. – USA
WILD WOMEN OF WONGO • 1958

WOLDER – DNM
ELSKOVS OPFINFSOMHED • INVENTIVE LOVE • 1913

WOLF DAVID – USA
AMERICAN GAME, THE • 1979

WOLF FRED – Animator – USA
BIRD, THE • 1965 • ANS
BOX, THE • 1967 • ANS
POINT, THE • 1971 • ANM
EXTRAORDINARY ADVENTURES OF THE MOUSE AND HIS CHILD, THE • MOUSE AND HIS CHILD, THE • 1977 • ANM
ADVENTURES OF THE AMERICAN RABBIT, THE • 1986 • ANM

WOLF KONRAD – GRM – 1925–1982
BUSCH SINGT • DOC
EINMAL IST KEINMAL • ONE IS LESS THAN ONE ○ ONCE IS NONCE • 1955
GENESUNG • RECOVERY • 1956
LISSY • 1957
SONNENSUCHER, DIE • IN SEARCH OF THE SUN • 1958
STERNE • STARS • 1959
LEUTE MIT FLUGELN • MEN WITH WINGS ○ PEOPLE WITH WINGS • 1960
PROFESSOR MAMLOCK • 1961
GETEILTE HIMMEL, DER • DIVIDED HEAVEN ○ DIVIDED SKY • 1964
KLEINE PRINZ, DER • LITTLE PRINCE, THE • 1966
ICH WAR NEUNZEHN • I WAS NINETEEN ○ NINETEEN • 1967
GOYA • GOYA ODER DER ARGE WEG ZUR ERKENNTNIS ○ GOYA, OR THE ROAD TO AWARENESS • 1971
NACKTE MANN AUF DEM SPORTPLATZ, DER • NAKED MAN ON THE ATHLETIC FIELD, THE ○ NAKED MAN ON THE SPORTSGROUND, THE • 1974
MAMA, ICH LEBE • MUM –I'M ALIVE ○ MAMA, I'M ALIVE • 1977
SOLO SUNNY • 1979

WOLF MARK – USA
DAWN TO DUSK • 1968 • SHT

WOLF MICHAEL
MAN FROM NOWHERE, THE

WOLFE DAVID W. – USA
SILENT WITNESS, THE • 1978 • DOC

WOLFE DONALD – USA
SAVAGE INTRUDER, THE • 1977

WOLFE HOWARD – FRN
ONE WAY AT A TIME

WOLFE TOM – USA
WILBUR AND THE BABY FACTORY • BABY FACTORY (UKN) ○ PLEASURE FARM, THE ○ SEX MACHINE • 1970

WOLFF ANN – UKN
CAPTAIN BUSBY • 1967

WOLFF CARL H. see **WOLFF CARL HEINZ**

WOLFF CARL HEINZ – GRM
WOLFF CARLHEINZ • WOLFF CARL H.
AUS LIEBE GEFEHLT • 1916
ERDSTROMMOTOR, DER • 1917
KASSETTE, DIE • 1917
SCHLANGENRING, DER • 1917
GIFTPLOMBE, DIE • 1918
SCHICKSAL DER RENATE JONGK, DAS • 1918
WAS ER IM SPIEGEL SAH • 1918
MEXIKANERIN, DIE • 1919
WETTE, DIE • 1919
GEFANGENE, DER • SKLAVEN DES XX. JAHRHUNDERTS ○ SKLAVEN DES 20 JAHRHUNDERTS • 1920
ZWISCHEN FLAMMEN UND FLUTEN • 1921
HERR DER NACHT, DER • 1926
ES WAR EINMAL EIN TREUER HUSAR • 1929
FREIHEIT IN FESSELN • BEWAHRUNGSFRIST • 1929
JUGENDSUNDEN • 1929
FLACHSMANN ALS ERZIEHER • 1930
LUMPENBALL • 1930
KYRITZ – PYRITZ • 1931
LIEBESFILIALE, DIE • 1931
SO'N WINDHUND! • KEINEN TAG OHNE DICH • 1931
TATER GESUCHT • 1931
FRAU LEHMANNS TOCHTER • 1932
HUSARENLIEBE • 1932
HEIDESCHULMEISTER UWE KARSTEN • 1933
IN SACHEN TIMPE • 1934
PIPIN DER KURZE • 1934
TANTE GUSTI KOMMANDIERT • 1934
VERLIEB' DICH NICHT AM BODENSEE • 1935
WACKERE SCHUSTERMEISTER, DER • 1936
TIP AUF AMALIA • 1940

WOLFF CARLHEINZ see **WOLFF CARL HEINZ**

WOLFF HANS – GRM
HOFRAT GEIGER, DER • MARIANDL • 1947
GROSSTADTNACHT • 1950
SCHATTEN UBER NEAPEL • CAMORRA • 1951
ALLE KANN ICH NICHT HEIRATEN • 1952
AM BRUNNEN VOR DEM TORE • 1952
GEFANGENE SEELE • 1952
BEI DIR WAR ES IMMER SO SCHON • 1954
DREI VON DER TANKSTELLE, DIE • 1955
TOLLES HOTEL, EIN • 1956
WO DIE LERCHE SINGT • 1956
AUGUST DER HALBSTARKE • 1957
IM PRATER BLUH'N WIEDER DIE BAUME • 1958

WOLFF LOTHAR – Producer – GRM – 1909–
FRAGE SIEBEN • QUESTION SEVEN (USA) • 1961

WOLFF LUDWIG – GRM
TANZENDES GIFT • 1918
SCHICKSAL DER CAROLA VAN GELDERN, DAS • 1919
STEUERMANN HOLK • 1920
BESTIE IM MENSCHEN, DIE • 1921
SPIONIN, DIE • MATA HARI • 1921
ABSTURZ, DER • DOWNFALL • 1922
TANZERIN NAVARRO, DIE • 1922
LIEBE EINER KONIGIN, DIE • 1923
GARRAGAN • 1924

WOLFF PERRY – Producer/writer – USA – 1921–
GUERRE INCONNUE, LA • SMASHING OF THE REICH (USA) • 1961 • DOC
KAMIKAZE • 1962 • DOC

WOLFF WILLI – GRM
LOLA MONTEZ, DIE TANZERIN DES KONIGS • 1922
TANZERIN DES KONIGS, DIE • 1922
FRAU MIT DEN MILLIONEN 1, DIE • SCHUSS IN DER PARISER OPER, DER • 1923
FRAU MIT DEN MILLIONEN 2, DIE • PRINZ OHNE LAND, DER • 1923
FRAU MIT DEN MILLIONEN 3, DIE • KONSTANTINOPEL – PARIS • 1923
GROSSE UNBEKANNTE 1, DIE • KAKADU LEBERTRAN • 1923
GROSSE UNBEKANNTE 2, DIE • DAME AUS LISSABON, DIE • 1923
FLUG UM DEN ERDBALL, DER • PARIS BIS CEYLON • 1925
FLUG UM DEN ERDBALL 2, DER • INDIEN – EUROPA • 1925
SCHATTEN DER WELTSTADT • WELSTADTNACHE • 1925
JUXBARON, DER • 1926
KOPF HOCH, CHARLY! • 1926
TOLLE HERZOGIN, DIE • 1926
WIE EINST IM MAI • 1926
DAME MIT DEM TIGERFELL, DIE • 1927
SCHONSTEN BEINE VON BERLIN, DIE • 1927
MORAL • 1928
UNMORAL • 1928
CARNIVAL CRIME, THE • 1929
FRAU OHNE NERVEN, DIE • 1929
POLIZEISPIONIN 77 • 1929
CAPRICE DE LA POMPADOUR, UN • 1930
MARQUISE VON POMPADOUR, DIE • 1930
NUR DU • 1930
ABENTEUERIN VON TUNIS, DIE • TREFFPUNKT AFRIKA! • 1931
GEHEIMNIS UM JOHANN ORT, DAS • LIEBESROMAN IM HAUSE HABSBURG, EIN • 1932
STRAFSACHE VAN GELDERN • 1932
THEATERNACHTE VON BERLIN • 1932
MANOLESCU, DER FURST DER DIEBE • 1933

WOLFOND HENRY – USA
MR. NICE GUY • 1987

WOLFSON P. J. – USA – 1903–1979
BOY SLAVES • PURE IN MIND, THE • 1939

WOLHEIM LOUIS – Actor – USA – 1880–1931
SIN SHIP, THE • SHEEP'S CLOTHING • 1931

WOLK LARRY – USA
NATURE'S SWEETHEARTS • NATURE'S BEAUTIFUL PLAYMATES • 1963
INTIMATE DIARY OF ARTISTS' MODELS • DIARY OF ARTISTS AND MODELS ○ DIARY OF A MODEL ○ ARTIST'S MODELS • 1964

WOLKOFF ALEXANDER see **VOLKOV ALEXANDER**

WOLL YAEL – USA
STUDY OF A DANCE

WOLLEN PETER – UKN
PENTHESILEA • 1974
RIDDLES OF THE SPHINX • 1978
CRYSTAL GAZING • 1982
FRIENDSHIP'S DEATH • 1987

WOLMAN DAN – ISR – 1941–
MILTON • 1965
RABBI OF NEMIROV, THE • 1965
HABIT • 1966
INTERNATIONAL HOUSE • 1966
LIVING, THE • 1968
MORNING BEFORE SLEEP, THE • 1969
RACE, THE • 1969
HA'TIMHONI • DREAMER, THE • 1970
FLOCH • 1971
MY MICHAEL • 1975
HIDE'N SEEK • HIDE AND SEEK • 1980
NANA • 1982
BABY LOVE –LEMON POPSICLE V • LEMON POPSICLE 5 ○ ROMAN ZAIR • 1983
SOLDIER OF THE NIGHT • 1983
HAREEMU OHGEN LEMON POPSICLE 6 • UP YOUR ANCHOR –LEMON POPSICLE VI ○ EIS AM STIEL, 6 TEIL ○ ESKIMO LIMON 6 ○ UP YOUR ANCHOR • 1984
CONTRACT FOR LOVE • 1986

WOLMARK GILBERT – FRN
LITTLE GIRLS • 1966

WOLTER ERLING – DNM
SEX I KOBENHAVN • 1970

von WOLZOGEN HANS – GRM
LICHT UM MITTERNACHT, DAS • 1922
DU BIST ENTZUCKEND, ROSEMARIE • ROSL VOM TRAUNSEE, DIE • 1933

WONG CHING – HKG
CASINO RAIDERS • 1989
CRAZY COMPANIES II, THE • 1989
GOD OF GAMBLERS • 1989

WONG HENRY – HKG
STRIKE OF THUNDERKICK TIGER

WONG JAMES – HKG
PARADISE

WONG KA-WAI – HKG
WONG KARWEI
MONGKOK KAMUN • AS TEARS GO BY • 1988
A-FEI TSINGCHUN • 1990

WONG KARWEI see **WONG KA-WAI**

WONG MICHAEL – USA
VINEYARD, THE • 1989

WONG MITCH – HKG
MANTIS UNDER FALCON CLAWS • MANTIS VERSUS FALCON CLAWS

WONG TAYLOR – HKG
NGO TSOI WAKSEWUI DIK YATTSI • TRIADS –THE INSIDE STORY • 1989

WOO JOHN – HKG
YINGXIONG BENSE • BETTER TOMORROW • 1987
DIPHUT YINGHUNG • KILLER, THE • 1989

WOO MIN SHIONG – HKG
YU MIN SHEUNG
CHASE STEP BY STEP • 1978

WOOD DUNCAN – UKN
BARGEE, THE • 1964
CUCKOO PATROL • 1965
SOME WILL, SOME WON'T • 1970

WOOD EDWARD D. JR. – USA – 1924–1978
WOOD EDWARD DAVIS JR. • WOOD EDWARD JR.
GLEN OR GLENDA? • I LED TWO LIVES ○ I CHANGED MY SEX ○ TRANSVESTITE ○ HE OR SHE • 1952
JAIL BAIT • 1954
BRIDE OF THE MONSTER • BRIDE OF THE ATOM • 1956
PLAN 9 FROM OUTER SPACE • GRAVE ROBBERS FROM OUTER SPACE • 1956
NIGHT OF THE GHOULS • REVENGE OF THE DEAD • 1959
SINISTER URGE, THE • YOUNG AND IMMORAL, THE • 1961
TAKE IT OUT IN TRADE • 1970

WOOD EDWARD DAVIS JR. see **WOOD EDWARD D. JR.**

WOOD EDWARD JR. see **WOOD EDWARD D. JR.**

WOOD GRAEME – ASL
TEENAGE BABYLON • 1989 • SHT

WOOD JAMES – USA
DR. JEKYLL'S DUNGEON OF DEATH • DR. JEKYLL'S DUNGEON OF DARKNESS ○ JEKYLL EXPERIMENT, THE • 1979

WOOD JOHN see **IQUINO IGNACIO F.**

WOOD PETER – UKN – 1927–
HAMLET • 1970
IN SEARCH OF GREGORY • ALLA RICERCA DI GREGORY (ITL) • 1970

WOOD RICHARD CARVER – USA
UNCONQUERED, THE • 1954

WOOD SAM – USA – 1883–1949
CITY SPARROW, THE • 1920
DANCIN' FOOL, THE • 1920
DOUBLE SPEED • 1920
EXCUSE MY DUST • BEAR TRAP, THE • 1920
HER BELOVED VILLAIN • VEGLIONE, LA • 1920
HER FIRST ELOPEMENT • 1920
SICK ABED • 1920
WHAT'S YOUR HURRY? • 1920
DON'T TELL EVERYTHING • 1921
GREAT MOMENT, THE • 1921
PECK'S BAD BOY • 1921
SNOB, THE • YOU CAN'T FIGURE WOMEN • 1921
UNDER THE LASH • SHULAMITE, THE (UKN) • 1921
BEYOND THE ROCKS • 1922
BLUEBEARD'S EIGHTH WIFE • 1922
HER GILDED CAGE • 1922
HER HUSBAND'S TRADEMARK • 1922
IMPOSSIBLE MRS. BELLEW, THE • 1922
MY AMERICAN WIFE • COUNT OF ARIZONA, THE • 1922
HIS CHILDREN'S CHILDREN • 1923
PRODIGAL DAUGHTERS • 1923
BLUFF • FOUR FLUSHER, THE • 1924
FEMALE, THE • 1924
MINE WITH THE IRON DOOR, THE • 1924
NEXT CORNER, THE • 1924
RE-CREATION OF BRIAN KENT, THE • 1925
FASCINATING YOUTH • GLORIOUS YOUTH • 1926
ONE MINUTE TO PLAY • 1926
FAIR CO-ED, THE • VARSITY GIRL, THE • 1927
LATEST FROM PARIS, THE • PULLMAN PARTNERS • 1927
RACING ROMEO, A • 1927
ROOKIES • RED, WHITE AND BLUE • 1927
TELLING THE WORLD • HE LEARNED ABOUT WOMEN • 1928
IT'S A GREAT LIFE • IMPERFECT LADIES ○ COTTON AND SILK • 1929
SO THIS IS COLLEGE • COLLEGE DAYS • 1929
THEY LEARNED ABOUT WOMEN • TAKE IT BIG • 1929
GIRL SAID NO, THE • FRESH FROM COLLEGE • 1930
PAID • WITHIN THE LAW (UKN) • 1930
RICHEST MAN IN THE WORLD, THE • SINS OF THE CHILDREN ○ FATHER'S DAY • 1930
WAY FOR A SAILOR • 1930
MAN IN POSSESSION, THE • 1931
NEW ADVENTURES OF GET-RICH-QUICK WALLINGFORD, THE • GET-RICH-QUICK WALLINGFORD ○ NEW WALLINGFORD, THE • 1931
TAILOR-MADE MAN, A • IMPOSTOR, THE • 1931
HOLD YOUR MAN • 1932
HUDDLE • IMPOSSIBLE LOVER, THE (UKN) • 1932
PROSPERITY • 1932
BARBARIAN, THE • NIGHT IN CAIRO, A (UKN) • 1933
CHRISTOPHER BEAN • LATE CHRISTOPHER BEAN, THE ○ HER SWEETHEART • 1933
STAMBOUL QUEST • 1934
LET 'EM HAVE IT • FALSE FACES (UKN) ○ LEGION OF VALOR, THE • 1935
NIGHT AT THE OPERA, A • 1935
WHIPSAW • 1935
UNGUARDED HOUR, THE • 1936
DAY AT THE RACES, A • 1937
MADAME X • 1937
NAVY, BLUE AND GOLD • 1937
LORD JEFF • BOY FROM BARNARDO'S, THE • 1938
STABLEMATES • 1938
GONE WITH THE WIND • 1939
GOODBYE, MR. CHIPS • 1939
KITTY FOYLE • 1940
OUR TOWN • 1940
RAFFLES • 1940
RANGERS OF FORTUNE • 1940
DEVIL AND MISS JONES, THE • MILLIONS IN STORE • 1941
KING'S ROW • 1942
PRIDE OF THE YANKEES, THE • 1942
FOR WHOM THE BELL TOLLS • 1943
LAND IS BRIGHT, THE • 1943 • DOC
CASANOVA BROWN • 1944
GUEST WIFE • 1945
SARATOGA TRUNK • 1945
HEARTBEAT • 1946
IVY • 1947
COMMAND DECISION • 1948
AMBUSH • 1949
STRATTON STORY, THE • 1949

WOOD TIM – UKN
FULL CIRCLE • 1971

WOODARD HORACE – USA
ADVENTURES OF CHICO, THE • 1938

WOODARD STACY – USA
ADVENTURES OF CHICO, THE • 1938

WOODBURN BOB – USA
LITTLE LAURA AND BIG JOHN • 1974

WOODCOCK PETER – USA
MONIQUE MY LOVE • SHE'S MONIQUE MY LOVE • 1969

WOODHOUSE BARBARA – UKN
JUNO MAKES FRIENDS • 1957
TROUBLE FOR JUNO • 1957
TROUBLE WITH JUNIA • 1966

WOODLAND JAMES – CND – 1960–
SASQUATCH SUMMER • 1983
FORCE SASQUATCH SERVICE • 1984
TOUR DE SASQUATCH • 1984
ALBERTA NATURAL LANDSCAPES • 1985 • MTV
DEATH ZONE • 1985 • DOC
NUCLEAR WINTER • 1985 • DOC
SUZIE READER -A TRIBUTE • 1985 • MTV
WOMEN'S RIGHTS • 1985 • DOC
NUCLEAR FREEZE • 1986 • DOC
ZERO DEGREES • 1986 • DOC

WOODRUFF FRANK – USA
CROSS-COUNTRY ROMANCE • CROSS COUNTRY ROMANCE • 1940
CURTAIN CALL • 1940
PLAY GIRL • 1940
WILDCAT BUS • 1940
LADY SCARFACE • 1941
REPENT AT LEISURE • 1941
COWBOY IN MANHATTAN • 1943
PISTOL PACKIN' MAMA • 1943
TWO SENORITAS FROM CHICAGO • TWO SENORITAS (UKN) • 1943
LADY, LET'S DANCE • 1944

WOODS ARTHUR – UKN – 1904–1942
WOODS ARTHUR B.
SECRETS OF NATURE • 1928 • SER
BEDTIME AT THE ZOO • 1929 • DOC
STARK NATURE • 1930
ON SECRET SERVICE • SECRET AGENT (USA) ○ SPY 77 • 1933
TIMBUCTOO • 1933
GIVE HER A RING • GIVING YOU THE STARS • 1934
RADIO PARADE OF 1935 • RADIO FOLLIES (USA) • 1934
DRAKE OF ENGLAND • DRAKE THE PIRATE (USA) ○ ELIZABETH OF ENGLAND • 1935
MUSIC HATH CHARMS • 1935
IRISH FOR LUCK • MEET THE DUCHESS • 1936
ONCE IN A MILLION • WEEKEND MILLIONAIRE (USA) • 1936
RHYTHM IN THE AIR • 1936
WHERE'S SALLY? • 1936
COMPULSORY WIFE, THE • 1937
DON'T GET ME WRONG • 1937
MAYFAIR MELODY • 1937
WINDMILL, THE • 1937
YOU LIVE AND LEARN • 1937
DANGEROUS MEDICINE • 1938
DARK STAIRWAY, THE • 1938
GLAMOUR GIRL • 1938
MR. SATAN • 1938
RETURN OF CAROL DEANE, THE • 1938
SINGING COP, THE • MUSIC AND MYSTERY • 1938
THEY DRIVE BY NIGHT • 1938
THISTLEDOWN • 1938
CONFIDENTIAL LADY • 1939
NURSEMAID WHO DISAPPEARED, THE • 1939
Q PLANES • CLOUDS OVER EUROPE (USA) • 1939
BUSMAN'S HONEYMOON • HAUNTED HONEYMOON (USA) • 1940

WOODS ARTHUR B. see **WOODS ARTHUR**

WOODS CHARLES – ASL
BONDAGE OF THE BUSH, THE • 1913
COOEE FROM HOME, A • 1918

WOODS GRAHAME – Cinematographer – CND – 1934–
MIRACLE OF TEREZIN, THE • 1966
ABERFAN • 1968
TRUDEAU • 1968
GINETTE RAVEL • 1969
RODEO RIDER • 1971
THANKS FOR THE RIDE • 1971
WINTER'S DISCONTENT • 1971
NINTH SUMMER, THE • 1972
STOP FOR A MOMENT.. AND FEEL THE PAIN • 1972
TO SET OUR HOUSE IN ORDER • 1972
WHITEOAKS OF JALNA, THE • 1972 • SER
OUR MS HAMMOND • 1973
IT'S WINNING THAT COUNTS • 1975
TILL DIVORCE DO US PART • 1975

WOODS JACK – USA
EQUINOX • BEAST, THE • 1970

WOODS MARK – USA
WITCHCRAFT 2 • WITCHCRAFT PART 2: THE TEMPTRESS • 1989

WOODS ROWAN – ASL
KENNY'S LOVE • 1987 • SHT

WOODWARD KEN – UKN
YOUR HAIR AND SCALP • 1963

WOOF HARRY – UKN
SAHARAN VENTURE • 1965 • DCS

WOOLERY GERRY – USA
JOKES MY FOLKS NEVER TOLD ME • 1979

WOOLEY RICHARD – UKN
WOOLLEY RICHARD
BROTHERS AND SISTERS • 1980

WOOLF JULIA – UKN
CAMERA REFLECTIONS • 1945

WOOLFE H. BRUCE – Producer – UKN – 1880–1965
BATTLE OF JUTLAND, THE • 1921
ARMAGEDDON • 1923
ZEEBRUGGE • 1924
SONS OF THE SEA • 1925
ENGLAND AWAKE • 1932

WOOLLEY RICHARD see **WOOLEY RICHARD**

WOOSTER ARTHUR G. – UKN
VAUXHALL, BEDFORD, ENGLAND • 1965 • DCS
GREEN FOR IRELAND • 1967
SUGAR IS A BUSINESS • 1971 • SHT

von WORINGEN PAUL – GRM
ARTHUR IMHOFF • 1915
EISERNE RING, DER • 1915
ROTE FADEN, DER • 1915
SCHLOSS TAMARE • 1915
SONNE UND SCHATTEN • 1915
DU SOLLST NICHT RICHTEN • 1916
NACHT UND MORGEN • 1916
ULLAS WEG • 1916
GEIGENSPIELER, DER • 1917
JUGEND, DIE • 1917
MUT ZUM GLUCK, DER • 1917
RICHTERIN, DIE • 1917
BUCHHALTERIN, DIE • 1918
EHE DER CHARLOTTE VON BRAKEL, DIE • 1918
GEZEICHNETE, DER • 1918
HEXLEIN VON GROSS-TORNAU, DAS • 1918
HINTER VERSCHLOSSENENTUREN • 1918
NARRENSCHLOSS, DAS • 1918
SCHWEIGEN IM WALDE 1 • ERBFOLGESTREIT, EIN • 1918
SCHWEIGEN IM WALDE 2 • AUSSERGERICHTLICHE EINIGUNG, EINE • 1918
SPIEL MIT DEM FEUER, DAS • 1918
TOCHTER DES HERRN VON DORNBERG, DIE • 1918
BERGBLUME • 1919
DEM GLUCK ENTGEGEN • 1919
EINSAME FRAU, DIE • 1919
HOTEL MEDUSA • 1919
LUGE DER PIA MAHREN, DIE • 1919
SCHATTEN DER VERGANGENHEIT • 1919
WEM NIE VON LIEBE LEID GESCHAH • 1919
WENN FREUNDE ZU RIVALEN WERDEN • 1919
NOTHEIRAT, DIE • 1920

WORKMAN CARL see **WORKMAN CHUCK**

WORKMAN CHUCK – USA
WORKMAN CARL
MONEY, THE • DIRTY MONEY • 1977
CUBA CROSSING • ASSIGNMENT: KILL CASTRO ○ SWEET DIRTY TONY ○ KILL CASTRO ○ MERCENARIES: SWEET VIOLENT TONY, THE • 1980
STOOGEMANIA • PARTY STOOGE • 1985

WORLD AL see **MANCORI ALVARO**

WORMALD S. – UKN
LADY OR THE LIONS, THE • 1908
NEXT OF KIN, THE • 1908
THERE'S LIFE IN THE OLD DOG YET • 1908
TWO TOUGH KIDS • 1908
ALL SCOTCH • 1909
BELLE WHO TALKS, THE • 1909
FATHER'S LOVE, A • 1909
MISADVENTURES OF A CYCLE THIEF, THE • 1909
PERIL OF THE FLEET, THE • 1909
SIMPLE SIMON AT THE RACES • 1909
WHITE TO BLACK • 1909
LADY CANDALE'S DIAMONDS • 1910
LIVELY SKELETON, A • 1910
MECHANICAL HUSBAND, A • 1910

WORMS MICHEL – ITL – 1932–
MODIFICATION, LA • MOGLIE NUOVA, LA (ITL) • 1970

WORMS ROBERT A. JR. – USA
TERROR ON TAPE • 1983

WORMSER RICHARD – USA
SURVIVAL IN THE SEA • 1968 • DCS

WORNE DUKE – USA
BRANDED FOUR, THE • 1920 • SRL
SCREAMING SHADOW, THE • 1920 • SRL
TRAIL OF THE OCTOPUS, THE • 1920 • SRL
DANGEROUS PATHS • 1921
STAR REPORTER, THE • 1921
YANKEE GO-GETTER, A • 1921
NAN OF THE NORTH • 1922 • SRL
EAGLE'S TALONS, THE • 1923
DO IT NOW • 1924
MARRY IN HASTE • 1924
MARTYR SEX, THE • 1924
OTHER KIND OF LOVE, THE • 1924
SWORD OF VALOR, THE • 1924
CANVAS KISSER, THE • 1925
EASY GOING GORDON • NO MORE TROUBLES • 1925
GOING THE LIMIT • 1925
ONCE IN A LIFETIME • 1925
PRIDE OF THE FORCE, THE • 1925
TEN DAYS • 1925
TOO MUCH YOUTH • 1925
BOASTER, THE • 1926
FIGHTING FOR FAME • 1926 • SRL
GALLANT FOOL, THE • 1926
HEART OF A COWARD, THE • 1926
IN SEARCH OF A HERO • 1926
SCOTTY OF THE SCOUTS • SCOTTY OF THE BOY SCOUTS • 1926
SPEED COP • 1926
SPEED CRAZED • 1926

CRUISE OF THE HELLION, THE • 1927
DARING DEEDS • 1927
HEROES IN BLUE • 1927
SILENT HERO, THE • PHANTOM (UKN) • 1927
SMILING BILLY • 1927
SPEEDY SMITH • 1927
WHEEL OF DESTINY, THE • 1927
CITY OF PURPLE DREAMS • 1928
DANGER PATROL • 1928
HEART OF BROADWAY, THE • RESTLESS YOUTH (UKN) • 1928
INTO THE NIGHT • 1928
ISLE OF LOST MEN • 1928
MAN FROM HEADQUARTERS, THE • 1928
MIDNIGHT ADVENTURE, A • 1928
PHANTOM OF THE TURF • 1928
SHIPS OF THE NIGHT • 1928
ANNE AGAINST THE WORLD • 1929
BRIDE OF THE DESERT • 1929
DEVIL'S CHAPLAIN • 1929
HANDCUFFED • 1929
SOME MOTHER'S BOY • 1929
WHEN DREAMS COME TRUE • LOST AND WON (UKN) • 1929
MIDNIGHT SPECIAL, THE • 1930
LAST RIDE, THE • 1932

WORONER MURRAY – USA
SUPER FIGHT, THE • 1970

WORSDALE ANDREW – USA
SHOTDOWN • 1989

WORSLEY WALLACE – USA – 1880–1944
ALIEN ENEMY, AN • 1918
GODDESS OF LOST LAKE, THE • 1918
HONOR'S CROSS • 1918
LAW UNTO HERSELF, A • 1918
SHACKLED • 1918
SOCIAL AMBITION • 1918
WEDLOCK • 1918
ADELE • 1919
DIANE OF THE GREEN VAN • 1919
PLAYTHINGS OF PASSION • 1919
WOMAN OF PLEASURE, A • 1919
LITTLE SHEPHERD OF KINGDOM COME, THE • 1920
PENALTY, THE • 1920
STREET CALLED STRAIGHT, THE • 1920
ACE OF HEARTS, THE • 1921
BEAUTIFUL LIAR, THE • 1921
DON'T NEGLECT YOUR WIFE • NOBLESSE OBLIGE • 1921
HIGHEST BIDDER, THE • 1921
NIGHT ROSE, THE • FLOWERS OF DARKNESS ◦ VOICES OF THE CITY • 1921
BLIND BARGAIN, A • OCTAVE OF CLAUDIUS, THE • 1922
ENTER MADAME • 1922
GRAND LARCENY • 1922
RAGS TO RICHES • FROM RAGS TO RICHES • 1922
WHEN HUSBANDS DECEIVE • 1922
HUNCHBACK OF NOTRE DAME, THE • 1923
IS DIVORCE A FAILURE? • WHEN CIVILIZATION FAILED • 1923
NOBODY'S MONEY • 1923
MAN WHO FIGHTS ALONE, THE • 1924
SHADOW OF THE LAW, THE • 1926
POWER OF SILENCE, THE • 1928

WORSWICK CLARK – USA
AGENT ON ICE • 1986

WORTH DAVID – USA
HOLLYWOOD KNIGHT • 1979
WARRIOR OF THE LOST WORLD • WARRIOR LOST WORLD • 1985
KICKBOXER • KICK BOXER • 1989

WORTH FRANK – UKN
HA'PENNY BREEZE • 1950

WORTH HOWARD – USA
RAGA • 1971 • DOC

WORTHINGTON WILLIAM – USA – -1941
AS THE SHADOWS FALL • 1915
FAIR GOD OF SUN ISLAND, THE • 1915
GOPHER, THE • 1915
GRAIL, THE • 1915
HER PREY • 1915
HOMAGE • 1915
IN SEARCH OF A WIFE • 1915
MISJUDGED • 1915
ON THE LEVEL • 1915
QUEEN OF HEARTS, THE • 1915
SOCIAL LION, THE • 1915
AFTER THE PLAY • 1916 • SHT
BEST MAN'S BRIDE, THE • 1916 • SHT
CROSS PURPOSES • 1916 • SHT
D'ARCY OF THE NORTHWEST MOUNTED • 1916 • SHT
DUPE, THE • 1916 • SHT
FALSE PART, THE • 1916 • SHT
FAMILY SECRET, THE • 1916 • SHT
HEART OF A SHOW GIRL, THE • 1916 • SHT
LEE BLOUNT GOES HOME • 1916 • SHT
LITTLE PARTNER • 1916 • SHT
LOVE NEVER DIES • 1916
MAIN 4400 • 1916 • SHT
MARK OF A GENTLEMAN, THE • 1916 • SHT
MASKED WOMAN, THE • 1916 • SHT
NATURE INCORPORATED • 1916 • SHT
REWARD OF CHIVALRY, THE • 1916 • SHT
ROSE COLORED SCARF, THE • 1916 • SHT
STRANGER FROM SOMEWHERE, A • 1916
THEY WOULDN'T TAKE HIM SERIOUSLY • 1916 • SHT
WIRE PULLERS, THE • 1916 • SHT
BRINGING HOME FATHER • 1917
CAR OF CHANCE, THE • 1917
CLEAN-UP, THE • 1917
CLOCK, THE • TIME AND TIDE (UKN) • 1917
DEVIL'S PAY DAY, THE • 1917
MAN WHO TOOK A CHANCE, THE • 1917
BELOVED TRAITOR, THE • 1918
GHOST OF THE RANCHO, THE • 1918
HIS BIRTHRIGHT • 1918
TWENTY-ONE • 1918
ALL WRONG • 1919
BONDS OF HONOR • 1919
COURAGEOUS COWARD, THE • 1919
DRAGON PAINTER, THE • 1919
GRAY HORIZON, THE • 1919
HEART IN PAWN, A • SHADOWS • 1919
HIS DEBT • DEBT, THE • 1919
ILLUSTRIOUS PRINCE, THE • 1919
MAN BENEATH, THE • 1919
TONG MAN, THE • 1919
BEGGAR PRINCE, THE • 1920
SILENT BARRIER, THE • 1920
TRADITIONS ALTAR • 1920
BEAUTIFUL GAMBLER, THE • 1921
DR. JIM • 1921
GO STRAIGHT • 1921
GREATER PROFIT, THE • 1921
OPENED SHUTTERS • 1921
UNKNOWN WIFE, THE • THREE AT THE TABLE • 1921
AFRAID TO FIGHT • 1922
OUT OF THE SILENT NORTH • 1922
TRACKED TO EARTH • 1922
BOLTED DOOR, THE • 1923
FASHIONABLE FAKERS • WORM, THE • 1923
KINDLED COURAGE • 1923
GIRL ON THE STAIRS, THE • 1924
BEAUTY AND THE BAD MAN • 1925

WORTHY JOHN ROBERT – USA
MISS TERRY TAKES A LIBERTY • 1974

WOTRUBA MICHAEL – ITL
EROI ALL'INFERNO • HEROES IN HELL • 1974

WOZNIAKOWSKI ROMAN – PLN
MROWCZE SZLAKI • ANTS, THE • 1956

WRAGGE MARTIN – SAF
LAST WARRIOR, THE • 1989

WRANGELL BASIL – USA
PASSING PARADE NO.1 • 1938 • SHT
DAY OF REST, THE • 1939
NEW ROADWAYS • 1939 • SHT
SEE YOUR DOCTOR • 1939 • SHT
UNSEEN GUARDIANS • 1939 • SHT
AMERICAN SPOKEN HERE • 1940 • SHT
BARON AND THE ROSE, THE • BLACK AND WHITE ◦ RED ROSE, THE • 1940 • SHT
HOME MOVIES • 1940 • SHT
THAT INFERIOR FEELING • 1940 • SHT
TRIFLES OF IMPORTANCE • 1940 • SHT
XXX MEDICO • S.O.S. MEDICO • 1940 • SHT
FANCY ANSWERS • 1941 • SHT
MORE TRIFLES OF IMPORTANCE • 1941
WHISPERS • DARK RIVER • 1941 • SHT
KEEP 'EM SAILING • 1942 • SHT
WE DO IT BECAUSE • 1942 • SHT
HEARTACHES • 1947
PHILO VANCE'S GAMBLE • 1947
REALLY IMPORTANT PERSON, A • 1947 • SHT
CINERAMA -SOUTH SEAS ADVENTURE • SOUTH SEAS ADVENTURE • 1958

WRAY JOHN GRIFFITH – Actor – USA – 1888–1940
HOMESPUN FOLKS • HOME SPUN FOLKS • 1920
BEAU REVEL • 1921
HAIL THE WOMAN • 1921
LYING LIPS • MAGIC LIFE, THE • 1921
ANNA CHRISTIE • 1923
HER REPUTATION • 1923
HUMAN WRECKAGE • 1923
SOUL OF THE BEAST • TEN TON LOVE • 1923
WHAT A WIFE LEARNED • JIM • 1923
MARRIAGE CHEAT, THE • 1924
WINDING STAIR, THE • 1925
GILDED BUTTERFLY, THE • 1926
HELL'S 400 • JUST AND UNJUST • 1926
SINGED • LOVE OF WOMEN • 1927
GATEWAY OF THE MOON, THE • UPSTREAM • 1928
CARELESS AGE, THE • 1929
MOST IMMORAL LADY, A • 1929

WREDE CASPAR – FNL – 1929–
BARBER OF STAMFORD HILL, THE • 1962
PRIVATE POTTER • 1962
ONE DAY IN THE LIFE OF IVAN DENISOVICH • DAG I IVAN DENISOVIWICH'S LIV, EN (NRW) • 1971
RANSOM • TERRORISTS, THE (USA) • 1974

WREDLER THOMAS – USA
WARDOG: THE KILLING MACHINE • ASSASSINATION TEAM, THE ◦ WARDOGS ◦ WARDOG • 1986

WRENN TREVOR – UKN
EROTIC INFERNO • ADAM AND NICOLE ◦ NAKED AND WILLING • 1975

WRESTLER PHILIP – UKN
FREDERIC CHOPIN • 1961
JOHAN SEBASTIAN BACH • 1961

WRIGHT – USA
CARBON ARC PROJECTION • 1947 • SHT

WRIGHT ALLEN – USA
SLOW BULLET • 1988

WRIGHT BASIL – Producer – UKN – 1907–1987
STRANDFEST
CONQUEST • 1930 • DOC
COUNTRY COMES TO TOWN, THE • 1931 • DOC
O'ER HILL AND DALE • 1931 • DOC
UMBER • 1931 • DOC
GIBRALTAR • 1932 • DOC
INDUSTRIAL BRITAIN • 1933 • DCS
CARGO FROM JAMAICA • 1934 • DOC
LINER CRUISING SOUTH • 1934 • DOC
SONG OF CEYLON • 1934 • DOC
WINDMILL IN BARBADOS • 1934 • DOC
COALFACE • COAL FACE • 1935 • DOC
NIGHT MAIL • 1936 • DOC
CHILDREN AT SCHOOL • 1937 • DOC
FACE OF SCOTLAND, THE • 1938 • DOC
HARVEST HELP • 1940 • DOC
SOUTHERN RHODESIA • 1945 • DOC
THIS WAS JAPAN • 1945 • DOC
UNRELENTING STRUGGLE • 1945 • DOC
STORY OF OMOLO • 1946 • DOC
BERNARD MILES ON GUN DOGS • 1948 • DOC
WATERS OF TIME • 1950 • DOC
WORLD WITHOUT END • 1952 • DOC
STAINED GLASS AT FAIRFORD, THE • 1955 • DOC
IMMORTAL LAND, THE • 1958 • DOC
GREEK SCULPTURE • 1959 • DOC
PLACE FOR GOLD, A • 1960 • DOC

WRIGHT DEREK – UKN
ANTARCTIC CROSSING • 1958 • DOC

WRIGHT ELSE GRESS see **GRESS ELSA**

WRIGHT FRED see **WRIGHT FRED E.**

WRIGHT FRED E. – USA
WRIGHT FRED
GOVERNOR'S DOUBLE, THE • 1913
WHEN THE HEART CALLS • 1914
GRAUSTARK • 1915
IN THE PALACE OF THE KING • 1915
SECOND SON, THE • 1915
WHIRLPOOL, THE • 1915
WHITE SISTER, THE • 1915
BREAKER, THE • 1916
CAPTAIN JINKS OF THE HORSE MARINES • 1916
LITTLE SHEPHERD OF BARGAIN ROW, THE • 1916
POWER • 1916 • SHT
PRINCE OF GRAUSTARK, THE • 1916
WAR BRIDE OF PLUMVILLE, THE • 1916 • SHT
BE MY BEST MAN • 1917 • SHT
FABLE OF PRINCE FORTUNATUS, WHO MOVED AWAY FROM EASY STREET, AND SILAS, THE SAVER, WHO MOVED IN, THE • 1917 • SHT
FIBBERS, THE • 1917
KILL-JOY, THE • 1917
MAN WHO WAS AFRAID, THE • 1917
MUCH OBLIGED • 1917 • SHT
STAR DUST • 1917 • SHT
TRUFFLERS, THE • 1917
VERNON, THE BOUNTIFUL • 1917 • SHT
FOR SALE • 1918
MYSTERIOUS CLIENT, THE • 1918

WRIGHT GEOFFREY – ASL
LOVER BOY • 1988

WRIGHT GEORGE A. – USA
CATSPAW, THE • 1916

WRIGHT GEORGE D. – USA
TYPICAL MEXICAN ASPECTS • 1919

WRIGHT HAROLD BELL – USA
SHEPHERD OF THE HILLS, THE • 1920

WRIGHT HUMBERSTON – UKN
CREATION • 1922
ISLAND OF ROMANCE, THE • 1922

WRIGHT JOHN – CND
UNQUIET HOUSE • 1972

WRIGHT KAY – Animator – USA
SNOW WHITE CHRISTMAS, A • 1979 • ANM

WRIGHT KENNETH – USA
WE VISIT MOSCOW • 1954

WRIGHT MACK V. – USA – 1895–1963
BRONCHO KID, A • 1920 • SHT
GREAT ROUND UP, THE • 1920 • SHT
LONE RANGER, THE • 1920 • SHT
MASKED • 1920 • SHT
RANSOM • 1920 • SHT
RED HOT TRAIL, THE • 1920 • SHT
THIEVES' CLOTHES • 1920 • SHT
WOLF TRACKS • 1920
HAUNTED GOLD • 1933
MAN FROM MONTEREY, THE • 1933
SOMEWHERE IN SONORA • 1933
CAPPY RICKS RETURNS • 1935
BIG SHOW, THE • 1936
COMIN' ROUND THE MOUNTAIN • 1936
ROARIN' LEAD • 1936
ROBINSON CRUSOE OF CLIPPER ISLAND • 1936 • SRL
ROBINSON CRUSOE OF MYSTERY ISLAND • S.O.S. CLIPPER ISLAND (UKN) • 1936
SINGING COWBOY, THE • 1936
VIGILANTES ARE COMING, THE • 1936 • SRL
WINDS OF THE WASTELAND • 1936
HIT THE SADDLE • 1937
RANGE DEFENDERS, THE • 1937
RIDERS OF THE WHISTLING SKULL, THE • GOLDEN TRAIL, THE (UKN) • 1937
ROOTIN' TOOTIN' RHYTHM • RHYTHM ON THE RANCH (UKN) • 1937
GREAT ADVENTURES OF WILD BILL HICKOK, THE • 1938 • SRL
MAN FROM TASCOSA, THE • 1940
WELLS FARGO DAYS • 1944 • SHT
SEA HOUND, THE • 1947 • SRL

WRIGHT PATRICK – USA – 1939–
HOLLYWOOD HIGH • 1976

WRIGHT RALPH – USA
SIAM • 1954
PERRI • 1957

WRIGHT SIMON – UKN
COMIC STRIP PRESENTS: THE FUNSEEKERS • FUNSEEKERS, THE • 1987 • MTV

WRIGHT TENNY – USA
FIGHTIN' COMEBACK, THE • 1927
HOOF MARKS • 1927
BIG STAMPEDE, THE • 1932
TELEGRAPH TRAIL, THE • 1933

WRIGHT TOM – USA
TORCHLIGHT • 1985

WRIGHT WALTER – USA
BAGGAGE SMASHER, THE • 1914
CAUGHT IN A FLUE • 1914
COAT'S TALE, A • 1914
FATAL SWEET TOOTH, THE • 1914
HARD CIDER • 1914
HIS HALTED CAREER • 1914
HIS TAKING WAYS • 1914
AMBROSE'S FURY • 1915
AMBROSE'S LITTLE HATCHET • 1915
AMBROSE'S LOFTY PERCH • 1915
AMBROSE'S NASTY TEMPER • 1915
AMBROSE'S SOUR GRAPES • 1915
BATTLE OF AMBROSE AND WALRUS, THE • 1915
FROM PATCHES TO PLENTY • 1915
HOME BREAKERS, THE • 1915
SAVED BY WIRELESS • 1915
SETTLED AT THE SEASIDE • 1915
WHEN AMBROSE DARED WALRUS • 1915
WILFUL AMBROSE • 1915

A LA CABARET • 1916 • SHT
CINDERS OF LOVE • 1916 • SHT
CIRCUS GIRL, THE • HER CIRCUS KNIGHT • 1916
DIZZY HEIGHTS AND DARING HEARTS • 1916 • SHT
DOLLARS AND SENSE • TWINS, THE • 1916 • SHT
HIS LAST LAUGH • 1916 • SHT
LOVE COMET, THE • 1916 • SHT
WINGS AND WHEELS • 1916 • SHT
HER CIRCUS NIGHT • 1917 • SHT
ORIENTAL LOVE • 1917 • SHT
SKIDDING HEARTS • 1917 • SHT
FRIEND HUSBAND • 1918 • SHT
HER BLIGHTED LOVE • 1918 • SHT
HER FIRST MISTAKE • 1918 • SHT
HIS WIFE'S FRIEND • 1918 • SHT
LOVE LOOPS THE LOOP • 1918 • SHT
VILLAGE CHESTNUT, THE • 1918 • SHT
FRESH FROM THE CITY • 1920 • SHT

WRONECKI – FRN
AU PAYS DE GUILLAUME LE CONQUERANT • 1954 • SHT
NEUF ETAGES TOUT ACIER • 1960 • SHT

WRYE DONALD – USA
MAN WHO COULD TALK TO KIDS, THE • 1973
BORN INNOCENT • 1974 • TVM
DEATH BE NOT PROUD • 1975 • TVM
ENTERTAINER, THE • 1976 • TVM
IT HAPPENED ONE CHRISTMAS • 1977 • TVM
ICE CASTLES • 1978
HOUSE OF GOD, THE • H.O.G. • 1979
FIRE ON THE MOUNTAIN • 1981 • TVM
DIVORCE WARS: A LOVE STORY • 1982 • TVM
FACE OF RAGE, THE • 1982 • TVM
HEART OF STEEL • 1983 • TVM
AMERIKA • 1987 • TVM

WU CHAO-TI – CHN
GIRLS ON ICE • 1959

WU CHIA-CHUN – HKG
BRUCE LEE AGAINST SUPERMEN • 1976

WU JIAXIN – CHN
KUCANGDE LIANQING • LOVE HURTS • 1988

WU KUO-JEN – HKG
NINJA USA
NINJA SQUAD • 1986

WU KUO-YIN
WINDROSE, DIE • WIND ROSE, THE ○ LEBEN DER FRAUEN, DAS • 1956

WU MA – HKG
LONGJA JIAN • DEAF AND MUTE HEROINE, THE • 1970
CONMAN AND THE KUNG FU KID • 1973
GOLDEN TRIANGLE, THE • 1977
JEN HSIA JEN • DEAD AND THE DEADLY, THE • 1984
MOUTOI TSEMUI • 1990

WU MA CHAN – HKG
FROM CHINA WITH DEATH • 1974

WU MING-HSIUNG – HKG
HERO OF HEROES • 1971

WU SZE-YUAN – HKG
WU TZE-YUAN
BIG STORM, THE • 1974
CH'I-PAI-WAN TA CHIEH-AN • MILLION DOLLARS SNATCH • 1976

WU TIANMING – CHN
WU TIEN MIN
LAO JING • OLD WELL, THE • 1985
MEIYOUHANGBIAODE HELIU • UNCHARTED RIVER ○ RIVER WITHOUT BUOYS, THE • 1985
RENSHENG • LIFE • 1985

WU TIEN MIN see **WU TIANMING**

WU TZE-YUAN see **WU SZE-YUAN**

WU YI-GONG – CHN
SHAOYEDE MONAN • TRIBULATIONS OF A YOUNG MASTER, THE • 1988

WU YU-SEN see **WU YUSEN**

WU YUSEN – HKG
WU YU-SEN • NG JOHN
TI-NU HUA • PRINCESS CHANG PING • 1976
FA CH'IEN HAN • MONEY CHASERS • 1978
TA SHA-HSING YU HSAIO-MEI T'OU • FOLLOW THE STAR • 1978
CH'IEN TSO KUAI • 1980

WU ZINIU – CHN
HOUBU DUIYUAN • CANDIDATE • 1983
DIEXUE HEIGU • SECRET DECREE • 1985
GEZI SHU • PIGEON TREE ○ DOVETREE • 1985
ZUIHOU YIGE DONGRI • LAST DAY OF WINTER, THE • 1987
HUANLE YINGXIONG • JOYOUS HEROES, THE • 1988
WAN ZHONG • EVENING BELL • 1988
YINYANG JIE • REALM BETWEEN THE LIVING AND THE DEAD, THE ○ BETWEEN LIFE AND DEATH • 1988
DAMO FANG • BIG MILL, THE • 1989
TO DIE LIKE A MAN • 1989
MYSTERIOUS WOMAN, THE • 1990

WUEST HARRY – USA
HEAT OF MADNESS • 1966
GAME IS SEX, THE • NAME OF THE GAME IS SEX, THE ○ GAME OF SEX, THE ○ GAME IS SET, THE • 1969

WULICHER RICARDO – ARG
QUEBRACHO • 1974
CASA DE LAS SOMBRAS, LA • HOUSE OF SHADOWS ○ MECHA ORTIZ GERMAN KRAUSS • 1976
SAVERIO EL CRUEL • SAVERIO THE CRUEL • 1977
BORGES PARA MILLONES • BORGES FOR MILLIONS • 1978
CUENTOS DE LA MISTERIOSA BUENOS AIRES • TALES FROM MYSTERIOUS BUENOS AIRES • 1981

WULLNER ROBERT – GRM
GOLDENE KUGEL, DIE • 1921
SUNDEN VON GESTERN • 1922
WIFE TRAP, THE • 1922

WULSCHLEGER HENRI see **WULSCHLEGER HENRY**

WULSCHLEGER HENRY – FRN – -1939
WULSCHLEGER HENRI
PERVENCHE • 1921
ENIGME DU MONT AGEL, L' • 1923
BETES COMME LES HOMMES • 1925
NEGRE BLANC, LE • 1925
MANOIR DE LA PEUR, LE • 1927
PRISON EN FOLIE, LA • SOLEIL A L'OMBRE, LE • 1930
AFFAIRE BLAIREAU, L' • 1931
EN BORDEE • 1931
CHAMPION DU REGIMENT, LE • 1932
ENFANT DE MA SOEUR, L' • 1932
BACH MILLIONNAIRE • PAPILLON DIT LYONNAIS LE JUSTE • 1933
TIRE AU FLANC • 1933
CHABICHOU • 1934
SIDONIE PANACHE • 1934
TRAIN DE 8H.47, LE • 1934
BOUT DE CHOU • 1935
DEBOUT, LA-DEDANS! • 1935
TOUT VA TRES BIEN, MADAME LA MARQUISE • 1936
CANTINIER DE LA COLONIALE, LE • UN DE LA COLONIALE • 1937
GARGOUSSE • VACANCES JOYEUSES, LES • 1938
BACH EN CORRECTIONNELLE • 1939

WULZE HARRY – USA
INNOCENT VILLAIN, AN • 1915
KITTY FROM THE CITY • 1916 • SHT
THEIR SOCIAL SMASH • 1916 • SHT
HE WAS NO LADY • 1919 • SHT

WURLITZER RUDY – CND
CANDY MOUNTAIN • 1987

WURST CHARLES – USA
CONTRITION • SHT
LATELY • SHT

WURTH DAVID – USA
MID-KNIGHT RIDER • 1984

WUSTENHAGEN KARL – GRM
MARTIN LUTHER • 1923

WUYTS HERMAN – BLG
OVERKANT, DE • ON THE OTHER SIDE • 1966
PRINCESS • 1969

WYCKOFF ALVIN – USA
PEASANT'S WEDDING, THE • 1939

WYLER JOHNNY – GRM
UND SIE GENIESSEN DIE LIEBE • JET SEX • 1976

WYLER LELAND – USA
BILL EVANS • 1968 • SHT

WYLER ROBERT – FRN – 1900-1971
PAPA SANS LE SAVOIR • FILS A PAPA • 1931
MERVEILLEUSE JOURNEE, LA • 1932
IT HAPPENED IN PARIS • 1935

WYLER WILLIAM – GRM – 1902-1981
CROOK BUSTER • 1925 • SHT
DON'T SHOOT • 1926 • SHT
FIRE BARRIER, THE • 1926 • SHT
GUNLESS BAD MAN, THE • 1926 • SHT
HORSE TRADER, THE • 1926 • SHT
LAZY LIGHTNING • 1926
MARTIN OF THE MOUNTED • 1926 • SHT
RIDING FOR LOVE • 1926 • SHT
STOLEN RANCH, THE • 1926
TWO FISTER, THE • 1926 • SHT
BLAZING DAYS • 1927
BORDER CAVALIER, THE • 1927
DAZE OF THE WEST • 1927 • SHT
GALLOPING JUSTICE • 1927 • SHT
GUN JUSTICE • 1927 • SHT
HARD FISTS • 1927
HAUNTED HOMESTEAD, THE • 1927 • SHT
HOME TRAIL, THE • 1927 • SHT
KELCY GETS HIS MAN • 1927 • SHT
LONE STAR, THE • 1927 • SHT
ORE RAIDERS, THE • 1927 • SHT
PHANTOM OUTLAW, THE • 1927 • SHT
SHOOTING STRAIGHT • 1927
SILENT PARTNER, THE • 1927 • SHT
SQUARE SHOOTER, THE • 1927 • SHT
STRAIGHT SHOOTIN' • RANGE RIDERS • 1927
TENDERFOOT COURAGE • 1927 • SHT
ANYBODY HERE SEEN KELLY? • HAS ANYBODY HERE SEEN KELLY? (UKN) • 1928
THUNDER RIDERS • 1928
LOVE TRAP, THE • 1929
SHAKEDOWN, THE • 1929
HELL'S HEROES • 1930
STORM, THE • 1930
HOUSE DIVIDED, A • HEART AND HAND • 1932
TOM BROWN OF CULVER • BROWN OF CULVER • 1932
COUNSELLOR AT LAW • 1933
HER FIRST MATE • 1933
GLAMOUR • 1934
GAY DECEPTION, THE • 1935
GOOD FAIRY, THE • 1935
COME AND GET IT! • ROARING TIMBER • 1936
DODSWORTH • 1936
THESE THREE • 1936
DEAD END • 1937
DESERT DUST • 1937
JEZEBEL • 1938
WUTHERING HEIGHTS • 1939
HELL'S HEROES • 1940
LETTER, THE • 1940
WESTERNER, THE • 1940
LITTLE FOXES, THE • 1941
MRS. MINIVER • 1942
FIGHTING LADY, THE • 1943 • DOC
MEMPHIS BELLE, THE • 1943 • DOC
THUNDERBOLT • 1945 • DOC
BEST YEARS OF OUR LIVES, THE • GLORY FOR ME • 1946
HEIRESS, THE • 1949
DETECTIVE STORY • 1951
CARRIE • 1952
ROMAN HOLIDAY • 1953
DESPERATE HOURS, THE • 1955
FRIENDLY PERSUASION • THEE I LOVE • 1956
BIG COUNTRY, THE • 1958
BEN-HUR • 1959
CHILDREN'S HOUR, THE • LOUDEST WHISPER, THE (UKN) • 1961
COLLECTOR, THE • 1965
HOW TO STEAL A MILLION • 1966
FUNNY GIRL • 1968
LIBERATION OF L.B. JONES, THE • 1970

WYN MICHEL – FRN – 1931-
SUSPECTS, LES • PIEUVRE, LA • 1974
OUBLIE-MOI, MANDOLINE • 1975
CONCIERGE REVIENT DE SUITE, LE • 1978 • MTV

WYNDHAM-DAVIS JUNE – UKN
HEIDI • 1974 • MTV

WYNN BOB – USA
RESURRECTION OF ZACHARY WHEELER, THE • RESURRECTION OF CLAYTON ZACHARY WHEELER, THE • 1973 • TVM

WYNN GEORGE – UKN
COMRADES • 1921 • SHT
QUEEN OF THE EARTH • 1921
CARMEN • 1922
EXTRA KNOT, THE • 1922
FOOTBALL FAVOURITE, A • 1922
IT'S NEVER TOO LATE TO MEND • 1922
MAGIC WAND, THE • 1922
MARITANA • 1922
MARTHA • 1922
PLAYING THE GAME • 1922
RIGOLETTO • 1922
SCROOGE • 1922
SHEIK, THE • 1922 • SHT
STREET TUMBLERS, THE • 1922

WYNN TRACEY KEENAN – USA – 1945-
HIT LADY • 1974

WYNNE BERT – UKN
MANCHESTER MAN, THE • 1920
TOWN OF CROOKED WAYS, THE • 1920
BELPHEGOR THE MOUNTEBANK • 1921
DICK'S FAIRY • 1921
HANDY ANDY • 1921
JESSICA'S FIRST PRAYER • 1921
LITTLE MEG'S CHILDREN • 1921
STORMFLOWER • 1921
CALL OF THE EAST, THE • HIS SUPREME SACRIFICE • 1922
GOD'S PRODIGAL • 1923
REMEMBRANCE • 1927

WYNNE CORDELL – CND – 1950-
RUBBER MADNESS • 1980 • MTV
YOU LAUGH LIKE A DUCK • 1980 • MTV
STAR REPORTER • 1982 • MTV
ANGELA'S RETURN • 1985 • MTV
DREAMBOATS • 1985 • MTV

WYNNE HERBERT – UKN
SAFE AFFAIR, A • 1931
NIGHT OF MAGIC, A • 1944

WYNNE-SIMMONS ROBERT – IRL
OUTCASTS, THE • 1984

WYNORSKI JIM – USA – 1950-
LOST EMPIRE, THE • 1985
CHOPPING MALL • KILL-BOTS ○ R.O.B.O.T. • 1986
BIG BAD MAMA II • 1987
DEATHSTALKER II • DEATHSTALKER II: DUEL OF THE TITANS ○ DUEL OF THE TITANS • 1987
NOT OF THIS EARTH • 1988
RETURN OF THE SWAMP THING, THE • 1989

WYSBAR FRANK see **WISBAR FRANK**

WYSS TOBIAS – SWT
DUNKI-SCHOTT • 1986

XANTHOPOULOS LEFTERIS – GRC
GREEK COMMUNITY OF HEIDELBERG, THE • 1976 • DOC
KALI PATRITHA, SYNTROFE • HAPPY HOMECOMING, COMRADE • 1987

XANTUS JANOS – HNG
ESZKIMO ASSZONY FAZIK • ESKIMO WOMAN FEELS COLD • 1984
HULYESEG NEM AKADALY • IDIOTS MAY APPLY • 1985
ROCK TERITO • ROCK CONVERT, THE • 1988
SZOBA KIALTASSAL • ROOM WITH CRY • 1990

XAVIER NELSON – BRZ
QUEDA, A • FALL, THE • 1978

XAVIER ROBERT – FRN
APOTHEOSE PORNO
BOUCHES LASCIVES
GAMINE EN CHALEUR
PAR DEVANT PAR DERRIERE

XHAKO MARIANTHI – ALB
GEORGE KASTRIOT -SKANDERBEG • DOC
IN THE CURRENT OF LIFE • DOC
REPORT FROM KURNESH • DOC

XHONNEUX HENRI – BLG
SOUVENIR OF GIBRALTAR • 1975
MARQUIS • 1989

XI GUANWEN see **HUI MICHAEL**

XIA GANG – CHN
HALF FLAME, HALF BRINE • 1989

XIA JUN – CHN
HE SHANG • RIVER ELEGY • 1988

XIAN QUN – CHN
LONGXU GOU • DRAGON BEARD DITCH • 1952

XIE FEI – CHN
XIANGNU XIAOXIAO • XIAO XIAO –A GIRL FROM HUNAN • 1987
BEN MING NIAN • BLACK SNOW • 1989

XIE JIN – CHN – 1923–
HSIEH TSIN
CRISIS, A • 1954
RENDEZVOUS AT ORCHARD BRIDGE • 1954
WAVE OF UNREST, A • 1954
WOMAN BASKETBALL PLAYER NUMBER FIVE • 1957
HUNG SIK LEUNG DJE CHING • RED DETACHMENT OF WOMEN, THE • 1960
BIG LI, YOUNG LI AND OLD LI • 1962
WUTAI JIEMEI • TWO STAGE SISTERS • 1964
YOUTH • 1977
AH, CRADLE • 1980
LEGEND OF TIANYUAN MOUNTAIN, THE • 1981
HERDSMAN, THE • 1982
QIU JIN • 1983
FURONG ZHEN • SMALL TOWN CALLED HISBISCUS, A ○ FURONG GARRISON ○ HISBISCUS TOWN • 1985
GAOSHANXIADE HUA HUAN • GARLANDS AT THE FOOT OF THE MOUNTAIN ○ REEDS AT THE FOOT OF THE MOUNTAIN • 1985
ZUIHOUDE GUIZU • VISITORS TO NEW YORK ○ LAST ARISTOCRATS, THE • 1988

XIE TIAN – CHN
HONGHU CHIWEIDUI • RED GUARDS OF LAKE HONG • 1961

XIE TIELI – CHN
BAOFENG–ZHOUYU • HURRICANE • 1961
ZAOCHUN ERYUE • EARLY SPRING • 1963
DAHE BENLIU • GREAT RIVER FLOWS ON, THE • 1978
BAOSHI FUZI • BAO AND HIS SON • 1983

XIOL JUAN – SPN – 1921–
CASTILLO DE ROCHAL, EL • 1946
RAMSA • 1946
MILAGRO EN LA CIUDAD? • 1953
AVENIDA ROMA, 66 • 1956
EXTRANJERA, LA • 1958
CINCO PISTOLAS DE TEXAS • 1961
RIO MALDITO • 1961
CORAGGIOSO, LO SPIETATO, IL TRADITORE, IL • VALIENTE, EL DESPIADADO, EL TRAIDOR, EL (SPN) ○ BRAVE, THE RUTHLESS, THE TRAITOR, THE • 1967
SIETE PISTOLAS PARA EL GRINGO • SETTE PISTOLAS PER EL GRINGO (ITL) ○ SEVEN PISTOLS FOR EL GRINGO • 1967
HOMBRE DE CARACAS, EL • 1968
HORAS PROHIBIDAS, LAS • 1968
FARSA, LA • 1969
PIERNAS DE LA SERPIENTE, LAS • 1970
FARSANTES DEL AMOR, LOS • 1972
PRECIO DEL ABORTO, EL • 1975
SEXO AMOR Y FANTASIA • 1976

XU FENG – CHN
HONGHU CHIWEIDUI • RED GUARDS OF LAKE HONG • 1961

XU KE – HKG
TSUI HARK
DIYI LEI YING WEIXIAN • DANGEROUS ENCOUNTERS OF THE FIRST KIND ○ DON'T PLAY WITH FIRE • 1980
MAD MISSION 3: OUR MAN IN BOND STREET • OUR MAN FROM BOND STREET ○ ACES GO PLACES 3 ○ MAD MISSION 3 • 1984
DA GONG HUANGDI • WORKING CLASS • 1985
DAO MA DAN • PEKING OPERA BLUES • 1987
QI WANG • CHESS KING • 1988
XIAO'AO JIANGHU • 1988
YINGHUNG BUNSIK III –TSIKYEUNGTSI 90 • BETTER TOMORROW III, A • 1989
SIU NGOU GONGWU • SWORDSMAN • 1990

XU TAO – CHN
HSU T'AO
GIRL OF THE GRASSLAND • 1955
HAI HUN • SOUL OF THE SEA • 1957

XU XIAOXING – CHN
YUEYAER • CRESCENT MOON • 1988

YABLONSKY YABLO – USA
B.J. PRESENTS • MANIPULATOR, THE ○ B.J. LANG PRESENTS • 1971

YABUKI KIMIO – JPN
ANDERSEN MONOGATARI • FABLES FROM HANS CHRISTIAN ANDERSEN • 1968 • ANM
HANSU KURISHITAN ANDERUSAN NO SEKAI • WORLD OF HANS CHRISTIAN ANDERSEN, THE (USA) • 1968 • ANM
NAGAGUTSU O HAITA NEKO • PUSS IN BOOTS (USA) • 1969 • ANM
RAINBOW BRITE AND THE STAR STEALER • 1985 • ANM
TWELVE MONTHS • 1985

YABUSHITA TAIJI – JPN
HAKUJA DEN • PANDA AND THE MAGIC SERPENT (USA) ○ WHITE SNAKE ENCHANTRESS, THE ○ MAGIC WHITE SERPENT, THE • 1958
SAIYU–KI • ALAKAZAM THE GREAT (USA) ○ SAIYU–KI: THE ENCHANTED MONKEY • 1960 • ANM
ANJU TO ZUSHIO–MARU • LITTLEST WARRIOR, THE (USA) ○ ORPHAN BROTHER, THE • 1961 • ANM
SINBAD NO BOKEN • ADVENTURES OF SINBAD, THE (USA) ○ SINDBAD NO BOKEN • 1962
HYOKKORI HYOTAN JIMA • GREAT ADVENTURES ON BOTTLE–GOURD ISLAND ○ MADCAP ISLAND, THE • 1967 • ANM
SHONEN JACK TO MAHOTSUKAI • JACK AND THE WITCH (USA) ○ IT'S A WONDROUS, WONDROUS, WONDROUS, WONDROUS WORLD • 1967 • ANM
SHINDOBADDO NO BOKEN • ADVENTURES OF SINDBAD, THE • 1968

YACONELLI FRANK – USA
I'LL BE THERE • 1927

YAGI MITSUO – JPN
ANO NAMI NO HATEMADE I • FAR BEYOND THE WAVES • 1961
ANO NAMI NO HATEMADE II • PEARL IN THE WAVES • 1961
ANO NAMI NO HATEMADE III • HER LAST PEARL • 1962

YAGI MIYOJI – JPN
MACHI • OUR TOWN • 1961

YAGI SHINICHI – JPN
KYUBI NO KITSUNE TO TOBIMARU • FOX WITH NINE TAILS, THE (USA) • 1969 • ANM

YAGNIK RAJA – IND
MAGIC HORSE • 1935
BHAGWAN SHRI KRISHNA • GOD LORD KRISHNA • 1950

YAGUE JESUS – SPN – 1937–
MEGATON YE–YE • 1965
TRES PERROS LOCOS, LOCOS • 1966
FLAMENCOS, LOS • ANDALUSIAN GIPSIES, THE • 1968
ESCONDITES, LOS • 1969
MUJER ES COSA DE HOMBRES, LA • 1975
MAS FINA QUE LAS GALLINAS • 1976
CARA AL SOL QUE MAS CALIENTA • 1977

YAHRUAS BILL – USA
JAIL, THE • 1972 • DOC
VIETNAM JOURNEY • VIETNAM JOURNEY: INTRODUCTION TO THE ENEMY ○ INTRODUCTION TO THE ENEMY • 1974
HOMEBOYS • 1978 • DOC

YAKEDA AKIO – JPN
ONNA NO URESHINAKI • CRY OF JOY • 1968

YAKIMOV YAKIM – BUL
CHOVEKAT V SYANKA • MAN IN THE SHADE, THE • 1967
PROTSESAT • TRIAL, THE • 1968

YAKIR LEONARD – CND
MOURNING SUIT, THE • 1975

YAKUB MICHAEL – USA
SHAMAN, THE • 1987

YALAZ SUAT – TRK
BIZANSLI ZORBA • BYZANTINE VILLAIN, THE • 1967
KARAOGLAN YESIL EJDER • KARAOGLAN VS. THE GREEN DRAGON • 1967
CAMOKANIN DONUSU • RETURN OF DJAMOKA, THE • 1968
SEYTAN KAFESI • DEVIL'S CAGE, THE • 1968

YALCIN OGUZ – TRK
SILENT TEMPEST, THE • 1989

YALDEN–TOMSON PETER – USA – 1937–
FOUR TO FOUR • 1978 • MTV
CLOWNS FOR CHRISTMAS • 1980 • MTV
ROUGH JUSTICE • 1984 • MTV
TOOLS OF THE DEVIL • 1984 • MTV
SHELLGAME • 1985 • MTV

YALINKILIC YAVUZ – TRK
OLUME YALNIZ GIDILAR • DEAD ONLY PERISH, THE • 1963
EFENIN INTIKAMI • REVENGE OF THE MASTER, THE • 1967
IMAMIN GAZABI • WRATH OF THE IMAM, THE • 1967
KATIRCIYANI • 1967
ASLANBEY • ASLAN BEY • 1968
KARGACI HALIL • HALIL, THE CROW–MAN • 1968
SINANOGLU • 1968
SINANOGLUNUN DONUSU • RETURN OF SINANOGLU, THE • 1968

YALKUT JUD – USA
P + A – I(K) • 1966 • SHT
PARC, LE • 1966 • SHT
SELF OBLITERATION • 1968 • ANS

YAMADA TATSUO – JPN
KUCHIKUKAN YUKIKAZE • DESTROYER YUKIKAZE • 1964
KIGEKI EKIMAE KAZAN • VOLCANO OF STATION FRONT PLAZA • 1968

YAMADA TENGO – JPN
HARUO NO TONDA SORA • SKY WHERE HARUO FLEW, THE • 1977

YAMADA YOGI see **YAMADA YOJI**

YAMADA YOJI – JPN
YAMADA YOGI
TORA–SAN THE MATCHMAKER
AI NO SANKA • SONG OF LOVE • 1967
KIGEKI: IPPATSU SHOBU • GREATEST CHALLENGE OF ALL • 1967
KYUCHAN NO DEKKAI YUME • LET'S HAVE A DREAM • 1967
FUKEBA TOBUYONA OTOKODAGA • SHY DECEIVER, THE • 1968
IPPATSU DAIBOKEN • MILLION DOLLAR CHASE • 1968
OTOKO WA TSURAIYO • AM I TRYING! ○ IT'S HARD BEING A MAN ○ TORA–SAN, OUR LOVABLE TRAMP • 1969
ZOKU OTOKOWA TSURAIYO • TORA–SAN PT. 2 (USA) ○ TORA–SAN'S CHERISHED MOTHER ○ AM I TRYING PART II ○ TORASAN, HOMEWARD JOURNEY • 1969
KAZOKU • WHERE SPRING COMES LATE ○ FAMILY, A • 1971
KOKYO • HOME FROM THE SEA • 1972
OTOKO WA TSURAIYO, TORAJIRO • TORASAN AND HIS FORGET–ME–NOT • 1973
OTOKO WA TSURAIYO, WATASHI NO TORASAN • TORASAN LOVES AN ARTIST • 1973
HARAKARA • BRETHREN • 1975
OTOKO WA TSURAIYO, AIAIGASA • TORA–SAN FINDS A SWEETHEART • 1975
OTOKO WA TSURAIYO, KATSUSHIKA RISSHI–HEN • TORASAN MEETS A LADY SCHOLAR • 1975
OTOKO WA TSURAIYO, TORAJIRO JUNJO SHISHU • TORASAN MEETS HIS SCHOOL–MATES • 1976
OTOKO WA TSURAIYO, TORAJIRO YUYAKE KOYAKE • TORASAN AND THE PAINTER • 1976
KOFUKU NO KIROI HANKACHI • YELLOW HANDKERCHIEF OF HAPPINESS, A • 1977
OTOKO WA TSURAIYO, TORAJIRO GAMBARE! • TORASAN, HOLD OUT! • 1977
OTOKO WA TSURAIYO, UWASA NO TORAJIRO • TORASAN AND A LOVELY MAID • 1978
DISTANT CRY FROM SPRING, A • 1979
HARUKANARU YAMA NO YOBIGOE • ECHO OF THE FAR MOUNTAIN • 1979
OTOKO WA TSURAIYO, TONDERU TORAJIRO • TORASAN RIDING HIGH • 1979
OTOKO WA TSURAIYO, TORAJIRO HARU NO YUME • TORASAN DREAMS SPRINGTIME • 1979
OTOKO WA TSURAIYO, HISBISCUS NO HANA • TORASAN GOES TO HISBISCUS LAND • 1981
OTOKO WA TSURAIYO, TORAJIRO KAMOMEUTA • TORASAN'S SONG OF THE SEAGULL • 1981
OTOKO WA TSURAIYO, NANIWA NO KOI NO TORAJIRO • TORASAN'S LOVE IN OSAKA • 1982
OTOKO WA TSURAIYO, TORAJIRO KAMIFUSEN • TORASAN AND A PAPER BALLOON • 1982
OTOKO WA TSURAIYO, HANA MO ARASHI MO TORAJIRO • TORA–SAN, THE EXPERT • 1983
OTOKO WA TSURAIYO, TORAJIRO AJISAI NO KOI • HEARTS AND FLOWERS FOR TORA • 1983
OTOKO WA TSURAIYO, KUCHIBUE O FUKU TORAJIRO • TORASAN WHISTLING • 1984
OTOKO WA TSURAIYO, TABI TO ONNA TO TORAJIRO • TORASAN'S JOURNEY WITH A LADY • 1984
OTOKO WA TSURAIYO, SHIBAMATA YORI AI O KOMETE • TORASAN, FROM SHIBAMATA WITH LOVE • 1985
KINEMA NO TENCHI • WHEN CINEMA WAS YOUNG • 1987
OTOKO WA TSURAIYO, SHIAWASTE NO AOI TORI • TORASAN, BLUEBIRD OF HAPPINESS • 1987
DAUNTAUN HIROZU • HOPE AND PAIN • 1988
OTOKO WA TSURAIYO, SHIRETOKO BOJO • TORASAN, REMIND SHIRETOKE • 1988
TORAJIRO SARADA KINENBI • TORA–SAN'S SALAD DATE MEMORIAL • 1988
OTOKO WA TSURAIYO, TORAJIRO KOKORONO TABIJI • TORA–SAN GOES TO VIENNA • 1989

YAMAGUCHI KAZUHIKO – JPN
BUTOKEN MOKO GEKISATSU! • 1976
CHAMPION OF DEATH • 1976
SISTER STREETFIGHTER • SISTER STREET FIGHTERS • 1976
KARATE WARRIORS • 1981

YAMAGUCHI SEIICHIRO – JPN
WAGA KOKORONO UTA • SONG IN MY HEART, A • 1977

YAMAKAWA NAOTO – JPN
BILLY THE KID NO ATARASHII YOAKE • ANOTHER MORNING FOR BILLY THE KID • 1987

YAMAMOTO EIICHI – Animator – JPN
THOUSAND AND ONE NIGHTS, A • 1969 • ANM
CLEOPATRA • 1970 • ANM
KANASHIMI NO BELLADONNA • BELLADONNA • 1973 • ANM

YAMAMOTO KAJIRO – JPN – 1902–1974
DANUN • 1924
RENBO KOUTA • 1924
BAKUDAN–JI • BOMB HOUR • 1925
HITO O KUTTA HANASHI • 1925
HOHOEMU NIKKATSU • SMILING NIKKATSU • 1932
JUNANGE • ORDEAL • 1932
SAIKUN SHIN SENJUTSU • NEW STRATEGY • 1932
MOMOIRO NO MUSUME • 1933
NYOBO SEIFUKU • CONQUEST OF A WIFE • 1933
RENAI HIJOJI • LOVE CRISIS • 1933
SOKYU NO MON • GATE TO THE BLUE SKY • 1933
ARUPUSU TAISHO • ALPINE VICTORY • 1934
ENOKEN NO SEISHUN SUIKODEN • 1934
FURUSATO HARETE • PUBLIC ACTIVITY • 1934
RENAI SUKII–JUTSU • 1934
BOTCHAN • 1935
DONGURI TONBEI • 1935
ENOKEN NO KONDO ISAMU • 1935
ITAZURA KOZO • TRICKS OF AN ERRAND BOY • 1935
SUMIRE MUSUME • VIOLET GIRL • 1935
ENOKEN NO SENMAN CHOJA • ENOKEN'S MILLIONAIRE • 1936
WAGAHAI WA NEKO DE ARU • I AM A CAT • 1936
ENOKEN NO CHAKKIRI KINTA • ENOKEN'S PICKPOCKET • 1937

NIPPON JOSI DOKUHON • 1937
OTTO NO TEISO • HUSBAND'S CHASTITY, A • 1937
SHINKON URA OMOTE • 1937
UTSUKUSHIKI TAKA • BEAUTIFUL HAWK • 1937
ENOKEN NO BIKKURI JINSEI • ENOKEN IS SURPRISED AT LIFE • 1938
TOJURO NO KOI • LOVES OF A KABUKI ACTOR, THE • 1938
TSUZURIKATA KYOSHITSU • COMPOSITION CLASS • 1938
CHUSHINGURA • LOYAL FORTY-SEVEN RONIN, THE • 1939
ENOKEN NO GAKKURI JIDAI • 1939
NONKI YOKOCHO • EASY ALLEY • 1939
ENOKEN NO ZANGIRI KINTA • ENOKEN HAS HIS HAIR CROPPED • 1940
ROPPA NO SHINKON RYOKO • 1940
CHIMATA NI AME NO FURU GOTOKU • 1941
UMA • HORSE ○ HORSES • 1941
HAWAI-MAREI-OKI KAISEN • WAR AT SEA FROM HAWAII TO MALAYA, THE ○ BATTLE OF HAWAII ○ BATTLES OF HAWAII AND MALAY OFF SHORE, THE • 1942
KIBO NO SEISHUN • HOPE OF YOUTH, THE • 1942
KATO HAYABUSA SENTOTAI • GENERAL KATO'S FALCON FIGHTERS • 1944
RAIGEKITAI SHUTSUDO • TORPEDO SQUADRON MOVES OUT, THE • 1944
KOI NO FUUNJI • MISFORTUNES OF LOVE • 1945
ASU O TSUKURU HITOBITO • THOSE WHO MAKE TOMORROW • 1946
ENOKEN -ROPPA NO SHIN BAKA JIDAI • 1947
HARU NO KYOEN • 1947
YOTTSU NO KOI NO MONOGATARI • FOUR LOVE STORIES ○ FIRST LOVE ○ YOTSU • 1947
HARU NO TAWAMURE • SPRING FLIRTATION ○ SPRING CAPRICE • 1949
KAZE NO KO • WIND OF HONOUR • 1949
DATSUGOKU • ESCAPE FROM PRISON • 1950
SHINJI FUJIN • 1950
HIKA • ELEGY • 1951
HOPU-SAN • 1951
ONNAGOKORO O DAREGA SHIRU • WHO KNOWS A WOMAN'S HEART • 1951
NANAIRO NO MACHI • RAINBOW-COLOURED STREET • 1952
HANA NO NAKA NO MUSUMETACHI • GIRLS AMONG THE FLOWERS • 1953
YUGATO • 1953
BOTCHAN SHAIN • MR. VALIANT • 1954
DOYOBI NO TENSHI • ANGEL OF SATURDAY, AN ○ SATURDAY ANGEL • 1954
ZOKU BOTCHAN SHAIN • MR. VALIANT RIDES AGAIN • 1954
DANSEI NO.1 • MAN AMONG MEN, A • 1955
MUTTSURI UMON TORIMONO-CHO-KIMEN YASHIKI • 1955
ORE MO OTOKO-SA • 1955
ANKO KUGAI • UNDERWORLD, THE • 1956
OJOSAN TOTO • YOUNG LADY ON HER WAY, A • 1956
ZENTA TO SANPEI MONOGATARI • 1957
ZO • ELEPHANT, AN • 1957
JAZU MUSUME NI EIKO ARE • RISE AND FALL OF A JAZZ GIRL, THE • 1958
TOKYO NO KYUJITSU • HOLIDAY IN TOKYO, A • 1958
SONGOKU • ADVENTURES OF SUN KUNG • 1959
GINZA TAIKUTSU MUSUME • GINZA TOMBOY • 1960
ONNA NO SUBETE • WOMAN ALTOGETHER • 1960
TANUKI NO HANAMICHI • 1964
HANA NO OEDO MUSEKININ • SAMURAI JOKER • 1965
TANUKI NO TAISHO • THIEF ON THE RUN ○ BADGER GENERAL • 1965
TANUKI NO OSAMA • 1966
TANUKI NO KYUJITSU • SWINDLER MEETS SWINDLER ○ BADGER'S HOLIDAY • 1967

YAMAMOTO KUNIHIKO – JPN

HANAYAHANARU SHOTAI • LAVISH INVITATION, A • 1968
NIPPON OYAFUKO JIDAI • TIME OF UNDUTIFUL CHILDREN • 1968

YAMAMOTO MICHIO – JPN

AKUMA GA YONDEIRU • TERROR IN THE STREETS • 1970
CHI O SUU NINGYO • VAMPIRE DOLL, THE (USA) • 1970
CHIOSU ME • LAKE OF DRACULA (USA) ○ DRACULA'S LUST FOR BLOOD ○ BLOODTHIRSTY EYES • 1971

YAMAMOTO SANZE – JPN

MAGIC BOY
SHONEN SARUTOBI SASUKE • MAGIC BOY (USA) ○ ADVENTURES OF A LITTLE SAMURAI • 1960 • ANM

YAMAMOTO SATSUO – JPN – 1910–1983

HAHA NO KYOKU • 1937
OJOSAN • YOUNG MISS • 1937
DENEN KOKYOGAKU • SYMPHONIE PASTORALE, LA • 1938
KATEI NIKKI • FAMILY DIARY • 1938
MACHI • STREET • 1939
RIBON O MUSUBU FUJIN • LADY WITH A RIBBON, A • 1939
SHINPEN TANGE GAZEN -SEKISHU NO MAKI • 1939
URUWASHIKI SHUPPATSU • BEAUTIFUL START • 1939
SHIMAI NO YAKUSOKU • END OF ENGAGEMENT • 1940
SOYOKAZE CHICHI TO TOMONI • 1940
TSUBASA NO GAIKA • TRIUMPHAL WINGS ○ TRIUMPH OF WINGS, A • 1942
NEPPU • HOT WIND • 1943
SENSO TO HEIWA • WAR AND PEACE • 1947
KONNA ONNA NI DARE GA SHITA • 1949
BORYOKU NO MACHI • STREET OF VIOLENCE • 1950
HAKONE FUUNROKU • STORM CLOUDS OVER MOUNT HAKONE ○ STORM CLOUDS OVER HAKONE • 1951
SHINKU CHITAI • VACUUM ZONE • 1952
HI NO HATE • TO THE END OF THE SUN ○ END OF THE SUN • 1954
TAIYO NO NAI MACHI • STREET WITHOUT SUN, THE ○ SUNLESS STREET, THE • 1954
AISUREBAKOSO • BECAUSE I LOVE ○ IF YOU LOVE ME • 1955
UKIGUSA NIKKI • DIARY OF UMAGORO'S TRAVELLING THEATRE ○ DUCKWEED STORY ○ TRAVELLING PLAYERS, THE • 1955
NADARE • AVALANCHE • 1956
TAIFU SODOKI • TYPHOON NO.13 • 1956
AKAI JINBAORI • HIS SCARLET CLOAK ○ RED CLOAK, THE • 1958
NIGURUMA NO UTA • SONG OF THE CART, THE • 1959
NINGEN NO KABE • HUMAN WALL, THE • 1959
BUKI NAKI TATAKI • BATTLE WITHOUT ARMS, THE • 1960
MATSUKAWA JIKEN • MATSUKAWA DERAILMENT INCIDENT • 1960
CHIBUSA O DAKU MUSUMETACHI • 1962
AKAI MIZU • RED WATER • 1963
SHINOBI NO MONO • BAND OF ASSASSINS, A • 1963
KIZU DARAKE NO SANGA • PUBLIC BENEFACTOR, A ○ TYCOON ○ MOUNTAINS AND RIVERS WITH SCARS ○ POWER OF GOLD, THE • 1964
NIPPON DOROBO MONOGATARI • BURGLAR STORY, THE • 1965
SHONIN NO ISU • WITNESS SEAT, THE • 1965
SUPAI • SPY, THE • 1965
HYOTEN • FREEZING POINT • 1966
SHIROI KYOTO • GREAT WHITE TOWER, THE • 1966
NISE KEIJI • BOGUS POLICEMAN, THE • 1967
ZATO ICHI RO-YABURI • BLIND SWORDSMAN'S RESCUE, THE ○ ZATOICHI ROUYABURI ○ ZATOICHI BREAKING OUT OF PRISON • 1967
DOREI KOJO • SLAVE FACTORY, THE • 1968
KAIDAN BOTAN DORO • GHOST STORY OF PEONIES AND STONE LANTERNS, A ○ MY BRIDE IS A GHOST ○ BOTANDORO ○ GHOST BEAUTY ○ BRIDE FROM HELL, THE ○ BOTAN DORO ○ BRIDE FROM HADES, THE • 1968
PEONIES AND LANTERNS • 1968
SENSO TO NINGEN • HUMAN BEING AND WAR ○ BATTLE OF MANCHURIA, THE ○ MEN AND WAR • 1970
KAREINARU ICHIZOKU • FAMILY, THE • 1973
SENSO TO NINGEN, KAKETSU-HEN • WAR AND PEOPLE NO.3 • 1973
FUMO-CHITAI • MARGINAL LAND, THE • 1975
KINKAN-SHOKU • ANNULAR ECLIPSE ○ ANNUAL ECLIPSE • 1975
TEMPO SUIKO DEN • STORY OF YUGAKU OHARA, THE • 1976
BARREN GROUND, THE • 1977
AH! NOMUGI TOGE • AH! NOMUGI PASS • 1978
KOTEI NO INAI HACHIGATSU • AUGUST WITHOUT THE EMPEROR ○ AUGUST WITHOUT EMPEROR • 1978
ASSY-TACHI NO MACHI • TOWN FOR ASSEMBLY WORKERS, A • 1981

YAMAMOTO SHINYA – JPN

AKUDOMA JUNEN • TEN YEARS OF EVIL • 1967
ARU MITTSU • CERTAIN ADULTERY, A • 1967
GENDAI AI NO JITEN: SHIRITAI TOSHIGORO • CONTEMPORARY DICTIONARY OF LOVE: AGE OF CURIOSITY • 1967
HENSHITSUSHA • DEGENERATE, A • 1967
ITAZURA • MISCHIEF • 1967
KANZENNARU KEKKON • PERFECT MARRIAGE • 1967
KOKOTSU NO IZUMI • SPRING OF ECSTASY • 1967
ONNA NO BITAI • WOMEN'S COQUETRY • 1967
ONNA NO SEME • WOMEN'S TORTURE • 1967
YOGORE • IMPURITY • 1967
YORU NO TADARE • INFLAMMATION OF NIGHT • 1967
AVEC RIYOKAN • RENDEZVOUS HOTEL, A • 1968
BOKOHAN • VIOLATOR, A • 1968
CHIKAN NO KISETSU • SEASON OF SEX CRIMINALS, THE • 1968
HENTAI SHOJO • ABNORMAL VIRGIN • 1968
KONZEN KOJYOKI • RELATIONSHIP BEFORE MARRIAGE • 1968
NEMIDAREZUMA • OBSCENE WIFE • 1968
NINSHIN BUNBEN CHUHZETSU • PREGNANCY, BIRTH AND ABORTION • 1968
OZASHIKI 48 TAI • ORGY AT THE TEAHOUSE • 1968

YAMAMURA SO – Actor – JPN – 1910–

INOCHI ARUKAGHIRI • FOR LIFE • 1946
KANIKOSEN • CRAB-CANNING SHIP ○ CRAB-CANNING BOAT • 1953
KUROI USHIO • BLACK TIDE • 1954
HAHAKOGUSA • MOTHER AND HER CHILDREN, A • 1959
KASHIMANADA NO ONNA • MAIDENS OF KASHIMA SEA • 1959
FURYU FUKAGAWA • SONG OF FUKAGAWA • 1960

YAMANAKA S. see **YAMANAKA SADAO**

YAMANAKA SADAO – JPN – 1907–1938

YAMANAKA S.

BANGOKU NO ISSHO • LIFE OF BANGOKU • 1932
UMINARI KAIDO • ROAD TO UMINARI • 1934
HYAKUMAN-RYO NO TSUBO • MILLION RYO MONEY POT, THE • 1935
SEKI NO YATAPPE • 1935
NINJO KAMIFUSEN • HUMANITY AND PAPER BALLOONS • 1937

YAMANE SHIGEYUKI – JPN

FUKUSHU NO UTA GA KIKOERU • SONG OF VENGEANCE • 1968
OTOTO • HER BROTHER • 1976

YAMANOUCHI TETSUYA – JPN

ZENIGATA HEIJI • COIN-THROWING DETECTIVE, THE • 1967
GION MATSURI • DAY THE SUN ROSE, THE (USA) ○ GION FESTIVAL • 1968

YAMASAKI TIZUKA – JPN

YAMAZAKI TIZUKA

GAIJIN -CAMINHOS DA LIBERDADE • GAIJIN, A BRAZILIAN ODYSSEY ○ GAIJIN -ROADS TO FREEDOM • 1980
PARAHYBA MULHER MACHO • PARAHYBA MACHO WOMAN • 1983

YAMASHITA KOSAKU – JPN

SEKI NO YATAPPE • SAMURAI AND ORPHANS • 1963
ISSHIN TASUKE EDOKKO MATSURI • OUR CHIVALROUS FISH-PEDDLER • 1967
KYODAI JINGI: KANTO INOCHISHIRAZU • DUTY OF BROTHERHOOD: A DAREDEVIL OF KANTO • 1967
KYODAI JINGI: ZOKU KANTO SANKYODAI • DUTY OF BROTHERHOOD: THREE BROTHERS OF KANTO • 1967
OTOKO NAMIDA NON HAMONJO • EXPULSION OF TEARS • 1967
OTOKO NO SHOBU -KANTO ARASHI • MEN'S FIGHTING -KANTO ARASHI • 1967
BAKUCHIUCHI: SOCHO TOBAKU • GAMBLER SERIES: THE GREAT CASINO • 1968
BIYAKKO NO TETSU • THREE OUTLAWS AND THEIR AFFECTION FOR ONE ANOTHER • 1968
GOKUDO • FAST LIVER, THE • 1968
HIBOTAN BAKUTO • RED PEONY GAMBLER, THE • 1968
KAETTEKITA GOKUDO • RETURN OF THE OUTLAW • 1968
O-OKU EMAKI • VANITY OF THE SHOGUN'S MISTRESS, THE • 1968
ZENKA MONO • MARKED MAN, THE • 1968
KAIGENREI NO YORU • NIGHT UNDER MARTIAL LAW, THE • 1981

YAMASHITA OSAMU – JPN

DOKUGA • POISONOUS TUSKS • 1967
FUMO NO AIYOKU • BARREN DESIRE • 1967
IRO NO TEHAI-SHI • LOVE AFFAIR BROKER, THE • 1967
NIHON SEIHANZAISHI: TORIMA • PHANTOM CRIMINAL, A • 1967
SHIN JOJI NO RIREKISHO • NEW PERSONAL HISTORY OF LOVE AFFAIRS • 1967
SHOJO NO KETSUMIYAKU • VEIN OF VIRGINS, A • 1967
TAWAMURE • FUN • 1967
ARU NINSHIN • CERTAIN PREGNANCY, A • 1968
JYOJI ZANKOKUSHI • CRUEL HISTORY OF AFFAIRS • 1968
MIBOJIN ZEME • WIDOW TORTURE • 1968
ONNA ZEME TARAIMAWASHI • TORTURING WOMAN BY TURNS • 1968
SEX NO SHINPI • MYSTERY OF SEX • 1968
YUGANDA SEX • DISTORTED SEX • 1968

YAMASKICH OSAMU – JPN

ADOLESCENT, THE • 1967

YAMATOYA JIKU – JPN

KOYA NO DUTCHWIVES • DUTCH WIVES OF THE WILD, THE • 1967
KE NO HAETA KENJU • HAIRY PISTOL, A • 1968

YAMAUCHI – JPN

NIHONTOU: MIYAIRI KOUHEI NO WAZA • JAPANESE SWORDS: THE WORK OF KOUHEI MIYAIRI • 1976

YAMAUCHI TETSUYA – JPN

KAIRYU DAIKESSEN • MAGIC SERPENT (USA) ○ GRAND DUEL IN MAGIC ○ FROGGO AND DROGGO • 1966

YAMAZAKI – JPN

KOMORI-ZOSHI • 1927

YAMAZAKI TIZUKA see **YAMASAKI TIZUKA**

YAMBO see **NOVELLI ENRICO**

YAN HAO see **YEN HAO**

YAN XUESHU – CHN – 1940–

YE SHAN • IN THE WILD MOUNTAINS ○ WILD MOUNTAINS • 1985
SHASHOU QING • KILLER'S LOVE • 1988

YANAGAWA TAKEO – JPN

HORU -MUNAKATA SHIKO NO SEKAI • WOOD-BLOCK PRINTING -THE WORLD OF SHIKO MUNAKATA • 1975 • DOC

YANAGIMACHI MITSUO – JPN – 1944–

JUKYUSAI NO CHIZU • MAP FOR 19 YEARS OLD, A ○ NINETEEN YEAR OLD'S PLAN, A • 1979
FAREWELL TO THE LAND, A • 1982
HIMATSURI • FIRE FESTIVAL • 1985

YANASE KAN – JPN

MASHO NO ONNA • WOMAN OF ILL REPUTE, A • 1968

YANCHEV VLADIMIR – BUL

JANCHEV VLADIMIR

LYUBIMETZ 13 • FAVOURITE NO.13 • 1958
NEVEROYATNA ISTORIA • INCREDIBLE STORY, AN • 1964
STARINATA MONETA • ANCIENT COIN, THE • 1965
PYERVY KURYER • PARVIAT KURIER (BUL) ○ FIRST COURIER, THE • 1968
STOLEN TRAIN, THE • 1971
LAST BACHELOR, THE • 1974
WARM • 1979

YANG C. Y. – HKG

BRUCE LEE IN NEW GUINEA • 1980

YANG CHIA-HUN – TWN

HSIAO HU-LU • UNSINKABLE MISS CALABASH • 1982

YANG CHING – HKG

18 FATAL STRIKES • 1981

YANG CH'UAN – HKG

TA TU HOU • DRUG QUEEN, THE • 1976

YANG EDWARD see **YANG TE-CH'ANG**

YANG EVAN – HKG

UNCONQUERED • 1971

YANG FAN see **YEUNG FAN**

YANG FENGLIANG – CHN
DAIHAO MEIZHOUBAO • PUMA ACTION, THE ○ CODE NAME COUGAR • 1988

YANG LI-KUO – TWN
LU-PING HUA • ROUGH ICE FLOWER • 1989
WO-TE ERH-TZU SHIH T'IEN-TS'AI • 1990

YANG SAI KING – HKG
GHOSTLY FACE, THE • LEM MIEN KUEL

YANG TE-CH'ANG – TWN
YANG EDWARD
TAIPEI STORY
DUCKWEED • 1981 • MTV
HAI-T'AN-SHANG-TE YI T'IEN • THAT DAY, ON THE BEACH • 1983
KUANG-YIN-TE KUSHIH • IN OUR TIME • 1983
K'UNG-PU FEN-TZU • TERRORISER, THE ○ KONGBUFENZI • 1986

YANG TEI – CHN
MONKEY, THE • APE, THE • 1959 • ANS

YANG TEO – HKG
MEAN STREETS OF KUNG FU • 1983

YANG YANJIN – CHN
BANYE GESHENG • PHANTOM OF THE OPERA • 1985

YANKOV YANKO – BUL
ON HOLIDAY • 1950
TOVA SE SLUCHI NA ULITSATA • IT HAPPENED IN THE STREET • 1956
GODINI ZA LYUBOV • TOO LATE FOR LOVE? • 1957
STRAMNATA PATEKA • STEEP PATH, THE • 1961
NEPRIMIRIMITE • INTRANSIGENTS, THE • 1964
CONFESSION • 1969

YANKOVIC S. see **JANKOVIC STOLE**

YANNE JEAN – Actor/writer – FRN – 1933–
TOUT LE MONDE IL EST BEAU, TOUT LE MONDE IL EST GENTIL • 1972
MOI Y'EN A VOULOIR DES SOUS! • 1973
CHINOIS A PARIS, LES • 1974
CHOBIZENESSE • 1975
JE TE TIENS, TU ME TIENS PAR LA BARBICHETTE • I'VE GOT YOU, YOU'VE GOT ME BY THE CHIN HAIRS (USA) • 1978
DEUX HEURES MOINS LE QUART AVANT JESUS-CHRIST • 1983
LIBERTE, EGALITE, CHOUCROUTE • 1984

YANNIKOPOULOS DIMITRIS – GRC
STRUGGLE • 1975

YANNOPOULOS NIKOS – GRC
TELEVISION CLOSE CIRCUIT • 1989 • MTV

YANSEN – USA
MISPLACED • 1989

YANUSHKEVICH R. – USS
PUTYOVKHA Z ZHIZN • ROAD TO LIFE, THE ○ PASS TO LIFE, A • 1931

YAO-CH'I RICHARD CH'EN see **CH'EN YAO-CH'I**

YAO SHOUGANG – CHN
YE MAMA • OUTCAST, THE • 1987

YARBROUGH JEAN – USA – 1900–
ALL BUSINESS • 1936 • SHT
AND SO TO WED • 1936 • SHT
BAD MEDICINE • 1936 • SHT
DOG BLIGHT • 1936 • SHT
DON'T BE LIKE THAT • 1936 • SHT
FIGHT IS RIGHT • 1936 • SHT
LALAPALOOSA • 1936 • SHT
SO AND SEW • 1936 • SHT
HORSE PLAY • 1937 • SHT
INLAWFULL • 1937 • SHT
RENTED RIOT, A • 1937 • SHT
RHYTHM ON THE RAMPAGE • 1937 • SHT
SINGING IN THE AIR • 1937 • SHT
SWING FEVER • 1937 • SHT
TRAILING ALONG • 1937 • SHT
WIFE INSURANCE • 1937 • SHT
BERTH QUAKES • 1938 • SHT
BUCKAROO BROADCAST, A • 1938 • SHT
DUMMY OWNER • 1938 • SHT
HECTIC HONEYMOON • 1938 • SHT
MUSIC WILL TELL • 1938 • SHT
PHOTOGRAPHER, THE • 1938 • SHT
PICKETING FOR LOVE • 1938 • SHT
REBELLIOUS DAUGHTERS • 1938
RUSSIAN DRESSING • 1938 • SHT
CRIME RAVE • 1939
PLUMB CRAZY • 1939 • SHT
START THE MUSIC • 1939 • SHT
SWING VACATION • 1939 • SHT
MOLLY CURES A COWBOY • 1940 • SHT
CAUGHT IN THE ACT • 1941
DEVIL BAT • KILLER BAT • 1941
FATHER STEPS OUT • CITY LIMITS • 1941
GANG'S ALL HERE, THE • IN THE NIGHT (UKN) • 1941
KING OF THE ZOMBIES • 1941
LET'S GO COLLEGIATE • FAREWELL TO FAME (UKN) • 1941
SOUTH OF PANAMA • 1941
TOP SERGEANT MULLIGAN • 1941
CRIMINAL INVESTIGATOR • 1942
FRECKLES COME HOME • 1942
LAW OF THE JUNGLE • 1942
LURE OF THE ISLANDS • 1942
MAN FROM HEADQUARTERS • 1942
POLICE BULLETS • 1942
SHE'S IN THE ARMY • 1942
SILENT WITNESS • ATTORNEY FOR THE DEFENCE (UKN) • 1942
SO'S YOUR AUNT EMMA! • MEET THE MOB • 1942
FOLLOW THE BAND • TROMBONE FROM HEAVEN • 1943
GET GOING • 1943
GOOD MORNING, JUDGE • 1943
HI' YA, SAILOR • 1943
SO'S YOUR UNCLE • LET YOURSELF GO • 1943
SOUTH SEA RHYTHMS • 1943 • SHT
IN SOCIETY • 1944
MOON OVER LAS VEGAS • 1944
SOUTH OF DIXIE • 1944
TWILIGHT ON THE PRAIRIE • 1944
WEEKEND PASS • 1944
HERE COME THE CO-EDS • 1945
NAUGHTY NINETIES, THE • GAY NINETIES, THE • 1945
ON STAGE EVERYBODY • 1945
UNDER WESTERN SKIES • 1945
BRUTE MAN • 1946
CUBAN PETE • DOWN CUBA WAY (UKN) • 1946
HOUSE OF HORRORS • JOAN MEDFORD IS MISSING (UKN) • 1946
INSIDE JOB • 1946
SHE-WOLF OF LONDON • CURSE OF THE ALLENBYS, THE (UKN) • 1946
CHALLENGE, THE • 1948
CREEPER, THE • 1948
SHED NO TEARS • 1948
TRIPLE THREAT • 1948
ANGELS IN DISGUISE • 1949
HENRY, THE RAINMAKER • 1949
HOLIDAY IN HAVANA • 1949
LEAVE IT TO HENRY • 1949
MASTER MINDS • 1949
MUTINEERS, THE • PIRATE SHIP • 1949
BIG TIMBER • TALL TIMBER • 1950
JOE PALOOKA IN HUMPHREY TAKES A CHANCE • HUMPHREY TAKES A CHANCE (UKN) • 1950
JOE PALOOKA MEETS HUMPHREY • 1950
SIDESHOW • 1950
SQUARE DANCE KATY • 1950
TRIPLE TROUBLE • 1950
ACCORDING TO MRS. HOYLE • 1951
CASA MANANA • 1951
FATHER MAKES GOOD • 1951
JACK AND THE BEANSTALK • 1952
LOST IN ALASKA • ABBOTT AND COSTELLO LOST IN ALASKA (UKN) ○ SOURDOUGHS, THE • 1952
NIGHT FREIGHT • 1955
CRASHING LAS VEGAS • 1956
HOT SHOTS • 1956
YAQUI DRUMS • 1956
FOOTSTEPS IN THE NIGHT • 1957
WOMEN OF PITCAIRN ISLAND, THE • 1957
SAINTLY SINNERS • 1962
HILLBILLYS IN A HAUNTED HOUSE • GHOST PARTY • 1967
OVER THE HILL GANG, THE • 1969 • TVM

YAREMA NEIL – USA
TASTE OF HELL, A • 1973

YARI BOB – USA
MIND GAMES • 1989

YARMATOV KAMIL – USS – 1903–
DOROGA BEZ SNA • ROAD WITHOUT SLEEP • 1946
ALISHER NAVOI • ALISHAR NAVOI • 1947
SESTRY RAKHMANOVY • RAKHMANOV'S SISTERS • 1954
AVICENNA • 1957
KOGDA TSVETUT ROZY • WHEN ROSES BLOOM • 1959
POEMA DVUKH SERDYETS • POEM OF TWO HEARTS, A • 1968
VSADNIKI REVOLUTSII • HORSEMEN OF THE REVOLUTION • 1968

YARON-GRONICH NIRITH – ISR
BIG GIRL • 1988

YASAMI SIYAMAK – IRN
DALAHU • 1967
TOUFAN-E-NOAH • NOAH'S STORM • 1967
BAR ASMAN NEYESHTE • WRITTEN ON THE SKY • 1968
TANGE EJDEHA • DRAGON'S PASS • 1968

YASHIN B. see **YASHIN BORIS**

YASHIN BORIS – USS
YASHIN B.
OSYENNIYE SVADBY • AUTUMN WEDDINGS • 1968
FIRST GIRL • 1969

YASIN AL – USA
LAST MOMENT, THE • 1966

YASRI FAISAL – LBN
REPORT ON THE SITUATION IN LEBANON • 1976

YASSIN AHMED – EGY
DAMNED, THE • 1979

YASSIRI FAYCAL AL- see **AL-YASSIRI FIASAL**

YASSIRI FIASAL see **AL-YASSIRI FIASAL**

YASSIRY FIASAL see **AL-YASSIRI FIASAL**

YASUDA KIMIYOSHI – JPN
SONO YO NO BOKEN • THAT KIND OF ADVENTURE ○ THAT NIGHT ADVENTURE • 1948
SAIGO NI WARAU OTOKO • FINAL LAUGHTER • 1949
HANA NO YUKYO-DEN • 1958
IPPON GATANA DOHYOIRI • SWORD AND THE SUMO RING, A • 1960
KAIDAN KASANE-GA-FUCHI • GHOST OF KASANE-GA-FUCHI • 1960
HAREKOSODE • CLEAR WEATHER • 1961
DAIMAJIN • MAJIN, THE MONSTER OF TERROR ○ VENGEANCE OF A MONSTER, THE ○ MAJIN (USA) ○ MAJIN, THE HIDEOUS IDOL ○ DEVIL GOT ANGRY, THE • 1966
AKUMYO ICHIDAI • NOTORIOUS MAN AND THE ISSEI, THE • 1967
TOKYO BAKUTO • GAMBLERS OF TOKYO • 1967
YAKUZA BOZU • HOODLUM PRIEST, THE (USA) • 1967
ZATO-ICHI TEKKA-TABI • BLIND SWORDSMAN'S CANE SWORD, THE ○ ZATOICHI'S GAMBLING TRAVELS • 1967
NEMURI KYOSHIRO HITOHADAGUMO • HUMAN TARANTULA, THE • 1968
YOKAI HYAKU MONOGATARI • WOKAI HYAKU MONOGATARI ○ HUNDRED MONSTERS, THE ○ 100 MONSTERS ○ STORY OF 100 GHOSTS • 1968
ZATO ICHI KENKATABI • ZATOICHI (USA) • 1968
ZATOICHI HATASHIJO • BLIND SWORDSMAN AND THE FUGITIVES, THE ○ ZATOICHI CHALLENGE LETTER • 1968
ZOKU HIROKU ONNA RO • WOMEN'S CELL • 1968
ZATOICHI MEETS HIS EQUAL • ZATOICHI MEETS THE ONE-ARMED SWORDSMAN
KAIDAN KASANEGAFUCHI • HORROR OF AN UGLY WOMAN ○ MASSEUR'S CURSE • 1970

YATES FRANK D. – UKN
APACHE DANCE • 1909
LAND OF HOPE AND GLORY • 1909
SNEEZING • 1909
TAXIMETER CAB, THE • 1909

YATES HAL – USA
HATS OFF • 1927
SAILORS BEWARE! • 1927 • SHT
BOOSTER, THE • 1928 • SHT
DUMB DADDIES • 1928 • SHT
IMAGINE MY EMBARRASSMENT • 1928 • SHT
IS EVERYBODY HAPPY? • 1928 • SHT
PAIR OF TIGHTS, A • 1928 • SHT
SHOULD WOMEN DRIVE? • 1928 • SHT
TELL IT TO THE JUDGE • 1928 • SHT
NOSED OUT • 1934 • SHT
ROAMIN' VANDALS • 1934 • SHT
SPEAKING OF RELATIONS • 1934 • SHT
YOU BRING THE DUCKS • 1934 • SHT
CANDID CAMERAMANIACS • 1937 • SHT
PRIZE MAID • SHT
FEATHER YOUR NEST • 1944 • SHT
HE FORGOT TO REMEMBER • 1944 • SHT
KITCHEN CYNIC, THE • 1944 • SHT
ALIBI BABY • 1945 • SHT
BEWARE OF REDHEADS • 1945 • SHT
BIRTHDAY BLUES • 1945 • SHT
DOUBLE HONEYMOON • 1945 • SHT
IT SHOULDN'T HAPPEN TO A DOG • 1945 • SHT
IT'S YOUR MOVE • 1945 • SHT
LET'S GO STEPPING • 1945 • SHT
MOTHER-IN-LAW'S DAY • 1945 • SHT
SLEEPLESS TUESDAY • 1945 • SHT
WHAT, NO CIGARETTES? • 1945 • SHT
YOU DRIVE ME CRAZY • 1945 • SHT
FOLLOW THAT BLONDE • 1946 • SHT
I'LL BUILD IT MYSELF • 1946 • SHT
I'LL TAKE MILK • 1946 • SHT
NOISY NEIGHBORS • 1946 • SHT
OH, PROFESSOR, BEHAVE • 1946 • SHT
TROUBLE OR NOTHING • 1946 • SHT
TWIN HUSBANDS • 1946 • SHT
WALL STREET BLUES • 1946 • SHT
BLONDES AWAY • 1947 • SHT
BORROWED BLONDE • 1947 • SHT
DO OR DIET • 1947 • SHT
HEADING FOR TROUBLE • 1947 • SHT
HIRED HUSBAND • 1947 • SHT
HOST TO A GHOST • 1947 • SHT
IN ROOM 303 • 1947 • SHT
MIND OVER MOUSE • 1947 • SHT
SPOOK SPEAKS, THE • 1947 • SHT
TELEVISION TURMOIL • 1947 • SHT
WIFE TAMES WOLF • 1947 • SHT
BACKSTAGE FOLLIES • 1948 • SHT
BET YOUR LIFE • 1948 • SHT
BROTHER KNOWS BEST • 1948 • SHT
CONTEST CRAZY • 1948 • SHT
DIG THAT GOLD • 1948 • SHT
HOME CANNING • 1948 • SHT
NO MORE RELATIVES • 1948 • SHT
SECRETARY TROUBLE • 1948 • SHT
UNINVITED BLONDE • 1948 • SHT
VARIETY TIME • 1948 • CMP
NEWLYWEDS, THE • 1948-52 • SHS
DAD ALWAYS PAYS • 1949 • SHT
I CAN'T REMEMBER • 1949 • SHT
OIL'S WELL THAT ENDS WELL • 1949 • SHT
SHOCKING AFFAIR • 1949 • SHT
SWEET CHEAT • 1949 • SHT
HOLLYWOOD HONEYMOON • SHT
HIGH AND DIZZY • 1950 • SHT
SPOOKY WOOKY • 1950 • SHT
TEXAS TOUGH GUY • 1950 • SHT
DEAL ME IN • 1951 • SHT
FOOTLIGHT VARIETIES • 1951
ONE WILD NIGHT • 1951 • SHT
TOO MANY WIVES • 1951 • SHT
LOST IN A TURKISH BATH • 1952 • SHT
NEWLYWEDS' HOUSE GUEST • SHT
FRESH PAINTER • 1953 • SHT
PARDON MY WRENCH • 1953 • SHT
CHINATOWN CHUMPS • 1954 • SHT

YATES PETER – UKN – 1929–
SUMMER HOLIDAY • 1963
ONE WAY PENDULUM • 1964
KOROSHI • 1967 • TVM
ROBBERY • 1967
BULLITT • 1968
JOHN AND MARY • 1969
MURPHY'S WAR • 1970
HOT ROCK, THE • HOW TO STEAL A DIAMOND IN FOUR UNEASY LESSONS (UKN) • 1972
FRIENDS OF EDDIE COYLE, THE • 1973
FOR PETE'S SAKE • JULY PORK BELLIES • 1974
MOTHER, JUGS AND SPEED • 1976
DEEP, THE • 1977
BREAKING AWAY • 1979
EYEWITNESS • JANITOR, THE (UKN) • 1981
KRULL • 1982
DRESSER, THE • 1983
ELENI • ELENI -A SON'S REVENGE • 1985
HOUSE ON CARROLL STREET, THE • JIGSAW • 1987
SUSPECT • 1987
HARD RAIN • 1989
INNOCENT MAN, AN • 1989

YATES REBECCA – CND – 1950–
HOME FREE • 1976
ANOTHER KIND OF MUSIC • 1977
NIKKOLINA • 1978
CORLETTO & SON • 1980
REACHING OUT • 1980
INTRODUCING.. JANET • 1981
JEN'S PLACE • 1982
MILK AND HONEY • 1988

YAVOR NOAM – ISR
WAR SHEPHERDS • 1988

YAZIS JOHN – GRC
LAMBIRIS ENANTION TON PARANOMON, O • LAMBIRIS AGAINST THE OUTLAWS • 1967

YE JIANXING – HKG
YIP KENNETH • SHU KEI
LIANG HSAIO-WU-CHIH • SEALED WITH A KISS • 1981
LAONIANG GOUSAO • SHOW • 1985

YE MING – CHN
JIA • FAMILY • 1957

YEATMAN HOYT – USA
FORCED LANDING ON PLANET EGGATRON • 1968 • ANS

YEAWORTH IRVIN S. JR. – USA
BLOB, THE • 1958
4D MAN, THE • EVIL FORCE, THE (UKN) ○ MASTER OF TERROR ○ FOUR D MAN, THE • 1959
DINOSAURUS! • 1960
WAY OUT • 1966

YEFREMOV O. – USS
BUILDING THE BRIDGE • 1966

YEGIAZAROV G. – USS
GORYACHI SNYEG • HOT SNOW • 1973
OT ZARI DO ZARI • FROM MORNING TO NIGHT • 1976

YEGOROV Y. see **YEGOROV YURI**

YEGOROV YU. see **YEGOROV YURI**

YEGOROV YURI – USS
YEGOROV Y. • YEGOROV YU. • JEGOROV JURIJ
FROZEN SEA, THE • FRIGID SEA, THE • 1955
THEY WERE THE FIRST • 1956
DOBROVOLTSY • VOLUNTEERS • 1958
PROSTAYA ISTORIYA • ORDINARY STORY, AN ○ SIMPLE STORY, A • 1960
BUSINESS TRIP, A • 1962
NYE SAMY UDACHNY DYEN • NOT THE BEST OF DAYS • 1967
MANNEN FRAN ANDRA SIDEN • CHELOVEK S DRUGOI STORONI (USS) ○ MAN FROM THE OTHER SIDE, THE • 1971
SKY BEYOND THE CLOUDS, THE • 1973

YEH HUNG-WEI – TWN
CHIU-CH'ING MIEN-MIEN • NEVER-ENDING MEMORY • 1988
TAO WEN • CURSES OF THE KNIFE • 1989
WU-KO NU-TZU YU YI-KEN SHENG • 1990

YEH JUNG TSU see **YEH YUNG-TSU**

YEH YANG-JU – HKG
SLEEPING FIST

YEH YUNG-TSU – HKG
YEH JUNG TSU
BLACK INN
THUNDERING MANTIS, THE • MANTIS FIST FIGHTER • 1980

YEHIA AHMED – EGY
YEHYA AHMED
SUFFERING IS A WOMAN • 1977
DON'T CRY, MY LOVE • 1979

YEHIA SHERIF – EGY
AWLAD EL EIH • SONS OF .. • 1988

YEHYA AHMED see **YEHIA AHMED**

YELLEN LINDA – USA
COME OUT, COME OUT! • 1969
LOOKING UP • 1977

YEN CHEN – HKG
GRAND SUBSTITUTION, THE • 1965

YEN CHUN – HKG
HUA T'IEN-T'SO • BRIDENAPPING • 1961

YEN HAO – HKG
YAN HAO • YIM HO • YEN HO
YEH-CH'IH • HAPPENING, THE • 1980
KUNG-TZU CHIAO • 1981
TIAN PUSA • BUDDHA'S LOCK • 1987
QI WANG • CHESS KING • 1988
KUN-KUN HUNG-CH'EN • 1990

YEN HO see **YEN HAO**

YEN KUNG – CHN
TWO WITHOUT SCARVES • 1958

YEO BAN YEE – HKG
KUAI KO • STRANGER FROM CANTON • 1981

YEOH PATRICK – MLY
KAMI • 1982

YEORGHIADIS VASSILIS see **GEORGIADIS VASSILIS**

YEOU LEI – Animator – CHN
COCK CROWS AT MIDNIGHT, THE • 1966 • ANM

YERA SARA GOMEZ see **GOMEZ SARA**

YERBY LOREES – USA
RICHARD • 1972

YERMAKOV A. – USS
3RD PATHETIQUE • 1960 • MTV

YERSHOV KONSTANTIN – USS
ERCHOV CONSTANTIN
VII • VAMPIRES ○ VIJ • 1967
YELYENA NIKOLAYEVNA • 1973

YERSHOV M. see **YERSHOV MIKHAIL**

YERSHOV MIKHAIL – USS
YERSHOV M.
RODNAYA KROV • TIES OF BLOOD, THE ○ YOUR OWN BLOOD ○ BLOOD TIES ○ OWN FLESH AND BLOOD • 1964
POPUTNOVO VYETRA "SINYAYA PTITSA" • BLUE BIRD OF A FAIR WIND • 1967
PODVIG LENINGRADA • FEAT OF LENINGRAD, THE • 1973
SIEGE, THE • 1975

YERSIN YVES – SWT
LETZTEN HEIMPOSAMENTER, DIE • LAST HOME LACE-MAKERS, THE • 1936
ANGELE • 1968 • DOC
QUATRE D'ENTRE ELLES • FOUR OF THEM ○ VIER FRAU ○ FOUR WOMEN • 1968
SWISS MADE • 1969
PETITES FUGUES, LES • LITTLE ESCAPES • 1978
INVENTAIRE LAUSANNOIS • 1982 • DOC

YERZINKYAN YURI – USS
KHATABALA • COMMOTION • 1971

YESHOUROUN YITZHAK see **YESHURUN ISAAC**

YESHUROUN ISAAC see **YESHURUN ISAAC**

YESHUROUN ISAAC "ZEPPEL" see **YESHURUN ISAAC**

YESHURUN ISAAC – ISR
YESHOUROUN ISAAC "ZEPPEL" • YESHUROUN ISAAC • YESHOUROUN YITZHAK
KOBI AND MALI • MTV
HA'ISHA BACHEDER HASHENI • VARIATIONS ON A LOVE THEME ○ AHAVA LE ARBA YADAIYM • 1967
WOMAN IN THE NEXT ROOM, THE • WOMAN IN THE OTHER ROOM, THE • 1974
JOKER • 1976
NOA AT 17 • 1982
ZUG NASSOUI • MARRIED COUPLE • 1983
PROM QUEEN • 1987
GREENFIELDS • GREEN FIELDS • 1988

YEUNG FAN – HKG
YANG FAN
HAISHANG HUA • IMMORTAL STORY • 1987
TSUK FUK • 1990

YEUNG KWAN – HKG
RIVALS OF THE DRAGON • 1981

YGLESIAS ANTONIO – CRC
NICARAGUA: FREE HOMELAND OR DEATH • 1979 • DOC
SEGUA, LA • 1984

YI MIONG-U – KOR
CHUN HYANG-JON • 1939

YI PIL-U – KOR
CHUN HYANG-JON • 1939

YILMAZ ATIF – TRK – 1925–
BATIBEKI ATIF YILMAZ
ALAGEYIK • HIND, THE • 1958
BU VATANIN COCUKLARI • CHILDREN OF THIS COUNTRY, THE • 1958
KARACAOGLANIN KARA SEVDASI • KARACAOGLAN'S MAD LOVE • 1959
CLUM PERDESI • SCREEN OF DEATH, THE • 1960
DOLANDIRICILAR SAHI • KING OF THIEVES, THE • 1961
KIZIL VAZO • RED VASE, THE • 1961
SENI KAYBEDERESEN • IF I LOSE YOU • 1961
TATLI-BELA • 1961
BALATLI ARIF • ARIF FROM BALAT • 1967
HARUN RESID'IN GOZDESI • HARUN AL-RASHID'S FAVOURITE • 1967
KOZANOGLU • 1967
CEMILE • DJEMILE • 1968
KOROGLU • 1968
YASEMININ TATLI ASKI • JASMIN'S SWEET LOVE • 1968
ZEYNO • 1970
CEMO • 1973
KAMBUR • HUMP-BACKED WOMAN, THE • 1973
UTANC • SHAME • 1973
GULLU GELIYOR GULLU • GULLU IS COMING • 1974
KUMA • 1975
SALAKO • 1975
ZAVALLILAR • POOR ONES, THE ○ MISERABLE ONES, THE • 1975
DELI YUSUF • CRAZY YUSUF • 1976
HASIP ILE NASIP • HASIP AND NASIP • 1976
MAGLUP EDILEMEYENLER • INVINCIBLE ONES, THE • 1976
BAS BELASI • TROUBLE • 1977
TUZAK • TRAP • 1977
YANGIN • FIRE • 1977
ACI HATIRALAR • BITTER MEMORIES • 1978
IBO ILE GULSAH • IBO AND GULSAH • 1978
MINIK SERCE • LITTLE SPARROW, THE • 1979
SELVI BOYLUM AL YAZMALIM • RED SCARF, THE • 1979
ADAK • SACRIFICE, THE ○ VOW, THE • 1980
TALIHLI AMELE • LUCKY WORKER, THE • 1981
DELI KAN • HOT BLOOD • 1982
DOLAPBEYGIRI • WORKHORSE • 1982
MINE • 1982
AAH.. BELINDA • 1985
ADI VASFIYE • HER NAME IS VASFIYE • 1985
BIR UDUM SEVGI • SIP OF LOVE, A • 1985
SEY SARSILIYOR • SARIPINAR 1914 ○ DEGIRMEN • 1986
ASIYE NASIL KURTULUR? • CAN ASIYE BE SAVED? • 1987
HAYALLERIN, ASKIM VE SEN • MY DREAMS, MY LOVE AND YOU • 1987
KADININ ADI YOK • WOMAN HAS NO NAME • 1987
ARKADASIM SEYTAN • MY FRIEND THE DEVIL • 1988
OLU BIR DENIZ • 1989

YILMAZBAS METIN – TRK
O SIFRE • THAT CODE • 1967

YIM HO see **YEN HAO**

YIP KENNETH see **YE JIANXING**

YMERI ISMAIL – YGS
LEPURI ME PESE KEMBE • FIVE-LEGGED HARE, THE ○ ZEC S PET NOGU • 1983

YOGANAND D. – IND
BHOOLOKA RAMBHAI • 1958
BAGDAD GAJA DONGA • THIEF OF BAGDAD • 1968

YOKOYAMA HIROTO – JPN
JUN • 1981

YOKOYAMA RYUICHI – JPN
FUKUSUKE • TOP-HEAVY FROG, THE • 1957 • ANS
HYOTAN SUZUME • SPARROW IN A GOURD, THE • 1957 • ANM

YOLLES EDIE – CND
ANGELS • 1979
THAT'S MY BABY! • 1985

YONCHEV LYUBEN – BUL
ROPOTAMO • 1957

YONDER NISAN – TRK
BEYAZ BISIKLET • WHITE BICYCLE, THE • 1986
BIR KIRIK BEBEK • BROKEN DOLL, A • 1987
DUNDEN SONRA, YARINDAN ONCE • AFTER YESTERDAY, BEFORE TOMORROW • 1988

YONGIL PARK – SKR
GOLDEN SUPERMAN • 1968

YONGMIN LEE – SKR
AHKEA KKOTS • BAD FLOWER, THE • 1961

YONLY RENE BERNARD – BRK
SUR LE CHEMIN DE LA RECONCILIATION • 1975

YONTZ KEN – USA
INSIDE SEKA • 1980

YONTZ SEKA – USA
INSIDE SEKA • 1980

YOO MYON-MOK – SKR – 1925–
GYOCHARO • CROSSROADS • 1955

YORK DEREK – UKN
SATURDAY NIGHT • 1950
FESTIVAL • 1952 • SHT

YORK EUGEN – USS – 1912–
HEIDESOMMER • VERLIEBTER SOMMER • 1945
MORITURI • 1948
LETZTE NACHT, DIE • 1949
LOCKENDE GEFAHR • 1950
SCHATTEN DER NACHT • 1950
SCHATTEN DES HERRN MONITOR, DIE • 1950
FRAULEIN VON SCUDERI, DAS • 1955
EXPORT IN BLOND • 1956
HERZ KEHRT HEIM, EIN • 1956
HERZ VON ST. PAULI, DAS • 1957
GREIFER, DER • 1958
MADCHEN MIT DEN KATZENAUGEN, DAS • 1958
MANN IM STROM, DER • 1958
NEBELMORDER • FOG MURDERER, THE • 1964

YORK STEVEN – USA
BLACK SHADOWS ON THE SILVER SCREEN • 1975 • DOC

YORKIN BUD – Producer – USA – 1926–
COME BLOW YOUR HORN • 1963
NEVER TOO LATE • 1965
DIVORCE, AMERICAN STYLE • 1967
INSPECTOR CLOUSEAU • 1968
START THE REVOLUTION WITHOUT ME • LOUIS, THERE'S A CROWD DOWNSTAIRS! ○ TWO TIMES TWO • 1970
THIEF WHO CAME TO DINNER, THE • 1973
TWICE IN A LIFETIME • 1985
ARTHUR 2: ON THE ROCKS • 1988
LOVE HURTS • 1989

YORUKLU CAVIT – TRK
BOZKURTLAR GELIYOR • BOZKURTS ARE COMING, THE • 1967
BOZKURTLARIN INTIKAMI • VENGEANCE OF THE BOZKURTS, THE • 1967

YOSELIANI OTAR see **IOSELIANI OTAR**

YOSHA YAKI – ISR – c1952–
YOSHA YAKY
SHALOM • PEACE -A PRAYER FOR THE ROAD • 1973
SUSETZ • ROCKINGHORSE • 1977
HA'AYT • VULTURE, THE • 1981
KVISH LELO MOTZA • DEAD END STREET • 1983
SUNSTROKE • 1984

YOSHA YAKY see **YOSHA YAKI**

YOSHIDA KENJI – JPN
OWARINAKI INOCHI O • WILL TO LIVE, THE • 1967
KOTO NO TAIYO • NO GREATER LOVE THAN THIS (USA) • 1968

YOSHIDA KIMIYOSHI – JPN
ALONG WITH GHOSTS • JOURNEY WITH GHOST ALONG TOKKAIDO ROAD • 1969

YOSHIDA NAOYA – JPN
NIHON NO MON-YO • 1962

YOSHIDA YOSHISHIGE – JPN – 1933–
CHI WA KAWAITEIRU • DRY EARTH • 1960
ROKUDENASHI • GOOD-FOR-NOTHING • 1960
AMAI YORU NO HATE • BITTER END OF SWEET NIGHT • 1961

AKITSU ONSEN • AFFAIR AT AKITSU, AN • 1962
ARASHI O YOBU JUHACHI-NIN • EIGHTEEN ROUGHS • 1963
NIPPON DASSHUTSU • NIPPON ESCAPE ○ NIHON DASHUTSU ○ ESCAPE FROM JAPAN • 1964
MIZU DE KAKARETA MONOGATARI • FORBIDDEN LOVE • 1965
ONNA NO MISUMI • WOMEN OF THE LAKE ○ LAKE, THE • 1966
HONOO TO ONNA • IMPASSE • 1967
JOEN • AFFAIR, THE • 1967
JUHYO NO YOROMEKI • FLICKER OF THE SILVER THAW ○ AFFAIR IN THE SNOW • 1968
SARABA NATSU NO HIKARI • FAREWELL TO SUMMER LIGHT • 1968
EROS + GYAKUSATSU • EROS + MASSACRE • 1970
RENGOKU EROICA • HEROIC PURGATORY ○ PURGATORY EROICA • 1970
KOKUHAKUTEKI JOYU-RON • CONFESSIONS, THEORIES, ACTRESSES ○ ACTRESSES • 1971
KAIGENREI • COUP D'ETAT • 1972
BIG ONE MONOGATARI • 1977
NINGEN NO YAKUSOKU • HUMAN PROMISE ○ HUMAN'S PROMISE • 1985
ARASHI GA OKA • WUTHERING HEIGHTS • 1988

YOSHIMURA KOZABURO – JPN – 1911–

NUKIASHI SASHIASHI • SNEAKING • 1934
ASHITA NO ODORIKO • TOMORROW'S DANCERS ○ ASU NO ODORIKO ○ DANCERS OF TOMORROW • 1939
DANRYU • WARM CURRENT, A • 1939
GONIN NO KYODAI • FIVE BROTHERS AND SISTERS • 1939
ONNA KOSO IE O MAMORE • WOMEN DEFEND THE HOME! ○ WOMEN SHOULD STAY AT HOME • 1939
YOKI NO URAMACHI • LIVELY ALLEY ○ CHEERFUL ALLEY ○ GAY BACK ALLEY ○ YOKINA URAMACHI • 1939
NISHIZUMI SENSHACHO-DEN • STORY OF TANK COMMANDER NISHIZUMI, THE • 1940
HANA • BLOSSOM ○ FLOWER • 1941
KANCHO IMADA SHISEZU • SPY ISN'T DEAD YET, THE ○ SPY HAS NOT YET DIED, THE ○ YET SPIES HAVEN'T DIED • 1942
MINAMI NO KAZE • SOUTH WIND • 1942
ZOKO MINAMI NO KAZE • SOUTH WIND: SEQUEL • 1942
KAISEN NO ZENYA • ON THE EVE OF WAR ○ NIGHT BEFORE THE WAR, THE • 1943
TEKKI KUSHU • ATTACK OF THE ENEMY PLANES, AN ○ ENEMY AIR ATTACK • 1943
KESSEN • DECISIVE BATTLE • 1944
ANJO-KE NO BUTOKAI • BALL AT THE ANJO HOUSE, A ○ BALL OF THE ANJO FAMILY, THE • 1947
ZO O KUTTA RENCHU • FELLOWS WHO ATE THE ELEPHANT, THE • 1947
WAGA SHOGAI NO KAGAYAKERU HI • DAY OUR LIVES SHINE, THE ○ MY LIFE'S BRIGHT DAY ○ BRIGHT DAY OF MY LIFE, THE • 1948
YUWAKU • TEMPTATION ○ SEDUCTION • 1948
MAHIRU NO ENBUKYOKU • WALTZ AT NOON • 1949
MORI NO ISHIMATSU • ISHIMATSU OF THE FOREST ○ ISHIMATSU FROM MORI ○ ISHIMATSU OF MORI • 1949
SHITTO • JEALOUSY • 1949
NIJU-SAI ZENGO • ABOUT TWENTY YEARS OLD • 1950
SENKA NO HATE • END OF WAR DISASTERS ○ HEIGHT OF BATTLE, THE ○ END OF BATTLE FIRE, THE • 1950
SHUNSETSU • SPRING SNOW • 1950
GENJI MONOGATARI • TALE FROM GENJI, A ○ TALE OF GENJI, A • 1951
ITSUWARERU SEISO • CLOTHES OF DECEPTION ○ UNDER SILK GARMENTS ○ DECEIVING COSTUME • 1951
JIYU GAKKU • SCHOOL OF FREEDOM ○ FREEDOM SCHOOL • 1951
BORYOKU • VIOLENCE • 1952
NISHIJIN NO SHIMAI • SISTERS OF NISHIJIN • 1952
YOKUBO • DESIRES ○ DESIRE • 1952
SENBAZURU • THOUSAND CRANES, A • 1953
YOAKE ASAAKE • MORNING DAWN • 1953
YOAKE MAE • BEFORE DAWN (USA) ○ BEFORE THE DAWN • 1953
ASHIZURI MISAKI • CAPE ASHIZURI • 1954
WAKAI HITOTACHI • PEOPLE OF YOUNG CHARACTER ○ YOUNG PEOPLE • 1954
AISUREBAKOSO • BECAUSE I LOVE ○ IF YOU LOVE ME • 1955
BIJO TO KAIRYU • BEAUTY AND THE DRAGON, THE ○ LADY AND THE DRAGON, THE • 1955
GINZA NO ONNA • WOMEN OF THE GINZA ○ WOMAN OF THE GINZA • 1955
TOTSUGU HI • DATE FOR MARRIAGE ○ DAY OF MARRIAGE ○ DAY TO WED, THE • 1956
YONJU HASSAI NO TEIKO • PROTEST AT FORTY-EIGHT YEARS OLD ○ FORTY-EIGHT YEAR OLD REBEL • 1956
YORU NO KAWA • UNDERCURRENT ○ NIGHT RIVER • 1956
CHIJO • ON THIS EARTH ○ ON THE EARTH • 1957
OSAKA MONOGATARI • OSAKA STORY, AN • 1957
YORU NO CHO • NIGHT BUTTERFLIES ○ BUTTERFLY OF NIGHT • 1957
HITOTSUBU NO MUGI • GRAIN OF WHEAT, A ○ ONE GRAIN OF BARLEY • 1958
YORU NO SUGAO • NAKED FACE OF NIGHT, THE ○ LADDER OF SUCCESS, THE • 1958
DENWA WA YUGATA NI NARU • TELEPHONE RINGS IN THE EVENING, THE ○ TELEPHONE RING IN THE EVENING, A • 1959
KIZOKU NO KAIDAN • ARISTOCRAT'S STAIRS • 1959
JOKYO • WOMAN'S TESTAMENT, A ○ CODE OF WOMEN ○ JOKEI ○ WOMEN'S SCROLL • 1960
ONNA NO SAKA • WOMEN OF KYOTO ○ FENCE OF WOMEN, A ○ WOMAN'S DESCENT • 1960
KONKI • MARRIAGEABLE AGE ○ MARRIAGE TIME • 1961
ONNA NO KUNSHO • DESIGN FOR DYING, A ○ WOMAN'S DECORATION • 1961
KATEI NO JIJYO • THEIR LEGACY • 1962
SONO YO WA WASURENAI • WE WILL NEVER FORGET THAT NIGHT ○ NIGHT TO REMEMBER, A ○ HIROSHIMA HEARTACHE ○ I WON'T FORGET THAT NIGHT • 1962
ECHIZEN TAKENINGYO • BAMBOO DOLL, THE ○ BAMBOO DOLL OF ECHIZEN • 1963
USO • WHEN WOMEN LIE ○ LIES • 1963
KOKORO NO SANMYAKU • HEART OF THE MOUNTAINS, THE • 1966
DARAKU SURU ONNA • CORRUPTED WOMAN, A ○ FALLEN WOMAN, A • 1967
NEMURERU BIJO • HOUSE OF THE SLEEPING VIRGINS, THE ○ SLEEPING BEAUTY • 1968
ATSUI YORU • HOT NIGHT, A • 1969
AMAI HIMITSU • SWEET SECRET • 1971
HAMAGURE NO KOMORIUTA • LULLABY OF HAMAGURE • 1973
KONKETSUJI RIKA • RIKA, THE MIXED-BLOOD GIRL • 1973
RANRU NO HATA • RAGGED FLAG, A • 1973

YOSHIMURA REN – JPN

FUJINKAI • WOMAN'S SECRET, A • 1959
FUJINKAI NO HIMITSU • LADY DOCTOR'S SURGERY ○ DOCTRESS' CONSULTING OFFICE • 1959

YOSSIFOVA ISKRA – BUL

JOURNEY • 1980
LOVE THERAPY • 1986
CRUEL AND INNOCENT • 1989

YOUDINE CONSTANTIN see **YUDIN KONSTANTIN**

YOUNG ANTHONY see **YOUNG TONY**

YOUNG CHRISTOPHER – USA

OBJECT LESSON • 1941 • SHT
SUBJECT LESSON • 1956 • SHT

YOUNG DAVE see **CHENAL PIERRE**

YOUNG FREDERICK – Cinematographer – UKN – 1902–

ARTHUR'S HALLOWED GROUND • 1983

YOUNG GARY – ASL

WHEELS ON FIRE • 1973 • DOC
NUTS, BOLTS AND BEDROOM SPRINGS • 1975
COSY COOL • 1977

YOUNG HAROLD – USA – 1897–1970

LEAVE IT TO BLANCHE • 1934
TOO MANY MILLIONS • 1934
SCARLET PIMPERNEL, THE • 1935
WITHOUT REGRET • 1935
MY AMERICAN WIFE • 1936
WOMAN TRAP • 1936
LET THEM LIVE! • STONES CRY OUT, THE • 1937
52ND STREET • 1937
LITTLE TOUGH GUY • 1938
STORM, THE • 1938
CODE OF THE STREETS • 1939
FORGOTTEN WOMAN • 1939
HERO FOR A DAY • 1939
NEWSBOYS' HOME • 1939
SABOTAGE • SPIES AT WORK (UKN) • 1939
DREAMING OUT LOUD • 1940
BACHELOR DADDY • 1941
SWING IT SOLDIER • RADIO REVELS OF 1942 (UKN) • 1941
JUKE BOX JENNY • 1942
MUMMY'S TOMB, THE • 1942
RUBBER RACKETEERS • 1942
THERE'S ONE BORN EVERY MINUTE • MAN OR MOUSE • 1942
HI, BUDDY! • 1943
HI'YA, CHUM • EVERYTHING HAPPENS TO US (UKN) ○ HI YA, CHARACTER • 1943
I ESCAPED FROM THE GESTAPO • NO ESCAPE • 1943
SPY TRAIN • 1943
JUNGLE CAPTIVE • WILD JUNGLE CAPTIVE (UKN) • 1944
MACHINE GUN MAMA • 1944
FROZEN GHOST, THE • 1945
I'LL REMEMBER APRIL • 1945
PHANTOMS, INC. • 1945 • SHT
SONG OF THE SARONG • 1945
THREE CABALLEROS, THE • 1945
CITIZEN SAINT • 1948
ROOGIE'S BUMP • KID COLOSSUS, THE (UKN) • 1954

YOUNG JAMES – Actor – USA – 1878–

YOUNG JAMES A.

PUPS ON A RAMPAGE • 1900
AS YOU LIKE IT • 1912
CASEY AT THE BAT • 1912
EAVESDROPPER, THE • 1912
HALF A HERO • 1912
IN THE FLAT ABOVE • 1912
IRONY OF FATE, THE • 1912
JOCULAR WINDS OF FATE, THE • 1912
LINCOLN'S GETTYSBURG ADDRESS • 1912
LIVELY AFFAIR, A • 1912
LOVE HATH WROUGHT A MIRACLE • 1912
LULU'S DOCTOR • 1912
MARRIAGE OF CONVENIENCE, A • 1912
MISTAKING IN SPELLING, A • 1912
MODEL FOR ST. JOHN, THE • 1912
PICTURE IDOL, THE • 1912
POPULAR BETTY • 1912
UNEXPECTED HONEYMOON, THE • 1912
VITAGRAPH ROMANCE, A • 1912
WANTED -A SISTER • 1912
WHEN ROSES WHITHER • 1912
AND HIS WIFE CAME BACK • 1913
BEAU BRUMMEL • 1913
BEAUTY UNADORNED • 1913
CUTEY AND THE CHORUS GIRLS • 1913
CUTEY AND THE TWINS • 1913
DELAYED PROPOSALS • 1913
DOG HOUSE BUILDERS, THE • 1913
HEARTBROKEN SHEP • 1913
HEARTSEASE • 1913
INTERRUPTED HONEYMOON, THE • 1913
JACK'S CHRYSANTHEMUM • 1913
JERRY'S MOTHER-IN-LAW • 1913
LATE MR. JONES, THE • 1913
LITTLE MINISTER, THE • 1913
LUELLA'S LOVE STORY • 1913
OLD GUARD, THE • 1913
PUT YOURSELF IN THEIR PLACE • 1913
SAUCE FOR THE GOOSE • 1913
UP IN A BALLOON • 1913
WHEN MARY GREW UP • 1913
WHEN WOMEN GO ON THE WARPATH • 1913
WRATH OF OSAKA, THE • 1913
AUNTIE'S PORTRAIT • 1914
CHERRY • 1914
DAVID GARRICK • 1914
GOODNESS GRACIOUS OR MOVIES AS THEY SHOULDN'T BE • 1914
HAMLET • 1914
HAPPY-GO-LUCKY • 1914
JERRY'S UNCLE'S NAMESAKE • 1914
LOLA • WITHOUT A SOUL • 1914
MODEL YOUNG MAN, A • 1914
MY OFFICIAL WIFE • 1914
PICKLES, ART AND SAUERKRAUT • 1914
PORTRAIT, THE • 1914
TAKEN BY STORM • 1914
VIOLIN OF M'SIEUR, THE • 1914
WIN(K)SOME WIDOW, THE • 1914
HEART OF THE BLUE RIDGE, THE • 1915
HEARTS IN EXILE • 1915
HOMECOMING OF HENRY, THE • 1915
LITTLE MISS BROWN • 1915
MARRYING MONEY • MARRIAGE A LA CARTE • 1915
OVER NIGHT • 1915
DEEP PURPLE, THE • 1916
LASH, THE • 1916
OLIVER TWIST • 1916
SWEET KITTY BELLAIRS • 1916
THOUSAND DOLLAR HUSBAND, THE • 1916
UNPROTECTED • 1916
LOST AND WON • 1917
ON TRIAL • 1917
SAVAGE INSTINCT, THE • 1917
HER COUNTRY FIRST • 1918
MAN WHO WOULDN'T TELL, THE • 1918
MISSING • 1918
ROSE O' PARADISE • 1918
TEMPLE OF DUSK, THE • 1918
WHITE MAN'S LAW, THE • 1918
GENTLEMAN OF QUALITY, A • 1919
HIGHEST TRUMP, THE • 1919
HORNET'S NEST, THE • 1919
MICKEY • 1919
REGULAR GIRL, A • 1919
ROGUE'S ROMANCE, A • 1919
USURPER, THE • 1919
WOLF, THE • 1919
CURTAIN • 1920
DAUGHTER OF TWO WORLDS, A • 1920
NOTORIOUS MISS LISLE, THE • 1920
DEVIL, THE • 1921
WITHOUT BENEFIT OF CLERGY • 1921
INFIDEL, THE • 1922
MASQUERADER, THE • JOHN CHILCOTE, M.P. ○ MONTE CARLO, JR. • 1922
OMAR THE TENTMAKER • 1922
PONJOLA • 1923
TRILBY • 1923
WANDERING DAUGHTERS • 1923
WELCOME STRANGER • 1924
UNCHASTENED WOMAN, THE • 1925
BELLS, THE • 1926
DRIVEN FROM HOME • 1927
MIDNIGHT ROSE • 1928

YOUNG JAMES A. see **YOUNG JAMES**

YOUNG JEFFREY – USA

BEEN DOWN SO LONG IT LOOKS LIKE UP TO ME • 1971

YOUNG LEE DOO – USA

SILENT ASSASSINS • 1987

YOUNG M. – Animator – FRN

ACTUALITES PREHISTORIQUES • 1947 • ANS

YOUNG NEIL – Musician – USA

SHAKEY BERNARD

JOURNEY THROUGH THE PAST • 1972
RUST NEVER SLEEPS • 1979
HUMAN HIGHWAY • 1982

YOUNG ROBERT – UKN – 1933–

BARRIERS • DOC
CHILD'S WORLD, A • DOC
MAN MADE • DOC
MUSIC 2 • DOC
TIME FOR THOUGHT • DOC
SECRETS OF THE REEF • 1956 • DOC
VAMPIRE CIRCUS • 1972
KEEP IT UP DOWNSTAIRS • 1976
NO TURNING BACK • 1976
ROMANCE OF A DOUBLE BASS • 1976
CHARLIE BOY • 1982
WORST WITCH, THE • 1986 • TVM

YOUNG ROBERT M. see **YOUNG ROBERT MALCOLM**

YOUNG ROBERT MALCOLM – USA – 1924–

YOUNG ROBERT M.

CORTILE CASCINO • 1957
TRAUMA • 1962
SOLDIER'S HOME • 1976
SHORT EYES • SLAMMER • 1977
ALAMBRISTA! • ILLEGAL, THE • 1978
RICH KIDS • 1979
ONE-TRICK PONY • ONE TRICK PONY • 1980
BALLAD OF GREGORIO CORTEZ, THE • 1982 • TVM
EXTREMITIES • 1986
SAVING GRACE • 1986
WE ARE THE CHILDREN • 1987 • TVM
DOMINICK AND EUGENE • NICKY AND GINO (UKN) • 1988
TRIUMPH OF THE SPIRIT • 1989

YOUNG ROBERT W. see **YOUNG ROBERT WILLIAM**

YOUNG ROBERT WILLIAM – USA

YOUNG ROBERT W.

FORBIDDEN JUSTICE
THREE WISHES FOR JAMIE • 1987 • TVM
SCANDALOUS • 1988

YOUNG ROGER – USA – 1942–

BITTER HARVEST • 1981 • TVM
DREAMS DON'T DIE • 1982 • TVM
INNOCENT LOVE, AN • 1982 • TVM
TWO OF A KIND • 1982 • TVM
LASSITER • 1984
GULAG • 1985 • TVM
INTO THIN AIR • BRIAN WALKER, PLEASE CALL HOME • 1985 • TVM
UNDER SIEGE • 1986 • TVM
LOVE AMONG THIEVES • 1987 • TVM
SQUEEZE, THE • SKIP-TRACER • 1987
BOURNE IDENTITY, THE • 1988 • MTV

YOUNG TERENCE – CHN – 1915–
MEN OF ARNHEIM • 1945 • DOC
CORRIDOR OF MIRRORS • 1948
ONE NIGHT WITH YOU • 1948
WOMAN HATER • 1948
THEY WERE NOT DIVIDED • 1950
VALLEY OF THE EAGLES • VALLEY OF EAGLES • 1951
TALL HEADLINES, THE • FRIGHTENED BRIDE, THE • 1952
RED BERET, THE • PARATROOPER (USA) • 1953
STORM OVER THE NILE • 1955
THAT LADY • 1955
SAFARI • 1956
ACTION OF THE TIGER • 1957
ZARAK • 1957
NO TIME TO DIE • TANK FORCE (USA) • 1958
SERIOUS CHARGE • IMMORAL CHARGE ○ TOUCH OF HELL, A • 1959
TOO HOT TO HANDLE • PLAYGIRL AFTER DARK • 1960
UN, DEUX, TROIS, QUATRE! • BLACK TIGHTS (USA) ○ COLLANTS NOIRS, LES ○ ONE, TWO, THREE, FOUR • 1960
ORAZI E CURIAZI • DUEL OF CHAMPIONS (USA) ○ DUEL OF THE CHAMPIONS ○ HORATIO • 1961
DR. NO • 1962
FROM RUSSIA WITH LOVE • 1963
AMOROUS ADVENTURES OF MOLL FLANDERS, THE • 1965
GUERRE SECRETE • SPIONE UNTER SICH (FRG) ○ DIRTY GAME, THE (UKN) ○ GUERRA SEGRETA, LA • 1965
THUNDERBALL • 1965
POPPY IS ALSO A FLOWER, THE • DANGER GROWS WILD ○ POPPIES ARE ALSO FLOWERS • 1966
TRIPLE CROSS • FANTASTIQUE HISTOIRE VRAIE D'EDDIE CHAPMAN, LA (FRN) • 1966
AVVENTURIERO, L' • ROVER, THE • 1967
WAIT UNTIL DARK • 1967
MAYERLING • 1968
ARBRE DE NOEL, L' • ALBERO DI NATALE, L' (ITL) ○ CHRISTMAS TREE, THE (USA) ○ WHEN WOLVES CRY • 1969
INTRECCIO, L' • 1970
COLD SWEAT • DE LA PART DES COPAINS (FRN) ○ UOMO DALLE DUE OMBRE, L' (ITL) • 1971
SOLEIL ROUGE • SOLE ROSSO (ITL) ○ RED SUN (UKN) • 1971
COSA NOSTRA • JOE VALACHI: A SEGRETI DI COSA NOSTRA ○ VALACHI PAPERS, THE (UKN) ○ JOE VALACHI (ITL) • 1972
GUERRIERE DAL SENO NUDO, LE • AMAZONES, LES (FRN) ○ AMAZONS, THE (UKN) ○ WAR GODDESS ○ AMAZZONI, LE • 1974
KLANSMAN, THE • BURNING CROSS, THE • 1974
JACKPOT • 1975
SIDNEY SHELDON'S BLOODLINE • BLOODLINE • 1979
INCHON • OPERATION INCHON • 1980
JIGSAW MAN, THE • 1982
SWEET REVENGE • RUN FOR YOUR LIFE • 1987

YOUNG TONY – UKN
YOUNG ANTHONY
PENNY POINTS TO PARADISE • 1951
MY DEATH IS A MOCKERY • 1952
PORT OF ESCAPE • 1956
THEM NICE AMERICANS • 1958
HIDDEN HOMICIDE • 1959
DELAYED FLIGHT • 1964
RUNAWAY, THE • 1964

YOUNG W. W. – USA
ALICE IN WONDERLAND • 1916

YOUNGDEER JAMES – USA
DEER JAMES YOUNG
RED WING'S GRATITUDE • 1909
CHEYENNE BRAVE, A • 1910
RED GIRL AND THE CHILD, THE • 1910
UNDER BOTH FLAGS • 1910
YAQUI GIRL, THE • 1911
UNWILLING BRIDE, THE • 1912
SAVAGE, THE
BELLE OF CRYSTAL PALACE, THE • 1914
BLACK CROSS GANG, THE • 1914
QUEEN OF THE LONDON COUNTERFEITERS • QUEEN OF THE COUNTERFEITERS (USA) • 1914
WATER RATS OF LONDON, THE • 1914
WORLD AT WAR, THE • 1914
WHO LAUGHS LAST • 1920
LIEUTENANT DARING R.N. AND THE WATER RATS • 1924

YOUNGER A. P. – USA
TORRENT, THE • 1924

YOUNGER TOM – SWD – 1922–
MED MORD I BAGAGET • NO TIME TO KILL • 1963

YOUNGMAN GARY – USA
DOORMAN • DEAD AS A DOORMAN • 1985

YOUNGSON ROBERT – Producer – USA – 1917–1974
IT HAPPENED TO YOU • SHT
FIFTY YEARS BEFORE YOUR EYES • 1950
BLAZE BUSTERS • 1951 • DOC
WORLD OF KIDS • 1951 • SHT
THIS MECHANICAL AGE • 1954 • SHT
GOLDEN AGE OF COMEDY, THE • 1958 • CMP
WHEN COMEDY WAS KING • 1960 • CMP
DAYS OF THRILLS AND LAUGHTER • 1961 • CMP
THIRTY YEARS OF FUN • 1963 • CMP
BIG PARADE OF COMEDY • MGM'S BIG PARADE OF COMEDY • 1964 • CMP
LAUREL AND HARDY'S LAUGHING 20'S • 1965 • CMP
FURTHER PERILS OF LAUREL AND HARDY, THE • 1968
FOUR CLOWNS • 1970 • CMP

YOUNKINS JERRY – USA
DEMON LOVER, THE • 1976

YOUSSEF HASSAN – EGY
COWARD IN LOVE • 1975
ENOUGH, MY HEART • 1977
EMIGRATING BIRDS, THE • 1979

YOUTKEVITCH SERGE see **YUTKEVICH SERGEI**

YU BANZHENG – CHN
YU BENZHENG
PIAOBU QIYA • STRANGE ENCOUNTERS
RICHU • SUNRISE • 1985

YU BENZHENG see **YU BANZHENG**

YU CHIK-LIM – HKG
RETURN OF THE KUNG FU DRAGON • 1978

YU CH'L – CHN
LANDSCAPES OF KEWLIN, THE • 1959

YU DENNIS see **YU YUNK'ANG**

YU FLORENCE – HKG
RIVALS OF THE DRAGON • 1981

YU HYUNMOK – SKR
UNFINISHED DESIRE • 1968

YU JEN-T'AI – HKG
CH'IANG-NEI CH'IANG-WAI • SERVANTS, THE • 1980
CHIU-SHIH-CHE • SAVIOUR, THE • 1981

YU JIMMY WANG see **WANG YU**

YU JIN-SUN – SKR
PROSTITUTE • 1988

YU K'AN-P'ING – TWN
CAN'T STOP THE WAR • 1983
TA-TS'O CHE • PAPA, CAN YOU HEAR ME SINGING ○ MOONLIGHT • 1983
HAI-HSIA LIANG-AN • PEOPLE BETWEEN TWO CHINAS, THE • 1987

YU KUAN JEN – HKG
YU KUAN LEN
MATCH OF DRAGON AND TIGER • 1973

YU KUAN LEN see **YU KUAN JEN**

YU MIN SHEUNG see **WOO MIN SHIONG**

YU TSE KUANG – CHN
THREE LITTLE DUCKS • ANS

YU WANG see **WANG YU**

YU WEIYEN – TWN
T'UNG-TANG WAN-SUI • TONGDANG WANSUI • 1989

YU YUNK'ANG – HKG
YU DENNIS
HSIUNG PANG • 1981
IMP, THE • 1981
SHAN KOU • BEAST, THE • 1981

YUAN CHIU-FENG – HKG
IRON HORSE, THE • 1968

YU'AN HO-P'ING – HKG
YUEN WOO PING
DRUNKEN MASTER
SHE-HSING TIAO SHOU • SNAKE IN THE EAGLE'S SHADOW ○ SNAKE IN EAGLE'S SHADOW ○ SNAKES IN EAGLE SHADOW ○ EAGLE'S SHADOW, THE • 1978
TSUI CH'UAN • DRUNK MONKEY IN THE TIGER'S EYES • 1979

YUAN MUZHI – CHN – 1909–1978
MALU TIANSHI • 1937

YUASA NORIAKI – JPN
DAIKAIJU GAMERA • GAMMERA THE INVINCIBLE (USA) ○ GAMMERA ○ GAMERA • 1965
GAMERA TAI GYAOS • RETURN OF THE GIANT MONSTERS, THE (USA) ○ BOYICHI AND THE SUPERMONSTER ○ DAIKAIJU KUCHUSEN: GAMERA TAI GAOS ○ GAMERA VS. GAOS ○ GAMERA VS. GYAOS • 1967
GAMERA TAI UCHI KAIJU BAIRUSU • DESTROY ALL PLANETS (USA) ○ GAMERA TAI UCHI KAIJU VIRAS ○ GAMERA TAI VIRAS ○ GAMERA VS. OUTER SPACE MONSTER VIRAS ○ GAMERA VS. VIRAS • 1968
HEBIMUSUME TO HAKUHATSUKI • SNAKE GIRL AND THE SILVER-HAIRED WITCH, THE • 1968
GAMERA TAI GURON • ATTACK OF THE MONSTERS ○ GAMERA VS. GUIRON • 1969
GAMERA TAI DAIMAJU JAIGA • GAMERA VS. MONSTER X (USA) ○ MONSTERS INVADE EXPO '70 ○ GAMERA VERSUS JIGER • 1970
GAMERA TAI SHINKAI KAIJU JIGURA • GAMERA VERSUS THE DEEP SEA MONSTER ZIGRA ○ GAMERA VS. ZIGRA • 1971

YUCE IHSAN – TRK
BEBEK • BABY, THE • 1979

YUDIN K. see **YUDIN KONSTANTIN**

YUDIN KONSTANTIN – USS – 1896–1957
YOUDINE CONSTANTIN • YUDIN K.
GIRL WITH A CHARACTER, A • 1939
WAR NEWSREEL NO.3 • 1941
ANTOSHA RYBKIN • 1942
FOUR HEARTS • HEARTS OF THE FOUR, THE • 1945
TWINS • 1947
SMELYE LYUDI • BRAVE MEN, THE • 1950
HORSEMEN, THE • 1951
SVEDSKAYA SPICKA • SAFETY MATCH, THE • 1954
BORETS I KLOUN • WRESTLER AND THE CLOWN, THE (USA) • 1957

YUEH FENG – HKG
TA CHI • LAST WOMAN OF SHANG, THE (USA) • 1962
PAI-SHE CHUAN • MADAME WHITE SNAKE ○ MAGIC WHITE SERPENT, THE • 1963
HUA MU-LAN • LADY GENERAL, THE (USA) • 1965

YUEH FUNG – HKG
TWO CAVALIERS, THE • 1977

YUEH GRIFFI – HKG
FOX WOMAN, THE

YUEN COREY – USA
NO RETREAT, NO SURRENDER • 1986
NO RETREAT, NO SURRENDER: RAGING THUNDER • 1989

YUEN WOO PING see **YU'AN HO-P'ING**

YUEN YANG-AN – HKG
TRUE STORY OF AH Q, THE • 1958

YUGALA PRINCE – THL
HILL TRIBE, THE • 1979
STUDENT VACATION • 1979

YUGE TARO – JPN
ONNA WA TEIKO SURU • ROCKABILLY LADY • 1960
OJOSAN • MESDEMOISELLE, LES • 1961
KONYA WA ODORO • LET'S DANCE TONIGHT • 1967
ONNA TOBA-ARASHI • SISTER GAMBLERS, THE • 1967
ONNA TOBAKUSHI • WOMAN GAMBLER, THE (USA) • 1967
AI NO SANPUNKAN SHIATSU • FINGER PRESSING TREATMENT • 1968
ARU JOSHI KOKOI NO KIROKU NINSHIN • PREGNANCY • 1968
ARU SEX DOCTOR NO KIROKU • DIARY OF A SEX COUNSELLOR, THE • 1968
KIGEKI: DOROBO GAKKO • PROFESSOR THIEF • 1968
KOKOSEI GEISHA • STUDENT GEISHA • 1968
ZOKU SEX DOCTOR NO KIROKU • MASKED DOCTOR, THE • 1968

YUKOL CHATRI CHALERM see **YUKOL PRINCE CHATRI**

YUKOL PRINCE CHATRI – THL
YUKOL CHATRI CHALERM
SISTER-IN-LAW • 1979
STORM, THE • YELLOW SKY • 1979
GUMNAM • 1983
CENTRE OF THE NATION • 1990
ELEPHANT KEEPER, THE • 1990

YUN PAEK-NAM – KOR
PLEDGE IN THE MOONLIGHT, A • 1923

YUNE JOHNNY – USA
THEY STILL CALL ME BRUCE • 1987

YUNG KIM KEE – SKR
INSECT WOMAN

YURENEV VLADIMIR
LOWER DEPTHS, THE

YUREVSKY Y. – USS
SONKA ZOLOTAYA RUCHKA • SONKA, THE GOLDEN HAND • 1916 • SRL

YURTSEVER KORHAN – TRK
FIRATIN CINLERI • EVIL SPIRITS OF THE EUPHRATES, THE • 1979
KARA KAFA • BLACK HEAD • 1980

YUST LARRY – USA
TRICK BABY • DOUBLE CON, THE • 1973
HOMEBODIES • 1974
SAY YES • 1986

YUTKEVICH SERGEI – USS – 1904–1985
YUTKEVITCH SERGEI • YOUTKEVITCH SERGE
DAESH RADIO! • GIVE US RADIO! ○ RADIO NOW! • 1924
KRUZHEVA • LACE • 1928
CHYORNI PARUS • BLACK SAIL, THE ○ CHORNYI PARUS • 1929
ZLATYE GORI • GOLDEN MOUNTAINS ○ GOLDEN HILLS • 1931
VSTRECHNYI • COUNTERPLAN ○ ONCOMING, THE ○ STRECHNI ○ SHAME ○ POZOR • 1932
ANKARA –SERDCHE TURKIYE • ANKARA –HEART OF TURKEY • 1934 • DOC
CHAKHTIERY • MINERS ○ SHACHTERY • 1936
KAK BUDET GOLOSOVAT'IZBIRATEL' • HOW THE ELECTOR WILL VOTE • 1937
CHELOVEK S RUZHYOM • MAN WITH A RIFLE, THE ○ MAN WITH THE GUN, THE ○ MAN WITH A GUN, THE • 1938
YAKOV SVERDLOV • 1940
BELAYA VORONA • WHITE RAVEN, THE • 1941
ELEKSIR BODROSTI • ELIXIR OF COURAGE • 1941
NOVIYE RASSKAZY BRAVOGO SOLDATA SHVEIKA • SCHWEIK IN THE CONCENTRATION-CAMP • 1941
NOVIYE POKHOZDENIYA SHVEIKA • NEW ADVENTURES OF SCHWEIK, THE • 1943
DIMITRI DONSKOI • 1944 • DOC
ZDRAVSTVAI MOSKVA • HALLO MOSCOW! ○ GREETINGS MOSCOW! • 1945
MOLODOST NASHEI STRANY • YOUTH OF OUR COUNTRY, THE ○ YOUNG YEARS OF OUR COUNTRY ○ OUR COUNTRY'S YOUTH • 1946 • DOC
OSVOBOZHDENNAYA FRANTSYA • LIBERATED FRANCE ○ FRANCE LIBERATED • 1946 • DOC
PAGEANT OF RUSSIA • 1947
SVET NAD ROSSIEI • LIGHT OVER RUSSIA • 1947
TRI VSTRECHI • THREE ENCOUNTERS • 1948
PRZHEVALSKII • PRAHEVALSKY • 1951
VELIKII VOIN ALBANII SKANDERBEG • GREAT ALBANIAN WARRIOR SKANDERBEG, THE ○ GREAT WARRIOR SKANDERBEG, THE ○ SKANDERBEG ○ GREAT WARRIOR, THE • 1953
OTELLO • OTHELLO • 1955
YVES MONTAND CHANTE • YVES MONTAND SINGS ○ POET IV MONTAN • 1956 • DOC

RASSKAZY O LENINE • STORIES ABOUT LENIN • 1957
VSTRETCHA S FRANTZIEI • ENCOUNTER WITH FRANCE ○ MEETING WITH FRANCE • 1960 • DOC
BENJA • BATH HOUSE, THE ○ BANYA ○ BATH • 1962 • ANM
PEACE TO YOUR HOUSE • 1963
LENIN V POLSHE • PORTRAIT OF LENIN (USA) ○ LENIN IN POLAND ○ LENIN W POLSCE • 1966
O SAMON CHELOVEKHNOM • 1967 • CMP
SYUZHET DLYA NEBOLSHOVO RASKAZA • SIUZHET DLYA NEBLOSHOVO RASSKAZA ○ THEME FOR A SHORT STORY ○ SUBJECT FOR A SHORT STORY ○ LIKA, CHEKHOV'S LOVE ○ LIKA, LYUBOV CHEKHOVA ○ PLOT FOR A SHORT STORY, A • 1968
ILYINSKIYE O MAYAKOVSKOM • 1973 • MTV
POET NA EKRANE • BARYSHNYA I CHULIGAN • 1973 • MTV
MAYAKOVSKY SMEYOTSYA • MAYAKOVSKY LAUGHS • 1976
LENIN V PARIDZHE • LENIN IN PARIS • 1981

YUTKEVITCH SERGEI see **YUTKEVICH SERGEI**

YUVAL PETER – USA
STREETFIGHTERS • 1987
DEAD END CITY • 1988
TIME BURST: THE FINAL ALLIANCE • TIME BURST • 1988
FATAL SKIES • 1989
SHOOTERS • 1989

YUZOVSKY MIKHAIL – USS
NOTHING BUT A NOTHING

ZABALZA JOSE MARIA – SPN
TRADER JOSEPH
TAMBIEN HAY CIELO SOBRE EL MAR • 1955
ENTIERRO DE UN FUNCIONARIO EN PRIMAVERA • 1957
RUIDO DEL SILENCIO, EL • 1963
YO NO SOY UN ASESINO • 1963
JULIETA ENGANA A ROMEO • 1964
ALGUNAS LECCIONES DE AMOR • 1965
MALDITAS PISTOLAS DE DALLAS, LAS • 1965
VENDEDOR DE ILUSIONES • 1966
CAMERINO SIN BIOMBO • CAMERINO WITHOUT A FOLDING SCREEN • 1967
DIVORCIO A LA ANDALUZA • 1967
MILAGRO DEL CANTE, EL • CANTE-MIRACLE • 1967
HOMICIDIO EN CHICAGO • 1968
REGRESO DE AL CAPONE, EL • 1969
FURIA DEL HOMBRE LOBO, LA • FURY OF THE WOLF MAN, THE (USA) • 1970
PLOMO SOBRE DALLAS • 1970
REBELDES DE ARIZONA, LOS • 1970
VEINTE MIL DOLARES POR UN CADAVER • 1970
VENDEDOR DE ILUSIONES, EL • 1971
TORERO PARA LA HISTORIA, UN • 1972
RETORNO DE LOS VAMPIROS, EL • RETURN OF THE VAMPIRES, THE
AXUT • 1976

ZABRANSKY MILOS – CZC
POSLEDNI MEJDAN • LAST BINGE, THE • 1983
DUM PRO DVA • HOUSE FOR TWO, A • 1988
MASSEBA • 1988

ZAC PINO – ITL – 1930–
MAN IN GRAY, A • 1960 • ANS
IRADIDDIO, LO • 1963 • ANS
DONNA E UNA COSA MERAVIGLIOSA, LA • 1964
POSTAGE STAMP • 1965 • ANS
GATTO FILIPPO LICENZA DI UCCIDERE • 1966
CAPRICCIO ALL'ITALIANA • CAPRICE ITALIAN STYLE • 1968
CAVALIERE INESISTENTE, IL • NON-EXISTENT KNIGHT, THE ○ IMAGINARY KNIGHT, THE • 1970

ZACARIAS ALFREDO – MXC
ZACHARIAS ALFREDO • ZACHARIAS ALFRED
BANDITS, THE • BANDIDOS, LOS (MXC) • 1966
VEN A CANTAR CONMIGO • 1966
OPERACION CARAMBOLA • OPERATION CAROM • 1968
BEES, THE • 1978
DEMONOID, MESSENGER OF DEATH • DEMONOID ○ MACABRA • 1981
CROSSFIRE • 1986

ZACARIAS MIGUEL – MXC
SOBRE LAS OLAS • 1932
PAYASADAS DE LA VIDA • TRICKS OF LIFE (USA) • 1934
ROSARIO • 1935
BAUL MACABRO, EL • MACABRE TRUNK, THE (USA) • 1936
CUNA VACIA, LA • EMPTY CRADLE, THE (USA) • 1937
RAPSODIA MEXICANA • 1937
ENREDOS DE PAPA, LOS • 1938
SOY CHATO, PERO LAS HUELO • I AM SNUB-NOSED BUT I CAN SMELL (USA) • 1939
PAPA SE DESENREDA • 1940
PAPA SE ENREDA OTRA VEZ • 1940
TRES VIUDAS DE PAPA, LAS • 1940
PENON DE LAS ANIMAS, EL • PRECIPICE OF SOULS, THE • 1942
CARTA DE AMOR, UNA • 1943
ME HE DE COMER ESA TUNA • 1944
FLOR DE DURAZNO • 1945
SI ME HAN DE MATAR MANANA • 1946
SOLEDAD • 1947
DOLOR DE LOS HIJOS, EL • 1948
VORAGINE, LA • 1948
ESCUELA PARA CASADAS • 1949
PINA MADURA • 1949
MARQUESA DEL BARRIO, LA • 1950
TIERRA BAJA • 1950
AHI VIENE MARTIN CORONA • 1951
ALEGRE CASADA, LA • 1951
ENAMORADO, EL • VUELVE MARTIN CORONA • 1951
LOCA, LA • 1951
NECESITO DINERO • 1951
ANSIEDAD • 1952
INFAME, LA • 1953
CUIDADO CON EL AMOR • 1954
ESCUELA DE MUSICA • 1955
GRAN ESPECTACULO, EL • 1955
SUENOS DE ORO • 1956
ASTRONAUTAS, LOS • TURISTAS INTERPLANETARIOS ○ DOS VIAJEROS DEL ESPACIO ○ ASTRONAUTS, THE ○ INTERPLANETARY TOURISTS • 1960
JUANA GALLO • GUNS OF JUANA GALLO, THE • 1960
VIDA DE PEDRO INFANTE, LA • 1963
CUATRO JUANES, LOS • 1964
ESCUELA PARA SOLTERAS • AGUILA CON LAS HERMANAS • 1964
ALEGRES AGUILARES, LOS • 1965
DOS RIVALES, LOS • 1965
JUAN COLORADO • 1965
EXTRANO EN LA CASA, UN • 1966
PECADO DE ANAN Y EVA, EL • EVA Y ADAN, EL PRIMER PECADO ○ SIN OF ADAM AND EVE, THE (USA) • 1967

ZACCAI CLAUDE – BLG
APRES LE VENT DES SABLES • TRAME, LA ○ WEB, THE • 1976

ZACCARIELLO GIUSEPPE – ITL
A CANNE MOZZE • 1977

ZACHA JAC – USA
STUD FARM, THE • STUDY FARM ○ MALE FARM, THE • 1969
WALK THE WALK • 1970

ZACHAR JOSEF see **ZACHAR JOZEF**

ZACHAR JOZEF – CZC
ZACHAR JOSEF • ZACKER JOSEPH
ZMLUVA S DIABLOM • DEAL WITH THE DEVIL • 1967
NIET INEJ CESTY • THERE'S NO OTHER WAY ○ THERE IS NO OTHER WAY • 1968
ALLE KATZCHEN NASCHEN GERN • BLONDE AND THE BLACK PUSSYCAT, THE (UKN) • 1969
SCUOLA DELLE VERGINI, LA • 1969
TOLLDREISTEN GESCHICHTEN DES HONORE DE BALZAC • BRAZEN WOMEN OF BALZAC, THE (USA) ○ SEX IS A PLEASURE (UKN) ○ KOMM, LIEBE MALD UND MACHE • 1969
GULOCKY • MARBLES • 1983

ZACHARIAS ALFRED see **ZACARIAS ALFREDO**

ZACHARIAS ALFREDO see **ZACARIAS ALFREDO**

ZACHARIAS ANN – SWD
TESTET • TEST, THE • 1988

ZACHARIAS JOHN – SWD – 1917–
HAR KOMMER VI • HERE WE COME • 1947
JAG ALSKAR DIG, KARLSSON • 1947

ZACHARIAS MANOS see **ZAKHARIAS MANOS**

ZACKER JOSEPH see **ZACHAR JOZEF**

ZADEH SANDRA – FRN
JUSTE DROIT, LE • 1979

ZADEK PETER – GRM
SIMON • 1956 • SHT
ICH BIN EIN ELEFANT, MADAME • I'M AN ELEPHANT, MADAME (UKN) • 1968
GUN BEFORE BUTTER • 1972
EISZEIT • ICE AGE ○ ISTID • 1975

ZAFIROPOULOS ILIAS – GRC
STRUGGLE • 1975

ZAFRANOVIC LORDAN – YGS – 1944–
LONG LIVE YOUTH • 1966 • DOC
NEDELJA • SUNDAY • 1968
AFTERNOON • 1969 • SHT
SUBURB, THE • 1972 • SHT
DALMATINSKA KRONIKA • DALMATIAN CHRONICLE, THE • 1973
KRONIKA JEDNOG ZLOCINA • CHRONICLE OF A CRIME • 1974
PONOVO POCINJE LJUBAVNI ZIVOT • OUR LOVE LIFE BEGINS ANEW • 1974
MUKE PO MATI • MATTHEW'S PASSION • 1976
OKUPACIJA U 26 SLIKA • OCCUPATION IN 26 PICTURES, THE ○ OCCUPATION IN 26 SCENES, THE • 1977
PAD ITALIJA • FALL OF ITALY, THE ○ ISLAND CHRONICLE • 1982
BELLS OF EVENING, THE • 1986

ZAGARRIO VITO – ITL
DONNA DELLA LUNA, LA • WOMAN OF THE MOON, THE ○ NIGHT OF THE FULL MOON • 1988

ZAGNI GIANCARLO – ITL – 1926–
BELLEZZA DI IPPOLITA, LA • SHE GOT WHAT SHE ASKED FOR • 1962
UMORISMO NERO • MUERTE VIAJA DEMASIADO, LA (SPN) ○ HUMORISMO NEGRO ○ BLACK HUMOR ○ HUMOUR NOIR ○ DEATH TRAVELS TOO MUCH • 1965
TESTA DI RAPA • 1966
CANDY • CANDY E IL SUO PAZZO MONDO (ITL) • 1968

ZAHARIEV EDUARD see **ZAHARIEV EDWARD**

ZAHARIEV EDWARD – BUL – 1938–
ZAHARIEV EDUARD • ZAKHARIEV EDOUARD
RAILS IN THE SKY • 1962 • DOC
SOL • 1965 • DOC
IF NO TRAIN COMES • 1966
BULGARIAN STATE RAILWAYS • 1971 • DOC
STEEL • 1971 • DOC
PREBROYVANE NA DIVITE ZAITSI • CENSUS OF HARES, THE ○ HARE CENSUS, THE • 1973
VILLA ZONE • 1975
MANLY TIMES • 1977
ALMOST A LOVE STORY • 1980
ELEGY • 1983
MY DARLING, MY DARLING • 1986
POACHERS • 1988
REZERVAT • NATURE RESERVE • 1990

ZAHAROPOULOU MIKA – GRC
DHAFNIS KE HLOI 66 • DAPHNIS AND CHLOE 66 • 1967
GREVENA • 1978 • DOC

ZAHON ZORO – CZC
POMOCNIK • ASSISTANT, THE • 1982
ZACIATOK SEZONY • SEASON'S OPENING • 1987

ZAHORUK DENIS – CND
BRETHREN • 1977

ZAHR RAJA – USA
LAST SEASON, THE • 1987

ZAHRADNIK JAN – SWT
HLINAK • CLAY ELF, THE • 1972

ZAJACZKOWSKI ANDRZEJ – PLN
ROBOTNICY '80 • WORKERS '80 • 1980

ZAKHARIAS M. see **ZAKHARIAS MANOS**

ZAKHARIAS MANOS – USS
ZACHARIAS MANOS • ZAKHARIAS M.
LOVTSI GUBOK • SPONGE DIVERS • 1960
YA SOLDAT, MAMA • I AM A SOLDIER, MOTHER • 1967
CHASTISER, THE • 1969
ON THE CORNER OF THE ARBAT AND BUBULINOS STREET • CORNER OF ARBAT AND BABULINOS STREET, THE • 1973

ZAKHARIEV EDOUARD see **ZAHARIEV EDWARD**

ZAKHAROV ROSTISLAV – USS
KHRUSTALNYY BASHMACHOK • CINDERELLA (USA) ○ GLASS SLIPPER, THE ○ GRUSTAINI BASHMACHOK • 1961

ZAKHAVA B. – USS
YEGOR BULYCHOV AND OTHERS • 1953

ZAKI SYED SALAHUDDIN – BNG
GHUDDI • ROOTLESS, THE ○ KITE, THE • 1979

ZALAKEVICIUS VITAUTUS – USS – 1930–
ZHALAKYAVICHUS VITAUTUS
DROWNED • DROWNED MAN, A • 1956 • SHT
WHILE THERE IS STILL TIME • 1957 • SHT
POKA .NE. POZDNO • IT'S NOT TOO LATE ○ BEFORE IT'S TOO LATE • 1958
ADAM KHOCHET BYT CHELOVEKOM • ADAM WANTS TO BE A MAN • 1959
ZHIVYE GEROI • LIVING HEROES • 1959
KHRONIKA ODNOGO DNIA • CHRONICLE OF A SINGLE DAY ○ CHRONICLE OF ONE DAY • 1963
NIKTO NE KHOTEL UMIRAT • NO ONE WANTED TO DIE ○ NOBODY WANTED TO DIE • 1965
WHOLE TRUTH ABOUT COLUMBUS, A • 1970 • MTV
ETO SLADKOE SLOVO-SVOBODA • THIS SWEET WORD -FREEDOM ○ THAT SWEET WORD "FREEDOM" • 1973
ACCIDENT, THE • 1974 • MTV
KENTAUROK • CENTAURS, THE ○ KENTAVRY • 1979

ZALEWSKI GERARD – PLN
JADA, GOSCIE, JADA • GUESTS ARE COMING (USA) • 1962

ZALUSKI ROMAN – PLN
CARDIOGRAM • 1971
ANATOMIA MILOSCI • ANATOMY OF LOVE • 1972
ZAVAZA • EPIDEMIC, THE • 1972
GODZINA ZA GODZINA • HOUR AFTER HOUR • 1974
AZYL • SANCTUARY • 1978
RDZA • RUST, THE • 1981
WYJSCIE AWARYJNE • EMERGENCY ESCAPE, AN • 1983
HOTCH-POTCH • 1989

ZAMBON GIORGIO – ITL
ODETTE • DECHEANCE • 1934

ZAMBRANO ENRIQUE – CUB
AQUI ESTAN LOS VILLALOBOS • REGRESO DE LOS VILLALOBOS, EL • 1959
JUSTICIA DE LOS VILLALOBOS, LA • 1959

ZAMBRANO ROQUE – VNZ
ORCHESTRA-MAN • 1971 • SHT
TODOS LOS DIAS UN DIA • EVERY DAY AS ONE DAY • 1977 • DOC
OTRA ILUSION, LA • OTHER ILLUSION, THE • 1989

ZAMBUTO GERO – ITL
ACQUA CHETA • 1933
AVVOCATO DIFENSORE, L' • ATTORNEY FOR THE DEFENSE, THE (USA) • 1934
FERMO CON LE MANI! • 1937

ZAMECZNIC W. – PLN
ITALIA 61 • ITALY 61 • 1961 • ANS

ZAMINDAR A. R. – IND
TOOFANI TARZAN • TYPHOON TARZAN • 1962

ZAMKOVOY L.
BREAK-UP, THE • 1930

ZAMORA RUDY – USA
PROBLEM CHILD • 1938 • ANS
VOODOO IN HARLEM • 1938 • ANS

ZAMPA LUIGI – ITL – 1905–
RISVEGLIO DI UNA CITTA • 1933 • DOC
ATTORE SCOMPARSO, L' • ATTORE SI DIVERTE, UN • 1941
FRA DIAVOLO • 1942
C'E SEMPRE UN MA! • FELICITA IN PERICOLO • 1943
SIGNORINETTE • 1943
ABITO NERO DA SPOSA, L' • 1945
AMERICANO IN VACANZA, UN • YANK IN ROME, A (USA) • 1946
VIVERE IN PACE • TO LIVE IN PEACE (UKN) • 1946
ONOREVOLE ANGELINA, L' • ANGELINA, M.P. ○ ANGELA • 1947
ANNI DIFFICILI • DIFFICULT YEARS (USA) ○ LITTLE MAN, THE (UKN) • 1948
CAMPANE A MARTELLO • CHILDREN OF CHANGE • 1949
CHILDREN OF CHANCE • 1949
CUORI SENZA FRONTIERE • HEART KNOWS NO FRONTIERS, THE ○ WHITE LINE, THE • 1950
E PIU FACILE CHE UN CAMMELLO • POUR L'AMOUR DU CIEL (FRN) ○ HIS LAST TWELVE HOURS (USA) ○ TWELVE HOURS TO LIVE ○ SUE ULTIME 12 ORE, LE • 1950
SIGNORI, IN CARROZZA! • ROME – PARIS – ROME • 1951
PROCESSO ALLA CITTA • CITY STANDS TRIAL, THE (USA) ○ TOWN ON TRIAL, A ○ CITY ON TRIAL • 1952
ANNI FACILI • EASY YEARS • 1953
SIAMO DONNE • WE, THE WOMEN • 1953
QUESTA E LA VITA • OF LIFE AND LOVE (USA) • 1954
ROMANA, LA • WOMAN OF ROME • 1954
ARTE DI ARRANGIARSI, L' • ART OF GETTING ALONG, THE (USA) • 1955
RAGAZZE D'OGGI • 1955
RAGAZZA DEL PALIO, LA • GIRL AND THE PALIO, THE (USA) ○ LOVE SPECIALIST, THE ○ GIRL WHO RODE IN THE PALIO, THE • 1957
LADRO LUI, LADRO LEI • 1958
MAGISTRATO, IL • MAGISTRATE, THE • 1959
VIGILE, IL • POLICEMAN, THE ○ COP, THE • 1960
ANNI RUGGENTI • ROARING YEARS, THE • 1962
FRENESIA DELL'ESTATE • SHIVERS IN SUMMER • 1964
NOSTRI MARITI, I • OUR HUSBANDS • 1966
QUESTIONE D'ONORE, UNA • QUESTION OF HONOUR, A (UKN) • 1966
DOLCI SIGNORE, LE • ANYONE CAN PLAY ○ SWEET LADIES, THE ○ LADIES AND LADIES • 1967
MEDICO DELLA MUTUA, IL • BE SICK.. IT'S FREE ○ PANEL DOCTOR, THE • 1968
CONTESTAZIONE GENERALE • 1970
BELLO, ONESTO, EMIGRATO AUSTRALIA SPOSEREBBE COMPAESANA ILLIBATA • GIRL IN AUSTRALIA • 1971
BISTURI, LA MAFIA BIANCA • HOSPITALS, THE WHITE MAFIA • 1973
GENTE DI RISPETTO • FLOWER IN HIS MOUTH, THE (USA) • 1975
MOSTRO, IL • 1977
LETTI SELVAGGI • TIGERS IN LIPSTICK (USA) ○ WILD BEDS • 1979

ZAMPI MARIO – ITL – 1903–1963
THIRTEEN MEN AND A GUN • 1938
SPY FOR A DAY • LIVE AND LET LIVE • 1940
PHANTOM SHOT, THE • 1947
FATAL NIGHT, THE • 1948
COME DANCE WITH ME • 1950
SHADOW OF THE PAST • 1950
LAUGHTER IN PARADISE • 1951
TOP SECRET • MR. POTTS GOES TO MOSCOW (USA) • 1952
HO SCELTO L'AMORE • 1953
HAPPY EVER AFTER • TONIGHT'S THE NIGHT (USA) ○ O'LEARY NIGHT • 1954
NOW AND FOREVER • 1956
NAKED TRUTH, THE • YOUR PAST IS SHOWING (USA) • 1957
TOO MANY CROOKS • 1959
BOTTOMS UP! • 1960
FIVE GOLDEN HOURS • CINQUE ORE IN CONTANTI (ITL) • 1961

ZAMUNER PIO – BRZ
GRANDE XERIFE, O • 1972

ZANCARELLA ADRIANO – ITL
VALLE DELL'ODIO, LA • 1950
SOTTO LA CROCE DEL SUD • 1957

ZANCHIN NINO – ITL
ANDREWS ROBERT
LUNGA SFIDA, LA • LONG DEFIANCE, THE • 1967
REBUS • HEISSES SPIEL FUR HARTE MANNER (FRG) ○ APPOINTMENT IN BEIRUT • 1968
FIGLI CHIEDONO PERCHE, I • 1972

ZANDER JACK – USA
MECHANICAL COW, THE • 1937 • ANS

ZANE ANGIO – ITL – 1925–
D'ENZA AURO
CAPINERA DEL MULINO, LA • 1957
AVVENTURIERI DELL'URANIO, GLI • URANIUM ADVENTURES • 1959
BRIGLIADORO • 1959
ESPLORATI A CAVALLO • 1960
PIPPO BRICIOLA E NUVOLA BIANCA • 1960
SUL CAMMINO DEI GIGANTI • 1960
OKAY SCERIFFO • 1966
AVVENTURE A CAVALLO • 1967

ZANGENBERG EINAR – GRM
DAME IM GLASHAUS, DIE • 1915
LIEBE ZU EINER TOTEN, DIE • 1915
GEHEIMNIS DES KILOMETERSTEINS 13, DAS • 1916
MANN IM STEINBRUCH, DER • 1916
TOTE LAND, DAS • 1916
PROFESSOR NISSENS SELTSAMER TOD • 1917

ZANINETTA ARMAND – BLG
TONNERRE DE BREST, SILENCE! • 1984

ZANINOVIC ANTE – Animator – YGS
TRUBA • TRUMPET, THE • 1964 • ANS
ZID • WALL, THE • 1965 • ANS
PRICA BEZ VEZE • PURPOSELESS STORY, A ○ CRAZY STORY • 1966 • ANS
RESULTAT • RESULT, THE • 1966 • ANS
NOGE • FEET • 1967 • ANS
O RUPAMA CEPOVIMA • OF HOLES AND CORKS (USA) • 1967
PROFESSOR BALTHASAR • 1967–69 • ASS
LETECI FABIJAN • FLYING FABIAN • 1968 • ANS
VJETROVITA PRICA • WINDY STORY • 1968 • ANS
HANIBALOVE ALPE • LIGHTHOUSE KEEPING • 1969 • ANS
HORACIJEV USPON I PAD • RISE AND FALL OF HORATIO, THE • 1969 • ANS
MAESTRO KOKO • NESTANAK MAESTRA KOKO • 1969 • ANS
O MISU I SATOVIMA • OF MICE AND MEN ○ OF MICE AND BEN • 1969 • ANS
RODENDANSKA PRICA • ARTS AND FLOWERS • 1969 • ANS
SRECA U DVOJE • HAPPINESS FOR TWO • 1969 • ANS
TETKE PLETKE • KNITTING PRETTY • 1969 • ANS
VIKTOROV JAJOMAT • VICTOR'S EGG–O–MAT • 1969 • ANS
ORNITOLOGIJA • ORNITHOLOGY • 1970 • SHT
HOMO AUGENS • 1972
DEZINFEKCIJA • DISINFECTION • 1975

ZANINOVIC STEJPAN – YGS – 1926–
MESSAGES • 1961 • DOC
I STARTED TO GROW LATER • 1963 • DOC
TEAR ON THE FACE, A • 1965 • DOC
LIBERATORS, THE • 1967 • DOC
ACCORDION, AN • 1968 • DOC

ZANKE SUSANNE – AUS
HEISSER HERBST, EIN • HOT AUTUMN, A • 1988
SCORPION WOMAN, THE • 1989

ZANNINI GIOVANNI – ITL
GRANDE SILENZIO, IL • 1936
ORFANELLA DELLE STELLE, L' • 1947

ZANUSSI KRZYSTOF see **ZANUSSI KRZYSZTOF**

ZANUSSI KRZYSZTOF – PLN – 1939–
ZANUSSI KRZYSTOF
DROGA DO NIEBA • STREETCAR TO HEAVEN ○ WAY TO THE SKIES, THE • 1958
PRZEMYSL • 1966
SMIERC PROWINCJALA • DEATH OF A PROVINCIAL • 1966 • SHT
KOMPUTERY • COMPUTERS • 1967 • DOC
KRZYSZTOF PENDERECKI • 1967 • MTV
MARIA DABROWSKA • 1967 • MTV
TWARZA W TWARZ • FACE TO FACE • 1967 • MTV
ZALICZENIE • CLASS CERTIFICATE ○ EXAMINATION, AN ○ PASS MARK ○ EXAM, THE • 1968 • MTV
GORY O ZMIERZCHU • MOUNTAINS AT DUSK ○ HILLS AT DUSK • 1970 • MTV
STRUKTURA KRYSZTALU • STRUCTURE OF CRYSTALS, THE ○ STRUCTURE OF A CRYSTAL ○ CRYSTAL'S STRUCTURE • 1970
ZA SCIANA • BEHIND THE WALL (USA) ○ NEXT DOOR • 1971 • MTV
ZYCIE RODZINNE • FAMILY LIFE • 1971
HIPOTEZA • HYPOTHESIS • 1972 • MTV
ILUMINACJA • ILLUMINATIONS • 1973
CATAMOUNT KILLING, THE • 1974
BILANS KWARTALNY • WOMAN'S DECISION, A ○ QUARTERLY BALANCE ○ BALANCE, THE • 1975
BARWY ORCHRONNE • CAMOUFLAGE • 1976
ANATOMIE STUNDE • LEKCJA ANATOMII ○ ANATOMY LESSON • 1977 • MTV
BRIGITTE HORNEY • 1977
HAUS DER FRAUEN • HOUSE OF WOMEN • 1977
PENDERECKI, LUTOSLAWA • 1977
SPIRALIA • SPIRAL, THE • 1978
WEGE IN DER NACHT • WAYS IN THE NIGHT ○ NIGHT PATHS ○ PATHS INTO THE NIGHT ○ NACHTDIENST • 1979 • MTV
CONSTANS • CONSTANT FACTOR, THE (USA) ○ CONSTANT • 1980
KONTRAKT • CONTRACT ○ CONTRAKT • 1980
FROM A FAR COUNTRY: POPE JOHN PAUL II • MAN FROM A FAR COUNTRY, A • 1981 • TVM
VERSUCHUNG • 1981
IMPERATIF, L' • IMPERATIVE (USA) • 1982
UNERREICHBARE, DER • UNAPPROACHABLE, THE (UKN) • 1982
PARADIGME • POUVOIR DU MAL, LE • 1985
ROK SPOKOJNEGO SLONCA • YEAR OF THE QUIET SUN, THE ○ YEAR OF QUIET SUN, A • 1985
GDZIESKOLWIRK JEST, JESUS JEST • WHEREVER YOU ARE.. • 1989
STAN POSIADANIA • INVENTORY • 1989
ZYCIE ZA ZYCIE • LIFE FOR LIFE • 1990

ZAORAL ZDENEK – CZC
COBWEB • 1986
POUTNICI • WANDERERS • 1988

ZAORSKI J. see **ZAORSKI JANUSZ**

ZAORSKI JANUSZ – PLN – 1947–
ZAORSKI J.
RUN COUNTER RUN • 1972
PARTITA FOR WOOD INSTRUMENT • 1975
POKOJ Z WIDOKIEM NA MORZE • ROOM WITH A VIEW ON THE SEA, A ○ ROOM OVERLOOKING THE SEA, A • 1977
OKNO Z WIDOKIEM NA MORZE • WINDOW LOOKING OUT ON THE SEA, THE ○ WINDOW ON THE SEA, THE • 1978
LAKE CONSTANCE
MATKA KROLOW • MOTHER OF KROLS ○ MOTHER OF KINGS, THE • 1983
JEZIORO BODENSKI • BODENSEE • 1985
PILKARSKI POKER • SOCCER POKER • 1988
PANNY I WDOWY • SPINSTERS AND WIDOWS • 1990

ZAPETTINI CLARA – ARG
BUENOS AIRES: LA TERCERA FUNDACION • BUENOS AIRES: THE THIRD FOUNDATION • 1980

ZAPHIRATOS FABRICE A. – USA
BLOODBEAT • BLOOD BEAT • 1985

ZAPHIRATOS HENRI–T. – FRN – 1928–
ZAPHIRATOS HENRY • THANO HENRI
FILS DE TARASS–BULBA, LE • 1961
NYMPHETTES, LES • FIRST TASTE OF LOVE (USA) • 1961
GRANDE FRIME, LA • A NOUS LES MINETTES • 1976

ZAPHIRATOS HENRY see **ZAPHIRATOS HENRI–T.**

ZAPPA FRANK – UKN – 1940–
200 MOTELS • TWO HUNDRED MOTELS • 1971
BABY SNAKES • 1979

ZAPPULLA GRISEPPE – ITL
BLAZING FLOWERS • 1978

ZARANDI MOHAMAD ALI – IRN
ROUZHAYE TARIKE YEK MATHAR • DARK DAYS OF A MOTHER, THE • 1967

de ZARATE AMERICO ORTIZ – ARG
OTRA HISTORIA DE AMOR • ANOTHER LOVE STORY • 1986

ZARCHI MEIR – USA
I SPIT ON YOUR GRAVE • DAY OF THE WOMAN • 1981
DON'T MESS WITH MY SISTER • 1985
FAMILY AND HONOR • 1985

ZARECKI YONA – ISR
ASIREI HACHOFESH • PRISONERS OF FREEDOM • 1968

ZARGAR KARIM – IRN
SHAHID REJAI SCHOOL • 1989

ZARIFIAN CHRISTIAN – FRN – 1942–
ON VOIT BIEN QU'C'EST PAS TOI • 1969
A SUIVRE • 1970
MOI J'DIS QU'C'EST BIEN • 1973
VUES D'ICI • 1978

ZARINDAST MOHAMAD – IRN
ZARINDUST MOHAMMAD
VASVASE SHITAN • SATAN'S TEMPTATION • 1967
JADEH TABAH KARAN • CRIMINALS' ROAD • 1968

ZARINDAST TONY – USA
HOUSE ON THE SAND • 1967
GUNS AND THE FURY, THE • GUNS AND FURY • 1981 • MTV
TREASURE OF THE LOST DESERT • 1982
CAT IN A CAGE • CAT IN THE CAGE • 1983
KILL, ALEX, KILL • 1983
DEATHFLASH • DEATH FLASH • 1987
HARD CASE AND FIST • HARDCASE AND FIST • 1987

ZARINDUST MOHAMMAD see **ZARINDAST MOHAMAD**

ZARITSKY JOHN – CND – 1943–
MAKING OF A MARTYR, THE • 1976 • MTV
STEELTOWN STAR • 1976 • MTV
CARING FOR CHRYSLER • 1977–80 • MTV
CHARITY BEGINS AT HOME • 1977–80 • MTV
LOSER'S GAME, THE • 1977–80 • MTV
BETSY'S LAST CHANCE • 1978 • MTV
GORD S. • 1978 • MTV
I DID NOT KILL BOB NEVILLE • 1978 • MTV
JUST ANOTHER MISSING KID • 1981 • MTV
BJORN BORG • 1983 • MTV
I'LL GET THERE SOMEHOW • 1984 • MTV
RAPISTS –CAN THEY BE STOPPED? • 1985 • MTV
REAL STUFF, THE • 1986 • MTV
TEARS ARE NOT ENOUGH • 1986 • DOC

ZARITSKY RAUL – USA
MAXWELL STREET BLUES • 1980

ZARKHI ALEXANDER – USS – 1908–
PESNJ O METALLE • SONG OF STEEL, A • 1928
VETER V LITSO • FACING THE WIND ○ WIND IN THE FACE ○ HEAD WIND, A • 1929
POLDIEN • NOON (USA) ○ MIDDAY • 1931
MOI RODINA • MY FATHERLAND ○ MY HOMELAND ○ MY COUNTRY • 1932
GORJACE D ENEKI • RED ARMY DAYS ○ THOSE WERE THE DAYS! ○ HECTIC DAYS • 1935
DEPUTAT BALTIKI • BALTIC DEPUTY (USA) • 1937
CHLEN PRAVITELSTAVA • MEMBER OF THE GOVERNMENT ○ GREAT BEGINNING, THE • 1940
YEVO ZOVUT SUKHE–BATOR • HIS NAME IS SUKHE–BATOR • 1942
MALACHEV KIRGAN • MALAKHOV BURIAL–MOUND, THE ○ LAST HILL, THE • 1944
DEFEAT OF JAPAN, THE • 1946 • DOC
VO IMYA ZHIZNI • IN THE NAME OF LIFE ○ FOR THE LIVING • 1947
DRAGOTZENNYE ZERNA • PRECIOUS SEEDS, THE ○ PRECIOUS GRAIN • 1948
OGNI BAKU • FIRES OF BAKU ○ FLAMES OF BAKU ○ LIGHTS OF BAKU, THE • 1950
PAVLINKA • 1952
VESNA V MOSKVE • SPRING IN MOSCOW • 1953
NESTERKA • 1955
VYSOTA • HEIGHTS, THE ○ GREAT HEIGHT ○ HEIGHT ○ HIGH UP • 1957
LYUDI NA MOSTU • PEOPLE ON THE BRIDGE ○ MEN ON THE BRIDGE • 1960
MOI MLADSHII BRAT • MY YOUNGER BROTHER • 1962
ZDRAVSTVUJ, ZIZN! • HELLO, LIFE! • 1962
ANNA KARYENINA • ANN KARENINA • 1968
GORODA I GODY • TOWNS AND YEARS ○ CITIES AND TIMES • 1973
STORY ABOUT AN UNKNOWN ACTOR • 1976
DWATZAT SCHEST DNEJ IS SHISNI DOSTOJEWSKOGO • TWENTY SIX DAYS IN THE LIFE OF DOSTOEVSKY • 1981

ZARKYCKI JERZY see **ZARZYCKI JERZY**

ZARPAS TED – GRC
ELEKTRA • 1962

ZARROUK A. – LBY
LORSQUE LE DESTIN S'ACHARNE • 1972

ZARUBIN LEONID – USS
FEARSOME BEAST, THE • ANM

ZARZYCKI J. see **ZARZYCKI JERZY**

ZARZYCKI JERZY – PLN
ZARZYCKI J. • ZARKYCKI JERZY
TELL-TALE HEART, THE • 1947 • SHT
BIALY NIEDZWIEDZ • WHITE BEAR • 1959
LICZE NA WASZE GRZECHY • EXPECTED SINS, THE ○ YOUR SINS COUNT • 1963
LOVERS OF MARONA • 1966
KOMEDIA POMYLEK • COMEDY OF ERRORS • 1968
W POGONI ZA ADAMEM • IN PURSUIT OF ADAM ○ POGON ZA ADAMEM ○ CHASING ADAM ○ CHASE AFTER ADAM • 1969

ZASLOVE ALAN – Animator – USA
GOBOTS: BATTLE OF THE ROCK LORDS • 1986 • ANM

ZATARAIN RAFAEL BERMUDEZ – MXC
MARIA • 1918
CAPORAL, EL • 1921

ZATOUROFF BORIS – FRN
SWAN LAKE • 1949 • SHT

ZAVALA JOSE LUIS – SPN
BALDORIA NEI CARAIBI • FIESTA EN EL CARIBE (SPN) • 1956 • DOC

de ZAVALIA ALBERTO – ARG – 1915–
ESCALA EN LA CIUDAD • 1935
CARANCHOS DE LA FLORIDA, LOS • 1938
VIDA DE CARLOS GARDEL, A • 1939
DAMA DE COMPANIA • 1940
VEINTE ANOS Y UNA NOCHE • 1941
GRAN AMOR DE BECQUER • 1946
DE PADRE DESCONOCIDO • 1949
OTRO YO DE MARCELA, EL • 1950

ZAVATTA FRANCESCO – ITL
CORRIERE DI FERRO, IL • 1948

ZAVATTINI CESARE – Screenwriter – ITL – 1902–1989
AMORE IN 4 DIMENSIONI • AMOUR EN 4 DIMENSIONS, L' (FRN) ○ LOVE IN 4 DIMENSIONS (USA) ○ LOVE IN THE CITY • 1963
MISTERI DI ROMA, I • MYSTERIES OF ROME, THE ○ WONDERS OF ROME, THE • 1963 • DOC
VERITAAAAAAAA, LA • TRU-U-UTH, THE • 1982

ZAVERI JASWANT C. – IND
JADUI-CHITRA • MAGIC PICTURE • 1948

ZBINDEN CHARLES – SWT
MANDARA -ZAUBER DER SCHWARZEN WILDNIS • 1960

ZBONEK EDWIN – GRM
AM GALGEN HANGT DIE LIEBE • 1960
IHRE HAUT ZU MARKTE TRAGEN, DIE • DEUTSCHLAND, DEINE STERNCHEN • 1962
FLUCHT, DIE • BESTIE MENSCH • 1963
HENKER VON LONDON, DER • MAD EXECUTIONERS, THE (USA) ○ HANGMAN OF LONDON, THE • 1963
MENSCH UND BESTIE • COVEK I ZVER • 1963
UNGEHEUER VON LONDON CITY, DAS • MONSTER OF LONDON CITY, THE (UKN) • 1964
LUMPAZIVAGABUNDUS • 1965
3 NOVEMBER 1918 • 1965
GEHVERSUCHE • VINOPOLIS • 1982

ZBORNIK DOBROSLAV – CZC
PLACHE PRIBEHY • SHY TALES • 1982

ZDRUBECKY J. – Animator – CZC
NIGHT IN THE PICTURE GALLERY • ANM

ZE-LECOURT MOISE – CMR
MWETT, LE • 1972 • SHT
POUSSE-POUSSE • 1974

ZEANI MARCELLO – ITL
SETTE MONACHE A KANSAS CITY • 1973
A PUGNI NUDI (PER UNA TRISTE ESPERIENZA IN UN CARCARE MINORILE) • 1975

ZEBRA SAM – USA
UIRAPURU • 1950
FINCHO • 1958

ZEBRIUNAS A. see **ZHEBRUNAS ARUNAS**

ZEBRIUNAS ARUNAS see **ZHEBRUNAS ARUNAS**

ZEBROWSKI EDWARD – PLN
SZANSA • CHANCE, A • 1970
OCALENIE • SALVATION • 1972
SZPITAL PRZEMIENIENIA • HOSPITAL OF TRANSFIGURATION, THE ○ TRANSFIGURATION HOSPITAL • 1978
W BIALY DZIEN • IN BROAD DAYLIGHT • 1980

ZECCA ADRIANO – ITL
BOLIVIA '70 • 1973
VIVA EL PERU • 1974

ZECCA DAMIANO – ITL
BOLIVIA '70 • 1973
VIVA EL PERU • 1974

ZECCA FERDINAND – FRN – 1864–1947
MESAVENTURES D'UNE TETE DE VEAU • MISADVENTURES OF A CALF'S HEAD, THE • 1898
MUET MELOMANE, LE • 1899
MEGERE RECALCITRANTE, LE • 1900
A LA CONQUETE DE L'AIR • CONQUEST OF THE AIR (USA) ○ FLYING MACHINE, THE • 1901
AGENT PLONGEUR, L' • 1901
BAIGNADE IMPOSSIBLE, LA • 1901
CE QUE L'ON VOIT DE SON SIXIEME • 1901
CHAGRIN D'AMOUR • 1901
COMMENT FABIEN DEVIENT ARCHITECTE • FABIEN BECOMES AN ARCHITECT • 1901
DEMANDE EN MARIAGE MAL ENGAGEE, UNE • 1901
DISCUSSION POLITIQUE • 1901
DRAME AU FOND DE LA MER, UN • DRAMA AT THE BOTTOM OF THE SEA, A • 1901
HISTOIRE D'UN CRIME • 1901
HORRIBLE CAUCHEMAR, UN • HORRIBLE NIGHTMARE, A • 1901 • SHT
IDYLLE SOUS UN TUNNEL • IDYLL IN A TUNNEL • 1901
ILLUSIONNISTE MONDAIN, L' • MUNDANE ILLUSIONIST, THE • 1901
LOUPE DE GRANDMAMAN, LA • LOUPE DE GRAND-MERE, LA ○ GRANDMOTHER'S EYEGLASSES • 1901
MONSIEUR ET MADAME SONT PRESSES • 1901
QUO VADIS? • WHENCE DOES HE COME • 1901
REPAS INFERNAL, LE • REPAS IMPOSSIBLE, LE ○ SOUPIERE, LA ○ INFERNAL MEAL, THE • 1901
REVE ET REALITE • 1901
SALUT DE DRANEM, LE • 1901
SEPT CHATEAUX DU DIABLE, LES • SEVEN CASTLES OF THE DEVIL, THE • 1901
SUPPLICE DE TANTALE, LE • 1901
TEMPETE DANS UN CHAMBRE A COUCHER, UNE • TEMPEST IN A BEDROOM ○ BEWILDERED TRAVELLER, A • 1901 • SHT
AFFAIRE DREYFUS, L' • 1902
ALI BABA • ALI BABA ET LES QUARANTE VOLEURS • 1902
AMOUR A TOUS LES ETAGES, L' • 1902
ASSASSINAT DE MACKINLEY, L' • 1902
BELLE AU BOIS DORMANT, LA • SLEEPING BEAUTY (USA) • 1902
CATASTROPHE DE LA MARTINIQUE, LA • 1902
CE QUE JE VOIS DANS MON TELESCOPE • THAT WHICH I SEE IN MY TELESCOPE • 1902
CHAT BOTTE • PUSS IN BOOTS (USA) • 1902 • SHT
CONTE DE NOEL, UN • STORY OF CHRISTMAS, A • 1902
DUEL ABRACADABRANT • AMAZING DUEL • 1902
ENFANT PRODIGUE, L' • 1902
ERREUR DE PORTE • 1902
FEE PRINTEMPS, LA • SPRING FAIRY, THE (USA) • 1902
MACHINE VOLANTE, LA • 1902
MAISON A L'ENVERS, LA • 1902
MAUVAISE RICHE, LE • 1902
PASSION, LA • VIE DE JESUS, LA • 1902
POULE MERVEILLEUSE, LA • 1902
PREMIER CIGARE DU COLLEGIEN, LE • PREMIER CIGARE, UN • 1902
SPONTANEOUS TRANSFORMATION • 1902
VICTIMES DE L'ALCOOLISME, LES • VICTIMS OF ALCOHOLISM, THE • 1902
VIE DANGEREUSE, LA • 1902
CHEZ LE DENTISTE • 1903
CHIEN ET LA PIPE, LE • 1903
DON QUICHOTTE • 1903
MA TANTE • 1903
PAR LE TROU DE LA SERRURE • 1903
PURGE, LA • 1903
PUSS 'N' BOOTS • 1903
SAMSON AND DELILAH • 1903
TROU DE LA SERRURE, LE • 1903
VIE D'UN JOUEUR, LA • 1903
GREVE, LA • 1904
ROMAN D'AMOUR • 1904
AU PAYS NOIR • 1905
BRIGANDAGE MODERNE • MODERN BRIGANDAGE • 1905
COURSE A LA PERRUQUE, LA • 1905
COURSE AUX TONNEAUX, LA • 1905
DIX FEMMES POUR UN MARI • 1905
PASSION DE NOTRE-SEIGNEUR JESUS-CHRIST, LA • VIE ET LA PASSION DE JESUS-CHRIST, LA ○ LIFE AND PASSION OF CHRIST • 1905
POUR L'HONNEUR D'UN PERE • 1905
REVE A LA LUNE • AMANT DE LA LUNE, L' ○ DREAM OF THE MOON ○ LOVER OF THE MOON • 1905
REVE DANS LA LUNE, LA • 1905
VENDETTA • 1905
DRAME PASSIONEL • 1906
EXECUTIONS CAPITALES, LES • PEINE DE MORT A TRAVERS LES AGES, LA • 1906
HONNEUR D'UN PERE, L' • 1906
SLIPPERY JIM • 1906 • SHT
TOTO GATE-SAUCE • 1906
WHENCE DOES HE COME
DRAME A LA MINE, UN • 1907
DRAME A VENISE, UN • 1907
EFFETS D'UNE VALSE LENTE, LES • 1907
LEGENDE DE POLICHINELLE, LA • LEGEND OF POLICHINELLE, THE • 1907
RUNAWAY HORSE, THE • 1907
ECOLE DU MALHEUR, L' • 1908
LATEST STYLE AIRSHIP • 1908
MAGIC ALBUM, THE • 1908
MAGIC MIRROR • 1908
MERRY WIDOW WALTZ, THE • 1908 • SHT
METEMPSYCHOSE • 1908
REVE DE DRANEM, LE • 1908
SOULIERS DE DRANEM, LES • 1908
FANTASTIC HEADS • 1909
HOMME INVISIBLE, L' • INVISIBLE THIEF, AN • 1909
MESSALINA • 1910
SAMSON AND DELILAH • 1910
COMTESSE NOIRE, LA • 1912
SCENES DE LA VIE CRUELLE • 1912–14
ROI DE L'AIR, LE • 1913

ZECENA DIEGUEZ MANUEL see **DIEGUEZ MANUEL ZECENA**

ZEDD NICK – USA
GEEK MAGGOT BINGO • 1983

ZEFFIRELLI FRANCO – ITL – 1923–
CORSI GIANFRANCO
CAMPING • 1958
BOHEME, LA • 1965
FLORENCE -DAYS OF DESTRUCTION • 1966 • DOC
TAMING OF THE SHREW, THE • BISBETICA DOMATA, LA (ITL) • 1967
ROMEO AND JULIET • ROMEO E GIULIETTA (ITL) • 1968
FRATELLO SOLE, SORELLA LUNA • BROTHER SUN, SISTER MOON (UKN) • 1972
JESUS OF NAZARETH • GESU DI NAZARETH (ITL) ○ LIFE OF JESUS, THE • 1977 • TVM
CHAMP, THE • 1979
ENDLESS LOVE • 1981
TRAVIATA, LA • 1982
OTELLO • OTHELLO • 1986
GIOVANE TOSCANINI, IL • YOUNG TOSCANINI • 1988
HAMLET • 1990

ZEGLIO PRIMO – ITL – 1906–
GREEPY ANTHONY • HOPKINS OMAR
ACCADDE A DAMASCO E FEBBRE • MERAVIGLIA DI DAMASCO, LA ○ ACCADDE A DAMASCO ○ FEBBRE • 1943
GENOVEFFA DI BRABANTE • 1947
VENDETTA DEL CORSARO, LA • REVENGE OF THE PIRATES (USA) ○ PIRATE'S REVENGE • 1951
FIGLIA DEL DIAVOLO, LA • 1953
NERONE E MESSALINA • NERO AND THE BURNING OF ROME (USA) • 1953
CAPITAN FANTASMA • CAPTAIN GHOST • 1954
RIO GUADALQUIVIR • DIMENTICA IL MIO PASSATO (ITL) ○ CONSUELA • 1956
FIGLIO DEL CORSARO ROSSO, IL • SON OF THE RED CORSAIR (USA) ○ SON OF THE RED PIRATE • 1960
MORGAN IL PIRATA • CAPITAINE MORGAN (FRN) ○ MORGAN THE PIRATE (USA) • 1960
SETTE SFIDE, LE • SEVEN REVENGES, THE (USA) • 1961
DOMINATORE DEI SETTE MARI, IL • SEVEN SEAS TO CALAIS (USA) ○ SIR FRANCIS DRAKE ○ SIR FRANCIS DRAKE ,IL RE DEI SETTE MARI ○ RE DEI SETTE MARI, IL • 1962
IO SEMIRAMIDE • SLAVE QUEEN OF BABYLON (USA) ○ SEMIRAMIS • 1963
UOMO DELLA VALLE MALEDETTA, L' • HOMBRE DEL VALLE MALDITO, EL (SPN) ○ MAN OF THE ACCURSED VALLEY • 1964
DUE VIOLENTI, I • 1965
QUATTRO INESORABILI, I • 1966
PERRY RHODAN -SOS AUS DEM WELTALL • 4.. 3.. 2.. 1.. MORTE (ITL) ○ ALARM IM WELTALL ○ 4.. 3.. 2.. 1.. DEAD ○ MISSION STARDUST (USA) ○ ORBITA MORTAL (SPN) ○ YOU ONLY LIVE ONCE ○ MORTAL ORBIT • 1967
KILLER ADIOS • 1968

ZEHENTHOFER MAX – AUS
WELTTHEATER-SALZBURG ZUR FESTSPIELZEIT • 1950

ZEHETGRUBER RUDOLF – GRM
MARK ROBERT
NYLONSCHLINGE, DIE • NYLON NOOSE, THE (USA) • 1963
PICCADILLY, NULL UHR ZWOLF • PICCADILLY, ZERO HOUR 12 • 1963
SCHWARZE KOBRA, DIE • BLACK COBRA, THE (USA) • 1963
GEHEIMNIS DER CHINESISCHEN NELKE, DAS • SECRET OF THE CHINESE CARNATION, THE (USA) ○ SEGRETO DEL GAROFANO CINESE, IL (ITL) • 1964
WIRTSHAUS VON DARTMOOR, DAS • INN ON DARTMOOR, THE (USA) • 1964
KOMMISSAR X: JAGD AUF UNBEKANNT • DODICI DONNE D'ORO (ITL) ○ KISS KISS, KILL KILL (UKN) ○ KOMMISSAR X -HUNTER OF THE UNKNOWN • 1965
MADCHEN HINTER GITTERN • 1965
SIETE MAGNIFICAS, LAS • FRAUEN, DIE DURCH DIE HOLLE GEHEN (AUS) ○ DONNE ALLA FRONTIERA (ITL) ○ TALL WOMEN, THE (USA) ○ WOMEN WHO GO THROUGH HELL • 1966
KOMMISSAR X -DREI GRUNE HUNDE • COMMISSAIRE X TRAQUE LES CHIENS VERTS (FRN) ○ COMMISSIONER X -THREE GREEN DOGS • 1967
ICH SPRENG EUCH ALLE IN DIE LUFT -INSPEKTOR BLOMFIELDS FALL NR.1 • I SHALL BLOW YOU ALL UP -INSPECTOR BLOOMFIELD'S CASE NO.1 • 1968
KAFER GEHT AUFS GANZE, EIN • 1971
KAFER GIBT VOLLGAS, EIN • BEETLE GOES FLAT OUT, A • 1972
KAFER AUF EXTRATOUR, EIN • BEETLE IN OVERDRIVE, A • 1973
VERRUCKTESTE AUTO DER WELT, DAS • MADDEST CAR IN THE WORLD, THE • 1974
SUPERBUG, SUPER AGENT • 1976
RETURN OF SUPERBUG • 1979

ZEIDEN JOSEPH – USA
GOD, MAN AND DEVIL • 1949

ZEILLEMAKERS MEINO – NTH
HANGED MAN, THE • 1976

ZEINDLER WERNER – SWT
FAST EINE WEIHNACHTSGESCHICHTE • 1984

ZEISLER ALFRED – GRM
SCHUSS IM TONFILMATELIER, DER • 1930
D-ZUG 13 HAT VERSPATUNG • 1931
HOCHTOURIST, DER • 1931
SEIN SCHEIDUNGSGRUND • 1931
SCHUSS IM MORGENGRAUEN • 1932
STRICH DURCH DIE RECHNUNG • 1932
STERN VON VALENCIA • 1933
TURE GEHT AUF, EINE • 1933
AMAZING QUEST OF ERNEST BLISS, THE • ROMANCE AND RICHES (USA) ○ AMAZING QUEST, THE ○ RICHES AND ROMANCE ○ AMAZING ADVENTURE • 1936
CRIME OVER LONDON • 1936
MAKEUP • 1937
ENEMY OF WOMEN • LIFE AND LOVES OF DR. PAUL JOSEPH GOEBBELS, THE ○ DR. PAUL JOSEPH GOEBBELS ○ MAD LOVER ○ PRIVATE LIFE OF DR. PAUL JOSEPH GOEBBELS, THE • 1944
FEAR • 1946
ALIMONY • 1949
PAROLE INC. • 1949

ZEITLER KARL HEINZ – GRM
GEWISSEN, DAS • 1972

ZEITOUN ARIEL – TNS – 1949–
SOUVENIRS, SOUVENIRS • 1984

ZELENDA - CZC
VECERY S JINDRICHEM PLACHTOU • EVENINGS WITH JINDRICH PLACHTA • 1954

ZELENKA ZDENEK - CZC
CAROVNE DEDICTVI • ENCHANTED HERITAGE • 1985

ZELIFF SEYMOUR - USA
MYSTERIOUS WITNESS, THE • 1923

ZELL HANNES - AUS
SCHIEBER, DIE • PROFITEERS, THE • 1983

ZELNIK FRED see **ZELNIK FRIEDRICH**

ZELNIK FRIEDRICH - GRM - 1885-1950
ZELNIK FRED
BUSSENDE MAGDALENA, DIE • 1914-18
ELEFANTENJAGER • 1914-18
GOLDENE FRIEDELCHEN, DAS • 1914-18
KLEIN DOORTJE • 1917
KRONE VON KERKURA, DIE • 1917
MARGARETE • GESCHICHTE EINER GEFALLENEN, DIE • 1918
NACHTSCHATTEN • 1918
CHARLOTTE CORDAY • 1919
DAME MIT DEN SMARAGDEN, DIE • 1919
EDELWEISS • 1919
ERBIN DES GRAFEN VON MONTE CRISTO, DIE • 1919
FEST DER ROSELLA, DAS • 1919
LEICHTSINN UND LEBEWELT • 1919
MANON LESCAUT • HOHE LIED DER LIEBE, DAS • 1919
MARIA EVERE • 1919
PARADIES DER DIRNEN, DAS • 1919
ANNA KARENINA • 1920
ERLEBNISSE DER BERUHMTEN TANZERIN FANNY ELSSLER, DIE • 1920
FASCHING • 1920
KRI-KRI, DIE HERZOGIN VON TARABAC • 1920
MISS BERYLL.. DIE LAUNE EINES MILLIONARS • 1920
SPIRITISMUS • 1920
AUS DEN MEMOIREN EINER FILMSCHAUSPIELERIN • 1921
EHE DER FURSTIN DEMIDOFF, DIE • 1921
GELIEBTE, DIE • GELIEBTE DES GRAFEN VARENNE, DIE • 1921
MADEL VON PICCADILLY 1, DAS • GIRL OF PICCADILLY, A • 1921
MADEL VON PICCADILLY 2, DAS • 1921
TANJA, DIE FRAU AN DER KETTE • 1921
TRIX, DER ROMAN EINER MILLIONENERBIN • 1921
UNSICHTBARE GAST, DER • 1921
ERNIEDRIGTE UND BELEIDIGTE • 1922
GELIEBTE DES KONIGS, DIE • 1922
GRAF FESTENBERG • 1922
LYDA SSANIN • 1922
MADEL AUS DER HOLLE, DAS • 1922
MANNER DER SYBIL, DIE • 1922
SE, EXZELLENZ DER REVISOR • 1922
TOCHTER NAPOLEONS, DIE • 1922
YVETTE, DIE MODEPRINZESSIN • 1922
AUFERSTEHUNG • KATJUSCHA MASLOVA • 1923
DAISY • 1923
GRAF MICHAEL • 1923
IRENE D'OR • 1923
MARIONETTEN DER FURSTIN, DIE • 1923
MATROSE PERUGINO, DER • 1923
NELLY, DIE BRAUT OHNE MANN • 1923
AUF BEFEHL DER POMPADOUR • 1924
HERRIN VON MONBIJOU, DIE • 1924
MEMOIREN EINER FILMDIVA • 1924
WAISE VON CAPRI, DIE • MADEL VON CAPRI, DAS • 1924
ATHLETEN • 1925
BRIEFE, DIE IHN NICHT ERREICHTEN • 1925
FRAUEN, DIE MAN OFT NICHT GRUSST • 1925
VENUS VOM MONMARTRE, DIE • 1925
AN DER SCHONEN BLAUEN DONAU 1 • 1926
FORSTERCHRISTL, DIE • FLOWER OF THE FOREST • 1926
LACHENDE GRILLE, DIE • 1926
VEILCHENFRESSER, DER • 1926
KAISERIN, DIE • 1927
MODERNER DON JUAN, EIN • 1927
TANZENDE WIEN, DAS • AN DER SCHONEN BLAUEN DONAU 2 ○ DANCING VIENNA • 1927
WEBER, DIE • WEAVERS, THE • 1927
ZIGEUNERBARON, DER • 1927
HEUT TANZT MARRIETT • SWEETHEART • 1928
MARY LOU • 1928
MEIN HERZ IST EINE JAZZBAND • 1928
ROTE KREIS, DER • CRIMSON CIRCLE, THE (USA) • 1928
FORSTERCHRISTL, DIE • 1931
JEDER FRAGT NACH ERIKA • 1931
SUSSES GEHEIMNIS, EIN • 1931
WALZERPARADIES • 1931
KAISERWALZER • HEUT' MACHT DIE WELT SONNTAG FUR MICH ○ AUDIENZ IN ISCHL • 1932
SPIONE IM SAVOY-HOTEL • GALAVORSTELLUNG DER FRATELLINIS, DIE • 1932
TANZERIN VON SANSSOUCI, DIE • BARBERINA, DIE TANZERIN VON SANSSOUCI ○ BARBARINA • 1932
C'ETAIT UN MUSICIEN • 1933
ES WAR EINMAL EIN MUSIKUS • 1933
HAPPY • 1934
MISTER CINDERS • 1934
SOUTHERN ROSES • 1936
LILAC DOMINO, THE • 1937
I KILLED THE COUNT • WHO IS GUILTY? • 1938
VADERTJE LANGBEEN • 1938
MORGEN GATT HET BETER • 1939

ZEMAN - CZC
DOVOLENA S ANDELEM • HOLIDAYS WITH AN ANGEL • 1952

ZEMAN BORIVOJ - CZC - 1912-
MRTVY MEZI ZIVYMI • DEAD AMONG THE LIVING • 1947
NEVITE O BYTE? • LOOKING FOR A FLAT ○ KNOW OF A FLAT? • 1947
MR. NOVAK • 1949
PYSNA PRINCENZNA • PROUD PRINCESS, THE • 1952
THERE ONCE LIVED A KING • ONCE UPON A TIME THERE WAS A KING • 1954
PATE KOLO U VOZU • GRANNY TAKES OVER • 1958
SLECNA OD VODY • YOUNG LADY FROM THE RIVERSIDE, THE ○ YOUNG LADY FROM THE RIVER BANK, THE • 1959
PHANTOM OF MORRISVILLE, THE • SON OF HORROR, THE
SILENE SMUTNA PRINCEZNA • EVER-SO-SAD PRINCESS, THE ○ MADLY SAD PRINCESS, THE ○ AWFULLY SAD PRINCESS, THE • 1968

ZEMAN BRONISLAW - PLN
BALAST • BALLAST • 1969 • ANS
FAIR PLAY • 1970
LUDZIE I PTAKI • PEOPLE AND BIRDS • 1972
OCH! OCH! • OH! OH! • 1973

ZEMAN KAREL - Animator - CZC - 1910-
VANOCNI SEN • CHRISTMAS DREAM, A ○ DREAM OF CHRISTMAS • 1945 • SHT
KRECEK • SLUGGARD, THE ○ HAMSTER, THE • 1946 • ANS
PODKOVA PRO STESTI • HORSESHOE FOR LUCK, A ○ GOOD LUCK HORSESHOE, THE ○ HORSESHOE, THE • 1946 • SHT
PAN PROKOUK JEDE NA BRIGADU • MR. PROKOUK LEAVES FOR VOLUNTEER WORK ○ MR. PROKOUK ON A BRIGADE ○ BRIGADY ○ BRIGAD • 1947 • ANS
PAN PROKOUK URADUJE • MR. PROKOUK AND THE RED TAPE ○ MR. PROKOUK BUREAUCRAT ○ MR. PROKOUK IN THE OFFICE • 1947 • ANS
PAN PROKOUK V POKUSENI • TEMPTATION OF MR. PROKOUK, THE ○ MR. PROKOUK'S TEMPTATION ○ MR. PROKOUK IN TEMPTATION • 1947 • ANS
DOBRODRUZSTVI PANA PROKOUKA • ADVENTURES OF MR. PROKOUK (USA) • 1947-58 • ASS
PAN PROKOUK FILMUJE • MR. PROKOUK MAKES A FILM ○ MR. PROKOUK IS FILMING • 1948 • ANS
INSPIRACE • INSPIRATION (USA) • 1949 • ANS
PAN PROKOUK VYNALEZCEM • MR. PROKOUK THE INVENTOR • 1949 • ANS
KRAL LAVRA • KING LAVRA • 1950 • ANS
POKLAD PTACIHO OSTROVA • TREASURE OF BIRD ISLAND, THE ○ POKLAD NO PTACIM OSTROVE • 1952
CESTA DO PRAVEKU • JOURNEY TO THE BEGINNING OF TIME (USA) ○ JOURNEY TO PRIMEVAL TIMES, A ○ JOURNEY TO A PRIMEVAL AGE ○ JOURNEY INTO PREHISTORY, A ○ JOURNEY INTO PRIMEVAL TIMES, A • 1955
PAN PROKOUK, PRITEL ZVIRATEK • MR. PROKOUK, FRIEND OF LITTLE ANIMALS ○ MR. PROKOUK THE ANIMAL FANCIER ○ MR. PROKOUK, THE ANIMAL LOVER • 1955 • ANS
VYNALEZ ZKAZY • FABULOUS WORLD OF JULES VERNE, THE (USA) ○ INVENTION FOR DESTRUCTION ○ WEAPONS OF DESTRUCTION ○ DIABOLIC INVENTION, THE ○ DEADLY INVENTION, THE ○ INVENTION OF DESTRUCTION • 1958
BARON PRASIL • FABULOUS BARON MUNCHAUSEN, THE (USA) ○ BARON MUNCHAUSEN (UKN) • 1962
BLAZNOVA KRONIKA • JESTER'S TALE, THE ○ DUA MOSKETYRI ○ INSANE CHRONICLE ○ TWO MUSKETEERS • 1964
UKRADENA VZDUCHOLOD • DVA ROKY PRAZDNIN ○ TWO YEAR'S HOLIDAY ○ STOLEN AIRSHIP, THE ○ STOLEN DIRIGIBLE, THE ○ TWO YEAR VACATION ○ STOLEN BALLOON, THE • 1966
ADVENTURES OF NEMO, THE • 1968
NA KOMETE • HECTOR SERVADAC'S ARK ○ MR. SERVADAC'S ARK ○ NA COMETE ○ ON THE COMET ○ ON A COMET ○ ARCHA PANA SERVADACA • 1970
POHADKY TISICE A JEDNE NOCI • ADVENTURES OF SINBAD THE SAILOR, THE ○ TALES OF 1001 NIGHTS ○ THOUSAND AND ONE NIGHTS, A ○ ARABIAN NIGHTS • 1972 • ANM
CARODEJUV UCEN • MAGICIAN'S APPRENTICE, THE ○ KRABAT CARODEJUV UCEN • 1977 • ANM
POHADKA O HONZIKOVI A MARENCE • TALE OF JOHN AND MARY, THE • 1980 • ANM
POHADKA O JENICKOVI A MARENCE • STORY OF HANSEL AND GRETEL, THE • 1980 • ANM

ZEMANN E. - GRM
KRANKHEITSBILD DES SCHLACHTENER-PROBLEM UNTEROFFIZIERS IN DER ENDSELACHT, DAS • 1971

ZEMANN O. MAI - GRM
KRANKHEITSBILD DES SCHLACHTENER-PROBLEM UNTEROFFIZIERS IN DER ENDSELACHT, DAS • 1971

ZEMECKIS ROBERT - USA - 1952-
I WANNA HOLD YOUR HAND • 1978
USED CARS • 1980
ROMANCING THE STONE • 1984
BACK TO THE FUTURE • 1985
WHO FRAMED ROGER RABBIT • 1988
BACK TO THE FUTURE II • 1989
BACK TO THE FUTURE III • 1990

ZEMGANO I. - USS
PAUKI • SPIDER, THE • 1942

ZEMMOURI MAHMOUD - ALG - 1946-
PRENDS 10,000 BALLES ET CASSE-TOI • 1980

ZENGERLING ALOYS ALFONS - GRM
SCHNEEWITTCHEN • 1928

ZENIYA ISAO - JPN
MAN WHO SKIED DOWN EVEREST, THE • SKIEUR DE L'EVEREST, LE • 1974

ZENO THIERRY - BLG
VASE DE NOCES • WEDDING TROUGH • 1974
DES MORTS • 1979 • DOC

ZENS WILL - Producer - USA - 1920-
CAPTURE THAT CAPSULE! • SPY SQUAD • 1961
STARFIGHTERS, THE • 1964
ROAD TO NASHVILLE • 1966
TO THE SHORES OF HELL • 1966
HELL ON WHEELS • 1967
HOT SUMMER IN BAREFOOT COUNTY • 1974
TRUCKIN' MAN • 1975
FIX, THE • 1984

ZENYAKIN A. see **ZENYAKIN ARKADIJ**

ZENYAKIN ARKADIJ - USS
ZENYAKIN A.
NA IDU I NA VODE • ON ICE AND WATER • 1959
INSIDE THE U.S.S.R. • 1961

ZERBIB CHRISTIAN - BLG - 1953-
COMPROMIS, LE • 1978
FUITE EN AVANT, LA • 1980

ZERLETT H. H. see **ZERLETT HANS H.**

ZERLETT HANS H. - GRM
ZERLETT H. H.
DA STIMMT WAS NICHT • 1934
KNOCK OUT • JUNGES MADCHEN -EINE JUNGER MANN, EIN • 1935
SELIGE EXZELLENZ, DIE • TAGEBUCH DER BARONIN W., DAS • 1935
ARZT AUS LEIDENSCHAFT • 1936
DIENER LASSEN BITTEN • 1936
MORAL • 1936
TRUXA • 1936
LIEBE GEHT SELTSAME WEGE • 1937
REVOLUTIONSHOCHZEIT • 1937
ES LEUCHTEN DIE STERNE • STARS SHINE, THE (USA) • 1938
VERLIEBTES ABENTEUER • 1938
ZWEI FRAUEN • 1938
GOLDENE MASKE, DIE • 1939
ROBERT UND BERTRAM • 1939
MEINE TOCHTER TUT DAS NICHT • 1940
VENUS VOR GERICHT • 1941
EINMAL DER LIEBE HERRGOTT SEIN • 1942
KLEINE RESIDENZ • 1942
MEINE FREUNDIN JOSEFINE • 1942
LIEBESBRIEFE • 1943
REISE IN DIE VERGANENHEIT • 1943
MIT MEINEN AUGEN • IM TEMPEL DER VENUS • 1944
SCHUSS UM MITTERNACHT • 1944
SPUK IM SCHLOSS • GHOST IN THE CASTLE • 1944

ZERMENO - MXC
MEXICO MAGICO • 1980

ZERVOS GEORGES - GRC
MATOMENA CHRISTOUYENNA • NOEL SANGLANT • 1951
LIMNI TON POTHON, I • LAC AUX DESIRS, LE • 1958

ZERVOS NIKOS - GRC
BLACK - WHITE • 1974
FATHERLAND, ROBBERY AND FAMILY EXILED ON MAIN STREET • 1980
DELERIUM • BITTER MOVIE • 1984

ZETTERLING MAI - Actress - SWD - 1925-
POLITE INVASION, THE • 1960 • DCS
LORDS OF LITTLE EGYPT • 1961 • DCS
PROSPERITY RACE, THE • 1962 • DCS
WAR GAME, THE • 1962
DO-IT-YOURSELF DEMOCRACY, THE • 1963 • DCS
ALSKANDE PAR • LOVING COUPLES • 1964
NATTLEK • NIGHT GAMES ○ LANGTAN • 1966
DOKTOR GLAS • DOCTOR GLAS • 1968
FLICKORNA • GIRLS, THE • 1968
MINI-MOVIE • 1971 • SHT
VINCENT THE DUTCHMAN • 1972 • DOC
VISIONS OF EIGHT • 1973
WE HAR MANJE NAMN • WE HAVE MANY NAMES • 1976
STOCKHOLM • 1977 • MTV
RAIN'S HAT, THE • 1978 • MTV
LOVE • 1981
SCRUBBERS • 1982
AMOROSA • 1986

ZEYN WILLY - GRM
DUNKLE SCHLOSS, DAS • 1915
FALSCHE SCHEIN, DER • 1915
VATERLIEBE • 1915
SCHATZ IM BERGE, DER • 1917
STURMFLUT • 1917
LACHENDE MASKE, DIE • 1918
PROZESS HAVERS, DER • 1918
STUNDE DER VERGELTUNG, DIE • 1918
TOCHTER DES RAJAHS, DIE • 1918
GEHEIMNIS VON SCHLOSS HOLLOWAY, DAS • 1919
KAMPF UM DIE EHE 1, DER • WENN IN DER EHE DIE LEIBE STIRBT • 1919
KAMPF UM DIE EHE 2, DER • FEINDLICHE GATTEN • 1919
SPIELER, DIE • 1919
GENTLEMEN-GAUNER • 1920
HUND VON BASKERVILLE 5, DER • DR. MACDONALDS SANATORIUM • 1920
HUND VON BASKERVILLE 6, DER • HAUS OHNE FENSTER, DAS • 1920
KALIBER FUNF KOMMA ZWEI • 1920
KAMMERSANGER, DER • 1920
DIKTATUR DER LIEBE 1, DIE • BOSE LUST, DIE • 1921
PASSAGIER VON NR.7, DER • 1921
TANZ UM LIEBE UND GLUCK, DER • 1921
IM GLUTRAUSCH DER SINNE 1 • 1922
IM GLUTRAUSCH DER SINNE 2 • GESCHMINKTE FRAU, DIE • 1922
AUS EIGENER KRAFT • 1924

ZGOURIDI A. see **ZGURIDI ALEXANDER**

ZGURIDI A. see **ZGURIDI ALEXANDER**

ZGURIDI ALEXANDER - USS - 1904-
ZGURIDI A. • ZGOURIDI A.
V PESKAKH SREDNEI AZII • LIFE AND SAND • 1943
WHITE FANG • 1946 • DOC
SECRETS OF NATURE • 1948 • DOC
REAL LIFE IN THE FOREST • 1950 • DOC
IN THE ICY OCEAN • 1952 • DOC
LIFE IN THE ARCTIC • 1953

STORY OF A FOREST GIANT • 1954 • DOC
IN THE PACIFIC • 1957 • DOC
JUNGLE TRACK • 1959 • DOC
IN THE STEPS OF OUR ANCESTORS • 1961 • DOC
MAGNIFICENT ISLANDS • 1965 • DOC
FOREST SYMPHONY • 1967 • DOC
CHERNAYA GORA • BLACK MOUNTAIN • 1971
RIKKI-TIKKI-TAVI • 1975

ZHAI JIANG - CHN
ZHONGHUA NUER • DAUGHTERS OF CHINA • 1949

ZHAKOV OLEG - USS
NASHESTIVIYE • INVASION • 1945

ZHALAKYAVICHUS VITAUTUS see **ZALAKEVICIUS VITAUTUS**

ZHAN XIANGCHI - CHN
CHENGJI SIHAN • GENGHIS KHAN • 1985

ZHANDOV ZAHARI - BUL - 1911-
JANDOV ZACCHARIE
FIRST DAYS • 1949
TREVOGA • ALARM • 1951
SEPTEMVRIITSI • SEPTEMBER HEROES, THE ○ SEPTEMBRISTS • 1954
ZEMYA • EARTH ○ LAND • 1957
OTVAD HORIZONTA • BEYOND THE HORIZON • 1960
SHIBIL • 1968
BIRDS COME FLYING TO US • 1971
MASTER OF BOYANA, THE • 1980

ZHANG AIJIA - HKG
CHANG SYLVIA
ZUI AI • PASSION • 1987
HUANG-SE KU-SHIH • GAME THEY CALL SEX, THE • 1988

ZHANG HUAXUN - CHN
WULIN ZHI • PRIDE'S DEADLY FURY • 1983

ZHANG JIANYA - CHN
SHAOYEDE MONAN • TRIBULATIONS OF A YOUNG MASTER, THE • 1988

ZHANG JUNXIANG - CHN
BAIQUEN DAIFU • DOCTOR BETHUNE • 1964

ZHANG JUNZHAO - CHN
YIGE HE BAGE • ONE AND THE EIGHT, THE • 1985
GUDUDE MOUSHAZHE • LONER, THE • 1988

ZHANG LIANG - CHN
YAMAHA YUDANG • YAMAHA FISH STALL
SHAONIAN FAN • JUVENILE DELINQUENTS • 1985
WOMAN'S STREET, A • 1989

ZHANG NUANXIN - CHN - 1940-
SHA OU • DRIVE TO WIN, THE • 1981
QINGCHUN JI • SACRIFICE OF YOUTH • 1985
WAN DE JIU SHI XINTIAO • IT'S HEARTTHROB THAT WE PLAY • 1989
BEIJING, NI ZAO • 1990

ZHANG QI - CHN
BEI AIQING YIWANGDE JIAOLUO • LOVE-FORSAKEN CORNER, A • 1981

ZHANG WANTING - HKG
CHEUNG MABEL
FEIFA YIMIN • ILLEGAL IMMIGRANT, THE • 1985
QIUTIANDE TONGHUA • AUTUMN'S TALE, AN • 1987
BAT LEUNG KAM • EIGHT TAELS OF GOLD • 1989

ZHANG XIAN - CHN
XIANGNU XIAOXIAO • HUNAN GIRL XIAOXAIO • 1985

ZHANG YIMOU - CHN
HONG GAOLIANG • RED SORGHUM • 1987
DAIHAO MEIZHOUBAO • PUMA ACTION, THE ○ CODE NAME COUGAR • 1988
FUXI FUXI • INCESTUOUS, THE • 1989
JUDOU • 1990

ZHANG ZEMING - CHN
JUE XIANG • SWAN SONG • 1985
TAIYANG YU • SUN AND RAIN • 1987

ZHANG ZHIJUE see **CHEUNG CHI-KUE**

ZHEBRUNAS ARUNAS - USS - 1931-
ZEBRIUNAS ARUNAS • ZEBRIUNAS A. • GEBRIUNUS ARUNAS
ZHIVYE GEROI • LIVING HEROES • 1959
BLACK PROCESSION, THE • 1964 • DOC
DEVOCHKA I EKHO • GIRL AND THE ECHO, THE • 1964
KANONADA • CANNONADE • 1964
LAST DAY OF THE SCHOOL HOLIDAY, THE • 1964
PASKUTINE ATOSTOGU DIENA • 1964
MALENKI PRINTS • LITTLE PRINCE, THE • 1968
KARSAVITSA • BEAUTIFUL GIRL, THE ○ BEAUTY, A • 1969
OREKHOVYI KHLEB • NUT BREAD • 1980
CHAS POLNOLUNIYA • HOUR OF THE FULL MOON, THE • 1989

ZHEKAN ALI - IRN
LITTLE GIRL BY THE LAGOON • 1990

ZHELIABUZHSKY YURI see **ZHELYABUZHSKY YURI**

ZHELJAZKOVA BINKA - BUL - 1923-
ZHELYAZKOVA BINKA
A BYAHME MLADI • YET WE WERE YOUNG ○ WE WERE YOUNG • 1961
PRIVARZANIAT BALON • ATTACHED BALLOON, THE ○ CAPTIVE BALLOON, THE • 1967
POSLEDNATA DOUMA • LAST WORD, THE • 1973
SWIMMING POOL, THE • 1975
GREAT NIGHT BATHE, THE • 1980

ZHELYABUZHSKY A.
RED AND WHITE • 1932

ZHELYABUZHSKY YURI - USS
ZHELIABUZHSKY YURI
EMPEROR'S NEW CLOTHES, THE • 1919
DINA DZA-DZU • 1925

ZHELYAZKOVA BINKA see **ZHELJAZKOVA BINKA**

ZHENG DONGTIAN - CHN
MI CHUANG JIN SANJIAO • ADVENTURE IN THE GOLDEN TRIANGLE • 1988
YUANGYANF IOU • YOUNG COUPLES • 1988

ZHENG JUNLI - CHN
CHENG CHUN-LI
YIJIANG CHUNSHUI XIANG DONG LIU • RIVER FLOWS TOWARDS THE EAST, THE ○ SPRING RIVER FLOWS EAST ○ YIJANG CHUNSHUI DONG LIU • 1947
WUYA YU MAQUE • RAVENS AND SPARROWS ○ CROWS AND SPARROWS • 1949
LIN ZEXU • OPIUM WAR, THE ○ LIN TSE-HSU • 1959
NIE ER • 1959

ZHENG KANGYU - CHN
BETRAYAL AND REVENGE • 1986

ZHILIN VICTOR see **ZHILIN VIKTOR**

ZHILIN VIKTOR - USS
ZHILIN VICTOR
ISPAVLENNOMU VERIT • CERTIFIED CORRECT • 1959
MY DAUGHTER • 1960
TRAIN DRIVER • 1961
OSOBOYE MNYENIYE • PERSONAL OPINION • 1968

ZHIROV YURI - USS
TEACHER, THE • 1986 • DOC

ZHIVKOV VASSIL - BUL
FAVOURABLE OUTCOME • 1990

ZHIVOLUB VIKTOR - USS
EAGLE'S DANCE, THE • 1976

ZHOU XIAOWEN - CHN
TAMEN ZHENG NIANQING • IN THEIR PRIME • 1987
ZUIHOUDE FENGKUANG • DESPERATION • 1987
FENGKUANGDE DAIJIA • OBSESSION • 1988
HEI SHAN LU • 1990

ZHUK KONSTANTIN - USS
POYISK • SEARCH • 1968

ZHURAVLEV VASILI - USS
JOURALIAV V.
KOSMITCHESKY REIS • COSMIC VOYAGE, THE ○ SPACE SHIP, THE ○ COSMIC VESSEL ○ COSMICAL PASSAGE • 1935

ZHURAVLYOV VASILI - USS
SAILOR'S CHARACTER, A • 1971

ZIADA EL SAYAD - EGY
ZIADA EL SAYED
KHADRA WA SINDIBAD EL KHEBLI • KHADRA AND SINDBAD THE SOUTHERNER • 1952
GHAZIA MEN SONBAT • DANCER FROM SONBAT • 1967
SETT BANAT WA ARISS • 6 GIRLS AND A BRIDEGROOM • 1968

ZIADA EL SAYED see **ZIADA EL SAYAD**

ZIAGOS SPIROS - GRC
POTE DHEN INE ARGA • IT'S NEVER TOO LATE • 1968
ZOI ENOS ANTHROPOU, I • LIFE OF A MAN, THE • 1968

ZIALCITA DANNY L. - PHL
HINDI SA IYO ANG MUNDO, BABY PORCUNA • WORLD IS NOT YOURS, BABY PORCUNA, THE • 1978
IKAW AT ANG GABI • 1979

ZIARNIK JERZY - PLN - 1931-
MIASTECZKO • SMALL TOWN, THE • 1956 • DOC
WITAJ OJCZYZNO! • HAIL MOTHERLAND! • 1958 • DOC
400 LAT POCZTY POLSKIEJ • 400 YEARS OF POLISH POST • 1958 • DOC
KIERUNEK SOCJALIZM • DIRECTION SOCIALISM • 1959 • DOC
NAJPIEKNIEJSZE CHWILE NASZEGO ZYCIA • MOST WONDERFUL MOMENTS OF OUR LIFE, THE • 1959 • DOC
W KREGU CISZY • IN THE CIRCLE OF PEACE ○ IN THE CIRCLE OF SILENCE • 1960 • DOC
RODZICE • PARENTS • 1961 • DOC
ZIEMIA WIELKOPOLSKA • GREAT POLAND REGION, THE • 1961 • DOC
ZYCIE ZACZYNA SIE WCZESNIE • LIFE BEGINS EARLY • 1961 • DOC
POWSZEDNI DZIEN GESTAPOWCA SCHMIDTA • DAY IN THE LIFE OF GESTAPO MAN SCHMIDT, A • 1963 • DOC
Z TAMTEJ STRONY OKIENKA • AT THE OTHER SIDE OF THE WINDOW • 1963 • DOC
BARBARA I JAN • BARBARA AND JAN • 1965 • SER
DOM MATYSIAKOW • MATYSIAK'S HOUSE, THE • 1966 • DOC
GRY I ZABAWY • GAMES • 1966 • DOC
MUZEUM • MUSEUM, THE • 1966 • DOC
CO TO JEST "DUDEK" • WHAT IS "DUDEK" • 1967 • DOC
NA PLANIE • ON THE SET • 1968 • DOC
W ZAKLETYM KREGU • IN AN ENCHANTED CIRCLE • 1968 • DOC
WYCIECZKA W NIEZNANE • EXCURSION TO AUSCHWITZ-BIRKENAU ○ EXCURSION INTO THE UNKNOWN ○ TRIP IN THE UNKNOWN ○ JOURNEY INTO THE UNKNOWN, A ○ ACROSS THE UNKNOWN • 1968
NOWY • NEW MAN, THE • 1969
NOWY PRACOWNIK • NEW WORKER, THE • 1969 • DOC
PIERWSZY DZIEN W PRACY • FIRST DAY AT WORK • 1969 • DOC
SZKICE SO PORTRETU REZYSERA • SKETCHES FOR A DIRECTOR'S PORTRAIT • 1970 • DOC
KLOPOTLIWY GOSC • DIFFICULT GUEST, THE • 1971
NIEBIESKIE JAK MORZE CZARNE • AS BLUE AS THE BLACK SEA • 1972

ZICHEM FRANK - NTH
SOUTH BRONX • 1982 • DOC

ZICHY THEODORE - UKN
DEATH WAS A PASSENGER • 1958
MINGALOO • 1958
PORTRAIT OF A MATADOR • 1958
NIGHT WITHOUT PITY • 1962
DOOMSDAY AT ELEVEN • 1963

ZICKEL MARTIN - GRM
GELBE FRATZE, DIE • 1919
ROTE SARAFAN, DER • 1919
DEMIMONDE-HEIRAT, EINE • 1920

ZIDI CLAUDE - FRN - 1934-
BIDASSES EN FOLIE, LES • FIVE CRAZY BOYS, THE (UKN) • 1971
FOUS DU STADE, LES • 1972
GRAND BAZAR, LE • 1973
BIDASSES S'EN VONT EN GUERRE, LES • CINQUE MATTI VANNO IN GUERRA (ITL) • 1974
MOUTARDE ME MONTE AU NEZ, LA • FRENCH MUSTARD ○ LUCKY PIERRE • 1974
COURSE A L'ECHALOTTE, LA • WILD GOOSE CHASE, THE (USA) • 1975
AILE OU LA CUISSE, L' • 1976
ANIMAL, L' • 1977
BETE MAIS DISCIPLINE • DUMB BUT DISCIPLINED • 1978
ZIZANIE, LA • 1978
INSPECTEUR LA BAVURE • 1980
SOUS-DOUES, LES • 1980
SOUS-DOUES PASSENT LE BAC, LES • 1981
BANZAI • 1982
SOUS-DOUES EN VACANCE, LES • 1982
RIPOUX, LES • MY NEW PARTNER (USA) ○ COP, LE • 1984
ASSOCIATION DE MALFAITEURS • 1986
DEUX • 1989
RIPOUX CONTRE RIPOUX • 1990

ZIEBELL ALEXANDER - GRM
MADCHEN AUS ZWEITER HAND, EIN • SECONDHAND GIRL • 1976

ZIEFF HOWARD - USA - 1929-
SLITHER • 1973
HEARTS OF THE WEST • HOLLYWOOD COWBOY • 1975
HOUSE CALLS • 1978
MAIN EVENT, THE • 1979
PRIVATE BENJAMIN • 1980
UNFAITHFULLY YOURS • 1983
DREAM TEAM, THE • 1989

ZIEGLER AVIVA - ASL
WHAT IS A JEW TO YOU? • 1986 • DOC

ZIEHM HOWARD - USA
FLESH GORDON • 1974

ZIELER MOGENS - DNM
MULTITYDER • MULTITUDE • 1969 • ANS

ZIELINSKA IDA EVA - PLN - 1957-
HEADS OR TAILS • 1978
TRESPASS • 1985
UCOPAN BARBADOS PROJECT • 1986

ZIELINSKI RAFAL - PLN - 1954-
ZIELINSKY RAFAL
MICHEL PELLUS • 1979
BABE! • HEY BABE! • 1980
SCREWBALLS • 1983
LOOSE SCREWS • SCREWBALLS II: LOOSE SCREWS ○ SUMMER SCHOOL • 1985
RECRUITS • 1986
VALET GIRLS • 1986
SPELLCASTER • 1987
STATE PARK • 1987
SCREWBALL HOTEL • 1988

ZIELINSKY RAFAL see **ZIELINSKI RAFAL**

ZIELKE WILLY - GRM
STAHLTIER, DAS • 1935

ZIEN ALLEN - FRN
FLASH • 1962

ZIENER BRUNO - GRM
LOTTEKENS FELDZUG • 1915
DES VATERS SCHULD • 1918
EHE AUS HAUS, DIE • 1919
GLUHENDE KAMMER, DIE • 1919
MARIA • 1919
MORPHIUM • 1919
RECHT AUF GLUCK, DAS • 1919
SEKRETARIN DES GESANDTEN, DIE • 1919
FRAU MIT VERGANGENHEIT, EINE • 1920
POKAL DER FURSTIN, DER • 1920
STUNDE NACH MITTENACHT, DIE • 1920
ERBE DER VAN DIEMEN, DER • 1921
FLUG IN DEN TOD, DER • 1921
UNGEKLARTER FALL, EIN • 1921
JAGD NACH DER FRAU, DIE • 1922
WILDNIS • 1922
WETTLAUF UMS GLUCK • WOLF OF TIBET, THE • 1923

ZIENER GUILLERMO - MXC
INVASORES DEL ESPACIO, LOS • INVADERS FROM OUTER SPACE, THE • 1967

ZIEWER CHRISTIAN – GRM – c1940–
LIEBE MUTTER, MIR GEHT ES GUT • DEAR MOTHER, I'M DOING WELL • 1971
SCHNEEGLOCKCHEN BLUHN IN SEPTEMBER • SNOWDROPS BLOOM IN SEPTEMBER • 1974
AUFRECHTE GANG, DER • WALKING UPRIGHT • 1976
AUS DER FERNE SEHE ICH DIESES LAND • FROM AFAR I SEE MY COUNTRY ○ I SEE THIS LAND FROM AFAR • 1978

ZIFFER-TESCHENBRUCK MANO – AUS
PAREMA, DAS WESEN AUS DER STERNEWELT • PAREMA, CREATURE FROM THE STAR-WORLD • 1922

ZIGOWITZ ZIGGY JR. – USA
ROCKING WITH SEKA • ROCKIN' WITH SEKA ○ SEKA'S CRUISE • 1980

ZIKRA SAMIR – SYR
HADITHA AL NASF METR • HALF METER INCIDENT, THE • 1983
WAQA'II AL AAM AL MUQBIL • EVENTS OF THE COMING YEAR • 1986

ZILAHI GYULA – HNG
BECSAPOTT UJSAPIRO, A • DUPED JOURNALIST, THE • 1914
TUTYU ES TOTYO • TUTYU AND TOTYO • 1915

ZILBERG YOEL see **SILBERG JOEL**

ZILLER PAUL – USA
PLEDGE NIGHT • HAZING IN HELL • 1988

ZILNIK ZELIMIR – YGS – 1942–
NEWSREEL ON YOUTH IN VILLAGES IN WINTER • 1967 • SHT
GOODNIGHT, CHILDREN • 1968 • SHT
MEN WITHOUT WORK • 1968 • SHT
RANI RADOVI • EARLY WORKS (USA) • 1969
TRENDS OF JUNE, THE • 1969 • SHT
BLACK FILM • 1971 • SHT
DAS KAPITAL • 1971
SLOBODA ILI STRIP • FREEDOM OR STRIP • 1973
DRUGA GENERACIJA • SECOND GENERATION, THE • 1983
BEAUTIFUL WOMEN WALKING AROUND • 1986

ZILS PAUL – IND
COMMUNITY • 1947
CHILD • 1948
MOTHER • 1948
HINDUSTAN HAMARA • OUR INDIA (USA) • 1950
ZALZALA • 1952
MARTIAL DANCES OF MALABAR • 1957

ZIMBACCA MICHEL – FRN
INVENTION DU MONDE, L' • 1952

ZIMMER GEORGE – USA
STARVATION • 1920

ZIMMER H. L. – USA
SOUL SNATCHER, THE • 1965
URSULA • SINS OF KITTY • 1967

ZIMMER PIERRE – FRN – 1927–
DONNEZ-MOI DIX HOMMES DESESPERES • GIVE ME TEN DESPERATE MEN • 1961
JUDOKA AGENT SECRET • CARNET PER UN MORTO (ITL) • 1966
QUALCUNO HA TRADITO • REQUIEM POUR UNE CANAILLE (FRN) ○ EVERY MAN IS MY ENEMY (USA) ○ SOMEBODY IS A TRAITOR • 1967

ZIMMERMAN E. – VNZ
LADY OF CAYENAS, THE • 1913

ZIMMERMAN JERRY – USA
MAUSOLEUM • 1983

ZIMMERMAN RUTH – USA
GREEN TREE, THE • 1965

ZIMMERMAN TOM – USA
TUESDAY AFTERNOON • 1968 • SHT

ZIMMERMAN VERNON – USA – 1940–
LEMON HEARTS • 1960 • SHT
TO L.A... WITH LUST • 1961-62 • SHT
COLLEGE, THE • 1963 • DOC
SCARFACE AND APHRODITE • 1963 • SHT
DEADHEAD MILES • 1972
UNHOLY ROLLERS • 1972
FADE TO BLACK • 1980

ZIMONOVIC KRESIMIR – Animator – YGS
BUTTERFLIES • 1987 • ANM

ZINET MOHAMED – Actor – ALG – 1932–
TAHYA YA DIDU • ALGER INSOLITE • 1971

ZINGARELLI – CLM
HARDER BOYS!

ZINGARELLI ITALO – ITL
ESERCITO DI 5 UOMINI, UN • FIVE-MAN ARMY, THE (USA) • 1969
PROSTITUTA AL SERVIZIO DEL PUBBLICO E IN REGOLA CON LE LEGGI STATO, UNA • 1970
IO STO CON GLI IPPOPOTAMI • IO E L'IPPOPOTAMO ○ I'M FOR THE HIPPOPOTAMUS • 1980
STAR EXPRESS • 1981

ZINGG GERARD – FRN – 1942–
NUIT, TOUS LES CHATS SONT GRIS, LA • AT NIGHT ALL CATS ARE GRAY • 1977

ZINMAN ZOE – USA
CITY NEWS • 1983

ZINNEMANN FRED – AUS – 1907–
REDES • PESCADOS ○ WAVE, THE ○ NETS • 1934
FRIEND INDEED • 1938 • SHT
STORY OF DR. CARVER, THE • 1938 • SHT
THAT MOTHERS MIGHT LIVE • 1938 • SHT
THEY LIVE AGAIN • 1938 • SHT
TRACKING THE SLEEPING DEATH • 1938 • SHT
ASH-CAN FLEET, THE • 1939 • SHT
FORGOTTEN VICTORY • MARK CARLETON • 1939 • SHT
HELP WANTED • 1939 • SHT
ONE AGAINST THE WORLD • 1939 • SHT
WEATHER WIZARDS • 1939 • SHT
WHILE AMERICA SLEEPS • 1939 • SHT
GREAT MEDDLER, THE • 1940 • SHT
OLD SOUTH, THE • 1940 • SHT
STUFFIE • 1940 • SHT
WAY IN THE WILDERNESS, A • 1940 • SHT
FORBIDDEN PASSAGE • 1941 • SHT
LADY OR THE TIGER?, THE • 1941 • SHT
YOUR LAST ACT • 1941 • SHT
EYES IN THE NIGHT • 1942
KID GLOVE KILLER • ALONG CAME MURDER • 1942
SEVENTH CROSS, THE • 1944
LITTLE MR. JIM • ARMY BRAT • 1946
MY BROTHER TALKS TO HORSES • 1946
ACT OF VIOLENCE • 1948
SEARCH, THE • GEZEICHNETEN, DIE (SWT) • 1948
MEN, THE • BATTLE STRIPE • 1950
TERESA • 1950
BENJY • 1951 • DOC
HIGH NOON • 1952
MEMBER OF THE WEDDING, THE • 1952
FROM HERE TO ETERNITY • 1953
OKLAHOMA! • 1955
HATFUL OF RAIN, A • 1957
OLD MAN AND THE SEA, THE • 1958
NUN'S STORY, THE • 1959
SUNDOWNERS, THE • 1960
BEHOLD A PALE HORSE • 1964
MAN FOR ALL SEASONS, A • 1966
DAY OF THE JACKAL, THE • 1973
JULIA • 1977
FIVE DAYS IN SUMMER • 1982

ZINNER PETER – USA – 1919–
SALAMANDER, THE • 1981

ZINNERMAN ROBERT see **FRANCO JESUS**

ZIOLKOWSKI FABRICE – FRN – 1954–
L.A.X. • 1980

ZION ALLAN – USA
WHO'S CRAZY • 1965

ZIRINIS COSTAS – GRC
TELEFTAIO STICHIME • LAST WAGER, THE ○ LAST BET, THE • 1989

ZITO JOSEPH – USA – 1946–
ABDUCTION • 1975
PROWLER, THE • ROSEMARY'S KILLER ○ GRADUATION, THE • 1981
FRIDAY THE 13TH –THE FINAL CHAPTER • 1984
MISSING IN ACTION • 1984
INVASION U.S.A. • 1985
RED SCORPION • 1989

ZITTAU FRIEDRICH – GRM
SCHWARZE SCHAF, DAS • 1943
GLUCK UNTERWEGS • 1944

ZITZMAN JERZY – Animator – PLN
BULANDRA AND THE DEVIL • 1959 • ANS
PAN TRABA • MR. TRUMPET • 1960 • ANS
GENERAL AND A FLY, A • 1961 • ANS
COFFEE GRINDER, THE • 1963 • ANS
DON JUAN • 1963 • ANS
NOWOROCZNA NOC • NEW YEAR'S NIGHT ○ NEW YEAR'S EVE • 1965 • ANM
ICARUS • 1967 • ANS

ZIVANOVIC JOVAN – YGS
ZENICA • 1957
VERFUHRUNG AM MEER • SEDUCTION BY THE SEA (USA) ○ OSTRVA ○ ISLANDS • 1963
KAKO SU SE VOLELI ROMEO I JULIJA • HOW ROMEO AND JULIET FELL IN LOVE ○ ROMEO AND JULIET OF TODAY • 1967
UZROK SMRTI NE POMINJATI • DO NOT MENTION THE CAUSE OF DEATH ○ DON'T MENTION THE CAUSE OF DEATH • 1968
I BOG STVOTI KAFANSKU PEVACICU • AND GOD CREATED THE CAFE SINGER • 1972
NAIVKO • NAIVE ONE, THE • 1977
RADIO VIHOR ZOVE ANDJELIJU • RADIO VIHOR CALLING ANDJELIJA • 1980

ZIVELLI JOSEPH E. – USA
WANDERER OF THE WEST • 1927

ZIVKOVIC MILAN – YGS
DRUGI COVEK • OTHER MAN, THE • 1989

ZIYAL TOLGAY – TRK
BES ASI ADAM • FIVE REBELLIOUS MEN • 1968
BINBASI TAYFUN • CAPTAIN HURRICANE • 1968
KIZIL MASKE • RED MASK • 1968

ZIZIC BOGDAN – YGS
MADELEINE, MON AMOUR • 1971 • SHT
PUTOVANJE • JOURNEY, THE • 1972 • SHT
KUCA • HOUSE, THE • 1976
NE NAGINJI SE VAN • DON'T LEAN OUT THE WINDOW ○ DON'T LEAN OUT • 1978
DAJ STO DAS • WHATEVER YOU CAN SPARE • 1981

ZOBERLEIN HANS – GRM
STOSSTRUPP 1917 • SHOCK TROOP • 1934
UM DAS MENSCHENRECHT • 1934

ZOBIDI KAIS AL- see **AL-ZOBIDI KAIS**

ZOBUS WOLFRAM – GRM
ANGST HABEN UND ANGST MACHEN • TO BE AFRAID AND MAKE OTHERS AFRAID • 1976

ZOCH GEORG – GRM
SCHWARZWALDMADEL • 1933
ALLES HORT AUF MEIN KOMMANDO • 1934
LIEBE SIEGT, DIE • 1934
VETTER AUS DINGSDA, DER • 1934
WALZER FUR DICH, EIN • 1934
LETZTE FHRT DER SANTA MARGARETA, DIE • 1935
LACHENDE DRITTE, DER • 1936
LIED KLAGT AN, EIN • 1936
WENN MANNER VERREISEN • 1939
DUNKLE PUNKT, DER • 1940
WELTREKORD IM SEITENSPRUNG • 1940

ZOGRAFAKIS STELIOS – GRC
KOLONAKI DIAGOGI MIDEN • KOLONAKI BEHAVIOUR ZERO • 1967

ZOHAR URI – ISR
HOR BALEVANA • HOLE IN THE MOON, A • 1965
SHLOSHA YAMIN VE YELED • NOT MINE TO LOVE (USA) ○ THREE DAYS AND A CHILD • 1966
HASHECHOUNA SHELANOU • FISH, FOOTBALL AND GIRLS • 1968
KOL MAMZER MELECH • EVERY BASTARD A KING (USA) ○ EVERY MAN A KING • 1968
ROOSTER, THE • 1970
BIG EYES • 1973
PEEPING TOMS • 1973
LUL • CHICKEN COOP • 1988

ZOIS COSTIS see **ZOIS KOSTIS**

ZOIS KOSTIS – GRC
ZOIS COSTIS
SILOUETTES • SILHOUETTES • 1968
KATI BORI NA KANOUME EMIS I DHIO • WE COULD DO SOMETHING TOGETHER • 1972

ZOLNAY PAL – HNG
ELJEGYZES • ENGAGEMENT • 1959
HOGY SZALADNAK FAK • SZAK, A ○ SACK, THE • 1966
PROFETA VOLTAL, SZIVEM • YOU'VE BEEN A PROPHET, MY DEAR ○ YOU WERE A PROPHET, MY DEAR • 1968
ARC • FACE, THE • 1970
RETUSOR, A • RE-TOUCHER, THE ○ FOTOGRAFIA ○ PHOTOGRAPHY • 1972
SAMAN • SHAMAN • 1977
EMBRIOK • EMBRYOS • 1985

ZOLOU J. – CND
DIARY OF A QUEBECER • 1965 • DCS

ZOLOYEV TIMUR – USS
NIKOLAY AMOSOV • 1972 • DOC

ZONA R. – ITL
VENDETTA DI FUOCO • FIGLI DELL'ETNA, I • 1955

ZORFA T. G. – USA
DEVIL'S MATE, THE • SATAN'S MISTRESS ○ SATAN'S WOMAN • 1966

ZORILLA CONCHA ENRIQUE – CHL
AMERINDIA • 1958

ZORRI ARMANDO – ITL
CARCERATO • 1951
LUNA ROSSA • 1951

ZORRILLA JOSE ANTONIO – SPN
ARREGLO, EL • ARRANGEMENT, THE • 1983
A LOS CUATROS VIENTOS • 1988
WINTER IN LISBON, A • 1990

ZOUBAIDY KAIS AL see **AL-ZOBIDI KAIS**

ZOULFAKAR EZELDIN – EGY
RODDA KALBI • 1958

ZOUMBARA PAUL – BRK
JOURS DE TOURMENTES • DAYS OF TORMENT • 1983

ZSCHOCHE HERMAN see **ZSCHOCHE HERMANN**

ZSCHOCHE HERMANN – GRM
ZSCHOCHE HERMAN
SIEBEN SOMMERSPROSSEN • SEVEN FRECKLES
MARCHENSCHLOSS, DAS • FAIRY TALE CASTLE • 1961
IGELFREUNDSCHAFT • HEDGEHOG FRIENDSHIP • 1962
LUTT MATTEN UND DIE WEISSE MUSCHEL • 1964
LEBEN ZU ZWEIT • LIFE TOGETHER • 1968
EOLOMEA • 1972
LIEBE MIT 16 • 1975
HALFTE DES LEBENS • HALF HIS LIFE
BURGSCHAFT FUER EIN JAHR • WARRANTY FOR ONE YEAR ○ GUARANTOR FOR ONE YEAR • 1980
INSEL DER SCHWANE • ISLAND OF SWANS ○ SWAN ISLAND • 1983
SOLO SAILOR, THE • 1987
GRUNE HOCHZEIT • JUST MARRIED • 1988

ZSCHOKKE MATTHIAS – SWT
WILDE MANN, DER • 1988

ZSIGMOND DEZSO – HNG
WITH BLOOD AND ROPE • 1989 • DOC

ZSOLDOS ANDOR
JO AS A HAZNAL • FATHER KNOWS BEST (USA) • 1935

ZSOMBOLYAI JANOS – HNG
KENGURU, A • KANGAROO, THE • 1975
KIHAJOLNI VESZELYES • DON'T LEAN OUT OF THE WINDOW ○ DO NOT LEAN OUT OF THE WINDOW • 1978
VAMMENTES HAZASSAG • TULLIVAPAA AVIOLIITO (FNL) ○ DUTY-FREE MARRIAGE • 1981
MAGIC -QUEEN IN HUNGARY • 1987
HALALRAITELT, A • ON DEATH ROW • 1989

ZSURZS EVA – HNG
KOPPANYI AGA TESTAMENTUMA, A • TESTAMENT OF KOPPANY'S AGHA, THE • 1967

ZUBA CONSTANTINE – USA
SENSUOUS FLYGIRLS, THE • 1976

ZUBAYDI QAYS AL- – IRQ – 1939–
AL-ZUBAYDI QAYS
BAID AN AL-WATAN • LOIN DE LA PATRIE • 1969
CHAHADAT AT'FAL FI ZAMAN AL-HARB • TEMOIGNAGE DES ENFANTS PALESTINIENS EN TEMPS DE GUERRE • 1972
ZIYARA, AZ- • VISITE, LA • 1972
ALWAN • COULEURS • 1973
YAZIRLY, AL- • 1974

ZUBER – FRN
GRAND OEUVRE, LE • 1958 • SHT

ZUBER CHRISTIAN – FRN – 1930–
LAISSEZ-LES VIVRE! • 1969 • DOC

ZUBER RENE – FRN
ORIENT QUI VIENT, L' • 1934 • DCS
FETES DE FRANCE • 1940 • DCS

ZUBRYCKI TOM – ASL
KEMIRA -DIARY OF A STRIKE • 1984 • DOC
FRIENDS AND ENEMIES • 1987 • DOC

ZUCCA GIUSEPPE – ITL – 1887–1949
MALACARNE • 1947

ZUCCA PIERRE – FRN – 1943–
CAGE DE PIERRE, LA
VINCENT MIT L'ANE DANS UN PRE.. • 1975
ROBERTE • 1978

ZUCCHELLI NINO – ITL
SOGNO A VENEZIA • 1958 • DOC
PRIGIONIERI DEL MARE • 1960

ZUCKER DAVID – USA – 1947–
AIRPLANE! • 1980
POLICE SQUAD! • 1982 • TVM
TOP SECRET • 1984
RUTHLESS PEOPLE • 1986
NAKED GUN, THE • NAKED GUN: FROM THE FILES OF POLICE SQUAD, THE • 1988

ZUCKER JERRY – USA – 1950–
AIRPLANE! • 1980
POLICE SQUAD! • 1982 • TVM
TOP SECRET • 1984
RUTHLESS PEOPLE • 1986
GHOST • 1990

ZUCKER RALPH see **PUPILLO MASSIMO**

ZUCKERMAN MICHAEL see **ZUCKERMAN MICHAEL T.**

ZUCKERMAN MICHAEL T. – USA
ZUCKERMAN MICHAEL
SECKS
BLACK RAINBOW • 1966

ZUFFI PIERO – ITL – 1919–
COLPO ROVENTE • 1970

ZUGSMITH ALBERT – Producer/ writer – USA – 1910–
COLLEGE CONFIDENTIAL • 1960
PRIVATE LIFE OF ADAM AND EVE, THE • 1960
SEX KITTENS GO TO COLLEGE • TEACHER WAS A SEXPOT ○ BEAUTY AND THE ROBOT • 1960
DONDI • 1961
CONFESSIONS OF AN OPIUM EATER • EVILS OF CHINATOWN (UKN) ○ SECRETS OF A SOUL ○ SOULS FOR SALE • 1962
EINER FRISST DEN ANDEREN • MORTE VESTITA DI DOLLARI, LA (ITL) ○ DOG EAT DOG (USA) ○ WHEN STRANGERS MEET • 1964
INCREDIBLE SEX REVOLUTION, THE • 1965
CHINESE ROOM, THE • CUARTO CHINO, EL (MXC) • 1966
ON HER BED OF ROSES • 1966
MOVIE STAR, AMERICAN STYLE OR, LSD, I HATE YOU • 1967
PHANTOM GUNSLINGER, THE • 1967
TWO ROSES AND A GOLDEN-ROD • 1969
VERY FRIENDLY NEIGHBORS, THE • FRIENDLY NEIGHBORS • 1969
OUTRAGEOUS UNBELIEVABLE MECHANICAL LOVE MACHINE, THE • 1971
RAPIST • 1973

ZUKOWSKA JADWIGA – PLN
JA SAM • ME ALONE • 1959
LUSTRO I JA • MIRROR AND I, THE • 1963
MOJE, NIE DAM • IT'S MINE • 1964
ZABAWA W DOROSLYCH • PLAYING AT GROWN-UPS • 1966
ZAZDROSC • JEALOUSY • 1967
GDANSKA SZTUKA KUZNICZA • GDANSK WROUGHT IRON • 1968

ZULAWSKI ANDRE see **ZULAWSKI ANDRZEJ**

ZULAWSKI ANDRZEJ – PLN – 1942–
ZULAWSKI ANDRE
TRECIA CZESC NOCY • THIRD PART OF THE NIGHT, THE ○ TRZECIA CZESC NOCY • 1971
DIABEL • DEVIL, THE • 1972
IMPORTANT, C'EST D'AIMER, L' • MOST IMPORTANT THING: LOVE, THE (USA) • 1974
NA SREBRNYM GLOBIE • AT THE SILVER GLOBE ○ SILVER GLOBE, THE • 1977
ZWYCIEZCA • VANQUISHER • 1977
POSSESSION • 1980
FEMME PUBLIQUE, LA • 1984
MES NUITS SONT PLUS BELLES QUE VOS JOURS • 1988
BORIS GODOUNOV • 1989

ZULFICAR IZZ AD-DIN see **ZULFICAR IZZEDDINE**

ZULFICAR IZZEDDINE – EGY
ZULFICAR IZZ AD-DIN
BIN AL-ATLAL • ENTRE LES RUINES • 1948
KHULUD • IMMORTALITY • 1948
IGAZA FI GEHANNAM • HOLIDAYS IN HELL ○ AGAZA FI GAHANIM ○ VACANCES EN ENFER • 1949
INNI RAHILA • DEPART TRAGIQUE ○ JE PARS • 1955
IMRA'A FI AT-TARIQ • FEMME SUR LA ROUTE, UNE • 1958

ZULFICAR MAHMOUD – EGY
ZULFICAR MAHMUD
FOK EL SUHAB • ABOVE THE CLOUDS • 1948
AYDI AN-NAIMA, AL- • MAINS DOUCES, LES • 1963
THALATHA YUHIBUNAHA, ATH- • TOUS LES TROIS L'AIMENT • 1965
AGAZET GHARAM • LOVE VACATION • 1967
NORA • 1967
HEKAYET THALASS BANAT • STORY OF THREE GIRLS, THE • 1968
RAWAAT EL HOB • SPLENDOUR OF LOVE • 1968
THALATH NISA' • TROIS FEMMES • 1969

ZULFICAR MAHMUD see **ZULFICAR MAHMOUD**

ZULUETA IVAN – SPN – 1943–
UN, DOS, TRES.., AL ESCONDITE INGLES • POPLAND • 1969
ARREBATO • RAPTURE • 1980

ZUNIGA ARIEL – MXC
ANACRUSA O DE COMOLA MUSICA VIENE DESPUES DEL SILENCIO • ANACRUSIS ○ ANACRUSA • 1978
UNO ENTRE MUCHOS • ONE AMONG OTHERS ○ ONE OF MANY • 1982
DIABLO Y LA DAMA, EL • DIABLE ET LA DAME, OU L'ITINERAIRE DE LA HAINE, LE (FRN) ○ DEVIL AND THE LADY, THE ○ DIABLO Y LA DAMA, O EL ITINERARIO DEL ODIO, EL • 1983
MONEDA EN EL AIRE, UNA • TO SPIN A COIN • 1990

ZUNIGA FRANK – USA
FLIGHT OF THE GREY WOLF, THE • 1976
FURTHER ADVENTURES OF THE WILDERNESS FAMILY, PART II • ADVENTURES OF THE WILDERNESS FAMILY PART 2 ○ WILDERNESS FAMILY PART 2 • 1978
GOLDEN SEAL, THE • 1983
HEARTBREAKER • 1983
WHAT COLOR IS THE WIND? • 1984
FISTFIGHTER • 1989

von ZUR MUHLEN IRMGARD – USA
LIBERATION OF AUSCHWITZ, THE • 1986 • DOC

ZURINAGA MARCOS – PRC
GRAN FIESTA, LA • BIG PARTY, THE (USA) • 1987
TANGO BAR • 1988

ZURLI GUIDO – ITL
MOORE ALBERT
VERDI BANDIERE DI ALLAH, LE • SLAVE GIRLS OF SHEBA (USA) • 1964
E MEZZANOTTE, BUTTA GIU ILL CADAVERE • 1966
THOMPSON 1880 • 1966
MISTER ZEHN PROZENT -NIEZEN UND MONETEN • SIGNPRESS CONTRO SCOTLAND YARD (ITL) • 1967
EL ZORRO • 1968
O TUTTO O NIENTE • 1968
WURGER KOMMT AUF LEISEN SOCKEN, DER • STRANGOLATORE DI VIENNA, LO (ITL) ○ MAD BUTCHER OF VIENNA, THE ○ VIENNA STRANGLER, THE ○ MEAT IS MEAT ○ MAD BUTCHER, THE ○ STRANGLER OF VIENNA, THE • 1971
SILENZIO: SI UCCIDE • 1972
VERGINE DI BALI, LA • VIRGIN OF BALI, THE • 1972
KUCUK KOVBOY • LITTLE COWBOY, THE • 1974
FACCIA DA LADRO • 1977
GOLA PROFONDA NERA • BLACK DEEP THROAT ○ QUEEN OF SEX • 1977
MISSIONE DEL MANDRILLO, LA • 1977
BERSAGLIO • 1979

ZURLINI VALERIO – ITL – 1926–1982
STORIA DE UN QUARTIERE • 1950 • DCS
PUGILATORI • 1951 • DCS
BLUES DELLA DOMENICA, IL • 1952 • SHT
MERCATO DELLE FACCE, IL • 1952 • DCS
SOLDATI IN CITTA • 1953 • DCS
RAGAZZE DI SAN FREDIANO, LE • GIRLS OF SAN FREDIANO, THE • 1955
ESTATE VIOLENTA • VIOLENT SUMMER (USA) ○ WIDOW IS WILLING, THE (USA) ○ ETE VIOLENT (FRN) • 1959
RAGAZZA CON LA VALIGIA, LA • FILLE A LA VALISE, LA (FRN) ○ GIRL WITH A SUITCASE (USA) ○ PLEASURE GIRL • 1961
CRONACA FAMILIARE • FAMILY HISTORY ○ FAMILY DIARY • 1962
SOLDATESSE, LE • DES FILLES POUR L'ARMEE (FRN) ○ CAMP FOLLOWERS, THE (USA) • 1965
COME, QUANDO, PERCHE • HOW, WHEN, WHY? ○ HOW, WHEN AND WITH WHOM • 1968
SEDUTO ALLA SUA DESTRA • OUT OF DARKNESS ○ BLACK JESUS ○ OUT OF THE DARKNESS ○ SEATED AT HIS RIGHT ○ SEATED ON HIS RIGHT ○ SEATED AT HIS RIGHT HAND • 1968
PRIMA NOTTE DI QUIETE, LA • PROFESSEUR, LE (FRN) ○ FIRST NIGHT OF QUIET ○ INDIAN SUMMER • 1972
DESERTO EI TARTARI, IL • DESERT DES TARTARES, LE (FRN) • 1976
SCIALO, LO • 1979

ZURN WALTER see **ZURN WALTHER**

ZURN WALTHER – GRM
ZURN WALTER
MEISTERSPRINGER VON KURNBERG, DIE • 1923
SCHMUGGLER VON BERNINA, DIW • 1924

van ZUYLEN ERIK – NTH
YOUR PORTRAIT
LAATSTE TREIN, DE • LAST TRAIN, THE • 1975
WIMSHURST ELECTRIC MACHINE, THE • 1977
OPNAME • IN FOR TREATMENT • 1979
ALICIA IN CONCERT
FUTURE PROSPECTS • 1981
VOICE OF THOSE WHO ARE NOT HERE • 1982
THE ANNA • 1983
ZJOEK • 1987

ZVOBADA ANDRE see **ZWOBADA ANDRE**

ZWARTJES FRANS – NTH – 1927–
BREAKFAST • 1968 • SHT
DOLLS • 1968 • SHT
FACE • 1968 • SHT
FAN, A • 1968 • SHT
SORBET • 1968 • SHT
ANAMNESIS • 1969 • SHT
BIRDS • 1969 • SHT
CHEEK • 1969 • SHT
EATING • 1969 • SHT
KITCHEN • 1969 • SHT
LIJKENSYNODE • 1969 • SHT
VISUAL TRAINING • 1969 • SHT
BEHIND YOUR WALLS • 1970 • SHT
HANS IN BALANS • 1970 • SHT
HOME SWEET HOME • 1970 • SHT
SEATS TWO • 1970 • SHT
TOILET • 1970 • SHT
LIVING • 1971 • SHT
SPARE BEDROOM • 1971 • SHT
SPECTATOR • 1971 • SHT
THROUGH THE GARDEN • 1971
VEN, HET • 1971 • SHT
AUDITION • 1974
CONTACT • 1974 • SHT
PEOPLE • PEOPLE 74 • 1974 • DOC
IT'S ME • 1976
PENTIMENTO • 1978

ZWEIBACK MARTIN – USA
AUGUST HEAT • 1963 • SHT
YOU CAN'T HAVE EVERYTHING • CACTUS IN THE SNOW • 1970

ZWEIG ALAN – CND
STEALING IMAGES • 1990 • SHT

ZWERIN CHARLOTTE – USA
SALESMAN • 1969 • DOC
GIMME SHELTER • 1970
RUNNING FENCE • 1978 • DOC
THELONIUS MONK: STRAIGHT, NO CHASER • 1989 • DOC

ZWICK ED see **ZWICK EDWARD**

ZWICK EDWARD – USA – 1952–
ZWICK ED
HAVING IT ALL • 1982 • TVM
PAPER DOLLS • 1982 • TVM
SPECIAL BULLETIN • 1982 • TVM
ABOUT LAST NIGHT • SEXUAL PERVERSITY IN CHICAGO • 1986
GLORY • 1989

ZWICK JOEL – USA
SECOND SIGHT • 1989

ZWICKY KARL – USA
CONTAGION • 1988
VICIOUS • 1989

ZWINGENBURG L. M. – AUS
HAND DES SCHICKSALS • 1919

ZWOBADA ANDRE – Producer – FRN – 1910–
ZVOBADA ANDRE
VIE EST A NOUS, LA • PEOPLE OF FRANCE (USA) • 1936
CROISIERES SIDERALES • SIDEREAL CRUISES • 1941
ETOILE AU SOLEIL, UNE • 1942
FARANDOLE • 1944
FRANCOIS VILLON • 1945
SEPTIEME PORTE, LA • 1946
NOCES DE SABLE • DAUGHTER OF THE SANDS ○ DESERT WEDDING • 1948
CAPITAINE ARDANT • 1951
RHIN, FLEUVE INTERNATIONAL, LE • 1952

ZYGADLO TOMASZ – PLN
SZKOLA PODSTAWOWA • PRIMARY SCHOOL • 1972 • DOC
REBUS • PUZZLE • 1977
CMA • MOTH, THE • 1980

ZYKMUND V. – Animator – CZC
BUDULINEK AND THE FOXES • ANM
GOAT AND THE HEDGEHOG, THE • ANM
MERRY-GO-ROUND, THE • ANM
SWEET-TOOTHED BUDULINEK • ANM

Directors by Country

Directors by Country

AFGHANISTAN
Farani Daoud
Halil Abdul Khaliq
Latif Engineer
Latifi Wali
Nazir Mohamed
Shaban Abbas
Shadan Abdullah
Shafaq Toryali • 1947-

ALBANIA
Anagosti Dhimiter
Dhamo Kristaq
Erebara Gesim
Gjika Viktor
Hakani Hysen
Keko Endri
Milkani Piro
Stratoberdha Victor
Xhako Marianthi

ALGERIA
Aboulker Marcel • *Paul Marcel* • 1905-1952
Akika Ali • 1945-
Akika Youcef
Alkama Mohammed • 1948-
Allouache Merzak • *Alwash Merzak* • 1944-
Arcady Alexandre • 1947-
Azizi M.
Badie Mustapha • *Badie Mustafa* • 1928-
Bedjaoui Ahmed • 1943-
Beloufa Farouq • *Beloufa Farouk* • 1947-
Ben Salah Mohamed • *Ben Salah Med* • 1945-
Benamou Roger • 1927-
Bendeddouche Ghaouti • 1936-
Bendeddouche Jamal • 1942-
Boammery Ahmad
Bouamari Mohamed • 1941-
Bouchemaa R.
Bouchouchi Mourad
Bouchouchi Youssef • 1951-
Bouguermouh Abderrahmane • 1936-
Boutel Maurice • *Teboul Maurice* • 1923-
Brialy Jean-Claude • 1933-
Cardinal Pierre • 1924-
Chanderli Jamal
Charef Mehdi • 1951-
Cherif Hachemi • 1939-
Chouikh
Chouikh Mohamed • 1943-
Comolli Jean-Louis • 1941-
Damardji Jaffar • *Djamardji Djaffar* • 1933-
Davila Jacques • 1941-
Fares Tewfik • 1937-
Fettar Sid-Ali • *Fettar Sid Ali*
Ghalem Ali • *Ghalen Ali* • 1943-
Gilles Guy • 1940-
Haddad Moussa • 1937-
Hamina Mohamed Lakhdar • *Lakhdar-Hamina Mohamed* • 1934-
Hanin Roger • 1925-
Hasse Charles • 1904-
Ifticene Mohamed • 1943-
Kerzabi Ahmed • 1932-
Lallem Ahmed • 1940-
Lanoe Henri • 1929-
Laradji Rabah • 1943-
Laskri Amar
Lefebvre Philippe • 1941-
Lipinska Christine • 1951-
Lledo Jean-Pierre
Maldoror Sarah
Mazif Sid-Ali • *Mazif Sid Ali* • 1943-
Merbah Lamine • 1946-
Mesguich Felix
Moreau Roland • 1941-
Nacif Abdel-Halim • 1939-
Peri C. E.
Rachedi Ahmed • 1938-
Riad Mohamed Slimane • *Riad Slim* • 1932-
Terry Norbert • 1924-
Tolbi Abdelaziz • 1937-
Zemmouri Mahmoud • 1946-
Zinet Mohamed • 1932-

ANGOLA
Costa Jose Fonseca • *Fonseca E Costa Jose* • *Costa Fonseca E.* • 1933-

ARGENTINA
Agresti Alejandro • 1964-
Alventosa Ricardo
Antin Manuel • 1926-
Aristarain Adolfo • 1943-
Avellaneda Maria Herminia
Ayala Fernando • *de Ayala Fernando* • 1920-
Balassa Arturo
Baron Carlos Barrios
Barreto Roman Vinoly
Barth-Moglia Luis • *Barth Moglia* • 1903-
Bauer Tristan
Becher Ricardo
Bejo Miguel
Bemberg Maria Luisa
Birri Fernando • 1925-
Blass Yago
Bo Armando
Borcosque Carlos Jr.
Buhr Arturo Garcia
Cahen Enrique • *Salaberry Enrique Cahen* • 1911-
Cairo Humberto
Calcagno Eduardo
Canziani Hector
Cardini Eugenio • 1880-1962
Carreras Enrique
del Carril Hugo • 1912-
Cedron Jorge
Chiesa
Cohen Rafael
Cores Carlos
Coscia Jorge
Cozarinsky Edgardo • 1939-
Cristiani Quirino
Darnell Jorge
D'Arrast Harry D'Abbadie • 1893-1968
David Mario
Dawi Enrique
Dawidowicz Enrique
Defilippi Ricardo
Demare Lucas • 1910-1981
Desanzo Juan Carlos
Dinenzon Victor
Discepolo Enrique Santos • *Discepolo Enrique S.* • 1901-1951
Donadio Francisco P.
Doria Alejandro
Dubois Albert • *Du Bois Albert*
Farias Jorge Enrique
Favio Leonardo
Feijoo Beda Ocampo • *Feijoo Beda Docampo*
Feldman Simon
Fernan-Gomez Fernando • *Fernan Gomez Fernando* • 1921-
Fernandino Guillermo
Ferreyra Jose • *Ferreyra Jose A.* • 1889-1943
Finn Oscar Barney
Fischermann Alberto • *Fischerman Alberto*
Fleider Leo
Fregonese Hugo • 1908-1987
Fresan Juan
Galettini Carlos
Galettini D. C.
Gleyzer Raymundo
Greca Alcides
de Gregorio Eduardo • 1942-
Guidi Roberto
Guillermo Saura
Gunche
Gutmann Luis
Hardy Boris H.
Harlan Martin
Irigoyen Julio
Juri Jorge Zuhair • *Juri Zuhair*
Jusid Juan Jose
Kamin Bebe
Kamin Bernardo
Kantor Oscar I.
Kaplan Nelly • 1934-
Kleinman Edgardo
Klimovsky Leon • *Klimowsky Leon* • *Klimowsky L.* • *Mankiewicz Henry* • 1906-
Kohon David Jose
Kuhn Rodolfo
Lamas Fernando • 1915-1982
Land Kurt
Landeck Eva
Larreta Antonio
Lemos Carlos
Lescovich Nestor
Lipszyc David
Luduena Julio
Lugones Mario C.
Luna Ricardo
Lypszyc Raul
Madanes Claudio
Madanes Marcos
Martin Jorge
Martinez
Martinez Payva Claudio
Mateus Daniel Pires
Meilij Eduardo
Mentasti Martin Rodriguez
Mignogna Eduardo
Mujica Francisco
Mujica Rene
Murua Lautaro • 1927-
Navarro Isidoro
Olguin Carlos
Olivera Hector • 1931-
Orgambide Carlos
Otaduy Carlos
Ottone Antonio
Padilla Federico
Palomares Luis
Pantano Jorge
Papier Ralph
Pauls Christian
Pereira Miguel
Polaco Jorge
Polverini Atilio
Porter Julio
Procopiuk Carlos
Puenzo Luis
Renan Sergio • *Renan Serge*
Rinaldi Carlos
Rios Humberto
Rode Alfred • 1905-1979
Rosich Salvador
Rossi Julio
Sabato Mario
Sandrini Luis
Santiago Hugo • 1939-
Saraceni Julio
Sarquis Nicolas
Saslavsky Luis • 1908-
Savary Jerome • 1942-
Sbardellati Jim • *Sbardellati James* • *Watson John*
Schliepper Carlos • *Schlieper Carlos*
Sernas Juan Antonio
Siro Fernando
Soffici Mario • 1900-1977
Solanas Fernando • *Solanas Fernando E.* • 1936-
Solly
Sorin Carlos
Stagnaro Juan Bautista
Stagnaro Juan Jose
Stocki Pedro
Suarez Jose Martinez • *Martinez Suarez Jose A.*
Subiela Eliseo
Tamayo Ramiro
Tankel Ignacio
Thamar Tilda • 1921-
Tinayre Daniel
Torre Javier
Torre-Nilsson Leopoldo • *Nilsson Leopoldo Torre* • *Torre Nilsson* • *Towers Leo* • 1924-1978
de la Torre Raul
Torres-Rios Leopoldo • *Torre-Rios Leopoldo* • 1899-1960
Uset Anibal E. • *Uset Anibal*
Valladares Edmund
Valle Don Frederico
Vallejo Gerardo
Venegas Jose Luis
Vieyra Emilio
Vignati Alejandro
Wilenski Osias
Wulicher Ricardo
Zapettini Clara
de Zarate Americo Ortiz
de Zavalia Alberto • 1915-

AUSTRALIA
Acquisto Luigi
Adams Phillip
Airey Anthony
Altmann Karin
Amenta Pino
Anderson Alan • -1981
Anderson Kevin • 1950-
Anderson Robyn
Andreacchio Mario
Ansara Martha • 1942-
Argall Ray
Armfield Neil
Armstrong Gillian • 1950-
Arthur Hartney • 1917-
Auzins Igor
Avalon Phillip • 1945-
Bagnall Frank
Bain Bill
Baker David • 1925-
Baker Ian
Baker Jeannie
Barnes G. H.
Barr-Smith A. • 1905-
Barrett Shirley
Barry Ian
Batey Peter
Beauman Nicholas • 1940-
Bell John • 1940-
Benardos Peter • 1928-
Bennett Bill
Bennett Geoffrey
Bennett Merilee
Benson Shan
Beranger George A. • *Beranger George Andre* • *Beranger Andre* • *Beranger George* • 1895-1973
Beresford Bruce • *Rebesdorf B. D.* • 1940-
Berkeley Leo
Bilcock David Jr. • *Bilcock David* • 1937-
Bilcock David Sr. • 1909-
Bindley Victor • 1887-1963
Blackburn William D.
Blagg Linda
Blakemore Michael • 1928-
Borsos Philip • 1953-
Bourke Terry • 1940-
Bowman Anthony
Boyd-Anderson Barbara
Bradbury David • 1951-
Brampton Kenneth
Brealey Gil • 1932-
Brennan Richard • 1943-
Brittain Frank
Brophy Philip
Brown Lou • 1952-
Buckley Anthony • 1937-
Buesst Nigel • 1938-
Burns Tim
Burrowes Geoff
Burstall Dan
Burton Geoff • 1946-
Caesar David
Cahill David • 1921-
Callaghan Mary
Cameron Ken • 1946-
Cantrill Arthur • 1938-
Cantrill Corinne • 1928-
Carbasse Louise • *Lovely Louise* • 1896-1980
Carey Chris
Carmody Peter • 1938-
Carr Adrian • 1952-
Caulfield Michael • 1949-
Cavill Joy • 1923-
Chan Pauline
Chataway Richard
Chauvel Charles • 1897-1959
Chobocky Barbara
Clark John
Clavell James • 1924-
Clifton Peter • 1943-
Coates George
Cochrane Fiona
Coffey Essie
Coffey Frank
Colacino Antonio
Cole Marcus
Collings Geoffrey
Connolly Bob
Conway Gary
Cook Clyde • 1891-
Coote Gilly
Copping David • 1936-
Copping Robin • 1934-
Cosgrove John • 1867-1925
Coughlan Ian • 1946-
Cowan Tom • 1942-
Cox Peter • 1946-
Crombie Donald • *Crombie Don* • 1942-
Cunningham Julie
Cusack Michael
Davidson Ian
Davies Brian • 1938-
Dawson Jonathan
De Bruyn Dirk
De Heer Rolf
De Vigne Jacques
Dean George
Deling Bert
Dimond Peter • 1915-
Dimsey Ross • 1943-
Dingwall John • 1940-
Dixon John
Dobson Kevin • 1952-
Dodds Peter • 1949-
Donaldson Roger • 1945-
Doring Jef
Doring Su
Drew Di
Duhigg Brendan

Dulhunty
Duncan Digby
Eastway John
Edols Michael • 1942-
Eggleston Colin • *Ram Eric*
Elfick David • 1944-
Ellis Bob
Evans Bob
Ezard Alex • 1916-
Faiman Peter
Fairfax John C.
Falsk Herodes
Falzon Albert • 1944-
Falzon Franz
Farrow John • *Farrow John Villiers* • 1904-1963
Fay Austin
Fisher Rodney
Fiske Pat
Fitchett Christopher • *Fitchett Chris* • 1951-
Fitzgerald S.
Flemming Claude • 1884-1952
Fookes Maggi
Foster Mark
Franklin Richard • *Bruce Richard* • 1948-
Fraser Lilian
Freeman Warwick • 1937-
Freshman William • 1907-
Gandy Bern
Gavin John F. • *Gavin J. F.* • *Gavin John* • 1875-1938
Gibbons Pamela
Gibson Robert
Gibson Ross
Gilbert James
Gilmour Ian
Ginnane Anthony I. • *Ginnane Tony* • 1949-
Glenn Gordon
Godfrey Bob • 1922-
Goulding Alf • *Goulding Alfred T.* • *Goulding Alfred* • 1896-1972
Gow Keith • 1921-
Gracie Marc
Graham Trevor
Graoic Marc
Greenough George
Guillemot Robert
Gulpilil David • 1953-
Guyatt Kit
Hagg Russell • 1938-
Hall Ken G. • *Hall Ken* • 1901-
Hambley Glenda
Hannam Ken • 1929-
Hannant Brian • 1940-
Harbutt Sandy • 1941-
Hardy Jonathan
Hardy Rod • 1949-
Harris Lawson
Hartman Rivka
Harvey Frank • 1885-1965
Harwood A. R. • *Harwood Dick* • 1897-
Hay Rod
Haydon Tom
Hayle Gerald M.
Heath Simon
Helpmann Robert • 1909-
Heyer John • 1916-
Higgins Arthur • 1891-1963
Hill Robert • 1947-
Hillcoat John
Hoaas Solrun
Honey John • 1944-
Hopkins Steve
Howard John • 1945-
Howes Oliver • 1940-
Howson Frank
Hughes Bill • 1944-
Hughes John E.
Hunter Bill • 1941-
Hurley Frank • 1885-1962
Hurley Russell
Hutchens Ross
Irvine Royden
Jackson William J.
Jeffrey Tom • 1938-
Jenkins Michael • 1946-
Jodrell Steve
Joffe Mark
Jones David
Karmel Pip
Kathner Rupert • 1903-1954
Kavanagh Brian • 1935-
Keady Gary L.
Keenan Haydn • 1951-
Keith Martyn
Kennedy Chris
Keys Richard
Kiely Chris
Kildea Gary
Kingsbury R.
Knaus David
Koca Bogdan
Lahiff Craig
Lamond John • 1947-
Lander Ned • 1956-
Langman Chris
Laura Sharon
Lawrence Denny • 1951-
Lawrence Ray
Leahy Gillian
Lee Michael
Lemon Max • c1936-
Lewis Mark
Leyland Malcolm
Leyland Mike
Lincoln W. J. • -1917
Lionello Armand
Lipman J. A. • *Lipman Joe* • 1882-
Lofven Chris • 1948-
Long Joan
Longford Raymond • 1878-1959
Lowenstein Richard
Luke Monty • 1885-1962
Lunney Brendon • 1949-
Lyell Lottie • 1890-1925
McCallum John • 1917-
McCreadie Tom O.
McCullough Chris
McDonagh Paulette • -1978
MacDonald Alexander
McDuffie Brian
McElroy Hal • 1946-
McGill Chris
McGowan J. P. • *McGowan John P.* • 1880-1952
McInnes Laurie
McKenzie Brian
McKenzie Kim
McKimmie Jack • *McKimmie Jackie*
Maclean Stephen
McLennan Don • 1949-
MacMahon Charles • 1853-1917
McNaughton Bruce
Maloney Paul
Marchand Robert
Marinos Lex • 1950-
Marsden Ralph • *Marsden Ralph Lawrence* • 1944-
Marshall Vaughan C.
Martin Michael
Martin Vince
Mason C. Post
Mason Richard • 1926-
Masters Quentin • 1945-
Mathe Edouard • 1886-1934
Matthews J. E.
Matthews John
Matthews Ross • 1944-
Mervale Gaston
Metcalfe Edgar
Michalak Richard • 1954-
Middleton Steve
Millar Catherine
Miller George • 1945-
Mills Alec
Mills Ian
Milson John
Moffat Tracey
Monton Vincent • *Monton Vince* • 1944-
Morris John
Morris Judy
Mountford C. P.
Mueller Kathy
Mulcahy Russell • 1953-
Murphy Maurice • 1939-
Murphy Mervyn • 1912-1971
Murray Don
Murray John B. • 1931-
Murray Scott
Murray Virginia
Myles Bruce
Napier-Bell J. B. • 1907-
Nash Margot
Nevin Robyn
Nicholson Arch • 1941-
Noonan Chris • 1952-
Noyce Phil • *Noyce Philip* • 1950-
Ogilvie George
Ohlsson Terry • 1938-
Olson Paul
Ordell Tal • *Ordell Tad* • -1948
O'Rourke Dennis
Osbiston Alan • 1914-
Otton Malcolm
Otton Steve
Papadopoulos John • 1947-
Parr Mike
Pate Michael • 1920-
Paterson Tony • 1948-
Patterson Garry • 1945-
Pattinson Michael • 1956-
Pattison Barrie
Peak Barry
Pearce Michael
Peoples David Webb
Percival Lacey
Perry Dave
Petty Bruce • 1929-
Pike Andrew
Porter Eric • 1911-1983
Powell Geoffrey
Power John • 1930-
Pringle Ian
Pringle Julian
Proyas Alexander • *Proyas Alex*
Quinnell Ken • 1939-
Quint Raymond
Radwanski Stasch
Rafferty Chips • 1909-1971
Ramster P. J.
Rawicz Karl
Richardson John
Ricketson James • 1949-
Robertson Jenny
Robertson Michael
Robinson Brian
Robinson Lee • 1924-
Robinson Ted
Rolfe Alfred • 1862-1943
Ropert Gregory • 1949-
Rothkrans Patricia
Rouse Virginia
Ruane John • 1952-
Rubie Howard • 1938-
Rymer Judy
Salvat Keith • 1947-
Sandford Charles
Schepisi Fred • 1939-
Schlusser Eugene
Scholes Roger
Scott Rob
Scrine Gil
Seale John
Semler Dean • 1944-
Serious Yahoo • *Pead Gred*
Sharman Jim • 1945-
Sharp Don • 1922-
Sharp Peter
Shead Garry
Shields Frank • 1947-
Shirley Arthur • 1887-1967
Small Rhonda
Smith Beaumont • 1881-1950
Smith Colin
Smith John Kingsford
Stavely Roland
Steane Andrew
Sterry Arthur
Stewart Meg
Stewart Rob
Stitt Alexander • *Stitt Alex*
Strahan Derek
Sullivan Pat • 1887-1933
Sully Wally • *Sully W.*
Sumner Peter • 1941-
Swann David
Sykes Peter • 1939-
Tait Charles • 1869-1933
Talbot Colin
Tammer Peter • 1943-
Tass Nadia
Tatoulis John
Taylor John
Thompson Eric
Thompson Peter • 1940-
Thompson Wendy
Thoms Albie • 1941-
Thomson Chris
Thornhill Michael • 1941-
Thornley Jeni
Thring F. W. • *Thring Frank* • 1883-1936
Tilson Leigh
Tingwell Charles • 1917-
Tinsdale A. C.
Townsend Loch
Trainor James
Turkiewicz Sophia • 1946-
Turnbull Mark
Turner Ann
Tych Jean
Vial Andrew
Villiers Charles
Waddington David S. • 1947-
Wallace George • 1894-1960
Wallace Stephen • 1943-
Walsh Herbert
Walsh Phil K.
Ward Fred
Ward J. E.
Way Ron
Webb Dunstan
Weir Keiran
Weir Peter • 1944-
Weis Bob
Wellesley Gordon • 1906-
Wells John
White Douglas
Whitmore Lee
Whyte F. Stuart
Wincer Simon • 1943-
Winkler Paul
Witzig Paul
Wood Graeme
Woods Charles
Woods Rowan
Wright Geoffrey
Young Gary
Ziegler Aviva
Zubrycki Tom

AUSTRIA

Aichholzer Josef
Allahyari Houchang
Ambros Otto
Aschner Antonis
Bannert Walter
Baron Erwin
Basch Felix • -1944
Beckermann Ruth • *Beckerman Ruth*
Berger Christian
Berger Helmut • 1944-
Berger Karin
Bernauer Rudolf
Berner Dieter
von Borsody Eduard • 1898-
Brandauer Karin
Branss Truck
Breslauer H. K.
Breuer Siegfried
Carl Rudolf • 1899-
Cartier Rudolph • 1908-
Cook John
Cortez Ricardo • 1899-1977
Corti Axel • *Corti Alex*
Czech J.
Dahlen Armin • 1919-
Dantine Helmut • 1918-1982
De La Varre Andre Jr. • 1934-
Deutsch-German Alfred
Dor Milan
Dorre Peter
Eddy Paul • 1938-1977
Eggers Jorg A.
Export Valie
Fadler Hans
Feher Friedrich • 1895-1945
Ferdinand Franz
Fink Tone
Firner Walter
Fleck Jacob • *Fleck J.*
Fleck Luise • *Kolm Luise*
Forest Karl
Frankfurter Bernhard
Friese Wolf Dietrich
Fritsch Willi • 1901-
Fronz Fritz
Gersik R.
de Glahs Arthur
Gottlein Arthur
Graf Dietmar
Grusch Werner
Hagmuller Gotz
Hammid Alexander • *Hammid Alex* • *Hackenschmied Alexander* • 1907-
Haneke Michael
Hanus Heinz
Hartl Karl • 1899-1978
Haussermann Ernst
Heinrich Margareta
Henreid Paul • 1907-
Herbert Hans
Hermann Theo
Herwig Hans • 1909-1967
Herzka Julius
Hinter Cornelius
Hirsch Edith
Hoellering George • *Hollering Georg* • c1900-
Hoesch Eduard
Holba Herbert
Holzinger Elizbeth
Huber Leopold
Jahn Sepp
Janda Gerhard
Juran Nathan • *Hertz Nathan* • 1907-
Kaiser Alfred
Kargl Gerald
Karner Andi
Kaufmann Manfred
Keglevic Peter
Keil George • *Keil H. G.*
Kertesz Desider
Kiener Wilma
Kleindl Gerhard
Knilli Maria
Kolm Anton
Kolm-Veltee H. Walter • *Kolm-Veltee Walter* • *Kolm-Veltee H. W.*
Kolm Walter
Kolowrat Sascha
Konig Gerhard
Kortner Fritz • 1892-1970
Kottow Hans
Kowenstein Hans O.
Kramreither Anthony
Kratz Kathe
Kreihsl Michael
Kreisler Otto • 1894-
Kubelka Peter
Kundert Georg
Lampel Alfred
Lauscher Ernst Josef
Le Borg Reginald • *Leborg Reginald* • 1902-
Leber Titus
Lehner Alfred
Leidenfrost Alexander
Leiter Karl
Lepeniotis Antonis
Lesowsky Wolfgang
Leyde Emil
Leytner Nikolaus
Lhotzky Georg
Liebenberg J. A.
Lindtberg Leopold • 1902-1984
List Niki
Lowinger Paul
Madavi Mansur
Madeja Georg
Mandavi Mansur
Manker Paulus
Mattuschka Mara
Matzka Dieter
Maxwell Peter • 1924-
Meseck Gerhard
Milan Paul
Minck Bady
Mohammadi Babak
Mondet Maurice A.
Mueller-Sehn Wolfgang
Murphy Martin
Nachmann Kurt
Neuberger Bernd
Neufeld Max • *Neufeld Massimo* • 1887-
Ninaus Alfred
Ninaus Ruth
Novotny Franz
Nussgruber Rudolf

Oswald Richard • 1880-1963
Palla Rudi
Paryla Karl
Paul Peter
Pellert Wilhelm
Perrin Steve
Peschke Anton
Pevny Wilhelm
Pezold Friederike
Pfandler Helmut
Pilz Michael
Podgornik Charlotte
Polak Robert
Porges Friedrich
Preminger Otto • *Preminger Otto L.* • 1906-1986
Quendlinger Albert
Quitta Robert
Rabe Michael
Rabenalt Arthur M. • *Rabenalt Arthur Maria* • *Rabenalt Arthur* • 1905-
Reinhardt Gottfried • 1911-
Reinl Harald • 1908-
Reisch Walter • 1900-1983
Remond Fritz
Riedlsperger Erhard
Riethof Peter
Robbeling Harald
Rosenthal Friedrich
Rossak Frank Ward
Saller Eddy
Schell Maximilian • 1930-
Scheugl Hans
Schmidt Ernst • *Schmid Ernst*
Schmidt Ernst Jr.
Schott-Schobinger Hans • *Schott-Schobinger Hanns*
Schottenberg Michael
Schulz Fritz • 1898-
Schwarz Hanns • *Schwartz Hans*
Schwarzenberger Xaver
Seemann Louis
Solm Alfred
Spielmann Gotz
Stanzl Karl
Stein Paul L. • *Stein Paul Ludwig* • *Stein Paul* • 1892-1951
Steinbock Rudolf
Steinwender Kurt
Stenzel Hans Christof
Stenzel Otto
Stepanik Lukas
von Sternberg Josef • 1894-1969
Stoisits Marijana
Stratil Stefan
von Stroheim Erich • 1885-1957
Summereder Angela
Synek Emil
Synek Michael
Szomogyi Julius
Szoreghi Julius
Teschner Richard
Theyer Hans
Thiele Wilhelm • *Thiele William* • 1890-1975
Thurn-Taxis Alexis • 1891-1979
Tichat Leo
Torre Hans
Trallori Lisbeth N.
Trenker Luis • 1893-
Tressler Georg • 1917-
Tuszinsky Ladislaus
Ucicky Gustav • 1898-1961
Ulmer Edgar G. • *Ulmer Edgar* • *Warner John* • 1904-1972
Unterkircher Hans
Veltee Claudius
Vesely Herbert • *Vesely H.* • 1931-
Viertel Berthold • 1885-1953
Wallbruck Hermann
Walsh Thomas E.
Weiss Fred
Werner Hans
Werner-Kahle Hugo
Wicki Bernhard • *Wicki Bernard* • 1919-
Wiener Filmkollektiv
Wieser Eduard • *Wieser Edouard*
Wilder Billy • 1906-1985
Wilder W. Lee • 1904-
Wise Herbert • 1924-
Zanke Susanne
Zehenthofer Max
Zell Hannes
Ziffer-Teschenbruck Mano
Zinnemann Fred • 1907-
Zwingenburg L. M.

BANGLADESH

Ahmed Belal
Ali Shaikh Neamat • *Ali Sheikh Niyamot*
Amin Ruhul
Anwar Kabir
Arefin Kazal
Bhuiyan Jahanara
Chowdbury Rafiqul Bari
Dutta Subhash • c1930-
Hossain Amjad
Islam Baby
Islam Chashi Nazrul
Islam Morshedul
Jaman C. B.
Kabir Alamgir
Khan Jabbar
Khan Sadek
Lohani Fateh
Mamun Abdullah Al • *Al Mamun Abdullah*
Mizan Ibne
Rahman Badal
Raihan Zahir
Rashid Harunar
Rosy
Salahuddin
Samad Abdus • 1938-
Shaker Masihuddin
Sharad Abdus
Sujata
Zaki Syed Salahuddin

BELGIUM

Abramowicz Myriam
Adriaense P.
Adrien Pierre
Akerman Chantal • 1950-
Alexandre M.
Andersen Wies • *Andersen W.*
Andrien Jean-Jacques • *Andrian J. Jacques*
Antoine Jean
Antoine Raymond
Baert Germain
Bal Walter • 1939-
de la Barra Leonardo
Bartier Pierre
Bastien Didier
Bejart Maurice
Belvision
Berckmans Jean-Pierre • *Berckmans J. P.*
Bergeret John
Bettendorf Andre
Bex Ludo
Blache Herbert • *Blanche Herbert*
Blancke Cor
de Boe Gerard
Boigelot Jacques
Bonmariage Manu
Boon Jaak
Borremans Guy • 1934-
Boumans Ralf
Brandt Henry
Brel Jacques • 1929-1978
Brismee Jean
Brugiere Francis
Bruynoghe Yannick
Buchet Jean-Marie
Buyens Frans • 1924-
Buysse Cyriel
Carls L.
de Casembroot Jacques • 1903-
Cauvin Andre • 1907-
Cavens Andre
Celis Louis
Ceulemans J.
Chagoll Lydia
Charles Freddy
Chevreuille Pierre
Ciupka Richard • *Stryker Jonathan* • 1950-
Claes J.
Coignon Jean • 1927-
Collet Paul
Colmant Jean-Louis
Coninx Stijn
Conrad Charles
Conrad Patrick
Coppens Freddy
Corbiau Gerard
Correa Joao • *Correa Joao Manso*
van Cottom Joe • 1898-
Danblon Paul
Dardenne Jean-Pierre
Dardenne Luc
Daskalides Jean
Daumery John • *Daumery Jean* • 1898-
Deboe Gerard
de Decker Jean-Pierre
Deconinck Jean-Marie
Decorte Jan
Degelin Emile • 1926-
Degesves Jean-Marie
Dekeukeleire Charles • 1905-1971
Delire Jean
Delvaux Andre • 1926-
Denis Armand • 1897-1971
Denis Michaela
Deroisy Lucien • 1912-1972
Deruddere Dominique • 1957-
Deses Greta
Dhondt A. M.
Didden Marc
Diddens G.
Dimitri Michele
Drouot Pierre
Dubreuil Charlotte • 1940-
Dutillieu Jose
Eehart Bobby
Ernotte Andre
van Eyck Robert • *van Eyck Rob*
van den Eynden Rick
Faber Jacques
Ferbus Jean-Paul
Feyder Jacques • 1885-1948
Flon Paul
Fraikin Marcel
Frydman Gerald
Garnier Pierre-Claude
Garny Dominique
Geilfus Frederic
de Geneffe Fernand
Gilbert Nicole
Gilbert Oscar-Paul • *Gilbert O.-P.* • 1898-
Gobron Jean-Noel
van Goethem Nicole
Goossens Ray
Gopax Robert
Govar Yvan • *Govar Ivan* • 1930-
Graff Philippe
Grand'Ry Genevieve
Grosbard Ulu • 1929-
Gruyaert Jan
Gubbels Luk
Haesaerts Luc • 1899-
Haesaerts Paul • *Haesaerts P.* • 1901-1974
van der Hagen Charles
Handwerker Marian
Hella Patrick
Henderickx Guido
Herge • *Remi Georges* • 1907-
de Hert Robbe
de Hesselle Armand
de Heusch Luc • 1927-
Hoffenberg Esther
Hughes
Huisman Michel • *Huisman Michael* • *Huysman Michael*
Jacobs Jos
Janssens Jean
Jerger Burr
Jimenez Mary • *Jiminez Mary*
Joassin Pierre
Jose Edward • c1880-
Kempeneer H.
Kessels Henri
Kinnet A.
Kumel Harry • 1940-
Kupissonoff Jacques
Kuypers Rik • *Kuypers R.*
Lambert Jean-Marie
Lamy Benoit
Larouche Pierre • 1902-1963
Le Bon E.
Le Bon Patrick • *Le Bon P.* • 1940-
Ledoux Patrick • 1934-
Lehman Boris
Lemaire Jean
Lemaire Yvan • 1934-
Leroy Annick
Lethem Roland • c1943-
Levie Francoise
Levie Marc
Levie Pierre
Levy Raoul J. • *Levy Raoul* • 1922-1966
Lheureux Albert Andre
Linthout Ronny
Lobet Marc
Lombaerts Andre
Lubbert Jorge
Lust Georges • 1909-1978
McNeil David
van Maelder Louis • *van Maelder L.*
Maes J.-Cl.
Manuel Pierre • 1930-
Mertens Pierre
Mesnil Christian
Meyer Paul • 1920-
de Meyst E. G. • *de Meyst Emile G.* • 1902-
Mich Ludo
Michel Thierry
Michelems Yvette
Miesseu V.
Mil J.
Misonne Claude
Missen Vivian
Moerman Ernst • 1897-1943
Moinet Monique
Monheim Luc
Morris • *de Bevere Maurice* • 1923-
Mulders Jean
Navarra Aimee
Nicolas Serge
Nys Guy J.
Olivier Richard
Pallardy Jean-Marie • 1940-
Pavel Samy • *Pavel Sammy*
Peche Jean-Jacques • 1936-
Perier Etienne • 1931-
Perrin Michel
Petkova Roumyana
Pham-Lai
Philippe Anne • 1917-
Picha • *Walravens Jean-Paul*
Piquint Jean-Marie
Pireaux Christine
du Plessis Armand • -1924
Poelmans Christian
de Poorter R.
Puttemans Pierre
Rabinowicz Maurice • 1947-
Rademakers Fons • 1920-
Rental J. W.
Roland Paul
Rolin Diane
Rosy Maurice
de Roubaix Paul • 1914-
Rouleau Raymond • 1904-1981
Rozier Willy • 1903-1983
Ryssack Eddy • *Ryssak Eddy* • 1928-
Schelfthout D.
Schoukens Gaston
Servais Raoul
Shatalow Peter
Sielmann Heinz • *Sielman Heinz*
Simenon Marc • 1939-
Simons Peter
Soupart Andre
Spaak Charles • 1903-1975
Staes Guido
Stameschkine Michel
Storck Henri • 1907-
Szlingerbaum Samy
Thys Guy Lee
Toussaint Jean-Philippe
Tramont Jean-Claude • 1934-
Turine Jean-Marc
d'Ursel Henri
Valentin Albert • 1908-1968
Valet Gerard
Van Belle Jean-Louis • *Van Belle J. L.* • 1939-
Vandercam Serge
Varda Agnes • 1928-
de Vaucorbeil Max • 1901-1982
van der Velde L.
Veldman Luc
van der Vennet H.
Verhavert Roland • 1927-
Vermorcksen Chris
Warny Clorinda • 1939-1978
de Wavrin Marquis Robert • 1888-1971
Wuyts Herman
Xhonneux Henri
Zaccai Claude
Zaninetta Armand
Zeno Thierry
Zerbib Christian • 1953-

BENIN

Abikanlou Pascal
de Medeiros Ricardo Beby

BOLIVIA

Agazzi Paolo • *Agazi Paolo*
Azarian Krikor
Bazoberry Jose Luis
Boero Hugo
Camacho
Castillo Luis
Cuellar Urizar
Dagron Alfonso Gumucio
Duran
Eguino Antonio
de Eguino Danielle Caillet
Jiminez
Miranda Juan
Roncal Hugo
Ruiz Jorge
Sambarino Pedro
Sanjines Jorge • 1936-
Susz Pedro
Velasco Maidana Jose Maria

BRAZIL

d'Almeida Neville
Altberg Marcos
Amaral Fernando
Amaral Milton
Amaral Suzana • *Amaral Suza*
de Anchieta Jose
de Andrade Joao Batista • *Batista de Andrade Joao*
de Andrade Joaquim Pedro • 1932-1988
Araujo Astolfo
de Araujo Benedito Astolfo
Azevedo Dionisio
de Azevedo Dionizio
Babenco Hector
Back Silvio
Balogun Ola
Barbosa Haroldo Martinho
Barreto Bruno • *Barretto Bruno*
Barreto Fabio
Barreto Luis Carlos
Barreto Victor • *Barreto Victor* • *Barreto Lima* • 1906-1982
Barros Carlos Alberto De Souza
de Barros Fernando
de Barros Luis
de Barros Reynaldo Paes
Barros Wilson
Batista Djalma Limongi
Begazo Luis Carlos
Bengell Norma
Biafora Rubem
Bianchi Sergio
Bini Carlos
Bodansky Jorge
Bollini Flaminio
Borges Miguel
Botelho Chico
Brajsblat Carlos
Brasil Giba Assis
Bressane Julio
Burle Jose Carlos
Cacador Rosalvo
Caldeira Oswalda
Calhado R.
Calmon Antonio
Campos Fernando Cony • *Campos Fernando*
Campos Jacy
Candeias Ozvaldo R. • *Candeias Ozvaldo*
Capovilla Maurice
Cardoso Ivan
Carneiro Mario
de Carvalho J. P.
de Carvalho Nelson Marcellino
Carvana Hugo
de Castro Pedro Jorge
Cavalcanti Alberto • *Cavalcanti* • 1897-1982
Cavalcanti Ibere

Cavalleiro Eliseo Visconti
Cezar Amaro
Chadler C. Adolpho • *da Costa Cicero Adolpho* • *Chadler Adolpho*
Chediak Braz
Cherques Sanin
Christensen Carlos Hugo • 1924-
Cobbett William
Coimbra Carlos
Correa Carlos Alberto Prates • *Correa C. A. P.*
Correa Jose Celso Martinez • *Correa Jose Celso*
da Costa Flavio Moreira
Coutin Carlos Eugenio
Coutinho Eduardo
Cury Marco Antonio
Dahl Gustavo
Di Mello Victor
Dias Pereira
Diegues Caca
Diegues Carlos • 1940-
Diniz Alcino
Doo John
Duarte Anselmo • 1920-
Duran Jorge
Eccio Egyido
Escorel Eduardo
Escorel Lauro
Faria Andre Luiz De Souza
Faria Miguel
Faria Miguel Jr.
Farias Lui
Farias Marcos
Farias Reginaldo
Farias Roberto
Fernandes Ary
de Figueiredo Vera
Filho Luis Rosemberg
Filho Roberto Santos
Fiorani Mario
Fontana Emilio
Fontes Ipojuca
Fontoura Antonio Carlos
Fraga Ody
Frazao Jose
Frederico Carlos
Freire Roberto
Fresnot Alain
Freund Edward
Garcia Durval Gomes
Garcia Gallileu
Garcia Jose Antonio
Gauer Wolf
Gerbase Carlos
Gerber
Gervitz Roberto
Giachetta Libero Miguel
Gimenez Manuel Horacio
Giorgetti Ugo
Gomes Paulo Augusto
Gonzaga Adhemar
Goulart Luis Fernando
Grisolli Paulo Alfonso
Hirszman Leon • 1937-1987
Jabor Arnaldo • 1940-
Jacobi Ruggero
Joanas George • *Jonas George*
Junior Brancato
Kememy Adalbert
Khouri Walter Hugo • 1929-
Klotzel Andre
Kogan Marcio
Kondler Moises
Lacerda Augusto • 1864-1926
Laender Paulo
Latini Mario
Leal Antonio
Leite Ricardo Gomes
Leticia Maria
Lignini Fabio
Lima Victor
Lima Walter Jr.
Llorente Eduardo
Lucas Celso
Luxardo Libero
Magalhaes Schubert
Manzon Jean
Marins Jose Mojica
Martins Icaro
Martins Paulo Bastos
Mauro-Humberto • *Mauro Humberto* • 1897-1983
Mazzaropi Amacio
Medina Jose
Mendes Nelson Teixeira
Migliaccio Flavio
Miller Roberto
Miranda Geraldo
Molo Uberto
Moraes Tete
Mossy Carlo
Nabuco Caroline
Nanni Rodolfo
Nascimento Virgilio T.
Neves David • *Neves David E.*
Noronha Jose Roberto
Oliveira Andre Luiz
de Oliveira Andre Luiz
de Oliveira Carlos
de Oliveira Denoy
Oliveira Domingos
de Oliveira Domingos
de Oliveira Oswaldo
de Oliveira Xavier
Padovani Guido
Palmari Roberto
Palmeira Francis
Palmisano Gino
Payne Tom
Peixoto Mario • 1910-
Penna Hermano
Perroy Oliver
Person Luis Sergio
Pieralisi Alberto
Pini Americo
del Pino Carlos
Pires Roberto
Pitanga Antonio
Pontes Ipojuca
Porto Ismar
Porto Paulo
Prado Guilherme De Almeida
Quiroga Marcelo • -1980
Ramalho Francisco Jr.
Rangel Flavio
Raton Helvecio
Reicembach Carlos Oscar
Reichenbach Carlos
Rezende Sergio
Ribeiro Augusto Jr.
Ricardo Sergio
Rocha Glauber • 1938-1981
Rodrigues Carlos Frederico
Rogerio Walter
Rosa Sebastiao
do Rosario Maria
de Rossi Nello
Rossi Raffaello
Roucourt Wagner
Rovai Pedro Carlos
Sabag Fabio
Saldanha Luis Carlos
Salles Murilo
Salles Walter Jr.
Salva Alberto
Sampaio Oswaldo
Sandenberg Isaac
Santo Pereira Jose Geraldo
Santo Pereira Jose Renato
Santos Francisco
dos Santos Luiz Paulino
dos Santos Nelson Pereira • *Pereira dos Santos Nelson* • *Santos Nelson* • *Santos Nelson Pereira dos* • 1928-
dos Santos Nelson Rodrigues
Santos Roberto • *Santos Robert*
Santos Ruy • *Santos Rui*
Sao Paulo Olney
Saraceni Paulo Cesar • *Saraceni Paulo Cezar* • 1933-
Sarno Geraldo
Sava Augusto
Schlesinger Hugo
Schneider Miguel O.
Schumemann Werner
Scliar Salomao
Segreto Alfonso
Serkeis George Michil
Sermet Ozen
Sette Jose
Sganzerla Rogerio
Sigueria Jose Rubens
Silva Wilson
Silveira Mozael
Siqueira Jose Ruben
Soares Ana Carolina Texeira • *Carolina Ana*
Soares Paulo Gil
Soares Paulo Leite
Tambellini Flavio
Tanko J. B.
Tavares Gerson
Teixeira Aurelio
Tendler Silvio
Thiago Paulo
Thire Cecil
Thomas Ralph L. • *Thomas R. L.*
Thome Antonio B.
Toledo Sergio
Trautman Tereza
Traversa Alberto
Valadao Jece
Viano Zelito
Viany Alex
Vietri Geraldo
Volpato Reinaldo
Waterhouse
Weinfeld Isay
Wohl Stefan
Xavier Nelson
Zamuner Pio

BULGARIA

Andonov Ivan • 1934-
Andonov Metodi
Andreikov Todor
Arcady • 1912-
Bakalov Slav
Belogorski Nyuma
Benchev Detelin
Bodjakov Docho
Bogdanov Pencho
Borozanov Boris
Bossilkov Nikolai
Boyadgieva Lada • *Boyadzhieva Lada* • *Boyadjieva Lada* • 1927-
Branev Vesselin
Bratanov Ivan • 1920-1968
Buchvarova Radka • *Bachvarova Radka* • 1918-
Calef Henri • 1910-
Chavdarov Georgi
Cherkelov Ivan
Cohen Chaim • *Cohen Haim*
Dakovski Dako • 1919-1962
Daniel Leon
Danovski Boian
Dimitrov Stefan
Dobchev Ivan
Doicheva Zdenka • *Doycheva Zdenka*
Donev Boniu
Donev Donyo • *Donev Donyu* • *Donev Donio* • 1929-
Donev Peter
Doukov Stoyan • 1931-
Dudow Slatan • 1903-1963
Dyulgerov Georgi • *Dulguerov Gueorgui* • 1943-
Enchev Buryan
Evstatieva Marianna
Gagov Chavdar
Ganev Hristo • 1924-
Garcia Raul
Gelinov Ognyan
Gendov Vassil • *Guendov Vassil*
Gerinska Vesselina
Ghiaurov Sergei
Grezhov B.
Grigorov Roumen • 1921-
Grubcheva Ivanka
Gurdev Stefan
Haitov Nikolai
Heskiya Zako • *Heskia Zacco* • 1922-
Hristov Hristo • *Christov Christo* • *Khristov Khristo* • 1926-
Ignatov Avram
Ikonomov Vladislav
Ilinchev Kiril
Kalcheva Stanislava
Kazakov Varna Velislav • *Kazakov Velislav*
Kirkov Lyudmil
Kolarov Keran • *Kolarov Kiran*
Koleva Maria • 1940-
Korabov Nicolai • *Korabov Nikola* • 1928-
Koulev Henri
Kovachev Hristo • 1929-
Kovachev Oleg
Kraev Vladimir
Kroumov Krassimir
Kyulumov Igor
Marinovich Anton • 1907-
Maslarov Plamen
Mavrodinova Boika
Meitzoff Roman
Mihailov Evgeniy
Mirchev Vassil • *Mircev Vassil*
Mitrani Michel • 1930-
Mundrov Dutcho • *Mundrov Ducho* • 1920-
Nichev Ivan
Nikolov Margarit
Nikolov Milen
Obreshkov Alexander
Obreshkov O.
Ostrovski Grisha
Ovcharov Svetoslav
Panayotov Panayot
Panov Asparough • *Panov Asparouh*
Pavlov Ivan
Peeva Adela
Peronski Konstantin
Petkanova Magda
Petkov Dimiter
Petkov Roumen
Petrov Dimitar • *Petrov Dimiter*
Petrov Valeri
Petrova Malina
Piskov Hristo
Popzlatev Peter
Pounchev Borislav
Proikov Proiko • *Proykov Proyko*
Radev Vulo
Rossenov Ivan
Roudarov Georgi
Roudarov Nikola
Roussev Nikola
Rousseva Maria
Shariliev Borislav • *Sharaliev Borislav*
Sharlandgiev Ljobomir • *Sharlandjiev Lyubomir* • *Sharlandgiev Lyobomir*
Shomov Vlado
Shopov Assen
Shopova Kristina
Slabakov Andrei
Spassov Krassimir
Staikov Lyudmil • *Staicov Lyudmil*
Staneva Nadya
Stoyanov Georgi • *Stoyanov Gueorgui*
Stoyanov Todor • 1930-
Stoyanov Yuli • *Stoyanov Uli* • 1930-
Stoychev Peter
Surchadgiev Stefan
Terziev Ivan
Todorov Dimiter
Todorov Lyudmil
Topaldgikov Stefan • 1909-
Topouzanov Christo • *Topouzanov Hristo* • 1930-
Tosheva Nevena • 1922-
Traikov Atanas
Traikova Eldora
Traikova Ralitsa
Trayanov Anton
Trifonov Stanimir
Tsancov Villy • *Tsankov Willy*
Tsanev Emil
Tsankov Pancho
Valchev Nikola
Vaptsarova Maya
Vassev Pavel
Vassilev Peter
Vasslinov Ivan
Vazov Yanoush • *Vazov Uanoush*
Velchev Ilya
Vesselinov Ivan
Volev Nikolai
Vulcev Nikola
Vulchanov Rangel • *Vulcanov Rangel* • *Valtchanov Ranguel* • 1928-
Yakimov Yakim
Yanchev Vladimir • *Janchev Vladimir*
Yankov Yanko
Yonchev Lyuben
Yossifova Iskra
Zahariev Edward • *Zahariev Eduard* • *Zakhariev Edouard* • 1938-
Zhandov Zahari • *Jandov Zaccharie* • 1911-
Zheljazkova Binka • *Zhelyazkova Binka* • 1923-
Zhivkov Vassil

BURKINA FASO

Dany Kouyate
Dao Moustapha
De Brahima Traore Issa
Ford Abiyi
Kabore Gaston
Kola Djim Mamadou • *Kolla Djim*
Kollo Sanou
Ouedraogo Idrissa • 1954-
Richard Christian
Sanon Emmanuel K.
Sekou Traore
Yonly Rene Bernard
Zoumbara Paul

BURMA

Aung Myint
Khin Soe
Loon Pe
Martin-Jones John • *Jones John Martin* • 1913-
Maung Tin Oo
Nyunt Win
Saya Myint
Than Htut
U Ba Shin
U Kyee Myint
U Myint Soe
U Ohn Maung
Wah Wah Win Shwe

CAMEROON

N'Gassa Jean-Paul
Sita-Bella Therese
Ze-Lecourt Moise

CANADA

Ackerman Ed
Acomba David
Adam Camil
Alexander Jack
Alianak Hrant • 1950-
Almond Paul • 1931-
Amato Adrienne
Amini Stephen • 1950-
Amitay Jonathan
Anderson John
Andrews David
Angelico Irene Lilienheim
Applebee Robert
Aquin Hubert • 1929-1977
Arcand Denys • 1941-
Armatage Kay • 1943-
Armstrong Mary • 1953-
Arnold Jeffrey • 1949-
Aubry Francois
Audy Michel • 1947-
Augustin Jacques
Awad Robert
Azzopardi Anthony • 1950-
Back Frederic
Badgley Frank C. • 1895-1955
Bail Rene • 1931-
Bailey Norma
Baillargeon Paul • *Baillargeon Paule*
Bairnsfather Bruce
Bairstow David • 1921-
Balacki Asen
Balfe Maureen
Ball Christopher
Ball Ian
Balla Nicholas
Ballantyne Tanya • *Mackay Tanya* • *Tree Tanya* • 1944-
Barclay Robert • 1930-
Barker Cordell
Barre Raoul • 1874-1932
Barrie Scott • 1951-
Barry Martin
Battle Murray • 1951-
Baumholz Lonny
Beairsto Ric • 1953-
Beaudet Josee
Beaudet Marc
Beaudin Jean • 1939-
Beaudry Diane • 1946-
Beaudry Jean • 1947-
Beaudry Michel • 1945-
Bedard Jean-Thomas • 1947-

Beecroft Stuart • 1942-
Belanger Fernand • 1943-
Belanger Ray • 1950-
Belec Marilyn A. • 1935-
Belhumeur Alain
Belisle Benjamin
Bell John • 1949-
Bennett Cathy
Benoit Denyse • 1949-
Benoit Jacques W.
Benoit Real • 1916-1972
Bensimon Jacques
Bergeron Philip
Bernier Jean-Paul
Bernier Pierre
Berry Thomas • *Berry Tom*
Berthiaume Marc Andre
Berube Claude
Besen Ellen
Bessada Milad
Beveridge James • 1917-
Beveridge Jane Marsh • *Marsh Jane* • 1915-
Biggs Julian • 1920-1972
Bigras Jean-Yves • 1919-1966
Bissonnette Jean • 1934-
Bissonnette Sophie • 1956-
Bittman Roman • 1941-
Black Donald
Blackburn Marthe
Blackburn Maurice • 1914-
Blais Gilles
Blais Roger • 1917-
Blanchard Andre • 1951-
Blandford Mark
Blomkvist Heidi
Bloom Jeffrey
Bloomfield George • 1930-
Bocking Robert • 1936-
Boisvert Nicole Mathieu
Bolton Laura
Bond Timothy • *Bond Tim* • 1942-
Bonin Laurier • 1951-
Borenstein Joyce • 1950-
Borneman Ernest
Borris Clay • 1950-
Bosustow Steve • *Bosustow Stephen* • 1911-1981
Bouchard Guy
Bouchard Justine
Bouchard Michel • 1949-
Boutet Richard
Bouvier Francois
Boyd Jamie
Boyden Barbara • 1944-
Boyko Eugene
Bradshaw John R. • 1952-
Bradshaw Randy
Brassard Andre • 1946-
Brault Francois • 1941-
Brault Michel • 1928-
Brayne Bill
Brittain Don • *Brittain Donald* • 1928-
Brochu Pierre
Brodeur Rene
Brodie Bill • 1931-
Bromfield Rex
Brooks Adam • 1956-
Brown Colin
Brown Quentin
Bryant Peter
Bujold Francoise
Bulbulian Maurice • 1938-
Bunce Alan
Burke Martyn
Burroughs Jackie
Burwash Gordon
Buttignol Rudy
Cadrin-Rossignol Iolande
Cameron Graham
Cameron James • 1954-
Campbell Graeme
Campbell Peg
Canell Marrin • 1943-
Canning William • *Canning Bill* • 1933-
Cardinal Roger • 1939-
Carle Gilles • 1929-
Carmody Don
Carpentier Eduardo
Carpi Cioni
Carre Louis
Carrick William
Carriere Bruno • 1953-
Carriere Marcel • 1935-
Carter Donald
Cartwright J. A. D. • 1907-
Caslor Brad
Castillo Nardo
Castravelli Claude
Caulfield Paul • 1950-
Cavanaugh William H.
Chabot Jean • 1945-
Chambers Jack • 1931-1978
Chaparos Ann
Chaparos Nick
Chapman Christopher • 1927-
Chartrand Alain • 1946-
Cherry Evelyn Spice • *Spice Evelyn* • c1900-
Cherry Lawrence W. • cl900-66
Cholakian Vartkes
Chopra Joyce
Chouinard Ivan
Ciccoritti Gerard
Clarfield Stuart
Clark Barry • 1937-
Clark Louise • 1954-
Clark Ron
Coderre Laurent • 1931-
Cohen Annette • 1935-
Cole Frank
Cole Janis • 1954-
Collin Frederique
Collins Boon
Condie Richard • 1942-
Cornellier Robert • 1955-
Cosby Bill • 1937-
Cote Guy-L. • *Cote Guy L.* • 1925-
Coudari Camille
Cousineau Jacques
Cowan Paul • 1947-
Cowie Victor
Crabtree Grant
Crawley Budge • *Crawley F. R.* • 1911-
Crawley Judith • 1914-
Crawley Pat
Cronenberg David • 1943-
Curnoe Greg • 1936-
Daigle Marc
D'Aix Alain • 1938-
Dale Holly • 1953-
Daly Tom • 1918-
Damberger Francis
Damude Brian
D'Andrea Anthony • 1955-
Dane Lawrence • 1937-
Danis Aime • *Danis Aimee* • 1929-
Dansereau Fernand • 1928-
Dansereau Jean • 1930-
Dansereau Mireille • 1943-
Darcus Jack • 1941-
Dauteuil Francois
Daux Robert Diez
Daviault L.
Davidson William • 1928-
Davis Martha
Davy Vincent
De Grasse Joseph • 1873-1940
De Simone Franco
Defalco Martin • 1933-
Demeny John
Demetrios Demetri
Dennis Charles • 1946-
Denure Steven
Desbiens Francine • 1938-
Desmarteau Charles
Detwiler John
Devlin Bernard • 1923-
Devlin Bonni
Dewdney Alexander Keewatin • *Dewdney Alexander* • 1941-
Dick Ronald
Dinel Pierre • 1952-
Dion Yves
Dmytryk Edward • 1908-
Dodd Thomas • 1944-
Dolan Marianne • 1942-
Dolgoy Reevan
Donovan Paul • 1954-
Dorn Rudi
Dorval Henri
Dostie Alain • 1943-
Dousseau Anik
Drew Les
Drouin Jacques • 1943-
Duceppe Pierre
Duchene Nicole
Duckworth Martin • 1933-
Dueck David B. • 1940-
Duggan M. B.
Duguay Raoul • 1939-
Duncan Alma • 1917-
Duncan Robert
Dunn Willie
Dunning George • 1920-1979
Dupuis Francois • *Dupuis F.* • 1947-
Dussault Louis • 1952-
Dwan Allan • 1885-1981
Dyer John
Eastman Allan • 1950-
Eckert John M.
Edmonds Don
Edmunds Robert
Edwards Harry J. • *Edwards Harry* • 1888-
Edwards J. Gordon • *Edwards J. G.* • 1885-1825
Elder Bruce • *Elder R. Bruce* • 1947-
Elnecave Vivianne
Eustace David F. • *Eustace David*
Evanchuk Peter
Ewing Iain
Faille Albert
Fajardo Jorge
Falardeau Pierre
Faucher Jean • 1934-
Favreau Robert • 1948-
Feeny John • *Feeney John*
Feltham Kerry B. • *Feltham Kerry* • 1939-
Fennell Christian
Ferguson Graeme • 1929-
Ferris Stan
Fichman Niv
Fiks Henri • 1938-
Findlay Seaton
Fine David
Finnie Richard S. • 1906-
Firus Karen • 1959-
Fleischamman Peter
Fletcher Trevor
Forcier Andre • 1947-
Fortier Bob • 1945-
Fortier Monique • 1928-
Fortune Sam
Foulds Hugh
Fournier Claude • 1931-
Fournier Eric • *Fournier E.* • 1952-
Fournier Jean-Pierre
Fournier Roger • 1929-
Fox Beryl • 1931-
Frappier Roger • 1945-
Fraser Donald • 1914-
Freer James Simmons • 1855-1933
French John McLean • 1863-1940
French Michael
Frieberg Camelia
Fritz-Nemeth Paul
Frizzell John
Fruet William • 1948-
Fryer Bryant • 1897-1963
Fukushima Michael
Furey Lewis • 1949-
Furie Sidney J. • 1933-
Gabourie Mitchell
Gagne Jacques • 1936-
Gagne Jean • 1947-
Gagne Serge
Gagnon Charles • 1934-
Gagnon Claude • 1949-
Gagnon Lina
Gaisford John
Gallagher Chris
Garceau Raymond • 1919-
Gardner David
Gariepy Jean-Pierre
Gascon Gilles
Gauthier Michel
Gauvreau J.
Geertsen George
Gelbart Arnie
Gelinas Gratien • 1909-
Gelinas Pascal
Gerretsen Peter • 1939-
Gervais Suzanne
Gibbard Susan
Gibson Alan • 1938-
Gibson Dan
Gibson Joe
Giesbrecht Johnny
Gillard Stuart • 1946-
Gillespie Gordon
Gillson Malca
Ginsberg Donald • 1920-
Giraldeau Jacques
Girard Helene • 1945-
Gladu Andre
Glover Guy
Glover Rupert
Godbout Jacques • 1933-
Goldsmith Sidney • 1922-
Goldstein Allan
Gonzalez Rodrigo
Gordon Lee
Gosselin Bernard • 1934-
Gough Bill
Goulet Stella • 1947-
Grant Michael • 1952-
Graziades Bill
Green Martin
Greene Barbara
Greenwald Barry • 1955-
Gregoire Normand
Greyson John
Gross Marty
Groulx Gilles • 1931-
Groulx Sylvie • 1953-
Gruben Patricia
Guilbeault Luce • 1935-
Gunnarsson Sturio
Haig Don • 1933-
Haldane Don • *Haldane Donald* • 1914-
Hale Jeffrey
Hallis Ron
Hammond Arthur
Hanley J.
Harcourt Harold A.
Harel Pierre • *Harel P.*
Harrison John Kent
Hart Harvey • 1928-
Hart Roger • 1934-
Hazanavicius Claude
Healey Barry • 1945-
Hebert Marc
Hebert Pierre • 1944-
Hebert Y.
Henaut Dorothy Todd • *Henaut Dorothy* • 1935-
Henderson Dell • *Henderson Del* • 1883-1956
Henley Gail
Henrichon Leo
Henson Joan
Herbison Bob
Heroux Denis • 1941-
Hess Jon • *Hess John*
Hewitson Walford
Hill Robert F. • *Hill Robert* • *Hill Bob* • 1886-1985
Hiller Arthur • 1923-
Hockenhull Oliver
Hoeter Eileen
Hoffman Philip
Holmes Mary
Hopkins John
Houston Bobby
Howe John • 1926-
Howells Barrie
Ianzelo Tony • 1935-
Imbault Thomas-Louis
Ireland John • 1914-
Iscove Robert
Iscove Ron
Jackson Douglas • *Jackson Dough* • 1938-
Jackson G. Philip • 1954-
Jackson Stanley R. • *Jackson Stanley* • 1914-1981
Jacobovici Simcha
Jacot Michael
Jafelife Raymond
Jarvis Richard
Jean Jacques • 1948-
Jewison Norman • 1926-
Jodoin Rene • 1920-
Johnson William
Johnston Aaron Kim
Johnston William
Jones Andy
Jones Fred
Jones Harmon • *Jones Harmon C.* • 1911-1972
Jones Kirk
Jones Michael
Jones Peter • 1923-
Joron Paul
Jubenvill Ken • 1937-
Juliani John
Jurgens Ray
Jutra Claude • 1930-1987
Kabelik Vladimir
Kamwa Daniel
Kane Art
Kardash Virlana • 1959-
Kasma Jacques
Kastner John
Kay Anthony • *Kay Tony*
Kay Jonathon
Keating Lulu
Keatley Philip • 1929-
Kelly Peter
Kelly Ron • 1929-
Kenemy John
Kennedy Michael • 1954-
Kent Anthony
Kerr Richard
Kidder Margot • 1948-
Kiefer Douglas • 1938-
King Allan • *King Allan Winton* • 1930-
Kinsey Nicholas • 1948-
Klein Judith
Klodawsky Helen
Koenig Joseph
Kohanyi Julius • 1936-
Kool Allen • 1940-
Korican Michael
Kotcheff Ted • *Kotcheff William T.* • 1931-
Kowalewich Len
Kramer John
Kroeker Allan • 1951-
Kroitor Roman • 1926-
Labonte Francois • 1949-
Labrecque Jean-Claude • *Labreque Jean-Claude* • 1938-
Ladouceur Jean-Paul • 1921-
Laferrere Andre
Lafleur Jean
Laforce Jean-Yves
Laliberte Roger • 1933-
Lamarre Louise
Lambart Evelyn • *Lambert Evelyn* • 1914-
Lanctot Micheline • 1947-
Langlois Michel
Languirand Jacques
Lank Barry • 1946-
Lariviere Jean Marc
Larkin Ryan • 1943-
Larouche Laurent
Larouche Leonidas
Larry Sheldon • 1948-
Lauzon Jean-Claude
Lavoie Hermenegilde • 1908-1973
Lavoie Richard • 1937-
Lavut Martin • 1939-
Leduc Andre
Leduc Jacques • 1941-
Leduc Yves
Lee Damian
Lefebvre Jean-Pierre • 1941-
Lefebvre Marcel
Leiterman Douglas • 1927-
Leiterman Richard • 1935-
Lemieux Hector
Lemoine Jacques • *Lem Jacques*
Lenauer Jean
Lennick Michael • 1952-
Lenoir R.
Lepage Marquise
Lerman Jeanette
Letourneau Diane • 1942-
Leversuch Ted • *Lawrence Ted*
Levitin Jacqueline
Levy Raphael
Lewis J. P.
Liant Francois
Liconti Carlo
Liddle Ralph R.
Lipsett Arthur • 1936-
Lipsey Arnie
Lombaerts Robert
Long Jack • 1920-
Longpre Bernard • 1927-
Lord Del • *Lord Delmar* • 1895-1970
Lord Jean-Claude • 1943-

Low Colin • 1926-
Lucas Wilfred • 1871-1940
Lynd Laurie
Macauley Eunice
McBrearty Don
McBreeny Don
McCammon Jim
McCowan George • 1931-
McCracken Kevin
McDonald Bruce
MacDonald Ramuna
MacDonald Wallace • 1891-
McFarlane Leslie
McGee Debbie
MacGillivray Alan
McGillivray Maxine
MacGillivray William D. • *MacGillivray William* • 1946-
Macina Michael • 1950-
McInnes Graham
MacKay Bruce • 1945-
MacKay Jim • 1917-
McKennirey Mike
McKeown Robert • *McKeown Bob*
Mackey Clarke
McLean Barry Angus
McLean Grant • 1921-
McLuhan Teri
Maddin Guy
Maheu Pierre • 1939-
Maiden Cecil
Makichuk James
Mallette Yvon • *Malette Yvon*
Manatis Janine
Mann Ron • 1958-
Marchand Gilles
Marchand Pierre • 1952-
Marcoux Pierre
Markiewicz Andrzej
Markiw Gabriel
Markiw Jancarlo
Markle Fletcher • 1921-
Markowitz Murray • 1945-
Markson Morley
Marr Leon G. • *Marr Leon* • 1948-
Marshak Philip
Martimbeau Jean
Martin M.
Martin Richard • 1938-
Martin Susan
Mason William • *Mason Bill* • 1929-
Masse J.-P.
Mayer Gerald • 1919-
Mayerovitch David
Melancon Andre • 1942-
Mellen Peter
Menard Robert • 1947-
Mettler Peter • 1958-
Michaud Henri
Mignault Hugues
Miles Dekes
Milicevic Djordje
Millar David
Mirus Michael
Monkman John • 1916-
Montesi Jorge
Moore J. Stanley
Moranis Rick
Morazain Jeanne
Moretti Pierre • 1931-
Morin Robert
Morry Susan
Mossanen Moze
Moyle Allan • *Moyle Allan Bozo* • *Moyle Alan*
Muir Dalton
Munro Grant • 1923-
Murphy Colleen
Murray James
Murray Michel
Musallam Izidore K.
Narizzano Silvio • 1927-
Nelson Barrie
Newman Sydney • 1917-
Nichol Robert L. • *Nichol Robert* • 1936-
Nicolle Douglas • *Nicolle Douglas C.* • 1952-
Noel Gilles
Noel Jean-Guy • 1945-
Nowytski Slavko
Noxon Gerald
Nyznik Bruce
Obomsawin Alanis • 1932-
O'Connell Maura
O'Connor Hugh
Oliver Ron
Ondaatje Kim • 1928-
Ord Catherine
Ouimet Leo • 1877-1972
Overton Alan
Owen Don • *Owen Donald* • 1935-
Paakspuu Kalli • 1952-
Paisz John
Pakarnyk Alan
Palardy Claude
Pall Larry
Palmer John • 1943-
Panvion A. H.
Paquette Vincent • 1915-
Parent Jacques
Parker Graham
Parker Gudrun • 1920-
Parker Morten • *Parker Morton* • 1919-
Paskievich J.
Passet Jean-Pol
Patenaude Michel
Patry Pierre • 1933-
Patry Yvan • *Patry Ivan*
Pauze Michele
Payer Roch Christophe • 1955-
Pearson Peter • 1938-
Pederson John
Penvion A. H.
Perisson Alain • 1945-
Perlman Janet
Perrault Pierre • 1927-
Perron Clement • 1929-
Perry Margaret • 1905-
Perusse Michele
Petel Pierre • 1920-
Petrie Daniel • *Petrie Dan* • 1920-
Phillips John
Pinsent Gordon • 1933-
Pittman Bruce • 1950-
Pittman Ken
Plamondon Leo • 1928-
Podeswa Jeremy
Poirel Jean
Poirier Anne-Claire • 1932-
Poitevin Jean-Marie • 1907-
Portugais Louis • 1932-
Poulin Julien
Prefontaine Michel • 1947-
Proulx Maurice • 1902-
Purdy Jim • 1949-
Racicot Marcel
Racicot Real
Rakoff Alvin • 1927-
Ramsay Richard
Rancourt Daniel • 1955-
Ranieri Nik • 1961-
Ransen Mort • 1933-
Rasky Harry • *Rasky Harold* • 1928-
Rawi Ousama
Raxlen Rick
Raymond Marie-Josee • *Raymond M.-J.*
Raymont Peter • 1950-
Reeve Josef
Reid Bill
Reid Ernest
Renaud France Y. Y. • 1950-
Richer Gilles • 1938-
Rimmer David • 1942-
Rivard Fernand • 1926-
Rixon Mike
Robert Denis
Robertson George C. • 1929-
Robertson John S. • *Robertson John Stuart* • *Robertson John* • 1878-1964
Robi Armand
Robinson Gerald
Robson Mark • 1913-1978
Rock Joyce
Rodan Keith
Rodgers Bob • 1933-
Roffman Julian • 1919-
Rogers Derek
Roos Charles G. • 1882-
Roos Leonard Halley • 1896-
Roscoe Stephen
Rose Hubert-Yves
Rose Les
Rose Pierre
Rossignol Yolande
Roussil Andre
Rowe Peter • 1947-
Rowsome Andrew C.
Roy Renee
Roy Richard
Rozema Patricia • 1958-
Rubbo Michael • 1938-
Russell Robert
Ruvinsky Morrie
Ryan Robert
Saia Francine
Salzman Glen • 1951-
Sander Peter • *Sanders Peter*
Santamaria Eric
Sauriol Brigitte • 1945-
Sauve Alain • 1947-
Savard Claude
Savoie Michael
Schinkel Allen
Schioler Tolken
Schoenberg Mark
Schott Dale
Scott Cynthia • 1939-
Scott J. Booth
Scott Ken
Scott Michael • *Scott Mike* • 1942-
Secter David • 1945-
Segel Lois
Seguillon Francois
Seguin Robert
Sennett Mack • 1880-1960
Sens Al • 1933-
Shaffer Beverly • 1945-
Shandel Thomas • *Shandel Tom F.* • *Shandel Tom* • 1938-
Shannon Kathleen • 1935-
Shapiro Nesya • 1951-
Shapiro Paul • 1955-
Shapley Rosemarie
Shebib Donald • *Everett D. S.* • 1938-
Sheehan Nick
Shekter Louise • 1950-
Sheppard Gordon H. • *Sheppard Gordon* • 1937-
Sheppard John
Shipman Nell • *Shipman Nel* • 1892-1970
Showler Joe
Silver Jonny
Simandl Lloyd A. • *Simanal Lloyd A.*
Simard Marcel
Simon Francis
Simoneau Guy • 1952-
Simoneau Yves
Simpson Peter
Skagen Peter • 1957-
Sky Laura • 1946-
Smith John N.
Smith John
Snow Michael • 1929-
Snowden Alison
Solway Clifford
Sone John • *Stone John*
Sparling Gordon • 1900-
Spivak Michael
Spottiswoode Raymond • 1913-1970
Spotton John • 1927-
Spring Sylvia • 1942-
Spry Robin • 1939-
Stavrides Stavros C.
Stear Donald
Steed Judy
Steinberg David • 1942-
Stephen Mary
Stephens Russel
Stermac Daria
Stern Sandor • 1936-
Stern Steven Hilliard • *Stern Steven H.* • *Stern Steven* • 1937-
Stocki Chester
Stokes Jack
Straiton John S. • 1922-
Strayer Colin
Stutz Roland
Sullivan E. P.
Sullivan Kevin
Sutherland Joseph • *Sutherland Joe*
Svatek Peter
Sylvestre Claude • 1927-
Szasz Eva
Tae Kim In
Taillon Rejeane
Tana Paul
Tasker Rex
Taylor Gilbert W.
Tessier Albert • 1895-1976
Tessier Jean • 1950-
Tetreault Roger • 1941-
Thalman Daniel
Thalman Nadia
Theberge Andre • 1945-
Theriens G.
Thomas Dave
Thomas Gayle • 1944-
Thomas Isaac
Thompson Rob
Thomson Andy • 1946-
Tilby Wendy
Todd Michael
Tougas Kirk • 1949-
Tranter Barbara
Travessos Almerinda
Tremblay Hugues
Tremblay Regis
Tremblay Robert • 1946-
Tunis Ron
Turner Melburn E. • *Turner Melburn* • 1908-
Ungar George
Vais Marco
Valcour Pierre • 1931-
Vallee Jacques • 1941-
Vallely Patrick
Van Der Water Anton
Veilleux Pierre
Venne Stephane
Verrall Robert A. • 1928-
Walker John • 1952-
Wallace Ken
Walters Martin
Walton Lloyd A. • 1946-
Wargon Alan • *Wargon Alain* • *Wargon Allan*
Warner Glenn
Warson Allan
Watson Patricia • *Burwash Patricia* • *King Patricia*
Watson Patrick • 1929-
Waxman Albert • *Waxman Al* • 1935-
Weinstein Larry
Weinthal Eric
Weintraub William • *Weintraub Bill* • 1926-
Weissman Aerlyn
Weldon John • 1945-
Wellington David
Weyman Ron
Wheeler Anne • 1946-
White Helene B. • 1945-
Wieland Joyce • 1931-
Wild Netti
Wilder Donald A. • 1926-
Wilkinson Charles
Wilkinson Douglas
Williams Richard • *Williams Dick* • 1933-
Wilson Sandra • *Wilson Sandy*
Winkler Donald • 1940-
Winning David • 1961-
Withrow Stephen • 1953-
Woodland James • 1960-
Woods Grahame • 1934-
Wright John
Wurlitzer Rudy
Wynne Cordell • 1950-
Yakir Leonard
Yates Rebecca • 1950-
Yolles Edie
Zahoruk Denis
Zaritsky John • 1943-
Zolou J.
Zweig Alan

CHILE

Aguero Ignacio
Alvarez Alejo
Becker German
Benavente David
Borcosque Carlos • *Borcosque Carlo* • 1894-
Bravo Sergio
Bustamente Juan Carlos
Bustamente Patricio
Caiozzi Silvio
Colectivo Cine-Ojo
Cornejo Luis
Covacevich Alvaro
Delano Jorge
Dromgoole Patrick • 1930-
Elsesser Charles
Francia Aldo
Gebel Bruno
Giambastiane Salvador
Guevara Enrique
Guzman Patricio
Hohermuth Harold • 1950-
Jodorowsky Alejandro • *Jodorowsky Alexandro* • 1930-
Justiniano Gonzalo
Kaulen Patricio
Kramarenco Naum
Lamadrid Alfredo
Littin Miguel • 1942-
Lopez Jorge
Mallet Marilu • 1945-
Nepomuceno Jose
Perelman Pablo
Rey Roberto
de Ribon Roberto
Ruiz Raul • *Ruiz Raoul* • 1941-
Sanchez Christian
Sarmiento Valeria • 1948-
Soto Helvio • 1930-
Takeda Hernan
Urteagu Enrique
Vera Luis R.
Zorilla Concha Enrique

CHINA

Cai Chusheng • 1906-1968
Chang Shih-Chuan
Chen Fan • *Cen Fan*
Chen Fangqian
Chen Huai-Ai
Chen Kaige • 1956-
Chen Lizhou
Chen Xihe
Cheng Bu-Kao
Chien Chia Chun
Chien Yun-Ta
Chisium Clifton Ko
Cui Wei
Ding Yinnan
Hai Fang Kwan
He Ping
Howe James Wong • 1899-1976
Hsieh Tien
Hsu An-Hua • *Hui Ann* • 1947-
Hu Bingliu
Hu King • *Hu Wu King* • *King Hu* • *Hu Chin-Chuan* • *Hu Jinquan* • 1931-
Hu Mei
Hua-Shan
Huang Jianxin
Huang Jianzhong
Huo Zhuang
Jin Shan
Kao Pao Shu • *Kao Paoshu*
Ko Hsin
Lan Wu
Leeman Dicky • 1912-
Li Jingmin
Li Tsun • *Li Jun*
Li Yalin
Lin Lung
Lin Ten-Lun
Ling Zhifeng • *Ling Zifeng*
Lo Ming-Yau
Lu Ren
Luo Tai
Mankiewicz Francis • 1944-
Mi Jiashan
Nie Xinru
Ordung Wyott • 1922-
Poh Richard
Ren Pun-Yen
Sang Hu
Sen Fou
Shen Fu • 1905-
Shen Xiling
Shi Dongshan
Shi Shujun
Shih Hui • 1915-1957
Shih Mei
Shui Hua
Su Li
Sui Saio-Bin
Sun Daolin
Sun Yu

Sze Tung-San
Tan To Yu
Tang Xiaodan
Tao Jin
Teng Wenji
The Wei
Tian Zhuangzhuang
Tsai Chu-Sheng
Tsin Si
Tsui Wei
Wan Ku Chan
Wan Lai-Ming • *Wan Lai Minj*
Wan Tchao-Tchen
Wang Chou-Tchez
Wang Jiayi
Wang Jixing
Wang Junzheng
Wang Ping
Wang Pu
Wang Qimin
Wu Chao-Ti
Wu Jiaxin
Wu Tianming • *Wu Tien Min*
Wu Yi-Gong
Wu Ziniu
Xia Gang
Xia Jun
Xian Qun
Xie Fei
Xie Jin • *Hsieh Tsin* • 1923-
Xie Tian
Xie Tieli
Xu Feng
Xu Tao • *Hsu T'Ao*
Xu Xiaoxing
Yan Xueshu • 1940-
Yang Fengliang
Yang Tei
Yang Yanjin
Yao Shougang
Ye Ming
Yen Kung
Yeou Lei
Young Terence • 1915-
Yu Banzheng • *Yu Benzheng*
Yu Ch'L
Yu Tse Kuang
Yuan Muzhi • 1909-1978
Zhai Jiang
Zhan Xiangchi
Zhang Huaxun
Zhang Jianya
Zhang Junxiang
Zhang Junzhao
Zhang Liang
Zhang Nuanxin • 1940-
Zhang Qi
Zhang Xian
Zhang Yimou
Zhang Zeming
Zheng Dongtian
Zheng Junli • *Cheng Chun-Li*
Zheng Kangyu
Zhou Xiaowen

COLOMBIA

Alvarez Carlos
de Alvarez Julia
Arenas Roberto Triana
Arocha Luis Ernesto
Arzuaga Jose Maria • *Arzuaga Jose M.* • *Arzuaga*
Bottia Luis Fernando
Busquets Manuel
Cabal Ricardo
Cabrera Sergio
Calvo Maximo
Castano Patricia
Castro Alberto Giraldo
Contreras Fernando
Correa Camilo
Dennis John
Di Domenico Vicente
Dow Sergio
Emiliani Manuel Bousquets
Escobar Juan
Fernandez Gustavo
Franco Manuel
Garzon Pedro Moreno
Gaviria Victor
Ginaldo D. Leon
Giraldo Diego Leon
Kusmanich Dunav
Laverde Fernando
Llerandi Antonio
Loboguerrero Camila
Luzardo Julio • *Luzardo*
Maco Floro
Martinez Gabriel
Mayolo Carlos
Mejia Alberto
Melendez Ramiro
Montana Antonio
Naranjo Lisandro Duque • *Duque Lisandro*
Norden Francisco
Osorio Jaime
Palau Carlos
Perez Maria Regina
Pinto Jorge
Pinzon German
Ribero Mario
Roa Gustavo Nieto
Rodriguez Martha • *Rodriguez Marta*
Samper Gabriela
Sanchez Luis Alfredo
Semper Gabriela
Silva Jorge
Triana Jorge Ali
Trujillo Adelaida
Zingarelli

CONGO

Kamba Sebastien
Tchissoukou Jean-Michel

COSTA RICA

Bertoni Romulo
Cardona Mario
Gatgens Amando
Mello Victor
Niehaus Ingo
Saenz Carlos
Trigueros Edgar
Yglesias Antonio

CUBA

Alea Tomas Gutierrez • *Alea Tomas G.* • 1928-
Alvarez Santiago • 1919-
de Arma Jesus
Barco Ramon • 1948-
Barnet Enrique Pineda
Bernaza Luis Felipe • *Bernaza L. F.*
Brown George Stanford • 1943-
Canel Fausto
Carruana Jorge
Casals Melchor
Casasus Jose E.
Casaus Victor
Castilla Sergio
Chaskel Pedro
Cortazar Octavio • 1935-
Delgado
Diaz Jesus
Diaz Rolando
Diego Constante
Durant Alberto
Espinosa Julio Garcia • *Garcia Espinosa Julio* • 1926-
Fandino Roberto • 1929-
Fleitas Miguel
Fraga Jorge • 1935-
Garcia Federico
Giral Sergio • 1937-
Gomez Manuel Octavio • *Gomez Manuel O.* • 1934-
Gomez Sara • *Yera Sara Gomez* • 1943-
Guillen Nicolas
Hernandez Bernabe
Herrera Manuel
Landrian Nicolas Guillen
Lopez Rigoberto
Manet Eduardo
Massip Jose • 1927-
Nunez Sergio
Padron Juan
Paris Rogelio
Peon Ramon
Perez Fernando
Perez Manuel
Pineda Enrique
Planells Salvador
Quesada Enrique Diaz
Reade Harry
Reboiro Antonio Fernandez
Rodriguez Luis
Rojas Guillermo Orlando
Rosado Alfredo Valdes
Saderman Alejandro
San-Andrews Jaime
Solas Humberto • 1942-
Tabio Juan Carlos
Torres Daniel
Torres Miguel
Torres Oscar
Valdes Oscar
Vega Pastor
Veitia Hector
Villafuerte Santiago • 1937-
Zambrano Enrique

CYPRUS

Cacoyannis Michael • 1922-

CZECHOSLOVAKIA

Anton Karl • *Anton Karel* • *Anton Charles* • 1898-1979
Bahna Vladimir • *Bahna Vlado* • 1914-
Balada Ivan
Balco Vlado
Balik Jaroslav • 1924-
Barabas Stanislav • 1924-
Barta Jiri
Bartosch Berthold • 1893-1968
Bedrich Vaclav
Benes Lubomir
Berdych Vaclav
Bernat Miro
Bielik Palo • *Bielek Palo* • 1910-1983
Binovec Vaclav
Blaha Zbynek
Blahovi Richard
Blumenfeld Pavel
Bocan Hynek • 1935-
Bocek Jaroslav
Bokova Jana • 1946-
Borek Jaromir
Born Adolf
Borsky Vladimir • 1904-1962
Brabec Josef • 1890-
Branald Richard F.
Brdecka Jiri • 1917-1982
Brom Ladislav
Brynych Zbynek • 1927-
Burian E. F.
Calabek Jan
Campulkova Nina
Cap Frantisek • *Cap Franz* • 1913-
Capek Ladislav
Cech Vladimir • 1914-
Cervenkova Thea
Chichkova Vera
Chytilova Vera • 1929-
Cikan Miroslav • 1896-1962
Cincera Raduz
Curik Jan • 1924-
Cvrcek Radim
Danek Oldrich • 1927-
Degl Karel • 1896-1951
Dodel Karel
Doubkova Dagmar
Doubrava Jaroslav
Drahos Tom • 1947-
Drha Vladimir
Duba Cenek
Dudesek Jan
Fencl Antonin
Fiala Eman
Filan Ludovit
Filip Frantisek
Flidr Zdenek
Folprecht Josef
Forman Milos • 1932-
Freund Karl • 1890-1969
Fric Martin • *Fric Mac* • 1902-1968
Futurista Ferenc
Gajer Vaclav • 1923-
Garfein Jack • 1930-
Goldberger Kurt • 1919-
Grecner Eduard
Haas Hugo • 1901-1968
Hajsky Milos
Hanak Dusan • 1938-
Hanibal Jiri • 1929-
Hasa Pavel
Hasler
Havetta Elo • -198?
Havettova Jaroslava
Hekrdla Josef
Helge Ladislav • 1927-
Herz Juraj • 1934-
Hlavac Roman
Hlavsa Stanislav
Hledik Peter
Hobl Pavel • 1935-
Hoffman Sonia • 1950-
Hofman Eduard • 1914-
Holly Martin
Holman
Holman J. Alfred
Honzl Jindrich
Horlivy Frantisek
Hornak Miroslav • *Hornak Miro*
Horner Harry • 1910-
Hornicek Miroslav
Hruby Miloslav
Hrusinsky Rudolf • 1920-
Hubacek Miroslav • 1921-
Hutecka K.
Innemann Svatopluk • *Innemann S.*
Jakubisko Juraj • 1938-
Jalovec Alois • 1867-1932
Jasny Vojtech • 1925-
Jerabek Jiri
Jiranek Vladimir
Jires Jaromil • 1935-
Juracek Pavel • 1935-198?
Kabrt Josef
Kachlik Antonin • 1923-
Kachyna Karel • 1924-
Kadlecek Ludvik
Kanturek
Karpas Jan
Kaslik Vaclav • *Kasliki Vaclav*
Kavciak Vladimir
Klein Dusan
Klos Elmar • 1910-
Kluge Josef
Kminek
Kodicek
Kohout Pavel • 1928-
Kokeisl
Kolar J. S. • *Kolar Jan Stanislav* • 1896-
Kopriva Antonin
Korbelar Otomar
Korner Vladimir
Koutsky Pavel
Kovac Ctibor
Koval Ota
Kovar Karel
Kralova Drahomira
Kralova Drahuse
Krejcik Jiri • 1918-
Kristek Vaclav
Krivanek Otto
Krizenecky Jan • 1868-1921
Krnansky M. J. • *Krnansky Miroslav Josef* • 1898-1961
Krska Karol
Krska Vaclav • 1900-
Krumbachova Ester • 1923-
Kubal Viktor
Kubasek Vaclav • 1897-1964
Kudelka Ladislav
Kudlac Frantisek
Kvapil Jaroslav • 1868-1950
Lacko Jan • 1925-
Lamac Carl • *Lamac Karl* • *Lamac Karel* • 1897-1952
Latal Stanislav
Lebl Julius
Lehky Vladimir
Lehovec Laur • 1909-
Lettrich Andrej
Lhotak K.
Lihosit Juraj
Lipsky Oldrich • 1924-
Lohnisky Vaclav
Longen
Longen Emil Arthur
Luther Miroslav
Macak Jiri
Mach Jaroslav
Mach Josef • 1909-
Machaty Gustav • 1901-1963
Macourek Milos
Majer Vladimir
Makovec Milos • 1919-
Marek Dusan • 1926-
Masa Antonin • 1935-
Matejka Vaclav
Matula Julius
Medeotti-Bahac
Medved Jozef • *Medved Josef* • 1927-
Mejkal Rudolf
Menzel Jiri • 1938-
Mergl Vaclav
Merglova Jan • *Merglova Jana*
Miler Zdenek • 1929-
Molas Zet
Moravec Jan
Moskalyk Antonin
Mozisova Bozena
Muchna Milan
Myzet Rudolf
Nemec Jan • 1936-
Novak Ilya
Novak Ivo • 1918-
Novotny Antonin
Novy Milos
Olexova Jana
Olmer Vit
Orlicky Boris
Palous Jan A. • *Palous J. A.*
Papousek Jaroslav
Parnicky Stanislav
Passer Ivan • 1933-
Patrocka Jiri
Pavlaskova Irena
Pech Antonin • 1874-1928
Pinkava Josef • *Pinkava J.* • 1919-
Pistek Theodor • 1895-
Pivonkova Magda
Plichta Dimitrij
Plicka Karel
Plivova-Simkova Vera
Podskalsky Zdenek • 1923-
Pojar Bretislav • 1923-
Polak Jindrich • *Pollack Jack* • 1925-
Polednakova Marie
Pollert
Pospisilova Vlasta
Prazsky Premysl • 1893-1964
Prochazka Pavel
Prochazka Vaclav
Raabeova Hedvika
Radok Alfred • 1914-
Radok Emil
Rapos Dusan
Rautenkranzova Olga
Raza Ludvik
Reisz Karel • 1926-
Reitman Ivan • *Reitman Yvan* • 1946-
Renc Ivan
Rezucha Jozef
Rohac Jan
Rovensky Josef • 1894-1937
Rozkopal Zdenek • *Rozkopal Z.*
Rychman Ladislav • *Rychmann Ladislav* • 1922-
Schaeffer Dusan
Schmidt Jan • 1934-
Schorm Evald • 1931-1989
Schorsh Walter
Schulhoff Petr
Sedlacek Jara
Sefranka Bruno
Seidl
Seko Garik
Sequens Jiri • 1922-
Sevcik Igor
Siakel Jaroslav
Sieberova Ladislava
Silhan Vladimir
Sirovy Zdenek
Sis
Sis Peter
Sis Vladimir • 1925-
Sivko V.
Skalsky Stepan • 1925-
Sklenar Vaclav
Skupa
Slavicek Jiri
Slavinsky Vladimir • *Pittermann Otto* • 1890-1949

Slegl
Slivka Martin
Slivka Ondrej
Smetana Zdenek
Smocek Ladislav
Smoljak Ladislav
Smyczek Karel
Solan Peter • 1929-
Soukup Jaroslav
Spata Jan
Speerger Jan Wenzeslaus • 1896-1950
Spelina
Spelina Karel
Sramek Bohuslav
Sramek Svatopluk
Stafl Otakar
Stefankovicova Eva
Steimar Jiri
Steindler Milan
Stekly Karel • 1903-1987
Stepanek Miroslav • *Stephanek Miroslav*
Strnad Stanislav
Studecky
Suchy Jiri
Svab-Malostransky Josef • 1860-1932
Sveda Petr
Svitacek Vladimir
Svitak
Svoboda
Svoboda Jiri • *Svoboda J.*
Taborsky Vaclav • 1928-
Tapak Martin
Thiele Rolf • 1918-
Tintera Tomas
Toman Ivo • 1924-
Tomanek Jan
Tovarek A.
Trancik Dusan
Trlica Karel
Trnka Jiri • 1912-1969
Troska Zdenek
Tsao Drei
Tucek Petr
Tyller Jiri
Tyrlova Hermina • 1900-
Uher Stefan • 1930-
Ulehla Vladimir
Urban Ivan
Urban Max • 1882-
Urban Radovan
Valasek Jan • *Valasek J.*
Vancura Vladislav • 1891-1942
Vanis Josef
Vavra Otakar • 1911-
Vesela A.
Vicek Vladimir
Vihanova Drahomira
Vlacil Frantisek • 1924-
Vladimirov
Vlcek Vladimir
Voltchek Vladimir
Vorel Tomas
Vorlicek Vaclav • 1930-
Vosahlik Bohumil
Vosmik Milan
Vosmikova Jaroslava
Vystrcil Frantisek
Wallo K. M.
Wasserbauer Milos
Wasserman Vaclav • 1898-
Wdowkowna-Oldak Zofia
Weiss Jiri • 1913-
Weissova Lenka
Wiesmer Alois
Wilkosz Tadeusz
Zabransky Milos
Zachar Jozef • *Zachar Josef* • *Zacker Joseph*
Zahon Zoro
Zaoral Zdenek
Zbornik Dobroslav
Zdrubecky J.
Zelenda
Zelenka Zdenek
Zeman
Zeman Borivoj • 1912-
Zeman Karel • 1910-
Zykmund V.

DENMARK

van der Aa Kuhle Kai
Aagaard Sigfred
Abrahamsen Svend
Adler Barbara
Ammundsen Kjeld
Andersen Preben Nygaard
Anker
Arnfred Morten
August Bille • 1948-
Axel Gabriel • 1918-
Balling Erik • 1924-
Bang Paul
Barfod Bent
Baxter Arnold
Beckendorff Leif
Bendtsen Henning
Bentzon Niels Viggo
Berggreen Ole
Bjerre Jens
Blom August • 1869-1947
Bohm Claus
Bonde Jes
Bonfils Dola
Borch Carl
Bovin Mette
Brandstrup Ludvig
Brandt Carsten • c1946-
Bro Arne
Bro Christopher
Broby Finn
Bruus Morten
Brydesen Lars
Caprino Ivo
Carlsen Esben Hoilund • c1941-
Carlsen Henning • 1927-
Carlsen Jon Bang • 1950-
Christensen Benjamin • 1879-1959
Christensen Bent
Christensen Mads Egmont
Christensen Theodor
Christian
Christiansen Henning
Clante Carsten
Clausen Erik • 1942-
Colstrup Flemming
Corfixen Lizzie
Davidsen Hjalmar • 1879-
Davidsen John
Dinesen Robert • 1874-1972
Dreyer Carl T. • *Dreyer Carl Theodor* • *Dreyer Carl* • 1889-1968
Ege Ole
Elfelt Peter
Elling Tom
Elsass Peter
Engberg Peter
Ernst Franz • 1938-
Eszterhas Peter
Fischer Egon
Fonss Olaf • 1882-1949
Frank Ernst
Frank Preben
Fredholm Gert • 1941-
Fyrsting Ib
Gad Urban • 1879-1947
Gade Svend • 1877-1952
Galeen Henrik • *Galeen Henryk* • *Galeen Heinrich* • 1881-1949
Gammeltoft Ole
Garnier Derck
Gernes Poul • *Gernes Paul*
Gildemeijer Johan
Gluckstadt Wilhelm
Gregers Emanuel • *Gregers Emmanuel* • 1881-1957
Gress Elsa • *Wright Else Gress*
Gronlykke Lene
Gronlykke Sven
Guldbrandsen Peer
Hagens Eric
Hammerich Rumle
Hansen Dino Raymond
Hartkopp Christian • 1940-1980
Hasselbalch Hagen
Hastrup Jannik • 1941-
Hauge Knud
Haxthausen Tork
Hedegaard Tom
Hedman Trine • *Hedmann Trine*
Hedman Werner • *Hedmann Werner*
Henning-Jensen Astrid • *Smahl Astrid* • 1914-
Henningsen Poul
Henrickson Jens
Henriksen Finn
Henriksen Morten
Henszelman Stefan
Hersholt Jean • 1886-1956
Hertz Lone
Hilbard John
Hirshorn Marian
Holger-Madsen • *Madsen Holger* • 1878-1943
Holst Per
Holt Niels
Hom Jesper
Hovmand Annelise
Ipsen Bodil • 1889-1964
Iversen Jon
Jacobsen Johan • 1912-
Jensen Helle Toft
Jensen Ingrid Oustrup
Jensen Peter Louis
Jeppesen
Johansen Ernst
Johansen Svend
Johansson Lars
Johnsen Allan
Jorgensen Hans-Henrik
Jorgensen Teij
Kaas Preben
Kalo Sten
Kamban Gudmundur
Karina Anna • 1940-
Karlsson Finn • *Karlsen Finn* • 1937-
Kirkeby Per
Kjaerulff-Schmidt Palle • 1931-
Klein Jesper
Knudsen Erik R.
Knudsen Mette
Kolsto Egil
Korst Stine
Kragh-Jacobsen Soren • *Jacobsen Soren Kragh* • 1947-
Kragh Thomas
Kreps Bonnie • 1937-
Kristensen Hans • *Kristiansen Hans* • 1943-
Kristiansen Henning
Kronhausen Dr.
Langberg Ebbe
Larsen Birger
Larsen Viggo • 1880-1957
Lassen Hans
Lauritzen Lau • 1878-1938
Lauritzen Lau Jr. • *Lauritzen Lau (after '38)* • 1910-
Lauritzen Lisbeth
Leergaard Lars
Lenz Werner M.
Leth A. J.
Leth Jorgen • 1937-
Lichtenberg Nicolai
Lind Alfred
Lind Peter
Locher Jens
Lommer Stig
Lorentz Svend Aage
Lund-Sorensen Sune
MacDalland Maria
Madsen Peter
Magnusson Leif
Malmros Nils • *Malmros Nils Sigurd* • 1944-
Mannstaedt Per
Mantzius
Marcussen Leif
Martinsen Poul
Maruni Novi
Meineche Annelise
Melchior Ib • 1917-
Melson Soren
Menzer John
Mertz Albert
Methling Sven • *Methling Svend*
Miladinovich Voja
Mogensen Michael
Molsner Torben
Mossin Ib
Nagata David
Nedergaard Jeffrey
Neergaard Preben
Nielsen A. R.
Nielsen Erik Frohn
Nielsen Gregers
Nielsen Lasse
Nielsen Per Tonnes
Norgaard Bjorn
Nygaard Preben
Nyholm Ove
Nyrup Poul
Nyvold Ebbe
Okking Jens
Olsen Annette
Ornbak Henning
Orsted Claus • 1945-
Orsted Ole
Osterfelt Preben
Ottarsdottir Katrin
Ottesen
Ottesen Carl
Ottosen Carl
Palsbo Ole • 1899-1952
Pedersen Frode
Petersen Jorgen Flindt
Peterssons Elov
Philip Hans-Erik
Pindal Kaj • 1927-
Ploug Claus
Poulsen O. J.
Preisler Ebbe
Quist-Moller Fleming • *Moller Fleming Quist* • *Moller Quist*
Raben Fritz
Rasmussen Holger
Ravn Jens • *Ravn Jen* • 1941-
Ravn Malene
Reenberg Annelise
Refn Anders • 1944-
Refn Peter • 1940-
Reuter-Christiansen Ursula
Rex Jytte
Ringaard Peter D. • *Ringaard Peter*
Ritzau Teit
Rodriguez Andre
Roos Jorgen • 1922-
Roos Lise • 1941-
Roos Ole • 1937-
Rostrup Kaspar
Rue Nele
Rye Stellan • 1880-1914
Rygard Elisabeth
Ryslinge Helle
Saaskin Robert
Sandberg Anders W. • *Sandberg Anders Wilhelm* • *Sandberg Anders* • 1887-1938
Sandgren Ake
Schmidt Aase
Schnedler-Sorensen
Simonsen Kjeld
Sirk Douglas • *Sierk Detlef* • 1900-1987
Skot-Hansen Mogens
Solbjerghoj Paul
Sorensen Schnedler
Stage Irene Warner
Stangerup Henrik
Steen-Petersen Annemarie
Steinaa Ib
Stenbaek Kirsten • *Stenbaek Kirstin*
Stephensen Erik
Storm Esben • 1950-
Strandgaard Charlotte
Svendsen Torben Anton
Thomsen Christian Braad • *Braad-Thomsen Christian* • 1940-
Thomsen Knud Leif • *Thomsen Knud-Leif* • 1924-
Thorsen Jens Jorgen
Thygesen Erik
Toftum Kim
Tornberg Freddy
Trier Bodil
von Trier Lars • 1956-
Tschernia Dan
Varab Jeff
Vemmer Mogens
Vest Nils
Vestergaard Jorgen
Viby Margaret
Vilstrup Li
Vistrup Li
de Waal Allan
Wanscher Claus
Weeke Claus
Weismann Carl
Wendel Linda
Wielopolska Brita
Winding Thomas
Wivel Anne
Wolder
Wolter Erling
Zieler Mogens

DOMINICAN REPUBLIC

Melendez Agliberto
Palau Francisco
Sanchez-Ariza Jose • 1943-

EGYPT

Abaza Rouchdy
Abdel-Aziz Muhammad
Abdel-Khaliq Ali
Abdel-Sayed Daoud
Abdes-Salam Shadi • *Abdel-Salem Shadi* • *Salam Abdel Shadi* • 1930-
Abnudi Atiat Al- • *Al-Abnudi Atiat* • 1939-
Abu Saif Salah • *Abou Seif Salah* • *Abu Sief Salah* • *Abou-Seif Salah* • 1915-
Al Imam Hassan • *Imam Hassan Al-* • *Al-Imam Hassan*
el Alamy Yehya
Alessandrini Goffredo • 1904-1978
Aptekman Alexandre
Aptekman Elie
Arafa Saad • 1923-
Arafa Sherif
Atia Kamal • *Attia Kamal*
Awad Adel
Awf Samir • 1942-
Aziz Mahmud Abdel
Aziz Mohamed Abdel
Badrakan Salaheddine • *Badrakahan Salah Ad-Din*
Badrakhan Ahmed • 1909-1969
Badrakhan Ali • 1946-
Bakir Zoheir
Barakat
Barakat Henry • 1914-
Barakat Kamal
Bassiyouni Mohamed
Bedeir El Sayed
Beshara Khairy
el Brakry Asma
el Deek Bashir
el Demerdash Nour
Diaeddin Ahmed • *Diaddine Ahmad*
Din Ahmad Dia Ad- • *Ad-Din Ahmad Dia*
el Din Kamal Salah
Ducrest Philippe • 1928-
Eddin Ahmed Dia
Egoyan Atom • 1960-
el Elmi Yehia
Emara Hussein
el Erian Tarek
Essa Sayed
Fadel Mohamed
Fahmy Ashraf • *Fahmi Ashraf* • 1936-
Fawzi Hussein
Fischer Max • *Fisher Max* • 1929-
Francis Yussif • 1934-
Freda Riccardo • *Pareto Willy* • *Hampton Robert* • *Lincoln George* • 1909-
Fuad Ahmed
Galal Nader
Gomei Umar
Hafez Hassan
Hafez Magdy
Hafez Nagdi
Halim Hilmy • *Halim Helmy* • 1916-1971
Hassan Abdel Fattah
Helmy Hussein
Hilmy Ibrahim Hassan
el Imam Hassan • *el Emam Hassan*
Ismail Mahmud
Issa Sayyed • *Issa Sayyid* • 1935-
Jawad Muhammad Abdel
Joffe Alex • *Joffe Alexandre* • 1918-
el Kadi Ismail
Kamal Hussein • *Kamal Husayn* • *Kamel Hussein* • 1932-
Kamel Abbas • *Kamal Abbas*
Kamel Mahida
Kamel Morsi Ahmad • *Kamil Mursi Ahmed* • *Morsi Ahmed Kamal* • 1909-
Kamp Fritz
Karama Issa • *Karama Essa*
Karim Alaa
Karim Muhammed

Karim Salah
Khalik Ali Abdel • *Khalek Ali Abdel*
Khan Mohamed
Lachine Hani
Lama Ibrahim
Lisbona Joseph • 1932-
Madqur Gamal
Mahdy Nuzry
Marzouk Said • *Marzuq Said* • 1941-
Mazhar Ahmed • *Mazhar Ahmad*
el Mihi Rafaat
Mizrahi Moshe • *Mizrachi Moshe* • *Misrahi Moshe* • 1931-
Mizrahi Togo • *Mizrahi Toga*
el Mougi Ibrahim
Mulficar Mahmoud
Mustafa Hassam Eddin • *Mostafa Hussam Eddin* • *Mustafa Hussam Ad-Din* • 1926-
Mustafa Niazi • *Moustafa Niazi* • *Mustafa Niazy* • *Mustapha Niyazi* • 1911-1986
Nabih Mohamed
Nagaat
el Naggar Mohamed
Nahhass Hashim An- • *An-Nahhass Hashim* • 1937-
Nahum Jacques • 1921-
el Nasr Hisham Abou
Nasri Samir • 1937-
Nassrallah Yousry
Rached Tahani • 1947-
Radi Mohamed • *Radi Muhammad*
Radwan Tolba
Rady Mounir
Raeburn Michael • 1943-
Rafla Hilmy • *Rafla Helmy*
Ragaky Mojammed
Rahi Mohamed
Ramzi Hassan • *Ramzy Hassan*
Reda Aly
Reda Hassan
Ridha Ali
el Rihani Nagib
Sabaa Madqur
el Sabawi Ahmed
el Sahn Ibrahim
el Saifi Hassan • *el Seify Hassan* • *el Seifi Hassan*
Salaheddin Kamal
Salamuni Samy • 1936-
Saleh Seymon
Saleh Tewfik • *Saleh Tawfik* • *Salah Tawfiq* • 1926-
Salem Ahmed
Salim Kamel • *Selim Kamal* • 1912-1946
Sameh Walieddine
Sarwat Ahmed
Sayf Samir • 1947-
Seif Samir
Shafik Sobhi
Shahin Youssef • *Chahine Youssef* • 1925-
el Sharkawy Galal
Shawkat Saifeddine • *Shawqat Sayf Ad-Din*
Shawqi Khalil • 1928-
el Sheikh Kamal • *Shaykh Kamal ash-* • *el Sheikh Kamel* • 1918-
Shinnawi Anwar Ash-
Shoukry Mamdouh
Shukry Abdel Moneim • *Shukry Abdel-Munim*
Shukry Mamduh • 1939-
Sidky Hussein
el Tayeb Atif
el Tehmessani Kamal
Tewfik Hassan
Thabet Lutfi
Tilmissani Abdel-Qadir At- • *At-Tilmissani Abdel-Qadir* • 1924-
Vernuccio Gianni • 1918-
Wahab Fatin Abdel • *Wahab Fatine Abdel* • *Adbel Wahab Fatin* • 1913-1972
Wahab Hamada Abdel • *Abdel Wahab Hamada*
Wahby Youssef • 1902-
Yassin Ahmed
Yehia Ahmed • *Yehya Ahmed*
Yehia Sherif
Youssef Hassan
Ziada El Sayad • *Ziada El Sayed*
Zoulfakar Ezeldin
Zulficar Izzeddine • *Zulficar Izz Ad-Din*
Zulficar Mahmoud • *Zulficar Mahmud*

ETHIOPA

Gerima Haile • 1943-
Papatakis Nico • *Papatakis Nikos* • 1918-
Sabatier Christian

FINLAND

Altonen Veikko
Arvele Ritva
von Bagh Peter • 1943-
Bergholm Eija-Elina • 1943-
Berglund Timo • *Bergholm Timo*
Blomberg Erik • 1913-
Dinkevitsh Arkadi
Donner Jorn • 1933-
Elstela Esko
Faven Esko
Hallstrom Roland
Hartzell Paivi
Hawk Oliver
Heino Niilo
Helminen Liisa
Honkasalo Pirjo
Humaloja Timo • 1947-
Huopainen Heikki
Hurme Juhani
Huunonen Seppo • 1939-
Hytonen Hugy
Hyytiainen Pekka
Ijas Matti
Ilmari Wilho
Itkonen Jussi
Janikova-Pakaslathi Eva
Jannes Martti
Jarva Risto • 1934-1977
Jarvi-Laturi Ilkka
Kaarresalo-Kasari Eila
Karu Erkki • 1887-1935
Kassila Matti • 1924-
Kassila Taavi • 1953-
Katainen Elina
Katajisto Heikko
Kaurismaki Aki • 1957-
Kaurismaki Mika • 1955-
Kerttula Veikko
Keso Lasse
Kivikoski Erkko • 1936-
Kokkonen Ere • 1938-
Kuortti Matti
Kurkvaara Maunu • 1926-
Kuusi Janne
Kuusisto Janne
Kyronseppa Kari
Lahdensuo Jalmari
Laihanen Veikko
Laine Edvin • *Laine Edwin* • 1905-
Laine Tarja
Langbacka Ralf
Lehmuskallio Jouko
Lehmuskallio Markku • 1938-
Lehtinen Virke
Lehto Pekka • 1948-
Leminen Hannu
Lindstrom Jon
Linnasalo Timo
Loiri Vesa-Matti
Lundgren Tapani
Makela Ville
Makela Visa
Makinen Aito • 1927-
Makinen Visa • c1945-
Manttari Anssi • *Korvenheimo Suji-Marja* • 1941-
Markus William
Molander Gustaf • *Molander Gustav* • 1888-1973
Molander Olof • 1892-1966
Mollberg Rauni • 1929-
Mykkanen Marjaana
Nelimarkka Riitta
Niskanen Mikko • 1929-
Niskanen Tuija-Maija
Nissi Timo
Norta Yrjo
Nousiainen Heikki
Olsson Claes
Orko Risto • 1899-
Pakaslahti Jukka
Pakkasvirta Jaakko • 1934-
Parikka Pekka
Parkkinnen Tapio
Partanen Heikki • 1942-
Parviainen Jussi
Pasanen Spede • *Pasanen Pertti "spede"* • 1930-
Peippo Antti • c1934-
Peltomaa Hannu
Pennanen Jotaarkka
Pentti Pauli
Peranne Antti
Piironen Paavo
Puro Teuvo
Putkinen Seppo
Pyhala Jaakko • 1956-
Rautoma Riitta
Rimminen Sakari
Rosma Juha • 1948-
Ruutsalo Eino
Saakka Toivo
Saikkonen Veli-Matti
Salminen Ville
Sarkka Toivo • 1890-1975
Schneevoigt George • 1893-1961
Sebelious Gregg
Seeck Jaakko
Siponen Frank
Soinio Olli
Sokka Matti
Sparre Louis
Stiller Mauritz • *Stiller Maurice* • 1883-1928
Strandberg Per-Olof
Suikkari Jouko
Suo-Anttila Seppo
Suominen Tapio
Talaskivi Jaakko • c1936-
Tapiovaara Nyrki • 1911-1940
Tolonen Asko • 1942-
Torhonen Lauri • 1947-
Tulio Teuvo
Uusitalo Kari
Vaala Valentin
Vanari Risto
Vasquez Angelina
Virtanen Jukka
Wahlforss Mikael
Witikka Jack • 1916-
Wrede Caspar • 1929-

FRANCE

Aboyantz Tony
Abrams Leon
Accursi Claude • 1920-
Achard Marcel • 1899-1974
Adabakhian Alexander
Adam Jean-Francois • 1938-1980
Agabara Edmond • 1926-
Aghion Gabriel • 1955-
Agostini Philippe • 1910-
d'Aguiar Ayres • 1896-
Aisner Henri • 1911-
Albicocco Jean-Gabriel • 1936-
Alden-Delos Jean • 1901-
Alechinsky Pierre
Alekan Henri • 1909-
Alepee Georges
Alexandre Andre
Alexandresco Mirea • 1920-
Alibert Pierre • 1926-
Allain Yves
Allegret Yves • *Champlain Yves* • *Champlain Y.* • 1907-1987
Alliata Francesco
Allio Rene • 1924-
Aloisi Gabriel
Amadon Alpha
Amar Denis • *Bentley Christopher* • *Rumar Craig T.* • 1946-
Amat Jorge • 1949-
Ambard Patrice
Andreani Henri • 1872-1936
Andreani M.
Andrei Yannick • *Andreei Yannick* • 1927-
Andrews Benjamin
Andrieu Michel • 1940-
Andrieux Marc
Andrieux Roger • 1940-
Angelo Marc • 1951-
Annaud Jean-Jacques • 1943-
Anouilh Jean • 1910-
Antoine Andre • 1858-1943
Antoine Andre-Paul • 1892-
Antonescu Victor
Antony Michel
Apprederis Franck • *Appederis Franck* • 1940-
Archainbaud George • 1890-1959
Ardouin Jacques • 1937-
Armand Pierre • 1930-
Arnaud
Arnaud Dominique
Arnaud Michele • 1919-
Arnaudy • *Arnaudy Antoine* • 1881-
Arnoux Serge
Arrighi Christian-Paul • 1938-
Arroy
Arthuys Bertrand
Arthuys Philippe • 1928-
Assayas Olivier • 1955-
Astruc Alexandre • 1923-
Aubert Jean-Paul
Aubier Pascal • 1943-
Aublanc Jean-Jacques • 1950-
Aubree Patrick
Audiard Michel • 1920-1985
Audry Jacqueline • 1908-1977
Aurenche Jean • 1904-
Autant-Lara Claude • 1903-
Autissier Anne-Marie • 1950-
Averty Jean-Christophe • 1928-
Avril Philippe • 1954-
Ayranu Lino
Bacque Jean • 1924-
Badel Pierre • 1928-
Bahloul Bahloul • *Bahloul Abdelkrim* • 1950-
Bailac Genevieve • 1922-
Bailly Jean-Pierre
Bailly Raymond • 1914-
Baissat Bernard • 1943-
Balducci Richard • *Baldwin Bruno* • 1929-
Ballay Hubert
Band Albert • 1924-
Barat Francois • 1943-
Baratier Jacques • 1918-
Barberis Rene • 1886-1959
Barbero Guy • 1952-
Barbier
Barbier Eric
Barbillon Jeanne
Bard Serge
Bardonnet Raymond • 1907-
Barille Albert
Barjol Jean-Michel • 1938-
Barlatier
Barma Claude • 1918-
Barney Jacques-Paul • *Barney J.-P.*
Barnier Luc • 1954-
Barny Michel
de Baroncelli Jacques • 1881-1951
Baroni Jeanne
Baronnet Jean • 1929-
Barouh Pierre • 1934-
Barral Jean
Barrere
Barrois Charles
Barrois Claude • 1941-
Barrois Georges • 1894-1971
Barry Maurice • 1910-1984
Bary Leon • 1880-1954
Basnier Alain • 1949-
Bassi Rinaldo • *Bassi Reynald* • 1940-
Bastia Jean • 1925-
Bastid Jean-Loup
Bastide J.-P.
Bat-Adam Michal
Bataille-Henri Jacques
Baudricourt Michel
Baulez Michel • 1948-
Baux Jean-Pierre
Beaudoin Robert
Beaumont Roger
Becker Jacques • 1906-1960
Becker Jean • 1933-
Bedel Jean-Pierre • 1944-
Bedouin Jean-Louis
Beer Jacques
Behat Gilles • 1949-
Beineix Jean-Jacques • *Beneix Jean-Jacques* • 1946-
Bel Francois • 1931-
Bellanger Gerard • 1942-
Bellon Yannick • 1924-
Bellsolell Jean-Paul • 1919-
Belmont Charles • 1936-
Belmont Vera • 1931-
Benayat Mohammed • 1944-
de Bendern Caroline
Benhamou Gerard-Myriam • 1947-
Beni Alphonse • 1946-
Benmussa Simone
Benoit Georges • 1885-1975
Benoit Jean-Louis • 1947-
Benoit-Levy Jean • 1888-1959
Bensoussan Philippe
Beranger
Berard Herve • 1958-
Beraud Luc • 1945-
Berber Yvonne
Bergala Alain • 1943-
Bergerat Theo • 1879-1934
Bergon Serge • 1945-
Berkani Deri
Berkowitch Michel
Bernard Anouk • 1928-
Bernard-Aubert Claude • *Tranbaree Burd* • 1930-
Bernard-Derosne Jean • -1962
Bernard-Deschamps • 1892-1966
Bernard J. C.
Bernard Jean Laurent
Bernard Raymond • 1891-1977
Bernard-Roland • *Bernard Roland* • 1910-
Bernardin Alain • 1916-
Berne Edouard
Bernheim Michel • 1908-1985
Berny Michel • 1945-
Berr
Berr Jacques
Berri Claude • 1934-
Berry Dennis • 1944-
Bertault Paul • 1938-
Berthier Jacques • 1916-
Berthomieu Andre • *Arveyres Modeste* • 1903-1960
Bertin Jean
Berto Juliet • 1947-
Bertolino Daniel • 1942-
Bertolino Jean
Bertrand Jacques-Paul • 1930-
Bertrand Jean-Claude
Bertrand Rene
Bertucelli Jean-Louis • 1942-
Berzosa Jose-Maria • 1928-
Besnard Jacques • 1929-
Besson Luc • 1959-
Betremieux Bertrand
Bettiol Bruno • *Bettiol*
Bettiol Guido • *Bettiol*
Beucler Andre
Bianchi P.
Bibal Robert • 1900-1973
Bideau Antonin
Biette Jean-Claude • 1942-
Bigiaoui Jean • 1946-
Bilal Enki
Billetdoux Raphaele • 1951-
Billon
Billon Pierre • 1906-1981
Billon Yves • 1946-
Binet Catherine • 1944-
Biraud Maurice
Bitsch Charles L. • *Bitsch Charles* • 1931-
Bitton Ode • 1941-
Bizot Jean-Francois • 1944-
Blache Alice • *Guy-Blache Alice* • *Guy Alice* • *Blache Alice Guy* • 1873-1968
Blain Gerard • 1930-
Blanc
Blanc Guy • 1930-
Blanc Jack
Blanc Jean-Pierre • 1942-
Blanc Michel • 1952-
Blanc Roger • 1919-1958
Blanchar Pierre • 1896-1963
Blanche Francis • 1921-1974
Blanchet Vincent • 1945-
Blanke Henry • 1901-
Blareau Richard
Blier Bertrand • 1939-
Blistene Marcel • 1911-
Bloch Dominique • 1946-
Bloettler Ugo
Blondeau Alphonse-Lucien • 1884-
Blondy Pierre • 1910-1970
Blorovich Elie • 1938-
Blumenthal
Bluwal Marcel • 1925-

Bo Soniko
Bobet Jacques • 1919-
du Bois Pierre
Boiseau Arnold
Boisrobert Gilles
Boisrond Michel • 1921-
Boisserie Nicole
Boisset Yves • 1939-
Boissol Claude • 1920-
Boivin Jerome
Bokanowski Patrick • 1943-
Bonin Lou
Bonn Emmanuel • 1956-
Bonnardot Jean-Claude • 1923-1981
Bonniere Rene • 1928-
Bonnot Alain • 1944-
Bonnot Paul
Borderie Bernard • *Borderie B.* • 1924-1978
Bordry Paul • 1928-
Bories Claudine • 1942-
Born Maurice
Boschet Michel • 1927-
Bosetti Romeo
Bossis Robert • 1893-1967
Bouchet Francis
Boucquey Omer • 1921-
Boudrioz Robert • 1887-1949
Bouquet Jean-Louis • 1898-1978
Bour Armand
Bourdelon
Bourdon Jacques • 1925-
Boureau Marc • 1927-
Bourgeois Gerard • 1874-1944
Bourgeois Marc • 1950-
Bourget
Bourguignon Serge • 1928-
Bourlat Jean-Claude
Bourlon Hubert
Bourseiller Antoine • 1930-
Boutang Pierre-Andre
Bouteiller Pierre
Bouthier Bernard • 1944-
Boutonnat Laurent • 1924-
Boutron Pierre • 1947-
Bowers Charley • *Bowers Charles*
Boyer Henri
Boyer Jean • 1901-1965
Bozzuffi Marcel • 1929-1988
Brabant Charles • 1920-
Brabo
Brach Gerard • 1927-
Braguet Jimy
Brainin Gregoire
Brassai Jules
Braunberger Gisele
Braunberger Pierre • 1905-
de Bravura
Breakston George • *Breakston George P.* • 1920-1973
Breaud
Brega Andrea
Breillat Catherine • 1947-
Bresson Robert • 1907-
Breteuil
Brevent Bernard
Bricout Christian • 1952-
Brisseau Jean-Claude • 1944-
Brisson Jean-Claude
Brizzi Gaetan • 1951-
Brizzi Paul • 1951-
de Broca Philippe • 1933-
Bromberger Herve • *Bromberger H.* • 1918-
Brothy William
Brottet Philippe
Bruckberger Raymond-Leopold • *Bruckberger R. L.* • *Bruckberger Pierre* • 1907-
Brun Arno-Charles • 1898-
Bruneau Jean-Pierre
Brunet Alain • 1939-
Brunet Philippe
de Brunhoff Laurent
Brunie Patrick • 1947-
Brunius Jacques-Bernard • *Brunius Jacques* • *Brunius J. B.* • 1906-1967
Bruno-Ruby Jane
Bruyere Christian • 1944-
Bull Lucien
Bunuel Juan • *Bunuel Juan-Luis* • 1934-
Burel Leonce-Henry • 1892-1977
Burguet Charles • 1872-1957
Burin Des Roziers Hugues • 1943-
de Buron Nicole • 1929-
Burron Paul
Bussi Solange • *Terac Solange* • 1907-
Bussy Rene
Byron Philippe
Cabouat Patrick • 1950-
Cachoux Georges • 1942-
Cadeac Paul • 1918-
Cadinot Jean-Daniel • *Cadinot Jean Daniel*
Caire Reda
Calderon Gerald • 1926-
Calderon Philippe
Calmettes Andre • 1861-1942
Cam Maurice • 1901-
Cammage Maurice • 1882-1946
Camoletti Marc
Campaux Francois • 1906-
Camus Marcel • 1912-1982
Canaille Caro
Cande Adolphe • 1858-
Candilis Takis P. • 1954-
Canolle Jean • 1919-
de Canonge Maurice • 1894-1978
Cantagrel Marc • 1879-1960
Capellani Albert • 1870-1931
Capellani Roger
Caprile Anne
Caputo Michel • 1947-
Carax Leos • 1960-
de Carbonnat Louis
Carbonnaux Norbert • 1918-
Cariven Claude • 1917-
Carl Renee
Carliez Claude • 1925-
Carlo-Rim • *Richard Jean-Marius* • *Rim Carlo* • 1905-1989
Carne Marcel • 1909-
Caron Pierre • 1899-1971
Carre Cesar
Carre Jean-Michel • 1948-
Carre Michel • 1865-1945
Carriere Jean-Claude • 1931-
Carriere Mathieu
Cartier-Bresson Henri • *Cartier-Bresson* • 1908-
Casaril Guy • 1933-
Cassagne Jean
Cassendo Frank
Castanet Alain • 1944-
Castanier Jean • 1917-
de Castellanne Henri
Castro Emmanuelle
Catelain Jacques • *Catelain Jaque* • 1897-1965
Catenys
Cavagnac Guy • 1934-
Cavalier Alain • 1931-
Cavalier Jean-Louis
Cayatte Andre • 1909-1989
Cayeux Jean-Paul • 1947-
Cayrol Jean • 1911-
Caza Christian • 1920-1979
Cazassus Bernard
Cazeneuve Maurice • 1923-
Ceccaldi Daniel • 1927-
Cerf Andre • 1904-
de Cesse Raymond
Chabrol Claude • 1930-
Chahine Gabriel • 1931-
Chalais Francois
de Chalonge Christian • 1937-
Chambon Jean-Claude • 1932-
Chamborant Christian • -1948
Chammah Ronald
Chammings Patrick
Champeaux Albert
Champetier Henri
Champion
Champreux Jacques • 1930-
Champreux Maurice • 1893-1976
Chanas Rene • 1914-
Chanowski
Chaouat Bernard
Chaperot Georges • 1902-
Chapier Henri • *Chapier Henry* • 1931-
Chapot
Chapot Jean • 1930-
Chapouillie Guy • 1942-
Chappdelaine Soizic • 1951-
Chaput Patrick • 1951-
Chardeaux Francois • 1939-
Chardon Cyril
Charlot Andre
Charon Jacques • 1920-1978
Charpak Andre • 1930-
Chartier
Chatelain Helene
Chatiliez Etienne
Chaussois Dominique
Chautard Emile • 1881-1934
Chauvaud Francis • 1948-1978
Chavance Louis • 1907-
de Chavannes Francois • 1940-
Chelle Gaston
Chemel Andre
Cheminal Dominique • 1940-
Chenal Pierre • *Young Dave* • 1903-
Cherasse Jean-A. • *Cherasse Jean A.* • *Cherasse Jean* • 1933-
Chereau Patrice • 1944-
de Chessin
Chevalier Pierre • *Cavalcanti Lina* • *Knight Peter* • 1915-
Chevreuse Christian • 1937-
Chevry Bernard
Chiffre Yvan • 1936-
Chomette Henri • 1896-1941
de Chomon Segundo • 1871-1929
Chotin Andre • 1898-1954
Chouraqui Elie • 1950-
Christian-Jaque • 1904-
Christiani Jean-Noel
Ciampi Yves • 1921-1982
Ciepka Emmanuel • 1950-
Ciment Michel
Clair Georges • 1929-
Clair Rene • 1898-1981
Clarence Michel
Clarens Bernard
Clavel Maurice • 1920-1979
Clement Magali
Clement Michel • 1924-
Clement Rene • 1913-
Clementi Pierre • 1942-
Clergue Lucien
Cloche Maurice • 1907-
Clouzot Claire • 1933-
Clouzot Henri-Georges • 1907-1977
Cocteau Jean • 1889-1963
Coggio Roger • 1934-
Cohl Emile • *Cohl Emil* • 1857-1938
Cohn Bernard
Coiffart Rene
Colas Daniel • 1947-
Coldefy Jean-Marie • 1922-
Collet
Collin Fabien • 1917-
Collin Philippe • 1931-
Colline Paul • 1895-
Collomb Jean
Colomb De Daunant Denys • 1922-
Colombani Gaston
Colombat Jacques • 1940-
Colombier Piere • *Colombier Pierre* • 1896-1958
Colson-Malleville Marie
Coluche Michel • 1944-1986
Comandon Jean
Combe Georges • 1945-
Combret Georges • 1906-
Combret Maurice
Compain Frederic
Companeez Nina • 1937-
Condroyer Philippe • 1927-
Confortes Claude • 1928-
Constant Jacques • 1907-
Contat Michel
Copin Claude
Corajoud Marie-Jo
Cordier Stany • 1913-
Corey Sam
Corneau Alain • 1943-
Cornu Jacques-Gerard • 1925-
Cosima Renee
Cotton
Couderc Pierre
Couedic Didier • 1956-
Courant Gerard • 1951-
Cournot Michel • 1922-
Courriere Yves • 1935-
Cousteau Jacques • *Cousteau Jacques-Yves* • 1910-
Cousteau Philippe • 1940-1979
Cousteau Simone • 1919-
Coutard Raoul • 1924-
Couturier Jean • 1933-
Couzinet Emile • 1891-1964
Cowl Darry • 1925-
Cristiani Jean-Noel • 1947-
Cukier Jackie
Cuniot Alain • 1929-
Cuny Louis • 1907-1962
Dabat Grisha M. • *Dabat Grisha*
Daert Daniel • *Dumoda Jacques* • 1941-
Dagan Robert-Paul • 1904-
Dagay Atilja
Dague Jean-Claude • 1938-
Daix Andre
Dallier Roger • 1919-
Dalliere Rene
Dally Patrice • 1920-
Dalmas Louis
Damont Jacques
Danan Joseph • 1951-
Daniel Jean-Louis • 1954-
Daniel Jean-Pierre • 1939-
Daniel-Norman Jacques • 1901-1978
Daniel P.
Daninos Jean-Daniel • 1919-
Danot Serge • 1931-
Dante Dominique
Daquin Louis • 1908-1980
Darc Mireille • 1938-
Dard Frederic • 1921-
Dard Pierre
Darene Robert • 1914-
Darmont Jacques
Daroy Jacques • 1896-1963
Darras Jean-Pierre • 1927-
Darribehaude
Darroy Jean
Dasque Jean • 1919-
de Daunant Denys Colomb
Davaud Michel • 1938-
Davis Robin • 1943-
Davy Jean-Francois • *Davy J.-F.* • 1945-
Davy Jean-Sebastien
Dayan David
Dayan Josee
Debain Henri • 1886-1883
Debecque Serge
Debest Maxime
Debord Guy • 1931-
Debout Jean-Jacques
Decae Henri • 1915-1987
Decoin Henri • 1896-1969
Decourt Jean-Pierre • 1927-
Deed Andre • 1884-1938
Deffarge Claude • 1927-1984
Deflandre Bernard • 1930-
Deforges Regine • 1935-
Defrance Philippe • 1946-
Dehayes-Bee John
Dekobra Maurice • 1885-1973
Delacroix Rene • 1900-
Delamarre Jean-Noel • *Delamare Jean Noel* • 1942-
Delance Georges
Delanjeac Pierre • 1944-
Delannoy Gilles • 1953-
Delannoy Jean • 1908-
Delarive Agnes
Delbez Maurice • 1922-
Deligny Ferdinand
Delile Jacques
Delimal Henri-Paul
Delluc Louis • 1890-1924
Delon Alain • 1935-
Delouche Dominique • 1931-
Delpard Raphael • 1942-
Delpire Robert
Delrieux David • 1949-
Delubac Yves-Andre • 1947-
Demarne Pierre
Dembo Richard • 1948-
Demontaut Philippe
Demy Jacques • 1931-
Denis Claire
Denis Jean-Pierre • 1946-
Denola Georges
Depardieu Gerard • 1948-
Depardon Raymond • 1942-
Depierre Charles
Derain Lucy
Deray Jacques • 1929-
Derouillat Roger • 1936-
Derrien Denis
Des Vallieres Jean • 1895-1970
Desagnat Jean-Pierre • *Desagnat J. P.* • 1934-
Desaillers Jean
Desbordes Olivier • 1950-
Desclozeaux Leon • 1951-
Desfontaines Henri
Desjardins Arnaud
Desreumaux Andre • 1924-
Dessailly Jean • 1920-
Desvilles
Desvilles Jean • *Fleury Georges* • 1931-
Deswarte Benie
Devaivre Jean • 1912-
Deval Jacques • 1890-
Deval Patrick
Devers Claire • 1955-
Deville Michel • 1931-
Devoyod Suzanne
Dewever Jean • 1927-
Deyries Bernard
Dezard Daniele • 1943-
Dhery Robert • 1921-
Dhomme Sylvain • 1918-
Dhuit
Diamant-Berger Henri • 1895-1972
Diamant-Berger Jerome • *Berger Jerome Diamant* • 1950-
Diamantis Roger • 1934-
Dianoux Robert • 1941-
Dianville Max • 1890-1954
Didier Marc
Dieterlen Germaine
Dieudonne Albert • 1889-1976
Dini Gennaro
Dion Jean-Francois • *Dion Francois* • 1948-
Diserens Jean-Claude
Doillon Jacques • 1944-
Donatien E. B.
Doniol-Valcroze Jacques • 1920-1989
Dopff Paul
Dornes Yvonne • 1910-
Doroy Jean-Jacques
Douchet Jean • 1929-
Dougnac Jean-Pierre • 1933-
Doye Jacqueline
Drach Michel • 1930-
Dreville Jean • 1906-
Dreyfus Liliane • 1937-
Drillaud Christian • 1946-
Drot Jean-Marie • 1929-
Dubois Bernard • 1945-
Dubor Serge • *Dubour Serge* • 1946-
Dubosc Dominique • 1941-
Dubout Albert • *Doubout Albert* • 1905-1976
Dubroux Daniele • 1947-
Duchamp Marcel • 1887-1868
Duchesne Louis • 1926-
Ducis Pierre-Jean • 1908-1980
Duda Jacques
Dudrumet Jean-Charles • 1929-
Dufaux Georges • 1927-
Dugowson Maurice • 1938-
Duhamel M.
Duhour Clement • 1912-1983
Dulac Germaine • 1882-1942
Dulud Michel • 1907-
Dumas
Dumeny M. M.
Dumont
Dumont Bernard • 1935-
Dumoulin Georges • 1934-
Dupe Gilbert • 1900-
Dupeyron Francoise
Dupont Jacques • 1921-
Dupont-Midy Francois • 1939-
Dupuis Jean-Paul • 1949-
Dura Christian • 1945-
Durand Claude • 1938-
Durand Jean • 1882-1946
Durand Jean-Marie • 1942-
Durand Philippe • 1932-
Dutilleux Jean-Pierre • 1950-
Duval Daniel • 1944-
Duvic David
Duvivier Eric
Duvivier Julien • 1896-1867
Duvoir G.
Dyja Andre
Eisenschitz Bernard
Ellis Fred
Emerson Les

Engel Tobias
Enrico Robert • 1931-
Ertaud Jacques • 1924-
d'Esme Jean • *Esme Jean* • 1893-1966
d'Espinay Charles
Essid
Este Philippe
Estienne Jean
Etaix Pierre • 1928-
Etievant Henri
Eustache Jean • 1938-1981
Evreinoff Nicolas • 1879-1953
Fabbri Jacques • 1925-
Fabert Henri
Fabiani Henri • *Fabiani H.* • 1919-
Fabre Pierre • 1933-
Fagot Georges
Falco Albert
Fano Michel • 1929-
Fansten Jacques • 1946-
Faraldo Claude • 1938-
Farges Joel • 1948-
Farrel Bernard • 1926-
Farrel Georges • 1926-
Farwagi Andre • 1935-
Fasquel Maurice • 1931-
Faucon Philippe
Faure Jean-Jacques
Faurez Jean • 1905-1981
Favre Bernard • 1945-
Fehr Francis • 1935-
Fehr-Lutz L.
Feix Andree • 1912-
Felix Louis • 1920-
Fellous Roger
Feret Rene • 1945-
Ferie Bernard • 1947-
Fermaud Michel • 1921-
Fernandel • 1903-1971
Ferrand-Lafaye
Ferrari L.
Ferret Roger
Ferreux
Ferrier Laurent • 1945-
Fescourt Henri • 1880-1966
Feuillade Louis • 1873-1925
Feuillebois Jean-Paul
Fevre Bertrand
Feydeau Jean-Pierre • 1903-
Feyder Paul • 1922-
Fichter Jean
Fitzmaurice George • 1885-1941
Flechet Jean • 1928-
Fleischer Alain • 1944-
Floquet Francois • 1939-
Florey Robert • *Roberts Florian* • 1900-1979
Flornoy Bertrand • 1910-
Fog Dany • 1923-
Fontana Bepi
Ford Charles
Forestier
Forgency Vladimir • *Fater Vladimir* • 1934-
Forgeot Jacques • 1923-
Forgue Fabienne
Forlani Remo • 1927-
Forrester Jack
Foucaud Pierre • 1908-
Foulon Raoul • 1925-
Fourastie Philippe • 1940-
Fournier Jacques • 1940-
Fournier Jean-Louis
Fradetal Marcel • 1908-
Francel Hubert
Franchi Pierre • 1911-
Francis Joe • *Francys Joe*
Franju Georges • 1912-1987
Frank A. M.
Frederic Jean-Jacques
Freed Gregory
Fresnay Pierre • 1897-1975
Fress Edmond • 1938-
Fried Germain
Friedman Serge • 1930-
Friedman Yona
Frot-Coutaz Gerard
Fuller Loie • 1862-1928
de Funes Louis • 1914-1983
Gabus Clarisse • 1949-
Gaignaire Claude Timon
Gaillard Jacques • 1930-
Gainsbourg Serge • 1928-
Gaisseau Pierre-Dominique • *Gaisseau Pierre* • 1923-
Galey
Galitzine
Galland Philippe • 1947-
Gallepe Jean-Pierre • 1946-
Gallotte Jean-Francois • 1953-
Ganancia J.-P.
Gance Abel • 1889-1981
Gandera Felix • 1885-1957
Gantillon Bruno • 1944-
Garand Marcel
Garaudy Roger • 1913-
Garcia Nicole
Gardner Cyril • 1898-
Garnier Alain
Garnier Jean-Pierre • 1944-
Garran Gabriel
Garrel Philippe • 1948-
Gartner James
Gasnier Louis J. • *Gasnier Louis* • 1878-1963
Gasnier-Raymond Lucien
Gaspard-Huit Pierre • 1917-
Gast Michel • 1926-
de Gastyne Marco • *de Gastyne Marc* • 1889-1982
Gatlif Tony • 1948-
Gaucherand Philippe
Gaudard Lucette
Gautherin Pierre • 1919-
Gauthier Bertrand • 1949-
Gauthier Georges • 1894-
Gavarry Christian
Gaveau Christian
Gaveau Rene • 1900-
Gavoty Bernard • 1908-
Gegauff Paul • 1922-1983
Gehret Jean • 1900-1956
Gelin Daniel • 1921-
Gemier Firmin • 1865-1933
Genet Jean • 1910-
Genoves Andre • 1941-
Georgesco Jean • 1904-
Geral Hubert
Gerard
Gerard Charles • 1926-
Gerard Michel • *Ollivier Marc* • 1933-
Germain Bernard
Germont Felix
Gestin
Gheerbrandt Alain • 1920-
Giacobetti Francis • 1939-
Gibaud Marcel • 1921-
Gil Gilbert • 1913-
Gillet
Gilou Thomas • 1955-
Gilson Rene • 1921-
Gimeno Alfonso
Ginet Rene • 1896-
Ginsey
Gion Christian • 1940-
Giono Jean • 1895-1970
Giovanni Jose • 1923-
Gir Francois • 1920-
Girard Charles
Giraudeau Bernard
Girault Jean • *Girault J.* • 1924-1982
Girod Francis • 1944-
de Givozy Claude
de Givray Claude • 1933-
Glaeser Henri • 1929-
Glasbert Jimmy
Glassman Robert
Gleize Maurice • 1898-1974
Glenn Pierre-William • 1943-
Godard Claude
Godard Jean • 1899-
Godard Jean-Luc • 1930-
Goldenberg Daniel • 1931-
Goldschmidt D.
Goldschmidt Didier
Gomez Leopold • 1895-
Gorin Jean-Pierre • 1943-
Gorsky Bernard • 1917-
Goscinny Rene • 1926-1977
Gotz Siggi
Goult Dominique • *Steffen Richard* • *Richard Stephen* • 1947-
Goupil Romain • 1951-
Goupillieres Roger • 1896-
Gourgaud Baron
Gourguet Jean • 1902-
Gout Pierre • 1921-
Gragnon Alfred • 1903-
Graham Peter
Grand-Jouan Jean-Jacques • *Grand-Jouan* • 1949-
Grandperret Patrick • 1946-
Grangier Gilles • 1911-
Granier-Deferre Denys • 1949-
Granier-Deferre Pierre • 1927-
Gras Marcel • 1911-
Grasset Pierre • 1921-
Gray Reginald • 1930-
Gregory Gerard
Gremillon Jean • 1901-1959
Greville Edmond T. • *Montagut Max* • 1905-1966
Griaule
Griboff
Grimault Paul • 1905-
Grimbert C.
Grimblat Pierre • 1926-
Gritti Roland
Groleau
Gros-Dubois Constant • 1940-
Grospierre Louis • 1927-
Gross Anthony • 1905-
Grousset Didier
Gruel Henri • 1923-
Grunebaum Marc • 1942-1985
Grunstein Pierre • 1935-
Grynbaum Marc-Andre • 1948-
Guarino Joseph • *Guarino Giuseppe* • *Glavany Joseph* • *Glavany G. G.* • *Glavany Guarino G.* • *Guarino-Glavany* • 1885-1963
Guediguian Robert • 1953-
Guedj Denis • 1940-
Guegan Gerard
Guerin Gerard • 1937-
Guerlais Pierre
Guerra Roberto
Guiguet Jean-Claude • 1943-
Guilbaud Pierre
Guilbert
Guillemot Claude • 1935-
Guillermin Jean-Louis
Guillermou Jean-Louis • 1946-
Guillon Jacques
Guillon Madelaine
Guillou Bernard • 1933-
Guilmain Claudine • 1944-
Guissart Rene • 1888-1960
Guitry Sacha • 1885-1957
Gury Paul • *Le Gouriadec Paul Gury* • 1888-1974
Guy C.
Guy-Grand
Guymont Jacques • 1920-
Guyot Albert • 1903-
Habarta Jan
Habib Ralph • 1912-1969
Hacquard
Hagege Claude
Haguet Andre • 1900-1973
Hairet Michel
Hajos Ernest • -1943
Hakim Gaston
Halimi Andre • 1938-
Hallet Jean-Pierre
Halot Georges
Hamilton Guy • 1922-
Hamman Joe • *Hamman Jean* • 1885-
Hanin Serge • 1929-
Hansel Marion • 1949-
Harris Andre • 1933-
Hartmann-Clausset Madeleine • *Hartmann Madeleine* • 1931-
Harts
Hatot Georges
Haudepin Didier • 1951-
Haudiquet Philippe • 1937-
Hauduroy Jean-Francois • 1928-
Heinic Christian
Heinrich
Heinrich Andre
Helman Henri • 1947-
Hemard Jean • 1908-
Henco Jess
Hennion Robert • 1898-
Henry Clarissa
Henry-Jacques • *Jacques Henry* • *Jacques Henri* • 1920-
de Herain Pierre • 1904-1972
Herman Jean • 1933-
Hermantier R.
Hershon Eila
Herve Jean • 1884-
Hervil Rene • 1883-1960
Hessens Robert • 1915-
Heuze Andre • 1880-1942
Heymann Claude • 1907-
Heynemann Laurent • 1948-
Hillel Marc
Honaro Rene
Hoppin Hector
Hornez Andre
Hossein Robert • 1927-
Houssin Jacques • 1902-
Howard Noel • 1920-1987
Hubert Jean-Loup • 1949-
Hubinet Jacques • 1945-
de Hubsch
Hugon Andre • 1886-1960
Hugues Robert
Huillet Daniele • 1936-
Huisman Jean-Claude • 1921-
Hulin
Hunebelle Andre • 1896-1985
Huppert Caroline
Hurban Roland • 1939-
Hurd
Hussenot Yves • 1947-
Hustaix Lucien • *Amor John* • 1924-1975
Ichac Marcel • 1906-
Igoux Jean-Pierre • 1943-
Imbrohoris Jean-Pierre
Iribe Marie-Louise • *Jribe Marie-Louise* • 1900-1930
Isoppo Daniel
Issartel Marielle • 1944-
Issermann Aline • 1948-
Ivernel Vicky • 1921-1962
Jabely Jean • 1921-
Jacquin Abel • 1893-
Jacquot Benoit • 1947-
Jaeckin Just • 1940-
Jaeger Claude
Jaeger-Schmidt Andre
Jaffe Georges • 1907-
Jallaud Pierre • 1922-
Jallaud Sylvia
Jamain Patrick • 1944-
Jaquelux
Jaspard Alain • 1940-
Jasset Victorin • *Jasset Victorin-Hippolyte* • 1862-1913
Jaulin Robert
Jaulmes Philippe
Jauniaux M.
Jauvert Claude
Jayet Rene • 1906-1952
Jeanson Henri • 1900-1970
Jelot-Blanc Jean-Jacques • *Blanc Jean-Jacques Jelot* • 1948-
Jessua Alain • 1932-
Joannon Leo • 1904-1969
Job Guy • 1945-
Joffe Arthur • 1953-
Jolivet Marc • 1951-
Jolivet Pierre • 1952-
Jolivet Pierre-Alain • 1935-
Jolivet Rene • 1898-1975
Joly Max • 1905-
Jordan Richard
Jorge Jean-Louis • 1947-
Jorre Guy
Josipovici Jean • 1914-
Jouannet Irene • 1945-
Jouffa Francois • 1943-
Joulia Philippe • 1931-
Joulot Jean
Jourdan Pierre • *Jourdain Pierre* • 1907-
Jouvet Louis • 1887-1951
Joyeux Philippe
Jugnot Gerard • 1951-
Jullian Marcel • 1922-
July Serge
Kahane Roger • 1932-
Kaleya Tana • 1939-
Kalfon Jean-Pierre • 1938-
Kalifa Max • 1924-
Kaminka Didier • 1943-
Kaminker Alain
Kanapa Jerome • 1946-
Kane Pascal • 1946-
Kaplan Jonathan • 1947-
Kapps Walter • 1908-
Kassovitz Peter • 1938-
Kast Pierre • 1920-1984
Katz Gilles • 1937-
Kay Roger • 1921-
Kelber Geo
Kemm Jean • 1874-1939
Kerchbron Jean • 1924-
Kerchner Jean • 1929-
Keroul Maurice • 1885-1976
Kessler Christian
Kikoine Gerard • 1946-
Kinaux Henri
Kirchner Bruno-Mario • 1943-
Kirsanoff Dimitri • *Kirsanov Dimitri* • 1899-1957
Knapp
Knobler Albert • 1932-1973
Komor Serge • 1929-
Koob Andre • 1946-
Koralnik Pierre • 1938-
Korber Serge • *Thomas John* • 1936-
Kormon Roy
Kosovac Milutin
Koulmasis Timon
Krauss Charles
Krauss Henry • *Krauss Henri*
Krausse Edith • 1929-
Krawczyk Gerard • 1953-
Kurys Diane • 1948-
de La Cour Jean
de La Falaise Henri
de La Patelliere Denys • 1921-
Labarthe Andre S. • 1931-
Labro Maurice • 1910-
Labro Philippe • 1936-
Labrousse Andre • 1900-
Labrousse Georges
Lacam Henri
Lachenay
Lacombe Georges • 1902-
Lacoste
Lacour Jose-Andre • 1919-
Lacourt Guy • 1910-
Lafond Jean-Daniel • 1944-
de Lagarne M.
Lagrange Yvan • 1950-
Laguionie Jean-Francois • 1939-
Lajournade Jean-Pierre • 1937-1976
Lalande Claude • 1925-
Lallemand Claude • 1949-
Lallier
Laloux Daniel • 1937-
Laloux Rene • 1929-
Lambert Paul • 1918-
Lambert Pierre • 1938-
Lamorisse Albert • 1922-1970
Lamothe Arthur • 1928-
Lamour Marianne • 1938-
Lamoureux Robert • 1920-
Lamy Raymond • 1903-
Lancelot Martine • 1948-
Landau Constantin
Landau Olivier • 1948-
Lang Michel • 1939-
Lange Henri
Langlois Henri • 1914-1977
Languepin Jean-Jacques • 1924-
Lannes Georges • 1894-
Lanzenberg Francois
Lanzmann Claude • *Lanzman Claude* • 1925-
Laperrousaz Jerome • *Laperousaz Jerome* • 1948-
Lapierre Dominique
Laporte Claude
Lapoujade Robert • 1921-
Lara Christian • 1939-
Larriaga Jean • 1945-
Lary Pierre • 1928-
Lasalle Jacques
Lasfargues Alain • 1953-
Lasry Pierre • 1938-
Lasseyre Jacques
Lateste Eddie
Latouche Michel
de Latour Bernard • 1905-
Laumet
de Launay Jacques
Launois Bernard • 1930-

Laurent
Laurent Christine • 1944-
Laurent Germaine
Laureux Jean-Claude • 1939-
Lautner Georges • 1926-
Lauzier Gerard • 1932-
Lavalle Alain • 1937-
Laviron Jean • 1915-
Lavorel Henri
Law Bernard
Lawaets Gudie • *Lawaetz Gudie*
Le Bargy Charles • 1858-1936
Le Bon Roger
Le Chanois Jean-Paul • *Dreyfus Jean-Paul* • 1909-1985
Le Derle Charles
Le Garrec Nicole • 1942-
Le Masson Yann • 1930-
Le Moign' Joel • *Le Moigne Joel* • 1938-
Le Peron Serge • 1946-
Le Somptier Rene • 1884-1950
Le Tourneur Georgette • 1908-
Le Wita Frank
Lean Bruce J.
Leaud Pierre
Leblanc Michel
Leblanc Raymond
Leboursier Raymond • 1917-
Leca J.-P.
Lecat & Espagne
Leclerq Christian
Lecompte Jacqueline • 1941-
Lecomte Daniel
Leconte Jean-Louis • 1948-
Leconte Patrice • 1947-
Ledieu Christian
Ledoc Jean
Leduc
Leduc Francois
Leduc Jean • 1922-
Leenhardt Roger • 1903-1985
Leenhardt Yvonne
Lefebvre Catherine
Lefevre Jean • 1921-
Lefevre Rene • 1898-
Lefort Rene • 1942-
Lefranc Guy • 1919-
Leger Fernand • 1881-1855
Legrand
Legrand Bernard
Legrand Jean-Rene
Legrand Michel
Leherissey Jean • 1915-
Lehmann Maurice • 1895-1974
Lekain Tony • 1888-1966
Lelouch Claude • 1937-
Lemaitre Maurice • 1926-
Lemoine Camille
Lemoine Michel • 1929-
Lenasz Elia
Lenoir Claudine • *Terrus Charlette*
Leon Jean • 1929-
Lepage Henri • 1898-1970
Lepeuve Monique
Lepine Charles
Leprieur Gaston
Leprince Rene • -1929
Lequim Pierre
Leroi Francis • *Leroy Francis* • 1946-
Leroux Jacques
Leroy Serge • 1937-
Lesage Roger
Lesaunier Daniel • *Le Saunier Daniel* • 1950-
Lessing Hans
Leterrier Francois • 1929-
Levaton Jean-Noel
Levent Alain • 1934-
Levi-Alvares Jean-Louis • 1913-1977
Levi Lucien
Leviant Michel • 1947-
Levitte Jean • 1916-
Levy Isabelle • 1950-
Levy Jacques • 1938-
Lewin Raymond • 1950-
Lewis James H.
L'Herbier Marcel • 1888-1979
Lhomme Pierre • 1930-
L'Hote Jean • 1929-1985
Liabel Andre
Lichy Atahualpa
Licot Louis-S.
Lievre Herve • 1950-
Lifchitz Philippe • *Lifschitz Philippe*
Ligure Claude
Limosin Jean-Pierre • 1949-
de Limur Jean • 1887-1976
Linder Maud • *Max-Linder Maud* • 1924-
Linder Max • 1883-1925
Lindon Andre • 1951-
Lion Roger • -1934
Lipmann Eric
Lirkin Mark
Llorca Denis • 1949-
Lods Jean • 1903-1974
Loew Jacques • 1915-1976
Logan Bob
Logereau Edouard • 1925-
Lombardini Carlo • 1924-
Lonati
Lopez Albert • *Lopez Alberto* • 1921-
Lorenzi Stellio • 1921-
Loridan Marceline • 1928-
Loriquet
Lortac • *Lortak* • *Collard Robert*
Lotar Eli • 1905-1969
Loubaries Claude
Loubignac Jean • 1898-
Lousteau Pierre Roger
Love John
Lowf-Legoff Jean-Pierre • *Legoff Jean-Pierre Lowf* • 1945-
du Luart Yolande
Lubtchansky Jean-Claude
Lucot Rene • 1908-
Lugeon Robert
Luguet Andre • 1892-
Luitz-Morat • *Morat Luitz* • -1928
Lukine
Lumiere Louis • 1864-1948
Luneau Georges • 1941-
Luntz Edouard • 1931-
Luret Jean • 1942-
Lux Guy • 1920-
Luyat Jean-Claude
Lvoff John
Maccaig Arthur • 1948-
Maceignac Roland • *Marceignac Roland*
Machard Alfred • 1887-1962
Macovet S.
Madeux Paul
Magneron Jean-Luc • 1935-
Magnier Claude • 1920-
Magnin William • 1916-
Magrou Alain • 1938-
Mahe Henri
Mahot Jean-Pierre
Maillet Jean-Claude
Makovski Claude • 1936-
Malancon Andre
Malaussena S.
Malberg Joelle • 1955-
Maley Jean • 1933-
Maline Alain
Malle Louis • 1932-
Maloumian Serge
Malraux Andre • 1901-1976
Mamy Jean • *Riche Paul* • 1902-1946
Manchon Charley
Manigot Jean-Jacques
Manuel Eugene
Manuel Jacques • 1897-1968
Marboeuf Jean • 1942-
Marca-Rosa Youly
Marchal Jean
Marchou
Marcilly Rodolphe • *Marcilly* • 1898-
Marc'O
Marconnier Guy
Mardore Michel • *Guinament Michel* • 1935-
Maret
Margaritis Gilles • 1912-1965
de Marguenat Jean • 1893-1956
Maria Guy • 1928-
Mariaud Maurice
Mariaud Robert
Marissen Loe
Marker Chris • 1921-
Marodon Pierre • *Maradon Pierre*
Marquand Christian • 1927-
Marret Georges
Marret Mario
Mars Severin • 1873-1921
de Marsan Maurice
Marshall Tonie
Marsoudet L.-C.
Marten Leo
Martin Andre
Martin Jacques
Martin Marcel • 1908-
Martiny
Marty
Maryse Jean-Paul
Masse Francis
Masson Jean • *Masson J.* • 1900-
Matalon Eddy • *Greenwood Eddy* • *Angel Jack* • 1937-
Matas Percy
Mathot Leon • 1886-1968
Matras Christian • 1903-1977
Mattelart Armand • 1938-
Matton Charles • 1933-
Maudru
Maudru Charles
Maudru Pierre • 1892-
Maurette Marc • 1916-
Maurice Andre
Maurice D. B. • *Diamant-Berger Maurice* • 1910-
Mayo Nine
Mayoux Valerie • 1936-
Mayrargue Lucien
Mazari Alain
Mazauric Bernard
Mazeas Jean
Mazoyer Robert • 1929-
Meffre Pomme • 1933-
Meignant Michel • 1936-
Mejat Raymond • 1910-
Melies Gaston
Melies Georges • 1861-1938
Melville Jean-Pierre • 1917-1973
Membrin
Menegoz Robert • *Menegoz-Genestal Robert* • 1925-
Menez Bernard • 1944-
Meppiel Jacqueline • 1928-
Mercier
Mercier Mario • 1935-
Mere Charles • 1883-
Mere Pierre • 1912-
Meregny Mathias-R. • *Meregny Mathias* • 1934-
Merenda Marc
Merenda Victor • 1923-
Mesnier Paul • *Saint-Andre Paul* • 1904-
Meunier Jean-Charles • *Meunier*
Meunier Jean-Henri • 1949-
Meyer Jean • 1914-
Michel Andre • 1910-1989
Miesch Jean-Luc • 1952-
Mieville Anne-Marie • 1945-
Migeat Francois • 1940-
Miller Claude • 1942-
Millet Daniel • 1949-
Millet J. K. Raymond
Millet Jean-Pierre
Millet Patrick
Milva
Mimet Francois • 1950-
Mineur Jean • 1902-
Mirande Yves • 1875-1957
Missiaen Jean-Claude • 1939-
Missir Herve • 1903-1978
Mistler Eric • 1950-
Mitry Jean • 1903-
Mitterand Frederic • 1947-
Mnouchkine Ariane • 1939-
Mocky Jean-Pierre • 1929-
Modot Gaston • 1887-1970
Moisy Jacques
Moky Michel
Molinard Patrice
Molinaro Edouard • 1928-
Mollet Luc
Molteni Ambrogio
Monar Lazlo
Monca Georges • 1888-1940
Mondy Pierre • 1925-
Mongredien Jean-Michel • 1950-
Monnet Jacques • 1934-
Monnet Marc • 1941-
Monnier Philippe • 1939-
Monod Jean
Montazel Pierre • 1911-1975
Moosmann Daniel • 1936-
Mora Philippe • 1949-
Mordacq Philippe • 1943-
Mordillat Gerard • 1949-
Moreau Gabriel
Moreau Jeanne • 1928-
Moreau Michel • 1931-
Moreuil Francois • 1934-
Morgan Charles
Morin Edgar • 1921-
Morlhon
de Morlhon Camille • 1869-1952
Moscardo Jean-Pierre • 1938-
Mosjoukine Ivan • 1889-1939
Motard
Moulins Claude
Moullet Luc • 1937-
Mourieras Claude
Mourlan Albert
Mourre Antoine
Mousselle Jean • 1918-
Moussy Marcel • 1924-
Mouyal Guy
Mozskowicz Fernand
Muel Bruno • 1935-
Mugeli Jean • *Mugelli Jean* • 1890-1954
Muller Roberto • 1931-
Mulot Claude • *Lansac Frederic* • 1942-
Munoz Ramon • 1947-
Muntcho Monique
Musidora • *Roques Jeanne* • 1889-1957
Musso Jeff • 1907-
Myler Elias
Myriam • *Borsoutzky Myriam*
Nadeau G.
Nadejdine Serge
Nahoun Philippe • 1949-
Nalpas
Namiand Gilbert
Narboni Jean
Natan Emile • 1900-1962
Natanson Jacques • *Natanson Jean-Jacques* • 1901-
Natsis Costa
Nauroy Alain C. • *Nauroy Alain* • 1943-
Navarra
Navarre Rene
Navarro Jacques
Nemes Charles • 1950-
Nerval Michel • 1945-
de Nesle Robert • *Brown Clifford* • *Hughe Robert* • 1906-
Neurisse Pierre
Neveux Georges • 1900-1982
Newman David
Niermans Edouard • 1943-
Niogret Hubert
Nivoix Paul • 1889-1958
Noe Yvan • 1895-1963
Noel-Noel • 1897-
Nolin Olivier • 1947-
Nolot Jacques
Nomikos Marie-Antoinette
Nonguet Lucien
Nordon Vincent • 1950-
Novembre Adrien
Nubbar Alex • 1940-
Nudamko Sacha
Nuytten Bruno
Ocelot Michel
O'Galop Marius
Oger Jacques • 1937-
Oliphant Pierre
d'Olivier Michel
d'Ormesson Antoine • 1924-
Orval Claude • 1897-1963
Oser Jean • *Oser Hans* • 1908-
Osmont Louis
Oswald
Otero Manuel
Othnin-Girard Claude
Otzenberger Claude • 1935-
Ourt Michel
Oury Gerard • 1919-
Pacull Emilio
Page
Pages Jean • 1892-
Pagnol Marcel • 1895-1974
Painleve Jean • 1902-1989
Palacios Bernard
Palcy Euzhan • 1956-
Pallu Georges
Palud Herve • 1953-
Panijel Jacques • 1921-
Pannasie Claudine
Pannasie Louis
Pansard-Besson Robert • 1950-
Pansini Rose
Pappe Julien
Parbot Michel • 1938-
Parker Claire
Pary Jack
Pascal Christine • 1953-
Pasquier Pierre
Pathe Charles • 1863-1957
Pathe Theophile
Patient Michel • 1943-
Patin Claude • 1935-
Patris Gerard • *Patris S. G.* • *Patris G.* • 1931-
Paul Bernard • 1930-1980
Paulin Jean-Paul • 1902-1976
Pauly Marco • 1943-
Paureilhe Christian • *Paureille Christian* • 1947-
Paviot Paul • 1925-
Payet Alain
Pecas Max • 1925-
Peclet Georges • 1896-1974
Pedrazzini Jean-Pierre • -1956
Peguy Robert • 1883-1968
Pellenc Andre • 1899-
Penard Serge • 1949-
Percin Andre • 1914-1980
Perdriaud Georges
Perdrix Jean
Perec Georges • 1936-1982
Pergament Andre • 1922-
Perier Jean-Marie • 1940-
Pernot Herve • 1948-
Perol Guy • 1929-
Perret Leonce • 1880-1935
Perrin Francis • 1947-
Perrin Laurent • 1955-
Perset Antoine • 1953-
Pessis Claude
Petard Jean-Pierre • 1940-
Petrossian Eddie
Phelps Livingstone
Philibert Nicolas • 1951-
Philipe Gerard • 1922-1959
Philippe-Gerard Didier • *Fowler John*
Philippe Pierre • 1931-
Pialat Henri
Pialat Maurice • 1925-
Piault Marc-Henri
Pichonnier Jean
Pichonnier Paul
Pico Marco • 1940-
Pierre
Pierre-Louis • *Amourdedieu Pierre* • *Louis Pierre* • 1917-
Pierre Roger • 1923-
Pierson Claude • *Marchand Andree* • *Joyce Caroline* • *Joyce Carolyne* • *Martin Paul* • 1932-
Pigaut Roger • 1919-
Pilard Philippe
Pillault Jean-Daniel • 1958-
Pinel Vincent • 1937-
Pinheiro Jose • 1945-
Pinoteau Claude • 1925-
Pinoteau Jack • *Pinoteau Jacques* • *Pinoteau J.* • 1923-
Piollet Serge • 1937-
Pirau Reine
Pires Gerard • 1942-
Pizzorno Antonietta
Planchon Roger • 1931-
Plant Claude
Ploquin Raoul
Poidevin Patrick • 1941-
Poire Jean-Marie • 1945-
Poirier Alban • 1943-
Poirier Leon • 1884-1968
Poitrenaud Jacques • 1922-
Polac Michel • 1930-
Polanski Roman • 1933-
de Poligny Serge • 1903-1983
Pollet Jean-Daniel • 1936-
Pons
Pontiac Jean-Marie • 1924-
Pontoiseau Roland • 1921-
Porcile Francois
Poteau Gerard • 1948-
Potignat

Potts Wallace
Pouctal Henri • 1856-1922
Poulain Evelyne
Pouret Robert • 1937-
Pourtale Jean • 1940-
Pradier Jean-Paul • 1932-
Pradinas Pierre
Pradley Boris
Premysler Francine • 1933-
Prenczina Sabine
Prevert Pierre • 1906-1988
Prevost Jean-Pierre • 1942-
Prigent Yves
Prouteau Gilbert • 1918-
Puicouyoul Philippe • 1952-
Pujol Rene • -1942
Puzenat Jean-Loup
Py Eugenio
Queysanne Bernard • 1944-
Quignon Roland-Jean • *Quignon Roland* • 1897-
Quinet Rene • 1921-
Quinn
Quinn Edward • *Quinn Edouard* • 1920-
Rabier Benjamin • 1864-1939
Radot Guillaume • 1910-
Rafael Peter
Rameau Willy • 1948-
Ramelot Pierre • 1905-1942
Ramoulian Charles
Rancurel Jean-Louis
Rancy
Rankovitch Jean-Michel • 1921-
Raoul-Duval Francois • 1935-
Raphael Peter
Rappeneau Jean-Paul • 1932-
Rastrelli Amedee
Raulet Georges • 1883-1954
Ravel Gaston • 1878-1958
Rawson Jean-Pierre • 1936-
Ray John
Raynal Jackie
Raynaud Patrick • 1946-
Raysse Martial • 1936-
Rea Robert • 1949-
Rebillard Georges
Reboul Odet
Rebuffat Gaston • 1921-
Regis Jack • *Regis Jacques* • 1929-
Regnier
Regnier Georges • 1913-
Regnier Jean • 1903-
Regnier Michel • 1934-
Regnier Pierre
Reichenbach Francois • 1922-
Rein Richard • 1941-
Reinhard Pierre B. • *Reinhard Pierre*
Remise Jac
Remy Constant • 1884-1957
Remy Dominique
Renard Jacques • 1944-
Renato Lazlo
Renau-Pieri
Renaud
Renier Gerard
Renoir Claude • 1914-
Renoir Jean • 1894-1979
Resnais Alain • 1922-
Revol Claude
Revol Robert
Revon Bernard • 1931-
Reynaud Emile • 1844-1918
Rhein
Rhomm Patrice • *Staar Mark* • 1931-
Ribes Jean-Michel • 1946-
Ribowska Malka
Ribowski Nicolas • 1939-
Ricaud Michel
Richard Jacques • 1954-
Richard Jean-Louis • 1927-
Richard Pierre • 1934-
Richebe Roger • 1897-
Richon Rene • 1949-
de Rieux Max • 1898-1963
Rigal Andre
Rigaud Andre
Rihouet Pierre
Rimsky Nicolas • *Rimsky Nicholas* • 1890-1941
Ripeau Marie-Genevieve
Rissient Pierre • 1936-
Ristelhueber Sophie • 1949-
Rivers Fernand • 1879-1960
Rivette Jacques • 1928-
Rivoalen
Roanne Henri
Robak Alain • 1954-
Robbe-Grillet Alain • 1922-
Rober Jean-Henri
Robert Yves • 1920-
Roberts Richard
Robichet Theo • 1941-
Robin Jacques • 1919-
Robin Pierre
Robiolles Jacques • 1935-
Roboh Caroline • 1953-
Rocamora Pierre-A.
Rochat Eric
de Rochefort Charles • *Rochefort Charles* • *de Roche Charles* • 1887-1952
Roger
Roger Jean-Henri • 1949-
Rohmer Eric • 1920-
Rollan Henry • *Rollan Henri* • 1888-1967
Rollin Georges • 1912-1964
Rollin Jean • *Gentil Michel* • *Gand Michel* • *Lazer J.-A.* • *Gentle Michael* • *Gentle Mike* • 1938-
Romain Jacques
Ronet Maurice • 1927-1983
Rony Georges
Ronzon Alexandre
Roos Ody
Rosay Francoise • 1891-1974
Rosca Gabriel • 1895-1943
Rosenkranz Ignacy • *Rosenkranz J.* • *Bay I.-R.*
Rosetti Romeo
Rosier Michele • 1930-
Rossi Jean-Baptiste • *Japrisot Sebastien* • 1931-
Rostand Edmond
Rostand Jean
Rouan Brigitte
Roubaud Andre • 1907-1980
Rouch Jean • 1917-
Roudakoff Michel
Roudes Gaston • 1878-
Rouffio Jacques • 1928-
Rouland Jacques • 1929-
Roulleau Edgar
Roullet Serge • 1926-
Rouquier Georges • 1909-
Rousseau Jean-Pierre
Roussel Emile • *Roussel Mike* • *Roussel Mick* • 1909-
Roussel Gilbert • *Taylou Pierre* • *Russel William* • 1946-
Roussell Henry • *Roussel Henri* • 1875-1946
Roustang Pierre • 1921-
Rouy
Rowe Thomas L. • *Rowe Thomas*
Roy Andre • 1914-
Roy J. C.
Roy Jean-Claude • *Aubin Patrick* • 1933-
Roy Jean-Noel • 1927-
Rozier Jacques • 1926-
Ruder Ken
de Ruelle Emile
Ryder Alexandre • *Ryder Alexander* • *Valjean Jean-Jacques* • 1891-1966
Sabarros Antoine
Sacha Jean • 1912-
Saenz Luis
Safran Henri • 1932-
Sagan Francoise • 1935-
Saguez Guy
Saidreau Robert
Saint-Clair Julien
Saint-Hamon Jan
Saint-Laurent Cecil • 1919-
de Saint-Maurice Christian • 1927-
de Saint-Ogan Alain • 1895-1974
de Saint-Phalle Niki • 1930-
Saire Jean-Pierre • 1944-
Sala Henri • *Sala Henry* • 1936-
Salfati Pierre-Henri
Salinas Fernando E.
Salis Robert
Saltel Roger • 1922-
Salvini Milena
Salvy
Samie Jean-Frederic • 1948-
Samivel • *Gayet-Tancrede Paul* • 1907-
Sanders Bob W.
Sanders Dirk • 1933-
Sanders Michael B.
Sandoz Gerard • 1902-
Sansoulh Jacques • 1943-
Santhe Lambert
Sanvoisin Michel
Sarde Alain
Sarrazin Antoine
Saurel Jacques-Rene • 1948-
Sautet Claude • 1924-
Sauvage Andre • 1891-1975
Sauvajon Marc-Gilbert • 1905-
Savignac Jean-Paul • 1936-
Savoie Fred
Saytor Tony • 1911-
Scandelari Jacques • 1943-
Schiffrin Simon
Schiller Paul
Schlumberger Eric • 1932-
Schmedes Adam
Schmitt Bernard
Schneider Henri • 1902-
Schock Michael • 1948-
Schoendoerffer Pierre • *Schoendorffer Pierre* • 1928-
Schreiner Charlie
Schulmann Patrick • *Schulman Patrick* • 1949-
Schwab Pierre
Schwarzstein Alain • 1947-
Scotland Michael
Seban Paul • 1929-
Sechan Edmond • 1919-
de Sedouy Alain • 1929-
See Jean-Claude
Segal Patrick • 1947-
Segard Raymond
Segarra Ludovic • 1943-
Sejaud Jean
Seligmann Guy • 1939-
Selignac Arnaud • 1957-
de Selignac Arnaud
Senecal Jean-Michel
Senechal Georges
Sengissen
Sentier Jean-Pierre • 1940-
Sergent Jean-Pierre • 1940-
Seria Joel • 1936-
Serre Daniel • 1952-
Serreau Coline • 1947-
Serres Jean • 1934-
Servaes Ernest
Sestier Marius
Setbon Philippe • 1957-
Severac Jacques • 1902-1982
Sevestre
Shaker
Shawzin Barry • 1930-
Si-Jie Dai
de Sienne Serge • 1934-
Sigurd Jacques • 1920-
Silka
Simon Jean-Daniel • 1942-
Simon Maya
Simons Leopold • 1901-
Simsolo Noel • 1944-
Siry Jean-Etienne • *Siry J. E.* • 1940-
Sisser Pierre
de Size Jean
Sluizer George • 1932-
Sokolowski Claude • 1943-
Sollin Maurice
Sommet Louis • 1925-
Sorin Raphael
Sossah Francis
Sotha • *Sigaux Catherine* • 1944-
Soukaz Lionel • 1953-
Soulanes Louis • *Soulanes L.* • 1924-
Soussigne Jean-Pierre
Steeve Allan W.
Steiner
Stelli Jean • 1894-
Stengel Christian • 1903-
Stephane Nicole • 1928-
Stephen Richard
Stern Mark • *Staow Mark*
Stevenin Jean-Francois • 1944-
Sti Rene • 1900-1951
Stocklin Jorg
Stora Bernard • 1942-
Straub Jean-Marie • 1933-
Strong Mike
Sullivan Edgar P.
Sussfeld Jean-Claude • 1949-
Sussfeld Robert • 1915-
Szulzinger Boris
Szuster Daniel • 1940-
Szwarc Jeannot • 1936-
Tacchella Jean-Charles • 1925-
Tadic Radovan
Tadie
Taittinger Michel
Talansier Jean
Tarbes Jean-Jacques
Tarcali Pierre
Tarride Jean • 1903-
Tati Jacques • 1908-1982
Tavano Charles-Felix • 1887-1962
Tavano Fred • 1922-
Tavernier Bertrand • 1941-
Tayer Elaine
Tchernia Pierre • 1928-
Techine Andre • 1943-
Teisseire Andre
Tennyson Walter • 1903-
Terme Louis
Terry Alice
Theocary
Thevenard Pierre • 1901-
Thevenet Virginie • 1957-
Thibault Jean-Marc • 1923-
Thierry Alain
Thomas Pascal • 1945-
Thomas Robert • 1928-
Thorn Jean-Pierre • 1947-
Tildian
Tioulong Boramy • 1940-
Titayna
Toledano Philippe • 1938-
Topart Robert • *Topart R.* • 1920-
Topor Roland
Tor Gerald
della Torre Claudio
Torrent Henri • 1922-
Toublanc-Michel Bernard • *Michel Bernard T.* • 1927-
Touchard Pierre-Aime • 1903-
Touita Okacha • 1943-
Toulout Jean • 1885-1962
Tourane Jean • 1919-
Tourneur Jacques • 1904-1977
Tourneur Maurice • 1876-1961
Trabaud Pierre • 1925-
Tranche Andre • 1914-
Treilhou Marie-Claude • 1948-
Tresgot Annie
Treyens Jacques • 1929-
Trintignant Jean-Louis • 1930-
Trintignant Nadine • 1934-
Troeller Gordian
Trotignon Jean-Luc • 1959-
Truffaut Francois • 1932-1984
Tual Denise R. • *Tual Denise* • 1906-
Tual Roland • 1904-1956
Turbay Max
de Turenne Gilles A.
de Turenne Henri • 1921-
Turko Rosemarie • 1951-
Tzipine Joseph
Uderzo Albert
Unia Pierre • *Pieri Renau* • 1933-
Unik Pierre
Vachet Aloysius • 1896-1958
Vadim Roger • 1928-
Vajda Claude • 1939-
Valentin
Valere Jean • 1925-
Valiant-Couturier P.
Vallee Jean • 1899-
Vallois Philippe • 1948-
Valray Louis
Van Damme Alain
Van De Putte Christine • 1954-
Van Effenterre Bertrand • 1946-
Van In Andre • 1949-
Vandal Marcel • 1882-1965
Vandal Marion
Vandenberghe Paul • 1916-1961
Vandercoille Alain • 1947-
Vanel
Varela Jose • *Friedmaker Billy* • 1933-
Varnel Marcel • 1894-1947
Vaudremont
Vausseur Jacques
Vautier Rene • *Vauthier Rene* • 1928-
Veber Francis • 1937-
Veber Serge • 1897-
Vecchiali Paul • 1930-
Vedres Nicole • 1911-1965
Velle Gaston • 1872-194?
de Velsa Dietrich
Venard Jean
Venault Philippe • 1947-
Venisse Alain
Ventura Ray
Vercourt Alfred
Verdier Roger • 1903-
Vergez Gerard • 1935-
Vergne Jean-Pierre • 1946-
Verhaegue Jean-Daniel • 1944-
Vermorel Claude • 1909-
Vernadet R.
Vernay Robert • 1907-1981
Vernick
Vernier Gerard
Versini Andre • 1923-1966
Vetusto A.
Veuve Jacqueline
Vianey Michel • 1932-
Viard Philippe • 1946-
Victor Renaud • 1946-
Vidal Ghislain • 1952-
Vidal Pascal • 1949-
Viel Marguerite • 1894-1976
Vienet Rene • 1944-
Vienne Gerard • 1935-
Vierne Jean-Jacques • 1921-
Vigne Daniel • 1942-
Vigny Benno • 1889-1965
Vigo Jean • 1905-1934
Vilette Raymond
Villa Jacques-R. • *Villa Jacques R.* • 1927-
Villain Dominique
Villeminot Jacques
Villeneau Henri
Villers Robert
Villet
Villiers Francois • 1920-
de Villiers Gerard
Villiersvila Francois • 1920-
Vincent Jean-Marie • 1940-
Violet Edouard-Emile • *Violet Edouard E.* • *Violet Edouard* • *Violet E.-E.*
Violet George
Vital Claude • 1933-
Vitrac Roger
Vivet Jean-Paul
Vocoret Michel • 1938-
Vogel Raymond
Voisin Andre
Vorins Henri
Voulfow Jean-Luc • 1947-
Vuillermet Michel • 1950-
Wagner
Wall Jean • 1900-1959
Walter Anne
Walter Claude • 1909-
Wargnier Regis • 1948-
Warin Francis • 1930-
Warren Ken
Watrin Pierre
Waucampt Yves
Wauthrin Xavier
Weill Pierre • 1906-1961
Weinberg Rachel • 1928-
Weinberger Anielle • 1946-
Weinfeld Andre
Weinfeld Jean
Weisbach Richard
Weisz Claude • 1939-
Weyergans Francois • 1941-
Wheeler Rene • 1912-
White Jack
Wichard Michel
Willemetz Jacques • 1921-
Wilson Georges • 1921-
Windust Bretaigne • 1906-1960
Winter Nick • 1879-1946
Wion Marcel L.
Wolfe Howard
Wolmark Gilbert
Wronecki
Wulschleger Henry • *Wulschleger Henri* • -1939
Wyler Robert • 1900-1971

Wyn Michel • 1931-
Xavier Robert
Yanne Jean • 1933-
Young M.
Zadeh Sandra
Zaphiratos Henri-T. • *Zaphiratos Henry* • *Thano Henri* • 1928-
Zarifian Christian • 1942-
Zatouroff Boris
Zecca Ferdinand • 1864-1947
Zidi Claude • 1934-
Zien Allen
Zimbacca Michel
Zimmer Pierre • 1927-
Zingg Gerard • 1942-
Ziolkowski Fabrice • 1954-
Zuber
Zuber Christian • 1930-
Zuber Rene
Zucca Pierre • 1943-
Zwobada Andre • *Zvobada Andre* • 1910-

GABON

Aure Simon
Dong Jean-Marie • *N'Dong Pierre*
Ferrari Alain
Mebale Louis

GERMANY

Abel Alfred • 1880-1937
Abter Adolf
Achaz-Duisberg Carl Ludwig
Achsel Willy
Achternbusch Herbert • 1938-
van Ackeren Robert
Adloff Horst Manfred
Adlon Percy • 1935-
Aeckerle Fritz
Agerty Max
Agotay Louis
Aichinger Hanns Raimund
Albertini Luciano
Albes Emil
Albin Hans
Aldini Carlo
Alemann Claudia • *Aleman Claudia*
von Alemann Claudia
Alexander Georg • 1889-1946
Allen Johannes
Alsen Ola
von Alten Jurgen
Altorjag Gabor
von Ambesser Axel • 1910-
Ammann Gerhard
Amon Hansjorg
Anczykowski Paul
Andam F. D.
Andelfinger Fritz
Anders Christian
Anders Gunther • 1909-
Andersen F. W.
Andersen Valdemar
Anderson Igo M.
Anderson Monika
Andrees Angelica
Ansfelder
von Antalffy Alexander • *v. Antalffy Alexander*
Antel Franz • *Antel Fanny* • *Legrand Francois* • 1913-
von Anutroff Ilja
Arive Jean-Christophe
Arnheim Valy
Arno • *Arno Sig* • 1895-1975
Arnz
Arpe Johannes
Arvay Richard
Asagaroff Georg • *Asagaroff* • *Azagarov G.*
Ashley Helmut • 1919-
Assmann Arno
Attenberger Toni • *Attenberger Tony*
Azderball Robert
Bach Rudi
Backhaus Helmuth M.
Badzian Teresa
Bagier Guido
Baker Anthony
Bako Klaus
von Baky Josef • 1902-1966
Balhaus Carl
Ballmann Herbert • *Ballman Herbert*
Balque Erica
Bamberger Peter
Bandy Miklos
Bar Rainer
Barckhausen Christiane
Barke Lothar
Barlog Boleslav
Barnowsky Victor
Barrenstein Franz
Bartelmess-Weller Usch • *Barthelmess-Weller Usch*
Barth Otto Wilhelm
Barthel Kurt
Baser Tecfik • *Baser Tevfik*
Baske Franz
Batz Lorenz • *Baetz Lorenz*
Bauer-Adamara
Bauer James
Bauer Jochen
Bauer Leopold
Bauer Peter P.
Baum Ralph • 1908-
Baumeister Albert
Baumgartner Peter
Beatt Cynthia
Beauvais Peter
Beck-Gaden Hanns • *Beck-Gaden Hans*
Beck Hanns
Beck Ludwig
Beck Walter
Becker Carl
Becker Ernst
Becker Jurek
Becker Wolfgang • *Becker W.*
Behn-Grund Friedl • 1906-
Behr Carl
Behrendt Hans
Behrens Gloria
Bender Erich F.
Bender Ludwig
Benitz Albert • 1904-
Berendt J. E.
Berg
Bergen Arthur
Berger A.
Berger Friedrich
Berger Josef
Berger Ludwig • 1892-1969
Berger Martin
Bergman Barbl
Bergmann Werner • 1921-
Bergson A.
Berman Brigitte
Berndt Wolfgang
Berneis Peter
Bernhardt Curtis • *Bernhardt Kurt* • 1899-1981
Bernhardt Fritz • *Bernhard Fritz*
Bertoni Francis A.
Bertram Hans
Bey Mouhssinn
Beyer Frank • 1932-
Beyer Friedemann
Biebrach Rudolf
Bienek Horst
Billian Hans • *Billian H.*
Birgel Willy • 1891-
Bitomsky Hartmut
Bittins Alfred
Blachnitzky Curt • *Blachnitzki Curt*
Blackwood Michael
Bleiweiss Celino
von Blucher Hubert
Bluen Georg
Blum Victor
Bock-Stieber Gernot
Bockmayer Walter
Boese Carl • *Boese Carl Heinz* • 1887-1958
Bogner Willy
Bohm Hark • *Bohm Hank*
Bois Curt • 1900-
Boll Christopher
Bolten-Baeckers Heinrich • *Bolten-Baeckers*
Bondy Luc
Bonnet Horst
Bonsels Waldemar
Boos Walter
Borel Victor
Borgnotto Romano Luigi • *Borgnotto Romano* • *Romano Luigi*
von Borresholm Boris
Bortfeldt Hans R.
Bottcher Jurgen • 1931-
Bottge Bruno J.
Bottger Fritz • *Nolan Jamie*
Bove Hans Dieter
Brachvogel Heinz Udo
Brahm John • *Brahm Hans* • 1893-1982
Brandauer Klaus Maria
Brandler Lothar
Brandner Uwe
Brandt
Brandt Heinrich
Brandt Horst E.
Brandt Johannes
Brasch Thomas
Brauer Jurgen
Brauer Peter P. • *Brauer Peter Paul*
Braun Alfred
Braun Harald • 1901-1960
Braun Michael
Brebera Vladimir
Brenken Arthur
Brenken Kurt
Bretzinger Jurgen
Bringmann Peter F.
Bruck Reinhard • *Bruck Reinhard (Dr)*
vom Bruck Roswitha
Bruckner August
Bruckner Jutta
Brummer Alois
Brunner Rolf
Brustellin Alf
Buch Fritz Peter • *Buch Fritz P.*
Buchholz Gerhard T.
Buchmann Jurgen
Buhre Werner
Buhrmann Rolf
Buld Wolfgang
Burg Eugen
Burger Hanus
Burghardt Georg
Burghardt Theodor
Burguet M. C.
Burk Michael
Burkhardt Georg
Burri Emil
Busch Eddy
Buschmann Christel
Capello Carlo
Capetanis Leon • *Capetanos Leon*
Cappelari
von Cardowa Lauda
Carducci Annette • 1942-
Carow Heiner • *Carow H.* • 1929-
Carpentier Karl Heinz
Carstennsen Carlo
Casale Nino
Casstner Guy
Charell Erik • *Charell Erich* • *Charrel Erik* • 1895-1974
Chmielewski W. V.
Chrisander Nils • *Chrisander Nils Olaf*
Christa Eva
Claudius Erich
Cleve Bastian
Cloos Hans Peter
Coenen Josef
Cohn-Vossen Richard
Colani Ludwig
von Collande Volker • *Collande Volker*
Connard Leo
Costard Hellmuth
Croissant Claus
von Cserepy Arzen • *von Czerepy Arzen* • *von Wieder Konrad*
Curlis Hans
Czerny Ludwig
von Cziffra Geza
Dahlmann Gerd
D'Algy Antonio
Dalsheim Friedrich • *Dalsheim Dr.*
Dammann Gerhard • *Namhad G.*
Danuky Nunek
David Constantin J.
D'Bomba Jorg • *D'Bomba George*
Decarli Bruno • *De Carli Bruno*
Decroix Charles
Decroix Henry
Del Zopp Rudolf
Delmont Joseph
Dengel Edy
Deppe Hans • 1897-
Dessauer Siegfried • *Dersaux Siegfried*
Dewald Julius
Diehle Bros • *Diehl Bros*
Dieterle William • *Dieterle Wilhelm* • 1893-1972
Dietrich Erwin C. • *Gilbert Guy* • *Thomas Michael*
Dippe Hermann
Dittrich Klaus
Domnick Hans • 1909-
Domnick Ottomar • 1907-
Dorfler Ferdinand
Dorrie Doris • 1955-
Dorries Bernhard
Dorst Tankred
Draexler-Just
Drechsel Sammy
Dreier Hans
Dreifuss Arthur • 1908-
Driest Burkhard
Droop Marie Luise
Dubson Michael
von Dungern A.
Dupont E. A. • 1891-1956
Durec Monsieur
Dworsky Rudolf
Dyhrenfuss G. O.
Dyrenfurth Oskar
Dziuba Helmut
Ebert Jurgen
Eckstein Franz
Edel Edmund
Edel Ulrich • *Edel Ulli*
Ehmann Karl
Ehmck Gustav
Ehrhardt Max
Eichberg Richard • 1882-1952
Eichgrun Bruno
Eichhorn Franz
Eichler Fritz
Eisholz Lutz
Elling Alwin
Elsner Richard
Emigholz Heinz
Emmerich Klaus
Emo E. W. • *Emo Emerich W.* • 1898-
van Encke Jorg
Engel Christoph
Engel Erich • 1891-1966
Engel Thomas • 1922-
Engels Erich • 1889-
Enger Mogens
Engstrom Ingemo
Enz Jurgen
Erdmann-Jesnitzer
Erfurth Ulrich
Eriksen Erich • *Eriksen Erik*
Erler Rainer
Esterer Wolfgang
Ewers Hans H.
Fanck Arnold • 1889-1974
Fantl Thomas
Farocki Harun
Fassbinder R. W. • *Fassbinder Rainer Werner* • 1946-1982
Fechner Eberhard
Feindt Johann
Fekete Alfred
Felmy Max
Felner Peter Paul • 1884-1927
Felsenstein Walter
Fengler Michael
Ferrer Charles
Fery Klaus
Fest Joachim C.
Fiala Hans
Fiedler E. F.
Fiedler-Spies Ernst
Firmans Josef
Fischer Hans Conrad
Fischer Heinz
Fischer-Kosen Hans
Fischer-Kosen Kaskeline
Fischer O. W. • *Fischer Otto Wilhelm* • 1915-
Fischer Olf
Fischerauer Bernd
Fischinger Elfriede
Fischinger Oskar • *Fischinger Oscar* • 1900-1967
Fleischmann Peter • 1937-
Flutsch Johannes
Fornbacher Helmut • *Fornbacher H.* • 1936-
Forst Willi • 1903-1980
Forsten Hans
Foth
Franck Ernst L.
Frank Hubert • *Morton George*
Frank Wolfgang
Frass Wilfred
Fredersdorf Herbert B.
Freedland Georg • *Freedland Georges* • 1910-
Freisler Fritz
Frenkel-Bouwmeester Theo
Freund Erich
Frey Karl
Friedmann-Friedrich Fritz
Friedmann Max
Friedrich Gunther
Friessner Uwe
Fritz Roger
Froelich Carl • 1875-1953
Froelich Martin
Frohlich Gustav • 1902-
Frowein Eberhard
Fuchs Friedrich J.
Fuhrmann H.
Funck Werner
Gabriel Harold
Galetzki Heinz
Gall Roland
Galle Mischa
Garai-Arvai
Garas Martin
Gariazzo P. A.
Gartner Adolf
Gass Karl • 1917-
Gehric Peter
Geis Jacob
Geis Rainer
Geisendorfer Julius
Geissendorfer Hans W. • *Geissendorfer Hans Werner* • 1941-
Gels Jacob
Genee Heidi • 1938-
Genschow Fritz
George Heinrich • 1893-1946
Georgi Katja • *Georgi Katia* • 1928-
Georgi Klaus
Gerdes Herbert
Gerhards Christiane
Gerhardt Karl
von Gerlach Arthur • 1860-1925
Gerlach Claus
Gerron Kurt • 1897-1944
Gies Hajo
Gies Martin
Gillmann Karl P.
Glasmacher Dieter
Glass Max • 1890-1964
Gliese Rochus • 1891-
Glowna Vadim
Gluck Wolfgang
Goetz Curt • *Gotz Kurt* • 1888-1960
Goldbaum Peter
Goldberg Heinz
Goldstein Marek
Golowanow A.
Gorski Peter
Gorter Jurgen Jr.
Goslar Jurgen
Gosov Marran
Gossens Anne
Gottlieb
Gottlieb Franz J. • *Gottlieb Franz Josef* • *Gottlieb F. J.*
Graf Dominik
Graf Roland
Grafenstein Heinrich
Graham Sean • 1920-
Grantham-Hayes H. C. • *Grantham-Hayes* • -1931
Graser Jorg
Grawert Gunter
Greenbaum Mutz
Greene Max • 1896-1968
Gregan Ralf
Greiner Fritz
Gremm Wolfgang • *Gremm Wolf*
Grimm Hans
Grimond Philippe
Gros F. A.
Groschopp Richard
Grosse Nina
von Grote Alexandra

Grundgens Gustaf • 1899-1963
Grune Karl • 1890-1962
Grunwald Willy
Grzimek Bernard
Grzimek Michael
Guerra Armand
Gunay Enis
Gunsburg Arthur
Gunther Egon • 1927-
Gunther Herbert E.
Gusner Iris
Guter Johannes
Gutscher Rudolf
Gwisdek Michael
Haas Hans
Haase Arthur
Haase Magnus
Hachler Horst
Hacker Gottfried
Hadaschik Joachim
Hadrich Rolf • *Haedrich Rolf*
Haechler Horst
Haffter Peter
Hagen Carl
Hagen Peter
Hainisch Leopold • 1890-1979
Hajek Peter
Halden Karl
Hallervorden Didi
Hallig Christian
Halm Alfred • *Fredall H.*
Hamburger
Hamburger Ludwig
Hamel Peter
Hammer Erich
Handke Peter • 1942-
Hansen Rolf • 1904-
Hanus Emerich
Harbich Milo
von Harbou Thea • 1888-1954
Harder M.
Harlan Veit • 1899-1964
Harnack Falk • 1913-
Hart Wolf
Hartenstein Paul
Hartmann Siegfried
Hartt Hanns Heinz
Hartt Heinz S.
Hartwig Martin
Hasler Joachim • *Hasler Jo*
Hass Hans
Hauff Eberhard
Hauff Reinhard • 1939-
Haugk Dietrich • *Haugh Dietrich*
Hauser Peter
Haussler Johannes
Haussler Richard
Hecker Waldemar
Heidemann Paul
Heil Heinz
Heiland Heinz Karl
Hein Birgit
Hein Wilhelm
Heine Albert
Heitau Heinz
Helbig Heinz
Helfritz Hans
Hellberg Martin • 1905-
Hellwig Joachim
Heming Antonia
Hempel Johannes
Henckels Paul • 1885-1967
Hendel Gunter
Henner Ted
Henning Hanna
Herald Heinz
Herbig Paul
Herbst Helmut
Herlth Robert • 1893-1962
Hermann Hans H.
Hermann Otto
Herrendorfer Christian
Herrmann Gabriele
Herz Joachim
Herzog Ulrich
Herzog Werner • 1942-
Hess Ernst
Hess Joachim
Hesse Isa
Hessler Gordon • 1930-
Heuberger Edmund
Heyde Friedhelm
Heymann Karl-Heinz
Heymann Robert
Heynowski Walter • *Heynowsky Walter* • 1921-
Hilber Richard Clement
Hildebrandt Dieter
Hille Heinz
Hillgruber Hans-Gert
Hilpert Heinz
Hinrich Hans • *Heinrich Hans*
Hochbaum Werner • 1899-1947
Hofbauer Ernst • *Goodman Ernest*
Hofer Franz
Hoffmann Bernd
Hoffmann Carl • *Hoffmann Karl* • 1881-1947
Hoffmann-Harnisch Wolfgang
Hoffmann Kurt • 1910-
Hoffmann Nico
Hofherr Julius
Hohlfeld Horant
Holder Erich
Holl Fritz
Holldack Claudia
Hollmann Hans
Holmann J. A.
Holsboer Willem
Holstein Eugen
Holz Artur • *Holz Arthur*
Hormann Gunther
von Horn Andreas
Horn Rebecca
Hossfeld H. J.
Hoven Adrian • *Hoven A.* • *Parker Percy G.* • 1923-
Howard Kenneth
Hubler-Kahla J. A.
Huisken Joop • 1901-
Hunderte Alberto • *Braun Lusse*
Huppertz Toni
Hurdalek Georg • 1906-
Hutter Hans
Hyan Hans
Illes Eugen
Illing Werner
Itzenpilz Eberhard
Jaap Max
Jacob Peter
Jacobi Joseph Max
Jacobs Werner • 1909-
Jacoby Georg • *Jacoby George* • 1890-1964
Jaeger Kobi
Jahn Jiri
Jakob Ernst Otto
Janson Victor
Janssen Walter
de Jeer Ott
Jegersberg Otto
Jerven Walter
von Jess Gabriel
Jessner Leopold • 1878-1945
Jocic P.
Jori Bruno
Joseph Erich
Joseph Peter
Jugert Rudolf • *Jugert Rudolph* • 1907-
Julich Herta
Jung-Alsen Kurt
Junge Winifried • 1935-
Junghans Karl • *Junghans Carl* • 1897-
Junghans Wolfram
Jurgens Curd • 1915-
Just Erika
Justitz Emil • 1871-1920
Juttke Herbert
Jutzi Phil • *Jutzi Piel* • 1894-1945
von Kabdebo Lorand
Kaden Danny
Kahane Peter
Kahn William
Kai Johannes
Kaiser Charles W.
Kako Zamnu
Kalden Hans
Kampers Fritz • 1891-1950
Kann Michael
Karfiol William
Karnick Hannes
Katscher Rudolf
Kaufmann Fritz
Kaufmann Nicholas • 1893-
Kauka Rolf
Kautner Helmut • 1908-1981
Kautzner Dieter
Kayser Charles Willy
Kayser Ulrich
Kehlmann Michael
Kempel Johannes
Kenter Heinz
Kern August
Keusch Erwin
Khittl Ferdinand
Kiekebusch-Brenken Artur
Kimmich Max W. • *Kimmich M. W.*
Kirchhoff Friedrich
Kirchhoff Fritz • 1901-
Kirsch John B.
Kirsch Richard
Kirschner Klaus
Kirsten Ralf
Klagemann Eberhard
Klaren Georg C. • 1900-
Klein Charles • *Klein Charles F.* • 1898-
Klein Erwin
Klein Gerhard • 1920-
Klein-Rohden Rudolf
Kleinmann Henk
Klett Werner
Klick Roland
Klingenberg Gerhard
Klinger Werner • 1900-
Klitsch Edgar
von Klodnicki Octav
Klopfer Eugen • 1886-1950
Kluge Alexander • 1932-
Knaake Max
Knauf Thomas
Knittel Johannes
Kobe Hanns • *Kobe Hans*
Kober Erich
Kobler Erich
Koch Carl • *Koch Carlo* • 1892-1963
Koch Volker
Koch Walter
Koebner Franz W.
Koenig Wolf • 1927-
Koepp Volker
Koetter Bert
Kohler Klaus
Kohler Manfred R. • *Kohler Manfred* • *Kohler M. R.*
Kohlert Lutz
Kohlhaase Wolfgang
Kohne Friedel
Kolditz Gottfried
Kollner H. F.
Konermann Lutz
Konetzky E.
Konig Hans H.
Konig Leo
Konigstein Horst
Konyar Rasim
Koop Annerose
Korbschmitt Hans-Erich
Kornblum Hanns Walter
Kortwich Werner
Koster Henry • *Kosterlitz Hermann* • 1905-1988
Kostlin Karl
Kotulla Theodor • *Kotulla Theodore*
de Kowa Viktor • 1908-
Kracht Fritz Andre
Kraemer F. W.
Krafft Uwe Jens
Kramer Albert
Kramer Harry
Kratisch Ingo
Kratzert Hans
Krause Georg
Krause Karl Otto
Krause Willi
Krauss Marian
Krauss Uwe
Krausse Werner
Krausser Dietrich
Kreck Joachim
Krieg H.
Krol Maurice
Kroll Georg
Kronhausen Eberhard
Kronhausen Phyllis
Kruntorad Paul
Kruttner Walter
Kubat Eduard
Kuckelmann Norbert
Kugelstadt Hermann
Kuhn Christian
Kuhn Siegfried
Kulb Karl G. • *Kulb K. G.*
Kunert Joachim • 1929-
Kurz Achim
Kurz Rudi
Kuster Diethard
Kutter Anton
Kyser Hans
Lackner Helene
Lahola Leopold
Lamb Carl
Lampadius Hanns
Lamprecht Gerhard • 1897-1974
Land Dr.
Land Robert • *Land Roberto*
Lang Alexander
Lang Franz M.
Lang Fritz • 1890-1976
Lange Bruno
Lapaire Leo
von Larcher Detlef
Larin Nikolai
Larsen Frederik
Lasko Leo
Lassally Walter • 1926-
Latzke Horst
Leberecht Frank
Leckband M.
Leffler Robert
Legband Paul
Leiser Erwin • 1923-
Leitner Hermann • *Leitner Herman*
Leitner Konrad
Lemke Klaus
Lemmel Dieter H.
Lemmer G.
Leni Paul • *Leni Paul A.* • 1885-1929
Leopold Georg
Lettow Hans H.
Licho Adolf Edgar
Licke Hans
Liebeneiner Wolfgang • 1905-1987
Liepski Serge
Liesendahl Heinz
Lilienthal Peter • 1929-
Lind Curt
Lind Klaus
Lingen Theo • 1903-
Linke Edmund
Linnekogel Otto
Lins-Morstadt Otto
Lippl Alois J.
Lisson Heinrich
Lisson Heinz
Lommel Ulli • 1944-
Lorenzen Rudolf
Loriot • *von Bulow Vicco*
Lorre Peter • 1904-1964
Losansky Rolf
Lothar Ralph
Lotz
Lowenbein Richard
Lowenstein Hans Otto • *Lowenstein Hans O.*
Lubbert Orlando • *Lubberts Orlando*
Lubitsch Ernst • 1892-1947
Lubowski Rudolf
Ludcke Marianne
Luderer Wolfgang
Luders Gunther
Lukschy Stefan
Lund Erik • *Liebenau Manfred*
Lupow Casar
von Lutzelburg Helmer
Lux Stefan
Maben D'Adriann • *Maben Adrien* • *Maben Adrian* • 1942-
Macc Jerzy
Machalz
Machalz Alfons
Mack Max • 1884-
von Maertens Valerie
Maetzig Kurt • 1911-
Mainka Maximilliane
Maisch Herbert
Malikoff Nikolai
Mann Alfred Theodor
Mannl Harald
Maran-Gosoff Tzvetan
Marcin Max • 1879-
Marino Fernando
Marischka Ernst • 1893-1963
Marischka Franz • 1918-
Marischka Georg • *Marischka George* • *Marischka G.* • 1922-
Marischka Hubert • 1882-1959
Marlo Fred
Marno Erwin
Marr Hans
Martin Karl Heinz • *Martin Karl H.* • *Martin Karl*
Martin Sobey • 1909-
Maschke Max
Matray Ernst
Matull Kurt • *Matull Curt*
Mauch Thomas
May Joe • 1880-1954
May Paul • *Ostermayr Paul* • 1909-1976
von Maydell Fr.
Mayer Erno
Mayrhofer Friedrich
Mayring Philipp L. • *Mayring Philipp Lothar*
von Mechow Ulf
Meerapfel Jeanine
Meery Julius
Meewes Helmut
Mehlig Willy
Mehringer Hans
Meier Hans-Peter
Meier Uli
Meinert Rudolf
Meinhard-Junger Rudolf
Meisel Kurt • 1912-
Mendel Georg Victor
Mendeluk George • 1948-
Mengon Romano
Menzel Erich
Menzel Gerhard • 1894-
Menzel Siegfried
Merzbach Paul
Messter Oskar • *Meester Oskar* • 1866-1943
Metzinger Theo
Metzner Erno • 1892-
Meyer Ingrid
Meyer Johannes
Meyer Otto
Meyer Rolf
Meyer Werner
Michel Max
Miehe Ulf
Mierendorff Hans
Miles Irvin
Milikoff Nicolai
Minow Hans-Rudiger
Mittler Leo • 1893-1958
Mock Joachim
Moest Hubert
Moland
Molter Ernst
Mommartz Lutz
Moorse Georg • *Moorse George*
Moos Karl
Morel-Molander Olof
Moszkowicz Imo
Mouhssinn-Bey E.
Muehl Otto
Muller Dieter
Muller Friedrich
Muller H. Ch.
Muller-Hagen Carl • *Muller-Hagens Carl*
Muller Hans
Muller Hans Christian
Muller Heinz
Muller Traugott
Mundorf Paul
Munster Reinhard
Murnau F. W. • *Murnau Friedrich Wilhelm* • 1888-1931
Nagy Zoltan
Natge Hans
Neff Wolfgang • *Turner Maurice*
Neher Louis
Nehrke Kurt
Neisser Karl • *Neisser Carl*
Nekes Werner
Nestler Peter
Neubach Ernst • *Neubach Ernest* • *Neuville Ernest* • 1900-
Neuenfel Max
Neukirchen Dorothea
Neumann Gunther • 1913-
Neumann Hans

Neumann Kurt • 1906-1958
Neuss Alwin
Neuss Wolfgang • 1923-
Neutrof Ilja
Neve Alexis
Nicholas Richard
Nichols Mike • 1931-
Nickel Gitta • 1936-
Nicolas Paul • *Nicholas Paul*
Niebeling Hugo
Nier Dr.
Nischwitz-Lisson Heinrich
Nitzschke Helmut
Noa Manfred • 1893-1930
Noelte Rudolf • *Nolte Rudolf*
Noever Hans
Noldan Svend
Nootbaar Ernst
Nordhaus Gosta
von Norman Roger
van der Noss Rudolf
Nosseck Martin
Nossen Herbert
Nussbaum Raphael
O. Dore
Obal Max
Oberlander Hans
Ode Erik
Oehme Roland
Oelschlagel Gotz
Oelschlegel Gerd
Oertel Curt • 1890-1960
von Oertzen Jaspar
Olden John
Ollen Otz
Olsen Rolf
Ombra Carlo
Opferman H. C.
Ophuls Marcel • 1927-
Ophuls Max • 1902-1957
Oppitz Michael
Osten Franz
Ostermayr Ottmar
Ostermayr Peter • 1882-1967
Oswald Gerd • 1916-
Ottinger Ulrike
Otto Gerda
Otto Gunter
Otto Hans
Otto Hedwig
Otto Paul
Pabst G. W. • *Pabst Georg-Wilhelm* • *Pabst George Wilhelm* • 1885-1867
Palermi Amleto • 1890-1941
Palitzsch Peter
Panzer Paul • 1872-1958
Pappe Karlheinz
Paringer Lorenz • *Paringer L.*
von Parisch-Schamberg Guido
Paster Alfred
Paster-Saterp Fred
Patzak Peter • *Petzak Peter*
Paul Heinz
Paul Stephan
Paulig Albert
Paulsen Harald • 1895-1954
Paulus Wolfram • 1957-
Pentzlin Walter
Perincioli Cristina
Perling P.
Perponcher Friedrich Carl
Pessis Georges • 1929-
Petersen Armin
Petersen Rolf
Petersen Wolfgang • 1941-
Petzold Konrad
Peukert Leo
Pevsner Tom
Pewas Peter
Pfeiffer Hermann
Pfeiffer Paul
Pfleghar Michael • *Plegar Michael* • *Pfleghar M.* • 1933-
Philipp Harald
Philippi Siegfried
Piegeler Teja
Piel Harry • 1892-1963
Pieper Eberhard
Pindl Karl
Pinschewer Julius • 1883-
Piper Hans-Albert
Piscator Erwin • 1893-1966
von Plessen Victor
Pluschow Gunther
Podehl Peter
von Podmanitzky Felix
Pohl Arthur
Pohland Hansjurgen • *Pohland Hans-Jurgen* • *Pohland Jason* • 1934-
Polt G.
Pomaniczky Felix
Pommer Erich • 1889-1966
Popper Georg
Portegg R.
Porten Franz • 1888-1932
Porten Friedrich
Pozner
Prager Wilhelm
von Praunheim Rosa
Prechtl Hanns
Preis Hasso
Preistragger Heinrich Greif
Probst Dominikus
Prottel Dieter
Puccio Carlos
Puhl Reginald
Purzer Manfred
von Puttkamer Peter • 1957-
Quest Hans • 1920-
Raboldt Toni
Raffay Iwa
Raffe Rolf
Rahn Bruno • 1898-1929
Ralph Louis
Ramsbott Wolfgang
Randolf Rolf
Rarisch Ina
von Rathony Akos • *Rathony Akos* • *Ratoni Akos*
Ratz Gunter • 1935-
Rauch Malte
Rector D. I.
Redetzki Bernhard
Regnier Carola
Reiber Willy
Reicher Ernst • 1885-1936
Reicher Frank • 1875-1965
Reichmann Max
Reick Dieter
Reidemeister Helga
Reinecke Horst
Reinert Robert • *Reinert Robert I.*
Reinhard Hans
Reinhardt Hannes
Reinhardt Max • 1873-1943
Reiniger Lotte • 1899-1981
Reisch Gunter • 1927-
Reissner Rudolf
Reitz Edgar
Relin Veit
Reschke Ingrid
Retzbach-Erasimy Artur
Reusch Peter • 1930-
Rex Eugen
Richter Hans • 1888-1976
Richter Jochen
Richter Walter
Richter Wolfgang
Riefenstahl Leni • 1902-
Rieger August • *Aurive Jean Charles*
Rieger Manfred
Riemann Johannes • 1888-1959
Rikli Martin
Rilla Walter • 1895-1980
Rilla Wolf • 1920-
Ripkens Martin
Rippert Otto
Ripploh Frank
Rischert Christian
Rist Preben
Rittau Gunther • 1893-1971
Ritter Karl • 1888-
Robert Ferdinand
Robert Jacques
Roberts Ralph Arthur • *Roberts Ralph A.* • 1884-1940
Rodl Josef
Roemer Michael • 1928-
Rohrig Walter • 1893-1945
Roland Jurgen • *Roland J.*
Romer Josef
Ronger Waldemar
Rosen Kurt
Rosenbaum Marianne S. W.
Rosenfeld Herman
Rosenhayn Paul
Rosenthal Kurt
Rothauser Eduard
Rothemund Sigi
Rott Claus
Rucker Gunther • *Ruecker Gunther* • 1924-
Rudensky Dyk
Rudolph Karl Heinz • *Rudolph Carl Heinz*
Rudolph Verena
Ruehl Raimond
Ruhmann Heinz • 1902-
Runze Ottokar • *Runze Ottakar*
Rupe Katya
Ruppel Karl-Ludwig
Rusnack Joseph
Rutters H.
Ruttmann Walter • *Ruttmann Walther* • 1887-1941
Sacher Otto
Sagan Leontine • 1889-1974
Salten Felix
Sander Helke • *Sanders Helke*
Sanders Helma • *Sanders-Brahms Helma* • 1940-
Santen Trude
Sarnow Heinz
Sauer Fred
Schaaf Johannes • 1933-
Schach Leonard
Schafer Ernst
Schafer Willy
Schaffers Willy
Schall Heinz
Schamberg Guido
Schamoni Peter • 1934-
Schamoni Thomas • 1936-
Schamoni Ulrich • 1939-
Schebers Ernst
Schedereit Karl
Schelkopf Toni • *Schelkopf Anton* • 1914-
Schenk Otto
Scheumann Gerhard • 1930-
Schier G. H. • *Schier H. G.*
Schildau Max
Schilling Niklaus
Schindler Jurgen
Schirk Heinz
Schirmbeck Samuel
Schirokauer Alfred
Schleif Wolfgang
Schlesinger Gunter
Schlissleder Adolf
Schlondorff Volker • 1939-
Schmaltz Bernhard
Schmelter Franz
Schmid-Wildy Ludwig
Schmidt Eckhardt • *Schmidt Eckart*
Schmidt Erich
Schmidt-Gentner Willy • *Schmidt-Gentner W.* • 1894-1964
Schmidt Jean • 1929-
Schmidt Wolf
Schmidthassler Walter • *Schmidt-Hassler Walter* • *Schmidt-Hassler*
Schmige Hartmann
Schmitt Monika
Schnabel Pavel
Schneider-Edenkoben Richard
Schneider Helmut
Schneider Wolf
Schneidereit Otto
Schnell
Schnell Hermann
Schoemann Michael
Scholz Gunther
Schombs Franz
Schomburgk Hans
Schonfeld Carl
Schonfelder Erich
Schonger Hubert
Schonherr Dietmar
Schonlank Hans
Schonwald Gustav
Schott Richard
Schott-Schobinger Leopoldo
Schottle Valeska
Schrader Uwe
Schramm Herbert
Schraps Rudolf
Schroeder Arnulf
Schroeder Eberhard
Schroeter Werner • 1945-
Schroth Carl-Heinz • *Schroth Carl H.*
Schubel Rolf
Schubert Dietrich
Schubert Georg
Schufftan Eugen • 1893-1977
Schuh Oscar F.
Schuhmacher Eugen
Schulz-Kampfhenkel O.
Schulz Kurt Herbert
Schulz Ulrich K. T.
Schundler Rudolf
Schunzel Reinhold • 1888-1954
Schutte Jan
Schwamm Bernd
Schwarz Werner
Schwarze Hans D.
Schweikart Hans
Schwerdtfeger Heinz-Hermann
Scott John
Sedlmayer
Seeber Guido • 1879-1940
Seefeld Eddie F.
Seemann Horst • *Seeman Horst*
Seggelke Herbert
Seitz Franz
Seitz Franz • 1921-
Sellner Gustav Rudolf
Selpin Herbert • -1942
Senft Haro • *Senft H.* • 1928-
Serafini Giorgio
Sharon Rubin
Siegert Fred
Siegmund Gunther
Simon Rainer
Simon Stella
Sinkel Bernard • *Sinkel Bernhard*
Siodmak Curt • 1902-
Siodmak Robert • 1900-1973
de Siqueira Waldemar
Sistig Alfred E.
Skalla Helga
Skarmeta Antonio
Skladanowsky Emil
Skladanowsky Max
Slatina Alexander V.
von Slatina Alexander
Soderstrom Carl A.
Sokal H. R. • *Sokal Henry*
Somlay
von Sonjevski-Jamrowski Rolf
Sorkin Marc
Sparkuhl Theodor • 1894-
Spieker Franz-Josef
Spiess Helmut
Spils May
Springer Hans
Stahl-Nachbaur Ernst
Stahl Walter Richard
Stanchina Peter
Stanke Kurt
Stapenhorst Fritz
Stark Kurt • *Starck Kurt*
Staudte Wolfgang • 1906-1984
Staufen Hans
Steckel Leonard • 1901-
Stefani Franceq
Stegmuller Henning
Stein J.
Stein Josef
Stein K
Stein Peter
Steinbach Heinz
Steinberger Charles
Steinbicker Reinhart
Steinhoff Hans • 1882-1945
Stelzer Manfred
Stemmle R. A. • *Stemmle Robert Adolf* • 1903-
Stempel Hans
Stephan Bernhard
Stern
Stern Horst
Sternbeck Hans
Stifter Magnus
Stinnes Clarenore
Stockel Joe
Stockl Ula • *Stockl Ulla*
Stoger Alfred
Strahl Erwin
Stranka Erwin
Stranz A.
Stranz Fred
von Strischewski Wladimir • *Strischewski Wladimir* • *Strichewsky Wladimiro*
Strobel Hans Rolf • *Strobel Hans Rudolf* • *Strobel Hans* • 1929-
Stroux Karl H.
Stuart Henry
Stummer Alfons • *Stummer Alphons*
Sugar Paul
von Swieykowski Heiko
Syberberg Hans-Jurgen • *Syberberg* • 1935-
von Sydow Rolf
Szekely Hans
von Szlatinay Alexander
Talmadge Richard • *Metzertti Ricardo* • 1896-1981
Tamara Eric
Tauern Dr.
Taufstein
Ten Haaf Wilm
Terner Rudolf
Teschner Prof.
Tetzlaff Kurt
Teuber Arthur
Thein Ulrich
von Theumer Ernst Ritter • *von Theumer Ernst R.* • *Welles Mel*
Theuring Gerhard
Thiel Heinz
Thiele Eugen
Thiery Fritz
Thimig Hans
Thomalla Curt
Thomas Anna • 1948-
Thome Karin
Thome Rudolf • 1939-
Thorndike Andrew • 1909-1979
Thorndike Annelie • 1925-
Thouet Peter M.
Tichawsky Heinz • *Tichawsky Heinrich* • 1924-
Tiedemans Claus
Timm Peter
Tintner Hans
Tollen Otz
Tostary Alfred
Trautmann Christine
Trautmann Ludwig
Trautschold Gustav
van Treek Fred
Tremper Will • 1928-
Triyandafilidis Anton
von Trotta Margarethe • 1942-
Trotz Adolf
Tsotary Alfred
Tuchtenhagen Gisela
Tumler Wolfgang
Turck Walter C.
Turszinsky Walter
Ullstein Heinz
Ulrich Bodo
Umgelter Fritz • *Umgelter F. D.*
Unterberg Hannelore
Urchs Wolfgang
Valentin Heinrich
Valentin Karl • 1882-1948
Van Davis Jeffrey
Van Den Berg
Veidt Conrad • 1893-1943
Verhoeven Michael
Verhoeven Paul • 1901-
Vibach Karl
Vietzke Hans
Viktor Herbert
Villinger Dr.
Vilsmaier Joseph
Vock Harald
Vogel Frank
Vogeler Volker • 1930-
Vohrer Alfred • 1918-
Volcker Hansjurgen
Vollmar Wolf
Vollmoller Karl
Vorhaus Bernard • 1898-
Vosz Manfred
Waalkes Otto
Wagner Karl Theodor
Wagner Petra Katharina
Wajda Marijan
Waldmann Emil

Wallroth Werner W.
Walter Kurt E.
Walter Michael
Walther-Fein Rudolf • *Walter-Fein Rudolf* • *Walther Rudolf*
Waly Ahmed
Wangel Hedwig
von Wangenheim Gustav • 1895-
Warneke Lothar
Waschneck Erich • 1887-
Wassermann Walter
Wassung Hermann
Wauer William
Weck Peter
Weeran John
Wegener Paul • 1874-1948
Wehrum Wolfgang
Weichart Richard
Weidemann Fritz
Weidenmann Alfred • 1916-
Weigert August
Weihmayr Franz • 1903-1969
Weiler Kurt
Weisenborn Christian
Weiss Bruno
Weiss Fritz
Weiss Helmut
Weiss Peter • 1916-
Weiss Ulrich
Weissbach Hans
Weissenberg Friedrich
Wekwerth Manfred
Wellin Arthur
Wenders Wim • 1945-
Wendhausen Frederick
Wendhausen Fritz
Wendt Ernst
Wenter Adolf
Wenzler Franz
Werckmeister Hans
Werfel Franz
Werndorff O. M.
Werner
Werner Alfred
Werner Karl
Werther Kurt
Weschke Gunter
Wessel Kai
Wicker Wigbert
Wieder Konrad
Wiedermann Jochen
Wiemer Christel
Wiemer Hans Ulrich
Wiene Conrad
Wiene Robert • 1881-1938
Wienskowitz Kathe
Wild Franz J.
Wild Rudolf
Wildenhahn Klaus
Wildenhain Felix
Wildhagen Georg
Wilfert Mathias
Wilhelm Carl
Wilhelm Hans F.
Wilhelm Kurt
Williams Fred
Williams Lester C.
Willutzki Max
Winar Ernest • *Winar Ernst*
Winkelmann Adolf
Winston R. B.
Winterstein Franz • *Winterstein Frank*
Winzenstein Franz
Winzentsen Franz
Winzentsen Ursula
Wirth Franz Peter • *Wirth Franz P.*
Wisbar Frank • *Wysbar Frank* • 1899-1967
Witt Claus Peter
Woesthoff Alwin
Wohlmuth Robert
Wolf Konrad • 1925-1982
Wolff Carl Heinz • *Wolff Carlheinz* • *Wolff Carl H.*
Wolff Hans
Wolff Lothar • 1909-
Wolff Ludwig
Wolff Willi
von Wolzogen Hans
von Woringen Paul
Wullner Robert
Wustenhagen Karl
Wyler Johnny
Wyler William • 1902-1981
Zadek Peter
Zangenberg Einar
Zbonek Edwin
Zehetgruber Rudolf • *Mark Robert*
Zeisler Alfred
Zeitler Karl Heinz
Zelnik Friedrich • *Zelnik Fred* • 1885-1950
Zemann E.
Zemann O. Mai
Zengerling Aloys Alfons
Zerlett Hans H. • *Zerlett H. H.*
Zeyn Willy
Zickel Martin
Ziebell Alexander
Zielke Willy
Ziener Bruno
Ziewer Christian • c1940-
Zittau Friedrich
Zoberlein Hans
Zobus Wolfram
Zoch Georg
Zschoche Hermann • *Zschoche Herman*
Zurn Walther • *Zurn Walter*

GHANA
Ansah
Sutherland Efua

GREECE
Alevras Nikos
Alexandrakis Alekos
Alkouli Popi
Ananiadis Iordanis
Andreou Errikos • *Andreou Erricos*
Andrews George
Andritsos Kostas
Angelidi Antoinette • *Angelidi Antonetta*
Angelopoulos Panos
Angelopoulos Theo • *Angelopoulos Theodoros* • *Anghelopoulos Thodoros* • 1935-
Angheli Gay • *Angeli Gay*
Antonakos Nikos
Antonopoulos Giorgos • *Antonopoulos G.*
Arion Giorgos • *Arion George*
Aristopoulos Konstantinos • c1940-
Arvantis Dimitris
Asimakopoulos Kostas
Avdeliodis Dimos
Avrameas Nikos • *Avrameus Nikos*
Bafaloukos Theodoros • *Bafaloukos Ted* • 1946-
Bahatoris Costas
Batapoulos Takis
Bibelas Nasos
Boudouris Vassilis
Boulas Daniel
Carayannis Costa • *Carayan Dacosta*
Caripidis Giorgos
Christophis Christophoros • *Christofis Christoforos*
Christopoulos Takis
Constantinou Panayotis
Contes John G.
Cosmatos George Pan • 1941-
Costa-Gavras • *Costa-Gavras Constantine* • *Gavras Costa* • *Costa-Gavras Costi* • 1933-
Coutsomitis Costas
Dadiras Dinos
Dalianidis Ioannis • *Dalianidis Yannis* • *Dalianidis John*
Damianos Alexis • 1921-
Davlopoulos Takis
Demetriou Alinda
Diamandopoulos Jiannis
Dimitracopoulos Spiros
Dimogerontakis Dimitris
Dimopoulos Aris
Dimopoulos Dinos • 1921-
Dimopoulos Michel
Dinov Todor • *Dinov Tudor* • 1919-
Dizikirikis George
Doukas Kostas
Douros Thimios
Doxiadis Apostolos
Dritsas Kostas
Efstratiadis Omiris • *Efstratiadis Osmiris*
Ekonomidis Fivos
Eliopoulou Vasiliki
Emirzas George
Fafoutis Jiannis
Ferris Kostas • *Ferris Costas*
Filaktos Filippos
Fileris Xenophon
Filis Giorgos
Filis Yannis
Foskolos Nikos
Fotopoulos Vassilis
Franyoudakis Mimis
Fuchs Aristidis Karidis
Fylaktos Filippos
Galani Rena
Galatis Dimitris
Gavala Maria
Gaziadis Dimitrios • 1897-1961
Georgiadis Vassilis • *Georgiades Vassilis* • *Yeorghiadis Vassilis* • 1921-
Georgiou George
Giannopoulou E.
Glykofridis Panos • *Glikofridis Panos*
Grigoratos Dionisis
Grigoriou Anna
Grigoriou Grigoris • *Grigoriou Gregory* • 1919-
Hatzopoulos Dimitris
Hristian Yan
Hristofis Hristoforos
Ikonomou Nikos
Iliadis Frixos
Iliopoulou Vassiliki
Imbert-Vier Huguette
Ioannidis Giannis B.
Jackson Stelios
Kalia Andreas
Kambanelis Giorgos
Kambanelis Iakovos
Kanakis Nikos
Kanellopoulos Takis • 1935-
Kapsakis D.
Kapsaskis Sokrates
Karamaggio Menelaos
Karapidis Giorgos • *Karapidis George*
Karayannis Kostas • *Karayannis Costas* • 1932-
Kassissoglou Vassilis • *Kessissoglou Vassilis*
Katakouzinos George
Katsaros Stathis
Katsimitsoulias Andreas
Katsouridis Dinos • 1927-
Katsouridis Nicos
Kazan Lakis
Kiriakopoulos Hristos
Kittou Thekla
Kladakis F.
Kokkinopoulos Panos
Koliatis Dimitris
Kollatos Dimitris • *Kollatos Dimitri* • *Collatos Dimitri* • 1937-
Konstantinou Panayotis
Konstantinou Panos
Kontaxis Vasilis
Kontellis Panos
Korras Giorgos • *Korras George*
Korres E.
Kosteletos Odisseas
Koundouros Nikos • *Kondouros Nikos* • 1926-
Koutelidakis Nikos
Kyriakopolos C.
Kyrou Ado • 1923-1985
Lambrinos Andreas
Lambrinos Fotos
Lanitis George
Laskos Orestis • *Lascos Orestis* • 1908-
Leventakos Diamantis
Liappa Frieda • *Liappa Frida*
Liaropoulos Lambros
Likas Petros
Lintzeris Yannis
Lois Giorgos
Lycouressis Tony
Lygouris Nikos
Lykas Petros
Lykouresis Tonis
Madras
Maheras Ilias
Makedon Petros
Maketaki Tonia
Makris Dimitris
Maniatis Sakis
Manousakis Manousos • *Manoussakis Manoussos* • c1950-
Manoussakis Kostas • *Manoussakis Costas* • 1929-
Manoussi Jean • -1929
Manthoulis Robert • 1929-
Manthoulis Rovyros
Marangos Thodoros • *Maranghos Thodoros*
Marketaki Tonia
Maros Basil
Mastorakis Nico • *Mastorakis Niko* • 1941-
Mathoulis Robert
Matsas Nestor
Mavrikios Dimitris
Mavroidis Dinos
Melissinos Vangelis
Mihailidis Kostas
Milas Nick
Milonakos Ilias • *Milonako Ilia* • *Mylonakos Ilias*
Mirmiridis Nassos
Nikolaidis Nikos
Nomikos George
Paliyannopoulos Christos
Pallis Byron
Panayotato Dimitris
Panayotopoulos Nikos • *Panayotopoulos Nicos* • c1941-
Panoussopoulos George • *Panoussopoulos Giorgos*
Pantazis Andreas
Papaconstantis Dimitris
Papadakis Leonidas
Papadatos Alekos
Papadimitrakis Lambros
Papadopoulos Costas
Papageorgiou Thanasis
Papakostas Giorgos • *Papakostas George*
Papakyriakopoulos Panos
Papalios Maria • *Papaliou Mary*
Papamalis Nikos
Papanikolaou Kosta
Papanikolaou Mihalis
Papastathis Lakis
Papayiannidis Takis • *Papayiannides Takis*
Papnikolas Evris
Parashakis Paul
Paraskhakis Pavlos
Pavlidis Stelios
Perakis Nikos • *Perakis Nicos*
Perris Anthony • 1939-
Petridis Giorgos
Petropoulakis Yannis
Pitsios Kostas
Plita Maria
Plytas Maria
Psarras Tasos • *Psarras Tassos* • *Psarras*
Rentzis Thanasis • 1947-
Retsinas Marios • *Retsilas Marios*
Sakellarios Alekos • *Sakelarios Alekos* • 1913-
Salenakis George
Santas Thanos
Saris George
Serdaris Vangelis
Sfikas Kostas • *Sfecas Costas*
Sifianos Giorgos
Silinos Vangelis
Simopoulos Dinos
Siopachas Christos
Skalenakis Giorgos • *Skalenakis George*
Skouloudis Manolis
Smaragdis Ianis • *Smaragdis Viannis*
Spetsiotis Takis
Stamboulopoulos George • *Stamboulopoulos Georgos*
Stassinos Stratos
Stavrakas Dimitris
Stratzalis Kostas
Tallas Gregg R. • *Tallas Gregg* • *Tallas Greg* • *Talas Greg*
Tassios Pavlos • *Tasios Pavlos* • *Tasos Pavlos*
Tatasopoulos Stelios
Tegopoulos Apostolos
Tempos Antonis
Thalassinos Errikos • *Thalasinos Errikos*
Thanasoulas George
Thedossopoulos Theodossis
Theodoropoulos Angelos
Theos Dimosthenis • *Theos Dimos*
Thomopoulos Andreas
Triantafillidi Niki
Tritsibidas Yiannis
Tsemberopoulos Yorgos • *Tsemberopoulos George*
Tsiforos M.
Tsiolis Stavros
Typaldos Yannis
Tzavellas Georges • *Tzavellas George* • 1916-1976
Tzimas Nikos
Vafeas Vassilis • *Vafeas Vasilis*
Vakopoulos Khristos • *Vakelopoulos Christos*
Varveris Nikos
Velissaropoulos Andreas
Vellopoulos Ermis
Vengos Thanasis • *Vengos Thanassis*
Vergitsis Nikos
Vivancos Patrice
Voudouri Lena
Voulgaris Pantelis
Voupouras Christos
Vouyouklakis Takis
Wakeman Frederic
Xanthopoulos Lefteris
Yannikopoulos Dimitris
Yannopoulos Nikos
Yazis John
Zafiropoulos Ilias
Zaharopoulou Mika
Zarpas Ted
Zervos Georges
Zervos Nikos
Ziagos Spiros
Zirinis Costas
Zografakis Stelios
Zois Kostis • *Zois Costis*

GUATAMALA
de la Riva Alberto

GUINEA BISSAU
Gomes
U'Kset Umban

GUINEA
Akin Lamine
Diagne Costa
Diakite Moussa
Minot Gilbert

GUYANA
Mannas James
Stuart-Young Brian

HONG KONG
Aloni R. H.
Au Yang Chun
But Fu
Chai Yang Min
Chan Frankie
Chan Gordon
Chan-Ho
Chan Hong Man • *Cheng Hung Man*
Chan Jackie • *Chen Yuan-Long* • *Ch'Eng Lung* • *Chen Long* • *Chan Jacky* • 1954-
Chan Kwok-San
Chan Norman
Chang Chee
Chang Ch'Eh • *Chang Cheh*
Chang Chen
Chang Chien-T'Ing • *Cheung Alfred*
Chang Hsin-Yi • *Chan Hsin-Yi*
Chang Hsing-Yen • *Chang Hsin Yen*
Chang I
Chang Jen Chieh
Chang Jen-Tsei
Chang Kuo-Ming
Chang Mei-Chun • *Chang Mei Chun*
Chang Ping-Han
Chang Sen • *Chang Shen*
Chang Tseng Chai
Chang Tseng-Tse
Che Ten-Tai
Chen Anqi • *Chan Angie*
Chen Chi Hua • *Chen Chi Hwa* • *Ch'En Chih-Hua* • *Chen Chi Wah*
Ch'En Chu-Chao
Ch'En Feng
Chen Hao
Ch'En Hsin-Chien
Chen Hung-Ming
Ch'En Le-Yi
Chen Lo
Ch'En Ming-Hua
Chen Shao Peng

Chen Wah
Chen Xinjian • *Chan Philip*
Ch'En Yao-Ch'I • *Yao-Ch'I Richard Ch'En* • *Chen Richard*
Chen You • *Chan Anthony*
Cheng Chang Ho • *Chang Cheng Ho*
Cheng Chang-Wa
Cheng Kang
Cheng Kay Ying
Cheng Tommy
Cheng Yu-Wen
Cheung Chi-Kue • *Zhang Zhijue*
Cheung Chi-Leung • *Cheung Jacob*
Cheung Sum • *Cheung Sam*
Cheung Tung-Tsou
Chi James Lu
Chi Kuan-Chun
Chi Yiu Cheung
Chiang Chih-Ming
Chiang Hung
Chiang I Hsing • *Chiang Yee Ziong*
Chien Lai Yen
Chien Lung
Ch'In Chien
Chin Han
Chin Hsin
Chin Raymond
Chin Sheng-En • *Chin Shen En*
Chin Wah
Chin Wellson
Ching Hai-Lin
Ching Siu-Tong • *Cheng Xiaodong* • *Ching Siu-Tung*
Ch'Iu Kang-Chien
Chou See-Loke
Choy Tak
Chu Huan Jan
Chu Mu
Chu Shih-Ling
Chu Yen Ping
Ch'U Yuan • *Chu Yuan* • *Chu Yuen* • c1937-
Chuen Lik
Chung Chi-Man Davi • *Chung Zhiwen* • *Chung David*
Chyau Juang
Dai Shifu
Donahue Patrick G.
Doo Kwang Gee
Fang Fang Hsiao • *Fong-Fong Siu* • *Fang-Fang Hsiao*
Fang Ling-Cheng
Fok Yiu-Leung
Fong Eddie
Fong Ho
Fong Yuk-Ping • *Fang Yu-P'Ing* • *Fong Allen*
Foong Wu Ma
Fu Ch'I
Gao Zhizen • *Ko Clifton*
Glaister Gerald
Guan Jinpeng • *Kwan Stanley*
Harris Jack C.
Hau Ching
Hdeng Tsu
Ho Chih-Chiang
Ho Chih-Chiang
Ho Fan
Ho George
Ho Godfrey
Ho Kangqiao • *Ho Josephine*
Ho Meng-Hua • *Gaugh Homer* • *Ho Meng Hua*
Hong Jinbao • *Hung Samo* • *Hung Sammo* • *Hung Chin-Pao*
Hop Sin Su
Hope Anthony
Hou Chin
Hsiung Ting-Wu
Hsu K'O
Hsu Tyrone
Hu Hsiao-Feng
Hu Sin Yue
Hua Yi-Hung
Huang Feng
Huang Hua-Chi
Huang Kin Lung • *Le Bruce*
Huang Lung
Huang Sha
Hui Michael • *Hso Kuan-Wen* • *Xi Guanwen*
Hwa I Hung
James Shaw Fung
Jiang Dawei • *Chiang John* • *Chiang David*
Jutt H.
Kao Li
Key Nam Nam • *King Michael*
Kien Lun
Ko Shih Hao
Kong Don
Kong Edwin
Kong Hung
Kong Joseph
Kuei Chih-Hung • *Kuei Chih Hung*
Kuo Joseph
Kuo Nanhung
Kwan Chen-Liang
Kwan Teddy Robin
Kwok Nan-Hung
Lai Joseph
Lam Chi Kam
Lam Ringo • *Lin Lingdong*
Lam York
Lau Kar-Leung
Lau S. H.
Law Clara
Law Kai-Yui • *Law Alex*
Le Cho Kwan
Lee Bruce • 1940-1973
Lee Chih-San
Lee D. Young
Lee Koon-Cheng
Lee Lo
Lee Sean
Lee Shuch
Lee So
Lee Tommy
Lee Tso Nam • *Lee Tso-Nam* • *To Lo Po* • *Li Tso-Nam*
Leung Raymond
Leung Wing Chan
Li Chao
Li Ch'En-Feng
Li Chih Sho
Li Han-Hsiang • *Li Hanxiang* • 1926-
Li Hsing • 1930-
Li Hsun
Li Tan Yeong
Liang Puzhi • *Leong Po-Chih* • *Liang P'U-Chih* • 1939-
Lin Bin
Lin Chan Wai • *Lin Chan Wei*
Lin Ping • *Lin Pin*
Liu Cheng-Han
Liu Chia-Ch'Ang • *Liu Chan-Chan*
Liu Chia-Liang • *Chu Ch'Ien-Wan* • *Liu Chia-Lian*
Liu Ching
Liu Guochang • *Ah Mon Lawrence*
Liu Li-Li
Liu Yeh
Lo Che
Lo Chen
Lo Chia Po
Lo Gio
Lo Ke
Lo Lieh • *Loo Lieh*
Lo Mar
Lo Wei
Lowe William
Lu Chun • *Chung Tommy Loo* • *Loo Chun* • *Chun Tommy Loo* • *Chung Tommy*
Lu Jianming
Lui Sun
Luk Jamie
Lung Hsiao
Lung Kang
Lung Kong
Luo Wen
Mai Ling-Cheh
Mak Johnny • *Mai Dangxiong* • 1949-
Man Hwa
Mann Rocky
Markovic Jim
Menga Horace
Morn J. A.
Mou Tun-Fei
Nam James
Ng Fei Chien
Ng See Yuen • *Ng Sze Yuen* • *Ng See-Yuan*
Ou Dingping • *Au Tony*
Pai Ching-Jui
Pal Ming
Pan Lei
Pao Houeh-Li • *Pao Hsueh-Li*
Pao Shiue-Li
Pascual Jimmy Lo
Peng Chien
Polaski Benjamin
Roc T'len • *T'len P'Eng*
San Pao
Shang Lung
Shaw James Fung • *Shaw Jimmy*
Shen Chiang
Shen Jiang
Shen Yueh-Ming
Shin Sang-Okk
Shu Kei • *Shu Qi*
Sin Gei-Yin • *Shin Stephen*
Sin Wee Kyun
Siu Kwai
Sun Chia-Wei • *Sur John*
Sun Chung • *Sun Chun*
Sun John
Sun Yang
Sung Chen Zu
Sung Ting Mei
Sung Ts'Un-Shou
Ta Ko Ch'Eng
Tam Kav Ming
T'An Chia-Ming • *Tam Patrick*
Tan Han-Chang • *Tan Fred* • 1954-1990
Tang Chow Lup
Tang Huang
Tang Jiming • *Tong Terry*
T'Ang Shu-Hsuan • *Shuen Shu* • *Tang Shu Shuen* • *Tang Cecile*
Tang Wei Cheng
Tao Man Po
Tie Hang
Tien Han
Ting Cheng
Ting Shan-Hsi • *Ting Shan-Si*
To Johnny
To Man Po
Tong Wilson
Ts'Ai Chi-Kuang • *Choi Clifford* • *Cai Jiguang*
Tse Tsung Lung
Tseng Chih-Wei • *Tseng Eric*
Tseng Jimmy
T'U Chung-Hsun • -1980
Tu Lu-Po
T'Ung Lu
Velasco Joseph
Vichien Sa-Nguanthai
Wa Hui
Wan Hung Lo
Wan Yao Hua
Wang Feng
Wang Hsing Lei • *Wang Shing-Lei*
Wang Juan • *Wang Jimmu*
Wang Wayne • *Wang Jing* • 1949-
Wang Yu • *Yu Jimmy Wang* • *Yu Wang*
Wong Ching
Wong Henry
Wong James
Wong Ka-Wai • *Wong Karwei*
Wong Mitch
Wong Taylor
Woo John
Woo Min Shiong • *Yu Min Sheung*
Wu Chia-Chun
Wu Kuo-Jen
Wu Ma
Wu Ma Chan
Wu Ming-Hsiung
Wu Sze-Yuan • *Wu Tze-Yuan*
Wu Yusen • *Wu Yu-Sen* • *Ng John*
Xu Ke • *Tsui Hark*
Yang C. Y.
Yang Ching
Yang Ch'Uan
Yang Evan
Yang Sai King
Yang Teo
Ye Jianxing • *Yip Kenneth* • *Shu Kei*
Yeh Yang-Ju
Yeh Yung-Tsu • *Yeh Jung Tsu*
Yen Chen
Yen Chun
Yen Hao • *Yan Hao* • *Yim Ho* • *Yen Ho*
Yeo Ban Yee
Yeung Fan • *Yang Fan*
Yeung Kwan
Yu Chik-Lim
Yu Florence
Yu Jen-T'Ai
Yu Kuan Jen • *Yu Kuan Len*
Yu Yunk'Ang • *Yu Dennis*
Yuan Chiu-Feng
Yu'An Ho-P'Ing • *Yuen Woo Ping*
Yueh Feng
Yueh Fung
Yueh Griffi
Yuen Yang-An
Zhang Aijia • *Chang Sylvia*
Zhang Wanting • *Cheung Mabel*

HUNGARY

Acs Miklos
Adam Otto
Almasi Tamas • 1948-
Andras Ferenc
Auer Gabriel • 1936-
Auer John H. • 1906-1975
Bacskai-Lauro Istvan • *Lauro Istvan Bacskai*
Bacso Peter • 1928-
Balazs Bela • 1884-1949
Balazs Maria
Balogh Bela • *von Balogh Bela*
Ban Frigyes • 1902-196?
Ban Robert
Banovich Tamas
Bednai Nandor
Benedek Laslo • *Benedek Laszlo* • 1907-
Beremenyi Geza • 1946-
Black Preston • *White Jack* • 1899-
Bodrogi Gyule
Body Gabor • -1985
von Bolvary Geza • *Bolvary-Zahn Geza* • 1897-1961
Boszormenyi Geza
Brzozowska Natalia
Csoke Jozsef
Curtiz Michael • *Kertesz Michael* • *Kertesz Mihaly* • *Courtice Michael* • 1888-1962
Czinner Paul • 1890-1972
Darbay Attila
Darday Istvan • 1940-
Dargay Attila
De Toth Andre • 1910-
Deak Krisztina • 1953-
Der Andras
Desy Alfred • *Deest Alfred*
Dobos Maria
Dobray Gyorgy • 1942-
Domolky Janos
Edelenyi Janos
Elek Judit • 1937-
Ember Judit
Enyedi Ildiko
Erdelyi
Erdelyi Janos
Erdoss Pal
Esway Alexander • *Der Esway Alexander* • *Esway Alexandre* • 1898-1947
Fabri Zoltan • *Fabry Zoltan* • 1917-
Fabry Peter
Farkas Nicolas • *Farkas Nikolaus* • *Farkas Nikolas* • 1891-1936
Fazekas Lajos
Feher Gyorgy
Feher Imre • 1926-1976
Fejer Tamas
Fejos Paul • 1897-1963
Felligi Tamas
Ferenczi Gabor
Flanz Marta
Foky Otto
Foldes Peter • 1924-1977
Gaal Bela
Gaal Istvan • 1933-
Gabor Pal • 1932-1987
Gainville Rene • *Balogh Catherine* • 1931-
Garas Dezso
Gardos Peter
Gazdag Gyula • 1947-
Gemes Jozsef
Gertler Viktor • 1901-
Gessner Nicolas • *Gessner Nicholas* • *Gessner N.* • 1931-
Godros Frigyes
Gothar Peter • 1947-
Grunwalsky Ferenc
Gulyas Gyula
Gulyas Janos
Gyarmathy Livia • 1932-
Gyoergy Istavan
Gyongyossy Imre
Halas John • 1912-
Hartai Laszlo
Hersko Anna
Hersko Janos • 1926-
Hintsch Gyorgy
Hoffman John • 1905-
Homoki-Nagy Istvan • *Homoki Nagy Istvan* • *Nagy Istvan Homoki* • 1914-1980
Horvath Adam
Horvath Peter
Huszarik Zoltan • 1932-1981
Image Jean • 1911-
Imre Istvan
Jancso Miklos • 1921-
Janisch Attila
Jankovics Marcell • 1941-
Janovics Jeno
Jeles Andras
Jonas George • 1935-
Juhasz Ferenc
Kabay Barna
Kaczender George • *Kaczender Georges* • 1933-
Kadar Jan • 1918-1979
Kalmar Laszlo
Kardos Ferenc • 1937-
Karpati Gyorgy
Keleti Marton • 1905-1973
Kenyeres Gabor
Kern Andras
Kezdi-Kovacs Zsolt • *Kovacs Zsolt Kezdi* • 1936-
Kish Albert • 1937-
Kollanyi Agoston • 1913-
Koltay Gabor
Korda Alexander • *Korda Sandor* • *Neumann Jozsef* • 1893-1956
Korda Zoltan • 1895-1961
Kormos Gyula
Kornai Peter
Korompai Marton
Kosa Ferenc • 1937-
Kovacs Andras • 1925-
Kovacs Istvan
Kovacsi Janos
Kovasznai Gyorgy • *Kovasznai Gabor Gyorgy*
Koza
Lahardi Iksan
Lajtham Karoly
Lakatos Ivan
Lakatos Vince
Lanyi Andras
Lazar Lajos
Ledniczky Marton
Lenard Andrew J.
Lente Miklos • 1930-
Lisziak Elek
Lugossy Laszlo • 1939-
Luttor Mara
Maar Gyula
Macskassy Gyula • 1912-1971
Magyar Balint
Magyar Dezso • *Magyar Dezo*
Magyar Jozsef
Makk Karoly • 1925-
Marczakowi Marta
Mariassy Felix • 1919-1975
Markos Miklos
Martin Paul • 1899-
Marton Andrew • 1904-
Martonffy Emil
Medak Peter
Medveczky Diourka • *Medweczy Diourka* • 1930-
Mendes Lothar • 1894-1974
Meszaros G. • *Meszaroj G.*
Meszaros Marta • 1931-
Mihalka George • 1952-
Mihalyfi Imre
Moldovan Domokos
Monich Laszlo
Monory Andras M.
Moraes Geraldo
Munteanu Stefan • *Munteanu Stephan* • 1926-
Nadasdy Kalman • *Nadasdy K.*
Nadasy Laszlo
Nagy Gyula
Nagy Pal
Nepp Jozsef • 1934-
Olah Gabor
Oross Emerich • 1940-

Paal Alexander • 1910-
Pal George • 1908-1980
Palasthy Gyorgy • *Palaszty Gyorgy*
Pascal Gabriel • 1894-1954
Pasztor Bela
Pasztory Miklos M.
Perc Otto
Peterffy Andras
Pilissy Joska • *Pilissy Joshka* • 1938-
Pottier Richard • *Potter Richard* • *Deutsch Ernest* • 1906-
Pressburger Emeric • 1902-1988
von Radvanyi Geza • *Radvanyi Geza* • *Radwany Geza* • 1907-
Ranody Laszlo • 1919-
Rathonyi August
Reisenbuchler Sandor
Renyi Tamas • 1929-1981
Revesz Gyorgy • 1927-
Richly Zsolt
Rozsa Janos
Sandor Pal • 1939-
Sara Sandor • 1933-
Sasdy Peter • 1934-
Schiffer Pal • 1939-
Schultz Carl • *Schultz Charles* • 1939-
Schulz Bob • 1931-
Sekely Steve • *Szekely Stefan* • *Szekely Istvan* • 1899-1979
Sik Ferenc
Siklosi Szilvester
Simo Sandor
Sipo Tamas Szabo
Solt Andrew • 1916-
Solyom Andras
Somlo Tamas • 1929-
Sommers Frank G. • 1943-
Sopsits Arpad • 1952-
Sos Maria
Soth Sandor • 1964-
Suranyi Andras
Szabo Gyula
Szabo Ildiko
Szabo Istvan • 1938-
Szabo Laszlo • *Szabo L.* • 1938-
Szabos Szabolcs
Szalai Gyorgyi
Szasz Janos • 1958-
Szasz Peter
Szemes Marianne • 1924-
Szemes Mihaly • 1920-
Szigethy Kalman
Sziklay Arnold
Szinetar Miklos
Szintai Istvan
Szirtes Andras
Szoboszlay Peter • *Szoboslai Peter*
Szoke Andras
Szomjas Gyorgy
Szonyi Sandor S.
Szoreny Rezso
Szots Istvan
Szurdi Andras
Szurdi Miklos
Takacs Gabor • 1928-
Takacs Tibor • 1954-
Tarr Bela
Teglasy Ferenc
Temesi Miklos
Ternovszky Bela
Timar Istvan • 1926-
Timar Peter • 1950-
Tolmar Tamas
Tors Ivan • 1916-1983
Toth Janus
Ujvary Laszlo Jr.
Vadasz Janos
Vajda Bela
Vajda Ladislao • *Vajda Ladislaus* • *Vajda Ladislas* • *Vajda Laszlo* • 1905-1965
Vajda Peter
Valenti Osvaldo
Vamos Thomas • 1938-
Varga Csaba
Varkonyi Zoltan • 1912-
Varnai Gyorgy
Varsanyi Ferenc
Vas Judit • 1932-
Vaszary Janos • *Vaszary John*
Veiczi Janos • *Veiczi J.*
Ventilla Istvan
Veszi Janos
Vidor Charles • 1900-1959
Vitezy Laszlo
White Jules • 1900-1985
Wiedermann Karoly
Xantus Janos
Zilahi Gyula
Zolnay Pal
Zsigmond Dezso
Zsombolyai Janos
Zsurzs Eva

ICELAND

Bertelsson Thrainn • 1944-
Edvardsson Egill
Fridriksson Fridrik Thor • *Fridriksson Fridrik*
Gislason Oskar
Gudmundsson Agust • 1947-
Gudmundsson Loftur • -1950
Gunnarsson Sturla • 1951-
Gunnlaugsson Hrafn • 1948-
Halldorsdottir Gudny
Hansen Gunnar Robertsson
Indridason Andres
Johannesdottir Kristin
Jonasson Oskar
Jonsson Thorsteinn • 1946-
Knudsen Osvaldur
Knudsen Vilhjalmur
Oddsson Hilmar
Oddsson Reynir
Olafsson Gudmunder P.
Palsdottir Kristin
Roska
Skulason Helgi
Steingrimsson Pall
Thorleifsdottir Thorhildur
Tryggvason Jon
Vikingsson Vidar

INDIA

Abbas Khwaya Ahmad • *Abbas K.a.* • *Abbas Khwaya* • 1914-
Abraham John
Adarsh B. K.
Adhikari Sachin
Adib Prem
Agradoot
Agragami
Ahand Chetah
Ahmed Shri Mushir
Ahmed W. Z.
Akbar S. A.
Alam Sultan
Ali Muzaffar
Amarnath K.
Anand
Anand Chetan
Anand Dev
Anand Gul
Anand Shashi
Anand Vijay

Ansari N. A.
Appa M.
Apte Baburao • *Apte B.*
Arani A. M.
Aravindan G. • *Aravindan*
Ardash
Arora P. N.
Arora Prakash
Arun
Arunaraje
Arurdoss
Aspi
Athavale Shantaram
Atma K. P.
Atorthy P.
Azeez
Azim S.
Babu
Balachandar K.
Balan S. S.
Balsawar Shubba
Balu M. G.
Balu T. N.
Banarji Ashim
Banerjee Gunamoy
Banerjee Jyotish
Banerjee Sunil
Banerji Jiten
Bapu
Bargir Raja
Barjatiyas
Barma Phani
Barua Jahnu
Barua Pramathesh Chandra • *Barua Pramathesh* • 1903-1951
Bedekar Vishram
Bedi Rajendra Singh • *Bedi Ranjender Singh*
Benegal Shyam
Bhambri Jagdev
Bhanja Hari
Bhaskaran P.
Bhatt Balwant
Bhatt Mahesh
Bhatt Nanabhai • *Bhatt Nanabhoy*
Bhatt Pravin
Bhatt Vijay • *Bhatt Vijaya*
Bhattacharjee Moni • *Bhattacharya Moni*
Bhattacharya Basu
Bhattacharya Shankar
Bhatvadekar Harishchandra S.
Bhave K. P.
Bhavnani Mohan Dayaram • *Bhavnani M.*
Bhimsain
Bhimsingh A.
Bhoite Madhav
Bhownagary J. S.
Bose Amal
Bose Amit
Bose Bijoy
Bose Chandra Sekhar
Bose Debaki • *Bose Debaki Kumar* • *Bose Devaki* • *Bose De Vaki* • 1898-1971
Bose Dilip
Bose Hiren
Bose Modhu
Bose Nitin • 1901-
Bose Satyen
Bose Tapan K.
Brij
Burma Phani
Chakrabarti Tinkari
Chakrabarty Amiya
Chakraborty Prafulla
Chakraborty Utpalendu
Chakrapani M. G.
Chakravarty Mangal
Chakravarty Shyam
Chanakya
Chandavarkar Bhaskar
Chandragupta Bansi • 1924-
Chandrakant
Chandran T. V.
Chandrasekhar Raja
Chandravadan
Chary S. K. A. • *Chari S. K. A.*
Chatterjee Ashoke
Chatterjee Basu • *Chatterji Basu*
Chatterjee Jagannath
Chatterjee Nabyendu
Chatterjee Sanjib
Chaudhri Amin • *Chaudhri Amin Q.* • *Chaudhuri Amin* • 1938-
Chaudhuri Biplab Ray
Chaudhury Ahindra • *Chaudhury*
Chitrasathi
Chopra B. R.
Chopra Yash
Choudhury Nirmal
Choudhury Purnendu Roy
Chowdhury Partha Pratim
Chowdhury Salil
Chowdhury Shanti P.
Dadamirasi
Damle V.
Darshan
Daryani Ram
Dasgupta Buddhadeb • *Gupta Buddhadeb Das*
Datta Raj
Dave Balwant
Dave Ravindra
Day Subhash
Dayal Ram
Daylani H. R.
Desai Dhirubhai • *Desai D.*
Desai Haribhai
Desai Jayant
Desai Kikubhai
Desai Manmohan
Desai Manoo • *Desai Manu*
Desai Nanubhai
Desai Raman B.
Devan
Devare Narayan
Devi Arundhuti
Dewan Meera
Dey Manju
Dhaiber Keshavrao
Dharamadhikari Datta • *Dharamadhikari Dhatta*
Dharmaraj Rabindra
Dharwadkar S. S.
Dhir S. N.
Dorairaj B.
Doshi Chaturbhuj
Dutt Bimal
Dutt Guru • 1925-1964
Dutt Sunil
Dutt U.
Dutt Utpal
Dutta Asha
Dutta Nityananda
Dutta Raj
Easaw Thomas J.
Fatehlal S.
Gabale Ram
Gajbar Bal
Ganguly Ajit
Ganguly Dhiren
Ganguly P. N.
Ganguly Samir
Garchar W.
George K. G.
Ghadiali Nari
Ghanchkar G. B.
Ghanekar G. B.
Ghatak Ritwik • 1925-1976
Ghose Goutam
Ghosh Dilip
Ghosh Nabendu
Ghosh Prafulla
Gidwani Moti B.
Goel Devendra
Gokhale G. K.
Gopalakrishnan Adoor
Gopalakrishnan K. S.
Gopinath M. S.
Gosthi Rupak
Goswami Raghunath
Gowda Chandrashekhar
Guha Dulal
Guhathakurta Arup
Gulzar
Gunjal Dada
Gunjal V. M.
Gupta Bula Das • *Das Gupta Bula*
Gupta Chidamanda Das
Gupta Hemen
Gupta Mrinal
Gupta Prafulla Sen
Gupta Ramesh
Habeebullah Shyama
Hai Zafar
Harish Tara
Hormasji Homi
Hsu V. V.
Husain Nasir
Hussain Mohammed
Hussain Mohd
Hussein Mohamed
Hussein Waris • 1938-
Irani Aspi
Ishara B. R.
Ishwarla
Iyer C. S. V.
Iyer G. V.
Jagirdar Gajanan
Jambu
Jampana
Jani Pranbhai
Jatla V. N.
Jayagopal R. N.
Jeet Amar
Jha Prakesh • *Jha Prakash*
Joglekar Vasant
Junarkar R. S.
Kabuli A. R.
Kale D. K.
Kale K. Narayan
Kalla S. P.
Kalyanasundaram A. N.
Kambar Chandrashekhar
Kameswar Rao D. K. • *Rao D. K. Kameswar*
Kameswara Rao K. • *Rao K. Kameswara* • *Rao Kameswara*
Kamran
Kapadia J.
Kapoor Kedar
Kapoor Prem
Kapoor Prithviraj
Kapoor Raj • *Kapur Raj* • 1924-1988
Kapoor Shekhar
Karanth B. V.
Karanth Prema
Kardar A. R. • 1904-
Kariat Ramu
Kariatt R.
Karnad Girish
Kasaravalli Girish • *Kaserahalli Girish* • *Kasarvalli Girish*
Kashilingam G.
Kashyap Dharm Dev
Kashyap Keval P.
Kasilingam A.
Kaul Awtar Krishan • *Kaul Awtar*
Kaul Mahesh
Kaul Mani • 1942-
Kavia Mohan
Keene Ralph • 1902-1963
Keshev Datta
Khan A. M.
Khan Feroz
Khan Mehboob • *Mehboob* • 1907-1964
Khanna Rajbana
Khosla Dwarka
Khosla Raj • *Khosla Rajan*
Kishore Jugal
Klotz Nicolas
Korde Bal
Krishen Pradip
Krishnan M.
Krishnan-Panju
Krishnan S. V.
Krishnasamy R. M.
Krishnaswami S.
Kshirsagar Shridar
Kumar Amar
Kumar Dharam
Kumar Kundan
Kumar Manoj
Kumar Mohan
Kumar Naresh
Kumar Pradeep
Kumar Rajendra
Kumar Shanti
Kumar Shiv
Kumar Vinod
Kunchako
Lahiri Ajit
Lahiri Tulsi
Lajmi Kalpana
Lakshmanan M.
Lakshmi Bharat
Lakshminarayan N.
Lal S. D.
Lall K. B.
Lankesh P.
Latif Reshid
Madhavan P.
Madhavan Sethu
Madhok D. N.
Madhusudan
Madhusudhan Rao V. • *Rao V. Madhusudhan*
Mahendra Balu
Mahesh
Maheshwari Ram
Maitra Amit
Maitra Umaprasad
Malhotra Harmesh
Malhotra Roshanlal
Mallick P.
Mane Anant
Mane Dutta
Manickyam P. V.
Manmohan
Maran
Marbres Raj
Masteri Homi
Mazumdar Tarun • *Majumdar Tarun*
Mehta Dakubhai
Mehta Ketan
Mehta Vijaya

Meiyappan A. V.
Memon Ismail
Merwanji Pervez
Mirasi Dada
Mirza Saeed
Mishra Sudhir
Mistry Babhubhai • *Mistry Babhubhai J.*
Mistry Fali
Mitra B.
Mitra C. R.
Mitra Naresh
Mitra Raja
Mitre Shanbhu
Modi Rustom
Modi Sohrab • *Modi Sohrab M.*
Mohan
Mohanan K. R.
Mohapatra Manmohan
Mohapatra Nirad M.
Money M. S.
Muban
Mukherjee
Mukherjee Arabinda
Mukherjee Chitra
Mukherjee Fishi
Mukherjee Hrishikesh
Mukherjee Jyotish
Mukherjee Pinaki
Mulay Suhasini
Mundhra Jugmohan
Murthy P. S.
Murti
Muthiah T. S.
Muzumdar Nagendra
Nachiket
Nadkarni Sundarao • *Nadkarni Sundar Rao* • *Nadkarni Sundera Rao*
Nag Hiren
Nag Shankar
Nagabharana T. S.
Nagarajan A. P.
Naghaich Ravi
Naidu S. M. Sree Ramulu
Nair M. Krishnan • *Krishnan Nair M.*
Nair M. P. Sukumaran
Nair M. T. Vasudevan • *Vasudevan Nair M. T.* • *Vasudevan M. T.*
Nair Mira
Nanthencode Babu
Naqvi Najam
Narasimmamoorthy A. C.
Narayanamoorthy C. H.
Nasan S. S.
Natesan M.
Nath Raj
Nathan G. R.
Naug Biren
Nawathe Raja
Nayak Prabhakar
Neelakantan P.
Nene Raja
Nihalani Dayal
Pachi
Padmanabhan R.
Page Anthony • 1935-
Painter Baburao • *Baburao Painter* • 1892-1954
Painter Vasant • *Painter Vasant Rao*
Pal Deep
Palekar Amol
Pande Vinod • *Pandey Vinod*
Panickar T. K. G.
Panju Krishnan
Panthalu B. R.
Pantulu B. R.
Paranjpe Raja
Paranjpye Sai
Parmar K. J.
Parvez K.
Patel B. J.
Patel Ishu • 1942-
Patel Jabbar
Pathak Madhukar
Pati P.
Patil Dinkar
Patil Krishna
Patrea Purnendu • *Pattrea Purnendu*
Pattanna
Patwardhan Anand
Patwardhan Jayoo
Paul Mahesh
Pendharkar Bhal G. • *Pendharkar Bhalji*
Pethkar Yeshwant
Phalke Dada • *Phalke Dada Saheb* • *Phalke Dhundiraj* • 1870-1944
Pillai Jayagopal
Pillayya C.
Pomeroy Roy J. • 1892-
Powar G. P.
Prabhat Manjul
Prakash N.
Prakash Rao K. S. • *Rao K. S. Prakash*
Prakash Rao T. • *Rao T. Prakash*
Prakash Sanjeev
Prakash Suraj
Pranjpye Sai
Prasad V. R. K.
Pratyagathma K.
Prem Dhani Ram
Pullaiya C.
Pulliah C.
Pulliah P.
Puttanna S. R. • *Puttanna*
Radford Michael • 1946-
Radhakrishnan C.
Ragaviah Vedhantham
Raghavaiah V.
Raghunath T. R.
Raghuvir C.
Rai Rajiv
Raj A. B.
Rajagopal Malliyam
Rajdutta
Rajendran C. V.
Rajendran M. A. V.
Rajopadhyaya
Ralhan O. P.
Ram Atma
Ram Shanta
Rama Rao N. T. • *Rao N. T. Rama*
Rama Rao P. N. • *Rao P. N. Rama*
Rama Rao T. • *Rao T. Rama*
Ramachandra Rao V. • *Rao V. Ramachandra*
Ramachandran Kallikadu
Ramadas O.
Ramakrishna P. S.
Ramakrishnan G.
Raman M. V.
Raman V. V.
Ramaneedu
Ramanna
Ramanna T. R.
Ramdas Subba
Ramji
Ramnath-Francis
Ramnoth K. • 1912-
Ranga B. S.
Ranga Rao S. V. • *Rao S. V. Ranga*
Ranga T. S.
Rangarao
Ranjan Girish
Rao A. Bhaskar
Rao Addola Narayana
Rao B. N.
Rao C. S.
Rao Ch. Narasimba
Rao Hemambaradara
Rao Mallikarjuna • *Juna Rao Mallikar*
Rao Sadashiv
Rao Y. V.
Rathod David
Rathod Kantilal
Ratnagar D.
Rau Sadasiva
Ravindran K.
Rawail H. S.
Rawal C. L.
Ray Sandip
Ray Satyajit • 1921-
Reddi Sankara
Reddy H. M.
Reddy K. V.
Reddy P. Vasanthakumar
Reddy Pattabhi Rama
Rizvi Yakub Hasan
Roy Bhupen
Roy Bimal • 1909-1966
Roy Biswanath
Roy Drupad
Roy Gunen
Roy Prafulla • *Roy Profulla* • *Roy Profalla*
Sachdev Arun
Sadiq M.
Sagar Ramanand • 1917-
Sahu Kishore
Saigal Naresh
Saika Bhabendranath
Salam A.
Saltzman Deepa Mehta • *Saltzman Deepa* • 1949-
Samanta Shakti
Sandy Bobby
Sarankant
Saraya Govind
Sarin Vic • 1941-
Sarpotdai N. D.
Sarpotdar
Sarup Jyoti
Sasikumar B. A.
Sathyu M. S. • *Sathya M. S.* • *Sathu M. S.*
Satyam
Satyam Giduthuri
Satyam Lanka
Seetharama Sastry K. R.
Sekhar Raja Chandra
Selvaraj Pondy
Sen Aparna
Sen Arbind
Sen Ardhendu
Sen Asit
Sen Hironmoy
Sen Manu
Sen Mrinal • 1923-
Seshagiri G. V. R.
Seshagiri Rao A. V. • *Rao A. V. Seshagiri* • *Rao A. V. S.* • *Rao A. Seshagiri*
Sethumadhavan K. S.
Shah
Shah Chandulal • 1900-
Shah Krishna • 1938-
Shah Kundan
Shah Sanjiv
Shahani Kumar
Shaji
Shamshir A. • *Shamsheer A.*
Shankar K.
Shankar Uday • 1900-1977
Shanmugam C. N.
Shantaram Rajaram
Shantaram Victor • *Shantaram V.* • 1901-
Sharma
Sharma Abiram Syam
Sharma Devi
Sharma Kamal
Sharma Rajendra
Sharma Rameshwar
Sheik A. R.
Shinde Madhav
Shivashankar C. V.
Shivdasani Nina
Shoni Shantilal
Shorey Roop K.
Shreeram
Shukla Kanubhai
Shukla Vinay
Siddiqui Naseem
Singh A. Bhim
Singh Chitrartha
Singh Hardev • 1934-
Singh M. A.
Singh S. R.
Sinha Mohan
Sinha Shivendra
Sinha Tapan
Sippy Ramesh
Sippy Ramkishen
Sircar Alo
Sohni Shantilal
Sonie Bhappi
Sreenivasarao P. S.
Sridhar C. V.
Srinivas B. V.
Srinivas V.
Srinivasan C.
Srinivasan V.
Subba Rao B. A. • *Rao B. A. Subba* • *Rao A. Subha*
Subba Rao W. R. • *Rao W. R. Subba*
Subrahmanyam K.
Subramanian K.
Subramoniam P.
Subraniam P.
Sudarshan Pandit
Sukardi Kotot
Sukhdev S.
Sultan
Sundaram R.
Sundaram T. P.
Sundaram T. R.
Sunny
Sunny S. U.
Suri Narendra
Suryam G.
Sutar Shrikant
Suvarna Sadanand
Swamy Y. R.
Swaroop Jyoti
Swaroop Kamal
Taliath Joseph Jr.
Talwar Ramesh
Tamijian
Tandon Lekh
Tara R. S.
Tarafdar Rajen
Tate Ashok
Tendulkar Vijay
Thakur Anant
Thakur Raja
Thakur Ramchandra
Tharukshuvu
Thirulokachander A. C. • *Thirulokachandar A. C.*
Thirulokachander A. S.
Thirumalai
Thirumalai-Mahalingam
Thirumugam A.
Thirumugam M. A.
Thomas P. A.
Tilak Raj
Tirumugam
Torne Kamalakar
Torney Dadasaheb
Torney R. G.
Tripathi S. M.
Tripathi S. N.
Udayashankar Chi
Unni P. B.
Urs D. Kempraj
Vachani Nilita
Vaidya Girish
Vaidya Prem
Vaidya Ramnik D. • *Vaidya Ramnik* • *Vaidya R. D.*
Vakil Nanubhai
Valia Hari
Varalakshmi G.
Varma Amar
Varma Bhagwandas
Vasan S. S. • 1900-
Ved
Venu
Vikas Aruna
Vincent A.
Vinod Vidhu
Vishwanath G.
Vishwanathan G.
Viswanath K.
Vittalachari B. • *Vittalacharya B.*
Vyas Manibhai
Vyas Narottam
Vyas Ramesh
Vyas Vishnu • *Vyas V. M.*
Wadia Homi
Wadia J. B. H.
Wadia Jamshed
Winayak
Yagnik Raja
Yoganand D.
Zamindar A. R.
Zaveri Jaswant C.
Zils Paul

INDOCHINA

Duras Marguerite • 1914-
Le Henaff Rene • 1903-

INDONESIA

Blair Lorne
Darling John
Djarot Eros
Djarot Slamet Rahardjo
Djaya Sjuman
Effendi Bakhtiar
Effendy Basuki
Gautama Sisworo
Hassan Sandy Suwardi
Ismai Osman
Jaya Syuman • 1933-
Karya Teguh • 1937-
Kruger G.
Noer Arifin C. • *Noer Arifin* • 1941-
Prijono Ami • *Priyono Ami* • 1939-
Rahardjo Slamet • 1949-
Risyaf M. T.
Rizal A.
Rorimpandey Frank
Sani Asrul • *Sami Asrul*
Schadt Fritz G.
Sirait Edward Pesta
Soebarjo Ismail
Soi Lie Tek
Sophiaan Sophan
Subardjo Ismail
Sulaiman Hengky
Syumanjaya • -1985
Umam Chaerul
Umboh Wim • 1933-
Wilianto Willy

IRAN

Afkhami Behruz
Afshar Mousa
Aghamaliyan Armaees
Aghanikyan Hekmat
Ajrame Farough
Akarame Farough
Alami M. R.
Alkhas Mardouk
Amin-E-Amini
Andlibi Jamshid
Anvar Manoutchehr
Arjomand Homayoun
Asgari-Nasab Manoochehr • *Asgarinassab Manoochehr*
Aslani Mohammad Reza
Avanessian Arbi
Ayyari Kianoush • *Ayari Keyanoosh*
Azimi Iradj • 1942-
Baaf Mohsen Makhmal
Badiyi Reza • *Badiyi Reza S.* • 1936-
Bagheri Ebrahim
Bahadori Azizolah
Bahrani Shahriar
Bani-Etemad Rakhshan
Behzad Ferial
Beyzai Bahram • *Beiza'l Bahram* • 1938-
Boroomand M.
Bozorgnia Mohammad-Reza
Bral Jacques • 1948-
Byc-Imanverdi Resa
Dad Seyfollah
Daryoush Hagir
Delir Hossein
Derakhshandeh Pooran • *Darakhshandeh Pooran* • *Derakhshandeh Puran*
Derambakhs Kioomars
Ebrahimifar Saeed
Ekhart Robert
Eshghi Salar
Fakhimzadeh Mehdi
Fardeen Mohamad Ali
Farhang Darioush
Farmanara Bahman
Farrohzad Forough
Fatemi Nezam • *Fatemi Nesame*
Fazeli Reza
Fourouzesh Ibrahim
Gaffari Farrokh • *Gaffary Farrogh* • 1922-
Ghaderi Iraj
Ghaem-Maghami Savad
Ghaffary Farrokh
Ghane Nader
Gharib Shapoor • *Gharib Sh.*
Gharizadeh Majid
Ghasemivand
Ghavidel Amir
Gholam-Rezai Nasser
Goleh Freydoon • *Goleh Fereydoon*
Golestan Ebrahim • *Golestam Ibrahim* • 1922-
Gorji
Haji-Miri Sa'ld
Haritash Khosrow
Hashemi Asghar
Hatami Ali • *Hatemi Ali* • *Hatami Alishah*
Hatamikia Ebrahim • 1961-
Hedayat Hassan
Hessami Hooshang

Honarmand Mohammad-Reza
Hosseini Ali Sajjadi
Jallili Abolfazl
Jami Hossein Ghasemi
Jarahzade Sirous
Javanmard Majid
Jekan Ali
Jourak Fereydoun
Jozani Massoud Jafari
Kamyar Saeid
Karamati Masud
Karimi Nosrattolah • *Karimi Nosrat*
Kasebi Mohammad
Kassaei Abas
Kavosh Habib
Khachikian Samouel • *Khachekian Samouel*
Khani
Khotschikian Samuel
Kia-Rostami Abbas • *Kiarostami Abbas*
Kimiavi Parviz • *Kimiyavi Parviz* • 1939-
Kimiyaei Massoud • *Kimiaei Massoud* • *Kimiai Massoud* • *Kimia'le Massoud*
Koushan Esmaeil
Koushan Mahmoud
Madani Hosain • *Madani Hossin*
Majdzadeh Hassan
Makhmalbaf Mohsen
Malak-Motiei Nasser
Malakouti
Mansouri Touraj
Masihi Varuzh Karim
Massoumi Kazem • *Masumi Kazem*
Mehrjui Dariush • *Mehrjouei Daryoush* • *Mehrjui Darioush* • 1941-
Mesghali Farshid
Milani Tahmineh
Minoui Mehrzad
Mirsamadzadeh
Mirshekari Ahmad
Misaghye Mehdi
Moghadam Jalal • *Moghadam Djalal*
Mojtahedi Hamid
Molapoor Davoud
Mollagholipoor Rasoul • *Mola-Gholipour Rasoul*
Motevaselani Mohamad • *Motavasselani Mohammad* • *Motevaselani*
Motii Nasser Malak
Nabili Marva
Naderi Amir
Najafi Mohammad-Ali • *Najafi Mohammadali*
Najeebzadeh Ahmad
Ohanian
Oskouei Mostafa
Ossanlu Parviz
Partovi Kambuzia
Parvisi Khosrow • *Parvisi Khosro*
Poorahmad Kiumars
Poorsaeid Esmaeil
Radjaian Hossein
Rafiei Aziz
Rahbar Saber
Rahnema Ferydoun
Rai Mojtaba
Raisian • *Raissian Alireza*
Reis-Firouz Mehdi • *Reisfirouz Mehdi*
Reypoor Bahram
Rezaie Rahman • *Rezai Rahman*
Riyahi Esmaeil
Roshanian Rahim
Sabahi Samad • *Sabahi Samade*
Sabbaghzadeh Mehdi
Sadeghi Ali Akbar
Sadeghpoor Iraj
Sadeghpoor Manouchehr
Saeid Esmaeil Poor
Safaei Ahmad
Safaei Reza • *Safaei Resa*
Saleh Fariborz
Saless Sohrab Shahid • *Shahid-Saless Sohrab*
Samadi Yadollah
Samandarrian Hamid
Samiazar Alireza
Sayyad Parviz • *Sayyad Parvis*
Schroeder Barbet • 1941-
Sedigh Yusef
Sepenta Abdol Hoseyn
Shayeghi Siamak
Shervan Amir
Shirdel K.
Taghvai Nasser • *Taghvaii Nasser*
Talebi Ali
Vaeziyan Jozeph • *Vaezian Jozeph*
Vahdat Nosratolah
Vand Ghasemi
Yasami Siyamak
Zarandi Mohamad Ali
Zargar Karim
Zarindast Mohamad • *Zarindust Mohammad*
Zhekan Ali

IRAQ

Al-Rawi Abdel-Hadi • *Al Rawi Abdel Hadi* • *Rawi Abdel-Hadi Al-* • 1938-
Al-Tohamy Foa'Ad • *Al-Tohami Foaad* • *Tohamy Foa'Ad Al-*
Al-Yassiri Fiasal • *Al Yasseri Feisal* • *Yassiry Fiasal* • *Yassiri Fiasal* • *Yassiri Faycal Al-* • 1923-
Fanari Mohammed Mounir
Hadad Saheb • *Haddad Sahib*
Hajjar Rafik • *Hajjar Rafiq*
Hawal Kasim
Husni Kameran • *Hassani Kameran* • 1927-
Jamil Mohammed Shoukry • *Jameal M. Shukri* • *Jamil M. Shukry* • *Jamil Shoukri* • *Shukry Jamil Muhammad* • *Chukri Jamil M.* • 1936-
Janabi Mohammed Yusef Al • *Al Janabi Mohammed Yusef*
Sarkissian Harry • 1938-
Shawqi Khalil • *Shawky Khalil* • 1924-
Zubaydi Qays Al- • *Al-Zubaydi Qays* • 1939-

IRELAND

Barron Steve • *Barron Steven* • 1956-
Barry Trish
Black Cathal
Black Donald Taylor • *Taylor-Black Donald*
Booth Tim
Brenon Herbert • 1880-1958
Carey Patrick • 1916-
Cohen Norman • 1936-1983
Comerford Joe
Corcoran Vincent
Deasy Frank
Finegan Peter
Fleischmann George
Friel Deirdre
Hickey Aidan • *Hickey Aiden*
Hickey Kieran • 1936-
Hill Colin
Ingram Rex • 1892-1950
Jordan Neil • 1950-
Kavanagh Denis • 1906-
Kerrigan J. M. • *Kerrigan Joseph M.* • 1887-1964
Kilroy Mark
Langan Declan
Laoghaire Colm O.
Lee Joe
McArdle Tom
MacBride Tiernan
MacConghail Muiris
McMahon Joe
Magra
Marcus Louis
Milland Ray • 1905-1986
Miskelly Bill
Moore Keiron • 1925-
Moore Owen • 1886-
Morrison George
Moylan William • 1898-
Mulkerns Jim • c1930-
Mulryans Peter
Neill R. William • *Neill Roy William* • *Neill Roy W.* • *Neill Roy* • 1886-1946
O'Donovan Fred
O'Herlihy Michael • 1928-
O'Leary Ronan
O'Mara John
O'Mordha Sean
O'Sullivan Thaddeus
Quinn Bob • c1936-
Ryan Stephen
Sandford Gerry
Scott Ciarin • *Scott Carin*
Shaw-Smith David • 1939-
Spiro Julian • 1915-
St. Leger Bill
Stafford Brendan J. • *Stafford Brendan* • 1915-
Tighe Fergus
Twomey Siobhan
Wynne-Simmons Robert

ISRAEL

Alter Naftali
Ankri Serge
Avidan David
Axelrod Nathan
Barbash Uri
Barkan Yehuda
Becker Israel
Ben-Artzi Gad
Bennert Walter
Bergman David
Binetzki Menahem
Broyde Ruth
Bukaee Rafi
Buzaglo Haim
Cohen Avi
Cohen Dan
Cohen Eli
Dai Yona
Davidson Boaz • 1943-
Dayan Assaf • *Dayan Assi*
Dayan Nissim • 1946-
Dienar Baruch
Dor-Niv Orna Ben
Dotan Shimon
Eldad Ilan
Ephrati Yigael
Eran Doron
Filer Leo • *Filler Leo*
Firstenberg Sam • 1950-
Friedman Shraga
Gaon Yehoram
Geyra Ellida
Gez Moshe
Gitai Amos • 1950-
Golan Menahem • *Golan Menachem* • 1929-
Goldwasser Ya'Akov
Goldwasser Yankul
Gorji Obadiah
Green Eytan • *Green Eltan*
Greenberg David
Gross Aline
Guri Haim
Guttman Amos
Hameiri Yaacov
Heffner Avram • *Heffner Avraham* • 1935-
Hengge Paul
Herbst Itzhak
Hesera Simon
Imberman Samuel • *Imberman Shmuel*
Kalik Michael
Katmor Jacques Morry
Kishon Ephraim • *Kishan Ephraim*
Kollek Amos
Kotler Oded
Krumgold Joseph • 1908-
Lengyel Ivan
Levanon Yaud
Levithan Nadav
Lorca
Mashrawi
Menachemi Ayeleth
Millo Joseph
Morrison Jack
Moshensohn Ilan
Ne'Eman Yehuda • *Ne'Eman Yehuda "judd"*
Nesher Avi
Noble Barbara
Nord Victor
Obadiah George
Ovadia George
Oyserman Ben
Paz Jonathan
Peres Ruth
Rebibo Raphael
Recanati Mira
Revach Ze'Ev • *Revach Zeev*
Ron Zohara
Schehori Idith
Schorr Renen
Sefer Amos
Shagrir Micha
Shalhin Joseph
Sharon Yoel
Shelakh Riki • *Missimoff Riki Shelach*
Shissel Ziv
Shuval Menakhein
Silberg Joel • *Zilberg Yoel*
Somer Yossi
Soriano Shlomo
Steinhardt Alfred
Tofano Gilberto
Tracz Vitek
Trope Zippi • *Trope Tzippi* • *Trope Tzipi*
Wardy Yaakov
Waxman Daniel • *Waschman Daniel* • c1946-
Weller Johanan
Wolman Dan • 1941-
Yaron-Gronich Nirith
Yavor Noam
Yeshurun Isaac • *Yeshuroun Isaac "zeppel"* • *Yeshuroun Isaac* • *Yeshouroun Yitzhak*
Yosha Yaki • *Yosha Yaky* • c1952-
Zarecki Yona
Zohar Uri

ITALY

Abel Gustavo
Accatino Giuseppe
Adami Giuseppe
Adriano Pino
Agliani Giorgio Geo • 1910-
Agosti Silvano • 1938-
Agrama Frank
Albagnan C.
Albani Marcello
Alberani Ghigo
Alberini Filoteo
Albertazzi Giorgio • 1925-
Albertini Bitto • *Albertini Adalberto* • *Albert Al* • *Thomas Albert* • *Mitchell Stanley* • *Walker Albert J* • 1924-
Aleandri Marco
Alessandrini Sergio
Alessi Ottavio • 1919-
Alfaro Italo
Aliprandi Marcello • 1938-
Almirante Mario
Alviani Massimo
Amadio Silvio • 1926-
Amadori Luis Cesar • *Amadori Luis C.* • *Amadori Luis* • 1902-1977
Amadoro Ugo
Amata Gaetano • 1912-
Amato Giuseppe • 1899-1964
Amato Renata
Ambrosio Arturo • *Ambrosio A.* • 1869-1960
Amelio Gianni • 1945-
Amendola Mario • *Jacobs Irving* • 1910-
Amendola Toni • *Amendola Tony* • *Hepburn Tony*
Amico Gianni
Ammirata Sergio
Amoroso Roberto • *Good Tony* • 1911-
Amurri Franco
Ancillotto Alberto
Andermann Andrea
Andreassi Raffaele • 1924-
Andrei Marcello • *Andrew Mark*
Andrews Eric
Angeli Alfredo
Angeli Ivan • 1940-
Angella
Angelucci Gianfranco
Angelucci Umberto
Angiolillo Renato
Annuzio Gabriel D.
Ansoldi Giorgio
Antamoro Giulio
Anton Edoardo • *Anton Eduardo* • 1910-
Antonelli Lamberto
Antonelli Massimo
Antonini Alfredo • *Band Albert*
Antonioni Michelangelo • 1912-
Apra Adriano
Arbore Renzo
Archibugi Francesca
Are Vasco
Arena Maurizio • *Di Lorenzo Maurizio* • 1933-
Argento Dario • 1943-
Artale Lorenzo
Attanasi Antonio
Ausino Carlo
Avallone Marcello
Avati Pupi • 1938-
Badiek Michele
Baffico Mario • 1907-
Baldaccini Giorgio
Baldanello Gianfranco • *Carrol Frank G.* • *Carroll Frank G.* • *Elliotts Paul*
Baldi Ferdinando • *Baldwin Ferdy* • *Baldwin Free* • *Livingstone Sam* • *Kaplan Ted* • 1927-
Baldi Gian Vittorio • *Baldi Gian V.* • *Baldin Gian* • 1930-
Baldi Marcello • *Marshall Billy* • 1923-
Balducci Armenia
Ballerini Piero • 1901-1955
Balletti Elio
Baltieri C. A.
Bandini Baccio • 1913-
Bange George
Banks Monty • 1897-1950
Baracco Adriano • 1907-1966
Baratti Bruno
Barbano Adriano
Barbaro Umberto • 1902-1959
Barberi Franco
Barcelloni
Barilli Francesco • 1943-
Barlacchi Cesare
Bartolini Elio • 1922-
Barzini Andrea
Basaglia Maria • 1912-
Bassi Parsifal
Bassoli Carlo J.
Bastelli Cesare
Battaglia Enzo • 1935-
Battiato Giacomo • 1943-
Battistoni Aurelio
Batzella Luigi • *Hamus Paull*
Bava Lamberto • *Old John Jr.* • 1944-
Bazzini Sergio
Bazzoni Camillo • *Burks Alex* • *Meyer Marc* • 1934-
Bazzoni Luigi • 1929-
Belgard Arnold
Belli Pino
Bellini Giacomo P.
Bellocchio Marco • *Bellochio Marco* • 1939-
Bencivenga
Bendazzi G.
Bene Carmelo • 1935-
Benelli Gioia
Benigni Roberto • 1952-
Bennati Giuseppe • 1921-
Benni Stefano
Benvenuti Lamberto
Benvenuti Leo • 1923-
Bercovici Leonardo
Bercovici Ludovico
Bergonzelli Sergio • *Bergon Serge* • 1924-
Berlinguer Giuliana
Bernabei Claudio
Bernardi Marcello
Bernardi Romano
Berruti Giulio
Bertolini Ottorino Franco • *Bertolini Ottorino F.*
Bertolucci Bernardo • 1940-
Bertolucci Giuseppe
Bervi J.
Besozzi Angelo
Bettetini Gianfranco
Bevilacqua Alberto • 1934-
Biagetti Giovanni
Biagetti Giuliano
Biagi Enzo • 1920-
Bianchi Adelchi
Bianchi Andrea • *White Andrew*
Bianchi Giorgio • 1894-1967
Bianchi Mario • *Moore Robert*
Bianchi Nerino Florio
Bianchini Paolo • *Blanc Paul* • *Maxwell Paul*
Biancini Ferruccio
Biancoli Oreste • 1897-
Bido Antonio • *Bido Anthony*
Bisiach Gianni
Bizzarri Libero
Blasetti Alessandro • 1900-1987
Boccacci Antonio • *Kristye Anthony*
Boccia Tanio • *Anton Amerigo*
Bolla Achille
Bologna Ugo
Bolognini Mauro • 1923-
Bolzoni Adriano • *McCahon William*
Bomba Enrico • *Bay Henry*
Bonacquisti Giacinto
Bonaldi Aldo
Bonfanti Giovanni
Bongiovanni Gianni

Bonnard Mario • 1889-1965
Bonomi Nardo • *Bonomi Leonardo*
Bonsignori Umberto
Bontempi Giorgio • 1926-
Bonucci Alberto • 1918-1969
Bonzi Leonardo
Borella Paolo
Borghesi Anton Giulio
Borghesio Carlo • 1905-
Borraccetti Renato • *Borr Ren* • *Renbor*
Bottari Franco
Bozzetto Bruno
Bragadze Peter
Bragaglia Anton-Giulio • *Bragaglia Anton G.* • 1889-
Bragaglia Carlo Ludovico • *Bragaglia Carlo L.* • *Bragaglia Carlo* • 1894-
Bragan A.
Bramieri Gino • 1928-
Branca Antonello • 1940-
Brass Tinto • 1933-
Brazzi Fabrizio • *Bray Oswald*
Brazzi Oscar
Brazzi Rossano • *Ross Edward* • 1916-
Breccia Paolo
Brenta Mario • 1942-
Brescia Alfonso • *Bradley Al* • *Brady Al* • 1930-
Brighouse Tony
Brignone Guido • 1886-1959
Broadbent Chris
Brocani Franco
Bruno Edoardo • 1928-
Brusadori Giovanni • *Brueghel Conrad*
Brusati Franco • 1922-
Bruschini Vito
Bucchi Valentino
Buffardi Gianni
Bugnatelli Salvatore
Buzzani Sergio
Buzzi Aldo
Cadueri Renato
Caiano Carlo
Caiano Mario • *Hawkins William* • *Grunewald Allan* • *Perkins Mike*
Calamara Aldo
Calandri Max
Caldana Alberto • 1927-
Calderoni Gian Luigi
Caldura Federico
Calenda Antonio
Caligari Claudio
Callegari Gian Paolo • 1912-
Calloway R.
Calogero Francesco
Caltabiano Alfio
Calzavara Flavio • 1900-
Camerini Augusto
Camerini Mario • 1895-1981
Caminito Augusto
Campanelli Theo
Campani Paul
Campiotti Giacomo
Campogalliani Carlo • 1885-1974
Canavero Alfieri
Canavero Giovanni
Canevari Cesare
Cangini Gabriella
Cantillon B.
Canzio Stefano • 1915-
Capitani Giorgio • *Capitani Georges* • *Holloway George* • *Rowe Tom*
Capogna Sergio • 1927-
Capolino Edoardo
Capozzi Alberto • 1886-1945
Cappadonna Romolo
Cappelli Giancarlo
Cappellini Enrico
Capra Frank • *Capra Frank R.* • 1897-1991
Capriata Carlo
Caprioli Vittorio • 1921-
Capuano Luigi • *King Lewis* • 1904-
Caracciolo Emanuele
Carafoli Mario
Caramba Luigi
Carbonari David
Carbone Mario
Cardone Alberto • *Cardiff Albert* • 1920-
Carlucci Leopoldo
Carmeno Alex
Carnimeo Giuliano • *Ascott Anthony*
Carpentieri Luigi • 1920-
Carpi Fabio • 1925-
Carpi Pier
Carpignano Vittorio • 1918-
Carren H.
Carrubba Franco
Carunchio Carlo
Caruso Pino • 1934-
Casadio Aglauco • 1920-
Casapinta Ferruccio
Casara Severino
Casaretti Francesco
Cascino Vincenzo • *Cashino Vincent*
Caserini Mario • 1874-1920
Casini Stafania
Casorati George S.
Cassano Riccardo
Casserini Piero
Castellacci Mario
Castellani Leandro
Castellani Massimo
Castellani Renato • 1913-1985
Castellano • *Castellano Franco*
Castellari Enzo G. • *Castellari Enzo Girolami* • *Castellari Enzo* • *Castellari E. G.* • *Rowland E. G.*
Castiglioni Alfredo
Castiglioni Angelo
Catrani Catrano • 1910-
Cattarinich Mimmo
Cavadini Alessandro • 1943-
Cavadini Fabio • 1946-
Cavallina Paolo
Cavallone Alberto
Cavandoli Osvaldo
Cavani Liliana • 1936-
Cavara Paolo • 1926-
Cavedon Giorgio
Ceccon Hidalgo
Celano Guido • *First William* • 1910-
Celentano Adriano • 1938-
Celentino Luciano • 1940-
Celi Adolfo • 1922-
Cenci Giuliano • 1931-
Cenni Renato
Cerchio Fernando
Cerio Ferruccio • 1904-
Cerlesi Ennio • 1901-1951
Cerrato Renzo
Cervi Tonino
Chardon Richard
Chentrens Federico • *Owens Richard*
Cherasco J.
Chiari Mario • 1909-
Chiari Walter • 1924-
Chiarini Luigi • 1900-1975
Chiarissi Vincenzo
Chiesa Aurelio
Chiesa Carlo Alberto
Chili Giorgio W. • *Chili Giorgio V.* • 1918-
Chimirri Sante
Chiosso Renzo
Ciccarese Luis
Cicero Nando • *Cicero Fernando* • 1931-
Cimarosa Tano
Cinieri Francesco
Ciorciolini Marcello • *Colli Marcello* • *Harris James* • *Reed Frank*
Ciotti Sandro
Cirino Franco
Citti Sergio • 1933-
Ciuffini Sabatino
Civirani Osvaldo • *Kean Richard* • 1917-
Climati Antonio
Clucher E. B. • *Barboni Enzo* • 1922-
Cobelli Giancarlo • 1933-
Colacurci Antonio
Colantuoni Antonio
Colasanti Sergio
Coletti Duilio • *Bard John* • 1908-
Coletti Melchiade
Colizzi Giuseppe • 1925-1978
Colombo Aldo
Colombo Helia
Colonna Golfiero
Coltellacci Oreste
Colucci Mario
Comencini Cristina
Comencini Francesca
Comencini Luigi • 1916-
Comerio Luca
Comin Jacopo • 1901-
Cominetti Gian M.
Concini Franco
Condal Elias
Conti Pier Luigi • *Cliver Al*
Cools Alan W.
Corbucci Bruno • *Corlish Frank B.* • 1931-
Corbucci Sergio • *Corbett Stanley* • 1927-
Cordero Emilio • 1917-
Corgnati Maurizio
Corona Franco
Cortese Leonardo • 1916-
Cortini Bruno
Cosmi Carlo • *Cosmi Carlos* • 1929-
Costa Mario • *Fordson John W.* • 1908-
Costa Piero
Costanzo Maurizio
Costatini Daniele
Cottafavi Vittorio • 1914-
Cotti Carlo
Covaz Tullio • 1904-
Cozzi Luigi • *Coates Lewis*
Craveri Mario • 1902-
Crea Gianni
Crisanti Gabriele
Crisci Giovanni
Crispino Armando • 1925-
Cristallini Giorgio • *Warner George* • 1921-
Crobu G. G.
Croccolo Carlo • *Moore Lucky*
Crudo Aldo
Curi Giandomenico
Curti Alfredo
Da Campo Gianni
D'Agostino Antonio
Dal Fabbro Rinaldo • *Fabbro Rinaldo Dal*
D'Alessandro Angelo • 1926-
Dallamano Massimo • *Dillman Max* • 1917-1976
Dall'Ara Renato
D'Amato Joe • *Massaccesi Aristide* • *Hills David*
D'Ambra Lucio • 1880-1939
D'Ambrosio Enzo
Damiani Amasi • *Van Dyke A.*
Damiani Damiano • 1922-
D'Amico Luigi Filippo • *D'Amico Filippo* • 1924-
Dandolo Lucio
D'Angelo Aldo
D'Annibale Aldo
D'Annuzio Gabriellino
Dante Maria
Danza Daniele
D'Aversa Alberto
Davis Joan
De Agostini Fabio • 1926-
De Angelis Fabrizio • *Ludman Larry*
De Angelis Vertunio • *Vert Dean*
De Bassan Aldo
De Bernardi F. M.
De Bosio Gianfranco • *De Bosio Gian Franco* • 1924-
De Caro Lucio
De Chiara Ghigo
De Concini Ennio • 1923-
De Crescenzo Luciano
De Dominicis Gennaro
De Felice Domenico
De Felice Lionello • 1916-
De Feo Francesco
De Filippo Eduardo • 1900-
De Fina P. V. Oscar
De Giorgi Elsa • *Alberti E. Giorgi* • 1915-
De Gomar Julio F.
De Gregorio Toni • 1931-
De Liguoro Eugenio
De Liguoro Giuseppe • 1869-1944
De Liguoro Wladimiro
De Marchi Luigi • *Demar Luigi*
De Maria Luigi • *Stuart James K.*
De Martino Alberto • *Herbert Martin* • 1929-
De Martino Pino
De Mas P. L.
De Micheli I.
De Mitri Leonardo • 1914-1956
De Molinis Claudio
De Montepin S.
De Robertis Francesco • 1902-1959
De Rosa Ernesto
De Rosa Mario
De Rosis Franco
De Ruffo D.
De Santis Giuseppe • 1917-
De Seta Vittorio • 1923-
De Sica Vittorio • 1902-1974
De Sisti Vittorio
Degli Espinosa Francesco • *Matassi Vincenzo*
Del Balzo Raimondo
Del Colle Ubaldo Maria • *Del Colle Ubaldo*
Del Fante Mario • *Bird William*
Del Fra Lino
Del Grosso Remigio • 1917-
Del Torre Giulio
Della Santa Enzo • *Santa Enzo Dalla*
Dell'Acquila Enzo • *Eagle Vincent*
Delli Azzeri Luca
Demicheli Tulio • 1918-
Deodato Ruggero • *Franklyn Roger D.* • *Rockfeller Roger* • *Franklin Roger*
D'Eramo Giovanni
D'Erasmo Gianni
D'Errico Corrado
D'Ettore Piazzoli Roberto • *Piazzoli R. D'Ettore* • *Barrett Richard*
Di Carlo Carlo • 1938-
Di Cola Emanuele
Di Giammatteo Fernaldo
Di Gianni Enzo • *Di Gianni E.* • 1908-
Di Gianni Luigi • 1926-
Di Leo Fernando • 1932-
Di Nardo Mario
Di Palma Carlo • 1925-
Di Paolo Mario
Di Silvestro Rino
D'Incerti Vico
Dirksen Miller
D'Isernia Gian
Dolce Ignazio
Dolino Gianni
Dolman Martin
Domenghini Anton Gino • 1897-1966
Dona
Doria Alberto
Doria Enzo • 1936-
Dorigo Angelo • *Fleminger Johnny*
Dottesio Attilio
Duse Carlo • 1899-1956
Duse Vittorio • 1916-
Elfride • *Thermes Diana*
Elter Marco
Emmer Luciano • 1918-
Ercoli Luciano • *Colbert Andre*
Esposito Luigi
Esteba M.
Fabbri Lionetto
Fabbri Ottavio
Fabrizi Aldo • 1897-
Faccini Luigi
Faenza Roberto • 1943-
Fagarazzi Daniele
Fago Giovanni • *Lean Sidney*
Falconi Dino
Falena Ugo • 1875-1931
Falessi
Fallette
Faraldo Pier Luigi • *Faraldo Pier L.*
Farina Corrado • 1938-
Fasano Ugo
Fatigati Giuseppe • 1906-
Fec T.
Fecchi Ettore • 1911-
Felisatti Massimo
Fellini Federico • 1920-
Fellini Riccardo • 1921-
Fenelli Mario
Ferendeles Andrea
Ferguson R.
Ferraioli
Ferrara Gianfranco
Ferrara Giorgio • 1947-
Ferrara Giuseppe • 1932-
Ferrara Romano • *Freemount Roy* • *Williams Mike*
Ferrari Giorgio
Ferrari Nicolo • 1928-
Ferrario Cesare
Ferrera Giuseppe
Ferreri Marco • 1928-
Ferrero Carlo
Ferretti Piergiorgio
Ferrini Franco
Ferronetti Ignazio • 1908-
Ferroni Giorgio • *Padget Kelvin Jackson* • *Padget Calvin Jackson* • *Padget Calvin J* • 1908-
Festa Campanile Pasquale • *Festa Campanile P.* • *Campanile P. Festa* • 1927-
Fidani Demofilo • *Dani Danilo* • *Deem Miles* • *Demos Alex* • *Dickinson Lucky* • *Spitfire Dick*
Filippi Walter
Fina Giuseppe
Finch Charles
Fiory Odoardo
Fiz Robert
Fizzarotti Armando • 1892-
Fizzarotti Ettore Maria • *Fizzarotti Ettore M.* • *Fizzarotti Ettore*
Florio Aldo • 1925-
Folkner H.
Fondato Marcello • 1924-
Fontaine Gianni
Fontana Bruno
Ford D.
Forges Davanzati Maria • *Davan Luca*
Forzano Andrea • 1915-
Forzano Giovacchino • 1884-1970
Fracassi Clemente • 1917-
Fragasso Claudio
Franchina Basilio • 1914-
Franchina Sandra
Franchini Mario
Franci Pier Giuseppe
Franciolini Gianni • 1910-1960
Franciosa Massimo • 1924-
Francisci Pietro • 1906-
French William
Frezza Andrea • 1937-
Frosi Aldo
Fryd Joseph
Fulchignoni Enrico
Fulci Lucio • 1927-
Fulgozi Niska
Furlan Rate
Gabella Fabrizio
Gaburro Bruno Alberto • *Gaburro Bruno A.* • *Gaber Bruno*
Gagliardo Elio
Gagliardo Giovanna
Gallo Mario • 1878-1945
Gallo Vittorio
Gallone Carmine • 1886-1973
Gambardella Giuseppe
Gambino Domenico M. • *Gambino Saetta Domenico* • *Gambino Domenico* • 1896-
Gamna Vincenzo
Gandin Michele • 1914-
Gardner Fred
Gariazzo Mario • *Garrett Roy* • *Paget Paul*
Garolda G. A.
Garrone Riccardo
Garrone Sergio • *Regan Willy S.*
Gasparini Ludovico
Gassman Alessandro
Gassman Vittorio • 1922-
Gastaldi Ernesto • *Berry Julian*
Gastaldi Romano
Gattinara Carlo Castelli
Gaudio Antonio • *Gaudio Tony* • 1885-1951
Gavioli Gino
Gavioli Roberto • 1926-
Gemma Giuliano
Gemmiti Arturo
Genina Augusto • 1892-1957
Genini Lusatti
Genoino Arnaldo • 1909-
Genta Renzo • *London James*
Gentili Giorgio • *Ash Dan*
Gentilomo Giacomo • 1909-
Germi Pietro • 1914-1974
Gervasi Mario
Gherardi Gherardo • 1891-1949
Ghione Emilio • 1879-1930
Ghione Piero
Ghione Riccardo
Giachino Luigi Maria • *Giachino Luigi M.* • *Giachino Luigi*
Giaculli Francesco
Giampalmo Livia
Gianini Giulio
Giannarelli Ansano • 1933-
Giannetti Alfredo • 1924-
Giannini Ettore • 1912-
Giannini Giancarlo
Giannini Guglielmo
Giannini Marcello

Giannini Nino
Gianpaolo Mario
Giarda Mino
Gibba • *Guido Francesco Maurizio*
Gicca Enzo • *Palli Vincenzo Gicca* • *Vincent Thomas*
Ginna Arnaldo
Giordana Mario Tullio
Giordani Brando
Giordani Sergio
Giorgi Claudio
Giornelli Franco
Giovannetti Adriano
Giovannini
Giovannini Attilio • 1915-
Giraldi Franco • *Grafield Frank* • *Prestand Frank* • 1931-
Girolami Marino • *Martinelli Franco* • *Wilson Fred* • 1914-
Glori Vittorio Musy
Gobbi Anna
Gobbi Sergio • 1938-
Gomas Guido
Gora Claudio • *Giordana Emilio* • 1913-
Gramantieri Tulio
Gramatica Emma • 1875-1965
Grandi Gastone • *Bighouse Tony*
Gras Enrico • 1919-1981
Grassi Ernesto • 1900-1963
Graziano Domenico
Greco Emidio • 1938-
Gregoretti Ugo • 1930-
Grieco Sergio • *Hathaway Terence* • *Segri* • 1917-1982
Grifi Alberto • 1938-
Grimaldi Aldo
Grimaldi Angelo
Grimaldi Gianni • *Grimaldi Giovanni* • 1917-
Grottesi Marcello • 1939-
Grottini Armando
Grottoli Pier Fabio
Guardamagna
Guardone Giannetto
Guareschi Giovanni • 1908-1968
Guarini Alfredo • 1901-
Guarini Giuseppe
Guazzoni Enrico • 1876-1949
Guerrasi Leo
Guerrasio Guido • 1920-
Guerrieri Romolo • *Girolami Romolo* • *Gilbert Rod*
Guerrini
Guerrini Mino • *Warren James*
Guida Ernesto
Guidi Guidarino • *Guidi G.*
Guzman Rafael
Hamza D. A.
Harrison R.
Hasso Harry • 1904-
Hellman Oliver • *Assonitis Ovidio* • *Assonitis Sonia*
Heusch Paolo • *Benson Richard* • 1924-
Hill Terence • *Girotti Mario* • 1941-
Holland Peter
Horne Dionisio
Illuminati Ivo
Imperoli Mario • 1931-1977
Indovina Franco • 1932-1972
Infascelli Carlo • 1913-
Infascelli Fiorella
Infascelli Roberto • *Raymond Bob*
Ingegnero Armando
Ingrassia Ciccio • 1923-
Iori Bruno
Ippolito Ciro
Isgro Emilio
Ivaldi Mauro O.
Jacopetti Gualtiero • 1919-
Jacovoni Alessandro
Kish Ladislao • *Kish Lazlo* • *Kish Laslo* • 1904-
Knaut Luis
Kresel Lee
Krims Milton • 1907-
La Rosa Ugo
Lado Aldo • *Lewis George B.*
Lagana G.
Lamperti Piero
Landi Mario • 1920-
Lanfranchi Mario • *Lanfranchi M.*
Langini Osvaldo • 1922-
Lastricati Carlo
Lattanzi Franco
Lattuada Alberto • 1914-
Laudadio Francesco
Laurenti Mariano
Lava Gabriele
Lavagnino Francesco Angelo • 1909-
Lavia Gabriele
Lavino Ermanno
Lazzari Ugo
Ledda Romano
Lelli Luciano
Lenzi Umberto • *Milestone Hank* • *Longan Humphrey* • *Humbert Humphrey* • 1931-
Leonardi Alberto • *Leonard Albert B.*
Leonardi Alfredo • 1938-
Leoncini Leonida
Leone Sergio • *Robertson Bob* • 1921-1989
Leoni Guido • 1920-
Leonviola Antonio
Leto Marco • 1931-
Liberatore Ugo • *Liberatore U.* • 1927-
Liberti Enzo
Libratti Gioacchino • *Terzi Giorgio*
Lipartiti Giuseppe
Lippi Adolfo
Lisizian Tamara
Liverani Maurizio • 1928-
Livi Piero
Lizzani Carlo • *Beaver Lee W.* • 1922-
Lo Cascio Franco
Lo Duca Joseph-Marie • 1914-
Lo Savio Girolamo
Lolli Alberto Carlo • 1876-
Lollobrigida Gina • 1927-
Lomazi
Lombardi Carlo • 1900-
Lombardi Dillo • 1858-1935
Lombardi Giuseppe
Lombardo Paolo
Lomi Gian Paolo • *Lomi G. P.*
Longanesi Leo
Longchamps Patrick
Longo Francesco
Longo Tiziano
Lorente German • 1932-
Lorenzini Ennio • 1934-
Loy Mino • *Donan J. Lee*
Loy Nanni • 1925-
Lozzi Edmondo
Lucherini Enrico
Luchetti Daniele
Lucidi Maurizio • *Bright Maurice*
Lucignani Luciano • 1922-
Lucisano Fulvio • 1928-
Lulli Folco • 1912-1970
Lupo Michele
Luzzati Emmanuele • 1911-
Macario Mauro
Maccari Ruggero • *Maccari* • 1919-
Macchi Franco
Macchi Giulio • 1918-
McCohy S.
McNamara Richard
McWarriol J.
Maesso Jose
Maffei Mario
Maggi Luigi • 1867-1946
Magni Luigi • 1928-
Magro A. M.
Maiello Raffaele • 1934-
Maietto Renzo • *Maietto R.* • *Fallay Alex*
Maiuri Dino • 1916-
Majano Anton Giulio • *Majano Anton-Giulio* • *Majano Anton G.* • 1909-
Malaparte Curzio • *Suckert Curzio* • 1898-1957
Malasomma Nunzio • 1894-1974
Malaspina Luciano
Malatesta Guido • *Reed James* • 1919-1970
Malenotti Roberto
Malerba Luigi • *Bonardi Luigi* • 1927-
Malfatti Alfredo
Mancini Cesare • *Schwartz Norman*
Mancini Claudio
Mancini Gino • *Wilson Henry*
Mancini Mario
Mancori Alvaro • *World Al* • 1923-
Mancuso Kevin
Manera Gianni
Manera Guido
Manfredi Manfredo
Manfredi Nino • 1921-
Mangiamele Giorgio • 1926-
Mangini Cecilia • 1927-
Mangini Gino
Mannini Giorgio
Mantici
Manuli Guido
Manzari Nicola
Manzoni Carlo • 1909-1975
Maraini Dacia • 1936-
Marcaccini Lucio
Marcelli Elia
Marcellini Romolo • 1910-
Marcellini Siro • 1921-
Marchesi Marcello • 1912-1978
Marchi Antonio • 1922-
Marciano Francesca
Marcolini Fulvio
Margheriti Antonio • *Daisies Anthony* • *Dawson Anthony M.* • *Dawson Anthony* • 1930-
Mari Febo • 1884-1939
Mariani Dacia
Mariani Fiorella
Marino Nino
Marinucci Vinicio • 1916-
Mariuzzo Giorgio • *McRoots George*
Markson Sean
Marracini Dante
Marras Alberto
Marsili Emilio
Martin Frank
Martin G. D.
Martinelli Carlo
Martinelli Marcello
Martinengo Italo
Martino Luciano • *Donan Martin* • *Lopert Dan* • 1933-
Martino Sergio • 1938-
Martoglio Nino • 1870-1920
Martucci Gianni Antonio
Marzano Marino
Maselli Francesco • 1930-
Masi Marco
Masini Giuseppe
Massa Mario
Massa Michele
Massaro Francesco
Massi Stelvio • *Rostel Newman*
Massobrio Lionello
Mastrocinque Camillo • *Miller Thomas* • 1901-1969
Matarazzo Raffaello • 1909-1966
Mattei Bruno • *Matheus Jimmy* • *Oblowski Stefan* • *Matthews Jordan B.* • *Dawn Vincent*
Mattei Virgilio • *Skerl Peter*
Mattoli Mario • 1898-
Mauri Roberto • *Johnson Robert* • *Morris Robert*
May Renato • *Patucchi Renato May* • 1909-1969
Mayer
Mazzacurati Carlo
Mazzei Francesco
Mazzetti Lorenza • 1928-
Mazzucco Massimo
Meano Cesare
Medori Alfredo • *Reingold Fred*
Melani M.
Menardi Leo
Mercanti Pino • *Sherman Herbert J.* • *Trader Joseph* • 1911-
Merighi Ferdinando • *Morris F. L.*
Merolle Sergio
Merusi Renzo
Messeri Gian Maria
Metz Vittorio • 1904-
Meyer R.
Micciche Lino • 1934-
Micucci
Mida Massimo • *Middleton Mike* • 1917-
Milani Mario
Milioni Enzo
Mille Giorgio
Miller Rick
Minello Gianni
Mingozzi Gianfranco • 1932-
Mingrone Massimo
Minotti Felice
Miraglia Emilio Paolo • *Miralglia Emilio P.* • *Miraglia Emilio* • *Brady Hal*
Missiroli Mario • 1934-
Mitti Ruggero
Modugno Domenico • 1928-
Modugno Marco
Moffa Paolo • *Byrd John* • 1915-
Mogherini Flavio • 1924-
Molinari Aldo
Molinari Oscar • 1941-
Mollica Nino • *Mulligan Tony*
Mollin M.
Monicelli Mario • 1915-
Montaldo Giuliano • 1930-
Montanelli Indro • 1908-
Montemurri Davide
Montemurro Francesco • *Monty Francois*
Montero Roberto Bianchi • *Montero Roberto B.* • *White Robert M.* • *Bianchi Roberto* • 1907-
Montesano Enrico
Montesi Elio
Montillo Natale
Montresor Beni
Morandi Armando
Morandi Carlo
Morandi Guglielmo • *Moore Billy* • 1913-
Morassi Mauro • 1925-
Morelli Giulio • 1915-
Moretti Nanni • 1953-
Moroni Mario
Morra Mario
Morrison R.
Morroni Antero
Morrow Dick
Moschino Riccardo
Moscovini Carlo
Moser Giorgio • 1923-
Mulargia Edoardo • *Muller Edward G.*
Mulben Edward
Munari Bruno
Murgia Piergiuseppe
Musolino Vincenzo • *Davis Glenn Vincent* • 1930-1969
Mussetta Piero
Mussio Magdalo
Musso Carlo • 1911-
Musso Giuseppe D.
Musu Antonio
Musy Glori Vittorio
Muzii Enzo • 1926-
Nahoum Isacco
Naldini Nico • 1929-
Nannuzzi Armando • 1925-
Napolitano Gian Gaspare • 1907-1966
Nardi
Narzisi Gianni
Nasca Sergio
Natale Roberto
Natoli Piero
Nediani Antonio
Negri Angelo
Negri Giulio Giuseppe
Negrin Alberto
Negroni Baldassare • 1877-1948
Nelli Piero • 1926-
Neroni Nicola Fausto • *Neroni Nicola F.*
Nesci Michele
Newlin Martin
Newman Harry
Nichetti Maurizio • 1945-
Nicotra Gian Carlo
Nievo Stanis • 1928-
Nocita Salvatore
Norman Ben
Novaro Enrico
Novelli Amleto • 1881-1924
Novelli Enrico • *Yambo* • 1876-1943
Novello Ugo
Nucci Franco
Nuti Francesco
Nuti Sergio
Nuzzi Paolo
Odorisio Luciano
Oldoini Enrico
Oliver Robert H.
Olmi Ermanno • 1931-
Omegna Roberto
Onorato Maria Virginia
Orefici Oscar
Orfini Mario
Orioli Giuseppe
Orlandini Giuseppe
Orsini Valentino • 1926-
Ottoni Filippo
Oxilia Nino • 1889-1917
Pacchioni Italo
Pacini Raffaello
Pagani Gian Franco
Pagot Nino • 1908-1972
Pagot Tony • *Pagot Toni*
Palella Oreste
Palmieri Gaetano
Pandolfi Vito • 1917-1974
Pann Angelo
Pannaccio Elo • *Lucas Frank C.*
Paolella Domenico • *Dominici Paolo* • *Fleming Paul* • 1915-
Paolinelli Bruno • *Huxley John* • 1923-
Paolone Filippo
Paolucci Alex
Paolucci Giovanni • 1912-1964
Paradisi Giulio • *Paradise Michael J.* • 1934-
Parenti Neri
Parolini Gianfranco • *Eastwood John* • *Kramer Frank* • *Grooper Cehett*
Parravicini Renato • 1915-
Partesano Dino
Pasinetti Francesco • 1911-1949
Pasolini Pier Paolo • *Pasolini Pier P.* • *Pasolini Pier* • 1922-1975
Pasquali Ernesto Maria • *Pascali Alfred* • 1872-1920
Passalacqua Pino
Passalia Antonio • *Pass Anthony*
Passoni Valentino
Pastina Giorgio • 1905-1956
Pastore Sergio
Pastrone Giovanni • *Fosco Piero* • 1883-1959
Patellani Federico
Patroni Griffi Giuseppe • *Griffi Giuseppe Patroni* • 1921-
Pavanelli Livio • 1881-1958
Pavoni Pier Ludovico • 1926-
Pazzaglia Riccardo
Pellegrini Giuseppe
Pellegrini Glauco • 1919-
Pellini Oreste
Perego Eugenio
Perelli Luigi
Perfetto Cesare
Peri Enzo
Perilli Ivo
Perlini Meme • 1948-
Peroni Carlo
Perrone Alessandro
Pesce Giacomo
Petraglia Sandro
Petrelli Giuliano
Petri Elio • 1929-1982
Petrini Luigi
Petroni Giulio
Petrosemolo Gaetano
Petrucci Antonio • 1907-
Petruzzellis Stefano • 1950-
Pettinari Daniele
Piacentini Tullio
Pianelli Vittorio Ross
Piavoli Franco
Piccardo Marcello
Piccioli Gianfranco
Piccioni Fabio • *King F. A.*
Piccioni Giuseppe
Piccon Elio • 1925-
Pierotti Piero • *Stanley Peter E.* • 1912-
Pietrangeli Antonio • 1919-1968
Pietrangeli Paolo
Pinelli C. A.
Pingitore Pier Francesco
Pinoli Mattia
Pinzauti Mario
Pipolo • *Moccia Giuseppe*
Pirri Massimo
Pisani Sergio
Pisani Walter
Pischiutta Bruno
Piscicelli Salvatore
Pisu Mario • 1910-1976
Pittoni Leros
Pittorru Fabio
Pizzi Adolfo • 1914-
Placido Michele
Poeti Paolo • *Price Paul*
Poggi Gianni
Poggioli Ferdinando M. • 1897-1945
Polidoro Gian Luigi • *Polidoro Gianluigi* • 1928-
Polselli Renato • *Brown Ralph* • 1922-

Pons Gianni
Pontecorvo Gillo • *Pontecorvo Gilles* • 1919-
Ponzi Maurizio • 1939-
Portalupi Piero
Pozzetti Alberto • 1914-
Pozzetto Renato
Pradeaux Maurizio • *Pradeaux Maurice* • *Pradeaux Mauricio*
Pratelli Esodo
Prestifilippo Silvestro • 1921-
Principe Albino • 1920-
Prisco Corrado
Proia Gianni • 1921-
Proietti Biagio
Prosperi Franco • *Prosperi Francesco* • *Shannon Frank* • *Lemick Michael E*
Prosperi Franco
Prosperi Giorgio • 1911-
Provenzale Enzo
Prunas Pasquale
Puccini Gianni • 1914-1968
Pupillo Massimo • *Zucker Ralph* • *Hunter Max*
Quartararo Gaetano
Questi Giulio • 1924-
Quilici Folco • 1930-
Quinti Aldo • 1904-
Racca Claudio
Racioppi Antonio • 1928-
Rafele Mimmo
Raffani Piccio
Ragazzi Renzo
Ragona Ubaldo • 1916-
Ramello Catone
Ramponi Salvatore F.
Randone Belisario L. • *Randone B. L.*
Ranieri Honil
Rapi R. • *Bakker E. G.*
Rascel Renato • 1912-
Ratti Filippo M. • *Ratti Filippo Maria* • *Ratti Giorgio* • *Ratti Filippo* • *Rush Peter* • *Lewis S.* • 1914-
Rau Cesare
Recchia Giuseppe
Regnoli Piero • *Andrews Martin* • 1929-
Remani Ernesto • 1906-
Renzi Pina
Ricci Luciano • *Wise Herbert*
Ricci Maria Teresa
Ricci Sergio
Ricci Tonino • *Ricci Teodoro* • *Richmond Anthony*
Ricciardi Lorenzo
Righelli Gennaro • 1886-1949
Righini Oscar • *Roy Oscar*
Rigo Vincenzo
Rippo Gino
Risi Claudio
Risi Dino • 1917-
Risi Marco
Risi Nelo • 1920-
Rispoli Claudio
Rivalta Giorgio
Rivelli Cesare
Rizzo Alfredo • *Ritz Fred*
Roberti Charles
Roberti Roberto Leone • *Roberti Roberto L.*
Robilant Andrea
Roccardi Giovanni • 1912-
Rocco Gian Andrea • *Rocco Gian*
Rolando Giuseppe
Roli Mino • *Pontiroli Ermino*
Rolla Stefano
Rolvy Sasy
Romagnoli Redo
Romena Luigi
Romeo Rosario
Romitelli Giancarlo • *Reynolds Don*
Rondi Brunello • 1924-
Rondi Gian Luigi • 1921-
Rosa Silvio Laurenti • *Laurenti-Rosa Silvio* • *Rosa Silvio L.* • 1892-1965
Rosati Faliero • 1946-
Rosati Giuseppe • *Rosati Niny* • *Leviathan Aaron*
Roselli Franco
Rosi Francesco • 1922-
Rosmino Gian Paolo • *Rosmino Gian P.* • -1982
Ross Berwang
Rossati Nello • *Ferrarese Nello* • *Archer Ted*
Rossellini Franco
Rossellini Renzo Jr.
Rossellini Roberto • 1906-1977
Rossetti Claudio
Rossetti Franco
Rossi Aldo
Rossi Antonio G. • *Rossi Anton G.* • *Rossi Antonio*
Rossi Bernardo
Rossi Franco • 1919-
Rossi Moraldo
Rossi Sergio
Rossini Danilo M.
Rosso Luigi • *Wilder John*
Rubartelli Franco
Rubino Antonio
Rubio Jose L.
Rudolfi Eleuterio
Ruffo Elio • 1921-
Rulli Stefano
Ruspoli Mario • 1925-1986
Russo Giuseppe
Russo Luigi
Russo Mario L. F. • *Russo Mario*
Russo Nino • 1939-
Russo Renzo
Russo Roberto
Sabatini Lorenzo • *Kiefer Warren*
Sabatini Mario • *Green Anthony*
Sabbia Andrea Della
Sabel Virgilio • *Sabek Vir* • 1920-
Sacco Arduino
Sacripanti Luciano
Saglietto Paolo
Saitta Ugo • 1912-
Sala Adimaro
Sala Vittorio • 1918-
Salce Luciano • 1922-
Salerno Enrico Maria • *Salerno Enrico M.* • 1926-
Salerno Vittorio • *Storff Victor*
Salvatore Anna
Salvatores Gabriele
Salvatori Jack • *Manners Giovanni S.*
Salvi Alberto
Salvi Emimmo
Salvini Guido • 1893-1965
Samperi Salvatore • 1943-
Sampieri G. V.
Sandri Carlo
Sangiorgi Daniele • *Filipstein Saul*
Santaniello Oscar
Santesso Walter • 1931-
Santi Giancarlo
Santini Alessandro
Santini Gian Paolo
Saraceni Fausto
Sava Joan
Savarese Roberto • *Savarese Roberto L.* • 1910-
Savino Renato
Savona Leopoldo • *Coleman Leo*
Scandariato Romano
Scandurra Sofia • 1937-
Scanziani Piero
Scardamaglia Elio • *Hamilton Michael*
Scardamaglia Francesco
Scarpelli Giacomo
Scarpelli Manilo
Scarpelli Umberto • 1904-
Scarsella Roberto B.
Scattini Luigi • *Scott Arthur*
Scavarda Aldo • 1923-
Scavolini Daniele
Scavolini Romano
Scavolini Sauro
Schifano Mario • 1934-
Schipa Tito Jr.
Schiraldi Vittorio • 1938-
Schivazappa Piero • 1934-
Sciume Piero
Scola Ettore • 1931-
Scolaro Nino
Scotese Giuseppe Maria • *Scotese Giuseppe M.* • 1916-
Secchi Toni
Secelli Silvano
Selway Paul
Sequi Mario • *Wileys Anthony* • 1910-
Serandrei Mario • 1907-1966
Serena Gustavo • 1882-
Serpi Pino
Serra Gianni • 1933-
Sesani Riccardo
Severino Mauro
Sgrilli Roberto
Shadow John
Sherman Tomaso
Siano Silvio • *Siano Salvatore*
Siciliano Enzo • 1934-
Siciliano Mario • *Sirko Marlon*
Silla Decio
Silva Umberto • 1943-
Silvestri Dario • *Silvestri*
Simonelli Giorgio C. • 1901-1966
Simonelli Giovanni • *O'Neill Sean*
Simoni Renato
Sindoni Vittorio
Sinibaldi Federico
Siragusa Gianni
Soavi Michele
Sokoler Bob
Solari Alberto
Solaro Bruno
Soldati Mario • 1906-
Soldini Silvio
Solito Giacinto • 1904-
Sollima Sergio • *Sterling Simon* • 1921-
Solomos G. P.
Solvay Paolo • *Kathansky Ivan*
Sordi Alberto • 1919-
Sorelli Vincenzo
Spina Sergio • 1928-
Spinola Paolo • 1929-
Squitieri Pasquale • *Redford William* • 1938-
Staino Sergio
Stefani Mauro
Stegani Giorgio • *Finley George*
Steno • *Vanzina Stefano* • 1915-
Stresa Nino
Susini Enrique T.
Szlatinay Alessandro
Taglioni Fabrizio
Talamo Gino • 1895-
Tarantini Michele Massimo • *Tarantine Michael*
Tato Anna Maria
Tattoli Elda • 1933-
Tau Sergio • 1936-
Tavella Dino
Taviani Franco B.
Taviani Paolo • 1931-
Taviani Vittorio • 1929-
Tellini Piero • 1917-
Terribile Mario
Tessari Duccio • 1926-
Testa Eugenio
Tiso Ciriaco
Todini Amanzio
Tofano Sergio
Tognazzi Ricky
Tognazzi Ugo • 1922-
Tomei Giuliano • 1918-
Tommassi Vincenzo
Toniato Marco
Tornatore Giuseppe
Torricella Edoardo
Torrini Cinzia Th.
Tosini Pino
Tota Mario
Toti Gianni • 1924-
Tovoli Luciano • 1936-
Tozzi Fausto • 1921-1978
Trapani Enzo • 1925-
Trapani Francomaria
Trebitsch Fernando
Trentin Giorgio
Tretti Augusto • 1924-
Trieste Leopoldo • 1917-
Troisi Massimo
Tucci Alfredo M.
Tului Fulvio
Turolla Luigi • 1932-
Tuzii Carlo • 1931-
Ubezio Stefano
Ungaro Nestore
Vailati Bruno • 1919-
Valenti Salvio
Valenzano Luigi
Valerii Tonino
Valinotti Domenico
Vallone Raf • 1916-
Valori Gino
Vancini Florestano • *Vance Stan* • 1926-
Vani Bruno
Vantell Terry
Vanzi Luigi • *Lewis Vance*
Vanzina Carlo
Vari Giuseppe • *Warren Joseph* • *Pisani Al* • 1924-
Varriale Gabriele
Vasile Turi • 1922-
Vassarotti Vittorio • 1901-1959
Veggezzi Giuseppe
Vento Giovanni
Veo Carlo • *Foster Charlie*
Verde Dino • 1922-
Verdini Raoul
Verdone Carlo
Verdone Mario
Vergano Aldo • 1891-1957
Vicari Angelo
Vicario Marco • *Marvi Renato* • 1925-
Vignola Robert G. • *Vignola Robert* • 1882-1953
Villaggio Paolo
Vincenzo Pasquale
Vinti Carlo
Visconti Eriprando • 1933-
Visconti Luchino • 1906-1976
Vitti Monica • 1931-
Vivarelli Piero • *Murray Donald*
Voi Pierluigi
Volpe Mario • 1894-
Wedsz Franz
Wertmuller Lina • *Wich Nathan* • *Brown George H.* • 1928-
Wilson J. W.
Worms Michel • 1932-
Wotruba Michael
Zac Pino • 1930-
Zaccariello Giuseppe
Zagarrio Vito
Zagni Giancarlo • 1926-
Zambon Giorgio
Zambuto Gero
Zampa Luigi • 1905-
Zampi Mario • 1903-1963
Zancarella Adriano
Zanchin Nino • *Andrews Robert*
Zane Angio • *D'Enza Auro* • 1925-
Zannini Giovanni
Zappulla Grisеppe
Zavatta Francesco
Zavattini Cesare • 1902-1989
Zeani Marcello
Zecca Adriano
Zecca Damiano
Zeffirelli Franco • *Corsi Gianfranco* • 1923-
Zeglio Primo • *Greepy Anthony* • *Hopkins Omar* • 1906-
Zingarelli Italo
Zona R.
Zorri Armando
Zucca Giuseppe • 1887-1949
Zucchelli Nino
Zuffi Piero • 1919-
Zurli Guido • *Moore Albert*
Zurlini Valerio • 1926-1982

IVORY COAST

Bakaba Sijiri
Bassori Timite
Dosso Moussa
Duparc Henri
Ecare Desire • 1939-
Keita Georges
Koula Jean-Louis
Kramo-Lancine Fadika
M'Bala Gnoan • *Gnoan M'Bala Roger*
Toure Kitia
Vodio N'Dabian • *Ndabian Vodio Etienne* • *Vodio Etienne*

JAMAICA

Henzell Perry
Rhone Trevor

JAPAN

Abe Takao
Abe Yutaka
Adachi Masao
Adachi Shinsei
Ainuda Satoru
Akasa Masaharu
Akasaka Chogi
Akasaka Koreyoshi
Akehi Masayuki
Aki Keizo
Akutagawa
Aoshima Yukio
Aoyagi Nobuo
Arai Kichitaro
Arai Ryohei
Arikawa Yugo
Asai Shimpei
Asama Yoshitaka
Asano Masao
Asano Tatsuo
Asao Masayuki
Baba Yasuo
Banno Yoshimitsu
Bansho Yoshiaki • *Banjo Yoshiaki*
Chiba
Chiba Shigeki
Chiba Takashi
Chiba Yasuki • *Chiba Yasuke* • *Chiba Y.*
Chino Koji
Daikubara Akira
Deme Masanobu
Dezaki Osamu
Doi Michiyoshi
Edagawa Hiroshi
Ezaki Jissei
Ezaki Mio • *Ezaki*
Fijita Junya
Fueki Juzabure
Fujieda Ryuji
Fujino Kazutomo
Fujita Shigeo
Fujita Toshiya
Fujiwara Sugio
Fukada Kinnosuke • *Fukuda Kinnosuke*
Fukasaku Kinji
Fukazawa Kiyosumi
Fukuda Jun
Fukuda Seiichi • *Fukada Seiichiro* • *Fukuda Seichi*
Fukushima Hal
Fukutomi Hiroshi
Funada Sei
Funadoko Sadao
Funakoshi
Furatawa Takui
Furuhata Yasuo • *Furihata Yasuo*
Furukawa Taku
Furukawa Takumi
Furusawa Kengo
Fushimizu Osamu
Gosha Hideo
Gosho Heinosuke • 1902-1981
Gotho Syuji
Goto Koichi
Goto Toshio
Hagiwara Ryo • *Hugiwara Ryo*
Hagiyama Teruo
Hajime
Haneda Sumiko
Hani Susumu • 1926-
Hara Kazuo
Hara Kenkichi
Harada Hasuo
Harada Masato
Harada Susumu
Harada Takashi
Hase Kazuo
Hasebe Toshiaki
Hasebe Yasuharu
Hasegawa Kazuhiko
Hashimoto Kohji
Hashimoto S.
Hashimoto Tadanori
Hashiura Masato
Hata Masami
Hata Masanori
Hayakawa Masami
Hayasaka Hirokiyo
Hayasaka Hiroshi
Hayashi Kaizo
Hidaka Shigeaki
Hidari Sachiko • 1930-
Hieki Mioji • 1911-
Higashi Yoichi
Higashimoto Kaoru
Higuchi Hiromi
Hirayama Mitsunobu
Hirozu Mitsuo • *Hirotsu Mitsuo*

Hisamatsu Seiji
Honda Inoshiro • *Honda Ishiro* • 1911-
Horiba Nobuyo
Horiiki Kiyoshi
Horikawa Hiromichi • 1916-
Horiuchi Manao • *Horiguchi M.*
Horiuchi Masaru
Hosaka Nobuhiko
Hosoya K.
Hosoyama K.
Hozumi Toshimasa
Ichikawa Jun
Ichikawa Kiichi
Ichikawa Kon • 1915-
Ichikawa Seiichiro
Ichimura Hirokazu
Ichimura Yasukazu
Ida Tan
Ieki Miyoji
Igayama Masamitsu
Iimura Takahiko
Iizuka Masuichi
Ikeda Gishun
Ikeda Hiroshi
Ikeda Masuo
Ikeda Tomiyasu
Ikeda Toshiharu
Ikeda Yoshinobu
Ikehiro Kazuo
Ikoma Chisato
Imai Tadashi • 1912-
Imaizumi
Imaizumi Kenjyu
Imaizumi Yoshiji
Imamura Shohei • 1926-
Inagaki Hiroshi • 1905-1980
Inoue Akira • *Inoue Ikira*
Inoue Kazuo
Inoue Masao
Inoue Umeji
Inoue Yoshio
Inuzuka Minoru
Ishibashi Seiichi
Ishida
Ishida Kenji
Ishihara Shintaro
Ishii Sogo • 1957-
Ishii Teruo
Ishikawa Yoshihiro
Ishiyama M.
Isomi Tadahiko
Itami Juzo • 1933-
Itami Mansaku • *Itami M.*
Itaya Norijuki
Ito Chisei
Ito Daisuke • 1898-1981
Ito Fumihiro
Ito Toshiya
Iwaki
Iwama Tsuruo • *Iwama T.*
Iwasu Vichisa
Iwauchi Katsumi
Iyoda Seikph
Ji-Shun Duan
Jissoji Akio • 1937-
Jonouchi Motoharu
Kado Satoshi
Kadokawa Haruki
Kadota Ryutaro
Kaduwara Haruki
Kaji Noboru
Kakei Masanori
Kamei Fumio • 1908-
Kamei Takehiko
Kanaga Minoru
Kanai Katsu • 1936-
Kaneko
Kara Juro
Kasai Osamu
Kataoka Hitoshi
Kato Akira
Kato Bin • *Kado Bin*
Kato Tai
Kato Yasushi • *Kato Yasu*
Katono Goro
Katsumada Tomoharu
Kawabe K.
Kawamoto
Kawamoto Kihachiro • 1924-
Kawasaki Yoshisuke
Kawashima Satomi
Kawashima Yuzo • *Kawashima Y.*
Kawazu Yoshiro
Kayeriyama Norimasa
Keele Latif
Kenjiro Komuri
Kimata Akihiro
Kimata Akitaka
Kimura Keigo
Kimura Sotoji
Kinoshita Keisuke • 1912-
Kinoshita Ren-Zo
Kinoshita Ryo
Kinugasa Teinosuke • 1896-1982
Kishi Shintaro
Kita Morio
Kitami Ichiroh
Kizer R. J.
Kobayashi Akira
Kobayashi Masaki • 1915-
Kobayashi Satoru
Kobayashi Shunichi
Kobayashi Tsuneo
Koishi Eiichi
Komatsubara Kazuo
Komori Haku
Komori Kiyoshi
Komoro Jiro
Konishi Michio
Kono Hisashi
Kono Juichi
Kosugi Isamu
Kotani H.
Koyama Seijiro
Kubo Akiyuki
Kudo Eiichi
Kukazama Kiyosumi
Kumagai Hisatora • *Kumagai H.*
Kumagai Isao
Kumai Kei
Kumashiro Tatsumi
Kurahara Koreyoshi • 1927-
Kurahashi Ryosuke
Kurahosa
Kuramoto So
Kurata Fumindo
Kurata Junji
Kuri Yoji • 1928-
Kurihara Kisaburo • *Kurihara Thomas*
Kurisaki
Kuriyama Tomio
Kuroda Masao
Kuroda Yoshio
Kuroda Yoshiyuki • *Kuroda Yoshiyuko*
Kuroiwa Matsutaro
Kuroki Kazuo
Kurosawa Akira • 1910-
Kurosawa Kiyoshi
Kusuda
Kyodo Ichiro
Lgawa Kinya
Maeda Yoichi
Magatani Morehei • *Magatani Morihei*
Makino Masahiro • *Makino M.*
Marune Santaro
Maruyama Seiji
Masuda Teiji
Masuda Toshio
Masumura Yasuzo • 1924-
Matsubara Jiro
Matsubara Shingo
Matsubayashi Shue • *Matsubayashi Shukei* • *Matsubayashi Sokei*
Matsuda
Matsuda Sadaji
Matsuda Sadatsugu • *Matsuda Sadatsugo*
Matsumori Takashi • *Matsumori Takeshi*
Matsumoto Toshio
Matsumura Shoji
Matsuno Hiroki
Matsuo Akinori
Matsuyama Zenzo • 1925-
Michibayashi Ichiro
Mifune Toshiro • 1920-
Miho Keitaro
Miki Eisuke
Miki Hideki
Mikuni Rentaro
Mimura Akira
Mimura Haruhiko
Mishima Yukio
Misumi Kenji • 1921-
Mitsoti Kazuho
Mitsuwa Akira
Miwa Akira
Miyagi Mariko
Miyata Mitsuzo
Miyazaki Akira
Miyazaki Hayao
Miyazaki Mamoru
Mizayaki Hayao
Mizoguchi Kenji • 1898-1956
Mizukawa Junzo
Mizuki
Mizuki Yoko
Mizuko Harumi
Mochinaga Tadahito
Mori Issei
Mori Kazuo
Mori Kota
Mori Masaki
Morikawa Tokihisa
Morinaga Kenjiro
Morisaki Azuma
Morisaki Higashi
Morita Yoshimitsu
Moritani Shiro
Mukoi Hiroshi
Mukoi Kan
Mukoyama Katsuhito
Murakami Noboru
Murakami Ryu
Murakawa Toru
Murano Tetsutaro • *Murano Tatsutaro*
Murata Minoru • *Murata M.*
Murayama Mitsuo
Murayama Sadao
Murayama Shinji • 1921-
Nagahama Tadao
Nagashiro Ryosuke
Nakagawa Nobuo
Nakahira Ko • 1926-
Nakahira Yasushi
Nakajima Koichi
Nakajima Sadao
Nakajima Takehiro
Nakamura Noboru • 1913-1981
Nakanishi Chuzo
Namiki Kyotaro
Namura Yoshitaro
Narishima Toichiro
Narusawa Masashige
Naruse Mikio • 1905-1969
Negishi Kichitaro
Nihonmatsu Kazui
Ninagawa Yukio
Nishihara Giichi
Nishikawa Katsumi
Nishimura
Nishimura Kiyoshi
Nishimura Leo
Nishimura Shogoro
Nishiyama Masaki
Nishiyama Masateru
Nishizaki Yoshinobu
Nobuchi Akira
Noburo Ishiguro
Noda
Noda Sachio
Noda Yukio
Noguchi Haruyasu
Noguchi Hiroshi • *Noguchi H.*
Nomura
Nomura H.
Nomura Hotaro
Nomura Kosho
Nomura Takeshi
Nomura Yoshitaro
Oba Hideo
Obayashi Nobuhiko • *Ohbayashi Nobuhiko*
Obimori Michihiko
Obimori Yoshihiko
Obora G.
Ochiai
Oda Motoyoshi
Ofuna Shokiku
Ogata Juzaburo
Ogate Tomio
Ogawa Kinya
Ogawa Shinsuke • 1933-
Oguchi
Oguri Kohei
Ohba Hideo
Ohmori Kenjiro
Ohnuma Hiroshi
Okabe Kazuhiko
Okada Hiroshi
Okamoto
Okamoto Kihachi • *Okamoto K.*
Okamoto Tadanari
Okamoto Tadashige
Okawa Hiroshi
Okunaga Atsuo
Okuwaki Mamoru
Okuwaki Toshio
Omori Kazuki
Onazama
Onchi Hideo
Onishi Takanori
Oono Yuji
Osawa Shigehiro
Oshima Nagisa • 1932-
Osone Tatsuo • *Osone Tatsuyasu*
Ota Koji
Otsuka
Oya Soichi
Ozaki Jun
Ozawa Keiichi
Ozawa Shigehiro
Ozu Yasujiro • 1903-1963
Reid George M.
Rin Taro
Saburi Shin
Sadanaga
Sadanaga Masahisa
Sadanaga Yoshihisa
Saeki
Saeki Kiyoshi
Saeki Kozo • *Saheki Kozo*
Saimura Kazuhiko
Saito
Saito Buichi • *Sato Buichi*
Saito Koichi • 1929-
Saito Kosei
Saito Mitsumasa
Saito Sadaro
Saito Takeichi
Saito Torajiro • *Sato Torajiro* • *Saito T.*
Sakai Tatsuo
Sakao Masanao
Sakurai Hideo
Sasaki Ko
Sasaki Moto
Sasaki Yasushi
Sato Hajime
Sato Junya • *Sato Jun-Ya*
Sawa Kenji
Sawa Kensuke
Sawada
Sawai Shinichiro • *Sawai Shin-Ichiro*
Sawashima Chu
Sawashima Tadashi
Sazaki Ko
Schaffner Franklin J. • *Schaffner Franklin* • 1920-
Segawa Masaharu
Segawa Masaji
Segawa Shoji
Seki Koji
Sekigawa Hideo • 1908-
Senno Koji
Serikawa Yugo
Shibata Tsunekichi
Shibuya Minoru • 1907-1981
Shiga Takashi
Shima Koji
Shimamura Tatsuo
Shimauchi Toshio
Shimazu
Shimazu Shoichi
Shimazu Yasujiro • *Shimazu Y.* • 1897-
Shimizu Hiroshi • 1903-
Shimizu Susumu
Shimura Toshio
Shinagawa Shoji
Shindo Kaneto • 1912-
Shindo Takae • *Shindoh Takae*
Shinjo Hiroshi
Shinoda Masahiro • 1931-
Shirakawa Daisaku
Shitara Hiroshi
Somai Shinji
Sone Chusei
Soo-Gil Kim
Suganuma Kanji
Sugawa Eizo • *Sugawa E.*
Sugie Toshio
Sugihara Fumiharu
Sugii Gisaburo
Sugiyama Taku
Sunohara Masahisa
Suzuki
Suzuki Hideo • *Susuki Hideo*
Suzuki Jukichi
Suzuki Kiyonori
Suzuki Noribumi
Suzuki Norry
Suzuki Seijun • *Susuki Seijun* • 1923-
Suzuki Shigeyoshi
Tabata Tsuneo
Tachibana Akira
Tachibana Yuten
Taguchi Tetsu • *Taguchi T.*
Takabayashi Yoichi
Takagi Osamu
Takagi Takeo • *Takagi Takei*
Takahashi Osamu
Takahashi Tomoaki
Takahata Isao
Takamori Ryuichi
Takamori Tatekazu
Takashi
Takechi Tetsuji
Takeda Ario
Takeda Atsushi
Takeda Kazunari • *Takeida Kazunari*
Takemoto Koichi
Taketazu Minoru
Takita Yojiro
Takizawa
Takizawa Eisuke
Tamura Taijiro
Tanaka Eizo
Tanaka Kinuyo • 1910-1977
Tanaka Shigeo
Tanaka Tokuzo • 1921-
Tanaka Yasuyoshi
Taniguchi Senkichi
Tanno Yuji
Tanu Tadashi
Tasaka Katsuhiko • *Tasaka Katsuhiro*
Tasaka Tomotaka • 1902-
Tatsugami Noboru
Terayama Shuji • 1935-1983
Terry Jim
Teshigahara Hiroshi • 1927-
Tezuka Osamu • *Tesuku Osamu* • 1926-1989
Tobita Yoshi
Tokieda Toshie
Tomimoto Sokichi
Tomita Isa
Tomita Kasuhiro
Torii Motohiro
Toyeda
Toyoda Shiro • 1906-1977
Tsuboshima Takashi • *Tsubijima Takashi*
Tsuburaya Eiji • 1901-1970
Tsuburaya Hajime
Tsuchimoto Noriaki • 1928-
Tsuchiya Keinosuke
Tsukioka Sadao
Tsurumaki Jiro
Tsuzuki Yohnosuke
Uchida Tomu • 1898-1970
Uchida Yusuke
Uchide Kokichi • *Uchida Kokichi*
Uchikawa Seiichiro
Ugawa Kiyotaka
Ullmann Liv • 1939-
Umesawa Kaoru
Umezu Meijiro • *Umetsu Meijiro*
Uno Jukichi
Urayama Kirio • 1930-
Ure Hajime
Uruta Toshio
Ushihara Kiyohiko • *Oshihara Kiyohiko* • *Ushihara K.*
Ushihara Yoichi
Wada Makoto
Wada Yoshinori
Wagaki Hiroshi
Wakabayashi Eijiro
Wakamatsu Koji • 1936-
Wakasughi Mitsuo • *Wakasugi Mitsuo*
Watanabe Fumiki
Watanabe Kunio

Watanabe Kuzohiko
Watanabe Mamoru
Watanabe Minoru
Watanabe Ryuhei
Watanabe Yusuke
Watanabe Yuzuru
Wilson Stanley
Yabuki Kimio
Yabushita Taiji
Yagi Mitsuo
Yagi Miyoji
Yagi Shinichi
Yakeda Akio
Yamada Tatsuo
Yamada Tengo
Yamada Yoji • *Yamada Yogi*
Yamaguchi Kazuhiko
Yamaguchi Seiichiro
Yamakawa Naoto
Yamamoto Eiichi
Yamamoto Kajiro • 1902-1974
Yamamoto Kunihiko
Yamamoto Michio
Yamamoto Sanze
Yamamoto Satsuo • 1910-1983
Yamamoto Shinya
Yamamura So • 1910-
Yamanaka Sadao • *Yamanaka S.* • 1907-1938
Yamane Shigeyuki
Yamanouchi Tetsuya
Yamasaki Tizuka • *Yamazaki Tizuka*
Yamashita Kosaku
Yamashita Osamu
Yamaskich Osamu
Yamatoya Jiku
Yamauchi
Yamauchi Tetsuya
Yamazaki
Yanagawa Takeo
Yanagimachi Mitsuo • 1944-
Yanase Kan
Yasuda Kimiyoshi
Yokoyama Hiroto
Yokoyama Ryuichi
Yoshida Kenji
Yoshida Kimiyoshi
Yoshida Naoya
Yoshida Yoshishige • 1933-
Yoshimura Kozaburo • 1911-
Yoshimura Ren
Yuasa Noriaki
Yuge Taro
Zeniya Isao

JORDAN
Siam Ali

KAMPUCHEA
Harper Stanley
Loon Ti

KOREA
Bae Chang-Ho • *Byun Chang-Ho* • *Byun Jang-Ho*
Bae Yong-Kyun
Bak Cheol-Su • *Park Cheol-Su*
Chang Hyong-Il
Chang Il-Ho
Chang Kil-Su
Chang Sun-Woo
Choe Joemyong
Choi In-Hyon
Chon Sangin
Chong In-Yap
Chu Yong-Sop
Chung Jin-Woo • 1938-
Ha Myeong-Sung
Ha Won Choi
Hobin Paik
Hyukin Kwon
I Du-Yong
I Hwang-Lim
I Jang-Ho
I Jong-Sun
Jang Gil-Su • *Chang Gil-Su*
Jang Yeong-Il
Jeong Jin-U
Kiduck Kim
Kim Do-San
Kim Gi
Kim Ho-Sun • c1936-
Kim Hyeong-Myeong
Kim Hyo-Chon
Kim Key Yong
Kim Soo-Yong • *Kim Soo-Hyoung* • 1929-
Ko Young-Nam
Lee Byung
Lee Chang-Ho
Lee Doo-Yong • 1942-
Lee Kyu-Hyong
Lee Manli
Lee Sungkoo
Lee Won-So
Lee Yong-Min
Lim Kwon-Taek • *Im Gweon-Taek* • *Im Kwon-Teek* • *Kwon Taek-Lim* • 1936-
Newland Marvin • *Newland Marv* • 1947-
Om Chong-Sun
Om Gil-Son
Pak Hak
Park Gwang-Su
Ra Un-Gya
Seungkie Hong
Shin Seung Soo
Song Yeong-Su
Wo Lee-Jin
Yi Miong-U
Yi Pil-U
Yongil Park
Yongmin Lee
Yoo Myon-Mok • 1925-
Yu Hyunmok
Yu Jin-Sun
Yun Paek-Nam
Yung Kim Kee

KUWAIT
Siddik Khalid • *Siddiq Khalid As-* • *el Seddik Khal* • *As-Siddiq Khalid* • 1945-

LATVIA
Ritelis Viktors • 1937-

LEBANON
Alawiya Burhan • *Alawiya Borhan* • *Alaouie Borhane* • 1941-
Assaf Roger
Baghdadi Marun
Chamchoum George
Chamoun Jean
Chams Hassib
Costi George
Ghoseini Samir
Jurdi Hisham
Khoury Samir
Madanat Adnan
Malouf Yusuf
Mattar Ghassan
Myassar Reda
Nasser George • 1927-
Pidutti Jordano
Qa'l Georges
Saab Jocelyne • *Saab Joslyn* • 1948-
Salman Mohammed • *Salman Muhammad* • 1925-
Seyrig Delphine • 1932-
Shahal Randa
Shamshum George
Sharkawi Galal
Srour Heini • *Srour Heiny*
Yasri Faisal

LIBYA
Zarrouk A.

LITHUNANIA
Fedorenko Eugene • 1951-
Gary Romain • 1914-1980
Harvey Laurence • 1928-1973
Mekas Adolfas • 1925-
Mekas Jonas • 1922-
Vabalas Raimondas • *Vabalas R.* • 1937-
Vaitiekunas Vince • *Vaitiekunas Vincent*

LUXEMBOURG
Bausch Andy
Bodson Menn
Brandau Walter
Cruchten Paul
Fautsch Georges
Feitler Frank
Grosdard Jean-Loup
Hausemer Maisy
Hoffmann Frank
Kieffer Paul
Olinger Marc
Rollinger Gast
Scheuer Paul
Thiltges Jany

MADAGASKAR
Lebel Jean-Patrick • 1942-
Solo Randrasana Ignace

MALAYSIA
Abu-Hassan Hussein
Achnas Naz
Adam Abdul Rahman
Al-Bakri Zarul Shahrin
Alauddin Raja Ahmad
Amin M.
Amir Yusaini
Ariffin Kamarul
Aristorenas Jun
Azia Ali
Azman Tony
B. Rahman
Dahalan Junaidi • *Dhalan Junaidi*
Dom Shahrom
Estella Ramon • *Estellia Ramon*
Faridah Ida
Fauzee Ahmad
Ghani Salleh
Ghosh Dhiresh
Hafsham Othman • *Hafsham*
Hassan Hussein Abu
Hussain Zain
Ismail Raja
Jaafar Aziz
Jamil Anwardi
Jamil Rosenani
Kadarisman S.
Khung Tommy
Krishnan L.
Lokman Z.
Mahmud Ahmad
Mohd Shahrom
Noor S. Roomai • *Noor Roomai*
Osman Aziz M. • 1962-
Osman M.
Osmera Ed
Pelamonia Nico
Rahim A.
Ramlee P. • 1928-1973
Razali Rahim
Rojik Omar
Saadiah
Salleh Yassin
Sasakul Ismail • *Sasakulne Ismail*
Sattar Aziz
Sentul Mat • *Sentol Mat*
Shamsuddin Jins • *Shamsudin Jins*
Solimo Sarjo
Sudarmadji S.
Sulong Jamil
Sutan H. M.
Timoer Ratno
Yeoh Patrick

MALI
Cisse Souleymane • 1940-
Coulibaly Sega
Dienta Kalifa
Kaba Alkaly
Kouyate Djibril • *Koyate Djibril*
Sissoko Cheikh Oumar
Traore Falaba Issa

MALTA
Azzopardi Mario • 1950-
Fletcher Yvonne • 1917-
Satariano Cecil

MAURETANIA
Hondo Abib Med • *Hondo Abid Med* • *Hondo Med* • 1936-
Sokhona Sidney • 1952-

MEXICO
Abitia Jesus B.
Aguila Guz
Aguilar Rolando • *Aquilar Rolando*
Alatriste Gustavo
Alazraki Benito • *Arconti Carlos J.* • 1923-
Alcaraz Jose Antonio
de Alva Alfonso
Amendolla Luis
de Anda Raul
de Anda Raul Jr.
de Anda Rodolfo
Anteo Victor
Araiza Raul
Arau Alfonso
Aretche Leobardo Lopez
Arozamena Edouardo
Arraiza Raul
Arredondo Carlos Martinez
Aurelio Galindo Marco • *Galindo Marco Aurelio*
Baledon Rafael
de la Bandera Manuel
Baqueriza Guillermo
Barbachano Ponce Miguel • *Ponce Miguel Barbachano*
Barragan Salvador Toscano • *Toscano Salvador* • *Barragan Salvador Toxano* • 1872-1947
Baviera Jose
Bell Jorge
Benavides Jose Jr. • *Junior Jose Benavides* • *Benavides Jose*
Berra Fernando Orozco
Blake Alfonso Corona
Blancarte Oscar
Bohr Jose
Bojorquez Alberto
Bolanos Jose
Bonfil Guillermo
Boudou
Bracho Julio • 1909-1978
Broido Ruben
Bueno Jose Luis
Buil Jose
Bunuel J.
Burns Archibaldo
Bustamente Alfonso Rivas
Busteros Raul
Bustillo Oro Juan • *Oro Juan Bustillo*
Butler Hugo • *Mozo Hugo*
Cabello Nosser R.
Cahero Julio
Calles Guillermo • *Calles Guillermo "indio"*
Canals De Home Juan
Cardona Rene • *Cardona Rene Sr.*
Cardona Rene Jr.
Casillas Jaime
Castanedo R.
Castilla Enrique
Cazals Felipe • 1937-
Cervantes Ramon
Chavira J. Alfonso
Cisneros Icaro
Contreras Jaime L.
Contreras Torres Miguel • *Torres Miguel Contreras*
Corkidi Rafael
Cortazar Ernesto
Cortes Alberto
Cortes Busi
Cortes Fernando • *Corte Frederic*
Cortes Ladislao
Coss Joaquin • *Cos Joachim*
Crevenna Alfredo B. • *Crevenna Alfredo*
Cruz Javier
Cuellar Alfredo B.
Curiel Federico
Curwood Robert
Dada Jorge M.
Davison Tito • -1985
Delgado Agustin P.
Delgado Miguel M. • 1905-
Dieguez Manuel Zecena • *Zecena Dieguez Manuel*
del Diestro Alfredo
Duquesa Olga • *Liminana Eva* • *Olga Duquesa*
Duran Fernando
Duran Javier
Duran Rojas Fernando
Echavarria Nicolas
Elias Moreno Jose • *Moreno Jose Elias*
Enrique Taboada Carlos • *Taboada Carlos Enrique*
Escalona Enrique
Estrada Jose • *Aguirre Jose Estrada*
Estrada Luis
Falomir Carlos
Fernandez Antonio
Fernandez Bustamente Adolfo • *Bustamente Adolfo F.*
Fernandez Emilio • 1904-1986
Fernandez Fernando
Fernandez Raul
Fernandez Unsain Jose Maria
Fernandez Violante Marcela
Fuentes
de Fuentes Fernando • 1894-1958
de Fuentes Fernando Jr.
Galindo Alejandro • 1911-
Galindo Ruben
Galvan Fernando Perez
Galvez Alvaro
Gamez Ruben
Garcia Agraz Jose Luis • *Agraz Jose Luis Garcia* • 1952-
Garcia Ascot Jose Miguel • *Ascot Jomi Garcia* • *Garcia Ascot Jomi*
Garcia Moreno Gabriel • *Moreno Gabriel Garcia*
Garnica Adolfo
Gas Gelsen
Gavaldon Roberto • 1909-
Gazcon Gilberto
Genoves Santiago
Giaccardi Jose
Gobbett D. W.
Goded A.
Gold Myron J. • *Gold Myron*
Gomez Guillermo Hernandez
Gomez Landero Humberto • *Landero Humberto Gomez*
Gomez Manuel G.
Gomez Muriel Emilio • *Muriel Emilio Gomez* • *Gomez Muriel E.*
Gomez Urquiza Zacarias • *Urquiza Zacarias Gomez*
Gonzalez
Gonzalez Carlos
Gonzalez Christian
Gonzalez De Leon Jose Luis
Gonzalez Garza Rogelio
Gonzalez Julian S.
Gonzalez Rogelio A. • *Gonzalez Rogelio*
Gonzalez Servando
Gorostiza Celestino
Gout Alberto
Gregorio Castillo Felipe • *Castillo Felipe Castillo*
Guerrero Francisco
Guerrero Juan
Gurrola Alfredo
Gurrola Juan Jose
Haro Felipe De Jesus
Heilner Van Campel
Helu Antonio
Hermosillo Jaime Humberto
Hernandez Mario
Hernandez Theo • *Hernandez Teo* • 1939-
Herrera Enrique
Hool Lance • 1948-
Ibanez Jose Luis
Ibanez Juan
Isaac Alberto
Isaac Claudio
Jiminez Carlos
Joscowicz Alfredo • *Joskowicz Alfredo*
Kamffer Raul
Klein Rolando
Korporaal Giovanni
Laiter Salomon
Landeta Matilde
Lanuza Rafael
Lara Gerardo
de Lara Maria De Carmen
Leder Pablo
Leduc Paul • 1942-
Lezama Luis
Lopez Diego
de Lucenay Martin • *de Lucenay A. Martin*
Macedo Gilberto
Magdaleno Mauricio
Maicon Boris
Maldonado Eduardo • *Maldonado Edouardo*
Mandoki Luis
del Mar Glauco

Marin Jesus
Mariscal Alberto
Martinez Arturo
Martinez Solares Gilberto • *Solares Gilberto Martinez* • *Solar Gilberto*
Martinez Tony
de Martino Inigo
Maugard Adolfo Best
Mediz Bolio Antonio
Mendez Fernando
Mendoza Hector
Menendez Oscar
Mezzi Domingo
Michel Manuel
Michelena Quirino
Mistral Jorge
Moctezuma Juan Lopez • 1939-
Montero Rafael
Mora Miguel
Morantes Carlos Gonzalez
Morayta Miguel • *Morayta Michael*
Moro Jose Luis Santiago • *Santiago Moro Jose Luis*
Munoz Alfonso
Munoz Manuel
Murray Guillermo
Nagle Paul
de Najera Carlos
Nakatani Carlos
Name Hernando
Navarro Berta
Navarro Carlos
Navarro Ruben C.
Nieto Jose Luis
Noriega Hope Carlos • *Hope Carlos Noriega*
Novaro Maria
Novaro Tito
Novarro Ramon • 1899-1968
Obon Ramon
Ojeda Manuel R.
Olhovich Sergio
O'Quigley Roberto
Orellana Carlos
Orol Juan • 1899-
Orona Vicente
Orozco Fernando
Ortega Gonzalo Martinez • *Martinez Gonzalo*
Ortega Juan J.
Ortiz Ramos Jose
Pablo Julian
Palomino Felipe
Pardave Joaquin
Pardo Gerardo
Pastor Julian
Patino Gomez Alfonso
Paullada Hilario
de la Pedrosa Manuel
Pelayo Alejandro
Pereda Ramon
Peredo Luis G.
Pierkoff Jorge
Polaty Geza P.
Portas Rafael E.
Portillo Rafael • *Portillo Rafael Lopez*
Prior Jorge
Ramos Jose Manuel
Ratti Roberto
Reachi Manuel
Reiguera Francisco
Retes Gabriel
del Rio Mario
Ripstein Arturo • 1943-
de la Riva Juan Antonio • 1957-
Rivero Fernando A.
Robles Castillo Aurelio
Rochin Roberto
Rodriguez Ismael
Rodriguez Joselito
Rodriguez Roberto
Romay Pepito
de la Rosa Jorge
Rosas Enrique • 1877-1920
Rosenthal Robert J.
Rotberg Dana
Saavedra Rafael M.
Saenz De Sicilia Gustavo
Salazar Abel
Salazar Alfredo
Salvador Jaime
de San Anton Jose
San Fernando Manuel
Sanchez Douglas
Sbert Toni
Segar Stig
Segura Juan Jose
Sequeyro Adela • *Sequeiro Adela*
de la Serna Mauricio
Serna Rene
Sevilla J.
Sevilla Raphael J. • *Sevilla Rafael*
Sierra Chano
Sierra Santiago
Silva Gustavo
Soler Fernando
Soler Julian
Soria Gabriel
Spota Luis
Stahl Carlos
Tavera
Tejeda Carlos Ortiz
Torres
Torres Juan Manuel
Toscano Carmen
Toussaint Carlos
Trujillo Rafael
Trujillo Valentin
Ugarte Eduardo
Urias Luis
Urquieta Jose Luis
Urriola Eduardo
Urruchua Victor
Urueta Chano • 1899-
Valdez Mitl
Vallejo Enrique J.
Vallejo Fernando
Valtierra Manuel Sanchez
Vargas de la Maza Armando • *de la Maza Armando Vargas*
Vasallo Carlos
Vejar
Vejar Carlos
Vejar Carlos Jr.
Vejar Sergio
Velazco Arturo
Velo Carlos • 1911-
del Villar Francisco
Villareal Julio
Villasenor Rafael
Villatoro Carlos
Violante Marcela Fernandez • *Fernandez Marcela*
Vollrath Ernesto
Walerstein Mauricio • 1945-
Warman Arturo
Weingartshofer A. Federico
Zacarias Alfredo • *Zacharias Alfredo* • *Zacharias Alfred*
Zacarias Miguel
Zatarain Rafael Bermudez
Zermeno
Ziener Guillermo
Zuniga Ariel

MONACO
Gatti Armand • 1924-

MONGOLIA
Dordschpalam Rabschaa

MOROCCO
Aboulouakar Mohammed • *Aboueleakar Mohamed*
Andre Raoul • 1916-
Ben Baraka Sohail • *Ben Barka Souhayl* • *Baraka Sohail Ben* • 1942-
Benani Hamid • *Bennani Hamid* • *Banany Hameed* • 1940-
Benayoun Robert • 1926-
Benazeraf Jose • 1922-
Bennani Larbi
Cassenti Frank • *Cassenti Franck* • 1945-
Clair Philippe • *Clair P.* • 1930-
Darkany Mostafa
Delon Nathalie • 1941-
Derkaoui
Derkaoui Mustafa • 1941-
Farhati Jalili • *Ferhati Jilali*
Graziani Henri • 1930-
Guez Robert • 1918-
Kettani
Lahalolo Latif
el Maanouni Ahmed • *Manoni Ahmad*
Mesnaoui Ahmed
Ramdani Abdellaziz
Rechiche Majid
Reggeb Mohammed
Santoni Joel • 1943-
Seddiki Tayeb
Sefraoui Najib • *Sifrioui Nejib*
Smihi Moumen • 1945-
Suissa Daniele J. • *Suissa Daniel* • 1940-
Tazi Abderrahmane
Tazi Mohamed

MOZAMBIQUE
Guerra Ruy • 1931-

NEPAL
Ghimiray Tulshi • *Gimere Tulshi*
Lama Hem B.
Pradhan Shambhu • *Pradham Shambhu*
Rimal Pradeep
Shah Aleer
Shah Neer • c1953-
Sharma Laxmi Nath
Singh Hira
Thapa B. S.
Thapa Prakesh

NETHERLANDS
Allemehzadeh Reza
Alsemgeest Peter
Andreyev Pyotr
Ankersmit H. J.
Apon Annette
Arens Agna
van Beek Hans
van Beek Luc
Beer Ronald
Benno Alex
van den Berg Rudolf
Bijl Jacob
Bijlsma Ronald
Binger Maurits H.
Blank Rosemarie
Blansjaar Joh
Bloem Marion
Bloem Rein
Boelen Frans
de Boer Leo
de Boer Lodewijk
Bongers Bob
van Brakel Nouchka • 1940-
Bregstein Philo
Breyer Charles
van den Brink Jan
Bromet Frans
Brosens Albert
Bruisse Ytzen
Brusse Kees
Buis Piet
Burcksen J.
Cammermans Paul
Chanowski Thijs
Chrispijn Louis H.
Claus Hugo
Coelho Rene
Cohen Einan
Cortes Octavio
Cox Paul • 1940-
Crama Nico • 1936-
Creutzberg Peter
Curiel Herbert • *Curiel Herbert H. A.*
Daalder Renee • 1944-
Damen Ermie
Danniel Danniel
Delpeut Peter
Diamand Frank • *Diamond Frank*
van Diem Mike
van Dijk Gerrit
Ditvoorst Adriaan • 1940-
van Dongen Helen • 1909-
Doning Olivier
Dorresteijn Jan
Driessen Paul • 1940-
Dupont Frans
Duyns Cherry
van Eijk Kees
Elffers Joost
van Elst Gerrit
Engelen Philip
Erends Ronny
van Erkel Bram
Erkens Jo
van Faassen Frederice
van Faassen Henk
Fels Hans
Ferno John • *Fernhout John* • 1918-
Fleury Pieter
Francken Sandor
Frank Dimitri Frenkel
Franken Mannus • 1899-1953
Frankfurther P. Hans
Franssen Martin
Frenkel Micha
Frenkel Theo Sr.
Gage Leighton D.
van Gasteren Louis A. • *van Gasteren Louis* • 1922-
Geelen Harry
Geesink Joop • 1913-
van Gelder Arend
van Gelder Hans • *van Gelder Han* • 1923-
van Gelder J. A.
van Gogh Theo
Gols Albert
Gorris Marleen
Grasveld Fons
Groot Rens
Haanstra Bert • 1916-
Haanstra Rimko • *Haanstra Remco*
de Haas Max • 1903-
Hagen Rien
Hamelberg Andreas
van der Heijden Jef
van der Heijden Maartje
van Hemert Ruud • *van Hemert Rund*
van Hemert Willy
Herblot R.
van der Heyde Nikolai • 1935-
van der Heyden Jef • 1926-
van Heyningen Matthijs
Hidding H.
Hin Jan
Hin Kees
Hock Richard
Hoedeman Co • 1940-
van der Hoeven Jan
Honigmann Hedy
van der Horst Herman • 1911-1976
Horst Rita
Houwer Rob • 1937-
Hoving Hattum • 1918-1976
Hulsker Jan
Hylkema Hans
van Ieperen Ab
Ivens Joris • 1898-1989
Janssen U.
de Jong Ate • c1956-
de Jonge Freek
Jongerius Otto
Josephson H. M.
Kal F.
van de Kam Jan
Keesom Peter
Keja Jan
Keppy Martin
Kerbosch Roeland • *Kerbosch Roland*
van der Keuken Johan • 1938-
Keuris Max
Kohlhaas Anton
Kok Marja
Kok Theo
Koolhaas Anton
Korporaal John
Korver Pim
Kos Helga
Kothuys Anton
Kraanen Joost
Kramer Pieter
de Kuyper Eric
Lammers Jean-Olf
Langestraat Bob • 1936-
Le Clerq W. L. • *Leclerq W. L.*
van der Lecq Bas
van Leeuwaarden Mildren
van Leeuwen Wouter
van der Linden Charles Huguenot • 1909-
van der Linden H. J.
van der Linden Rupert
Linders Angella
Lindner Wim
Linschoten Bob
Logger Roy
de Lussanets Paul • *de Lussanet Paul*
Maas Dick
Madsen Olga
Markus Jindra
Meijer Reinier J.
van der Meulen Karst
Meulman Henk
Meulman Wim
Meyering Kees
Meyering Samuel
Molenaar Hillie
Moll J. C.
Moonen Jan • *Moonen J.*
van Morkerken Emile • *van Moerkerken Emile* • *van Morkerken E.*
Mullens Albert
Mullens Willy
Muller John • 1942-
van Munster Anton
Nassenstein Hans
van Neijenhoff Otto
van Neyenhoff
van Nie Rene • 1938-
Nijgh Lennaert
Nijsten Maurice
Noman Theo Van Haren • 1917-
Ockersen Thijs
Oonk Jan • 1933-
van Oostrum Hilde
Orthel Rolf • 1936-
Pendry
Perrenet Armand
Pieters Guido
Pieters Vivian
Plaat Henri
Polak Dick
Pomar Vitor
Pomeranz Hans • 1936-
Poppe Emil
Rademakers Lili
Ranzijn Joost
Rasker Frans
van Reijen Jan Wouter
Reijnders Mark
Renault Monique
de Ridder Hans
Rijneke Dick
Ring Borge
Rivera Homera
Rood Jurrien
de Rooy Felix
Rutten Gerard • 1902-
Ruven Paul
Saks Mady
Scheepmaker Hans
Schenkkan Ine
Schmeink K.
Schneider Paul A. M. • *Schneider Paul*
Schouten George
Schreiber Bruno Paul
Schuurman Otto
Seegers Rene
Seunke Orlow
Severijn Jonne
Sinke Digna
Sipman Jenne
Smit Boud
Sombogaart Ben
Speyer Jaap • 1891-
Staugaard Peter
Stelling Jos • 1945-
Stip Kees
Tellegen Lou • 1881-1934
Terpstra Erik
Teunissen G. J.
Tholen Tom • c1931-
Toonder Marten • *Toonder Martin*
Vanderwildt Albert
van der Velde Jean
van der Velde
van der Velde Wim
Verbong Ben
Verbrugge Caspar
Verhage Gerrard
Verhoeff Pierre • *Verhoeff Pieter*
Verhoeven Paul • 1938-
Verschueren Eduard
Verstappen Wim • 1937-
Verstraete Guus Jr.
Verstraten Paul

Verwey Walt
Visser Bob
Vonk Jose
Voogd Juri
Votocek Otakar
Vrijman Jan • 1925-
van Vuure Jan
van Warmerdam Alex
Wassenaar J.
Weiss Stephanie
Weisz Frans • 1938-
Wiegel Jan
Wiertsema Jan
van Wijk Joop
Willers Casper
de Winter Leon
de Wit Ted
Zeillemakers Meino
Zichem Frank
van Zuylen Erik
Zwartjes Frans • 1927-

NEW ZEALAND

Bailey Bert • 1872-1953
Ball Murray
Barclay Barry • 1944-
Black Michael
Blandford Rawdon
Blyth David
Bowie Ronald
Butler Lynton
Campbell Russell
Campion Jane • 1955-
Dadson Philip
Day John
Diggle Lynton
Fowler Kell
Fraser Chris • 1948-
Hanna Pat • 1888-1973
Hill Lee
Holmes Cecil • 1921-
Hutt Peter
Isaac Tony
Jackson Peter • 1961-
Jordan David
Julian Rupert • 1889-1943
Keir John
King Del
King John
Laing John
Laughlin Michael
Lewiston Denis • *Lewiston Dennis*
Lye Len • 1901-1980
McCormick Joe
MacDonald Hugh
McDonald Philip
McGuire Patrick
MacIntyre Harold
Mackay Yvonne
McLean Alison
McLean Grahame
Main Stewart
Maunder Paul
Mirams Roger • 1918-
Mita Merata
Monkman Noel • 1896-1969
Morrison Bruce
Morton Derek
Mune Ian • 1941-
Murphy Geoff • *Murphy Geoffrey* • 1938-
Narbey Leon • *Narby Leon* • 1947-
Neill Sam • 1948-
Nicholas Gregor
O'Neill Fred
O'Shea John
Parr Larry
Phelps Richard
Pillsbury Sam
Preston Gaylene • 1947-
Read Melanie
Reece Murray
Reid John
Richardson Boyce • 1928-
Riddiford Richard
Ryan Michael G.
Sanderson Martyn
Siers James
Steuart Ronald
Steven Geoff
Sykes Jeremy
Taylor Denis
Tourell Wayne
Turner Richard
Walker Mike
Ward Vincent • 1956-
Wells Peter
Whitehouse A. E.
Williams Tony • 1942-

NICARAGUA

Arguello Ivan
Deshon Lacayo
Marin Mariano
Pineda Frank
Somarriba Fernando
Tirado Wolfgang

NIGERIA

Alassane Moustapha • *Alassane Mustapha* • 1942-
Diop Mustapha
Djingareye Maiga • *Maiga Djingareye*
Ganda Oumarou • 1935-1981
Horatio Edward Jones
Kossoko Yaya
Mahamane Bakabe
Olusola Segun
Ousseini Inoussa
Ozoude Adolph

NORWAY

Andersen Bjarne
Andersen Knut • *Anderssen Knut* • 1931-
Asphaug Martin
Bang-Hansen Pal
Berg Arnljot
Bergstrom Kare
Billing Kjell
Blom Per
Boger Chris • c1944-
Bohwim Knut
Bomann Terje
Breien Anja • 1940-
Breigutu Bjorn
Bronken Per
Bull Stein Roger
Christensen Nils Reinhardt
Clemens Rolf • 1937-
Cole Tristan De Vere
Csepcsanyi Bela
Dahr Eva
During Jan Erik
Ehrenborg Lennart • 1923-
Einarson Eldar
Einarson Oddvar • 1949-
Enoksen Ivar
Erichsen Bente
Eriksen Adam
Eriksen Skule
Erlsbo Leif • *Erlsboe Leif*
Fjord Olaf • 1897-
Fraas Arne Philip
Gaup Nils
Glomm Lasse • 1944-
Greber
Greve Bredo
Greve Bruno
Gundersen Ivar Axel
Gustavson Erik F. • *Gustavson Erik*
Halle Barthold
Hansen Bang
Heed Eric
Henriksen R. Lasse • *Lasse Ragnar*
Hermansen Hugo
Hermansson Bo
Heyerdahl Thor • 1914-
Host Per • -1972
Isaksen Eva
Ivarsson Harry
Jorfald Knut W.
Kalmar Edith
Knutzen Jan
Kolstad Morten
Kristiansen Terje
Kristo Arild
Lemkow Tutte
Lepre Gianni
Lien Bjorn
Lindgren Hans
Lochen Erik
Lokkeberg Pal • *Lokkeberg Paul*
Lokkeberg Vibeke • 1945-
Mace Nicole
Mathiesen Mattis
Maurstad Alfred
Mikkelsen Laila
Mjoen Jon Lennart
Muller Nils R.
Nicolayssen Hans Otto
Omdal Skljalg
Poulsson Andreas • 1944-
Rasmussen Lars
Richter Dagmar
Risan Leidulv
Robsahm Margrete
Royem Ulf Balle
Saether Oddgeir • *Saether Odd Geir*
Salomonsen Grete
Sandoy Hakon • *Sandoy Haakon*
Schanke Einar
Sinding Leif • 1895-
Skagen Solve
Skauge Arvid
Skolmen Roar
Skouen Arne • 1913-
Solbakken Erik
Solum Ola • 1943-
Straume Unni
Szepesy Andrew
Tannvik Kare
Tennvik Inge • *Tenvik Inge*
Thorstenson Espen
Torstad Tor M.
Tuhus Laila
Tuhus Oddvar Bull
Udnaes Sverre
Utsi Nil
Vennerod Oyvind
Vennerod Petter
Vibe-Muller Titus • *Muller Titus Vibe*
Wadman Malte
Wam Svend • 1946-
Willoughby George • 1913-
Wingate David
Winger Ola

PAKISTAN

Afzal Kaukab
Ara Shamim
Askari Hassan
Aziz S. A.
Badul A. R.
Butt Dawood
Butt Mahmood • *Butt Masood*
Chand Dawood
Chaudhry Haider • -1990
Dar Waheed
Dehlavi Jamil
Dil Munshi
Fazil Javed • *Fazil Javaid*
Hameed A.
Hussain Iltaf • *Hussain Altaf*
Hussnain
Idrees M.
Islam Nazaral • *Islam Nazrul*
Jabbar Javed
Kaifi
Kardar Ajay • *Kardar Aaejay* • *Kardar A. J.*
Kashmiri Iqbal
Khan Mumtaz Ali
Malik Pervaiz
Malik Yonus
Mir Ezra
Mir Raza
Mohammad Jan
Nayyar Sharif
Nihalani Govind
Pasha A. K.
Qaiser Jehangir
Qaiser Khalil • *Quaiser Khalil*
Rana Shahid
Rebecca • *Rebeka*
Rizvi Saeed
Sangeeta
Shahzad Iqbal

PALESTINE

Bakshi Ralph • 1938-
Khleifi Michel • 1950-
Shaath Ghalib • 1935-
Stevens David • 1940-
Thau Leon • 1926-

PANAMA

Quintero Jose • 1924-

PARAGUAY

Gonzalez Ladislao

PERU

Arias Bernardo
Blume Frederico
Eyde Marianne
Ferrand Carlos • 1946-
Figueroa Luis
Godoy Armando Robles • *Robles-Godoy Armando*
Harlan Richard • 1900-
Llosa Luis
Nisiyama Eulogio
Reyes Jorge
Santana Alberto
Sinclair Arturo
Vignati Jorge
Villanueva
Villanueva Enrique Cornejo

PHILIPPINES

Abalos Ruben • *Abalos Ruben S.*
Abelardo Richard
Agcaoili T. D.
Amigo Rey
Avellana Lamberto V.
Balilla Bert
Barri Mario
Batista Butch • *Bautista Butch*
Bayer Rolf
Bernal Ishmael
Bordon Marshall M.
Borlaza Emmanuel • *Borlaza Emmanuel H.*
Brocka Lino • 1939-
Buenaventura Augusto
Cacas Nick C.
Caguin Mike
Callardo Cesar Chat
Camonte Tony
Capistrano Johnny F.
Carlos Luciano B.
Castillo Celso Ad.
Castillo Tony Ad. Jr.
de Castro Eduardo
de Castro Pio
Cayado Tony
Chionglo Mel
Chiquito
Concio Lupita
Conde Conrado • *Conde Conrade* • *Conde C.*
Constantino F. H.
Cortez Abelardo
Crisostomo Fely
Cruz Abraham
Cruz Jose Miranda
Dalen Zale R. • *Dalen Zale*
Dantes Tony
David Raul T.
De Leon Mike
Diaz-Abaya Marilou
Diaz Leody M.
D'Lanor
Dlz
Enriquez Luis B. • *Enriquez Luis*
Espiritu Romy
Feleo Ben
Gallaga Peque
Gallardo Cesar Chat • *Gallardo Cesar*
Garces Armando
Garcia Eddie
Gaudite Solano
Gregorio A.
Guillen Laurice
de Guzman Armando
de Guzman Ruben
de Guzman Susana • *de Guzman S. C.*
Herrera Armando A. • *Herrera Armando*
Herrera S.
Isidro Mar B.
de Jesus Ding M. • *de Jesus Ding*
Junar
Legarda Johnny
Loring Ken
Magno Carlo
Marquez Artemio
Marquez Carlito
Martinez Tony Blade
Medina Hector
Mia Rosa
Molina Hector C.
Navarro Marcelino D. • *Navarro Marcelino* • *Navarro Marcelo*
Navarro Rod
Nepomuceno Luis • 1920-
Nicart Eddie
Ocampo Anthony
O'Hara Mario
Orian Monic
Osorio Consuelo P. • *Osorio C. P.*
Pacheco Lauro
Pajarillo Sim
Pangilinana Johnny
Pascual William
Perez Elwood
Pinon Efren C.
Ravel C. G.
Recio Teddy C.
Red Raymond
Remy Ronald
Reyes Edgardo
Reyes Efren
de los Reyes Maryo
Rizaldy
Romero Eddie • 1924-
Rono Chito
Rowe George
Roxas Clem M.
Saez Nilo
Salumbides Vicente
Salvador Augusto
Salvador Lou
San Juan Luis
Santiago Cirio H. • *Santiago Cirio*
Santiago Clemen T.
Santiago Pablo
Santos Teodorico C. • *Santos T. C.*
Sibal Jose Flores
Silos Octavio
Silos Raul T.
Sun Leo
Tahimik Kidlat
Tapawan Chito B. • *Tapawan Chito*
Tecson A.
To-Chi-Qui
Toledo Paquito
Torres Mar S.
de Villa Jose
Villaflor Romy
Villar Felix
Villareal Mitos
Wenceslao Jose Pepe
Wilthor
Zialcita Danny L.

POLAND

Afanasjew Jerzy
Allen Irving • 1905-
Amiradzibi Helena
Andrejew Piotr • 1947-
Antczak Jerzy • 1929-
Antonisz Julian
Antoniszczak Ryszard
Antosik Wieslaw
Bajon Filip • 1947-
Banach
Baranski Andrzej • 1941-
Bareja Stanislaw • *Bareja S.*
Batory Jan • 1921-
Bednarczyk Antoni
Bednarczyk Jerzy
Ber Ryszard
Berestowski
Bieganski Victor • 1892-
Bielinska Halina
Bobrowski Edouard • 1928-
Bochenek Zbigniew
Bohdziewicz Antoni • 1906-1970
Boleslawski Richard • *Boleslavsky Richard* • 1889-1937
Borowczyk Walerian • 1923-
Bossak Jerzy • 1912-1989
Brejdygant Stanislaw
Bromski Yacek • *Bromski Jacek*
Brzozowski Andrzej

Brzozowski Jaroslaw
Buczkowski Leonard • 1900-1967
Bugajski Ryszard
Byrd Jozef
Cekalski Eugeniusz
Checinski Stanislaw
Checinski Sylwester
Chmielewski Tadeusz • 1927-
Chmielewski Zbigniew
Chodakowski Andrzej
Czekala Ryszard • *Czekala Risard* • 1939-
Czekalski Andrzej
Czurko Edward • 1955-
Debowski Krzysztof
Dejczer Maciej
Dembinski Lucjan
Dobrowolska Krystyna
Domalik Andrzej
Domaradzki Jerzy
Drapella Hubert
Drobaczynski Romuald
Dulz Stanislaw
Dumala Piotr
Duraj Cseslaw
Dutkiewicz Ludwik • 1921-
Dziedzina Julian
Dziki Waldemar
Dziworski Bogdan
Epstein Jean • 1897-1953
Epstein Marie • 1899-
Etler Edward
Falk Feliks • 1941-
Farat Maria Alma
Fedak Waclaw
Fethke Jan
Filipski Ryszard
Fiwek Wojciech • *Firek Wojciech*
Florkowski Waclaw
Forbert Wladyslaw
Ford Aleksander • *Ford Aleksandr* • 1908-1980
Friedrichs Zbigniew • *Friedrichs Peter* • 1944-
Gardan Juliusz • -1945
Gebski Jozef
Giersz Witold • 1927-
Glinski Robert
Gogolewski Ignacy
Golc Ryszard
Gordon Konstanty
Grabowski Stanislaw
Gradowski Bohdan • 1943-
Gross Yoram • 1926-
Gruza Jerzy
Gryczelowska Krystyna • 1930-
Halladin Danuta • 1930-
Halor Antoni
Hartwig Jania
Has Wojciech J. • *Has Wojciech* • 1925-
Haupe Wlodzimierz • 1924-
Hertz Aleksander • 1879-1928
Hoffman Jerzy • 1932-
Holland Agnieszka • *Holland A.* • 1948-
Holoubek Gustaw • 1923-
Hornicka Lidia
Hostenko Andrzej
Hubner Zygmunt
Idziak Slawomir
Jahoda Mieczyslaw
Jakubowska Wanda • 1907-
Janik Stefan
Jankowski Lucjan
Jaraczewski Jerzy
Jaskolska Aleksandra
Jaworski Tadeusz • 1926-
Jeannot Leon
Jedryka Stanislaw
Jerzy Wojciech
Junak Tadeusz
Jurga Andrzej
Kallwejt Tadeusz
Kaminski Andrzej
Kaminski Zbigniew
Kaminski Zygmunt
Kamler Piotr • 1936-
Kaniewska Maria • *Kaniewska Marie*
Kanski Tadeusz
Karabasz Kazimierz • 1930-
Kaufman Mikhail • 1897-1980
Kawalerowicz Jerzy • 1922-
Kazimierczak Waclaw
Kedzierski Pawel
Kedzierzawska Jadwiga
de Kermadec Liliane • 1928-
Kidawa Janusz • 1931-
Kieslowski Krzysztof • 1941-
Kijowski Janusz • 1948-
Kluba Henryk • 1931-
Koecher J.
Kokesz Stanislaw
Kolski Jan Jakub
Komorowski Pawel • *Komorowski P.* • *Komorowski*
Kondek Waclaw
Kondratiuk Andrzej
Konic Andrzej
Konwicki Tadeusz • 1926-
Koprowicz Jacek
Kosinski Bohdan
Kostenko Andrzej
Koterski Marek
Kotkowski Andrzej
Kotlarczyk Teresa
Kotowski Jerzy
Kranicz Mieczyslaw
Krauze Antoni
Krauze Krzysztof
Krawicz Mecislas • *Krawicz M.*
Krolikiewicz Grzegorz • 1939-
Kruger M.
Kruk N.
Krukowski Waclaw
Krzystek Waldemar
Kubik Janusz
Kucia Jerzy
Kudla Zdzislaw
Kutz Kazimierz • 1929-
Kuziemski Ryszard
Kuzminski Zbigniew • 1921-
Kwiatowska M.
Ladowicz B.
Lapicki Andrzej • 1924-
Laskowski Jan • 1928-
Lasota Grzegorz
Latallo Katarzyna
Lazarkiewicz Magdalena
Lazarkiewicz Piotr
Lejtes Joseph
Lenartowicz Stanislaw • *Lenartowicz S.*
Lenica Jan • 1928-
Lesiewicz Witold • 1922-
Leski Janusz
Leszczynski Witold • 1933-
Linda Boguslaw
Lomnicki Jan • 1929-
Lorek Leszek
Lozinski Marcel • 1940-
Lutczyna Edward
Machnacz Leonid
Machulski Juliusz • 1955-
Madzelewski Eugenjusz
Magowski Krzysztof
Majewski Janusz • *Majewski J.* • 1931-
Makarczynski Tadeusz • 1918-
Maliszewska-Kruk Alina
Marczak Karol
Marczewski Wojciech • 1944-
Marszalek Lechoslaw
Maruszewska Walentyna
Marzynski Marian
Mate Rudolph • *Mate Rudi* • 1898-1964
von Mollendorff
Morgenstern Janusz • 1922-
Mozdzenski Stanislaw
Mucha Kazimierz
Munk Andrzej • 1921-1961
Musialowicz Edward
Nalecki Konrad
Nasfeter Janusz • 1920-
Nehrebecki Wladyslaw • 1923-
Newolyn Boris • *Newolin Boris*
Nosseck Max • *Norris Alexander M.* • 1902-1972
Nowak Krzysztof
Nowak Wojciech
Nowicki Bogdan
Nowicki Marek
Nowina-Przybylski Jan • *Przybylski Jan Nowina*
Nurzynski Antoni
Olszewski Wlodzimierz
Oraczewska Zofia
Ordynski Ryszard • *Ordynski Richard*
Orzechowski Witold
Osadca Marek
Palat Marek
Papuzinski Andrzej
Paradowski Konrad
Passendorfer Jerzy • 1923-
Perski Ludwik • 1912-
Perzanowska S.
Petelska Ewa • *Petelska E.* • *Petelscy E.* • 1920-
Petelski Czeslaw • *Petelski C.* • *Petelscy C.* • 1922-
Piekutowski Andrzej
Piestrak Marek
Piotrowski Andrzej J.
Piwowarski Radoslaw
Piwowski Marek • 1935-
Podgorski Waldemar
Poljinsky Serge • *Poljinski Serge* • 1944-
Poreba Bohdan • 1934-
Potocki R.
Przbyl Henryk
Przybyla Hieronim
Puchalski Eduard
Pulchny Leonard
Radzinowicz Anatol
Rahnama Kaveh Pur
Raplewski Zbigniew
Reinert Emile Edwin • *Reinert Emile-Edwin* • *Reinert E. E.* • *Reinert Emile E.* • 1904-1953
Riesser Jan
Ronisz Wincenty
Rozewicz Stanislaw • 1924-
Rutkiewicz Jan • *Rutkiewicz J.*
Rybczynski Boguslaw
Rybczynski Zbigniew
Rybkowski Jan • 1912-1976
Rydzewski Ryszard
Ryszka Henryk
Rzeszewski Janusz
Sass Barbara
Schabenbeck Stefan
Scibor-Rylski Aleksander • 1928-
Serafinowicz Leokadia
Sheybal Vladek • 1933-
Sielenski Maciej
Sienski Maciej
Sikiewicz Bazyli
Skolimowski Jerzy • 1938-
Skorzewski Edward
Slesicki Wladyslaw • 1927-
Sokolowska Anna
Solarz Wojciech
Sprudin Sergiusz
Stando Robert
Stanislawski S.
Starkiewicz Antoinette • 1950-
Stawicki Jerzy
Stawinski Jerzy Stefan • *Stawinski Jerzy S.* • *Stawinski J. S.* • *Stawinsky Jerzy Stefan* • 1921-
Sternfeld Silik
Sturlis Edward
Sumerski Kazimierz
Surdel Jerzy
Svankmajer Jan • 1934-
Szarak Waldemar
Szaro Henryk • *Szaro Henry*
Szczechura Daniel • 1930-
Szczygiel Andrzej
Szeski Jerzy
Szmagier Krzysztof
Szpakowicz Piotr
Szulkin Piotr
Szwakopf St.
Szyszko Sylwester • *Szysko Sylwester*
Tazieff Haroun • 1914-
Tchorzewski Krzysztof
Totwen Ewa
Totwen Olga
Trelinski Mariusz
Trystan Leon
Trzeciak Franciszek
Trzos-Rastawiecki Andrzej • *Trzos Andrzej* • 1933-
Urbanowicz Stanislaw
Urbanski Kazimierz
Ussorowski Marian
Uszycka Walentyna
Utracki Lech
Vertov Dziga • 1896-1954
Wajda Andrzej • 1926-
Wajzer Waclaw • *Weiser Waclaw*
Warchol Grzegorz
Warnecki J.
Wasilewski Zenon • -1966
Waskowski Mieczyslaw
Wasylewski Andrzej
Waszinski Michael • *Waszynsky Michael* • *Waszinsky M.* • *Waszynski Michael*
Wator Edward
Weber Kurt
Wieczorkieloica W.
Wiktorowski Janusz
Wionczek Roman • 1928-
Wohl Stanislaw
Wojciech J.
Wojciechowski Krzysztof • 1939-
Wojcik Wojciech
Wozniakowski Roman
Zajaczkowski Andrzej
Zalewski Gerard
Zaluski Roman
Zamecznic W.
Zanussi Krzysztof • *Zanussi Krzystof* • 1939-
Zaorski Janusz • *Zaorski J.* • 1947-
Zarzycki Jerzy • *Zarzycki J.* • *Zarkycki Jerzy*
Zebrowski Edward
Zeman Bronislaw
Ziarnik Jerzy • 1931-
Zielinska Ida Eva • 1957-
Zielinski Rafal • *Zielinsky Rafal* • 1954-
Zitzman Jerzy
Zukowska Jadwiga
Zulawski Andrzej • *Zulawski Andre* • 1942-
Zygadlo Tomasz

PORTUGAL

Acursio Oscar
de Albuquerque Ernesto • 1883-
de Almeida Antonio Vitorino
de Almeida Manuel Faria • 1934-
Alves Jose Bras • 1912-
Antonio Lauro • 1942-
de Barros Jose Leitao • *de Barros Jose* • 1896-1967
Botelho Joao • 1949-
Caetano Jose De Sa • *Caetano Sa* • 1933-
Campos Antonio • 1922-
Campos Henrique • 1909-
do Canto Jorge Brum • 1910-
Ceitil Rogerio • 1938-
Coelho Jose Adolfo • 1899-1953
Contreiras Anibal • 1896-
Cordeiro Margarida Martins • 1939-
Correia Artur
Costa Henrique • -1945
Costa Pedro
Costa Ricardo
Couto Luis
Duarte Arthur • 1895-
Ehrardt Alfred
Esteves Constantino • 1914-
Faria Antonio • 1942-
Fernandes Serio
Ferreira Eurico
Ferreira Leandro
Ferreira Lino • 1884-1939
Fonseca Joao De Sousa • 1899-1962
de Fonseca Teixeira
Fraga Augusto • 1920-
Gaio Afonso • 1872-1941
de Garcia Eduardo Chianca • 1898-
Garcia Fernando • 1917-
Geada Eduardo • 1945-
Grilo Joao Mario
Grupo Zero
Guilherme Paulo
Guimaraes Dordio
Guimaraes Manuel • 1915-1975
Hauser Cristina
Jaculewicz Bernard
Leitao Antonio
van Lieropl Robert
Lopes Antonio Luis • 1893-1974
Lopes Fernando • 1935-
de Macedo Antonio • 1931-
Manuel Vitor • 1926-
Marques Carlos • 1920-
Martins Pedro
Melo Jorge Silva • *Mello Jorge Silva*
Mendes Joao • 1910-
Mendes Santos
Miranda Armando • 1904-1975
Monteiro Joao Cesar • 1939-
Moreira Joao
Nordlund Solveig
Nunes Jose Maria • 1930-
de Oliveira Manoel • *de Oliveira Manuel* • 1908-
Peyroteo Herlander
Pinheiro Antonio • 1867-1943
Pinto Joaquim
Porfirio Carlos • 1895-1951
Queiroga Perdigao • 1916-
Ramos Artur • 1926-
Reis Antonio • 1927-
dos Reis Aurelio Da Paz
Ribeiro Antonio Lopes • 1908-
Ribeiro Francisco • 1911-
Rocha Luis Filipe
Rocha Paulo • 1935-
Rosa Americo Leite • 1917-
Rosa Baptista • 1925-
Rutler Monique
Santos Alberto Seixas • 1936-
Semedo Artur • 1925-
Silva Fernando Matos • 1940-
Silva Jaime • 1946-
Silva Joao De Matos
da Silva Jorge Alves • *Alves da Silva Jorge*
Simoes Quirino • 1931-
Simoes Rui
de Sousa Ernesto • 1921-
Teles Antonio Da Cunha • *Cunha Teles* • *Teles Cunha* • 1935-
Teles Luis Galvao • 1945-
Telmo Cottinelli • 1897-1948
Tropa Alfredo • 1939-
Tudela Carlos • 1909-
Vasconcelos Antonio-Pedro • 1939-
Vieira Manuel Luis • 1885-1949
Vilardebo Carlos • 1926-
Virginia Barbara • 1923-
Vitorino Orlando • 1922-

PUERTO RICO

Almodovar Ramon
Casanova Luis Molina
Delano Jack
Doniger Benji
Ferrer Jose • 1912-
Fritz Sonia
Lopez Paco
Lugo Ledith
Malave Carlos
Marichal Poli
Molina Luis
Morales Jacobo
Muratti Jose E.
O'Neill Maria De Mater
Quinones Noel
Soto Ivonne Maria
Trigo Enrique
Zurinaga Marcos

RUMANIA

Alexandrescu Sica
Aurel Jean • *Aurel J.* • 1925-
Balasa Sabin
Blaier Andrei • 1933-
Boiangiu Alexandru
Bokor Pierre • *Bokor Peter* • 1940-
Boros Haralambie
Bostan Elisabeta • 1931-
Bostan Ion • 1914-
Bratescu Geta
Bratu Lucian • 1924-
Breban Nicolae
Brezeanu Grigore
Calinescu Bob • 1926-
Calinescu Paul • 1902-
Calotescu Virgil • 1928-
Carmazan Ioan
Cazacu Luminita
Chigort Liviu
Ciulei Liviu • 1923-
Cobar Nell
Cocea Dinu • *Cocea Dinu Constantin* • *Cocea Dinu C.* • 1929-
Constantinescu Mihai
Constantinescu Titel
Corjos Nicolae
Creanga Serban

Croitoru Alecu
Daneliuc Mircea • 1943-
Demian Iosif
D'Esco Phil
Diaconu Cornel
Doreanu Vladimir Popescu
Dorofteі Dorin Mircea
Dragan Mircea • *Dragan Mirko* • 1932-
Dragesco Jean • 1920-
Dragoi Sorin
Espindola Luisa Fernanda
Gabrea Radu
Georgescu Jean
Gheorghe Gica
Grigoriu Cezar
Gulea Stere
Iacob Mihai
Iliesu Mirel • 1923-
Iliu Victor • 1912-1968
Ion Truica
Ionescu Grigore
Isou Isidore • *Isou Jean-Isidore* • 1925-
Karmitz Marin • 1938-
Lazar Dumitru
Lazarov Valerio • 1935-
Marascu Todur • *Marascu Tudor*
Marcus Manole • 1928-
Margineanu Nicolae
Marinescu Serban
Mesaros Titus • 1925-
Mihail Jean
Miheles Aurel
Mihu Iulian • 1926-
Mocanu Virgil
Moldovan Mircea
Munteanu Francisc • 1924-
Muratova Kira • *Mouratova Kira* • 1934-
Muresan Gelu
Muresan Mircea • 1930-
Naghi Gheorghe
Nastase Doru • -1983
Neagu Constantin
Negreanu Dinu
Negulesco Jean • 1900-
Nicoara Radu
Nicolae Cristiana • *Nicolae Cristina*
Nicolaescu Sergiu • 1931-
Nita Ion
Nocolae Christian
Paz Felipe
Petringenaru Adrian • 1933-1989
Pick Lupu • *Lupu-Pick* • 1886-1831
Pintile Lucian • 1933-
Pistiner Ada
Pita Dan • 1938-
Popescu-Gopo Ion • *Gopo Ion Popescu* • 1923-
Popescu Horea
Popescu Mircea
Roman Stefan
Rossetti Georges • 1920-
Saizescu Geo • 1932-
Saucan Mircea • 1928-
Schiopescu Constantza
Segal Abraham • 1937-
Sibianu Gheorghe • *Sibianu George* • 1927-
Sistiopul Savel
Sopterran Marius
Sorescu Maria
Stan Nicu
Stefanescu Horia
Stiopul Savel • 1926-
Tanase Dinu
Tatos Alexandru
Teodorescu Marius
Ursianu Malvina
Ursu Timotei
Vaeni Constantin
Veroiu Mircea • 1941-
Visarion Alexa
Vitandis Gheorghe • *Vitanidis Gheorghe* • 1929-

SENEGAL

Amerasinghe Roland
Aw Tidiane
Ba N'Gaido
Bah Cheikh Ngaido • 1949-
Bathily Moussa • 1946-
Beye Diogaye • 1947-
Diop Djibril • *Diop-Mambety Djibril*
Faye Safi • 1943-
Mbaye Ousmane William • *William Ousmane* • 1952-
Ndiaye Felix Samba • 1945-
Samb Ababacar • *Samb-Makharam Ababacar* • *Samb Babacar* • 1934-1987
Seck Pape Badara
Sembene Ousmane • 1923-
Senghor Blaise
Sow Thierno Faty
Thiam Momar
Traore Mahama Johnson • 1943-
Vieyra Paulin • 1925-1987
Wade Mansour Sora

SOMALIA

Aboulkadir
Giumale Elhadji Mohamed
Manrok Hossein • *Mabrook Hossein*

SOUTH AFRICA

Albrecht Joseph
Austin Chris
Barretto Vic
Barton Sean
Bernard Laurens
Berwick Ray
Botha Kappie
Bowden W.
Bulpin T. V.
Burke Louis
Buys Bernard
Canes George
Cawood Bromley
Chesselet
Conradie Franz
Cornelius Henry • 1913-1958
Cox Vincent
Cruickshanks Dick
Dalrymple Ian • 1903-
Daneel Richard
De Villiers Dirk
De Witt Elmo
Devenish Ross • 1939-
Du Toit Chris
Du Toit Marie
Endfield Cy • *Endfield C. Raker* • *Endfield Cyril* • *Raker Hugh* • 1914-
Engels Mark
Faure William C.
Ferard Francis
Fleming Stuart F.
Gerard Francis
Ginsburg Dianne
Hall Ivan
Hamman F. C.
Harding Clive
Harris Kevin
Hayward Louis • 1909-
Henkel Peter
Hetherington Neil
Heyns Katinka
Hofmeyr Gray
Hughes Harry
Isaacs Ronnie
Kent Larry • *Kent Laurence L.* • 1937-
Langley Noel • 1911-
Lazarus Ashley
Lister David
Mahomo Nana
Marx Franz
Matthew
Meyer Tommy
Michael George
Millin David
Nathanson Alan
Nel Frans
Nofal Emil • 1926-
Nogueira Helena
Perold Jan
Pienaar A. A.
Prowse Peter
Rautenbach Jans • *Rautenbach Jan*
Rennie Howard
Retief Bertrand
Retief Daan
Roets Koos
Roodt Darrell
Rowley Christopher
Rubens Percival
Sabela Simon
Saretzky Eric
Sargeant Roy
Schadeberg Jurgen
Schiess Mario
Schmitz Oliver
Scholtz Jan
Singleton Martin
Smallcombe John
Sonnekus Neil
Spring Tim
Stephenson Lynton
Stewardson Joe
Sundstrom Cedric
Sundstrom Neil
Swart Francois
Trichardt Carel
Uys Jamie • 1921-
Uys Pieter-Dirk
Van Der Bergh Regardt
Van Der Watt Keith • *Van Der Wat Keith*
Van Rensburg Manie
Wacks Jonathan
Webb Hans
Wicht David
Wiesner Louis
Wragge Martin

SPAIN

Abril Albert
Acaso Felix • 1919-
Acebal Alfonso
Aguirre Javier • 1935-
Alberto Juan • *Albert Juan* • *Soler Juan Alberto* • *Thomas Vincent*
Alcalde Jose Andres • 1932-
Alcazar Victor • *Barrera Victor* • *Winner Vic*
Alcocer Santos • *Mann Edward* • 1907-
Alcoriza Luis • 1920-
Aleixandre Margarita • *Alexandre Margarita* • 1923-
Alfonso Raul • 1912-
Almedros Gregorio
Almeida Sebastian • 1915-
Almendros Nestor • 1930-
Almodovar Pedro • 1949-
Alonso-Pesquera Jose
del Amo Alvaro
del Amo Antonio • *Jackson Richard* • 1911-
Anglada Eugeni
Aranda Vicente • *Aranda Vincent* • 1926-
Arango Ramiro
de los Arcos Luis • 1932-
Ardavin Cesar • 1923-
Ardavin Eusebio F. • *Fernandez Ardavin Eusebio* • 1898-1965
Arevalo Carlos • 1906-
Argemi Jose Maria • 1920-
Arino Luis
Ariza Francisco • 1923-
Armendariz Montxo
de Arminan Jaime • 1927-
Arrabal Fernando • 1932-
Arrieta Adolfo • 1942-
Artero Antonio
Artigot Raul • 1936-
Atienza Juan G. • *Garcia Atienza Juan* • 1930-
Aured Carlos • *Aured Charles* • 1937-
Auz Victor • 1935-
Aznar Tomas • 1936-
Balague Carlos
Balana Pedro • 1933-
Balbuena Silvio F. • 1930-
Balcazar Alfonso • *Bagran Al* • *Bagram Al* • 1925-
Balcazar Jaime Jesus • *Balcazar Jesus Jaime* • 1934-
Ballesteros Pio • 1919-
Balser Robert
de Banos Ricardo • 1882-1939
Bardem Juan Antonio • *Bardem Juan A.* • *Bardem Juan* • 1922-
Barreiro Ramon
Barrero Jose Antonio • 1949-
Bartolome Cecilia • 1943-
Bartolome Jose Juan
Basterretxea Nestor • 1924-
de Battle Carlos
Bava Mario • *Foam John* • *Foam Marie* • *Old John M.* • *Hold John* • 1914-1980
Bayarri Jaime
Bellmunt Francisco • *Bellmunt Francesc*
Bengoa Manuel
Benito Carlos • 1948-
Berger
Berlanga Luis Garcia • *Berlanga Luis G.* • *Berlanga Luis* • *Garcia Berlanga Luis* • 1921-
Bermejo Alberto
Berriatua Luciano • 1949-
Betancor Antonio Jose • *Betancor Antonio* • 1944-
Betriu Francisco • *Betriu Francesc* • 1940-
Blanco Gabriel
Blanco Jose Maria
Blasco Ricardo • 1921-
Blay Jose Maria
Bodegas Roberto • 1933-
Bollo Joaquin • 1932-
Bonanova Fortunio • 1893-1969
Bonn Miguel Iglesias • *Bonn M. I.*
Borau Jose Luis • 1929-
Bosch Juan • *Bosch J.* • 1926-
Brasso Enrique • *Braso Enrique* • 1948-
Brell Alfred S. • 1937-
Briz Jose • *Mendez Jose Briz* • *Kay Gilbert Lee* • 1938-
Buchs Jose • 1893-1973
Buchs Julio • *Buchs J.* • 1926-1973
Bunuel Luis • 1900-1983
Cadena Jordi
Calatrava Hermanos
Camino Jaime • 1936-
Campos Jose A. • 1936-
Camus Mario • 1935-
Canalejas Jose A.
Cano Manuel • *Cano M.* • 1931-
Cano Mateo • 1913-
Carreras Miguel
Carretero Amaro
Carretero Gil • 1946-
Cassado Alfredo • *Cassatas Alfred*
Castello Amaro
Castellon Alfredo • 1930-
Castellvi Jose Maria
Castillo Ruiz
Catalan Feliciano • 1905-
Cervera Pascual • 1931-
Chavarri Jaime • 1943-
Chumez Chumy • 1927-
Ciurana Francisco G.
Climent Antonio
Coll Joaquin • *Espona Joaquin Coll*
Coll Julio • *Coll Jules* • 1919-
Colomo Fernando
Comas Ramon • 1930-
Comeron Luis Jose • 1926-
Coronado J. Manuel
Cortes Luis • 1951-
Cuerda Jose Luis
Dali Salvador • 1904-
Davidson John
Delgado Cruz • 1929-
Delgado Fernando • 1891-1950
Delgado Luis Maria • *Delgado Luis* • 1926-
Delgras Gonzalo • 1897-
Diamante Julio • *Diamanti Giulio* • 1930-
Diaz Morales Jose • *Morales Jose Diaz* • 1908-
Diez Ana
Diez Antonio Gomez
Diez Miguel Angel • 1947-
Drove Antonio
Duce Jose Antonio • 1933-
Duran Carlos • 1935-
Eceiza Antonio • 1935-
Egea Jose Luis • 1940-
Eguiluz Enrique L. • 1930-
Elias Francisco • *Elias Francis A.* • 1890-1977
Elorrieta Javier
Elorrieta Jose Maria • *Douglas J.* • *Lacy J.* • *Lacy Joe* • *de Lacey Joseph* • *Riett Elio* • 1921-
Enciso Luis S.
Equiluz Enrique L.
Erice Victor • 1940-
Escamilla Teo • 1940-
Escobar Luis • 1908-
Escriva Vicente • 1913-
Estelrich Juan • 1927-
Esteva Jacinto • *Grewe Jacinto Esteva* • 1936-
Ezeiza Antonio • *Ezeiza Antxon*
Fabre Marcel
Farre Estaban • 1926-
Feliu Jordi • 1926-
Fenollar Augusto • 1924-
Fernandez Bernardo • 1939-
Fernandez Cuenca Carlos • 1904-1977
Fernandez Ramon • *Fernandez R.* • 1930-
Fernandez Santos Jesus • 1926-
Ferre Carlos Perez
Ferry Isidoro Martinez • *Ferry Isidoro M.* • 1925-
Fite Enrique
Floralvalle
Fogues Juan Jose
Fons Angelino • 1935-
de Font Antonio
Font Espina Jose Maria • *Font-Espina Jose Maria* • 1928-
Font Jose Luis • 1930-
Forges • 1942-
Forn Josep Maria • 1928-
Forque Alvaro • 1953-
Forque Jose Maria • *Forque Jose M.* • 1923-
Fortuny Juan • 1917-
Franco Jesus • *Johnson James P.* • *Brown Clifford* • *Hollmann Frank* • *Zinnerman Robert* • *Frank Jess* • 1930-
Franco Ricardo • 1949-
de la Fuente Jose Antonio
Galan
Galindo Luis • 1943-
Gallego Manuel Esteba
Galvan Juan Antonio • 1941-
Gamboa Jose Luis
Gan Jose H. • 1916-
Garci Jose Luis • 1944-
Garcia de Duenas Jesus • 1939-
Garcia de la Vega Fernando • 1941-
Garcia Gerardo • 1944-
Garcia Munoz M.
Garcia Pelayo Gonzalo • 1947-
Garcia Sanchez Jose Luis • *Sanchez Jose Luis Garcia* • *Garcia Sanchez J. L.* • 1941-
Garcia-Sanz Raul
Garcia Serrano Rafael • 1917-
Garcia Vinolas Manuel Augusto
Garrido Jose Carlos
Gascon Jose • 1910-
Gelabert Alejandro Marti • *Marti Alejandro*
Gelabert Fructuoso • 1874-1955
Getino Octavio
Gigo Jorge Luis
Gijon Salvador
Gil Rafael • 1913-
Gimenez-Rico Antonio • 1938-
Goiricelaya Aitor
Gomez Bascuas Enrique • *Gomez Enrique* • *Gill Emilio Castro*
Gonzalez Arturo
Gonzalez Ismael
Gonzalez Jose
Gonzalez Sinde Jose Maria
Gonzalo Juan Antonio
Gonzalvo Jose Luis • 1934-
Gordon Rafael • 1946-
Gormezano Gerardo
Govar Rene
Grau Jorge • *Grau Jordi* • 1930-
Grinan Jorge • 1916-1961
Grinella Juan Carlo
Gubern Ramon
Guerin Claudio • *Guerin Hill Claudio* • *Guerin Hill C.* • 1939-1973
Guerin Jose Luis
Guerrero Zamora Juan • 1927-
Gutierrez Aragon Manuel • *Aragon Manuel Gutierrez* • 1942-
Gutierrez Maesso Jose • 1920-
Gutierrez Santos Jose Maria • 1933-
Guzman Roberto
Harrison Jules
Hermoso Miguel
Hernandez Antonio
Herralde Gonzalo • 1949-
Herrero Miguel • 1922-
Herrero Pedro Mario • 1929-
Hildalgo Joaquin
Huerga Manuel
Hurtado Alfredo • 1917-1965
Ibanez Serrador Narciso • *Penafiel Luis* • 1935-
de la Iglesia Eloy • 1944-
Iglesias Miguel • *Bonns M. I.* • 1915-
Infante Jorge
Iquino Ignacio F. • *Iquino I. F.* • *Wood John* • *Howard Nick* • *Nostro Nick* • 1910-

Isasi Antonio • *Isasmendi Antonio Isasi* • 1927-
Isla Sinesio • 1925-
de Jaen Antonio • 1925-
Jara Jose
Jimeno Eduardo
Johnson J. P.
Jorda Joaquin • 1935-
Jover Carlos
Kaps Arturo
Konski Josi
Ladoire Oscar
de Lara Antonio • 1896-1978
Lara Paco
Lara Polop Francisco • 1932-
Larraz Jose R. • *Larraz Joseph R.* • *Larrath J. R.* • *Larraz Joseph* • 1929-
Larruquert Fernando • *Larruquert F.* • 1934-
Lazaga Pedro • 1918-
Leblanc Tony • 1922-
Levi Ricardo
Llado Juan • 1918-1956
Lledo Joaquin • *Noessi Joaquin* • 1945-
Lluch Miguel • 1922-
Lluch Vicente • 1913-
Logar Juan • *Logar J.*
de la Loma Jose Antonio • *Loma Anthony* • 1924-
Lucia Luis • 1914-
Luna Bigas • *Bigas Luna* • 1946-
Luxemburgo Miguel G. • 1952-
Macian Francisco • 1929-1976
Madrid Jose Luis • *Madrid J. L.* • 1933-
Madrid Luis
Madruga Esteban • 1922-
Magon Barry
Mangrane Daniel • 1910-
Manzanos Eduardo • *Brochero Eduardo M.* • 1919-
Maqua Javier
Marcos Arturo • 1923-
Marcos Julian • 1934-
Mariscal Ana • 1923-
Maroto Eduardo G. • *Maroto Eduardo Garcia* • 1905-
Marquina Luis • 1904-
Marsillach Adolfo • 1928-
Marti Maqueda Enrique • 1935-
Martin Eugenio • *Martin Eugene* • *Martin Eugen* • *Martin E.* • *Herbert Martin* • *Martin Gene* • 1925-
Martin Miguel
Martinez Celeiro Francisco • *Martin George* • *Martin Jorge* • 1927-
Martinez Lazaro Emilio • *Lazaro Emilio Martinez* • 1945-
Masats Ramon
Maso Pedro • 1927-
de Mayora Jaime
Medina Raul
Mendez-Leite Fernando • *Leite Fernando Mendez*
Mercero Antonio • 1936-
Merida Jose C.
Merino Fernando • *Merino F.* • 1931-
Merino Jose Luis • *Merino J. L.* • *Marvin Joseph* • 1927-
Mihura Jeronimo • 1902-
Mihura Miguel
Minguell Joan
Mira Carlos • 1947-
Miranda Fernando
Miro Pilar • 1940-
Moleon Rafael
Molina Jacinto • *Molina Jack* • *Naschy Paul* • *Molva David* • 1938-
Molina Josefina • *Reig Josefina Molina* • 1936-
Momplet Antonio • 1899-
Monfa Ramon
Monter Jose Luis • 1925-
Montolio Francisco • 1935-
Morales Antonio
Morales Carlos • 1944-
Moreno Alba Rafael
Moreno Armando
Moreno Arturo
Moro Francesco De Borja • *Moro Borja*
Most Jacob
Mulhauser Otto
Munoz Tomas
Mur Oti • *Mur Oti Manuel* • 1908-
Muste Pedro Costa
Navarro Agustin • 1926-
Neville Edgar • 1899-1967
Nieves Conde Jose Antonio • *Conde J. Nieves* • *Nieves J. A.* • *Conde A. Nieves* • *Conde Jose Nieves* • 1915-
Noriega Manuel
Nunez Inaki • 1953-
Nunez Pablo
Nunez Ricardo • 1906-
Nunez Santos • 1918-
Obregon Antonio • 1910-
Ochoa Jose • 1917-
Olaria Juan Carlos
Olea Pedro • 1938-
Oliveira Jose Maria • 1934-
de Orduna Juan • *de Orduna J.* • 1907-1974
de Orzal J.
de Ossorio Amando • 1925-
Ozores Mariano • 1926-
Pacheco Bruno-Lazaro • 1957-
Pachin Gallardo
Pachin Lucas
Padros Antoni
Palacios Fernando • 1916-1965
Palmero Javier
Pamplona Clemente • 1917-
Pangua Jose Antonio
Paramo Jose Antonio
Pascual Jesus
Paso Alfonso • 1926-1978
Patino Basilio Martin • *Patino Basilio M.* • 1930-
de Pedro Manuel • 1939-
Pena Raul • 1932-
Perez De Rozas Jose Luis
Perez-Dolc Francesc • *Perez-Dolz Francisco* • 1922-
Perez Liko • *Perez Lice*
Perez Tabernero Julio • *Taber Anthony P.*
Perla Alejandro • 1911-1973
Perojo Benito • 1894-
Pey Marti
Pi Rosario
Picazo Miguel • 1927-
Plaza Aselo
Pons Ventura • 1948-
Portabella Pedro • *Portabella Pere*
Porto Juan Jose • 1945-
Povedo Emilio
del Pozo Angel • 1934-
Praeger Stanley
Prosper Francisco • 1921-
Puerto Carlos • 1942-
Puig Jaime • *Gonzalez Jaime J. Puig* • 1935-
Quevedo Nino • 1929-
Ramirez Pedro L. • *Parker Stan* • 1919-
de Real Antonio
del Real Cayetano • 1949-
Rebolledo Jose Angel
Rebollo Javier
Regueiro Francisco • 1934-
Revenga Luis • 1941-
Rey Florian • 1894-1962
Ribas Antoni • *Ribas Antonio* • 1935-
Rigaud Francis • 1920-
Rivas Miguel Angel • 1947-
Rodriguez De La Fuente Felix • 1928-
Rodriguez Francisco • 1945-
Rodriguez Javier
Rodriguez-Soltero Jose
Roesset Julio
Roma Francisco
Roman Antonio • 1911-
Romero Manuel
Romero-Marchent Joaquin Luis • *Marchent Joaquin L. R.* • *Marchent J. R.* • *Marchent Joaquin Romero* • 1921-
Romero-Marchent Rafael • *Marchent Rafael R.* • *Marchent R. R.* • *Romero R.* • 1928-
Ross Red
Rotaeta Felix
Rovira Beleta Francisco • *Rovira-Beleta* • 1912-
Royan Eladio • 1918-
Ruiz-Castillo Arturo • *Castillo A. Ruiz* • 1910-
Ruiz Fernando
Ruiz Marcos Jose Luis
Ruiz Rafael
Saavedra Alvaro
Sacristan Jose
Saenz De Heredia Jose Luis • 1911-
Saitor Tony
Salgot Jose Antonio • *Salgot Josep Anton*
Salvador Julio • *Valls Julio Salvador*
Salvia Rafael J. • 1915-1976
Samso Roberto
San Martin Conrado
San Miguel Santiago • 1939-
Sanchez Jose Ramon
Santillan Antonio • 1909-1966
Santillan Diego • 1925-
Sanz Carlos Rodriguez
Saura Carlos • 1932-
Semprun Jorge • 1923-
Sender Ramon
Serrano Carlos • 1940-
Serrano de Osma Carlos • *de Osma Carlos Serrano* • 1916-
Seto Javier • *Seto Xavier* • 1926-1969
Settimo M.
Seville Armando
Simon Piquer • *Simon Juan Piquer* • *Piquer Juan* • 1934-
Sistiaga Jose Antonio • 1932-
Skaife Michael • *Madrid Miguel* • 1933-
Socias I.
Soriano Ricardo
Suarez De Lozo Luis
Suarez Gonzalo • *Suarez Gonzale* • 1934-
Suay Ricardo Munoz
Summers Manuel • 1935-
Tamayo Manuel
Torrado Ramon • *Torrad Raymond* • 1905-
Torrecilla Rafael • 1927-
Torres Manuel
Torres Ricardo • 1910-
Truchado Jose • *Reyes Jose Truchado*
Trueba Fernando
Ulloa Jose • 1934-
Ungria Alfonso • 1946-
Urbiola Zacarias • 1942-
Uribe Imanol
Valcarcel Horacio • 1933-
Valles Jose Maria
Vara Rafael • 1936-
Varela Miguel Angel • 1949-
Vargas Llosa M.
Vazquez Figueroa Alberto • 1936-
Vazquez Ricardo
Velasco Andres
Vidal Alberto
Viladomat Domingo • 1915-
Villalba Romano
Villaronga Agustin
Viloria Jose Luis • 1931-
Viota Paulino • 1948-
Xiol Juan • 1921-
Yague Jesus • 1937-
Zabalza Jose Maria • *Trader Joseph*
Zavala Jose Luis
Zorrilla Jose Antonio
Zulueta Ivan • 1943-

SRI LANKA

Abeysekara Shathi
Abeysekera Tissa
Ariyaratna Sunil
Bandaranayake Dharmasiri
Bawanandan T.
Caldera Dharmasiri
Das D. M.
David Vincent
Dissanayake Wimalanath
Fonseka Gamini
Gunasinghe Siri
Hettiarachchi Wijepala
Hettiarachi P. • c1928-
Jayakody Rohini
Jayamanne B. A. W.
Jayamanne Irwin
Jayasinghe H. E.
Jayasinghe Nihal
Jayatilaka Amarnath
Jayawardena Dommie
Liyanage Tissa
Mastan M.
Mastan S.
de Mel Ruby
Nihalsingha D. B.
Obeysekara Vasantha • *Obesekara Vasantha*
Palagolla Chula
Pathirajah Dharmasena
Perera G. D. L.
Perera K. A. W.
Perera L. M.
Perera Senator Reggie
Peries Lester James • *Peries Lester* • 1919-
Peries Sumitra
Pieris Asoka
Premaratna H. D.
Rajapakse Kingsley
Ramachandran L. S.
Ramanathan S.
Ranasinghe Herbert
Rathnam E.
Sandrasagara Manik
Somaratne S. A.
Somasekaran C.
Sri Wijawa Dharma
Tampoe Robin
Tampoe W. M. S.
Thotawatte Titus • *Thottawatta Titus*
Villiers Kenneth • 1912-
Wanaguru Dudley
Wickremaratne Dharmasiri
Wickremasinghe Ananda
Wickremasooriya Kumar
Wilson Mike

SUDAN

Hashim Anwar • 1946-
Jabara Jad-Allah • 1921-
Mehdi Al Rachid
Salem Atef • *Salem Atif* • *Salem Aatef* • *Salim Atif* • 1927-

SURINAM

de la Parra Pim • 1940-

SWEDEN

Aberg Lars
Aberg Lasse
Abrahamsen Christer
Abramson Hans • 1930-
Adolphson Edvin • 1893-
Agren Gosta
Aguado Victorio • 1923-
Ahlberg Mac • *Torn Bert* • 1931-
Ahlin Per
Ahren Bjorn
Ahrle Elof • 1900-1965
Ahrne Marianne • *Ahrne Mariane*
Alexandersson Hakan
Alfe Thure • 1894-1962
Alfredson Hans
Almqvist Stig
Alw Gabriel • 1889-1946
Anderberg Torgny • 1919-
Andersson Fredrik • 1891-
Andersson Kjelle-Ake
Andersson Marit
Andersson Roy • *Anderson Roy*
Andree Ulf
Angstrom Anders
Anthoni Rudolf
Arehn Mats
Aring Wilhelm • 1909-
Arlin Georg • 1916-
Arvedson Ragnar • 1895-
Asklund Erik
Axelman Torbjorn • 1932-
Barcklind Carl • 1873-1945
Bauman Schamyl • 1893-1966
Bechrendtz Nils Erik
Benktsson Benkt-Ake • 1907-1957
Bergenstrahle Johan
Bergenstrahle Marie-Louise De Geer
Berglund Erik • 1887-1963
Berglund Pelle
Berglund Per
Bergman Daniel
Bergman Gustaf • 1880-1952
Bergman Ingmar • 1918-
Bergstrand Erik • 1906-
Bergstrom Hakan • 1923-
Bergstrom Olof • 1919-
Bergstrom Torsten • 1896-1948
Bernhard Gosta • 1910-
Berthels Theodor • 1892-1951
Bisset George
Bjorck Lars
Bjorkman Stig • 1938-
Bjornefeldt Peter B.
Blomdahl Karl-Birgir
Blomgren Bengt • 1923-
Bolander Hugo • 1890-
Boman Barbro
Borje Stefania
Bornebusch Arne • *Bornebusch A.* • 1906-
Botvid Rolf • 1915-
Brandhild Arne
Brandt Robert • 1925-
Branner Per-Axel • 1899-
Breidahl Axel
Broberg Robban
Brooks Thor L. • *Brooks Thor* • 1907-
Brunius John W. • 1884-1937
Brunius Pauline
Bruun Einar J. • *Bruun Einar*
Bryde Vilhelm
Bugler Bror • 1908-
Carlsten Rune • 1893-
Carmbeck Goran
Cederlund Gosta • 1888-
Cederstrand Solve • 1900-1954
Cespedes Leonardo
Colfach Elsa • 1929-
Colleran
Cornell Jonas
Dahl Christer
Dahlberg Hans • *Dahlberg Hannes*
Dahlgren Sten • *Dahlgrens Sten*
Dahlin Hans • 1922-
Dahlquist Valdemar • 1888-1937
Danielsson Tage • 1928-
De Geer-Bergenstrahle Marie-Louise
Derkert
Dittmer Hans
Du Rees Goran
Dvorak Ivo
Edgren Gustaf • 1895-1954
Edwall Allan • 1924-
Eggeling Viking • 1880-1925
Ehlin Per-Arne • *Ehlen Per Arne*
Eide Egil • *Eide E.* • 1868-1846
Eiworth Roland
Ekerot Bengt • *Ekeroth Bengt* • 1920-
Eklund Alice • 1896-
Eklund Ernst • 1882-
Ekman Gosta • 1890-1938
Ekman Hasse • 1915-
Ekman Mikael
Elers-Jarlemann Agneta
Ellis Elis • 1879-1956
Engdahl Carl
Englind Arvid
Engstrom Gert • 1918-
Ericson Stig Ossian • *Ericson Stig O.* • 1923-
Ericsson Alvar • *Eriksson Alvar*
Ersgard Hakan • 1934-
Fagerstrom-Olsson Agneta
Fahlstrom Oyvind
Falck Ake • 1925-
Falck Karin • 1932-
Falck Ragnar • 1905-1966
Falk Lauritz • 1909-
Fant Kenne • *Fant Carl-Henrik* • 1923-
Faustman Erik • *Faustman Hampe* • 1919-1961
Fellbom Claes • 1943-
Fischer Gunnar • 1910-
Flamholc Leon
Florman Ernest
Floyd Calvin
Folke Gosta • 1913-
Forsberg
Forsberg Lars Lennart • *Forsberg Lars*
Forsberg Lasse
Forslund Bengt • 1932-
Frick Jonas
Frisk Ragnar • 1902-
Funck Hasse
Furst Walter
Gamlin Yngve • 1925-
Garbagny Paul
Gentele Goran • 1917-
Gerber Paul
Gimtell Kage G. • 1932-
Gissberg Jan
Gorling Lars • 1931-1966
Gothson Manne
Graffman Goran
Grede Kjell • 1936-
Grenz Ivo
Grimas Jonas
Gronberg Ake • 1914-1969

Gronroos Anders
Guner Goran
Gunwall Per • 1913-
Gyllenberg Carl • 1924-
Hagberg Rune
Hagelback Josta
Hagerman Helge • 1910-
Haglund Bertil • 1908-
Halldoff Jan • *Halldoff Janne* • 1939-
Hallstrom Lasse • 1946-
Hansen Edmond
Hansen Karl
Hartleb Rainer
Hassner Rune • 1928-
Hatwig Hans
von Hau Herbert
Hederberg Hans
Hedqvist Ivan • 1880-1935
Hellander Olle
Hellbom Olle • 1925-1982
Hellner Ingegerd
Hellstrom Gosta • 1908-1932
Hellstrom Gunnar • 1928-
Hellwig Hilda
Henning-Jensen Bjarne • 1908-
Henrikson Anders • 1896-1965
Hildebrand Weyler
Hjulstrom Lennart
Hoffman-Uddgren Anna
Hoglund Gunnar • 1923-
Holmberg Tage
Holmgren Per Gosta • *Holmgren Gosta* • *Holmgren P. G.* • 1909-
Holmsen Egil • 1917-
Hugo Per
Husberg Rolf • 1908-
Hutten Pontus
Hylten-Cavallius Ragnar • 1885-
Ibsen Tancred • 1893-
Iveberg Hans
Jackson Michael • *Jackson Mike* • *Olsson Mats*
Jaenzon Julius • 1885-1961
Jahr Adolf • 1893-1964
Janzon Bengt • 1913-
Jarl Stefan • 1941-
Jarleman Agneta Elers
Jarrel Bengt • 1922-
Jarrel Stig • 1910-
Jerring Nils • 1903-1966
Johansson Erling
Johansson Ivar • 1889-1963
Johnson Eyvind
Jonsson Bo
Jonsson Eric
Josephson Erland • 1923-
Jute Alex • 1914-
Kage Ivar
Kallifatides Theodor
Keil-Moller Carlo • 1890-1958
Kjellgren Lars-Eric • 1918-
Kjellin Alf • 1920-1988
Klercker Georg • *Klercker George* • 1877-1951
Klyvare Berndt
Krantz Leif
Kruse Peter
Kulle Jarl • 1927-
Kylberg Peter • 1938-
Lagerkvist Bengt • 1926-
Lagerkvist Hans • 1923-
Lagerwall Sture • 1908-1964
Lambert Lars
Larsson Borje • 1910-
Larsson Stig
Larsson William
Lasseby Stig
Leijonborg Ingemar
Lewin Gosta • 1920-
Liedholm Lars-Erik • 1928-
Lindberg Clas
Lindberg Lars
Lindberg Per • 1890-1944
Lindberg Sven • 1918-
Lindblad Jan • 1932-
Lindblom Gunnel • 1931-
Linden Gustaf M. • *Linden Gustaf*
Linder John Lennart • 1911-
Lindgren Lars-Magnus • *Lindgren Lars M.* • 1922-
Lindh Frederick
Lindholm Axel
Lindlof John • 1878-1954
Lindman
Lindqvist Jan
Lindqvist Staffan
Lindstrom Rune • 1916-
Lingheim Emil A. • *Pehrsson Emil A.* • 1898-
Logardt Bengt • 1914-
Lohman Axel
Lonnbro Anders
Lund Helge • *Lunde Helga* • 1900-
Lundberg Claes
Lundkvist Arthur
Lundqvist Jagmastare Eric • 1902-
Lundqvist Torsten • 1894-1957
Magnussen Fritz • 1878-1920
Magnusson Charles • 1878-1948
Malmberg Eric • 1933-
Malmer Lennart
Malmqvist Bertil • 1926-
Marklund Inger
Marmstedt Lorens • 1908-1966
Martensson Bodil
Martin Knut • 1899-1959
Mattsson Arne • 1919-

Melander Carl-Olov
Meschke Michael
Modeen Thor • 1898-1950
Molander Jan • 1920-
Molin Lars
Myrdal Jan • 1927-
Natorp Arthur • 1890-1943
Niska Adolf
Nordeen Arthur
Nordenstrom Hans
Nordin Vera
Nutley Colin
Nyberg Borje • 1920-
Nycop Carl Adam • 1909-
Nykvist Carl-Gustaf
Nykvist Sven • 1922-
Nylander N. H.
Ocampo Gaston
Odulf Tor-Ivan
O'Fredericks Alice • 1900-
Ohberg Ake • 1905-
Ohlmarks Ake • 1911-
Ohlsson Ake
Olin Stig • 1920-
Olofsson Christina • *Olofson Christina*
Olsson Gunnar • 1904-
Olsson John
Olsson Lennart
Olsson Mats Helge • *Helge Mats*
Olsson Stellan
Oscarsson Per • 1927-
Oskarsson Larus • *Oskarsson Larus Ymir*
Osten Suzanne • 1949-
Ottoson Lars Henrik • 1922-
Palm Bengt • 1917-
Persson Edvard • 1888-1957
Petschler Eric A. • *Petschler Eric* • 1881-1945
Pettersson Lars-Goran
Pollak Mimi
Poppe Nils • 1908-
Ragneborn Arne • 1926-
Redig Rune
Ribbsjo Anders
Road Michael
Rodin Gosta • 1902-
Romare Ingela
Roos Staffan
Roosling Gosta
Rosencrantz Margareta • 1901-
Sapiain Claudio
Schmidt Mille
Seth Carl-Johan
Sima Jonas
Sjoberg Alf • 1903-1980
Sjoberg Tore • 1915-
Sjogren Olle
Sjoman Vilgot • 1924-
Sjostrand
Sjostrand Arnold • 1903-1955
Sjostrom Victor • *Seastrom Victor* • 1879-1960
Skoglund Gunnar • 1899-
Skogsberg Ingvar
Soderblom Ake • 1910-1965
Soderhjelm Martin • 1913-
Soderholm Oscar
Soderman Jackie
Soto Juan
Spafford Robert B.
Spjuth Arthur • 1904-
Steele Gunnar
Stenstrom Matts A. • 1892-1965
Stevens Gosta • 1897-1964
Stivell Arne • *Svensson Arne* • 1926-
Strandmark Eric • *Stranmark Erik* • 1919-1963
von Strauss Ulf
Stromblad Curt • 1929-
Stromdahl Erik
Stromholm Christer
Sucksdorff Arne • 1917-
Sundgren Nils Petter
Sundvall Kjell
Svensson Birgitta
Svenstedt Carl-Henrik
Svenstedt Stefania Lopez
Swanstrom Karin
von Sydow Max • 1929-
Tallroth Konrad
Terselius Kjell
Thelestam Lars G.
Thermaenius Sven • 1910-
Thulin Ingrid • 1929-
Tirl Jiri
Troell Jan • 1931-
Utterstrom Johan
Utterstrom Sven
Vibenius Bo A.
Vinterheden Margareta
Wahlberg Gideon • 1890-1948
Wahlgren Anders
Wallen Lennart • 1914-1967
Wallen Sigurd • 1884-1947
Wallman Hasse
Wedel Karsten
Weel Arne • 1891-
Werner Gosta • 1908-
Werner Lars
Weschelmann Maj
Wesslen Stig • 1902-
Whyte Andrew • *Feher Andre*
Wickman Torgny • 1911-
Widerberg Bo • 1930-
Widestedt Ragnar • 1887-1954
Wiklund Gustav
Wilhelm Prins • 1884-1965

Windrow Stellan
Winner Peter • 1910-
Wistrom Mikael
Younger Tom • 1922-
Zacharias Ann
Zacharias John • 1917-
Zetterling Mai • 1925-

SWITZERLAND

Aeschbacher Kurt
Aldin Samir Jamal
Allegret Marc • 1900-1973
Amiguets Jean-Francois
Ammann Peter
Ansorge Ernest
Ansorge Giselle
Baumann Rene
Berger Jacob
Bertschi Ernst
Bienz Eduard
Bischof Marc
Bischof Ursula
Bizzarri Alvaro
Bolliger Wilfried
Bruhwiler Paul
Burckhardt Rudy • 1914-
Burri Rene
Butler Heinz
Butler Yvan
Champion Claude
Choux Jean • 1887-1946
Cohen Robert
Colpi Henri • 1921-
von Cremer Heinz
Cuneo Anne
D'Alcala Mario
Deuber Walter
Dickoff Michel
Dindo Richard • 1944-
Edelstein Simon
Egger Urs
Engler Robi
Ferrers Charles
Filmgruppe Demokratische Rechte
Fischer Markus
Franke Anja
Froelicher Mia
Frueh Kurt
Gardi Rene
Genni Sergio
Giger Bernhard
Gisler Marcel
Gloor Kurt
Gnant Rob
Goel Veronique
Gonseth Frederic
Goretta Claude • 1929-
Graf Marlies
Graf Urs
Gruber Steff
Guerrez Sergio
Gujer Elisabeth
von Gunten Peter
Haas Eva
Haas Guido
de Hadeln Moritz
Haller Hermann • 1909-
Hassler Jurg
Hassler Ursula
Haufler Max • 1910-
Herman Villi • *Hermann Villi*
Hipleh-Walt Georges
Holenstein Roman
Hubschmid Edi
Huggert E.
Humbert Nicolas
Imbach Thomas
Imboden Markus
Imhoof Markus
Iseli Christian
Jacusso Nino
Jaeggi Danielle • *Jaeggi Daniele* • 1945-
Jamal Samir Aldin
Jent Louis
Joray Niggi
Junod Blaise
Junod Jean-Blaise
Kahn David
Kappeler Friedrich
von Karajan Herbert • 1909-1989
Keller Margrit
Klarer Alain
Klopfenstein Clemens
Knauer Mathias
Koerfer Thomas
Koller Xavier
van der Kooji Fred
Kovach June
Krebbes Seemore
Kuert Beat
Kuhn Christoph
Kunz Werner
Lagrange Jean-Jacques
Langjahr Erich
Legnazzi Remo
Lesch W.
Levy Dani
Lindenmaier Patrick
Lottaz Beat
Luginbuhl Bernhard
Lyford Richard
Lyssy Rolf
Maeder Fritz

Mamin Ueli • *Manin Ueli*
Marti Walter
Marton Thomas
Meienberg Niklaus
Meili Gaudenz • *Meili Gadenz*
Meneses Pedro
Menoud Jean-Bernard
Mercanton Louis • 1879-1932
Mertens Reni
Meyer Herbert E.
Michel Franz
Moll Bruno
Moraz Patricia
Morger Pius
Muller Beni
Murer Fredi M. • *Murer Fredi* • *Murer Fredy*
Neuenschwander Jurg
Niddam Igaal
Nold Werner • 1933-
Nordemar Olle
Odermatt Urs
Othenin-Giraud Dominique
Penzel Werner
Peres Uziel • *Peres Uzi* • 1951-
Perlov David
Pfaffli Andres
Pilliod Philippe
Pinkus Gertrud
Plattner Patricia
Pool Lea
Portmann Stephan
Radanowicz Georg • *Radanowicz George*
Radax Ferry
Raith Bernhard
Regamey Maurice • 1924-
Reichle Franz
Reusser Francis
Rickenbach Franz
Rissi Mark M.
Ritter Otto
Rodde Michel
Roderer Walter
Roy Jean-Louis
Safarik Bernard
Samir
Sandoz Jacques
Saurer Karl
Savoldelli Reta Andrea • *Savoldelli Reto Andrea*
Schaub Christoph
Schertenleib Christof
Schlumpf Hans-Ulrich
Schmid Anka
Schmid Daniel • 1941-
Schmid Fred
Schmidely Valerien
Schnyder Franz
Schocher Christian
Schoenherr H. H. K.
Scholl Romeo
Schroeder Sebastian C.
Schuepbach Marcel
Schumacher Ivan P.
Schweizer Ulrich
Seiler Alexander J. • *Seiler Alexander*
Selnig Wolfgang
Siber H. J.
Sigrist Hugo
Soldini Bruno
Soutter Michel • 1932-
Stampeli Peter
Steiger Clemens
Stierlin Peter
Stocklin Tania
Straub Rudolph
Strebel Lukas
Sturm Hans
Suter Daniel
Suter Karl
Taizant Bernard
Tanner Alain • 1929-
Theubet Bertrand
Tissi Felix
Tognola Jerko V.
Trommer Hans
Uberall Klaus
Vajda Marijan
de Vogel Willem
Voyame Pierre
Vuilleme Gilbert
Weber Walter
Winiger Eduard
Wyss Tobias
Yersin Yves
Zahradnik Jan
Zbinden Charles
Zeindler Werner
Zschokke Matthias

SYRIA

Akkad Moustapha
Al-Zobidi Kais • *Al Zoubaidy Kais* • *Zobidi Kais Al-* • *Zoubaidy Kais Al*
Amiralai Omar • *Amiralay Umar* • 1944-
Badri Ayoub
Bunni Amin Al-
Chbib Bachar • 1959-
Dehni Salah • *Dehny Salah* • *Dohney Salah* • *Duhni Salah* • 1925-
Focinic Bosko
Gousini Samir
Haddad Marwan
Hakki Haitham
Hamada Khalid • *Hamadah Khalid* • 1930-

Jabbour Souheil • 1946-
Kawadri Anwar • 1953-
Laham Doreid • *Lahum Doreid*
Malass Mohamed • *Mallass Mohamed*
Maleh Nabil • *Malih Nabil Al-* • *Al-Malih Nabil* • 1939-
Meleh Mabil
Moazin Marwan Al • *Al Moazin Marwan*
Rached Mustapha
Shahin Mohammed • *Shahine Mohammed*
Suleiman Isam
Wadii Yusuf
Zikra Samir

TAIWAN

Arikawa Sadamasa
Caan Richard
Chang P'Ei-Cheng • 1941-
Chang Yi
Chang Yi-Ch'En • *Chang Eric*
Ch'En K'Un-Hou
Ch'En Kuo-Fu
Chiang Lang
Chin Kuo-Chao
Chu Yen-P'Ing
Ho Fan
Ho P'Ing
Hou Hsiao-Hsien • 1947-
Hu Chieh
Huang Yu-Shan
K'O Chun-Liang • *K'O Chun-Hsiung*
K'O Yi-Cheng
Kung Min
Li Li-An
Li Mei-Mi • 1946-
Li Tao-Ming
Li Yu-Ning
Liao Ch'Ing-Sung
Lin Ch'Ing-Chieh • 1944-
Liu Chia-Ch'Ang
Liu Wei-Pin
Mak Michael
Pai Ching Jui
Pai Ching-Jui
P'An Jung-Min
Shih Ti
Sin Ta
Sung Hsiang-Ju
T'Ao Te-Ch'En • *Tao Jim*
Ts'Ai Chi-Kuang
Tseng Chuang-Hsiang
Tu Larry C. H.
Wan Jen
Wang Cheng-Fang • *Wang Peter*
Wang Chu-Chin
Wang Hsiao-Ti
Wang T'Ung
Yang Chia-Hun
Yang Li-Kuo
Yang Te-Ch'Ang • *Yang Edward*
Yeh Hung-Wei
Yim Ho
Yu K'An-P'Ing
Yu Weiyen

THAILAND

Akaraserani Pisan
Amatyakul Kriangkrai
Atakaiwanwati Panthep
Boonag Rome
Chalerm Prince Chatri
Chalong D. P.
Cheyaroon Permpol • *Cheuiaroon Permphol* • *Chuaroon Permpol* • 1944-
Cohen Herman
Kicharoen Kiat
Kopjit Cherd
Kounavudhi Vichit • 1922-
McRay Henry
Mikunsoot Chao
Mukdasanit Euthana • *Mukdasanit Yuthana*
Pakdivijit Chalong • *Pakdevichit Chalong* • *Padavit Chalong* • *Chalong P.* • *Pakdievichit Chalong*
Pakdivijit Vinit
Pei Vivian
Phthum Surasee
Poster Piak
Prohmvitake Pakorn • *Pakorn*
Pun-lom Vachara
Sands Sampote
Santipracha Somdej • c1949-
Siam Jazz
Sirchanda Siri
Songsri Cherd
Srichuae Thoranong
Srichue Siwat
Srisuparb Somohing
Supakanj J. D.
Suwarnasara Kidd
Udomej Manop
Uncle
Verachon Nantana
Vuthivichai Suchart
Wannayok Monoo
Yugala Prince
Yukol Prince Chatri • *Yukol Chatri Chalerm*

TRINIDAD & TOBAGO

Bampoe-Addo
Kumar Harbance
Laird
Morder Joseph • 1949-

TUNISIA

Abdelwahab Ali
Al-Kechine Ahmed • *Kechine Ahmed Al-* • 1940-
Al-Ktari Naceur • *Ktari Naceur Al-* • *Katari Nassir* • 1943-
d'Anna Claude • 1945-
Babay Ibrahim • *Babai Brahim* • *Babay Brahim* • 1936-
Barge Paul • 1941-
Behi Ridha • *Bahi Ridha* • 1947-
Ben Aicha Sadok • *Aisha Sadek Ben* • *Ben Aicha Sadoq* • *Aicha Sadok Ben* • 1936-
Ben Ammar Abdul Latif • *Ammar Abdul Latif Ben* • *Ben Ammar Abdel-Latif* • 1943-
Ben Halima Hamouda • 1935-
Ben Milad H.
Bouassida Abdel Hafidh
Boughedir Ferid • *Boughedir Farid* • 1944-
Boujenah Paul • 1958-
Boussinot Roger • 1921-
Bouzid Nouri • 1945-
Carmona Jean-Claude • 1948-
Chikly Scemana • *Samama-Chikly Haydee* • 1872-1950
Cravenne Marcel • *Cohen Marcel* • 1908-
Creuzi J. A.
Damak Mohammed
Dedoncloit
Essid Hamadi • 1940-
Ferchiou Sofia
Hanoun Marcel • 1929-
Harzallah Ahmed • 1938-
Kalfon Pierre • 1934-
Khalifa Omar • *Khlifi Omar* • 1934-
Khemir Nacer
Louhichi Taieb • *Louhichi Taie* • *Louhichi Tayeb* • 1948-
Mahmoud Mahmoud Ben
Moati Serge • *Moati Serge-Henri* • 1946-
Murali Mustafa
Ronconi Luca • 1933-
Sassy Jean-Paul • 1920-
Shakly Shamama
Zeitoun Ariel • 1949-

TURKEY

Akat Lutfu • *Akad Lutfi* • *Akad Lutfu* • 1916-
Akbasli Veli
Akinci Nuri
Aksoy Orhan
Alasya Zeki
Alpaslan Mumtaz
Alyanak Arsavir
Ariburnu
Arikan Kayahan
Aslan Mehmet
Aslan Muzaffer
Atadeniz Orhan
Atadeniz Yilmaz
Atasoy Irfan
Ayca Engin
Aykanat Orhan
Baitan Natuch
Basaran Tunc • *Baseran Tunc*
Baytan Natuk
Burckin Selahattin
Candemir Atilla
Canturk Husnu
Cetin Sinan
Cetinkaya Yavuzer
Ceylan Ferit
Colgecen Nesli
Conturk Remzi • *Jonturk Remzi*
Cornfield Hubert • 1929-
Dadiras Dimis • *Dadiras Dimi* • 1925-
Davutoglu Zafer
Demirag Turgut
Demirel
Dinler Mehmet
Dogan Suha
Dursun
Duru Sureyya • -1988
Duru Ugur
Duru Yilmaz
Duz Aykut
Egilmez Ertem
Elci Umit
Elmas Orhan
Engin Ilhan
Erakalin Ulku
Eraslan Nusret
Erdem Reha
Ergun Mahinur
Ergun Nuri
Erksan Metin • 1929-
Ertugrul Muhsin • 1888-1979
Evin Semih
Figenli Yavuz
Filmer
Furuzan
Gelenbevi Baha • 1902-1986
Giritioglu Tomris
Gok Sahin
Gorec Ertem
Goren Serif
Grassian Dolores • 1926-
Gulgen Melih
Gulnar
Gultekin Sirri
Gulyuz Aram
Guney Yilmaz • 1937-1984
Gurses Muharrem
Gursu Temel
Hancer Nisan
Havaeri Seyfi
Hekimoglu Yucel
Heper Alp Zeki
Ileri Selim
Inanc Cetin
Inanoglu Turker
Inci Kemal
Kan Kemal
Karamanbey Cetin
Karamustafa Gulsun
Kavur Omer • 1944-
Kaygun Sahin
Kazan Elia • 1909-
Kazankaya Hasan
Kiral Erden • 1942-
Kiran Adnan
Kurcenli Yusuf
Kurthan Nazif
Kurtiz Tuncel
Kuyululu Ayten • 1930-
Livaneli Zulfu • *Livanelli Zulfu*
Muhssin Ertugrul
Muhtar Mehmet
Novik William • 1922-
Oguz Orhan
Okan Tunc • *Okan Bay*
Okcugil Cevat
Okcugil Nejat • *Okcugil Necat*
Okten Zeki • *Okten Zedi* • 1941-
Olgac Bilge
Onal Safa
Orbey Ergin
Ozer Muammer
Ozer Nazmi
Ozkan Yavuz
Ozonuk Sinasi
Ozzenturk Ali • *Ozgenturk Ali* • 1947-
Palay Abdurrahman • *Palay Abruddahman*
Pasquali Alfred • 1898-
Pecen Nevzat • *Pesen Nevzat*
Pekmezoglu Oksal
Perveroglu Alaaddin
Peyda Huseyin
Pirhasan Baris
Refig Halit • *Refig Hallit*
Remy Jacques • 1911-
Sabuncu Basar • 1943-
Sagiroglu Duygu
Saner Hulki
Saydam Nejat
Seden Osman
Simavi Sedat
Sonay Suat
Soray Turkan
Spiguel Miguel • 1921-1975
Taydam Nejat
Tengiz Asaf
Tibet Kartal
Tiryaki Seyfettin
Tokatli Erdogan
Tozum Irfan
Travers Alfred • *Travers Alf* • 1906-
Tuna Feyzi
Turgul Yavuz
Turkali
Turyan Hasim
Ucak Fikret
Ucanoglu Yucel
Un Memduh
Utku Umit
Uzkinay Fuat
Verneuil Henri • *Malakian Achod* • 1920-
Wanoglu Turker
Yalaz Suat
Yalcin Oguz
Yalinkilic Yavuz
Yilmaz Atif • *Batibeki Atif Yilmaz* • 1925-
Yilmazbas Metin
Yonder Nisan
Yoruklu Cavit
Yuce Ihsan
Yurtsever Korhan
Ziyal Tolgay

UGANDA

Hicks Scott • 1953-

UNION OF SOVIET SOCIALIST REPUBLICS

Abachidze Dodo • *Abashidze Dodo*
Abalov-Abalyan E.
Abbasov Shukhrat
Abdrakhitov Vadim • *Abdrashitov Vadim* • *Abdrachitov Vadim* • 1945-
Abesadze Otar • 1939-
Abramov A.
Abuladze Tengiz • *Abuladze Tenghiz* • 1924-
Adomenaite Nijele
Agadzhanova-Shutko Nina
Agakhanov Kh.
Agranenko Zakhar
Agranovich L.
Agzamov Yuldash
Ai-Artyan A.
Aimanov Shaken • *Aimonov Shaken* • 1914-1971
Aivazyan Agasi
Akbarkhodzhaev K.
Akopyan M.
Aksenchuk Ivan • *Aksenchuk I.* • *Axenchuk I.*
Aksenov V.
Aksyonov Vitali
Aktasheva Irina
Alarcon Sebastian
Alexandrov Grigori • *Alexandrov Grigori V.* • *Mormonenko Grigori* • 1903-1985
Alexeieff Alexandre • *Alexeiff Alexandre* • 1901-1982
Alexeyev Sergei
Alov Alexander • 1923-1983
Amalrik Leonid • *Amalrik L.* • *Amalrik*
Amashukeli Vasily • *Amushukeli Vassili*
Andeyenko Y.
Andjaparidze Marija • *Antjaparidze Mary* • *Andzhaparidze M.*
Andrievski Alexander • *Andreievsky Aleksander* • *Andryevsky Alexander*
Andrikanis Yevgeni
Andronikashvili O.
Angivstev
Annensky Isider • *Annensky I.*
Antonov L.
Antonovsky B.
Araminas Algirdas • *Araminas A.* • 1937-
Aranovich S.
Aranovitch Semyon
Aripov Marat
Arkatov Alexander
Armand P.
Arnstam Leo • *Arnshtam Lev* • 1905-1979
Aron E.
Aronov Grigori
Arsenov Pavel • 1940-
Asanova Dinara • *Asanova D.*
Askerov Ramiz
Askoldov Alexander
Asmous B.
Atakhanov Mered
Atakishiyev Alisettar
Atamanov A. L.
Atamanov Lev • *Atamanov L.* • 1905-
Averbach Ilya • *Averbakh Ilya* • *Averbakh I.*
Averbach Mikhail • *Averbach M.*
Azarov Vilen • *Azarov V.* • *Azarov Villen*
Babak M.
Babayev Arif
Babich I.
Babichenko B.
Bablouani Teimouraz
Babochkin Boris • *Babouchkin Boris* • *Babochkin B.* • 1904-
Baitrov Ravil
Bakhtadze Vaktang • *Bachtadze Vahtang* • *Bakhtadze V.*
Balayan Roman • *Balaian Roman*
Baltrushaitis A.
Barabanova M.
Barkhoudian P.
Barnet Boris • 1902-1965
Barsacq Andre • 1909-
Barskaya Margarita
Barsky
Bartenev D.
Basov K.
Basov Vladimir • *Basov V.*
Batalov Alexei • *Batalov Alexey* • 1928-
Batyrov Ravil
Bauer Yevgeni • *Bauer Evgueny* • *Bauer Yeugeni* • 1865-1917
Bazarov Gennadi
Bazelyan L.
Bazelyan Yakov • *Bazelyan Ya*
Bebderskaya N.
Begalin Mazhit • *Begalin Maziht* • *Begalin M.* • 1922-
Beisembayev Sharip
Bek-Nazarov Amo • 1892-1965
Beleyev Vassili • *Belayev Vasili* • *Belyaev V.* • *Belyayev Vasili*
Belikov Mikhail
Belousov Oleg
Belov Vyacheslav
Berdicevski Mikhail • *Berdicevski M.*
Berenshtein V.
Berezantseva Tatyana • *Berezantseva T.*
Bergunkev Adolf • *Bergunkev Adolph* • *Bergunker Adolf* • *Bergunker A.*
Birman Naum • *Birman N.*
Blank Aleksandr
Blyokh Yakov • *Bliokh Yakov* • 1895-1957
Bobrov G.
Bobrovsky Anatoli • *Bobrovski Anatoli* • *Bobrovsky A.* • *Bobrovskiy Anatoliy*
Bocharov Edvard • *Bocharov Eduard* • *Bocharov E.*
Bodrov Sergei
Bogin Mikhail • 1936-
Bogolepov Dimitriy • *Bogolepov*
Bolgarin N.
Bolshintsov M.
Bonc-Tomasevsky M.
Bondarchuk Sergei • 1920-
Bondarev Oleg
Bondarev Yuri
Boretsky Yu
Borisov A.
Borisov O.
Bortko V.
Boykov V.
Boytler Arcady • 1895-1965
Bratkauskas Balis
Braun Vladimir • *Braun V.* • 1909-1957
Brench Alois • *Brencs Aloizs* • *Brench Aloiz*
Brodyansky Boris
Bronstein Y.
Brumberg L. • *Broumberg L.*

Brumberg Valentina • *Brumberg V.* • *Broumberg V.* • 1899-1983
Brumberg Zinaida • *Brumberg Zenajeda* • *Brumberg Z.* • *Broumberg Z.* • 1900-
Bryunchugin Yevgeniy • *Bryunchugin Eugeny* • *Briuchugin E.*
Buchowetzki Dimitri • *Buchovetzky Dimitri* • 1895-1932
Bukoveski Anatoli
Bukovskiy Anatoliy
Bukovsky E.
Buneyev A.
Buneyev Boris • *Buneyev B.* • *Buneev B.*
Buntar Zhamian Ghiin
Buravski Alexander
Burton David • 1890-
Bushkin A.
Buturlin Victor
Bychkov Vladimir
Bykov Leonid
Bykov Rolan • *Bykov R.* • 1929-
Cardynin P.
Chabukiani Vakhtang
Chakhnazarov Karen
Chaplin Stanislav
Chardynin Pyotr • 1878-1934
Chargonin Alexander • *Chargonin A.*
Charyev Mejek
Chebotaryov Vladimir • *Chebotaryov V.*
Chekanovsky
Chekhova Olga
Chelintsev B. M.
Cherentsov L.
Cherkez D. • *Cherkes D.*
Chervyakov Yevgeni • *Chervyakov E.*
Chetverikov Vitali
Chiaureli Mikhail • *Tchiaourelli Michael* • *Chiareli M.* • *Chiareli Mikhail* • 1894-1974
Chiginsky A.
Chkheidze Revaz • 1926-
Chkheidze Rezo
Chukhrai Grigori • *Tchoukrai Gregori* • *Chukrai Grigori* • 1921-
Chukhray Pavel
Chulyukin Yuri • *Chulukin Yuri*
Daneliya Georgi • *Daneliya Georgiy* • *Danelia George* • *Danelia Georgi* • 1930-
Danenov Zhaken
Danilevich V.
Dashuk Viktor
Davidson Alexandr
Davydov R.
Degtyarov Vladimir • *Degtyarev V.* • *Degtyarov V.*
Denisenko Vladimir
Derbenev Vadim • *Derbenyov Vadim* • 1934-
Derzhavin
Deslaw Eugene • 1900-198?
Dezhkin B.
Dezhkin V.
Digmelov Alexander
Dildaryan I.
Dobrolyubov Igor • *Dobrolukov Igor*
Dolidze Keti
Dolidze Siko • *Dolidze S.*
Dolin Boris • 1903-
Dolin V.
Dolinov B.
Doller Mikhail
Donskoi Mark • *Donskoi Marc* • *Donskoy Mark* • 1901-1981
Dorman Veniamin • *Dorman Venyamin* • *Dorman V.*
Dornhelm Robert
Dostal N.
Dousa A.
Dovgan Vladimir
Dovlatyan Frunze • *Dovlatyan F.* • *Doblatyan* • 1927-
Dovzhenko Alexander • *Dovzhenko A.* • *Dovjenko A.* • 1894-1956
Drankov A. O.
Druzhinina S.
Dubrovin Yu
Dubson M.
Dudko Apollinari • *Doudko Apollinary* • *Dudko A.*
Dunayevas F.
Dunkers O.
Durov Boris
Dzhaparidze R. • *Djaparidze R.*
Dzhordzhadze Nana
Dzigan Yefim • *Dzigan Efim* • 1898-1981
Ebners Janis
Efros Anatoli
Eggert Konstantin V.
Egiazarov G.
Eisenstein Sergei • 1898-1948
Eisimont Viktor • *Eisymont V.* • *Eysymont Viktor*
Eisner Vladimir
Ekk Nikolai • *Ekk Nikolas* • 1898-1976
Elizarov G.
Epners A.
Ermler Friedrich • *Ermler Frederic* • 1898-1967
Erofeyev
Ershov Mikhail
Erzikian Yu.
Esadze Rezo • 1935-
Esakia Leo
Estrin L.
Fainzimmer Alexander • *Feinzimmer Alexander* • *Fainzimmer A.*
Faisiyev Habibulla • *Faiziyev Khabibulla*
Fedetsky A. P.
Fedorov
Fedosov Valery
Fetin Vladimir • *Fetin V.* • 1936-
Filippov Fyodor • *Filippov F.*
Filippov G.
Firsova Jemma
Fogelman Yu.
Foregger
Franks Hercs • *Frank Herz* • 1926-
Frelikh O.
Frez Ilya • *Frez I.*
Frid Ya. • *Frid Yan* • *Fried Y.*
Friedman Yevgeni • *Friedman E.*
Frolov Andrei
Frumin B.
Fyodorova Marina • *Fyodorova*
Gabay Gennadiy • *Gabai G.*
Gabriadze R.
Gadzhiu Valeriu
Gagiu Valeriu
Gaidai Leonid • 1923-
Gaidarow Wladimir • *Gaidaroff Vladimir*
Galin I.
Ganiyev Uzbek Nabi • *Ganiev Nabi* • 1903-
Garanina Idea
Gardin Vladimir • 1877-1965
Garin Erast
Gasparov Samuel
Gauzner V.
Gavrilov Eduard
Gavrilov Georgy
Gavronsky A.
Gazhiu Valeri • *Gazhiyu Valeriu* • 1938-
Gedevanishvili S.
Gedris Marionas Vintzo • *Gedris Marionas* • 1933-
Gelovani Mikhail
Gendelstein Albert • *Gendelstein A.*
Georgiev Viktor • *Georgiyev Viktor*
Gerasimov Sergei • 1906-1985
Gerasimov Vladimir • *Gerasimov V.*
Gering Marion • 1901-1977
Gherman Alexei • *German Aleksei* • *Guerman Alexei* • 1938-
Gikov G.
Gintsburg Alexander
Gogoberidze Lana • *Gogoberidze L.*
Goldin R.
Goldovskia Marina
Goldvani M.
Golovnya L.
Golub L.
Goncharov Vasili M. • *Gontcharov Vassili* • *Goncharov V.* • *Goncharoff Vasili M.*
Gonchukov V.
Gordeladze Leyla
Gordon Alexander
Gorikker Vladimir • *Gorikker V.*
Gorkovenko Yu.
Gorlov Boris
Gororukhin Stanislav
Gostev Igor
Govorukhin S.
Grammatikov Vladimir
Granik Anatoli • *Granik A.*
Granowsky Alexis • *Granowsky Alexander* • 1880-1937
Gres Victor • *Gres Viktor*
Gricaevicius Almantis • *Grikevicius K.*
Grigoriev
Grigoriev I.
Grigoriev Roman • 1911-
Grigoriev Yuri • *Grigoryev Yuri*
Grigorieva Renita
Grigorovich Yuri
Grigoryev Boris
Grivikas V.
Grunberg S.
Gubenko Nikolai • *Gubyenko Nikolai* • *Gubenko Nikolay* • *Goubenko Nikolai* • 1941-
Gurin Ilya • *Gurin I.*
Gurov S.
Gurvich Irina • *Gurvich I.*
Gutman Ilya
Hansen Kai
Heifitz Josif • *Heifits Joseph* • *Kheyfits Iosif* • *Heifitz Josef* • *Heifitz Yosif* • 1905-
Hitruck Fedor • *Khitruck Fedor* • *Chitruk Fiodor* • 1917-
Hodatyev O.
Hodotaeva O.
Ibragimov Azhdar • *Ibragimov A.* • 1919-
Iho Arvo
Ilyenko V.
Ilyenko Yury • *Ilyenko Yuri* • 1936-
Ilyinski N.
Ioseliani Otar • *Yoseliani Otar* • *Iosseliani Otar* • 1934-
Isakov Valeri
Ishenov Sagynbek
Ishmukhamedov Elyor • *Ishmukhamedov Elier* • *Ichmoukamedov E* • *Ishukhamedov Elier* • 1942-
Ivanov A.
Ivanov Alexander
Ivanov B.
Ivanov-Barkov Yevgeni • *Ivanov-Barkov Eugene* • 1892-1965
Ivanov-Gaj A.
Ivanov V.
Ivanov-Vano Ivan • 1900-1987
Ivanov Viktor
Ivanovsky Alexander
Ivchenko Boris
Ivchenko Viktor • *Ivchenko V.*
Jeliabujski Yuri
Johanson Eduard
Kabulov Anatoli
Kachanov R.
Kadochnikov A. • *Kadotchnikov A.*
Kadochnikov V. • *Kadotchnikov V.*
Kadotchnikov Pavel
Kalantar L.
Kalatozishvili Georgi • 1937-
Kalatozov Mikhail • 1903-1973
Kalik Mikhail
Kalik Moisei • 1927-
Kalinin Nikolai
Kalnins Rolands
Kamenetsky M.
Kaminsky S.
Kandelaki Gela • 1940-
Kaplan A.
Kaplunovsky Vladimir • *Kaplunovsky V.*
Kara Yuri
Karamyan E.
Karanovich Anatoli • *Karanovich A.*
Karasik Yuli • 1923-
Karelov Yevgyeni • *Karelov Ye* • *Karelov E.*
Karka G.
Karmen Roman • 1906-1978
Karpov Alexander • *Karpov A.*
Karsakbaev Abdulla • *Karsakbayev Abdulla* • 1940-
Karyukov Mikhail • *Karyukov M.*
Kasesalu R.
Kasheverova Nadezhda
Kasper Veljo • *Kasper V.*
Kasyanov Vladimir
Kasymova Margarita
Katanyan Vasili
Kavaleridze Ivan • *Kavaleridze I.*
Kavtaradze Yuri
Kazakov S.
Kazansky Gennadi • *Gazanski Gennadi* • *Gazans G.*
Keosayan Edmond • *Keosayan E.*
Kesayants Dmitry
Kevorkov S.
Khachaturov Albert
Khachaturov Eduard
Khalzanov B.
Khamdamov Rustam
Khamraev Ali • *Khamrayev Ali* • *Khamrayev A.* • *Khamraev A.* • 1937-
Khanzhonkov Alexander
Khintibdze A.
Khmadamov Alisher
Khmelnitsky V.
Khodatayeva O.
Khodateyev Nikolai • *Hodatyev N.* • *Chodataiev Nicolas* • 1892-1979
Khojikov Sultan
Khokhlova
Khrabrovitsky Daniil • *Khrabrovitsky D.* • 1923-
Khrinyuk Yevgyeni • *Khrinyuk E.*
Khrzhanovsky Andrei
Khubov Nikita
Khutsiev Marlen • *Khutsiyev Marlen* • *Khutsiyev* • 1925-
Kiisk Kaliu • *Kiisk Kaljo* • *Kiysk Kalye*
Kijowicz Miroslaw • 1929-
Kimyagarov Boris
King Horace
Kiselyov Fyodor
Kitausov Gani
Klimov Elem • *Klimov E.* • 1933-
Klushantsev Pavel • *Klushantsev P.*
Knorre F.
Kobakhidze Mikhail • 1939-
Kochetov V.
Kochyanov R.
Kokhan G.
Kokochashvili Merab • 1935-
Kokochashvili Mikhail
Koline Nicolas
Kolosov Sergei • *Kolosov S.*
Koltsaty Arkadi
Koltsov Vitali
Koltunov G.
Komarevtsev N.
Komarov Sergei
Komarovski Gleb
Komissarov K.
Konchalovsky Andrei • *Mikhalkov-Konchalovsky A* • 1937-
Kopalin Ilya • *Kopalin I.* • 1900-1976
Korchagin M.
Korenev A.
Korpachev Georgi • *Korpatchov Guergui*
Korsh-Sablin Vladimir • *Korsh Vladimir* • 1900-
Kosarev Alexandr
Koshelev N.
Kosheverova Nadezhda • *Kosheverova N.*
Kotetishvili Tato
Koulish Savva
Kovalevskaia I.
Kovalyov Mark
Kozansky Grigori
Kozantsev N.
Kozintsev Grigori • *Kozintzev Grigori* • 1905-1973
Kozlov G.
Kozyr Aleksander
Krasnopolsky Vladimir • *Krasnopolsky V.*
Kremnev V.
Kremnyov Valeri
Kressin M.
Krinbern I.
Kristi Leonid • *Kristy L.*
Krol G.
Kromanov Grigori
Krumen V.
Krumin Varis • 1931-
Kruusement Arvo
Kudryavtseva A.
Kuik Valentin
Kuleshov Lev • *Koulechov Lev Vladimir* • 1899-1970
Kulidjanov Lev • *Kulidzhanov Lev* • 1924-
Kuliev Eldar • *Kuliyev Eldar*
Kuliev Ye.
Kulish Savva
Kurc Stephane • 1945-
Kurchevsky V.
Kurganov S.
Kurikhin Nikita • *Kurikhin N.*
Kurtchevsky Vadim
Kvinikhidze Leonid
Kvirikadze Irakli
Lacis Eriks • *Lacis E.*
Laius Leida • *Laius L.*
Lampin Georges • *Lampin George* • 1895-1979
Lapoknysh Vasil • *Lapoknysh V.*
Lapshin Ya.
Lavrovskiy Leonid • *Lavrovsky Leonid*
Lazarchuk A.
Lazarchuk I.
Lebedev N.
Ledashev A.
Legoshin Vladimir • *Legtochine Vladimir* • 1904-1955
Leimanis Leonidis • *Leimanis Leonid*
Lenartas L.
Leschenko Nestor
Levandovsky V.
Levchuk G.
Levchuk Timofey • *Levtchouk Timofei* • *Levchuk T.*
Levine Moissej
Levkoev G.
Lewin Boris • *Lewin Borys* • 1911-
Lievciuk Timodici
Lifanov B.
Linkov Sergey
Lioznova Tatyana • *Lioznova T.*
Lipshits G.
Lisakovitch Viktor • 1937-
Litvak Anatole • *Litwak Anatole* • 1902-1974
Litvinof
Longuin Pavel • *Lounguine Pavel*
Lonski Valeri
Lopatin V.
Lopatinsky F.
Lopouchanski Constantin • *Lopushansky Konstantin*
Lotyanu Emil • *Loteanu Emil* • 1936-
Lourie Eugene • 1905-
Lubinsky Ivan
Ludwig Edward • 1895-1982
Lukashevich Tatyana
Lukinsky Ivan
Lukov Leonid • *Loukov Leonid* • 1909-1963
Lysenko Vadim • *Lysenko V.* • 1937-
Lysenko Yuri • *Lysenko Y.*
Lyubimov L.
Lyubimov Pavel • *Lubimov Paul* • *Lyubimov P.* • 1938-
Mchedlidze Nana
Macheret Alexander • *Matcheret A.* • *Macheret A.* • *Masheret A. V.* • *Marcharet A.*
Magiton Isaac • *Magiton I.*
Maievskaia A. • *Mayevskaya A.*
Maitre Maurice
Makarenko M.
Makarenko Nikolai
Makarov Georgi
Makhmudov M.
Makhnach Leonid • 1933-
Makmudbekov Shamil
Malikov Rashid
Malyan Ghenrikh • *Malyan Genrikh* • *Malian Genrikh*
Mambetov A.
Mamin Yuri
Mamoulian Rouben • 1897-1987
Managadze Noda • *Managadze Nodar*
Managadze Shota • *Managadze S.*
Manasarova A. • *Manasarova*
Mansarova Aida.
Mansurov Bulat • 1937-
Mardonov S.
Mardzhanishvili Kote
Martirosyan Amasi • 1897-
Mashchenko Nikolay
Maslennikov Igor • *Maslennikov I.*
Maslyukov Alexei • *Maslyukov A.*
Mass Vadims
Matveyev Yevgeni • *Matveyev E.*
Mayevskaya M. • *Maievskaia M.*
Medvedkin Alexander • 1900-1989
Meliava Tamaz • 1929-
Melik-Avekyan G. • *Melik-Avakyan G.* • *Melik-Avakyan*
Melkonyan Gennady
Melnikov Vitali • *Melnikov V.*
Menaker Leonid
Menshov Vladimir • *Menchov Vladimir*
Metalnikov Budimir • *Metalnikov B.* • 1925-
Meyerhold Vsevolod
Mgeladze Georgi
Mgeladze Guguli
Mikaberidze Kote

Mikailyan Sergei • *Mikaelyan Sergei* • *Mikaelyan S.* • *Mikailyan S.*
Mikalowskus V.
Mikhailov V.
Mikhalkov Nikita • 1945-
Milchin L. • *Milchin I.*
Milkina S.
Millionshchikov L.
Milsin Lev
Milton Robert • 1890-
Minaiev Igor
Minervin A.
Minkin Adolph
Mints Klimenti
Mironer Felix
Miroshnichenko S.
Mirsky Lev • *Mirsky L.* • *Mirski L.*
Mishurin Aleksey
Mitchedioze Nana
Mitta Alexander • *Mitta Aleksandr* • 1933-
Mkrtchan Albert • *Mkrtchyan Albert* • *Mkrtician A.*
Moguy Leonide • 1899-1976
Monakhov Vladimir • 1922-
Morgenshtern V.
Morozov V.
Moskalenko N.
Motyl Vladimir • *Motil Vladimir*
Muf M.
Muratov Alexander • *Muratov A.*
Mustafiev Vagif
Muur Juri • *Muur J.*
Muzykant R. • *Muzikant R.*
Muzykant Yu. • *Muzikant Y.*
Nakhapetov Rodion • *Nakhapetov R.*
Narliev Khodzhakuli • *Narliyev Khodzhakuli* • 1937-
Naroditski Arkadi • *Naroditsky Arcady*
Narutskaya Olga
Natanson Georgi • *Natanson G.*
Naumov Vladimir • *Naumov V.* • *Naoumov Vladimir* • 1927-
Navrotsky S.
Nazarov Eduard
Nebylitski Boris
Nemchenko Yevgyeni • *Nemchenko E.*
Nemolayev
Nemolyaev V.
Neretniece E.
Neretniek A.
Neuland Olev • *Neuland Olav*
Nevzorov V.
Nifontov Gleb
Nikolayev Igor
Nikolayevski Oleg
Nikolenko S.
Nikulin G.
Nolbandov Sergei • 1895-1971
Norshtein Yuri • *Norshstein Yuri* • *Norchtein Youri* • 1942-
Nosov P.
Nosyryev L.
Nureyev Rudolph
Obolenski
Obratsa Natason
Obratsov
Odzhagov Rasim • *Odzhagov R.*
Oganesyan Georgi
Oganisyan Genrikh • *Oganisyan G.* • *Oganisyan*
Ogorodnikov Valery
Ohrimenko L.
Okeyev Tolomush • *Okeev Tolomush* • 1934-
Okhlopkov Nikolai • 1900-1967
Olenin A.
Olshvanger Ilya • *Olshvanger I.* • *Olshawanger I.*
Ordynsky Vassily • *Ordynski Vasili* • 1923-
Orlov Alexandr
Orlov M.
Osepyan Mark • *Ossepyan Mark* • *Osepian Mark* • 1927-
Ostashenko E.
Osyka Leonid
Ovanesova Arscia
Ovtcharov Sergei
Ozep Fedor • *Otsep Fedor* • 1895-1949
Ozerov Yury • *Ozerov Yuri* • 1921-
Palavandishvili S. • -1934
Panfilov Gleb • 1933-
Paradjanov Sergei • *Paradzhanov Sergei* • 1924-
Pars Heino • *Pars Kh.* • *Pars H.*
Paschenko Mstilav • *Paschenko M.*
Paskaru Vasili
Pasternak
Pavlotskaia Eren
Pavlovsky V. • *Pavlovski V.*
Pcholkin L.
Peleshyan Artavazd • *Pelechian Artavazd* • 1943-
Pentzlin E.
Perestiani Ivan • *Perestjanin Ivanov* • *Perestiani* • 1870-1959
Perov Valentin
Petrov-Bytov P.
Petrov Vladimir • 1896-1966
Petrov Yuri
Pianko Adam • 1942-
Pichul Valeri
Pichul Vasily
Piesis Gunar • *Piesis G.*
Pilikhina Margarita • 1926-
Pipinashvili Konstantin • *Pipinashvili K.*
Piyesis Gunar
Pjarn Priit
Pluchek V.
Pobedonostseva G.
Podnieks Yu. • *Podnieks Juris* • 1952-
Poletika T.
Polkovnikov V.
Poloka Gennadi • *Poloka G.*
Poloka I.
Polonsky Vitold
Poplavskaya Irina • *Poplavskaya I.*
Popov Alexei
Popov Leonid • *Popov L.*
Porchet Arturo
Poselsky I. • *Posselski J.* • *Poselski I.*
Povolotskaya I.
Pozhenyan Grigori
Poznanski Dimitri
Pravov Ivan • *Pravov I.*
Preobrazhenskaya Olga • *Preobrajiuska Olga* • 1885-1966
Pronin Vassily • *Pronin Vassili* • *Pronin V.*
Proskin Alexander
Proskurin S.
Protazanov Yakov • *Protozanov Yakov* • *Protosanoff Jacques* • 1881-1945
Ptashuk Mikhail
Ptushko Alexander • *Ptushko A.* • *Ptouchko Alexandre* • 1900-1973
Puchinyan S.
Pudovkin V. I. • *Poudovkine Vsevolod* • *Pudovkin Vsevolod* • 1893-1953
Pumpyanskaya S.
Pupa Algimantas
Push
Putse V.
Pyriev Ivan • 1901-1968
Raamat Rein
Rachimanova
Radunskiy Aleksandr
Raizman Yuli • *Raizman Yuri* • *Raisman Yuri* • *Raisman Yuli* • *Reisman Yuri* • *Raisman Youri* • 1903-
Rakhimov Abdusalom
Rappaport Herbert • *Rappaport Gerbert* • 1926-
Rashevskaya Natalya • *Rashevskaya N.*
Rasumny Alexander • *Razumny Alexander* • 1891-
Ratoff Gregory • 1897-1960
Rekhviashvili Aleksander
Repina Nadezhda
Reshotnikov Yuri
Rif Vladimir
Rogov Yu.
Rogovoi Vladimir • *Rogovoy Vladimir* • *Rogovoi V.*
Romashkov Vladimir
Romm Mikhail • 1901-1971
Rondeli David • *Rondeli D.*
Room Abram • *Room Alexander* • *Room Avram* • 1894-1976
Rosen Phil • *Rosen Philip E.* • 1888-1951
Roshal Georgi
Roshal Grigori • *Roshal Gregory* • *Rochal Grigori* • *Roshal G.* • 1899-
Roshal Marianna • *Roshal M.*
Rostotsky Stanislav • *Rostotskij Stanislav* • *Rostotski Stanislav* • 1922-
Rou Aleksandr • *Rou Alexander* • *Rou A.*
Roubinchik Valeri
Rozantzev Nikolai • *Rozantzev Nikolai* • *Rozantsev N.* • *Rozentsev Nikolai*
Rubinchik Valeri
Rudas I.
Rudnik Lev
Rudzitis Maris • *Rudzitis M.*
Ruf M.
Rustambekov Kyamil
Ryazanov Eldar • *Riazanov Eldar* • 1927-
Rybakov Anatoly • 1920-1962
Rymowicz K. S.
Rytsarev Boris • *Rytsarev B.*
Saakov Leon • *Saakov L.*
Saakyants Robert
Sabinsky
Sabirov Takhir
Sabitov Zakir
Sadkovich M.
Sadovsky Viktor • *Sadovsky V.*
Sakharov Alexei • *Sakharov Alexey* • *Sakharov A.*
Salimov D.
Saltykov Alexei • *Saltikov Alexei* • *Saltykov A.* • 1934-
Salykov Klykbek
Samanishvili
Samsonov Samson • 1921-
Sanin Alexander • *Sanin V.*
Sanishvili Nikolai • *Sanishvili N.*
Sarkisov G.
Savchenko Igor • *Savchenko I.* • 1906-1950
Sazonov P.
Scabard T.
Scheljabuschsky Yuri
Schmein
Schmidgof
Schneiderov Vladimir • *Schneiderhof Vladimir* • *Schneyderov Vladimir* • 1900-1973
Schpiss
Schweitzer Mikhail • *Shveitser Mikhail* • *Schveitzer M.* • *Shveytser Mikhail*
Segel Yakov • *Seghel Yakov* • *Siegel Yakov* • 1923-
Selektor S.
Seleznyova Inessa
Semyonov T.
Serebryakov N.
Sergeyev Konstantin
Sergienko R.
Sery A.
Setkina Irina
Seyidbeili Gasan
Shabanov Rufat
Shafran A.
Shaindlin Jack • 1909-
Shakhmalieva A.
Shakhnazarov Karen • *Shakhnazarov K.*
Shamkovich Mikhail
Shamshiev Bolotbek • *Shamshiev Bolot* • *Samisev Bolot* • 1941-
Shapiro Iosif
Shapiro Mikhail • *Shapiro M.*
Sharif-Zade
Shatrov Igor • *Shatrov I.*
Shchukin Georgi • *Shchukin G.*
Sheffer
Shelenkov Aleksandr
Shengelaya Eldar • 1933-
Shengelaya Georgi • *Chenguelaia Georgui* • 1937-
Shengelaya Nikolai • *Chenguelaia Nikolai* • 1903-1943
Shenghelia Levan • *Shengalia L.*
Shepitko Larissa • *Shepitko Larisa* • *Chepitko Larissa* • 1938-1979
Sherstobitov Eudgen • *Sherstobitov Yevgeni* • *Sherstobitov E.*
Sheshukov Igor
Shevchenko V.
Shilenko B.
Ships Boris • *Shpis Boris*
Shirman N.
Shmaruk I.
Shmidthoff V.
Shneider E.
Shpalikov Gennadi • 1937-
Shpikovsky Nikolai • *Shpikovsky N.*
Shredel Vladimir • *Schredel V.*
Shub Esther • *Choub Esther* • 1894-1959
Shukshin Vassili • *Choukchine Vassili* • 1929-1974
Shulman Iosif • *Shulman I.*
Shumsky Gennadi
Shuster S.
Shvachko A.
Shvyrev Yuri • *Shvyrov Yuri* • *Shvyrev Yu.*
Sidelev Sergei • *Sidelev S.*
Silayev Boris
Simm Peeter
Skuibin Nikolai
Skuibin Vladimir • 1929-1962
Slavinskaya Mariya • *Slavenskaya Mia*
Slavinsky M.
Slutsky Mikhail
Smirnov Andrei • *Smirnov A.*
Snezhko-Blotskaya A.
Snezhko-Blotskoi A.
Sobolev F.
Sokolov Stanislav
Sokolov Viktor • *Sokolov V.*
Sokurov Alexander • *Sokurov Aleksander*
Solntseva Yulia • *Solntseva Julia* • 1901-
Soloviev Sergei • *Solovyev Sergei* • *Solovyev S.* • 1944-
Solovtsev Valeri
Soosar Mark
Sorokhtin Igor
Speshnev Alexei • *Speshnev Alexey*
Stabovoi Grigori
Starevitch Ladislas • *Starewicz Wladyslaw* • 1892-1965
Stashevskaya-Naroditskaya Y.
Stashevskaya Ye.
Stepanov Boris • *Stepanov B.*
Stepanova L.
Stepanova Lidiya • *Stepanova Lidia*
Stepantsev Boris • *Stepantsev B.*
Stolper Alexander • 1907-
Strautman Rasa
Streics Janis
Strizhak Alexander
Stroyeva Vera • *Stroyeva V.* • *Stroeva Vera* • *Stroeva V.* • 1903-
Sukhobokov V.
Surin Alexander • *Surin A.*
Sushkevich Boris • *Suskevich Boris*
Sutiev V.
Svetlov Alexandr
Svilova Elizaveta
Svilovoi Elena
Syrenko Arkady
Taghizade Tofic • *Taghi-Zadeh Tofic*
Tairov Alexander
Takaishvili Data
Talankin Igor • 1927-
Tarasov S.
Tarich Yuri • *Taritch Yuri* • 1885-1967
Tarkovsky Andrei • *Tarkovskiy Andrei* • 1932-1987
Tashkov Yevgyeni • *Tashkov E.*
Tasin Georgi • *Tassin George* • *Tassin G. M.* • 1895-1956
Tatarsky Aleksandr
Tchaikovsky
Teterin Yevgeniy
Tikhomirov G. V.
Tikhomirov Roman
Timonishin Anton • *Timonishin A.*
Timoshenko S. • *Timoshenko*
Tisachenko O.
Tisse Eduard • *Tisse Edward* • 1897-1961
Titov Victor • *Titov Viktor* • *Titov V.*
Todorovsky Petr • *Todorovsky Piotr* • *Todorovsky P.*
Todorovsky Podor
Tontichkin A.
Touloubieva Z.
Tourjansky Victor • *Tourjansky Viktor* • *Turzhansky V.* • *Tourjansky Wenceslav* • 1892-1976
Tovstonogov G.
Trakhtenberg Naum • *Trakhtenberg N.*
Trauberg Ilya • 1905-1948
Trauberg Leonid • 1902-
Tregubovich Viktor • *Tregubovich V.*
Tretiakov Stanislav
Trivas Victor • 1896-1970
Troshchenko N. • *Trotsenko N.*
Troyanova I.
Troyanovsky Mark Antonovich
Trusov A.
Tschechowa Olga • 1897-
Tsekhanovsky M. M. • *Tsekhanovsky M.* • *Tzekhanovsky M.* • *Tsenkanovsky M.*
Tsilinski Gunar
Tsutsulkovski Lev
Tsutsunava Alexander
Tsymbal
Tuganov Elbert • *Tuganov E.*
Tulubyeva Zoya
Tulyakhodzhaev Nazim
Tumanishvili I.
Tumanov Semyon • *Tumanov S.*
Tumanyan Inna
Turin Victor • *Tourine Victor* • 1895-1945
Turov Viktor • *Turov Victor*
Tutyshkin Andrey • *Tutyshkin A.*
Tuzova Z.
Tyapak M.
Uchitel Y.
Uchitel Yefim
Ulitskaya Olga
Ulyanov Mikhail • *Ulyanov M.* • 1927-
Ulyantsev A.
Ungvald-Hilkevich George
Uphimtsev I.
Uralsky A.
Urazbayev Eldar
Urusevsky Sergei • *Urusyevski Sergei* • *Ouroussevsky Serge* • 1908-1974
Uskov Valeri • *Uskov V.*
Uusberg Valter
Vainshtok Vladimir
Valamt-Zade G.
Varlamov Leonid • *Varlamov L.* • 1904-1962
Vasilchenko V.
Vasilchikov Yu.
Vasilenko N.
Vasilenko V.
Vasilevski Radomir
Vasiliev Dimitri • *Vassiliev Dimitri* • *Vassiliev D.* • *Vasiliev D.*
Vasiliev Georgi • *Vassiliev Georgi* • *Vassiliev G.* • *Vassilyev G.* • 1899-1945
Vasiliev Nikolai
Vasiliev Sergei • *Vassiliev Sergei* • *Vassiliev S.* • *Vassilyev S.* • 1900-1959
Vasiliev V.
Vasilkovski V.
Vasilyev Anatoly
Vekhotko A.
Velichko
Vengerov Vladimir • *Vengerov V.* • 1920-
Vensher Ivan
Veselonsky S.
Vetrov I.
Vetrov V.
Vicas Victor • 1918-
Vidugiris A.
Viktorov Richard • *Victorov Richard* • *Victor Richard*
Vingranovski Nikolai
Vinnitsky Andrei
Vinogradov Valentin • *Vinogradov V.*
Vinyarsky M.
Viskovski Vyacheslav • 1881-1933
Vitrotti Giovanni
Voinov H.
Voinov Konstantin • *Voynov Konstantin* • *Voinov K.*
Voitetsky Artur • *Voytetski Artur* • *Voitetsky A.*
Voitetsky V.
Vojazos Antonis
Volchek B.
Volk E.
Volkov Alexander • *Volkoff Alexandre* • *Wolkoff Alexander* • 1885-1942
Volodin Alexandr
Vronsky Vakhtong
Vulfovich Teodor
Vyatich-Berezhnykh Damir • *Vyatich-Berezhnykh D.*
Vyshinsky Yu. • *Vishinsky V.*
Weinstock Vladimir • *Weinstock V.*
Yanushkevich R.
Yarmatov Kamil • 1903-
Yashin Boris • *Yashin B.*
Yefremov O.
Yegiazarov G.
Yegorov Yuri • *Yegorov Y.* • *Yegorov Yu.* • *Jegorov Jurij*
Yermakov A.
Yershov Konstantin • *Erchov Constantin*
Yershov Mikhail • *Yershov M.*

Yerzinkyan Yuri
York Eugen • 1912-
Yudin Konstantin • *Youdine Constantin* • *Yudin K.* • 1896-1957
Yurevsky Y.
Yutkevich Sergei • *Yutkevitch Sergei* • *Youtkevitch Serge* • 1904-1985
Yuzovsky Mikhail
Zakharias Manos • *Zacharias Manos* • *Zakharias M.*
Zakharov Rostislav
Zakhava B.
Zalakevicius Vitautus • *Zhalakyavichus Vitautus* • 1930-
Zarkhi Alexander • 1908-
Zarubin Leonid
Zemgano I.
Zenyakin Arkadij • *Zenyakin A.*
Zguridi Alexander • *Zguridi A.* • *Zgouridi A.* • 1904-
Zhakov Oleg
Zhebrunas Arunas • *Zebriunas Arunas* • *Zebriunas A.* • *Gebriunus Arunas* • 1931-
Zhelyabuzhsky Yuri • *Zheliabuzhsky Yuri*
Zhilin Viktor • *Zhilin Victor*
Zhirov Yuri
Zhivolub Viktor
Zhuk Konstantin
Zhuravlev Vasili • *Jouraliav V.*
Zhuravlyov Vasili
Zoloyev Timur

UNITED KINGDOM

Abey Dennis
Abraham Edward Stewart
Abrahams Edward
Abson Nick
Abu
Acevski Jon
Ackland Rodney • 1908-
Acres Birt • 1854-1918
Ainsworth John
Aitken Doug
Aitken Tom
Akomfrah John
Alaux Myriam
Albert Ronnie
Albury Simon
Alderson John • 1896-
Aldridge Sidney
Alex Kosta
Alexander
Alexander Donald
Alexander Mike • *Alexander Michael*
Allan Elkan
Allen Frederick J.
Allen James
Allen Lewis • 1905-
Allen Tom C. • 1944-
Alvey Glenn H. Jr.
Ambrose Anna
Ames Gerald • 1881-1933
Amiel Jon
Amram Robert
Amyes Julian • 1917-
Anderson Gerry • 1929-
Anderson J.
Anderson James M.
Anderson Lindsay • 1923-
Anderson Max • 1914-1959
Anderson Michael • 1920-
Angell Robert
Annakin Ken • 1914-
Annett Paul • 1937-
Annraghain Ciaran
Anscombe Ronnie
Anstey Edgar • 1907-1987
Apted Michael • 1941-
Arch Albert H.
Archibald James
Arden Jane
Argyle John F. • *Argyle John* • 1911-
Arliss Leslie • 1901-
Armitage Philip
Armstrong Charles
Armstrong John
Armstrong Michael • 1944-
Arnold John • 1921-
Arthur George K.
Arthur Noel
Arvat Caterina
Ashe Robert • *Ashe Robert (Sir)*
Asher Billy
Asher Robert • 1915-
Ashton Dudley Shaw • 1909-
Ashwood Terry
Askey David
Asquith Anthony • 1902-1968
Astley Neville
Attenborough Richard • 1923-
Audsley Mick
Austin-Hunt Peter
Austin Michael
Austin Ray • 1932-
Aylott Dave • *Aylott D.* • 1885-
Ayrton Michael
Ayrton Randle
Backner Arthur
Badham John • 1939-
Baerlin Anthony
Bagley Anthony • *Bagley Tony* • 1948-
Bailey A.
Bailey David
Baily Leslie
Baim Harold • 1914-
Baird Edward • *Baird E.*
Baker Douglas
Baker Mark
Baker Richard
Baker Robert S. • *Baker Robert* • 1916-
Baker Roy Ward • *Baker Roy W.* • *Baker Roy* • 1916-
Balch Anthony • 1937-
Balk Maurice E.
Ball Alan
Bamberger Joseph J. • *Bamberger Joe* • *Bamberger J. J.*
Bancroft Shelley
Banfield George J. • *Banfield G. J.*
Bantock Leedham
Barber-Fleming Peter
Barber Leslie
Barbrook Leslie
Barden E.
Barden Michael
Barkas Geoffrey • 1896-
Barker Clive
Barker Reginald • 1886-1937
Barker Will • *Barker William George* • 1867-1951
Barnes Arthur W. • *Barnes Arthur* • *Barnes A. W.*
Barnes Paul
Barnes Peter
Barnett Charles
Barnett David
Barnett Ivan • *Barnett George Ivan* • 1925-
Barraclough Jenny • 1937-
Barralet Paul
Barrett Franklyn • 1874-1961
Barrett Lezli-An
Barringer Michael
Barrington A. F. C.
Barron J. O.
Barron Zelda • *Baron Zelda*
Barry Christopher
Barry Gerald
Barry Michael • 1910-
Barry Morris
Barton J.
Bashame E. R.
Batchelor Joy • 1914-
Batley Ernest G. • *Batley Ernest*
Batley Ethyle
Battersby Roy
Baxter John • 1896-1975
Baxter R. K. Neilson
Baxter Ronnie • 1931-
Bayley Frank G.
Bayley Stephen
Baylis Peter • 1916-
Beales Mary
Beaumont Gabrielle
Beaumont L. C.
Beaver Patrick
Beck Reginald • 1902-
Becker Lutz
Bedford Terry
Beech J.
Beech John
Bell Alan J. W.
Bell Colin
Bell Geoffrey • 1915-
Bellamy George
Bennett Charles • 1899-
Bennett Compton • 1900-1974
Bennett Edward
Bennett John
Bennett Laurie
Bennett Rodney
Benson Alan
Benson F. R.
Benson Roy
Benstead Geoffrey
Bentley Robert
Bentley Thomas • 1880-1953
Beresford Al
Berman Monty • 1913-
Bernard Chris
Bernard Paul
Berwick Street Collective
Beville Richard
Bezencenet Peter
Bicat Tony • 1945-
Biggar Helen
Bigham Richard
Bijou Leon
Billington Kevin • 1933-
Birch Cecil
Birch Dudley
Birch Frank • 1889-
Bird Richard • *Bird Dick* • 1894-
Birkett Michael • 1929-
Birkin Andrew
Birkinshaw Alan
Birt Daniel • *Birt Dan* • 1907-1955
Bishop Terry • 1917-1981
Black George • 1911-
Black John
Blackton J. Stuart • *Blackton John Stuart* • 1875-1941
Blackwood Maureen
Blair Les • 1941-
Blair Leslie
Blake Alan
Blake Edmund
Blake Gerald
Blakeley John E. • 1889-1958
Blakeston Oswell
Blanchard Guy
Blattner Louis
Blest David
Bliss Barry
Bocchi Arrigo
Bolt Ben • 1952-
Bolt Robert • 1924-
Bolton Albert C.
Bolton Peter • 1914-
Bond Jack • *Bond Jack Cameron* • 1937-
Bond Philip
Bond Ralph
Boorman John • 1933-
Booth Harry
Booth W. R. • *Booth Walter R.* • *Booth Walter*
Borthwick Brian
Borup C.
Boulting John • 1913-1985
Boulting Laurence
Boulting Roy • 1913-
Bouwmeester Theo • *Bouwmeester Theo F.*
Bowden
Bowden Frank
Bower Dallas • 1907-
Bown John
Box Muriel • 1905-
Boyd Don • 1948-
Brabin Charles J. • *Brabin Charles* • 1883-1957
Bracknell David
Bradford Peter • 1919-
Bramble A. V. • 1880-1963
Branagh Kenneth
Brandon Phil
Brandt Edward
Brandt Michael
Branscombe Arthur
Brason John
Brenton Guy
Brett B. Harold • *Brett Harold*
Briant Michael E.
Bridges Alan • 1928-
Brims Ian
Brinson Peter
Britten Laurence
Brody Hugh
Bromly Alan
Brook Clive • 1887-1974
Brook Peter • 1925-
Brooke Hugh
Brooking Dorothea
Broomfield Nicholas • *Broomfield Nick* • 1948-
Brouett Albert
Broun M. L.
Brown Alan • 1951-
Brown Alastair • 1944-
Brown Alex
Brown Bobby K.
Brown Jenny
Browne Bernard
Browne K. R.
Browne Peter Francis
Browne Tom
Brownlow Kevin • 1938-
Brownrigg Rosanne
Bruce John
Bruce Neville
Bruce Nichola
Brunel Adrian • 1892-1958
Brunner Patrick • *O'Brien Patrick*
Bryan Nigel
Bryant Gerard • *Bryant Gerry*
Bryce Alex
Bryden Bill
Buchan John
Buchanan Andrew • 1898-
Buchanan Jack • 1891-1957
Buckland Warwick
Bucknell Robert
Bucksey Colin
Bucquet Harold S. • *Bucquet Harold* • 1891-1946
Bull Donald
Bulleid H. A. V.
Burbridge Derek
Burford
Burge Stuart • 1918-
Burger Germain • 1900-
Burgess Brian
Burn Oscar
Burnford Paul
Burnley Fred • 1933-1973
Burrows John
Burstall Tim • 1929-
Burton John N.
Burton Nick • *Burton Nicolas*
Burton Richard • 1925-1984
Busby Geoff
Bush H. W.
Bushby Tom
Bushell Anthony • 1904-
Buss Harry
Bussman Tom
Butcher Frank E.
Butler David • 1927-
Butts W. Lawson
Buxton Dudley
Byass Nigel • 1908-
Cadman Frank • 1898-
Cairns Dallas
Caldwell Henry
Callum R. H.
Calman Mel
Calthrop John
Calvert Charles • *Calvert C. C.*
Camfield Douglas
Camiller Edgar J.
Cammell Donald
Campbell Colin • 1893-1966
Campbell Dirk
Campbell Ivar
Campbell Martin
Campus Michael
Cann Bert
Cannon Roy
Canti R. G.
Capes Renault
Capon Paul
Cardiff Jack • 1914-
Carleton Ben
Carlile C. Douglas
Carlton Frank
Carlton Wilfred
Carney George • 1887-1947
Carr J. F.
Carr James
Carreras Michael • 1927-
Carruthers Robin
Carse Duncan
Carstairs John Paddy • *Carstairs John P.* • 1910-1970
Carter Danny
Carter Donald • 1900-
Carter Peter • 1933-1982
Carter Robert
Cartwright Justin
Casparius Hans G.
Cass Henry • 1902-
Casson Barry • 1942-
Casson Philip • 1928-
Cathles Ralph
Catling Darrell • 1909-
Caton-Jones Michael
Cattaneo Tony
Cattano Peter
Caunter Julian
Cawston Richard
Cecil-Wright Robin
Chaffey Don • 1917-
Chambers Jack • 1913-
Chanan Michael
Channell David
Chapman Matthew • 1950-
Chappell Peter
Charlton William S.
Charrington Arthur
Chart Jack
Chetwynd Lionel • 1940-
Chiappini Luigi V. B.
Chisnell Frank
Chorlton Michael • 1913-
Christian Roger • *Christian Rogert* • 1944-
Christy William
Churchill Joan
Cinema Action
Clark Curtis
Clark David Rayner
Clark-Hall Stephen
Clark Jim • *Clark James* • 1931-
Clark Lawrence Gordon
Clark Michael
Clarke Alan • 1935-
Clarke Douglas
Clarke James Kenelm • *Clarke James Kenelme* • 1941-
Clarke Michael
Clarkson Stephen • 1912-
Clayton Jack • 1921-
Clayton Susan
Clegg Tom
Clemens Brian • 1931-
Clement Dick • *Clement Richard* • 1937-
Clements John • 1910-
Cliff Laddie
Clisby Ted
Clowes St. John L.
Cobham David
Cobham Shirley
Codman John
Coe Peter • 1929-1987
Coghill Nevill
Cohen Lawrence
Coke Cyril
Coldstream William
Cole Adam
Cole Lionel • 1921-
Cole Sidney • 1908-
Coleby A. E.
Coleman Basil
Collective
Collings Esme
Collins Alf • *Collins Alfred* • 1866-
Collins Edwin J.
Collins Sewell
Collinson Peter • 1938-1980
Comfort Lance • 1908-1967
Connell Thelma
Connolly Ray
Connor Kevin • 1937-
Conrad Derek
Cons David
Constance Michael
Conyers Darcy • 1919-1973
Cooke Alan • 1935-
Cooney Ray
Cooper Arthur • *Cooper Arthur Melbourne* • *Cooper A. Melbourne*
Cooper Budge • 1913-

Cooper George A.
Cooper Henry
Cooper John
Cooper Julian
Cooper Marcus
Cooper Thomas G. • *Cooper Tom*
Cooper Toby
Corbett James
Cornu
Cornwallis Donald
Coronado Celestino
Coronel Sidney A.
Cort Michael
Cosgrove Brian • *Cosgrave Brian*
Cotes Peter
Coulson Michael
Court Treatt C.
Court Treatt Stella
Courtenay Syd
Coward Noel • 1899-1973
Coward Roger
Cowell Adrian • 1934-
Cowen Lawrence
Cox Alex • 1954-
Cox Anthony
Crabb Lawrence
Crabtree Arthur • 1900-1975
Craddock Malcolm
Craig Gordon
Craigie Jill • 1914-
Cramer Ross
Crane Frank H. • *Crane Frank Hall* • *Crane Frank*
Crane Peter • 1948-
Craven Thomas • *Craven Tom*
Crawford Harold A.
Creighton Walter
Crichton Charles • 1910-
Crichton Robin
Crick Alan
Cripps Erik
Crisp Donald • 1880-1974
Croft David
Croise Hugh
Crome John
Crompton Reginald
Crosfield Michael
Crosfield Paul H.
Cross J. H. Martin
Cross Stephen
Csaky Mick
Cullen Robert J. • *Cullen Robert*
Cullimore Alan J. • *Cullimore Alan* • 1922-
Cummins Brian
Cummins G. Thomas
Cunliffe David
Curling Jonathan
Curran Peter
Curteis Ian • 1935-
Curthoys
Curtis Martin
Cutts Graham • 1885-1958
Cyran A.
Daborn John
Daiken Leslie
Dalrymple J. Blake
Darling Roy • 1884-1956
Darlow Michael
Darnborough Anthony • 1913-
Darnley-Smith Jan • 1932-
Davenport Harry Bromley • 1950-
David Hugh
Davidson J. N. G.
Davies Bernard
Davies Jim
Davies John
Davies John Howard • 1939-
Davies John Michael • 1934-
Davies Ray
Davies Robert Kingston
Davies Terence
Davis Allan • 1913-
Davis Desmond • 1927-
Davis John • 1934-
Davis Redd • *Davis Herbert "red"* • *Davis Herbert*
Davis Rex
Davis Richard
Davison Bill
Day Ernest
Day Robert • 1922-
Day Will • 1878-
Dayan Michael Shah
De Bear Archie • 1889-
De Courville Albert • 1887-1960
De Fina Don
De Kuharski Jean
De La Tour Charles
De Lane Lea Jacques • *Lea Jacques De Lane*
De Lane Lea William • *Lea William De Lane*
De Manby Alfred
De Normanville Peter
De Vere Alison
Dean A. L.
Dean Basil • 1888-1978
Deane Charles
Deans Marjorie
Dearden Basil • 1911-1971
Dearden James • 1949-
Delamar Mickey
Dell Jeffrey • 1904-
Delmaine Barry • 1909-
Denham Reginald
Denison James
Denny Reginald • 1891-1967
Denton Jack
Denton Kit • 1928-
Despins Joseph
Dewhurst George
Dewsbury Ralph
Dexter John • 1935-
Dickens Stafford • 1896-
Dickinson Desmond • 1902-
Dickinson Margaret
Dickinson Thorold • 1903-1984
Dickson Paul • 1920-
Dimmock F. Hayden
Dino Abidine
Diver William
Dixon Paul Weld
Dobson Quentin
Doff Mr.
Donat Misha
Donat Robert • 1905-1958
Donavan Tom
Doncaster Caryl
Donner Clive • 1926-
Donovan Martin
Donovan Terence
Dooley John
Dormand Frank
Douglas Bill • 1934-1991
Douglas John
Douglas Robert • 1909-
Dove Linda
Doxat-Pratt B. E.
Drake Ronald
Drury David
Drury William
Dryden Wheeler
Dryhurst Edward • 1904-
Dryhurst Michael
Duboc Claude
Dudley Bernard
Dudley Frank
Dudley Terence
Duff Euan
Duffell Peter • 1924-
Duigan John • 1949-
Dumaresq William
Dunbar Geoff
Duncalf Bill
Duncan F. Martin • *Duncan Martin*
Dunford Mike
Dunkley R.
Dunkley-Smith John
Dunlop Frank
Dunlop Ian • 1927-
Dunlop Richard
Dunstall George
Durden J. V.
Durden-Smith Jo
Durrant Fred W.
Durst John
Dwoskin Stephen • *Dwoskin Steve*
Dyall Franklyn • 1874-
Dyer Anson • 1876-
Dymon Frankie Jr.
Eades Wilfred • 1920-
Eadie Douglas
Eady David • 1924-
Eastman David
Edelmann Heinz
Edmundson Adrian
Edwards Henry • 1882-1952
Edwards Hilton
Edwards J. Steven • *Edwards J. S.*
Edwards John
Edzard Christine
Egerton Mark • 1947-
Elbogi Nala • 1938-
Elder Clarence
Elder John C.
Eldridge John • 1917-1960
Elles Fred
Elliott David
Elliott Michael
Elliott W. F.
Elliott William J.
Ellitt Jack
Elmore Milton
Elster Michael
Elton Arthur • 1906-1973
Elton Ralph
Elvey Maurice • 1887-1967
Emes Ian • 1949-
Emmett E. V. H.
Engel Andi
Engholm F. W.
England Paul
English John • *English Jack* • 1903-1969
Eppel I. J.
Epstein Jerome • *Epstein Jerry*
Ericson Olaf
Erulkar Sarah
Etheridge Frank
Evans Clifford • 1912-
Evans David
Evans Fred • 1889-1951
Evans Hugh
Evans Joe • 1891-1967
Evans Roy
Evans Will • *Evans Will E.* • 1867-1931
Eveleigh Leslie • *Eveleigh L.*
Everett Peter
Eyre Richard
Eyres John
Fairbairn Kenneth • *Fairbairn Ken*
Fairchild William • 1918-
Fairfax Ferdinand • *Fairfax Ferdie* • 1944-
Fairservice Don
Fairthorne Robert
Faithfull Geoffrey • 1894-1979
Falconer Alun
Fancey E. J. • 1902-
Fancey Malcolm J.
Fawbert Fred
Faye Randall
Fein Bernard
Feinberg Barry
Feldman Marty • 1933-1982
Felstead Bert
Fenton Leslie • 1902-1978
Ferguson Ian
Ferguson Michael
Ferguson Nicholas
Ferguson S. G.
Fergusson Guy
Field Mary • 1896-1968
Fifthian Douglas
Figgis Mike
Finbow Colin
Finch Peter • 1916-1977
Finn Arthur
Finney Albert • 1936-
Firkin Rex
Fisher Andrew
Fisher Richard
Fisher Terence • 1904-1980
Fitchen John
Fitzhamon Lewin • 1869-1961
Fitzmaurice Aubrey
Fitzpatrick James A. • 1902-1980
Fleming Edward • 1923-
Flemyng Gordon • 1934-
Fletcher John
Fletcher Paul
Fodorova Anna
Fogwell Reginald
Foldes Joan
Fontaine Dick
Foote Mr.
Forbes Bryan • 1926-
Force Lewis J.
Ford Derek • 1932-
Ford Phil
Ford Sam
Forde Walter • 1896-
Forder Timothy
Fordyce Ian
Forlong Michael
Forsyth Bill • 1947-
Foss Kenelm
Foster Bob
Foster Giles
Foster Peter Le Neve
Foster Richard
Foulk Bill
Foulsham Fraser
Fouracre Ron
Fox Marilyn
Fox Ted
Francis Freddie • *Barnett Ken* • 1917-
Francis Karl • *Francis Carl*
Frank Charles H. • *Frank Charles* • 1910-
Frank Christopher • 1942-
Frankel Cyril • 1921-1973
Frazer D. R.
Frazer-Jones Peter • *Jones Peter Frazer* • 1930-
Frears Stephen • 1931-
Freedman Laurie
Freeman Robert • 1935-
Freer-Hunt J. L.
French Harold • 1897-
Frend Charles • 1909-1977
Frenguelli Albert G. • *Frenguelli A. G.*
Frenguelli Alfonse
Frenguelli Tony • *Frenguelli Anthony*
Friedmann Anthony • 1937-
Friese-Greene Claude
Frost Harvey • *Frost F. Harvey* • 1947-
Fuest Robert • 1927-
Funnell Martin
Furdivall Gwyneth
Furnham David
Furniss Harry
Gale David
Gannon Wilfred
Garland Patrick • 1936-
Garmes Lee • 1898-1978
Garnett Tony • 1936-
Garrick Richard
Gates Tudor
Gaudioz John
Gayor Richard • *Gayer Richard*
Geddes Henry • 1912-
Geldof Bob
Geneen Sasha
George Henry W.
George W. H.
Geraughty Tom
Gerrard Gene • 1892-1971
Gerrard Paul
Gherzo Paul
Gibbons Geoffrey
Gibbons Walter • 1871-
Gibson Brian • 1922-
Gidal Peter
Giesler Rodney • 1931-
Gilbert Arthur
Gilbert Brian
Gilbert David
Gilbert Lewis
Gilbert Lewis • 1920-
Giles David
Gilkison Anthony • 1913-
Gill Byron
Gill David
Gill Michael
Gillett Roland • 1907-
Gilliat Sidney • 1908-
Gilling John • 1912-1985
Gilpin Frank
Ginever Aveling
Gladwell David • 1935-
Gladwish Hugh
Glen John • 1932-
Glenister John • 1932-
Glenville Peter • 1913-
Gliddon John
Glover T. A.
Glyn Elinor
Gobbett T. J.
Godal Edward
Goddard Frederick
Goddard Jim • 1936-
Godfrey Peter • 1899-1970
Godwin Frank
Gold Jack • 1930-
Gold Mick
Golden Murray
Goldie Caroline
Goldman Bosworth
Goldman Thalma
Goldschmidt John • 1943-
Gollings Franklin
Gomelsky Giorgio
Goode Frederic
Goodman A.
Goodwins Fred
Goodwins Leslie • 1899-1969
Gordon Edward R.
Gordon Leslie H.
Gordon Michael S. • 1909-
Gordon Seton
Gormley Charles
Gorrie John • 1932-
Gosling Andrew
Gosling Nicholas
Gould-Marks L.
Gould Terry
Goulder Stanley
Goulding Edmund • 1891-1959
Gover Victor M. • 1908-
Gow Ronald • *Gow R.*
Graber Sheila
Graef Roger
Graeme Kenneth
Grant David • *Hamilton-Grant David* • 1937-
Grant Frances E.
Granville Harry
Graves Rex
Gray George
Grayson Godfrey • 1913-
Green Charles W.
Green David • 1948-
Green Frank
Green George
Green Guy • 1913-
Green J. S.
Green Peter
Green Terry
Green Tom
Greenaway Peter • 1942-
Greene David • 1921-
Greene Felix
Greengrass Paul
Greenidge John
Greening L. Stuart
Greenwood Edwin • 1895-
Gregg Colin • 1947-
Gregreen P.
Grenville-Taylor H.
Grey Owl • *Belaney Archie*
Grey Richard M. • *Grey Richard* • 1916-
Grierson John • 1898-1972
Grierson Marion
Grierson Ruby I.
Grieve Andrew
Griffith David
Griffith John
Griffiths Peter
Griffiths Sidney G.
Grigor Murray
Grigsby Michael
Grint Alan
Grissell Wallace A. • *Grissell Wallace* • 1904-
Grobe Peter
Grod Roger
Grossman J.
Growcott Frank R.
Guedes Ann • *Gueddes Ann*
Guedes Eduardo • *Gueddes Eduardo*
Guest Val • 1911-
Guillermin John • 1925-
Gullan Campbell
Gulliver Clifford
Gundrey V. Gareth
Gunn Gilbert • 1919-
Gurney Philip • 1899-
Gurrin Geoffrey
Guthrie Tyrone • 1900-
Gwenlan Gareth
Gysin Francis
Hackney W. Devenport
Haddick Victor

Haggar William • 1851-1925
Haggar William Jr.
Haggard Piers • 1939-
Haggarty John • *Haggerty John*
Hagon M.
Haines Ronald • 1901-
Haldane Bert
Hale Sonnie • 1902-1959
Hales Gordon • 1916-
Hall David
Hall George Edwardes • *Hall George Edward* • *Edwardes-Hall George*
Hall Mark
Hall Peter • 1930-
Hall Russell
Hallam Paul
Hallum Alister
Hamer Robert • 1911-1963
Hamilton David • 1933-
Hammer Will • 1887-
Hammond Peter • 1923-
Hammond William C. • 1898-
Hanbury Victor • 1897-1954
Hand Slim • *Hand Harry E.* • 1902-
Hankey Anthony
Hankinson Michael
Hanmer Charles
Hanna Nancy
Hardman Gale
Hardwicke Cedric • 1893-1964
Hardy Ken
Hardy Robin
Hare David • 1947-
Harlow John • 1896-
Harman Bobby
Harper Alan
Harper Campbell
Harries Andy
Harrild Anthony
Harris Buddy
Harris Claude
Harris Damian • 1958-
Harris Harry T.
Harris Jack
Harris Lionel
Harris Martin D.
Harris Richard • 1932-
Harris Roy • 1920-
Harris Vernon
Harrison Eric
Harrison Jack
Harrison Norman
Hart Ben R. • 1904-
Hart David
Hartford-Davis Robert • *Davis Robert H.* • *Burrowes Michael* • 1923-1977
Hartog Simon
Harvel John
Harvey Anthony • 1931-
Harvey Francis
Harvey Maurice • 1911-
Hassan Mamoun
Hatton Maurice • 1938-
Havelock-Allan Anthony • 1905-
Hawes Stanley • 1905-
Hawkesworth John
Hawkins Robert
Hawtrey Charles • 1914-
Hay Will • 1888-1949
Haydn Richard • 1905-1985
Haydon Geoff
Hayers Sidney • *Hayers Sidney A.* • 1921-
Hayes Michael
Hayman David
Haynes Manning
Haynes Stanley • 1906-
Hayward Frederick
Hayward Rudall C. • *Hayward Rudall*
Hayward Stan
Hazan Jack
Heale Patrick K.
Healy Mike
Heath Harold
Heather Dave
Heaven Simon
Hecht Dina
Heckford Michael
Heerman Victor • 1893-
Hefin John
Heller Anthony
Hemmings David • 1941-
Hemsley Norman
Hendrie
Henryson Robert
Henson Laurence
Henson Leslie • 1891-1957
Hepworth Cecil M. • *Hepworth Cecil* • 1874-1953
Herbert Henry • 1939-
Herbert John
von Herkomer Hubert
von Herkomer Siegfried
Herrick Hubert
Herrington Ramsey
Hewer H. R.
Hewett Graham
Hewitt G. Fletcher
Hickling Peter
Hickox Douglas • 1929-1988
Hicks Seymour • 1871-1949
Higgins Don
Hill James • 1919-
Hill Robert Jordan • *Hill Robert J.*
Hill Sinclair • 1894-1945
Hilton Arthur • 1897-
Hird Robert
Hiscott Leslie • 1894-1968
Hitchcock Alfred • 1899-1980
Hitchins Hitch
Hobbs Lyndall
Hodges Mike • *Hodges Michael* • 1932-
Hodson Christopher
Hoffman Michael
Holland Frank
Holland Martin
Holland Patricia
Holland Rodney
Hollander Friedrich • *Hollander Frederick* • *Hollaender Friedrich* • 1896-1976
Hollander Peter
Holmes Andrew
Holmes F. W. Ratcliffe
Holmes-Gore Arthur
Holmes J. B. • 1901-
Holt Seth • 1923-1971
Holwill Donald
Honri Baynham • 1903-
Hook Harry
Hooker Ted
Hopkin Rob
Hopkins A. E. C. • 1905-
Hopkins Albert
Hopkinson Peter • 1920-
Hopwood R. A.
Hornby Clifford • 1907-
Horwitz James
Hoskins Bob • 1942-
Hough Harold
Hough John • 1941-
Howard Godfrey • 1921-
Howard Leslie • 1893-1943
Howard Simon
Howells Jack • 1915-
Hoyland Margaret
Hudson Claud • 1922-
Hudson Hugh • 1936-
Hugham Oxley
Hughes David
Hughes Geoffrey
Hughes Harry
Hughes Ken • 1922-1987
Hughes Reg
Hughes Steve
Hughes Terry
Hughes Vic
Hulbert Jack • 1892-1978
Hulcup Jack
Hull Norman
Hume Kenneth • 1926-1967
Humfress Paul
Humphrey William J.
Humphris Eric • *Humphriss Eric* • 1903-
Hunt John
Hunt Peter • 1928-
Hunter A. C.
Huntington Lawrence • 1900-1968
Huntley G. P.
Hurrie William
Hurst Brian Desmond • *Hurst Brian D.* • 1900-1986
Huston Danny
Huth Harold • 1892-1967
Hutt David
Hutton Clayton
Huxley Julian
Hyland Peggy
Idle Eric
Ikoli Tunde
Imeson A. B.
Imray Robin
Ingram John
Ingrams Jonathan • 1939-
Ingrams Michael
Inkpen Ron • 1934-
Inman Jeff
Innes Geoffrey
Irvin John • 1940-
Irving Stanley • 1908-
Irwin John
Ives Kenneth
Izzard Bryan
Jackson Dianne
Jackson Frederick
Jackson Jane
Jackson Mick
Jackson Pat • 1916-
Jackson Travis • *Jackson W. Travis* • 1894-
Jacobs Matthew
Jaglom Henry • 1941-
Jamal Ahmad A.
James Gerald
James Henry C.
James Thora
Jarman Derek • 1942-
Jarrott Charles • 1927-
Jeapes Harold
Jefferies Peter
Jeffrey Jim
Jeffrey R. E.
Jeffries Lionel • 1926-
Jelly Chris
Jenkins C.
Jenkins Charles • 1941-
Jenkins Pat • *Jenkins Patrick* • 1915-
Jennings Humphrey • 1907-1950
Jennings Ross
Jensen Frederick S.
Jepson Selwyn
Jeremy John • 1940-
Jessop
Jessop Peter
Joannides Evangelos
Joffe Roland
Johnson B. S.
Johnson Malcolm
Johnston S. H.
Johnston S.
Jolly Sara
Jones Andrew Miller
Jones Chris
Jones David • 1934-
Jones Gareth Wyn
Jones Geoffrey
Jones Glyn
Jones Hardy
Jones Ian
Jones James Cellan • *Cellan-Jones James* • 1931-
Jones Stuart Wynn
Jones Terry • 1942-
Joseph Stanley • 1923-
Joyce Michael
Joyce Paul
Julien Isaac
Kanievska Marek
Kanner Alexis • 1942-
Kanturek Otto
Kaplan Henry
Keane Laurence • 1950-
Kearton Ada
Kearton Cherry
Keatering Michael
Keen Lesley H.
Keigel Leonard • 1929-
Keith Anthony
Kellett Bob • *Kellett Robert* • 1927-
Kellino Roy • 1912-1956
Kellino W. P. • *Kellino Will P.* • 1873-1958
Kelly James • 1931-1978
Kelly John
Kemp-Welch Joan • 1906-
Kemplen Ralph • 1912-
Kennedy Anthea
Keynes Geoffrey
Kidron Beeban
Kimmins Anthony • 1901-1964
Kinder Stuart
King George • 1899-1966
King George
King Peter
King Philip
King Tim
Kinnoch Ronald • 1910-
Kinross Felicity
Kinsella E. P.
Kiralfy A.
Kissling Werner
Kitts Robert
Klinger Tony • 1950-
Knight Arthur
Knight C. Pattinson
Knight Castleton • 1894-1972
Knight Derrick
Knight John
Knights Robert • *Knight Robert*
Knowles Bernard • 1900-
Knox Alan
Kohler Michael
Komisarjevsky James • *Komissarjevsky J.*
Komisarjevsky Theodor
Krancer Bert
Krimsky Jerrold
Krish John • 1923-
Krishnamma
Kruse John
Kyle Gordon
La Frenais Ian • 1938-
Lacey Bruce
Lacey Gillian
Lachman Harry • *Lachmann Harry* • 1886-1975
Laird Laurence
Lamb Derek • 1936-
Lambart Harry • *Lambert Harry*
Lambert Gavin • 1924-
Lambert Peter
Lambert Roger
Lamm Steffan
Landau Gerald • 1926-
Lane David • *Lane Dave*
Lane Lupino • 1892-1959
Lane Michael J.
Lang Gordon
Lang W.
Langton Simon • 1941-
Larcher David
Lares Luis
Large Brian
Latham John
Latham Patricia
Lauder Al
Laughlin Susan
Launder Bill
Launder Frank • 1907-
Laurance Lister
Laurel Stan • 1890-1965
Law Michael • 1917-
Lawrence Diarmid
Lawrence Gerald
Lawrence Quentin • 1920-1980
Lawson John
Le Grice Malcolm • 1940-
Le Strange Norman
Leacock Philip • 1917-
Leacock Richard • 1921-
Lean David • 1908-1991
Learner Keith
Leatherbarrow Joy
Leder Max
Lee Jack • 1913-
Lee Norman • 1898-
Lee Sam
Legg Stuart • 1910-
Leifer Neil
Leigh J. L. V.
Leigh Malcolm
Leigh Mike • 1943-
Leland David
Lemont John • 1914-
Lennon John • 1940-1981
Lenny Bill
Lepard Ernest
Leslie Desmond
Letts Barry
Levy Benn W. • 1900-
Levy Don
Levy Gerry
Lewin Ben
Lewis Cecil
Lewis David
Lewis Henry
Lewis J. E.
Lewis Jay • *Lewis Jay G.* • 1914-1969
Lewis Jonathan • 1949-
Lewis Milo
Lewis Morton M.
Lichtner Marvin
Lighthill Brian
Lind John
Lindsay-Hogg Michael • 1940-
Lindsay John
Linnecar Vera
Lipscomb W. P. • 1887-
Littlewood Joan • 1916-
Littlewood Mark
Llewellyn John
Llewellyn Richard
Lloyd Euan • 1923-
Lloyd Frank • 1889-1960
Lloyd George
Lloyd Ian F. H. • *Lloyd Ian* • 1951-
Loach Kenneth • *Loach Ken* • 1936-
Locker Kenneth
Lockwood Roy
Logan Jacqueline • 1901-
Loncraine Richard • 1946-
London Women'S Film Group
Long Stanley • 1933-
Longinotto Kim
Lord Alfred
Lorraine Harry
Lorrimer Vere
Lotinga R. W.
Lotterby Sydney
Lowe George
Lowenstein Harold
Lucas Caroline Byng
Lucas F. R.
Luckwell Michael
Lucoque H. Lisle
Luff A. H.
Luke Michael
Lupino Ida • 1914-
Lynch Paul • 1946-
Lyndhurst F. L.
Lynn Ralph • 1882-1964
Lynn Robert • 1918-1982
Lytton Mike
McAllister Stewart
Macartney-Filgate Terence • 1924-
MacBean L. C.
McCarthy Matt • 1933-
McCarthy Michael • 1917-1959
McClory Kevin • 1926-
McConnell Edward • *McConnell Eddie*
McCormick F. J.
MacDonagh John
MacDonald David • 1904-1983
MacDonald Norman
McDonnell Fergus • *McDonnel Fergus* • 1910-1968
McDowell J. B.
McEvoy Charles
McGrath Joseph • *McGrath Joe* • *Meubles Croisette* • 1930-
McIntosh Roger
McIsaac Nigel
MacKane David • 1907-
McKay James
Mackendrick Alexander • 1912-
Mackenzie Ian
Mackenzie John • 1932-
Mackenzie Midge
MacKinnon Giles
MacKinnon Stuart • *MacKinnon Stewart*
Macklin A. N. C.
McLaren Norman • 1914-1987
McMillan Ian
Macmillan Keith
McMullen Ken
McMurray Mary
McNaught Bob • 1915-1976
MacNaughton Ian • 1925-
McNaughton Richard Q.
Macrae Duncan
MacTaggart James • 1928-1975
Magar Guy

Mainwaring Bernerd
Majewski Lech
Majka Chris
Malins Geoffrey H. • *Malins Geoffrey* • 1887-
Malleson Nicky
Mallin Simon
Mallinson John
Maloney David
Mander Kay • 1915-
Mander Miles • 1888-1946
Mankowitz Wolf • 1924-
Mannering Cecil
Mapleston Charles
Marcel Terry • *Marcel Terence* • 1942-
Marcus James
Markham Mansfield
Marks George Harrison • *Marks Harrison* • *Marks George H.*
Marks Harry S. • *Marks Harry*
Marmont Percy • 1883-1977
Marquand Richard • 1937-1987
Marquis Eric
Marre Jeremy
Marshall Frank
Marshall Fred
Marshall Herbert • *Marshall Herbert P. J.* • 1900-
Martel Gene
Martin J. H.
Martin Murray
Martinek H. O.
Martinus Derek
Marucci Salvatore L.
Marzaroli Oscar
Mason Bill • 1915-
Mason Christopher
Mason Don
Mason Herbert • 1891-1960
Mason James • 1909-1985
Massingham Richard • 1898-1953
Massot Joe
Massy Jane • 1920-
Mathias John
Mathieson Muir • 1911-
Matthews Jessie • 1907-
Mavrogordato Anthony
May David
May Derek • 1932-
May Nick
Mayersberg Paul
Maylam Tony • 1943-
Mayne Derek
Mee Captain
Megahy Francis
Megginson Rick
Melford Austin • 1884-
Melford Jakidawdra
Melford Mark
Mellor Edith
Mendoza Joe • 1921-
Menges Chris
Meredith Burgess • 1908-1981
Merrick Fred V.
Merrick Ian
Mertz Arthur
Messell Rudolf
Mihlic Zdrvko
Miles Bernard • 1907-1991
Miles Christopher • 1939-
Miles David
Millar Adelqui • -1956
Millar Gavin • 1938-
Miller Arnold Louis • *Miller Arnold L.* • *Miller Arnold* • 1922-
Miller Frank
Miller George • 1943-
Miller Gilbert
Miller Jonathan • 1936-
Mills John • 1908-
Mills Michael • *Mills Mike* • 1942-
Mills Peter
Mills Reginald • 1912-
Milroy Vivian
Milton Meyrick
Mingay David
Minnis Jon • 1950-
Minzenty Gustave
Mishiku Richard
Mishkin Lee
Mitchell Dennis
Mitchell Oswald • 1890-1949
Mitchell Robert A.
Moffat Ivan
Moffatt Graham • 1919-1965
Moffatt Peter
Moholy-Nagy Laszlo
Mollo Andrew • 1930-
Monat Donald
Monck John
Monger Chris
Montagnon Peter
Montagu Ivor • 1904-
Montgomery Patrick
Monty Python
Moo-Young Ian
Moore Emmett
Moore Lawrence
Moore Marshall
Moore Rowland
Morahan Christopher • 1929-
Moran Percy • *Daring Jack*
Mordaunt Richard
Morgan Horace
Morgan Sidney
Morland John
Morley Peter
Morley Royston
Morphet Christopher
Morris Ernest • 1915-
Morrison Lee
Morton Cavendish
Morton Pat
Moss Hugh
Moss Stewart B.
Mottershaw Frank
Moul Alfred
Mowbray Malcolm
Moxey John Llewellyn • *Moxey John* • 1920-
Mozart George
Muir Graeme
Muller Geoffrey
Mulloy Phil
Mulvey Laura
Munden Maxwell • 1912-
Munro David • 1944-
Murakami Jimmy T. • *Murakami Jimmy Teru* • *Murakami Jimmy* • *Murakami Teru*
Murphy Pat
Murray Paul
Murray Russell
Musk Cecil
Mycroft Walter C. • 1891-1959
Myers Clive
Myers Gordon • 1923-
Mygind Annie
Mylne Christopher
Naden David
Nadler Henry
Nakhimoff Edward
Nash Percy • c1880-
Nation Terry
Neal Peter
Neall Frank
Neame Elwin
Neame Ronald • 1911-
Neat Timothy
Negus-Fancey O.
Negus Olive
Neilson-Baxter R. K.
Nesbitt Derren
Nesbitt Frank
Nethercott Geoffrey
Neubauer Vera
Newall Guy • 1885-1937
Newbrook Peter • 1916-
Newell Mike • *Newell Michael* • 1942-
Newington Peter
Newley Anthony • 1931-
Newman Frank
Newman Joan Widgey
Newman Michael
Newman Widgey R. • *Newman Widgey*
Ngakane Lionel
Nicholas Alex
Nicolaou Panos
Niebuhr Walter
Nieter Hans M.
Nikola Louis
Niskin Lionel
Noble George
Noble Joe
Noel J. B. L.
Norland Tom M.
Norman Leslie • 1911-
Northcote Sidney • *Northcote Sidney W.* • *Northcote Sydney*
Norton C. Goodwin
Nour Nazli
Noxon G. F.
Noy Wilfred
Nunn Trevor • 1940-
Nupen Christopher
O'Brien James
O'Brien Jim
Ockrent Mike
O'Connolly Jim • *O'Connolly James* • 1924-
O'Connor Pat
O'Donovan Harry • *O'Donavan Harry*
O'Ferrall George M. • *More O'Ferrall George* • *O'Ferrall George More* • 1906-1982
O'Hara Gerry • 1924-
O'Kelly Jeffrey
O'Leary Hans Neiter
Oliver Bill • 1887-1954
Olivier Laurence • 1907-1989
Orders Ron
Orion Georges
O'Riordan Shaun
Orman Felix
Orme Stuart
Ormerod James
Ormrod Peter
Orrom Michael
Ortega Pascal
Orton Harold
Orton John
Orton Wallace
Osiecki Stefan
O'Toole Stanley
Oumansky Alexander
Ove Horace
Owen Cliff • 1919-
Owens Kit
Owles Ian
Owtram Philip
Page J. Hamilton
Page John
Page Will
Pagliero Marcello • *Pagliero Marcel* • 1907-1980
Pallant Clive
Palmer Eric
Palmer Tony
Paltenghi David
Papas Michael
Parfitt Eric
Parker Alan • 1944-
Parker Cary
Parker Frank
Parker Louis N.
Parker Robert
Parkes Roger
Parkinson H. B.
Parkinson Michael
Parkinson Tom
Parks Ron
Parry Gordon • 1908-1981
Parry Hugh
Parsons Bruce
Parsons David
Parsons Herbert R. • *Parsons Herbert* • 1909-
Patel Sharad
Patillo Alan
Patouillard Vincent
Patrick Nigel • 1913-1981
Paul Fred
Paul Robert William • *Paul Robert* • *Paul R. W.* • *Paul* • 1869-1943
Pauli Gustav
Pavett Michael
Pavlou George
Payne A. B.
Payne Douglas
Payne J. H.
Payne John M.
Peake Bladon
Pearce David
Pearse John
Pearson George • 1874-1973
Peck Ron
Pedelty Donovan
Peers Victor
Pelc Stanley
Pelissier Anthony • 1912-1988
Pendry Alan
Pennington-Richards C. M. • *Richards C. M. Pennington* • *Richards Pennington* • 1911-
Pereira Dunstan
Perino
Perkins Nigel
Perks Jeff
Perry Anthony • 1929-
Perry Joseph H. • 1862-1943
Perry Simon • 1943-
Pertwee Roland • 1886-
Petersen Mark • 1940-
Petit Christopher • *Petit Chris* • 1949-
Petty Cecil
Philips Robin • 1941-
Phillips Arthur
Phillips Bertram
Phillips Derek
Phipps John R.
Physick Gordon
Pickering Peter
Piekalkiewicz Janusz
Pierce Douglas
Pierson Frank R. • *Pierson Frank* • 1925-1988
Pike Oliver
Pilgrim Ronnie • *Pilgrim Ronald*
Pine Diana
Pines James O.
Pinhorn Maggie
Pinter Harold • 1930-
Piperno J. Henry
Pirie Alex
Pitt
Plaissetty Rene
Platt-Mills Barney • 1944-
Plesch Honoria
Plumb Hay
Plummer Peter
Poliakoff Stephen
Pollack Claire • *Pollak Claire*
Pollard William
Pollock George • 1907-
Polo Eddie • *Polo Eddy* • 1875-1961
Pomeroy John
Ponting Dudley
Ponting Herbert • *Ponting Herbert G.* • 1870-1935
Pooley Olaf
Pope Angela
Postma Laurens C.
Potter Dennis • 1935-
Potter Sally
Potterton Gerald • 1931-
Potts James
Poulson Gerry • *Poulson Gerald* • 1930-
Pound Stuart
Powell Michael • 1905-1990
Powers William
Poynter Guy K.
Pratt Enrico
Priestley Jack
Pritchard Mike
Privett Bob
Proud Peter
Prouting Norman
Purcell Harold • 1907-
Purdell Reginald • 1896-1953
Purdom Edmund • 1924-
Purdum Richard
Pyke Rex
Pyke Roger • 1940-
Quay Brothers
Quin John
Quiribet Gaston
Raban Marilyn
Raban William
Raggett Hugh • 1937-
Rains Fred
Randel Anthony • *Randel Tony*
Rankin Douglas
Rapper Irving • 1898-
Ratcliffe F. W.
Rawlins John • *Rawlings John*
Rawson Peter
Ray A.
Raymond Charles
Raymond Jack • 1886-1953
Rea David C.
Read James
Read John
Reardon James
Reardon John
Reckford Lloyd • *Reckord Lloyd*
Redfern Jasper
Redhead Norman
Reed Carol • 1906-1976
Reed Langford
Rees Clive
Reeve Geoffrey • 1932-
Reeve John
Reeve Leonard • 1920-
Reeves Michael • 1943-1969
Reid Adrian
Reid Alastair • 1939-
Reid Noel Cunningham
Reilly John Fahey
Reiter Jackie
Relph Michael • 1915-
Renoir Louis
Reynolds David
Reynolds S. E.
Rich Denis
Richards James
Richards Lloyd
Richardson Amanda
Richardson Peter
Richardson Ralph • 1902-1983
Richardson Tony • 1928-
Richardson Violet J.
Richman Geoff
Richman Marie
Richmond Anthony • 1942-
Riddell James
Ridley Arnold • 1895-1984
Ridley Phillip
Riley Ronald H.
Rimoch Ernesto
Ripley Jonathan
Ritchie James
Robbins Derek
Roberts Edward D.
Roberts Harry
Roberts Pennant
Roberts Roy
Roberts Steve
Robertson David M. • *Robertson David* • *Robertson D. M.* • 1941-
Robin Georges
Robins John • 1934-
Robinson Bruce • 1946-
Robinson Dave
Robinson Peter
Robinson Tom Scott
Roddam Franc • *Roddam Frank* • 1948-
Rodrigues Chris
Roe Willy
Roeg Nicolas • 1928-
Rogers Edgar
Rogers Maclean • *Rogers P. Maclean* • 1899-1962
Ronay Esther
Rooke Arthur
Roome Alfred • 1908-
Root Alan
Root Joan
Rose Bernard
Rose Robina
Rose Tony
Rosen Martin
Rosenthal Joe
Rosmer Milton • 1881-1971
Ross Dick
Ross Jack
Ross Jane
Rosso Franco
Rosson Arthur • *Rosson Arthur H.* • 1889-1960
Rotha Paul • 1907-1984
Rouve Pierre
Rowan David
Rowden W. C. • *Rowden Walter Courtenay*
Rowe Annie
Rowe Victor W.
Rowland Anthony M.
Rowson Leslie • 1903-
Rubens Bernice
Ruffin John
Rumbelow Steven
Russell Ken • 1927-
Russell Paddy
Russell Stanley
Rydman Sture
Rye Renny
Sach William

Sachs Gloria
Sachs Peter
Sainsbury Frank • 1912-
Salt Barry
Salt Brian
Salter James
Samuelson G. B. • 1888-1947
Sanderson Challis
Sandground Maurice
Sangster Jimmy • 1924-
Sargent W. J.
Sarne Mike • *Sarne Michael* • 1939-
Saunders
Saunders Charles • 1904-
Saunders Desmond
Saunders John M. • 1897-1940
Saunders Peter
Saunders Richard
Saville Philip • 1929-
Saville Victor • 1897-1979
Saxton John
Schlesinger John • 1926-
Schoerstein John
Schofield Stanley
Scholz-Conway John
Schonfeld Victor
Schorstein Jon
Sclater Michael
Scobie Alastair • 1918-
Scoffield John • *Scoffield Jon* • 1932-
Scolfield Jon
Scott Anthony • *Scott Tony*
Scott James
Scott Peter Graham • *Scott Peter G.* • 1923-
Scott Ridley • 1939-
Scott Robin
Scott Will
Scully Dennis
Seabourne Peter
Sealey John
Searle Francis • 1909-
Searle Tony
Seed Paul
Seeger Peggy
Segaller Denis
Sekers Alan
Seldon-Truss Leslie
Selfe Ray
Sellar Ian
Sellers Peter • 1925-1980
Sereny Eva
Sewell Bill
Sewell George • 1899-
Sewell Vernon • 1903-
Seymour Tom
Shabazz Menelik
Shackleton Michael
Shand Dennis
Shand Ian • 1930-
Shapiro Susan
Sharad John S. • 1946-
Sharp Ian • 1946-
Sharp Martin
Sharples Syd
Shaughnessy Alfred • 1916-
Shaw Alexander • 1910-
Shaw Harold • *Shaw Harold M.* • 1875-
Shaw Walter
Shearman John
Shepherd Horace • 1892-
Sheppard W. H.
Sherborne Colin
Sheridan Jim
Sheridan Oscar M.
Sherry Gordon
Sherwin Guy
Shillingford Peter
Shonteff Lindsay
Short Anthony
Shurey Dinah
Sikorsky Jan
Silleck Bayley
Simmonds Alan • 1942-
Simmons Anthony • c1924-
Simpson C. F. R.
Simpson Harold
Simpson Margaret
Sims George R.
Sinclair Andrew • 1935-
Sinden Tony
Singer Aubrey
Sistrom William • 1886-
Sjostrom Asa
Slater Guy
Slater W.
Sloan James B.
Sloman Anthony
Sloman Edward • *Sloman Edward S.* • 1887-
Smart Ralph • 1908-
Smedley-Aston Brian
Smith Brian
Smith Clive A.
Smith Digby
Smith Eric L'Epine • *Smith Eric L'E*
Smith Erle O.
Smith F. Percy
Smith G. A. • *Smith George Albert* • *Smith George* • 1864-1959
Smith G. Buckland
Smith Herbert • 1901-
Smith Jack
Smith Jack
Smith Kent
Smith Martin
Smith Maurice Digby
Smith Mel
Smith Percy
Smith Peter
Smith Peter K.
Smith Robert
Smith Sidney
Smith Tony
Smythe F. S.
Snow Edgar
Somers Dalton
Somers Gerald
Soutar Andrew • 1879-
Southcott Pauline
Southwell Gilbert
Southwell Harry
Spargo Nicholas
Speed Lancelot
Speer Walter Harold • *Speer Walter*
Spencer John • 1925-
Spencer Ronald • *Spencer Ronnie* • 1924-
Spiers Bob
Spragg Reg
Squire Anthony • 1914-
Stafford John • *Stafford J.* • 1893-
Stafford Roland • 1925-
Stanley Arthur
Stanley Richard
Stannard Eliot
Stanton W. Dane
Stapleton Oliver
Stark Graham • 1922-
Starr Ringo
Stather Frank
Stein Jeff
Stellman Martin
Stephens Jack
Sterling William
Stern Anthony
Stevens Beryl
Stevens Frank
Stevens Graham
Stevenson
Stevenson Erika
Stevenson Robert • 1905-1986
Stewart Derek
Stewart John R. F. • 1916-
Stewart William G.
Stirling Joseph
Stobart Thomas
Stoddart John
Stoll Lincoln
Stone Norman
Stone Paul
Stoneman John
Stoppard Tom
Stormont Leo
Storrie Kelly
Stow Percy
Strangeway Stan
Strasser Alex
Strather Frank
Stringer G. Henry
Stross Raymond • 1916-
Stuart Donald
Stuart Falcon • 1941-
Stuart Mark • 1923-
Sturridge Charles • 1951-
Sturt George
Summers Jeremy • 1931-
Summers Walter • 1896-1973
Sussex
Sutherland A. Edward • *Sutherland Edward* • *Sutherland Eddie* • 1895-1974
Sutherland Halliday
Sutton Heather
Swanson Donald • 1917-
Swift
Swingler Humphrey • 1912-
Sykes Eric • 1923-
Sylvester David
Symmons E. F.
Syson Michael
Tait Margaret
Tambling Richard
Tattersall Gale
Taylor Baz
Taylor Dick
Taylor Donald • 1911-
Taylor Eric
Taylor Henry C.
Taylor John • 1914-
Taylor John H.
Taylor-Mead Elizabeth
Taylor Richard
Tedesco Jean • 1895-1958
Temple Julien • *Temple Julian* • 1953-
Templeman Connie • *Templeman Conny*
Templeman Harcourt
Tennyson Pen • 1912-1941
Terry Chris • 1952-
Tharp Grahame
Theakston Graham
Thomas Gerald • 1920-
Thomas Howard
Thomas Ralph • 1915-
Thompson David
Thompson Eric
Thompson J. Lee • *Lee Thompson J.* • 1914-
Thompson Philip
Thompson Tony
Thomson David
Thomson Margaret
Thornton F. Martin • *Thornton Martin*
Till Eric • 1929-
Tilley Frank • *Tilley Frank A.*
Timmins Leslie
Tipper Frank
Todd Ann • 1909-
Tombleson Richard
Tomblin Barry
Tomblin David
Tomlinson Lionel • *Tomlinson R. Lionel* • *Tomlinson R. L.* • 1907-
Tomson Randolph • *Tomson Randolph J.* • 1902-
Tonyton Ian
Toye Wendy • 1917-
Tracy Bert
Travers Bill • 1922-
Travers Henry • 1874-1965
Trenchard-Smith Brian • *Smith Brian Trenchard* • 1946-
Trent John • 1935-1983
Trevelyan Philip
Treville Georges
Trimble Larry • *Trimble Laurence* • 1885-1954
Tringham David • 1935-
Tronson Robert • 1924-
Truman Michael • 1916-
Trust Wilf
Tuber Joel
Tuchner Michael • 1934-
Tucker George Loane • *Tucker George L.* • 1881-1921
Tucker Roger • 1945-
Tudor F. C. S. • *Tudor F. C.*
Tully Montgomery • 1904-
Turner Ann
Turner Kenneth
Turner Martin
Turner Peter
Turner Steve
Turner Yolande
Turpie Jonnie
Turpin
Turpin Digby
Twist Derek • 1905-1979
Tyrer Bertram
Tyrrell Robert
Urbahn Karl
Ustinov Peter • 1921-
Valentine Val
Van Rellim Tim
Vanderbosch Alfred
Vanderlyn S.
Vane Norman Thaddeus • *Vane Norman T.*
Vardy Mike
Varley M.
Varnel Max • 1925-
Varney-Serrao Arthur • *Varney Arthur*
Vas Robert
Vedey Julien
Vernon Charles
Vernon Richard • 1907-
Vester Paul
Vickers James W.
Vickers Lindsey C.
Vigars N. R. H.
Villiers David • 1921-
Villiers Michael
Vivian Arthur
Voller R.
Vorster Gordon
Wadhawan Jamie
Wakefield John
Wakely Michael
Walker Giles • *Walker Gilles* • 1946-
Walker Ian
Walker Martin
Walker Norman • 1892-
Walker Pete • *Walker Peter* • 1935-
Wall John
Wallace Edgar • 1875-1932
Wallace Graham • 1921-
Waller Wallett • *Waller J. Wallett*
Walls Tom • 1883-1949
Walmsley Howard
Walsh Aisling
Waltyre Edward
Ward Albert
Ward James
Ward Peter
Wark Victor
Warren John
Warren Norman J. • 1942-
Warren Richard • 1922-
Warrington John
Washer Frederick H.
Waterhouse John
Watkins Peter • 1935-
Watson Albert
Watson Paul
Watson Stanley
Watt Harry • 1906-
Watts Fred
Watts Tom
Webb Jack • 1920-1982
Webb Peter
Webb Robert
Webb William
Webster Martyn C.
Wedderburn Hugh
Weeks Stephen • 1948-
Welford Walter D.
Wells Orlando
West Anthony
West R. Harley
West Reginald
West Walter
Weston Charles
Wetherell M. A. • 1884-
Whale James • 1896-1957
Whale Peter
Wharmby Tony
Whatham Claude
Wheatley David
Whitaker Charles
Whitaker Harold
Whitby Cynthia
White Billy
White E. W.
White H. Brian
White Teddy
White Tony
Whitehead Peter
Whitelaw Alexander • 1930-
Whiting Edward J.
Whiting Rowland
Whittaker Bob
Whitten Norman
Whyte Michael
Wickes David • 1940-
Wilcox Herbert • 1892-1977
Wildman Shaw
Wilkins Bert
Wilkinson Hazel
William Leonard
Williams Brock
Williams D. J.
Williams Derek
Williams Emlyn • 1905-1987
Williams Eric
Williams J. B.
Williams R. Maslyn • 1911-
Williamson A. Stanley
Williamson Cecil H. • 1909-
Williamson James • 1855-1933
Williamson Tom
Willis Stanley
Willoughby Lewis
Wills J. Elder • *Wills James Elder* • 1900-
Wills Philip
Wilmer Geoffrey
Wilson Andrew P.
Wilson Donald B. • 1910-
Wilson Frank
Wilson Frederick • 1912-
Wilson Hal • 1899-
Wilson Henry
Wilson Maurice J. • 1892-
Wilson Mike Raeburn
Wilson Rex
Wilson Rowland B.
Windebank P.
Windsor Chris • *Windsor Christopher* • 1949-
Winham Francine
Winner Michael • 1935-
Winslow Dicky
Winsor Terry
Winter Donovan
Winters David • 1939-
Wisbey Deanna
Wolff Ann
Wollen Peter
Wood Duncan
Wood Peter • 1927-
Wood Tim
Woodhouse Barbara
Woods Arthur • *Woods Arthur B.* • 1904-1942
Woodward Ken
Woof Harry
Wooley Richard • *Woolley Richard*
Woolf Julia
Woolfe H. Bruce • 1880-1965
Wooster Arthur G.
Wormald S.
Worth Frank
Wrenn Trevor
Wrestler Philip
Wright Basil • 1907-1987
Wright Derek
Wright Humberston
Wright Simon
Wyndham-Davis June
Wynn George
Wynne Bert
Wynne Herbert
Yates Frank D.
Yates Peter • 1929-
York Derek
Young Frederick • 1902-
Young Robert • 1933-
Young Tony • *Young Anthony*
Zappa Frank • 1940-
Zichy Theodore

UNITED STATES OF AMERICA

Aaron Jane
Aaron Paul
Abbott Charles
Abbott George • 1887-
Abbott Norman
Abel Alan
Abel Bob
Abel Jeanne
Ables Fred
Abrahams Derwin • *Abbe Derwin*
Abrahams Jim • 1944-
Abrams Jerry
Abramson Ivan

Abramson Richard G.
Abroms Edward M.
Ackerman Justin
Ackroyd Dan
Adair Peter
Adams Catlin
Adams Doug
Adams Neal
Adamson Al
Adamson Victor • 1890-1972
Adato Perry Miller
Adcook W.
Addiss Jus • *Addiss Justus*
Ade George • 1866-
Adelman Joseph
Adelson
Adidge Pierre
Adler Joseph
Adler Lou
Adlum Ed
Adolfi John G. • *Adolfi John* • 1888-1933
Adreon Franklin • 1902-
Adrien Michael
Agins Jack
Agustsson Agust
Ahearn Charlie
A'Hiller Lejaren • *Hiller Lejaren*
Akalaitis Joanne
Albers Rudy
Albert Sinte S.
Alda Alan • 1936-
Alder William F.
Alderman Thomas S.
Aldis Will
Aldrich Adell
Aldrich Hank
Aldrich Robert • 1918-1983
Alexander Peter
Algar James • 1912-
Algier Sidney
Alix Steve
Alk Howard
Allan William Louis
Alland William • 1916-
Allen Charles W.
Allen Corey • 1934-
Allen David
Allen David
Allen Fred • 1894-1956
Allen Irwin • 1916-
Allen Lloyd
Allen Robert • *Allen Bob*
Allen Russell
Allen William
Allen Woody • 1935-
Allensworth Carl
Allmendinger Knute
Allotta Albert
Almereyda Michael
Alonzo John A. • 1934-
Alpert Harry
Alston Emmett • *Alston Emmet*
Alti Giulio
Altman Herbert S.
Altman Robert • 1925-
Alton Robert • 1897-1957
Alves Joe • 1938-
Amar Maurice
Amateau Rod • *Amateau Rodney* • 1923-
Amero John
Amero Lem
Amir Gideon
Amy George • *Amy George J* • 1903-
Anders Jan
Andersen Thom
Andersen Yvonne
Anderson Amelia
Anderson Andy
Anderson Clyde
Anderson Dorsey • *Alexander Dorsey*
Anderson G. M. • *Anderson Gilbert M.* • *Anderson Broncho Billy* • 1882-1971
Anderson John Murray • 1886-
Anderson Joseph. L. • *Anderson J. L.*
Anderson Juliet
Anderson Karl
Anderson Laurie
Anderson Leonard
Anderson Marion Clayton
Anderson Martin
Anderson Philip
Anderson Richard
Anderson Robert • c1912-
Anderson Robert J.
Anderson Robert
Anderson Robert
Anderson Vet
Andersson Karl
Andolino Emile
Andra Fern • 1893-1974
Andrews Charles
Andrews Del • c1903-
Andrus Malon
Angel Mikel
Angeles Bert
Angelo Edmund
Anger Kenneth • 1930-
Angus Robert
Anspaugh David
Anthony Joseph • 1912-
Antonacci Greg
Antonelli John
Antonero Luis F. • *Eagle Dexter*
Antonio Lou • 1934-
Anzilotti Cosmo
Apfel Oscar • *Apfel Oscar C.* • 1880-1938
Applegate Roy
Arakawa
Aratow Paul
Arbuckle Roscoe • *Arbuckle Fatty* • *Goodrich William* • 1887-1933
Ardolino Emile
Arioli Don • 1937-
Arkin Alan • 1934-
Arkless Robert
Arkush Allan • *Arkush Alan* • *Arkush Allen* • 1948-
Arledge Sarah
Arlington Paul
Armitage George
Armstrong R. Dale • *Armstrong Dale*
Armstrong Samuel
Armstrong William
Arnaud Etienne
Arner Gwen
Arnold Jack • 1916-
Arnold Newt • *Arnold Newton*
Arnold Steven • *Arnold Steve*
Aronson Jerry
Arroyd Felix Miguel
Arsenault Ray
Artaud E.
Arthur Daniel V.
Arthur George M.
Arthur Karen • 1941-
Arvonio John
Arzner Dorothy • 1900-1979
Ashburne Derek
Ashby Hal • 1933-1988
Ashby Tim
Ashcroft Ronnie
Ashe Richard
Asher William • 1919-
Ashley Arthur
Ashley Charles E. • *Ashley Charles*
Ashley Ray
Ashwell David
Ashworth Piers
Aslanian Samson
Asselin Paul
Astin John • 1930-
Athens J. D.
Atkins Thomas
Atkinson Jim
Attias Daniel
Aubrey Jimmy
Aucion Guillaume Martin
Audley Michael
August Edwin • 1883-1965
August Harry
Augustus Bob
Aurthur Robert Alan • 1922-1978
Auslender Leland
Auster Sam
Austin Albert
Austin Harold
Austin Phil
Avakian Aram • 1926-
Avedis Howard • *Avedis Hikmet*
Averback Hy • 1925-
Avery Charles • 1873-
Avery Dwayne
Avery Tex • *Avery Fred* • 1907-1980
Avila
Avildsen John G. • *Avildsen John* • 1936-
Avildsen Tom
Avnet Jon
Avrech Robert J.
Axelrod George • 1922-
Ayres Lemuel
Ayres Lew • 1908-
Ayres Sydney • *Ayres Sidney*
B. Beth
B. Scott
Babb Jim
Babbitt Art
Babille E. J.
Bachmann Gideon
Bachrach Dora
Bacon Gerald F.
Bacon Lloyd • 1889-1955
Badat Randall
Badger Clarence • *Badger Clarence G.* • *Badger C. G.* • 1880-1964
Baer Max • *Baer Max Jr.* • 1937-
Baerwitz Jerry A.
Baerwitz Sam
Bagby Milton Jr.
Baggot King • 1874-1948
Bail Chuck
Bailey Harry
Bailey Oliver D. • *Bailey Oliver*
Bailey Patrick • 1947-
Bailey Rex
Bailey Richard
Bailey William
Baillie Bruce • 1931-
Bain Fred
Bainbridge Jonathan
Baker Baldwin Jr.
Baker De Vere
Baker Diane • 1938-
Baker Eddie • 1897-
Baker Fred
Baker George D. • -1949
Baker Graham
Baker Graham
Baker Nancy
Baker R. C.
Baker R. E.
Baker Richard Foster • *Foster Richard F.* • *Foster R. F.*
Baker Tom
Bakes George
Balaban Bob
Balaban Burt • 1922-1965
Balachine George
Balakoff Pierre
Balboni Silvano
Baldwin Gerard H.
Baldwin Peter
Baldwin Ruth Ann
Baldwin Tom
Ball Eustace Hale
Ball Gordon
Ballard Carroll • 1937-
Ballard John
Ballbusch Peter
Ballin Hugo • 1880-1956
Balshofer Fred J. • *Balshofer Fred*
Banas John
Bancroft Anne • 1931-
Band Charles • *Amante James* • 1952-
Bank Mirra
Bansbach Richard
Baran Jack
Barber George
Barber La Verne
Barbera Joseph • 1911-
Barclay David
Bare Richard L. • *Bare Richard* • 1909-
Barge Roy
Barker Bradley
Barkett Steve
Barlow Reginald
Barlow Roger
Barnard Christopher
Barnard Michael
Barnett William H.
Barnwell John
Baron Allen • 1935-
Barr Denis
Barrett-Page Sally
Barringer A. B.
Barrios Jaime
Barris Chuck
Barron Arthur
Barron Robert
Barrows Nicholas
Barry Donald • *Barry Don* • 1912-1980
Barry J. A. • *Barry John A.*
Barry Wesley E. • *Barry Wesley*
Barrymore Dick
Barrymore Lionel • 1878-1954
Barsha Leon
Barsky Bud
Bartel Paul • 1938-
Bartlett Charles • *Bartlett Charles Earl* • *Bartlett Charles E.*
Bartlett Hall • 1922-
Bartlett Lanier
Bartlett Richard • *Bartlett Dick*
Bartlett Scott
Bartman William S.
Barton Charles T. • *Barton Charles* • 1902-1981
Barton Dan
Barton Kenneth J.
Barton Peter
Bartsch Art
Barwood Hal
Barwood Nick
Barzyk Fred
Basil Joseph
Baskin Richard
Bass Howard
Bass Jules
Bass Saul • 1920-
Basser Ann
Bassoff Lawrence
Bateman Kent
Bauer Byron
Bauman Peter
Baxley Craig R.
Baxter Rick
Bay Howard
Bayersdorfer Alan
Beadle Ernest
Beaird David
Beal Frank
Beal Scott R.
Beams Mary
Bean Robert B.
Beap Jack
Bear Looney
Bearde Chris
Beardsley Nicholas
Beattie Alan
Beattie Paul
Beatty Edgar
Beatty Roger
Beatty Warren • 1937-
Beauchamp Clem
Beaudine Harold
Beaudine William • *Beaudine William W.* • *Beaudine W. W.* • 1892-1970
Beaumont Harry • 1888-1966
Beavers Robert
Beban George
Bechard Gorman
Beche Robert
Beck George
Beck Martin
Beck Martin
Beck Sherman
Becker Bart
Becker Bruno J.
Becker Fred G.
Becker Harold
Becker Terry
Becker Vernon P.
Becket James
Beckhard Arthur J.
Beebe Ford • 1888-
Beeman Greg
Beery Wallace • 1889-1949
Beggs Lee
Beggs W. G.
Belcher Zach
Bell Carl
Bell Martin
Bell Monta • 1891-1958
Bellamy Earl • 1917-
Beller Arvid
Bellisario Donald P. • *Bellisario Donald*
Bellows Walter Clark
Belmar Henry
Belmont Joseph
Belmore Charles
Belmore Lionel • 1867-1953
Belson Jerry
Belson Jordan • 1926-
Ben-Ami Jacob
Ben Art
Ben-Meir
Bendell Don
Bender Jack
Bender Joel
Bendick Robert • 1917-
Benedict Kingsley
Benedict Richard • 1923-
Benedict Tony
Benjamin Mary
Benjamin R. G.
Benjamin Richard • 1938-
Benner Richard • *Benner Dick* • 1946-
Bennet Spencer Gordon • *Bennett Spencer Gordon* • *Bennet Spencer* • *Bennet Spencer G.* • 1893-1987
Bennett C. D.
Bennett Chester
Bennett David
Bennett Hugh
Bennett Mike
Bennett Richard
Bennett Wallace C.
Bennett Whitman • -1968
Benning James
Bennison Andrew W.
Benoit Ben
Benson Leon
Benson Robby • 1957-
Benson Steven
Benton Curtis
Benton Douglas
Benton Robert • 1932-
Benveniste Michael
Bercovici Luca
Beresford Frank S.
Berger Mark
Berger Pamela
Berger Rea
Bergman Andrew • 1945-
Bergman Edward
Bergman H. W.
Bergman Robert
Bergue Jacques
Berke William • *Williams Lester* • 1903-1958
Berkeley Busby • 1895-1976
Berland Nicholas
Berlatsky David
Berlin Abby • -1965
Berman Harvey
Berman Shelley • 1926-
Berman Ted
Bern Paul • 1889-1932
Bernds Edward • 1905-
Berne Josef
Bernhard Jack • 1913-
Berns Seymour • 1914-1982
Bernstein Armyan
Bernstein Isadore • 1877-
Bernstein Walter • 1929-
Berry Bill
Berry Dale
Berry John • 1917-
Berry Robert
Berrystein Dale
Berthelet Arthur • *Berthelet A.*
Bertini Victor
Bertram William
Bertsch Marguerite
Berwick Irvin • *Berwick Irv*
Berwick Wayne
Berz Michael
Beshears James
Bessie Dan
Bethune Lobert
Bettman Gil
Betts Larry
Betuel Jonathan R.
Beute Chris
Bevan Billy • *Bevan William* • 1887-1957
Bevis Donald L.
Beyfuss Alex E. • *Beyfuss Alex*
Beymer Richard • 1939-
Bianchi Bruno

Bianchi Edward • 1942-
Biberman Abner • *Judge Joel* • 1909-1977
Biberman Herbert J. • *Biberman Herbert* • 1900-1971
Bidgood Jim
Bierman Robert
Biery Edward A.
Bigelow Kathryn
Bigwood Joseph
Bill Tony • 1940-
Bilson Bruce • 1928-
Bilson Danny
Binder John
Binder Steve
Bing Mack
Bingham E. Douglas
Binney Josh
Binyon Claude • 1905-1978
Binzer Rollin
Birch Patricia
Bird Lance
Bird Stewart
Birdwell Russell J. • *Birdwell Russell*
Birmelin Bruce
Bischoff Sam • *Bishoff Sam* • 1890-1975
Bishop Curtis
Bisney Al
Bivens Loren
Bixby Bill • 1934-
Black Noel • 1937-
Black Trevor
Blackburn Richard
Blackton Paula
Blackwell Carlyle • 1888-1955
Blackwood Christian
Blaine Cullen
Blair George • 1906-1970
Blair Milton
Blair Preston
Blake Ben K. • *Blake B. K.* • *Blake Ben*
Blakeley James
Blancato Ken
Blanchard John • *Rose Reuben*
Blancocello Enrico
Bland Edward
Blangsted Folmar • 1904-1982
Blank Les
Blatt Edward A. • 1905-
Blatty William Peter • 1928-
Blechman Corey
Blechman R. O.
Bleckner Jeff
Bletcher William • *Bletcher Billy* • 1894-
Block Bruce
Bloom George Jay Iii
Blotnick Elihu
Blue James • 1930-1980
Bluemke Ralph C.
Blum Eric
Blum Lowell
Blum Michael
Blume A. J.
Blumenstock Mort
Blumenthal Jerry
Bluth Don
Blystone Jasper
Blystone John G. • *Blystone John* • *Blystone Jack* • *Blystone J. G.* • 1892-1938
Brisso George
Bo Reimer
Boasberg Al • 1892-
Bock Larry
Bode Boris
Boetticher Budd • *Boetticher Oscar Jr.* • 1916-
Bogart Paul • 1919-
Bogayevicz Yurek
Bogdanovich Josef
Bogdanovich Peter • 1939-
Boggs Frank • *Boggs Francis*
Bogle Andrew
Bogle James
Boland John J.
Boles Edward
Boley Raymond
Bolla Dominic
Bolotowsky Ilya
Bolte
Boltin Lee
Bomberg Betzy
Bomont Richard W.
Bonafield Jay • 1910-
Bonavita Jack
Bond James Iii
Bond Trevor
Bonerz Peter • 1938-
Bonner Lee
Bonnicksen Ted
Bontross Thomas
Borden Lizzie
Borden Michael
Borg Peter
Boris Robert
Borzage Frank • 1893-1962
Boskovich John
Bosnick Ned
Bostwick Elwood
Bosworth Hobart • 1867-1943
Botter Harry
Bouchard Thomas
Bouchet Angelique
Boultenhouse Charles
Bourgeois Paul
Bowen Jenny
Bowen John

Bowers Geoffrey G.
Bowers George
Bowley Walter
Bowman William J. • *Bauman William J.* • *Bowman William* • *Bauman W. J.*
Bowser Kenneth
Boyd Joe
Boyd Rutherford
Boyd Whit
Boyette Pat
Boyle Charles P.
Boyle E. G.
Boyle Joseph C. • *Boyle Joseph* • 1890-
Bozzacchi Gianni
Bracken Bertram • *Bracken Bert*
Bradbury Basil
Bradbury Robert North • *Bradbury Robert N.* • *Bradbury R. N.* • 1895-
Bradley David • 1919-
Bradley Samuel R. • *Bradley Samuel*
Bradley William • *Bradley Will*
Brady David
Brakhage Stan • 1933-
Bramall Richard
Brame Bill • 1928-
Branaman Bob • 1933-
Brand Larry
Brand Rex
Brander Richard
Brando Marlon • 1924-
Brandon Don
Brannon Fred C. • *Brannon Fred* • 1901-
Brascia Dominic
Brasloff Stanley H.
Brasselle Keefe • 1923-
Braunstein Joseph
Braverman Charles • 1944-
Braverman Chuck
Bravman Jack
Bray John R. • *Bray John Randolph* • *Bray John* • 1879-1978
Brecher Irving S. • 1914-
Brecken Jules
Breemer Tom
Breen Joseph
Breen Richard L. • 1919-1967
Breer Robert • 1926-
Bregman Buddy
Breitkreutz Big Otto
Bren Milton
Bresciani Andrea
Breslow Lou • 1900-
Bresson Arthur Jr.
Brest Martin • 1951-
Bretherton Howard • *Bretherton H. P.* • 1896-1969
Brewer Jerry
Brewster Eugene V.
Brian David
Brian J.
Brice Monte • 1895-
Bricken Jules
Bricker Clarence
Brickman Marshall
Brickman Paul
Bridges Beau • 1941-
Bridges James • 1936-
Brill Richard
Brinckerhoff Burt • 1936-
Bristol Christopher
Brittin Charles
Broadwell Robert B. • *Broadwell Robert* • *Broadwell R. B.*
Brock Deborah
Brock Lou • *Brock Louis* • 1892-
Brockman Susan
Brockwell Robert
Broderick John
Brodie Kevin
Brodsky Samuel
Bronislau Serge
Broodbent Wally
Brooke Ralph
Brooke Van Dyke
Brookner Howard
Brooks Albert • 1947-
Brooks Bob • 1927-
Brooks Dwight
Brooks Hildy
Brooks James L. • 1940-
Brooks Joseph • *Brooks Joe*
Brooks Lancer
Brooks Marty
Brooks Mel • 1926-
Brooks Rand
Brooks Richard • 1912-
Brophy Edward • 1895-1960
Broughton James • 1912-
Brower Otto • -1946
Brown Arvin
Brown Barry
Brown Bernard
Brown Bruce
Brown Clarence • *Brown Clarence L.* • 1890-1987
Brown Curtis
Brown Don
Brown Edwin Scott • *Brown Edwin S.*
Brown Ewing Miles
Brown Fred J.
Brown Gregory
Brown Harry J. • *Brown Harry Joe* • 1892-1972
Brown Jack W.
Brown Jim • 1935-

Brown Karl • 1897-
Brown Larry
Brown Melville • *Brown Melville W.* • -1938
Brown Mende • *Brown Mandy*
Brown Phil
Brown Reg
Brown Robert
Brown Rowland • *Brown Rowland V* • 1901-1963
Brown Wes • *Browne Wes*
Brown William O.
Browning Irving
Browning Ricou • 1930-
Browning Tod • 1882-1962
Brownrigg S. F. • *Brown Rigg*
Bruce George • 1898-
Bruce James
Bruce Robert C.
Bruck Jerry Jr.
Bruckman Clyde • 1894-1955
Brummer Richard S.
Bruner James
Brusseau William E. • *Brusseau Bill* • 1926-
Bryan Frank
Bryan James • *Bryan Jim*
Bryan James A.
Bryan Julian
Bryan Vincent
Bryant Baird
Bryant Bill
Bryant Charles • 1879-1948
Brzezinski Tony • *Brzezinski Anthony*
Buba P.
Buchanan Beau
Buchanan Larry
Buck Frank • 1888-1950
Buckalew Bethel • *Buckalew*
Buckhantz Allan A.
Buckingham Thomas • *Buckingham Tom* • -1939
Buckland Wilfred
Buckley David
Buckner Noel
Budd Leighton
Budsan Ronald R.
Buechler John • *Buechler John Carl*
Buehlman Frank J.
Buel Kenean
Buell Jed
Buffa Peter
Bulgakov Leo
Bull Peter L.
Bunin Louis
Buntzman Mark
Bunuel Joyce • 1942-
Burch John
Burch Noel
Burge Robert
Burger Hans
Burke Edwin • 1899-
Burke Gregory
Burman Tom
Burness Pete • 1910-
Burnett Charles
Burns Allan
Burns Bobby • *Burns Robert*
Burns Keith
Burns Ken
Burns Neal
Burns Paul
Burns Robert
Burns Walter
Burnside R. H.
Burr C. C.
Burr Jeff
Burrill Christine
Burrill Robert L.
Burroughs Jim
Burrows James • *Burrows Jim* • 1940-
Burrud Bill
Burstein Louis
Burt William P.
Burton Hardi
Burton Robert H. • 1946-
Burton Tim
Burton Victor
Burtt Benjamin
Bush Max Ii
Bushelman John
Bushman Francis X. • 1883-1966
Bushnell William H. Jr.
Bute Mary Ellen • *Bute Mary E.*
Butler Alexander
Butler David • 1894-1979
Butler Fred J. • *Butler Fred*
Butler George
Butler Hank E.
Butler Robert • 1927-
Butoy Hendel
Butterfield Allyn
Buzby Zane
Buzzell Edward • 1897-1985
Byers Mark
Byrd Admiral
Byrd Caruth C.
Byrne David
Byrne Jack
Byrne John F.
Byrum John • 1947-
Caan James • 1939-
Cabanne W. Christy • *Cabanne William Christy* • *Cabanne Christy* • 1888-1950
Cabot Ellen
Cadle C. Ernest

Caffey Michael
Cagney James • 1899-1986
Cahan George M. • 1919-
Cahn Edward L. • *Cahn Edward* • 1899-1963
Cahn Philip
Cain Christopher • 1943-
Cain Sugar
Calarco Reno D.
Caldwell Fred
Callagher Charles E.
Callahan Jerry
Callas John
Callier Barry
Calnek Roy
Calvert E. H. • *Calvert Elisha H.* • 1873-1941
Calvert John • 1915-
Cambria Frank
Cameron Ray
Camie John
Camp Jack
Camp Joe • 1939-
Campa Lou
Campanella Roy Ii
Campbell Douglas • *Campbell Doug*
Campbell Maurice
Campbell Norman • 1924-
Campbell Sterling
Campbell Webster • 1893-1972
Campbell William • *Campbell William S.*
Canada Roy
Canemaker John
Cannistraro Richard
Cannon Raymond
Cannon Robert • 1901-1964
Cannon William
Canton Robert
Cantrell Ray
Cantwell Colin
Canutt Yakima • 1895-1986
Capell Bill
Caras Chris
Card Lamar • 1942-
Cardenas Hernan
Cardone J. S.
Cardos John Bud • *Cardos John*
Cardoza Anthony
Carew Topper • 1943-
Carewe Edwin • 1883-1940
Carey Harry • 1878-1947
Carey Timothy
Carey Tobe J.
Cargiulo Mike • *Gargiulo Mike*
Caringi Rudolph
Carle Philip
Carleton-Hunt
Carleton Lloyd B. • *Carleton L. B.* • *Carlton L. B.* • *Carleton Lloyd* • *Carlton L.*
Carlino Lewis John • 1912-
Carlisle Robert
Carlson Bob
Carlson Richard • 1912-1977
Carlson Russ
Carlson Wallace A.
Carlstroem Bjorn
Carmello Charles
Caron Glenn Gordon
Carpenter Horace B. • *Carpenter Horace* • *Carpenter H. B.*
Carpenter John • 1948-
Carpenter Stephen
Carr Bernard
Carr John
Carr Terry
Carr Thomas • *Carr Thomas H.* • 1907-
Carradine David • 1936-
Carras Anthony
Carre Bartlett
Carrick Allyn B.
Carrier Louis-Georges • 1929-
Carrier Rick
Carroll F. J.
Carroll Gene
Carroll Larry
Carroll Robert M. • *Carroll Robert Martin*
Carroll Zelma
Carruth Clyde
Carruth Milton
Carse Shannon
Carson L. M. Kit
Carter John N.
Carter Lincoln J.
Carter Monte
Carter Thomas
Cartwright Earl
Carver H. P.
Carver Steve • *Carver Steven* • 1945-
Casden Ron
Case Dale
Casey Thomas
Cass David
Cassarino Thomas
Cassavetes John • 1929-1989
Cassell Richard L.
Cassidy Richard
Castagnoli Joe
Castillo Scott Jr.
Castle James W. • *Castle J. W.*
Castle Nick • *Castle Nick Jr.*
Castle William • 1914-1977
Castleman William Allen
Caston Hoite C.
Catah Sam S.
Catalanotto Joseph • *Catalanotto Joe*
Cates Gilbert • 1934-

Cates Joseph • 1924-
Cato Don
Cavanaugh John
Cavender Glen
Cavrell Louis
Cawley Bob
Cayard Bruce
Cayton William
Cazeneuve Paul
Ceballos Larry
Ceder Ralph • *Cedar Ralph*
Cemano Eduardo
Cerf Norman A.
Chace Haile
Chaitin Norman C.
Chalmers Thomas
Chamberlain John
Chamberlain Win
Chambers Everett • 1926-
Champion Gower • 1919-1981
Champion John • 1923-
Chandler Edward
Chaney Lon • 1883-1930
Chaney Warren
Chang Wah
Chapin Benjamin
Chapin Harry
Chapin James
Chaplin Charles • 1889-1977
Chaplin Sydney • *Chaplin Syd* • 1885-1965
Chapman Michael • 1935-
Charlot Martin
Charlton Robert
Charters Samuel
Chase Brandon • *Beale Lee*
Chase Richard
Chase Ronald
Chatterton Bob
Chatterton Thomas • *Chatterton Tom*
Chaudet Louis W. • *Chaudet Louis William* • *Chaudet Louis* • *Chaudet L. W.* • 1884-
Chaudet S.
Chaudet William
Chechik Jeremiah
Cheek Douglas
Chen Betty Yao-Jung
Chenault Robert
Chenis Patti-Lee
Cherry John • *Cherry John R. Iii*
Cherry Stanley Z.
Chesebro George • 1888-1959
Chester George Randolph
Chester George Randolph Mrs.
Cheverton Roy P.
Chiarito Al
Chickerling Lisa
Childs Clinton
Chilvers Colin
Chiniquy Gerry
Chinn Robert C.
Chiodo Stephen
Chodosh Reuben
Chomont Tom S.
Chomsky Marvin • *Chomsky Marvin J.* • 1929-
Chong Thomas • *Chong Tommy*
Chooluck Leon • 1920-
Chrisfield W. A.
Christenberry Chris
Christian Damon
Christian John
Christian Sven
Christie Al • *Christie Alfred E.* • *Christie Al E.* • 1886-1951
Christophe Jean
Christopher John
Christy Howard
Chubbock Lyndon
Chudnow Byron
Chudnow David
Cimber Matt • *Ottaviano Matteo*
Cimino Michael • 1940-
Cinader R. A.
Clampett Robert • *Clampett Bob* • 1915-
Clancy Carl C.
Clare Jack
Clarendon Hal
Clark Alfred
Clark Benjamin • *Clark Ben*
Clark Bob • 1939-
Clark Bruce • *Clark B. D.*
Clark Colbert • 1898-
Clark Dan
Clark Don
Clark Frank
Clark Frank C.
Clark Frank Howard
Clark Greydon • 1943-
Clark Jack J. • *Clark Jack*
Clark James B. • 1908-
Clark Jesse
Clark Jim
Clark John
Clark Larry
Clark Les
Clark Matt
Clark Richard
Clark Robin
Clark Steven
Clarke Charles G. • 1899-1983
Clarke Les
Clarke Malcolm
Clarke Robert
Clarke Shirley • 1925-
Clasky Ron
Claver Bob
Claxton William F. • *Claxton William* • 1914-
Clay Adam
Clayton John
Clegg V. V.
Clemens James
Clemens William • *Clemens William B.* • 1905-
Clements Ron
Clements Roy • *Clements Roy S.* • *Clements R. S.*
Clifford Bill
Clifford Graeme
Clifford William H. • *Clifford William* • *Clifford W. H.*
Clifford William T.
Clift Denison • *Clift Dennison* • 1892-1961
Clifton Elmer • 1890-1949
Cline Eddie • *Cline Edward F.* • *Cline Edward* • 1892-1961
Clokey Art
Clonebaugh G. Butler
Clotworthy Hal
Clouse Robert
Cloutier Jon Craig
Clurman Harold • 1901-1980
Coates Franklin B.
Coats John
Cochran Steve • 1917-1965
Cochrane George
Cochrane R. H.
Coe Fred • 1914-1979
Coe George
Coen Joel
Cogley Nick • 1869-
Cognito En
Cohen Arthur
Cohen David
Cohen Howard R.
Cohen Ira
Cohen Larry • 1938-
Cohen Martin B.
Cohen Maxi
Cohen Nathan
Cohen Richard
Cohen Rob • *Cohen Robert* • 1949-
Cohen Robert Carl
Cohen Thomas A.
Cohn Bennett • *Cohen Bennett* • 1894-
Cohn Frederick
Coigne Frank B.
Coke Jack
Cokliss Harley • 1945-
Colasanto Nicholas
Colberg Alan
Colby Rick • *Kolbe Winrich*
Colchart Thomas
Coldeway Anthony W.
Colelli Ralph
Coleman C. C. Jr. • *Coleman Charles C.* • *Coleman C. C.*
Coleman Clifford
Coleman Herbert
Coles John David
Colla Richard A. • *Colla Richard* • 1918-
Collachia Jeanne
Collector Robert • *Blake T. C.*
Colleran Bill
Collier James F.
Collins Arthur G. • *Collins Arthur Greville* • *Collins Arthur* • 1897-1980
Collins Edward
Collins Frank
Collins Hancock
Collins Jess
Collins John H. • *Collins John* • 1892-1918
Collins Judy
Collins Kathleen
Collins Lewis D. • *Collins Lewis* • *Collins Lew* • *Lewis Cullen* • 1889-1954
Collins Preston
Collins Robert
Collins Tom
Collins Vincent
Collins Warren
Collins William
Colmes Walter
Colpaert Carl
Colt Zebedy
Columbus Chris
Colvig Pinto
Colwell James
Cominos N. H.
Commons David
Como Don
Compo
Compton J. C.
Compton Juleen
Compton Richard
Conde Manuel S. • *Conde Manuel*
Condon Bill • *Condon William*
Cones James
Cones Nancy Ford
Conger Jane Belson • *Belson Jane*
Conklin Gary
Conley Lige
Connell Barbara
Connell James
Connell W. Merle • *Connell W. M.*
Connelly Marc • 1890-
Conner Bruce • 1933-
Conner Charles M. • 1929-
Conner Ian
Connolly Bobby • *Connolly Robert*
Connor Edward
Conrad Beverly Grant
Conrad Jack
Conrad James
Conrad Mikel
Conrad Randall
Conrad Robert • 1935-
Conrad Steve
Conrad Sven
Conrad Tony
Conrad William • 1920-
Considine John W. Jr. • 1898-
Conte Lou
Conte Richard • 1914-1975
Convy Bert • 1933-
Conway Jack • *Conway Hugh Ryan* • 1887-1952
Conway James
Conway James L. • *Conway Jim* • 1950-
Conway Kevin • 1942-
Coogan George
Coogan Jackie • 1914-1984
Cook Ad.
Cook Bruce
Cook Fielder • *Cook J. Fielder* • 1923-
Cook J. C.
Cook Philip
Cooley Frank
Cooley Verdinal
Coolidge Martha • 1946-
Cooper Bob
Cooper Buddy
Cooper Don
Cooper G.
Cooper Hal • 1923-
Cooper J. Gordon
Cooper Jackie • 1921-
Cooper Merian C. • *Cooper Merian* • 1893-1973
Cooper Peter H.
Cooper Stuart • 1942-
Cooperstein
Copelan Jody
Copeland Jack L. • 1927-
Coplen Yorke
Coppola Christopher
Coppola Francis Ford • *Coppola Francis* • 1939-
Corarito Greg
Corby Francis
Corby Travers
Corea Nick • *Corea Nicholas*
Corell Charles
Cormack Robert
Corman Roger • *Neill Henry* • 1926-
Cormier Gerald
Cornell John
Cornell Joseph • 1938-
Cornsweet Harold
Corona Alfonso
Corr Eugene
Corrigan Lloyd • 1900-1969
Corsan Well
Cort Harvey
Cortez Stanley • 1908-
Cosby Camille
Coscarelli Don • 1954-
Cosentino Nick
Cosper Wilbert Leroy
Costello Maurice • 1877-1950
Costner Kevin
Cotlow Lewis
Cotter John
Couffer Jack • 1922-
Courtland Jerome • 1926-
Couturie Bill
Cowan Bob
Cowan Will
Cowen William J. • 1883-1964
Cowl George
Cox George L.
Cox Nell
Coyle John T.
Coyle Walter • *Coyle Walter V.*
Coyne James
Cozine Ray
Crabtree Gary L.
Craft E. B.
Craft William James • *Craft William J.* • *Craft Bill* • 1880-1931
Craig Fred
Craig Ray
Crain William • 1943-
Cramer Massey
Crammer Jim
Crampton Howard
Crandall Eddie
Crane Barry
Crane Kenneth L. • *Crane Kenneth*
Crane Larry
Craven Frank • 1875-1945
Craven Wes • 1949-
Crawford Herold
Crawford Richard
Crawford Wayne
Crawley Constance
Creelman James Ashmore
Crenna Richard • 1926-
Crichton Michael • 1942-
Crilly Spence
Crinley William A.
Crippen Fred
Critchlow Keith F.
Crockwell Douglas
Crommie Dave
Cromwell John • 1887-1979
Crone George J. • 1894-
Crosby William G.
Crosland Alan • 1894-1936
Crosland Alan Jr.
Crouch William Forest • 1904-
Crouse Avery
Crow Dean
Crowe Cameron
Crowe Christopher
Crowley Lawrence
Crowley William X.
Crump Owen
Cruze James • 1884-1942
Cueri Charles
Cukor George • 1899-1983
Culhane James
Culhane Shamus
Cullingham Mark
Cullison Webster
Culp Robert • 1930-
Cummings Eugene
Cummings Irving • 1888-1959
Cummings Irving Jr.
Cummings Jack • 1900-
Cummings R. E.
Cummings Robert
Cunard Grace • 1894-1967
Cunha Richard E. • *Cunha Richard*
Cunliff Don
Cunningham Sean S. • *Cunningham Sean* • 1941-
Curran William Hughes • *Curran W. Hughes* • *Curran William*
Currey Jack
Currie Anthony
Currier Frank • 1857-1928
Curtin Lawrence
Curtis Allen
Curtis Dan • 1928-
Curtis Douglas
Curtis Edward Sheriff
Curtis Glen
Curtis Jack • 1926-
Curtis Terry
Cushing Bartley
Cushman Ralph
Cusumano Rudolph
Cutaia Jon
Cutting Jack
Da Costa Morton • 1914-
Dadmun Leon E.
Dahlin Bob
Dale Allan
Daley Oscar
Daley Sandy
Daley Tom • *Daly Tom*
Dalie Dave
Dall Christine
Dalton Cal
Dalva Robert • 1942-
Daly Arnold • 1875-1927
Daly William Robert • *Daly William R.* • *Daly Robert*
Damiano Gerard • *Gerard Jerry*
Damski Mel • 1946-
Dana Jonathan
Danford Joe
Daniel Rod
Danielewski Tad
Daniels Godfrey
Daniels Harold
Daniels Marc
Daniels Stan
Danska Herbert
Dante Joe • 1948-
Danton Ray • 1931-
D'Antoni Philip • 1929-
D'Antoni Richard
Darabont Frank • *Durabont Frank*
Darcia
D'Arcy Harry
Dare Danny
Dark Tony
Darley Dik
Darling Joan • 1935-
Dassin Jules • 1911-
Dauber Philip
Daugherty Herschel • 1909-
Davenport Charles E. • *Davenport Charles*
Davenport Harry • 1866-1949
Davenport Suzanne
Davenport Tom
Daves Delmer • 1904-1977
Davey Forrest
Davey Horace • *Davey Horace B.*
Davian Joe
David Allan
David Charles
David Harold
Davidson Carson
Davidson Gordon • 1933-
Davidson Martin • *Davidson Marty* • 1939-
Davidson Robert W.
Davies Bill
Davies Hal • *Davis Hal*
Davies Valentine • 1905-
D'Avino Carmen • 1918-
Davis Andrew • *Davis Andy*
Davis Arthur • *Davis Art*
Davis B. J.
Davis Bobby
Davis Charles
Davis Dale
Davis Don
Davis Eddie • 1907-
Davis George

Davis J. Charles
Davis James • *Davis James D.* • *Davis Jim* • *Davis J.*
Davis James • *Davis Jim*
Davis Joe
Davis Kate
Davis Mannie
Davis Ossie • 1917-
Davis Peter
Davis Robert P. • 1929-
Davis Roy
Davis Ulysses
Davis Walt
Davis Will S. • *Davis William S.* • *Davis Will*
Davison D. E.
Davison Donn
Davison Robert W.
Dawley Herbert M.
Dawley J. Searle • -1950
Dawn Jack
Dawn Norman • 1887-1975
Dawson John R.
Dawson Ralph • 1897-
Dayron Norman
Dayton Helena Smith
Dayton Lyman D. • *Dayton Lyman*
De Antonio Emile • 1920-
De Barge C. R.
De Bello John
De Cola Frank
De Cordova Frederick • 1910-
De Cordova Leander
De Courcy Walter
De Felitta Frank • 1921-
De Gaetano Michael A.
De Grasse Herbert Jean
De Gray Sidney
De Haven Carter
De Hirsch Storm
De Jarnatt Steve
De Koenigsberg Paula
De La Mothe Leon
De La Parelle M.
De La Varre Andre • *De Lavarre Andre* • 1904-
De Lacey Philippe
De Lacy Robert • *De Lacey Robert*
De Laurent Edouard • *de Laurent Edouard*
De Lay Melville
De Leon Gerardo • *De Leon Gerry* • 1913-1981
De Leon Leon
De Leonardis Robert
De Lorme L. E.
De Luca Rudy
De Menil Francois
De Mille Cecil B. • 1881-1959
De Mille William C. • *De Mille William* • 1878-1955
De Mond Albert
De Moro Pierre
De Palma Brian • 1940-
De Palma Frank
De Paola Alessio
De Priest Ed
De Renzy Alex
De Rosselli Rex
De Rue Eugene
De Sano Marcel
De Sante Charles
De Serge Carlton
De Stefano Lorenzo
De Villiers
De Vito Ralph
De Vonde Chester M. • *De Vonde Charles M.*
Dean Arthur
Dean Ralph
Dear Frank L. • *Dear Frank*
Dear William
Dearholt Ashton
Decelles Pierre
Decoteau David
Dee T. A.
Deerson Jacques
Deguere Philip
Deimel Mark
Dein Edward
Deitch Donna • 1945-
Deitch Gene
Dekker Elwood
Dekker Fred • 1959-
Deknight Jimmy
Del Monte Peter • 1943-
Del Prete Deborah
Del Ruth Hampton • 1888-
Del Ruth Roy • 1895-1961
D'Elba Henri • *D'Elba H.*
D'Elia Bill
Delia Francis
Dell Budd • *Dell Bud*
Dell Jeff
Dell Perry
Delman Jeffrey
Delmore Ralph
Deluise Dom • *De Luise Dom* • 1933-
Delvos Jamie
Demchuk Bob
Demeo Paul
Demetrakis Johanna
Deming Norman
Demme Jonathan • 1944-
Demott Joel
Dempsey Al
Denbaum Drew
Denby Jerry
Denny Craig
Densham Pen
Dentino John
Denton Lawrence
Denucci Tom
Derek John • 1926-
Deren Maya • 1917-1961
Dertano Robert C.
Deschanel Caleb • 1944-
Desimone Tom • *De Simone Tom* • *De'Simone Tom*
Desloge Bill
Desmond James
Destein Joseph
Detiege David
Deubel Robert
Deutch Howard
Devensky David
Deverich Nat C. • *Deverich Nat*
DeVito Danny • *De Vito Danny* • 1944-
Dew Edward
Dewar William
Dewier Tom
Dewitt Tom
Dexter Maury • 1927-
Dexter Steve
Dia Claire
Dial B. H.
Dick Kirby
Dick Nigel
Dickson Charles
Dickson W. K. L. • 1860-1935
Diege Samuel
Dieltz Charles
Dierker Hugh
Dileo Mario
Dillon Eddie • *Dillon Edward*
Dillon John Francis • *Dillon John F.* • *Dillon John* • *Dillon Jack* • 1887-1934
Dillon Robert A. • *Dillon R. A.* • *Dillon Robert*
Dillow Jean Carmen
Diltz Charles
Dimitri M. M.
Dinet James
Dinner Michael
Dionysius Eric • 1951-
Dippel Lidmilla
Disney Walt • 1901-1966
Ditmars Raymond L.
Dittrich Scott
Divad David
Dixon Denver
Dixon Harry T.
Dixon Ivan • 1931-
Dixon Ken
Dixon Thomas
Dixon Wheeler
Doane Warren
Dobbs Frank Q.
Dobkin Larry
Dobkin Lawrence
Doby Kathryn
Dodgson Charles
Dodson James
Doheny Lawrence • *Doheny Larry*
Dohler Don • *Dohler Donald M.*
Dolgy Mike
Dollens Morris Scott
Dollinger Steve
Dombasle Arielle • 1955-
Dominic John
Domokos Attila
Donaldson Arthur
Donaldson Dick
Donaldson R. M.
Donehue Vincent J. • 1916-1966
Donen Stanley • 1924-
Doner William
Doniger Walter • 1917-
Donne John
Donnelly Dennis
Donnelly Eddie • *Donnelly Ed*
Donnelly Tom
Donner Richard • *Donner Richard D.* • 1930-
Donohue Jack • 1912-1984
Donovan Frank P. • *Donovan Frank* • 1904-
Donovan King
Donovan Tom
Doran Thomas
Dore Mary
Dorfman Ron
Dorian Charles
Dorsky Nathaniel
Doucette Albert J.
Doughton Russell S. Jr. • *Doughton Russell S.*
Douglas Gordon • 1909-
Douglas James
Douglas John
Douglas Kirk • 1916-
Douglas Lamont
Douglas Neil
Douglas Peter • 1953-
Douglas W. A. S. • *Douglas W. A.*
Douglass James • *Douglas James*
Doukas Bill
Doules Seemore
Dow Marcus
Dowd Nancy • 1944-
Dowdey Kathleen • 1949-
Dowlan William C. • *Dowlan William*
Downey John
Downey Robert • 1936-
Downs Allen
Doyle Don
Doyle Julian
Dragin Bert L.
Dragoti Stan • 1932-
Drake James R.
Drake Jim
Drake Oliver
Drake Tom • *Drake Tom Y.* • *Drake T. Y.* • 1918-
Draper Lauron A.
Dray Jim Robertson
Dream Rinse
Drew Robert
Drew Robert L.
Drew Sidney • *Drew Sidney Rankin* • *Drew S. Rankin* • 1864-1920
Drew Sidney Mrs. • *Rankin Gladys* • *McVey Lucille* • 1868-1925
Drew William
Drexler Philip T. • *Drexler Philip T. Jr.*
Driscoll Richard
Driver Donald
Driver Sara • 1956-
Drouet Robert
Dryden Hope • *Ryden Hope*
Du Pont Michael
Dubbs Arthur
Dubelman Dick
Dubin Charles S. • *Dubin Charles* • 1919-
Dubin Jay
Dubs Arthur R. • *Dubs Arthur*
Ducey Lillian
Duchowny Roger
Dudley Carl
Dudley M. B.
Dudley Michael
Duffy J. A.
Duffy Kevin • *Maxwell Alexander* • *Vincent Kevin*
Duga Don
Duga Irene
Dugan James
Dugan Michael
Dugdale George
Duke Bill
Duke Daryl • 1935-
Dukes Robert
Dull Orville O.
Duncan Patrick
Duncan Victor
Duncan William • 1880-1961
Dunham Phil
Dunlap Jack
Dunlap Scott R. • *Dunlap Scott* • 1892-1970
Dunlop Paul
Dunn Eddie
Dunn Henry K.
Dunne J. W.
Dunne Philip • 1908-
Dupree Hayes • *Du Pree Hayes*
Durand Rudy
Durham Todd
Durkin James • 1879-1934
Durlam G. Arthur
Durning Bernard J. • *Durning Bernard*
Durston David E. • *Durston David*
Duval Earl
Duvall Robert • 1931-
Dwyer John
Dyal H. Kaye • *Dyal H. K.*
Dyal Susan
Dye Ted
Dyke Robert
Dylan Bob • 1941-
Dyott George M.
Eagle Bill
Eagle Boris
Eagle Oscar
Eames Charles
Eames Ray
Earle Ferdinand P.
Earle George
Earle William P. S.
Eason B. Reeves • *Eason Reeves* • *Eason Reaves* • 1886-1956
Eason Walter B.
Eastman Charles
Eastman G. L.
Eastman Gordon
Eastman Phil
Easton Clem • *Easton Clement* • *Easton C. H.* • *Easton C.*
Easton H. C.
Eastwood Clint • 1930-
Eberhardt Thom
Eberson Drew
Ebrahimian Ghasem
Eddy Robert • *Eddy Bob*
Eden Mark
Edward Steven
Edwards Blake • 1922-
Edwards Charles
Edwards George
Edwards H. P.
Edwards J. Harrison
Edwards Robert
Edwards Roland G.
Edwards Vince • 1928-
Edwards Walter • *Edwards Walter C.*
Edwards William
Edwin Walter
Egleson Jan
Egorov Oleg
Ehrlich David
Einfeld Richard
Einhorn Lawrence
Ekard Revilo
Elam Jo Ann
Eldridge E. M.
Elfelt Clifford S. • *Elfelt Clifford* • *Elfelt C. S.*
Elfman Richard
Elfstrom Robert
Elikann Larry
Ellery Arthur
Elliot Grace
Elliott B. Ron
Elliott Clyde E. • *Elliott Clyde*
Elliott Lang • 1950-
Ellis Carlyle
Ellis Robert • 1892-1935
Ellison Joseph
Ellsworth J.
Ellsworth Warren
Elman Louis
Else John
Elsom Bryan
Elwyn Robert
Emenegger Robert
Emerson John • 1874-1956
Emerson W. D.
Emerson Wesley
Emery Robert J.
Emmerich Roland
Empey Arthur Guy
Emshwiller Ed • 1925-
Emshwiller Peter
Emyl Rolf
Ende Mel M.
Endelson Robert A.
Enders Robert
Engel Jules
Engel Morris • 1918-
Engelbach David
Engelson Bob
Engelson Rick
Engle Harrison
English Edward
English James W.
English John W.
Englund Alex C.
Englund George • *Englund George H.* • 1926-
Englund Robert
Enright Ray • *Enright Raymond E.* • 1896-1965
Ensminger Robert • *Ensminger Bert*
Entwhistle Harold
Ephron Henry • 1912-
Epstein Harry
Epstein Marcelo
Epstein Robert
Erdman Richard • 1925-
Erickson A. F. • *Erickson A. F. (Buddy)* • 1879-
Eriksen Dan
Erman John • 1935-
Erp Thomas
Erskine Chester • 1905-1986
Erwitt Elliott
Esbaugh Ted
Eshbaugh Ted
Esper Dwain • *Esper Dwayne*
Essex Harry • 1910-
Estabrook Howard • 1884-1978
Estevez Emilio • 1962-
Estus Boyd
Etting Emlen
Eustace Harry K.
Evans Jack
Evans John
Evans Osmond
Evans Richard Z.
Evans Roger
Evans Warren • *Schwartz Kenneth*
Everett Edward
Everett George
Ezra Mark
Faber Christian
Fabritzi A.
Fadman Edwin Miles
Fahrney Milton • *Fahrney Milton H.* • *Fahrney (Mr)*
Fairbanks Douglas • 1883-1939
Fairbanks Jeffrey
Fairbanks Jerry
Fairfax Marion
Falcon P.
Falk Harry
Fanaka Jamaa
Fanning Frank
Fanshawe David
Faralla William D. • *Faralla William*
Fargo James • 1938-
Farkas Michael
Farlowe Vance
Farmer Dan
Farney Charles
Farnum Marshall
Farnum Martin
Farrar Anthony
Farrell Jeff
Farrell Mike
Farris John
Fasano John
Faulkner Brendan
Faust Martin J.
Fawcett George • 1860-1939
Fay Hugh
Fayman Lynn
Feazall Jim
Feder L.
Feels C. W.
Feeney Edward • *Feeney Ed*

Feferman Linda
Feigenbaum Bill
Feikel Bernard
Feinstein Barry
Feist Felix E. • *Feist Felix* • 1906-1965
Feitshans Fred R. Jr.
Feke Steve
Feldberg Mark
Felderman Bob
Feldman Dennis
Feldman Gene
Felix Seymour • 1892-1961
Fenady George • 1930-
Fennell Paul
Fergeson James
Ferguson Al
Ferguson Edward
Ferguson Norman
Ferrara Abel
Ferrari Stefano
Ferrater-Mora J.
Ferrer Mel • 1917-
Ferretti Robert A.
Ferrin Frank
Ferris Bill
Ferris Josette
Ferris Mabel
Ferro Alberto • *Braun Lasse*
Ferro Gudmundur Gudmundsson
Fetterer Harry
Fiegelson Julius
Field C. C.
Field George
Field Ron
Fielding Romaine • 1877-
Fielding Tom
Fields Connie
Fields Don
Fields Leonard
Fields Michael
Fiering Alvin
Figman Max
Findlay Michael • *Weste Robert* • *Marsh Julian*
Findlay Roberta • *Riva Anna*
Finegan John P. • *Finegan John*
Fink Michael
Finkleman Ken
Finley Ned
Finney Edward
Fiore Robert
Firestone Cinda
Firth Michael
Fischa Michael
Fischer David G.
Fishback Fred C. • *Fishback Fred*
Fishelson David
Fisher Albert
Fisher Bud
Fisher David • 1948-
Fisher Jack
Fisher Mary Ann
Fishman Bill
Fisk Jack • 1945-
Fist Fletcher
Fitzgerald Dallas M.
Fitzgerald Ed
Fitzgerald J. A.
Fitzpatrick James
Fitzpatrick James A.
Fiveson Robert S.
Fizz Gene
Flaherty David
Flaherty Frances Hubbard
Flaherty Paul
Flaherty Robert • *Flaherty Robert J.* • 1884-1951
Flaven Art • *Flaven Arthur*
Fleetwood David
Fleischer Dave • *Fleischer David* • 1894-1979
Fleischer Max • 1889-1972
Fleischer Richard • *Fleischer Richard O.* • 1916-
Fleischner Bob
Fleishman Stephen
Fleming Andrew
Fleming Carroll
Fleming Caryl S.
Fleming Victor • 1883-1949
Flicker Theodore J. • *Flicker Theodore* • 1930-
Flocker James T.
Flocker Jim
Flood James • 1895-1953
Flood Thomas
Florea John • 1916-
Florey John
Florio Maria
Flowers Don
Flynn Emmett J. • *Flynn Emmett* • 1892-1937
Flynn Harry
Flynn John
Flynn Ray
Foldes Lawrence D. • *Foldes Laurence D.* • 1959-
Foleg Peter
Foley James
Foley John
Follett F. M.
Fonda Jane • 1937-
Fonda Peter • 1939-
Fons Jorge
Fontaine Gerard
Fontaine Richard
Fonvielle Lloyd
Ford Charles E.
Ford Charles Henri
Ford Francis • 1882-1953
Ford Hugh
Ford John • *Ford Jack* • 1895-1973
Ford Philip • 1902-1976
Ford Steve
Ford Wesley
Forde Eugene J. • *Forde Eugene* • 1898-
Forde Victoria
Foreman Carl • 1914-1984
Foreman Richard
Foreman Ronald Kent
Forest Alan • *Forrest Alan*
Forest Leonard • 1928-
Forman Tom • 1893-1938
Forrell Gene
Forrest Stanley
Forrester M. F.
Forsberg Rolf
Forsher James
Forster Robert • 1941-
Forsyth Ed
Foskos Nick
Fosse Bob • 1927-1987
Fosselius Ernie
Foster Douglas
Foster Harry • 1906-1985
Foster Harve
Foster John
Foster Lewis R. • *Foster Lewis* • 1889-1974
Foster Norman • 1900-1976
Fouse Frank
Fowler Gene Jr.
Fowler Robert
Fowley Douglas • 1911-
Fox Donald
Fox Finis
Fox Wallace • *Fox Wallace W.* • 1895-1958
Fox William
Foy Bryan • 1896-1977
Fraker William A. • *Fraker William* • 1923-
Frambers C. A.
Frame Park
Frampton Hollis • 1936-
France Charles H. • *France Charles*
France Chuck
France Floyd
Franchon Leonard
Francis Coleman
Francis Lewis S.
Francisco Clay
Francovich Allan
Franey William
Frank Alexander F. • *Frank Alexander* • *Frank Alex*
Frank Barbara
Frank Carol
Frank Earl
Frank Ernst L. • *Frank Ernest L.*
Frank Melvin • 1913-
Frank Robert
Frank W. Earle
Frankenheimer John • 1930-
Franklin Carl
Franklin Chester M. • *Franklin Chester* • *Franklin C. M.* • 1890-1948
Franklin Harry L. • *Franklin Harry*
Franklin Howard
Franklin Sidney A. • *Franklin Sidney* • *Franklin S. A.* • 1893-1972
Franklin Sidney A. Jr.
Franklin Wendell James
Franz Joseph J. • *Franz Joseph*
Franzese Michael
Fraser George
Fraser Harry L. • *Fraser Harry*
Frawley James • 1937-
Frazee Edwin • *Frazee Edwin A.* • *Frazee E. A.*
Frazer David I.
Fredericks Walter S. • *Fredericks W. S.*
Freed Herb
Freedman Jerrold
Freedman Joel L.
Freedman Robert
Freeland Thornton • 1898-
Freeman Al Jr. • 1934-
Freeman Henry
Freeman Jim
Freeman Joan
Freeman Leonard • 1921-1974
Freeman Marjorie
Freeman Mervyn
Freeman Mike
Freeman W. W. Doc
Freen Howard
Freers Rick
Frees Paul
Freleng Friz • *Freleng Isadore* • *Freleng I.* • 1906-
French Charles K. • *French Charles*
French Lloyd
French Victor
Frenke Eugene
Frerck Robert
Freulich Roman
Freund Jay
Friedberg David R.
Friedberg Rick
Friedel Frederick R.
Friedenberg Richard • *Friedenberg Dick*
Friedkin David • 1939-
Friedkin William • 1939-
Friedman David
Friedman David F.
Friedman Ed
Friedman Ken
Friedman Kim
Friedman Richard
Friedman Seymour • 1917-
Friend Robert L.
Frisch Larry • 1929-
Frissell Varick • *Frissell Varick Lewis* • 1903-1931
Fritsch Gunther V. • *von Fritsch Gunther* • *Fritsch Gunther*
Frizler Paul
Froehlich Bill
Froelich Roman
Frohman Mary Hubert
Fromberg Gerald
Frost Lee
Frost R. L. • *Frost Robert Lee* • *Frost R. Lee*
Fruchter Norman
Fuhr Charles
Fulk David
Fuller Lester
Fuller Samuel • 1911-
Fuller Tex
Fuller Walter
Fulton Jimmie
Funt Allen • 1914-
Furri Malcolm
Furthman Jules G. • *Furthman Jules* • 1888-1960
Gabai Richard
Gabel Martin • 1912-1986
Gabriel Michael
Gadette Frederic
Gadney Alan • 1941-
Gaffney Robert • 1931-
Gage George
Gage John
Gahris Roy
Gaillord Robert • *Gaillard Robert*
Gaine Michael
Galanty Sidney
Galbreath Richard
Gale George
Gale John
Galentine Wheaton
Galfas Timothy • 1934-
Galindo Ruben Jr.
Gallagher John A. • 1955-
Gallagher Ray • 1889-1953
Gallaher Donald
Gallu Samuel • 1918-
Gamble Don
Gangler Tod
Gannaway Albert C. • *Gannaway Albert* • *Gannaway Al* • 1920-
Gant Harry A.
Ganzer Alvin
Garber Herbert
Garcia Al Ernest
Garcia Jerry
Garcia Ron
Gardner Bud
Gardner Frank
Gardner Herb
Gardner Louis B.
Gardner Richard
Gardner Robert • *Gardner Bob*
Garen Leo
Garfias Robert
Gariazzo Antonio
Garland Nathan
Garnett Tay • 1895-1977
Garrett Lila
Garrett Oliver H. P. • 1897-1952
Garrett Otis • 1895-1941
Garris Mick
Garrison Christian
Garrison Greg
Garson Harry
Garto Frank
Garwood John
Garwood William
Gary Jerome
Gary Ken
Gaskill Charles L. • *Gaskill Charles*
Gassan Arnold
Gast Leon
Gaston William
Gati John
Gator Linus
Gaudioz Tony
Gaver Eleanor
Gaye Howard
Gaylord A. J.
Gayton Joe
Gayton Tony
Gazarian Armand
Gazzara Ben • 1930-
Gee
Gehr Ernie • 1943-
Geisinger Elliot
Geiss Alec
Geldert Clarence • 1867-1936
Gelentine Wheaton
Geller Bruce • 1931-1978
Geller Bruno
Genns Karl • *Gens Carl*
Genock Edward
George Burton
George George W.
George James
George Leslie
George Peter
Georgias Andrew
Geraughty Gerald
Geraughty Maurice • 1908-1987
Gercke
Gercon Jo
Gernert Bill
Geronimi Clyde
Gerrard Douglas • 1885-
Gershuny Theodore
Gerson Barry
Gerson Skip
Gerstad Harry
Gerstein Cassandra M. • *Gerstein Cassandra*
Gerstein Mordi
Gessner Peter
Gethers Steve • *Gethers Stephen* • *Gethers Steven*
Giannone Joe
Gibb Ken
Gibbins Duncan
Gibbons Cedric • 1893-1960
Gibbs B. C.
Giblyn Charles
Giblyn George
Gibson Bill
Gibson Ed Hoot • *Gibson Hoot* • 1892-1962
Gibson Harry
Gibson Tom
Gilbert Billy • 1894-1971
Gilbert John • 1895-1936
Gilbert Philip
Giler David
Gilhuis Mark G. • *Gillhuis Mark G.*
Gillen Jeff
Gilles Kevin
Gillett Burt • *Gillett Burton*
Gilliam Terry • 1940-
Gillmer Reuben
Gillstrom Arvid E. • *Gillstrom Arvid*
Gilmore Stuart • 1913-1971
Gilroy Frank D. • 1925-
Gimbel Peter
Ginsberg Henry
Ginsberg Milton Moses
Ginty Robert
Giorgio Bob
Giovinazzo Buddy
Giraldi Bob
Girard Bernard • 1929-
Girdler William • 1947-1978
Gish Lillian • 1896-
Gist Robert • 1924-
Gistamano Clarko
Gittens Wyndham
Gittleman Leonard J.
Gittler Allan
Glackens L. M.
Glackens W. L.
Glaser Paul Michael • 1943-
Glasser Bernard • 1924-
Glatter Lesli Linka
Glazer Benjamin • 1887-1958
Glazer Herbert
Gleason Joseph
Gleason Michie
Glendon J. Frank • *Glendon Frank*
Glenn Bill
Glenn Jack
Glennon Bert • 1893-1967
Glick Wizard
Glickenhaus James • *Glickenhaus Jim* • 1950-
Glicker Paul
Glut Don
Gochis Constantine S.
Goddard Claude
Goddard Gary
Godmilow Jill
Godsoe Harold
Goebel O. E.
Goetz Ben • 1891-
Goetz John
Goetz Tommy
Goitein Alex E.
Gold Gregg
Gold Jeffrey
Gold Joel
Goldaine Mark
Goldbeck Willis • 1899-1979
Goldberg Dan
Goldberg Danny
Goldberg Dave
Goldberg David
Goldberg Jack
Goldberg Rube
Goldblatt Mark
Golden John
Golden Joseph A. • *Golden Joseph*
Golden Robert
Goldfarb Lawrence G.
Goldin Sidney M. • *Goldin Sidney*
Golding Paul
Goldman F. Lyle
Goldman Jim
Goldman Les
Goldman Martin
Goldman Mical
Goldman Michael
Goldman Peter Emanuel • *Goldman Peter Emmanuel* • *Emanuel Aram* • 1939-
Goldman Stuart
Goldscholl Mildred • *Goldscholl Millie*
Goldscholl Morton
Goldsmith Frank
Goldstein Alvin H.
Goldstein Bruce

Goldstein Scott
Goldstone Duke
Goldstone James • *Goldstone Jim* • 1931-
Goldstone Phil
Goldstone Richard • 1912-
Goldwyn Samuel Jr. • *Goldwyn Sam Jr.* • 1926-
Gollin Norman
Gomer Steve
Goncharoff Sergei
Good Knott
Good Peter B.
Goodell Gregory • *Goodell J. Gregory*
Goodell John D.
Goodkind Saul • *Goodkind Saul A.*
Goodman Daniel Carson
Goodman Edward
Goodman F. Lyle
Goodman Philip S.
Goodman Robert
Goodwin Robert L.
Gordon Al
Gordon Bert I. • 1922-
Gordon Bette
Gordon Bryan
Gordon Dan
Gordon George
Gordon Gerard
Gordon James
Gordon John J.
Gordon Jonathan
Gordon Keith
Gordon Michael • 1909-
Gordon Robert
Gordon Steve • 1938-1982
Gordon Stuart
Gordon Warren
Gordy Berry • 1929-
Gore James
Goren Rowby
Gorman George
Gorman John • *Gorman Jack*
Gornick Michael
Gottler Archie
Gottlieb Carl • 1938-
Gottlieb David Neil
Gottlieb Lisa
Gottlieb Michael
Gottschalk Robert • 1918-
Gould Charles • *Gould Charles S.*
Gould Dave
Gould Manny
Gour Rajendra
Gove Edgar A.
Governor Richard
Gower Wolfgang
Gowers Bruce
Graeff Tom • 1929-
Graham Bob
Graham David C.
Graham Ed • *Graham Eddy*
Graham Frank
Graham Jo
Graham Ronald
Graham Walter
Graham William A. • *Graham William* • 1928-
Grainger Ray
Gramlich Charles
Grand Richard
Grandon Francis J. • *Grandon Francis* • *Grandon Frank* • *Grandon F. J.*
Grant Dwinnel
Grant Harry A.
Grant James Edward • *Grant James* • 1902-1966
Grant John A.
Grant Lee • 1926-
Granville Fred Leroy • *Granville Fred L.*
Grasshoff Alex • 1930-
Grattan Alexander • *Grattan Alejandro*
Grauman Walter • *Grauman Walter E.* • 1922-
Graver Gary
Graves Ralph • 1900-1977
Gray Bob
Gray Edward
Gray John
Gray Mike
Gray Paul
Grayson Helen
Greaves William
Greco James
Greek Janet • *Allen A K*
Green Alfred E. • *Green Alfred* • *Greene Al* • 1889-1960
Green Austin
Green Bruce
Green Bruce Seth
Green Douglas
Green Joseph
Green Lou
Green Walon
Greenberg Bob
Greenberg Richard
Greene Clay M.
Greene Danford B.
Greene David Allen
Greene Don Fox
Greene Herbert
Greene Martin
Greene Philip
Greene Sergio Olhovich
Greene Sparky • 1948-
Greens Gregory
Greenspan Bud
Greenstands Arthur
Greenwald Maggie
Greenwald Robert • 1945-
Greenwalt David
Grefe William
Gregor Arthur
Gregory Carl Louis
Gregory John • *Gregory Jim*
Gregory John R. • 1918-
Grenier George G.
Greshler Abner J.
Grey John Wesley • *Grey John W.*
Grey Lorraine
Grey Ray • *Gray Ray*
Gribble Harry Wagstaff
Grier Ken
Gries Tom • 1922-1977
Griffin Frank C. • *Griffin Frank* • 1861-
Griffith Beverly
Griffith Charles B.
Griffith D. W. • *Griffith David Wark* • 1875-1948
Griffith Edward H. • *Griffith E. H.* • 1894-
Griffith Raymond • 1890-1957
Griffiths Mark
Grillo Gary
Grimaldi Hugo
Grinde Nick • *Grinde Harry A.* • 1893-1979
Grindell-Matthews H.
Grinter Brad F.
Grissmer John
Grofe Ferde Jr. • *Grofe Ferde*
Gronquist Don
Grooms Red
Gross Jerry • 1941-
Gross Larry
Gross Milt
Grossman Douglas
Grossman Harry
Grossman Sam
Ground Robert
Gruen James
Gruen Victor
Gruenberger John
Grunwalt David
Gucci Leon
Guenette Robert • 1935-
Guercio James William
Guermontes Roger
Guest Christopher
Guest Revel
Guest Robert
Guggenheim
Guggenheim Charles
Guilfoyle Paul • 1902-1961
Guiol Fred • *Guiol Fred M.* • 1898-1964
Gulager Clu • 1935-
Gullette George
Gunn Bill
Gunter George
Gurney Robert Jr. • *Gurney Robert J.* • *Gurney Robert* • 1924-
Gurvin Abe
Gutman Nathaniel
Gutman Walter
Guylder Van
Guzman Claudio
Gyllenhaal Stephen • *Gyllenhall Stephen R.* • *Gyllenhaal Steven* • 1949-
Haas Charles • *Haas Charles F.* • 1913-
Hachuel Herve
Hackett James K.
Hackford Taylor
Hackney W. P.
Hadden George
Haddock William F. • *Haddock William* • *Haddock W. F.*
Hadley Jack
Haeseler John A.
Hafela Courtney
Hagen Claire
Hagen Ross
Haggard Mark
Haggis Paul
Hagman Larry • 1939-
Hagmann Stuart • 1942-
Hagopian Michael
Hahn Manny Nathan
Hahn Richard
Hahn Steven
Haig Roul
Haims Eric Jeffrey • *Haims Eric*
Haines Fred
Haines Randa
Haines Richard W.
Hais Jai
Hale Alan • 1892-1950
Hale Albert W. • *Hale A. W.* • *Hale (Mr)*
Hale George
Hale Rex
Hale Walter
Hale William • *Hale Billy* • 1928-
Haley Earl
Haley Jack Jr. • 1933-
Halicki H. B. • -1989
Hall Alexander • 1894-1968
Hall Arch Sr. • *Merriwether Nicholas* • 1908-
Hall Bert
Hall Ed
Hall Edward
Hall Franklin
Hall Gorton
Hall Jon • 1913-1979
Hall Kenneth J.
Hall Robert
Hall Sheridan
Hall Walter • *Hall Walter Richard*
Hallenbeck E. Darrell
Haller Daniel • *Haller Dan* • 1926-
Halligan George
Halloway Jack
Hallowell Todd
Hallstrom Don
Halperin Victor Hugo • *Halperin Victor* • 1895-
Halpern David M.
Hamilton G. P. • *Hamilton Gilbert P.*
Hamilton Lloyd • *Hamilton Lloyd V.* • 1891-1935
Hamilton Rollin
Hamilton Strathford
Hamilton William
Hamilton Wray
Hamlin Jerome
Hammer Barbara
Hammer Robert
Hammond John Jr.
Hampton Benjamin B.
Hampton Jesse D.
Hampton William J.
Hamrlin Ken
Hancock Bill
Hancock H. E.
Hancock Herbert
Hancock John • 1939-
Hand David • 1900-
Hand Fletcher
Handel Leo A. • *Handel Leo*
Handler Ken
Handley Jim
Handworth Harry
Hanna William • *Hanna Bill* • 1910-
Hannah Jack
Hanooka Itzhak
Hansel Howell • *Hansel Howard*
Hansen Kenneth
Hansen Mark
Hansen Paul O.
Hanson Curtis
Hanson David W.
Hanson Ed
Hanson John
Hanson Tom
Hanwright Joseph C.
Harbaugh Carl
Harber Dick
Harberger Emil
Harbinger Richard
Hardaway Ben
Hardy Joseph • *Hardy Joe*
Hare Bill
Hargrave Denis
Hargrove Dean • 1938-
Harlin Renny
Harling Donn
Harman Hugh • 1903-1982
Harmon Bill • 1915-1981
Harmon Paul • 1951-
Harmon Robert
Harper Max
Harrington Curtis • *Sebastian John* • 1928-
Harris Bob
Harris Clarence J.
Harris Denny
Harris Frank
Harris Harry
Harris Harry B.
Harris Hilary
Harris Jack H.
Harris James B. • 1928-
Harris Ken
Harris Maxine
Harris Steve
Harrison Ben
Harrison Bertram
Harrison Ed N.
Harrison John
Harrison Ken • 1942-
Harrison Marcus
Harrison Marguerite
Harrison Paul
Harrison S. B.
Harrison Saul • *Harrison Saul E.*
Harriton Chuck
Harry Lee
Harryhausen Ray • c1920-
Harshaw Jubel
Hart Bruce
Hart Christopher
Hart Derek
Hart Neal
Hart Walter
Hart William S. • 1870-1946
Hartford David M. • *Hartford David* • 1876-
Hartford Ken
Hartigan P. C. • *Hartigan Pat* • 1881-
Harting P. C.
Hartley
Hartman Don • 1900-1958
Hartman F. G.
Hartman Ferris
Harvard Emile
Harvey Harry
Harvey Herk
Harvey Joan
Harvey John • *Harvey Jack*
Harvey John Joseph
Harvey Russ
Harvey William M.
Haskin Byron • 1899-1984
Hasse Paul
Hastings Seymour
Hatchcock Bob
Hatchcock Jeff
Hathaway Henry • 1898-1985
Hatton Richard • *Hatton Dick*
Hauge Alan
Havez Jean
Havihga Nick
Hawes Michael
Hawkes Steve
Hawkins Emery
Hawkins John H.
Hawks Don
Hawks Howard • 1896-1977
Hawks Kenneth • -1930
Hawley Jim
Hay Harry
Hayden Jeffrey
Hayden Russell • 1912-
Hayden Tom
Haydon J. Charles • *Haydon Charles J.*
Hayeem Benjamin • *Hayeem Ben*
Hayes Alfred
Hayes Bev
Hayes Frank
Hayes John
Hayes John J.
Hayes Max E.
Hayes Robert
Hayes Ron
Hayes Ward • *Hayes W.*
Haymeen Benjamin
Hays Bill
Hays Jack
Head John
Heard Howard
Heard Paul F.
Hearn J. Van
Heath Arch B. • *Heath Arch* • 1890-
Heavener David
Hecht Ben • 1893-1964
Hecht Harold
Heckel Sally
Heckerling Amy • 1954-
Heddon Rob • *Hedden Rob*
Hedlund Guy
Hee T.
Heffron Richard T. • *Heffron Richard* • *Heffron Dick* • 1930-
Heffron Thomas N. • *Heffron Thomas* • *Heffron T. N.* • 1872-
Hegedus Chris
Heid Graham
Heilig Mort
Heinz John
Heinz Ray • *Heinz Russell Ray*
Heisler Stuart • 1894-1979
Heiss William
Heliczer Piero
von Hellen M. C.
Heller Gordon
Hellings Sarah
Hellman Jerome • 1928-
Hellman Monte • 1931-
Helm Sammy
Helmick Paul
Helpern David Jr.
Hemmer Edward L. • *Hemmer Edward*
Henabery Joseph • *Henabery Joseph E.* • 1888-1976
Henderson Clark
Henderson Don
Henderson Lucius • *Henderson Lucius J.* • *Henderson L. J.*
Hendrickson Robert
Henenlotter Frank
Henley Hobart • 1886-1964
Hennecke
Hennigar William K.
Henry Buck • 1930-
Henson Jim • 1936-
Herbert Andrew
Herbert C. D.
Herbert F. Hugh • *Herbert Hugh* • 1897-1958
Herbert William • *Herbert Bill*
Hereck Stephen
Herman Al • *Herman Albert* • *Herman A.* • 1894-
Herman Norman
Herrick F. Herrick • *Herrick F.*
Herriman George • 1880-1944
Herrington Rowdy
Herschensohn Bruce • 1932-
Hershey B.
Herts Kenneth • 1922-
Herz Michael • 1949-
Herzfeld John
Hess David
Hess Gordon
Hesser Edwin Bower
Heston Charlton • 1923-
Hevener Jerold T. • *Hevener Jerrold T.* • *Hevener J. T.* • *Hevener Jerry* • *Hevener Jerold* • *Hevener (Mr)*
Hewitt David L.
Hewitt Rod
Heyes Douglas • *Heyes Doug* • 1923-
Hiatt Albert
Hiatt Frederick
Hibbard Fred
Hibbs Jesse • 1906-1985
Hibler Christopher
Hibler Winston • 1910-1976
Hickey Bruce

Hickman Howard • *Hickman Howard C.* • 1880-1949
Hickox Anthony
Hieronymous Richard
Higgin Howard • 1893-1937
Higgins Colin • 1941-
Higgins Dick
Higgins William
Hiken Nat
Hilberman David • *Hilberman Dave*
Hill Eugene
Hill George Roy • 1922-
Hill George W. • 1888-1934
Hill Howard
Hill Jack • 1933-
Hill James A.
Hill Jerome
Hill Walter • 1942-
Hiller Frederick W. • *Hiller Fred*
Hilliard Richard • *Hilliard Richard L.* • 1928-
Hillman David Michael
Hillman William
Hillman William Byron
Hillyer Lambert • 1889-1969
Hiltzik Robert
Hilyard Dene
Hindle Will
Hines Charles
Hines Gordon
Hines Johnny • *Hines John* • 1895-
Hines William Everett
Hinkle Robert • 1930-
Hinn Michael
Hinton David
Hinzman Bill
Hird Henry E.
Hirsch Bettina
Hirsch Hy • *Hirsh Hy*
Hirsch John
Hirschfield Lenny
Hirschman Ray
Hitchens Gordon
Hittelman Carl K. • *Hittelman Karl K.*
Hitzig Robert
Hively Jack • *Hively Jack B.* • *Hively John B.* • 1910-
Hoban W. C.
Hobbs C. F.
Hobbs Fredric
Hochman Sandra
Hockman Ned
Hodge Rex
Hodgson Dana
Hodi Jeno
Hoefler Paul L.
Hoeger Mark
Hoenak Jeremy • *Hoenack Jeremy*
Hoerl Arthur
Hoey Michael
Hofflich Albert
Hoffman David
Hoffman Harold
Hoffman Herman
Hoffman Otto • 1879-
Hoffman Peter
Hoffman Renaud • 1900-
Hoffman Roni
Hoffs Tamar Simon
Hofsiss Jack • 1950-
Hogan James P. • *Hogan James* • 1891-1943
Hogan Tom
Hogg Joanna
Hohenvest John
Hohn Austin O.
Holbit Gregory • *Hobbit Gregory* • *Hoblit Gregory*
Holbrook John K. • *Holbrook J. K.*
Holcomb Rod
Holcomb Theodore
Holden Anton
Holden Lansing C.
Hole William Jr. • *Hole William J. Jr.*
Holender Adam
Holland Savage Steve
Holland Todd
Holland Tom
Hollander Eli
Holleb Alan • *Holleb Allan*
Hollingsworth Alfred • *Hollingsworth A.*
Holloway B. J.
Holloway Douglas
Holloway John
Hollywood Edwin L.
Holman L. Bruce
Holmes Ben
Holmes Fenwicke L.
Holt George
Holt Joel
Holubar Allen • *Holubar Allen J.* • 1889-1925
Holzberg Roger
Holzman Allan
Hong Elliot
Hong James
Honthaner Ron
Hood Randall
Hooks Kevin
Hooper Tobe • 1943-
Hoover Mike
Hopkins Arthur • 1878-1950
Hopkins John
Hopkins Willie
Hopper Dennis • 1936-
Hopper E. Mason • 1885-1966
Hopper Jerry • 1907-
Hopton Russell
Hora Jon
Horan Charles • *Horan Charles Thomas* • *Horan Charles T.*
Horan Don
Horian Richard
Horkheimer E. D.
Horkheimer H. M.
Horn Leonard • *Horn Leonard J.* • 1926-1975
Hornby Fred
Horne James W. • *Horne James* • *Horne J. W.* • 1880-1942
Horner Robert J.
Hornick Jay
Horning Ben
Hornisher Christina
Horowitz Irving
Horowitz Mark
Horthy Jalo Miklos
Horton Harold H.
Horton Peter
Horulu Kemal
Hoskins Stephen
Hoskins Win
Hotaling Arthur D. • *Hotaling Arthur* • *Hotaling A. D.* • *Hotaling A.*
Houck Joy N. Jr. • *Houck Joy Jr.*
Houdini Harry • 1874-1926
Hough R. Lee • *Hough R. L.*
Houry Henri • *Houry Henry*
Houston Clyde
Houston Robert
Houston Tony
Hovde Ellen
Howard Anthony
Howard Cal
Howard Cecil
Howard Cy • 1915-
Howard David • 1896-1941
Howard George Bronson
Howard Howard A.
Howard James
Howard Robert
Howard Ron • 1954-
Howard Sandy
Howard William K. • 1899-1954
Howe Eliot
Howe J. A. • *Howe James A.* • *Howe Jay A.*
Howe Kit
Hoyt Arthur
Hoyt George
Hoyt Harry O. • 1891-1961
Hoyt Robert
Hubbard Bernard R.
Hubbard Lucien • 1888-1971
Hubenbecher Daniel
Huber Larry
Hubley Faith
Hubley John • 1914-1977
Huckabee Tom • 1955-
Huckert John W.
Hudiberg Peter
Hudlin Reginald
Hudson Arch
Hudson Fred
Hudson Gary
Huemer Dick
Huff Theodore
Huggins Roy • 1914-
Hugh R. John
Hughes Carol
Hughes Howard • 1905-1976
Hughes John
Hughes Robert
Hughes Robert C.
Hughes Roy M.
Hughes Rupert • 1872-1956
Hughes William
Hugo Ian
Hugon P. D.
Hulette Donald • *Hulette Don* • 1937-
Hulten Pontus
Humberstone H. Bruce • *Humberstone Bruce* • 1903-1984
Humphrey Orral
Humphrey William • *Humphries William* • 1874-1942
Hundt Charles J.
Hunsicker Jackson
Hunt Charles J. • *Hunt Charles*
Hunt Ed • *Hunt Edward*
Hunt Jay • *Hunt J.*
Hunt Lillian
Hunt Paul
Hunt Peter H. • 1938-
Hunt Ray
Hunter Richard
Hunter Robert
Hunter T. Hayes • *Hunter Thomas Hayes* • *Hunter Thomas H.* • 1881-1944
Hunter Tim
Huntley Fred W. • *Huntley Fred* • *Huntly Fred W.* • *Huntly Fred*
Huot Robert
Hurd Earl
Hurley Maury
Hurn Philip
Hurst Paul C. • *Hurst Paul* • 1889-1953
Hurtado Angel
Hurtz William • *Hurtz William J.*
Hurwitz Harry • *Tampa Harry*
Hurwitz Leo T. • *Hurwitz Leo* • 1909-
Huston Jimmy
Huston John • 1906-1987
Hutchinson Craig
Hutchinson James C.
Hutchinson Samuel
Hutchison Charles • *Hutchinson Charles*
Hutton Brian G. • *Hutton Brian* • 1935-
Hutton Lucille
Hutton Robert • 1920-
Huyck Willard
Hyams Nessa
Hyams Peter • 1943-
Hyatt Gordon
Hyatt Robert
Hyman Bernard
Hynd John
Ichaso Leon
Ihnat Steve • 1934-1972
Ilic Bronko
Ince John • *Ince John E.* • 1879-1947
Ince Ralph • 1887-1937
Ince Thomas H. • *Ince Thomas Harper* • *Ince Thomas* • 1882-1924
Inch Kevin
Inghram Frank L.
Ingleton E. Magnus
Ingraham Harrish
Ingraham Lloyd • 1885-1956
Ingrassia James
Ingria Robert Michael • *Ingria Robert*
Ingster Boris • 1913-1978
Ingvordsen J. Christian
Intrator Jerald
Ireland Frederick J.
Ireland O'Dale
Iribe Paul
Irvin Sam
Irvine Kevin
Irvine Louva
Irving
Irving David
Irving George • 1874-1961
Irving Henry George
Irving I. W.
Irving Jules
Irving Limp
Irving Richard
Irwin Bud
Irwin Jack
Isaac James • *Isaac Jim*
Isenberg Gerald I.
Ishii Chris
Ising Rudolf • 1903-
Ison Charles
Israel Neal • *Israel Neil*
Ivers Julia Crawford
Ivory James • 1928-
Iwerks Ub • *Iwerks Ube* • 1901-1971
Jaacovi Jaacov
Jaccard Jacques • 1885-
Jack Del
Jackman Fred • *Jackman Frederick Q.* • 1881-
Jackson Babs
Jackson Ben
Jackson David E.
Jackson Donald G. • *Jackson Donald*
Jackson Harry • *Jackson Harry E.* • *Jackson Harvey*
Jackson Horace
Jackson Jay
Jackson Jerry
Jackson Larry
Jackson Larry E.
Jackson Lewis
Jackson Wilfred
Jacobs Jim
Jacobs Ken • 1933-
Jacobs Lewis • 1906-
Jacobs Paul
Jacobs Raymond
Jacobsen Jerome
Jacobson Alan
Jacobson Arthur
Jacobson Erik
Jacobson Mike
Jacobson Steven
Jacoby
Jacoby Irving
Jacoby Joseph • 1942-
Jacopetti Roland
Jacoves Felix • 1907-
Jaeschke A.
Jaffe Patricia Lewis
Jaffe Stanley • 1940-
Jaffe Stephen-Charles
Jakob Dennis
Jakobs Harry
James Alan
James Henry
James J. Frank
James Rian
James Wharton
Jameson Jerry
Jamieson Bud • 1894-1943
Jamieson Richard N.
Jankel Annabel
Janovich Tom
Jansack Andy
Janson Len
Jarmusch Jim • 1953-
Jason Leigh • 1904-1979
Jason Will • 1899-1970
Jassim Linda
Jay John
Jefferson L. V.
Jefferson William
Jeffreys Arthur
Jeffries Herb
Jeffries Richard
Jeremy Ron
Jersey William C. • *Jersey William*
Jeske George
Jessop Clytie
Jevne Jack
Jewell Austen
Jiminez-Leal Orlando • 1941-
Jiras Robert
Jittlov Mike
Jiune Ji Boung
Joanou Phil
Jobson Dickie
Joens Michael
John Arthur
Johnsen S. N. • *Johnsen Sande N.* • *Johnsen Sande*
Johnson Alan
Johnson Arthur • *Johnson Arthur V.* • 1876-1916
Johnson Emory
Johnson Floch
Johnson Fred
Johnson Henry
Johnson Jed
Johnson Jim • *Johnston Jim*
Johnson Kenneth
Johnson Lamont • 1920-
Johnson Martin E. • *Johnson Martin* • 1884-1937
Johnson Mick
Johnson Nunnally • 1897-1977
Johnson Osa • 1894-1953
Johnson Patrick Read
Johnson Rule Royce
Johnson Tefft
Johnson Terry
Johnson Tom
Johnson William R.
Johnston George F.
Johnston Joe
Johnston Lorimer • *Johnson Lorimer*
Johnston Raymond K. • *Johnston Raymond* • *Johnston Ray* • *Johnson Raymond K.*
Jones
Jones Amy
Jones Arthur A.
Jones Brian Thomas
Jones Buck • 1889-1942
Jones Charles M. • *Jones Chuck* • 1912-
Jones Dalu
Jones Don
Jones Edgar
Jones Eugene S.
Jones F. Richard • c1890-
Jones Gary W.
Jones Grover
Jones L. Q. • 1927-
Jones Phillip
Jones Robert • 1942-
Jones Robert C.
Jones Winston
Joos Therdo
Jordan Glenn • 1936-
Jordan Hal
Jordan Larry • 1934-
Jordan Mildred
Jordan William
Joseph Eugenie
Joslyn Don
Jost Jon
Jourdan Erven
Joy Ron
Jugo William J.
Julian Paul
Juno Victor
Jurgens
Jurwich Don
Justice Bill
Justice Martin
Justman Paul
Kabierske Henry
Kachivas Lou
Kadison Ellison • *Kadison Ellis* • 1928-
Kagan Jeremy Paul • *Kagan Jeremy* • 1945-
Kagan Norman
Kahl Milt
Kahn Jeff
Kahn Richard C. • *Kahn Richard* • *Kahn R. C.*
Kaiserman Connie • *Kaiserman Constance*
Kalmanowicz Max
Kaluza Les
Kamecke Theo
Kamen Jay
Kamerling Norman
Kamiel Fred
Kamnitzer Peter
Kampmann Steven
Kane Dennis
Kane Duddy
Kane Joseph • *Kane Joe* • 1894-1975
Kane Raymond
Kanew Jeff
Kanin Garson • 1912-
Kanin Michael • 1910-
Kanter Hal • 1918-
Kanter Richard
Kantor Ron
Kaplan Bill
Kaplan Howard S.
Kaplan Richard
Kardish Larry

Kardos Leslie • *Kardos Laszlo*
Karel Russ
Kares Peter J.
Karger Maxwell
Karlson Phil • *Karlstein Phil* • 1908-1986
Karman Janice
Karn Bill • *Karan Bill*
Karp Sharon
Karson Eric
Karson Ramsey • *Karson Ramsay*
Kasdan Lawrence • 1949-
Kass Peter
Kassner Joe
Kassner John
Kastle Leonard • 1929-
Katcher Aram
Katselas Milton • 1933-
Katz Gloria
Katz James C. • 1940-
Katz Max
Katzin Lee H. • *Katzin Lee* • 1935-
Katzman Leonard
Katzman Sam • 1901-1973
Kaufer Jonathan • 1955-
Kaufman Charles
Kaufman George S. • 1889-1961
Kaufman Jack
Kaufman Joseph
Kaufman Lloyd • *Su Louis*
Kaufman Millard • 1917-
Kaufman Nathan
Kaufman Petus
Kaufman Philip • *Kaufman Phil* • 1936-
Kaufman S. Jay
Kay Gilbert L. • *Kay Gilbert*
Kay James H. Iii
Kay Roger
Kaye Richard
Kaye Stanton • 1943-
Kaylor Robert
Kazanjian Howard
Keach James
Keach Stacy • 1941-
Keane James
Keating Kelvin
Keaton Buster • 1895-1966
Keaton Diane • 1946-
Keays Vernon
Keefe Daniel
Keefe W. E.
Keen Chuck D.
Keen Jeff
Keenan Frank • 1869-1929
Kees Weldon
Keeshen Jim
Keeslar Don
Keeter Worth
Keighley William • 1893-1984
Keith David • 1954-
Keith Harvey
Kelada Asaad
Kelin George
Keller Dan
Keller Edgar
Keller Frederick King
Keller Harry • 1913-1987
Keller Lew
Kellette John William • *Kellette John Wm.*
Kelley Albert • *Kelly Albert* • *Kelley Al*
Kelley J. Winthrop • *Kelley Winthrop*
Kelljan Bob • *Kelljchian Robert* • *Kelljan Robert* • 1930-1982
Kellman Barnet • 1947-
Kellogg Ray • 1900-1976
Kelly Dexter
Kelly Duke
Kelly Gene • 1912-
Kelly Ivan
Kelly Patrick
Kelly Robert
Kelman Alfred R.
Kelsey Fred A. • *Kelsey F. A.* • *Kelsey Fred* • 1884-1961
Kelsey O. C.
Kelson George
Kemp Jack
Kemp Matty • 1907-
Kendall David
Kendall Preston
Kendrick Tony
Kenepp Errett Leroy
Kener Paul W.
Kennedy Aubrey M.
Kennedy Burt • 1923-
Kennedy Edgar • *Kennedy E. Livingstone* • 1890-1948
Kennedy J. Raymond
Kennedy Ken
Kennedy Lem F.
Kennedy Tom • 1885-1965
Kenner Elly
Kenney Wes
Kenny
Kent Charles • 1852-1923
Kent Gary
Kent Leon D. • *Kent Leon*
Kent Willis
Kenton Erle C. • *Kenton Erle* • 1896-1980
Kenward Allan
Kenworthy N. Paul
Kenyon Jack
Kern George
Kern James V. • 1909-1966
Kern Russell S.
Kernan Henry
Kernochan Sarah
Kerr Barry
Kerr Frank
Kerr Robert • *Kerr Robert P.*
Kerrigan George
Kerrigan J. Warren • 1880-1947
Kershner Glenn
Kershner Irvin • 1923-
Kerwin Harry E. • *Kerwin Harry*
Kesler Henry S. • *Kesler Henry* • 1907-
Kessler Bruce • 1936-
Kessler Chester
Keys Gary
Kibbee Roland • 1914-
Kidd Michael • 1919-
Kidder Miles
Kier H. W.
Kiersch Fritz
Kiley Tim
Kilgore Al
Killiam Paul • 1916-
Killy Edward
Killy Rod
Kimball John
Kimball Ward
Kimberlin Bill
Kimble Robert L.
Kimbro Clinton
Kimmel Bruce • 1947-
Kincade John
Kincaid Tim
King Burton L. • *King Burton* • 1887-
King Carleton S. • *King Carlton S.* • *King Carleton* • *King Carlton*
King Christopher
King Fred
King Henry • 1888-1982
King Jack
King Joe
King Louis • *King Lewis* • 1898-1962
King Lynwood
King Rick
King Stephen • 1947-
King Woodie
King Zalman
Kingsley Pierce
Kinney Jack
Kino Kitty • *Gschopf Kitty*
Kinon Richard
Kirby Frank Gordon
Kirby John Mason
Kirchheimer Manny
Kirk Robert
Kirkland David
Kirkland Hardee
Kirkland John
Kirkwood James • 1883-1963
Kirtman Leonard
Klane Robert
Klausner Drew
Klechner Susan
Klein Bonnie • *Klein Bonnie Sherr* • 1941-
Klein Dennis
Klein James
Klein Larry
Klein William • 1926-
Kleine George
Kleinert E. H.
Kleinschmidt Frank E.
Kleiser Randall • *Kleiser Randal* • 1948-
Kleven Max
Kline Benjamin • *Kline Ben*
Kline Herbert • 1909-
Kline Lester
Kling George
Klingman Larry
Kloves Steve
Klugman Don B.
Kneeland Ted
Kneitel Seymour
Knight Christopher
Knight Peter
Knight Sidney
Knoles Harley
Knoop John
Knopf Edwin H. • *Knopf Edwin* • 1899-1981
Knowles Dorothy
Knowlton Kenneth • *Knowlton Ken*
Knoyer Bill
Ko Philip
Kocela Paul
Koch Howard W. • *Koch Howard* • 1916-
Koch Philip
Koff David
Kohler Will
Kohlmar Lee
Kohn Joseph
Kohner Pancho • 1939-
Kolker Henry • 1874-1947
Komack James • 1930-
Kong Jackie
Konigsberg Franklin
Kooris Richard
Kopel Hal
Kopetsky Sam
Kopietz Fred
Kopple Barbara • 1946-
Korman Harvey
Korty John • 1936-
Korzeniowsky Waldemar
Kosower Herbert • *Kosower Herb*
Kotani Tom
Kotto Yaphet • 1937-
Kouf Jim
Koup Bo
Kouzel Al
Kovacks Steven
Kovner Harold
Kowalski Bernard • *Kowalski Bernard L.* • 1929-
Kowalski Lech
Kral Ivan
Kramarsky David
Kramer Jerry
Kramer Joseph
Kramer Remi
Kramer Robert • 1940-
Kramer Stanley • 1913-
Kraning Al
Krasilovsky Alexis
Krasna Norman • 1909-1984
Krasny Paul • 1935-
Kraus Robert
Krausne Charles
Kress Harold F. • *Kress Harold* • 1913-
Kriesberg Irving
Kroll Nathan
Kronik William • 1934-
Kronsberg Jeremy Joe
Krueger Michael
Kubelka Alexander
Kubrick Stanley • 1928-
Kuchar George • 1942-
Kuchar Mike • 1942-
Kuehl Kliff
Kuehn Andrew J. • *Kuehn Andrew*
Kuenstler Frank
Kuhn Edmund
Kulik Buzz • 1923-
Kull Edward
Kurlan Stanley
Kurtz Bob
Kuwahara Bob
Kuzui Frannie • *Kuzui Fran Rubel*
Kwapis Ken
Kybartas
Kyriakys William
Kyriazi Paul
Kyson Charles H.
La Cava Gregory • 1892-1952
de La Falanie Marquis
La Freniere Kathy
La Loggia Frank • *Laloggia Frank*
La Maie Elsier
Lacerte Jacques
Lachman Mort
Lackaye James
Lackey W. T.
Laemmle Edward • 1887-
Laemmle Ernst • 1900-
Lafia John
Lah Michael
Laidman Harvey
Laird Marlena • 1949-
Laleman Stan
Lamb Ande
Lamb Dana
Lamb Ginger
Lamb John
Lamberson Gregory
Lambert Glen
Lambert Mary
Lambert Norman
Lamont Charles • 1898-
Lamore Marsh
Lampson Mary
Lancaster Burt • 1913-
Landau Saul
Lande Nathaniel
Lander Ralph
Landers Lew • *Friedlander Louis* • 1901-1962
Landis James
Landis John • 1950-
Landon Michael • 1937-1991
Landow George • *Lando George* • *Land Owen* • 1944-
Landres Paul • 1912-
Landsburg Alan
Landwehr Joel • *Rhewdnal Leo J.*
Lane Andrew
Lane Charles
Laneuville Eric
Lanfield Sidney • 1900-1972
Lang Elliott
Lang Otto
Lang Richard
Lang Rocky
Lang Walter • 1896-1972
Langdon Harry • 1884-1944
Lange John C.
Langer Carole
Lansburgh Larry • 1911-
Lantz Walter • 1900-
Lanza Anthony M.
Lapenieks Vilis
Larkin Charles
Larkin Christopher
Larkin John
Larriva Rudy
Larsen Keith • *Burt Keith Erik* • 1925-
Larson Larry
Lascelle Ward
Lasko Edward J.
Lassee Fred
Lassetter John
Lateef Ahmed
Latelin Hugo
Lathan Stan
Laughlin Tom • *Frank T. C.* • 1938-
Laughton Charles • 1899-1962
Laurent Ray
Lautrec Linda
Laven Arnold • 1922-
Lavender Semore
Laver Jack
Law Harold
Lawder Standish D.
Lawrence Edmund
Lawrence Jay O.
Lawrence John S.
Lawrence Marc • 1910-
Lawrence Toni
Layton David
Layton Joe
Lazarus Felix
Le Brandt Joseph
Le May Alan • 1899-
Le Saint Edward J. • *Lesaint Edward J.* • *Le Saint E. J.* • *Lesaint E. J.* • 1870-
Le Strange Richard • *Lestrange Richard*
Le Viness Carl M. • *Leviness Carl M.* • *Leviness Carl* • *Levinus Carl M.* • *Levinnus Carl M.* • *Le Viness Carl*
Lea Harold
Leach Wilford
Leader Anton M. • 1913-
Leader Tony
Leaf Caroline • 1946-
Leaf Paul
Lear Norman • 1922-
Leaver Don
Leder Herbert J. • 1922-
Leder Paul
Lederberg Dov
Lederer Charles • 1910-1976
Lederer George W. • *Lederer George*
Lederer Otto • 1886-
Lederman D. Ross • 1895-1972
Ledger Curt
Lee Alan S.
Lee Charles
Lee Dewitt
Lee Evan
Lee Francis
Lee Joanna
Lee Joseph
Lee Leon
Lee Rowland V. • 1891-1975
Lee Sammy
Lee Spike • 1957-
Lee William
Leeds David
Leeds Herbert I. • 1900-1954
Leeds Robert
Leetch Tom
Leewood Jack
Leftwich Ed
Legend Johnny
Leggett J. Alexander
Lehman Ernest • 1920-
Lehman Lewis • 1933-
Lehman Robin
Lehmann Michael
Lehr George
Lehrman Henry • *Lehrman Henry "pathe"* • 1886-1946
Leibovit Arnold
Leibowitz Lawrence
Leisen Mitchell • 1897-1972
Leitch Christopher
Lemmo James
Lemmon Jack • 1925-
Lemorande Rusty
Lenihan Patrick
Lenzer Don
Leo Malcolm
Leonard Arthur
Leonard Brett
Leonard Gloria
Leonard Herbert B. • *Leonard Herbert* • 1922-
Leonard Leon
Leonard Marion
Leonard Robert Z. • *Leonard Robert* • 1889-1968
Leonard Terry J.
Leondopoulos Jordan
Leone John
Lerman Richard
Lerner Carl • 1905-1975
Lerner Irving • 1909-1977
Lerner Joseph
Lerner Murray
Lerner Richard
LeRoy Mervyn • *Le Roy Mervyn* • 1900-1987
Leslie Alfred
Leslie Bill
Less Henry
Lessey George A. • *Lessey George*
Lester Howard
Lester Mark L. • *Lester Mark* • 1946-
Lester Richard • *Lester Dick* • 1932-
L'Estrange Dick
Letts Don
Levanios Michael Jr.
Levee Sidney
Levering Joseph
Levesque Michel
Levey Jay
Levey William A.
Levi Alan J. • *Levi Alan*
Levick David
Levigard Josef • *Levigard Joseph*

Levin Arnold
Levin Henry • 1909-1980
Levin Peter
Levin Sidney
Levine Charles I.
Levine Jack
Levine Joseph E. • 1905-
Levine Naomi
Levinson Barry • 1932-
Levinson Fred
Levis Bob
Levis Ken
Levis Paul
Levitow Abe
Levitt Gene • 1920-
Levy Bob
Levy Donald J.
Levy Edmond
Levy I. Robert
Levy Ralph • 1919-
Lewald Eric
Lewicki Stephen Jon
Lewin Albert • 1894-1968
Lewin Robert
Lewis Al
Lewis Christopher
Lewis David
Lewis Edgar • 1872-
Lewis Harry
Lewis Herschell G. • *Lewis Herschell Gordon* • *Hanson Mark* • *Pays Armand* • *Seymour Sheldon* • *Gordon Lewis H.* • 1926-
Lewis Jack
Lewis Jerry • 1926-
Lewis Joseph H. • 1900-
Lewis Laurie
Lewis Louie • *Lewis Louis*
Lewis Morton • 1917-
Lewis Robert
Lewis Robert Michael • *Lewis Robert M.* • *Lewis Bob*
Lewis Robert • 1909-
Lewis Will
Lewyn Louis
Leyda Jay • 1910-
Leytes Joseph • *Leytes Josef*
Lichtenfeld Ted
Lieb Tom
Lieberman Art
Lieberman Jeff
Lieberman Robert
Liebermann Rolf
Liebling Jerome
Liebman Max
Light Chuck
Light Mike
Lightfield William
Lightfoot Morey
Liikala Bob
Lilley Edward • 1896-1974
Lilly Lou
Linden Eddie
Linder Carl
Lindsay Lance
Lindus Allan
Link John F. • *Link John*
Link Ron
Linka Leslie
Linson Art
Lipp Leo
Lippert Robert L • 1909-
Lippincott Charles
Lipscombe Jim • *Lipscombe James*
Lipstadt Aaron • 1952-
Lipton Albert
Lipton Richard
Lisberger Steven • 1951-
Liss Abe
Litson Mason N.
Litten Peter
Little Dwight H.
Littman Lynne
Livingston Jack
Livingstone Leonard
Lloyd John
Lloyd Norman • 1914-
Lloyd Sam
Lloyd Ted
Lo Bianco Tony
Loach Chris
Loader Jayne
Lobato Ebar
Lobl Victor
Locke Peter
Locke Rick
Locke Sondra • 1947-
Locke Wendy
Loden Barbara • 1936-1980
Loeb David
Lofton Terry
Logan Bruce
Logan Joshua • 1908-1988
Logan Stanley
Logothetis Dimitri
Logue Charles A.
Lomas Raoul
Lombardo Lou
London Jerry • 1937-
Long Philomene
Long Richard • 1927-1974
Loomis Charles Battell
Lopez John
Lopez John S.
Lopez-Portillo Jorge
Lopez Temistocles
Lopresto Stan
Lord Jack • 1928-
Lorentz Pare • 1905-
Lorenze Anton
Loring Thomas Z.
Losch Seaman
Losee Richard
Losey Joseph • *Forzano Andrea* • *Walton Joseph* • *Hanbury Victor* • 1909-1984
Loucka Andreas A.
Loud Harry
Louis Hershell
Louis Will
Lounsbery John
Lourie David
Louzil Eric
Lovejoy Tim
Loventhal Charles • *Loventhal Charlie*
Lover Anthony
Lovering Otho • *Lovering Otto*
Lovins Jay
Lovitt Bert
Lovy Alex
Lowe Walt
Lowell Ogden
Lowenthal John
Lowery William
Lowry Dick
Lowry Ira M.
Loxton David
Lubin Arthur • 1901-
Lubin Sigmund
Luby S. Roy
Lucas George • 1944-
Lucas J. M.
Lucas Stephen
Luce Ralph
Luce Ralph W. Jr.
Lucente Francesco
Luddy Edward I. • 1899-
Luddy I.
Lumet Sidney • 1924-
Lund Bert
Lund Hugo
Lund O. A. C. • *Lund Oscar A. C.* • *Lund Oscar*
Lundy Dick
Luraschi Tony
Lusk Don
Luske Hamilton • *Luske Hamilton S.* • *Luske H. S.*
Lustgarden Steven • 1951-
Lustig William • 1955-
Lutz Abe
Lyford Dick
Lyhne Jorgen
Lyman Charles
Lynch David • 1946-
Lyne Adrian
Lynn Jonathan
Lynwood Burt
Lyon Francis D. • *Lyon Francis* • 1905-
Lyon Nelson
Lyons Eddie • 1886-
Lyons Glen
Lytell Bert • 1885-1954
Lytton L. Rogers • *Lytton Rogers*
Maas Willard
Mabe Byron
MacAdams Lewis
McAllister Paul • 1875-
MacArthur Charles • 1895-1956
McBride Jim • 1941-
McCabe Christy
McCabe Gene
McCabe Norman
McCahon Robert
McCall Cheryl
McCallum Robert
McCalmont James
McCann Chuck
McCarey Leo • 1898-1969
McCarey Ray • *McCarey Raymond B.* • *McCarey Raymond* • 1904-1948
McCarthy John K.
McCarthy John P. • *McCarthy J. P.* • *McCarty J. P.* • 1885-
McCarthy Mike
McCarty Greg
McCarty Henry • *McCarthy Henry*
McCarty Robert • 1933-
McCauley John
McCay Robert
McCay Winsor • *McKay Winsor* • 1871-1934
McClatchy Gregory
McClintic Guthrie
McCloskey Justin H.
McClung Hugh
Maccoll Anthony
McCollum Hugh
McConnell Guy M.
McCord Vera
McCormick Hal
McCormick William Merrill • *McCormick Merrill*
McCoy Denys
McCoy Horace • 1903-
McCoy Tim
McCracken Harold
McCrann Chuck • *McCrann Charles*
McCray Roy • *McCray Roy H.*
McCulley W. T.
MacCullough Jack
McCullough Jim
McCullough Philo • 1893-
McCully William
McCune Hank • *McCune Henry R.*
McCutcheon John L.
McCutcheon Wallace • *McCutcheon Wallace Jr.*
McDermott Gerald
McDermott John • 1892-
MacDonald Ballard
McDonald Charles
MacDonald Donald
McDonald Frank • 1899-1980
MacDonald J. Farrell • *MacDonald J. F.* • 1875-1952
McDonald J. K.
MacDonald Jack
MacDonald Mr.
MacDonald Peter
MacDonald Sherwood
McDonald Tim
McDonald Tom
McDonough Joseph A.
MacDougall David
McDougall Don • *MacDougall Don*
MacDougall Judith
MacDougall Kenneth
MacDougall Ranald • *Werty Quentin* • 1915-1973
McDowall Roddy • 1928-
McDowell Curt
Mace Fred • 1872-1917
Macek Carl
McElravy Robert C.
McElwee Ross
McEveety Bernard
McEveety Bernard F. • *McEveety Bernard*
McEveety Vincent
McEvoy Earl
McEvoy Tom
MacFadden Barnar • *MacFadden Bernarr*
MacFadden Hamilton • 1901-
MacFarland Mike • *MacFarland Michael J.*
McGaha William
McGann William • *McGann William H.* • 1895-1977
McGaugh Wilbur • *McGaugh Wilbur F.*
McGavin Darren • 1922-
McGee Mark
McGill Barney
McGill Lawrence • *McGill Lawrence B.*
MacGillivray Greg
McGlynn Frank • *McGlyn Frank*
McGoohan Patrick • 1928-
McGowan Dorrell • 1899-
McGowan Robert • *McGowan Robert A.* • *McGowan Bob* • 1901-
McGowan Stuart E. • *McGowan Stuart* • 1904-
McGowan Tom
McGrath Charles
McGreeney P. S.
MacGregor Edgar J.
MacGregor Norval • *MacGregor N.*
MacGregor Sean
McGuane Thomas • 1939-
McGuinness James Kevin • 1893-
McGuire Dennis
McGuire Don • 1919-
McGuirk Charles J.
McHaley Scott
McHenry James
Machin Alfred • 1877-1929
Machover Robert
McIntyre Thom
Mack Anthony
Mack Brice
Mack Charles W.
Mack H. S.
Mack Roy
Mack Russell • 1892-1972
Mack Wayne
Mack Willard • 1873-1934
McKay Cole
McKay James C.
McKee Grace
McKee L. S.
MacKenna Kenneth • *McKenna Kenneth* • 1899-1962
Mackenzie Donald
McKenzie Donald
MacKenzie Kent
Mackenzie Peter
McKenzie Robert
Mackenzie Will
McKeown Douglas
McKeown Jack
Mackey Edward
Mackey Johnny
McKim Edwin
McKimson Robert • *McKimson Bob* • 1910-1976
McKimson Tom
Mackin John E.
Mackley Arthur
McLachlan Duncan
McLaglen Andrew V. • *McLaglen Andrew* • 1920-
MacLaine Christopher
MacLaine Shirley • 1934-
McLarty James E.
McLaughlin Dan
McLaughlin J. W.
McLaughlin Sheila
McLean K. G.
McLeod Norman Z. • *McLeod Norman* • 1898-1964
MacLeod Richard
McLeod Victor
McLoughlin Tom
MacMackin Archer • *MacMackin A.*
McManus J. J.
McNahon Robert
McNamara Tom
MacNamara W. P.
MacNamara Walter
McNaughton John
McNeil Chuck
McNutt William Slavens • 1885-
Macpherson Jeanie • 1884-1946
Macpherson Kenneth
MacQuarrie Murdock • *MacQuarrie Murdock J.*
McRae Duncan
McRae Henry • *MacRae Henry* • 1888-
Macready Michael
McTiernan John • 1951-
McWhorter Tim
Macy W. H.
Madden John
Madden Lee
Madden Mr.
Madden Paul
Maddison
Maddow Ben
Maddox John
Madison Cleo • 1882-1964
Madison Larry
Madison Noel
Magder Murray
Magnatta Constantino
Magnoli Albert
Magowan John F.
Magwood Paul
Maharaj Anthony
Mahler Richard • *Mailer Richard*
Mahon Barry
Maibrakoff Ivan
Maigne Charles • 1881-
Mailer Norman • 1923-
Mainhall Harry
Major Anthony
Makarenko Mr.
Makelim Hal
Malanga Gerard
Malden Karl • 1913-
Malick Terence • *Malick Terrence* • 1943-
Malkames Don
Malleon Stewart
Mallinson Matthew
Mallon James
Mallory Lawrence
Malmuth Bruce • 1937-
Malone William
Maloney Leo • *Maloney Leo D.* • 1888-1929
Mamet David
Manaster Benjamin
Mancuso Frank
Mandel Robert
Mandell Howie
Manduke Joe • *Manduke Joseph*
Mangine Joe • *Mangine Joseph*
Mankiewicz Joseph L. • 1909-
Mankiewicz Tom • 1942-
Mann Abby • 1927-
Mann Anthony • 1906-1967
Mann Daniel • 1912-
Mann Delbert • 1920-
Mann Edward
Mann Farhad
Mann Gerry
Mann Hank • 1887-1971
Mann Harry
Mann Michael
Mann Monte
Manners Kim
Manning Bruce
Manning Michelle
Manning Monroe
Manoogian Peter
Mansfield Duncan
Mansfield Scott
Mantis Costa
Mantz Paul
Manupelli George
Maple John E.
Maquis Don
March Alex • 1920-
Marchant Jay
Marcum Gary
Marcus Lee • 1893-
Marcus Philip
Marcus Sid
Margolin Stuart
Margolis Barbara
Margolis Jeff
Margulies Martin
Marin Cheech • *Marin Richard Cheech*
Marin Edwin L. • 1901-1951
Marinelli Lawrence A.
Marino Jack
Marion Frances • 1888-1973
Marion George F. • *Marion George* • 1860-1945
Maris Peter
Mark Mary Ellen
Markas Gary
Marker Russ
Markey Alexander
Markham Monte • 1935-
Markin Marvin
Markle Peter
Markopoulos Gregory J. • *Markopoulos Gregory* • 1928-
Markowitz Robert

Marks Arthur • 1927-
Marner Eugene
Marnham Christian
Marquette Jacques
Marsh Raymond • *Marsh Ray*
Marshall Andrew
Marshall Anthony
Marshall Don
Marshall Frank
Marshall Garry • 1934-
Marshall George • *Marshall George E.* • 1891-1975
Marshall Maurice
Marshall Noel
Marshall Penny • 1942-
Marshall Peter
Marshall William • 1917-
Marston A. C.
Marston Lawrence
Marston Theodore
Mart Paul
Mart Roy
Martell Alphonse
Martin
Martin Al
Martin Charles • 1916-1986
Martin D'Urville
Martin E. A.
Martin Eric
Martin Francis
Martin Frederic
Martin George
Martin Jay
Martin Jon
Martin William
Martinez Chuck
Martini Richard
Martinson Leslie H. • *Martinson Leslie*
Marvel Frank
Marvin Mike
Marx Arthur
Marx Ivan
Marx Patricia
Marzano Joseph • *Marzano Joe*
Mascelli Joseph
Masi Philip W.
Maslansky Paul • 1933-
Mason Billy
Mason Marshall W.
Mason Michael
Masterson Peter • 1934-
Mastroianni Armand
Masucci Jerry
Matacena Orestes
Matalon Vivian
Matanski Larry
Mather Ted
Mathers James
Matherson Harvey G.
Mathews Harry C.
Matsui George
Matt Allen
Matt Jon
Matter Alex
Matthau Charles • 1960-
Matthau Walter • 1920-
Matthews H. C. • *Matthews*
Matthews Jack
Mattinson Burney • *Mattison Burney* • *Matinson Burney*
Mattison Frank S. • 1890-
Mattox Walt
Maude Arthur
Maurer Norman
Mauro Ralph
Maury Maria D.
Mawra Joseph P.
Maxwell Joseph
Maxwell Ronald F. • *Maxwell Ronald* • 1947-
May Bradford
May Elaine • 1932-
May Wilfred
Mayberry Russ • *Mayberry Russell*
Mayer Harold
Mayer Henry • *Mayer Hy*
Mayer John
Mayers Doe
Maynard Ken • 1895-1973
Mayo Archie • *Mayo Archie L.* • 1891-1968
Mayo Melvin
Mays Peter • *Mays Peters*
Maysles Albert • 1926-
Maysles David • 1932-
Mazo Michael
Mazursky Paul • 1930-
Mazzuca Joseph A.
Mead Taylor
Mead Thomas • 1904-
Meador Joshua
Meals A. R.
Medford Don • 1917-
Medoway Cary • 1949-
Meech-Burkestone Graham
Meehan James Leo • *Meehan J. Leo* • *Meehan Leo*
Megginson R. T.
Meins Gus
Meisel Norbert
Melendez Bill
Melendez Jeronimo Melendez
Melford George • *Melford George H.* • 1889-1961
Melton Sid
Melville Wilbert
Mende Roger
Mendelsohn Jack
Menendez Ramon
Menken Marie • 1909-1970
Menotti Gian-Carlo • 1911-
Menville Chuck
Menzies William Cameron • *Menzies William C.* • 1896-1957
Meola Michael
Meredyth Bess • 1890-1969
Merhi Joseph
Merk Ron
Merrick George M.
Merrick Laurence
Merrill Keith • *Merrill Kieth* • 1940-
Merwin Bannister
Messenger Frank
Messina Philip F.
Messinger Frank
Messmer Otto
Metcalfe Earl • *Metcalf Earl* • 1889-1928
Metford Lee
Metter Alan
Metzger Alan
Metzger Radley H. • *Metzger Radley* • *Paris Henry* • 1930-
Meyer Andrew
Meyer Donald
Meyer Herbert
Meyer Irwin
Meyer John
Meyer Muffie
Meyer Nicholas • 1945-
Meyer Russ • 1923-
Meyers Byron
Meyers Ray
Meyers Sidney • 1906-1969
Michael James
Michaels Billy
Michaels Richard • 1936-
Micheaux Oscar • -1951
Michenaud Gerald
Michener Dave
Middleton Edwin • *Middleton Ed* • *Middleton E.*
Middleton George E. • *Middleton George*
Middleton Jonas
Middleton Joseph
Middleton Mr.
Mide Robin
Mideke Michael
Mikels Ted V.
Milan Eve
Milan Wilfred
Miles Mr.
Miles Wynn
Milestone Lewis • 1895-1980
Milford Gene
Mili Gjon
Milius John • 1945-
Millais Warren
Millar Stuart • 1929-
Millard Nicholas
Millarde Harry
Miller Ashley
Miller Charles • *Miller Charles F.*
Miller Dan T.
Miller David • 1909-
Miller Harvey • 1935-
Miller Ira
Miller J. C.
Miller Jason • 1939-
Miller Max B.
Miller Michael
Miller Mollie
Miller Neal
Miller Phillip
Miller Robert Ellis • *Miller Robert E.* • *Miller Robert* • 1927-
Miller Rube
Miller Sharron
Miller Sidney
Miller Walter C.
Miller Warren
Miller William F.
Millett Kate
Millhauser Bertram • 1892-1958
Milligan Andy
Milligan N. E.
Milling William
Mills Bob
Mills Thomas R. • *Mills Tom R.* • *Mills Tom*
Milner Dan
Milner Richard
Milor Nicholas
Milton Jack
Milton Joanne
Mims William
Minardi Loel
Mindlin Michael Jr. • c1920-
Miner Allen H. • *Miner Allen*
Miner Michael
Miner Steve • 1951-
Miner Worthington
Minh-Ha Trinh
Minion Joe
Minnelli Vincente • 1910-1986
Mintz Murray
Miranda Thomas N. • *Miranda Tom*
Mischer Don
Mitchell Artie
Mitchell Bruce • *Mitchell Bruce M.* • 1882-
Mitchell Claude H.
Mitchell Craig
Mitchell David
Mitchell Duke
Mitchell Edmund
Mitchell Eric
Mitchell Frank
Mitchell George
Mitchell Howard M. • *Mitchell Howard* • *Mitchell H. M.* • 1883-
Mitchell Jim
Mitchell M. M.
Mitchell Robert
Mitchell Sollace
Mitrotti Roberto
Mix Tom • 1880-1940
von Mizener Don
Moberly Luke • 1925-
Moder Dick
Moeller Gerald
Moeller Philip
Moessinger David
Moffitt Jefferson
Moffitt John
Mogubgub Fred
Mogulescu Miles
Mohr Hal • 1894-1974
Mohr Hanro
Moise Mina
Monahan David
Mones Paul
Mong William V. • 1875-1940
Monks John Jr.
Monroe Phil
Monson Carl
Montagne Edward J. • *Montagne Edward*
Montagu Brian
Montgomery Frank E. • *Montgomery Frank* • *Montgomery*
Montgomery George • 1916-
Montgomery Monty
Montgomery Robert • 1904-1981
Montgomery Thomas
Montoro Edward L.
Monty Gloria
Moody H. G.
Moody Harry
Moody Titus
Moomaw Lewis H.
Moore Ben
Moore Bob
Moore Charles
Moore Dennis Earl
Moore Harold James
Moore Irving J.
Moore James
Moore Matt • 1888-1960
Moore Michael
Moore Mr.
Moore Richard • 1925-
Moore Robert • 1927-1984
Moore Ronald W.
Moore Tara
Moore Tom • 1885-1955
Moore Tom
Moore Vin
Moore W. Eugene • *Moore Eugene*
Moos A. I.
Moran Lee • 1890-1961
Morante Milburn • *Moranti Milburn* • 1888-1964
Mordente Tony
Morehead Ned
Moreno Antonio • 1888-1967
Morgan George
Morgan Glenn
Morgan Gould
Morgan Herbert
Morgan W. T.
Morgan William
Moro Pierre
Moroder Giorgio
Morosco Walter
Morris Bernhard
Morris Charles
Morris David Burton • 1948-
Morris Earl
Morris Errol
Morris Howard • 1919-
Morris Reggie • *Morris Reginald*
Morrisey Edward • *Morrissey Edward* • *Morrisey Ed*
Morrison Jeanne • *Morrison Jane*
Morrison Paul
Morrissey George
Morrissey Paul • 1939-
Morrow Frank
Morrow Vic • 1932-1982
Morse Hollingsworth
Morse Terry O. • *Morse Terry* • 1905-1984
Mortimer Edmund • 1883-
Morton James
Morton Rocky
Morton Walter
Morty Frank
Moser Frank
Moses Gilbert • 1942-
Moses Harry
Moskov George
Moskowitz Steward
Moss Carlton
Moss Howard S.
Moss Jack • 1906-
Moston Jon
Mottram Ron
Moulton
Mouradian Sarky
Mouris Caroline Ahlfors
Mouris Frank
Moyer Larry
Mudd Victoria
Mueller Gordon
Muffati Steve
Mugge Robert
Mulholland Donald • 1909-1960
Mulligan Robert • 1925-
Mullin Eugene • *Mullen Eugene*
Munchkin Richard W.
Mundhra Jag
Mundie Ken
Munger Chris
Munroe Cynthia
Murch Walter
Murfin Jane
Muro Jim
Murphy Brianna
Murphy Dudley • 1897-
Murphy Eddie • 1961-
Murphy Edward
Murphy J. A.
Murphy Martin
Murphy Michael J.
Murphy Owen
Murphy Patrick J.
Murphy Ralph • 1895-1967
Murphy Richard • 1912-
Murphy Roger
Murray Bill
Murray Charles • 1872-1941
Murray Don • 1929-
Murray Grace Mel
Murray Henry
Murray Ken
Murray Warren
Murray William
Muse Clarence • 1899-
Musker John
Mutrux Floyd
Myers Frank
Myers Harry • *Myers Harry C.* • 1882-1938
Myers Ray
Myers Richard
Myers Zion • 1898-
Myerson Alan
Myhers John
Myles Norbert
Myll Louis
Nadel Arthur H. • *Nadel Arthur*
Nagel Conrad • 1896-1970
Nagle Herbert
Nagy Ivan
Nahay Michael
Nakamura Takeo
Nameth Ronald
Nankin Michael
Napier Henry J.
Napoleon Art • 1923-
Nares James
Nash Gene
Nassour Edward
Naud William T. • *Naud Bill*
Naumberg Nancy
Nava Gregory • 1949-
Naylor Cal
Nazarro Ray • 1902-
Needham Hal • 1931-
Neff Thomas L.
Nehemiah J.
Neiditch Rose
Neilan Marshall • *Neilan Marshall A.* • 1891-1958
Neill James
Neilson James • 1918-1979
Neiman L. E.
Neitz Alvin J. • 1894-
Nelson
Nelson Barrie • *Nelson Barry*
Nelson David • 1936-
Nelson Dusty
Nelson Gary • 1936-
Nelson Gene • 1920-
Nelson Gunvor
Nelson J. Arthur
Nelson Jack • 1882-
Nelson Mervyn
Nelson Ozzie • 1906-1975
Nelson Ralph • 1916-1987
Nelson Robert • 1930-
Nelson Sam
Nemeth Ted J. • *Nemeth Ted*
Neufeld Sigmund Jr.
Neuman Lewis
Nevard Peter
Newell Willard
Newfield Sam • *Neufeld Samuel* • *Newfield Samuel* • *Scott Sherman* • *Stewart Peter* • 1899-1964
Newland John • 1917-
Newman Ira J.
Newman Joseph M. • *Newman Joseph* • *Newman Joe* • 1909-
Newman Paul • 1925-
Newman Robert
Newmeyer Fred • 1888-
Newsreel
Newton Joel
Newton Peter
Neyman Michael • *Bispo Louis*
Niblo Fred • 1874-1948
Nicholas Charles B.
Nicholls George • *Nicholls George O.* • *Nicholls G.* • 1864-

Nicholls George Jr. • *Nicholls George O. Jr.* • 1897-1940
Nichols Allan
Nichols Charles • *Nichols Charles August* • *Nichols C. August*
Nichols Dudley • 1895-1960
Nicholson Irene
Nicholson Jack • 1937-
Nicol Alex • 1919-
Nicola Alfredo
Nicolaou Ted
Nicolella John
Niehoff Sidney
Nierenberg George T.
Nigh William • 1881-1955
Nikolais Alwin
Nilsson Rob
Nimoy Leonard • 1931-
Nisbet Charles
Nishiwaza Nobutaka
Nivelli Mickey
Nizet Charles
Nobel Jack
Noble Jack
Noble John W. • *Noble J. W.*
Noble Nigel
Noice Harold
Nolan William • *Nolan William C.* • *Nolan Bill*
Noll Michael
Nolte William
Noonan Tommy • 1922-1968
Noren Andrew
Norling J. A.
Norman Robert
Norman Ron • 1950-
Normand Mabel • 1894-1930
Norris Aaron
North Wilfred
Norton B. W. L. • *Norton Bill L.* • 1943-
Norton Charles
Nosler Lloyd
Nosseck Noel
Notz Thierry
Nourse Alan
Novak Blaine
Novak Harry
Nowland Eugene
Noxon Nicolas
Noyes Eliot • *Noyes Eliot Jr.*
Nuchtern Simon
Nugent Elliott • 1899-1980
Nugent John Charles • 1868-1947
Nunez Victor
Nutter David
Nyby Christian • 1919-
Nyby Christian Ii • *Nyby Christian Jr.*
Nye William
Nyswaner Ron
Oakman Wheeler • 1890-1949
O'Bannon Dan • 1946-
Ober Robert
Oboler Arch • 1907-1987
O'Brien Alice M.
O'Brien Don
O'Brien Edmond • 1915-1985
O'Brien Jack • *O'Brien Jack G.*
O'Brien John B. • *O'Brien John*
O'Brien Willis • *O'Brien Willis H.* • 1886-1962
Obrow Jeffrey
O'Connell Jack
O'Connor Frank • 1888-
O'Connor John
O'Connor William A. • *O'Connor William*
O'Dell David
Odets Clifford • 1906-1963
Odin Christopher
O'Donald Bobby
O'Donoghue Michael
Oelze Charles
Ofield Jack
O'Hanlon George • 1917-
O'Hara Charles C.
O'Horgan Tom
Okazaki Steven
O'Keefe Dennis • 1908-1968
Okey Jack
Olcott Sidney • 1873-1949
Olean Ellen
Oliansky Joel • 1935-
Oliver David
Oliver Guy • 1875-
Oliver Richard
Ollstein Marty
Olsen Wes
Olsen William
O'Malley David
O'Neal Ron • 1937-
O'Neans Douglas F.
O'Neil Barry • *O'Neill Barry*
O'Neil Robert Vincent • *O'Neil Robert V.* • *O'Neil Robert*
O'Neill Frank
O'Neill Maurice
O'Neill Patrick
Onivas Benjamin
Ono Yoko
Oper Stuart
Opliger Curtis
O'Rahilly Ronan
Ordonez Charles • *Ordonez Charlie*
O'Reilly
Orentreich Catherine
Orkin Ruth
Orlando Dominic
Orlando Tony
Orlebeck Lester • *Orlebeck Les* • 1907-
Ormond Ron
Ormont James
Ormont Jesse J.
Ormsby Alan
Ormston Frank
Ornitz Arthur
Orr James
Ortiz Leon
Osborne George • *Osborn George*
Osborne Kent
Osco Bill
O'Shaughnessey John
Osheroff Abe
Osmond Cliff
Ossi Lewis
O'Steen Sam • *Steen Sam O.* • 1923-
O'Sullivan Mr.
O'Sullivan Tony
Ottini Philip
Otto Henry • *Otto A. Henry* • *Otto (Mr)*
Owen Ruth Bryan
Owens Edward
Oyen Henry
Oz Frank • 1944-
Pabian Jim
Pachard Henri
Pacheco Richard
Page Marcy
Page Teddy
Paizs John
Pakay Sedat
Pakula Alan J. • 1928-
Palardy Jean • 1905-
Palazzo Tom
Pallenberg Rospo
Palmer Gail
Palmer Tom
Palmisano Conrad E.
Paltrow Bruce • 1943-
Pan-Andreas George
Panama Norman • 1914-
Pantzer Jerry
Pappas Robert K.
Paris Domonic
Paris Jerry • 1925-1986
Parish Richard C.
Park Ida May • c1885-
Park Lester
Park Richard
Parke William
Parker Albert • 1889-
Parker Ben
Parker Benjamin R. • 1909-
Parker Francine
Parker Hjordis Kittel
Parker Joe • *Parker Joseph*
Parker John
Parker Lem B. • *Parker Lem*
Parker Norton S.
Parkerson Michelle D.
Parkes Walter
Parks Gordon • 1912-
Parks Gordon Jr. • 1935-1979
Parks Michael • 1938-
Parmelee Ted • *Parmalee Ted*
Parmet Philip
Parolini Billy
Parone Edward
Parriott James • *Parriott James D.*
Parrish Robert • 1916-
Parrott Charles • *Chase Charley* • 1893-1940
Parrott James • 1892-1939
Parry Michael
Parsons Harriet
Parsons John
Parsons Thomas
Part Michael
Parys Armand
Pataki Michael
Patchett Tom
Patel Raju
Paton Stuart • 1885-
Patrick Alain
Patrick Matthew
Patrick Robert
Patterson Don
Patterson John • *Patterson John D.*
Patterson Pat
Patterson Ray
Patterson Richard
Patterson Willi
Patton Phil
Paul Byron
Paul John
Paul Steven • 1958-
Paul Stuart
Paul Val
Paulsen David
Paup Rick
Pavel Eric
Pavone Jose • *Pavon Jose*
Paylow Clark
Payne Gordon
Payne John • *Drake Oliver* • 1912-
Payton Leland
Peacock Kemper
Peacocke Leslie T. • *Peacock Leslie T.*
Pearce A. Leslie • *Pearce Leslie*
Pearce Perce
Pearce Richard • *Pearce Dick*
Pearcy Glen
Pearson Harry
Pearson Robert E.
Pearson Thomas
Pearson W. B.
Peavy Charles D.
Peckinpah Sam • 1925-1984
Pederson Con
Peebles Mort
Peerce Larry • c1935-
Peeters Barbara • *Peeters Bara*
Pehlman Carl
Pelaez Antonio
Pelesie Herbert
Pelissie Jean-Marie
Pembroke Percy
Pembroke Scott
Pena Nettie
Penczner Marius
Penn Arthur • 1922-
Penn Leo
Penn M. O.
Pennebaker D. A. • 1930-
Pennell Eagle
Penner Ed
Penton Arthur
Peploe Clare
Peploe Mark
Peppard George • 1928-
Peregini Frank
Perez Luis
Perez Marcel • *Perez F.* • *Dan Tweede*
Peri
Perkins Anthony • 1932-
Perkins Elmer
Perkins Harold
Perkins Walter
Perrin Nat
Perry Ann
Perry Frank • 1930-
Perry Hart
Perry John D.
Perry Peter
Perry Steve
Persky Bill • 1931-
Peters Brooke L.
Peters Victor
Peterson Daniel M.
Peterson Kristine
Peterson Sidney
Petok Ted
Petrie Donald
Petroff Boris L. • *Petroff Boris*
Petroff Hamil
Petroff Paul
Petrushansky Yevsie
Pevney Joseph • 1920-
Peyser John • 1916-
Pfeiffer Scott
Pfeiffer Walt
Phelan Raymond A.
Phelps William
Philips Lee • 1927-
Phillip Stu
Phillips Maurice
Phillips Nick
Phillips R. W.
Phillips Sean
Phoenix Ray
Physioc Wray • *Physioc Wray Bartlett* • *Physioc Ray* • 1890-
Pichel Irving • 1891-1954
Pickard Henri
Picker Jimmy
Pickett Lowell
Pickford Jack • 1896-1933
Piehl Vern
Piel David
Pierce Arthur C.
Pierce Charles B.
Pierce Jack
Pierson Arthur
Pierson Carl
Pierson Robert
Pike James A.
Pilafian Peter
Pileggi Tom
Pine Phillip • 1925-
Pine William H. • *Pine William* • 1896-1955
Pink Sidney • 1916-
Pintoff Ernest • *Pintoff Ernie* • 1931-
Piper Brett
Pirosh Robert • 1910-
Pirro Mark
Pitre Glen • 1955-
Pitt Arthur
Pitt Charles
Pitt George
Pitt Stuart
Pittman Oscar
Pizzo Sal
Place Graham
Place Lou
Platt George Foster
Playter Wellington
Plone Allen
Plummer Albert
Plymell Charles
Plympton Horace G.
Poayer William
Poe Amos
Pogostin S. Lee • 1926-
Poitier Sidney • 1924-
Polakoff James
Polesie Herbert
Pollack Barry
Pollack Sydney • 1934-
Pollak Kay
Pollard Bud
Pollard Harry • *Pollard Harry A.* • 1883-1934
Pollexfen Jack • 1918-
Polon Vicki
Polonsky Abraham • 1910-
Pond Elmer S.
Poole Patrick C.
Poor Peter
Pope F. X.
Popescu Petru
Popkin Leo C. • *Popkin Leo*
Porter Edwin S. • 1869-1941
Porter Ralph
Porterfield Jean
Portici Emilio
Portillo Lourdes
Posey Stephen L.
Poskaitis Rimas
Posner Bill
Post Howard
Post Ted • 1918-
Potash Morton
Potel Victor • 1889-1947
Potenza Anthony
Potter H. C. • 1904-1977
Powell Bonney
Powell David W.
Powell Dick • 1904-1963
Powell Frank • *Powell Frank E.*
Powell Paul • *Powell Paul M.*
Powell Peter
Powell Tristram
Powers Francis • *Powers Francis J.*
Powers Mr.
Powers P. A.
Pratt Gilbert • *Pratt Gilbert Walker* • *Pratt Gil* • *Pratt G. W.*
Pratt Hawley
Pratt Jack • *Pratt John H.*
Precht Robert
Preece Michael • 1936-
Prentiss Chris
Prescott John
Preskanu V.
Presnell Robert • 1914-
Pressburger Fred
Pressman Michael • 1950-
Preston Harry
Preston Richard
Preuss Reuben
Previn Steven
Price Albert G.
Price Bamlet L. Jr.
Price Paul
Price Sherman
Price Will
Prieto Joseph G. • *Prieto Jose*
Primm John
Prince • *Nelson Rogers* • 1960-
Prince Harold • 1928-
Prince Lorraine
Prinz Leroy • 1895-1983
Prior David A.
Privitera Vincent J.
Proferes Nick
Pryor Richard • 1940-
Purcell Evelyn
Purcell Joseph
Purdue Gunther
Putnam Michael
Puzo Dorothy Ann
Pytka Joe
Pyun Albert • *Pyun Albert F.*
Qamar A. C.
Quandour Mohy
Quellette Jean-Paul
Quested John
Quigley George P.
Quillen Thomas
Quine Richard • 1920-1989
Quinn Anthony • 1915-
Quinn Gordon
Quinn John
Quinn Ron
Quintano Gene
Quirk William • *Quirk William A.* • *Quirk Billy*
Quisenberry Byron
Raboch Alfred • *Raboch Al*
Rader Peter
Raders George • *Rodgers George*
Radford Arthur W.
Radkai Paul
Radler Bob
Rafelson Bob • 1934-
Rafferty Kevin
Rafferty Pierre
Raffill Stewart • 1945-
Rafkin Alan • *Rafkin Al* • 1938-
Ragozzini Ed
Raimi Sam
Rainer Yvonne
Rainey Paul
Raley Alice
Ramati Alexander
Rambaldi Vittorio
Ramis Harold • 1944-
Ramport Lawrence
Randall John • 1929-
Random Darrell
Rank Richard
Rankin Arthur Jr.
Ranous William V. • *Ranous W. V.*

Ransom Charles • *Ranson Charles*
Ransom Wes
Rapaport Monroe
Rapf Maurice
Raphael David
Raphael Frederic • 1931-
Rapp Joel
Rapp Paul
Rappaport I. C.
Rappaport Mark • 1941-
Rash Steve
Rashby Burt
Rasinski Connie
Raski Vidal
Raskin Jay
Rasmussen Niels
Rasof Ira
Rathbone Tina
Rauer Albert
Ravetz Joe
Rawlins John • 1902-
Ray Albert • *Ray Al* • 1883-
Ray Bernard B. • *Ray Bernard "b. B."* • *Ray B. B.* • *Samuels Raymond* • *Shamray Franklin*
Ray Charles • 1891-1943
Ray Fred Olen
Ray John
Ray Man • 1890-1976
Ray Marc B.
Ray Nicholas • 1911-1979
Ray Robert
Ray Tom
Raye Michael
Raymaker Herman C. • *Raymaker Herman* • 1893-1944
Raymond Gene • 1908-
Razutis Al
Read J. Parker
Rebane Bill
Rebane Ito
Reberg Dave
Red Eric
Reddy Dick
Redford Robert • 1937-
Reed Bill
Reed Charles
Reed J. Parker Jr.
Reed Jerry • 1937-
Reed Joel M.
Reed Luther • 1888-1961
Reed Robert
Reed Roland
Reed Theodore • *Reed Jay Theodore* • *Reed Ted* • 1887-1959
Reed Walter C. • *Reed Walter* • *Reed W. C.*
Reehm George E. • *Reehm George*
Reel Frederick Jr.
Rees Jerry
Reese Ed
Reese Robert
Reeves Thomas G.
Regan Patrick • 1939-
Reggio Godfrey
Rehfeld Curt
Reichert Julia
Reichert Mark
Reichman Thomas
Reid Cliff
Reid Dorothy • *Davenport Dorothy Reid* • *Reid Wallace Mrs.* • 1895-1977
Reid Hal • *Reid James Hallek* • 1860-1920
Reid Max
Reid Wallace • 1891-1923
Reig June
Reiner Carl • 1922-
Reiner Rob • 1945-
Reinhardt John
Reis Irving • 1906-1953
Reisner Allen
Reisner Charles F. • *Reisner Chuck* • *Reisner Charles* • *Riesner Charles* • *Riesner Chuck* • 1887-1962
Reitano Robert
Reitherman Wolfgang
Remo Andrew
Remy Jack
Ren-Mart
Renan Sheldon
Rene Norman
Rennie Barbara
Renvok Harlan
Renwick David
Renwick David W.
Resnick
Resnick Ken
Resnick Saul
Reticker Hugh
Revene Larry
Revier Harry • *Revier Harry J.* • 1889-
Reynolds Burt • 1936-
Reynolds C. D. H.
Reynolds Christopher
Reynolds Gene
Reynolds Kevin • 1952-
Reynolds Lynn • *Reynolds Lynn F.* • 1889-1927
Reynolds Michael
Reynolds Quentin
Reynolds Sheldon • 1923-
Reynolds William Red • 1910-
Rhodes Michael Ray
Rice A. W. • *Rice Al W.*
Rice Bill
Rice David
Rice Ray
Rice Ron • 1935-1964
Rich David Lowell • *Rich David L.* • 1920-
Rich John • 1925-
Rich Richard
Rich Roy • 1909-1970
Rich Tom
Richard Albert J.
Richard Jefferson
Richards Dick • 1936-
Richards Mark
Richards R. M.
Richardson Frank • *Richardson Frankland A.* • *Richardson Frank A.* • 1892-
Richardson George
Richardson Ken
Richardson Richard A.
Richert William
Richie Donald
Richmond J. A. • *Richmond Joseph A.* • *Richmond Joseph*
Richter Kurt
Richter Ota
Richter Robert
Richter W. D.
Rick Jr.
Rickard Dick
Ricker Bruce
Ricketts Thomas • *Ricketts Thomas H.* • -1939
Rickman Tom
Ricks Archie
Ridgely Richard • *Ridgely Richard R.* • *Ridgley Richard* • *Ridgeley Richard*
Ridgwell George • 1870-1935
Riead William
Rieger Jack
Riesner Dean • c1930-
Riethof Carol
Riggs Lynn
Ring Raymond
Ringo David
Ripley Arthur • 1895-1961
Riskin Adam
Riskin Robert • 1897-1955
Ritchey C. W.
Ritchey Will M.
Ritchie Michael • 1938-
Ritchie Robert Welles
Ritt Martin • 1920-
Ritter Joe
Ritter Lloyd
Ritz Lan Brooks
Rivas Ray
Rivera Angel
Rivers Joan • 1937-
Riverton Anthony
Rizenberg Frederick A.
Roach Bert • 1891-
Roach Frank
Roach Hal • 1892-1981
Roach Hal Jr. • 1921-1972
Roach Joseph A.
Roarke Adam
Robards Willis
Robbie Seymour • *Robbie Seymour Mitchell*
Robbins Jerome • 1918-
Robbins Jess • *Robbins Jesse D.* • *Robbins Jesse*
Robbins Leroy
Robbins Matthew
Robbins Richard
Robe Mike
Roberson Arthur
Roberson James W.
Robert Genevieve
Roberts Alan
Roberts Arnold
Roberts Bill
Roberts Bob
Roberts Charles E. • *Roberts Charles* • *Roberts C. Edwards*
Roberts Deborah
Roberts Francis
Roberts R. Jack
Roberts Randy
Roberts Stan
Roberts Stephen • 1895-1936
Roberts Victor
Roberts Vincent
Robertson Cliff • 1925-
Robertson Hugh A. • *Robertson Hugh*
Robertson Jack
Robertson James W.
Robertson Joseph F.
Robins Herb
Robinson Alice
Robinson Casey • 1903-1979
Robinson Chris • 1938-
Robinson John Mark
Robinson Mark
Robinson Paul D.
Robinson Phil Alden
Robinson Richard • *Robinson Dick*
Robison Arthur • *Robison Artur* • *Robinson Arthur* • 1888-1935
Rocco Marc
Rocco Pat
de Rochemont Louis • 1899-1978
Rochlin Diane
Rochlin Sheldon
Rock Joseph • *Rock Joe*
Rodakiewicz Henwar
Rodgers Gaby
Rodney Earle
Rodriguez A. Endre
Roessler Rick
Rogel Van • *Rogel Von*
Rogell Albert S. • *Rogell Albert* • 1901-1988
Rogers Charles • 1904-
Rogers Danielle
Rogers Doug
Rogers Roger Bruce
Rogosin Lionel • 1924-
Roland George
Roland Joseph
Rolands George K. • *Rolands George*
Roley Sutton
Rolfe B. A.
Roll Henry
Rollens Jacques
Rollins Bernie
Rolos Don
Roman Don
Roman Joseph
Roman Phil
Romanek Mark
Romero George A. • *Romero George* • 1939-
Romero Joey
Romine Charles
Rondeau Charles R. • *Rondeau Charles*
Rondell Ronnie
Ronder Paul
Rooke A. J.
Rooks Conrad
Rooney Jack
Rooney Mickey • 1920-
Roosevelt Leila
Root Wells
Roper Mark
Roquemore Cliff
Roscoe John
Rose A. J. Jr.
Rose Allen
Rose Frank Oakes
Rose Kendall S.
Rose Mickey
Rose Mitchell
Rose Sherman A. • *Rose Sherman*
Rose Warner
Rose William L. • *Rose William*
Rosen Barry
Rosen Robert L. • 1937-
Rosenbaum Bob
Rosenberg Andy
Rosenberg Anita
Rosenberg Robert
Rosenberg Stuart • 1928-
Rosenblum Arthur
Rosenblum Ralph • 1925-
Rosenfeld Sherman
Rosenthal Dan
Rosenthal Eugene
Rosenthal Mark
Rosenthal Rick • *Rosenthal Richard* • 1950-
Roskam Edward M.
Roskam Edwin
Rosman Mark
Ross Bon
Ross Courtney Sale
Ross Ed
Ross Frank • 1904-
Ross Herbert • 1927-
Ross Jonathan
Ross Nat • *Ross Nate*
Ross Vinnie
Rossen Robert • 1908-1966
Rossi Al
Rossman Earl
Rosson Richard • 1894-1953
Rosten Irwin
Roter Ted
Roth Bobby
Roth Cy • 1912-
Roth Joe • 1948-
Roth Murray
Roth Robert J.
Rothberg Lee
Rothman Benjamin
Rothman Joseph
Rothman Lawrence
Rothman Stephanie
Rothschild Amalie
Rothstein Richard
Rotmil Charles
Rotsler William
Rotsten Hal • *Rotsten Herman*
Rotter Ted
Roubert William L.
Rouse Russell • 1916-1987
Roush Leslie
Rowan
Rowe John
Rowland Eugene
Rowland Roy • 1910-
Rowland William • 1900-
Rowles Ken
Royton Chev
Ruark Robert C.
Ruban Al C.
Ruben J. Walter • 1899-1942
Ruben Joseph
Ruben Katt Shea
Rubin Barbara
Rubin Bernard
Rubin Bruce
Rubin Rick
Rudolph Alan • 1944-
Rudolph Oscar
Rufle George
Ruggles Wesley • 1889-1972
Rule Beverly C. • *Rule B. C.*
Rush Charles O.
Rush Richard • 1930-
Rusinow Irving
Ruskin Coby
Russell Albert
Russell Bernard
Russell Bernard D.
Russell Chuck
Russell Don
Russell Jay
Russell Martha
Russell Rusty
Russell William
Russell William D. • 1908-1968
Russo Aaron
Russo John
Rust John
Rustam Mardi
Rutland Mark
Ruttenberg Robert
Ryan Frank • 1907-1947
Ryan Joe
Ryan Robert J.
Ryan Terence
Rydell Charles
Rydell Mark • 1934-
Ryder Edward
Ryder Maxwell
S. Zoltan
Sabine Martin
Sachs William
Sacks Alan
Sadan Mark
Sadwith James
Saeta Eddie
Safran Fred
Sagal Boris • 1923-1981
Sage Dewitt
Saks Gene • 1921-
Saks Ron
Sale Richard • 1911-
Salisbury Edward A.
Salkin Leo
Salkow Sidney • 1909-
Salle Michael
Salomon Henry
Salter Harry • *Solter Harry L.* • *Solter Harry* • *Solter H. L.*
Salvador Jimmy
Samaniego Antonio
Samoya Carlos
Sampson Edwards
San Andres Luis
Sanders Denis • 1929-1987
Sanders Terry • *Sanders Terry Barrett* • 1931-
Sanderson Jon
Sandler Allan
Sandrich Jay • 1932-
Sandrich Mark • 1900-1945
Sanforth Clifford
Sanger Harry
Sanger Jonathan
Santean Antonio
Santell Alfred • *Santell Al* • 1895-1981
Santley Joseph • 1889-1971
Santos Anthony
Santos Steven J.
Santostefano Damon
Santschi Thomas • 1878-1931
Saperstein David
Sarafian Deran
Sarafian Richard C. • *Sarafian Richard* • 1927-
Sargent George L. • *Sargent George* • *Sargent G. L.*
Sargent Joseph • 1925-
Sargent P. D.
Sarno Hector V.
Sarno Joe • *Sarno Joseph W.* • *Sarno J. W.*
Sarno Jonathan
Saroff Raymond
Satlof Ron
Sato Jason
Satterfield Paul
Sauer John
Sauer Len
Sauer Pat
Saum Clifford P.
Sautell Albert A.
Savage Allen
Savage Derek
Savage Henry W.
Savage Lee
Savage Peter
Savalas Telly • 1925-
Savoca Nancy
Sawyer Arthur H.
Sawyer David H.
Saxon Dave
Saxon John • *Orrico Carmen* • 1935-
Sayers Eric
Sayles John • 1950-
Scanlan Joseph L. • *Scanlon Joseph L.*
Scardino Jean-Paul
Scardon Paul • 1875-1954
Scarpati Antonio
Schaaf Allen • 1942-
Schaal Hans
Schaefer Armand • 1898-
Schaefer George • 1920-
Schaeffer Franky • *Schaeffer Francis*
Schaertl Michael L.
Schafer Jerry

Schaffer Milt
Schain Don
Scharf Jim
Schary Dore • 1905-1980
Schatzberg Jerry • 1927-
Scheerer Robert
Schefer Mandy
Schellerup Henning
Schenck George
Schenkel Carl
Scherberger Aiken
Scherer Gene
Schertzinger Victor • *Schertzinger Victor L.* • 1880-1941
Schested Ove H.
Scheuer Tom
Scheyer Betty
Schibli Paul
Schickele David
Schiller Greta
Schiller Lawrence • 1936-
Schiller Tom
Schillman Lawrence
Schiro Jeffrey C.
Schlagman Eric L.
Schlamme Thomas
Schlank Morris R.
Schlatter George • 1931-
Schleipper Carl
Schloss Henry • *Schloss Hank*
Schlossberg-Cohen Jay
Schlossberg Julian
Schmidt Richard R.
Schmidt Thomas
Schmitt Richard
Schmoeller David
Schmulevich Michael
Schneider Alan
Schneider James
Schneider Kenny
Schneider Paul
Schnitzer Robert Allen • *Schnitzer Robert*
Schoedsack Ernest B. • *Schoedsack Ernest* • 1893-1979
Schofill John
Scholl Jack
Schomer Abraham S. • *Schomer Abraham*
Schoolnik Stuart • *Schoolnik Skip*
Schorr William
Schott John
Schotten Wayne
Schrader Paul • 1946-
Schreibman Myrl A.
Schreiner William
Schreyer John
Schrock Raymond L.
Schroeder Michael
Schulman Joel
Schulte Larry
Schultz Michael • 1938-
Schumacher Joel • 1942-
Schumann Philip
Schure Alexander
Schuster Harold • *Schuster Harold D.* • 1902-1986
Schuyler Helmud
Schwab Laurence • *Schwab Lawrence* • 1893-
Schwain Don
Schwartz Douglas • *Schwartz Douglas N.*
Schwartz Lillian
Schwartz Maurice • 1890-1960
Schwartz Zac
Schwartzman Arnold
Schwarzwald Milton
Schwerin Jules • *Schwerin Jules Victor*
Scorsese Martin • 1942-
Scott Carlisle
Scott Ewing
Scott Gene
Scott George C. • 1927-
Scott Joel
Scott Oz
Scott Rey
Scott Robert
Scott Ron
Scott Rosilyn T.
Scott Steve
Scotto Aubrey • *Scotto Aubrey H.*
Scribner George
Scully William J. • *Scully William*
Seacat Sandra
Sears Fred F. • 1913-1957
Seasman Bill
Seaton George • 1911-1979
Seay Charles M. • *Seay Charles*
Sebastian Beverly
Sebastian Ferdinand • *Sebastian D. Ferd* • *Sebastian Ferd*
Seder Rufus
Sedgwick Edward • 1892-1953
Sedley Gerri
Seeger Pete
Seeley Bob
Seeling Charles R.
Seeman John
Segal Alex • 1915-1977
Segal Steve
Segall Stuart • *Segall Stu*
Seibert Mike
Seidelman Arthur Allan • *Seidelman Arthur A.* • *Seidelman Arthur*
Seidelman Susan
Seiden Joseph
Seiler Lewis • *Seiler Lewis R.* • 1891-1963
Seilman Heinz
Seiter William A. • *Seiter William* • 1892-1964
Seitz George B. • *Seitz George* • 1888-1944
Seitzer Leo
Selander Lesley • 1900-1980
Sell Jack M. • 1954-
Sellers Oliver L. • *Sellers Ollie L.* • *Sellers Ollie*
Sellier Charles E. Jr.
Selman David
Seltzer David
Seltzer Frank N.
Seltzer Leo
Selwyn Edgar • 1875-1944
Selznick Arna • 1948-
Semel Sanford
Semon Larry • *Semon Lawrence* • 1889-1928
Senensky Ralph
Seresin Michael
Serrano Nina
Sessa Alejandro
Seven Johnny
Severson John
Sevush Herb
Seyffertitz G. V.
Seymour James • 1895-
Seymour Maurice
Sgarro Nicholas
Shadburne Susan
Shade John
Shaffer Deborah
Shaftel Josef • 1919-
Shamblin Gene
Shane Dave
Shane Maxwell • 1905-1983
Shanin Ronald E.
Shanklin Lina
Shanks Ann Zane
Shanks Don
Shanley John Patrick
Shapiro Alan
Shapiro Ken • 1943-
Shapiro Mel
Sharff Stefan
Sharits Paul J. • *Sharits Paul*
Sharp Alan
Sharpe
Sharpe Mal
Sharpsteen Ben
Shatner William • 1931-
Shavelson Melville • 1917-
Shaw Brinsley
Shaw H. W.
Shaw Sam
Shaw Tom
Shaye Robert
Shayne Linda
Shea Jack • 1928-
Shea James K. • *Shea Jim K.*
Shea William
Shean Alan
Shear Barry • 1923-1979
Shearer Bob
Shebal Leroy
Sheehan Perley Poore
Sheeler Charles
Sheldo Norman
Sheldon David
Sheldon Forrest • *Sheldon Forrest K.*
Sheldon James
Sheldon Les
Sheldon Roy
Sheldon Sidney • 1917-
Shelley Joshua
Shelton Ron
Shenson Walter • c1921-
Shepard Gerald S.
Shepard Sam
Shephard Mark
Shepherd Antonio
Sher Jack • 1913-
Sheridan Jay
Sherin Edwin • *Sherin Ed* • 1930-
Sherman Eric
Sherman Frank
Sherman Gary • *Sherman Gary A.*
Sherman George • 1908-
Sherman Joe
Sherman Lowell • 1885-1934
Sherman Samuel M.
Sherman Vincent • 1906-
Shermann Arthur
Sherry
Sherwood Bill • 1952-
Sherwood George
Sherwood John
Sherwood Robert E. • 1896-1955
Shields Ernest
Shields Pat
Shiffen Arlo
Shilling William A.
Shillinger Joseph • *Shilling Joseph*
Shin Nelson
Shoemaker Don
Sholder Jack
Sholem Lee • 1900-
Shore Sig
Shores Lynn
Shorr Richard
Short Robert • 1950-
Shourds Sherry
Shuker Gregory
Shull William M.
Shuman Mort
Shumlin Herman • 1898-1979
Shyer Charles • 1941-
Shyer Melville
Siani Toni • *Siani Tony*
Siani Tony
Sichel John • 1937-
Sickinger Robert
Sidaris Andy • 1933-
Sidney George • 1916-
Sidney Scott
Siegel Don • 1912-1991
Siegel Lois • 1946-
Siegel Robert • *Siegel Robert J.*
Siegler R.
Siegmann George • *Siegmann George A.*
Sievel Bernard
Signorelli James
Silber Glenn
Silinsky Stewart
Silliman Alf Jr.
Sillman Frank
Sills Sam
Silver Andrew
Silver Joan Micklin • 1935-
Silver Marcel • *Silver Marcel G.*
Silver Marisa • 1960-
Silver Mitchell L.
Silver Raphael D.
Silver Ray
Silver Tony
Silverman Louis
Silverstein Elliot • 1927-
Simms J. M.
Simon Frank
Simon Roger L.
Simon S. Sylvan • 1910-1951
Simone Charles
Simpson Michael A.
Sinatra Frank • 1915-
Sinclair Robert B. • *Sinclair Robert* • 1905-1970
Sinclair Vincent L.
Sindell Gerald Seth • *Sindell Gerald* • 1944-
Singer Alexander • *Singer Alex* • 1932-
Singer Stanford
Singleton Ralph S.
Sinise Gary
Sinniger Alfons
Siple J. Law
Sissell Sandi
Sitowitz Hal
Sittenham Fred • *Sittenham Fred W.*
Skaaren Warren
Skinner Charles • *Skinner Charles E.* • 1912-
Skirball Jack H. • 1896-
Skotak Bob
Slapczynski Richard
Slate Lane
Slater Don
Slatzer Robert F. • *Slatzer Robert Franklin*
Slavin James
Sledge John
Slesin Aviva
Slipyj Rodion
Sloane Paul • *Sloane Paul H.* • 1893-
Sloane Rick
Slobodian Bill
Smalley Phillips • 1875-1939
Smallwood Ray C. • *Smallwood Ray* • 1888-
Smawley Robert • *Smawley Robert J.*
Smight Jack • 1926-
Smiley Joseph • *Smiley Joseph W.*
Smith
Smith Albert E.
Smith Albert I.
Smith Basil
Smith Bud
Smith C. Davis
Smith Charles Martin • 1954-
Smith Cliff • *Smith Clifford S.* • *Smith Clifford* • 1894-1937
Smith David • *Smith Dave*
Smith Dick • *Smith Richard*
Smith Douglas St. Clair
Smith Earl E.
Smith Emton
Smith Frank L.
Smith Hagen
Smith Hamilton
Smith Harry • 1923-
Smith Harry W.
Smith Howard
Smith Jack • 1932-
Smith John
Smith John P.
Smith Marshall
Smith Maurice
Smith Nicol
Smith Noel • *Smith Noel Mason* • *Mason Noel* • 1890-
Smith Paul Gerard • *Smith Paul*
Smith Paul J.
Smith Pete • 1892-1979
Smith Richard
Smith Ryle
Smith Sidney
Smithee Alan • *Smithee Allan* • *Smithee Allen*
Smithson Frank
Smolan Sandy
Smoot Phil
Snodgrass Richard
Snody Robert R.
Snow H. A.
Snow Sydney
Snyder Robert
Sobel Mark • *Sobel Mark S.* • 1956-
Sodebergh Steven
Soet John Steven
Soffin Alan
Sohmer Steve
Solandz Todd
Sole Alfred • 1943-
Soles Titus R.
Soloman David
Soltero Jose
Somersaulter J. P.
Somersaulter Lillian
Sommer Paul
Sommers Stephen
Somnes George
Sonbert Warren
Sontag Susan • 1933-
Sotos Jim • *Sotirakis Dimitri* • 1935-
Soukis Robert
Soul Veronika • 1944-
Soule Thayer
Sowders Edward
Spalding Philip
Spangler Larry • *Spangler Larry G.*
Sparber I. • *Sparber Izzy* • *Sparber Isidore*
Sparks Teresa • 1952-
Sparr Robert
Spaveni Angelo
Spector Irv
Speer Martin
Speeth Christopher
Speich Vittorio
Spelvin George
Spencer James H.
Spencer Norman
Spencer Richard V. • *Spencer R. V.* • *Spencer Mr.*
Spencer Zoltan G.
Spera Robert
Sperling Karen
Spery Joseph C.
Spheeris Penelope
Spiegel Ed
Spiegel Larry
Spiegel Scott
Spielberg Steven • 1947-
Spier William
Spies Walter
Spinelli Anthony
Spinelli Martin J.
Spinelli Philip
Spinello Barry
Spoecker Peter D.
Sporup Murray Douglas
Spottiswoode Roger • 1943-
Spradlin G. D.
Sprager Hart
Sprague Chandler
Springsteen R. G. • *Springsteen Robert G.* • 1904-
St. Clair Malcolm • *St. Clair Mal* • 1897-1952
St. Germaine Travis
St. Jacques Raymond • 1930-
St. John Al • 1893-1963
St. John Christopher
St. Loup
St. Thomas Warren
Stabile Ed
Stafford Babe
Stafford Harry G.
Stagg William
Stahl C. Ray • *Stahl Ray*
Stahl John M. • *Stahl John* • 1886-1950
Staley Chuck
Stalin Robert
Stallings George
Stallone Sylvester • 1946-
Stambler Robert
Stanlaws Penrhyn • -1923
Stanley B. F.
Stanley George C. • *Stanley George*
Stanley Herb
Stanley John
Stanley Paul
Stanton Richard
Stapleford George
Stapp Philip
Star Bruce
Starbecker Gene
Stark Leonard
Starkey
Starkey William H.
Starkman Marvin
Starr Duncan
Starr Peter
Starrett Jack • 1936-
Staub Ralph • 1899-1969
Stauffacher Frank
Stecker Alan
Steckler Len
Steckler Ray Dennis • *Schmidt Wolfgang* • 1939-
Stedman Marshall • *Steadman Marshall*
Steel June
Steensland David
Steger Julius
Stehura John
Steichen Edward J.
Stein Bob
Stein Herb
Stein Phyllis
Steinberg Ziggy
Steiner Alex
Steiner Ralph
Steiner William

Steinmann Danny
Steinmetz Dennis
Stell Aaron
Stenholm Katherine
Stephani Frederick
Stephen A. C. • *Apostolof Stephen C.*
Stephens Peter
Steppling John
Sterling Ford • 1883-1939
Stern Bert
Stern Gern
Stern Leonard • 1923-
Stern Seymour
Stern Tom
Stevens Arnold
Stevens Art
Stevens Carter
Stevens Edwin
Stevens George • 1904-1975
Stevens George Jr.
Stevens Leslie • 1924-
Stevens Mark • 1915-
Stevens Norman L.
Stevens Robert • c1925-
Stevens Stella • 1936-
Stevens Walter
Stevens Will
Stevenson Rosalind A.
Stewart Alan
Stewart Bhob
Stewart Bob
Stewart Douglas Day
Stewart John
Stewart Ken
Stewart Larry
Stewart Linda
Stewart Paul
Stiber Sidney J.
Stiegler Robert
Stillman Whit
Stix John • 1920-
Stocker Walter
Stockert Hank
Stockwell Dean • 1936-
Stockwell John • 1961-
Stoermer William
Stolen Will
Stoll Frederick F.
Stoll Jerry
Stoloff Ben • *Stoloff Benjamin* • 1895-
Stoloff Victor
Stone Andrew L. • *Stone Andrew* • 1902-
Stone Barbara
Stone Danny
Stone David C.
Stone Ezra C. • *Stone Ezra* • 1917-
Stone Marshall
Stone Oliver • 1946-
Stone Phil
Stone Virginia Lively
Stonehouse Ruth • 1891-1940
Stoney George C.
Stootsberry A. P. • *Stootsberry Peter* • *Stootsberry Arthur*
Storey Thomas L.
Storm Howard
Storm Jerome
Story Mark
Stouffer Larry
Stouffer Mark
Stouffer Marty
Stoumen Louis Clyde • *Stoumen Lou*
Stout Bill
Stowers Frederick
Strand Paul • 1890-1976
Strasberg Lee
Strate Walter
Stratton Edmund F. • *Stratton Edmund*
Strauss Malcolm
Strawbridge John
Strayer Frank • *Strayer Frank R.* • 1891-1964
Streisand Barbara • 1942-
Strick Joseph • 1923-
Stringer Robert W.
Strock Herbert L. • 1918-
Strombeck Grant
Stromberg Hunt • 1894-1968
Stromberg William R.
Strosser
Stuart Brian
Stuart Mel • 1928-
Studdy George E.
Stull Walter
Sturgeon Rollin S. • *Sturgeon Rollin* • *Sturgeon R. S.* • -1925
Sturges Howard
Sturges John • 1911-
Sturges Preston • 1898-1959
Styles Richard
Stylianou Michel
Suarez Bobby A. • *Stuart Bobby A.*
Sudderth Martha
Sugerman Andrew
Sughrue John J. • 1927-
Sulistrowski Zygmunt
Sullivan C. Gardner • 1879-1965
Sullivan Fred G.
Sullivan Frederick • *Sullivan Frederick R.* • *Sullivan Fred*
Sullivan James A.
Sullivan James R.
Sullivan Joseph
Sullivan Michael
Sullivan Mike
Sullivan Neil
Sullivan Ron
Sully Jim
Summer Edward T.
Summerville Slim • 1892-1946
Sunasky Irving
Susman Michael
Suso Henry
Sutherland Hal
Sutton Denver
Svetlana
Swackhamer E. W.
Swaim Bob • *Swaim Robert* • 1943-
Swansen Chris
Swarthe Robert
Swartz Harold B.
Sweeney Bob
Sweet Harry
Sweet Pedie
Swenson Charles • *Swenson Chuck*
Swerdloff Arthur
Swicegood T. L. P.
Swickard Charles
Swift David • 1919-
Swift Howard
Swift Lela
Swift Lyndon James • *Swift Lyndon*
Swimmer Saul
Swirnoff Brad
Switzer Michael
Switzgable Meg
Sylbert Paul
Symonds Henry R.
Szalapski James
Szarka William
Sztaba Stanley
Taft Gene
Taggart Errol
Taicher Robert
Tajchman E. J.
Takamoto Iwao
Talan Len
Talbot Brud
Talley Truman
Tamburella Armando W. • *Tamburella Armando* • 1919-
Tamburella Paolo William • *Tamburella Paolo W.* • 1910-1951
Tamellini Aldo
Tannen Terrell • *Tannen Terrill*
Tannen William
Tansey John
Tansey Robert • *Tansey Robert Emmett* • *Emmett Robert* • *Tansey Robert E.*
Taradash Daniel • 1913-
Taras Martin B.
Tashlin Frank • *Tash Tish* • 1913-1972
Tatarnowicz Tom
Tate Cullen
Tau Avraham
Taurog Norman • 1899-1981
Taverna
Taylor Charles A. • *Taylor Charles*
Taylor Don • 1920-
Taylor Edward C.
Taylor Horace
Taylor John
Taylor Jud • 1940-
Taylor Kate
Taylor R. F.
Taylor Ray • 1888-1952
Taylor Rex • *Taylor Rex A.*
Taylor Robert
Taylor Roderick
Taylor Ron
Taylor Russell
Taylor Sam • *Taylor Samuel* • 1895-1958
Taylor Stanner E. V. • *Taylor S. E. V.*
Taylor W.
Taylor William D. • *Taylor William Desmond* • 1877-1922
Teague Lewis • 1941-
Telford Frank
Telmig Akdov
Templeton George • 1907-
Tendlar Dave
Tenenbaum Icek
Tenney Del
Tenney Kevin S.
Tenorio John
Tenzer Bert
Teresi Tony
Terhune William
Terriss Tom • 1887-
Terry J. C.
Terry Paul • 1887-1971
Terwilliger George W. • *Terwilliger George* • 1882-
Tetzlaff Ted • 1903-
Tewkesbury Joan • 1937-
Tewkesbury Peter • *Tewksbury Peter* • 1924-
Thatcher Leslie
Thatcher Mollie Day
Thayer Otis B. • *Thayer Otis*
Theirmann Eric
Thew Anna
Thew Harvey
Thom Robert
Thomas Anthony
Thomas Augustus
Thomas Glenna
Thomas Jack W.
Thomas John G.
Thomas Lowell • 1892-
Thomas Michael
Thomas Ramzi
Thomas Richard
Thomas Richard
Thomas Scott
Thomas William C. • 1903-
Thomason Harry • *Thomason Harry Z.*
Thompson Brett
Thompson Darrell
Thompson David
Thompson Ernest
Thompson Francis
Thompson Frederick A. • *Thompson Frederick* • *Thomson Fred* • *Thompson Fred* • *Thomson Frederick*
Thompson Harlan
Thompson Harry
Thompson Marcus
Thompson Marshall • 1925-
Thompson Palmer
Thompson Robert C.
Thompson Walter
Thompson William
Thompson William L.
Thomson Riley
Thornberg Billy
Thornberg Lee
Thornby George T.
Thornby Robert T. • *Thornby R. T.* • *Thornby Robert* • 1889-
Thornton David
Thornton James
Thorpe Jerry • 1930-
Thorpe Richard • 1896-
Tibbs Casey
Tichenor Harold • 1946-
Tilghman William
Tilton Roger
Timmis John Henry Iv
Tinker Mark
Tinling James • 1889-1955
Toback James • 1944-
Tobalina Carlos • *Benny Troy*
Toberoff Marc
Tobias Charles
Tobias Marice
Tobin Thomas J.
Todd J. Hunter
Tokar Norman • 1920-1979
Tokunow Alvin
Tokus Seymour
Toland Gregg • 1904-1948
Tone Franchot • 1905-1968
Topper Burt • 1928-
Torbert Bruce
Torn Rip • 1931-
Tornatore Joe
Torrance Robert
Toscano Bruce
Toshiyuki Michael
Totten Joseph Byron
Totten Lester
Totten Robert • 1937-
Tourtelot Madeline
Towne Robert • 1936-
Townley Jack • 1897-
Townley Robert H. • *Townley Robert*
Townley Robin H. • *Townley Robin*
Townsend Bud
Townsend Pat
Townsend Robert
Train Michael S.
Traube Shepard • *Traube Shepherd*
Travers Richard C.
Travers Thomas
Travis John
Traxler Ernest
Traxler Stephen
Traynor Peter S.
Trbovich Tom
Tregillus Leonard
Trego Charles T.
Trent William Jr.
Treutle William B.
Treutle William B Mrs.
Trevillion Dale
Trevino Jesus • *Trevino Jesus Salvador*
Trevor Simon
Trevos Herbert
Tribe Oscar
Trieschmann Charles
Trikonis Gus
Trinchera Paul
Tropia Marc C.
Tropia Tano
Trowbridge Angus • 1941-
Truesdell Howard
Trumbo Dalton • 1905-1976
Trumbull Douglas • 1942-
Tryon Glenn • 1894-1970
Tsanusdi • *Tsansudi*
Tsukerman Slava
Tuchock Wanda
Tucker David
Tucker Glenn
Tucker Phil
Tuggle Richard • 1948-
Tully May
Tung Sandy
Turbett Ben • *Turbett Benjamin*
Turell Saul J. • 1921-
Turman Lawrence • 1926-
Turner
Turner Brad
Turner D. H.
Turner Dean
Turner Gil
Turner Otis
Turpin Ben • 1874-1940
Tuttle Frank • 1892-1963
Tyer James • *Tyer Jim*
Tyrol Jacques
Tytla Bill
Uccelo Paolo
Ullman Daniel B. • 1918-1979
Underwood Lawrence
Ungerer Walter
Uno Michael Toshiyuki • *Uno Michael*
Urban Charles • 1871-1942
Urbano Carl
Urson Frank
d'Usseau Leon
Vacek Jack
Vair Linda
Valdez Luis • 1940-
Vale Travers • 1865-
Valenti Frank
Van Buren A. H.
Van Court Ulf
Van Deusen Courtlandt • *Van Deusen Courtland J.*
Van Dusen Bruce
Van Dyke W. S. • *Van Dyke William S.* • 1889-1943
Van Dyke Willard • 1906-1986
Van Hearn J.
Van Horn Buddy
Van Horn Lee
Van Loan Philip
Van Meter Ben
Van Peebles Melvin • 1932-
Van Plack Tom
Van Rees Joost
Van Ronkel Jo
Van Sant Gus
Van Tuyle Bert
Van Wally • *Van Norstrand Wally* • *Van Wallie* • 1885-
Van Winkle Joseph
Vance Daniel J.
Vance William
Vandenbergh Leonard J.
Vanderbeek Stan • 1931-
Vanderbes Romano
Vanderbilt William K.
Vanderkloot William
Varhol Michael C.
Vasconcellos Tete
Vasudhara Sunh
Vatelli Paul G.
Vaughn E. J.
Vay Armando
Ve Sota Bruno
Veer Willard V.
Vehr Bill • *Vehr William*
Veiller Anthony • 1903-1965
Veiller Bayard
Vejar Mike
Vejar Rudy
Vekroff Perry N. • *Vekroff Perry*
Ventura
Venturini Edward D. • *Venturini Eduardo D.*
Verity Erwin
Vernon Henry
Vernot Henry J. • *Vernot Henry*
Verona Stephen F. • *Verona Stephen* • 1940-
Vickers Milton
Vickman Leon
Vickrey Robert
Victor Edward
Victor Phil
Vidette John
Vidor King • *Vidor King W.* • 1894-1982
Vieira George
Vila Camilo
Vilencia Jeff
Villard Raymond
Vincent Chuck • *Ubell Marc*
Vincent James
Vincent L. J.
Vincent Russel
Vinikow Joseph
Vint Jesse
Vinton Will
Viola Albert T. • *Viola Al*
Viola Joe
Vitale Frank • 1945-
Vittoli John
Vogel Joseph
Vogel Paul • 1899-1975
Vogel Virgil W. • *Vogel Virgil*
Voizard Marc
Volpe Ignatius
Vorno Anthony • *Gregory Sebastian*
Voshell John M.
Voskanian Robert
Voss Fatty
Vroom Frederick
Vydra Alan
Wadell Michael
Wadleigh Michael
Waggner George • 1894-1984
Wagner Jane • 1935-
Wagner Robert • *Wagner Rob*
Wainwright Earl
Waite Glenn
Waite Ralph • 1928-
Walas Chris

Wald Roger
Walden Edgar E.
Waldron Cy
Walker Cub
Walker Dorian
Walker Gilmore
Walker Hal • 1896-1972
Walker John
Walker Johnnie
Walker Johnny
Walker Nancy • 1921-
Walker Robert
Walker Stuart • 1887-1941
Walkow Gary
Wallace
Wallace C. R.
Wallace Ettilie
Wallace Richard • 1894-1951
Wallace Rick
Wallace Tommy Lee
Waller Fred • 1886-1954
Wallerstein Herb
Wallis John
Walsh C.
Walsh James O.
Walsh Phil
Walsh Raoul • *Walsh R. A.* • 1887-1980
Walsh Thomas B.
Walters Charles • 1911-1982
Walters Michael
Walters Robert
Walton Fred
Walton Fred
Wanamaker Sam • 1919-
Wanzer Orville
Ward Bill
Ward Chance E.
Ward David S. • 1945-
Ward Richard
Ward Terry
Warde Ernest C. • *Warde Ernest* • 1874-
Warde Frederick
Wardenburg Fred
Ware Clyde • 1934-
Warfield Chris
Warhol Andy • 1928-1987
Warmflash Robert
Warner Jack Jr. • 1916-
Warner Jack L. • 1892-1978
Warner Sam • 1888-1927
Warren Charles Marquis • *Warren Charles M.* • 1912-
Warren Deryn
Warren Edward
Warren Frank
Warren Giles R. • *Warren Giles*
Warren Hal
Warren Jerry
Warren Mark • 1938-
Warrenton Lule
Warshofsky Fred
Washam Ben
Washburn Gladys
Washburn Richard
Wasson James C.
Waters John
Waters John • 1945-
Watson James Sibley
Watson John
Watson William • *Watson William H.* • *Watson W. H.* • *Watson Billy* • *Watson Bill*
Watt Allen
Watt Edward
Watt Nate • *Watt Nate C.*
Watts Roy
Watts William
Wawrzyn Anne Maria
Wawrzyn Dietrich
Wax Steve
Wayans Keenen Ivory
Wayne John • 1907-1979
Weaver John
Webb Charles
Webb Harry S. • *Webb Harry* • *Samuels Henri*
Webb Ira
Webb Kenneth • *Webb Kenneth B.* • 1892-
Webb Millard • 1893-1935
Webb Robert D. • 1903-
Webber Bickford Otis
Webber Melville
Weber Bruce
Weber Lois • 1882-1939
Weber William
Webster George H.
Webster Harry Mcrae • *Webster Henry Mcrae* • *Webster Henry* • *Webster Mcrae*
Webster Nicholas • *Webster Nick* • 1922-
Wechsberg Peter
Wechter David • 1956-
Weems Walter
Wehen Rex
Wehling Bob
Weight F. Harmon • *Weight Harmon*
Weil Samuel • *Weil Sam* • 1945-
Weiland Paul
Weill Claudia • 1947-
Wein Chuck
Wein George
Wein Jeff
Weinberg Herman G. • *Weinberg Herman* • 1908-
Weinberg Maxwell
Weiner David
Weiner Hal
Weiner Peter
Weinrib Lennie
Weinstein Bob
Weinstein Harvey
Weinstein Julius • *Kenlo John*
Weinstein Marvin R.
Weintraub Sandra
Weis Don • 1922-
Weis Gary
Weis Jack
Weisbrich Les
Weisburd Dan
Weisenborn Gordon
Weisman David
Weiss Adrian
Weiss Barbara N.
Weiss E. Bruce
Weiss Lois
Weiss Robert K.
Weiss Sam
Welborn Robert
Welby Robert
Wellburn William
Welles Jennifer
Welles Orson • 1915-1985
Wellman William A. • *Wellman William* • 1896-1975
Wells Jack
Wells Raymond • *Wells Raymond B.*
Wells Robert
Wendkos Paul • 1922-
Wenk Richard
Werker Alfred L. • *Werker Alfred* • 1896-
Werner Jeff
Werner Peter • 1947-
Wertheim Ron
Wertz Jay
Wesley William
West Al
West Alan
West Langdon
West Raymond B. • 1886-1918
West Robert D.
West Roland • 1887-1952
West William
Westman Jim
Weston Armand
Weston C. H.
Weston Eric
Weston Harold
Weston Sam
Wetzler Gwen
Wexler Haskell • 1926-
Wharton Leopold • *Wharton Leo* • 1870-
Wharton Theodore • *Wharton Theodore W.* • *Wharton T. W.* • *Wharton Theodore K.* • 1875-
Wheat Jim
Wheat Ken
Wheatley W. W.
Wheeler Cliff • *Wheeler Clifford Slater*
Wheeler David
Wheeler Dewitt C.
Wheeler Leonard
Whelan Tim • 1893-1957
Whelan Tim Jr.
White A. Frank Drew
White Bob
White George
White George A.
White Jack
White Joshua Wallace
White Leo
White Merrill G. • 1895-1959
White Nathan J.
White Sam
White Sanford
White Thomas
White Volney
White William
Whiteman Albert W.
Whiting Ralph
Whitman Frank
Whitman Phil • *Whitman Philip H.* • *Whitman Philip*
Whitmore John
Whitney James
Whitney John
Whitney John Jr.
Whitney Michael
Whorf Richard • 1906-1966
Wiard William
Wickersham Bob
Wiederhorn Ken
Wiemer Robert
Wiese Michael
Wiesen Bernard
Wiezycki Joe
Wiland Harry
Wilbor Robert
Wilbur Crane • 1889-1973
Wilcox Fred M. • *Wilcox Fred Mcleod* • *Wilcox Fred* • 1905-1964
Wilcox Robert B.
Wilde Cornel • 1915-
Wilde Ted • 1889-
Wilder Gene • 1935-
Wilder Glen R.
Wilder John
Wilder William
Wiles Gordon • 1902-
Wiley Dorothy
Wiley Ethan
Wilk Jacob
Wilkie B.
Wilkinson Anthony
Wilkinson Jimmy
Willard Frank
Willat Irvin V. • *Willat Irvin* • *Willat I. V.* • 1892-1976
Willett Paul B.
Williams Bert
Williams Bill • 1916-
Williams C. Jay • *Williams C. J.*
Williams Douglas
Williams Earle • 1880-1927
Williams Elmo • 1913-
Williams Gene
Williams Harry
Williams Joanna
Williams Joe
Williams Lester
Williams Linda
Williams Lloyd Michael
Williams Paul • 1943-
Williams Scott
Williams Spencer
Williams Wade
Williams Walter
Williamson Bob
Williamson Fred • 1938-
Williamson J. Ernest
Williamson Robin E. • *Williamson Robin* • *Williamson R. E.*
Willis Alan
Willis Gordon
Willis Walter
Wilmer Otto
Wilmeth T. Beauregard
Wilmot Robert
Wilsey Jay
Wilson Ben • *Wilson Benjamin Franklin* • *Wilson Ben F.* • 1885-
Wilson Bruce
Wilson Charles C.
Wilson Elsie Jane
Wilson Frank Arthur
Wilson Hugh • 1943-
Wilson James L.
Wilson Jim
Wilson John
Wilson John D.
Wilson Margery
Wilson Millard K. • *Wilson Millard*
Wilson R. Charleton
Wilson Richard • 1915-
Winburn Jim
Windermere Fred • *Windermere F.* • *Windemere Fred* • *Windemere F. C.*
Windom Lawrence C. • *Windom Lawrence* • *Windom L. C.* • 1876-
Winer Harry
Winer Lucy
Winer Richard
Wing Ward
Wing William E.
Winkler Charles
Winkler Henry • 1945-
Winkless Terence H.
Winograd Peter
Winslow Susan
Winston Ron • 1932-
Winston S. K.
Winston Stan
Winter Jorn
Winter Percy
Wintergate John
Winters Larry
Winters Paul
Wintrebert M. St. Loup
Wisberg Aubrey
Wisco Victor
Wise David
Wise Robert • 1914-
Wiseman Frederick • 1930-
Wishman Doris
Wisniewski Ray
Withey Chet • *Withey Chester* • 1887-
Withington Paul
Witliff William
Witney William • 1910-
Wittman Peter
Wiziarde Frank
Wohl Ira
Wolbert William
Wolcott James L.
Wolf David
Wolf Fred
Wolf Mark
Wolfe David W.
Wolfe Donald
Wolfe Tom
Wolff Perry • 1921-
Wolfond Henry
Wolfson P. J. • 1903-1979
Wolheim Louis • 1880-1931
Wolk Larry
Woll Yael
Wong Michael
Wood Edward D. Jr. • *Wood Edward Davis Jr.* • *Wood Edward Jr.* • 1924-1978
Wood James
Wood Richard Carver
Wood Sam • 1883-1949
Woodard Horace
Woodard Stacy
Woodburn Bob
Woodcock Peter
Woodruff Frank
Woods Jack
Woods Mark
Woolery Gerry
Workman Chuck • *Workman Carl*
Worms Robert A. Jr.
Wormser Richard
Worne Duke
Woroner Murray
Worsdale Andrew
Worsley Wallace • 1880-1944
Worswick Clark
Worth David
Worth Howard
Worthington William • -1941
Worthy John Robert
Wrangell Basil
Wray John Griffith • 1888-1940
Wredler Thomas
Wright
Wright Allen
Wright Fred E. • *Wright Fred*
Wright George A.
Wright George D.
Wright Harold Bell
Wright Kay
Wright Kenneth
Wright Mack V. • 1895-1963
Wright Patrick • 1939-
Wright Ralph
Wright Tenny
Wright Tom
Wright Walter
Wrye Donald
Wuest Harry
Wulze Harry
Wurst Charles
Wurth David
Wyckoff Alvin
Wyler Leland
Wynn Bob
Wynn Tracey Keenan • 1945-
Wynorski Jim • 1950-
Yablonsky Yablo
Yaconelli Frank
Yahruas Bill
Yakub Michael
Yalden-Tomson Peter • 1937-
Yalkut Jud
Yansen
Yarbrough Jean • 1900-
Yarema Neil
Yari Bob
Yasin Al
Yates Hal
Yeatman Hoyt
Yeaworth Irvin S. Jr.
Yellen Linda
Yerby Lorees
Yontz Ken
Yontz Seka
York Steven
Yorkin Bud • 1926-
Young Christopher
Young Harold • 1897-1970
Young James • *Young James A.* • 1878-
Young Jeffrey
Young Lee Doo
Young Neil • *Shakey Bernard*
Young Robert Malcolm • *Young Robert M.* • 1924-
Young Robert William • *Young Robert W.*
Young Roger • 1942-
Young W. W.
Youngdeer James • *Deer James Young*
Younger A. P.
Youngman Gary
Youngson Robert • 1917-1974
Younkins Jerry
Yuen Corey
Yune Johnny
Yust Larry
Yuval Peter
Zacha Jac
Zahr Raja
Zamora Rudy
Zander Jack
Zaphiratos Fabrice A.
Zarchi Meir
Zarindast Tony
Zaritsky Raul
Zaslove Alan
Zebra Sam
Zedd Nick
Zeiden Joseph
Zeliff Seymour
Zemeckis Robert • 1952-
Zens Will • 1920-
Zieff Howard • 1929-
Ziehm Howard
Zigowitz Ziggy Jr.
Ziller Paul
Zimmer George
Zimmer H. L.
Zimmerman Jerry
Zimmerman Ruth
Zimmerman Tom
Zimmerman Vernon • 1940-
Zinman Zoe
Zinner Peter • 1919-
Zion Allan
Zito Joseph • 1946-
Zivelli Joseph E.
Zorfa T. G.

Zuba Constantine
Zucker David • 1947-
Zucker Jerry • 1950-
Zuckerman Michael T. • *Zuckerman Michael*
Zugsmith Albert • 1910-
Zuniga Frank
von Zur Muhlen Irmgard
Zweiback Martin
Zwerin Charlotte
Zwick Edward • *Zwick Ed* • 1952-
Zwick Joel
Zwicky Karl

URUGUAY

Acosta Walter
Alsina Julio R. • 1883-1944
Castro Juan Carlos Rodriguez
Darino Eduardo
Etchebchere Juan
Kouri Roberto
Oliver Felix
Rodriguez
Sola Raul
Williams Oscar • 1944-

VENEZUELA

Acevedo Josefina
Agusti Andres
Angola Carlos
Anzola Alfredo J. • *Anzola Alfredo*
Arce A.
Arevalo Eduardo
Arrieta Nelson
Azpurua Carlos
Barberena Eduardo
de la Barra Pablo
Barrera Olegario
Benacerraf Margot • 1926-
Bichier Jean-Jacques
Blanco Javier • 1944-
Blanco M.
Bolivar Cesar
Borges Jacobo
Brandis Barbara
Brandler Alfredo
Camacho Carlos Antonio • *Camacho Carlos* • 1932-
Canudas Jorge
Carbonell Maria L. • *Carbonell Maria* • 1927-
Carrer Giancarlo
Carrera Guillermo
Carrera Gustavo L.
Cassuto Dominique
Castellet Antonio
de la Cerda Clemente • 1935-
Chalbaud Roman • 1931-
Cordido Enver
Cordido Ivork • 1942-
Corona Juan
Correa Luis De Miranda • *Correa Luis*
Cortes Joaquin
Cortez Cesar
Cuchi Victor
Curiel Miguel
Dickenson John • *Dickinson John*
Donda Franca
Duran Ciro
Duran Manuel Trujillo
Durand Carlos B.
Enriquez Cesar
Feo Ivan
Figueroa Alberto Vazquez
Foucher Bernard
Fuentes Raul
Gadivia F.
Gaitan Jorge
Garayucochea Oscar
Garvizu O.
Gomez Antonio Delgado
Gonham M. A.
Gonzalez Daniel
Gonzalez Victor M.
Groce Ivan
Guedez Jesus Enrique • *Guedez Jesus Henrique*
Guerra
Handler Mario
Held Raul
Henriquez Ana Cristina
Henriquez Leonardo
Hoogensteijn Solveig
Jordan Josefina
Katz Michel
Lamata Luis Alberto
Lejter Herman
Lombardi Francisco • *Lombardi Francisco Jose*
Lovera Javier
Lovera Lester
Lovera Nestor
Lugo Alfredo • 1939-
Maldonado C. Enrique
Marcano Nora
Marmol Julio Cesar
Menendez Santiago
Millan Delgado
Mitrotti Elio
Mitrotti Mario • 1944-
Montagudo Alberto
Morales Humberto
Nery Julio
Odreman Mauricio • 1928-
Ordosgoitti Napoleon
Oropeza Daniel • 1936-
Ortiz Alexis
Oteyza Carlos
Padron Alejandro
Penzo Jacobo
Plasencia Arturo • 1938-
Posani Clara • 1933-
Pradelli Augusto
Pulido Abraham
Punceles Manuel Diaz
Quiroz Livio
Rebolledo Carlos
Risquez Diego • *Rizquez Diego*
Robles Mario
Roche Luis Armando • 1938-
Rodriguez Oziel
Rojas Abigail • 1932-
Roman A.
Roncayolo Malena
de la Rosa Antonio
Ruiz Henrique
San Andres Miguel
Santana Juan
Scheuren Bruno
Scheuren Jose Vicente • 1934-
Silberman Michel
Siso Freddy
Siso Roberto
Sole Jorge
Sozio Silvia Manrique • *Sozio Silvio Manrique*
Torija Alberto
Toro Fernando
Torres Fina
Ulive Ugo
Urguelles Thaelman • *Urgelles Thaelman*
Vera Marilda
Vera Oscar
Vidal Augusto Gonzalez
de Witt George
Zambrano Roque
Zimmerman E.

VIETNAM

Adam Raymond • 1941-
Batisson Rene
Chinh Kieu
Dan Tran The
Delsol Paula • *Delsol Paule* • 1923-
Du Khanh
Le Hung Eric • 1937-
Le Lam • *Lam-Le* • 1948-
Minh Dang Nhat • *Minh Dang What* • 1948-
Minh Ho Quong • 1949-
Minh Rinh
Ngiem Phu My
Ninh Nguyen Hai • *Ning Hai*
Pisier Marie-France • 1944-
Sen Hong
Tyen Nguyen Shang • *Tyan Shang*
Van Long

WEST INDIES

Longden John • 1900-

YUGOSLAVIA

Acimovic Karpo
Acin Jovan
Afric Vjekoslav
Aleksic D.
Amar Zoran
Angelovski Kole
Antic Jovan
Antic Miroslav
Antonijevic Predrag
Argus Robert
Arhanic Marijan
Babac Marko
Babaja Ante • 1927-
Babic Joze
Babic Nikola
Babic Vuk
Badjura Metod
Badjura Milka
Bajic Darko
Baletic Branko
Barry Jules
Bastac Branislav • *Bastac Branislav-Bane*
Bauer Branko • 1921-
Belan Branko
Bercic Vojdrag
Berkovic Zvonimir • 1928-
Bevc Joze • 1925-
Bjenjas Vojislav Vanja
Blazekovic Milan
Blazevski Vladimir
Borosak Rudolf
Boskovic Alexander
Boskovic Bosko
Bourek Zlatko
Branko Belan
Bukumirovic Milos
Bulajic Velko • *Bulajic Veljko* • 1928-
Cagic Mihailo
Calic Zoran
Carin Vladimir
Celovic Brana
Cenevski Kiril
Cengic Bato
Ciglic Marjan
Cikes Stjepan
Ciric Rasto
Coh Zvank
Crnobrnja Stanko
Crvenkovski Steva
Cukulic Zivan
Damjanovic Caslav • *Damic Charles* • *Diamond Casey*
Dejakovic Mladen
Delic Stipe
Dinulovic Predrag
Dizdarevic Nenad
Djordjevic Aleksandar • *Dordevic Aleksandar*
Djordjevic Mladomir Purisa
Djordjevic Purisa • *Dordevic Purisa* • 1924-
Djukanovic Milo
Djukic Radivoje-Lola
Djurcinov Aleksandar • *Durcinov Aleksandar*
Djurkovic Dejan • 1939-
Dobrila Sasa
Dovnikovic Borivoj • *Dovnikovic Bordo* • 1930-
Dragic Nedeljko • 1936-
Dragoljub
Draskovic Boro • *Drascovic B.* • 1935-
Drozg Janez
Dukanovic Milo
Dukic Radivoje-Lola
Duletic Vojko
Fabiani
Fabiani Leo
Fanelli Mario
Feman Mladen
Filipovic Vlatko
Gajic Goran
Gale Joze
Galic Eduard
Gamulin Bruno
Gapo Branko
Garnier Max Massimino
Gasparovic Zdenko
Gavrin Gustav
Georgievski Ljubisa
Gilic Vlatko
Gligorowski Petar
Gluscevic Obrad • *Gluzcevic Obrad*
Godina Karpo
Golik Kreso • 1922-
Golubovic Predrag • *Golubovic Pedrag*
Gospic Zoran
Gospodnetic Darko
Grgic Zlatko • 1931-
Grlic Rajko • 1947-
Grobler Mirko
Grossman Karl
Gvozdanovic Radivoj
Hadzic Fadil • 1922-
Hadzismajlovic Vefik
Hanzekovic Fedor • *Hanzekovic F.* • 1909-
Hieng Andrej
Hladnik Bostjan • 1924-
Hrs Vladimir
Idrizovic Mirza
Ilic Aleksandar
Ilic Dragoslav
Ilic Mihailo
Imanovic Ahmet Adi
Ivanda Branko • 1941-
Ivanov-Gapo Branko
Ivkov Dragoljub
Janevski Slavko
Janic Tomo
Jankovic Branimir Tori • *Jankovic Tori*
Jankovic Stole • *Yankovic S.*
Jelic Milan
Jocic Ljubisa
Jocic Vera
Jojic Ljiljana
Jokic Miroslav
Jovanovic
Jovanovic Dragovan
Jovanovic Jovan
Jovanovic Soja
Jovanovic Zoran
Jovicic Slobodan
Jurjasevic Boris
Jutrisa Vladimir • 1922-1984
Kadijevic Djordje • *Kadijevic Dorde* • 1933-
Karaklajic Dejan
Karanovic Srdjan
Kavcic Jane
Kenovic Ademir
Kljakovic Vanca
Klopcic Matjaz • 1934-
Knezevic Milan
Kolar Boris • 1933-
Kosanovic Bosko
Kosmac France
Kosovac Milan
Kosovalic Slobodan
Kostelac Nikola • *Kostelac Nicola* • 1920-
Kozole Damjan
Kozomora Ljubisa • 1935-
Krakonjac Kokan
Krelja Petar
Krencer Dragutin
Kresoja Dragan
Kreyeziu Ekrem
Kristl Vlado • *Kristl Vladimir* • 1923-
Krvavac Hajrudin • *Krvavac-Siba Hajrudin* • *Crawford Harold*
Kurelec Tomislav
Kusturica Emir • 1955-
Lakovic Milorad
Latinovic Petar
Lavanic Zlatko
Lazic Dragoslav
Lehpamer Ivo
Lekic Miroslav
Lesic Josip
Ljubic Milan • 1938-
Ljubic Vesna
Ljubojev Petar
Majdak Nikola
Majer Branko
Makarovic Berislav
Makavejev Dusan • 1932-
Mandic Aleksandar
Marjanovic Branko
Marjanovic Sida
Markovic Darko
Markovic Goran
Marks Aleksandar • 1922-
Marusic Daniel
Marusic Josko
Masirevic Zoran
Matic Ivica
Michieli Coci
Mihic Gordan • 1938-
Mihletic Vedran
Mikuljan Miroslav
Milcinski Matija
Milosevic Branko
Milosevic Mica • *Milosevic Mika*
Mimica Vatroslav • 1923-
Mitrovic Mladen
Mitrovic Zika • 1921-
Mitrovic Zivorad
Mlakar Andrej
Mutapcic Midhat
Nanovic Vojislav • *Nanovic Voislav*
Neugebauer Norbert
Neugebauer Walter
Nikolic Dragan
Nikolic Ilija
Nikolic Zivko
Novakovic Rados
Osmanli Dimitri
Ostojic Radenko
Papic Krsto • 1933-
Paskaljevic Goran
Pavlinic Zlatko
Pavlovic Miroslav
Pavlovic Sveta
Pavlovic Vladimir
Pavlovic Zivojin • *Pavlovic Zika* • 1933-
Perisic Zoran • 1940-
Pervanje Jure
Pesic Slobodan D.
Peterlic Ante
Petkovic Aleksandar
Petric Vlada
Petricic Dusan
Petricic Neven
Petrovic Aleksandar • 1929-
Petrovic Eva
Petrovic Miodrag
Petrovic Miroslav
Petrovic Stevan
Petrovski Meto
Pezo Zoran
Plesa Branko
Pogacic Vladimir • 1919-
Pogacnik Joze • 1932-
Popov Stole
Popov Trajce
Popovic Mica • *Popovic Mika*
Popovic Mihailo • *Popovic Mihailo-Mika*
Popovic Nikola
Povh Dusan • 1921-
Praljak Slobodan
Prelic Svetislav Bata
Pretnar Igor
Puhlovski Milivoj
Radavanovic Vlasta • *Radovanovic Vlasta*
Radic Tomislav
Radicevic Ljubomir
Radivojevic Milos
Radivojevic Misa
Radovic Milos
Rajic Nikola • *Rajic N.*
Rakonjac Kokan • 1935-
Rancic Jovan
Randic Zdravko
Ranfl Rajko
Ranitovic Branko
Relja Mate
Ristic Ljubisa
Ristic Zika
Robar-Dorin Filip
Rossif Frederic • 1922-
Sabo Dusan
Sacer Zlatko
Sahatciu Besim
Sajko Mako • 1927-
Sajtinac Borislav
Saranovic Radomir
Sijan Slobodan • 1946-
Sipovac Gojko
Skanata Krsto • 1925-
Skrabalo Ivo
Skrigin Zorz
Skubonja Fedor • *Skobonja Fedor*
Slak Franci
Slavica Vladimir
Slijepcevic Vladan • 1930-
Sopi Agim
Sorak Dejan • *Sorak Degan*
Sotra Zdravko
Sprajc Bozo
Sremec Rudolf • 1909-
Stalter Pavao
Stamenkovic Miodrag-Miki
Stamenkovic Miomir • *Stamenkovic Miomir-Miki* • *Stamenkovic Miki*

Stanojevic Stanislav • 1938-
Statler Pavao
Stefanovic Milos
Stiglic France • 1919-
Stojadinovic I.
Stojan Andrej
Stojanovic Lasar
Stojanovic Nikola
Stojanovic Velimir
Stojcic Stojan
Strbac Milenko • 1925-
Tadej Vladimir
Tadic Zoran
Tanhofer Nikola
Tanovic Bakir
Tomic Zivorad
Velimirovic Zdravko
Veselinovic Ceda
Vicek Karolj • *Vicek Karlj*
Vorkapich Slavko • 1892-1976
Vrbanic Ivo
Vrdoljak Antun • *Vrdoljak Anton* • 1931-
Vucinic Bosko
Vuco Vuk
Vukobratovic Mihailo • *Vukobratovic Mihaljo*
Vukotic Dusan • 1927-
Vunak Dragutin
Ymeri Ismail
Zafranovic Lordan • 1944-
Zaninovic Ante
Zaninovic Stejpan • 1926-
Zilnik Zelimir • 1942-
Zimonovic Kresimir
Zivanovic Jovan
Zivkovic Milan
Zizic Bogdan

ZAIRE
Masekela Madenda Kiesse
Michez Luc
Mweze Ngangura
Nlanza Ndomanuele Mafuta

ZAMBIA
Holender Jacques • 1953-

Directors of Animated Films

Directors of Animated Films

Acevski Jon • UKN
Ackerman Ed • CND
Alexeieff Alexandre • 1901–1982 • USS • • *Alexeiff Alexandre*
Alibert Pierre • 1926– • FRN
Allen David • USA
Allen Robert • USA • *Allen Bob*
Anderson Monika • GRM
Andrews David • CND
Ansorge Ernest • SWT
Ansorge Giselle • SWT
Antoine Jean • BLG
Antonovsky B. • USS
Antosik Wieslaw • PLN
Anzilotti Cosmo • USA
Arioli Don • 1937– • USA
Armstrong Samuel • USA
Astley Neville • UKN
Atamanov Lev • 1905– • USS • *Atamanov L.*
Aubry Francois • CND
Avery Tex • 1907–1980 • USA • *Avery Fred*
Babbitt Art • USA
Back Frederic • CND
Badzian Teresa • GRM
Bailey Harry • USA
Baker Jeannie • ASL
Baker Mark • UKN
Bakhtadze Vaktang • USS • *Bachtadze Vahtang* • *Bakhtadze V.*
Bakshi Ralph • 1938– • PLS
Ball Alan • UKN
Ball Murray • NZL
Barbera Joseph • 1911– • USA
Barker Cordell • CND
Barre Raoul • 1874–1932 • CND
Barron Robert • USA
Barry Martin • CND
Barton J. • UKN
Bartosch Berthold • 1893–1968 • CZC
Bartsch Art • USA
Barwood Hal • USA
Batchelor Joy • 1914– • UKN
Baumholz Lonny • CND
Bay Howard • USA
Bedrich Vaclav • CZC
Belousov Oleg • USS
Belov Vyacheslav • USS
Belson Jordan • 1926– • USA
Bergeron Philip • CND
Bertrand Rene • FRN
Besen Ellen • CND
Bianchi P. • FRN
Biggar Helen • UKN
Blaha Zbynek • CZC
Blahovi Richard • CZC
Blazekovic Milan • YGS
Blomkvist Heidi • CND
Blystone Jasper • USA
Bogdanov Pencho • BUL
Bond Trevor • USA
Bonnicksen Ted • USA
Booth Tim • IRL
Borowczyk Walerian • 1923– • PLN
Borthwick Brian • UKN
Boschet Michel • 1927– • FRN
Bosustow Steve • 1911–1981 • CND • *Bosustow Stephen*
Bottge Bruno J. • GRM
Bourek Zlatko • YGS
Bozzetto Bruno • ITL
Bray John R. • 1879–1978 • USA • *Bray John Randolph* • *Bray John*
Brdecka Jiri • 1917–1982 • CZC
Bresciani Andrea • USA
Brizzi Gaetan • 1951– • FRN
Brizzi Paul • 1951– • FRN
Brumberg Valentina • 1899–1983 • USS • *Brumberg V.* • *Broumberg V.*
Brumberg Zinaida • 1900– • USS • *Brumberg Zenajeda* • *Brumberg Z.* • *Broumberg Z.*
Buchvarova Radka • 1918– • BUL • *Bachvarova Radka*
Budd Leighton • USA
Bunce Alan • CND
Bunin Louis • USA
Burgess Brian • UKN
Burness Pete • 1910– • USA
Butoy Hendel • USA
Buxton Dudley • UKN
Caldura Federico • ITL
Calinescu Bob • 1926– • RMN
Campani Paul • ITL
Cannon Robert • 1901–1964 • USA
Carpi Cioni • CND
Carretero Amaro • SPN
Cavadini Alessandro • 1943– • ITL
Cayard Bruce • USA
Chanowski • FRN
Chataway Richard • ASL
Chien Chia Chun • CHN
Chiniquy Gerry • USA
de Chomon Segundo • 1871–1929 • FRN
Ciric Rasto • YGS
Clampett Robert • 1915– • USA • *Clampett Bob*
Clark Les • USA
Clements Ron • USA
Coderre Laurent • 1931– • CND
Coh Zvank • YGS
Cohl Emile • 1857–1938 • FRN • *Cohl Emil*
Coignon Jean • 1927– • BLG
Collins Frank • USA
Colombat Jacques • 1940– • FRN
Condie Richard • 1942– • CND
Cones James • USA
Cones Nancy Ford • USA
Cormack Robert • USA
Cosgrove Brian • UKN • *Cosgrave Brian*
Craft E. B. • USA
Crick Alan • UKN
Culhane James • USA
Culhane Shamus • USA
Cusack Michael • ASL
Czekala Ryszard • 1939– • PLN • *Czekala Risard*
Daix Andre • FRN
Dalton Cal • USA
Danenov Zhaken • USS
Dargay Attila • HNG
Davis Arthur • USA • *Davis Art*
Davis Mannie • USA
Decelles Pierre • USA
Deitch Gene • USA
Delano Jack • PRC
Dembinski Lucjan • PLN
Desbiens Francine • 1938– • CND
Detiege David • USA
Diehle Bros • GRM • *Diehl Bros*
van Dijk Gerrit • NTH
Disney Walt • 1901–1966 • USA
Dobrowolska Krystyna • PLN
Dodel Karel • CZC
Donev Donyo • 1929– • BUL • *Donev Donyu* • *Donev Donio*
Donnelly Eddie • USA • *Donnelly Ed*
Doukov Stoyan • 1931– • BUL
Dovnikovic Borivoj • 1930– • YGS • *Dovnikovic Bordo*
Dragic Nedeljko • 1936– • YGS
Driessen Paul • 1940– • NTH
Dubout Albert • 1905–1976 • FRN • *Doubout Albert*
Dudesek Jan • CZC
Duga Don • USA
Dumala Piotr • PLN
Duncan Alma • 1917– • CND
Dunning George • 1920–1979 • CND
Dutillieu Jose • BLG
Duval Earl • USA
Duvoir G. • FRN
Dyer Anson • 1876– • UKN
Ehrlich David • USA
Elliott David • UKN
Ericsson Alvar • SWD • *Eriksson Alvar*
Esbaugh Ted • USA
Fabiani • YGS
Fadman Edwin Miles • USA
Fennell Paul • USA
Ferguson Norman • USA
Fine David • CND
Fischinger Oskar • 1900–1967 • GRM • *Fischinger Oscar*
Fleischer Dave • 1894–1979 • USA • *Fleischer David*
Foky Otto • HNG
Foldes Joan • UKN
Foldes Peter • 1924–1977 • HNG
Follett F. M. • USA
Fookes Maggi • ASL
Foster John • USA
Freleng Friz • 1906– • USA • *Freleng Isadore* • *Freleng I.*
Friedman Yona • FRN
Fryer Bryant • 1897–1963 • CND
Fukushima Michael • CND
Furukawa Taku • JPN
Gabriel Michael • USA
Gagnon Lina • CND
Garanina Idea • USS
Garcia-Sanz Raul • SPN
Garnier Derck • DNM
Gavioli Gino • ITL
Gavioli Roberto • 1926– • ITL
Geesink Joop • 1913– • NTH
Geiss Alec • USA
Gemes Jozsef • HNG
George James • USA
Georgi Katja • 1928– • GRM • *Georgi Katia*
Georgi Klaus • GRM
Geronimi Clyde • USA
Gervais Suzanne • CND
Gianini Giulio • ITL
Gibbons Geoffrey • UKN
Giersz Witold • 1927– • PLN
Gijon Salvador • SPN
Gilles Kevin • USA
Gillett Burt • USA • *Gillett Burton*
Gilliam Terry • 1940– • USA
Glackens W. L. • USA
Godfrey Bob • 1922– • ASL
van Goethem Nicole • BLG
Goldscholl Mildred • USA • *Goldscholl Millie*
Goldscholl Morton • USA
Goldsmith Sidney • 1922– • CND
Gordon Dan • USA
Gordon George • USA
Goscinny Rene • 1926–1977 • FRN
Gould Manny • USA
Green Peter • UKN
Grgic Zlatko • 1931– • YGS
Grimault Paul • 1905– • FRN
Grimond Philippe • GRM
Gross Anthony • 1905– • FRN
Gross Yoram • 1926– • PLN
Gruel Henri • 1923– • FRN
Gurvich Irina • USS • *Gurvich I.*
Guy C. • FRN
Halas John • 1912– • HNG
Hale Jeffrey • CND
Hall Mark • UKN
Hammer Erich • GRM
Hand David • 1900– • USA
Handley Jim • USA
Hanna William • 1910– • USA • *Hanna Bill*
Hannah Jack • USA
Hardaway Ben • USA
Harman Hugh • 1903–1982 • USA
Harrison Ben • USA
Harriton Chuck • USA
Hastrup Jannik • 1941– • DNM
Hatchcock Bob • USA
Hayes Frank • USA
Hebert Pierre • 1944– • CND
Hee T. • USA
Hempel Johannes • GRM
Herriman George • 1880–1944 • USA
Hoban W. C. • USA
Hoedeman Co • 1940– • NTH
Hofman Eduard • 1914– • CZC
Holman L. Bruce • USA
Howard Cal • USA
Hubley Faith • USA
Hubley John • 1914–1977 • USA
Huemer Dick • USA
Hughes John E. • ASL
Hurd Earl • USA
Hurtz William • USA • *Hurtz William J.*
Image Jean • 1911– • HNG
Imre Istvan • HNG
Ishenov Sagvnbek • USS
Ising Rudolf • 1903– • USA
Ivanov A. • USS
Ivanov-Vano Ivan • 1900–1987 • USS
Iwerks Ub • 1901–1971 • USA • *Iwerks Ube*
Jackson Dianne • UKN
Jackson Wilfred • USA
Janik Stefan • PLN
Jankovics Marcell • 1941– • HNG
Jannes Martti • FNL
Jones Charles M. • 1912– • USA • *Jones Chuck*
Jones Kirk • CND
Justice Bill • USA
Kabrt Josef • CZC
Kachivas Lou • USA
Kamler Piotr • 1936– • PLN
Karman Janice • USA
Karner Andi • AUS
Karpas Jan • CZC
Kawamoto Kihachiro • 1924– • JPN
Kazakov Varna Velislav • BUL • *Kazakov Velislav*
Keller Lew • USA
Kelly John • UKN
Khodateyev Nikolai • 1892–1979 • USS • *Hodatyev N.* • *Chodataiev Nicolas*
Khrzhanovsky Andrei • USS
Kijowicz Miroslaw • 1929– • USS
King Jack • USA
Kinney Jack • USA
Kitausov Gani • USS
Kline Lester • USA
Kluge Josef • CZC
Kneitel Seymour • USA
Knowlton Kenneth • USA • *Knowlton Ken*
Knoyer Bill • USA
Koenig Wolf • 1927– • GRM
Kolar Boris • 1933– • YGS
Komatsubara Kazuo • JPN
Kondek Waclaw • PLN
Kos Helga • NTH
Kosower Herbert • USA • *Kosower Herb*
Kotowski Jerzy • PLN
Koutsky Pavel • CZC
Kouzel Al • USA
Kruger M. • PLN
Krukowski Waclaw • PLN
Kubal Viktor • CZC
Kubo Akiyuki • JPN
Kuri Yoji • 1928– • JPN
Kuwahara Bob • USA
Lacam Henri • FRN
Laguionie Jean-Francois • 1939– • FRN
Laloux Rene • 1929– • FRN
Lamore Marsh • USA
van Lamsweerde Pino
Lange John C. • USA
Lantz Walter • 1900– • USA
Lapoujade Robert • 1921– • FRN
Larkin Ryan • 1943– • CND
Larriva Rudy • USA
Laskowski Jan • 1928– • PLN
Lassetter John • USA
Latallo Katarzyna • PLN
Lateste Eddie • FRN
Laughlin Susan • UKN
Leaf Caroline • 1946– • USA
Lehky Vladimir • CZC
Lenica Jan • 1928– • PLN
Lerner Remont
Levitow Abe • USA
Lhotak K. • CZC
Libratti Gioacchino • ITL • *Terzi Giorgio*
Lignini Fabio • BRZ
Lindberg Lars • SWD
Linnecar Vera • UKN
Lipsey Arnie • CND
Lloyd Sam • USA
Lonati • FRN
Longpre Bernard • 1927– • CND
Lortac • FRN • *Lortak* • *Collard Robert*
Lovy Alex • USA
Low Colin • 1926– • CND
Luce Ralph • USA
Luce Ralph W. Jr. • USA
Lundy Dick • USA
Lusk Don • USA
Luske Hamilton • USA • *Luske Hamilton S.* • *Luske H. S.*
Lutczyna Edward • PLN
Lye Len • 1901–1980 • NZL
McCabe Norman • USA
McCay Robert • USA
McCay Winsor • 1871–1934 • USA • *McKay Winsor*
McCracken Kevin • CND
MacDalland Maria • DNM
McDermott Gerald • USA
Macek Carl • USA
MacKay Jim • 1917– • CND
Mackenzie Ian • UKN
McKimson Robert • 1910–1976 • USA • *McKimson Bob*
McKimson Tom • USA
McLaren Norman • 1914–1987 • UKN
McLeod Victor • USA
McManus J. J. • USA
Macskassy Gyula • 1912–1971 • HNG
Madsen Peter • DNM
Marcus Sid • USA
Marcussen Leif • DNM
Marichal Poli • PRC
Marissen Loe • FRN
Marks Aleksandar • 1922– • YGS
Marszalek Lechoslaw • PLN
Martin Andre • FRN
Mattinson Burney • USA • *Mattison Burney* • *Matinson Burney*
Mattuschka Mara • AUS
Mayer Henry • USA • *Mayer Hy*
Meador Joshua • USA
Melendez Bill • USA
Mendelsohn Jack • USA
Messmer Otto • USA
Meunier Jean-Charles • FRN • *Meunier*
Michener Dave • USA
Miler Zdenek • 1929– • CZC
Mills Michael • 1942– • UKN • *Mills Mike*

Mimica Vatroslav • 1923– • YGS
Misonne Claude • BLG
Mitchell Robert • USA
Miyazaki Hayao • JPN
Monahan David • USA
Monar Lazlo • FRN
Morris • 1923– • BLG • *de Bevere Maurice*
Moser Frank • USA
Muffati Steve • USA
Munteanu Stefan • 1926– • HNG • *Munteanu Stephan*
Murphy Martin* • AUS
Murray Michel • CND
Musker John • USA
Nagahama Tadao • JPN
Nagy Gyula • HNG
Nazarov Eduard • USS
Nehrebecki Wladyslaw • 1923– • PLN
Nelson Barrie • USA • *Nelson Barry*
Nemolayev • USS
Nepp Jozsef • 1934– • HNG
Neugebauer Norbert • YGS
Neugebauer Walter • YGS
Nicholas Alex • UKN
Nicholas Charles B. • USA
Nichols Charles • USA • *Nichols Charles August* • *Nichols C. August*
Nielsen Per Tonnes • DNM
Nishiwaza Nobutaka • USA
Noble George • UKN
Noble Joe • UKN
Noburo Ishiguro • JPN
Nolan William • USA • *Nolan William C.* • *Nolan Bill*
Norshtein Yuri • 1942– • USS • *Norshstein Yuri* • *Norchtein Youri*
Novak Ilya • CZC
Nowicki Bogdan • PLN
Obratsa Natason • USS
O'Galop Marius • FRN
Okamoto Tadashige • JPN
Olexova Jana • CZC
Page Marcy • USA
Pakarnyk Alan • CND
Pal George • 1908–1980 • HNG
Palat Marek • PLN
Palmer Tom • USA
Palomares Luis • ARG
Papadatos Alekos • GRC
Parmelee Ted • USA • *Parmalee Ted*
Patel Ishu • 1942– • IND
Patillo Alan • UKN
Patterson Don • USA
Patterson Ray • USA
Pavlinic Zlatko • YGS
Penner Ed • USA
Peranne Antti • FNL
Perkins Elmer • USA
Perlman Janet • CND
Petkov Roumen • BUL
Pfeiffer Walt • USA
Picha • BLG • *Walravens Jean-Paul*
Pindal Kaj • 1927– • DNM
Pintoff Ernest • 1931– • USA • *Pintoff Ernie*
Pjarn Priit • USS
Pojar Bretislav • 1923– • CZC
Popescu-Gopo Ion • 1923– • RMN • *Gopo Ion Popescu*
Post Howard • USA
Potocki R. • PLN
Pratt Hawley • USA
Preistragger Heinrich Greif • GRM
Prince Lorraine • USA
Privett Bob • UKN
Proikov Proiko • BUL • *Proykov Proyko*
Raamat Rein • USS
Ranieri Nik • 1961– • CND
Ranitovic Branko • YGS
Rarisch Ina • GRM
Rasinski Connie • USA
Ratz Gunter • 1935– • GRM
Reed Bill • USA
Reiniger Lotte • 1899–1981 • GRM
Reisenbuchler Sandor • HNG
Reitherman Wolfgang • USA
Renault Monique • NTH
Reynolds Michael • USA
Rich Richard • USA
Rigal Andre • FRN
Roberts Bill • USA
Robertson Jenny • ASL
Rostand Edmond • FRN
Rosy Maurice • BLG
Rufle George • USA
Ryssack Eddy • 1928– • BLG • *Ryssak Eddy*
Saakyants Robert • USS
de Saint-Ogan Alain • 1895–1974 • FRN
Salway John
Sander Peter • CND • *Sanders Peter*
Satterfield Paul • USA
Saunders Desmond • UKN
Schibli Paul • USA
Schoemann Michael • GRM
Schott Dale • CND
Schulz Kurt Herbert • GRM
Schure Alexander • USA
Schwartz Lillian • USA
Scribner George • USA
Seeley Bob • USA
Sens Al • 1933– • CND
Serafinowicz Leokadia • PLN
Servais Raoul • BLG
Sevcik Igor • CZC
Sevush Herb • USA
Sharpsteen Ben • USA
Shillinger Joseph • USA • *Shilling Joseph*
Shin Nelson • USA
Shomov Vlado • BUL
Sibianu Gheorghe • 1927– • RMN • *Sibianu George*
Sivko V. • CZC
Slapczynski Richard • USA
Slivka Ondrej • CZC
Smetana Zdenek • CZC
Smith Paul J. • USA
Snowden Alison • CND
Sokolov Stanislav • USS
Sommer Paul • USA
Soul Veronika • 1944– • USA
Sparber I. • USA • *Sparber Izzy* • *Sparber Isidore*
Stallings George • USA
Stalter Pavao • YGS
Stapp Philip • USA
Starevitch Ladislas • 1892–1965 • USS • *Starewicz Wladyslaw*
Starkiewicz Antoinette • 1950– • PLN
Steinbach Heinz • GRM
Stepanek Miroslav • CZC • *Stephanek Miroslav*
Stevens Art • USA
Studdy George E. • USA
Sturlis Edward • PLN
Sugii Gisaburo • JPN
Sugiyama Taku • JPN
Sullivan Pat • 1887–1933 • ASL
Svankmajer Jan • 1934– • PLN
Swift Howard • USA
Szczechura Daniel • 1930– • PLN
Szoboszlay Peter • HNG • *Szoboslai Peter*
Tang Chow Lup • HKG
Taras Martin B. • USA
Tatarsky Aleksandr • USS
Taylor Dick • UKN
Taylor John* • ASL
Tendlar Dave • USA
Terry Jim • JPN
Terry Paul • 1887–1971 • USA
Teschner Richard • AUS
Thalman Daniel • CND
Thalman Nadia • CND
Thomas Gayle • 1944– • CND
Thomas Richard* • USA
Thomson Riley • USA
Thornton David • USA
Tilby Wendy • CND
Toonder Marten • NTH • *Toonder Martin*
Totwen Ewa • PLN
Totwen Olga • PLN
Tovarek A. • CZC
Trnka Jiri • 1912–1969 • CZC
Tulyakhodzhaev Nazim • USS
Tych Jean • ASL
Tyer James • USA • *Tyer Jim*
Tyller Jiri • CZC
Tyrlova Hermina • 1900– • CZC
Tytla Bill • USA
Ungar George • CND
Urbano Carl • USA
Urchs Wolfgang • GRM
Uusberg Valter • USS
Vais Marco • CND
Vanderbeek Stan • 1931– • USA
Varga Csaba • HNG
Vausseur Jacques • FRN
Veilleux Pierre • CND
Velichko • USS
Verity Erwin • USA
Vesela A. • CZC
Vestey Paul
Vilette Raymond • FRN
Vonk Jose • NTH
Vrbanic Ivo • YGS
Vukotic Dusan • 1927– • YGS
Wajzer Waclaw • PLN • *Weiser Waclaw*
Walker John* • USA
Wan Tchao-Tchen • CHN
Wang Chou-Tchez • CHN
Ward Terry • USA
Warny Clorinda • 1939–1978 • BLG
Wasilewski Zenon • –1966 • PLN
Wdowkowna-Oldak Zofia • CZC
Weldon John • 1945– • CND
Werner Hans • AUS
Whitby Cynthia • UKN
White Volney • USA
Wickersham Bob • USA
Wieczorkieloica W. • PLN
Wiemer Hans Ulrich • GRM
Williams Richard • 1933– • CND • *Williams Dick*
Winzentsen Franz • GRM
Wolf Fred • USA
Wright Kay • USA
Yamamoto Eiichi • JPN
Yeou Lei • CHN
Young M. • FRN
Zaninovic Ante • YGS
Zaslove Alan • USA
Zdrubecky J. • CZC
Zeman Karel • 1910– • CZC
Zimonovic Kresimir • YGS
Zitzman Jerzy • PLN
Zykmund V. • CZC

Select Bibliography

Select Bibliography

50 SUPER STARS • Kobal John • Hamlyn Publishing, London • 1974
900 CINEASTES FRANCAIS D'AUJOURD'HUI • Predal Rene • Cerf-Telerama, Paris • 1988
2000 MOVIES, THE 1940'S • Cross Robin • Charles Herridge, Woodacott • 1985

A-Z OF MOVIE DIRECTORS • Bergan Ronald • Proteus Books, London • 1982
ACTOR'S LIFE CHARLTON HESTON JOURNALS 1956-76, THE • Heston Charles • Penguin Books, London • 1980
ACTOR, THE LIFE & TIMES OF PAUL MUNI • Lawrence Jerome • W H Allen & Co, London • 1975
ALL MY YESTERDAYS • Robinson Edward G • W H Allen & Co, London • 1974
ALL TALKING! ALL SINGING! ALL DANCING! • Springer John • The Citadel Press, New York • 1969
ALL THE BRIGHT YOUNG MEN AND WOMEN • Skvorecky Josef • Peter Martin Associates, Toronto • 1971
ALLAN DWAN, THE LAST PIONEER • Bogdanovich Peter • Studio Vista, London • 1971
AMERICAN CINEMA: DIRECTORS AND DIRECTIONS 1929-68 • Sarris Andrew • E P Dutton & Co, New York • 1968
AMERICAN FILM INDEX 1908-1915 • Lauritzen Einar & Lundquist Gunnar • Film-Index, Stockholm • 1976
AMERICAN FILM INDEX 1916-1920 • Lauritzen Einar & Lundquist Gunnar • Film-Index, Stockholm • 1984
AMERICAN FILM INSTITUTE CATALOG 1921-1930 • Munden Kenneth W • R R Bowker, New York • 1971
AMERICAN FILM INSTITUTE CATALOG 1961-1970 • Krafsur Richard P • R R Bowker, New York • 1976
AMERICAN MOVIES, A PICTORIAL HISTORY, THE • Michael Paul • Garland Books, New York • 1969
AMERICAN MUSICAL, THE • Vallance Tom • Castle Books, New York • 1970
AMERICAN VEIN, THE • Wicking Christopher & Vahimagi Tise • Talisman Books, London • 1979
ANNA NEAGLE SAYS "THERE'S ALWAYS TOMORROW" • Neagle Anna • W H Allen & Co, London • 1974
ANTONIONI • Cameron Ian & Wood Robin • Studio Vista, London • 1970
AURUM FILM ENCYCLOPEDIA: SCIENCE FICTION, THE • Hardy Phil • Aurum Press, London • 1984
AUSTRALIAN FILM BOOK 1930-TODAY • Brand Simon • Dreamweaver Books, Sydney • 1985
AUSTRALIAN SILENT FILMS • Reade Eric • Lansdowne Press, Melbourne • 1970
AVA • Higham Charles • W H Allen & Co, London • 1975
AVA GARDNER • Kass Judith M • Jove Publications, New York • 1977
AVENTURA DO CINEMA PORTUGUES, A • De Pina Luis • Editorial Vega, Lisbon • 1977

B MOVIES • Miller Don • Curtis Books, New York • 1973
BARBARA STANWYCK • Vermilye Jerry • Pyramid Publications, New York • 1975
BEHIND THE SCENES OF OTTO PREMINGER • Frischauer Willi • Michael Joseph, London • 1973
BETTE DAVIS • Noble Peter • Skelton Robinson, London • 1948
BETTE DAVIS • Vermilye Jerry • W H Allen & Co, London • 1974
BETTE DAVIS, A BIOGRAPHY IN PHOTOGRAPHS • Nickens Christopher • Doubleday, New York • 1985
BFI DISTRIBUTION CATALOGUE • British Film Institute, London • 1972
BING • Thompson Charles • Wyndham Publications, London • 1976
BING CROSBY • Bauer Barbara • Pyramid Publications, New York • 1977
BIOGRAPHICAL DICTIONARY OF THE CINEMA, A • Thomson David • Secker & Warburg, London • 1975
BLOOMSBURY FOREIGN FILM GUIDE • Bergan Ronald/ Karney Robyn • Bloomsbury, London • 1988
BOUND AND GAGGED • Lahue Kalton C • Castle Books, New York • 1968
BRANDO! • Carey Gary • Pocket Books, New York • 1973
BRANDO, PORTRAIT OF THE REBEL AS AN ARTIST • Thomas Bob • W H Allen & Co, London • 1973
BRITISH CINEMA • Gifford Denis • A Zwemmer, London • 1968
BRITISH FILM CATALOGUE 1895-1970 • Gifford Denis • David & Charles, Newton Abbot • 1973
BRITISH FILM YEAR BOOK 1952, THE • Noble Peter • Gordon White Publication, London • 1951
BRITISH FILM YEARBOOK 1946 • Noble Peter • British Yearbooks, London • 1945
BRITISH FILM YEARBOOK 1947-48 • Noble Peter • Skelton Robinson, London • 1947
BRONSON! • Harbinson W A • W H Allen & Co, London • 1976

CAME THE DAWN, MEMORIES OF A FILM PIONEER • Hepworth Cecil M. • Phoenix House, London • 1951
CAROLE LOMBARD • Maltin Leonard • Pyramid Publications, New York • 1976
CARY GRANT • Govoni Albert • Robert Hale & Co, London • 1974
CATALOGO BOLAFFI DEL CINEMA ITALIANO 1945-1955 • Rondolino Gianni • Giulio Bolaffi Editore, Torino • 1979
CATALOGO BOLAFFI DEL CINEMA ITALIANO 1956-1965 • Rondolino Gianni • Giulio Bolaffi Editore, Torino • 1979
CATALOGO BOLAFFI DEL CINEMA ITALIANO 1966-975 • Rondolino Gianni • Giulio Bolaffi Editore, Torino • 1975
CATALOGUE DES FILMS FRANCAIS DE LONG METR. 1929-39 • Chirat Raymond • Cinematheque Royale De Belgique • 1975
CATALOGUE DES FILMS FRANCAIS DE LONG METR. 1940-50 • Chirat Raymond • Imprimerie Saint-Paul, Luxembourg • 1981
CATALOGUE OF STILLS POSTERS AND DESIGNS • Salmi Markku • National Film Archive, London • 1982
CECIL B DEMILLE • Higham Charles • Dell Publishing, New York • 1974
CHARLIE CHAPLIN, EARLY COMEDIES • Quigley Isabel • Studio Vista, London • 1968
CHEVALIER • Ringgold Gene & Bodeen Dewitt • Citadel Press, Secaucus • 1973
CHILD STAR • Black Shirley Temple • Warner Books, New York • 1988
CINE ESPANOL 1951-1978 DICCIONARIO DE DIRECTORES • Perez Gomez A A & Martinez Montalban J L • Mensajero, Bilbao • 1978
CINE Y CIENCIA FICCION • Gasca Luis • Editorial Planeta, Barcelona • 1975
CINE/TELE GUIDE • Leguebe Eric • Solar, Paris • 1985
CINEMA E CENSURA EM PORTUGAL 1926-1974 • Antonio Lauro • Editoria Arcadia, Lisbon • 1978
CINEMA OF APARTHEID, THE • Tomaselli Keyan • Routledge, London • 1989
CINEMA OF ERNST LUBITSCH, THE • Poague Leland A • A S Barnes & Co, New York • 1978
CINEMA OF JOHN HUSTON, THE • Pratley Gerald • A S Barnes & Co, New York • 1977
CINEMA, A CRITICAL DICTIONARY • Roud Richard • Martin Secker & Warburg, London • 1980
CLARK GABLE • Jordan Rene • W H Allen & Co, London • 1974
CLAUDE CHABROL • Wood Robin & Walker Michael • Praeger Publishers, New York • 1970
CLINT EASTWOOD, MOVIN' ON • Douglas Peter • W H Allen & Co, London • 1975
CLOSE-UPS, THE MOVIE STAR BOOK • Peary Danny • Workman Publishing, New York • 1978
COLUMBIA STORY, THE • Hirshhorn Clive • Pyramid Books, London • 1989
COMEDY FILMS 1894-1954 • Montgomery John • George Allen & Unwin, London • 1968
COMEDY WORLD OF STAN LAUREL, THE • Mccabe John • Robson Books, London • 1975
COMPANION TO THE MOVIES, A • Pickard Roy • Lutterworth Press, London • 1972
DARYL F ZANUCK, DON'T SAY YES.. • Gussow Mel • W H Allen & Co, London • 1971
DECOUVERTE DU CINEMA GREC • Mitropoulos Aglae • Seghers, Paris • 1968
DETECTIVE IN FILM, THE • Everson William K • Citadel Press, Secaucus • 1972
DEUTSCHE STUMMFILME 1915-1931 • Lamprecht Gerhard • Deutsche Kinemathek, Berlin • 1969
DICTIONARY OF FILM MAKERS • Sadoul Georges • University Of California, Berkeley • 1972
DICTIONARY OF FILMS • Sadoul Georges • University Of California, Berkeley • 1972
DICTIONARY OF THE CINEMA, A • Graham Peter • A Zwemmer, London • 1968
DICTIONNAIRE DES CINEASTES • Sadoul Georges • Editions Du Seuil, Paris • 1982
DICTIONNAIRE DES CINEASTES • Sadoul Georges • Editions Du Seuil, Paris • 1965
DICTIONNAIRE DES CINEASTES • Sadoul Georges • Microcosme, Paris • 1990
DICTIONNAIRE DES CINEASTES CONTEMPORAINS • Ford Charles • Marabout Universite, Verviers • 1974
DICTIONNAIRE DES NOUVEAUX CINEMAS ARABES • Cluny Claude Michel • Sindbad, Paris • 1978
DICTIONNAIRE DU CINEMA • Editions Seghers, Paris • 1965
DICTIONNAIRE DU CINEMA -ACTEURS • Tulard Jean • Robert Laffont, Paris • 1988
DICTIONNAIRE DU CINEMA ET DE LA TELEVISION • Bessy Maurice & Chardans Jean-Louis • Editions J-J Pauvert, Paris • 1965
DICTIONNAIRE DU CINEMA FRANCAIS • Passek Jean-Loup • Larousse, Paris • 1987
DICTIONNAIRE DU CINEMA QUEBECOIS • Houle Michel & Julien Alain • Fides, Montreal • 1978
DICTIONNAIRE DU CINEMA, LES REALISATEURS • Tulard Jean • Robert Laffont, Paris • 1982
DIZIONARIO BOLAFFI DEL CINEMA ITALIANO 1/I REGISTI • Rondolino Gianni • Giulio Bolaffi Editore, Torino • 1979
DUSTIN HOFFMAN • Johnstone Iain • Spellmount, Tunbridge Wells • 1984
DUTCH CINEMA • Cowie Peter • Tantivy Press, London • 1979

EACH MAN IN HIS TIME • Walsh Raoul • Farrar Straus & Giroux, New York • 1974
EARLY HAVOC • Havoc June • Hutchinson & Co, London • 1960
EASTERN EUROPE • Hibbin Nina • A S Barnes & Co, New York • 1969
ELIZABETH TAYLOR, THE LAST STAR • Kelley Kitty • Simon & Shuster, New York • 1981
ELIZABETH, THE LIFE AND CAREER OF ELIZABETH TAYLOR • Sheppard Dick • W H Allen & Co, London • 1975
ELLIOT'S GUIDE TO FILMS ON VIDEO • Elliot John • Boxtree, London • 1990
ENCYCLOPAEDIA OF AUSTRALIAN FILM, AN • Stewart John • Reed Books Pty, Frenchs Forest Nsw • 1984
ENCYCLOPAEDIA OF THE ARTS • Read Herbert • Thames & Hudson, London • 1966
ENCYCLOPAEDIA OF THE MUSICAL FILM • Green Stanley • Oxford University Press, Oxford • 1981
ENCYCLOPEDIA OF FILM STARS, THE • Jarvis Douglas • Gallery Books, New York • 1985

FABULOUS FONDAS, THE • Brough James • W H Allen & Co, London • 1975
FACES, FORMS, FILMS, THE ARTISTRY OF LON CHANEY • Anderson Robert G • Castle Books, New York • 1971
FILM BUFF'S BIBLE OF MOTION PICTURES (1915-1972) • Baer D Richard • Hollywood Film Archive, Hollywood • 1972
FILM BUFF'S CHECKLIST OF MOTION PICTURES 1912-79 • Baer D Richard • Hollywood Film Archive, Hollywood • 1979
FILM COMPANION, THE • Morris Peter • Irwin Publishing, Toronto • 1984
FILM DIRECTORS: A GUIDE TO THEIR AMERICAN FILMS • Parish J R & Pitts M R • The Scarecrow Press, Metuchen • 1974
FILM I 70'ERNE 1968-74 • Hesselberg Claus • Politikens Forlag, Denmark • 1981
FILM I 70'ERNE 1975-79 • Hesselberg Claus • Politikens Forlag, Denmark • 1981
FILM REVIEWS 1944-1965 • Speed F Maurice • Macdonald & Co, London
FILM REVIEWS 1966-1985 • Speed F Maurice • W H Allen & Co, London
FILM REVIEWS 1986-1989 • Speed F Maurice • Columbus Books, London
FILM TILL NOW, THE • Rotha Paul • Hamlyn Publishing, London • 1967
FILM YEAR BOOKS 1-8, THE • Virgin Books, London
FILMED BOOKS AND PLAYS • Enser A G S • Andre Deutsch, London • 1968
FILMOGRAPHIE DES L.M. SONORES DU CINEMA FRANCAIS • Pinel Vincent • Cinematheque Francais, Paris • 1985
FILMS AND THE SECOND WORLD WAR • Manvell Roger • Dent & Sons, London • 1974
FILMS OF 20TH CENTURY FOX, THE • Thomas Tony & Solomon Aubrey • Citadel Press, Secaucus • 1979
FILMS OF ALFRED HITCHCOCK, THE • Harris Robert A & Lasky Michael S • Citadel Press, Secaucus • 1976
FILMS OF ANTHONY QUINN, THE • Marrill Alvin H • Citadel Press, Secaucus • 1975
FILMS OF BURT REYNOLDS, THE • Streebeck Nancy • Citadel Press, New York • 1982
FILMS OF DAVID NIVEN, THE • Garrett Gerald • Lsp Books, London • 1975
FILMS OF DIRK BOGARDE, THE • Hinxman Margaret & D'Arcy Susan • Literary Services, London • 1974
FILMS OF DORIS DAY, THE • Young Christopher • Citadel Press, Secaucus • 1977
FILMS OF ELIZABETH TAYLOR, THE • Vermilye Jerry & Ricci Marc • Citadel Press, Secaucus • 1976
FILMS OF FREDERICK MARCH, THE • Quirk Lawrence J • Citadel Press, New York • 1971
FILMS OF HENRY FONDA, THE • Thomas Tony • Citadel Press, Secaucus • 1983
FILMS OF INGRID BERGMAN, THE • Quirk Lawrence J • Citadel Press, New York • 1970
FILMS OF JAMES MASON, THE • Hirschhorn Clive • Lsp Books, London • 1975
FILMS OF JAMES STEWART, THE • Mcclure A F & Jones K D & Twomey A E • Castle Books, New York • 1970
FILMS OF LAUREL AND HARDY, THE • Everson William K • Citadel Press, Secaucus • 1972
FILMS OF MAE WEST, THE • Tuska John • Citadel Press, Secaucus • 1973
FILMS OF MARLON BRANDO, THE • Thomas Tony • Citadel Press, Secaucus • 1973
FILMS OF MICHAEL WINNER, THE • Harding Bill • Frederick Muller, London • 1978
FILMS OF ROBERT BRESSON, THE • Ayfre Amedee • Studio Vista, London • 1969
FILMS OF SIDNEY POITIER, THE • Marill Alvin H • Citadel Press, Secaucus • 1978
FILMS OF WORLD WAR II, THE • Morella J & Epstein E Z & Griggs J • Citadel Press, Secaucus • 1973
FILMS ON OFFER 1972 • Meeker David • British Film Institute, London • 1972
FILMS ON OFFER 1977 • Algar Nigel & Jenkins Stephen • British Film Institute, London • 1977
FINNISH CINEMA • Cowie Peter • Tantivy Press, London • 1976
FORTY YEARS OF SCREEN CREDITS • Weaver John T • The Scarecrow Press, Metuchen • 1970
FRANCE • Martin Marcel • A Zwemmer, London • 1971
FRANJU • Durgnat Raymond • Studio Vista, London • 1967
FRANK SINATRA • Scaduto Tony • Sphere Books, London • 1977
FRENCH CINEMA SINCE 1946 • Armes Roy • A Zwemmer, London • 1970
FRITZ LANG IN AMERICA • Bogdanovich Peter • Studio Vista, London • 1967

GABLE • Essoe Gabe & Lee Ray • Wolfe Publishing, London • 1967
GANGSTER FILM, THE • Baxter John • A Zwemmer, London • 1970
GANGSTER MOVIES • Hossent Harry • Octopus Books, London • 1974

GARY COOPER STORY, THE • Carpozi George Jr. • W H Allen & Co, London • 1975

GENE KELLY • Hirschhorn Clive • W H Allen & Co, London • 1974

GENTLEMEN TO THE RESCUE • Lahue Kalton C. • Castle Books, New York • 1972

GEORGE FORMBY • Randall Allan & Seaton Ray • W H Allen & Co, London • 1974

GEORGE RAFT • Yablonsky Lewis • W H Allen & Co, London • 1975

GERMANY • Bucher Felix • A S Barnes & Co, New York • 1970

GINGER ROGERS • Mcgilligan Patrick • Pyramid Publications, New York • 1975

GODARD • Roud Richard • Secker & Warburg, London • 1967

GOTTA SING GOTTA DANCE • Kobal John • Hamlyn Publishing, London • 1972

GREAT LOVERS OF THE MOVIES • Mercer Jane • Hamlyn Publishing, London • 1975

GREAT MOVIE SERIES, THE • Parish James Robert • A S Barnes & Co, New York • 1971

GREAT MOVIE SHORTS, THE • Maltin Leonard • Bonanza Books, New York • 1972

GREAT MOVIE STARS, THE GOLDEN YEARS, THE • Shipman David • Hamlyn Publishing, London • 1970

GREAT MOVIE STARS, THE INTERNATIONAL YEARS, THE • Shipman David • Angus & Robertson, London • 1972

GREAT MOVIES ON TV • Friedman Favius • Scholastic Book Services, New York • 1972

GREAT WESTERN STARS • Parish James Robert • Ace Book, New York • 1976

GREGORY PECK • Thomas Tony • Pyramid Publications, New York • 1977

GRIFFITH AND THE RISE OF HOLLYWOOD • O'Dell Paul • Castle Books, New York • 1970

GUIDE BRANDT VIDEO DE LA VIDEOCASSETTE 83–84, LE • Bijaoui M-L & Baudais S • Sedep, Neuilly • 1983

GUINNESS BOOK OF FILM FACTS & FEATS, THE • Robertson Patrick • Guinness Superlatives, Enfield • 1980

GUINNESS BOOK OF MOVIE FACTS & FEATS, THE • Robertson Patrick • Guinness Publishing, Enfield • 1988

HALLIWELL'S FILM GUIDE • Halliwell Leslie • Granada Publishing, Frogmore

HALLIWELL'S FILMGOER'S COMPANION • Halliwell Leslie • Granada Publishing, Frogmore

HALLIWELL'S TELEVISION COMPANION • Halliwell Leslie & Purser Philip • Grafton Books, London • 1986

HARRAP'S BOOK OF FILM DIRECTORS AND THEIR FILMS • Filmer Alison J & Golay Andre • Harrap, London • 1989

HENRY FONDA, HIS LIFE AND WORK • Goldstein Norm • Michael Joseph, London • 1982

HEROES, HEAVIES AND SAGEBRUSH • Mcclure Arthur F & Jone Ken D • A S Barnes & Co, New York • 1972

HOLLYWOOD AT WAR • Jones Ken D & Mcclure Arthur F • Castle Books, New York • 1973

HOLLYWOOD CORRAL • Miller Don • Popular Library, New York • 1976

HOLLYWOOD GREATS • Norman Barry • Arrow Books, London • 1980

HOLLYWOOD IN THE FORTIES • Higham Charles & Greenberg Joel • A Zwemmer, London • 1968

HOLLYWOOD MUSICAL, THE • Hirschhorn Clive • Octopus Books, London • 1981

HOLLYWOOD TODAY • Billings Pat & Eyles Allan • A Zwemmer, London • 1971

HOLMES OF THE MOVIES • Davies David Stuart • New English Library, London • 1976

HORROR MAN, THE LIFE OF BORIS KARLOFF • Underwood Peter • Leslie Frewin, London • 1972

HORRORS, A HISTORY OF HORROR MOVIES • Hutchinson Tom & Pickard Roy • Deans International, London • 1983

HORRORS, FROM SCREEN TO SCREAM • Naha Ed • Futura Publications, London • 1976

HUMPHREY BOGART • Barbour Alan G • W H Allen & Co, London • 1974

I REMEMBER IT WELL • Minnelli Vincente • Angus & Robertson, London • 1975

IAN ALLAN FILM ALBUMS –1: WESTERNS • Eyles Allen • Ian Allan, Shepperton • 1971

IAN ALLAN FILM ALBUMS –2: HORROR • Eyles Allen • Ian Allan, Shepperton • 1971

IAN ALLAN FILM ALBUMS –3: CARY GRANT • Eyles Allen • Ian Allan, Shepperton • 1971

IDA LUPINO • Vermilye Jerry • Pyramid Publications, New York • 1977

ILLUSTRATED DIRECTORY OF FILM STARS, THE • Quinlan David • B T Batsford, London • 1981

ILLUSTRATED ENCYCLOPADIA OF AUSTRALIAN SHOWBIZ • Atterton Margot • Sunshine Books, Brookvale Nsw • 1984

ILLUSTRATED GUIDE TO FILM DIRECTORS, THE • Quinlan David • B T Batsford, London • 1983

IMMORTALS OF THE SCREEN • Stuart Ray • Sherbourne Press, Los Angeles • 1965

INGMAR BERGMAN • Wood Robin • Studio Vista, London • 1970

INGMAR BERGMAN DIRECTS • Simon John • Davis-Poynter, London • 1973

INGRID BERGMAN • Brown Curtis F • W H Allen & Co, London • 1975

INTERNATIONAL DICTIONARY OF FILMS AND FILMMAKERS • Vinson James • St. James Press, London • 1985

INTERNATIONAL ENCYCLOPEDIA OF FILM, THE • Manvell Roger • Michael Joseph, London • 1972

INTERNATIONAL FILM AND TV YEAR BOOK 1977–78 • Noble Peter • King Publications, London • 1977

INTERNATIONAL FILM ENCYCLOPEDIA, THE • Katz Ephraim • Macmillan, London • 1980

INTERNATIONAL FILM GUIDE 1965–1989 • Cowie Peter • Tantivy Press, London • 1964

INTERNATIONAL FILM INDUSTRY, THE • Guback Thomas H • Indiana University, Bloomington • 1969

INTERNATIONAL FILM POSTER, THE • Edwards Gregory J • Columbus Books, London • 1985

INTERNATIONAL MOTION PICTURE ALMANAC 1971 • Gertner Richard • Quigley Publications, New York • 1970

INTERNATIONAL TV & VIDEO GUIDE 1983–84 • Tuomola Olli • Tantivy Press, London

ITALIAN CINEMA TODAY • Rondi Gian Luigi • Dennis Dobson, London • 1966

ITALIAN CINEMA, THE • Jarratt Vernon • Falcon Press, London • 1951

ITV ENCYCLOPEDIA OF ADVENTURE, THE • Rogers Dave • Boxtree, London • 1988

JACK LEMMON • Holtzman Will • Pyramid Publications, New York • 1977

JACK NICHOLSON • Sylvester Jack • Proteus Books, London • 1982

JACK OF ALL TRADES • Warner Jack • W H Allen & Co, London • 1975

JAMES DEAN, A BIOGRAPHY • Dalton David • W H Allen & Co, London • 1975

JANE FONDA • Freedland Michael • St Martins Press, New York • 1988

JAPAN • Svensson Arne • A S Barnes & Co, New York • 1971

JAZZ IN THE MOVIES • Meeker David • Talisman Books, London • 1981

JEAN HARLOW • Brown Curtis F • Pyramid Publications, New York • 1977

JEAN RENOIR, THE WORLD OF HIS FILMS • Braudy Leo • Robson Books, London • 1977

JEANETTE MACDONALD • Stern Lee Edward • Jove Publications, New York • 1977

JESSIE MATTHEWS • Thornton Michael • Mayflower Books, Frogmore • 1975

JOE FRANKLIN'S ENCYCLOPEDIA OF COMEDIANS • Franklin Joe • Citadel Press, Secaucus • 1979

JOHN FORD • Bogdanovich Peter • Studio Vista, London • 1968

JOHN GARFIELD • Morris George • Jove Publications, New York • 1977

JOHN WAYNE STORY, THE • Carpozi George Jr • Robert Hale & Co, London • 1974

JOHN WAYNE, SHOOTING STAR • Zolotow Maurice • W H Allen & Co, London • 1974

JUDY GARLAND • Juneau James • W H Allen & Co, London • 1976

KARLOFF, THE MAN, THE MONSTER, THE MOVIES • Gifford Denis • Curtis Books, New York • 1973

KATE, THE LIFE OF KATHERINE HEPBURN • Higham Charles • W H Allen & Co, London • 1975

KATHERINE HEPBURN • Marill Alvin H • W H Allen & Co, London • 1974

KINEMATIC YEAR BOOK 1924 • Tilley Frank A • Kinematograph Publications, London • 1923

KINGS OF THE BS • Mccarthy Todd & Flynn Charles • E P Dutton & Co, New York • 1975

KINO, A HISTORY OF THE RUSSIAN AND SOVIET FILM • Leyda Jay • George Allen & Unwin, London • 1973

KULESHOV ON FILM • Kuleshov Lev • University Of California, Berkeley • 1974

LANA TURNER • Basinger Jeanine • Pyramid Publications, New York • 1976

LANDMARK FILMS • Wolf William • Paddington Press, London • 1979

LAUREL & HARDY • Mccabe John & Kilgore Al • W H Allen & Co, London • 1975

LET'S PRETEND • Hardwicke Cedric • Grayson & Grayson, London • 1932

LIFE AND CURIOUS DEATH OF MARILYN MONROE, THE • Slatzer Robert F • W H Allen & Co, London • 1975

LIFE ON FILM, A • Astor Mary • W H Allen & Co, London • 1973

LIZA • Parish James Robert & Ano Jack • W H Allen & Co, London • 1975

LOSEY ON LOSEY • Milne Tom • Secker & Warburg, London • 1967

LOVE GODDESSES OF THE MOVIES • Manvell Roger • Hamlyn Publishing, London • 1975

LUIS BUNUEL • Durgnat Raymond • Studio Vista, London • 1970

MA L'AMORE NO • Savio Francesco • Sonzogno, Milan • 1975

MAE WEST ON SEX, HEALTH & ESP • West Mae • W H Allen & Co, London • 1975

MAN WHO WAS BILKO, THE • Silver Phil • W H Allen & Co, London • 1974

MARILYN MONROE • Mellen Joan • W H Allen & Co, London • 1975

MARLON BRANDO • Jordan Rene • W H Allen & Co, London • 1975

MARTIAL ARTS FILMS, THE • Mintz Marilyn D • A S Barnes & Co, New York • 1978

MARVELLOUS MELIES • Hammond Paul • Gordon Fraser, London • 1974

MARVIN, THE STORY OF LEE MARVIN • Zec Donald • New English Library, London • 1980

MARX BROS. SCRAPBOOK, THE • Marx Groucho & Anobile Richard J • W H Allen & Co, London • 1976

MARY PICKFORD, SWEETHEART OF THE WORLD • Windeler Robert • W H Allen & Co, London • 1975

MATINEE IDOLS, THE • Carroll David • Peter Owen, London • 1973

MEMOIRS OF AN ASIAN MOVIEGOER • Tobias Mel • Scmp Publication, Hong Kong • 1982

MEXICAN CINEMA, REFLECTIONS OF A SOCIETY 1896–1980 • Mora Carl J • University Of California, Berkeley • 1982

MGM STOCK COMPANY, THE • Parish James Robert & Bowers Ronald L • Ian Allan, Shepperton • 1973

MGM STORY, THE • Eames John Douglas • Octopus Books, London • 1975

MONOGRAM CHECKLIST, THE • Okuda Ted • Mcfarland, Jefferson Nc • 1987

MOTION PICTURE DIRECTORS, A BIBLIOGRAPHY • Schuster Mel • The Scarecrow Press, Metuchen • 1973

MOVIE BRATS, THE • Pye Michael & Myles Lynda • Faber And Faber, London • 1979

MOVIE CAVALCADE • Speed F. Maurice • Raven Books, London • 1944

MOVIE COMEDY TEAMS • Maltin Leonard • New American Library, New York • 1970

MOVIE DIRECTORS STORY, THE • Finler Joel W • Crescent Books, New York • 1985

MOVIE GREATS, A PICTORIAL ENCYCLOPEDIA • Michael Paul • Garland Books, New York • 1969

MOVIE MAKERS: HITCHCOCK, THE • Perry George • Macmillan, London • 1975

MOVIE MONSTERS • Gifford Dennis • Studio Vista, London • 1970

MOVIE PEOPLE • Baker Fred • Abelard-Schuman, London • 1973

MOVIE STARS, THE • Griffith Richard • Doubleday, New York

MOVIE, THE (158 PARTS) • Orbis Publishing, London • 1982

MOVIE-MADE AMERICA • Sklar Robert • Chappell & Co, London • 1978

MOVIES MADE FOR TELEVISION • Marill Alvin H • Lsp Books, London • 1980

MOVIES ON TV 1968–91 • Scheuer Steven H • Bantam Books, New York

MOVIES ON VIDEO • Pickard Roy • Frederick Muller, London • 1982

MY AUTOBIOGRAPHY • Chaplin Charles • Penguin Books, London • 1966

MY FATHER, CHARLIE CHAPLIN • Chaplin Charles Jr • Panther Books, London • 1971

MY LIFE IN PICTURES • Chaplin Charles • The Bodley Head, London • 1974

MYRNA LOY • Kay Karyn • Pyramid Publications, New York • 1977

NEW AUSTRALIAN CINEMA, THE • Murray Scott • Elm Tree Books, London • 1980

NEW CINEMA IN EASTERN EUROPE • Whyte Alastair • Studio Vista, London • 1971

NEW CINEMA IN THE USA • Manvell Roger • Studio Vista, London • 1968

NEW YORK TIMES DIRECTORY OF THE FILM, THE • Knight Arthur • Arno Press, New York • 1971

NOT SO DUMB -ANIMALS IN THE MOVIES • Lee Raymond • Castle Books, New York • 1970

OF MICE AND MAGIC • Maltin Leonard • New American Library, New York • 1980

ORSON WELLES • Mcbride Joseph • Jove Publications, New York • 1977

OUTLINE OF CZECHOSLOVAKIAN CINEMA • Dewey Langdon • Informatics, London • 1971

OXFORD COMPANION TO FILM, THE • Bawden Liz-Anne • Oxford University Press, London • 1976

PARADE'S GONE BY, THE • Brownlow Kevin • Sphere Books, London • 1973

PARAMOUNT PRETTIES • Parish James Robert • Castle Books, New York • 1972

PARAMOUNT STORY, THE • Eames John Douglas • Octopus Books, London • 1985

PAUL NEWMAN • Kerbel Michael • W H Allen & Co, London • 1975

PETER SELLERS • Walker Alexander • Coronet Books, London • 1982

PHANTOM'S ULTIMATE VIDEO GUIDE, THE • Phantom Of The Movies, The • Dell Publishing, New York • 1989

PHOTOPLAY FILM YEAR BOOKS 1976–77 • Ferguson Ken • Illustrated Publications Co, London

PICTORIAL HISTORY OF CRIME FILMS, A • Cameron Ian • Hamlyn Publishing, London • 1975

PICTORIAL HISTORY OF HORROR MOVIES, A • Gifford Dennis • Hamlyn Publishing, London • 1973

PICTORIAL HISTORY OF INDIAN CINEMA, A • Rangoonwalla Firoze • Hamlyn Publishing, London • 1979

PICTORIAL HISTORY OF SEX IN THE MOVIES, A • Pascall Jeremy & Jeavons Clyde • Hamlyn Publishing, London • 1976

PICTORIAL HISTORY OF THE CANADIAN FILM AWARDS, A • Topalovich Maria • Stoddart Publishing, Toronto • 1984

PICTORIAL HISTORY OF THE SILENT SCREEN, A • Blum Daniel • Spring Books, London • 1973

PICTORIAL HISTORY OF THE TALKIES, A • Blum Daniel • Hamlyn Publishing, London • 1968

PICTURE SHOW WHO'S WHO ON THE SCREEN • The Amalgamated Press, London

PICTUREGOER FILM ANNUAL 1957–58 • Ottaway Robert • Odham Press, London • 1957

PICTUREGOER'S WHO'S WHO AND ENCYCLOPAEDIA • Odham Press, London • 1933

PLEASURE DOME, THE • Greene Graham • Secker & Warburg, London • 1972

POLISH CINEMA • Fuksiewicz Jacek • Interpress Publishers, Warsaw • 1973

PRIME-TIME TELEVISION • Goldstein Fred & Goldstein Stan • Crown Publishers, New York • 1983

PUFFIN ASQUITH • Minney R J • Leslie Frewin, London • 1973

PUPPET ANIMATION IN THE CINEMA • Holman L Bruce • A S Barnes & Co, New York • 1975

REAL STARS #2, THE • Maltin Leonard • Curtis Books, New York • 1972

REEL FACTS, THE MOVIE BOOK OF RECORDS • Steinberg Cobbett • Vintage Books, New York • 1978

REFERENCE GUIDE TO FANTASTIC FILMS • Lee Walt • Chelsea-Lee Books, Los Angeles • 1972

REVENGE OF THE CREATURE FEATURES MOVIE GUIDE • Stanley John • Creatures At Large Press, Pacifica • 1988

REX, AN AUTOBIOGRAPHY • Harrison Rex • Macmillan, London • 1974

RICHARD BURTON, AN INTIMATE BIOGRAPHY • Cotrell John & Cashin Fergus • Arthur Barker, London • 1971

RIDERS OF THE RANGE • Lahue Kalton C • Castle Books, New York • 1973

RKO GIRLS, THE • Parish James Robert • Ian Allan, London • 1974

RKO STORY, THE • Jewell Richard B & Harbin Vernon • Octopus Books, London • 1982

ROAD MOVIES • Williams Mark • Proteus Books, London • 1982

ROBERT MITCHUM • Belton John • Pyramid Publications, New York • 1976

ROBERTO ROSSELLINI • Guarner Jose Luis • Studio Vista, London • 1970

ROCK ON FILM • Ehrenstein David & Reed Bill • Virgin Books, London • 1982

ROSALIND RUSSELL • Yanni Nicholas • Pyramid Publications, New York • 1975

ROSSELLINI ROBERTO • Guarner Jose Luis • Praeger Publishers, New York • 1970

SACHA GUITRY, THE LAST BOULEVARDIER • Harding James • Methuen & Co, London • 1968

SADDLE ACES OF THE CINEMA • Rainey Buck • A S Barnes & Co, New York • 1980

SAMUEL FULLER • Hardy Phil • Studio Vista, London • 1970

SATURDAY AFTERNOON AT THE BIJOU • Zinman David • Castle Books, New York • 1973

SCIENCE FICTION FILM • Gifford Denis • Studio Vista, London • 1971

SCIENCE FICTION IN THE MOVIES AN A–Z • Pickard Roy • Frederick Muller, London • 1978

SCIENCE FICTION SOURCE BOOK • Wingrove David • Longman Group, Harlow • 1985

SHOOT-EM-UPS • Adams Les & Rainey Buck • Arlington House, New York • 1978

SINATRA • Frank Alan • Hamlyn Publishing, London • 1978

SINGING COWBOYS, THE • Rothel David • A S Barnes & Co, New York • 1978
SLAPSTICK QUEENS, THE • Parish James Robert • Castle Books, New York • 1971
SOPHIA • Zec Donald • W H Allen & Co, London • 1975
SPECTACULAR, THE STORY OF EPIC FILMS • Cary John • Hamlyn Publishing, London • 1974
SPENCER TRACY • Swindell Larry • W H Allen & Co, London • 1970
SPLATTER MOVIES • Mccarty John • Columbus Books, Bromley • 1984
SPORTS IN THE MOVIES • Bergan Ronald • Proteus Books, London • 1982
STAR STATS, WHO'S WHOSE IN HOLLYWOOD • Marx Kenneth S • Price/stern/sloan, Los Angeles • 1979
STARS OF THE SCREEN 1932 • Bermingham Cedric Osmond • Herbert Joseph, London • 1932
STEVE MCQUEEN • Mccoy Malachy • Robert Hale & Co, London • 1974
STROHEIM • Finler Joel W • Studio Vista, London • 1969
SUNDAY TIMES GUIDE TO MOVIES ON TELEVISION, THE • Elkan Angela & Elkan • Hamlyn Publishing, London • 1980
SVENSKA LJUDFILMER 1929–66 OCH DERAS REGISSORER • Winquist Sven G • Svenska Filminstitutet, Stockholm • 1967
SWANSON ON SWANSON • Swanson Gloria • Michael Joseph, London • 1981
SWEDEN • Cowie Peter • A S Barnes & Co, New York • 1970

TAKE ONE • Leroy Mervyn • W H Allen & Co, London • 1974
TALKING PICTURES • Corliss Richard • David & Charles, Newton Abbot • 1975
THIS 'N THAT • Davis Bette • Sidgwick & Jackson, London • 1987
THIS SHOW BUSINESS • Zec Donald • Daily Mirror, London • 1959
THOSE ENDEARING YOUNG CHARMS • Best Marc • A S Barnes & Co, New York • 1971
THOUSAND AND ONE DELIGHTS, A • Barbour Alan G • Collier Books, New York • 1971
THRILL OF IT ALL, THE • Barbour Alan G • Collier Books, New York • 1971
THRILLER, THE • Davis Brian • Studio Vista, London • 1973
TITLE GUIDE TO THE TALKIES, 1964 THROUGH 1974 • Aros Andrew A • The Scarecrow Press, Metuchen • 1977
TO BE CONTINUED... • Weiss Ken & Goodgold Ed • Bonanza Books, New York • 1972
TOMS, COONS, MULATTOES, MAMMIES AND BUCKS • Bogle Donald • Bantam Books, New York • 1974
TV MOVIES 1975–91 • Maltin Leonard • New American Library, New York
TWENTY YEARS OF SILENTS • Weaver John T • The Scarecrow Press, Metuchen • 1971

UNDERGROUND FILM, THE • Renan Sheldon • Studio Vista, London • 1968
UNITED ARTISTS STORY, THE • Bergan Ronald • Octopus Books, London • 1986
UNITED ARTISTS, THE COMPANY BUILT BY THE STARS • Balio Tino • University Of Wisconsin, Madison • 1976
UNIVERSAL PICTURES • Fitzgerald Michael G • Arlington House, New York • 1980
UNIVERSAL STORY, THE • Hirschhorn Clive • Octopus Books, London • 1983

VALENTINO, THE LOVE GOD • Botham Noel & Donnelly Peter • Everest Books, London • 1976
VARIETY INTERNATIONAL FILM GUIDE 1990–91 • Cowie Peter • Andre Deutsch, London • 1989
VIDEO MOVIE GUIDE 1987–90 • Martin Mick & Porter Marsha • Ballantine Books, New York • 1986
VISCONTI • Nowell-Smith Geoffrey • Secker & Warburg, London • 1967

WAR FILM, THE • Butler Ivan • A S Barnes & Co, New York • 1974
WAR MOVIES • Perlmutter Tom • Hamlyn Publishing, London • 1974
WARNER BROS. STORY, THE • Hirschhorn Clive • Octopus Books, London • 1980
WARNER BROTHERS PRESENTS • Sennett Ted • Castle Books, New York • 1971
WE BARRYMORES • Barrymore Lionel • Peter Davies, London • 1951
WESTERN MOVIES • Clapham Walter C • Octopus Books, London • 1974
WESTERN STARS OF TELEVISION AND FILM • Purnell & Sons, London • 1965
WESTERN, THE • Eyles Allen • A S Barnes & Co, New York • 1975
WESTERNS -A PREVIEW SPECIAL • Warman Eric & Vallance Tom • Golden Pleasure Books, London • 1964
WESTMORES OF HOLLYWOOD, THE • Westmore Frank & Davidson Muriel • W H Allen & Co, London • 1976
WHEN THE MOVIES WERE YOUNG • Griffith D W Mrs • Dover Publications, New York • 1969
WHO IS THAT? • Meyers Warren B • Personality Posters, New York • 1967
WHO PLAYED WHO IN THE MOVIES • Pickard Roy • Frederick Muller, London • 1979
WHO'S WHO IN THE SOVIET CINEMA • Dolmatovskaya Galina & Shilova Irina • Progress Publishers, Moscow • 1979
WHO'S WHO ON TELEVISION • Curthoys Alan • Itv Books, London • 1980
WHO'S WHO ON TELEVISION • Itv Productions, London • 1970
WHO'S WHO/ QUI EST QUI • Jaffe Chapelle • Academy Of Canadian Cinema, Toronto • 1986
WICKED WOMEN OF THE SCREEN • Quinlan David • B T Batsford, London • 1987
WIDE-EYED IN BABYLON • Milland Ray • The Bodley Head, London • 1974
WILL ROGERS AMBASSADOR OF GOOD WILL • O'Brien P J • The John C Winston Co, Philadelphia • 1935
WILLIAM HOLDEN • Holtzman Will • Pyramid Publications, New York • 1976
WINNERS OF THE WEST • Lahue Kalton C. • A S Barnes & Co, New York • 1970
WOMEN WHO MAKE MOVIES • Smith Sharon • Hopkinson And Blake, New York • 1975
WOODY ALLEN • Palmer Myles • Proteus Books, London • 1980
WORLD ENCYCLOPEDIA OF FILM, THE • Cawkwell Tim & Smith John M • Studio Vista, London • 1972
WORLD FILM ENCYCLOPEDIA, THE • Winchester Clarence • The Amalgamated Press, London • 1933
WORLD FILMOGRAPHY 1967 • Cowie Peter • Tantivy Press, London • 1977
WORLD FILMOGRAPHY 1968 • Cowie Peter • Tantivy Press, London • 1977
WORLD OF FILM, THE • Stewart Bruce • Darton, Longman & Todd, London • 1971
WORLD'S GREAT MOVIE STARS AND THEIR FILMS, THE • Wlaschin Ken • Peerage, London • 1984

YOUNG SOVIET FILM MAKERS • Vronskaya Jeanne • George Allen & Unwin, London • 1972